Hr. Haspainthel

Dörner · Luczak · Wildschütz · Baeck · Hoß
Handbuch des Fachanwalts Arbeitsrecht
10. Auflage

Dörner · Luczak · Wildschütz · Baeck · Hoß

# Handbuch des Fachanwalts Arbeitsrecht

Herausgegeben von

**Dr. Klemens Dörner**
Vorsitzender Richter am Landesarbeitsgericht Rheinland-Pfalz, Mainz

**Dr. Stefan Luczak**
Richter am Arbeitsgericht Kaiserslautern

**Martin Wildschütz**
Vorsitzender Richter am Landesarbeitsgericht Rheinland-Pfalz, Mainz

**Dr. Ulrich Baeck**
Fachanwalt für Arbeitsrecht, Frankfurt/Main,
Honorarprofessor an der Universität Gießen

**Dr. Axel Hoß**
Fachanwalt für Arbeitsrecht, Köln

10., überarbeitete und erweiterte Auflage

**Luchterhand Verlag 2013**

Zitiervorschlag: DLW/*Dörner*, Kap. 1 Rdn. 1 ff.

**Bibliografische Information der Deutschen Nationalbibliothek**

Die Deutsche Nationalbibliothek verzeichnet diese Publikation in der Deutschen Nationalbibliografie; detaillierte bibliografische Daten sind im Internet über http://dnb.ddb.de abrufbar.

ISBN 978-3-472-08313-9

www.wolterskluwer.de
www.luchterhand-fachverlag.de

Alle Rechte vorbehalten.
© 2012 Wolters Kluwer Deutschland GmbH, Luxemburger Straße 449, 50939 Köln.
Luchterhand – eine Marke von Wolters Kluwer Deutschland GmbH.

Das Werk einschließlich aller seiner Teile ist urheberrechtlich geschützt. Jede Verwertung außerhalb der engen Grenzen des Urheberrechtsgesetzes ist ohne Zustimmung des Verlages unzulässig und strafbar. Das gilt insbesondere für Vervielfältigungen, Übersetzungen, Mikroverfilmungen und die Einspeicherung und Verarbeitung in elektronischen Systemen.

Verlag und Autoren übernehmen keine Haftung für inhaltliche oder drucktechnische Fehler.

Umschlagkonzeption: Martina Busch, Grafikdesign, Fürstenfeldbruck
Satz: Satz-Offizin Hümmer GmbH, Waldbüttelbrunn
Druck und Weiterverarbeitung: L. E. G. O. S. p. A. – Lavis, Italy

Gedruckt auf säurefreiem, alterungsbeständigem und chlorfreiem Papier.

# Vorwort zur 10. Auflage

> »Getretner Quark
> Wird breit, nicht stark.
> Schlägst du ihn aber mit Gewalt
> In feste Form, er nimmt Gestalt.«
> (J. W. Goethe, West-östlicher Divan,
> Buch der Sprüche, 3, 340)

Getreu diesem Motto widmet sich die Neuauflage u. a. den Auswirkungen des unionsrechtlichen Arbeitnehmerbegriffs (Art. 45 AEUV) auf das nationale Arbeitsrecht, z. B. hinsichtlich des besonderen Kündigungsschutzes für Schwangere (Organmitglieder) und Beamten als Arbeitnehmer im Sinne der Urlaubsrichtlinie.

Aus der Gesetzgebung sind vor allem zu nennen die Neuregelungen des Familienpflegezeitgesetzes, § 98a AufenthaltG zum Schutz illegal beschäftigter Arbeitnehmer, das Eingliederungschancengesetz mit Neuregelungen zur Arbeitsgelegenheit und zu den »Ein-Euro-Jobs« (§§ 16d, 16e SGB II).

Im AÜG wird zwar der unionsrechtlich vorgegebene Paradigmenwechsel zur nur »vorübergehenden« Beschäftigung von Leiharbeitnehmern vollzogen. Das kaum legitimierte Konzernprivileg wird aber nicht gestrichen, sondern nur eingeschränkt, z. T. sogar erweitert. Energische Gesetzgebung sieht anders aus.

Immerhin existieren nunmehr in der Zeitarbeit erstmals Mindestlöhne; die fehlende Tariffähigkeit des CGZP steht unter Ausschluss von Vertrauensschutz für die Vergangenheit fest. Damit steht Entscheidungen über anhängige Lohnzahlungsklagen nichts mehr entgegen. Die Sozialversicherungsträger haben zudem bereits nach der ersten Entscheidung des BAG in diesem Zusammenhang begonnen, Beitragsbescheide zu erlassen und zu vollziehen; die Landessozialgerichte verweigern durchweg einstweiligen Rechtsschutz gegen diese Bescheide.

Andernorts sorgen die Sozialversicherungsträger wiederum für Unruhe: In Rundschreiben wird – unzutreffend – behauptet, dass der Fortbestand einer sozialversicherungsrechtlich relevanten Beschäftigung in Zeiten der vollständigen Freistellung von der Arbeitsleistung im Rahmen einer flexiblen Arbeitszeitregelung für Zeiten von mehr als einem Monat nur auf der Grundlage einer Wertguthabenvereinbarung gem. § 7b SGB IV möglich sei. Anderenfalls ende die versicherungspflichtige Beschäftigung nach § 7 Abs. 1 SGB IV in der Freistellung nach Ablauf eines Monats. Die neuere – gegenteilige – Rechtsprechung des BSG vom 24.9.2008 (– B 12 KR 22 u. 27/07, NZA-RR 2009, 269, 272) zum Fortbestand einer versicherungspflichtigen Beschäftigung in Zeiten der einvernehmlichen und unwiderruflichen Freistellung von der Arbeitsleistung stehe ihrer Auffassung nicht entgegen, weil diese sich allein auf die Rechtslage vor 2009 beziehe. Bleibt zu hoffen, dass das BSG umgehend Gelegenheit erhält, dies zu korrigieren.

Erörtert werden auch die neuesten Irrungen und Wirrungen im Urlaubsrecht; es wird deutlich, dass der Gesetzgeber gefordert ist. Unvollständige Normen aus den sechziger Jahren, die sich in Kernfragen über Jahrzehnte einer überzeugenden höchstrichterlichen Interpretation verweigert haben, treffen auf eine EU-RL, die Arbeitsrecht nicht als Vertragsrecht, sondern als Teil des sozialen Schutzrechts begreift. Eine Harmonisierung ist nur durch den Gesetzgeber möglich, der sich aber vollständig verweigert.

Auch ein Beschäftigtendatenschutzgesetz ist nicht in Sicht. Nach der überraschend allseitigen Ablehnung des RegE – von prominenter Stelle wird ein kompletter »Reset« gefordert – zieht es der Gesetzgeber im Hinblick auf die Bundestagswahl 2013 offenbar vor, einstweilen nichts zu tun. Damit gewinnt die Normsetzung auf europäischer Ebene – die maßgeblichen Richtlinien für den Datenschutz werden überarbeitet – immer mehr an Bedeutung.

## Vorwort zur 10. Auflage

Zu beachten sind dagegen nunmehr verfassungsrechtliche Grenzen zweistufiger Ausschlussfristen und neue Überlegungen zur Anrechnung von Arbeitslosengeld auf Karenzentschädigungen. Daneben wird in der Rechtsprechung des BAG die AGB-Kontrolle von Vertragsklauseln zunehmend weiterentwickelt und verfeinert, z. B. bei der Bezugnahme auf Tarifverträge (unbefristeter Vertrauensschutz, Tarifsukzession) sowie bei Sonderzuwendungen und Weihnachtsgeld.

Im Kündigungsrecht finden sich wohltuende höchstrichterliche Klarstellungen zum Zugang der Kündigung bei minderjährigen und geschäftsunfähigen Arbeitnehmern, Ehegatten als Empfangsboten und zum Inkenntnissetzen des Arbeitnehmers von der Kündigungsbefugnis Dritter im vorformulierten Arbeitsvertrag. Berücksichtigt sind auch die aktuelle Rechtsprechung des EGMR zur Kündigung von Kirchenbediensteten und bei »whistleblowing« sowie des BAG zur personenbedingten Kündigung bei längerer Haftstrafe und die Europarechtskonformität der Berücksichtigung des Lebensalters im Gesamtkomplex der Sozialauswahl (z. B. als Sozialdatum überhaupt, Altersgruppenbildung).

Schließlich finden sich Ausführungen zur Ermahnung und zum Verbleib von Abmahnungen in der Personalakte trotz Zeitablauf als Folge der »Emmely«-Entscheidung.

Das Arbeitsrecht bleibt also spannend.

Besonderer Dank gilt Dana Schorn und Marita Heinz von Verlagsseite.

Für Anregungen und Kritik sind wir auch weiterhin offen.

Frankfurt, Kaiserslautern, Köln, Mainz im Juni 2012 Die Herausgeber

## Die Bearbeiter

**Prof. Dr. Ulrich Baeck,**
Fachanwalt für Arbeitsrecht, Frankfurt/M., Honorarprofessor an der Universität Gießen

**Dr. Markus Deutsch,**
Rechtsanwalt in Bonn

**Dr. Martin Diller,**
Fachanwalt für Arbeitsrecht, Stuttgart

**Dr. Klemens Dörner,**
Vorsitzender Richter am Landesarbeitsgericht Rheinland-Pfalz, Mainz

**Ernst Eisenbeis,**
Fachanwalt für Arbeitsrecht, Köln

**Dr. Katrin Haußmann,**
Fachanwältin für Arbeitsrecht, Stuttgart

**Dr. Axel Hoß,**
Fachanwalt für Arbeitsrecht, Köln

**Dr. Stefan Luczak,**
Richter am Arbeitsgericht Kaiserslautern

**Gerhard Pfeiffer,**
Vorsitzender Richter am Landesarbeitsgericht Baden-Württemberg, Stuttgart

**Ralph Stichler,**
Fachanwalt für Arbeitsrecht, Kaiserslautern

**Martin Wildschütz,**
Vorsitzender Richter am Landesarbeitsgericht Rheinland-Pfalz, Mainz

**Dr. Thomas Winzer,**
Rechtsanwalt in Frankfurt/Main

## Die Bearbeiter

Prof. Dr. Ulrich Beck


Dr. Markus Deusch


Dr. Clemens Dörner


Dr. Stefan Lunk


Ralph Schäfer


Martin Wihsdorf


Dr. Thomas Winter

# Inhaltsübersicht

Vorwort zur 10. Auflage .................................................... V
Die Bearbeiter .............................................................. VII
Übersicht: Mustertexte, Checklisten, Rechenbeispiele ....................... XI
Inhaltsverzeichnis .......................................................... XVII
Abkürzungsverzeichnis ....................................................... LXIII
Literaturverzeichnis ........................................................ LXXVII

## 1. Teil: Grundlagen .................................................... 1

Kapitel 1   Grundbegriffe und Grundstrukturen des Arbeitsrechts ........... 3

## 2. Teil: Individualarbeitsrecht ....................................... 247

Kapitel 2   Anbahnung und Begründung des Arbeitsverhältnisses ............ 249
Kapitel 3   Der Inhalt des Arbeitsverhältnisses .......................... 406
Kapitel 4   Die Beendigung des Arbeitsverhältnisses ...................... 1246
Kapitel 5   Befristete und auflösend bedingte Arbeitsverhältnisse ........ 1860
Kapitel 6   Aufhebungsvertrag ............................................ 1930
Kapitel 7   Altersteilzeit ............................................... 2011
Kapitel 8   Sozialrechtliche Rechtsfolgen der Kündigung/Beendigung von Arbeits-
            verhältnissen ................................................ 2070
Kapitel 9   Pflichten im Hinblick auf die Beendigung des Arbeitsverhältnisses ... 2128

## 3. Teil Kollektives Arbeitsrecht ...................................... 2179

Kapitel 10  Arbeitskampfrecht ............................................ 2181
Kapitel 11  Tarifvertragsrecht ........................................... 2215
Kapitel 12  Unternehmensmitbestimmung .................................... 2279
Kapitel 13  Betriebsverfassungsrecht ..................................... 2304

## 4. Teil Arbeitsgerichtsverfahren ..................................... 2761

Kapitel 14  Gerichtsorganisation und Zuständigkeit ....................... 2763
Kapitel 15  Urteils- und Beschlussverfahren .............................. 2813
Kapitel 16  Besondere Verfahrensarten .................................... 3005
Kapitel 17  Die Vergütung des Rechtsanwalts in Arbeitssachen ............. 3054

## Anhang .................................................................. 3077

Anhang I    Adress- und Telefonverzeichnis der Gerichte für Arbeitssachen in der
            Bundesrepublik Deutschland ................................... 3079
Anhang II   Vergleichstabelle zum Vertragstext EGV ....................... 3089
Anhang III  Vergleichstabelle EUV/AEUV ................................... 3097

## Stichwortverzeichnis .................................................. 3123

Übersicht: Vorschriften, Gliederung, Rechtsbehelfe .................. XI

Kapitel 5  Betriebs- und aufässig bedingte Arbeitsverhältnisse ..... 1809

Kapitel 7  Abmahnung ........................................... 2011


**Anhang** ....................................................... 3072

# Übersicht: Mustertexte, Checklisten, Rechenbeispiele

| | Rdn. |
|---|---|
| **Kapitel 2: Anbahnung und Begründung des Arbeitsverhältnisses** | |
| Mutterschutz | 47 |
| Nachweispflicht | 479 |
| Inhalt der Tätigkeit | 540 f., 544 f. |
| Änderungsvorbehalte | 551 |
| Unbefristetes Arbeitsverhältnis | 557 |
| Kalendermäßige Befristung | 562 |
| Zweckbefristung | 563 |
| Wochenarbeitszeit | 569 |
| Doppelbefristung | 565 |
| Monatsarbeitszeit | 570 |
| Tägliche Arbeitszeit | 572 |
| Befristung einzelner Vertragsbedingungen | 575 |
| Ergänzende Vertragsauslegung | 581 |
| Pauschalierungsabrede | 583, 588 |
| Freizeitausgleich- oder Vergütungsabrede | 591 |
| Kurzarbeitsklausel | 593 |
| Grundvergütung | 596 f. |
| Gehaltsgleitklausel | 599 |
| Gewinnbeteiligung | 603 |
| Ermessensabhängige Sondervergütung | 607 |
| Freiwilligkeitsvorbehalt | 612 |
| Widerrufsvorbehalt | 620 |
| Zielvereinbarung | 627 |
| Rückzahlungsklausel | 633, 710 |
| Stichtags-/Bestandsklausel | 637 |
| Anrechnungsvorbehalt | 641 |
| Ausgleichsquittung | 647 |
| Klageverzicht | 648 |
| Dienstwagen, Überlassung | 652 |
| Dienstwagen, Entzug | 654 |
| Nachvertragliche Verschwiegenheitspflicht | 661 |
| Wettbewerbsverbot | 663, 666 |
| Nebentätigkeitsverbot | 672, 674 |
| Urlaub | 679 f., 682, 685, 688, 690 |
| Bildungsurlaub | 690 |
| Reisekosten und Spesen | 692 |
| Betriebliche Altersversorgung | 694 f. |
| Meldepflicht bei Dienstverhinderung | 697, 699 |
| Entgeltfortzahlung | 701, 703 |
| Schadenersatz | 707 |
| Gehaltsabtretung | 713 |
| Vertragsstrafenabrede | 726 |
| Bezugnahme- und Verweisungsklauseln | 743, 747, 753, 758, 761, 763 |
| Kündigung | 767, 769, 772 |
| Freistellungsklauseln | 782 |
| Beendigungsklauseln | 786, 789 |
| Rückgabeklausel | 791 |
| Ausschlussfristen | 796, 798, 800 |
| Datenschutz | 803 |
| Sittenwidrigkeit | 832 ff. |
| Vollständigkeitsklausel | 805 |
| Schriftformklausel | 809 |
| Salvatorische Klausel | 811, 813 |

# Übersicht: Mustertexte, Checklisten, Rechenbeispiele

| | Rdn. |
|---|---|
| Mitteilungspflicht | 820 |

### Kapitel 3: Der Inhalt des Arbeitsverhältnisses

| | |
|---|---|
| Dienstreisezeiten | 57, 60 |
| Nachtarbeitszuschlag | 104 |
| Arbeitszeitreduzierung | 134, 148, 217, 227 |
| Zurückbehaltungsrecht des Arbeitnehmers | 329 ff. |
| Grobe Fahrlässigkeit | 651 ff. |
| Haftungsausschluss | 708 |
| Klageantrag | 790 |
| Stichtagsregelungen | 1042 ff. |
| Pfändungsgeschütztes Arbeitseinkommen | 1358 ff. |
| Betriebsübergang | 4114, 4145, 4226 |

### Kapitel 4: Die Beendigung des Arbeitsverhältnisses

| | |
|---|---|
| Formmängel | 38, 40 |
| Kündigungsfristenregelungen | 299 |
| Massenänderungskündigung | 509, 3078 |
| Kündigungsschutzklage: Parteibezeichnung | 961 |
| Kündigungsschutzklage: formelle Voraussetzungen | 1017 |
| Ausschluss außerordentlicher Kündigung | 1150 |
| Außerordentliche Kündigungsgründe | 1208, 1223 |
| Verhältnismäßigkeitsprinzip | 1379 ff. |
| Verstöße gegen Treu und Glauben | 1799 ff. |
| Gleichbehandlungsgrundsätze | 1830 |
| Darlegungs- und Beweislast des Arbeitnehmers | 1837, 1908 |
| Krankheitsbedingte Kündigung | 1936 |
| Verhaltensbedingte Kündigungsgründe | 2133, 2186 f. |
| Abmahnungsgründe | 2294 ff., 2305 ff. |
| Sozialauswahl | 2567, 2655 |
| Namensliste | 2667 |
| Abfindungsanspruch | 2743 |
| Massenentlassungsanzeige | 2811 f., 2839 |
| Abfindungskriterien | 3242, 3247 |
| Bestandsschutz | 3283 |
| Außerordentliche Kündigung des Arbeitnehmers | 3399 ff. |

### Kapitel 5: Befristete und auflösend bedingte Arbeitsverhältnisse

| | |
|---|---|
| Befristungsgründe | 17, 26, 37, 40, 57, 74, 80, 91, 96, 100 |
| Klageantrag (§ 17 TzBfG) | 250, 253 |
| Auflösende Bedingung | 260 |

### Kapitel 6: Aufhebungsvertrag

| | |
|---|---|
| Beendigungsklausel | 89 |
| Abwicklungsvereinbarung | 92 |
| Aufhebungsvereinbarung | 94, 97, 102 |
| Vergütung | 109 |
| Freistellung | 147, 149 |
| Abfindung | 153, 159 f., 183, 190 |
| Zeugnis | 206 ff. |
| Direktversicherung | 215 |
| Wettbewerbsverbot | 225 |
| Dienstwagen | 238 |
| Verschwiegenheitspflicht | 249 |
| Arbeitsmittel | 255 |
| Vererbbarkeit | 262 |
| Arbeitspapiere | 266 |

## Übersicht: Mustertexte, Checklisten, Rechenbeispiele

|  | Rdn. |
|---|---|
| Steuer- und Sozialrecht | 270 ff. |
| Wiedereinstellungsanspruch | 280 |
| Erledigungsklausel | 282 ff. |
| Salvatorische Klausel | 292 |
| Nichtigkeit | 299 |
| Abdingbarkeit | 383 ff. |

**Kapitel 7: Altersteilzeit**

| | |
|---|---|
| Voraussetzungen | 15 |
| Altersgrenzen | 32 |
| Wochenarbeitszeit | 43, 46 f. |
| Blockmodell | 77, 103 |
| Nacharbeit | 84, 274 |
| Arbeitsentgelt | 111, 113 |
| Arbeitszeitreduzierung | 121 |
| Entgeltumwandlung | 128, 131, 137 |
| Altersteilzeitvertrag | 248, 252, 255, 257, 259, 277, 292, 295 |
| Aufstockungsbetrag | 266 |
| Urlaub | 279 |
| Nebentätigkeiten | 282 |
| Mitwirkungspflichten | 284 |
| Insolvenzsicherung | 286, 288 |

**Kapitel 8: Sozialrechtliche Rechtsfolgen der Kündigung/Beendigung von Arbeitsverhältnissen**

| | |
|---|---|
| Arbeitslosengeld: Grundanspruch | 68 |
| Ruhenszeitraum | 103, 105 |
| Altersrente | 215, 222, 224, 226 ff., 232, 235, 239, 249, 260, 265, 268, 272, 275 |

**Kapitel 9: Pflichten im Hinblick auf die Beendigung des Arbeitsverhältnisses**

| | |
|---|---|
| Zeugnis: Notenskala | 43 |

**Kapitel 11: Tarifvertragsrecht**

| | |
|---|---|
| Verdienstsicherungsklausel | 170 |

**Kapitel 13: Betriebsverfassungsrecht**

| | |
|---|---|
| Checkliste Wahlausschreiben | 367 |
| Höchstzahlverfahren nach d'Hondt | 384 |
| Verhältniswahl | 415 |
| Mehrheitswahl | 417 |
| Wesentliche Verstöße bei Betriebsratswahl | 462–465 |
| Nichtigkeitsgründe von Betriebratsbeschlüssen | 648 ff. |
| Vergütungs- und fahrtkostenerstattungspflichtige Versammlungen | 934 |
| Regelungsgegenstände | 1662, 1678 |
| Mitbestimmungspflichtige Entlohnungsgrundsätze | 1829 |

**Kapitel 14: Gerichtsorganisation und Zuständigkeit**

| | |
|---|---|
| Ablehnung von Richtern | 157, 158 |
| Geltend zu machende Ansprüche | 266 |
| Beklagtenrubrum | 193 |

**Kapitel 15: Urteils- und Beschlussverfahren**

| | |
|---|---|
| Passivrubrum: GbR | 13 |
| Passivrubrum: OHG/KG | 16 |
| Passivrubrum: GmbH | 19 |
| Passivrubrum: GmbH & Co. KG | 21 |
| Passivrubrum: AG | 24 |

# Übersicht: Mustertexte, Checklisten, Rechenbeispiele

| | Rdn. |
|---|---|
| Passivrubrum: Genossenschaft | 25 |
| Passivrubrum: Fiskus | 27 |
| Passivrubrum: Bundesagentur für Arbeit | 28 |
| Passivrubrum: Insolvenzverwalter | 32 |
| Leistungsklage | 83 |
| Checkliste Mandatsannahme | 87 |
| Anschreiben Rechtsschutzversicherung | 88 |
| Checkliste Kündigung | 89 |
| Kündigungsschutzklage | 90 |
| Aufforderungsschreiben aoK, § 626 Abs. 2 S. 3 BGB | 91 |
| Arbeitgeberanschreiben | 92 |
| Zurückweisungsschreiben, § 174 HGB | 93 |
| Auskunftsersuchen aus dem Handelsregister | 94 |
| Aufforderung Stellungnahme Betriebsrat zuzuleiten | 95 |
| Auskunftsersuchen an Betriebsrat | 96 |
| Änderungskündigung: Annahme unter Vorbehalt | 97 |
| Widerspruch gegen Zustimmungsbescheid des Integrationsamtes | 98 |
| Belehrung über Selbstkostentragung | 100 |
| Checkliste PKH | 136 |
| Rechtsschutzversicherung | 140, 142 |
| Vergütungsansprüche | 226, 228, 230 |
| Klage auf Erteilung oder Berichtigung eines Zeugnisses | 232 |
| Klage gegen Abmahnung | 234 |
| Geltendmachung von Weiterbeschäftigungsansprüchen | 236 |
| Unterlassungsantrag | 240 |
| Feststellungsklage | 250, 252 |
| Kündigungsschutzklage | 256, 261, 263, 266, 273 |
| Gestaltungsklage | 275 |
| Unzulässiger Beweisantritt | 465 |
| Berufung | 699 |
| Nichtzulassungsbeschwerde | 852 |
| Divergenzrevision | 857 |
| Verfahrenfehlerrevision | 861 |
| Revisionsschrift | 914 |
| Revisionsbegründung | 922 |
| Revisionsbeschwerde | 1010 |
| Sofortige Beschwerde nach § 72b ArbGG | 1015 |
| Leistungsantrag | 1066 |
| Feststellungsantrag | 1070 |
| Gestaltungsantrag | 1072 |
| Beschwerde | 1159, 1163, 1205 |
| Bestellungsverfahren | 1256 |
| **Kapitel 16: Besondere Verfahrensarten** | |
| Arrestantrag zur Sicherung einer Vergütungsforderung | 87 |
| Antrag auf Herausgabe der Arbeitspapiere | 89 |
| Antrag auf Urlaubsgewährung | 97 |
| Weiterbeschäftigungsantrag | 104, 114, 122 |
| Konkurrentenklage | 129 |
| Teilzeitanspruch | 131, 133 |
| Unterlassung einer Wettbewerbstätigkeit | 153 |
| Herausgabeanspruch | 155 |
| Entbindung von der Weiterbeschäftigungspflicht | 157 |
| Unterlassung von Maßnahmen | 167 |
| Einhaltung eines Interessenausgleichs | 181 |
| Zutrittsrecht des Betriebsrats | 188 |
| Betriebsratswahl | 195 |

## Übersicht: Mustertexte, Checklisten, Rechenbeispiele

| | Rdn. |
|---|---|
| **Kapitel 17: Die Vergütung des Rechtsanwalts in Arbeitssachen** | |
| Vergütung bei mehreren Auftraggebern | 13 |
| Checkliste zu § 14 RVG – angemessene Gebühr | 21 |
| Gesonderte Angelegenheit | 25 |
| Eine Angelegenheit | 26 |
| Beratung und Gutachten | 31, 32, 33, 36 ff., 54, 57 |
| Außergerichtliche Vertretung | 66, 68 ff. |
| Verfahrengebühr | 80, 83, 85, 89, 97 |
| Terminsgebühr | 103 |
| Verwaltungsverfahren | 110 |
| Schlichtungsverfahren | 112 |
| Kein unbedingter Auftrag für die Einlegung eines Rechtsmittels | 114 ff. |

# Inhaltsverzeichnis

|  | Seite |
|---|---|
| Vorwort zur 10. Auflage | V |
| Die Bearbeiter | VII |
| Inhaltsübersicht | IX |
| Übersicht: Mustertexte, Checklisten, Rechenbeispiele | XI |
| Abkürzungsverzeichnis | LXIII |
| Literaturverzeichnis | LXXVII |

**1. Teil: Grundlagen** ................................................................. 1

**Kapitel 1 Grundbegriffe und Grundstrukturen des Arbeitsrechts**
*(Klemens Dörner/Martin Diller)* ......................................... 3

- A. Begriff und Abgrenzung des Arbeitsrechts ........................... 5
- B. Keine Kodifikation des Arbeitsvertragsrechts ....................... 6
- C. Arbeitsrecht als selbstständiges Rechtsgebiet ....................... 6
- D. System des Arbeitsrechts .................................................... 7
  - I. Grundzüge ................................................................... 7
  - II. Überblick ..................................................................... 7
    1. Individualarbeitsrecht ............................................. 7
    2. Kollektives Arbeitsrecht .......................................... 8
    3. Recht der Arbeitsgerichtsbarkeit ............................. 9
- E. Rechtsnatur des Arbeitsverhältnisses .................................. 9
- F. Grundbegriffe des Arbeitsrechts ......................................... 9
  - I. (Unselbständige) Arbeitnehmer .................................. 9
    1. Begriff .................................................................... 10
    2. Beispiele aus der Praxis .......................................... 22
    3. Der unionsrechtliche Arbeitnehmerbegriff (Art. 45 AEUV) ... 28
    4. Der Arbeitnehmerbegriff im Steuer- und Sozialversicherungsrecht ... 29
    5. Rechtsmissbräuchliche Berufung auf ein Arbeitsverhältnis; Verwirkung; Statusklagen ... 33
    6. Die Diskussion um »Scheinselbstständigkeit« ....... 34
    7. Möglichkeiten der Vertragsgestaltung zur Minimierung von Risiken ... 34
  - II. Arbeiter und Angestellte ............................................ 36
    1. Begriffe; Abgrenzungskriterien ............................... 36
    2. Beispiele ................................................................. 37
    3. »Übernahme in ein Angestelltenverhältnis« ........... 37
    4. Praktische Bedeutung der Unterscheidung zwischen Arbeitern und Angestellten ... 37
    5. Dienstordnungsangestellte ..................................... 38
  - III. Leitende Angestellte .................................................. 38
    1. Notwendigkeit einer Abgrenzung ........................... 38
    2. Begriffsbestimmung ............................................... 39
    3. Sonderfall: Die Grundsätze zur Abgrenzung in der chemischen Industrie ... 39
  - IV. Handelsvertreter ........................................................ 40
  - V. Arbeitnehmerähnliche Personen ................................ 40
    1. Begriffsbestimmung ............................................... 40
    2. Rechtsfolgen der Einordnung ................................. 43
  - VI. Heimarbeiter; Telearbeit ............................................ 44
  - VII. Organe juristischer Personen ..................................... 45
    1. Grundsätze nach nationalem Recht ........................ 45
    2. Auswirkungen des unionsrechtlichen Arbeitnehmerbegriffs ... 49

# Inhaltsverzeichnis

|  |  |  |  |
|---|---|---|---|
| | VIII. | Beschäftigung außerhalb eines Arbeitsverhältnisses | 49 |
| | IX. | Arbeitgeber | 52 |
| | | 1. Grundsätze | 52 |
| | | 2. GmbH im Gründungsstadium | 54 |
| | | 3. Auflösung der GmbH; Parteifähigkeit | 55 |
| | | 4. »Briefkastenfirmen«, insbes. »Limiteds« (private limited company) nach englischem Recht | 56 |
| | | 5. Alliierte Streitkräfte | 56 |
| | | 6. Gesamthafenbetrieb | 57 |
| | X. | Betrieb, Unternehmen | 58 |
| | XI. | Konzern | 59 |
| | | 1. Grundlagen | 59 |
| | | 2. Der Sonderfall: Ausfallhaftung | 59 |
| G. | Rechtsquellen des Arbeitsrechts | | 60 |
| | I. | Rangfolge und Übersicht | 60 |
| | | 1. Individualarbeitsrecht | 61 |
| | | 2. Kollektives Arbeitsrecht | 62 |
| | II. | Einzelfragen | 62 |
| | | 1. Grundrechte im Arbeitsrecht | 62 |
| | | 2. Tarifvertrag | 77 |
| | | 3. Betriebsvereinbarung | 94 |
| | | 4. Vertragsfreiheit; besondere Einschränkungen für den öffentlichen Arbeitgeber | 95 |
| | | 5. Allgemeine Arbeitsbedingungen | 101 |
| | | 6. Gleichbehandlungsgrundsatz | 103 |
| | | 7. Betriebliche Übung | 128 |
| | | 8. Direktionsrecht (Weisungsrecht) des Arbeitgebers | 141 |
| | | 9. Gerichtliche Inhalts- und Billigkeitskontrolle von Arbeitsverträgen | 163 |
| H. | Internationales und Europäisches Arbeitsrecht | | 202 |
| | I. | Regionales Arbeitsvölkerrecht | 202 |
| | II. | Das Arbeitsrecht in der Europäischen Union (EU) | 203 |
| | | 1. Die Zuständigkeit der Union zur Rechtsetzung im Arbeitsrecht | 204 |
| | | 2. Rechtliche Instrumente zur Europäisierung des Arbeitsrechts | 204 |
| | | 3. Die Durchsetzung des supranationalen Arbeitsrechts | 209 |
| | | 4. Arbeitsrechtliche Regelungen der EU | 210 |
| | III. | Arbeitskollisionsrecht | 217 |
| | | 1. Individualarbeitsrecht | 217 |
| | | 2. Tarifvertrags- und Arbeitskampfrecht | 239 |
| | | 3. Betriebsverfassungsrecht | 240 |
| | | 4. Verfahrensrecht (Internationale Zuständigkeit) | 240 |
| J. | Die arbeitsrechtliche Verwaltung | | 241 |
| | I. | Die arbeitsrechtlichen Behörden | 241 |
| | | 1. Grundlagen | 241 |
| | | 2. Bundesministerium für Arbeit und Soziales | 241 |
| | | 3. Arbeitsministerien der Länder | 241 |
| | | 4. Arbeitnehmerkammern | 242 |
| | II. | Koalitionen | 242 |
| | III. | Arbeitsvermittlung | 242 |
| | | 1. Begriff | 242 |
| | | 2. Durchführung der Arbeitsvermittlung durch die Agentur für Arbeit; Beauftragung Dritter | 242 |
| | IV. | Arbeitsförderung | 243 |
| | | 1. Leistungen an Arbeitnehmer | 243 |

|  |  | 2. | Leistungen an den Arbeitgeber | 244 |
|---|---|---|---|---|
|  |  | 3. | Öffentlich geförderte Beschäftigung (Neuregelung ab 1.4.2012) | 244 |

## 2. Teil: Individualarbeitsrecht ... 247

### Kapitel 2 Anbahnung und Begründung des Arbeitsverhältnisses
*(Klemens Dörner/Ulrich Baeck/Thomas Winzer)* ... 249

- A. Die Freiheit der Entscheidung über die Begründung von Arbeitsverhältnissen ... 252
  - I. Grundlagen ... 252
    1. Arbeitnehmer ... 252
    2. Arbeitgeber ... 253
  - II. Gesetzliche Beschäftigungs- und Abschlussverbote ... 254
  - III. Beschäftigungsverbote zugunsten der betroffenen Arbeitnehmer ... 255
    1. Jugendarbeitsschutzrecht ... 255
    2. Mutterschutzrecht ... 255
    3. Frauenarbeitsschutzrecht ... 261
    4. Beschäftigungsverbote aus Arbeitszeitrecht ... 261
  - IV. Beschäftigungsverbote zum Schutz Dritter bzw. der Allgemeinheit ... 262
    1. Arbeitserlaubnis/Aufenthaltstitel für ausländische Arbeitnehmer ... 262
    2. Verträge über die Leistung verbotener Schwarzarbeit ... 266
    3. §§ 42, 43 Infektionsschutzgesetz (IfSG) ... 267
  - V. Gesetzliche Begründung von Beschäftigungsverhältnissen ... 267
    1. § 102 Abs. 5 BetrVG ... 267
    2. § 78a BetrVG, § 9 BPersVG ... 268
    3. § 10 Abs. 1 AÜG ... 279
    4. § 613a Abs. 1 BGB ... 279
  - VI. Gesetzliche Abschlussgebote ... 279
    1. §§ 71, 81 SGB IX ... 279
    2. Landesgesetze über den Bergmannsversorgungsschein ... 288
  - VII. Wiedereinstellungspflicht nach lösender Aussperrung und Kündigung ... 288
  - VIII. Benachteiligung wegen des Geschlechts bei der Begründung des Arbeits- oder Ausbildungsverhältnisses (§ 611a BGB bis 17.8.2006; §§ 1, 15 AGG ab 18.8.2006) ... 289
    1. Grundlagen ... 289
    2. Einzelfragen; insbes. Quotenregelungen ... 291
    3. Rechtsfolgen; Rechtsmissbrauch ... 293
  - IX. Tarifliche Einstellungsregelungen ... 293
    1. Beschäftigungsregelungen ... 293
    2. Einstellungsgebote; Übernahme von Auszubildenden ... 294
    3. Wiedereinstellungsklauseln ... 295
  - X. Betriebsverfassungsrechtliche Wiedereinstellungsklauseln ... 296
  - XI. Gleichheitssatz (Art. 3 Abs. 1 GG) ... 297
- B. Pflichten bei der Vertragsanbahnung ... 297
  - I. Stellenausschreibung (§ 611b BGB bis 17.8.2006; §§ 1 ff. AGG seit dem 18.8.2006) ... 297
  - II. Begründung eines vorvertraglichen Schuldverhältnisses ... 297
    1. Grundlagen ... 297
    2. Pflichten aus c. i. c. (§ 311 Abs. 2, 3 BGB) ... 297
    3. Umfang des Schadensersatzanspruchs ... 299
    4. Darlegungs- und Beweislast; Verjährung; Verhältnis zu anderen Ansprüchen ... 300
  - III. Fragerecht des Arbeitgebers; Offenbarungspflichten des Arbeitnehmers ... 300

# Inhaltsverzeichnis

|  |  |  |  |
|---|---|---|---|
|  |  | 1. Grundlagen, die beabsichtigte gesetzliche Neuregelung | 300 |
|  |  | 2. Auskunftspflicht | 303 |
|  |  | 3. Wahrheitswidrige Antwort auf unzulässige Fragen | 303 |
|  |  | 4. Normative Grundlage des Fragerechts und der Auskunftspflicht | 303 |
|  |  | 5. Umfang des Fragerechts | 304 |
|  |  | 6. Offenbarungspflichten | 305 |
|  |  | 7. Einzelfälle | 305 |
|  |  | 8. Beschränkung der Informationserhebung bei Dritten | 316 |
|  |  | 9. Bewerbungsunterlagen; Datenschutz | 318 |
|  |  | 10. Background Checks und ihre Grenzen | 319 |
|  |  | 11. Informationen im Internet | 319 |
|  | IV. | Vorstellungskosten | 320 |
|  | V. | Pflichten des bisherigen Arbeitgebers eines Arbeitsplatzbewerbers | 320 |
| C. | Der Abschluss des Arbeitsvertrages | | 321 |
|  | I. | Grundlagen | 321 |
|  | II. | Abgrenzungen | 322 |
|  | III. | Anforderungen an den Vertragsschluss; Geschäftsfähigkeit | 323 |
|  | IV. | Form des Arbeitsvertrages | 324 |
|  |  | 1. Grundsatz der Formfreiheit | 324 |
|  |  | 2. Schriftformerfordernis | 324 |
|  |  | 3. Aufhebung der Schriftform; ergänzende Vertragsauslegung | 325 |
|  |  | 4. Arbeitsverträge mit Kommunen | 325 |
|  |  | 5. Geltendmachung des Formmangels | 325 |
|  |  | 6. Vermutung der Vollständigkeit und Richtigkeit des schriftlich abgeschlossenen Arbeitsvertrages | 326 |
|  |  | 7. Das Nachweisgesetz (NachwG) | 326 |
|  | V. | Inhaltliche Ausgestaltung des Arbeitsvertrages | 330 |
|  |  | 1. Notwendige Elemente des Arbeitsvertrages | 330 |
|  |  | 2. Dauer des Arbeitsvertrages | 333 |
|  |  | 3. Arbeitsverhältnis zur Probe | 334 |
|  |  | 4. Aushilfsarbeitsverhältnis | 334 |
|  |  | 5. Änderung des Vertragsinhalts | 335 |
|  | VI. | Auskunftsanspruch des abgelehnten Bewerbers | 335 |
| D. | Formulararbeitsvertrag | | 335 |
|  | I. | Einführung | 335 |
|  |  | 1. Grundsätze der AGB-Kontrolle | 335 |
|  |  | 2. Besonderheiten im Arbeitsrecht | 336 |
|  | II. | Inhalt und Ort der Tätigkeit | 338 |
|  |  | 1. Versetzungs- und Änderungsvorbehalte | 338 |
|  |  | 2. Konzernversetzungsklauseln | 341 |
|  |  | 3. Auswirkungen auf die Sozialauswahl | 341 |
|  | III. | Laufzeit des Arbeitsvertrags | 342 |
|  |  | 1. Unbefristetes Arbeitsverhältnisses | 342 |
|  |  | 2. Befristetes Arbeitsverhältnis | 342 |
|  | IV. | Arbeitszeit | 343 |
|  |  | 1. Grenzen des ArbZG | 343 |
|  |  | 2. Dauer der Arbeitszeit | 343 |
|  |  | 3. Lage der täglichen Arbeitszeit | 344 |
|  |  | 4. Befristung einzelner Vertragsbedingungen, insbesondere der Arbeitszeit | 344 |
|  |  | 5. Arbeit auf Abruf | 345 |
|  |  | 6. Überstunden | 346 |
|  |  | 7. Kurzarbeitsklauseln | 347 |

| | | | |
|---|---|---|---|
| V. | | Vergütung | 348 |
| | 1. | Grundvergütung | 348 |
| | 2. | Variable Vergütung und Sonderzahlungen | 349 |
| | 3. | Anrechnungsklauseln | 356 |
| | 4. | Ausgleichsquittung/Klageverzicht | 357 |
| VI. | | Dienstwagen | 358 |
| | 1. | Überlassung eines Dienstwagens | 358 |
| | 2. | Entzug des Dienstwagens | 359 |
| VII. | | Verschwiegenheitspflicht | 359 |
| | 1. | Verschwiegenheitspflicht während des Arbeitsverhältnisses | 359 |
| | 2. | Nachvertragliche Verschwiegenheitspflicht | 360 |
| VIII. | | Wettbewerbsverbot | 360 |
| | 1. | Vertragliches Wettbewerbsverbot | 360 |
| | 2. | Nachvertragliches Wettbewerbsverbot | 361 |
| IX. | | Nebentätigkeit | 362 |
| X. | | Urlaub | 363 |
| | 1. | Erholungsurlaub | 363 |
| | 2. | Bildungsurlaub | 365 |
| XI. | | Reisekosten und Spesen | 365 |
| XII. | | Betriebliche Altersversorgung | 365 |
| XIII. | | Dienstverhinderung | 366 |
| | 1. | Meldepflicht | 366 |
| | 2. | Entgeltfortzahlung und Aufstockung des Krankengelds | 366 |
| | 3. | Abtretung von Schadenersatzansprüchen | 367 |
| XIV. | | Umzugskosten | 367 |
| XV. | | Gehaltsabtretung und -verpfändung | 368 |
| XVI. | | Vertragsstrafen | 369 |
| | 1. | Zulässigkeit von Vertragsstrafenabreden in Arbeitsverträgen | 369 |
| | 2. | Inhaltliche Anforderungen an Vertragsstrafenabreden | 369 |
| | 3. | Rechtsfolgen der Unwirksamkeit | 371 |
| XVII. | | Haftungsklauseln, Beweislastregelungen | 371 |
| | 1. | Haftungsklauseln | 371 |
| | 2. | Beweislastregelungen | 372 |
| XVIII. | | Rückzahlung von Aus- und Fortbildungskosten | 372 |
| XIX. | | Bezugnahme- und Verweisungsklauseln | 373 |
| | 1. | Verweis auf einseitige Regelungswerke des Arbeitgebers | 374 |
| | 2. | Verweis auf Betriebsvereinbarungen | 374 |
| | 3. | Bezugnahme auf Tarifverträge | 375 |
| XX. | | Beendigung des Arbeitsverhältnisses | 379 |
| | 1. | Schriftform der Kündigung | 379 |
| | 2. | Ausschluss der ordentlichen Kündigung vor Dienstantritt | 380 |
| | 3. | Probezeit | 380 |
| | 4. | Kündigungsfristen | 380 |
| | 5. | Freistellungsklauseln | 381 |
| | 6. | Beendigung des Arbeitsverhältnisses zum Rentenalter | 382 |
| | 7. | Beendigung des Arbeitsverhältnisses bei Feststellung der vollständigen Erwerbsminderung | 383 |
| XXI. | | Rückgabe von Arbeitgebereigentum | 383 |
| XXII. | | Ausschlussfristen | 384 |
| | 1. | Einstufige Ausschlussfrist | 384 |
| | 2. | Zweistufige Ausschlussfrist | 384 |
| XXIII. | | Datenschutz | 385 |
| XXIV. | | Ausschluss abweichender Absprachen und Nebenabreden | 386 |

# Inhaltsverzeichnis

|  |  |  |  |
|---|---|---|---|
| | XXV. | Änderungen des Vertrags | 386 |
| | | 1. Schriftformklausel | 386 |
| | | 2. Salvatorische Klausel | 387 |
| | XXVI. | Gerichtsstandsklauseln | 387 |
| | XXVII. | Mitteilung von Änderungen | 388 |
| | XXVIII. | Vertragsaushändigung | 388 |
| E. | Rechtsmängel des Arbeitsvertrages | | 389 |
| | I. | Verstoß gegen ein gesetzliches Verbot (§ 134 BGB) | 389 |
| | II. | Verstoß gegen die guten Sitten (§ 138 BGB); unangemessene Benachteiligung des Arbeitnehmers (§ 307 Abs. 1 BGB) | 390 |
| | | 1. Sittenwidrigkeit (§ 138 Abs. 1 BGB) | 390 |
| | | 2. Wucher (§ 138 Abs. 2 BGB; § 291 Abs. 1 Nr. 3 StGB) | 391 |
| | | 3. Unangemessene Benachteiligung des Arbeitnehmers (§ 307 Abs. 1 BGB) | 394 |
| | III. | Anfechtung des Arbeitsvertrages | 394 |
| | | 1. Anfechtungsgründe | 394 |
| | | 2. Erklärung der Anfechtung | 396 |
| | | 3. Anfechtungsfrist | 397 |
| | | 4. Anhörung des Betriebsrats (§ 102 BetrVG)? | 397 |
| | | 5. Anwendbarkeit des § 9 MuSchG, § 18 BEEG, der §§ 85, 91 SGB IX? | 398 |
| | | 6. Einschränkung des Anfechtungsrechts durch Treu und Glauben (§ 242 BGB)? | 398 |
| | IV. | Rechtsfolgen von Nichtigkeit und Anfechtung? | 398 |
| | | 1. Rechtslage vor Vollzug des Arbeitsverhältnisses | 399 |
| | | 2. Rechtslage nach Arbeitsaufnahme | 399 |
| | V. | Beiderseitiger Irrtum | 402 |
| | VI. | Klagefrist (§§ 4, 13 KSchG) für den betroffenen Arbeitnehmer? | 402 |
| | VII. | Ermittlung einer Anfechtungserklärung durch Umdeutung (§ 140 BGB)? | 403 |
| | VIII. | Schadenersatzansprüche aus c. i. c. (§ 313 Abs. 2, 3 BGB)? | 403 |
| F. | Öffentlich-rechtliche Pflichten des Arbeitgebers; Arbeitspapiere | | 403 |
| | I. | Meldepflichten gegenüber Sozialversicherungsträgern | 403 |
| | II. | Arbeitsschutzrecht | 404 |
| | III. | Vorlage von Arbeitspapieren durch den Arbeitnehmer | 404 |
| | IV. | Überlassung von Arbeitspapieren an den Arbeitnehmer | 404 |
| | V. | Information des Arbeitnehmers über die Pflicht zur unverzüglichen Meldung bei der Agentur für Arbeit (§ 2 Abs. 2 S. 2 Nr. 3 SGB III) | 405 |

| Kapitel 3 | Der Inhalt des Arbeitsverhältnisses *(Klemens Dörner/Martin Diller/Markus Deutsch/Ulrich Baeck/Katrin Haußmann)* | 406 |
|---|---|---|
| A. | Pflichten des Arbeitnehmers | 415 |
| | I. Der Inhalt der Arbeitspflicht | 415 |
| | 1. Grundlagen | 415 |
| | 2. Pflicht zur persönlichen Arbeitsleistung | 416 |
| | II. Veränderung der Leistungsart | 416 |
| | 1. Grundlagen | 416 |
| | 2. Konkretisierung der Arbeitspflicht | 417 |
| | 3. Versetzung des Arbeitnehmers | 418 |
| | III. Umfang und Intensität der Arbeitspflicht | 418 |
| | IV. Ort der Arbeitsleistung | 419 |
| | V. Arbeitszeit | 419 |
| | 1. Abgrenzungen | 420 |
| | 2. Wege- und Dienstreisezeiten | 426 |

|  |  |  |  |
|---|---|---|---|
|  |  | 3. Ruhezeiten und Ruhepausen | 428 |
|  |  | 4. Umfang der Arbeitszeit | 430 |
|  |  | 5. Lage der Arbeitszeit | 471 |
|  |  | 6. Beginn und Ende der Arbeitszeit | 472 |
|  |  | 7. Der Sonderfall: Schullehrer | 473 |
|  | VI. | Befreiung von der Arbeitspflicht | 474 |
|  |  | 1. Einverständliche Arbeitsbefreiung | 474 |
|  |  | 2. Freistellung durch einseitige Erklärung des Arbeitgebers und des Arbeitnehmers; tarifliche Regelungen; Schuldrechtsreform | 480 |
|  |  | 3. Gesetzliche Befreiung von der Arbeitspflicht | 482 |
|  |  | 4. Annahmeverzug des Arbeitgebers | 484 |
|  |  | 5. Zurückbehaltungsrecht des Arbeitnehmers | 484 |
|  |  | 6. Arbeitsverhinderung aus sonstigen Gründen | 486 |
|  |  | 7. Ruhen des Arbeitsverhältnisses | 486 |
|  | VII. | Durchsetzung des Anspruchs auf Arbeitsleistung | 486 |
|  |  | 1. Klage auf Erfüllung | 486 |
|  |  | 2. Einstweilige Verfügung; Klage auf Unterlassung anderweitiger Erwerbstätigkeit | 487 |
|  | VIII. | Nebenpflichten des Arbeitnehmers | 487 |
|  |  | 1. Grundlagen | 487 |
|  |  | 2. Rechtsgrundlage | 488 |
|  |  | 3. Arten von Nebenpflichten (Überblick) | 488 |
|  |  | 4. Wettbewerbsverbot | 489 |
|  |  | 5. Wahrung des Betriebsfriedens und der betrieblichen Ordnung | 497 |
|  |  | 6. Schutz des Unternehmenseigentums | 500 |
|  |  | 7. Pflicht zur Verschwiegenheit über betriebliche Angelegenheiten | 501 |
|  |  | 8. Unterlassung unternehmensschädlicher Meinungsäußerungen und der Verbreitung wahrer Tatsachen | 504 |
|  |  | 9. Annahme von Schmiergeldern | 506 |
|  |  | 10. Unternehmensschädliche Einwirkung auf Kollegen (insbes. Abwerbung) | 506 |
|  |  | 11. Außerdienstliche Verhaltenspflichten | 507 |
|  |  | 12. Pflicht zur Unternehmensförderung | 508 |
|  |  | 13. Nebenbeschäftigung | 509 |
|  |  | 14. Auskunftspflichten im bestehenden Arbeitsverhältnis | 515 |
|  |  | 15. Sanktionen der Nebenpflichtverletzung (Überblick) | 515 |
|  | IX. | Nichtleistung der Arbeit | 515 |
|  |  | 1. Grundlagen | 515 |
|  |  | 2. Unmöglichkeit der Leistung und Verzug | 516 |
|  |  | 3. Rechtsfolgen von Unmöglichkeit und Verzug | 516 |
|  |  | 4. Pauschalierter Schadensersatz | 518 |
|  |  | 5. Vertragsstrafe | 518 |
|  |  | 6. Kündigung vor Dienstantritt | 523 |
|  | X. | Schlechtleistung der Arbeit | 524 |
|  |  | 1. Grundlagen | 524 |
|  |  | 2. Anspruchsgrundlage für Schadensersatzansprüche des Arbeitgebers | 524 |
|  |  | 3. Lohnminderung? | 524 |
|  |  | 4. Rechtsfolgen | 525 |
|  | XI. | Haftung des Arbeitnehmers | 525 |
|  |  | 1. Allgemeine Voraussetzungen | 526 |
|  |  | 2. Haftungsbeschränkung im Arbeitsverhältnis | 527 |
|  |  | 3. Darlegungs- und Beweislast | 535 |
|  |  | 4. Mankohaftung | 535 |

# Inhaltsverzeichnis

|  |  |  |  |
|---|---|---|---|
|  |  | 5. Haftung gegenüber Dritten | 539 |
|  |  | 6. Haftung gegenüber Betriebsangehörigen | 540 |
|  | XII. | Schuldanerkenntnis des Arbeitnehmers | 547 |
| B. | Pflichten des Arbeitgebers | | 548 |
|  | I. | Zahlung und Sicherung des Arbeitsentgelts | 548 |
|  |  | 1. Grundlagen | 548 |
|  |  | 2. Entgelthöhe | 552 |
|  |  | 3. Brutto- und Nettoentgelte | 556 |
|  |  | 4. Erfüllung | 565 |
|  |  | 5. Leistungsbezogene Entgelte; Eingruppierung nach dem BAT | 568 |
|  |  | 6. Ergebnisbezogene Entgelte | 582 |
|  |  | 7. Gratifikationen, Sonderzuwendungen | 591 |
|  |  | 8. Sonstige Entgelte | 617 |
|  |  | 9. Abtretung | 629 |
|  |  | 10. Lohnpfändung | 631 |
|  |  | 11. Rückzahlung von Vergütung | 644 |
|  |  | 12. Das Arbeitsentgelt in der Insolvenz des Arbeitgebers | 646 |
|  | II. | Arbeitsentgelt ohne Arbeitsleistung | 664 |
|  |  | 1. Annahmeverzug des Arbeitgebers | 664 |
|  |  | 2. Arbeitsverhinderung aus persönlichen und sonstigen Gründen | 697 |
|  |  | 3. Die Lohnzahlung an Feiertagen | 704 |
|  |  | 4. Entgeltfortzahlung im Krankheitsfall | 711 |
|  |  | 5. Urlaubsrecht | 759 |
|  | III. | Pflichten zur Wahrung von Arbeitnehmerinteressen | 832 |
|  |  | 1. Allgemeine Fürsorgepflicht, Rücksichtnahmepflicht des Arbeitgebers | 832 |
|  |  | 2. Beschäftigungsanspruch des Arbeitnehmers | 835 |
|  |  | 3. Schutzpflichten für Leben und Gesundheit des Arbeitnehmers | 841 |
|  |  | 4. Schutz der Vermögensgegenstände des Arbeitnehmers | 848 |
|  |  | 5. Haftung des Arbeitgebers für Eigenschäden des Arbeitnehmers | 851 |
|  |  | 6. Aufwendungsersatz | 855 |
|  |  | 7. Sonstige Vermögenssorge | 857 |
|  |  | 8. Schutz der Arbeitnehmerpersönlichkeit; Mobbing | 858 |
|  |  | 9. Maßregelungsverbot (§ 612a BGB) | 875 |
|  | IV. | Personalakten | 878 |
|  |  | 1. Begriffsbestimmung | 878 |
|  |  | 2. Entscheidung über die Führung von Personalakten | 878 |
|  |  | 3. Inhalt der Personalakte | 878 |
|  |  | 4. Wahrung der Vertraulichkeit durch den Arbeitgeber | 880 |
|  |  | 5. Aufbewahrungspflicht? | 881 |
|  |  | 6. Einsichtsrecht des Arbeitnehmers | 882 |
|  |  | 7. Recht auf Gegendarstellung | 882 |
|  |  | 8. Widerruf; Berichtigungs-, Entfernungsanspruch | 883 |
|  | V. | Beschäftigtendatenschutz | 884 |
|  |  | 1. Grundlagen | 884 |
|  |  | 2. Allgemeine Rechtsgrundsätze | 885 |
|  |  | 3. Erhebung, Verarbeitung und Nutzung zur Begründung eines Beschäftigungsverhältnisses | 890 |
|  |  | 4. Datenschutz bei der Durchführung des Beschäftigungsverhältnisses | 894 |
|  |  | 5. Beendigung des Arbeitsverhältnisses | 899 |
|  |  | 6. Umgang mit Arbeitnehmerdaten aus dem Beschäftigungsverhältnis | 899 |
|  |  | 7. Beteiligung von Betriebs- und Personalrat | 900 |
|  |  | 8. Rechtsfolgen eines datenschutzrechtlichen Verstoßes | 901 |

| | | | |
|---|---|---|---|
| | VI. | Recht am Arbeitsergebnis | 901 |
| | | 1. Grundlagen | 901 |
| | | 2. Das Recht der Arbeitnehmererfindungen | 903 |
| | | 3. Urheberrechtlich geschützte Werke | 909 |
| | | 4. Geschützte Leistungen ausübender Künstler | 912 |
| | | 5. Begrenzung der Rechte der angestellten Urheber und ausübenden Künstler | 912 |
| | VII. | Recht der betrieblichen Altersversorgung | 913 |
| | | 1. Grundlagen | 913 |
| | | 2. Begründung und Ausgestaltung der betrieblichen Altersversorgung | 916 |
| | | 3. Abwicklung betrieblicher Versorgungsverpflichtungen | 951 |
| | | 4. Das Gesetz zur Verbesserung der betrieblichen Altersversorgung (Betriebsrentengesetz – BetrAVG) | 974 |
| | | 5. Auswirkungen des AGG (ab 18.8.2006) | 1040 |
| C. | Betriebsinhaberwechsel; Arbeitgeberwechsel | | 1040 |
| | I. | Gesamtrechtsnachfolge | 1040 |
| | | 1. Grundlagen | 1040 |
| | | 2. Umwandlung von Unternehmen | 1040 |
| | II. | § 25 HGB | 1048 |
| | III. | Rechtsgeschäftlicher Betriebsübergang (§ 613a BGB) | 1048 |
| | | 1. Grundlagen | 1048 |
| | | 2. Voraussetzungen des Betriebsübergangs | 1052 |
| | | 3. Rechtsfolgen des Betriebsüberganges | 1070 |
| D. | Sonderformen von Arbeitsverhältnissen | | 1102 |
| | I. | Arbeit auf Abruf (§ 12 TzBfG) | 1102 |
| | | 1. Begriffsbestimmung | 1102 |
| | | 2. Flexible Arbeitszeitdauer | 1103 |
| | | 3. Keine Beschränkung auf Teilzeitarbeitsverhältnisse? | 1104 |
| | | 4. Verteilung der Arbeitszeit; Nichtausschöpfung des Arbeitsdeputats | 1104 |
| | | 5. Ankündigungsfrist | 1104 |
| | | 6. Mindestdauer der Arbeitseinsätze | 1104 |
| | | 7. Arbeitsentgelt ohne Arbeitsleistung | 1105 |
| | II. | Arbeitsplatzteilung (§ 13 TzBfG) | 1105 |
| | | 1. Begriffsbestimmung | 1105 |
| | | 2. Lage der Arbeitszeit | 1105 |
| | | 3. Vertretungstätigkeit | 1106 |
| | | 4. Entgelt ohne Arbeitsleistung | 1106 |
| | | 5. Kündigungsverbot | 1106 |
| | III. | Gruppenarbeitsverhältnis | 1107 |
| | | 1. Begriffsbestimmung | 1107 |
| | | 2. Betriebsgruppen | 1107 |
| | | 3. Eigengruppe | 1108 |
| | IV. | Mittelbares Arbeitsverhältnis | 1108 |
| | | 1. Begriffsbestimmung | 1108 |
| | | 2. Inhaltliche Ausgestaltung | 1109 |
| | V. | Arbeitnehmerüberlassung | 1109 |
| | | 1. Grundlagen | 1109 |
| | | 2. Die gesetzliche Neuregelung | 1110 |
| | | 3. Leiharbeitsverhältnis | 1113 |
| | | 4. Vermutung für Arbeitsvermittlung | 1113 |
| | | 5. Arbeitnehmerüberlassung nach dem AÜG | 1114 |
| | VI. | Geringfügig Beschäftigte i. S. d. § 8 Abs. 1 SGB IV | 1130 |
| | | 1. Arbeitsrechtliche Einordnung | 1130 |

# Inhaltsverzeichnis

|   |   |   |   |
|---|---|---|---|
|   |   | 2. Sozialversicherungsrechtliche Behandlung | 1131 |
|   |   | 3. Steuerrechtliche Behandlung | 1133 |
|   |   | 4. Meldepflicht | 1134 |
| E. | Berufsausbildungsverhältnis | | 1134 |
|   | I. | Normative Grundlagen | 1134 |
|   | II. | Duales System | 1134 |
|   | III. | Der Berufsausbildungsvertrag | 1135 |
|   |   | 1. Rechtsnatur und Begründung | 1135 |
|   |   | 2. Grenzen der vertraglichen Regelungsbefugnis | 1135 |
|   |   | 3. Schriftliche Niederlegung des Ausbildungsvertrages | 1136 |
|   | IV. | Pflichten des Ausbildenden | 1137 |
|   |   | 1. Ausbildungspflicht (§ 14 Abs. 1 Nr. 1 BBiG) | 1137 |
|   |   | 2. Ausbildungsmittel | 1137 |
|   |   | 3. Nebenpflichten | 1138 |
|   |   | 4. Vergütungspflicht | 1138 |
|   |   | 5. Kosten der Berufsausbildung | 1141 |
|   |   | 6. Rechtsfolgen der Verletzung der Ausbildungspflicht; Darlegungs- und Beweislast | 1141 |
|   |   | 7. Nichtübernahme in ein Anschlussarbeitsverhältnis | 1142 |
|   | V. | Pflichten des Auszubildenden | 1142 |
|   | VI. | Beendigung des Berufsausbildungsverhältnisses | 1143 |
|   |   | 1. Ablauf der vertraglichen Dauer; Bestehen der Prüfung | 1143 |
|   |   | 2. Tarifliche Regelungen | 1143 |
|   |   | 3. Wiederholungsprüfungen | 1144 |
|   |   | 4. Aufhebungsvertrag | 1145 |
|   |   | 5. Kündigung des Ausbildungsvertrages | 1145 |
|   |   | 6. Schadensersatz bei vorzeitiger Beendigung, insbes. Kündigung | 1145 |
|   |   | 7. Übergang in ein Arbeitsverhältnis (§ 24 BBiG) | 1146 |
|   | VII. | Andere Vertragsverhältnisse (§ 26 BBiG) | 1146 |
|   | VIII. | Fortbildungsvertrag | 1147 |
|   | IX. | Umschulungsvertrag | 1147 |
|   | X. | Ordnung der Berufsbildung; zuständige Behörden | 1148 |
| F. | Einreden und Einwendungen | | 1148 |
|   | I. | Verjährung | 1148 |
|   |   | 1. Grundlagen | 1148 |
|   |   | 2. Das neue Verjährungsrecht | 1149 |
|   |   | 3. Prozessuale Fragen | 1151 |
|   |   | 4. Einwand des Rechtsmissbrauchs | 1152 |
|   | II. | Verwirkung | 1152 |
|   |   | 1. Begriffsbestimmung | 1152 |
|   |   | 2. Einzelfragen | 1153 |
|   |   | 3. Kollektivvertragliche Rechte | 1158 |
|   | III. | Ausschluss-, Verfallfristen | 1158 |
|   |   | 1. Grundlagen | 1158 |
|   |   | 2. Beginn der Ausschlussfrist | 1161 |
|   |   | 3. Kenntnis des Arbeitnehmers/Arbeitgebers | 1164 |
|   |   | 4. Geltendmachung des Anspruchs | 1166 |
|   |   | 5. Erfasste Ansprüche; Auslegung | 1174 |
|   |   | 6. Arglistige Berufung auf die Ausschlussfrist; Geltendmachung des Anspruchs | 1187 |
|   |   | 7. Einzelvertraglich vereinbarte Ausschlussfristen; Auswirkungen der Schuldrechtsreform | 1189 |

|  |  | 8. Ausschlussfristen in Betriebsvereinbarungen; Verhältnis zu tarifvertraglichen Ausschlussfristen | 1190 |
|---|---|---|---|
|  | IV. | Ausgleichsquittung | 1190 |
|  |  | 1. Grundsätze | 1190 |
|  |  | 2. Erfasste Ansprüche | 1194 |
|  |  | 3. Wirksamkeit der Ausgleichsquittung | 1198 |
|  |  | 4. Darlegungs- und Beweislast | 1199 |
|  |  | 5. Bereicherungsanspruch | 1200 |
|  | V. | Ausschlussklauseln im (außergerichtlichen und gerichtlichen) Vergleich | 1200 |
|  |  | 1. Auswirkungen der Ausgleichsklausel | 1201 |
|  |  | 2. Rechtsnatur und Auslegung der Ausgleichsklausel | 1203 |
|  |  | 3. Rechtsmissbrauch | 1204 |
| G. | Antidiskriminierungsrecht |  | 1204 |
|  | I. | Grundsätzliche Bedeutung | 1204 |
|  | II. | Benachteiligungen | 1205 |
|  |  | 1. Begriff der Benachteiligung | 1205 |
|  |  | 2. Mittelbare Benachteiligung | 1206 |
|  |  | 3. (Sexuelle) Belästigung | 1207 |
|  |  | 4. Anweisung zur Benachteiligung | 1208 |
|  | III. | Verbotene Diskriminierungsmerkmale | 1208 |
|  |  | 1. Rasse/ethnische Herkunft | 1208 |
|  |  | 2. Geschlecht | 1209 |
|  |  | 3. Religion/Weltanschauung | 1209 |
|  |  | 4. Behinderung | 1209 |
|  |  | 5. Alter | 1209 |
|  |  | 6. Sexuelle Identität | 1210 |
|  | IV. | Anwendungsbereich | 1210 |
|  |  | 1. Persönlicher Anwendungsbereich | 1210 |
|  |  | 2. Sachlicher Anwendungsbereich | 1210 |
|  |  | 3. Zeitlicher Geltungsbereich/Inkrafttreten | 1212 |
|  | V. | Rechtfertigung von Benachteiligungen | 1212 |
|  |  | 1. Struktur der Rechtfertigungsgründe | 1212 |
|  |  | 2. Rechtfertigung einer unmittelbaren Benachteiligung | 1213 |
|  |  | 3. Rechtfertigung von mittelbarer Benachteiligung | 1225 |
|  |  | 4. Affirmative Action | 1225 |
|  | VI. | Organisationspflichten des Arbeitgebers | 1226 |
|  |  | 1. Übersicht | 1226 |
|  |  | 2. Pflicht zur neutralen Stellenausschreibung | 1227 |
|  |  | 3. Pflicht zur Schulung/Hinweispflicht | 1227 |
|  |  | 4. Pflicht zum Abstellen von Benachteiligungen | 1228 |
|  |  | 5. Aushang/Bekanntmachungspflicht | 1229 |
|  | VII. | Rechtsfolgen einer Benachteiligung | 1229 |
|  |  | 1. Übersicht | 1229 |
|  |  | 2. Verbot der Benachteiligung | 1229 |
|  |  | 3. Unwirksamkeit von Vereinbarungen/Anpassung | 1230 |
|  |  | 4. Benachteiligung als Vertragsverletzung | 1231 |
|  |  | 5. Beschwerderecht/Beschwerdestelle | 1231 |
|  |  | 6. Leistungsverweigerungsrecht | 1232 |
|  |  | 7. Schadenersatz/Entschädigung nach § 15 AGG | 1233 |
|  |  | 8. Maßregelungsverbot | 1242 |
|  | VIII. | Aufgaben des Betriebsrats | 1243 |
|  | IX. | Antidiskriminierungsverbände | 1244 |
|  | X. | Antidiskriminierungsstelle des Bundes | 1244 |

# Inhaltsverzeichnis

|  |  |  |
|---|---|---|
| XI. | Diskriminierung bei Verbandsbeitritt | 1244 |
| XII. | Auswirkungen des AGG auf Organisation der Bewerberauswahl | 1244 |

**Kapitel 4  Die Beendigung des Arbeitsverhältnisses**
*(Klemens Dörner/Ulrich Baeck/Thomas Winzer)* .................... 1246

- A. Übersicht .................................................................... 1257
- B. Die Erklärung der Kündigung durch den Arbeitgeber ............... 1258
  - I. Die Kündigungserklärung ............................................. 1258
    1. Inhaltliche und förmliche Voraussetzungen .................. 1258
    2. Zugang der Kündigungserklärung .............................. 1270
    3. Vertretung; Unterzeichnung mit »i. A.« oder »i. V.« ........ 1277
    4. »Rücknahme der Kündigung« .................................... 1286
    5. »Annahme der Kündigung« ...................................... 1287
  - II. Kündigungsfristen ..................................................... 1287
    1. Entwicklungslinien ................................................. 1287
    2. Überblick über die gesetzliche Regelung ..................... 1288
    3. Geltungsbereich .................................................... 1290
    4. Berechnung der Kündigungsfristen ............................. 1290
    5. Einzelvertragliche Regelungen .................................. 1291
    6. Tarifvertragliche Regelungen (§ 622 Abs. 4 S. 1, Abs. 6 BGB) .... 1296
    7. Auswirkungen des KündFG auf Altkündigungen und auf Altregelungen .... 1303
  - III. Beschränkung des Rechts zur Erklärung einer Kündigung ........ 1305
    1. Tarifnormen, Betriebsvereinbarungen ......................... 1305
    2. Gesetzliche Vorschriften ......................................... 1306
    3. Einzelvertraglicher Kündigungsschutz ........................ 1306
- C. Die Rechtswirksamkeit der außerordentlichen Arbeitgeberkündigung .... 1306
  - I. Sonstige Unwirksamkeitsgründe .................................... 1307
    1. Beteiligung des Betriebsrats/Personalrats .................... 1307
    2. Mitwirkung des Betriebsrats bei der Kündigung von Mandatsträgern (§ 103 BetrVG, § 15 KSchG) ...... 1328
    3. Der besondere Kündigungsschutz schwangerer Frauen (§ 9 MuSchG) .... 1349
    4. Besonderer Kündigungsschutz von Arbeitnehmern in der Elternzeit (§ 18 BEEG) .... 1357
    5. Besonderer Kündigungsschutz in der Pflegezeit ............ 1361
    6. Besonderer Kündigungsschutz von schwer behinderten Arbeitnehmern (§§ 85, 91 SGB IX); Prävention (§ 84 SGB IX) .... 1362
    7. Kündigungsschutz Wehr- und Zivildienstleistender ........ 1378
    8. Kündigungsschutz für Abgeordnete ........................... 1380
    9. Besonderer Kündigungsschutz für Betriebsärzte, Fachärzte für Arbeitssicherheit, Datenschutz-, Immissionsschutzbeauftragte .... 1382
    10. Kündigungsschutz im Berufsausbildungsverhältnis ....... 1387
    11. § 613a Abs. 4 BGB ............................................... 1392
    12. Bergmannsversorgungsschein .................................. 1399
  - II. Klagefrist (§§ 13 Abs. 1, 4, 7 KSchG) ............................. 1399
    1. Regelungsbereich des KSchG (§§ 1, 23 KSchG) ............. 1399
    2. Berufsausbildungsverhältnis ................................... 1413
    3. Verwirkung des Klagerechts außerhalb des Anwendungsbereichs der §§ 1, 23 KSchG .... 1413
  - III. Ausschlussfrist (§ 626 Abs. 2 BGB) ............................... 1413
    1. Grundsätze .......................................................... 1413
    2. Einzelfragen ........................................................ 1420
  - IV. Materielle Voraussetzungen für eine außerordentliche Kündigung (§ 626 Abs. 1 BGB) .... 1423

|      |      |                                                                 |      |
|------|------|-----------------------------------------------------------------|-----:|
|      |      | 1. Grundsätze                                                   | 1423 |
|      |      | 2. Prüfungsmaßstab                                              | 1427 |
|      |      | 3. »An sich« zur außerordentlichen Kündigung geeigneter Kündigungsgrund | 1431 |
|      |      | 4. Verhältnismäßigkeitsprinzip                                  | 1485 |
|      |      | 5. Interessenabwägung                                           | 1487 |
|      |      | 6. Anhörung des Arbeitnehmers                                   | 1492 |
|      |      | 7. Verwertung betriebsverfassungswidrig erlangter Informationen durch den Arbeitgeber | 1492 |
|      |      | 8. Wiederholungs-, Trotzkündigung                               | 1493 |
|      | V.   | Darlegungs- und Beweislast                                      | 1494 |
|      |      | 1. Kündigung                                                    | 1494 |
|      |      | 2. § 626 Abs. 2 BGB                                             | 1494 |
|      |      | 3. § 626 Abs. 1 BGB                                             | 1494 |
|      | VI.  | Nachschieben von Kündigungsgründen                              | 1496 |
|      |      | 1. Grundsätze                                                   | 1496 |
|      |      | 2. Verhältnis zu § 102 BetrVG                                   | 1497 |
|      |      | 3. Verhältnis zu § 103 BetrVG                                   | 1498 |
|      | VII. | Die Verdachtskündigung                                          | 1498 |
|      |      | 1. Allgemeine Voraussetzungen                                   | 1498 |
|      |      | 2. Begründung der Kündigung                                     | 1500 |
|      |      | 3. Anhörung des Arbeitnehmers                                   | 1501 |
|      |      | 4. Beurteilungszeitpunkt                                        | 1505 |
|      |      | 5. Dringender Tatverdacht                                       | 1506 |
|      |      | 6. Interessenabwägung                                           | 1510 |
|      |      | 7. Besonderheiten bei der Zweiwochenfrist (§ 626 Abs. 2 BGB) und die Entwicklung von Strafverfahren | 1510 |
|      |      | 8. Besonderheiten bei der Anhörung des Betriebsrats             | 1514 |
|      |      | 9. Die Verdachtskündigung als ordentliche Kündigung (§ 622 BGB, § 1 KSchG) | 1516 |
|      |      | 10. Fehlprognose und Wiedereinstellungsanspruch                 | 1517 |
|      |      | 11. Kritik                                                      | 1519 |
|      | VIII.| Druckkündigung                                                  | 1519 |
|      |      | 1. Begriff                                                      | 1519 |
|      |      | 2. Voraussetzungen                                              | 1520 |
|      |      | 3. Besonderheiten bei der Beteiligung des Betriebsrats          | 1522 |
|      |      | 4. Rechtsfolgen der Druckkündigung                              | 1523 |
|      | IX.  | Besonderheiten der außerordentlichen Kündigung im öffentlichen Dienst der neuen Bundesländer | 1523 |
|      |      | 1. Normative Grundlagen                                         | 1523 |
|      |      | 2. Zweck der Regelung                                           | 1523 |
|      |      | 3. Eigenständige Regelung neben § 626 BGB; Anwendbarkeit sonstiger Kündigungsschutzbestimmungen | 1524 |
|      |      | 4. Tatbestandsvoraussetzungen im Einzelnen                      | 1524 |
|      |      | 5. Verfahrensfragen; Darlegungs- und Beweislast                 | 1525 |
|      | X.   | Vergütung und Schadensersatz (§ 628 BGB)                        | 1525 |
| D.   |      | Umdeutung einer unwirksamen außerordentlichen Kündigung in eine ordentliche Kündigung | 1528 |
|      | I.   | Abgrenzung zur hilfsweise/vorsorglich erklärten ordentlichen Kündigung | 1528 |
|      |      | 1. Gerichtliche Geltendmachung                                  | 1528 |
|      |      | 2. Umdeutung                                                    | 1528 |
|      | II.  | Voraussetzungen für die Umdeutung                               | 1528 |
|      | III. | Prozessuale Fragen                                              | 1529 |

# Inhaltsverzeichnis

|     |     |     |     |
| --- | --- | --- | --- |
|     |     | 1. Voraussetzungen für die gerichtliche Überprüfung einer durch Umdeutung ermittelten ordentlichen Kündigung | 1529 |
|     |     | 2. Hinnahme der ordentlichen Kündigung bei allgemeinem Feststellungsantrag | 1529 |
|     | IV. | Anhörung des Betriebsrats | 1530 |
|     |     | 1. Gesonderte Beteiligung des Betriebsrats | 1530 |
|     |     | 2. Ausnahme: Zustimmung des Betriebsrats | 1530 |
|     | V. | Darlegungs- und Beweislast | 1531 |
| E. | Wirksamkeit einer ordentlichen Arbeitgeberkündigung (Überblick; sonstige Unwirksamkeitsgründe) | | 1531 |
|     | I. | Überblick | 1531 |
|     | II. | Sonstige Unwirksamkeitsgründe | 1531 |
|     |     | 1. Beteiligung des Betriebsrats/Personalrats | 1531 |
|     |     | 2. §§ 85 ff. SGB IX | 1544 |
|     | III. | Klagefrist (§§ 4, 7 KSchG) | 1547 |
|     |     | 1. Regelungsbereich des KSchG (§§ 4, 7 KSchG) | 1547 |
|     |     | 2. Rechtslage außerhalb der §§ 1, 23 KSchG | 1550 |
|     | IV. | Die Sozialwidrigkeit der ordentlichen Kündigung gem. § 1 KSchG (Überblick) | 1562 |
|     |     | 1. Voraussetzungen der Anwendbarkeit des KSchG | 1562 |
|     |     | 2. Darlegungs- und Beweislast | 1574 |
|     |     | 3. Sozialwidrigkeit der Kündigung | 1577 |
|     | V. | Besonderheiten der ordentlichen Kündigung im öffentlichen Dienst der neuen Bundesländer | 1581 |
| F. | Die ordentliche personenbedingte Arbeitgeberkündigung | | 1581 |
|     | I. | Begriffsbestimmung; Abgrenzung zur verhaltensbedingten Kündigung | 1581 |
|     | II. | Übersicht über die Voraussetzungen der krankheitsbedingten Kündigung | 1582 |
|     |     | 1. Begriffsbestimmungen | 1582 |
|     |     | 2. Überblick über die Tatbestandsvoraussetzungen | 1582 |
|     | III. | Negative Gesundheitsprognose | 1583 |
|     |     | 1. Begriffsbestimmung | 1583 |
|     |     | 2. Gegenstand der Prognose | 1583 |
|     |     | 3. Einlassung des Arbeitnehmers | 1584 |
|     |     | 4. Praktische Bedeutung ärztlicher Bescheinigungen über nur noch eingeschränkte Einsatzfähigkeit | 1584 |
|     |     | 5. Tarifliche Regelungen | 1585 |
|     |     | 6. Durch Schwangerschaft verursachte Krankheiten | 1585 |
|     |     | 7. Prävention und Eingliederungsmanagement (§ 84 SGB IX) | 1585 |
|     |     | 8. Verstoß gegen §§ 1, 7 Abs. 1 AGG | 1586 |
|     | IV. | Erhebliche Beeinträchtigungen betrieblicher Interessen | 1586 |
|     |     | 1. Begriffsbestimmung | 1586 |
|     |     | 2. Darlegung erheblicher Betriebsstörungen | 1587 |
|     |     | 3. Entgeltfortzahlungskosten | 1587 |
|     | V. | Interessenabwägung | 1589 |
|     |     | 1. Notwendigkeit einer Interessenabwägung? | 1589 |
|     |     | 2. Kriterien der Interessenabwägung | 1590 |
|     | VI. | Dauernde Arbeitsunfähigkeit | 1593 |
|     |     | 1. Besonderheiten bei dauernder Arbeitsunfähigkeit | 1593 |
|     |     | 2. Modifizierung der Darlegungs- und Beweislast | 1593 |
|     |     | 3. Arbeitsunfähigkeit auf unabsehbare Zeit | 1594 |
|     |     | 4. Besonderheiten bei der Interessenabwägung | 1594 |
|     |     | 5. Ruhen des Arbeitsverhältnisses wegen Gewährung einer befristeten Erwerbsunfähigkeitsrente | 1595 |

| | | |
|---|---|---|
| VII. | Maßgeblicher Beurteilungszeitpunkt; Wiedereinstellungsanspruch? | 1595 |
| VIII. | Darlegungs- und Beweislast | 1596 |
| | 1. Negative Gesundheitsprognose | 1596 |
| | 2. Betriebliche Störungen | 1599 |
| | 3. Dauernde Arbeitsunfähigkeit; Arbeitsunfähigkeit auf unabsehbare Zeit | 1600 |
| | 4. Verminderte Leistungsfähigkeit | 1600 |
| IX. | Einzelfragen; weitere Gründe einer personenbedingten Kündigung | 1600 |
| | 1. Abmahnung | 1600 |
| | 2. Alkohol- und Drogensucht | 1601 |
| | 3. Aids | 1603 |
| | 4. Inhaftierung des Arbeitnehmers | 1604 |
| | 5. Mangelnde Eignung des Arbeitnehmers | 1606 |
| | 6. Wirtschaftliche und soziale Absicherung eines nebenberuflich tätigen Arbeitnehmers | 1611 |
| | 7. Verfassungspolitische Einstellung; politische Tätigkeit | 1611 |
| | 8. Ehe; Ehegatten-Arbeitsverhältnis; Lebensgemeinschaft | 1612 |
| | 9. Ehrenämter | 1613 |
| | 10. Ableistung des Wehrdienstes von Nicht-EU-Ausländern | 1613 |
| | 11. Sicherheitsbedenken | 1613 |
| | 12. Äußeres Erscheinungsbild | 1613 |
| | 13. Sexualpraktiken | 1615 |
| | 14. Unmöglichkeit der Gewährung eines Ersatzruhetages | 1615 |
| | 15. Wegfall der Sozialversicherungsfreiheit eines Studenten; Exmatrikulation | 1615 |
| G. | Die ordentliche verhaltensbedingte Arbeitgeberkündigung | 1616 |
| I. | Verhaltensbedingter Kündigungsgrund | 1616 |
| | 1. Begriffsbestimmung; Verknüpfung mit § 626 Abs. 1 BGB | 1616 |
| | 2. Fallgruppen | 1617 |
| | 3. Sonderformen | 1617 |
| | 4. Beurteilungsmaßstab | 1617 |
| II. | Überblick über die Voraussetzungen einer ordentlichen verhaltensbedingten Arbeitgeberkündigung | 1618 |
| III. | (I. d. R.) schuldhaftes Fehlverhalten | 1618 |
| | 1. Verschulden | 1618 |
| | 2. Objektive Pflichtwidrigkeit | 1619 |
| | 3. Schlecht- oder Minderleistungen des Arbeitnehmers | 1620 |
| | 4. Arbeitsverweigerung | 1622 |
| | 5. Unentschuldigtes Fehlen; Verspätungen | 1626 |
| | 6. Nichtüberlassung von Arbeitspapieren | 1626 |
| | 7. Beleidigungen | 1627 |
| | 8. Sonstige Störungen des Betriebsfriedens | 1628 |
| | 9. Verstoß gegen die Ordnung des Betriebes (z. B. Rauch-, Alkoholverbot) | 1630 |
| | 10. Verstoß gegen Pflichten bei Arbeitsunfähigkeit | 1630 |
| | 11. Wehrdienst von Nicht-EU-Ausländern | 1631 |
| | 12. Nebenpflichten im Arbeitsverhältnis und nach einer Kündigung; treuwidriges Verhalten; Wettbewerbsverbot | 1632 |
| | 13. Gewerkschaftswerbung während der Arbeitszeit | 1633 |
| | 14. Löschen von Kundendaten | 1633 |
| | 15. Außerdienstliches Verhalten des Arbeitnehmers | 1633 |
| | 16. Falschbeantwortung des Fragebogens wegen einer Zusammenarbeit mit dem ehemaligen MfS | 1635 |
| | 17. Betriebliche Auswirkungen der Pflichtverletzung | 1635 |

# Inhaltsverzeichnis

|  |  |  |  |
|---|---|---|---|
|  |  | 18. Der Sonderfall: Arbeitsverhältnisse mit einer reinen Vermittlungsgesellschaft | 1636 |
|  | IV. | Abmahnung | 1636 |
|  |  | 1. Notwendigkeit einer Abmahnung vor Ausspruch der Kündigung | 1636 |
|  |  | 2. Begriff und Inhalt | 1637 |
|  |  | 3. Zugang der Abmahnung | 1650 |
|  |  | 4. Abmahnungsberechtigte Personen | 1651 |
|  |  | 5. Fristen | 1651 |
|  | V. | Weiteres Fehlverhalten | 1655 |
|  |  | 1. Vergleichbarkeit von abgemahntem und neuem Fehlverhalten | 1655 |
|  |  | 2. Verzicht auf eine mögliche Kündigung durch Abmahnung | 1657 |
|  | VI. | Interessenabwägung | 1657 |
|  |  | 1. Grundüberlegungen | 1657 |
|  |  | 2. Kriterien im Einzelnen | 1657 |
|  |  | 3. Beurteilungsspielraum der Instanzgerichte | 1658 |
|  | VII. | Darlegungs- und Beweislast | 1658 |
|  |  | 1. Vertragsverletzung; betriebliche Auswirkungen | 1658 |
|  |  | 2. Abmahnung | 1659 |
| H. | Die ordentliche betriebsbedingte Kündigung | | 1659 |
|  | I. | Überblick über die Voraussetzungen der ordentlichen betriebsbedingten Arbeitgeberkündigung | 1659 |
|  | II. | Dringende betriebliche Gründe | 1660 |
|  |  | 1. Begriffsbestimmung | 1660 |
|  |  | 2. Auswirkungen auf die Darlegungslast | 1661 |
|  |  | 3. Außer-, innerbetriebliche Gründe | 1661 |
|  |  | 4. Dringlichkeit der betrieblichen Erfordernisse | 1663 |
|  |  | 5. Öffentlicher Dienst; ausländische diplomatische Vertretungen | 1688 |
|  |  | 6. Insolvenzverfahren | 1690 |
|  |  | 7. Betriebs-, Unternehmensbezogenheit des Kündigungsschutzes; Konzernbezug? | 1690 |
|  |  | 8. Ultima-ratio-Grundsatz; Leiharbeitnehmer/schwer behinderte Arbeitnehmer; ruhendes Arbeitsverhältnis | 1692 |
|  | III. | Sozialauswahl (§ 1 Abs. 3 KSchG) | 1692 |
|  |  | 1. Grundsätze | 1692 |
|  |  | 2. Vergleichbarkeit der Arbeitnehmer | 1693 |
|  |  | 3. Auswahlkriterien | 1708 |
|  |  | 4. Auswirkungen des AGG | 1724 |
|  | IV. | Interessenabwägung | 1725 |
|  | V. | Maßgeblicher Zeitpunkt für die Überprüfung | 1726 |
|  |  | 1. Zeitpunkt des Zugangs der Kündigung | 1726 |
|  |  | 2. Korrektur von Fehlprognosen | 1726 |
|  | VI. | Darlegungs- und Beweislast | 1729 |
|  |  | 1. Betriebsbedingtheit; Dringlichkeit | 1729 |
|  |  | 2. Sozialauswahl (§ 1 Abs. 3 S. 3 KSchG) | 1732 |
|  | VII. | Betriebsbedingte Kündigung mit Abfindungsangebot (§ 1a KSchG) | 1734 |
|  |  | 1. Beendigungskündigung | 1734 |
|  |  | 2. Änderungskündigung | 1736 |
| J. | Kündigung in der Insolvenz | | 1736 |
|  | I. | Altes Recht (bis 31.12.1998) | 1736 |
|  | II. | Insolvenzordnung (ab 1.1.1999) | 1736 |
|  |  | 1. Kündigungsfrist | 1737 |
|  |  | 2. Klagefrist; Insolvenzverwalter als Partei | 1737 |

|  |  | 3. | Interessenausgleich mit namentlicher Bezeichnung der zu kündigenden Arbeitnehmer | 1738 |
|---|---|---|---|---|
|  |  | 4. | Vorabverfahren zur Kündigung von Arbeitnehmern | 1742 |
| K. | Besonderheiten bei Massenentlassungen | | | 1743 |
|  | I. | Allgemeines | | 1743 |
|  | II. | Formelle Besonderheiten der Massenentlassungen (§§ 17 bis 22 KSchG) | | 1743 |
|  |  | 1. | Anzeigepflicht (§ 17 KSchG) | 1743 |
|  |  | 2. | Beteiligung des Betriebsrats an anzeigepflichtigen Entlassungen | 1747 |
|  |  | 3. | Anzeige an die Agentur für Arbeit | 1751 |
|  |  | 4. | Folgen einer ordnungsgemäßen Massenentlassungsanzeige | 1753 |
|  |  | 5. | Folgen einer fehlenden oder fehlerhaften Massenentlassungsanzeige | 1754 |
|  |  | 6. | Zeitplan/Empfohlenes Vorgehen | 1757 |
| L. | Die anderweitige Beschäftigungsmöglichkeit | | | 1757 |
|  | I. | Absolute Gründe der Sozialwidrigkeit | | 1757 |
|  |  | 1. | Allgemeine Voraussetzungen | 1757 |
|  |  | 2. | Fehlen eines (ordnungsgemäßen) Widerspruchs des Betriebsrats | 1758 |
|  | II. | Pflicht zur anderweitigen Beschäftigung auch bei verhaltensbedingter Kündigung? | | 1758 |
|  | III. | Anderweitige Beschäftigungsmöglichkeit | | 1758 |
|  |  | 1. | Vergleichbare Arbeitsplätze; Unternehmensbezug | 1758 |
|  |  | 2. | Zumutbare Umschulungs- oder Fortbildungsmaßnahmen | 1762 |
|  |  | 3. | Darlegungs- und Beweislast | 1763 |
| M. | Die ordentliche Arbeitgeberkündigung bei mehreren Kündigungsgründen und sog. Mischtatbeständen | | | 1765 |
|  | I. | Mischtatbestände | | 1765 |
|  |  | 1. | Begriffsbestimmung | 1765 |
|  |  | 2. | Beschränkung der Überprüfung auf die »Störquelle« | 1765 |
|  | II. | Mehrere Kündigungssachverhalte | | 1765 |
|  |  | 1. | Begriffsbestimmung | 1765 |
|  |  | 2. | Vollständige Überprüfung aller Kündigungstatbestände | 1766 |
| N. | Vorrang der Änderungskündigung vor der Beendigungskündigung | | | 1766 |
|  | I. | Normative Legitimation | | 1766 |
|  | II. | Verfahrensfragen; Änderung der Rechtsprechung | | 1768 |
|  | III. | Möglichkeit und Zumutbarkeit der Weiterbeschäftigung | | 1769 |
| O. | Die Änderungskündigung | | | 1769 |
|  | I. | Begriff und Anwendungsbereich | | 1769 |
|  |  | 1. | Zweck der Änderungskündigung | 1769 |
|  |  | 2. | Rechtsnatur; anwendbare Vorschriften | 1770 |
|  |  | 3. | Verknüpfung von Kündigung und Änderungsangebot | 1773 |
|  | II. | Abgrenzung zur Ausübung des Direktionsrechts und zur Versetzung | | 1774 |
|  |  | 1. | Keine einseitige Zuweisung eines geringerwertigen Arbeitsplatzes | 1774 |
|  |  | 2. | Weitergehende tarifliche Regelungen | 1774 |
|  | III. | Abgrenzung zur Teilkündigung und zum Widerrufsrecht | | 1774 |
|  |  | 1. | Begriff der Teilkündigung; Abgrenzung zur Beendigungskündigung und zur ergänzenden Vertragsauslegung | 1774 |
|  |  | 2. | Grundsätzliches Verbot der Teilkündigung | 1775 |
|  |  | 3. | Begriff des Widerrufsvorbehaltes | 1775 |
|  |  | 4. | Grundsätzliche Zulässigkeit von Widerrufsvorbehalten; Wegfall der Geschäftsgrundlage | 1775 |
|  |  | 5. | Übertragung der für den Widerrufsvorbehalt entwickelten Grundsätze auf die vorbehaltene Teilkündigung | 1776 |
|  |  | 6. | Verfahrensfragen | 1776 |
|  |  | 7. | Umdeutung | 1777 |

## Inhaltsverzeichnis

|  |  |  |  |
|---|---|---|---|
| | IV. | Gründe für eine sozial gerechtfertigte Änderungskündigung | 1777 |
| | | 1. Prüfungsmaßstab | 1777 |
| | | 2. Personenbedingte Gründe | 1779 |
| | | 3. Verhaltensbedingte Gründe | 1779 |
| | | 4. Betriebsbedingte Gründe | 1779 |
| | V. | Ablehnung des Angebots; Annahme unter Vorbehalt | 1795 |
| | | 1. Vorbehaltlose Annahme | 1795 |
| | | 2. Annahme unter Vorbehalt; Erklärungsfrist; Rücknahme des Vorbehalts | 1795 |
| | | 3. Änderungsschutzklage als Annahme unter Vorbehalt? | 1797 |
| | | 4. Normative Bedeutung des Vorbehalts | 1797 |
| | | 5. Auswirkungen der Annahme unter Vorbehalt; Klageabweisung; Klagerücknahme | 1797 |
| | | 6. Ablehnung der Annahme unter Vorbehalt | 1798 |
| | VI. | Rechtsfolgen der Entscheidung des Arbeitnehmers für die Überprüfung der sozialen Rechtfertigung der Änderungskündigung | 1798 |
| | | 1. Annahme unter Vorbehalt | 1798 |
| | | 2. Ablehnung des Angebots | 1802 |
| | VII. | § 15 KSchG | 1802 |
| | | 1. Ausschluss der ordentlichen Änderungskündigung | 1802 |
| | | 2. Ausnahme bei Massenänderungskündigungen | 1802 |
| | VIII. | Außerordentliche Änderungskündigung | 1803 |
| | | 1. Anwendungsfälle | 1803 |
| | | 2. Voraussetzungen | 1804 |
| | | 3. § 2 KSchG analog | 1805 |
| | | 4. Änderungsschutzklage | 1806 |
| | | 5. Prüfungsmaßstab | 1806 |
| | IX. | Beteiligung des Betriebsrats | 1808 |
| | | 1. Inhalt der Unterrichtungspflicht gem. § 102 BetrVG | 1808 |
| | | 2. Einzelfragen | 1808 |
| | X. | »Rücknahme« der Änderungskündigung; zwischenzeitliche Vergütung | 1809 |
| P. | Besonderheiten der Kündigung in Tendenzbetrieben und in kirchlichen Einrichtungen | | 1809 |
| | I. | Tendenzwidrigkeit als Kündigungsgrund | 1809 |
| | | 1. Anwendbarkeit des KSchG auf Tendenzbetriebe | 1809 |
| | | 2. Bedeutung des Tendenzbezuges der Tätigkeit; Tendenzgefährdung | 1810 |
| | | 3. Außerdienstliches Verhalten | 1811 |
| | | 4. Politische Betätigung | 1811 |
| | | 5. Verhältnismäßigkeitsprinzip | 1811 |
| | II. | Kündigungsrechtliche Besonderheiten bei Kirchenbediensteten | 1811 |
| | | 1. Das kirchliche Selbstbestimmungsrecht | 1811 |
| | | 2. Vertragliche Vereinbarung besonderer Obliegenheiten | 1812 |
| | | 3. Wahrung des Selbstbestimmungsrechts durch die ArbG | 1812 |
| | | 4. Kündigungsschutz von Schwerbehinderten | 1813 |
| | | 5. Beispiele für tendenzrelevante Kündigungsgründe | 1814 |
| Q. | Die Auflösung des Arbeitsverhältnisses durch das ArbG (§§ 9, 10 KSchG) | | 1816 |
| | I. | Auflösung bei sozialwidriger Kündigung auf Antrag des Arbeitnehmers | 1816 |
| | | 1. Unzumutbarkeit der Fortsetzung des Arbeitsverhältnisses | 1816 |
| | | 2. Sozialwidrigkeit der Kündigung | 1817 |
| | | 3. Anforderungen an die Unzumutbarkeit | 1817 |
| | | 4. Beendigungszeitpunkt | 1818 |
| | | 5. Beurteilungszeitpunkt; zu berücksichtigende Tatsachen | 1819 |
| | | 6. Auflösungsantrag nach Betriebsübergang | 1819 |

| | | | |
|---|---|---|---|
| | II. | Auflösung des Arbeitsverhältnisses auf Antrag des Arbeitgebers | 1819 |
| | | 1. Keine weitere gedeihliche Zusammenarbeit | 1819 |
| | | 2. Sonstige Unwirksamkeitsgründe | 1820 |
| | | 3. Prüfungsmaßstab; Beurteilungszeitpunkt | 1821 |
| | | 4. Darlegungs- und Beweislast | 1825 |
| | | 5. Leitende Angestellte (§ 14 Abs. 2 S. 2 KSchG) | 1826 |
| | | 6. Besonderheiten bei schwerbehinderten Menschen? | 1826 |
| | III. | Beiderseitige Auflösungsanträge | 1827 |
| | | 1. Auflösung ohne weitere Überprüfung | 1827 |
| | | 2. Getrennte Überprüfung beider Anträge | 1827 |
| | | 3. Prozessuale Probleme | 1828 |
| | IV. | Auflösung bei unwirksamer außerordentlicher Kündigung | 1828 |
| | | 1. Grundlagen | 1828 |
| | | 2. Einzelfragen | 1828 |
| | | 3. Auflösungszeitpunkt | 1828 |
| | V. | Auflösungsantrag und spätere Kündigung(en) | 1828 |
| | VI. | Auflösung bei Änderungskündigung | 1829 |
| | VII. | Auflösung wegen militärischer Interessen | 1829 |
| | VIII. | Begriff, Rechtsnatur und Höhe der Abfindung (§ 10 KSchG) | 1829 |
| | | 1. Sinn und Zweck der Regelung | 1829 |
| | | 2. Begriff und Rechtsnatur der Abfindung | 1829 |
| | | 3. Höhe der Abfindung | 1831 |
| | IX. | Verfahrensfragen | 1835 |
| | X. | Verhältnis zu anderen Ansprüchen und zu anderen Abfindungen | 1835 |
| | | 1. Entgelt- und Schadensersatzansprüche | 1835 |
| | | 2. Weitere Abfindungsansprüche | 1835 |
| | XI. | Steuerrechtliche Fragen | 1836 |
| | | 1. Steuerermäßigung | 1836 |
| | | 2. Lohnsteueranrufungsauskunft | 1836 |
| | | 3. Schadensersatz bei steuerlichen Nachteilen bei vorzeitiger Zahlung? | 1837 |
| | XII. | Sozialversicherungsrechtliche Fragen | 1837 |
| R. | Die Weiterbeschäftigung des gekündigten Arbeitnehmers | | 1838 |
| | I. | § 102 Abs. 5 BetrVG, § 79 Abs. 2 BPersVG | 1838 |
| | | 1. Zweck der gesetzlichen Regelung | 1838 |
| | | 2. Zwingende Regelung | 1838 |
| | | 3. Verhältnis zu § 615 BGB | 1838 |
| | | 4. Voraussetzungen des Anspruchs | 1839 |
| | | 5. Inhalt des Anspruchs | 1842 |
| | | 6. Verhältnis zum allgemeinen Weiterbeschäftigungsanspruch; prozessuale Fragen | 1843 |
| | | 7. Entbindung des Arbeitgebers von der Weiterbeschäftigungspflicht (§ 102 Abs. 5 S. 2 BetrVG) | 1843 |
| | II. | Allgemeiner Weiterbeschäftigungsanspruch (Weiterbeschäftigung außerhalb des § 102 Abs. 5 BetrVG, § 79 Abs. 2 BPersVG) | 1845 |
| | | 1. Rechtsauffassung des BAG | 1845 |
| | | 2. Auswirkung weiterer Kündigungen; Auflösungsantrag | 1850 |
| | | 3. Inhalt des allgemeinen Weiterbeschäftigungsanspruchs und Rechtslage nach rechtskräftiger Entscheidung über die Wirksamkeit/Unwirksamkeit der Kündigung | 1851 |
| S. | Die Kündigung des Arbeitsverhältnisses durch den Arbeitnehmer | | 1855 |
| | I. | Ordentliche Kündigung | 1855 |
| | II. | Außerordentliche Kündigung | 1855 |
| | | 1. Allgemeine Voraussetzungen | 1855 |

|  |  |  |  |
|---|---|---|---|
| | | 2. Prozessuale Fragen | 1857 |
| | III. | Umdeutung | 1858 |
| | IV. | Anfechtung, Widerruf der Eigenkündigung | 1858 |
| | V. | Rechtsmissbräuchliche Berufung auf eine Kündigung in einem emotionalen Ausnahmezustand | 1859 |

**Kapitel 5   Befristete und auflösend bedingte Arbeitsverhältnisse**
*(Axel Hoß)* ............................................................. 1860

| | | | |
|---|---|---|---|
| A. | Die Befristung des Arbeitsverhältnisses | | 1861 |
| | I. | Befristungsarten | 1861 |
| | II. | Sachgrundbefristung (§ 14 Abs. 1 TzBfG) | 1862 |
| | | 1. Grundlagen | 1862 |
| | | 2. Prüfungsgegenstand | 1863 |
| | | 3. Prüfungszeitpunkt | 1865 |
| | | 4. Allgemeine Kriterien des Sachgrundes | 1865 |
| | | 5. Die gesetzlichen Sachgründe | 1867 |
| | | 6. Verlängerung der Befristung | 1880 |
| | | 7. Befristung einzelner Vertragsbedingungen | 1882 |
| | | 8. Darlegungs- und Beweislast | 1885 |
| | III. | Erleichterte Befristung (§ 14 Abs. 2 TzBfG) | 1885 |
| | | 1. Grundlagen | 1885 |
| | | 2. Vereinbarkeit der gesetzlichen Regelung mit der RL 99/70/EG | 1886 |
| | | 3. Tatbestandsvoraussetzungen | 1887 |
| | | 4. Abweichungen durch Tarifvertrag | 1892 |
| | | 5. Individualrechtliche Vereinbarung der abweichenden tariflichen Regelungen | 1893 |
| | | 6. Darlegungs- und Beweislast | 1893 |
| | | 7. Sachgrundlose Befristung in den ersten vier Jahren nach Unternehmensgründung | 1893 |
| | | 8. Verhältnis zu personalvertretungsrechtlichen Normen | 1893 |
| | IV. | Sachgrundlose Befristung bei älteren Arbeitnehmern (§ 14 Abs. 3 TzBfG); die gesetzliche Neuregelung 2007 | 1894 |
| | | 1. Entwicklungslinien | 1894 |
| | | 2. Die gesetzliche Neuregelung | 1896 |
| | V. | Befristung des Arbeitsverhältnisses bis zur Altersgrenze | 1896 |
| | VI. | Schriftform | 1897 |
| | | 1. Normzweck | 1898 |
| | | 2. Rechtsnatur und Umfang des Schriftformerfordernisses | 1898 |
| | | 3. Rechtsfolgen der Nichtbeachtung der gesetzlichen Form | 1899 |
| | VII. | Ende des befristeten Arbeitsvertrages (§ 15 Abs. 1, 2 TzBfG) | 1901 |
| | VIII. | Ausschluss der ordentlichen Kündigung (§ 15 Abs. 3 TzBfG) | 1901 |
| | IX. | Fiktion eines unbefristeten Arbeitsverhältnisses (§ 15 Abs. 5 TzBfG) | 1902 |
| | | 1. Grundlagen | 1902 |
| | | 2. Abdingbarkeit | 1904 |
| | X. | Rechtsfolgen unwirksamer Befristung (§ 16 TzBfG) | 1904 |
| | XI. | Klagefrist (§ 17 TzBfG) | 1905 |
| | | 1. Grundlagen | 1905 |
| | | 2. Beginn der Klagefrist; Wirkung der Fristversäumnis | 1906 |
| | | 3. Abweichende Vereinbarungen; Unabdingbarkeit des Befristungskontrollschutzes | 1907 |
| B. | Besondere gesetzliche Bestimmungen | | 1908 |
| | I. | BeschFG (bis 31.12.2000) | 1908 |
| | II. | Wissenschaftliches Personal und Ärzte | 1908 |

|  |  | 1. WisszeitVG: für Verträge ab dem 18.4.2007 | 1908 |
|---|---|---|---|
|  |  | 2. §§ 57a ff. HRG: Rechtslage für Verträge ab dem 23.2.2002 bis zum 27.7.2004 bzw. bis zum 31.12.2004 (*BVerfG* 27.7.2004 NJW 2004, 2803; § 6 Abs. 1 S. 1, 3 WisszeitVG) | 1909 |
|  |  | 3. Der Diskurs von BVerfG und Bundesgesetzgeber: Rechtslage ab dem 1.1.2005; Übergangsvorschriften | 1912 |
|  |  | 4. §§ 57a ff. HRG a. F.: Rechtslage für Verträge bis zum 22.2.2002 (§ 6 Abs. 1 S. 2 WisszeitVG) | 1913 |
|  |  | 5. Ärzte in der Weiterbildung | 1917 |
|  | III. | § 21 BEEG | 1918 |
|  | IV. | §§ 9 Nr. 2, 3 Abs. 1 Nr. 3 AÜG | 1919 |
| C. | Prozessuale Fragen | | 1919 |
| D. | Auflösende Bedingung | | 1920 |
|  | I. | Grundlagen | 1920 |
|  | II. | Anforderungen an den Sachgrund | 1920 |
|  |  | 1. Grundsätze | 1920 |
|  |  | 2. Die besonderen Sachgründe des § 14 Abs. 1 S. 1 Nr. 1 bis 8 TzBfG | 1921 |
|  | III. | Beispiele für auflösende Bedingungen vor und nach Einführung des TzBfG | 1921 |
|  | IV. | Weitere anzuwendende Vorschriften | 1923 |
| E. | Altersgrenzen | | 1923 |
|  | I. | Begriffsbestimmung | 1923 |
|  | II. | Allgemeine Zulässigkeitsvoraussetzungen; inhaltliche Bestimmtheit | 1924 |
|  | III. | Altersgrenzen in Betriebsvereinbarungen | 1925 |
|  | IV. | Tarifliche Regelungen und LuftBO | 1926 |
|  | V. | § 41 Abs. 4 SGB VI | 1928 |
| F. | Besonderer Beendigungsschutz schwer behinderter Arbeitnehmer | | 1928 |
| G. | Auswirkungen des AGG (ab 18.8.2006) | | 1929 |
| H. | Die Weiterbeschäftigung des gekündigten Arbeitnehmers | | 1929 |

| **Kapitel 6** | **Aufhebungsvertrag** | | |
|---|---|---|---|
|  | *(Axel Hoß/Ralph Stichler)* | | 1930 |
| A. | Allgemeines | | 1931 |
| B. | Grundsatz der Vertragsfreiheit | | 1932 |
| C. | Abgrenzung zum Abwicklungsvertrag, zum Prozessvergleich bzw. zu § 1a KSchG | | 1934 |
|  | I. | Abwicklungsvertrag | 1934 |
|  | II. | Prozessvergleich | 1935 |
|  | III. | Einvernehmliche Beendigung über § 1a KSchG | 1936 |
| D. | Abschluss des Aufhebungsvertrages | | 1937 |
|  | I. | Form | 1938 |
|  |  | 1. Schriftform | 1938 |
|  |  | 2. Rechtsfolgen der Nichteinhaltung der Schriftform | 1939 |
|  |  | 3. Durchbrechung der Formnichtigkeit in Ausnahmefällen | 1939 |
|  | II. | Zustandekommen des Aufhebungsvertrages | 1940 |
|  | III. | Abschlussberechtigung | 1940 |
|  | IV. | Minderjährige | 1941 |
|  | V. | Umdeutung einer unwirksamen Kündigung in ein Angebot zum Abschluss eines Aufhebungsvertrages | 1941 |
|  |  | 1. Allgemeine Voraussetzungen | 1941 |
|  |  | 2. Bestätigung des Zugangs einer Kündigung | 1941 |
|  |  | 3. Ausgleichsquittung | 1942 |
|  | VI. | Anspruch auf Aufhebungsvertrag | 1942 |
| E. | Bedingte Aufhebungsverträge | | 1943 |
|  | I. | Zuerkennung einer Rente wegen Erwerbsminderung | 1943 |

# Inhaltsverzeichnis

|  |  |  |  |
|---|---|---|---|
| | II. | Altersgrenzen | 1943 |
| | III. | Beendigung bei Eintritt einer Bedingung | 1944 |
| F. | | Abgrenzung zwischen Aufhebungsvertrag und Befristung | 1945 |
| G. | | Inhalt des Aufhebungsvertrages | 1946 |
| | I. | Beendigung des Arbeitsverhältnisses | 1946 |
| | II. | Vorzeitige Beendigung des Arbeitsverhältnisses | 1949 |
| | III. | Vergütung bis zum Beendigungszeitpunkt | 1950 |
| | IV. | Freistellung | 1951 |
| | | 1. Sozialrechtliche Konsequenzen einer Freistellung | 1952 |
| | | 2. Verpflichtung zur Fortzahlung der Vergütung | 1953 |
| | | 3. Gewährung von Sachleistungen während der Freistellung | 1954 |
| | | 4. Anrechnung anderweitigen Erwerbs | 1954 |
| | | 5. Anrechnung der Freistellung auf den Erholungsurlaub | 1956 |
| | | 6. Formulierung der Freistellung im Aufhebungsvertrag | 1957 |
| | V. | Abfindung | 1958 |
| | | 1. Begriff der Abfindung in steuerlicher Hinsicht | 1959 |
| | | 2. Auflösung eines Arbeitsverhältnisses | 1959 |
| | | 3. Ermäßigte Besteuerung nach § 34 i. V. m. § 24 EStG | 1961 |
| | | 4. Nettoabfindung | 1962 |
| | | 5. Wegfall der Abfindung | 1963 |
| | VI. | Einzahlung der Abfindung in eine Direktversicherung | 1963 |
| | VII. | Zeugnis | 1965 |
| | VIII. | Sprachregelung | 1967 |
| | IX. | Betriebliche Altersversorgung | 1968 |
| | X. | Übertragung einer Direktversicherung | 1968 |
| | XI. | Nachvertragliches Wettbewerbsverbot | 1969 |
| | | 1. Fortbestand eines nachvertraglichen Wettbewerbsverbotes | 1969 |
| | | 2. Aufhebung eines nachvertraglichen Wettbewerbsverbotes | 1970 |
| | | 3. Vereinbarung eines nachvertraglichen Wettbewerbsverbotes | 1971 |
| | XII. | Rückgabe des Dienstwagens | 1971 |
| | XIII. | Arbeitgeberdarlehen | 1973 |
| | XIV. | Geschäfts- und Betriebsgeheimnisse | 1974 |
| | XV. | Rückzahlung von Aus- und Fortbildungskosten | 1974 |
| | XVI. | Rückgabe von Arbeitsmitteln | 1975 |
| | XVII. | Vererbbarkeit/Beendigung durch Tod | 1975 |
| | XVIII. | Arbeitspapiere | 1976 |
| | XIX. | Hinweis auf Arbeitslosmeldung und steuer- und sozialrechtliche Konsequenzen | 1977 |
| | XX. | Arbeitnehmererfindung | 1978 |
| | XXI. | Verzicht auf Wiedereinstellungsanspruch | 1978 |
| | XXII. | Allgemeine Erledigungsklausel | 1979 |
| | XXIII. | Salvatorische Klausel | 1980 |
| H. | | Inhaltskontrolle | 1981 |
| J. | | Rechtsmängel des Aufhebungsvertrages | 1982 |
| | I. | Nichtigkeit nach § 134 BGB | 1982 |
| | II. | Nichtigkeit nach § 105 BGB | 1982 |
| | III. | Nichtigkeit nach § 138 BGB | 1983 |
| | IV. | Anfechtung wegen Irrtums | 1983 |
| | V. | Anfechtung wegen arglistiger Täuschung | 1983 |
| | VI. | Anfechtung wegen widerrechtlicher Drohung | 1984 |
| | VII. | Anfechtung wegen Zeitdrucks | 1986 |
| | VIII. | Unzulässige Rechtsausübung | 1987 |
| | IX. | Anfechtung bei kollusivem Zusammenwirken | 1988 |

| | | | |
|---|---|---|---|
| | X. | Rücktritt vom Vertrag wegen Vertretungsmängeln | 1988 |
| | XI. | Widerrufsrecht nach § 312 BGB n. F. | 1989 |
| | XII. | Wegfall der Geschäftsgrundlage (§ 313 BGB n. F.) | 1989 |
| | XIII. | Darlegungs- und Beweislast | 1990 |
| K. | Aufhebungsvertrag und Betriebsänderung | | 1990 |
| | I. | Beschränkung des Sozialplans auf betriebsbedingte Kündigung | 1991 |
| | II. | Stichtagsregelung | 1991 |
| | III. | Ausschluss von Aufhebungsverträgen im Sozialplan | 1991 |
| | IV. | Nachbesserungsklausel | 1992 |
| | V. | Ausgleichsklausel und Sozialplananspruch | 1992 |
| L. | Hinweis- und Aufklärungspflichten | | 1993 |
| | I. | Beendigung auf Initiative des Arbeitnehmers | 1993 |
| | II. | Beendigung auf Initiative des Arbeitgebers | 1993 |
| | | 1. Hinweis auf sozialrechtliche Nachteile | 1994 |
| | | 2. Hinweis auf steuerrechtliche Nachteile | 1994 |
| | | 3. Hinweis auf besonderen Kündigungsschutz | 1995 |
| | | 4. Hinweis auf tarifliches Widerrufsrecht | 1995 |
| | | 5. Hinweis auf Verlust von Versorgungsanwartschaften | 1995 |
| | | 6. Hinweis auf bevorstehenden Sozialplan | 1997 |
| | III. | Rechtsfolgen bei der Verletzung von Hinweis- und Aufklärungspflichten | 1997 |
| | IV. | Abdingbarkeit der Hinweis- und Aufklärungspflicht | 1998 |
| M. | Rechtsschutzversicherung bei Aufhebungsvertrag | | 1998 |
| N. | Anwaltliche Strategien im Kündigungsschutzverfahren | | 2001 |
| | I. | Einleitung | 2001 |
| | II. | Schwerpunkte prozesstaktischer Überlegungen | 2001 |
| | | 1. Arbeitnehmer-Mandant | 2001 |
| | | 2. Arbeitgeber-Mandant | 2006 |
| | III. | Güteverhandlung | 2009 |

**Kapitel 7  Altersteilzeit**
*(Axel Hoß)*  2011

| | | | |
|---|---|---|---|
| A. | Einführung | | 2011 |
| B. | Anspruch auf Altersteilzeit | | 2012 |
| C. | Voraussetzungen der Altersteilzeit | | 2014 |
| | I. | Voraussetzungen bei Beginn der Altersteilzeit vor dem 1.1.2010 | 2015 |
| | | 1. Berechtigter Personenkreis | 2015 |
| | | 2. Laufzeit der Altersteilzeitvereinbarung | 2016 |
| | | 3. Verkürzung der Arbeitszeit | 2021 |
| | | 4. Aufstockung der Teilzeitvergütung | 2035 |
| | | 5. Einstellung eines Arbeitslosen oder Übernahme eines Auszubildenden | 2041 |
| | II. | Voraussetzungen bei Beginn der Altersteilzeit nach 31.12.2009 | 2049 |
| D. | Leistungen der Bundesagentur für Arbeit | | 2049 |
| | I. | Umfang der Leistungen der Agentur für Arbeit | 2050 |
| | II. | Zeitpunkt der Förderung durch die Agentur für Arbeit | 2051 |
| | III. | Erlöschen des Anspruchs auf Zuschüsse | 2052 |
| | IV. | Ruhen des Anspruchs auf Förderleistungen bei Nebentätigkeiten | 2052 |
| | V. | Ruhen des Anspruchs auf Förderleistungen bei Mehrarbeit | 2053 |
| E. | Steuerliche und sozialrechtliche Behandlung der Altersteilzeit | | 2053 |
| | I. | Steuerliche Behandlung der Aufstockungsbeträge | 2053 |
| | II. | Sozialversicherungsrechtliche Behandlung der Aufstockungsbeträge | 2054 |
| | III. | Arbeitslosigkeit im Anschluss an die Altersteilzeit | 2054 |
| | IV. | Krankengeldbezug während der Altersteilzeit | 2056 |
| | V. | Krankengeldbezug nach Abbruch der Altersteilzeit | 2056 |

## Inhaltsverzeichnis

|  |  |  |  |
|---|---|---|---|
|  | VI. | Krankenversicherungsbeiträge in der Freistellungsphase | 2057 |
| F. | Arbeitsrechtliche Behandlung des Altersteilzeitvertrages | | 2058 |
|  | I. | Laufzeit des Altersteilzeitvertrages | 2059 |
|  | II. | Verteilung der Arbeitszeit | 2059 |
|  | III. | Tätigkeitsbeschreibung | 2060 |
|  | IV. | Vergütung | 2060 |
|  | V. | Aufstockungsbeträge | 2061 |
|  | VI. | Erkrankung während der Altersteilzeit | 2062 |
|  | VII. | Erholungsurlaub | 2064 |
|  | VIII. | Nebentätigkeiten | 2064 |
|  | IX. | Mitwirkungspflichten | 2065 |
|  | X. | Insolvenzsicherung | 2065 |
|  | XI. | Beendigung des Anstellungsverhältnisses | 2065 |
|  | XII. | Schlussbestimmungen | 2066 |
| G. | Kurzarbeit während der Altersteilzeit | | 2067 |
| H. | Insolvenz des Arbeitgebers | | 2067 |

**Kapitel 8  Sozialrechtliche Rechtsfolgen der Kündigung/Beendigung von Arbeitsverhältnissen**
*(Axel Hoß)* ............ 2070

|  |  |  |  |
|---|---|---|---|
| A. | Vorbemerkung | | 2071 |
| B. | Bezug von Arbeitslosengeld | | 2072 |
|  | I. | Voraussetzungen für den Bezug von Arbeitslosengeld | 2072 |
|  |  | 1. Begriff der Arbeitslosigkeit | 2073 |
|  |  | 2. Meldung bei der Agentur für Arbeit | 2076 |
|  |  | 3. Erfüllung der Anwartschaftszeit | 2078 |
|  | II. | Bezugsdauer | 2082 |
|  |  | 1. Grundanspruch | 2082 |
|  |  | 2. Minderung der Anspruchsdauer | 2083 |
|  | III. | Höhe des Arbeitslosengeldes | 2084 |
|  | IV. | Minderung des Arbeitslosengeldes wegen verspäteter Meldung | 2084 |
|  | V. | Keine Anrechnung der Abfindung auf das Arbeitslosengeld | 2085 |
|  | VI. | Übersicht über Ruhens- und Sperrzeiten beim Arbeitslosengeld | 2085 |
|  | VII. | Ruhenszeit wegen Urlaubsabgeltung | 2085 |
|  | VIII. | Ruhenszeit wegen Verkürzung der Kündigungsfrist | 2086 |
|  |  | 1. Nichteinhaltung der ordentlichen Kündigungsfrist | 2086 |
|  |  | 2. Abfindung, Entschädigung oder ähnliche Leistung | 2088 |
|  |  | 3. Dauer des Ruhenszeitraums | 2089 |
|  |  | 4. Konsequenzen des Ruhenszeitraums nach § 158 SGB III | 2090 |
|  | IX. | Sperrzeit wegen verspäteter Arbeitslosmeldung | 2091 |
|  | X. | Sperrzeit wegen Beendigung des Arbeitsverhältnisses | 2092 |
|  |  | 1. Sperrzeitrelevante Beendigungstatbestände | 2092 |
|  |  | 2. Wichtiger Grund i. S. v. § 159 SGB III | 2100 |
|  |  | 3. Folgen der Sperrzeit | 2106 |
|  |  | 4. Beginn der Sperrzeit | 2106 |
| C. | Erstattung des Arbeitslosengeld nach § 147a SGB III a. F. | | 2107 |
| D. | Erstattung des Arbeitslosengeld nach § 148 SGB III a. F. bei nachvertraglichem Wettbewerbsverbot | | 2107 |
| E. | Krankenversicherung nach Beendigung des Arbeitsverhältnisses | | 2107 |
|  | I. | Pflichtmitgliedschaft während des Bezuges von Arbeitslosengeld | 2107 |
|  |  | 1. Nachwirkender Krankenversicherungsschutz | 2108 |
|  |  | 2. Mitgliedschaft in einer Ersatzkasse | 2108 |
|  |  | 3. Mitglieder einer privaten Krankenversicherung | 2108 |

|  |  | 4. Krankenversicherungsschutz während eines Ruhenszeitraums nach § 143a SGB III | 2108 |
|---|---|---|---|
|  | II. | Arbeitsunfähigkeit während des Bezuges von Arbeitslosengeld | 2108 |
|  | III. | Arbeitsunfähigkeit zu Beginn der Arbeitslosigkeit | 2109 |
|  | IV. | Krankenversicherungsschutz nach Ende der Bezugsdauer des Arbeitslosengeldes | 2109 |
|  | V. | Krankengeldbezug nach Abbruch der Altersteilzeit | 2109 |
|  | VI. | Übernahme der Krankenversicherungsbeiträge | 2110 |
| F. | Leistungen der gesetzlichen Rentenversicherung | | 2110 |
|  | I. | Regelaltersrente | 2111 |
|  | II. | Altersrente für langjährig Versicherte | 2112 |
|  | III. | Altersrente für Schwerbehinderte | 2116 |
|  | IV. | Altersrente wegen Arbeitslosigkeit | 2118 |
|  | V. | Altersrente nach Altersteilzeitarbeit | 2122 |
|  | VI. | Altersrente für langjährig unter Tage beschäftigte Bergleute | 2123 |
|  | VII. | Altersrente für Frauen | 2124 |
|  | VIII. | Rente wegen Erwerbsminderung | 2126 |
|  | IX. | Hinzuverdienst/Teilrente | 2127 |

| Kapitel 9 | Pflichten im Hinblick auf die Beendigung des Arbeitsverhältnisses *(Klemens Dörner)* | | 2128 |
|---|---|---|---|
| A. | Das Arbeitszeugnis | | 2129 |
|  | I. | Anspruchsgrundlagen | 2129 |
|  |  | 1. Normative Regelungen; Zweck | 2129 |
|  |  | 2. Dauer des Arbeitsverhältnisses | 2130 |
|  |  | 3. Selbstständige | 2130 |
|  | II. | Zeugnisarten; Fälligkeit | 2130 |
|  |  | 1. Einfaches Zeugnis | 2130 |
|  |  | 2. Qualifiziertes Zeugnis | 2130 |
|  |  | 3. Zwischenzeugnis | 2131 |
|  |  | 4. Kündigungsschutzprozess; Weiterbeschäftigung | 2132 |
|  |  | 5. Faktisches Arbeitsverhältnis | 2132 |
|  |  | 6. Bindung an frühere Erfüllungsversuche | 2132 |
|  | III. | Inhalt des Arbeitszeugnisses | 2133 |
|  |  | 1. Grundlagen | 2133 |
|  |  | 2. Art und Dauer des Arbeitsverhältnisses; Fehlzeiten; Unterbrechungen | 2135 |
|  |  | 3. Leistung und Führung | 2136 |
|  |  | 4. Gewerkschaftliche Betätigung; Betriebsratstätigkeit | 2139 |
|  |  | 5. Beendigungsgrund und -modalitäten | 2139 |
|  |  | 6. Ausstellungsdatum | 2140 |
|  |  | 7. »Wunschformel« (»Dankes- und Grußformel«) | 2140 |
|  |  | 8. Äußerliche Gestaltung; Unterschrift | 2141 |
|  |  | 9. Beurteilungsbogen als Arbeitszeugnis | 2142 |
|  |  | 10. Darlegungs- und Beweislast | 2142 |
|  | IV. | Die Zeugnissprache | 2143 |
|  | V. | Wechsel der Zeugnisart | 2144 |
|  | VI. | Holschuld | 2145 |
|  | VII. | Widerruf | 2145 |
|  | VIII. | Ausschlussfristen; Verwirkung | 2145 |
|  | IX. | Rechtsfolgen der Verletzung der Zeugnispflicht | 2146 |
|  |  | 1. Erfüllungsanspruch; Schadensersatz | 2146 |
|  |  | 2. Darlegungs- und Beweislast bei Schadensersatzansprüchen; Inhalt des Anspruchs | 2146 |

# Inhaltsverzeichnis

|  |  |  |  |  |
|---|---|---|---|---|
|  |  | 3. | Haftung des Arbeitgebers gegenüber Dritten | 2147 |
|  | X. |  | Prozessuale Fragen | 2147 |
|  | XI. |  | Zwangsvollstreckung | 2148 |
|  | XII. |  | Sonstige Auskünfte des Arbeitgebers | 2149 |
| B. | Aufbewahrungs- und Herausgabepflichten |  |  | 2149 |
|  | I. |  | Herausgabe von Arbeitspapieren; kein Zurückbehaltungsrecht | 2149 |
|  | II. |  | Darlegungs- und Beweislast | 2150 |
|  | III. |  | Aufbewahrungspflichten | 2150 |
|  | IV. |  | Sonderregelungen | 2150 |
|  | V. |  | Herausgabepflicht des Arbeitnehmers; keine Übernahmepflicht | 2150 |
|  |  | 1. | Grundlagen | 2150 |
|  |  | 2. | Zurückbehaltungsrecht (§ 273 BGB) | 2151 |
|  |  | 3. | Erfüllung (§ 362 BGB) | 2151 |
|  |  | 4. | Ausgleichsklausel | 2152 |
|  |  | 5. | Klageantrag | 2152 |
|  |  | 6. | Übernahme von Arbeitsmitteln | 2153 |
| C. | Nachvertragliches Wettbewerbsverbot |  |  | 2153 |
|  | I. |  | Grundlagen | 2153 |
|  |  | 1. | Normative Regelungen | 2153 |
|  |  | 2. | Abgrenzung zu freien Mitarbeitern | 2153 |
|  |  | 3. | Vereinbarung vor Beendigung des Arbeitsverhältnisses | 2153 |
|  |  | 4. | Arbeitnehmer im Ruhestand | 2154 |
|  |  | 5. | Betriebsgeheimnisse; Abgrenzung | 2154 |
|  |  | 6. | Möglicher Inhalt von Wettbewerbsverboten | 2154 |
|  | II. |  | Voraussetzungen | 2155 |
|  |  | 1. | Schriftform | 2155 |
|  |  | 2. | Inhaltliche Voraussetzungen | 2156 |
|  |  | 3. | Bedingtes Wettbewerbsverbot | 2160 |
|  |  | 4. | Vorvertrag | 2161 |
|  | III. |  | Wegfall der Verpflichtungen | 2161 |
|  |  | 1. | Verzicht des Arbeitgebers | 2161 |
|  |  | 2. | Einvernehmliche Aufhebung des Wettbewerbsverbots | 2161 |
|  |  | 3. | Kündigung vor Arbeitsbeginn; vertragswidrige Nichtaufnahme der Tätigkeit | 2161 |
|  |  | 4. | Kündigung des Arbeitsverhältnisses; Nichtigkeit oder Anfechtung des Arbeitsvertrages | 2162 |
|  |  | 5. | Aufhebungsvertrag | 2162 |
|  |  | 6. | Betriebsstilllegung; Insolvenz; Gründe in der Person des Arbeitnehmers | 2163 |
|  | IV. |  | Unwirksamkeit der Wettbewerbsabrede; Schuldrechtsreform | 2163 |
|  | V. |  | Rechtsfolgen bei Verletzung der Pflichten aus der Wettbewerbsabrede | 2164 |
|  | VI. |  | Verjährung | 2164 |
| D. | Rückzahlung von Ausbildungskosten |  |  | 2164 |
|  | I. |  | Grundlagen | 2164 |
|  | II. |  | Wirksamkeitsvoraussetzungen; Inhaltskontrolle | 2165 |
|  |  | 1. | Prüfungsmaßstab | 2165 |
|  |  | 2. | Maßgeblicher Zeitpunkt für die Beurteilung | 2165 |
|  |  | 3. | Legitimation der Inhaltskontrolle | 2166 |
|  |  | 4. | Höhe der Forderung | 2166 |
|  |  | 5. | Rückzahlungsverpflichtung bei Abbruch der Ausbildung | 2166 |
|  |  | 6. | Kündigung des Arbeitsverhältnisses durch den Arbeitgeber | 2167 |
|  | III. |  | Darlegungs- und Beweislast | 2168 |
|  |  | 1. | Überwiegende Wahrscheinlichkeit eines beruflichen Vorteils | 2168 |
|  |  | 2. | Beispiele aus der Praxis | 2168 |

| | | |
|---|---|---|
| IV. | Unwirksamkeit der vereinbarten Bindungsdauer | 2169 |
| V. | Einzelfälle | 2169 |
| VI. | Tarifliche Normen; z. B. Nr. 7 SR 2a BAT | 2171 |
| | 1. Grundlagen | 2171 |
| | 2. Auf Veranlassung des Arbeitgebers | 2171 |
| | 3. Im Rahmen des Personalbedarfs | 2171 |
| | 4. Vergütungsrelevanz | 2172 |
| | 5. Beruflicher Vorteil des Arbeitnehmers | 2172 |
| | 6. Darlegungs- und Beweislast | 2172 |
| VII. | Vereinbarung zur Rückzahlung von Ausbildungskosten in Form einer Darlehensverpflichtung; Schuldumschaffung | 2173 |
| VIII. | Besonderheiten bei vorformulierten Vereinbarungen (AGB-Kontrolle; §§ 305 ff. BGB) | 2173 |
| IX. | Rückzahlung von Fortbildungskosten durch den Arbeitgeber | 2177 |

**3. Teil   Kollektives Arbeitsrecht** ... 2179

**Kapitel 10   Arbeitskampfrecht**
*(Martin Wildschütz)* ... 2181

| | | |
|---|---|---|
| A. | Grundbegriffe | 2182 |
| B. | Die Rechtmäßigkeitsvoraussetzungen des Arbeitskampfes | 2182 |
| | I. Rechtsgrundlagen des Arbeitskampfrechts | 2182 |
| | 1. Einfachgesetzliche Grundlagen | 2182 |
| | 2. § 74 Abs. 2 BetrVG, § 66 Abs. 2 BPersVG | 2183 |
| | 3. Internationales Recht | 2183 |
| | 4. Art. 9 Abs. 3 GG | 2183 |
| | II. Der Streik | 2185 |
| | 1. Gewerkschaftliche Organisation des Streiks | 2185 |
| | 2. Beachtung der tarifvertraglichen Friedenspflicht | 2185 |
| | 3. Tariflich regelbares Kampfziel, Erfüllbarkeit der Tarifforderung durch die Gegenseite | 2186 |
| | 4. Verhältnismäßigkeitsprinzip | 2187 |
| | 5. Erhaltungs- und Notstandsarbeiten | 2190 |
| | 6. Persönliche Einschränkungen des Streikrechts | 2190 |
| | 7. Sonstige Streikschranken; Grundsatz der Tarifeinheit als Streikschranke? | 2190 |
| | 8. Streikexzesse | 2191 |
| | 9. Rechtmäßigkeitsvermutung gewerkschaftlicher Streiks | 2191 |
| | III. Die Aussperrung | 2192 |
| | 1. Arten der Aussperrung | 2192 |
| | 2. Rechtliche Zulässigkeit der Aussperrung | 2192 |
| | IV. Der Boykottaufruf | 2196 |
| | V. Massenänderungskündigungen, kollektive Ausübung von Zurückbehaltungsrechten | 2196 |
| C. | Die Rechtsfolgen des rechtmäßigen Arbeitskampfes | 2197 |
| | I. Streik | 2197 |
| | 1. Suspendierung der Hauptleistungspflichten | 2197 |
| | 2. Suspendierung und anderweitige Arbeitsbefreiung | 2198 |
| | 3. Ausschluss von Kündigungen und Abmahnungen | 2199 |
| | 4. Grundsätzlicher Ausschluss von Schadensersatz- und Unterlassungsansprüchen | 2199 |
| | 5. Suspendierung und Fristen | 2200 |

# Inhaltsverzeichnis

|  |  |  |  |  |
|---|---|---|---|---|
|  |  | 6. | Vergütungsansprüche nicht streikbeteiligter Arbeitnehmer – Arbeitskampfrisiko und suspendierende Betriebs(teil)stilllegung | 2201 |
|  |  | 7. | Arbeitsverweigerungsrecht bei Zuweisung von Streikbrecherarbeiten | 2202 |
|  |  | 8. | Beteiligungsrechte des Betriebsrats | 2203 |
|  |  | 9. | Zahlung von Prämien an nicht streikbeteiligte Arbeitnehmer | 2204 |
|  |  | 10. | Arbeitskampf und schuldrechtliche Leistungspflichten | 2205 |
|  | II. | Die suspendierende Aussperrung | | 2205 |
|  |  | 1. | Suspendierung der Hauptleistungspflichten | 2205 |
|  |  | 2. | Aussperrung und sonstige Arbeitsbefreiung | 2205 |
|  |  | 3. | Abkehrrecht der Ausgesperrten | 2206 |
|  |  | 4. | Suspendierung und Fristen | 2206 |
|  |  | 5. | Mittelbare Folgen der Aussperrung – Arbeitskampfrisiko | 2206 |
|  |  | 6. | Beteiligungsrechte des Betriebsrats | 2206 |
|  |  | 7. | Leistungsstörungen infolge Aussperrung | 2206 |
|  | III. | Lösende Aussperrung | | 2206 |
|  |  | 1. | Beendigung des Arbeitsverhältnisses | 2206 |
|  |  | 2. | Wiedereinstellungsanspruch | 2207 |
| D. | Die Rechtsfolgen des rechtswidrigen Arbeitskampfes | | | 2207 |
|  | I. | Streik | | 2207 |
|  |  | 1. | Keine Suspendierung – Verletzung der Arbeitspflicht | 2207 |
|  |  | 2. | Abmahnung | 2207 |
|  |  | 3. | Kündigung | 2207 |
|  |  | 4. | Schadensersatzansprüche | 2208 |
|  |  | 5. | Unterlassungsansprüche | 2210 |
|  |  | 6. | Einwirkungspflichten | 2211 |
|  |  | 7. | Fristen und Anwartschaften | 2211 |
|  |  | 8. | Mittelbare Streikfolgen | 2212 |
|  |  | 9. | Beteiligungsrechte des Betriebsrats | 2212 |
|  |  | 10. | Folgen für einen bestehenden Tarifvertrag | 2212 |
|  | II. | Aussperrung | | 2212 |
|  |  | 1. | Keine Suspendierung – Fortbestehen der Vergütungspflicht | 2212 |
|  |  | 2. | Kündigung | 2212 |
|  |  | 3. | Schadensersatzansprüche | 2213 |
|  |  | 4. | Unterlassungsansprüche | 2213 |
|  |  | 5. | Fristen, Anwartschaften; Folgen für einen bestehenden Tarifvertrag | 2214 |

| | | | | |
|---|---|---|---|---|
| **Kapitel 11** | **Tarifvertragsrecht** *(Gerhard Pfeiffer)* | | | 2215 |
| A. | Grundlagen des Tarifvertragsrechts | | | 2216 |
|  | I. | Bedeutung und Funktion des Tarifvertrages | | 2216 |
|  | II. | Rechtsgrundlagen | | 2217 |
|  |  | 1. | Tarifvertragsrecht und Grundgesetz | 2217 |
|  |  | 2. | Tarifvertragsgesetz und Durchführungsverordnung | 2219 |
|  |  | 3. | Recht der Europäischen Union und Tarifrecht | 2219 |
|  | III. | Begriffsbestimmung und Rechtsnatur des Tarifvertrages | | 2219 |
|  |  | 1. | Definition | 2219 |
|  |  | 2. | Normativer Teil | 2220 |
|  |  | 3. | Schuldrechtlicher Teil | 2220 |
| B. | Voraussetzungen für den Abschluss von Tarifverträgen | | | 2220 |
|  | I. | Tariffähigkeit | | 2220 |
|  |  | 1. | Allgemeines | 2220 |
|  |  | 2. | Der Begriff der Koalition | 2220 |
|  |  | 3. | Tariffähigkeit von Gewerkschaften und Vereinigungen von Arbeitgebern | 2220 |

|  |  | 4. Tariffähigkeit des einzelnen Arbeitgebers | 2223 |
|---|---|---|---|
|  |  | 5. Tariffähigkeit der Zusammenschlüsse von Gewerkschaften und Arbeitgebervereinigungen | 2223 |
|  |  | 6. Weitere tariffähige Vereinigungen auf Arbeitgeberseite | 2224 |
|  | II. | Beginn und Ende der Tariffähigkeit | 2224 |
|  |  | 1. Beginn der Tariffähigkeit | 2224 |
|  |  | 2. Ende der Tariffähigkeit | 2224 |
|  | III. | Tarifzuständigkeit | 2225 |
|  |  | 1. Begriff und Bedeutung | 2225 |
|  |  | 2. Bestimmung der Tarifzuständigkeit | 2225 |
|  | IV. | Tarifverträge tarifunzuständiger oder tarifunfähiger Parteien | 2227 |
|  | V. | Gerichtliche Entscheidung über die Tariffähigkeit und die Tarifzuständigkeit einer Vereinigung | 2227 |
| C. | Abschluss, Beendigung und Form von Tarifverträgen |  | 2228 |
|  | I. | Abschluss von Tarifverträgen | 2228 |
|  | II. | Beendigung von Tarifverträgen | 2229 |
|  |  | 1. Befristung | 2229 |
|  |  | 2. Auflösende Bedingung | 2229 |
|  |  | 3. Aufhebungsvertrag | 2230 |
|  |  | 4. Ordentliche Kündigung | 2230 |
|  |  | 5. Außerordentliche Kündigung | 2230 |
|  |  | 6. Wegfall der Geschäftsgrundlage | 2231 |
|  | III. | Form von Tarifverträgen | 2231 |
|  |  | 1. Allgemeines | 2231 |
|  |  | 2. Schriftform und Verweisung auf gesetzliche oder tarifliche Bestimmungen | 2231 |
| D. | Inhalt, Auslegung und rechtliche Grenzen von Tarifverträgen |  | 2232 |
|  | I. | Der Inhalt von Tarifverträgen | 2232 |
|  |  | 1. Allgemeines | 2232 |
|  |  | 2. Normativer Teil | 2232 |
|  |  | 3. Schuldrechtlicher Teil | 2237 |
|  | II. | Auslegung von Tarifverträgen | 2238 |
|  |  | 1. Der schuldrechtliche Teil | 2238 |
|  |  | 2. Normativer Teil | 2238 |
|  |  | 3. Rechtsfolgen lückenhafter tariflicher Regelungen | 2239 |
|  |  | 4. Prozessuale Fragen | 2239 |
|  | III. | Grenzen der Regelungsbefugnis der Tarifvertragsparteien | 2239 |
|  |  | 1. Tarifvertrag und überstaatliches Recht | 2239 |
|  |  | 2. Tarifvertrag und Grundgesetz | 2240 |
|  |  | 3. Tarifverträge und Gesetzesrecht/Gesetzesvertretendes Richterrecht | 2241 |
|  |  | 4. Tarifvertrag und Betriebsvereinbarungen | 2242 |
|  |  | 5. Tarifvertrag und Vertragsrecht | 2242 |
|  | IV. | Einzelne tarifvertragliche Klauseln | 2242 |
|  |  | 1. Besetzungsregelungen | 2242 |
|  |  | 2. Differenzierungs-, Spannensicherungsklauseln | 2242 |
|  |  | 3. Absicherung übertariflicher Lohnbestandteile durch Tarifverträge | 2243 |
| E. | Geltungsgrund eines Tarifvertrages |  | 2246 |
|  | I. | Tarifgebundenheit | 2246 |
|  |  | 1. Allgemeines | 2246 |
|  |  | 2. Beginn und Ende der Tarifgebundenheit bei Inhalts-, Abschluss- und Beendigungsnormen | 2246 |
|  |  | 3. Betriebsnormen und betriebsverfassungsrechtliche Normen | 2251 |
|  |  | 4. Gemeinsame Einrichtungen | 2251 |

## Inhaltsverzeichnis

|  |  |  |  |
|---|---|---|---|
| | II. | Allgemeinverbindlichkeit | 2251 |
| | | 1. Allgemeines | 2251 |
| | | 2. Voraussetzungen | 2251 |
| | | 3. Verfahrensfragen | 2252 |
| | | 4. Rechtsfolgen | 2253 |
| | III. | Bezugnahme auf Tarifverträge | 2254 |
| | | 1. Bezugnahme auf Tarifverträge in Tarifverträgen | 2254 |
| | | 2. Bezugnahme in Betriebsvereinbarungen auf Tarifverträge | 2254 |
| | | 3. Individualvertragliche Bezugnahme auf Tarifverträge | 2255 |
| | | 4. Tarifvertragsrecht und Gleichbehandlung | 2259 |
| | | 5. Bezugnahme auf Tarifverträge durch betriebliche Übung | 2259 |
| F. | Der Geltungsbereich des normativen Teils eines Tarifvertrages | | 2260 |
| | I. | Allgemeines | 2260 |
| | II. | Der zeitliche Geltungsbereich | 2260 |
| | | 1. In-Kraft-Treten des Tarifvertrages | 2260 |
| | | 2. Beendigung des Tarifvertrages | 2261 |
| | III. | Räumlicher Geltungsbereich | 2261 |
| | IV. | Betrieblich-fachlicher Geltungsbereich | 2262 |
| | V. | Persönlicher Geltungsbereich | 2262 |
| | VI. | Tarifkonkurrenz und Tarifpluralität | 2263 |
| | | 1. Begriffe | 2263 |
| | | 2. Der Grundsatz der Tarifeinheit | 2265 |
| | | 3. Der Grundsatz der Spezialität | 2265 |
| G. | Wirkungsweise des normativen Teils eines Tarifvertrages | | 2266 |
| | I. | Allgemeines | 2266 |
| | II. | Unmittelbare Wirkung | 2266 |
| | III. | Zwingende Wirkung | 2267 |
| | IV. | Günstigkeitsprinzip | 2267 |
| | | 1. Grundlagen | 2267 |
| | | 2. Günstigkeitsvergleich | 2268 |
| | V. | Nachwirkung | 2269 |
| | | 1. Zweck der Nachwirkung | 2269 |
| | | 2. Ablauf des Tarifvertrages | 2269 |
| | | 3. Weitergeltung der Rechtsnormen | 2269 |
| | | 4. Andere Abmachung | 2270 |
| | | 5. Ausschluss der Nachwirkung | 2271 |
| H. | Der Verlust tariflicher Rechte | | 2271 |
| | I. | Verzicht | 2271 |
| | II. | Verwirkung | 2272 |
| | III. | Verjährung | 2272 |
| | IV. | Ausschlussfristen | 2272 |
| | | 1. Allgemeines | 2272 |
| | | 2. Auslegung einer Ausschlussfrist | 2273 |
| | | 3. Gegenstand der Ausschlussfristen | 2273 |
| | | 4. Beginn der Ausschlussfrist | 2274 |
| | | 5. Geltendmachung | 2275 |
| | | 6. Einrede der Arglist und tarifliche Ausschlussfrist | 2275 |
| J. | Bekanntgabe des Tarifvertrages | | 2275 |
| | I. | Grundsätzliches | 2275 |
| | II. | Übersendungs- und Mitteilungspflichten | 2276 |
| | III. | Tarifregister | 2276 |
| | IV. | Auslegung der Tarifverträge im Betrieb, Nachweisgesetz | 2277 |

# Inhaltsverzeichnis

| Kapitel 12 | Unternehmensmitbestimmung | |
|---|---|---|
| | *(Ulrich Baeck/Thomas Winzer)* | 2279 |

A. Allgemeines zur Unternehmensmitbestimmung .................. 2279
    I. Rechtsquellen .................................................. 2279
    II. Zweck der Unternehmensmitbestimmung ................. 2280
    III. Anzahl der erfassten Unternehmen ........................ 2280
B. Einzelne Gesetze zur Unternehmensmitbestimmung ............. 2280
    I. MitbestG ....................................................... 2280
        1. Geltungsbereich ........................................... 2280
        2. Beschäftigtenanzahl ...................................... 2282
        3. Statusverfahren ............................................ 2283
        4. Zurechnung von Arbeitnehmern ...................... 2283
        5. Aufsichtsrat ................................................ 2289
    II. DrittelbG ...................................................... 2297
        1. Anwendungsbereich ..................................... 2297
        2. Arbeitnehmeranzahl ..................................... 2297
        3. Zurechnung von Arbeitnehmern ...................... 2298
        4. Aufsichtsrat ................................................ 2298
    III. SE .............................................................. 2300
        1. Allgemeines ................................................ 2300
        2. Errichtung der SE ......................................... 2300
        3. Verhandlungsverfahren ................................... 2300
        4. Verhandlung ............................................... 2301
        5. Ergebnisvarianten ......................................... 2301
        6. Besondere Konstellationen .............................. 2301
        7. SE-Betriebsrat ............................................. 2303

| Kapitel 13 | Betriebsverfassungsrecht | |
|---|---|---|
| | *(Martin Wildschütz/Ernst Eisenbeis/Ulrich Baeck/Thomas Winzer)* | 2304 |

A. Der Anwendungsbereich des BetrVG ............................. 2315
    I. Räumlicher Geltungsbereich ................................ 2315
    II. Persönlicher Geltungsbereich, § 5 BetrVG ................ 2315
        1. Einführung ................................................. 2315
        2. Auslandsentsendung ..................................... 2316
        3. Vorübergehende Beschäftigung eines Arbeitnehmers aus einem ausländischen Betrieb im Inland ............ 2316
        4. Zur Berufsausbildung Beschäftigte ..................... 2316
        5. Heimarbeiter .............................................. 2317
        6. Nicht-Arbeitnehmer, § 5 Abs. 2 BetrVG .............. 2317
        7. Leitende Angestellte, § 5 Abs. 3, Abs. 4 BetrVG ..... 2320
    III. Gegenständlicher Geltungsbereich ......................... 2328
        1. Einführung ................................................. 2328
        2. Betrieb und Unternehmen .............................. 2328
        3. Betriebsteil, Zuordnung von Kleinst- und Nebenbetrieben, § 4 BetrVG ... 2329
        4. Gemeinschaftsbetrieb mehrerer Unternehmen ....... 2333
        5. Möglichkeit abweichender Regelungen, § 3 BetrVG . 2335
        6. Gerichtliche Entscheidung über Zuordnungsfragen, § 18 Abs. 2 BetrVG; Folgen fehlerhafter Zuordnung ............ 2340
        7. Sonstige Voraussetzungen der Betriebsratsfähigkeit von Betrieben ... 2342
        8. Wegfall der Voraussetzungen ........................... 2351
        9. Tatsächliche Wahl eines Betriebsrates ................. 2351
        10. Gesetzlicher Ausschluss bestimmter Betriebe; Einschränkungen des Anwendungsbereichs ........... 2351

# Inhaltsverzeichnis

| | | | |
|---|---|---|---|
| B. | Der Betriebsrat | | 2362 |
| | I. | Die Wahl des Betriebsrats | 2362 |
| | | 1. Zeitpunkt der Wahl | 2362 |
| | | 2. Aktives und passives Wahlrecht | 2364 |
| | | 3. Wahlverfahren; reguläres oder vereinfachtes Wahlverfahren | 2364 |
| | | 4. Das reguläre Wahlverfahren | 2364 |
| | | 5. Wahlgrundsätze | 2378 |
| | | 6. Das vereinfachte Wahlverfahren | 2381 |
| | | 7. Wahlschutz und Wahlkosten | 2383 |
| | | 8. Mängel der Betriebsratswahl (§ 19 BetrVG) | 2386 |
| | II. | Die Amtszeit des Betriebsrats | 2395 |
| | | 1. Dauer der Amtszeit | 2395 |
| | | 2. Beginn der Amtszeit | 2395 |
| | | 3. Ende der Amtszeit | 2396 |
| | | 4. Weiterführung der Geschäfte des Betriebsrats, § 22 BetrVG | 2400 |
| | | 5. Erlöschen der Mitgliedschaft im Betriebsrat, § 24 BetrVG | 2401 |
| | | 6. Ersatzmitglieder | 2402 |
| | III. | Organisation und Geschäftsführung des Betriebsrats | 2405 |
| | | 1. Vorsitzender und Stellvertreter; Vertretung des Betriebsrats nach außen (§ 26 BetrVG) | 2405 |
| | | 2. Der Betriebsausschuss und weitere Ausschüsse, §§ 27, 28 BetrVG | 2407 |
| | | 3. Die Übertragung von Aufgaben auf Arbeitsgruppen, § 28a BetrVG | 2410 |
| | | 4. Betriebsratssitzungen, §§ 30 ff. BetrVG | 2412 |
| | | 5. Geschäftsordnung, § 36 BetrVG | 2420 |
| | | 6. Sprechstunden und sonstige Inanspruchnahme des Betriebsrates, § 39 BetrVG | 2421 |
| | IV. | Die Rechtsstellung der Betriebsratsmitglieder | 2422 |
| | | 1. Das Betriebsratsamt als Ehrenamt, § 37 Abs. 1 BetrVG | 2423 |
| | | 2. Arbeitsbefreiung, § 37 Abs. 2 BetrVG | 2424 |
| | | 3. Freistellungen, § 38 BetrVG | 2431 |
| | | 4. Wirtschaftliche und berufliche Sicherung der Betriebsratsmitglieder | 2436 |
| | | 5. Teilnahme an Schulungs- und Bildungsveranstaltungen, § 37 Abs. 6, 7 BetrVG | 2439 |
| | | 6. Allgemeines Behinderungs-, Benachteiligungs- und Begünstigungsverbot, § 78 BetrVG | 2447 |
| | | 7. Kündigungsschutz, Übernahme Auszubildender | 2449 |
| | | 8. Versetzungsschutz, § 103 Abs. 3 BetrVG | 2449 |
| | | 9. Geheimhaltungspflicht, § 79 BetrVG | 2453 |
| | V. | Kosten und Sachaufwand des Betriebsrates, § 40 BetrVG | 2455 |
| | | 1. Kosten | 2455 |
| | | 2. Sachaufwand und Büropersonal | 2461 |
| | | 3. Umlageverbot; Sonstige vermögensrechtliche Stellung des Betriebsrates, Haftung des Betriebsrates | 2466 |
| C. | Sonstige Einrichtungen der Betriebsverfassung | | 2467 |
| | I. | Betriebsversammlung, §§ 42 ff. BetrVG | 2467 |
| | | 1. Aufgaben, Begriff und Rechtsnatur | 2467 |
| | | 2. Ordentliche Betriebsversammlungen | 2467 |
| | | 3. Außerordentliche Betriebsversammlungen | 2467 |
| | | 4. Durchführung | 2468 |
| | | 5. Themen der Betriebsversammlung | 2472 |
| | | 6. Fortzahlung des Arbeitsentgelts, Fahrtkostenerstattung | 2473 |
| | | 7. Streitigkeiten | 2476 |
| | II. | Gesamtbetriebsrat, §§ 47 ff. BetrVG | 2476 |

|  |  | 1. Errichtung | 2476 |
|---|---|---|---|
|  |  | 2. Größe und Zusammensetzung | 2477 |
|  |  | 3. Stimmengewichtung | 2478 |
|  |  | 4. Organisation und Geschäftsführung des Gesamtbetriebsrats | 2478 |
|  |  | 5. Rechtsstellung der Mitglieder | 2479 |
|  |  | 6. Amtszeit und Beendigung der Mitgliedschaft | 2480 |
|  |  | 7. Zuständigkeit des Gesamtbetriebsrates | 2480 |
|  | III. | Betriebsräteversammlung, § 53 BetrVG | 2484 |
|  | IV. | Konzernbetriebsrat, §§ 54 ff. BetrVG | 2484 |
|  |  | 1. Konzernbegriff | 2484 |
|  |  | 2. Errichtung | 2487 |
|  |  | 3. Amtszeit | 2487 |
|  |  | 4. Geschäftsführung | 2487 |
|  |  | 5. Zuständigkeit | 2487 |
|  |  | 6. Konzernbetriebsvereinbarungen | 2488 |
|  | V. | Jugend- und Auszubildendenvertretung (JAV), §§ 60 ff. BetrVG | 2488 |
|  |  | 1. Funktion und Stellung | 2488 |
|  |  | 2. Errichtung, Wahl, Amtszeit | 2488 |
|  |  | 3. Aufgaben und Rechte | 2490 |
|  |  | 4. Organisation und Geschäftsführung | 2492 |
|  |  | 5. Rechtsstellung der Mitglieder | 2493 |
|  |  | 6. Jugend- und Auszubildendenversammlung | 2493 |
|  |  | 7. Gesamt-Jugend- und Auszubildendenvertretung, §§ 72 f. BetrVG | 2493 |
|  |  | 8. Konzern-Jugend- und Auszubildendenvertretung, §§ 73a, b BetrVG | 2494 |
|  | VI. | Wirtschaftsausschuss (WA), §§ 106 ff. BetrVG | 2494 |
|  |  | 1. Funktion | 2494 |
|  |  | 2. Bildung und Zusammensetzung | 2494 |
|  |  | 3. Sitzungen des WA | 2497 |
|  |  | 4. Aufgaben des WA, Beratung und Unterrichtung des Betriebsrates | 2498 |
|  |  | 5. Die wirtschaftlichen Angelegenheiten | 2498 |
|  |  | 6. Die Unterrichtungspflicht des Unternehmers | 2500 |
|  |  | 7. Insbesondere: Der Jahresabschluss | 2502 |
|  |  | 8. Die Durchsetzung des Informations- und Einsichtsanspruchs | 2503 |
|  |  | 9. Rechte des Betriebsrats bei Unternehmensübernahme | 2504 |
|  | VII. | Der Sprecherausschuss der leitenden Angestellten, SprAuG | 2504 |
|  |  | 1. Allgemeines | 2504 |
|  |  | 2. Geltungsbereich | 2504 |
|  |  | 3. Zusammenarbeit mit Arbeitgeber und Betriebsrat | 2504 |
|  |  | 4. Wahl, Errichtung und Amtszeit | 2505 |
|  |  | 5. Rechte und Pflichten, Rechtsstellung der Sprecherausschussmitglieder; Kosten des Sprecherausschusses | 2505 |
|  |  | 6. Geschäftsführung des Sprecherausschusses | 2506 |
|  |  | 7. Sonstige Einrichtungen | 2506 |
|  |  | 8. Allgemeine Aufgaben | 2507 |
|  |  | 9. Richtlinien und Vereinbarungen | 2508 |
|  |  | 10. Unterstützung einzelner leitender Angestellter | 2510 |
|  |  | 11. Arbeitsbedingungen und Beurteilungsgrundsätze | 2510 |
|  |  | 12. Personelle Einzelmaßnahmen | 2511 |
|  |  | 13. Wirtschaftliche Angelegenheiten | 2511 |
|  |  | 14. Streitigkeiten und Sanktionen | 2512 |
| D. | Die Rechtsstellung der Koalitionen im Betrieb |  | 2512 |
|  | I. | Zusammenwirkung der Koalitionen mit Arbeitgeber und Betriebsrat | 2512 |
|  | II. | Zugangsrecht der Gewerkschaften zum Betrieb, § 2 Abs. 2 BetrVG | 2513 |

# Inhaltsverzeichnis

|  |  |  |  |
|---|---|---|---|
| | III. | Originäre Aufgaben der Koalitionen, § 2 Abs. 3 BetrVG | 2514 |
| E. | Rechte des einzelnen Arbeitnehmers nach dem BetrVG, §§ 81–86 BetrVG | | 2515 |
| | I. | Zweck und Rechtsnatur | 2515 |
| | II. | Prozessuale Durchsetzung | 2516 |
| | III. | Schadensersatzanspruch, Zurückbehaltungsrecht | 2516 |
| | IV. | Unterrichtungs- und Erörterungspflicht, § 81 BetrVG | 2516 |
| | | 1. Zweck der Vorschrift, Verhältnis zu anderen Regelungen | 2516 |
| | | 2. Unterrichtung des Arbeitnehmers über seine Funktion | 2516 |
| | | 3. Belehrung über Unfall- und Gesundheitsgefahren | 2517 |
| | | 4. Unterrichtung über Veränderungen im Arbeitsbereich | 2517 |
| | | 5. Unterrichtung und Erörterung bei der Planung und Einführung neuer Techniken | 2517 |
| | V. | Anhörungs- und Erörterungsrecht des Arbeitnehmers, § 82 BetrVG | 2518 |
| | | 1. Zweck der Vorschrift | 2518 |
| | | 2. Anhörungs- und Erörterungsrecht | 2518 |
| | | 3. Erläuterung des Arbeitsentgelts | 2518 |
| | | 4. Erörterung der Leistungsbeurteilung und Möglichkeiten beruflicher Entwicklung | 2518 |
| | | 5. Hinzuziehung eines Betriebsratsmitglieds | 2519 |
| | VI. | Einsicht in Personalakten, § 83 BetrVG | 2519 |
| | | 1. Zweck der Vorschrift | 2519 |
| | | 2. Begriff der Personalakte | 2519 |
| | | 3. Einsicht durch Arbeitnehmer | 2519 |
| | | 4. Hinzuziehung eines Betriebsratsmitglieds | 2520 |
| | | 5. Erklärungen des Arbeitnehmers zur Personalakte | 2520 |
| | VII. | Beschwerderecht, §§ 84, 85 BetrVG | 2520 |
| | | 1. Allgemeines | 2520 |
| | | 2. Beschwerdegegenstand und Beschwerdeverfahren | 2520 |
| | | 3. Benachteiligungsverbot | 2521 |
| | | 4. Beschwerde beim Betriebsrat, § 85 BetrVG | 2521 |
| | VIII. | Vorschlagsrecht der Arbeitnehmer, § 86a BetrVG | 2523 |
| | | 1. Zweck der Vorschrift | 2523 |
| | | 2. Ausgestaltung des Vorschlagsrechts | 2523 |
| F. | Grundsätze für die Zusammenarbeit zwischen Arbeitgeber und Betriebsrat und die Durchführung der Mitwirkung | | 2523 |
| | I. | Das Gebot vertrauensvoller Zusammenarbeit, § 2 Abs. 1 BetrVG | 2523 |
| | | 1. Inhalt | 2523 |
| | | 2. Anwendungsbeispiele | 2524 |
| | II. | Allgemeine Grundsätze für die Zusammenarbeit zwischen Arbeitgeber und Betriebsrat, § 74 BetrVG | 2524 |
| | | 1. Monatliche Besprechung und Verhandlungspflicht, § 74 Abs. 1 BetrVG | 2525 |
| | | 2. Arbeitskampfverbot, § 74 Abs. 2 S. 1 BetrVG | 2525 |
| | | 3. Allgemeine betriebsverfassungsrechtliche Friedenspflicht, § 74 Abs. 2 S. 2 BetrVG | 2527 |
| | | 4. Verbot parteipolitischer Betätigung im Betrieb, § 74 Abs. 2 S. 3 BetrVG | 2528 |
| | | 5. Gewerkschaftliche Betätigung von Funktionsträgern, § 74 Abs. 3 BetrVG | 2529 |
| | III. | Grundsätze für die Behandlung von Betriebsangehörigen, § 75 BetrVG | 2530 |
| | | 1. Überwachungspflicht | 2530 |
| | | 2. Schutz und Förderung der freien Entfaltung der Persönlichkeit | 2532 |
| | | 3. Förderung der Selbstständigkeit und Eigeninitiative der Arbeitnehmer und Arbeitsgruppen | 2533 |
| | IV. | Die Einigungsstelle, §§ 76, 76a BetrVG | 2534 |

|  |  | 1. | Die Zuständigkeit der Einigungsstelle | 2534 |
|---|---|---|---|---|
|  |  | 2. | Errichtung der Einigungsstelle | 2535 |
|  |  | 3. | Die Rechtsstellung der Mitglieder | 2543 |
|  |  | 4. | Das Verfahren vor der Einigungsstelle | 2543 |
|  | V. |  | Die betriebliche Einigung | 2556 |
|  |  | 1. | Allgemeines | 2556 |
|  |  | 2. | Durchführung betrieblicher Einigungen, § 77 Abs. 1 BetrVG; Durchsetzung vereinbarungskonformen Verhaltens; Verbot des Eingriffs in die Betriebsleitung | 2556 |
|  |  | 3. | Die Regelungsabrede (Betriebsabsprache) | 2557 |
|  |  | 4. | Die Betriebsvereinbarung | 2557 |
| G. |  |  | Überblick über die Beteiligungsrechte des Betriebsrats | 2574 |
|  | I. |  | Mitbestimmungsrechte | 2574 |
|  |  | 1. | Positives Konsensprinzip | 2574 |
|  |  | 2. | Initiativrecht | 2575 |
|  |  | 3. | Negatives Konsensprinzip | 2575 |
|  |  | 4. | Korrigierendes Mitbestimmungsrecht | 2575 |
|  |  | 5. | Unverzichtbarkeit/Unverwirkbarkeit von Beteiligungsrechten | 2575 |
|  | II. |  | Mitwirkungsrechte (Beratungs-, Anhörungs-, Informationsrechte) | 2575 |
| H. |  |  | Allgemeine Aufgaben des Betriebsrats; Pflichten des Arbeitgebers | 2576 |
|  | I. |  | Die allgemeinen Aufgaben des Betriebsrates nach § 80 Abs. 1 BetrVG | 2576 |
|  |  | 1. | Überwachungsaufgaben | 2576 |
|  |  | 2. | Antragsrecht | 2578 |
|  |  | 3. | Förderung der Durchsetzung der Gleichstellung von Frauen und Männern | 2578 |
|  |  | 4. | Förderung der Vereinbarkeit von Familie und Erwerbstätigkeit | 2578 |
|  |  | 5. | Aufgreifen von Anregungen | 2578 |
|  |  | 6. | Wahl der JAV, Zusammenarbeit mit JAV | 2578 |
|  |  | 7. | Eingliederung schutzbedürftiger Personen | 2579 |
|  |  | 8. | Beschäftigungsförderung und -sicherung | 2579 |
|  |  | 9. | Förderung des Arbeitsschutzes und des betrieblichen Umweltschutzes | 2579 |
|  | II. |  | Die Informationspflicht des Arbeitgebers, § 80 Abs. 2 BetrVG | 2579 |
|  |  | 1. | Allgemeines | 2579 |
|  |  | 2. | Aufgabenbezug des Informationsanspruchs | 2580 |
|  |  | 3. | Rechtzeitige und umfassende Unterrichtung; Form der Auskunftserteilung | 2581 |
|  |  | 4. | Zur Verfügung stellen von Unterlagen | 2581 |
|  | III. |  | Einblicksrecht in Lohn- und Gehaltslisten, § 80 Abs. 2 S. 2 BetrVG | 2582 |
|  |  | 1. | Einsichtsberechtigte | 2583 |
|  |  | 2. | Inhalt und Umfang des Einsichtsrechts | 2583 |
|  |  | 3. | Verhältnis zum allgemeinen Auskunftsanspruch | 2583 |
|  | IV. |  | Sachkundige Arbeitnehmer als Auskunftspersonen, § 80 Abs. 2 S. 3 BetrVG | 2583 |
|  | V. |  | Hinzuziehung von Sachverständigen, § 80 Abs. 3 BetrVG | 2584 |
| J. |  |  | Mitbestimmung in sozialen Angelegenheiten, § 87 BetrVG | 2586 |
|  | I. |  | Allgemeine Fragen | 2586 |
|  |  | 1. | Überblick, Zweck, Annex-Regelungen | 2586 |
|  |  | 2. | Allgemeine Voraussetzungen der notwendigen Mitbestimmung | 2587 |
|  |  | 3. | Grenzen der notwendigen Mitbestimmung | 2588 |
|  |  | 4. | Ausübung der Mitbestimmung | 2590 |
|  |  | 5. | Eil- und Notfälle, probeweise Maßnahmen, vertragliche Vorgaben von Kunden | 2591 |
|  |  | 6. | Individualrechtliche Folgen fehlender Mitbestimmung; Theorie der Wirksamkeitsvoraussetzung | 2592 |

## Inhaltsverzeichnis

| | | |
|---|---|---|
| II. | Fragen der Ordnung des Betriebes und des Verhaltens der Arbeitnehmer im Betrieb, § 87 Abs. 1 Nr. 1 BetrVG | 2592 |
| | 1. Zweck | 2592 |
| | 2. Voraussetzungen des Mitbestimmungsrechts | 2593 |
| | 3. Einzelfälle | 2594 |
| III. | Beginn und Ende der täglichen Arbeitszeit einschließlich der Pausen sowie Verteilung der Arbeitszeit auf die einzelnen Wochentage, § 87 Abs. 1 Nr. 2 BetrVG | 2597 |
| | 1. Zweck, Inhalt des Mitbestimmungsrechts | 2597 |
| | 2. Anwendungsfälle | 2599 |
| IV. | Vorübergehende Verkürzung/Verlängerung der Arbeitszeit, § 87 Abs. 1 Nr. 3 BetrVG | 2600 |
| | 1. Inhalt des Mitbestimmungsrechts | 2600 |
| | 2. Kein Ausschluss des Initiativrechts | 2601 |
| | 3. Rückkehr zur Normalarbeitszeit | 2602 |
| | 4. Überstunden | 2602 |
| | 5. Kurzarbeit | 2602 |
| | 6. Mitbestimmung und Arbeitsvertrag | 2602 |
| V. | Auszahlung der Arbeitsentgelte, § 87 Abs. 1 Nr. 4 BetrVG | 2602 |
| VI. | Urlaub, § 87 Abs. 1 Nr. 5 BetrVG | 2603 |
| | 1. Zweck; Begriff des Urlaubs | 2603 |
| | 2. Allgemeine Urlaubsgrundsätze | 2603 |
| | 3. Urlaubsplan | 2604 |
| | 4. Festsetzung der Lage des Urlaubs für einzelne Arbeitnehmer | 2604 |
| VII. | Technische Überwachungseinrichtungen, § 87 Abs. 1 Nr. 6 BetrVG | 2605 |
| | 1. Zweck, Verhältnis zum BDSG | 2605 |
| | 2. Voraussetzungen des Mitbestimmungsrechts | 2605 |
| | 3. Umfang des Mitbestimmungsrechts | 2608 |
| | 4. Initiativrecht | 2608 |
| | 5. Folgen unterbliebener Mitbestimmung | 2609 |
| VIII. | Verhütung von Arbeitsunfällen und Berufskrankheiten, Gesundheitsschutz im Rahmen der gesetzlichen Vorschriften oder Unfallverhütungsvorschriften, § 87 Abs. 1 Nr. 7 BetrVG | 2609 |
| | 1. Zweck, Allgemeines | 2609 |
| | 2. Voraussetzungen des Mitbestimmungsrechts | 2609 |
| | 3. Inhalt des Mitbestimmungsrechts | 2611 |
| IX. | Sozialeinrichtungen, § 87 Abs. 1 Nr. 8 BetrVG | 2611 |
| | 1. Begriff der Sozialeinrichtung | 2611 |
| | 2. Inhalt des Mitbestimmungsrechts | 2612 |
| | 3. Folgen unterbliebener Mitbestimmung | 2613 |
| X. | Zuweisung, Kündigung und allgemeine Festlegung der Nutzungsbedingungen von Werkmietwohnungen, § 87 Abs. 1 Nr. 9 BetrVG | 2613 |
| | 1. Zweck | 2613 |
| | 2. Werkmietwohnungen | 2613 |
| | 3. Inhalt des Mitbestimmungsrechts | 2614 |
| XI. | Betriebliche Lohngestaltung, § 87 Abs. 1 Nr. 10 BetrVG | 2615 |
| | 1. Zweck der Regelung | 2615 |
| | 2. Gegenstand und Grenzen des Mitbestimmungsrechts | 2616 |
| XII. | Leistungsbezogene Entgelte, § 87 Abs. 1 Nr. 11 BetrVG | 2623 |
| | 1. Zweck der Regelung, Begriff des leistungsbezogenen Entgelts | 2623 |
| | 2. Inhalt des Mitbestimmungsrechts | 2624 |
| XIII. | Betriebliches Vorschlagswesen, § 87 Abs. 1 Nr. 12 BetrVG | 2624 |
| | 1. Zweck des Mitbestimmungsrechts | 2624 |

|  |  |  |  |
|---|---|---|---|
|  | 2. | Begriff, Abgrenzung zu Arbeitnehmererfindungen | 2625 |
|  | 3. | Gegenstand der Mitbestimmung | 2625 |
|  | 4. | Form der Mitbestimmung; Mitbestimmung und Arbeitsverhältnis | 2626 |
| XIV. | | Grundsätze über die Durchführung von Gruppenarbeit, § 87 Abs. 1 Nr. 13 BetrVG | 2627 |
|  | 1. | Zweck des Mitbestimmungsrechts | 2627 |
|  | 2. | Begriff der Gruppenarbeit | 2627 |
|  | 3. | Inhalt des Mitbestimmungsrechts | 2627 |
|  | 4. | Sonstige Mitbestimmungsrechte bei Gruppenarbeit | 2628 |
|  | 5. | Übertragung von Betriebsratsaufgaben auf Arbeitsgruppen | 2628 |
| XV. | | Streitigkeiten zwischen Arbeitgeber und Betriebsrat im Rahmen des § 87 Abs. 1 BetrVG | 2628 |
|  | 1. | Einigungsstelle | 2628 |
|  | 2. | Arbeitsgericht | 2628 |
| XVI. | | Freiwillige Betriebsvereinbarungen, § 88 BetrVG | 2629 |

K. Mitwirkung beim Arbeitsschutz und beim betrieblichen Umweltschutz, § 89 BetrVG ... 2629
  I. Zweck der Regelung ... 2629
  II. Durchführung der Vorschriften über Arbeitsschutz, Unfallverhütung und betrieblichen Umweltschutz ... 2630
    1. Arbeitsschutz, Unfallverhütung ... 2630
    2. Betrieblicher Umweltschutz ... 2630
  III. Zusammenarbeit mit Behörden bei der Bekämpfung von Unfall- und Gesundheitsgefahren ... 2631
  IV. Hinzuziehung des Betriebsrats ... 2631
  V. Mitteilung von Auflagen, Anordnungen; Unfallanzeigen ... 2631
  VI. Beteiligung des Betriebsrats bei der Organisation des Arbeitsschutzes ... 2632
    1. ASiG ... 2632
    2. Sonstige Beteiligungsrechte ... 2633

L. Mitbestimmung bei der Gestaltung von Arbeitsplätzen, Arbeitsablauf und Arbeitsumgebung, §§ 90, 91 BetrVG ... 2633
  I. Allgemeines ... 2633
  II. Beteiligungspflichtige Maßnahmen ... 2633
  III. Unterrichtung und Beratung ... 2634
  IV. Mitbestimmung des Betriebsrates ... 2635
    1. Korrigierendes Mitbestimmungsrecht ... 2635
    2. Voraussetzungen des Mitbestimmungsrechts ... 2635
    3. Korrekturmaßnahmen ... 2636
  V. Streitigkeiten ... 2636

M. Mitbestimmung in personellen Angelegenheiten ... 2637
  I. Allgemeine personelle Angelegenheiten ... 2637
    1. Personalplanung, § 92 BetrVG ... 2637
    2. Vorschläge zur Beschäftigungsförderung und -sicherung, § 92a BetrVG ... 2639
    3. Personalfragebogen, Beurteilungsgrundsätze, § 94 BetrVG ... 2640
    4. Auswahlrichtlinien, § 95 BetrVG ... 2643
    5. Stellenausschreibung, § 93 BetrVG ... 2646
    6. Berufsbildung, §§ 96–98 BetrVG ... 2648
  II. Personelle Einzelmaßnahmen ... 2655
    1. Einstellung, Versetzung, Eingruppierung, Umgruppierung, §§ 99–101 BetrVG ... 2655
    2. Die Beteiligung des Betriebsrates bei Kündigungen, § 102 BetrVG ... 2682
    3. Kündigung und Versetzung auf Verlangen des Betriebsrates, § 104 BetrVG ... 2682
    4. Mitteilungspflichten bei leitenden Angestellten, § 105 BetrVG ... 2683

# Inhaltsverzeichnis

N. Mitbestimmung in wirtschaftlichen Angelegenheiten, Betriebsänderungen, §§ 111 ff. BetrVG .................................................... 2683
   I. Allgemeines .................................................... 2683
   II. Voraussetzungen des Beteiligungsrechtes ........................ 2683
      1. Unternehmensgröße ......................................... 2683
      2. Bestehen eines Betriebsrates zum Zeitpunkt des Betriebsänderungsentschlusses .................................................. 2685
      3. Betriebsänderungen ......................................... 2685
      4. Die einzelnen Betriebsänderungen ............................ 2686
   III. Unterrichtung des Betriebsrats, Beratung der Betriebsänderung ...... 2690
      1. Pflichten des Arbeitgebers ................................... 2690
      2. Pflichtverletzungen des Unternehmers, Streitigkeiten ............ 2692
   IV. Der Interessenausgleich ......................................... 2692
      1. Das Verfahren zur Herbeiführung eines Interessenausgleichs ...... 2692
      2. Form und Inhalt ............................................ 2696
      3. Rechtsnatur und Bindungswirkung ............................ 2697
      4. Interessenausgleich und Einzelbeteiligungsrechte des Betriebsrates; Auswirkungen des Interessenausgleichs auf Kündigungsschutzprozesse ................................................... 2697
      5. Wirksamkeit der Betriebsänderung ........................... 2697
      6. Unterlassungsansprüche des Betriebsrats – Kündigungsverbot während der Verhandlungen? .......................................... 2698
   V. Der Nachteilsausgleich, § 113 BetrVG ............................. 2699
      1. Der Versuch eines Interessenausgleichs ........................ 2699
      2. Abweichung vom Interessenausgleich .......................... 2700
      3. Ansprüche auf Nachteilsausgleich ............................. 2700
   VI. Der Sozialplan ................................................. 2702
      1. Begriff, Zweck, Voraussetzungen ............................. 2702
      2. Betriebsänderungen ohne Sozialplanpflicht ..................... 2703
      3. Verfahren für die Aufstellung des Sozialplans ................... 2704
      4. Inhalt und Regelungsgrenzen ................................. 2704
      5. Form, Rechtsnatur und Wirkungen ........................... 2714
      6. Streitigkeiten ............................................... 2715
   VII. Besonderheiten im Insolvenz-, Konkurs- und Vergleichsverfahren ..... 2716
   VIII. Förderung von Transfermaßnahmen durch die Bundesagentur für Arbeit .. 2720
      1. Einleitung .................................................. 2720
      2. Förderung von Transfermaßnahmen, § 110 SGB III ............ 2720
      3. Transferkurzarbeitergeld ..................................... 2722

O. Sanktionen des BetrVG .............................................. 2723
   I. Unmittelbare Erfüllungs- und Unterlassungsansprüche .............. 2723
   II. § 23 Abs. 3 BetrVG ............................................. 2724
      1. Zweck ..................................................... 2724
      2. Voraussetzungen ............................................ 2724
      3. Einzelfälle .................................................. 2725
      4. Verfahren .................................................. 2725
   III. Allgemeiner betriebsverfassungsrechtlicher Unterlassungs- bzw. Beseitigungsanspruch, insbes. im Bereich erzwingbarer Mitbestimmung .. 2728
   IV. Spezielle Sanktionen und Verfahren .............................. 2730
   V. Initiativrecht, Einigungsstelle .................................... 2730
   VI. Theorie der Wirksamkeitsvoraussetzung .......................... 2730
   VII. § 23 Abs. 1 BetrVG ............................................. 2730
      1. Zweck und Anwendungsbereich .............................. 2730
      2. Ausschluss eines Mitglieds aus dem Betriebsrat ................. 2731
      3. Auflösung des Betriebsrats ................................... 2733

| | VIII. | Straf- und Bußgeldvorschriften | 2734 |
|---|---|---|---|
| P. | | Abweichende Ausgestaltung betriebsverfassungsrechtlicher Regelungen durch Kollektivvertrag – Erweiterung von Mitwirkungs- und Mitbestimmungsrechten | 2734 |
| | I. | Organisationsnormen | 2734 |
| | II. | Uneinschränkbarkeit von Beteiligungsrechten | 2735 |
| | III. | Erweiterung von Beteiligungsrechten | 2735 |
| | | 1. Durch Betriebsvereinbarungen und Regelungsabreden | 2735 |
| | | 2. Durch Tarifvertrag | 2735 |
| Q. | | Europäischer Betriebsrat (EBR) | 2736 |
| | I. | Gesetzliche Grundlagen, Grundzüge der Regelung | 2736 |
| | | 1. Die Richtlinie 94/45/EG | 2736 |
| | | 2. Die Richtlinie 2009/38/EG | 2736 |
| | | 3. Ziel und Organisationsstruktur des EBRG | 2737 |
| | II. | Geltungsbereich des EBRG | 2737 |
| | | 1. Räumlicher Geltungsbereich | 2737 |
| | | 2. Sachlicher Geltungsbereich | 2738 |
| | | 3. Weiter bestehende Vereinbarungen | 2739 |
| | III. | Das besondere Verhandlungsgremium (bVG) | 2740 |
| | | 1. Die Bildung des besonderen Verhandlungsgremiums | 2740 |
| | | 2. Zusammensetzung des besonderen Verhandlungsgremiums | 2741 |
| | | 3. Bestellung der Mitglieder | 2741 |
| | | 4. Geschäftsführung des besonderen Verhandlungsgremiums | 2742 |
| | | 5. Amtszeit des besonderen Verhandlungsgremiums | 2743 |
| | | 6. Rechtsstellung der Mitglieder des besonderen Verhandlungsgremiums | 2743 |
| | | 7. Kosten und Sachaufwand | 2743 |
| | IV. | Freiwillige Vereinbarungen über eine grenzüberschreitende Unterrichtung der Arbeitnehmer oder ihrer Vertreter | 2744 |
| | | 1. Mögliche Ergebnisse des Verhandlungsprozesses im Überblick | 2744 |
| | | 2. Gemeinsame Mindestanforderungen an die Vereinbarung | 2745 |
| | | 3. Keine Vereinbarung von Mitbestimmungsrechten | 2746 |
| | | 4. Rechtsnatur und Auslegung einer Vereinbarung | 2746 |
| | | 5. Fortgeltung beendeter Vereinbarungen | 2746 |
| | | 6. Vereinbartes Mitwirkungsverfahren | 2746 |
| | | 7. Europäischer Betriebsrat kraft Vereinbarung | 2747 |
| | | 8. Rechtliche Stellung der Mitglieder; Grundsätze der Zusammenarbeit | 2748 |
| | V. | Der Europäische Betriebsrat kraft Gesetzes | 2748 |
| | | 1. Rechtsnatur, Stellung im System der Betriebsverfassung | 2748 |
| | | 2. Errichtung | 2748 |
| | | 3. Amtszeit | 2750 |
| | | 4. Dauer der Mitgliedschaft des einzelnen EBR-Mitglieds | 2750 |
| | | 5. Rechtsstellung der Mitglieder | 2750 |
| | | 6. Geschäftsführung | 2751 |
| | | 7. Zuständigkeit des EBR kraft Gesetzes nur in grenzübergreifenden Angelegenheiten | 2753 |
| | | 8. Mitwirkungsrechte des EBR kraft Gesetzes | 2754 |
| | VI. | Sanktionen | 2758 |
| | | 1. Unmittelbare Erfüllungsansprüche | 2758 |
| | | 2. Rechtsfolgen der Nichtbeachtung der Mitwirkungsrechte | 2758 |
| | | 3. Straf- und Bußgeldvorschriften | 2758 |
| | VII. | Streitigkeiten | 2758 |

# Inhaltsverzeichnis

| 4. Teil | Arbeitsgerichtsverfahren | 2761 |
|---|---|---|
| Kapitel 14 | **Gerichtsorganisation und Zuständigkeit** *(Stefan Luczak)* | 2763 |

A. Gerichtsorganisation ... 2764
    I. Arbeitsgerichtsbarkeit als Sonderzivilgerichtsbarkeit ... 2764
    II. Aufbau der Arbeitsgerichtsbarkeit ... 2765
        1. Instanzenzug ... 2765
        2. Ressortierung der Arbeitsgerichtsbarkeit ... 2765
        3. Einrichtung der Gerichte ... 2766
        4. Verwaltung und Dienstaufsicht der Gerichte ... 2767
        5. Zusammensetzung der Kammern des ArbG und des LAG, sowie der Senate beim BAG ... 2769
    III. Gerichtspersonen ... 2769
        1. Berufsrichter ... 2769
        2. Ehrenamtliche Richter ... 2772
        3. Rechtspfleger ... 2781
        4. Urkundsbeamte der Geschäftsstelle ... 2781
        5. Ausschluss und Ablehnung von Gerichtspersonen ... 2782
    IV. Geschäftsverteilung ... 2784
        1. Sinn und Zweck ... 2784
        2. Aufstellung des Geschäftsverteilungsplanes ... 2784
        3. Inhalt des Geschäftsverteilungsplanes ... 2785
        4. Änderung des Geschäftsverteilungsplanes ... 2786
        5. Mitwirkung des Ausschusses der ehrenamtlichen Richter ... 2787
        6. Rechtsbehelfe gegen den Geschäftsverteilungsplan ... 2787
        7. Die Geschäftsverteilung in den einzelnen Spruchkörpern ... 2787

B. Zuständigkeit ... 2788
    I. Internationale Zuständigkeit ... 2788
        1. Begriff ... 2788
        2. Bestimmung der internationalen Zuständigkeit deutscher ArbG ... 2788
        3. Entscheidungen über die internationale Zuständigkeit ... 2790
    II. Rechtswegzuständigkeit ... 2790
        1. Verhältnis der Arbeitsgerichtsbarkeit zu anderen Gerichtsbarkeiten ... 2790
        2. Entscheidung über die Zulässigkeit des Rechtswegs ... 2791
    III. Sachliche Zuständigkeit ... 2793
        1. Zuständigkeit im Urteilsverfahren ... 2794
        2. Sachliche Zuständigkeit im Beschlussverfahren ... 2803
        3. Sachliche Zuständigkeit in sonstigen Fällen, § 3 ArbGG ... 2805
        4. Entscheidung über die sachliche Zuständigkeit ... 2806
    IV. Örtliche Zuständigkeit ... 2806
        1. Urteilsverfahren ... 2806
        2. Beschlussverfahren ... 2809
        3. Entscheidungen über die örtliche Zuständigkeit ... 2810
    V. Ausschluss der Arbeitsgerichtsbarkeit ... 2810
    VI. Bestimmung des zuständigen Gerichts ... 2811
    VII. Funktionelle Zuständigkeit ... 2812

| Kapitel 15 | **Urteils- und Beschlussverfahren** *(Ralph Stichler/Stefan Luczak)* | 2813 |
|---|---|---|

A. Urteilsverfahren ... 2816
    I. Rechtsnatur ... 2816
    II. Die Parteien ... 2817

|  |  | 1. Parteifähigkeit | 2817 |
|---|---|---|---|
|  |  | 2. Die Prozessfähigkeit | 2826 |
|  |  | 3. Die Prozessführungsbefugnis | 2828 |
|  | III. | Die Vertreter | 2829 |
|  |  | 1. Mandatsübernahme | 2829 |
|  |  | 2. Prozesskostenhilfe (PKH) | 2840 |
|  |  | 3. Beiordnung | 2844 |
|  |  | 4. PKH/§ 11a ArbGG im Beschlussverfahren/Checkliste | 2846 |
|  |  | 5. Rechtsschutzversicherung | 2847 |
|  |  | 6. Prozessvertretung vor den ArbG | 2850 |
|  |  | 7. Prozessvertretung vor den LAG | 2853 |
|  |  | 8. Prozessvertretung vor dem BAG | 2853 |
|  | IV. | Verfahrensgrundsätze | 2853 |
|  |  | 1. Dispositionsgrundsatz | 2853 |
|  |  | 2. Verhandlungsgrundsatz | 2854 |
|  |  | 3. Grundsatz der Mündlichkeit | 2854 |
|  |  | 4. Grundsatz der Unmittelbarkeit | 2854 |
|  |  | 5. Grundsatz der Öffentlichkeit der Verhandlung | 2855 |
|  |  | 6. Der Beschleunigungsgrundsatz | 2856 |
|  | V. | Gegenüber dem ordentlichen Zivilprozess ausgenommene Verfahrensarten | 2857 |
|  | VI. | Einleitung des Urteilsverfahrens | 2858 |
|  |  | 1. Allgemeines | 2858 |
|  |  | 2. Mahnverfahren | 2858 |
|  |  | 3. Klagearten | 2858 |
|  |  | 4. Klageerhebung | 2866 |
|  | VII. | Vorbereitung des Gütetermins | 2867 |
|  |  | 1. Aufforderung an den Beklagten, sich auf die Klage einzulassen | 2867 |
|  |  | 2. Anordnung des persönlichen Erscheinens einer Partei | 2868 |
|  | VIII. | Die Güteverhandlung | 2871 |
|  |  | 1. Sinn und Zweck | 2871 |
|  |  | 2. Entbehrlichkeit der Güteverhandlung | 2871 |
|  |  | 3. Ablauf der Güteverhandlung | 2872 |
|  |  | 4. Ergebnisse der Güteverhandlung | 2873 |
|  |  | 5. Sitzungsprotokoll | 2878 |
|  |  | 6. Anwaltsgebühren | 2878 |
|  | IX. | Vorbereitung der streitigen Verhandlung vor der Kammer durch den Vorsitzenden | 2878 |
|  |  | 1. Bestimmung des Kammertermins | 2878 |
|  |  | 2. Erlassen eines Beweisbeschlusses nach § 55 Abs. 4 ArbGG | 2878 |
|  |  | 3. Maßnahmen nach §§ 56, 61a ArbGG | 2879 |
|  |  | 4. Aussetzen des Verfahrens | 2883 |
|  |  | 5. Prozessverbindung und Prozesstrennung | 2886 |
|  |  | 6. Akteneinsicht | 2886 |
|  |  | 7. Information der ehrenamtlichen Richter | 2886 |
|  | X. | Der Kammertermin | 2887 |
|  |  | 1. Ablauf | 2887 |
|  |  | 2. Zurückweisung von verspätetem Parteivorbringen | 2888 |
|  |  | 3. Besonderheiten des Beweisverfahrens im Arbeitsgerichtsprozess | 2889 |
|  |  | 4. Schließung und Wiedereröffnung der mündlichen Verhandlung | 2896 |
|  |  | 5. Ergebnisse des Kammertermins | 2897 |
|  | XI. | Das Urteil | 2899 |
|  |  | 1. Urteilsarten | 2899 |
|  |  | 2. Inhalt des Urteils | 2900 |

# Inhaltsverzeichnis

|  |  |  |  |
|---|---|---|---|
|  |  | 3. Mitteilungspflicht in Tarifsachen | 2910 |
|  |  | 4. Zustellung des Urteils | 2911 |
|  |  | 5. Urteilsberichtigung, Urteilsergänzung | 2912 |
|  |  | 6. Zwangsvollstreckung aus arbeitsgerichtlichen Urteilen | 2913 |
|  | XII. | Das Vollstreckungsverfahren | 2915 |
|  |  | 1. Vollstreckung durch den Gerichtsvollzieher | 2916 |
|  |  | 2. Vollstreckung durch das Amtsgericht | 2916 |
|  |  | 3. Vollstreckung durch das ArbG | 2916 |
|  |  | 4. Rechtsbehelfe | 2918 |
|  | XIII. | Kosten und Gebühren des erstinstanzlichen Verfahrens | 2918 |
|  |  | 1. Gerichtskosten und -gebühren | 2918 |
|  |  | 2. Außergerichtliche Kosten | 2919 |
|  | XIV. | Das Berufungsverfahren | 2922 |
|  |  | 1. Rechtsgrundlagen | 2922 |
|  |  | 2. Zulässigkeit der Berufung | 2922 |
|  |  | 3. Vorbereitung der mündlichen Verhandlung | 2930 |
|  |  | 4. Anschlussberufung, Berufungsrücknahme und Berufungsverzicht | 2931 |
|  |  | 5. Die mündliche Verhandlung | 2932 |
|  |  | 6. Beschränkung der Zurückverweisung des Verfahrens an die erste Instanz | 2934 |
|  |  | 7. Das zweitinstanzliche Urteil | 2936 |
|  |  | 8. Kosten des Berufungsverfahrens | 2941 |
|  | XV. | Das Revisionsverfahren | 2942 |
|  |  | 1. Allgemeines | 2942 |
|  |  | 2. Revisible Entscheidungen der Tatsacheninstanz | 2943 |
|  |  | 3. Statthaftigkeit der Revision | 2943 |
|  |  | 4. Die Einlegung und Begründung der Revision | 2954 |
|  |  | 5. Der weitere Verfahrensablauf und die Entscheidung des BAG | 2958 |
|  |  | 6. Formale Aspekte des Revisionsurteils | 2966 |
|  |  | 7. Die Revisionsbeschwerde | 2966 |
|  |  | 8. Sofortige Beschwerde nach § 72b ArbGG | 2968 |
|  | XVI. | Die Wiederaufnahme des Verfahrens | 2969 |
|  | XVII. | Das Beschwerdeverfahren | 2969 |
|  | XVIII. | Die Anhörungsrüge | 2970 |
| B. | Beschlussverfahren |  | 2971 |
|  | I. | Grundsätzliches | 2971 |
|  |  | 1. Verhältnis zum Urteilsverfahren | 2971 |
|  |  | 2. Anwendungsbereich außerhalb des § 2a ArbGG | 2971 |
|  |  | 3. Verhältnis zu Einigungs- und Schlichtungsstellen | 2972 |
|  |  | 4. Rechtsgrundlagen | 2972 |
|  | II. | Beteiligte im Beschlussverfahren | 2972 |
|  |  | 1. Grundsätzliches | 2972 |
|  |  | 2. Antragsteller/Antragsgegner | 2973 |
|  |  | 3. Mehrzahl von Antragstellern | 2973 |
|  |  | 4. Prozessstandschaft | 2973 |
|  | III. | Das erstinstanzliche Beschlussverfahren | 2974 |
|  |  | 1. Einleitung durch Antragstellung | 2974 |
|  |  | 2. Antragsrücknahme | 2977 |
|  |  | 3. Antragsänderung | 2978 |
|  |  | 4. Das örtlich zuständige Gericht | 2978 |
|  |  | 5. Das Verfahren vor dem ArbG | 2979 |
|  |  | 6. Beendigungsmöglichkeiten des erstinstanzlichen Beschlussverfahrens | 2983 |
|  | IV. | Das Beschlussverfahren in zweiter Instanz | 2988 |
|  |  | 1. Eröffnung der zweiten Instanz | 2988 |

| | | |
|---|---|---|
| | 2. Entscheidung über die Zulässigkeit der Beschwerde | 2991 |
| | 3. Der weitere Verfahrensablauf | 2992 |
| | 4. Beendigungsmöglichkeiten | 2993 |
| V. | Das Rechtsbeschwerdeverfahren | 2994 |
| | 1. Statthaftigkeit | 2994 |
| | 2. Vertretung der Beteiligten | 2995 |
| | 3. Einlegung und Begründung der Rechtsbeschwerde | 2995 |
| | 4. Entscheidung über die Zulässigkeit der Rechtsbeschwerde | 2997 |
| | 5. Der weitere Verfahrensablauf | 2997 |
| | 6. Beendigung des Verfahrens | 2998 |
| VI. | Beschlussverfahren in besonderen Fällen | 2998 |
| | 1. Entscheidung über die Tariffähigkeit und Tarifzuständigkeit einer Vereinigung | 2998 |
| | 2. Entscheidung über die Besetzung der Einigungsstelle | 3001 |
| VII. | Die Anhörungsrüge nach § 78a ArbGG | 3004 |

## Kapitel 16  Besondere Verfahrensarten
*(Stefan Luczak/Ralph Stichler)* . . . . . . . . . . . . . . . . . . . . . . . . . . . 3005

| | | |
|---|---|---|
| A. | Ausschluss/Abwandlung des Arbeitsgerichtsverfahrens | 3006 |
| I. | Vorbemerkung | 3006 |
| II. | Das Schiedsverfahren | 3006 |
| | 1. Vereinbarkeit | 3006 |
| | 2. Rechtswirkung des Bestehens einer Schiedsvereinbarung | 3007 |
| | 3. Errichtung und Besetzung des Schiedsgerichts | 3007 |
| | 4. Verfahren vor dem Schiedsgericht | 3008 |
| | 5. Beendigung des Schiedsgerichtsverfahrens | 3008 |
| | 6. Zwangsvollstreckung | 3008 |
| | 7. Gerichtliche Kontrolle des Schiedsspruchs | 3009 |
| III. | Ausschüsse in Berufsausbildungsangelegenheiten | 3009 |
| | 1. Errichtung/Zuständigkeit | 3009 |
| | 2. Verfahren | 3010 |
| | 3. Ergebnisse der Schlichtungsbemühungen | 3010 |
| | 4. Kosten | 3010 |
| | 5. Rechtswirkung und Auswirkung des Vorschaltverfahrens auf das Arbeitsgerichtsverfahren | 3010 |
| B. | Arrest und einstweilige Verfügung | 3011 |
| I. | Allgemeines | 3011 |
| | 1. Prozesstaktische Überlegungen | 3011 |
| | 2. Prüfungsmaßstab | 3011 |
| | 3. Glaubhaftmachungsmittel/Beweismittelpräsenz | 3011 |
| | 4. Streitgegenstand | 3011 |
| | 5. Keine Vorwegnahme der Hauptsache/Leistungsverfügung | 3011 |
| | 6. Arrest-/Verfügungsgrund | 3012 |
| II. | Verfahren | 3012 |
| | 1. Antrag | 3012 |
| | 2. Mündliche Verhandlung | 3012 |
| | 3. Einlassungs-/Ladungsfrist | 3013 |
| | 4. Kein Präklusionsrecht | 3013 |
| | 5. Keine Unterbrechung von Verjährung oder Ausschlussfristen | 3013 |
| | 6. Zustellung im Parteibetrieb binnen eines Monats | 3013 |
| | 7. Kosten | 3014 |
| III. | Besonderheiten des arbeitsgerichtlichen einstweiligen Rechtsschutzes | 3014 |
| | 1. Einstweiliger Rechtsschutz im Urteilsverfahren | 3014 |

# Inhaltsverzeichnis

|  |  |  |  |
|---|---|---|---|
|  |  | 2. Einstweiliger Rechtsschutz im Beschlussverfahren | 3014 |
|  | IV. | Einzelfälle | 3015 |
|  |  | 1. Einstweilige Verfügung des Arbeitnehmers gegen den Arbeitgeber | 3015 |
|  |  | 2. Einstweilige Verfügung des Arbeitgebers gegen den Arbeitnehmer | 3025 |
|  |  | 3. Einstweilige Verfügung im kollektiven Arbeitsrecht | 3030 |
| C. | Mediationsverfahren |  | 3037 |
|  | I. | Vorbemerkung | 3037 |
|  | II. | Mediation, Definitionsversuche | 3038 |
|  | III. | Aufgaben des Mediators | 3038 |
|  |  | 1. Verstehen der Medianten | 3039 |
|  |  | 2. Vermitteln des Verstandenen | 3040 |
|  |  | 3. Konsenssuche | 3041 |
|  | IV. | Ablauf eines Mediationsverfahrens | 3041 |
|  |  | 1. Initialisierung | 3041 |
|  |  | 2. Bestandsaufnahme/Themensammlung | 3041 |
|  |  | 3. Interessenerhellung | 3042 |
|  |  | 4. Optionensammlung | 3042 |
|  |  | 5. Vereinbarung | 3042 |
|  | V. | Mediationsgeeignete Streitigkeiten im Arbeitsrecht | 3042 |
|  | VI. | Durchführung von Mediationen im Rahmen von anhängigen Gerichtsverfahren | 3043 |
|  |  | 1. Gerichtsnahe Mediation | 3044 |
|  |  | 2. Gerichtsinterne Mediation | 3044 |
|  |  | 3. Integrierte Mediation | 3045 |
|  |  | 4. Ergänzende Hinweise | 3045 |
| D. | Verfahren vor dem EuGH |  | 3046 |
|  | I. | Allgemeines | 3046 |
|  | II. | EuGH | 3046 |
|  |  | 1. Allgemeines | 3046 |
|  |  | 2. Vorabentscheidungsverfahren | 3047 |
|  |  | 3. Vertragsverletzungsverfahren | 3052 |
|  | III. | Beschwerde bei der Kommission | 3052 |
|  | IV. | Petition an Europäisches Parlament | 3053 |
|  | V. | Bürgerbeauftragter des Europäischen Parlamentes | 3053 |

**Kapitel 17 Die Vergütung des Rechtsanwalts in Arbeitssachen**
*(Ralph Stichler)* ... 3054

|  |  |  |  |
|---|---|---|---|
| A. | Vorbemerkung |  | 3054 |
| B. | RVG |  | 3054 |
|  | I. | Struktur des RVG und zentrale Gebührentatbestände | 3054 |
|  | II. | Im arbeitsrechtlichen Mandat wichtige Regelungen | 3055 |
|  |  | 1. Vergütung für Tätigkeiten von Vertretern des Rechtsanwalts, § 5 RVG | 3055 |
|  |  | 2. Mehrere Auftraggeber, § 7 RVG | 3055 |
|  |  | 3. Angemessene Gebühr, § 14 RVG | 3056 |
|  |  | 4. Eine Angelegenheit, § 16 RVG | 3058 |
| C. | Vergütungsverzeichnis (VV) |  | 3059 |
|  | I. | Außergerichtliche Tätigkeit | 3059 |
|  |  | 1. Beratung und Gutachten (VV 2100–2103) | 3059 |
|  |  | 2. Außergerichtliche Vertretung (VV 2300) | 3063 |
|  | II. | Gerichtliche Tätigkeit | 3066 |
|  |  | 1. Gebührentatbestände | 3066 |
|  |  | 2. Verwaltungsverfahren | 3072 |
|  |  | 3. Schlichtungsverfahren | 3073 |

# Inhaltsverzeichnis

|  |  | 4. | Erfolgsaussichten eines Rechtsmittels | 3074 |
|---|---|---|---|---|
|  |  | 5. | LAG | 3075 |

**Anhang** .................................................. 3077

**Anhang I**  Adress- und Telefonverzeichnis der Gerichte für Arbeitssachen in der Bundesrepublik Deutschland .................................. 3079

**Anhang II**  Vergleichstabelle zum Vertragstext EGV ..................... 3089

**Anhang III**  Vergleichstabelle EUV/AEUV ............................. 3097

**Stichwortverzeichnis** ........................................ 3123

## Inhaltsverzeichnis

4. Erfolgsaussichten eines Rechtsstreits .................................... 3074
5. HAC ..................................................................... 3075

**Anhang** .................................................................... 3077

Anhang I    Adress- und Telefonverzeichnis der Gerichte für Arbeitssachen in der
            Bundesrepublik Deutschland ....................................... 3079

Anhang II   Vergleichstabelle zum Vermögen-EUV ............................... 3085

Anhang III  Vergleichstabelle EUV/AEUV ....................................... 3097

**Stichwortverzeichnis** ..................................................... 3125

# Abkürzungsverzeichnis

| | |
|---|---|
| a. A. | anderer Ansicht |
| AAG | Gesetz über den Ausgleich der Arbeitgeberaufwendungen für Entgeltfortzahlung |
| ABA | Arbeit, Beruf und Arbeitslosenhilfe (Zeitschrift) |
| AbgG | Abgeordnetengesetz |
| AbK | Abkommen |
| ABlEG | Amtsblatt der Europäischen Gemeinschaften |
| abl. | ablehnend |
| ABl. | Amtsblatt |
| ABM | Arbeitsbeschaffungsmaßnahme |
| Abs. | Absatz |
| abw. | abweichend |
| AcP | Archiv für civilistische Praxis (Zeitschrift) |
| ÄArbVtrG | Gesetz über befristete Arbeitsverträge mit Ärzten in der Weiterbildung |
| Abschn. | Abschnitt |
| a. E. | am Ende |
| AEUV | Vertrag über die Arbeitsweise der Europäischen Union |
| AEVO | Ausbilder-EignungsVO gewerbliche Wirtschaft |
| a. F. | alte Fassung |
| AFG | Arbeitsförderungsgesetz |
| AFG-ÄndG | Arbeitsförderungsgesetz-Änderungsgesetz |
| AFKG | Arbeitsförderungs-Konsolidierungsgesetz |
| AfNS | Amt für Nationale Sicherheit |
| AfP | Archiv für Presserecht (Zeitschrift) |
| AFRG | Arbeitsförderungs-Reformgesetz |
| AG | Die Aktiengesellschaft (Zeitschrift) |
| AG | Amtsgericht |
| AGB | Allgemeines Bürgerliches Gesetzbuch |
| AGB-DDR | Arbeitsgesetzbuch der Deutschen Demokratischen Republik |
| AGG | Allgemeines Gleichbehandlungsgesetz |
| AiB | Arbeitsrecht im Betrieb (Zeitschrift) |
| AK-GG | Alternativkommentar zum Grundgesetz |
| AktG | Aktiengesetz |
| ALB | Allgemeine Lieferbedingungen |
| allg. | allgemein(e) |
| AltTZG | Altersteilzeitgesetz |
| Alt. | Alternative |
| a. M. | anderer Meinung |
| AMBl. | Amtsblatt des Bayerischen Staatsministeriums für Arbeit und Sozialordnung |
| amtl. | amtlich |
| Amtl. Begr. | Amtliche Begründung |
| ANBA | Amtliche Nachrichten der Bundesanstalt für Arbeit |
| Ändabk. | Änderungsabkommen |
| ÄnderungsVO | Änderungsverordnung |
| Änderungs-TV | Änderungstarifvertrag |
| ÄndG | Änderungsgesetz |
| ÄndVO | Änderungsverordnung |
| AngKSchG | Gesetz über die Fristen für die Kündigung von Angestellten |
| AngTV | Angestelltentarifvertrag |
| Anh. | Anhang |
| Anl. | Anlage |
| Anm. | Anmerkung |
| AnwBl | Anwaltsblatt (Zeitschrift) |
| AO | Abgabenordnung |
| AOG | Gesetz zur Ordnung der nationalen Arbeit |
| AöR/AOR | Archiv des öffentlichen Rechts |

# Abkürzungsverzeichnis

| | |
|---|---|
| AP | Arbeitsrechtliche Praxis (Entscheidungssammlung) |
| AR-Blattei | Arbeitsrecht-Blattei (Loseblattausgabe) |
| Arbeitgeber | Der Arbeitgeber (Zeitschrift) |
| ArbG | Arbeitsgericht |
| ArbGeb | Der Arbeitgeber (Zeitschrift) |
| ArbGG | Arbeitsgerichtsgesetz |
| ArbKrankhG | Gesetz zur Verbesserung der wirtschaftlichen Sicherung im Krankheitsfalle |
| ArbNähnl.Pers. | Arbeitnehmerähnliche Personen |
| ArbNErfG | Gesetz über Arbeitnehmererfindungen |
| ArbPlSchG | Arbeitsplatzschutzgesetz |
| ArbR | Arbeitsrecht |
| ArbRB | Arbeitsrechts-Berater (Zeitschrift) |
| ArbRBGB | Das Arbeitsrecht im BGB |
| ArbRBereinigG | Arbeitsrechtsbereinigungsgesetz |
| ArbRdGgw | Das Arbeitsrecht der Gegenwart |
| ArbSchG | Arbeitsschutzgesetz |
| ArbstättV | Arbeitsstättenverordnung |
| ArbSichG | Arbeitssicherstellungsgesetz |
| ArbZG | Arbeitszeitgesetz |
| ArbuR, AuR | Arbeit und Recht (Zeitschrift) |
| ArbuSozPol | Arbeit und Sozialpolitik (Zeitschrift) |
| ArbuSozR | Arbeits- und Sozialrecht (Zeitschrift) |
| ArchöffR | Archiv für öffentliches Recht (Zeitschrift) |
| ArchPF | Archiv für das Post- und Fernmeldewesen (Zeitschrift) |
| ArEV | Arbeitsentgeltverordnung |
| ArGV | Arbeitsgenehmigungsverordnung |
| arg. | argumentum |
| ARS | Arbeitsrechtssammlung, Entscheidungen des Reichsarbeitsgerichts, der Landesarbeitsgerichte und Arbeitsgerichte (früher Bensheimer Sammlung) |
| ARsp | Arbeitsrechtsprechung |
| ARSt | Arbeitsrecht in Stichworten (Arbeitsrechtliche Entscheidungssammlung) |
| Art. | Artikel |
| ASiG | Arbeitssicherheitsgesetz |
| ASistG | Arbeitssicherstellungsgesetz |
| AStA | Allgemeiner Studentenausschuss einer Hochschule |
| AT | Allgemeiner Teil |
| AT-Angestellte | außertarifliche Angestellte |
| ATG | Altersteilzeitgesetz |
| ATO | Allgemeine Tarifordnung für Arbeitnehmer des öffentlichen Dienstes |
| AuA | Arbeit und Arbeitsrecht (Zeitschrift) |
| AuB | Arbeit und Beruf (Zeitschrift) |
| AufenthG | Gesetz über den Aufenthalt, die Erwerbstätigkeit und die Integration von Ausländern im Bundesgebiet |
| Aufl. | Auflage |
| AÜG | Arbeitnehmerüberlassungsgesetz |
| AuR, ArbuR | Arbeit und Recht (Zeitschrift) |
| AuslG | Ausländergesetz |
| AVAVG | Gesetz über Arbeitsvermittlung und Arbeitslosenversicherung |
| AVG | Angestelltenversicherungsgesetz |
| AVO | Ausführungsverordnung |
| AVV | Allgemeine Verwaltungsvorschriften |
| AWD | Außenwirtschaftsdienst des Betriebsberaters (Zeitschrift) |
| ArbZG, AZG | Arbeitszeitgesetz |
| AZO | Arbeitszeitordnung |
| | |
| BA | Bundesagentur für Arbeit |
| BABl. | Bundesarbeitsblatt (Zeitschrift) |
| Bad.-Württ.LV | Landesverfassung Baden-Württemberg |

# Abkürzungsverzeichnis

| | |
|---|---|
| BAG | Bundesarbeitsgericht |
| BAGE | Amtliche Sammlung der Entscheidungen des Bundesarbeitsgerichts |
| BAnz. | Bundesanzeiger |
| BArbBl. | Bundesarbeitsblatt |
| BAT | Bundes-Angestelltentarifvertrag |
| Bay. | Bayern |
| BayAmbl. | Bayerische Amtsblätter |
| BayGBl. | Bayerisches Gesetzblatt |
| BayPersVG | Bayrisches Personalvertretungsgesetz |
| BayVerwBl. | Bayerische Verwaltungsblätter |
| BayVGH | Bayerischer Verwaltungsgerichtshof |
| BB | Der Betriebsberater (Zeitschrift) |
| BBDK/Bearbeiter | Bader/Bram/Dörner/Kriebel |
| BBesG | Bundesbesoldungsgesetz |
| BBG | Bundesbeamtengesetz |
| BBiG | Berufsbildungsgesetz |
| Bd. | Band |
| BDA | Bundesverband Deutscher Arbeitgeberverbände |
| BDI | Bundesverband der Deutschen Industrie |
| BDO | Bundesdisziplinarordnung |
| BDSG | Bundesdatenschutzgesetz |
| bearb. | Bearbeitet |
| Bearb. | Bearbeiter(in) |
| BEEG | Bundeselterngeld- und Elternzeitgesetz |
| Begr. | Begründung |
| BehindR | Behindertenrecht (Zeitschrift) |
| Beil. | Beilage |
| Bek. | Bekanntmachung |
| Bem. | Bemerkung |
| ber. | berichtigt |
| BerHG | Beratungshilfegesetz |
| Bergmann-VersorgScheinG | Bergmannversorgungsscheingesetz |
| BErzGG | Bundeserziehungsgeldgesetz |
| bes. | besonders |
| BeschFG | Beschäftigungsförderungsgesetz |
| Beschl. | Beschluss |
| BeschSchG | Beschäftigtenschutzgesetz |
| betr. | betrifft |
| BetrAVG | Gesetz zur Verbesserung der betrieblichen Altersversorgung |
| BetrR | Der Betriebsrat (Zeitschrift) |
| BetrVerf | Die Betriebsverfassung (Zeitschrift) |
| BetrVG | Betriebsverfassungsgesetz |
| BezAbgWG | Gesetz über die Wahl der hamburgischen Bezirksabgeordneten zu den Bezirksversammlungen |
| BezirksG | Bezirksgericht |
| BfA | Deutsche Rentenversicherung Bund |
| BFH | Bundesfinanzhof |
| BFHE | Amtliche Sammlung der Entscheidungen des Bundesfinanzhofs |
| BGB | Bürgerliches Gesetzbuch |
| BGB-RGRK | Bürgerliches Gesetzbuch – Reichsgerichtsrätekommentar |
| BGBl. | Bundesgesetzblatt |
| BGH | Bundesgerichtshof |
| BGHZ | Amtliche Sammlung der Entscheidungen des Bundesgerichtshofs in Zivilsachen |
| BGremBG | Bundesgremienbesetzungsgesetz |
| BgSchWG | Gesetz über die Wahl zur hamburgischen Bürgerschaft |
| BGSG | Bundesgrenzschutzgesetz |
| BImSchG | Bundesimmissionsschutzgesetz |
| BKK | Die Betriebskrankenkasse (Zeitschrift) |

# Abkürzungsverzeichnis

| | |
|---|---|
| Bl. | Blatt |
| Bln. | Berlin |
| Bln.-Bra. | Berlin-Brandenburg |
| BMA | Bundesminister(ium) für Arbeit und Soziales |
| BMI | Bundesminister(ium) des Innern |
| BMF | Bundesminister(ium) der Finanzen |
| BMT-G | Bundesmanteltarifvertrag für Arbeiter der Gemeinden |
| BMTV | Bundesmanteltarifvertrag |
| BMWi | Bundesminister(ium) für Wirtschaft und Technologie |
| BPersVG | Bundespersonalvertretungsgesetz |
| BPräsWG | Gesetz über die Wahl des Bundespräsidenten durch die Bundesversammlung |
| BR | Der Betriebsrat (Zeitschrift) |
| Bra. | Brandenburg |
| BRAO | Bundesrechtsanwaltsordnung |
| BRAGO | Bundesgebührenordnung für Rechtsanwälte |
| BRAK-Mitt. | »BRAK-Mitteilungen« (früher Mitteilungen der Bundesrechtsanwaltskammer) |
| BR-Drs. | Bundesrats-Drucksache |
| BReg. | Bundesregierung |
| Breithaupt | Breithaupt (Hrsg.), Sozialgerichtliche Urteilssammlung |
| Brem. | Bremen |
| BremPersVG | Bremisches Personalvertretungsgesetz |
| BRG | Betriebsrätegesetz |
| BR-Info | Informationsdienst für Betriebsräte (Zeitschrift) |
| BR-Prot. | Bundesratsprotokolle |
| BRRG | Beamtenrechtsrahmengesetz |
| BRT | Bundesrahmentarif |
| BRTV | Bundesrahmentarifvertrag |
| BSeuchG | Bundesseuchengesetz |
| BSG | Bundessozialgericht |
| BSGE | Amtliche Sammlung der Entscheidungen des Bundessozialgerichts |
| BSHG | Bundessozialhilfegesetz |
| Bsp. | Beispiel |
| BStBl | Bundessteuerblatt |
| BSVG | Bergmannsversorgungsscheingesetz |
| BT | Bundestag |
| BT-AbgG | Bundestag-Abgeordnetengesetz |
| BT-Drs. | Drucksache des Deutschen Bundestages |
| BT-Prot. | Bundestagsprotokolle |
| Buchst. | Buchstabe |
| BUKG | Bundesumzugskostengesetz |
| BundesbeamtenG | Bundesbeamtengesetz |
| BundesPersVG | Personalvertretungsgesetz des Bundes |
| BUrlG | Bundesurlaubsgesetz |
| BuW | Betrieb und Wirtschaft (Zeitschrift) |
| BVB | Besondere Vertragsbedingungen |
| BVerfG | Bundesverfassungsgericht |
| BVerfGE | Amtliche Sammlung der Entscheidungen des Bundesarbeitsgerichts |
| BVersG | Bundesversorgungsgesetz |
| BVerwG | Bundesverwaltungsgericht |
| bVG | besonderes Verhandlungsgremium |
| BVwVfG | Verwaltungsverfahrensgesetz des Bundes |
| BW | Baden-Württemberg |
| bzgl. | bezüglich |
| BZRG | Bundeszentralregistergesetz |
| bzw. | beziehungsweise |
| CR | Computer und Recht (Zeitschrift) |

## Abkürzungsverzeichnis

| | |
|---|---|
| DA | Durchführungsanweisungen der Bundesanstalt für Arbeit zum Kündigungsschutzgesetz |
| DAG | Deutsche Angestelltengewerkschaft |
| DAngVers | Die Angestelltenversicherung (Zeitschrift) |
| DArbR | Deutsches Arbeitsrecht |
| DArbRdGgw | Das Arbeitsrecht der Gegenwart |
| DAV | Deutscher Anwaltsverein |
| DB | Der Betrieb (Zeitschrift) |
| ders. | derselbe |
| DEVO | Datenerfassungs-Verordnung |
| DGB | Deutscher Gewerkschaftsbund |
| dgl. | desgleichen |
| d. h. | das heißt |
| dies. | dieselben |
| Diss. | Dissertation |
| DJT | Deutscher Juristentag |
| DJZ | Deutsche Juristenzeitung (1896–1936) |
| DKK | Däubler/Kittner/Klebe/Wedde |
| DLW | Dörner/Luczak/Wildschütz |
| DM | Deutsche Mark |
| DÖD | Der öffentliche Dienst (Zeitschrift) |
| DOK | Die Ortskrankenkasse (Zeitschrift) |
| Dok. | Dokument |
| DÖV | Die Öffentliche Verwaltung (Zeitschrift) |
| DR | Deutsches Recht |
| DRdA | Das Recht der Arbeit (Österr. Zeitschrift) |
| DRiA | Das Recht im Amt (Zeitschrift) |
| DRiG | Deutsches Richtergesetz |
| Drs. | Drucksache |
| DStR | Deutsche Steuer-Rundschau (51–61) – Deutsches Steuerrecht (62 ff.) |
| DRiZ | Deutsche Richterzeitung (Zeitschrift) |
| DSB | Datenschutzbeauftragter (Zeitschrift) |
| DStZ | Deutsche Steuer-Zeitung |
| DtZ | Deutsch-Deutsche Rechtszeitschrift |
| DuD | Datenschutz und Datensicherung (Zeitschrift) |
| DuR | Demokratie und Recht (Zeitschrift) |
| DÜVO | Datenübermittlungs-Verordnung |
| DVBl. | Deutsches Verwaltungsblatt (Zeitschrift) |
| DVO | Durchführungsverordnung |
| DZWiR | Deutsche Zeitschrift für Wirtschaftsrecht (bis 1999) |
| DZWIR | Deutsche Zeitschrift für Wirtschafts- und Insolvenzrecht (ab 1999) |
| EArbGKomm. | Entwurf 1977 der Arbeitsgesetzbuch-Kommission |
| EDGB | Entwurf 1977 des Deutschen Gewerkschaftsbundes für ein Arbeitsverhältnisgesetz |
| EEK | Entscheidungssammlung zur Entgeltfortzahlung im Krankheitsfalle |
| EFG | Entscheidung der Finanzgerichte |
| EFTA | European Free Trade Association |
| EFZG | Entgeltfortzahlungsgesetz |
| EG | Europäische Gemeinschaft |
| EGBGB | Einführungsgesetz zum Bürgerlichen Gesetzbuch |
| EGInsO | Einführungsgesetz zur Insolvenzordnung |
| eGmbH | eingetragene Gesellschaft mit beschränkter Haftung |
| EG-EStRG | Einführungsgesetz zur Einkommensteuerreform |
| EGMR | Europäischer Gerichtshof für Menschenrechte |
| EGV | Vertrag zur Gründung der Europäischen Gemeinschaft |
| EhfG | Entwicklungshelfer-Gesetz |
| Einf. | Einführung |

# Abkürzungsverzeichnis

| | |
|---|---|
| EinfG | Einführungsgesetz |
| einschl. | einschließlich |
| EInsO | Entwurf zur Insolvenzordnung |
| EKD | Evangelische Kirche Deutschlands |
| ENeuOG | Eisenbahnneuordnungsgesetz |
| EPÜ | Europäisches Patentübereinkommen |
| Entw. | Entwurf |
| Erg. | Ergänzung |
| Ergänzungsbd. | Ergänzungsband |
| Erl. | Erlass, Erläuterungen |
| EStDV | Einkommensteuer-Durchführungsverordnung |
| EStG | Einkommensteuergesetz |
| EsVGH | Entscheidungssammlung des Hessischen und des Württembergisch-Badischen Verwaltungsgerichtshofes |
| etc. | et cetera |
| EU | Europäische Union |
| EuAbgG | Europaabgeordnetengesetz |
| EuGVÜ | (Europ.) Übereinkommen v. 27.9.1968 über die Vollstreckung gerichtlicher Entscheidungen in Zivil- und Handelssachen |
| EuGVVO | EG-Verordnung Nr. 44/2001 über die gerichtliche Zuständigkeit und die Anerkennung und Vollstreckung von Entscheidungen in Zivil- und Handelssachen |
| EuroAS | Informationsdienst zum Europäischen Arbeits- und Sozialrecht |
| EUV | Vertrag über die Europäische Union |
| EuZW | Europäische Zeitschrift für Wirtschaftsrecht |
| EV | Einigungsvertrag |
| e. V. | eingetragener Verein |
| evtl. | eventuell |
| EVÜ | Römisches EWG-Übereinkommen über das auf vertragliche Schuldverhältnisse anzuwendende Recht |
| EWG | Europäische Wirtschaftsgemeinschaft |
| EWGV | Vertrag zur Gründung der Europäischen Wirtschaftsgemeinschaft |
| EWG-VO | Europäische Wirtschaftsgemeinschaft-Verordnung |
| EWiR | Entscheidungen zum Wirtschaftsrecht (Zeitschrift) |
| EzA | Entscheidungssammlung zum Arbeitsrecht (Loseblattausgabe) |
| EzA-SD | EzA Schnelldienst (Zeitschrift) |
| EzBAT | Entscheidungssammlung zum Bundesangestelltentarifvertrag (Loseblattausgabe) |
| f. | folgende |
| FA | Fachanwalt Arbeitsrecht (Zeitschrift) |
| FamRZ | Familienrechts-Zeitschrift |
| FAZ | Frankfurter Allgemeine Zeitung |
| FeiertagslohnzahlungsG | Gesetz zur Regelung der Lohnzahlung an Feiertagen |
| FEVS | Fürsorgerechtliche Entscheidungen der Verwaltungs- und Sozialgerichte |
| ff. | fortfolgende |
| FFVG | Gesetz über befristete Arbeitsverträge mit wissenschaftlichem Personal an Forschungseinrichtungen |
| FG | Finanzgericht |
| FGG | Gesetz über die freiwillige Gerichtsbarkeit |
| Fn. | Fußnote |
| FinMin | Finanzminister(ium) |
| FreizG/EU | Gesetz über die allgemeine Freizügigkeit von Unionsbürgern |
| FS | Festschrift |
| GBl. | Gesetzblatt |
| GbR | Gesellschaft bürgerlichen Rechts |
| GdB | Grad der Behinderung |

# Abkürzungsverzeichnis

| | |
|---|---|
| GDBA | Genossenschaft Deutscher Bühnenangehöriger |
| GedS | Gedächtnisschrift |
| GefStoffV | Gefahrstoffverordnung |
| gem. | gemäß |
| GemeindeO | Gemeindeordnung |
| GenG | Gesetz betreffend die Erwerbs- und Wirtschaftsgenossenschaften |
| GesO | Gesamtvollstreckungsordnung |
| GewArch | Gewerbearchiv (Zeitschrift) |
| GewO | Gewerbeordnung |
| GG | Grundgesetz |
| ggf. | gegebenenfalls |
| GK-ArbGG | Gemeinschaftskommentar zum Arbeitsgerichtsgesetz (Loseblattausgabe) |
| GK-BetrVG | Gemeinschaftskommentar zum Betriebsverfassungsgesetz |
| GK-BUrlG | Gemeinschaftskommentar zum Bundesurlaubsgesetz |
| GKG | Gerichtskostengesetz |
| GK-TzA | Gemeinschaftskommentar zum Teilzeitarbeitsrecht |
| GmbH | Gesellschaft mit beschränkter Haftung |
| GmbHG | Gesetz betreffend die Gesellschaft mit beschränkter Haftung |
| GmbHRdSch. | GmbH-Rundschau (Zeitschrift) |
| GmBl. | Gemeinsames Ministerialblatt |
| GMPM-G | Germelmann/Matthes/Prütting/Müller-Glöge |
| GmS-OGB | Gemeinsamer Senat der obersten Gerichtshöfe des Bundes |
| GoA | Geschäftsführung ohne Auftrag |
| grds. | grundsätzlich |
| GrO | Grundordnung des kirchlichen Dienstes im Rahmen kirchlicher Arbeitsverhältnisse |
| Grunds. | Grundsatz, Grundsätze |
| GS | Großer Senat |
| GSG | Gesundheitsstrukturgesetz |
| GuG | Gesamtvollstreckungsunterbrechungsgesetz |
| GVBl. | Gesetz- und Verordnungsblatt |
| GVG | Gerichtsverfassungsgesetz |
| GVNW | Gesetz- und Verordnungsblatt Nordrhein-Westfalen |
| GWB | Gesetz gegen Wettbewerbsbeschränkungen (Kartellgesetz) |
| | |
| HAG | Heimarbeitsgesetz |
| HambPersVG | Hamburgisches Personalvertretungsgesetz |
| HandwO | Handwerksordnung |
| Hansa | Zentralorgan für Seeschifffahrt, Schiffbau und Hafen (Zeitschrift) |
| HAS/Bearbeiter | Handbuch des Arbeits- und Sozialrechts |
| HB | Handelsblatt |
| HBG | Hessisches Beamtengesetz |
| HessAbgG | Hessisches Abgeordnetengesetz |
| Hess. LAG | Hessisches Landesarbeitsgericht |
| HessLV | Landesverfassung Hessen |
| HessPersVG | Hessisches Personalvertretungsgesetz |
| HessVGH | Hessischer Verwaltungsgerichtshof |
| HFR | Höchstrichterliche Finanzrechtsprechung |
| HFVG | Gesetz über befristete Arbeitsverträge mit wissenschaftlichem Personal an Hochschulen und Forschungseinrichtungen |
| HGB | Handelsgesetzbuch |
| HGO | Hessische Gemeindeordnung |
| HHG | Häftlingshilfegesetz |
| HK | Heidelberger Kommentar zum Kündigungsschutzgesetz |
| h. L. | herrschende Lehre |
| h. M. | herrschende Meinung |
| Hmb. | Hamburg |
| HandwO | Handwerksordnung |

# Abkürzungsverzeichnis

| | |
|---|---|
| HRG | Hochschulrahmengesetz |
| HRR | Höchstrichterliche Rechtsprechung |
| Hrsg. | Herausgeber |
| Hs. | Halbsatz |
| HSWGNR/Bearbeiter | Hess/Schlochauer/Worzalla/Glock/Nicolai/Rose, BetrVG, Kommentar |
| HVwVFG | Hessisches Verwaltungsverfahrensgesetz |
| HWK/Bearbeiter | Henssler/Willemsen/Kalb, Arbeitsrechtskommentar |
| HzA | Handbuch zum Arbeitsrecht (Loseblattausgabe) |
| HzK/Bearbeiter | Mues/Eisenbeis/Legerlotz/Laber, Handbuch zum Kündigungsrecht |
| | |
| IAA | Internationales Arbeitsamt |
| IAO | Internationale Arbeitsorganisation |
| IAR | Internationales Arbeitsrecht |
| i. d. F. | in der Fassung |
| i. d. R. | in der Regel |
| i. E. | im Einzelnen |
| IG | Industriegewerkschaft |
| IHK | Industrie- und Handelskammer |
| info also | Information zum Arbeitslosengeld und zur Sozialhilfe (Zeitschrift) |
| insbes. | insbesondere |
| InsO | Insolvenzordnung |
| IRP | Internationales Privatrecht |
| IPrax, IPRax | Praxis des Internationalen Privat- und Verfahrensrechts (Zeitschrift) |
| IPR-Grunds. | Grundsätze des Internationalen Privatrechts |
| IPRspr. | Die deutsche Rechtsprechung auf dem Gebiete des internationalen Privatrechts |
| i. S. | im Sinne |
| i. S. d. | im Sinne des/der |
| ISR | Internationales Seeschifffahrtregister |
| i. S. v. | im Sinne von |
| i. Ü. | im Übrigen |
| i. V. m. | in Verbindung mit |
| IZPR | Internationales Zivilprozessrecht |
| | |
| JA | Juristische Arbeitsblätter |
| JArbSchG | Jugendarbeitsschutzgesetz |
| JAV | Jugend- und Auszubildendenvertretung |
| JbFfS | Jahrbuch der Fachanwälte für Steuerrecht |
| jPK | juris Praxiskommentar |
| JR | Juristische Rundschau (Zeitschrift) |
| Jura | Juristische Ausbildung (Zeitschrift) |
| JurA | Juristische Analysen |
| juris | Juristisches Informationssystem |
| jurisPR-ArbR | jurisPraxisReport Arbeitsrecht |
| JuS | Juristische Schulung (Zeitschrift) |
| JW | Juristische Wochenschrift (Zeitschrift) |
| JWG | Gesetz für Jugendwohlfahrt |
| JZ | Juristenzeitung (Zeitschrift) |
| | |
| Kap. | Kapitel |
| KapErhG | Kapitalerhöhungsgesetz |
| Kapitäns-MTV | Kapitäns-Manteltarifvertrag |
| KassArbR | Kasseler Handbuch zum Arbeitsrecht |
| KatSG | Katastrophenschutzgesetz |
| KAUG | Konkursausgleichsgeld |
| KBR | Konzernbetriebsrat |
| KFristG | Gesetz zur Vereinheitlichung der Kündigungsfristen |
| KG | Kammergericht, Kommanditgesellschaft |
| KG a. A. | Kommanditgesellschaft auf Aktien |

# Abkürzungsverzeichnis

| | |
|---|---|
| KirchE | Entscheidungen in Kirchensachen |
| KJ | Kritische Justiz (Zeitschrift) |
| KO | Konkursordnung |
| KR/Bearbeiter | Gemeinschaftskommentar zum Kündigungsschutzgesetz und zu sonstigen kündigungsschutzrechtlichen Vorschriften |
| krit. | kritisch |
| KritV | Kritische Vierteljahresschrift für Gesetzgebung und Rechtswissenschaft |
| KrV | Die Krankenversicherung (Zeitschrift) |
| KSchG | Kündigungsschutzgesetz |
| KTS | Konkurs-, Treuhand- und Schiedsgerichtswesen (Zeitschrift) |
| KVLG | Gesetz über die Krankenversicherung der Landwirte |
| LAG | Landesarbeitsgericht |
| LAG BW | Landesarbeitsgericht Baden-Württemberg |
| LAG Bln. | Landesarbeitsgericht Berlin |
| LAG Bay. | Landesarbeitsgericht Bayern |
| LAG Bln.-Bra. | Landesarbeitsgericht Berlin-Brandenburg |
| LAG Bra. | Landesarbeitsgericht Brandenburg |
| LAG Brem. | Landesarbeitsgericht Bremen |
| LAG Düsseld. | Landesarbeitsgericht Düsseldorf |
| LAG Hmb. | Landesarbeitsgericht Hamburg |
| LAG MV | Landesarbeitsgericht Mecklenburg-Vorpommern |
| LAG Nbg. | Landesarbeitsgericht Nürnberg |
| LAG Nds. | Landesarbeitsgericht Niedersachsen |
| LAG RhPf | Landesarbeitsgericht Rheinland-Pfalz |
| LAG Saarl. | Landesarbeitsgericht Saarland |
| LAG SA | Landesarbeitsgericht Sachsen-Anhalt |
| LAG | SchlH Landesarbeitsgericht Schleswig-Holstein |
| LAbgG | Landesabgeordnetengesetz |
| LAGE | Entscheidungssammlung (Landesarbeitsgerichte) |
| LAGReport | Zeitschrift |
| LFZG | Gesetz über die Fortzahlung des Arbeitsentgelts im Krankheitsfalle (Lohnfortzahlungsgesetz) |
| LG | Landgericht |
| lit. | Litera, Buchstabe(n) |
| LM | Lindenmaier/Möhring, Nachschlagewerk des Bundesgerichtshofs |
| LöschG | Löschungsgesetz |
| Loseblattslg. | Loseblattsammlung |
| LPersVG | Landespersonalvertretungsgesetz |
| LPVG NW | Landespersonalvertretungsgesetz Nordrhein-Westfalen |
| LS | Leitsatz |
| LSG | Landessozialgericht |
| LStDV | Lohnsteuerdurchführungsverordnung |
| LTV | Lohntarifvertrag |
| LVwVfG | Landesverwaltungsverfahrensgesetz |
| m. | mit |
| MAVO | Mitarbeitervertretungsordnung |
| m. a. W. | mit anderen Worten |
| max. | maximal |
| MDR | Monatsschrift für Deutsches Recht (Zeitschrift) |
| m. E. | meines Erachtens |
| MfS | Ministerium für Staatssicherheit |
| Min.Bl. | Ministerialblatt |
| Min.Bl.Fin. | Ministerialblatt des Bundesministers der Finanzen |
| mind. | mindestens |
| Mio. | Million(en) |
| Mitbest. | Die Mitbestimmung (Zeitschrift) |

# Abkürzungsverzeichnis

| | |
|---|---|
| MitbestG | Mitbestimmungsgesetz |
| MittHV | Mitteilungen des Hochschulverbandes (Zeitschrift) (ab 1996 Forschung und Lehre) |
| MK | Münchener Kommentar, Bürgerliches Gesetzbuch |
| m. N. | mit Nachweisen |
| MonMitbestG | Gesetz über die Mitbestimmung der Arbeitnehmer in den Aufsichtsräten und Vorständen der Unternehmen des Bergbaus und der Eisen und Stahl erzeugenden Industrie |
| Mrd. | Milliarde(n) |
| MRK | Menschenrechtskonvention |
| MTA-BA | Manteltarifvertrag für Arbeiter des Bundes |
| MTL | Manteltarifvertrag für Arbeiter der Länder |
| MTV | Manteltarifvertrag |
| MTV-See | Manteltarifvertrag für die deutsche Seeschifffahrt |
| MünchArbR/Bearbeiter | Münchener Handbuch zum Arbeitsrecht |
| MuSchG | Mutterschutzgesetz |
| MV | Mecklenburg-Vorpommern |
| m. w. N. | mit weiteren Nachweisen |
| m. z. N. | mit zahlreichen Nachweisen |
| | |
| Nachw. | Nachweise |
| NATO-ZusAbk., NATO-ZA | NATO-Zusatzabkommen |
| Nbg. | Nürnberg |
| Nds. | Niedersachsen |
| NdsVBl | Niedersächsische Verwaltungsblätter (Monatszeitschrift) |
| n. F. | neue Fassung |
| Nds. | Niedersachsen |
| NJ | Neue Justiz (Zeitschrift) |
| NJW | Neue Juristische Wochenschrift (Zeitschrift) |
| NJW-RR | NJW Rechtsprechungs-Report |
| Not. | Notar |
| NPersVG | Niedersächsisches Personalvertretungsgesetz |
| Nr. | Nummer |
| n. v. | nicht veröffentlicht |
| NVwZ | Neue Zeitschrift für Verwaltungsrecht |
| NW | Nordrhein-Westfalen |
| NWB | Neue Wirtschaftsbriefe (Zeitschrift) |
| NZA | Neue Zeitschrift für Arbeits- und Sozialrecht (Zeitschrift) |
| NZS | Neue Zeitschrift für Sozialrecht (Zeitschrift) |
| | |
| o. g. | oben genannte(n) |
| OGH | Oberster Gerichtshof |
| oHG | offene Handelsgesellschaft |
| OLG | Oberlandesgericht |
| ÖTV | Gewerkschaft Öffentliche Dienste, Transport und Verkehr |
| OVG | Oberverwaltungsgericht |
| OWiG | Gesetz über Ordnungswidrigkeiten |
| | |
| ParlKSch | Kündigungsschutz für Parlamentarier |
| PatG | Patentgesetz |
| PC | Personalcomputer |
| PersF | Personalführung (Zeitschrift) |
| PersonalR | Der Personalrat (Zeitschrift) |
| PersV | Die Personalvertretung (Zeitschrift) |
| PflegeZG | Gesetz über die Pflegezeit (Pflegezeitgesetz – PflegeZG) |
| pFV | positive Forderungsverletzung |
| PKH | Prozesskostenhilfe |
| PKHG | Prozesskostenhilfegesetz |

| | |
|---|---|
| PostG | Gesetz über das Postwesen |
| Prot. | Protokoll |
| PStG | Personenstandsgesetz |
| PStV | Personenstandsverordnung |
| PSV | Pensionssicherungsverein |
| | |
| RabelsZ | Zeitschrift für ausländisches und internationales Privatrecht, begründet von E. Rabel |
| RABl. | Reichsarbeitsblatt |
| RAG | Reichsarbeitsgericht |
| RAGE | Amtliche Sammlung der Entscheidungen des Reichsarbeitsgerichts |
| RAW | Rechtsarchiv der Wirtschaft |
| rd. | rund |
| RdA | Recht der Arbeit (Zeitschrift) |
| RdErl. | Runderlass |
| RDV | Recht der Datenverarbeitung (Zeitschrift) |
| RefE | Referentenentwurf |
| RegE | Regierungsentwurf |
| RG | Reichsgericht |
| RhPf | Rheinland-Pfalz |
| RiA | Das Recht im Amt (Zeitschrift) |
| Richtl. | Richtlinien |
| RIW | Recht der Internationalen Wirtschaft (Zeitschrift) |
| rkr. | rechtskräftig |
| RL | Richtlinie |
| Rn. | Randnummer |
| Rpfleger | Rechtspfleger (Zeitschrift) |
| RPflG | Rechtspflegergesetz |
| RRG | Rentenreformgesetz |
| Rspr. | Rechtsprechung |
| RsprDienst | Rechtsprechungs-Dienst |
| RTV | Rahmentarifvertrag |
| RVO | Reichsversicherungsordnung |
| Rz. | Randziffer |
| RzK | Rechtsprechung zum Kündigungsrecht (Entscheidungssammlung) |
| | |
| s. | siehe |
| S. | Seite/Satz |
| SA | Sachsen-Anhalt |
| s. a. | siehe auch |
| Saarl. | Saarland |
| SachbezugsVo | Sachbezugs-Verordnung |
| Sächs. LAG | Sächsisches Landesarbeitsgericht |
| SächsPersVG | Sächsisches Personalvertretungsgesetz |
| SAE | Sammlung arbeitsrechtlicher Entscheidungen (Zeitschrift) |
| Sb. | Sonderband |
| SchBV | Schiffsbesetzungs-Verordnung |
| SchlH | Schleswig-Holstein |
| SchlHA | Schleswig-Holsteinische Anzeigen |
| SchwBeschG | Schwerbeschädigtengesetz |
| SchwbG | Schwerbehindertengesetz |
| SchwbWV | Dritte Verordnung zur Durchführung des Schwerbehindertengesetzes (Werkstättenverordnung Schwerbehindertengesetz) |
| SED | Sozialistische Einheitspartei Deutschlands |
| SeeAE | Sammlung See-Arbeitsrechtlicher Entscheidungen |
| SeemG | Seemannsgesetz |
| SG, SozG | Sozialgericht |
| SGb | Die Sozialgerichtsbarkeit (Zeitschrift) |

# Abkürzungsverzeichnis

| | |
|---|---|
| SGB I | Sozialgesetzbuch, I. Buch: Allgemeiner Teil |
| SGB III | Sozialgesetzbuch, III. Buch: Arbeitsförderung |
| SGB IV | Sozialgesetzbuch, IV. Buch: Gemeinsame Vorschriften für die Sozialversicherung |
| SGB V | Sozialgesetzbuch, V. Buch: Gesetzliche Krankenversicherung |
| SGB VI | Sozialgesetzbuch, VI. Buch: Gesetzliche Rentenversicherung |
| SGB VII | Sozialgesetzbuch, VII. Buch: Gesetzliche Unfallversicherung |
| SGB VIII | Sozialgesetzbuch, VIII. Buch: Kinder- und Jugendhilfe |
| SGB IX | Sozialgesetzbuch, IX. Buch: Rehabilitation und Teilhabe behinderter Menschen |
| SGB X | Sozialgesetzbuch, X. Buch: Verwaltungsverfahren |
| SGB XI | Sozialgesetzbuch, XI. Buch: Soziale Pflegeversicherung |
| SGG | Sozialgerichtsgesetz |
| SH AbgG | Schleswig-Holsteinisches Abgeordnetengesetz |
| Slg. | Sammlung der Rechtsprechung des Gerichtshofes der Europäischen Gemeinschaft |
| s. o. | siehe oben |
| sog. | so genannt(e, er, es) |
| SoldG | Soldatengesetz |
| SozFort | Sozialer Fortschritt (Zeitschrift) |
| SozPlKonkG | Gesetz über den Sozialplan im Konkurs- und Vergleichsverfahren |
| SozR | Sozialrecht (Entscheidungssammlung), bearbeitet von Richtern des Bundessozialgerichts |
| SozSich | Soziale Sicherheit (Zeitschrift) |
| SozVers | Die Sozialversicherung (Zeitschrift) |
| Sp. | Spalte |
| SPersVG | Saarländisches Personalvertretungsgesetz |
| SprAuG | Sprecherausschussgesetz |
| SpTrUG | Gesetz über die Spaltung der von der Treuhandanstalt verwalteten Unternehmen |
| SPV/Bearbeiter | Stahlhacke/Preis/Vossen, Kündigung und Kündigungsschutz im Arbeitsverhältnis |
| SR | Sonderregelung |
| StilllegungsVO | Stilllegungs-Verordnung |
| StGB | Strafgesetzbuch |
| StPO | Strafprozessordnung |
| str. | streitig |
| st.Rspr. | ständige Rechtsprechung |
| StUG | Stasi-Unterlagen-Gesetz |
| StVollzG | Strafvollzugsgesetz |
| SVG | Soldatenversorgungsgesetz |
| teilw. | teilweise |
| Thür. LAG | Thüringer Landesarbeitsgericht |
| ThürAbgG | Thüringer Abgeordnetengesetz |
| ThüringerPersVG | Thüringer Personalvertretungsgesetz |
| TO | Tarifordnung |
| TOA | Tarifordnung A für Angestellte im Öffentlichen Dienst |
| TOB | Tarifordnung B für Arbeiter im Öffentlichen Dienst |
| TranspR | Transport- und Speditionsrecht |
| TSchG | Tarifschiedsgericht |
| TV | Tarifvertrag |
| TV Al II | Tarifvertrag für die Arbeitnehmer bei den Stationierungsstreitkräften im Gebiet der Bundesrepublik Deutschland |
| TVG | Tarifvertragsgesetz |
| TVöD | Tarifvertrag für den öffentlichen Dienst |
| TzA | Teilzeitarbeitsrecht |
| TzBfG | Gesetz über Teilzeitarbeit und befristete Arbeitsverträge (Teilzeit- und Befristungsgesetz) |
| u. | und |

# Abkürzungsverzeichnis

| | |
|---|---|
| u. a. | und andere, unter anderem |
| u. Ä. | und Ähnliches |
| UFiTA | Archiv für Urheber-, Film-, Funk- und Theaterrecht (Zeitschrift) |
| UmwG | Umwandlungsgesetz |
| UmwRBerG | Umwandlungsrecht-Bereinigungsgesetz |
| unstr. | unstreitig |
| Unterabs. | Unterabsatz |
| u. v. | unveröffentlicht |
| UP | Unterzeichnungsprotokoll |
| UrhG | Urhebergesetz |
| UrlG | Urlaubsgesetz (eines Landes) |
| Urt. | Urteil |
| usw. | und so weiter |
| u. U. | unter Umständen |
| UWG | Gesetz gegen den unlauteren Wettbewerb |
| v. | von, vom |
| VAA | Veröffentlichungen der Arbeitsgemeinschaft Arbeitsrecht im Deutschen Anwaltsverein |
| VAG | Versicherungsaufsichtsgesetz |
| VBG | Unfallverhütungsvorschrift der Berufsgenossenschaft |
| VBL | Versorgungsanstalt des Bundes und der Länder |
| Verf. | Verfassung |
| VerglO | Vergleichsordnung |
| VerfNW | Verfassung des Landes Nordrhein-Westfalen |
| VergGr | Vergütungsgruppe |
| VermBG | Gesetz zur Förderung der Vermögensbildung der Arbeitnehmer |
| VermG | Gesetz zur Regelung offener Vermögensfragen |
| Veröff. | Veröffentlichung |
| VersR | Versicherungsrecht (Zeitschrift) |
| VG | Verwaltungsgericht |
| VGH | Verwaltungsgerichtshof |
| vgl. | vergleiche |
| VglO | Vergleichsordnung |
| v. H. | von Hundert |
| VO | Verordnung |
| VOBl | Verordnungsblatt |
| Voraufl. | Vorauflage |
| Vorb., Vorbem. | Vorbemerkung |
| VRG | Vorruhestandsgesetz |
| VSSR | Vierteljahresschrift für Sozialrecht |
| VVG | Versicherungsvertragsgesetz |
| VwGO | Verwaltungsgerichtsordnung |
| VwVfG | Verwaltungsverfahrensgesetz |
| VwZG | Verwaltungszustellungsgesetz |
| WIB | Wirtschaftliche Beratung, Zeitschrift für Wirtschaftsanwälte und Unternehmensjuristen |
| WissR | Wissenschaftsrecht (Zeitschrift) |
| WissZeitVG | Gesetz über befristete Arbeitsverträge in der Wissenschaft (Wissenschaftszeitvertragsgesetz – WissZeitVG) |
| WM | Wertpapier-Mitteilungen (Zeitschrift) |
| w. N. | weitere Nachweise |
| WO | Wahlordnung |
| WO BPersVG | Wahlordnung zum Bundespersonalvertretungsgesetz |
| WoMitbestG | Wahlordnung zum Mitbestimmungsgesetz |
| WpflG | Wehrpflichtgesetz |
| WRV | Weimarer Reichsverfassung |

# Abkürzungsverzeichnis

| | |
|---|---|
| WSI | Wirtschafts- und Sozialwissenschaftliches Institut des DGB |
| WSI-Mitteilung | Mitteilungen des WSI (Zeitschrift) |
| WZG | Warenzeichengesetz |
| ZA, ZusAbk. | Zusatzabkommen |
| ZA-NATO | Zusatzabkommen zu dem Abkommen zwischen den Parteien des Nordatlantikvertrages über die Rechtstellung ihrer Truppen hinsichtlich der in der Bundesrepublik Deutschland stationierten ausländischen Truppen |
| ZAP | Zeitschrift für die Anwaltspraxis |
| ZAP ERW | Zeitschrift für die Anwaltspraxis, Entscheidungsreport Wirtschaftsrecht |
| ZAR | Zeitschrift für Ausländerrecht und Ausländerpolitik |
| ZAS | Zeitschrift für Arbeitsrecht und Sozialrecht (österr. Zeitschrift) |
| z. B. | zum Beispiel |
| ZBR | Zeitschrift für Beamtenrecht |
| ZBVR | Zeitschrift für Betriebsverfassungsrecht |
| ZDG | Zivildienstgesetz, Gesetz über den Zivildienst der Kriegsdienstverweigerer |
| ZfA | Zeitschrift für Arbeitsrecht |
| ZfS | Zentralblatt für Sozialversicherung, Sozialhilfe und Versorgung (Zeitschrift) |
| ZfSH | Zeitschrift für Sozialhilfe |
| ZfSH/SGB | Zeitschrift für Sozialhilfe/Sozialgesetzbuch |
| ZfSH/SGb | Zeitschrift für Sozialhilfe/Sozialgerichtsbarkeit |
| ZGR | Zeitschrift für Unternehmens- und Gesellschaftsrecht |
| ZHR | Zeitschrift für das gesamte Handels- und Wirtschaftsrecht |
| ZIAS | Zeitschrift für ausländisches und internationales Arbeits- und Sozialrecht |
| Ziff. | Ziffer |
| ZIP | Zeitschrift für Wirtschaftsrecht und Insolvenzpraxis |
| zit. | zitiert |
| ZivilschutzG | Zivilschutzgesetz |
| ZMR | Zeitschrift für Miet- und Raumrecht |
| ZPO | Zivilprozessordnung |
| ZRP | Zeitschrift für Rechtspolitik |
| ZSR | Zeitschrift für Sozialreform; Zeitschrift für Schweizerisches Recht |
| z. T. | zum Teil |
| ZTR | Zeitschrift für Tarifrecht |
| ZUM | Zeitschrift für Urheber- und Medienrecht |
| zust. | zustimmend |
| zutr. | zutreffend |
| ZVG | Zwangsversteigerungsgesetz |
| ZVglRW, ZVglRWiss | Zeitschrift für vergleichende Rechtswissenschaft |

# Literaturverzeichnis

| | |
|---|---|
| *Ahrens/Gehrlein/Ringstmeier* | Fachanwaltskommentar Insolvenzrecht, 2012 (zit.: AGR/*Bearbeiter*) |
| *Andresen* | (Hrsg.) Frühpensionierung und Altersteilzeit, 3. Aufl. 2003 |
| *Ascheid* | Urteils- und Beschlussverfahren im Arbeitsrecht, 2. Aufl. 1998 |
| *ders.* | Kündigungsschutzrecht, 1993 |
| *Ascheid/Preis/Schmidt* | (Hrsg.) Großkommentar zum Kündigungsrecht, 4. Aufl. 2012 (zit. APS/*Bearbeiter*) |
| *Bader/Bram/Dörner/Kriebel* | Kündigungsschutzgesetz, Loseblattausgabe (zit. BBDK/*Bearbeiter*) |
| *Bader/Creutzfeldt/Friedrich* | ArbGG, Kommentar zum Arbeitsgerichtsgesetz, 5. Aufl. 2008 |
| *Bader/Dörner/Mikosch/Schleusener/Schütz/Vossen* | Gemeinschaftskommentar zum Arbeitsgerichtsgesetz, Loseblattausgabe (zit. GK-ArbGG/*Bearbeiter*) |
| *Baeck/Deutsch* | Arbeitszeitgesetz, 2. Aufl. 2004 |
| *Bauer* | Arbeitsrechtliche Aufhebungsverträge, 8. Aufl. 2007 |
| *Bauer/Baeck/Schuster* | Scheinselbständigkeit, 2000 |
| *Bauer/Diller* | Wettbewerbsverbote, 6. Aufl. 2012 |
| *Bauer/Göpfert/Krieger* | Allgemeines Gleichbehandlungsgesetz: AGG, 3. Aufl. 2011 |
| *Bauer/Lingemann/Diller/Haußmann* | Anwaltsformularbuch Arbeitsrecht, 4. Aufl. 2011 |
| *Becker/Danne/Lang/Lipke/Mikosch/Steinwedel* | Gemeinschaftskommentar zum Teilzeitarbeitsrecht 1987 (zit. GK-TzA/*Bearbeiter*) |
| *Berkowsky* | Die personen- und verhaltensbedingte Kündigung, 4. Aufl. 2005 |
| *Brox/Rüthers/Schlüter/Jülicher* | Arbeitskampfrecht, 2. Aufl. 1982 |
| *Bürger/Oehmann/Matthes/Göhle-Sander/Kreizberg* | (Hrsg.) Handwörterbuch des Arbeitsrechts, Loseblattausgabe (zit. HwB-AR/*Bearbeiter*) |
| *Busemann* | Die Haftung des Arbeitnehmers gegenüber dem Arbeitgeber und Dritten, 1998 |
| *Busemann/Schäfer* | Kündigung und Kündigungsschutz im Arbeitsverhältnis, 5. Aufl. 2006 |
| *Däubler* | (Hrsg.) Arbeitskampfrecht, 3. Aufl. 2011 |
| *ders.* | (Hrsg.) Kommentar zum Tarifvertragsgesetz, 3. Aufl. 2012 |
| *Däubler/Bonin/Deinert* | AGB-Kontrolle im Arbeitsrecht, 3. Aufl. 2010 (zit. DDBD/*Bearbeiter*) |
| *Däubler/Kittner/Klebe/Wedde* | Betriebsverfassungsgesetz, Kommentar, 13. Aufl. 2012 (zit. DKK/*Bearbeiter*) |
| *Neumann/Fenski* | Bundesurlaubsgesetz (BUrlG), 10. Aufl. 2011 |
| *Dehmer/Schmitt/Hörtnagel/Stratz* | Umwandlungsgesetz, Umwandlungssteuergesetz, 5. Aufl. 2009 |
| *Deutscher Arbeitsgerichtsverband* | Die Arbeitsgerichtsbarkeit:, Festschrift zum 100-jährigen Bestehen des Deutschen Arbeitsgerichtsverbandes (FS Arbeitsgerichtsbarkeit), 1994 |
| *Dieterich/Hanau/Schaub/Müller-Glöge/Preis/Schmidt* | (Hrsg.) Erfurter Kommentar zum Arbeitsrecht, 12. Aufl. 2012 (zit. ErfK/*Bearbeiter*) |
| *Ensthaler* | (Hrsg.) Gemeinschaftskommentar zum Handelsgesetzbuch, 7. Aufl. 2007 (zit. GK-HGB/*Bearbeiter*) |
| *Etzel/Bader/Fischermeier/Friedrich/Griebeling/Lipke/Pfeiffer/Rost/Spilger/Vogt/Weigand/Wolff* | Gemeinschaftskommentar zum Kündigungsschutzgesetz und zu sonstigen kündigungsschutzrechtlichen Vorschriften, 9. Aufl. 2009 (zit. KR/*Bearbeiter*) |

# Literaturverzeichnis

| | |
|---|---|
| *Fitting/Engels/Schmidt/ Trebinger/Linsenmeier* | Betriebsverfassungsgesetz, 26. Aufl. 2012 (zit. *Fitting/Bearbeiter*) |
| *Gagel* | SGB III Arbeitsförderung, Loseblattwerk |
| *Gagel/Vogt* | Beendigung von Arbeitsverhältnissen, 5. Aufl. 1996 |
| *Germelmann/Matthes/ Prütting/Müller-Glöge* | Arbeitsgerichtsgesetz, 7. Aufl. 2009 (zit. GMPM-G/*Bearbeiter*) |
| *Gerold/Schmidt* | RVG, 19. Aufl. 2010 |
| *Gift/Baur* | Das Urteilsverfahren im Arbeitsgerichtsprozeß, 1993 |
| *Göpfert/Langenfeld/Bauer/ Haußmann* | Umstrukturierung, 2. Aufl. 2009 |
| *Griebeling/Griebeling* | Betriebliche Altersversorgung, 2. Aufl. 2003 |
| *Grunsky* | Arbeitsgerichtsgesetz, 7. Aufl. 1995 |
| *Hess* | Insolvenzarbeitsrecht, 2. Aufl. 2000 |
| *Hess/Schlochauer/Worzalla/ Glock/Nicolai/Rose* | Kommentar zum Betriebsverfassungsgesetz, 8. Aufl. 2011 (zit. HSWGNR/*Bearbeiter*) |
| *Höfer* | Gesetz zur Verbesserung der betrieblichen Altersversorgung (BetrAVG), Bd. 1 Arbeitsrecht, Loseblattausgabe, 12. Aufl. 2011 |
| *von Hoyningen-Huene/ Linck* | Kündigungsschutzgesetz (KSchG), 14. Aufl. 2007 |
| *Hueck/Nipperdey* | Arbeitsrecht, 7. Auflage 1963–1970 |
| *Kempen/Zachert* | Tarifvertragsgesetz, Kommentar für die Praxis, 4. Aufl. 2006 |
| *Kemper/Kisters-Kölkes* | Arbeitsrechtliche Grundzüge der betrieblichen Altersversorgung, 6. Aufl. 2011 |
| *Kemper/Kisters-Kölkes/ Berenz/Huber* | BetrAVG, Kommentar zum Betriebsrentengesetz mit Insolvenzsicherung und Versorgungsausgleich, 4. Aufl. 2010 |
| *Kissel/Mayer* | Gerichtsverfassungsgesetz, 6. Aufl. 2010 |
| *Kittner/Däubler/Zwanziger* | Kündigungsschutzrecht, 8. Aufl. 2011 (zit. KDZ/*Bearbeiter*) |
| *Kraft/Wiese/Kreutz/Oetker/ Raab/Weber/Franzen* | Gemeinschaftskommentar zum Betriebsverfassungsgesetz, 9. Aufl. 2010 (zit. GK-BetrVG/*Bearbeiter*) |
| *Leinemann* | (Hrsg.) Handbuch zum Arbeitsrecht (HzA), Loseblattausgabe |
| *ders.* | (Hrsg.) Kasseler Handbuch zum Arbeitsrecht, 2. Aufl. 2000 (zit. Kasseler Handbuch/*Bearbeiter*) |
| *Lepke* | Kündigung bei Krankheit, 14. Aufl. 2012 |
| *Löwisch/Rieble* | Tarifvertragsgesetz, 2. Aufl. 2004 |
| *Löwisch/Spinner* | Kommentar zum Kündigungsschutzgesetz (KSchG), 9. Aufl. 2004 |
| *Lutter/Winter* | (Hrsg.) UmwG, 4. Aufl. 2009 |
| *Meier* | Lexikon der Streitwerte im Arbeitsrecht, 2. Aufl. 2000 |
| *Moll* | (Hrsg.) Münchener Anwaltshandbuch Arbeitsrecht, 2. Auflage 2009 (zit. MünchAnwHbArbR/*Bearbeiter*) |
| *Niesel/Brand* | (Hrsg.) Sozialgesetzbuch Arbeitsförderung, 5. Aufl. 2010 |
| *Obermüller/Hess* | InsO, 4. Aufl. 2003 |
| *Ostheimer/Hohmann* | Die ehrenamtlichen Richterinnen und Richter beim Arbeits- und Sozialgericht, 11. Aufl. 2004 |
| *Palandt/(Bearbeiter)* | Kommentar zum BGB, 71. Aufl. 2012 |
| *Preis* | Prinzipien des Kündigungsrechts bei Arbeitsverhältnissen, 1987 |
| *ders.* | Grundfragen der Vertragsgestaltung im Arbeitsrecht, 1992 |
| *Rebmann/Säcker* | Münchener Kommentar zum Bürgerlichen Gesetzbuch, 6. Aufl. 2011 (zit. MüKo/*Bearbeiter*) |
| *Richardi* | Betriebsverfassungsgesetz, 13. Aufl. 2012 |

# Literaturverzeichnis

| | |
|---|---|
| *Richardi/Wlotzke* | (Hrsg.) Münchener Handbuch zum Arbeitsrecht, 3. Aufl. 2009 (zit. MünchArbR/*Bearbeiter*) |
| *Röder/Baeck* | Interessenausgleich und Sozialplan, 4. Aufl., 2009 |
| *Sahmer/Busemann* | Arbeitsplatzschutzgesetz, 3. Aufl., Loseblattausgabe |
| *Schäfer* | Der einstweilige Rechtsschutz im Arbeitsrecht, 1996 |
| *ders.* | Die Abwicklung des beendeten Arbeitsverhältnisses, 3. Aufl. 2002 |
| *Schäfer/Kiemstedt* | Anwaltsgebühren im Arbeitsrecht, 3. Aufl. 2011 |
| *Schaub* | Arbeitsrechts-Handbuch (ArbRHb), 14. Aufl. 2011 |
| *ders.* | Handbuch Arbeitsgerichtsverfahren, 7. Aufl. 2001 |
| *Schaub/Schrader* | Arbeitsrechtliches Formular- und Verfahrensbuch, 9. Aufl. 2008 |
| *Schimmel/Buhlmann* | Frankfurter Handbuch zum neuen Schuldrecht, 2002 |
| *Scherr/Krol-Dickob* | Arbeitszeitrecht im öffentlichen Dienst von A–Z, Loseblattausgabe *Schimmel/Buhlmann*, Frankfurter Handbuch zum neuen Schuldrecht, 2002 |
| *Schmidt/Koberski/ Tiemann/Wascher* | Heimarbeitsgesetz (HAG), 4. Aufl. 1998 |
| *Schmidt-Räntsch* | Deutsches Richtergesetz (DRiG), 6. Aufl. 2009 |
| *Schrader/Schubert* | Das AGG in der Beratungspraxis, 2. Aufl. 2008 |
| *Schwab* | Die Berufung im Arbeitsgerichtsverfahren, Diss. 2005 |
| *Schwab/Weth* | Arbeitsgerichtsgesetz, 3. Aufl. 2011 |
| *Sievers* | TzBfG, Kommentar zum Teilzeit- und Befristungsgesetz, 4. Aufl. 2012 |
| *Spengler/Herbert* | Betriebliche Einigungsstelle, 1. Aufl. 2010 |
| *Stahlhacke/Bachmann/ Bleistein/Berscheid* | Gemeinschaftskommentar zum Bundesurlaubsgesetz, 5. Aufl. 1992 (zit. GK-BUrlG/*Bearbeiter*) |
| *Stahlhacke/Preis/Vossen* | Kündigung und Kündigungsschutz im Arbeitsverhältnis, 10. Aufl. 2010 (zit. SPV/*Bearbeiter*) |
| *Staudinger* | Kommentar zum Bürgerlichen Gesetzbuch 13. Aufl. 1994 ff. (zit. Staudinger/*Bearbeiter*) |
| *Stein/Jonas/Bork/Brehm/ Grunsky/Leipold/ Münzberg/Roth/Schlosser/ Schumann* | Zivilprozessordnung (ZPO), 22. Aufl. 2002 bis 2006 ff. |
| *Thüsing/Braun* | Tarifrecht, 2011 |
| *Treber* | EFZG, Kommentar zum Entgeltfortzahlungsgesetz und zu den wesentlichen Nebengesetzen, 2. Aufl. 2007 |
| *Tschöpe* | Anwalts-Handbuch Arbeitsrecht, 7. Aufl. 2011 |
| *Weber/Ehrich/Burmester* | Handbuch der arbeitsrechtlichen Aufhebungsverträge, 5. Aufl. 2009 |
| *Wiedemann* | Tarifvertragsgesetz: TVG, 7. Aufl. 2007 |
| *Willemsen/Hohenstatt/ Schweibert/Seibt* | Umstrukturierung und Übertragung vom Unternehmen, 4. Aufl. 2011 |
| *Wimmer (Hrsg.)* | Frankfurter Kommentar zur Insolvenzordnung, 6. Aufl. 2011 (zit. FK-InsO/*Bearbeiter*) |
| *Wimmer/Dauernheim/ Wagner/Gietl* | Handbuch des Fachanwalts Insolvenzrecht, 5. Aufl. 2012 (zit.: FA-InsR/*Bearbeiter* Kap. .... Rdn. ....) |
| *Zöller* | Zivilprozessordnung, 29. Aufl. 2012 |

# 1. Teil: Grundlagen

# Kapitel 1 Grundbegriffe und Grundstrukturen des Arbeitsrechts

## Übersicht

| | Rdn. |
|---|---|
| A. Begriff und Abgrenzung des Arbeitsrechts | 1 |
| B. Keine Kodifikation des Arbeitsvertragsrechts | 8 |
| C. Arbeitsrecht als selbstständiges Rechtsgebiet | 15 |
| D. System des Arbeitsrechts | 18 |
| I. Grundzüge | 18 |
| II. Überblick | 21 |
| 1. Individualarbeitsrecht | 21 |
| a) Arbeitsvertragsrecht | 22 |
| b) Arbeitnehmerschutzrecht | 23 |
| 2. Kollektives Arbeitsrecht | 28 |
| a) Überbetriebliches kollektives Arbeitsrecht | 29 |
| b) Kollektives Arbeitsrecht auf Betriebs- und Unternehmensebene | 30 |
| c) Regelungsbereich des kollektiven Arbeitsrechts | 32 |
| 3. Recht der Arbeitsgerichtsbarkeit | 33 |
| E. Rechtsnatur des Arbeitsverhältnisses | 34 |
| F. Grundbegriffe des Arbeitsrechts | 38 |
| I. (Unselbständige) Arbeitnehmer | 38 |
| 1. Begriff | 41 |
| a) Der nationale Arbeitnehmerbegriff: materielle Kriterien | 46 |
| b) Arbeitnehmerbegriff: formelle Kriterien | 73 |
| c) Maßgeblichkeit der praktischen Durchführung | 75 |
| d) Rechtsformwahl; Rechtsformwechsel | 79 |
| e) Entscheidung nach Einzelfallabwägung | 85 |
| f) Rechtsfolgen der Divergenz von gewählter Rechtsform und praktischer Vertragsdurchführung | 90 |
| g) Abweichende Begründungsansätze | 98a |
| 2. Beispiele aus der Praxis | 99 |
| 3. Der unionsrechtliche Arbeitnehmerbegriff (Art. 45 AEUV) | 100 |
| 4. Der Arbeitnehmerbegriff im Steuer- und Sozialversicherungsrecht | 103 |
| a) Steuerrecht; Anrufungsauskunft | 103 |
| b) Sozialversicherungsrecht | 111 |
| 5. Rechtsmissbräuchliche Berufung auf ein Arbeitsverhältnis; Verwirkung; Statusklagen | 120 |
| 6. Die Diskussion um »Scheinselbstständigkeit« | 126 |
| 7. Möglichkeiten der Vertragsgestaltung zur Minimierung von Risiken | 128 |

| | Rdn. |
|---|---|
| a) Vertragsgestaltung | 129 |
| b) Kongruenz zur praktischen Durchführung | 132 |
| c) Auskunft der Sozialversicherungsträger | 133 |
| II. Arbeiter und Angestellte | 135 |
| 1. Begriffe; Abgrenzungskriterien | 135 |
| a) Gesetzliche Regelungsansätze | 136 |
| b) Allgemeine materielle Abgrenzungskriterien | 138 |
| 2. Beispiele | 143 |
| 3. »Übernahme in ein Angestelltenverhältnis« | 144 |
| 4. Praktische Bedeutung der Unterscheidung zwischen Arbeitern und Angestellten | 146 |
| 5. Dienstordnungsangestellte | 150 |
| III. Leitende Angestellte | 154 |
| 1. Notwendigkeit einer Abgrenzung | 155 |
| 2. Begriffsbestimmung | 159 |
| 3. Sonderfall: Die Grundsätze zur Abgrenzung in der chemischen Industrie | 162 |
| IV. Handelsvertreter | 163 |
| V. Arbeitnehmerähnliche Personen | 167 |
| 1. Begriffsbestimmung | 167 |
| 2. Rechtsfolgen der Einordnung | 170 |
| VI. Heimarbeiter; Telearbeit | 177 |
| VII. Organe juristischer Personen | 185 |
| 1. Grundsätze nach nationalem Recht | 185 |
| 2. Auswirkungen des unionsrechtlichen Arbeitnehmerbegriffs | 202a |
| VIII. Beschäftigung außerhalb eines Arbeitsverhältnisses | 203 |
| IX. Arbeitgeber | 216 |
| 1. Grundsätze | 216 |
| 2. GmbH im Gründungsstadium | 225 |
| 3. Auflösung der GmbH; Parteifähigkeit | 229 |
| 4. »Briefkastenfirmen«, insbes. »Limiteds« (private limited company) nach englischem Recht | 232 |
| 5. Alliierte Streitkräfte | 235 |
| a) Grundlagen | 235 |
| b) Prozessuale Besonderheiten | 240 |
| 6. Gesamthafenbetrieb | 242 |
| a) Begriffsbestimmung; Funktion | 242 |
| b) Hafenarbeitnehmer | 246 |
| X. Betrieb, Unternehmen | 250 |
| XI. Konzern | 258 |
| 1. Grundlagen | 258 |
| 2. Der Sonderfall: Ausfallhaftung | 262 |
| G. Rechtsquellen des Arbeitsrechts | 265 |
| I. Rangfolge und Übersicht | 265 |

# Kapitel 1 — Grundbegriffe und Grundstrukturen des Arbeitsrechts

| | Rdn. |
|---|---|
| 1. Individualarbeitsrecht | 272 |
|    a) Grundgesetz (GG) | 272 |
|    b) Gesetze | 273 |
|    c) Kollektivvereinbarungen | 275 |
|    d) Arbeitsvertrag | 276 |
| 2. Kollektives Arbeitsrecht | 279 |
| II. Einzelfragen | 280 |
|   1. Grundrechte im Arbeitsrecht | 280 |
|     a) Die Begründung des Arbeitsverhältnisses | 280 |
|     b) Grundrechte im Arbeitsverhältnis | 282 |
|     c) Kollektives Arbeitsrecht | 291 |
|     d) Arbeitsvertragsparteien | 296 |
|     e) Beispiele aus der Rechtsprechung | 297 |
|   2. Tarifvertrag | 317 |
|     a) Begriff und Funktion | 317 |
|     b) Anwendbarkeit von Tarifverträgen und Tarifnormen im Arbeitsverhältnis | 321 |
|     c) Inhaltskontrolle | 364 |
|     d) Berücksichtigung tariflicher Normen durch das Gericht; Einholung von Auskünften | 369 |
|     e) Streitigkeiten über die Anwendung eines Tarifvertrages | 372 |
|   3. Betriebsvereinbarung | 373 |
|     a) Begriff; Auslegung | 373 |
|     b) Inhalt und Umfang der Regelungsbefugnis der Betriebspartner | 377 |
|     c) Inhaltskontrolle | 379 |
|   4. Vertragsfreiheit; besondere Einschränkungen für den öffentlichen Arbeitgeber | 382 |
|   5. Allgemeine Arbeitsbedingungen | 413 |
|     a) Begriff und normative Einordnung | 413 |
|     b) Inhaltskontrolle | 422 |
|     c) Umdeutung einer nichtigen Betriebsvereinbarung in eine vertragliche Einheitsregelung? | 426 |
|     d) Einseitig, aber nicht für eine Vielzahl von Fällen gestellte Vertragsbedingungen | 427 |
|   6. Gleichbehandlungsgrundsatz | 429 |
|     a) Begriff und Inhalt | 429 |
|     b) Beispiele | 455 |
|     c) Rechtsfolgen einer Verletzung des Gleichbehandlungsgrundsatzes; Anspruchsdauer | 465 |
|     d) Darlegungs- und Beweislast; Auskunftsanspruch des Arbeitnehmers | 476 |
|   7. Betriebliche Übung | 480 |
|     a) Begriff und Entstehung einer betrieblichen Übung | 480 |
|     b) Dogmatische Begründung und Inhalt | 505 |
|     c) Betriebliche Übung und Tarifvertrag | 512 |
|     d) Betriebliche Übung im öffentlichen Dienst | 515 |
|     e) Beendigung einer betrieblichen Übung | 521 |
|     f) Beispiele: | 527 |
|     g) Gerichtliche Überprüfung; Darlegungs- und Beweislast | 528 |
|   8. Direktionsrecht (Weisungsrecht) des Arbeitgebers | 530 |
|     a) Begriff und Inhalt; »Ethikrichtlinien« | 530 |
|     b) Grenzen des Weisungsrechts; gerichtliche Geltendmachung der Unwirksamkeit einer Weisung | 559 |
|     c) Einschränkung des Direktionsrechts; Konkretisierung der geschuldeten Arbeitsleistung | 567 |
|     d) Einzelfragen und weitere Beispiele | 571 |
|     e) Darlegungs- und Beweislast | 588 |
|     f) Ethikrichtlinien/Verhaltensrichtlinien | 589 |
|   9. Gerichtliche Inhalts- und Billigkeitskontrolle von Arbeitsverträgen | 609 |
|     a) Grundlagen | 609 |
|     b) Inhaltliche Kriterien | 612 |
|     c) Besonderheiten bei standardisierten Arbeitsverträgen | 614 |
|     d) Kirchliche Arbeitsvertragsrichtlinien | 715 |
| H. Internationales und Europäisches Arbeitsrecht | 719 |
| I. Regionales Arbeitsvölkerrecht | 720 |
| II. Das Arbeitsrecht in der Europäischen Union (EU) | 728 |
|   1. Die Zuständigkeit der Union zur Rechtsetzung im Arbeitsrecht | 731 |
|   2. Rechtliche Instrumente zur Europäisierung des Arbeitsrechts | 735 |
|   3. Die Durchsetzung des supranationalen Arbeitsrechts | 756 |
|   4. Arbeitsrechtliche Regelungen der EU | 760 |
|     a) Primäres Gemeinschaftsrecht | 760 |
|     b) Sekundäres Gemeinschaftsrecht | 765 |
| III. Arbeitskollisionsrecht | 792 |
|   1. Individualarbeitsrecht | 792 |
|     a) Das Arbeitsvertragsstatut | 792 |
|     b) Sonderanknüpfung in Teilfragen | 874 |
|     c) Arbeitsvertragsstatut und zwingendes Recht | 879 |
|     d) Ordre public (Art. 6 EGBGB/Art. 21 Rom I-VO) | 887 |
|     e) Einzelfragen des Arbeitsverhältnisses | 894 |

A. Begriff und Abgrenzung des Arbeitsrechts                                                                    Kapitel 1

|  | Rdn. |  | Rdn. |
|---|---|---|---|
| 2. Tarifvertrags- und Arbeits- kampfrecht | 908 | III. Arbeitsvermittlung | 937 |
| a) Tarifvertragsrecht | 908 | 1. Begriff | 937 |
| b) Arbeitskampfrecht | 915 | 2. Durchführung der Arbeitsvermittlung durch die Agentur für Arbeit; Beauftragung Dritter | 940 |
| 3. Betriebsverfassungsrecht | 917 | IV. Arbeitsförderung | 946 |
| 4. Verfahrensrecht (Internationale Zuständigkeit) | 924 | 1. Leistungen an Arbeitnehmer | 947 |
| J. Die arbeitsrechtliche Verwaltung | 926 | 2. Leistungen an den Arbeitgeber | 953 |
| I. Die arbeitsrechtlichen Behörden | 926 | 3. Öffentlich geförderte Beschäftigung (Neuregelung ab 1.4.2012) | 957 |
| 1. Grundlagen | 926 | a) Arbeitsgelegenheiten (§ 16d SGB II) | 958 |
| 2. Bundesministerium für Arbeit und Soziales | 928 | b) Förderung von Arbeitsverhältnissen (§ 16e SGB II) | 963 |
| 3. Arbeitsministerien der Länder | 930 | | |
| 4. Arbeitnehmerkammern | 931 | | |
| II. Koalitionen | 933 | | |

## A. Begriff und Abgrenzung des Arbeitsrechts

▍ Arbeitsrecht ist das für die Rechtsbeziehungen zwischen Arbeitgeber und Arbeitnehmer geltende   1
▍ Recht.

**Sein Grundtatbestand ist die abhängige Arbeit, d. h. die Erbringung einer Dienstleistung gegen**   2
**Entgelt in einem Unterordnungsverhältnis zum Dienstherrn.** Die damit verbundenen Regelungsprobleme begründen zwar eine Sonderstellung innerhalb der Rechtsordnung und machen das Arbeitsrecht zu einem selbstständigen Rechtsgebiet (s. Rdn. 15 ff.), das das Recht der Arbeit insoweit erfasst, als es Arbeitnehmer betrifft. Gleichwohl beherrscht das Wertesystem der Rechtsordnung im Übrigen auch die Rechtsbeziehungen zwischen Arbeitgeber und Arbeitnehmer. Die Entstehung und Entwicklung des Arbeitsrechts basiert auf der Kollision einer dem Grundsatz der **Privatautonomie** verpflichteten rechtsgeschäftlichen Ordnung des Arbeitslebens mit der **tatsächlichen Ungleichgewichtigkeit** der Arbeitsvertragsparteien. Die soziale Schutzbedürftigkeit des Arbeitnehmers erfordert deshalb Prinzipien und Regeln, um einen gerechten Interessenausgleich zu erreichen.

▍ Das Arbeitsverhältnis ist ein Rechtsverhältnis der Privatautonomie; sein Gegenstand ist die Leis-   3
▍ tung von Arbeit auf der Grundlage eines Vertrages zwischen Arbeitgeber und Arbeitnehmer.

Die Sonderstellung des Arbeitsrechts ergibt sich zum einen aus dem Inhalt des Leistungsversprechens:   4
Derjenige, der auf Grund eines rechtsgeschäftlichen Leistungsversprechens seine Arbeitskraft einem anderen zur Verfügung stellt, tritt zu ihm in ein Unterordnungsverhältnis. Die **fremdbestimmte Organisation der Arbeitsleistung** rechtfertigt materiell eine Abweichung von den Risikogrundsätzen, die sonst in einem schuldrechtlichen Austauschverhältnis gelten [z.B. Arbeitsentgeltrisiko bei auf Grund des Fixschuldcharakters eintretender Arbeitsunmöglichkeit wegen Betriebsstörungen (s. Kap. 3 Rdn. 1628 ff.), § 615 BGB (s. Kap. 3 Rdn. 1484 ff.); eingeschränkte Beherrschbarkeit des Haftungsrisikos (s. Kap. 3 Rdn. 623 ff.); Fürsorgepflicht für Person und Eigentum des Arbeitnehmers, z. B. gem. § 618 Abs. 1 BGB, § 62 Abs. 1 HGB, §§ 1 ff. ArbSchG].

Zum anderen ist die **Dauerbeziehung** in der Beschäftigung des Arbeitnehmers für Zwecke des   5
Arbeitgebers Ursache für die begrenzte Beteiligung des Arbeitgebers an der Existenzsicherung des Arbeitnehmers durch die Pflicht zur Entgeltfortzahlung (§ 616 BGB, §§ 1 ff. EFZG; s. Kap. 3 Rdn. 1654, 1715, 1781) und zur Gewährung von Erholungsurlaub (BUrlG; s. Kap. 3 Rdn. 2124 ff.). Sie ist ferner Grundlage des Gesundheitsschutzes sowie des allgemeinen und besonderen Kündigungsschutzes, durch den für den Arbeitnehmer ein Bestands- und Inhaltsschutz seines Arbeitsverhältnisses verwirklicht wird (s. Kap. 4 Rdn. 1 ff.).

Durch die **Koalitionsfreiheit** (Art. 9 Abs. 3 GG) wird den Tarifvertragsparteien die im öffentlichen   6
Interesse liegende Aufgabe zugewiesen, im Wege sozialer Selbstverwaltung insbes. Löhne und sons-

tige materielle Arbeitsbedingungen in einem von staatlicher Rechtssetzung frei gelassenen Raum in eigener Verantwortung und ohne staatliche Einflussnahme durch unabdingbare Gesamtvereinbarungen sinnvoll zu ordnen (*BVerfG* 24.5.1977 EzA § 5 TVG Nr. 5). Die Tarifautonomie (s. Kap. 11 Rdn. 7 ff.) ergänzt die individuelle Vertragsfreiheit und sichert die Privatautonomie für das Arbeitsverhältnis.

7   Das **Betriebsverfassungs- und Mitbestimmungsrecht** berücksichtigt, dass die Funktionsfähigkeit eines Betriebs und Unternehmens die Einheit der Planung, Organisation und Leitung voraussetzt. Daraus ergibt sich eine Abhängigkeit für die Beschäftigten, die durch eine kollektive, gleichberechtigte Beteiligung der Arbeitnehmer an der Gestaltung der Arbeitsbedingungen (Betriebsverfassungsrecht) sowie an der Auswahl und Kontrolle der Unternehmensleitung (Mitbestimmungsrecht) begrenzt werden kann (MünchArbR/*Richardi* § 1 Rn. 1 ff., § 6 Rn. 1 ff.; s. Kap. 13 Rdn. 1 ff.).

## B. Keine Kodifikation des Arbeitsvertragsrechts

8   Das BGB enthält keine Kodifikation des Arbeitsvertragsrechts, so dass im Arbeitsrecht die leitenden Grundsätze nicht im Gesetzesrecht formuliert sind.

9   Die zuvor bereits bestehenden Sonderregelungen (z. B. für Handlungsgehilfen, jetzt §§ 59 ff. HGB sowie für gewerbliche Arbeiter und Angestellte, §§ 105 ff. GewO (für alle Arbeitnehmer) blieben daneben bestehen.

10  Das BGB sollte nur allgemeine Bestimmungen, die sich für Dienstverhältnisse verschiedenster Art eigneten, aufnehmen. Dienstverhältnisse, die mit Rücksicht auf ihre soziale Bedeutung oder andere Besonderheiten einer Sonderregelung bedürfen, sollten dagegen in Spezialgesetzen geregelt werden.

11  Verbunden ist das immer noch mit der trotz entsprechender Versprechen in Art. 157 Abs. 2 WRV und Art. 30 Abs. 1 Einigungsvertrag nicht erfüllten Forderung einer bald nachfolgenden einheitlichen gesetzlichen Regelung.

12  Zwar berücksichtigen die §§ 611 ff. BGB nicht die tatsächliche Abhängigkeit des arbeitenden Menschen; **der Vertrag reicht deshalb nicht als Instrumentarium aus, um die Arbeitnehmer gleichberechtigt an der Gestaltung der Arbeitsbedingungen zu beteiligen**. Die rudimentäre Regelung des Arbeitsrechts im BGB führt jedoch nicht dazu, dass das Arbeitsrecht als ein von der Anwendung des BGB völlig losgelöstes Rechtsgebiet verstanden werden kann.

13  Insbesondere wird auch durch den Dienstvertrag **kein persönliches Herrschaftsverhältnis** begründet, das zur Folge hätte, dass sich der Arbeitnehmer in die Gewalt des Arbeitgebers begibt. Eine Reduzierung des Dienstvertrages auf ein fremdbestimmtes rechtliches Gewaltverhältnis findet gerade nicht statt.

14  Vielmehr ist es Aufgabe des Arbeitsrechts, ausgehend vom Grundrecht der Berufsfreiheit (Art. 12 GG) und der Vertragsfreiheit als zivilrechtlicher Ausgestaltung dieses Grundrechts auf der Grundlage der Normen z. B. des BGB eine sozialverträgliche rechtsgeschäftliche Ordnung des Arbeitslebens herzustellen (vgl. MünchArbR/*Richardi* §§ 1, 6, 8).

## C. Arbeitsrecht als selbstständiges Rechtsgebiet

15  Obwohl das Dienstvertragsrecht des BGB die Basis des Arbeitsvertragsrechts bildet, bezeichnet Art. 74 GG das bürgerliche Recht (Nr. 1) und das Arbeitsrecht (Nr. 12) als **verschiedene Regelungsmaterien** der konkurrierenden Gesetzgebung. Das Arbeitsrecht hat sich als Ganzes – einschließlich seiner Privatrechtsnormen – zu einem selbstständigen Rechtsgebiet entwickelt, das für die verfassungsrechtliche Festlegung der Gesetzgebungskompetenz neben dem bürgerlichen Recht steht (*BVerfG* 22.4.1958 E 7, 348).

16  Das Arbeitsrecht ist zwar Teil der Zivilrechtsordnung. Es kann ihr aber nicht im Ganzen zugeordnet werden, denn neben dem Arbeitsvertragsrecht steht das öffentlich-rechtliche Arbeitsschutz-

recht. Zur Erhaltung einer rechtsgeschäftlichen Ordnung des Arbeitslebens ist zudem das kollektive Arbeitsrecht entstanden, dessen Prinzipien (z. B. der Vorrang der tariflichen Normen vor individuell ausgehandelten Regelungen, die Anerkennung des Arbeitskampfes, das Repräsentationsmandat des Betriebsrats [s. Rdn. 19] und dessen Normmitsetzungsbefugnis ohne Rücksicht auf den Willen der betroffenen Arbeitnehmer) teilweise im Gegensatz zu Grunddogmen der traditionellen Zivilrechtsordnung stehen.

Andererseits stellt auch das kollektive Arbeitsrecht den Vertrag in den Mittelpunkt. Denn die Rechtsbeziehungen zwischen den Tarifvertragsparteien, den Betriebspartnern und letztlich zwischen Arbeitgeber und Arbeitnehmer werden auch insoweit nicht hoheitlich, sondern durch ein Regelungssystem vertraglicher Verhandlung und Einigung festgelegt, das zum Abschluss von Tarifverträgen und Betriebsvereinbarungen bzw. Regelungsabreden, also Verträgen, führt (MünchArbR/*Richardi* § 1 Rn. 31 ff.). 17

## D. System des Arbeitsrechts

### I. Grundzüge

Kernstück des Arbeitsrechts ist der **Arbeitsvertrag** als Begründungstatbestand des Arbeitsverhältnisses und Rechtsgrund für die Erbringung von Leistungen aus dem Arbeitsverhältnis. Daneben hat der Staat **öffentlich-rechtliche**, durch Straf- oder Bußgelddrohung gesicherte Pflichten **des Arbeitgebers** (und z. T. auch des Arbeitnehmers) gegenüber dem Staat zum Schutz des Arbeitnehmers geschaffen (Arbeitnehmerschutzrecht). 18

Hinzu kommt die durch das Prinzip der **Koalitionsfreiheit** ermöglichte Selbsthilfe der Beteiligten, die sich zu Koalitionen (Gewerkschaften, Arbeitgeberverbänden) zusammengeschlossen haben und Kollektivverträge (Tarifverträge) zur Regelung der Arbeits- und Wirtschaftsbedingungen abschließen. Im Rahmen des **Betriebsverfassungsrechts** schließlich vertritt der Betriebsrat die Interessen der Belegschaft als deren Repräsentant. 19

Dabei handelt es sich nicht um ein starres, sondern um ein bewegliches System. Denn die Teilgebiete des Arbeitsrechts stehen nicht isoliert voneinander, sondern die für sie maßgeblichen Grundwertungen kommen auch in den anderen Teilgebieten zur Geltung. Regelungen des öffentlich-rechtlichen Arbeitnehmerschutzrechts, in Tarifverträgen, Betriebsvereinbarungen (§§ 3, 4, 5 TVG, § 77 BetrVG) begrenzen nicht nur die Vertragsfreiheit, sondern gelten zugleich in den privatrechtlichen Beziehungen zwischen Arbeitgeber und Arbeitnehmer. Auch die Beteiligungsrechte des Betriebsrats im Übrigen beeinflussen und bestimmen die Rechtsstellung des Arbeitnehmers im Arbeitsverhältnis (vgl. z. B. §§ 102 Abs. 1 S. 3, Abs. 5, 113 Abs. 3 BetrVG, § 1 Abs. 2 S. 2 KSchG). 20

### II. Überblick

#### 1. Individualarbeitsrecht

Individualarbeitsrecht ist das Recht, das für die Rechtsbeziehungen zwischen dem Arbeitgeber und dem einzelnen Arbeitnehmer gilt. 21

*a) Arbeitsvertragsrecht*

Das Arbeitsvertragsrecht regelt die privatrechtlichen Beziehungen zwischen dem Arbeitgeber und dem einzelnen Arbeitnehmer von der Begründung des Arbeitsverhältnisses, den Pflichten von Arbeitgeber und Arbeitnehmer, über die Rechte am Arbeitsergebnis bis hin zur Beendigung des Arbeitsverhältnisses sowie dem Recht der betrieblichen Altersversorgung. 22

*b) Arbeitnehmerschutzrecht*

23 Durch das Arbeitnehmerschutzrecht soll der Arbeitnehmer **gegen mögliche Gefahren für Leben und Gesundheit sowie Vermögensrechte bei und durch die Arbeit** und gegen mögliche Beeinträchtigungen dieser Rechtsgüter geschützt werden.

24 Das privatrechtliche Arbeitsschutzrecht beschränkt zum Schutz des Arbeitnehmers die Gestaltungs- und Beendigungsfreiheit der Einzelarbeitsverträge und gibt dem Arbeitnehmer durch Gesetz, Tarifvertrag oder Betriebsvereinbarung unabdingbare Ansprüche gegen den Arbeitgeber.

25 Durch das öffentlich-rechtliche Arbeitnehmerschutzrecht i. e. S. werden dagegen öffentlich-rechtliche Pflichten gegenüber dem Staat oder dem jeweiligen gesetzlichen Unfallversicherungsträger normiert, um Rechtsnormen zum Schutz des Arbeitnehmers durchzusetzen.

26 Dazu gehören der Betriebs- oder Gefahrenschutz (Gesundheitsschutz), der Arbeitszeitschutz, der Frauenarbeits- und Mutterschutz, der Jugendarbeitsschutz, der Schwerbehindertenschutz sowie z. T. auch der Heimarbeiterschutz.

27 Arbeitsvertragsrecht und Arbeitnehmerschutzrecht bilden keine sich ausschließenden Gegensätze. Denn Pflichten, die nach dem Arbeitsschutzrecht dem Arbeitgeber obliegen, gelten zugleich auch als Pflichten des Arbeitgebers gegenüber dem Arbeitnehmer, soweit sie Gegenstand einer arbeitsvertraglichen Vereinbarung sein können (s. Kap. 3 Rdn. 2766 ff.).

## 2. Kollektives Arbeitsrecht

28 Kollektives Arbeitsrecht bezieht sich auf die Regelungen, die sich mit der Existenz, Organisation und Funktion der arbeitsvertraglichen Kollektive befassen.

*a) Überbetriebliches kollektives Arbeitsrecht*

29 Das kollektive Arbeitsrecht des überbetrieblichen Bereichs umfasst das Recht der Koalitionen, das Tarifvertragsrecht sowie das Arbeitskampf- und Schlichtungsrecht. Diese Rechtsinstitute sind aus dem allgemeinen, privatrechtlich geordneten Organisations- und Verfahrenssystem hervorgegangen und auch heute noch weitgehend nicht durch Gesetzesrecht gestaltet (s. Kap. 13 Rdn. 1 ff.).

*b) Kollektives Arbeitsrecht auf Betriebs- und Unternehmensebene*

30 Das kollektive Arbeitsrecht auf der Ebene des Betriebs und Unternehmens (Betriebsverfassungs-, Personalvertretungsrecht; s. Kap. 13 Rdn. 1 ff.) beruht dagegen auf Eingriffen des Gesetzgebers in die gesellschaftliche und wirtschaftliche Ordnung.

31 Die unternehmensbezogene Mitbestimmung, die, soweit es um die Arbeitnehmerbeteiligung geht, zum kollektiven Arbeitsrecht gehört, ist rechtsformspezifisch ausgestaltet, weil nur Kapitalgesellschaften und Genossenschaften, nicht aber Einzelunternehmen und Personengesellschaften erfasst werden. Sie ist nicht kodifikatorisch geregelt und beschränkt sich auf Eingriffe in das Gesellschaftsrecht.

*c) Regelungsbereich des kollektiven Arbeitsrechts*

32 Das kollektive Arbeitsrecht legt vor allem fest, ob und unter welchen Voraussetzungen die Koalitionen und die Betriebspartner Regelungen für den Inhalt eines Arbeitsverhältnisses treffen können. Die durch sie geschaffenen Regelungen (insbes. Tarifverträge und Betriebsvereinbarungen) sind aber ebenso Teil des Individualarbeitsrechts wie die durch Gesetz oder Einzelarbeitsvertrag geschaffenen Bestimmungen.

## F. Grundbegriffe des Arbeitsrechts Kapitel 1

### 3. Recht der Arbeitsgerichtsbarkeit

Für die Durchführung arbeitsrechtlicher Streitigkeiten bestehen besondere Gerichte (Arbeitsgerich- 33
te, Landesarbeitsgerichte, Bundesarbeitsgericht); für das Verfahren gelten nach Maßgabe des ArbGG
besondere Vorschriften (Urteils-, Beschlussverfahren; s. Kap. 15 Rdn. 1 ff.).

### E. Rechtsnatur des Arbeitsverhältnisses

Grundlage des Arbeitsverhältnisses ist der Austausch einer zeitbestimmten Dienstleistung mit im 34
Voraus nicht abgegrenzten Einzelleistungen – daher handelt es sich um ein Dauerschuldverhältnis
– gegen Entgelt (MünchArbR/*Richardi* § 8 Rn. 1 ff.).

Das Arbeitsverhältnis beruht auf dem Arbeitsvertrag, den der Arbeitgeber mit dem einzelnen Arbeit- 35
nehmer abschließt. Dieser ist als **gegenseitiger Vertrag i. S. d. §§ 320 ff. BGB** (*BAG* [GS]
17.12.1959 AP Nr. 21 zu § 616 BGB) zwischen Arbeitgeber und Arbeitnehmer **Verpflichtungstatbestand und Rechtsgrund sowohl für die Erbringung der Arbeitsleistung als auch für die Zahlung des Arbeitsentgelts.** Von ihm hängt ab, ob überhaupt ein Arbeitsverhältnis vorliegt; er ist daher der
Begründungstatbestand des Arbeitsverhältnisses, auch wenn der Inhalt des Arbeitsvertrages durch
andere Gestaltungsfaktoren, insbes. durch Gesetz, Tarifvertrag oder Betriebsvereinbarung mitgeregelt wird.

Der Arbeitnehmer hat seine Dienste – grundsätzlich – in eigener Person zu erbringen (vgl. § 613 36
S. 1, 2 BGB); dennoch ist das Arbeitsverhältnis kein **personenrechtliches Gemeinschaftsverhältnis**
(a.A. *BAG* 10.11.1955 EzA § 611 BGB Beschäftigungspflicht Nr. 1). Auch ist der Arbeitsvertrag
kein gemeinschaftsbegründender Vertrag, der seine Parallele im Gesellschaftsrecht findet, oder
der als Begründungstatbestand des Arbeitsverhältnisses die **tatsächliche Einstellung des Arbeitnehmers**, die Eingliederung in den Betrieb als tatsächlicher Akt anzusehen (anders *Nikisch* Bd. I, 3.
Aufl. 1961, S. 158 ff.).

Die Abgrenzung zu den schuldrechtlichen Elementen des Arbeitsverhältnisses ist aber unklar und die 37
mit der Zuordnung zum Personenrecht verbundene Verdrängung des Vertragsrechts mit dem geltenden Recht unvereinbar. Neben dem Austausch von Arbeit und Lohn bestehenden Treue- und Fürsorgepflichten lassen sich seitens des Arbeitgebers auch als Korrelat der Einordnung des einzelnen
Arbeitnehmers in ein hierarchisch gelenktes System der Arbeitsteilung und seitens des Arbeitnehmers
als die nach allgemeinen Grundsätzen geschuldete Vertragstreue als Ergänzung des rechtsgeschäftlichen Leistungsversprechens (§ 242 BGB), also jeweils auf der rechtsgeschäftlichen Gestaltung zwischen Arbeitgeber und Arbeitnehmer beruhend, begründen (MünchArbR/*Richardi* § 8 Rn. 8 ff.).

### F. Grundbegriffe des Arbeitsrechts

#### I. (Unselbständige) Arbeitnehmer

Der Arbeitnehmerbegriff wird in zahlreichen arbeitsrechtlichen Normen verwandt, jedoch wie der 38
des Arbeiters und Angestellten gesetzlich nicht definiert. Zur Begriffsbestimmung kann jedoch **§ 84
Abs. 1 S. 2 HGB** (*BAG* 9.6.2010 EzA § 611 BGB 2002 Arbeitnehmerbegriff Nr. 18; *LAG SchlH*
8.4.2005 NZA-RR 2005, 656) herangezogen werden, der eine Legaldefinition dazu enthält, wer
selbstständig ist. **Selbständig ist danach, wer im Wesentlichen frei seine Tätigkeit gestalten und
seine Arbeitszeit bestimmen kann.** Im Rahmen dieser Vorschrift sind alle Umstände des Falles in
Betracht zu ziehen und schließlich in ihrer Gesamtheit zu würdigen; die heranzuziehenden Anknüpfungspunkte müssen sich den gesetzlichen Unterscheidungsmerkmalen zuordnen lassen (*BAG*
9.6.2010 EzA § 611 BGB 2002 Arbeitnehmerbegriff Nr. 18 = NZA 2010, 877).

Diese Norm gilt unmittelbar nur für die Abgrenzung des selbstständigen Handelsvertreters vom ab- 39
hängig beschäftigten kaufmännischen Angestellten. Darüber hinaus enthält sie aber eine **allgemeine
gesetzgeberische Wertung**, die bei der Abgrenzung des Dienstvertrages vom Arbeitsvertrag zu beachten ist (*BAG* 21.2.1990 EzA § 611 BGB Arbeitnehmerbegriff Nr. 32). Zu beachten ist auch **§ 106
S. 1 GewO** (s. *Lakies* BB 2003, 364 ff.), wonach der Arbeitgeber Inhalt, **Ort und Zeit der Arbeits-**

*Dörner*

leistung nach billigem Ermessen bestimmen kann, soweit diese Arbeitsbedingungen nicht durch den Arbeitsvertrag, Bestimmungen einer Betriebsvereinbarung, eines anwendbaren Tarifvertrages oder gesetzliche Vorschriften festgelegt sind. Dies gilt auch hinsichtlich der Ordnung und des Verhaltens des Arbeitnehmers im Betrieb (§ 106 S. 2 GewO). § 29 Abs. 1 SeemG enthält eine vergleichbare Regelung für Besatzungsmitglieder (vgl. *Reinecke* ZIP 1998, 582).

40  Die praktische Bedeutung des Arbeitnehmerbegriffs besteht darin, den Geltungsbereich des Arbeitsrechts, insbes. den Anwendungsbereich zahlreicher arbeitsrechtlicher Gesetze, zu bestimmen.

Neben diesem nationalen Arbeitnehmerbegriff ist der unionsrechtliche Arbeitnehmerbegriff (Art. 45 Abs. 1 AEUV) zu beachten, der das Eingreifkriterium für viele Bestimmungen der arbeitsrechtlichen EU-Richtlinien (z. B. Art. 10 RL 92/85/EWG) ist.

### 1. Begriff

41  Arbeitnehmer ist nach nationalem bundesdeutschem Recht, wer auf Grund eines privatrechtlichen Vertrages (oder eines diesem gleichgestellten Rechtsverhältnisses) über entgeltliche Dienste für einen anderen zur Leistung **weisungsgebundener fremdbestimmter Arbeit** in persönlicher Abhängigkeit verpflichtet ist (z. B. *BAG* 15.12.1999 EzA § 611 BGB Arbeitnehmerbegriff Nr. 80; 20.9.2000 EzA § 611 BGB Arbeitnehmerbegriff Nr. 84; 12.12.2001 EzA § 611 BGB Arbeitnehmerbegriff Nr. 87; 20.8.2003 NZA 2004, 39; 15.2.2012 EzA § 611 BGB 2002 Arbeitnehmerbegriff Nr. 21; *Reiserer/Freckmann* NJW 2003, 180 ff.).

42  Für die Bestimmung der Arbeitnehmereigenschaft werden zahlreiche Einzelmerkmale verwendet, die zur Feststellung der **persönlichen Abhängigkeit** herangezogen werden, in der das wesentliche Merkmal des Arbeitsverhältnisses gesehen wird (*BAG* 13.1.1983 EzA § 611 BGB Arbeitnehmerbegriff Nr. 26; 13.1.1983 EzA § 611 BGB Arbeitnehmerbegriff Nr. 27; 27.3.1991 EzA § 611 BGB Arbeitnehmerbegriff Nr. 38; *LAG RhPf* 2.5.2004 – 2 Ta 81/04, AuR 2005, 161 LS) und die sich insbes. aus der zeitlichen und organisatorischen Einbindung ergeben kann (*BAG* 15.2.2012 EzA § 611 BGB 2002 Arbeitnehmerbegriff Nr. 21).

43  Dagegen gibt es für die Abgrenzung z. B. von Arbeitnehmern und »freien Mitarbeitern« kein Einzelmerkmal, das aus der Vielzahl möglicher Merkmale unverzichtbar vorliegen muss (*BAG* 23.4.1980 EzA § 611 BGB Arbeitnehmerbegriff Nr. 21; *LAG RhPf* 2.5.2004 – 2 Ta 81/04, AuR 2005, 161 LS).

44  Die Abgrenzung insbes. zwischen dem Arbeitnehmer einerseits und dem Selbstständigen andererseits ist aus mehreren Gründen **problematisch**. Zum einen **fehlt eine abschließende gesetzliche Regelung**. Zum anderen sind die zugrunde liegenden Sachverhalte äußerst **unterschiedlich und vielfältig** (vgl. *Reinecke* ZIP 1998, 581). Zudem hat sich das Arbeitsleben stark verändert.

45  Das typische Arbeitsverhältnis, das von einem Arbeitnehmer ausgeht, der morgens nach dem Fabriktor die Stechuhr bedient und anschließend den ganzen Tag an einer bestimmten ihm zugewiesenen Maschine steht und nach Zeit bezahlt wird, gibt es in vielen Bereichen immer weniger. Der **technische Fortschritt** eröffnet für die Unternehmen und die Mitarbeiter immer größere Freiräume. So können z. B. bestimmte Arbeiten zwischenzeitlich zu Hause oder gar an einem x-beliebigen Ort erbracht werden. Die Arbeitszeiten werden immer freier und die Einteilung der Arbeitszeit wird immer stärker in den Verantwortungsbereich der Mitarbeiter verlagert. Parallel dazu geht der Trend weg von der rein zeitbezogenen bis zur **stärker ergebnisorientierten Vergütung**. Demgegenüber sehen sich die selbstständig Tätigen mit Entwicklungen konfrontiert, die zu vielfältigen Einschränkungen ihrer Freiheiten führen. So führt z. B. die immer stärker ausgeprägte Spezialisierung zu einem immer engeren und beschränkteren Tätigkeitsfeld. Die Abhängigkeit von anderen, z. B. bei der Erstellung eines Gesamtwerkes, nimmt damit zu. **Neue Produktionsmethoden** oder Qualitätsanforderungen führen in vielen Bereichen zu sehr strikten Vorgaben und weit reichenden Beschränkungen (*Bauer/Baeck/Schuster* Scheinselbstständigkeit, Rn. 3).

## F. Grundbegriffe des Arbeitsrechts  Kapitel 1

*a) Der nationale Arbeitnehmerbegriff: materielle Kriterien*

Maßgeblich ist in materieller Hinsicht darauf abzustellen, inwieweit durch **Fremdbestimmung der** 46
**Arbeit** in fachlicher, zeitlicher, örtlicher und organisatorischer Hinsicht eine **persönliche Abhängigkeit** des Dienstleistenden gegeben ist (*LAG RhPf* 12.5.2004 – 2 Ta 81/04 – AuR 2005, 161 LS; zum europäischen Arbeitnehmerbegriff gem. Art. 45 AEUV s. *EuGH* 17.7.2008 NZA 2008, 995; 11.11.2010 NZA 2011, 143; *Oberthür* NZA 2011, 253 ff.; *Borelli* AuR 2011, 472 ff.).

*aa) Kriterien im Einzelnen*

In Betracht kommen insbes. folgende Kriterien (vgl. ausf. *Bauer/Baeck/Schuster* Scheinselbstständig- 47
keit, Rn. 9 ff.; *Reiserer/Freckmann* NJW 2003, 180 ff.):
- **Fachliche Weisungsgebundenheit** (Fremdbestimmung der Arbeit), die zu einer persönlichen Abhängigkeit führt. Sie muss allerdings nicht stets gegeben sein, sodass auch z. B. ein Chefarzt Arbeitnehmer sein kann (*BAG* 27.7.1961, 24.10.1963, AP Nr. 24, 26 zu § 611 BGB Ärzte, Gehaltsansprüche; a. A. *Reiserer* BB 1998, 1259);
- **Örtliche und zeitliche Weisungsgebundenheit** (vgl. *BAG* 30.9.1998 EzA § 611 BGB Arbeitneh- 48
merbegriff Nr. 74; 19.11.1997 EzA § 611 BGB Arbeitnehmerbegriff Nr. 63; 14.3.2007 EzA § 611 BGB 2002 Arbeitnehmerbegriff Nr. 9), d. h. Weisungsrecht des Auftraggebers hinsichtlich Ort und Zeit der Arbeitsleistung und Pflicht zum regelmäßigen Erscheinen am Arbeitsort;
- **Eingliederung in den Betrieb** (*BAG* 6.5.1998 EzA § 611 BGB Arbeitnehmerbegriff Nr. 66). Des- 49
halb ist z. B. das Vorliegen eines Arbeitsverhältnisses trotz der Bezeichnung des Vertrages als »Freier Mitarbeiter« dann zu bejahen, wenn die Mitarbeiterin Dienste schuldet, ihr die einzelnen Aufgaben zugewiesen werden, ihre **Zusammenarbeit mit anderen Mitarbeitern koordiniert wird** und sie an einem bestimmten Ort eingesetzt wird, wo sie die dort geltenden **Bürozeiten** zu beachten hat (*LAG SchlH* 19.9.2005 – 2 Ta 189/05 – EzA-SD 22/2005 S. 9 LS). Gleiches gilt, wenn der Kläger trotz eines Vertrages als freier Mitarbeiter nicht gleichsam als Subunternehmer eingesetzt wird, sondern vielmehr im Verbund und **arbeitsteilig mit anderen**, von der Arbeitgeberseite dafür ausgewählten Mitarbeitern und das Stundenkontingent dieser Arbeitsgemeinschaft vom Arbeitgeber **festgesetzt ist** (*LAG SchlH* 8.4.2005 – 2 Ta 56/05 – NZA-RR 2005, 656);
- **Angewiesensein auf fremdbestimmte Organisation**, d. h. Einbindung in eine fremdbestimmte 50
Arbeitsorganisation und Benutzung der betrieblichen Einrichtungen (Arbeitsgeräte), Unterordnung bzw. Überordnung bezüglich anderer im Dienste des Auftraggebers stehender Personen, Pflicht zur Übernahme von Vertretungen. Das ist z. B. bei Mitarbeitern von Rundfunk und Fernsehen anzunehmen, wenn sie in ihrer Arbeit auf den Apparat der Anstalt und das Mitarbeiterteam angewiesen sind (*BAG* 15.3.1978, EzA § 611 BGB Arbeitnehmerbegriff Nr. 17). Problematisch ist die Anwendung dieses Merkmals aber dann, wenn keine arbeitsteilige Organisation geschaffen wird. Deshalb geht das *BAG* (30.11.1994 EzA § 611 BGB Arbeitnehmerbegriff Nr. 55; 19.1.2000 EzA § 611 BGB Arbeitnehmerbegriff Nr. 81; 14.3.2007 EzA § 611 BGB 2002 Arbeitnehmerbegriff Nr. 10) nunmehr davon aus, dass programmgestaltende Rundfunk- und Fernsehmitarbeiter nicht allein deshalb Arbeitnehmer sind, weil sie vom Apparat und Team des Senders abhängig sind. Die Einbindung in ein **festes Programmschema** und die Vorgabe eines Programmverlaufs wirkt bei programmgestaltenden Mitarbeitern nicht statusbegründend. Auch die Anwesenheit zu feststehenden Zeiten vor und nach der Sendung schließt ein freies Mitarbeiterverhältnis regelmäßig nicht aus. Das gilt ebenso für die notwendige Teilnahme an zeitlich festgelegten Redaktionskonferenzen. Durch die Prüfung der Richtigkeit von Beiträgen nimmt eine öffentlich-rechtliche Rundfunkanstalt die ihr obliegenden Pflichten und zugleich das ihr als Dienst- oder Auftraggeberin zustehende Rügerecht wahr. Mit einer Kontrolle der Qualität seiner Arbeit muss auch der freie Mitarbeiter rechnen (*BAG* 20.5.2009 NZA-RR 2010, 172);
- Andererseits begründen **Organisationsanweisungen**, die den Ablauf von dritter Seite getragener 51
Veranstaltungen regeln, nicht die Annahme eines Arbeitsverhältnisses. Diese sind von arbeitsvertraglichen Weisungen zu unterscheiden. Dem selbständigen Tätigwerden steht auch nicht entgegen, dass bei der Bewirtung von Pausen- und Getränkeständen in einer Veranstaltungshalle die Ein- und Verkaufspreise für die von dem Betreiber der Stände bei den einzelnen Veranstaltun-

gen angebotenen Speisen und Getränke vom Betreiber der Halle vorgegeben werden. Denn damit werden keine arbeitsvertraglichen Weisungen erteilt, sondern nur wirtschaftliche Rahmenbedingungen geschaffen (*BAG* 12.12.2001 EzA § 611 BGB Arbeitnehmerbegriff Nr. 87);

52 – **Leistungserbringung nur in eigener Person** (*BGH* 21.10.1998 EzA § 5 ArbGG 1979 Nr. 30; *BAG* 12.12.2001 EzA § 611 BGB Arbeitnehmerbegriff Nr. 87); die **tatsächliche Beschäftigung Dritter** spricht regelmäßig gegen das Vorliegen der Arbeitnehmereigenschaft. Dies gilt grds. auch für die – nur vertraglich vereinbarte – Berechtigung, Dritte einzuschalten. Verzichtet dann der Vertragspartner auf den Einsatz Dritter, ist dies gerade **Ausdruck seiner unternehmerischen Entscheidung** und bestätigt seine Selbstständigkeit. Dies gilt nur dann nicht, wenn der Vertragspartner auf Grund sonstiger vertraglicher Absprachen und/oder tatsächlicher Umstände nicht in der Lage ist, Dritte tatsächlich einzuschalten (*Bauer/Baeck/Schuster* Scheinselbstständigkeit, Rn. 20); ist der zur Dienstleistung Verpflichtete also nach den tatsächlichen Umständen **nicht in der Lage**, seine vertraglichen Leistungspflichten **allein zu erfüllen**, sondern auf weitere Kräfte angewiesen, die er selbst anstellt, liegt regelmäßig kein Arbeitsverhältnis vor (*BAG* 20.1.2010 EzA § 611 BGB 2002 Arbeitnehmerbegriff Nr. 16). Andererseits spricht nach Auffassung des *LAG Hamm* (20.10.1999 NZA-RR 2000, 318; s. *Kleefisch* BB 2000, 775 f.) die Befugnis, Mitarbeiter im eigenen Namen einzustellen und zu vergüten, **nicht zwingend** gegen die Arbeitnehmereigenschaft, wenn trotzdem persönliche Abhängigkeit und ein geringer Entscheidungsspielraum bestehen;

53 – **Verpflichtung, angebotene Aufträge anzunehmen**, bzw. Freiheit bei der Annahme von Aufträgen (*BAG* 16.6.1998 EzA § 611 BGB Arbeitnehmerbegriff Nr. 65);

54 – **Ausübung weiterer Tätigkeiten** (*BAG* 30.9.1998 EzA § 611 BGB Arbeitnehmerbegriff Nr. 74);

55 – **Aufnahme in einen Dienstplan**, der ohne vorherige Absprache mit dem Mitarbeiter erstellt wird (*BAG* 16.3.1994 EzA § 611 BGB Arbeitnehmerbegriff Nr. 53; 16.2.1994 EzA § 611 BGB Arbeitnehmerbegriff Nr. 52; s. a. *BAG* 15.2.2012 EzA § 611 BGB 2002 Arbeitnehmerbegriff Nr. 21). Ist eine Rundfunkanstalt allerdings auf Grund eines **Bestandsschutztarifvertrages** für freie Mitarbeiter gehalten, einen Mindestbeschäftigungsanspruch des freien Mitarbeiters zu erfüllen, kommt allein der Aufnahme des Mitarbeiters in Dienstpläne nicht die Bedeutung eines die Annahme der Arbeitnehmerstellung auslösenden Umstandes zu. Die Aufnahme in Dienstpläne einer Rundfunkanstalt ist zwar ein starkes Indiz für das Vorliegen der Arbeitnehmereigenschaft, ist aber auch nur als solches bei der Gesamtbetrachtung zu berücksichtigen (*BAG* 20.9.2000 EzA § 611 BGB Arbeitnehmerbegriff Nr. 84);

56 – Die **Übernahme des Unternehmerrisikos** (z. B. durch Vorhandensein eigenen Betriebskapitals, einer eigenen Betriebsstätte, eines Kundenstammes, eigener Mitarbeiter, unternehmerischer Entscheidungsbefugnisse, der Marktorientierung, Gewinnerzielung und Haftung) ist unerheblich (*BAG* 25.5.2005 EzA § 611 BGB 2002 Arbeitnehmerbegriff Nr. 6), weil sich Arbeitnehmer und Selbstständige nach dem Grad der persönlichen Abhängigkeit unterscheiden;

57 – **Art der Vergütung** (*BAG* 16.7.1997 EzA § 611 BGB Arbeitnehmerbegriff Nr. 61; 30.10.1991 EzA § 611 BGB Arbeitnehmerbegriff Nr. 44);

58 – **Einheitliche Behandlung von Arbeitnehmern, die mit gleichartigen Aufgaben betraut sind;**

59 – **Berichterstattungspflichten** (Verhaltens- und Ordnungsregeln; Überwachung; *BAG* 19.11.1997 EzA § 611 BGB Arbeitnehmerbegriff Nr. 74);

60 – **soziale Schutzbedürftigkeit;**

61 – **Fremdnützigkeit der Arbeitsleistung**, d. h. Arbeitnehmer z. B. von Rundfunk und Fernsehen können ihre Arbeitskraft nicht wie ein Unternehmer nach selbstgesetzten Zielen unter eigener Verantwortung und mit eigenem Risiko am Markt verwerten. Sie sind vielmehr darauf angewiesen, ihre Arbeitsleistung fremdnützig dem Arbeitgeber zur Verwertung in der Rundfunkanstalt nach dem Programmplan zu überlassen (*BAG* 15.3.1978 EzA § 611 BGB Arbeitnehmerbegriff Nr. 16; 15.3.1978 EzA § 611 BGB Arbeitnehmerbegriff Nr. 17; 23.4.1980 EzA § 611 BGB Arbeitnehmerbegriff Nr. 21)

## F. Grundbegriffe des Arbeitsrechts   Kapitel 1

### bb) Haupt- oder nebenberufliche Tätigkeit

Grds. unerheblich ist, ob die Arbeit haupt- oder nebenberuflich ausgeübt wird (*BAG* 30.10.1991 EzA § 611 BGB Arbeitnehmerbegriff Nr. 44). 62

Allerdings wird es bei einer **nebenberuflichen Tätigkeit** oft an der persönlichen Abhängigkeit fehlen, sodass ein Dienstvertragsverhältnis als freier Mitarbeiter gegeben ist (*BAG* 25.8.1982 EzA § 611 BGB Arbeitnehmerbegriff Nr. 25 für nebenberufliche Lehrkräfte und Dozenten an Volkshochschulen; anders für Lehrer im Rahmen von Lehraufträgen (*BAG* 30.4.1975, 14.1.1982 AP Nr. 12 zu § 611 BGB Lehrer/Dozenten, AP Nr. 64, 65 zu § 620 BGB Befristeter Arbeitsvertrag; s. Rdn. 65, 90, 92). 63

Das *BAG* (13.11.1991 EzA § 611 BGB Arbeitnehmerbegriff Nr. 45; 24.6.1992 EzA § 611 BGB Arbeitnehmerbegriff Nr. 46; 20.1.2010 EzA § 611 BGB 2002 Arbeitnehmerbegriff Nr. 17) geht aufgrund einer typisierenden Betrachtung davon aus, dass **Lehrkräfte an allgemeinbildenden Schulen in aller Regel Arbeitnehmer** sind, auch wenn es sich um eine nebenberufliche Tätigkeit handelt. Auch Lehrer in staatlich anerkannten Ergänzungsschulen sind bei typisierender Betrachtung in aller Regel Arbeitnehmer (*LAG Nds.* 18.5.2001 – 10 Sa 1092/00). 64

Dagegen können **Volkshochschuldozenten**, die außerhalb schulischer Lehrgänge unterrichten, sowie **Musikschullehrer** auch als freie Mitarbeiter beschäftigt werden; sie sind **regelmäßig keine Arbeitnehmer** (*BAG* 17.1.2006 EzA § 2 BUrlG Nr. 6; 20.1.2010 EzA § 611 BGB 2002 Arbeitnehmerbegriff Nr. 17). Sie sind aber dann Arbeitnehmer, wenn die Parteien dies vereinbart haben oder im Einzelfall festzustellende Umstände hinzutreten, aus denen sich ergibt, dass der für das Bestehen eines Arbeitsverhältnisses erforderliche Grad der **persönlichen Abhängigkeit** gegeben ist. Solche Umstände können etwa das vom Schulträger beanspruchte Recht, die zeitliche Lage der Unterrichtsstunden einseitig zu bestimmen oder das Rechtsverhältnis umfassend durch (einseitig erlassene) »Dienstanweisung« zu regeln, sein. 65

Lehrkräfte, die an Volkshochschulen Kurse zur Erlangung des Haupt- und Realschulabschlusses leiten, sind jedenfalls dann Arbeitnehmer, wenn sie in den **Schulbetrieb eingegliedert werden und nicht nur stundenweise Unterricht erteilen** (*BAG* 26.7.1995 EzA § 611 BGB Arbeitnehmerbegriff Nr. 56; s. a., *BGH* 10.7.2003 NZA 2003, 1052: Betriebswirtschaftlichen Fachschule; *LAG Nds.* 30.1.2002 ZTR 2002, 391: staatlich anerkannten Berufsfachschule; *LAG BW* 4.7.1996 BB 1997, 683 m. Anm. *Kühn* Berufsakademie; *LAG Düsseld.* 13.11.1996 BB 1997, 791: Weiterbildungsinstitute; s. Rdn. 90, 92; s. a. *Reinecke* ZTR 1996, 337 ff. u. ZTR 2000, 525 ff.; **a.A**. *ArbG Bln.* 5.7.2001 NZA-RR 2002, 221: **Lehrbeauftragte an Hochschulen**). Das gilt erst recht, wenn einer Volkshochschuldozentin die **Aufgaben einer Studienleiterin** übertragen sind (*LAG Nds.* 28.1.2003 NZA 2004, 550 LS). Volkshochschuldozenten, die außerhalb schulischer Lehrgänge unterrichten, sind dagegen nur dann Arbeitnehmer, wenn die Parteien dies vereinbart haben oder im Einzelfall festzustellende Umstände vorliegen, aus denen sich ergibt, dass der für das Bestehen eines Arbeitsverhältnisses erforderliche Grad der persönlichen Abhängigkeit gegeben ist. Die stärkere Einbindung von Schülern in ein Schul- oder Ausbildungssystem bedeutet auch eine stärkere persönliche Abhängigkeit der Lehrkräfte vom Unterrichtsträger. Die **Volkshochschullehrer** müssen wie eine Lehrkraft an allgemeinbildenden Schulen in den Schulbetrieb eingegliedert sein. Entscheidend ist, wie intensiv die Lehrkraft in den Unterrichtsbetrieb eingebunden ist und in welchem Umfang sie den Unterrichtsinhalt, die Art und Weise seiner Erteilung, ihre Arbeitszeit und die sonstigen Umstände der Dienstleistung mitgestalten kann (*BAG* 29.5.2002 EzA § 611 BGB Arbeitnehmerbegriff Nr. 88) und inwieweit sie zu Nebenarbeiten herangezogen werden (*BAG* 9.3.2005 EzA § 611 BGB 2002 Arbeitnehmerbegriff Nr. 3); dieser Prüfungsmaßstab gilt für Lehrkräfte generell (*BAG* 9.7.2003 EzA § 256 ZPO 2002 Nr. 3). Eine auf Honorarbasis angestellte Lehrkraft, **die Fach- oder Förderunterricht in Schulabschlusslehrgängen** für den Hauptschulabschluss (u. a. Deutsch und Deutsch für Ausländer) unterrichtet, ist regelmäßig als Arbeitnehmerin anzusehen (*LAG Köln* 3.8.2000 ZTR 2001, 86 LS). Liegt dem Zusatzunterricht an einer allgemeinbildenden Ergänzungsschule dagegen **nicht das Ziel** der Vermittlung **eines förmlichen Abschlusses** zu Grunde, kommt die Beschäftigung der Lehrkraft 66 als sog. freier Mitarbeiter in Betracht (*BAG* 9.3.2005 EzA § 611 BGB 2002 Arbeitnehmerbegriff Nr. 3 = NZA-RR 2005, 560 LS). Demgegenüber stehen Lehrbeauftragte an Hochschulen, die mit bestimmten Lehrverpflichtungen im Semester betraut werden, in einem öffentlich-rechtlichen Dienstverhältnis, wenn der Lehrauftrag durch eine einseitige Maßnahme der Hochschule erteilt wird (*BAG* 23.5.2001 ZTR 2002, 140). Auch ob ein Lehrer für jugendliche Untersuchungsgefangene in einer JVA Arbeitnehmer oder freier Mitarbeiter ist, richtet sich nach den allgemeinen Grundsätzen zur Unterscheidung eines Arbeitsverhältnisses von dem Rechtsverhältnis eines freien Mitarbeiters (*BAG* 15.2.2012 EzA § 611 BGB 2002 Arbeitnehmerbegriff Nr. 21).

67 Gestellt ein **gemeinnütziger Verein** dem öffentlichen Schulträger Lehrkräfte zur Unterrichtsvertretung, so kommt dadurch zwischen der Lehrkraft und dem Schulträger weder nach dem AÜG noch im Hinblick auf Art. 7 GG oder die Vorschriften von Schulgesetzen ein Arbeitsverhältnis zum Schulträger zustande (*BAG* 2.6.2010 EzA § 10 AÜG Nr. 13).

68 **Auch** können nebenberuflich tätige Rundfunkreporter auch dann freie Mitarbeiter sein, wenn sie **viele Jahre fortlaufend eingesetzt** werden (*BAG* 22.4.1998 EzA § 611 BGB Arbeitnehmerbegriff Nr. 69; s. a. *BAG* 14.3.2007 EzA § 611 BGB 2002 Arbeitnehmerbegriff Nr. 10).

*cc) Teilzeitbeschäftigung*

69 Teilzeitbeschäftigung liegt vor, wenn ein befristetes oder unbefristetes Arbeitsverhältnis sich von anderen Arbeitsverhältnissen dadurch unterscheidet, dass die vereinbarte regelmäßige Arbeitszeit wesentlich kürzer ist als die regelmäßige betriebliche, branchenübliche oder allgemein übliche Arbeitszeit. Auch insoweit ist davon auszugehen, dass die Dauer der regelmäßigen Arbeitszeit kein Kriterium für die Entscheidung über die Einordnung als Arbeitnehmer ist. **Maßgeblich ist vielmehr die Art der Tätigkeit.**

*dd) Wirtschaftliche Abhängigkeit*

70 **Wirtschaftliche Abhängigkeit ist weder erforderlich noch ausreichend.** Sie hat für die Abgrenzung insbes. zwischen Arbeitnehmer und Selbstständigem **keine Bedeutung.** Erst wenn feststeht, dass mangels persönlicher Abhängigkeit kein Arbeitsverhältnis vorliegt, ist die wirtschaftliche Abhängigkeit für die Beantwortung der Frage von Interesse, ob es sich bei dem Selbstständigen u. U. um einen arbeitnehmerähnlichen Selbstständigen handelt (*BAG* 25.5.2005 EzA § 611 BGB 2002 Arbeitnehmerbegriff Nr. 6).

*ee) Besonderheiten bei Rundfunkanstalten?*

71 Auch im Rundfunkbereich ist von den im Arbeitsrecht allgemein entwickelten Merkmalen abhängiger Arbeit auszugehen. Allerdings muss das durch Art. 5 Abs. 1 S. 2 GG geschützte Recht der Rundfunkanstalten, frei von fremder Einflussnahme über die Auswahl, Einstellung und Beschäftigung programmgestaltender Mitarbeiter zu bestimmen, **angemessen berücksichtigt werden.** Bei programmgestaltenden Mitarbeitern kann u. U. entgegen der ausdrücklich getroffenen Vereinbarung ein Arbeitsverhältnis vorliegen, wenn sie weitgehenden inhaltlichen Weisungen unterliegen, ihnen also nur ein geringes Maß an Gestaltungsfreiheit, Eigeninitiative und Selbständigkeit verbleibt und der Sender innerhalb eines zeitlichen Rahmens über ihre Arbeitsleistung verfügen kann. Durch die Prüfung der formalen und sachlichen Richtigkeit von Programmbeiträgen nimmt eine öffentlich-rechtliche Rundfunkanstalt andererseits nur die ihr obliegenden Pflichten und zugleich das ihr als Dienst- oder Auftraggeberin zustehende Rügerecht wahr. Diese Kontrolle verändert nicht den Status als **freier** Mitarbeiter (*BAG* 14.3.2007 EzA § 611 BGB 2002 Arbeitnehmerbegriff Nr. 10; 20.5.2009 EzA § 611 BGB 2002 Arbeitnehmerbegriff Nr. 15).

72 Bei **programmgestaltenden Mitarbeitern** ist insgesamt die Rundfunkfreiheit nicht stets schon bei der statusrechtlichen Zuordnung (Arbeitnehmerbegriff) des Mitarbeiters zu berücksichtigen. Dies kommt vielmehr nur insoweit in Betracht, als bereits mit der Einordnung des Beschäftigungsverhält-

## F. Grundbegriffe des Arbeitsrechts  Kapitel 1

nisses als Arbeitsverhältnis der **Schutz aus Art. 5 Abs. 1 S. 2 GG versperrt** wird (*BVerfG* 22.8.2000 NZA 2000, 1097).

### b) Arbeitnehmerbegriff: formelle Kriterien

Für die Beurteilung der persönlichen Abhängigkeit des Dienstleistenden kommen auch formelle Kriterien in Betracht (vgl. *Reiserer* BB 1998, 1260; *Hopt* DB 1998, 865 f.), z. B.: 73
- die **Modalitäten der Entgeltzahlung** (Festvergütung), insbes. das (über einen längeren Zeitraum) erfolgte Ausweisen von Mehrwertsteuer durch den Beschäftigten;
- das Abführen von **Lohnsteuer** und Sozialversicherungsbeiträgen;
- die **Weiterbezahlung des Entgelts** bei Krankheit und Urlaub;
- die **Bezeichnung** durch die Vertragsparteien;
- die **Führung von Personalakten**;
- die **Anmeldung eines Gewerbes**.

Zu beachten ist aber, dass derartigen formellen Kriterien nur eine **Hilfsfunktion** zukommt; vorrangig und entscheidend hat die Abgrenzung nach den materiellen Kriterien zu erfolgen (*BAG* 16.7.1997 EzA § 611 BGB Arbeitnehmerbegriff Nr. 61; *LAG RhPf* 12.5.2004 – 2 Ta 81/04 – AuR 2005, 161 LS). 74

### c) Maßgeblichkeit der praktischen Durchführung

Unerheblich ist die Bezeichnung als »Arbeiter« oder »Angestellter«. 75

Entscheidend für die Abgrenzung ist die praktische Durchführung des Rechtsverhältnisses (*BAG* 8.6.1967 AP § 611 BGB Abhängigkeit Nr. 6; *LAG SchlH* 8.4.2005 NZA-RR 2005, 656), **wenn die Parteien ein Vertragsverhältnis nicht als Arbeitsverhältnis, sondern z. B. als freies Dienstverhältnis bezeichnen, der Beschäftigte jedoch tatsächlich weisungsgebundene Tätigkeiten verrichtet** (*BAG* 25.1.2007 EzA § 233 ZPO 2002 Nr. 6). 76

Der Status eines Beschäftigten richtet sich also danach, wie die Vertragsbeziehung nach ihrem Geschäftsinhalt objektiv einzuordnen ist. Wird der Vertrag abweichend von der ausdrücklichen Vereinbarung vollzogen, so ist i. d. R. die tatsächliche Durchführung maßgebend (*BAG* 3.4.1990 EzA § 2 HAG Nr. 1; 20.7.1994 EzA § 611 BGB Arbeitnehmerbegriff Nr. 54; *LAG SchlH* 19.9.2005 – 2 Ta 189/05 – EzA-SD 22/2005 S. 9 LS; *LAG Hamm* 7.2.2011 LAGE § 5 ArbGG 1979 Nr. 15; a.A. *LAG Köln* 21.11.1997 NZA-RR 1998, 394). Dies bedeutet allerdings nicht, dass der Wille der Vertragsschließenden unbeachtlich ist. Haben die Vertragsparteien deshalb ihr Rechtsverhältnis, das die Erbringung von Diensten gegen Entgelt zum Inhalt hat, **ausdrücklich als Arbeitsverhältnis** bezeichnet, so **genügt es** grds., **wenn der Vertragsinhalt die für einen Arbeitsvertrag typischen Regelungen enthält**. Es müssen keine Umstände hinzutreten, aus denen sich ergibt, dass ein für das Bestehen eines Arbeitsverhältnisses erforderliches Maß an persönlicher Abhängigkeit gegeben ist (*LAG Nbg.* 12.1.2004 NZA-RR 2004, 400). **Denn die Parteien können auch unabhängig von der tatsächlichen Vertragsdurchführung ein Arbeitsverhältnis vereinbaren** (*BAG* 9.3.2005 EzA § 611 BGB 2002 Arbeitnehmerbegriff Nr. 3). **Unbeachtlich ist lediglich**, auf Grund fehlender Dispositionsmöglichkeiten über die Rechtsfolgen, **eine sog. Falschbezeichnung**. Eine solche liegt nur dann vor, wenn die Vertragsbezeichnung dem Vertragsinhalt oder der tatsächlichen Handhabung widerspricht, d. h. z. B. der Handhabung ein anderer Wille entnommen werden muss als er in der Vertragsbezeichnung seinen Niederschlag gefunden hat (*Bauer/Baeck/Schuster* Scheinselbstständigkeit, Rn. 23; s. a. Rdn. 79 f.). 77

Es genügt auch eine Teilzeitbeschäftigung. Allerdings ist bei Teilzeitarbeit die Grenze zur selbstständigen Tätigkeit fließend (s. Rdn. 62 ff.). Durch Tarifvertrag kann nicht geregelt werden, wer zu den Arbeitnehmern gehört (*BAG* 15.3.1978 EzA § 611 BGB Arbeitnehmerbegriff Nr. 17). 78

Kommt es **nicht zum Vollzug des Vertragsverhältnisses**, kann abweichend von der vertraglichen Vereinbarung ein Arbeitsverhältnis nur dann angenommen werden, wenn das Vertragsverhältnis seinem 78a

Inhalt nach tatsächlich nur als Arbeitsverhältnis durchgeführt werden könnte (*LAG Hamm* 7.2.2011 LAGE § 5 ArbGG 1979 Nr. 15).

*d) Rechtsformwahl; Rechtsformwechsel*

79 Kommt nach den objektiven Gegebenheiten für die vertraglich vereinbarte Tätigkeit typologisch sowohl ein Arbeitsverhältnis als auch ein Rechtsverhältnis als freier Mitarbeiter (freier Dienstvertrag) oder die Beschäftigung im Rahmen eines Werkvertrages in Betracht, so entscheidet der im Geschäftsinhalt zum Ausdruck gekommene Wille der Vertragsparteien darüber, ob ein Arbeitsverhältnis oder ein Dienstvertragsverhältnis als freier Mitarbeiter besteht. Folglich ist die **Entscheidung der Vertragsparteien** für einen bestimmten Vertragstypus im Rahmen der bei jeder Statusbeurteilung erforderlichen Gesamtabwägung aller Umstände des Einzelfalls zu berücksichtigen (*BAG* 9.6.2010 EzA § 611 BGB 2002 Arbeitnehmerbegriff Nr. 18; s. a. *BAG* 14.9.2011 EzA § 611 BGB 2002 Arbeitnehmerbegriff Nr. 19: Dienstverhältnis durch Verwaltungsakt).

**Haben die Parteien ein Rechtsverhältnis ausdrücklich als »Arbeitsverhältnis« vereinbart, so ist es dann in aller Regel auch als solches einzuordnen**; ob dies auch dann gilt, wenn die Dienstleistung nicht im Rahmen einer fremdbestimmten Arbeitsorganisation erbracht wird, hat das *BAG* (21.4.2005 EzA § 626 BGB 2002 Nr. 8; s. a. *LAG Nbg.* 21.12.2011 – 4 Ta 180/11, EzA-SD 4/2012 S. 9 LS) allerdings offen gelassen. Denn es ist in diesem Zusammenhang zu berücksichtigen, dass die Parteien auch unabhängig von der tatsächlichen Vertragsdurchführung ein Arbeitsverhältnis vereinbaren können (*BAG* 9.3.2005 EzA § 611 BGB 2002 Arbeitnehmerbegriff Nr. 3; s. Rdn. 77). Nicht entscheidend ist die gewünschte Rechtsfolge oder eine Bezeichnung des Vertrages, die dem Geschäftsinhalt tatsächlich nicht entspricht (*BAG* 13.1.1983 EzA § 611 BGB Arbeitnehmerbegriff Nr. 26; zur Bedeutung von Statusvereinbarungen vgl. *Stoffels* NZA 2000, 690 ff.). Maßgeblich ist, ob das, was die Parteien **vertraglich vereinbart** haben, auch **tatsächlich** durchgeführt wurde. Bestehen zwischen Vertrag und Durchführung keine **Differenzen**, ist der aus dem Vertrag ermittelte Wille der Parteien maßgeblich. Bestehen Differenzen, ist der Wille primär anhand der **tatsächlichen Vertragsdurchführung** zu ermitteln. Ist dies **nicht möglich**, ist wieder auf den **Willen** abzustellen, der der **Vertragsurkunde** zu entnehmen ist. Dieser Grundsatz gilt allerdings nicht uneingeschränkt. So ist es z. B. nicht möglich, in den Vertrag weitgehende Pflichten und Kontrollrechte aufzunehmen und später zu argumentieren, diese seien tatsächlich nicht ausgeübt worden. Denn Kontrollrechte sind Rechte, die auch dann bestehen, wenn sie tatsächlich längere Zeit nicht ausgeübt werden; dies genügt (vgl. *BAG* 12.9.1996 EzA § 611 BGB Arbeitnehmerbegriff Nr. 58; *Bauer/Baeck/Schuster* Scheinselbstständigkeit, Rn. 24 ff.).

80 Allerdings kann die Wahl der Vertragsform als freier Mitarbeiter einen **Missbrauch der Vertragsfreiheit** darstellen, wenn sie nicht durch einen sachlichen Grund gerechtfertigt ist, sondern nur der Umgehung des Sozialschutzes dient. Der Dienstberechtigte muss sich dann so behandeln lassen, als habe er einen Arbeitsvertrag abgeschlossen (*BAG* 14.2.1974 EzA § 611 BGB Nr. 16; a.A. MünchArbR/*Richardi* § 24 Rn. 55 ff.).

81 Hat sich ein Dienstvertragsverhältnis als freier Mitarbeiter durch eine Änderung der Umstände, unter denen die Dienstleistung zu erbringen ist, in ein Arbeitsverhältnis umgewandelt, so kann sich der Dienstberechtigte nicht darauf berufen, dass er arbeitsrechtliche Beziehungen zum Dienstleistenden nicht gewollt habe (*BAG* 3.10.1975 EzA § 611 BGB Arbeitnehmerbegriff Nr. 1).

82 Etwas anderes gilt dann, wenn dem Unternehmer das Verhalten des unmittelbar Handelnden nicht, auch nicht nach den Grundsätzen der **Duldungs- und Anscheinsvollmacht** zugerechnet werden kann. Entscheidend ist, ob der Vertretene die (abweichende) Vertragsdurchführung hätte erkennen und verhindern können, und ob der Beschäftigte nach Treu und Glauben annehmen konnte, der Vertretene wisse davon und billige dies (*BAG* 20.7.1994 EzA § 611 BGB Arbeitnehmerbegriff Nr. 54).

83 Ein Arbeitnehmer wird umgekehrt nicht allein dadurch zum freien Mitarbeiter, dass der Arbeitgeber sein **Weisungsrecht längere Zeit nicht ausübt** (*BAG* 25.1.2007 EzA § 233 ZPO 2002 Nr. 6).

## F. Grundbegriffe des Arbeitsrechts

Soll ein Arbeitsverhältnis in ein freies Mitarbeiterverhältnis **umgewandelt** werden, so muss das **un-** **84** **zweideutig, hinreichend klar unter Beachtung von § 623 BGB vereinbart** werden; eine bloß andere Bezeichnung des Rechtsverhältnisses reicht nicht aus. Die Bedingungen, unter denen die Dienste erbracht werden, müssen so gestaltet werden, dass **eine Eingliederung in die fremde Arbeitsorganisation nicht mehr stattfindet** (*BAG* 12.9.1996 EzA § 611 BGB Arbeitnehmerbegriff Nr. 58; 25.1.2007 EzA § 233 ZPO 2002 Nr. 6 = NZA 2007, 580).

### e) Entscheidung nach Einzelfallabwägung

Bei der notwendigen Entscheidung anhand der zahlreichen in Betracht kommenden Einzelmerkmale im konkreten Einzelfall ist zu beachten, dass es **kein Einzelmerkmal** gibt, das aus der Vielzahl möglicher Merkmale vorliegen muss (*BAG* 23.4.1980 EzA § 611 BGB Arbeitnehmerbegriff Nr. 21). Abstrakte, für alle Arbeitsverhältnisse geltende Kriterien lassen sich nicht aufstellen. Auch gibt es **keine einheitlichen**, festen **Merkmale, die in allen Fällen die gleiche Bedeutung haben**; Weisungen oder Absprachen, die in dem einen Fall noch unschädlich sind, können im nächsten die Arbeitnehmereigenschaft begründen (*Bauer/Baeck/Schuster* Scheinselbstständigkeit, Rn. 15). **85**

**Entscheidend ist vielmehr die Eigenart der jeweiligen Tätigkeit** (*BAG* 15.3.1978 EzA § 611 **86** BGB Arbeitnehmerbegriff Nr. 17). Die meisten Tätigkeiten können sowohl im Rahmen eines Arbeitsverhältnisses als auch im Rahmen eines freien Dienstverhältnisses ausgeübt werden. Umgekehrt gibt es Tätigkeiten, die regelmäßig nur im Rahmen eines Arbeitsverhältnisses ausgeübt werden können. Das Bestehen eines Arbeitsverhältnisses kann also auch aus Art oder Organisation der Tätigkeit folgen. Bei **Tätigkeiten, die sowohl im Rahmen eines Arbeitsverhältnisses als auch im Rahmen eines freien Dienstverhältnisses** erbracht werden können, gilt der **Grundsatz, dass bei untergeordneten, einfachen Arbeiten eher eine Eingliederung** in die fremde Arbeitsorganisation anzunehmen ist als bei gehobenen Tätigkeiten. Das entspricht auch der **Verkehrsanschauung**. Bei einfachen Tätigkeiten, insbes. manchen mechanischen Handarbeiten, bestehen von vornherein nur geringe Gestaltungsmöglichkeiten. Daher können schon wenige organisatorische Weisungen den Beschäftigten in der Ausübung der Arbeit so festlegen, dass von einer im Wesentlichen freien Gestaltung der Tätigkeit nicht mehr die Rede sein kann. In derartigen Fällen kann die Arbeitnehmereigenschaft auch nicht dadurch ausgeschlossen werden, dass der Dienstgeber die wenigen erforderlichen Weisungen bereits in den Vertrag aufnimmt (*BAG* 16.7.1997 EzA § 611 BGB Arbeitnehmerbegriff Nr. 61).

Bei der Abgrenzung abhängiger Beschäftigung von freier Mitarbeit sind somit die das jeweilige **87** Rechtsverhältnis prägenden charakteristischen Merkmale gegeneinander abzuwägen, wie sie sich aus dem **Inhalt des** Beschäftigungsvertrages (vgl. instr. *LAG Nds.* 28.1.2000 NZA-RR 2000, 315) **sowie insbes. der praktischen Durchführung und Gestaltung der Vertragsbeziehungen** ergeben (*BAG* 9.5.1984 EzA § 611 BGB Arbeitnehmerbegriff Nr. 30; s. *ArbG Bln.* 24.11.2011 – 1 Ca 12048/11, AuR 2012, 82 LS).

▶ **Beispiele:** **88**
- Von einer (mit-)gestaltenden Tätigkeit im **kreativ-künstlerischen Bereich**, die einen außergewöhnlichen hohen Spezialisierungsgrad aufweist – die Tätigkeit als Notenkopist für den Komponisten Karl-Heinz Stockhausen, dessen Partituren ein »weltweit einzigartiger Charakter« zugeschrieben wird – kann nicht gesagt werden, dass sie »typischerweise von Arbeitnehmern verrichtet« würde. Haben die Parteien ihre vertraglichen Beziehungen, deren Gegenstand eine Tätigkeit war, die ihrer Art nach **ebenso gut von einem freien Mitarbeiter ausgeübt** werden kann, über mehr als zwei Jahrzehnte hinweg **rechtlich als freie Mitarbeit behandelt**, ohne dass ein Vertragspartner bis dahin daran Anstoß genommen hätte, so kommt eine nachträgliche »Umwidmung« in ein Arbeitsverhältnis nur dann in Betracht, wenn die sonstigen Umstände der gelebten Vertragswirklichkeit zweifelsfrei und eindeutig überwiegend nur als Arbeitsverhältnis charakterisiert werden können (*LAG Köln* 14.5.2003 ZTR 2004, 93 LS).
- Der Mitarbeiter einer **Pressestelle einer Rundfunk- und Fernsehanstalt** ist Arbeitnehmer, weil ihm unter dem Stichwort »**Berichtspflicht**« verbindlich vorgegeben ist, Pressekonferenzen und

Pressemappen im Vorfeld abzusprechen und genehmigen zu lassen. Der Arbeitgeber macht damit vom arbeitnehmertypischen Direktionsrecht Gebrauch, indem eine Genehmigungspflicht statuiert wird, die dem Arbeitnehmer keinen Spielraum hinsichtlich der Art der Erbringung seiner Dienste belässt. Damit wird in den Kern der Tätigkeit eingegriffen. Die persönliche Abhängigkeit zeigt sich auch in dem vorgesehenen Freigabeverfahren, das jede i. S. d. § 84 Abs. 1 S. 2 HGB »im Wesentlichen freie Gestaltungsbefugnis« der Tätigkeit abschneidet und die Tätigkeit an enge Vorgaben innerhalb einer Hierarchie knüpft. Auch die eigene **Zeithoheit** fehlt, weil dem Kläger unter dem Stichwort »Informationsfluss« verbindlich die Teilnahme an einer täglichen Lagebesprechung in der Dienststelle der Beklagten aufgegeben ist. Außerdem muss er »jegliche Abwesenheit« (Abwesenheit, Urlaub, Dienstreisen) mit dem Vorgesetzten abstimmen und Dienstreisen sich genehmigen lassen (*ArbG Karlsruhe* 1.2.2005 AuR 2005, 162 LS). Auch die nicht programmgestaltende Mitarbeit einer **studentischen Hilfskraft** bei einem Fernsehsender vollzieht sich regelmäßig im Rahmen eines Arbeitsverhältnisses. Die Tatsache, dass bei der Dienstplanerstellung den Wünschen der Studenten vollständig Rechnung getragen wird und diese berechtigt sind, Dienste zu tauschen, führt nicht zu der Annahme eines freien Mitarbeiterverhältnisses (*LAG RhPf* 27.5.2011 – 9 Sa 14/11, ZTR 2011, 631 LS).

- Eine **Ärztin**, für die nach der Vereinbarung der Parteien keine Sozialversicherungsbeiträge abgeführt werden sollen, weil sie als freie Mitarbeiterin angesehen wird, hat i. d. R. den Status einer Arbeitnehmerin, wenn sie durch **Schichtpläne** von Montag bis Freitag durchgängig in den Schichtbetrieb eingegliedert ist und sie auch sonst im gleichen Umfang wie die anderen angestellten Ärzte die Bereitschaftsdienste incl. Wochenenddienste in der Hals-Nasen-Ohren-Praxis versieht (*LAG RhPf* 12.5.2004 – 2 Ta 81/04, AuR 2005, 161 LS u. 239 LS).
- Werden **studentische Hilfskräfte** nach kurzer Schulung im Rahmen einer **vorgegebenen Einsatz- und Tourenplanung** als »Promoter« für eine bestimmte Produktgruppe in Warenhäusern eingesetzt, so sind sie als Arbeitnehmer anzusehen (*LAG Köln* 23.6.2004 LAG Report 2005, 191 LS). Haben die Parteien dagegen im Rahmen des sog. »Soester Modells« einen **Stipendienvertrag** abgeschlossen, wonach der Studierende im Rahmen eines kooperativen Studiums während der vorlesungsfreien Zeit in die Tätigkeit eines Unternehmens eingebunden ist, ist der Student während seines praktischen Einsatzes weder als Arbeitnehmer noch als Auszubildender oder als Praktikant i. S. d. BBiG anzusehen (*LAG Hamm* 13.10.2006 NZA-RR 2007, 97).

89 Die Vielzahl und Vielschichtigkeit der Abgrenzungskriterien zeigt insoweit deutlich, dass im Einzelfall ein **erheblicher Spielraum** für das zur Entscheidung berufene Gericht besteht. Es kann zum einen bereits durch die Auswahl der Einzelkriterien bzw. das Weglassen einzelner Gesichtspunkte eine Wertung vornehmen. Daneben besteht der eigentliche Spielraum in der notwendigen Gewichtung des einzelnen Merkmals (*Reiserer* BB 1998, 1260; *Hopt* DB 1998, 866).

*f) Rechtsfolgen der Divergenz von gewählter Rechtsform und praktischer Vertragsdurchführung*

*aa) Arbeitsrecht*

90 Die tariflichen Honorarsätze für freie Mitarbeiter im öffentlichen Dienst, z. B. an öffentlich-rechtlichen Rundfunkanstalten, liegen regelmäßig erheblich höher als die entsprechenden Tarifgehälter für Angestellte. Aus der bloßen Zahlung der Honorare für freie Mitarbeit ist aber nicht zu schließen, dass diese Honorarvergütung auch für den Fall vereinbart wird, dass der Mitarbeiter eine rechtskräftige gerichtliche Feststellung erreicht, der zufolge er nicht freier Mitarbeiter, sondern Arbeitnehmer ist (*BAG* 21.11.2001 EzA § 612 BGB Nr. 23). Liegt ein Arbeitsverhältnis vor, ist für dessen gesamte Dauer die Höhe der Vergütung nicht bestimmt. Liegt eine **anwendbare tarifliche Vergütungsregelung** nicht vor, wird die **übliche Vergütung** geschuldet (*BAG* 21.11.2001 EzA § 612 BGB Nr. 23). Außerhalb des öffentlichen Dienstes wird sich demgegenüber abweichend von diesen Grundsätzen die vereinbarte Vergütung vielfach unabhängig von der rechtlichen Qualifizierung des Vertragsverhältnisses als für die Vergangenheit und sogar für die Zukunft maßgeblich erweisen (*BAG* 21.11.2001 EzA § 612 BGB Nr. 23).

## F. Grundbegriffe des Arbeitsrechts                                                    Kapitel 1

Steht dem Mitarbeiter einer öffentlich-rechtlichen Rundfunkanstalt folglich in Anwendung dieser Grundsätze mangels einer besonderen Vereinbarung die **übliche Vergütung** (§ 612 BGB) zu, hängt deren Höhe vielmehr davon ab, ob die Tätigkeit in freier Mitarbeit oder im Arbeitsverhältnis geleistet wird (*BAG* 21.1.1998 EzA § 612 BGB Nr. 21; *LAG Köln* 10.10.1996 LAGE § 611 BGB Nr. 7; a. A. *LAG Bln.* 8.6.1993 NZA 1994, 512; s. a. *Hochrathner* NZA 2000, 1083 ff.). Lässt sich aus Tarifrecht, Eingruppierungsrichtlinien oder sonstigen Umständen (z. B. bei Volkshochschuldozenten) eine übliche Vergütung nicht bestimmen, kommt ein Anspruch auf angemessene Vergütung nach den §§ 316, 315 BGB in Betracht (*BAG* 21.11.2001 EzA § 612 BGB Nr. 23). Handelt es sich um ein Arbeitsverhältnis, können dem Arbeitnehmer für die Vergangenheit Ansprüche auf **Arbeitsentgelt, Verzugslohn, Entgeltfortzahlung** usw. zustehen, **berechnet auf der Basis der für Arbeitnehmer üblichen Vergütung** (*Bauer/Baeck/Schuster* Scheinselbstständigkeit, Rn. 301 ff.; *Niepalla/Dütemeyer* NZA 2002, 712 ff.).  91

Die **Veränderung des rechtlichen Status** eines Mitarbeiters vom Selbständigen zum Arbeitnehmer führt allerdings nicht ohne weiteres zur Unwirksamkeit einer bestehenden Vergütungsvereinbarung. Dies gilt vielmehr regelmäßig nur dann, wenn der Arbeitgeber – wie insbes. im öffentlichen Dienst – Selbständige und freie Mitarbeiter in unterschiedlicher Form (Stundenpauschale bzw. Tarifgehalt) vergütet; die für ein Dienstverhältnis getroffene Vergütungsabrede ist nicht allein deshalb unwirksam oder aus anderen Gründen unbeachtlich, weil das Rechtsverhältnis in Wahrheit ein Arbeitsverhältnis ist (*BAG* 12.12.2001 EzA § 612 BGB Nr. 24).

Insgesamt gelten insoweit zusammengefasst folgende Grundsätze (*BAG* 12.1.2005 EzA § 612 BGB 2002 Nr. 2; s. a. *Willemsen/Grau* NZA 2005, 1137 ff.; s. a. Kap. 3 Rdn. 769):
– Legen die Parteien ihrer Vergütungsvereinbarung eine **unrichtige rechtliche Beurteilung** darüber zugrunde, ob die Dienste abhängig oder selbständig erbracht werden, bedarf es einer (**ergänzenden**) **Auslegung**. Die Vergütung kann unabhängig von der rechtlichen Einordnung des bestehenden Vertrages gewollt oder gerade an diese geknüpft sein;
– Bestehen – etwa im öffentlichen Dienst – **unterschiedliche Vergütungsordnungen** für Arbeitnehmer und freie Mitarbeiter, so ist zwar regelmäßig anzunehmen, dass die Parteien die Vergütung der ihrer Auffassung nach zutreffenden Vergütungsordnung entnehmen wollten. Es fehlt dann an einer Vergütungsvereinbarung für das in Wahrheit vorliegende Rechtsverhältnis; die Vergütung richtet sich nach **§ 612 Abs. 2 BGB**;
– Dagegen ist aber andererseits anzunehmen, dass die jeweilige Parteivereinbarung gem. § 611 Abs. 1 BGB dann maßgebend **bleiben soll**, wenn der Arbeitgeber **Tagespauschalen nur der Höhe nach** abhängig von der rechtlichen Behandlung als Selbständiger oder Arbeitnehmer zahlt. Finden im Betrieb keine Tarifverträge Anwendung und trifft der Arbeitgeber **individuelle Vereinbarungen**, spricht dies dafür, dass eine Pauschalvergütung gerade auf die konkrete Arbeitsleistung des Verpflichteten abstellt und im Hinblick auf den angenommenen Status nur (teilweise) die »Ersparnis« der Arbeitgeberanteile berücksichtigt.

Zu beachten ist, dass Vergütungsansprüche eines freien Mitarbeiters, der gerichtlich seine Anerkennung als Arbeitnehmer durchgesetzt hat, auch im Falle der Anwendbarkeit eines Tarifvertrages einer **tariflichen Verfallfrist** unterliegen (a. A. *ArbG Bln.* 24.11.2011 – 1 Ca 12048/11, AuR 2012, 82 LS). Das gilt auch für die Ansprüche, die für Zeiträume entstanden sind, in denen sein Status noch streitig war. Die Berufung des Arbeitgebers auf diese Frist wird auch nicht treuwidrig dadurch, dass er dem Mitarbeiter den Arbeitnehmerstatus abgesprochen hat (*LAG Köln* 13.8.1999 NZA-RR 2000, 201 LS).

Tarifliche Ausschlussfristen für derartige Ansprüche beginnen – für beide Arbeitsvertragsparteien – dann aber erst mit dem **Zeitpunkt**, in dem das **Bestehen eines Arbeitsverhältnisses feststeht** (*BAG* 14.3.2001 EzA § 4 TVG Ausschlussfristen Nr. 143; 29.5.2002 EzA § 4 TVG Ausschlussfristen Nr. 155; a. A. *Reinecke* RdA 2001, 364). **Erst ab diesem Zeitpunkt der rechtsbeständigen gerichtlichen oder außergerichtlichen Klärung kann erwartet werden, dass der Arbeitgeber seine Ansprüche wegen Überzahlung geltend macht** (*BAG* 9.2.2005 EzA § 818 BGB 2002

Nr. 1). Haben die Tarifvertragsparteien speziell für den Fall der Beendigung des Arbeitsverhältnisses eine **kürzere Ausschlussfrist** geregelt, so ist diese auch dann maßgebend, wenn das Arbeitsverhältnis bei Fristbeginn bereits beendet war. Das gilt auch bei einer rückwirkenden Statusfeststellung (*BAG* 29.5.2002 EzA § 4 TVG Ausschlussfristen Nr. 155).

Dem **Arbeitgeber** können Ansprüche auf **Rückzahlung** der Differenz zwischen gezahlten Honoraren und der für Arbeitnehmer üblichen Vergütung zustehen, wenn der Arbeitnehmerstatus **rückwirkend festgestellt** wird (§§ 812 ff. BGB). Dafür genügt die Feststellung nach § 4 KSchG oder § 17 TzBfG zu Gunsten des Arbeitnehmers (*BAG* 8.11.2006 EzA § 611 BGB 2002 Arbeitnehmerbegriff Nr. 8). Das kann der Fall sein, wenn der Arbeitnehmerstatus eines freien Mitarbeiters **rückwirkend festgestellt** wird. Denn mit dieser Feststellung steht zugleich fest, dass der Dienstverpflichtete **als Arbeitnehmer zu vergüten war** und ein Rechtsgrund für die Honorarzahlungen nicht bestand, wenn bei dem Dienstberechtigten unterschiedliche Vergütungsordnungen für freie Mitarbeiter und für Arbeitnehmer galten (*BAG* 9.2.2005 EzA § 818 BGB 2002 Nr. 1; 8.11.2006 EzA § 611 BGB 2002 Arbeitnehmerbegriff Nr. 8 = NZA 2007, 321). Ein derartiger Anspruch umfasst die **Summendifferenz** zwischen sämtlichen Honorarzahlungen und sämtlichen Vergütungsansprüchen. In die vorzunehmende Verrechnung ist auch ein einmaliger tariflicher Abfindungsanspruch einzubeziehen (*BAG* 29.5.2002 EzA § 4 TVG Ausschlussfristen Nr. 155; zur Darlegungslast instr. *LAG Köln* 9.4.2003 – 7 Sa 1213/02, ARST 2004, 89 LS).

Derartige Rückzahlungsansprüche können aber **wegen Kenntnis** des Arbeitgebers vom Bestehen eines Arbeitsverhältnisses **ausgeschlossen sein**. § 814 BGB setzt allerdings **positive Kenntnis** der Rechtslage im Zeitpunkt der Leistung voraus. Nicht ausreichend ist die Kenntnis der Tatsachen, aus denen sich das Fehlen einer rechtlichen Verpflichtung ergibt. Der Leistende muss wissen, dass er nach der Rechtslage nichts schuldet. Er hat aus den ihm bekannten Tatsachen auch eine im Ergebnis zutreffende rechtliche Schlussfolgerung zu ziehen, wobei allerdings eine entsprechende »**Parallelwertung in der Laiensphäre**« genügt (*BAG* 9.2.2005 EzA § 818 BGB 2002 Nr. 1 = NZA 2005, 814). Das gilt auch dann, wenn diese Kenntnis nur in der Rechtsabteilung, nicht aber in der Leistungsabteilung vorhanden ist. Die Kenntnis vom Bestehen eines Arbeitsverhältnisses kann insbes. dann vorhanden sein, wenn bereits vergleichbare »freie Mitarbeiter« oder Subunternehmer, möglicherweise sogar desselben Unternehmens, die Arbeitnehmereigenschaft erfolgreich geltend gemacht haben. I. d. R. gibt zudem der Arbeitgeber den Vertragstext und damit auch die von ihm für richtig gehaltene oder auch nur gewünschte Rechtsform vor. In diesen Fällen ist es ihm deshalb gem. § 242 BGB verwehrt, Rückzahlungsansprüche auch für Zeiträume geltend zu machen, hinsichtlich derer sich der Arbeitnehmer nicht auf das Bestehen eines Arbeitsverhältnisses berufen hat (*Reinecke* RdA 2001, 357 ff.). Umgekehrt ist die **Rückforderung** des Arbeitgebers dann **nicht rechtsmissbräuchlich**, wenn sie sich auf den **Zeitraum beschränkt, für den der Arbeitnehmer das Bestehen des Arbeitsverhältnisses geltend gemacht hat**. Denn mit der Klageerhebung gibt der Arbeitnehmer zu erkennen, dass er das Rechtsverhältnis nicht nach den Regeln der freien Mitarbeit, sondern nach Arbeitsrecht behandelt wissen will (*BAG* 8.11.2006 EzA § 611 BGB 2002 Arbeitnehmerbegriff Nr. 8 = NZA 2007, 321).

Andererseits liegt die Kenntnis i. S. d. § 814 BGB nicht schon dann vor, wenn der Leistende mit dem Bestehen eines Arbeitsverhältnisses rechnen musste (*BAG* 29.5.2002 EzA § 4 TVG Ausschlussfristen Nr. 155).

Dem Anspruch kann u. U. auch **§ 818 Abs. 3 BGB entgegenstehen**. Diese Regelung dient dem Schutz des gutgläubig Bereicherten, der das rechtsgrundlos Empfangene im Vertrauen auf das (Fort-)Bestehen des Rechtsgrundes verbraucht hat und daher nicht über den Betrag einer wirklich bestehen gebliebenen Bereicherung hinaus zur Herausgabe oder zum Wertersatz verpflichtet werden soll. Es kommt deshalb darauf an, ob der Empfänger die Beträge **restlos für seine laufenden Lebensbedürfnisse verbraucht** oder sich damit noch in seinem Vermögen vorhandene Werte oder Vorteile verschafft hat. Auch die infolge **Tilgung eigener Schulden** mittels des rechtsgrundlos erlangten Geldes eingetretene Befreiung von Verbindlichkeiten zählt zu den bestehen bleibenden

## F. Grundbegriffe des Arbeitsrechts

Vermögensvorteilen, die einem Wegfall der Bereicherung grds. entgegenstehen (*BAG* 9.2.2005 EzA § 818 BGB 2002 Nr. 1 = NZA 2005, 814).

Beruft sich ein Arbeitnehmer, der neben seinem Vollzeitarbeitsverhältnis für seinen Arbeitgeber Nebentätigkeiten auf Honorarbasis als sog. freier Mitarbeiter verrichtet, auf ein Arbeitsverhältnis auch hinsichtlich der Nebentätigkeit, kann er Lohn in Höhe des Honorars auch nicht mit der Begründung verlangen, der Honorarsatz für freie Mitarbeit in Nebentätigkeit liege unter dem für »normale« freie Mitarbeiter seines Arbeitgebers, wenn im Betrieb eine Vergütungsordnung für Arbeitsverhältnisse besteht (*LAG Köln* 6.5.1999 ZTR 1999, 566).

Fraglich ist, wie die Entscheidung des *BAG* vom 21.1.1998 (EzA § 612 BGB Nr. 21) abzugrenzen ist zum Urteil vom 9.7.1986 (EzA § 242 BGB Geschäftsgrundlage Nr. 1). Denn danach richtet sich die Anpassung des Vertrages im Falle eines beiderseitigen Irrtums, d. h. wenn beide Parteien irrtümlich davon ausgegangen sind, dass ihr Rechtsverhältnis tatsächlich als freies Mitarbeiterverhältnis zu verstehen war, nach den Grundsätzen über den Wegfall der **(subjektiven) Geschäftsgrundlage** (§ 313 BGB; vgl. Kap. 2 Rdn. 930 ff.), d. h. eine **Anpassung des Vertrages** wird i. d. R. nur für noch nicht beendete Vertragsverhältnisse und **für die Zukunft** in Betracht. **92**

**Im Übrigen kann sich der vermeintlich freie Dienstnehmer in vollem Umfang auf Arbeitsrechtsschutzbestimmungen berufen.** Er genießt Kündigungsschutz, eine u. U. bereits ausgesprochene Kündigung kann wegen unterlassener Anhörung des Betriebsrats gem. § 102 BetrVG unwirksam sei. Der Arbeitnehmer hat Anspruch auf Entgeltfortzahlung im Krankheitsfall, bezahlten Urlaub usw. (vgl. *Reiserer* BB 1998, 1262). **93**

### bb) Sozialversicherung

Der Arbeitgeber kann **rückwirkend ab Beginn des Beschäftigungsverhältnisses** in Anspruch genommen werden für die Nachleistung von Sozialversicherungsbeiträgen, denn er ist gem. § 28e Abs. 1 SGB IV Schuldner der Sozialversicherungsbeiträge. Dabei umfasst die Nachleistungspflicht sowohl Arbeitgeber- als auch Arbeitnehmeranteile. Ein **Regress** beim Arbeitnehmer **scheidet grds. aus** (vgl. § 28g SGB IV; *LAG RhPf* 26.8.1999 ZTR 2000, 184 LS; s. Kap. 3 Rdn. 849, 532; vgl. dazu *Hochrathner* NZA 1999, 1016 ff. u. NZA 2000, 1083 ff.; *Bauer/Baeck/Schuster* Scheinselbstständigkeit, Rn. 309 ff.). **94**

Der Nachentrichtungsanspruch verjährt nach § 25 Abs. 1 SGB IV grds. in vier Jahren, bei Vorsatz in 30 Jahren nach Ablauf des Kalenderjahres, in dem er fällig geworden ist. Da der Arbeitgeber generell verpflichtet ist, sich bei Zweifelsfällen betreffend der Sozialversicherungspflicht bei der Einzugsstelle zu erkundigen, sieht sich der Unternehmer nicht selten der Problematik ausgesetzt, dass **bedingter Vorsatz** und damit die Verlängerung der Verjährungsfrist auf 30 Jahre angenommen wird (vgl. *Reiserer* BB 1998, 1262). In diesem Zusammenhang erscheint es – abgesehen von der Frage, ob eine derartige Regelung überhaupt mit § 32 SGB I vereinbar ist – bedenklich (a. A. *ArbG Köln* 21.6.1996 NZA-RR 1996, 324; *Bauer/Baeck/Schuster* Scheinselbstständigkeit, Rn. 320), in einem Aufhebungsvertrag mit einem Scheinselbstständigen, wie von *Diller/Schuster* (FA 1998, 142) vorgeschlagen, folgende Klausel aufzunehmen. »... zahlt ... als Entschädigung für entgangene bzw. entgehende Einnahmen eine Abfindung in Höhe von € 10.000,00, fällig sofort. Sollte die Y-GmbH auf Grund des beendeten Vertragsverhältnisses rechtskräftig zur Zahlung von Sozialversicherungsbeiträgen an Sozialversicherungsträger herangezogen werden, hat Herr/Frau X in entsprechendem Umfang die Abfindung unverzüglich ... zurückzuzahlen.« **95**

Schließlich muss der Arbeitgeber auf den nachentrichteten Arbeitnehmeranteil auch noch die **Lohnsteuer** entrichten. **96**

Denn die Bezahlung der Arbeitnehmeranteile stellt einen geldwerten Vorteil dar, den der Arbeitgeber zugunsten des Arbeitnehmers leistet, der lohnsteuerpflichtig ist (*BFH* 21.2.1992 DB 1992, 2603). **97**

### cc) Steuerrecht

**98** Zur Besteuerung des Arbeitseinkommens s. Kap. 3 Rdn. 796 ff. Der Arbeitgeber haftet für die einzubehaltende Lohnsteuer neben dem Arbeitnehmer als **Gesamtschuldner**; ihm steht im Falle der Inanspruchnahme allerdings ein **Erstattungsanspruch** gegen den Arbeitnehmer zu. Nicht selten ist dessen Durchsetzung allerdings mit erheblichen praktischen Problemen verbunden, insbes. wenn der Arbeitnehmer seiner Zahlungsverpflichtung nicht nachkommt (vgl. *Goretzki/Hohmeister* BB 1999, 635 ff.).

### g) Abweichende Begründungsansätze

**98a** In Literatur (vgl. MünchArbR/*Richardi* § 24 Rn. 26, 34) und Rechtsprechung (*LAG Köln* 30.6.1995 LAGE § 611 BGB Nr. 29) wird der Begriff der persönlichen Abhängigkeit z. T. als zu unbestimmt angesehen, um als maßgebliches Kriterium für die Abgrenzung der Arbeitnehmereigenschaft Verwendung zu finden. Danach bedeutet der Rückgriff auf den Grad der persönlichen Abhängigkeit letztlich nur eine Wiederholung der zu lösenden Fragestellung und damit den Verzicht auf eine allgemeine Erfassung. Auch wird auf die Herstellung eines Sinnzusammenhangs zwischen den Merkmalen des Arbeitnehmerbegriffs und der Rechtsfolge, der Anwendung des Arbeitsrechts verzichtet.

**98b** Stattdessen werden als charakteristische (z. T. als ergänzend heranzuziehend verstandene) Kriterien für die Abgrenzung zwischen Arbeitnehmern und Selbstständigen u. a. vorgeschlagen **die freiwillige Übernahme des Unternehmerrisikos, Auftreten am Markt und Ausgewogenheit im Hinblick auf unternehmerische Chancen und Risiken** (*Wank* Arbeitnehmer und Selbstständige, 1988, S. 391 ff. u. NZA 1999, 225 ff.; ähnl. *Hromadka* NZA 1997, 569 ff. u. DB 1998, 195 ff.; zust. *LAG Köln* 30.6.1995 LAGE § 611 BGB Arbeitnehmerbegriff Nr. 19; *LAG Nds.* 7.9.1990 LAGE § 611 BGB Arbeitnehmerbegriff Nr. 24; *LG München I* 15.5.1997 NZA 1997, 943; ähnl. *ArbG Nbg.* 31.7.1996 NZA 1997, 37; *LAG Nbg.* 25.2.1998 LAGE § 611 BGB Arbeitnehmerbegriff Nr. 34; aufgehoben durch *BAG* 16.6.1998 BB 1998, 1954; a. A. *LAG Düsseld.* 4.9.1996 BB 1997, 891; *Hromadka* NZA 1997, 569; *Griebeling* RdA 1998, 208). Der Arbeitnehmer ist danach nicht durch Weisungsabhängigkeit gekennzeichnet, sondern in erster Linie durch die auf Dauer angelegte Arbeit nur für einen Auftraggeber in eigener Person ohne Mitarbeiter, im Wesentlichen ohne eigenes Kapital und im Wesentlichen ohne eigene Organisation.

**98c** Das *OLG Düsseld.* (5.12.1997 NZA-RR 1998, 145) hat z. B. für einen Handelsvertretervertrag Folgendes ausgeführt: Haben die Parteien einen »Handelsvertretervertrag« abgeschlossen, so kann sich gleichwohl ergeben, dass der hierdurch zur Dienstleistung Verpflichtete nicht als selbstständiger Handelsvertreter, sondern als unselbstständiger Angestellter tätig geworden ist. Auch wenn die einzelnen Regelungen im Vertrag für sich genommen in einem Handelsvertretervertrag zulässig und mit der Rechtsstellung eines Handelsvertreters vereinbar sein mögen, kann das nicht mehr gelten, wenn zu viele Einschränkungen der handelsvertretertypischen Selbstständigkeit zusammenkommen und dem Vertragspartner gleichsam sämtliche Vorteile genommen sind, die mit der Stellung eines selbstständigen Handelsvertreters verbunden sind und ihm letztlich nur die Nachteile verbleiben, nämlich die Übernahme des wirtschaftlichen Risikos.

### 2. Beispiele aus der Praxis

**99** ▶ – **Ein in der Behindertenfürsorge tätiger Psychologe**, der innerhalb eines mit dem Träger der Sozialhilfe vereinbarten zeitlichen Rahmens von 18 Betreuungsstunden pro Woche Zeit und Ort seiner Tätigkeit frei bestimmen kann, ist kein Arbeitnehmer (*BAG* 9.9.1981 AP Nr. 38 zu § 611 BGB Abhängigkeit). Ist ein Vertragsverhältnis zudem dauerhaft auf eine unentgeltliche ehrenamtliche Tätigkeit – in der Telefonseelsorge – gerichtet, liegt regelmäßig kein Arbeitsverhältnis vor (*LAG Sachsen* 20.5.2011 – 3 Sa 579/10, ZTR 2011, 631 LS).
– Wer in einer Jugendfreizeitstätte während deren Öffnungszeiten in zeitlich festgelegtem Umfang Veranstaltungen für **Jugendliche betreut**, ist nicht Arbeitnehmer, wenn er über Art und

## F. Grundbegriffe des Arbeitsrechts    Kapitel 1

zeitliche Lage seiner Tätigkeit entsprechend den Wünschen der Betreuten und seinen eigenen Neigungen mitbestimmen kann (*BAG* 9.5.1984 EzA § 611 BGB Arbeitnehmerbegriff Nr. 30).
- Eine **Hebamme**, die aufgrund eines sog. Beleghebammenvertrages in einem Krankenhaus tätig ist, steht in keinem Arbeitsverhältnis zu dem Krankenhaus (*LAG Düsseld.* 3.9.2009 – 11 Sa 608/09, AuR 2010, 130).
- Eine **Telefonistin**, deren einzige Aufgabe darin besteht, Personen nach vorgegebenen Listen anzurufen und diesen Personen vorformulierte Fragen zu stellen und deren Arbeitszeit drei Stunden täglich – üblicherweise zwischen 15 und 18 Uhr – beträgt, ist keine Arbeitnehmerin (*LAG München* 22.1.2004 NZA-RR 2004, 365).
- Als Rechtsgrundlage für die Leistung von Diensten in persönlicher Abhängigkeit kommt neben einem Arbeitsverhältnis auch die **Mitgliedschaft in einem Verein** in Betracht (*BAG* 10.5.1990 AP BGB § 611 Abhängigkeit Nr. 51; 22.3.1995 EzA Art. 140 GG Nr. 26). Der Mitgliedsbeitrag (§ 58 Nr. 2 BGB) kann in der Leistung von Diensten bestehen. Dies ergibt sich aus der Vereinsautonomie, die es dem Verein ermöglicht, Rechte und Pflichten der Vereinsmitglieder und des Vereins durch Satzung zu regeln (§ 25 BGB). Die Beitragsleistung erfolgt, um den Vereinszweck zu fördern. Die Begründung vereinsrechtlicher Arbeitspflichten darf allerdings nicht gegen § 134 BGB, § 138 BGB verstoßen und damit zwingende arbeitsrechtliche Schutzbestimmungen umgehen. Der dem Arbeitsverhältnis zugrunde liegende Arbeitsvertrag ist ein gegenseitiger Vertrag (§ 611 BGB). Wesen des Arbeitsverhältnisses ist der Austausch von Arbeit und Lohn. Fehlt die Erwerbsabsicht des Dienstverpflichteten, spricht dies gegen die Annahme eines Arbeitsverhältnisses (*BAG* 26.9.2002 EzA § 2 ArbGG 1979 Nr. 57).
- Auch ein **Au-pair-Verhältnis** kann bei entsprechender Ausgestaltung – so bei detaillierten Regelungen hinsichtlich der Verpflichtung zur Mithilfe im Haushalt und bei der Kinderbetreuung, der Dienstzeiten, der Freizeit und des Urlaubs – ein Arbeitsverhältnis sein (*ArbG Bamberg* 27.10.2003 – 1 Ca 1162/03, FA 2004, 89 LS).
- Die für das Arbeitsverhältnis notwendige Abhängigkeit fehlt dann, wenn ein mit den Vorarbeiten für die **Herausgabe einer Buchreihe** beauftragter Mitarbeiter eines Verlages den wesentlichen Teil seiner Aufgaben in selbst bestimmter Arbeitszeit und an selbst gewähltem Arbeitsort verrichtet. Daran ändert sich auch dann nichts, wenn er auf Grund gelegentlich notwendiger Zusammenarbeit auf die Arbeitszeit der Verlagsangestellten Rücksicht nehmen muss (*BAG* 27.3.1991 EzA § 611 BGB Arbeitnehmerbegriff Nr. 38).
- **Ein Lektor in einer TV-Produktionsfirma** ohne fachliche Weisungsgebundenheit und Arbeitszeitkontrolle, dem eine komplette Arbeitsausstattung auf Kosten des Unternehmens zur Verfügung gestellt wird (Telefonanlage, Faxgerät, PC usw.) und der zur Erstellung von Tätigkeitsberichten (vgl. § 86 Abs. 2 HGB) verpflichtet ist, ist freier Mitarbeiter und nicht Arbeitnehmer (*ArbG Bln.* 8.1.2004 NZA-RR 2004, 546).
- Die **Lehrkraft in einer Bildungseinrichtung** steht dann nicht in einem Arbeitsverhältnis, wenn der Inhalt der Dienstleistung und die Arbeitszeiten im Einzelnen vertraglich geregelt und damit dem Weisungsrecht des Arbeitgebers entzogen werden. Die Bindung an einen Rahmenlehrplan ist unerheblich. Nur methodisch-didaktische Anweisungen des Arbeitgebers zur Gestaltung des Unterrichts können zu einer persönlichen Abhängigkeit führen (*BAG* 30.10.1991 EzA § 611 BGB Arbeitnehmerbegriff Nr. 44).
- Auf ein Arbeitsverhältnis deutet es hin, wenn der Arbeitgeber außerhalb der Unterrichtszeit einer **Volkshochschul-Dozentin** über ihre Arbeitskraft verfügen kann. Die Bedeutung dieser Indizes hängt vor allem auch vom zeitlichen Umfang der zusätzlichen Aufgaben ab. Je mehr die Volkshochschule den Inhalt der Arbeitsleistung bestimmen und der Dozentin weitere Aufgaben übertragen kann, desto mehr spricht für ein Arbeitsverhältnis (*BAG* 13.11.1991 EzA § 611 BGB Arbeitnehmerbegriff Nr. 45); im Übrigen sind Volkshochschuldozenten **regelmäßig keine Arbeitnehmer** (*BAG* 17.1.2006 EzA § 2 BUrlG Nr. 6; 20.1.2010 EzA § 611 BGB 2002 Arbeitnehmerbegriff Nr. 17), insbes. wenn sie außerhalb schulischer Lehrgänge unterrichten (*BAG* 20.1.2010 EzA § 611 BGB 2002 Arbeitnehmerbegriff Nr. 17 = NZA 2010, 840 LS).

- Der notwendige Grad der persönlichen Abhängigkeit kann sich auch daraus ergeben, dass der Schulträger das Recht beansprucht, die zeitliche Lage von Unterrichtsstunden einseitig zu bestimmen oder das Rechtsverhältnis umfassend durch (einseitig erlassene) »Dienstanweisung« zu regeln (*BAG* 24.6.1992 EzA § 611 BGB Arbeitnehmerbegriff Nr. 46).
- **Lehrer an Abendgymnasien** sind regelmäßig Arbeitnehmer des Schulträgers (*BAG* 12.9.1996 EzA § 611 BGB Arbeitnehmerbegriff Nr. 60; s. a. *BAG* 15.2.2012 EzA § 611 BGB 2002 Arbeitnehmerbegriff Nr. 21).
- **Dozenten in der beruflichen Bildung** sind Arbeitnehmer, wenn der Schulträger einseitig den Unterrichtsgegenstand sowie Ort und Zeit der Tätigkeit vorgibt (*BAG* 19.11.1997 EzA § 611 BGB Arbeitnehmerbegriff Nr. 62).
- Ein **Rundfunkgebührenermittler** des Hessischen Rundfunks ist kein Arbeitnehmer, sondern selbstständig Beliehener (*HessVGH* 17.3.1998 ZTR 1998, 422 LS); Rundfunkgebührenbeauftragte können jedoch je **nach Ausgestaltung der vertraglichen Beziehungen** freie Mitarbeiter, aber auch Arbeitnehmer (*BAG* 26.5.1999 EzA § 611 BGB Arbeitnehmerbegriff Nr. 75), u. U. auch arbeitnehmerähnliche Personen sein (*BAG* 30.8.2000 EzA § 2 ArbGG Nr. 51). Ein Rundfunkgebührenermittler, der im Auftrag einer Rundfunkanstalt Schwarzhörer aufspürt, ist andererseits jedenfalls dann kein Arbeitnehmer, sondern Gewerbetreibender, wenn die Höhe seiner Einnahmen weitgehend von seinem eigenen Arbeitseinsatz abhängt und er auch im Übrigen – insbes. bei Ausfallzeiten – ein **Unternehmerrisiko** in Gestalt des Entgeltrisikos trägt; dies gilt unabhängig davon, dass er nur für einen einzigen Vertragspartner tätig ist (*BFH* 2.12.1998 NZA-RR 1999, 376).
- **Co-Piloten von Verkehrsflugzeugen** sind in aller Regel Arbeitnehmer. Werden Piloten von Verkehrsflugzeugen in Dienstplänen aufgeführt, die ohne vorherige Absprache mit ihnen erstellt werden, so ist dies ein starkes Indiz für ihre Arbeitnehmereigenschaft (*BAG* 16.3.1994 EzA § 611 BGB Arbeitnehmerbegriff Nr. 53).
- Gleiches gilt für **Rundfunk- und Fernsehmitarbeiter** (*BAG* 16.2.1994 EzA § 611 BGB Arbeitnehmerbegriff Nr. 52; s. *Bezani* NZA 1997, 856 ff.; *Wrede* NZA 1999, 1019 ff.).
- **Rundfunksprecher und Übersetzer**, die auf Grund von Dienstplänen eingesetzt werden, sind i. d. R. auch dann Arbeitnehmer, wenn ihnen zugestanden wird, einzelne Einsätze abzulehnen (*BAG* 30.11.1994 EzA § 611 BGB Arbeitnehmerbegriff Nr. 55).
- Ein **Hörfunk-Korrespondent**, dem die regelmäßige Berichterstattung über politische, wirtschaftliche und kulturelle Themen der Landespolitik aus einem abgegrenzten Bezirk übertragen ist und von dem die Rundfunkanstalt ständige Dienstbereitschaft erwartet, ist Arbeitnehmer (*BAG* 7.5.1980 EzA § 611 BGB Arbeitnehmerbegriff Nr. 22).
- Ein als freier Mitarbeiter im Rahmen von Radiosendungen beschäftigter **Reporter** ist kein Arbeitnehmer, auch wenn er im Laufe der mehrjährigen Vertragsbeziehungen regelmäßig am Wochenende eingesetzt wird, sofern der jeweilige Einsatz mit ihm abgesprochen ist (*LAG Köln* 30.1.1997 NZA-RR 1997, 283).
- Nebenberuflich tätige **Rundfunkreporter** können auch dann freie Mitarbeiter sein, wenn sie viele Jahre fortlaufend eingesetzt werden (*BAG* 22.4.1998 NZA 1998, 1275; vgl. auch *BVerwG* 22.4.1998 DB 1998, 2276).
- Regelmäßig eingesetzte **Sprecher und Übersetzer** von Nachrichten- und Kommentartexten im fremdsprachlichen Dienst von Rundfunkanstalten können auch dann Arbeitnehmer sein, wenn ihre wöchentliche Arbeitszeit nur vier Stunden beträgt (*BAG* 11.3.1998 EzA § 611 BGB Arbeitnehmerbegriff Nr. 64).
- Pauschal bezahlte **Bildberichterstatter**, die einer Zeitungsredaktion monatlich eine bestimmte Zahl von Bildern liefern, sind keine Arbeitnehmer, wenn sie in der Übernahme der Fototermine frei sind (*BAG* 29.1.1992 EzA § 5 BetrVG 1972 Nr. 52). Sie können aber dann Arbeitnehmer sein, wenn sie – u. a. durch Dienstpläne – derart in den Arbeitsablauf eingebunden sind, dass sie faktisch die Übernahme von Fototerminen nicht ablehnen können (*BAG* 16.6.1998 EzA § 611 BGB Arbeitnehmerbegriff Nr. 65).

## F. Grundbegriffe des Arbeitsrechts  Kapitel 1

- Die Tätigkeit eines **Redakteurs im engeren Sinne** ist typischerweise Arbeitnehmertätigkeit. Die regelmäßige Heranziehung eines Mitarbeiters zu Wochenenddiensten und der Umstand, dass die Absage solcher Einsätze zu nachteiligen Konsequenzen für den Mitarbeiter geführt hat, sind starke Indizien für das Bestehen eines Arbeitsverhältnisses (*LAG Köln* 13.8.1998 NZA-RR 1999, 119).
- **Orchestermusiker**, die ständig zu Orchesterdiensten herangezogen werden, sind Arbeitnehmer (*BAG* 7.5.1980 AP Nr. 36 zu § 611 BGB Abhängigkeit). Für den Arbeitnehmerstatus eines zur **Aushilfe** engagierten Orchestermusikers ist entscheidend, ob der Mitarbeiter auch im Rahmen des übernommenen Engagements seine Arbeitszeit noch im Wesentlichen frei gestalten kann oder insoweit einem umfassenden Weisungsrecht der Orchesterleitung unterliegt. Allein das Versprechen, eine Leistung zu einem bestimmten Zeitpunkt zu erbringen, macht demgegenüber den Leistenden im arbeitsrechtlichen Sinn noch nicht weisungsabhängig (*BAG* 22.8.2001 EzA § 611 BGB Arbeitnehmerbegriff Nr. 86; 9.10.2002 EzA § 611 BGB Arbeitnehmerbegriff Nr. 89; zum Gastvertrag s. *BAG* 7.2.2007 – 5 AZR 270/06, NZA 2007, 1072 LS = ZTR 2007, 391).
- Dagegen ist der **Organisator und Dirigent eines Kurorchesters**, der gegenüber seinem Auftraggeber als Inhaber einer Musikagentur auftritt und zur Durchführung der musikalischen Unterhaltung selbst Arbeitsverträge mit Musikern abschließt, regelmäßig kein Arbeitnehmer (*BAG* 20.1.2010 EzA § 611 BGB 2002 Arbeitnehmerbegriff Nr. 16).
- Bei **programmgestaltenden Mitarbeitern** ist ein Arbeitsverhältnis zu bejahen, wenn der Sender innerhalb eines bestimmten zeitlichen Rahmens über die Arbeitsleistung verfügen kann. Das ist z. B. dann der Fall, wenn ständige Dienstbereitschaft erwartet wird oder wenn der Mitarbeiter in nicht unerheblichem Umfang auch ohne entsprechende Vereinbarung herangezogen wird, ihm also die Arbeiten letztlich »zugewiesen« werden (*BAG* 9.6.1993, 20.7.1994 EzA § 611 BGB Arbeitnehmerbegriff Nr. 51, 54). Ein programmgestaltender Rundfunkmitarbeiter ist aber nicht bereits deshalb Arbeitnehmer, weil er zur Herstellung seines Beitrags auf **technische Einrichtungen und Personal** der Rundfunkanstalt angewiesen ist und aus diesem Grunde in Dispositions- und Raumbelegungspläne aufgenommen wird (*BAG* 19.1.2000 EzA § 611 BGB Arbeitnehmerbegriff Nr. 81).
- **Kameraassistenten** sind in aller Regel Arbeitnehmer (*BAG* 22.4.1998 EzA § 611 BGB Arbeitnehmerbegriff Nr. 71).
- **Bühnenkünstler** werden auch im Rahmen eines Tourneetheaters i. d. R. als Arbeitnehmer tätig (*LAG Bln.* 29.12.1989 AP Nr. 50 zu § 611 BGB Abhängigkeit; zum Gastvertrag s. *BAG* 7.2.2007 – 5 AZR 270/06 – NZA 2007, 1072 LS: Dienstvertrag, nicht Werkvertrag).
- Hauptamtliche (aktiv tätige) außerordentliche **Mitglieder von Scientology** können Arbeitnehmer (i. S. v. § 5 Abs. 1 S. 1 ArbGG) sein (*BAG* 22.3.1995 EzA Art. 140 GG Nr. 26). Sie können allerdings ihre Dienste für den Verein auch als **satzungsmäßigen Mitgliedsbeitrag** erbringen; dadurch wird dann kein Arbeitsverhältnis begründet (*BAG* 26.9.2002 EzA § 2 ArbGG 1979 Nr. 57).
- Leitende Krankenhausärzte (**Chefärzte**) sind, wenn sie auch in der Ausübung ihres ärztlichen Berufs eigenverantwortlich sind, Arbeitnehmer, wenn sie im Übrigen bei ihrer Tätigkeit im Wesentlichen vom Krankenhausträger persönlich abhängig sind (*BAG* 27.7.1961 AP Nr. 24 zu § 611 BGB Ärzte, Gehaltsansprüche). Gleiches gilt auch für nachgeordnete Ärzte (Oberärzte, Assistenzärzte; MünchArbR/*Richardi* § 204 Rn. 3).
- **Tankwarte** sind regelmäßig Arbeitnehmer; die Arbeitszeit kann auch in einem Dauerarbeitsverhältnis in der Weise festgelegt werden, dass sich die Arbeitnehmer in vom Arbeitgeber ausgelegte Listen eintragen. (*BAG* 12.6.1996 EzA § 2 BeschFG 1985 Nr. 49).
- **Mitglieder von Produktionsgenossenschaften** des Handwerks in den neuen Bundesländern sind weder nach dem alten Recht (vor dem Einigungsvertrag) Arbeitnehmer gewesen, noch sind sie es nach dem derzeit geltenden Recht (*BAG* 13.6.1996 EzA § 611 BGB Arbeitnehmerstatus – DDR Nr. 3).

## Kapitel 1 — Grundbegriffe und Grundstrukturen des Arbeitsrechts

- Ein **Subunternehmer eines Paketdienstsystems**, der mit 18 selbst ausgewählten Arbeitnehmern und eigenen Fahrzeugen in einem ihm überlassenen Bezirk den Zustellungsdienst organisiert und durchführt, ist nicht Arbeitnehmer (*LAG Köln* 5.3.1997 BB 1997, 1212 LS).
- I. d. R. übt der **Frachtführer** i. S. d. § 425 HGB ein selbstständiges Gewerbe aus. Das gilt auch dann, wenn er als Einzelperson ohne weitere Mitarbeiter nur für einen Spediteur tätig ist und beim Transport ein mit den Farben und dem Firmenzeichen des Spediteurs ausgestattetes eigenes Fahrzeug einsetzt. Maßgeblich ist, dass er **allein entscheidet**, ob, wann und in welchem Umfang er tätig werden will und für ausgeführte Frachtaufträge das volle vom Auftraggeber zu leistende Entgelt erhält (*BAG* 27.6.2001 EzA § 611 BGB Arbeitnehmerbegriff Nr. 85 m. Anm. *Linnenkohl* BB 2002, 622 ff.; s. a. *LAG Köln* 29.5.2006 BB 2006, 2312 LS). Wird allerdings die Tätigkeit des Transporteurs stärker eingeschränkt, als es auf Grund gesetzlicher Regelungen oder wegen versicherungsrechtlicher Obliegenheiten geboten ist, so kann das Rechtsverhältnis als ein Arbeitsverhältnis anzusehen sein (*BAG* 19.11.1997 EzA § 611 BGB Arbeitnehmerbegriff Nr. 63; a. A. *Misera* SAE 1998, 169 ff.; s. a. *BGH* 21.10.1998 EzA § 5 ArbGG 1979 Nr. 30). Ein Frachtführer, der nur für einen Auftraggeber fährt, ist nicht Arbeitnehmer, wenn **weder Dauer noch Beginn und Ende der täglichen Arbeitszeit vorgeschrieben** sind und er die – nicht nur theoretische – Möglichkeit hat, auch Transporte für eigene Kunden auf eigene Rechnung durchzuführen. Ob er diese Möglichkeit tatsächlich nutzt, ist nicht entscheidend (*BAG* 30.9.1998 EzA § 611 BGB Arbeitnehmerbegriff Nr. 74; *LAG RhPf* 19.10.2009 – 8 Ta 222/09 – AuR 2010, 175 LS). Diese Möglichkeit spricht aber dann nicht gegen das Vorliegen eines Arbeitsverhältnisses, wenn der Einsatz Dritter zwar tatsächlich, aber nur für Zeiten erfolgt, in denen der Frachtführer wegen einer Erkrankung oder wegen Urlaubs nicht selbst fahren konnte oder wollte (*LAG Nds.* 26.1.1999 NZA 2000, 320 LS).
- **Zeitungszusteller** sind i. d. R. Arbeitnehmer (*BAG* 29.1.1992 AP Nr. 1 zu § 7 BetrVG 1972). Denn das Austragen von Zeitungen ist eine einfache Tätigkeit, die von vornherein nur geringe Gestaltungsmöglichkeiten zulässt. Die Weisungsgebundenheit ergibt sich i. d. R. daraus, dass dem Zusteller ein bestimmter Bezirk mit Kundenliste zugewiesen und ein zeitlicher Rahmen vorgegeben ist. Kann ein Zusteller demgegenüber das übernommene Arbeitsvolumen in der vorgegebenen Zeit nicht bewältigen, sodass er weitere Mitarbeiter einsetzen muss, so spricht das gegen die Annahme eines Arbeitsverhältnisses (*BAG* 16.7.1997 EzA § 611 BGB Arbeitnehmerbegriff Nr. 41). Insgesamt ist davon auszugehen, dass dann, wenn der zur Dienstleistung Verpflichtete nach den tatsächlichen Umständen nicht in der Lage ist, seine vertraglichen **Leistungspflichten alleine zu erfüllen**, sondern auf Hilfskräfte angewiesen und vertraglich berechtigt ist, seine Leistungen durch Dritte erbringen zu lassen, regelmäßig kein Arbeitsverhältnis vorliegt (*BAG* 12.12.2001 EzA § 611 BGB Arbeitnehmerbegriff Nr. 87). Deshalb ist ein Betreiber einer Agentur für die Verteilung von Zeitschriften und Briefen, der selbst eine Vielzahl von Hilfskräften (200) nach eigener Entscheidung einstellt, bei der regelmäßigen Gesamtschau regelmäßig selbst dann nicht abhängig beschäftigter Arbeitnehmer, wenn er einer Vielzahl engmaschiger fachlicher Weisungen des Auftraggebers unterliegt (*LAG Hmb.* 27.2.2008 LAGE § 611 BGB 2002 Arbeitnehmerbegriff Nr. 3).
- Das *ArbG Oldenburg* (7.6.1996 NZA-RR 1997, 162) hat andererseits angenommen, dass die tatsächliche Inanspruchnahme einer Zustellerin einer Sonntagszeitung zu gering ist, als dass sich hieraus eine persönliche Abhängigkeit ergeben könnte. Wegen des geringen Umfangs der Tätigkeit und des geringen finanziellen Ertrags ist danach auch eine wirtschaftliche Abhängigkeit zu verneinen, sodass sie weder Arbeitnehmerin noch eine arbeitnehmerähnliche Person ist. Gleiches gilt für eine **Schülerin**, die nach einer Vertragsbestandteil gewordenen Verteileranweisung eine vorgegeben Stückzahl von 1000 Werbebroschüren in einer fest bestimmten Zeit zwischen Samstags 14.00 Uhr und Sonntags 24.00 Uhr zu verteilen hat, sich dabei auch von Familienangehörigen oder Dritten vertreten lassen kann.
- Ein **Sargträger**, der sich sechs Jahre lang jeden Morgen auf dem Hauptfriedhof einfindet, um dort die Terminsliste für den Folgetag in Empfang zu nehmen und anschließend die ihm zugeteilte Kolonne mit einem firmeneigenen Fahrzeug in firmeneigener Kleidung zur Verrichtung

## F. Grundbegriffe des Arbeitsrechts   Kapitel 1

der Dienste zu den Beerdigungen auf den Vorortfriedhöfen zu fahren, ist unter diesen Voraussetzungen auch dann Arbeitnehmer, wenn er auf Betreiben der Arbeitgeberin ein entsprechendes Gewerbe angemeldet hat (*LAG Düsseld.* 9.9.1997 BB 1997, 2592).
- Die Arbeitnehmereigenschaft einer in einem Saunaclub tätigen **Prostituierten** hat das *Hessische LAG* (12.8.1997 NZA 1998, 221) verneint.
- **Familienhelferinnen** nach § 31 SGB VIII (Hilfe zur Erziehung z. B. in Form sozialpädagogischer Familienhilfe) sind nicht notwendig Arbeitnehmer. Denn sie müssen zwar **öffentlich-rechtlichen Anordnungen** der Aufsichtsbehörde im Jugendhilferecht nachkommen, diese Pflicht trifft aber jedermann. Sie ist folglich **kein Merkmal arbeitsvertraglicher Weisungsgebundenheit** (*BAG* 25.5.2005 EzA § 611 BGB 2002 Arbeitnehmerbegriff Nr. 6; s. a. *LAG BW* 20.2.2002 ZTR 2002, 390).
- **Rechtsanwälte**, die in den Versorgungsämtern der Landkreise der neuen Bundesländer an Aufgaben nach dem Vermögensgesetz mitwirken, können freie Mitarbeiter sein (*BAG* 3.6.1998 NZA 1998, 1165).
- Beschäftigte, die Kunden ihres Dienstherren in der Bedienung von Geräten gemäß den terminlichen Wünschen und in den Räumen dieser **Kunden nach inhaltlichen Vorgaben des Dienstherrn zu unterweisen** haben, sind regelmäßig Arbeitnehmer (*BAG* 6.5.1998 EzA § 611 BGB Arbeitnehmerbegriff Nr. 73).
- Eine **Vertragsärztin**, die in einer Justizvollzugsanstalt zu bestimmten Zeiten auf der Basis einer Rahmenvereinbarung zwischen dem Land und der Landeszahnärztekammer Zahnbehandlungen vornimmt, ist nicht Arbeitnehmerin des Landes. Denn die in diesem Zusammenhang ausgesprochenen Anweisungen bezüglich des Ortes und der Art und Weise der Behandlung stellen keine arbeitsrechtlichen Weisungen dar, sondern beruhen auf der besonderen Situation in einer JVA (*ArbG Ludwigshafen* 7.4.1998 NZA 1999, 154 LS).
- Ob ein **Versicherungsvertreter** (Einfirmenvertreter) Arbeitnehmer oder Selbstständiger ist, bestimmt sich nach § 84 Abs. 1 S. 2 HGB. Maßgeblich sind die **Umstände des Einzelfalls**. Vertragliche Pflichten des Versicherungsvertreters, die nicht die geschuldete Tätigkeit, sondern sein sonstiges Verhalten betreffen, sind zur Abgrenzung regelmäßig nicht geeignet (*BAG* 15.12.1999 EzA § 611 BGB Arbeitnehmerbegriff Nr. 80; *LAG Köln* 7.7.1998 ARST 1999, 17; s. a. *Bolle* NJW 2001, 422 ff.). Gleiches gilt für vertragliche Pflichten, die lediglich **Konkretisierungen der Vorgaben** aus § 86 HGB oder aufsichts- und wettbewerbsrechtlichen Vorschriften sind (*BAG* 15.12.1999 EzA § 611 BGB Arbeitnehmerbegriff Nr. 82). Auch aus dem tatsächlichen Fehlen einer vom Versicherungsvertreter geschaffenen Innen- und Außenorganisation seiner Generalvertretung kann nicht auf seine Arbeitnehmereigenschaft geschlossen werden. Denn aus § 84 Abs. 4 HGB folgt, dass §§ 84 ff. HGB auch dann Anwendung finden, wenn das Unternehmen des Handelsvertreters nach Art oder Umfang einen in kaufmännischer Weise eingerichteten Geschäftsbetrieb nicht erfordert (*BAG* 15.12.1999 EzA § 611 BGB Arbeitnehmerbegriff Nr. 78; s. a. *Wasser* AuR 2001, 168 ff.). Macht ein Handelsvertreter geltend, er sei Arbeitnehmer, so ist er für den fehlenden Spielraum bei der Arbeitszeitgestaltung **darlegungs- und beweisbelastet** (*BAG* 20.8.2003 – 5 AZR 610/02, NZA 2004, 39).
- Ein im Anstellungsvertrag vereinbartes **Wettbewerbsverbot** stellt kein Indiz für oder gegen die Selbstständigkeit eines Bausparkassenvertreters dar (*BAG* 15.12.1999 EzA § 611 BGB Arbeitnehmerbegriff Nr. 79).
- Ein **Tankstellenpächter**, der alleiniger Gesellschafter und Geschäftsführer einer von ihm gegründeten GmbH ist, kann weder Arbeitnehmer noch arbeitnehmerähnliche Person sein, wenn er keinerlei Weisungen unterworfen ist (*ArbG Mönchengladbach* 19.1.2000 NZA-RR 2000, 412).
- Ob ein **Gesellschafter einer BGB-Gesellschaft**, der verpflichtet ist, persönliche Dienste zu erbringen (§ 706 Abs. 3 BGB), als Arbeitnehmer der Gesellschaft anzusehen ist, hängt von der Ausgestaltung der vertraglichen Abreden, insbes. davon ab, ob der Gesellschafter persönlich abhängig ist (*OLG Köln* 5.10.2000 – 12 U 62/00).

– Werden in eine von deutschen Gesellschaftern gegründete, einen **baugewerblichen Betrieb** enthaltende Gesellschaft bürgerlichen Rechts im Zeitraum von knapp drei Jahren 54 polnische Bauhandwerker, die für die Gesellschaft bauliche Arbeitsleistungen erbringen, jeweils für maximal drei Monate »als Gesellschafter« aufgenommen, so kann es sich tatsächlich um die Begründung von Arbeitsverhältnissen zwischen der Gesellschaft und den polnischen Bauhandwerkern handeln. In diesem Fall sind die deutschen Gesellschafter zur Zahlung von Beiträgen an die Sozialkassen des Baugewerbes verpflichtet (*Hess. LAG* 20.3.2000 LAGE § 611 BGB Arbeitnehmerbegriff Nr. 41).

– Eine **Motorradfahrerin** kann je nach den Umständen (enge zeitliche und organisatorische Einbindung in den Rennsportbetrieb) Arbeitnehmerin sein (*BAG* 7.3.2002 EzA § 626 BGB n. F. Nr. 196).

### 3. Der unionsrechtliche Arbeitnehmerbegriff (Art. 45 AEUV)

100 Das Eingreifkriterium für viele Bestimmungen der arbeitsrechtlichen EU-Richtlinien ist der **unionsrechtliche Arbeitnehmerbegriff**. Dieser ist nicht nach innerstaatlichem Recht, sondern vielmehr nach **objektiven Kriterien unionsrechtlich** zu definieren, um eine **einheitliche Rechtsanwendung** innerhalb der EU zu gewährleisten. Der Arbeitnehmerbegriff wird als **zentrale Vorschrift** des Unionsrechts und zur **Gewährleistung einer effektiven Rechtsanwendung weit ausgelegt** (*EuGH* 4.2.2010 – C-14/09, NZA 2010, 213; 7.4.2011 – C-519/09: RL 2003/88/EG; *Oberthür* NZA 2011, 254; instr. *Borelli* AuR 2011, 472 ff.). So verlangt z. B. Art. 10 der (Mutterschutz-) RL 92/85/EWG, dass die Mitgliedstaaten ein – in seinen Voraussetzungen und Ausnahmen näher beschriebenes – Kündigungsverbot für »schwangere Arbeitnehmerinnen« vorsehen. Der Begriff der Arbeitnehmerin i. S. d. Richtlinie entspricht insoweit dem allgemeinen **unionsrechtlichen Arbeitnehmerbegriff zur Arbeitnehmerfreizügigkeit** (Art. 45 Abs. 1 AEUV). Umfasst sind **alle weisungsabhängig Beschäftigten**, die eine **Arbeitsleistung gegen Entgelt für eine bestimmte Zeit** erbringen (*EuGH* 11.11.2010 – C 232/09, NZA 2011, 143). Es handelt sich insoweit um einen autonomen Begriff, der nicht eng auszulegen ist. Als »Arbeitnehmer« ist jeder anzusehen, der eine tatsächliche und echte Tätigkeit ausübt, wobei Tätigkeiten außer Betracht bleiben, die einen so geringen Umfang haben, dass sie sich als völlig untergeordnet und unwesentlich darstellen. Das wesentliche Merkmal des Arbeitsverhältnisses besteht darin, dass jemand während einer bestimmten Zeit für einen anderen nach dessen Weisung Leistungen erbringt, für die er als Gegenleistung eine Vergütung erhält. Es ist z. B. mangels jeglicher Unterscheidung in der sich auf die Beschäftigung in der öffentlichen Verwaltung beziehenden Ausnahmeklausel des Art. 45 Abs. 4 AEUV ohne Bedeutung, ob ein Arbeitnehmer als Arbeiter, Angestellter oder Beamter beschäftigt wird oder ob sein Beschäftigungsverhältnis öffentlichem oder privatem Recht unterliegt (*EuGH* 3.5.2012 EzA EG-Vertrag 1999 Richtlinie 2003/88 Nr. 9). Diese rechtlichen Qualifizierungen können je nach den einzelstaatlichen Rechtsvorschriften verschiedenen Inhalt haben und sind deswegen für die Bedürfnisse des Unionsrechts als Auslegungsmerkmal ungeeignet (*EuGH* 3.5.2012 EzA EG-Vertrag 1999 Richtlinie 2003/88 Nr. 9). Da es sich um einen autonomen europäischen Begriff handelt, spielt es also keine Rolle, wie das nationale Recht eines Mitgliedstaats Arbeitnehmer von Selbständigen abgrenzt (*EuGH* 11.11.2010 – C 232/09, NZA 2011, 143; 3.5.2012 EzA EG-Vertrag 1999 Richtlinie 2003/88 Nr. 9; s. *Junker* NZA 2011, 950 ff.; *Oberthür* NZA 2011, 254).

101 Der **Unterschied** zum nationalen Arbeitnehmerbegriff zeigt sich insbes. bei der Einordnung von **Organmitgliedern**, hier vor allem **Fremdgeschäftsführern** (zu Beamten s. *EuGH* 3.5.2012 EzA EG-Vertrag 1999 Richtlinie 2003/88 Nr. 9). Die Eigenschaft einer Mitarbeiterin als Mitglied der Unternehmensleitung – Fremdgeschäftsführerin – einer Kapitalgesellschaft schließt, so der *EuGH* (11.11.2010 – C 232/09, NZA 2011, 143), es nicht per se aus, dass sie in einem für das Arbeitsverhältnis typischen Unterordnungsverhältnis zur Gesellschaft steht. Für die Zwecke der RL 92/85/EWG ist die Arbeitnehmereigenschaft eines Mitglieds der Unternehmensleitung einer Kapitalgesellschaft *zu bejahen*, »wenn es seine Tätigkeit für eine bestimmte Zeit nach der Weisung oder unter der Aufsicht eines anderen Organs dieser Gesellschaft ausübt und als Gegenleistung für die

Tätigkeit ein Entgelt erhält«. Selbst wenn sie über einen Ermessensspielraum bei der Wahrnehmung ihrer Aufgaben verfügte, musste sie gegenüber dem Aufsichtsrat Rechenschaft über ihre Geschäftsführung ablegen und mit diesem zusammenarbeiten, also einem Organ, das von ihr jedenfalls nicht kontrolliert wurde und das jederzeit gegen ihren Willen entscheiden konnte (*EuGH* 11.11.2010 – C 232/09, NZA 2011, 143). **Diese Formulierungen sind so weit, dass schwer zu erkennen ist, wie der Sachverhalt beschaffen sein muss, damit eine Geschäftsführerin nicht unter den Arbeitnehmerbegriff fällt; damit kann eine rein gesellschaftsrechtlich begründete Weisungsunterworfenheit den Arbeitnehmerstatus begründen** (instr. *Junker* NZA 2011, 950 ff.; *Rebhahn* EuZW 2012, 27 ff.).

Daraus wird gefolgert, dass der EuGH in allen EU-Vorschriften, in denen es um die Arbeitnehmereigenschaft von GmbH-Fremdgeschäftsführern geht, die unionsrechtliche Arbeitnehmereigenschaft bejahen wird. Theoretisch ist es danach möglich, für EU-induziertes Recht und für rein deutsches Recht **zu unterschiedlichen Ergebnissen** zu kommen (s. *Oberthür* NZA 2011, 254). Auf die Dauer wird sich jedoch die Rechtsprechung des EuGH insgesamt auch für das deutsche Recht durchsetzen (so *Wank* EWiR Art. 10 Richtlinie 92/85/EWG 1/2011 S. 27 f.; s. a. *Rebhahn* EuZW 2012, 27 ff.; *Fischer* NJW 2011, 2329 ff.). **102**

Selbst wenn die Entscheidung des *EuGH* (11.11.2010 – C 232/09, NZA 2011, 143) keine unmittelbaren Auswirkungen auf den innerstaatlichen Arbeitnehmerbegriff hat, **liegt es jedenfalls nahe**, davon auszugehen, der Fremdgeschäftsführer einer GmbH sei **in richtlinienkonformer Auslegung** als Arbeitnehmer i. S. v. § 6 Abs. 1 AGG zu behandeln (*Meyer/Wilsing* DB 2011, 341 ff.; ErfK/*Schlachter* § 6 AGG Rn. 5). Das muss aber dann konsequenterweise **auch für Minderheitsgesellschafter-Geschäftsführer** gelten, die keinen bestimmenden Einfluss auf die Gesellschaft ausüben können, so dass sich die vollständige Anwendung des AGG auf Fremd- und Minderheitsgesellschafter-Geschäftsführer unmittelbar aus § 6 Abs. 1 i. V. m. § 2 Abs. 1 Nr. 2 AGG ergibt (*Stegat* NZA-RR 2011, 617 ff.; s. a. *Fischer* NJW 2011, 2329 ff.). **102a**

Weitergehend lässt sich ohnehin die Auffassung vertreten (instr. *Borelli* AuR 2011, 472 ff.), dass der unionsrechtliche Arbeitnehmerbegriff **dort unmittelbar auf die nationalen Definitionen durchschlägt**, wenn sie – wie z. B. in Deutschland – allein auf der Rechtsprechung beruhen, **der Gesetzgeber** also **keine Legaldefinition** geschaffen hat. **102b**

### 4. Der Arbeitnehmerbegriff im Steuer- und Sozialversicherungsrecht

#### a) Steuerrecht; Anrufungsauskunft

§ 2 Abs. 1 EStG kann entnommen werden, dass das Einkommensteuerrecht zwischen **selbstständiger Tätigkeit und nichtselbstständiger Tätigkeit** differenziert. Nach § 18 Abs. 1 EStG sind Einkünfte aus selbstständiger Tätigkeit insbes. Einkünfte aus freiberuflichen und sonstigen selbstständigen Tätigkeiten. Was der Gesetzgeber als freiberufliche Tätigkeit ansieht, wird anhand von Beispielsfällen näher beschrieben. Nach § 19 Abs. 1 EStG gehören zu den Einkünften aus nichtselbstständiger Tätigkeit insbes. Gehälter, Löhne, Gratifikationen, Tantiemen oder andere Bezüge und Vorteile, die für eine Beschäftigung im öffentlichen oder privaten Dienst gewährt werden. Neben diesen Umschreibungen enthält das **EStG keine gesetzlichen Definitionen**. **103**

**Eine Definition der Arbeitnehmereigenschaft enthält allerdings § 1 LStDV**. Danach sind Arbeitnehmer Personen, die im öffentlichen oder privaten Dienst angestellt oder beschäftigt sind oder waren und die aus diesem Dienstverhältnis oder einem früheren Dienstverhältnis Arbeitslohn beziehen. Ein **Dienstverhältnis** in diesem Sinn liegt vor, wenn der Angestellte (Beschäftigte) dem Arbeitgeber **seine Arbeitskraft schuldet**. Dies ist der Fall, wenn die tätige Person in der Betätigung ihres geschäftlichen Willens unter der Leitung des Arbeitgebers steht oder im geschäftlichen Organismus des Arbeitgebers dessen Weisungen zu folgen verpflichtet ist. Kein Arbeitnehmer ist, wer Lieferungen oder sonstige Leistungen innerhalb der von ihm selbstständig ausgeübten gewerblichen oder beruflichen Tätigkeit im Inland gegen Entgelt ausführt, soweit es sich um die Entgelte für diese Leistungen und sonstige Leistungen handelt (vgl. *Bauer/Baeck/Schuster* Scheinselbstständigkeit, Rn. 49 f.).

**104** Maßgebliches Kriterium für das Vorliegen eines Arbeitsverhältnisses ist deshalb auch nach der Rechtsprechung des *BFH* (18.1.1991 AP Nr. 56 zu § 611 BGB Abhängigkeit; 29.5.2008 NZA-RR 2008, 531) im Hinblick auf das Lohnsteuerrecht, dass der **Angestellte (Beschäftigte) dem Arbeitgeber seine Arbeitskraft schuldet.** Das ist dann der Fall, wenn die Tätigkeit in **persönlicher Weisungsgebundenheit** und/oder unter **Eingliederung** in den betrieblichen Organismus erbracht wird. Insgesamt wird eine Würdigung nach dem **Gesamtbild der Verhältnisse** vorgenommen, indem die für bzw. gegen eine Nichtselbstständigkeit sprechenden Umstände gegeneinander abgewogen und die einzelnen Merkmale nach ihrer Bedeutung gewichtet werden. Zwar wird betont, dass die steuerrechtliche Beurteilung von der im Zivil- und Arbeitsrecht abweichen kann (*BFH* 24.7.1992 AP Nr. 63 zu § 611 BGB Abhängigkeit; 2.12.1998 BFHE 188, 201). Gleichwohl wird aber auch auf die Eigenart der jeweiligen Tätigkeit abgestellt. Die Art der Arbeit und die Anforderungen an die Weisungsbefugnis des Auftraggebers stehen danach in einem Wechselverhältnis. Bei einfachen Arbeiten legen schon organisatorische Dinge betreffende Weisungen den Auftragnehmer in der Ausübung der Arbeit fest und gliedern ihn in den Organismus des Betriebes ein (*BFH* 24.7.1992 AP Nr. 63 zu § 611 BGB Abhängigkeit; 2.12.1998 BFHE 188, 201; vgl. *Bauer/Baeck/Schuster* Scheinselbstständigkeit, Rn. 53).

**105** Als ein eher für die Selbstständigkeit der eingesetzten Kräfte (und damit für das Vorliegen eines Werkvertrages und gegen das Vorliegen eines Arbeitsverhältnisses) sprechender Umstand kann zu berücksichtigen sein, dass die Mitarbeiter bei der Verrichtung ihrer Aufgaben möglicherweise aufeinander abgestimmte, eigenständige (in sich geschlossene, nur sie umfassende) Teile bildeten. Zu beachten ist ferner, ob und ggf. in welcher Weise die Mitarbeiter gegenüber dem Auftraggeber für eine etwaige Nicht- oder Schlechterfüllung ihrer Tätigkeit einzustehen hätten.

**106** Sind die Rechtsbeziehungen zwischen dem Arbeitgeber/Auftragnehmer und seinen industriellen Auftraggebern hinsichtlich der Tätigkeit der betroffenen Personen weder als Werk-, noch als Dienstverträge zu qualifizieren, so kommt entweder **Arbeitnehmerüberlassung** (mit der Folge der Haftung des Auftragnehmers für die anfallende Lohnsteuer), oder die **Überlassung von selbstständigen** (unternehmerisch tätigen) **Mitarbeitern** in Betracht. Anhaltspunkte für das Vorliegen eines Arbeitnehmerüberlassungsvertrages sind (*BFH* 24.7.1992 AP Nr. 63 zu § 611 BGB Abhängigkeit; 2.12.1998 BFHE 188, 201):
- **Eingliederung** der eingesetzten Kräfte in die Betriebsorganisation des Auftraggebers ähnlich wie dessen Stammarbeitskräfte;
- Berechtigung des Auftraggebers, bestimmte Qualifikationen der eingesetzten Kräfte zu verlangen und bestimmte Mitarbeiter zurückzuweisen;
- **Weisungsgebundenheit** der eingesetzten Kräfte gegenüber dem Auftraggeber;
- Vergütung der Leistungen nach Zeiteinheiten;
- besondere Vergütung für geleistete Überstunden;
- Haftung des Auftragnehmers gegenüber dem Auftraggeber für ein etwaiges Verschulden bei der Auswahl der eingesetzten Kräfte;
- Pflicht des Auftraggebers, die vereinbarte Vergütung unabhängig von dem Ergebnis der von den eingesetzten Kräften erbrachten Leistungen zu zahlen.

**107** Wenn ein Ehepartner im Unternehmen des anderen Ehepartners mitarbeitet, darf die steuerliche Anerkennung dieses Arbeitsverhältnisses nicht daran scheitern, dass das Gehalt auf ein gemeinsames Konto der Ehegatten (sog. Oder-Konto) überwiesen wird. Die entgegenstehende Auslegung von §§ 4 Abs. 4, 12 EStG verstößt gegen Art. 3 Abs. 1 GG (*BVerfG* 7.11.1995 EzA § 611 BGB Ehegattenarbeitsverhältnis Nr. 3).

**108** Vor diesem Hintergrund sind der **Vorsitzende und die Referenten des AStA** Arbeitnehmer i. S. d. Einkommensteuerrechts mit der Folge, dass die an sie gezahlten Aufwandsentschädigungen als einkommensteuerpflichtiger Lohn zu behandeln sind (*BFH* 22.7.2008 – VI R 51/05, NZA 2009, 1424 LS).

**109** Gem. **§ 42e EStG** kann der Arbeitgeber im Zweifel **Auskunft darüber verlangen**, wie im einzelnen Fall die Vorschriften über die Lohnsteuer anzuwenden sind. Eine derartige dem Arbeitgeber erteilte

Anrufungsauskunft (§ 42e EStG) stellt nicht nur eine Wissenserklärung (unverbindliche Rechtsauskunft) des Betriebsstätten-Finanzamtes darüber dar. Sie ist vielmehr feststellender Verwaltungsakt i. S. d. § 118 S. 1 AO, mit dem sich das Finanzamt selbst bindet. Damit wird dem Arbeitgeber nicht nur ein Recht auf förmliche Bescheidung seines Antrags gegeben. Die Norm berechtigt ihn auch, eine ihm erteilte Anrufungsauskunft erforderlichenfalls im Klagewege inhaltlich überprüfen zu lassen (*BFH* 30.4.2009 NZA-RR 2010, 40).

Zu beachten ist, dass Entscheidungen des zuständigen Sozialversicherungsträgers über die Sozialversicherungspflicht eines Arbeitnehmers auch **im Besteuerungsverfahren beachtet werden müssen**, soweit sie nicht offensichtlich rechtswidrig sind (*BFH* 21.1.2010 NZA-RR 2010, 427). 110

Die **Aufhebung** (Rücknahme, Widerruf) einer dem Arbeitgeber erteilten Anrufungsauskunft (§ 42e EStG) ist ein Verwaltungsakt i. S. v. § 118 S. 1 AO. Die Finanzbehörde kann eine Anrufungsauskunft mit Wirkung für die Zukunft aufheben oder ändern (§ 207 Abs. 2 AO analog; *BFH* 2.9.2010 NZA-RR 2011, 34). 110a

b) Sozialversicherungsrecht

*aa) Rechtslage bis zum 31.12.1998; in Kraft wiederum weitgehend ab 1.1.2003*

Im Sozialversicherungsrecht ist der zentrale Begriff der des **Beschäftigten**. Nach § 2 **Abs. 2 Nr. 1 SGB IV** sind in allen Zweigen der Sozialversicherung nach Maßgabe der besonderen Vorschriften für die einzelnen Versicherungszweige die Personen, die gegen Arbeitsentgelt oder zu ihrer Berufsausbildung beschäftigt sind, versichert. Nach § 7 Abs. 1 SGB IV ist Beschäftigung die nichtselbstständige Arbeit, insbes. in einem Arbeitsverhältnis; diese Regelung ist trotz ihrer inhaltlichen Unbestimmtheit nicht verfassungswidrig (*BVerfG* 20.5.1996 AP Nr. 82 zu § 611 BGB Abhängigkeit). Sie wurde zwischenzeitlich ergänzt: Anhaltspunkte für eine Beschäftigung sind eine Tätigkeit nach Weisung und eine Eingliederung in die Arbeitsorganisation des Weisungsgebers (vgl. *Bauer/Baeck/Schuster* Scheinselbstständigkeit, Rn. 37 ff.). 111

> Maßgeblich wird auch insoweit auf die **persönliche Abhängigkeit** abgestellt. Persönliche Abhängigkeit erfordert Eingliederung in den Betrieb und Unterordnung unter das Weisungsrecht (s. jetzt aber ausdrücklich § 3 ProstG: Bei Prostituierten steht das eingeschränkte Weisungsrecht im Rahmen einer abhängigen Tätigkeit der Annahme einer Beschäftigung i. S. d. Sozialversicherungsrechts nicht entgegen) des Arbeitgebers in Bezug auf Zeit, Dauer, Ort und Art der Arbeitsausführung. Zwar kann das Weisungsrecht erheblich eingeschränkt sein, wie dies insbes. bei Diensten höherer Art der Fall ist, entfallen darf es jedoch nicht. Es muss eine fremdbestimmte Dienstleistung verbleiben, die Dienstleistung also zumindest in einer von anderer Seite vorgegebenen Ordnung des Betriebes aufgehen. Ist ein **Weisungsrecht** nicht vorhanden, kann der Betreffende seine Tätigkeit also wesentlich freier gestalten, insbes. über die eigene Arbeitskraft, über Arbeitsort und Arbeitszeit frei verfügen; fügt er sich dagegen nur in die von ihm selbst gegebene Ordnung des Betriebes ein, liegt keine abhängige, sondern selbstständige Tätigkeit vor, die zusätzlich durch ein Unternehmerrisiko gekennzeichnet zu sein pflegt (*BSG* 21.4.1993 EzA § 611 BGB Ehegattenarbeitsverhältnis Nr. 2; 23.6.1994 AP Nr. 4 zu § 611 BGB Ehegatten-Arbeitsverhältnis). Die Entscheidung über die persönliche Abhängigkeit wird anhand eines **Kataloges verschiedener Merkmale/Indizien** getroffen; sie werden im Rahmen einer Gesamtbewertung abschließend gewichtet und gegeneinander abgewogen (*BSG* 21.4.1993 EzA § 611 BGB Ehegattenarbeitsverhältnis Nr. 2); unerheblich ist wirtschaftliche Abhängigkeit (*BSG* 11.8.1966 AP Nr. 5, 11 zu § 611 BGB Abhängigkeit). Entscheidend ist auch nicht die von den Vertragsparteien gewählte Bezeichnung, sondern der **tatsächliche Wille der Parteien**, für den letztendlich die tatsächliche Gestaltung des Vertragsverhältnisses maßgeblich ist (*BSG* 31.10.1972 AP Nr. 5 zu § 539 RVO). Differieren Vertragsinhalt und tatsächliche Durchführung, ist die **Vertragsdurchführung** ausschlaggebend. Nur wenn die tatsächliche Ausgestaltung der Tätigkeit in etwa gleichermaßen für eine Selbstständigkeit und für eine Abhängigkeit sprechen, ist der Wille maßgeblich, der in den vertraglichen Vereinbarungen zum Ausdruck kommt (*BSG* 24.10.1978 AP Nr. 30 zu § 611
112

BGB Abhängigkeit; vgl. *Bauer/Baeck/Schuster* Scheinselbstständigkeit, Rn. 45 ff.). Zusammengefasst ist eine sozialversicherungspflichtige Beschäftigung **dann** anzunehmen, wenn das **Gesamtbild** der jeweiligen Dienstleistung unter Berücksichtigung der Verkehrsanschauung, ggf. der maßgeblichen Fachkreise, auf eine **persönliche Abhängigkeit** des Dienstnehmers gegenüber seinem Dienstgeber **schließen lässt** (Gesamtwürdigung; *BSG* 30.6.2009 NZA-RR 2010, 370; 28.9.2011 – B 12 R 17/09 R, AuR 2011, 460 LS).

112a ▶ **Beispiel:**

Eine Erwerbstätigkeit wie **hauswirtschaftliche bzw. pflegenahe Arbeiten** erfolgt nicht stets in Selbständigkeit. Entscheidend sind vielmehr die in eine Gesamtwürdigung eingehenden Feststellungen der Tatsacheninstanzen zu den Umständen und Indizien des Einzelfalls (*BSG* 28.9.2011 – B 12 R 17/09 R, AuR 2011, 460 LS).

113 Nach diesen Grundsätzen beurteilt sich auch, ob die Tätigkeit im Unternehmen eines **Ehegatten oder nichtehelichen Lebenspartners** ein abhängiges Beschäftigungsverhältnis darstellt oder nicht. Der Annahme eines Beschäftigungsverhältnisses steht dabei grds. nicht entgegen, dass die Abhängigkeit unter Ehegatten – wie im Übrigen auch unter nichtehelichen Lebenspartnern – im Allgemeinen weniger stark ausgeprägt und deshalb das Weisungsrecht möglicherweise mit gewissen Einschränkungen ausgeübt wird. Gleiches gilt für die Beschäftigung von Lebenspartnern einer **gleichgeschlechtlichen eingetragenen Lebenspartnerschaft** (vgl. *Powietzka* BB 2002, 146 ff.).

114 Im Rahmen der insoweit erforderlichen Gesamtwürdigung ist die Nichtauszahlung des vereinbarten Arbeitsentgelts ein gewichtiges Indiz gegen die Annahme eines beitragspflichtigen Beschäftigungsverhältnisses unter Ehegatten (*BSG* 30.6.2009 NZA-RR 2010, 370).

115 Erforderlich ist ferner, dass der Beschäftigte ein **Entgelt** erhält, das einen angemessenen Gegenwert für die geleistete Arbeit darstellt, mithin über einen freien Unterhalt, ein Taschengeld oder eine Anerkennung für Gefälligkeiten hinausgeht. Weitere Abgrenzungskriterien sind, ob ein schriftlicher Arbeitsvertrag abgeschlossen worden ist, ob das gezahlte Entgelt der **Lohnsteuerpflicht** unterliegt, als Betriebsausgabe verbucht und dem Angehörigen zur freien Verfügung ausgezahlt wird, und schließlich, ob der Angehörige eine fremde Arbeitskraft ersetzt. Sind diese Voraussetzungen erfüllt, so ist es nicht erforderlich, dass der Beschäftigte wirtschaftlich auf das Entgelt angewiesen ist.

116 Zu beachten ist, dass Entscheidungen des zuständigen Sozialversicherungsträgers über die Sozialversicherungspflicht eines Arbeitnehmers auch im Besteuerungsverfahren zu beachten sind, soweit sie nicht offensichtlich rechtswidrig sind (*BFH* 21.1.2010 NZA-RR 2010, 427).

*bb) Die Zwischenphase: Rechtslage vom 1.1.1999 – 31.12.2002*

117 Der Gesetzgeber hatte zwischenzeitlich für das Sozialversicherungsrecht einen von den arbeitsrechtlich maßgeblichen Überprüfungskriterien insofern abweichenden legislatorischen Definitionsansatz gewählt, als für eine Vermutungsregelung das Vorliegen von nur zwei der vier vorgegebenen Kriterien ausreichte, die ihrerseits **lediglich einen Teil der arbeitsrechtlich maßgeblichen** (s. Rdn. 46 ff.) **Kriterien** darstellten.

118 Die gesetzliche Neuregelung des § 7 Abs. 4 SGB IV und des § 2 S. 1 Nr. 9 SGB VI zum 1.1.1999 hatte zu einer **heftigen Diskussion** geführt (vgl. *Löwisch* BB 1999, 102; *Dörner/Baeck* NZA 1999, 1136) und den Gesetzgeber schließlich veranlasst, u. a. **§ 7 Abs. 1 und 4 SGB IV neu zu fassen.**

119 Inzwischen hat der Gesetzgeber aber auch diese Vermutungsregelung (§ 7 Abs. 1, 4 SGB IV) **ersatzlos gestrichen**. Es gelten daher ab dem 1.1.2003 wieder die allgemeinen Grundsätze (s. Rdn. 111 ff.) hinsichtlich der Kriterien zur Bestimmung des Vorliegens/Nichtvorliegens eines Beschäftigungsverhältnisses; die Regelung der §§ 6, 231 Abs. 5 SGB VI (Befreiungsmöglichkeiten für Altfälle) gilt aber weiterhin.

## F. Grundbegriffe des Arbeitsrechts

### 5. Rechtsmissbräuchliche Berufung auf ein Arbeitsverhältnis; Verwirkung; Statusklagen

Die Geltendmachung einer Arbeitnehmerstellung trotz Vereinbarung einer freien Mitarbeit kann nur für bestimmte Zeiträume erfolgen. Der Mitarbeiter muss auch im Rahmen einer Kündigungsschutzklage oder Befristungskontrollklage darlegen, für welche Zeit er von einem Arbeitsverhältnis ausgeht. Nicht erforderlich ist insoweit zwar eine auf Feststellung des Bestehens des Arbeitsverhältnisses gerichtete Klage. Es ist aber jedenfalls rechtsmissbräuchlich, im Anschluss an eine gerichtliche Entscheidung die Arbeitnehmerstellung für weitere zurückliegende Zeiten geltend zu machen (*BAG* 8.11.2006 EzA § 611 BGB 2002 Arbeitnehmerbegriff Nr. 8). **120**

Wer zunächst ein Urteil erstreitet, durch das rechtskräftig festgestellt wird, dass er nicht freier Mitarbeiter, sondern Arbeitnehmer ist, dann aber auf eigenen Wunsch mit dem Arbeitgeber einen Vertrag abschließt, durch den das Arbeitsverhältnis aufgehoben wird, um wieder als freier Mitarbeiter tätig zu werden, handelt rechtsmissbräuchlich, wenn er **später erneut die Feststellung verlangt**, ungeachtet des Aufhebungsvertrages habe ein **Arbeitsverhältnis** bestanden (*BAG* 11.12.1996 EzA § 242 BGB Rechtsmissbrauch Nr. 1). Nimmt eine **Lehrkraft** die jahrelange Vertragspraxis eines freien Mitarbeiterverhältnisses in den Fällen, in denen die rechtliche Einordnung der Rechtsbeziehung der Parteien zweifelhaft ist, unbeanstandet hin und **profitiert sie von dieser Vertragspraxis**, weil sie in erheblichem Umfang Nebentätigkeiten ausübt, so verhält auch sie sich **rechtsmissbräuchlich**, wenn sie **rückwirkend** die Feststellung der Arbeitnehmereigenschaft begehrt. Diese Feststellung kann nur ab dem Zeitpunkt erfolgen, in dem die bisherige Rechtsbeziehung dem Grunde oder dem Inhalt nach von einer oder von beiden Parteien in Frage gestellt wird (*LAG Nds.* 9.2.2001 LAGE § 242 BGB Unzulässige Rechtsausübung Nr. 2). **121**

Die Geltendmachung des Arbeitsverhältnisses ist andererseits aber **nicht schon deshalb rechtsmissbräuchlich**, weil der Mitarbeiter nach der ausdrücklichen Vertragsformulierung **eine freie Mitarbeit gewünscht hatte** (*BAG* 8.11.2006 EzA § 611 BGB 2002 Arbeitnehmerbegriff Nr. 8). Anders verhält es sich jedoch bei einem Dienstnehmer, der sich nachträglich darauf beruft, Arbeitnehmer gewesen zu sein, obwohl er als freier Mitarbeiter tätig sein wollte und sich jahrelang **allen Versuchen** des Dienstgebers **widersetzt** hat, zu ihm in ein Arbeitsverhältnis zu treten (*BAG* 11.12.1996 EzA § 242 BGB Rechtsmissbrauch Nr. 2). Nichts anderes gilt, wenn ein Tätiger sich über zehn Jahre in besonderer Weise als freier Mitarbeiter geriert und dadurch beim Vertragspartner das Vertrauen erweckt, der Tätige sei freier Mitarbeiter bzw. er werde einen etwaigen Arbeitnehmerstatus nicht geltend machen und dann gleichwohl die Arbeitnehmereigenschaft festgestellt haben will (*LAG Nbg.* 27.8.2001 ZTR 2002, 45 LS). **122**

Gleiches gilt i. d. R., wenn ein Rundfunkmitarbeiter eine **Statusklage zurücknimmt** und er sich später zur Begründung der Voraussetzungen tariflicher Unkündbarkeit darauf beruft, er sei durchgehend Arbeitnehmer gewesen (*BAG* 12.8.1999 EzA § 242 BGB Rechtsmissbrauch Nr. 4). Zudem kann das Recht, den Arbeitnehmerstatus geltend zu machen, **verwirkt** werden. Das ist nach Auffassung des *LAG Köln* (6.8.1999 ZTR 2000, 134) dann der Fall, wenn seit der Beendigung des als freie Mitarbeiterschaft behandelten Dauerschuldverhältnisses bis zur Erhebung der Statusklage über acht Monate vergangen sind. Gleiches gilt dann, wenn Zeiten im Streit sind, die der Dienstnehmer **vor 7–19 Jahren beim Rechtsvorgänger** des derzeitigen und beklagten Dienstgebers in freier Mitarbeiterschaft zurückgelegt hat, ohne den sieben Jahre zurückliegenden Betriebsübergang zum Anlass genommen zu haben, seinen Arbeitnehmerstatus zu reklamieren, sei es dem alten oder dem neuen Vertragspartner gegenüber (*LAG Köln* 6.7.2001 NZA-RR 2002, 346). Andererseits ist die Berufung auf den Arbeitnehmerstatus regelmäßig nicht schon dann rechtsmissbräuchlich, wenn der Arbeitnehmer einen Vertrag über »freie Mitarbeit« abgeschlossen und seiner vergütungsmäßigen Behandlung als freier Mitarbeiter nicht widersprochen, sondern **deren Vorteile entgegengenommen hat** (*BAG* 4.12.2002 NZA 2003, 341). **123**

Bei sog. Statusklagen, also bei Rechtsstreitigkeiten über die rechtliche Qualifizierung von Rechtsverhältnissen, die unstreitig bestanden haben und unstreitig abgeschlossen sind (**vergangenheitsbezogene Statusbeurteilung**), ist zwischen dem vergangenheitsbezogenen Streit um Bestand oder die **124** vorzeitige ersatzlose Beendigung des Rechtsverhältnisses zu unterscheiden. Das Interesse an der Feststellung, ein vergangenes Rechtsverhältnis sei ein Arbeitsverhältnis gewesen, bedarf einer besonderen Begründung. Es ist nur dann gegeben, wenn sich **gerade aus dieser Feststellung Rechtsfolgen für Gegenwart oder Zukunft** ergeben; die bloße Möglichkeit des Eintritts solcher Folgen reicht nicht aus. Es ergibt sich nicht daraus, dass die Sozialversicherungsträger und Sozialgerichte an eine arbeitsgerichtliche Entscheidung über das Bestehen eines Arbeitsverhältnisses rechtlich gebunden wären. Denn eine solche präjudizielle Wirkung müsste gesetzlich vorgeschrieben sein; das ist aber nicht der Fall. Die Klärung des »Sozialstatus« oder der Kündigungsfrist für einen Folgeprozess der Parteien begründet deshalb regelmäßig kein Feststellungsinteresse. Das **Feststellungsinteresse** für eine Klage, mit der das Bestehen eines Arbeitsverhältnisses in einem bereits abgeschlossenen Zeitraum festgestellt werden soll, lässt sich schließlich auch nicht mit der Erklärung eines Sozialversicherungsträgers begründen, er werde das Ergebnis der arbeitsgerichtlichen Entscheidung bei der Prüfung der sozialrechtlichen Versicherungspflicht übernehmen (*BAG* 21.6.2000 EzA § 256 ZPO Nr. 53; 17.4.2002 EzA § 256 ZPO Nr. 63; 6.11.2002 EzA § 256 ZPO Nr. 68). Gleiches gilt für **Stundungen des Finanzamts** und der Berufsgenossenschaft im Hinblick auf das arbeitsgerichtliche Verfahren (*LAG Nbg.* 28.5.2002 ARST 2003, 18 LS). Begehrt der Kläger allerdings die Feststellung, dass zwischen ihm und der beklagten Partei ein Arbeitsverhältnis besteht und erfolgt im Verlaufe des Rechtsstreits im zweiten Rechtszug ein **Betriebsübergang** nach § 613a BGB, kann der Kläger seinen Feststellungsantrag bis zu dem Zeitpunkt des Betriebsübergangs zeitlich begrenzen. Denn die Feststellung entfaltet dann nicht nur für die Vergangenheit Rechtswirkungen, sondern auch für die Gegenwart. Gem. § 613a BGB bestünde nämlich ein zum Zeitpunkt des Betriebsübergangs auf den Erwerber bestehendes Arbeitsverhältnis zum Veräußerer mit dem Erwerber fort. Der Erwerber müsste ein in dem anhängigen Statusverfahren ergehendes antragsgemäßes Feststellungsurteil analog § **325 Abs. 1 ZPO** gegen sich gelten lassen (*BAG* 9.7.2003 EzA § 256 ZPO 2002 Nr. 3).

125 Im Verhältnis zu einer erhobenen Kündigungsschutzklage gilt im hier maßgeblichen Zusammenhang Folgendes (*BAG* 28.11.2007 EzA § 626 BGB 2002 Verdacht strafbarer Handlung Nr. 4):
– Die Beurteilung des Rechtsverhältnisses als Arbeitsverhältnis oder sonstiges Dienstverhältnis ist nicht allein Vorfrage für die positive Entscheidung über den Bestandsschutzantrag einer Kündigungsschutzklage, sondern zugleich Gegenstand des Entscheidungsausspruchs.
– Ob die Auslegung des Entscheidungsausspruchs trotz eines dem § 4 KSchG entsprechenden Wortlauts etwas anderes ergeben kann, bleibt dahingestellt. Jedenfalls dann, wenn die Statusfrage von den Parteien zumindest konkludent zur Entscheidung gestellt wird, enthält die Kündigungsschutzklage auch eine sog. Statusklage.

### 6. Die Diskussion um »Scheinselbstständigkeit«

126 Die Diskussion um die Abgrenzung von Arbeitsverhältnissen und sonstigen Rechtsverhältnissen wurde lange vom Begriff der sog. »**Scheinselbstständigkeit**« beherrscht (vgl. *Wank* DB 1992, 90; *Hromadka* NZA 1997, 569 ff.).

127 Der Begriff ist ebenso schillernd wie unklar. Denn ein Vertragsverhältnis ist entweder Arbeitsverhältnis oder kein Arbeitsverhältnis. Eine **rechtliche Grauzone besteht nicht**, denn allein die Schwierigkeit der Zuordnung und Abgrenzung schafft keine solche.

### 7. Möglichkeiten der Vertragsgestaltung zur Minimierung von Risiken

128 Angesichts der Vielgestaltigkeit der Kriterien zur Bestimmung des Arbeitnehmerbegriffs einerseits und der Maßgeblichkeit der u. U. von der Vertragsgestaltung abweichenden, dann aber entscheidenden Vertragsdurchführung andererseits stellt sich die Frage, inwieweit typische »Fehler« in der Praxis vermieden werden können. Denn es gibt zahlreiche Tätigkeiten, die **sowohl im Rahmen eines Arbeitsverhältnisses als auch im Rahmen eines freien Dienstverhältnisses** erbracht werden können, ohne dass es sich dabei notwendig um den Missbrauch der Vertragsfreiheit handeln muss.

## F. Grundbegriffe des Arbeitsrechts  Kapitel 1

### a) Vertragsgestaltung

Für die Vertragsgestaltung lassen sich die maßgeblichen Gesichtspunkte – aus Unternehmersicht – zutreffend wie folgt zusammenfassen (s. *Bauer/Baeck/Schuster* Scheinselbstständigkeit, Rn. 340 ff.; *von Hoyningen-Huene* NJW 2000, 3233 ff.). 129

Zu prüfen ist zunächst, ob die zu vergebende Aufgabe überhaupt als freie Tätigkeit gewollt ist. **Kann sie sach- und unternehmensgerecht ausgeführt werden, ohne dass der Auftraggeber ein konkretes Weisungs- und Interventionsrecht hat?** Oder besteht aus Sicht des Auftraggebers eher die Notwendigkeit, auf die Tätigkeit des Auftragnehmers konkret Einfluss nehmen zu können, mit der Folge, dass ein freies Mitarbeiterverhältnis i. d. R. ausscheidet. Auch der konkret geäußerte Wunsch des Auftragnehmers, im Rahmen eines freien Mitarbeiterverhältnisses tätig werden zu wollen, kann daran nichts ändern. 130

Eignet sich die Aufgabe grds. zur freien selbstständigen Tätigkeit, sollten bei der Vertragsgestaltung – praktisch spiegelbildlich zu den Kriterien zur Bestimmung des Arbeitnehmerbegriffs (s. Rdn. 46 ff.) – vor allem folgende Punkte **beachtet werden:** 131
- es darf keine örtliche und zeitliche **Weisungsgebundenheit** festgelegt werden;
- der Auftragnehmer darf zur Erfüllung seiner Aufgaben nicht auf die **Organisation** und insbes. auf die **Zusammenarbeit** mit Mitarbeitern der festen Belegschaft angewiesen sein, auch nicht als Vorgesetzter;
- der Auftragnehmer sollte die Freiheit haben, **Einzelaufträge abzulehnen**;
- es darf keine Pflicht für den Auftragnehmer normiert sein, Urlaub anzumelden; unschädlich ist allerdings die Verpflichtung des Auftragnehmers, Fehlzeiten anzuzeigen;
- die Art der **Vergütung** sollte unternehmerbezogen und möglichst ergebnisbezogen sein;
- Vorsicht gilt bei der Vereinbarung von **Kontrollmechanismen** und **Berichtspflichten**;
- dem Auftragnehmer sollte das Recht zustehen, seinerseits **Hilfspersonen** einzusetzen;
- **Einweisungen, Schulungen** oder **Fortbildungen** sollten möglichst nicht verbindlich vorgeschrieben oder, noch besser, gegen Vergütung angeboten werden, ohne dass allerdings die Nichtannahme des Angebots zur Vertragsauflösung führen darf.

### b) Kongruenz zur praktischen Durchführung

Darüber hinaus ist für die Dauer der Vertragsdurchführung strikt darauf zu achten, dass die praktische Durchführung auch der vertraglichen Regelung entspricht, ggf. durch Einrichtung einer sog. **controlling-Funktion**, die die notwendige Kongruenz sicherstellt und auch dokumentiert (vgl. *Hopt* DB 1998, 868 f.). 132

### c) Auskunft der Sozialversicherungsträger

Gem. **§ 15 SGB I** sind die Sozialversicherungsträger verpflichtet, auf Anfrage unter Vorlage des Vertrages eine verbindliche Auskunft über die Versicherungspflicht zu erteilen, an die sie zu einem späteren Zeitpunkt auch gebunden sind. Da die Krankenkasse die Einzugsstelle für die Versicherungsbeiträge aller Versicherungszweige ist, ist sie zuständig (§ 28h Abs. 2 SGB IV). Nicht an eine derartige Auskunft gebunden ist allerdings die **Bundesagentur für Arbeit** (*BSG* 6.2.1992 BB 1992, 2437). 133

Um die Nachforderung von Beiträgen zur Arbeitslosenversicherung zu vermeiden, sollte die Anfrage deshalb bei **allen Versicherungsträgern**, insbes. auch bei der zuständigen Agentur für Arbeit sowie u. U. bei der zuständigen Berufsgenossenschaft veranlasst werden. Bei Meinungsverschiedenheiten zwischen den Sozialversicherungsträgern soll die Krankenkasse als Einzugsstelle auf eine Einigung hinwirken (vgl. *Reiserer* BB 1998, 1264). 134

## II. Arbeiter und Angestellte

### 1. Begriffe; Abgrenzungskriterien

135 Alle Arbeitnehmer sind entweder Arbeiter oder Angestellte. Angestellte haben auf Grund typischer Vertragsgestaltungen und zwingenden Gesetzesrechts eine Sonderstellung genossen, die zur Gruppenabgrenzung von den Arbeitern geführt hat. Deshalb ist ein Arbeitnehmer, der nicht Angestellter ist, Arbeiter.

*a) Gesetzliche Regelungsansätze*

136 § 133 Abs. 2 SGB VI enthält eine beispielhafte Aufzählung von acht Berufsgruppen, die »insbes. zu den Angestellten gehören«: Angestellte in leitender Stellung, technische Büroangestellte, soweit nicht ausschließlich mit Botengängen, Reinigung und ähnlichen Arbeiten beschäftigt, Handlungsgehilfen und andere Angestellte für kaufmännische Dienste, Bühnenmitglieder und Musiker, Angestellte in Berufen der Erziehung, des Unterrichts, der Fürsorge usw., Schiffsführer und andere Mitglieder der Schiffsbesatzung sowie Bordpersonal der Zivilluftfahrt. Die in § 133 Abs. 2 SGB VI enthaltene, Regelung wird, ergänzt durch die Bestimmung der Berufsgruppen der Angestellten durch Rechtsverordnung vom 8.3.1924 (RGBl. I S. 274), durch die der Reichsarbeitsminister gem. § 3 Abs. 3 AVG die der Angestelltenversicherung unterfallenden Berufsgruppen näher bezeichnet hat.

137 Diese Aufzählungen haben aber über das SGB VI hinaus nur dann für die Unterscheidung zwischen Arbeitern und Angestellten bindende Wirkung, wenn auf sie in anderen Normen, z. B. in Tarifverträgen bindend verwiesen wird.

*b) Allgemeine materielle Abgrenzungskriterien*

138 Im Übrigen ist für die Abgrenzung zwischen Arbeitern und Angestellten die vom Arbeitnehmer ausgeübte Tätigkeit entscheidend (materielle Unterscheidung). Unerheblich sind demgegenüber die Vorstellungen der Parteien, die im Arbeitsvertrag gewählte Bezeichnung, die Versicherung bei der DAK oder der AOK bzw. der BfA oder der jeweiligen LVA (vgl. *BAG* 29.11.1958 EzA § 59 HGB Nr. 12). Nach der Rechtsprechung des *BAG* (3.4.1986 – 2 AZR 269/85, n. v.) bestimmt sich die Zuordnung eines Arbeitnehmers zu der Gruppe der Angestellten oder der Arbeiter in erster Linie danach, wie seine Tätigkeit nach der Verkehrsanschauung, d. h. nach der Auffassung der im konkreten Fall beteiligten Berufskreise, bewertet wird. Ein entscheidendes Anzeichen für eine bestehende Verkehrsanschauung ist die Bewertung der Tätigkeit in einschlägigen Tarifverträgen als Arbeiter- oder Angestelltentätigkeit (vgl. *Hromadka* ZfA 1994, 251 ff.).

139 Das gilt jedenfalls dann, wenn mehrere einschlägige Regelungen für einen bestimmten Wirtschaftsbereich in einem bestimmten Wirtschaftsgebiet im Ergebnis ihrer Regelungen eine widerspruchslose Einheit bilden. Dabei ist es unerheblich, ob die Tarifvertragspartner den wesentlichen Teil der in dem betreffenden Wirtschaftsbereich und Wirtschaftsgebiet tätigen Arbeitnehmer und Arbeitgeber bei sich organisiert haben oder nicht.

140 Für die Verkaufstätigkeit z. B. hat das BAG in der zitierten Entscheidung aus den Gehalts- und Lohntarifverträgen des Einzelhandels in Niedersachsen entnommen, dass »Verkaufspersonal« mit einschlägiger Berufsbildung von den Tarifvertragsparteien ohne Rücksicht auf den Schwierigkeitsgrad der konkret ausgeübten Tätigkeit und der verkauften Warenart als Angestellte anzusehen ist, mit Ausnahme derjenigen Arbeitnehmer, die nur mit dem Verkauf von Esswaren und Getränken zum sofortigen Verzehr betraut sind.

141 Besteht in den in Betracht kommenden Kreisen dagegen keine feste Auffassung, so ist nach den allgemeinen Regeln grds. Angestellter, wer kaufmännische oder büromäßige Arbeit leistet oder überwiegend leitende, beaufsichtigende oder eine dem vergleichbare Tätigkeit ausübt.

142 Versagen diese Maßstäbe, so bleibt für die Annahme einer Angestelltentätigkeit entscheidend, ob nach dem Gesamtbild der verrichteten Tätigkeit die geistige Leistung im Vordergrund steht, wobei

## F. Grundbegriffe des Arbeitsrechts

es allein auf die Art der Beschäftigung und die an die geistigen Fähigkeiten des Arbeitnehmers zu stellenden Anforderungen ankommt.

### 2. Beispiele

▶ – Angestellte sind z. B. Krankenschwestern, Kassierer in Selbstbedienungsläden, Telefonisten, Mannequins, Texterfasserinnen, Schulhausmeister mit überwiegend überwachender und beaufsichtigender Tätigkeit, Chemielaboranten mit selbstständiger Analyseerstellung, Küchenchefs eines größeren Küchenbetriebes, Arzthelferinnen. 143
– Arbeiter sind dagegen Fahrer im Getränkeheimdienst mit nur geringfügiger Werbetätigkeit, Hilfskräfte in der Annahmestelle einer chemischen Reinigung, Strom-, Gas- und Wasserableser, Werkschutzangehörige, Werksfeuerwehrmänner, Portiers (s. MünchArbR/*Richardi* § 25 Rn. 22 f.).

### 3. »Übernahme in ein Angestelltenverhältnis«

Die Arbeitsvertragsparteien haben es nicht in der Hand, über die Inhalte der Begriffe Arbeiter, Angestellter zu disponieren. Ein Arbeitnehmer, der nach seiner Tätigkeit als Arbeiter einzuordnen ist, wird deshalb durch die »Übernahme in ein Angestelltenverhältnis« bei gleich bleibender Beschäftigung nicht zum Angestellten im Rechtssinne (vgl. *BAG* 1.9.1982 AP Nr. 1 zu § 23 BAT I Hausmeister VergGr. VIII). 144

Diese arbeitsvertragliche oder kollektivrechtliche Vereinbarung räumt einem Arbeiter aber im Bereich des Arbeitsvertragsrechts, nicht dagegen im Betriebsverfassungsrecht sowie im Recht der Sozialversicherung, wirksam die Rechtsstellung eines Angestellten ein, soweit sie für ihn günstiger ist, z. B. bei längeren tariflichen Kündigungsfristen für Angestellte). 145

### 4. Praktische Bedeutung der Unterscheidung zwischen Arbeitern und Angestellten

Der Angestellte erhält ein monatlich ausgezahltes Gehalt, der Arbeiter dagegen einen Stundenlohn. Zunehmend wird allerdings durch Tarifverträge, z. B. den Bundesentgelttarifvertrag für die chemische Industrie (abgedruckt in NZA 1987, 768) die grds. Trennung zwischen Arbeitern und Angestellten insoweit aufgehoben. 146

Soweit im Einzelfall eine unterschiedliche rechtliche Ausgestaltung für Arbeiter und Angestellte vorliegt, ist stets zu prüfen, ob die jeweilige Ungleichbehandlung (regelmäßig zu Ungunsten der Arbeiter) verfassungsrechtlich im Hinblick auf Art. 3 Abs. 1 GG überhaupt zulässig ist. Normative Unterschiede insbes. im Rahmen des Lohnfortzahlungsrechts (§ 1 Abs. 3 Nr. 1, 2, § 7 LFZG im Unterschied zu § 63 HGB, § 133c GewO, § 616 Abs. 2 BGB) sowie bei den Kündigungsfristen (§ 622 Abs. 2 BGB) hat der Gesetzgeber inzwischen als verfassungswidrig erkannt und durch das EFZG sowie § 622 BGB beseitigt und nunmehr Regelungen getroffen, die einheitlich in allen Bundesländern gelten (s. *BVerfG* 30.5.1990 EzA § 622 BGB Nr. 27; *BAG* 5.8.1987 EzA § 1 LFZG Nr. 87). 147

Nach wie vor bestehen allerdings in Tarifverträgen unterschiedliche Kündigungsfristen für Arbeiter und Angestellte, auf die sich die Entscheidung des *BVerfG* (30.5.1990 EzA § 622 BGB Nr. 27) nicht erstreckt. Insoweit ist folglich in jedem Einzelfall zu überprüfen, ob die Unterscheidung mit Art. 3 Abs. 1 GG vereinbar ist (s. Kap. 4 Rdn. 260 ff.). 148

▶ **Beispiele aus der Praxis:** 149
– §§ 74 ff. HGB gelten zwar unmittelbar nur für Handlungsgehilfen, sind aber analog auch für Arbeiter und technische Angestellte anwendbar (*BAG* 16.5.1969 AP Nr. 23 zu § 133 f. GewO).
– Die Tarifvertragsparteien schließen **Tarifverträge** meist (noch) mit nach Arbeitern und Angestellten getrenntem Geltungsbereich ab.

- Betriebsverfassungsrechtlich werden bei der Wahl des und der Vertretung im Betriebsrat nach wie vor Arbeiter und Angestellte als **getrennte Gruppen** behandelt (§§ 10, 12, 14 Abs. 2, 26 ff. BetrVG).
- Die Rentenversicherung wird von **verschiedenen Rentenversicherungsträgern** durchgeführt (vgl. §§ 125 ff. SGB VI).

### 5. Dienstordnungsangestellte

150 Dienstordnungsangestellte waren/sind Angestellte bei den Trägern der gesetzlichen Sozialversicherung, die kraft gesetzlicher Ermächtigung Dienstordnungen erlassen dürfen, durch die die Arbeitsverhältnisse der Dienstordnungs-Angestellten gestaltet werden.

151 Sie stehen in einem **privatrechtlichen Arbeitsverhältnis zu dem jeweiligen Sozialversicherungsträger** (*BAG* 20.2.2008 – 10 AZR 440/07, NZA 2008, 1096 LS), sodass für Streitigkeiten der Rechtsweg zu den Arbeitsgerichten gegeben ist. Durch Unterstellung des Arbeitsverhältnisses unter die Dienstordnung, bei der es sich um auf Grund der gesetzlichen Ermächtigung in der RVO erlassenes, autonomes Satzungsrecht handelt, wird die **Rechtsstellung** der Dienstordnungsangestellten **weitgehend derjenigen der Beamten angepasst** (*BAG* 20.2.2008 – 10 AZR 440/07 – EzA-SD 8/2008 S. 16 LS = NZA 2008, 1096 LS). Seit dem 1.1.1993 dürfen die Krankenkassen keine neuen Dienstordnungsverträge mehr schließen (§ 358 RVO). Bei den Berufsgenossenschaften ist diese Möglichkeit dagegen erhalten geblieben (§ 144 SGB VII). Zu beachten ist, dass **nach Rücknahme der Berufung** in das Dienstordnungs-Verhältnis **ein Arbeitsverhältnis**, das zwischen dem Angestellten und der Berufsgenossenschaft vor der Berufung bestanden hat, **nicht wieder auflebt** (*BAG* 1.6.2006 NZA-RR 2007, 104).

152 Die Bestimmung einer Dienstordnung, die wegen einer vorübergehenden Reduzierung der regelmäßigen wöchentlichen Arbeitszeit aus Gründen der **Beschäftigungssicherung** die Kürzung der Bezüge von Dienstordnungsangestellten vorsieht, verstößt gegen das nach den Vorschriften der RVO für diese Arbeitnehmer geltende **Alimentationsprinzip** und ist deshalb nichtig (*BAG* 15.11.2001 – 6 AZR 382/00, EzA-SD 12/2002, S. 11 LS).

153 Allerdings sind im Recht der Dienstordnungsangestellten die außerordentliche **Kündigung aus wichtigem Grund** und die disziplinarische **fristlose Dienstentlassung** zwei voneinander zu trennende Rechtsinstitute, die nicht in einem Subsidiaritätsverhältnis stehen (*BAG* 25.2.1998 NZA 1998, 1182).

### III. Leitende Angestellte

154 Für den Begriff des leitenden Angestellten gibt es keine allgemeingültige Definition.

#### 1. Notwendigkeit einer Abgrenzung

155 Die Abgrenzung in den Gesetzen ist verschieden. Teilweise wird der Begriff nicht einmal genannt, um den Personenkreis festzulegen (§ 22 Abs. 2 Nr. 2 ArbGG); teilweise wird er ergänzend (§ 14 Abs. 2 KSchG) oder als Oberbegriff herangezogen, um den Personenkreis zu bestimmen (§ 16 Abs. 4 Nr. 4 SGG).

156 Leitende Angestellte sind zwar Arbeitnehmer, für sie ist allerdings z. B. die Anwendbarkeit des BetrVG (§ 5 Abs. 3 BetrVG) und des ArbZG (§ 18 Abs. 1 Nr. 1) ausgeschlossen. Dahinter steht die Überlegung, dass leitende Angestellte wegen ihrer Stellung im Unternehmen sozial weniger schutzwürdig sind als die sonstigen Arbeitnehmer.

157 Weil aber bereits unter dem Gesichtspunkt der Gleichbehandlung der Sozialschutz nicht generell versagt bleiben kann, nur weil jemand als Führungskraft tätig ist, gilt z. B. das KSchG auch für leitende Angestellte.

## F. Grundbegriffe des Arbeitsrechts

Allerdings gilt gem. § 14 Abs. 2 KSchG bei der Kündigung eines leitenden Angestellten § 3 KSchG nicht; ein Auflösungsantrag des Arbeitgebers muss zudem entgegen § 9 Abs. 1 S. 2 KSchG nicht begründet werden. **158**

### 2. Begriffsbestimmung

Für die Abgrenzung der leitenden Angestellten von der betriebsverfassungsrechtlich verfassten Belegschaft kommt es maßgeblich auf die Bedeutung der dem Angestellten obliegenden unternehmerischen Aufgaben und auf seine Gestaltungsfreiheit für deren Wahrnehmung an (vgl. § 5 Abs. 3 BetrVG). **159**

Zwischen dem Begriff des leitenden Angestellten in § 14 Abs. 2 KSchG und § 5 Abs. 3 BetrVG besteht wegen der unterschiedlichen Normzwecke und des eindeutigen Wortlauts der Vorschriften keine Identität; andererseits können aber für § 14 Abs. 2 KSchG die zu § 5 Abs. 3 Nr. 3, Abs. 4 BetrVG entwickelten Grundsätze mit der Maßgabe herangezogen werden, dass der leitende Angestellte in der unternehmerischen Hierarchie vergleichbar hoch wie ein Betriebsleiter angesiedelt ist (*LAG Bln.* 18.8.1986 DB 1987, 179; KR-*Rost* § 14 KSchG Rn. 26 ff.). **160**

Der **Leiter eines Zentralbereichs** eines Unternehmens, in dem mindestens 2000 Beschäftigte tätig sind, ist z. B. zumindest ein ähnlicher leitender Angestellter i. S. d. § 14 Abs. 2 S. 1 KSchG. Die Befugnis zur eigenverantwortlichen Einstellung oder Entlassung nach § 14 Abs. 2 S. 1 KSchG muss einen wesentlichen Teil der Tätigkeit des Angestellten ausmachen. Dabei hängt die erforderliche Personalbefugnis nicht allein von der Zahl der unterstellten Mitarbeiter ab. Entscheidend ist vielmehr, welche Bedeutung die Tätigkeit der Mitarbeiter, die er einstellt oder entlässt, für das Unternehmen hat. Deshalb können die Voraussetzungen des § 14 Abs. 2 S. 1 KSchG auch dann erfüllt sein, wenn sich die **personellen Entscheidungskompetenzen** des Angestellten zumindest auf eine abgeschlossene Gruppe von Mitarbeitern beziehen, die für das Unternehmen und den **unternehmerischen Erfolg** wesentlich ist. Deshalb ist es für § 14 Abs. 2 S. 1 KSchG ausreichend, wenn der Leiter eines Zentralbereichs die ihm nachgeordneten vier leitenden Angestellten, die ihrerseits zur selbständigen Einstellung oder Entlassung der ihnen nachgeordneten Mitarbeiter berechtigt sind, selbstständig einstellen oder entlassen kann (Kaskadenmodell; *BAG* 27.9.2001 EzA § 14 KSchG Nr. 6; s. a. *BAG* 6.12.2001 NZA 2002, 816 LS zu § 5 Abs. 3 S. 2 BetrVG). **161**

Der Werkleiter eines Eigenbetriebes einer bayerischen Gemeinde ist Organ der Gemeinde mit eigener gesetzlicher Vertretungsbefugnis (Art. 88 BayGO) und daher leitender Angestellter i. S. d. § 14 KSchG. Die Einschränkung der gesetzlichen Vertretungsmacht auf den Eigenbetrieb und die laufenden Geschäfte steht dem nicht entgegen (*BAG* 17.1.2002 EzA § 14 KSchG Nr. 7).

Der zum **ständigen Vertreter des Hauptgeschäftsführers** bestellte Geschäftsführer einer Handwerkskammer ist Organvertreter i. S. d. § 14 Abs. 1 Nr. 1 KSchG (*BGH* 25.7.2002 NZA 2002, 1040).

Die Personalkompetenz i. S. d. § 14 Abs. 2 KSchG muss einen **wesentlichen Teil** der ausgeübten Tätigkeit des Angestellten ausmachen. Sie darf nicht nur »auf dem Papier stehen«. Anderenfalls könnte durch die Vertragsgestaltung die nach § 9 Abs. 1 S. 2 KSchG zwingend vorgeschriebene Begründungspflicht obsolet werden (*BAG* 10.10.2002 EzA § 1 KSchG Betriebsbedingte Kündigung Nr. 122).

### 3. Sonderfall: Die Grundsätze zur Abgrenzung in der chemischen Industrie

In der chemischen Industrie haben der Bundesarbeitgeberverband Chemie, die IG Chemie, der Verband der angestellten Akademiker und leitenden Angestellten in der chemischen Industrie sowie die DAG gemeinsame »Grundsätze zur Abgrenzung der leitenden Angestellten in der chemischen Industrie« festgeschrieben (s. www.vaa.de/pdf/verbleist/vereinbarung2.pdf, Stand Juli 2002). Ziel ist es, durch die in der gesetzlichen Neuregelung von § 5 Abs. 3, 4 BetrVG enthaltenen Auslegungsregeln **162** mögliche Meinungsverschiedenheiten zu vermeiden. Derartige Rahmenregelungen können aber nicht vorgreiflich strittige Statusfälle regeln, weil §§ 18a, 5 Abs. 3, 4 BetrVG zwingende Vorschriften sind (GK-BetrVG/*Kreutz* § 18a Rn. 10).

## IV. Handelsvertreter

163  Handelsvertreter sind gem. § 84 Abs. 1 HGB grds. keine Arbeitnehmer, sondern Selbstständige. Arbeitnehmer sind sie aber dann (§ 84 Abs. 2 HGB), wenn sie unselbstständig sind, d. h. wenn sie nicht im Wesentlichen ihre Tätigkeit frei gestalten und ihre Arbeitszeit bestimmen können (vgl. *Eckert* NZA 1990, 384).

164  Mit der Folge, dass die Arbeitsgerichte sachlich zuständig sind, gelten selbstständige Handelsvertreter (§ 5 Abs. 3 ArbGG i. V. m. § 92a HGB) dann als Arbeitnehmer i. S. d. ArbGG, wenn ihnen entweder untersagt ist, für weitere Unternehmen tätig zu sein, oder sie dies wegen Art und Umfang ihrer Tätigkeit nicht können und wenn sie in den letzten sechs Monaten des Vertragsverhältnisses vom Unternehmen durchschnittlich nicht mehr als 1000 € monatlich erhalten haben. Diese Verdienstgrenze ist auch dann maßgebend, wenn der Handelsvertreter in diesen Monaten nicht gearbeitet **und nichts verdient hat** (*BAG* 15.2.2005 EzA § 5 ArbGG 1979 Nr. 39 m. Anm. *Paul* SAE 2007, 133 ff.). Bei der Berechnung der Vergütung sind **alle unbedingt entstandenen Vergütungsansprüche** des Handelsvertreters zu berücksichtigen, unabhängig davon, ob, auf welche Art und Weise und in welchem Umfang sie erfüllt sind (*BGH* 12.2.2008 – VIII ZB 3/07, FA 2008, 141; 28.6.2011 – VIII ZB 91/10; s. a. *Heinze* FA 2011, 362 f.). Nicht zu berücksichtigen sind **Provisionen**, die laut Handelsvertretervertrag nicht ausgezahlt, sondern mit einem Betrag »für den Erwerb des Vertriebsgebiets« verrechnet wurden (*BAG* 20.10.2009 – 5 AZB 30/09, EzA-SD 25/2009 S. 16 LS = NZA 2009, 1411). **Vergütungsmindernd** ist zudem zu berücksichtigen, wenn der Handelsvertreter nach den mit der Unternehmerin getroffenen Vereinbarungen zwingend **Betriebsmittel** – z. B. ein Notebook – von dieser **zu übernehmen** und dafür **ein Entgelt zu entrichten hat** (*BGH* 12.2.2008 – VIII ZB 51/06, FA 2008, 140; *OLG Frankf./M.* 19.10.2006 NZA-RR 2007, 256).

165  Daraus folgt aber keineswegs die Anwendbarkeit arbeitsrechtlicher Rechtsnormen auf das Rechtsverhältnis, es sei denn, dass dies ausdrücklich vorgesehen ist. Denn § 5 Abs. 3 S. 1 ArbGG stellt die von ihr erfassten selbstständigen Einfirmenvertreter Arbeitnehmern **lediglich prozessual** gleich. Die Anwendung arbeitsrechtlicher Vorschriften oder Grundsätze auf das Rechtsverhältnis eines selbstständigen Einfirmenvertreters regelt diese Vorschrift nicht (*BAG* 24.10.2002 EzA § 611 BGB 2002 Ausbildungsbeihilfe Nr. 3).

166  So stellt z. B. § 2 BUrlG nicht auf Selbstständigkeit/Unselbstständigkeit i. S. d. § 84 HGB, sondern allein auf die wirtschaftliche Abhängigkeit ab, die auch bei diesem Personenkreis gegeben sein kann.

## V. Arbeitnehmerähnliche Personen

### 1. Begriffsbestimmung

167  Von den Arbeitnehmern zu unterscheiden sind Personen, die für fremde Rechnung arbeiten, dabei aber nicht im Dienst eines anderen tätig sind. Insoweit kann allerdings eine **wirtschaftliche Abhängigkeit** bestehen, die dazu führt, dass dieser Personenkreis sozial der Stellung der Arbeitnehmer angenähert ist. So gelten insbes. gem. § 5 Abs. 1 S. 2 ArbGG als Arbeitnehmer i. S. d. ArbGG auch solche Personen, die wegen ihrer wirtschaftlichen Unselbstständigkeit als arbeitnehmerähnliche Personen anzusehen sind. Die arbeitnehmerähnliche Person erbringt **Leistungen gegen Vergütung** für den Vertragspartner. Die Vergütung kann in einer **Beteiligung an Umsätzen** oder **Gewinnen bestehen**; gewährt der Vertrag lediglich eine Verdienstmöglichkeit nach einer Gebühren- oder Vergütungsordnung, bestimmt sich die wirtschaftliche Existenz des Vertragspartners nicht nach der vertraglichen Gegenleistung (*BAG* 21.2.2007 EzA § 5 ArbGG 1979 Nr. 41).

168  Die arbeitnehmerähnliche Person ist zwar wirtschaftlich, nicht aber persönlich abhängig. Die wirtschaftliche Abhängigkeit muss sich allein aus dem Verhältnis zum Dienstberechtigten erge-

## F. Grundbegriffe des Arbeitsrechts

ben. Nicht ausreichend ist es, dass jemand wirtschaftlich auf die Verwertung seiner Arbeitskraft angewiesen ist. Nach dem Sinn und Zweck des § 5 Abs. 1 S. 2 ArbGG und der sonstigen gesetzlichen Bestimmungen, die auf den Begriff der arbeitnehmerähnlichen Person abstellen, liegt eine **wirtschaftliche Unselbständigkeit nicht schon dann vor**, wenn eine Person für ihre Existenzsicherung **auf den Abschluss des Vertrags angewiesen ist** (*BAG* 21.2.2007 EzA § 5 ArbGG 1979 Nr. 41; krit. *Willemsen/Müntefering* NZA 2008, 193 ff.). Ohne die Aufträge des Dienstberechtigten muss vielmehr die wirtschaftliche Existenzgrundlage insgesamt entfallen (vgl. § 12a TVG; die Tarifvertragsparteien sind frei, den unbestimmten Rechtsbegriff der arbeitnehmerähnlichen Person i. S. dieser Vorschrift auszufüllen, wenn sie den Geltungsbereich von Tarifverträgen für diesen Personenkreis festlegen wollen; *BAG* 15.2.2005 EzA § 12a TVG Nr. 3). Zusätzlich muss der wirtschaftlich Abhängige eine soziale Stellung haben, die der eines Arbeitnehmers vergleichbar ist. Soziale Schutzbedürftigkeit besteht, wenn das Maß an Abhängigkeit nach der Verkehrsanschauung einen solchen Grad erreicht, wie er im Allgemeinen nur in einem Arbeitsverhältnis vorkommt und die geleisteten Dienste nach ihrer sozialen Typik mit denen eines Arbeitnehmers vergleichbar sind (vgl. *Hromadka* NZA 1997, 1249 ff.). Dies setzt i. d. R. Tätigkeiten im Rahmen eines Dienst- oder Werkvertrages voraus (*LAG Nbg.* 7.11.2001 – 6 Ta 152/01, ARST 2002, 161 LS).

▶ **Beispiele: Arbeitnehmerähnliche Personen** 169
- Die notwendige **wirtschaftliche Abhängigkeit** ist z. B. nicht gegeben, wenn ein Dienstnehmer über den Umfang und Ablauf seines Arbeitseinsatzes selbst entscheidet, im Verlaufe eines Jahres 280.000 DM verdienen kann und über anderweitige Einnahmen (Beamtenpension, Berufsunfähigkeitsrente) verfügt, die seine Existenz sichern (*BAG* 2.10.1990 EzA § 12a TVG Nr. 1).
- Als arbeitnehmerähnliche Personen kommen in Betracht Handels- und Versicherungsvertreter mit Geschäftsbetrieben von geringem Umfang, Journalisten, Schriftsteller, Künstler, sachverständige Mitarbeiter von Verlagen und Zeitschriften, Übersetzer, Dolmetscher, u. U. auch Architekten und Rechtsanwälte.
- Ein GmbH-Gesellschafter mit einem **Gesellschaftsanteil von 15 %** kann arbeitnehmerähnliche Person sein. Die wirtschaftliche Abhängigkeit ist dann nicht schon deshalb zu verneinen, weil er keine laufenden Bezüge erhält. Denn die wirtschaftliche Gegenleistung für seine Tätigkeit kann auch darin zum Ausdruck kommen, dass er Geschäftsanteile deutlich unter ihrem Verkehrswert erhält (*LAG Köln* 29.9.2003 NZA-RR 2004, 553).
- Arbeitnehmerähnliche Person kann auch eine in einer Klinik als **Nachtwache** beschäftigte Klägerin sein, auch dann, wenn die Klinik den Nachtwachendienstplan nicht selbst erstellt, sondern den beschäftigten Nachtwachen überlässt. Denn die Beklagte hatte der Klägerin ohne zeitliche Beschränkung gestattet, sich in die monatlichen Dienstpläne einzutragen und ihr damit eine fortlaufende Beschäftigung ermöglicht. Die Klägerin hatte diese wahrgenommen und monatlich zwischen zehn Diensten und achtzehn Diensten (120–216 Stunden) gearbeitet. Sie war damit vergleichbar einem Arbeitnehmer tätig geworden und wirtschaftlich von der Beklagten abhängig (*BAG* 15.11.2005 EzA § 2 BUrlG Nr. 5).
- Ein Auftragnehmer kann sich zu **zwei konzernmäßig verbundenen Auftraggebern** zugleich in der Stellung einer arbeitnehmerähnlichen Person i. S. d. § 5 Abs. 1 S. 2 ArbGG befinden (*LAG Bln.-Bra.* 31.8.2010 NZA-RR 2010, 657).
- Eine **selbständige Hebamme**, die auf Grund eines Belegvertrags im Krankenhaus tätig wird, ist im Verhältnis zum Krankenhausträger keine arbeitnehmerähnliche Person (*BAG* 21.2.2007 EzA § 5 ArbGG 1979 Nr. 41).
Ein **Hilfsbedürftiger** im Rahmen einer Beschäftigung gegen Mehraufwandsentschädigung (»**Ein-Euro-Job**«, § 16 Abs. 3 S. 2 SGB II) ist keine arbeitnehmerähnliche Person (*BAG* 26.9.2007 EzA § 611 BGB 2002 Arbeitnehmerbegriff Nr. 12; 19.3.2008 EzA § 16 SGB II Nr. 3), denn es handelt sich um ein **von Rechtssätzen des öffentlichen Rechts geprägtes Rechtsverhältnis** (zum Rechtsweg – Sozialgerichtsbarkeit – *BAG* 8.11.2006 EzA § 2 ArbGG 1979 Nr. 65 = SAE 2007, 212 m. Anm. *Joussen* SAE 2007, 207 ff.; a. A. *ArbG Bln.* 25.8.2005 NZA 2005, 1309). Die **Prägung durch öffentliches Recht** besteht auch dann, wenn kein Ein-

gliederungsvertrag nach § 15 SGB III abgeschlossen wird (*BAG* 19.3.2008 EzA § 16 SGB II Nr. 3 = NZA 2008, 760). Auch wenn die gesetzlichen Zulässigkeitsvoraussetzungen für Arbeitsangelegenheiten mit **Mehraufwandsentschädigung** (insbes. Zulässigkeit der Arbeit und öffentliches Interesse) nicht eingehalten werden, entsteht allein daraus kein privatrechtliches Vertragsverhältnis. Das gilt auch für den Fall einer bewussten Missachtung des Gesetzes. Die Annahme eines Arbeitsverhältnisses setzt dann voraus, dass die beiderseitigen Erklärungen trotz der Heranziehung des Hilfsbedürftigen auf den Abschluss eines **privatrechtlichen Vertrages** i. S. d. § 611 BGB **gerichtet** sind. Das hat derjenige, der sich auf ein Arbeitsverhältnis beruft, darzulegen und im Streitfall zu beweisen. Der Vortrag des Hilfsbedürftigen, er werde nicht mit zusätzlichen, sondern mit »regulären« Arbeiten beschäftigt, reicht dafür nicht aus (*BAG* 20.2.2008 EzA § 611 BGB 2002 Arbeitnehmerbegriff Nr. 13).

– Der Bezug eines Gründungszuschusses gem. § 57 SGB III steht nach Art und Zweck der Leistung der Annahme der wirtschaftlichen Unselbständigkeit i. S. v. § 5 Abs. 1 S. 2 ArbGG grds. nicht entgegen (*BAG* 21.12.2010 EzA § 5 ArbGG 1979 Nr. 45).

– Der Bezug eines **Gründungszuschusses** gem. § 57 SGB III steht nach Art und Zweck der Leistung der Annahme der wirtschaftlichen Unselbständigkeit i. S. v. § 5 Abs. 1 S. 2 ArbGG grds. nicht entgegen (*BAG* 21.12.2010 EzA § 5 ArbGG 1979 Nr. 45).

– Ein Geschäftsführer einer Betriebskrankenkasse kann im Verhältnis zum Arbeitgeber, mit dem er einen Dienstvertrag geschlossen hat, arbeitnehmerähnliche Person sein (*BAG* 25.7.1996 EzA § 5 ArbGG 1979 Nr. 15).

– Auch ein Dozent für ein gewerbliches Weiterbildungsinstitut kann arbeitnehmerähnliche Person sein (*BAG* 11.4.1997 EzA § 5 ArbGG 1979 Nr. 20).

– Ein **Volkshochschuldozent** kann arbeitnehmerähnliche Person sein, wenn er auf die Einkünfte aus dieser Tätigkeit wirtschaftlich zur Sicherung seiner Lebensgrundlage angewiesen ist (*BAG* 17.1.2006 EzA § 2 BUrlG Nr. 6).

– Dagegen ist ein Rechtsanwalt, der auf Grund eines § 705 BGB entsprechenden Gesellschaftsvertrages Partner einer Anwaltssozietät ist, keine arbeitnehmerähnliche Person, auch wenn er von der Sozietät wirtschaftlich abhängig ist (*BAG* 15.4.1993 EzA § 5 ArbGG Nr. 8); anders ist es bei einem als **freier Mitarbeiter tätigen Rechtsanwalt** jedenfalls dann, wenn er tatsächlich sein gesamtes Einkommen von der Kanzlei bezieht und dort dem geregelten Arbeitsablauf, der eine bestimmte Reihenfolge für die Erstellung der Schriftsätze vorsieht, unterworfen ist (*LAG Köln* 6.5.2004 – 4 Ta 40/04 – AuR 2006, 130 LS). Die Tätigkeit eines Rechtsanwalts in einem freien Mandatsverhältnis ist aber jedenfalls mit der sozialen Typik eines Arbeitnehmers nicht vergleichbar und kann daher auch nicht als arbeitnehmerähnlich i. S. d. § 5 Abs. 1 S. 2 ArbGG angesehen werden (*LAG Köln* 3.2.2011 NZA-RR 2011, 211).

– Eine **Rechtsanwaltsgehilfin** hat i. d. R. Arbeitnehmereigenschaft, auch wenn die Parteien zur Vermeidung von Sozialabgaben »freie Mitarbeit« vereinbart haben (*LAG Köln* 10.11.2006 – 10 Ta 371/06, AuR 2007, 142 LS).

– Ein **Kursleiter eines juristischen Repetitoriums** ist dann arbeitnehmerähnliche Person, wenn er den überwiegenden Teil seiner Einkünfte aus dieser Tätigkeit bezieht. Das gilt auch, wenn er gleichzeitig als selbstständiger Rechtsanwalt tätig ist (*LAG Bln.* 18.5.1998 NZA 1998, 943).

– Durch einen **Postagenturvertrag** für private Agenturpartner im Nebenberuf wird ein Kioskbetreiber i. d. R. nicht zur arbeitnehmerähnlichen Person (*OLG Karlsruhe* 22.7.1998 NZA 1998, 463).

– Die Übernahme einer **Service-Station für Schuhmacher- und Schlüsseldienstleistungen** im Lebensmittelmarkt kann selbst dann als »arbeitnehmerähnlich« i. S. d. § 5 Abs. 1 S. 2 ArbGG anzusehen sein, wenn der Betreiber die Preise seiner Dienstleistungen und Verkaufsprodukte selbst bestimmen kann (*LAG Nbg.* 20.8.2002 – 6 Ta 63/02, EzA-SD 18/2002, S. 12 LS).

– Eine **Callcenteragentin** ist eine arbeitnehmerähnliche Person i. S. d. § 5 Abs. 1 S. 2 ArbGG, wenn sie ihr Entgelt im Auftragszeitraum ausschließlich von der Auftraggeberin erhält (*LAG Bln.* 6.5.2003 ARST 2003, 259 LS).

## F. Grundbegriffe des Arbeitsrechts　　　　　　　　　　　　　　　　　　　　Kapitel 1

– Dagegen ist eine **Telefonistin**, deren einzige Aufgabe darin besteht, Personen nach vorgegebenen Listen anzurufen und diesen Personen vorformulierte Fragen zu stellen und deren Arbeitszeit drei Stunden täglich – üblicherweise zwischen 15 und 18 Uhr – beträgt, ist keine arbeitnehmerähnliche Person, selbst wenn sie geltend macht, dass sie nur einen Anspruch auf ein Gehalt von 1.000 € brutto hat (*LAG München* 22.1.2004 NZA-RR 2004, 365).
– Rundfunkgebührenbeauftragte können arbeitnehmerähnliche Personen (i. S. d. § 12a TVG) sein (*BAG* 15.2.2005 EzA § 12a TVG Nr. 3).

### 2. Rechtsfolgen der Einordnung

Die Rechtsfolge des § 5 Abs. 1 S. 2 ArbGG besteht darin, dass die Arbeitsgerichte für diese Personen ausschließlich zuständig sind (*Grunsky* § 5 Rn. 16). Materiell-arbeitsrechtliche Normen sind dagegen grds. nur dann und insoweit anwendbar, als dies gesetzlich ausdrücklich vorgesehen ist (vgl. z. B. § 2 BUrlG; *BAG* 15.11.2005 EzA § 2 BUrlG Nr. 5; 17.1.2006 EzA § 2 BUrlG Nr. 6; *LAG Köln* 28.11.2005 – 2 Sa 238/05, AuR 2006, 210 LS, 12a TVG, § 7 Abs. 1 Nr. 3 PflegezeitG s. a. *Preis/Weber* NZA 2008, 82 ff.; *Preis/Nehring* NZA 2008, 729 ff.; § 3 S. 1 Ziff. 12 lit. f GenDG; i. Ü. s. Rdn. 167 ff.). 170

Im Übrigen bestimmen sich die Rechtsverhältnisse arbeitnehmerähnlicher Personen grds. nach den für den jeweils zugrunde liegenden Vertragstypus geltenden Vorschriften, also den Bestimmungen über den Dienstvertrag (**§§ 611 ff. BGB**), den Werkvertrag (**§§ 631 ff. BGB**) oder den Werklieferungsvertrag (**§ 651 BGB**). Insoweit sind die Arbeitsgerichte sachlich zuständig für Rechtsstreitigkeiten aus Dienst- oder Werkverträgen mit arbeitnehmerähnlichen Personen (*BAG* 17.10.1990 EzA § 5 ArbGG Nr. 7). 171

Allenfalls im Einzelfall kann die analoge Anwendung arbeitsrechtlicher Vorschriften auf Grund der vergleichbaren sozialen Lage der arbeitnehmerähnlichen Person gefordert und gerechtfertigt sein, wenn eine planwidrige Regelungslücke festgestellt wird. 172

**Nicht anwendbar sind insbes. das LSchG** (*BAG* 20.1.2004 EzA § 4 TVG Rundfunk Nr. 25) sowie die Kündigungsschutzbestimmungen der einzelnen Sondergesetze für besonders schutzbedürftige Personen (§ 9 MuSchG, §§ 85 ff. SGB IX, § 2 ArbPlSchG), § 613a BGB, §§ 102, 103 BetrVG, **wohl aber** an sich das **LPersVG** RhPf, von dem nur solche Beschäftigte ausgenommen sind, die wesentlich an der Programmgestaltung einer Rundfunk- und Fernsehanstalt teilnehmen (*BAG* 20.1.2004 ZTR 2004, 632). Die Tarifvertragsparteien können die Rechtsverhältnisse arbeitnehmerähnlicher Personen in der Weise regeln, dass eine Beendigung durch Zugang einer Beendigungsmitteilung bewirkt wird. Auf eine solche **Beendigungsmitteilung** finden Bestandsschutzvorschriften, die vor einer Kündigung schützen, keine Anwendung. **Das gilt auch für den nachwirkenden Kündigungsschutz** von Mitgliedern des Personalrats und für das Mitbestimmungsrecht des Personalrats bei Kündigungen nach § 82 LPersVG (*BAG* 20.1.2004 ZTR 2004, 632). Weder unmittelbar noch analog sind auch die Kündigungsfristen für Arbeitnehmer (**§ 622 BGB**) und für die in Heimarbeit Beschäftigten anwendbar (§ 29 Abs. 3, 4 HAG; *BAG* 8.5.2007 – 9 AZR 777/06, EzA-SD 21/2007 S. 6 LS). 173

Auch das für Arbeitsverhältnisse geltende Maßregelungsverbot (**§ 612a BGB**) ist – insbes. auf die Beendigungsmitteilung des Auftraggebers gegenüber einer arbeitnehmerähnlichen Person – **nicht anwendbar**. Allerdings ist die Beendigung des Rechtsverhältnisses einer arbeitnehmerähnlichen Person allein deswegen, weil sie ihr zustehende Ansprüche geltend macht, sittenwidrig (§ 138 BGB; *BAG* 14.12.2004 EzA § 138 BGB 2002 Nr. 3). Eine derartige unerlaubte Maßregelung liegt nicht vor, wenn der Auftraggeber verhindern will, dass eine arbeitnehmerähnliche Person auch noch zukünftig Vergütungsansprüche erwirbt, obwohl sie nicht mehr in entsprechendem Umfang eingesetzt wird. 174

Es gilt insoweit eine abgestufte Darlegungs- und Beweislastverteilung (*BAG* 14.12.2004 EzA § 138 BGB 2002 Nr. 3 = NZA 2005, 637 = BAG Report 2005, 173): 175

- Die Beweislast für die Voraussetzungen der Sittenwidrigkeit trägt die arbeitnehmerähnliche Person;
- Sie hat Tatsachen vorzutragen und im Bestreitensfall zu beweisen, aus denen sich der Schluss auf die Maßregelung als sittenwidriges Motiv ergibt;
- Der Auftraggeber hat dann die tatsächlichen Gründe für die Beendigung des Beschäftigungsverhältnisses im Einzelnen darzulegen;
- Die arbeitnehmerähnliche Person hat diese zu widerlegen.

176 **Anwendbar ist demgegenüber Art. 3 Abs. 1 GG** für die Regelung der Arbeitsbedingungen durch Tarifverträge. So ist § 1 Abs. 3c RTV, der Studenten von der Anwendung der zu Gunsten arbeitnehmerähnlicher Personen geregelten Bestimmungen ausnimmt, willkürlich und nicht durch sachliche Gründe gerechtfertigt (*BAG* 20.1.2004 EzA § 4 TVG Rundfunk Nr. 25).

### VI. Heimarbeiter; Telearbeit

177 Heimarbeiter sind Personen, die in selbst gewählter Arbeitsstätte, d. h. in eigener Wohnung oder einer anderen selbst gewählten Betriebsstätte, allein oder mit ihren Familienangehörigen im Auftrag von Gewerbemeistern oder Zwischenmeistern gewerblich (d. h., dass die Tätigkeit auf Dauer angelegt ist und das Entgelt zum Lebensunterhalt beitragen soll [*BAG* 12.7.1988 AP Nr. 10 zu § 2 HAG]) arbeiten, jedoch die Verwertung der Arbeitsergebnisse dem mittelbar oder unmittelbar Gewerbetreibenden überlassen (*Schmidt/Koberski/Tiemann/Wascher* HAG, 4. Aufl., § 2 Rn. 5).

178 In Heimarbeit Beschäftigte stehen rechtlich zwischen selbstständigen Unternehmern und unselbstständigen Arbeitnehmern. **Sie sind zwar von ihren Auftraggebern wirtschaftlich abhängig, aber im Unterschied zum Arbeitnehmer persönlich selbstständig** und hinsichtlich der Art und Weise der Erledigung der Arbeit und in der Einteilung der Arbeitszeit frei.

179 Sie sind keine Arbeitnehmer, sondern werden auf Grund eines Dauerrechtsverhältnisses beschäftigt (§ 29 HAG). Gem. § 5 Abs. 1 S. 2 ArbGG gelten die in Heimarbeit Beschäftigten und die ihnen Gleichgestellten (vgl. § 1 HAG) wegen ihrer Schutzbedürftigkeit aber gleichwohl als Arbeitnehmer i. S. d. ArbGG.

180 Durch heimarbeiterähnliche Personen kann z. B. – ebenso wie je nach Vertragsgestaltung durch Arbeitnehmer (s. a. TV Telearbeit1998 NZA 1998, 1214 ff.; *Körner* NZA 1999, 1190 ff.) oder Selbstständige – auch **Telearbeit** ausgeführt werden, wenn sie in eigener Wohnung allein eine sich in regelmäßigen Arbeitsvorgängen wiederholende Arbeit im Auftrag eines anderen gegen Entgelt verrichten, ohne dass dieser Auftraggeber Gewerbetreibender ist (*Boemke/Ankersen* BB 2000, 1570 ff.; zur Vertragsgestaltung *Kramer* DB 2000, 1329 ff.; s. a. *Prinz* NZA 2002, 1268 ff.).

181 Daraus folgt aber nur, dass bei Streitigkeiten aus dem Heimarbeitsverhältnis der Rechtsweg zu den Arbeitsgerichten eröffnet ist, **nicht aber die Anwendbarkeit materiellen Arbeitsrechts**.

182 Arbeitsrechtliche Normen sind vielmehr nur dann anwendbar, wenn dies in der jeweiligen Vorschrift **konkret angeordnet** ist. Im Übrigen bestimmen sich die Rechte und Pflichten nach Maßgabe der vertraglichen Vereinbarungen in den Grenzen des HAG.

183 So gilt z. B. für die Beendigung des Arbeitsverhältnisses nicht das KSchG, sondern die Sonderregelung der §§ 29, 29a HAG. Nicht anwendbar ist auch § 613a BGB (*BAG* 24.3.1998 EzA § 613a BGB Nr. 168). Schwerbehinderte Menschen sind gem. § 127 SGB IX hinsichtlich der Beendigung des Arbeitsverhältnisses besonders geschützt; anwendbar sind im Übrigen § 9 MuSchG, §§ 18, 20 BEEG.

184 Der Heimarbeitsvertrag wird z. T. (*Schmidt/Koberski/Tiemann/Wascher* HAG, 4. Aufl., § 19 Anh. Rn. 11) als Vertrag sui generis angesehen. Überwiegend wird demgegenüber (MünchArbR/*Heenen* § 238 Rn. 90 m. w. N.) angenommen, dass Heimarbeit in Form von **Dienst-, Werk-, Werklieferungs- oder Kaufverträgen** erbracht wird. Steht der Erfolg im Vordergrund, liegt nach allgemeinen Grundsätzen ein Werkvertrag vor. Typischerweise wird der einzelne Dienst- oder Werkvertrag im

Rahmen des Dauerrechtsverhältnisses erbracht, auf das das Arbeitsrecht teilweise analog anzuwenden ist, wenn eine planwidrige Regelungslücke festgestellt wird (s. Rdn. 177 ff.).

## VII. Organe juristischer Personen

### 1. Grundsätze nach nationalem Recht

Wer bei einer juristischen Person Mitglied des Organs ist, das zur gesetzlichen Vertretung berufen ist, repräsentiert diese unmittelbar als Arbeitgeber. Deshalb gelten gem. § 5 Abs. 1 S. 3 ArbGG die in Betrieben einer juristischen Person kraft Gesetzes, Satzung oder Gesellschaftsvertrag allein oder als Mitglieder des Vertretungsorgans zur Vertretung der juristischen Person oder der Personengesamtheit berufen sind, nicht als Arbeitnehmer; **dies gilt selbst dann, wenn im konkreten Einzelfall tatsächlich ein Arbeitsverhältnis gegeben ist** (*LAG Köln* 21.3.2006 – 7 Ta 14/06, EzA-SD 13/2006 S. 15 LS; *LAG Nbg.* 2.4.2007 NZA-RR 2007, 490).  **185**

Dazu gehören die Vorstandsmitglieder von Aktiengesellschaften (s. *BAG* 26.8.2009 EzA § 84 AktG Nr. 1:§ 84 Abs. 1 AktG), Genossenschaften, VvaG (§ 78 AktG, § 24 Abs. 1 GenG, § 34 Abs. 1 S. 2 VvaG; [s. *LAG Bln.-Bra.* 23.4.2008 – 15 Sa 193/08 – EzA-SD 13/2008 S. 9 LS]) sowie der Geschäftsführer der GmbH (§ 35 Abs. 1 GmbHG; *OLG München* 10.4.2003 NZA-RR 2003, 439; *Moll* RdA 2002, 226; s. a. *EuGH* 11.11.2010 – C-232/09, NZA 2011, 143; s. Rdn. 102), auch der Komplementär-GmbH einer KG (*LAG Hessen* 31.8.2004 LAG Report 2005, 239); nichts anderes gilt auch für den Geschäftsführer der Vor-GmbH (*BAG* 13.5.1996 EzA § 5 ArbGG 1979 Nr. 14) sowie für den Geschäftsführer einer Kreishandwerkerschaft, wenn er diese kraft Satzung in den laufenden Geschäften vertritt; das gilt selbst dann, wenn die Parteien ausdrücklich einen Arbeitsvertrag abgeschlossen haben (*BAG* 11.4.1997 EzA § 5 ArbGG 1979 Nr. 23). Nicht erfasst ist dagegen der Geschäftsführer einer Betriebskrankenkasse, der einen Dienstvertrag mit dem Arbeitgeber abgeschlossen hat, für dessen Betrieb die Kasse errichtet worden ist (*BAG* 25.7.1996 EzA § 5 ArbGG 1979 Nr. 15); gleiches gilt für die nach § 53 Abs. 2 Nr. 1 KWG bestellten, zur Vertretung eines ausländischen Kreditinstitutes befugten Personen (*BAG* 15.10.1997 EzA § 5 ArbGG 1979 Nr. 26). Besondere Vertreter eines Vereins nach § 30 BGB gelten gem. § 5 Abs. 1 S. 3 ArbGG nur dann nicht als Arbeitnehmer i. S. d. ArbGG, wenn ihre Vertretungsmacht auf der Satzung beruht. Das ist nur der Fall, wenn die Satzung die Bestellung ausdrücklich zulässt (*BAG* 5.5.1997 EzA § 5 ArbGG 1979 Nr. 21). Nach dem Kommunalrecht des Landes Brandenburg sind **Werkleiter** kommunaler Eigenbetriebe i. S. d. § 5 Abs. 1 S. 3 ArbGG **keine gesetzlichen Vertreter** der den Eigenbetrieb tragenden Gemeinde (*BAG* 17.12.2008 EzA § 5 ArbGG 1979 Nr. 42).  **186**

§ 5 Abs. 1 S. 3 ArbGG gilt für einen Arbeitsvertrag, der **keine Geschäftsführerbestellung** vorsieht, **auch dann nicht**, wenn der Arbeitnehmer **später** aufgrund einer **formlosen Abrede zum Geschäftsführer** bestellt wird. Macht der Arbeitnehmer nach Beendigung der Stellung als Geschäftsführer Ansprüche aus dem Arbeitsverhältnis geltend, ist der Rechtsweg zu den Gerichten für Arbeitssachen gegeben. Das gilt auch für Ansprüche aus der Zeit als Geschäftsführer, denn dann liegt dem Rechtsstreit zwischen dem Mitglied des Vertretungsorgans und der juristischen Person nicht das der Organstellung zugrunde liegende Rechtsverhältnis, sondern eine weitere Rechtsbeziehung zugrunde. Wenn der Arbeitsvertrag nicht formwirksam aufgehoben worden ist, sondern fortbestand, dann basieren sämtliche Ansprüche auf einer einheitlichen, unveränderten arbeitsvertraglichen Grundlage. Dies gilt sowohl für die Forderungen, die vor und nach seiner Bestellung als Geschäftsführer entstanden sein könnten, als auch für jene, die er während seiner Tätigkeit als Geschäftsführer erworben hat (*BAG* 23.8.2011 EzA § 5 ArbGG 1979 Nr. 46).  **186a**

Ein Dienstnehmer, der zum Geschäftsführer einer GmbH bestellt werden soll, wird im Übrigen nicht dadurch zum Arbeitnehmer, dass die Bestellung zum Geschäftsführer unterbleibt (*BAG* 25.6.1997 EzA § 2 ArbGG 1979 Nr. 37). Auch wandelt sich das als freies Dienstverhältnis begründete Anstellungsverhältnis des **Vorstandsmitglieds einer Sparkasse** nicht ohne weiteres mit dem Verlust der Organstellung in Folge einer Sparkassenfusion in ein Arbeitsverhältnis um (s. auch *LAG Bln.-Bra.* 23.4.2008 – 15 Sa 193/08, EzA-SD 13/2008 S. 9 LS; s. a. *OLG Schleswig* 15.2.2010 NZA-RR  **187**

2010, 321). Bleibt ein derartiges Anstellungsverhältnis als freies Dienstverhältnis bei Weiterbeschäftigung des ehemaligen Organmitglieds als stellvertretendes Vorstandsmitglied bestehen, so sind im Falle einer fristlosen Kündigung weder §§ 4, 13 KSchG, noch §§ 67, 68 BPersVG anwendbar (*BGH* 10.1.2000 NZA 2000, 376; vgl. auch *OLG Frankf. a. M.* 11.5.1999 NZA-RR 2000, 385). Ebenso wenig begründet die **Fortsetzung der bisherigen Tätigkeit** durch eine abberufene Geschäftsführerin einer GmbH notwendig ein Arbeitsverhältnis mit dieser (*LAG Hessen* 5.3.2007 – 19 Sa 686/06, EzA-SD 25/2007 S. 24 LS). Das **organschaftliche Anstellungsverhältnis** des GmbH-Geschäftsführers **mutiert** auch durch deren Umwandlung in eine GmbH & Co. KG und seine Bestellung zum Geschäftsführer der Komplementär-GmbH **nicht in ein** – u. a. dem KSchG unterliegendes – **Arbeitsverhältnis** (*BGH* 8.1.2007 NZA 2007, 1174; s. auch *LAG Bln.-Bra.* 23.4.2008 – 15 Sa 193/08, EzA-SD 13/2008 S. 9 LS). Im Übrigen liegt **keine organschaftliche Vertretung** im hier maßgeblichen Sinne vor, wenn die Vertretung lediglich auf einem **Geschäftsführervertrag** beruht und der Geschäftsführer im Gesellschaftsvertrag nicht namentlich benannt ist (*LAG Hessen* 19.1.2007 NZA-RR 2007, 262). Der **Geschäftsführer eines Landesinnungsverbandes** (§ 79 HandwO) ist kein Arbeitnehmer i. S. d. § 5 Abs. 1 ArbGG, wenn er nach der Satzung gem. § 66 Abs. 3 i. V. m. § 83 Abs. 1 Nr. 3 HandwO zur Vertretung des Vorstands in Geschäften der laufenden Verwaltung berufen ist (*LAG Nds.* 4.2.2002 NZA-RR 2002, 491). Sieht allerdings ein Dienstvertrag für den Fall der **Abberufung des Dienstnehmers** aus seiner Stellung als Vorstandsvorsitzender vor, dass das durch diesen Vertrag geregelte Anstellungsverhältnis als Arbeitsverhältnis weitergeführt wird, so ist darin ein über die Abberufung hinausgehender Umstand zu sehen, aus dem sich ergibt, dass das Dienstverhältnis durch die Abberufung zum Arbeitsverhältnis geworden ist (*LAG Bln.* 21.2.2006 – 6 Ta 2215/05, EzA-SD 7/2006 S. 12 LS).

188 § 5 Abs. 1 S. 3 ArbGG hat allerdings lediglich zur Folge, dass die dieser Norm unterfallenden Personen bei Streitigkeiten zwischen ihnen und der Gesellschaft, dem Verein usw. nicht der Zuständigkeit der Arbeitsgerichte, sondern der der ordentlichen Gerichte unterfallen (*OLG München* 10.4.2003 NZA-RR 2003, 439). Ob für ihre Rechtsbeziehungen gleichwohl Arbeitsrecht gilt, ist damit keineswegs entschieden (zum unionsrechtlichen Arbeitnehmerbegriff bei Organvertretern s. *EuGH* 11.10.2010 – C-232/09, NZA 2011, 143; *Oberthür* NZA 2011, 253 ff.).

189 Insoweit ist das Anstellungsverhältnis des **GmbH-Geschäftsführers** zur GmbH i. d. R. nicht Arbeits-, sondern **freies Dienstverhältnis** (*BAG* 21.2.1994, EzA § 2 ArbGG 1979 Nr. 28; *OLG Jena* 14.3.2001 NZA-RR 2001, 468; *OLG München* 16.5.2007 NZA-RR 2007, 579, dort auch zur – nicht gegebenen – Anwendbarkeit des § 85 SGB IX; s. a. *BAG* 6.5.1999 EzA § 5 ArbGG 1979 Nr. 33; a. A. *ArbG Jena* 16.11.1998 NZA-RR 1999, 438vgl. *Nägele* BB 2001, 305 ff.). Denn mit der Organstellung ist die Arbeitnehmereigenschaft von vornherein unvereinbar (*Jaeger* NZA 1998, 961 ff.; *Holthausen/Steinkraus* NZA-RR 2002, 281 ff.). Neben §§ 611 ff. BGB kommt aber ausnahmsweise eine analoge Anwendung einzelner arbeitsrechtlicher Vorschriften in Betracht, wenn dies im Einzelfall durch eine besondere soziale Schutzbedürftigkeit des GmbH-Geschäftsführers gefordert werden kann (*BGH* 11.7.1953, 9.3.1987 BGHZ 10, 191, NJW 1987, 2074). **Möglich ist zudem die Vereinbarung der Anwendung arbeitsrechtlicher Normen**, z. B. des § 1 KSchG (*BGH* 10.5.2010 NZA 2010, 889; s. *Stagat* NZA 2010, 975 ff. u. NZA-RR 2011, 617 ff.).

190 Andererseits kann das Anstellungsverhältnis einer (stellvertretenden) GmbH-Geschäftsführerin im Einzelfall auch ein Arbeitsverhältnis sein (*LAG Köln* 21.3.2006 – 7 Ta 14/06 – EzA-SD 13/2006 S. 15 LS). Ob dies der Fall ist, hängt nicht vom Umfang der Vertretungsbefugnis im Innenverhältnis ab, sondern richtet sich nach den allgemeinen Kriterien zur Abgrenzung vom freien Dienstverhältnis (*BAG* 26.5.1999 EzA § 611 BGB Arbeitnehmerbegriff Nr. 76; s. *Fischer* NJW 2003, 2417; *Schrader/Schubert* DB 2005, 1457 ff.; *LAG SchlH* 5.10.2001 NZA-RR 2002, 324; *LAG BW* 27.9.2001 NZA-RR 2002, 483; *OLG Jena* 14.3.2001 NZA-RR 2001, 468; a. A. BGHZ 10, 191; BGHZ 49, 31; BGHZ 91, 1 [217]; vgl. auch *BSG* 14.12.1999 EzA § 7 SGB IV Nr. 1; 18.12.2001 NZA-RR 2003, 325).

## F. Grundbegriffe des Arbeitsrechts

Allerdings ist zu beachten, dass sich der Organvertreter daneben auch noch in einem Arbeitsverhältnis befinden kann. So können zwei Rechtsverhältnisse zu verschiedenen Gesellschaften bestehen (vgl. *Jaeger* NZA 1998, 961 ff.; *Holthausen/Steinkraus* NZA-RR 2002, 281 ff.). **191**

Wenn z. B. ein Arbeitnehmer einer KG später Geschäftsführer der persönlich haftenden GmbH wird, so erlischt durch diese Bestellung zum Geschäftsführer nicht das Arbeitsverhältnis zur KG (**a. A.** *LAG Hessen* 31.8.2004 LAG Report 2005, 239: i. Zw. wird das bisherige Arbeitsverhältnis aufgehoben, das gilt auch im Hinblick auf § 623 BGB (s. Rdn. 193); er wird dadurch aber auch nicht Organvertreter der KG i. S. v. § 5 Abs. 1 S. 3 ArbGG (*LAG Köln* 14.10.2002 NZA-RR 2003, 492; vgl. *Moll* RdA 2002, 226). **192**

Auch zu einer juristischen Person können zwei Rechtsverhältnisse bestehen, von denen eines ein Arbeitsverhältnis ist. Voraussetzung dafür ist eine **klar unterscheidbare und trennbare Doppelstellung** als Arbeitnehmer und Organvertreter (*BAG* 17.1.1985 AP Nr. 2 zu § 5 ArbGG 1979; s. a. *BAG* 25.10.2007 EzA § 14 KSchG Nr. 8: **Konzer**n; *BAG* 5.6.2008 – 2 AZR 754/06, NZA 2008, 1002; s. *Goll-Müller/Langenhan-Komus* NZA 2008, 687 ff.). **193**

Wird ein Angestellter einer GmbH zum Geschäftsführer berufen, ohne dass sich an den Vertragsbedingungen im Übrigen etwas ändert, so kann anzunehmen sein, dass das bisherige Arbeitsverhältnis nicht beendet, sondern nur **suspendiert** wird. Wird der Angestellte sodann als Geschäftsführer abberufen, so wird das Arbeitsverhältnis dadurch u. U. wieder auf seinen ursprünglichen Inhalt zurückgeführt (*BAG* 9.5.1985 EzA § 5 ArbGG Nr. 3; vgl. *LAG Bln.* 3.7.1998 NZA 1998, 1003; wendet sich der Angestellte gegen eine Kündigung mit der Begründung, sein ehemaliges Arbeitsverhältnis sei wieder aufgelebt, so ist dafür der **Rechtsweg zum ArbG** eröffnet *BAG* 18.12.1996 EzA § 2 ArbGG 1979 Nr. 35). Soll der Arbeitnehmer allerdings zwecks späterer Anstellung als GmbH-Geschäftsführer zunächst in einem Anstellungsverhältnis **erprobt** werden, so ist im Zweifel anzunehmen, dass mit Abschluss des Geschäftsführervertrages das ursprüngliche Arbeitsverhältnis beendet sein soll (*BAG* 7.10.1993 EzA § 5 ArbGG Nr. 9). Im Zweifel ist im Übrigen aber nicht anzunehmen, dass ein früheres Arbeitsverhältnis wieder auflebt, wenn der ehemalige Arbeitnehmer mit dem Arbeitgeber einen **neuen Vertrag** geschlossen hat, durch den sein Dienstverhältnis als Vertretungsorgan neu geregelt wird (*BAG* 18.12.1996 EzA § 2 ArbGG 1979 Nr. 35); auch mit dem **Verlust der Organstellung** als Geschäftsführer einer GmbH wandelt sich der zu Grunde liegende Anstellungsvertrag (Geschäftsführerdienstvertrag) **nicht** (wieder) – jedenfalls nicht ohne weiteres – **in einen Arbeitsvertrag** um (*BAG* 5.6.2008 – 2 AZR 754/06, NZA 2008, 1002). **194**

Deshalb liegt in dem Abschluss eines – schriftlichen – Geschäftsführer-Dienstvertrages durch einen angestellten Mitarbeiter im Zweifel die konkludente Aufhebung des bisherigen Dienstverhältnisses. Nach dem Willen der Vertragschließenden soll regelmäßig neben dem Dienstverhältnis nicht noch ein Arbeitsverhältnis bestehen. Eine andere Auslegung kommt nur in Ausnahmefällen in Betracht, für die zumindest deutliche Anhaltspunkte vorliegen müssen (*BAG* 14.6.2006 EzA § 5 ArbGG 1979 Nr. 40; 19.7.2007 EzA § 623 BGB 2002 Nr. 7; s. *Sasse/Schnutger* BB 2007, 154 ff.), denn durch den Geschäftsführerdienstvertrag werden die **vertraglichen Beziehungen** der Parteien zueinander auf eine **neue Grundlage** gestellt, die bisherige Grundlage entfällt. Mit dem Abschluss des Geschäftsführerdienstvertrags und der damit einhergehenden Bestellung zum Geschäftsführer werden für den Beschäftigten schon von Gesetzes wegen **zahlreiche neue Rechte und Pflichten aus dem GmbHG** begründet. **Einem Arbeitnehmer muss deshalb klar sein, dass mit dem Abschluss des Geschäftsführerdienstvertrages und der Bestellung zum Geschäftsführer das vorherige Arbeitsverhältnis endet.** Aufgrund dieser Vermutung, die seit langem der Rechtsprechung des BAG entspricht, führt die in **§ 305c Abs. 2 BGB enthaltene Unklarheitenregel** bei vorformulierten Vertragsbedingungen nicht zu einer anderen Beurteilung; durch den schriftlichen Geschäftsführerdienstvertrag wird auch das **Schriftformerfordernis des § 623 BGB für den Auflösungsvertrag** gewahrt. Ist die Auflösung des Arbeitsverhältnisses nicht ausdrücklich vereinbart, so ist im Wege der Auslegung der getroffenen schriftlichen Vereinbarung festzustellen, ob der Wille, das Arbeitsverhältnis einvernehmlich zu beenden, in der schriftlichen **195**

Vereinbarung zum Ausdruck gekommen ist. Außerhalb der Urkunde liegende Umstände dürfen berücksichtigt werden, wenn der einschlägige rechtsgeschäftliche Wille der Parteien in der formgerechten Urkunde einen wenn auch nur unvollkommenen oder andeutungsweisen Ausdruck gefunden hat. Schließt ein Arbeitnehmer aber mit dem Arbeitgeber einen schriftlichen Dienstvertrag, der Grundlage der Bestellung zum Geschäftsführer ist, findet der Wille der Vertragsparteien, das zuvor begründete Arbeitsverhältnis zu beenden, in dem schriftlichen Geschäftsführerdienstvertrag **hinreichend deutlichen Anklang** (*BAG* 19.7.2007 EzA § 623 BGB 2002 Nr. 7; 5.6.2008 – 2 AZR 754/06, NZA 2008, 1002; 3.2.2009 EzA § 5 ArbGG 1979 Nr. 43; 15.3.2011 EzA § 5 ArbGG 1979 Nr. 44). Anders ist es dagegen bei einem nur mündlich abgeschlossenen Geschäftsführervertrag (*LAG Nds.* 7.3.2007 NZA-RR 2007, 522); heben die Parteien ihr Arbeitsverhältnis nicht ausdrücklich schriftlich auf und schließen sie lediglich einen **mündlichen Geschäftsführer-Dienstvertrag**, so bleibt bei einem Streit über die Beendigung des weiterhin bestehenden Arbeitsverhältnisses folglich der Rechtsweg zu den Gerichten für Arbeitssachen gegeben (*BAG* 15.3.2011 EzA § 5 ArbGG 1979 Nr. 44).

196 Auch dann, wenn ein in **leitender Position** beschäftigter Arbeitnehmer zum Geschäftsführer einer neu gegründeten GmbH bestellt wird, die wesentliche Teilaufgaben des Betriebes seines bisherigen Arbeitgebers übernimmt (Ausgliederung einer Bauträger-GmbH aus einem Architekturbüro), wird im Zweifel mit Abschluss des schriftlichen Geschäftsführervertrages **das bisherige Arbeitsverhältnis aufgehoben** (*BAG* 19.7.2007 EzA § 623 BGB 2002 Nr. 7; 3.2.2009 EzA § 5 ArbGG 1979 Nr. 43; a. A. *LAG Brem.* 2.3.2006 LAGE § 5 ArbGG 1979 Nr. 11; *LAG Bln.-Bra.* 26.1.2009 LAGE § 5 ArbGG 1979 Nr. 8; s. a. *Wank/Maties* NZA 2007, 353); dies ist mit § 623 BGB vereinbar (*BAG* 19.7.2007 EzA § 623 BGB 2002 Nr. 7 = NZA 2007, 1095) und grds. der Fall (*BAG* 5.6.2008 NZA 2008, 1002). Insoweit genügt es, wenn der Geschäftsführervertrag den Formerfordernissen des § 623 BGB entspricht, sich **der Wille der Parteien zur Aufhebung des Arbeitsverhältnisses aus dem abgeschlossenen Vertrag ergibt** und ihm zumindest konkludent die Auflösung des Arbeitsverhältnisses entnommen werden kann (*BAG* 19.7.2007 EzA § 623 BGB 2002 Nr. 7 = NZA 2007, 1095; *LAG BW* 16.11.2006 LAGE § 623 BGB 2002 Nr. 6; s. *Gehlhaar* NZA-RR 2009, 569 ff.).

197 Behauptet der gekündigte Geschäftsführer, es hätten **zwei schuldrechtliche Rechtsverhältnisse** bestanden (Geschäftsführerdienstvertrag und ruhendes Arbeitsverhältnis), so hat er i. E. die Tatsachen darzulegen, aus denen sich dies ergeben soll (*BAG* 25.10.2007 EzA § 14 KSchG Nr. 8).

198 Wenn die Organstellung eines GmbH-Geschäftsführers im Fall der **Verschmelzung** mit einer anderen GmbH erlischt und der Anstellungsvertrag gem. § 25 Abs. 2 S. 1 KapErhG (a. F.) auf die übernehmende GmbH übergeht, sind für den Rechtsstreit wegen der Kündigung des Anstellungsvertrages die Arbeitsgerichte (nur) dann zuständig, wenn neben dem Anstellungsverhältnis ein gleichzeitig übergegangenes Arbeitsverhältnis ruhend fortbestand (*BAG* 21.2.1994 EzA § 2 ArbGG Nr. 28; s. a. *BAG* 12.3.1987 EzA § 5 ArbGG Nr. 4). Denn der **ehemalige Geschäftsführer** wird nicht automatisch zum Arbeitnehmer der aufnehmenden GmbH, wenn er seine frühere Tätigkeit mehr oder weniger unverändert fortsetzt. Es kann andererseits jedoch auch dem Willen der Beteiligten entsprechen, dass die Fortsetzung der Tätigkeit auf der Grundlage eines Arbeitsverhältnisses erfolgen soll, auch wenn die finanziellen Vertragsbedingungen im Wesentlichen unverändert bleiben (*LAG Köln* 15.8.2001 ARST 2002, 116 LS; s. a. *LAG Köln* 17.6.2003 NZA-RR 2004, 38).

199 Wird ein Arbeitnehmer zum Geschäftsführer einer **konzernabhängigen Gesellschaft** bestellt, so liegt allein darin noch keine (stillschweigende) Aufhebung des Arbeitsverhältnisses mit der Obergesellschaft (*BAG* 20.10.1995 EzA § 2 ArbGG 1979 Nr. 13).

200 Dagegen sind die Mitarbeiter eines Zimmererunternehmens dann keine Arbeitnehmer, wenn sie alle **Gesellschafter einer GmbH** und auch alle zu deren Geschäftsführern bestellt sind (*BAG* 10.4.1991 EzA § 611 BGB Arbeitnehmerbegriff Nr. 39). Der Gesellschafter einer GmbH, dem **mehr als 50 %** **der Stimmen** zustehen, ist auch dann kein Arbeitnehmer der GmbH, wenn er nicht deren Geschäftsführer ist. Dabei ist es unerheblich, ob er seine Leitungsmacht tatsächlich ausübt; Gleiches gilt i. d. R.

für einen Gesellschafter, der über eine **Sperrminorität** verfügt (*BAG* 6.5.1998 EzA § 611 BGB Arbeitnehmerbegriff Nr. 68; s. *Stück* FA 2007, 34 ff.; KR/*Griebeling* § 1 KSchG Rn. 88).

Wer als **Gesamtprokurist für eine KG** (GmbH & Co. KG) tätig ist, ist regelmäßig deren Arbeitnehmer (vgl. *LAG Bln.* 11.12.2001 ARST 2002, 66 LS). Er wird zwar nicht allein dadurch zwingend freier Dienstnehmer, dass er zum Mitgeschäftsführer der Komplementär-GmbH bestellt wird; weil er dann aber kraft Gesetzes zur Vertretung dieser Personengesamtheit berufen ist, gilt er gem. § 5 Abs. 1 S. 3 ArbGG nicht als Arbeitnehmer i. S. d. ArbGG (*BAG* 20.8.2003 EzA § 5 ArbGG 1979 Nr. 38).  **201**

Wird dagegen der Arbeitnehmer eines Vereins zum **Vorstandsmitglied** berufen und im Hinblick darauf ein Dienstvertrag mit höheren Bezügen abgeschlossen, so wird im Zweifel das bisherige Arbeitsverhältnis aufgehoben (*BAG* 28.9.1995 EzA § 5 ArbGG 1979 Nr. 12).  **202**

### 2. Auswirkungen des unionsrechtlichen Arbeitnehmerbegriffs

S. zunächst Rdn. 102.  **202a**

Der Unterschied zum nationalen Arbeitnehmerbegriff zeigt sich insbes. bei der Einordnung von Organmitgliedern, vor allem bei **Fremdgeschäftsführern**. Die Eigenschaft einer Mitarbeiterin als Mitglied der Unternehmensleitung – Fremdgeschäftsführerin – einer Kapitalgesellschaft schließt, so der *EuGH* (11.11.2010 – C-232/09, NZA 2011, 143), es nicht per se aus, dass sie in einem für das Arbeitsverhältnis typischen **Unterordnungsverhältnis** zur Gesellschaft steht. Für die Zwecke der RL 92/85/EWG ist die Arbeitnehmereigenschaft eines Mitglieds der Unternehmensleitung einer Kapitalgesellschaft zu bejahen, »**wenn es seine Tätigkeit für eine bestimmte Zeit nach der Weisung oder unter der Aufsicht eines anderen Organs dieser Gesellschaft ausübt und als Gegenleistung für die Tätigkeit ein Entgelt erhält**«. Selbst wenn sie über einen Ermessensspielraum bei der Wahrnehmung ihrer Aufgaben verfügte, musste sie gegenüber dem Aufsichtsrat Rechenschaft über ihre Geschäftsführung ablegen und mit diesem zusammenarbeiten, also einem Organ, das von ihr jedenfalls nicht kontrolliert wurde und das jederzeit gegen ihren Willen entscheiden konnte (*EuGH* 11.11.2010 – C-232/09, NZA 2011, 143). Diese Formulierungen sind **so weit**, dass schwer zu erkennen ist, wie der Sachverhalt beschaffen sein muss, damit eine Geschäftsführerin nicht unter den Arbeitnehmerbegriff fällt; damit kann eine rein gesellschaftsrechtlich begründete Weisungsunterworfenheit den Arbeitnehmerstatus begründen (instr. *Junker* NZA 2011, 950 ff.; *Oberthür* NZA 2011, 254).

Dagegen ist auch danach das **Vorstandsmitglied einer deutschen AG** i. d. R. **nicht als Arbeitnehmer** im unionsrechtlichen Sinn zu qualifizieren: Während der GmbH-Geschäftsführer an die Weisungen der Gesellschafterversammlung gebunden ist (§ 37 GmbHG) und jederzeit abberufen werden kann (§ 38 Abs. 1 GmbHG), hat der Vorstand die AG unter eigener Verantwortung zu leiten (§ 76 Abs. 1 AktG); ein Vorstandsmitglied kann vom Aufsichtsrat nur aus wichtigem Grund abberufen werden (§ 84 Abs. 3 AktG). Offen ist allerdings, ob ein Vorstandsmitglied ausnahmsweise unionsrechtlicher Arbeitnehmer ist, wenn der Vorstand nach § 308 Abs. 1 AktG im Konzern den Weisungen des herrschenden Unternehmens unterliegt. Umgekehrt ist der **GmbH-Geschäftsführer** jedenfalls dann kein abhängig Beschäftigter, wenn er – insbes. als Gesellschafter – einen **bestimmenden Einfluss** auf die GmbH ausüben kann (*Junker* NZA 2011, 950 ff.; *Oberthür* NZA 2011, 254).  **202b**

### VIII. Beschäftigung außerhalb eines Arbeitsverhältnisses

Beamte sind gem. § 5 Abs. 2 ArbGG keine Arbeitnehmer. Wird ein Beamter von seinem öffentlichen Dienstherrn allerdings unter Fortzahlung des Gehalts »zur **Dienstleistung**« **bei einer privaten Einrichtung** beurlaubt, kann – je nach den Umständen des Einzelfalls – neben dem Beamtenverhältnis ein Arbeitsverhältnis mit der privaten Einrichtung zustande kommen. Denn dem Beamten ist dann kein amtsgemäßer Aufgabenbereich mehr übertragen. Die Begründung eines Arbeitsverhältnisses ist von den Beteiligten i. d. R. erst dann gewollt, wenn die Tätigkeit des beurlaubten Beamten beim privaten Arbeitgeber nicht mehr seiner beamtenrechtlichen Stellung entspricht und er zusätz-  **203** lich zu seinen Beamtenbezügen eine Tätigkeitsvergütung enthält (*BAG* 27.6.2001 EzA § 4 EntgfzG Tarifvertrag Nr. 48).

204 Auch **Richter, Soldaten, Zivildienstleistende und Entwicklungshelfer** sind gem. § 5 Abs. 2 ArbGG keine Arbeitnehmer. Für Strafgefangene gilt das selbst dann, wenn sie außerhalb der Anstalt in einem privaten Betrieb beschäftigt werden (*BAG* 3.10.1978 EzA § 5 BetrVG Nr. 33). Zu Ein-Euro-Jobbern s. Rdn. 169. Auch der **Eingliederungsvertrag** gem. §§ 229 ff. SGB III begründet kein Arbeitsverhältnis. Dies folgt bereits aus dem **Wortlaut des Gesetzes**. Denn der Gesetzgeber wollte das mit dem Eingliederungsvertrag zustande gekommene Beschäftigungsverhältnis i. S. v. § 7 SGB IV grds. nicht als Arbeitsverhältnis verstanden und behandelt wissen. § 229 SGB III spricht nicht etwa von Arbeitnehmern, sondern von »Arbeitslosen«, die »auf Grund eines Eingliederungsvertrages mit dem Ziel beschäftigt werden, sie nach erfolgreichem Abschluss der Eingliederung in ein Arbeitsverhältnis zu übernehmen«. Damit wird deutlich, dass die Beschäftigung vor der Übernahme nicht schon im Rahmen eines Arbeitsverhältnisses erfolgt. Ein deutlicher Hinweis auf den entsprechenden Willen des Gesetzgebers ist ferner die ansonsten überflüssige Anordnung der beschränkten Anwendung arbeitsrechtlicher Vorschriften und Grundsätze (§ 231 Abs. 2 S. 1 SGB III) sowie die Rechtswegzuweisung zu den Arbeitsgerichten, derer es nicht bedurft hätte, wenn der Eingliederungsvertrag ohnehin ein Arbeitsverhältnis i. S. v. § 2 Abs. 1 Nr. 3a ArbGG begründen würde. Auch bildet bei der Eingliederung nicht die entgeltliche, weisungsgebundene Tätigkeit den Schwerpunkt (*BAG* 17.5.2001 EzA § 1 KSchG Nr. 54).

205 Personen, die in **Arbeitsbeschaffungsmaßnahmen** beschäftigt werden (§§ 260 ff. SGB III), sind Arbeitnehmer. Für Personen, die Dienst im Rahmen des **freiwilligen sozialen Jahres** leisten, gelten arbeitsrechtliche Bestimmungen (nur) insoweit, als dies durch das Gesetz zur Förderung des freiwilligen sozialen Jahres angeordnet worden ist. Das ist insbes. für den Bereich der Mitbestimmung des Betriebsrats nicht der Fall.

206 Mitarbeit von **Ehegatten und Kindern** gem. § 1619 BGB begründet an sich kein Arbeitsverhältnis, schließt aber die gesonderte Begründung eines Arbeitsverhältnisses nicht aus.

207 Maßgeblich ist eine wertende Betrachtungsweise. Haben die Parteien gerade neben den während der Ehe und der gemeinsamen Haushaltsführung immer anfallenden familienrechtlichen Leistungen ausdrücklich ein Arbeitsverhältnis gewollt und gelebt und nach außen hin auch konkrete Zahlungsbeträge als Vergütung deklariert, so kann dieses Verhältnis nicht nachträglich gerichtlich anders eingeordnet werden. Der mitarbeitende Ehegatte hat dann Anspruch auf Auszahlung einer gesonderten, vom Familienunterhalt unabhängigen und ihm frei zur Verfügung stehenden Vergütung; zur Erfüllung dieses Anspruchs kann sich der Arbeitgeber nicht darauf berufen, die Arbeitnehmerin habe ihren Lebensunterhalt vom gemeinsamen Konto bestritten (*LAG SchlH* 30.8.2006 LAGE § 611 BGB 2002 Ehegattenarbeitsverhältnis Nr. 1; s. a. *Schulz* NZA 2010, 75 ff.).

208 Auch z. B. die Mitarbeit eines Familienmitglieds in einer KG, an der nur die Eltern und der Ehemann als Gesellschafter beteiligt sind, kann Gegenstand eines Arbeitsvertrages sein. Aus dessen Anlass können auch Leistungen der betrieblichen Altersversorgung zugesagt werden. Um Missbrauch zu verhindern, verlangt das *BAG* (20.7.1993 AP Nr. 4 zu § 1 BetrAVG Unverfallbarkeit) allerdings den schriftlichen Abschluss und den tatsächlichen Vollzug eines Vertrages, der die üblichen Bestandteile eines Arbeitsverhältnisses regelt, sowie die Auszahlung des Entgelts an den Arbeitnehmer (vgl. zur Abgrenzung der Arbeitnehmer- oder Unternehmereigenschaft bei Tätigkeit im Betrieb des Ehegatten *BSG* 21.4.1993 EzA § 611 BGB Ehegattenarbeitsverhältnis Nr. 2). Die Darlegungs- und Beweislast für das Vorliegen eines Ehegatten-Arbeitsverhältnisses z. B. i. S. v. § 1 Abs. 1 KSchG trifft den Arbeitnehmer; sie trifft dagegen den Arbeitgeber, wenn er behauptet, es handle sich um ein Scheingeschäft i. S. d. § 117 Abs. 1 BGB (*BAG* 9.2.1995 EzA § 1 KSchG Personenbedingte Kündigung Nr. 12).

209 **Gesellschafter**, die auf Grund ihrer sich aus dem Gesellschaftsvertrag ergebenden Verpflichtung tätig werden, sind regelmäßig keine Arbeitnehmer; die Begründung eines Arbeitsverhältnisses ist aber möglich. So kann z. B. ein Kommanditist zugleich Arbeitnehmer der KG sein. Das ist z. B. dann

## F. Grundbegriffe des Arbeitsrechts

der Fall, wenn der **Kommanditist**, der über **keine Sperrminorität** verfügt, dem im Gesellschaftsvertrag auch keine Vertretungs- und Geschäftsführungsbefugnis eingeräumt ist und dessen Entgelt sich lediglich als Vorwegnahme seines Gewinns nach seinem Gesellschaftsanteil bemisst und in keiner Beziehung zu seiner im Gesellschaftsvertrag nicht geregelten Tätigkeit steht, in einer Stellung als technischer Leiter des Betriebes arbeitet (*LAG Bln.* 26.3.2003 LAGE § 611 BGB Arbeitnehmerbegriff Nr. 46). Dagegen ist der Gesellschafter einer GmbH, dem **mehr als 50 % der Stimmen** zustehen, auch dann kein Arbeitnehmer – unabhängig davon, ob er seine Leitungsmacht tatsächlich ausübt – wenn er nicht Geschäftsführer ist (*BAG* 6.5.1998 NZA 1998, 939).

Keine Arbeitnehmer sind **freiberuflich Tätige** (z. B. Ärzte, Rechtsanwälte) und freie Mitarbeiter insbes. von Presse- und Verlagsunternehmen. 210

Wird eine Person im Bereich der **Krankenpflege** (z. B. eine Rote-Kreuz-Schwester) auf Grund eines Gestellungsvertrages zwischen dem DRK und dem Krankenhausträger mit der Verpflichtung, Pflegepersonal zur Verfügung zu stellen, tätig, so wird ein Arbeitsverhältnis zum Krankenhausträger dann begründet, wenn der Gestellungsvertrag nur wie ein Tarifvertrag die Rahmenbedingungen für die Beschäftigung festlegt. Geht die Verpflichtung dagegen dahin, die erforderlichen Personen zur Verfügung zu stellen, ohne dass mit dem Betriebsinhaber ein Arbeitsvertrag geschlossen wird, so ist die gestellte Person kein Arbeitnehmer. Die mitgliedschaftliche Bindung an die Schwesternschaft schließt dann ein Arbeitsverhältnis zum Gestellungsträger aus. **Rote-Kreuz-Schwestern** sind auch weder Arbeitnehmer der Schwesternschaft noch arbeitnehmerähnliche Personen i. S. v. § 5 Abs. 1 ArbGG (*BAG* 6.7.1995 EzA § 5 ArbGG 1979 Nr. 11). 211

Fraglich ist, ob ein sog. **subordinativer Franchisenehmer**, der zur Absatzförderung nach den Richtlinien und Anweisungen des Franchisegebers verpflichtet ist, die wirtschaftlichen Folgen seiner selbstbestimmten Tätigkeit jedoch selbst trägt, Arbeitnehmer sein kann. 212

Das *BAG* (16.7.1997 EzA § 5 ArbGG 1979 Nr. 24; ebenso *BGH* 4.11.1998 EzA § 5 ArbGG 1979 Nr. 29; a. A. *LAG RhPf* 12.7.1996 LAGE § 611 BGB Arbeitnehmerbegriff Nr. 32; *OLG Düsseld.* 30.1.1998 ZIP 1998, 624) geht davon aus, dass der Umstand, dass ein Franchisenehmer den für ein solches Rechtsverhältnis typischen Bindungen unterliegt, die Annahme eines Arbeitsverhältnisses nicht ausschließt. Ob eine Partei Arbeitnehmer oder arbeitnehmerähnliche Person ist, richtet sich folglich **ausschließlich danach**, ob sie **persönlich abhängig oder zwar rechtlich selbstständig, aber wirtschaftlich abhängig und einem Arbeitnehmer vergleichbar schutzbedürftig** ist. Im konkret entschiedenen Einzelfall hat das *BAG* (16.7.1997 EzA § 5 ArbGG 1979 Nr. 24) angenommen, dass der Franchisenehmer jedenfalls wegen seiner wirtschaftlichen Abhängigkeit als **arbeitnehmerähnliche Person** anzusehen ist und damit die Zuständigkeit der Arbeitsgerichtsbarkeit bejaht; über die Frage der Arbeitnehmereigenschaft zu entscheiden, bestand kein Anlass. Für die wirtschaftliche Abhängigkeit spricht der Umstand, dass der Franchisenehmer neben dem Verdienst aus der Tätigkeit für den Franchisegeber über **keine anderweitigen Einkünfte** verfügt und der Vertrag darauf angelegt ist, die **Arbeitskraft voll in Anspruch** zu nehmen (ebenso *ArbG Düsseld.* 17.10.2000 NZA-RR 2001, 183). Dies gilt auch dann, wenn der Franchisenehmer sämtliche Geschäfte **im eigenen Namen** und **für eigene Rechnung** abschließt. Der Franchisenehmer hat dann die Stellung eines angestellten Verkaufsfahrers (*BGH* 4.11.1998 EzA § 5 ArbGG 1979 Nr. 29.; vgl. dazu *Wank* RdA 1999, 271 ff.). 213

Eine als **Marktleiterin** tätige Franchisenehmerin ist keine Arbeitnehmerin, wenn ihr vertraglich gestattet ist 214
- einzelne Rechte und Pflichten aus dem Vertrag durch geeignete Dritte auszuüben (s. a. *LAG Düsseld.* 27.8.2010 LAGE § 611 BGB 2002 Arbeitnehmerbegriff Nr. 3),
- ihr weder Dauer noch Beginn und Ende der täglichen Arbeitszeit vorgegeben sind,
- sie den Markt in eigener Verantwortung leitet,
- sie in der Gestaltung ihrer Arbeitstätigkeit und ihrer Arbeitszeit für den Betrieb im Wesentlichen frei ist,

# Kapitel 1　　　　Grundbegriffe und Grundstrukturen des Arbeitsrechts

- sie selbst Urlaub nehmen und in der Zeit ihrer sonstigen Abwesenheit andere Personen mit der Marktleitung betrauen kann,
- ihr die Entscheidung überlassen ist, wen und wie viele Personen sie als Mitarbeiter im Markt einsetzt, wobei sie Anstellungsverträge mit dem Personal im eigenen Namen schließt; geschuldet ist jeweils nur der Einsatz qualifizierten Personals.

Damit steht ihr ein eigener **Gestaltungsspielraum** zu, der mit dem Status einer Arbeitnehmerin nicht zu vereinbaren ist (*BGH* 27.1.2000 EzA § 2 ArbGG 1979 Nr. 50; s. a. *LAG Düsseld.* 27.8.2010 LAGE § 611 BGB 2002 Arbeitnehmerbegriff Nr. 3). Der *BGH* 27.1.2000 EzA § 2 ArbGG 1979 Nr. 50) hat auch die Eigenschaft als **arbeitnehmerähnliche Person** im konkreten Einzelfall **verneint**, weil sie **nicht** wie ein Arbeitnehmer **sozial schutzbedürftig** ist. Denn sie hat dafür Sorge zu tragen, dass im Markt genügend qualifiziertes Personal vorhanden ist, sie schließt die Anstellungsvereinbarungen im eigenen Namen ab und ist Arbeitgeber der im Markt Beschäftigten. Das spricht entscheidend für selbstständiges Unternehmertum, schließt also eine arbeitnehmerähnliche Stellung aus.

215　Auch der Abschluss eines **Kommissionsvertrages** schließt nicht aus, dass es sich bei dem »Kommissionär« um einen Arbeitnehmer oder eine arbeitnehmerähnliche Person handelt (*BAG* 8.9.1997 EzA § 5 ArbGG 1979 Nr. 25). Denn der Gesetzgeber hat den Kommissionär nach § 383 HGB als **selbstständigen Gewerbetreibenden** und damit nicht als Arbeitnehmer eingeordnet. Die Selbstständigkeit folgt dabei aus der Gewerbsmäßigkeit seines Tätigwerdens. Allerdings liegt ein Arbeitsverhältnis dann vor, wenn Vereinbarungen getroffen und praktiziert werden, die zur Folge haben, dass der betreffende Kommissionär nicht mehr im Wesentlichen frei seine Tätigkeit gestalten und seine Arbeitszeit bestimmen kann (*BAG* 4.12.2002 EzA § 611 BGB 2002 Arbeitnehmerbegriff Nr. 2). Allein die **wirtschaftliche Abhängigkeit** eines Kommissionärs kann zwar die Rechtsstellung einer arbeitnehmerähnlichen Person begründen (*BAG* 8.9.1997 EzA § 5 ArbGG 1979 Nr. 25), nicht aber die Arbeitnehmereigenschaft. Ist der zur Dienstleistung Verpflichtete nach den tatsächlichen Umständen aber nicht in der Lage, seine vertraglichen Leistungspflichten **allein zu erfüllen**, sondern auf Hilfskräfte angewiesen und vertraglich berechtigt, seine Leistungen durch Dritte erbringen zu lassen, spricht dies regelmäßig gegen ein Arbeitsverhältnis (*BAG* 12.12.2001 EzA § 611 BGB Arbeitnehmerbegriff Nr. 87 4.12.2002 EzA § 611 BGB 2002 Arbeitnehmerbegriff Nr. 2 = NZA 2003, 1112 LS; ebenso *BGH* 21.10.1998 NZA 1999, 110; s. a. *LAG Düsseld.* 27.8.2010 LAGE § 611 BGB 2002 Arbeitnehmerbegriff Nr. 3).

## IX. Arbeitgeber

### 1. Grundsätze

216　Arbeitsvertragspartner des Arbeitnehmers ist der Arbeitgeber, das ist derjenige, der die Dienstleistungen vom Arbeitnehmer kraft des Arbeitsvertrages verlangen kann und andererseits der Schuldner des Vergütungsanspruchs ist (*BAG* 9.9.1982 EzA § 611 BGB Arbeitgeberbegriff Nr. 1).

217　Verfassungsrechtliche Grundlagen für die Arbeitgeberstellung sind Art. 12 Abs. 1, 14 GG (s. Rdn. 316).

218　Arbeitgeber kann eine natürliche oder juristische Person oder eine Gesamthandsgemeinschaft, insbes. eine BGB-Gesellschaft, oHG oder KG sein. Bei Streitigkeiten aus dem Arbeitsverhältnis ist der Arbeitgeber zu verklagen. **Insbesondere bei fristgebundenen Klagen (z. B. der Kündigungsschutzklage, §§ 4, 7 KSchG) muss der Arbeitnehmer innerhalb der gesetzlichen Frist (gem. § 4 KSchG von drei Wochen) die richtige Partei verklagen, weil nur dann die Klagefrist eingehalten ist.** Wer Arbeitgeber ist, ist aber nicht selten fraglich (vgl. KR-*Friedrich* § 4 KSchG Rn. 85 ff.), insbes. dann, wenn für den Arbeitnehmer nicht eindeutig erkennbar ist, ob es sich z. B. um eine **Einzelhandelsfirma**, oder um eine **GmbH** handelt, oder wenn mehrere Unternehmen mit ähnlichen Firmenbezeichnungen, gleichen Inhabern/Gesellschaftern/Geschäftsführern und Firmensitz, aber rechtlich unterschiedlicher Organisationsform tätig sind.

F. Grundbegriffe des Arbeitsrechts **Kapitel 1**

Das *BAG* (12.2.2004 EzA § 4 KSchG n. F. Nr. 66; 21.9.2006 EzA § 4 KSchG n. F. Nr. 75; **219**
1.3.2007. EzA § 4 KSchG n. F. Nr. 76; 28.8.2008 EzA § 4 KSchG n. F. Nr. 85) wendet insoweit
aber einen »großzügigen Maßstab« an (*BAG* 13.12.2007 EzA § 4 KSchG n. F. Nr. 82); im Einzelnen gilt Folgendes (s. a. Kap. 4 Rdn. 961):

- Die Parteien eines Prozesses werden vom Kläger in der Klageschrift bezeichnet. Ist die Bezeichnung nicht eindeutig, so ist die Partei durch Auslegung zu ermitteln. Selbst bei äußerlich eindeutiger, aber offenkundig unrichtiger Bezeichnung ist grds. diejenige Person als Partei angesprochen, die erkennbar durch die Parteibezeichnung betroffen werden soll; eine ungenaue oder erkennbar falsche Parteibezeichnung ist unschädlich und kann jederzeit von Amts wegen richtig gestellt werden (*BAG* 21.9.2006 EzA § 4 KSchG n. F. Nr. 75; 28.8.2008 EzA § 4 KSchG n. F. Nr. 85);
- Ergibt sich in einem Kündigungsschutzprozess etwa aus dem der Klageschrift beigefügten Kündigungsschreiben, wer als beklagte Partei gemeint ist, so liegt eine nach § 4 S. 1 KSchG rechtzeitige Klage auch dann vor, wenn bei Zugrundelegung des bloßen Wortlauts der Klageschrift eine andere Person als Partei in Betracht zu ziehen wäre;
- Die durch das Grundgesetz gewährleisteten Verfassungsgarantien verbieten es, den Zugang zu den Gerichten in einer aus Sachgründen nicht mehr zu rechtfertigenden Weise zu erschweren. Deshalb darf die Klageerhebung nicht an unvollständigen oder fehlerhaften Bezeichnungen der Parteien scheitern, wenn diese Mängel in Anbetracht der jeweiligen Umstände letztlich keine vernünftigen Zweifel an dem wirklich Gewollten aufkommen lassen;
- Das gilt auch dann, wenn statt der richtigen Bezeichnung irrtümlich die Bezeichnung einer tatsächlich existierenden (juristischen oder natürlichen) Person gewählt wird, solange nur aus dem Inhalt der Klageschrift und etwaigen Anlagen unzweifelhaft deutlich wird, welche Partei tatsächlich gemeint ist.
- Für eine Auslegung, der Arbeitnehmer wolle nicht gegen seinen Arbeitgeber, sondern gegen eine andere Einrichtung mit einer Kündigungsschutzklage vorgehen, **bedarf es besonderer Anhaltspunkte** (*BAG* 28.8.2008 EzA § 4 KSchG n. F. Nr. 85 = NZA 2009, 221).

Nach Maßgabe dieser Grundsätze ist z. B. eine Berichtigung der Parteibezeichnung möglich, wenn **220**
sich die **Klage gegen die einzelnen Partner einer Partnerschaftsgesellschaft** nach dem PartGG richtet, letztere Arbeitgeber ist und die Kündigung auf dem Briefbogen der Gesellschaft gefertigt und von einem der Partner unterzeichnet worden und der Klageschrift beigefügt worden ist (*BAG* 1.3.2007 EzA § 4 KSchG n. F. Nr. 76 = NZA 2007, 1013).

Bei der **BGB-Gesellschaft** ist zu beachten, dass sie nicht unter einem Gesamtnamen Verbindlichkei- **221**
ten eingehen kann. Zu verklagen sind deshalb an sich alle Gesellschafter als Gesamtschuldner (§ 427 BGB); die nur gegen einen Gesellschafter gerichtete Kündigungsschutzklage ist jedenfalls unzulässig (*LAG Bln.* 15.8.1997 NZA-RR 1998, 279). Da der *BGH* (19.1.2001 EzA § 50 ZPO Nr. 4; 18.2.2002 AP § 50 ZPO Nr. 11; 15.1.2003 NJW 2003, 1043; zust. *Diller* NZA 2003, 401 ff.) aber davon ausgeht, dass die (Außen-)Gesellschaft bürgerlichen Rechts Rechtsfähigkeit besitzt, soweit sie durch Teilnahme am Rechtsverkehr eigene Rechte und Pflichten begründet, so dass sie in diesem Rahmen zugleich im Zivilprozess aktiv und passiv parteifähig ist, **muss sie auch als solche verklagt werden** können (*BAG* 1.12.2004 EzA § 50 ZPO 2002 Nr. 3). Will der Kläger erkennbar die Gesellschaft als solche verklagen, ist eine **Beklagtenbezeichnung**, die an Stelle der Gesellschaft die einzelnen Gesellschafter nennt, auch in der Revisionsinstanz **von Amts wegen richtig zu stellen** (*BAG* 17.7.2007 EzA § 8 TzBfG Nr. 17).

**OHG** und **KG** können ohnehin unter ihrer Firma Verbindlichkeiten eingehen (§§ 124 Abs. 1, 161 **222**
Abs. 2 HGB).

In der Insolvenz des Arbeitgebers werden dessen Rechte und Pflichten vom **Insolvenzverwalter** wahr- **223**
genommen (§§ 56 ff. InsO). Ist zum Zeitpunkt der Klageerhebung ein **Insolvenzverwalter** bestellt, ist die Kündigungsschutzklage folglich **gegen diesen in seiner Eigenschaft als Partei kraft Amtes zu erheben**; eine Klage gegen die Schuldnerin wahrt nicht die Klagefrist des § 4 KSchG. Enthält die

*Dörner*

Klageschrift keinen Hinweis auf ein eröffnetes Insolvenzverfahren und die Bestellung des Insolvenzverwalters und wird vielmehr die Schuldnerin eindeutig als Beklagte bezeichnet, kann die Klageschrift nur dahin aufgefasst und ausgelegt werden, dass sich die Klage allein gegen die Schuldnerin richten soll (*BAG* 21.9.2006 EzA § 4 KSchG n. F. Nr. 75).

224 Auf Arbeitgeberseite können auch **mehrere natürliche oder juristische Personen** bzw. mehrere rechtlich selbständige Gesellschaften an einem Arbeitsverhältnis beteiligt sein. Ausreichend, aber auch erforderlich dafür ist ein rechtlicher Zusammenhang zwischen den arbeitsvertraglichen Beziehungen des Arbeitnehmers zu den einzelnen Arbeitgebern, der es verbietet, diese Beziehungen rechtlich getrennt zu behandeln. Dieser rechtliche Zusammenhang kann sich aus einer Auslegung des Vertragswerks der Parteien, aber auch aus zwingenden rechtlichen Wertungen ergeben. Ein solcher Zusammenhang ergibt sich nicht aus § 613a BGB, wenn Unternehmen einzelne Betriebsmittel erwerben, denn danach geht ein Arbeitsverhältnis auf einen einzigen Betriebserwerber über, wenn die Identität eines übernommenen Betriebs gewahrt bleibt (*BAG* 16.2.2006 EzA § 613a BGB 2002 Nr. 47).

## 2. GmbH im Gründungsstadium

225 Für den Vertragsschluss eines Arbeitnehmers mit einer noch nicht im Handelsregister eingetragenen GmbH (vgl. § 11 GmbHG) können nach der Rechtsprechung (*BAG* 7.6.1973 AP Nr. 2 zu § 11 GmbHG) vor allem folgende Gestaltungen gewählt werden:
– Der Vertrag wird im Namen der Gründungsgesellschaft, die als im Wesentlichen nach GmbH-Recht zu behandelndes Rechtsgebilde verstanden wird (*BAG* 8.11.1962 AP Nr. 1 zu § 11 GmbHG), abgeschlossen;
– der Vertrag wird erst für die künftig nach der Eintragung im Handelsregister als juristische Person entstehende GmbH abgeschlossen;
– der Vertrag wird namens der Gründungsgesellschaft und zugleich im Namen der künftigen GmbH abgeschlossen mit der Folge, dass die GmbH mit ihrer Entstehung an die Stelle der Gründungsgesellschaft tritt.

226 Sofern sich aus den Umständen bei den Vertragsverhandlungen nichts anderes ergibt, ist der Abschluss eines Arbeitsvertrages mit der Gründungsgesellschaft dann anzunehmen, wenn diese bereits werbend im Geschäftsverkehr tätig geworden ist, der Arbeitnehmer seine Beschäftigung schon vor Eintragung der GmbH aufnehmen soll und ihm nicht bekannt ist, dass die Eintragung noch nicht erfolgt ist (*LAG Köln* 17.3.2000 NZA-RR 2001, 129).

227 Praktische Bedeutung hat die Wahl einer dieser möglichen Gestaltungen zum einen für die Beantwortung der Frage, wer als Arbeitgeber des Arbeitnehmers anzusehen ist, zum anderen für die Haftung für das geschuldete Arbeitsentgelt und schließlich dafür, wen der Arbeitnehmer im Streitfall vor dem Arbeitsgericht verklagen muss.

228 Das *BAG* (22.1.1997 EzA § 11 GmbHG Nr. 2; 27.5.1997 EzA § 11 GmbHG Nr. 3; 25.1.2006 EzA § 11 GmbHG Nr. 7; s. a. *BGH* 4.3.1996 NJW 1996, 1210; *BSG* 28.2.1986 ZIP 1986, 645) geht davon aus, dass die Gesellschafter einer Vor-GmbH für deren Verbindlichkeiten u. a. dann unmittelbar haften, wenn die Vor-GmbH **vermögenslos** ist, was z. B. belegt wird durch die Einstellung des Gesamtvollstreckungs- (Insolvenz-) verfahrens (*BAG* 25.1.2006 NZA 2006, 673). Das gilt auch für Beitragsschulden gegenüber der ZVK des Baugewerbes (*BAG* 15.12.1999 EzA § 11 GmbHG Nr. 5). Die Haftung ist allerdings **entsprechend dem Anteil am Gesellschaftsvermögen begrenzt**. Eine weitergehende Haftung wird insoweit auch nicht durch § 11 Abs. 2 GmbHG begründet (*BAG* 4.4.2001 EzA § 11 GmbHG Nr. 6).

Werden die Geschäfte nach Aufgabe der Eintragungsabsicht jedoch fortgeführt, haften die Gesellschafter ebenfalls unmittelbar. Ihre Haftung ist auch nicht verhältnismäßig (pro rata) entsprechend ihrer Beteiligung am Gesellschaftsvermögen beschränkt (*BAG* 27.5.1997 EzA § 11 GmbHG Nr. 3; *BSG* 8.12.1999 NZA-RR 2000, 373; s. a. *LAG Hessen* 22.12.1997 NZA-RR 1998, 339).

## F. Grundbegriffe des Arbeitsrechts
## Kapitel 1

Das **Fehlen eines ordnungsgemäßen Sitzes**, das zur Zurückweisung des Eintragungsantrags geführt hat, steht einer Vermögenslosigkeit der Vor-GmbH nicht gleich. Denn dadurch wird die gerichtliche Geltendmachung von Ansprüchen gegen die inzwischen im Abwicklungsstadium befindliche Vor-GmbH nicht vereitelt, weil sie nunmehr von den Gründungsgesellschaftern als Liquidatoren gem. § 730 Abs. 2 BGB vertreten wird (*LAG Bln.* 30.6.2000 NZA-RR 2000, 545). Der ausnahmsweise zugelassene Haftungsdurchgriff scheidet auch dann aus, wenn die an **Barmitteln vorhandene Einlage** den gegen die Gesellschafter gerichteten Verlustdeckungsanspruch übersteigt (*LAG Thüringen* 14.11.2000 NZA-RR 2001, 121).

### 3. Auflösung der GmbH; Parteifähigkeit

Die Eintragung der Auflösung einer GmbH nach § 1 Abs. 1 LöschG im Handelsregister führt nicht zum Verlust der Rechts- und Parteifähigkeit der GmbH (*BAG* 14.8.2002 EzA § 4 TVG Ausschlussfristen Nr. 156). Vielmehr muss zusätzlich Vermögenslosigkeit vorliegen, z. B. wegen Beendigung der Liquidation. 229

Wird während eines anhängigen Zahlungsrechtsstreits gegen eine GmbH ihre Löschung im Handelsregister eingetragen, so führt dies dann nicht zum Verlust der Rechts- und Parteifähigkeit der Gesellschaft, wenn sich aus den Behauptungen des Klägers ergibt, dass die Gesellschaft noch vermögenswerte Ansprüche gegen Dritte haben kann (*Hess. LAG* 28.6.1993 NZA 1994, 384 LS). Auch die während des **Revisionsverfahrens** kraft Gesetzes eingetretene Auflösung einer GmbH führt nicht zur Unzulässigkeit des von ihr eingelegten Rechtsmittels. Der vom Erfolg des Rechtsmittels abhängige Kostenerstattungsanspruch reicht als Anhaltspunkt vorhandenen Vermögens aus (*BAG* 14.8.2002 EzA § 4 TVG Ausschlussfristen Nr. 156 = NZA 2003, 59; *BGH* 6.2.1991 DB 1991, 1319; s. a. *BAG* 16.5.2002 EzA § 9 MuSchG n. F. Nr. 37). 230

Das *BAG* (19.3.2002 EzA § 50 ZPO Nr. 5; 4.6.2003 EzA § 50 ZPO 2002 Nr. 1; 25.9.2003 EzA § 50 ZPO 2002 Nr. 2) hat insoweit folgende **Grundsätze** aufgestellt: 231
- Besteht zwischen den Parteien Streit über die Partei- und Prozessfähigkeit der klagenden Partei, ist sie im Rechtsstreit als partei- und prozessfähig zu behandeln;
- Eine GmbH bleibt auch im Passivprozess parteifähig, wenn sie wegen Vermögenslosigkeit oder nach vollzogener Liquidation im Handelsregister gelöscht worden ist und noch über vermögensrechtliche Ansprüche verfügt. Insoweit reicht grds. die substantiierte Behauptung des Klägers aus, die GmbH habe noch Aktivvermögen. Vermögen in diesem Sinne liegt auch dann vor, wenn die GmbH noch Ersatzansprüche gegen den Liquidator hat.
- Eine GmbH verliert ihre Parteifähigkeit noch nicht durch die Ablehnung des Antrags auf Konkurseröffnung mangels Masse. Die aufgelöste Gesellschaft ist abzuwickeln und deshalb solange parteifähig, als noch verteilungsfähiges Vermögen vorhanden ist und Abwicklungsbedarf besteht. Die aufgelöste GmbH wird von den bisherigen Geschäftsführern vertreten.
- Wird die GmbH im Handelsregister von Amts wegen auf Grund Vermögenslosigkeit nach § 141a Abs. 1 S. 2 FGG gelöscht, gilt sie als voll beendet. Die Liquidatoren verlieren ihre Vertretungsbefugnis; ein Rechtsstreit wird wegen **Verlust der Parteifähigkeit** unterbrochen (*BAG* 19.9.2007 EzA § 241 ZPO 2002 Nr. 1). Die Handlungs- und Prozessfähigkeit (§ 51 ZPO) der Gesellschaft wird regelmäßig erst durch Anordnung der Nachtragsliquidation und die Bestellung von Nachtragsliquidatoren wiederhergestellt (analog § 273 Abs. 4 AktG bzw., soweit noch Vermögen vorhanden ist, die Durchsetzung der **Ernennung von Liquidatoren** als Beteiligte; s. a. *BAG* 19.9.2007 EzA § 241 ZPO 2002 Nr. 1 = NZA 2008, 1030); in Betracht kommt aber auch die **Bestellung eines Prozesspflegers** analog § 57 ZPO (*BAG* 19.9.2007 EzA § 241 ZPO 2002 Nr. 1 = NZA 2008, 1030).
- Eine wegen Vermögenslosigkeit im Handelsregister gelöschte GmbH ist in einem Rechtsstreit über solche vermögensrechtlichen Ansprüche parteifähig (§ 50 ZPO), deren Bestehen sich nach der Löschung herausstellen. Das Vorhandensein von Vermögenswerten bestimmt sich sowohl nach kaufmännisch-wirtschaftlicher Betrachtung als auch nach rechtlichen Kriterien.

- Eine unanfechtbar sicherungshalber übertragene Forderung ist kein Vermögenswert, der die Parteifähigkeit begründet.
- Eine wegen Vermögenslosigkeit gelöschte GmbH hat in aller Regel kein eigenes schutzwürdiges Interesse, im Wege der Prozessstandsschaft Leistungsklage zu erheben.
- Andererseits bleibt eine GmbH im Passivprozess auch nach ihrer Löschung parteifähig, wenn sie möglicherweise noch einen Ersatzanspruch gegen den Liquidator gem. § 73 Abs. 3 GmbHG hat.

### 4. »Briefkastenfirmen«, insbes. »Limiteds« (private limited company) nach englischem Recht

232 Seit *EuGH* 14.3.2003 (NJW 2003, 1461; a. A. z. B. *BGH* GmbHR 2000, 715) steht fest, dass eine **in einem Mitgliedsstaat der EU gegründete Gesellschaft** als solche, also nach »Heimatrecht« anzuerkennen ist. Die Limited bleibt also auch dann Limited mit allen daraus folgenden Rechten nach englischem Recht, wenn sie ihren Verwaltungssitz z. B. nach Deutschland verlegt und ausschließlich dort tätig wird (s. a. *BGH* 14.3.2005 NJW 2005, 1648). Zuvor wäre in einer derartigen Situation deutsches Recht angewandt und die Existenz der Limited praktisch negiert worden (s. *Römermann* NJW 2006, 2065 ff.).

233 Sie ist folglich als in Deutschland parteifähig anzusehen und kann als solche verklagt werden. Eine Durchgriffshaftung des »Directors« bestimmt sich nach englischem Recht, das anders als deutsches Recht nicht § 293 ZPO unterliegt; im Streitfall gehören auch die anspruchsbegründenden – englischen – Rechtsnormen (bzw. -quellen) und ihre Auslegung zum notwendigen Sachvortrag. Art. 49, 54 AEUV (Niederlassungsfreiheit) steht es entgegen, den Geschäftsführer einer solchen Gesellschaft wegen fehlender Eintragung in einem deutschen Handelsregister der persönlichen Handelndenhaftung analog § 11 Abs. 2 GmbHG für deren rechtsgeschäftliche Verbindlichkeiten zu unterwerfen (*BGH* 14.3.2005 NJW 2005, 1648).

234 Nach *Römermann* (NJW 2006, 2065 ff.) ist das englische Gesellschaftsrecht im hier maßgeblichen Zusammenhang vor allem im Hinblick auf eine spätere Insolvenz strenger; andererseits existiert kaum verwertbare Rechtsprechung.

234a Nach *LAG BW* (12.2.2010 – 6 Ta 11/09, AuR 2011, 176; krit. *Korff* AuR 2011, 159 ff.) gilt für Abschluss und Beendigung des Anstellungsvertrages des **Directors** einer in Deutschland tätigen Ltd. nicht das Gesellschafts-, sondern das **Vertragsstatut**. Da eine Rechtswahl gem. Art. 27 EGBGB nicht getroffen worden war, kam deutsches Recht nach Art. 30 Abs. 2 S. 1 EGBGB zur Anwendung, weil sich der gewöhnliche Arbeitsort in Deutschland befand. Alternativ musste deutsches Recht auch nach Art. 28 Abs. 1 S. 1 EGBGB Anwendung finden. Da der Director der Komplementär-Limited als **vertretungsberechtigtes Organ** zu qualifizieren war, war er **analog einem Geschäftsführer** einer Komplementär-GmbH als arbeitgebergleiche Person anzusehen. Gem. § 5 Abs. 1 S. 3 ArbGG war er folglich nicht als Arbeitnehmer anzusehen und der Rechtsstreit an die ordentliche Gerichtsbarkeit zu verweisen.

### 5. Alliierte Streitkräfte

#### a) Grundlagen

235 Für die zivilen Beschäftigten einer Truppe oder eines zivilen Gefolges der Truppe bei den Stationierungsstreitkräften (wozu auch Frankreich gehört); einschließlich bestimmter amerikanischer und französischer Verkaufsorganisationen (EES, AAFES, Economat) ist zu beachten, dass letztere Arbeitgeber mit allen entsprechenden Rechten und Pflichten sind.

236 Sie stellen die zivilen Arbeitnehmer ein, versetzen sie, kündigen ihnen, haben ihnen gegenüber ein Weisungsrecht, bestimmen Beginn und Ende der Arbeitszeit und stellen ihnen Zeugnisse aus. Lediglich die Lohnzahlung erfolgt durch deutsche Behörden anstelle der Stationierungsstreitkräfte.

## F. Grundbegriffe des Arbeitsrechts　　　　　　　　　　　　　　　　　　　　　　　Kapitel 1

Normative Grundlagen für die alten Bundesländer (ohne West-Berlin) sind das NATO-Truppenstatut, das ZA-NTS, das Unterzeichnungsprotokoll zum ZA-NTS. 237

In den alten Bundesländern gilt für die Begründung, den Inhalt und die Beendigung des Arbeitsverhältnisses im Übrigen der TVAL II, der zwischen den Gewerkschaften und der BRD vereinbart worden ist; in West-Berlin gelten inhaltlich entsprechende tarifliche Regelungen. 238

Nicht von diesen Normen erfasst sind die Mitglieder des sog. zivilen Gefolges. Nach dem NATO-Truppenstatut ist ziviles Gefolge das die Truppe eines NATO-Mitgliedsstaates begleitende Zivilpersonal. Es darf sich aber weder um Staatenlose handeln, noch um Staatsangehörige eines Staates, der nicht Partei des Nordatlantikvertrages ist. Auch Staatsangehörige des Staates, in dem die Truppe stationiert ist, oder Personen, die dort ihren gewöhnlichen Aufenthalt haben, können nicht Angehörige des zivilen Gefolges sein. 239

### b) Prozessuale Besonderheiten

Gem. Art. 56 Abs. 8 ZA-NTS sind Klagen gegen den Arbeitgeber insoweit gegen die BRD, diese endvertreten durch die regional zuständige Aufsichts- und Dienstleistungsdirektion Verteidigungslastenverwaltung zu richten; dies gilt z. B. auch für eine Klage auf behinderungsgerechte Beschäftigung (*BAG* 10.5.2005 EzA § 81 SGB IX Nr. 7). Mit einer Klage gegen die Stationierungsstreitkräfte oder eine ihrer Dienststellen wird im Übrigen insbes. die Drei-Wochen-Frist des § 4 KSchG nicht eingehalten. 240

> Die Klage muss vielmehr innerhalb der Frist gegen den gesetzlichen Prozessstandschafter BRD erhoben werden. Die Umstellung der Klage auf den gesetzlichen Prozessstandschafter ist keine Berichtigung der Parteibezeichnung, die dazu führen würde, dass die Drei-Wochen-Frist gewahrt bleibt (*LAG RhPf* 27.4.1990 NZA 1991, 613; *LAG RhPf* 25.1.2006 – 10 Sa 738/05, ZTR 2006, 675 LS; **a. A.** *LAG Köln* 29.8.1986 – 6 Ta 200/86). 241

### 6. Gesamthafenbetrieb

#### a) Begriffsbestimmung; Funktion

Das Gesetz über die Schaffung eines besonderen Arbeitgebers für Hafenarbeiter (Gesamthafenbetrieb; G. v. 3.8.1950 BGBl. S. 352; vgl. *Martens* NZA 2000, 449 ff.) ermöglicht es, durch schriftliche Vereinbarung zwischen zuständigen Arbeitgeberverbänden und Gewerkschaften oder zwischen einzelnen Arbeitgebern und Gewerkschaften von den Betrieben eines Hafens, in dem Hafenarbeiten (dies sind alle Hafenumschlagsarbeiten, also das Be- und Entladen von Schiffen) geleistet werden, zur Schaffung stetiger Arbeitsverhältnisse für Hafenarbeiter einen besonderen Arbeitgeber, den sog. Gesamthafenbetrieb zu bilden. 242

Von dieser Möglichkeit ist in Bremen, Hamburg und Lübeck Gebrauch gemacht worden. Der Gesamthafenbetrieb regelt durch Verwaltungsordnung seine Rechtsform (in Bremen wurde z. B. ein e. V., in Hamburg eine GmbH gegründet), seine Aufgaben, seine Organe und seine Geschäftsführung, insbes. auch die Grundsätze für die Erhebung, Verwaltung und Verwendung von Beiträgen und Umlagen. Er setzt auch den Begriff der Hafenarbeit bindend fest. 243

Weil er insoweit auch öffentlich-rechtliche Aufgaben erfüllt, bedarf die Verwaltungsordnung der Genehmigung durch die oberste Arbeitsbehörde des Landes. 244

Eine erwerbswirtschaftliche Tätigkeit des Gesamthafenbetriebes ist durch das Gesetz ausdrücklich ausgeschlossen. 245

#### b) Hafenarbeitnehmer

Bei den Hafenarbeitnehmern sind drei Gruppen zu unterscheiden. Eine Gruppe steht allein in arbeitsrechtlichen Beziehungen zum **Hafeneinzelbetrieb**. Für sie gelten die allgemeinen arbeitsrecht- 246 lichen Bestimmungen. Gleichgültig ist es, ob der Hafeneinzelbetrieb Mitglied des Gesamthafenbetriebes ist.

247 Die zweite Gruppe ist beim **Gesamthafenbetrieb** eingestellt. Ihre Mitglieder haben einen Arbeitsvertrag mit dem Gesamthafenbetrieb. Sie werden von ihm zur Arbeitsleistung dem Einzelhafenbetrieb zugewiesen. Nach dessen Weisungen verrichten sie ihre Arbeit.

248 Die dritte Gruppe sind die sog. **Aushilfsarbeiter**, die vom Gesamthafenbetrieb dem Hafeneinzelbetrieb nur für jeweils eine Schicht zugewiesen werden und die zur Belegschaft des Hafeneinzelbetriebes gehören.

249 Ein Gesamthafenbetrieb kann von einer Reederei nicht verlangen, dass Ladungsbefestigungsarbeiten auf ihren Schiffen nur von Arbeitern ausgeführt werden, die im Besitz einer Hafenarbeitskarte sind (*BAG* 6.12.1995 EzA § 1004 BGB Nr. 5).

### X. Betrieb, Unternehmen

250 An den Rechtsbegriff des Betriebes knüpfen insbes. § 1 Abs. 1 KSchG, § 1 BetrVG an. Das KSchG enthält ebenso wenig wie das BetrVG eine eigenständige Definition des Betriebsbegriffs.

251 Nach allgemein anerkannter Auffassung ist unter dem Begriff des Betriebes die organisatorische Einheit zu verstehen, innerhalb derer ein Arbeitgeber allein oder mit seinen Arbeitnehmern mit Hilfe von technischen und immateriellen Mitteln einen oder mehrere arbeitstechnische Zwecke fortgesetzt verfolgt, die sich nicht in der Befriedigung von Eigenbedarf erschöpfen (KR/*Griebeling* § 1 KSchG Rn. 132 ff.).

252 Erforderlich ist ein einheitlicher Leitungsapparat (*BAG* 17.2.1983 AP Nr. 4 zu § 4 BetrVG 1972). Kein Betrieb ist der Haushalt.

253 Ein Unternehmen insbes. i. S. v. KSchG und BetrVG ist mangels gesetzlicher Definition die organisatorische Einheit, innerhalb derer ein Unternehmer allein oder in Gemeinschaft mit seinen Mitarbeitern mit Hilfe von sachlichen und immateriellen Mitteln bestimmte, hinter dem arbeitstechnischen Zweck des Betriebes liegende wirtschaftliche oder ideelle Ziele verfolgt (KR/*Griebeling* § 1 KSchG Rn. 141 ff.).

254 Das Unternehmen ist also die Organisations- und Wirkungseinheit, durch die eine unternehmerische Zweckbestimmung verwirklicht wird.

Der Unternehmensbegriff entspricht, soweit das HGB Anwendung findet, dem Begriff des Handelsgewerbes und dem des Handelsgeschäfts (§§ 1–3, 22–27 HGB).

255 Zwei oder mehrere Unternehmen können auch gemeinsam eine arbeitstechnische Organisation bilden (Gemeinschaftsbetrieb; vgl. § 1 Abs. 2 BetrVG; s. Kap. 13 Rdn. 127; *Schmädicke/Glaser/Altmüller* NZA-RR 2005, 397 ff.). Voraussetzung dafür ist aber, dass die beteiligten Unternehmen sich zu einer gemeinsamen Führung des Betriebes rechtlich verbunden haben, sodass eine einheitliche Leitung für die Erfüllung der arbeitstechnischen Aufgaben besteht (*BAG* 14.9.1988 EzA § 1 BetrVG Nr. 7, vgl. *BVerwG* 13.6.2001 NZA 2003, 115; *Rieble/Gistel* NZA 2005, 242 ff.).

256 Der Annahme einer konkludenten Leitungsvereinbarung zur Führung eines gemeinschaftlichen Betriebes mehrerer Unternehmen steht die formale Ausübung von Arbeitgeberbefugnissen durch den jeweiligen Vertragsarbeitgeber nicht entgegen. Ob eine einheitliche Leitung hinsichtlich wesentlicher Arbeitgeberfunktionen vorliegt, beurteilt sich nach der **innerbetrieblichen Entscheidungsfindung** und deren **Umsetzung** (*BAG* 24.1.1996 EzA § 1 BetrVG 1972 Nr. 10). Eine räumliche Trennung der Betriebsstätten schließt zwar das Vorliegen eines gemeinsamen Betriebes nicht aus. Es müssen dann aber an die Darlegung der übrigen für einen Gemeinschaftsbetrieb sprechenden Umstände erhöhte Anforderungen gestellt werden (*LAG Köln* 22.11.1996 NZA-RR 1997, 429; s. Kap. 4 Rdn. 1842 ff., Kap. 13 Rdn. 122 ff.).

## F. Grundbegriffe des Arbeitsrechts

Im **öffentlichen Dienst** ist die dem Betrieb entsprechende Organisationseinheit die Dienststelle. Soweit arbeitsrechtliche Normen die Zugehörigkeit zu einem Unternehmen als maßgeblich ansehen, ist nach dem Gesetzeszweck i. d. R. die Bindung zu einem bestimmten Arbeitgeber ausschlaggebend (vgl. aber für den Kündigungsschutz § 1 Abs. 2 S. 2 Nr. 2b) KSchG). 257

### XI. Konzern

#### 1. Grundlagen

Konzern ist die rechtliche Zusammenfassung rechtlich selbstständiger Unternehmen unter einheitlicher Leitung (§ 18 AktG). Möglich ist die Bildung eines Unterordnungs- oder eines Gleichordnungskonzerns. 258

Das Arbeitsrecht kennt keinen besonderen Konzernbegriff. Gehört der Arbeitnehmer zu einem konzernverbundenen Unternehmen, so ist Arbeitgeber nicht etwa der Konzern. Denn er ist eine Unternehmensverbindung, nicht selbst Rechtssubjekt. Bindungen des Arbeitgebers an andere Unternehmen haben deshalb unmittelbar keine Auswirkungen auf das Arbeitsverhältnis. Die Konzernleitungsmacht gibt der Konzernobergesellschaft insbes. kein arbeitsrechtliches Weisungsrecht gegenüber den Arbeitnehmern der konzernabhängigen Unternehmen. 259

Da das Arbeitsrecht den Arbeitgeber aber nicht nur als Vertragspartner des Arbeitnehmers, sondern auch als Inhaber der betrieblichen Organisationsgewalt erfasst, wird die Konzerneinheit in der Betriebsverfassung durch die Möglichkeit der Bildung eines Konzernbetriebsrats (§ 54 BetrVG) für einen Unterordnungskonzern (§ 18 Abs. 1 AktG) sowie im Recht der unternehmensbezogenen Mitbestimmung (§ 5 MitbestG) berücksichtigt. Individualrechtliche Normen berücksichtigen den Konzern als Organisationseinheit dagegen nicht. 260

Soweit es um den Konzern als Organisationseinheit des Arbeitsrechts geht, steht im Mittelpunkt der Tatbestand, dass die Konzernleitungsmacht auf der Grundlage eines Abhängigkeitsverhältnisses ausgeübt wird, d. h. dass der Außeneinfluss auf den Arbeitgeber durch dessen Abhängigkeit von dem herrschenden Unternehmen strukturell verfestigt ist. 261

#### 2. Der Sonderfall: Ausfallhaftung

Der eine GmbH oder KG beherrschende Unternehmensgesellschafter konnte von den Arbeitnehmern der GmbH nach den Grundsätzen der Ausfallhaftung im qualifiziert faktischen Konzern (weil er mit der GmbH i. S. d. §§ 17, 18 AktG einen Konzern bildet) **auf Zahlung rückständigen Arbeitsentgelts und auf Ausgleich von Sozialplananspruchen in Anspruch genommen werden**. Voraussetzung war, dass der Gesellschafter die **Konzernleitungsmacht ohne Rücksicht auf die abhängige Gesellschaft ausgeübt hatte und die zugefügten Nachteile sich nicht kompensieren ließen** (*BAG* 8.3.1994 EzA § 303 AktG Nr. 5; s. a. *BAG* 1.8.1995 EzA § 303 AktG Nr. 6; 8.9.1998 EzA § 303 AktG Nr. 8). 262

Diesen Haftungsansatz hat der *BGH* (17.9.2001 BGHZ 149, 10 ff.; 25.2.2002 BGHZ 150, 61; 13.12.2004 DB 2005, 328; ebenso *BAG* 28.7.2005 EzA § 16 BetrAVG Nr. 45; 14.12.2004 EzA § 13 GmbHG Nr. 4; s. a. *BAG* 15.3.2011 EzA § 112 BetrVG 2001 Nr. 41: Sozialplanvolumen) **ausdrücklich aufgegeben**. Der Schutz der abhängigen GmbH gegenüber Eingriffen ihrer Gesellschafter folgt nicht mehr dem Haftungssystem des Konzernrechts des Aktiengesetzes. An die Stelle der Haftung aus qualifiziert faktischen Konzernen ist die »**Ausfallhaftung wegen existenzvernichtenden Eingriffs**« getreten. Der Gesellschafter kann sich bei einem existenzvernichtenden Eingriff in das Vermögen der Gesellschaft nicht auf die Haftungsbegrenzung des § 13 Abs. 2 GmbHG berufen. Die Ausfallhaftung ist auf die Erhaltung des Stammkapitals der GmbH und die Gewährleistung ihres Bestandes beschränkt. Die Gesellschafter müssen bei einem Zugriff auf das Vermögen oder bei einer Vereitelung von Geschäftschancen auf die Belange der GmbH angemessen Rücksicht nehmen. An einer solchen Rücksichtnahme fehlt es, wenn die GmbH infolge des Eingriffs eines Gesellschafters nicht mehr ihren Verbindlichkeiten nachkommen kann. Das erscheint sachgerecht, weil damit 263

Einflüsse ausgeschlossen werden, die sich allein auf der Ebene des beherrschenden Unternehmens oder gar anderer konzernangehöriger Unternehmen abspielen (s. *Schipp* DB 2010, 112 ff.).

264 In den vom *BAG* (14.12.2004 EzA § 13 GmbHG Nr. 4; 28.7.2005 EzA § 16 BetrAVG Nr. 45) entschiedenen Einzelfällen konnte allerdings **offen bleiben**, ob die Voraussetzungen einer Ausfallhaftung wegen existenzvernichtenden Eingriffs erfüllt waren. Denn die Kläger konnten einen derartigen Anspruch nicht mehr geltend machen, weil über das Vermögen der Versorgungsschuldnerin das Insolvenzverfahren eröffnet worden war. Der Anspruch gegen die Gesellschafter auf Ausgleich der durch den existenzvernichtenden Eingriff entstandenen Nachteile steht aber in erster Linie der Gesellschaft selbst zu und ist bei Insolvenz der Gesellschaft im Interesse der gleichmäßigen Befriedigung aller Gesellschaftsgläubiger vom Insolvenzverwalter durchzusetzen.

## G. Rechtsquellen des Arbeitsrechts

### I. Rangfolge und Übersicht

265 Die Vielzahl der Rechtsquellen und Gestaltungsfaktoren ist eine Besonderheit des Arbeitsrechts. Es ist in eine unübersehbare Zahl von Einzelgesetzen zersplittert; auch sind wesentliche Teilbereiche nicht gesetzlich geregelt (z. B. die Haftung des Arbeitnehmers, das Arbeitskampfrecht), sodass Rspr. und Lit. erhebliche Bedeutung bei der Rechtsfindung und -fortbildung haben.

266 Für den Vertragsinhalt eines Arbeitsverhältnisses können Gesetze, Tarifverträge, Betriebsvereinbarungen, der Einzelarbeitsvertrag und Weisungen des Arbeitgebers Regelungen enthalten. Besteht jeweils eine entsprechende Regelungsbefugnis, kann eine Konkurrenz zwischen auftreten. Nach der Rechtswirkung der Regelung richtet sich dann, welche den Vorrang hat.

267 Daraus ergibt sich eine Rangordnung der Rechtsquellen, für die neben dem Vorrang des Gesetzes vor allem wesentlich ist, dass der Tarifvertrag der Betriebsvereinbarung vorgeht (§ 77 Abs. 3 BetrVG) und dass Tarifvertrag und Betriebsvereinbarung wegen der unmittelbaren und zwingenden Geltung ihrer Normen (§ 4 Abs. 1 TVG, § 77 Abs. 4 BetrVG) Vorrang vor dem Arbeitsvertrag haben. Schwächster Gestaltungsfaktor ist die einseitige Weisung des Arbeitgebers, weil das Direktionsrecht nur in den Grenzen des Einzelarbeitsvertrages besteht.

268 Wegen der Funktionsschwäche der individuellen Vertragsfreiheit für einen Interessenausgleich sind anders als bei einem sonstigen rechtsgeschäftlich begründeten Schuldverhältnis die in einem Gesetz getroffenen Regelungen meist zwingend. Aus dem Normzweck ergibt sich aber, dass eine abweichende Gestaltung zugunsten des Arbeitnehmers i. d. R. zulässig ist (**Günstigkeitsprinzip**; s. *BAG* 11.5.2005 EzA § 613a BGB 2002 Nr. 34). Im Verhältnis des Tarifvertrags zur Betriebsvereinbarung ist das Günstigkeitsprinzip allerdings durch § 77 Abs. 3 BetrVG verdrängt (s. *BAG* 11.5.2005 EzA § 613a BGB 2002 Nr. 34).

269 Außerdem sind zahlreiche Arbeitsgesetze tarifdispositiv (z. B. § 13 Abs. 1, 2 BUrlG, § 622 Abs. 4 BGB, § 4 Abs. 4 EFZG, § 12 ArbZG, § 48 Abs. 2 ArbGG, § 17 Abs. 3 BetrAVG), weil das Tarifvertragssystem vom Verhandlungsgleichgewicht der Koalitionen ausgeht; dabei kann allerdings auch zuungunsten des Arbeitnehmers vom Gesetz abgewichen werden.

270 Vereinfacht lässt sich eine Normenhierarchie mit folgender Reihenfolge bilden:
 – EG-Recht;
 – GG;
 – Bundes- oder Landesgesetze;
 – Tarifverträge;
 – Betriebsvereinbarungen;
 – Arbeitsvertrag;
 – Direktionsrecht.

271 *Eine Rechtsnorm ist grds. dann unwirksam, wenn sie gegen höherrangiges Recht verstößt*, es sei denn, die höherrangige Norm lässt Abweichungen ausdrücklich zu.

G. Rechtsquellen des Arbeitsrechts                                         **Kapitel 1**

## 1. Individualarbeitsrecht

### a) Grundgesetz (GG)

Von arbeitsrechtlicher Bedeutung sind insbes. Art. 1 Abs. 1 (Menschenwürde), Art. 2 Abs. 1 (allgemeines Persönlichkeitsrecht, daraus folgend z. B. Privatautonomie, Recht auf informationelle Selbstbestimmung), Art. 1 Abs. 1 i. V. m. 2 Abs. 1 (Beschäftigungs- und Weiterbeschäftigungsanspruch), Art. 3 Abs. 1 (Gleichheitssatz), Art. 3 Abs. 2 (Gleichberechtigung von Mann und Frau), Art. 3 Abs. 2, 3 (Lohngleichheit von Mann und Frau), Art. 4 Abs. 1 (Glaubens- und Gewissensfreiheit), Art. 5 Abs. 1 (Meinungsfreiheit), Art. 6 (Schutz von Ehe und Familie), Art. 9 Abs. 3 (Koalitionsfreiheit), Art. 12 Abs. 1 (Berufsfreiheit), Art. 14 Abs. 1 (Eigentumsgarantie), Art. 20 Abs. 1, 28 Abs. 1 (Sozialstaatsprinzip als Auslegungsgrundsatz), Art. 73 Nr. 8 (ausschließliche Gesetzgebungsbefugnis des Bundes für die Rechtsverhältnisse auch der Arbeiter und Angestellten des Bundes und der bundesunmittelbaren Körperschaften), Art. 74 Nr. 12 (konkurrierende Gesetzgebung des Bundes für das Arbeitsrecht), Art. 75 Nr. 1 (Rahmengesetzgebungsbefugnis des Bundes auch für die Arbeiter und Angestellten von Ländern und Kommunen), Art. 95 (BAG als oberster Gerichtshof in Arbeitssachen) u. Art. 140 i. V. m. Art. 137 Abs. 3 WRV (Kirchenautonomie).                                                                                      272

### b) Gesetze

**– Privatrechtliche Gesetze**

Insoweit ist zu unterscheiden zwischen Regelungen für bestimmte Berufsgruppen: §§ 59 ff. HGB für kaufmännische Angestellte (Handlungsgehilfen), §§ 1 ff. BBiG (für Auszubildende), Normen für Schiffsbesatzungen (SeemG für die Seeschifffahrt, BinnSchG, FlößereiG für die Binnenschifffahrt und das Flößereiwesen sowie das Abkommen über die Arbeitsbedingungen der Rheinschiffer für die Rheinschifffahrt), Hausangestellte (§ 23 KSchG) und Regelungen für alle Arbeitnehmer (§§ 105 ff. GewO, Gesetz über Mindestarbeitsbedingungen, EFZG, KSchG, §§ 611 ff. BGB). Die §§ 611 ff. BGB stehen einer Zulässigkeit von Landesgesetzen nicht entgegen, weil diese Normen auch für das Arbeitsvertragsrecht keine Kodifikation enthalten (s. Rdn. 8 ff.). Es handelt sich deshalb nur um die bundesgesetzliche Normierung von Teilbereichen. Deshalb sind die Länder z. B. befugt, arbeitsrechtliche Regelungen zur Arbeitnehmerweiterbildung zu treffen (*BVerfG* 15.12.1987 EzA § 7 AWbG NW Nr. 1).  273

**– Öffentlich-rechtliche Arbeitsschutzgesetze**

Z. B. ArbZG, MuSchG, BEEG, JArbSchG, HAG, SGB IX, ASiG.                                   274

### c) Kollektivvereinbarungen

– Tarifvertrag,
– Betriebsvereinbarung.                                                                   275

### d) Arbeitsvertrag

> Rechtsgrund für die Erbringung der Arbeitsleistung und die Gewährung der Vergütung ist der individuelle Vertrag zwischen Arbeitgeber und Arbeitnehmer.  276

Die Entscheidung, ob überhaupt und gegebenenfalls mit wem ein Arbeitsvertrag abgeschlossen wird (Abschluss-, Auswahlfreiheit), ist grds. der freien Entscheidung der Beteiligten überlassen (Vertragsfreiheit), die durch Art. 12 Abs. 1 GG verfassungsrechtlich geschützt ist. Beschränkungen sowohl der Abschluss- als auch der Auswahlfreiheit ergeben sich aber insbes. aus betriebsverfassungsrechtlichen Normen, vor allem aus den Mitbestimmungsrechten des Betriebsrats (vgl. §§ 78a, 99, 100 BetrVG, §§ 75 Abs. 1, 77 Abs. 2, 99, 107 BPersVG für Personalräte); auch durch Tarifverträge können Abschlussge- und -verbote vereinbart werden.  277

> Der Arbeitsvertrag wird ergänzt durch Allgemeine Arbeitsbedingungen, betriebliche Übung, Gleichbehandlung und das Direktionsrecht.  278

*Dörner*

### 2. Kollektives Arbeitsrecht

279 – Arbeitskampfrecht (Art. 9 Abs. 3 GG; im Übrigen Richterrecht),
– Tarifvertragsrecht (TVG),
– Betriebsverfassungs- und Personalvertretungsrecht (BetrVG, BPersVG, LPersVG),
– Recht der Unternehmensmitbestimmung (MitbestG).

## II. Einzelfragen

### 1. Grundrechte im Arbeitsrecht

#### a) Die Begründung des Arbeitsverhältnisses

280 Gem. Art. 12 Abs. 1 GG steht dem Arbeitnehmer die uneingeschränkte **Vertragsabschlussfreiheit** insoweit zu, als er entscheiden kann, ob und mit wem er ein Arbeitsverhältnis begründen will.

281 Art. 12 Abs. 1 GG enthält auch für den Arbeitgeber eine Garantie individualarbeitsvertraglicher Vertragsfreiheit. Geschützt wird die **Privatautonomie in der Begründung, der inhaltlichen Ausgestaltung und der Beendigung des Arbeitsverhältnisses**. Einschränkungen erfährt diese Garantie auf Grund des **Sozialstaatsprinzips**. Daraus folgt die Pflicht des Staates, für eine gerechte Sozialordnung zu sorgen. Dem Gesetzgeber wird insoweit allerdings ein weiter Gestaltungsspielraum eingeräumt. Seine Grenzen ergeben sich unter dem Gesichtspunkt der Verhältnismäßigkeit durch Abwägung der sozialpolitischen Schutzanliegen mit den die Arbeitgeber treffenden Belastungen (*BVerfG* 23.1.1990 EzA § 128 AFG Nr. 1). Zum sozialen Schutzauftrag gehört der Arbeitnehmerschutz und ihr vor vertraglichen Vereinbarungen und Zugeständnissen, durch die sie in elementaren gesundheitlichen, persönlichkeitsrechtlichen oder auch wirtschaftlichen Interessen verletzt werden.

#### b) Grundrechte im Arbeitsverhältnis

282 Grundrechte sind in erster Linie Abwehrrechte des einzelnen gegen den Staat; sie binden Gesetzgebung, vollziehende Gewalt und die Rechtsprechung und sind unmittelbar geltendes Recht (Art. 1 Abs. 3 GG), um die von ihnen gesetzte objektive Wertordnung zu verwirklichen.

283 Dadurch gewährleisten sie eine staatsunabhängige Freiheitssphäre zur Entfaltung der Persönlichkeit nach dem Prinzip individueller Selbstbestimmung. Deshalb verkörpert sich in ihnen eine objektive Wertordnung, die als verfassungsrechtliche Grundentscheidung für alle Bereiche des Rechts gilt (*BVerfG* 15.1.1958 E 7, 198).

284 Weil die Grundrechte sich aber auf das Über- und Unterordnungsverhältnis zwischen Bürger und Staat beziehen, im privatrechtlichen Verkehr sich demgegenüber Grundrechtsträger grds. gleichberechtigt gegenüberstehen, geht das *BVerfG* (15.1.1958 BVerfGE 7, 198; 23.4.1986 BVerfGE 73, 269; 7.2.1990, BVerfGE 81, 254; a. A. z. B. *BAG* 10.11.1955 AP § 611 BGB Beschäftigungspflicht Nr. 2) davon aus, dass mit **Ausnahme des Art. 9 Abs. 3 GG** (Koalitionsfreiheit), für sich die unmittelbare Drittwirkung bereits aus dem eindeutigen Wortlaut der Norm ergibt, **eine unmittelbare Drittwirkung auf privatrechtliche Beziehungen nicht in Betracht kommt**.

285 Andererseits hat das GG im Grundrechtsabschnitt eine objektive Wertordnung geschaffen, ein Wertesystem, das seinen Mittelpunkt in der innerhalb der sozialen Gemeinschaft sich frei entfaltenden Persönlichkeit und in der Würde des einzelnen findet. Diese Grundentscheidung muss für alle Bereiche der Rechtsordnung gelten und beeinflusst folglich auch das Privatrecht mittelbar. Einbruchstellen für die mittelbare Drittwirkung im Zivilrecht sind die wertausfüllungsfähigen und -bedürftigen Begriffe und Generalklauseln des Privatrechts (z. B. § 242 BGB, § 626 BGB, § 1 KSchG).

286 Erforderlich ist in jedem Einzelfall der **Versuch einer Harmonisierung** der beiderseits betroffenen, verfassungsrechtlich grds. gleichwertigen schutzwerten Rechtsgüter, also eine Abwägung des unternehmerischen Arbeitgeberinteresses mit dem kollidierenden Interesse des Arbeitnehmers nach Maßgabe des **Verhältnismäßigkeitsprinzips** (Geeignetheit, Erforderlichkeit, Verhältnismäßigkeit i. e. S.).

Deshalb hat das *BAG* (GS 27.2.1985 EzA § 53 BAT Beschäftigung Nr. 9) z. B. die Rechtsgrundlage 287
des Beschäftigungsanspruchs des Arbeitnehmers in §§ 611, 613 i. V. m. § 242 BGB gesehen mit der
Maßgabe, dass die Generalklausel des § 242 BGB dabei ausgefüllt wird durch die Wertentscheidung
der Art. 1 und 2 GG.

Aus dem Charakter der Grundrechte als objektive Grundsatznormen ergeben sich darüber hinaus 288
auch Schutzpflichten des Staates für die in ihnen gewährleisteten Rechtsgüter, z. B. die Vertragsfreiheit zur Gewährung individueller Selbstbestimmung. Der Grundrechtsträger hat ein Recht
auf solche Maßnahmen, die zum Schutz eines grundrechtlich gesicherten Freiheitsrechts –
auch gegenüber Grundrechtsbeeinträchtigungen durch Privatrechtssubjekte – unerlässlich sind
(*BVerfG* 29.5.1973 E 35, 116).

**Diese Pflicht ist dann verletzt, wenn eine Gesetzesbestimmung den gebotenen Schutz nicht ausreichend realisiert oder eine konkurrierende Grundrechtsposition unverhältnismäßig einschränkt.** 289
Auch die Untätigkeit des Gesetzgebers, z. B. dem sozialen und wirtschaftlichen Ungleichgewicht entgegenzuwirken, kann zu einer verfassungswidrigen Schutzlücke führen.

Bei der Entscheidung darüber, wann eine Ungleichgewichtslage so schwer wiegt, dass eine Begren- 290
zung oder Ergänzung der Vertragsfreiheit zum Zwecke des Grundrechtsschutzes geboten ist, hat der
Gesetzgeber allerdings einen **weiten Beurteilungs- und Gestaltungsspielraum** (*BVerfG* 7.2.1990
EzA § 90a HGB Nr. 1).

### c) Kollektives Arbeitsrecht

Die Tarifvertragsparteien sind wie der staatliche Gesetzgeber an alle Grundrechte gebunden. 291
Denn die Tarifnormen setzen in ihren Regelungen der Arbeitsbedingungen objektives Recht
für die Arbeitsverhältnisse (§ 4 Abs. 1 TVG). Die unmittelbare Bindung der Tarifvertragsparteien an die Grundrechte folgt deshalb aus Art. 1 Abs. 3 GG (z. B. *BAG* 4.2.1988 EzA § 4 TVG
Rundfunk Nr. 16; 13.5.1997 EzA § 1 BetrAVG Gleichbehandlung Nr. 12; 4.4.2000 EzA § 1
BetrAVG Gleichbehandlung Nr. 19; offen gelassen von *BAG* 5.10.1999 NZA 2000, 1302; **a. A.**
*BAG* 18.3.2010 – 6 AZR 434/07, EzA-SD 10/2010 S. 11 LS; s. *Söllner* NZA 1996, 901 ff.). Jedenfalls bei der Vereinbarung des **persönlichen Geltungsbereichs** unterliegen die Tarifvertragsparteien aber keiner unmittelbaren Bindung an Art. 3 Abs. 1 GG. Sie sind wegen des insoweit
vorrangigen Grundrechts der Koalitionsfreiheit (Art. 9 Abs. 3 GG) bis zur Grenze der Willkür
frei, selbst den persönlichen Geltungsbereich ihrer Tarifregelungen festzulegen. Diese Grenze
ist dann überschritten, wenn die Differenzierung insoweit unter **keinem Gesichtspunkt**, auch koalitionspolitischer Art, **plausibel erklärbar ist** (*BAG* 30.8.2000 EzA Art. 9 GG Nr. 74; **a. A.** *Löwisch* SAE 2001, 295 ff.).

Für einen Verstoß gegen den Gleichheitssatz des Art. 3 Abs. 1 GG ist nur **die Ungleichbehandlung von wesentlich Gleichem bzw. die Gleichbehandlung von wesentlich Ungleichem** relevant.
Dabei ist es grds. dem Normgeber überlassen, die Merkmale zu bestimmen, nach denen Sachverhalte als hinreichend gleich anzusehen sind, um sie gleich zu regeln (*BAG* 23.9.2010
NZA-RR 2011, 104).

Verstößt die Norm eines Tarifvertrags gegen höherrangiges Recht oder überschreiten die Tarifvertragsparteien die Grenze der tariflichen Rechtsetzungsbefugnis, ist die Tarifnorm nichtig. Das gilt
grds. auch für gleichheitswidrige Tarifverträge. Die Gerichte für Arbeitssachen dürfen im Unterschied zu der Rechtslage bei formellen Gesetzen i. S. v. Art. 100 Abs. 1 GG darüber entscheiden,
ob eine Tarifnorm **im jeweiligen Streitfall nichtig** ist. Die Entscheidung bindet außerhalb des
Geltungsbereichs von § 9 TVG allerdings nur die Parteien des konkreten Rechtsstreits. Die
Arbeitsgerichte dürfen nur die Nichtigkeit der gleichheitswidrigen Rechtsnorm feststellen. Sie
dürfen den Tarifvertragsparteien **keine bestimmten Normierungspflichten** auferlegen. Die
gleichheitswidrig **ausgeklammerten Personen** haben andererseits dann **Anspruch auf die Vergünstigung**, wenn die tariflichen Normgeber dem Gleichheitssatz **nur auf diese Weise Rechnung
tragen können** (*BAG* 4.5.2010 – 9 AZR 181/09, NZA-RR 2011, 112 LS).

Bekunden Tarifvertragsparteien zudem im Zusammenhang mit der Einführung eines neuen Vergütungssystems deutlich ihren **übereinstimmenden Willen**, auch im Falle der Unwirksamkeit des bisherigen Vergütungssystems dieses nicht zu ändern und auch **keine Ersatzregelung zu treffen**, liegt **kein unzulässiger Eingriff** in die durch Art. 9 Abs. 3 GG geschützte Tarifautonomie vor, wenn die zur Beseitigung einer unzulässigen Diskriminierung **erforderliche Korrektur des unwirksamen Tarifrechts durch die Arbeitsgerichte** erfolgt (*BAG* 10.11.2011 – 6 AZR 481/09, NZA-RR 2012, 100: Lebensaltersstufen).

Die den Tarifvertragsparteien grds. zustehende **typisierende Betrachtung** schließt einen gleichheitswidrigen Begünstigungsausschluss nicht aus, wenn einem erheblichen Teil der Beschäftigten eine Leistung vorenthalten wird und dies zu einer **nicht nur geringfügigen Benachteiligung** führt (*BAG* 16.12.2010 NZA-RR 2011, 322).

292　Betriebsvereinbarungen schließlich erhalten zwar nicht dadurch, dass ihnen der Gesetzgeber normative Wirkung zuerkannt hat (§§ 112 Abs. 1 S. 3, 77 Abs. 4 BetrVG) den Charakter von Akten der öffentlichen Gewalt; es handelt sich um einen **privatrechtlichen Normenvertrag**. Über die dem Grundrechtsschutz der Arbeitnehmer dienenden Grundsätze über die Behandlung der Betriebsangehörigen gem. § 75 BetrVG besteht aber eine **mittelbare Grundrechtsbindung**, sodass ein Eingriff in den grundrechtlich geschützten Bereich der Arbeitnehmer durch Betriebsvereinbarungen unzulässig ist (*BAG* GS 7.11.1989 EzA § 77 BetrVG 1972 Nr. 34).

293　In einer Betriebsvereinbarung darf deshalb z. B. durch die Festlegung einer Altersgrenze für das Ausscheiden aus dem Betrieb den im Betrieb beschäftigten Arbeitnehmern nicht die Möglichkeit einer freien Entfaltung ihrer Persönlichkeit genommen oder mehr als sachlich geboten eingeschränkt werden (*BAG* GS 7.11.1989 EzA § 77 BetrVG Nr. 34).

294　Eine entsprechende Drittwirkung gilt auch für den Spruch der **Einigungsstelle** gem. § 76 Abs. 3 BetrVG (*BAG* 27.5.1986 EzA § 87 BetrVG Kontrolleinrichtung Nr. 16).

295　**Betriebsvereinbarungen** sind unter Ausschluss der §§ 133, 157 BGB **wie Gesetze auszulegen** (*BAG* 9.2.1984 EzA § 77 BetrVG 1972 Nr. 13; a. A. *BVerfG* 23.4.1986 AP Nr. 28 zu Art. 2 GG), wobei maßgeblich auf den in der Betriebsvereinbarung selbst zum Ausdruck gelangten Willen der Beteiligten abzustellen ist, während Raum für die Feststellung eines vom Wortlaut abweichenden Willens der Betriebspartner nicht besteht (*BAG* 4.3.1982 EzA § 77 BetrVG 1972 Nr. 11). Daneben sind der Gesamtzusammenhang und der Zweck der Regelung zu beachten (*BAG* 22.8.1979 AP Nr. 3 zu § 611 BGB Deputat).

*d) Arbeitsvertragsparteien*

296　Die aus den Grundrechten abgeleiteten Schutzgebote, die Inhalt und Umfang der tarifvertraglichen Regelungsbefugnis begrenzen, sind auch vom Arbeitgeber zu beachten, wenn er Arbeitsverträge mit Arbeitnehmern abschließt.

*e) Beispiele aus der Rechtsprechung*

*aa) Allgemeines Persönlichkeitsrecht (Art. 1 Abs. 1 i.V. m. Art. 2 Abs. 1 GG)*

297　▶ **Beispiele:**
– Eine Verletzung des allgemeinen Persönlichkeitsrechts (§ 823 Abs. 1 BGB, Art. 2 Abs. 1 i. V. m. Art. 1 Abs. 1 GG) kann nicht nur vorliegen, wenn der Arbeitnehmer systematisch und ständig unbemerkt und unbemerkbar **überwacht** wird, sondern wegen des dadurch entstehenden Überwachungsdrucks (s. Kap. 3 Rdn. 2925 ff.) auch dann, wenn der Arbeitgeber sich vorbehält, den Arbeitnehmer jederzeit ohne konkreten Verdacht am Arbeitsplatz durch versteckte Videokameras zu beobachten (*BAG* 7.10.1987 EzA § 611 BGB Persönlichkeitsrecht Nr. 6). Unbedenklich ist dagegen die gelegentliche Überwachung des Verhaltens am Arbeitsplatz z. B. durch Vorgesetzte.

## G. Rechtsquellen des Arbeitsrechts — Kapitel 1

- Die **heimliche Aufzeichnung** des nicht öffentlich gesprochenen Wortes verletzt i. d. R. das allgemeine Persönlichkeitsrecht des Betroffenen und ist deshalb prozessual nicht verwertbar (*LAG Bln.* 15.2.1988 DB 1988, 1024; s. Kap. 3 Rdn. 3045 ff.).
- Hinsichtlich des **Abhörens eines telefonischen Dienstgesprächs** durch den Arbeitgeber ist davon auszugehen, dass der grundrechtliche Schutz des gesprochenen Wortes (Art. 2 Abs. 1 i. V. m. Art. 1 Abs. 1 GG) nicht durch die bloße Kenntnis von der Mithörmöglichkeit beseitigt wird (s. Kap. 3 Rdn. 2933 ff.). Die Benutzung eines Diensttelefons allein rechtfertigt daher nicht den Schluss, damit sei dem Sprechenden eine Erweiterung des Adressatenkreises gerade um den Arbeitgeber oder dessen Stellvertreter gleichgültig. In der gerichtlichen Verwertung von Kenntnissen und Beweismitteln, die unter Verstoß gegen das Persönlichkeitsrecht erlangt sind, liegt i. d. R. ein Eingriff in das Grundrecht aus Art. 2 Abs. 1 i. V. m. Art. 1 Abs. 1 GG (*BVerfG* 19.12.1991 EzA § 611 BGB Persönlichkeitsrecht Nr. 10; s. Kap. 3 Rdn. 2933, 3045).
- Bei der Ermittlung, Speicherung und Verwertung von Informationen über den Arbeitnehmer darf der Arbeitgeber nicht tiefer in die Privatsphäre des Arbeitnehmers eindringen, als dies der Zweck des Arbeitsverhältnisses erfordert; das BDSG gilt zudem auch für Arbeitsverhältnisse (vgl. *Heither* BB 1989, 1049).

### bb) Menschenwürde (Art. 1 Abs. 1 GG)

Zweifelhaft ist z. B. im Hinblick auf Art. 1 Abs. 1 GG, ob **genetische Analysen** in Reihenuntersuchungen grds. oder nur für arbeitsmedizinische Vorsorge unter bestimmten strengen Voraussetzungen zulässig sind und auch nach künftigem Recht sein sollen; s. dazu jetzt das GenDG (s. a. *Genenger* NJW 2010, 13 ff.; *Wiese* BB 2009, 2198 ff.). — 298

(derzeit unbesetzt) — 299–309

### cc) Art. 3 Abs. 1, 2 GG, Art. 157 Abs. 2 AEUV, RL 76/207 EG, § 4 TzBfG

▶ **Beispiele Art. 157 AEUV:** — 310
- Der **Ausschluss von Erziehungsurlaubszeiten** von einer Anwartschaftssteigerung in der betrieblichen Altersversorgung stellt weder nach primärem europäischen Gemeinschaftsrecht noch nach deutschem Verfassungsrecht eine mittelbare Diskriminierung wegen des Geschlechts dar; etwas anderes folgt auch nicht aus sekundärem europäischen Gemeinschaftsrecht oder aus einfachem nationalen Gesetzesrecht (*BAG* 20.4.2010 EzA Art. 3 GG Nr. 109).
- Verstößt die Leistungsordnung einer Pensionskasse gegen Art. 157 AEUV, muss die wegen des Geschlechts **benachteiligte Gruppe ebenso behandelt werden wie die begünstigte**. Die sich daraus ergebenden Ansprüche richten sich nicht nur gegen die Pensionskasse, sondern auch gegen den Arbeitgeber (*BAG* 7.9.2004 EzA Art. 141 EG-Vertrag 1999 Nr. 16).
- Art. 2 Abs. 1, 5 Abs. 1 RL76/207/EWG stehen einer tarifvertraglichen Regelung für den öffentlichen Dienst, die männlichen wie weiblichen Beschäftigten die Inanspruchnahme von **Altersteilzeitarbeit** erlaubt, entgegen, wenn danach die Berechtigung zur Altersteilzeitarbeit nur bis zu dem **Zeitpunkt** besteht, in dem **erstmals eine ungekürzte Rente** aus der gesetzlichen Altersversorgung in Anspruch genommen werden kann, und wenn die Gruppe der Personen, die eine solche Rente bereits mit Vollendung des 60. Lebensjahres beziehen können, fast ausschließlich aus Frauen besteht, während die Gruppe, die eine solche Rente erst mit Vollendung des 65. Lebensjahres beziehen kann, fast ausschließlich aus Männern besteht, es sei denn, diese Regelung ist durch objektive Faktoren gerechtfertigt, die nichts mit einer Diskriminierung auf Grund des Geschlechts zu tun haben.
- Art. 157 AEUV schließt unterschiedliche **kinderbezogene Leistungen** für Angestellte und Beamte mit mehr als zwei Kindern nicht aus (*BAG* 3.4.2003 EzA § 242 BGB 2002 Gleichbehandlung Nr. 1).
- Eine tarifvertragliche Bestimmung, die den Anspruch von Arbeitnehmern auf Gewährung von **zusätzlich bezahlter Freistellung** ab Vollendung des 60. Lebensjahres ausschließt, sofern der Arbeitnehmer vorgezogenes Altersruhegeld in Anspruch nehmen kann, kann Frauen mit-

telbar diskriminieren. Dass die Frauen im Verhältnis zu Männern begünstigende Altersgrenze von 60 Jahren verfassungsrechtlich (noch) unbedenklich ist, rechtfertigt ihren Ausschluss nicht (*BAG* 20.8.2002 EzA Art. 141 EG-Vertrag 1999 Nr. 13). § 612 Abs. 3 S. 1 und S. 2 BGB begründen für eine Arbeitnehmerin, die wegen ihres Geschlechts geringer vergütet wird als ein männlicher Arbeitnehmer, Anspruch auf die höhere Vergütung oder auch eine bezahlte Freistellung, die ältere Arbeitnehmer ab Vollendung des 60. Lebensjahres beanspruchen können. Endet der Anspruchszeitraum, wenn der Arbeitnehmer/die Arbeitnehmerin Anspruch auf vorgezogenes Altersruhegeld hat, so benachteiligt diese Regelung wegen des unterschiedlichen Rentenzugangsalters regelmäßig Frauen. Der Ausschluss von Frauen im fortbestehenden Arbeitsverhältnis ist nicht deshalb objektiv gerechtfertigt, weil die im Sozialrecht liegende Begünstigung von Frauen für eine Übergangsphase als verfassungsrechtlich unbedenklich beurteilt worden ist (*BAG* 20.8.2002 EzA Art. 141 EG-Vertrag 1999 Nr. 13; zur Darlegungslast s. *BAG* 26.1.2005 EzA § 611 BGB 2002 Kirchliche Arbeitnehmer Nr. 5: Darlegungslast).
- Eine nationale Regelung, die einem Arbeitgeber erlaubt, zur **Förderung des Zugangs jüngerer Menschen** zur Beschäftigung Arbeitnehmer zu **kündigen**, die einen **Anspruch auf Alterspension** erworben haben, stellt andererseits eine von der RL 76/207 verbotene unmittelbare Diskriminierung aufgrund des Geschlechts dar, wenn Frauen diesen Anspruch in einem Alter erwerben, das fünf Jahre niedriger ist als das Alter, in dem der Anspruch für Männer entsteht (*EuGH* 18.11.2010 EzA EG-Vertrag 1999 Richtlinie 76/207 Nr. 8).
- Nimmt ein Tarifvertrag (Zeitungsverkaufsgewerbe) die **Beschäftigten in Geschäftsstellen** von der Zahlung der Zuschläge für Samstagsarbeit aus, kann das wegen der Üblichkeit von Samstagsarbeit bei entsprechenden Tätigkeiten sachlich gerechtfertigt sein (*BAG* 5.11.2008 EzA § 4 TVG Presse Nr. 5).
- Eine mittelbare **Entgeltdiskriminierung von Sozialarbeitern** durch die Vergütungsordnung zum BAT kann nicht aus dem Vergleich ihrer speziellen Eingruppierungsmerkmale mit denen für technische Angestellte abgeleitet werden. Zu vergleichen sind auch alle übrigen Tätigkeitsmerkmale für Angestellte anderer Berufe mit Fachhochschulabschluss und entsprechender Tätigkeit. Fehlt eine substantiierte Begründung für den Rechtsverstoß, müssen greifbare Anhaltspunkte bestehen (verneinend *BAG* 10.12.1997 EzA Art. 119 EWG-Vertrag Nr. 52).
- Wenn aussagekräftige Statistiken einen merklichen Unterschied im Entgelt zweier gleichwertiger Tätigkeiten erkennen lassen, von denen die eine fast ausschließlich von Frauen und die andere hauptsächlich von Männern ausgeübt wird, hat der **Arbeitgeber** gem. Art. 157 **AEUV den Nachweis zu erbringen, dass dieser Unterschied durch Faktoren sachlich gerechtfertigt ist, die nichts mit einer Diskriminierung des Geschlechts zu tun haben** (s. *EuGH* 3.10.2006 NZA 2006, 1205: Dienstalter bei der Entlohnung). Als sachlicher Grund genügt es nicht, dass die Entgelte jeweils in Tarifverhandlungen festgelegt wurden, von denselben Parteien, aber unabhängig voneinander und die, je für sich betrachtet, keine diskriminierende Wirkung haben.

Nach dem Grundsatz der Verhältnismäßigkeit bestimmt sich, ob und inwieweit der Mangel an Bewerbern für eine Tätigkeit ein höheres Gehalt für die gleiche Tätigkeit rechtfertigt (*EuGH* 27.10.1993 EzA Art. 119 EWG-Vertrag Nr. 20).

Dafür ist die **Bildung von Arbeitnehmergruppen** erforderlich, die bei unterschiedlicher Vergütung eine gleiche oder gleichwertige Arbeitsleitung erbringen. Anschließend ist der Anteil von Männern und Frauen in den Vergleichsgruppen zu ermitteln. Der Tatbestand der mittelbaren Diskriminierung ist (nur) dann erfüllt, **wenn das Verhältnis von Männern und Frauen bei einer Gegenüberstellung der Vergleichsgruppen wesentlich voneinander abweicht**. Eine nach Unionsrecht, deutschem Verfassungsrecht und dem AGG verbotene mittelbare Benachteiligung wegen des weiblichen Geschlechts setzt voraus, dass sich in der durch eine Regelung **benachteiligten Gruppe im Vergleich zur begünstigten Gruppe wesentlich mehr Frauen befinden** als Männer. Es darf zudem für die Unterscheidung keinen Sachgrund geben. Ein Sachgrund liegt vor, wenn die Regelung durch ein rechtmäßiges Ziel **sachlich gerechtfertigt ist** und

## G. Rechtsquellen des Arbeitsrechts — Kapitel 1

die Mittel zur Erreichung dieses Ziels **angemessen und erforderlich sind** (*BAG* 19.1.2011 EzA § 1 BetrAVG Gleichbehandlung Nr. 14).

Insoweit gilt für Stücklohnsysteme *EuGH* 31.5.1995 EzA Art. 119 EWG-Vertrag Nr. 28:

- Art. 157 AEUV und die RL 75/117/EWG sind insoweit anwendbar, wenn das Entgelt ganz oder wesentlich vom Arbeitsergebnis des einzelnen Arbeitnehmers abhängt. Allein die Feststellung, dass das durchschnittliche Entgelt einer Gruppe von Arbeitnehmern, die überwiegend aus Frauen besteht, wesentlich niedriger ist als das durchschnittliche Entgelt einer Gruppe von Arbeitnehmern, die überwiegend aus Männern besteht, die aber eine andersartige, als gleichwertig angesehene Arbeit verrichten, lässt nicht den Schluss auf das Vorliegen einer Diskriminierung beim Entgelt zu. Wenn sich nicht feststellen lässt, welche Faktoren bei der Festsetzung der Stücklohnsätze oder der Maßeinheiten für die Berechnung des variablen Entgeltanteils von Bedeutung gewesen sind, kann von dem Arbeitgeber der Nachweis verlangt werden, dass keine Diskriminierung auf Grund des Geschlechts gegeben ist. Von Bedeutung kann z. B. das Vorliegen von hand- oder aber maschinengesteuerter Arbeit sein.
- Gem. Art. 157 AEUV ist der tarifvertragliche Ausschluss unselbstständig Erwerbstätiger, die **regelmäßig weniger als 15 Stunden** pro Woche arbeiten und deren Arbeitsentgelt regelmäßig einen bestimmten Bruchteil der monatlichen Bezugsgröße nicht übersteigt und die deshalb sozialversicherungsfrei sind, von einer Jahressonderzuwendung, die zwar unabhängig vom Geschlecht der Arbeitnehmer erfolgt, jedoch im Ergebnis prozentual erheblich mehr Frauen als Männer trifft, **mittelbare Diskriminierung** auf Grund des Geschlechts (*EuGH* 9.9.1999 EzA Art. 119 EWG-Vertrag Nr. 56).

▶ **Beispiele Art. 3 GG:** 311

- Die Tarifvertragsparteien sind unmittelbar an Art. 3 Abs. 1 GG gebunden (*BAG* 4.4.2000 EzA § 1 BetrAVG Gleichbehandlung Nr. 19; 16.8.2005 EzA Art. 3 GG Nr. 103; 7.12.2005 EzA § 3 EFZG Nr. 15; »jedenfalls mittelbar« *BAG* 19.7.2011 ZTR 2012, 97; offen gelassen: *BAG* 13.1.2002 EzA Art. 3 GG Nr. 95, 20.1.2004 EzA § 4 TVG Rundfunk Nr. 25; 27.5.2004 EzA Art. 3 GG Nr. 10; s. Rdn. 367). Ob eine tarifvertragliche Regelung gleichheitswidrig ist, beurteilt sich nach dem **mit der Leistung verfolgten Zweck**, wie er sich aus dem Wortlaut, den Anspruchsvoraussetzungen, den Ausschlusstatbeständen und der Entstehungsgeschichte ergibt. Es können auch mehrere Zwecke verfolgt werden (*BAG* 16.8.2005 EzA Art. 3 GG Nr. 103 = NZA-RR 2006, 253).
- Diese Bindung an Art. 3 Abs. 1 GG entfällt nicht dadurch, dass die Rechtsverhältnisse vergleichbarer Arbeitnehmergruppen in **unterschiedlichen Tarifverträgen** geregelt werden (a. A. explizit *BAG* 18.9.2003 – 2 AZR 537/02, BAG Report 2004, 182). Allerdings gibt es ein **verfassungsrechtliches Gebot**, ähnliche Sachverhalte in verschiedenen Ordnungs- und Regelungsbereichen (Abendpersonal an Theatern und Bühnen ohne Zusatzversorgung im Gegensatz zum MTArb) gleich zu regeln, **für unterschiedliche Tarifvertragsparteien nicht** (*BAG* 16.12.2003 NZA-RR 2004, 595).
- Werden bei einer **Mehrflugstundenvergütung** für Cockpitmitarbeiter die wegen eines Urlaubs, nicht aber die wegen einer Erkrankung ausfallenden Kalendertage in bestimmtem Umfang angerechnet, liegt darin keine Verletzung des allgemeinen Gleichheitssatzes. Die Differenzierung ist vielmehr sachverhaltsbezogen und nicht willkürlich (*BAG* 7.12.2005 EzA § 3 EFZG Nr. 15).
- Die unterschiedliche Behandlung der Fleischbeschautierärzte im Vergleich zu Tierärzten in Bezug auf Zusagen der betrieblichen Altersversorgung ist bei der Vereinbarung einer Stückvergütung gerechtfertigt, wenn die Tierärzte ihr Entgelt für die geleistete Arbeitsstunde in nicht unerheblichem Umfang selbst bestimmen können, Fleischbeschautierärzte wegen des festen Stundenlohns diese Möglichkeit dagegen nicht haben. Die Möglichkeit, bedeutend höhere Verdienste je Arbeitsstunde erzielen zu können, ist ein Ausgleich für die fehlende Versorgungszusage (Gesamtvergleich; *BAG* 17.10.1995 EzA Art. 3 GG Nr. 49; s. a. *BAG* 4.4.2000 EzA § 1 BetrAVG Gleichbehandlung Nr. 19; 29.8.2001 EzA Art. 3 GG Nr. 93).
  Es liegt im Gestaltungsspielraum der Tarifvertragsparteien, zu entscheiden:

# Kapitel 1
Grundbegriffe und Grundstrukturen des Arbeitsrechts

- ob, wann und wie sie die **Unterschiede in der tariflichen Vergütung** von Stammbelegschaft und übernommenen Beschäftigten abbauen. Sie verstoßen folglich nicht gegen Art. 3 Abs. 1 GG, wenn sie übernommene Beschäftigte i. S. einer Besitzstandswahrung entsprechend ihrer bisherigen Vergütung eingruppieren und nicht der Stammbelegschaft gleichstellen (*BAG* 29.8.2001 EzA Art. 3 GG Nr. 93);
- von einem bestimmten Zeitpunkt an einen tariflichen **Vergütungsbestandteil** (Umgruppierungsbetrag bei Beförderung) **erheblich zu erhöhen**. Eine derartige Stichtagsregelung verstößt nicht gegen Art. 3 Abs. 1 GG, auch wenn in einer Übergangszeit Arbeitnehmer nach der neuen Regelung besser gestellt werden als vergleichbare Arbeitnehmer, die unter früheren Regelungen befördert worden sind (*BAG* 29.11.2001 EzA Art. 3 GG Nr. 94).
- Die Tarifvertragsparteien sind nicht berechtigt, wenn sie nach einer Unterbrechung frühere Beschäftigungszeiten bei der Berechnung von Leistungen – z. B. einer Übergangsversorgung – heranziehen, **zwischen einer Tätigkeit in einem befristeten und einer Tätigkeit in einem unbefristeten Arbeitsverhältnis zu unterscheiden**; dies wäre gleichheitswidrig (*BAG* 15.9.2009 – 3 AZR 37/08, EzA-SD 2/2010 S. 15 LS).
- Die Tarifregelungen zur Überleitung von Arbeitsverhältnissen in den Tarifvertrag für den öffentlichen Dienst verletzen Art. 3 Abs. 1 GG nicht, soweit sie dazu führen, dass ein angestellter **Meister** eine **geringere Vergütung** als die ihm unterstellten Lehrgesellen erhält; damit haben die Tarifvertragsparteien die Grenzen der Tarifautonomie (Art. 9 Abs. 3 GG) nicht überschritten (*BAG* 17.12.2009 – 6 AZR 665/08, EzA-SD 4/2010 S. 11 LS).
- § 45 Nr. 8 TVöD-BT-V benachteiligt insoweit Angestellte, die in **eingetragener Lebenspartnerschaft** leben, gleichheitswidrig, als sie, auch wenn sie ihren Partner in den Haushalt aufgenommen haben, keinen Anspruch auf den Verheirateten gezahlten Auslandszuschlag haben und ist daher mit Art. 3 Abs. 1 GG nicht vereinbar (*BAG* 18.3.2010 – 6 AZR 434/07, NZA-RR 2010, 664; s. a. *BAG* 18.3.2010 EzA Art. 3 GG Nr. 108: Ortszuschlag).
- Die Ungleichbehandlung von Ehe und **eingetragener Lebenspartnerschaft** im Bereich der betrieblichen Hinterbliebenenversorgung für Arbeitnehmer des öffentlichen Dienstes, die bei der Versorgungsanstalt des Bundes und der Länder zusatzversichert sind, ist mit Art. 3 Abs. 1 GG unvereinbar; geht die Privilegierung der Ehe mit einer Benachteiligung anderer Lebensformen einher, obwohl diese nach dem geregelten Lebenssachverhalt und den mit der Normierung verfolgten Zielen der Ehe vergleichbar sind, rechtfertigt der bloße Verweis auf das Schutzgebot der Ehe gem. Art. 6 Abs. 1 GG diese Differenzierung nicht (*BVerfG* 7.7.2009 ZTR 2009, 642; *BGH* 7.7.2010 ZTR 2010, 533; s. a. *EuGH* 10.5.2011 NZA 2011, 557; *BVerwG* 28.10.2010 ZTR 2011, 192, 194; *Spiolek* BB 2011, 2169 ff.).
  - §§ 2, 3 des Hamburgischen Ruhegeldgesetzes sind mit Art. 3 Abs. 1 GG unvereinbar, soweit **nichtvollbeschäftigte**, aber **rentenversicherungspflichtige Arbeitnehmer** kein Ruhegeld erhalten (*BVerfG* 27.11.1997 EzA § 1 BetrAVG Gleichberechtigung Nr. 11; s. a. *BAG* 12.3.1996 NZA-RR 1997, 99).
- Eine Regelung in einer tariflichen Versorgungsordnung, die bestimmt, dass zwar ein beim Versorgungsschuldner erzieltes **eigenes Arbeitseinkommen** des Hinterbliebenen die **Hinterbliebenenrente mindert**, nicht jedoch ein Einkommen aus einer Tätigkeit für einen anderen Arbeitgeber, verstößt i. d. R. gegen den Gleichheitssatz des Art. 3 Abs. 1 GG (*BAG* 19.7.2011 EzA § 1 BetrAVG Hinterbliebenenversorgung Nr. 15).
- Die Gleichbehandlung unterschiedlich hoher Versorgungszusagen desselben **öffentlichen Arbeitgebers** durch § 18 BetrAVG bei vorzeitiger Beendigung des Arbeitsverhältnisses ist mit Art. 3 Abs. 1 GG unvereinbar; Gleiches gilt für die Ungleichbehandlung von betrieblichen Altersrenten in der Privatwirtschaft und im öffentlichen Dienst durch das BetrAVG (*BVerfG* 17.5.1998 NZA 1999, 194).
- Werden bei der Berechnung der Versorgungsrente einer Teilzeitkraft in demselben Umfang Steuern und Sozialabgaben zugrunde gelegt wie bei einer Vollzeitkraft, verstößt diese Art der Berechnung gegen Art. 3 Abs. 1 GG. Diese Schlechterstellung lässt sich auch nicht mit Praktikabilitätserwägungen rechtfertigen (*BVerfG* 25.8.1999 NZA 1999, 1152).

## G. Rechtsquellen des Arbeitsrechts  Kapitel 1

- Art. 3 Abs. 1 GG bindet auch den Verordnungsgeber als untergesetzlichen Normgeber. Der **Ausschluss der Lehrkräfte in Altersteilzeit** aus der altersabhängigen Pflichtstundenermäßigung nach § 2 Abs. 4 ErmäßigungsVO ist damit unvereinbar, denn für die sachliche Rechtfertigung ist auf den Zweck der Leistung und nicht auf die Zugehörigkeit zu einer Gruppe abzustellen. Mit der Pflichtstundenermäßigung nach dieser VO und der Reduzierung der Arbeitszeit nach dem TV ATZ werden unterschiedliche Zwecke verfolgt. Die Ermäßigung aus Altersgründen wird ausschließlich zur Milderung der besonderen altersbedingten Belastungen durch den Unterricht gewährt. Die Altersteilzeit soll Auszubildenden und Arbeitslosen Beschäftigungsmöglichkeiten eröffnen (*BAG* 13.12.2005 EzA Art. 3 GG Nr. 104); nichts anderes gilt für entsprechende Verwaltungsvorschriften (*BAG* 13.6.2006 EzA § 4 TVG Altersteilzeit Nr. 21).
- Die Ungleichbehandlung von Angestellten bei der **Vergütungssicherung**, die wegen eines **Lehrgangsbesuchs** in den letzten fünf Jahren die Wechselschichtzulage länger als zwei Monate nicht erhalten haben, und solchen Angestellten, die sie ohne diesen Anlass ununterbrochen bezogen haben, ist nicht gleichheitswidrig (*BAG* 18.3.2004 ZTR 2004, 424).
- Wird in einem firmenbezogenen Tarifvertrag erstmals eine **Übergangsversorgung** (bestehend aus einer Zusatzrente und einer Flugtauglichkeitsrente) eingeführt, ist es nicht zu beanstanden, wenn die Tarifvertragsparteien bei der Ausgestaltung der Leistung die dem Arbeitgeber dadurch entstehenden Kosten berücksichtigen und deshalb nicht sämtliche bereits zurückgelegten Beschäftigungsjahre anspruchsbegründend sind (*BAG* 16.8.2005 EzA Art. 3 GG Nr. 103).
- Die tarifliche Vergütungsregelung des § 9 MTV Cockpit Nr. 5, die eine **Flugstundengutschrift** für durch unbezahlten Urlaub ausfallende Kalendertage vorsieht, hingegen nicht für Ausfalltage wegen Elternzeit, verstößt weder gegen Art. 3 Abs. 1 GG noch gegen das Verbot des Ausschlusses oder der Beschränkung des Anspruchs auf Elternzeit (§ 15 Abs. 2 S. 4 BEEG; *BAG* 26.11.2003 EzA § 4 TVG Luftfahrt Nr. 8).
- Die **Nichteinbeziehung von Lektoren** in den Geltungsbereich des **BAT** (§ 3 lit. g) ist wirksam. Die Gruppe der Lektoren ist als Lehrkräfte für bestimmte Fächer und Fertigkeiten in den Lehrbetrieb einer Hochschule einbezogen und damit dem durch Art. 5 Abs. 3 GG geschützten Wissenschaftsbetrieb strukturell, inhaltlich und zeitlich zugeordnet worden. Daran kann eine Ungleichbehandlung anknüpfen, da der Wissenschaftsbereich insgesamt dem BAT nicht unterfällt (*BAG* 12.10.2004 EzA Art. 3 GG Nr. 102).
- Den Tarifvertragsparteien können in einer **Ausgleichsregelung** die dem Arbeitnehmer in **Altersteilzeit** zugeflossenen **Aufstockungsleistungen** auf das Entgelt anrechnen, das ihm für seine Vollzeittätigkeit zugestanden hätte. Unwirksam ist aber eine Regelung, die zu einer Kürzung des Entgelts für die Arbeitszeit führt, das der Arbeitnehmer ohne den Wechsel in das Altersteitarbeitsverhältnis erhalten hätte (*BAG* 14.10.2003 EzA § 4 TVG Altersteilzeit Nr. 11; 16.3.2004 NZA 2005, 784 LS).
- **Bereitschaftsdienst und Vollarbeit** können unterschiedlichen **Vergütungsordnungen** unterworfen werden. So wie Tarifverträge für besondere Belastungen (z. B. Akkord-, Nacht- und Schichtarbeit) einen höheren Verdienst vorsehen, können auch Zeiten geringerer Inanspruchnahme der Arbeitsleistung zu einer niedrigeren Vergütung führen. Dies ist sachgerecht (*BAG* 28.1.2004 EzA § 611 BGB 2002 Arbeitsbereitschaft Nr. 1).
- Es ist auch nicht gleichheitswidrig, wenn die Tarifvertragsparteien auf die **Zusatzrente** zum einen Renten wegen Erwerbs- oder Berufsunfähigkeit anrechnen und zum anderen Einkünfte aus selbstständiger Tätigkeit überhaupt nicht sowie Einkünfte aus unselbstständiger Tätigkeit nur unter bestimmten Voraussetzungen berücksichtigen. Ebenso ist es sachlich begründet, wenn Flugbegleiter Anspruch auf die volle Zusatzrente bereits nach 23 Dienstjahren und das Cockpitpersonal erst nach 35 Dienstjahren erwerben. Die Zahl der Dienstjahre ist nur ein Berechnungsmerkmal, um die Arbeitnehmer für die Übergangszeit bis zum Bezug der gesetzlichen Altersrente finanziell abzusichern (*BAG* 27.2.2002 EzA § 4 TVG Luftfahrt Nr. 5).

- Ein Tarifvertrag kann auch bestimmen, dass **für alle Rechte** – auch in der betrieblichen Altersversorgung – der bisher als freie Mitarbeiter Beschäftigten, die von der Möglichkeit Gebrauch machen, nach den tariflichen Bedingungen in ein unbefristetes Arbeitsverhältnis übernommen zu werden, **grds. der Zeitpunkt des abzuschließenden Einzelarbeitsvertrages maßgebend ist**. Das Abstellen auf den formellen Status der Beschäftigten ist bei einem derartigen vergleichsähnlichen Regelungsmodell nicht gleichheitswidrig (*BAG* 18.2.2003 NZA-RR 2004, 97).
- Eine tarifliche Regelung zur **Beschäftigungssicherung**, die einer nach dem Einstellungsdatum abgegrenzten Gruppe von Beschäftigten zeitlich befristet Verschlechterungen der tariflichen Arbeitsbedingungen zumutet, verstößt nicht gegen Art. 3 Abs. 1 GG, wenn nach Einschätzung der Tarifvertragsparteien sonst betriebsbedingte Kündigungen drohen, die zahlenmäßig der betroffenen Gruppe entsprechen und im Rahmen der sozialen Auswahl vorrangig diese treffen würden (*BAG* 25.6.2003 EzA Art. 3 GG Nr. 99).
- Für **Angestellte von Ersatzkassen** wird der Urlaubsanspruch bei Arbeitsunfähigkeit auf das folgende Kalenderjahr übertragen und ist spätestens bis zum 30.6. zu nehmen. Bei Angestellten dagegen, die im Urlaubsjahr weniger Tage gearbeitet haben, als sie tarifvertraglich an Urlaubstagen zu beanspruchen hätten, wird der Urlaub nur bis zum 31.3. des Folgejahres gem. § 7 Abs. 3 BUrlG übertragen. Durch diese tariflichen Regelungen werden vorzeitig ausscheidende Angestellte nicht benachteiligt. Denn bei bis zum 31.3. des Folgejahres andauernder Arbeitsunfähigkeit verfallen die Urlaubsabgeltungsansprüche der ausgeschiedenen Angestellten ebenso wie die Urlaubsansprüche der anderen Angestellten (*BAG* 18.2.2003 EzA § 7 BUrlG Nr. 110); die dem zugrunde liegende Rspr. zum Verfall bei andauernder Arbeitsunfähigkeit hat das BAG aber inzwischen ausdrücklich aufgegeben, weil sie europarechtswidrig ist.
- Die Tarifvertragsparteien des **Baugewerbes** verstoßen mit den tariflichen Regelungen, mit denen **Arbeitern** kein anteiliges 13. Monatseinkommen gewährt wird, wenn sie ihr Arbeitsverhältnis vor dem 30.11. des laufenden Kalenderjahres selbst kündigen, während **Angestellten** ein solcher tariflicher Anspruch bei einer fristgerechten Eigenkündigung zusteht, nicht gegen Art. 3 Abs. 1 GG. Denn damit wird dem Interesse der Arbeitgeber, Eigenkündigungen von Arbeitern vor dem Stichtag entgegenzuwirken, mehr Bedeutung beigemessen als bei Angestellten; das ist sachlich begründet (*BAG* 18.10.2000 EzA § 611 BGB Gratifikation, Prämie Nr. 161).
- Die tarifliche Regelung über die – volle – **Anrechnung des Arbeitslosengeldes** auf die **Flugdienstuntauglichkeitsrente** ist gerechtfertigt, wenn in dem Tarifvertrag für Übergangsversorgung, der von einer anderen Gewerkschaft abgeschlossen worden ist, eine abweichende Regelung getroffen worden ist. Denn der allgemeine Gleichheitssatz bindet den Normgeber nur in seinem Zuständigkeitsbereich (*BAG* 23.2.2005 EzA § 4 TVG Luftfahrt Nr. 12).
- Eine **Tarifregelung in Spielbanken**, die das Trinkgeld der Spielbankbesucher jeweils dem spieltechnischen Personal zuweist, in dessen Bereich die Gewinne angefallen sind, verstößt nicht gegen Art. 3 Abs. 1 GG, auch dann nicht, wenn Gehälter der im Roulettsaal tätigen Mitarbeiter ausschließlich aus dem Troncaufkommen bezahlt, während die des Automatensaals ein Festgehalt erhalten, für das aus dem Tronc des Automatensaals keine Gelder entnommen werden (*BAG* 6.11.2002 NZA 2003, 400 LS).
- Sieht ein Tarifvertrag vor, dass Angestellte, nicht aber gewerbliche Arbeitnehmer einen **Zuschuss zum Kurzarbeitergeld** erhalten, ist dies unwirksam. Weder Angestellte noch Arbeiter haben folglich zukünftig einen Anspruch auf den Zuschuss. Die gewerblichen Arbeitnehmer haben aber für **zurückliegende Zeiträume**, in denen der Arbeitgeber den Zuschuss an die Angestellten gezahlt hat, jedenfalls dann einen Anspruch, wenn dem Arbeitgeber bei der Auszahlung oder zu einem Zeitpunkt, in dem er das Geleistete noch zurückfordern konnte, bewusst war, dass die Regelung möglicherweise insgesamt unwirksam ist, er gleichwohl nicht sicherstellte, dass seine Rückforderungsansprüche gegen die Angestellten nicht verfallen, und dann die Rückforderungsansprüche wegen Ablaufs der tariflichen Ausschlussfristen erloschen sind (*BAG* 28.5.1996 EzA Art. 3 GG Nr. 55).

## G. Rechtsquellen des Arbeitsrechts  Kapitel 1

- Die **Verdoppelung der Bewährungszeit** einer halbtags im Schreibdienst tätigen Angestellten von 12 auf 24 Jahre für einen tariflich vorgesehenen Bewährungsaufstieg ist jedenfalls nicht generell gerechtfertigt (*BAG* 2.12.1992 EzA Art. 119 EWG-Vertrag Nr. 7; s. a. *EuGH* 13.5.1986 AP Nr. 10 zu Art. 119 EWG-Vertrag).
- Die geringere Berücksichtigung von **Vordienstzeiten** als Beamter, Soldat oder Arbeiter im Fall einer unterbrochenen Beschäftigung im öffentlichen Dienst bei der Bestimmung einer für die Grundvergütung nach dem BAT maßgeblichen Lebensaltersstufe ist mit Art. 3 Abs. 1 GG vereinbar (*BVerfG* 28.11.1997 NZA 1998, 318).
- Eine Tarifnorm, die für den Ausschluss einer ordentlichen Kündigung (sog. tarifvertragliche Unkündbarkeit) bei Teilzeitbeschäftigten **die Zurücklegung einer längeren Dienstzeit** fordert als bei Vollzeitbeschäftigten, verstößt gegen Art. 3 Abs. 1 GG (*BAG* 13.3.1997 EzA Art. 3 GG Nr. 64; s. a. *BAG* 18.9.1997 EzA § 2 BeschFG 1985 Nr. 55).
- Art. 3 Abs. 2 GG verbietet ebenso wie Art. 157 Abs. 2 AEUV **offene, unmittelbare Diskriminierungen** (s. *Thüsing* NZA 2000, 570). Art. 141 EG und Art. 1 RL 75/117 sind zudem so auszulegen, dass sie einer Regelung entgegenstehen, nach der teilzeitbeschäftigten – ebenso wie vollzeitbeschäftigten – Lehrkräften keine **Vergütung für Mehrarbeit** gewährt wird, wenn die Mehrarbeit drei Unterrichtsstunden im Kalendermonat nicht **übersteigt**, wenn diese Ungleichbehandlung **erheblich mehr Frauen als Männer betrifft** und wenn sie nicht durch ein Ziel, das nichts mit der Zugehörigkeit zu einem bestimmten Geschlecht zu tun hat, gerechtfertigt werden kann oder zur Erreichung des verfolgten Ziels nicht erforderlich ist (*EuGH* 27.5.2004 NZA 2004, 783; s. *Feldhoff* ZTR 2005, 62 ff.). Gegen Art. 3 Abs. 2 GG verstoßen auch Regelungen, die zwischen Männern und Frauen in ihren Anspruchsvoraussetzungen unterscheiden, etwa hinsichtlich des Eintrittsalters, anrechnungsfähiger Dienstzeiten, unterschiedlicher Wartezeiten (*BAG* 31.8.1978 EzA Art. 3 GG Nr. 6). Entsprechendes gilt für **Hinterbliebenenversorgungen**, die nur eine Witwen-, nicht jedoch eine Witwerrente vorsehen. Damit erhalten Frauen ungünstigere Versorgungszusagen als Männer, da ihnen im Gegensatz zu den Männern eine Hinterbliebenenversorgung vorenthalten wird (*BAG* 5.9.1989 EzA § 1 BetrAVG Gleichberechtigung Nr. 5).
Fraglich ist, ob das auch bei unterschiedlichen festen **Altersgrenzen** für Männer und Frauen gilt. Bestimmt eine Versorgungsregelung, dass Arbeitnehmerinnen mit Vollendung des 60. Lebensjahres die Betriebsrente in Anspruch nehmen können, aber nicht müssen, so verstößt dies jedenfalls nicht gegen Art. 3 Abs. 2 GG zu Ungunsten der Frauen. Fraglich ist aber, ob es dagegen zuungunsten der Männer verstößt (so wohl *EuGH* 17.5.1990 EzA Art. 119 EWG-Vertrag Nr. 4; offen gelassen von *BAG* 20.11.1987 EzA § 620 BGB Altersgrenze Nr. 1). Das BAG (7.11.1995 EzA Art. 119 EWG-Vertrag Nr. 32) geht davon aus, dass eine tarifliche Regelung, die Frauen, die mit Vollendung des 60. Lebensjahres aus dem Arbeitsverhältnis ausscheiden, um gesetzliche Rente in Anspruch zu nehmen, einen Anspruch auf **Übergangsgeld** gibt, Männern aber erst dann, wenn sie mit Vollendung des 65. Lebensjahres ausscheiden, jedenfalls insoweit gegen Art. 157 AEUV, Art. 3 Abs. 2, 3 GG verstößt, wie sie Männer vom Bezug des Übergangsgeldes ausschließt, die mit Vollendung des 63. Lebensjahres die gesetzliche Rente in Anspruch nehmen wollen und deshalb aus dem Arbeitsverhältnis ausscheiden.
- Nichtig ist eine Regelung, wonach nur männlichen verheirateten Arbeitnehmern eine Zulage (**Ehefrauenzulage**) gezahlt wird (*BAG* 13.11.1985 EzA Art. 3 GG Nr. 18).
- Tarifverträge **verschiedener Tarifvertragsparteien** unterliegen nicht der Beurteilung anhand von Art. 3 Abs. 1 GG (*BAG* 8.9.1999 NZA 2000, 661).
    - Es verstößt nicht gegen den Gleichheitssatz, wenn die Tarifvertragsparteien einerseits die **Übergangsversorgung** ab dem Zeitpunkt einstellen, ab dem ein gesetzlich und in der Versorgungsanstalt des Bundes und der Länder versicherter Arbeitnehmer eine mit Abschlägen verbundene Gesamtversorgung erhält, andererseits aber den Arbeitnehmern, die eine befreiende Lebensversicherung bezogen auf das Erreichen des 65. Lebensjahres abgeschlossen ha-

ben, nicht zumuten, diese vorzeitig aufzulösen (*BAG* 20.8.2002 EzA § 4 TVG Luftfahrt Nr. 6).
- Die Nichtberücksichtigung von **Mutterschutzzeiten** bei der betrieblichen Zusatzversorgung der VBL mangels zusatzversorgungspflichtigen Entgelts verstößt gegen Art. 3 Abs. 3 S. 1 GG; diese Ungleichbehandlung ist nicht zwingend erforderlich. Der Gleichheitsverstoß kann nur durch eine **Ausdehnung der begünstigenden Regelung** auf die ausgeschlossene Gruppe erreicht werden (*BVerfG* 28.4.2011 EzA Art. 3 GG Nr. 111).

312 ▶ Beispiele § 4 TzBfG:
- Eine tarifliche Regelung, nach der der **monatliche Zuschlag** zur Anerkennung der Unternehmens-/Betriebszugehörigkeit Teilzeitbeschäftigten **entsprechend** dem Verhältnis ihrer tatsächlichen zur tariflichen Wochenarbeitszeit gezahlt wird, ist wirksam (*BAG* 16.4.2003 EzA § 4 TzBfG Nr. 3).
- Gleiches gilt für eine Tarifnorm, wonach **Teilzeitbeschäftigte** als Urlaubsgeld nur den Teil erhalten, der dem Maß ihrer Arbeitszeit zur Arbeitszeit eines Vollzeitbeschäftigten entspricht (*BAG* 15.4.2003 EzA § 4 TzBfG Nr. 2 = NZA 2004, 494) und für die Zahlung eines **Kinderzuschlags** in einem Sozialplan (*LAG Brem.* 27.4.2006 LAGE § 4 TzBfG Nr. 5).
- **Teilzeitbeschäftigte Frauen**, deren tägliche Arbeitszeit spätestens um 12.00 Uhr endet, haben keinen Anspruch auf bezahlte Freistellung an Tagen, an denen der Arbeitgeber ab 12.00 Uhr Arbeitsbefreiung unter Fortzahlung der Bezüge gewährt (*BAG* 26.5.1993 EzA § 2 BeschFG 1985 Nr. 33).
- Eine Tarifnorm, wonach nur die am 1. Dezember 2000 und 1. Januar 2001 unbefristet beschäftigten Arbeiter Anspruch auf die tariflichen Besitzstandszulagen haben, ist nach der mit den Zulagen verbundenen Zielsetzung, die bisherige Vergütung zu sichern und eine Lohnminderung auszugleichen, nicht aus sachlichen Gründen gerechtfertigt (§ 4 Abs. 2 Satz 2 TzBfG; *BAG* 11.12.2003 EzA § 4 TzBfG Nr. 8).
- Tarifnormen können aber vorsehen, dass Teilzeitbeschäftigte erst dann **zuschlagpflichtige Mehrarbeit** leisten, »wenn für Vollzeitbeschäftigte zuschlagpflichtige Mehrarbeit vorliegt«, während für Vollzeitbeschäftigte die Überschreitung der tariflich oder betrieblich festgelegten Wochenarbeitszeit maßgebend ist. Danach haben auch Teilzeitbeschäftigte Anspruch auf Mehrarbeitszuschläge nur bei Überschreitung der tariflich oder betrieblich festgelegten Wochenarbeitszeit, denn mit den Mehrarbeitszuschlägen kann darauf abgezielt werden die Einhaltung der generell festgelegten Arbeitszeit nach Möglichkeit zu gewährleisten und bei Überschreitung einen Ausgleich für die besondere Arbeitsbelastung vorzusehen (*BAG* 16.6.2004 EzA § 4 TzBfG Nr. 9).
- Eine mittelbare Diskriminierung von Frauen bei der **Vergütung von Reisezeiten bei Dienstreisen** liegt nicht vor, wenn der Anteil der Frauen bei den benachteiligten Teilzeitkräften zwar bei rund 97 %, bei den begünstigten Vollzeitkräften aber bei rund 45 % liegt. Die faktische Vergütung von Reisezeiten bei Dienstreisen zur Fortbildung bei Vollzeitkräften, aber nicht bei Teilzeitkräften, dient einem legitimen Zweck der Sozialpolitik und ist zur Erreichung dieses Zwecks geeignet und erforderlich (*LAG Hessen* 24.2.1998 NZA-RR 1999, 233).

*dd) Gewissens-, Glaubensfreiheit*

312a ▶ Beispiele:
- Im Hinblick auf Art. 4 Abs. 1 GG kann eine Gewissensnot den Arbeitnehmer berechtigen, die Arbeit zu verweigern, z. B. wenn er an der Weiterentwicklung einer Substanz mitarbeiten soll, die im Falle eines **Nuklearkrieges** an Soldaten verabreicht werden könnte, um bei einer nuklearen Verstrahlung dem Erbrechen entgegenzuwirken. Der Arbeitgeber hat im Rahmen billigen Ermessens nach § 315 Abs. 1 BGB den Inhalt der geschuldeten Arbeitsleistung so zu konkretisieren, dass ein ihm offenbarter Gewissenskonflikt des Arbeitnehmers berücksichtigt wird. Allerdings kann dann ein in der Person des Arbeitnehmers liegender Grund gegeben sein, das **Arbeitsverhältnis zu kündigen**, wenn eine andere Beschäftigungsmöglichkeit nicht besteht

(*BAG* 24.5.1989 EzA § 315 BGB Nr. 36; s. a. *BAG* 24.2.2011 EzA § 1 KSchG Personenbedingte Kündigung Nr. 28).
- Die Freiheit der Gewissensverwirklichung (Art. 4 Abs. 1 GG) verbietet es dem Arbeitgeber, den Arbeitnehmer in einen **vermeidbaren Gewissenskonflikt** zu stürzen, z. B. für eine Zeitschrift tätig zu werden, die den freiheitlich-demokratischen Rechtsstaat angreift oder das Gewalt- und Unrechtsregime des Nationalsozialismus verherrlicht oder verharmlost (*BAG* 20.12.1984 EzA Art. 4 GG Nr. 1; 24.5.1989 EzA Art. 4 GG Nr. 2).
- Beruft sich der Arbeitnehmer gegenüber einer Arbeitsanweisung des Arbeitgebers (Ein- und Ausräumen alkoholischer Getränke durch einen Arbeitnehmer **muslimischen Glaubens**) auf einen ihr entgegenstehenden, ernsthaften inneren Glaubenskonflikt, kann das Beharren des Arbeitgebers auf Vertragserfüllung **ermessensfehlerhaft** i. S. v. § 106 S. 1 GewO i. V. m. Art. 4 Abs. 1 GG sein (*BAG* 24.2.2011 EzA § 1 KSchG Personenbedingte Kündigung Nr. 28; s. a. *LAG Hamm* 20.4.2011 LAGE § 626 BGB 2002 Nr. 34a).

*ee) Meinungsfreiheit; politische Betätigung; Pressefreiheit*

Umstritten sind die Auswirkungen von Art. 5 Abs. 1, 9 Abs. 3 GG auf das Arbeitsverhältnis beim **Tragen politischer Plaketten** im Betrieb, **Arbeitsniederlegungen aus politischen Gründen** oder sonstigen politischen Aktivitäten des Arbeitnehmers innerhalb oder außerhalb der Arbeitszeit (vgl. *LAG RhPf* 28.8.1986 – 5 Sa 240/86, n. v.; *von Hoynigen-Huene/Hofmann* BB 1984, 1050). 312b

▶ **Beispiele:** 312c
- Ein Arbeitnehmer darf jedenfalls nicht durch das Tragen einer auffälligen Plakette (»**Stopp Strauß**«), die bewusst den politischen Gegner provoziert, den Betrieb als Forum des Wahlkampfs nutzen (*BAG* 9.12.1982 EzA § 626 BGB Nr. 86; s. Kap. 4 Rdn. 1274, 2141, 2240).
- Angestellte Lehrer im öffentlichen Dienst dürfen während ihres Schuldienstes keine **Anti-Atomkraft-Plaketten** tragen (*BAG* 2.3.1982 EzA Art. 5 GG Nr. 10).
- **Werkszeitungen** genießen Pressefreiheit (*BVerfG* 8.10.1996 EzA Art. 5 GG Nr. 23).
- Eine **kritische Berichterstattung** über den Kosovo-Krieg (»angebliches Massaker von Racak, Nato-Angriffskrieg«) ist vom Grundrecht auf freie Meinungsäußerung eines Rundfunkredakteurs geschützt. Die Feststellung, die Nato befinde sich (1999) mit Restjugoslawien in einem (Angriffs-)Krieg, ist objektiv zutreffend gewesen (*LAG BW* 2.8.2000 AuR 2001, 192).

*ff) Spannungsverhältnis zwischen Grundrechten und kirchlichem Selbstbestimmungsrecht*

▶ **Beispiele:** 312d
- Bei einer Beschäftigung im **kirchlichen Dienst** braucht ein Arbeitgeber es nicht hinzunehmen, dass ein Arbeitnehmer öffentlich fundamentale Grundsätze der kirchlichen Lehre in Frage stellt (*BVerfG* 4.6.1985 EzA § 611 BGB Kirchliche Arbeitnehmer Nr. 24; s. Kap. 4 Rdn. 3129 ff.).
- **Fragen nach der Religionszugehörigkeit** sind bei Bewerbungen um einen Arbeitsplatz nur zulässig, wenn es sich um einen religiös bestimmten Tendenzbetrieb oder eine kirchliche Einrichtung handelt.
- Im Rahmen von Arbeitsverhältnissen mit einem Träger des kirchlichen Selbstbestimmungsrechts (Art. 140 GG i. V. m. Art. 137 Abs. 3 WRV), z. B. der Deutschen Caritas, ist zugunsten des Arbeitnehmers auch der grundrechtliche Schutz von Ehe und Familie (Art. 6 Abs. 5 GG) zu beachten. Deshalb ist selbst bei einem Verstoß gegen die katholische Glaubens- und Sittenlehre (z. B. bei erneuter standesamtlicher Eheschließung einer Altenpflegerin nach Scheidung der ersten Ehe) die Wirksamkeit einer ordentlichen personenbedingten Kündigung von einer **umfassenden Interessenabwägung** abhängig. Im Einzelfall kann Art. 6 Abs. 5 GG gegenüber dem kirchlichen Selbstbestimmungsrecht im Rahmen der Interessenabwägung den Vorrang haben (*LAG RhPf* NZA 1992, 648).

*gg) Schutz von Ehe und Familie (Art. 6 GG); eingetragene Lebenspartnerschaft*

312e ▶ **Beispiele:**
- Zulässig ist die Beschränkung der Gewährung **bezahlter Freistellung** aus Anlass der Niederkunft der Lebensgefährtin auf Verheiratete (*BAG* 25.2.1987 EzA § 616 BGB Nr. 37; 18.1.2001 EzA Art. 3 GG Nr. 92).
- Der **Ortszuschlag**, den § 29 BAT für verheiratete Angestellte regelt, steht ledigen Angestellten, die in gleichgeschlechtlicher Partnerschaft leben, nicht zu (*BAG* 15.5.1997 NZA 1998, 207; s. a. B*VerfG* 21.5.1999 EzA Art. 3 GG Nr. 72a); etwas anderes gilt aber für Angestellte, die in einer **eingetragenen Lebenspartnerschaft** nach § 1 Abs. 1 S. 1 LPartG v. 16.2.2001 leben (*BAG* 29.4.2004 EzA § 1 TVG Auslegung Nr. 37; **a. A.** *LAG Düsseld.* 5.12.2002 NZA-RR 2003, 666; vgl. *Wellenhofer* NJW 2005, 705 ff.; s. a. *BAG* 26.10.2006 NZA 2007, 1179: Ortszuschlag).
- Sieht eine Tarifnorm den Erhalt des Anspruchs auf **Urlaubsgeld** vor, wenn für mindestens drei volle Monate des ersten Halbjahres ein Anspruch auf Bezüge bestanden hat, so fällt der Zuschuss zum Mutterschaftsgeld nicht unter diesen Begriff. Anders ist es dann, wenn die schwangere Angestellte die vorgeburtliche Schutzfrist nach § 3 Abs. 2 MuSchG nicht in Anspruch nimmt, um weiter zu arbeiten. Diese tarifliche Regelung ist geeignet, Druck auf eine werdende Mutter auszuüben, vor der Geburt nicht die Schutzfrist nach § 3 Abs. 2 MuSchG wahrzunehmen, sondern zu arbeiten. Dies verstößt gegen die in Art. 6 Abs. 4 GG festgelegte Schutzpflicht (*BAG* 20.8.2002 EzA Art. 6 GG Nr. 5).
- Wirksam ist eine Tarifnorm, wonach die bisherigen Bezüge des **verstorbenen Arbeitnehmers** für den Rest des Sterbemonats und weitere drei Monate – falls kein Ehegatte vorhanden ist – vorrangig an die unterhaltsberechtigten Kinder zu zahlen sind, die mit dem Verstorbenen in einem Haushalt lebten oder für die er das Sorgerecht hatte (*BAG* 20.8.2002 EzA § 1 BetrAVG Gleichbehandlung Nr. 25).
- Die Wertungen des Art. 6 Abs. 1 und 2 GG verpflichten die Betriebsparteien **nicht**, Arbeitnehmer wegen ihrer **familiären Bindungen in Sozialplänen zu bevorzugen** (*BAG* 6.11.2007 EzA § 112 BetrVG 1972 Nr. 25).
- Art. 6 GG verbietet es, verheiratete Arbeitnehmerinnen von einer **Ruhegeldregelung** auszuschließen, wenn sie mit einem ebenfalls ruhegeldanwartschaftsberechtigten Arbeitnehmer verheiratet sind (*BAG* 10.1.1989 EzA § 1 BetrAVG Gleichberechtigung Nr. 3).
- Zulässig im Rahmen der **Hinterbliebenenversorgung** sind sog. **Spätehenklauseln**, wonach der Anspruch bei Eingehung der Ehe nach einem bestimmten Höchstalter oder nach Eintritt des Versorgungsfalles entfällt. Voraussetzung kann auch sein, dass die **Ehe mindestens zehn Jahre bestanden** hat, wenn sie nach Vollendung des 50. Lebensjahres des verstorbenen Ehegatten geschlossen worden ist. Denn derartige Klauseln dienen einer sachlich gerechtfertigten **Risikobegrenzung** (*BAG* 28.7.2005 EzA § 1 BetrAVG Hinterbliebenenversorgung Nr. 12). Gleiches gilt für **Altersdifferenzklauseln**, wonach der Arbeitnehmer z. B. nicht 25 Jahre älter als seine Ehefrau sein darf (*LAG Düsseld.* 19.5.2005 – 5 Sa 509/05, FA 2005, 318 LS; *ArbG Duisburg* 16.2.2000 NZA-RR 2001, 48: 15 Jahre; **a. A.** *Hess. LAG* 12.3.1997 DB 1997, 2182), sowie für Getrenntlebensklauseln, die Leistungen ausschließen, wenn die Eheleute zum Zeitpunkt des Todes des Versorgungsempfängers getrennt leben. Allerdings sind Ausnahmeregelungen für Härtefälle vorzusehen. Zulässig sind auch **Scheidungsklauseln**, die die Existenz der Ehe im Todesfall voraussetzen, sodass Versorgungsansprüche entfallen, wenn die Ehe vor Einführung des Versorgungsausgleichs geschieden worden ist, sowie **Wiederverheiratungsklauseln**, die den Anspruch auf betriebliche Witwenrente für den Fall der Wiederverheiratung entfallen lassen (*BAG* 6.9.1979 EzA § 242 BGB Ruhegehalt Nr. 81; *BGH* 29.1.1981 AP Nr. 4 zu 242 BGB Ruhegehalt-Lebensversicherung).

**Fraglich** ist allerdings, ob derartige Klauseln **europarechtlich unbedenklich** sind (s. *EuGH* 22.11.2005 EzA § 14 TzBfG Nr. 21; *BAG* 27.6.2006 EzA EG-Vertrag 1999 Richtlinie 2000/78 Nr. 2; s. *Konzen* SAE 2007, 194 ff.). Der *EuGH* (23.9.2008 – C-42/06, NZA 2008, 1119; s. *Preis/Temming* NZA 2008, 1209 ff.) hat aber lediglich festgestellt, dass das Gemeinschaftsrecht

## G. Rechtsquellen des Arbeitsrechts Kapitel 1

kein Verbot der Diskriminierung aus Gründen des Alters, dessen Schutz die Gerichte der Mitgliedsstaaten zu gewährleisten haben, enthält, wenn die möglicherweise diskriminierende Behandlung keinen gemeinschaftsrechtlichen Bezug aufweist. Ein solcher Bezug folgt weder aus Art. 19 AEUV, noch durch die RL 2000/78/EG vor Ablauf der für die Umsetzung der RL gesetzten Frist.
- Eine Kündigung verstößt gegen Art. 6 Abs. 1 GG, wenn sie wegen der Eheschließung des Arbeitnehmers mit einer **chinesischen Staatsangehörigen** ausgesprochen wurde. Sie hält nicht das notwendige »**ethische Minimum**« ein und ist sittenwidrig, wenn der Arbeitgeber jahrelang die langjährige Beziehung zu einer in China lebenden Chinesin nicht als sicherheitsrelevant einordnet, den Leiharbeitnehmer dann in Kenntnis der Hochzeit abwirbt und ihm kurz darauf kündigt, obwohl sich nichts verändert hat (*LAG SchlH* 22.6.2011 – 3 Sa 95/11, AuR 2011, 374 LS).

**Nicht** von Art. 6 GG **erfasst** ist an sich die **gleichgeschlechtliche eingetragene Lebenspartnerschaft**. 313
Denn mit dem LPartG (vgl. dazu *Wellenhofer* NJW 2005, 705 ff.) wurde ein neues Rechtsinstitut eingeführt, das – mit jeweils eigenständig definierten Rechten und Pflichten – neben dem der Ehe steht und dazu ein aliud bildet. Auch nach der Eintragung der Lebenspartnerschaft sind die Beteiligten von Gesetzes wegen keine Ehegatten (*Powietzka* BB 2002, 146 ff.; s. a. *BAG* 26.10.2006 EzA § 611 BGB 2002 Kirchliche Arbeitnehmer Nr. 9: Ortszuschlag; 18.3.2010 – 6 AZR 434/07, EzA-SD 10/2010 S. 11 LS zu § 45 TVöD: Verstoß gegen Art. 3 Abs. 1 GG). Die Ungleichbehandlung von Ehe und **eingetragener Lebenspartnerschaft** im Bereich der betrieblichen Hinterbliebenenversorgung für Arbeitnehmer des öffentlichen Dienstes, die bei der Versorgungsanstalt des Bundes und der Länder zusatzversichert sind, ist zwar mit Art. 3 Abs. 1 GG unvereinbar; geht die Privilegierung der Ehe zudem mit einer Benachteiligung anderer Lebensformen einher, obwohl diese nach dem geregelten Lebenssachverhalt und den mit der Normierung verfolgten Zielen der Ehe vergleichbar sind, rechtfertigt allerdings der bloße Verweis auf das Schutzgebot der Ehe gem. Art. 6 Abs. 1 GG diese Differenzierung nicht. Denn aus der Befugnis, in Erfüllung und Ausgestaltung des verfassungsrechtlichen Förderauftrags die Ehe gegenüber anderen Lebensformen zu privilegieren, lässt sich kein in Art. 6 Abs. 1 GG enthaltenes Gebot herleiten, andere Lebensformen gegenüber der Ehe zu benachteiligen. Es ist verfassungsrechtlich nicht begründbar, aus dem besonderen Schutz der Ehe abzuleiten, dass andere Lebensgemeinschaften im Abstand zur Ehe auszugestalten und mit geringeren Rechten zu versehen sind. Hier bedarf es jenseits der bloßen Berufung auf Art. 6 Abs. 1 GG eines hinreichend **gewichtigen Sachgrundes**, der gemessen am jeweiligen Regelungsgegenstand und -ziel die **Benachteiligung anderer Lebensformen rechtfertigt** (*BVerfG* 7.7.2009 ZTR 2009, 642; *BGH* 7.7.2010 ZTR 2010, 533; s. a. *EuGH* 10.5.2011 2011 EzA EG-Vertrag 1999 Richtlinie 2000/78 Nr. 19; *BVerwG* 28.10.2010 ZTR 2011, 192; *Spiolek* BB 2011, 2169 ff.). Andererseits verstößt eine gesetzliche Regelung, wonach ein in einer Lebenspartnerschaft lebender **Versorgungsempfänger** Zusatzversorgungsbezüge in **geringerer Höhe** erhält als ein nicht dauernd getrennt lebender verheirateter Versorgungsempfänger, gegen Art. 1, 2, 3 RL 2000/78/EG (*EuGH* 10.5.2011 EzA EG-Vertrag 1999 Richtlinie 2000/78 Nr. 19), so dass die Frage **nahe liegt**, ob der **Schutzbereich von Art. 6 GG** im Hinblick auf eingetragene Lebenspartnerschaften extensiv ausgelegt werden kann (und muss).

### hh) Art. 9 Abs. 3 GG

- Wegen Art. 9 Abs. 3 GG ist Art. 3 Abs. 1 GG nicht bei der Festlegung des **persönlichen Geltungsbereichs eines Tarifvertrages** zu berücksichtigen. Deshalb bestehen z. B. gegen den Ausschluss der Lektoren aus dem Geltungsbereich des BAT keine rechtlichen Bedenken (*BAG* 24.4.1985 EzA Art. 9 GG Nr. 39). 314
- **Differenzierungsklauseln**, durch die den tarifgebundenen Arbeitgebern verboten werden soll, bestimmte tariflich festgelegte Leistungen und Vergünstigungen auch den nicht bzw. anders organisierten Arbeitnehmern auf einzelvertraglicher Grundlage zu gewähren, verletzen an sich die negative Koalitionsfreiheit (Art. 9 Abs. 1, 2 GG) für nicht tarifgebundene Außenseiter. Denn auf sie 315

wird ein sozial inadäquater Druck ausgeübt, weil sie bestimmte Leistungen nur durch Gewerkschaftsbeitritt erlangen können. Das Gleiche gilt für Spannensicherungsklauseln, denen zufolge der Arbeitgeber bei jeder zusätzlichen Leistung an nicht Organisierte auch die Position der organisierten Arbeitnehmer verbessern muss, sodass der Abstand der Lohnhöhe zugunsten tarifgebundener Arbeitnehmer erhalten bleibt (*BAG* [GS] 29.11.1967 AP Nr. 13 zu Art. 9 GG; *BAG* 21.1.1987 EzA Art. 9 GG Nr. 42; 23.3.2011 – 4 AZR 366/09, EzA-SD 16/2011 S. 14 LS; s. *Brecht-Heitzmann/Gröls* NZA-RR 2011, 505 ff.; a. A. *Hanau* JuS 1969, 213; *Schubert* ZTR 2011, 579 ff.; offen: *BAG* 9.5.2007 NZA 2007, 1439; s. *Kocher* NZA 2009, 119 ff.; *Ulber/Strauß* DB 2008, 1970 ff.; *Bauer/Arnold* NZA 2011, 945 ff.). Eine tarifvertragliche Inhaltsnorm, die eine den Gewerkschaftsmitgliedern vorbehaltene Leistung dadurch absichert, dass sie für den Fall einer Kompensationsleistung des Arbeitgebers an nicht oder anders organisierte Arbeitnehmer das Entstehen eines entsprechend erhöhten Anspruchs für die Gewerkschaftsmitglieder vorsieht (sog. Spannenklausel), ist wegen Überschreitung der Tarifmacht folglich unwirksam (*BAG* 23.3.2011 – 4 AZR 366/09, EzA-SD 16/2011 S. 14 LS). **Eine einfache Differenzierungsklausel**, durch die in einem Tarifvertrag die Mitgliedschaft in der tarifschließenden Gewerkschaft zum Tatbestandsmerkmal eines Anspruchs auf eine jährliche Sonderzahlung von 535 € gemacht wird, **begegnet aber keinen grundsätzlichen tarifrechtlichen oder verfassungsrechtlichen Bedenken** (*BAG* 18.3.2009 EzA Art. 9 GG Nr. 98 = NZA 2009, 1028; s. a. *LAG Nds.* 11.12.2007 DB 2008, 1977; *ArbG Kaiserslautern* 13.12.2011 NZA-RR 2012, 88: Erholungsbeihilfe; s. a. *Richardi* NZA 2010, 417 ff.; *Hartmann/Lobinger* NZA 2010, 421 ff.; *Greiner/Suhre* NJW 2010, 131 ff.; *Boss* BB 2009, 1238 ff.; *Schubert* ZTR 2011, 579 ff.; a. A. für den öffentlichen Dienst *Löwisch* NZA 2011, 187 f.). Andererseits ist eine Differenzierungsklausel, die entgegen §§ 3 Abs. 1, 4 Abs. 1 TVG die Leistungen von der **Gewerkschaftszugehörigkeit zu einem in der Vergangenheit liegenden Stichtag abhängig macht** und zudem den Wegfall der Leistungen bei Gewerkschaftsaustritt entgegen § 3 Abs. 3 TVG bestimmt, unwirksam (*BAG* 9.5.2007 EzA Art. 3 GG Nr. 91). Rechtsfolge einer **unwirksamen Differenzierungsklausel** ist nicht deren Umdeutung in eine Klausel ohne die vorgesehene tarifliche Differenzierung, sondern allein die Unwirksamkeit der vereinbarten Klausel; dies gilt jedenfalls, soweit der Tarifvertrag ohne die unwirksame Klausel noch eine sinnvolle und in sich geschlossene Regelung darstellt (*BAG* 18.3.2009 EzA Art. 9 GG Nr. 98 = NZA 2009, 1028).

*ii) Art. 12, Art. 14 GG*

316   Art. 12 Abs. 1 S. 1 GG garantiert neben der freien Wahl des Berufs auch die freie Wahl des Arbeitsplatzes. Dazu gehört der Entschluss des Einzelnen, eine konkrete Beschäftigungsmöglichkeit in dem gewählten Beruf zu ergreifen, insbes. auch die Wahl des Arbeitgebers. Kommt der gesetzliche Eingriff in die Freiheit der Arbeitsplatzwahl einer Regelung der Berufsausübungsfreiheit unter Aufrechterhaltung des Arbeitsverhältnisses gleich, so ist dieser verfassungsgemäß, wenn er durch vernünftige Gründe des Gemeinwohls gerechtfertigt und verhältnismäßig ist (s. *BAG* 2.3.2006 EzA § 613a BGB 2002 Nr. 48: Opernhaus).

316a  Art. 12 Abs. 1 GG schützt Arbeitnehmer andererseits vor einem **Verfall von betrieblichen Versorgungsanwartschaften**, soweit dadurch die freie Wahl eines anderen Arbeitsplatzes in unverhältnismäßiger Weise eingeschränkt wird (*BVerfG* 15.7.1998 NZA 1999, 194).

316b  Eine für ein Luftfahrtunternehmen vereinbarte tarifvertragliche Regelung, die für die Einstellung von in anderen Luftfahrtunternehmen ausgebildeten Piloten ein **Höchsteintrittsalter** von 32 Jahren und 364 Tagen festlegt, verletzt in unverhältnismäßiger Weise das durch Art. 12 Abs. 1 GG geschützte Grundrecht älterer Arbeitsplatzbewerber. Außerdem verstößt die damit verbundene Gruppenbildung gegen den Gleichheitssatz des Art. 3 Abs. 1 GG und gegen das in § 7 Abs. 1 AGG normierte Verbot der **Altersdiskriminierung**. Eine solche tarifliche Regelung ist unwirksam (*BAG* 8.12.2010 EzA § 3 TVG Betriebsnorm Nr. 1).

316c  Art. 12 i. V. m. Art. 14 GG sind maßgeblich für die Arbeitgeberposition. Die koalitionsrechtliche Betätigungsfreiheit im Betrieb gestattet keine Inanspruchnahme fremden Eigentums. Der Arbeitgeber kann daher die Entfernung von Gewerkschaftsemblemen auf den von ihm zur Verfügung gestellten Schutzhelmen verlangen (*BAG* 23.2.1979 EzA Art. 9 GG Nr. 30).

## 2. Tarifvertrag

### a) Begriff und Funktion

Ein Tarifvertrag ist ein schriftlicher Vertrag zwischen einem Arbeitgeber oder Arbeitgeberverband und einer Gewerkschaft zur Regelung von Rechten und Pflichten der Vertragsschließenden (schuldrechtlicher Teil), zur Regelung von Inhalt, Abschluss und Beendigung von Arbeitsverhältnissen (normativer Teil) sowie von betrieblichen und betriebsverfassungsrechtlichen Fragen. Die Auslegung, ob es sich bei einer Tarifbestimmung um eine normative oder eine schuldrechtliche, nur zwischen den Tarifvertragsparteien geltende Bestimmung handelt, richtet sich nach den allgemeinen Regeln der §§ 133, 157 BGB (*BAG* 13.10.2011 EzA § 1 TVG Auslegung Nr. 48). 317

Gem. § 4 Abs. 1 TVG gelten die Rechtsnormen des Tarifvertrags, die den Inhalt, den Abschluss oder die Beendigung von Arbeitsverhältnissen ordnen, unmittelbar und zwingend zwischen den beiderseits Tarifgebundenen. Tarifverträge sind deshalb nicht entsprechend §§ 133, 157 BGB, sondern **wie Gesetze auszulegen** (*BAG* 12.9.1984 EzA § 1 TVG Auslegung Nr. 14; 12.10.2005 EzA § 611 BGB 2002 Gratifikation, Prämie Nr. 17; s. aber oben Rdn. 291). Lässt sich ein **eindeutiges Auslegungsergebnis** anhand der anerkannten Auslegungsgesichtspunkte (Wortlaut, Sinn und Zweck der Regelung unter Berücksichtigung des tariflichen Gesamtzusammenhangs, Praktikabilität der einen oder anderen Auslegung, Entstehungsgeschichte und des dabei zum Ausdruck gekommenen Willens der Tarifvertragsparteien) **nicht gewinnen**, so gebietet es der Gesichtspunkt der **Normenklarheit**, letztlich der Auslegung den Vorzug zu geben, die bei einem **unbefangenen Durchlesen der Regelung**, d. h. ohne Rückgriff auf die anerkannten Auslegungsmethoden und Auslegungsgesichtspunkte, als **näherliegend erscheint und folglich von den Normadressaten typischerweise als maßgeblich empfunden wird** (*BAG* 22.4.2010 NZA 2011, 1293). 318

Verstößt die Norm eines Tarifvertrags gegen höherrangiges Recht oder überschreiten die Tarifvertragsparteien die Grenze der tariflichen Rechtsetzungsbefugnis, ist die Tarifnorm nichtig. Das gilt grds. auch für gleichheitswidrige Tarifverträge. Die Gerichte für Arbeitssachen dürfen im Unterschied zu der Rechtslage bei formellen Gesetzen i. S. v. Art. 100 Abs. 1 GG darüber entscheiden, ob eine Tarifnorm im jeweiligen Streitfall nichtig ist. Die Entscheidung bindet außerhalb des Geltungsbereichs von § 9 TVG allerdings nur die Parteien des konkreten Rechtsstreits. Die Arbeitsgerichte dürfen nur die Nichtigkeit der gleichheitswidrigen Rechtsnorm feststellen. Sie dürfen den Tarifvertragsparteien keine bestimmten Normierungspflichten auferlegen. Eine unbewusste Tariflücke darf durch die Gerichte nur dann geschlossen werden, wenn sich aus dem Tarifvertrag selbst hinreichende Anhaltspunkte dafür ergeben, welche Regelung die Tarifvertragsparteien getroffen hätten, wenn sie die Lücke bemerkt hätten (*BAG* 23.2.2011 ZTR 2011, 489). Die gleichheitswidrig ausgeklammerten Personen haben andererseits dann Anspruch auf die Vergünstigung, wenn die tariflichen Normgeber dem Gleichheitssatz nur auf diese Weise Rechnung tragen können (*BAG* 4.5.2010 – 9 AZR 181/09, NZA-RR 2011, 112 LS). 318a

Gem. § 4 Abs. 3 TVG sind von Tarifnormen abweichende Abmachungen nur zulässig, soweit sie durch Tarifvertrag gestattet sind oder eine Änderung der Regelungen zu Gunsten des Arbeitnehmers enthalten (**Günstigkeitsprinzip**). 319

Der Tarifvertrag hat insbes. 320
- eine Schutzfunktion: Schutz des einzelnen Arbeitnehmers vor der einseitigen Festlegung der Vertragsbedingungen durch den Arbeitgeber auf Grund seiner wirtschaftlichen Überlegenheit;
- eine Verteilungsfunktion: Beteiligung der Arbeitnehmer am Sozialprodukt sowie bedürfnisgerechte Einkommensverteilung zwischen den Arbeitnehmern durch Differenzierung in Lohn- und Gehaltsgruppen;
- eine Ordnungsfunktion: Kalkulierbarkeit der Personalkosten sowie

# Kapitel 1  Grundbegriffe und Grundstrukturen des Arbeitsrechts

– eine Friedensfunktion: Verhinderung von Arbeitskämpfen.

### b) Anwendbarkeit von Tarifverträgen und Tarifnormen im Arbeitsverhältnis

#### aa) Beiderseitige Tarifgebundenheit

321 Ohne weiteres auf das einzelne Arbeitsverhältnis sind die Rechtsnormen eines Tarifvertrages bei beiderseitiger Organisationszugehörigkeit anwendbar, d. h. wenn der Arbeitnehmer einerseits und der Arbeitgeber andererseits jeweils Mitglieder der vertragsschließenden Organisation(en) sind und dem räumlichen, fachlichen, persönlichen und zeitlichen Geltungsbereich des Tarifvertrages unterfallen (§ 3 Abs. 1 TVG; zur Rechtslage beim Betriebsübergang vgl. *BAG* 29.8.2001 NZA 2002, 513; s. a. *BAG* 25.7.2006 EzA § 3 TVG Bezugnahme auf Tarifvertrag Nr. 34).

322 Wer einen Anspruch auf eine infolge beiderseitiger Tarifgebundenheit zwingend anzuwendende Inhaltsnorm eines Tarifvertrages stützt, muss **darlegen und beweisen, dass im Anspruchszeitraum Tarifgebundenheit bestanden hat**. Die bloße Erklärung, einer Tarifvertragspartei (Gewerkschaft oder Arbeitgeberverband) anzugehören, besagt für sich allein nicht, seit wann Tarifgebundenheit vorliegen soll (*BAG* 18.8.1999 ZTR 2000, 219).

#### bb) Tarifbindung des Arbeitgebers bei Betriebsnormen

323 Rechtsnormen des Tarifvertrags über betriebliche und betriebsverfassungsrechtliche Fragen gelten für alle Betriebe, deren Arbeitgeber tarifgebunden sind (§ 3 Abs. 2 TVG; s. *BAG* 26.1.2011 ZTR 2011, 486).

#### cc) Allgemeinverbindlicherklärung

324 Für alle Arbeitsverhältnisse im räumlichen, fachlichen und persönlichen Geltungsbereich eines Tarifvertrages, unabhängig von der Organisationszugehörigkeit, ist ein Tarifvertrag dann anwendbar, wenn er gem. **§ 5 Abs. 1, 2 TVG** vom Bundesminister für Arbeit oder der obersten Arbeitsbehörde eines Landes für allgemeinverbindlich erklärt wird. Zweck der Allgemeinverbindlicherklärung ist es, den Nachteilen entgegenzuwirken, die sich aus der Beschränkung der Normwirkung auf tarifgebundene Arbeitnehmer und Arbeitgeber ergeben können (z. B. Lohnschieberei, Schmutzkonkurrenz). Voraussetzung ist u. a., dass die Allgemeinverbindlicherklärung im öffentlichen Interesse geboten erscheint (§ 5 Abs. 1 Nr. 2 TVG), wofür allerdings eine allgemeingültige Definition nicht feststellbar ist.

325 Besonders zu beachten ist, dass sich **die Allgemeinverbindlicherklärung nur auf den konkreten Tarifvertrag bezieht**, sodass allein daraus, dass z. B. der MTV Hotel- und Gaststättengewerbe Rheinland-Pfalz für allgemeinverbindlich erklärt worden ist, keineswegs folgt, dass auch der entsprechende Lohn- und Gehaltstarifvertrag allgemeinverbindlich ist (vgl. *BAG* 2.3.1988 EzA § 1 TVG Form Nr. 1).

#### dd) Einzelvertragliche Vereinbarung; modifizierte Rechtsprechung nach der Schuldrechtsreform

##### (1) Grundlagen

326 Viele Arbeitsverträge enthalten vollständige oder teilweise Verweisungen auf einen oder mehrere Tarifverträge (Bezugnahmeklauseln; instr. ErfK/*Franzen* § 3 TVG Rn. 29 ff.); das ist nach dem **Grundsatz der Vertragsfreiheit** möglich (§§ 241, 305 BGB; *BAG* 21.9.2011 – 5 AZR 520/10, NZA 2012, 31).

326a Den Arbeitsvertragsparteien steht es im Rahmen ihrer privatautonomen Gestaltungsmacht frei, für ihr Arbeitsverhältnis die Geltung jedes beliebigen Tarifvertrags zu vereinbaren. Art. 9 Abs. 3 GG gebietet nicht, arbeitsvertraglich die Geltung nur solcher Tarifverträge zu vereinbaren, die von der für den Betrieb tarifzuständigen Gewerkschaft abgeschlossen wurden (*BAG* 21.9.2011 – 5 AZR 520/10, NZA 2012, 31).

Der tarifgebundene Arbeitgeber erreicht durch eine entsprechende Vertragsgestaltung einheitliche Arbeitsbedingungen für alle Arbeitnehmer ungeachtet ihrer Gewerkschaftszugehörigkeit und vermeidet so Anreize zum Gewerkschaftsbeitritt. Außerdem hat er i. d. R. keine Kenntnisse über die Gewerkschaftsangehörigkeit der Arbeitnehmer. Nichtorganisierte Arbeitgeber müssen zudem kein eigenes Regelwerk erstellen; auch kann die Gewährleistung tariflicher Arbeitsbedingungen im Wettbewerb um qualifizierte Arbeitskräfte sinnvoll sein. Entsprechende Grundsätze gelten bei der **Inbezugnahme kirchlicher Regelungen** (s. *BAG* 19.2.2003 EzA § 611 BGB 2002 Kirchliche Arbeitnehmer Nr. 1; 8.6.2005 EzA § 307 BGB 2002 Nr. 10), nicht aber bei der Bezugnahme auf vom Arbeitgeber satzungsgemäß einzuhaltende allgemeine Arbeitsbedingungen (*BAG* 27.11.2002 EzA § 3 TVG Bezugnahme auf Tarifvertrag Nr. 26).

Die – **formfrei mögliche** (s. aber §§ 2 Abs. 1, 3, 4 NachwG) – **Bezugnahme** kann ausdrücklich oder konkludent (*BAG* 1.8.2001 EzA § 133 BGB Nr. 23) erfolgen oder sich aus einer betrieblichen Übung ergeben (*BAG* 19.1.1999 EzA 3 TVG Bezugnahme auf Tarifvertrag Nr. 10). 327

Wenn ein tarifgebundener Arbeitgeber die für ihn einschlägigen Tarifverträge wiederholt auch auf Außenseiter anwendet, kann dies so verstanden werden, dass er organisierte und nichtorganisierte Arbeitnehmer gleichbehandeln will. Es entsteht dann eine schuldrechtliche Bindung, die grds. der Bindung des Arbeitgebers gegenüber tarifgebundenen Arbeitnehmern entspricht. Bei einem nicht tarifgebundenen Arbeitgeber wirkt eine solche betriebliche Übung allerdings nur statisch, weil er sich nicht für die Zukunft der Regelungsmacht der Verbände unterwerfen will (*BAG* 3.11.2004 EzA § 242 BGB 2002 Betriebliche Übung Nr. 4). 328

Vorformulierte Bezugnahmeklauseln sind AGB i. S. d. §§ 305 ff. BGB; das gilt aber **nicht** für die in Bezug genommenen **Tarifnormen** (§ 310 Abs. 4 BGB; *BAG* 28.6.2007 EzA § 310 BGB 2002 Nr. 5; s. ErfK/*Franzen* § 3 TVG Rn. 30). 329

*(2) Umfang und Inhalt der Bezugnahme*

Es kann insbes. auf den einschlägigen Tarifvertrag verwiesen werden, in dessen Geltungsbereich das Arbeitsverhältnis fällt und der bei Tarifbindung der Parteien gelten würde. Dies sind regelmäßig die spezielleren Tarifverträge, insbes. Firmentarifverträge (*BAG* 23.3.2005 EzA § 4 TVG Tarifkonkurrenz Nr. 18; *LAG Köln* 14.1.2008 NZA-RR 2008, 529; abl. *Thüsing* NZA 2005, 1280 ff.). 330

Möglich ist aber auch die Verweisung auf Tarifverträge eines anderen betrieblich/fachlichen, räumlichen oder zeitlichen Geltungsbereichs, gekündigte, abgelaufene, nachwirkende oder branchenfremde (*BAG* 25.10.2000 EzA § 3 TVG Bezugnahme auf Tarifvertrag Nr. 15; 20.11.2001 EzA § 77 BetrVG 1972 Nr. 70; 20.9.2006 EzA § 3 TVG Bezugnahme auf Tarifvertrag Nr. 34; 9.5.2007 EzA § 305c BGB 2002 Nr. 12) Tarifverträge. 331

Wird z. B. ein Arbeitsvertrag **zwei Jahre vor dem vereinbarten Arbeitsbeginn** geschlossen und enthält dieser Vertrag eine vorbehaltlose, umfassende Bezugnahme auf das gesamte Tarifwerk, ohne eigenständige Regelungen zu treffen, so ist regelmäßig davon auszugehen, dass für den Fall, dass vor der Arbeitsaufnahme die in Bezug genommenen Tarifverträge ablaufen, deren Weitergeltung vereinbart werden soll (*BAG* 5.6.2007 NZA 2007, 1369). 332

Haben die Parteien einen befristeten Arbeitsvertrag unter **Bezugnahme auf den Zuwendungstarifvertrag in seiner jeweiligen Fassung** (vor dessen Kündigung zum 30.6.2003) geschlossen, so besteht ein Anspruch auf die Zuwendung auch dann, wenn die Arbeitsaufnahme erst zum 1.8.2003 und damit im Nachwirkungszeitraum erfolgte (*BAG* 20.9.2006 NZA 2007, 164; s. a. *BAG* 20.9.2006 EzA § 3 TVG Bezugnahme auf Tarifvertrag Nr. 34). 333

**Die Bezugnahme kann vollständig, aber auch teilweise erfolgen** (*BAG* 19.1.1999 EzA § 3 TVG Bezugnahme auf Tarifvertrag Nr. 10). Bei einer teilweisen bzw. Inbezugnahme eines nicht einschlägi- 334

**Kapitel 1** — Grundbegriffe und Grundstrukturen des Arbeitsrechts

gen Tarifvertrages erfolgt neben einer Auslegung zur Ermittlung ihres Umfangs in vorformulierten Arbeitsverträgen zudem dann eine Inhaltskontrolle nach § 307 BGB, da von Rechtsvorschriften i. S. v. § 307 Abs. 3 BGB abgewichen wird, wozu nach § 310 Abs. 4 S. 3 BGB auch Tarifverträge gehören. Eine teilweise Inbezugnahme kann z. B. auf die einschlägigen tariflichen Bestimmungen der Vergütungsgruppe (*BAG* 9.11.2005 EzA § 305c BGB 2002 Nr. 3) oder des Urlaubs (*BAG* 17.11.1998 EzA § 3 TVG Bezugnahme auf Tarifvertrag Nr. 11) verweisen. Damit wird der gesamte tarifliche Regelungskomplex »Urlaub« einschließlich eines zusätzlichen tariflichen Urlaubsgeldes erfasst (*BAG* 17.1.2006 EzA § 3 TVG Bezugnahme auf Tarifvertrag Nr. 33; ErfK/*Franzen* § 3 TVG Rn. 34). Werden im Arbeitsvertrag Teile eines Tarifvertrags in Bezug genommen, die das betroffene Arbeitsverhältnis umfassend regeln, ist dies weder unklar, mehrdeutig noch intransparent. Eine solche Verweisungsklausel benachteiligt den Arbeitnehmer auch nicht unangemessen (*BAG* 6.5.2009 NZA-RR 2009, 593).

335 **Lektoren** unterfallen z. B. nicht dem persönlichen Anwendungsbereich des BAT und des im öffentlichen Dienst geltenden Versorgungstarifvertrags. Nehmen die Arbeitsvertragsparteien trotzdem einzelne Bestimmungen des BAT und die diese Bestimmungen ergänzenden Tarifverträge in Bezug, sind die tariflichen Bestimmungen ohne Berücksichtigung der tariflichen Einschränkungen im persönlichen Anwendungsbereich anzuwenden. Das gilt auch hinsichtlich der Durchführung der Versicherung bei der Versorgungsanstalt des Bundes und der Länder (*BAG* 16.3.2010 NZA-RR 2010, 610).

336 Bezugnahmeklauseln können auch auf Tarifverträge verweisen, **die von tarifdispositivem Gesetzesrecht abweichen** (s. z. B. § 7 Abs. 3 ArbZG, § 622 Abs. 4 S. 2 BGB, § 13 Abs. 1 S. 2 BUrlG), um eine Schlechterstellung der tarifgebundenen gegenüber den nicht tarifgebundenen Arbeitnehmern zu vermeiden. Grundsätzlich können bei tarifdispositivem Gesetzesrecht nur Tarifverträge desselben fachlichen, betrieblichen und zeitlichen Geltungsbereiches in Bezug genommen werden; der Gesetzgeber hält dann selbst Teilverweisungen in Arbeitsverträgen auf entsprechende tarifliche Regelungskomplexe für grds. angemessen. Dann ist eine Inhaltskontrolle derartiger Tarifverträge bei Abweichungen vom tarifdispositiven Gesetzesrecht nicht erforderlich, weil insoweit von einer ausgewogenen Regelung im Tarifvertrag ausgegangen werden kann (ErfK/*Franzen* § 3 TVG Rn. 35).

337 Bei der Bezugnahme auf vom Arbeitgeber **satzungsgemäß einzuhaltende allgemeine Arbeitsbedingungen** gelten die oben beschriebenen Grundsätze nicht, selbst dann nicht, wenn der Arbeitgeber zugleich an einen Tarifvertrag gebunden ist, der inhaltlich mit den Allgemeinen Arbeitsbedingungen übereinstimmt (*BAG* 27.11.2002 EzA § 3 TVG Bezugnahme auf Tarifvertrag Nr. 26). Endet die Tarifgebundenheit des Arbeitgebers dann durch dessen Austritt aus dem tarifschließenden Verband, ist er in einer solchen Konstellation gleichwohl im Ergebnis an danach vereinbarte Veränderungen im Tarifvertrag gebunden, wenn diese in die Allgemeinen Arbeitsbedingungen aufgenommen werden (*BAG* 18.4.2007 – 4 AZR 253/06, NZA 2007, 1456 LS). Wird zudem durch eine arbeitsvertragliche Regelung ein **komplexes Regelwerk in Form Allgemeiner Arbeitsbedingungen** in Bezug genommen, nach Abschluss eines **wortidentischen Tarifvertrages** dann aber in einer neuen Vereinbarung dieser Tarifvertrag dynamisch in Bezug genommen, so ersetzt diese Klausel die frühere Bezugnahme auch dann, wenn diese in der neuen Vereinbarung nicht ausdrücklich aufgehoben wird (*BAG* 18.4.2007 – 4 AZR 653/05, EzA-SD 20/2007 S. 15 LS).

338 Inhaltlich kann auf einen Tarifvertrag in einer ganz bestimmten Fassung (statische Verweisung) verwiesen werden; das Arbeitsverhältnis nimmt dann an den Änderungen des Tarifvertrages nicht teil (*BAG* 19.9.2007 EzA § 3 TVG Bezugnahme auf Tarifvertrag Nr. 36). Eine kleine dynamische Verweisung erstreckt sich auf die jeweils gültige Fassung eines bestimmten Tarifvertrages und eine große dynamische Verweisung auf die jeweilige Fassung der einschlägigen Tarifverträge der Branche (s. *BAG* 10.5.2005 EzA § 4 TVG Altersteilzeit Nr. 14; *LAG Köln* 31.8.2011 NZA-RR 2012, 195: Lufthansa; s. *Schliemann* NZA Beil. zu Heft 16/2003, S. 1 ff.).

## G. Rechtsquellen des Arbeitsrechts Kapitel 1

*(3) Auslegung der Bezugnahmeklausel*

Diese Begrifflichkeiten ersetzen allerdings nicht die Auslegung der jeweiligen Vertragsklausel. 339
Die nach §§ 133, 157 BGB unter Berücksichtigung der §§ 305 ff. BGB (grds. auch für Altverträge gem. Art. 229 § 5 EGBGB ab dem 1.1.2003) durchzuführende Auslegung kann z. B. zur Annahme einer **statischen Verweisung** dann führen, wenn im konkret zu entscheidenden Einzelfall im Arbeitsvertrag auf die **konkrete Fassung eines bestimmten Tarifvertrages** ohne weitere Zusätze verwiesen worden war und der Arbeitgeber im Streitfall deutlich gemacht hatte, dass er selbst von einer statischen Verweisung ausgegangen war, indem er Ansprüche der Arbeitnehmerin aus einer geänderten Fassung des Tarifvertrags mit Hinweis auf die bloß statische Verweisung (im Ergebnis erfolgreich) zurückgewiesen hat (*BAG* 19.9.2007 EzA § 3 TVG Bezugnahme auf Tarifvertrag Nr. 36).

Andererseits wurde die Formulierung im Arbeitsvertrag: »Der Arbeitnehmer erhält folgende Vergütung« i. V. m. der Benennung der tariflichen Vergütungsgruppe wegen § 305c Abs. 2 BGB als dynamische Verweisung auf die tarifliche Vergütungsgruppenentwicklung verstanden (*BAG* 9.11.2005 EzA § 305c BGB 2002 Nr. 13; ErfK/*Franzen* § 3 TVG Rn. 36). 340

Insoweit gilt (*BAG* 9.11.2005 EzA § 305c BGB 2002 Nr. 3 = NZA 2006, 202) im Einzelnen: 341
– Die arbeitsvertragliche Formulierung »Der Arbeitnehmer erhält folgende Vergütung ...« i. V. m. der Bezeichnung einer tariflichen Vergütungsgruppe und eines konkreten Zahlbetrags kann eine dynamische oder eine statische Verweisung auf die tarifliche Vergütung darstellen.
– § 305c Abs. 2 BGB greift bei der Auslegung Allgemeiner Geschäftsbedingungen ein, wenn nach Ausschöpfung der anerkannten Auslegungsmethoden nicht behebbare Zweifel bleiben und keine der Auslegungen den klaren Vorzug verdient. Die Zweifel gehen zu Lasten des Verwenders.
– Die Unklarheitenregel gilt auch für den Fall, dass die Tragweite der Verweisung auf Tarifnormen zweifelhaft ist. Die zuvor dargestellte Vertragsklausel stellt deshalb eine dynamische Verweisung dar.

Auf die **Unklarheitenregel** darf aber nur zurückgegriffen werden, wenn trotz Ausschöpfung der anerkannten Auslegungsmethoden nicht behebbare Zweifel verbleiben (*BAG* 17.1.2006 EzA § 3 TVG Bezugnahme auf Tarifvertrag Nr. 33), denn gegen eine Anwendung des § 305c Abs. 2 BGB für arbeitsvertragliche Klauseln, die auf ein Tarifwerk Bezug nehmen, spricht, dass sich die Frage der Günstigkeit für den Arbeitnehmer nicht eindeutig beantworten lässt. Einer Anwendung der in Betracht kommenden Tarifregelungen je nach der Art des streitigen Anspruchs und des Zeitpunkts seiner Geltendmachung steht entgegen, dass die Reichweite der Bezugnahme und die Anwendbarkeit eines Tarifvertrags zum Gegenstand einer (Zwischen-) Feststellungsklage gemacht werden und die entsprechende Feststellung dann in Rechtskraft erwachsen könnte (*BAG* 24.9.2008 EzA § 305c BGB 2002 Nr. 15). 342

Bei der Beurteilung der Frage, ob eine **überraschende Klausel** insoweit gegeben ist, können **auch die konkreten Umstände bei Abschluss des Arbeitsvertrages von Bedeutung sein** (*BAG* 9.5.2007 EzA § 305c BGB 2002 Nr. 12). 343

▶ Weitere Beispiele Bezugnahmeklauseln: 344
– Verweist der Arbeitsvertrag auf die für **die Branche jeweils geltenden Tarifverträge** bestimmter Tarifvertragsparteien, liegt eine statische Bezugnahme auch dann nicht vor, wenn dem Angebot auf Abschluss des Arbeitsvertrages ein bereits zuvor abgelaufener Tarifvertrag beigefügt war (*BAG* 26.9.2007 EzA § 305c BGB 2002 Nr. 13).
– Eine dynamische Verweisung auf das jeweils gültige Tarifrecht ist nicht unklar, weil die im Zeitpunkt der jeweiligen Anwendung geltenden, in Bezug genommenen Regelungen bestimmbar sind. Eine solche Regelung verletzt auch das Transparenzgebot nach § 307 Abs. 1 S. 2 BGB nicht (*BAG* 24.9.2008 EzA § 305c BGB 2002 Nr. 15).
– Wird in einem Arbeitsvertrag auf einen Tarifvertrag unter der Formulierung »in Anlehnung« Bezug genommen, so wird i. d. R. deutlich gemacht, dass der Tarifvertrag nur eingeschränkt

Anwendung finden soll. Ergibt sich der Umfang der Einschränkung unmissverständlich aus den einzelnen Regelungen des Arbeitsvertrages, hält eine solche Regelung auch einer Inhaltskontrolle gem. §§ 305 ff. BGB stand (*LAG Köln* 14.4.2008 – 5 Sa 141/08, EzA-SD 2/2009 S. 9).

- Während der Laufdauer des BAT/BAT-O war es im **öffentlichen Dienst** üblich, in dem vom öffentlichen Arbeitgeber verwandten Arbeitsvertragsformular auf die Bestimmungen dieses Tarifvertrages und die ihn ergänzenden und ersetzenden Bestimmungen Bezug zu nehmen. Auch diese Art und Weise der Bezugnahme unterliegt zwar als »Allgemeine Geschäftsbedingung« der gerichtlichen Kontrolle. Die Bezugnahme selbst war für den Angestellten jedoch weder überraschend (§ 305c Abs. 1 BGB) noch intransparent (§ 307 Abs. 1 S. 2 BGB; *BAG* 3.4.2007 – 9 AZR 283/06, NZA-RR 2008, 504 LS).
- Eine arbeitsvertragliche Bezugnahme, die neben dem BAT auch auf die **für das Unternehmen** geltenden **tariflichen Zusatzbestimmungen verweist**, erfasst auch einen Firmentarifvertrag, der Sonderregelungen für die Beschäftigten einer bestimmten Abteilung des Unternehmens beinhaltet, die die Weiterbeschäftigung der einem Teilbetriebsübergang widersprechenden Beschäftigten in dieser Abteilung unter veränderten – schlechteren – Arbeitsbedingungen (Änderung eines Sonderkündigungsschutzes) regeln (*BAG* 17.10.2007 – 4 AZR 812/06, EzA-SD 8/2007 S. 13 LS).
- Dass sich Arbeitszeit und Vergütung im Arbeitsverhältnis aufeinander beziehen, schließt nicht aus, eine arbeitsvertragliche Verweisungsklausel, die **mehrere kollektive Regelungen des öffentlichen Dienstes** in Bezug nimmt, dahingehend auszulegen, dass sich die vom Arbeitnehmer zu leistende regelmäßige wöchentliche Arbeitszeit nach der einen kollektiven Regelung, die vom Arbeitgeber geschuldete Vergütung nach einer anderen kollektiven Regelung richtet. Ob eine dynamische Verweisungsklausel in einem Arbeitsvertrag, die einen bestimmten Regelungsbereich (z. B. die regelmäßige wöchentliche Arbeitszeit) eines fremden Tarifwerkes in Bezug nimmt, bei dessen Änderung durch einen komplexen Sanierungstarifvertrag dazu führt, dass der in Bezug genommene Regelungsbereich in der geänderten Fassung des Sanierungstarifvertrages isoliert auf das Arbeitsverhältnis Anwendung findet, hat das BAG (5.4.2006 – 4 AZR 390/05, NZA-RR 2007, 329) offen gelassen.
- Die vertragliche Bezugnahme auf einen **bestimmten** für das Arbeitsverhältnis einschlägigen **Tarifvertrag** und die diesen »**ergänzenden Tarifverträge**«, erfasst bezüglich letzterer regelmäßig ebenfalls nur einschlägige Tarifverträge, also solche, unter deren Geltungsbereich das Arbeitsverhältnis fällt (*BAG* 15.3.2006 EzA § 3 TVG Bezugnahme auf Tarifvertrag Nr. 31 = NZA 2006, 690); im Einzelfall kann aber auch eine dynamische Verweisung auf die Vergütungsordnung des BAT, die in Allgemeinen Arbeitsbedingungen eines Arbeitgebers enthalten ist, so ausgelegt werden, dass sie den Übergang vom BAT zum TVöD bzw. TV-L nicht nachvollziehen soll (*BAG* 10.6.2009 – 4 AZR 194/08, EzA-SD 2/2010 S. 16 LS).
- Wenn bei einer **umfassenden Verweisung auf die tariflichen Regelungen die betriebliche Altersversorgung ausgeklammert sein soll**, muss diese Einschränkung **hinreichend klar** zum Ausdruck gebracht werden. Die sog. Unklarheitenregel (jetzt § 305c Abs. 2 BGB) galt insoweit bereits vor der Schuldrechtsreform (*BAG* 12.12.2006 EzA § 1 BetrAVG Zusatzversorgung Nr. 18).
- Eine arbeitsvertragliche Verweisung auf »die tariflichen Bestimmungen der Eisen-, Metall- und Elektroindustrie Nordrhein-Westfalens« bezieht sich i. Zw. **auf das gesamte Tarifwerk** der Eisen-, Metall-, Elektro- und Zentralheizungsindustrie dieses Bundeslandes **in seiner jeweils geltenden Fassung** und nicht nur auf einzelne Tarifregelungen (*BAG* 27.10.2004 EzA § 3 TVG Bezugnahme auf Tarifvertrag Nr. 28).
- Gelten nach dem in der Zentrale des Arbeitgebers abgeschlossenen »Angestelltenvertrag« mit einem Arbeitnehmer als Niederlassungsleiter einer Niederlassung in einem anderen Bundesland »die Vorschriften **der jeweils gültigen Tarifverträge**«, so sind die Tarifverträge in Bezug genommen, die für den **Hauptsitz** des Arbeitgebers maßgeblich sind (*BAG* 19.2.2003 EzA

- § 4 TVG Ausschlussfristen Nr. 164; s. a. *LAG München* 16.11.2005 – 10 Sa 455/05, EzA-SD 12/2006 S. 15 LS).
- Wird ein u. a. vom Arbeitgeber als Tarifvertragspartei **abgeschlossener MTV** in Bezug genommen, so wird jedenfalls auch dann ein vom Arbeitgeber mit derselben Gewerkschaft abgeschlossener **Sanierungstarifvertrag** erfasst, wenn die Parteien die Verweisungsklausel ausdrücklich als Gleichstellung nichttarifgebundener Arbeitnehmer mit tarifgebundenen Arbeitnehmern verstanden haben und während ihres Arbeitsverhältnisses auch andere Tarifverträge als den im Arbeitsvertrag ausdrücklich genannten MTV angewandt haben. Umfasst eine Bezugnahmeklausel zwei Tarifverträge, ist durch Auslegung des Arbeitsvertrags festzustellen, welcher der beiden Tarifverträge Anwendung findet. I. d. R. ist dies der dem Betrieb räumlich, betrieblich, fachlich und persönlich am nächsten stehende Tarifvertrag (*BAG* 14.12.2005 EzA § 3 TVG Bezugnahme auf Tarifvertrag Nr. 30).
- Der Arbeitgeber kann sich schließlich mit einer sog. **Tarifwechselklausel** vorbehalten, ein anderes Tarifwerk anzuwenden (*BAG* 25.10.2000 EzA § 3 TVG Bezugnahme auf Tarifvertrag Nr. 15; *LAG Düsseld.* 21.5.1999 LAGE § 3 TVG Bezugnahme auf Tarifvertrag Nr. 7; s. a. *LAG Bln.* 31.3.2006 – 6 Sa 2262/05, EzA-SD 12/2006 S. 6 LS).

Eine Bezugnahmeklausel im Arbeitsvertrag, mit der die Anwendbarkeit oder »Geltung« eines bestimmten, dort benannten Tarifvertrags oder Tarifwerks vereinbart worden ist, kann über ihren Wortlaut hinaus nur dann als Bezugnahme auf den jeweils für den Betrieb fachlich/betrieblich geltenden Tarifvertrag (sog. **große dynamische Verweisungsklausel**) ausgelegt werden, wenn sich dies aus besonderen Umständen ergibt; der bloße Umstand, dass es sich um eine **Gleichstellungsabrede** handelt, **genügt dafür nicht** (*BAG* 30.8.2000 EzA § 3 TVG Bezugnahme auf Tarifvertrag Nr. 12; 17.11.2010 EzA § 3 TVG Bezugnahme auf Tarifvertrag Nr. 51.; s. a. *BAG* 29.8.2007 EzA § 3 TVG Bezugnahme auf Tarifvertrag Nr. 37; 22.10.2008 EzA § 3 TVG Bezugnahme auf Tarifvertrag Nr. 40; *Schleif* ZTR 2011, 207 ff.). Allerdings ist eine Bezugnahme auf einen Tarifvertrag im **Zweifel als dynamische Verweisung** auszulegen; ist sie auf die einschlägigen Tarifverträge in einem vom tarifgebundenen Arbeitgeber vorformulierten Arbeitsvertrag bezogen, handelt es sich typischerweise um eine **Gleichstellungsabrede** (*BAG* 20.2.2002 EzA § 3 TVG Bezugnahme auf Tarifvertrag Nr. 20; 19.3.2003 EzA § 3 TVG Bezugnahme auf Tarifvertrag Nr. 27). Der Auslegung einer derartigen Klausel in einem vom Arbeitgeber vorformulierten Arbeitsvertrag als Gleichstellungsabrede steht die **Unklarheitenregel** (§ 305c Abs. 2 i. V. m. § 310 Abs. 4 S. 2 BGB) auch dann nicht entgegen, wenn dem Arbeitnehmer die Tarifgebundenheit des Arbeitgebers unbekannt war (*BAG* 19.3.2003 EzA § 3 TVG Bezugnahme auf Tarifvertrag Nr. 27 = NZA 2003, 1207).

*(4) Praktische Probleme der Gleichstellungsklauseln*

*aaa) Altverträge (bis 31.12.2001); Vertrauensschutz*

Bislang wurde eine dynamische Verweisung von tarifgebundenen Arbeitgebern **im Zweifel** als sog. **Gleichstellungsabrede** verstanden (*BAG* 26.9.2001 EzA § 3 TVG Bezugnahme auf Tarifvertrag Nr. 19; 21.8.2002 EzA § 3 TVG Bezugnahme auf Tarifvertrag Nr. 21; 27.11.2002 EzA § 3 TVG Bezugnahme auf Tarifvertrag Nr. 26). Damit will der tarifgebundene Arbeitgeber den Arbeitnehmer ungeachtet seiner Gewerkschaftszugehörigkeit so stellen, als sei dieser insoweit tarifgebunden, **als er an den in der Klausel genannten Tarifvertrag gebunden wäre** (*BAG* 6.7.2011 – 4 AZR 706/09, EzA-SD 24/2011 S. 13 LS = NZA 2012, 100); die Verweisung ersetzt die fehlende oder unsichere Tarifbindung des Arbeitnehmers. Es geht **nicht darum**, den Arbeitnehmer **in jeder Hinsicht** wie ein Mitglied der tarifschließenden Gewerkschaft oder zumindest tarifrechtlich wie einen an den in Bezug genommenen Tarifvertrag gebundenen Arbeitnehmer zu behandeln (*BAG* 6.7.2011 – 4 AZR 706/09, EzA-SD 24/2011 S. 13 LS = NZA 2012, 100). Das hat zur Folge, dass dann, wenn die Tarifbindung des Arbeitgebers entfällt, die Außenseiter trotz des Wortlauts der dynamischen Verweisung und einer ggf. gegebenen Unkenntnis über eine Verbandsmitgliedschaft des Arbeitgebers wie die tariflich gebundenen Arbeitnehmer behandelt werden. Dann gilt auch für sie die auf Grund des zu diesem Zeitpunkt gültigen Tarifvertrags bestehende Rechtslage statisch weiter. Spätere Ände-

345

rungen des Tarifvertrages werden also nicht Inhalt des Arbeitsverhältnisses (*BAG* 18.4.2007 – 4 AZR 653/05 – EzA-SD 20/2007 S. 15 LS; 10.12.2008 NZA-RR 2009, 537; 15.2.2011 EzA § 3 TVG Bezugnahme auf Tarifvertrag Nr. 52; s. a. *Schwarz* BB 2010, 1021 ff.). Denn sie begründet keine Rechtsposition, die über die bei Tarifgebundenheit hinausgeht (*BAG* 29.8.2001 NZA 2002, 513; 16.10.2002 EzA § 3 TVG Bezugnahme auf Tarifvertrag Nr. 22; krit. *Meyer* NZA 2003, 1127 ff.). Von daher erfüllt eine Gleichstellungsabrede, die sowohl für tarifgebundene wie für nicht tarifgebundene Arbeitnehmer einheitliche Arbeitsbedingungen herstellen will, ihren Zweck auch für die Zeit **nach dem Ende der Tarifbindung** des Arbeitgebers, in der die Tarifverträge normativ für die Tarifgebundenen wegen der Nachbindung des Arbeitgebers gem. § 3 Abs. 3 TVG und/oder der Nachwirkung gem. § 4 Abs. 5 TVG weiter gelten (*BAG* 24.11.2004 EzA § 242 BGB Betriebliche Übung Nr. 5).

345a Das gilt auch dann, wenn der Arbeitgeber diese Klauseln darüber hinaus bei der Begründung von Arbeitsverhältnissen in Betrieben **außerhalb des räumlichen Geltungsbereichs** verwendet. Ein **weitergehendes Motiv** des Arbeitgebers, im Unternehmen unabhängig von der Einschlägigkeit des Tarifvertrages einheitliche Arbeitsbedingungen zu schaffen, ist für die Auslegung dann **ohne Bedeutung**, wenn es nicht erkennbar zum Inhalt der vertraglichen Vereinbarung gemacht wurde (*BAG* 17.11.2010 – 4 AZR 127/09, EzA-SD 7/2011 S. 12 LS = NZA 2011, 457).

346 Unabdingbare Voraussetzung ist aber die **Tarifgebundenheit des Arbeitgebers** im Zeitpunkt der Vereinbarung für deren Bewertung als Gleichstellungsabrede (*BAG* 1.12.2004 EzA § 3 TVG Bezugnahme auf Tarifvertrag Nr. 29). Weder der Umstand, dass sich der Arbeitgeber bei Abschluss der Vereinbarung in der Gründungsphase befindet, noch derjenige, dass in seinem Konzern die Tarifgebundenheit üblich ist, rechtfertigen es, eine Ausnahme von dieser zwingenden Voraussetzung einer Gleichstellungsabrede zu machen (*BAG* 1.12.2004 EzA § 3 TVG Bezugnahme auf Tarifvertrag Nr. 29 = NZA 2005, 478 = BAG Report 2005, 137 m. Anm. *Lakies*).

347 Das *BAG* (14.12.2005 EzA § 3 TVG Bezugnahme auf Tarifvertrag Nr. 32; 23.1.2008 EzA § 3 TVG Bezugnahme auf Tarifvertrag Nr. 38; 24.2.2010 EzA § 3 TVG Bezugnahme auf Tarifvertrag Nr. 47; 17.11.2010 EzA § 3 TVG Bezugnahme auf Tarifvertrag Nr. 51; 26.8.2009 EzA § 3 TVG Nr. 32; s. *Bayreuther* DB 2007, 166 ff.; *Clemenz* NZA 2007, 769 ff.) hält für vor dem 1.1.2002 (s. *BAG* 18.4.2007 EzA § 3 TVG Bezugnahme auf Tarifvertrag Nr. 35; 10.12.2008 NZA-RR 2009, 537 *LAG Köln* 14.1.2008 NZA-RR 2008, 529; s. *Höpfner* NZA 2008, 91 ff.; s. a. *Schwarz* BB 2010, 1021 ff.) abgeschlossene Arbeitsverträge **an dieser Auslegung zur Gleichstellungsabrede fest**. Das gilt auch für die Verweisung auf ein Tarifwerk, das zum Zeitpunkt des Vertragsabschlusses überwiegend für allgemeinverbindlich erklärt war, sofern der Arbeitgeber zu diesem Zeitpunkt an die in Bezug genommenen Tarifverträge durch Mitgliedschaft im tarifschließenden Arbeitgeberverband gebunden war (*BAG* 27.1.2010 EzA § 3 TVG Bezugnahme auf Tarifvertrag Nr. 46).

348 Zur Begründung hat das *BAG* (14.12.2005 § 3 TVG Bezugnahme auf Tarifvertrag Nr. 32) ausgeführt:

»Dafür spricht entscheidend der Gesichtspunkt des durch das Rechtsstaatsprinzip vorgegebenen Vertrauensschutzes. Der Senat hat die Auslegungsregel in jahrelanger Rechtsprechung entwickelt und durch in der Amtlichen Sammlung des Gerichts veröffentlichte Urteile immer wieder bekräftigt. Die Rechtsprechung der Instanzgerichte hat diese Rechtsprechung ebenso wie die beratende und forensische Praxis von Anwälten und Verbänden – auch auf Arbeitnehmerseite – verbreitet als gefestigt angesehen. Die Arbeitgeber und ihre Berater haben deshalb, soweit sie nur Gleichstellungsklauseln bezweckt hatten, i. d. R. keine Versuche unternommen, den Wortlaut der von ihnen abgeschlossenen Verträge in dem angestrebten Sinne klarzustellen und so ihren teilweise erheblichen wirtschaftlichen Interessen, etwa im Zusammenhang mit geplanten Betriebs- oder Betriebsteilveräußerungen, Rechnung zu tragen. Im Schrifttum ist eine rückwirkende Änderung der Rechtsprechung überwiegend auch weder erwartet noch gefordert worden. Dieser Befund rechtfertigt es, die Auslegungsregel unverändert auf Altverträge anzuwenden, die bisher ausschließlich Gegenstand der Senatsrechtsprechung waren. Als Stichtag für die Änderung der

## G. Rechtsquellen des Arbeitsrechts  Kapitel 1

Rechtsprechung erscheint es geboten, den Zeitpunkt des In-Kraft-Tretens des Schulrechtsmodernisierungsgesetzes, den 1. Januar 2002, als Stichtag zu Grunde zu legen. Seitdem ist die AGB-Kontrolle für Arbeitsverträge und damit auch für arbeitsvertragliche Verweisungsklauseln ausdrücklich gesetzlich angeordnet. Seit dieser Zeit kann von Arbeitgebern verlangt werden, dass sie in Bezugnahmeklauseln das von ihnen Gewollte hinreichend klar formulieren. Dem Vertrauensschutz für Altverträge steht die Sondervorschrift für Dauerschuldverhältnisse in der Übergangsvorschrift des Art. 229 § 5 S. 2 EGBGB nicht entgegen. Nach dieser Bestimmung findet das BGB in seiner jetzigen Fassung seit dem 1. Januar 2003 auch auf die vor dem 1. Januar 2002 entstandenen Schuldverhältnisse Anwendung. Danach gilt die AGB-Kontrolle ab dem 1. Januar 2003 auch für vor dem 1. Januar 2002 abgeschlossene Arbeitsverträge, also auch die Unklarheitenregelung in § 305c Abs. 2 BGB. Der Grundsatz, dass die Unklarheit einer von einer Seite vorformulierten Regelung zu Lasten des Verwenders geht, war zwar schon vor der Erstreckung der AGB-Kontrolle auf das Arbeitsrecht durch das Schuldrechtsmodernisierungsgesetz der Sache nach anerkannt (z. B. *BAG* 17.11.1998 EzA § 3 TVG Bezugnahme auf Tarifvertrag Nr. 11), hat aber die Anerkennung der Auslegungsregel nicht verhindert (z. B. *BAG* 19.3.2003 EzA § 3 TVG Bezugnahme auf Tarifvertrag Nr. 27). Er steht deshalb der weiteren Anwendung dieser Auslegungsregel des Senats auf Altverträge unter dem Gesichtspunkt des Vertrauensschutzes in eine ständige Rechtsprechung nicht zwingend entgegen. Im Übrigen hat der Senat andere Möglichkeiten, den gebotenen Vertrauensschutz im Anschluss an Art. 229 § 5 EGBGB zu gewährleisten, erwogen. Eine entsprechende Anwendung der Bestimmung im Sinne einer zeitlich begrenzten Klarstellungsmöglichkeit der Klauselverwender durch einzelvertragliche Abänderungsangebote hat der Senat indes u. a. wegen der dadurch bewirkten Verunsicherung in den Betrieben verworfen.«

Eine von Arbeitnehmerseite erhobene Verfassungsbeschwerde gegen diese Rechtsprechung ist vom BVerfG nicht zur Entscheidung angenommen worden (*BVerfG* 26.3.2009 – 1 BvR 334/09).

**Maßgebender Zeitpunkt** des Vertrauensschutzes in die frühere Rspr. des BAG zur Auslegung arbeitsvertraglicher Bezugnahmeklauseln als Gleichstellungsabrede ist der **Zeitpunkt des Vertragsschlusses**. Ein nachfolgender **Betriebsübergang** ist für die Auslegung der Rechte und Pflichten aus dem Arbeitsverhältnis, in das der Betriebserwerber gem. § 613a Abs. 1 S. 1 BGB eintritt, **ohne Bedeutung** (*BAG* 17.11.2010 – 4 AZR 127/09, EzA-SD 7/2011 S. 12 LS = NZA 2011, 457). **Zu dessen zeitlicher Begrenzung besteht kein Anlass** Darin liegt kein Wertungswiderspruch zu Art. 229 § 5 EGBGB. Zu dieser Bestimmung fehlt der Bezug. Die Vorschrift befasst sich mit der Anwendung des durch das Schuldrechtsmodernisierungsgesetz geänderten Bürgerlichen Rechts. Das betrifft u. a. die Geltung der §§ 305 ff. BGB für Dauerschuldverhältnisse, zu denen nach dem Wegfall der Bereichsausnahme des § 24 AGBG nach der Maßgabe des § 310 Abs. 4 S. 2 BGB auch Arbeitsverträge zählen. Die Rechtsprechungsänderung stützt sich jedoch nicht unmittelbar auf die Regelungen über die Inhaltskontrolle nach den §§ 305 ff. BGB und insbes. auch nicht auf die Unklarheitenregel des § 305c Abs. 2 BGB. Maßstab der Auslegung der Vertragsklausel sind die §§ 133, 157 BGB. Die Aufgabe der bisherigen Auslegungsregel ist nicht unmittelbar auf eine Änderung der materiellen Rechtslage, wie sie etwa durch das Inkrafttreten der Schuldrechtsreform eingetreten ist, zurückzuführen, sondern beruht auf den allgemeinen Grundsätzen der Vertragsauslegung. Deshalb besteht auch keine Vergleichbarkeit mit den Fällen, die das Schuldrechtsmodernisierungsgesetz in der Übergangsvorschrift des Art. 229 § 5 S. 2 EGBGB regelt. In der Folge kann bei der Festlegung eines Stichtages, bis zu dem Vertrauensschutz gewährt werden soll, kein Wertungswiderspruch zu einer gesetzlichen Übergangsregelung bestehen, die einen anderen Sachverhalt regelt (*BAG* 14.12.2011 EzA § 3 TVG Bezugnahme auf Tarifvertrag Nr. 53).

Gleichwohl kann eine einfache dynamische Verweisungsklausel (in einem »Altvertrag«), die ein Tarifwerk arbeitsvertraglich in Bezug nimmt, das auch bei beiderseitiger Tarifgebundenheit der Arbeitsvertragsparteien im Arbeitsverhältnis nicht normativ nach §§ 4 Abs. 1, 3 Abs. 1 TVG gelten würde, 349 nicht als »Gleichstellungsabrede« ausgelegt werden (*BAG* EzA 21.10.2009 – 4 AZR 396/08, NZA-RR 2010, 361).

*bbb) Neuverträge (ab 1.1.2002)*

350 Für nach dem 1.1.2002 abgeschlossene Arbeitsverträge wird an der Auslegungsregel der »Gleichstellungsabrede« nicht mehr festgehalten; bei Auslegungszweifeln gilt die Unklarheitenregel des § 305c Abs. 2 BGB (*BAG* 9.11.2005 EzA § 305c BGB 2002 Nr. 3; 14.12.2005 EzA § 3 TVG Bezugnahme auf Tarifvertrag Nr. 32; 17.1.2006 EzA § 3 TVG Bezugnahme auf Tarifvertrag Nr. 33; 18.4.2007 EzA § 3 TVG Bezugnahme auf Tarifvertrag Nr. 35; 22.10.2008 EzA § 3 TVG Bezugnahme auf Tarifvertrag Nr. 39; 22.10.2008 EzA § 3 TVG Bezugnahme auf Tarifvertrag Nr. 40; s. *Giesen* NZA 2006, 625 ff.; *Jordan/Bissels* NZA 2010, 71 ff.; s. a. *Schwarz* BB 2010, 1021 ff.) ebenso wie das Verbot überraschender Klauseln (§ 305c Abs. 1 BGB; *BAG* 9.5.2007 EzA § 305c BGB 2002 Nr. 12). Diese Regelung beruht auf dem Gedanken, dass es Sache des Verwenders ist, die von ihm vorgegebenen Vertragsbedingungen **klar und unmissverständlich zu formulieren**. Sie bezieht sich deshalb nur auf das Verständnis der Allgemeinen Geschäftsbedingungen, **nicht auf die Bedeutung unklarer Begleitumstände**; diese sind aus der Sicht eines redlichen und verständigen Erklärungsempfängers zu würdigen (*BAG* 26.9.2007 EzA § 305c BGB 2002 Nr. 13; s. a. *BAG* 15.2.2011 EzA § 1 BetrAVG Betriebsvereinbarung Nr. 9).

351 Insoweit gilt nunmehr Folgendes (*BAG* 18.4.2007 EzA § 3 TVG Bezugnahme auf Tarifvertrag Nr. 35; 22.10.2008 EzA § 3 TVG Bezugnahme auf Tarifvertrag Nr. 40, 22.4.2009 EzA § 3 TVG Bezugnahme Nr. 41; s. *Höpfner* NZA 2008, 91 ff. u. NZA 2009, 420 ff.):

Die zuvor angenommene Auslegungsregel wird ausdrücklich aufgegeben; eine bloße **Gleichstellungsabrede** wird **nur dann** angenommen, wenn es dafür aus **Vertragswortlaut und/oder Begleitumständen** bei Vertragsschluss **hinreichende Anhaltspunkte gibt.** Ansonsten ist eine einzelvertraglich vereinbarte dynamische Bezugnahme auf einen bestimmten Tarifvertrag als eine **konstitutive Verweisungsklausel auszulegen** (»unbedingte zeitdynamische Verweisung«). Folglich musste der Arbeitgeber, der aus dem tarifschließenden Verband ausgetreten war, auch nach seinem Austritt abgeschlossene Änderungstarifverträge gegenüber dem Arbeitnehmer arbeitsvertraglich anwenden. Denn es gab aus dem Vertragswortlaut – Verweisung auf den einschlägigen Tarifvertrag in der jeweils geltenden Fassung – und den Umständen des Vertragsschlusses keine Anhaltspunkte für einen Willen der Vertragsparteien, dass es nur um eine Gleichstellung nicht organisierter mit organisierten Arbeitnehmern gehen sollte (*BAG* 22.10.2008 EzA § 3 TVG Bezugnahme auf Tarifvertrag Nr. 40 = NZA 2009, 323; 22.4.2009 EzA § 3 TVG Bezugnahme auf Tarifvertrag Nr. 41 = ZTR 2009, 663; 24.2.2010 EzA § 3 TVG Bezugnahme auf Tarifvertrag Nr. 47).

352 Das führt bei dynamischen Verweisungen i. d. R. zur Anwendung des Tarifvertrages, der in der konkreten Prozesssituation für den Arbeitnehmer am günstigsten ist (ErfK/*Franzen* § 3 TVG Rn. 38; *Däubler/Dorndorf/Bonin/Deinert* § 305c BGB Rn. 24; skeptisch aber *BAG* 24.9.2008 EzA § 305c BGB 2002 Nr. 15). Damit werden die Vertragsparteien bei der Verwendung von Bezugnahmeklauseln so gestellt, als seien beide tarifgebunden (s. *Preis/Greiner* NZA 2007, 1073). Das *BAG* (24.9.2008 EzA § 305c BGB 2002 Nr. 15) hat insoweit ausgeführt:

»*Ist unklar, ob die vertragliche Verweisung auf einen Vergütungstarifvertrag statisch oder dynamisch ist, wird man zwar bezogen auf den Zeitpunkt des Vertragsschlusses (. . .) davon ausgehen können, dass eine dynamische Bezugnahme für den Arbeitnehmer stets günstiger ist, weil die Vergütungserhöhung durch spätere Tarifverträge die Regel ist und eine Vergütungsabsenkung kaum jemals vorkommen wird (vgl.     9.11.2005 EzA § 305c BGB 2002 Nr. 3). Ob dies auch für die vertragliche Verweisung auf einen Manteltarifvertrag oder auf ein ganzes Tarifwerk angenommen werden kann, erscheint jedoch zweifelhaft. Jedenfalls kann man die Frage der Günstigkeit nicht je nach der Art des streitigen Anspruchs und des Zeitpunkts der Geltendmachung von Fall zu Fall unterschiedlich beantworten und damit von Fall zu Fall zu unterschiedlichen Auslegungsergebnissen hinsichtlich ein und derselben vertraglichen Bezugnahmeregelung kommen (so aber Däubler/Dorndorf/Bonin/Deinert/Däubler AGB-Kontrolle im Arbeitsrecht, 2. Aufl.*

§ 305c Rdn. 43). Nach dieser Auffassung wäre, wenn es um die Anwendung eines Sanierungstarifvertrags mit Bestandsschutzregeln und für Arbeitnehmer nachteiligen Eingriffen in das Entgeltgefüge geht, in einem Kündigungsschutzprozess die Anwendung für den Arbeitnehmer günstiger, so dass die Bezugnahmeklausel anzuwenden wäre. Bei einer auf Vergütung gerichteten Leistungsklage wäre der Sanierungstarifvertrag dagegen ungünstiger und fände deshalb wegen der Unklarheitenregelung keine Anwendung. Bei einer verschlechternden Regelung wäre die Auslegung der Bezugnahmeklausel als statische Verweisung, bei einer verbessernden Bestimmung dagegen deren Auslegung als dynamische Bezugnahme für den Arbeitnehmer günstiger. Einer derart gespaltenen Auslegung der Vertragsklausel steht jedoch entgegen, dass die Reichweite der Bezugnahme und die Anwendbarkeit eines Tarifvertrags gem. § 256 ZPO zum Gegenstand einer (Zwischen-)Feststellungsklage gemacht werden und die entsprechende Feststellung dann in Rechtskraft erwachsen könnte (vgl. *BAG* 28.5.1997 EzA § 3 TVG Bezugnahme auf Tarifvertrag Nr. 8).«

*ccc) Vertragsänderungen in Altverträgen nach dem 1.1.2002*

Bei Verweisungsklauseln in Arbeitsverträgen, die vor dem Inkrafttreten der Schuldrechtsreform zum 1. Januar 2002 abgeschlossen worden sind (»Altverträge«), kommt es bei einer Vertragsänderung nach dem 1. Januar 2002 für die Beurteilung, ob es sich hinsichtlich der Auslegung dieser Klausel um einen Neu- oder Altvertrag handelt, darauf an, **ob die Klausel zum Gegenstand der rechtsgeschäftlichen Willensbildung der Vertragsparteien gemacht worden ist** (*BAG* 18.11.2009 EzA § 3 TVG Bezugnahme auf Tarifvertrag Nr. 43; 24.2.2010 EzA § 3 TVG Bezugnahme auf Tarifvertrag Nr. 47; 19.10.2011 – 4 AZR 811/09, EzA-SD 25/2011 S. 11 LS). 353

Bestimmen die Arbeitsvertragsparteien in einem **Änderungsvertrag:** »des Weiteren bleibt es bei den bisherigen Arbeitsbedingungen« und ist es vor Abschluss des Änderungsvertrages und nach dem Wegfall der Tarifgebundenheit des Arbeitgebers nicht zu einer dynamischen Anwendung der tariflichen Entgeltbestimmungen gekommen, gehört die **statische Anwendung** der Tarifregelungen zu den »bisherigen Arbeitsbedingungen«. Hinsichtlich der arbeitsvertraglichen Bezugnahmeklausel handelt es sich dann nicht um einen »Neuvertrag« (*BAG* 19.10.2011 – 4 AZR 811/09, EzA-SD 25/2011 S. 11 LS). 353a

*ddd) Fehlende Tarifbindung des Arbeitgebers*

Bei zum Zeitpunkt der Vereinbarung nicht tarifgebundenen Arbeitgebern scheidet eine Gleichstellungsabrede dagegen aus (*BAG* 1.12.2004 § 3 TVG Bezugnahme auf Tarifvertrag Nr. 29). Gleiches gilt, wenn eine dynamische Verweisungsklausel einen branchenfremden Tarifvertrag in Bezug nimmt (*BAG* 25.10.2000 EzA § 3 TVG Bezugnahme auf Tarifvertrag Nr. 15). Sind die beim Arbeitgeber jeweils gültigen Tarifverträge in Bezug genommen, gelten z. B. für die Zeit einer von einer konzernbezogenen Versetzungsklausel gedeckten Abordnung zu einer anderen Konzerngesellschaft auch die schlechteren Bedingungen eines von dem Arbeitgeber und der Konzerngesellschaft mit einer Gewerkschaft über den Einsatz derartiger Arbeitnehmer bei der Konzerngesellschaft abgeschlossenen Tarifverträge (*BAG* 18.6.1997 EzA § 3 TVG Bezugnahme auf Tarifvertrag Nr. 9). Verweisungen auf Tarifverträge zur betrieblichen Altersversorgung sind i. d. R. dynamisch auszulegen (*BAG* 27.6.2006 EzA § 1 BetrAVG Ablösung Nr. 45; ErfK/*Franzen* § 3 TVG Rn. 37). 354

*(5) Wirkung der Bezugnahmeabrede*

Durch die Verweisung in einem Arbeitsvertrag entsteht **keine Tarifbindung**; die Tarifnormen werden lediglich zum Inhalt des Arbeitsvertrags (s. ErfK/*Franzen* § 3 TVG Rn. 32). Deshalb kann eine Bezugnahmeklausel nicht zur Tarifkonkurrenz führen (*BAG* 29.8.2007 EzA § 3 TVG Bezugnahme auf Tarifvertrag Nr. 37; 22.10.2008 EzA § 3 TVG Bezugnahme auf Tarifvertrag Nr. 39; a. A. *BAG* 23.3.2005 EzA § 4 TVG Tarifkonkurrenz Nr. 18). Kommt es bei einer arbeitsvertraglichen Bezugnahme zu Kollisionen zwischen den in Bezug genommenen Tarifwerken, müssen sie primär durch die Auslegung der Bezugnahmeklausel gelöst werden. Mit der Bezugnahme nimmt der Arbeitnehmer – konstitutiv, nicht nur deklaratorisch – an der Tarifentwicklung des in Bezug genommenen Tarifvertrages so teil, als ob er tarifgebunden wäre (*BAG* 26.9.2001 EzA § 3 TVG Bezug- 355 nahme auf Tarifvertrag Nr. 19). Im Übrigen ist entscheidend, wie die Bezugnahmeabrede im Einzelfall ausgestaltet ist (ErfK/*Franzen* § 3 TVG Rn. 33).

356 Sind die Arbeitsvertragsparteien an einen anderen Tarifvertrag als den in Bezug genommenen normativ gebunden, gilt als **Kollisionsregel das Günstigkeitsprinzip** (*BAG* 29.8.2007 EzA § 3 TVG Bezugnahme auf Tarifvertrag Nr. 37); nach Ablauf des normativ wirkenden Tarifvertrages gilt § 4 Abs. 5 TVG (s. *BAG* 26.1.2005 – 10 AZR 331/04, EzA-SD 8/2005, S. 6 LS). Ein in einem Arbeitsvertrag in Bezug genommener Tarifvertrag wird so ausgelegt, als ob es sich um ein tarifgebundenes Arbeitsverhältnis handeln würde (*BAG* 12.8.1959 AP BGB § 305 Nr. 1; ErfK/*Franzen* § 3 TVG Rn. 33).

*(6) Verbandsaustritt*

357 Die Annahme einer Gleichstellungsabrede führt bei tarifgebundenen Arbeitgebern bei einer Geltungsveränderung des Tarifvertrages zur Gleichstellung mit tarifgebundenen Arbeitsverhältnissen Bei einem Verbandsaustritt des bislang tarifgebundenen Arbeitgebers wirkt der Tarifvertrag nach seinem Ablauf noch nach (§ 4 Abs. 5 TVG); darauf verweist dann die Bezugnahmeklausel. An späteren Änderungen haben die Arbeitnehmer auf Grund der Gleichstellungsabrede nicht mehr teil (*BAG* 19.2.2003 EzA § 4 TVG Ausschlussfristen Nr. 164; 18.4.2007 EzA § 3 TVG Bezugnahme auf Tarifvertrag Nr. 35; a. A. *Thüsing/Lambrich* RdA 2002, 192 ff.; s. ErfK/*Franzen* § 3 TVG Rn. 39). Dasselbe gilt bei einer statischen Verweisung, weil sie die Bezugnahme auf den bisherigen Tarifvertrag ohne Dynamik vorsieht. Für Verträge ab dem 1.1.2002 mit Gleichstellungsabrede wird die Dynamik dagegen bis zu dem Zeitpunkt aufrechterhalten, an dem das Arbeitsverhältnis nicht mehr unter den Geltungsbereich des ursprünglichen Tarifvertrages fällt (*BAG* 18.4.2007 EzA § 3 TVG Bezugnahme auf Tarifvertrag Nr. 35; 22.10.2008 EzA § 3 TVG Bezugnahme auf Tarifvertrag Nr. 39; 22.10.2008 EzA § 3 TVG Bezugnahme auf Tarifvertrag Nr. 39, 40; ErfK/*Franzen* § 3 TVG Rn. 39).

358 Für den Verbandsaustritt des Arbeitgebers gilt Folgendes (*BAG* 22.10.2008 EzA § 3 TVG Bezugnahme auf Tarifvertrag Nr. 40; 22.4.2009 EzA § 3 TVG Bezugnahme auf Tarifvertrag Nr. 41):
– Eine einzelvertraglich vereinbarte dynamische Bezugnahme auf einen bestimmten Tarifvertrag ist jedenfalls dann, wenn eine Tarifgebundenheit des Arbeitgebers an den im Arbeitsvertrag genannten Tarifvertrag nicht in einer für den Arbeitnehmer erkennbaren Weise zur auflösenden Bedingung der Vereinbarung gemacht worden ist, eine konstitutive Verweisungsklausel, die durch einen Verbandsaustritt des Arbeitgebers oder einen sonstigen Wegfall seiner Tarifgebundenheit nicht berührt wird (»unbedingte zeitdynamische Verweisung«).
– Bei der Änderung der Rechtsprechung zu einer Auslegungsregel für allgemein verwendete Vertragsklauseln trifft das Risiko dieser Änderung zunächst allein den Verwender der Klausel. Eine Einschränkung einer sich daraus ergebenen Rückwirkung ist jedoch geboten, wenn und soweit die davon nachteilig betroffene Partei auf die Weiterführung der bisherigen Rechtsprechung vertrauen durfte und die Anwendung der geänderten Auffassung auch unter Berücksichtigung der berechtigten Interessen des Prozessgegners eine unzumutbare Härte bedeuten würde.
– Mit Inkrafttreten der Schuldrechtsreform am 1. Januar 2002 ist ein wertungsrelevanter Paradigmenwechsel vorgenommen worden, der für den darauf folgenden Zeitraum zu einer abweichenden Gewichtung der beiderseitigen Interessen und damit zum Wegfall der Annahme einer für den Arbeitgeber unzumutbaren Härte führt.

*(7) Verbandswechsel*

359 Tarifrechtlich führt ein Verbandswechsel zur **Tarifkonkurrenz**, die nach den Grundsätzen der Sachnähe zugunsten des mitgliedschaftlich legitimierten, also Tarifvertrages des neuen Verbands aufgelöst werden muss. Daraus folgt für Gleichstellungsabreden: Eine kleine dynamische Bezugnahmeklausel kann nicht als Tarifwechselklausel interpretiert werden (*BAG* 30.8.2000 EzA § 3 TVG Bezugnahme auf Tarifvertrag Nr. 13). Es bleibt bei den ausdrücklich benannten Tarifverträgen in der z.Zt. des Endes der Nachbindung (§ 3 Abs. 3 TVG) geltenden Fassung (ErfK/*Franzen* § 3 TVG

Rn. 40). Eine große dynamische Bezugnahmeklausel kann dagegen als Tarifwechselklausel ausgelegt werden (*BAG* 16.10.2002 EzA § 3 TVG Bezugnahme auf Tarifvertrag Nr. 22), mit der sich der Arbeitgeber vorbehält, ein anderes Tarifwerk einzuführen (*BAG* 25.10.2000 EzA § 3 TVG Bezugnahme auf Tarifvertrag Nr. 15; s. a. *BAG* 16.10.2002 EzA § 3 TVG Bezugnahme auf Tarifvertrag Nr. 22). Das BAG hat einen Verstoß gegen §§ 310 Abs. 4, 305c Abs. 2 BGB für vor dem 1.1.2002 abgeschlossene Bezugnahmeklauseln verneint (*BAG* 19.3.2003 EzA § 3 TVG Bezugnahme auf Tarifvertrag Nr. 27; 14.12.2005 EzA § 3 TVG Bezugnahme auf Tarifvertrag Nr. 32). Künftig muss allerdings eine Tarifwechselklausel eindeutig formuliert werden (ErfK/*Franzen* § 3 TVG Rn. 40).

## (8) Betriebsübergang

Bei **kongruenter Tarifgebundenheit** von Arbeitnehmer und Arbeitgeber/Betriebserwerber werden die bei diesem geltenden Tarifverträge normativ angewandt; § 613a Abs. 1 S. 2 BGB gilt dann nicht. Eine Transformation der vormals beim Betriebsveräußerer geltenden tariflichen Regelungen findet unabhängig vom Günstigkeitsprinzip nach § 4 Abs. 3 TVG dann nicht statt (§ 613a Abs. 1 S. 3 BGB; *BAG* 11.5.2005 EzA § 613a BGB 2002 Nr. 34; 7.7.2010 – 4 AZR 1023/08; s. a. *LAG Düsseld.* 2.4.2009 – 15 Sa 1148/08 – ZTR 2009, 435). Bei **inkongruenter Tarifbindung** werden die beim Betriebsveräußerer geltenden Tarifnormen nach § 613a Abs. 1 S. 2 BGB zum Inhalt des Arbeitsverhältnisses zum Zeitpunkt des Betriebsübergangs. Eine kleine dynamische Bezugnahmeklausel führt dann zur weiteren Anwendung der Tarifverträge, an die der Betriebsveräußerer gebunden war, in der z.Zt. des Betriebsübergangs geltenden Fassung (*BAG* 14.12.2005 EzA § 3 TVG Bezugnahme auf Tarifvertrag Nr. 32: für Altverträge; *EuGH* 9.3.2006 EzA § 613a BGB 2002 Nr. 44). Dasselbe gilt für eine große dynamische Bezugnahmeklausel, wenn der Betriebserwerber nicht oder an Tarifverträge mit einer anderen Gewerkschaft gebunden ist (ErfK/*Franzen* § 3 TVG Rn. 41). Anderenfalls werden die Tarifverträge, an die der Betriebserwerber gebunden ist, angewandt, wenn die große dynamische Verweisung im Einzelfall als Tarifwechselklausel ausgelegt werden kann (*BAG* 16.10.2002 EzA § 3 TVG Bezugnahme auf Tarifvertrag Nr. 22). Divergieren danach der kraft Bezugnahme anwendbare und der normativ nach §§ 3 Abs. 1, 4 Abs. 1 TVG, § 613a Abs. 1 S. 3 BGB geltende Tarifvertrag für dasselbe tarifgebundene Arbeitsverhältnis, muss zur Auflösung der Kollision das Günstigkeitsprinzip angewandt werden (*BAG* 29.8.2007 EzA § 3 TVG Bezugnahme auf Tarifvertrag Nr. 37). Für Neuverträge bleibt die Dynamik bei dynamischen Verweisungsklauseln erhalten (*BAG* 18.4.2007 EzA § 3 TVG Bezugnahme auf Tarifvertrag Nr. 35; 22.10.2008 EzA § 3 TVG Bezugnahme auf Tarifvertrag Nr. 39; 22.10.2008 EzA § 3 TVG Bezugnahme auf Tarifvertrag Nr. 40). Eine Tarifwechselklausel muss eindeutig formuliert sein (*BAG* 29.8.2007 EzA § 3 TVG Bezugnahme auf Tarifvertrag Nr. 37; ErfK/*Franzen* § 3 TVG Rn. 41). Auch dann, wenn auf ein Arbeitsverhältnis ein Tarifvertrag kraft Allgemeinverbindlichkeit gilt, ein anderer Tarifvertrag aber kraft arbeitsvertraglicher Bezugnahme Anwendung findet, handelt es sich nicht um Tarifkonkurrenz, weil vertragsrechtliche Regelungen mit einem Tarifvertrag »konkurrieren« mit der Folge, dass das Günstigkeitsprinzip (§ 4 Abs. 3 TVG) gilt (*BAG* 7.7.2010 – 4 AZR 1023/08).

## (9) Tarifwegfall/Tarifsukzession

Fraglich ist die Rechtslage dann, wenn der in Bezug genommene Tarifvertrag nicht mehr fortgeführt und **durch einen neuen Tarifvertrag ersetzt wird**, z. B. wenn ein kleinerer Verband in einem größeren aufgeht oder ein Firmentarifvertrag beendet wird. Maßgeblich ist die Auslegung der jeweiligen Bezugnahmeklausel. Mit einer ergänzenden Vertragsauslegung wird nach der Konzeption der Gleichstellungsabrede darauf abgestellt, welcher Tarifvertrag bei kongruenter Tarifgebundenheit für das Arbeitsverhältnis gelten würde (*BAG* 13.11.2002 EzA § 3 TVG Bezugnahme auf Tarifvertrag Nr. 25; 15.6.2011 – 4 AZR 665/09, EzA-SD 24/2011 S. 12 LS; ErfK/*Franzen* § 3 TVG Rn. 42; instr. *Günther* ZTR 2011, 203 ff.).

Bei der **Ablösung des BAT durch den TVöD im öffentlichen Dienst** gilt Folgendes:

Die arbeitsvertragliche Vereinbarung, die Vergütung richtet sich nach dem »BAT Bund/TdL in der jeweils gültigen Fassung«, ist eine **kleine dynamische Bezugnahme**, die eine Erstreckung auf den

TVöD bzw. den TV-L nicht trägt (*BAG* 10.11.2010 – 5 AZR 633/09, NZA 2011, 655 LS; a. A. *LAG BW* 30.7.2009 – 11 Sa 87/08, AuR 2009, 368 LS). Da das Objekt der Bezugnahme von den Tarifvertragsparteien **nicht mehr weiterentwickelt wird**, sind Bezugnahmeklauseln dieses Inhalts seit der Ersetzung des BAT durch den TVöD und den TV-L (Tarifsukzession) lückenhaft. Diese **Regelungslücke** ist mittels **ergänzender Vertragsauslegung** regelmäßig dahingehend zu schließen, dass sich die Vergütung **nach dem den BAT ersetzenden Tarifvertrag richten soll**. Wegen der Ablösung der bis zum 30.9.2005 gleich lautenden Regelungen für die Angestellten des öffentlichen Dienstes durch den TVöD-Bund, TVöD-VkA und TV-L ist durch ergänzende Vertragsauslegung zu bestimmen, **welche Nachfolgeregelung** kraft einzelvertraglicher Bezugnahme Anwendung findet. **Im Zweifel** ist anzunehmen, dass die Parteien **das Vergütungssystem** gewählt hätten, **das gelten würde, wenn die betrieblichen Tätigkeiten innerhalb des öffentlichen Dienstes erbracht würden** (*BAG* 16.12.2009 EzA § 3 TVG Bezugnahme auf Tarifvertrag Nr. 44; 19.5.2010 EzA § 3 TVG Bezugnahme auf Tarifvertrag Nr. 48 für die Bezugnahme auf den »BAT in der jeweils gültigen Fassung« und die dazu geschlossenen Zusatzverträge; *BAG* 18.5.2011 – 5 AZR 213/09, EzA-SD 15/2011 S. 14 LS; s. a. *BAG* 7.7.2010 EzA § 3 TVG Bezugnahme auf Tarifvertrag Nr. 49; 9.6.2010 EzA § 3 TVG Bezugnahme auf Tarifvertrag Nr. 50; 9.6.2010 EzA § 3 TVG Bezugnahme auf Tarifvertrag Nr. 51; 15.6.2011 – 4 AZR 665/09, EzA-SD 24/2011 S. 12 LS; a. A. *LAG Hessen* 15.8.2008 – 3 Sa 1798/07, ZTR 2009, 29 LS). Haben die Parteien den Begriff der Vergütung nicht selbst konkretisiert, sind regelmäßig **alle finanziellen Leistungen des Arbeitgebers** erfasst, die das in Bezug genommene Regelungswerk als Gegenleistungen für die vom Angestellten erbrachte Arbeitsleistung vorsieht (*BAG* 18.5.2011 – 5 AZR 213/09, EzA-SD 15/2011 S. 14 LS). **Einmalzahlungen**, die an die Stelle einer (prozentualen) Vergütungserhöhung treten und **tarifliche Jahressonderzahlungen**, die lediglich an die erbrachte Arbeitsleistung anknüpfen, gehören zu diesen Gegenleistungen (*BAG* 10.11.2010 5 AZR 633/09 NZA 2011, 655 LS). Unterschreitet der einzelvertraglich vereinbarte Umfang der Arbeitszeit eines Vollzeitbeschäftigten die tarifliche Vollarbeitszeit, steht eine Einmalzahlung nach einem dem BAT nachfolgenden Tarifwerk dem Arbeitnehmer **nur anteilig** zu (*BAG* 18.5.2011 – 5 AZR 213/09, EzA-SD 15/2011 S. 14 LS).

**361b** Zwar kann offen bleiben, ob eine arbeitsvertragliche Bezugnahmeklausel, wonach sich das Arbeitsverhältnis »nach dem Bundesangestelltentarifvertrag (BAT) vom 23.2.1961 ... und den diesen ergänzenden oder ändernden Tarifverträgen« und nicht nur nach dem »jeweiligen BAT« bestimmt, nicht nur eine zeitdynamische, sondern auch eine inhaltsdynamische Regelung beinhaltet, die regelmäßig die dem BAT nachfolgenden Tarifverträge für den öffentlichen Dienst erfasst. Jedenfalls kann eine Lücke in einer solchen dynamischen Bezugnahmeklausel, wenn man davon ausgeht, sie sei infolge der Tarifsukzession im öffentlichen Dienst entstanden, im Wege **ergänzender Vertragsauslegung** dahingehend geschlossen werden, dass die an die Stelle des BAT tretenden Tarifregelungen in Bezug genommen sind. **Aufgrund der Aufspaltung** der bis zum 30.9.2005 weitgehend gleichlautenden Regelungen für die Angestellten des öffentlichen Dienstes in die tariflichen Regelungen **für Bund, Kommunen und die Länder** ist im Wege der ergänzenden Vertragsauslegung weiterhin zu bestimmen, **welche Nachfolgeregelung die Arbeitsvertragsparteien vereinbart hätten**. Das ist im Zweifel diejenige Regelung, die typischerweise gelten würde, wenn die ausgeübten Tätigkeiten innerhalb des öffentlichen Dienstes erbracht würden (*BAG* 25.8.2010 NZA-RR 2011, 248; 16.11.2011 – 4 AZR 246/10, EzA-SD 8/2012 S. 7 LS).

**361c** Verweist ein Arbeitsvertrag z. B. auf den BAT und die diesen ergänzenden und ändernden Tarifverträge und ergibt sich aus den Gesamtumständen zweifelsfrei, dass der BAT in seiner jeweiligen Fassung im Arbeitsverhältnis Anwendung finden soll, ist der Vertrag mit dem tatsächlichen Ende der Tarifentwicklung im öffentlichen Dienst auf der Grundlage des BAT jedenfalls lückenhaft geworden. Diese Lücke ist im Wege **ergänzender Vertragsauslegung** durch den Nachfolgetarifvertrag zum BAT zu schließen, **zu dem das Arbeitsverhältnis die größte Nähe aufweist** (*BAG* 7.7.2010 NZA 2011, 137). Ob die einzelvertragliche Verweisung auf den BAT und die diesen ergänzenden und ändernden Tarifverträge auch zur vertraglichen Anwendbarkeit eines **Haustarifvertrags** führt, der den BAT bzw. den Nachfolgetarifvertrag in einzelnen Bestimmungen verdrängen soll, hat das *BAG*

## G. Rechtsquellen des Arbeitsrechts     Kapitel 1

(7.7.2010 NZA 2011, 137) **offen** gelassen. Denn dies kommt jedenfalls **nur dann in Betracht, wenn dieser Haustarifvertrag im Beschäftigungsunternehmen überhaupt gilt**.

Werden z. B. in einer vertraglichen Bezugnahmeklausel ausdrücklich auch die den BAT ersetzenden **Tarifverträge** genannt, sind jedenfalls die im Wege der Tarifsukzession folgenden Tarifverträge erfasst; dagegen sind vom TVöD abweichende **Individualvereinbarungen** zur Regelarbeitszeit bei der Vergütungsberechnung zu berücksichtigen (*BAG* 17.11.2011 – 5 AZR 409/10, EzA-SD 6/2012, S. 12 LS). 361d

Verweisen **nicht tarifgebundene Parteien** hinsichtlich einer nach Zeitabschnitten zu zahlenden Vergütung auf **tarifliche Vergütungsregelungen**, vereinbaren sie **lediglich eine dynamische Zeitvergütung**. Ihr Regelungsplan beschränkt sich dann auf diese Vergütungsform. Die im Falle der Tarifsukzession interessengerechte Weiterführung des vertraglichen Regelungsplans umfasst deshalb regelmäßig **keine anderen tariflichen Vergütungsformen** wie beispielsweise ein Leistungsentgelt nach § 18 TVöD (*BAG* 17.11.2011 – 5 AZR 410/10, EzA-SD 6/2012, S. 12 LS; s. aber a. *LAG Düsseld.* 5.1.2011 ZTR 2011, 445: Statische Verweisung im Einzelfall). 361e

– Eine nach dem 31.12.2001 einzelvertraglich vereinbarte dynamische Bezugnahme auf einen bestimmten Tarifvertrag ist jedenfalls dann, wenn eine Tarifgebundenheit des Arbeitgebers an den im Arbeitsvertrag genannten Tarifvertrag nicht in einer für den Arbeitnehmer erkennbaren Weise zur auflösenden Bedingung der Vereinbarung gemacht worden ist, eine konstitutive Verweisungsklausel, die durch einen Verbandsaustritt des Arbeitgebers oder einen sonstigen Wegfall seiner Tarifgebundenheit nicht berührt wird. Eine arbeitsvertragliche Bezugnahme des »BAT und den diesen ergänzenden, ändernden oder ersetzenden Tarifverträgen in der für den Bereich der Vereinigung der kommunalen Arbeitgeberverbände jeweils geltenden Fassung« erfasst jedenfalls dann regelmäßig den TVöD-VKA, wenn nur dessen Anwendbarkeit als ein den BAT-VKA ersetzender Tarifvertrag in Frage steht. Ein zwischen Betriebsveräußerer und Betriebserwerber geschlossener Personalüberleitungsvertrag kann eine unmittelbare dynamische Anwendung von Tarifverträgen nicht begründen, da es sich um einen unzulässigen Vertrag zu Lasten Dritter handeln würde. In dem Personalüberleitungsvertrag kann aber zu Gunsten der von ihm erfassten Arbeitnehmer ein schuldrechtlicher Anspruch gegen die Arbeitgeberin begründet werden, die dynamische Bezugnahme der im Personalüberleitungsvertrag genannten Tarifverträge mit ihnen zu vereinbaren. Die Bezugnahme auf ein bestimmtes Tarifwerk kann über ihren Wortlaut hinaus nur dann als große dynamische Verweisung – Bezugnahme auf den jeweils für den Betrieb fachlich oder betrieblich geltenden Tarifvertrag – ausgelegt werden, wenn sich dies aus besonderen Umständen ergibt. Eine »korrigierende« Auslegung im Falle eines Verbandswechsels kommt auch dann nicht in Betracht, wenn der Vertragspartner der von unterschiedlichen Arbeitgeberverbänden abgeschlossenen Tarifverträge jeweils dieselbe Gewerkschaft ist (*BAG* 22.4.2009 EzA § 3 TVG Bezugnahme auf Tarifvertrag Nr. 41; s. a. *BAG* 7.7.2010 EzA § 3 TVG Bezugnahme auf Tarifvertrag Nr. 49; 1.7.2009 NZA-RR 2010, 80; *LAG Nds.* 24.8.2009 LAGE § 3 TVG Bezugnahme auf Tarifvertrag Nr. 17). 362

– Auch die arbeitsvertragliche Vereinbarung, wonach der **Chefarzt** eines Krankenhauses eine Vergütung »entsprechend der Vergütungsgruppe I BAT der Anlage 1a zum BAT (VKA) in der jeweils gültigen Fassung« erhält, ist eine kleine dynamische Bezugnahme, die weder eine Erstreckung auf den TVöD noch eine solche auf den TV-Ärzte/VKA trägt. Da das Objekt der Bezugnahme von den Tarifvertragsparteien nicht mehr weiterentwickelt wird, sind Bezugnahmeklauseln dieses Inhalts seit der Ersetzung des BAT durch den TVöD zum 1.10.2005 lückenhaft. Die Regelungslücke ist zu diesem Zeitpunkt mittels **ergänzender Vertragsauslegung** regelmäßig dahingehend zu schließen, dass sich die Vergütung des Chefarztes nach der Entgeltgruppe 15Ü TVöD richten soll. Einen Anspruch auf Vergütung nach der Entgeltgruppe IV TV-Ärzte/VKA ab 1.8.2006 begründet eine derartige Bezugnahmeklausel nicht (*BAG* 29.6.2011 – 5 A ZR 651/09, NZA-RR 2012, 192).

– Soll nach einer arbeitsvertraglichen Klausel das »Urlaubs- und Weihnachtsgeld in Anlehnung an die jeweils gültigen Bestimmungen des BAT« gewährt werden, so verweist dies

Dörner

nach dem Inkrafttreten des TVöD am 1.10.2005 nicht statisch auf die zum BAT vereinbarten Tarifverträge, sondern auf die Neuregelung des § 20 TVöD (*BAG* 27.1.2010 – 4 AZR 591/08, ZTR 2010, 479).

– Eine Vertragsklausel, nach der »es sich um eine **Vollzeitstelle** mit zurzeit 38,5 Wochenstunden gem. **BAT handelt**«, enthält eine zeitdynamische Bezugnahme auf die Arbeitszeitregelungen des BAT. Die durch die Ablösung des BAT durch den TVöD nachträglich entstandene Regelungslücke ist mittels ergänzender Vertragsauslegung regelmäßig dahingehend zu schließen, dass sich die Vergütung **nach dem den BAT ersetzenden Tarifvertrag (TVöD/VKA in der jeweils gültigen Fassung) richten soll** (*BAG* 23.3.2011 – 10 AZR 831/09, EzA-SD 18/2011 S. 13 LS).

**362a** Verweist ein Arbeitsvertrag **unbedingt dynamisch** auf den BMT-G-O in seiner jeweiligen Fassung, führt die mit dem Inkrafttreten des TVöD/VKA entstandene Lücke bei einem **außerhalb des öffentlichen Dienstes bestehenden Arbeitsverhältnis** zur Anwendung derjenigen Tarifregelungen, die typischerweise gelten würden, wenn die ausgeübten Tätigkeiten **innerhalb des öffentlichen Dienstes** erbracht würden. Für die Annahme, die Parteien hätten diese Entwicklung im öffentlichen Dienst nicht nachvollziehen und damit eine im Ergebnis »eingefrorene« Regelung in Bezug nehmen wollen, bedarf es regelmäßig weiterer und nachhaltiger Gesichtspunkte (*BAG* 15.6.2011 – 4 AZR 563/09, EzA-SD 23/2011, S. 9 LS).

**362b** Eine arbeitsvertragliche Bezugnahmeklausel, die auf die »Bestimmungen des Tarifvertrages für die Arbeiter der **Deutschen Bundespost**« und die sonstigen für sie geltenden Tarifverträge in der jeweiligen Fassung verweist, erfasst zwar zumindest im Wege der **ergänzenden Vertragsauslegung** die Tarifverträge der **Deutschen Telekom AG**, die dann auf das Arbeitsverhältnis anzuwenden sind. Die Bezugnahmeklausel kann aber nach ihrem Inhalt **nicht** dahingehend – erweiternd – ausgelegt werden, dass auch die **Haustarifverträge** von Tochterunternehmen erfasst werden, die die Deutsche Telekom AG lange Zeit nach Arbeitsvertragsschluss gegründet hat und auf die Arbeitsverhältnisse im Wege des Betriebsübergangs übergegangen sind (*BAG* 6.7.2011 – 4 AZR 706/09, EzA-SD 24/2011 S. 13 LS = NZA 2012, 100).

**362c** Eine arbeitsvertragliche Bezugnahme auf die Tarifverträge für die Angestellten/Arbeiter der Deutschen Bundespost erfasst zwar zumindest im Wege der ergänzenden Vertragsauslegung die Tarifverträge der Deutschen Telekom AG als einem der Rechtsnachfolger des Sondervermögens des Bundes. Eine solche Bezugnahmeklausel kann aber nach ihrem Inhalt und ohne weitere besondere Anhaltspunkte **nicht** dahingehend – erweiternd – ausgelegt werden, dass mit ihr auch die **Haustarifverträge von Tochterunternehmen** erfasst werden, die **nachfolgend** von der Deutschen Telekom AG **gegründet wurden** und auf die die mit ihr bestehenden Arbeitsverhältnisse im Wege des Betriebsübergangs übergegangen sind (*BAG* 16.11.2011 – 4 AZR 873/09, EzA-SD 6/2012, S. 16 LS).

*ee) Betriebliche Übung*

**363** Schließlich kann ein Tarifvertrag auf Grund einer betrieblichen Übung zum Bestandteil des Arbeitsverhältnisses werden (s. Rdn. 480 ff.; instr. *Betz* BB 2010, 2045 ff.).

*c) Inhaltskontrolle*

**364** Nach der Rechtsprechung des *BAG* (20.2.2001 EzA § 1 BetrAVG Ablösung Nr. 27; s. *Schliemann* ZTR 2000, 198 ff.) unterliegen Tarifverträge nur in beschränktem Maße einer gerichtlichen Inhaltskontrolle, da sie von gleichberechtigten Partnern des Arbeitslebens ausgehandelt werden und eine Institutsgarantie gem. Art. 9 Abs. 3 GG genießen.

**365** Wegen der Gleichgewichtigkeit der Tarifvertragsparteien ist zunächst davon auszugehen, dass bei einer Gesamtbetrachtung der tariflichen Regelungen die Interessen der Arbeitnehmer angemessen berücksichtigt werden. Es besteht eine **materielle Richtigkeitsgewähr** für die tariflichen Regelungen: Sie haben die Vermutung für sich, dass sie den Interessen beider Seiten gerecht werden und keiner

Seite ein unzumutbares Übergewicht vermitteln. Die Tarifvertragsparteien haben insoweit im Unterschied zu den Arbeitsvertragsparteien eine weitgehende Gestaltungsfreiheit.

Sache der Arbeitsgerichte ist es deshalb nicht, zu prüfen, ob jeweils die gerechteste und zweckmäßigste Regelung gefunden wurde. 366

S. a. Rdn. 291, 316. 367

Die Tarifverträge sind vielmehr allein daraufhin zu untersuchen, ob sie **gegen die Verfassung** (*BAG* 13.5.1997 EzA § 1 BetrAVG Gleichbehandlung Nr. 12; 4.4.2000 EzA § 1 BetrAVG Gleichbehandlung Nr. 19; s. Rdn. 310 ff.), **zwingendes Gesetzesrecht** (z. B. § 310 Abs. 4 S. 1 BGB; s. *BAG* 24.1.2008 EzA § 242 BGB 2002 Kündigung Nr. 7) oder die **guten Sitten verstoßen**. Das *BAG* (29.8.2001 EzA Art. 3 GG Nr. 93) nimmt an, dass die gerichtliche Überprüfbarkeit von Tarifverträgen im **Hinblick auf einen Verstoß gegen Art. 3 Abs. 1 GG wegen der verfassungsrechtlichen Gewährleistung der Tarifautonomie (Art. 9 Abs. 3 GG) begrenzt ist.** Es hat allerdings offen gelassen, ob und inwieweit sich aus der vom *BVerfG* (28.5.1993 BVerfGE 88, 203) entwickelten Auffassung vom Schutzauftrag der Grundrechte generell eine andere und geringere Bindung der Tarifvertragsparteien an die Grundrechte ergibt als für den Staat (*BAG* 29.8.2001 EzA Art. 3 GG Nr. 93). Der Maßstab der Überprüfung von Tarifverträgen anhand des Art. 3 Abs. 1 GG hängt jedenfalls nicht von der Art und Weise der Verhandlungsführung der Tarifvertragsparteien ab, z. B. mit welcher Intensität bzw. Unnachgiebigkeit eine Tarifvertragspartei eine bestimmte tarifliche Regelung durchgesetzt hat (*BAG* 29.11.2001 EzA Art. 3 GG Nr. 94). Tarifliche Ausnahmeregelungen sind jedenfalls wortlautgerecht eng auszulegen, weil eine erweiternde Auslegung oder analoge Anwendung die Regelungsabsicht der Tarifvertragsparteien in ihr Gegenteil verkehren würde (*BAG* 31.1.2002 EzA Art. 3 GG Nr. 95). Das *BAG* (27.5.2004 EzA Art. 3 GG Nr. 10) hat aber andererseits auch angenommen, dass die Tarifvertragsparteien als privatrechtliche Vereinigungen **nicht unmittelbar grundrechtsgebunden sind. Gleichwohl müssen sie auf Grund der Schutzpflichtfunktion der Grundrechte bei ihrer tariflichen Normsetzung Art. 3 Abs. 1, 2, 3 GG beachten.** Das gilt auch bei der Festlegung des persönlichen Geltungsbereichs eines Tarifvertrags zur Regelung allgemeiner Arbeitsbedingungen.

▶ **Beispiel:** 368

Beziehen Tarifvertragsparteien eine bestimmte Arbeitnehmergruppe nicht in den Geltungsbereich eines solchen Tarifvertrags ein, **verzichten sie auf eine ihnen mögliche Normsetzung.** Das ist Teil der grundrechtlichen Gewährleistung des Art. 9 Abs. 3 GG und **verstößt nicht gegen Art. 3 Abs. 1 GG**, wenn bei typisierender Betrachtung der jeweiligen Gruppen sachbezogene Gruppenunterschiede erkennbar sind. Daher ist z. B. die Nichteinbeziehung von Lektoren in den persönlichen Geltungsbereich des BAT mit Art. 3 Abs. 1 GG vereinbar (*BAG* 27.5.2004 EzA Art. 3 GG Nr. 10 m. Anm. *Henssler*; *Löwisch* SAE 2005, 186 ff.).

*d) Berücksichtigung tariflicher Normen durch das Gericht; Einholung von Auskünften*

Ergibt sich aus dem Sachvortrag der Parteien, dass tarifliche Normen für die Entscheidung erheblich sein könnten, so haben die Arbeitsgerichte den Inhalt dieser Rechtsnormen nach den Grundsätzen des § 293 ZPO zu ermitteln. Zum Inhalt eines Tarifvertrages gehört auch der Zeitpunkt seines Wirksamwerdens. Eine subjektive Beweislast besteht im Rahmen des § 293 ZPO nicht (*BAG* 9.8.1995 EzA § 293 ZPO Nr. 1). 369

Ist das **tatsächliche Tarifgeschehen streitig**, oder das Vorliegen einvernehmlicher tariflicher Übungen, kommt die Einholung von **Auskünften** bei den Tarifvertragsparteien in Betracht. Die Einholung einer richterlichen Auskunft darf allerdings nicht auf die Beantwortung der prozessentscheidenden Rechtsfrage gerichtet sein. Denn das ist mit dem staatlichen Rechtsprechungsmonopol des Art. 92 GG unvereinbar und zugleich im Hinblick auf Art. 101 Abs. 1 S. 2 GG und § 551 Nr. 1 ZPO bedenklich (*BAG* 16.10.1985 AP Nr. 108 zu §§ 22, 23 BAT 1975). Die Einholung einer 370

Auskunft über das tatsächliche Tarifgeschehen oder einvernehmliche tarifliche Übungen (§§ 273 Abs. 2 Nr. 2, 293 ZPO) unterliegt dem pflichtgemäßen, revisionsgerichtlich nur beschränkt überprüfbaren **Ermessen der Tatsachengerichte**. Eine solche Auskunft muss von allen beteiligten Tarifvertragsparteien, auch dem Arbeitgeber, der selbst Partei des Tarifvertrags war, gleichermaßen eingeholt werden (*BAG* 18.8.1999 EzA § 3 TVG Nr. 17).

371 Hinsichtlich der Einhaltung von **Ausschlussfristen muss der Arbeitnehmer bei Anwendbarkeit eines Tarifvertrages** konkrete Tatsachen insoweit vortragen. Eines Berufens auf die Nichteinhaltung der Frist durch den Arbeitgeber bedarf es nicht. Hat der Arbeitgeber andererseits auf die Einhaltung »verzichtet«, wird dadurch die Einhaltung der Ausschlussfrist als anspruchsbegründendes Tatbestandsmerkmal fingiert (*BAG* 25.1.2006 EzA § 4 TVG Einzelhandel Nr. 55).

371a Demgegenüber hat das *BAG* (17.8.2011 – 5 AZR 490/10) aber auch ausgeführt: »Auf einen Verfall des Mindestlohnanspruchs des Klägers gegen seine Arbeitgeberin nach § 2 Abs. 5 TV Mindestlohn hat die Beklagte sich nicht berufen. **Die Einhaltung einer tariflichen Ausschlussfrist ist weder von Amts wegen zu berücksichtigen noch eine der Schlüssigkeitsprüfung unterliegende anspruchsbegründende Tatsache.** Vielmehr handelt es sich bei ihrer Nichteinhaltung um eine rechtsvernichtende Einwendung, deren Anwendbarkeit vom Schuldner darzulegen ist. Erst wenn dies geschehen ist oder die maßgeblichen Tatsachen unstreitig sind, hat der Gläubiger die Voraussetzungen der Anspruchserhaltung (wie z. B. schriftliche Geltendmachung) darzulegen.«

*e) Streitigkeiten über die Anwendung eines Tarifvertrages*

372 Die Anwendbarkeit bzw. Geltung eines bestimmten Tarifvertrags kann Gegenstand einer **Feststellungsklage** gem. § 256 Abs. 2 ZPO sein. Der Feststellungsantrag muss allerdings geeignet sein, die zwischen den Parteien strittigen Fragen zur Anwendbarkeit tariflicher Bestimmungen zu klären (*BAG* 17.10.2001 NZA 2002, 1000 LS).

### 3. Betriebsvereinbarung

*a) Begriff; Auslegung*

373 Die Betriebsvereinbarung ist ein schriftlicher Vertrag zwischen Arbeitgeber und Betriebsrat über Angelegenheiten, die zum Aufgabenbereich des Betriebsrats gehören (vgl. §§ 77, 87 ff. BetrVG).

374 Auch Betriebsvereinbarungen gelten gem. § 77 Abs. 4 BetrVG unmittelbar und zwingend; sie sind wie Tarifverträge Normenverträge, weil mit ihnen objektives Recht gesetzt wird. Im Verhältnis zum Einzelarbeitsvertrag gilt trotz fehlender ausdrücklicher gesetzlicher Regelung das Günstigkeitsprinzip (*BAG* [GS] 16.9.1986 EzA § 77 BetrVG Nr. 17; 7.11.1989 EzA § 77 BetrVG Nr. 34; vgl. *Schliemann* NZA 2003, 122 ff.).

375 Gem. § 112 Abs. 1 S. 3 BetrVG hat ein Sozialplan, das ist die Einigung zwischen Arbeitgeber und Betriebsrat über den Ausgleich oder die Milderung der wirtschaftlichen Nachteile, die den Arbeitnehmern infolge der geplanten Betriebsänderung (vgl. § 111 BetrVG) entstehen, die Wirkung einer Betriebsvereinbarung; § 77 Abs. 3 BetrVG ist insoweit nicht anzuwenden.

376 Sozialpläne und sonstige Betriebsvereinbarungen sind **wegen ihres Normcharakters wie Gesetze auszulegen**. Auszugehen ist vom Wortlaut und dem durch ihn vermittelten Wortsinn (*BAG* 13.12.2005 EzA § 112 BetrVG 2001 Nr. 16). Die Auslegung einer Betriebsvereinbarung hat sich im Übrigen daran zu orientieren, ob ihr Ergebnis in sich **verständlich und umsetzbar** ist. Im Zweifel gebührt derjenigen Auslegung der Vorzug, die zu einer vernünftigen, sachgerechten, zweckorientierten und praktisch brauchbaren Regelung führt. Für die Auslegung kann auch von Bedeutung sein, wie sie im Betrieb über längere Zeit hin tatsächlich gehandhabt worden ist (*BAG* 22.5.2001 EzA § 1 BetrAVG Betriebsvereinbarung Nr. 3). So ist z. B. bei der Auslegung eines teilweise ungenau und nicht systematisch abgefassten **Sozialplans** maßgeblich auf den **erkennbaren Sinn und Zweck** einer darin enthaltenen Abfindungsregelung abzustellen (*LAG Köln* 21.6.2005 – 9 Sa 90/05, EzA-SD 21/2005 S. 12 LS).

## G. Rechtsquellen des Arbeitsrechts

### b) Inhalt und Umfang der Regelungsbefugnis der Betriebspartner

Eine Betriebsvereinbarung kann überall dort abgeschlossen werden, wo das Gesetz die Einigung zwischen Arbeitgeber und Betriebsrat verlangt, vor allem also über Angelegenheiten, die dem Mitbestimmungsrecht des Betriebsrats unterliegen. 377

Darüber hinaus haben die Betriebspartner die Regelungsbefugnis, mit der Einschränkung des § 77 Abs. 3 BetrVG – keine Regelung von Arbeitsentgelten und sonstigen Arbeitsbedingungen durch Betriebsvereinbarung (wohl aber durch Regelungsabrede) bei Vorhandensein oder Üblichkeit einer tarifvertraglichen Regelung – den gesamten Inhalt des Arbeitsverhältnisses normativ zu regeln (*BAG* 18.8.1987 EzA § 77 BetrVG Nr. 18). 378

### c) Inhaltskontrolle

Nach der langjährigen Rechtsprechung des *BAG* (z. B. 25.4.1991 EzA § 611 BGB Gratifikation, Prämie Nr. 85; 1.12.1992 EzA § 77 BetrVG 1972 Nr. 50) unterliegen Betriebsvereinbarungen der gerichtlichen Billigkeitskontrolle; dies gilt auch für Sozialpläne (vgl. § 112 Abs. 1 S. 3 BetrVG). Der Maßstab für die gerichtliche Prüfung sollte dabei die Bindung der Betriebspartner an die **Zielbestimmungen des BetrVG** sein, wie sie insbes. in § 75 BetrVG umschrieben sind. Die Billigkeitskontrolle bezog sich auf die sog. Innenschranken der Betriebsvereinbarung; sie war schon insoweit eine Rechtskontrolle. Es ging darum, ob die von den Betriebspartnern vereinbarte Regelung der Billigkeit entspricht oder ob einzelne Arbeitnehmer oder Gruppen in unbilliger Weise benachteiligt wurden (vgl. *BAG* 25.4.1991 EzA § 611 BGB Gratifikation, Prämie Nr. 85; 1.12.1992 EzA § 77 BetrVG 1972 Nr. 50). 379

Dies wurde aus der Tatsache gefolgert, dass sich der Betriebsrat und der Betriebsinhaber nicht wie die Tarifvertragsparteien als völlig gleichberechtigt gegenüberstehen. 380

§ 310 Abs. 4 S. 1 BetrVG nimmt aber nunmehr für Betriebsvereinbarungen und Dienstvereinbarungen, was die Anwendung der §§ 305 ff. BGB betrifft, eine **Gleichstellung mit Tarifverträgen** vor. Der Gesetzgeber geht also davon aus, dass in diesen »normsetzenden« Bereich nicht durch eine AGB-Kontrolle eingegriffen werden darf (BT-Drs. 14/6857 S. 54). Folglich hat eine Inhaltskontrolle i. S. einer Angemessenheitskontrolle gem. §§ 307 ff. BGB nicht stattzufinden mit der Konsequenz, dass Betriebsvereinbarungen keiner allgemeinen Billigkeitskontrolle mehr unterzogen können (*BAG* 1.2.2006 EzA § 310 BGB 2002 Nr. 3; instr. ErfK/*Preis* §§ 305–310 BGB Rn. 9; a. A. *Däubler* NZA 2001, 1329). Einer Rechtskontrolle steht dagegen auch § 310 Abs. 4 BGB nicht entgegen. Allerdings ist die Rspr. auch bislang oft über eine Rechtskontrolle nicht hinausgegangen, so dass die praktischen Unterschiede gering sein dürften (zutr. ErfK/*Preis* §§ 305–310 BGB Rn. 9). Jedenfalls sind die Betriebsparteien beim Abschluss ihrer Vereinbarungen gem. § 75 Abs. 2 S. 1 BetrVG an die Grundsätze von Recht und Billigkeit gebunden und damit auch zur Wahrung der grundrechtlich geschützten Freiheitsrechte verpflichtet. Dazu gehört die durch Art. 12 Abs. 1 GG geschützte Berufsfreiheit der Arbeitnehmer. Diese Grundsätze des Rechts erstrecken sich auf die geltende Rechtsordnung, die das Arbeitsverhältnis gestaltet und auf dieses einwirkt; dazu gehört auch § 611 Abs. 1 BGB, nach dem der Arbeitgeber zur Erbringung der vereinbarten Gegenleistung verpflichtet ist, soweit der vorleistungsverpflichtete Arbeitnehmer seinerseits die ihm obliegende Arbeitsleistung erbracht hat. **Die Auszahlung verdienten Entgelts ist daher z. B. nicht von der Erfüllung weiterer Zwecke abhängig. Diese gesetzliche Wertung bindet auch die Betriebsparteien** (*BAG* 12.4.2011 NZA 2011, 989). 381

### 4. Vertragsfreiheit; besondere Einschränkungen für den öffentlichen Arbeitgeber

Neben den sich aus den o. g. Rechtsquellen (vgl. z. B. §§ 78a, 99, 100 BetrVG) ergebenden Einschränkungen ist für den öffentlichen Arbeitgeber Art. 33 Abs. 2 GG sowohl bei der Stellenausschreibung als auch bei der Bewerberauswahl bei der grds. freien Auswahl des Vertragspartners zu beachten (*BAG* 18.9.2001 EzA Art. 33 GG Nr. 22; *LAG Nds.* 6.9.2001 ZTR 2002, 38). 382

**383** Danach hat jeder Deutsche nach seiner Eignung, Befähigung und fachlichen Leistung gleichen Zugang zu jedem öffentlichen Amt. Die Regelung gilt nicht bei privatrechtlich organisierten Rechtspersonen; bei diesen gibt es grds. keine öffentlichen Ämter i. S. d. Art. 33 Abs. 2 GG (*LAG Köln* 23.4.2001 NZA-RR 2001, 612).

**384** Art. 33 Abs. 2 GG gilt auch für **Arbeiter und Angestellte** des öffentlichen Dienstes, ebenso für die **Zulassung zum Besuch von Aus- und Fortbildungsstätten**, wenn diese kraft gesetzlicher oder tariflicher Vorschriften Voraussetzung für ein Weiterkommen im öffentlichen Dienst ist (*BAG* 2.12.1970 AP Nr. 1 zu Art. 33 Abs. 2 GG) sowie für die **Zulassung zum Vorbereitungsdienst**, wenn dieser Voraussetzung für den Eintritt in den Staatsdienst wie auch für die Zulassung zu freien Berufen ist (*BVerfG* 22.5.1975 EzA Art. 33 GG Nr. 4). Wird eine Stelle gleichermaßen für Beamte und Angestellte ausgeschrieben, dürfen ohne sachlichen Grund keine Anforderungen gestellt werden, die **nur von Beamten, nicht aber von Angestellten erfüllt werden können** (*BAG* 18.9.2001 EzA Art. 33 GG Nr. 22). Der zweijährige Ausschluss von Lehramtsbewerbern aus dem sog. Listenverfahren, wenn sie ohne schwerwiegenden Grund die Annahme einer Lehrerstelle abgelehnt haben, verstößt gegen Art. 33 Abs. 2 GG und ist deshalb rechtsunwirksam (*LAG Hamm* 31.1.2003 NZA-RR 2003, 392).

**384a** Allerdings ist der **öffentliche Arbeitgeber** danach **nicht verpflichtet**, stets **alle Stellen auszuschreiben** (s. a. *Thür. LAG* 24.2.2011 LAGE Art. 30 GG Nr. 20) und nach den Kriterien der Bestenauswahl zu besetzen. Vielmehr ist er **frei, zwischen Umsetzungen, Versetzungen oder Beförderungen zu wählen**. Soweit allerdings Beförderungsbewerbungen zugelassen sind, hat eine Auswahl nach den Maßstäben des Art. 33 Abs. 2 GG stattzufinden (*BAG* 23.1.2007 EzA Art. 33 GG Nr. 30). Der Dienstherr kann also z. B. die Ausschreibung für die Besetzung eines Dienstpostens auf Versetzungsbewerber beschränken. Ist der zu besetzende Dienstposten mit der Wertigkeit A 12 Besoldungsordnung bzw. E 12 TV-L bewertet und richtet sich die Ausschreibung gleichermaßen an Beamte wie Arbeitnehmer, kann der Dienstherr die Ausschreibung aber nicht zusätzlich noch weiter dadurch beschränken, dass er voraussetzt, dass der oder die Bewerberin bereits derzeit einer Haushaltsstelle mit der Wertigkeit A 12/E 12 zugeordnet ist. Denn damit wäre die Ausschreibung für Arbeitnehmer wegen der Tarifautomatik auf Versetzungsbewerber beschränkt, während sie für Beamte nicht dieser Beschränkung unterliegen würde. Das ist eine sachlich nicht zu rechtfertigende Ungleichbehandlung von Arbeitnehmern und Beamten (*LAG MV* 31.5.2011 NZA-RR 2011, 667).

**385** Nach der Rechtsprechung des *BAG* (1.10.1986 EzA Art. 33 GG Nr. 14) begründet Art. 33 Abs. 2 GG für jeden Bewerber das Recht, bei seiner Bewerbung um ein öffentliches Amt – wozu auch eine Angestelltentätigkeit im öffentlichen Dienst gehört (s. Rdn. 383) – allein nach den in dieser Vorschrift genannten Voraussetzungen beurteilt zu werden. Das *BAG* (12.10.2010 EzA Art. 33 GG Nr. 40) neigt insoweit zu der Auffassung, dass eine staatlich anerkannte **Hochschule in kirchlicher Trägerschaft** nicht Adressat der öffentliche Arbeitgeber verpflichtenden Regelung des Art. 33 Abs. 2 GG ist. Dies gilt auch in den Fällen, in denen die Hochschule ihre Personalkosten aufgrund landesrechtlicher Regelungen aus öffentlichen Haushaltsmitteln erstattet bekommt.

**386** Wenn sich nach den Verhältnissen im Einzelfall jede andere Entscheidung als die Einstellung des Bewerbers als rechtswidrig oder ermessensfehlerhaft darstellt und eine besetzungsfähige, haushaltsrechtlich abgesicherte Planstelle vorhanden ist, begründet Art. 33 Abs. 2 GG darüber hinaus einen **Einstellungsanspruch** (vgl. *BAG* 5.3.1996 EzA Art. 33 GG Nr. 16; 19.2.2003 EzA § 620 BGB 2002 Nr. 2; 17.8.2010 EzA Art. 33 GG Nr. 38; a. A. *BVerwG* 21.6.1955 E 2, 151, DVBl 1968, 642). Allerdings darf eine Hochschule des öffentlichen Rechts die Einstellung eines Bewerbers für eine Stelle als wissenschaftlicher Mitarbeiter an einem Lehrstuhl für Strafrecht, Strafprozessrecht und Urheberrecht allein im Hinblick auf ein **laufendes Strafverfahren** wegen des gegen ihn gerichteten Vorwurfs der vorsätzlichen falschen eidesstattlichen Versicherung **bis zum Abschluss des Verfahrens zurückstellen**, auch wenn die sonstigen Einstellungsvoraussetzungen gegeben sind. Die Hochschule kann dann im Rahmen ihres Beurteilungsspielraums die Einstellung davon abhängig machen, dass das Strafverfahren zu Gunsten des Bewerbers beendet wird (*BAG* 27.7.2005 EzA Art. 33 GG

Nr. 29); aus diesem Verhalten ergeben sich keine Ansprüche des Bewerbers aus Art. 33 Abs. 2 GG (*BAG* 27.7.2005 EzA Art. 33 GG Nr. 29 = NZA 2005, 1243).

Voraussetzung für einen Einstellungsanspruch ist des Weiteren, dass zum Zeitpunkt der letzten mündlichen Verhandlung ein **freier zu besetzender Arbeitsplatz vorhanden ist**. Hat der öffentliche Arbeitgeber die Stelle allerdings bereits **anderweitig besetzt**, kann er – von ganz besonderen Ausnahmefällen abgesehen – grds. nicht mehr zur Einstellung eines Arbeitnehmers verurteilt werden; in diesem Fall kommen grds. nur noch **Schadensersatzansprüche** in Betracht (*BAG* 14.11.2001 EzA § 4 TVG Wiedereinstellungsanspruch Nr. 2; 12.10.2010 EzA Art. 33 GG Nr. 40; s. a. *BVerwG* 25.2.2010 – 2 C 22.09, ZTR 2010, 437 LS). Übernimmt ein öffentlicher Arbeitgeber eine Gruppe befristet beschäftigter Arbeitnehmer in unbefristete Arbeitsverhältnisse, ohne seine eigenen, an Art. 33 Abs. 2 GG ausgerichteten Vorgaben für die Einstellung in den öffentlichen Dienst zu beachten, führt dies nicht zu einem Anspruch anderer befristet beschäftigter Arbeitnehmer, ebenfalls unter Verletzung von Art. 33 Abs. 2 GG unbefristet eingestellt zu werden (*BAG* 19.2.2003 EzA § 620 BGB 2002 Nr. 2 = NZA 2003, 1271). 387

Materielle Kriterien für die Entscheidung sind die **Eignung** (fachliche Voraussetzungen und formelle Qualifikationen, z. B. Staatsprüfungen), **Befähigung** und **fachliche Leistung**. 388

Hinzukommen muss die Bereitschaft, der für das konkret erstrebte Amt erforderlichen **Treuepflicht** zu genügen (*BAG* 1.10.1986 EzA Art. 33 GG Nr. 14), d. h. jederzeit für die freiheitlich-demokratische Grundordnung einzutreten. 389

Weil es bei ihnen nur um einen Teil der Ausbildung geht, genügt für Lehramtsanwärter im **Vorbereitungsdienst** eine neutrale Haltung, d. h. es darf nicht zu erwarten sein, dass sie im Unterricht die Grundwerte der Verfassung in Zweifel ziehen (*BAG* 5.8.1982 EzA Art. 33 GG Nr. 12). Denn auch ein Arbeitnehmer des öffentlichen Dienstes unterliegt **nicht in jedem Fall der einem Beamten vergleichbaren – gesteigerten – Treuepflicht**. Je nach Stellung und Aufgabenkreis kann von ihm, anders als von einem Beamten, nicht die Bereitschaft verlangt werden, sich mit der Idee des Staates, d. h. seiner freiheitlichen, demokratischen, rechts- und sozialstaatlichen Ordnung zu identifizieren und dafür aktiv einzutreten. Je nach Funktion kann ein Arbeitnehmer die ihm nach § 3 Abs. 1 S. 2 TV-L obliegende Pflicht zur Verfassungstreue schon dadurch »wahren«, dass er die freiheitlich-demokratische Grundordnung **nicht aktiv bekämpft** (*BAG* 12.5.2011 EzA § 123 BGB 2002 Nr. 10). 390

Die Behörde hat die **Darlegungs- und Beweislast** für die Zweifel an der Verfassungstreue. Der Bewerber hat Tatsachen vorzutragen und zu beweisen, die geeignet sind, die Zweifel an der Verfassungstreue zu zerstreuen. Bei der sodann erforderlichen Gesamtabwägung steht der Behörde ein nur beschränkt überprüfbarer Beurteilungsspielraum zu. Gerichtlich nachprüfbar ist, ob sie alle wesentlichen Umstände des Einzelfalles berücksichtigt und sachgerecht gewichtet hat, ob allgemeingültige Bewertungsmaßstäbe beachtet und sachfremde Erwägungen ausgeschlossen waren sowie ob die Entscheidung in einem fehlerfreien Verfahren getroffen wurde (*BAG* 29.7.1982, 16.12.1982 AP Nr. 17, 19 zu Art. 33 GG). 391

Das *BAG* (28.5.2002 EzA Art. 33 GG Nr. 23; 5.11.2002 EzA Art. 33 GG Nr. 24; 21.1.2003 EzA Art. 33 GG Nr. 25; 2.7.2003 EzA § 620 BGB 2002 Nr. 6; 7.9.2004 EzA Art. 33 GG Nr. 27; 15.3.2005 EzA Art. 33 GG Nr. 28; 24.3.2009 EzA Art. 33 GG Nr. 36; 17.8.2010 EzA Art. 33 GG Nr. 38; vgl.; *Roetteken* ZTR 2008, 522 ff.; s. a. Kap. 2 Rdn. 205 ff.; s. *BVerfG* 20.3.2007 NZA 2007, 607; *OVG Münster* 30.10.2009 AuR 2010, 41) hat folgende **Grundsätze für die zu treffende Auswahl unter den Bewerbern und die arbeitsrechtliche Konkurrentenklage** aufgestellt: 392

– Es steht dem öffentlichen Arbeitgeber **frei**, für die zu besetzenden Stellen ein **Anforderungsprofil** zu erstellen, dessen Erfüllung durch den Bewerber bereits Voraussetzung für dessen Teilnahme am Bewerbungsverfahren ist (a. A. *LAG Düsseld*. 7.5.2004 NZA-RR 2005, 107; *LAG Nbg.* 6.12.2005 NZA-RR 2006, 273: Verpflichtung). Demgegenüber ist der Arbeitgeber des öffentlichen Dienstes jedenfalls im Hinblick auf das Benachteiligungsverbot wegen der Schwerbehinderung verpflichtet, für die zu besetzende Stelle ein Anforderungsprofil festzulegen und nachvollziehbar zu dokumentieren, weil nur so seine Auswahlentscheidung nach den Kriterien der Bestenauslese gerichtlich überprüft werden kann (*BAG* 13.10.2011 EzA § 15 AGG Nr. 16). Durch die Bestimmung des Anforderungsprofils für einen Dienstposten legt der Dienstherr jedenfalls die **Kriterien für die Auswahl der Bewerber fest**. Das Anforderungsprofil muss die objektiven Anforderungen der Stelle abbilden. Die Ausschreibung dient der Absicherung des Bewerbungsverfahrensanspruchs potenzieller Bewerber. Für das Auswahlverfahren bleibt die Dienstpostenbeschreibung verbindlich (s. *BAG* 13.10.2011 EzA § 15 AGG Nr. 16). Die Funktionsbeschreibung des Dienstpostens bestimmt objektiv die Kriterien, die der Inhaber erfüllen muss. Der Arbeitgeber bleibt für die Dauer des Auswahlverfahrens an das in der öffentlichen Stellenbeschreibung bekannt gegebene Anforderungsprofil gebunden (*BAG* 21.7.2009 NZA 2009, 1087; *LAG Köln* 11.6.2010 NZA-RR 2010, 612). Maßgeblich für die objektive Eignung ist dabei allerdings nicht das formelle Anforderungsprofil, welches der Arbeitgeber erstellt hat, sondern sind die **Anforderungen, die der Arbeitgeber an einen Stellenbewerber stellen durfte**. Grundsätzlich darf der Arbeitgeber über den der Stelle zugeordneten Aufgabenbereich und die dafür geforderte Qualifikation des Stelleninhabers frei entscheiden. Durch das Stellen von Anforderungen an den Bewerber, die nach der im Arbeitsleben herrschenden Verkehrsanschauung aufgrund der Erfordernisse der wahrzunehmenden Aufgaben unter keinem nachvollziehbaren Gesichtspunkt gedeckt sind, darf er allerdings die Vergleichbarkeit der Situation nicht willkürlich gestalten (*BAG* 7.4.2011 EzA § 15 AGG Nr. 13). Im Rahmen der sog. »Bestenauslese« darf er als Einstellungsvoraussetzung sachgerechte Mindestnoten in bestimmten Ausbildungsgängen verlangen (*BAG* 7.4.2011 EzA § 15 AGG Nr. 13).

393 Verlangt der öffentliche Arbeitgeber **allerdings eine Mindestbeschäftigungszeit** von fünf Jahren im Schuldienst der Sekundarstufe I als Voraussetzung für die Zulassung einer Lehrkraft zum Bewerbungsverfahren um eine höherwertige Stelle als Lehrer der Sekundarstufe II und lässt er Lehrer, die bislang nicht bei ihm beschäftigt sind, zu solchen Bewerbungsverfahren zu, ohne dass diese eine Mindestbeschäftigungszeit als Lehrer nachweisen müssen, so verstößt dies gegen Art. 33 Abs. 2 GG (*BAG* 15.3.2005 EzA Art. 33 GG Nr. 28). Die Art des vom Bewerber praktizierten Führungsstils kann ein geeignetes Auswahlkriterium gem. Art. 33 Abs. 2 GG sein, wenn die zu besetzende Stelle mit Personalführungsaufgaben verbunden ist. Der Arbeitgeber bestimmt dann die Art des Führungsstils, die er verwirklicht sehen möchte und darf bei fachlicher Gleichwertigkeit den Bewerber mit dem gewünschten – z. B. kooperativen – Führungsstil auswählen (*BAG* 19.2.2008 EzA Art. 33 GG Nr. 34).

393a Art. 33 Abs. 2 GG verwehrt dem öffentlichen Arbeitgeber auch nicht, für die Zulassung zur Bewerbung auf eine Beförderungsstelle eine Mindestbeschäftigungsdauer zu fordern. Dies gilt gleichermaßen für angestellte und verbeamtete Bewerber. Es ist mit dem Leistungsgrundsatz des Art. 33 Abs. 2 GG aber unvereinbar, wenn der öffentliche Arbeitgeber Beschäftigungszeiten aus befristeten Arbeitsverträgen zur Erreichung der geforderten Mindestbeschäftigungsdauer unberücksichtigt lässt. Das kann auch nicht mit einer vermeintlichen Gleichbehandlung von angestellten und verbeamteten Bewerbern gerechtfertigt werden. Die Differenzierung zwischen befristeten und unbefristeten Beschäftigungszeiten verstößt zudem gegen das Schlechterstellungsverbot des § 4 Abs. 2 S. 3 TzBfG. Arbeitnehmer, die zunächst befristet beschäftigt wurden, werden gegenüber Arbeitnehmern, die von Anfang an unbefristet eingestellt wurden, weniger günstig behandelt (*BAG* 12.10.2010 EzA Art. 33 GG Nr. 39).

394 – Die **Leistungsbewertungen** und die wesentlichen Auswahlerwägungen sind **schriftlich niederzulegen**, damit die zuständige Stelle alle wesentlichen Entscheidungsgrundlagen zur Kenntnis erhält und auch der gerichtliche Rechtsschutz nicht vereitelt oder unzumutbar erschwert wird. Der unterlegene Bewerber muss die vollständige Kenntnis über die Entscheidungsgrundlagen erhalten (*LAG Düsseld.* 7.5.2004 NZA-RR 2005, 107; *LAG Nbg.* 6.12.2005 NZA-RR 2006, 273).

395 – Der Leistungsvergleich zwischen den Bewerbern muss **zeitnah zur Auswahlentscheidung** erfolgen um eine sachgerechte Entscheidung zu treffen, wer für die künftigen Aufgaben am besten geeignet ist.

## G. Rechtsquellen des Arbeitsrechts Kapitel 1

- Liegt für einen **Beamtenbewerber** eine **Regelbeurteilung**, für einen Angestelltenbewerber aber nur eine Anlassbeurteilung vor, können beide trotz ihrer Unterschiedlichkeit der Personalentscheidung zu Grunde gelegt werden, wenn die Regelbeurteilung noch **hinreichend zeitnah** erstellt ist, z. B. bei einer Regelbeurteilung aus dem vorangehenden Jahr (*BAG* 7.9.2004 EzA Art. 33 GG Nr. 27). Dabei dürfen aus der Freistellung eines Personalratsmitglieds für die Beurteilung weder bevorzugende noch nachteilhafte Schlüsse gezogen werden (*LAG Nds.* 7.7.2003 ZTR 2004, 94 LS). 396
- Es ist nicht zu beanstanden, wenn der öffentliche Arbeitgeber die dienstliche Beurteilung des in einem **höheren Amt tätigen Bewerbers** mit der Beurteilung eines in einem niedrigeren Amt tätigen Bewerbers für gleichwertig hält, obwohl sie eine Notenstufe niedriger ist (*BAG* 7.9.2004 EzA Art. 33 GG Nr. 27). 397
- Bei der Personalauswahl steht dem öffentlichen Arbeitgeber ein **Beurteilungsspielraum** zu, der nur eingeschränkt gerichtlicher Kontrolle unterliegt, nämlich dahin, dass er den **anzuwendenden Begriff** oder den **gesetzlichen Rahmen**, in dem er sich frei bewegen kann, **verkannt** hat, ob er von einem **unrichtigen Sachverhalt** ausgegangen ist, **allgemeingültige Wertmaßstäbe nicht beachtet**, **sachwidrige Erwägungen** angestellt oder gegen **Verfahrensvorschriften** verstoßen hat. Bei der gerichtlichen Kontrolle ist auf die zum **Zeitpunkt der Auswahlentscheidung** maßgeblichen Umstände abzustellen (*BAG* 7.9.2004 EzA Art. 33 GG Nr. 27). 398
- Der öffentliche Arbeitgeber darf auch **Bewerbungen** in die Entscheidung **einbeziehen**, die **nach Ablauf des Bewerbungsschlusses eingegangen sind** (*BAG* 7.9.2004 EzA Art. 33 GG Nr. 27); unvereinbar mit Art. 33 Abs. 2 GG ist es, einen Bewerber auch allein deshalb nicht zu berücksichtigen, weil mit ihm wegen einer **befristeten Vorbeschäftigung** gem. § 14 Abs. 2 S. 2 TzBfG keine sachgrundlose Beschäftigung mehr vereinbart werden kann (*LAG Bln.* 25.8.2006 ZTR 2006, 671). 399
- Dem Ergebnis von **Vorstellungsgesprächen** kommt mehr als ein begrenzter Erkenntniswert zu. Jedenfalls bei gleichwertigen dienstlichen Beurteilungen darf der öffentliche Arbeitgeber entscheidend auf Erkenntnisse abstellen, die er im Rahmen eines Vorstellungsgesprächs gewonnen hat (*BAG* 7.9.2004 EzA Art. 33 GG Nr. 27; krit. *LAG Düsseld.* 7.5.2004 NZA-RR 2005, 107). 400
- Setzt das **Anforderungsprofil** einer zu besetzenden Stelle eine wissenschaftliche **Hochschulausbildung** oder gleichwertige Fähigkeiten und Erfahrungen voraus, ist der Nachweis nicht an eine bestimmte Form gebunden. Die **Gleichwertigkeit muss** nur **objektiv** bestehen. Es bleibt dann dem Arbeitgeber überlassen, in welcher Form er den Nachweis vornimmt, sofern ihm nicht gesetzliche Vorschriften ein bestimmtes Verfahren vorschreiben (*BAG* 19.2.2008 EzA Art. 33 GG Nr. 34). 401
- Ein erfolgloser Bewerber darf nach Art. 33 Abs. 2 GG **nicht dauerhaft von einer erneuten Sachprüfung** späterer Bewerbungen **ausgeschlossen werden**. Allerdings schließt das nicht aus, dass der öffentliche Arbeitgeber Erkenntnisse aus vorhergehenden Auswahlverfahren für einen angemessenen Zeitraum nutzt, um diese im Rahmen einer Vorauswahl zu berücksichtigen. Er darf auch ein Personalauswahlverfahren nach eigenem Ermessen ausgestalten. Er kann eine Vorauswahl treffen. Er ist insbes. nicht verpflichtet, alle Bewerber zur Durchführung der Endauswahl zuzulassen (*BAG* 14.8.2007 EzA Art. 33 GG Nr. 32). 402

**Prozessual gilt Folgendes:** 403
- Ein im öffentlichen Dienst beschäftigter Arbeitnehmer hat ein **rechtliches Interesse** an der Feststellung (§ 256 ZPO), dass ihn der Arbeitgeber auch ohne eine Mindestbeschäftigungszeit zu einem **Bewerbungsgespräch** um eine höherwertige Stelle im Schuldienst zulassen muss (*BAG* 15.3.2005 EzA Art. 33 GG Nr. 28).
- Macht ein Bewerber um eine für Angestellte ausgeschriebene Stelle geltend, er sei unter Verletzung des Art. 33 Abs. 2 GG abgewiesen worden, kann er **arbeitsgerichtlichen Rechtsschutz** in Anspruch nehmen, um durch eine **Unterlassungsklage** zu verhindern, dass nach Abschluss des Bewerbungsverfahrens ein nach Eignung, Befähigung und fachlicher Leistung weniger qualifizierter Mitbewerber befördert werden soll (sog. **arbeitsrechtliche Konkurrentenklage**). 404
- Eine diesen Anspruch rechtfertigende drohende Rechtsverletzung liegt allerdings erst dann vor, wenn das für Beförderungsangelegenheiten zuständige Organ **endgültig die Auswahlentschei- 405

dung getroffen hat. Solange noch ein personalvertretungsrechtliches Mitbestimmungsverfahren betrieben wird, kann davon nicht ausgegangen werden.

406 – **Prozessziel** der Konkurrentenklage ist die **Unterlassung der Beförderung und die Wiederholung der Auswahlentscheidung** unter Beachtung der Kriterien des Art. 33 Abs. 2 GG. So können z. B. **unsachliche Erwägungen bei der Erstellung eines Zwischenzeugnisses** anlässlich der Bewerbung um eine Beförderungsstelle die Wiederholung der Auswahlentscheidung rechtfertigen. Solche unsachlichen Erwägungen liegen vor, wenn ein Bewerber deswegen schlechter beurteilt wird, weil seine bisherige Stelle nach der Beförderung nicht wiederbesetzt werden soll (*LAG SchlH* 16.8.2011 NZA-RR 2012, 49).

Ist die Stelle noch nicht endgültig besetzt, ist der Arbeitgeber regelmäßig nur zur **Neubescheidung** von Bewerbungen verpflichtet (*BAG* 18.9.2007 EzA Art. 33 GG Nr. 33).

407 – Die **Beendigung des Bewerbungsverfahrens** und die **Erledigung** der arbeitsrechtlichen Konkurrentenklage tritt ein, wenn die erstrebte Wiederholung der Auswahlentscheidung gegenstandslos wird, weil das Bewerbungsverfahren durch die **endgültige Besetzung** der Stelle abgeschlossen ist, also dem ausgewählten Bewerber eine **gesicherte Rechtsposition** eingeräumt wird, die der Ausgestaltung dieses Amtes entspricht. Das ist mit der endgültigen Übertragung des Amtes der Fall (*BAG* 18.9.2007 EzA Art. 33 GG Nr. 33; 19.2.2008 EzA Art. 33 GG Nr. 34). Der Anspruch des im Auswahlverfahren unterlegenen Bewerbers setzt also an sich voraus, dass das begehrte öffentliche Amt **noch zu vergeben ist**. Das ist nicht mehr der Fall, wenn die Stelle verbindlich einem anderen Bewerber übertragen wurde (*BAG* 24.3.2009 EzA Art. 33 GG Nr. 36). Wird allerdings die streitige Stelle unter Verstoß gegen das Gebot effektiven Rechtsschutzes endgültig besetzt, steht dies einem **Anspruch** des unterlegenen Bewerbers **auf Neubescheidung nicht entgegen** (*BAG* 18.9.2007 EzA Art. 33 GG Nr. 33).

408 – Der öffentliche Arbeitgeber ist verpflichtet, die Besetzung eines öffentlichen Amtes **bis zum Abschluss eines Verfahrens vorläufigen Rechtsschutzes zu unterlassen**, das ein Mitbewerber gegen die Stellenbesetzung angestrengt hat (s. *Sächs. LAG* 21.3.2003 LAGE Art. 33 GG Nr. 14; *OVG NW* 23.8.2004 ZTR 2004, 647). Deshalb verstößt er gegen den Justizgewährleistungsanspruch (Art. 19 Abs. 4, 20 Abs. 3 GG), wenn er mit der **endgültigen Stellenbesetzung** gegen ein im Wege der einstweiligen Verfügung ergangenes **Unterlassungsurteil** verstößt. Das gilt auch dann, wenn die Zwangsvollstreckung wegen fehlender Vollziehung innerhalb der Monatsfrist des § 929 Abs. 2 ZPO unstatthaft geworden ist, denn von ihm darf erwartet werden, dass er sich auch ohne Androhung von Zwangsmitteln bis zur Aufhebung des Urteils an ein gerichtliches Unterlassungsgebot hält (*BAG* 18.9.2007 EzA Art. 33 GG Nr. 33; s. a. *BVerwG* 4.11.2010 NJW 2011, 695; *Herrmann* NJW 2011, 653 ff.). **Rechtsfolge ist dann trotz des Grundsatzes der Ämterstabilität die Aufhebung der Ernennung des Mitbewerbers** (*BVerwG* 4.11.2010 NJW 2011, 695).

409 – Er kann dem Anspruch des unterlegenen Mitbewerbers dann **nicht entgegenhalten**, er habe die Stelle **endgültig einem Konkurrenten übertragen**, denn dann hat der Arbeitgeber die Rechte des Mitbewerbers verletzt. Dieser hat Anspruch auf deren Wiederherstellung. Nach den Rechtsgedanken aus § 162 Abs. 2 BGB sowie §§ 135, 136 BGB kann der Dienstherr ihm nicht mit Erfolg entgegenhalten, er könne dessen Bewerberverfahrensanspruch nicht mehr erfüllen, weil die Stelle mittlerweile schon besetzt sei (*BAG* 24.3.2009 EzA Art. 33 GG Nr. 36).

410 – Es kann sachlich gerechtfertigt sein, ein Stellenbesetzungsverfahren **abzubrechen**, wenn die veröffentlichte Ausschreibung so erhebliche Fehler enthielt, dass die Stelle nicht wie ausgeschrieben besetzt werden kann. Derartige Fehler liegen insbes. vor, wenn die Stelle als unbefristet ausgeschrieben war, aber nach haushaltsrechtlichen Vorgaben nur befristet besetzt werden soll oder wenn die Stelle auch für Angestellte ausgeschrieben war, tatsächlich aber Beamten vorbehalten ist (*BAG* 24.3.2009 EzA Art. 33 GG Nr. 36 = NZA 2009, 901).

411 – Mit dem berechtigten Abbruch des Verfahrens, z. B. wegen der fehlenden, aber gebotenen schriftlichen Niederlegung der Leistungsbewertungen und der wesentlichen Auswahlüberlegungen des öffentlichen Arbeitgebers (*BAG* 17.8.2010 EzA Art. 33 GG Nr. 38), **erledigen sich** dann auch **die Verfahrensrechte der Bewerber** nach Art. 33 Abs. 2 GG. Der Abbruch eines Besetzungsverfah-

rens erledigt die Ansprüche der Bewerber allerdings nur, wenn er aus sachlichen Gründen – z. B. wegen der Beanstandung einer Auswahlentscheidung durch ein Gericht in einem Vorverfahren – erfolgte. Andernfalls könnte der Abbruch lediglich dazu dienen, den Bewerberverfahrensanspruch aus Art. 33 Abs. 2 GG zu vereiteln (*BAG* 24.3.2009 EzA Art. 33 GG Nr. 36 = NZA 2009, 901). Liegt ein sachlicher Grund vor, hat der Kläger dann, wenn die Stelle weiterhin besetzt werden soll, sich nach notwendiger erneuter Stellenausschreibung wieder zu bewerben (*BAG* 17.8.2010 EzA Art. 33 GG Nr. 38).

– Einem zu Unrecht übergangenen Bewerber können nach endgültiger Besetzung der Stelle ansonsten grds. nur **Schadenersatzansprüche** (§ 280 Abs. 1 BGB i. V. m. § 823 Abs. 2 BGB u. Art. 33 Abs. 2 GG) zustehen (*BAG* 19.2.2008 EzA Art. 33 GG Nr. 34; 12.10.2010 EzA Art. 33 GG Nr. 40). Das setzt voraus, dass der öffentliche Arbeitgeber bei **fehlerfreier Auswahl** nach den Grundsätzen des Art. 33 Abs. 2 GG dem **unterlegenen Bewerber** das Amt hätte **übertragen müssen** (*BAG* 19.2.2008 EzA Art. 33 GG Nr. 34); dies muss der nicht berücksichtigte Bewerber darlegen (*BAG* 24.9.2009 EzA § 15 AGG Nr. 3). Dem genügt er nicht bereits dadurch, dass er lediglich vorträgt, kein Mitbewerber sei besser qualifiziert als er (*BAG* 12.10.2010 EzA Art. 33 GG Nr. 40). 412

### 5. Allgemeine Arbeitsbedingungen

#### a) Begriff und normative Einordnung

> Im Hinblick auf die Vielzahl bestehender Arbeitsverhältnisse ist es typisch, dass die Arbeitsbedingungen nicht individuell ausgehandelt, sondern dass sie vom Arbeitgeber einseitig durch Herstellung einer kollektiven Ordnung, i. d. R. durch eine sog. Gesamtzusage, aufgestellt werden. Dadurch wird eine generelle Regelung für alle Arbeitnehmer oder bestimmte Arbeitnehmergruppen des Betriebes für jedes einzelne Arbeitsverhältnis im beiderseitigen Einvernehmen zwischen Arbeitgeber und Arbeitnehmer verbindlich. Eine Gesamtzusage ist typischerweise nicht auf die im Zeitpunkt ihrer erstmaligen Erklärung beschäftigten Arbeitnehmer beschränkt. Erklärt sich der Arbeitgeber zu einer Regelung i. S. einer auf Dauer angelegten Handhabung bei Erfüllung der Anspruchsvoraussetzungen bereit, spricht das für die **Fortgeltung des Antrags bis zu einer gegenteiligen Erklärung**. Die Gesamtzusage wird dann auch gegenüber nachträglich in den Betrieb eintretenden Mitarbeitern abgegeben und diesen bekannt. Auch sie können deshalb das in ihr liegende Vertragsangebot gem. § 151 BGB annehmen. Die Aufhebung einer durch Gesamtzusage getroffenen Regelung erfolgt mit Wirkung für die Zukunft, lässt also mit der Annahme des Antrags bereits entstandene Bindungen unberührt (*BAG* 23.9.2009 EzA § 151 BGB 2002 Nr. 2). 413

Im Bereich der betrieblichen Altersversorgung stellt der Arbeitgeber i. d. R. Ruhegeld-, Versorgungsordnungen, Ruhegeldrichtlinien (z. B. durch Aushang am Schwarzen Brett) oder ähnliche Ruhegehaltspläne auf. 414

Möglich ist dies zum einen durch eine **Gesamtzusage**, durch die der Arbeitgeber einseitig bekannt gibt, dass er jedem Arbeitnehmer, sofern er die von ihm abstrakt festgelegten Voraussetzungen erfüllt, bestimmte Leistungen gewährt (*BAG* 5.12.1995 EzA § 1 BetrAVG Ablösung Nr. 11). **Es handelt sich um die an alle Arbeitnehmer oder einen nach abstrakten Merkmalen bestimmten Teil von ihnen in allgemeiner Form gerichtete ausdrückliche Erklärung des Arbeitgebers, zusätzliche Leistungen erbringen zu wollen.** Wird die Annahme des Angebots des Arbeitgebers durch den Arbeitnehmer nicht ausdrücklich erklärt, so gilt § 151 BGB; derartige Versorgungsrichtlinien werden Bestandteil des Arbeitsvertrages (*BAG* 18.3.2003 EzA § 1 BetrAVG Ablösung Nr. 39; 19.5.2005 EzA § 1 BetrAVG Betriebliche Übung Nr. 6). Eine Gesamtzusage setzt des Weiteren **nicht zwingend** voraus, dass die als Vertragsangebot zu beurteilende Erklärung des Arbeitgebers **jedem Arbeitnehmer** zugeht (*BAG* 15.2.2005 EzA § 612a BGB 2002 Nr. 2). Denn eine Gesamtzusage wird bereits dann wirksam, wenn sie in einer Weise geäußert wird, die es dem einzelnen Arbeitnehmer typischerweise erlaubt, von der Erklärung Kenntnis zu nehmen; auf die konkrete Kenntnis im Einzelnen kommt es nicht an (*BAG* 17.11.2009 EzA § 242 BGB 2002 Betriebliche Übung Nr. 12). 415

416 Andererseits können allein aus der **tatsächlichen Gewährung** von Leistungen die Arbeitnehmer jedenfalls dann nicht auf den für eine Gesamtzusage erforderlichen **Verpflichtungswillen** des Arbeitgebers schließen, wenn die Leistungen erkennbar zur Erfüllung der Verpflichtungen aus einer – vermeintlich wirksamen – **Betriebsvereinbarung** erfolgen (*BAG* 28.6.2005 EzA § 77 BetrVG 2001 Nr. 12).

417 Eine Gesamtzusage wird im Übrigen bei Vorliegen eines entsprechenden Verpflichtungswillens wirksam mit der Folge, dass sie nicht mehr einseitig vom Arbeitgeber **widerrufen** werden kann (*BAG* 4.6.2008 – 4 AZR 421/07, NZA 2008, 1360), wenn dieser zwar den Beschluss zum Widerruf rechtzeitig fasst, aber keine organisatorischen Maßnahmen trifft, um die Veröffentlichung des ursprünglichen Beschlusses rechtzeitig zu unterbinden (*LAG Bln.* 9.3.2001 NZA-RR 2001, 491). Wird eine freiwillige Leistung im Wege der **Gesamtzusage** versprochen und dabei darauf hingewiesen, die Leistungsgewährung sei »im Einvernehmen mit dem Gesamtbetriebsrat beschlossen« worden, so liegt darin allerdings in aller Regel der Vorbehalt einer künftigen Abänderung durch Betriebsvereinbarung (*BAG* 10.12.2002 EzA § 1 BetrAVG Ablösung Nr. 37). Wird die Gesamtzusage dagegen nur unter dem Vorbehalt des Eintritts einer bestimmten **Bedingung** erteilt, kann sie **nicht einseitig widerrufen** werden, wenn diese **Bedingung nicht eingetreten** ist (*BAG* 4.6.2008 – 4 AZR 421/07, EzA-SD 23/2008 S. 11 LS = NZA 2008, 1360).

418 Das *LAG Düsseld.* (11.9.2003 – 11 (18) Sa 308/03, EzA-SD 25/2003, S. 8 LS) hat angenommen, dass die Bindungswirkung einer Gesamtzusage, die einem bestimmten Arbeitnehmerkreis sowohl durch ein Schriftstück wie durch die Hinterlegung im firmeneigenen Intranet bekannt gegeben wird, nicht durch die bloße Herausnahme der Gesamtzusage aus dem Intranet **beseitigt** werden kann. Das in ihr enthaltene Vertragsangebot kann deshalb danach von dem begünstigten Personenkreis auch noch nach der Entfernung aus dem Intranet angenommen werden.

419 Gesamtzusagen sind einer uneingeschränkten revisionsgerichtlichen Überprüfung zu unterziehen (*BAG* 20.1.2004 EzA § 1 BetrAVG Betriebliche Übung Nr. 5).

420 Zum anderen kommt eine **arbeitsvertragliche Einheitsregelung** in Betracht, bei der Arbeitgeber und Arbeitnehmer den Vertragsinhalt nicht individuell aushandeln, sondern ihn auf Grund übereinstimmender Willenserklärungen von Arbeitgeber und Arbeitnehmer durch Verweisung auf vom Arbeitgeber für eine Vielzahl von Verträgen vorformulierte Arbeitsbedingungen festlegen (*BAG* [GS] 16.9.1986 EzA § 77 BetrVG Nr. 17).

421 Das *BAG* (GS 16.9.1986 EzA § 77 BetrVG Nr. 17) geht einerseits davon aus, dass z. B. die Kennzeichnung als Gesamtzusage nichts über die Rechtsnatur der durch sie begründeten Ansprüche besagt, sodass in den Einheitsregelungen keine selbstständige kollektiv-rechtliche Gestaltungsmöglichkeit auf der betrieblichen Ebene neben der Betriebsvereinbarung gesehen werden kann.

Andererseits können aber vertraglich begründete Ansprüche der Arbeitnehmer auf Sozialleistungen, die auf eine vom Arbeitgeber gesetzte Einheitsregelung oder Gesamtzusage zurückgehen, nicht etwa nur durch (Massen-) Änderungskündigung (§ 2 KSchG), sondern auch durch eine nachfolgende Betriebsvereinbarung in den Grenzen von Recht und Billigkeit beschränkt werden, wenn die Neuregelung insgesamt bei kollektiver Betrachtung nicht ungünstiger ist (kollektiver Günstigkeitsvergleich). Die nachfolgende Betriebsvereinbarung kann sogar insgesamt ungünstiger sein, soweit der Arbeitgeber wegen eines vorbehaltenen Widerrufs oder Wegfalls der Geschäftsgrundlage (§ 313 BGB) die Kürzung oder Streichung der Sozialleistungen verlangen kann (s. Kap. 3 Rdn. 3570 ff.).

*b) Inhaltskontrolle*

422 Typische Vertragsklauseln, z. B. in Formularverträgen, sind wie Rechtsnormen **auszulegen**; ihre Auslegung kann daher vom Revisionsgericht ohne Einschränkung überprüft bzw. **vorgenommen werden** (*BAG* 17.9.2003 EzA § 4 TVG Tariflohnerhöhung Nr. 42).

## aa) Rechtslage für am 1.1.2002 bestehende Arbeitsverträge bis zum 31.12.2002 (Art. 229 § 5 EGBGB)

Aufgrund der einseitigen Vorgabe der Allgemeinen Arbeitsbedingungen durch den Arbeitgeber besteht jedenfalls eine ähnliche Situation wie bei den Allgemeinen Geschäftsbedingungen. Zwar war das AGBG gem. § 23 Abs. 1 AGBG bei Arbeitsverträgen grds. nicht anwendbar (vgl. *BAG* 13.12.2000 EzA § 611 BGB Inhaltskontrolle Nr. 8). Andererseits bestand trotz des Schutzes durch zwingende gesetzliche Vorschriften und kollektive Vereinbarungen auch im Arbeitsrecht das Bedürfnis für eine richterliche Kontrolle einseitig vom Arbeitgeber festgesetzter Arbeitsbedingungen (*LAG Köln* 20.12.2001 LAGE § 307 BGB 2002 Nr. 1). **423**

Das *BAG* (z. B. 4.7.1972 AP Nr. 2 zu § 65 HGB) hatte deshalb im Wege der Rechtsfortbildung Grundsätze über eine richterliche Billigkeitskontrolle unter besonderer Berücksichtigung von §§ 242, 315 BGB bei gestörter Vertragsparität herausgebildet; s. dazu 7. Aufl. A/Rn. 449 ff. **424**

## bb) Rechtslage für nach dem 1.1.2002 abgeschlossene Arbeitsverträge

Für nach dem 1.1.2002 abgeschlossene Arbeitsverträge gilt gem. § 310 Abs. 4 S. 2 BGB nunmehr **auch das Recht der Allgemeinen Geschäftsbedingungen** (§§ 305 ff. BGB), wobei die im Arbeitsrecht geltenden Besonderheiten angemessen zu berücksichtigen sind. Einer Anwendung auch auf Allgemeine Arbeitsbedingungen steht damit nichts mehr im Wege. Für zuvor abgeschlossene Arbeitsverträge gilt seit dem 1.1.2003 nichts anderes (Art. 229 § 5 S. 2 EGBGB; s. Rdn. 609 ff.). **425**

## c) Umdeutung einer nichtigen Betriebsvereinbarung in eine vertragliche Einheitsregelung?

Eine (gem. § 77 Abs. 3 BetrVG) unwirksame Betriebsvereinbarung kann grds. in eine vertragliche Einheitsregelung umgedeutet werden (§ 140 BGB). Das kommt aber nur dann in Betracht, wenn und soweit **besondere Umstände** die Annahme rechtfertigen, der Arbeitgeber habe sich unabhängig von den Regelungen der Betriebsvereinbarung **auf jeden Fall verpflichten wollen**, die in der Betriebsvereinbarung vorgesehenen Leistungen zu erbringen (*BAG* 5.3.1997 EzA § 140 BGB Nr. 23). **426**

## d) Einseitig, aber nicht für eine Vielzahl von Fällen gestellte Vertragsbedingungen

Bei der Auslegung vom Arbeitgeber einseitig, aber nicht für eine Vielzahl von Fällen gestellten Vertragsbedingungen ist zu unterscheiden: Handelt es sich nicht um für eine Vielzahl von Fällen vorformulierte Vertragsbedingungen, sind – trotz Anwendbarkeit einzelner Bestimmungen des Rechts der Allgemeinen Geschäftsbedingungen – auch die **Umstände bei Vertragsschluss** bei der Auslegung zu berücksichtigen. **427**

Handelt es sich dagegen um AGB, ist dies nicht der Fall; die Umstände sind lediglich bei der Prüfung einer unangemessenen Benachteiligung heranzuziehen. Demgegenüber sind die äußeren Umstände, die zum Vertragsschluss geführt haben, zu berücksichtigen, soweit sie auf einen verallgemeinerbaren Willen des Arbeitgebers schließen lassen (*BAG* 18.5.2010 EzA § 310 BGB 2002 Nr. 9). **428**

## 6. Gleichbehandlungsgrundsatz

### a) Begriff und Inhalt

Der von Art. 3 Abs. 1, 2, 3 GG, die nicht unmittelbar anwendbar sind (s. Rdn. 280) zu unterscheidende Gleichbehandlungsgrundsatz ist Bestandteil des Privatrechts und enthält ein betriebs-, nicht aber konzernbezogenes Benachteiligungsverbot auf dem Gebiet der freiwilligen Sozialleistungen des Arbeitgebers (z. B. Gratifikationen, Sonderzuwendungen), aber auch sonst im Bereich der Vergütung trotz des Vorrangs der Vertragsfreiheit, wenn der Arbeitgeber die **Leistungen nach einem erkennbaren generalisierenden Prinzip** erbringt (s. *BAG* 11.10.2006 EzA § 242 BGB 2002 Gleichbehandlung Nr. 11; *LAG Köln* 13.9.2006 LAGE § 242 BGB 2002 Gleichbehandlung Nr. 3). Er gebietet dem Arbeitgeber, seine Arbeitnehmer oder Gruppen von Arbeitnehmern, die sich in vergleichbarer Lage befinden, bei Anwendung einer selbst gegebenen Re- **429** gelung gleich zu behandeln (*BAG* 31.8.2005 EzA § 613a BGB 2002 Nr. 39; 3.12.2008 EzA § 242 BGB 2002 Gleichbehandlung Nr. 19). Er wird inhaltlich vom Gleichberechtigungsgrundsatz des Art. 3 Abs. 2 GG und vom Benachteiligungsverbot des Art. 3 Abs. 3 GG geprägt (*BAG* 9.9.1981 EzA § 242 BGB Gleichbehandlung Nr. 26).

Die dogmatische Begründung des Gleichbehandlungsgrundsatzes ist umstritten: z. T. wird er aus der **Treue- und Fürsorgepflicht** des Arbeitgebers hergeleitet, die gewissen Gesetzmäßigkeiten und Bräuchen normative Kraft zuerkennt, bzw. als ein **allgemeiner Rechtsgedanke** verstanden, der seine gesetzliche Ausgestaltung z. B. in § 75 BetrVG, § 67 BPersVG gefunden hat (vgl. *Neuß* DB 1984 Beil. Nr. 5, S. 5).

Für die Gewährung von **freiwilligen Leistungen** bedeutet er, dass der Arbeitgeber keine Voraussetzungen aufstellen darf, unter denen er vergleichbare Arbeitnehmer des Betriebes aus **sachfremden oder willkürlichen Motiven ausschließt** oder schlechter behandelt (*BAG* 18.9.2007 EzA § 242 BGB Gleichbehandlung Nr. 15). So wird der Zweck einer Sonderzahlung z. B. durch ihre tatsächlichen und rechtlichen Voraussetzungen bestimmt; an den so bestimmten Zwecken ist die Einhaltung des Gleichbehandlungsgrundsatzes zu messen (*BAG* 1.4.2009 – 10 AZR 353/08, EzA-SD 13/2009 S. 7 LS). Offen gelassen hat das *BAG* (13.8.2008 EzA § 14 TzBfG Nr. 52), ob der arbeitsrechtliche Gleichbehandlungsgrundsatz Anspruchsgrundlage für den **Abschluss eines Arbeitsvertrages** sein kann; einen daraus ableitbaren Anspruch auf Verlängerung eines rechtswirksam sachgrundlosen befristeten Vertrages hat es jedenfalls verneint. Auch hat ein Arbeitnehmer i. d. R. nach dem Gleichbehandlungsgrundsatz **keinen Anspruch** auf Abschluss eines **Aufhebungsvertrages** und die Zahlung einer Abfindung, wenn der Arbeitgeber mit anderen Arbeitnehmern die Aufhebung des Arbeitsverhältnisses individuell vereinbart und ihnen eine Abfindung zahlt, die in einer Betriebsvereinbarung geregelt ist (*BAG* 17.12.2009 EzA § 623 BGB 2002 Nr. 10); Gleiches gilt, wenn die Abfindungshöhe in einem vom Arbeitgeber aufgestellten Regelungsplan festgelegt ist (*BAG* 25.2.2010 EzA § 10 AGG Nr. 3).

430  Der Gleichbehandlungsgrundsatz greift ein, wenn der Arbeitgeber nach einer von ihm **selbst geschaffenen Ordnung** verfährt (*BAG* 19.11.2002 EzA § 1 BetrAVG Nr. 84; 14.3.2007 EzA § 242 BGB 2002 Gleichbehandlung Nr. 12; 15.7.2008 – 3 AZR 61/07, NZA 2009, 1409), wenn er **nach bestimmten generalisierenden Prinzipien Leistungen gewährt** (*BAG* 25.5.2004 EzA § 1b BetrAVG Gleichbehandlung Nr. 1; 1.12.2004 EzA § 242 BGB 2002 Gleichbehandlung Nr. 5; 11.10.2006 EzA § 242 BGB 2002 Gleichbehandlung Nr. 11; 3.12.2008 EzA § 242 BGB 2002 Gleichbehandlung Nr. 19; 1.4.2009 – 10 AZR 353/08, EzA-SD 13/2009 S. 7 LS), z. B. Voraussetzungen für die Teilnahme an einer internen Fortbildungsmaßnahme aufstellt (*LAG München* 20.4.2004 NZA-RR 2005, 466) oder auch Lohnerhöhungen vornimmt, ohne zu ihnen verpflichtet zu sein (*BAG* 11.9.1985 EzA § 242 BGB Gleichbehandlung Nr. 43).

430a  Tatbestandliche Voraussetzung der Anwendung ist eine **verteilende Entscheidung des Arbeitgebers** (*BAG* 21.9.2011 – 5 AZR 520/10, EzA-SD 26/2011 S. 6 = NZA 2012, 31). Tut er nichts, liegt eine solche grds. nicht vor (*BAG* 24.1.2006 EzA § 1 BetrAVG Gleichbehandlung Nr. 28). Auch bei bloßem Normvollzug greift der Gleichbehandlungsgrundsatz nicht ein (*BAG* 18.6.2008 EzA § 620 BGB 2002 Altersgrenze Nr. 7; 18.11.2009 EzA § 1 TVG Nr. 50); also dann, wenn der Arbeitgeber ausschließlich normative oder vertragliche Verpflichtungen erfüllt (*BAG* 21.9.2011 – 5 AZR 520/10, EzA-SD 26/2011 S. 6 = NZA 2012, 31). Das gilt auch beim Vollzug einer **nur vermeintlich wirksamen** oder vom Arbeitgeber missverstandenen Norm (*BAG* 23.1.2008 EzA § 77 BetrVG 2001 Nr. 24; 18.11.2009 EzA § 1 TVG Nr. 50). Gleiches gilt für die Begrenzung des Normvollzuges auf die Normunterworfen (*BAG* 15.4.2008 EzA § 87 BetrVG 2001 Betriebliche Lohngestaltung Nr. 1; 18.11.2009 NZA 2010, 835). Kein vermeintlicher Normvollzug in diesem Sinne liegt aber dann vor, wenn der Arbeitgeber tarifliche Regelungen, bei denen er **selbst davon ausgeht**, dass sie nach ihrem Anwendungsbereich auf mit ihm bestehende Arbeitsverhältnisse **nicht einschlägig sind** und auch keine tarifvertragliche Lücke vorliegt, die von Rechts wegen deren Anwendung gebietet, **gleichwohl** auf diese Arbeitsverhältnisse **anwendet** (*BAG* 6.7.2011 4 AZR 596/09 EzA-SD 24/2011 S. 7 LS = NZA 2011, 1427).

**Der Arbeitgeber ist nicht verpflichtet, abstrakte Regelungen** für Gehaltserhöhungen **aufzustellen**. Er kann individuelle Gesichtspunkte, z. B. die Gehaltsdifferenzen zu anderen vergleichbaren Mitarbeitern berücksichtigen (*BAG* 15.11.1994 EzA § 242 BGB Gleichbehandlung Nr. 61). Auch führt es nicht zur Anwendung des Gleichbehandlungsgrundsatzes, wenn der Arbeitgeber bei der Anwendung einer Versorgungsordnung einen regelwidrigen Fehler begeht (*BAG* 19.11.2002 EzA § 1 BetrAVG Nr. 84).

Bei freiwilligen Leistungen ist der Arbeitgeber zwar **grds. frei**, den **Personenkreis abzugrenzen**, dem er die Leistungen zukommen lassen will (*BAG* 14.8.2007 EzA § 611a BGB 2002 Nr. 5). Der Gleichbehandlungsgrundsatz **verbietet** es dem Arbeitgeber aber, in einer bestimmten Ordnung zwischen vergleichbaren Arbeitnehmern **sachfremd zu differenzieren**. Die Gruppen der Begünstigten und Nichtbegünstigten müssen nach sachgerechten Kriterien gebildet werden. Einzelne Arbeitnehmer innerhalb einer Gruppe dürfen nicht willkürlich schlechter gestellt werden (*BAG* 25.5.2004 EzA § 1b BetrAVG Gleichbehandlung Nr. 1; s. Rdn. 442 ff.); zu beachten ist insoweit, dass die sachliche Rechtfertigung der **Gruppenbildung nur am Zweck der freiwilligen Leistung** gemessen werden kann (*BAG* 14.8.2007 EzA § 611a BGB 2002 Nr. 5). Der Gleichbehandlungsgrundsatz ist auch dann verletzt, wenn eine Maßnahme des Arbeitgebers gegen die RL 2000/78/EG oder gegen § 611a BGB (bis 17.8.2006) verstößt (*BAG* 11.4.2006 NZA 2006, 1217; 14.8.2007 EzA § 611a BGB 2002 Nr. 5). Der Arbeitgeber verletzt z. B. regelmäßig das Benachteiligungsverbot wegen des Geschlechts, wenn er bei Auswahlentscheidungen, die ohne inhaltliche Änderung des Aufgabengebiets eine **Besserstellung** einzelner Arbeitnehmer bewirken, das **Geschlecht** des ausgeschlossenen Arbeitnehmers **zu dessen Lasten berücksichtigt** (*BAG* 14.8.2007 EzA § 611a BGB 2002 Nr. 5). Andererseits ist es dem Arbeitgeber aber nicht verwehrt, z. B. der Gruppe der Angestellten ein höheres Weihnachtsgeld zu zahlen, wenn sachliche Kriterien die Besserstellung gegenüber der Gruppe der gewerblichen Arbeitnehmer rechtfertigen (*BAG* 12.10.2005 EzA § 242 BGB 2002 Gleichbehandlung Nr. 8). Bestimmt der Arbeitgeber durch die tatsächlichen und rechtlichen Voraussetzungen bestimmte Zwecke einer Sonderzahlung, so kann er nicht eine dieser Voraussetzungen, mit der er den Empfängerkreis begrenzen will, zum »Hauptzweck« deklarieren, um damit die Herausnahme einer Arbeitnehmergruppe sachlich zu rechtfertigen, wenn einerseits die benachteiligte Gruppe die übrigen Ziele auch erreichen kann und andererseits die begünstigte Gruppe, deren Nachteile vorgeblich ausschließlich ausgeglichen werden sollen, diesen Ausgleich nur erhalten, wenn sie alle festgelegten Voraussetzungen erfüllen (*BAG* 1.4.2009 – 10 AZR 353/08, NZA 2009, 1409).

430b

Bei einem **Betriebsübergang** ist der Erwerber **nicht verpflichtet**, nach längerer Zeit eine **Angleichung der unterschiedlichen Arbeitsbedingungen herzustellen**. Da bei der Weitergewährung der vor dem Betriebsübergang bestehenden Arbeitsbedingungen bereits die tatbestandlichen Voraussetzungen für die Anwendung des Gleichbehandlungsgrundsatzes fehlen, besteht keine Rechtsgrundlage für eine spätere Anpassungspflicht. Nur dann, wenn der Arbeitgeber neue Vergütungsstrukturen schafft, ist er an den Gleichbehandlungsgrundsatz gebunden (*BAG* 31.8.2005 EzA § 613a BGB 2002 Nr. 39). Leistet der Arbeitgeber aber andererseits eine Gehaltserhöhung gem. einer – wie ihm bekannt ist – **gegen § 77 Abs. 3 BetrVG** verstoßenden **Betriebsvereinbarung** nur an seine Stammbelegschaft, nicht aber an die auf Grund eines Betriebsübergangs übernommenen Arbeitnehmer, so findet der allgemeine Gleichbehandlungsgrundsatz Anwendung. **Unterschiedliche Arbeitsvertrags- und Vergütungssysteme** bei der Stammbelegschaft einerseits und den übernommenen Arbeitnehmern andererseits (§ 613a Abs. 1 S. 2 BGB) rechtfertigen als solche **keine unterschiedliche Behandlung** bei der Gehaltserhöhung. Ein sachlicher Grund kann in dieser Konstellation allerdings in der **Angleichung der Arbeitsbedingungen** liegen. Dem steht auch nicht entgegen, dass die Lohnerhöhung einen Ausgleich für die alle Arbeitnehmer treffende Geldentwertung darstellt (*BAG* 14.3.2007 EzA § 242 BGB 2002 Gleichbehandlung Nr. 12). Wird nach einem Betriebsübergang allerdings die **tarifliche Vergütung** der Tarifbeschäftigten des Erwerberbetriebs im gleichen Umfang

431

wie die tarifliche Wochenarbeitszeit erhöht, begründet dies keinen Anspruch bei den Beschäftigten, deren Arbeitszeit unverändert bleibt (*BAG* 14.3.2007 EzA § 242 BGB 2002 Gleichbehandlung Nr. 12).

432 Voraussetzung für die Anwendbarkeit bei freiwilligen Gehaltserhöhungen ist, dass der **Arbeitgeber dabei nach abstrakten Regeln verfährt**. Im Bereich der Vergütung, also der Hauptleistungspflicht des Arbeitgebers, ist der Gleichbehandlungsgrundsatz trotz des Vorrangs der Vertragsfreiheit anwendbar, wenn der Arbeitgeber die Leistung nach einem **allgemeinen, generalisierenden Prinzip** gewährt (*BAG* 25.5.2004 EzA § 1b BetrAVG Gleichbehandlung Nr. 1; 14.3.2007 EzA § 242 BGB 2002 Gleichbehandlung Nr. 12). Von daher gilt der arbeitsrechtliche Gleichbehandlungsgrundsatz für Gehaltserhöhungen dann, wenn ihnen nicht individuelle Vereinbarungen ohne eine abstrakte Regelhaftigkeit zu Grunde liegen (*BAG* 1.12.2004 EzA § 242 BGB 2002 Gleichbehandlung Nr. 5). Allein die **Begünstigung einzelner Arbeitnehmer** erlaubt in diesem Zusammenhang also noch nicht den Schluss, diese Arbeitnehmer bildeten eine Gruppe. Eine Gruppenbildung liegt vielmehr nur dann vor, wenn die Besserstellung nach einem oder mehreren Kriterien vorgenommen wird, die bei allen Begünstigten vorliegen. Der Gleichbehandlungsgrundsatz kommt deshalb nicht zur Anwendung, wenn es sich um individuell vereinbarte Löhne und Gehälter handelt. Erfolgt die Besserstellung einzelner Arbeitnehmer unabhängig von abstrakten Differenzierungsmerkmalen in Einzelfällen, können sich andere Arbeitnehmer darauf zur Begründung gleichartiger Ansprüche nicht berufen (*BAG* 25.5.2004 EzA § 1b BetrAVG Gleichbehandlung Nr. 1; 29.9.2004 EzA § 242 BGB 2002 Gleichbehandlung Nr. 4). Hat eine Anzahl von außertariflichen Angestellten allerdings eine Gehaltserhöhung erhalten, kann der davon ausgenommene außertarifliche Angestellte vom Arbeitgeber **Auskunft über die dafür verwendeten Regeln verlangen** (*BAG* 1.12.2004 EzA § 242 BGB 2002 Gleichbehandlung Nr. 5 = NZA 2005, 290).

Die Verletzung des arbeitsrechtlichen Gleichbehandlungsgrundsatzes ist **unabhängig** davon, ob der Arbeitgeber **die Gründe** der von ihm vorgenommenen Differenzierung dem Arbeitnehmer – vorprozessual – **mitgeteilt hat**. Eine materiell-rechtliche oder prozessuale Präklusion des Arbeitgebers mit Differenzierungsgründen tritt nicht ein. Ob der Arbeitgeber einen »nachgeschobenen« Differenzierungsgrund nur »vorschiebt« ist keine Frage der Präklusion, sondern der Tatsachenfeststellung (*BAG* 23.2.2011 EzA § 242 BGB 2002 Gleichbehandlung Nr. 24).

433 Der Gleichbehandlungsgrundsatz ist darüber hinaus immer anwendbar, wenn ein Arbeitgeber seine betriebliche Regelungs- und Ordnungsaufgabe eigenständig wahrnimmt. Dies kann dadurch geschehen, dass er mit einem Teil seiner Arbeitnehmer die Anwendbarkeit eines Tarifvertrages und damit die Geltung der sich daraus ergebenden Rechte und Pflichten vereinbart, ohne selbst tarifgebunden zu sein (*BAG* 25.4.1995 EzA § 1 BetrAVG Gleichbehandlung Nr. 8). Andererseits greift der Gleichbehandlungsgrundsatz nur bei einem gestaltenden Verhalten des Arbeitgebers ein; das **schließt einen Anspruch auf »Gleichbehandlung im Irrtum« aus**. Erbringt z. B. der Arbeitgeber in Vollzug einer nur vermeintlich wirksamen Betriebsvereinbarung Leistungen, können sich die nicht begünstigten Arbeitnehmer zur Begründung eigener Leistungsansprüche nicht auf den Gleichbehandlungsgrundsatz berufen. Ein Anspruch der Arbeitnehmer kommt aber dann in Betracht, wenn der Arbeitgeber in Kenntnis der Unwirksamkeit der Betriebsvereinbarung nicht die ihm möglichen und zumutbaren Korrekturmaßnahmen ergreift. Welche Korrekturmaßnahmen möglich und zumutbar sind, richtet sich nach den Umständen des Einzelfalls (*BAG* 26.4.2005 EzA § 87 BetrVG 2001 Betriebliche Lohngestaltung Nr. 6).

434 Ob der Gleichbehandlungsgrundsatz auch **unternehmensbezogen** gilt, hat das *BAG* (30.11.1982 EzA § 242 BGB Gleichbehandlung Nr. 33) zunächst offen gelassen. Inzwischen geht es (*BAG* 17.11.1998 EzA § 242 BGB Gleichbehandlung Nr. 79; 19.6.2001 EzA § 1 BetrAVG Gleichbehandlung Nr. 23; s. *Wiedemann* RdA 2000, 97 ff.; ebenso *LAG Köln* 11.1.2006 – 7 Sa 568/05, EzA-SD 17/2006 S. 9 LS) davon aus, dass die Begründung und Ausprägung des Gleichbehandlungsgrundsatzes durch den allgemeinen Gleichheitssatz (Art. 3 Abs. 1 GG) dafür spricht, seinen Anwendungsbereich nicht auf den Betrieb zu beschränken, sondern **betriebsübergreifend auf das ganze Un-**

**ternehmen** zu erstrecken. Ist die verteilende Entscheidung des Arbeitgebers nicht auf einen einzelnen Betrieb beschränkt, ist die Gleichbehandlung **betriebsübergreifend** zu gewährleisten. Eine unterschiedliche Behandlung der einzelnen Betriebe setzt dann voraus, dass es dafür sachliche Gründe gibt (*BAG* 3.12.2008 EzA § 242 BGB 2002 Gleichbehandlung Nr. 19).

Insoweit gilt im Einzelnen Folgendes (*BAG* 3.12.2008 EzA § 242 BGB 2002 Gleichbehandlung Nr. 19): **435**
- Eine Unterscheidung zwischen den einzelnen Betrieben ist nur zulässig, wenn es hierfür sachliche Gründe gibt. Dabei sind die Besonderheiten des Unternehmens und der Betriebe zu berücksichtigen.
- Der Arbeitgeber darf bei freiwilligen Lohnerhöhungen zwischen den Betrieben nach deren wirtschaftlicher Leistung und dem bereits bestehenden Lohnniveau differenzieren. Sachgerechte Kriterien sind zum Beispiel die Arbeitsanforderungen an die Arbeitnehmer, die Ertragssituation der Betriebe allgemein oder in bestimmter Hinsicht, die Lohnentwicklung in der Vergangenheit und die absolute Lohnhöhe.
- Der Arbeitgeber darf diese und andere vernünftige Gesichtspunkte bis zur Grenze der Willkür selbst einschätzen. Gehören die Betriebe zu unterschiedlichen Branchen oder liegen sie in verschiedenen Tarifgebieten, kommt dem Arbeitgeber ein besonders weiter Beurteilungsspielraum zu.
- Der zugrunde gelegte Zweck und die geltend gemachten Differenzierungsgründe müssen in sich stimmig sein. Die unterschiedliche Behandlung muss dem zugrunde gelegten Zweck entsprechen.
- Beruft sich der Arbeitgeber auf Gesichtspunkte der Wirtschaftlichkeit, hat er ggf. die Gründe für und die Bedeutung von Unterschieden hinsichtlich der Kosten und des Lohnniveaus sowie die Gründe und die Auswirkungen der unterschiedlichen Leistungsanforderungen in den Betrieben konkret darzulegen.

Jedenfalls bei Sozialleistungen kommt zudem eine darüber hinausgehende unternehmensübergreifende Anwendung des Gleichbehandlungsgrundsatzes im **Konzern** allenfalls dann in Betracht, wenn vom herrschenden Unternehmen ausgehend bestimmte Leistungen üblicherweise konzerneinheitlich erbracht werden und ein schützenswertes Vertrauen auf den Fortbestand dieser Übung bei den Begünstigten der Konzernunternehmen entstanden ist (*BAG* 21.11.2006 – 3 AZR 309/05, FA 2007, 324 LS; 25.6.2002 EzA § 16 BetrAVG Nr. 40; s. *Bepler* Sonderbeil. zu NZA Heft 18/2004 S. 3 ff.); der Gleichbehandlungsgrundsatz ist also regelmäßig nicht konzernbezogen (*BAG* 22.8.2006 EzA § 77 BetrVG 2001 Nr. 17; s. a. *LAG Hmb.* 21.5.2008 – 5 Sa 82/07, EzA-SD 2/2009 S. 4 LS: Rückkehrrecht). **436**

Andererseits können in einem von **zwei verschiedenen Unternehmen gemeinsam geführten Betrieb** die Arbeitnehmer dieses Betriebes keine Gleichbehandlung mit den z. B. von einem dieser Unternehmen in einem anderen Betrieb beschäftigten Arbeitnehmer verlangen (*BAG* 19.11.1992 EzA § 242 BGB Gleichbehandlung Nr. 54). Auch dann, wenn ein Arbeitgeber **zwei Niederlassungsbetriebe** (in Bonn und Hamburg) schließt und mit dem für die Hamburger Niederlassung gebildeten Betriebsrat einen Sozialplan abschließt, steht den Arbeitnehmern der betriebsratslosen Niederlassung Bonn nach dem Gleichbehandlungsgrundsatz kein Abfindungsanspruch entsprechend dem Sozialplan zu. Nichts anderes gilt, wenn der Arbeitgeber die **leitenden Angestellten** der Hamburger Niederlassung freiwillig in die Sozialplanregelung einbezieht, und zwar sowohl für die normalen Mitarbeiter als auch für die leitenden Angestellten der Bonner Niederlassung (*LAG Köln* 26.4.2006 LAGE § 242 BGB 2002 Nr. 1a). **437**

Eine Sozialplanregelung, die den **Umzug von schwerbehinderten Menschen** und von Arbeitnehmern, die pflegebedürftige Angehörige betreuen müssen, anders als bei den übrigen Arbeitnehmern für **unzumutbar** erklärt, verstößt nicht gegen den Gleichbehandlungsgrundsatz. Andererseits sind betriebliche Interessen an der Erhaltung der eingearbeiteten Belegschaft oder an Teilen derselben nicht geeignet, Differenzierungen bei der Höhe der Sozialplanabfindungen zu rechtfertigen (*BAG* 6.11.2007 EzA § 112 BetrVG 1972 Nr. 25). **438**

**Kapitel 1** — Grundbegriffe und Grundstrukturen des Arbeitsrechts

**439** Zudem verstößt ein **maßgeblich von der BRD gefördertes Unternehmen**, z. B. eine Großforschungseinrichtung, nicht gegen den arbeitsrechtlichen Gleichbehandlungsgrundsatz, wenn es unabhängig von einer beiderseitigen Tarifbindung das **Tarifrecht des öffentlichen Dienstes** einschließlich der unterschiedlichen Anknüpfungspunkte für die Geltung von BAT und BAT-O anwendet (*BAG* 14.6.2006 EzA § 242 BGB 2002 Gleichbehandlung Nr. 9).

**440** In der Rechtsprechung wird als Voraussetzung für die Anwendbarkeit des Gleichbehandlungsgrundsatz nur gefordert, dass auf Seiten der begünstigten Arbeitnehmer ein kollektiver Tatbestand vorliegen muss (*BAG* 21.10.2009 EzA § 242 BGB 2002 Gleichbehandlung Nr. 21), d. h. auf dieser Seite von Mitarbeitern kann man Gruppen bilden, für die eine begünstigende Regelung seitens des Arbeitgebers besteht; es reicht dann aus, dass auch nur ein einziger Arbeitnehmer auf der anderen Seite benachteiligt ist (*BAG* 11.9.1985 EzA § 242 BGB Gleichbehandlung Nr. 43; s. a. *BAG* 2.8.2006 EzA § 75 BetrVG 2001 Nr. 3; vgl. Rdn. 430).

**441** Allerdings geht das *BAG* (14.6.2006 EzA § 242 BGB 2002 Gleichbehandlung Nr. 9) inzwischen davon aus, dass dann, wenn bei einer sachlich nicht gerechtfertigten Gruppenbildung die **Anzahl der begünstigten Arbeitnehmer im Verhältnis zur Gesamtzahl der betroffenen Arbeitnehmer sehr gering ist**, ein nicht begünstigter Arbeitnehmer keinen Anspruch aus dem Gleichbehandlungsgrundsatz herleiten kann; eine **Angleichung »nach oben«** erfolgt dann nicht. Das ist bei weniger als 5 % besser gestellten Arbeitnehmern anzunehmen; dies gilt nicht nur für freiwillige Leistungen des Arbeitgebers, sondern auch für die Vereinbarung der Arbeitsvergütung (*BAG* 14.6.2006 EzA § 242 BGB 2002 Gleichbehandlung Nr. 9; 13.2.2002 EzA § 242 BGB Gleichbehandlung Nr. 87; *LAG Düsseld.* 26.7.2011 ZTR 2012, 157). Das der Pflicht zur Gleichbehandlung zugrunde liegende Gebot der Verteilungsgerechtigkeit trägt diese Ausweitung nicht, weil in Fällen dieser Art die Freiheit des Arbeitgebers in der Bestimmung des Dotierungsrahmens freiwilliger Leistungen besonders nachhaltig verletzt werden würde und zu unverhältnismäßig hohen weiteren finanziellen Belastungen des Arbeitgebers führte (*BAG* 13.2.2002 EzA § 242 BGB Gleichbehandlung Nr. 87).

**442** Inhaltlich gebietet der Gleichbehandlungsgrundsatz dem Arbeitgeber, bei freiwilligen Leistungen deren Voraussetzungen so abzugrenzen, dass nicht sachwidrig oder willkürlich ein Teil der Arbeitnehmer von den Vergünstigungen ausgeschlossen bleibt (*BAG* 25.5.2004 EzA § 1b BetrAVG Gleichbehandlung Nr. 1; 15.2.2005 EzA § 612a BGB Nr. 2; 2.8.2006 EzA § 75 BetrVG 2001 Nr. 3; s. auch *BAG* 15.4.2008 EzA § 4 TVG Altersteilzeit Nr. 27: **Stichtagsregelungen**; *BAG* 17.3.2010 EzA § 242 BGB 2002 Gleichbehandlung Nr. 22; 15.11.2011 – 9 AZR 387/10, EzA-SD 2/2012 S. 15 LS = NZA 2012, 218). Eine Ungleichbehandlung ist dann mit dem arbeitsrechtlichen Gleichbehandlungsgrundsatz vereinbar, wenn dafür ein **sachlicher Grund** vorliegt, wobei insbes. auf den **Zweck der Leistung oder den Zweck des Vertragsverhältnisses** abgestellt werden kann (*BAG* 11.10.2006 EzA § 242 BGB 2002 Gleichbehandlung Nr. 11; 14.8.2007 EzA § 611a BGB 2002 Nr. 5). Er **verpflichtet** den Arbeitgeber andererseits aber **nicht**, anderweitig aufgestellte Regeln, die er anzuwenden hat, über ihren Geltungsbereich hinaus zu erweitern und **eine insgesamt »gerechte Ordnung« zu schaffen** (*BAG* 15.6.2004 NZA 2004, 1407 LS).

**443** Der Arbeitgeber ist nicht gehindert, einzelnen Arbeitnehmern neben einer Abfindung aus einem Sozialplan eine weitere Abfindung zu zahlen, wenn sich ein vernünftiger, aus der **Natur der Sache sich ergebender oder sachlich einleuchtender Grund** für eine Differenzierung finden lässt, z. B. die Vermeidung von Kündigungsschutzprozessen durch Zahlung einer zusätzlichen Abfindung für den Abschluss von Aufhebungsverträgen (*BAG* 18.5.2010 EzA § 112 BetrVG 2001 Nr. 37: freiwillige Betriebsvereinbarung). Gleiches gilt, wenn der Arbeitgeber (oder der Insolvenzverwalter in einem masseamen Verfahren; vgl. *LAG Nbg.* 19.10.2005 NZA-RR 2006, 261) nach einem einseitig aufgestellten Leistungsplan **freiwillig Abfindungen** an Arbeitnehmer zahlt, deren Arbeitsverhältnis er betriebsbedingt gekündigt hat. Zwar ist er insoweit grds. an den Gleichbehandlungsgrundsatz gebunden. Dieser ist aber nicht verletzt, wenn er solche Arbeitnehmer von der Abfindung ausnimmt, **die gegen die Kündigung gerichtliche Schritte unternehmen**. Das Interesse des Arbeitgebers an **Planungssicherheit und Vermeidung des mit einer gerichtlichen Auseinandersetzung verbundenen**

Aufwandes an Sach- und Personalkosten ist nämlich ein sachlicher Grund zur unterschiedlichen Behandlung der Arbeitnehmer (*BAG* 15.2.2005 EzA § 612a BGB Nr. 2,; s. *Thüsing/Wege* DB 2005, 2634 ff.; zu einer derartigen »Turboprämie« *BAG* 3.5.2006 EzA § 612a BGB 2002 Nr. 3; 6.12.2006 EzA § 612a BGB 2002 Nr. 5).

Es verstößt auch nicht gegen den Gleichbehandlungsgrundsatz, wenn eine zur **Durchführung eines** **Sozialplans** infolge Betriebsänderung abgeschlossene Betriebsvereinbarung eine **höhere Abfindung** nur zugunsten der Arbeitnehmer regelt, die **tatsächlich von einer Betriebsänderung betroffen** sind. Nichts anderes gilt, wenn die Betriebsparteien nur die Arbeitnehmer in den Geltungsbereich eines Sozialplans einbeziehen, die zum **Zeitpunkt seines Inkrafttretens in einem Arbeitsverhältnis** zum Arbeitgeber **stehen** (*BAG* 14.12.2010 EzA § 112 BetrVG 2001 Nr. 39), denn bei der gebotenen **typisierenden Betrachtungsweise** dürfen die Betriebsparteien beim Abschluss eines Sozialplans davon ausgehen, dass Arbeitnehmer, die auf **eigene Veranlassung** das Arbeitsverhältnis beenden, bevor das Ausmaß einer sie treffenden Betriebsänderung genau absehbar und der Umfang der daran knüpfenden wirtschaftlichen Nachteile prognostizierbar ist, **keinen** oder nur einen **geringen Ausgleichsbedarf** haben. Vereinbaren die Parteien dann in einem **gerichtlichen Vergleich** nach einer vorangegangenen ordentlichen Kündigung durch den Arbeitgeber und einer sich daran anschließenden außerordentlichen Kündigung durch den Arbeitnehmer, dass das Arbeitsverhältnis zu dem Termin der außerordentlichen Kündigung auf Veranlassung des Arbeitnehmers geendet hat, kann dieser i. d. R. später nicht mit Erfolg geltend machen, er sei in Bezug auf Sozialplanabfindungen mit Arbeitnehmern gleichzubehandeln, deren Arbeitsverhältnis durch den Arbeitgeber gekündigt worden ist (*BAG* 1.2.2011 – 1 AZR 417/09, EzA-SD 11/2011 S. 13 LS). 444

Sieht ein Sozialplan vor, dass Arbeitnehmer erst ab dem 40. Lebensjahr die volle Abfindung erhalten, vom 30. bis zum 39. Lebensjahr dagegen nur 90 % und bis zum 29. Lebensjahr nur 80 %, werden dadurch jüngere Arbeitnehmer i. d. R. nicht unzulässig wegen ihres Lebensalters benachteiligt (*BAG* 12.4.2011 EzA § 112 BetrVG 2001 Nr. 44). Nichts anderes gilt, wenn die Arbeitnehmer zusätzlich zu der sich nach der Dauer der Betriebszugehörigkeit und dem Arbeitsverdienst errechnenden Grundabfindung mit dem Erreichen des 45. und des 50. Lebensjahres der Höhe nach gestaffelte Alterszuschläge erhalten (*BAG* 12.4.2011 NZA 2011, 985). 444a

Arbeitnehmer können auch von Sozialplanleistungen ausgenommen werden, wenn sie wegen des Bezugs einer befristeten vollen Erwerbsminderungsrente nicht beschäftigt sind und mit der Wiederherstellung ihrer Arbeitsfähigkeit auch nicht zu rechnen ist (*BAG* 7.6.2011 EzA § 112 BetrVG 2001 Nr. 45. 444b

Werden zudem in einem Interessenausgleich mit dem Ziel des Personalabbaus **Altersteilzeitarbeitsverträge** angeboten, so können für die Arbeitnehmer, die davon Gebrauch machen, besondere Anreize gewährt werden. Deshalb ist es nicht zu beanstanden, wenn die Arbeitnehmer, die sich bereits vor der geplanten Betriebsänderung in Altersteilzeitarbeitsverhältnissen befanden, von den besonderen Leistungen ausgeschlossen sind (*BAG* 15.4.2008 – 9 AZR 26/07, NZA-RR 2008, 580). 444c

Schließt der Arbeitgeber mit Arbeitnehmern **Altersteilzeitarbeitsverträge**, obwohl er wegen Überschreitens der Überlastquote hierzu tariflich **nicht verpflichtet** ist, erbringt er eine **freiwillige Leistung** und hat deshalb bei der Entscheidung über den Antrag eines Arbeitnehmers auf Abschluss eines Altersteilzeitarbeitsvertrags den arbeitsrechtlichen Gleichbehandlungsgrundsatz zu beachten (*BAG* 18.10.2011 – 9 AZR 225/10, EzA-SD 2/2012 S. 15 LS; 15.11.2011 – 9 AZR 387/10, EzA-SD 2/2012 S. 15 LS = NZA 2012, 218). In einem solchen Fall ist die Entscheidung des Arbeitgebers, lediglich Altersteilzeit im **Teilzeitmodell**, nicht aber Altersteilzeit im Blockmodell anzubieten, **nicht zu beanstanden**. Die lediglich im Blockmodell bestehenden Verpflichtungen, finanzielle Rückstellungen zu bilden und das von dem Arbeitnehmer in der Arbeitsphase angesparte Wertguthaben gegen Insolvenz zu sichern, rechtfertigen es, Arbeitnehmer, die ausschließlich Altersteilzeit im Blockmodell leisten wollen, von der Gewährung von Altersteilzeit auszunehmen (*BAG* 18.10.2011 – 9 AZR 225/10, EzA-SD 2/2012 S. 15 LS). 444d

**444e** Nichts anderes gilt dann, wenn der Arbeitgeber einen **Stichtag** benennt, ab dem er weitere Abschlüsse von Altersteilzeitarbeitsverträgen ablehnen will. Der Arbeitgeber kann sich für die Wahl des Zeitpunkts darauf berufen, die Rücklagen, die er zum Zweck der Absicherung der aus der Altersteilzeit erwachsenden finanziellen Belastungen gebildet hat, seien verbraucht (*BAG* 15.11.2011 – 9 AZR 387/10, EzA-SD 2/2012 S. 15 LS = NZA 2012, 218).

**445** Die unter Rdn. 444 dargestellten Grundsätze gelten auch für Zahlungen auf Grund einer freiwilligen Betriebsvereinbarung, denn die Zulässigkeit derartiger Regelungen entspricht der in § 1a KSchG zum Ausdruck kommenden gesetzgeberischen Wertung. Allerdings darf insgesamt **nicht das Verbot umgangen werden, Sozialplanleistungen vom Verzicht des Arbeitnehmers auf die Erhebung der Kündigungsschutzklage abhängig zu machen**. Ob eine Umgehung vorliegt, hängt von dem Umständen des Einzelfalls ab (*BAG* 31.5.2005 NZA 2005, 997; s. *Riesenhuber* NZA 2005, 1100 ff.). Die Betriebsparteien sind aus Gründen der praktikablen Durchführung einer Sozialplanregelung auch befugt, die Zahlung eines Abfindungszuschlages für **unterhaltsberechtigte Kinder** davon abhängig zu machen, dass diese auf der Lohnsteuerkarte eingetragen sind (*LAG Bra.* 8.5.2002 NZA-RR 2003, 424).

**446** Ist maßgeblicher Faktor für die Berechnung einer Sozialplanabfindung die Beschäftigungsdauer, können die Betriebsparteien einer daraus resultierenden überproportionalen Begünstigung langjährig Beschäftigter durch eine **Begrenzung der Abfindungshöhe** entgegenwirken. Das dient dem Zweck, allen von einem Arbeitsplatzverlust betroffenen Arbeitnehmern eine verteilungsgerechte Abmilderung der sie voraussichtlich treffenden wirtschaftlichen Nachteile zukommen zu lassen. Einer solchen Kappungsgrenze liegt die Einschätzung der Betriebsparteien zugrunde, dass die wirtschaftlichen Nachteile der davon betroffenen Arbeitnehmer bei typisierender Betrachtungsweise noch angemessen ausgeglichen oder jedenfalls substantiell abgemildert sind; diese Gruppenbildung ist mit dem betriebsverfassungsrechtlichen Gleichbehandlungsgrundsatz vereinbar (*BAG* 21.7.2009 § 112 BetrVG 2001 Nr. 32).

**447** Unterscheidungsmerkmale für eine Gruppenbildung werden grds. nur berücksichtigt, soweit sie den Arbeitnehmern erkennbar waren, oder rechtzeitig, nämlich alsbald, nachdem der Arbeitnehmer sich auf eine Verletzung des Gleichbehandlungsgrundsatzes berufen hat, offengelegt worden sind (*BAG* 3.7.2003 EzA § 2 KSchG Nr. 49). So können z. B. Arbeitnehmer, deren Arbeitsverhältnis vor einer Betriebsänderung aufgelöst worden ist, in dem über die Betriebsänderung abgeschlossenen Interessenausgleich und Sozialplan ausgenommen und insbes. vom Bezug einer »**Produktivitätsprämie**«, die für die tatsächliche Erbringung der Arbeitsleistung bis zum Kündigungstermin versprochen wird, **ausgeschlossen werden**, ohne dass darin eine Verletzung des Gleichbehandlungsgrundsatzes liegt (*LAG Düsseld.* 7.1.2004 LAG Report 2004, 148).

**448** Der Gleichbehandlungsgrundsatz findet auch Anwendung bei der **Ausübung des Direktionsrechts** (z. B. bei der Anordnung von Torkontrollen, bei der Zuweisung von Nachtarbeit), in dem er das Gestaltungsrecht des Arbeitgebers zur Bestimmung der Arbeitspflicht begrenzt.

**449** Abgesehen von einem Verstoß gegen § 611a BGB begründet er **kein selbstständiges Kündigungsverbot**, d. h. die Unwirksamkeit einer Kündigung kann nicht unmittelbar aus einer Verletzung des Gleichbehandlungsgrundsatzes hergeleitet werden (*BAG* 22.2.1979 EzA § 103 BetrVG 1972 Nr. 23). Zu beachten ist er aber im Rahmen der Überprüfung der Kündigungsvoraussetzungen, z. B. bei der Beurteilung des Fehlverhaltens eines Arbeitnehmers (§ 1 KSchG). Besteht dagegen kein Kündigungsschutz (§§ 1, 23 Abs. 1 KSchG), kommt die Unwirksamkeit einer Kündigung allenfalls nach § 138 BGB ausnahmsweise dann in Betracht, wenn sich die Ungleichbehandlung als Diskriminierung darstellt, die gegen die guten Sitten verstößt.

**450** Zu beachten ist, dass der Grundsatz der Vertragsfreiheit den Vorrang vor dem Gleichbehandlungsgrundsatz hat. Ein Arbeitnehmer kann sich mit einer bestimmten ihn benachteiligenden ungleichen Behandlung einverstanden erklären, so z. B. ein neu eingestellter Arbeitnehmer mit dem Ausschluss von bislang an alle Arbeitnehmer gewährten Sonderleistungen des Arbeitgebers (*BAG* 29.9.2004 EzA § 242 BGB 2002 Gleichbehandlung Nr. 4; 25.5.2004 EzA § 1b BetrAVG

## G. Rechtsquellen des Arbeitsrechts
## Kapitel 1

Gleichbehandlung Nr. 1; 1.12.2004 EzA § 242 BGB 2002 Gleichbehandlung Nr. 5; s. Rdn. 430). Es muss sich aber um **individuell vereinbarte Löhne und Gehälter** handeln (*BAG* 19.8.1992 EzA § 242 BGB Gleichbehandlung Nr. 52; 27.1.1999 ZTR 1999, 379 LS). Zur Anwendung des Gleichbehandlungsgrundsatzes genügt es insoweit nicht, dass der Arbeitgeber in Einzelfällen von der von ihm selbst gesetzten generalisierenden Regel abgewichen ist. Die tatsächlichen Umstände müssen vielmehr ergeben, dass er diese Regel verlassen und durch eine **neue (gleichheitswidrige) Regel ersetzt hatte** (*BAG* 21.3.2002 EzA § 242 BGB Gleichbehandlung Nr. 88). Andererseits ist der Gleichbehandlungsgrundsatz im Bereich der Arbeitsvergütung trotz des Vorrangs der Vertragsfreiheit dann anwendbar, wenn Arbeitsentgelte durch eine **betriebliche Einheitsregelung** generell angehoben werden (*BAG* 17.3.2010 EzA § 242 BGB 2002 Gleichbehandlung Nr. 22).

§ 4 TzBfG erweitert und konkretisiert den Gleichbehandlungsgrundsatz; diese Regelung ist sowohl auf vertragliche Vereinbarungen als auch auf die Ausübung des Direktionsrechts anwendbar. Der Arbeitgeber darf einen teilzeitbeschäftigten Arbeitnehmer nicht wegen der Teilzeitarbeit gegenüber vollbeschäftigten Arbeitnehmern desselben Betriebes unterschiedlich behandeln, es sei denn, dass sachliche Gründe eine unterschiedliche Behandlung rechtfertigen (*BAG* 28.7.1992 EzA § 1 BetrAVG Gleichbehandlung Nr. 2; s. a. *ArbG Göttingen* 20.3.2002 EzA-SD 15/2002, S. 9 LS). § 4 TzBfG schafft insoweit keine neue Rechtslage. Sie kodifiziert lediglich die zu § 2 BeschFG 1985 ergangene Rechtsprechung des BAG zur Vergütung Teilzeitbeschäftigter entsprechend der Vergütung eines Vollzeitbeschäftigten. Das Gebot der **Gleichbehandlung teilzeit- und vollzeitbeschäftigter Arbeitnehmer** nach § 4 Abs. 1 TzBfG gilt sowohl für einseitige Maßnahmen als auch für vertragliche Vereinbarungen. Es konkretisiert den allgemeinen Gleichheitsgrundsatz des Art. 3 Abs. 1 GG, der auch von untergesetzlichen Normgebern zu beachten ist; geeignete Gründe, die eine Ungleichbehandlung wegen Teilzeit rechtfertigen können, sind vom Arbeitgeber darzulegen (*BAG* 16.1.2003 – 6 AZR 222/01, NZA 2003, 972). 451

Zu beachten ist insoweit bei § 4 Abs. 1 TzBfG, dass § 22 TzBfG ausdrücklich keine Möglichkeit einer Abweichung davon vorsieht. 452

Ein sachlicher Grund für eine Ungleichbehandlung zwischen Teilzeit- und Vollzeitbeschäftigten liegt nur dann vor, wenn sie einem wirklichen Bedürfnis des Unternehmens dient, für die Erreichung der unternehmerischen Ziele geeignet und nach den Grundsätzen der Verhältnismäßigkeit erforderlich ist (*BAG* 14.3.1989 EzA § 1 BetrAVG Gleichberechtigung Nr. 4). Das *LAG Köln* (3.9.1997 – 2 (4) Sa 348/97) hat angenommen, dass § 4 Abs. 1 TzBfG dann **nicht anwendbar** ist, wenn der Arbeitgeber nur **einen einzigen Arbeitnehmer** mit der von einem Teilzeitbeschäftigten anteilig in Anspruch genommenen **besseren Vergütung** beschäftigt. Selbst wenn sich der Arbeitgeber bei der Bezahlung dieses einzigen Angestellten, ohne dazu rechtlich verpflichtet zu sein, an ein allgemeines Vergütungssystem, z. B. an einen Tarifvertrag, anlehnt und die Vergütung damit nach einem generalisierenden Prinzip bemisst, kann danach daraus keine Verpflichtung hergeleitet werden, einem Teilzeitbeschäftigten eine entsprechende Vergütung anteilig zu gewähren. 453

Zu beachten ist, dass der Gleichbehandlungsgrundsatz den Träger eines Ordnungs- und Regelungsbereiches nur in dessen eigenem **Zuständigkeitsbereich** bindet. Er enthält daher kein Gebot zur einheitlichen Behandlung von Arbeitnehmergruppen in unterschiedlichen Organisations- und Regelungsbereichen. Deshalb verstößt z. B. die unterschiedliche Eingruppierung von Lehrkräften an Fachhochschulen nach einem Eingruppierungserlass (zuständig ist das jeweilige Bundesland) und von wissenschaftlichen Mitarbeitern in Forschung und Lehre nach der Vergütungsordnung zum BAT (zuständig sind die Tarifvertragsparteien) nicht gegen den arbeitsrechtlichen Gleichbehandlungsgrundsatz (*BAG* 3.12.1997 EzA § 242 BGB Gleichbehandlung Nr. 73). Begünstigt andererseits eine Dienst- oder Betriebsvereinbarung über das **vorzeitige Ausscheiden von Arbeitnehmern aus dem aktiven Dienst** rückwirkend auch solche Arbeitnehmer, die unter der Geltung einer früheren »schlechteren« Dienst- oder Betriebsvereinbarung eine Beurlaubungsvereinbarung geschlossen 454 haben, sofern der Beurlaubungsbeginn nach einem festgelegten Stichtag liegt, ist diese Gruppenbildung am Gleichbehandlungsgrundsatz zu messen (*BAG* 23.11.2004 EzA § 75 BetrVG 2001 Nr. 1).

*b) Beispiele*

*aa) Lohngleichheit*

455 ▶ **Beispiele Lohngleichheit:**
- Möglich ist es, einer Gruppe von Arbeitnehmern ein **höheres Arbeitsentgelt** zu zahlen als anderen Arbeitnehmern, die die gleichen tariflichen Eingruppierungsmerkmale erfüllen, wenn andernfalls die Arbeitsplätze der begünstigten Gruppe nicht besetzt werden können (*BAG* 23.8.1995 EzA § 242 BGB Gleichbehandlung Nr. 69). Der sachliche rechtfertigende Grund liegt dann nicht in objektivierbaren Unterschieden der Arbeitsleistungen, sondern in der **Durchsetzungsfähigkeit** der Arbeitnehmer. Der Arbeitgeber kann dann wegen der allgemeinen Schwierigkeit, geeignete Arbeitnehmer zu finden oder zu halten, der ganzen Gruppe ein höheres Arbeitsentgelt zahlen, wenn die Bildung der Gruppe nach **sachlichen** und zutreffenden **Kriterien** erfolgt. Dazu genügt es nicht, dass nur einzelne Arbeitnehmer Druck ausgeübt haben. Erforderlich ist, dass der Arbeitgeber aus erkennbarem Verhalten einer Arbeitnehmergruppe schließen durfte und geschlossen hat, er könne den **vorhandenen Schwierigkeiten** durch eine generelle Entgeltverbesserung für die dieser Gruppe angehörenden Arbeitnehmer **begegnen** (*BAG* 23.8.1995 EzA § 242 BGB Gleichbehandlung Nr. 69; s. a. *BAG* 29.4.2004 – 6 AZR 194/03 – ZTR 2005, 40; *LAG Nds.* 7.7.2006 NZA-RR 2006, 669).
- Es verstößt gegen den Gleichbehandlungsgrundsatz, wenn der Arbeitgeber sich darauf beschränkt, durch eine verzögerte Umsetzung einer tarifvertraglichen Arbeitszeitverlängerung entstandene **Minuszeiten** lediglich mit vorhandenen **Arbeitszeitguthaben** der Arbeitnehmer und damit **in unterschiedlicher Höhe zu verrechnen** (*LAG Bln.-Bra.* 4.3.2011 LAGE § 242 BGB 2002 Gleichbehandlung Nr. 9).
- Besteht ein **Mangel an Pflegekräften** und zahlt ein Arbeitgeber deshalb in Anlehnung an die tarifliche Regelung über eine Pflegezulage eine **übertarifliche Zulage** in entsprechender Höhe, um Pflegekräfte zu gewinnen oder dem Betrieb zu erhalten (Arbeitsmarktzulage), so ist er nicht nach dem Gleichbehandlungsgrundsatz verpflichtet, neu einzustellenden Pflegekräften diese Zulage zu gewähren, wenn nach seiner sachlich begründeten Prognose ein Mangel an Pflegekräften nicht mehr besteht (*BAG* 21.3.2001 EzA § 242 BGB Gleichbehandlung Nr. 84).
- Lehnt der Arbeitnehmer eine ihm vom Arbeitgeber angetragene Änderung des Arbeitsvertrags ab, folgt aus dem arbeitsrechtlichen Gleichbehandlungsgrundsatz kein Anspruch des Arbeitnehmers auf Gewährung der Vorteile, die der Arbeitgeber **anderen Arbeitnehmern** vertraglich schuldet, die ein entsprechendes **Änderungsangebot angenommen haben** (*BAG* 14.12.2011 EzA § 242 BGB 2002 Gleichbehandlung Nr. 27). Nichts anderes gilt folglich auch dann, wenn der Arbeitgeber eine Lohnerhöhung, die Bestandteil eines Änderungsangebots an alle Arbeitnehmer war, nur an die Arbeitnehmer zahlt, die das **Änderungsangebot angenommen** haben. Denn der Zweck der Leistung – teilweise Kompensation verlängerter Wochenarbeitszeiten ohne Lohnausgleich – rechtfertigt dieses Vorgehen; auch ein Verstoß gegen § 612a BGB liegt nicht vor (*LAG Nds.* 20.6.2008 LAGE § 612a BGB 2002 Nr. 4). Eine Ungleichbehandlung kann dann nur vorliegen, wenn entweder vor der Entgelterhöhung Gehaltsunterschiede nicht bestanden oder nach der Entgelterhöhung zuvor bestehende Unterschiede nicht nur ausgeglichen, sondern überkompensiert werden (*BAG* 17.3.2010 EzA § 242 BGB 2002 Gleichbehandlung Nr. 22). Ein sachlicher Grund für die Differenzierung bei freiwilligen Lohnerhöhungen liegt zwar nicht ohne weiteres in der Angleichung unterschiedlicher Vergütungen im Betrieb oder Unternehmen, vielmehr kommt es darauf an, aus welchen Gründen unterschiedliche Vergütungen vorliegen und welche materielle Rechtfertigung den Vergütungsunterschieden (noch) zugrunde liegt. Sachlich berechtigt ist aber der Ausgleich einer Lohnabsenkung, die der Arbeitgeber aus wirtschaftlichen Gründen bei einem Teil seiner Arbeitnehmer durchgesetzt hatte. Die Einkommenslage dieser Arbeitnehmer muss der früheren Situation wieder näherkommen. Die Benachteiligung des Arbeitnehmers, der die Schlechterstellung nicht akzeptiert

hatte und nun von der Lohnerhöhung ausgenommen wird, ist bei einer freiwilligen Lohnerhöhung nicht in der zulässigen Ausübung von Rechten begründet (§ 612a BGB), wenn der maßgebliche Grund für die Benachteiligung nicht darin liegt, dass der Arbeitnehmer eine auf Vergütungsminderung zielende Vertragsänderung abgelehnt hat, sondern darin, dass im Zusammenhang mit der Ablehnung ein unterschiedliches Vergütungsniveau im Betrieb entstanden ist (*BAG* 15.7.2009 EzA § 242 BGB 2002 Gleichbehandlung Nr. 20; 17.3.2010 EzA § 242 BGB 2002 Gleichbehandlung Nr. 22 = NZA 2010, 696; 13.4.2011 EzA § 242 BGB 2002 Gleichbehandlung Nr. 25; s. *Hromadka/Schmitt-Rolfes* DB 2010, 224 ff.). Allerdings darf eine auf den Ausgleich schlechterer Arbeitsbedingungen gerichtete Sonderzahlung **nicht zu einer Überkompensation** führen. Im Umfang der Überkompensation besteht kein sachlicher Grund, der anderen Gruppe diese Leistung vorzuenthalten. Allerdings hat der Arbeitgeber bei der insoweit notwendigen Würdigung einen **Beurteilungsspielraum**. Soll eine Sonderzahlung als Ausgleich nur dann geleistet werden, wenn **bestimmte Unternehmensziele** erreicht werden, so wird damit kein zusätzlicher Leistungszweck begründet, bei dessen Eintritt auch die Mitarbeiter einen Anspruch auf die Sonderzahlung haben, die den schlechteren Arbeitsbedingungen nicht zugestimmt haben (*BAG* 13.4.2011 EzA § 242 BGB 2002 Gleichbehandlung Nr. 25).

- Insgesamt wird der arbeitsrechtliche Gleichbehandlungsgrundsatz nicht allein dadurch verletzt, dass der Arbeitgeber ein **Vergütungssystem mit unterschiedlichen Komponenten** und Faktoren einführt und für einzelne Arbeitnehmergruppen unter bestimmten Voraussetzungen zusätzliche Leistungen – auch abhängig von seiner **wirtschaftlichen Leistungsfähigkeit** – gewährt, um bestehende erhebliche Vergütungsunterschiede abzumildern oder auszugleichen (*BAG* 12.10.2011 EzA § 611 BGB 2002 Gratifikation, Prämie Nr. 29).
- Nichts anderes gilt dann, wenn der Arbeitgeber den Arbeitnehmern, die wöchentlich zwei Stunden ohne Lohnausgleich mehr arbeiten, eine höhere Lohnerhöhung gewährt als den Arbeitnehmern, die dazu nicht bereit waren, solange dadurch keine Besserstellung der Arbeitnehmer erfolgt, die ohne Lohnausgleich länger arbeiten; in diesem Fall liegt auch kein Verstoß gegen § 612a BGB vor (*LAG München* 18.12.2008 LAGE § 242 BGB 2002 Gleichbehandlung Nr. 6).
- Grundsätzlich verhält es sich ebenso, wenn ein Arbeitgeber bei einer Sonderzahlung unterschiedliche Arbeitsbedingungen von Arbeitnehmern berücksichtigt und bezweckt, mit der Sonderzahlung eine geringere laufende Vergütung einer Gruppe von Arbeitnehmern teilweise oder vollständig auszugleichen; er verstößt er nicht gegen den arbeitsrechtlichen Grundsatz der Gleichbehandlung und das Maßregelungsverbot des § 612a BGB, wenn er der Gruppe von Arbeitnehmern die Sonderzahlung vorenthält, die nicht bereit war, im Rahmen eines Standortsicherungskonzepts Änderungsverträge mit für sie ungünstigeren Arbeitsbedingungen abzuschließen. Erschöpft sich der Zweck einer Sonderzahlung allerdings nicht in einer Kompensation geringerer laufender Arbeitsvergütung, sondern verfolgt der Arbeitgeber mit dieser Leistung nach den von ihm festgesetzten Anspruchsvoraussetzungen noch andere Ziele, wie z. B. die Honorierung vergangener und künftiger Betriebstreue, ist es sachlich nicht gerechtfertigt, die Gruppe von Arbeitnehmern von der Sonderzahlung auszunehmen, die Änderungsangebote des Arbeitgebers mit für sie ungünstigeren Arbeitsbedingungen abgelehnt hatte (*BAG* 5.8.2009 EzA § 612a BGB 2002 Nr. 6; s. *Grau/Sittard* NZA 2009, 1396 ff.).
- Gewährt der Arbeitgeber neben der Entgelterhöhung als weitere Leistung einen geldwerten Vorteil – wie z. B. einen **Personalrabatt** –, der nicht im Zusammenhang mit unterschiedlichen Vergütungssystemen im Betrieb steht und wird erst dadurch ein von der begünstigten Arbeitnehmergruppe in der Vergangenheit hingenommener Gehaltsverzicht überkompensiert, haben die Arbeitnehmer der Gruppe, denen die weitere Leistung vorenthalten wird, ggf. Anspruch auf diese weitere Leistung, nicht aber auf die Gehaltserhöhung (*BAG* 17.3.2010 EzA § 242 BGB 2002 Gleichbehandlung Nr. 22).
- Zahlt der Arbeitgeber den Arbeitnehmern, die er von einem **verbundenen Unternehmen übernommen** hat, eine niedrigere Vergütung als den übrigen Arbeitnehmern, kann diese Ungleich-

behandlung sachlich gerechtfertigt sein, wenn die übernommenen Arbeitnehmer anlässlich des Ausscheidens bei dem verbundenen Unternehmen eine **Abfindung** erhalten haben (*BAG* 26.9.2007 EzA § 305c BGB 2002 Nr. 13).
- Gewährt der Arbeitgeber Arbeitnehmern, die bei Beginn des **Altersteilzeitverhältnisses** das 55. Lebensjahr vollendet haben, für die nach der Altersteilzeit eintretende Beendigung des Arbeitsverhältnisses ein halbes Jahresgehalt Abfindung, während er Altersteilzeitarbeitnehmern mit vollendetem 56. Lebensjahr unabhängig von der Gesamtdauer des Arbeitsverhältnisses ein volles Jahresgehalt zahlt, bedarf das der sachlichen Rechtfertigung. Die infolge des höheren Lebensalters eintretende Verkürzung der Dauer der Altersteilzeitarbeit allein rechtfertigt noch nicht die Verdoppelung des Abfindungsbetrages für die ein Jahr älteren Arbeitnehmer (*BAG* 18.9.2007 EzA § 242 BGB Gleichbehandlung Nr. 15).
- Die auf den Zeitpunkt der Weisung zu weiteren Strukturveränderungen **rückwirkende Verbesserung tariflicher Leistungen** im Zusammenhang mit dem freiwilligen Ausscheiden der Angehörigen des Zivilpersonals der Bundeswehr widerspricht nicht dem Gleichbehandlungsgrundsatz. Arbeitnehmer, die vor diesem Zeitpunkt ausgeschieden sind, haben keinen Anspruch auf die erhöhte Ausgleichszahlung (*BAG* 12.12.2007 EzA § 242 BGB 2002 Gleichbehandlung Nr. 16).
- Bietet ein Arbeitgeber allen Arbeitnehmern einen neuen sog. **Standardarbeitsvertrag** mit teilweise geänderten Vertragsbedingungen an, so kann ein Arbeitnehmer, der dieses Angebot ablehnt, unter Berufung auf den Gleichbehandlungsgrundsatz **nicht die Gewährung einzelner**, für ihn **vorteilhafter Bestimmungen** des Vertrages **verlangen**. Eine Differenzierung zwischen Arbeitnehmern, die den neuen Arbeitsvertrag vereinbart und solchen, die am bisherigen Arbeitsvertrag festgehalten haben, ist sachgerecht (*LAG Köln* 13.9.2006 NZA-RR 2007, 182).
- Der **sozialrechtliche Charakter** eines Arbeitsverhältnisses, in das ein **Hilfesuchender** durch den Sozialhilfeträger i. S. d. Verschaffung einer Arbeitsgelegenheit zu zusätzlicher und gemeinnütziger Arbeit nach § 19 Abs. 2 BSHG vermittelt worden ist, rechtfertigt eine unterschiedliche Vergütung gegenüber dem Stammpersonal, das nach BAT-KF vergütet wird (*BAG* 11.10.2006 EzA § 242 BGB 2002 Gleichbehandlung Nr. 11).
- Ein Unternehmer, der durch Verschmelzung mehrerer Betriebe einen neuen **einheitlichen Betrieb** schafft, verletzt nicht den Gleichbehandlungsgrundsatz, wenn er nach der Verschmelzung bei der Führung des Betriebes die **Differenzierung der Arbeitsbedingungen** nach dem jeweils erreichten Besitzstand der aus den ursprünglichen Einzelbetrieben übernommenen Belegschaftsgruppen **beibehält** und vergleichbare Arbeitnehmer deshalb z. B. unterschiedlich hoch vergütet. Insoweit handelt es sich um einen sachlichen Differenzierungsgrund für die Ungleichbehandlung; der Arbeitgeber vollzieht nur sich aus § 613a BGB ergebende Rechtsfolgen und trifft keine eigenständige Regelung (*BAG* 31.8.2005 EzA § 242 BGB 2002 Nr. 7).
- Gleiches gilt dann, wenn der tarifgebundene Arbeitgeber tarifliche Leistungen nur den Mitgliedern der tarifabschließenden Gewerkschaft, nicht aber den sog. **Außenseitern** zahlt (*BAG* 20.7.1960 AP Nr. 7 zu § 4 TVG; a. A. *Wiedemann* RdA 1969, 333).
- Vereinbart der Arbeitgeber nach der Kündigung eines Vergütungstarifvertrags mit allen **neu eingestellten Arbeitnehmern eine geringere als die tarifliche Vergütung**, haben diese keinen individuellen Anspruch auf Gleichbehandlung mit den kraft Nachwirkung weiterhin Tarifunterworfenen (*BAG* 11.6.2002 EzA § 87 BetrVG 1972 Betriebliche Lohngestaltung Nr. 76).
- Es verstößt auch nicht gegen den Gleichbehandlungsgrundsatz, wenn der Arbeitgeber auf sachgerecht gebildete Gruppen von Arbeitnehmern **unterschiedliche Vergütungsgrundsätze** anwendet (*BAG* 20.11.1996 EzA § 612 BGB Nr. 19).
- Es verstößt nicht gegen den Gleichbehandlungsgrundsatz, wenn der Arbeitgeber am Jahresende lediglich den Mitarbeitern eine **freiwillige Gratifikationszahlung** gewährt, die Monate zuvor untertarifliche Arbeitsbedingungen akzeptiert haben. Der Arbeitgeber darf die **Betriebstreue dieser Mitarbeiter besonders fördern** und mit der Sonderzahlung einen teilweisen Ausgleich der entstandenen unterschiedlichen Arbeitsbedingungen herbeiführen (*LAG Nbg.* 12.3.2008 – 4 Sa 172/07, NZA-RR 2009, 13 LS).

- Gewährt der Arbeitgeber Arbeitnehmern einen **zusätzlichen Bonus**, wenn sie in einem bestimmten Zeitraum auf der Grundlage eines bestehenden Arbeitsverhältnisses am Aufbau des Unternehmens mitarbeiten, so kann er davon nicht die Arbeitnehmer ausnehmen, die später auf Grund eines Teilbetriebsübergangs zu einem anderen Arbeitgeber wechseln (*LAG Düsseld.* 15.12.2005 LAGE § 242 BGB 2002 Gleichbehandlung Nr. 2).
- Es widerspricht dem Gleichbehandlungsgrundsatz, wenn ein Arbeitgeber eine **Sonderzahlung**, deren Höhe in hohem Maße durch **Krankheitstage** bestimmt wird und die im Hinblick auf Rückzahlungsklauseln im Falle eines Ausscheidens im Folgejahr zur Betriebstreue anreizen soll, nur solchen Arbeitnehmern gewährt, die neue, verschlechternde Arbeitsbedingungen akzeptiert haben, die sich zudem im Anspruchsjahr vergütungsmäßig nicht auswirken (*BAG* 30.7.2008 EzA § 242 BGB 2002 Gleichbehandlung Nr. 17).
- Nimmt der Arbeitgeber bei außertariflichen Leistungen die Mitarbeiter eines Tarifgebiets von Zulagen aus, die er den Mitarbeitern eines anderen Tarifgebiets gewährt, kann ein sachlicher Grund für diese Ungleichbehandlung nicht allein aus dem Vorliegen unterschiedlicher Tarifgebiete hergeleitet werden. Maßgeblich ist vielmehr der **Zweck der Zulagengewährung** (*BAG* 23.4.1997 EzA § 242 BGB Gleichbehandlung Nr. 72).
- Ein als **Teilzeitkraft** im öffentlichen Dienst des Landes SchlH beschäftigter Arbeitnehmer kann die **Sicherheitszulage** des § 3 TV Sicherheitszulage nur zeitanteilig und nicht in voller Höhe beanspruchen, denn die Sicherheitszulage ist Arbeitsentgelt und wird weder in ihrer Gesamtheit noch überwiegend als Ausgleich von Belastungen einer Schreibkraft in einem Sicherheitsbereich des Landes gewährt (*LAG SchlH* 15.10.1998 ZTR 1999, 131).
- Die Entscheidung des Arbeitgebers, ab sofort **alle freiwilligen Leistungen einzustellen**, steht späteren Ansprüchen auf eine Jubiläumszuwendung aus dem Gesichtspunkt der Gleichbehandlung mit früheren Jubilaren entgegen, wenn keine Anhaltspunkte dafür bestehen, dass nur ein einzelner Jubilar oder einzelne Jubilare benachteiligt und in der Folgezeit wieder Jubiläumszuwendungen/freiwillige Leistungen gewährt werden sollen (Stichtagsprinzip; *BAG* 28.7.2004 EzA § 242 BGB 2002 Betriebliche Übung Nr. 2).
- Setzt der Anspruch auf **Aktienoptionen** die Zugehörigkeit zu einer bestimmten Führungsebene voraus und legt der Arbeitgeber den Kreis der anspruchsberechtigten Führungskräfte nach abstrakten Merkmalen fest, liegt der für die Anwendung des arbeitsrechtlichen Gleichbehandlungsgrundsatzes erforderliche kollektive Bezug vor. Will ein Arbeitgeber nur Führungskräften bestimmter Hierarchieebenen Aktienoptionen gewähren, muss sich die Gruppe der Bezugsberechtigten klar von der Gruppe der vom Bezugsrecht ausgenommenen Arbeitnehmer abgrenzen lassen. Der arbeitsrechtliche Gleichbehandlungsgrundsatz bezieht sich auf Arbeitnehmer in vergleichbarer Lage. Eine solche ist regelmäßig gegeben, wenn Arbeitnehmer gleichwertige Arbeit verrichten (*BAG* 21.10.2009 EzA § 242 BGB 2002 Gleichbehandlung Nr. 21).
- Wird durch eine **Gesetzesänderung** nur in tarifvertraglich nicht abgesicherte Arbeitnehmerrechte eingegriffen (z. B. Absenkung der Lohnfortzahlung), so entsteht kein anspruchsbegründender Gleichheitsverstoß, wenn der Arbeitgeber die Verschlechterung an diejenigen seiner Arbeitnehmer weitergibt, die keinem persönlichen Geltungsbereich eines Tarifvertrages unterfallen, während er eine andere Arbeitnehmergruppe, die durch einen Tarifvertrag geschützt ist, nach wie vor unverändert behandelt. Auch der Tarifvertrag wird in einem solchen Fall nicht gleichheitswidrig. Behält der Arbeitgeber diese Rechtslage bei, obwohl er den Geltungsbereich des Tarifvertrages verlässt, kann schließlich in dem Willen zur Besitzstandswahrung ein sachlicher Differenzierungsgrund liegen (*LAG Köln* 16.4.1999 NZA-RR 1999, 531).
- Es verstößt nicht gegen den Gleichbehandlungsgrundsatz, wenn der Arbeitgeber allen Angestellten unabhängig von einer Tarifbindung die tarifliche Vergütung gewährt, während **ABM-Angestellte** nur 90 % dieses Entgelts erhalten (*BAG* 18.6.1997 EzA Art. 3 GG Nr. 66).
- Erhöht der Arbeitgeber während mehrerer Jahre im ungefähren Jahresrhythmus die Gehälter der ganz überwiegenden Mehrzahl seiner Arbeitnehmer, wenn auch in individuell unterschiedlicher Höhe und zu unterschiedlichen Zeitpunkten, so spricht eine tatsächliche Vermutung dafür, dass in diesen Erhöhungen auch ein **Grundbetrag zum Zwecke des Kaufkraftausgleichs**

enthalten ist. Davon darf ein Arbeitnehmer nur aus Gründen ausgeschlossen werden, die mit dieser Zwecksetzung vereinbar sind. In welchem Umfang in solchen individuellen Gehaltserhöhungen auch eine Komponente zum Ausgleich oder zur Minderung des seit der jeweils letzten Gehaltsfestlegung eingetretenen Kaufkraftverlustes enthalten ist, kann mangels näherer Aufschlüsselung durch den Arbeitgeber im Wege der Schätzung nach § 287 Abs. 2 ZPO ermittelt werden (*BAG* 11.9.1985 EzA § 242 BGB Gleichbehandlung Nr. 43).

Eine (**überbetriebliche**) **Gleichbehandlung** von Arbeitnehmern in Betrieben mit Betriebsrat, in denen bisher noch keine Einigung über die Einführung von Umsatzprämien erfolgt ist, mit Arbeitnehmern in betriebsratslosen Betrieben, in denen der Arbeitgeber die Zahlung von Umsatzprämien zugesagt hat, ist arbeitsrechtlich nicht geboten (*BAG* 25.4.1995 EzA § 242 BGB Gleichbehandlung Nr. 65).

– Der Gleichbehandlungsgrundsatz ist verletzt, wenn der Arbeitgeber den **Prämienlohn** für dieselbe Arbeit an Arbeitnehmer nur deshalb nicht zahlt, weil sie nach einem bestimmten Stichtag lediglich **befristet** für ein Jahr **eingestellt** worden sind (*LAG Hamm* 27.2.1997 LAGE § 242 BGB Gleichbehandlung Nr. 21).

– Es verstößt nicht gegen den Gleichbehandlungsgrundsatz, wenn ein Arbeitgeber des öffentlichen Dienstes **Erschwerniszulagen** von der formalen Zugehörigkeit zu bestimmten Dienststellen abhängig macht, bei denen besondere Erschwernisse typischerweise auftreten. Müssen Arbeitnehmer anderer Dienststellen nur zeitweise in denselben Räumen arbeiten und deshalb vergleichbare Erschwernisse hinnehmen, so erwerben sie allein dadurch noch keinen Anspruch auf die gleiche Erschwerniszulage (*BAG* 30.11.1982 EzA § 242 BGB Gleichbehandlung Nr. 33).

– Das **Liquidationsrecht** ist ein sachlicher Grund für die Nichteinbeziehung eines leitenden Krankenhausarztes in eine Vereinbarung, durch die der Arbeitgeber den anderen Ärzten der Krankenhausabteilung, die kein Liquidationsrecht besitzen, die Bezahlung von Rufbereitschaft nach Bereitschaftsdienstgrundsätzen zusagt (*BAG* 31.5.2001 EzA § 242 BGB Gleichbehandlungsgrundsatz Nr. 86).

– Nicht mit dem Gleichbehandlungsgrundsatz vereinbar ist es, wenn ein Arbeitgeber diejenigen Arbeitnehmer, die während der Arbeitszeit gegen seinen Willen an einer **gewerkschaftlichen Protestveranstaltung** teilgenommen haben, von einer allgemein gewährten **übertariflichen Zulage** zum Lohn ausschließt. Denn die Zulage wird zur Gegenleistung für erbrachte Arbeit, womit es sachlich nicht in Einklang zu bringen ist, sie nicht von der Arbeitsleistung, sondern vom Wohlverhalten des Arbeitnehmers abhängig zu machen (*LAG RhPf* 10.4.1987 NZA 1987, 599).

– Dagegen besteht ein sachlicher Grund für die Zahlung einer **Prämie** nur an die Arbeitnehmer, die nicht an einem **Streik** teilgenommen haben, wenn alle Begünstigten während des Streiks Belastungen ausgesetzt waren, die erheblich über das normale Maß der mit jeder Streikarbeit verbundenen Erschwernisse hinausgehen (*BAG* 28.7.1992 EzA Art. 9 GG Arbeitskampf Nr. 106; zust. *Schwarze* NZA 1993, 967).

– Eine **Differenzierung zwischen Arbeitern und Angestellten** ist nur dann möglich, wenn dafür wegen des Inhalts der Regelung sachliche Gründe bestehen. Dies ist im Allgemeinen nicht für **Weihnachtsgratifikationen** anzunehmen.

Ein sachlicher Grund für eine Differenzierung kann aber darin liegen, Arbeitnehmer durch eine höhere **Gratifikation an den Betrieb zu binden** (s. a. *BAG* 11.4.2006 NZA 2006, 1217), weil ihr Weggang zu besonderen Belastungen führt oder darin, höhere übertarifliche Leistungen auszugleichen, die ohne besondere Zweckbindung an andere Gruppen von Arbeitnehmern gewährt wurden. Das gilt jedenfalls so lange, wie der verfolgte Zweck typischerweise sich bei der begünstigten Gruppe verwirklichen kann, während er bei der benachteiligten Gruppe fehlt (*BAG* 25.1.1984, 30.3.1994 EzA § 242 BGB Gleichbehandlung Nr. 38, 39, 40, 59). Sind zudem im Gegensatz zu gewerblichen Arbeitnehmern **Angestellte** mit den im Betrieb benötigten Kenntnissen und Fähigkeiten auf dem Arbeitsmarkt **nicht oder nur schwer zu finden** und müssen sie für ihre Einsetzbarkeit i. d. R. eine längere interne Ausbildung durchlaufen, so ist dies ein

## G. Rechtsquellen des Arbeitsrechts  Kapitel 1

sachlicher Grund, ihnen eine höhere Jahressonderzuwendung als den gewerblichen Arbeitnehmern zu gewähren, um sie stärker an das Unternehmen zu binden. Ob sich der Anspruch einer benachteiligten Gruppe von Arbeitnehmern auf Gleichbehandlung bereits daraus ergeben kann, dass der Arbeitgeber zunächst nicht zutage getretene sachliche Gründe für die Differenzierung erst in einem fortgeschrittenen Stadium des Rechtsstreits vorträgt, hat das BAG (19.3.2003 EzA § 611 BGB 2002 Gratifikation, Prämie Nr. 6) offen gelassen.
- Es verstößt nicht gegen den Gleichbehandlungsgrundsatz, wenn der Arbeitgeber den im Zeitungsvertrieb beschäftigten Innendienstangestellten ein **Weihnachtsgeld** zahlt, den Zeitungszustellern jedoch nicht. Diese Differenzierung ist sachlich gerechtfertigt, weil die Zeitungszusteller anders als die Innendienstangestellten die Möglichkeit haben, zur Weihnachtszeit von den Abonnenten ein nicht unerhebliches Trinkgeld zu erhalten. Darauf, ob das gezahlte Weihnachtsgeld in seiner Höhe dem durchschnittlichen Trinkgeldbezug in etwa entspricht, kommt es nicht an (*BAG* 19.4.1995 EzA § 242 BGB Gleichbehandlung Nr. 63; anders für Urlaubsgeld *LAG BW* 10.11.1998 NZA-RR 1999, 296).
- Der Gleichbehandlungsgrundsatz ist nicht verletzt, wenn eine **Betriebsvereinbarung** vorsieht, dass Beschäftigte, deren **Arbeitszeit nicht minutengenau** elektronisch erfasst und abgerechnet wird, eine um 25 % höhere Jahressonderzahlung erhalten als Beschäftigte, bei denen eine minutengenaue elektronische Arbeitszeiterfassung und -abrechnung erfolgt. Denn mit einer solchen Regelung soll einerseits für alle Beschäftigten eine Sonderzahlung, andererseits für Beschäftigte ohne minutengenaue Zeiterfassung ein pauschaler Ausgleich für nicht angeordnete Mehrarbeit erfolgen (*LAG Hmb.* 21.11.2002 – 1 Sa 27/02, FA 2004, 26 LS).
- Wird mit einer in Teilzeitarbeit beschäftigten Musikschullehrerin nur eine Stundenvergütung vereinbart, so ist die Vergütungsabrede unwirksam, wenn die Stundenvergütung niedriger ist als die anteilsmäßige Vergütung für Vollzeitbeschäftigte. Denn es stellt nach dem Tarifvertrag für Musikschullehrer keinen sachlichen Grund dar, teilzeitbeschäftigte Musikschullehrer geringer zu vergüten, wenn sie nur eine künstlerische, aber keine pädagogische Ausbildung haben. Insoweit differenziert der Tarifvertrag nicht (*BAG* 16.6.1993 EzA § 2 BeschFG 1985 Nr. 31).
- Ist andererseits mit einer teilzeitbeschäftigten Lehrerin eine **bestimmte Zahl von Unterrichtsstunden** und die anteilige Vergütung einer Vollzeitkraft vereinbart, so führt die **Anhebung der Pflichtstundenzahl** für Vollzeitkräfte zu einer entsprechenden Minderung des Gehaltsanspruchs der Teilzeitbeschäftigten (*BAG* 17.5.2000 EzA § 611 BGB Teilzeitarbeit Nr. 11).
- Der Ausschluss einer mit drei Vierteln der regelmäßigen wöchentlichen Arbeitszeit eines Vollzeitbeschäftigten tätigen Arbeitnehmerin vom Bezug eines jährlich im Voraus gezahlten pauschalen **Essensgeldzuschusses** verstößt gegen § 4 Abs. 1 TzBfG, wenn die Anspruchsvoraussetzungen so gestaltet sind, dass alle Beschäftigten einen Zuschuss erhalten, von denen zu erwarten ist, dass sie typischerweise ein Mittagessen während ihrer Arbeitszeit einnehmen, und dies auf die Teilzeitbeschäftigte ebenfalls zutrifft (*BAG* 26.9.2001 EzA § 2 BeschFG 1985 Nr. 65 m. Anm. *Gamillscheg* SAE 2002, 305).
- Kein sachlicher Grund für eine unterschiedliche Behandlung liegt vor, wenn ein im Hauptberuf anderweitig Tätiger als teilzeitbeschäftigte Lehrkraft **nebenberuflich Unterricht** erteilt, wenn er als hauptberuflich Tätiger über eine dauerhafte Existenzgrundlage verfügt (*BAG* 1.11.1995 EzA § 2 BeschFG 1985 Nr. 43), denn die Arbeitsleistung verändert ihren Wert nicht durch die soziale Lage des Arbeitnehmers, der Arbeitgeber schuldet dem Arbeitnehmer keinen »Soziallohn«.
- Eine tarifvertragliche Bestimmung, die für einzelne Arbeitsstunden in einer bestimmten zeitlichen Lage **Spätarbeits- und Nachtarbeitszuschläge** vorsieht, kann Teilzeitkräfte von diesem Anspruch nicht ausnehmen (*BAG* 15.12.1998 EzA § 2 BeschFG 1985 Nr. 59).
- Ebenso wenig wird eine Ungleichbehandlung dadurch gerechtfertigt, dass der Arbeitnehmer auf Grund seiner früheren hauptberuflichen Betätigung **Altersruhegeld** oder Versorgungsleistungen aus einer selbstständigen Tätigkeit bezieht (*BAG* 1.11.1995 EzA § 2 BeschFG 1985 Nr. 44; 9.10.1996 EzA § 2 BeschFG 1985 Nr. 50).

**Kapitel 1** Grundbegriffe und Grundstrukturen des Arbeitsrechts

- Es besteht kein sachlicher Grund dafür, **geringfügig Beschäftigte** i. S. v. § 8 SGB IV von Sozialleistungen des Arbeitgebers wie Weihnachtsgeld oder Jubiläumsgeld, die in einer Betriebsvereinbarung geregelt sind, völlig auszunehmen (*Hess. LAG* 14.3.1995 LAGE § 611 BGB Gratifikation Nr. 24).
- Gewährt ein Arbeitgeber den Arbeitern **Urlaubs- und Weihnachtsgeld**, um deren erhöhten saisonalen Bedarf abzudecken, ist es nicht zu rechtfertigen, wenn er eine Gruppe von Arbeitern – gering qualifizierte Obstsortiererinnen – von diesen Sonderzahlungen völlig ausschließt (*BAG* 27.10.1998 EzA § 242 BGB Gleichbehandlung Nr. 80).
- Der Gleichbehandlungsgrundsatz verbietet es, ohne sachlichen Grund Arbeitnehmer, die **Mehrarbeit leisten wollen,** davon auszuschließen, wenn Mehrarbeit für vergleichbare Arbeitnehmer angeordnet oder angenommen wird (*Hess. LAG* 12.9.2001 LAGE § 242 BGB Gleichbehandlung Nr. 25).
- Eine tarifliche Regelung, die eine **Kürzung des Weihnachtsgeldes** um 500 € **einheitlich für Voll- und Teilzeitbeschäftigte** vorsieht, führt zu einer Benachteiligung der Teilzeitbeschäftigten, weil der so errechnete Betrag unter der Summe liegt, die dem Anteil der Teilzeitarbeit im Verhältnis zur Vollzeitarbeit entspricht (*BAG* 24.5.2000 EzA § 611 BGB Gratifikation/Prämie Nr. 159).
- Eine tarifliche Regelung, die lediglich **nicht vollbeschäftigtes Reinigungspersonal ohne sachlichen Grund aus dem persönlichen Geltungsbereich ausschließt,** verstößt gegen § 4 Abs. 1 TzBfG. Wegen der Unwirksamkeit der Regelung können Teilzeitbeschäftigte zeitanteilig die für das vollbeschäftigte Reinigungspersonal vorgesehene tarifliche Vergütung verlangen (»Anpassung nach oben«; *BAG* 15.10.2003 EzA § 4 TzBfG Nr. 7).
- Erlaubt der Arbeitgeber Angestellten, deren tariflicher Anspruch nach § 17 Abs. 2 BAT ausgeschlossen ist, unter der Voraussetzung, dass sie an der gleitenden Arbeitszeit teilnehmen, die **Verrechnung von Überstunden als Arbeitszeit,** muss er aus Gründen der Gleichbehandlung vergleichbaren Angestellten mit fester Arbeitszeit für geleistete Überstunden bezahlte Arbeitsbefreiung gewähren, wenn er keine sachlichen Gründe für die unterschiedliche Behandlung geltend machen kann (*BAG* 15.10.1992 EzA § 17 BAT Nr. 6).
- Nimmt der Arbeitgeber einen Arbeitnehmer allein deshalb von der Zuweisung von **Überstunden aus,** weil der Arbeitnehmer nicht bereit ist, auf tarifliche **Vergütungsansprüche zu verzichten,** so stellt dies sowohl eine Maßregelung i. S. d. § 612a BGB dar, als auch eine Verletzung des arbeitsrechtlichen Gleichbehandlungsgrundsatzes (*BAG* 7.11.2002 EzA § 612a BGB 2002 Nr. 1).
- Die Differenzierung zwischen Mitarbeitern, die innerhalb von 30 km zum Behördensitz wohnen und weiter entfernt wohnenden Mitarbeitern, ist bzgl. der Dienstreisevergütung sachgerecht (*LAG Köln* 20.6.2001 NZA-RR 2002, 220).
- Zahlt ein Arbeitgeber nach der **Schließung seines Betriebes** freiwillig an die Mehrzahl seiner ehemaligen Arbeitnehmer **Abfindungen** und sind die rechtlichen und wirtschaftlichen Folgen der Betriebsschließung für verschiedene Arbeitnehmergruppen gleich oder vergleichbar, so darf der Arbeitgeber nicht willkürlich der einen Gruppe eine Abfindung zahlen, während er die andere Gruppe von der Abfindungszahlung ausnimmt. Ist der zur Verfügung stehende Gesamtbetrag allerdings gering und sind die Chancen der ausgeschiedenen Arbeitnehmer auf dem Arbeitsmarkt ungünstig zu beurteilen, so kann es je nach den Umständen gerechtfertigt sein, die Arbeitnehmer ganz von einer Abfindungszahlung auszunehmen, die das Arbeitsverhältnis vorzeitig durch Aufhebungsvertrag gelöst haben, nachdem sie eine neue Beschäftigung gefunden haben (*BAG* 25.11.1993 EzA § 242 BGB Gleichbehandlung Nr. 58).
- Ebenso wenig verstößt es gegen den § 75 Abs. 1 S. 1 BetrVG zu Grunde liegenden allgemeinen Gleichheitssatz, wenn ein Sozialplan insgesamt für Arbeitnehmer, die durch Vermittlung des Arbeitgebers einen **neuen Arbeitsplatz finden, keine Abfindung vorsieht** (*BAG* 22.3.2005 EzA § 112 BetrVG 2001 Nr. 13).
- Will der Arbeitgeber auch die älteren Arbeitnehmer, die sich mit den Leistungen aus dem bestehenden Sozialplan nicht begnügen wollen, zu einem einvernehmlichen Ausscheiden aus

## G. Rechtsquellen des Arbeitsrechts  Kapitel 1

dem Arbeitsverhältnis bewegen, so verstößt er nicht gegen den Gleichbehandlungsgrundsatz, wenn er **zusätzliche Leistungen** nur den Arbeitnehmern verspricht, die sich nicht schon zuvor mit einem Ausscheiden auf der Basis des bestehenden Sozialplans einverstanden erklärt haben (*BAG* 18.9.2001 EzA § 1 BetrAVG Gleichbehandlung Nr. 22).

- Ist der Arbeitgeber auf Grund eines wirksamen Sozialplans verpflichtet, an eine Gruppe von Arbeitnehmern eine **Sozialplanabfindung** zu zahlen (s. dazu Kap. 13 Rdn. 2336 ff.), können andere Arbeitnehmer, für die der Sozialplan auf Grund einer zulässigen Differenzierung keine Abfindung vorsieht, einen entsprechenden Abfindungsanspruch nicht auf den arbeitsrechtlichen Gleichbehandlungsgrundsatz stützen (*BAG* 17.4.1996 EzA § 112 BetrVG 1972 Nr. 84). Anwendbar ist er demgegenüber, wenn der Arbeitgeber auf Grund eines Sozialplans dazu verpflichtet ist, an eine Gruppe von Arbeitnehmer, die durch **Aufhebungsverträge** ausscheiden, eine Sozialplanabfindung zu zahlen und die Betriebspartner anschließend einen weiteren Sozialplan mit dem gleichen persönlichen Geltungsbereich und dem Ziel eines weiteren Personalabbaus mit einer höheren Sozialplanabfindung vereinbaren. **Die Differenzierung bei der Höhe der Abfindung** kann aber auf Grund der Situation der Arbeitnehmer zum Zeitpunkt des Angebots des Aufhebungsvertrages sachlich begründet sein (*BAG* 11.2.1998 EzA § 112 BetrVG 1972 Nr. 97). Auch dass Arbeitnehmer, die **selbst gekündigt haben**, aus dem Sozialplan herausgenommen werden, stellt keinen Verstoß gegen den Gleichbehandlungsgrundsatz dar und lässt den Sozialplan deshalb nicht als fehlerhaft erscheinen (*LAG SchlH* 29.8.2002 ARST 2003, 140 LS; s. a. *BAG* 20.4.2010 EzA § 112 BetrVG 2001 Nr. 37: Kündigungstermin; *BAG* 15.3.2011 EzA § 112 BetrVG 2001 Nr. 40). Gleiches gilt dann, wenn ein Sozialplan Arbeitnehmer von seinem Geltungsbereich ausnimmt, die zu einem **festgelegten Stichtag** vor Abschluss eines Grundsozialplans ohne zeitliche Beschränkung **EU-Rente beziehen** und deren Arbeitsverhältnis allein aus diesem Grunde ruht. Die Feststellung der Betriebspartner, dass die Betriebsänderung bei diesen Arbeitnehmern trotz des verursachten Arbeitsplatzverlustes keinen wirtschaftlichen Nachteil hervorruft, ist dann nicht zu beanstanden (*LAG Hamm* 14.4.2003 – 7 Sa 2017/02, EzA-SD 14/2003, S. 14 LS; s. a. *BAG* 26.5.2009 EzA § 112 BetrVG 2001 Nr. 31).
- Allerdings ist dann, wenn ein Sozialplan für solche Arbeitnehmer nicht gilt, die den Betrieb vor einem bestimmten Stichtag »**freiwillig verlassen bzw. selbst gekündigt haben**«, diese Klausel wegen § 75 Abs. 1 S. 1 BetrVG gesetzeskonform dahin auszulegen, dass eine Eigenkündigung zum Ablauf des Stichtages nicht zum Anspruchsverlust führt (*BAG* 29.10.2002 EzA § 112 BetrVG 2001 Nr. 4; s. a. *BAG* 19.2.2008 EzA § 112 BetrVG 2001 Nr. 26; 20.5.2008 EzA § 112 BetrVG 2001 Nr. 27; 15.4.2008 EzA § 4 TVG Altersteilzeit Nr. 27; 20.5.2008 EzA § 112 BetrVG 2001 Nr. 27). Die Betriebspartner können zur Herstellung von **Rechtssicherheit** ein Verfahren oder einen **Stichtag** bestimmen und so festlegen, ob eine Eigenkündigung durch die konkrete Betriebsänderung veranlasst wurde oder nicht. Dazu kann die Ausgleichspflicht an einen Zeitpunkt anknüpfen, in dem die Art und Weise der durchzuführenden Betriebsänderung für die betroffenen Arbeitnehmer feststeht. Bei der gebotenen **typisierenden Betrachtungsweise** dürfen die Betriebsparteien in einem solchen Fall davon ausgehen, dass Arbeitnehmer, die auf **eigene Veranlassung** ihr Arbeitsverhältnis beenden, bevor das Ausmaß einer sie treffenden Betriebsänderung konkret absehbar und der Umfang der daran knüpfenden wirtschaftlichen Nachteile prognostizierbar ist, ihr Arbeitsverhältnis nicht aufgrund der Betriebsänderung beenden (*BAG* 12.4.2011 – 1 AZR 505/09, EzA-SD 17/2011, S. 14 LS = NZA 2011, 1302).
- **Anders** ist es bei einer **Eigenkündigung** des Arbeitnehmers aber dann, wenn er davon ausgehen muss, dass für ihn **keine adäquate Beschäftigungsmöglichkeit** mehr besteht. Davon ist auszugehen, wenn der bisherige Arbeitsplatz wegfällt und der Arbeitgeber keinen neuen, in der betrieblichen Hierarchie und den Kompetenzen gleichwertigen Arbeitsplatz rechtzeitig anbietet (*LAG Köln* 8.11.2010 – 5 Sa 585/10, AuR 2011, 222 LS).
- Die Betriebspartner können bei der Bemessung einer Sozialplanabfindung auch Zeiten der Teilzeit- und der Vollzeitbeschäftigung anteilig berücksichtigen (*BAG* 14.8.2001 EzA

§ 112 BetrVG Nr. 108). Zulässig ist es auch, wenn sie nur Vordienstzeiten berücksichtigen, die die Arbeitnehmer in einem Konzernunternehmen verbracht haben (*LAG Bln.* 15.1.2002 LAGE § 1 KSchG Betriebsbedingte Kündigung Nr. 61). Schließlich dürfen die Betriebsparteien in Sozialplänen für Arbeitnehmer, die Anspruch auf **vorgezogene Altersrente** haben, ab diesem Zeitpunkt geringere oder gar keine Abfindungsansprüche vorsehen (*BAG* 11.11.2008 EzA § 112 BetrVG 2001 Nr. 30; 30.9.2008 EzA § 112 BetrVG 2001 Nr. 21; *LAG Düssel.* 14.6.2011 – 16 Sa 1712/10, AuR 2011, 416 LS). Gleiches gilt jedenfalls für vor dem Inkrafttreten des AGG abgeschlossene Sozialpläne, die geringere Abfindungen für Arbeitnehmer rentennaher Jahrgänge vorsehen, die nach einem relativ kurzen, vollständig oder überwiegend durch den Bezug von Arbeitslosengeld überbrückbaren Zeitraum Anspruch auf eine gesetzliche Altersrente haben (*BAG* 20.1.2009 – 1 AZR 740/07, NZA 2009, 495).

– Zu beachten ist allerdings (*EuGH* NZA 2010, 1341): Entlassenen älteren Arbeitnehmern, die – anstatt in Rente zu gehen – **auf dem Arbeitsmarkt bleiben wollen**, darf die Entlassungsabfindung nicht allein aus dem Grund vorenthalten werden, dass sie auf Grund ihres Alters eine Rente in Anspruch nehmen können. Bisher erlaubt das BAG (NZA 2009, 386), bei Sozialplanleistungen für einen Arbeitsplatzverlust den Umstand, dass ältere Arbeitnehmer vorgezogenes Altersruhegeld beziehen können, anspruchsmindernd zu berücksichtigen. Zwar ist es danach **legitim**, wenn vorgesehen wird, dass Arbeitnehmer, die tatsächlich in Ruhestand gehen und daher eine Altersrente beziehen, nicht sowohl Rente als auch eine Abfindung erhalten. Indes ist eine Regelung aber unangemessen, die einen Arbeitnehmer **schon dann** aus dem Abfindungsregime ausnimmt, **wenn er eine Altersrente auch nur beanspruchen könnte**. Es könnte nämlich sein, dass es er vorzieht, trotz Rentenberechtigung weiterzuarbeiten und er deshalb auf die Abfindung angewiesen ist (*EuGH* NZA 2010, 1341). Eine solche Sozialplanregelung ist nunmehr wohl unzulässig (s. *Junker* NZA 2011, 957; krit. *Bayreuther* NJW 2011, 19 ff.).

– Es verstößt nicht gegen den Gleichbehandlungsgrundsatz, wenn ein Arbeitgeber, der aus Anlass einer Umstrukturierungsmaßnahme als **Motivationsanreiz** eine freiwillige Leistung gewährt, dabei diejenigen Mitarbeiter ausnimmt, die bereits eine höhere Vergütung als vergleichbare Arbeitnehmer der übrigen Belegschaft beziehen und in einem Betriebsteil arbeiten, der wegen Unwirtschaftlichkeit stillgelegt werden soll. Der entsprechende Differenzierungsgrund ist auch nicht allein deshalb als unsachlich zu werten, weil zu Beginn der Leistungsgewährung das Mitbestimmungsverfahren über die Teilbetriebsstilllegung (§§ 111, 112 BetrVG) noch nicht abgeschlossen war (*BAG* 10.3.1998 EzA § 242 BGB Betriebliche Übung Nr. 40).

– Vereinbart der Insolvenzverwalter mit Arbeitnehmern, denen bereits vor Eröffnung des Insolvenzverfahrens gekündigt worden war, dass sie gegen **Zahlung einer Abfindung** ihre Einwendungen gegen die Wirksamkeit der Kündigung fallen lassen und sich mit der Beendigung des Arbeitsverhältnisses einverstanden erklären, um so den Übergang des Restbetriebs an einen Erwerber sicherzustellen, so verstößt es nicht gegen den arbeitsrechtlichen Gleichbehandlungsgrundsatz, wenn dabei **diejenigen Arbeitnehmer ausgenommen** werden, die sich bereits **in Kenntnis des Antrags auf Eröffnung des Insolvenzverfahrens** mit der Beendigung des Arbeitsverhältnisses ausdrücklich **einverstanden** erklärt hatten (*BAG* 27.10.1998 EzA § 112 BetrVG 1972 Nr. 100).

– Arbeitnehmer, die mit einem **befristeten Arbeitsvertrag** beschäftigt sind, der vor dem für die **Jahressonderzahlung** maßgeblichen Stichtag endet, haben auch dann keinen Anspruch auf eine anteilige Sonderzahlung, wenn eine solche für Arbeitnehmer, die auf Grund einer betriebsbedingten Kündigung vor dem Stichtag ausscheiden, vorgesehen ist (*BAG* 6.10.1993 EzA § 611 BGB Gratifikation, Prämie Nr. 106).

– Wird für dieselbe Arbeit im Osten Deutschlands weniger gezahlt, als im Westen, ohne dass ein Verstoß gegen den Gleichbehandlungsgrundsatz vorliegt, weil dies nicht auf einem allgemeinen *Prinzip*, einer *Gruppenbildung* beruht, und sind auch die Voraussetzungen des § 612 Abs. 3 BGB nicht erfüllt, hat ein Arbeitnehmer im Ostteil keinen Anspruch auf höhere Vergütung. Denn der Grundsatz »**Gleicher Lohn für gleiche Arbeit**« ist in der deutschen Rechtsordnung **keine allgemeingültige Anspruchsgrundlage,** sondern bedarf der Umsetzung in Anspruchsgrundlagen wie z. B. § 612 Abs. 3 BGB (*BAG* 21.6.2000 EzA § 242 BGB Gleichbehandlung Nr. 83; krit. Körner SAE 2001, 167 f.; vgl. auch *BAG* 23.5.2001 EzA § 138 BGB Nr. 39).

– Der öffentliche Arbeitgeber ist auf Grund des arbeitsrechtlichen Gleichbehandlungsgrundsatzes gehindert, durch eine sachfremde Gruppenbildung Arbeitnehmer von der Ausgabe eines **Job-Tickets** auszuschließen. Sind die in den Außenstellen einer Dienststelle beschäftigten Arbeitnehmer aber nur zu einem geringen Teil bereit, sich an den Kosten eines Job-Tickets zu beteiligen, ist es nicht sachfremd, dieses nur an Beschäftigte der Hauptstelle auszugeben, wenn sich dort eine bedeutend größere Anzahl beteiligt als in den Außenstellen (*BAG* 11.8.1998 EzA § 242 BGB Gleichbehandlung Nr. 78).

– Eine tarifliche Regelung, die eine **jährliche Zuwendung** von 100 % der Urlaubsvergütung vorsieht, die dem Arbeitnehmer zugestanden hätte, wenn er während des ganzen Monats September Erholungsurlaub gehabt hätte, verstößt nicht gegen § 4 Abs. 1 TzBfG, denn die maßgebliche Berechnungsvorschrift stellt – abstrakt – für alle Arbeitnehmer auf die fiktive Urlaubsvergütung für den Monat September des laufenden Kalenderjahrs ab (*BAG* 18.8.1999 NZA 2000, 148).

– Der arbeitsrechtliche Gleichbehandlungsgrundsatz schließt unterschiedliche kinderbezogene Leistungen für Angestellte und Beamte mit mehr als zwei Kindern nicht aus (*BAG* 3.4.2003 EzA § 242 BGB 2002 Gleichbehandlung Nr. 1).

– Erhält der Arbeitgeber von einem Dritten **arbeitsplatzgebundene Mittel** für die Zahlung einer Weihnachtsgratifikation, so gebietet es der Gleichbehandlungsgrundsatz nicht, auch den auf anderen Arbeitsplätzen beschäftigten Arbeitnehmern eine entsprechende Gratifikation aus eigenen Mitteln zu gewähren (*BAG* 21.5.2003 EzA § 611 BGB 2002 Gratifikation, Prämie Nr. 10).

*bb) Betriebliche Altersversorgung (vgl. auch § 1b Abs. 1 S. 4 BetrAVG)*

Eine unterschiedliche Behandlung bei der Gewährung betrieblicher Versorgungsleistungen kann aus betrieblichen Gründen (nachvollziehbar unterschiedliches **Interesse an fortdauernder Betriebstreue** der jeweiligen Arbeitnehmergruppen) oder aus **sozialen Gründen** (typischerweise unterschiedlicher Versorgungsbedarf) sachlich gerechtfertigt sein (*BAG* 20.7.2004 EzA § 1 BetrAVG Gleichbehandlung Nr. 27). Dabei hängt die Antwort auf die Frage, ob der Gleichbehandlungsgrundsatz verletzt ist, nicht davon ab, ob die Gründe für eine Differenzierung in einer Versorgungsordnung genannt sind, sondern davon, ob die Ungleichbehandlung in der Sache gerechtfertigt ist (*BAG* 21.8.2007 EzA § 1 BetrAVG Gleichbehandlung Nr. 29; 19.8.2008 EzA § 1 BetrAVG Gleichbehandlung Nr. 32; 22.12.2009 EzA § 1 BetrAVG Gleichbehandlung Nr. 34). 456

Nach § 1b Abs. 1 S. 4 BetrAVG ist der arbeitsrechtliche Gleichbehandlungsgrundsatz eine **selbstständige Anspruchsgrundlage** im Bereich der betrieblichen Altersversorgung, wenn der Verstoß gegen diesen Grundsatz nur durch die Zahlung einer Betriebsrente an die zu Unrecht ausgeschlossenen Arbeitnehmer zu beseitigen ist (*BAG* 25.5.2004 EzA § 16 BetrAVG Gleichbehandlung Nr. 1).

**Tatbestandliche Voraussetzung der Anwendung des Gleichbehandlungsgrundsatzes ist allerdings stets eine verteilende Entscheidung des Arbeitgebers.** Tut er nichts, liegt eine solche grds. nicht vor (*BAG* 24.1.2006 EzA § 1 BetrAVG Gleichbehandlung Nr. 28)

▶ **Beispiele Betriebliche Altersversorgung:** 457

– Erhält eine Arbeitnehmergruppe aus Gründen der **Besitzstandswahrung** eine Zulage als nicht abbaubaren, ruhegeldfähigen Entgeltbestandteil und eine andere Gruppe von Arbeitnehmern nicht, kann die Wahrung sozialer Besitzstände als sachlicher Grund die unterschiedliche Behandlung rechtfertigen (*BAG* 2.8.2006 NZA 2007, 55 LS).

- Der Gleichbehandlungsgrundsatz greift nicht ein, wenn der Arbeitgeber **tarifvertragliche Normen** anwendet. Das gilt auch dann, wenn der Tarifvertrag mangels Tarifgebundenheit des Arbeitnehmers nicht unmittelbar und zwingend, sondern lediglich aufgrund einer arbeitsvertraglichen Inbezugnahme Anwendung findet. Die Unterschiede zwischen den mittelbar in Bezug genommenen Regelungen – im konkreten Einzelfall des BAT und des BMT-G über die Entgeltstruktur und die Entgeltfindung – sind von solcher Art und von solchem Gewicht, dass sie eine unterschiedliche Behandlung in der betrieblichen Altersversorgung rechtfertigen (*BAG* 22.12.2009 EzA § 1 BetrAVG Gleichbehandlung Nr. 34).
- Meldet der Arbeitgeber nach einem unternehmensweiten, generalisierenden Prinzip eine bestimmte Gruppe von Arbeitnehmern bei einer Versorgungseinrichtung an, verlangt der allgemeine Gleichbehandlungsgrundsatz, dass die Gruppenbildung **sachlichen Kriterien** entspricht. Meldet der Arbeitgeber die in einem Verlag tätigen Redakteure beim Versorgungsamt der Presse, andere Arbeitnehmer dagegen bei der Zusatzversorgungskasse der bayerischen Gemeinden an, kann die unterschiedliche Behandlung unter dem Gesichtspunkt einer verbesserten Portabilität von Versorgungsansprüchen gerechtfertigt sein (*BAG* 22.12.2009 EzA § 1b BetrAVG Nr. 7).
- Es kann gerechtfertigt sein, Arbeitnehmer, deren Arbeitsverhältnis durch einen Betriebs- oder Betriebsteilübergang auf den Arbeitgeber übergeht, von einer Versorgungsordnung auszunehmen, **neu eingetretene Arbeitnehmer** jedoch nicht. Denn durch einen derartigen Übergang entsteht eine Übergangssituation. Es ist nicht von vornherein absehbar, welche Arbeits-, insbes. Versorgungsbedingungen, in derartigen Arbeitsverhältnissen gelten und welche Unterschiede zu denen der anderen Arbeitnehmer bestehen. Die Herausnahme erleichtert eine sachgerechte und angemessene Regelung dieser Übergangssituation (*BAG* 19.1.2010 EzA § 1 BetrAVG Betriebsvereinbarung Nr. 7).
- Der Gleichbehandlungsgrundsatz verbietet es dem Arbeitgeber nicht, denjenigen Arbeitnehmern eine Gesamtzusage auf **Zahlung höherer Prämien** zu einer zu ihren Gunsten abgeschlossenen Direktversicherung zu erteilen, die in **Betrieben** beschäftigt werden, in denen **Bestimmungen einer mit dem Gesamtbetriebsrat abgeschlossenen Vereinbarung zur flexibleren Gestaltung der Arbeitszeit umgesetzt werden**, sofern diesen eine höhere Flexibilität abverlangt wird. Ein Anspruch könnte sich **aber dann** ergeben, wenn der Ausschluss von der Leistung eine **Maßregelung der Arbeitnehmer** in den Betrieben darstellt, in denen die Arbeitszeitbestimmungen der Vereinbarung nicht umgesetzt werden, weil diese gegen tarifvertragliche Regeln verstoßen und der Betriebsrat sie deshalb abgelehnt hat (*BAG* 18.9.2007 EzA § 1 BetrAVG Gleichbehandlung Nr. 30). Dies ist dann der Fall, wenn Arbeitnehmer deshalb benachteiligt werden, weil der Betriebsrat sein Mitbestimmungsrecht in unzulässiger Weise ausübt. Das liegt dann nahe, wenn das Versprechen von Vorteilen dazu dient, den Betriebsrat zu einem rechtswidrigen Verhalten zu bewegen, z. B. dazu, eine gesetzes- oder tarifwidrige Betriebsvereinbarung abzuschließen (*BAG* 18.9.2007 EzA § 1 BetrAVG Gleichbehandlung Nr. 30).
- **Leitende Angestellte** können nicht ohne besondere Anhaltspunkte Gleichbehandlung mit den nicht leitenden Angestellten verlangen. Das gilt erst recht, wenn der leitende Angestellte in einzelvertraglichen Vereinbarungen zur Altersversorgung mehrfach, wiederholt und ausdrücklich auf eine Altersversorgung nach anderen Bestimmungen verzichtet hat (*BAG* 20.7.2004 EzA § 1 BetrAVG Gleichbehandlung Nr. 27).
- Für Außendienstmitarbeiter können allein die **Unterschiede in der Art der Arbeitsleistung und der besonderen Vergütungsstruktur** es nicht sachlich rechtfertigen, sie aus einer allein arbeitgeberfinanzierten betrieblichen Altersversorgung auszuschließen, die sämtlichen Innendienstmitarbeitern zugute kommt. Ein Arbeitgeber kann aber Arbeitnehmer von der betrieblichen Altersversorgung ausschließen, die ein **erheblich höheres Einkommen** als die in das Versorgungswerk einbezogene Gruppe haben. Er kann aus sozialen Gründen nur solchen Arbeitnehmern einen Zusatzversorgungsanspruch einräumen, die nicht in vergleichbarer Weise wie die von der Versorgung ausgenommenen zur **Eigenvorsorge** in der Lage sind (*BAG* 21.8.2007 EzA § 1 BetrAVG Gleichbehandlung Nr. 29). Nicht erforderlich ist ein **Gesamtvergleich** der den

verschiedenen Arbeitnehmergruppen in unterschiedlicher Form zufließenden Arbeitsentgelte mit dem Ergebnis, dass den betrieblichen Entgeltfestlegungen entnommen werden kann, dass in dem **laufenden Entgelt** der aus dem ausgenommenen Arbeitnehmergruppe **Bestandteile** enthalten sind, die einen **gleichwertigen Ausgleich** für die Benachteiligung im Bereich des Versorgungslohns bezwecken (*BAG* 21.8.2007 EzA § 1 BetrAVG Gleichbehandlung Nr. 29).
- Der Arbeitgeber darf die Gewährung einer betrieblichen Altersversorgung (s. Kap. 3 Rdn. 3520 ff.) andererseits aber auch auf einen **abgrenzbaren Personenkreis beschränken**, z. B. auf Arbeitnehmer in gehobenen Positionen, die er wegen ihrer Bedeutung für das Unternehmen in besonderem Maße entlohnen und an das Unternehmen binden will (*BAG* 12.6.1990 EzA § 1 BetrAVG Nr. 57). Gleiches gilt für Mitarbeiter im Außendienst, **Prokuristen**; für diese Bevorzugung gibt es gute Gründe (*BAG* 18.2.2003 EzA § 16 BetrAVG Nr. 42; 25.5.2004 EzA § 16 BetrAVG Gleichbehandlung Nr. 1).
- Eine unterschiedliche Behandlung von **Arbeitern und Angestellten** bei Leistungen der betrieblichen Altersversorgung ist ohne sachliche Gründe nicht gerechtfertigt. Dabei ist das **Ziel**, Unterschiede im durch die gesetzliche Rentenversicherung erreichten Versorgungsgrad auszugleichen, **legitim**. Damit die Ungleichbehandlung gerechtfertigt ist, müssen die unterschiedlichen Versorgungsgrade für die Gruppen tatsächlich bezeichnend sein. Dabei kommt es nicht auf Durchschnittsberechnungen an. Entscheidend ist, ob die Gruppen hinsichtlich des Versorgungsgrades in sich ausreichend homogen und im Vergleich zueinander unterschiedlich sind. Fehlt es an einer Rechtfertigung für eine schlechtere Behandlung von Arbeitern, steht diesen für Beschäftigungszeiten ab dem 1. Juli 1993 im Wege der Angleichung nach oben dieselbe Leistung zu wie Angestellten. Für Zeiträume vorher besteht Vertrauensschutz, da auch gesetzliche Regelungen an den bloßen Statusunterschied anknüpften. Die Angleichung nach oben ist im Betriebsrentenrecht auch geboten, wenn die Ungleichbehandlung aufgrund einer Betriebsvereinbarung erfolgte. Der Anspruch richtet sich nicht nur gegen den Arbeitgeber, sondern auch gegen eine konzernübergreifende Gruppenunterstützungskasse, wenn der Arbeitnehmer zum Kreis der Begünstigten gehört (*BAG* 16.2.2010 EzA § 1 BetrAVG Gleichbehandlung Nr. 35).
- Erstreckt sich der Gleichbehandlungsgrundsatz betriebsübergreifend auf das gesamte Unternehmen (s. Rdn. 434), so können bei der Gewährung einer betrieblichen Altersversorgung z. B. die Zugehörigkeit zu verschiedenen Branchen oder die unterschiedliche wirtschaftliche Situation **Differenzierungen zwischen Betrieben** rechtfertigen (*Hess. LAG* 15.8.2001 – 8 Sa 1098/00 – EzA-SD 7/2002, S. 13 LS = NZA 2002, 266).
- Insgesamt verbietet es der arbeitsrechtliche Gleichbehandlungsgrundsatz jedenfalls nicht, **einzelne Mitglieder** einer grds. begünstigten Gruppe von Leistungen der betrieblichen Altersversorgung **auszunehmen**, sofern er in einer allgemeinen Ordnung die Voraussetzungen festlegt, nach denen sich die Entscheidung richten soll. Dabei müssen die Voraussetzungen nach sachgerechten und objektiven Merkmalen bestimmt und abgestuft werden. Nur in diesem Rahmen steht dem Arbeitgeber in der Auswahl der Bedingungen ein Ermessensspielraum zu; nicht objektive oder nicht hinreichend bestimmte Ermessenskriterien sind unverbindlich. Denn sie sind mit den Anforderungen, die an den Gleichbehandlungsgrundsatz zu stellen sind, nicht zu vereinbaren (*BAG* 19.8.2008 EzA § 1 BetrAVG Gleichbehandlung Nr. 32).
- Möglich ist auch eine Differenzierung zwischen **aktiven Arbeitnehmern und Ruheständlern**, da nur die aktive Belegschaft die für die betriebliche Altersversorgung erforderlichen Mittel erwirtschaften kann (*BAG* 11.9.1980 EzA § 242 BGB Ruhegeld Nr. 94).
- Sind beide Ehepartner bei demselben Arbeitgeber beschäftigt, so darf nicht ein Ehepartner deshalb von der betrieblichen Altersversorgung ausgeschlossen werden, weil er nach dem anderen Ehepartner eine **Hinterbliebenenversorgung** erwirbt (*BAG* 10.1.1989 EzA § 1 BetrAVG Gleichberechtigung Nr. 3; vgl. auch Rdn. 304 f.).
- Sagt der Arbeitgeber seinen Arbeitnehmern eine Witwenversorgung zu, so muss er auch eine gleich hohe **Witwerversorgung** zusagen (*BAG* 5.9.1989 EzA § 1 BetrAVG Gleichberechtigung Nr. 5).

– Ein Arbeitgeber, der eine genehmigte Ersatzschule und ein Internat betreibt, verstößt nicht gegen den Gleichbehandlungsgrundsatz, wenn er die **Refinanzierungsmöglichkeiten des Ersatzschulfinanzgesetzes** ausschöpft und nur den in der Schule, nicht aber den im Internat beschäftigten Arbeitnehmern eine Zusatzversorgung zusagt (*BAG* 19.6.2001 EzA § 1 BetrAVG Gleichbehandlung Nr. 23).

– Tatbestandliche Voraussetzung der Anwendung ist eine **verteilende Entscheidung des Arbeitgebers**. Tut er nichts, liegt eine solche grds. nicht vor. Etwas anderes kann lediglich bei einer Veränderung der Umstände von solchem Gewicht, dass sie eine Anpassungspflicht auslösen, gelten. Der bloße Abbau einer Überversorgung in einem Altersversorgungssystem, dem ein Teil der Arbeitnehmer angeschlossen ist, löst eine derartige Anpassungspflicht nicht aus (*BAG* 24.1.2006 EzA § 1 BetrAVG Gleichbehandlung Nr. 28).

**458** Zu weiteren Beispielen s. Kap. 3 Rdn. 3520 ff.

*cc) Sonstige Arbeitsbedingungen*

**459** Wird eine hälftig **teilzeitbeschäftigte Pflegekraft** zur gleichen Zahl von Wochenenddiensten herangezogen wie eine vollzeitbeschäftigte Pflegekraft, so wird sie gegenüber dieser nicht wegen der Teilzeit i. S. d. § 4 Abs. 1 TzBfG ungleich behandelt.

**460** Es verstößt gegen § 4 Abs. 1 TzBfG, eine altersabhängige Unterrichtsermäßigung nur vollzeitbeschäftigten Lehrern zu gewähren (*BAG* 30.9.1998 EzA § 2 BeschFG 1985 Nr. 58).

**461** Es verstößt gegen den arbeitsrechtlichen Gleichbehandlungsgrundsatz, wenn ein Monteur **nur mit der tariflichen Arbeitszeit** von 35 Stunden **eingesetzt wird**, während alle anderen Monteure 45 Stunden arbeiten. Der Umstand, dass die anderen Monteure u. a. auf die Zahlung von Mehrarbeitszuschlägen verzichtet haben, ist kein sachlicher Grund, der die Ungleichbehandlung rechtfertigt (*LAG Nds.* 14.11.2000 LAGE § 242 BGB Betriebliche Übung Nr. 24).

**462** Gleiches gilt, wenn der Arbeitgeber den Arbeitnehmern, die sein Angebot auf Teilnahme am Lehrerpersonalkonzept ablehnen, **dauerhaft die nachträgliche Teilnahme verwehrt**. Der Arbeitgeber nimmt dabei keine Gruppenbildung zwischen Teilnehmern und Nichtteilnehmern am LPK vor. Er behandelt vielmehr alle Arbeitnehmer gleich. Sie erhalten nur ein einmaliges Angebot zur Teilnahme. Die Zwecke dieses Konzepts rechtfertigen und erfordern es, von den Lehrkräften eine zeitlich befristete endgültige Entscheidung darüber zu verlangen, ob sie Änderungsverträge abschließen wollen oder nicht. Mit ihm sollen Beendigungskündigungen im Hinblick auf die deutlich gesunkenen Geburtenzahlen im Schulbereich vermieden werden. Das Konzept kann nur erfolgreich sein, wenn eine deutliche Mehrzahl der Lehrkräfte von Anfang an daran teilnimmt. Nur dann können die mit dem Geburtenrückgang verbundenen Lasten auf möglichst viele Lehrkräfte gleichmäßig verteilt und betriebsbedingte Kündigungen vermieden werden (*BAG* 15.9.2009 – 9 AZR 685/08 – EzA-SD 1/2010 S. 5).

**462a** Die Betriebsparteien verstoßen durch eine Betriebsvereinbarung gegen den Gleichbehandlungsgrundsatz, die für **männliche Piloten** das Tragen der **Cockpit-Mütze** in dem der Öffentlichkeit zugänglichen Flughafenbereich vorsieht, für weibliche Piloten dagegen nicht (*ArbG Köln* 5.4.2011 – 12 Ca 8659/10, EzA-SD 17/2011 S. 15 LS).

**462b** Dagegen verstößt die Aufforderung durch den Arbeitgeber, an einem **Deutschkurs** teilzunehmen, um arbeitsnotwendige Sprachkenntnisse zu erwerben, als solche nicht gegen den arbeitsrechtlichen Gleichbehandlungsgrundsatz; das gilt auch dann, wenn der Kurs vertrags- oder tarifvertragswidrig **außerhalb der Arbeitszeit** und auf eigene Kosten des Arbeitnehmers absolviert werden soll (*BAG* 22.6.2011 EzA § 3 AGG Nr. 5).

**463** Gewährt der Arbeitgeber über eine Unterstützungseinrichtung seinen Mitarbeitern **Beihilfen** zu Aufwendungen für Arzneimittel, kann der einzelne Arbeitnehmer Beihilfe nach Maßgabe der Richt-

## G. Rechtsquellen des Arbeitsrechts — Kapitel 1

handlung Nr. 24). Da der Gleichbehandlungsgrundsatz eine Ausnahme von der Vertragsfreiheit darstellt, ist das Vorliegen der Voraussetzungen für seine Verletzung zwar vom Arbeitnehmer darzulegen und zu beweisen. Allerdings darf insoweit von einer Prozesspartei **nichts Unmögliches verlangt werden**; was sie nicht wissen kann, kann sie auch nicht vortragen müssen. Steht eine Gruppenbildung fest, hat folglich der Arbeitgeber die Gründe für die Differenzierung offen zu legen oder so substantiiert darzutun, dass die Beurteilung möglich ist, ob die Gruppenbildung sachlichen Kriterien entspricht. Der von einer Gehaltserhöhung ausgenommene Arbeitnehmer hat gegenüber seinem Arbeitgeber einen ggf. im Wege der Stufenklage durchsetzbaren Auskunftsanspruch über die für eine Gehaltserhöhung verwendeten Regeln (*BAG* 27.7.2010 EzA § 242 BGB 2002 Gleichbehandlung Nr. 23). Jedenfalls dann, wenn der Arbeitgeber generell bestreitet, andere Arbeitnehmer besser als den Kläger behandelt zu haben, gehört es zu einer hinreichend substantiierten Darlegung einer Verletzung des Gleichbehandlungsgrundsatzes, dass der Kläger **zumindest einen Fall von Besserstellung konkret bezeichnet** (*LAG Köln* 22.1.1999 NZA-RR 2000, 379). Steht fest, dass ein Arbeitgeber Arbeitnehmer mit ähnlicher Tätigkeit unterschiedlich entlohnt, dann hat er darzulegen, wie groß der begünstigte Personenkreis ist, wie er sich zusammensetzt, wie er abgegrenzt ist und warum der klagende Arbeitnehmer nicht dazugehört (*BAG* 29.9.2004 EzA § 242 BGB 2002 Gleichbehandlung Nr. 4). Zumindest dann, wenn die Differenzierungsgründe des Arbeitgebers und der mit der Zahlung eines höheren Weihnachtsgeldes an Angestellte im Gegensatz zu den gewerblichen Arbeitern verfolgte Zweck nicht ohne weiteres erkennbar sind, hat der Arbeitgeber die Gründe für die unterschiedliche Behandlung so substantiiert darzulegen, **dass die Beurteilung möglich ist, ob die Gruppenbildung sachlichen Kriterien entsprach** (*BAG* 12.10.2005 EzA § 611 BGB Gratifikation, Prämie Nr. 16). Der Arbeitnehmer hat dann im Anschluss daran darzulegen, dass er die vom Arbeitgeber vorgegebenen Voraussetzungen für die Leistung erfüllt (*BAG* 29.9.2004 EzA § 242 BGB 2002 Gleichbehandlung Nr. 4).

**477** Allerdings kann eine **Vermutung** dafür sprechen, dass in regelmäßigen Gehaltserhöhungen ein Grundbetrag zum Zwecke des Kaufkraftausgleichs enthalten ist, dessen Höhe im Wege der Schätzung (§ 287 Abs. 2 ZPO) ermittelt werden kann (*BAG* 11.9.1985 EzA § 242 BGB Gleichbehandlung Nr. 43).

**478** Hat der Arbeitgeber bei der Gewährung einer freiwilligen Entgelterhöhung Gruppen von Arbeitnehmern unterschiedlich behandelt, ist er im Rahmen seiner **sekundären Darlegungslast** verpflichtet, sowohl **sämtliche Zwecke** seiner freiwilligen Leistung als auch die **Grundsätze ihrer Verteilung substantiiert offen zu legen** (*BAG* 23.2.2011 EzA § 242 BGB 2002 Gleichbehandlung Nr. 24). Unterscheidungsmerkmale für eine Gruppenbildung werden dabei grds. also nur berücksichtigt, **soweit sie den Arbeitnehmern erkennbar waren**, oder rechtzeitig, nämlich alsbald, nachdem der Arbeitnehmer sich auf eine Verletzung des Gleichbehandlungsgrundsatzes berufen hat, offen gelegt worden sind. Dem Arbeitgeber, der innerhalb der Berufungserwiderungsfrist die Differenzierungsgründe offen legt, nachdem der Arbeitnehmer erstmals mit der Berufungsbegründung eine Verletzung des arbeitsrechtlichen Gleichbehandlungsgrundsatzes geltend gemacht hat, kann allerdings eine Verspätung seines Vorbringens nicht vorgeworfen werden, wenn ihm früheres Vorbringen weder durch eine andere gesetzliche Vorschrift noch durch gerichtliche Auflage geboten war. Andernfalls wäre das grundrechtsgleiche Recht auf rechtliches Gehör verletzt (*BAG* 3.7.2003 EzA § 2 KSchG Nr. 49).

**479** Zu beachten ist auch die RL 97/80/EG v. 15.12.1997 über die **Beweislast bei Diskriminierung** auf Grund des Geschlechts. Macht folglich der Arbeitnehmer geltend, dass der Gleichbehandlungsgrundsatz zu seinen Lasten verletzt worden ist und legt er Tatsachen dar, die das **Vorliegen** einer unmittelbaren oder mittelbaren **Diskriminierung** vermuten lassen, ist diese RL **dahin auszulegen**, dass die **beklagte Partei** zu beweisen hat, dass **keine Verletzung** des Gleichbehandlungsgrundsatzes vorgelegen hat (*EuGH* 10.3.2005 NZA 2005, 807).

## 7. Betriebliche Übung

### a) Begriff und Entstehung einer betrieblichen Übung

480 Unter einer betrieblichen Übung wird die gleichförmige, regelmäßige Wiederholung bestimmter vorbehaltloser Verhaltensweisen des Arbeitgebers verstanden, das den Inhalt der Arbeitsverhältnisse gestaltet und geeignet ist, vertragliche Ansprüche zu begründen, wenn die Arbeitnehmer des Betriebes aus dem **Verhalten des Arbeitgebers schließen** durften, ihnen solle eine Leistung oder eine **Vergünstigung auf Dauer** (s. *BAG* 27.6.2006 – 3 AZR 151/05, FA 2007, 21 LS; 31.7.2007 NZA-RR 2008, 263; 19.10.2011 EzA § 242 BGB 2002 Nr. 14; *LAG Hamm* 11.4.2011 LAGE § 242 BGB 2002 Betriebliche Übung Nr. 6) **auch künftig** gewährt werden (vgl. *BAG* 24.9.2003 EzA § 615 BGB 2002 Nr. 5; 20.1.2004 EzA § 1 BetrAVG Betriebliche Übung Nr. 5; 19.5.2005 EzA § 1 BetrAVG Betriebliche Übung Nr. 6; 26.8.2009 EzA § 613a BGB 2002 Nr. 115).

Aus diesem als **Vertragsangebot zu wertenden Verhalten des Arbeitgebers**, das von den Arbeitnehmern i. d. R. stillschweigend angenommen wird (§ 151 BGB), erwachsen **vertragliche Ansprüche** auf die üblich gewordenen Leistungen. Entscheidend für die Entstehung eines Anspruchs ist nicht der Verpflichtungswille, sondern wie der **Erklärungsempfänger** die Erklärung oder das Verhalten des Arbeitgebers nach Treu und Glauben unter Berücksichtigung aller Begleitumstände (§§ 133, 157 BGB) verstehen musste und durfte. Im Wege der Auslegung des Verhaltens des Arbeitgebers ist zu **ermitteln**, ob der Arbeitnehmer davon ausgehen musste, die Leistung werde **nur unter bestimmten Voraussetzungen oder nur für eine bestimmte Zeit gewährt** (*BAG* 16.1.2002 EzA TVG § 4 Tariflohnerhöhung Nr. 37; 13.3.2002 EzA § 259 ZPO Nr. 1; 19.10.2011 EzA § 242 BGB 2002 Nr. 14; *LAG Bln.-Bra.* 8.12.2011 LAGE § 307 BGB 2002 Nr. 28). Entstehung und Inhalt einer betrieblichen Übung unterliegen der unbeschränkten Überprüfung durch das Revisionsgericht (vgl. *BAG* 19.10.2011 EzA § 242 BGB 2002 Nr. 14).

Entscheidend ist also, ob die Arbeitnehmer – bzw. Betriebsrentner – der Erklärung oder dem Verhalten des Arbeitgebers nach Treu und Glauben unter Berücksichtigung aller Begleitumstände (§§ 133, 157 BGB) einen **Verpflichtungswillen** entnehmen müssen (*BAG* 31.7.2007 NZA-RR 2008, 263; 23.8.2011 EzA § 1 BetrAVG Betriebliche Übung Nr. 11); Voraussetzung ist dagegen nicht, dass der Arbeitgeber tatsächlich einen Verpflichtungswillen hat (*BAG* 17.11.2009 EzA § 242 BGB 2002 Betriebliche Übung Nr. 12).

Der Arbeitnehmer kann z. B. die mehrjährige, **regelmäßig im November eines Jahres** erfolgende Zahlung von Weihnachtsgeld unter Berücksichtigung der Einzelumstände nach Treu und Glauben dahin auffassen, dass sich der Arbeitgeber auf Dauer zu einer Sonderzahlung verpflichtet. Wesentliche Umstände sind die Häufigkeit und die Höhe der Leistung sowie etwaige die Zahlung begleitende Erklärungen des Arbeitgebers. **Bei dreimaliger vorbehaltloser Leistung eines Weihnachtsgeldes erwächst i. d. R. ein Rechtsanspruch für die Zukunft.** Der Vorbehalt kann auch in einer Bezugnahme auf arbeitsvertragliche Regelungen liegen (*BAG* 8.12.2010 EzA § 307 BGB 2002 Nr. 51; s. *Jensen* NZA-RR 2011, 225 ff.).

481 ▶ Beispiele:
- Der Arbeitgeber kann sich auch im Hinblick auf **Einmalzahlungen** durch betriebliche Übung binden (*BAG* 17.11.2009 EzA § 242 BGB 2002 Betriebliche Übung Nr. 12).
- Berechnet der Arbeitgeber eine tarifliche **Jahressonderzuwendung** ständig in bestimmter Art und Weise, kann das einen übertariflichen Anspruch kraft betrieblicher Übung begründen. Der Arbeitnehmer hat dann die Art und Weise der Berechnung so darzulegen, dass kein Zweifel daran besteht, welches Angebot der Arbeitgeber durch Gewährung der Leistung gemacht hat. Beruft sich der Arbeitgeber auf eine irrtümliche Berechnung, hat der Arbeitnehmer darzulegen, dass aus der Sicht der Arbeitnehmer eine bewusste übertarifliche Leistung vorliegt (*BAG* 24.3.2010 EzA § 242 BGB 2002 Betriebliche Übung Nr. 13).
- Zahlt ein Arbeitgeber über zehn Jahre lang an alle Mitarbeiter nach zehnjähriger Betriebszugehörigkeit vorbehaltlos eine **Jubiläumszuwendung** in derselben Höhe, wird dadurch eine be-

triebliche Übung begründet, die den einzelnen Arbeitnehmern einen vertraglichen Anspruch auf diese Leistung verschafft (*BAG* 28.5.2008 EzA § 242 BGB 2002 Betriebliche Übung Nr. 8).
- Gleiches gilt dann, wenn der Arbeitgeber seinen Arbeitnehmern vorbehaltlos dreimal außer der tariflichen Zuwendung eine **weitere Zuwendung** zahlt, obwohl er weiß, dass dafür eine kollektiv- oder individualvertragliche Grundlage fehlt; er verpflichtet sich dann nach den Grundsätzen der betrieblichen Übung vertraglich zur Zahlung der weiteren Zuwendung (*BAG* 1.4.2009 – 10 AZR 393/08 – NZA 2009, 1409).
- Unterhält ein Unternehmen über Jahrzehnte hinweg für Arbeitnehmer aus einem bestimmten Gebiet einen **kostenlosen Werkbusverkehr**, so entsteht für die Arbeitnehmer ein vertraglicher Anspruch aus betrieblicher Übung (*LAG Nbg.* 29.10.2004 NZA-RR 2005, 291).
- Schafft der Arbeitgeber eine betriebliche Regelung betreffend eine **zusätzliche Arbeitgeberleistung in Textform** und gibt er diese Regelung auf Betriebsversammlungen bekannt, spricht dies für den Willen, diese Leistung nach den selbstgesetzten Regeln in Zukunft zu gewähren. Die Arbeitnehmer können deshalb in einem solchen Fall von einem Rechtsbindungswillen des Arbeitgebers ausgehen (*LAG München* 2.7.2008 LAGE § 242 BGB 2002 Betriebliche Übung Nr. 4).

Durch die tatsächliche Handhabung stellt der Arbeitgeber eine Regel auf, nach der er eine Leistung entweder allen Arbeitnehmern des Betriebs oder verschiedenen Arbeitnehmergruppen gewährt. Die betriebliche Übung hat damit einen **kollektiven Bezug**; dadurch ist sie von einer individuellen Vereinbarung abzugrenzen (*BAG* 24.9.2003 EzA § 615 BGB 2002 Nr. 5). **482**

Für den Inhalt einer betrieblichen Übung ist allerdings **nicht nur das tatsächliche Verhalten** des Arbeitgebers entscheidend. Auch **Art, Bedeutung und Begleitumstände der** üblich gewordenen Leistung sind zu berücksichtigen. Daraus können sich im Einzelfall **Bedingungen, Änderungs- und Widerrufsvorbehalte** ergeben; diese müssen aber deutlich zum Ausdruck gebracht werden. Denn für die Begünstigten nicht erkennbare subjektive Vorstellungen des Arbeitgebers spielen keine Rolle. Folglich verhindert nur ein erkennbarer Irrtum in derartigen Fällen das Entstehen einer betrieblichen Übung (*BAG* 19.2.2008 EzA § 1 BetrAVG Betriebliche Übung Nr. 9). Ebenso wenig ist eine interne Willensbildung des Arbeitgebers maßgeblich (s. *BAG* 17.11.2009 EzA § 242 BGB 2002 Betriebliche Übung Nr. 12). Da die betriebliche Übung zu typisierten Leistungsbedingungen führt, ist das Verhalten des Arbeitgebers losgelöst von den Umständen des Einzelfalles nach objektiven Kriterien auszulegen. Die **speziellen Kenntnisse** und das Verständnis z. B. **des einzelnen Versorgungsanwärters** oder -empfängers **sind nicht maßgeblich**. Deshalb spielt es keine Rolle, über welche zusätzlichen Informationen der Kläger auf Grund seiner Tätigkeit im Aufsichtsrat oder Gesamtbetriebsrat verfügte (*BAG* 31.7.2007 NZA-RR 2008, 263). Folglich kann eine betriebliche Übung auch dann entstehen, wenn die an eine Reihe von Arbeitnehmern geleisteten Zahlungen **den übrigen Arbeitnehmern nicht mitgeteilt** und im Betrieb nicht allgemein veröffentlicht werden. Denn es ist von dem allgemeinen Erfahrungssatz auszugehen, dass solche begünstigenden Leistungen der Belegschaft bekannt werden (*BAG* 17.11.2009 EzA § 242 BGB 2002 Betriebliche Übung Nr. 12). **483**

Insoweit ist die betriebliche Übung mit einer Vielzahl von an Arbeitnehmer gerichteten Zusagen des Arbeitgebers vergleichbar. Wie bei einer Gesamtzusage macht der Arbeitgeber den Arbeitnehmern seines Betriebes in allgemeiner Form ein Angebot; bei der betrieblichen Übung erfolgt dies durch ein tatsächliches und mehrfach wiederholtes vorbehaltloses Verhalten (*BAG* 20.1.2004, 19.5.2005 EzA § 1 BetrAVG Betriebliche Übung Nr. 5, 6; *LAG Hamm* 11.4.2011 LAGE § 242 BGB 2002 Betriebliche Übung Nr. 6). **484**

Ansprüche aus betrieblicher Übung können nur entstehen, wenn für die Leistung noch **keine andere** – kollektiv- oder individualvertragliche – **Anspruchsgrundlage** besteht (*BAG* 17.11.2010 – 4 AZR 127/09, EzA-SD 7/2011 S. 12 LS = NZA 2011, 457).24.11.2004 EzA § 242 BGB 2002 Betriebliche Übung Nr. 5). Der Arbeitnehmer kann die Erbringung von Leistungen des Arbeitgebers dann weder dahin verstehen, der Arbeitgeber werde ohne vertragliche Grundlage auch an ihn eine entsprechende **485**

Leistung erbringen, **noch dahin**, er werde auch ihm **ein entsprechendes Angebot** machen (*BAG* 26.9.2007 EzA § 305c BGB 2002 Nr. 13). Deshalb muss der Arbeitnehmer zur Begründung eines derartigen Anspruchs auch darlegen, dass der Arbeitgeber **zu der gewährten Leistung oder Vergünstigung nicht verpflichtet war** (*BAG* 19.6.2001 EzA § 77 BetrVG 1972 Nr. 67; 10.12.2002 NZA 2003, 1360 LS; 18.4.2007 – 4 AZR 653/05, EzA-SD 20/2007 S. 8 LS). Ein Anspruch kann regelmäßig auch dann nicht auf betriebliche Übung gestützt werden, wenn der Arbeitnehmer davon ausgeht, die vom Arbeitgeber gewährten Leistungen stünden ihm bereits aus einem anderen Rechtsgrund zu (*BAG* 20.8.2002 EzA § 38 BetrVG 2001 Nr. 1). Von daher entsteht durch eine von einer tariflichen Regelung abweichende betriebliche Handhabung dann keine betriebliche Übung, wenn sie auf einem unbewussten Abweichen von der tariflichen Regelung beruht (*BAG* 16.4.2003 EzA § 242 BGB Betriebliche Übung Nr. 1; s. a. *BAG* 22.9.2010 – 4 AZR 98/09, EzA-SD 5/2011 S. 18 LS).

486 Aufgrund einer Willenserklärung, für die ein Verpflichtungswille des Arbeitgebers nicht erforderlich ist und die von den Arbeitnehmern stillschweigend angenommen wird (§ 151 BGB), erwachsen vertragliche Ansprüche auf die üblich gewordenen Vergünstigungen (*BAG* 19.10.2011 EzA § 242 BGB 2002 Nr. 14).

487 Ob der Arbeitgeber sich binden wollte, beurteilt sich danach, ob der Arbeitnehmer aus dem Erklärungsverhalten des Arbeitgebers bzw. einer bestimmten betrieblichen Praxis auf einen solchen Willen schließen durfte (§§ 133, 157 BGB); entscheidend ist also der **Empfängerhorizont** aus Sicht der Arbeitnehmer, nicht aber die subjektive jeweilige Vorstellung des Arbeitgebers, soweit sie in seinem Verhalten nicht zum Ausdruck kommt (*BAG* 21.1.1997 EzA § 242 BGB Betriebliche Übung Nr. 36; 19.10.2011 EzA § 242 BGB 2002 Nr. 14). Das Entstehen einer betrieblichen Übung ist insoweit nicht dadurch ausgeschlossen, dass der Arbeitgeber die Leistung, auf die sich die Übung bezieht, bei einzelnen Arbeitnehmern vertraglich »absichert« (*LAG München* 2.7.2008 LAGE § 242 BGB 2002 Betriebliche Übung Nr. 4).

488 Gewährt der Arbeitgeber den Schichtleitern des Betriebes im Rahmen der Genehmigung des Jahresschichtplans für das kommende Jahr jährlich einen **Zusatzurlaub**, so können die betroffenen Arbeitnehmer nur davon ausgehen, dass der Arbeitgeber sich **jeweils für das kommende Jahr binden will** (*LAG Hamm* 8.10.2003 LAG Report 2004, 175). Andererseits schließt die **wiederholte Kennzeichnung** einer Leistung als »freiwillig« allein die **Entstehung eines Rechtsanspruchs aus betrieblicher Übung nicht von vornherein aus** (*BAG* 19.5.2005 EzA § 1 BetrAVG Betriebliche Übung Nr. 6; vgl. aber *Maties* DB 2005, 2689 ff.). Eine **Irrtümliche Zahlung des Arbeitgebers** verhindert des Weiteren nur dann die Entstehung einer Betriebsübung, wenn der Arbeitnehmer oder die Arbeitnehmerin aus den Umständen den Irrtum erkennen kann (*BAG* 26.5.1993 EzA § 242 BGB Betriebliche Übung Nr. 29).

489 Das Entstehen einer betrieblichen Übung ist grds. bei **jedem Verhalten** des Arbeitgebers denkbar, also auch bei der Duldung der Privatnutzung üblicher elektronischer Kommunikationsmittel (*Fleischmann* NZA 2008, 1397; **a. A.** *Koch* NZA 2008, 911 ff.). Bei **Fragen der Organisation** des Betriebes – wie etwa Schichtplänen – ist dies **im Zweifel allerdings nicht** anzunehmen, weil sie üblicherweise auf kollektiver Ebene geregelt werden. Die Festlegung eines bestimmten Schichtsystems durch betriebliche Übung kann deshalb nur **ausnahmsweise** dann in Betracht kommen, **wenn erkennbar dem Interesse der betroffenen Arbeitnehmer an einer bestimmten Form des Schichtbetriebs entsprochen werden sollte** (*BAG* 21.1.1997 EzA § 242 BGB Betriebliche Übung Nr. 36; vgl. auch *LAG Köln* 19.12.1996 ZTR 1997, 377 LS). Auch die **objektiv unrichtige Anwendung einer Konzernbetriebsvereinbarung** in einem beherrschten Unternehmen begründet i. d. R. keine Ansprüche aus betrieblicher Übung (*BAG* 22.1.2002 NZA 2002, 1224). Wenn eine über einen längeren Zeitraum praktizierte Zuweisung von Überstunden für die davon betroffenen Arbeitnehmer zudem erkennbar den Zweck hatte, Kundenanforderungen gerecht zu werden, nicht aber den, einen bestimmten Arbeitsumfang zu garantieren, so entsteht daraus keine betriebliche Übung des Inhalts, dass der Arbeitgeber zur Zuweisung von Überstunden verpflichtet wäre (*BAG* 7.11.2002 EzA § 612a BGB 2002 Nr. 1). **Beabsichtigt der Arbeitgeber**, eine mit einer Kündigungsmöglichkeit versehene

Betriebsvereinbarung abzuschließen und **kommt diese nicht zustande** und gewährt er dennoch über mehrere Jahre vorbehaltlos einzelne Leistungen, die in dem Betriebsvereinbarungsentwurf enthalten waren, kann er damit eine betriebliche Übung begründen. Diese steht jedenfalls nicht allein wegen der ins Auge gefassten Kündigungsmöglichkeit der Betriebsvereinbarung unter einem Freiwilligkeits- oder Widerrufsvorbehalt (*BAG* 28.6.2006 EzA § 242 BGB Betriebliche Übung Nr. 7). Auch die Gewährung von Leistungen, zu denen sich der **Betriebserwerber für verpflichtet hält** – z. B. nach § 613a Abs. 1 S. 1 BGB –, begründet eine betriebliche Übung nicht, wenn für den Arbeitnehmer erkennbar war, dass der Betriebserwerber sich nur normgerecht verhalten will; es fehlt an einem wirksamen Verpflichtungsgrund; der Arbeitgeber kann seine Leistung einstellen (*BAG* 16.10.2002 EzA § 3 TVG Bezugnahme auf Tarifvertrag Nr. 22). Gleiches gilt für die fehlerhafte Anwendung einer Versorgungsordnung im Bereich der betrieblichen Altersversorgung (*BAG* 29.4.2003 EzA § 1 BetrAVG Betriebliche Übung Nr. 4).

Besteht eine betriebliche Übung dahin, dass der Arbeitgeber an **ausscheidende Arbeitnehmer** eine **Ausgleichszahlung** als Kompensation für eine nicht vorhandene betriebliche Altersversorgung zahlt, müssen Einschränkungen bzw. »**negative Tatbestandsmerkmale**« in Bezug auf diese Übung, die für die Arbeitnehmer nicht erkennbar sind, vom Arbeitgeber in derselben Weise, wie dies für das Entstehen einer betrieblichen Übung erforderlich ist, **bekannt gegeben** werden. Das gilt z. B. in Bezug auf die Anrechnung tarifvertraglicher Abfindungen, die bei Ausscheiden aufgrund von Altersteilzeitvereinbarungen zum Ausgleich für Rentennachteile gewährt werden (*LAG München* 2.7.2008 LAGE § 242 BGB 2002 Betriebliche Übung Nr. 4).   490

**Ein neu eingestellter Arbeitnehmer darf im Allgemeinen damit rechnen, die unter bestimmten Voraussetzungen gewährten Leistungen zu erhalten, sobald er die Voraussetzungen erfüllt** (*BAG* 10.8.1988 EzA § 242 BGB Betriebliche Übung Nr. 25). Werden andererseits in einen neu gegründeten Betrieb Arbeitnehmer übernommen, die Ansprüche **aus einer in einem früheren Betrieb geltenden betrieblichen Übung haben**, bedarf es einer ausdrücklichen Erklärung des Arbeitgebers, wenn diese betriebliche Übung sich sofort auch auf die übrigen Arbeitnehmer des neu gegründeten Betriebes erstrecken soll. Der Arbeitgeber kann in einem solchen Fall auch die übrigen Arbeitnehmer unter Vorbehalten in die betriebliche Übung einbeziehen (*BAG* 14.11.2001 NZA 2002, 527 LS).   491

Ob aus einem wiederholten tatsächlichen Verhalten des Arbeitgebers eine betriebliche Übung mit Anspruch des Arbeitnehmers auf zukünftige Gewährung entsteht oder ob aus dem Verhalten nur eine Vergünstigung für das jeweilige Jahr abzuleiten ist, hat der Tatsachenrichter unter Berücksichtigung aller Umstände zu ermitteln (*BAG* 12.1.1994 EzA § 242 BGB Betriebliche Übung Nr. 30; 19.10.2011 EzA § 242 BGB 2002 Nr. 14).   492

(derzeit unbesetzt)   493

Gewährt ein Arbeitgeber, der ca. 230 Arbeitnehmer beschäftigt, sechs Arbeitnehmern »der ersten Stunde« und im übernächsten Jahr nochmals 2 Arbeitnehmern anlässlich ihres **25-jährigen Dienstjubiläums** eine Jubiläumszuwendung, so begründet er damit noch **keine betriebliche Übung**, auf Grund derer auch nachfolgende Jubilare eine entsprechende Zuwendung beanspruchen könnten (*BAG* 28.7.2004 EzA § 242 BGB 2002 Betriebliche Übung Nr. 2).   494

Bei einem nicht tarifgebundenen Arbeitgeber kann eine betriebliche Übung der Erhöhung der Löhne und Gehälter entsprechend der Tarifentwicklung in einem bestimmten Tarifgebiet folglich nur angenommen werden, wenn es **deutliche Anhaltspunkte im Verhalten des Arbeitgebers dafür gibt**, dass er auf Dauer die von den Tarifvertragsparteien ausgehandelten Tariflohnerhöhungen übernehmen will (*BAG* 16.1.2002 EzA § 4 TVG Tariflohnerhöhung Nr. 37; 13.3.2002 EzA § 259 ZPO Nr. 1; 3.11.2004 EzA § 242 BGB 2002 Betriebliche Übung Nr. 4; 26.8.2009 EzA § 613a BGB 2002 Nr. 115; 23.3.2011 – 4 AZR 268/09, EzA-SD 19/2011 S. 16 LS; 19.10.2011 EzA § 242 BGB 2002 Nr. 14). Denn ein nicht tarifgebundener Arbeitgeber will sich grds. nicht für die Zukunft der Regelungsmacht der Verbände unterwerfen (*BAG* 3.11.2004 EzA § 242 BGB 2002 Betriebliche Übung Nr. 4). Die nicht vorhersehbare Dynamik der Lohnentwicklung und die dadurch verursachten Personalkosten sprechen jedenfalls grds. gegen einen derartigen erkennbaren rechtsgeschäft-   495 lichen Willen des Arbeitgebers. Mit den in Anlehnung an Tariflohnerhöhungen erfolgenden freiwilligen Lohnsteigerungen entsteht lediglich ein Anspruch der Arbeitnehmer auf Fortzahlung dieses erhöhten Lohns, **nicht aber zugleich eine Verpflichtung des Arbeitgebers, auch künftige Tariflohnerhöhungen weiterzugeben** (*BAG* 16.1.2002 EzA § 4 TVG Tariflohnerhöhung Nr. 37; 13.3.2002 EzA § 259 ZPO Nr. 1). Das gilt insbes. dann, wenn die in der Vergangenheit weitergegebenen Vergütungserhöhungen sich an einem **branchenfremden Tarifvertrag** orientieren, also selbst bei einer Mitgliedschaft des Arbeitgebers im Verband eine normative Wirkung der Entgelttarifverträge **nicht hätte eintreten können** (*BAG* 23.3.2011 – 4 AZR 268/09, EzA-SD 19/2011 S. 16 LS). Durch den Austritt aus dem Arbeitgeberverband macht der Arbeitgeber zudem regelmäßig deutlich, dass er sich grds. für die Zukunft der Regelungsmacht der Verbände nicht unterwerfen will (*LAG Hamm* 25.9.2002 – 18 Sa 740/02, EzA-SD 2/2003, S. 24).

495a Der Arbeitgeber wird dadurch **nicht verpflichtet**, zukünftig über die Frage der Gehaltserhöhung nach **billigem Ermessen** i. S. d. § 315 BGB zu entscheiden. Mangels einer entsprechenden Vereinbarung ist im Bereich außertariflicher Gehälter davon auszugehen, dass Gehaltserhöhungen jeweils im Wege freier Vereinbarung erfolgen sollen. Die notwendige Berücksichtigung einer Vielzahl wirtschaftlicher Faktoren kann zwar über einen längeren Zeitraum zu gleichartigen Ergebnissen führen, lässt aber nicht den Schluss zu, der Arbeitgeber habe sich der Möglichkeit begeben wollen, frei veränderten Umständen Rechnung zu tragen (*BAG* 4.9.1985 EzA § 242 BGB Betriebliche Übung Nr. 16).

495b Gleiches gilt für Gehaltserhöhungen aus **verschiedenen Anlässen in Anlehnung an einen für den Arbeitgeber nicht einschlägigen Tarifvertrag**; sie begründen keinen vertraglichen Anspruch darauf, auch künftig weitere Gehaltserhöhungen entsprechend diesem Tarifvertrag vorzunehmen (*LAG Bln.* 6.12.2002 – 6 Sa 1427/02, EzA-SD 10/2003, S. 11 LS).

496 Bei **Tarifbindung des Arbeitgebers** wird eine entsprechende betriebliche Übung allein auf Grund regelmäßiger Erhöhungen nicht entstehen können, denn es ist anzunehmen, der Arbeitgeber wolle nur den **gesetzlichen Verpflichtungen** des TVG **Rechnung tragen** und seine Arbeitnehmer gleich behandeln. Auch kann der Arbeitgeber durch den Austritt aus dem tarifschließenden Verband die Anwendbarkeit künftiger Tariflohnerhöhungen vermeiden (§ 3 Abs. 3 TVG). Demgegenüber will der **nicht tarifgebundene Arbeitgeber**, der sich (zeitweise) wie ein tarifgebundener Arbeitgeber verhält, deswegen nicht schlechter stehen als dieser, nämlich auf Dauer ohne Austrittsmöglichkeit (vertraglich) gebunden sein. Das muss der Arbeitnehmer mangels abweichender Anhaltspunkte erkennen, falls die Frage der Tarifbindung seines Arbeitgebers überhaupt eine Rolle für ihn spielt (*BAG* 3.11.2004 EzA § 242 BGB 2002 Betriebliche Übung Nr. 4; s. a. *BAG* 24.3.2010 EzA § 242 BGB 2002 Betriebliche Übung Nr. 13).

Entsprach es im laufenden Arbeitsverhältnis einer ständig praktizierten betrieblichen Handhabung, dass im Kalenderjahr nicht genommener **Urlaub** entgegen § 7 Abs. 3 BUrlG noch **im gesamten Folgejahr** gewährt worden ist, so bezieht sich eine dadurch entstandene betriebliche Übung nicht auf den Fall, dass der **Betrieb** bereits zu Beginn eines Kalenderjahres, für das ein anteiliger Urlaub verlangt wird, **stillgelegt wird**. Das gilt erst recht für den Fall einer Betriebsstilllegung im Rahmen eines Insolvenzverfahrens. In diesem Fall verfällt der Urlaubsanspruch spätestens am 31.3. des Folgejahres, wenn der Arbeitnehmer während der gesamten Zeit dauernd arbeitsunfähig erkrankt war (*LAG RhPf* 23.3.2004 LAG Report 2004, 198; **a. A.** *BAG* 21.6.2005 EzA § 7 BUrlG Nr. 113; s. Rdn. 522).

497 Im Übrigen besteht eine rechtliche Bindung bei freiwilligen Leistungen dann nicht, wenn bei jeder neuen Zahlung der Vorbehalt gemacht wird, dass die Leistung freiwillig erfolgt (*BAG* 26.6.1975 EzA § 611 BGB Gratifikation, Prämie Nr. 47) bzw. auf sie kein Rechtsanspruch besteht (*BAG* 28.2.1996 EzA § 611 BGB Gratifikation, Prämie Nr. 139). Letzteres ist z. B. dann der Fall, wenn für den Arbeitnehmer erkennbar die Zuwendung nach Gutdünken des Arbeitgebers dreimalig in unterschiedlicher Höhe gezahlt wird. Der Arbeitnehmer muss dann davon ausgehen, dass der Arbeitgeber die Zuwendung nur für das jeweilige Jahr gewähren will (s. a.

Kap. 3 Rdn. 1070). Gleiches gilt, wenn die Zusage einer Leistung für den Arbeitnehmer erkennbar auf das jeweilige Kalenderjahr bezogen ist (*BAG* 16.4.1997 EzA § 242 BGB Betriebliche Übung Nr. 39).

Enthält eine Gratifikationszusage einen **Freiwilligkeitsvorbehalt** des Inhalts, dass Ansprüche für die Zukunft auch aus wiederholten Zahlungen nicht hergeleitet werden können, dann **schließt** dieser Vorbehalt nicht nur **Ansprüche** für die Zukunft, sondern **auch für den laufenden Bezugszeitraum aus.** Der Arbeitgeber ist auf Grund eines solchen Vorbehaltes jederzeit frei, erneut zu bestimmen, ob und unter welchen Voraussetzungen er eine Gratifikation gewähren will (*BAG* 5.6.1996 EzA § 611 BGB Gratifikation, Prämie Nr. 141). **498**

Vereinbaren die Arbeitsvertragsparteien in einem **Formulararbeitsvertrag** ein monatliches Bruttogehalt und weist der Arbeitgeber darauf hin, dass die Gewährung sonstiger Leistungen wie die Zahlung von Weihnachtsgeld **freiwillig** und mit der Maßgabe erfolgt, dass auch bei einer wiederholten Zahlung kein Rechtsanspruch für die Zukunft begründet wird, entsteht kein Anspruch auf Weihnachtsgeld aus betrieblicher Übung, auch wenn der Arbeitnehmer jahrelang Weihnachtsgeld in Höhe eines halben Bruttomonatsgehalts erhält. Mangels eines Anspruchs des Arbeitnehmers auf die Zahlung von Weihnachtsgeld bedarf es in einem solchen Fall weder einer Ankündigung des Arbeitgebers, kein Weihnachtsgeld zu zahlen, noch einer Begründung des Arbeitgebers, aus welchen Gründen er nunmehr von der Zahlung von Weihnachtsgeld absieht (*BAG* 21.1.2009 EzA § 307 BGB 2003 Nr. 41). **499**

(derzeit unbesetzt) **500**

Insbesondere eine **doppelte Schriftformklausel**, nach der Ergänzungen des Arbeitsvertrages der Schriftform bedürfen und eine mündliche Änderung der Schriftformklausel nichtig ist, schloss den Anspruch auf eine üblich gewordene Leistung aus (*BAG* 24.6.2003 EzA § 125 BGB 2002 Nr. 2). Aber auch ein einfaches gesetzliches, tarifvertragliches (z. B. § 4 Abs. 2 BAT; § 2 Abs. 3 S. 1 TVöD) oder gewillkürtes konstitutives **Schriftformerfordernis** für Vertragsänderungen, -ergänzungen oder Nebenabreden verhindert grds. auch das Entstehen einer betrieblichen Übung (*BAG* 18.9.2002 EzA § 242 BGB Betriebliche Übung Nr. 48; 15.3.2011 EzA § 3 BUrlG Nr. 24). So sind z. B. Vereinbarungen zur **Berechnung von Urlaubstagen** Nebenabreden in diesem Sinne, denn der Urlaubsanspruch wird nicht als Gegenleistung des Arbeitgebers für erbrachte oder noch zu erbringende Arbeitsleistungen geschuldet, sondern ist eine Nebenpflicht des Arbeitgebers mit dem Inhalt, den Arbeitnehmer zum Zwecke des Erholungsurlaubs von der Arbeitspflicht zu befreien. Selbst wenn der Arbeitgeber also längere Zeit tarifwidrig zugunsten des Arbeitnehmers Freischichttage wie tatsächlich geleistete Arbeitstage berücksichtigt hat, folgt hieraus noch **kein Anspruch auf Fortsetzung** dieser Berechnungsweise (*BAG* 15.3.2011 EzA § 3 BUrlG Nr. 24). **501**

Regelt eine Tarifnorm, dass Nebenabreden der Schriftform bedürfen, erfasst sie im Übrigen nicht Vereinbarungen der Parteien über die beiderseitigen Hauptrechte und -pflichten aus dem Arbeitsverhältnis nach § 611 BGB; sagt also der Arbeitgeber einem Arbeitnehmer eine höhere als die tarifliche Vergütung zu, ist diese Abrede keine Nebenabrede (*BAG* 1.4.2009 – 10 AZR 393/08 – NZA 2009, 1409). **502**

Daran kann nach der **Schuldrechtsreform** für AGB nicht festgehalten werden (*BAG* 20.5.2008 EzA § 307 BGB 2002 Nr. 37; s. *Leder/Scheuermann* NZA 2008, 1222 ff.), denn derartige **Schriftformklauseln** benachteiligen den Vertragspartner des Verwenders von AGB entgegen § 307 Abs. 1 S. 1 BGB **unangemessen.** Sie sind **zu weit gefasst,** weil sie beim Arbeitnehmer entgegen der Schutzvorschrift des § 305b BGB den Eindruck erwecken, auch eine **mündliche individuelle Vertragsabrede** sei wegen Nichteinhaltung der Schriftform des § 125 S. 2 BGB **unwirksam. Das entspricht aber nicht der wahren Rechtslage.** Denn gem. § 305b BGB haben individuelle Vertragsabreden Vorrang vor AGB. Dieses Prinzip des Vorrangs (mündlicher) individueller Vertragsabreden setzt sich auch gegenüber doppelten Schriftformklauseln durch. Eine zu weit gefasste doppelte Schriftformklausel ist irreführend (*BAG* 20.5.2008 EzA § 307 BGB 2002 Nr. 37 = NZA 2008, 1233; s. a. *Linge-* **503** *mann/Gotham* NJW 2009, 268 ff.; *Bloching/Ortlof* NJW 2009, 3393 ff.). Sie kann wegen des Verbots der geltungserhaltenden Reduktion (§ 306 Abs. 2 BGB) auch nicht mit dem Inhalt aufrechterhalten werden, dass sie Ansprüche, die auf Grund einer betrieblichen Übung entstanden sind, ausschließt, sofern die betriebliche Übung nicht schriftlich festgelegt wurde. Denn der **Vorrang von Individualabreden** (§ 305b BGB) erfasst zwar nicht betriebliche Übungen. Eine zu weit gefasste Schriftformklausel wird aber nicht auf das richtige Maß zurückgeführt, sondern muss **insgesamt als unwirksam** angesehen werden (*BAG* 20.5.2008 EzA § 307 BGB 2002 Nr. 37).

504 Nicht möglich ist das Entstehen einer betrieblichen Übung **zum Nachteil des Arbeitnehmers**, soweit der Arbeitgeber kein einseitiges Bestimmungsrecht (Direktionsrecht) hat. Ein solches kann ihm nicht durch eine Betriebsübung zuwachsen (s. aber Kap. 3 Rdn. 1074 ff.).

### b) Dogmatische Begründung und Inhalt

505 Die rechtliche Bedeutung der betrieblichen Übung besteht in der Möglichkeit, ihren Inhalt zur Grundlage einer ausdrücklichen oder stillschweigenden Vereinbarung zu machen oder sie als Konkretisierung der Treue- und Fürsorgepflicht zur Vertragsauslegung und -ergänzung heranzuziehen (*BAG* 13.10.1960 AP Nr. 30 zu § 242 BGB Gleichbehandlung).

506 Überwiegend wird die betriebliche Übung als ein schuldrechtlicher Verpflichtungstatbestand verstanden.

507 Zweifelhaft ist aber, ob die betriebliche Übung ein **einzelvertragliches Gestaltungsmittel** darstellt oder ihre Rechtswirkung aus der **Vertrauenshaftung** als einem gesetzlichen Haftungstatbestand erfährt, bei dem das Vertrauen des Arbeitnehmers auf die Fortsetzung der bisherigen Übung Zurechnungsgrund ist (s. *Hromadka* NZA 1984, 242 u. SAE 1986, 283); das *BAG* verwendet je nach Fallgestaltung unterschiedliche Begründungen (12.7.1957, 13.10.1960 AP Nr. 5, 30 zu § 242 BGB Gleichbehandlung [Rechtsgeschäftslehre], 8.11.1957, 5.7.1968 AP Nr. 2, 6 zu § 242 BGB Betriebliche Übung [Vertrauenshaftung]; s. MünchArbR/*Richardi* § 8 Rn. 5 ff.). **Jedenfalls hat die betriebliche Übung einen kollektiven Bezug; dadurch ist sie von einer individuellen Vereinbarung abzugrenzen** (*BAG* 24.9.2003 NZA 2003, 1387).

508 Gegenstand einer betrieblichen Übung kann grds. alles sein, was auch Inhalt des Arbeitsvertrages sein kann. Entsprechend ihres kollektiven Charakters kommen vor allem Regelungsgegenstände in Betracht, die für alle oder bestimmte Gruppen von Arbeitnehmern Bedeutung haben.

509 Insoweit ist die betriebliche Übung bei der Vertragsauslegung und der Ausfüllung von Lücken des Arbeitsvertrages zu berücksichtigen (**ergänzende Vertragsauslegung**). Durch betriebliche Übung kann z. B. eine Versorgungsanwartschaft ebenso begründet werden wie eine Verpflichtung des Arbeitgebers zur Rentenanpassung (*BAG* 29.10.1985 EzA § 1 BetrAVG Nr. 38; 3.12.1985 EzA § 16 BetrAVG Nr. 18).

510 Durch eine mindestens dreimalige vorbehaltlose Gewährung einer Weihnachtszuwendung wird, wenn sich nicht aus den konkreten Umständen des Einzelfalles etwas anderes ergibt, eine Verpflichtung des Arbeitgebers auch für die Zukunft begründet, von der er sich nicht durch einseitigen, freien Widerruf wieder lossagen kann (*BAG* 23.4.1963 AP Nr. 3 zu § 611 BGB Gratifikation; s. aber Rdn. 497; s. a. Kap. 3 Rdn. 1070, 1074).

511 **Zwischen der Betriebsübung und dem Gleichbehandlungsgrundsatz bestehen Zusammenhänge.** Ist das Verhalten des Arbeitgebers so zu verstehen, dass er nach Eintritt der für den Erhalt der Leistungen notwendigen Voraussetzungen allen Arbeitnehmern die besonderen Sachzuwendungen macht, so resultiert der Anspruch aus der betrieblichen Übung. Hat sich der Arbeitgeber dagegen die Entscheidung über die Gewährung von Leistungen jeweils vorbehalten, so kann der Anspruch aus dem Gleichbehandlungsgrundsatz folgen.

## G. Rechtsquellen des Arbeitsrechts                                             Kapitel 1

*c) Betriebliche Übung und Tarifvertrag*

Konnte und musste der Arbeitnehmer davon ausgehen, dass sich der Arbeitgeber bei der Gewährung 512
eines Zuschlags **tarifgerecht verhalten** wollte, so besteht kein Anspruch auf die weitere Gewährung
des Zuschlags aus dem Gesichtspunkt einer betrieblichen Übung, wenn der Arbeitgeber die Zahlung
einstellt, weil sie nach dem Tarifvertrag nicht geschuldet ist (*BAG* 25.7.2001 EzA § 611 BGB
Schichtarbeit Nr. 2). Leistet ein Arbeitgeber z. B. über mehrere Jahre ohne ausdrückliche Absprache
an einen **nicht tarifgebundenen Arbeitnehmer** eine **Sonderzahlung** wie ein 13. Monatsgehalt entsprechend dem Tarifvertrag, so entsteht dadurch **keine betriebliche Übung**. Denn das Verhalten
des Arbeitgebers muss so verstanden werden, dass er schlichtweg den **Tarifvertrag vollziehen** und
alle Arbeitnehmer gleichbehandeln will (*LAG SchlH* 30.3.2004 NZA-RR 2005, 146).

Zweifelhaft ist in der Praxis oft, ob ein **sog. Außenseiter**, d. h. ein nicht tarifgebundener Arbeitneh- 513
mer etwaige, **ihm ungünstige tarifliche Normen gegen sich gelten lassen muss**, wenn der Betrieb auf
alle Arbeitnehmer betriebsüblich die Tarifverträge der Branche anwendet, ohne sie mit nicht Tarifgebundenen bei eigener Tarifbindung einzelvertraglich ausdrücklich zu vereinbaren. Zwar nehmen
diese Außenseiter die ihnen günstigen Abweichungen von den gesetzlichen Regelungen z. B. beim
Urlaub, dem Urlaubsgeld, der Lohnhöhe usw. in Kauf, nicht aber die z. B. gegenüber dem Gesetz
erfolgte Abkürzung der Kündigungsfristen oder vor allem die Anwendbarkeit der gegenüber den gesetzlichen Verjährungsfristen wesentlich verkürzten tariflichen Ausschlussfristen, von deren Existenz
der Arbeitnehmer oft auch keine Kenntnis hat.

Von einer stillschweigenden Verweisung auf Tarifvertragsrecht ist im Zweifel dann auszugehen, 514
wenn der Arbeitgeber tarifgebunden ist und gleich bleibend für einen längeren Zeitraum die Tarifverträge auf sämtliche Arbeitsverhältnisse anwendet. Der Arbeitnehmer nimmt diese Regelung
dann stillschweigend an, wenn er Tariflohn, Urlaub, zusätzliches Urlaubsgeld usw. entgegennimmt. Er muss dann auch die benachteiligenden Regelungen der abgekürzten Kündigungsfristen, tariflichen Verfallfristen usw. – auch ohne Kenntnis – hinnehmen (*BAG* 19.1.1999 EzA § 3
TVG Bezugnahme auf Tarifvertrag Nr. 10; a. A. *LAG Köln* 15.8.1997 LAGE § 1 KSchG Betriebsbedingte Kündigung Nr. 44), denn die vertragliche Bezugnahme auf tarifliche Regelungen
ist nicht an eine Form gebunden. Sie kann sich deshalb eben auch aus einer betrieblichen Übung
(*BAG* 17.4.2002 EzA § 2 NachwG Nr. 5) oder einem konkludenten Verhalten der Arbeitsvertragsparteien ergeben.

*d) Betriebliche Übung im öffentlichen Dienst*

In Arbeitsverhältnissen des öffentlichen Dienstes – auch bei Eigengesellschaften einer Gemeinde 515
(*BAG* 23.6.1988 EzA § 242 BGB Betriebliche Übung Nr. 24) – gelten diese Grundsätze **nur eingeschränkt**. Denn die an Weisungen vorgesetzter Dienststellen, Verwaltungsrichtlinien, Verordnungen,
gesetzliche Regelungen und insbes. durch die Festlegungen des Haushalts gebundenen öffentlichen
Arbeitgeber sind viel stärker als private Arbeitgeber gehalten, die Mindestbedingungen des Tarifrechts bei der Gestaltung von Arbeitsbedingungen zu beachten (vgl. *BAG* 29.5.2002 EzA § 611
BGB Mehrarbeit Nr. 10; 29.9.2004 EzA § 242 BGB 2002 Betriebliche Übung Nr. 3).

Im Zweifel gilt deshalb nach der Rechtsprechung Normvollzug: Ein Arbeitnehmer des öffent- 516
lichen Dienstes kann selbst bei langjährigen Leistungen nicht ohne zusätzliche konkrete Anhaltspunkte annehmen, ein gezahltes übertarifliches Entgelt oder die Gewährung sonstiger Vergünstigungen (z. B. ein höherer als der tariflich geschuldete Zuschlag) seien Vertragsbestandteil
geworden und würden auf Dauer weitergewährt (*BAG* 24.3.1993 EzA § 242 BGB Betriebliche
Übung Nr. 27; 29.9.2004 EzA § 242 BGB 2002 Betriebliche Übung Nr. 3). Ein – auch langjähriger – Irrtum über die Anwendung des Tarifrechts begründet keinen Vertrauensschutz dahin, das
übertarifliche Entgelt sei Vertragsbestandteil geworden (*LAG Nds.* 31.8.2001 NZA-RR 2002,
630). Allein die **mehrmalige Anpassung der Vergütung** entsprechend dem Tariflohn begründet
deshalb insbes. innerhalb des öffentlichen Dienstes keine betriebliche Übung des Inhalts, die Vergütung auch künftig entsprechend anzupassen. Die Arbeitnehmer dürfen folglich die Erhöhung

der Löhne und Gehälter entsprechend der Tarifentwicklung nur bei **zusätzlichen deutlichen Anhaltspunkten** dahin verstehen, der Arbeitgeber wolle auch die künftig von den Tarifvertragsparteien ausgehandelten Tariflohnerhöhungen unabhängig von einer beiderseitigen Tarifbindung übernehmen; dies gilt auch, wenn Tarifregelungen dem Arbeitgeber eine Anpassungsentscheidung ermöglichen und der Arbeitgeber die Anpassung ohne tarifliche Verpflichtung mehrfach in einem bestimmten Sinne vornahm (*BAG* 9.2.2005 NZA 2005, 1320 LS).

517 Der Arbeitnehmer muss damit rechnen, dass eine fehlerhafte Rechtsanwendung korrigiert wird (*BAG* 29.11.1983 EzA § 242 BGB Betriebliche Übung Nr. 12; 6.3.1984 EzA § 242 BGB Betriebliche Übung Nr. 13). Deshalb begründet die »**vorübergehende Festlegung**« von pauschalen Zahlungen für Überstunden in einer Dienststelle der Feuerwehr aus Anlass einer Unsicherheit über die regelmäßige wöchentliche Arbeitszeit auch bei mehrjähriger Zahlung **keinen dauerhaften Anspruch**, denn die Arbeitnehmer des öffentlichen Dienstes müssen stets mit einer Klärung der Rechtslage rechnen. Der Arbeitgeber kann folglich jederzeit zu einer Vergütung nach dem maßgeblichen Tarifvertrag übergehen; ebenso können die Arbeitnehmer jederzeit eine korrekte tarifliche Vergütung der Überstunden einfordern (*BAG* 29.5.2002 EzA § 611 BGB Mehrarbeit Nr. 10). Dies gilt nicht nur bei einer fehlerhaften Anwendung von Normen durch den öffentlichen Arbeitgeber, sondern bezieht sich **auch auf die Geltungsdauer der Norm**. Der mit einer Leistung verbundene Erklärungswert geht über die zeitliche Geltung des Gesetzes, das die Leistung vorsieht, nicht hinaus (*BAG* 29.9.2004 EzA § 242 BGB 2002 Betriebliche Übung Nr. 3). Deshalb ist mit der Zahlung von 100 % der Vergütung des Tarifrechtskreises West entsprechend § 1 Berliner EinkommAngG für die Arbeitnehmer des Tarifrechtskreises Ost auch nach mehrjähriger Handhabung keine rechtsgeschäftliche Zusage auf dauerhafte unveränderte Leistung unabhängig von einer Änderung des Gesetzes verbunden (*BAG* 29.9.2004 EzA § 242 BGB 2002 Betriebliche Übung Nr. 3). Erhalten Arbeitnehmer des öffentlichen Dienstes Leistungen in Vollzug von Regelungen, die **für Beamte und Arbeitnehmer einheitlich gelten** – Ministerialzulage –, so kann sich eine betriebliche Übung für sie grds. nicht in Widerspruch zu der für die Beamten maßgebenden Regelung entwickeln; das gilt selbst dann, wenn die Landesregierung selbst über die Leistungsgewährung entschieden hat (*BAG* 1.11.2005 EzA § 4 TVG Tariflohnerhöhung Nr. 46).

518 Etwas anderes gilt aber dann, wenn es um die Vergütung als Gegenleistung für die vom Arbeitnehmer erwartete Leistung selbst, also nicht um Zulagen oder sonstige freiwillige Leistungen geht (*BAG* 5.2.1986 EzA § 242 BGB Betriebliche Übung Nr. 18).

519 Auch der **Wechsel einer Einrichtung** des öffentlichen Dienstes **in eine privatrechtliche Rechtsform** führt nach Auffassung des *LAG SchlH* (3.4.2001 NZA-RR 2001, 488) für sich genommen nicht dazu, dass die Grundsätze der betrieblichen Übung wie in der Privatwirtschaft Anwendung finden; das *BAG* (18.9.2002 EzA § 242 BGB Betriebliche Übung Nr. 48) hat dies offen gelassen.

520 ▶ **Beispiele betriebliche Übung im öffentlichen Dienst:**
– Ist eine über Jahre hinweg erfolgte Anpassung einer vertraglich vereinbarten Vergütung an die jeweilige Erhöhung der Beamtenbesoldung in einem durch Gesetz oder Tarifvertrag nicht geregelten Entgeltbereich (**wissenschaftliche Hilfskräfte**) daraufhin zu würdigen, ob eine betriebliche Übung entstanden ist, so ist dabei für die Erwägungen kein Raum, die bei freiwilligen oder übertariflichen Leistungen im Bereich des öffentlichen Dienstes gegen das Vorliegen einer betrieblichen Übung sprechen (*BAG* 5.2.1986 EzA § 242 BGB Betriebliche Übung Nr. 18).
– Bei **Arbeitnehmern des Diakonischen Werkes** ist nicht ohne weiteres davon auszugehen, dass sie nur auf eine Behandlung nach den Arbeitsvertragsrichtlinien (AVR) vertrauen dürfen. Deshalb kann z. B. ein Anspruch auf Heimzulage auf Grund betrieblicher Übung erwachsen, wenn der Arbeitgeber trotz fehlender Voraussetzungen über einen längeren Zeitraum die Zahlung erbringt, Vertragsgestaltung und -handhabung keine strenge Bindung an die AVR erwarten lassen und die Zahlungen bei notwendigen Gehaltsanpassungen bestätigt wurden (*BAG* 26.5.1993 EzA § 242 BGB Betriebliche Übung Nr. 29). Allein aus der fehlerhaften Zahlung (z. B. einer Heimzulage über einen längeren Zeitraum) kann aber nicht ohne weiteres auf eine

betriebliche Übung geschlossen werden (*BAG* 26.5.1993 EzA § 242 BGB Betriebliche Übung Nr. 28). Demgegenüber hat das *LAG Düsseld.* (27.11.2002 NZA-RR 2003, 334) angenommen, dass die Grundsätze zur betrieblichen Übung im öffentlichen Dienst dann auf Arbeitsverhältnisse in Einrichtungen, die der evangelischen oder katholischen Kirche verbunden sind, übertragbar sind, wenn dort die jeweiligen AVR umfassend und einschränkungslos zur Anwendung gebracht werden.

- Eine langjährige Übung, wonach ein Teil der Arbeitszeit **außerhalb des Dienstgebäudes** abgeleistet werden darf, hindert den Arbeitgeber des öffentlichen Dienstes nicht daran, den Arbeitnehmer anzuweisen, in Zukunft die gesamte Arbeitszeit im Dienstgebäude abzuleisten (*BAG* 11.10.1995 EzA § 242 BGB Betriebliche Übung Nr. 33).
- Auch bei **langjährig irrtümlich gezahlten Versorgungsleistungen** kann ein Arbeitnehmer des öffentlichen Dienstes ohne zusätzliche konkrete Anhaltspunkte nicht davon ausgehen, die Vergünstigungen seien Vertragsbestandteil und würden auf Dauer weitergewährt (*LAG Hamm* 16.4.1996 DB 1996, 2087).
- Hat der Vorstand einer Anstalt des öffentlichen Rechts aber in einem **internen Beschluss** festgelegt, dass jeder Arbeitnehmer von einer bestimmten Eingruppierung an nach vierjähriger Bewährung in der Verbandstätigkeit nach beamtenrechtlichen Grundsätzen versorgt wird, und setzt er diesen Beschluss **mehr als acht Jahre lang auch tatsächlich** um, entsteht dadurch eine betriebliche Übung. Sie kann Ansprüche auf betriebliche Altersversorgung begründen. In einem solchen Fall stehen einer Anspruchsbegründung weder die einschränkenden Rechtsgrundsätze über die Anwendbarkeit dieses Rechtsinstituts im öffentlichen Dienst noch der Schriftformzwang des § 4 Abs. 2 BAT entgegen (*BAG* 15.3.2006 EzA § 3 TVG Bezugnahme auf Tarifvertrag Nr. 31).
- Das **Ausweisen von Parkflächen** mit Verkehrsschildern »nur für Mitarbeiter« und der Appell, diese Flächen anstatt Parkverbotszonen zu nutzen, begründet im Öffentlichen Dienst keinen Anspruch der Mitarbeiter aus betrieblicher Übung auf unentgeltliche Nutzung von Parkmöglichkeiten (*LAG SchlH* 3.4.2001 LAGE § 242 BGB Betriebliche Übung Nr. 25).

*e) Beendigung einer betrieblichen Übung*

S. Kap. 3 Rdn. 1074 ff. und Kap. 3 Rdn. 3356 ff.

Das eine betriebliche Übung begründende erklärungsrelevante Verhalten des Arbeitgebers unterliegt bei Zugrundelegung der **Vertragstheorie** (konkludente Willenserklärung) der Anfechtung (§ 119 BGB), wenn ein **erheblicher Willensmangel** des Arbeitgebers vorliegt. Der »Irrtum über die betriebliche Übung«, also darüber, dass sich ein bestimmtes Leistungsverhalten als Willenserklärung des Inhalts darstellt, sich für die Zukunft zu der jeweiligen Leistung verpflichten zu wollen, stellt einen erheblichen Willensmangel – je nach Fallkonstellation fehlendes Erklärungsbewusstsein oder fehlender Rechtsfolge- bzw. Geschäftswille – dar, der zur Anfechtung berechtigt. Die dann grds. bestehende Anfechtbarkeit ist aber **ausgeschlossen**, wenn der Arbeitgeber beim die betriebliche Übung begründenden Leistungsverhalten das **Risiko ihrer Entstehung bewusst in Kauf genommen hat**. Dafür genügt das allgemeine Wissen um die Existenz der betrieblichen Übung nicht. Der Arbeitgeber muss konkret mit ihrer Möglichkeit gerechnet haben. Dazu gehört das Bewusstsein, dass das konkrete eigene Verhalten ein **wiederholtes gleichförmiges Leistungsverhalten** ist. Nicht erforderlich ist das Bewusstsein, dass gerade das konkrete Leistungsverhalten die betriebliche Übung begründet (*Schwarze* NZA 2012, 289 ff.; s. a. *Houben* BB 2006, 2301 ff.).

Darüber hinaus ist die Anfechtbarkeit ausgeschlossen, wenn der Arbeitgeber mit der Anfechtung wegen eines »Irrtums über die betriebliche Übung«, also darüber, dass sein Leistungsverhalten den Tatbestand einer Willenserklärung erfüllt, **rechtliche Bindungslosigkeit innerhalb eines »Kernbereichs« der Arbeitsbedingungen wiederherstellen will**, weil dies den Schutz des Kernbereichs umgehen würde. Das bedeutet insbes., dass der Arbeitgeber eine betriebliche Übung nicht oder insoweit nicht anfechten kann, als dadurch Teile des Entgelts oder **25–30 % der Gesamtver-**

gütung des Arbeitnehmers oder ein entsprechender Umfang der Arbeitszeitdauer wieder bindungsfrei gestellt würden. Zulässig ist dagegen die Anfechtung dann, wenn es um Arbeitsbedingungen außerhalb des Kernbereichs geht oder bei Arbeitsbedingungen im Kernbereich, wenn die Anfechtung nicht auf einen »Irrtum über die betriebliche Übung«, sondern auf andere erhebliche Willensmängel gestützt wird (*Schwarze* NZA 2012, 289 ff.).

Die Betriebsübung kann für später in den Betrieb eintretende Arbeitnehmer auch jederzeit durch einseitigen, nach außen in Erscheinung tretenden Entschluss des Arbeitgebers beendet werden. Erforderlich ist dafür eine eindeutige Erklärung entsprechenden Inhalts (vgl. *BAG* 28.7.2004 EzA § 242 BGB 2002 Betriebliche Übung Nr. 2). Nicht ausreichend ist es, dass der Arbeitgeber einmalig die durch betriebliche Übung begründeten Ansprüche nicht erfüllt (*BAG* 10.8.1988 EzA § 242 BGB Betriebliche Übung Nr. 25). Damit können im Rahmen der Arbeitsverträge bereits zuvor entstandene Ansprüche oder Anwartschaften nicht beseitigt werden). Dafür ist eine Einigung mit dem Arbeitnehmer bzw. eine Kündigung oder Änderungskündigung des Einzelarbeitsverhältnisses notwendig (vgl. *BAG* 25.11.2009 EzA § 242 BGB 2002 Betriebliche Übung Nr. 11). Auch dann, wenn eine günstigere Übertragungsmöglichkeit von Urlaub im Wege einer betrieblichen Übung entstanden ist, besteht kein Erfahrungssatz des Inhalts, dass sie dann nicht mehr gelten soll, wenn der Betrieb vor Ablauf des Übertragungszeitraums (insolvenzbedingt) geschlossen wird (*BAG* 21.6.2005 EzA § 7 BUrlG Nr. 113; s. Rdn. 493). Für **mehrdeutige Erklärungen** gilt die Auslegungsregel, dass **Zweifel bei der Auslegung zu Lasten des Erklärenden gehen**; es gilt dann der Erklärungsinhalt, der für den Erklärenden ungünstiger und für den Erklärungsempfänger günstiger ist. So kann z. B. die Bezeichnung einer Leistung als »freiwillig« dahingehend zu verstehen sein, dass sich der Arbeitgeber zur Erbringung der Leistung verpflichtet, ohne dazu durch Gesetz, Tarifvertrag oder Betriebsvereinbarung gezwungen zu sein (*ArbG Weiden* 3.8.2011 – 1 Ca 88/11, AuR 2011, 502 LS).

523 Teilt der Arbeitgeber den (bereits durch betriebliche Übung anspruchsberechtigten) Arbeitnehmern durch Aushang mit, er könne auf Grund der **wirtschaftlichen Lage** des Betriebes in diesem Jahr kein Weihnachtsgeld zahlen, so liegt darin **kein Angebot** an die Arbeitnehmer, die bestehende betriebliche Übung zu ändern. In der – zunächst – widerspruchslosen Weiterarbeit der Arbeitnehmer kann daher auch keine Annahme eines Änderungsangebotes gesehen werden (*BAG* 14.8.1996 EzA § 611 BGB Gratifikation, Prämie Nr. 144). Denn eine Vertragsänderung bedarf eines Angebots und einer Annahme. Erfüllt der Arbeitgeber bestimmte Ansprüche aus dem Arbeitsverhältnis ohne weitere Erklärungen nicht, liegt hierin kein Angebot auf eine Vertragsänderung. Hat der Arbeitgeber ein Angebot auf Fortsetzung des Arbeitsverhältnisses unter geänderten Bedingungen abgegeben und schweigt der Arbeitnehmer hierzu, liegt hierin keine Annahmeerklärung. Die Nichtgeltendmachung von Ansprüchen hat keinen Erklärungswert. Eine widerspruchslose Fortsetzung der Tätigkeit kann nur dann eine konkludente Annahmeerklärung sein, wenn sich die Änderung unmittelbar im Arbeitsverhältnis auswirkt (*BAG* 25.11.2009 EzA § 242 BGB 2002 Betriebliche Übung Nr. 11).

524 Dagegen wird die Möglichkeit einer kollektiven Kündigung gegenüber dem Betriebsrat oder eine Teilkündigung des Arbeitsverhältnisses abgelehnt. Der Arbeitgeber kann sich allerdings (s. Rdn. 280) von vornherein ein Widerrufsrecht vorbehalten, dessen Ausübung billigem Ermessen gem. § 315 BGB unterliegt (*BAG* 13.5.1987 EzA § 315 BGB Nr. 34; s. Kap. 4 Rdn. 2943 ff.).

525 Soweit der **Vertrauensschutz** die Rechtsbindung rechtfertigt, ist zweifelhaft, ob und inwieweit trotz einer nachfolgenden abweichenden Gestaltung in einem Tarifvertrag oder einer Betriebsvereinbarung die bisherige Handhabung durch den Arbeitgeber maßgeblich bleibt.

526 Es ist zu unterscheiden, ob ein Arbeitnehmer darauf vertrauen kann, dass der Arbeitgeber seine Übung unter allen Umständen fortsetzen wird, oder ob es nur darum geht, dass das Vertrauen auf eine freiwillige Fortsetzung der Übung durch den Arbeitgeber geschützt wird. Jedenfalls muss stets ein sachlicher Grund bestehen, der eine Verschlechterung zu Lasten des Arbeitnehmers durch Tarifvertrag oder Betriebsvereinbarung rechtfertigt. Das *BAG* (5.8.2009 EzA § 242 BGB

2002 Betriebliche Übung Nr. 10; a. A. *ArbG Weiden* 15.6.2011 – 1 Ca 74/11, AuR 2011, 502 LS) geht im Verhältnis zu einer nachfolgenden Betriebsvereinbarung von Folgendem aus:
- Vergütungsansprüche aus betrieblicher Übung stehen nicht unter dem stillschweigenden Vorbehalt einer ablösenden Betriebsvereinbarung.
- Hat ein Arbeitgeber seinen Arbeitnehmern mehr als zehn Jahre ohne jeden Vorbehalt einen bestimmten Prozentsatz der jeweiligen Bruttomonatsvergütung als Weihnachtsgeld gezahlt, wird der aus betrieblicher Übung entstandene vertragliche Anspruch auf Weihnachtsgeld nicht für ein Jahr durch eine Betriebsvereinbarung aufgehoben, die regelt, dass für dieses Jahr kein Weihnachtsgeld gezahlt wird.
- Im Verhältnis eines vertraglichen Vergütungsanspruchs des Arbeitnehmers zu den Regelungen in einer Betriebsvereinbarung gilt das Günstigkeitsprinzip.

*f) Beispiele:*

▶ - Gewährt der Arbeitgeber eine betriebliche Sonderzahlung, **ohne** gegenüber den Arbeitnehmern zu **verdeutlichen**, dass die Leistungsgewährung nach dem **Vorbild einer Stichtagsgewährung** nur Arbeitnehmern in ungekündigtem Arbeitsverhältnis gewährt werden soll, so führt allein der Umstand, dass Arbeitnehmer im gekündigtem Arbeitsverhältnis tatsächlich **stets von der Leistungsgewährung ausgenommen worden sind**, nicht zur Begründung einer betriebsüblichen Gruppenbildung mit der Unterscheidung von begünstigten und von der Leistung ausgeschlossenen Arbeitnehmern. Die Stichtagsregelung bedarf vielmehr – wie bei ausdrücklicher Leistungszusage – auch bei der Begründung einer Betriebsübung einer entsprechenden Beschränkung des erklärten Verpflichtungswillens (*LAG Hamm* 11.11.2010 LAGE § 242 BGB 2002 Betriebliche Übung Nr. 5). 527
- Wird eine bei Beginn des Arbeitsvertrages bestehende betriebliche Regelung über **Zeit und Ort des Beginns und Endes der täglichen Arbeitszeit**, die nicht Inhalt des Arbeitsvertrages wird, über längere Zeit beibehalten, weil der Arbeitgeber von seinem bestehenden Direktionsrecht keinen Gebrauch macht, entsteht allein dadurch keine betriebliche Übung (*BAG* 7.12.2000 EzA § 611 BGB Direktionsrecht Nr. 22).
- Nimmt ein Arbeitgeber **gesetzliche Feiertage von der Einsatzplanung der Arbeitnehmer aus** und gewährt in den Kalenderwochen, in denen ein gesetzlicher Feiertag auf einen Werktag fällt, den dienstplanmäßig freien Arbeitstag an einem anderen Werktag der Woche, so begründet dieses Verhalten ohne Vorliegen weiterer besonderer Umstände keine betriebliche Übung (*BAG* 13.7.2007 – 5 AZR 849/06, FA 2007, 322).
- Erhöht der Arbeitgeber die Gehälter seiner außertariflichen Angestellten während mehrerer Jahre jeweils zum 1. Januar in Anlehnung an die Tarifentwicklung des Vorjahres, so entstehen daraus weder kraft einzelvertraglicher Zusage noch kraft betrieblicher Übung Ansprüche auf entsprechende **Gehaltserhöhungen** auch in den Folgejahren. Der Arbeitgeber wird dadurch auch nicht verpflichtet, zukünftig über die Frage der Gehaltserhöhung nach billigem Ermessen (§ 315 BGB) zu entscheiden (*BAG* 4.9.1985 EzA § 242 BGB Betriebliche Übung Nr. 16).
- Zahlt ein Arbeitgeber **jahrelang einen übertariflichen Lohn in unterschiedlicher Höhe**, dann spricht dies gegen das Entstehen einer betrieblichen Übung auf Zahlung des jeweiligen Tariflohnes. Dies gilt erst recht, wenn der Arbeitgeber die jeweiligen Lohnerhöhungen dem Arbeitnehmer mit gesondertem Schreiben mitteilt und jährlich unterschiedliche Angaben über die jeweiligen Lohnerhöhungen macht (*LAG RhPf* 19.10.1999 BB 2000, 1095 LS).
- Sind mehrere Unternehmen Mitglieder eines eingetragenen Vereins und sagt dieser in einer Betriebsvereinbarung zu, die Gehälter seiner Angestellten i. d. R. jährlich daraufhin zu überprüfen, ob eine **allgemeine Gehaltsanpassung** unter Berücksichtigung der allgemeinen Einkommensentwicklung und der wirtschaftlichen Lage seiner Mitgliedsunternehmen vorzunehmen ist, steht diese Regelung dem Entstehen einer betrieblichen Übung auf Gehaltserhöhung entgegen, auch wenn diese jahrelang orientiert an der Gehaltsentwicklung eines

bestimmten Mitgliedsunternehmens vorgenommen wurde (*BAG* 16.9.1998 EzA § 242 BGB Betriebliche Übung Nr. 41).

– Wird den Arbeitnehmern und Beamten einer staatlichen Dienststelle jahrelang an ihren **Geburtstagen** ab 12 Uhr **Arbeitsbefreiung** gewährt und gibt es dafür keine förmliche Rechtsgrundlage, so kann der öffentliche Arbeitgeber die Übung wieder einstellen, wenn auch den Beamten keine Freistellung mehr gewährt wird (*BAG* 14.9.1994 EzA § 242 BGB Betriebliche Übung Nr. 32).

– Ein rechtlich geschütztes Vertrauen der Arbeitnehmer in eine dauerhafte Verpflichtung des Arbeitgebers, künftig stets an **Heiligabend**, Silvester und Rosenmontag **Arbeitsbefreiung** zu gewähren, kann nicht entstehen, wenn die Maßnahme von Jahr zu Jahr neu unter dem Vorbehalt angekündigt wird, dass diese Regelung nur für das laufende Jahr gilt (*BAG* 6.9.1994 EzA § 242 BGB Betriebliche Übung Nr. 31). Dem kann auch eine Formklausel für Nebenabreden in Tarifverträgen entgegenstehen, denn die Arbeitsbefreiung am Rosenmontag z. B. ist eine Nebenabrede (*LAG Köln* 8.8.2003 ZTR 2004, 314 LS).

– Entrichtet ein Arbeitgeber regelmäßig an Arbeitnehmerinnen eine **Geburtshilfe** nach einem bestimmten erkennbaren und generalisierenden Prinzip, so entsteht kraft betrieblicher Übung ein vertraglicher Individualanspruch einzelner Arbeitnehmerinnen, die der Arbeitgeber nicht ohne besonderen sachlichen Grund von dieser Leistung ausnehmen kann (*LAG Bln.* 27.10.1999 NZA-RR 2000, 124).

*g) Gerichtliche Überprüfung; Darlegungs- und Beweislast*

528 Ob aus einem tatsächlichen Verhalten des Arbeitgebers eine betriebliche Übung dahingehend entstanden ist, er wolle den Arbeitnehmern zukünftig bestimmte Leistungen dauerhaft gewähren, haben die Tatsachengerichte unter Berücksichtigung aller Umstände des Einzelfalles festzustellen. Es spricht wegen des **lang andauernden, gleichförmigen und oft den gesamten Betrieb erfassenden Charakters der betrieblichen Übung viel dafür, die Auslegung des Berufungsgerichts wie bei Formularverträgen und Gesamtzusagen einer uneingeschränkten revisionsgerichtlichen Überprüfung zu unterziehen.** Insoweit ist die betriebliche Übung mit einer Vielzahl von an Arbeitnehmer gerichteten Zusagen des Arbeitgebers vergleichbar. Wie bei einer Gesamtzusage macht der Arbeitgeber den Arbeitnehmern seines Betriebes in allgemeiner Form ein Angebot. Bei der betrieblichen Übung erfolgt dies durch ein tatsächliches und mehrfach wiederholtes Verhalten (*BAG* 20.1.2004 EzA § 1 BetrAVG Betriebliche Übung Nr. 5).

529 Die Darlegungs- und Beweislast für die Tatsachen, aus denen sich eine betriebliche Übung ergeben soll, trägt der Arbeitnehmer (*LAG Hamm* 21.3.2007 LAGE § 7 BUrlG Abgeltung Nr. 20). Eine betriebliche Übung ist nicht bereits dann schlüssig vorgetragen, wenn ein langjährig beschäftigter Arbeitnehmer behauptet, Resturlaub sei stets im gesamten Folgejahr gewährt worden. Es ist dann vielmehr zumindest darzulegen, wann und in welchem Jahr nach dem 31. März des Folgejahres Resturlaub gewährt worden ist (*BAG* 21.6.2005 EzA § 7 BUrlG Nr. 113). Er muss also die Leistung oder Vergünstigung als solche darlegen und zusätzlich den **Sachverhalt** darstellen, aus dem, aus der Sicht der Arbeitnehmer, auf den gegebenen **Verpflichtungswillen des Arbeitgebers** geschlossen werden kann, die Leistungen oder Vergünstigungen auch in Zukunft zu erbringen (*LAG Hamm* 21.3.2007 LAGE § 7 BUrlG Abgeltung Nr. 20). Hat der Arbeitnehmer andererseits demzufolge Tatsachen vorgetragen, die den Schluss auf das Bestehen einer betrieblichen Übung insoweit zulassen, so besteht kein Erfahrungssatz dahin, dass sie dann nicht mehr gelten soll, wenn der Betrieb vor Ablauf des Übertragungszeitraums (insolvenzbedingt) geschlossen wird (*BAG* 21.6.2005 EzA § 7 BUrlG Nr. 113).

## G. Rechtsquellen des Arbeitsrechts   Kapitel 1

### 8. Direktionsrecht (Weisungsrecht) des Arbeitgebers

#### a) Begriff und Inhalt; »Ethikrichtlinien«

Mit dem Direktionsrecht (§ 106 GewO; vgl. *BAG* 15.9.2009 EzA § 106 GewO Nr. 4; *LAG Köln* 15.6.2009 LAGE § 106 GewO 2003 Nr. 7; § 29 Abs. 1 S. 2 SeemG) kann der Arbeitgeber primär die jeweils konkret zu leistende Arbeit (instr. *Bayreuther* Beil. 1/06 zu NZA Heft 10/06 S. 1 ff.) und die Art und Weise ihrer Erbringung (z. B. durch Schichtarbeit; s. *LAG Köln* 30.7.2009 NZA-RR 2010, 514; 29.7.2010 – 7 Sa 240/10, AuR 2011, 365 LS: Herausnahme aus Schichtarbeit) festlegen. Das Weisungsrecht des Arbeitgebers ist nach § 106 S. 1, 2 GewO beschränkt auf »Inhalt, Ort und Zeit der Arbeitsleistung« sowie auf die »Ordnung und Verhalten im Betrieb«. Die Regelung in § 106 S. 1 GewO trägt der Gegebenheit Rechnung, dass **Arbeitsverträge nur eine rahmenmäßig umschriebene Leistungspflicht festlegen können**. Das Direktionsrecht als »**Wesensmerkmal eines jeden Arbeitsverhältnisses**« (*BAG* 23.9.2004 EzA § 106 GewO Nr. 1) ermöglicht es dem Arbeitgeber, diese rahmenmäßig umschriebene Leistungspflicht des Arbeitnehmers im Einzelnen nach zeitlicher Verteilung, Art und Ort unter Beachtung billigen Ermessens festzulegen (vgl. *BAG* 15.9.2009 EzA § 106 GewO Nr. 4; 17.5.2011 – 9 AZR 201/10, ZTR 2012, 184). In diesem Rahmen kann der Arbeitgeber den Arbeitnehmer z. B. auch zur Teilnahme an Gesprächen verpflichten, in denen er Weisungen vorbereiten, erteilen oder ihre Nichteinhaltung beanstanden will (*BAG* 23.6.2009 EzA § 106 GewO Nr. 3).

Zu beachten ist aber, dass die Parteien grds. die **Reichweite** des Direktionsrechts auch **im Arbeitsvertrag vereinbaren können** (*LAG RhPf* 27.5.2011 LAGE § 106 GewO 2003 Nr. 11).

▶ **Beispiele:**
- Die Arbeitspflicht des **Lehrers** an allgemeinbildenden Schulen erschöpft sich nicht in der Unterrichtserteilung und sog. Zusammenhangstätigkeiten. Die Pflichtstundenzahl begrenzt nur den zeitlichen Umfang der Arbeitspflicht. Dem Inhalt nach schuldet der Lehrer **alle Dienstleistungen**, die üblicherweise mit der Aufgabenstellung eines Lehrers verknüpft sind. Weil der Bildungs- und Erziehungsauftrag der allgemeinbildenden Schule in einem bestimmten Umfang auch die **qualifizierte Betreuung** der Schüler in Ganztagsschulen erfordert, muss die Lehrkraft an einer solchen Schule auch in angemessenem Umfang Lernstundenaufsicht übernehmen (*BAG* 30.4.2008 NZA-RR 2008, 551). Für Lehrer an einer Berufsschule in privater Trägerschaft können über die Unterrichtsstunden hinaus auch **Anwesenheitszeiten** in der Schule durch die Festlegung von Kernarbeitszeiten festgeschrieben werden (*LAG BW* 17.8.2011 ZTR 2011, 744).
- as Direktionsrecht betrifft nur die Konkretisierung der Arbeitspflicht, **nicht** aber den **Inhalt des Arbeitsvertrages**. Deshalb ist ein Arbeitnehmer **nicht verpflichtet**, auf Weisung des Arbeitgebers an einem **Personalgespräch** teilzunehmen, in dem es ausschließlich um Verhandlungen über vom Arbeitgeber gewünschte Änderungen des Arbeitsvertrages gehen soll (*LAG Nds.* 3.6.2008 – 3 Sa 1041/07 – AuR 2009, 53).
- Soweit nicht Mitbestimmungsrechte des Betriebsrats eingreifen oder vertragliche Vereinbarungen, insbes. durch den Arbeitsvertrag (s. dazu *BAG* 2.3.2006 EzA § 1 KSchG Soziale Auswahl Nr. 67) entgegenstehen, unterliegt auch die arbeitsbegleitende Ordnung im Betrieb grds. dem einseitigen Bestimmungsrecht des Arbeitgebers (vgl. *BAG* 6.4.1989 AP § 2 BAT SR2 r Nr. 2). Denn die Arbeitsleistung wird vom Arbeitnehmer im Rahmen eines fremdbestimmt organisierten Arbeitsprozesses erbracht. Der Arbeitgeber hat eine arbeitsrechtliche Leitungsmacht, die sich auf die Ausführung der Arbeit selbst, auf ein den Arbeitsvollzug begleitendes Verhalten oder ein sonstiges organisationsbedürftiges Verhalten bezieht. Das **Weisungsrecht** betrifft allerdings nur das Arbeitsverhalten des Arbeitnehmers; dagegen räumt es dem Arbeitgeber nicht die Befugnis ein, auch die **Privatsphäre** des Arbeitnehmers zu reglementieren (*LAG BW* 11.5.2004 LAG Report 2004, 319 LS). Der Arbeitgeber kann aber z. B. in Ausübung des Direktionsrechts den Arbeitnehmer anweisen, die von ihm **erbrachten Arbeitsleistungen zu dokumentieren** (*BAG* 19.4.2007 – 2 AZR 78/06 – ZTR 2007, 564).

**Kapitel 1** — Grundbegriffe und Grundstrukturen des Arbeitsrechts

532 Einseitige Erklärungen legen – **im Rahmen der vertraglichen Vereinbarungen** (*LAG RhPf* 27.5.2011 LAGE § 106 GewO 2003 Nr. 11) – die jeweils konkret für den Arbeitnehmer geltenden Arbeitsbedingungen fest.

533 Eine Arbeitsvertragsklausel (sog. Versetzungsklausel), die dem Arbeitgeber das Recht einräumt, dem Arbeitnehmer statt der ursprünglich vereinbarten auch eine andere Tätigkeit zu übertragen, die »seiner Vorbildung und seinen Fähigkeiten entspricht«, rechtfertigt insoweit nicht die Zuweisung von Tätigkeiten, deren Anforderungen hinter der Vorbildung und den Fähigkeiten des Arbeitnehmers zurückbleiben und mit der bisherigen Tätigkeit **nicht gleichwertig** sind. Die Gleichwertigkeit einer Tätigkeit bestimmt sich dabei nicht nur nach dem unmittelbaren Tätigkeitsinhalt selbst, sondern auch nach deren betrieblichen Rahmenbedingungen. Dazu gehört insbes. die Einordnung der Stelle in die Betriebshierarchie sowie die Frage, in welchem Umfang die Tätigkeit mit Vorgesetztenfunktionen verbunden ist (*LAG Köln* 22.12.2004 – 7 Sa 839/04, AuR 2005, 423 LS).

Kann ein Croupier dagegen nach einer tariflichen Regelung bei Eignung zum Tischchef als solcher eingesetzt werden, kann der Arbeitgeber ihn nach billigem Ermessen **grds. zeitlich unbegrenzt** als Tischchef beschäftigen (*BAG* 12.10.2005 – 10 AZR 605/04, NZA 2006, 64 LS).

534 Bei der Ausübung des Weisungsrechts gem. § 106 GewO steht dem Arbeitgeber regelmäßig ein **weiter Gestaltungsspielraum** zu (*LAG RhPf* 25.11.2004 LAG Report 2005, 260). So kann er z. B. gegenüber dem Arbeitnehmer zur Ausübung der geschuldeten Tätigkeit das Tragen von Dienstkleidung anordnen (*LAG BW* 11.5.2004 LAG Report 2004, 319 LS). Möglich ist auch die Anordnung von **Nebenarbeiten** (z. B. Pflege der Arbeitsmittel), die in unmittelbarem Zusammenhang mit der vertraglich geschuldeten Tätigkeit stehen, sowie **Notarbeiten**, wenn unvorhergesehene äußere Einflüsse (z. B. Naturkatastrophen, nicht aber betriebliche Engpässe, z. B. wegen der Urlaubszeit) dazu zwingen, vorübergehend fachfremde Arbeiten zu verrichten.

535 Im Rahmen der arbeitsvertraglich festgelegten oder betriebsüblichen Arbeitszeit kann der Arbeitgeber grds. einseitig – vorbehaltlich etwaiger Mitbestimmungsrechte des Betriebsrats – die wöchentliche **Arbeitszeit** auf die einzelnen **Wochentage verteilen** und den **Beginn und das Ende der täglichen Arbeitszeit** (vgl. *LAG Bln.* 1.3.1999 ZTR 1999, 325 LS) sowie die **Pausen festlegen**, also z. B. auch den Wechsel von Nacht- zu Tagarbeit oder statt fester Arbeitszeiten an allen Tagen Wechselschicht anordnen (*LAG Bln.* 29.4.1991 DB 1991, 2193 LS). Ein Arbeitnehmer im **Schichtdienst** hat also grds. **keinen Anspruch** darauf, dass er künftig **nur noch in einer bestimmten Schicht** eingesetzt wird (*LAG RhPf* 23.2.2006 – 11 Sa 766/04, ZTR 2007, 158 LS; s. *LAG Köln* 29.7.2010 – 7 Sa 240/10, AuR 2011, 365 LS).

536 Dagegen kann ein Schichtplan **nicht ohne Zustimmung des Betriebsrats** einseitig durch das Direktionsrecht des Arbeitgebers verändert werden mit der Folge, dass dem mit der Änderung nicht einverstandenen Arbeitnehmer ein Anspruch auf Vergütung für etwaige ausgefallene Schichtstunden zusteht (*LAG Nds.* 29.4.2005 – 16 Sa 1330/04, AuR 2005, 423 LS).

537 An diesen Grundsätzen hat sich durch die **Schuldrechtsreform nichts geändert**. Eine vorformulierte Klausel, die inhaltlich der gesetzlichen Regelung des § 106 S. 1 BGB entspricht, unterliegt **nicht der Angemessenheitskontrolle** nach § 307 Abs. 1 S. 1 BGB (*BAG* 25.8.2010 EzA § 307 BGB 2002 Nr. 49); sie unterliegt allerdings auch als kontrollfreie Hauptabrede der **Unklarheitenregelung** des § 305c Abs. 2 BGB sowie der **Transparenzkontrolle** nach § 307 Abs. 1 S. 2 BGB (*BAG* 13.4.2010 EzA § 307 BGB 2002 Nr. 47). Allerdings muss die vertragliche Regelung die Beschränkung auf den materiellen Gehalt des § 106 GewO unter Berücksichtigung der für AGB geltenden Auslegungsgrundsätze aus sich heraus erkennen lassen (*BAG* 25.8.2010 EzA § 307 BGB 2002 Nr. 49). Sie ist nicht allein deshalb unwirksam, weil der Arbeitgeber nicht ausdrücklich darauf hinweist, dass die Versetzung nach § 106 GewO nur nach billigem Ermessen erfolgen kann (*LAG Nbg.* 13.1.2009 – 6 Sa 712/07, AuR 2009, 279 LS).

Eine **Versetzungsklausel** in einem vorformulierten Arbeitsvertrag, den Arbeitnehmer entsprechend seinen Leistungen und Fähigkeiten mit einer anderen im Interesse des Unternehmens liegenden Tätigkeit zu betrauen und auch an einem anderen Ort zu beschäftigen, bedeutet **keine unangemessene Benachteiligung** des Arbeitnehmers (§ 307 Abs. 1 S. 1 BGB); der Vorbehalt verstößt auch nicht gegen das Transparenzgebot (§ 307 Abs. 1 S. 2 BGB; *BAG* 13.3.2007 – 9 AZR 433/06, NZA-RR 2008, 504 LS; 13.4.2010 EzA § 307 BGB 2002 Nr. 47; *LAG Nbg.* 13.1.2009 LAGE § 106 GewO 2003 Nr. 6; s.a. *Preis/Genenger* NZA 2008, 969 ff.; *Salamon/Fuhlrott* NZA 2011, 839 ff.). Das **Transparenzgebot** des § 307 Abs. 1 S. 2 BGB **verlangt** insbes. von dem Verwender **nicht, alle möglichen Konkretisierungen der Arbeitspflicht** und des Weisungsrechts **ausdrücklich zu regeln.** Vielmehr ist das gesetzliche Weisungsrecht (§ 106 GewO) Ausdruck und Folge der vertraglichen Festlegung der Arbeitspflicht; die Vertragsparteien können es dabei belassen (*BAG* 23.6.2007 EzA § 106 GewO Nr. 2; *LAG Nbg.* 13.1.2009 LAGE § 106 GewO 2003 Nr. 6). Die Intransparenz folgt auch nicht daraus, dass weder ein maximaler Entfernungsradius noch eine angemessene Ankündigungsfrist vereinbart ist, denn eine solche Konkretisierungsverpflichtung würde dem Bedürfnis des Arbeitgebers nicht gerecht, auf im Zeitpunkt des Vertragsschlusses nicht vorhersehbare Veränderungen reagieren zu können. Die Angemessenheit der Entfernung und eine ggf. notwendige Ankündigung sind im Rahmen der Ausübungskontrolle nach § 315 Abs. 1 BGB zu prüfen (*BAG* 13.4.2010 EzA § 307 BGB 2002 Nr. 47). **538**

§ 308 Nr. 4 BGB ist auf arbeitsvertragliche Versetzungsvorbehalte nicht anzuwenden, denn die Norm erfasst nur einseitige Bestimmungsrechte hinsichtlich der Leistung des Verwenders. Versetzungsklauseln in Arbeitsverträgen betreffen demgegenüber die Arbeitsleistung als die dem Verwender geschuldete Gegenleistung. Auch eine formularmäßige Versetzungsklausel, die materiell der Regelung in § 106 S. 1 GewO nachgebildet ist, ist folglich wirksam (*BAG* 11.4.2006 EzA § 308 BGB 2002 Nr. 5; s. *Hunold* NZA 2007, 19 ff.). Gleiches gilt für den arbeitsvertraglichen Vorbehalt, dem Arbeitnehmer innerhalb des Unternehmens eine andere, seiner Ausbildung und beruflichen Entwicklung oder vorherigen Tätigkeit entsprechende Tätigkeit zu übertragen, soweit dies mit einem Wohnungswechsel nicht verbunden ist; auch dies hält der AGB-Kontrolle gem. § 307 Abs. 1 BGB stand (*BAG* 3.12.2008 – 5 AZR 62/08, NZA-RR 2009, 527 LS). **539**

Allerdings verstößt eine vorformulierte Klausel, nach der der Arbeitgeber eine andere als die vertraglich vereinbarte Tätigkeit einem Arbeitnehmer »**falls erforderlich**« und nach »**Abstimmung der beiderseitigen Interessen**« einseitig zuweisen kann, als **unangemessene** Benachteiligung gegen § 307 BGB, **wenn nicht gewährleistet ist, dass die Zuweisung eine mindestens gleichwertige Tätigkeit zum Gegenstand haben muss** (*BAG* 9.5.2006 NZA 2007, 145; *LAG Hamm* 6.11.2007 LAGE § 611 BGB Beschäftigungspflicht Nr. 8; *LAG Köln* 24.1.2008 LAGE § 626 BGB 2002 Nr. 16; s. *Preis/Genenger* NZA 2008, 969 ff.). Eine Klausel, durch die sich der Arbeitgeber vorbehält, einseitig ohne den Ausspruch einer Änderungskündigung die vertraglich vereinbarte Tätigkeit unter Einbeziehung **geringerwertiger Tätigkeiten** zu Lasten des Arbeitnehmers ändern zu können, ist also regelmäßig **unwirksam** (§ 307 Abs. 1 Nr. 1, Abs. 2 BGB; *BAG* 25.8.2010 EzA § 307 BGB 2002 Nr. 49; s. a. *Salamon/Fuhlrott* NZA 2011, 839 ff.). **540**

Auch geht es zu Lasten des Arbeitgebers, wenn **unklar** bleibt, ob ihm auf Grund Formulararbeitsvertrages **überhaupt ein Versetzungsrecht zukommt** (*LAG Bln.* 23.2.2007 LAGE § 18 KSchG Nr. 1). **541**

Unwirksam ist auch eine vorformulierte Klausel im Arbeitsvertrag eines international tätigen Konzerns mit einem Arbeitnehmer, wenn sich der Arbeitgeber den Einsatz in einem anderen Betrieb oder Unternehmen des Konzerns im In- und Ausland vorbehält, **ohne** eine vom Arbeitgeber zwingend einzuhaltende angemessene **Ankündigungsfrist** für eine Versetzung an einen weit entfernten Arbeitsort im In- oder Ausland festzulegen; dies bedeutet eine unangemessene Benachteiligung i. S. d. § 307 Abs. 1 BGB (*LAG Hamm* 11.12.2008 LAGE § 307 BGB 2002 Nr. 16). **542**

Andererseits kann sich der Arbeitgeber bei der Ausübung seines Weisungsrechts dahingehend binden, dass er dem Arbeitnehmer eine bestimmte Aufgabe überträgt, wenn der eine Ausbildung erfolgreich durchläuft und gesundheitlich zur Durchführung der Aufgabe geeignet ist. Der Arbeitnehmer **543** kann dann allerdings nicht ohne besondere Umstände darauf vertrauen, dass der Arbeitgeber sich für sein Verhalten gegenüber dem **Betriebsrat** so weitgehend binden wollte, dass er sich verpflichtet, ein ggf. erforderliches Zustimmungsersetzungsverfahren gem. §§ 99 ff. BetrVG durchzuführen (*BAG* 16.3.2010 EzA § 106 GewO Nr. 5).

544 ▶ **Beispiele Direktionsrecht:**
– Der Arbeitnehmer weigert sich zu Recht, seine Arbeit in einer vorgeschriebenen **Dienstkleidung** zu versehen, wenn und solange der Arbeitgeber ihm **keine Umkleidemöglichkeit** zur Verfügung stellt, die es dem Arbeitnehmer erlaubt, sich privat, vor und nach der Arbeit, ohne das Tragen einer Dienstkleidung bewegen zu können (*LAG BW* 11.5.2004 LAG Report 2004, 319 LS).
– Der Arbeitgeber kann berechtigt sein, einem Außendienstmitarbeiter im Wege des Direktionsrechts einen **anderen Verkaufsbezirk** zuzuweisen (*LAG Köln* 29.11.2005 – 9 (7) Sa 657/05, EzA-SD 9/2006 S. 12 LS).
– Bei einer Arbeitnehmerin, die in einem **Zeitungsverlag** als Redakteurin beschäftigt und zuletzt in der Redaktion Reise/Stil tätig war, war im Arbeitsvertrag u. a. geregelt: »Der Verlag behält sich vor, dem Redakteur andere redaktionelle oder journalistische Aufgaben, auch an anderen Orten und bei anderen Objekten zu übertragen, wenn es dem Verlag erforderlich erscheint und für den Redakteur zumutbar ist ...« Die Versetzung die Klägerin in die neu gebildete Service- und Entwicklungsredaktion, wo sie mit zwei weiteren Redakteurinnen und einem Teamleiter u. a. eine Gesundheitsbeilage entwickeln sollte, war unwirksam. Nach § 106 S. 1 GewO kann der Arbeitgeber den Inhalt der Arbeitsleistung nach billigem Ermessen zwar näher bestimmen, aber nur, soweit die Arbeitsbedingungen nicht durch den Arbeitsvertrag, Bestimmungen einer Betriebsvereinbarung, eines anwendbaren Tarifvertrags oder gesetzliche Vorschriften festgelegt sind. Nach dem Arbeitsvertrag war die Beklagte nur berechtigt, der Klägerin eine Redakteurstätigkeit bei anderen Objekten/Produkten zu übertragen. Es gehörte nicht zum Berufsbild des Redakteurs, nur neue Produkte zu entwickeln, ohne noch zur Veröffentlichung bestimmte Beiträge zu erarbeiten. Zudem übertrug die Beklagte der Klägerin keine anderen Produkte, sondern entzog ihr ausschließlich die bisher bearbeiteten (*BAG* 23.2.2010 EzA § 106 GewO Nr. 6).
– Wird eine inhaltliche Veränderung des Arbeitsverhältnisses dahingehend eingeführt, dass die bislang durchgängige dreifach-Wechselschicht auf eine zweifach-Wechselschicht werktags unter Ausschluss der Samstage reduziert wird, so beruht die Geltung dieser veränderten Lage der Arbeitszeit auf einer Ausübung des Direktionsrechts des Arbeitgebers. Die Grenzen des Direktionsrechts (s. Rdn. 547) sind auch nicht deshalb überschritten, weil infolge dessen Einkommensverluste (z. B. durch Wegfall von Zulagen/Zuschlägen) eintreten, da dies nur eine mittelbare Folge der **Veränderung der Lage** der Arbeitszeit ist (*LAG RhPf* 15.5.2001 NZA-RR 2002, 120).
– Das Direktionsrecht umfasst auch den **Wechsel von der Nacht- zur Tagarbeit**, auch dann, wenn in der Vergangenheit jahrelang anders verfahren wurde. Denn in der jahrelangen Praxis ist grds. kein Verhalten des Arbeitgebers zu finden, das den Schluss erlaubt, er wolle sich vertragsrechtlich binden (*LAG Köln* 26.7.2002 NZA-RR 2003, 577 LS).
– Eine »**Versetzungsklausel**« in einem **vorformulierten Arbeitsvertrag**, nach der sich der Arbeitgeber »unter Wahrung der Interessen des Redakteurs« die Zuweisung eines anderen Arbeitsgebietes vorbehält, berechtigt den Arbeitgeber zur Übertragung eines anderen Ressorts. Das kann auch den Wechsel von einer Hauptredaktion zu einer Lokalredaktion umfassen (*BAG* 11.4.2006 EzA § 308 BGB 2002 Nr. 5 m. Anm. *Schöne* SAE 2007, 370 ff.; *Fliss* NZA-RR 2008, 225 ff.). Zur wirksamen Ausübung des gesetzlichen Versetzungsrechts des § 106 S. 1 GewO gehört es, dass **hinreichend bestimmt** ist, **welche Aufgaben die Arbeitnehmerin künftig wahrnehmen soll** (*LAG Köln* 9.1.2007 LAGE § 307 BGB 2002 Nr. 10a).
– Der Arbeitnehmer kann es auch dem Direktionsrecht des Arbeitgebers überlassen, ob Altersteilzeit im Block- oder im Teilzeitmodell (§ 3 TV ATZ) durchgeführt werden soll. Er darf sein Angebot aber auch auf ein bestimmtes Verteilungsmodell beschränken. Dann hat der Arbeit-

geber über die Verteilung nach billigem Ermessen zu entscheiden. Führt die ermessensfehlerfreie Entscheidung des Arbeitgebers dazu, dass die ausschließlich begehrte Verteilung abgelehnt werden darf, kann der Arbeitgeber das Angebot insgesamt ablehnen. Alternativ dazu darf der Arbeitnehmer die Art der Verteilung der verringerten Arbeitszeit im Rangverhältnis anbieten (z. B. vorrangig im Teilzeitmodell und hilfsweise im Blockmodell). Der Arbeitgeber hat dann in diesem Rangverhältnis nach billigem Ermessen zu entscheiden (*BAG* 4.5.2010 EzA § 894 ZPO 2002 Nr. 2).

Gegenstand des Direktionsrechts können wohl auch Verhaltensrichtlinien »**Ethikklauseln**« sein, **sofern sie** bestehende arbeitsvertragliche oder gesetzliche Haupt- und Nebenpflichten spezifizieren und detaillieren, ohne den Pflichtenkreis des Arbeitnehmers zu erweitern (vgl. § 241 Abs. 2 BGB; s. Rdn. 589 ff.; NZA Beil. 1/2011 zu Heft 7/2011; zum Mitbestimmungsrecht gem. § 87 Abs. 1 Nr. 2 BetrVG s. *BAG* 22.7.2008 EzA § 87 BetrVG 2001 Betriebliche Ordnung Nr. 3). In Betracht kommen z. B. Verschwiegenheitsklauseln und Regelungen zur Annahme von Geschenken und die Verpflichtung zur Meldung eigenen und insbes. fremden Fehlverhaltens (vgl.; *Wisskirchen/Körber/Bissels* BB 2006, 1567 ff.; s. a. Kap. 4 Rdn. 1330). Allerdings dürfen insoweit nicht Rechtsvorstellungen anderer Nationen unbesehen übernommen werden; vielmehr sind stets die Grenzen des Direktionsrechts, also insbes. das billige Ermessen (§ 315 BGB; s. Kap. 3 Rdn. 814 ff.), das auch ausgefüllt wird durch Wertentscheidungen des GG, insbes. Art. 1, 2 GG zu beachten und gegenüber einem nachvollziehbaren schutzwürdigen Arbeitgeberinteresse abzuwägen. Vor diesem Hintergrund sind Regeln, die die **Selbstanzeige** oder die **Anzeige eines Fehlverhaltens von Kollegen** vorsehen (sog. »whistle-blow-Klauseln««; s. dazu *Wisskirchen/Körber/Bissels* BB 2006, 1567 ff.; s. Kap. 4 Rdn. 1330), das Ausgehen und eine **Liebesbeziehung mit Arbeitskollegen** unterbinden sollen, »wenn Sie die Arbeitsbedingungen dieser Person beeinflussen können« oder das Verbot der Verwendung von Spitznamen, »wenn Sie nicht sicher sind, ob diese korrekt sind«, **in dieser Allgemeinheit und in dieser Form indiskutabel** (s. *Kolle/Deinert* AuR 2006, 177 ff.). 545

Bestehen zwischen Arbeitgeber und Arbeitnehmer **Meinungsverschiedenheiten** über Umfang und Grenzen des Direktionsrechts, so ist der Arbeitnehmer gleichwohl verpflichtet, auf Anweisung des Arbeitgebers zur Abklärung der künftigen Arbeitspflichten am Arbeitsplatz zu erscheinen, denn diese Anweisungsbefugnis folgt aus dem Arbeitgeber-Direktionsrecht (*LAG SchlH* 26.9.2002 ARST 2003, 190 LS). 546

Das Weisungsrecht findet seine Grenzen in einzelvertraglichen (*LAG RhPf* 27.5.2011 LAGE § 106 GewO 2003 Nr. 11), gesetzlichen und kollektivvertraglichen Regelungen (z. B. §§ 134, 138 BGB, MuSchG, ArbZG, JArbSchG), auch dispositiven, soweit sie nicht im Einzelfall durch Vereinbarung abbedungen sind (§ 106 GewO; s. *Lakies* BB 2003, 364 ff.). **Das Weisungsrecht kann insbes. nicht einseitig die im Arbeitsvertrag festgelegten Bedingungen verändern** (vgl. *LAG Hamm* 26.10.2005 AuR 2006, 211 LS). Denn welche Arbeit der Arbeitnehmer zu leisten hat, ergibt sich in erster Linie aus dem Arbeitsvertrag. Der Arbeitgeber kann Inhalt und Umfang der Arbeitspflicht kraft seines Weisungsrechts gerade **nur im Rahmen des jeweiligen Arbeitsvertrags festlegen** (§ 106 GewO; *BAG* 23.6.2007 EzA § 106 GewO Nr. 2; *LAG BW* 25.3.2010 – 11 Sa 70, 71/09, AuR 2010, 343 LS). Deshalb kann z. B. eine Herabstufung vom **Vorarbeiter** zum »**gewöhnlichen Arbeitnehmer**« nicht kraft Direktionsrechts vorgenommen werden (*ArbG Weiden* 6.11.2003 AuR 2004, 435 LS). Auch die **Verlagerung von Arbeitszeiten** auf den Samstagnachmittag kann der Arbeitgeber dann nicht einseitig mit dem Direktionsrecht durchsetzen, wenn eine individuelle Arbeitszeitvereinbarung mit dem Arbeitnehmer getroffen wurde (*LAG Hamm* 26.10.2005 AuR 2006, 211 LS); dies gilt generell, wenn die Lage der täglichen Arbeitszeit vertraglich vereinbart ist (*BAG* 17.7.2007 EzA § 8 TzBfG Nr. 14). Denn alle anderen Bestimmungsgründe gehen dem Weisungsrecht vor, also insbes. die vertragliche Vereinbarung, durch die die Ausführung der Arbeit festgelegt wird. Das Weisungsrecht ist insoweit das rangschwächste Gestaltungsmittel; s. Rdn. 265 ff. Der arbeitsvertragliche Vorbehalt, Dauer und zeitliche Lage der Arbeitszeit nach den betrieblichen Erfordernissen einseitig völlig dem Weisungsrecht des Arbeitgebers zu überlassen, ist folglich gem. § 134 BGB unwirksam. 547

Denn der Umfang der beiderseitigen Hauptleistungspflichten unterliegt nicht dem allgemeinen Weisungsrecht des Arbeitgebers. Solche Inhalte sind nur durch Gesetz, Kollektiv- oder Einzelarbeitsvertrag gestaltbar (*LAG Düsseld.* 30.8.2002 NZA-RR 2003, 407).

548 Je genauer im Übrigen die Tätigkeit des Arbeitnehmers sowie die Modalitäten der Beschäftigung, also der Einsatzort, Umfang und die Lage der Arbeitszeit im Arbeitsvertrag umschrieben sind, umso weniger Spielraum hat der Arbeitgeber z. B. bei der Zuweisung verschiedenartiger Tätigkeiten (vgl. *BAG* 23.11.2004 EzA § 1 KSchG Betriebsbedingte Kündigung Nr. 134; 2.3.2006 EzA § 1 KSchG Soziale Auswahl Nr. 67; *LAG RhPf* 27.5.2011 LAGE § 106 GewO 2003 Nr. 11; *Hunold* NZA-RR 2001, 337 ff.; s. a. *Salamon/Fuhlrott* NZA 2011, 839 ff.). Findet sich deshalb z. B. in einem Arbeitsvertrag **keine Versetzungsklausel**, so ist die einseitige Versetzungsmöglichkeit durch Direktionsrecht des Arbeitgebers **an einen anderen Ort außerhalb des Betriebes** – und sei dieser auch nur 13 km entfernt – **nicht** gegeben (*LAG Nbg.* 17.2.2004 NZA-RR 2004, 628). Enthält ein Arbeitsvertrag **keine ausdrücklichen Regelungen zum Arbeitsort**, so gilt der **Betriebssitz** als vertraglich festgelegt (§ 269 Abs. 1 BGB). Danach liegt der Leistungsort mangels Leistungsbestimmung am Betriebssitz, wenn sich der Ort der Leistung nicht aus der Natur des Schuldverhältnisses ergibt; **ohne Versetzungsvorbehalt kommt dann eine einseitige Änderung nicht in Betracht** (*LAG BW* 10.12.2010 LAGE § 611 BGB 2002 Direktionsrecht Nr. 2).

Bei der Prüfung der Wirksamkeit einer Versetzung an einen anderen Tätigkeitsort, die auf Regelungen in AGB gem. § 305 ff. BGB beruht, ist aber andererseits zunächst durch Auslegung der Bestimmungen festzustellen, **ob ein Tätigkeitsort vertraglich festgelegt ist** und welchen Inhalt ein ggf. vereinbarter Versetzungsvorbehalt hat. Im Rahmen der Auslegung ist sodann zu beachten, dass die Bestimmung eines bestimmten Orts der Tätigkeit **in Kombination mit einer durch Vertragsvorbehalt geregelten Einsatzmöglichkeit** im gesamten Unternehmen **regelmäßig die vertragliche Beschränkung auf den im Vertrag genannten Ort der Arbeitsleistung verhindert** (*BAG* 19.1.2011 EzA § 106 GewO Nr. 7; s. a. *Salamon/Fuhlrott* NZA 2011, 839 ff.).

Das gilt im Übrigen **auch umgekehrt**: Ist arbeitsvertraglich eine Tätigkeit im Drei-Schicht-System vereinbart worden, so kann das **Begehren des Arbeitnehmers**, aus gesundheitlichen Gründen ausschließlich in Nachtschicht eingesetzt zu werden, nur durch Vertragsänderung, ggf. durch eine Änderungskündigung, realisiert werden (*Sächs. LAG* 11.5.2005 – 3 Sa 716/04 – EzA-SD 18/2005 S. 8 LS). Denn ein **Anspruch auf Beschäftigung mit ganz bestimmten Tätigkeiten** steht dem Arbeitnehmer nur dann zu, wenn seine Arbeitspflicht nach dem **Inhalt des Arbeitsvertrages** auf diese Tätigkeiten beschränkt ist. Dies ist gerade nicht der Fall, wenn der Arbeitgeber dem Arbeitnehmer auf Grund seines Direktionsrechts auch andere Tätigkeiten zuweisen kann (*LAG Nbg.* 10.9.2003 LAGE § 611 BGB Direktionsrecht Nr. 29; *LAG Hamm* 8.3.2005 NZA-RR 2005, 462). **Weist der Arbeitgeber** andererseits den Arbeitnehmer bei Abschluss des Arbeitsvertrages auf eine für den Arbeitsbereich des Arbeitnehmers geltende **betriebliche Regelung über Zeit und Ort des Beginns und Endes der täglichen Arbeitszeit** hin, wird die zu diesem Zeitpunkt bestehende betriebliche Regelung nicht Inhalt des Arbeitsvertrages; das Direktionsrecht des Arbeitgebers wird dadurch nicht eingeschränkt (*BAG* 7.12.2000 EzA § 611 BGB Direktionsrecht Nr. 22, 23 m. Anm. *Thau* SAE 2002, 56). Sieht der Arbeitsvertrag eine Verpflichtung zur Ableistung von Spätdienst nicht ausdrücklich vor, **folgt daraus nicht, dass das Direktionsrecht des Arbeitgebers insoweit ausgeschlossen ist** (*LAG Nds.* 26.7.2001 NZA-RR 2002, 118).

549 Bei bestimmten Berufsgruppen hat der Arbeitnehmer auf Grund des Arbeitsvertrages einen gewissen **Ausführungsspielraum** (z. B. Künstler, Ärzte, Lehrer, Wissenschaftler), in den durch das Direktionsrecht nicht eingegriffen werden darf.

550 Die Befugnis zur Anordnung von **Überstunden** ist insoweit **nicht selbstverständlicher Teil des Direktionsrechts**; sie bedarf einer besonderen Grundlage, z. B. im Arbeitsvertrag, aber auch in einer Betriebsvereinbarung, solange die Pflicht zur Leistung von Überstunden nicht vertraglich ausgeschlossen ist (*BAG* 3.6.2003 EzA § 77 BetrVG 2001 Nr. 5).

**551** Im **öffentlichen Dienst** erstreckt sich das Direktionsrecht des Arbeitgebers bei einer Vertragsgestaltung, die den vertraglichen Aufgabenbereich allein durch eine allgemeine Tätigkeitsbezeichnung und die Nennung der Vergütungsgruppe beschreibt, auf solche Tätigkeiten des allgemein umschriebenen Aufgabenbereichs, die die Merkmale **der Vergütungsgruppe** erfüllen, in die der Angestellte nach dem Arbeitsvertrag eingestuft ist (*BAG* 17.8.2011 EzA § 106 GewO Nr. 8; *LAG RhPf* 27.5.2011 LAGE § 106 GewO 2003 Nr. 11), es beschränkt sich also insbes. **nicht auf eine bestimmte Fallgruppe** einer Vergütungsgruppe (*BAG* 21.11.2002 EzA § 520 ZPO 2002 Nr. 1; *LAG Köln* 9.5.2008 LAGE § 106 GewO 2003 Nr. 5).

**552** Der Arbeitgeber kann dem Arbeitnehmer also grds. jede, dem allgemein umschriebenen Aufgabenbereich zuzuordnende Tätigkeit zuweisen, die den Merkmalen seiner Vergütungsgruppe entspricht (*BAG* 2.3.2006 EzA § 1 KSchG EzA § 1 KSchG Soziale Auswahl Nr. 67; 17.8.2011 EzA § 106 GewO Nr. 8; *LAG Köln* 9.5.2008 LAGE § 106 GewO 2003 Nr. 5), sofern nicht ausnahmsweise Billigkeitsgesichtspunkte entgegenstehen (*BAG* 29.10.1997 ZTR 1998, 187). Dabei wird von der Überlegung ausgegangen, dass der Arbeitnehmer nach den im öffentlichen Dienst üblichen Musterverträgen für einen **allgemein umschriebenen Aufgabenbereich eingestellt wird**, in dem lediglich die Vergütungsgruppe festgelegt ist (*BAG* 28.10.1999 ZTR 2000, 473; 2.3.2006 EzA § 1 KSchG Soziale Auswahl Nr. 67; *LAG RhPf* 27.5.2011 LAGE § 106 GewO 2003 Nr. 11). Durch diese Zuweisung kann dem Arbeitnehmer auch z. B. eine bisher innegehabte **Vorgesetztenfunktion entzogen** werden, wenn Führungsverantwortung nicht zu den Tätigkeitsmerkmalen seiner Vergütungsgruppe gehört (*LAG Köln* 5.2.1999 ZTR 1999, 378). Das rechtfertigt jedoch nicht die Übertragung einer Tätigkeit, die geringerwertige Qualifikationsmerkmale erfüllt und nur im Wege des Bewährungsaufstieges (s. Kap. 3 Rdn. 931) die Eingruppierung in die ursprünglich maßgebende Vergütungsgruppe ermöglicht (*BAG* 30.8.1995 AP Nr. 44 zu § 611 BGB Direktionsrecht). Unerheblich ist andererseits, ob aus einer einschlägigen Fallgruppe der Vergütungsgruppe ein Bewährungsaufstieg in eine höhere Vergütungsgruppe möglich ist oder nicht (*BAG* 21.11.2002 EzA § 520 ZPO 2002 Nr. 1).

**552a** Eine Auslegung des Arbeitsvertrags der Parteien kann z. B. ergeben, dass diese mit der Bezeichnung der Tätigkeit des Arbeitnehmers als Straßenbahnfahrer-Anwärter **nur die erste**, dem Kläger zum Zeitpunkt der Einstellung **übertragene Tätigkeit** bezeichnet haben, ohne die künftige Übertragung einer anderen Tätigkeit – z. B. als Pförtner – auszuschließen, denn ein Bewerber um eine Stelle im Öffentlichen Dienst hat regelmäßig davon auszugehen, dass er grds. verpflichtet ist, jede ihm im Bereich des Arbeitgebers zugewiesene Tätigkeit auszuüben, die den Merkmalen seiner Vergütungsgruppe entspricht (*LAG Hessen* 24.10.2011 LAGE § 106 GewO Nr. 12).

**553** Das Direktionsrecht berechtigt den öffentlichen Arbeitgeber also nicht, dem Arbeitnehmer – auf Dauer – eine **Tätigkeit einer niedrigeren Vergütungsgruppe** zu übertragen. Die Änderung der bisherigen Tätigkeit kann der öffentliche Arbeitgeber dann einseitig nur im Wege der Änderungskündigung durchsetzen (*BAG* 23.11.2004 EzA § 1 KSchG Betriebsbedingte Kündigung Nr. 134). Auch im Geltungsbereich **des TV über den Rationalisierungsschutz** für Arbeiter des Bundes und der Länder kann eine Zuweisung einer Tätigkeit, die zu einer niedrigeren tariflichen Einreihung führt, nicht einseitig durch Ausübung des Direktionsrechts erfolgen; die Zumutbarkeitsregelungen im Rahmen der Arbeitsplatzsicherung ändern daran nichts (*LAG RhPf* 3.6.2004 ZTR 2005, 43).

Dagegen ist die Zuweisung von Tätigkeiten einer niedrigeren Entgeltgruppe dann vom Direktionsrecht gedeckt, wenn der Arbeitnehmer die höhere Vergütung bei **gleichbleibenden Qualifikationsmerkmalen** aufgrund des **Bewährungsaufstiegs** erzielt hat und die neu zugewiesene Tätigkeit den Qualifikationsmerkmalen entspricht (*LAG Nds.* 15.10.2010 LAGE § 106 GewO 2003 Nr. 3).

**554** Zu beachten ist, dass die **Angabe einer bestimmten Beschäftigungsdienststelle** in den vorformulierten Arbeitsverträgen des öffentlichen Dienstes regelmäßig nicht zum Ausschluss des Direktionsrechts des öffentlichen Arbeitgebers gem. § 12 BAT führt (*BAG* 22.1.2004 – 1 AZR 495/01 – NZA 2005, 839 LS). Wird andererseits im **Mustervertrag eines kirchlichen Arbeitgebers** neben dem

Rechtsträger als Vertragspartner auch eine **konkrete Einrichtung** im Vertragskopf und über der Unterschrift des Arbeitgebervertreters genannt, so führt dies zu einer Beschränkung des Einsatzbereichs des Arbeitnehmers auf diese Einrichtung (*LAG Bln.* 23.2.2007 LAGE § 18 KSchG Nr. 1).

555 Entscheidend ist sowohl im privatwirtschaftlichen Bereich als auch im öffentlichen Dienst, ob und inwieweit der Arbeitgeber auf Grund des Arbeitsvertrages überhaupt berechtigt ist, eine entsprechende Anordnung zu treffen (*BAG* 27.3.1980 EzA § 611 BGB Direktionsrecht Nr. 2).

556 Liegt im Übrigen ein im öffentlichen Dienst üblicher **Formulararbeitsvertrag nicht vor**, sondern wird der Arbeitnehmer für die Ausübung einer bestimmten Tätigkeit eingestellt, ist der öffentliche Arbeitgeber **nicht berechtigt**, dem Arbeitnehmer Tätigkeiten zuzuweisen, die der im Arbeitsvertrag genannten Tätigkeit nicht **gleichwertig sind** (*LAG Köln* 9.5.2008 LAGE § 106 GewO 2003 Nr. 5; s. a. *LAG BW* 25.3.2010 NZA-RR 2010, 499).

557 Soweit dagegen der Arbeitgeber berechtigt ist, die jeweils konkret zu leistende Arbeit und die Art und Weise ihrer Erbringung festzulegen, **hat der Arbeitnehmer den Weisungen Folge zu leisten** (s. § 106 GewO; § 29 Abs. 1 S. 2 SeemG). Verstößt der Arbeitnehmer dagegen, so liegt darin die **Nicht- oder Schlechterfüllung** der Arbeitspflicht, die nach einschlägiger Abmahnung die ordentliche Kündigung, oder, falls es sich um eine beharrliche Arbeitsverweigerung handelt, auch die außerordentliche Kündigung des Arbeitsverhältnisses rechtfertigen kann (*BAG* 17.3.1988 EzA § 622 BGB Nr. 116).

558 Etwas anderes gilt bei **gesetzwidrigen Weisungen**, z. B. dann, wenn der Arbeitgeber bestehende Mitbestimmungsrechte des Betriebsrats (insbes. gem. § 87 BetrVG) nicht beachtet hat. Denn dann hat der Arbeitnehmer ein Leistungsverweigerungsrecht, weil die Weisung ihm gegenüber unwirksam ist (*BAG* 14.1.1986 EzA § 87 BetrVG Betriebliche Ordnung Nr. 11).

*b) Grenzen des Weisungsrechts; gerichtliche Geltendmachung der Unwirksamkeit einer Weisung*

559 Das Direktionsrecht findet einerseits seine Grenzen in den Vorschriften der Verfassung, der **Gesetze, des Kollektiv- und des Einzelarbeitsvertragsrechts** (*BAG* 14.8.2007 – 9 AZR 58/07, NZA-RR 2008, 129; instr. *Hromadka* NZA 2012, 233 ff.). Der Arbeitgeber muss bei der Ausübung seines Weisungsrechts insbes. auf einen ihm offenbarten **Glaubenskonflikt** Bedacht nehmen. Er darf dem Arbeitnehmer bei verfassungskonformer Auslegung und Anwendung von § 106 S. 1 GewO regelmäßig keine Arbeit zuweisen, die diesen in einen nachvollziehbar dargelegten, ernsthaften und unüberwindbaren Glaubenskonflikt brächte. Etwas anderes kann nur dann gelten, wenn entgegenstehende Grundrechte oder Verfassungsaufträge – sei es auch nur vorübergehend – ein Hintanstellen der Glaubensüberzeugungen geboten erscheinen lassen (*BAG* 24.2.2011 EzA § 1 KSchG Personenbedingte Kündigung Nr. 28). Der Arbeitgeber kann auch z. B. keine wirksame Anweisung erteilen, wenn er **vom Wortlaut einer Betriebsvereinbarung abweicht** und keine Abstimmung mit dem Betriebsrat herbeiführt (*LAG RhPf* 10.3.2005 LAG Report 2005, 321; s. a. *LAG Nds.* 29.4.2005 – 16 Sa 1330/04, EzA-SD 17/2005 S. 7 LS).

Das Direktionsrecht darf andererseits nur nach billigem Ermessen ausgeübt werden (§ 106 GewO; § 315 BGB; *BAG* 23.6.2007 EzA § 106 GewO Nr. 2; 17.8.2011 EzA § 106 GewO Nr. 8; 17.8.2011 – 10 AZR 202/10, EzA-SD 26/2011 S. 10 LS; *LAG Hessen* 24.10.2011 LAGE § 106 GewO Nr. 12). Eine Leistungsbestimmung entspricht dann billigem Ermessen, wenn sie die **wesentlichen Umstände des Falles abgewogen** und die beiderseitigen Interessen **angemessen berücksichtigt** hat (*BAG* 17.1.2006 – 9 AZR 226/05, EzA-SD 16/2006 S. 24 LS; 23.6.2009 EzA § 106 GewO Nr. 3; 15.9.2009 EzA § 106 GewO Nr. 4; 17.8.2011 EzA § 106 GewO Nr. 8; 17.8.2011 – 10 AZR 202/10, EzA-SD 26/2011 S. 10 LS).

Den Regelungen in § **121 Abs. 4 S. 1 und S. 2 SGB III** können **belastbare Grenzen** für die Zumutbarkeit einer Versetzung **nicht entnommen werden**. Regelungsziel der gesetzlichen Vorschriften über die Ausübung billigen Ermessens ist es, im Einzelfall eine Entscheidung herbeizuführen, die den wechselseitigen Interessen der Arbeitsvertragsparteien Rechnung trägt. Das Interesse des Arbeitnehmers an kurzen Pendelzeiten z. B. ist dabei ein wesentliches Kriterium, welches in die

Abwägung einzubeziehen ist. Demgegenüber betrifft § 121 SGB III das Rechtsverhältnis zwischen dem Arbeitslosen und der Arbeitsverwaltung. Die Versagung des Arbeitslosengelds bei Ablehnung einer zumutbaren Beschäftigung ist eine öffentlich-rechtliche Sanktion für mangelnde eigene Leistungsbereitschaft des Leistungsempfängers bei Bezug einer sozialversicherungsrechtlichen Leistung (*BAG* 17.8.2011 EzA § 106 GewO Nr. 8).

Es ist also zu prüfen, ob die Maßnahme, z. B. eine Versetzung, aus den vom Arbeitgeber genannten Gründen an sich und auch die konkrete Maßnahme aus diesen Gründen der Billigkeit entspricht (*LAG München* 18.9.2002 LAGE § 611 BGB Beschäftigungspflicht Nr. 45). Das schließt die Achtung grundrechtlich geschützter Interessen, z. B. des Rechts des Arbeitnehmers zur Ablehnung von Vertragsverhandlungen, ein (*BAG* 23.6.2009 EzA § 106 GewO Nr. 3; s. *Müller* FA 2010, 100 ff.). Auch muss der Arbeitgeber z. B. bei der Ausgestaltung von Schichtplänen den Wunsch eines Arbeitnehmers, an Sitzungen einer Gewerkschaft teilnehmen zu können, angemessen berücksichtigen (Art. 9 GG; *BAG* 13.8.2010 EzA Art. 9 GG Nr. 100).

Eine Beibehaltung der **Wechselschichttätigkeit** ist für den Arbeitnehmer z. B. nicht automatisch »günstiger«, denn den dort durch Nacht- und Wochenendzuschläge begründeten besseren Verdienstmöglichkeiten stehen eine wesentlich geringere gesundheitliche Belastung und wesentlich bessere Möglichkeiten der Freizeitdisposition gegenüber (*LAG Köln* 29.7.2010 – 7 Sa 240/10, AuR 2011, 365 LS).

Unangemessen ist z. B. eine Weisung des Inhalts, dass sich der Arbeitnehmer einer **permanenten Dokumentation** des dienstlichen Tagesablaufs und Kontrollgesprächen unterziehen soll (*ArbG Bln.* 5.2.2006 – 28 Ca 6409/05 – AuR 2007, 58 LS). Nichts anderes kann für die Anweisung an einen Beschäftigungstherapeuten gelten, die Bewohner des Alten- und Pflegeheims **während einer Therapiestunde auf die Toilette zu begleiten** (so *ArbG Ludwigshafen* 14.9.2006 NZA-RR 2007, 72). Der Arbeitgeber hat auch auf **Behinderungen des Arbeitnehmers** Rücksicht zu nehmen (§ 106 S. 3 GewO). Auch die Versetzung eines Mitarbeiters unter **erheblicher Stundenlohneinbuße** mit der Begründung, ein krankheitsbedingter plötzlicher Ausfall sei auf dem neuen Arbeitsplatz leichter zu verkraften, als wenn der Arbeitnehmer wie bisher nach einer Arbeitsunfähigkeit beanstandungslos wieder am alten Arbeitsplatz eingesetzt würde, verstößt gegen billiges Ermessen (*LAG Hamm* 1.6.2007 – 10 Sa 249/07 – AuR 2007, 363 LS). Schließlich kann es erforderlich sein, eine im **Schichtdienst tätige Fahrdienstleiterin** eines öffentlichen Nahverkehrsunternehmens **von Nachtarbeit zu befreien**, wenn dies aus objektiver medizinischer Sicht auf Grund ihres stark angeschlagenen Gesundheitszustands wünschenswert erscheint. Das gilt umso mehr, wenn die Schichtdienstgestaltung des Arbeitgebers nicht dem aktuellen Standard arbeitsmedizinischer Erkenntnisse entspricht (*LAG Köln* 28.6.2007 – 7 Sa 1506/05 – AuR 2007, 143 LS).

Die Teilnahme an Gesprächen, die mit den im Gesetz genannten Zielen nicht im Zusammenhang stehen – z. B. Gespräche mit dem einzigen Ziel einer vom Arbeitnehmer bereits abgelehnten Vertragsänderung –, kann der Arbeitgeber nicht durch einseitige Anordnung zur nach § 106 GewO verbindlichen Dienstpflicht erheben (*BAG* 23.6.2009 EzA § 106 GewO Nr. 3; s. *Reinecke* AuR 2011, 234 ff.: »Trennungsgespräche«).

Beruft sich der Arbeitnehmer erstmals nach einer erteilten Weisung auf einen unüberwindbaren **inneren Glaubenskonflikt**, kann der Arbeitgeber verpflichtet sein, **erneut von seinem Direktionsrecht Gebrauch zu machen** und dem Arbeitnehmer – soweit möglich und zumutbar – eine andere Arbeit zuzuweisen (s. *BAG* 17.8.2011 – 10 AZR 202/10, EzA-SD 26/2011 S. 10 LS). Beharrt der Arbeitgeber auf der Arbeitsleistung, kann dies i. S. v. § 106 S. 1 GewO ermessensfehlerhaft sein. Nur in eng begrenzten Fällen hängt die Frage, ob der Arbeitgeber dem Arbeitnehmer die Arbeitsleistung trotz eines bestehenden Glaubens- oder Gewissenskonflikts verbindlich zuweisen darf, von der **Vorhersehbarkeit des Konflikts** ab (*BAG* 24.2.2011 EzA § 1 KSchG Personenbedingte Kündigung Nr. 28).

Kann der Arbeitgeber wegen Schließung einer Niederlassung die dort tätige Arbeitnehmerin am bisherigen vertraglichen Einsatzort nicht mehr beschäftigen und erweist sich die ausgesprochene betriebsbedingte Kündigung wegen bestehender **Schwangerschaft** der Arbeitnehmerin als unwirksam, so überschreitet die im Arbeitsvertrag an sich vorbehaltene Versetzung die Grenze billigen Ermessens dann, wenn die Arbeitnehmerin auf die Benutzung öffentlicher Verkehrsmittel angewiesen ist und **je Strecke eine Fahrtzeit von mehr als zwei Stunden** anfällt. Das gilt auch dann, wenn es sich um die einzige geeignete freie Stelle handelt (*LAG Hamm* 24.5.2007 NZA-RR 2008, 175).

Weil **Schulferien** für angestellte Lehrkräfte zwar im Allgemeinen eine unterrichtsfreie, aber keine arbeitszeitfreie Zeit sind, die Lehrkraft also grds. zur Erledigung aller arbeitsvertraglich geschuldeten Tätigkeiten verpflichtet bleibt, kann der Arbeitgeber verbindlich die Weisung erteilen, während der Schulferien zur Erfüllung **bestimmter Aufgaben in der Schule anwesend** zu sein. Etwas anderes gilt nur dann, wenn durch die Weisung **höherrangiges Recht** verletzt wird, weil z. B. die Höchstarbeitszeit überschritten oder der Urlaubsanspruch der Lehrkraft beeinträchtigt wird (*BAG* 16.10.2007 NZA-RR 2008, 214).

Auch bei der Billigkeitsprüfung einer Versetzung auf einen gleichwertigen Arbeitsplatz müssen das **persönliche Ansehen und die Möglichkeiten der Persönlichkeitsentfaltung des Arbeitnehmers** berücksichtigt werden, die mit dem alten und dem neuen Arbeitsplatz verbunden sind (*LAG München* 18.9.2002 LAGE § 611 BGB Beschäftigungspflicht Nr. 45). Der Arbeitnehmer kann insoweit zudem verlangen, dass der Arbeitgeber einen **wesentlichen Umstand**, der für die Ermessensentscheidung von Bedeutung ist, **nicht fortgesetzt außer Acht lässt** oder grds. falsch beurteilt (*BAG* 11.2.1998 EzA § 315 BGB Nr. 48; *LAG Köln* 26.5.1997 NZA-RR 1997, 466: Nachtwache). Zu den insoweit zu berücksichtigenden wesentlichen Umständen gehören insbes. die **familiären Bindungen und Verpflichtungen** des Arbeitnehmers (*ArbG Hmb* 19.8.2003 AuR 2004, 434 LS; *ArbG Hannover* 24.5.2007 AuR 2007, 280). Dabei ist entscheidend auf die Zumutbarkeit und nicht auf die Betriebszugehörigkeit abzustellen (*LAG Hamm* 28.7.2003 LAG Report 2004, 173). **Zusammengefasst sind die Grenzen billigen Ermessens dann gewahrt, wenn der Arbeitgeber z. B. bei der Bestimmung der Zeit der Arbeitsleistung nicht nur eigene, sondern auch berechtigte Interessen des Arbeitnehmers angemessen berücksichtigt hat.** Für die Feststellung, ob die Grenzen billigen Ermessens gewahrt oder überschritten sind, kommt es damit nicht unmittelbar auf eine Abwägung der Interessenlage verschiedener Arbeitnehmer an. Die Ausübung des Direktionsrechts berührt auch nicht wie bei einer betriebsbedingten Kündigung oder Änderungskündigung den Bestand oder den Inhalt des Arbeitsverhältnisses. Auch dann, wenn berechtigte Belange eines von einer Anordnung des Arbeitgebers betroffenen Arbeitnehmers **geringfügig schutzwürdiger** sind als die eines von der Weisung nicht betroffenen Arbeitnehmers, kann die Ausübung des Direktionsrechts noch **billigem Ermessen entsprechen, wenn der Arbeitgeber ein anzuerkennendes eigenes Interesse verfolgt** (*BAG* 23.9.2004 EzA § 106 GewO Nr. 1). Das ist z. B. dann nicht der Fall, wenn ein Arbeitgeber das gesamte Personal einer Verkaufsfiliale mit der Begründung versetzt, dass das Personal verhaltensbedingt zu wenig verkaufe und die Versetzung dazu führt, dass die Arbeitnehmerin täglich 100 km zurücklegen muss (*ArbG Bamberg* 2.6.2006 – 2 Ca 1700/04 – AuR 2006, 333 LS). Allerdings bedarf der Einwand, es bestehe bei einer **längeren Anreise** zu einem anderen Arbeitsort eine erhöhte Thrombosegefahr, einer nachvollziehbaren Begründung, wenn der Arbeitgeber der Arbeitnehmerin anbietet, an den Verkehrstagen mit einem ICE zwischen Köln und Frankfurt zu fahren (*LAG Köln* 20.12.2007 – 9 Ta 350/07, AuR 2008, 275 LS). Insoweit ist es einem Arbeitgeber auch untersagt, eine **Mutter in Elternzeit** aus Frankfurt/M. anzuweisen, zwei Tage pro Woche in der **Konzernzentrale** des Arbeitgebers **in London** – statt wie bisher zu Hause und im bisherigen Büro – zu arbeiten, denn diese Weisung kommt einer Strafversetzung gleich. Die wöchentliche Reise von Frankfurt/M. nach London zur Arbeitsleistung an zwei Arbeitstagen nimmt allein deutlich mehr als einen Arbeitstag in Anspruch. Den vereinbarten 30 Arbeitsstunden pro Woche stünden ein Reiseaufwand und Abwesenheitszeiten von mindestens gleicher Zeit gegenüber. Das ist **unzumutbar** und sprengt das

## G. Rechtsquellen des Arbeitsrechts

vereinbarte Modell zur Vereinbarung von Kinderbetreuung und Beruf vollends (*LAG Hessen* 15.2.2011 – 13 SaGa 1934/10, AuR 2011, 265 LS).

Auf schutzwürdige persönliche und familiäre Belange des Arbeitnehmers ist Rücksicht zu nehmen, soweit einer vom Arbeitnehmer gewünschten Verteilung der Arbeitszeit nicht **betriebliche Gründe** oder sonstige berechtigte Belange anderer Arbeitnehmer entgegenstehen (*BAG* 23.9.2004 EzA § 106 GewO Nr. 1; 15.9.2009 EzA § 106 GewO Nr. 4). Erfordert die Verteilung der Arbeitszeit eine **personelle Auswahlentscheidung** des Arbeitgebers zwischen mehreren Arbeitnehmern, finden die Grundsätze zur **sozialen Auswahl** im Rahmen einer betriebsbedingten Kündigung **keine Anwendung**. Der Arbeitgeber hat eine personelle Auswahlentscheidung zu treffen, in die er auch eigene Interessen wie die einer Vermeidung einer möglichen Beeinträchtigung des **Betriebsfriedens** einstellen kann (*BAG* 23.9.2004 EzA § 106 GewO Nr. 1). Maßgeblicher **Zeitpunkt für die Beurteilung der Rechtmäßigkeit** der Ausübung des Direktionsrechts ist der seiner **Ausübung**; nachträgliche Entwicklungen können nur dann von Bedeutung sein, wenn sie bei der Ausübung des Direktionsrechts bereits erkennbar waren (*BAG* 23.9.2004 EzA § 106 GewO Nr. 1).

Im Rahmen der Billigkeitsprüfung nach § 106 GewO spielt zwar das **Verhältnismäßigkeitsprinzip** auch eine Rolle. Der Kontrollmaßstab ist aber nicht so eng wie im Kündigungsschutzprozess. Eine Versetzungsmaßnahme verstößt daher nicht allein deshalb gegen das Verhältnismäßigkeitsprinzip, weil sie auf Dauer angelegt ist, obwohl nach dem Grund der Versetzung auch eine Abordnung für ein oder zwei Jahre ausgereicht hätte (so *LAG MV* 8.3.2011 NZA-RR 2012, 11).

Ist der Arbeitnehmer mit einer Einzelweisung nicht einverstanden, kann er ihre Rechtmäßigkeit durch das ArbG auf Grund einer **Feststellungsklage** (§ 256 ZPO) überprüfen lassen. Ein rechtliches Interesse an der Feststellung, dass eine zeitlich begrenzte Weisung des Arbeitgebers rechtswidrig war, besteht allerdings regelmäßig nur **bis zur Beendigung der angeordneten Maßnahme**. Wird der Rechtsstreit in einem solchen Fall nicht für erledigt erklärt, muss der Kläger ein fortbestehendes Feststellungsinteresse darlegen. Dazu muss er vortragen, dass sich aus der begehrten Feststellung konkrete Rechtsfolgen für die Gegenwart oder die Zukunft ergeben können (*BAG* 26.9.2002 EzA § 256 ZPO Nr. 67).

Für die **gerichtliche Geltendmachung** der Unwirksamkeit einer derartigen Maßnahme des Arbeitgebers muss der Arbeitnehmer im Übrigen entweder auf **Feststellung klagen**, er sei zur Befolgung der Weisung nicht verpflichtet, oder **auf Beschäftigung mit bestimmten Tätigkeiten** (*BAG* 25.8.2010 EzA § 307 BGB 2002 Nr. 49; *LAG Hamm* 8.3.2005 NZA-RR 2005, 462). Bei der Klage auf vertragsgemäße Beschäftigung handelt es sich um eine Klage auf künftige Leistung gem. § 259 ZPO, bei der als Vorfrage die Rechtmäßigkeit der Versetzung zu prüfen ist (*BAG* 25.8.2010 EzA § 307 BGB 2002 Nr. 49). Zwar muss die Unwirksamkeit der Maßnahme **nicht analog §§ 2, 4, 7 KSchG** binnen drei Wochen geltend gemacht werden, aber dennoch zeitnah. Ein jahrelanges Untätigbleiben des Arbeitnehmers führt zur Verwirkung des Rechts, die Unwirksamkeit geltend zu machen (*LAG Nbg.* 20.7.2005 NZA-RR 2006, 162).

In Betracht kommt auch nach Maßgabe der allgemeinen Voraussetzungen der Antrag auf Erlass einer **einstweiligen Verfügung**. Allerdings ist die **Betreuung eines Kleinkindes** nach Arbeitsschluss jedenfalls dann nicht als Verfügungsgrund anzuerkennen, wenn Verwandte oder Bekannte bis zur erstinstanzlichen Entscheidung des Hauptsacheverfahrens auf Beschäftigung am bisherigen Arbeitsort diese Betreuung übernehmen können (*LAG Köln* 20.12.2007 – 9 Ta 350/07, AuR 2008, 275 LS).

Bei einer Versetzung handelt es sich materiell-rechtlich um eine einheitliche Maßnahme, die nicht in den Entzug der bisherigen Tätigkeit und die Zuweisung einer neuen Tätigkeit aufgespalten werden kann. Erweist sich eine Versetzung als **unwirksam**, hat der Arbeitnehmer folglich einen **Anspruch auf Beschäftigung mit seiner bisherigen Tätigkeit am bisherigen Ort**. Das gilt auch dann, wenn Inhalt, Ort und Zeit der Arbeitsleistung im Arbeitsvertrag nicht abschließend festgelegt sind, sondern dem Weisungsrecht des Arbeitgebers gem. § 106 GewO unterliegen (*BAG* 25.8.2010 EzA § 307 BGB 2002 Nr. 49).

560 ▶ **Beispiele: Grenzen Direktionsrecht**
— Die Grenzen des billigen Ermessens gem. § 106 GewO bei der Festlegung der Arbeitszeit sind überschritten, wenn der Arbeitgeber die Arbeitszeit in unzumutbarer Weise stückeln und durch zu lange unbezahlte Pausen unterbrechen will (*LAG Köln* 15.6.2009 LAGE § 106 GewO 2003 Nr. 7).
— Das Bestreben des Arbeitgebers, eine **Gruppe von Arbeitnehmern** mit den anderen Arbeitnehmern gleich zu behandeln, stellt im Rahmen des Direktionsrechts einen legitimierenden Grund für eine einseitige Maßnahme dar (*LAG Hamm* 26.5.2003 NZA-RR 2004, 24).
— Eine Versetzung, die für den Arbeitnehmer **erhebliche Nachteile** mit sich bringt, da er erstmals auf **öffentliche Verkehrsmittel** angewiesen sein wird, was zu Mehraufwand und insbes. bei Spätschichten auch zu zeitlichen Verzögerungen führt, ist dann rechtsunwirksam, wenn demgegenüber der Arbeitgeber kein nachvollziehbares Interesse an der Versetzung darlegt (*ArbG Ludwigshafen* 17.9.2003 AuR 2004, 435 LS).
— Eine **Versetzung zum Stellenpool** wegen des geplanten Outsourcing von Pförtnerstellen ist dann unwirksam, wenn zum Zeitpunkt der Versetzung das Outsourcing erst fast fünf Monate später stattfinden soll, tatsächlich aber in zwei Schritten fast fünf Monate bzw. acht Monate später stattgefunden hat. Eine dennoch bereits vorzeitig erfolgte Versetzung stellt eine unzulässige »Vorratsversetzung« dar. Sie wird nicht dadurch zulässig, dass die Arbeitnehmerin im Wege der Rückabordnung durch die Stellenpoolbehörde bis zum ersten Schritt des Pförtneroutsourcing wieder an ihrem alten Arbeitsplatz beschäftigt wird (*LAG Bln.* 10.6.2005 – 13 Sa 571/05, EzA-SD 20/2005 S. 5 LS).
— § 315 BGB ist dann gewahrt, wenn der Arbeitnehmer, dessen Arbeitsvertrag eine Umsetzung zulässt und der zu einem **Konkurrenzunternehmen** wechseln will, auf einem neu geschaffenen Arbeitsplatz beschäftigt werden soll mit der Zielsetzung, Geschäftskontakte im alten Arbeitsbereich zu unterbinden und seine weitere Tätigkeit zu kontrollieren (*LAG Nds.* 12.10.1998 LAGE § 315 BGB Nr. 5).
— Die **Versetzung eines Institutsleiters** wegen Beschwerden über die Wahrnehmung seiner Aufgaben kann an sich ohne Rücksicht auf die Begründetheit der Beschwerden der Billigkeit entsprechen, wenn der Institutsleiter zur Erfüllung seiner Aufgaben mit den Beschwerdeführern zusammenarbeiten muss und diese Zusammenarbeit gestört ist (*LAG München* 18.9.2002 LAGE § 611 BGB Beschäftigungspflicht Nr. 45; s. a. *LAG Hessen* 24.10.2011 LAGE § 106 GewO Nr. 12: Konfliktlage unter Arbeitskollegen).
— Auch eine dringende **Empfehlung** eines Arztes **zum Arbeitsplatzwechsel** aus gesundheitlichen Gründen berechtigt den Arbeitgeber regelmäßig, dem Arbeitnehmer einen anderen Arbeitsbereich zuzuweisen, wenn die neue Tätigkeit von den arbeitsvertraglichen Vereinbarungen gedeckt ist (*BAG* 17.2.1998 NZA 1999, 33).
— Gleiches gilt für den **Ausschluss** eines Referenten in der Bundeszentrale für politische Bildung **von** der Leitung einer **Dienstreise** nach Israel, der sich – wenn auch außerdienstlich – öffentlich und wiederholt kritisch zu der Politik der derzeitigen israelischen Regierung gegenüber den Palästinensern geäußert hat und im Gastland als Vertreter dieser Position bekannt ist; in diesem Fall liegt auch kein unzulässiger Eingriff in die Meinungsäußerungsfreiheit (Art. 5 Abs. 1 GG) vor (*LAG Köln* 8.5.1998 NZA-RR 1999, 13).
— Ein öffentlicher Arbeitgeber hält sich im Rahmen billigen Ermessens, wenn er einem **Abteilungsleiter** Aufgaben derselben Vergütungsgruppe ohne Leitungsfunktionen, die der Arbeitnehmer zuvor innehatte, zuweist, wenn durch erhebliche und anhaltende **Störungen des Arbeitsklimas** berechtigte Zweifel an seiner Führungsqualität aufkommen und andere Versuche der Schadensbehebung gescheitert sind; auf Schuldzuweisungen kommt es dabei nicht an (*LAG Köln* 5.2.1999 ZTR 1999, 378).
— Der Arbeitgeber, der ein Altenpflegeheim trägt, überschreitet durch die **Versetzung einer Pflegekraft** vom Nacht- in den Tagdienst sein Ermessen auch dann nicht, wenn dies mit dem Ver-

## G. Rechtsquellen des Arbeitsrechts — Kapitel 1

lust von Zulagen und Einschränkungen der Arbeitnehmerin bei der Pflege ihres behinderten Sohnes verbunden ist, sofern die Arbeitnehmerin dadurch einer besseren Kontrolle unterworfen werden soll, nachdem sie durch falsche Eintragungen in die Pflegeprotokolle das in sie gesetzte Vertrauen erschüttert hat (*LAG Köln* 26.7.2002 NZA-RR 2003, 577 LS).

– Demgegenüber entspricht es nicht billigem Ermessen bei der Bestimmung der zeitlichen Lage der Arbeitszeit, einer aus der Elternzeit **zurückkehrenden Mutter** mitzuteilen, dass sie ab sofort früher mit der Arbeit anfangen muss, wenn sie wegen der Änderung der Arbeitszeit ihr Kind nicht in den Kindergarten bringen kann (*LAG Nbg.* 8.3.1999 NZA 2000, 263; s. a. *ArbG Hmb.* 19.8.2003 AuR 2004, 434 LS).

– Gleiches gilt, wenn der Arbeitgeber den Arbeitnehmer anweist, seine Arbeitsleistung ausschließlich in einem zentralen Schreibbüro zu erledigen, wenn ihm die Leistung der Arbeit ausschließlich an diesem Ort gar nicht möglich ist (*ArbG Duisburg* 29.6.2000 NZA-RR 2001, 304).

– Werden **Verdienstchancen** eines angestellten Abonnentenwerbers dadurch verschlechtert, dass bisher an ihn zur Erstbearbeitung nach Werbeaktionen übergebenes Kundenadressmaterial nunmehr an ein Call-Center weitergegeben wird, kann hierin eine Vertragsverletzung, eine Umgehung des Änderungskündigungsschutzes oder eine Verletzung der Grenzen des billigen Ermessens bei der Arbeitsmengenzuweisung liegen. Im Streitfall war allerdings keine Vertragspflicht zur Übergabe bestimmten Adressmaterials festzustellen. Auch der Änderungskündigungsschutz war nicht umgangen, da der Kläger nur 20 % Verdienstminderung behauptet hatte. Die Sache war aber vom BAG (7.8.2002 EzA § 315 BGB Nr. 51) zurückzuverweisen, da das Berufungsgericht die Einhaltung der Grenzen des § 315 BGB zu überprüfen hat.

Das allgemeine Weisungsrecht hat eine **Konkretisierungsfunktion** hinsichtlich der im Arbeitsvertrag enthaltenen Rahmen-Arbeitsbedingungen. Der Umfang der beiderseitigen Hauptleistungspflichten gehört dagegen zum Kernbereich des Arbeitsverhältnisses mit der Folge, dass die Arbeitsbedingungen insoweit nur durch Gesetz, Kollektiv- oder Einzelarbeitsvertrag (vgl. *BAG* 23.9.2004 EzA § 106 GewO Nr. 1), nicht aber durch einseitige Weisungen des Arbeitgebers gestaltbar sind (*BAG* 12.12.1984 AP Nr. 2 zu § 2 KSchG 1969). Deshalb kann der Arbeitgeber nicht auf Grund des Direktionsrechts das Beschäftigungsvolumen und damit das Vergütungsvolumen einseitig im Rahmen der Einführung von Kurzarbeit beschränken. Vielmehr bedarf es entweder einer **Änderungskündigung** oder aber einer **individuellen oder kollektiven** (Betriebsvereinbarung; vgl. *LAG Sachsen* 31.7.2002 NZA-RR 2003, 366 u. *LAG RhPf* 10.3.2005 LAG Report 2005, 321 Tarifvertrag) **Vereinbarung**, um Kurzarbeit mit Lohnminderung einzuführen. **561**

Andererseits kann das Direktionsrecht (z. B. bzgl. der Arbeitszeit) **durch Tarifnormen** (vgl. *BAG* 2.3.2006 EzA § 1 KSchG Soziale Auswahl Nr. 67; *LAG Bln.* 12.8.2005 LAGE § 106 GewO 2003 Nr. 3; s. jetzt § 4 TVöD u. dazu *Preis/Greiner* ZTR 2006, 290 ff.), **Formulararbeitsvertrag** (s. *BAG* 14.8.2007 – 9 AZR 58/07, NZA 2008, 431 L u. 14.8.2007 EzA § 6 ATG Nr. 2) bzw. auf Grund **gesetzlicher Regelungen erweitert** werden (*BAG* 19.11.2002 NZA 2003, 880 LS; 23.9.2004 EzA § 611 BGB 2002 Direktionsrecht Nr. 1; a. A. *LAG Bra.* 30.6.2005 AuR 2005, 426 LS; s. a. Rdn. 578). Deshalb kann z. B. durch Tarifvertrag bestimmt werden, dass der Arbeitgeber die **Übertragung einer bestimmten Tätigkeit jederzeit widerrufen kann**, ohne bei der Ausübung des Widerrufsrechts an billiges Ermessen i. S. v. § 315 BGB gebunden zu sein (*BAG* 9.2.2005 ZTR 2005, 421). Eine Erweiterung des Leistungsbestimmungsrechts des Arbeitgebers durch Tarifvertrag ist insbes. dann statthaft, wenn die tarifliche Regelung nach Anlass und Umfang **gerichtlich kontrollierbare Voraussetzungen** aufstellt, die den Arbeitgeber zu einem einseitigen Eingriff in das Arbeitsverhältnis berechtigen (*BAG* 23.9.2004 EzA § 611 BGB 2002 Direktionsrecht Nr. 1). Das ist z. B. dann der Fall, wenn der Arbeitgeber innerhalb eines tarifvertraglich festgelegten Rahmens unter den im Tarifvertrag zu regelnden Voraussetzungen eine feststehende tarifliche **Wochenarbeitszeit verlängern oder zu ihr zurückkehren** kann (*BAG* 10.7.2003 ZTR 2004, 251). Der aus Art. 12 Abs. 1, Art. 2 Abs. 1 GG folgenden Schutzpflicht hat der staatliche Gesetzgeber durch den Erlass des KSchG Rechnung getragen. Von daher muss eine tarifver- **562** tragliche Erweiterung des Direktionsrechts mit den **Wertungen des § 2 KSchG vereinbar** sein. Das ist bei einer Tarifnorm z. B. dann der Fall, wenn die Umsetzung gegenüber dem betroffenen Arbeitnehmer nur so lange aufrechterhalten werden darf, wie die Gründe für die Einweisung bestehen. Dadurch wird ausgeschlossen, dass der Inhalt des bestehenden Arbeitsvertrages auf Dauer verändert wird. Deshalb ist es unschädlich, dass die Norm nicht ausdrücklich regelt, um wie viele Lohngruppen die übertragene Tätigkeit niedriger bewertet sein darf als die regelmäßig ausgeübte. Zudem ist dem Arbeitnehmer für die Dauer von zwei Wochen der Lohn weiterzuzahlen (*BAG* 23.9.2004 EzA § 611 BGB 2002 Direktionsrecht Nr. 1). Dagegen ist eine Tarifnorm, die den Arbeitgeber ohne besonderen Grund ermächtigt, dem Arbeitnehmer eine **niedriger bezahlte Tätigkeit** zuzuweisen, wegen Verstoßes gegen §§ 1, 2 KSchG unwirksam (*LAG Hamm* 15.3.2006 – 2 Sa 1812/04, NZA-RR 2006, 581 LS). Insgesamt ist aber auch die **Ausübung des tarifvertraglich erweiterten Direktionsrechts** im Einzelfall gem. § 106 GewO grds. an die **Wahrung billigen Ermessens** gebunden (*BAG* 23.9.2004 EzA § 611 BGB 2002 Direktionsrecht Nr. 1).

Ist die Erweiterung des Direktionsrechts in einem vom Arbeitgeber aufgestellten **Formulararbeitsvertrag** zum Zweck der befristeten Erhöhung der Arbeitszeit – z. B. für angestellte Lehrkräfte – erfolgt, ist zunächst zu klären, ob die Einräumung dieses Bestimmungsrechts eine **unangemessene Benachteiligung** i. S. v. § 307 BGB ist. In einem zweiten Schritt ist zu prüfen, ob der Arbeitgeber in einer Art und Weise von der Ermächtigung Gebrauch gemacht hat, die **der Billigkeit entspricht** (*BAG* 14.8.2007 – 9 AZR 58/07, NZA-RR 2008, 129). Liegt der vertraglichen Erweiterung des Bestimmungsrechts und seiner Ausübung eine sog. Koalitionsvereinbarung zwischen tariffähigen Parteien zu Grunde, muss der mit ihr gefundene Interessenausgleich als eine im Arbeitsrecht geltende Besonderheit i. S. v. § 310 Abs. 4 S. 2 BGB berücksichtigt werden. Eine unangemessene Benachteiligung nach § 307 Abs. 1 S. 1 BGB scheidet regelmäßig aus. Das gilt auch dann, wenn die dem Arbeitgeber eingeräumte Befugnis zur **Verlängerung der Mindestarbeitszeit** mehr als 25 % der Mindestarbeitszeit ausmacht (*BAG* 14.8.2007 – 9 AZR 58/07, NZA-RR 2008, 129).

563 ▶ **Beispiel: Erweiterung Direktionsrecht**
 – Nach dem MTV Berliner Metall- und Elektroindustrie i. d. F. vom 18.5.2002 kann der Arbeitgeber einseitig mit einer **Ankündigungsfrist** von drei Monaten die **wöchentliche Arbeitszeit** von 40 Stunden auf 35 Stunden **absenken** und entsprechend den Lohn anpassen, ohne eine Änderungskündigung aussprechen zu müssen (*LAG Bln.* 7.3.2003 NZA-RR 2004, 92).

564 Andererseits kann der Arbeitgeber bei der Ausübung des Direktionsrechts auch durch Erklärungen gegenüber dem Arbeitnehmer **selbst binden**, insbes. die Ausübung auf bestimmte Fälle beschränken. Haben allerdings die Parteien in einem im öffentlichen Dienst **üblichen Mustervertrag** zunächst den Beginn und die Art der Beschäftigung vereinbart und die **Dienststelle bezeichnet**, bei der der Angestellte eingestellt wird und nachfolgend die Geltung eines Tarifvertrages verabredet, der die Versetzung des Angestellten an eine andere Dienststelle regelt, ist die **tarifliche Versetzungsbefugnis** des Arbeitgebers, wonach der Angestellte aus dienstlichen Gründen auch an eine Dienststelle außerhalb des bisherigen Dienstortes versetzt werden kann, **i. d. R. nicht ausgeschlossen**. Zwar kann das tarifliche Direktionsrecht im Arbeitsvertrag abbedungen werden; das ist im öffentlichen Dienst aber nur dann der Fall, wenn die Parteien dazu eindeutige Absprachen treffen (*BAG* 21.1.2004 – 6 AZR 583/02, NZA 2005, 61).

565 (derzeit unbesetzt)

566 Es entspricht grds. billigem Ermessen i. S. d. § 106 GewO, wenn der Arbeitgeber zum Zwecke der Erprobung eine höherwertige Tätigkeit nur für einen vorübergehenden Zeitraum überträgt (*BAG* 12.6.2002 NZA 2003, 288 LS; 15.5.2002 NZA 2003, 288 LS; 17.1.2006 – 9 AZR 226/05, NZA 2006, 1064 LS; s. a. *LAG Nds.* 17.12.2010 LAGE § 106 GewO 2003 Nr. 9: Abordnung). Überträgt der Arbeitgeber dem Arbeitnehmer aber z. B. vorläufig eine höherwertige Aufgabe und macht er die Übertragung auf Dauer nur davon abhängig, dass sich der Arbeitnehmer fachlich bewährt, so darf er sie ihm nicht aus anderen Gründen wieder entziehen (*BAG* 17.12.1997 NZA 1998, 555). Die vorü-

bergehende Übertragung kann auch gerechtfertigt sein, wenn die fragliche Tätigkeit auf Dauer einem noch nicht zur Verfügung stehenden Beamten übertragen werden soll (*BAG* 12.5.2002 NZA 2003, 288 LS). Eine Erprobungszeit von mehr als sechs Monaten entspricht nur dann billigem Ermessen, wenn dafür besondere Gründe vorliegen, die der Arbeitgeber darzulegen hat (*LAG Hamm* 16.5.2003 NZA-RR 2004, 111).

### c) Einschränkung des Direktionsrechts; Konkretisierung der geschuldeten Arbeitsleistung

Ist die Verteilung der Arbeitszeit nicht gesetzlich, kollektivrechtlich oder einzelvertraglich geregelt, bestimmt sie der Arbeitgeber durch Weisung kraft seines Direktionsrechts aus § 106 S. 1 GewO. Ist Sonn- und Feiertagsarbeit nach dem ArbZG ausnahmsweise erlaubt und steht ihr kein Kollektivrecht entgegen, ist der Arbeitnehmer **grds. verpflichtet**, auf Weisung des Arbeitgebers **sonn- und feiertags** zu arbeiten, wenn das Direktionsrecht des Arbeitgebers nicht vertraglich beschränkt ist. Die Vereinbarung, an welchen Wochentagen die Arbeitsleistung zu erbringen ist, kann ausdrücklich oder konkludent getroffen werden. Regelmäßig beschreiben die Parteien im Arbeitsvertrag nur die Arbeitszeiten, die bei Vertragsschluss im Betrieb gelten. Treffen die Vertragsparteien keine ausdrückliche Abrede über die Verteilung der Arbeitszeit, gilt zunächst die bei Vertragsschluss betriebsübliche Arbeitszeit. Der Arbeitgeber darf die Arbeitszeitverteilung jedoch durch Weisung ändern. Inhalt der getroffenen Vereinbarung ist lediglich, dass die vereinbarte Arbeitsleistung zu den jeweils wirksam bestimmten betrieblichen Arbeitszeiten zu erbringen ist. Wollen die Vertragsparteien das Weisungsrecht des Arbeitgebers für die Arbeitszeitverteilung durch eine konstitutive Regelung einschränken, müssen hierfür besondere Anhaltspunkte bestehen. Das gilt auch für den Ausschluss von Sonn- und Feiertagsarbeit. Eine Konkretisierung auf eine bestimmte Verteilung der Arbeitszeit auf einzelne Wochentage tritt nicht allein dadurch ein, dass der Arbeitnehmer längere Zeit in derselben Weise eingesetzt wurde, z. B. bisher keine Sonn- und Feiertagsarbeit zu leisten hatte. Zum reinen Zeitablauf müssen besondere Umstände hinzutreten, die erkennen lassen, dass der Arbeitnehmer nur noch verpflichtet sein soll, seine Arbeit unverändert zu erbringen. Die einzelne Zuweisung von Sonn- und Feiertagsarbeit muss billigem Ermessen i. S. v. § 106 S. 1 GewO i. V. m. § 315 BGB entsprechen und damit einer sog. Ausübungskontrolle standhalten. Berechtigte Interessen des Arbeitnehmers z. B. aufgrund persönlicher oder familiärer Gründe sind bei der Ermessensausübung zu berücksichtigen (*BAG* 15.9.2009 EzA § 106 GewO Nr. 4). 567

Die Beschäftigung auf einer bestimmten Arbeitsstelle kann zwar grds. eine Konkretisierung der geschuldeten Arbeitsleistung darstellen, die dann das Direktionsrecht des Arbeitgebers nachträglich und stillschweigend auf eben diese Tätigkeit einschränkt (*BAG* 17.5.2011 – 9 AZR 201/10, ZTR 2012, 184; vgl. KR-*Rost* § 2 KSchG Rn. 40 ff.). Wird z. B. der als **Teilzeitkraft** eingestellte Arbeitnehmer über **mehrere Jahre hinweg** wegen verstärkten Anfalls im Umfang einer **Vollzeitkraft** eingesetzt, so kann dies i. S. einer stillschweigenden Änderung des Arbeitsvertrags gewürdigt werden mit der Folge z. B. auch, dass der Arbeitgeber in Annahmeverzug gerät, wenn er den Arbeitnehmer später nur noch im Rahmen der ursprünglich vereinbarten Arbeitszeit einsetzt (*LAG Hamm* 4.5.2006 NZA-RR 2006, 456). Wegen der damit verbundenen Rechtsfolgen sind daran aber strenge Anforderungen zu stellen (*LAG Hamm* 8.3.2005 NZA-RR 2005, 462). 568

> **Bloßer Zeitablauf genügt für eine solche Konkretisierung aber nicht**; neben der langjährigen Ausübung einer bestimmten Tätigkeit müssen noch andere Umstände hinzutreten, weil die Einschränkung des Direktionsrechts eine Vertragsänderung darstellt und deshalb auch entsprechende rechtsgeschäftliche Willenselemente, die auf eben diese Änderung gerichtet sein sollen, erkennbar sein müssen, die die Annahme rechtfertigen, **dass der Arbeitnehmer nach dem übereinstimmenden Parteiwillen künftig nur noch eine ganz bestimmte Tätigkeit schulden soll** (*LAG RhPf* 5.7.1996 NZA 1997, 1113; *LAG Hamm* 3.7.2008 NZA-RR 2008, 464; *Hunold* NZA-RR 2001, 337 ff.). **Es muss sich um Umstände handeln, aufgrund derer der Arbeitnehmer erkennen kann und darauf vertrauen darf, dass er nicht in anderer Weise eingesetzt werden soll** (*BAG* 17.5.2011 – 9 AZR 201/10, ZTR 2012, 184); **dies gilt auch für die langjährige Tätigkeit an einem bestimmten Arbeitsort** (*BAG* 13.3.2007 – 9 AZR 433/06, NZA-RR 2008, 504 LS). 569

Allein daraus, dass eine betriebliche Regelung hinsichtlich der Zeit der Arbeitsleistung über einen **längeren Zeitraum hinweg beibehalten wird**, kann ein Arbeitnehmer folglich nach Treu und Glauben (§ 242 BGB) nicht auf den Willen des Arbeitgebers schließen, diese Regelung auch künftig unverändert beizubehalten. Dafür müssen vielmehr **besondere Umstände gegeben sein** (*BAG* 29.9.2004 EzA § 87 BetrVG 2001 Arbeitszeit Nr. 5; 3.6.2004 EzA § 1 KSchG Soziale Auswahl Nr. 55; *LAG Bra.* 2.6.2006 NZA-RR 2007, 448 LS; s. *LAG Düsseld.* 31.3.2011 – 11 Sa 47/11, ZTR 2011, 631 LS). Bei einer tariflich vorgesehenen **Schriftform** findet zudem eine »gelebte Konkretisierung« nur in **Ausnahmefällen** statt (*LAG Hamm* 28.7.2003 LAG Report 2004, 173). Andererseits kann sich der **Arbeitnehmer** bei einer **vertraglich vereinbarten Schriftform** für Vertragsänderungen dann nicht auf deren Nichteinhaltung berufen, wenn **mehrfach** schon in **beiderseitigem Einvernehmen Änderungen** des Vertrages erfolgt sind, ohne dass der Vertragsinhalt den Absprachen auch schriftlich angepasst worden war (*LAG RhPf* 1.4.2004 LAG Report 2004, 351 LS).

Die **Verletzung von Mitbestimmungsrechten** des Personalrats führt **nicht** dazu, dass sich individualrechtliche **Ansprüche** der betroffenen Arbeitnehmer ergeben, die **zuvor nicht bestanden**. Bei Nichtbeachtung der Mitbestimmung durch den Arbeitgeber erhält der Arbeitnehmer daher keinen Erfüllungsanspruch auf Leistungen, die die bestehende Vertragsgrundlage übersteigen (*BAG* 17.5.2011 – 9 AZR 201/10, ZTR 2012, 184).

570 ▶ **Beispiele Unmaßgebliche Zeitdauer:**
- Allein aus der Tatsache, dass der Arbeitnehmer über einen längeren Zeitraum (acht bzw. über zehn Jahre) **überwiegend oder ausschließlich nachts beschäftigt** worden ist, ergibt sich noch nicht eine das Direktionsrecht einschränkende Konkretisierung des Arbeitsvertrages (*LAG Bln.* 29.4.1991 DB 1991, 2193 LS; *LAG Düsseld.* 23.10.1991 BB 1992, 997 LS).
- Auch allein der **13-jährige Einsatz als Kundenberater** reicht zur Konkretisierung der geschuldeten Arbeitsleistung nicht aus, wenn der Arbeitsvertrag die Tätigkeit mit: »als Angestellter« formuliert und auf den BAT im Übrigen als anwendbar verweist. Der damit geltende Tarifautomatismus lässt es zu, den Angestellten auch mit anderen Aufgaben zu betrauen, die den Fallgruppen der innegehaltenen Vergütungsgruppe entsprechen. Auch der Umstand, dass der Kundenberater Zusatzleistungen (Versicherungs-Bausparverträge) als Dienstaufgabe verkaufen darf und soll, wodurch ihm eine erhebliche Mehreinnahme durch Provisionen ermöglicht wird, führt nicht dazu, dass dem Arbeitnehmer diese Erwerbschance auf Dauer belassen werden muss. Die Eröffnung dieser Zusatzeinnahmequelle führt nicht dazu, nur weil sie am besten in der Funktion des Kundenberaters genutzt werden kann, dass der Arbeitnehmer schon allein deswegen als Kundenberater beschäftigt werden muss, zumal diese Zusatztätigkeit nicht untrennbar mit der Tätigkeit als Kundenberater verbunden ist und auch von dieser Tätigkeit losgelöst verrichtet werden kann (*LAG RhPf* 5.7.1996 NZA 1997, 1113).
- Allein die **25-jährige Beschäftigung auf einem bestimmten Arbeitsplatz** (Reifenwickler) bewirkt keine Konkretisierung dahingehend, dass ein anderer tariflich eingruppierungsmäßig gleichwertiger Arbeitsplatz in einer anderen Abteilung (Heizer) nicht zugewiesen werden kann (*LAG Hessen* 12.12.2002 NZA-RR 2003, 545).
- Wird eine bei Beginn des Arbeitsvertrages bestehende betriebliche Regelung über Zeit und Ort des Beginns und Endes der täglichen Arbeitszeit, die nicht Inhalt des Arbeitsvertrages wird, **über längere Zeit beibehalten**, weil der Arbeitgeber von seinem bestehenden **Direktionsrecht keinen Gebrauch** macht, tritt allein dadurch **keine Konkretisierung** der Arbeitspflicht ein (*BAG* 7.12.2000 EzA § 611 BGB Direktionsrecht Nr. 22 m. Anm. *Thau* SAE 2002, 56).
- Eine Konkretisierung des Arbeitsverhältnisses auf ein **bestimmtes Mindestmaß an Überstunden** kommt regelmäßig **nicht** in Betracht (*LAG Köln* 21.1.1999 NZA-RR 1999, 517).
- Dass Ausschreibung, Bewerbung und schriftliche Mitteilung vom Erfolg der Bewerbung im öffentlichen Dienst sich auf einen **konkreten Arbeitsplatz** bezogen, macht diesen noch nicht zum Inhalt der vertraglichen Vereinbarungen, wenn er nicht in den gem. § 4 Abs. 1 BAT beurkundeten Vertrag aufgenommen wird. Auch dass der Arbeitnehmer anschließend langjährig

auf dem ausgeschriebenen Arbeitsplatz verbleibt, führt noch **nicht** zu einer **Konkretisierung** des Arbeitsvertrages auf diesen Arbeitsplatz (*LAG Köln* 5.2.1999 ZTR 1999, 378).
- Auch allein auf Grund der **langjährigen Beschäftigung des Arbeitnehmers an einem bestimmten Arbeitsort** tritt noch keine Konkretisierung der Arbeitsverpflichtung auf diesen Ort ein. Dazu bedarf es vielmehr **besonderer Umstände**, die dem Arbeitnehmer Anlass geben, auf die weitere ortsgebundene Beschäftigung zu vertrauen. Hat der Arbeitgeber den Arbeitnehmer während einer längeren Beschäftigungsdauer nicht auf die arbeitsvertraglich vereinbarte Versetzungsmöglichkeit hingewiesen, so begründet das noch keinen Vertrauenstatbestand (*BAG* 13.3.2007 – 9 AZR 433/06, NZA-RR 2008, 504 LS).

### d) Einzelfragen und weitere Beispiele

Problematisch kann im Einzelfall die Abgrenzung einer nach dem Einzelarbeitsvertrag noch zulässigen Zuweisung einer anderen Tätigkeit (Umsetzung) von einer unzulässigen Zuweisung anderer Aufgaben sein, die einer u. U. durch Änderungskündigung (§ 2 KSchG) durchzusetzenden Änderung der Arbeitsbedingungen bedarf. 571

- Der Arbeitgeber darf dem Arbeitnehmer (bei verfassungskonformer Auslegung des § 315 BGB) z. B. keine Arbeit zuweisen, die den Arbeitnehmer in einen vermeidbaren **Gewissenskonflikt** bringt. Inhalt und Grenzen des Leistungsbestimmungsrechts des Arbeitgebers zur Konkretisierung der vertragsgemäßen Arbeitsleistung ergeben sich aus einer Abwägung der beiderseitigen Interessen des Arbeitgebers und des Arbeitnehmers. 572
Dabei ist zu berücksichtigen, ob der Arbeitnehmer bei der Eingehung des Arbeitsverhältnisses mit einem Gewissenskonflikt hat rechnen müssen, der Arbeitgeber aus betrieblichen Erfordernissen auf dieser Arbeitsleistung bestehen muss und ob mit zahlreichen weiteren Gewissenskonflikten in der Zukunft zu rechnen ist (*BAG* 20.12.1984 EzA Art. 4 GG Nr. 1; s. Rdn. 300 ff.).
- Einem Angestellten, der durch schriftlichen Arbeitsvertrag für die Tätigkeit als **Abteilungsleiter** für detailliert bezeichnete Sachgebiete eingestellt worden ist, kann nicht ohne Änderungskündigung diese Funktion gegen seinen Willen entzogen und ihm die Betreuung nur eines dieser Sachgebiete als Sachgebietsleiter im Rahmen einer von einem anderen Abteilungsleiter geführten Abteilung zugewiesen werden (vgl. auch *BAG* 23.6.1993 EzA § 611 BGB Direktionsrecht Nr. 13; *LAG Hamm* 9.1.1997 NZA-RR 1997, 337 LS). 573
- Eine **Versetzung auf einen geringerwertigen Arbeitsplatz** ist selbst dann unzulässig, wenn die bisherige Vergütung weitergezahlt wird. Nur ausnahmsweise ist der Arbeitnehmer verpflichtet, im Rahmen einer Notlage (§ 242 BGB) Arbeiten außerhalb des vertraglich festgelegten Tätigkeitsbereichs vorübergehend zu verrichten (*BAG* 8.10.1962, 14.7.1965 AP Nr. 18, 19 zu § 611 BGB Direktionsrecht; vgl. auch *LAG Hamm* 9.1.1997 NZA-RR 1997, 337 LS). 574
- Der Arbeitgeber kann dem Arbeitnehmer wegen **Schlechtleistung** den Aufgabenbereich der Kundenberatung durch einseitige Weisung entziehen, wenn er dabei im Bereich des Arbeitsvertrages bleibt (*BAG* 27.3.1980 EzA § 611 BGB Direktionsrecht Nr. 2). 575
- Bestehen **zwischen Arbeitnehmern Spannungen**, so kann der Arbeitgeber dem durch Umsetzung nach Maßgabe seines Direktionsrechts begegnen. Er ist insbes. nicht gehalten, anstelle der Umsetzung als »milderes Mittel« eine Abmahnung auszusprechen (*BAG* 24.4.1996 EzA § 611 BGB Direktionsrecht Nr. 18). Denn die Erteilung einer Abmahnung belastet in aller Regel den Arbeitnehmer wegen ihrer Dokumentations-, Ankündigungs- und Warnfunktion (s. Kap. 4 Rdn. 2291 ff.) mehr als eine Umsetzung. 576
- Eine arbeitsvertragliche Vereinbarung, die bei arbeitszeitabhängiger Vergütung den Arbeitgeber berechtigen soll, die zunächst festgelegte **Arbeitszeit** später einseitig bei Bedarf **zu reduzieren**, stellt eine objektive Umgehung von zwingenden Vorschriften des Kündigungs- und Kündigungsschutzrechts (§ 2 i. V. m. § 1 Abs. 2, 3 KSchG, § 622 BGB) dar und ist daher gem. § 134 BGB nichtig (*BAG* 7.11.1984 BB 1985, 731; 12.12.1984 EzA § 315 BGB Nr. 29). 577
- Zulässig sind aber **tarifvertragliche Regelungen**, wonach einseitig ohne Änderungskündigung bei Erfüllung der tariflichen Voraussetzungen (Erforderlichkeit, Zumutbarkeit) dem Arbeitnehmer eine **andere, nach einer niedrigeren Vergütungsgruppe zu bezahlende Tätigkeit zugewiesen wer- 578

den kann (*BAG* 19.11.2002 NZA 2003, 880 LS; 23.9.2004 EzA § 611 BGB 2002 Direktionsrecht Nr. 1; 16.12.2004 ZTR 2005, 424; s. Kap. 3 Rdn. 12 ff.; Kap. 4 Rdn. 2941 f.).

579  Dem genügt eine Tarifnorm, wonach die Einweisung eines Arbeiters in eine **niedrigere Vergütungsgruppe** dann zulässig ist, wenn bestimmte **betriebliche Gründe**, Arbeitsmangel oder ein an anderer Stelle dringend notwendiger Bedarf vorliegen und deshalb die Umsetzung erforderlich machen. Die Maßnahme darf nur solange aufrechterhalten werden, wie diese Gründe vorliegen. Dadurch wird **ausgeschlossen**, dass der Inhalt des bestehenden Arbeitsvertrages **auf Dauer** geändert wird; Mindestkündigungsschutz, der den Arbeitnehmer auch vor einseitigen Eingriffen des Arbeitgebers in den Kernbereich des Arbeitsverhältnisses schützt, wird so gewahrt (*BAG* 23.9.2004 EzA § 611 BGB 2002 Direktionsrecht Nr. 1).

Auch die tarifvertraglich eröffnete Befugnis, unter bestimmten Voraussetzungen Arbeitnehmer zu einer **Beschäftigungs- und Qualifizierungsgesellschaft zu versetzen**, ist rechtmäßig und verstößt insbes. nicht gegen höherrangiges Recht (*LAG Bra.* 3.5.2005 – 2 Sa 702/04, ZTR 2005, 594 LS).

580 – Die tariflich vorgesehene Ausübung des Direktionsrechts zur Umsetzung einer tariflichen Arbeitszeitverkürzung verstößt jedoch dann gegen den Grundsatz billigen Ermessens, wenn der Arbeitgeber allein seine Interessen durchzusetzen versucht (*BAG* 19.5.1992 NZA 1992, 978).

581 – Ein **Sozialarbeiter**, dem als Angestellter des Jugendamtes einer Gemeinde die Aufgaben eines Pflegers oder Vormundes übertragen worden sind, ist Weisungen seines Arbeitgebers insoweit unterworfen, wie sie nicht den Belangen des vertretenen Pfleglings oder Mündels zuwiderlaufen (*BAG* 10.4.1991 EzA § 611 BGB Direktionsrecht Nr. 5).

582 – Ein Arbeitgeber des öffentlichen Dienstes kann kraft Direktionsrechts berechtigt sein, anzuordnen, dass ein Verwaltungsangestellter auf Dienstreisen einen **Dienstwagen** selbst führt und Kollegen mitnimmt (*BAG* 29.8.1991 EzA § 611 BGB Direktionsrecht Nr. 6).

583 – Dagegen ist der Arbeitnehmer des öffentlichen Dienstes auf Grund des Arbeitsverhältnisses nicht verpflichtet, seinem Arbeitgeber, der als Wahlbehörde für die Durchführung politischer Wahlen zuständig ist, auf dem Dienstweg die Gründe mitzuteilen, die der Übernahme eines **Wahlehrenamtes** entgegenstehen könnten (*BAG* 23.1.1992 EzA § 611 BGB Direktionsrecht Nr. 10).

584 – Führt ein tarifgebundener Arbeitgeber durch **einzelvertragliche Abreden** mit nahezu sämtlichen Arbeitnehmern einer Abteilung ein **vom Tarifvertrag abweichendes Arbeitszeitmodell** ein (Sonnabend als Regelarbeitszeit), so ist die Versetzung des einzigen Arbeitnehmers, der – selbst tarifgebunden – diese Abrede nicht akzeptiert und an seiner tariflich vorgesehenen Arbeitszeit (Montag bis Freitag) festhalten möchte, mit der ihn der Arbeitgeber in einem anderen Betrieb des Unternehmens einsetzen möchte, nicht gerechtfertigt. Denn ein tarifgebundener Arbeitnehmer darf seinen – auch konkreten – Arbeitsplatz nicht deswegen verlieren, weil er eine in seiner Person **tarifwidrige Abrede** mit dem Arbeitgeber verweigert (*LAG Bln.* 20.5.1996 LAGE § 611 BGB Direktionsrecht Nr. 26; zur Änderungskündigung insoweit s. Kap. 4 Rdn. 2996 ff.).

585 – Die für Chefarztverträge typischen **Entwicklungs- und Anpassungsklauseln**, wonach ein Krankenhausträger berechtigt ist, sachlich gebotene Änderungen im Benehmen mit dem leitenden Arzt vorzunehmen und z. B. bei einem objektiv vorliegenden Bedarf selbstständige Abteilungen einzurichten oder abzutrennen, sind grds. wirksam. darf jedoch nicht zu einer **grundlegenden Störung des Gleichgewichts** zwischen Leistung und Gegenleistung und damit zu einer Umgehung zwingenden Kündigungsschutzes führen (*BAG* 13.3.2003 EzA § 611 BGB 2002 Krankenhausarzt Nr. 1). Eine Beschränkung des Aufgabenbereichs eines Chefarztes führt nicht schon deshalb zu einer Umgehung des Kündigungsschutzrechts, weil dadurch seine Einnahmen (zuvor ca. 390.000 €) für die Tätigkeit im dienstlichen Aufgabenbereich auf etwa 75 % und die Gesamteinnahmen aus dienstlicher und genehmigter Nebentätigkeit auf 60 bis 65 % seiner bisherigen Einnahmen sinken (*BAG* 28.5.1997 EzA § 611 BGB Krankenhausarzt Nr. 7). Gleiches gilt für die einseitige Änderung des Aufgabengebietes eines Chefarztes, wenn die damit verbundene Beschränkung die Einkünfte aus Privatliquidation lediglich um 6 % mindert (*BAG* 13.3.2003 EzA § 611 BGB 2002 Krankenhausarzt Nr. 1).

## G. Rechtsquellen des Arbeitsrechts — Kapitel 1

- Es widerspricht billigem Ermessen, wenn der Arbeitgeber den Entzug der Aufgaben einer vorläufig bestellten stellvertretenden Schulleiterin auf **mehr als zwei Jahre zurückliegende** Vorfälle stützt, die er seinerzeit abgemahnt hat (*BAG* 16.9.1998 NZA 1999, 384). 586
- Der Arbeitgeber kann kraft seines Direktionsrechts die Anzahl der in Folge zu leistenden **Nachtschichten** festlegen, soweit durch Arbeitsvertrag, Betriebsvereinbarung oder Tarifvertrag keine Regelung getroffen ist. Es gibt keine gesicherten arbeitsmedizinischen Erkenntnisse darüber, ob eine kürzere oder längere Schichtfolge die Gesundheit des Arbeitnehmers stärker beeinträchtigt (*BAG* 11.2.1998 EzA § 315 BGB Nr. 48). 587

### e) Darlegungs- und Beweislast

Die Darlegungs- und Beweislast für das Vorliegen der Zulässigkeitsvoraussetzungen einer Versetzung im Rahmen des Direktionsrechts trägt der **Arbeitgeber**, der sich auf ihre Wirksamkeit beruft. Dazu gehört nicht nur, dass er darlegt und ggf. beweist, dass seine Entscheidung billigem Ermessen entspricht, sondern auch, dass die Versetzung im Rahmen der gesetzlichen, arbeitsvertraglichen und kollektiv-rechtlichen Grenzen erfolgt ist (*BAG* 2.3.2006 EzA § 1 KSchG Soziale Auswahl Nr. 67; 13.3.2007 – 9 AZR 433/06, EzA-SD 17/2007 S. 7; *LAG RhPf* 27.5.2011 LAGE § 106 GewO 2003 Nr. 11). 588

### f) Ethikrichtlinien/Verhaltensrichtlinien

Seit einigen Jahren versuchen Unternehmen zunehmend, das Verhalten der Mitarbeiter am Arbeitsplatz und im Privatleben durch sog. »Ethikrichtlinien« zu regulieren. Dies betrifft vor allem die deutschen Betriebe international tätiger Konzerne. Anlässlich des Wal-Mart-Falles (*ArbG Wuppertal* 15.6.2005 DB 2005, 1800 und nachfolgend *LAG Düsseld.* 15.11.2005 DB 2006, 162) ist insbes. von Gewerkschafts- und Betriebsratsseite heftige Kritik an Ethikrichtlinien geübt worden (z. B. *Schneider* AiB 2006, 10: »Moralinsaure Ergüsse der Wirklichkeit entrückter Moralisten«). Diese Kritik übersieht, dass es den Arbeitgebern regelmäßig nicht darum geht, der Belegschaft irgendwelche Moralvorstellungen aufzuoktroyieren, sondern dass hinter Ethikrichtlinien handfeste Gründe stehen (ausf. zuletzt *Göpfert* NZA 2011, 1259): 589

- Unternehmen, die an der New Yorker Börse gelistet sein wollen, müssen kraft Gesetzes Ethikrichtlinien einführen und veröffentlichen. 590
- In Deutschland sind Unternehmen bestimmter Branchen (z. B. Finanzdienstleister, Wirtschaftsprüfer etc.) gesetzlich oder berufsrechtlich verpflichtet, bestimmte Fragen der Berufsausübung durch Mitarbeiterrichtlinien zu regeln. 591
- Ethikrichtlinien verringern die Gefahr, dass der Arbeitgeber wegen Fehlverhaltens einzelner Mitarbeiter (z. B. Belästigung, Mobbing, Diskriminierung, Korruption, Insiderhandel, Kartellverstöße) selbst mit hohen Strafen/Bußen belegt wird, insbes. im Ausland. Viele Rechtsordnungen erkennen die sog. »Training Defence« an: Der Arbeitgeber selbst wird für Fehlverhalten von Mitarbeitern nicht bestraft, wenn er gegenüber den Mitarbeitern unmissverständlich klargestellt hatte, was erlaubt ist und was nicht (vgl. § 12 Abs. 2 AGG). 592
- In Kündigungsschutzverfahren wegen Fehlverhaltens verteidigen sich die Arbeitnehmer häufig damit, es sei im Betrieb nicht hinreichend klargestellt gewesen, was erlaubt sei und was nicht (Paradebeispiel: Internet-Surfen während der Arbeitszeit). Ethikrichtlinien können diese Zweifel beseitigen und im Einzelfall sogar die Wirkung einer »vorweggenommenen Abmahnung« haben (*Schneider/Dörner* NJW 2005, 277; vgl. *BAG* 1.3.1990 EzA § 611 BGB Beschäftigungspflicht Nr. 41; zur Wirksamkeit einer verhaltensbedingten Kündigung ohne vorherige Abmahnung bei Verletzung einer Compliance-Richtlinie – Vorteilsgewährung an Ärzte durch einen Pharmareferenten – s. *LAG Hessen* 25.1.2010 CCZ 2011, 196). 593
- Mit zunehmender Macht der Medien wird das Image eines Unternehmens zu einem seiner zentralen Werte. Negative Presse auf Grund dienstlichen oder privaten Fehlverhaltens einzelner Mitarbeiter kann den Arbeitgeber schwer schädigen. Wird bspw. ein Mitarbeiter einer renommierten Investmentbank, Wirtschaftsprüfungsgesellschaft oder Anwaltskanzlei wegen verbotenen Insiderhandels angeklagt, kann das für die Reputation des Unternehmens tödlich sein. 594

595 – Ethikrichtlinien können zugleich die Funktion von gesetzlich geforderten Präventivmaßnahmen gegen Diskriminierung nach § 12 AGG haben (*Schneider/Sittard* NZA 2007, 654).

596 Ethikrichtlinien werfen schwierige Fragen auf (vgl. *Schuster/Darsow* NZA 2005, 273; *Wisskirchen/Jordan/Bissels* DB 2005, 2190; *Däubler* DBR 2005, 25; *Borgmann* NZA 2003, 352; *Schneider* AiB 2006, 10; *Kolle/Deinert* AuR 2006, 177; *Bittmann/Lenze* DB 2006, 165; *Bachner/Lerch* AiB 2005, 229; *Kock* MDR 2006, 673). Im Zentrum steht das Persönlichkeitsrecht der Arbeitnehmer: Wie stark darf der Arbeitgeber regulierend in das Verhalten am Arbeitsplatz, vor allem aber ins Privatleben eingreifen? Fraglich ist auch die Reichweite der Mitbestimmungsrechte des Betriebsrats sowie die Befugnis des Arbeitgebers, Ethikrichtlinien einseitig vorzugeben. Besondere Probleme stellen sich, wenn der Arbeitgeber den Verhaltenskodex der **BSCI** (Business Social Compliance Institution) unterzeichnet, dazu *Fabritius/Fuhltrott* BB 2009, 2030) oder sog. **International Framework Agreements (IFA)** eingeht (dazu *Thüsing* RdA 2010, 78). Im Einzelnen:

### aa) Typische Inhalte

597 Ethikrichtlinien regeln typischerweise Folgendes:
- **Regelungen mit ausschließlichem Tätigkeitsbezug**: Gestaltung von Telefonaten, Begrüßung von Kunden, Umgang mit Kundenkritik;
- **Regelungen zur Sicherung des Arbeitserfolges**: Geheimhaltung, Umgang mit vertraulichen Informationen, Verschließen von Zimmern und Schränken, Verwendung von EDV-Passwörtern oder Verschlüsselungssystemen;
- **Regelungen betr. sonstiges Verhalten am Arbeitsplatz**: Annahme von Geschenken und Einladungen, Pflicht zur Meldung von Interessenkollisionen, Nutzung des Internet, Alkohol- und Drogenverbot;
- **Regelungen betr. außerdienstliches/privates Verhalten**: privater Umgang zwischen Kollegen, Einschränkungen der (partei-)politischen Betätigung, Beschränkung des Wertpapierhandels wegen möglicher Insiderkenntnisse, Verschwiegenheitspflicht.

598 Aus der Aufzählung wird bereits deutlich, dass es meist nicht um »Ethik« i. S. höherer Moral geht, sondern schlicht um geschäftlich veranlasste Verhaltensregeln.

### bb) Einführung von Ethikrichtlinien

599 Ethikrichtlinien können durch Betriebsvereinbarung, einseitige Weisung (Aushang, Veröffentlichung im Intranet) oder vertragliche Vereinbarung eingeführt werden.

600 Die Einführung durch **Betriebsvereinbarung** hat den Vorteil, dass im Hinblick auf mitbestimmungspflichtige Regelungsgegenstände die Mitbestimmungsrechte aus § 87 Abs. 1 Nr. 10 BetrVG gleich mit erledigt sind. Überdies ist in Betriebsvereinbarungen mit ihrer normativen Wirkung (§ 77 BetrVG) manches zulässig, was der Arbeitgeber einseitig nicht regeln könnte. Nachteil ist, dass der Arbeitgeber sich mit dem Betriebsrat auch über diejenigen Inhalte verständigen muss, die an sich nicht mitbestimmungspflichtig wären (s. u. Rdn. 606). Auch bei **einseitiger Einführung** von Ethikrichtlinien per Direktionsrecht (§ 106 GewO) muss sich der Arbeitgeber vorab mit dem Betriebsrat über die mitbestimmungspflichtigen Regelungskomplexe verständigen. Dass der Arbeitgeber durch Ausübung seines Direktionsrechts die vertraglichen Nebenpflichten des Arbeitnehmers präzisieren darf, ist anerkannt (*Schuster/Darsow* NZA 2005, 273). Allerdings hat das Direktionsrecht des Arbeitgebers enge Grenzen. Vieles, was Arbeitgeber in Verhaltensrichtlinien regeln wollen, lässt sich nicht einseitig per Direktionsrecht vorschreiben. Das Direktionsrecht reicht nur dann aus, wenn sich die Richtlinien darauf beschränken, bestehende gesetzliche Pflichten oder vertragliche Nebenpflichten inhaltlich auszufüllen, die Regeln einen hinreichenden Arbeitsbezug haben und zudem angemessen sind (*Schuster/Darsow* NZA 2005, 274; *Wisskirchen/Jordan/Bissels* DB 2005, 2190). Die dritte Möglichkeit ist, Verhaltensrichtlinien vertraglich zu vereinbaren, sie also z. B. als »**Ergänzung zum Arbeitsvertrag**« vom Arbeitnehmer gegenzeichnen zu lassen. Das bedeutet allerdings enormen Verwaltungsaufwand. Selbstverständlich müssen auch bei vertraglicher Vereinbarung die Mit-

## G. Rechtsquellen des Arbeitsrechts  Kapitel 1

bestimmungsrechte des Betriebsrats und die Grenzen der Billigkeit, insbes. des Persönlichkeitsrechts, beachtet werden (§§ 305 ff. BGB). Das größte Problem ist jedoch, wie man mit denjenigen Arbeitnehmern umgeht, die nicht unterschreiben. Verpflichtet dazu sind sie natürlich nicht. Bleibt die Verweigerung der Unterschrift ohne Konsequenzen, fühlen sich diejenigen Arbeitnehmer als die Dummen, die unterschrieben haben. Überdies muss der Arbeitgeber entscheiden, ob er bei Verweigerung der Unterschrift einzelne Teile der Verhaltensrichtlinien trotzdem einseitig vorgeben will, was zu Unruhe führt.

### cc) Zulässige Inhalte

Inhaltlich **umstritten** sind insbes. folgende Klauseln: 601

**Verbot der Annahme jeglicher Geschenke und Zuwendungen:** Dass die Annahme von Geschenken und Ähnlichem unzulässig ist, wenn sie Belohnung für ein Handeln gegen die Interessen des Unternehmens sind (Schmiergelder, Kick-backs), ist selbstverständlich. Unproblematisch ist auch eine Meldepflicht. Ein vollständiges Verbot der Annahme einseitig einzuführen, erscheint hingegen jedenfalls dann zweifelhaft, wenn es sich um Geschenke und Aufmerksamkeiten handelt, die nachträglich erfolgen (z. B. die übliche Spende an die Stationskasse beim Verlassen des Krankenhauses), sich im Rahmen des Üblichen bewegen (Tasse Kaffee, Blumen etc.) oder die aus anderen Gründen das Verhalten des Arbeitnehmers im Einzelfall nicht ernsthaft beeinflussen können (vgl. *Wisskirchen/Jordan/Bissels* DB 2005, 2190; großzügiger *Schuster/Darsow* NZA 2005, 276).

**Whistle-blowing/Denunziation:** Häufig enthalten Ethikrichtlinien die Verpflichtung, Verstöße anderer Mitarbeiter gegen die Richtlinien oder sonstige arbeitsvertragliche Pflichten über eine Hotline zu melden, ggf. auch anonym. Für den Fall der Nichtmeldung werden teilweise Sanktionen angedroht. Unproblematisch sind Whistle-blower-Klauseln immer dann, wenn sie sich in einer Empfehlung zur Meldung erschöpfen, also keine unmittelbare Pflicht statuieren (*Schuster/Darsow* NZA 2005, 276). Eine unbedingte Pflicht zur Meldung gravierender Verstöße, die zu schweren Schäden für den Arbeitgeber führen können, ist unproblematisch, da insoweit ohnehin eine ungeschriebene Nebenpflicht besteht (*BGH* 23.2.1989 DB 1989, 1464; *LAG Bln.* 9.1.1989 BB 1989, 630; *Diller* DB 2004, 314). Eine Pflicht zur Meldung auch von bloßen Bagatellverstößen dagegen kann einseitig sicher nicht eingeführt werden. Auch eine vertragliche Vereinbarung diesen Inhalts dürfte unzulässig in das Persönlichkeitsrecht eingreifen. 602

**Wertpapiertransaktionen:** Unproblematisch sind Klauseln, die den Mitarbeitern die Ausnutzung von Insiderkenntnissen beim Wertpapierhandel verbieten; hier werden nur bestehende gesetzliche Regelungen wiederholt. Unternehmen, die Finanzdienstleistungen erbringen, sind nach einer zu § 33 WpHG erlassenen Richtlinie der BaFin zur Aufstellung von Verhaltensregeln für die Mitarbeiter betr. Insiderhandel verpflichtet. Kritisch sind einseitige Regelungen, die die Arbeitnehmer zur Offenlegung ihres Wertpapiervermögens verpflichten oder eine Melde- oder gar Genehmigungspflicht für bestimmte Transaktionen vorsehen. Wegen der Bedeutung für die Privatsphäre des Arbeitnehmers wird man solche Verpflichtungen auch in Unternehmen, für die eine Verletzung der gesetzlichen Insiderregeln durch Mitarbeiter extrem rufschädigend sein kann (Wirtschaftskanzleien, Investmentbanken etc.) nicht einseitig kraft Direktionsrechts einführen können (*BAG* 28.5.2002 EzA § 87 BetrVG 1972 Betriebliche Ordnung Nr. 29). Hier ist eine vertragliche Vereinbarung notwendig, die nicht unzumutbar in das Persönlichkeitsrecht der Arbeitnehmer eingreift. Die häufig anzutreffenden Regeln, wonach sogar Familienangehörige des Arbeitnehmers bestimmten Pflichten unterliegen sollen, sind unzulässige Vereinbarungen zu Lasten Dritter, der Arbeitnehmer ist i. d. R. auch nicht rechtsgeschäftlicher Vertreter seiner Familienangehörigen (*Wisskirchen/Jordan/Bissels* DB 2005, 2195). 603

**Flirtverbot/Verbot von Liebesbeziehungen:** Insbesondere amerikanische Unternehmen haben auf Grund schlechter Erfahrungen mit ihren heimischen Gerichten große Angst vor Belästigungsklagen. Deshalb versuchen sie häufig, durch entsprechende Verbote der Entstehung streitanfälliger Liebesbeziehungen vorzubeugen. Ein allgemeines »Flirtverbot« oder ein Verbot, dass Arbeitnehmer mit- 604 einander eine Liebesbeziehung eingehen, ist wegen Eingriffs in die Persönlichkeitsrechte der Arbeitnehmer unwirksam (*LAG Düsseld.* 14.11.2005 DB 2006, 165), egal ob einseitig angeordnet oder vertraglich vereinbart. Das gilt auch dann, wenn es sich um Liebesbeziehungen zwischen Vorgesetzten und Untergebenen handelt (*LAG Düsseld.* 14.11.2005 DB 2006, 165). Denkbar erscheint dagegen eine Verpflichtung, solche Beziehungen, wenn sie mehr als nur vorübergehender Natur sind, dem Arbeitgeber anzuzeigen, damit dieser durch eine Versetzung den Vorwurf der wechselseitigen Vetternwirtschaft/Begünstigung vermeiden kann. Denkbar und je nach Reichweite auch einseitig durchsetzbar sind Verhaltenspflichten, die die Belästigung (»Anmache«) anderer Arbeitnehmer untersagen und dabei engere Grenzen ziehen als die gesetzlichen Belästigungsverbote des AGG. Ein unzulässiger Eingriff in das allgemeine Persönlichkeitsrecht liegt insoweit erst dann vor, wenn auch selbstverständliche und zum Alltagsleben gehörende Verhaltensweisen wie z. B. das Flirten oder Essenseinladungen ohne Rücksicht darauf untersagt sein sollen, wie der jeweils betroffene Arbeitnehmer reagiert (ausf. zu solchen Klauseln *Kolle/Deinert* AuR 2006, 177 ff.).

**605** **Verbot öffentlicher Meinungsäußerungen:** Ethikrichtlinien verbieten den Arbeitnehmern häufig, mit der Presse zu sprechen oder öffentliche Erklärungen über ihren Arbeitgeber und dessen Verhalten abzugeben. Solche Regelungen sind ohne weiteres insoweit unzulässig, als sie Betriebsräte bei ihrer Arbeit (zu der auch Öffentlichkeitsarbeit gehören kann) einschränken würden. Aber auch darüber hinaus erscheinen solche Klauseln wegen des damit verbundenen Eingriffs in die Meinungs- und Redefreiheit (Art. 5 GG) als zu weitgehend.

*dd) Mitbestimmungsrechte des Betriebsrats*

**606** Eine Vielzahl der üblicherweise in Ethikrichtlinien enthaltenen Klauseln fällt unter das Mitbestimmungsrecht des Betriebsrats nach § 87 Abs. 1 Nr. 1 BetrVG (Ordnung im Betrieb; *BAG* 22.7.2008 EzA § 87 BetrVG 2001 Betriebliche Ordnung Nr. 3 = NZA 2008, 1248; ausf. *Bachner/Lerch* AiB 2005, 229). Hierzu gehören bspw. Regelungen zum Sozialverhalten am Arbeitsplatz (Alkoholverbot, Verschließen von Zimmern und Schränken, Nutzung des Internets – hier kann auch § 87 Abs. 1 Nr. 6 BetrVG einschlägig sein; ausführlich zu den Mitbestimmungsrechten des Betriebsrats *BAG* 22.7.2008 EzA § 87 BetrVG 2001 Betriebliche Ordnung Nr. 3; *LAG Düsseld.* 15.11.2005 DB 2006, 162). Mitbestimmungspflichtig sind auch Verhaltensanweisungen betr. das Adressieren von Beschwerden (Beschwerde-Hotlines) oder die Pflicht zur Meldung von Verstößen (whistle-blowing, i. E. *Wisskirchen/Jordan/Bissels* DB 2005, 2190). Mitbestimmungsfrei sind dagegen Regelungen, die lediglich das Arbeitsverhalten betreffen (*BAG* 22.7.2008 EzA § 87 BetrVG 2001 Betriebliche Ordnung Nr. 3; z. B. Führen von Telefonaten, Annahme von Geschenken im Rahmen einer Kundenbeziehung, Geheimhaltung von Betriebs- und Geschäftsgeheimnissen) oder die sich ausschließlich auf die Privatsphäre der Mitarbeiter beziehen (z. B. das Verbot bestimmter Wertpapiertransaktionen) oder die nur abstrakt die jeweilige Unternehmensphilosophie betreffen (*BAG* 22.7.2008 EzA § 87 BetrVG 2001 Betriebliche Ordnung Nr. 3). Soweit Ethikrichtlinien nur gesetzliche Vorgaben wiederholen (z. B. das Verbot sexueller Belästigung), ist das Mitbestimmungsrecht wegen des Gesetzesvorbehalts nach § 87 Abs. 1 1. Hs. BetrVG gesperrt. Einschlägig können auch die Mitbestimmungsrechte bei Personalfragebögen nach § 94 BetrVG (z. B. Frage nach Wertpapierbesitz) sowie bei Auswahlrichtlinien gem. § 95 BetrVG (standardisierte Frage nach Drogenkonsum) sein (*Wisskirchen/Jordan/Bissels* DB 2005, 2192).

**607** Enthält eine Ethikrichtlinie mitbestimmungspflichtige und mitbestimmungsfreie Tatbestände, erstreckt sich das Mitbestimmungsrecht nur auf die mitbestimmungspflichtigen Regelungskomplexe, nicht dagegen auf die gesamte Richtlinie (*BAG* 22.7.2008 EzA § 87 BetrVG 2001 Betriebliche Ordnung Nr. 3; *LAG Düsseld.* 14.11.2005 DB 2006, 162). Soll nach dem Selbstverständnis des Unternehmens die Richtlinie in allen Betrieben gleichermaßen gelten, nimmt der Gesamtbetriebsrat das Mitbestimmungsrecht wahr (*BAG* 22.7.2008 EzA § 87 BetrVG 2001 Betriebliche Ordnung Nr. 3; *LAG Düsseld.* DB 2006, 162). Dasselbe gilt bei konzernweiten Richtlinien für die Zuständigkeit des Konzernbetriebsrats (*BAG* 17.5.2011 NZA 2012, 112). Bei Zuständigkeit des Gesamt- oder Kon-

G. Rechtsquellen des Arbeitsrechts  Kapitel 1

zernbetriebsrats ist für Unterlassungsansprüche örtlicher Betriebsräte kein Raum (*BAG* 17.5.2011 NZA 2012, 112).

*ee) Datenschutz*

Im Zusammenhang mit Ethikrichtlinien stellen sich häufig datenschutzrechtliche Probleme, insbes. **608** wenn in internationalen Konzernen zentrale Beschwerde- oder Whistleblowing-Hotlines errichtet werden (*Wisskirchen/Jordan/Bissels* DB 2005, 2194).

### 9. Gerichtliche Inhalts- und Billigkeitskontrolle von Arbeitsverträgen

*a) Grundlagen*

Weil der einzelne Arbeitnehmer nur sehr begrenzt Einfluss auf die Vertragsgestaltung hat, hat die **609** Rechtsprechung des *BAG* (vgl. z. B. 12.10.1960 [GS], 26.8.1978 AP Nr. 16 zu § 620 BGB Befristeter Arbeitsvertrag) in zahlreichen Fällen die Rechtswirksamkeit arbeitsvertraglicher Klauseln (z. B. Rückzahlungsklauseln bei der Gewährung einer Gratifikation, der Befristung von Arbeitsverträgen, dem generellen Verbot von Nebentätigkeiten) zugunsten der Arbeitnehmer durch eine Inhaltskontrolle eingeschränkt und mit unterschiedlichen Begründungen den vertraglichen Gestaltungsmöglichkeiten der Arbeitgeber Grenzen gesetzt (s. *Reinecke* NZA, Beil. zu Heft 3/2000, 23 ff.).

Die Vertragsgestaltung bedarf danach, ohne dass es auf die Verwendung eines formularmäßigen oder **610** vorformulierten Vertragstextes oder auf die mehrfache Verwendung der gleichen Bedingungen ankommt, dann der gerichtlichen Überprüfung, wenn **kein Gleichgewicht der Vertragspartner besteht, das einen angemessenen Vertragsinhalt gewährleistet**, weil entweder die Vertragsparität gestört ist oder eine Vertragspartei aus anderen Gründen allein den Inhalt des Vertragsverhältnisses gestalten kann. Das ist der Fall bei der sog. **vertraglichen Einheitsregelung** oder **Gesamtzusage** (s. Rdn. 413), die allein vom Arbeitgeber festgelegt wird, ferner bei der Bestimmung der vertraglichen Leistung durch den Arbeitgeber (**§ 315 BGB**) und schließlich bei der Verteilung **freiwilliger Leistungen** unter Ausschluss eines Rechtsanspruchs (*BAG* 21. u. 22.12.1970 AP Nr. 1, 2 zu § 305 BGB Billigkeitskontrolle).

Handelt es sich im ersten Fall um eine **Vertragsinhaltskontrolle**, geht es im zweiten Fall um die An- **611** wendung des § 315 BGB (**Billigkeitskontrolle**), während der dritte Fall die Geltung des **Gleichbehandlungsgrundsatzes** betrifft.

*b) Inhaltliche Kriterien*

Eine einheitliche Begründung bzw. Entwicklung von inhaltlichen Kriterien lässt sich der Recht- **612** sprechung nicht entnehmen.

So wird das Verbot unzumutbarer Rückzahlungsklauseln bei der Gewährung einer Gratifikation (s. **613** Kap. 3 Rdn. 1089 ff.) auf einen Verstoß gegen die **Fürsorgepflicht** des Arbeitgebers und den Aspekt der **objektiven Gesetzesumgehung** gestützt. Die Begrenzung einer jede Nebentätigkeit verbietenden Vertragsklausel wird schließlich im Hinblick auf **Art. 12 GG** mit der Notwendigkeit einer verfassungskonformen Interpretation begründet.

*c) Besonderheiten bei standardisierten Arbeitsverträgen*

*aa) Rechtslage für vor dem 1.1.2002 abgeschlossene Arbeitsverträge bis zum 31.12.2002 (Art. 229 § 5 EGBGB)*

Daneben sollen besondere Grundsätze für Einheitsarbeitsbedingungen gelten, weil es sich um die **614** gleiche Problematik wie bei der Aufstellung von Allgemeinen Geschäftsbedingungen handelt.

Zwar war gem. **§ 23 Abs. 1 AGBG** dieses Gesetz bei Verträgen auf dem Gebiet des Arbeitsrechts **615** ausgeschlossen. Dennoch wurden z. B. §§ 3–6, 9 AGBG (Verbot überraschender Klauseln, Vorrang der Individualabrede, Unklarheitenregel; unangemessene Benachteiligung; vgl. *BAG* 26.1.2005 EzA § 611 BGB 2002 Gratifikation, Prämie Nr. 14) entsprechend angewendet.

*bb) Rechtslage für Neuverträge (ab 1.1.2002) und Altverträge (ab 1.1.2003)*

*(1) Grundlagen*

616 Das AGBG ist durch §§ 305 ff. BGB mit Wirkung für Neuverträge ab dem 1.1.2002 und für Altverträge ab dem 1.1.2003 (Art. 229 § 5 EGBGB) in das BGB eingefügt worden. Auch zuvor erfolgte – trotz § 23 Abs. 1 AGBG – im Arbeitsrecht eine Inhaltskontrolle; die Rspr. des BAG war aber uneinheitlich (s. *BAG* 27.5.1992 EzA § 339 BGB Nr. 8; 27.2.2002 EzA § 138 BGB Nr. 30; *Annuß* BB 2006, 1333; *Hunold* NZA-RR 2006, 113 ff.).

617 Diese Rechtsunsicherheit soll durch die Streichung der Bereichsausnahme im Arbeitsrecht beseitigt werden. Denn ein Bedürfnis nach gerichtlicher Kontrolle einseitig vom Arbeitgeber festgesetzter Arbeitsbedingungen besteht schon angesichts des existentiellen Angewiesenseins des Arbeitnehmers auf einen Arbeitsplatz. Das Schutzniveau der Inhaltskontrolle im Arbeitsrecht soll nicht hinter demjenigen des allgemeinen Zivilrechts zurückbleiben (BT-Drs. 14/6857 S. 53 f.; BT-Drs. 14/7052 S. 189; ErfK/*Preis* §§ 305–310 BGB Rn. 2).

*(2) Abgrenzung zu anderen Instrumenten der Arbeitsvertragskontrolle*

618 Die Kontrolle von Arbeitsverträgen gem. §§ 305 ff. BGB ist nicht das einzige Instrument der Vertragsinhaltskontrolle. Die zunächst bei der Vertragsgestaltung zwingend zu beachtenden Grenzen sind das zweiseitig und einseitig **zwingende Gesetzesrecht** (s. z. B. §§ 138 BGB, 612a BGB) ebenso wie das tarifdispositive Gesetzesrecht. Zu beachten sind auch spezialgesetzliche Regelungen der Inhaltskontrolle, z. B. §§ 74 ff. HGB. Die Anwendung der §§ 305 ff. BGB auf das Arbeitsvertragsrecht führt jedoch dazu, die unterschiedlichen Kontrollansätze zu überprüfen, z. B. § 138 BGB darauf zurückzuführen, Hauptabreden (Entgeltabreden) zu überprüfen, die einer Kontrolle nach §§ 307 ff. BGB nicht zugänglich sind (*BAG* 25.5.2005 EzA § 307 BGB 2002 Nr. 3). Wichtige Schranken der arbeitsvertraglichen Vereinbarung sind zudem die konkret geltenden Tarifverträge oder Betriebsvereinbarungen (§ 4 Abs. 1 TVG, § 77 Abs. 4 S. 1 BetrVG; ErfK/*Preis* §§ 305–310 BGB Rn. 3).

Große Bedeutung hatte zuvor der Gesichtspunkt der funktionswidrigen Vertragsgestaltung durch objektive Gesetzesumgehung. Daran kann nicht festgehalten werden; nunmehr gelten die §§ 305 ff. BGB (s. *BAG* 12.1.2005 EzA § 308 BGB 2002 Nr. 1; 27.7.2005 EzA § 307 BGB 2002 Nr. 5; *Preis/Lindemann* NZA 2006, 632). Zu unterscheiden sind deshalb Fälle echter Gesetzesumgehung, die sowohl in Individualverträgen als auch in Tarifverträgen unzulässig ist, und Fälle der bloßen Inhalts- bzw. Angemessenheitskontrolle einseitig gestellter Vertragsbedingungen (ErfK/*Preis* §§ 305–310 BGB Rn. 4). §§ 305 ff. BGB sehen eine **Inhaltskontrolle** (Rechtskontrolle) vor, die von der Billigkeitskontrolle gem. § 315 BGB zu unterscheiden ist. Die synonyme Verwendung der Begriffe Billigkeits- und Inhaltskontrolle (z. B. *BAG* 21.11.2001 EzA § 611 BGB Inhaltskontrolle Nr. 9), ist nicht mehr statthaft (*BAG* 25.5.2005 EzA § 307 BGB 2002 Nr. 3). §§ 305 ff. BGB stellen eine abschließende Konkretisierung des Gebots von Treu und Glauben (§ 242 BGB) für eine allgemeine, allein den Inhalt einer Regelung überprüfenden Angemessenheitskontrolle dar. Eine Billigkeits- bzw. Ausübungskontrolle erfolgt dagegen bei einseitigen Leistungsbestimmungsrechten. Dabei ist zuvor zu prüfen, ob überhaupt ein solches wirksam vertraglich vereinbart worden ist. Dies richtet sich bei vorformulierten Verträgen nach §§ 305 ff. BGB; neben die Inhaltskontrolle tritt die Ausübungskontrolle im Einzelfall gem. § 315 BGB (*BAG* 12.1.2005 EzA § 308 BGB 2002 Nr. 1; ErfK/*Preis* §§ 305–310 BGB Rn. 5, 6).

## G. Rechtsquellen des Arbeitsrechts
## Kapitel 1

*(3) Die Systematik des § 310 Abs. 4 BGB; Regelungsgegenstand*

*aaa) Ausgeschlossene Regelungen*

§§ 305 ff. BGB gelten gem. § 310 Abs. 4 S. 1 BGB nicht für Tarifverträge, Betriebs- und Dienstvereinbarungen (s. *BAG* 19.10.2011 EzA § 1 KSchG Wiedereinstellungsanspruch Nr. 11; *LAG Düsseld.* 25.8.2009 LAGE § 611 BGB Gratifikation Nr. 15). Denn Tarifverträge werden von **gleichberechtigten Partnern** ausgehandelt und genießen die Verfassungsgarantie des Art. 9 GG. Wegen der Gleichgewichtigkeit der Tarifpartner ist davon auszugehen, dass bei einer Gesamtbetrachtung der tariflichen Regelungen eine ausgewogene, auch die Arbeitnehmerinteressen berücksichtigende Regelung getroffen ist (*BAG* 25.4.2007 EzA § 113 InsO Nr. 19); für **Protokollnotizen** ohne eigenständigen Regelungsgehalt gilt dies nicht (*BAG* 24.1.2008 EzA § 242 BGB 2002 Kündigung Nr. 7; s. a. *LAG Düsseld.* 25.8.2009 LAGE § 611 BGB Gratifikation Nr. 15). Damit ist u. U. eine gegenüber den Arbeitsvertragsparteien weitere Vertragsgestaltungsfreiheit verbunden. Tarifverträge sind deshalb nur daraufhin zu überprüfen, ob sie gegen die Verfassung, höherrangiges Recht oder gegen die guten Sitten verstoßen (*BAG* 6.9.1995 EzA § 611 BGB Ausbildungsbeihilfe Nr. 15; ErfK/*Preis* §§ 305–310 BGB Rn. 8). 619

Formularmäßig verwendete Klauseln in Arbeitsverträgen, die auf eine solche Kollektivregelung Bezug nehmen oder mit ihr übereinstimmen und lediglich deren gesamten Inhalt wiedergeben, unterliegen deshalb keiner Inhaltskontrolle. Kontrollfrei sind jedoch nur solche Regelungen, mit denen die Vertragspartner ihren Willen zur Normsetzung hinreichend deutlich zum Ausdruck bringen. Das BAG (19.10.2011 EzA § 1 KSchG Wiedereinstellungsanspruch Nr. 11) hat offen gelassen, ob einzelvertraglich in Bezug genommene schuldrechtliche Koalitionsvereinbarungen zugunsten Dritter durch § 310 Abs. 4 S. 1 BGB von der sog. AGB-Kontrolle nach §§ 305 ff. BGB ausgenommen sind. Vereinbaren die Arbeitsvertragsparteien AGB aufgrund einer individualvertraglich umzusetzenden Regelung der Koalitionspartner, ist die einzelvertragliche Vereinbarung jedenfalls nicht kontrollfrei i. S. v. § 310 Abs. 4 S. 1 BGB (*BAG* 19.10.2011 EzA § 1 KSchG Wiedereinstellungsanspruch Nr. 11). 619a

Nichts anderes folgt aus § 310 Abs. 4 S. 1 BGB. Denn diese Norm nimmt für Betriebs- und Dienstvereinbarungen, was die Anwendung der §§ 305 ff. BGB betrifft, eine Gleichstellung mit Tarifverträgen vor; der Gesetzgeber geht davon aus, dass in diesen »normsetzenden« Bereich nicht durch eine AGB-Kontrolle eingegriffen werden darf (BT-Drs. 14/6857 S. 54). Aus § 310 Abs. 4 S. 1 BGB folgt, dass eine Inhaltskontrolle i. S. einer Angemessenheitskontrolle gem. §§ 307 ff. BGB nicht stattfindet; Betriebsvereinbarungen unterliegen keiner allgemeinen Billigkeitskontrolle mehr (*BAG* 1.2.2006 EzA § 310 BGB 2002 Nr. 3). Einer Rechtskontrolle dagegen steht auch § 310 Abs. 4 BGB (insbes. anhand von § 75 BetrVG) nicht entgegen. Für Dienstvereinbarungen gilt nichts anderes (s. ErfK/*Preis* §§ 305–310 BGB Rn. 9). 620

Jedenfalls sind die **Betriebsparteien** beim Abschluss ihrer Vereinbarungen gem. § 75 Abs. 2 S. 1 BetrVG an die Grundsätze von Recht und Billigkeit gebunden und damit auch zur Wahrung der grundrechtlich geschützten Freiheitsrechte verpflichtet. Dazu gehört die durch Art. 12 GG geschützte Berufsfreiheit der Arbeitnehmer. Diese Grundsätze des Rechts erstrecken sich auf die geltende Rechtsordnung, die das Arbeitsverhältnis gestaltet und auf dieses einwirkt; dazu gehört auch § 611 Abs. 1 BGB, nach dem der Arbeitgeber zur Erbringung der vereinbarten Gegenleistung verpflichtet ist, soweit der vorleistungsverpflichtete Arbeitnehmer seinerseits die ihm obliegende Arbeitsleistung erbracht hat. Die **Auszahlung verdienten Entgelts** ist daher z. B. **nicht von der Erfüllung weiterer Zwecke abhängig**. Diese gesetzliche Wertung bindet auch die Betriebsparteien (*BAG* 12.4.2011 NZA 2011, 989). 620a

*bbb) Arbeitsverträge*

Für Arbeitsverträge ist die Bereichsausnahme aufgehoben, sind §§ 305 ff. BGB also anwendbar, wobei aber die Besonderheiten des Arbeitsrechts angemessen zu berücksichtigen sind (§ 310 Abs. 4 S. 2 BGB). Dabei geht es nicht um die Durchsetzungskraft von Gewohnheiten oder Gebräuchen 621 im Arbeitsleben gegenüber den zwingenden §§ 307 ff. BGB, sondern um die **Berücksichtigung der dem Arbeitsverhältnis als Rechtsverhältnis innewohnenden Besonderheiten** (z. B. § 888 Abs. 3 ZPO; *BAG* 4.3.2004 EzA § 309 BGB 2002 Nr. 1; s. *Hromadka* NJW 2002, 2523 ff.). Allerdings sollen auch tatsächliche Besonderheiten berücksichtigt werden, »denn es geht um die Beachtung der dem Arbeitsverhältnis innewohnenden Besonderheiten« (*BAG* 25.5.2005 EzA § 307 BGB 2002 Nr. 3). Zwar sind tatsächliche Auswirkungen im AGB-Recht zu berücksichtigen; es ist aber nicht begründbar, eine an sich anwendbare Norm mit dem Hinweis auf Gepflogenheiten im Arbeitsleben zu ignorieren. Eine rechtliche Besonderheit sind noch keine bisher »üblichen« Formularbestimmungen oder verbreitete Gewohnheiten. Nur wenn sich tatsächliche Besonderheiten auch normativ widerspiegeln, können sie als rechtliche Besonderheit anerkannt werden (zutr. ErfK/*Preis* §§ 305–310 BGB Rn. 11). Die Grundsätze des AGB-Rechts enthalten weitgehend allgemeine vertragsrechtliche Fairnessgebote, die auch im Arbeitsrecht gelten. Vor allem bei den Klauselverboten ohne Wertungsmöglichkeit (BT-Drs. 14/6857 S. 54) ist aber zu beachten, dass sie im Arbeitsverhältnis nicht immer passen (s. das Klauselverbot der Vertragsstrafe; *BAG* 4.3.2004 EzA § 309 BGB 2002 Nr. 1); § 15 Abs. 3 TzBfG ist im Hinblick auf § 309 Nr. 8 lit. a) BGB eine rechtliche Besonderheit (ErfK/*Preis* §§ 305–310 BGB Rn. 11). § 310 Abs. 4 S. 2 BGB soll auch eine Rücksichtnahme auf die Besonderheiten des **kirchlichen Arbeitsrechts** ermöglichen (BT-Drs. 14/7052 S. 189). Bestehen arbeitsrechtliche Besonderheiten, schließen diese nicht die Inhaltskontrolle von vornherein aus, sondern sind angemessen zu berücksichtigen, indem die im Rahmen der Inhaltskontrolle vorgefundene Interessenlage der Vertragspartner im allgemeinen Zivilrecht mit derjenigen im Arbeitsrecht verglichen wird. Anhand dieses Interessenvergleichs ist hinsichtlich jeder einzelnen Norm der §§ 307 ff. BGB bzw. jedes richterrechtlichen Grundsatzes zu prüfen, ob eine Abweichung im Arbeitsrecht weiterhin gerechtfertigt ist. Besteht kein wesentlicher Unterschied zwischen beiden Interessenlagen, müssen die Gerichte die §§ 305 ff. BGB uneingeschränkt anwenden (s. *Preis* NZA/Sonderbeil. 16/2003).

*ccc) Einbeziehung kollektiver Regelungen*

622 Die Einbeziehung kollektiver Regelwerke ist in § 310 Abs. 4 S. 3 BGB speziell geregelt. Denn Einzelarbeitsverträge nehmen oft ganz oder teilweise kollektive Regelungen, vor allem Tarifverträge in Bezug und machen sie damit zum Gegenstand des individuellen Arbeitsvertrags.

*aaaa) Globalverweisung*

623 Die Globalverweisung nimmt einen gesamten Tarifvertrag in Bezug (s. Rn. 263). Aus der Gleichstellung von Tarifverträgen mit Rechtsvorschriften i. S. v. § 307 Abs. 3 BGB folgt, dass §§ 307 Abs. 1, 2, 308, 309 BGB nicht anzuwenden sind (*LAG Bln*. 10.10.2003 LAG Report 2004, 27). Die einbezogene kollektive Regelung soll keiner Inhaltskontrolle unterliegen (BT-Drs. 14/6857 S. 54), jedenfalls dann, wenn einzelvertraglich ein Tarifvertrag insgesamt einbezogen wurde (vgl. *BAG* 27.7.2005 EzA § 307 BGB 2002 Nr. 5); das gilt auch für Haustarifverträge (*BAG* 26.4.2006 EzA § 4 TVG Ausschlussfristen Nr. 185). Der einbezogene Tarifvertrag unterliegt der gleichen Richtigkeitsgewähr wie die normativ geltende Regelung selbst (s. *BAG* 25.4.2007 EzA § 113 InsO Nr. 19).

624 Allerdings muss der Tarifvertrag selbst und unmittelbar Regelungen treffen; es genügt nicht, wenn er dem Vertragspartner verschiedene Möglichkeiten der Vertragsgestaltung an die Hand gibt (*BAG* 27.7.2005 EzA § 307 BGB 2002 Nr. 5). Eine Inhaltskontrolle ist auch nur dann entbehrlich, wenn auf den jeweils einschlägigen Tarifvertrag verwiesen wird. Ausreichend ist die Bezugnahme auf jeden Tarifvertrag, der abgesehen von der Frage der Tarifbindung potenziell anwendbar wäre; das ist dann nicht der Fall, wenn ein branchenfremder Tarifvertrag einbezogen wird, der ganz andere ökonomische und betriebliche Bedingungen zugrunde legt als sie in der Branche gelten, in der die Verweisung vorgenommen wird. Dann kann die Angemessenheit der Regelungen nicht mehr vermutet werden (ErfK/*Preis* §§ 305–310 BGB Rn. 14; s. a. *Richardi* NZA 2002, 1057 ff.; *Thüsing/ Lambrich* NZA 2002, 1361 ff.: Gleiches gilt bei Bezugnahme auf einen abgelaufenen Tarifvertrag).

Je näher allerdings der fremde Tarifvertrag der Branche steht (z. B. der Tarifvertrag einer anderen Region derselben Branche), desto eher kann von einer Angemessenheit der Gesamtregelung ausgegangen werden. Andererseits kann die Bezugnahme auf beamtenrechtliche Bestimmungen, die zum Ausschluss von Mehrarbeitsvergütung führt, unangemessen benachteiligen (*BAG* 24.11.1993 EzA 611 BGB Mehrarbeit Nr. 1), weil Arbeitsverhältnis und Beamtenstatus sich in dieser Hinsicht deutlich unterscheiden.

Trotz § 307 Abs. 3 S. 2 BGB und der Begr. zu § 310 Abs. 4 BGB (BT-Drs. 14/6857 S. 54) unterliegt der einzelvertraglich vollständig einbezogene Tarifvertrag **selbst nicht der Transparenzkontrolle** (*BAG* 28.6.2007 EzA § 310 BGB 2002 Nr. 5; **a.A.** ErfK/*Preis* §§ 305–310 BGB Rn. 15). Andererseits hat das *BAG* (18.9.2007 EzA § 310 BGB 2002 Nr. 6) aber angenommen, dass eine für eine Vielzahl von Verträgen vorformulierte Vertragsbedingung im Gegensatz zu der in Bezug genommenen tarifliche Regelung selbst, mit der ein Arbeitgeber auf einen **Tarifvertrag in seiner jeweiligen Fassung** verweist, der richterlichen **AGB-Kontrolle unterliegt**; insoweit ist die Unklarheitenregel des § 305c Abs. 2 BGB zu beachten (*BAG* 15.4.2008 EzA § 4 TVG Tarifkonkurrenz Nr. 21). Die frühere Rspr. des BAG bei einer dynamischen Bezugnahme in einem vorformulierten Vertrag (Gleichstellungsabrede; *BAG* 26.9.2001 EzA § 3 TVG Bezugnahme auf Tarifvertrag Nr. 19) wurde diesem Maßstab (§ 305c Abs. 2 BGB) nicht gerecht (aufgegeben durch *BAG* 14.12.2005 EzA § 3 TVG Bezugnahme auf Tarifvertrag Nr. 32; 18.4.2007 EzA § 3 TVG Bezugnahme auf Tarifvertrag Nr. 35).

Zu beachten ist jedenfalls, dass auch Vertragsbedingungen, die vor ihrer Verwendung kollektivrechtlich ausgehandelt worden sind, AGB sein können (*BAG* 9.2.2011 EzA § 311a BGB 2002 Nr. 2).

Klauseln in arbeitsvertraglichen Vereinbarungen, die auf kollektivrechtlich ausgehandelte Vertragsbedingungen Bezug nehmen oder inhaltlich mit ihnen übereinstimmen, sind folglich nach denselben Maßstäben auszulegen wie einseitig vom Arbeitgeber vorformulierte Klauseln. Für die Auslegung solcher Klauseln kommt es daher nicht auf das Verständnis der an den Verhandlungen über die Kollektivregelung Beteiligten, sondern auf die Verständnismöglichkeiten der Arbeitnehmer an, mit denen später die darauf Bezug nehmende arbeitsvertragliche Regelung vereinbart wird (*BAG* 19.3.2009 EzA § 305c BGB 2002 Nr. 17).

*bbbb) Einzelverweisung*

Bei der Einzelverweisung wird nicht ein von gleichstarken Parteien ausgehandeltes Vertragswerk in Bezug genommen, sondern nur einzelne Passagen desselben. Das **birgt die Gefahr der einseitigen Benachteiligung des Arbeitnehmers in sich**, denn in aller Regel wird der Arbeitgeber lediglich auf für ihn vorteilhafte Regelungen verweisen. Der in Bezug genommenen Tarifregelung kann folglich nicht die Angemessenheits- und Richtigkeitsgewähr zukommen wie bei Globalverweisungen (*BAG* 6.5.2009 EzA § 310 BGB 2002 Nr. 8). Nur durch eine volle Inhaltskontrolle ist dann gewährleistet, dass eine einseitige Benachteiligung des Arbeitnehmers vermieden wird (ErfK/*Preis* §§ 305–310 BGB Rn. 16).

*cccc) Teilverweisung*

Durch die Teilverweisung werden bestimmte Regelungskomplexe des Tarifvertrages in Bezug genommen. Weil die Gefahr besteht, dass der Arbeitgeber nur auf solche Regelungskomplexe verweist, die für ihn vorteilhaft erscheinen, wird zum Teil das Erfordernis einer Inhaltskontrolle bejaht (*Däubler* NZA 2001, 1329 ff.), andererseits die Angemessenheitsvermutung des Tarifvertrages sich aber auch auf geschlossene Regelungskomplexe erstreckt (*Wiedemann/Oetker* § 3 Rn. 343). Zwar ermöglicht das Gesetz Teilverweisungen auf Tarifnormkomplexe (s. § 622 Abs. 4 S. 2 BGB, § 13 Abs. 1 S. 2 BUrlG, § 7 Abs. 3 ArbZG, § 4 Abs. 4 S. 2 EFZG), dies besagt aber nichts über die Angemessenheit der Tarifregelung und die Erforderlichkeit einer Inhaltskontrolle.

Dafür, nur den vollständig einbezogenen Tarifvertrag zu bevorzugen, nicht aber Teilkomplexe, spricht, dass bereits die Abgrenzung zusammengehöriger Teilkomplexe in einem Tarifvertrag schwierig ist. Auch erfolgt kein weitreichender Eingriff in die Vertragsgestaltungsfreiheit.

Denn wenn der einbezogene Teilkomplex eines Tarifvertrages in sich ausgewogen ist, hält er der Inhaltskontrolle stand (s. *BAG* 6.5.2009 EzA § 310 BGB 2002 Nr. 8). Aus dem Regelungszusammenhang sowie aus der in diesen Vorschriften vorgesehenen Beschränkung der Verweisungsmöglichkeit kann zumeist ersehen werden, in welchen Konstellationen der Gesetzgeber von der Angemessenheit der tariflichen Regelung ausgeht. So wird dem Arbeitgeber Gelegenheit gegeben, durch Verweisung auf Tarifverträge Arbeitsbedingungen zu vereinbaren, die von der gesetzlichen Regelung zu Lasten des Arbeitnehmers abweichen. Das zeigt, dass der Gesetzgeber tarifliche Regelungskomplexe u. U. für so ausgewogen hält, dass der Schutz des Arbeitnehmers auch bei einer Abweichung des Tarifvertrages von den gesetzlichen Vorschriften ausreichend gewährleistet ist (zutr. ErfK/*Preis* §§ 305–310 BGB Rn. 18). Doch gilt dies von vornherein nur, wenn auf den einschlägigen Tarifvertrag verwiesen wird (§ 622 Abs. 4 S. 2 BGB; § 4 Abs. 4 S. 2 EFZG), also auf den Tarifvertrag, der gelten würde, wenn beide Vertragsparteien tarifgebunden wären. Darüber hinaus muss stets der gesamte Regelungskomplex in Bezug genommen werden (ErfK/*Preis* §§ 305–310 BGB Rn. 18).

631 Diese Grundsätze sind auch für gesetzlich nicht geregelte Teilverweisungen angemessen. Eine generelle Richtigkeitsvermutung ist dann nicht anzunehmen (s. *Thüsing/Lambrich* NZA 2002, 1361). So macht z. B. eine Ausschlussfrist allein keinen Regelungskomplex aus. Wird auf einzelne Passagen der tariflichen Regelung verwiesen, ist sie auf ihre Angemessenheit hin zu untersuchen. Innerhalb eines Regelungskomplexes muss zumindest die Möglichkeit bestehen, Ausgewogenheit durch kompensatorische Effekte herzustellen. Unabhängig davon ist eine Transparenzkontrolle vorzunehmen (ErfK/*Preis* §§ 305–310 BGB Rn. 19).

632 Werden im Arbeitsvertrag Teile eines Tarifvertrages in Bezug genommen, die das betroffene Arbeitsverhältnis umfassend regeln, ist dies weder unklar, mehrdeutig oder intransparent. Eine solche Verweisungsklausel benachteiligt den Arbeitnehmer auch nicht unangemessen (*BAG* 6.5.2009 EzA § 310 BGB 2002 Nr. 8).

633 Andererseits unterliegt der in einem Formulararbeitsvertrag in Bezug genommene BAT-KF jedenfalls dann der Kontrolle nach den §§ 307 ff. BGB, wenn nicht abgrenzbare Sachbereiche des BAT vollständig übernommen sind (*BAG* 15.7.2009 EzA § 6 ArbZG Nr. 7).

*dddd) Öffnungsklauseln*

634 Fraglich ist, ob der Arbeitsvertrag »kollektivvertragsoffen« gestaltet werden kann, indem z. B. vorgesehen ist, dass Betriebsvereinbarungen oder (Haus-)Tarifverträge den Regelungen des Arbeitsvertrages auch dann vorgehen, wenn die einzelvertragliche Regelung günstiger ist (dagegen *LAG Köln* 22.4.2008 – 9 Sa 1445/07: Verstoß gegen das Transparenzgebot). Nach der Rspr. des BAG kann der Arbeitsvertrag jedenfalls betriebsvereinbarungsoffen gestaltet werden (s. *BAG* 24.9.2003 EzA § 133 BGB 2002 Nr. 3), weil er – im Rahmen der allgemeinen gesetzlichen Grenzen – stets angemessen durch Kollektivverträge gestaltet werden kann. Dann kann der Arbeitsvertrag erst recht für nachfolgende Tarifverträge geöffnet werden. Allerdings müssen derartige Öffnungsklauseln den Grundsätzen der AGB-Kontrolle entsprechen, also vor allem bestimmt und transparent formuliert sein (s. *Däubler* RdA 2004, 304 ff.). Zweifel an der Auslegung der Klausel, weil z. B. nicht ersichtlich ist, welche tarifvertraglichen Bestimmungen den arbeitsvertraglichen Regelungen vorgehen sollen, gehen gem. § 305c Abs. 2 BGB zu Lasten des Arbeitgebers als Verwender. Auch können intransparente Klauseln unangemessen benachteiligend und damit gem. § 307 Abs. 1 S. 2 BGB unwirksam sein (instr. ErfK/*Preis* §§ 305–310 BGB Rn. 19a).

*(4) Begriff der Allgemeinen Geschäftsbedingungen*

635 §§ 305 ff. BGB gelten nur für AGB, das sind Vertragsbedingungen, die für eine Vielzahl von Verträgen (mindestens drei; *BAG* 25.5.2005 EzA § 307 BGB 2002 Nr. 3) vorformuliert sind, und die der Verwender, i. d. R. der Arbeitgeber, der anderen Vertragspartei bei Abschluss eines Arbeitsvertrags oder dessen Änderung stellt (§ 305 Abs. 1 BGB). Aus dem äußeren Erscheinungsbild

und dem Inhalt typisierter Bedingungen kann sich ein vom Verwender zu widerlegender Anschein für das Vorliegen von AGB ergeben (*BAG* 1.3.2006 EzA § 4 TVG Tariflohnerhöhung Nr. 48 m. Anm. *Natzel* SAE 2006, 225). Für eine Vielzahl von Verträgen vorformulierte Bedingungen liegen auch bereits dann vor, wenn eine Partei – einmalig – die von einem anderen vorformulierten Vertragsbedingungen benutzt, selbst wenn die Partei eine mehrfache Verwendung nicht plant (s. *BGH* 16.11.1990 NJW 1991, 843; ErfK/*Preis* §§ 305–310 BGB Rn. 22). Andererseits sind **typische Erklärungen**, die ein Arbeitgeber abgibt, **nicht notwendig Allgemeine Geschäftsbedingungen**. Nimmt der Arbeitgeber durch Schreiben, die für eine Mehrfachverwendung vorgesehen sind, inhaltsgleiche Änderungsangebote mehrerer Arbeitnehmer an, stellt er den Arbeitnehmern keine Vertragsbedingungen i. S. v. § 305 Abs. 1 S. 1 BGB (*BAG* 20.5.2008 – 9 AZR 271/07, FA 2008, 318).

Der Arbeitgeber muss die Vertragsbedingungen stellen, d. h. er muss konkret die Einbeziehung in den Arbeitsvertrag verlangen (s. *BAG* 28.5.2008 EzA § 307 BGB 2002 Nr. 35). Nicht entscheidend ist, in welcher Form die gestellte Vertragsbedingung nach außen hin erscheint. AGB liegen auch vor, wenn ein im PC gespeichertes Formular verwendet wird, das einen individuellen Anschein erweckt. Ein Freiwilligkeits- oder Widerrufsvorbehalt auf einer Gehaltsabrechnung oder in einem Schreiben, mit der eine Sonderzahlung gewährt wird, ist ebenso kontrollfähig (*BAG* 18.3.2009 EzA § 307 BGB 2002 Nr. 43) wie die Bedingungen einer betrieblichen Übung, auch wenn sie nicht schriftlich festgehalten worden sind (*BAG* 27.8.2008 EzA § 4 TVG Tariflohnerhöhung Nr. 49; *LAG Bln.-Bra.* 8.12.2011 LAGE § 307 BGB 2002 Nr. 28; s. a. *Ricken* DB 2006, 1374 ff.). Auch die Bedingungen einer Gesamtzusage unterliegen der Inhaltskontrolle (ErfK/*Preis* §§ 305–310 BGB Rn. 22). **636**

Der Arbeitnehmer ist auch Verbraucher i. S. d. § 13 BGB (BT-Drs. 14/7052 S. 190; s. *BAG* 18.3.2008 EzA § 307 BGB 2002 Nr. 36; 19.5.2010 EzA § 310 BGB 2002 Nr. 10; *Maier/Mosig* NZA 2008, 1168 ff.). Denn mit der Definition des Verbrauchers in § 13 BGB hat sich der Gesetzgeber von dem allgemeinen Sprachgebrauch gelöst und eine eigenständige umfassende Begriffsbestimmung gewählt. Der Verbraucherbegriff bietet eine breite Grundlage für die Anwendung der Verbraucherschutzvorschriften. Ihm kommt kein abstrakt zu bestimmender Sinn zu. Erfasst ist auch der Arbeitnehmer bei Abschluss des Arbeitsvertrags. Danach wird die Inhaltskontrolle von Arbeitsverträgen nach den Maßgaben des § 310 Abs. 3 BGB erweitert (*BVerfG* 23.11.2006 NZA 2007, 85; *BAG* 25.5.2005 EzA § 307 BGB 2002 Nr. 3; 31.8.2005 NZA 2006, 324; 18.3.2008 EzA § 307 BGB 2002 Nr. 36; s. *Bayreuther* NZA 2005, 1337 ff.). **637**

Das Merkmal des Stellens ist nur dann zu verneinen, wenn der Arbeitnehmer die AGB in den Vertrag eingeführt hat (§ 310 Abs. 3 Nr. 1 BGB), wofür den Arbeitgeber die Beweislast trifft. §§ 305c Abs. 2, 306, 307, 308, 309 BGB, also auch die Vorschriften über die Inhaltskontrolle, sind selbst dann anwendbar, wenn die vorformulierten Vertragsbedingungen nur zur einmaligen Verwendung bestimmt sind und soweit der Verbraucher auf Grund der Vorformulierung auf ihren Inhalt keinen Einfluss hatte (§ 310 Abs. 3 Nr. 2 BGB). Der Arbeitnehmer muss dafür darlegen und ggf. beweisen, dass er nicht die Möglichkeit der Einflussnahme hatte (*BAG* 25.5.2005 EzA § 307 BGB 2002 Nr. 3). Damit unterliegt i. d. R. jeder vom Arbeitgeber, auch nur für den Einzelfall vorformulierte Vertrag der Inhaltskontrolle (ErfK/*Preis* §§ 305–310 BGB Rn. 23). **638**

Nach § 310 Abs. 3 Nr. 3 BGB sind neben der typisierten Betrachtung der §§ 307–309 BGB auch die konkret-individuellen Umstände des Vertragsschlusses zu berücksichtigen. Diese Berücksichtigung kann Bedenken gegen eine Klausel verstärken, aber auch abschwächen (ErfK/*Preis* §§ 305–310 BGB Rn. 23). **639**

**Echte Individualabreden unterliegen dagegen nicht der Anwendung des Rechts der AGB.** Besteht für den Arbeitnehmer die Möglichkeit, die Arbeitsbedingungen im Einzelnen auszuhandeln, so ist davon auszugehen, dass er seine Interessen selbst angemessen vertreten kann. Die Parteien sind dann bis zur Grenze der Sittenwidrigkeit (§ 138 BGB) frei, ihre Regelungen selbst zu wählen. Nach § 242 BGB kann aber die Befugnis, sich auf rechtswirksam vereinbarte Rechtspositionen zu berufen, i. S. einer Ausübungskontrolle (z. B. Rechtsmissbrauch) begrenzt sein. Eine richterliche **640**

Kontrolle ist darüber hinaus nur erforderlich bei strukturellen Störungen der Vertragsparität (Ausnutzung der wirtschaftlichen Überlegenheit des Arbeitgebers), also in Fällen, in denen der Inhalt des Vertrags eine Seite ungewöhnlich belastet und als Interessenausgleich offensichtlich ungeeignet ist. Das betrifft in erster Linie die Hauptpflichten des Vertrags und erfordert grds. eine Gesamtschau der vertraglichen Regelungen (*BAG* 25.5.2005 EzA § 307 BGB 2002 Nr. 3; ErfK/*Preis* §§ 305–310 BGB Rn. 24).

641 AGB liegen also nicht vor, soweit die Vertragsbedingungen zwischen den Vertragsparteien im Einzelnen ausgehandelt sind (§ 305 Abs. 1 S. 3 BGB; zu Chefarztverträgen s. *Münzel* NZA 2011, 886 ff.). Das Einflussnehmen i. S. d. § 310 Abs. 3 Nr. 2 BGB entspricht dem Merkmal des Aushandelns nach § 305 Abs. 1 S. 2 BGB. »Aushandeln« bedeutet mehr als verhandeln. Es genügt nicht, dass der Vertragsinhalt lediglich erläutert oder erörtert wird und den Vorstellungen des Vertragspartners entspricht. Der Arbeitgeber muss den gesetzesfremden Kern der Klausel deutlich und ernsthaft zur Disposition des Arbeitnehmers gestellt, diesem die Möglichkeit eingeräumt haben, den Inhalt der fraglichen Klauseln beeinflussen zu können (*BAG* 27.7.2005 EzA § 307 BGB 2002 Nr. 5; 1.3.2006 EzA § 4 TVG Tariflohnerhöhung Nr. 48; 18.1.2006 § 307 BGB 2002 Nr. 13; ErfK/*Preis* §§ 305–310 BGB Rn. 24) und sich **deutlich und ernsthaft** zu gewünschten Änderungen der zu treffenden Vereinbarung bereit erklärt haben (*BAG* 18.3.2008 EzA § 307 BGB 2002 Nr. 36; 6.9.2007 EzA § 307 BGB 2002 Nr. 29; 7.3.2006 EzA § 4 TVG Tariflohnerhöhung Nr. 48; s. a. *BAG* 19.5.2010 EzA § 310 BGB 2002 Nr. 10: Fremdgeschäftsführer). Ein »Schlagabtausch« ohne jegliches Nachgeben genügt nicht (*LAG SchlH* 23.5.2007 NZA-RR 2007, 514). Diese Voraussetzungen sind auch dann nicht erfüllt, wenn die **vorformulierten Vertragsbedingungen** (z. B. ein »Volontariatsvertrag«) **nur zur einmaligen Verwendung bestimmt** sind und der Verbraucher auf Grund der Vorformulierung **auf ihren Inhalt keinen Einfluss nehmen konnte** (*BAG* 18.3.2008 EzA § 307 BGB 2002 Nr. 36).

642 Bei echt ausgehandelten Einzelabreden, die allerdings nicht der Regelfall sind, erfolgt dagegen keine Inhaltskontrolle nach den Maßstäben der §§ 307 ff. BGB (*BAG* 25.5.2005 EzA § 307 BGB 2002 Nr. 3). Eine Aushandlungsklausel, wonach die Bedingungen im Einzelnen ausgehandelt seien, ist unwirksam (§ 309 Nr. 12 lit. b BGB) und kein ausreichendes Indiz für ein tatsächlich erfolgtes Aushandeln. Ein Aushandeln kann auch vorliegen, wenn Angebotsalternativen mit unterschiedlichen Konditionen zur Wahl gestellt werden (*BGH* 6.12.2002 NJW 2003, 1313). Die Beweislast dafür, dass es sich um ausgehandelte Vertragsbedingungen handelt, liegt beim Arbeitgeber als Verwender (*BGH* 3.4.1998 NJW 1998, 2600; *LAG Düsseld.* 18.5.1995 NZA-RR 1996, 363; ErfK/*Preis* §§ 305–310 BGB Rn. 24).

643 Die Individualabrede hat Vorrang vor AGB (§ 305b BGB), was angesichts des Günstigkeitsprinzips vor allem für das Verhältnis von Einzelarbeitsvertrag zu allgemeinen Arbeitsbedingungen Bedeutung hat. Dies gilt trotz § 310 Abs. 3 Nr. 2 BGB auch bei vorformulierten Arbeitsverträgen zur einmaligen Verwendung (ErfK/*Preis* §§ 305–310 BGB Rn. 25). Es kommt insoweit **nicht** darauf an, ob die **Individualvereinbarung ausdrücklich oder stillschweigend getroffen wird** und ob die Parteien eine Änderung der Allgemeinen Geschäftsbedingungen beabsichtigen oder sich der Kollision mit den Allgemeinen Geschäftsbedingungen – z. B. bei einer Schriftformklausel in einem Formulararbeitsvertrag – überhaupt bewusst sind (*BAG* 25.4.2007 EzA § 615 BGB 2002 Nr. 20). Auch Vertragsbedingungen, die vor ihrer Verwendung kollektivrechtlich ausgehandelt worden sind, können AGB i. S. v. § 305 Abs. 1 S. 1 BGB sein (*BAG* 19.10.2011 EzA § 1 KSchG Wiedereinstellungsanspruch Nr. 11). **Informiert ein Arbeitgeber** andererseits in einem Vorstellungsgespräch einen Bewerber **über kollektivrechtlich geregelte Arbeitsbedingungen**, insbes. eine derzeit bestehende Vergütungsregelung, gibt er **noch keine rechtsgeschäftliche Erklärung ab, wenn er sich nicht zugleich verpflichtet, diese Arbeitsbedingungen auch in Zukunft unabhängig vom Fortbestand der kollektiven Regelungen beizubehalten** (*BAG* 23.5.2007 – 10 AZR 295/06, NZA 2007, 940).

644 Aus § 305b BGB folgt, dass sich eine **Schriftformklausel** gegen eine **individuelle**, mündliche – auch konkludente (*LAG Düsseld.* 14.5.2008 – 7 Sa 1561/07, AuR 2009, 57 LS; s. a. *LAG RhPf*

29.10.2009 – 10 Sa 467/09, AuR 2010, 175) – **Aufhebung** der Schriftform **nicht durchsetzen kann**, denn formularmäßige Klauseln können die höherrangige individuelle Abrede nicht außer Kraft setzen (*BAG* 25.4.2007 EzA § 615 BGB 2002 Nr. 20). Das gilt auch für sog. qualifizierte Schriftformklauseln, die die Aufhebung der Schriftform selbst der Form unterwerfen (*BAG* 20.5.2008 EzA § 307 BGB 2002 Nr. 37; grds. ebenso mit Ausnahme für die betriebliche Übung *BAG* 24.6.2003 EzA § 125 BGB 2002 Nr. 2; 20.5.2008 EzA § 307 BGB 2002 Nr. 37; s. ErfK/*Preis* §§ 305–310 BGB Rn. 25; krit. *Hromadka* DB 2004, 1261).

### (5) Einbeziehungskontrolle

Auf den **Vertragsschluss** zwischen den Arbeitsvertragsparteien ist § 305 Abs. 2, 3 BGB **nicht anwendbar**. Der Arbeitgeber muss zur Wirksamkeit der AGB weder erkennbar auf sie hinweisen noch dem Arbeitnehmer eine zumutbare Möglichkeit der Kenntnisnahme verschaffen; die Erfüllung der Nachweispflicht gem. § 2 NachwG genügt insoweit (BT-Drs. 14/6857 S. 54; ErfK/*Preis* §§ 305–310 BGB Rn. 26; krit. *Annuß* BB 2002, 458). Auch eine analoge Anwendung des § 305 Abs. 2, 3 BGB scheidet mangels planwidriger Regelungslücke aus. Dies gilt auch für die einzelvertragliche Einbeziehung von Tarifverträgen (s. *BAG* 30.8.2000 EzA § 3 TVG Bezugnahme auf Tarifvertrag Nr. 13). Die konkludente Einbeziehung von Tarifverträgen und AGB in Einzelarbeitsverträge bleibt möglich (s. z. B. *BAG* 19.1.1999 EzA § 3 TVG Bezugnahme auf Tarifvertrag Nr. 10). Unerheblich ist, ob der Arbeitnehmer die Möglichkeit hat, in zumutbarer Weise vom Inhalt der AGB Kenntnis zu nehmen (*LAG Nds.* 18.3.2005 NZA-RR 2005, 401: Ausländer). Trotz der Nichtanwendung des § 305 Abs. 2, 3 BGB auf Arbeitsverträge sind Jeweiligkeitsklauseln, die auf ein Klauselwerk in der jeweiligen Fassung verweisen, im Hinblick auf § 307 BGB problematisch. Denn sie können wie intransparente Änderungsvorbehalte wirken (ErfK/*Preis* §§ 305–310 BGB Rn. 27; DDBD/*Dorndorf/Deinert* § 305 Rn. 45), weil sie ein uneingeschränktes einseitiges Änderungsrecht des Verwenders vorsehen, also das rechtsgeschäftliche Konsensprinzip außer Kraft setzen. Sie sind sowohl aus Gründen des Überraschungsschutzes (§ 305c Abs. 1 BGB), des Transparenzgebotes (§ 307 Abs. 1 S. 2 BGB) sowie der Angemessenheitskontrolle (§§ 308 Nr. 4, 307 BGB) bedenklich (ErfK/*Preis* §§ 305–310 BGB Rn. 27).

Das BAG (11.2.2009 EzA § 308 BGB 2002 Nr. 9) geht davon aus, dass die **Jeweiligkeitsklauseln den strengen Anforderungen der Änderungsvorbehalte unterliegen**. Der Arbeitgeber kann folglich nicht durch eine solche Klausel, die auf eine von ihm erstellte Arbeitsordnung verweist, alle Bedingungen des Arbeitsverhältnisses zur Disposition stellen. So kann er nicht einfach eine Klausel in der Arbeitsordnung zu einer Sonderzahlung ändern, die in anderer Weise zum Zeitpunkt des Vertragsschlusses galt (ErfK/*Preis* §§ 305–310 BGB Rn. 27). Eine unangemessene Benachteiligung liegt aber nicht vor, wenn in einem Arbeitsvertrag dynamisch auf die jeweiligen Arbeitszeitbestimmungen für Beamte verwiesen wird, da es sich insoweit um eine hinreichend transparente Hauptabrede (§§ 307 Abs. 3, 307 Abs. 1 S. 2 BGB) handelt (*BAG* 14.3.2007 EzA § 307 BGB 2002 Nr. 18). Eine großzügigere Betrachtung gilt ferner für Bezugnahme auf Tarifwerke (s. *BAG* 24.9.2008 § 305c BGB 2002 Nr. 15; s. ErfK/*Preis* §§ 305–310 BGB Rn. 27).

### (6) Überraschende Klauseln

Beim Verbot überraschender Klauseln (§ 305c Abs. 1 BGB) sind Überraschungsschutz und Inhaltskontrolle zu trennen. Die Klausel muss **objektiv ungewöhnlich** sein und **der andere Teil darf mit ihr nicht rechnen**. Überraschenden Charakter hat eine Regelung dann, wenn sie von den Erwartungen des Vertragspartners deutlich abweicht und dieser mit ihr nach den Umständen vernünftigerweise nicht zu rechnen braucht (*BAG* 16.4.2008 EzA § 305c BGB 2002 Nr. 14). Dabei sind der Grad der Abweichung vom dispositiven Gesetzesrecht und die für den Geschäftskreis übliche Gestaltung einerseits, der Gang und Inhalt der Vertragsverhandlungen sowie der äußere Zuschnitt des Vertrags andererseits einzubeziehen (*BAG* 31.8.2005 EzA § 6 ArbZG Nr. 6; 8.8.2007 EzA § 21 TzBfG Nr. 2; ErfK/*Preis* §§ 305–310 BGB Rn. 29).

**648** ▶ **Beispiele:**
- **Altersgrenze**
Nicht überraschend ist die Vereinbarung einer Altersgrenze in einer Versorgungszusage (*BAG* 6.8.2003 EzA § 620 BGB 2002 Altersgrenze Nr. 3). Auch eine **Altersgrenze**, die in Allgemeinen Arbeitsbedingungen unter der Überschrift »Beendigung des Arbeitsverhältnisses« enthalten ist, stellt keine überraschende Klausel dar (*BAG* 27.7.2005 EzA § 620 BGB 2002 Altersgrenze Nr. 6).
- **Ausgleichsquittung**
Nicht anders verhält es sich auch bei der Erklärung in einer **Ausgleichsquittung**, die als negatives Schuldanerkenntnis zu qualifizieren ist, mit dem Inhalt »dass **sämtliche Ansprüche** aus dem Arbeitsverhältnis ... und aus dessen Beendigung, gleich aus welchem Rechtsgrund sie entstanden sein mögen, **abgegolten** und erledigt sind«, wenn der Verwender sie in eine Erklärung mit **falscher oder missverständlicher Überschrift** ohne besonderen Hinweis oder drucktechnische Hervorhebung einfügt (*BAG* 23.2.2005 – 4 AZR 139/04, NZA 2005, 1193). Ein solcher Verzicht verstößt auch gegen das Transparenzgebot, wenn er **nicht ausreichend klar erkennen lässt, welche Ansprüche erfasst sein sollen**; allein die bisherige Üblichkeit von Ausgleichsquittungen anlässlich der Beendigung von Arbeitsverhältnissen macht diese nicht zu »Besonderheiten des Arbeitsrechts« i. S. v. § 310 Abs. 4 S. 2 BGB (*LAG Bln.-Bra.* 5.6.2007 LAGE § 307 BGB 2002 Nr. 13). **Wichtige und mit schwerwiegenden Nachteilen versehene Klauseln müssen drucktechnisch oder Überschrift klar herausgehoben werden und dürfen nicht versteckt werden** (*BAG* 15.2.2007 EzA § 611 BGB 2002 Aufhebungsvertrag Nr. 6; 16.4.2008 EzA § 305c BGB 2002 Nr. 14). Abgesehen davon sind Ausschlussfristen jedoch nicht generell überraschend, sondern vielmehr im Arbeitsleben üblich (z. B. *BAG* 25.5.2005 EzA § 13 BGB 2002 Nr. 1; ErfK/*Preis* §§ 305–310 BGB Rn. 29).
- **Ausschlussfristen**
Eine versteckte, drucktechnisch nicht besonders hervorgehobene vertragliche Ausschlussfrist kann eine Überraschungsklausel sein (*BAG* 31.8.2005 EzA § 307 BGB 2002 Nr. 7), weil sich das Überraschungsmoment auch aus dem äußeren Erscheinungsbild des Vertrags ergeben kann. Zu beachten ist aber, dass **Ausschlussklauseln** im Arbeitsleben **weit verbreitet** sind, so dass nicht ohne besondere Umstände von einer überraschenden oder ungewöhnlichen Klausel ausgegangen werden kann (*BAG* 25.5.2005 EzA § 307 BGB 2002 Nr. 3). Sie sind deshalb **erst dann** derart ungewöhnlich, wenn **zwischen den bei Vertragsschluss begründeten Erwartungen und dem tatsächlichen Vertragsinhalt ein deutlicher Widerspruch besteht**, wobei auch das äußere Erscheinungsbild des Vertrages zu berücksichtigen ist (*BAG* 23.9.2003 EzA § 305c BGB 2002 Nr. 1). Auch eine Ausschlussklausel, die in einem Formulararbeitsvertrag als **eigener Untergliederungspunkt** unter einer Regelung, die mit »Vergütung/Zahlungsweise« überschrieben enthalten ist, ist keine Überraschungsklausel. Von einem Durchschnittsarbeitnehmer ist zu verlangen, dass er alles, was unter der Überschrift »Vergütung« im Arbeitsvertrag steht, vor der Unterschrift zumindest überfliegt; dies gilt auch für einen **ausländischen Arbeitnehmer**, der einen derartigen Vertrag unterzeichnet. Besteht er nicht auf einer Übersetzung, muss er auch die nicht zur Kenntnis genommenen Ausschlussfristen gegen sich gelten lassen. Insofern steht er einem Vertragspartner gleich, der einen Vertrag ungelesen unterschreibt (*LAG Nds.* 18.3.2005 NZA-RR 2005, 401). Demgegenüber sind in einem umfangreichen Formulararbeitsvertrag **inmitten der Schlussbestimmungen nach salvatorischen Klauseln und Schriftformklauseln** geregelte Ausschlussfristen nach dem äußeren Erscheinungsbild so ungewöhnlich, dass der Vertragspartner des Verwenders mit ihnen nicht zu rechnen braucht. Eine derartige Klausel führt regelmäßig nicht zum Verfall der Ansprüche (*BAG* 31.8.2005 EzA § 307 BGB 2002 Nr. 7 = NZA 2006, 324; s. *Hromadka/Schmitz-Rolfes* NJW 2007, 1777 ff.); Gleiches gilt für eine umfassende Abgeltungsklausel, die angesichts der äußeren Vertragsgestaltung leicht überlesen werden kann (*LAG München* 2.7.2008 LAGE § 242 BGB 2002 Betriebliche Übung Nr. 4).

## G. Rechtsquellen des Arbeitsrechts  Kapitel 1

- **Befristung**
Gleiches gilt, wenn neben einer drucktechnisch hervorgehobenen Befristung im nachfolgenden Text ohne drucktechnische Hervorhebung eine weitere Befristung vorgesehen ist (*BAG* 16.4.2008 EzA § 305c BGB 2002 Nr. 14). Denn dann braucht der Vertragspartner nicht damit zu rechnen, dass **daneben** in der gleichen Vertragsbestimmung im Kleingedruckten ohne gestalterische Hervorhebung eine wesentlich **kürzere Probezeitbefristung** (6 Monate) geregelt ist; eine derartige Klausel ist überraschend und wird gem. § 305c Abs. 1 BGB nicht Vertragsbestandteil (*BAG* 16.4.2008 EzA § 305c BGB 2002 Nr. 14; *LAG SchlH* 24.1.2007 LAGE § 305c BGB 2002 Nr. 5). Sie verstößt außerdem gegen das in § 307 Abs. 1 BGB normierte Transparenzgebot, weil sie für einen **durchschnittlichen Arbeitnehmer** nicht mit der gebotenen Eindeutigkeit erkennen lässt, zu welchem Zeitpunkt das Arbeitsverhältnis enden soll (*BAG* 16.4.2008 EzA § 305c BGB 2002 Nr. 14).
- **Beitragsreduzierung in der betrieblichen Altersversorgung**
305c Abs. 2 BGB gilt auch für Klauseln, die den Arbeitgeber zur **Reduzierung seiner Beiträge** zur Finanzierung von Leistungen zur **betrieblichen Altersversorgung** berechtigen sollen (*BAG* 23.9.2003 EzA § 305c BGB 2002 Nr. 1).
- **Darlehen**
Regelungen zu einem Darlehen sind überraschend i. S. d. § 305c BGB, wenn sie unter der drucktechnisch hervorgehobenen Überschrift »Vergütung« erfolgen und in einer elfziffrigen Regelung sonst nur »EUR 2.000,00« drucktechnisch hervorgehoben wird, wobei sich dieser Betrag nicht auf die Höhe der Vergütung, sondern auf die Höhe eines monatlichen Darlehens bezieht (*LAG Bln.-Bra.* 3.6.2009 LAGE § 305c BGB 2002 Nr. 6).
- **Sondervergütung**
Das Entfallen einer bislang geschuldeten Sondervergütung in einem Änderungsvertrag kann überraschend sein, wenn die Überschrift des Vertrages darauf nicht hinweist und sie drucktechnisch nicht hervorgehoben ist; dabei kommt auch den Umständen des Vertragsschlusses (z. B. Zeitdruck) Bedeutung zu (*BAG* 9.5.2007 EzA § 305c BGB 2002 Nr. 12; *ErfK/Preis* §§ 305–310 BGB Rn. 29).
- **Verlängerung von Kündigungsfristen**
Die Verlängerung der Fristen für eine ordentliche Arbeitnehmerkündigung ist z. B. in diesem Zusammenhang grds. keine überraschende Klausel i. S. d. § 305c Abs. 1 BGB. Das BAG (28.5.2009 EzA § 307 BGB 2002 Nr. 45) hat aber offen gelassen, ob eine solche Klausel für bestimmte Branchen oder Beschäftigungssektoren gleichwohl eine unangemessene Benachteiligung i. S. d. § 307 Abs. 1 S. 1 BGB darstellen kann, weil in dem Beschäftigungsbereich nur eine kurzfristige Auswechslung von Arbeitsvertragspartnern üblich ist. Sollen solche typischen Interessen der beteiligten Verkehrskreise berücksichtigt werden, bedarf es allerdings eines entsprechenden Tatsachenvortrags der Parteien (*BAG* 28.5.2009 EzA § 307 BGB 2002 Nr. 45).
- **Vertragsstrafenabreden**
Auch Vertragsstrafenabreden können als überraschende Klauseln unwirksam sein, vor allem wenn sie nicht durch eine eigene Überschrift oder drucktechnische Hervorhebung ohne weiteres erkennbar sind (*LAG SchlH* 2.2.2005 – 3 Sa 515/04, BB 2005, 896); eine solche Klausel ist aber jedenfalls dann nicht überraschend, wenn der gesamte Vertragstext ein einheitliches Schriftbild hat, **keinerlei drucktechnische Hervorhebungen** enthält, keine der i. E. durchnummerierten Vertragsregelungen mit einer Überschrift versehen ist und die Vertragsstrafe auch nicht versteckt bei einer anderen Thematik eingeordnet ist (*LAG SchlH* 2.2.2005 – 3 Sa 515/04, BB 2005, 896).
- **Verweisungsklauseln**
Bedeutung hat § **305c** Abs. 1 BGB auch bei **Verweisungsklauseln** (s. *Diehn* NZA 2004, 129 ff.; *Witt* NZA 2004, 135 ff.). Einen Überraschungsschutz vor der Verweisung auf tarifliche Ausschlussfristen hatte das BAG jedoch abgelehnt (*BAG* 11.1.1995 ZTR 1995, 277); für Arbeitsverträge, die nach dem 1.1.2002 geschlossen wurden, wird dagegen § **305c Abs. 1**

BGB angewendet (*BAG* 14.12.2005 EzA § 3 TVG Bezugnahme auf Tarifvertrag Nr. 32; ErfK/*Preis* §§ 305–310 BGB Rn. 30).
– **Wettbewerbsverbot**
Wenn innerhalb einer im Arbeitsvertrag enthaltenen Vereinbarung unter der Überschrift »Wettbewerbsverbot« alle dieses Wettbewerbsverbot konstituierenden und ausgestaltenden Einzelelemente geregelt sind und keine Regelungen enthalten sind, die damit in keinem Zusammenhang stehen, so ist eine innerhalb dieser Vereinbarung vorgesehene **aufschiebende Bedingung** für das In-Kraft-Treten des Wettbewerbsverbots keine »überraschende Klausel« i. S. v. § 305c Abs. 1 BGB. Es mangelt insoweit an dem dafür vorausgesetzten »Überrumpelungs- oder Übertölpelungseffekt« (*BAG* 13.7.2005 – 10 AZR 532/04, EzA-SD 22/2005 S. 6).
– **Widerrufs- und Anrechnungsvorbehalte**
Widerrufs- und Anrechnungsvorbehalte sind dagegen wegen ihrer weiten Verbreitung i. d. R. nicht objektiv überraschend (s. *Schnitker/Grau* BB 2002, 2120; s. *BAG* 19.4.2012 – 6 AZR 691/10, EzA-SD 11/2012 S. 11 LS). Zu beachten ist aber auch insoweit, dass diese Klauseln auf Grund der optischen Gestaltung des Vertrages für den Arbeitnehmer eindeutig erkennbar sein müssen (ErfK/*Preis* §§ 305–310 BGB Rn. 29).

*(7) Auslegungsgrundsätze; Unklarheitenregel*

**649** **Auslegung geht der Inhaltskontrolle stets voraus.** Im Wege einer objektiven Auslegung ist der Kontrollgegenstand zu präzisieren. Sie kann durch das *BAG* als Revisionsgericht erfolgen (*BAG* 1.2.2006 EzA § 611 BGB 2002 Nettolohn, Lohnsteuer Nr. 2; 31.8.2005 EzA § 6 ArbZG § 6 Nr. 6). Klauseln sind nach ihrem objektiven Inhalt und typischen Sinn einheitlich so auszulegen, wie sie von einem verständigen und redlichen Vertragspartner unter Abwägung der Interessen der normalerweise beteiligten Verkehrskreise verstanden werden (*BAG* 4.8.2011 EzA § 305c BGB 2002 Nr. 19). Dabei sind die Verständnismöglichkeiten nicht des konkreten, sondern des durchschnittlichen Vertragspartners zugrunde zu legen, d. h. des typischerweise bei Arbeitsverträgen zu erwartenden nicht rechtskundigen Arbeitnehmers (*BAG* 24.10.2007 EzA § 307 BGB 2002 Nr. 26; 19.3.2008 EzA § 307 BGB 2002 Nr. 34; 4.8.2011 EzA § 305c BGB 2002 Nr. 19). Für das Auslegungsergebnis von Bedeutung ist auch der von den Vertragsparteien verfolgte **typische und von redlichen Geschäftspartnern verfolgte Regelungszweck** (*BAG* 15.2.2011 EzA § 1 BetrAVG Betriebsvereinbarung Nr. 9), denn der Vertragspartner des Verwenders kann auf den Inhalt der AGB, die für eine Vielzahl von Fallgestaltungen vorformuliert worden sind und gerade unabhängig von den Besonderheiten des Einzelfalls zur Anwendung kommen sollen, **keinen Einfluss nehmen** (*BAG* 4.8.2011 EzA § 305c BGB 2002 Nr. 19).

**649a** Die Auslegung erfolgt mit der Maßgabe, dass die Inhaltskontrolle zunächst nicht auf der Grundlage einer kundenfreundlich ausgelegten Klausel durchzuführen ist. Erst wenn die Klausel nach den §§ 307–309 BGB gleichwohl Bestand hat, ist im Individualprozess die kundenfreundlichste Interpretation maßgebend (ErfK/*Preis* §§ 305–310 BGB Rn. 31; s. a. *Preis/Roloff* RdA 2005, 144); Voraussetzung dafür ist, dass nicht behebbare Zweifel verbleiben (*BAG* 19.10.2011 EzA § 1 KSchG Wiedereinstellungsanspruch Nr. 11). Führt die objektive Auslegung zu keinem eindeutigen, sondern einem mehrdeutigen Ergebnis, greift die Unklarheitenregel (§ 305c Abs. 2 BGB) mit der Folge der arbeitnehmerfreundlichsten Auslegung ein (*BAG* 19.3.2008 EzA § 307 BGB 2002 Nr. 34). Die Anwendung der Unklarheitenregelung des § 305c Abs. 2 BGB setzt aber voraus, dass die Auslegung einer einzelnen AGB-Bestimmung mindestens zwei Ergebnisse als vertretbar erscheinen lässt und von diesen keines den klaren Vorzug verdient (*BAG* 20.1.2010 EzA § 305c BGB 2002 Nr. 18; 9.2.2011 EzA § 311a BGB 2002 Nr. 2; 19.10.2011 EzA § 1 KSchG Wiedereinstellungsanspruch Nr. 11; s. a. *BAG* 23.2.2011 – 10 AZR 101/10, EzA-SD 10/2011 S. 6 LS: Anrechnung von Vordienstzeiten EuroBerlin nicht unklar).

**649b** Bei der Auslegung können **Begleitumstände**, die nur den konkreten Vertragspartnern bekannt sind oder die den konkreten Einzelfall kennzeichnen, **grds. nicht berücksichtigt** werden. Zur Auslegung heranzuziehen sind demgegenüber Begleitumstände **dann, wenn sie nicht ausschließlich die kon-**

## G. Rechtsquellen des Arbeitsrechts **Kapitel 1**

krete Vertragsabschlusssituation betreffen, sondern den Abschluss einer jeden vergleichbaren Abrede begleiten (*BAG* 15.2.2011 EzA § 1 BetrAVG Betriebsvereinbarung Nr. 9).

Allerdings sieht das BAG z. B. bei dem Begriff der Fälligkeit in Ausschlussfristen von einer objektiven Auslegung ab, sofern die Fälligkeit von der Möglichkeit der annähernden Bezifferung abhängen soll (*BAG* 25.5.2005 EzA § 13 BGB 2002 Nr. 1; 27.10.2005 EzA § 4 TVG Ausschlussfristen Nr. 181; 28.9.2005 EzA § 307 BGB 2002 Nr. 8). Spricht die Ausschlussklausel für den Fristbeginn von der Ablehnung des Anspruchs, kommt es zwar an sich allein auf den Zugang der Ablehnungserklärung an, die Fälligkeit kann aber im Wege der Auslegung ergänzend herangezogen werden (*BAG* 18.11.2004 EzA § 4 TVG Ausschlussfristen Nr. 175; **a. A.** ErfK/*Preis* §§ 305–310 BGB Rn. 31). 650

§ 305c Abs. 2 BGB soll bei objektiv mehrdeutigen Klauseln eine Auslegungshilfe geben, und die Interessen des Verwenders hinter denjenigen der anderen Partei zurücktreten lassen. Denn es ist Sache derjenigen Partei, die die Vertragsgestaltungsfreiheit für sich in Anspruch nimmt, sich klar und unmissverständlich auszudrücken. Unklarheiten gehen zu ihren Lasten. Besondere Bedeutung hat die Regel bei Bezugnahmeklauseln. Ist die Tragweite der Verweisung auf Tarifnormen zweifelhaft, geht das nach § 305c Abs. 2 BGB zu Lasten des Arbeitgebers (*BAG* 9.11.2005 AP EzA § 305c BGB 2002 Nr. 3). Das schließt auch die Interpretation von Bezugnahmeklauseln als Gleichstellungsabreden aus (*BAG* 14.12.2005 EzA § 305c BGB 2002 Nr. 5; 18.4.2007 EzA § 3 TVG Bezugnahme auf Tarifvertrag Nr. 35). Der Verweis auf »die einschlägigen tariflichen Regelungen« im Zusammenhang eines Teilkomplexes (z. B. Urlaub) ist allerdings nicht unklar (*BAG* 17.1.2006 § 3 TVG Bezugnahme auf Tarifvertrag Nr. 33 = NZA 2006, 923). Auch der Verweis auf die beim Verwender geltenden »Bestimmungen« zu einer Regelungsfrage genügt jedenfalls dann, wenn der Arbeitsvertrag selbst die Arbeitsbedingungen konkretisiert (*BAG* 14.8.2007 AP BGB § 611 Ausbildungsverhältnis Nr. 41; ErfK/*Preis* §§ 305–310 BGB Rn. 32). 651

Bestimmt dagegen ein Formulararbeitsvertrag, dass sämtliche Sonderzahlungen freiwillige Zuwendungen sind, auf die kein Rechtsanspruch besteht und soll sich nach einem Klammerzusatz die Weihnachtsgratifikation nach den Bestimmungen des BAT richten, so ist diese Regelung unklar. Der Freiwilligkeitsvorbehalt erfasst in diesem Fall nicht den Anspruch auf eine Weihnachtsgratifikation (*BAG* 20.1.2010 EzA § 305c BGB 2002 Nr. 18). 652

Die Zusage einer **Karenzentschädigung**, bei der nach dem Vertragstext zur Berechnung der Höhe auf den Durchschnitt der Vergütungsleistungen innerhalb eines abweichend von § 74b Abs. 2 HGB bestimmten Zeitraums abgestellt und lediglich die Hälfte dieses Durchschnitts zugesagt wird, entspricht nicht der in § 74 Abs. 2 HGB vorgeschriebenen Höhe. Das gilt auch dann, wenn im Übrigen die gesetzlichen Bestimmungen der §§ 74 ff. HGB gelten sollen. Handelt es sich um eine Klausel in einem vom Arbeitgeber vorformulierten Arbeitsvertrag, ist zumindest unklar i. S. d. § 305c Abs. 2 BGB, ob eine gesetzeskonforme Karenzentschädigung zugesagt wird. Dies führt zur Unverbindlichkeit des nachvertraglichen Wettbewerbsverbots (*LAG Hamm* 23.3.2010 NZA-RR 2010, 515). 653

Eine **Übertragung der Unklarheitenregel** auf **individuell ausgehandelte Arbeitsvertragsbedingungen** ist gem. § 305c Abs. 2 BGB **ausgeschlossen**; insoweit gelten §§ 133, 154, 155, 157 BGB (*BAG* 21.3.1974 EzA § 74c HGB Nr. 13; ErfK/*Preis* §§ 305–310 BGB Rn. 32). 654

Ist die Bezugnahmeklausel an sich eindeutig, führen vom Verwender veranlasste »unklare« Begleitumstände nicht zum Eingreifen des § 305c Abs. 2 BGB (*BAG* 26.9.2007 EzA § 305c BGB 2002 Nr. 13), z. B. bei der Übersendung einer nicht mehr aktuellen Fassung eines Tarifvertrages bei einer kleinen dynamischen Bezugnahme. 655

Für die Anwendung der Unklarheitenregel ist bei Globalbezugnahmen auf Tarifverträge kein Raum, weil sich die Frage der Günstigkeit für den Arbeitnehmer nicht abstrakt und unabhängig von der jeweiligen Fallkonstellation beantworten lässt. Statische und dynamische Bezugnahmeklauseln können – je nach verhandeltem Kompromiss – günstig oder ungünstig wirken (*BAG* 24.9.2008 EzA § 305c BGB 2002 Nr. 15). I. d. R. ist die dynamische Bezugnahme für den Arbeitnehmer günstiger, weil die Vergütungserhöhung durch spätere Tarifverträge die Regel und eine Vergütungsabsenkung die Ausnahme ist (*BAG* 9.11.2005 EzA § 305c BGB 2002 Nr. 3). Zwar trifft das nicht stets zu; die Frage der Günstigkeit kann aber nicht je nach der Art des streitigen Anspruchs und des Zeitpunkts der Geltendmachung von Fall zu Fall unterschiedlich beantwortet werden und damit von Fall zu Fall zu unterschiedlichen Auslegungsergebnissen hinsichtlich ein und derselben vertraglichen Bezugnahmeregelung führen (*BAG* 24.9.2008 EzA § 305c BGB 2002 Nr. 3 = NZA 2009, 154; s. ErfK/*Preis* §§ 305–310 BGB Rn. 32; a.A. DBD/*Däubler* § 305c Rdn. 43).

*(8) Die Inhaltskontrolle*

656  Gem. §§ 307 ff., 310 Abs. 4 BGB findet eine Inhaltskontrolle auch bei vorformulierten Einzelarbeitsverträgen statt (ErfK/*Preis* §§ 305–310 BGB Rn. 33).

*aaa) Schranken der Inhaltskontrolle*

657  Maßgeblich ist zunächst der objektive Erklärungsinhalt der Regelung; ob beide Parteien bei Vertragsabschluss sich darüber im Klaren waren, wozu eine Regelung führt, ist daher grds. unbeachtlich (*LAG Brem.* 1.3.2006 LAGE § 308 BGB 2002 Nr. 2). Generell ist des Weiteren zu beachten, dass die Inhaltskontrolle einer Formularklausel einen Ausgleich für die einseitige Inanspruchnahme der Vertragsfreiheit durch den Verwender bezweckt, sie aber nicht dem Schutz des Klauselverwenders vor den von ihm selbst eingeführten Formularbestimmungen dient. Sind daher z. B. nach einer vom Arbeitgeber vorformulierten Formularklausel Schadensersatzansprüche des Arbeitgebers gegen den Arbeitnehmer verfallen, so bedarf es grds. keiner Inhaltskontrolle der Klausel (*BAG* 27.10.2005 EzA § 4 TVG Ausschlussfristen Nr. 181).

658  § 307 Abs. 3 BGB normiert die Schranken der Inhaltskontrolle. §§ 307 Abs. 1, 2, 308, 309 BGB gelten danach nur für Bestimmungen in AGB, die von Rechtsvorschriften abweichen oder diese ergänzende Regelungen enthalten. Deklaratorische Klauseln, die nur den Gesetzeswortlaut wiederholen, unterliegen nicht der Inhaltskontrolle (s. *BGH* 24.9.1998 NJW 1999, 864). Denn an die Stelle der unwirksamen Klausel träte ohnehin die gesetzliche Regelung. Berechtigt z. B. eine Klausel den Arbeitgeber, dem Arbeitnehmer im Betrieb andere gleichwertige Arbeit zuzuweisen, die seinen Kenntnissen und Fähigkeiten entspricht, unterliegt sie keiner Inhaltskontrolle, da sie den Inhalt des § 106 GewO fast wörtlich wiedergibt (ErfK/*Preis* §§ 305–310 BGB Rn. 34 f.; s.a. *BAG* 11.4.2006 EzA § 307 BGB 2002 Nr. 15). Nach § 307 Abs. 3 S. 1 BGB sind also u. a. Abreden über den unmittelbaren Gegenstand der Haupt- und Gegenleistung von der Inhaltskontrolle der §§ 307 ff. BGB ausgenommen. Demgegenüber sind Klauseln, die das Haupt- oder Gegenleistungsversprechen einschränken, verändern oder ausgestalten, inhaltlich zu kontrollieren (*BAG* 19.10.2011 EzA § 1 KSchG Wiedereinstellungsanspruch Nr. 11).

659  Der Begriff der Rechtsvorschriften ist **weit zu verstehen**; er erfasst nicht nur alle materiellen Gesetze, sondern auch ungeschriebene Rechtsgrundsätze und Richterrecht (s. *BGH* 10.12.1992 BGHZ 121, 13). Gilt ein Tarifvertrag normativ, bildet auch er eine Rechtsvorschrift, deren Wiederholung die Inhaltskontrolle ausschließt. Die Klarstellung in § 310 Abs. 4 S. 3 BGB betrifft damit an sich nur einzelvertraglich einbezogene Kollektivnormen (ErfK/*Preis* §§ 305–310 BGB Rn. 35).

660  Keiner Inhaltskontrolle unterliegen auch Leistungsbeschreibungen und Entgeltregelungen. Im Arbeitsverhältnis betrifft das insbes. die Arbeitsleistung und das Arbeitsentgelt, also Abreden über den unmittelbaren Gegenstand der Hauptleistung und des dafür zu zahlenden Entgelts, sowie Klauseln, die das Entgelt für eine zusätzlich angebotene Sonderleistung festlegen, wenn dafür keine rechtlichen Regelungen bestehen. Die Leistungsbeschreibungen müssen Art, Umfang und Güte der geschuldeten Leistung festlegen. Es ist nicht Aufgabe des Gerichts, über §§ 305 ff. BGB einen »gerechten Preis« zu finden, sondern nur zu überprüfen, ob die fragliche Klausel den Vertragspartner einseitig unangemessen benachteiligt (*BAG* 31.8.2005 EzA § 6 ArbZG Nr. 6; ErfK/*Preis* §§ 305–310 BGB Rn. 36). Pauschallohn- und Abgeltungsabreden, z. B. für Nachtarbeitszuschläge,

## G. Rechtsquellen des Arbeitsrechts   Kapitel 1

regeln die Gegenleistung des Arbeitgebers für die vom Arbeitnehmer erbrachte Arbeitsleistung. Unabhängig von gesetzlichen Sonderregelungen (s. z. B. § 6 Abs. 5 S. 5 ArbZG) ist nur die Transparenz der Regelung (§ 307 Abs. 3 S. 2 BGB) und die Ausübung des Direktionsrechts kontrollfähig (*BAG* 31.8.2005 EzA § 6 ArbZG Nr. 6 = NZA 2006, 1273).

Ein **nachvertragliches Wettbewerbsverbot** gem. §§ 74 ff. HGB unterliegt hinsichtlich seiner inhaltlichen, örtlichen und zeitlichen **Reichweite** z. B. **keiner Inhaltskontrolle**, da es jedenfalls bei nachträglicher Vereinbarung einen gegenseitigen Vertrag i. S. d. §§ 320 ff. BGB darstellt und die Regelung der vertraglichen Hauptleistungspflichten (»Leistungsbeschreibung«) ebenso wie das Verhältnis zwischen Leistung und Gegenleistung (Höhe der Karenzentschädigung) gem. § 397 Abs. 3 BGB kontrollfrei bleiben; eine Inhaltskontrolle findet insoweit nur nach § 74a **HGB** statt, der eine **geltungserhaltende Reduktion** vorsieht. Ein berechtigtes geschäftliches Interesse des Arbeitgebers an einem nachvertraglichen Wettbewerbsverbot (§ 74a HGB) kann auch dann bestehen, wenn sich die Warensortimente nur teilweise überschneiden. Eine feste Grenze dafür, wie groß die Überschneidung der Sortimente mindestens sein muss, gibt es nicht (*LAG BW* 30.1.2008 NZA-RR 2008, 508). **661**

Kontrollfrei sollen solche Vereinbarungen bleiben, die an der **marktorientierten, privatautonomen Entscheidung des Vertragspartners** teilnehmen. Das Transparenzgebot soll Markttransparenz gewährleisten und damit gerade die Bedingungen für die ungestörte Ausübung der Vertragsfreiheit im Kernbereich schaffen. Es will Hauptabreden, über die sich die Vertragsparteien stets Gedanken machen müssen, der Kontrolle entziehen, aber auch nur dann, wenn diese transparent gestaltet sind. Leistung und Gegenleistung sind andererseits aber auch nur dann der materiellen Inhaltskontrolle entzogen, wenn sie transparent ausgewiesen sind. Die Abgrenzung der kontrollfreien von den kontrollbedürftigen Klauseln kann sinnvoll nur mit der Grundabsicht des AGB-Rechts erfolgen, das »Kleingedruckte« der vorformulierten Vertragsbedingungen zu kontrollieren, das der Kunde in seiner Tragweite nicht zur Kenntnis nimmt und damit nicht in seine tragende Abschlussentscheidung einbezieht (*Preis* NZA Beil. 3/2006, 115 ff.; ErfK/*Preis* §§ 305–310 BGB Rn. 37). Für den Arbeitnehmer steht in deren Zentrum, ob er die konkret geschuldete Arbeit in einem bestimmten zeitlichen Umfang und zu dem angebotenen Entgelt leisten will. **662**

Eine bewusste Entscheidung liegt i. d. R. auch dann vor, wenn die Hauptabrede des Vertrages, der unmittelbare Gegenstand der Hauptleistung, geändert, z. B. die Arbeitszeit oder das Entgelt herabgesetzt, oder das Arbeitsverhältnis aufgehoben wird. Deshalb unterliegt die Beendigungsvereinbarung im Aufhebungsvertrag keiner Inhaltskontrolle; sie bildet ein selbständiges Rechtsgeschäft, bei dem die Hauptleistung die Beendigung des Arbeitsverhältnisses ist (*BAG* 27.11.2003 EzA § 312 BGB 2002 Nr. 1; 21.6.2011 EzA § 307 BGB 2002 Nr. 52). Das gilt aber **nicht** für **Ausgleichsklauseln** im Zusammenhang mit der **Beendigung** des Arbeitsverhältnisses, denn diese sind als Teil eines Aufhebungsvertrages nicht Haupt-, sondern **Nebenabrede** und deshalb **nicht kontrollfrei** (*BAG* 21.6.2011 EzA § 307 BGB 2002 Nr. 52). **662a**

Auch eine in einem Formularvertrag enthaltene Verweisung auf die für die **Berechnung des Ruhegehalts** jeweils geltenden Vorschriften des Beamtenversorgungsrechts unterliegt **keiner uneingeschränkten Inhaltskontrolle** nach § 307 ff. BGB, da sie die Hauptleistung festlegt. Eine Klausel, nach der sich die Versorgung nach den Vorschriften des Beamtenversorgungsrechts richtet, kann nicht in einen den unmittelbaren Gegenstand der Hauptleistung regelnden und damit der uneingeschränkten AGB-Kontrolle entzogenen Teil und einen Teil aufgespalten werden, der die Hauptleistungspflicht modifiziert (*BAG* 30.11.2010 EzA § 16 BetrAVG Nr. 58). Das gilt auch dann, wenn in einer Versorgungsordnung ein Ruhegeld nach beamtenrechtlichen Grundsätzen zugesagt wird; eine Überprüfung erfolgt dann lediglich im Hinblick auf Transparenz (§ 307 Abs. 1 S. 2 BGB); die Anwendung des Beamtenversorgungsrechts führt für sich genommen nicht dazu, dass gegen zwingende Grundwertungen des Betriebsrentenrechts verstoßen wird (*BAG* 14.12.2010 – 3 AZR 898/08, EzA-SD 8/2011, S. 9 LS = NZA 2011, 576). **662b**

AGB, die einen gesetzlich vorgegebenen Rahmen ausfüllen (normausfüllende Klauseln) oder von der gesetzlichen Ermächtigung zur Abweichung Gebrauch machen, unterliegen dagegen grds. der **663**

Inhaltskontrolle, auch dann, wenn die Norm ausdrücklich als Erlaubnisnorm ausgestaltet ist. Denn sie ergänzen eine gesetzliche Regelung. Denn gem. § 309 S. 1 BGB sind bestimmte Klauseln auch dann unwirksam, wenn eine Abweichung von den gesetzlichen Vorschriften zulässig ist. Zahlreiche Vorschriften zeigen eine äußere Grenze der Dispositionsmöglichkeit auf (z. B. § 276 Abs. 3 BGB, § 624 BGB, § 15 Abs. 4 TzBfG). Würde man sie als Erlaubnisnormen verstehen, wäre die Kontrolle einer AGB ausgeschlossen, die die Haftung für grobe Fahrlässigkeit ausschließt oder formularmäßig den Arbeitnehmer durch Ausschluss beiderseitiger Kündigungsmöglichkeit für fünf Jahre bindet (ErfK/*Preis* §§ 305–310 BGB Rn. 34).

664 **Abschluss, Änderung und Aufhebung eines Arbeitsvertrags sind als solche kontrollfrei.** Das gilt aber nicht für den jeweiligen Inhalt, sondern nur für die Hauptabrede selbst (*BAG* 9.2.2011 EzA § 311a BGB 2002 Nr. 2), also z. B. die Aufhebung des Vertrages. Vereinbaren Arbeitgeber und Arbeitnehmer eine wöchentliche Arbeitszeit von 20 statt zuvor 40 Wochenstunden, so ist diese Abrede kontrollfrei. Kontrollfrei kann auch die Festlegung von Sonderleistungen sein, etwa die Gewährung eines über das BUrlG hinausgehenden Urlaubs. Gleiches gilt für den Umfang der geschuldeten Arbeitszeitdauer als »Leistungsbeschreibung« (*BAG* 14.3.2007 EzA § 307 BGB 2002 Nr. 18; ErfK/*Preis* §§ 305–310 BGB Rn. 38).

664a Dagegen sind Vertragsbedingungen, die das **Hauptleistungsversprechen einschränken, verändern oder ausgestalten, inhaltlich zu kontrollieren** (*BAG* 9.2.2011 EzA § 311a BGB 2002 Nr. 2). Gleiches gilt, wenn die Leistungsbeschreibung durch vorformulierte Bedingungen modifiziert wird, z. B. für Klauseln, die die Verpflichtung zur Leistung von Mehrarbeit sowie Kurzarbeit (s. *LAG Bln.-Bra.* 7.10.2010 LAGE § 307 BGB 2002 Nr. 25) vorsehen.

664b ▶ **Beispiel** (*LAG Bln.-Bra.* 7.10.2010 LAGE § 307 BGB 2002 Nr. 25):

In Arbeitsverträgen vorformulierte Klauseln, die dem Arbeitgeber die einseitige Anordnung von **Kurzarbeit** ermöglichen, stellen eine Abweichung von §§ 611 BGB, 2 KSchG dar. Sie sind unwirksam, wenn sie nicht ausdrücklich eine Ankündigungsfrist vorsehen. Sie können auch dann gem. § 307 Abs. 1 BGB unwirksam sein, wenn sie Regelungen über Umfang und Ausmaß der Kurzarbeit, Festlegung des betroffenen Personenkreises, Art und Weise der Einbeziehung des Personenkreises u. Ä. völlig offen lassen. Auch die bloße Bezugnahme auf §§ 169 ff. SGB III führt weder für sich genommen noch über § 310 Abs. 4 BGB zu einer Legitimation der Klauseln, die den zuvor dargestellten Grundsätzen nicht genügen.

665 Die Tätigkeitsbeschreibung des Arbeitnehmers ist eine kontrollfreie Leistungsbeschreibung. In welcher Funktion der AN eingestellt wird, ist eine Hauptabrede, die Teil der bewussten Abschlussentscheidung des Arbeitnehmers ist. Sie ist nicht zu verwechseln mit Klauseln zum Direktionsrecht. Diese sind dann deklaratorisch und inhaltskontrollfrei, wenn sie nur den Inhalt des allgemeinen Weisungsrechts (§ 106 GewO) wiedergeben. Berechtigt eine Klausel den Arbeitgeber z. B., dem Arbeitnehmer eine andere gleichwertige Arbeit zuzuweisen, die seinen Kenntnissen und Fähigkeiten entspricht, unterliegt sie wegen § 307 Abs. 3 S. 1 BGB keiner Inhaltskontrolle, weil sie den Inhalt des § 106 GewO fast wörtlich wiedergibt. Kontrollfähig werden diese Klauseln aber dann, wenn sie über den gesetzlichen Inhalt des Direktionsrechts hinausgehen (s. *Preis* NZA Beil. 3/2006, 115, 119 f.; ErfK/*Preis* §§ 305–310 BGB Rn. 38).

666 AGB unterliegen dann der Inhaltskontrolle, wenn eine **gesetzliche Vergütungsregelung** besteht, z. B. die GOÄ (*BGH* 17.9.1998 NJW 1998, 3567; ErfK/*Preis* §§ 305–310 BGB Rn. 39). Aufgrund der Gleichstellung von Tarifverträgen mit Rechtsvorschriften i. S. v. § 307 Abs. 3 BGB wird z. T. die Auffassung vertreten, dass eine Inhaltskontrolle auch der Höhe des Arbeitsentgelts in Formulararbeitsverträgen vorzunehmen ist. Maßstab ist das tarifliche Lohnniveau, dessen Unterschreitung um mehr als 20 % unangemessen sein soll (DDBD/*Däubler* § 307 Rn. 272 ff., 288). Durch die Verweisung in § 310 Abs. 4 S. 3 BGB sind Tarifverträge aber kein Kontrollmaßstab für die Inhaltskontrolle des § 307 Abs. 1, 2 BGB geworden (ErfK/*Preis* §§ 305–310 BGB Rn. 39; *Annuß* BB 2002, 458 ff.; a. A. *Lakies* NZA-RR 2002, 337 ff.). Dies folgt schon aus Art. 9 Abs. 3 GG, aber auch aus

einer teleologischen Auslegung der Verweisung in § 310 Abs. 4 S. 3 BGB. Denn der Gesetzgeber wollte sicherstellen, dass Tarifverträge bei einzelvertraglicher Bezugnahme keiner Inhaltskontrolle unterliegen (BT-Drs. 14/6857 S. 54), nicht aber umgekehrt Tarifverträge, Betriebs- und Dienstvereinbarungen selbst zum Maßstab der Inhaltskontrolle machen (ErfK/*Preis* §§ 305–310 BGB Rn. 39).

Kontrollfähig sind die **Leistung begleitende Klauseln**, wie die Ausgleichsquittung, Nebenabreden zur Preisabrede und die Hauptleistungsabreden einschränkende, verändernde oder ausgestaltende Klauseln, z. B. die Befristung einzelner Arbeitsbedingungen *(BAG* 27.7.2005 EzA 307 BGB 2002 Nr. 5), Klauseln über Verzugszinsen *(BGH* 31.1.1985 NJW 1986, 376), oder Kürzungsklauseln bei Provisionen *(BAG* 20.2.2008 EzA § 307 BGB 2002 Nr. 31). Das gilt auch für die einseitigen Leistungsbestimmungsrechte im Bereich der Hauptleistungspflichten *(BAG* 12.1.2005 EzA § 308 BGB 2002 Nr. 1; s. a. *Preis/Lindemann* AuR 2005, 229 ff.). Der Vertragspartner des Verwenders soll gerade vor der unangemessenen Verkürzung oder Modifikation der vollwertigen Leistung, die er nach Gegenstand und Zweck des Vertrags erwarten darf, geschützt werden (s. § 307 Abs. 2 BGB; *BGH* 24.3.1999 NJW 1999, 2280; ErfK/*Preis* §§ 305–310 BGB Rn. 40).

667

#### bbb) Besondere Klauselverbote

§ 309 BGB enthält **Klauselverbote ohne**, § 308 BGB solche **mit Wertungsmöglichkeit**. Sie gehen der allgemeinen Inhaltskontrolle nach § 307 BGB vor; das BAG hat bislang noch keine Vertragsklausel an § 309 BGB scheitern lassen (ErfK/*Preis* §§ 305–310 BGB Rn. 41). Gem. § 309 Nr. 13 BGB darf der Arbeitgeber für »Anzeigen oder Erklärungen« **keine strengere Form** als die Schriftform vorschreiben oder ihn an besondere Zugangserfordernisse binden. Die Vorschrift erfasst auch **geschäftsähnliche Handlungen**, wie Mahnungen oder Fristsetzungen. Verboten ist es demnach, die Kündigung durch den Arbeitnehmer nur **per Einschreiben** zuzulassen. Auch eine Bestimmung, wonach die Form eines Fax oder einer elektronischen Übermittlung gewählt werden müsste, wäre unzulässig. Mehr als Schriftform wird nach Auffassung von *Däubler* (NZA 2001, 1336; krit. *Schrader* NZA 2003, 349 ff.) auch verlangt, wenn eine **zweistufige Ausschlussklausel** nach Ablehnung durch den Arbeitgeber Klage innerhalb einer bestimmten Frist verlangt und andernfalls den Anspruch untergehen lässt. Das *BAG* (25.5.2005 EzA § 307 BGB 2002 Nr. 3; vgl. dazu *Lelley/Kaufmann* FA 2006, 7 ff.) hat dies offen gelassen, aber angenommen, dass jedenfalls die angemessene Berücksichtigung der im Arbeitsrecht geltenden Besonderheiten die Zulassung zweistufiger Ausschlussfristen gebietet. Denn zu berücksichtigen sind nicht nur rechtliche, sondern auch tatsächliche Besonderheiten des Arbeitsrechts.

668

Dagegen haben § 308 Nr. 3 BGB (Unangemessenheit eines Rücktrittsvorbehalt in einem Vorvertrag, *BAG* 27.7.2005 EzA § 308 BGB 2002 Nr. 2) und § 308 Nr. 4 BGB (Unzulässigkeit eines Widerrufsvorbehalts, *BAG* 12.1.2005 EzA § 308 BGB 2002 Nr. 1; 13.4.2010 EzA § 308 BGB 2002 Nr. 11; 20.4.2011 EzA § 308 BGB 2002 Nr. 12; s. *Gaul/Kaul* BB 2011, 181 ff.) Bedeutung erlangt. Für § 308 Nr. 4 BGB ist zu beachten, dass er nur Leistungen des Verwenders erfasst, nicht hingegen versprochene Leistungen seines Vertragspartners *(BAG* 13.6.2007 EzA § 106 GewO Nr. 2; s. ErfK/*Preis* §§ 305–310 BGB Rn. 41).

669

Gem. § 308 Nr. 4 BGB ist die Vereinbarung des Rechts des Arbeitgebers (ohne Vereinbarung keine einseitige Änderung: *BAG* 1.2.2006 EzA § 310 BGB 2002 Nr. 3), die versprochene Leistung zu ändern oder von ihr abzuweichen, nur dann statthaft, wenn sie unter Berücksichtigung der Interessen des Verwenders für den anderen Vertragsteil zumutbar ist *(BAG* 14.12.2011 EzA § 4 TzBfG Nr. 22). Davon sind erfasst der **Widerruf von Zulagen und freiwilligen betrieblichen Leistungen**, sowie eine vom (erweiterten) Direktionsrecht des Arbeitgebers gedeckte Versetzung auf einen anderen Arbeitsplatz, wo nur geringere Verdienstmöglichkeiten bestehen; ein Widerrufsvorbehalt ist also bei **fehlender Angabe** des **Widerrufsgrundes** nach § 308 Nr. 4 BGB **unwirksam** (*BAG* 20.4.2011 EzA § 308 BGB 2002 Nr. 12). Die Vereinbarung eines Widerrufsrechts ist für den Arbeitnehmer nach § 308 Nr. 4 BGB insgesamt **nur dann zumutbar**, wenn es für den Widerruf einen **sachlichen Grund** gibt und dieser sachliche Grund bereits **in der**

Änderungsklausel beschrieben ist. **Das Widerrufsrecht muss wegen der unsicheren Entwicklung der Verhältnisse als Instrument der Anpassung notwendig sein** (*BAG* 13.4.2010 EzA § 308 BGB 2002 Nr. 11).

Eine Verweisungsklausel beinhaltet nur dann ein Vertragsänderungsrecht des Arbeitgebers, wenn sie auf externe Regelungen in ihrer jeweiligen Fassung Bezug nimmt, die der Arbeitgeber als solcher einseitig aufstellen oder ändern kann (*BAG* 11.2.2009 EzA § 308 BGB 2002 Nr. 9; 22.7.2010 EzA § 611 BGB 2002 Kirchliche Arbeitnehmer Nr. 15; 14.12.2011 EzA § 4 TzBfG Nr. 22). Die Unterwerfung unter fremde Gestaltungsmacht wird von § 308 Nr. 4 BGB nicht erfasst. Der Umfang des Unterrichtsdeputats vollbeschäftigter Lehrkräfte steht aber z. B. nicht zur freien Disposition des Arbeitgebers und unterliegt nicht dessen Festsetzung durch privatrechtliche Erklärung, sondern ist an die Regelungen des Gesetz- oder Verordnungsgebers gebunden (BAG 14. März 2007 – 5 AZR 630/06, BAGE 122, 12 Rn. 25). Dieser darf nicht mit dem – wenn auch öffentlichen – Arbeitgeber gleichgesetzt werden. Die Bezugnahme im Arbeitsvertrag auf die Lehrverpflichtungsverordnung bedeutet damit eine Unterwerfung unter fremde Gestaltungsmacht, die von § 308 Nr. 4 BGB nicht erfasst wird (*BAG* 14.12.2011 EzA § 4 TzBfG Nr. 22).

670 ▶ **Beispiel:**

**Widerruf von Zulagen und freiwilligen betrieblichen Leistungen**

Das BAG (12.1.2005 EzA § 308 BGB 2002 Nr. 1; 11.10.2006 EzA § 308 BGB 2002 Nr. 6; 20.4.2011 EzA § 308 BGB 2002 Nr. 12; ebenso *LAG Hamm* 11.5.2004 NZA-RR 2004, 515; a. A. *LAG Bln.* 30.3.2004 LAGE § 308 BGB 2002 Nr. 1; *Hanau/Hromadka* NZA 2005, 73 ff.; *Kroeschell* NZA 2008, 1393 ff.; s. Kap. 3 Rdn. 759 ff.; Kap. 4 Rdn. 2953 ff.) hat inzwischen insoweit folgende **Grundsätze** aufgestellt:
- Eine formularmäßig im Arbeitsvertrag verwendete Klausel, mit der sich der Arbeitgeber den **jederzeitigen unbeschränkten Widerruf** übertariflicher Lohnbestandteile und anderer Leistungen vorbehält, ist gem. § 307 Abs. 1 S. 2 u. § 308 Nr. 4 BGB **unwirksam**;
- Die Vereinbarung ist nur dann **wirksam**, wenn der widerrufliche Anteil unter **25** (*BAG* 11.10.2006 EzA § 308 BGB 2002 Nr. 6 = NZA 2007, 87) **bis 30 % der Gesamtvergütung** liegt und der Widerruf nicht grundlos erfolgen soll;
- Die widerrufliche Leistung muss nach **Art und Höhe eindeutig** sein. Die Vertragsklausel muss zumindest die Richtung angeben, aus der der Widerruf möglich sein soll (wirtschaftliche Gründe, Leistung oder Verhalten des Arbeitnehmers).

Sind Zahlungen des Arbeitgebers widerruflich, die nicht eine unmittelbare Gegenleistung für die Arbeitsleistung darstellen, sondern Ersatz für Aufwendungen, die an sich der Arbeitnehmer selbst tragen muss, erhöht sich der widerrufliche Teil der Arbeitsvergütung auf bis zu 30 % des Gesamtverdienstes (*BAG* 11.10.2006 EzA § 308 BGB 2002 Nr. 6 = NZA 2007, 87).

Diese Anforderungen gelten seit dem 1.1.2003 auch für Formulararbeitsverträge, die vor dem 1.1.2002 abgeschlossen worden sind. Fehlt es bei einem solchen **Altvertrag** an dem geforderten Mindestmaß einer Konkretisierung der Widerrufsgründe, kann die entstandene Lücke im Vertrag durch eine **ergänzende Vertragsauslegung** geschlossen werden. Eine Bindung des Arbeitgebers an die vereinbarte Leistung ohne **Widerrufsmöglichkeit** würde **rückwirkend unverhältnismäßig** in die Privatautonomie eingreifen (*BAG* 12.1.2005 EzA § 308 BGB 2002 Nr. 1; 20.4.2011 EzA § 308 BGB 2002 Nr. 12; a. A. *LAG Hamm* 11.5.2004 NZA-RR 2004, 515).

Es liegt nahe, dass die Parteien des Arbeitsvertrages bei **Kenntnis der neuen gesetzlichen Anforderungen** die Widerrufsmöglichkeit zumindest bei **wirtschaftlichen Verlusten** des Arbeitgebers vorgesehen hätten. Einer ergänzenden Vertragsauslegung steht insoweit nicht entgegen, dass der Arbeitgeber vor dem 1.1.2003 dem Arbeitnehmer **keine Anpassung** der Klausel an den strengeren Rechtszustand **angetragen hat** (*BAG* 20.4.2011 EzA § 308 BGB 2002 Nr. 12).

## G. Rechtsquellen des Arbeitsrechts
## Kapitel 1

**Neben der Inhaltskontrolle** nach den §§ 305 ff. BGB findet **weiterhin die Ausübungskontrolle** im Einzelfall gem. § 315 BGB statt.

Die Regelung eines **Widerrufsvorbehalts in einer Betriebsvereinbarung** unterliegt gem. § 310 Abs. 4 S. 1 BGB nicht der Inhaltskontrolle nach §§ 305 ff. BGB; insoweit findet eine gerichtliche Ausübungskontrolle nach § 315 Abs. 3 BGB statt (*BAG* 1.2.2006 EzA § 310 BGB 2002 Nr. 3).

Nach Auffassung des *LAG Brem.* (1.3.2006 LAGE § 308 BGB 2002 Nr. 2) verstößt eine Klausel in einem Formulararbeitsvertrag gegen § 308 Nr. 4 BGB, die festlegt, dass bis zur tariflichen Neuregelung die bisherigen Arbeitszeitregelungen der gekündigten Vorschriften des BAT mit der Maßgabe weitergelten, dass als durchschnittliche wöchentliche Arbeitszeit diejenige Wochenarbeitszeit gilt, die für **vergleichbare Beamte** jeweils maßgebend ist. Das BAG (14.3.2007 EzA § 307 BGB 2002 Nr. 18; s. *Behrendt/Gaumann/Liebermann* ZTR 2007, 537 ff.) ist dem nicht gefolgt. Danach sind auf **Bezugnahmeklauseln in Formulararbeitsverträgen zwar die §§ 305 ff. BGB anzuwenden.** Die in Allgemeinen Geschäftsbedingungen enthaltenen Regelungen über Hauptleistungspflichten – darum handelt es sich bei der in einem Formulararbeitsvertrag enthaltenen dynamischen Verweisung auf die für Beamte geltende Arbeitszeit – sind gem. § 307 Abs. 3 i. V. m. § 307 Abs. 1 S. 2 BGB aber **nur auf einen Verstoß gegen das Transparenzgebot zu beurteilen; eine derartige Klausel ist aber nicht unklar oder unverständlich in diesem Sinne.**

*ccc) Leitlinien der Angemessenheitskontrolle (§ 307 BGB)*

Typisierte Vertragsklauseln müssen nicht nur bei der Auslegung, sondern auch im Rahmen der Inhaltskontrolle typisierenden und generalisierenden Wertungen unterzogen werden. **Die Auslegung geht der Inhaltskontrolle vor.** Hat eine Vertragsklausel einen unangemessen benachteiligenden Inhalt, ist es für die Wirksamkeit der Klausel nicht ausschlaggebend, ob sich der benachteiligende Inhalt auch im konkreten Einzelfall tatsächlich auswirkt. Entscheidend ist, welche Rechte nach dem konkreten Inhalt der Klausel geltend gemacht werden können und welche Folgen sich daraus bei genereller Betrachtung ergeben (s. *BGH* 23.6.1988 ZIP 1988, 1126; ErfK/*Preis* §§ 305–310 BGB Rn. 42). Auf Grund der Einordnung von Arbeitnehmern als Verbraucher ist dieser Prüfungsmaßstab nach § 310 Abs. 3 Nr. 3 BGB aber durch die Berücksichtigung konkret individueller Umstände des Vertragsschlusses zu ergänzen (*BAG* 31.8.2005 EzA § 6 ArbZG Nr. 6; 7.12.2005 EzA § 12 TzBfG Nr. 1). Es kommt also auf die persönlichen Eigenschaften, die Geschäftserfahrung und Verhandlungsstärke, die Beurteilungsfähigkeit, das Angewiesensein auf die Leistung, auf intellektuelle Stärken und Schwächen sowie auf die konkrete Situation des Vertragsschlusses an, also z. B. darauf, ob der Verwender seinen Vertragspartner überrascht, überrumpelt oder den wahren Vertragsinhalt verschleiert hat (ErfK/*Preis* §§ 305–310 BGB Rn. 42).

671

§ 310 Abs. 3 Nr. 3 BGB beseitigt also nicht den generell-abstrakten Prüfungsmaßstab, sondern ergänzt ihn. Die Umstände des Vertragsschlusses allein können nicht die Unwirksamkeit der Klausel begründen, auch inhaltliche Kriterien müssen Bedenken gegen sie begründen, ohne zur Unwirksamkeit zu führen. Erst auf einer zweiten Ebene können die Umstände des Vertragsschlusses den Ausschlag geben, so dass eine unangemessene Benachteiligung angenommen werden kann. Damit kann gem. § 310 Abs. 3 Nr. 3 BGB flexibel reagiert werden, um z. B. Vertragsgestaltungen mit erfahrenen Spitzenkräften und leitenden Angestellten zurückhaltend zu kontrollieren (ErfK/*Preis* §§ 305–310 BGB Rn. 42).

672

*ddd) Gesetzliche Beispiele unangemessener Benachteiligung*

Gem. § 307 Abs. 2 BGB ist eine unangemessene Benachteiligung im Zweifel anzunehmen, wenn eine Bestimmung mit **wesentlichen Grundgedanken der gesetzlichen Regelung**, von der abgewichen wird, **nicht zu vereinbaren ist.** Dahinter steht die Idee des Leitbildes des dispositiven Rechts. Die Anwendung im Arbeitsrecht ist nicht einfach, weil es zum großen Teil zwingend ist oder aus Richterrecht besteht. Andererseits erkennt auch die Zivilrechtsprechung die von ihr entwickelten

673

Rechtsgrundsätze als gesetzliches Leitbild an (s. *BGH* 10.12.1992 BGHZ 121, 14, 18), was auf das Arbeitsrecht übertragen werden kann (s. ErfK/*Preis* §§ 305–310 BGB Rn. 43).

674 Eine unangemessene Benachteiligung liegt im Zweifel auch dann vor, wenn **wesentliche Rechte oder Pflichten, die sich aus der Natur des Vertrags ergeben** (sog. Kardinalpflichten), **so eingeschränkt werden, dass die Erreichung des Vertragszwecks gefährdet ist** (s. z. B. *BAG* 25.4.2007 EzA § 307 BGB 2002 Nr. 20: Freiwilligkeitsvorbehalt). Bei Verzichtserklärungen und Ausschlussfristen kann ein Verstoß gegen § 307 Abs. 2 Nr. 2 BGB darin liegen, dass die Klauseln zum Erlöschen der vertraglichen Hauptleistungspflicht führen können (*BAG* 28.9.2005 EzA § 307 BGB 2002 Nr. 8; ErfK/*Preis* §§ 305–310 BGB Rn. 43).

675 Das Transparenzgebot des § 307 Abs. 1 S. 2 BGB greift nicht bei normwiederholenden Klauseln und Preisabreden (§ 307 Abs. 3 S. 2 BGB) sowie bei Bezugnahmen auf Tarifverträge und Betriebsvereinbarungen (trotz § 310 Abs. 4 S. 3 BGB; *BAG* 28.6.2007 EzA § 310 BGB 2002 Nr. 5) ein. Eine unangemessene Benachteiligung kann sich auch daraus ergeben, dass eine Vertragsbestimmung nicht klar und verständlich ist. Das Transparenzgebot ist Bestandteil der Angemessenheitskontrolle (ErfK/*Preis* §§ 305–310 BGB Rn. 44).

676 So müssen z. B. auflösende Bedingungen, falls keine generellen Wirksamkeitsbedenken bestehen, hinreichend bestimmt ausgestaltet sein (s. z. B. zu Rückzahlungsklauseln *BAG* 18.3.2008 EzA § 307 BGB 2002 Nr. 36). Übersteigerte Anforderungen dürfen jedoch nicht gestellt werden (*BAG* 31.8.2005 EzA § 6 ArbZG Nr. 6).

677 Auslegungsbedürftigkeit bedeutet nicht zugleich Intransparenz (*BGH* 17.12.1999 NJW 1999, 942). Die Klausel muss aber die Angemessenheit und Zumutbarkeit erkennen lassen und die tatbestandlichen Voraussetzungen und Rechtsfolgen so genau beschreiben, dass für den Arbeitgeber keine ungerechtfertigten Beurteilungsspielräume entstehen (*BAG* 31.8.2005 EzA § 6 ArbZG Nr. 6 = NZA 2006, 1273). Das Transparenzgebot begründet keine allgemeine Rechtsbelehrungspflicht des Verwenders, also i. d. R. des Arbeitgebers. Allerdings gilt die Transparenzkontrolle auch für preisbestimmende, leistungsbeschreibende Vertragsklauseln (§ 307 Abs. 3 S. 2 BGB) und damit auch für vorformulierte einzelvertragliche Vergütungsregeln (ErfK/*Preis* §§ 305–310 BGB Rn. 44).

678 Dies gilt auch bei Global- und Teilverweisungen auf Tarifverträge, die nicht bereits normativ gelten (BT-Drs. 14/6857 S. 54), wobei das Transparenzgebot aber nur selten verletzt sein wird (BT-Drs. 14/6040 S. 154). Problematisch unter diesem Gesichtspunkt sind jedoch dynamische Verweisungen auf Tarifverträge, weil dadurch die Gefahr besteht, dass der Arbeitnehmer bei Vertragsschluss zukünftige Änderungen des Vertragsinhalts nicht absehen kann (ErfK/*Preis* §§ 305–310 BGB Rn. 44).

*eee) Kriterienkatalog*

679 Die Konkretisierung unangemessener Vertragsgestaltung bedarf einer normativen Struktur und normativer Leitbilder; insoweit kann auf folgende Kriterien abgestellt werden (instr. ErfK/*Preis* §§ 305–310 BGB Rn. 45 ff.):
 – **Art des Arbeitsvertrags, Stellung des Arbeitnehmers**
 Im Rahmen der Inhaltskontrolle sind **Art und Gegenstand, Zweck und besondere Eigenart des jeweiligen Geschäfts zu berücksichtigen**. Zu prüfen ist, ob der Klauselinhalt bei der in Rede stehenden Art des Rechtsgeschäfts generell unter Berücksichtigung der typischen Interessen der beteiligten Verkehrskreise eine unangemessene Benachteiligung des Vertragspartners ergibt. Werden AGB für verschiedene Arten von Geschäften oder gegenüber verschiedenen Verkehrskreisen verwendet, deren Interessen, Verhältnisse und Schutzbedürfnisse unterschiedlich gelagert sind, kann die Abwägung zu gruppentypisch unterschiedlichen Ergebnissen führen (*BAG* 27.7.2005 EzA § 307 BGB 2002 Nr. 5). Die Art des Arbeitsvertrags, der Status des Arbeitnehmers, der konkret vereinbarte Inhalt, die Vergütungsform und der zeitliche Umfang der geschuldeten Tätigkeiten (s. *BAG* 21.6.2011 EzA § 306 BGB 2002 Nr. 5) sowie die Dauer der Vertragsbeziehung sind für die jeweilige Wirksamkeit der Vertragsklauseln relevant. Allerdings kann nicht generell von einer ge-

## G. Rechtsquellen des Arbeitsrechts

ringeren Kontrollbedürftigkeit von Teilzeitarbeitsverträgen ausgegangen werden, weil auch diese die Existenzgrundlage des Arbeitnehmers bilden können. Bei der Inhaltskontrolle vorformulierter Vertragsbedingungen im Bereich der Führungskräfte ist auf die bei diesen Arbeitnehmern typischen Besonderheiten Rücksicht zu nehmen, z. B. bei der Kontrolle von Überstundenpauschalierungen (s. aber auch *BAG* 1.9.2010 EzA § 307 BGB 2002 Nr. 50; 17.8.2011 – 5 AZR 406/10, NZA 2011, 1335; 22.2.2012 – 5 AZR 765/10). Auch können typisierte Kontrollmaßstäbe bei Rückzahlungs- und Stichtagsklauseln von Sonderzahlungen nicht auf die besonderen Ausübungsbedingungen von Aktienoptionsplänen, die einem leitenden Angestellten gestellt wurden, übertragen werden (*BAG* 28.5.2008 EzA § 307 BGB 2002 Nr. 35; ErfK/*Preis* §§ 305–310 BGB Rn. 46).

– **Erscheinungsbild des Gesamtvertrags**
Dabei ist der gesamte Vertragsinhalt zu sehen und nicht nur die isolierte Vertragsklausel. Summierende und kompensierende Effekte sind zu berücksichtigen (*BAG* 4.3.2004 EzA § 309 BGB 2002 Nr. 1). Eine Kompensation kann aber nur durch in Wechselbeziehung stehende Klauseln erfolgen (*BGH* 29.11.2002 NJW 2003, 888; z. B.: Mankoabrede in Abhängigkeit von einem finanziellen Ausgleich; ErfK/*Preis* §§ 305–310 BGB Rn. 47).

– **Kündigungserschwerungen**
Mit diesem Aspekt der Angemessenheitskontrolle vertraglicher Bindungsklauseln sollen unzumutbare Beschränkungen der Vertrags- und Kündigungsfreiheit des Arbeitnehmers abgewendet werden (s. bei Rückzahlungsklauseln, Vertragsstrafen, Arbeitgeberdarlehen, Personalrabatten). Eine Vertragsstrafenabrede in Form einer AGB benachteiligt den Arbeitnehmer z. B. dann unangemessen und ist deshalb unwirksam, wenn sie für den Fall, dass der Arbeitnehmer sein mit **zweiwöchiger Kündigungsfrist** kündbares Probearbeitsverhältnis vorzeitig vertragswidrig beendet, eine Vertragsstrafe in Höhe **eines Bruttomonatsverdienstes** vorsieht. Es liegt in diesem Fall eine unzulässige »**Übersicherung**« des Arbeitgebers vor (*BAG* 23.9.2010 EzA § 309 BGB 2002 Nr. 6). Anders ist es dagegen dann, wenn die Vertragsstrafenregelung für den Fall, dass der Arbeitnehmer sein befristetes Probearbeitsverhältnis nicht antritt, eine Vertragsstrafe in Höhe eines Bruttomonatsverdienstes vorsieht und die Kündigungsfrist während der Probezeit einen Monat beträgt (*BAG* 19.8.2010 – 8 AZR 645/09, EzA-SD 2/2011 S. 9 LS).
Auch die Bindung einer am erzielten Umsatz orientierten Erfolgsbeteiligung, die Provisionscharakter hat, darf nicht davon abhängig gemacht werden, dass das Arbeitsverhältnis eine bestimmte Zeit bestanden hat (*BAG* 20.8.1996 AP EzA § 87 HGB Nr. 11). Die Bindung einer Eigenkündigung an eine Abfindung ist ebenso eine unzulässige Kündigungsbeschränkung (*BAG* 6.9.1989 EzA § 622 BGB n. F. Nr. 26) wie die Erstattung von Ablösekosten bzw. die Übernahmepflicht für ein dienstlich genutztes Leasing-Fahrzeug (*LAG Düssel.* 18.5.1995 NZA-RR 1996, 363; s. ErfK/*Preis* §§ 305–310 BGB Rn. 50).

– **Risikoverteilung**
Grundsätzlich hat der **Arbeitgeber** das **Betriebs- und Wirtschaftsrisiko zu tragen**, das er nicht ohne weiteres auf den Arbeitnehmer abwälzen darf (*BAG* 12.1.2005 EzA § 308 BGB 2002 Nr. 1). So weicht z. B. die Vereinbarung von Abrufarbeit von wesentlichen Grundgedanken der in § 615 BGB geregelten Verteilung des Wirtschaftsrisikos ab (*BAG* 7.12.2005 EzA § 12 TzBfG Nr. 2). Vertragsgestaltungen, die das Beschäftigungsrisiko auf den Arbeitnehmer verlagern, sind i. d. R. unzulässig (*BAG* 13.8.1980 EzA § 9 BUrlG Nr. 11). Das gilt vor allem dann, wenn die Arbeitspflicht oder ihr Ruhen insgesamt nach Grund und Höhe einseitig in der Hand des Arbeitgebers liegt (*BAG* 9.7.2008 EzA § 615 BGB 2002 Nr. 25). Andererseits ist eine klare, nicht überraschende und transparente Regelung, die das Ruhen des Arbeitsverhältnisses einer Reinigungskraft in einer Behindertenschule während der Schulferien vorsieht (mit wegfallenden Entgeltfortzahlungsansprüchen) zulässig (*BAG* 10.1.2007 EzA § 307 BGB 2002 Nr. 16; krit. ErfK/*Preis* §§ 305–310 BGB Rn. 49).

– **Verfassungsrechtliche Wertungen**
Auch verfassungsrechtliche Wertungen sind nach der Lehre von der Schutzgebotsfunktion der Grundrechte im Rahmen der Angemessenheitskontrolle zu berücksichtigen (*BAG* 16.3.1994

EzA § 611 BGB Ausbildungsbeihilfe Nr. 10; 6.11.1996 EzA § 611 BGB Ausbildungsbeihilfe Nr. 16; ErfK/*Preis* §§ 305–310 BGB Rn. 48).

*(9) Rechtsfolgen unwirksamer Vertragsbestimmungen*

*aaa) Blue-Pencil-Test*

680 Gem. § 306 Abs. 1 BGB bleibt in Abweichung von § 139 BGB bei **Teilnichtigkeit grds. der Vertrag im Übrigen aufrechterhalten; dieser Grundsatz gilt im Arbeitsrecht allgemein**. Soweit die Klausel nicht teilbar ist, tritt an ihre Stelle das Gesetz (§ 306 Abs. 2 BGB). Die Teilbarkeit der Klausel ist durch eine Streichung des unwirksamen Teils mit einem »blauen Stift« zu ermitteln (Blue-Pencil-Test; *BAG* 21.4.2005 EzA § 309 BGB 2002 Nr. 3; 19.12.2006 EzA § 307 BGB 2002 Nr. 17; 12.3.2008 EzA § 307 BGB 2002 Nr. 33; s. a. *LAG Köln* 3.8.2010 LAGE § 4 ArbZG Nr. 2; *LAG Hessen* 26.7.2010 – 7 Sa 1881/09, EzA-SD 22/2010 S. 10 LS).

681 **Sprachliche Unteilbarkeit spricht für inhaltliche Unteilbarkeit**. Sprachliche Teilbarkeit ist dagegen nur ein Indiz für inhaltliche Teilbarkeit. Um eine Umgehung des Verbots der geltungserhaltenden Reduktion zu vermeiden, ist zu prüfen, ob der Klauselteil üblicherweise nicht selbständig vorkommt oder ob eine gekünstelte Aufspaltung der Klausel vorliegt. Die unzulässige Vertragsstrafenregelung wegen schuldhaft vertragswidrigen Verhaltens des Arbeitnehmers kann z. B. unter Aufrechterhaltung der Klausel im Übrigen gestrichen werden, wenn daneben an den Nichtantritt oder die Lösung des Arbeitsverhältnisses unter Vertragsbruch angeknüpft wird (ErfK/*Preis* §§ 305–310 BGB Rn. 103; a. A. DBD/*Bonin* § 306 Rn. 12).

682 Eine unzulässige Ausschlussfrist ist dagegen insgesamt unwirksam. Denn es gibt keine Ausschlussklausel ohne Frist (*BAG* 25.5.2005 EzA § 13 BGB 2002 Nr. 1). Zweistufige Ausschlussfristen können geteilt werden (*BAG* 12.3.2008 EzA § 307 BGB 2002 Nr. 33).

Auch die Klausel »freiwillig, jederzeit widerrufliche und anrechenbare Zulage« ist teilbar (*BAG* 1.3.2006 EzA § 4 TVG Tariflohnerhöhung Nr. 48).

683 Aus der Regelung einer Bonuszahlung kann das Wort »ungekündigt« gestrichen werden, so dass lediglich der Bestand eines Arbeitsverhältnisses Voraussetzung für einen Anspruch ist (*BAG* 6.5.2009 EzA § 307 BGB 2002 Nr. 44).

683a Die Vereinbarung einer kürzeren als nach § 622 Abs. 3 BGB zulässigen Kündigungsfrist im Arbeitsvertrag führt auch im Wege der Inhaltskontrolle nach § 306 BGB nicht zur Unwirksamkeit der Probezeitvereinbarung insgesamt. Es handelt sich vielmehr um eine heilbare Klausel mit dem Ergebnis, dass während der wirksam vereinbarten Probezeit die Kündigungsfrist des § 622 Abs. 3 BGB und nicht die allgemeine Kündigungsfrist des § 622 Abs. 1 BGB zur Anwendung gelangt (*LAG Hessen* 31.5.2011 NZA-RR 2011, 571).

*bbb) Verbot geltungserhaltender Reduktion*

684 Im Übrigen gilt das **Verbot geltungserhaltender Reduktion** unangemessener Klauseln (*BAG* 4.3.2004 EzA § 309 BGB 2002 Nr. 1; 12.1.2005 EzA § 308 BGB 2002 Nr. 1; 25.5.2005 EzA § 306 BGB 2002 Nr. 1; *LAG Nbg.* 12.1.2011 – 4 Sa 437/10, AuR 2011, 221 LS; ErfK/*Preis* §§ 305–310 BGB Rn. 104). Wer den Spielraum der Vertragsfreiheit durch AGB nutzt, muss das volle Risiko der Unwirksamkeit der Klausel tragen. Eine geltungserhaltende Reduktion ist aber dann möglich, wenn Normen eine Aufrechterhaltung unwirksamer Abreden ausdrücklich zulassen (s. z. B. § 622 Abs. 6 BGB i. V. m. § 89 Abs. 2 S. 2 HGB, § 74a Abs. 1 S. 2 HGB; ErfK/*Preis* §§ 305–310 BGB Rn. 104).

## ccc) Ergänzende Vertragsauslegung

**Ausnahmsweise** ist auch eine ergänzende Vertragsauslegung nach §§ 133, 157 BGB als Anwendung dispositiven Rechts nach **§ 306 Abs. 2 BGB möglich** (instr. *Bieder* NZA 2011, Beil. Nr. 3/2011 S. 142 ff.). 685

Das setzt voraus, dass die Anwendung der gesetzlichen Vorschriften keine angemessene, den Interessen der Parteien Rechnung tragende Lösung bietet, sodass der Regelungsplan der Vertragspartner infolge der Lücke einer Vervollständigung bedarf (*BGH* 3.11.1999 NJW 2000, 1110) und ein ersatzloser Wegfall der unwirksamen Klausel keine sachgerechte Lösung darstellt (*BAG* 28.11.2007 EzA § 307 BGB 2002 Nr. 30; 7.7.2010, 9.6.2010 EzA § 3 TVG Bezugnahme auf Tarifvertrag Nr. 49, 50, 51; *LAG Köln* 3.8.2010 LAGE § 4 ArbZG Nr. 2; ErfK/*Preis* §§ 305–310 BGB Rn. 104; *Günther* ZTR 2011, 203 ff.; s. Rdn. 361 zur Tarifsukzession). Bei unwirksamen Bestimmungen in AGB hat die ergänzende Vertragsauslegung ebenso wie die Auslegung und Inhaltskontrolle solcher Bestimmungen nach einem **objektiv-generalisierenden Maßstab** zu erfolgen, der am **Willen und Interesse der typischerweise beteiligten Verkehrskreise** (und nicht nur der konkret beteiligten Parteien) **ausgerichtet** sein muss. Die Vertragsergänzung muss deshalb **für den betroffenen Vertragstyp als allgemeine Lösung eines stets wiederkehrenden Interessengegensatzes angemessen sein**. Es ist zu fragen, was die Parteien bei einer angemessenen Abwägung ihrer Interessen nach Treu und Glauben als redliche Vertragsparteien **vereinbart hätten, wenn ihnen die gesetzlich angeordnete Unwirksamkeit der Klausel bekannt gewesen wäre** (*BAG* 11.10.2006 EzA § 308 BGB 2002 Nr. 6; 25.4.2007 EzA § 307 BGB 2002 Nr. 20). 686

Das kann z. B. bei der Unwirksamkeit einer Vereinbarung zur **Abrufarbeit** der Fall sein. Denn eine gesetzliche Regelung der Arbeitszeit, die nach § 306 Abs. 2 BGB an die Stelle der vertraglichen Regelung treten könnte, besteht nicht. Ein Rückgriff auf § 12 Abs. 1 S. 3 TzBfG war im konkreten Einzelfall ausgeschlossen, weil die Anwendung der Fiktion einer wöchentlichen Arbeitszeitdauer von zehn Stunden nicht interessengerecht war, da die Parteien eine deutlich längere Mindestarbeitszeit (30 Stunden) gewollt hätten (*BAG* 7.12.2005 EzA § 12 TzBfG Nr. 2). 687

Diese Grundsätze gelten in »Altfällen« wegen eines ansonsten gegebenen unverhältnismäßigen Eingriffs in die Privatautonomie auch bei Unwirksamkeit eines Widerrufsvorbehalts wegen mangelnder Transparenz (*BAG* 11.10.2006 EzA § 308 BGB 2002 Nr. 6; 20.4.2011 EzA § 308 BGB 2002 Nr. 12; ErfK/*Preis* §§ 305–310 BGB Rn. 104; s. a. *Ohlendorf/Salamon* RdA 2006, 281), selbst dann, wenn der Arbeitgeber dem Arbeitnehmer vor dem 1.1.2003 **keine Anpassung** der Klausel an den strengeren Rechtszustand angetragen hat (*BAG* 20.4.2011 EzA § 308 BGB 2002 Nr. 12). 688

Wird in einer Versorgungsordnung ein **Ruhegeld** nach **beamtenrechtlichen Grundsätzen** zugesagt und führt die Anwendung des Beamtenversorgungsrechts dazu, dass das mit der bei Eintritt des Versorgungsfalles entstandenen Ausgangsrente definierte Versorgungsniveau beeinträchtigt wird, fehlt es an einer rechtmäßigen vertraglichen Regelung. Die so entstandene Lücke ist im Wege der ergänzenden Vertragsauslegung so zu schließen, dass das Versorgungsniveau nicht beeinträchtigt wird (*BAG* 14.12.2010 – 3 AZR 898/08, EzA-SD 8/2011, S. 9 LS). 688a

## ddd) Salvatorische Klauseln

Nicht ungewöhnlich sind Klauseln folgenden Wortlauts: »Sollten einzelne Bestimmungen dieser Vereinbarung unwirksam sein oder sollten sie ihre Rechtswirksamkeit später verlieren, oder sollte sich in dieser Vereinbarung ein Lücke befinden, so wird hierdurch die Rechtswirksamkeit der übrigen Bestimmungen nicht berührt. Anstelle der unwirksamen Vertragsbestimmungen oder zur Ausfüllung einer Lücke soll eine angemessene Regelung treten, die, soweit rechtlich möglich, dem am nächsten kommt, was die Vertragsparteien vereinbart hätten, wenn sie diesen Punkt bedacht hätten.« Mit dieser Ersetzungsklausel wird die **Rechtsfolge einer Unwirksamkeit** nach dem Recht der AGB nicht nur **abweichend** von dem in § 306 BGB geregelten Rechtsfolgensystem **gestaltet**, indem die in § 306 Abs. 2 BGB vorgesehene Geltung des dispositiven Rechts verdrängt wird. Zudem werden die Rechte und Pflichten des Vertragspartners entgegen § 307 Abs. 1 S. 2 **BGB nicht klar und durchschaubar** 688b dargestellt. Dies ist unzulässig, weil es den Vertragspartner des Verwenders unangemessen benachteiligt (§ 307 Abs. 1 BGB; *BAG* 13.12.2011 EzA § 307 BGB 2002 Nr. 55).

*eee) Keine Berufung des Arbeitgebers auf die Unwirksamkeit*

688c Der Verwender darf sich **nicht auf die Unwirksamkeit einer von ihm selbst gestellten Klausel berufen** (*BAG* 24.11.2004 EzA § 242 BGB 2002 Betriebliche Übung Nr. 5; 27.10.2005 EzA § 4 TVG Ausschlussfristen Nr. 181; 28.3.2007 EzA § 611 BGB 2002 Gratifikation, Prämie Nr. 21; 25.4.2007 EzA § 307 BGB 2002 Nr. 20; 18.12.2008 NZA-RR 2009, 314; *BGH* 4.12.1986 NJW 1987, 837; 2.4.1998 NJW 1998, 2280; DBD/*Däubler* § 305c BGB Rn. 34a; DBD/*Deinert* § 307 BGB Rn. 60a; krit. *Tiedemann/Triebel* BB 2011, 1723 ff.), denn **allein die Benachteiligung des Vertragspartners** des Verwenders kann zur Unwirksamkeit von AGB führen. Zum Schutz des Klauselverwenders vor den von ihm selbst in den Vertrag eingeführten AGB besteht im Rahmen des Gesetzes, das nur einen **Ausgleich für die einseitige Inanspruchnahme der Vertragsfreiheit** durch den Klauselverwender schaffen soll, **keine Veranlassung** (*BAG* 27.10.2005 EzA § 4 TVG Ausschlussfristen Nr. 181, *BGH* 4.12.1986 NJW 1987, 837). Dies hat z. B. zur Folge, dass eine **beiderseitige Ausschlussklausel** mit unangemessen kurz bemessener Frist zu Gunsten des Arbeitnehmers unwirksam ist, aber zu Lasten des Arbeitgebers wirksam ist (*LAG Köln* 16.12.2011 NZA-RR 2012, 178).

*(10) Beispiele:*

689 ▶ – **Abrufarbeit**
Eine Bestimmung in AGB, nach der sich ein Arbeitgeber über einen **Zeitraum von drei Monaten** vorbehält, den Arbeitnehmer **zur Arbeit abzurufen** oder nicht abzurufen, ist gem. § 307 Abs. 1 BGB **unwirksam**. Die Vereinbarung benachteiligt den Arbeitnehmer entgegen den Geboten von Treu und Glauben unangemessen, weil dessen Arbeitspflicht nach Grund und Höhe einseitig dem Arbeitgeber überantwortet wird und weder ein Mindestarbeitsdeputat noch ein Höchstdeputat noch ein angemessenes Verhältnis von festen und variablen Arbeitsbedingungen vorliegt. Daran vermag die Witterungsabhängigkeit des Betriebs des Arbeitgebers nichts zu ändern (*BAG* 9.7.2008 EzA § 615 BGB 2002 Nr. 25).

690 – **Änderungsvorbehalt**
Eine vorformulierte Vorbehaltsklausel, die dem Arbeitgeber das **Recht** einräumt, von ihm vorgegebene Arbeitsbedingungen **einseitig abzuändern**, ist ebenfalls als **unangemessene Benachteiligung** i. S. v. § 307 BGB anzusehen (*LAG Nbg.* 22.2.2008 – 3 Sa 333/07 – EzA-SD 9/2008 S. 10 LS). Denn insoweit gilt Folgendes (*BAG* 11.2.2009 EzA § 308 BGB 2002 Nr. 9; instr. *Preis* NZA 2010, 361 ff.; *Gaul/Ludwig* BB 2010, 55 ff.).
Wird in einem Arbeitsvertrag auf eine bestimmte Fassung eines einseitig vom Arbeitgeber vorgegebenen Regelungswerks (Arbeits- und Sozialordnung) Bezug genommen und gleichzeitig die »jeweils gültige Fassung« der Arbeits- und Sozialordnung zum Bestandteil des Arbeitsvertrags erklärt, wobei auch die letztere nur »bis zur Vereinbarung einer jeweils neuen Fassung« gelten soll, so liegt hierin ein einseitiges Vertragsänderungsrecht des Arbeitgebers. Dieses benachteiligt den Arbeitnehmer unangemessen, wenn bis auf Dauer der Arbeitszeit und Arbeitsgrundvergütung nahezu sämtliche Arbeitsbedingungen einseitig abänderbar sind und keinerlei Gründe für eine Verschlechterung genannt oder erkennbar sind. Im Streitfall bezog sich die Abänderbarkeit sowohl auf Schicht-, Feiertags-, Nachtzuschläge, Urlaubsdauer und -entgelt als auch auf nicht unmittelbar vergütungsrelevante Regelungen.
Es spricht viel dafür, dass eine ergänzende Vertragsauslegung ausscheidet, wenn der Arbeitgeber nicht den Versuch gemacht hat, die unwirksame Vertragsklausel mit den Mitteln des Vertragsrechts innerhalb der vom Gesetzgeber eingeräumten Übergangsfrist bis zum 1. Januar 2003 wirksam zu gestalten.
Auch bei sog. Altverträgen scheidet eine ergänzende Vertragsauslegung in Fällen aus, in denen dem Arbeitgeber eine umfassende einseitige Änderungsbefugnis eingeräumt wird. Eine solche Klausel ist auch dann nicht klar, verständlich, widerspruchsfrei, transparent und angemessen,

wenn unterstellt wird, die Vertragsparteien hätten ein generelles Änderungsrecht des Arbeitgebers bei einer Verschlechterung der wirtschaftlichen Verhältnisse vereinbart. Auch dann weiß der Arbeitnehmer nicht, was auf ihn zukommt, da weder Umfang noch Reichweite der Änderungen vorhersehbar sind. Auf ein Gesamtvolumen der Änderungen von 25–30 % kommt es dann nicht an.

▶ – **Arbeitszeit** 691
Gleiches gilt nach Auffassung des *LAG Köln* (11.8.2008 LAGE § 307 BGB 2002 Nr. 15a) für die arbeitsvertragliche Festlegung, die Arbeitszeit betrage im monatlichen Durchschnitt 150 Stunden. Denn mangels Festlegung einer monatlichen Mindestarbeitszeit und -vergütung wird das Wirtschaftsrisiko in unzulässiger Weise auf den Arbeitnehmer verlagert.
Ist in AGB geregelt, die Arbeitszeit des Mitarbeiters betrage im monatlichen Durchschnitt eine bestimmte Stundenzahl X, ohne dass ein Zeitraum vereinbart wird, in dem dieser Durchschnitt erreicht werden muss, führt die zumindest teilweise Unwirksamkeit dieser Klausel dazu, dass eine feste Monatsstundenzahl X als vereinbart gilt. Das ergibt sich, wenn nicht schon aus der Anwendung des blue-pencil-Tests, zumindest aus einer ergänzenden Vertragsauslegung (*LAG Köln* 3.8.2010 LAGE § 4 ArbZG Nr. 2); nach *LAG Köln* (11.11.2009 – 9 Sa 584/09, AuR 2010, 270 LS) kann demgegenüber eine derartige Bestimmung nicht im Wege einer geltungserhaltenden Reduktion oder einer ergänzenden Vertragsauslegung mit der Maßgabe aufrechterhalten werden, dass die monatliche Arbeitszeit mindestens 150 Std. beträgt. Das BAG (EzA § 306 BGB 2002 Nr. 5; s. *LAG Köln* 10.11.2011 – 6 Sa 18/11, AuR 2012, 80 LS; *ArbG Köln* 6.12.2011 – 14 Ca 3397/11, AuR 2012, 136 LS) hat angenommen, dass eine derartige arbeitsvertragliche Arbeitszeitregelung wegen **Intransparenz** unwirksam ist, denn auch Vertragsbestimmungen, die den Umfang der von den Parteien geschuldeten Vertragsleistungen festlegen, unterliegen der Transparenzkontrolle nach § 307 Abs. 1 S. 2 BGB. Deshalb sind Vereinbarungen, die den Umfang der von dem Arbeitnehmer geschuldeten Arbeitsleistung festlegen, daraufhin zu überprüfen, ob sie klar und verständlich sind. Der streitgegenständlichen Regelung war aber nicht zu entnehmen, innerhalb **welchen Zeitraums** der Arbeitgeber den Arbeitnehmer mit durchschnittlich 150 Stunden im Monat beschäftigen musste. **Deshalb blieb der Arbeitnehmer über den Umfang seiner Beschäftigung im Unklaren.** An die Stelle der unwirksamen Bestimmung trat im konkret entschiedenen Einzelfall die **manteltarifvertragliche Regelung** über die Mindestarbeitszeit von Vollzeitangestellten. Diese betrug 160 Stunden im Monat.

▶ – **Aufhebungsvertrag** 692
Dagegen unterliegt die in einem vom Arbeitgeber **vorformulierten Aufhebungsvertrag** vereinbarte einvernehmliche Beendigung des Arbeitsverhältnisses **keiner Angemessenheitskontrolle** i. S. d. § 307 Abs. 1 S. 1 BGB, weil dadurch nicht von Rechtsvorschriften abgewichen wird (§ 307 Abs. 3 BGB). Die Beendigungsvereinbarung ist ein **selbständiges Rechtsgeschäft**, bei dem die Hauptleistung die Beendigung des Arbeitsverhältnisses ist. Die Beendigung als solche kann daher keiner Angemessenheitsprüfung unterzogen werden (*BAG* 8.5.2008 EzA § 520 ZPO 2002 Nr. 6; s. a. *BAG* 9.2.2011 EzA § 311a BGB 2002 Nr. 2).

▶ – **Aufwendungsersatz** 693
Ein in AGB vereinbarter pauschalierter Aufwendungsersatz kann wegen unangemessener Benachteiligung gem. § 307 Abs. 1 S. 1 BGB unwirksam sein, wenn dem Vertragspartner nicht analog § 309 Nr. 5 lit. b BGB die Möglichkeit eingeräumt wurde, den Nachweis eines fehlenden oder wesentlich geringeren Anspruchs zu führen (*BAG* 27.7.2010 EzA § 307 BGB 2002 Nr. 48).

▶ – **Ausbildungskosten** 694
Eine Klausel über die **Rückerstattung von Leistungen (Ausbildungskosten)** muss für den Rückzahlungspflichtigen gem. § 307 Abs. 1 S. 2 BGB verständlich und klar sein. Wird in einer Nebenabrede zu einem »Volontariatsvertrag« geregelt, dass die für die Dauer der reinen

Studienzeit zu erbringenden Ausbildungsvergütungen und Zuschüsse nur als »Darlehen ... zur Verfügung gestellt werden« und nach erfolgreichem Abschluss des Studiums in 60 Monaten durch »Berufstätigkeit« beim Darlehensgeber »abgebaut« werden sollen, so muss bereits **bei Vertragsabschluss** mindestens **rahmenmäßig bestimmt** sein, zu welchen Bedingungen die »Berufstätigkeit« bei dem Darlehensgeber erfolgen soll. Dazu gehören Angaben zum Beginn des Vertragsverhältnisses, zu Art und Umfang der Beschäftigung und zur Gehaltsfindung für die Anfangsvergütung. Eine Klausel, die dazu keinerlei Angaben macht, lässt den Studierenden **im Unklaren**; darin liegt eine unangemessene Benachteiligung (*BAG* 18.3.2008 EzA § 307 BGB 2002 Nr. 36; s. a. *LAG MV* 23.8.2011 NZA-RR 2012, 181; s. *Maier/Mosig* NZA 2008, 1168 ff.). **Unerheblich** ist es dann, wenn der Darlehensgeber kurz **vor Ende der Vertragslaufzeit** ein ausreichend konkretisiertes Angebot auf Abschluss des Arbeitsvertrags für die Zeit nach Beendigung des Studiums abgibt. Nach § 310 Abs. 3 Nr. 3 BGB sind bei der Beurteilung der unangemessenen Benachteiligung nur der Vertragstext und die den Vertragsabschluss **begleitenden Umstände**, **nicht** jedoch **spätere Ereignisse** zu berücksichtigen (*BAG* 18.3.2008 EzA § 307 BGB 2002 Nr. 36 = NZA 2008, 1004). Eine weitere unangemessene Benachteiligung des Studierenden liegt zudem dann vor, wenn wesentliche **Rechte** entgegen den Geboten von Treu und Glauben **eingeschränkt** werden. Eine Klausel, die einen ratierlichen Abbau der »darlehensweise« gewährten Leistungen durch Berufstätigkeit vorsieht, **ohne** einen **Anspruch auf Beschäftigung** nach Ablauf der Studienzeit einzuräumen, schränkt ein wesentliches Recht des Vertragspartners ein (*BAG* 18.3.2008 EzA § 307 BGB 2002 Nr. 36 = NZA 2008, 1004).

Ein in einem »Vertrag zum kooperativen Studium ... mit integrierter Ausbildung ...« ausbedungener Ausbildungskostenrückzahlungsanspruch, der dann eingreifen soll, wenn der Azubi/Student das ihm nach Abschluss des Studiums angebotene Anschlussarbeitsverhältnis **vorzeitig beendet**, beinhaltet eine unangemessene Benachteiligung, wenn der Azubi/Student verpflichtet wird, das Angebot eines »seinem Studium entsprechenden Arbeitsplatzes« anzunehmen, **ohne dass die Konditionen des Angebots näher bestimmt sind**, diese also auch unangemessen niedrig und nicht marktgerecht sein könnten. Kosten einer Berufsausbildung i. S. d. BBiG können zudem nicht Gegenstand einer Ausbildungskostenrückzahlungsverpflichtung sein. Werden die zurückzuzahlenden Kosten auf einen bestimmten Festbetrag pauschaliert, muss die Zusammensetzung des Betrags transparent gemacht und darüber hinaus dem Studenten die Möglichkeit eingeräumt werden, den Nachweis zu führen, dass tatsächlich nur Kosten in niedrigerer Höhe entstanden sind. Sind Ausbildungskosten in einer Höhe von allenfalls 33.147,09 Euro nachvollziehbar entstanden, kann ein auf 40.000 Euro festgesetzter Rückzahlungsbetrag **nicht mehr** mit einer **zulässigen Pauschalierung** erklärt werden (*LAG Köln* 27.5.2010 NZA-RR 2011, 11).

Eine Klausel in einer vorformulierten Vereinbarung, wonach der Arbeitnehmer dem Arbeitgeber die Kosten der Aus- oder Fortbildung zu erstatten hat, wenn er vor dem Abschluss der Ausbildung auf eigenen Wunsch oder aus **seinem Verschulden** aus dem Arbeitsverhältnis ausscheidet, benachteiligt den Arbeitnehmer aber jedenfalls regelmäßig **nicht unangemessen** i. S. d. § 307 Abs. 1 BGB. Dem steht nicht entgegen, dass der Arbeitnehmer bereits während der Aus- oder Fortbildung aufgrund der Rückzahlungsverpflichtung an den Arbeitgeber gebunden ist. Der Arbeitnehmer muss aber mit der Maßnahme eine **angemessene Gegenleistung** für die Rückzahlungsverpflichtung erlangen. Das ist dann der Fall, wenn die Maßnahme für ihn von geldwertem Vorteil ist und er nur die bis zum Ausscheiden **tatsächlich entstandenen Kosten** zurückzuzahlen hat. Eine derartige Klausel ist auch nicht wegen Verstoßes gegen das Transparenzgebot (§ 307 Abs. 1 S. 2 BGB) unwirksam, denn sie lässt mit der gebotenen Eindeutigkeit erkennen, dass der Arbeitnehmer zur Rückzahlung der Kosten nur dann verpflichtet sein soll, wenn das Arbeitsverhältnis aufgrund von Umständen endet, die in seinen **alleinigen Verantwortungs- und Risikobereich** fallen. Eine unangemessene Benachteiligung liegt aber dann vor, wenn der Arbeitnehmer nach Erteilung des Abschlusszeugnisses aus dem Arbeitsverhältnis ausscheiden könnte, ohne mit einer

Rückzahlungsverpflichtung belastet zu sein (*BAG* 19.1.2011 EzA § 611 BGB 2002 Ausbildungsbeihilfe Nr. 15; s. a. *LAG MV* 23.8.2011 NZA-RR 2012, 181).

Diese Grundsätze gelten grds. auch dann, wenn die Aus- oder Weiterbildung nicht in einem »Block«, sondern in mehreren, zeitlich voneinander **getrennten Abschnitten** erfolgt, sofern nach der Vereinbarung die zeitliche Lage der einzelnen Aus- oder Fortbildungsabschnitte den Vorgaben der Aus- oder Fortbildungseinrichtung entspricht und die vertragliche Vereinbarung dem Arbeitgeber nicht die Möglichkeit einräumt, allein nach seinen Interessen die Teilnahme an den jeweiligen Aus- oder Fortbildungsabschnitten oder deren zeitliche Lage festzulegen (*BAG* 19.1.2011 EzA § 611 BGB 2002 Ausbildungsbeihilfe Nr. 15).

Anderes gilt für eine Klausel in AGB, die die Rückzahlung von Ausbildungskosten in jedem Fall einer vom Arbeitnehmer ausgesprochenen Kündigung vorsieht, ohne solche Kündigungen des Arbeitnehmers **auszunehmen**, die aus Gründen erfolgen, die der **Sphäre des Arbeitgebers** zuzurechnen sind; sie benachteiligt den Arbeitnehmer unangemessen und ist nach § 307 Abs. 1 S. 1 BGB unwirksam, denn Kündigungen des Arbeitnehmers, die der Verantwortungssphäre des Arbeitgebers zuzurechnen sind, sind im Arbeitsleben nicht derart fernliegend, als dass sie in einer Rückzahlungsklausel nicht in hinreichend klarer Formulierung gesondert ausgenommen sein müssten (*BAG* 13.12.2011 EzA § 307 BGB 2002 Nr. 55).

▶ **– Ausgleichsklauseln** 694a

Ausgleichsklauseln im Zusammenhang mit der Beendigung des Arbeitsverhältnisses sind als Teil eines Aufhebungsvertrages nicht Haupt-, sondern **Nebenabrede** und deshalb **nicht kontrollfrei**. Erfassen sie nur **einseitig Ansprüche des Arbeitnehmers** und gewähren sie dafür **keine entsprechende Gegenleistung**, so sind sie **unangemessen benachteiligend** i. S. v. § 307 Abs. 1 BGB (*BAG* 21.6.2011 EzA § 307 BGB 2002 Nr. 52).

▶ **– Ausschlussfristen** 695

Das Transparenzgebot ist andererseits nicht schon dann verletzt, wenn es in der Regelung nicht ausdrücklich heißt, dass **Ansprüche verfallen**, wenn sie **nicht rechtzeitig eingeklagt werden**. Im konkret entschiedenen Einzelfall ergab sich dies aber deutlich aus der Überschrift »Ausschlussfrist« und der zwingenden Anordnung einer Klageerhebung. Die Klausel ließ die mit ihr verbundenen Nachteile soweit erkennen, wie dies nach den Umständen gefordert werden konnte. Abzustellen ist dabei auf das Verständnis eines durchschnittlichen Arbeitnehmers. Nach dem erkennbaren Sinn der Regelung wird danach ebenfalls hinreichend deutlich, dass die Klagefrist mit der Ablehnung des Anspruchs durch die Gegenpartei, also mit dem Wirksamwerden der Erklärung entsprechend § 130 BGB beginnt (*BAG* 25.5.2005 EzA § 307 BGB 2002 Nr. 3).

Die Dauer von Ausschlussfristen kann nur anhand der Generalklausel des § 307 Abs. 2 BGB überprüft werden; fraglich war zunächst, was insoweit nach neuem Recht gilt. Das *BAG* (25.5.2005 EzA § 307 BGB 2002 Nr. 3 = NZA 2005, 1111: drei Monate als Mindestfrist für die gerichtliche Geltendmachung; *BAG* 28.9.2005 EzA § 307 BGB 2002 Nr. 5: drei Monate als Mindestfrist für beide Fristen; *BAG* 28.11.2007 EzA § 307 BGB 2002 Nr. 30 auch für vor dem 1.1.2002 abgeschlossene Verträge; *LAG Nbg.* 12.1.2011 – 4 Sa 437/10, AuR 2011, 221 LS; *Preis* Sonderbeil. zu NZA Heft 16/2003, S. 19 ff.) geht von folgenden Grundsätzen aus:
– Eine Ausschlussfrist, die eine **gerichtliche Geltendmachung** verlangt, weicht i. S. d. § 307 Abs. 2 BGB von dem gesetzlichen Verjährungsrecht ab. Zwar lässt § 202 BGB eine Abkürzung der regelmäßigen Verjährungsfrist von drei Jahren zu. Eine allzu kurze Klagefrist ist aber mit wesentlichen Grundgedanken des gesetzlichen Verjährungsrechts nicht vereinbar und führt deshalb entgegen den Geboten von Treu und Glauben zu einer unangemessenen Benachteiligung.
– Bei der Bestimmung der **angemessenen Länge der Ausschlussfrist** ist danach zu berücksichtigen, dass in arbeitsrechtlichen Gesetzen bevorzugt verhältnismäßig kurze Fristen zur Geltend-

machung von Rechtspositionen vorgesehen werden. Auch Tarifverträge enthalten vielfach gegenüber den gesetzlichen Verjährungsfristen deutlich kürzere Ausschlussfristen von wenigen Wochen bis hin zu mehreren Monaten. Solche Fristen sind in ihrer Gesamtheit als im Arbeitsrecht geltende Besonderheit gem. § 310 Abs. 4 S. 2 BGB angemessen zu berücksichtigen. Die Dauer der angemessenen Ausschlussfrist darf sich nicht an der unteren Grenze der genannten Fristen orientieren. Einen **geeigneten Maßstab stellt die dreimonatige Frist des § 61b ArbGG dar.** In Formulararbeitsverträgen können also zweistufige Ausschlussfristen vereinbart werden; die **Mindestfrist für eine vorgesehene gerichtliche Geltendmachung beträgt aber drei Monate.** Eine Ausschlussfrist, die demgegenüber die schriftliche Geltendmachung aller Ansprüche aus dem Arbeitsverhältnis innerhalb von **zwei Monaten ab Fälligkeit** verlangt, benachteiligt dagegen den Arbeitnehmer **unangemessen** entgegen den Geboten von Treu und Glauben (§ 307 Abs. 1 BGB; ebenso *BAG* 28.11.2007 EzA § 307 BGB 2002 Nr. 30 u. 19.12.2007 EzA § 306 BGB 2002 Nr. 3 auch für vor dem 1.1.2002 abgeschlossene Verträge; anders für nach dem alten Recht zu beurteilenden Verträgen: *BAG* 27.10.2005 EzA § 4 TVG Ausschlussfristen Nr. 182). Sie ist mit wesentlichen Grundgedanken des gesetzlichen Verjährungsrechts nicht vereinbar (§ 307 Abs. 2 Nr. 1 BGB) und schränkt wesentliche Rechte, die sich aus der Natur des Arbeitsvertrages ergeben, so ein, dass die Erreichung des Vertragszwecks gefährdet ist (§ 307 Abs. 2 Nr. 2 BGB).

- Die **Unwirksamkeit** einer einzelvertraglichen Ausschlussklausel führt zu ihrem **ersatzlosen Wegfall** bei Aufrechterhaltung des Arbeitsvertrages im Übrigen. Eine **geltungserhaltende Reduktion** in dem Sinne, dass die wegen unangemessener Kürze der vereinbarten Frist unwirksame Ausschlussklausel auf eine gerade noch oder in jedem Falle zulässige Dauer auszudehnen wäre, **kommt** nach § 306 BGB **nicht in Betracht.** Daran ändert auch eine salvatorische Klausel im Arbeitsvertrag nichts; auch eine **ergänzende Vertragsauslegung** kommt **nicht in Betracht** (*BAG* 28.11.2007 EzA § 307 BGB 2002 Nr. 30 u. 19.12.2007 EzA § 306 BGB 2002 Nr. 3 auch für vor dem 1.1.2002 abgeschlossene Verträge; *LAG Nbg.* 12.1.2011 – 4 Sa 437/10, AuR 2011, 221 LS; s. a. *BAG* 6.5.2009 EzA § 307 BGB 2002 Nr. 44: »blue-pencil-test« bei einer Zielvereinbarung).
- Der Arbeitsvertrag bleibt dann **im Übrigen wirksam** und richtet sich insoweit nach den gesetzlichen Vorschriften (§ 306 BGB; *BAG* 28.11.2007 EzA § 307 BGB 2002 Nr. 30 für vor dem 1.1.2002 abgeschlossene Verträge).
- Hält die **erste Stufe** einer vertraglichen Ausschlussfristenregelung, wonach mit dem Arbeitsverhältnis in Verbindung stehende Ansprüche binnen drei Monaten nach Fälligkeit schriftlich geltend gemacht werden müssen, der **AGB-Kontrolle stand**, beeinträchtigt die **Unwirksamkeit der zweiten Stufe**, die eine zu kurze Frist für die gerichtliche Geltendmachung vorsieht, die **Wirksamkeit der ersten Stufe nicht,** wenn die Klausel teilbar ist und auch ohne die unwirksame Regelung weiterhin verständlich und sinnvoll bleibt (*BAG* 12.3.2008 EzA § 307 BGB 2002 Nr. 33: »blue-pencil-test«).
- Dem Arbeitnehmer ist es grds. **nicht** nach Treu und Glauben **verwehrt**, sich **auf die Unwirksamkeit** der Ausschlussklausel **zu berufen.** Das Vertrauen des Arbeitgebers in die unwirksame Arbeitsbedingung seines Formularvertrags ist nämlich nicht schutzwürdig. **Es gilt dann allein die gesetzliche Verjährungsfrist; ferner gelten die Grundsätze über die Verwirkung von Ansprüchen** (ebenso *BAG* 28.11.2007 EzA § 307 BGB 2002 Nr. 30 für vor dem 1.1.2002 abgeschlossene Verträge).
- § 202 Abs. 1 BGB verbietet im Übrigen nicht nur eine im Voraus vereinbarte Erleichterung der Verjährung bei Haftung wegen Vorsatzes, sondern **auch die Vereinbarung entsprechender Ausschlussfristen.** Eine allgemeine Ausschlussfrist kann teilweise nach §§ 202 Abs. 1, 134, 139 BGB nichtig sein, soweit sie die Haftung wegen Vorsatzes mit umfasst.
- Ausschlussfristen allerdings, die in einem auf das Arbeitsverhältnis kraft Bezugnahme im Arbeitsvertrag anwendbaren **Haustarifvertrag** des Arbeitgebers enthalten sind, unterliegen gem. § 310 Abs. 4 S. 1 BGB **nicht der Inhaltskontrolle** nach §§ 307 ff. BGB (*BAG* 26.4.2006 EzA § 4 TVG Ausschlussfristen Nr. 185); das gilt auch dann, wenn der Arbeitnehmer **nicht**

Mitglied der tarifschließenden Gewerkschaft ist (*BAG* 28.6.2007 EzA § 310 BGB 2002 Nr. 5 m. Anm. *Ernst* NZA 2007, 1405 ff.).
– Eine einzelvertraglich vereinbarte Klausel aber, die für den Beginn der Ausschlussfrist nicht die Fälligkeit der Ansprüche berücksichtigt, sondern **allein auf die Beendigung des Arbeitsverhältnisses** abstellt, benachteiligt jedenfalls den Arbeitnehmer unangemessen und ist deshalb gem. § 307 Abs. 1 S. 1 BGB unwirksam (*BAG* 1.3.2006 NZA 2006, 783).
– Das *BAG* (31.8.2005 EzA § 6 ArbZG Nr. 6) ist schließlich der Auffassung, dass eine formularmäßige einseitige, nur für Arbeitnehmer geltende arbeitsvertragliche Ausschlussfrist gegen § 307 Abs. 1 BGB verstößt, weil sie einer **ausgewogenen Vertragsgestaltung widerspricht**.

▶ – **Befristung einer Arbeitszeiterhöhung** 696
Die Befristung der Erhöhung der regelmäßigen Arbeitszeit unterliegt zwar der gerichtlichen Kontrolle nach §§ 305 ff. BGB. Die Inhaltskontrolle nach § 307 BGB wird bei der Kontrolle der Befristung einzelner Arbeitsbedingungen nicht durch die für die Befristung von Arbeitsverträgen geltenden Bestimmungen in §§ 14 ff. TzBfG verdrängt. Die Vorschriften des TzBfG sind in einem solchen Fall auf die Befristung einzelner Arbeitsbedingungen nicht – auch nicht entsprechend – anwendbar (*BAG* 15.12.2011 EzA § 14 TzBfG Nr. 82). Ein unbefristet teilzeitbeschäftigter Arbeitnehmer wird durch die **Befristung einer Arbeitszeiterhöhung** regelmäßig nicht i. S. v. § 307 Abs. 1 BGB unangemessen benachteiligt, wenn die Befristung auf Umständen beruht, die die Befristung eines Arbeitsvertrages **insgesamt** nach § 14 Abs. 1 S. 2 Nr. 3 TzBfG **sachlich rechtfertigen** könnte (*BAG* 8.8.2007 EzA § 14 TzBfG Nr. 42; 15.12.2011 EzA § 14 TzBfG Nr. 82; s. *Lunk/Leder* NZA 2008, 504 ff.).
Bei der ausschließlich kalendermäßigen Befristung einer Arbeitszeiterhöhung fordert das Transparenzgebot des § 307 Abs. 1 S. 2 BGB nicht, dass der Grund für die Befristung schriftlich vereinbart werden muss. Es genügt, dass die Parteien das Beendigungsdatum im Vertrag festgelegt haben. Ein unbefristet teilzeitbeschäftigter Arbeitnehmer wird durch die Befristung einer Arbeitszeiterhöhung zwar regelmäßig nicht i. S. v. § 307 Abs. 1 Satz 1 BGB unangemessen benachteiligt, wenn die Befristung auf Umständen beruht, die die Befristung des Arbeitsvertrags insgesamt nach § 14 Abs. 1 S. 2 Nr. 3 TzBfG sachlich rechtfertigen könnten.
Außergewöhnliche Umstände, die eine befristete Aufstockung der Arbeitszeit trotz Vorliegens eines Sachgrunds ausnahmsweise als unangemessen erscheinen lassen, können z. B. darin bestehen, dass der Arbeitnehmer vor Abschluss des befristeten Vertrags seinen Wunsch angezeigt hat, die Arbeitszeit in seinem unbefristeten Arbeitsverhältnis zu erhöhen, und der Arbeitgeber ihm dauerhaft verfügbare Zeitanteile entgegen § 9 TzBfG nicht zugewiesen hat (*BAG* 2.9.2009 EzA § 14 TzBfG Nr. 61).
Das schützenswerte Interesse des Arbeitnehmers daran, dass der Umfang der Arbeitszeit unbefristet vereinbart wird, wird durch eine Vertragsgestaltung beeinträchtigt, die nur eine zeitlich unbefristete Teilzeitbeschäftigung vorsieht und darüber hinaus nur befristete, von den Arbeitsvertragsparteien jeweils zu vereinbarende, vom Arbeitgeber aber im Hinblick auf Zeitpunkt und Umfang einseitig vorgegebene Aufstockungen der Arbeitszeit bis zu einer Vollbeschäftigung ermöglicht. Die darin liegende Benachteiligung des Arbeitnehmers kann nicht allein durch das Interesse des Arbeitgebers gerechtfertigt werden, auf die allgemeine Ungewissheit über den künftigen Arbeitskräftebedarf flexibel reagieren zu können; darin liegt auch kein Wertungswiderspruch zu § 12 TzBfG (so jedenfalls *LAG Köln* 5.2.2009 – 7 Sa 1088/08, AuR 2009, 368 LS; s. a. *ArbG Mainz* 16.6.2009 – 3 Ca 2376/08, AuR 2009, 318 LS).

▶ – **Bonussystem** 697
Ein Verstoß gegen das Transparenzgebot ist dagegen z. B. dann gegeben, wenn dem Arbeitnehmer im Arbeitsvertrag die **Teilnahme an einem Bonussystem** zugesagt worden war und er für die Jahre 2002 und 2003 auch jeweils einen Bonus erhalten hatte. Nach dem Bonussystem hing die Höhe der Zahlung vom Geschäftsergebnis und der individuellen Leistung des Arbeitnehmers ab. Eine Vertragsklausel bestimmte, dass die Bonuszahlung **in jedem Falle freiwillig** erfolgt und **keinen Rechtsanspruch** für die Zukunft begründet. Eine andere Klausel regelte, dass

der Anspruch entfiel, wenn das Arbeitsverhältnis am 1.4. des Folgejahres gekündigt war; der Kläger hatte vor dem 1.4.2005 das Arbeitsverhältnis gekündigt. Es handelte sich insoweit um vom Arbeitgeber vorformulierte Allgemeine Vertragsbedingungen. Soweit sie einen Rechtsanspruch des Klägers auf eine Bonuszahlung ausschlossen, widersprechen sie der dem Kläger im Arbeitsvertrag zugesagten Teilnahme am Bonussystem der Beklagten. Sie sind insoweit **nicht klar und verständlich** und daher unwirksam. Das gilt auch für die Stichtagsregelung. Sie stellt bezüglich der Dauer der Bindung nicht auf die Höhe der Bonuszahlung ab, ist jedenfalls insoweit zu weit gefasst und benachteiligt den Arbeitnehmer deshalb unangemessen. In einem solchen Fall ist die Bonusregelung nicht insgesamt unwirksam, sondern nur insoweit, als der Arbeitnehmer durch den Ausschluss eines Rechtsanspruchs auf die Bonuszahlung benachteiligt wird. Offen gelassen hat das BAG (24.10.2007 EzA § 307 BGB 2002 Nr. 26; s. a. *LAG Nds.* 1.4.2008 LAGE § 611 BGB 2002 Gratifikation Nr. 10), ob bei der Inhaltskontrolle von Bindungsklauseln zwischen Stichtags- und Rückzahlungsklauseln **zu differenzieren** ist, ob eine unangemessene Benachteiligung des Arbeitnehmers vorliegt, wenn Bindungsklauseln bei Sonderzahlungen **nicht zwischen Kündigungen differenzieren**, die in den Verantwortungsbereich des Arbeitnehmers oder des Arbeitgebers fallen und ob bei Sonderzahlungen, die mindestens 25 % der Gesamtvergütung des Arbeitnehmers ausmachen, Stichtags- und Rückzahlungsklauseln zulässig sind.

Jedenfalls begegnet eine arbeitsvertraglich vereinbarte Bonuszahlung, die an zwei Voraussetzungen (erfolgreiche persönliche Leistung des Arbeitnehmers; Gewinnerzielung des Arbeitgebers im Geschäftsjahr) geknüpft ist, im Rahmen einer Inhaltskontrolle nach §§ 305 ff. BGB keinen durchgreifenden Bedenken (*LAG Hessen* 1.2.2010 LAGE § 611 BGB 2002 Gratifikation Nr. 16).

**697a ▶ – Freistellungsklauseln**
Vom Arbeitgeber gestellte Freistellungsklauseln, wonach er im gekündigten Arbeitsverhältnis zur Freistellung des Arbeitnehmers unter Fortzahlung der Bezüge berechtigt ist, sind **i. d. R. nach § 307 Abs. 1 S. 1, Abs. 2 Nr. 1, § 310 Abs. 4 BGB, unwirksam** (s. *Ohlendorf/Salamon* NZA 2008, 856 ff.; *Meyer* NZA 2011, 1249 ff.), denn eine derartige Regelung ist mit wesentlichen Grundgedanken einer Regelung i. S. v. § 307 Abs. 2 Nr. 1 BGB nicht zu vereinbaren (*LAG Hessen* 14.3.2011 LAGE § 21a BetrVG 2001 Nr. 1). Das Gegenteil hat das *LAG Köln* (20.3.2006 LAGE § 307 BGB 2002 Nr. 9) allerdings für eine Klausel angenommen, die festlegt, dass der Arbeitgeber den Arbeitnehmer im Fall der **Kündigung freistellen darf** (a. A. *LAG BW* 5.1.2007 LAGE § 1 KSchG Soziale Auswahl Nr. 52b) und dass diese Zeit auf den Resturlaub angerechnet wird mit der Begründung, dass es sich um eine **häufig geübte Praxis** handelt, die auch von der Rspr. anerkannt wird. Jedenfalls ist eine vorformulierte Vertragsklausel, die den Arbeitgeber **einseitig berechtigt**, den Arbeitnehmer für **unbegrenzte Zeit ohne Zahlung** jedweder **Vergütung** von der Erbringung der Arbeitsleistung freizustellen, als **objektive Umgehung des zwingenden Kündigungsschutzes** gem. § 134 BGB nichtig (*ArbG Essen* 5.2.2008 – 2 Ca 3837/07, AuR 2010, 130 LS).

**698 ▶ – Gehaltsrückzahlung**
Die Vereinbarung in einem Formulararbeitsvertrag, wonach der Mitarbeiter im Fall vorzeitiger Beendigung des Arbeitsverhältnisses **Gehaltszahlungen zurückzahlen** muss, weil er zu Förderungszwecken in Abteilungen eingesetzt wurde, in denen seine Arbeitskraft nicht voll verwertbar war, ist gem. §§ 305, 307, 310 BGB unwirksam (*ArbG Krefeld* 17.9.2007 – 3 Ca 1125/07, NZA-RR 2008, 15).

**699 ▶ – Klageverzicht**
Des Weiteren ist davon auszugehen, dass eine unangemessene Benachteiligung des Arbeitnehmers nach § 307 Abs. 1 BGB regelmäßig dann gegeben ist, wenn der Arbeitnehmer **im unmittelbaren Anschluss an eine Arbeitgeberkündigung ohne Gegenleistung in einem vom Arbeitgeber vorgelegten Formular auf die Erhebung einer Kündigungsschutzklage verzichtet**. Denn durch einen solchen Klageverzicht wird von der gesetzlichen Regelung des § 4

S. 1 KSchG abgewichen; ohne kompensatorische Gegenleistung benachteiligt er den Arbeitnehmer unangemessen (*BAG* 6.9.2007 EzA § 307 BGB 2002 Nr. 29; s. *Kroeschell* NZA 2008, 560 ff.).

▶ – **Leistungszulage** 700
Sieht ein vom Arbeitgeber vorformulierter Arbeitsvertrag eine **monatlich zu zahlende Leistungszulage** unter Ausschluss jeden Rechtsanspruchs vor, benachteiligt dies den Arbeitnehmer unangemessen; die Klausel ist unwirksam. Eine damit in Betracht zu ziehende ergänzende Vertragsauslegung setzt voraus, dass ermittelt werden kann, welche Regelung die Parteien bei Kenntnis der Unwirksamkeit der Klausel und bei sachgerechter Abwägung der Interessen getroffen hätten. Wird aber eine Zahlung des Arbeitgebers lediglich als Leistungszulage ohne weitere Angaben bezeichnet, lässt dies keine hinreichenden Rückschlüsse auf Widerrufsgründe i. S. d. § 308 Nr. 4 BGB zu (*BAG* 25.4.2007 EzA § 307 BGB 2002 Nr. 20; s. a. *BAG* 13.4.2010 EzA § 308 BGB 2002 Nr. 11; s. *Bieder* NZA 2007, 1135 ff.).

▶ – **Optionsklausel** 701
Gleiches hat das *ArbG Ulm* (14.11.2008 – 3 Ca 244/08 –, NZA-RR 2009, 298; s. a. *Rein* NZA-RR 2009, 462) für eine **Optionsklausel**, mit der sich ein Regionalliga-Verein einseitig die Verlängerung eines Arbeitsvertrages mit einem Vertragsspieler i. S. d. § 8 Nr. 2 der Spielordnung des DFB vorbehält; sie verstößt gegen Art. 12 Abs. 1 GG und ist deshalb gem. § 307 Abs. 1 S. 1 BGB unwirksam.

▶ – **Pauschalierungsabrede** 702
Eine formularmäßig vereinbarte, **pauschale**, keine Begrenzung nach oben enthaltende und auch nicht annähernd den Umfang der einkalkulierten Arbeitsleistung transparent machende, **arbeitsvertragliche Pauschalierungsabrede**, nach der im Bruttomonatsentgelt alle **Zuschläge** für Nacht-, Sonn- und Feiertagsarbeit **enthalten** sind, ist gem. § 307 BGB unwirksam ist. Denn sie benachteiligt den Arbeitnehmer infolge der dem Arbeitgeber eingeräumten unbegrenzten Möglichkeit des nachhaltigen Eingriffs in das synallagmatische Verhältnis unangemessen und verstößt gegen das Transparenzgebot (*BAG* 31.8.2005 EzA § 6 ArbZG Nr. 6 m. Anm. *Reichold* SAE 2007, 233 ff.).
Die in AGB des Arbeitgebers enthaltene Klausel, **Reisezeiten** seien mit der Bruttomonatsvergütung abgegolten, ist **intransparent**, wenn sich aus dem Arbeitsvertrag nicht ergibt, welche »Reisetätigkeit« von ihr in welchem Umfang erfasst werden soll (*BAG* 20.4.2011 EzA § 611 BGB 2002 Mehrarbeit Nr. 3).

▶ – **Preisnachlass** 703
Das Transparenzgebot erfordert bei einer Klausel, nach der ein **Preisnachlass** beim Kauf eines vom Arbeitgeber produzierten Kfz entfällt, wenn das Arbeitsverhältnis vor Ablauf bestimmter Fristen endet, dass nicht nur die Voraussetzungen für den Wegfall klar und verständlich dargestellt werden, sondern auch wegen der **Höhe der Forderung** des Arbeitgebers nicht erst eine intensive Beschäftigung mit den AGB oder eine Nachfrage notwendig wird. Die Angabe der prozentualen Höhe des Preisnachlasses und der Umsatzsteuer in einer solchen Klausel bereitet dem Arbeitgeber keine unüberwindbaren Schwierigkeiten. Ein Verstoß gegen das Transparenzgebot kann im Übrigen nur so lange »geheilt« werden, wie sich der Arbeitnehmer noch entscheiden kann, ob er den Kaufvertrag über das Kfz abschließen will (*LAG Düsseld.* 4.3.2005 – 9 Sa 1782/04, EzA-SD 14/2005 S. 8 LS).

▶ – **Schriftformklauseln** 704
Fraglich ist, ob **Schriftformklauseln** den Vertragspartner des Verwenders von AGB entgegen § 307 Abs. 1 S. 1 BGB unangemessen benachteiligen, wenn nach ihnen auch nach dem Vertragsschluss getroffene **mündliche Abreden** mit umfassend zur Vertretung des Verwenders der AGB berechtigten Personen **ohne schriftliche Bestätigung keine Gültigkeit haben**. Das kann dann der Fall sein, wenn sie beim Arbeitnehmer entgegen der Schutzvorschrift des § **305b BGB** den **Eindruck erweckt**, auch eine **mündliche individuelle Vertragsabrede** sei wegen

Nichteinhaltung der Schriftform des § 125 S. 2 BGB **unwirksam**. Das entspricht aber nicht der wahren Rechtslage. Denn gem. § 305b BGB haben **individuelle Vertragsabreden Vorrang** vor AGB. Dieses Prinzip des Vorrangs (mündlicher) individueller Vertragsabreden setzt sich auch gegenüber doppelten Schriftformklauseln durch. Eine **zu weit gefasste doppelte Schriftformklausel ist folglich irreführend** und unwirksam (*BAG* 20.5.2008 EzA § 307 BGB 2002 Nr. 37; s. *Schramm/Kröpelin* DB 2008, 2362 ff.; *Lingemann/Gotham* NJW 2009, 268 ff.; *Bloching/Ortlof* NJW 2009, 3393 ff.). Eine derartige Klausel kann wegen des Verbots der geltungserhaltenden Reduktion (§ 306 Abs. 2 BGB) auch nicht mit dem Inhalt aufrechterhalten werden, dass sie Ansprüche, die auf Grund einer betrieblichen Übung entstanden sind, ausschließt, sofern die betriebliche Übung nicht schriftlich festgelegt wurde. Denn der Vorrang von Individualabreden (§ 305b BGB) erfasst zwar **nicht betriebliche Übungen**. Eine zu weit gefasste Schriftformklausel wird aber **nicht auf das richtige Maß zurückgeführt**, sondern muss **insgesamt** als **unwirksam** angesehen werden (*BAG* 20.5.2008 EzA § 307 BGB 2002 Nr. 37 = NZA 2008, 1233; s. *Leder/Scheuermann* NZA 2008, 1222 ff.; s. a. Rdn. 501).

**705** ▶ – **Sonderleistung**
Bei einem klar und verständlich formulierten Vorbehalt, der einen Anspruch auf eine jährlich gezahlte Sonderleistung für die Zukunft ausschließt, fehlt es an einer versprochenen Leistung i. S. v. § 308 Nr. 4 BGB. Eine betriebliche Übung kann dann nicht entstehen. Solche Freiwilligkeitsvorbehalte weichen nicht von allgemein anerkannten Rechtsgrundsätzen ab und halten unabhängig von Höhe und Zweck der Leistung einer Angemessenheitskontrolle i. S. v. § 307 Abs. 2 Nr. 1 BGB stand. Der Arbeitgeber ist dann frei darin, jedes Jahr neu zu entscheiden, ob, an wen und unter welchen Voraussetzungen er eine Sonderleistung erbringen will. Er kann Mitarbeiter vom Kreis der Anspruchsberechtigten ausschließen, die zur Zeit der Entstehung des Anspruchs bereits ausgeschieden sind (*BAG* 18.3.2009 EzA § 307 BGB 2002 Nr. 43; s. a. *LAG Hamm* 20.10.2010 LAGE § 307 BGB 2002 Nr. 27).

Ist dagegen der **einzige Zweck** einer jährlichen Sonderzahlung die **Vergütung der Arbeitsleistung** des Arbeitnehmers, so wird dieser jedenfalls durch eine Bestimmung, die die Zahlung unter den **Vorbehalt der Freiwilligkeit** stellt und einen Rechtsanspruch auf zukünftige Leistungen ausschließt, gem. § 307 Abs. 1 S. 1 BGB entgegen den Geboten von Treu und Glauben **unangemessen** benachteiligt. Das gilt jedenfalls dann, wenn die Jahressonderzahlung 25 % der sonstigen Leistungen des Arbeitgebers an den Arbeitnehmer übersteigt (*LAG Düsseld.* 11.4.2008 LAGE § 611 BGB 2002 Gratifikation Nr. 10).

▶ Auch stellt es eine unangemessene Benachteiligung des Arbeitnehmers dar, wenn eine individuelle, am Geschäftsergebnis ausgerichtete Sonderzahlungsvereinbarung den Arbeitnehmer über den 30.September des auf den Bezugszeitraum folgenden Kalenderjahres bindet (*LAG Nds.* 1.4.2008 LAGE § 611 BGB 2002 Gratifikation Nr. 10; dort auch zum Auskunftsanspruch des Arbeitnehmers).

Eine Sonderzahlung mit Mischcharakter, die jedenfalls auch Vergütung für bereits erbrachte Arbeitsleistung darstellt, kann in Allgemeinen Geschäftsbedingungen nicht vom ungekündigten Bestand des Arbeitsverhältnisses zu einem Zeitpunkt außerhalb des Bezugszeitraums der Sonderzahlung abhängig gemacht werden. Denn die Stichtagsklausel steht im Widerspruch zum Grundgedanken des § 611 Abs. 1 BGB, indem sie dem Arbeitnehmer bereits erarbeiteten Lohn entzieht. Sie verkürzt außerdem in nicht zu rechtfertigender Weise die nach Art. 12 Abs. 1 GG geschützte Berufsfreiheit des Arbeitnehmers, weil sie die Ausübung seines Kündigungsrechts unzulässig erschwert. Ein berechtigtes Interesse des Arbeitgebers, dem Arbeitnehmer Lohn für geleistete Arbeit ggf. vorenthalten zu können, ist nicht ersichtlich. Eine derartige faktische Einschränkung des Kündigungsrechts ist nicht durch den Zweck der Belohnung von Betriebstreue gedeckt. Das Arbeitsverhältnis dient dem Austausch von Arbeitsleistung und Arbeitsvergütung. Der Wert der Arbeitsleistung für den Arbeitgeber hängt von ihrer Qualität und vom Arbeitserfolg ab, regelmäßig jedoch nicht von der reinen Verweildauer des Arbeitnehmers im Arbeitsverhältnis. Die Honorierung zunehmender Beschäftigungsdauer als solcher steht nicht in einem Verhältnis zur Qualität und zum Erfolg der Arbeitsleistung. Die einmal erbrachte Arbeitsleistung gewinnt auch regelmäßig nicht durch bloßes Verharren des Arbeitnehmers im Arbeitsverhältnis nachträglich an Wert. (*BAG* 18.1.2012 EzA § 611 BGB 2002 Gratifikation, Prämie Nr. 31).

▶ – **Tankstellenvertrag** 706
Die formularmäßige Verpflichtung eines Tankstellenpächters, bei Beendigung des **Tankstellenvertrages** die mit Familienmitgliedern eingegangenen Arbeitsverhältnisse »**auf seine Kosten zu beenden**«, andernfalls den Verpächter oder den Nachfolgebetreiber »von allen daraus entstehenden Kosten freizuhalten bzw. entstandene Kosten zu erstatten«, ist unangemessen benachteiligend und daher gem. § 307 Abs. 1 S. 1 BGB unwirksam. Soweit damit die Kündigung der Arbeitsverhältnisse verlangt wird, ist die Verpflichtung zudem mit § 613a Abs. 1 i. V. m. § 613a Abs. 4 BGB unwirksam (*BGH* 23.3.2006 NZA 2006, 551).

▶ – **Tantieme** 706a
Eine Vergütungsregelung in einem Arbeitsvertrag, wonach die Zahlung einer Tantieme von der **Ausschüttung einer Dividende** abhängig ist, stellt keine unangemessene Benachteiligung i. S. v. § 307 Abs. 1 BGB dar. Wird eine im Arbeitsvertrag vereinbarte Bedingung für eine Sonderzahlung in nachfolgenden Begleitmitteilungen anlässlich von Zahlungen mehrfach nicht mehr wiederholt, kann dies regelmäßig nicht dahingehend verstanden werden, der Arbeitgeber werde die Sonderzahlung künftig unbedingt leisten (*BAG* 18.1.2012 EzA § 307 BGB 2002 Nr. 56).

▶ – **Tarifliche Einmalzahlung** 707
Eine **tarifliche Einmalzahlung**, die als zusätzliche Arbeitsvergütung für einen bestimmten Zeitraum anzusehen ist, wird durch den für diesen Zeitraum gezahlten übertariflichen Stundenlohn erfüllt, auch dann, wenn die tarifliche Einmalzahlung den Tariflohn rückwirkend erhöht. Das Transparenzgebot des § 307 Abs. 1 S. 2 BGB steht dieser Rechtsfolge einer Vereinbarung von übertariflichem Stundenlohn nicht entgegen (*BAG* 1.3.2006 EzA § 4 TVG Tariflohnerhöhung Nr. 47).

▶ – **Überstunden** 708
Auch eine der AGB-Kontrolle unterliegende Vereinbarung, nach der durch den (arbeitsvertraglich vereinbarten) Wochen-/Monatslohn alle anfallende Mehrarbeit abgegolten ist, ist unwirksam, weil der Arbeitnehmer **nicht erkennen** kann, **in welcher Höhe er Anspruch auf Mehrarbeitsvergütung hat**; dies ist mit dem Transparenzgebot des § 307 Abs. 1 S. 2 BGB unvereinbar (*BAG* 1.9.2010 EzA § 307 BGB 2002 Nr. 50; 17.8.2011 EzA § 612 BGB 2002 Nr. 10; 22.2.2012 – 5 AZR 765/10; *LAG Bln.-Bra.* 3.6.2010 LAGE § 307 BGB 2002 Nr. 24), denn eine AGB verletzt das Bestimmtheitsgebot (§ 307 Abs. 1 Satz 2 BGB), wenn sie **vermeidbare Unklarheiten** und Spielräume enthält. Lässt sich eine Klausel unschwer so formulieren, dass das Gewollte klar zu erkennen ist, führt eine Formulierung, bei der das Gewollte allenfalls durch eine umfassende Auslegung ermittelbar ist, zu vermeidbaren Unklarheiten. Der Vertragsinhalt bestimmt sich dann nach den gesetzlichen Vorschriften, also z. B. § 612 Abs. 1 BGB (s. a. *LAG Düsseld.* 11.7.2008 – 9 Sa 1958/07, EzA-SD 18/2008 S. 7 LS), denn § 612 Abs. 1 BGB ist analog anzuwenden, wenn eine in bestimmter Höhe gewährte Arbeitsvergütung nicht den vollen Gegenwert für die erbrachte Dienstleistung darstellt, also Überstunden oder Mehrarbeit auf diese Weise vergütet werden sollen (*BAG* 1.9.2010 EzA § 307 BGB 2002 Nr. 50).
Einen **allgemeinen Rechtsgrundsatz**, dass jede Mehrarbeitszeit oder jede dienstliche Anwesenheit über die vereinbarte Arbeitszeit hinaus zu vergüten ist, gibt es jedoch gerade bei **Diensten höherer Art nicht** (*BAG* 17.8.2011 EzA § 612 BGB 2002 Nr. 10; s. *Schramm/Kuhnke* NZA 2012, 127 ff.). Die Vergütungserwartung ist deshalb stets anhand eines objektiven Maßstabs unter Berücksichtigung der Verkehrssitte, der Art, des Umfangs und der Dauer der Dienstleistung sowie der Stellung der Beteiligten zueinander festzustellen, ohne dass es auf deren persön-

liche Meinung ankommt. Sie kann sich insbes. daraus ergeben, dass im **betreffenden Wirtschaftsbereich Tarifverträge** gelten, die für vergleichbare Arbeiten eine Vergütung von Überstunden vorsehen. Darlegungs- und beweispflichtig für das Bestehen einer Vergütungserwartung ist nach allgemeinen Grundsätzen derjenige, der eine Vergütung begehrt (*BAG* 17.8.2011 EzA § 612 BGB 2002 Nr. 10).

Ist dagegen angesichts der Höhe des vereinbarten Bruttoentgelts die Leistung von Überstunden **nur gegen eine zusätzliche Vergütung zu erwarten**, so ist der vertragliche Ausschluss jeder zusätzlichen Vergütung (durch AGB) von Mehrarbeit wegen Intransparenz nach § 307 Abs. 1 S. 2 BGB unwirksam, denn der Arbeitsvertrag lässt dann aus der Sicht eines verständigen Arbeitnehmers nicht erkennen, welche Arbeitsleistung der Kläger für das regelmäßige Bruttoentgelt schuldete. Er kann dann bei Vertragsschluss **nicht absehen, was auf ihn zukommen** wird (*BAG* 22.2.2012 – 5 AZR 765/10).

**709** ▶ – **Urlaubsgeld**
Sieht eine vorformulierte Arbeitsvertragsklausel vor, dass sich die **Höhe des Urlaubsgeldes** eines im öffentlichen Dienst beschäftigten Arbeitnehmers nach der Höhe dem des **vergleichbaren Beamten** des öffentlichen Arbeitgebers gewährten Urlaubsgeldes richtet, so ist diese Bestimmung dagegen weder unklar noch unverständlich i. S. d. § 307 Abs. 1 S. 2 BGB. Gewährt der öffentliche Arbeitgeber folglich seinen Beamten kein Urlaubsgeld mehr, entfällt auch ein Anspruch des Angestellten auf ein solches (*BAG* 3.4.2007 NZA 2007, 1045; s. *Behrendt/Gaumann/Liebermann* ZTR 2007, 537 ff.).

**710** ▶ – **Vergütung nur für geleistete Arbeit**
Geht ein Arbeitsvertrag zudem davon aus, dass **Vergütung nur für geleistete Arbeit** gezahlt wird, liegt im Zweifel kein Verzicht auf die Ansprüche gem. § 615 BGB vor (§ 305c Abs. 2 BGB). Darüber hinaus ist ein Anspruchsausschluss nach § 307 Abs. 1 S. 1 BGB unwirksam, wenn die Arbeitspflicht fortbesteht und der Arbeitnehmer jederzeit mit einem Abruf rechnen muss. Es ist dann **unangemessen**, dem Arbeitnehmer **für mehrere Monate Ansprüche zu verwehren** (*BAG* 9.7.2008 EzA § 615 BGB 2002 Nr. 25).

**711** ▶ – **Verschwiegenheitspflicht**
Die Klausel in einem Anstellungsvertrag, wonach der Arbeitnehmer verpflichtet ist, die Höhe der Bezüge vertraulich zu behandeln und auch gegenüber anderen Firmenangehörigen Stillschweigen darüber zu bewahren, ist unangemessen i. S. v. § 307 BGB. Denn der Arbeitgeber ist – auch – bei der Lohngestaltung an den Gleichbehandlungsgrundsatz gebunden. Die einzige Möglichkeit für den Arbeitnehmer festzustellen, ob er danach Ansprüche hinsichtlich seiner Lohnhöhe hat, ist aber das Gespräch mit Arbeitskollegen. Ein solches Gespräch kann nur erfolgreich sein, wenn der Arbeitnehmer auch selbst bereit ist, über seine eigene Lohngestaltung Auskunft zu geben (*LAG MV* 21.10.2009 – 2 Sa 183/09, AuR 2010, 343 LS).

**711a** ▶ – **Vertragsstrafe**
Eine Vertragsstrafenabrede in Form einer AGB benachteiligt den Arbeitnehmer unangemessen und ist deshalb unwirksam, wenn sie für den Fall, dass der Arbeitnehmer sein mit **zweiwöchiger Kündigungsfrist** kündbares Probearbeitsverhältnis vorzeitig vertragswidrig beendet, eine Vertragsstrafe in Höhe eines Bruttomonatsverdienstes vorsieht. Es liegt in diesem Fall eine unzulässige »**Übersicherung**« des Arbeitgebers vor. Es verbleibt dann bei der Unwirksamkeit der Vertragsstrafenabrede auch für den Fall, dass der Arbeitnehmer nach Ablauf der Probezeit sein Arbeitsverhältnis unter Geltung einer vertraglichen Kündigungsfrist von zwölf Wochen zum Monatsende vorzeitig vertragswidrig beendet. Eine **geltungserhaltende Reduktion** der unwirksamen Vertragsstrafenklausel oder eine ergänzende Vertragsauslegung **scheidet** insoweit **aus** (*BAG* 23.9.2010 EzA § 309 BGB 2002 Nr. 6). Anders ist es dagegen dann, wenn die Vertragsstrafenregelung für den Fall, dass der Arbeitnehmer sein befristetes Probearbeitsverhältnis nicht antritt, eine Vertragsstrafe in Höhe eines Bruttomonatsverdienstes vorsieht und die Kün-

digungsfrist während der Probezeit einen Monat beträgt (*BAG* 19.8.2010 – 8 AZR 645/09, EzA-SD 2/2011 S. 9 LS).

▶ – **Weihnachtsgeld**   712
Sagt ein Arbeitgeber einem Arbeitnehmer in einem von ihm vorformulierten Anstellungsvertrag des Weiteren ausdrücklich zu, jedes Jahr ein Weihnachtsgeld in bestimmter Höhe zu zahlen, ist es widersprüchlich, wenn der Arbeitgeber die Zahlung des Weihnachtsgelds in derselben oder einer anderen Vertragsklausel an einen Freiwilligkeitsvorbehalt bindet. Ist ein auf eine Sonderzahlung bezogener Freiwilligkeitsvorbehalt unwirksam, weil er der Zusage des Arbeitgebers widerspricht, die Sonderzahlung jedes Jahr in einer bestimmten Höhe zu leisten, ist der unwirksame Freiwilligkeitsvorbehalt auch bei »Altfällen« nicht im Wege einer ergänzenden Vertragsauslegung in einen Widerrufsvorbehalt umzudeuten.
Es spricht viel dafür, dass durch die Einräumung der einjährigen Übergangsfrist in Art. 229 § 5 S. 2 EGBGB dem Vertrauensschutz genügt ist und eine ergänzende Vertragsauslegung nicht in Betracht kommt, wenn der Arbeitgeber als Klauselverwender nicht versucht hat, die einer AGB-Kontrolle nicht standhaltenden Klauseln der neuen Gesetzeslage anzupassen (*BAG* 10.12.2008 EzA § 307 BGB 2002 Nr. 40; s. *Salamon* NZA 2009, 1076 ff.).
Vereinbaren andererseits die Arbeitsvertragsparteien in einem Formulararbeitsvertrag ein monatliches Bruttogehalt und weist der Arbeitgeber darauf hin, dass die Gewährung sonstiger Leistungen wie die Zahlung von Weihnachtsgeld freiwillig und mit der Maßgabe erfolgt, dass auch bei einer wiederholten Zahlung kein Rechtsanspruch für die Zukunft begründet wird, entsteht kein Anspruch auf Weihnachtsgeld aus betrieblicher Übung, auch wenn der Arbeitnehmer jahrelang Weihnachtsgeld in Höhe eines halben Bruttomonatsgehalts erhält. Mangels eines Anspruchs des Arbeitnehmers auf die Zahlung von Weihnachtsgeld bedarf es in einem solchen Fall weder einer Ankündigung des Arbeitgebers, kein Weihnachtsgeld zu zahlen, noch einer Begründung des Arbeitgebers, aus welchen Gründen er nunmehr von der Zahlung von Weihnachtsgeld absieht (*BAG* 21.1.2009 EzA § 307 BGB 2003 Nr. 41).

Schließen Bestimmungen eines Arbeitsvertrages, die als AGB anzusehen sind, den Anspruch auf eine Weihnachtsgratifikation aus, wenn sich das Arbeitsverhältnis im Zeitpunkt der Auszahlung im gekündigten Zustand befindet, ohne danach zu differenzieren, ob der Grund für die Kündigung im Verantwortungsbereich des Arbeitnehmers oder des Arbeitgebers liegt, so benachteiligen diese Vertragsbestimmungen den Arbeitnehmer nicht entgegen den Geboten von Treu und Glauben unangemessen und sind folglich gem. § 307 Abs. 1 BGB auch nicht unwirksam. Voraussetzung ist allerdings, dass **nicht die Vergütung von Arbeitsleistungen bezweckt** ist, indem sie nur an den – rechtlichen – Bestand des Arbeitsverhältnisses anknüpft. Steht nämlich eine Sonderzuwendung im Synallagma zur erbrachten Arbeitsleistung und ist sie vom Arbeitnehmer durch die Erbringung der geschuldeten Arbeitsleistung verdient worden, kann ihre Zahlung in AGB nicht vom Vorliegen weiterer Voraussetzungen abhängig gemacht werden. Dient eine Sonderzuwendung dagegen nicht der Vergütung geleisteter Arbeit, sondern anderen Zwecken und knüpft sie nur an den Bestand des Arbeitsverhältnisses an, kann ihre Zahlung von der Erbringung einer angemessenen Betriebstreue abhängig gemacht werden. Eine Weihnachtsgratifikation, die an den Bestand des Arbeitsverhältnisses anknüpft und nicht der Vergütung geleisteter Arbeit dient, kann vom ungekündigten Bestehen des Arbeitsverhältnisses zum Auszahlungszeitpunkt abhängig gemacht werden, ohne dass danach differenziert werden muss, wer die Kündigung ausgesprochen hat und ob sie auf Gründen beruht, die in der Sphäre des Arbeitgebers oder des Arbeitnehmers liegen (*BAG* 18.1.2012 EzA § 611 BGB 2002 Gratifikation, Prämie Nr. 32; **a. A.** *LAG Hamm* 16.9.2010 LAGE § 611 BGB 2002 Gratifikation Nr. 17; *LAG Düsseld.* 19.7.2011 NZA-RR 2011, 630). Der Anspruch **besteht** allerdings dann, wenn der Eintritt der Bedingung **treuwidrig herbeigeführt** und deshalb nach § 162 Abs. 2 BGB als nicht erfolgt gilt, z. B. dann, wenn dem Arbeitnehmer gekündigt worden ist, weil er nicht **freiwillig auf die Zahlung** der Weihnachtsgratifikation **verzichtet hatte** (*BAG* 18.1.2012 EzA § 611 BGB 2002 Gratifikation, Prämie Nr. 32). Auch bei einer mündlichen oder durch **betriebliche Übung** begründeten Vertragsbedingung, die der Arbeitgeber für eine Vielzahl von Arbeitsverhältnissen verwendet, handelt es sich um eine AGB (*BAG* 27.08.2008 EzA § 4 TVG Tariflohnerhöhung Nr. 49). Der Inhalt einer solchen Regelung unterliegt daher einer Transparenzkontrolle. Der »**fehlende**« **Beitrag zum Arbeitsergebnis** bei unwiderruflicher Freistellung unter Fortzahlung des Entgelts rechtfertigt jedenfalls keine Ungleichbehandlung hinsichtlich eines Weihnachtsgeldes mit reinem Entgeltcharakter (*LAG Bln.-Bra.* 8.12.2011 LAGE § 307 BGB 2002 Nr. 28).

713 ▶ **– Widerrufsvorbehalt und Freiwilligkeitsvorbehalt**

Das BAG (14.9.2011 EzA § 307 BGB 2002 Nr. 54; 30.7.2008 EzA § 307 BGB 2002 Nr. 38; *LAG Hessen* 26.7.2010 – 7 Sa 1881/09, EzA-SD 22/2010 S. 10 LS; krit. *Preis* NZA 2009, 281 ff.; a. A. *LAG Bln.* 19.8.2005 NZA-RR 2006, 68) geht bei einer **Kombination von Widerrufsvorbehalt und Freiwilligkeitsvorbehalt** in vorformulierten Arbeitsbedingungen in einem nach dem 31.12.2001 abgeschlossenen Formulararbeitsvertrag von Folgendem aus:

In der **Kombination** eines Freiwilligkeitsvorbehalts mit einem Widerrufsvorbehalt liegt **regelmäßig** ein zur Unwirksamkeit der Klausel führender **Verstoß gegen das Transparenzgebot** (§ 307 Abs. 1 S. 2 BGB; *BAG* 14.9.2011 EzA § 307 BGB 2002 Nr. 54). Der Arbeitgeber kann bei **laufenden Sonderzahlungen** – anders als bei laufendem Arbeitsentgelt – zwar grds. einen **Rechtsanspruch** des Arbeitnehmers auf die Leistung für künftige Bezugszeiträume **ausschließen**. Er kann sich auch die Entscheidung vorbehalten, ob und in welcher Höhe er künftig Sonderzahlungen gewährt. Für die Wirksamkeit eines solchen Freiwilligkeitsvorbehalts kommt es **nicht** auf den vom Arbeitgeber mit der Sonderzahlung verfolgten **Zweck** an. Der Vorbehalt ist deshalb auch dann wirksam, wenn der Arbeitgeber mit der Sonderzahlung ausschließlich im Bezugszeitraum geleistete Arbeit zusätzlich honoriert. Der Arbeitgeber muss auch **nicht jede einzelne Sonderzahlung** mit einem **Freiwilligkeitsvorbehalt verbinden**. Es genügt ein entsprechender **Hinweis im Arbeitsvertrag**. Ein solcher Hinweis muss in einem Formulararbeitsvertrag allerdings dem **Transparenzgebot** gerecht werden. Er muss deshalb klar und verständlich sein (*BAG* 8.12.2010 EzA § 307 BGB 2002 Nr. 51; s. 1.3.2006 EzA § 4 TVG Tariflohnerhöhung Nr. 48; *Jensen* NZA-RR 2011, 225 ff.). Daran **fehlt** es aber, wenn der Arbeitgeber dem Arbeitnehmer **einerseits** im Formulararbeitsvertrag eine Sonderzahlung in einer bestimmten Höhe ausdrücklich **zusagt** und eine andere Vertragsklausel **in Widerspruch** dazu regelt, dass der Arbeitnehmer **keinen Rechtsanspruch** auf die Sonderzahlung hat, sondern diese freiwillig, jederzeit widerrufbar erfolgt. Die Kombination eines Freiwilligkeits- mit einem Widerrufsvorbehalt ist widersprüchlich. Die Regelung ist dann insoweit **unwirksam**, als ein Rechtsanspruch auf die Sonderzahlung ausgeschlossen wird (*BAG* 30.7.2008 EzA § 307 BGB 2002 Nr. 38 = NZA 2008, 1173; krit. *Preis* NZA 2009, 281 ff.).

Folgt die Intransparenz einer vertraglichen Regelung und damit ihre Unwirksamkeit nach § 307 Abs. 1 S. 2 i. V. m. S. 1 BGB gerade aus der Kombination zweier Klauselteile, kommen die Annahme einer **Teilbarkeit** der Klausel und ihre teilweise Aufrechterhaltung **nicht in Betracht**. Das ist **unabhängig davon, ob die einzelnen Klauselteile isoliert betrachtet wirksam wären** (*BAG* 14.9.2011 EzA § 307 BGB 2002 Nr. 54).

Weist der Arbeitgeber in einem vorformulierten Arbeitsvertrag, der keine Zusage einer Sonderzahlung enthält, darauf hin, die Gewährung einer solchen begründe keinen Rechtsanspruch des Arbeitnehmers, benachteiligt ein klar und verständlich formulierter Freiwilligkeitsvorbehalt den Arbeitnehmer auch dann unangemessen, wenn der Arbeitgeber diesen Freiwilligkeitsvorbehalt mit einem Widerrufsvorbehalt kombiniert. Denn der Widerrufsvorbehalt dient in diesem Fall nur der Stützung des Freiwilligkeitsvorbehalts mit der Folge, dass eine betriebliche Übung nicht entstehen kann (*BAG* 8.12.2010 EzA § 307 BGB 2002 Nr. 51; a. A. *LAG Düsseld.* 29.7.2009 LAGE § 611 BGB 2002 Gratifikation Nr. 15; s. *Jensen* NZA-RR 2011, 225 ff.). Es bleibt danach **dahingestellt**, ob mit der Kombination von Freiwilligkeits- und Widerrufsvorbehalt im Arbeitsvertrag **stets** eine mehrdeutige und damit intransparente Klausel i. S. v. § 307 Abs. 1 S. 2 BGB formuliert wird. Jedenfalls führt eine solche **Verknüpfung** dazu, dass für den **Vertragspartner**

## G. Rechtsquellen des Arbeitsrechts     Kapitel 1

**nicht hinreichend deutlich** wird, bei einer mehrfachen, ohne weitere Vorbehalte erfolgenden Sonderzahlung solle der **Rechtsbindungswille** des Arbeitgebers **für die Zukunft ausgeschlossen bleiben**. Erklärt der Arbeitgeber in diesem Falle keinen eindeutigen Freiwilligkeitsvorbehalt bei der jährlichen Sonderzahlung, muss der Arbeitnehmer nicht annehmen, die Leistung erfolge nur für das jeweilige Jahr und der Arbeitgeber wolle sich für die Zukunft nicht binden (*BAG* 8.12.2010 EzA § 307 BGB 2002 Nr. 51).

Ein vertraglicher Freiwilligkeitsvorbehalt, der **alle zukünftigen Leistungen** unabhängig von ihrer Art und ihrem Entstehungsgrund erfasst, benachteiligt den Arbeitnehmer zudem regelmäßig unangemessen i. S. v. § 307 Abs. 1 S. 1, Abs. 2 Nr. 1, 2 BGB und ist deshalb unwirksam (*BAG* 14.9.2011 EzA § 307 BGB 2002 Nr. 54).

▶ **– Wiedereinstellungsanspruch**     713a
AGB, die einen durch Auflösungsvertrag vereinbarten, für den Fall der Kündigung durch den neuen Arbeitgeber vorgesehenen Wiedereinstellungsanspruch davon abhängig machen, dass der **Arbeitnehmer »dringende betriebliche Gründe** i. S. v. § 1 Abs. 2 ff. KSchG« für die Kündigung **beweist**, benachteiligen den Arbeitnehmer unangemessen und sind daher unwirksam (*BAG* 9.2.2011 EzA § 311a BGB 2002 Nr. 2; 19.10.2011 EzA § 1 KSchG Wiedereinstellungsanspruch Nr. 11).

▶ **– Zulage unter dem Vorbehalt der Anrechnung**     714
Ob eine Tarifentgelterhöhung individualrechtlich auf eine übertarifliche Vergütung angerechnet werden kann, hängt von der zugrunde liegenden Vergütungsabrede ab. Haben die Arbeitsvertragsparteien darüber eine ausdrückliche Vereinbarung getroffen, gilt diese. Sonst ist aus den Umständen zu ermitteln, ob eine Befugnis zur Anrechnung besteht. Die Anrechnung ist grds. möglich, sofern dem Arbeitnehmer nicht vertraglich ein selbständiger Entgeltbestandteil neben dem jeweiligen Tarifentgelt zugesagt worden ist. Da sich durch die Anrechnung einer Tarifentgelterhöhung auf eine Zulage – anders als durch den Widerruf einer Zulage – die Gesamtgegenleistung des Arbeitgebers für die vom Arbeitnehmer erbrachte Arbeitsleistung nicht verringert, ist dem Arbeitnehmer die mit einer Anrechnung verbundene Veränderung der Zulagenhöhe regelmäßig zumutbar. Ein darauf gerichteter ausdrücklicher Anrechnungsvorbehalt hielte einer Inhaltskontrolle nach §§ 307 ff. BGB stand (*BAG* 19.4.2012 – 6 AZR 691/10, EzA-SD 11/2012 S. 12 LS).

Wird in AGB eine **Zulage unter dem Vorbehalt der Anrechnung** gewährt, ohne dass die Anrechnungsgründe näher bestimmt sind, führt dies jedenfalls nicht zu einem Verstoß gegen das Transparenzgebot. Denn für einen durchschnittlichen Arbeitnehmer ist bei einem derartigen Anrechnungsvorbehalt erkennbar, dass im Falle einer Erhöhung des tariflich geschuldeten Arbeitsentgelts die Zulage bis zur Höhe der Tarifsteigerung gekürzt werden kann; auch ein Verstoß gegen § 308 Nr. 4 BGB liegt nicht vor (*BAG* 1.3.2006 EzA § 4 TVG Tariflohnerhöhung Nr. 48).

Der Arbeitgeber kann auch eine übertarifliche Zulage mangels anderweitiger Abrede bei Tariflohnerhöhungen – auch rückwirkend – verrechnen. Der damit verbundene Vorbehalt einer nachträglichen Tilgungsbestimmung verstößt nicht gegen das Transparenzgebot des § 307 Abs. 1 S. 2 BGB (*BAG* 27.8.2008 EzA § 4 TVG Tariflohnerhöhung Nr. 49; abl. *Franke* NZA 2009, 245 ff.).

### d) Kirchliche Arbeitsvertragsrichtlinien

Kirchliche Arbeitsvertragsrichtlinien – z. B. die AVR Caritas – entfalten für das einzelne Arbeitsverhältnis **keine normative Wirkung**, sondern sind nur kraft arbeitsvertraglicher Vereinbarung anzuwenden (*BAG* 24.2.2011 EzA § 611 BGB 2002 Kirchliche Arbeitnehmer Nr. 18); es handelt sich nicht um Tarifverträge (*LAG Brem.* 21.2.2002 – 3 Sa 17/02, EzA-SD 8/2002, S. 14 LS). Auch Art. 140 GG i. V. m. Art. 137 Abs. 3 WRV begründet jedenfalls ohne entsprechende kirchengesetzliche Regelung keine normative Wirkung einer kirchlichen Arbeitsrechtsregelung des dritten Weges 715 für Arbeitsverhältnisse mit kirchlichen Arbeitgebern (*BAG* 20.3.2002 EzA § 613a BGB Nr. 208). Nichts anderes gilt aber dann, wenn das einschlägige Kirchengesetz (z. B. § 3 Abs. 1 ARRG) eine normative Wirkung vorsieht (*BAG* 8.6.2005 EzA § 611 BGB 2002 Kirchliche Arbeitnehmer Nr. 6; krit. *Tilling* NZA 2007, 79 f.). Allerdings sind AVR nach den für Tarifverträge geltenden Grundsätzen auszulegen (*BAG* 23.1.2007 NZA-RR 2007, 397). Für die Inhaltskontrolle im Hinblick auf Art. 12 Abs. 1 GG sind ebenfalls die **für Tarifverträge anzuwendenden Maßstäbe** heranzuziehen, zumindest soweit in die AVR die entsprechenden Tarifvertragsregelungen des öffentlichen Dienstes für gleichgelagerte Sachverhalte ganz oder mit im Wesentlichen gleichen Inhalt »übernommen« werden, die dann kraft arbeitsvertraglicher Vereinbarung für das einzelne Arbeitsverhältnis gelten.

716 Denn die **materielle Richtigkeitsgewähr** tarifvertraglicher Regelungen beruht nicht primär auf der Möglichkeit des Arbeitskampfes, der den Beteiligten am Zustandekommen der AVR durch den sog. »dritten Weg« verwehrt ist, sondern darauf, dass die Beteiligten als **gleichermaßen durchsetzungsfähig** angesehen werden; dies ist innerhalb der paritätisch besetzten Arbeitsrechtlichen Kommissionen bei den Kirchen gleichermaßen gegeben. Zudem respektiert der Gesetzgeber die AVR der Kirchen immer häufiger im selben Umfang wie Tarifverträge, soweit er tarifdispositives Recht setzt, indem er insoweit eine Abänderbarkeit der gesetzlichen Regelung im selben Maß zulässt wie durch Tarifverträge (§ 21a JArbSchG, § 7 Abs. 4 ArbZG). Diese Gleichstellung wird in der Begründung zu § 7 Abs. 4 ArbZG ausdrücklich als »klarstellend« bezeichnet (BT-Drs. 11/360, S. 19) und damit **vom Gesetzgeber als gegeben vorausgesetzt** (*BAG* 6.11.1996 EzA Art. 12 GG Nr. 31). Im Urteil vom 19.2.2003 (EzA § 611 BGB 2002 Kirchliche Arbeitnehmer Nr. 1) hat das BAG offen gelassen – weil nicht entscheidungserheblich – ob die inhaltliche Kontrolle als eine – eingeschränkte – Billigkeitskontrolle nach §§ 317, 319 BGB vorzunehmen ist oder ob sie sich – wie bei Tarifverträgen – auf eine Rechtskontrolle zu beschränken hat. Denn die streitgegenständliche Kürzung von Ansprüchen auf Urlaubsgeld und Zuwendung war – betreffend die Evangelische Kirche – nach beiden Maßstäben wirksam.

717 Fraglich ist, ob auf Grund dieser Begründung für nach dem 1.1.2002 abgeschlossene Arbeitsverträge und für vorher abgeschlossene Verträge mit Wirkung vom 1.1.2003 trotz der gem. § 310 Abs. 4 S. 2 BGB vorgesehenen Anwendbarkeit des Rechts der Allgemeinen Geschäftsbedingungen auf Arbeitsverträge, soweit standardisierte Einheitsregelungen Anwendung finden, davon auszugehen ist, dass dieses wegen § 310 Abs. 4 S. 1 BGB (Ausschluss für Tarifverträge) nicht anwendbar ist. Dagegen spricht, dass es sich bei den kirchlichen Richtlinien **trotz partieller Respektierung** durch den Gesetzgeber jedenfalls **nicht um Tarifverträge i. S. d. TVG handelt**, die aber erkennbar vom Wortlaut des § 310 Abs. 4 S. 1 BGB vorausgesetzt werden (*LAG RhPf* 11.11.2004 ZTR 2005, 541; a. A. *Ritter* NZA 2005, 447 ff.; für eine analoge Anwendung des § 622 Abs. 4 S. 1 BGB *LAG Bln.* 23.2.2007 LAGE § 18 KSchG Nr. 1). Damit gelten auch insoweit die oben dargestellten Grundsätze.

718 Davon geht inzwischen auch das *BAG* (17.11.2005 EzA § 611 BGB 2002 Kirchliche Arbeitnehmer Nr. 7; ebenso *LAG Köln* 8.5.2006 NZA-RR 2006, 570; s. a. *BAG* 25.3.2009 EzA § 611 BGB 2002 Kirchliche Arbeitnehmer Nr. 11) aus. Denn kirchliche Arbeitsvertragsrichtlinien hat der Gesetzgeber bei der Neuregelung des Rechts Allgemeiner Geschäftsbedingungen nicht in die Formulierung des § 310 Abs. 4 S. 1 BGB aufgenommen. Wenn der Gesetzgeber, anders als z. B. in § 7 Abs. 4 ArbZG, 21a Abs. 3 JArbSchG nur für Tarifverträge, Betriebs- und Dienstvereinbarungen eine besondere Regelung getroffen hat, hat er zu erkennen gegeben, dass kirchliche Arbeitsvertragsregelungen grds. einer Überprüfung nach den §§ 305 ff. BGB unterliegen. Für die Inhaltskontrolle sind insoweit die für Tarifverträge anzuwendenden Maßstäbe heranzuziehen, zumindest soweit in den Arbeitsvertragsrichtlinien die entsprechenden Tarifvertragsregelungen des öffentlichen Dienstes für gleichgelagerte Sachbereiche ganz oder mit im Wesentlichen gleichen Inhalten übernommen werden, die dann kraft arbeitsvertraglicher Vereinbarung für das einzelne Arbeitsverhältnis gelten (*BAG* 17.11.2005 EzA § 611 BGB 2002 Kirchliche Arbeitnehmer Nr. 7). Sodann hat das BAG (26.7.2006 EzA § 14 TzBfG Nr. 32) aber **offen gelassen**, ob

die AVR Allgemeine Geschäftsbedingungen i. S. v. §§ 305 ff. BGB sind und ob für diese ggf. § 310 Abs. 4 S. 1 BGB entsprechend gilt.

Für die Auslegung einer Verweisungsklausel auf die AVR Diakonie hat es inzwischen aber (*BAG* 10.12.2008 EzA § 611 BGB 2002 Kirchliche Arbeitnehmer Nr. 10; ähnlich *BAG* 18.11.2009 EzA § 611 BGB 2002 Kirchliche Arbeitnehmer Nr. 13; 22.7.2010 EzA § 611 BGB 2002 Kirchliche Arbeitnehmer Nr. 15) folgende **Grundsätze** aufgestellt:

- Die dynamische **Bezugnahme auf kirchlich-diakonische Arbeitsvertragsregelungen** in einem Formulararbeitsvertrag unterliegt der AGB-Kontrolle nach § 305 ff. BGB.
- Ergibt die Auslegung einer solchen Bezugnahmeklausel, dass sie nur Arbeitsvertragsregelungen erfasst, die auf dem **Dritten Weg** ordnungsgemäß zustande gekommen sind, benachteiligt die Klausel den Arbeitnehmer nicht unangemessen i. S. v. § 307 Abs. 1 S. 1 BGB.
- Die in Bezug genommenen kirchlich-diakonischen Arbeitsvertragsregelungen und ihre Änderungen und Ergänzungen gelten nach § 310 Abs. 3 Nr. 1 BGB als vom Arbeitgeber gestellt und unterliegen daher einer **Inhaltskontrolle** gem. § 305 ff. BGB.
- Bei dieser Kontrolle ist als im Arbeitsrecht geltende **Besonderheit** angemessen zu berücksichtigen, dass das Verfahren des Dritten Weges mit **paritätischer Besetzung** der Arbeitsrechtlichen Kommission und Weisungsungebundenheit ihrer Mitglieder gewährleistet, dass die Arbeitgeberseite nicht einseitig ihre Interessen durchsetzen kann.
- Die Berücksichtigung dieser Besonderheit bewirkt, dass kirchlich-diakonische Arbeitsvertragsregelungen unabhängig davon, ob sie tarifvertragliche Regelungen des öffentlichen Dienstes ganz oder mit im Wesentlichen gleichen Inhalten übernehmen, grds. wie Tarifverträge **nur daraufhin** zu überprüfen sind, ob sie gegen die **Verfassung**, gegen anderes **höherrangiges zwingendes Recht** oder **die guten Sitten** verstoßen.
- Eine **Vorlagepflicht** nach § 45 ArbGG kommt nur dann in Betracht, wenn eine entscheidungserhebliche Abweichung zu der identischen Rechtsfrage vorliegt.

Die unter einer auflösenden Bedingung vereinbarte Anwendung einer kirchlich-diakonischen Arbeitsvertragsregelung benachteiligt den Arbeitnehmer regelmäßig nicht unangemessen i. S. v. § 307 Abs. 1 S. 1 BGB, wenn es um die **Bedingung** geht, dass die diakonische Einrichtung gem. einer vorgesehenen Ausnahmeregelung von der **Anwendung der kirchlich-diakonischen Arbeitsvertragsregelung befreit wird**. Wird in einem Arbeitsvertrag auf eine vom Arbeitgeber verfasste **Arbeitsordnung** in der jeweils geltenden Fassung Bezug genommen, ist die Verweisungsklausel i. d. R. teilbar und nur bezüglich der vorbehaltenen Änderung unwirksam.

Fehlt eine Vereinbarung über die Höhe der Vergütung des Arbeitnehmers oder ist die Vereinbarung unwirksam, ist als übliche Vergütung i. S. v. § 612 Abs. 2 BGB nicht die vom Arbeitgeber anderen Arbeitnehmern gezahlte Vergütung, sondern die verkehrsübliche Vergütung in dem vergleichbaren Wirtschaftskreis maßgeblich (*BAG* 24.2.2011 EzA § 611 BGB 2002 Kirchliche Arbeitnehmer Nr. 18).

Werden kirchliche Arbeitsvertragsregelungen auf dem sog. Dritten Weg von einer paritätisch mit weisungsunabhängigen Mitgliedern besetzten Arbeits- und Dienstrechtlichen Kommission beschlossen, unterliegen sie jedenfalls dann, wenn sie einschlägige tarifvertragliche Regelungen des öffentlichen Dienstes ganz oder mit im Wesentlichen gleichen Inhalten übernehmen, wie Tarifregelungen nur einer eingeschränkten gerichtlichen Inhaltskontrolle (*BAG* 19.11.2009 EzA § 611 BGB 2002 Kirchliche Arbeitnehmer Nr. 12).

Die Grundsätze, die bei einem **rückwirkenden Inkrafttreten von Tarifverträgen** gelten, finden **entsprechende Anwendung**, wenn im Verfahren des Dritten Weges eine Arbeitsrechtliche Kommission kirchliche Arbeitsvertragsregelungen rückwirkend ändert, ergänzt oder durch eine Neuregelung ersetzt. Das Vertrauen in die Fortgeltung kirchlicher Arbeitsvertragsregelungen ist grds. nicht mehr schutzwürdig, wenn und sobald die Mitarbeiterinnen und Mitarbeiter mit einer Änderung rechnen müssen. Der Wegfall des Vertrauensschutzes setzt nicht voraus, dass die einzelne Mitarbeiterin oder der einzelne Mitarbeiter positive Kenntnis von den Verhandlungen über neue

Arbeitsbedingungen hat. Entscheidend und ausreichend ist vielmehr die Kenntnis der betroffenen Kreise (*BAG* 24.3.2011 – 6 AZR 796/09).

Ein Tarifvertrag kann im Übrigen selbst bei **beiderseitiger Tarifgebundenheit eine Vereinbarung in einem Arbeitsvertrag nicht ablösen**. Das gilt auch für nur aufgrund arbeitsvertraglicher Bezugnahme anwendbare Richtlinien für Arbeitsverträge in den Einrichtungen des Deutschen Caritasverbandes (AVR Caritas). Das Verhältnis der einzelvertraglichen und tarifvertraglichen Ansprüche zueinander ist dann vielmehr nach dem Günstigkeitsprinzip des § 4 Abs. 3 TVG zu klären (*BAG* 22.2.2012 – 4 AZR 24/10).

**718a** Eine normative Wirkung von kirchlichen Arbeitsrechtsregelungen auf die Arbeitsverhältnisse kirchlicher Beschäftigter kann im Übrigen kirchengesetzlich nicht angeordnet werden. Bezugnahmeklauseln in den Dienstverträgen kirchlicher Arbeitnehmer auf die Bestimmungen des kirchlichen Arbeitsrechts sind angesichts ihrer Funktion, dem kirchlichen Arbeitsrecht im privatrechtlichen Arbeitsverhältnis Geltung zu verschaffen, grds. deshalb dahin zu verstehen, dass sie zur Anwendung der für den Arbeitgeber kirchenrechtlich verpflichtenden Bestimmungen führen. Tritt ein Arbeitgeber nach seiner Ausgliederung aus dem Bereich der verfassten Kirche dem Diakonischen Werk bei, ist er aber aufgrund einer Bezugnahmeklausel in dem Dienstvertrag mit einem kirchlichen Arbeitnehmer nach wie vor verpflichtet, die für die verfasste Kirche geltenden Bestimmungen anzuwenden, werden von der Bezugnahmeklausel grds. alle kirchlichen Regelungen erfasst, die von den Arbeitgebern der verfassten Kirche auf ihre Arbeitnehmer angewendet werden müssen (*BAG* 16.2.2012 EzA § 611 BGB 2002 Kirchliche Arbeitnehmer Nr. 22).

## H. Internationales und Europäisches Arbeitsrecht

**719** Internationales Arbeitsrecht umfasst das Arbeitsvölkerrecht als sowohl formal und sachlich international vereinheitlichtes Recht wie auch das Arbeitskollisionsrecht, das sich als Teil des nationalen Rechts mit der Regelung internationaler, also grenzüberschreitender Sachverhalte beschäftigt.

### I. Regionales Arbeitsvölkerrecht

**720** Praktisch bedeutsame Regelungen des Arbeitsvölkerrechts sind meist in multilateralen Übereinkommen enthalten (sog. Völkervertragsrecht). Es richtet sich an die vertragsschließenden Staaten, die es erst im Wege der Ratifikation für sich völkerrechtlich für verbindlich erklären.

**721** Die Transformation in das innerstaatliche Recht erfolgt durch das sog. Vertragsgesetz (Art. 59 Abs. 2 S. 1 GG). Dadurch wird der völkerrechtliche Vertrag für die Staatsorgane im Range eines einfachen Gesetzes für anwendbar erklärt.

**722** Von der Auslegung des jeweiligen Vertrages (Formulierung, Inhalt) hängt es ab, ob dieser einzelnen Personen unmittelbar Rechte einräumen will (self-executing-treaty), oder ob es dazu weiterer Rechtsakte bedarf, es sich also um ausfüllungsbedürftige Normen handelt (executory treaty).

**723** Die europarechtlichen Grundlagen für das deutsche Arbeitsrecht bestehen insoweit aus den auf Europa bezogenen Teilen des Arbeitsvölkerrechts (insbes. des Europarates) einerseits und dem supranationalen Arbeitsrecht andererseits (insbes. dem Recht der EG). Das lässt sich unter dem Begriff »Europäisches Arbeitsrecht« zusammenfassen. Allerdings handelt es sich (inzwischen) nicht (mehr) um eine vom nationalen Arbeitsrecht abgrenzbare eigenständige und isolierte Rechtsmaterie. Denn jedenfalls das Gemeinschaftsrecht und das Recht der Mitgliedstaaten entwickeln sich zunehmend zu einer inhaltlichen Einheit, so dass die Anwendung des nationalen Rechts vor allem im Bereich umgesetzter RL der Gemeinschaft nicht mehr ohne Beachtung der gemeinschaftsrechtlichen Vorgaben möglich ist (MünchArbR/*Oetker* § 10 Rn. 1).

**724** Die auf Europa bezogenen Teile des Arbeitsvölkerrechts werden im Wesentlichen durch die Tätigkeit des Europarates geprägt:

## H. Internationales und Europäisches Arbeitsrecht    Kapitel 1

– **Europäische Konvention zum Schutz der Menschenrechte und Grundfreiheiten** (EMRK) vom   725
4.11.1950.
Arbeitsrechtlich relevant ist insbes. Art. 11 EMRK (Vereinigungsfreiheit); die Regelung umfasst auch das Recht der Arbeitnehmer, zum Schutz ihrer Interessen Gewerkschaften zu bilden und diesen beizutreten (positive und negative Koalitionsfreiheit). Das daneben in Art. 14 EMRK aufgenommene allgemeine Diskriminierungsverbot beschränkt sich in seiner arbeitsrechtlichen Relevanz auf die in der Konvention festgelegten Rechte und Freiheiten (MünchArbR/*Oetker* § 10 Rn. 3 f.).
Auf Antrag eines Mitgliedsstaates oder auf Beschwerde eines einzelnen Bürgers, einer nichtstaatlichen Organisation oder Personenvereinigung entscheidet die Europäische Kommission für Menschenrechte, ob die EMRK verletzt wurde oder nicht. Bejaht sie dies, so legt sie den Fall i. d. R. dem Europäischen Gerichtshof für Menschenrechte zur Entscheidung vor.
Kein Verstoß gegen die EMRK liegt z. B. darin, dass bei der Einstellung in den öffentlichen Dienst in der BRD die Vertragstreue des Bewerbers überprüft wird.

– **Europäische Sozialcharta** vom 18.10.1961.   726
Die revidierte Fassung v. 1.7.1999 wurde bislang noch nicht von der BRD unterzeichnet; insoweit gilt also noch die bisherige Fassung unter Einbeziehung der nachfolgenden Änderungen. In der ESC geht es um die Garantie sozialer Rechte, insbes. um Arbeitsbedingungen (Art. 2), Arbeitsentgelt (Art. 4), Arbeitssicherheit und Arbeitsschutz (Art. 3), Schutz besonderer Arbeitnehmergruppen (Art. 7, 8), auf das Geschlecht bezogenen Diskriminierungsschutz, aber auch um die Vereinigungsfreiheit (Art. 5), das Recht auf Kollektivverhandlungen sowie die Unterrichtung und Anhörung der Arbeitnehmer (Art. 6).
Deren Einhaltung wird auf der Grundlage eines Berichtssystems von Ausschüssen, insbes. von einem unabhängigen Sachverständigenausschuss überprüft (s. die Conclusions 2010 AuR 2011, 107 ff.). Dieser sieht in seiner Spruchpraxis nur die individuelle oder branchenweise Vergütung als angemessen i. S. v. Art. 4 ESC an, die über 68 % des jeweiligen Durchschnittslohns liegt. Seine Erkenntnisse sind jedoch rechtlich nicht verbindlich.

> Auch nach der Ratifizierung kommt den insoweit maßgeblichen Normen keine unmittelbare Wirkung für den Einzelnen zu. Sie sind nicht self-executing, weil die ESC nur rechtliche Verpflichtungen internationalen Charakters enthält.

– **Europäisches Niederlassungsabkommen** v. 13.12.1955 (Freizügigkeit für Arbeitnehmer der Vertragsstaaten, Wahlrecht zu berufsständischen Organisationen).   727

## II. Das Arbeitsrecht in der Europäischen Union (EU)

> Hinsichtlich des für das Arbeitsrecht relevanten Rechts der Europäischen Union ist zwischen dem   728
> primären und dem sekundären Gemeinschaftsrecht zu unterscheiden. Während das primäre Gemeinschaftsrecht vor allem durch den EU-Vertrag gebildet wird, besteht auf der Ebene des sekundären Gemeinschaftsrechts ein Geflecht aus Verordnungen und insbes. aus RL, die nach Art. 288 Abs. 3 AEUV grds. einer Umsetzung in das Recht der Mitgliedsstaaten bedürfen, damit sie für das Arbeitsverhältnis inhaltliche Wirkungen entfalten (MünchArbR/*Oetker* § 10 Rn. 8).

Das Arbeitsrecht wird nur in Art. 153 AEUV hinsichtlich der Problematik der Freizügigkeit erwähnt; im Übrigen lässt sich durch die EU Arbeitsrecht im Wesentlichen nur als Teil der Sozialpolitik (Art. 151–161 AEUV) regeln, die ihrerseits nur bruchstückhaft normiert ist.   729

Arbeitsrecht spielt nur im Hinblick auf die wirtschaftlichen, insbes. wettbewerbsverzerrenden Auswirkungen der Sozialpolitik eine gewisse Rolle. Insgesamt **fehlt in der Rechtsetzung der EU eine erkennbare Grundkonzeption**; EUV und AEUV enthalten keine ausreichende rechtliche Legitimation für entsprechende umfassende rechtsetzende Aktivitäten.   730

# Kapitel 1 — Grundbegriffe und Grundstrukturen des Arbeitsrechts

## 1. Die Zuständigkeit der Union zur Rechtssetzung im Arbeitsrecht

**731** Es gilt das Prinzip der begrenzten Einzelermächtigung. Eine Zuständigkeit besteht nur dann, wenn der AEUV dies ausdrücklich oder implizit vorsieht. Möglich ist aber auch eine Zuständigkeit kraft Sachzusammenhangs.

**732** Abgesehen von den Annexzuständigkeiten und Art. 352 AEUV (allgemeine Ergänzungszuständigkeit) sind die Kompetenzen sozial- oder wirtschaftspolitischer Natur und werden folglich von verschiedenen Funktionen geprägt.

**733** Art. 151 ff. AEUV beschränken sich – abgesehen von Art. 157 AEUV – vor allem auf Bestimmungen, die die Zuständigkeit der Gemeinschaft zur Rechtsetzung auf dem Gebiet des Arbeitsrechts begründen. Art. 153 Abs. 1 AEUV enthält einen abschließenden Katalog von Zuständigkeiten der für das Arbeitsrecht relevanten Materien. Abgesehen von dem Arbeitsentgelt, dem Koalitionsrecht einschließlich des Rechts auf Streik und Aussperrung, die Art. 153 Abs. 5 AEUV ausdrücklich aus dem Zuständigkeitskatalog ausklammert, erstreckt sich die Zuständigkeit der Gemeinschaft neben der Verbesserung der Arbeitsumwelt auf die Arbeitsbedingungen, den Schutz der Arbeitnehmer bei der Beendigung des Arbeitsvertrages, die Unterrichtung und Anhörung der Arbeitnehmer und die Gleichbehandlung am Arbeitsplatz sowie auf die Vertretung und kollektive Wahrnehmung der Arbeitnehmer- und Arbeitgeberinteressen einschließlich der Mitbestimmung. Insoweit ist die EU auch zum Erlass von RL berechtigt, die sich allerdings auf Mindestvorschriften beschränken müssen (Art. 153 Abs. 2 S. 1 lit. b AEUV). Für deren Erlass ist im Rat i. d. R. eine qualifizierte Mehrheit ausreichend (Art. 294 AEUV), Einstimmigkeit ist jedoch für RL zum Kündigungsschutz sowie zur kollektiven Wahrnehmung der Arbeitnehmer- und Arbeitgeberinteressen einschließlich der Mitbestimmung erforderlich (Art. 153 Abs. 2 S. 2 AEUV; MünchArbR/*Oetker* § 10 Rn. 12).

**734** Auch für den Erlass von RL hat inzwischen der Dialog zwischen den Sozialpartnern auf Gemeinschaftsebene erheblich an Bedeutung gewonnen. Dazu gehört die Beteiligung der Sozialpartner, wenn die Kommission im Bereich des Art. 153 AEUV umschriebenen Zuständigkeitsbereichs den Vorschlag einer RL unterbreiten will (Art. 154 AEUV); der Soziale Dialog kann auch zum Abschluss von Vereinbarungen zwischen den Sozialpartnern führen (Art. 155 Abs. 1 AEUV), zu deren Verbindlichkeit für die Mitgliedstaaten i. d. R. eine vom Rat mit der erforderlichen Mehrheit (Art. 153 AEUV) beschlossene RL erlassen wird (z. B. zur Teilzeitarbeit, zu befristeten Arbeitsverträgen, zum Elternurlaub; MünchArbR/*Oetker* § 10 Rn. 13).

## 2. Rechtliche Instrumente zur Europäisierung des Arbeitsrechts

**735** – Verordnung (VO, Art. 288 Abs. 2 AEUV)

Im sekundären Gemeinschaftsrecht wird wegen der gem. Art. 153 AEUV auf RL beschränkten Zuständigkeit für arbeitsrechtliche Regelungen i. d. R. nicht das Instrument der Verordnung gewählt. Von Bedeutung sind gleichwohl die VO/EG Nr. 561/2006 zu den Sozialvorschriften im Straßenverkehr, die VO/EWG Nr. 1612/68 zur Freizügigkeit, Art. 18–21 VO/EG Nr. 44/2001 zur internationalen Zuständigkeit der Gerichte (MünchArbR/*Oetker* § 10 Rn. 15) und die VO/EG 883/2004, 987/2009 zur Vertragsgestaltung von Auslandsentsendungen (s. *Mauer* FA 2011, 258 f.).

Die Verordnung hat allgemeine Geltung und wirkt unmittelbar und verbindlich in jedem Mitgliedsstaat, ohne dass es einer Umsetzung in nationales Recht bedarf. Sie verdrängt entgegenstehendes nationales Recht (vgl. z. B. *EuGH* 12.5.1998 – C 85/96 – und 28.7.2007 NZA 2007, 887 zum Elterngeld: VO [EWG] Nr. 1408/71 u. VO [EWG] Nr. 1612/68; *EuGH* 28.7.2007 NZA 2007, 887). Das kann, wenn eine verordnungskonforme Auslegung des nationalen Arbeitsrechts nicht möglich ist, dazu führen, dass geltendes Recht der Mitgliedstaaten nicht angewendet werden darf (MünchArbR/*Oetker* § 10 Rn. 21). Dieser Anwendungsvorrang betrifft neben dem formellen Gesetzesrecht, jeden materiellen Rechtssatz, den die Gerichte berücksichtigen müssen (Gesetze im materiellen Sinne), also auch die Rechtsnormen von Tarifverträgen und Betriebsver-

## H. Internationales und Europäisches Arbeitsrecht  Kapitel 1

einbarungen (§ 4 Abs. 1 TVG, § 77 Abs. 4 BetrVG), wenn ein Einklang mit der Verordnung durch eine verordnungskonforme Auslegung nicht möglich ist. Zur Nichtigkeit führt der verordnungswidrige Inhalt von Tarifverträgen und Betriebsvereinbarungen jedoch i. d. R. nicht (s. aber Art. 7 Abs. 4 VO/EWG Nr. 1612/68; MünchArbR/*Oetker* § 10 Rn. 22).

– **Richtlinie** (RL, Art. 288 Abs. 3 AEUV)  736

Verbreiteter ist im arbeitsrechtlich relevanten **sekundären Gemeinschaftsrecht** der Erlass von RL, die inzwischen zahlreiche Teilbereiche des Arbeitsrechts erfassen (MünchArbR/*Oetker* § 10 Rn. 16). Sie besitzen gegenüber den Mitgliedsstaaten Rechtsverbindlichkeit hinsichtlich der verfolgten Ziele, überlassen jedoch diesen die Wahl der Form und der Mittel, wie sie in das nationale Recht umgesetzt werden muss.

Der Umsetzungsakt muss verbindliche **normative Wirkung** besitzen (z. B. Gesetz, Verordnung,  737
Richterrecht, Unfallverhütungsvorschriften, wenn auf sie in einem Gesetz verwiesen wird; ein Tarifvertrag kommt nur dann in Betracht, wenn er für das gesamte Bundesgebiet gilt und allgemeinverbindlich ist); die Umsetzungsregelung darf in ihrem Rang der nationalen Vorgängerregelung nicht nachgeordnet sein.

Die Richtlinie hat i. d. R. keine unmittelbare Rechtswirkung gegenüber anderen Rechtssubjekten als  738
den Mitgliedsstaaten. Einer förmlichen Umsetzung bedarf es dann nicht, wenn das von der Richtlinie angestrebte Harmonisierungsniveau bereits in dem betreffenden Mitgliedsstaat erreicht ist. Fraglich ist die Rechtslage, wenn das **nationale Recht ein höheres oder strengeres Regelungsniveau**, z. B. eine für die Arbeitnehmer günstigere Regelung **enthält**, ohne dass die Richtlinie Abweichungsklauseln vorsieht. Sollen nur Mindeststandards gesetzt werden, sind Abweichungen zulässig. Ergibt sich dies aber insbes. nicht aus der Ermächtigungsgrundlage der Richtlinie, so liegt das Harmonisierungsniveau fest, darf also weder über- noch unterschritten werden.

Eine unmittelbare Wirkung (**Direktwirkung**) der Richtlinie kommt in Betracht, wenn sie **inhaltlich**  739
**hinreichend bestimmt** ist und wenn es um dem öffentlichen Bereich zurechenbare Rechtssubjekte geht (vgl. *ArbG Bln.* 13.7.2005 – 86 Ca 24618/04 – EzA-SD 20/2005 S. 16 LS zur RL 2000/78) bzw. wenn der Staat die RL nicht fristgemäß oder unzulänglich in nationales Recht umgesetzt hat (*EuGH* 24.11.2011 NZA 2011, 1409). Das ist z. B. der Fall bei einem öffentlichen Arbeitgeber oder im Verhältnis Staat-Bürger (vertikale Direktwirkung). Im Verhältnis zwischen privaten Arbeitgebern und Arbeitnehmern (horizontale Direktwirkung) sind Richtlinien dagegen nicht unmittelbar anwendbar (*EuGH* 26.2.1986 NJW 1986, 2181; *BAG* 18.2.2003 NZA 2003, 742; s. jetzt aber *EuGH* 5.10.2004 EzA EG-Vertrag 1999 Richtlinie 93/104 Nr. 1).

Richtlinien verpflichten an sich **lediglich die Mitgliedsstaaten**, die zur Umsetzung in das innerstaat-  740
liche Recht notwendigen Schritte vorzunehmen (Art. 288 Abs. 3 AEUV). Nach Ablauf der Umsetzungsfrist kann jedoch auch das in einer RL der EU enthaltene Arbeitsrecht für das Arbeitsverhältnis relevant werden, wenn innerstaatliches Arbeitsrecht anzuwenden ist. Dies hat im Zweifel so zu geschehen, dass es im Einklang mit den Vorgaben der RL steht (richtlinienkonforme Auslegung). Wegen der Ableitung dieses Auslegungsgrundsatzes aus Art. 10, Art. 288 Abs. 3 AEUV gilt dies an sich aber nur für die staatliche Gewalt der Mitgliedsstaaten, zu denen jedoch auch die Gerichte zählen. Deshalb sind ausschließlich diese und nicht die Parteien eines Arbeitsverhältnisses kraft Gemeinschaftsrechts zu einer richtlinienkonformen Anwendung des einfachen Gesetzesrechts verpflichtet. Bei einem am gesetzeskonformen Vollzug des Arbeitsverhältnisses ausgerichteten Verhalten werden diese jedoch eine etwaige richtlinienkonforme Anwendung des einfachen Gesetzesrechts durch die Gerichte antizipieren (MünchArbR/*Oetker* § 10 Rn. 23).

Die Auslegung einer Richtlinie richtet sich nach den Grundsätzen zur Auslegung sekundären Ge-  741
meinschaftsrechts, die stärker auf den subjektiven Willen des Normgebers abstellen als im primären Gemeinschaftsrecht. Folglich spielen die Materialien, der Richtlinie vorangestellte Erwägungsgründe und die amtlichen Erläuterungen eine wichtige Rolle zum richtigen Verständnis des Richtlinientextes.

742 Ist als Ergebnis festzustellen, dass das nationale Recht das Regelungsziel der Richtlinie nicht oder nicht ausreichend verwirklicht hat, kann die dadurch gegebene Lücke durch den nationalen Gesetzgeber selbst oder im Wege der Auslegung durch die nationalen Gerichte geschlossen werden (sog. **richtlinienkonforme Auslegung** durch teleologische Extension oder Reduktion).

743 Ist eine richtlinienkonforme Auslegung oder Fortbildung des nationalen Rechts im Privatrechtsverkehr nach den allgemeinen Grundsätzen der Auslegung nicht möglich, auch wenn das deutsche Recht eine RL möglicherweise unzureichend oder fehlerhaft umgesetzt hat, so sind die Gerichte zu einer Gesetzesanwendung contra legem aufgrund des Gemeinschaftsrechts an sich nicht verpflichtet. Der verbleibende Widerspruch zwischen deutschem Arbeitsrecht und den Vorgaben einer RL bleibt für Arbeitsverhältnisse zwischen Privaten ohne Auswirkungen, da das richtlinienwidrige Gesetz ohne Einschränkungen gültig bleibt und anzuwenden ist (s. *BAG* 17.11.2009 NZA 2010, 1020). Ein anderes Ergebnis gilt eigentlich nur dann, wenn der Staat als Arbeitgeber an dem Arbeitsverhältnis beteiligt ist. Wegen seiner Pflicht, sich mit seinem Handeln nicht in einen Widerspruch zu der RL zu begeben, ist es jedenfalls ihm verwehrt, innerhalb der von ihm begründeten Arbeitsverhältnisse richtlinienwidrige Gesetze anzuwenden (MünchArbR/*Oetker* § 10 Rn. 24).

744 Allerdings hat der *EuGH* (22.11.2005 EzA § 14 TzBfG Nr. 21) bei der Beurteilung der Frage, ob § 14 Abs. 3 TzBfG a. F. europäischem Recht entspricht, aus Art. 19 AEUV, der nach seinem Wortlaut lediglich den Charakter einer Kompetenznorm hat, i. V. m. dem allgemein gehaltenen Hinweis auf völkerrechtliche Verträge und Verfassungstraditionen der Mitgliedstaaten und der RL 2000/78/EG, ein Verbot der Altersdiskriminierung als »allgemeinen Grundsatz des Gemeinschaftsrechts« hergeleitet. Das bedeutet, dass entgegenstehendes Recht der Mitgliedstaaten wegen des Vorrangs des Gemeinschaftsrechts nicht angewendet werden darf. Argumentativ ähnlich hat der *EuGH* (19.1.2010 EzA EG-Vertrag 1999 Richtlinie 2000/78 Nr. 14; s. a. *Krois* DB 2010, 1704 ff.; *Mörsdorf* NJW 2010, 1046 ff.) ebenso § 622 Abs. 2 S. 2 BGB (ebenso *BAG* 9.9.2010 EzA § 622 BGB 2002 Nr. 8) für **europarechtswidrig** erachtet. Es handelt sich insoweit um die sog. »**Wach-auf-Situation**«, in der die Mitgliedstaaten an europäische Grundrechte gebunden sind, weil sie gewissermaßen als verlängerter Arm der EU Unionsrecht durchführen bzw. umsetzen. Dieser Bindung können sie sich auch nicht entledigen, soweit ihnen beispielsweise bei der Durchführung einer Richtlinie Umsetzungsspielräume verbleiben, denn damit ist nicht die Befugnis verbunden, Unionsrecht und -grundrechte zu verletzen. Die gegebenen Freiräume müssen vielmehr grundrechtskonform ausgefüllt und ausgelegt werden (instr. *Preis/Temming* NZA 2010, 185 ff.).

745 Diese jetzt in Art. 51 Abs. 1 GRC i. V. m. Art. 6 Abs. 1 EUV geregelte Bindung der Mitgliedstaaten an Unionsgrundrechte ausschließlich bei Durchführung von Unionsrecht (s. *Huber* NJW 2011, 2385 ff.) hängt nicht davon ab, wann die Mitgliedstaaten die in Frage stehende Norm erlassen haben; vielmehr ist der persönliche, sachliche, räumliche und zeitliche Geltungsbereich des einschlägigen Sekundärrechtsakts maßgebend. Bei der Berechnung der Kündigungsfrist nach § 622 Abs. 2 S. 2 BGB handelt es sich um eine Entlassungsbedingung i. S. d. Art. 78 Abs. 3 lit. c RahmenRL 2000/78/EG. Der *EuGH* (19.1.2010 EzA EG-Vertrag 1999 Richtlinie 2000/78 Nr. 14) stellt erst auf den Zeitpunkt nach Ablauf der Umsetzungsfrist für das Merkmal Alter ab (2.12.2006). Da der Arbeitgeber die Kündigung danach, nämlich am 19.12.2006, ausgesprochen hatte, fällt § 622 Abs. 2 S. 2 BGB in den Anwendungsbereich des Unionsrechts. Nur so ist gewährleistet, dass sich Mitgliedstaaten der Bindung an Unionsgrundrechte im Rahmen des Art. 51 Abs. 1 GRC nicht entziehen können. Damit dient diese Bindung – unabhängig vom Inkrafttreten der mitgliedstaatlichen Norm – vor allem der einheitlichen Anwendung des Unionsrechts in allen Mitgliedstaaten (*Preis/Temming* NZA 2010, 185 ff.). Ein sachlicher rechtfertigender Gesichtspunkt für eine Privilegierung gegenüber Mitgliedstaaten, die das Inkrafttreten des Sekundärrechtsakts abwarten, ist nicht ersichtlich. Auch bei der richtlinienkonformen Auslegung ist anerkannt, dass diese Pflicht jegliches mitgliedstaatliche Recht umfasst, also vorher, konkret zur Umsetzung einer Richtlinie und später erlassenes Recht (*EuGH* 10.4.1984 EzA § 611a BGB Nr. 1; *Preis/Temming* NZA 2010, 185 ff.).

Das *BAG* (26.4.2006 EzA § 14 TzBfG Nr. 28) hat § 14 Abs. 3 TzBfG a. F. deshalb aufgrund der festgestellten Gemeinschaftsrechtswidrigkeit nicht angewendet; es hat ebenso § 622 Abs. 2 S. 2 BGB unangewendet gelassen (*BAG* 9.9.2010 EzA § 622 BGB 2002 Nr. 8; s. a. *LAG Düsseld.* 17.2.2010 NZA-RR 2010, 240; *Preis/Temming* NZA 2010, 185 ff.; s. a. *EuGH* 18.11.2010 NZA 2011, 29 für einen öffentlichen Arbeitgeber).

Indem der EuGH das in der RahmenRL 2000/78/EG normierte Verbot der Altersdiskriminierung als Konkretisierung eines primärrechtlichen Pendant versteht, überwindet er die Grenzen seiner Rechtsprechung zur beschränkten Wirkung von RL. Es kommt nicht mehr auf die Frage an, ob sich der Verpflichtete noch unter den weit auszulegenden Begriff des Staats fassen lässt, ebenso wenig darauf, ob die unionsrechtswidrige mitgliedstaatliche Vorschrift richtlinienkonform ausgelegt werden kann. So kann die Nichtanwendbarkeit entgegenstehenden mitgliedstaatlichen Rechts ausgesprochen werden (instr. *Preis/Temming* NZA 2010, 185 ff.). Durch den gleichzeitig gegebenen Verstoß gegen primäres Unionsrecht können somit Richtlinienverstöße in Privatrechtsstreitigkeiten mit der Nichtanwendungskompetenz geahndet werden, wenn eine richtlinienkonforme Auslegung der mitgliedstaatlichen Vorschrift wegen Überschreitens der contra legem-Grenze ausscheidet. Das ist insbes. für die nicht ordnungsgemäße Umsetzung von Richtlinien relevant, die in Privatrechtsverhältnissen zu beachten sind. Da die richtlinienwidrige Norm nicht mehr angewandt werden darf, muss ihre Reform durch den Gesetzgeber nicht mehr abgewartet werden, um das Interesse des von der Richtlinie begünstigten Privaten durchzusetzen (*Preis/Temming* NZA 2010, 185 ff.). **746**

Fraglich ist insoweit, ob die vom *EuGH* (22.11.2005 EzA § 14 TzBfG Nr. 21) bejahte unmittelbare Wirkung des Diskriminierungsverbots neben dem Alter auch auf die **weiteren nach Art. 19 AEUV verpönten Merkmale ausgedehnt werden kann** (so *Preis* NZA 2006, 401; für das Merkmal »Behinderung« *BAG* 3.4.2007 NZA 2007, 1098) und zudem, ob die vom *EuGH* (22.11.2005 EzA § 14 TzBfG Nr. 21) bejahte unmittelbare Wirkung des Verbots der Altersdiskriminierung auf einen Anwendungsvorrang bezüglich entgegenstehender nationaler Vorschriften beschränkt ist, oder auch für das Arbeitsverhältnis seine Rechtswirkungen unmittelbar entfaltet (s. *MünchArbR/Oetker* § 13 Rn. 12). **747**

Fraglich ist aber auch, ob Entscheidungen, die auf der Grundlage der Rspr. des EuGH zur Nichtanwendung nationaler Vorschriften führen, die unterlegene Prozesspartei in ihren nationalen Grundrechten beeinträchtigen, inwieweit also z. B. vollziehende Entscheidungen des BAG **verfassungswidrig sein können**. Zu *BAG* 26.4.2006 (EzA § 14 TzBfG Nr. 28) hat das *BVerfG* (6.7.2010 EzA § 14 TzBfG Nr. 67; s. *Gelhaar* NZA 2010, 1053 ff.; *Karpenstein/Johann* NJW 2010, 3405 ff.) zur Begründung der Zurückweisung der Verfassungsbeschwerde ausgeführt: Eine **Ultra-vires-Kontrolle** durch das BVerfG kommt nur in Betracht, wenn ein Kompetenzverstoß der europäischen Organe hinreichend qualifiziert ist. Das setzt voraus, dass das kompetenzwidrige Handeln der Unionsgewalt offensichtlich ist und der angegriffene Akt im Kompetenzgefüge zu einer strukturell bedeutsamen Verschiebung zu Lasten der Mitgliedstaaten führt. Das *BVerfG* ist deshalb berechtigt und verpflichtet, Handlungen der europäischen Organe und Einrichtungen darauf zu überprüfen, ob sie auf Grund ersichtlicher Kompetenzüberschreitungen oder auf Grund von Kompetenzausübungen im nicht übertragbaren Bereich der Verfassungsidentität (Art. 79 Abs. 1, 3, Art. 20 GG) erfolgen und ggf. die Unanwendbarkeit kompetenzüberschreitender Handlungen für die deutsche Rechtsordnung festzustellen. **748**

Die Pflicht des *BVerfG*, substantiierten Rügen eines Ultra-vires-Handelns der europäischen Organe und Einrichtungen nachzugehen, ist mit der vertraglich dem *EuGH* übertragenen Aufgabe zu koordinieren, die Verträge auszulegen und anzuwenden und dabei Einheit und Kohärenz des Unionsrechts zu wahren (vgl. Art. 19 I Unterabs. 1 S. 2 EUV-Lissabon, Art. 267 AEUV). **749**

Wenn jeder Mitgliedstaat ohne weiteres für sich in Anspruch nähme, durch eigene Gerichte über die Gültigkeit von Rechtsakten der Union zu entscheiden, könnte der Anwendungsvorrang praktisch unterlaufen werden, und die einheitliche Anwendung des Unionsrechts wäre gefährdet. Würden aber andererseits die Mitgliedstaaten vollständig auf die Ultra-vires-Kontrolle verzichten, **750** so wäre die Disposition über die vertragliche Grundlage allein auf die Unionsorgane verlagert, und zwar auch dann, wenn deren Rechtsverständnis im praktischen Ergebnis auf eine Vertragsänderung oder Kompetenzausweitung hinausliefe. Dass in den – wie nach den institutionellen und prozeduralen Vorkehrungen des Unionsrechts zu erwarten – seltenen Grenzfällen möglicher Kompetenzüberschreitung seitens der Unionsorgane die verfassungsrechtliche und die unionsrechtliche Perspektive nicht vollständig harmonieren, ist dem Umstand geschuldet, dass die Mitgliedstaaten der Europäischen Union auch nach Inkrafttreten des Vertrags von Lissabon Herren der Verträge bleiben und die Schwelle zum Bundesstaat nicht überschritten wurde. Die nach dieser Konstruktion im Grundsatz unvermeidlichen Spannungslagen sind im Einklang mit der europäischen Integrationsidee kooperativ auszugleichen und durch wechselseitige Rücksichtnahme zu entschärfen (*BVerfG* 6.7.2010 EzA § 14 TzBfG Nr. 67).

751 Die Ultra-vires-Kontrolle darf **nur europarechtsfreundlich** ausgeübt werden. Denn die Union versteht sich als Rechtsgemeinschaft; sie ist insbes. durch das Prinzip der begrenzten Einzelermächtigung und die Grundrechte gebunden und achtet die Verfassungsidentität der Mitgliedsstaaten. Nach der Rechtsordnung der BRD ist der Anwendungsvorrang des Unionsrechts anzuerkennen und zu gewährleisten, dass die dem BVerfG verfassungsrechtlich vorbehaltenen Kontrollbefugnisse nur zurückhaltend und europarechtsfreundlich ausgeübt werden.

752 Das bedeutet für die Ultra-vires-Kontrolle, dass das BVerfG die Entscheidungen des EuGH grds. als verbindliche Auslegung des Unionsrechts zu beachten hat. Vor der Annahme eines Ultra-vires-Akts der europäischen Organe und Einrichtungen ist deshalb dem EuGH im Rahmen eines Vorabentscheidungsverfahrens nach Art. 267 AEUV die Gelegenheit zur Vertragsauslegung sowie zur Entscheidung über die Gültigkeit und die Auslegung der fraglichen Rechtsakte zu geben. Solange der *EuGH* keine Gelegenheit hatte, über die aufgeworfenen unionsrechtlichen Fragen zu entscheiden, darf das BVerfG für Deutschland keine Unanwendbarkeit des Unionsrechts feststellen.

753 Eine Ultra-vires-Kontrolle durch das BVerfG kommt darüber hinaus nur in Betracht, wenn ersichtlich ist, dass Handlungen der europäischen Organe und Einrichtungen **außerhalb der übertragenen Kompetenzen ergangen** sind. Ersichtlich ist ein Verstoß gegen das Prinzip der begrenzten Einzelermächtigung nur dann, wenn die europäischen Organe und Einrichtungen die Grenzen ihrer Kompetenzen in einer das Prinzip der begrenzten Einzelermächtigung spezifisch verletzenden Art überschritten haben (Art. 23 Abs. 1 GG), der Kompetenzverstoß mit anderen Worten hinreichend qualifiziert ist. Dies bedeutet, dass das kompetenzwidrige Handeln der Unionsgewalt offensichtlich ist und der angegriffene Akt im Kompetenzgefüge zwischen Mitgliedstaaten und Union im Hinblick auf das Prinzip der begrenzten Einzelermächtigung und die rechtsstaatliche Gesetzesbindung erheblich ins Gewicht fällt.

754 Soll das supranationale Integrationsprinzip nicht Schaden nehmen, muss die Ultra-vires-Kontrolle durch das BVerfG **zurückhaltend ausgeübt werden**. Da es in jedem Fall einer Ultra-vires-Rüge auch über eine Rechtsauffassung des EuGH zu befinden hat, sind Aufgabe und Stellung der unabhängigen überstaatlichen Rechtsprechung zu wahren. Dies bedeutet zum einen, dass die unionseigenen Methoden der Rechtsfindung, an die sich der EuGH gebunden sieht und die der »Eigenart« der Verträge und den ihnen eigenen Zielen zu respektieren sind. Zum anderen hat der EuGH Anspruch auf Fehlertoleranz. Daher ist es nicht Aufgabe des BVerfG, bei Auslegungsfragen des Unionsrechts, die bei methodischer Gesetzesauslegung im üblichen rechtswissenschaftlichen Diskussionsrahmen zu verschiedenen Ergebnissen führen können, seine Auslegung an die Stelle derjenigen des EuGH zu setzen. Hinzunehmen sind auch Interpretationen der vertraglichen Grundlagen, die sich ohne gewichtige Verschiebung im Kompetenzgefüge auf Einzelfälle beschränken und belastende Wirkungen auf Grundrechte entweder nicht entstehen lassen oder einem innerstaatlichen Ausgleich solcher Belastungen nicht entgegenstehen (*BVerfG* 6.7.2010 EzA § 14 TzBfG Nr. 67).

755 Zur Sicherung des verfassungsrechtlichen Vertrauensschutzes ist **zu erwägen**, in Konstellationen der rückwirkenden Nichtanwendbarkeit eines Gesetzes infolge einer Entscheidung des EuGH innerstaatlich eine **Entschädigung** dafür zu gewähren, dass ein Betroffener auf die gesetzliche Regelung

## H. Internationales und Europäisches Arbeitsrecht

vertraut und in diesem Vertrauen Dispositionen getroffen hat (s. dazu *Karpenstein/Johann* NJW 2010, 3405).

### 3. Die Durchsetzung des supranationalen Arbeitsrechts

Zuständig für die Durchsetzung des supranationalen Arbeitsrechts ist der EuGH auf Initiative entweder der Kommission (Vertragsverletzungsverfahren, Art. 258 AEUV) oder eines nationalen Gerichts (Vorabentscheidungsverfahren, Art. 267 Abs. 2, 3 AEUV); eigene Initiative kann der EuGH dagegen nicht entfalten. 756

Er ist nicht zuständig für die Auslegung nationalen Rechts, auch nicht des angeglichenen Rechts; dies bleibt den nationalen Gerichten vorbehalten. 757

Im Übrigen sind die nationalen Gerichte für die Anwendung und Durchsetzung des Gemeinschaftsrechts arbeitsrechtlichen Charakters zuständig. Trotz des an sich gegebenen nationalen Instanzenzuges kann bereits das ArbG ein Vorabentscheidungsverfahren einleiten, wenn die Auslegung des Gemeinschaftsrechts entscheidungserheblich ist und begründete Zweifel des vorlegenden Gerichts an der in Aussicht gestellten Auslegung bestehen. Das ist dann nicht der Fall, wenn das deutsche Recht eine RL zwar möglicherweise unzureichend oder fehlerhaft umgesetzt hat, das nationale Recht im Privatrechtsverkehr aber nicht richtlinienkonform ausgelegt oder fortgebildet werden kann (*BAG* 17.11.2009 NZA 2010, 1020). Geht es nach deutschem Recht um die Auslegung eines Grundrechts, so besteht daneben die Möglichkeit, nicht aber die Pflicht der Vorlage an das BVerfG gem. Art. 100 GG. Eine **Vorlage** an das BVerfG nach Art. 100 Abs. 1 S. 1 GG kommt allerdings **erst dann in Betracht,** wenn eine **verfassungskonforme Auslegung nach keiner Auslegungsmethode gelungen ist** (s. *BAG* 29.6.2011 – 7 ABR 15/10, EzA-SD 4/2012 S. 15 LS; 21.9.2011 – 7 AZR 375/10, EzA-SD 4/2012 S. 7). 758

Für das Verhältnis der Zuständigkeiten zwischen EuGH, BAG und BVerfG gilt Folgendes (*BVerfG* 25.2.2010 NZA 2010, 439 = NJW 2010, 1268; *Thüsing/Pötters/Traut* NZA 2010, 930 ff.; s. a. *BVerfG* 24.10.2011 NZA 2012, 202): 759

– Ein letztinstanzliches Hauptsachegericht verletzt Art. 101 Abs. 1 S. 2 GG, wenn es in Fällen, in denen zu einer entscheidungserheblichen Rechtsfrage des Gemeinschaftsrechts noch keine einschlägige Rechtsprechung vorliegt oder die entscheidungserhebliche Frage noch nicht erschöpfend beantwortet ist, den ihm zukommenden Beurteilungsrahmen überschreitet.
– Der Beurteilungsrahmen wird überschritten, wenn das nationale Gericht eine eigene Lösung entwickelt, die nicht auf die bestehende Rechtsprechung des EuGH zurückgeführt werden kann.

Der EuGH ist gesetzlicher Richter i. S. dieser Norm. Es stellt folglich einen Entzug des gesetzlichen Richters dar, wenn ein nationales Gericht seiner Pflicht zur Anrufung des EuGH im Wege des Vorabentscheidungsverfahrens nach Art. 267 AEUV nicht nachkommt (vgl. *BVerfG* 22.10.1986 NJW 1987, 577); das ist dann der Fall, wenn die Auslegung und Anwendung von Verfahrensnormen bei verständiger Würdigung des Grundgesetzes nicht mehr verständlich erscheinen und offensichtlich unhaltbar sind (*BVerfG* 14.7.2006 NJW 2006, 3707 LS). In Betracht kommt das dann, wenn ein letztinstanzliches Gericht eine Vorlage trotz der – seiner Auffassung nach bestehenden – Entscheidungserheblichkeit der gemeinschaftsrechtlichen Frage überhaupt nicht in Erwägung zieht, obwohl es selbst Zweifel hinsichtlich der richtigen Beantwortung der Frage hat (grundsätzliche Verkennung der Vorlagepflicht), sowie dann, wenn es in seiner Entscheidung bewusst von der Rechtsprechung des EuGH zu entscheidungserheblichen Fragen abweicht und gleichwohl nicht oder nicht neuerlich vorlegt (bewusstes Abweichen ohne Vorlagebereitschaft; *BVerfG* 8.4.1987 NJW 1988, 1459).

Liegt zu einer entscheidungserheblichen Frage des Gemeinschaftsrechts einschlägige Rechtsprechung des EuGH noch nicht vor oder hat er die entscheidungserhebliche Frage möglicherweise noch nicht erschöpfend beantwortet oder erscheint eine Fortentwicklung der Rechtsprechung des EuGH nicht nur als entfernte Möglichkeit (Unvollständigkeit der Rechtsprechung), so wird

Art. 101 Abs. 1 S. 2 GG verletzt, wenn das letztinstanzliche Hauptsachegericht den ihm in solchen Fällen notwendig zukommenden Beurteilungsrahmen in unvertretbarer Weise überschritten hat. Dies kann dann der Fall sein, wenn mögliche Gegenauffassungen zu der entscheidungserheblichen Frage des Gemeinschaftsrechts gegenüber der vom Gericht vertretenen Meinung eindeutig vorzuziehen sind oder sich das Gericht hinsichtlich des europäischen Rechts nicht ausreichend kundig gemacht hat, denn dann verkennt es i. d. R. die Bedingungen für die Vorlagepflicht. Zudem hat das Gericht Gründe anzugeben, die eine Kontrolle am Maßstab des Art. 101 Abs. 1 S. 2 GG ermöglichen.

Gem. Art. 267 Abs. 3 AEUV muss ein Gericht seiner Vorlagepflicht nachkommen, wenn sich eine entscheidungserhebliche Frage des Gemeinschaftsrechts stellt, es sei denn, das Gericht hat festgestellt, dass die betreffende Bestimmung des Gemeinschaftsrechts bereits Gegenstand einer Auslegung des EuGH war oder dass die richtige Anwendung des Gemeinschaftsrechts derart offenkundig ist, dass für einen vernünftigen Zweifel keinerlei Raum bleibt (*EuGH* 6.10.1982 NJW 1983, 1257). Davon darf das innerstaatliche Gericht aber nur dann ausgehen, wenn es überzeugt ist, dass auch für die Gerichte der übrigen Mitgliedstaaten und für den EuGH die gleiche Gewissheit bestehen würde. Nur dann darf das Gericht von einer Vorlage absehen und die Frage in eigener Verantwortung lösen. Denn Art. 267 Abs. 3 AEUV soll insbes. verhindern, dass sich in einem Mitgliedstaat eine nationale Rechtsprechung herausbildet, die mit den Normen des Gemeinschaftsrechts nicht im Einklang steht.

Bezogen auf diese Grundsätze wird ein letztinstanzliches nationales Gericht, das von einem Vorabentscheidungsersuchen absieht, dem Recht auf den gesetzlichen Richter i. d. R. nur dann gerecht, wenn es nach Auswertung der entscheidungserheblichen Bestimmungen des Gemeinschaftsrechts eine vertretbare Begründung dafür gibt, dass die maßgebliche Rechtsfrage durch den EuGH bereits entschieden ist oder dass die richtige Antwort auf diese Rechtsfrage offenkundig ist. Die gemeinschaftsrechtliche Rechtsfrage wird hingegen zumindest nicht vertretbar beantwortet, wenn das nationale Gericht eine eigene Lösung entwickelt, die nicht auf die bestehende Rechtsprechung des EuGH zurückgeführt werden kann und auch nicht einer eindeutigen Rechtslage entspricht. Dann erscheint die fachgerichtliche Rechtsanwendung des Art. 267 AEUV nicht mehr verständlich und ist offensichtlich unhaltbar (*BVerfG* 25.2.2010 NZA 2010, 439; instr. *Thüsing/Pötters/Traut* NZA 2010, 930 ff.). Andererseits hat das *BVerfG* (6.7.2010 EzA § 14 TzBfG Nr. 67; s. *Gelhaar* NZA 2010, 1053 ff.) – deutlich enger – auch angenommen, dass nicht jede Verletzung der unionsrechtlichen Vorlagepflicht einen Verstoß gegen Art. 101 Abs. 1 S. 2 GG darstellt. Das BVerfG beanstandet die Auslegung und Anwendung von Zuständigkeitsnormen danach vielmehr nur, wenn sie, bei verständiger Würdigung der das Grundgesetz bestimmenden Gedanken, nicht mehr verständlich erscheinen und offensichtlich unhaltbar sind. Dieser Willkürmaßstab wird auch angelegt, wenn eine Verletzung von Art. 267 Abs. 3 AEUV in Rede steht (Bestätigung von *BVerfG* 31.5.1990 BVerfGE 82, 159).

### 4. Arbeitsrechtliche Regelungen der EU

*a) Primäres Gemeinschaftsrecht*

760 Im Vordergrund steht die Verpflichtung der Mitgliedstaaten, für Männer und Frauen ein **gleiches Entgelt für gleiche Arbeit** sicherzustellen (Art. 157 AEUV), sowie die **Freizügigkeit** der Arbeitnehmer zu gewährleisten (Art. 45 AEUV); beide Regelungen entfalten unmittelbare Wirkung auch für von privatrechtlich verfassten Arbeitgebern begründete Arbeitsverhältnisse (MünchArbR/*Oetker* § 10 Rn. 9; s. a. *EuGH* 10.3.2011 NZA 2011, 561; 24.11.2011 NZA 2011, 1409). Auch das auf die Staatsangehörigkeit bezogene Diskriminierungsverbot in (Art. 18 AEUV) wirkt unmittelbar, nicht aber an sich das u. a. auf das Alter bezogene Diskriminierungsverbot in Art. 19 AEUV. Denn es begründet eigentlich nur eine Ermächtigung an die EG zur Ergreifung von Maßnahmen zum *Schutz vor Diskriminierungen*, wurde aber vom *EuGH* (22.11.2005 EzA § 14 TzBfG Nr. 21) zu einem für die Mitgliedstaaten unmittelbar geltenden Diskriminierungsverbot fortentwickelt. Da-

## H. Internationales und Europäisches Arbeitsrecht                                    Kapitel 1

mit ist fraglich, ob es sich insoweit um einen auf die Altersdiskriminierung beschränkten Sonderfall handelt oder eine Ausdehnung auf die weiteren Diskriminierungsverbote in Art. 19 AEUV bevorsteht. Problematisch ist zudem, ob aus diesen eine Bindung Privater folgt, oder nur die Gerichte gehalten sind, entgegenstehendes Recht der Mitgliedstaaten nicht anzuwenden. Aufgrund der nach der Entscheidung des EuGH erfolgten Umsetzung der RL 2000/43/EG, RL 2000/78/EG durch das AGG hat sich die Bedeutung der Problematik allerdings erheblich relativiert (MünchArbR/*Oetker* § 10 Rn. 10).

Keine unmittelbare Relevanz für das Arbeitsverhältnis hatte zunächst die **Charta der Grundrechte der Europäischen Union** v. 7.12.2000, weil sie primär an die Organe und Einrichtungen der Union gerichtet war und die Mitgliedstaaten ausschließlich im Hinblick auf die Durchführung des Gemeinschaftsrechts band. Sie legt nicht nur ein umfassendes Diskriminierungsverbot fest (Art. 21), sondern hebt auch das Recht der Arbeitnehmer auf gesunde, sichere und würdige Arbeitsbedingungen sowie eine Begrenzung der Höchstarbeitszeit und auf bezahlten Jahresurlaub hervor (Art. 31). Nach Maßgabe des nationalen Rechts hat jeder Arbeitnehmer zudem einen Anspruch auf Schutz vor ungerechtfertigten Entlassungen (Art. 30) und die Gewährleistung einer rechtzeitigen Unterrichtung und Anhörung (Art. 27). Im Hinblick auf das kollektive Arbeitsrecht sieht Art. 12 (Vereinigungsfreiheit) das Recht jeder Person vor, zum Schutz ihrer Interessen Gewerkschaften zu gründen oder diesen beizutreten; zudem besteht gem. Art. 28 das Recht auf Tarifvertragsverhandlungen sowie zur Ergreifung kollektiver Maßnahmen einschließlich Streiks (MünchArbR/*Oetker* § 10 Rn. 14).                                                                                                                                                                                                                                                                                                                                                                                                                                                                                                                                                                                                            761

Nachdem nunmehr aber der Vertrag von Lissabon in Kraft getreten ist, sind fast alle Mitgliedstaaten an geschriebene Unionsgrundrechte nach Maßgabe des Art. 51 Abs. 1 GRC unmittelbar gebunden (s. *Hanau* NZA 2010, 1 ff.). Damit könnte die vom *EuGH* (22.11.2005 EzA § 14 TzBfG Nr. 21; 19.1.2010 EzA EG-Vertrag 1999 Richtlinie 2000/78 Nr. 14) praktizierte Vorgehensweise für die Beurteilung nationalen Rechts auch auf andere Unionsgrundrechte als das Verbot der Altersdiskriminierung (Art. 21 GRC; RahmenRL 2000/78/EG; s. *EuGH* 8.9.2011 EzA EG-Vertrag Richtlinie 2000/78 Nr. 21; 13.9.2011 EzA EG-Vertrag Richtlinie 2000/78 Nr. 22; s. a. *ArbG München* 17.2.2011 LAGE § 10 AGG Nr. 5) übertragen werden (instr. *Preis/Temming* NZA 2010, 185 ff.; *Huber* NJW 2011, 2385 ff.).                                                                                                                                                                                                                                                                                                                                                                                                                                                                                                                                                                                                                                              762

Demgegenüber wird **aber auch angenommen** (ErfK/*Wißmann* AEUV Vorbem. Rn. 4 f.; s. a. *Willemsen/Sagan* NZA 2011, 258 ff.), dass die GRC weder den Geltungsbereich des Unionsrechts über die bestehenden Zuständigkeiten der EU hinaus ausdehnen noch neue Zuständigkeiten der EU begründen kann (Art. 6 Abs. 1 S. 2 EUV, Art. 51 Abs. 2 GRC). Die GRC genießt innerhalb des Primärrechts keinen Vorrang; sie ist mit den Verträgen gleichrangig (Art. 6 Abs. 1 EUV). Von daher wird es als nicht überzeugend angesehen, wenn der *EuGH* (19.1.2010 NZA 2010, 85) das Verbot der Diskriminierung wegen des Alters in Art. 21 Abs. 1 GRC (bzw. den von ihm bereits früher angenommenen, wohl inhaltsgleichen ungeschriebenen Grundsatz des Unionsrechts) heranzieht, um die fehlende unmittelbare Anwendbarkeit des entsprechenden Verbots in der RL 2000/78 im Verhältnis zwischen Arbeitnehmer und privaten Arbeitgebern zu kompensieren (a. A. *Preis/Temming* NZA 2010, 185, 189 ff.). Die GRC setzt danach **nur Maßstäbe für den Inhalt von Sekundärrecht der EU und dessen nationale Umsetzung**. Aufgrund ihrer Beschränkung auf die in den Verträgen festgelegten Kompetenzen der EU und der fehlenden Fähigkeit, neue zu begründen, kann die GRC dagegen danach nicht die rechtliche Qualität einer RL aufwerten, indem sie deren Regelungen zur unmittelbaren Anwendbarkeit verhilft; ebenso wenig kann eine Kompetenz zum Erlass von RL, deren Existenz die GRC für den betroffenen Regelungsgegenstand erst maßgeblich werden lässt, Basis für einen im Verhältnis zwischen Privaten direkt anwendbaren Rechtssatz der GRC sein und auf diesem Umweg die in der Kompetenznorm nicht vorgesehene unmittelbare Wirkung (ErfK/*Wißmann* AEUV Vorbem. Rn. 4 f.). erzeugen.                                                                                                                                                                                                                                                                                                                                                                       763

Weil mit dem Inkrafttreten des EUV am 1.12.2009 die Charta der Grundrechte der EU in der überarbeiteten Fassung vom 12.12.2007 den Verträgen rechtlich gleichgestellt worden ist (Art. 6 Abs. 1 S. 1 EUV) und dadurch Rechtsverbindlichkeit neben den ungeschriebenen Unionsgrundrechten erlangt hat, die daneben als allgemeine Rechtsgrundsätze des Unionsrechts fortgelten (Art. 6 Abs. 3                                                                                                                                                                                                                                                                                                                                                                                                                                                                                                                                                                                                                                                                                                                                                                                                                                                                                                                                                                                                                                                                                                                                                                                                                            764

EUV), wird aber schließlich **auch die Auffassung vertreten**, dass dies **Auswirkungen auf die Auslegung ausfüllungsbedürftiger Generalklauseln des bundesdeutschen Gesetzesrechts** (insbes. der §§ 138, 242, 626 BGB, 1 KSchG) hat, denn nunmehr liegt ein kodifiziertes System europäischer Wertnormen vor. Dieses Wertesystem der europäischen Grundrechte erfüllt die tatbestandlichen Voraussetzungen einer bei der Auslegung unbestimmter Rechtsbegriffe zu beachtenden objektiven Werteordnung. Diese objektive europäische Werteordnung hat am Anwendungsvorrang des Gemeinschaftsrechts teil. Deshalb und auf Grund des weit überwiegenden Anteils europäisch determinierten Rechts in Deutschland ist bei der Auslegung von unbestimmten Rechtsbegriffen und von Generalklauseln nicht mehr nur auf die objektive Werteordnung des Grundgesetzes, sondern auch auf die objektive europäische Werteordnung Bezug zu nehmen. Im europäischen Verfassungsgerichtsverbund institutionell zuständig für die Ausübung der letztverbindlichen Kontrollkompetenz betreffend spezifischer Verfassungsverstöße bei der Auslegung der unbestimmten Rechtsbegriffe und Generalklauseln ist dabei danach der EuGH, solange dieser bei der Auslegung einer Generalklausel oder eines unbestimmten Rechtsbegriffs nicht gegen die in Art. 79 Abs. 3 GG enthaltenen grundlegenden Prinzipien verstößt (*Ritter* NJW 2010, 1110 ff.; s. a. *ArbG Passau* 13.4.2011 – 1 Ca 62/11, NZA-RR 2012, 76).

### b) Sekundäres Gemeinschaftsrecht

765 – **RL 99/70 (Befristung des Arbeitsvertrages)**, umgesetzt durch das TzBfG.

766 – **RL 98/59 (Massenentlassungen)**, umgesetzt durch die Änderung der §§ 17, 18 KSchG (s. *EuGH* 7.9.2006 – C 187/05 – C 190/05 – EzA-SD 23/2006 S. 3 LS: Anwendungsbereich; 12.10.2004 NZA 2004, 1265: Portugal).

767 – **RL 2001/23 (Betriebsinhaberwechsel)**, umgesetzt durch § 613a BGB (s. Kap. 3 Rdn. 4080 ff., Kap. 4 Rdn. 895 ff.).

768 – **RL 80/987 (Schutz von Ansprüchen des Arbeitnehmers bei Zahlungsunfähigkeit des Arbeitgebers)**, geändert durch die RL 2002/74:
Geregelt wird die Sicherung von Arbeitnehmeransprüchen bei Zahlungsunfähigkeit des Arbeitgebers außerhalb des Insolvenzverfahrens; §§ 183 ff. SGB III, §§ 7 ff. BetrAVG genügen diesen Anforderungen (vgl. *EuGH* 9.11.1995 NZA 1996, 247; s. a. *EuGH* 17.1.2008 NZA 2008, 287; 17.11.2011 NZA 2012, 27).
Ist der Arbeitgeber in einem anderen Mitgliedsstaat niedergelassen, in dem der Arbeitnehmer wohnt und seine Arbeitstätigkeit ausgeübt hat, so ist die nach Art. 3 RL zuständige Garantieeinrichtung die Einrichtung des Staates, in dem gem. Art. 2 RL entweder die **Eröffnung des Verfahrens** zur gemeinschaftlichen Gläubigerbefriedigung beschlossen, oder die **Stilllegung des Unternehmens** oder des Betriebes des Arbeitgebers festgestellt worden ist (*EuGH* 17.9.1997 NZA 1997, 1155). Art. 4, 11 der RL stehen der Anwendung von Vorschriften, durch die eine Höchstgrenze für die Garantie der Erfüllung unbefriedigter Ansprüche der Arbeitnehmer festgesetzt wird, auch dann nicht entgegen, wenn der Mitgliedsstaat der Kommission nicht mitgeteilt hat, nach welchen Methoden er die Höchstgrenze festgesetzt hat (*EuGH* 16.7.1998 NZA 1998, 1047; vgl. auch *EuGH* 14.7.1998 NZA 1998, 1109).
Haben Arbeitnehmer, deren Arbeitgeber zahlungsunfähig geworden ist, ihre Tätigkeit in einem Mitgliedsstaat in einer **Zweigniederlassung** einer Gesellschaft ausgeübt, die nach dem **Recht eines anderen Mitgliedsstaats** gegründet wurde, in dem sie ihren Sitz hat und in dem das Insolvenzverfahren über sie eröffnet wurde, so ist die nach Art. 3 RL 80/987 EWG für die Befriedigung der Ansprüche dieser Arbeitnehmer zuständige Garantieeinrichtung die Einrichtung des Staates, in dem die Arbeitnehmer ihre Tätigkeit ausgeübt haben (*EuGH* 16.12.1999 NZA 2000, 995; 10.3.2011 – Rs. C-477/09, AuR 2011, 265 LS; s. a. *EuGH* 18.10.2001 NZA 2002, 31: Schweden; 11.9.2003 NZA 2003, 1083: Österreich).
Insgesamt hängt im Falle einer nicht ordnungsgemäßen Umsetzung der RL die Haftung des Mitgliedsstaats davon ab, ob und inwieweit dieser Staat **die Grenzen**, die seinem Ermessen gesetzt waren, **offenkundig und erheblich überschritten hat** (*EuGH* 25.1.2007 NZA 2007, 499: Großbritannien).

## H. Internationales und Europäisches Arbeitsrecht   Kapitel 1

- **RL 75/117 (Lohngleichheitsrichtlinie)**, abgelöst durch die **RL 2006/54/EG** 769

    Danach muss das Lohnsystem hinsichtlich der beschäftigten Männer und Frauen so ausgestaltet sein, dass es, wenn die Art der in Frage stehenden Tätigkeit es zulässt, als gleichwertig anerkannte Arbeitsplätze auch solche umfasst, bei denen auch Kriterien berücksichtigt werden, hinsichtlich derer weibliche Arbeitnehmer besonders geeignet sein können. Verboten ist nicht nur die unmittelbare, sondern gleichermaßen auch die mittelbare Diskriminierung (s. Rdn. 310 ff.; s. Kap. 3 Rdn. 779 ff.).

    Diese Richtlinie konkretisiert das sich aus Art. 157 AEUV ergebende Gebot der für Mann und Frau gleichen Entlohnung (*EuGH* 13.5.1986 AP Nr. 10 zu Art. 119 EWG-Vertrag).
    Hinsichtlich der **Diskriminierung** von **schwangeren Arbeitnehmerinnen** hat der *EuGH* (19.11.1998 EzA Art. 119 EWG-Vertrag Nr. 54; vgl. auch *EuGH* 8.9.2005 NZA 2005, 1105: Irland) folgende Grundsätze aufgestellt:
    - die Richtlinie steht nationalen Vorschriften entgegen, nach denen eine schwangere Frau, die vor Beginn ihres Mutterschaftsurlaubs auf Grund eines mit der Schwangerschaft zusammenhängenden krankhaften Zustands arbeitsunfähig wird und darüber eine ärztliche Bescheinigung vorlegt, **keinen Anspruch auf Fortzahlung ihres vollen Gehalts** durch ihren Arbeitgeber hat, sondern lediglich auf die Zahlung von **Tagegeld** durch eine örtliche Behörde, während Arbeitnehmer bei ärztlich bescheinigter Arbeitsunfähigkeit wegen Krankheit grds. Anspruch auf Fortzahlung ihres vollen Gehalts durch den Arbeitgeber haben;
    - sie steht – ebenso wie die RL 76/207 – nationalen Rechtsvorschriften entgegen, nach denen ein Arbeitgeber eine **schwangere Frau von der Arbeit freistellen kann, ohne ihr das volle Gehalt zu zahlen**, wenn er meint, sie nicht beschäftigen zu können, obwohl sie nicht arbeitsunfähig ist;
    - sie steht andererseits nationalen Vorschriften nicht entgegen, nach denen eine schwangere Frau **keinen Anspruch auf Gehaltsfortzahlung** durch den Arbeitgeber hat, wenn sie der Arbeit vor Beginn ihres Mutterschaftsurlaubs wegen gewöhnlicher Schwangerschaftsbeschwerden fernbleibt, ohne im Übrigen arbeitsunfähig zu sein, oder wegen einer ärztlichen Empfehlung, das ungeborene Kind zu schonen, die nicht mit einem krankhaften Zustand im eigentlichen Sinne oder mit besonderen Risiken für das ungeborene Kind begründet worden ist, während Arbeitnehmer, die wegen Krankheit arbeitsunfähig sind, grds. einen solchen Anspruch besitzen.

    Die Weigerung eines Arbeitgebers, eine **Fahrtvergünstigung** für eine Person des gleichen Geschlechts, mit der der Arbeitnehmer eine feste Beziehung unterhält, zu gewähren, während eine solche Vergünstigung für den Ehepartner des Arbeitnehmers oder die Person des anderen Geschlechts, mit der der Arbeitnehmer eine feste nichteheliche Beziehung unterhält, gewährt wird, ist nach Maßgabe dieser Vorschriften keine verbotene Diskriminierung (*EuGH* 17.2.1998 EzA Art. 119 EWG-Vertrag Nr. 51).

- **RL 2006/54 (Gleichbehandlungsrichtlinie)**, sie enthält Definitionen von unmittelbarer und mittelbarer Diskriminierung, Belästigung und sexueller Belästigung enthält. Sie verdeutlicht zudem den Anwendungsbereich für mögliche Ausnahmeregelungen und unterstreicht die Verpflichtung der Mitgliedsstaaten zur Förderung des Gleichstellungsgrundsatzes (vgl. *Rust* NZA 2003, 72 ff.). **Die Umsetzung ist durch das AGG erfolgt** (s. Kap. 3 Rdn. 4871 ff.). 770

    Art. 3 RL steht nationalen Rechtsvorschriften entgegen, nach denen sich die Gesamtdauer der als Voraussetzung für die **Steuerberaterprüfung** geforderten Sachbearbeitertätigkeit bei **Teilzeitbeschäftigten** mit Ermäßigung bis auf die Hälfte der regelmäßigen Arbeitszeit entsprechend verlängert, wenn diese Vorschriften erheblich mehr Frauen als Männer betreffen und nicht durch objektive Faktoren gerechtfertigt sind, die nichts mit einer Diskriminierung auf Grund des Geschlechts zu tun haben (*EuGH* 2.10.1997 NZA 1997, 1221).

    Gleiches gilt – weil Art. 135 AEUV dahin auszulegen ist, dass er auch auf öffentlich-rechtliche Dienstverhältnisse anwendbar ist – für eine nationale Regelung (in der bayerischen Laufbahnverordnung), die vorschreibt, dass bei **der Berechnung von Dienstzeiten** von Beamten die Zeiten einer Beschäftigung mit einer Arbeitszeit von mindestens der Hälfte bis zu zwei Dritteln der regelmäßigen Arbeitszeit nur zu zwei Dritteln gezählt werden (*EuGH* 2.10.1997 NZA 1997, 1277).

Auch Entscheidungen der Mitgliedsstaaten, die den Zugang zur Beschäftigung, die Berufsbildung und die Arbeitsbedingungen in den Streitkräften betreffen und zur Gewährleistung der Kampfkraft erlassen worden sind, sind nicht allgemein vom Anwendungsbereich des Gemeinschaftsrechts ausgenommen. Der Ausschluss von Frauen vom Dienst in speziellen Kampfeinheiten wie den Royal Marines kann auf Grund der Art und der Bedingungen der Ausübung der betreffenden Tätigkeiten nach Art. 2 Abs. 2 der RL gerechtfertigt sein (*EuGH* 26.10.1999 NZA 2000, 25). Andererseits steht die RL Vorschriften entgegen, die, wie die des deutschen Rechts, Frauen allgemein vom Dienst mit der Waffe ausschließen und ihnen nur den Zugang zum Sanitäts- und Militärmusikdienst erlauben (*EuGH* 11.1.2000 EzA Art. 119 EWG-Vertrag Nr. 59; vgl. *Köster/Keil* NJW 2001, 273 ff.). Umgekehrt steht das Gemeinschaftsrecht aber der **Wehrpflicht nur für Männer** nicht entgegen (*EuGH* 11.3.2003 NZA 2003, 427).

Art. 2 Abs. 1, 3 der RL verbietet es, eine Schwangere deshalb nicht auf eine unbefristete Stelle einzustellen, weil sie für die Dauer der Schwangerschaft wegen eines aus ihrem Zustand folgenden gesetzlichen Beschäftigungsverbots auf dieser Stelle von Anfang an nicht beschäftigt werden darf (*EuGH* 3.2.2000 EzA § 611a BGB Nr. 15).

771 – **RL 96/34 (Elternurlaub)**; geändert mit Wirkung vom 7.4.2010, umgesetzt durch das BEEG; weiterer Umsetzungsbedarf besteht auch nach den Änderungen 2010 nicht (s. *Düwell* FA 2010, 137).

772 – **RL 86/378 (Gleichbehandlung bei den betrieblichen Systemen der sozialen Sicherheit)**, abgelöst durch die **RL 2006/54/EG**.

Sie gilt über Einrichtungen der betrieblichen Altersversorgung in der BRD hinaus und erfasst auch Selbstständige.

Problematisch ist das Verhältnis zu Art. 157 AEUV, der die Gleichbehandlung auch im Rahmen der betrieblichen Altersversorgung erfasst (*EuGH* 13.5.1986 AP Nr. 10 zu Art. 119 EWG-Vertrag). Der *EuGH* (14.12.1993 EzA Art. 119 EWG-Vertrag Nr. 16) ist davon ausgegangen, dass es gegen Art. 157 AEUV verstößt, wenn ein Arbeitnehmer im Rahmen eines ergänzenden betrieblichen Versorgungssystems auf Grund der Festsetzung eines je nach Geschlecht unterschiedlichen Rentenalters erst in einem höheren Alter als eine Arbeitnehmerin in der gleichen Lage Anspruch auf eine Betriebsrente hat. Insoweit steht die RL der unmittelbaren und sofortigen Geltendmachung von Art. 157 AEUV vor den staatlichen Gerichten nicht entgegen. Allerdings kann die **unmittelbare Wirkung von Art. 157 AEUV** nur für Leistungen geltend gemacht werden, die für Beschäftigungszeiten nach dem 17.5.1990 (Tag der Verkündung des Urteils C-262/88 [*Barber*]; *EuGH* 15.5.1990 AP Art. 119 EWG-Vertrag Nr. 20) geschuldet werden (vgl. a. *EuGH* 6.10.1993 EzA Art. 119 EWG-Vertrag Nr. 11; s. Kap. 3 Rdn. 3501 ff.).

Art. 6 Abs. 1 RL steht **nationalen Bestimmungen entgegen**, nach denen eine Arbeitnehmerin während des teilweise vom Arbeitgeber bezahlten gesetzlichen **Mutterschaftsurlaubs keine Anwartschaften auf eine Versicherungsrente**, die Teil eines Zusatzversorgungssystems ist, **erwirbt**, weil die Entstehung solcher Anwartschaften davon abhängt, dass die Arbeitnehmerin während des Mutterschaftsurlaubs steuerpflichtigen Arbeitslohn erhält (*EuGH* 13.1.2005 EzA EG-Vertrag 1999 Richtlinie 86/378 EWG Nr. 1).

773 – **RL 2000/43 (Verbot der Diskriminierung durch den Arbeitgeber wegen der Rasse oder der ethnischen Herkunft)**, s. zur Rechtsentwicklung *Wendeling-Schröder* NZA 2004, 1320 ff.; *Klumpp* NZA 2005, 848 ff.; *EuGH* 28.4.2005 – Rs. C-329/04, AuR 2005, 236 LS: nicht rechtzeitige Umsetzung. **Die Umsetzung ist inzwischen durch das AGG in im Einzelnen umstrittener Weise erfolgt** (s. Kap. 3 Rdn. 4871 ff.).

774 – **RL 2000/78 (Verbot der Diskriminierung wegen der Religion oder der Weltanschauung, einer Behinderung, des Alters oder der sexuellen Ausrichtung)**.

Diese Richtlinie soll in Umsetzung des Art. 19 AEUV einen allgemeinen Rahmen für die Verwirklichung der Gleichbehandlung in Beschäftigung und Beruf festlegen und geht damit über die bisherigen Verbote der Ausländer- und Geschlechtsdiskriminierung weit hinaus (vgl. dazu *Leuchten* NZA 2002, 1254 ff.). Damit werden u. a. die Besonderheiten der Arbeitsverhältnisse in den **Kirchen und ihren sozial-karitativen Einrichtungen** angesprochen. Art. 4 Abs. 2 RL enthält eine europäische Re-

## H. Internationales und Europäisches Arbeitsrecht                                   Kapitel 1

gelung zu den **Loyalitätsobliegenheiten kirchlicher Mitarbeiter** (vgl. *Reichold* NZA 2001, 1054 ff.). Für Arbeitgeber des öffentlichen Dienstes gilt die RL unmittelbar (*ArbG Bln.* 13.7.2005 NZA-RR 2005, 608). Nachdem der *EuGH* (23.2.2006 NZA 2006, 553 LS) festgestellt hatte, dass die BRD wegen nicht rechtzeitiger Umsetzung gegen die RL verstoßen hat, ist dies inzwischen durch das AGG mit Wirkung ab dem 18.8.2006 in im Einzelnen umstrittener Weise erfolgt (s. Kap. 3 Rdn. 4871 ff.).

> Die RL 2000/78/EG erfasst nicht eine Person, der von ihrem Arbeitgeber ausschließlich wegen Krankheit gekündigt wird; Krankheit als solche kann nicht als weiterer Grund neben denen angesehen werden, derentwegen Personen zu diskriminieren nach der RL 2000/78/EG verboten ist (*EuGH* 11.7.2006 EzA EG-Vertrag 1999 Richtlinie 2000/78 Nr. 1; s. a. *Fuerst* DB 2009, 2153 ff.).

– **RL 89/392 (Maschinenschutzrichtlinie)**                                          775
Sie legt allgemeingültige, wesentliche Sicherheits- und Gesundheitsanforderungen fest, um dadurch auch die Sicherheit am Arbeitsplatz zu steigern.

– **RL 80/1107 (Gefährdung durch chemische, physikalische und biologische Arbeitsstoffe bei der**   776
**Arbeit)**
Sie gibt Mindeststandards vor, Schutzmaßnahmen, z. B. durch die Festlegung von Grenzwerten. Bislang wurde sie konkretisiert durch vier Einzelrichtlinien gegen die Gefährdung der Arbeitnehmer durch Blei, Asbest, Lärm sowie bestimmte Arbeitsstoffe und -verfahren. Sie wurde umgesetzt durch die GefahrstoffVO.

– **RL 89/391 (Verbesserung der Sicherheit und des Gesundheitsschutzes)**.            777
Sie enthält allgemeine Grundsätze für die Verhütung berufsbedingter Gefahren, für die Sicherheit und den Umweltschutz (vgl. dazu *EuGH* 3.10.2000 EzA § 7 ArbZG Nr. 1 zu Bereitschaftsdienst, Nacht- und Schichtarbeit); sie wird ergänzt durch 19 Einzelrichtlinien, die u. a. Mindestvorschriften für die Sicherheit und Gesundheit enthalten in Arbeitsstätten (RL 89/654; Umsetzung durch die ArbStättVO, die Regelungen über das Einrichten und Betreiben von Arbeitsräumen, deren Gestaltung und Ausstattung, Beleuchtung und Sichtverbindung, die Gestaltung von Pausen-, Bereitschafts- und Sanitärräumen, Toiletten und Lärm (s. *EuGH* 19.5.2011 EzA EG-Vertrag 1999 Richtlinie 2003/10 Nr. 1) enthält; vgl. *Schurig* ZTR 2004, 626 ff.), bei der Benutzung von Arbeitsmitteln (RL 89/655), persönlichen Schutzausrüstungen (RL 89/656), bei der manuellen Handhabung von Lasten (RL 90/290), bei der Arbeit an Bildschirmgeräten (RL 90/270; s. *EuGH* 12.12.1996 NZA 1997, 307: Italien; s. a. *EuGH* 6.7.2000 EzA EG-Vertrag 1999 Richtlinie 90/270 Nr. 1), hinsichtlich des Schutzes gegen die Gefährdung durch karzinogene und biologische Arbeitsstoffe (RL 394/90; vgl. *EuGH* 17.12.1998 NZA 1999, 811; u. RL 679/90), sowie zur Verbesserung der Sicherheit und des Gesundheitsschutzes von schwangeren Arbeitnehmerinnen, Wöchnerinnen und stillenden Arbeitnehmerinnen am Arbeitsplatz (RL 92/85).

Eine Umsetzung dieser ist bislang z. B. für die RL 89/391 durch das ArbSchG (als Rahmengesetz; vgl. Kap. 3 Rdn. 2769 ff.), die VO über Sicherheit und Gesundheitsschutz bei der Benutzung persönlicher Schutzausrüstungen bei der Arbeit, die LastenhandhabungsVO, die BildschirmarbeitsVO, die ArbeitsmittelbenutzungsVO und die MutterschutzrichtlinienVO erfolgt (vgl. *Kollmer* NZA 1997, 138 ff.; s. a. *EuGH* 7.2.2002 NZA 2002, 321).
Hinsichtlich Art. 10 der RL 92/85 (Kündigungsverbot insbes. schwangerer Frauen) geht der *EuGH* (4.10.2001 EzA § 611a BGB Nr. 17) davon aus, dass die Regelung dann eine **unmittelbare Wirkung** entfaltet, wenn innerhalb der vorgeschriebenen Frist keine Umsetzung erfolgt ist, **sodass die Frau einzelne Rechte erhält, die sie vor einem nationalen Gericht geltend machen kann**. Sie verpflichtet aber **nicht** dazu, **dass die Gründe für eine Kündigung im Einzelnen aufgeführt werden müssen**. Die **Nichterneuerung eines befristeten Vertrages** zum Zeitpunkt seiner regulären Beendigung kann zudem **nicht als eine verbotene Kündigung angesehen werden**. Soweit jedoch die Nichterneuerung eines befristeten Arbeitsvertrages ihren **Grund in der Schwangerschaft** der Arbeitnehmerin hat, stellt sie eine **unmittelbare Diskriminierung** auf Grund des Geschlechts dar, die gegen Art. 2, 3 RL 76/207 verstößt (vgl. Kap. 4 Rdn. 1830).

778 – **RL 91/533 (Pflicht des Arbeitgebers zur Unterrichtung des Arbeitnehmers über die für seinen Arbeitsvertrag oder sein Arbeitsverhältnis geltenden Bedingungen)**, umgesetzt durch das NachweisG (s. Kap. 2 Rdn. 396 ff., Kap. 11 Rdn. 323).

779 – **RL 91/250 (Rechtsschutz von Computerprogrammen)**
Gem. Art. 2 Abs. 3 ist der Arbeitgeber dann, wenn der Arbeitnehmer ein Computer-Programm in Wahrnehmung seiner Aufgaben oder nach den Anweisungen des Arbeitgebers geschaffen hat, ausschließlich zur Ausnutzung aller wirtschaftlichen Rechte aus dem so geschaffenen Programm berechtigt, sofern keine andere vertragliche Vereinbarung getroffen wird.

780 – **RL 2003/88 (Arbeitszeit)**, diese Richtlinie ist durch das ArbZG und das BUrlG umgesetzt worden (vgl. *Wahlers* ZTR 2005, 515 ff.; s. a. *LAG Nds.* 16.9.2003 NZA-RR 2004, 183; *EuGH* 3.10.2000 EzA § 7 ArbZG Nr. 1; 18.3.2004 NZA 2004, 535).

781 – **RL 2000/34 (Änderungsrichtlinie zur Arbeitszeit des fliegenden Personals von Luftfahrtgesellschaften)**, vgl. *Wahlers* ZTR 2005, 515 ff.

782 – **RL 95/46 (Schutz natürlicher Personen bei der Verarbeitung personenbezogener Daten; freier Datenverkehr)**, vgl. *EuGH* 24.11.2011 EzA EG-Vertrag 1999 Richtlinie 95/46 Nr. 1; Art. 7 lit. f der RL hat unmittelbare Wirkung.

783 – **RL 97/81 (Teilzeitarbeit)**
Diese Richtlinie enthält als substantielle Regelung das Verbot der Diskriminierung von Teilzeitarbeitnehmern ohne sachlichen Grund. Zur Umsetzung durch das TzBfG s. Kap. 3 Rdn. 233.

784 – *(derzeit unbesetzt)*

785 – **RL 96/71 (Entsenderichtlinie)**, umgesetzt durch das AEntG (s. Rdn. 833 ff.).

786 – **RL 94/33 (Jugendarbeitsschutz)**, umgesetzt durch das JArbSchG.

787 – **RL 2002/14 (Rahmen-Richtlinie zur Unterrichtung und Anhörung der Arbeitnehmer)**
Sie ergänzt die spezifischeren Informations- und Konsultationsrechte der Arbeitnehmer bei Massenentlassungen und beim Betriebsübergang sowie die Richtlinie über die Europäischen Betriebsräte (s. *Reichold* NZA 2003, 289 ff.).

788 – **RL 2008/52 über bestimmte Aspekte der Mediation in Zivil- und Handelssachen**

789 – **RL 2008/104 (Leiharbeitsrichtlinie)**, s. *Ulber* AuR 2010, 10 ff.
Das dort insbes. vorgesehene equal-pay-Gebot gilt in Deutschland an sich bereits seit 2004 (s. NZA 22/2008 S. XI), **verwässert allerdings durch einen Tarifvorbehalt**, der schlechtere Regelungen insoweit – nach unten – zulässt. Davon haben Arbeitgeber und »Christliche Gewerkschaften« Gebrauch gemacht, ein fortgesetztes Ärgernis. Zum Umsetzungsbedarf hinsichtlich der RL in Deutschland instr. *Fuchs* NZA 2009, 57 ff.; zur fehlenden Tariffähigkeit der »Tarifgemeinschaft Christlicher Gewerkschaften für Zeitarbeit und Personalserviceagenturen« (CGZP) instr. *ArbG Bln.* 1.4.2009 – 35 BV 17008/08, EzA-SD 9/2009 S. 16; *LAG Bln.-Bra.* 7.12.2009 – 23 TaBV 1017/09, DB 2010, 1020 LS; ebenso zur Gewerkschaft Neue Brief- und Zustelldienste (GNBZ) *LAG Köln* 20.5.2009 LAGE § 2 TVG Nr. 7; rkr. PM BAG Nr. 28/10; s. a. *BAG* 5.10.2010 – 1 ABR 88/09; *Rolfs/Witschen* DB 2010, 1180 ff.).

790 – **RL 2002/14 (Rahmenrichtlinie zur Festlegung eines allgemeinen Rahmens für die Unterrichtung und Anhörung der Arbeitnehmer in der EG)**
Sie legt für Betriebe und Unternehmen ab einer bestimmten Arbeitnehmerzahl die Verpflichtung zur Unterrichtung und regelmäßig auch zur Anhörung (= Dialog zwischen Arbeitnehmervertretern und Arbeitgebern) fest. Der sachliche Anwendungsbereich der RL erstreckt sich neben der Entwicklung der Tätigkeit und der wirtschaftlichen Situation des Unternehmens auch auf allgemeine Fragen der Beschäftigungsstruktur und -entwicklung sowie Entscheidungen, die wesentliche Veränderungen der Arbeitsorganisation oder der Arbeitsverträge mit sich bringen können. Eine ausdrückliche Umsetzung der RL in das deutsche Recht ist bislang nicht erfolgt; ob das nationale Betriebsverfassungsrecht diesen Vorgaben entspricht, ist unklar (MünchArbR/*Oetker* § 10 Rn. 46).

791 – **RL 94/45 (Einsetzung eines Europäischen Betriebsrates oder die Schaffung eines Verfahrens zur Unterrichtung und Anhörung der Arbeitnehmer in gemeinschaftsweit operierenden Unternehmen und Unternehmensgruppen)**
Im Unterschied zum deutschen Betriebsverfassungsrecht ist die RL 94/45/EG durch den Vorrang

## H. Internationales und Europäisches Arbeitsrecht Kapitel 1

eines Verhandlungsverfahrens geprägt (s. Art. 5), das der zentralen Leitung des Unternehmens (bzw. einer Unternehmensgruppe) auf der einen und einem auf Arbeitnehmerseite gebildeten besonderen Verhandlungsgremium auf der anderen Seite den Abschluss einer autonomen Vereinbarung ermöglichen soll, in der die organisatorischen Einzelheiten sowie die einem Europäischen Betriebsrat gegebenenfalls zustehenden Informations- und Anhörungsrechte festzulegen sind (s. Art. 6; MünchArbR/*Oetker* § 10 Rn. 47).

### III. Arbeitskollisionsrecht

#### 1. Individualarbeitsrecht

*a) Das Arbeitsvertragsstatut*

Die Festlegung des auf das Arbeitsverhältnis anwendbaren materiellen Rechts kann entsprechend der Rechtswahl der Parteien gem. Art. 27 EGBGB/Art. 3 Rom I-VO (subjektive Anknüpfung) oder durch objektive Anknüpfung gem. Art. 30 Abs. 2 EGBGB/Art. 8 Rom I-VO erfolgen (s. *Schlachter* NZA 2000, 58 ff.; *Schneider* NZA 2010, 1380 ff.; s. a. *BAG* 16.12.2010 – 2 AZR 963/08, EzA-SD 13/2011 S. 16 LS). **792**

Art. 27 ff. EGBGB sind am 1.9.1986 in Kraft getreten und erfassen nur nach diesem Zeitpunkt abgeschlossene Arbeitsverträge; für den Zeitraum davor bleibt das zuvor geltende Kollisionsrecht maßgebend (Art. 220 Abs. 1 EGBGB). Die arbeitsvertragliche Beziehung für die Zeit nach dem 31.8.1986 ist bei fortbestehenden Arbeitsverhältnissen aber anhand der Art. 27 ff. EGBGB zu beurteilen (*BAG* 29.10.1992 EzA Art. 30 EGBGB Nr. 2; 11.12.2003 EzA Art. 30 EGBGB Nr. 7), da nur so das Ziel des EuVÜ, das internationale Schuldvertragsrecht zu vereinheitlichen, zeitnah verwirklicht wird (MünchArbR/*Oetker* § 11 Rn. 2). **793**

Das Arbeitsvertragsstatut gilt auch für Arbeitnehmererfindungen, obwohl es sich insoweit um ein Rechtsgebiet zwischen Arbeitsrecht und Immaterialgüterrecht handelt (s. aber Rdn. 904), ferner für das Recht der betrieblichen Altersversorgung; s. Rdn. 905 ff. **794**

Für Verträge, die nach dem 17.12.2009 abgeschlossen worden sind, gilt die VO (EG) Nr. 593/2008 (Rom I-VO; s. *EuGH* 15.12.2011 EzA EG-Vertrag 1999 Verordnung 593/2008 Nr. 2). **795**

*aa) Die Rechtswahl*

Die Wahl des anzuwendenden materiellen nationalen Arbeitsrechts kann ausdrücklich erfolgen, indem die Erklärungen der Parteien wörtlich das gewählte Recht (im Vertrag selbst oder durch Verweisung auf einen anderen Vertrag, Tarifvertrag, Betriebsvereinbarung oder Allgemeine Arbeitsbedingungen) bezeichnen. Daneben kommt eine stillschweigende Rechtswahl in Betracht, wenn der Wille der Parteien, das anwendbare Recht zu wählen, gegeben ist (vgl. *LAG BW* 15.10.2002 LAGE Art. 30 EGBGB Nr. 6; vgl. *Riesenhuber* DB 2005, 1571 ff.; s. a. *BAG* 16.12.2010 – 2 AZR 963/08, EzA-SD 13/2011 S. 16 LS). Die Rechtswahlklausel muss jedoch **erkennen lassen, welches fremde Recht gewählt wurde**; Unklarheiten führen zur Unwirksamkeit der Abrede (MünchArbR/*Oetker* § 11 Rn. 14). **796**

Indizien dafür können sich aus dem Vertrag selbst, seinen Begleitumständen sowie dem späteren Prozessverhalten der Vertragsparteien ergeben (z. B. Gerichtsstandsklausel, Bezugnahme auf Rechtsnormen einer bestimmten Rechtsordnung [z.B. eines konkreten Tarifvertrages], Vereinbarung eines Erfüllungsortes durch Beschränkung der Arbeitspflicht auf einen Betrieb oder einer Vertragswährung). **797**

Für die Wahl deutschen Rechts genügt es, auch wenn ein Auslandseinsatz des deutschen Arbeitnehmers vorgesehen ist, wenn im Einstellungsschreiben die gesetzlichen Kündigungsfristen, die beim deutschen Arbeitgeber geltenden Tarifverträge und die »Betriebliche Ordnung« des Arbeitgebers für anwendbar erklärt werden (*BAG* 26.7.1995 AP Nr. 7 zu § 157 BGB). **798**

**799** Eine Rechtswahl ist gem. Art. 27 Abs. 3 EGBGB/Art. 3 Rom I-VO auch dann zulässig, wenn der Arbeitsvertrag keinerlei Auslandsbeziehung aufweist. Auch muss die gewählte Rechtsordnung in keinem sachlichen Zusammenhang zum Arbeitsvertrag stehen.

**800** Art. 27 Abs. 1 S. 3 EGBGB/Art. 3 Rom I-VO ermöglicht es, eine Rechtswahl nur für einen abtrennbaren Teil des Arbeitsvertrages zu treffen. In Betracht kommen z. B. die Zusage einer betrieblichen Altersversorgung (*BAG* 20.4.2004 EzA § 29 ZPO 2002 Nr. 2) oder ein nachvertragliches Wettbewerbsverbot.

**801** Bis zum Zeitpunkt der letzten mündlichen Verhandlung in der Tatsacheninstanz kann schließlich die Rechtswahl nachträglich getroffen oder geändert werden (z. B. konkludent durch die unwidersprochene Berufung auf Vorschriften einer bestimmten Rechtsordnung im Prozess).

**802** Die damit gegebene weitgehende Freiheit der Rechtswahl wird durch Art. 30 Abs. 1 EGBGB/Art. 8 Rom I-VO eingeschränkt. Danach darf die Rechtswahl beim Arbeitsvertrag nicht dazu führen, dass dem Arbeitnehmer der Schutz entzogen wird, der ihm durch zwingende Bestimmungen des Rechts gewährt wird, das nach Art. 30 Abs. 2 EGBGB/Art. 8 Rom I-VO ohne Rechtswahl anzuwenden wäre.

**803** Ist die Rechtswahlklausel **Bestandteil von AGB**, sind die §§ 305 ff. BGB wegen Art. 31 Abs. 1 EGBGB/Art. 10 Abs. 1 Rom I-VO grds. nur anwendbar, wenn die Vertragsparteien das deutsche **Recht als Vertragsstatut gewählt haben**. Dann erfolgt eine Einbeziehungskontrolle (§§ 305 Abs., 2, 306 BGB; MünchArbR/*Oetker* § 11 Rn. 18). Die inhaltliche Wirksamkeit der Rechtswahl bestimmt sich vor deutschen Gerichten nach dem EGBGB bzw. der Rom I-VO, die in Art. 27 EGBGB/Art. 3 Rom I-VO keine Inhaltskontrolle vorsehen. Nichts anderes gilt für die Rechtswahl nach Art. 3 Rom I-VO. Die Transparenz der Rechtswahlklausel stellt Art. 27 EGBGB/Art. 3 Rom I-VO sicher; die Beibehaltung des Arbeitnehmerschutzes folgt aus Art. 30 Abs. 1 EGBGB/Art. 8 Rom I-VO (MünchArbR/*Oetker* § 11 Rn. 18).

**804** Zu den zwingenden Bestimmungen des deutschen Arbeitnehmerschutzrechts zählen insbes. die unabdingbaren Vorschriften des Kündigungsschutzrechts, des Urlaubsrechts, des Rechts der Entgelt– und Entgeltfortzahlung, des Mutter- und Jugendarbeitsschutzes sowie des Arbeitszeitrechts (MünchArbR/*Oetker* § 11 Rn. 23).

**805** Zwingend sind daneben § 613a BGB, § 22 ArbNErfG, § 17 Abs. 3 BetrAVG, aber, wie sich aus Art. 27 Abs. 3 EGBGB/Art. 3 Rom I-VO ergibt, nicht generell Normen, über die die Vertragsparteien nicht disponieren können.

**806** Fraglich ist, wie ermittelt werden soll, ob das objektive Vertragsstatut gem. Art. 30 Abs. 2 EGBGB/Art. 8 Rom I-VO günstiger wäre als das vereinbarte. In Betracht kommt ein **Einzelvergleich** der betreffenden Einzelfrage (so z. B. *LAG BW* 15.10.2002 LAGE Art. 30 EGBGB Nr. 6), ein pauschaler **Gesamtvergleich** der gesamten Vereinbarung, ein Sachgruppenvergleich, jeweils durch das Gericht; die **Wahl kann aber auch dem Arbeitnehmer** überlassen werden. Jedenfalls ist der Günstigkeitsvergleich anhand objektiver Kriterien vorzunehmen und nicht nach der Einschätzung des Arbeitnehmers. Sofern ihm dadurch ein von ihm nicht gewollter Schutz aufgedrängt wird, ist dies die Konsequenz der Beschränkung der Rechtswahl durch Art. 30 EGBGB/Art. 8 Rom I-VO (MünchArbR/*Oetker* § 11 Rn. 26).

**807** Im Bereich der **betrieblichen Altersversorgung** gelten die deutschen Bestimmungen wegen ihres zwingenden Charakters auch dann, wenn ein ausländisches Versorgungsstatut gewählt worden ist, soweit die Gesamtumstände ergeben, dass das Arbeitsverhältnis eine engere Verbindung zur BRD aufweist oder sich der gewöhnliche Arbeitsort hier befindet.

## H. Internationales und Europäisches Arbeitsrecht Kapitel 1

### bb) Die objektive Anknüpfung des Arbeitsvertrages

Fehlt eine Rechtswahl zwischen den Parteien, so knüpft Art. 30 Abs. 2 EGBGB/Art. 8 Rom I-VO objektiv zunächst an gewöhnlichen den Arbeitsort an (*BAG* 20.4.2004 EzA § 29 ZPO 2002 Nr. 2; vgl. *Riesenhuber* DB 2005, 1571 ff.; s. MünchArbR/*Oetker* § 11 Rn. 28 ff.). **808**

**Setzt ein amerikanisches Luftfahrtunternehmen** Flugpersonal **von einem in der BRD gelegenen Ort aus regelmäßig nur auf Flugstrecken innerhalb der BRD ein, so ist deutsches Recht grds. anwendbar** (*BAG* 29.10.1992 EzA Art. 30 EGBGB Nr. 2; 13.11.2007 EzA Art. 30 EGBGB Nr. 9; s. *Pietras* NZA 2008, 1051 ff. für Flugbegleiterinnen). **809**

Ein **Auslandsaufenthalt** steht dem nicht entgegen, solange der grenzüberschreitende Arbeitseinsatz die Ausnahme, nicht aber die Regel bildet, weil sich dann das Zentrum individualarbeitsrechtlicher Anbindung noch nicht verschoben hat. Maßgeblich ist insoweit eine Bewertung der vertraglichen Vereinbarung (z. B. die Zeit- oder Zweckbefristung des Auslandseinsatzes) oder der einseitigen Gestaltung durch den Arbeitgeber. Eine generelle Begrenzung der vorübergehenden Entsendung auf einen bestimmten zeitlichen Rahmen ist nicht erforderlich (vgl. auch *BGH* 28.11.1980 AP Internationales Privatrecht-Arbeitsrecht Nr. 20 zum Handelsvertreterverhältnis). **810**

An die einstellende Niederlassung (Betriebsteil, Betriebsstätte) wird demgegenüber dann angeknüpft, wenn der Arbeitnehmer seine Arbeit gewöhnlich nicht in einem Staat verrichtet, sodass die Arbeitsleistung keinen territorialen Schwerpunkt in einem bestimmten Staat aufweist (s. MünchArbR/*Oetker* § 11 Rn. 32 ff.). **811**

Nicht erforderlich ist es, dass der Arbeitnehmer am Ort der Niederlassung auch tatsächlich arbeitet. Durch diese objektive Anknüpfung soll vermieden werden, dass die dauernden Veränderungen der Umstände der Erbringung der Arbeitsleistung sich rechtlich in einem sich stets verändernden Arbeitsvertragsstatut auswirken, sodass das anwendbare Recht berechenbar ist. **812**

Arbeitsort oder einstellende Niederlassung sind aber nur dann verbindlich (Art. 30 Abs. 2 Nr. 2 2. Hs. EGBGB/Art. 8 Rom I-VO), wenn feststeht, dass keine engeren Verbindungen zu einem anderen Staat bestehen (Ausweichstatut; s. MünchArbR/*Oetker* § 11 Rn. 35 f.). **813**

Als **objektive Anknüpfungskriterien** kommen nach der Rechtsprechung des *BAG* (29.10.1992 EzA Art. 30 EGBGB Nr. 2; 11.12.2003 EzA Art. 30 EGBGB Nr. 7; *LAG BW* 15.10.2002 LAGE Art. 30 EGBGB Nr. 6) in Betracht: **814**
- die (gemeinsame) **Staatsangehörigkeit** der Vertragsparteien,
- der **Sitz des Arbeitgebers**,
- die **Vertragssprache**,
- die **Währung, in der die Vergütung bezahlt wird**,
- der **Ort des Vertragsabschlusses**;
- die **frühere lange Inlandstätigkeit** und der inländische Wohnsitz des Arbeitnehmers (*BAG* 10.4.1975 AP Nr. 12 zu Internationales Privatrecht-Arbeitsrecht),
- die Zugehörigkeit zu einem **inländischen Ausbildungsprogramm** des Arbeitgebers, die Aufrechterhaltung sozialer Vorteile im Bereich der betrieblichen Sozialleistungen oder der Sozialversicherung sowie
- die **gleiche Behandlung** innerhalb bestimmter Arbeitnehmergruppen.

Hinzukommen können weitere **vertragswesentliche Gesichtspunkte**, die in ihrer Gesamtheit hinreichendes Gewicht haben, um die Bedeutung der Regelanknüpfung zu überwinden. Das von der Regelanknüpfung berufene Recht wird insoweit nur dann verdrängt, wenn die Gesamtheit wichtiger und nicht nur nebensächlicher Anknüpfungsmerkmale zu einem anderen Ergebnis führt (*BAG* 11.12.2003 EzA Art. 30 EGBGB Nr. 7). So ist z. B. nach Art. 30 EGBGB/Art. 8 Rom I-VO der frühere gewöhnliche Arbeitsort nicht entscheidend, wenn sich aus der **Gesamtheit der Umstände** ergibt, dass die **zugesagte Versorgung engere Beziehungen zu einem anderen Staat aufweist**. Diese Voraussetzung kann erfüllt sein, wenn der Arbeitgeber seinen Sitz in den USA hat, die in englischer Sprache verfasste Versorgungsordnung nur für Arbeitnehmer bestimmt ist, die **815**

Staatsbürger der USA sind, die Versorgung von einem Versicherer in den USA abzuwickeln ist, Überwachungsgremien in den USA vorgesehen sind und die Betriebsrente in Dollar zu zahlen ist (*BAG* 20.4.2004 EzA § 29 ZPO 2002 Nr. 2).

Da bislang weder durch Art. 30 EGBGB/Art. 8 Rom I-VO noch durch die Rechtsprechung des EuGH konkretisiert worden ist, was unter Arbeitsvertrag und Arbeitsverhältnis in diesem Sinne zu verstehen ist, ist diese Norm zumindest analog für Rechtsverhältnisse anzuwenden, in denen die Schutzbedürftigkeit derjenigen des Arbeitnehmers gleichsteht (z. B. bei Berufsausbildung und Heimarbeit).

816 Ist auf Grund einer deutschen Kollisionsnorm ausländisches Recht anzuwenden und lassen sich über dessen Inhalt keine sicheren Feststellungen treffen, so sind nach der Rechtsprechung des *BGH* (23.12.1981 AP Nr. 21 zu Internationales Privatrecht-Arbeitsrecht) die Sachnormen des deutschen Rechts anzuwenden. Wäre die Anwendung inländischen Rechts aber äußerst unbefriedigend (was im Arbeitsrecht wohl kaum der Fall sein wird), kann auch die Anwendung des dem an sich berufenen Recht nächstverwandten oder des wahrscheinlich geltenden Rechts gerechtfertigt sein.

*cc) Beispiele:*

817 ▶ – Wird ein Arbeitsvertrag in Italien zwischen einer italienischen AG mit Hauptsitz in Italien und italienischen Arbeitnehmern mit Wohnsitz in Italien in italienischer Sprache nach Anwerbung der Arbeitnehmer in Italien abgeschlossen, die Vergütung in italienischer Lire vereinbart und zahlt die Arbeitgeberin Beiträge für diese Arbeitnehmer an die italienische Cassa Edile, eine der ZVK vergleichbare Einrichtung des Baugewerbes in Italien, so bestehen engere Bindungen der Arbeitsverhältnisse zu Italien als zur BRD, auch wenn die Arbeitsverträge befristet für den Einsatz auf deutschen Baustellen abgeschlossen wurden und als Arbeitgeber eine deutsche Zweigniederlassung genannt ist (*BAG* 9.7.2003 EzA Art. 30 EGBGB Nr. 6).
– Das Arbeitsverhältnis einer englischen Staatsangehörigen mit Wohnsitz in England, die auf Grund eines in englischer Sprache in England abgeschlossenen Vertrages auf einem die Bundesflagge führenden, in Hamburg registrierten und zwischen den Niederlanden und England eingesetzten **Fährschiff** von einer englischen Gesellschaft beschäftigt und in englischer Währung nach einem englischen Tarifvertrag bezahlt wird, weist engere Beziehungen zu England i. S. d. Art. 30 Abs. 2 Nr. 2 2. Hs. EGBGB/Art. 8 Rom I-VO auf (*BAG* 24.8.1989 EzA Art. 30 EGBGB Nr. 1).
– Die Arbeitsverhältnisse der **Seeleute** aus dem Nicht-EG-Ausland auf im internationalen Schiffsregister eingetragenen Schiffen unter deutscher Flagge richten sich mangels Rechtswahl nach dem Recht des Staates, zu dem sich aus der Gesamtheit der Umstände die engere Verbindung ergibt. Daraus kann sich z. B. die Anwendbarkeit des Rechts der Republik Indien auf in Bombay abgeschlossene Heuerverträge mit indischen Seeleuten ergeben (*BAG* 3.5.1995 EzA Art. 30 EGBGB Nr. 3).
– Setzt ein Luftfahrtunternehmen **Flugpersonal** von einem in einem Staat gelegenen Ort aus regelmäßig nur auf Flugstrecken innerhalb dieses Staates ein, so unterliegen dessen Arbeitsverträge ohne Rechtswahl nach der Regelanknüpfung des Art. 30 Abs. 2 Nr. 1 EGBGB/Art. 8 Rom I-VO. dem Recht dieses Staates (*BAG* 29.10.1992 EzA Art. 30 EGBGB Nr. 2).
– Das *LAG Hessen* (16.11.1999 NZA-RR 2000, 401) hat angenommen, dass auf das Arbeitsverhältnis einer **Flugbegleiterin deutscher Nationalität** mit Wohnsitz in Deutschland, die bei einer US-amerikanischen Fluggesellschaft mit Sitz in Chicago beschäftigt ist, nunmehr an deren Base in Frankf. stationiert ist und von dort aus für Interkontinentalflüge in die USA eingesetzt wird, in Anknüpfung an den Ort der Einstellungsniederlassung (Zentrale in Chicago) US-amerikanisches Recht, jedenfalls kein deutsches Recht Anwendung findet.

818 Das *BAG* (12.12.2001 EzA Art. 30 EGBGB Nr. 5; krit. *Gragert/Drenckhahn* NZA 2003, 305 ff.) hat diese Beurteilung im Ergebnis bestätigt und folgende Grundsätze aufgestellt:

## H. Internationales und Europäisches Arbeitsrecht Kapitel 1

- Ein gewichtiges Indiz für eine konkludente Rechtswahl nach Art. 27 EGBGB/Art. 3 Rom I-VO ist die arbeitsvertragliche Bezugnahme auf Tarifverträge und sonstige Regelungen am Sitz des Arbeitgebers.
- Die Regelanknüpfung an den Arbeitsort nach Art. 30 Abs. 2 Nr. 1 EGBGB/Art. 8 Rom I-VO 819 zur Bestimmung des zwingenden Rechts nach Art. 30 Abs. 1 EGBGB kommt bei Flugbegleitern im internationalen Flugverkehr nicht in Betracht. Ein gewöhnlicher Arbeitsort kann für diese Arbeitnehmer nicht bestimmt werden. Die Zuordnung zu einer bestimmten Niederlassung und die Eingliederung in die betreffende Organisationsstruktur begründen keinen gewöhnlichen Arbeitsort.
- Zur Bestimmung des für Flugbegleiter im internationalen Flugverkehr zwingenden Rechts kann 820 auch nicht nach Art. 30 Abs. 2 Nr. 1 EGBGB/Art. 8 Rom I-VO auf das Recht des Staates abgestellt werden, in dem das Flugzeug registriert ist. Hiergegen spricht, dass Flugzeugbesatzungen in verschiedenen Maschinen eingesetzt werden, wobei diese Maschinen auch von einer anderen Fluggesellschaft ausgeliehen sein können.
- Verrichtet der Arbeitnehmer seine Arbeit gewöhnlich nicht in ein und demselben Staat, ist nach 821 Art. 30 Abs. 2 Nr. 2 EGBGB/Art. 8 Rom I-VO das Recht des Staates maßgebend, in dem sich die Niederlassung befindet, die den Arbeitnehmer eingestellt hat. Wie sich die einstellende Niederlassung näher bestimmt, bleibt unentschieden.
- Auf das Arbeitsverhältnis eines britischen Staatsangehörigen, der für ein amerikanisches Unterneh- 822 men vorwiegend in Großbritannien arbeitet, ist mutmaßlich englisches Recht anzuwenden (*BAG* 26.2.1985 AP Nr. 23 zu Internationales Privatrecht-Arbeitsrecht).
- Macht eine für ein Unternehmen in der BRD ausschließlich in Frankreich beschäftigte **Handels-** 823 **vertreterin** in der Insolvenz dieses Unternehmens für noch offene Provisionsforderungen Insolvenzvorrechte, so ist dafür die Arbeitnehmereigenschaft nach deutschem Recht zu bestimmen (*BAG* 24.3.1992 EzA § 61 KO Nr. 14).
- Auf einen **Handelsvertreter**, der nach seinem Arbeitsvertrag die Benelux-Staaten betreuen muss, 824 selbst aber in den Niederlanden wohnt, ist Art. 30 Abs. 2 Nr. 1 EGBGB/Art. 8 Rom I-VO (Erfüllungsort) nicht anwendbar. Art. 30 Abs. 2 Nr. 2 EGBGB/Art. 8 Rom I-VO (Niederlassung) ist dann einschlägig, wenn die Tätigkeit von einem Standort aus in einem anderen Staat nicht ungewöhnlich ist. Die weitgehende Freiheit in der Arbeitsweise und bei der Setzung regionaler Schwerpunkte, die ein Arbeitnehmer genießt, führt nicht dazu, dass sich das jeweils anzuwendende Arbeitsstatut nach dem aktuellen Stand der tatsächlichen Reisetätigkeit richtet (*LAG Brem.* 17.4.1996 NZA-RR 1997, 107).
- Der Arbeitsort ist grds. für den Arbeitsvertrag und die Zusage einer betrieblichen Altersversorgung 825 identisch. Bei fehlender Rechtswahl gilt daher für die **Versorgungszusage** das Recht des Arbeitsortes. Soweit ein Arbeitsverhältnis mit einem deutschen Unternehmen nach deutschem Recht existiert, ist auf die Versorgungszusage das BetrAVG anzuwenden, und zwar selbst dann, wenn es durch eine Ruhensvereinbarung auf ein Rumpfarbeitsverhältnis reduziert ist (MünchArbR/*Förster/Rühmann* 2. Aufl., § 113 Rn. 26).
- Die kollisionsrechtliche Bestimmung des anzuwendenden Rechts erfolgt einheitlich für alle Arten 826 der individualrechtlichen Zusageerteilung und für alle Durchführungswege. Allerdings folgt aus der Anwendbarkeit deutschen Betriebsrentenrechts zwischen Arbeitgeber und Arbeitnehmer nicht automatisch die Anwendung deutschen Versicherungsvertragsrechts, denn diese Rechtsbeziehungen unterliegen eigenen kollisionsrechtlichen Regelungen.

Einer stärkeren Einschränkung hinsichtlich der Rechtswahl unterliegt die **Insolvenzsicherung**, da 827 deren privatrechtliche Vereinbarung rechtlich unzulässig ist (vgl. *BAG* 22.9.1987 EzA § 1 BetrAVG Ablösung Nr. 1).

Ein von der Anknüpfung an den Arbeitsort bzw. die Niederlassung abweichender Umstand allein 828 reicht für sich genommen nicht aus, um die Anknüpfung nach Art. 30 Abs. 2 Nr. 1, 2 EGBGB/Art. 8 Rom I-VO umzustoßen (*BAG* 24.8.1989 EzA Art. 30 EGBGB Nr. 1).

### dd) Der Wechsel des Arbeitsvertragsstatuts

**829** Das Statut ist wandelbar, wenn die Vertragsparteien nach dem Vertragsabschluss ein anderes bestimmtes Recht auf ihn für anwendbar erklären (Art. 30 Abs. 1, 27 Abs. 2 S. 1 EGBGB/Art. 8, 3 Rom I-VO; MünchArbR/*Oetker* § 11 Rn. 37 f.).

**830** Ändern sich die für die Rechtswahl gem. Art. 30 Abs. 2 EGBGB/Art. 8 Rom I-VO maßgeblichen Anknüpfungskriterien nach Vertragsschluss (z. B. durch die Verlegung des gewöhnlichen Arbeitsortes von Frankreich nach Italien), so kann dies zur Anwendbarkeit italienischen Rechts führen. Denn eine Beschränkung der Bestimmung des Vertragsstatuts allein auf den **Zeitpunkt des Vertragsabschlusses** lässt sich dem Gesetz nicht entnehmen.

**831** Im Rahmen des Art. 30 Abs. 2 Nr. 2 EGBGB/Art. 8 Rom I-VO ist dagegen eine Veränderung nur gem. Art. 27 Abs. 2 S. 1 EGBGB/Art. 3 Rom I-VO möglich.

**832** Sind die engeren Verbindungen zu einem anderen Staat maßgeblich, kommt ein Wechsel nicht in Betracht, weil das Vertragsstatut dann erst zum Zeitpunkt der letzten mündlichen Verhandlung festgelegt wird, sodass etwaiges zuvor anwendbares Recht als Vertragsstatut keine Rolle spielt.

### ee) Das Arbeitnehmer-Entsendegesetz (AEntG)

*(1) Grundlagen*

**833** Ausländische Arbeitnehmer, die von einem ausländischen Arbeitgeber vorübergehend nach Deutschland entsandt werden, unterliegen an sich gem. Art. 30 Abs. 2 Nr. 1/Art. 8 Rom I-VO EGBGB nicht dem Schutz des deutschen Arbeitsrechts (s. Rdn. 792 ff.). **Ausländische Unternehmen sind folglich nicht verpflichtet, ihnen die in Deutschland geltenden Arbeits- und Beschäftigungsbedingungen** (z. B. hinsichtlich der Lohnhöhe, des Urlaubs usw.) **zu gewähren.** Fehlende Sozialabgaben und niedrige Lohnzusatzkosten im Ausland bedeuten insbes., aber nicht nur im Baubereich, deshalb einen erheblichen Kostenvorteil. Um eine drastische **Verschlechterung der Wettbewerbssituation vor allem der Klein- und Mittelbetriebe zu verhindern**, soll – so der ursprüngliche Gesetzeszweck – durch das AEntG, eine **Annäherung der unterschiedlichen Wettbewerbsvoraussetzungen** dadurch herbei geführt werden, dass ausländische Arbeitgeber verpflichtet werden, ihren in Deutschland beschäftigten Arbeitnehmern die hier geltenden, wettbewerbsrelevanten Arbeitsbedingungen zu gewähren (BT-Drs. 13/2414, S. 7; vgl. *Hickl* NZA 1997, 515 ff.).

**834** Während das AEntG **zunächst** (seit 1996) vorrangig auf die **Verwerfungen** reagieren sollte, die eine globalisierte Wirtschaft und die Intensivierung des europäischen Binnenmarktes im nationalen Arbeitsmarkt verursachen, **reagiert es zunehmend** darauf, dass von annähernd gleicher Bedeutung die **erhebliche Lohndifferenzierung im Inland ist,** verursacht u. a. durch nachlassende Tarifbindung mit weit verbreiteten untertariflichen Arbeitsbedingungen. Verfolgt wird das Ziel der **Durchsetzung angemessener (Mindest-)Arbeitsbedingungen nicht mehr nur hauptsächlich zugunsten grenzüberschreitend entsandter ausländischer, sondern ebenso zugunsten inländischer Beschäftigter, welches durch staatl. Mitwirkung erreicht werden soll** (§ 1 AEntG). Weiteres Regelungsziel ist die Gewährleistung fairer Wettbewerbsbedingungen (*EuGH* 18.12.2007 NZA 2008, 159) für die Unternehmen. Denn Lohnkosten für die Beschäftigten sind, zumal im Dienstleistungsbereich, ein erheblicher Teil der wettbewerbsrelevanten Unternehmenskosten. Die Reform soll zugleich arbeitsmarktpolitische Wirkungen i. S. einer Ausweitung sozialversicherungspflichtiger Normalarbeitsverhältnisse entfalten und die Tarifautonomie soll stabilisiert werden. Denn die Ordnungs- und Befriedungsfunktion der Tarifautonomie, die Verfassungsrang hat, droht untergraben zu werden, wenn das Abweichen von tariflichen Standards so verbreitet ist, dass Tarifverträge faktisch den Arbeitsmarkt nicht mehr regulieren können (ErfK/*Schlachter* § 1 AEntG Rn. 1).

## H. Internationales und Europäisches Arbeitsrecht    Kapitel 1

### (2) Normzweck

Nach Art. 30 Abs. 2 Nr. 1 EGBGB/Art. 8 Rom I-VO unterliegen Arbeitsverhältnisse entsandter Arbeitnehmer bei objektiver Anknüpfung grds. dem **Recht des Staates, in dem der Arbeitnehmer gewöhnlich seine Arbeit verrichtet**, selbst wenn er vorübergehend in einen anderen Staat entsandt ist. Arbeitnehmer, die von ausländischen Bauunternehmen zur vorübergehenden Durchführung von Bauarbeiten ins Inland entsandt werden, unterliegen deshalb ihrem heimischen Arbeitsrecht (*Schlachter* NZA 2000, 57). Damit ist die Geltung inländischer allgemeinverbindlicher Tarifverträge ausgeschlossen (BAG 4.5.1977 EzA § 4 TVG Bauindustrie Nr. 25; ErfK/*Schlachter* § 1 AEntG Rn. 3; a. A. *Deinert* RdA 1996, 339). Hat der ausländische Arbeitgeber in seinem Sitzstaat Arbeitnehmer nur zur Ausführung eines Projektes in Deutschland angeworben, ändert das i. d. R. nichts: Zwar liegt dann der gewöhnliche Arbeitsort (Art. 30 Abs. 2 Nr. 1 EGBGB/Art. 8 Rom I-VO) in Deutschland, das gemeinsame Heimatrecht ist aber wegen der engeren Verbindung (Art. 30 Abs. 2 Nr. 2 EGBGB/Art. 8 Rom I-VO) i. d. R. dennoch maßgeblich. Bei dauerhaft wechselnden Einsatzstaaten ist danach das Recht der einstellenden Niederlassung des Arbeitgebers anzuwenden. Stets gilt also im Regelfall das Heimatrecht des ausländischen Arbeitgebers (*Schlachter* NZA 2002, 1242 ff.). Zwar dürfte einem ausländischen Arbeitnehmer eine Arbeitserlaubnis nur erteilt werden, wenn er nicht zu ungünstigeren Arbeitsbedingungen als vergleichbare deutsche Arbeitnehmer beschäftigt wird (§ 404 Abs. 2 Nr. 3 SGB III); ein subjektiver Anspruch auf Auszahlung der gleichen Vergütung zugunsten des Arbeitnehmers wird dadurch aber nicht begründet (BAG 25.6.2002 EzA § 1 AEntG Nr. 1). **Arbeitnehmer von Unternehmen aus der EU und dem EWR benötigen ohnehin keine Arbeitserlaubnis** (*EuGH* 21.10.2004 NZA 2005, 99; ErfK/*Schlachter* § 1 AEntG Rn. 3). Voraussetzung einer zulässigen Entsendung drittstaatsangehöriger Arbeitnehmer ist lediglich deren »ordnungsgemäße und dauerhafte Beschäftigung« im Staat des entsendenden Unternehmens, die sicherstellt, dass sie am Ort ihres vorübergehenden Einsatzes keinen Zutritt zum Arbeitsmarkt suchen (s. Art. 14 VO (EWG) Nr. 1408/71; zur Sozialversicherungspflicht § 5 SGB IV; ErfK/*Schlachter* § 1 AEntG Rn. 3).

**835**

### (3) Europäisches Recht

Die Entsende-RL normiert **bestimmte Kernarbeitsbedingungen**, hinsichtlich derer der Empfangsstaat eine Untergrenze festlegt, die für alle am Arbeitsort tätigen Beschäftigten nicht unterschritten werden darf (*EuGH* 18.12.2007 EzA Art. 9 GG Arbeitskampf Nr. 142; ErfK/*Schlachter* § 1 AEntG Rn. 4). Art. 3 I RL 96/71/EG sieht vor, dass bestimmte Vorschriften des Empfangsstaates auf alle Arbeitsverhältnisse angewendet werden müssen, die in diesem Land durchgeführt werden, unabhängig davon, welchem Recht sie sonst unterliegen. Damit werden diese Rechtsnormen des Empfangsstaats zu »Eingriffsnormen« i. S. d. Art. 34 EGBGB/Art. 9 Rom I-VO, die sich gegen das sonst anwendbare Arbeitsvertragsstatut, i. d. R. das Recht des Entsendestaates, durchsetzen (s. BAG 21.11.2007 EzA § 1 AEntG Nr. 11; ErfK/*Schlachter* § 1 AEntG Rn. 4). Damit werden Regeln geschaffen, die das Entsendeunternehmen in seiner Dienstleistungsfreiheit (Art. 56 AEUV) beschränken. Jeder derartige Eingriff in eine gemeinschaftsrechtliche Grundfreiheit bedarf einer gesetzlichen Ermächtigungsgrundlage sowie einer Rechtfertigung durch andere Interessen von anerkannt hohem Rang (ErfK/*Schlachter* § 1 AEntG Rn. 4).

**836**

Das ist dann der Fall, wenn die Beschränkungen auf **anerkannt wichtigen Gründen des Allgemeinwohls beruhen**, die nicht bereits schon durch Vorschriften geschützt werden, denen das Entsendeunternehmen nach seinem Heimatrecht unterliegt. Die Maßnahme muss zudem in verhältnismäßiger Weise angewendet werden, also geeignet sein, das verfolgte Ziel des Allgemeinwohls auch tatsächlich zu erreichen; sie darf dabei nicht über das hinausgehen, was zur Zweckerreichung erforderlich ist (*EuGH* 18.12.2007 EzA Art. 9 GG Arbeitskampf Nr. 142 = NZA 2008, 159; ErfK/*Schlachter* § 1 AEntG Rn. 5). Zu den anerkannten Gründen des Allgemeinwohls zählt der Arbeitnehmerschutz (*EuGH* 11.12.2007 EzA Art. 9 GG Arbeitskampf Nr. 141; 18.12.2007 EzA Art. 9 GG Arbeitskampf Nr. 142 = NZA 2008, 159) ebenso wie die Verhinderung von unlauterem Wettbewerb zwischen Unternehmen des Entsende- und des Empfangsstaates (*EuGH* 12.10.2004

**837**

EzA EG-Vertrag 1999 Richtlinie 97/81 Nr. 1 = NZA 2004, 1211), soweit dieses Ziel nicht in Widerspruch mit dem Arbeitnehmerschutz steht (ErfK/*Schlachter* § 1 AEntG Rn. 5). Die Vorschriften des AEntG werden daraufhin überprüft, **ob sie dem entsandten Arbeitnehmer tatsächlich einen materiellen Vorteil bringen, der über das hinausgeht, was dem Betroffenen auch ohne diese Vorschrift bereits im Wesentlichen gewährt wird** (*EuGH* 25.10.2001 EzA § 1 AEntG Nr. 11). Weitere Rechtfertigungsmöglichkeiten sieht Art. 3 Entsende-RL (*EuGH* 3.4.2008 EzA EG-Vertrag 1999 Art. 49 Nr. 4; ErfK/*Schlachter* § 1 AEntG Rn. 5) in Form verschiedener Modelle vor, nach denen ein Mitgliedstaat die Dienstleistungsfreiheit durch die Festsetzung von Mindestbedingungen beschränken darf. Er ist in der Auswahl frei, muss sich aber an die vorgegebenen Modelle halten. Das AEntG hat sich insoweit für die Festlegung durch Gesetz bzw. Verwaltungsvorschrift (§ 2 AEntG) oder durch Tarifverträge (§§ 3–8 AEntG) entschieden. Bei letzteren muss es sich gem. Art. 3 Abs. 8 Entsende-RL um Tarifverträge handeln, »die von allen in den jeweiligen geographischen Bereich fallenden und die betreffende Tätigkeit ausübenden Unternehmen einzuhalten sind«. Nur eine Beschränkung der Dienstleistungsfreiheit, der sich kein vergleichbares Unternehmen im räumlichen Geltungsbereich des Tarifvertrag entziehen kann, ist also legitimiert (ErfK/*Schlachter* § 1 AEntG Rn. 5 ff.).

### (4) Vereinbarkeit des AEntG mit dem GG

838 Durch die Festlegung von Mindestarbeitsbedingungen, insbes. Mindestlohn unter Mitwirkung des Staates wird auf der Grundlage des AEntG, das die Entsende-RL umsetzt, in die Tarifautonomie der Verbände, die gem. Art. 9 Abs. 3 GG von staatlicher Einflussnahme vor allem auf die Kernregelungen zu Lohn und Arbeitszeit weitgehend freigestellt werden (*BVerfG* 24.4.1996 EzA Art. 9 GG Nr. 61), eingegriffen (ErfK/*Schlachter* § 1 AEntG Rn. 12). Der **Gestaltungsvorrang der Tarifvertragsparteien wird durch zwingende, nicht tarifdispositive Mindestentgeltsätze beschränkt** (s. *Sodan/Zimmermann* ZfA 2008, 526 ff.). Schon bei den Tarifvertragsverhandlungen müssen die Beteiligten berücksichtigen, welche Folgewirkungen für die gesamte Branche durch eine Geltungserstreckung eintreten könnten; die Orientierung an den Mitgliederinteressen kann dadurch beeinträchtigt werden. Auch kann die Werbewirksamkeit von Koalitionen leiden, wenn Tarifnormen unabhängig von einer Mitgliedschaft gelten (*BVerfG* 14.11.1995 EzA Art. 9 GG Nr. 60). Beschränkt wird zudem die Koalitionsfreiheit anders organisierter Arbeitgeber und Arbeitnehmer, wenn die Tarifverträge der Verbände, denen sie beigetreten sind, durch staatl. Regulierung – teilweise – nicht anwendbar sind. Dabei besteht an sich eine materielle Richtigkeitsgewähr für Tarifnormen (s. instr. ErfK/*Schlachter* § 1 AEntG Rn. 12). Eine Verletzung der negativen Koalitionsfreiheit der Tarifaußenseiter kommt aber jedenfalls nicht in Betracht, denn der mittelbare Druck zum Koalitionsbeitritt, der durch eine Geltungserstreckung von Tarifnormen auf Außenseiter ausgeübt werden kann, ist nicht in einem insoweit relevantem Ausmaß »spürbar« (*BVerfG* 18.7.2000 EzA Art. 9 GG Nr. 69; ErfK/*Schlachter* § 1 AEntG Rn. 12; krit. *Bayreuther* NJW 2009, 2006 ff.).

### (5) Allgemeine Arbeitsbedingungen

839 § 2 AEntG übernimmt Art. 3 der Entsende-RL, legt also fest, dass die genannten Arbeits- Beschäftigungsbedingungen Eingriffsnormen gem. Art. 34 EGBGB/Art. 9 Rom I-VO sind. Sie sind unabhängig davon anwendbar, ob das Arbeitsverhältnis deutschem Recht unterliegt. Für durch Rechts- und Verwaltungsvorschriften festgelegte Mindestarbeitsbedingungen gilt § 2 AEntG innerhalb und außerhalb der Branchen, in denen Tarifbedingungen gem. §§ 3, 5 AEntG gelten. Eine Entsendungssituation wird nicht vorausgesetzt, wohl aber eine Beschäftigung des Arbeitnehmers im Inland. In Deutschland angeworbene Ortskräfte eines Arbeitgebers mit Sitz im Ausland werden daher von § 2 AEntG ebenso erfasst wie entsandte Beschäftigte. Ob das Rechtsverhältnis zwischen einem im Ausland ansässigen Arbeitgeber und einem im Inland Beschäftigten als ein Arbeitsverhältnis zu qualifizieren ist, bestimmt sich nach deutschem Recht (ErfK/*Schlachter* § 2 AEntG Rn. 1). Nach Heimatrecht als *selbständige* (Sub-)Unternehmer anzusehende Personen können deshalb Ansprüche gem. § 2 AEntG haben, wenn sie die nach deutschem Recht entscheidenden Voraussetzungen des Arbeitnehmerbegriffs erfüllen (instr. ErfK/*Schlachter* § 2 AEntG Rn. 1).

## H. Internationales und Europäisches Arbeitsrecht    Kapitel 1

§ 2 Nr. 1 AEntG erfasst Regelungen der §§ 3, 5 ArbZG, die bereits bisher als Eingriffsnormen  840
i. S. d. Art. 34 EGBGB/Art. 9 Rom I-VO anerkannt waren. Weitere Vorgaben finden sich im
SeemG, im FahrpersonalG sowie im LadSchlG.

§ 2 Nr. 2 AEntG erfasst neben dem Mindesturlaub (§ 3 BurlG) auch § 125 SGB IX und § 11
BurlG; (ErfK/*Schlachter* § 2 AEntG Rn. 2).

§ 2 Nr. 3 AEntG erfasst Mindestentgeltsätze, die in Deutschland aber bislang nicht gesetzlich
geregelt sind (s. a. *Sittard* NZA 2009, 346 ff.; *Maier* NZA 2009, 351 ff.; *Kortstock* NZA 2010,
311 ff.). Anwendbar ist auch § 17 Abs. 1 BBiG (»angemessene Vergütung«). Zudem kommt
die Rspr. zum Lohnwucher (*LAG Bln.* 20.2.1998 LAGE § 138 BGB Nr. 11; offen gelassen
von *BAG* 23.5.2001 EzA § 138 BGB Nr. 29) in Betracht (zutr. ErfK/*Schlachter* § 2 AEntG
Rn. 2; a. A. *Bayreuther* NZA 2010, 1157 ff.), die eine Bemessungsgrundlage für Mindestsätze
darstellt.

§ 2 Nr. 4 AEntG Nr. 4 erfasst die Regelungen des AÜG hinsichtlich der gewerblichen Arbeitnehmerüberlassung. Die Regelung gilt über die »insbesondere« genannten Leiharbeitsunternehmen
hinaus auch für andere Überlassungsformen (nicht gewerbsmäßige, erlaubnisfreie; ErfK/*Schlachter* § 2 AEntG Rn. 2).

§ 2 Nr. 5 AEntG erfasst das Arbeitsschutzrecht (u. a. ArbSchG, ASiG, ChemG, GenTG,
BImSchG), das auch bisher schon als international zwingend galt (ErfK/*Schlachter* § 2 AEntG
Rn. 2).

§ 2 Nr. 6 AEntG bezieht die Schutzmaßnahmen von MuSchG, KindArbSchV und JArbSchG
ein, die im Zusammenhang mit Arbeits- und Beschäftigungsbedingungen stehen (ErfK/*Schlachter* § 2 AEntG Rn. 2).

§ 2 Nr. 7 AEntG erfasst Nichtdiskriminierungsbestimmungen, eine zuvor nicht gebräuchliche
Bezeichnung für Benachteiligungsverbote, wie also insbes. das AGG (ErfK/*Schlachter* § 2 AEntG
Rn. 2; a. A. *Schrader/Straube* NZA 2007, 184 ff.), §§ 81 ff. SGB IX, § 4 TzBfG, Art. 3 GG,
Art. 157 AEUV.

*(6) Tarifvertragliche Arbeitsbedingungen*

§ 3 AEntG erweitert die Anwendbarkeit von nationalen Normen auf Arbeitsverhältnisse zwischen  841
einem im Ausland ansässigen Arbeitgeber und seinem im Inland beschäftigten Arbeitnehmer über
die in § 2 AEntG genannten Rechts- oder Verwaltungsvorschriften hinaus auf bestimmte Arbeitsbedingungen (§ 5 AEntG), **die durch Tarifverträge in bestimmten Branchen (§ 4 AEntG) geregelt
sind**. Der Tarifvertrag muss entweder für **allgemeinverbindlich** erklärt worden sein (§ 5 TVG) oder
von einer Rechtsverordnung gem. § 7 AEntG erfasst werden. Damit sollen diejenigen tariflichen Bedingungen, die im Inland ansässige Arbeitgeber ihren Beschäftigten mindestens gewähren müssen,
auch für die von im Ausland ansässigen Arbeitgebern im Inland beschäftigten Arbeitnehmern gelten
(§ 7 AEntG). Erforderlich ist, dass ein bundesweit einheitlicher Tarifvertrag für die inländischen Arbeitgeber der gesamten Branche gilt. Nur für die Arbeitsbedingungen gem. § 5 Nr. 2, 3 AEntG genügt es, wenn die bundesweit flächendeckende Geltung durch mehrere parallele Tarifverträge
erreicht wird (§ 3 S. 2 AEntG; ErfK/*Schlachter* § 3 AEntG Rn. 1). Für die Allgemeinverbindlicherklärung gilt § 5 TVG. Die Erweiterung der zwingenden Wirkung von Tarifnormen auf Arbeitsverhältnisse, die im Übrigen ausländischem Recht unterliegen, setzt voraus, dass der Tarifvertrag wirksam für allgemeinverbindlich erklärt wurde. Die gesetzliche Regelung ist erforderlich, weil fraglich
ist, ob allein durch die Allgemeinverbindlicherklärung Arbeitsverhältnisse mit ausländischem Arbeitsvertragsstatut überhaupt erfasst werden (*BAG* 9.7.2003 EzA Art. 30 EGBGB Nr. 6; ErfK/
*Schlachter* § 3 AEntG Rn. 6). Da die Tarifnormen nunmehr zu international zwingenden Normen
i. S. d. Art. 34 EGBGB/Art. 9 Rom I-VO erklärt werden, gelten sie eindeutig auch für ausländischem Recht unterliegende Arbeitsverhältnisse (*BAG* 14.8.2007 NZA 2008, 236; ErfK/*Schlachter*
§ 3 AEntG Rn. 6). Begründet werden damit für Beschäftigte in- und ausländischer ARGE gleicher-

maßen zwingend geltende Mindestbedingungen am selben Arbeitsort (ErfK/*Schlachter* § 3 AEntG Rn. 6).

842 Dieselben Rechtswirkungen können erreicht werden, wenn statt der Allgemeinverbindlicherklärung eine Rechtsverordnung gem. § 7 AEntG den Tarifvertrag auf bisher nicht an ihn gebundene Arbeitsverhältnisse erstreckt; das gilt jedoch nur für Tarifnormen gem. §§ 4, 5 AEntG. Die Geltungserstreckung auf Arbeitgeber mit Sitz im Ausland ist gemeinschaftsrechtlich nur dann keine unzulässige Diskriminierung, wenn auch alle inländischen Konkurrenten ihren Arbeitnehmern tatsächlich mindestens diese Tarifbedingungen gewähren müssen (ErfK/*Schlachter* § 3 AEntG Rn. 7). Rechtsfolge der Geltungserstreckung durch Rechtsverordnung ist, dass der Geltungsbereich des Tarifvertrages erweitert wird; auch Arbeitgeber und Arbeitnehmer, die zuvor – warum auch immer – an ihn nicht gebunden waren, aber im Übrigen seinem räumlichen, persönlichen und fachlichen Geltungsbereich unterliegen, sind zu seiner Anwendung verpflichtet. Das gilt auch für anders tarifgebundene Arbeitsverhältnisse (§ 8 Abs. 2 AEntG). Der in der Rechtsverordnung vorgeschriebene Standard muss von allen inländischen und ausländischen Arbeitgebern für ihre in Deutschland Beschäftigten mindestens gewährt werden. Inhaltlich ändern darf die Verordnung den Tarifvertrag nicht (ErfK/*Schlachter* § 7 AEntG Rn. 3; s. a. *Böhm* NZA 2010, 1218 ff.).

Antragsteller im Verordnungsverfahren sind beide Parteien des fraglichen Tarifvertrages gemeinsam (§ 7 Abs. 1 AEntG). Sie müssen sich in der Beurteilung ihres Interesses am Erlass der Rechtsverordnung einig sein. Bei der Beurteilung dieses Antrages durch das BMAS wird auf § 5 Abs. 1 Nr. 2 TVG verwiesen (öffentliches Interesse an der Geltungserstreckung). Dem Ministerium steht ein »außerordentlich weiter Beurteilungsspielraum« zu (*BAG* 28.3.1990 EzA § 5 TVG Nr. 10). Der bloße Wunsch nach einer Anhebung der Arbeitsbedingungen auf ein einheitliches Tarifniveau genügt nicht. Ein Verweis auf die 50 %-Tarifbindung des § 5 Abs. 1 Nr. 1 TVG fehlt (ErfK/*Schlachter* § 7 AEntG Rn. 4).

843 Die Entscheidung über den Erlass der Verordnung ist eine Ermessensentscheidung, die das Ergebnis der in § 7 Abs. 2 AEntG geregelten Gesamtabwägung bildet (instr. ErfK/*Schlachter* § 7 AEntG Rn. 5). Werden die Arbeitsbedingungen einer Branche nicht nur durch einen Tarifvertrag geregelt, ist dies bei der Entscheidung über den Erlass der Rechtsverordnung zu berücksichtigen (§ 7 Abs. 2 AEntG; zu Einzelheiten s. ErfK/*Schlachter* § 7 AEntG Rn. 6 f.). Die Vorschrift verweist den Verordnungsgeber auf eine Gesamtabwägung. Gem. § 7 Abs. 3 AEntG bedarf es besonderer Sorgfalt bei der Gesamtabwägung dann, wenn für mehrere konkurrierende Tarifverträge ein Antrag gem. § 7 Abs. 1 AEntG gestellt worden ist.

843a Welchen **Bindungen** das BMAS bei der **Aufhebung der Verordnung** unterliegt, ist anders als bei der Allgemeinverbindlicherklärung gem. § 5 Abs. 5 TVG **gesetzlich nicht geregelt**. Jedenfalls tritt die Verordnung **nicht automatisch** mit dem zugrunde liegenden Tarifvertrag außer Kraft (s. BT-Drs. 14/45 S. 26), da sie auf den Tarifvertrag nicht lediglich verweist, sondern ihn in staatliches Recht transformiert. **Sie ist jedoch mit Ablauf des Tarifvertrages aufzuheben**, da sie dann ihr materielles Substrat verloren hat. An einer Aufhebung vor Ablauf des Tarifvertrages ist das Ministerium nicht gehindert, weil ihm ein Ermessensspielraum über das öffentliche Interesse an einer Einbeziehung von Außenseitern zusteht; eines Antrages der Tarifvertragsparteien bedarf es dafür nicht, wohl aber ihrer verfahrensmäßigen Beteiligung. Sollte der zugrunde liegende Tarifvertrag inhaltlich geändert werden, würde ein Fortbestand der RVO im Ergebnis dazu führen, dass selbst die normativ tarifgebundenen von dem neuen Tarifvertrag nicht erfasst würden. Dies spricht **gegen den Fortbestand** des öffentlichen Interesses an der Erstreckung des »alten« Tarifvertrages (ErfK/*Schlachter* § 7 AEntG Rn. 7).

843b Rechtsnormen eines Tarifvertrags, die nach § 7 Abs. 1 AEntG auf ein Arbeitsverhältnis anzuwenden sind, sind unabhängig vom Fortbestand des betreffenden Tarifvertrags maßgebend. Entscheidend ist grds. **allein die Geltungsdauer der betreffenden Verordnung**. Nach deren Ende findet eine **Nachwirkung** der in der Verordnung genannten tariflichen Rechtsnormen **nicht statt**. § 4 Abs. 5 TVG kann weder unmittelbar noch entsprechend angewendet werden. Endet die Verordnung, sind auch die tariflichen Rechtsnormen nicht mehr geltendes staatliches Recht (*BAG* 20.4.2011 EzA § 4 TVG Nachwirkung Nr. 47; s. *Sittard* NZA 2012, 299 ff.).

Rechtsfolge einer Verordnung ist die zwingende Anwendbarkeit am inländischen Arbeitsort geltender Tarifnormen auch auf Arbeitsverhältnisse zwischen einem im Ausland ansässigen Arbeitgeber und seinen im Inland beschäftigten Arbeitnehmern. Das gilt auch für Unternehmen mit Sitz in Drittstaaten außerhalb der EU, einschl. Mittel- und Osteuropa und Entsendungen im Rahmen sog. Werkvertragsabkommen (*BAG* 25.6.2002 EzA § 1 AEntG Nr. 1). Denn der Wortlaut des § 3 AEntG bezieht sich nicht nur auf Arbeitsverhältnisse für die keine Arbeitserlaubnis benötigt wird (ErfK/*Schlachter* § 1 AEntG Rn. 9). Ob jemand als Arbeitnehmer anzusehen ist, bestimmt sich nach dem Recht des Empfängsstaates, unabhängig von der Einordnung der Vertragsbeziehungen im Recht des Entsendestaates (vgl. Art. 2 II RL 96/71/EG; ErfK/*Schlachter* § 1 AEntG Rn. 9). 844

*(7) Einbezogene Branchen*

Um eine **bessere Übersichtlichkeit** zu erreichen, sind die Branchen, deren Tarifverträge gem. § 3 AEntG auf im Ausland ansässige Unternehmen erstreckt werden können, in § 4 AEntG zusammengefasst worden. Die in § 4 Nr. 4–8 AEntG genannten Branchen haben nach entsprechender Antragstellung die Möglichkeit zur Vereinbarung erstreckungsfähiger Mindestarbeitsbedingungen; andere, wie insbes. die **Zeitarbeitsbranche**, waren trotz entsprechenden Antrags **zunächst nicht** berücksichtigt worden. **Das hat sich ab dem 1.1.2012 für die Zeitarbeit geändert.** Die für eine Einbeziehung in § 4 AEntG angenommene Voraussetzung einer Tarifbindung von mindestens 50 % der Arbeitsverhältnisse der Branche (s. BR-Drs. 542/08 S. 15) ergibt sich nicht aus dem Gesetzeswortlaut, sondern ist lediglich im Umkehrschluss zu den Voraussetzungen der Anwendbarkeit des MiArbG festzustellen (ErfK/*Schlachter* § 4 AEntG Rn. 1). 845

Einbezogen wird durch § 4 Nr. 1 AEntG insbes. das **Bauhaupt- und Baunebengewerbe** i. S. d. Baubetriebs-VO einschließlich Montageleistungen auf Baustellen außerhalb des Betriebes. Gem. § 6 Abs. 2 AEntG sind aber nur Betriebe und selbständige Betriebsabteilungen erfasst, die überwiegend Bauleistungen i. S. d. § 175 Abs. 2 SGB III erbringen. Erstreckt werden die Mindestbedingungen für das Bauhauptgewerbe durch die 7. RVO, in Kraft seit 1.9.2009, BAnz. Nr. 128 v. 24.8.2008 S. 2996, Laufzeit bis 30.11.2011; für das Baunebengewerbe im Dachdeckerhandwerk durch die 6. RVO, Laufzeit bis 31.12.2013; im Maler- und Lackiererhandwerk durch die 5. RVO vom 21.10.2009, Laufzeit bis 29.2.2012, BAnz. Nr. 160 S. 3634; im Elektrohandwerk durch AVE, Laufzeit bis 31.12.2013, BAnz. Nr. 189 S. 4149; s. ErfK/*Schlachter* § 4 AEntG Rn. 3). 846

Die Ausdehnung des Geltungsbereichs auf die **Gebäudereinigung** für Betriebe und selbstständige Betriebsabteilungen, die überwiegend Gebäudereinigungsleistungen erbringen (§ 6 Abs. 3 AEntG), wird gerechtfertigt mit der grundsätzlichen Vergleichbarkeit zur Bauindustrie in wesentlichen Punkten (hohes Schutzbedürfnis der Beschäftigten mit ständig wechselndem Einsatzort; besondere Anfälligkeit einer lohnkostenintensiven Branche für Verdrängungswettbewerb aus Niedriglohnländern; Vorhandensein bundesweit einheitlicher Tarifstrukturen; BT-Drs. 16/3064, S. 7 zum Gebäudereinigerhandwerk; zu den Besonderheiten der Tarifstruktur instr. ErfK/*Schlachter* § 4 AEntG Rn. 2). Erstreckt werden die Mindestbedingungen durch die 3. RechtsVO, Laufzeit bis 31.12.2013; krit. zum Umfang der erfassten Arbeitsverhältnisse *Rieble* DB 2009, 789 ff.; dagegen *Schiefer/Galperin* DB 2009, 1238 ff.). 847

Für die Einbeziehung der **Briefdienstleistungen** für Betriebe und selbstständige Betriebsabteilungen, die überwiegend gewerbs- oder geschäftsmäßig Briefsendungen für Dritte befördern (§ 6 Abs. 4 AEntG), verweist die Gesetzesbegründung auf besondere Strukturmerkmale dieser Branche sowie das zum 1.1.2008 ausgelaufene Postmonopol; daraus entstehe ein besonderer Schutzbedarf nationaler und entsandter Beschäftigter (s. ErfK/*Schlachter* § 3 AEntG Rn. 3; § 4 AEntG Rn. 2). Erstreckt wurden die Mindestbedingungen durch RechtsVO, Laufzeit bis 30.4.2010 BAnz. Nr. 242 v. 29.12.2007 S. 8410. Da das *BVerwG* (28.1.2010 NZA 2010, 718) aber den Postmindestlohn we- 848 gen formaler Beteiligungsfehler bei Erlass der RVO für rechtswidrig erklärt hat, muss ein neues Verfahren durchgeführt werden (s. ErfK/*Schlachter* § 3 AEntG Rn. 4).

849 Für die Branchen gem. § 4 Nr. 4–8 AEntG, die überwiegend die jeweils beschriebene Dienstleistung erbringen (§ 6 Abs. 5–9 AEntG), gab es in einigen Punkten vergleichbare Probleme: es handelt sich jeweils um **personalkostenintensive Dienstleistungen**, bei denen die Entgelthöhe den entscheidenden Kostenfaktor im Wettbewerb darstellt. Hinzu kommen bundesweit einheitliche Tarifstrukturen (ErfK/*Schlachter* § 4 AEntG Rn. 4). Insoweit wurden jeweils bundesweite Tarifverträge über Mindestbedingungen vereinbart: TV zur Regelung der Mindestlöhne für **Sicherheitsdienstleistungen**; Mindestlohn-TV; **Wäschereidienstleistungen** im Objektkundengeschäft, erstreckt durch RVO vom 21.10.2009, BAnz. Nr. 160, S. 3634, Laufzeit bis 31.3.2013; Mindestlohn-TV für die Branche **Abfallwirtschaft**, erstreckt durch 2. RVO, Banz. Nr. 189, S. 4147, Laufzeit bis 31.8.2011; Branchen-TV über Mindeststandards in der **Weiterbildungsbranche**; Mindestlohn-TV für Sicherheitsdientleistungen, erstreckt durch RVO, in Kraft seit 1.6.2011, Banz. Nr. 72 S. 1692, Laufzeit bis 31.12.2013; Branchen-TV **Bergbauspezialdienste**, erstreckt durch RVO vom 21.10.2009, BAnz. Nr. 160, S. 3632, Laufzeit bis 31.12.2010 (s. ErfK/*Schlachter* § 3 AEntG Rn. 5).

849a Mit der am 1.1.2012 in Kraft getretenen VO über eine Lohnuntergrenze (krit. *Mayer* AuR 2011, 4 ff.) in der **Arbeitnehmerüberlassung** wird erstmals eine verbindliche untere Grenze für die Entlohnung in der Zeitarbeit festgesetzt. Die Höhe des Mindeststundenentgelts ist regional differenziert und beträgt ab dem 1.1.2012 für Ostdeutschland einschließlich Berlin 7,01 € und 7,89 € für alle übrigen Bundesländer. Das Mindeststundenentgelt wird im Osten zum 1.11.2012 auf 7,50 € bzw. 8,19 € im Westen angehoben. Die Geltungsdauer ist bis zum 31.12.2012 befristet.

850 §§ 10–13 AEntG enthalten **Sonderregelungen für die Pflegebranche**. Denn für diese sind nicht nur Tarifverträge kennzeichnend, sondern auch Vereinbarungen, die auf spezifischen kirchenrechtlichen Regelungen beruhen (AVR), die nicht als Tarifvertrag i. S. d. TVG wirken. Eine Geltungserstreckung gem. § 5 TVG kommt nicht in Betracht, eine Erstreckung durch Rechtsverordnung gem. § 7 AEntG nur mit Modifikationen.

851 Gem. § 11 Abs. 1 AEntG wird, parallel zu § 7 Abs. 1 AEntG, das BMAS zum Erlass einer RechtsVO ermächtigt. Auch sie bindet Arbeitgeber mit Sitz im In- oder Ausland gleichermaßen, den Inhalt der erstreckungsfähigen Arbeitsbedingungen aber auf Mindestentgelt und Urlaubsregelungen i. S. d. § 5 Nr. 1, 2 AEntG, während das Urlaubskassenverfahren des § 5 Nr. 3 AEntG nicht erfasst wird. Die Verordnung kann nicht an einen Tarifvertrag anknüpfen, so dass auf eine Empfehlung einer für die Branche zu errichtenden Kommission gem. § 12 AEntG verwiesen wird, deren Inhalt vom BMAS in die Verordnung umgesetzt wird (ErfK/*Schlachter* § 11 AEntG Rn. 1).

*(8) In Betracht kommende Arbeitsbedingungen*

852 Alle Arbeitsbedingungen, die in für das AEntG maßgeblichen Tarifnormen geregelt werden können, sind in § 5 AEntG zusammengefasst.

852a Ein Arbeitnehmer, dessen Arbeitsverhältnis im Geltungsbereich eines nach § 5 TVG allgemeinverbindlichen oder in seiner Wirkung nach § 1 Abs. 3a AEntG 2007 (jetzt § 7 AEntG 2009) auf bisher nicht an ihn gebundene Arbeitsverhältnisse erstreckten Tarifvertrages liegt, hat gegen seinen Arbeitgeber einen Anspruch auf den dort geregelten Mindestlohn. Für die Frage, ob und inwieweit der Arbeitgeber diesen Anspruch durch anderweitige Leistungen erfüllt hat, kommt es darauf an, welchen Zweck die anderen Leistungen haben. Sie sind dann als funktional gleichwertig zum Mindestlohn anzusehen, wenn sie dazu dienen, die nach dem allgemeinverbindlichen Tarifvertrag vorausgesetzte »Normalleistung« abzugelten, nicht jedoch, wenn sie über die vom Tarifvertrag vorausgesetzte Verpflichtung hinaus geleistete Arbeitsstunden oder unter demgegenüber besonderen Erschwernissen geleistete Arbeit vergüten sollen. Zahlt der Arbeitgeber z. B. neben dem Tarifstundenlohn für jede Arbeitsstunde gezahlte »Verkehrsmittelzulage«, unter deren Einschluss der Arbeitnehmer mehr als den Mindestlohn erhält, ist diese auf den geschuldeten Mindestlohn anzurechnen. Eine solche Zu-

## H. Internationales und Europäisches Arbeitsrecht　　　　　　　　　　　　　　　　　Kapitel 1

lage war im konkret entschiedenen Einzelfall für die von dem Arbeitnehmer verrichtete Arbeit nach den Gebäudereinigertarifverträgen nicht vorgesehen, die aber ausweislich ihres Geltungsbereichs den Mindestlohn auch für Verkehrsmittelreinigung festlegt hatten (BAG 18.4.2012 – 4 AZR 139/10).

In weiteren Fällen, in denen der Arbeitgeber diese Zulage nicht gezahlt hatte, hat das *BAG* (18.4.2012 – 4 AZR 168/10) den EuGH zur Klärung folgender Rechtsfragen angerufen: **852b**
– Ist der Begriff »Mindestlohnsätze« in Art. 3 Abs. 1 lit. c) RL 96/71/EG dahin auszulegen, dass er die Gegenleistung des Arbeitgebers für diejenige Arbeitsleistung des Arbeitnehmers bezeichnet, die nach der in Art. 3 Abs. 1 Eingangssatz der Richtlinie genannten Rechts- oder Verwaltungsvorschrift oder dem allgemeinverbindlichen Tarifvertrag allein und vollständig mit dem tariflichen Mindestlohn abgegolten werden soll (»Normalleistung«), und deshalb nur Arbeitgeberleistungen auf die Verpflichtung zur Zahlung des Mindestlohnsatzes angerechnet werden können, die diese Normalleistung entgelten und spätestens zu dem Fälligkeitstermin für den jeweiligen Lohnzahlungszeitraum dem Arbeitnehmer zur Verfügung stehen müssen?
– Ist der Begriff »Mindestlohnsätze« in Art. 3 Abs. 1 lit. c) RL 96/71/EG dahin auszulegen, dass er nationalen Bestimmungen oder Gepflogenheiten entgegensteht, nach denen Leistungen eines Arbeitgebers nicht als Bestandteil des Mindestlohns anzusehen und damit nicht auf die Erfüllung des Mindestlohnanspruchs anzurechnen sind, wenn der Arbeitgeber diese Leistungen aufgrund einer tarifvertraglichen Verpflichtung erbringt, die nach dem Willen der Tarifvertragsparteien und des nationalen Gesetzgebers dazu bestimmt sind, der Bildung von Vermögen in Arbeitnehmerhand zu dienen, und zu diesem Zweck die monatlichen Leistungen vom Arbeitgeber für den Arbeitnehmer langfristig angelegt werden, zum Beispiel als Sparbeitrag, als Beitrag zum Bau oder Erwerb eines Wohngebäudes oder als Beitrag zu einer Kapitallebensversicherung, und mit staatlichen Zuschüssen und Steuervergünstigungen gefördert werden, und der Arbeitnehmer erst nach einer mehrjährigen Frist über diese Beiträge verfügen kann, und die Höhe der Beiträge als monatlicher Festbetrag allein von der vereinbarten Arbeitszeit, nicht jedoch von der Arbeitsvergütung abhängt (»vermögenswirksame Leistungen«)?

Gem. § 5 Nr. 1 AEntG können **verschiedene Entgeltsätze** vereinbart werden. Differenziert werden **853**
kann nach Art der Tätigkeit und der Qualifikation des Arbeitnehmers, wenn auch nicht im Sinne eines ausdifferenzierten »Lohngitters« (Entwurf der BReg. BT-Drs. 16/10486 S. 14). Auch regionale Entgeltdifferenzierungen sind möglich; dies ist mit Gemeinschaftsrecht vereinbar (ErfK/ *Schlachter* § 5 AEntG Rn. 2). Eine Erstreckung tarifvertraglicher Entgeltregelungen für höhere Entgeltgruppen auf entsandte Arbeitnehmer können die Tarifvertragsparteien dadurch vermeiden, dass sie von einer Allgemeinverbindlicherklärung insoweit absehen, z. B. indem über die verschiedenen Entgeltgruppen ein besonderer Tarifvertrag abgeschlossen wird (ErfK/*Schlachter* § 5 AEntG Rn. 2).

Nach dem Tarifvertrag zur Regelung der Mindestlöhne im Baugewerbe ist Mindestlohn der Gesamt- **854**
bruttotarifstundenlohn, der sich aus dem Tarifstundenlohn und dem Bauzuschlag zusammensetzt. Alle zusätzlichen Zahlungen werden berücksichtigt, die das arbeitsvertragliche Verhältnis zwischen Leistung und Gegenleistung nicht zum Nachteil des Arbeitnehmers verändern, dies sind ein 13./14. Monatsgehalt, eine anteilig gezahlte Weihnachtsgratifikation und Urlaubsgeld, wenn sie anteilig regelmäßig während der Entsendedauer gezahlt werden (ErfK/*Schlachter* § 5 AEntG Rn. 3, dort auch zu weiteren Detailfragen).

Zu den gem. § 5 Nr. 2 AEntG erstreckungsfähigen **Urlaubsansprüchen** zählen Urlaubsdauer, -ent- **855**
gelt, ein zusätzliches Urlaubsgeld sowie tarifliche Urlaubsabgeltungs- oder Entschädigungsansprüche einschließlich tariflich vorgesehener Befristungsregeln. Denn das gesamte tarifliche System des Urlaubsverfahrens muss am selben Arbeitsort einheitlich angewendet werden (ErfK/*Schlachter* § 5 AEntG Rn. 4). Die Bauwirtschaft hat zur Abwicklung von Urlaubsansprüchen gemeinsame Einrichtungen geschaffen, deren Verfahrensweise tariflich (im VTV) geregelt ist. Die für inländische Arbeitgeber kraft Tarifrechts geltenden Beitragspflichten gelten für ausländische Unternehmen kraft Gesetzes (BAG 21.11.2007 EzA § 1 AEntG Nr. 11; ErfK/*Schlachter* § 5 AEntG Rn. 4). Damit wird die einheitliche Geltung der Tarifnormen gesichert; dieser Zweck kann auch nicht durch

den Abschluss speziellerer Tarifverträge vereitelt werden (*BAG* 25.6.2002 EzA § 1 AEntG Nr. 1; 20.7.2004 EzA § 1 AEntG Nr. 3). Die Anordnung materiell weiter reichender Arbeitsbedingungen wäre dagegen den Entsendeunternehmen gegenüber unzulässig (*EuGH* 18.12.2007 EzA Art. 9 GG Arbeitskampf Nr. 142; ErfK/*Schlachter* § 5 AEntG Rn. 4).

856 § 5 Nr. 3 AEntG **vermeidet eine (gemeinschaftsrechtswidrige) Doppelbelastung** ausländischer Arbeitgeber dadurch, dass die Tarifvertragsparteien zur Regelung von Ausnahmen und Anrechnungsvorschriften verpflichtet werden. Denn es muss sichergestellt sein, dass der ausländische Arbeitgeber nicht auf Grund des Tarifvertrages/der Rechtsverordnung gem. § 7 AEntG zu deutschen und zu vergleichbaren Einrichtungen in seinem Herkunftsland beitragspflichtig ist. Ein Verstoß gegen das tarifrechtliche Günstigkeitsprinzip wird vermieden, da § 5 Nr. 3 AEntG seinem Zweck nach die Fälle nicht erfasst, in denen die Sozialleistungen des Entsendestaates für die entsandten Arbeitnehmer günstiger gestaltet sind als im deutschen Tarifvertrag (ErfK/*Schlachter* § 5 AEntG Rn. 4).

857 § 5 Nr. 4 AEntG erstreckt Regelungen mit dem Inhalt des § 2 Nr. 3–7 AEntG, wenn sie in allgemeinverbindlichen Tarifverträgen enthalten sind, auf Entsendefälle; die Norm gilt jedoch nur für Branchen gem. § 4 AEntG (ErfK/*Schlachter* § 5 AEntG Rn. 6).

*(9) Rechtsfolgen*

858 Rechtsfolge der §§ 3–5 AEntG ist die **Anwendbarkeit eines »Mischrechts«**, bestehend aus dem für die betroffenen Arbeitnehmer maßgeblichen Arbeitsvertragsstatut ihres gewöhnlichen ausländischen Arbeitsorts einerseits und den von § 8 AEntG für unabdingbar erklärten deutschen Normen. Unklar ist, was dann gilt, wenn Anspruchsvoraussetzungen zeitanteilig erfüllt werden, und durch die – kurzfristige – Entsendung in Deutschland nicht gänzlich erdient werden können. Um dem Schutzzweck des Gesetzes gerecht zu werden, erscheint z. B. eine Anrechnung von im Ausland verbrachten »Vordienstzeiten« auf die Wartefrist z. B. für den gesamten Urlaubsanspruch erforderlich zu sein (ErfK/*Schlachter* § 5 AEntG Rn. 6).

859 § 5 AEntG sorgt zudem für einen weitgehenden Gleichlauf der Erstreckungsmöglichkeiten der tariflich geregelten Arbeitsbedingungen mit denen, die in Gesetzen oder Verwaltungsvorschriften gem. § 2 AEntG enthalten sind. Damit ist der gesamte, durch Art. 3 Abs. 1 RL 96/71/EG auf entsandte Arbeitnehmer erstreckbare Regelungsinhalt erfasst. Er darf ausländischen Arbeitgebern für die Arbeitsverhältnisse mit ihren zeitweise in Deutschland tätigen Arbeitnehmern entweder durch Gesetz/Verwaltungsvorschrift vorgeschrieben werden, oder in den Branchen gem. § 4 AEntG auch durch Tarifvertrag, falls dieser allgemeinverbindlich ist oder durch Rechtsverordnung erstreckt wurde. Der erstreckungsfähige Tarifvertrag kann gesetzliche Regelungen derselben Inhalte abändern oder ergänzen, sofern es sich um (tarif-)dispositive Inhalte handelt; fehlt es an gesetzlichen Vorgaben, kann der Tarifvertrag frei regeln (ErfK/*Schlachter* § 5 AEntG Rn. 7).

*(10) Ausnahmen*

860 Die Geltungserstreckung von Tarifverträgen gilt gem. § 6 Abs. 1 AEntG (s. Art. 3 Abs. 2 Entsende-RL) **nicht für Erstmontage-/Einbauarbeiten im Baugewerbe**, wenn diese als Bestandteil eines Liefervertrages und für die Inbetriebnahme gelieferter Güter unerlässlich sind sowie von Fach- oder angelernten Arbeitern des Lieferunternehmens ausgeführt werden, deren Entsendung nicht länger als 8 Tage dauert. Die Ausnahme stellt insgesamt Arbeitgeber nur von den Tarifnormen frei, die Mindestlohn- und Urlaubsbestimmungen regeln (ErfK/*Schlachter* § 6 AEntG Rn. 2).

*(11) Pflichten des Arbeitgebers*

861 Gem. § 8 Abs. 1 AEntG besteht eine Verpflichtung zur Beachtung von Tarifvertragsnormen entsprechend § 3 TVG sowohl für Arbeitgeber mit Sitz im Ausland wie auch für Arbeitgeber mit Sitz im Inland. Auch Entsendungen aus Drittstaaten, einschließlich Mittel- und Osteuropa im Rahmen sog. Werkvertragsabkommen, sind erfasst (*BAG* 25.6.2002 EzA § 1 AEntG Nr. 1). Das gilt zumindest, soweit und solange sie Arbeitnehmer am vom Tarifvertrag erfassten Arbeitsort beschäftigen. In-

## H. Internationales und Europäisches Arbeitsrecht

ländische und ausländische günstigere Vereinbarungen, sei es im Arbeitsvertrag oder im TV, werden aber nicht überlagert sondern bleiben anwendbar (ErfK/*Schlachter* § 8 AEntG Rn. 2; krit. *Willemsen/Sagan* NZA 2008, 1216). Die **Vorenthaltung** danach geschuldeter Mindestlöhne ist nach den **allgemeinen Vorschriften strafbar** (s. *OLG Naumburg* 14.12.2010 – 2 Ss 141/10, AuR 2011, 37 LS).

Gem. § 8 Abs. 2 AEntG treffen die Pflichten aus § 8 Abs. 1 AEntG auch alle an einen abweichenden Tarifvertrag gebundene Arbeitgeber (*BAG* 25.6.2002 EzA § 1 AEntG Nr. 1; 20.7.2004 EzA § 1 AEntG Nr. 4), um eine ausnahmslose Bindung der inländischen AG an das Gesetz sicherzustellen. Damit soll die Diskriminierung ausländischer Arbeitgeber vermieden werden, die aus der Möglichkeit resultierte, dass inländische Arbeitgeber leichter im Wege eines Firmen-TV mit einer inländischen Gewerkschaft von den Mindeststandards gem. AEntG hätten abweichen können als ausländische Arbeitgeber (instr. ErfK/*Schlachter* § 8 AEntG Rn. 3; krit. *VG Bln.* 7.3.2008 NZA 2008, 482; *OVG Bln.-Bra.* 18.12.2008 AuR 2009, 49 zum Postmindestlohn; s. a. *BVerwG* 28.1.2010 NZA 2010, 718). 862

§ 8 Abs. 3 AEntG **stellt sicher**, dass für jeden, einschließlich der aus dem Ausland entliehenen Leiharbeitnehmer, die **Mindestentgelte des Entleiherbetriebes gewährt werden müssen**. Die Verpflichtung zur Gewährung der Mindestentgelte des Entleiherbetriebes gilt auch für Urlaubsregelungen, das Sozialkassenverfahren und die Pflichten nach dem AEntG (Mitwirkung bei der Prüfung durch die Finanzkontrolle Schwarzarbeit, die Abgabe einer Meldung vor Aufnahme der Tätigkeit und das Bereithalten von Unterlagen in Deutschland; §§ 17 ff. AEntG; s. dazu *EuGH* 7.10.2010 NZA 2010, 1404). Damit Arbeitgeber nicht auf den Einsatz von Leiharbeitnehmern ausweichen, werden diese dem Schutz der allgemeinverbindlichen Mindestarbeitsbedingungen unterstellt (vgl. *Wank* NZA 2003, 14). Damit wird die im AÜG zugelassene Möglichkeit, Zeitarbeit durch Abschluss gesonderter Tarifverträge abweichend – nach unten – vom sonst geltenden Gleichbehandlungsgrundsatz zu regeln, deutlich beschränkt (s. ErfK/*Schlachter* § 8 AEntG Rn. 5). 863

### (12) Verzicht, Verwirkung

Gem. § 9 AEntG **sollen die tarifl. Mindestentgelte**, die durch Maßnahmen des AEntG auf alle Beschäftigten erstreckt werden, **möglichst gegen (einzel-)vertragliche Regelungen über Verzicht und Verwirkung geschützt werden** (s. a. § 4 Abs. 4 TVG). Daher wird der Verzicht nur noch in Form eines gerichtlichen Vergleichs ermöglicht, bei dem die gerichtliche Mitwirkung sicherstellt, dass die Mindestarbeitsbedingungen nicht entschädigungslos abbedungen werden. Die Verwirkung der Ansprüche wird ausgeschlossen. Für die Verjährung gelten §§ 195, 196 BGB. Tarifliche Ausschlussfristen müssen mindestens sechs Monate betragen und zudem in dem erstreckten Tarifvertrag selbst geregelt sein (ErfK/*Schlachter* § 9 AEntG Rn. 1). 864

### (13) Generalunternehmerhaftung

§ 14 AEntG normiert eine **verschuldensunabhängige** Generalunternehmerhaftung für das Nettomindestentgelt und die Sozialkassenbeiträge; Verzugszinsen gegenüber den Arbeitnehmern und den gemeinsamen Einrichtungen; Annahmeverzugsansprüche usw. werden nicht erfasst. Damit soll ein Anreiz dazu gegeben werden, lediglich mit korrekt handelnden Subunternehmern zusammenzuarbeiten (*Seifert* SAE 2007, 336). Jedenfalls solche Angebote, deren Kalkulationsgrundlage Mindestlöhne nicht einschließt, darf der Auftraggeber nicht annehmen. Der Generalunternehmer kann sich durch Einbehalt von Entgeltbestandteilen bzw. mit Hilfe beigebrachter Bankbürgschaften wegen möglicher Forderungen gem. § 14 AEntG absichern; das ist zumutbar (*BAG* 12.1.2005 EzA § 1a AEntG Nr. 3; 6.11.2002 § 1a AEntG Nr. 1). Dabei wird auch für den Fall der Nichtzahlung wegen Insolvenz gehaftet. Die Einstandspflicht bezieht sich nicht nur auf aus dem Ausland entsandte, sondern auf alle Arbeitnehmer von ausländischen und deutschen Subunternehmen (instr. ErfK/*Schlachter* § 14 AEntG Rn. 1, dort auch mit Einzelheiten). 865

Das *BAG* (6.11.2002 EzA § 1a AEntG Nr. 1; 28.3.2007 EzA § 1a AEntG Nr. 5) hat (zu § 1a AEntG a. F.) dazu **folgende Grundsätze** entwickelt: 866

- § 1a AEntG bezweckt die Durchsetzung des durch die Verordnung über zwingende Arbeitsbedingungen im Baugewerbe in der jeweils geltenden Fassung festgesetzten Mindestlohns auf Baustellen. Die Bürgenhaftung soll Bauunternehmer im eigenen Interesse veranlassen darauf zu achten, dass die beauftragten Nachunternehmer die nach § 1 AEntG geltenden zwingenden Arbeitsbedingungen einhalten. Die durch § 1a AEntG gesicherten Mindestlöhne im Baugewerbe sollen ihrerseits Wettbewerbsvorteile ausländischer Unternehmen aus Ländern mit deutlich niedrigerem Lohnniveau ausgleichen und so die Bautätigkeit in Deutschland den inländischen Arbeitslosen zugute kommen lassen (BT-Drs. 13/2414 S. 7). § 1a AEntG dient ferner der Sicherung der Tarifautonomie. Schließlich soll durch das Arbeitnehmerentsendegesetz insgesamt einer Verschlechterung der Situation der Klein- und Mittelbetriebe der deutschen Bauwirtschaft entgegengewirkt werden.
 - Der Begriff Unternehmer in § 1a AEntG ist einschränkend auszulegen. Nicht jeder Unternehmer i. S. v. § 14 Abs. 1 BGB, der eine Bauleistung in Auftrag gibt, wird vom Geltungsbereich des § 1a AEntG erfasst. Zweck des Gesetzes ist vielmehr, Bauunternehmer, die sich verpflichtet haben, ein Bauwerk zu errichten, und dies nicht mit eigenen Arbeitskräften erledigen, sondern sich zur Erfüllung ihrer Verpflichtungen eines oder mehrerer Subunternehmen bedienen, als Bürgen haften zu lassen. Da diesen Bauunternehmen der wirtschaftliche Vorteil der Beauftragung von Nachunternehmern zugute kommt, sollen sie für die Lohnforderungen der dort beschäftigten Arbeitnehmer nach § 1a AEntG einstehen. Diese Gesetzeszwecke treffen auf andere Unternehmer, die als Bauherren eine Bauleistung in Auftrag geben, nicht zu, selbst dann nicht, wenn sie selbst einen Baubetrieb unterhalten (*BAG* 28.3.2007 EzA § 1a AEntG Nr. 5 = NZA 2007, 613). Diese beschäftigen für das konkrete Vorhaben keine eigenen Bauarbeitnehmer. Sie beauftragen auch keine Subunternehmer, die für sie eigene Leistungspflichten erfüllen. Bauherren fallen daher nicht in den Geltungsbereich des § 1a AEntG.
 - § 1a AEntG verstößt nicht gegen die in Art. 12 Abs. 1 GG gewährleistete Berufsausübungsfreiheit (ebenso *LAG Düsseld.* 10.7.2002 NZA-RR 2003, 10; *LAG RhPf* 3.8.2005 AuR 2006, 71 LS). Die in § 1a AEntG geregelte Bürgenhaftung greift zwar in den Schutzbereich des Art. 12 Abs. 1 GG ein, wonach alle Deutschen das Recht haben, Beruf, Arbeitsplatz und Ausbildungsstätte frei zu wählen. Die Beeinträchtigung der Berufsausübungsfreiheit ist jedoch durch Gründe des Gemeinwohls gerechtfertigt. Der Eingriff in Art. 12 Abs. 1 GG ist zur Erreichung der gesetzlichen Ziele geeignet, erforderlich und verhältnismäßig im engeren Sinn. Für die von § 1a AEntG erfassten Bauunternehmer bestehen ausreichend rechtliche Möglichkeiten, das Haftungsrisiko einzugrenzen.
 - Die in § 1a AEntG angeordnete Bürgenhaftung ist mit der durch Art. 49 EG (Amsterdamer Fassung, vormals Art. 59 EG-Vertrag) gewährleisteten Freiheit des Dienstleistungsverkehrs nicht offenkundig vereinbar. Die Bürgenhaftung aus § 1a AEntG kann wegen der angezeigten Kontrollen und Nachweispflichten die Erbringung von Bauleistungen in Deutschland durch Bauunternehmen aus Mitgliedstaaten negativ beeinflussen.
 - Um die Anwendbarkeit des § 1a AEntG einer Klärung zuzuführen, wird gem. Art. 234 EG-Vertrag der EuGH zur Vorabentscheidung über folgende Frage angerufen: Steht Art. 49 EG-Vertrag einer nationalen Regelung entgegen, nach der ein Bauunternehmer, der einen anderen Unternehmer mit der Erbringung von Bauleistungen beauftragt, für die Verpflichtungen dieses Unternehmers oder eines Nachunternehmers zur Zahlung des Mindestentgelts an einen Arbeitnehmer oder zur Zahlung von Beiträgen an eine gemeinsame Einrichtung der Tarifvertragsparteien wie ein Bürge haftet, der auf die Einrede der Vorausklage verzichtet hat, wenn das Mindestentgelt den Betrag erfasst, der nach Abzug der Steuern und der Beiträge zur Sozialversicherung und zur Arbeitsförderung oder entsprechender Aufwendungen zur sozialen Sicherung an den Arbeitnehmer auszuzahlen ist (Nettoentgelt), wenn der Entgeltschutz der Arbeitnehmer nicht vorrangiges oder nur nachrangiges Ziel des Gesetzes ist?

867 Der *EuGH* (12.10.2004 NZA 2004, 1211; vgl. dazu *de Fatima Viega* NZA 2005, 208 ff.) ist daraufhin zu dem Ergebnis gelangt, dass Art. 5 RL 96/71 bei einer Auslegung im Licht des

Art. 56 AEUV einer nationalen Regelung **nicht entgegensteht**, nach der ein Bauunternehmer, der einen anderen Unternehmer mit der Erbringung von Bauleistungen beauftragt, für die Verpflichtungen dieses Unternehmers oder eines Nachunternehmers zur Zahlung des Mindestentgelts an einen Arbeitnehmer oder zur Zahlung von Beiträgen an eine gemeinsame Einrichtung der Tarifvertragsparteien **wie ein Bürge haftet**, der auf die Einrede der Vorausklage verzichtet hat, wenn das Mindestentgelt den Betrag erfasst, der nach Abzug der Steuern und der Beiträge zur Sozialversicherung und zur Arbeitsförderung oder entsprechender Aufwendungen zur sozialen Sicherheit an den Arbeitnehmer auszuzahlen ist (Nettoentgelt), wenn der Entgeltschutz der Arbeitnehmer nicht vorrangiges oder nur nachrangiges Ziel des Gesetzes ist.

Daraufhin hat das *BAG* (12.1.2005 EzA § 1a AEntG Nr. 3 m. Anm. *Seifert* SAE 2007, 386 ff.; dies ist mit Art. 12 Abs. 1 GG vereinbar: *BVerfG* 20.3.2007 NZA 2007, 609) im Ausgangsverfahren ebenfalls festgestellt, dass **§ 1a AEntG** (a. F.) **mit der** durch Art. 52 AEUV **gewährleisteten Freiheit des Dienstleistungsverkehrs vereinbar ist**. Allerdings unterliegt der Haftung nur der Anspruch des Arbeitnehmers auf (Netto-) Arbeitsentgelt (s. *BAG* 17.8.2011 EzA § 1a AEntG Nr. 8) für tatsächlich geleistete Arbeit. Nicht erfasst werden dagegen Annahmeverzugsansprüche des Arbeitnehmers sowie Ansprüche gegen den Arbeitgeber auf Verzugszinsen wegen verspäteter Lohnzahlung.

▶ Beispiel: 868

Nimmt die Urlaubs- und Lohnausgleichskasse der Bauwirtschaft (ULAK) einen Unternehmer, der einen **Subunternehmer beauftragt hat**, danach als **gesetzlichen Bürgen** für Beitragsschulden des Subunternehmers in Anspruch, so wirkt die Rechtskraft einer der ULAG günstigen Entscheidung gegen den Subunternehmer nicht zu Lasten des Unternehmers. § 1a AEntG (a. F.) steht einer Erklärung des Bürgen mit Nichtwissen gem. § 138 Abs. 4 ZPO über die Anzahl und die Einsatzzeiten der vom Subunternehmer beschäftigten Arbeitnehmer nicht entgegen (*BAG* 2.8.2006 EzA § 1a AEntG Nr. 4; 17.8.2011 EzA § 1a AEntG Nr. 8).

In der **Insolvenz des Nachunternehmers erlischt die Haftung des Hauptunternehmers** nach § 1a 869
AEntG a. F. jedenfalls mit und im **Umfang der Zahlung von Insolvenzgeld** durch die Bundesagentur für Arbeit. Die Haftung des Hauptunternehmers nach § 1a AEntG a. F. geht bei der Zahlung von Insolvenzgeld weder unmittelbar nach § 187 S. 1 SGB III noch i. V. m. §§ 412, 401 Abs. 1 BGB auf die Bundesagentur für Arbeit über (*BAG* 8.12.2010 EzA § 1a AEntG Nr. 7). Fraglich ist, ob die Haftung des Generalunternehmers auf die **Bundesagentur für Arbeit** übergeht, sofern diese im Fall der Insolvenz des Nachunternehmers **Insolvenzgeld** an die Arbeitnehmer des Nachunternehmers zahlt. Nach Auffassung des *LAG BW* (18.1.2010 – 4 Sa 14/09, EzA-SD 2/2010 S. 13 LS; offen gelassen von *BAG* 8.12.2010 EzA § 1a AEntG Nr. 7) ist das zu verneinen. § 187 SGB III ist danach verfassungskonform dahingehend auszulegen, dass die Aufwendungen für das Insolvenzgeld von den am Umlageverfahren nach §§ 358 ff. SGB III beteiligten Unternehmen zu tragen sind.

Nach Ansicht des *LAG Bln.-Bra.* (30.10.2009 – 6 Sa 219/09, EzA-SD 2/2010 S. 13 LS) haftet ein 870
Unternehmer, der einen anderen Bauunternehmer mit der Erbringung von Bauleistungen beauftragt hat, für die Verpflichtung des insolventen Nachunternehmers zur Zahlung des Mindestentgelts an die Arbeitnehmer gegenüber der Bundesagentur für Arbeit wie ein Bürge, der auf die Einrede der Vorausklage verzichtet hat. Das Mindestentgelt, hinsichtlich dessen den auftraggebenden Unternehmer eine Bürgenhaftung trifft, umfasst nur das Nettoentgelt. Außerdem bezieht sich die Bürgenhaftung allein auf den Mindestlohnanspruch nach § 1 Abs. 1 AEntG, der jedoch nur für tatsächlich erbrachte Arbeit erworben wird, weil die Rechtsnormen des durch Rechtsverordnung für allgemein anwendbar erklärten TV Mindestlohn im Baugewerbe im Gebiet der BRD nur insoweit international zwingend i. S. d. Art. 34 EGBGB sind.

*(14) Gerichtsstand*

871 Gem. § 15 AEntG (Art. 6 RL 96/71/EG) besteht eine **eigene internationale Zuständigkeit** inländischer Gerichte für Arbeitnehmer in Entsendefällen (*BAG* 2.7.2008 EzA EG-Vertrag 1999 Verordnung 44/2001 Nr. 3). Damit wird gewährleistet, dass materielles und Prozessrecht gleich laufen, um eine effektive und einheitliche Durchsetzung des AEntG zu sichern Daneben regelt § 15 AEntG die Zulässigkeit des Rechtsweges zu den Arbeitsgerichten (*BAG* 11.9.2002 EzA § 2 ArbGG 1979 Nr. 58; ErfK/*Schlachter* § 15 AEntG Rn. 1; s. a. *BAG* 15.2.2012 EzA EG-Vertrag 1999 Verordnung 44/2001 Nr. 6).

872 Klageberechtigt vor den Arbeitsgerichten sind gem. § 15 S. 2 AEntG gemeinsame Einrichtungen der Tarifvertragsparteien wegen ihnen zustehender Beiträge aus § 5 Nr. 3 AEntG (*BAG* 11.9.2002 EzA § 2 ArbGG 1979 Nr. 58), sowie gem. § 15 S. 1 AEntG die Arbeitnehmer, die nach Deutschland entsandt worden sind oder waren (ErfK/*Schlachter* § 15 Rn. 2). Für die Bürgenhaftung des Generalunternehmers folgt dies auch aus § 2 Abs. 3 AEntG (*BAG* 19.5.2004 EzA § 1 AEntG Nr. 2). § 15 AEntG begründet keinen ausschließlichen Gerichtsstand; der Arbeitnehmer kann im Entsende- ebenso wie im Empfangsstaat klagen (ErfK/*Schlachter* § 15 AEntG Rn. 2).

*(15) Kontrolle und Durchsetzung durch staatliche Behörden)*

873 §§ 16 ff. AEntG sehen neben Befugnissen der Zollverwaltung (§§ 16, 17 AEntG) Meldepflichten, die Pflicht zum Erstellen und Bereithalten von Dokumenten, den Ausschluss von der Vergabe öffentlicher Aufträge und Bußgeldtatbestände vor (§§ 18, 19, 21 AEntG).

*b) Sonderanknüpfung in Teilfragen*

874 Die Geschäftsfähigkeit des Arbeitnehmers und des Arbeitgebers wird nach dem Recht des Staates bestimmt, dem er angehört (natürliche Personen) bzw. in dem die juristische Person oder die nichtrechtsfähige Personenverbindung ihren tatsächlichen Sitz hat (Art. 5, 7, 12 EGBGB; s. MünchArbR/*Oetker* § 11 Rn. 42 f.).

875 Inwieweit für ein Rechtsgeschäft eine Form einzuhalten ist, bestimmt sich nach dem Vertragsstatut oder nach dem Recht des Staates, in dem dieses vorgenommen wird (Art. 11 Abs. 1 EGBGB; s. MünchArbR/*Oetker* § 11 Rn. 44).

876 Art. 11 EGBGB erschwert die Realisierung der im materiellen bundesdeutschen Arbeitsrecht (insbes. in Tarifverträgen) vorhandenen konstitutiven Formerfordernisse zum Schutz des Arbeitnehmers (z. B. bei der Kündigung des Arbeitsverhältnisses, der Aufrechnung, der Ausgleichsquittung) insoweit, als der Arbeitgeber durch die Beeinflussung des Vornahmeortes des Rechtsgeschäfts die Anwendbarkeit der ihn belastenden Vorschriften vermeiden kann.

877 Gem. Art. 32 Abs. 2 EGBGB ist bei der Art und Weise der Erfüllung eines schuldrechtlichen Vertrages das Recht des Staates, in dem die Erfüllung erfolgt, zu berücksichtigen.

878 Dadurch wird das Vertragsstatut überlagert, werden eigenständige Pflichten für die Vertragsparteien geschaffen. Von Bedeutung kann das dann sein, wenn der Einsatz des Arbeitnehmers nicht von der Rechtsordnung beherrscht wird, die am tatsächlichen Arbeitsort gilt.

*c) Arbeitsvertragsstatut und zwingendes Recht*

879 Die an einem tatsächlichen ausländischen Arbeitsort geltenden Vorschriften über die Arbeitszeit und die Sicherheit und die Gesundheit der Arbeitnehmer sind, obwohl insoweit eine ausdrückliche Regelung fehlt, stets anzuwenden.

880 Zum Arbeitsschutzrecht gehören die Vorschriften über den technischen und medizinischen Arbeitsschutz und das öffentlich-rechtliche Arbeitszeitrecht, nicht dagegen die Vorschriften des Arbeitnehmerschutzes im engeren Sinne, die sich auf die vertragliche Position des Arbeitnehmers beziehen.

## H. Internationales und Europäisches Arbeitsrecht Kapitel 1

Deutsches Recht ist nach Art. 34 EGBGB/Art. 9 Rom I-VO auch dann anwendbar, wenn es ohne Rücksicht auf das für den Vertrag anzuwendende Recht den Sachverhalt zwingend regelt. Zu beachten ist, dass nicht alle nach deutschem Recht zwingenden Rechtsnormen auch nach Art. 34 EGBGB/Art. 9 Rom I-VO unabdingbar sind. Notwendige Voraussetzung für eine Eingriffsnorm i. S. v. Art. 34 EGBGB/Art. 9 Rom I-VO ist also die **Unabdingbarkeit für die Vertragsparteien** zuzüglich des unbedingten Geltungswillens für internationale Fälle, obwohl grds. fremdes Recht maßgeblich ist. Ist die international zwingende Geltung nicht ausdrücklich angeordnet (z. B. § 1 AEntG), ist eine Auslegung anhand des **Regelungswillens des deutschen Gesetzgebers** als auch des Gebots der einheitlichen Auslegung (Art. 34, 36 EGBGB) erforderlich. Entscheidend ist, dass sich der Regelungszweck »nicht im Ausgleich widerstreitender Interessen der Vertragsparteien erschöpft, sondern auch auf öffentliche Interessen gerichtet ist« (*BAG* 3.5.1995 EzA Art. 30 EGBGB Nr. 3). Die Norm muss zumindest auch Gemeinwohlinteressen verfolgen, wobei ein lediglich reflexartiger Schutz dieser Interessen nicht ausreicht (*BAG* 13.11.2007 EzA Art. 30 EGBGB Nr. 9). Unerheblich ist, ob die Vorschrift dem Privatrecht oder dem öffentlichen Recht zugehört, oder auf Gesetzes- oder Richterrecht beruht. Sind jedoch staatliche Stellen mit ihrer Durchsetzung betraut, so soll dies für ihren international zwingenden Geltungsanspruch sprechen (instr. MünchArbR/*Oetker* § 11 Rn. 47 ff.). **881**

Art. 34 EGBGB/Art. 9 Rom I–VO kann immer dann zur Anwendung gelangen, wenn das Vertragsstatut einem anderen als deutschem Recht unterliegt, der Sachverhalt aber dennoch eine Beziehung zu Deutschland aufweist (Inlandsbezug), z. B. dann, wenn die Arbeit gewöhnlich oder vorübergehend in Deutschland geleistet wird, jedoch ein anderes Vertragsstatut gewählt wurde oder eine objektive Anknüpfung an das Recht eines anderen Staates besteht. Abweichend von dem Vertragsstatut können dann zwingende Bestimmungen des deutschen Rechts anwendbar sein (MünchArbR/Oetker § 11 Rn. 46).

Diesen Voraussetzungen **genügen** §§ 1–14 KSchG (*BAG* 1.7.2010 – 2 AZR 270/09, EzA-SD 1/2011 S. 15 LS), **§ 613a BGB, § 63 Abs. 2 SeemG, §§ 1 ff. ArbNErfG,** § 3 Abs. 1 EFZG (*Hess. LAG* 16.11.1999 LAGE Art. 30 EGBGB Nr. 5) **nicht,** weil sie primär dem Ausgleich zwischen Bestandsschutzinteressen der Arbeitnehmer und der Vertragsfreiheit der Arbeitgeber dienen, also eines Konflikts zwischen Privatleuten, nicht aber, was erforderlich wäre, auch den Interessen des Gemeinwohls (anders für § 623 BGB *LAG Düsseld.* 27.5.2003 LAGE § 623 BGB 2002 Nr. 1); sozialpolitische Zwecksetzungen werden nur mittelbar verfolgt (*BAG* 1.7.2010 2 AZR 270/09, EzA-SD 1/2011 S. 15 LS). Nichts anderes gilt für § 8 TzBfG. Denn diese Norm dient **vorrangig** dem **Individualinteresse des Arbeitnehmers** und nicht öffentlichen Gemeinwohlinteressen. Sie gleicht das Interesse des Arbeitnehmers an einer Verringerung der Arbeitszeit gegenüber dem Interesse des Arbeitgebers an einer Beibehaltung der längeren Arbeitszeit aus. Zwar soll § 8 TzBfG Teilzeitarbeit fördern und dadurch auch Entlastungseffekte auf dem Arbeitsmarkt bewirken. Dieses öffentliche Interesse wird aber lediglich als **Reflex** des vorrangig individuellen Zwecken dienenden Anspruchs auf Teilzeitarbeit mittelbar gefördert (*BAG* 13.11.2007 EzA Art. 30 EGBGB Nr. 9; s. *Pietras* NZA 2008, 1051 ff.). **882**

Über das Individualinteresse hinausgehende Interessen werden erst mit den Regelungen über die **Massenentlassung (§§ 17 ff. KSchG)** sowie den Kündigungsschutz der Betriebsverfassungsorgane geschützt, in deren Rahmen auch staatliche Stellen (Arbeitsbehörden), Betriebsverfassungsorgane und Gerichte (**§ 15 KSchG, § 103 BetrVG**) eingeschaltet werden. In verstärktem Umfang gilt dies für den Schwerbehinderten- und Mutterschutz, dessen Durchsetzung durch öffentlich-rechtliche Erlaubnisvorbehalte gesichert ist (*BAG* 24.8.1989 EzA Art. 30 EGBGB Nr. 1; 29.10.1992 EzA Art. 30 EGBGB Nr. 2; a. A. *Birk* RdA 1989, 207; verneinend für § 14 Abs. 1 MuSchG, bejahend für §§ 15, 18 BEEG *Hess. LAG* 16.11.1999 LAGE Art. 30 EGBGB Nr. 5). Erfasst sind auch allgemeinverbindliche tarifvertragliche Regelungen i. S. d. AEntG (s. Rdn. 833 ff.). **883**

884 Darüber hinaus kommt die Anwendung des Art. 34 EGBGB/Art. 9 Rom I-VO für § 4 **Abs. 1 TzBfG**, der auf den inländischen Arbeitsmarkt zielt, in Betracht, nicht dagegen im Rahmen der inhaltlichen Gestaltung des Arbeitsverhältnisses durch das EFZG.

885 **Insgesamt sind nicht alle nach deutschem Recht zwingenden Rechtsnormen auch nach Art. 34 EGBGB/Art. 9 Rom I-VO unabdingbar.** Inländische Gesetze sind nur dann Eingriffsnormen i. S. d. Art. 34 EGBGB/Art. 9 Rom I-VO, wenn sie entweder ausdrücklich oder nach ihrem Sinn und Zweck ohne Rücksicht auf das nach den deutschen Kollisionsnormen anwendbare Recht gelten sollen (*BAG* 3.5.1995 EzA Art. 30 EGBGB Nr. 3). Erforderlich ist, dass die Vorschrift nicht nur auf den Schutz von Individualinteressen der Arbeitnehmer gerichtet ist, sondern mit ihr zumindest auch öffentliche Gemeinwohlinteressen verfolgt werden (*BAG* 12.12.2001 EzA Art. 30 EGBGB Nr. 5 m. Anm. *Junker* SAE 2002, 258).

886 Mit dem in § 14 Abs. 1 MuSchG geregelten Zuschuss des Arbeitgebers zum Mutterschaftsgeld werden bedeutende Gemeinwohlbelange verfolgt. Der gesetzliche Mutterschutz hat die Aufgabe, die im Arbeitsverhältnis stehende Mutter und das werdende Kind vor Gefahren, Überforderung und Gesundheitsschädigung am Arbeitsplatz, vor finanziellen Einbußen und vor dem Verlust des Arbeitsplatzes während der Schwangerschaft und einige Zeit nach der Entbindung zu schützen. Der Zuschuss zum Mutterschaftsgeld dient der Verwirklichung des Verfassungsgebots aus Art. 6 Abs. 4 GG. Soweit die durch § 14 Abs. 1 MuSchG bewirkte Abwälzung von Kosten auf den Arbeitgeber zur Entlastung gesetzlicher Krankenkassen führt, dient auch dies Gemeinwohlinteressen. § 14 Abs. 1 MuSchG ist deshalb Eingriffsnorm i. S. v. Art. 34 EGBGB (*BAG* 12.12.2001 EzA Art. 30 EGBGB Nr. 5). Demgegenüber ist die Beitragsverpflichtung nach § 24 des für allgemeinverbindlich erklärten VTV Baugewerbe keine zwingende Eingriffsnorm in diesem Sinne, denn ein öffentliches Gemeinwohlinteresse wird mit ihr nicht verfolgt (*BAG* 9.7.2003 EzA Art. 30 EGBGB Nr. 6).

### d) Ordre public (Art. 6 EGBGB/Art. 21 Rom I-VO)

887 Neben Art. 30 Abs. 1, 34 EGBGB kann ausnahmsweise eine vertraglich vereinbarte ausländische Regelung auch dann ausgeschlossen sein (Art. 6 EGBGB/Art. 21 Rom I-VO), wenn sie mit wesentlichen Grundsätzen des deutschen Rechts offensichtlich unvereinbar ist. Dadurch sollen **grundrechtlich geschützte Positionen sowie die wesentlichen arbeitsrechtlichen Grundwertungen verteidigt** und Eingriffe insoweit abgewehrt **werden**, als nicht bereits Art. 30 Abs. 1, 34 EGBGB/Art. 8, 21 Rom I-VO eingreifen (s. MünchArbR/*Oetker* § 11 Rn. 54 ff.).

888 Die Voraussetzungen des Art. 6 EGBGB/Art. 21 Rom I-VO sind dann erfüllt, wenn die Anwendung des ausländischen Rechts im Einzelfall zu einem Ergebnis führt, das zu der in der entsprechenden deutschen Regelung liegenden Gerechtigkeitsvorstellung in so starkem Widerspruch steht, dass die Anwendung des ausländischen Rechts schlechthin untragbar wäre. Zu den wesentlichen Grundsätzen deutschen Rechts zählen **neben zentralen arbeitsrechtlichen Grundwertungen und grundrechtlich geschützten Positionen** (vgl. Art. 6 S. 2 EGBGB), **fundamentale Rechtsnormen und -grundsätze der EU**. Nicht jede Abweichung vom nationalen Schutzstandard bedeutet jedoch bereits einen Verstoß gegen den ordre public. So kann z. B. eine Rechtsordnung für die Anfangszeit des Arbeitsverhältnisses keinen Kündigungsschutz vorsehen. Notwendig ist auch, dass der Sachverhalt im Entscheidungszeitpunkt eine hinreichend starke örtliche Beziehung zu der deutschen Rechtsordnung aufweist. Grundrechte sind zudem keine speziellen Vorbehaltsklauseln. Ihre Durchsetzung hängt deshalb vom Vorliegen eines Inlandsbezuges ab. Bei der Beurteilung der Frage, wie weit der Grundrechtsschutz bei Sachverhalten mit schwachem Binnenbezug reicht, kann ergänzend auf internationale Konventionen zum Schutze der Menschenrechte zurückgegriffen werden, da diese einen internationalen Mindeststandard gewährleisten (MünchArbR/*Oetker* § 11 Rn. 55).

889 Art. 6 EGBGB/Art. 21 Rom I-VO greift jedenfalls wegen der eingeschränkten Anwendbarkeit des **KSchG** (§ 1 Abs. 1 KSchG) sowie der Wertung des § 4 Abs. 1 TzBfG, das praktisch in vielen Fällen

## H. Internationales und Europäisches Arbeitsrecht

zu einem Ausschluss des Kündigungsschutzes für 24 Monate führt, beim Ausschluss des Kündigungsschutzes zu Beginn der Beschäftigung **nicht ein**. Ob etwas anderes dann gilt, wenn jeglicher Kündigungsschutz dauerhaft fehlt, hat das *BAG* (24.5.1989 AP Nr. 30 zu Internationales Privatrecht-Arbeitsrecht) offen gelassen.

Soweit das an sich anwendbare amerikanische Recht keinen Ausgleichsanspruch i. S. d. § 89b HGB kennt, verstößt das nicht gegen den ordre public (*LG Frankf.* 18.9.1980 AP Nr. 18 zu Internationales Privatrecht-Arbeitsrecht). 890

Es verstößt auch nicht gegen den ordre public, wenn nach englischem Recht die Zahlung einer **Provision** vom Bestand des Arbeitsverhältnisses abhängig ist, sodass danach keine Provision für Geschäfte verlangt werden kann, an denen der Arbeitnehmer zwar mitgewirkt hat, die aber erst nach der Beendigung des Arbeitsverhältnisses abgewickelt werden (*BAG* 26.2.1985 AP Nr. 23 zu Internationales Privatrecht-Arbeitsrecht). 891

§ 613a BGB gehört nicht zu den wesentlichen Grundsätzen des deutschen Rechts, die ohne Rücksicht auf das auf den Vertrag anzuwendende Recht den Sachverhalt zwingend regeln (*BAG* 29.10.1992 EzA Art. 30 EGBGB Nr. 2), ebenso wenig §§ 1 ff. ArbNErfG, 14 Abs. 1 TzBfG; nichts anderes gilt für § 8 TzBfG. Denn diese Norm dient vorrangig den **Individualinteressen** der Arbeitnehmer und nicht öffentlichen Gemeinwohlinteressen. Zwar soll sie Teilzeitarbeit fördern und dadurch auch Entlastungseffekte auf dem Arbeitsmarkt bewirken. Dieses öffentliche Interesse wird aber lediglich als Reflex des vorrangig individuellen Zwecken dienenden Anspruchs auf Teilzeitarbeit mittelbar gefördert (*BAG* 13.11.2007 EzA Art. 30 EGBGB Nr. 9). Anders verhält es sich bei § 14 Abs. 2 TzBfG (MünchArbR/*Oetker* § 11 Rn. 63). 892

> Das gegen den inländischen ordre public verstoßende ausländische Recht ist nicht anzuwenden, wobei nicht die ausländische Norm, **sondern allein das Ergebnis ihrer Anwendung im konkreten Fall anhand der wesentlichen Grundsätze deutschen Rechts zu überprüfen ist**. Soweit die Beeinträchtigung des ordre public bereits dadurch beseitigt wird, wird das Recht des Vertragsstatuts nicht weiter korrigiert (Grundsatz des geringstmöglichen Eingriffes). Entstehen durch die Nichtanwendung des ausländischen Rechts Regelungslücken, sind diese zu schließen (instr. MünchArbR/*Oetker* § 11 Rn. 56). 893

### e) Einzelfragen des Arbeitsverhältnisses

> Im Rahmen der Anbahnung, Begründung, der inhaltlichen Ausgestaltung und der Beendigung des Arbeitsverhältnisses kommen kollisionsrechtlich bei zahlreichen Einzelfragen neben dem Vertragsstatut auch andere Anknüpfungspunkte in Betracht (instr. MünchArbR/*Oetker* § 11 Rn. 57 ff.). 894

– Das **Vertragsstatut** erfasst die **Begründung des Arbeitsverhältnisses** (Zustandekommen und Wirksamkeit des Arbeitsvertrages, Art. 31 Abs. 1 EGBGB/Art. 10 Abs. 1 Rom I-VO, vgl. aber auch Art. 7, 11 EGBGB, s. Rdn. 792 ff.), das faktische Arbeitsverhältnis (vgl. Art. 32 Abs. 1 Nr. 5 EGBGB/Art. 12 Rom I-VO), die Rechtfertigung der **Befristung** von Arbeitsverträgen, **Inhalt und Umfang der Arbeitnehmerpflichten, Haftung des Arbeitnehmers** (Art. 32 Abs. 1 Nr. 3 EGBGB), **Pflichten des Arbeitgebers** (Lohnzahlung, Urlaub, Arbeitszeit, Recht am Arbeitsergebnis, wenn das Urheberrechtsstatut [Recht des Schutzlandes] und das Vertragsstatut verschiedenen Rechtsordnungen unterfallen); die **Folgen der Beendigung des Arbeitsverhältnisses** (z. B. Herausgabe von Arbeitspapieren, Freistellung zur Stellensuche, Zeugnis) sowie seine Nachwirkungen. 895

– Der **Betriebssitz** des Arbeitgebers ist maßgeblich, d. h. trotz der Vereinbarung ausländischen Rechts gilt bei Tätigkeit in der BRD inländisches Recht, bei der Beurteilung der Zulässigkeit von **Fragerecht und Fragebogen bei Bewerbern**, der Verpflichtung zur Zahlung von **Bewerbungs- und Vorstellungskosten**, Fragen der Arbeitserlaubnis (§ 284 SGB III), Einstellungspflichten und Beschäftigungsverboten, der Rechtfertigung der Befristung von Arbeitsverhältnissen in inländischen Betrieben nach § 14 TzBfG, Arbeit auf Abruf (§ 12 TzBfG) in inländischen Betrieben, 896 der Lohnzahlung bei Betriebsstörungen (z. B. wegen Stromausfall), Arbeitgeberwechsel bei Betriebsübergang gem. **§ 613a BGB** oder durch Vertrag.

897 — Der **Einstellungsort** ist maßgeblich für Fragen der Diskriminierung eines Bewerbers insbes. wegen des Geschlechts (z. B. gem. § 1 AGG).

898 — Der **Einsatzort** ist maßgeblich für die rechtlichen Anforderungen an Arbeitnehmerüberlassung (**§ 10 AÜG**). Ein ausländisches Zeitarbeitsunternehmen bedarf folglich einer Genehmigung nach dem AÜG, wenn es Arbeitskräfte für einen Einsatz in der BRD verleiht. Der Einsatzort ist auch maßgeblich für die Bezahlung von Freistellungen (EFZG), öffentlich-rechtliche Ge- und Verbote hinsichtlich der Arbeitszeit einschließlich privat-rechtlicher Folgewirkungen (z. B. höhere Vergütung für Nachtarbeit, *BAG* 12.12.1990 EzA § 15 AZO Nr. 14).

899 — Der **Anwendungsbereich von Schutzgesetzen** ist maßgeblich für das MuSchG (z. B. auch den Zuschuss zum Mutterschaftsgeld, § 14 MuSchG), den Zusatzurlaub nach JArbSchG und SGB IX; dies gilt generell für diese Gesetze; bezahlte Freistellung (Stellensuche, § 616 BGB; Betriebsratstätigkeit); Bildungs- oder Erziehungsurlaub (jetzt Elternzeit); Datenschutz (BDSG, Grundrecht auf informationelle Selbstbestimmung); besondere Kündigungsverbote (§ 15 KSchG, § 103 BetrVG, § 9 MuSchG), KSchG, BBiG insgesamt.

900 — Der **gewöhnliche Aufenthaltsort** des Arbeitnehmers ist maßgeblich für Vorschriften zur Sicherung des Arbeitseinkommens (§§ 850a ff. ZPO; Aufrechnungs- und Abtretungsverbote).

901 — Das **Statut der Kranken- oder Unfallversicherung** kann maßgeblich sein für Entgeltfortzahlung (EFZG) und die Beurteilung von Arbeitsunfällen.

902 — Das **Erbstatut** ist maßgeblich beim Tod des Arbeitgebers.

903 — **Das Gesellschaftsrechtsstatut** kommt in Betracht bei der Fusion und Neubildung von Gesellschaften.

904 — Im Recht der **Arbeitnehmererfindungen** kommt im Hinblick auf **§ 14 ArbNErfG** das Territorialitätsprinzip grds. nicht in Betracht.

905 — Im Recht der **betrieblichen Altersversorgung** gilt das Vertragsstatut; bei Beendigung eines Arbeitsverhältnisses in der BRD und der Neubegründung eines Arbeitsverhältnisses im Ausland kann die **Unverfallbarkeit** nicht durch eine im Ausland zurückgelegte Dienstzeit eintreten. Etwas anderes gilt, wenn das Arbeitsverhältnis mit einer ausländischen Tochtergesellschaft einer deutschen Konzernmutter im Konzerninteresse begründet und die inländische Konzernobergesellschaft die Versorgungsanwartschaft aufrechterhalten hat (*BAG* 25.10.1988 EzA § 7 BetrAVG Nr. 26).

Erwirbt ein Arbeitnehmer durch die Auslandstätigkeit Ansprüche auf Leistungen der betrieblichen Altersversorgung bei dem ausländischen Unternehmen, so kann die Versorgungsordnung vorsehen, dass diese Leistungen angerechnet werden. Voraussetzung ist aber, dass der Arbeitnehmer über das ausländische Renteneinkommen auf Grund der devisenrechtlichen Bestimmungen des Auslandsstaates auch verfügen kann. Eine **ausländische Sozialversicherungsrente** kann i. d. R. dann angerechnet werden, wenn die Versorgungsordnung dies vorsieht (*BAG* 24.4.1990 EzA § 5 BetrAVG Nr. 23), nicht aber dann, wenn dies nur in den allgemeinen Versicherungsbedingungen einer als Privatversicherung durchgeführten Zusatzversorgung enthalten ist (*BGH* 9.4.1986 DB 1986, 1983).

Der Anpassungsbedarf gem. § 16 BetrAVG wird i. d. R. anhand der deutschen Kaufkraftentwicklung zu ermitteln sein.

906 — Durch Wahl des deutschen Betriebsrentenrechts kann ein ausländischer Betriebsrentenanspruch nicht insolvenzgesichert werden. Ist der Arbeitnehmer bei einem ausländischen Unternehmen beschäftigt, so kommt **Insolvenzschutz** nur in Betracht, wenn der Sicherungsfall im Geltungsbereich des BetrAVG eintritt. Möglich ist dies z. B. dann, wenn über das inländische Vermögen der Niederlassung eines ausländischen Unternehmens ein Insolvenzverfahren eröffnet wird (*BAG* 12.2.1991 EzA § 9 BetrAVG Nr. 4), oder dann, wenn von einer Insolvenzeröffnung im Ausland auch das Inlandsvermögen des Unternehmens, bei dem der Arbeitnehmer beschäftigt war, erfasst wird (vgl. *BGH* 11.7.1985 NJW 1985, 2897).

## H. Internationales und Europäisches Arbeitsrecht

Ist ein Arbeitnehmer bei einer ausländischen Gesellschaft beschäftigt, wurde jedoch die Versorgungszusage von einem inländischen Unternehmen erteilt, so besteht zumindest dann Insolvenzschutz, wenn der Arbeitnehmer das Arbeitsverhältnis mit dem ausländischen Unternehmen im Konzerninteresse auf Veranlassung der Konzernobergesellschaft mit einer Konzerntochtergesellschaft abgeschlossen hat (*BAG* 6.8.1985, 25.10.1988 EzA § 7 BetrAVG Nr. 16, 26; s. Rdn. 905 ff.). Das BAG hat offen gelassen, ob noch eine arbeitsrechtliche Restbeziehung mit dem inländischen Unternehmen bestanden haben muss. Dagegen gewährt der Pensionssicherungsverein keinen Insolvenzschutz bei einer Versetzung eines Arbeitnehmers ins Ausland unter Auflösung der vertraglichen Bindung zum inländischen Arbeitgeber, und zwar auch dann nicht, wenn es sich um Konzerngesellschaften handelt. Eine Wiedereinstellungsklausel unter Aufrechterhaltung der Versorgungszusage erachtet der PSV als nicht ausreichend. Dagegen gewährt er Insolvenzschutz bei einer befristeten Entsendung eines Arbeitnehmers ins Ausland unter Abschluss eines separaten Arbeitsvertrages mit dem ausländischen Unternehmer zumindest dann, wenn ein Ruhen des Arbeitsverhältnisses mit dem inländischen Arbeitgeber vereinbart worden ist (MünchArbR/*Förster/Rühmann* 2. Aufl. § 113 Rn. 32). 907

### 2. Tarifvertrags- und Arbeitskampfrecht

#### a) Tarifvertragsrecht

Der Schutz der Koalitionsfreiheit gem. Art. 9 Abs. 3 GG beschränkt sich nicht auf deutsche Staatsangehörige, sondern erfasst allgemein das Gebiet der BRD. 908

Deshalb kann z. B. eine ausländische Gewerkschaft für den Abschluss eines Tarifvertrages mit einer deutschen Koalition Art. 9 Abs. 3 GG für sich in Anspruch nehmen, wenn dieser Tarifvertrag seinen Schwerpunkt im Inland haben wird. Entsprechendes gilt für inländische Koalitionen, wenn sich der betreffende Sachverhalt nur vorübergehend im Ausland realisiert oder wenn eine andere Verfassungs- oder Rechtsordnung auf eine Regelung verzichtet. 909

Ohne dass eine normative Regelung besteht, ist das TVG anwendbar, wenn der konkrete oder in Aussicht genommene Tarifvertrag seinen Regelungsschwerpunkt im Inland hat. Das ist dann der Fall, wenn die vom Tarifvertrag erfassten Arbeitsverhältnisse im Allgemeinen im Inland schwerpunktmäßig ihren Tätigkeitsbereich haben. 910

Sind die Arbeitnehmer hauptsächlich im Ausland tätig, so ist das TVG nur dann anwendbar, wenn die vertragsschließenden Parteien den Auslandseinsatz von Deutschland aus initiieren und lenken, es sich also nicht allein um im Ausland aktive Gewerkschaften und Arbeitgeberverbände handelt (Tarifvertragsstatut). 911

Deutsche Tarifvertragsparteien können auch für ausschließlich im Ausland zu erfüllende Arbeitsverträge Tarifverträge abschließen, die nur hinter zwingendes ausländisches Recht zurücktreten (*BAG* 11.9.1991 EzA § 1 TVG Durchführungspflicht Nr. 1). 912

Eine Wahl des Tarifvertragsstatuts kommt nur bei ausdrücklicher gesetzlicher Zulassung in Frage (vgl. z. B. § 21 Abs. 4 S. 2 FlaggenG), denn die Tarifvertragsparteien sind in eine bestimmte Arbeits- und Wirtschaftsverfassung eingebettet, aus der auszubrechen ihnen nicht ohne weiteres erlaubt werden kann. 913

Die Tariffähigkeit richtet sich nach dem für den Tarifvertrag maßgeblichen Recht; der zulässige Inhalt eines Tarifvertrages bestimmt sich nach dem Tarifvertragsstatut, ebenso die Tarifbindung und die Tarifwirkungen (s. MünchArbR/*Oetker* § 11 Rn. 116 ff.). 914

#### b) Arbeitskampfrecht

Das Arbeitskampfrecht (einschließlich einzelner Maßnahmen wie Streik, Aussperrung) wird nach der am Ort des Interessengegensatzes geltenden Rechtsordnung beurteilt (s. Art. 9 Rom II-VO; instr. MünchArbR/*Oetker* § 11 Rn. 126). 915

916 Die Rechtmäßigkeit eines im Inland durchgeführten Sympathiestreiks zu Gunsten im Ausland streikender Arbeitnehmer beurteilt sich nach inländischem Recht; sie ist aber abhängig von der Rechtmäßigkeit des ausländischen Hauptstreiks, über die dessen Arbeitskampfstatut entscheidet. Hinsichtlich der Wirkungen des Arbeitskampfes auf die Einzelarbeitsverhältnisse wird an das Arbeitskampfstatut angeknüpft (MünchArbR/*Oetker* § 11 Rn. 127).

### 3. Betriebsverfassungsrecht

917 Die Anwendung des BetrVG setzt voraus, dass der Betrieb im Inland liegt. Dies gilt ohne Rücksicht auf die Staatsangehörigkeit des Inhabers, also auch für Betriebe von Unternehmen, die ihren Sitz im Ausland haben. Es ist unerheblich, ob das ausländische Unternehmen im Inland eine Zweigniederlassung oder nur eine Betriebsstätte unterhält (*BAG* 20.2.2001 EzA § 99 BetrVG 1972 Einstellung Nr. 7).

918 Im Ausland befindliche Betriebe deutscher Inhaber unterfallen dem BetrVG auf Grund des **Territorialitätsprinzips** auch dann nicht, wenn für die Arbeitsverhältnisse der dort tätigen Arbeitnehmer die Geltung deutschen Rechts vereinbart worden ist. Das gilt selbst dann, wenn sich der ausländische Betrieb des deutschen Unternehmens nach dem BetrVG als selbstständiger Betriebsteil oder als Nebenbetrieb darstellen würde (*BAG* 25.4.1978 EzA § 8 BetrVG Nr. 6).

919 Für die Arbeitnehmer eines im Inland gelegenen Betriebes gilt das BetrVG auch dann, wenn sie im Ausland tätig sind, sofern sie im Ausland außerhalb einer dort bestehenden festen betrieblichen Organisation beschäftigt werden.

920 Denn dann stellt sich ihre Auslandstätigkeit als sog. **Ausstrahlung des inländischen Betriebes** dar. Das ist z. B. i. d. R. bei Monteuren der Fall. Gleiches gilt z. B. trotz Eingliederung in eine feste betriebliche Organisation bei einer von Anfang an zeitlich begrenzten, vorübergehenden Entsendung ins Ausland, nicht dagegen bei zeitlich nicht begrenzter Entsendung (*BAG* 20.2.2001 EzA § 99 BetrVG 1972 Einstellung Nr. 7; instr. MünchArbR/*Oetker* § 11 Rn. 128 ff.).

921 Der Betriebsrat eines in der BRD gelegenen Betriebes hat auch bei der Kündigung eines nicht nur vorübergehend im Ausland eingesetzten Arbeitnehmers (z. B. Reiseleiter) dann ein Beteiligungsrecht (gem. § 102 BetrVG), **wenn der im Ausland tätige Arbeitnehmer nach wie vor dem Inlandsbetrieb zuzurechnen ist**. Ob das der Fall ist, hängt von den **Umständen des Einzelfalles** ab und insbes. von der Dauer des Auslandseinsatzes, der Eingliederung in den Auslandsbetrieb, dem Bestehen und den Voraussetzungen eines Rückrufrechts zu einem Inlandseinsatz sowie dem sonstigen Inhalt der Weisungsbefugnisse des Arbeitgebers (*BAG* 7.12.1989 EzA § 102 BetrVG Nr. 74).

922 Ein Gesamtbetriebsrat (§ 47 Abs. 1 BetrVG) ist auch dann zu bilden, wenn im Inland mehrere Betriebe eines ausländischen Unternehmens bestehen, sofern in diesen mindestens zwei Betriebsräte bestehen. Existiert dagegen im Inland nur ein Betrieb, in dem ein Betriebsrat errichtet wurde, so wird kein Gesamtbetriebsrat gebildet.

923 Seine Mitbestimmungsbefugnisse kann der Betriebsrat auch für betriebsangehörige Arbeitnehmer ausüben, die sich im Ausland befinden. Deshalb sind Betriebsvereinbarungen gem. § 87 BetrVG mit grenzüberschreitenden, selbst reinen Auslandssachverhalten möglich. Bei personellen Angelegenheiten ist die Mitwirkung des Betriebsrats nicht davon abhängig, ob die fragliche Maßnahme oder der Arbeitsvertrag insgesamt deutschem Recht unterliegt (*BAG* 9.11.1977 EzA § 102 BetrVG Nr. 31). Ein Sozialplan schließlich kann auch im Ausland tätige, zu einem inländischen Betrieb gehörige Arbeitnehmer erfassen.

### 4. Verfahrensrecht (Internationale Zuständigkeit)

924 Die internationale Zuständigkeit, d. h. die Beantwortung der Frage, ob ein deutsches oder ein ausländisches *Gericht* zur Entscheidung des Rechtsstreits berufen ist, läuft für die Arbeitsgerichte sowohl im Urteils- als auch im Beschlussverfahren grds. parallel mit der örtlichen Zuständigkeit (§ 46 Abs. 2 ArbGG, §§ 12 ff., 38 ff. ZPO, § 82 ArbGG; *BAG* 20.4.2004 EzA § 29 ZPO 2002 Nr. 2;

*Junker* NZA 2005, 199 ff.). Soweit das Gesetz für einen Rechtsstreit einen nationalen Gerichtsstand vorsieht, gibt es damit zu erkennen, dass es von einer Zuständigkeit der deutschen Gerichte ausgeht (vgl. *BAG* 26.2.1985 AP Nr. 23 zu Internationales Privatrecht-Arbeitsrecht; zu Gerichtsstandsvereinbarungen *BAG* 13.11.2007 EzA Art. 30 EGBGB Nr. 9; s. dazu Pietras NZA 2008, 1051 ff.). Verdrängt werden diese Normen aber nicht selten durch internationale Vereinbarungen (s. *BAG* 8.12.2010 EzA § 38 ZPO 2002 Nr. 1; 15.2.2012 EzA EG-Vertrag 1999 Verordnung 44/2001 Nr. 6; *LAG Bln.-Bra.* 8.2.2011 NZA-RR 2011, 491: Beschlussverfahren; s. a. Kap. 14 Rdn. 188 ff.).

Zu beachten ist, dass aus der internationalen Zuständigkeit eines deutschen Arbeitsgerichts keineswegs auch die Anwendbarkeit materiellen deutschen Arbeitsrechts folgt. Auf ein Arbeitsverhältnis mit Auslandsberührung findet vielmehr das Recht Anwendung, dessen Geltung die Parteien ausdrücklich oder stillschweigend vereinbart haben oder das sich auf Grund objektiver Anknüpfungspunkte ergibt (Art. 27, 30 EGBGB; s. Rdn. 792 ff.; instr. *LAG SchlH* 26.9.2007 LAGE Art. 30 EGBGB Nr. 8). 925

## J. Die arbeitsrechtliche Verwaltung

### I. Die arbeitsrechtlichen Behörden

#### 1. Grundlagen

Der Vollzug insbes. des öffentlich-rechtlichen Arbeitsschutzrechts obliegt den arbeitsrechtlichen Behörden. 926

Dabei handelt es sich z. T. um selbstständige juristische Personen des öffentlichen Rechts, denen in unterschiedlichem Umfang Selbstverwaltungskompetenzen eingeräumt sind: 927
- **Bundesagentur für Arbeit** (vgl. §§ 367 ff. SGB III) in Nürnberg mit eigenem Verwaltungsunterbau, (Zentrale, Regionaldirektionen u. Agenturen für Arbeit mit Personal-Service-Agenturen, § 37c SGB III; s. *Bauer/Kretz* NJW 2003, 537 ff.; *Reipen* BB 2003, 787 ff.).
Aufgaben der Bundesagentur sind gem. § 3 SGB III insbes. die Arbeitsvermittlung, Berufsberatung, Arbeitsmarkt- und Berufsforschung, die Gewährung von Leistungen zur Erhaltung und Schaffung von Arbeitsplätzen (Kurzarbeiter-, Winter-, Winterausfallgeld), sonstige Leistungen (Arbeitslosen-, Insolvenzausfallgeld) sowie die Förderung der beruflichen Bildung und die Gewährung von berufsfördernden Leistungen zur Rehabilitation. Im Auftrag des Bundes gewährt die Bundesagentur schließlich Arbeitslosenhilfe.
- **Sozialversicherungsträger**, deren Zuständigkeitsbereich über das Gebiet eines Landes hinausgeht (Art. 87 Abs. 2 GG).
Gem. Art. 87 Abs. 2 GG sind das Bundesinstitut für Berufsbildung, die Künstlersozialkasse sowie als Dachkörperschaften die Bundesverbände der Orts-, Betriebs- und Innungskrankenkassen sowie die kassen- und kassenzahnärztliche Bundesvereinigung errichtet worden.

#### 2. Bundesministerium für Arbeit und Soziales

Zu den Aufgaben des Bundesministeriums für Arbeit und Soziales gehören die Regelung der Arbeitsmarktpolitik sowie aller Grundfragen des individuellen und kollektiven, öffentlichen und privaten Arbeitsrechts. 928

Es bereitet arbeitsrechtliche Gesetze vor, erlässt untergesetzliche Rechtsnormen, ist zuständig für die Allgemeinverbindlicherklärung von Tarifverträgen (§ 5 TVG) und führt ein Register aller bestehenden Tarifverträge (§ 6 TVG). 929

#### 3. Arbeitsministerien der Länder

Die Arbeitsministerien der Länder sind die obersten staatlichen Arbeitsverwaltungsbehörden auf der Ebene der Länder (Art. 84 Abs. 1 GG). Nachgeordnet sind ihnen i. d. R. die Gewerbeaufsichtsämter (Arbeitsschutz, Sicherheitstechnik). Zuständig sind die Arbeitsministerien der Länder für die Aufsicht über die Sozialversicherungsträger (§ 90 Abs. 2 SGB IV) und auch für die Allgemeinverbind- 930 licherklärung von Tarifverträgen (§ 5 TVG). Daneben bestehen Heimarbeitsausschüsse (§§ 4, 5 HAG) nebst Entgeltprüfungsstellen, Schieds- und Schlichtungsausschüsse sowie Integrationsämter und -fachdienste zur Umsetzung des Schwerbehindertenschutzes (§§ 80, 88, 101, 109 ff. SGB IX).

### 4. Arbeitnehmerkammern

931  In Bremen und im Saarland bestehen Arbeitnehmerkammern als selbstständige Körperschaften des öffentlichen Rechts, denen im Wege der Zwangsmitgliedschaft alle Arbeitnehmer angehören. Aufgaben sind insbes. die Wahrung und Förderung der Interessen der Arbeitnehmer in wirtschaftlicher, sozialer und kultureller Hinsicht im Einklang mit dem Gemeinwohl.

932  Verfassungsrechtlich ist die Zwangsmitgliedschaft nicht zu beanstanden (*BAG* 18.12.1974 AP Nr. 23 zu Art. 9 GG).

## II. Koalitionen

933  Der besonderen Stellung und Funktion der Koalitionen (Art. 9 Abs. 3 GG) wird dadurch Rechnung getragen, dass ihnen eine Vielzahl von Funktionen und Mitwirkungsrechten (insbes. Anhörungs-, Antrags- und Vorschlagsrechte) im staatlichen Aufgabenbereich (z. B. bei Gesetzesvorhaben, Durchführungsverordnungen, Verwaltungsrichtlinien, der Allgemeinverbindlicherklärung von Tarifverträgen) eingeräumt werden.

934  Dadurch sollen die Verwirklichung des sozialen Rechtsstaats und der Gedanke der sozialen Selbstverwaltung gefördert werden.

935  Im Bereich der Gerichtsorganisation steht den Verbänden ein Vorschlagsrecht für die Berufung der ehrenamtlichen Richter, ein Beratungsrecht vor der Ernennung der Vorsitzenden an den Arbeitsgerichten sowie ein Anhörungsrecht bei der Bestellung des Präsidenten und der Vorsitzenden bei den Landesarbeitsgerichten (§§ 18, 36 ArbGG) sowie bei Organisationsakten, z. B. bei der Benennung der Zahl der Kammern eines Arbeitsgerichts (§§ 17, 35 ArbGG) zu.

936  Schließlich sind den Verbänden im Bereich der Behördenorganisation und der Erfüllung von Verwaltungsaufgaben – auch in Internationalen Organisationen der Europäischen Gemeinschaft und der Internationalen Arbeitsorganisation (IAO) – Mitwirkungsmöglichkeiten durch Vorschlags- und Entsenderechte für zahlreiche Ausschüsse, Beiräte und andere Einrichtungen eröffnet.

## III. Arbeitsvermittlung

### 1. Begriff

937  Arbeitsvermittlung ist eine Tätigkeit, die darauf gerichtet ist, Arbeitsuchende mit Arbeitgebern zur Begründung von Arbeitsverhältnissen oder mit Auftraggebern oder Zwischenmeistern zur Begründung von Heimarbeitsverhältnissen i. S. d. HAG zusammenzuführen (vgl. § 35 SGB III).

938  Keine Arbeitsvermittlung in diesem Sinne ist es, wenn öffentlich-rechtliche Träger der sozialen Sicherung (z. B. Sozialhilfeträger, Dienststellen der Bundeswehr, Träger der Jugendhilfe) im Einzelfall arbeitsvermittelnd tätig werden.

939  Arbeitsvermittlung ist seit dem 1.1.2004 auch durch Dritte zulässig (vgl. § 37 SGB III; §§ 292, 296 ff. SGB III).

### 2. Durchführung der Arbeitsvermittlung durch die Agentur für Arbeit; Beauftragung Dritter

940  Auf Antrag von Arbeitnehmer oder Arbeitgeber unterbreitet die Agentur für Arbeit einen Vermittlungsvorschlag, der grds. unverbindlich ist, dessen Ablehnung aber u. U. für den Arbeitslosen gem. § 144 Abs. 1 Nr. 2 SGB III eine Sperrzeit zur Folge hat (§ 35 SGB III).

## J. Die arbeitsrechtliche Verwaltung    Kapitel 1

Darüber hinaus sind Arbeitnehmer und Arbeitgeber auf Verlangen über die Lage auf dem Arbeitsmarkt, die Entwicklung in den Berufen, die Notwendigkeit und die Möglichkeiten der beruflichen Bildung und deren Förderung sowie die Förderung der Arbeitsaufnahme zu unterrichten und in Fragen der Wahl oder Besetzung von Arbeitsplätzen zu beraten (§§ 29 ff. SGB III). 941

Durch die Vermittlungstätigkeit der BfA selbst werden keine Arbeitsverträge geschlossen. Deshalb bietet ein Arbeitgeber, der beim Arbeitsamt für einen bestimmten Tag eine Aushilfskraft anfordert, damit regelmäßig noch keinen Arbeitsvertrag bindend an und bevollmächtigt das Arbeitsamt auch nicht zum Abschluss eines Arbeitsvertrages (*BAG* 27.6.1957 AP Nr. 1 zu § 611 BGB Vertragsschluss). 942

Arbeitsvermittlung und -beratung erfolgen grds. unentgeltlich (§ 43 SGB III; zu den Ausnahmen vgl. § 43 Abs. 2 SGB III). 943

Nach der Zugehörigkeit zu einer politischen, gewerkschaftlichen oder ähnlichen Vereinigung darf nur ausnahmsweise gefragt werden (vgl. § 42 SGB III). 944

Gem. § 37 SGB III kann die Agentur für Arbeit zu seiner Unterstützung auch Dritte mit der Vermittlung oder mit Teilaufgaben der Vermittlung beauftragen; ein Arbeitnehmer kann dies von der Agentur für Arbeit verlangen, wenn er sechs Monate nach Eintritt seiner Arbeitslosigkeit noch arbeitslos ist. 945

Der **Aktivierungs- und Vermittlungsgutschein** befugt (ab 1.4.2012) zur Inanspruchnahme der Maßnahmen zur Aktivierung und beruflichen Eingliederung nach § 45 SGB III. Er berechtigt u. a. zur Auswahl eines Trägers, der eine ausschließlich erfolgsbezogen vergütete **Arbeitsvermittlung** in versicherungspflichtige Beschäftigung anbietet (§ 45 Abs. 4 S. 3 Nr. 2 SGB III). Da sich die Förderung an »Träger« richtet, benötigen allerdings auch die **privaten Arbeitsvermittler** zukünftig eine **Zulassung** als Träger. Arbeitslose, die einen Anspruch auf Arbeitslosengeld haben und nach einer Arbeitslosigkeit von sechs Wochen innerhalb einer Frist von drei Monaten noch nicht vermittelt sind, haben einen Rechtsanspruch auf einen Gutschein zum Zwecke der Vermittlung. Die Vergütung bei erfolgreicher Arbeitsvermittlung beträgt 2.000 € bzw. 2500 € (bei Langzeitarbeitslosen und behinderten Menschen) und wird nach Maßgabe des § 45 Abs. 6 SGB III ausgekehrt (s. *Voelzke* NZA 2012, 177 ff.). 945a

### IV. Arbeitsförderung

Arbeitsförderung ist die Förderung der beruflichen Bildung sowie der Arbeitsaufnahme im weitesten Sinne. 946

#### 1. Leistungen an Arbeitnehmer

Neben Regelungen in Einzelgesetzen (BAFöG, Gesetz über die Förderung wissenschaftlichen Nachwuchses an den Hochschulen) sieht das SGB III, zuletzt geändert zum 28.12.2011/1.4.2012 (s. *Voelzke* NZA 2012, 177 ff.) für Arbeitnehmer vor: 947

– Maßnahmen zur **Förderung der Berufsausbildung** sowie der beruflichen Weiterbildung (§§ 59 ff. SGB III) z. B. durch die Gewährung von Zuschüssen und Darlehen. Ziel ist die Stärkung der individuellen beruflichen Mobilität der Arbeitnehmer. Zudem sollen die Wachstums- und Strukturwandelprozesse der Unternehmen durch ein Angebot gut ausgebildeter Arbeitskräfte gefördert werden. 948

– **Institutionelle Förderung** der beruflichen Bildung (§§ 240 ff. SGB III), z. B. durch Darlehen und Zuschüsse für die Einrichtung, Ausstattung und Unterhaltung von Lehrwerkstätten, Arbeitnehmer- und Jugendwohnheimen, Werkstätten für Behinderte, u. U. auch durch die Erstattung der Kosten für Deutsch-Sprachlehrgänge. 949

– Maßnahmen zur **Arbeitsförderung im engeren Sinne** (§§ 48 ff. SGB III), d. h. Verbesserung der Eingliederungsaussichten, Förderung der Arbeitsaufnahme (§§ 16 ff. SGB III), der Aufnahme einer selbstständigen Tätigkeit (Gründungszuschuss, §§ 93, 94 SGB III, z. B. durch Zuschüsse 950 zu den Bewerbungskosten, Reise- und Umzugskosten sowie die Gewährung von Trennungsbeihilfe, Familienheimfahrten, Arbeitsausrüstungen und Überbrückungsbeihilfen in besonderen Härtefällen sowie durch Überbrückungsgeld, Weiterbildungs- und Lehrgangskosten; §§ 82, 131a SGB III), Förderung von Aus- und Übersiedlern (durch Eingliederungsgeld) sowie berufsfördernde Leistungen zur Rehabilitation Behinderter (gewährt werden insoweit Hilfen, die erforderlich sind, um die Erwerbsfähigkeit der körperlich, geistig oder seelisch Behinderten entsprechend ihrer Leistungsfähigkeit zu erhalten, zu bessern, wieder herzustellen).

951 – Leistungen der **Arbeitslosenversicherung** zur Erhaltung und Schaffung von Arbeitsplätzen (Kurzarbeitergeld, §§ 95 ff. SGB III), Leistungen zur Förderung der ganzjährigen Beschäftigung in der Bauwirtschaft [§§ 169 ff. SGB III]; Wintergeld und Winterausfallgeld [§§ 209 ff. SGB III], zusätzlich haben die Tarifvertragsparteien des Baugewerbes ein Überbrückungsgeld vereinbart; Entgeltsicherung für ältere Arbeitnehmer, §§ 421 ff. SGB III; s. a. *BAG* 22.4.2009 EzA § 615 BGB 2002 Nr. 29).

952 – Förderung von **Transfermaßnahmen** und Zahlung von Transferkurzarbeitergeld zur Vermeidung von Arbeitslosigkeit (§§ 110, 134 SGB III; vgl. *Meyer* BB 2004, 490 ff.; *LAG Hmb.* 7.9.2005 NZA-RR 2005, 658).

### 2. Leistungen an den Arbeitgeber

953 Durch die Leistungen der Arbeitsförderung soll vor allem **der Ausgleich am Arbeitsmarkt** unterstützt werden, indem Zeiten der Arbeitslosigkeit sowie des Bezugs von Arbeitslosengeld, Teilarbeitslosengeld und Arbeitslosenhilfe vermieden oder verkürzt werden. Die Leistungen sind so einzusetzen, dass sie der beschäftigungspolitischen Sozial-, Wirtschafts- und Finanzpolitik der Bundesregierung entsprechen sowie der **besonderen Verantwortung** der Arbeitgeber für Beschäftigungsmöglichkeiten und der Arbeitnehmer für ihre eigenen beruflichen Möglichkeiten Rechnung tragen und die Erhaltung und Schaffung von wettbewerbsfähigen Arbeitsplätzen nicht gefährden (§ 1 SGB III; zur besonderen Verantwortung von Arbeitgebern und Arbeitnehmern vgl. § 2 SGB III).

954 Im Rahmen der Arbeitsvermittlung kommen die Zahlung von **Eingliederungszuschüssen** zur Eingliederung von Arbeitslosen und von Arbeitslosigkeit unmittelbar bedrohten Arbeitsuchenden für die Einarbeitung, bei erschwerter Vermittlung sowie für ältere Arbeitnehmer (§§ 88 ff. SGB III; s. dazu *BSG* 6.4.2006 NZA-RR 2006, 605)), die Tragung der Beiträge bei der Beschäftigung älterer Arbeitnehmer, § 90 SGB III), Einstellungszuschüsse bei Neugründungen, Existenzgründungszuschüsse sowie die Förderung des Abschlusses und der Durchführung sog. Eingliederungsverträge in Betracht.

955 Im Rahmen der **beruflichen Bildung** können Einarbeitungszuschüsse, im Rahmen der beruflichen Rehabilitation Ausbildungszuschüsse, Zuschüsse für Arbeitshilfen im Betrieb, in Werkstätten für Behinderte sowie im Rahmen der produktiven Winterbauförderung Investitions- und Mehrkostenzuschüsse gewährt werden.

956 (derzeit unbesetzt)

### 3. Öffentlich geförderte Beschäftigung (Neuregelung ab 1.4.2012)

957 Das SGB II enthält zudem **spezifische Eingliederungsleistungen**, die auf die besonderen Bedürfnisse von Arbeitslosengeld II-Empfängern zugeschnitten sind, das sind die Arbeitsgelegenheiten mit Mehraufwandsentschädigung und Arbeitsverhältnisse mit Zuschüssen zum Arbeitsentgelt. Beides soll nur zum Einsatz kommen, wenn eine **Integration in den Arbeitsmarkt** nach Ausschöpfung von Vermittlungs- und anderen Eingliederungsleistungen **nicht möglich ist**; die öffentlich geförderte Beschäftigung soll auf einen **arbeitsmarktfernen Personenkreis** zur Aufrechterhaltung bzw. Herstellung der Beschäftigungsfähigkeit **beschränkt werden** (s. *Voelzke* NZA 2012, 177 ff.; *Roos* NJW 2012, 652 ff.).

## J. Die arbeitsrechtliche Verwaltung

### a) Arbeitsgelegenheiten (§ 16d SGB II)

Gem. § 16d SGB II begründen »**Ein-Euro-Jobs**« kein Arbeitsverhältnis i.S. d. … Abs. 7 S. 1 SGB II). Auch eine **fehlerhafte Heranziehung** des Leistungsberechti… **Begründung eines faktischen Arbeitsverhältnisses** und hieraus resultierende Lei… Vielmehr ist die Verrichtung der Arbeitstätigkeit gegen Mehraufwandsentschädigu… rechtliches Beschäftigungsverhältnis« zu qualifizieren, für das allerdings die Vorschrift… Arbeitsschutz, das Bundesurlaubsgesetz mit Ausnahme der Regelungen über das … und die für Arbeitnehmerinnen und Arbeitnehmer geltenden Haftungsmaßstäbe ent… ten.

Gem. § 16d Abs. 1 SGB II zielen **Arbeitsgelegenheiten** auf die **Erhaltung oder Wiede…** der Beschäftigungsfähigkeit ab, sollen also eine **Eingliederung in reguläre Erwerbsarbei**… bereiten.

Außerdem müssen die zu verrichtenden Arbeiten nicht nur im öffentlichen Interesse liegen … sätzlich sein, sondern gem. § 16d Abs. 1, 4 SGB II auch **wettbewerbsneutral**; insoweit hand… sich um eine **eigenständige Fördervoraussetzung**. Arbeiten sind danach wettbewerbsne… wenn durch sie eine Beeinträchtigung der Wirtschaft als Folge der Förderung nicht zu befürchten i…

**Damit** soll **verhindert** werden, dass sich Leistungsberechtigte **dauerhaft** in Arbeitsgelegenheiten einrichten. Deshalb dürfen gem. § 16d Abs. 6 S. 1 SGB II erwerbsfähigen Leistungsberechtigten innerhalb eines Zeitraums von **fünf Jahren nicht länger als 24 Monate** Arbeitsgelegenheiten zugewiesen werden (s. *Voelzke* NZA 2012, 177 ff.; *Roos* NJW 2012, 652 ff.).

**Fehlt** einer Arbeitsgelegenheit gegen Mehraufwandsentschädigung das **Merkmal der Zusätzlichkeit**, steht dem 1 €-Jobber für die in diesem Rahmen geleistete Arbeit **Wertersatz, ein öffentlich-rechtlicher Erstattungsanspruch**, zu. Dessen Höhe richtet sich nach dem üblichen Arbeitsentgelt (z. B. dem TV Speditionsgewerbe), einschließlich der Aufwendungen für die gesetzliche Renten-, Kranken- und Pflegeversicherung, abzüglich der erbrachten Grundsicherungsleistungen (*BSG* 13.4.2011 – B 14 AS 98/10 R, AuR 2011, 224 LS; 27.8.2011 – B 4 AS 1/10 R, AuR 2011, 418 LS).

### b) Förderung von Arbeitsverhältnissen (§ 16e SGB II)

Gem. dem ab 1.4.2012 geltenden § 16e SGB II können nur Arbeitnehmer gefördert werden,
– die langzeitarbeitslos i. S. d. § 18 SGB III sind und durch mindestens zwei Vermittlungshemmnisse besonders schwer beeinträchtigt sind (Nr. 1),
– für mindestens sechs Monate verstärkte vermittlerische Unterstützung unter Einbeziehung der übrigen Eingliederungsleistungen erhalten haben (Nr. 2)
– und bei denen eine Erwerbstätigkeit auf dem allgemeinen Arbeitsmarkt für die Dauer der Zuweisung voraussichtlich nicht möglich ist (Nr. 3).

Die Förderung vollzieht sich durch **Zuschüsse zum Arbeitsentgelt** und setzt die Begründung eines **regulären Arbeitsverhältnisses** voraus. Dieses richtet sich grds. nach den allgemeinen Regeln des Arbeitsrechts, wird allerdings nach Maßgabe des § 16e Abs. 4 SGB II durch Abberufungsmöglichkeiten der Bundesagentur sowie Sonderkündigungsrechte von Arbeitnehmer und Arbeitgeber modifiziert. Das Arbeitsverhältnis begründet grds. die Versicherungspflicht in allen Zweigen der Sozialversicherung, ist aber in der Arbeitslosenversicherung nach § 27 Abs. 3 Nr. 5 SGB III versicherungsfrei, um durch einen neuen Arbeitslosengeldanspruch bedingte Fehlanreize zu vermeiden (s. *Voelzke* NZA 2012, 177 ff.; *Roos NJW 2012, 652 ff.*).

Die Höhe des Zuschusses beträgt **abhängig von der Leistungsfähigkeit** des erwerbsfähigen Leistungsberechtigten bis zu 75 % des berücksichtigungsfähigen Arbeitsentgelts. **Zuschüsse an Arbeitgeber** können innerhalb eines Zeitraums von fünf Jahren höchstens für eine Dauer von 24 Monaten erbracht werden.

## J. Die arbeitsrechtliche Verwaltung    Kapitel 1

*a) Arbeitsgelegenheiten (§ 16d SGB II)*

Gem. § 16d SGB II begründen »**Ein-Euro-Jobs**« kein Arbeitsverhältnis i. S. d. Arbeitsrechts (§ 16d **958** Abs. 7 S. 1 SGB II). Auch eine **fehlerhafte Heranziehung** des Leistungsberechtigten führt **nicht zur Begründung eines faktischen Arbeitsverhältnisses** und hieraus resultierenden Leistungsansprüchen. Vielmehr ist die Verrichtung der Arbeitstätigkeit gegen Mehraufwandsentschädigung als »öffentlich-rechtliches Beschäftigungsverhältnis« zu qualifizieren, für das allerdings die Vorschriften über den Arbeitsschutz, das Bundesurlaubsgesetz mit Ausnahme der Regelungen über das Urlaubsentgelt und die für Arbeitnehmerinnen und Arbeitnehmer geltenden Haftungsmaßstäbe entsprechend gelten.

Gem. § 16d Abs. 1 SGB II zielen **Arbeitsgelegenheiten** auf die **Erhaltung oder Wiedererlangung** **959** **der Beschäftigungsfähigkeit** ab, sollen also eine **Eingliederung in reguläre Erwerbsarbeit** erst **vorbereiten**.

Außerdem müssen die zu verrichtenden Arbeiten nicht nur im öffentlichen Interesse liegen und zu- **960** sätzlich sein, sondern gem. § 16d Abs. 1, 4 SGB II auch **wettbewerbsneutral**; insoweit handelt es sich um eine **eigenständige Fördervoraussetzung**. Arbeiten sind danach wettbewerbsneutral, wenn durch sie eine Beeinträchtigung der Wirtschaft als Folge der Förderung nicht zu befürchten ist.

Damit soll **verhindert** werden, dass sich Leistungsberechtigte **dauerhaft** in Arbeitsgelegenheiten **ein- 961 richten**. Deshalb dürfen gem. § 16d Abs. 6 S. 1 SGB II erwerbsfähigen Leistungsberechtigten innerhalb eines Zeitraums von **fünf Jahren nicht länger als 24 Monate** Arbeitsgelegenheiten zugewiesen werden (s. *Voelzke* NZA 2012, 177 ff.; *Roos* NJW 2012, 652 ff.).

Fehlt einer Arbeitsgelegenheit gegen Mehraufwandsentschädigung das **Merkmal der Zusätzlichkeit**, **962** steht dem 1 €-Jobber für die in diesem Rahmen geleistete Arbeit **Wertersatz, ein öffentlich-rechtlicher Erstattungsanspruch**, zu. Dessen Höhe richtet sich nach dem üblichen Arbeitsentgelt (z. B. dem TV Speditionsgewerbe), einschließlich der Aufwendungen für die gesetzliche Renten-, Kranken- und Pflegeversicherung, abzüglich der erbrachten Grundsicherungsleistungen (*BSG* 13.4.2011 – B 14 AS 98/10 R, AuR 2011, 224 LS; 27.8.2011 – B 4 AS 1/10 R, AuR 2011, 418 LS).

*b) Förderung von Arbeitsverhältnissen (§ 16e SGB II)*

Gem. dem ab 1.4.2012 geltenden § 16e SGB II können nur Arbeitnehmer gefördert werden, **963**
– die langzeitarbeitslos i. S. d. § 18 SGB III sind und durch mindestens zwei Vermittlungshemmnisse besonders schwer beeinträchtigt sind (Nr. 1),
– für mindestens sechs Monate verstärkte vermittlerische Unterstützung unter Einbeziehung der übrigen Eingliederungsleistungen erhalten haben (Nr. 2)
– und bei denen eine Erwerbstätigkeit auf dem allgemeinen Arbeitsmarkt für die Dauer der Zuweisung voraussichtlich nicht möglich ist (Nr. 3).

Die Förderung vollzieht sich durch **Zuschüsse zum Arbeitsentgelt** und setzt die Begründung eines **964 regulären Arbeitsverhältnisses** voraus. Dieses richtet sich grds. nach den allgemeinen Regeln des Arbeitsrechts, wird allerdings nach Maßgabe des § 16e Abs. 4 SGB II durch Abberufungsmöglichkeiten der Bundesagentur sowie Sonderkündigungsrechte von Arbeitnehmer und Arbeitgeber modifiziert. Das Arbeitsverhältnis begründet grds. die Versicherungspflicht in allen Zweigen der Sozialversicherung, ist aber in der Arbeitslosenversicherung nach § 27 Abs. 3 Nr. 5 SGB III versicherungsfrei, um durch einen neuen Arbeitslosengeldanspruch bedingte Fehlanreize zu vermeiden (s. *Voelzke* NZA 2012, 177 ff.; *Roos* NJW 2012, 652 ff.).

Die Höhe des Zuschusses beträgt **abhängig von der Leistungsfähigkeit** des erwerbsfähigen Leis- **965** tungsberechtigten bis zu 75 % des berücksichtigungsfähigen Arbeitsentgelts. **Zuschüsse an Arbeitgeber** können innerhalb eines Zeitraums von fünf Jahren höchstens für eine Dauer von 24 Monaten erbracht werden.

## 2. Teil: Individualarbeitsrecht

2. Teil: Individualarbeitsrecht

# Kapitel 2  Anbahnung und Begründung des Arbeitsverhältnisses

## Übersicht

| | | Rdn. | | | | Rdn. |
|---|---|---|---|---|---|---|
| A. | Die Freiheit der Entscheidung über die Begründung von Arbeitsverhältnissen | 1 | | | b) Prüfung von Einstellungsmöglichkeiten | 162 |
| I. | Grundlagen | 1 | | | c) Benachteiligungsverbot wegen der Behinderung | 165 |
| | 1. Arbeitnehmer | 1 | | | d) Behinderungsgerechte Beschäftigung | 174 |
| | 2. Arbeitgeber | 5 | | | e) Betriebliche Voraussetzungen für die Beschäftigung schwerbehinderter Menschen | 182 |
| | a) Grundsatz der Privatautonomie | 5 | | | f) Prävention | 184 |
| | b) Normative Einschränkungen | 6 | | | g) Wiedereinstellung schwerbehinderter Menschen nach Arbeitskampfmaßnahmen | 186 |
| II. | Gesetzliche Beschäftigungs- und Abschlussverbote | 15 | | | 2. Landesgesetze über den Bergmannsversorgungsschein | 189 |
| III. | Beschäftigungsverbote zugunsten der betroffenen Arbeitnehmer | 19 | | VII. | Wiedereinstellungspflicht nach lösender Aussperrung und Kündigung | 193 |
| | 1. Jugendarbeitsschutzrecht | 19 | | VIII. | Benachteiligung wegen des Geschlechts bei der Begründung des Arbeits- oder Ausbildungsverhältnisses (§ 611a BGB bis 17.8.2006; §§ 1, 15 AGG ab 18.8.2006) | 197 |
| | 2. Mutterschutzrecht | 23 | | | | |
| | 3. Frauenarbeitsschutzrecht | 50 | | | | |
| | 4. Beschäftigungsverbote aus Arbeitszeitrecht | 52 | | | 1. Grundlagen | 197 |
| IV. | Beschäftigungsverbote zum Schutz Dritter bzw. der Allgemeinheit | 57 | | | 2. Einzelfragen; insbes. Quotenregelungen | 205 |
| | 1. Arbeitserlaubnis/Aufenthaltstitel für ausländische Arbeitnehmer | 57 | | | 3. Rechtsfolgen; Rechtsmissbrauch | 223 |
| | a) Grundlagen | 57 | | IX. | Tarifliche Einstellungsregelungen | 225 |
| | b) Rechtsfolge bei Verstößen gegen §§ 284, 285, 286 SGB III | 74 | | | 1. Beschäftigungsregelungen | 225 |
| | c) Befristetes Arbeitsverhältnis | 77 | | | 2. Einstellungsgebote; Übernahme von Auszubildenden | 228 |
| | d) Arbeitnehmerschutz bei illegaler Ausländerbeschäftigung | 77a | | | 3. Wiedereinstellungsklauseln | 238 |
| | 2. Verträge über die Leistung verbotener Schwarzarbeit | 78 | | X. | Betriebsverfassungsrechtliche Wiedereinstellungsklauseln | 245 |
| | 3. §§ 42, 43 Infektionsschutzgesetz (IfSG) | 85 | | XI. | Gleichheitssatz (Art. 3 Abs. 1 GG) | 247 |
| V. | Gesetzliche Begründung von Beschäftigungsverhältnissen | 87 | | B. | **Pflichten bei der Vertragsanbahnung** | 248 |
| | 1. § 102 Abs. 5 BetrVG | 88 | | I. | Stellenausschreibung (§ 611b BGB bis 17.8.2006; §§ 1 ff. AGG seit dem 18.8.2006) | 248 |
| | 2. § 78a BetrVG, § 9 BPersVG | 91 | | | | |
| | a) Zweck der Regelung | 91 | | II. | Begründung eines vorvertraglichen Schuldverhältnisses | 253 |
| | b) Geschützter Personenkreis | 95 | | | 1. Grundlagen | 253 |
| | c) Mitteilungspflicht des Arbeitgebers (§ 78a Abs. 1 BetrVG) | 103 | | | 2. Pflichten aus c. i. c. (§ 311 Abs. 2, 3 BGB) | 256 |
| | d) Begründung eines Arbeitsverhältnisses (§ 78a Abs. 2 BetrVG) | 107 | | | 3. Umfang des Schadensersatzanspruchs | 271 |
| | e) Unzumutbarkeit der Weiterbeschäftigung (§ 78a Abs. 4 BetrVG) | 121 | | | 4. Darlegungs- und Beweislast; Verjährung; Verhältnis zu anderen Ansprüchen | 274 |
| | f) Übernahme zu anderen Arbeitsbedingungen | 152 | | III. | Fragerecht des Arbeitgebers; Offenbarungspflichten des Arbeitnehmers | 275 |
| | 3. § 10 Abs. 1 AÜG | 155 | | | 1. Grundlagen, die beabsichtigte gesetzliche Neuregelung | 275 |
| | 4. § 613a Abs. 1 BGB | 156 | | | a) Eingeschränktes Fragerecht | 276 |
| VI. | Gesetzliche Abschlussgebote | 157 | | | b) Behinderung | 277 |
| | 1. §§ 71, 81 SGB IX | 158 | | | | |
| | a) Beschäftigungsquote | 158 | | | | |

|  |  | Rdn. |  |  | Rdn. |
|---|---|---|---|---|---|
| | c) Gesundheitszustand | 280 | IV. | Vorstellungskosten | 416 |
| | d) Einstellungsuntersuchung | 281 | V. | Pflichten des bisherigen Arbeitgebers eines Arbeitsplatzbewerbers | 420 |
| | e) Religion und Weltanschauung | 284 | | | |
| | f) Politische oder gewerkschaftliche Zugehörigkeit | 285 | C. | **Der Abschluss des Arbeitsvertrages** | 427 |
| | g) Internetrecherche | 287 | I. | Grundlagen | 427 |
| | h) Datennutzung und -verarbeitung | 289 | II. | Abgrenzungen | 434 |
| | | | III. | Anforderungen an den Vertragsschluss; Geschäftsfähigkeit | 442 |
| 2. | Auskunftspflicht | 293 | IV. | Form des Arbeitsvertrages | 451 |
| 3. | Wahrheitswidrige Antwort auf unzulässige Fragen | 296 | | 1. Grundsatz der Formfreiheit | 451 |
| | | | | 2. Schriftformerfordernis | 452 |
| 4. | Normative Grundlage des Fragerechts und der Auskunftspflicht | 299 | | 3. Aufhebung der Schriftform; ergänzende Vertragsauslegung | 458 |
| 5. | Umfang des Fragerechts | 301 | | 4. Arbeitsverträge mit Kommunen | 460 |
| 6. | Offenbarungspflichten | 312 | | 5. Geltendmachung des Formmangels | 461 |
| 7. | Einzelfälle | 315 | | | |
| | a) Vermögensverhältnisse | 315 | | 6. Vermutung der Vollständigkeit und Richtigkeit des schriftlich abgeschlossenen Arbeitsvertrages | 462 |
| | b) Gesundheitszustand und Körperbehinderung; Geschlecht des Arbeitnehmers | 319 | | | |
| | | | | 7. Das Nachweisgesetz (NachwG) | 464 |
| | c) Schwerbehinderteneigenschaft | 336 | V. | Inhaltliche Ausgestaltung des Arbeitsvertrages | 485 |
| | d) Schwangerschaft | 345 | | | |
| | e) Vorstrafen; strafrechtliche Ermittlungsverfahren | 350 | | 1. Notwendige Elemente des Arbeitsvertrages | 485 |
| | | | | a) Vereinbarung der Arbeitsleistung; Arbeitszeit | 485 |
| | f) Persönliche Lebensverhältnisse; Verfassungstreue; pflegebedürftige Angehörige | 361 | | | |
| | | | | b) Fehlen einer Vergütungsabrede | 487 |
| | g) Persönliche Eigenschaften | 366 | | c) Übliche Vergütung (§ 612 Abs. 2 BGB) | 495 |
| | h) Tätigkeit bei Tendenzunternehmen | 368 | | | |
| | | | | d) Unwirksame, weil mitbestimmungswidrige Änderung einer Vergütungsordnung im Betrieb; höherer Vergütungsanspruch | 499 |
| | i) Sicherheitsbedenken | 370 | | | |
| | j) Zugehörigkeit zur Scientology-Organisation | 371 | | | |
| | | | | | |
| | k) Mitarbeit für das MfS | 372 | | e) Umzugskosten | 500 |
| | l) Frage nach früheren Beschäftigungen im Unternehmen (bei befristeten oder auflösend bedingten Arbeitsverhältnissen) | 379 | | 2. Dauer des Arbeitsvertrages | 501 |
| | | | | a) Grundlagen | 501 |
| | | | | b) Daueranstellung | 504 |
| | | | | c) Bedingung | 507 |
| | | | | d) Altersgrenzen | 508 |
| | m) Drogenkonsum | 381 | | 3. Arbeitsverhältnis zur Probe | 509 |
| | n) Befinden in einem ungekündigten Arbeitsverhältnis | 382 | | 4. Aushilfsarbeitsverhältnis | 514 |
| | | | | 5. Änderung des Vertragsinhalts | 516 |
| 8. | Beschränkung der Informationserhebung bei Dritten | 383 | VI. | Auskunftsanspruch des abgelehnten Bewerbers | 516a |
| | a) Einschränkung der Informationserhebung durch Zuständigkeitsnormen | 385 | D. | **Formulararbeitsvertrag** | 517 |
| | | | I. | Einführung | 517 |
| | | | | 1. Grundsätze der AGB-Kontrolle | 519 |
| | b) Ärztliche und psychologische Untersuchungen | 388 | | 2. Besonderheiten im Arbeitsrecht | 525 |
| | | | II. | Inhalt und Ort der Tätigkeit | 531 |
| | c) Informationen durch den früheren oder derzeitigen Arbeitgeber | 392 | | 1. Versetzungs- und Änderungsvorbehalte | 533 |
| | | | | a) Versetzungsvorbehalt | 534 |
| 9. | Bewerbungsunterlagen; Datenschutz | 403 | | b) Änderungsvorbehalte | 548 |
| | | | | c) Musterklausel | 551 |
| 10. | Background Checks und ihre Grenzen | 409 | | 2. Konzernversetzungsklauseln | 552 |
| 11. | Informationen im Internet | 413 | | 3. Auswirkungen auf die Sozialauswahl | 554 |

Anbahnung und Begründung des Arbeitsverhältnisses **Kapitel 2**

|  |  | Rdn. |
|---|---|---|
| III. | Laufzeit des Arbeitsvertrags | 557 |
|  | 1. Unbefristetes Arbeitsverhältnisses | 557 |
|  | 2. Befristetes Arbeitsverhältnis | 559 |
| IV. | Arbeitszeit | 566 |
|  | 1. Grenzen des ArbZG | 567 |
|  | 2. Dauer der Arbeitszeit | 568 |
|  | 3. Lage der täglichen Arbeitszeit | 571 |
|  | 4. Befristung einzelner Vertragsbedingungen, insbesondere der Arbeitszeit | 573 |
|  | 5. Arbeit auf Abruf | 576 |
|  | 6. Überstunden | 582 |
|  |    a) Pauschalierungsabreden | 583 |
|  |    b) Freizeitausgleich- oder Vergütungsabrede | 590 |
|  | 7. Kurzarbeitsklauseln | 592 |
| V. | Vergütung | 594 |
|  | 1. Grundvergütung | 595 |
|  | 2. Variable Vergütung und Sonderzahlungen | 601 |
|  |    a) Variable Vergütung | 602 |
|  |    b) Sonderzahlungen | 609 |
|  |    c) Anwesenheitsprämie | 623 |
|  |    d) Zielvereinbarungen | 625 |
|  |    e) Rückzahlungs-, Stichtags- und Bestandsklauseln | 629 |
|  | 3. Anrechnungsklauseln | 638 |
|  | 4. Ausgleichsquittung/Klageverzicht | 644 |
| VI. | Dienstwagen | 649 |
|  | 1. Überlassung eines Dienstwagens | 650 |
|  | 2. Entzug des Dienstwagens | 653 |
| VII. | Verschwiegenheitspflicht | 655 |
|  | 1. Verschwiegenheitspflicht während des Arbeitsverhältnisses | 655 |
|  | 2. Nachvertragliche Verschwiegenheitspflicht | 660 |
| VIII. | Wettbewerbsverbot | 662 |
|  | 1. Vertragliches Wettbewerbsverbot | 662 |
|  | 2. Nachvertragliches Wettbewerbsverbot | 664 |
| IX. | Nebentätigkeit | 668 |
| X. | Urlaub | 675 |
|  | 1. Erholungsurlaub | 676 |
|  |    a) Grenzen des BUrlG | 677 |
|  |    b) Erteilung des Urlaubs | 681 |
|  |    c) Übertragung des Urlaubs und Verfall von Urlaubsansprüchen | 683 |
|  | 2. Bildungsurlaub | 689 |
| XI. | Reisekosten und Spesen | 691 |
| XII. | Betriebliche Altersversorgung | 693 |
| XIII. | Dienstverhinderung | 696 |
|  | 1. Meldepflicht | 696 |
|  | 2. Entgeltfortzahlung und Aufstockung des Krankengelds | 700 |
|  |    a) Entgeltfortzahlung | 700 |
|  |    b) Aufstockung des Krankengelds | 702 |

|  |  | Rdn. |
|---|---|---|
|  | 3. Abtretung von Schadenersatzansprüchen | 704 |
| XIV. | Umzugskosten | 706 |
| XV. | Gehaltsabtretung und -verpfändung | 711 |
| XVI. | Vertragsstrafen | 715 |
|  | 1. Zulässigkeit von Vertragsstrafenabreden in Arbeitsverträgen | 715 |
|  | 2. Inhaltliche Anforderungen an Vertragsstrafenabreden | 719 |
|  |    a) Auslösende Pflichtverletzungen | 720 |
|  |    b) Höhe der Vertragsstrafe | 722 |
|  |    c) Geltendmachung weiterer Schäden | 725 |
|  |    d) Musterklausel | 726 |
|  | 3. Rechtsfolgen der Unwirksamkeit | 727 |
| XVII. | Haftungsklauseln, Beweislastregelungen | 728 |
|  | 1. Haftungsklauseln | 728 |
|  | 2. Beweislastregelungen | 731 |
| XVIII. | Rückzahlung von Aus- und Fortbildungskosten | 733 |
| XIX. | Bezugnahme- und Verweisungsklauseln | 739 |
|  | 1. Verweis auf einseitige Regelungswerke des Arbeitgebers | 740 |
|  | 2. Verweis auf Betriebsvereinbarungen | 745 |
|  | 3. Bezugnahme auf Tarifverträge | 748 |
|  |    a) Gleichstellungsabreden – Vertrauensschutz für »Altfälle« | 749 |
|  |    b) Ab 1.1.2002 abgeschlossene Arbeitsverträge (»Neufälle«) | 751 |
|  |    c) Grundsätzlich keine inhaltliche Kontrolle von Tarifverträgen | 764 |
| XX. | Beendigung des Arbeitsverhältnisses | 765 |
|  | 1. Schriftform der Kündigung | 766 |
|  | 2. Ausschluss der ordentlichen Kündigung vor Dienstantritt | 768 |
|  | 3. Probezeit | 771 |
|  | 4. Kündigungsfristen | 774 |
|  | 5. Freistellungsklauseln | 778 |
|  | 6. Beendigung des Arbeitsverhältnisses zum Rentenalter | 784 |
|  | 7. Beendigung des Arbeitsverhältnisses bei Feststellung der vollständigen Erwerbsminderung | 788 |
| XXI. | Rückgabe von Arbeitgebereigentum | 790 |
| XXII. | Ausschlussfristen | 792 |
|  | 1. Einstufige Ausschlussfrist | 793 |
|  | 2. Zweistufige Ausschlussfrist | 797 |
| XXIII. | Datenschutz | 801 |
| XXIV. | Ausschluss abweichender Absprachen und Nebenabreden | 804 |
| XXV. | Änderungen des Vertrags | 806 |
|  | 1. Schriftformklausel | 807 |
|  | 2. Salvatorische Klausel | 810 |

|  | | Rdn. |
|---|---|---|
| XXVI. | Gerichtsstandsklauseln | 814 |
| XXVII. | Mitteilung von Änderungen | 819 |
| XXVIII. | Vertragsaushändigung | 822 |
| E. | **Rechtsmängel des Arbeitsvertrages** | 825 |
| I. | Verstoß gegen ein gesetzliches Verbot (§ 134 BGB) | 826 |
| II. | Verstoß gegen die guten Sitten (§ 138 BGB); unangemessene Benachteiligung des Arbeitnehmers (§ 307 Abs. 1 BGB) | 831 |
|  | 1. Sittenwidrigkeit (§ 138 Abs. 1 BGB) | 831 |
|  | 2. Wucher (§ 138 Abs. 2 BGB; § 291 Abs. 1 Nr. 3 StGB)) | 847 |
|  | 3. Unangemessene Benachteiligung des Arbeitnehmers (§ 307 Abs. 1 BGB) | 866 |
| III. | Anfechtung des Arbeitsvertrages | 867 |
|  | 1. Anfechtungsgründe | 867 |
|  | a) Irrtum | 867 |
|  | b) Arglistige Täuschung oder Drohung | 878 |
|  | 2. Erklärung der Anfechtung | 881 |
|  | 3. Anfechtungsfrist | 884 |
|  | a) Irrtumsanfechtung | 884 |
|  | b) § 123 BGB | 887 |
|  | 4. Anhörung des Betriebsrats (§ 102 BetrVG)? | 890 |
|  | 5. Anwendbarkeit des § 9 MuSchG, § 18 BEEG, der §§ 85, 91 SGB IX? | 892 |
|  | 6. Einschränkung des Anfechtungsrechts durch Treu und Glauben (§ 242 BGB)? | 893 |
| IV. | Rechtsfolgen von Nichtigkeit und Anfechtung? | 896 |
|  | 1. Rechtslage vor Vollzug des Arbeitsverhältnisses | 902 |
|  | 2. Rechtslage nach Arbeitsaufnahme | 903 |
|  | a) Verhältnis von Anfechtung und Kündigung | 903 |
|  | b) Faktisches Arbeitsverhältnis | 907 |
|  | c) Fehlende Geschäftsfähigkeit des Arbeitnehmers | 919 |
|  | d) Fehlende Geschäftsfähigkeit des Arbeitgebers | 922 |
|  | e) Verstoß gegen die guten Sitten oder ein Strafgesetz | 923 |
|  | f) Nichtigkeit einzelner Abreden des Vertrages | 927 |
| V. | Beiderseitiger Irrtum | 930 |
| VI. | Klagefrist (§§ 4, 13 KSchG) für den betroffenen Arbeitnehmer? | 934 |
| VII. | Ermittlung einer Anfechtungserklärung durch Umdeutung (§ 140 BGB)? | 939 |
| VIII. | Schadenersatzansprüche aus c. i. c. (§ 313 Abs. 2, 3 BGB)? | 942 |
| F. | **Öffentlich-rechtliche Pflichten des Arbeitgebers; Arbeitspapiere** | 944 |
| I. | Meldepflichten gegenüber Sozialversicherungsträgern | 945 |
| II. | Arbeitsschutzrecht | 947 |
| III. | Vorlage von Arbeitspapieren durch den Arbeitnehmer | 948 |
| IV. | Überlassung von Arbeitspapieren an den Arbeitnehmer | 954 |
| V. | Information des Arbeitnehmers über die Pflicht zur unverzüglichen Meldung bei der Agentur für Arbeit (§ 2 Abs. 2 S. 2 Nr. 3 SGB III) | 955 |

## A. Die Freiheit der Entscheidung über die Begründung von Arbeitsverhältnissen

### I. Grundlagen

#### 1. Arbeitnehmer

1  Der Arbeitnehmer kann frei entscheiden, ob und mit wem er ein Arbeitsverhältnis begründen will (*BAG* 2.10.1974 EzA § 613a BGB Nr. 1).

2  Allerdings bestehen faktische Zwänge, z. B. gem. § 144 Abs. 1 Nr. 2 SGB III (s. a. § 37b SGB III: Pflicht zur unverzüglichen Meldung bei der Agentur für Arbeit; Sanktion gem. § 140 SGB III: Minderung des Arbeitslosengeldes). Auch normative Zwänge bestehen nach geltendem Recht: So kann im Verteidigungsfall ein Arbeitsverhältnis durch Verwaltungsakt begründet bzw. ein Arbeitnehmer aus einem bestehenden Arbeitsverhältnis abberufen werden (Art. 12a Abs. 3–6 GG, §§ 10 ff. Arbeitssicherstellungsgesetz BGBl. 1968 I S. 787). Eine Sperrwirkung kann schließlich vom Mitbestimmungsrecht des Betriebsrats (§ 99 BetrVG) bei der Einstellung ausgehen; der Arbeitnehmer hat keine Möglichkeit, gegen die Zustimmungsverweigerung des Betriebsrates vorzugehen.

3  Aus Art. 12 Abs. 1 GG folgt kein Anspruch auf Abschluss eines Arbeitsvertrages mit einem bestimmten Arbeitgeber; ein »Recht auf Arbeit« besteht insoweit nicht.

A. Die Freiheit der Entscheidung über die Begründung von Arbeitsverhältnissen **Kapitel 2**

Der Staat ist lediglich verpflichtet, die erforderlichen wirtschaftlichen und finanzpolitischen Maßnahmen zu treffen, damit Vollbeschäftigung erreicht und Arbeitslosigkeit vermieden werden kann. 4

### 2. Arbeitgeber

*a) Grundsatz der Privatautonomie*

Auch der Arbeitgeber kann frei darüber entscheiden, ob und mit wem er ein Arbeitsverhältnis eingehen möchte. Er ist deshalb z. B. auch als Ausbildender i. S. d. BBiG grds. in seiner Entscheidung frei, ob er einen **Auszubildenden im Anschluss an die Ausbildung in ein Arbeitsverhältnis übernimmt** (*BAG* 20.11.2003 EzA § 611 BGB 2002 Arbeitgeberhaftung Nr. 1). Auch allein das **Vertrauen des Arbeitnehmers** in die Beibehaltung der Praxis eines Arbeitgebers, z. B. des Baugewerbes, wie in der Vergangenheit die Arbeitnehmer wegen vorübergehenden Auftragsmangels zum Jahresende zu entlassen und im Frühjahr **wieder neu einzustellen**, begründet keinen Anspruch auf (Wieder-) Einstellung (*BAG* 26.4.2006 EzA § 611 BGB 2002 Einstellungsanspruch Nr. 2). 5

*b) Normative Einschränkungen*

Es ist zwar grds. ausgeschlossen, den Arbeitgeber durch gesetzliche Vorschriften zur vertraglichen Begründung von Arbeitsverhältnissen zu verpflichten (zur Ausnahme nach dem Gesetz über den Bergmannsversorgungsschein Saarland s. Rdn. 189 ff.). Ein Auszubildender, der eine Verletzung des Ausbildungsvertrages geltend macht, hat daher z. B. grds. **keinen Anspruch auf Schadensersatz** wegen der durch die Nichtübernahme in ein festes Arbeitsverhältnis entfallenen Vergütung (*BAG* 20.11.2003 EzA § 611 BGB 2002 Arbeitgeberhaftung Nr. 1). 6

Zu Lasten des Arbeitgebers sind jedoch andererseits Beschränkungen der Berufsausübungsfreiheit (Art. 12 Abs. 1 GG) statthaft, 7
– wenn sie durch hinreichende Gründe des Gemeinwohls gerechtfertigt werden,
– die gewählten Mittel zur Erreichung des verfolgten Zwecks geeignet und erforderlich sind, und
– wenn auch bei einer Gesamtabwägung zwischen der Schwere des Eingriffs und dem Gewicht der ihn rechtfertigenden Gründe die Grenze der Zumutbarkeit gewahrt wird (*BVerfG* 23.1.1990 EzA § 128 AFG Nr. 1).

In Betracht kommt deshalb z. B. eine Beschränkung des Auswahlermessens, wie sie bei schwerbehinderten Menschen durch die Vorgabe einer bestimmten **Quote** besteht, bei deren Nichterfüllung eine Ausgleichszahlung an den Staat zu erfolgen hat. Einschränkungen erfährt das Grundrecht des Arbeitgebers aus Art. 12 Abs. 1 GG zudem durch **§ 78a BetrVG**, **§ 9 BPersVG** (s. Rdn. 91 ff.), wonach ein Arbeitsverhältnis mit einem Auszubildenden nach Abschluss der Ausbildung auch gegen den Willen des Arbeitgebers begründet wird. Diese Normen erfüllen bei Auszubildenden die Funktion, die **§ 15 KSchG**, **§ 103 BetrVG** (s. Kap. 4 Rdn. 495 ff.) bei bestehenden Arbeitsverhältnissen zukommt. Da der Arbeitgeber sich gegen die Übernahme der Amtsträger nur bei Unzumutbarkeit der Weiterbeschäftigung wenden kann, werden diesen freie Arbeitsplätze i. d. R. vorrangig zugewiesen. 8

Weitere Einschränkungen der Berufsausübungsfreiheit des Arbeitgebers ergeben sich durch: 9
– **§ 102 Abs. 5 BetrVG** und den allgemeinen Weiterbeschäftigungsanspruch außerhalb des Geltungsbereichs dieser Norm, wonach das Arbeitsverhältnis selbst bei wirksamer Arbeitgeberkündigung bis zur rechtskräftigen Entscheidung über die Kündigung über die Kündigungsfrist hinaus fortgesetzt wird (s. Kap. 4 Rdn. 3275 ff.);
– **§ 10 AüG** Begründung eines Arbeitsverhältnisses mit dem Entleiher, wenn dem Verleiher die nach dem AüG erforderliche Erlaubnis zur Arbeitnehmerüberlassung fehlt (s. Kap. 3 Rdn. 4439 ff.);
– **§ 613a Abs. 4 BGB** Einschränkung der Kündigungsmöglichkeit im Zusammenhang mit der Betriebsübernahme (s. Kap. 4 Rdn. 895 ff.);
– Art. 33 Abs. 2 GG;
– **§§ 2, 6 AGG** Verbot der Benachteiligung von Stellenbewerberinnen wegen ihres Geschlechts; Verstöße führen freilich nicht zu einem Einstellungsanspruch der Bewerberin);

Dörner

**Kapitel 2**     Anbahnung und Begründung des Arbeitsverhältnisses

- **Art. 9 Abs. 3 GG** Der Arbeitgeber darf die Einstellung eines grds. als geeignet bewerteten Bewerbers nicht von dessen koalitionsmäßigen Status abhängig machen. Deshalb ist es z. B. **verboten, eine Einstellung von der Kündigung der Gewerkschaftszugehörigkeit abhängig zu machen** (*BAG* 2.6.1987 EzA Art. 9 GG Nr. 43);
- **Art. 3 Abs. 3 GG** (i. V. m. §§ 138, 826 BGB); Verstöße begründen aber keinen Einstellungsanspruch des Bewerbers;
- **§ 95 BetrVG** Auswahlrichtlinien über die personelle Auswahl bei Einstellung.

10    Darüber hinaus können **Tarifverträge Abschlussgebote** (z. B. Wiedereinstellungsklauseln; s. Rdn. 225 ff.) und **Abschlussverbote** (Verbot von Arbeitsverträgen mit bestimmten Arbeitnehmergruppen z. B. aus Gründen des Gesundheitsschutzes) als Abschlussnormen i. S. d. § 1 Abs. 1 TVG enthalten. So kann zum Beispiel vorgesehen werden, dass Facharbeiten grds. nur durch einschlägige Fachkräfte zu erledigen sind und die Besetzung der Arbeitsplätze entsprechend vorzunehmen ist (*BAG* 26.4.1990 EzA § 4 TVG Druckindustrie Nr. 20; 22.1.1991 EzA § 4 TVG Druckindustrie Nr. 22).

11    Im Übrigen besteht aber keine umfassende Bindung des privaten Arbeitgebers, den Einstellungsbewerbern die zur Verfügung stehenden Arbeitsplätze unter Beachtung des Gleichbehandlungsgrundsatzes etwa nach Eignung, Befähigung und fachlicher Leistung oder ähnlichen sachlich rechtfertigenden Kriterien zuzuteilen (vgl. *LAG Hessen* 26.3.2001 NZA-RR 2001, 464).

12    Aus den einzelnen, den Arbeitnehmer begünstigenden betriebsverfassungsrechtlichen Normen (vgl. z. B. §§ 75, 80, 99 BetrVG) kann nicht auf eine entsprechende individualarbeitsrechtliche Position des Arbeitnehmers geschlossen werden.

13    Eine Bindung des Arbeitgebers bei der Einstellung kann sich ausnahmsweise aus dem Gesichtspunkt der Sozialauswahl ergeben.

14    § 1 Abs. 3 KSchG gilt zwar nicht entsprechend für Fälle, in denen der Arbeitgeber im Anschluss an eine betriebsbedingte Kündigung wegen Arbeitsmangels und damit wegen verringerten Personalbedarfs nur einen Teil der bisherigen Belegschaft später neu einstellt (*BAG* 15.3.1984 EzA § 611 BGB Einstellungsanspruch Nr. 2). Etwas anderes kann sich aber u. U. dann ergeben, wenn der Arbeitgeber **alle anderen vergleichbaren Arbeitnehmer wieder eingestellt hat** (*BAG* 10.11.1977 EzA § 611 BGB Einstellungsanspruch Nr. 1).

## II. Gesetzliche Beschäftigungs- und Abschlussverbote

15    Die gesetzlichen Beschäftigungs- und Abschlussverbote bestehen überwiegend zum Schutz der Arbeitnehmer, denen die Übernahme bestimmter Tätigkeiten verboten wird, z. B. beim Verbot der Kinderarbeit (§ 5 Abs. 1 JArbSchG; § 2 Abs. 1 Nr. 1 BergBG Verbot der Beschäftigung im Bergbau ohne gesundheitliche Unbedenklichkeitsbescheinigung).

16    Der Schutz Dritter kommt dann in Betracht, wenn ihnen aus der Beschäftigung bestimmter Arbeitnehmer auf bestimmten Arbeitsplätzen Gefahren erwachsen würden (z. B. § 42 IfSG: Schutz vor ansteckenden Krankheiten).

17    Insoweit sind Eingriffe in die Vertragsfreiheit (Art. 12 Abs. 1 GG) z. B. beim Jugendarbeitsschutz im Interesse der höherwertigen Güter von Leben, Körper und Gesundheit der jugendlichen Menschen unvermeidbar. Aus dem Wesensgehalt des Arbeitsschutzrechts folgt aber auch, dass die vom Gesetzgeber bestimmten Eingriffe in die Vertragsfreiheit nur soweit gehen sollen und dürfen, wie die Einschränkungen aus dem jeweils verfolgten Schutzbedürfnis heraus zwingend abgeleitet werden können (*BAG* 12.10.1962 AP Nr. 1 zu § 10 JArbSchG).

18    Systematisch kann differenziert werden zwischen:
- **Abschlussnormen**, also Vorschriften, die den Abschluss des Arbeitsvertrages verbieten;
- **Beschäftigungsverboten**, die nicht den Vertragsabschluss, sondern nur den tatsächlichen Einsatz des Arbeitnehmers auf einem bestimmten Arbeitsplatz verbieten (zum zeitweisen Beschäftigungs-

## A. Die Freiheit der Entscheidung über die Begründung von Arbeitsverhältnissen — Kapitel 2

verbot bei der Verletzung der Fortbildungspflicht von Rettungssanitätern s. *BAG* 18.3.2009 EzA § 615 BGB 2002 Nr. 28; zu § 101 BetrVG *LAG BW* 31.7.2009 LAGE § 101 BetrVG 2001 Nr. 2);

– **Verbotsgesetzen** i. S. d. § 134 BGB, die zur Nichtigkeit eines Arbeitsvertrages führen, der auf die Leistung einer unzulässigen Beschäftigung gerichtet ist. Nach Sinn und Zweck der Norm ist von der Nichtigkeitsfolge aber dann, wenn ohne sie dem Sinn und Zweck der Norm besser Genüge getan wird, abzusehen. Das ist bei Arbeitsschutznormen (z. B. JArbSchG, ArbZG, MuSchG) häufig der Fall;

– arbeitsvertraglichen **Unterlassungspflichten**, die sich an einen im Arbeitsverhältnis stehenden Arbeitnehmer richten (Wettbewerbsverbot § 60 HGB, Verstöße führen nicht zur Nichtigkeit eines Zweitarbeitsverhältnisses, vgl. § 61 HGB; Verbot der Erwerbstätigkeit im Urlaub [§ 8 BUrlG]; auch diese Vorschrift ist kein gesetzliches Verbot i. S. d. § 134 BGB [*BAG* 25.2.1988 EzA § 8 BUrlG Nr. 2]).

### III. Beschäftigungsverbote zugunsten der betroffenen Arbeitnehmer

#### 1. Jugendarbeitsschutzrecht

Verboten ist die Beschäftigung von Kindern bis zu 15 Jahren (§ 5 JArbSchG i. V. m. § 134 BGB). **19**

Allerdings sind Ausnahmen für den Erziehungsbereich und spezielle berufliche Bereiche, in denen **20** von einer familienhaften Arbeitsleistung ausgegangen werden kann (z. B. in der Landwirtschaft), vorgesehen (JarbSchG; zur Kinderarbeitsschutz-VO vgl. *Anzinger* BB 1998, 1843 ff.).

Im Übrigen unterliegt die Beschäftigung Jugendlicher zeitlichen (§§ 8 ff. JArbSchG) und inhalt- **21** lichen (§§ 22 ff. JArbSchG, z. B. durch das grundsätzliche Verbot des Einsatzes Jugendlicher bei gefährlichen Arbeiten) Beschränkungen).

Schließlich enthalten **§ 25 JArbSchG, §§ 27 ff. BBiG, § 21 ff. HwO** spezielle Beschäftigungsver- **22** bote, die Jugendliche vor bestimmten unqualifizierten Arbeitgebern und Vorgesetzten schützen sollen. Bei Verstößen gegen § 25 JArbSchG ist der Arbeitsvertrag gem. § 134 BGB nichtig, wenn dem Arbeitgeber selbst wegen rechtskräftiger strafrechtlicher Verurteilung die persönliche Qualifikation fehlt. Fehlt dagegen nur dem von ihm beauftragten Mitarbeiter die persönliche Qualifikation, kann der Jugendliche zwar die Arbeitsleistung verweigern und den Arbeitgeber damit in Annahmeverzug bringen, die Wirksamkeit des Arbeitsvertrages wird dadurch aber nicht berührt.

#### 2. Mutterschutzrecht

Die Beschäftigungsverbote des MuSchG sind überwiegend als generelle Beschäftigungsverbote **23** gefasst. Sie verbieten – unabhängig vom individuellen Gesundheitszustand der Frau – die Beschäftigung während der Mutterschutzfristen vor und nach der Entbindung; über das Beschäftigungsverbot während der Schutzfrist vor der Entbindung kann die Arbeitnehmerin allerdings disponieren (§ 3 Abs. 2 MuSchG; zur Flexibilisierung der Schutzfunktion nach § 6 Abs. 1 MuSchG bei Frühgeburten 2002, vgl. *Joussen* NZA 2002, 702 ff.); verzichtet die Arbeitnehmerin, so kann der Arbeitgeber sich **nicht ohne weiteres** darauf berufen, er könne sie aus **Fürsorgegesichtspunkten nicht beschäftigen.** Denn das Beschäftigungsverbot dient dem Schutz der werdenden Mutter, nicht dem des Arbeitgebers (zutr. *LAG SchlH* 15.12.2005 LAGE § 3 MuSchG Nr. 4 m. Anm. *Nebe* AuR 2007, 141 f.).

Verboten sind ferner die Beschäftigung mit schweren und gesundheitsgefährdenden Arbeiten, der Akkord- und Fließarbeit, sowie Mehr-, Nacht-, Sonntags- und Feiertagsarbeit (§§ 3, 4, 6, 8 MuSchG). So stellt z. B. **Mumps bei Erzieherinnen**, die in Kindergärten arbeiten, eine Berufskrankheit dar, die bei Fehlen hinreichender Antikörper zu einem Beschäftigungsverbot nach § 4 Abs. 2 Nr. 6 MuSchG führt (*BVerwG* 26.4.2005 NZA-RR 2005, 649; *OVG RhPf* 11.9.2003 NZA-RR 2004, 93; vgl. dazu *Schimmelpfeng-Schütte* NZA 2006, 21 ff.).

Allerdings können die Aufsichtsbehörden in begründeten Fällen Ausnahmen zulassen (§§ 4 Abs. 3 S. 2, 8 Abs. 6 MuSchG). Diese Verbote gelten z. T. auch für stillende Mütter.

Daneben bestehen noch individuelle, den jeweiligen Gesundheitszustand der Mutter berücksichtigende Beschäftigungsverbote (§§ 3 Abs. 1, 6 Abs. 2 MuSchG). Gem. § 3 Abs. 1 MuSchG darf die werdende Mutter nicht beschäftigt werden, soweit nach ärztlichem Zeugnis, dass das Beschäftigungsverbot genau bezeichnet und auch die Gründe dafür angibt, Leben oder Gesundheit der Mutter oder des Kindes bei Fortdauer der Beschäftigung gefährdet ist.

24 Bei Zweifeln an der Richtigkeit des Zeugnisses kann der Arbeitgeber eine **Nachuntersuchung** verlangen; einen vom Arbeitgeber vorgeschlagenen Facharzt oder Amtsarzt kann die Arbeitnehmerin nur aus triftigem Grund ablehnen. Die schwangere Arbeitnehmerin muss einem derartigen Verlangen des Arbeitgebers auf eine weitere ärztliche Untersuchung aber **dann nicht nachkommen**, wenn zu dem Zeitpunkt, zu dem der Arbeitgeber erstmals sein Verlangen auf eine derartige Untersuchung stellt, **keine objektiv begründbaren Zweifel** mehr an dem Beschäftigungsverbot bestanden (zutr. *ArbG Bln.* 17.11.2004 – 9 Ca 18808/04, EzA-SD 6/2005 S. 5 LS).

25 Der Arzt kann auch ein **partielles Beschäftigungsverbot** für bestimmte Arbeiten oder während bestimmter Zeiten aussprechen.

26 Nicht erfasst ist jedoch ein nur den An- und Abfahrtsweg zur Arbeitsstätte betreffendes ärztliches Verbot, denn das Wegerisiko gehört zur Risikosphäre des Arbeitnehmers (*BAG* 7.8.1970 EzA § 11 MuSchG Nr. 3).

27 Nimmt der Arbeitgeber oder die zuständige Stelle die gebotene **fachkundige Überprüfung** der Unbedenklichkeit des Arbeitsplatzes einer schwangeren Arbeitnehmerin **nicht** vor und bestehen aus ärztlicher Sicht ernstzunehmende Anhaltspunkte dafür, dass vom Arbeitsplatz Gefahren für Leben oder Gesundheit von Mutter und Kind ausgehen können, so darf der Arzt bis zu einer Klärung ausnahmsweise ein **vorläufiges Beschäftigungsverbot** aussprechen (*BAG* 11.11.1998 EzA § 3 MuSchG Nr. 5; s. *Wank* SAE 2000, 31 ff.; *Buchner* RdA 2000, 308 ff.).

Auch dann, wenn der Arbeitgeber die **Rechte einer Schwangeren** missachtet und sie zu gerichtlichen Auseinandersetzungen zwingt, kann ein Beschäftigungsverbot gem. § 3 Abs. 1 MuSchG nach Auffassung des *LAG SchlH* (7.12.1999 NZA-RR 2000, 118) gerechtfertigt sein.

28 Gem. **§ 6 Abs. 2 MuSchG** darf eine Arbeitnehmerin, die in den ersten sechs Monaten nach der Entbindung nach ärztlichem Zeugnis nicht voll leistungsfähig ist, nicht zu einer ihre Leistungsfähigkeit übersteigenden Arbeit herangezogen werden.

29 Die Wirksamkeit des Arbeitsvertrages berühren diese Beschäftigungsverbote nicht; sie modifizieren lediglich die Arbeitspflicht der Arbeitnehmerin.

30 Fraglich ist aber, ob dann, wenn das **Arbeitsverhältnis erst nach dem Eintritt der Schwangerschaft begründet wird** und die arbeitsvertragliche Vereinbarung auf die Verrichtung verbotener Tätigkeiten gerichtet ist, die Nichtigkeit des Arbeitsvertrages bzw. jedenfalls die Teilnichtigkeit eintritt.

31 Das *BAG* (27.11.1956 AP Nr. 2 zu § 4 MuSchG; 6.10.1962 AP Nr. 24 zu § 9 MuSchG) ist zunächst davon ausgegangen, dass für den Fall des anfänglichen Eingreifens mutterschutzrechtlicher absoluter Beschäftigungsverbote der von einer ohne ihr Wissen bereits schwangeren Arbeitnehmerin abgeschlossene Arbeitsvertrag, wonach sie nur mit Arbeiten beschäftigt werden kann, die nach § 4 MuSchG verboten sind, gem. § 134 BGB **nichtig ist**.

32 Zuletzt hat das *BAG* (8.9.1988 EzA § 8 MuSchG Nr. 1) unter Hinweis auf in einer nicht veröffentlichten Entscheidung des 7. Senats (5.12.1980 – 7 AZR 925/78) geäußerte Bedenken diese Frage jedoch **offen gelassen**.

33 Der Arbeitsvertrag mit einer schwangeren Arbeitnehmerin, durch den diese sich ausschließlich zur Nachtarbeit i. S. d. § 8 MuSchG verpflichtet, ist aber jedenfalls nicht gem. § 134 BGB nichtig, wenn

## A. Die Freiheit der Entscheidung über die Begründung von Arbeitsverhältnissen  Kapitel 2

bei Vertragsschluss noch mit der Erteilung einer Ausnahmegenehmigung nach § 8 Abs. 6 MuSchG zu rechnen ist (*BAG* 8.9.1988 EzA § 8 MuSchG Nr. 1).

Nach Auffassung von *Buchner* (MünchArbR § 30 Rn. 46) kommt dagegen die Nichtigkeit des Vertrages nicht in Betracht, wenn das Arbeitsverhältnis für unbestimmte Zeit begründet wurde und sich das mutterschutzrechtliche Beschäftigungsverbot nur als **vorübergehendes Hindernis** darstellt. 34

Freistellungen infolge der Beschäftigungsverbote sollen im Ergebnis nicht zu Verdienstausfall führen. Während der Schutzfristen vor und nach der Entbindung (§§ 3 Abs. 2, 6 Abs. 1 MuSchG) besteht Anspruch auf **Mutterschaftsgeld** nach §§ 13, 200 RVO. Für die Höhe des Anspruchs auf Mutterschaftsgeld nach Maßgabe dieser Vorschriften kommt es auf den arbeitsrechtlichen Begriff des Arbeitsverhältnisses an. Kommt es insoweit darauf an, ob eine Versicherte zu Beginn der Mutterschutzfrist **in einem Arbeitsverhältnis stand**, sind **Krankenkassen** und Sozialgerichte grds. an den **Inhalt gerichtlicher Vergleiche gebunden**, die die Vertragsparteien über die Beendigung ihres Vertragsverhältnisses geschlossen haben, es sei denn, es liegt ein Fall des Rechtsmissbrauchs vor (*BSG* 16.2.2005 NZA-RR 2005, 542). Den Differenzbetrag zum bisherigen durchschnittlichen Nettoarbeitsentgelt hat der Arbeitgeber und bei aufgelösten Arbeitsverhältnissen der Bund nach § 14 MuSchG als Zuschuss zu zahlen. § 14 Abs. 1 S. 1 MuSchG ist verfassungsgemäß (*BAG* 1.11.1995 EzA § 14 MuSchG Nr. 12; zur Berechnung auf Grund einer tariflichen Regelung bei leistungsbezogenem Entgelt vgl. *LAG Nds.* 14.7.2005 – 7 Sa 1257/04 – LAG Report 2005, 350 LS). Für den Anspruch der Arbeitnehmerin gegen den Arbeitgeber auf Zuschuss zum Mutterschaftsgeld kommt es nicht auf die tatsächliche Zahlung von Mutterschaftsgeld durch die Krankenkasse, sondern das **Bestehen des sozialrechtlichen Anspruchs** auf Mutterschaftsgeld an. Nach § 200 Abs. 1 2. Alt. RVO setzt der Anspruch auf Mutterschaftsgeld voraus, dass allein wegen der Schutzfristen des Mutterschutzgesetzes kein Arbeitsentgelt gezahlt wird. Der Anspruch kann auch während der Schutzfristen entstehen, sobald die genannte Voraussetzung vorliegt. Der Anspruch auf Mutterschaftsgeld entfällt nicht für den gesamten Zeitraum der Schutzfristen, wenn das Arbeitsverhältnis bei Beginn der Schutzfrist des § 3 Abs. 2 MuSchG wegen eines vereinbarten Sonderurlaubs unter Wegfall der Hauptleistungspflichten geruht hat. Vielmehr ist der Anspruch auf Mutterschaftsgeld nur bis zur vereinbarten Beendigung des unbezahlten Sonderurlaubs ausgeschlossen (*BAG* 25.2.2004 EzA § 14 MuSchG Nr. 18). Der Anspruch auf Zuschuss zum Mutterschaftsgeld entfällt auch nicht deshalb, weil die Frau während der Schutzfristen **arbeitsunfähig** krank war (*BAG* 12.3.1997 EzA § 14 MuSchG Nr. 14). Der Anspruch besteht aber nicht, wenn das Arbeitsverhältnis während der Elternzeit ruht und die Arbeitnehmerin **keine zulässige Teilzeitarbeit** leistet (§ 14 Abs. 4 MuSchG; *BAG* 29.1.2003 EzA § 14 MuSchG Nr. 16). § 14 Abs. 4 MuSchG dient der Klarstellung. Auch ohne diese Regelung bestünde kein Anspruch auf Zuschuss zum Mutterschaftsgeld während der Elternzeit, weil der Arbeitgeber in dieser Zeit – sofern keine Teilzeitarbeit geleistet wird – nicht zur Zahlung von Arbeitsentgelt verpflichtet ist. Der Anspruch auf Zuschuss zum Mutterschaftsgeld ist seiner Rechtsnatur nach ein gesetzlich begründeter Anspruch auf teilweise Fortzahlung des Arbeitsentgelts. Die Vergütungspflicht des Arbeitgebers wird während der Zeiten der Beschäftigungsverbote nach § 3 Abs. 2 MuSchG; § 6 Abs. 1 MuSchG trotz fehlender Arbeitsleistung nicht in vollem Umfang aufgehoben, sondern besteht nach Maßgabe des § 14 Abs. 1 MuSchG fort. Der Zuschuss des Arbeitgebers dient dazu, den Verdienstausfall auszugleichen, soweit er den Betrag von 13,00 € täglich übersteigt, weil sich die Zeit der Mutterschutzfristen nicht lohnmindernd auswirken soll (*BAG* 29.1.2003 EzA § 14 MuSchG Nr. 16). 35

Bei der **Berechnung** dieses Zuschusses zum Mutterschaftsgeld sind in den Schutzfristen wirksam werdende allgemeine **Entgelterhöhungen** von ihrem jeweiligen Wirksamkeitszeitpunkt an zu berücksichtigen (§ 14 Abs. 1 MuSchG; s. *BAG* 31.7.1996 EzA § 14 MuSchG Nr. 13; s. a. *EuGH* 30.3.2004 NZA 2004, 839). Zu den allgemeinen Erhöhungen zählen Erhöhungen des Tarifentgeltes ebenso wie solche, die durch die Geburt des Kindes verursacht sind, wie z. B. eine höhere Stufe des Ortszuschlages. 36

(derzeit unbesetzt) 37

38 Wenn und soweit die Arbeitnehmerin vor oder nach der Niederkunft wegen eines Beschäftigungsverbotes freizustellen ist, hat der Arbeitgeber ihr gem. § 11 MuSchG den Durchschnittsverdienst der letzten 13 Wochen weiterzuzahlen (*BAG* 14.12.2011 EzA § 14 MuSchG Nr. 19; s. *LAG Köln* 21.12.2011 LAGE § 11 MuSchG Nr. 8). Die in Abrechnungen ausgewiesenen Beträge bestimmen die Höhe des Zuschusses nur dann, wenn sie den **Wert der Arbeitsleistung im Berechnungszeitraum widerspiegeln**. Ein Provisionsanspruch ist zu berücksichtigen, wenn er im Berechnungszeitraum entstanden ist. Erfolgsabhängige Entgelte aufgrund einer **Zielvereinbarung** sind im Berechnungszeitraum anteilig zu berücksichtigen (*BAG* 14.12.2011 EzA § 14 MuSchG Nr. 19). **Dauerhafte Verdienstkürzungen** sind bei der Berechnung des Mutterschutzlohnes nach § 11 Abs. 2 MuSchG zu berücksichtigen; dies gilt auch dann, wenn sie erst **nach Ablauf des Berechnungszeitraums** des § 11 Abs. 1 MuSchG eintreten (§ 11 Abs. 2 S. 3 MuSchG; s. *BAG* 20.9.2000 EzA § 11 MuSchG Nr. 21; s. a. *EuGH* 1.7.2010 NZA 2010, 1113 u. 1284).

38a Der Zweck der Regelung besteht darin, die Aufrechterhaltung des Lebensstandards zu garantieren. Ihm wird nicht entsprochen, wenn sich aus dem zugrunde zu legenden Dreimonatszeitraum der **Durchschnittsverdienst** deshalb **nicht korrekt ableiten** lässt, weil eine vertraglich vereinbarte **Arbeitszeitreduzierung** einer Arbeitnehmerin erst durch sog. Teilzeittage eines vollen Jahres ausgeglichen ist und sich daher bei Zugrundelegung des Referenzzeitraums nach § 11 Abs. 1 S. 1 MuSchG ein vom Durchschnittsverdienst erkennbar abweichender Verdienst ergibt. In einem derartigen Fall ist für den Verdienst während des Beschäftigungsverbots der die gesamte Arbeitszeitreduzierung berücksichtigende Jahreszeitraum vor Beginn der Schwangerschaft zugrunde zu legen (*LAG Köln* 21.12.2011 LAGE § 11 MuSchG Nr. 8).

38b Es **fehlt** im nationalen Recht allerdings eine **ausdrückliche Vorschrift**, dass das Entgelt einer **vorübergehend umgesetzten, schwangeren Arbeitnehmerin** nicht geringer sein darf als die Vergütung der Arbeitnehmer, die regelmäßig auf dem zugewiesenen Arbeitsplatz beschäftigt sind. Dieses Prinzip ist im Hinblick auf *EuGH* 1.7.2010 NZA 2010, 1113 u. 1284 im Wege einer richtlinienkonformen Anwendung des § 11 Abs. 1 S. 2 MuSchG zu ergänzen (*Junker* NZA 2011, 954 f.).

39 Eine Änderung der Steuerklasse nach Beginn der Elternzeit wirkt sich insoweit nicht zum Nachteil des Arbeitnehmers bei der Berechnung des Arbeitgeberzuschusses aus; dieser ist vielmehr nach der gesetzlichen Regelung nach dem tatsächlich bezogenen Nettoentgelt der letzten drei abgerechneten Monate zu berechnen; eine hypothetische Betrachtungsweise unter Heranziehung der jetzigen Steuerklasse ist nicht veranlasst (*LAG Nbg.* 27.8.2002 NZA-RR 2003, 318).

40 Allerdings kann eine schwangere Frau trotz des gesetzlichen Beschäftigungsverbots verpflichtet sein, vorübergehend eine **andere ihr zumutbare Tätigkeit** auszuüben. Die Zuweisung einer anderen Tätigkeit kommt erst für die Zeit **nach dem Beginn** des gesetzlichen Beschäftigungsverbots in Betracht (*BAG* 21.4.1999 EzA § 11 MuSchG Nr. 18); sie muss **billiges Ermessen** wahren (§ 315 BGB). Deshalb ist die **Ersatztätigkeit so zu konkretisieren**, dass beurteilt werden kann, ob billiges Ermessen gewahrt ist (*BAG* 15.11.2000 EzA § 11 MuSchG n. F. Nr. 20) und die Schwangere nicht über Gebühr belastet wird. Maßgebend sind die Umstände des Einzelfalls. Für eine Flugbegleiterin (Beschäftigungsverbot gem. § 4 Abs. 2 Nr. 7 MuSchG) kommt jedenfalls bis zum Beginn des 6. Schwangerschaftsmonats auch eine auswärtige Beschäftigung in Betracht (*BAG* 22.4.1998 EzA § 11 MuSchG Nr. 17). Nach Beginn des sechsten Schwangerschaftsmonats entspricht jedoch die Zuweisung i. d. R. nicht billigem Ermessen, wenn der Arbeitsort nur nach **mehrstündiger Bahn- oder Flugreise** erreicht werden kann (*BAG* 21.4.1999 EzA § 11 MuSchG Nr. 18).

Die Zuweisung einer anderen zumutbaren Tätigkeit ist **noch nicht** erfolgt, wenn der Arbeitnehmerin zwar ihr Dienstvorgesetzter eine bestimmte Tätigkeit anbietet, jedoch gleichzeitig auf die **Letztentscheidung der Personalabteilung** hinweist. Übt die Personalabteilung in der Folgezeit ihr Direktionsrecht gem. § 315 Abs. 1 BGB dann aber nicht aus, hat die schwangere Frau einen Anspruch auf den Mutterschutzlohn gem. § 11 Abs. 1 MuSchG (*LAG Düsseld.* 22.1.1999 ARST 1999, 273).

## A. Die Freiheit der Entscheidung über die Begründung von Arbeitsverhältnissen   Kapitel 2

Mutterschutzlohn nach § 11 Abs. 1 S. 1 MuSchG (zur Berechnung bei einer vereinbarten wöchentlichen Arbeitszeit, die im Durchschnitt eines halben Jahres zu erbringen ist s. *LAG Hamm* 31.10.2006 LAGE § 11 MuSchG Nr. 6) wird im Übrigen nur geschuldet, wenn allein das ärztliche **Beschäftigungsverbot** für die Nichtleistung der Arbeit **ursächlich** ist; das Beschäftigungsverbot muss die nicht wegzudenkende Ursache für das Nichtleisten der Arbeit und den damit verbundenen Verdienstausfall sein (*ArbG Stendal* 1.7.2009 LAGE § 11 MuSchG Nr. 7). Ist die werdende Mutter arbeitsunfähig krank, so löst ein für denselben Zeitraum angeordnetes Beschäftigungsverbot gem. § 3 Abs. 1 MuSchG keinen Anspruch gem. § 11 Abs. 1 MuSchG aus (*BAG* 13.2.2002 EzA § 3 MuSchG Nr. 8; 9.10.2002 EzA § 11 MuSchG Nr. 23; abl. *Gutzeit* NZA 2003, 81 ff.). Das gilt auch dann, wenn der Arbeitgeber nach Ablauf des Sechs-Wochen-Zeitraums zur Entgeltfortzahlung im Krankheitsfall verpflichtet ist (*LAG Nds.* 20.1.2003 LAGE § 11 MuSchG Nr. 4), sowie dann, wenn die Arbeitnehmerin aus persönlichen Gründen mit der Arbeit aussetzt, z. B. wenn sie subjektiv nicht ernsthaft beabsichtigt, ihre Tätigkeit wieder aufzunehmen (*ArbG Stendal* 1.7.2009 LAGE § 11 MuSchG Nr. 7).   41

Stellt der Arzt Beschwerden fest, die auf der Schwangerschaft beruhen, so hat er zu prüfen und aus ärztlicher Sicht zu entscheiden, ob die schwangere Frau wegen eingetretener Komplikationen arbeitsunfähig krank ist oder ob, ohne dass eine Krankheit vorliegt, zum Schutz des Lebens oder der Gesundheit von Mutter und Kind ein Beschäftigungsverbot geboten ist (§ 3 Abs. 1 MuSchG; vgl. ausf. *Schliemann/König* NZA 1998, 1030 ff.). Dabei steht dem Arzt ein Beurteilungsspielraum zu. Ein Beschäftigungsverbot nach § 3 Abs. 1 MuSchG darf nur dann ausgesprochen werden, wenn die Fortdauer der **Beschäftigung Leben oder Gesundheit von Mutter oder Kind gefährden** würde. Es reicht aber aus, wenn die Fortdauer der Beschäftigung allein auf Grund der individuellen Verhältnisse der Frau die Gesundheit von Mutter oder Kind gefährden würde (*BAG* 12.3.1997 NZA 1997, 882). Die Voraussetzungen für ein Beschäftigungsverbot können auch dann vorliegen, wenn **psychisch bedingter Stress** Leben oder Gesundheit von Mutter oder Kind gefährdet. Voraussetzung ist allerdings, dass der gefährdende Stress gerade durch die Fortdauer der Beschäftigung verursacht oder verstärkt wird (*BAG* 21.3.2001 EzA § 3 MuSchG Nr. 7; *LAG Köln* 13.12.2001 NZA-RR 2002, 569; zu Abgrenzungsfragen bei einer Risikoschwangerschaft vgl. *LAG Nds.* 20.1.2003 LAGE § 11 MuSchG Nr. 4). Bewirkt eine bestehende Krankheit erst bei Fortführung der Beschäftigung die **weitere Verschlechterung der Gesundheit** und dadurch die Unfähigkeit zur Arbeitsleistung, kommt es darauf an, ob die Ursache dafür ausschließlich in der Schwangerschaft liegt. In diesem Fall ist der Anspruch auf Mutterschutzlohn gegenüber dem Anspruch auf Entgeltfortzahlung im Krankheitsfall vorrangig (*BAG* 13.2.2002 EzA § 3 MuSchG Nr. 8). Gleiches gilt, wenn trotz einer Krankheit keine aktuelle Arbeitsunfähigkeit der Schwangeren vorliegt, sondern nur die weitere Beschäftigung unzumutbar ist, weil sie zu einer Verschlechterung des Gesundheitszustandes führen würde, die Verschlechterung aber ausschließlich auf der Schwangerschaft beruht (*BAG* 9.10.2002 EzA § 11 MuSchG Nr. 23).   42

Das Beschäftigungsverbot wird i. d. R. schriftlich erklärt, kann aber, da eine bestimmte **Form nicht vorgesehen** ist, auch mündlich gegenüber der Schwangeren ausgesprochen werden (*BAG* 1.10.1997 EzA § 3 MuSchG Nr. 4). Ist eine Arbeitnehmerin allerdings infolge einer fehlenden öffentlich-rechtlichen Genehmigung außerstande, die von ihr arbeitsvertraglich geschuldete Arbeitsleistung zu erbringen, so ist **nicht das Aussetzen mit der Arbeit** während des Beschäftigungsverbots nach § 3 Abs. 2 MuSchG ursächlich für die Verdiensteinbuße, sondern bereits das **Fehlen der öffentlich-rechtlichen Genehmigung**. Ein Zuschussanspruch nach §§ 3 Abs. 2, 6 MuSchG, § 200 RVO entfällt (*LAG RhPf* 6.1.1999 NZA-RR 1999, 622).   43

Der auf Mutterschutzlohn in Anspruch genommene Arbeitgeber kann geltend machen, dass die Voraussetzungen eines mutterschutzrechtlichen Beschäftigungsverbots nicht vorlagen, sondern eine zur Arbeitsunfähigkeit führende Krankheit bestand.   44

Allein auf Grund der Mitteilung einzelner Befunde kann im gerichtlichen Verfahren regelmäßig nicht beurteilt werden, ob eine krankheitsbedingte Arbeitsunfähigkeit vorliegt oder das Aussetzen mit der Arbeit aus Gründen des Schwangerschaftsschutzes angeordnet worden ist (*BAG* 5.7.1995 EzA § 11 MuSchG Nr. 15; abl. *Lembke* NZA 1998, 349 ff.).   45

**46** Legt eine schwangere Arbeitnehmerin dem Arbeitgeber eine ärztliche Bescheinigung vor, in der ohne Begründung unter bloßem Hinweis auf § 3 Abs. 1 MuSchG ein Beschäftigungsverbot ausgesprochen wird, so kann der Arbeitgeber nicht ohne weiteres die Lohnzahlung einstellen. Vielmehr ist es seine Sache, die Frau **zur Vorlage eines um die Begründung ergänzten Attests** aufzufordern. Erst wenn sie dem nicht nachkommt, ist die Einstellung der Lohnzahlung auf der Grundlage eines **Zurückbehaltungsrechts** berechtigt. Unterlässt der Arbeitgeber eine solche Aufforderung, so kann die Berechtigung des Beschäftigungsverbotes im Zahlungsprozess nicht überprüft werden (*LAG Köln* 26.2.1996 LAGE § 11 MuSchG Nr. 2).

**47** Für die Durchführung eines **gerichtlichen Verfahrens** hat das *BAG* (1.10.1997 EzA § 3 MuSchG Nr. 4; 21.3.2001 EzA § 3 MuSchG Nr. 7; ebenso *LAG Nds.* 20.1.2003 LAGE § 11 MuSchG Nr. 4; *LAG Köln* 13.12.2001 NZA-RR 2002, 569; krit. *LAG Brem.* 28.8.1996 DB 1997, 1337) die maßgeblichen **Grundsätze** wie folgt zusammengefasst:

– Einem mutterschutzrechtlichen ärztlichen Beschäftigungsverbot (gem. § 3 MuSchG) kommt ein hoher Beweiswert zu. Der Beweiswert erhöht sich noch, wenn es zeitnah durch einen unabhängigen Arzt bestätigt wird, z. B. durch ein Gutachten des Medizinischen Dienstes der Krankenversicherung; *LAG Köln* 13.12.2001 NZA-RR 2002, 569).

– Gleichwohl kann es widerlegt werden, z. B. durch eine anderweitige ärztliche Untersuchung. Der Arbeitgeber kann auch tatsächliche Umstände darlegen (vgl. dazu *LAG Düssel.* 1.4.1999 NZA-RR 1999, 349), die den Schluss zulassen, dass das Beschäftigungsverbot auf nicht zutreffenden Angaben der Schwangeren, auch hinsichtlich ihrer Beschwerden, beruht.

– Der Arzt der Schwangeren hat zwar die Fragen des Arbeitgebers nach dem Umfang des Beschäftigungsverbots, nicht aber die Fragen nach den Gründen für dessen Ausspruch zu beantworten,

– Angaben über den Gesundheitszustand und über den Verlauf der Schwangerschaft gehören nicht in das nach § 3 Abs. 1 MuSchG auszustellende ärztliche Zeugnis hinein. Durch einfaches Bestreiten kann der Arbeitgeber nicht erreichen, dass die Schwangere oder ihr Arzt Angaben dazu macht und sie ihren Arzt von der Schweigepflicht entbindet. Vielmehr muss der **Arbeitgeber Umstände darlegen und beweisen**, die zu **ernsthaften Zweifeln** am Vorliegen der Voraussetzungen des § 3 Abs. 1 MuSchG Anlass geben. Gelingt ihm dies, ist die schwangere **Arbeitnehmerin** verpflichtet, ihrerseits substantiiert darzulegen und zu beweisen, dass bei einer **Fortdauer** der Beschäftigung tatsächlich **Leben oder Gesundheit** von Mutter und Kind **gefährdet gewesen wäre** (*BAG* 21.3.2001 EzA § 3 MuSchG Nr. 4, 7; *LAG Düsseld.* 1.4.1999 NZA-RR 1999, 348), das also die Voraussetzungen des Beschäftigungsverbots tatsächlich doch vorgelegen haben. Dieser Beweis ist **nicht erbracht, wenn die Ärztin die Voraussetzungen des gesetzlichen Beschäftigungsverbots verkannt hat** (*LAG Bra.* 13.6.2003 NZA-RR 2005, 67).

– Auch ist der Beweiswert eines zunächst **nicht näher begründeten ärztlichen Beschäftigungsverbots** erschüttert, wenn die Arbeitnehmerin trotz Aufforderung des Arbeitgebers **keine ärztliche Bescheinigung vorlegt**, aus der hervorgeht, von welchen konkreten Arbeitsbedingungen der Arzt beim Ausspruch des Beschäftigungsverbots ausgegangen ist und welche Arbeitsbeschränkungen für **die Arbeitnehmerin** bestehen. Nur wenn der Arbeitgeber diese Umstände kennt, kann er prüfen, ob er der Arbeitnehmerin andere zumutbare Arbeitsbedingungen zuweist, die dem Beschäftigungsverbot nicht entgegenstehen. Ist der Beweiswert erschüttert, muss die Arbeitnehmerin die Tatsachen darlegen und ggf. beweisen, die das Beschäftigungsverbot rechtfertigen (*BAG* 7.11.2007 EzA § 3 MuSchG Nr. 10).

– Die Schwangere, der ein auf unrichtigen Angaben beruhendes ärztliches Beschäftigungsverbot erteilt worden ist, trägt das Lohnrisiko.

– Der Arbeitgeber trägt das Risiko, das Gericht von der Unrichtigkeit des ärztlichen Beschäftigungsverbots überzeugen zu müssen; die Beweislast dafür, dass die Voraussetzungen für ein Beschäftigungsverbot in Wahrheit nicht vorgelegen haben, liegt bei ihm.

– Wird ein Beschäftigungsverbot zunächst nur mündlich gegenüber der Schwangeren ausgesprochen und erst später rückwirkend schriftlich bestätigt, so kann das Beschäftigungsverbot zwar gleichwohl von Anfang an die Pflicht zur Zahlung von Mutterschutzlohn begründen. Die

Schwangere trägt dann aber die Beweislast dafür, dass die Voraussetzungen des § 3 Abs. 1 MuSchG erfüllt sind.
- Eine schwangere Arbeitnehmerin, die wegen eines besonderen Beschäftigungsverbotes ihre Arbeitsleistung nicht erbringen kann und auch auf einen anderen Arbeitsplatz nicht umgesetzt werden kann, muss mangels Rechtsgrundlage den Verdienst, den sie aus einer **anderen, nicht gesundheitsgefährdenden Tätigkeit** erzielt, dem Arbeitgeber nicht herausgeben, der ihr nach § 11 MuSchG das Arbeitsentgelt fortzahlen muss. Eine analoge Anwendung von § 615 S. 2 BGB scheidet aus (*ArbG Freiburg* 6.2.2003 NZA-RR 2003, 626).

Gem. § 13 Abs. 3 MuSchG haben auch Frauen einen Anspruch auf Mutterschaftsgeld, die in einem verbeamteten Status eine Vorbereitungszeit nach Beginn der Mutterschutzfrist abgeschlossen haben und anschließend unmittelbar oder nach wenigen Wochen als Arbeitnehmerin eingestellt werden. **48**

Gem. § 1 ff. AAG (krit. *Buchner* NZA 2006, 121 ff.; erl. *Giesen* NJW 2006, 721 ff.; s. Kap. 3 Rdn. 2122 f.) nehmen **alle Betriebe** am sog. **Umlageverfahren** »U 2« teil, wonach diese Arbeitgeber 100% bestimmter Mutterschutzkosten von der gesetzlichen Krankenkasse erstattet erhalten (s. *BVerfG* 18.11.2003 EzA § 14 MuSchG Nr. 17). Die Krankenkassen haben nicht die Möglichkeit einer Reduzierung. Die durchschnittlichen Umlagebeträge für die Kleinbetriebe betragen zwischen 0,05 bis 0,1 % der Bruttolohnsumme (BGBl. 1997 I S. 311). **49**

### 3. Frauenarbeitsschutzrecht

Gem. § 64a BBergG durften Frauen grds. im Bergbau nicht unter Tage beschäftigt werden; die Regelung ist inzwischen aufgehoben worden. **50**

Auch ein generelles Nachtarbeitsverbot für gewerbliche Arbeitnehmerinnen, wie es § 19 AZO vorsah, besteht nach dem ArbZG nicht mehr (s. *EuGH* 13.3.1997 NZA 1997, 481; *BVerfG* 28.1.1992 EzA § 19 AZO Nr. 5). **51**

### 4. Beschäftigungsverbote aus Arbeitszeitrecht

Eine Beschränkung der zulässigen Arbeitszeit an Werktagen (§§ 3 ff. ArbZG) sowie ein grundsätzliches Verbot der Beschäftigung von Arbeitnehmern an Sonn- und Feiertagen, für das aber zahlreiche Ausnahmen vorgesehen sind (vgl. §§ 10 ff. ArbZG) enthält das ArbZG. Ziel der Regelungen ist der Schutz des Arbeitnehmers vor der aus arbeitsmäßiger Überanstrengung drohenden Gesundheitsgefährdung. **52**

Es handelt sich um eine gesetzliche Beschränkung der Berufsausübung i. S. d. Art. 12 Abs. 1 GG, die von vernünftigen Erwägungen des Gemeinwohls getragen wird (*BVerfG* 13.5.1967 AP Nr. 8 zu § 25 AZO). **53**

Verpflichtet sich ein Arbeitnehmer durch ein **zweites Arbeitsverhältnis** zu einer Arbeitsleistung, die zusammen mit der aus dem bestehenden Hauptarbeitsverhältnis die **48-Stunden-Woche (§ 3 ArbZG) bei weitem überschreitet, so ist dieser Vertrag gem.** § 134 BGB nichtig (*BAG* 19.6.1959 AP Nr. 1 zu § 611 BGB Doppelarbeitsverhältnis). Nach Auffassung des *LAG Nbg.* (19.9.1995 NZA 1996, 882) ist dies z. B. bei einer Überschreitung von **10 Stunden wöchentlich** der Fall. Der Arbeitgeber kann sich danach auch dann auf die Nichtigkeit berufen, wenn ihm bei Eingehung des zweiten Arbeitsverhältnisses das Bestehen des ersten Arbeitsverhältnisses bekannt war, oder zumindest hätte bekannt sein können. **54**

Kommt es dagegen nur zu einer **geringfügigen Überschreitung** der gesetzlichen Wochenarbeitszeit, ist die Nichtigkeitsfolge zu weitgehend. Vielmehr ist dann die Grenze des ArbZG bei der Durchführung des Arbeitsverhältnisses zu beachten. Nach Ausschöpfung der höchstzulässigen Arbeitszeit besteht jeweils hinsichtlich der **weiteren Arbeitsleistung** ein **Beschäftigungsverbot** (*BAG* 14.12.1967 AP Nr. 2 zu § 1 AZO; vgl. *Hunold* NZA 1995, 558 ff.). **55**

56 Im Falle der Nichtigkeit des zweiten Arbeitsverhältnisses kann dieses nach Auffassung des *LAG Nbg.* (19.9.1995 NZA 1996, 882) nur dann mit einer gesetzlichzulässigen Arbeitszeit aufrechterhalten werden, wenn dies dem mutmaßlichen Willen beider Parteien entspricht (§ 139 BGB). Das ist z. B. dann nicht der Fall, wenn der Arbeitgeber für eine Spätschicht von 18 bis 22 Uhr eine Arbeitnehmerin sucht, diese nach Maßgabe des ArbZG aber nur noch zwei Stunden täglich arbeiten dürfte.

## IV. Beschäftigungsverbote zum Schutz Dritter bzw. der Allgemeinheit
### 1. Arbeitserlaubnis/Aufenthaltstitel für ausländische Arbeitnehmer

*a) Grundlagen*

57 Der Arbeitsmarkt der Bundesrepublik ist, soweit es um Anwerbung und Vermittlung deutscher Arbeitnehmer geht, inzwischen weitgehend liberalisiert. Das gilt auch für ausländische Arbeitskräfte. Dies wird allerdings durch die Beschränkungen hinsichtlich der Beschäftigungsmöglichkeit ausländischer Arbeitnehmer überlagert. Die Rechtslage ist differenziert, insbes. wegen der grundsätzlichen Unterschiede im rechtlichen Status der EU-Angehörigen (Freizügigkeit, Art. 45 AEUV; Freizügigkeitsgesetz/EU vom 30.7.2004; VO Nr. 1612/68 v. 15.10.1968; RL 2004/38 v. 29.4.2004; für den EWR s. EWR-Abkommen v. 2.5.1992) einerseits, der Ausländer außerhalb des EU-Bereichs andererseits. Letztere unterliegen bezüglich der Beschäftigungsmöglichkeit erheblichen Beschränkungen (MünchArbR/*Buchner* § 29 Rn. 1, 16 ff.). Unionsbürger dagegen bedürfen für ihre Einreise keines Visums und für den Aufenthalt keines Aufenthaltstitels (§ 2 IV FreizG/EU).

*aa) Anwerbung und Vermittlung*

58 Aufgrund der ihnen garantierten Freizügigkeit können die Angehörigen der Mitgliedsstaaten der EU sowie des EWR bezüglich Anwerbung und Vermittlung keinen strengeren Regelungen unterstellt werden als deutsche Arbeitnehmer. Die Anwerbung von Arbeitskräften stand den Arbeitgebern schon immer frei, ebenso wie den Arbeitnehmern die Beschäftigungssuche. Der den deutschen Arbeitgebern und Beschäftigungssuchenden eröffnete Freiraum steht in gleicher Weise den Angehörigen der EU-Staaten und der Staaten des EWR zu. Das ergibt sich schon daraus, dass die im SGB III für Anwerbung und Vermittlung vorbehaltene Beschränkungsmöglichkeit nur für Beschäftigung und Anwerbung aus dem »Ausland außerhalb der Europäischen Gemeinschaft oder eines anderen Vertragsstaates des Abkommens über den europäischen Wirtschaftsraum« vorgesehen ist (s. § 292 SGB III; MünchArbR/*Buchner* § 29 Rn. 2 f.).

59 Beachtet werden müssen allerdings im Zusammenhang mit der Vermittlung die Grenzen, die der Vertragsfreiheit bezüglich Abschluss und Inhalt von mit Dritten abzuschließenden Vermittlungsverträgen gezogen sind, insbes. Schriftform und Begrenzung der Höhe der Vergütung (§§ 296 ff. SGB III). Es dürfen aber, wenn Angehörige der EU-Staaten oder der EWR-Staaten betroffen sind, keine Erschwernisse vorgegeben werden, die in Bezug auf deutsche Arbeitnehmer nicht bestehen (s. *EuGH* 11.1.2007 NZA-RR 2007, 267 ff.; ausf. MünchArbR/*Buchner* § 29 Rn. 3).

60 Soweit ausländische Arbeitnehmer Staaten außerhalb EU bzw. EWR angehören, kommt ihnen zwar nicht die Freizügigkeit zugute. Sie bedürfen vielmehr für die Aufnahme einer Beschäftigung eines Aufenthaltstitels, der die Berechtigung zur Aufnahme der Tätigkeit mit umfasst.

61 Die Freigabe der Vermittlung ist aber nicht in gleicher Weise beschränkt. Sie bezieht sich vielmehr grds. auch auf die Vermittlung ausländischer (Nicht-EU/EWR-Angehöriger) Arbeitnehmer. Ihr Zutritt in den deutschen Arbeitsmarkt wird durch die Beschränkung der Arbeitserlaubnis reguliert. Allerdings wird die damit an sich gegebene Freigabe der Vermittlung unter einen Vorbehalt gestellt (§ 292 SGB III). Nach § 42 der Verordnung über die Zulassung von neu einreisenden Ausländern zur Ausübung einer Beschäftigung (Beschäftigungsverordnung) vom 22.11.2004 darf die Arbeitsvermittlung von Ausländern aus dem Ausland für eine Beschäftigung im Inland für bestimmte Tätigkeitsbereiche nur durch die Bundesagentur für Arbeit durchgeführt werden. Erfasst sind Ferienbeschäftigungen (§ 10), Saisonbeschäftigungen (§ 18), Schaustellergehilfen (§ 19), Haushaltshilfen

(§ 21), Pflegekräfte (§ 30) und Gastarbeitnehmer (§ 40). Die Ausnahmen von der Vermittlungsfreiheit sind also begrenzt (MünchArbR/*Buchner* § 29 Rn. 5 f.).

### bb) Beschäftigung ausländischer Arbeitnehmer

Aufenthaltsrecht und Arbeitsbefugnis ausländischer Arbeitnehmer wurden mit Wirkung ab 1.1.2005 durch das Zuwanderungsgesetz neu geregelt. Nunmehr wird im Grundsatz einheitlich über den Status des Ausländers entschieden. Allerdings ist die Differenzierung der beiden Teilbereiche noch nicht völlig verschwunden. Keine materiellrechtlichen Beschränkungen bestehen aufgrund der EU-vertraglich verbürgten Freizügigkeit für die Angehörigen der Mitgliedsstaaten der EU, ihnen gleichgestellt sind die Angehörigen der Staaten des Europäischen Wirtschaftsraumes, allerdings mit gewissen Ausnahmen für die Angehörigen der Mitgliedsstaaten aus der sog. Osterweiterung. Andererseits können auch Angehörigen einzelner, nicht der EU angehörender Staaten aufgrund von Assoziierungsabkommen oder zwischenstaatlichen Regelungen Begünstigungen zukommen. Insgesamt ergibt sich bzgl. der zulässigen Beschäftigung ausländischer Arbeitnehmer damit ein differenziertes Bild (MünchArbR/*Buchner* § 29 Rn. 7). **62**

Die Rechtsstellung ausländischer Arbeitnehmer in Deutschland bestimmt sich grds. nach dem AufenthG vom 30.7.2004. Gemäß § 4 AufenthG bedürfen Ausländer, sofern nicht EU-Recht oder Sonderregelungen anderes bestimmen, für die Einreise und den Aufenthalt in der Bundesrepublik eines Aufenthaltstitels. Gemäß § 4 Abs. 1, 2 AufenthG berechtigt ein Aufenthaltstitel zur Ausübung einer Erwerbstätigkeit, sofern dies gesetzlich bestimmt ist oder der Aufenthaltstitel die Ausübung der Erwerbstätigkeit ausdrücklich erlaubt. Jeder Aufenthaltstitel muss erkennen lassen, ob und inwieweit er die Ausübung einer Erwerbstätigkeit freigibt. Einem Ausländer, der keine Aufenthaltserlaubnis zum Zweck der Beschäftigung besitzt, kann die Ausübung einer Beschäftigung nur erlaubt werden, wenn die Bundesagentur für Arbeit zustimmt oder eine Rechtsverordnung vorsieht, dass die Ausübung der Beschäftigung ohne Zustimmung der Bundesagentur für Arbeit zulässig sein soll. Die Erwerbstätigkeit dürfen Ausländer nur ausüben, wenn der Aufenthaltstitel sie dazu berechtigt (sofern nicht Ausnahmeregelungen bestehen, § 4 Abs. 3 AufenthG; MünchArbR/*Buchner* § 29 Rn. 16 ff.). **63**

Insoweit sind folgende Kategorien vorgesehen (MünchArbR/*Buchner* § 29 Rn. 9 ff.): **64**
– Das Visum kann – ohne Arbeitserlaubnis – für die Durchreise oder für Aufenthalte bis zu zwei Monaten erteilt werden (§ 6 AufenthG). Visuminhaber können nur versuchen, gem. § 1 der Beschäftigungsverfahrensverordnung vom 22.11.2004 eine Erlaubnis zur Ausübung einer Beschäftigung zu erhalten
– Die Aufenthaltserlaubnis ist ein befristeter Aufenthaltstitel für bestimmte gesetzlich (§§ 16 ff. AufenthG) benannte Aufenthaltszwecke, § 7 AufenthG. Als solche Zwecke sind u. a. vorgesehen eine Ausbildung (§§ 16 f. AufenthG), aber auch die Aufnahme einer Erwerbstätigkeit (§§ 18 ff. AufenthG). Letzterenfalls orientiert sich die Zulassung an den Erfordernissen des Wirtschaftsstandorts Deutschland unter Berücksichtigung der Verhältnisse auf dem Arbeitsmarkt. Daneben stehen die Aufenthaltserlaubnisse aus familiären oder völkerrechtlichen, humanitären oder politischen Gründen.
– Die Niederlassungserlaubnis ist ein unbefristeter Aufenthaltstitel. Sie ist einem Ausländer zu erteilen, wenn er seit fünf Jahren eine Aufenthaltserlaubnis besitzt und eine Reihe weiterer Anforderungen (wirtschaftliche und soziale Absicherung, Mindestvoraussetzungen für eine Integration) erfüllt. Sie berechtigt zur Ausübung einer Erwerbstätigkeit (§ 9 Abs. 2 AufenthG). Auch sie kann aber nur erteilt werden, wenn die Bundesagentur für Arbeit die Zustimmung erteilt (s. § 39 Abs. 1 AufenthG). Eine spezielle Regelung gilt dabei für »Hochqualifizierte« i. S. § 19 AufenthG (dies sind u. a. Wissenschaftler mit besonderen fachlichen Kenntnissen, Spezialisten und leitende Angestellte mit besonderer Berufserfahrung in höherer Einkommensgruppe); bei ihnen kann die Bundesagentur für Arbeit der Erteilung einer Niederlassungserlaubnis zustimmen, wenn sich durch die Beschäftigung der Ausländer nachteilige Auswirkungen auf den Arbeitsmarkt nicht ergeben (§ 39 V AufenthG).

– Daneben steht – der Niederlassungserlaubnis gleichgestellt – als weiterer unbefristeter Aufenthaltstitel die unter ähnliche Voraussetzungen gestellte »Erlaubnis zum Daueraufenthalt-EG« (§ 9a AufenthG auf der Grundlage der RL 2003/109/EG). Auch deren Inhabern steht die Befugnis zur Ausübung einer Erwerbstätigkeit zu (§ 9a Abs. 1 S. 2 i. V. m. § 9 Abs. 1 S. 2 AufenthG).

65 Die Aufenthaltserlaubnis wird also jeweils für bestimmte Aufenthaltszwecke erteilt (§ 7 Abs. 1 AufenthG), u. a. auch für die Aufnahme einer Erwerbstätigkeit (§§ 18 ff. AufenthG). In diesen Fällen muss von der Ausländerbehörde (§ 71 AufenthG) die Zustimmung der Bundesagentur für Arbeit eingeholt werden (§ 39 AufenthG). Sie kann der Erteilung einer Aufenthaltserlaubnis zur Ausübung einer Beschäftigung (§ 18 AufenthG) zustimmen, wenn sich durch die Beschäftigung von Ausländern keine nachteiligen Auswirkungen auf den Arbeitsmarkt ergeben und deutsche Arbeitnehmer (oder ihnen rechtlich Gleichgestellte) nicht zur Verfügung stehen oder die Besetzung der offenen Stellen mit ausländischen Bewerbern arbeitsmarkt- und integrationspolitisch verantwortbar ist. Weitere Voraussetzung ist, dass der Ausländer nicht zu ungünstigeren Arbeitsbedingungen als vergleichbare deutsche Arbeitnehmer beschäftigt wird (§ 39 Abs. 2 1 SGB III); damit sollen die deutschen Arbeitnehmer vor ausländischen Konkurrenten geschützt werden. Diese werden zudem noch dadurch abgesichert, dass sie auch dann als zur Verfügung stehend gelten, wenn sie nur mit Förderung der Agentur für Arbeit vermittelt werden können. In der auf der Grundlage des § 42 AufenthG ergangenen BeschäftigungsVO (§§ 1 ff.) werden eine Reihe von Beschäftigungen für zustimmungsfrei erklärt. Für weitere Tätigkeitsbereiche (u. a. Fachkräfte) werden (§§ 17 ff.) die Anforderungen an die Zustimmung der Bundesagentur für Arbeit gegenüber den strengeren Voraussetzungen des § 39 AufenthG gelockert (MünchArbR/*Buchner* § 29 Rn. 21 ff.).

### cc) Besonderheiten der Osterweiterung der EU

66 Nach dem Vertrag vom 16.4.2003 über den Beitritt der Tschechei, von Estland, Zypern, Lettland, Litauen, Malta, Polen, Slowenien und der Slowakei zur EU haben die alten EU-Staaten die Möglichkeit, das Wirksamwerden der Freizügigkeit zu Lasten der Staatsangehörigen der Beitrittsländer bis zu sieben Jahre (gestaffelt 2+3+2) hinauszuschieben. Die BRD hat davon (beginnend 1.5.2004, sodann 1.5.2006 – 30.4.2009 und 1.5.2009 – 30.4.2011) Gebrauch gemacht. Entsprechendes gilt auf der Grundlage des Vertrages vom 25.4.2005 (beginnend ab dem 1.1.2007 bis zum 31.12.2013) bezüglich der Beitrittsländer Bulgarien und Rumänien (s. *Fuchs* NZA 2010, 980 ff.; *Böhm* NZA 2010, 1218 ff.; *Bayreuther* DB 2011, 706 ff.).

67 Nicht erfasst sind Arbeitnehmer, die von ihrem in einem Beitrittsland ansässigen Unternehmen zur Ausführung von Werkverträgen nach Deutschland entsandt werden (Dienstleistungsfreiheit). Allerdings gelten in der Übergangsphase auch insoweit Beschränkungen. Entsprechendes gilt für aus den Beitrittsländern kommende Leiharbeitnehmen, deren Verleiher in dem Beitrittsland sitzt.

68 Für die Übergangsfrist gilt Folgendes:

Aufenthaltsrechtlich bestehen zu Lasten der Staatsangehörigen der Beitrittsländer keine Beschränkungen, denn sie fallen nicht unter den Geltungsbereich des AufenthaltsG (§ 1 Abs. 2 Nr. 1) Sie bedürfen deshalb für Einreise und Aufenthalt keines Aufenthaltstitels.

69 Sie haben jedoch keinen unbeschränkten Zugang zum deutschen Arbeitsmarkt. Gemäß § 284 Abs. 1 SGB III dürfen sie vom Arbeitgeber nur beschäftigt werden, wenn sie eine Genehmigung der Bundesagentur für Arbeit besitzen. Gemäß § 284 Abs. 2 SGB III wird die Genehmigung befristet erteilt, wenn nicht ein Anspruch auf unbefristete Erteilung der Arbeitsberechtigung-EU besteht. Gem. § 284 Abs. 5 SGB III i. V. m. § 12a ArGV v. 17.9.1998 ist das für die Staatsangehörigen der Beitrittsländer dann der Fall, wenn sie am 1.5.2004 bzw. am Tag des Wirksamwerdens des Beitritts von Rumänien und Bulgarien oder später für einen ununterbrochenen Zeitraum von mindestens 12 Monaten im Bundesgebiet zum Arbeitsmarkt zugelassen waren; dann wird ihnen eine Arbeitsberechtigung erteilt (zu Familienangehörigen s. § 12a Abs. 2 ArGV).

A. Die Freiheit der Entscheidung über die Begründung von Arbeitsverhältnissen  **Kapitel 2**

Soweit diese Voraussetzungen nicht gegeben sind, kann den Staatsangehörigen der Beitrittsländer 70
eine **befristete** Arbeitserlaubnis-EU (§ 39 Abs. 2 bis 4, 6 AufenthG) erteilt werden (§ 284 Abs. 2,
3 SGB III). Damit sind insbes. auch die arbeitsmarktpolitischen Aspekte, die den Wettbewerb zu
deutschen Arbeitnehmern unterbinden sollen, zu berücksichtigen. Aus der Verweisung auf § 39
Abs. 2 AufenthG wird entnommen, dass die Gewährung der Arbeitserlaubnis-EU im Ermessen
der Arbeitsverwaltung steht (MünchArbR/*Buchner* § 29 Rn. 24 ff.).

### dd) Besonderheiten aufgrund zwischenstaatlicher Vereinbarungen

Gem. § 18 Abs. 3 AufenthG, § 284 Abs. 4 SGB III dürfen Aufenthaltstitel zur Ausübung einer Be- 71
schäftigung bzw. Arbeitserlaubnis-EU für die Aufnahme einer Beschäftigung, die keine qualifizierte
Berufsausbildung voraussetzt, nur dann erteilt werden, wenn dies durch zwischenstaatliche Vereinbarung bestimmt ist.

Nach Art. 12 des zwischen der EG und der Türkei bestehenden Assoziationsabkommens 72
v. 12.9.1963 i. V. m. dem Zusatzprotokoll vom 23.11.1970 (gebilligt und bestätigt durch die VO/
EWG Nr. 2760/72 v. 19.10.1972) haben die Vertragsparteien vereinbart, sich von Art. 48, 49,
50 EWGV leiten zu lassen, um schrittweise untereinander die Freizügigkeit der Arbeitnehmer herzustellen. Danach gelten Besonderheiten. Zwar besteht grundsätzlich für türkische Staatsangehörige
kein Aufenthaltsrecht für die Aufnahme einer unselbstständigen Erwerbstätigkeit. Der Beschluss
Nr. 1/80 des Assoziationsrates v. 19.9.1980 sieht aber für sie vor, wenn sie dem regulären Arbeitsmarkt
eines EG-Mitgliedsstaates angehören, nach einem Jahr ordnungsgemäßer Beschäftigung einen Anspruch auf Erneuerung ihrer Arbeitserlaubnis vor, wenn sie über einen Arbeitsplatz verfügen.
Nach drei Jahren ordnungsgemäßer Beschäftigung dürfen sie unter Beachtung des Vorranges von
Gemeinschaftsangehörigen im selben Beruf den Arbeitgeber wechseln; nach vier Jahren haben sie
freien Zugang zu jeder von ihnen gewählten abhängigen Beschäftigung (MünchArbR/*Buchner*
§ 29 Rn. 33 f.).

Art. 41 Abs. 1 des Zusatzprotokolls vom 23.11.1970 ist dahin auszulegen, dass er es ab dem Zeit- 73
punkt des Inkrafttretens dieses Protokolls verbietet, ein Visum für die Einreise türkischer Staatsangehöriger in das Hoheitsgebiet eines Mitgliedsstaates zu verlangen, die dort Dienstleistungen für ein in
der Türkei ansässiges Unternehmen erbringen wollen, wenn ein solches Visum zu jenem Zeitpunkt
nicht verlangt wurde (*EuGH* 19.2.2009 – C-228/06, DB 2009, 576 LS).

### b) Rechtsfolge bei Verstößen gegen §§ 284, 285, 286 SGB III

> Steht ein ausländischer Arbeitnehmer längere Zeit hindurch in einem unbefristeten Arbeitsver- 74
> hältnis, für das keine Arbeitserlaubnis erteilt ist, so ist dieses Arbeitsverhältnis nicht ohne weiteres
> nach § 134 BGB nichtig; nur seine Realisierung ist verboten. Etwas anderes gilt aber dann, wenn
> der Arbeitsvertrag nach der Absicht der beiden Vertragsparteien trotz Kenntnis der Genehmigungspflicht ohne Erlaubnis durchgeführt werden soll (MünchArbR/*Buchner* § 40 Rn. 59).

**§§ 284 ff. SGB III unterwerfen unmittelbar nur die Beschäftigung, nicht aber den Abschluss des** 75
**Arbeitsvertrages der Genehmigungspflicht** (s. *BAG* 19.1.1977 EzA § 19 AFG Nr. 3; MünchArbR/
*Buchner* § 29 Rn. 35). Diese Grundsätze gelten auch für den Ablauf einer zunächst erteilten Arbeitserlaubnis. Der ausländische Arbeitnehmer muss sich rechtzeitig um eine (neue) Arbeitserlaubnis
bemühen. Für den Umfang seiner dahingehenden Bemühungen kann berücksichtigt werden, inwieweit sein Arbeitgeber ihn dabei früher unterstützt hat. Bemüht sich der ausländische Arbeitnehmer
nicht in dem nach den Umständen gebotenen Umfang um eine neue Arbeitserlaubnis oder bestehen
aus sonstigen Gründen Zweifel daran, ob er seine Beschäftigung fortsetzen will, so kann u. U. eine
**Kündigung** des Arbeitgebers gerechtfertigt sein. Der Arbeitgeber muss das Arbeitsverhältnis kündigen, wenn die Agentur für Arbeit eine neue Arbeitserlaubnis versagt (s. Kap. 4 Rdn. 2114 ff.; zur **Erkundigungspflicht des Arbeitgebers** im Hinblick auf den Ordnungswidrigkeitstatbestand des § 404
Abs. 2 Nr. 2 SGB III *BayObLG* 27.2.1998 NZA-RR 1998, 423; MünchArbR/*Buchner* § 29 Rn. 35).
Eine **Nichtigkeit** des Arbeitsverhältnisses tritt aber auch in diesem Fall nicht ein (*BAG* 19.1.1977

EzA § 19 AFG Nr. 3; 16.12.1976 EzA § 19 AFG Nr. 1); das gilt auch nach neuem Recht (MünchArbR/*Buchner* § 29 Rn. 35).

76 Folge eines fehlenden Aufenthaltstitels ist zudem, dass der Arbeitnehmer seine Arbeitsleistung nicht erbringen kann (rechtliche Unmöglichkeit). Er verliert deshalb seinen **Lohnanspruch**. Das Arbeitsverhältnis kann dann je nach den konkreten Umständen – Nichterreichbarkeit eines Aufenthaltstitels – auch gekündigt werden (MünchArbR/*Buchner* § 29 Rn. 35).

### c) Befristetes Arbeitsverhältnis

77 Die Befristung der Aufenthaltserlaubnis des Arbeitnehmers kann einen sachlichen Grund für die Befristung des Arbeitsverhältnisses allenfalls dann darstellen, wenn im **Zeitpunkt des Vertragsschlusses** eine **hinreichend zuverlässige Prognose** erstellt werden kann, dass eine **Verlängerung** der Aufenthaltserlaubnis **nicht erfolgen wird** (*BAG* 12.1.2000 EzA § 620 BGB Nr. 169).

### d) Arbeitnehmerschutz bei illegaler Ausländerbeschäftigung

77a Das Gesetz zur Umsetzung aufenthaltsrechtlicher Richtlinien der EU und zur Anpassung nationaler Rechtsvorschriften an den **EU-Visakodex** enthält u. a. wichtige arbeitsrechtliche Regelungen zum **Schutz illegal beschäftigter Ausländer** (§ 98a AufenthaltsG). Entsprechend den Vorgaben des Unionsrechts wird Ausländern, die von einem Arbeitgeber illegal beschäftigt wurden, **die Durchsetzung ihrer Vergütungsansprüche** erleichtert:

Dazu sind **zwei widerlegbare Vermutungen** geschaffen worden. Es wird zum einen davon ausgegangen, dass der Ausländer drei Monate beschäftigt worden ist und dass ihm die für die Beschäftigung übliche Vergütung zusteht. Zum anderen haften neben dem Arbeitgeber grds. alle beteiligten Unternehmer, in deren Auftrag der Arbeitgeber tätig ist, für die Vergütungsansprüche des illegal beschäftigten ausländischen Arbeitnehmers.

## 2. Verträge über die Leistung verbotener Schwarzarbeit

78 §§ 1, 2 SchwarzArbG enthalten Ordnungswidrigkeits-Tatbestände, aus denen das Verbot der tatbestandsmäßig ausgewiesenen Handlungen folgt. Ordnungswidrig handelt insbes., wer wirtschaftliche Vorteile in erheblichem Umfang durch die Ausführung von Dienst- oder Werkleistungen erzielt, obwohl er der Mitwirkungspflicht gegenüber dem Arbeitsamt gem. § 60 Abs. 1 Nr. 2 SGB I (Mitteilung des erzielten Arbeitseinkommens) nicht nachgekommen ist.

79 Fraglich ist, ob die Verletzung dieser Pflicht zur Nichtigkeit des Vertrages führt.

80 In der Literatur (vgl. MünchArbR/*Buchner* § 30 Rn. 90 ff.; ähnlich *LAG Bln.* 26.11.2002 LAGE § 134 BGB Nr. 9a: Berufung auf die Nichtigkeit treuwidrig und Auslegung der Schwarzgeldabrede als Nettolohnvereinbarung) wird das teilweise verneint, denn zur Erfüllung des Schutzzwecks des SchwarzArbG (Schutz des Steuer- und Sozialversicherungssystems) ist dies nicht erforderlich. Das gilt auch für die vom SchwarzArbG nicht erfassten Fälle, in denen unselbständige Dienstleistungen erbracht, sozialversicherungs- und steuerrechtlich begründete Melde- und Abführungspflichten aber nicht erfüllt werden.

81 Andererseits geht der *BGH* (23.9.1982 AP Nr. 2 zu § 1 SchwarzArbG; s. *LAG Düsseld*. 16.3.2003 LAGE § 134 BGB Nr. 10) davon aus, dass **Verträge, die gegen das Gesetz zur Bekämpfung von Schwarzarbeit verstoßen, nichtig sind** (§ 134 BGB). In einem solchen Falle kann der vorleistende Schwarzarbeiter u. U. gem. §§ 812, 818 Abs. 2 BGB Wertersatz verlangen. Der Anwendung des § 817 S. 2 BGB kann § 242 BGB entgegenstehen (*BGH* 31.5.1990 EzA § 134 BGB Nr. 13: *LAG Düsseld*. 24.10.2001 LAGE § 134 BGB Nr. 9).

82 Demgegenüber gilt nach der Rechtsprechung des *BAG* 26.2.2003 EzA § 134 BGB 2002 Nr. 1) Folgendes:

A. Die Freiheit der Entscheidung über die Begründung von Arbeitsverhältnissen **Kapitel 2**

- Haben die Arbeitsvertragsparteien eine Vereinbarung geschlossen, unter Verstoß gegen Strafgesetze die Arbeitsvergütung ganz oder zum Teil ohne Abführung von Steuern und Sozialversicherungsbeiträgen zu zahlen (Schwarzgeldabrede), erstreckt sich die Nichtigkeitsfolge des § 134 BGB nur dann auf das gesamte Vertragsverhältnis, wenn die Absicht, Steuern und Sozialversicherungsbeiträge zu hinterziehen, Hauptzweck der Vereinbarung ist. Im Übrigen ist nur die Abrede hinsichtlich der Steuern und Sozialversicherungsbeiträge nichtig.
- Die Grundsätze der Rechtsprechung des BGH zur Nichtigkeit von Verträgen, die gegen das Gesetz zur Bekämpfung der Schwarzarbeit verstoßen, finden keine Anwendung, weil nach dessen § 1 gerade die Erbringung von Dienst- oder Werkleistungen unter Verletzung der gesetzlichen Pflichten untersagt ist.
- Die Schwarzgeldabrede ist nicht nach § 138 Abs. 1 BGB wegen Verstoßes gegen die guten Sitten insgesamt nichtig.
- Bis zum Inkrafttreten von Art. 3 Nr. 2 des Gesetzes zur Erleichterung der Bekämpfung von illegaler Beschäftigung und Schwarzarbeit vom 23. Juli 2002 (BGBl. I S. 2787) ist die Arbeitsvergütung auch im Rahmen einer Schwarzgeldabrede als Bruttovergütung zu behandeln.

Das *LAG München* (27.2.2009 LAGE § 611 BGB 2002 Nettolohn, Lohnsteuer Nr. 1) hat angenommen, dass dann, wenn die Parteien eine »**Schwarzgeldabrede**« treffen, wonach das Arbeitsverhältnis als geringfügiges Beschäftigungsverhältnis mit 400 € geführt wird, tatsächlich aber mindestens 1.300 € an den Arbeitnehmer ausbezahlt werden, gem. § 14 Abs. 2 S. 2 SGB IV die Vereinbarung eines Nettoarbeitsentgelts fingiert wird. Der Arbeitnehmer hat also dann Anspruch darauf, dass der Arbeitgeber die Lohnsteuer und die gesamten Sozialversicherungsbeiträge auf das an den Arbeitnehmer bezahlte Entgelt übernimmt. Dem ist das ***BAG*** (17.3.2010 EzA § 611 BGB 2002 Nettolohn, Lohnsteuer Nr. 5) jedoch **nicht gefolgt**. Denn mit einer Schwarzgeldabrede bezwecken die Arbeitsvertragsparteien, Steuern und Sozialabgaben zu hinterziehen, nicht aber deren Übernahme durch den Arbeitgeber. Die Fiktion des § 14 Abs. 2 S. 2 SGB IV betrifft nur das Sozialversicherungsrecht; sie dient ausschließlich der nachzufordernden Gesamtsozialversicherungsbeiträge und hat keine arbeitsrechtliche Wirkung, begründet also insbes. keine Nettolohnabrede. 83

**Allerdings führt** nach Auffassung des *BAG* (24.3.2004 EzA § 134 BGB 2002 Nr. 2) ein beiderseitiger Verstoß gegen §§ 1 Abs. 1, 2 Abs. 1 SchwarzArbG **in einem freien Dienstverhältnis zur Nichtigkeit des Vertrages**. 84

### 3. §§ 42, 43 Infektionsschutzgesetz (IfSG)

§§ 42, 43 IfSG enthalten Beschäftigungsverbote im Interesse des Gesundheitsschutzes Dritter (der Kunden und Verbraucher) für Personen mit bestimmten ansteckenden Krankheiten in bestimmten Bereichen der Lebensmittelherstellung und des Lebensmittelvertriebes. Erfasst sind auch Personen, die bei erstmaliger Beschäftigung im Lebensmittelbereich kein höchstens drei Monate altes Zeugnis des Gesundheitsamtes vorlegen, wonach ein Hinderungsgrund für die Beschäftigung i. S. d. § 42 IfSG nicht besteht. 85

Verstöße gegen diese Normen führen nicht zur Nichtigkeit des Arbeitsvertrages (*BAG* 25.6.1970, 2.3.1971 AP Nr. 1, 2 zu § 18 BSeuchG). 86

### V. Gesetzliche Begründung von Beschäftigungsverhältnissen

§§ 78a, 102 Abs. 5 BetrVG, § 9 BPersVG sehen eine **gesetzlich erzwungene Fortführung von Arbeitsverhältnissen** über die reguläre arbeitsrechtliche Beendigung hinaus vor. Es handelt sich also um die Beschränkung der Lösungsmöglichkeit aus einem bestehenden Rechtsverhältnis. 87

### 1. § 102 Abs. 5 BetrVG

Durch diese Norm wird die Rechtswirksamkeit der Kündigung bis zum rechtskräftigen Abschluss des Kündigungsschutzverfahrens suspendiert. 88

89  Dies hat zur Folge, dass nach Ausspruch der Kündigung und nach Ablauf der Kündigungsfrist auch gegen den Willen des Arbeitgebers ein Beschäftigungsverhältnis weiterhin fortbesteht, **unabhängig davon, ob die Kündigung das Arbeitsverhältnis wirksam beendet hat oder nicht** (s. Kap. 4 Rdn. 3277 ff.).

90  Entsprechendes gilt für den von der Rechtsprechung des *BAG* ([GS] 27.2.1985 EzA § 611 BGB Beschäftigungspflicht Nr. 9) aus dem bestehenden Arbeitsverhältnis abgeleiteten **Weiterbeschäftigungsanspruch** nach Feststellung der Unwirksamkeit der Kündigung durch erstinstanzliche Entscheidung (s. Kap. 4 Rdn. 3331 ff.).

### 2. § 78a BetrVG, § 9 BPersVG

*a) Zweck der Regelung*

91  § 78a BetrVG, § 9 BPersVG sollen den Mitgliedern der in diesen Vorschriften bezeichneten Betriebsverfassungsorgane die Amtsausübung ohne Furcht vor Nachteilen für ihre zukünftige berufliche Entwicklung ermöglichen.

Zudem soll die Kontinuität und Unabhängigkeit der Arbeit in der Jugend- und Auszubildendenvertretung sowie im Betriebsrat sichergestellt werden (*BAG* 5.4.1984 EzA § 78a BetrVG Nr. 14; vgl. *Feudner* NJW 2005, 1462 ff.).

92  Den geschützten Auszubildenden wird ein **Gestaltungsrecht** eingeräumt, mit dem sie die Begründung eines Arbeitsverhältnisses auf unbestimmte Zeit herbeiführen können. Das ist erforderlich, weil der Arbeitgeber ansonsten nicht verpflichtet ist, überhaupt Auszubildende als Arbeitnehmer zu übernehmen. Es bestünde daher die Gefahr, dass gerade derjenige, der sein Amt ernst genommen hat und auch harten Auseinandersetzungen mit dem Arbeitgeber nicht ausgewichen ist, u. U. nicht als Arbeitnehmer im Betrieb verbleiben könnte (GK-BetrVG/*Oetker* § 78a BetrVG Rn. 6 ff.).

93  Deshalb eröffnet § 78a BetrVG einen **Anspruch des Auszubildenden, im Anschluss an das Ausbildungsverhältnis nahtlos in einem Arbeitsverhältnis weiterbeschäftigt zu werden**, falls nicht auf Grund einer gerichtlichen Entscheidung festgestellt wird, dass bestimmte gesetzlich normierte Gründe einer Weiterbeschäftigung des Auszubildenden entgegenstehen.

94  § 78a BetrVG gilt jedoch nicht bei der Beendigung des Ausbildungsverhältnisses durch Kündigung gem. § 22 Abs. 1, 2 Nr. 1 BBiG.

*b) Geschützter Personenkreis*

95  Erfasst sind Auszubildende i. S. d. §§ 10, 11 BBiG, die auf Grund eines Ausbildungsvertrages in einem Ausbildungsberuf i. S. d. BBiG ausgebildet werden oder auf Grund eines Vertragsverhältnisses, das auf Grund Tarifvertrags oder arbeitsvertraglicher Vereinbarung eine geordnete Ausbildung von mindestens zwei Jahren vorsieht. Bestehen dagegen zwischen dem Jugend- und Auszubildendenvertreter und dem Unternehmen **keine vertraglichen Beziehungen**, z. B. weil dieser nur einen Teil seiner praktischen Ausbildung bei einem anderen Unternehmen in dessen Betriebsstätte durchgeführt hat, besteht **keine Verpflichtung** zur Übernahme in ein Arbeitsverhältnis zu letzterem Unternehmen (*BAG* 17.8.2005 EzA § 78a BetrVG 2001 Nr. 2).

96  Erfasst sind auch **Umschüler** im Rahmen eines isolierten besonderen Umschulungsverhältnisses für einen anerkannten Ausbildungsberuf (*BAG* 23.6.1983 EzA § 78a BetrVG Nr. 11), grds. nicht dagegen **Volontäre** (*LAG Köln* 23.2.2000 ARST 2000, 282) und **Praktikanten**, wenn sie nur vorübergehend in einem Betriebspraktikum beschäftigt werden und deshalb keine vertraglichen Beziehungen i. S. d. §§ 10, 11 BBiG zum Praktikumsbetrieb bestehen (*BAG* 17.8.2005 EzA § 78a BetrVG 2001 Nr. 2) oder wenn nach dem Inhalt des Einzelvertrages die **Erbringung der Arbeitsleistung** und nicht die Aus- oder Fortbildung **im Vordergrund steht** und weder ein kollektivvertragliches noch ein zwischen den Unternehmen abgestimmtes betriebliches Ausbildungskonzept besteht (*BAG* 1.12.2004 EzA § 78a BetrVG 2001 Nr. 1; *LAG Nbg.* 13.2.2004 – 9 (3) Sa 866/02,

## A. Die Freiheit der Entscheidung über die Begründung von Arbeitsverhältnissen  Kapitel 2

FA 2004, 280 LS), sowie Beteiligte an Berufsfortbildungsverhältnissen (GK-BetrVG/*Kreutz* § 78a BetrVG Rn. 14 ff; a. A. KR-*Weigand* § 78a BetrVG Rn. 10 f.). Volontäre können sich aber dann auf § 78a BetrVG berufen, wenn sie einen durch Tarifvertrag festgelegten geordneten Ausbildungsgang durchlaufen, der einem anerkannten Ausbildungsberuf entspricht und mindestens zwei Jahre lang dauert (*BAG* 23.6.1983 EzA § 78a BetrVG Nr. 11; 1.12.2004 EzA § 78a BetrVG 2001 Nr. 1).

§ 78a BetrVG ist grds. auch in **Tendenzbetrieben** (z. B. gem. § 118 Abs. 1 Nr. 2 BetrVG) anwendbar. Gründe des Tendenzschutzes können aber die Weiterbeschäftigung des Arbeitnehmers ausschließen (*BAG* 23.6.1983 EzA § 78a BetrVG Nr. 11).  **97**

Der gesetzliche Schutz beginnt mit der öffentlichen Auszählung der Stimmen und der Feststellung des Wahlergebnisses durch den Wahlvorstand. Nicht geschützt sind die Mitglieder des Wahlvorstandes und die Wahlbewerber.  **98**

Zu beachten ist, dass der Arbeitgeber im Zeitraum **vor der Wahl** eines Auszubildenden zum Mitglied der Jugend- und Auszubildendenvertretung **nicht gehalten** ist, zu dessen Gunsten einen ausbildungsadäquaten **Arbeitsplatz freizuhalten** (*BVerwG* 20.11.2007 NZA-RR 2008, 165). Der Auszubildende genießt den Schutz des § 9 BPersVG auch dann, wenn er erst kurz vor Ausbildungsende zum Mitglied der Jugend- und Auszubildendenvertretung gewählt worden ist (*BVerwG* 22.9.2009 NZA-RR 2010, 222).

§ 78a Abs. 2 BetrVG gilt auch für endgültig **nachgerückte**, nicht aber für nicht nachgerückte **Ersatzmitglieder**. Ist das Ersatzmitglied vertretungsweise **zeitweilig nachgerückt**, so ist entscheidend, dass das Weiterbeschäftigungsverlangen während des Vertretungsfalles gestellt wird, selbst wenn es während der Vertretungszeit noch überhaupt nicht tätig geworden ist (*BAG* 22.9.1983 EzA § 78a BetrVG 1972 Nr. 12; s. *VG Osnabrück* 14.10.2011 – 7 A 1/10, AuR 2012, 39 LS: § 9 BPersVG; zur Rechtslage bei einer Wahl in eine Mitgliedervertretung in den letzten drei Monaten vor dem Ende des Ausbildungsverhältnisses s. *Houben* NZA 2006, 769 ff.; nach *LAG Hessen* 20.6.2007 NZA-RR 2008, 112 gilt die gesetzliche Regelung auch dann; s. a. *ArbG Bln*. 28.7.2010 LAGE § 9 BPersVG Nr. 2).  **99**

Der nachwirkende Schutz gem. § 78a Abs. 3 BetrVG gilt auch bei **vorzeitigem Ausscheiden** aus dem Amt, weil auf die Beendigung der persönlichen Mitgliedschaft abgestellt wird, sofern nicht die Voraussetzungen gem. §§ 24 Abs. 1 Nr. 5, 6 BetrVG gegeben sind (*BAG* 15.1.1980 EzA § 78a BetrVG 1972 Nr. 9).  **100**

Gleiches gilt, wenn ein Ersatzmitglied als Stellvertreter für ein verhindertes Mitglied nur vorübergehend dessen Funktion wahrgenommen hat, sofern der vorübergehende Vertretungsfall vor Ablauf eines Jahres vor der Beendigung des Ausbildungsverhältnisses geschehen und der Auszubildende innerhalb von drei Monaten vor der Beendigung seines Ausbildungsverhältnisses seine Weiterbeschäftigung schriftlich verlangt hat, es sei denn, dass im Vertretungsfall **praktisch keine konkreten Vertretungsaufgaben** angefallen sind (*BAG* 13.3.1986 EzA § 78a BetrVG 1972 Nr. 16, 17; a. A. *BVerwG* 25.6.1986 NZA 1986, 839; vgl. APS/*Künzl* § 78a BetrVG Rn. 31 ff.).  **101**

Das Weiterbeschäftigungsverlangen eines **Ersatzmitgliedes des Personalrates** ist in entsprechender Anwendung von § 9 Abs. 2, 3 BPersVG gerechtfertigt, wenn zeitlich getrennte Vertretungstätigkeiten in einer so großen Zahl von Einzelfällen ausgeübt worden sind, dass sie in ihrer Gesamtheit einer über einen längeren, in sich geschlossenen Zeitraum bestehenden Ersatzmitgliedschaft im Personalrat gleichkommen und sich eine missbräuchliche Begünstigung ausschließen lässt (*BVerwG* 28.2.1990 AP Nr. 8 zu § 9 BPersVG).  **102**

*c) Mitteilungspflicht des Arbeitgebers (§ 78a Abs. 1 BetrVG)*

Die Ordnungsvorschrift des § 78a Abs. 1 BetrVG hat nur eine Hinweisfunktion.  **103**

104 Die schriftliche Mitteilung (§ 126 BGB) soll den Auszubildenden veranlassen, zu **überlegen, ob er den Antrag auf Weiterbeschäftigung stellen oder sich nach einem anderen Arbeitsplatz umsehen will** (vgl. APS/*Künzl* § 78a BetrVG Rn. 43 ff.).

105 Maßgeblicher Zeitpunkt für die Beendigung des Ausbildungsverhältnisses ist dessen **tatsächliche Beendigung**, d. h. wenn das Prüfungsverfahren abgeschlossen ist, das Prüfungsergebnis mitgeteilt und die Prüfung bestanden wurde (*BAG* 31.10.1985 EzA § 78a BetrVG 1972 Nr. 15; 13.11.1987 EzA § 78a BetrVG 1972 Nr. 19).

106 Die Verletzung der Mitteilungspflicht kann zu Schadensersatzansprüchen des Auszubildenden aus positiver Forderungsverletzung führen, wenn etwa der Auszubildende infolge der verspäteten Mitteilung ein anderes Arbeitsverhältnis ausgeschlagen hat (*BAG* 31.10.1985 EzA § 78a BetrVG 1972 Nr. 15).

d) *Begründung eines Arbeitsverhältnisses (§ 78a Abs. 2 BetrVG)*

aa) *Form und Frist des Weiterbeschäftigungsverlangens*

107 Das Weiterbeschäftigungsverlangen des Auszubildenden muss schriftlich (§§ 125, 126 BGB) innerhalb der zwingenden Frist von drei Monaten vor Beendigung des Ausbildungsverhältnisses (§ 21 BBiG) dem Arbeitgeber zugehen (vgl. APS/*Künzl* § 78a BetrVG Rn. 55 ff.; s. a. *Houben* NZA 2011, 182 ff.). Die Sechsmonatsfrist des § 12 Abs. 1 S. 2 BBiG ist nicht entsprechend auf Weiterbeschäftigungsverlangen von Auszubildendenvertretern anzuwenden. § 78a Abs. 2 S. 1 BetrVG ist nicht planwidrig lückenhaft. Die Interessenlage der von § 12 Abs. 1 S. 2 BBiG und § 78a Abs. 2 S. 1 BetrVG geregelten unterschiedlichen Fälle ist auch nicht dieselbe (*BAG* 15.12.2011 EzA § 78a BetrVG 2001 Nr. 7). Das Schriftformerfordernis für ein Weiterbeschäftigungsverlangen gem. § 9 Abs. 2 BPersVG (s. *BVerwG* 18.8.2010 NZA-RR 2011, 51) bzw. § 78a BetrVG (s. *BAG* 15.12.2011 EzA § 78a BetrVG 2001 Nr. 7) ist nicht durch eine E-Mail des Beschäftigten (Auszubildenden) erfüllt, die den Anforderungen des § 126a BGB nicht genügt (*OVG Hmb.* 15.1.2010 NZA-RR 2010, 332). Die Vorschrift verlangt Schriftform i. S. v. § 126 Abs. 1 BGB. Sie lässt Textform i. S. v. § 126b BGB nicht ausreichen (*BAG* 15.12.2011 EzA § 78a BetrVG 2001 Nr. 7).

Ein Auszubildender, der bereit ist, **zu anderen** als den sich aus § 78a Abs. 2 BetrVG ergebenden **Arbeitsbedingungen** weiterbeschäftigt zu werden, muss dem Arbeitgeber **unverzüglich** nach dessen Nichtübernahmeerklärung seine **Bereitschaft** zu einer Weiterbeschäftigung zu geänderten Vertragsbedingungen mitteilen. **Eine Einverständniserklärung im gerichtlichen Verfahren über den Auflösungsantrag genügt nicht** (*BAG* 8.9.2010 EzA § 78a BetrVG 2001 Nr. 6).

108 Für die Berechnung der Drei-Monats-Frist ist auf den Zeitpunkt der Bekanntgabe des Prüfungsergebnisses abzustellen (*BAG* 31.10.1985 EzA § 78a BetrVG 1972 Nr. 15).

109 Eine vor Beginn dieser Frist abgegebene Erklärung ist unwirksam und muss innerhalb der letzten drei Monate schriftlich wiederholt werden (*BAG* 15.1.1980 EzA § 78a BetrVG 1972 Nr. 8; 31.10.1985 EzA § 78a BetrVG 1972 Nr. 15; 15.12.2011 EzA § 78a BetrVG 2001 Nr. 7; *ArbG Essen* 15.12.2009 LAGE § 78a BetrVG 2001 Nr. 4). Das gilt auch dann, wenn der Arbeitgeber seiner Hinweispflicht nicht nachgekommen ist; allerdings kann § 242 BGB ausnahmsweise bei Vorliegen besonderer Umstände gebieten, dass das Weiterbeschäftigungsverlangen als fristgemäß gestellt gilt (*BVerwG* 9.10.1996 NZA-RR 1997, 239); generell kann es dem Arbeitgeber im Einzelfall nach Treu und Glauben verwehrt sein, sich auf den Schriftformverstoß des Weiterbeschäftigungsverlangens zu berufen (*BAG* 15.12.2011 EzA § 78a BetrVG 2001 Nr. 7).

110 Fraglich ist, ob bei minderjährigen Auszubildenden die §§ 106 ff. BGB Anwendung finden, d. h. dass eine Genehmigung des gesetzlichen Vertreters zur Abgabe der Erklärung erforderlich ist.

111 Dafür spricht nach Auffassung von *Oetker* (GK-BetrVG § 78a BetrVG Rn. 47; ebenso APS/*Künzl* § 78a BetrVG Rn. 64 f.), dass das Weiterbeschäftigungsverlangen mit dem Eintritt der gesetzlichen

## A. Die Freiheit der Entscheidung über die Begründung von Arbeitsverhältnissen  Kapitel 2

Fiktion ein Rechtsgeschäft begründet, durch das der Minderjährige wegen der aus dem Arbeitsverhältnis resultierenden Pflichten **nicht lediglich einen rechtlichen Vorteil erlangt** (§ 107 Abs. 1 BGB). Verlangt der Minderjährige deshalb Weiterbeschäftigung ohne die Einwilligung seines gesetzlichen Vertreters, so ist er so zu stellen, als hätte er einen schwebend unwirksamen Arbeitsvertrag abgeschlossen. Demgemäß kann der gesetzliche Vertreter das Weiterbeschäftigungsverlangen nach Maßgabe des § 108 BGB genehmigen.

Demgegenüber vertritt *Weigand* (KR § 78a BetrVG Rn. 29) die Auffassung, dass zumindest die Einwilligung des gesetzlichen Vertreters zur Eingehung eines Berufsausbildungsverhältnisses gem. § 113 BGB auch das Weiterbeschäftigungsverlangen nach § 78a BetrVG deckt. 112

### bb) Rechtswirkungen

Die Rechtswirkung des § 78a Abs. 2 BetrVG besteht in der Begründung eines Vollzeitarbeitsverhältnisses auf unbestimmte Zeit im Ausbildungsberuf im Anschluss an das Ausbildungsverhältnis (*BAG* 15.11.2006 EzA § 78a BetrVG 2001 Nr. 3 = NZA 2007, 1381 m. Anm. *Reuter* BB 2007, 2678 ff.; 24.7.1991 EzA § 78a BetrVG 1972 Nr. 21). 113

Sie wird dogmatisch als **Fiktion eines Arbeitsvertrages**, ausgelöst durch die Ausübung eines Gestaltungsrechts durch den Auszubildenden (GK-BetrVG/*Oetker* § 78a Rn. 83), bzw. als **Kontrahierungszwang** (*Wollenschläger* NJW 1974, 936) verstanden. 114

Sie tritt grds. selbst dann ein, wenn der Auszubildende die Prüfung noch nicht abgelegt oder nicht bestanden hat (*LAG BW* 13.10.1977 AP Nr. 4 zu § 78a BetrVG 1972 s. aber Rdn. 129 ff.). 115

Für den Inhalt des auf unbestimmte Zeit begründeten Arbeitsverhältnisses gilt § 37 Abs. 4, 5 BetrVG entsprechend. Dadurch soll sichergestellt werden, dass die Auszubildenden nach Übernahme in das Arbeitsverhältnis die gleiche finanzielle und berufliche Entwicklung nehmen wie vergleichbare Arbeitnehmer.

Nach Auffassung des *LAG Frankf.* (6.1.1987 NZA 1987, 532) kann der gesetzlichen Regelung u. U. im Einzelfall auch das Zustandekommen eines **Teilzeitarbeitsverhältnisses** genügen; das BAG (24.7.1991 EzA § 78a BetrVG 1972 Nr. 21) ist dem allerdings **nicht gefolgt**. 116

Vielmehr kommt nach § 78a Abs. 2 BetrVG **stets** ein Vollzeitarbeitsverhältnis zustande (ebenso KR-*Weigand* § 78a BetrVG Rn. 30a; *Künzl* BB 1986, 2404), selbst dann, wenn der Arbeitgeber nur Teilzeit- oder nur vorübergehend freie Arbeitsplätze im Betrieb hat. Soweit ihm die Beschäftigung ganz oder teilweise nicht zumutbar ist, muss er einen Antrag nach § 78a Abs. 4 BetrVG stellen. Denn **§ 78a Abs. 2 BetrVG schließt eine privatautonome Entscheidung des Arbeitgebers über Inhalt und zeitlichen Umfang des Arbeitsverhältnisses aus**; das nach § 78a Abs. 2 BetrVG zustande kommende Arbeitsverhältnis ist von einer Handlung oder Erklärung des Arbeitgebers unabhängig. Eine solche wäre aber zur Begründung eines Teilzeitarbeitsverhältnisses geboten. Der Arbeitgeber kann allein frei entscheiden, ob er die gesetzliche Fiktion hinnehmen oder einen Antrag nach § 78a Abs. 4 BetrVG stellen will (vgl. APS/*Künzl* § 78a BetrVG Rn. 78; s. a. *ArbG Hmb.* 10.4.2006 – 21 BV 10/05, AuR 2006, 333 LS). Nur im Zusammenhang mit einem Verfahren nach § 78a Abs. 4 BetrVG können ggf. auch Einwendungen gegen den zeitlichen Umfang des Arbeitsverhältnisses vorgebracht werden (*Künzl* BB 1986, 2406 ff.). 117

Unterzeichnet ein Auszubildender vor Ablauf der Ausbildungszeit **vorbehaltlos** einen **befristeten Arbeitsvertrag**, verzichtet er damit jedoch u. U. konkludent auf eine zuvor geltend gemachte Weiterbeschäftigung im Rahmen eines unbefristeten Arbeitsverhältnisses nach § 78a Abs. 2 BetrVG. Ein solcher Verzicht ist rechtlich möglich (*LAG Köln* 23.2.2000 ARST 2000, 282; ebenso *BVerwG* 31.5.2005 NZA-RR 2005, 613). Dass der Arbeitgeber **sich auf einen derartigen Verzicht beruft**, ist im Übrigen **nicht allein** deswegen **treuwidrig**, weil er seiner **Hinweispflicht** nach § 9 Abs. 1 BPersVG **nicht nachgekommen ist** (*BVerwG* 31.5.2005 NZA-RR 2005, 613). 118

### cc) Verfahrensfragen

**119** Streitigkeiten über das Bestehen eines Arbeitsverhältnisses sowie seinen Inhalt sind im Urteilsverfahren auszutragen (§§ 2, 46 ff. ArbGG).

**120** Das gilt selbst dann, wenn der Arbeitgeber das Arbeitsgericht anruft und die negative Feststellung begehrt, dass die Voraussetzungen gem. § 78a Abs. 2, 3 BetrVG nicht erfüllt sind (*BAG* 29.11.1989 EzA § 78a BetrVG 1972 Nr. 20).

### e) Unzumutbarkeit der Weiterbeschäftigung (§ 78a Abs. 4 BetrVG)

#### aa) Prüfungsmaßstab

**121** § 78a Abs. 4 BetrVG ist vom Wortlaut her § 626 Abs. 1 BGB nachgebildet (zu § 9 BPersVG vgl. *BAG* 14.5.1987 EzA § 78a BetrVG 1972 Nr. 18). Daraus wird **zum Teil** (*LAG Düsseld.* 12.6.1975 DB 1975, 1995) eine **strikte Anlehnung** an § 626 Abs. 1 BGB gefolgert, sodass die Grundsätze, die zur Definition des wichtigen Grundes dienen, anzuwenden sind.

**122** Demgegenüber wurde zunächst (*BAG* 15.12.1983 EzA § 78a BetrVG 1972 Nr. 13; GK-BetrVG/*Oetker* § 78a Rn. 108 f.) davon ausgegangen, dass nur eine an § 626 Abs. 1 BGB orientierte Auslegung gerechtfertigt ist. Deshalb sind grds., aber nicht uneingeschränkt die zu dieser Norm sowie zu § 15 KSchG entwickelten allgemeinen Kriterien anzuwenden. Von praktischer Bedeutung ist dies insbes. für die Frage, inwieweit betriebsbedingte Gründe für die Beurteilung der Unzumutbarkeit relevant sind; bei einer strikten Anlehnung an § 626 Abs. 1 BGB wäre das regelmäßig zu verneinen.

**123** Inzwischen geht das *BAG* (6.11.1996 EzA § 78a BetrVG 1972 Nr. 24; 28.6.2000 ZTR 2001, 139; vgl. dazu *Kukat* BB 1997, 1794 ff.; APS/*Künzl* § 78a BetrVG Rn. 93 ff.; für eine verfassungskonforme weite Auslegung des Begriffs der Unzumutbarkeit wegen Art. 12 Abs. 1 GG *Blaha/Mehlich* NZA 2005, 667 ff.) demgegenüber davon aus, dass der Inhalt der Begriffe der Unzumutbarkeit in beiden Vorschriften **nach ihren unterschiedlichen Funktionen jeweils gesondert zu bestimmen ist**, sodass auch eine an § 626 Abs. 1 BGB nur orientierte Auslegung nicht in Betracht kommt: Der Tatbestand des § 626 Abs. 1 BGB ist erst dann gegeben, wenn dem Arbeitgeber die Fortsetzung des Arbeitsverhältnisses bis zum Ablauf der Kündigungsfrist oder bis zur vereinbarten Beendigung nicht zugemutet werden kann. Bei § 78a Abs. 4 BetrVG ist demgegenüber zu entscheiden, ob dem Arbeitgeber die Beschäftigung des Arbeitnehmers in einem unbefristeten Arbeitsverhältnis zumutbar ist.

**124** Nicht anwendbar ist auch die Ausschlussfrist gem. §§ 626 Abs. 2 BGB, § 22 Abs. 4 BBiG (*BAG* 15.12.1983 EzA § 78a BetrVG 1972 Nr. 13).

**125** Für die gerichtliche Sachprüfung eines Auflösungsantrags nach § 9 Abs. 4 BPersVG reicht es zwar aus, wenn sich der öffentliche Arbeitgeber **innerhalb der Antragsfrist** auf das **Nichtvorhandensein eines ausbildungsadäquaten Dauerarbeitsplatzes beruft**; es ist Sache des Gerichts, die insoweit erheblichen Tatsachen von Amts wegen zu ermitteln (*BVerwG* 26.5.2009 NZA-RR 2009, 624). Die materielle **Beweislast** für die Nichterweislichkeit trägt der Beschäftigte (Auszubildende; *OVG Hmb.* 15.1.2010 NZA-RR 2010, 332). Für die Wirksamkeit der materiell-rechtlichen Ausübung des Gestaltungsrechts, welche mit der Antragstellung nach § 9 Abs. 4 BPersVG einhergeht, ist es allerdings erforderlich, dass derjenige, der den Antrag bei Gericht stellt, **berechtigt ist**, den öffentlichen Arbeitgeber gegenüber dem Arbeitnehmer in Angelegenheiten von dessen Arbeitsverhältnis **zu vertreten**. Eine vom Oberbürgermeister ausgestellte **Generalprozessvollmacht** berechtigt als solche **nicht** zur Antragstellung nach § 9 Abs. 4 BPersVG (*BVerwG* 21.2.2011 NZA-RR 2011, 332).

**125a** Bedient sich der öffentliche Arbeitgeber zur Antragstellung nach § 9 Abs. 4 S. 1 BPersVG eines Rechtsanwalts, so liegt ein rechtswirksames Auflösungsbegehren zudem nur dann vor, wenn der Rechtsanwalt die **schriftliche Vollmacht**, die vom gesetzlichen Vertreter des öffentlichen Arbeitgebers ausgestellt ist, innerhalb der Ausschlussfrist **im Original bei Gericht einreicht** (*BVerwG* 18.8.2010 NZA-RR 2011, 51; 3.6.2011 NZA 2011, 819).

A. Die Freiheit der Entscheidung über die Begründung von Arbeitsverhältnissen  **Kapitel 2**

Zu beachten ist, dass dann, wenn mit dem Auszubildendenvertreter auf **anderer Grundlage** als nach **125b**
§ 78a Abs. 2 S. 1 BetrVG ein Arbeitsverhältnis zustande kommt, dieses – z. B. tariflich begründete –
Arbeitsverhältnis nicht nach § 78a Abs. 4 S. 1 Nr. 2 BetrVG aufgelöst werden kann (*BAG* 8.9.2010
EzA § 78a BetrVG 2001 Nr. 6 = NZA 2011, 221).

*bb) Personen-, verhaltens-, betriebsbedingte Gründe*

In der Person (z. B. Trunksucht [*BAG* 14.5.1987 NZA 1987, 819]) oder im Verhalten des Aus- **126**
zubildenden liegende Umstände begründen die Unzumutbarkeit jedenfalls unter den Voraussetzungen des Vorliegens eines wichtigen Grundes i. S. d. § 626 Abs. 1 BGB.

Diese Gründe sind zwar weithin noch vor der Beendigung des Ausbildungsverhältnisses entstanden, **127**
sodass an sich dessen außerordentliche Kündigung in Betracht zu ziehen gewesen wäre (vgl. § 22
Abs. 2, 4 BBiG). Bei der Prüfung des wichtigen Grundes ist aber im Rahmen des § 22 Abs. 2
BBiG außer dem **Ausbildungszweck** auch die **Dauer der bereits zurückgelegten Ausbildungszeit
im Verhältnis zur Gesamtdauer der Ausbildung** besonders zu berücksichtigen (s. Kap. 4
Rdn. 871 ff.). Im Rahmen des § 78a Abs. 2 BetrVG geht es dagegen um die davon zu unterschei-
dende Frage der **Begründung eines Arbeitsverhältnisses auf Dauer** (*BAG* 15.12.1983 EzA § 78a
BetrVG 1972 Nr. 13; vgl. APS/*Künzl* § 78a BetrVG Rn. 122 ff.).

Fraglich ist, inwieweit die Unzumutbarkeit der Weiterbeschäftigung bereits dann gegeben ist, **128**
wenn der § 78a BetrVG unterfallende Auszubildende schlechtere Prüfungsnoten hat als andere
Bewerber (dafür *Richardi/Thüsing* § 78a Rn. 33; dagegen GK-BetrVG/*Oetker* § 78a Rn. 117 f.).

Sie ist jedenfalls dann gegeben, wenn der Amtsinhaber die Abschlussprüfung nicht bestanden hat **129**
und deshalb für den fraglichen Arbeitsplatz **nicht qualifiziert ist** (*LAG BW* 13.10.1977 AP Nr. 4
zu § 78a BetrVG 1972).

Das unternehmerische Ziel, die – wenigen – freien Stellen nur den Auszubildenden anzubieten, die **130**
ihre Ausbildung in verkürzter Zeit und **mit besonders guter Bewertung** absolviert haben, kann andererseits nicht generell zu dem Schluss führen, die Weiterbeschäftigung des Mitglieds der Jugend-
und Auszubildendenvertretung, das diese Bedingungen nicht erfüllt, sei dem Arbeitgeber nicht zuzumuten (*LAG Bln.* 18.7.1995 LAGE § 78a BetrVG 1972 Nr. 8). Eine Weiterbeschäftigung gem.
§ 9 Abs. 4 BPersVG ist für den öffentlichen Arbeitgeber aber trotz Vorhandenseins eines ausbildungsadäquaten Arbeitsplatzes dann nicht zumutbar, wenn andere Bewerber um diesen Arbeitsplatz
objektiv wesentlich fähiger und geeigneter sind, als der Jugend- und Auszubildendenvertreter. Das ist
der Fall, wenn dieser in der maßgeblichen Abschlussprüfung deutlich mehr als eine Notenstufe
schlechter abgeschnitten hat als der schwächste sonstige Bewerber, den der Arbeitgeber sonst in
ein Dauerarbeitsverhältnis übernehmen würde (*BVerwG* 9.9.1999 NZA 2000, 443; vgl. auch
*OVG NRW* 26.8.1998 ZTR 1999, 143). Die Differenz muss mindestens das 1,33-fache dieser Notenstufe betragen (*BVerwG* 17.5.2000 ZTR 2000, 572). Demgegenüber reicht es für die Annahme der
Unzumutbarkeit nicht aus, dass nur Planstellen frei sind, für die zwar auch Absolventen hinreichend
qualifiziert sind, die jedoch als »Beförderungsstelle« verwendet werden sollen und speziell zu diesem
Zweck zur alsbaldigen Besetzung intern ausgeschrieben sind (*BVerwG* 17.5.2000 NZA-RR 2000,
559). Die Unzumutbarkeit folgt auch nicht bereits daraus, dass der Auszubildende in der zweiten
Wiederholungsprüfung die **Prüfungsnote ausreichend** erzielt hat (*VG Frankf./M.* 10.9.2001
NZA-RR 2002, 222).

**Betriebliche Gründe** rechtfertigen nach einer zum Teil (*LAG Hamm* 6.10.1978 EzA § 78a BetrVG **131**
1972 Nr. 4; zur Frage des Unternehmens- bzw. Konzernbezuges insoweit *LAG Brem.* 23.5.2006 1 –
TaBV 20/05 – EzA-SD 23/2006 S. 13 LS) vertretenen Auffassung nur dann die Unzumutbarkeit der
Weiterbeschäftigung, wenn auch eine Kündigung gegenüber einem Betriebsratsmitglied möglich
wäre (§§ 15 Abs. 4, 5 KSchG, § 626 Abs. 1 BGB; s. Kap. 4 Rdn. 550 ff.).

Weil der Arbeitgeber durch § 78a BetrVG nicht verpflichtet werden soll, neue Arbeitsplätze zu **132**
schaffen, nach Auffassung des *LAG Köln* (4.9.1996 NZA-RR 1997, 435) selbst dann nicht,

> wenn in dem Ausbildungsbetrieb regelmäßig Überstunden anfallen, wird demgegenüber überwiegend (*BAG* 15.1.1980 EzA § 78a BetrVG 1972 Nr. 7) angenommen, dass betriebliche Gründe zurzeit der Beendigung des Ausbildungsverhältnisses dann i. S. d. § 78a BetrVG genügen, wenn sie nach Abwägung aller Umstände des Einzelfalles von solchem Gewicht sind, dass es dem Arbeitgeber schlechterdings nicht zugemutet werden kann, den Auszubildenden zu übernehmen.

133 Dabei sind allerdings strengere Anforderungen als an eine ordentliche Kündigung gem. § 1 Abs. 1 S. 2 KSchG zu stellen; das ergibt sich aus dem Wortlaut und Sinn und Zweck des § 78a BetrVG (*LAG SchlH* 21.3.2006 NZA-RR 2006, 469). Sie sind dann erfüllt, wenn zur Zeit der Beendigung des Berufsausbildungsverhältnisses **keine freien, auf Dauer angelegten Arbeitsplätze vorhanden sind** (*BAG* 15.11.2006 EzA § 78a BetrVG 2001 Nr. 3; 29.11.1989, 24.7.1991 EzA § 78a BetrVG 1972 Nr. 20, 21), **auf denen der Auszubildende mit seiner durch die Ausbildung erworbenen Qualifikation beschäftigt werden kann** (*BAG* 15.11.2006 EzA § 78a BetrVG 2001 Nr. 3 = NZA 2007, 1381; *LAG SchlH* 21.3.2006 NZA-RR 2006, 469). Der öffentliche Arbeitgeber verfügt z. B. dann nicht über einen Dauerarbeitsplatz für einen Jugendvertreter, wenn er eine im Zeitpunkt des Ausbildungsendes unbesetzte Stelle für einen Arbeitnehmer **freihalten muss**, der wegen **verminderter Erwerbsfähigkeit** eine Rente auf Zeit erhält (*BVerwG* 9.12.2009 NZA-RR 2010, 336). Dem Landesforst Mecklenburg-Vorpommern – Anstalt des öffentlichen Rechts – ist die Weiterbeschäftigung eines Jugendvertreters auch dann unzumutbar, wenn ein ausbildungsadäquater Dauerarbeitsplatz, der von einem rechtswirksamen Einstellungsstopp betroffen ist, mit einem Arbeitnehmer aus dem **Personalüberhang der unmittelbaren Landesverwaltung** besetzt wird (*BVerwG* 6.9.2011 NZA-RR 2012, 108).

134 Für die Feststellung, ob ein freier Arbeitsplatz vorhanden ist oder nicht, sind regelmäßig die **Vorgaben des Arbeitgebers** maßgebend, welche Arbeiten im Betrieb mit welcher Anzahl von Arbeitnehmern verrichtet werden sollen (*BAG* 6.11.1996 EzA § 78a BetrVG 1972 Nr. 24). Der Arbeitgeber ist **nicht verpflichtet**, durch eine Änderung seiner Arbeitsorganisation **einen neuen Arbeitsplatz zu schaffen**, um die Weiterbeschäftigung des Auszubildendenvertreters zu gewährleisten. Die Berufung des Arbeitgebers darauf, ihm sei mangels Beschäftigungsmöglichkeit die Weiterbeschäftigung eines Auszubildendenvertreters unzumutbar, kann allerdings **rechtsmissbräuchlich** und daher unbeachtlich sein, wenn der Arbeitgeber den Wegfall der Beschäftigungsmöglichkeit durch eine **Änderung seiner Arbeitsorganisation** oder seiner Personalplanung selbst **mit der Absicht herbeigeführt** hat, seiner Übernahmepflicht aus § 78a Abs. 2 S. 1 BetrVG **zu entgehen** (*BAG* 8.9.2010 EzA § 78a BetrVG 2001 Nr. 6 = NZA 2011, 221). Sofern der Arbeitgeber die Unzumutbarkeit der Weiterbeschäftigung gem. § 78a Abs. 4 BetrVG mit der **Streichung bislang vorhandener Stellen** begründet, hat er darüber hinaus die Durchführbarkeit und Nachhaltigkeit dieser unternehmerischen Entscheidung aufzuzeigen. Die Unzumutbarkeit der Weiterbeschäftigung ist jedenfalls **dann gegeben**, wenn dem Jugendvertreter im maßgeblichen Zeitpunkt des Ausbildungsendes lediglich **vorübergehend** ein Arbeitsplatz bereitgestellt werden kann; daran ändert sich auch dann nichts, wenn später der **Wechsel** auf einen Dauerarbeitsplatz **in Betracht kommt** (*BVerwG* 11.3.2008 NZA-RR 2008, 445). Die Weiterbeschäftigung eines Jugendvertreters auf einer freien Stelle hat auch **nicht Vorrang vor deren Besetzung mit einem Beschäftigten** im **Personalüberhang** (*BVerwG* 4.6.2009 NZA-RR 2009, 568). Auch hat das Mitglied einer Jugend- und Auszubildendenstufenvertretung im Verhältnis zum örtlichen Jugendvertreter **keinen vorrangigen Weiterbeschäftigungsanspruch** (*BVerwG* 12.10.2009 NZA-RR 2010, 111).

135 Nach *LAG Nbg.* (21.12.2006 – 5 TaBV 61/05, ZTR 2007, 344 LS) ist ein Wegfall des Arbeitsplatzes **dann nicht gegeben**, wenn der Arbeitgeber **lediglich entschieden hat, kein neues Personal** mehr einzustellen, sondern den tatsächlich vorhandenen dauerhaften Bedarf durch den **Einsatz von Leiharbeitnehmern** zu decken. Das *BAG* (16.7.2008 EzA § 78a BetrVG 2001 Nr. 4; 25.2.2009 – 7 ABR 61/07, EzA-SD 10/2009 S. 15 LS) ist **dem gefolgt**; denn durch die beschriebene Entscheidung des Arbeitgebers wird weder die Anzahl der Arbeitsplätze noch die Arbeitsmenge, für deren Bewältigung der Arbeitgeber Arbeitnehmer einsetzt, verändert. Durch den Einsatz von Leiharbeit-

## A. Die Freiheit der Entscheidung über die Begründung von Arbeitsverhältnissen Kapitel 2

nehmern **entfällt lediglich der Bedarf** an der Beschäftigung von Arbeitnehmern, die in einem durch Arbeitsvertrag begründeten Arbeitsverhältnis zum Betriebsinhaber stehen. Das führt aber nicht zur Unzumutbarkeit i. S. d. § 78a Abs. 4 BetrVG). Beschäftigt der Arbeitgeber also auf dauerhaft eingerichteten ausbildungsadäquaten Arbeitsplätzen Leiharbeitnehmer, so kann es ihm zumutbar sein, einen solchen Arbeitsplatz für den zu übernehmenden Jugend- und Auszubildendenvertreter frei zu machen. Die Zumutbarkeit richtet sich nach den **Umständen des Einzelfalls**. Dabei können das berechtigte betriebliche Interesse an der Weiterbeschäftigung des Leiharbeitnehmers oder vertragliche Verpflichtungen des Arbeitgebers gegenüber dem Verleiher von Bedeutung sein und für eine Unzumutbarkeit der Weiterbeschäftigung des Auszubildendenvertreters auf diesem Arbeitsplatz sprechen (*BAG* 17.2.2010 EzA § 78a BetrVG 2001 Nr. 5).

Gleiches gilt dann, wenn der Arbeitgeber **mehrere offene Teilzeitarbeitsplätze** hat. Für die Aufteilung eines freien Stundenkontingents müssen mindestens arbeitsplatzbezogene Sachgründe gegeben sein. Ebenfalls gegen eine Auflösung des zustande gekommenen Arbeitsverhältnisses spricht, wenn der Arbeitgeber den Mehrbedarf an Arbeitsleistung ohne erkennbares Organisationskonzept teils durch Überstunden, teils durch die befristete Einstellung von Leiharbeitnehmern abdeckt. Es fehlt dann an der arbeitgeberseitigen Vorgabe einer nur beschränkten Anzahl von Arbeitsplätzen (*LAG Köln* 15.12.2008 – 2 TaBV 13/08, AuR 2009, 184 LS). **136**

Das Gegenteil soll dann gelten, wenn eine auf wirtschaftlichen Überlegungen basierende Organisationsentscheidung eines Krankenhausträgers gegeben ist, ab einem bestimmten Zeitpunkt in einem Klinikbereich – nachgeordneter Pflegedienst – kein zusätzliches eigenes Personal mehr einzusetzen, sondern sich eines Drittunternehmens zu bedienen (*LAG Nbg.* 28.3.2007 – 4 TaBV 54/06, ZTR 2007, 514). Wenn in einer **Betriebsvereinbarung** der Stellenplan genau festgeschrieben ist und dieser von den Betriebsparteien nur einvernehmlich abgeändert werden kann, ist es dem Arbeitgeber verwehrt, sich im Rahmen des § 78a BetrVG auf einen von der Geschäftsführung einseitig beschlossenen Stellenabbau zu berufen (*LAG SchlH* 21.3.2006 NZA-RR 2006, 469). Abzustellen ist in diesem Zusammenhang nach Auffassung des *LAG Nds.* (26.4.1996 LAGE § 78a BetrVG 1972 Nr. 9; ebenso *LAG München* 6.9.2006 – 9 TaBV 84/05, EzA-SD 25/2006 S. 13 LS; a. A. *LAG Köln* 4.9.1996 NZA-RR 1997, 435; 18.3.2004 ZTR 2004, 609 LS) zudem darauf, ob im **Unternehmen** – im Zeitpunkt der Beendigung des Berufsausbildungsverhältnisses (*BVerwG* 29.3.2006 ZTR 2006, 397 = NZA-RR 2006, 501) – ein freier Arbeitsplatz vorhanden ist; eine Beschränkung auf den Betrieb, in dem der Auszubildende Mitglied der Jugend- und Auszubildendenvertretung war, widerspricht danach der Wertung des Gesetzgebers im Verhältnis zu den §§ 1 Abs. 2 Nr. 1b, 15 Abs. 4 KSchG. **137**

Dem ist das *BAG* (15.11.2006 EzA § 78a BetrVG 2001 Nr. 3; s. a. *BVerwG* 11.3.2008 NZA-RR 2008, 445) jedoch ausdrücklich nicht gefolgt; die Weiterbeschäftigungspflicht ist insgesamt und **auch zu geänderten Arbeitsbedingungen betriebsbezogen**. Auch besteht der Weiterbeschäftigungsanspruch im öffentlichen Dienst nicht landesweit, sondern grds. nur gegenüber der Dienststelle oder Einrichtung des Landes, bei der das Mitglied der Jugend- und Auszubildendenvertretung tätig war, es sei denn, der Arbeitgeber pflegt Auszubildende, die er bei der Ausbildungsstätte nicht weiterbeschäftigen kann, bei anderen Dienststellen seines Zuständigkeitsbereichs einzustellen (*OVG Weimar* 20.12.2005 NZA-RR 2006, 612). **138**

Die Entlassung anderer Arbeitnehmer, um die Weiterbeschäftigung nach § 78a BetrVG zu ermöglichen, kommt nicht in Betracht (*BAG* 16.1.1979 EzA § 78a BetrVG 1972 Nr. 5). **139**

Im Rahmen des § 9 BPersVG kommt es für die Beantwortung der Frage, ob ein ausbildungsadäquater Dauerarbeitsplatz zur Verfügung steht, allein auf den Bereich der Ausbildungsdienststelle an. Unterliegt diese bei der Stellenbewirtschaftung keinen Vorgaben des Haushaltsgesetzgebers in Bezug auf berufliche Qualifikation und Fachrichtung, so ist sie bei der Festlegung des Anforderungsprofils für die zu besetzende Stelle nicht durch § 9 BPersVG gehindert; dessen Wirkung erschöpft sich in einer gerichtlichen Missbrauchskontrolle. Entscheidet sich die Ausbildungsdienststelle aber dafür, mit den ihr zugewiesenen Mitteln einen Arbeitsplatz zu schaffen, der **140** der Qualifikation des Jugendvertreters entspricht, so ist dieser Arbeitsplatz vorrangig mit dem Jugendvertreter zu besetzen (*BVerwG* 1.11.2005 NZA-RR 2006, 218). Es kommt insoweit auf alle Dienststellen im Geschäftsbereich der übergeordneten Dienststelle an; das Begehren des öffentlichen Arbeitgebers nach Auflösung des Arbeitsverhältnisses mit dem Jugendvertreter kann nicht mit der Begründung abgelehnt werden, der Jugendvertreter könne außerhalb der Ausbildungsdienststelle bzw. in einer Dienststelle außerhalb des Geschäftsbereichs der übergeordneten Dienststelle beschäftigt werden (*BVerwG* 19.1.2009 NZA-RR 2009, 228).

141 Der Arbeitgeber ist insgesamt verpflichtet, besondere Anstrengungen zu unternehmen, um den Auszubildenden weiterbeschäftigen zu können. Dazu gehören alle organisatorischen Maßnahmen, die ohne erhebliche kostenmäßige Auswirkungen oder Benachteiligung anderer Arbeitnehmer durchgeführt werden können.

142 Demgegenüber genügt nach Auffassung des *BVerwG* (13.3.1989 EzBAT § 22 MTV Auszubildende Nr. 6) ein **allgemeiner Einstellungsstopp**, der von dem die Funktion des Arbeitgebers wahrnehmenden Verwaltungsorgan beschlossen wurde, nicht für die Annahme der Unzumutbarkeit der Weiterbeschäftigung eines (früheren) Mitglieds der Jugend- oder Personalvertretung gem. § 9 Abs. 4 S. 1 BPersVG. Etwas anderes gilt aber dann, wenn der Einstellungsstopp auf **haushaltsrechtlichen Vorgaben** beruht, der darauf gestützte Erlass auch im Hinblick auf zugelassene Ausnahmen eindeutig und klar gefasst ist und die Verwaltungspraxis dieser Erlasslage auch tatsächlich entspricht (*OVG Weimar* 20.12.2005 NZA-RR 2006, 612). Nichts anderes gilt dann, wenn ein **Arbeitsplatz** auf Grund einer von der Generaldirektion der Deutschen Telekom nach unternehmerischen Gesichtspunkten vorgenommenen Überprüfung der Arbeitsmethoden und des Arbeitsbedarfs **weggefallen** ist (*BVerwG* 9.10.1996 NZA-RR 1998, 190). Gleiches gilt dann, wenn im maßgeblichen Zeitpunkt eine durch den Haushaltsgesetzgeber veranlasste **Stellenbesetzungssperre** besteht, von der das Finanzministerium nur im Falle eines »unabweisbar vordringlichen Personalbedarfs« Ausnahmen zulassen kann (*BVerwG* 13.9.2001 NZA-RR 2002, 388) und der Jugendvertreter von dieser Ausnahmeregelung nicht erfasst ist (*BVerwG* 30.5.2007 ZTR 2007, 471 LS; s. a. *OVG Lüneburg* 28.11.2007 NZA-RR 2008, 166 zur Rechtslage in einem kommunalen Eigenbetrieb); ebenso wenig ist die Diskriminierung von Jugendvertretern zu besorgen, wenn Ausnahmen von einem verwaltungsseitigen **Einstellungsstopp** auf Fälle eines unabweisbaren vordringlichen Personalbedarfs beschränkt sind (*BVerwG* 22.9.2009 NZA-RR 2010, 222).

143 Ist jedenfalls im Zeitpunkt der Beendigung des Ausbildungsverhältnisses ein freier Arbeitsplatz vorhanden, hat bei der Prüfung der Unzumutbarkeit der Weiterbeschäftigung ein **künftiger Wegfall von Arbeitsplätzen** unberücksichtigt zu bleiben (*BAG* 16.8.1995 EzA § 78a BetrVG 1972 Nr. 23). Die Weiterbeschäftigung kann dem Arbeitgeber auch dann zuzumuten sein, wenn er einen innerhalb von drei Monaten vor der vertraglich vereinbarten Beendigung des Ausbildungsverhältnisses frei werdenden Arbeitsplatz besetzt und **die sofortige Neubesetzung** nicht durch dringende betriebliche Erfordernisse geboten ist (*BAG* 12.11.1997 EzA § 78a BetrVG 1972 Nr. 25; krit. dazu *Coester* SAE 1999, 3 ff.). Andererseits ist ein freier Arbeitsplatz bei der Beendigung des Berufsausbildungsverhältnisses dann nicht vorhanden, wenn fünf Monate zuvor freie Arbeitsplätze mit Arbeitnehmern besetzt wurden, die ihre **Ausbildung vorzeitig beendet** haben. Der Arbeitgeber ist zu dieser Zeit regelmäßig nicht verpflichtet, zu bedenken, dass fünf Monate später nach § 78a BetrVG geschützte Amtsträger ihre Ausbildung beenden werden und Übernahmeverlangen stellen könnten. Deshalb besteht regelmäßig auch keine Pflicht des Arbeitgebers, zu diesem Zeitpunkt zu prüfen, ob Arbeitsplätze für die geschützten Auszubildenden frei zu halten sind. Das gilt insbes. dann, wenn die Entscheidung zur Nichtübernahme von Auszubildenden in ein Arbeitsverhältnis, die ihre Ausbildung künftig beenden werden, erst mehrere Wochen nach der Besetzung der seinerzeit freien Arbeitsplätze getroffen wird (*BAG* 12.12.1997 EzA § 78a BetrVG 1972 Nr. 26).

144 Wenn der Arbeitgeber (des öffentlichen Dienstes) andererseits kurze Zeit nach der Beendigung des Ausbildungsverhältnisses eines früheren Mitglieds der Jugend- und Auszubildendenvertretung **Leerstellenzuweisungen** vornimmt und kein Grund erkennbar ist, warum diese Entscheidung nicht

## A. Die Freiheit der Entscheidung über die Begründung von Arbeitsverhältnissen  Kapitel 2

schon früher hätte getroffen werden können, erscheint es trotz des organisatorischen und stellenplanwirtschaftlichen Ermessens des Arbeitgebers hinsichtlich der Vornahme von Leerstellenzuweisungen zweifelhaft, ob tatsächlich keine Möglichkeit zur unbefristeten Weiterbeschäftigung bestand (*OVG NRW* 26.8.1998 ZTR 1999, 144).

### cc) Verfahrensfragen

Der Arbeitgeber muss die Unzumutbarkeit innerhalb der prozessualen Antragstellungsfrist (§§ 187 ff. BGB) von zwei Wochen nach Beendigung des Ausbildungsverhältnisses im Beschlussverfahren geltend machen (*BAG* 29.11.1989 EzA § 78a BetrVG 1972 Nr. 20; *LAG Brem.* 23.5.2006 – 1 TaBV 20/05, EzA-SD 23/2006 S. 13 LS). **145**

Stellt ein Bediensteter des Arbeitgebers diesen Antrag (z. B. auch nach § 9 BPersVG), so wird die Ausschlussfrist nach Beendigung des Ausbildungsverhältnisses entgegen § 89 Abs. 2 ZPO nur dann gewahrt, wenn bis zu ihrem Ablauf eine Originalvollmacht bei Gericht eingereicht wird, die von der zur Vertretung des Arbeitgebers befugten Person ausgestellt ist (*BVerwG* 1.12.2003 NZA-RR 2004, 389). Das VG ist **nicht gehalten**, noch innerhalb der zweiwöchigen Ausschlussfrist den öffentlichen Arbeitgeber auf etwaige **Bedenken gegen eine rechtswirksame Antragstellung wegen fehlender Vollmacht hinzuweisen** und auf die rechtzeitige Behebung des Mangels hinzuwirken (*BVerwG* 19.8.2009 NZA-RR 2010, 56). Dem steht der Fall der Vollmachtserteilung durch eine Generalprozessvollmacht gleich, wenn nicht innerhalb der Ausschlussfrist wenigstens auf die zu den Generalakten des Gerichts gereichte Generalprozessvollmacht Bezug genommen wird (*OVG Magdeburg* 12.5.2010 ZTR 2010, 448). Bedient sich der öffentliche Arbeitgeber insoweit zur Antragstellung eines Rechtsanwalts, liegt ein rechtswirksames Auflösungsbegehren nur dann vor, wenn dieser die schriftliche Vollmacht, die von der zur gerichtlichen Vertretung des Arbeitgebers befugten Person ausgestellt ist, innerhalb der Ausschlussfrist bei Gericht einreicht (*BVerwG* 18.8.2010 NZA-RR 2011, 51).

Soll zur gerichtlichen Vertretung des öffentlichen Arbeitgebers an Stelle des Behördenleiters ein Abteilungsleiter berufen sein, so müssen für eine wirksame Antragstellung nach § 9 Abs. 4 S. 1 BPersVG die **delegierenden Bestimmungen entweder veröffentlicht sein oder innerhalb der zweiwöchigen Antragsfrist dem Gericht vorgelegt werden** (*BVerwG* 18.9.2009 NZA-RR 2010, 224).

Ist im Zeitpunkt der Beendigung des Ausbildungsverhältnisses über einen Feststellungsantrag des Arbeitgebers gem. § 78a Abs. 4 S. 1 Nr. 1 BetrVG noch nicht rechtskräftig entschieden, so wird bei Vorliegen der Voraussetzungen des § 78a Abs. 2, 3 BetrVG im Anschluss an das Berufsausbildungsverhältnis ein Arbeitsverhältnis begründet. Der **Feststellungsantrag wandelt sich dann in einen Auflösungsantrag** gem. § 78a Abs. 4 S. 1 Nr. 2 BetrVG **um**, ohne dass es einer förmlichen Antragsänderung bedarf (*BAG* 29.11.1989 EzA § 78a BetrVG 1972 Nr. 20; ebenso für § 9 BPersVG *BVerwG* 31.5.1990 AP Nr. 7 zu § 9 BPersVG). **146**

Spricht das Gericht die Auflösung des Arbeitsverhältnisses gem. § 78a Abs. 4 S. 1 Nr. 2 BetrVG aus, so **endet das Arbeitsverhältnis mit Rechtskraft des Beschlusses** (*BAG* 15.1.1980 EzA § 78a BetrVG 1972 Nr. 7; ebenso für § 9 BPersVG *BVerwG* 31.5.1990 AP Nr. 7 zu § 9 BPersVG). Der Arbeitgeber, der den Auszubildenden nach Beendigung der Ausbildung tatsächlich nicht bis zu diesem Zeitpunkt beschäftigt hat, gerät deshalb auch dann in **Annahmeverzug**, wenn das gem. § 78a BetrVG zunächst begründete **Arbeitsverhältnis** durch Beschluss des Gerichts wegen dringender betrieblicher Gründe **aufgelöst wird**. Das auf Grund eines ggf. anzuwendenden Tarifvertrages erforderliche schriftliche Geltendmachen von Lohnansprüchen zur Vermeidung der Anwendung einer Ausschlussfrist kann dann bereits im Weiterbeschäftigungsverlangen gesehen werden (*LAG Nbg.* 25.2.2000 NZA-RR 2001, 197). **147**

Das Beschlussverfahren gem. § 78a Abs. 4 BetrVG (gem. § 9 Abs. 4 BPersVG ist das Verwaltungsgericht zuständig) dient allein der Klärung der Frage, ob dem Arbeitgeber die Weiterbeschäf- **148** tigung in einem unbefristeten Arbeitsverhältnis nicht zugemutet werden kann und deshalb durch rechtsgestaltendes Eingreifen des Gerichts Abhilfe zu schaffen ist.

149 Die Entscheidung ist nicht von der vorherigen Feststellung abhängig, dass die Voraussetzungen des § 78a Abs. 2, 3 BetrVG für die Begründung eines Arbeitsverhältnisses gegeben sind (*BAG* 29.11.1989 EzA § 78a BetrVG 1972 Nr. 20; a. A. ausdrücklich *BVerwG* 9.10.1996 NZA-RR 1997, 239). Allerdings **erwägt das *BAG*** (11.1.1995 EzA § 78a BetrVG 1972 Nr. 22) inzwischen, **im Beschlussverfahren nach § 78a Abs. 4 BetrVG auch über einen Feststellungsantrag des Arbeitgebers zu entscheiden, ein Arbeitsverhältnis sei wegen Fehlens der Voraussetzungen des § 78a Abs. 2, 3 BetrVG nicht begründet worden.**

149a Bestreitet der öffentliche Arbeitgeber, dass ein Arbeitsverhältnis zwischen ihm und dem Jugendvertreter nach Maßgabe von § 9 Abs. 2, 3 BPersVG überhaupt begründet worden ist, so ist jedenfalls auf das dahingehende **negative Feststellungsbegehren** das Fristerfordernis nach § 9 Abs. 4 S. 1 BPersVG **nicht analog anzuwenden** (*BVerwG* 18.8.2010 NZA-RR 2011, 51).

150 Offen gelassen hat das *BAG* (16.8.1995 EzA § 78a BetrVG 1972 Nr. 23) auch die Frage, ob im Beschlussverfahren nach § 78a Abs. 4 BetrVG über ein Feststellungsbegehren des Arbeitgebers entschieden werden kann, wonach ein kraft Gesetzes begründetes Arbeitsverhältnis mit einem Jugend- und Auszubildendenvertreter vor Rechtskraft einer gerichtlichen Auflösungsentscheidung aus anderen Gründen beendet worden ist.

151 Maßgeblicher Zeitpunkt für die Beurteilung der Unzumutbarkeit der Weiterbeschäftigung ist der der letzten mündlichen Verhandlung in der Tatsacheninstanz; nach Auffassung des *BVerwG* (29.3.2006 NZA-RR 2006, 501) kommt es demgegenüber jedenfalls bei Unzumutbarkeit aus betriebsbedingten Gründen auf den Zeitpunkt der **Beendigung des Berufsausbildungsverhältnisses** an. Nach diesem Zeitpunkt frei werdende Arbeitsplätze sind demnach nicht zu berücksichtigen.

Möglich ist grds. auch eine **einstweilige Verfügung**, durch die der Arbeitgeber eine Entbindung von der Weiterbeschäftigung eines Arbeitnehmers begehrt, dessen Arbeitsverhältnis nach § 78a BetrVG begründet wurde. Allerdings kann ein Verfügungsgrund nicht allein daraus abgeleitet werden, dass die Weiterbeschäftigung unzumutbar ist (*LAG Köln* 31.3.2005 LAGE § 78a BetrVG 2001 Nr. 2).

### f) Übernahme zu anderen Arbeitsbedingungen

152 Ist ein Auszubildender (hilfsweise) bereit, zu anderen als den sich aus § 78a BetrVG ergebenden Arbeitsbedingungen in ein Arbeitsverhältnis übernommen zu werden, so muss er dies dem Arbeitgeber **unverzüglich** nach dessen Erklärung nach § 78a Abs. 1 BetrVG, **spätestens mit seinem Übernahmeverlangen** nach § 78a Abs. 2 BetrVG **mitteilen**; dem Arbeitgeber muss **ausreichend Zeit für die Prüfung der Bereitschaftserklärung und ggf. die Durchführung eines Beteiligungsverfahrens nach § 99 Abs. 1 BetrVG verbleiben**. Andererseits **reicht es aus**, dass sich der Auszubildende **zumindest hilfsweise** mit einer Beschäftigung zu geänderten Vertragsbedingungen **bereit erklärt hat**. Der Auszubildende darf sich insoweit nicht darauf beschränken, sein Einverständnis mit allen in Betracht kommenden Beschäftigungen zu erklären oder die Bereitschaftserklärung mit einem Vorbehalt zu verbinden. **Er muss vielmehr die angedachte Beschäftigungsmöglichkeit so konkret beschreiben, dass der Arbeitgeber erkennen kann, wie sich der Auszubildende seine Weiterarbeit vorstellt** (*BAG* 15.11.2006 EzA § 78a BetrVG 2001 Nr. 3). Eine Einverständniserklärung im gerichtlichen Verfahren genügt nicht.

153 Hat der Auszubildende eine derartige Erklärung rechtzeitig abgegeben, muss der Arbeitgeber **prüfen**, ob die anderweitige Beschäftigung **möglich und zumutbar** ist.

154 Unterlässt er die Prüfung oder verneint er zu Unrecht die Möglichkeit oder Zumutbarkeit, so kann das nach § 78a Abs. 2 BetrVG entstandene Arbeitsverhältnis nicht nach § 78a Abs. 4 BetrVG aufgelöst werden (*BAG* 6.11.1996 EzA § 78a BetrVG 1972 Nr. 24; 15.11.2006 EzA

§ 78a BetrVG 2001 Nr. 3). Lehnt der Auszubildende andererseits eine ihm vom Arbeitgeber angebotene anderweitige Beschäftigung ab, so kann er sich im Verfahren nach § 78a Abs. 4 BetrVG nicht darauf berufen, dem Arbeitgeber sei die Beschäftigung zumutbar (*BAG* 15.11.2006 EzA § 78a BetrVG 2001 Nr. 3).

Kommt es nach der Bereitschaftserklärung zum Abschluss eines Arbeitsvertrags, so wird dadurch die Entstehung eines Arbeitsverhältnisses nach § 78a BetrVG abbedungen bzw. abgeändert, wenn die Vereinbarung nach Bestehen der Abschlussprüfung getroffen wird (*BAG* 15.11.2006 EzA § 78a BetrVG 2001 Nr. 3).

### 3. § 10 Abs. 1 AÜG

Siehe Kap. 3 Rdn. 4439 ff.     155

### 4. § 613a Abs. 1 BGB

Siehe Kap. 3 Rdn. 4080 ff.     156

## VI. Gesetzliche Abschlussgebote

Eine gesetzliche Verpflichtung des Arbeitgebers zum Abschluss von Arbeitsverträgen sehen das Schwerbehindertenrecht sowie das Sonderrecht zum Bergmannsversorgungsschein vor, allerdings durchweg ohne entsprechende individualrechtliche Position der dadurch begünstigten Einstellungsbewerber i. S. eines Anspruchs auf Einstellung.     157

### 1. §§ 71, 81 SGB IX

#### a) Beschäftigungsquote

§§ 71, 81 Abs. 1 SGB IX begründen eine öffentlich-rechtliche Verpflichtung des Arbeitgebers, der über mindestens 20 Arbeitsplätze i. S. d. § 73 SGB IX verfügt, eine bestimmte Quote (5 %) bzw. ab 1.1.2004 6 %; vgl. dazu § 71 Abs. 2 SGB IX a. F.: abhängig von der Reduzierung der Zahl der arbeitslosen Schwerbehinderten) der Arbeitsplätze mit schwerbehinderten Menschen zu besetzen (s. a. § 160 Abs. 2 SGB IX). Bei der Berechnung der Zahl der Pflichtplätze sind alle Arbeitsplätze im Direktionsbereich ein und desselben Arbeitgebers zusammenzufassen, unabhängig davon, ob die Arbeitsplätze über mehrere Betriebe bzw. Filialen verteilt sind oder nicht (*BVerwG* 17.4.2003 NZA-RR 2004, 406 LS).     158

Der Arbeitgeber muss alles ihm Zumutbare tun, um die Arbeitsplätze gem. der gesetzlichen Quote zu besetzen, sich dabei erforderlichenfalls selbst an das Arbeitsamt wenden und um eine Vermittlung geeigneter schwerbehinderter Menschen nachsuchen. Handelt er dem vorsätzlich oder fahrlässig zuwider, so begeht er eine **Ordnungswidrigkeit**. Unabhängig vom Verschulden muss er (bei Arbeitnehmerüberlassung der Verleiher als Vertragsarbeitgeber, *BVerwG* 13.12.2001 NZA 2002, 385) zusätzlich für jeden unbesetzten Pflichtplatz (zur Frage der Nichtberücksichtigung eines schwerbehinderten Geschäftsführers einer GmbH, der zugleich deren Gesellschafter mit einem Anteil von 50 % ist, vgl. *BVerwG* 25.7.1997 NZA 1997, 1166; zu Referendaren, Ärzten im Praktikum und geringfügig teilzeitbeschäftigten wissenschaftlichen und studentischen Hilfskräften sowie ruhenden Arbeitsverhältnissen nach §§ 7, 8 SchwbG vgl. *BVerwG* 16.12.2004 NZA-RR 2005, 364) eine **Ausgleichsabgabe** pro Monat zahlen (§ 77 SGB IX; vgl. dazu *OVG Münster* 12.12.2001 NZA-RR 2002, 632), mit der gem. § 140 SGB IX Aufträge an Werkstätten für Behinderte verrechnet werden können (vgl. *Cramer/Schell* NZA 1997, 638 ff.). Sie soll zum einen die Kostenvorteile abschöpfen, die ein Arbeitgeber hat, der schwerbehinderte Menschen nicht oder nicht im pflichtgemäßen Umfang beschäftigt, und so einen Ausgleich zu den Arbeitgebern herstellen, die die vorgeschriebene Zahl schwerbehinderter Menschen beschäftigen und denen dadurch (z. B. durch Entgeltfortzahlung während des Zusatzurlaubs oder behinderungsbedingter Arbeitsausfälle oder besondere Aufwendungen für besonderes Personal oder Ausstattung des Arbeits- oder Ausbildungsplatzes mit technischen     159

Arbeitshilfen) finanzielle Belastungen entstehen (sog. Ausgleichsfunktion). Sie soll zum anderen die Erfüllung der Beschäftigungspflicht sichern; sie soll die beschäftigungspflichtigen Arbeitgeber dazu anhalten, ihrer gesetzlichen Pflicht nachzukommen (sog. Antriebsfunktion). Gem. § 72 Abs. 2 S. 1 SGB IX sollen zudem Arbeitgeber, Betriebsrat und Schwerbehindertenvertretung über die Ausbildung von behinderten jungen Menschen im Betrieb beraten.

160 Diese Regelungen sind mit Art. 12 Abs. 1 GG vereinbar (*BVerfG* 26.5.1981 AP Nr. 1 zu § 4 SchwbG; 1.10.2004 NZA 2005, 102; *BVerwG* 17.4.2003 NZA-RR 2004, 406 LS) und gelten auch für kirchliche Arbeitgeber.

161 Der öffentlich-rechtlichen Bindung des Arbeitgebers **entspricht jedoch keine Einstellungspflicht gegenüber dem einzelnen schwerbehinderten Menschen**, auch dann nicht, wenn der Arbeitgeber die Pflichtquote noch nicht erfüllt hat. Allerdings kann der Betriebsrat gem. § 99 Abs. 2 Nr. 1 BetrVG die Zustimmung zu einer geplanten Einstellung verweigern, wenn der Arbeitgeber gegen die Prüfungspflicht des § 81 Abs. 1 SGB IX verstoßen hat, also **nicht geprüft** hat, ob der freie Arbeitsplatz mit einem schwerbehinderten arbeitslosen oder arbeitsuchenden Arbeitnehmer besetzt werden kann (*BAG* 14.11.1989 EzA § 99 BetrVG 1972 Nr. 84; 17.6.2008 EzA § 81 SGB IX Nr. 16); das gilt aber dann nicht, wenn der Arbeitgeber entschieden hat, eine **freie Stelle** durch **Versetzung** eines bereits beschäftigten Arbeitnehmers **zu besetzen** (*BAG* 17.6.2008 EzA § 81 SGB IX Nr. 16 = NZA 2008, 1139).

### b) Prüfung von Einstellungsmöglichkeiten

162 Arbeitgeber sind in jedem Falle, in dem ein freier Arbeitsplatz (§ 73 SGB IX) besetzt werden soll, **verpflichtet, vorher zu prüfen, ob schwerbehinderte Menschen eingestellt oder beschäftigt werden können** (§ 81 Abs. 1 S. 1 SGB IX). Um auch arbeitslose oder arbeitsuchend gemeldete schwerbehinderte Menschen zu berücksichtigen, müssen sie **frühzeitig Verbindung mit der Agentur für Arbeit aufnehmen**. Diese in § 81 Abs. 1 SGB IX geregelte gesetzliche Pflicht trifft **alle Arbeitgeber**, nicht nur die des öffentlichen Dienstes. Sie besteht unabhängig davon, ob sich ein schwerbehinderter Mensch beworben hat oder bei seiner Bewerbung diesen Status offenbart hat. Ein abgelehnter schwerbehinderter Bewerber kann sich darauf berufen, dass die Verletzung dieser Pflicht seine Benachteiligung wegen der Behinderung vermuten lasse (*BAG* 13.10.2011 – 8 AZR 608/10). In diesem Fall muss die Benachteiligung jedoch i. S. einer **überwiegenden Wahrscheinlichkeit** ursächlich für die Ablehnung des Bewerbers geworden sein. Daran fehlt es, wenn der Arbeitgeber substantiiert darlegt, dass er den ihm bekannten Bewerber wegen dessen **Verhaltens in der Vergangenheit** (penetrantes Auftreten) unter keinen Umständen eingestellt hätte, ohne dass die Behinderung irgendeine Rolle gespielt hätte (*LAG Hamm* 28.9.2010 NZA-RR 2011, 8). Das *BAG* (17.6.2008 EzA § 81 SGB IX Nr. 16) hat offen gelassen, ob diese Pflicht auch dann besteht, wenn sich der Arbeitgeber bei der Besetzung einer frei werdenden oder neu geschaffenen Stelle von vornherein auf eine interne Stellenbesetzung festlegt und die Einstellung möglicher externer Bewerber ausschließt. Sie besteht aber jedenfalls dann, wenn er die Besetzung der Stelle mit einem externen Bewerber ernsthaft in Betracht zieht (*BAG* 17.6.2008 EzA § 81 SGB IX Nr. 16 = NZA 2008, 1139).

163 I. d. R. ist die Schwerbehindertenvertretung an dieser Prüfung zu beteiligen. Sie ist rechtzeitig vor der Besetzung des freien Arbeitsplatzes umfassend zu unterrichten und vor einer Entscheidung zu hören. Eine getroffene Entscheidung ist ihr unverzüglich mitzuteilen. Außerdem ist i. d. R. der Betriebsbzw. Personalrat zu hören (§ 81 Abs. 1 S. 1 i. V. m. § 93 SGB IX).

164 Ein schwerbehindertes **geschäftsführendes Vorstandsmitglied** eines eingetragenen Vereins wird jedenfalls dann nicht auf einem Arbeitsplatz i. S. d. § 73 Abs. 1 SGB IX beschäftigt, wenn es maßgeblichen Einfluss auf die Entscheidungen des Vereins hat (*BVerwG* 8.3.1999 NZA 1999, 826). Gleiches gilt für einen schwerbehinderten **Fremdgeschäftsführer einer KG und ihrer Komplementär-GmbH**, wenn ihm durch den Anstellungsvertrag eine für arbeitgebergleiche Personen charakteristische Selbständigkeit eingeräumt ist (*BVerwG* 26.9.2002 NZA 2003, 1094).

## A. Die Freiheit der Entscheidung über die Begründung von Arbeitsverhältnissen Kapitel 2

### c) Benachteiligungsverbot wegen der Behinderung

#### aa) § 81 Abs. 2 SGB IX

§ 81 Abs. 2 S. 1 SGB IX sieht (s. *Braun* ZTR 2005, 174 ff.) zu Gunsten von schwerbehinderten Menschen mit einem Grad der Behinderung von wenigstens 50 sowie gleichgestellten Arbeitnehmern (s. aber Rdn. 168 zur gebotenen europarechtskonformen Auslegung) ein Benachteiligungsverbot vor. Es soll ein **diskriminierungsfreies Verfahren** insbes. bei der **Besetzung von Arbeitsplätzen** i. S. v. § 73 Abs. 1 SGB IX gewährleisten. Die Regelung verweist in Abs. 2 S. 2 auf das AGG (§ 15 AGG). Sie findet aber nicht nur auf Arbeitnehmer und Auszubildende, sondern auf alle Beschäftigten i. S. v. § 73 Abs. 1 SGB IX Anwendung. Das Benachteiligungsverbot gilt nicht erst, wenn das Arbeits- oder sonstige Beschäftigungsverhältnis begründet ist, sondern schon vor der Begründung (*Sächs. LAG* 14.9.2005 – 2 Sa 279/05, EzA-SD 9/2006 S. 15 LS) – ab Eingang eines Vermittlungsvorschlags des Arbeitsamtes oder einer Bewerbung eines schwerbehinderten Menschen i. S. v. § 81 Abs. 1 S. 3, 4 SGB IX – im Rahmen des bestehenden Beschäftigungsverhältnisses bis zu seiner Beendigung. Gegen die in § 15 Abs. 2 AGG enthaltene Regelung, nach der ein wegen seiner Schwerbehinderung diskriminierter Bewerber, der auch bei benachteiligungsfreier Auswahl die Stelle nicht erhalten hätte, Anspruch auf **Entschädigung** von bis zu drei Monatsentgelten hat, bestehen **keine verfassungsrechtlichen Bedenken**. Damit soll der durch die Diskriminierung entstandene immaterielle Schaden ausgeglichen werden (*BAG* 7.7.2011 EzA § 123 BGB 2002 Nr. 11 = NZA 2012, 34; 12.9.2006 EzA § 81 SGB IX Nr. 14 m. Anm. *von Medern* NZA 2007, 545 ff.; s. a. *Gaul/Süßbrich* BB 2005, 2811 ff.). 165

Arbeitgebern ist es danach **verboten**, schwerbehinderte Beschäftigte **wegen ihrer Behinderung zu benachteiligen**. Sie haben die Pflicht, schwerbehinderte Menschen im Vergleich zu Nichtbehinderten gleich zu behandeln. Das Diskriminierungsverbot ist z. B. dann nicht verletzt, wenn ein Arbeitnehmer wegen seiner **Fluguntauglichkeit** aus dem Flug- in den Landbetrieb versetzt werden soll (*BAG* 22.11.2005 NZA 2006, 389). 166

> Der nunmehr gesetzlich vorgesehene Entschädigungsanspruch **setzt voraus**, dass gerade eine Benachteiligung **wegen der Behinderung** gegeben ist. Das ist dann der Fall, wenn die Behinderung **zumindest eines von mehreren Motiven** des Arbeitgebers ist. Deshalb scheidet andererseits eine Benachteiligung wegen der Behinderung nicht allein deshalb aus, wenn die Personen, die die gesetzlichen Pflichten der §§ 82 ff. SGB IX in Vertretung des Arbeitgebers zu erfüllen haben, von der Behinderung **keine Kenntnis erlangt** haben, z. B. weil eine Bürokraft auf dem von ihr für jeden Bewerber anzulegenden Übersichtsblatt die im Bewerbungsschreiben angegebene Behinderung nicht aufgeführt hat (*BAG* 16.9.2008 EzA § 81 SGB IX Nr. 17; a. A. *LAG Nbg.* 1.4.2004 LAGE § 81 SGB IX Nr. 1; s. *Braun* FA 2005, 36 ff.). 167

#### bb) Verhältnis zu §§ 1 ff. AGG?

> Fraglich ist, in welchem Verhältnis § 81 Abs. 2 SGB IX zu §§ 1 ff. AGG steht. Denn einerseits regelt das AGG eingehend das Benachteiligungsverbot wegen Schwerbehinderung, andererseits ist § 81 Abs. 2 SGB IX (s. § 33 AGG) z. B. im Gegensatz zu §§ 611a, b BGB nicht aufgehoben worden (s. ausf. Kap. 3 Rdn. 4871 ff.). 168
>
> Bis zum Inkrafttreten des AGG war § 81 Abs. 2 SGB IX wegen der Definition des Begriffs »Behinderung« i. S. d. RL 2000/78/EG, die keinen GdB von zumindest 50 bzw. eine Gleichstellung voraussetzt, hinsichtlich des persönlichen Anwendungsbereichs europarechtskonform erweiternd auszulegen, gilt also für alle Behinderten mit einem GdB von mindestens 30 (*BAG* 18.11.2008 EzA § 81 SGB IX Nr. 19; 3.4.2007 EzA § 81 SGB IX Nr. 15).

#### cc) § 82 SGB IX

§ 82 SGB IX normiert **besondere Pflichten** für den öffentlichen Arbeitgeber, u. a. zur **Einladung zu einem Vorstellungsgespräch**. Wird ein Schwerbehinderter entgegen § 82 S. 2 SGB IX auf seine Be- 169 werbung hin (vorausgesetzt werden vollständige Bewerbungsunterlagen; *Sächs. LAG* 14.9.2005 LAGE § 81 SGB IX Nr. 6) auf eine von einem öffentlichen Arbeitgeber, dem die Schwerbehinderung bekannt ist, ausgeschriebene Stelle nicht zum Vorstellungsgespräch geladen, obwohl ihm die fachliche Eignung für die zu besetzende Stelle nicht offensichtlich fehlt (s. dazu *BAG* 21.7.2009 EzA § 82 SGB IX Nr. 1; *LAG Saarl.* 13.2.2008 LAGE § 82 SGB IX Nr. 2; *BVerwG* 22.2.2008 – 5 B 209/07, EzA-SD 4/2009 S. 16 LS; 3.3.2011 NZA 2011, 977), begründet dies die **Vermutung der Benachteiligung** wegen der Behinderung i. S. v. § 81 Abs. 2 SGB IX (*BAG* 12.9.2006 EzA § 81 SGB IX Nr. 14; 16.2.2012 EzA § 15 AGG Nr. 16; *LAG Nds.* 24.4.2008 LAGE § 15 AGG Nr. 4; *LAG SchlH* 8.11.2005 – 5 Sa 277/05, EzA-SD 1/2006 S. 15 LS; *BVerwG* 22.2.2008 – 5 B 209/07, EzA-SD 4/2009 S. 16 LS). Der öffentliche Arbeitgeber kann den vorliegenden Verstoß **heilen**, wenn er den Bewerber im noch laufenden Bewerbungsverfahren **nachträglich** zu einem Bewerbungsgespräch **einlädt**. Dies gilt auch, wenn die Einladung erst erfolgt, nachdem der Bewerber selbst auf den Verstoß hingewiesen hat; der Wegfall der Indizwirkung nach § 22 AGG tritt auch dann ein, wenn der Bewerber die Nachholung des Bewerbungsgesprächs durch eigene **Absage des Gesprächs** unmöglich macht (*ArbG Hmb.* 1.2.2011 NZA-RR 2011, 444).

Ein schwerbehinderter Bewerber muss nach der gesetzlichen Regelung bei einem öffentlichen Arbeitgeber die **Chance eines Vorstellungsgesprächs** bekommen, wenn seine fachliche Eignung zweifelhaft, aber nicht offensichtlich ausgeschlossen ist. Er soll den Arbeitgeber im Vorstellungsgespräch von seiner Eignung überzeugen können (*BAG* 21.7.2009 EzA § 82 SGB IX Nr. 1); ob die **fachliche Eignung offensichtlich fehlt**, ist an dem vom öffentlichen Arbeitgeber mit der Stellenausschreibung bekannt gemachten **Anforderungsprofil zu messen** (*BVerwG* 3.3.2011 NZA 2011, 977). Diese Voraussetzung ist aber jedenfalls dann gegeben, wenn es aus **Rechtsgründen ausgeschlossen** ist, den Arbeitsplatz mit dem Bewerber zu besetzen (*BVerwG* 15.12.2011 – 2 A 13.10, FA 2012, 75).

170 Gleiches gilt dann, wenn feststeht, dass der Arbeitgeber die **Schwerbehindertenvertretung** entgegen § 81 Abs. 1 S. 4 SGB IX nicht über die eingegangene Bewerbung eines bestimmten schwerbehinderten Menschen **unterrichtet hat** (*BAG* 15.2.2005 EzA § 81 SGB IX Nr. 6; *LAG Hamm* 17.11.2005 – 8 Sa 1213/05, FA 2006, 190 LS), sowie dann, wenn er dem Arbeitnehmer entgegen § 81 Abs. 1 S. 9 SGB IX keine Gründe für die Ablehnung der Bewerbung mitgeteilt hat (*LAG Hessen* 7.11.2005 NZA-RR 2006, 312; 22.3.2006 – 2 Sa 1686/05, AuR 2006, 373 LS). Andererseits bleibt es dem Arbeitgeber überlassen, z. B. in der veröffentlichten Stellenausschreibung das **Anforderungsprofil einer zu besetzenden Stelle festzulegen**; daran bleibt er für die Dauer des Auswahlverfahrens dann aber auch gebunden (*BAG* 21.7.2009 EzA § 82 SGB IX Nr. 1; s. a. *BVerwG* 3.3.2011 – 5 C 16.10, FA 2011, 205 = NZA 2011, 977). Entspricht der Bewerber diesem nicht, auch wenn er höher qualifiziert ist und wird er deswegen nicht im Auswahlverfahren berücksichtigt, so liegt selbst dann keine Diskriminierung wegen der Schwerbehinderung vor, wenn der Arbeitgeber bei der Bewerbung Verfahrensvorschriften nicht eingehalten hat (unterbliebene Mitteilung an die Bundesagentur für Arbeit, unterbliebene Einladung zum Vorstellungsgespräch; *LAG RhPf* 1.9.2005 ZTR 2006, 207); Verfahrensfehler ersetzen nicht die notwendige Kausalität zwischen der Schwerbehinderung und dem Nachteil der erfolglosen Bewerbung (*VGH BW* 21.9.2005 BB 2006, 559 LS).

Ein Anspruch auf Einladung besteht auch dann nicht, wenn der öffentliche Arbeitgeber den Arbeitsplatz berechtigterweise **nur intern zur Besetzung ausschreibt** (*BVerwG* 15.12.2011 – 2 A 13.10, FA 2012, 75).

171 Der Arbeitnehmer trägt an sich die **Darlegungs- und Beweislast** für das Vorliegen u. a. einer Diskriminierung und der Kausalität zwischen Behinderung und Nichteinstellung (*VGH BW* 21.9.2005 BB 2006, 559 LS). Eine **unterbliebene Einladung ist allerdings ein Indiz für die Vermutung**, der Bewerber sei wegen seiner Schwerbehinderung benachteiligt worden. Diese Vermutung kann der öffentliche Arbeitgeber nur dadurch widerlegen, dass er nachweist, die Einladung zum Vorstellungsgespräch sei aufgrund von Umständen unterblieben, die weder einen Bezug zur Behinderung des Bewerbers aufweisen noch dessen fachliche Eignung berühren, wenn nicht sowieso bereits eine offensichtlich fehlende fachliche Eignung i. S. d. § 82 S. 3

SGB IX vorgelegen und deshalb die Einladung entbehrlich gemacht hat (*BAG* 16.2.2012 EzA § 15 AGG Nr. 16).

Der Arbeitnehmer kann zudem gem. § 81 Abs. 2 S. 2 Nr. 1 S. 3 SGB IX eine **Beweislastverschiebung** herbeiführen, indem er Hilfstatsachen darlegt und ggf. unter Beweis stellt, die eine Benachteiligung wegen der Schwerbehinderteneigenschaft vermuten lassen. Ein Indiz für eine Benachteiligung ist bei einem öffentlichen Arbeitgeber die unterbliebene Einladung des schwerbehinderten Bewerbers zum Vorstellungsgespräch (*BAG* 21.7.2009 EzA § 82 SGB IX Nr. 1). Der Arbeitgeber trägt dann die Beweislast dafür (§ 22 AGG), dass nicht auf die Behinderung bezogene Gründe seine Einstellungsentscheidung rechtfertigen, wenn der Bewerber glaubhaft macht, wegen seiner Behinderung benachteiligt worden zu sein Das Gericht muss die Überzeugung einer überwiegenden Wahrscheinlichkeit für die Kausalität zwischen Schwerbehinderteneigenschaft und nachteiliger Entscheidung gewinnen (*BAG* 21.7.2009 EzA § 82 SGB IX Nr. 1; 12.9.2006 EzA § 81 SGB IX Nr. 14; 15.2.2005 EzA § 81 SGB IX Nr. 6; *Sächs. LAG* 19.9.2007 – 5 Sa 552/06, AuR 2008, 403 LS; *BVerwG* 22.2.2008 – 5 B 209/07, EzA-SD 4/2009 S. 16 LS).

Für den Nachweis, dass für die Nichteinladung einer Bewerberin oder eines Bewerbers zum Vorstellungsgespräch ausschließlich andere Gründe als die Behinderung erheblich waren, kann ein öffentlicher Arbeitgeber insoweit nur **solche Gründe** heranziehen, die **nicht die fachliche Eignung** betreffen. Hierfür enthält die in § 82 S. 3 SGB IX geregelte Ausnahme mit dem Erfordernis der »offensichtlich« fehlenden Eignung eine **abschließende Regelung** (*BVerwG* 3.3.2011 NZA 2011, 977).

Betrifft die Stellenbewerbung z. B. den Zugang zu einem öffentlichen Amt i. S. d. Art. 33 Abs. 2 GG (Volljurist bei einer Körperschaft des öffentlichen Rechts), so kann die Vermutung nicht bereits allein durch den Nachweis einer um **mehrere Stufen besseren Examensnote** des eingestellten Bewerbers entkräftet werden (*BAG* 21.7.2009 EzA § 82 SGB IX Nr. 1); die Berücksichtigung von Notenstufen stellt dann ein unzulässiges Nachschieben von Auswahlkriterien dar (**a. A.** *LAG Nds.* 24.4.2008 LAGE § 15 AGG Nr. 4), wenn in der Stellenausschreibung ausdrückliche Mindestanforderungen (z. B. Prädikatsexamen) nicht genannt werden (**a. A.** *LAG Hamm* 17.11.2005 – 8 Sa 1213/05, FA 2006, 190 LS; s. a. *Sächs. LAG* 19.9.2007 – 5 Sa 552/06, AuR 2008, 403 LS: ein bloßer Qualifikationsvorsprung eines anderen Bewerbers begrenzt den Entschädigungsanspruch). Die **bessere Eignung** von Mitbewerbern **schließt eine Benachteiligung** also **nicht aus**. Das folgt schon aus § 15 Abs. 2 S. 2 AGG. Danach ist selbst dann eine Entschädigung zu leisten, wenn der schwerbehinderte Bewerber auch bei benachteiligungsfreier Auswahl nicht eingestellt worden wäre. Daran zeigt sich, dass die Bestimmungen in § 81 Abs. 2 S. 1 SGB IX, § 82 S. 2 SGB IX i. V. m. § 15 Abs. 2 AGG das **Recht des Bewerbers auf ein diskriminierungsfreies Bewerbungsverfahren** schützen. Unter das Benachteiligungsverbot fallen **auch Verfahrenshandlungen**. Sind die Chancen eines Bewerbers bereits durch ein diskriminierendes Verfahren beeinträchtigt worden, kommt es nicht mehr darauf an, ob die (Schwer-)Behinderung bei der abschließenden Einstellungsentscheidung noch eine nachweisbare Rolle gespielt hat. **Für den Bewerbungsverfahrensanspruch gelten deshalb andere Kriterien als für die Bestenauslese nach Art. 33 Abs. 2 GG** (*BAG* 21.7.2009 EzA § 82 SGB IX Nr. 1; *BVerwG* 3.3.2011 NZA 2011, 977).

Auch kann der **Arbeitgeber des öffentlichen Dienstes** die Benachteiligungsvermutung **nicht allein** mit dem Hinweis **widerlegen**, der Arbeitnehmer erfülle nicht den in der Stellenausschreibung verlangten **formalen Ausbildungsabschluss** einer bestimmten Hochschulart. Denn der öffentliche Arbeitgeber ist im Hinblick auf Art. 33 Abs. 2 GG gehalten, das Anforderungsprofil ausschließlich nach objektiven Kriterien festzulegen. Daher ist es unzulässig, einen für die Art der Tätigkeit nicht erforderlichen Ausbildungsabschluss einer bestimmten Hochschulart (z. B. Fachhochschuldiplom) zu verlangen; Bewerber mit gleichwertigen Bildungsabschlüssen dürfen nicht ausgeschlossen werden (*BAG* 12.9.2006 EzA § 81 SGB IX Nr. 14).

Entgegen der Auffassung des *LAG Hessen* (7.11.2005 NZA-RR 2006, 312) ist es dem Arbeitgeber im Rahmen der gerichtlichen Überprüfung auch nicht verwehrt, sich auf sachliche Gründe für die Ablehnung zu berufen, die er dem betroffenen Bewerber bei seiner Unterrichtung nach § 81 Abs. 1 S. 9 SGB IX nicht mitgeteilt hat.

172 Die Einhaltung der Ausschlussfrist nach § 81 Abs. 2 S. 2 Nr. 4 SGB IX zur Geltendmachung einer Entschädigung wegen Diskriminierung setzt nicht die Angabe einer bestimmten Forderungshöhe voraus. Denn nach dem Gesetz muss lediglich »ein Anspruch« geltend gemacht werden (*BAG* 15.2.2005 EzA § 81 SGB IX Nr. 6).

173 Die erweiternde **europarechtskonforme Auslegung** (s. Rdn. 168) führt zur Anwendbarkeit des § 81 Abs. 2 S. 1 SGB IX a. F. im öffentlichen Dienst auf alle Behinderten mit einem Grad von mindestens 30. Anzuwenden ist auch die Beweislastregelung des § 81 Abs. 2 S. 2 Nr. 1, S. 3 SGB IX a. F., nicht aber § 82 S. 2 und S. 3 SGB IX (Einladungspflicht vorbehaltlich offensichtlich fehlender Eignung des Bewerbers; *BAG* 18.11.2008 EzA § 81 SGB IX Nr. 19).

### d) Behinderungsgerechte Beschäftigung

174 Gem. § 81 Abs. 4 SGB IX hat der eingestellte schwerbehinderte Arbeitnehmer, der seine vertraglich geschuldete Arbeitsleistung auf Grund seiner Behinderung nicht mehr erfüllen kann, einen unmittelbaren zivilrechtlichen einklagbaren Anspruch gegen den Arbeitgeber darauf, so beschäftigt zu werden, dass er seine Fähigkeiten und Kenntnisse möglichst voll verwerten und weiter entwickeln kann (*BAG* 10.5.2005 EzA § 81 SGB IX Nr. 7; 14.3.2006 EzA § 81 SGB IX Nr. 11; 13.6.2006 EzA § 81 SGB IX Nr. 13; *LAG Düsseld.* 25.1.2008 EzA § 81 SGB IX Nr. 8; *LAG SchlH* 7.6.2005 LAGE § 81 SGB IX Nr. 4; *LAG München* 5.5.2011 LAGE § 22 AGG Nr. 7). Dieser Anspruch besteht auch dann, wenn der Arbeitnehmer **arbeitsunfähig erkrankt** ist und er nach **ärztlicher Empfehlung stufenweise seine berufliche Tätigkeit wieder aufnehmen will**. Anspruchsvoraussetzung ist die Vorlage einer ärztlichen Bescheinigung, die neben der attestierten Arbeitsunfähigkeit einen Wiedereingliederungsplan über die aus ärztlicher Sicht zulässige Arbeit enthält. Die ärztliche Bescheinigung muss außerdem eine **Prognose** darüber enthalten, **ob und ab wann mit einer Wiederherstellung der vollen oder teilweisen Arbeitsfähigkeit zu rechnen ist**. Denn ansonsten kann der Arbeitgeber nicht entscheiden, ob ihm eine Beschäftigung des Arbeitnehmers unzumutbar ist und er deshalb berechtigt ist, die Mitwirkung an der Wiedereingliederung abzulehnen (*BAG* 13.6.2006 EzA § 81 SGB IX Nr. 13).

Ein **Klageantrag**, mit dem der Arbeitnehmer die Beschäftigung unter Vorbehalt einer erforderlichen Änderung des Arbeitsvertrags und der Zustimmung der Arbeitnehmervertretung verlangt, ist hinreichend bestimmt (§ 253 ZPO). Listet der Arbeitnehmer im Klageantrag **verschiedene Beschäftigungsmöglichkeiten** auf, so überlässt er in diesem Rahmen – zulässigerweise – dem Arbeitgeber die Entscheidung über seinen künftigen Arbeitseinsatz (*BAG* 10.5.2005 EzA § 81 SGB IX Nr. 7).

Auf Grund der aus der Schwerbehinderung resultierenden **gesteigerten Fürsorgepflicht** ist der Arbeitgeber verpflichtet, zuvor die dem schwerbehinderten Menschen verbliebenen körperlichen und geistigen Fähigkeiten und damit seine behinderungsgerechten Einsatzmöglichkeiten feststellen zu lassen, es sei denn, es bestehen insoweit keinerlei Unklarheiten (*LAG SchlH* 8.6.2005 NZA-RR 2005, 510).

Ist der infolge eines Betriebsunfalls schwerbehinderte Arbeitnehmer nicht mehr in der Lage, seine bisherige vertraglich geschuldete Tätigkeit auszuüben und steht dem Arbeitgeber ein freier Arbeitsplatz zur Verfügung, auf dem eine den Fähigkeiten und Kenntnissen des Arbeitnehmers entsprechende Beschäftigung möglich ist, so ist dem Arbeitnehmer der Abschluss eines Arbeitsvertrages zu den betriebsüblichen Bedingungen anzubieten, der die dem schwerbehinderten Menschen mögliche Arbeitsaufgabe zum Inhalt hat (*BAG* 28.4.1998 EzA § 14 SchwbG 1986 Nr. 5). Der Arbeitgeber **muss insgesamt versuchen**, den Anspruch des schwerbehinderten Menschen auf

A. Die Freiheit der Entscheidung über die Begründung von Arbeitsverhältnissen    Kapitel 2

eine behinderungsgerechte Beschäftigung ggf. **auch durch Umorganisation zu erfüllen**. Insoweit kann der Arbeitgeber u. U. auch verpflichtet sein, durch Umorganisation einen behinderungsgerechten Arbeitsplatz zu schaffen, an dem der vertragliche Beschäftigungsanspruch erfüllt werden kann (*BAG* 29.1.1997 EzA § 1 KSchG Krankheit Nr. 42; *LAG SchlH* 8.6.2005 NZA-RR 2005, 510). Der gesetzliche Beschäftigungsanspruch umfasst **auch Arbeitsplätze**, die der Arbeitgeber dem Arbeitnehmer **nicht auf Grund des Weisungsrechts zuweisen kann**; einer vorherigen Änderung des Arbeitsvertrages bedarf es dazu nicht (*BAG* 10.5.2005 EzA § 81 SGB IX Nr. 7); bzw. der Arbeitnehmer hat einen Anspruch auf Vertragsänderung (*BAG* 14.3.2006 EzA § 81 SGB IX Nr. 11). Andererseits gewährt § 81 Abs. 4 SGB IX behinderten Menschen **weder einen Anspruch** auf einen **bestimmten Arbeitsplatz noch ein Recht** darauf (*LAG Düsseld.* 25.1.2008 EzA § 81 SGB IX Nr. 8), **nach ihren Neigungen und Wünschen beschäftigt zu werden**. Der Beschäftigungsanspruch steht zudem unter dem **Vorbehalt der betrieblichen Möglichkeiten** (*LAG SchlH* 7.6.2005 LAGE § 81 SGB IX Nr. 4). Dabei obliegt es dem Arbeitgeber, durch seine **arbeitstechnischen Vorgaben und seine Personalplanung** zu bestimmen, wie viele Arbeitnehmer mit der Verrichtung einer bestimmten Aufgabe betraut werden (*LAG RhPf* 9.2.2004 LAGE § 81 SGB IX Nr. 2). Der Arbeitgeber ist ebenso wenig verpflichtet, für den schwerbehinderten Arbeitnehmer einen **zusätzlichen Arbeitsplatz einzurichten** (*BAG* 22.11.2005 NZA 2006, 389; *LAG RhPf* 9.2.2004 LAGE § 81 SGB IX Nr. 2 = AuR 2005, 37 LS), **noch einen Arbeitsplatz »frei« zu kündigen** (*LAG SchlH* 7.6.2005 LAGE § 81 SGB IX Nr. 4). Das gilt auch dann, wenn der Arbeitgeber eine Teilbetriebsstilllegung durchführt, auf deshalb mögliche Kündigungen verzichtet und die von der Stilllegung betroffenen Arbeitnehmer über seinen eigentlichen Personalbedarf hinaus beschäftigt (*BAG* 28.4.1998 EzA § 14 SchwbG 1986 Nr. 5).

Macht der schwerbehinderte Arbeitnehmer den Anspruch auf eine behinderungsgerechte Beschäftigung gegen den Arbeitgeber geltend, so hat er nach den allgemeinen Regeln grds. die **Darlegungs- und Beweislast** für die anspruchsbegründenden Voraussetzungen. Dagegen hat der Arbeitgeber die anspruchshindernden Umstände vorzutragen; dazu gehören insbes. diejenigen, aus denen sich die Unzumutbarkeit der Beschäftigung des Arbeitnehmers ergeben soll. Welche Einzelheiten vom Arbeitgeber insoweit vorzutragen sind, bestimmt sich nach den Umständen des Streitfalles unter Berücksichtigung der Darlegungen des klagenden Arbeitnehmers. Da der Arbeitgeber einen umfassenden Überblick über die betrieblich eingerichteten Arbeitsplätze und die dort zu erfüllenden Anforderungen hat, muss er sich substantiiert mit den Vorstellungen des Arbeitnehmers über weitere Einsatzmöglichkeiten auseinandersetzen (*BAG* 14.3.2006 EzA § 81 SGB IX Nr. 11).

Baut der schwerbehinderte Mensch im Laufe des Beschäftigungsverhältnisses – durch berufliche Erfahrungen oder besondere Fortbildungsmaßnahmen – seine Fähigkeiten und Kenntnisse aus, ist er im Rahmen der betrieblichen Möglichkeiten entsprechend höherwertig zu beschäftigen und infolgedessen höher zu gruppieren (s. *LAG Düsseld.* 25.1.2008 EzA § 81 SGB IX Nr. 8). 175

**Steht der schwerbehinderte Mensch mit einem nicht schwerbehinderten Menschen in Konkurrenz um einen Arbeitsplatz, so ist er bei annähernd gleicher Eignung, Leistung und Befähigung zu bevorzugen** (*BAG* 19.9.1979 EzA § 11 SchwbG Nr. 3). 176

Kann der schwerbehinderte Mensch dagegen aus gesundheitlichen Gründen seine arbeitsvertraglich geschuldete Leistung nicht mehr erbringen, so lässt sich aus § 81 SGB IX **kein Anspruch auf Fortzahlung der Vergütung herleiten**; auch aus **Annahmeverzug** bestehen keine Ansprüche, wenn er seine Arbeit ganz oder teilweise nicht mehr erbringen kann, es sei denn – bei teilweisem Unvermögen – dass dem Arbeitnehmer ein anderer Arbeitsplatz zugewiesen werden kann, den er ausfüllen kann (§ 106 GewO; *BAG* 4.10.2005 EzA § 81 SGB IX Nr. 9; s. Kap. 3 Rdn. 1531 f.) Denn die vom Arbeitgeber nach § 296 Abs. 1 BGB vorzunehmende Handlung besteht nur darin, die vom Arbeitnehmer geschuldete Leistung hinreichend zu bestimmen und durch Zuweisung eines bestimmten Arbeitsplatzes zu ermöglichen. Deshalb ist der Arbeitgeber zur Vermeidung von Annahmeverzugs- 177 ansprüchen **weder zur Vertragsänderung noch zum Einsatz technischer Arbeitshilfen verpflichtet** (*BAG* 4.10.2005 EzA § 81 SGB IX Nr. 9). **Allerdings kann eine schuldhafte Verletzung der Pflicht des Arbeitgebers, den schwerbehinderten Menschen nach Maßgabe des § 81 Abs. 4 SGB IX zu fördern, zu Schadensersatzansprüchen** aus pFV (§§ 280 ff., 241 Abs. 2 BGB) sowie aus § 823 Abs. 2 BGB i. V. m. § 81 Abs. 4 SGB IX als Schutzgesetz **führen. Diese sind auf Ersatz der entgangenen Vergütung gerichtet** (*BAG* 10.7.1991 EzA § 615 BGB Nr. 69; 4.10.2005 EzA § 81 SGB IX Nr. 9 m. Anm. *Waas* SAE 2007, 72 ff.).

**178** Verstößt der Arbeitgeber insbes. gegen seine Feststellungs- und Erkundigungspflicht hinsichtlich der verbliebenen Fähigkeiten des Arbeitnehmers, und/oder ist er zu keinerlei an sich zumutbaren ggf. nur vorübergehenden Umorganisationsmaßnahmen bereit und schickt statt dessen den schwerbehinderten Menschen, der keinen Annahmeverzug auslösen kann, nach Hause, macht sich der Arbeitgeber ggf. **schadensersatzpflichtig** (*LAG SchlH* 8.6.2005 NZA-RR 2005, 510).

**179** Der Arbeitnehmer hat insoweit nach den allgemeinen Regeln grundsätzlich die **primäre Darlegungs- und Beweislast** für die anspruchsbegründenden Tatsachen des Schadensersatzanspruchs. Dabei genügt es i. d. R. nicht, dass er pauschal behauptet, der Arbeitgeber könne durch Umorganisation und Einsatz technischer Mittel die Voraussetzungen für seine Beschäftigung schaffen (*BAG* 4.10.2005 EzA § 81 SGB IX Nr. 9).

**180** Schwerbehinderte Menschen haben des Weiteren jedenfalls nach § 81 Abs. 4 Ziff. 4 SGB IX einen **einklagbaren Anspruch auf behinderungsgerechte Gestaltung der Arbeitszeit**, soweit dies für den Arbeitgeber nicht unzumutbar oder mit unverhältnismäßigen Aufwendungen verbunden ist. Hieraus kann sich die Pflicht des Arbeitgebers ergeben, keine Nachtarbeit anzuordnen und die Arbeitszeit auf die Fünf-Tage-Woche zu beschränken (*BAG* 3.12.2002 EzA § 81 SGB IX Nr. 2; vgl. auch *ArbG Frankf./M.* 27.3.2002 NZA-RR 2002, 573 zum Teilzeitanspruch schwerbehinderter Menschen, § 81 Abs. 5 SGB IX u. *BAG* 14.10.2003 EzA § 81 SGB IX Nr. 3).

**181** Der schwerbehinderte Mensch, der eine **leidensgerechte Beschäftigung einklagt**, muss trotz der gesetzlichen Regelung des § 81 Abs. 4 SGB IX nach Auffassung des *LAG RhPf* (22.1.2004 – 6 Sa 1207/03 – EzA-SD 14/2004 S. 14 LS) detailliert darlegen, **welche leidensgerechte Tätigkeit er noch ausüben** und welchen konkreten Arbeitsplatz er ausfüllen kann. Dabei muss er seine persönlichen und fachlichen Qualifikationen darlegen und diese in Bezug zu dem konkret ins Auge gefassten Arbeitsplatz bringen (*LAG RhPf* 22.1.2004 – 6 Sa 1207/03 – EzA-SD 14/2004 S. 14 LS). Er muss also, obwohl den Arbeitgeber im Rahmen des § 81 Abs. 4 SGB IX eine eigene Prüfungspflicht hinsichtlich leidensgerechter Beschäftigungsmöglichkeiten trifft, die begehrte leidensgerechte Beschäftigung nach Art und Umfang **konkretisieren**, z. B. durch **Nennung der Berufsbezeichnung** (z. B. Bäcker, Sekretärin) oder durch Umschreibung der Tätigkeit (z. B. Haushaltshilfe, Schreibkraft; *LAG SchlH* 7.6.2005 LAGE § 81 SGB IX Nr. 4 NZA-RR 2005, 514). Das *BAG* (10.5.2005 EzA § 81 SGB IX Nr. 7) geht davon aus, dass es für eine schlüssige Anspruchsbegründung genügt, wenn der Arbeitnehmer **Beschäftigungsmöglichkeiten aufzeigt**, die seinem infolge der Behinderung eingeschränkten Leistungsvermögen und seinen Fähigkeiten und Kenntnissen entsprechen. Das gilt auch dann, wenn der Arbeitgeber das **Präventionsverfahren** und das **Wiedereingliederungsmanagement** nach § 84 SGB IX **unterlassen** hat (*LAG Düsseld.* 25.1.2008 EzA § 81 SGB IX Nr. 8).

Andererseits trägt der **Arbeitgeber**, soweit er sich auf das Fehlen einer behinderungsgerechten Einsatzmöglichkeit beruft, ohne seiner Feststellungspflicht im Hinblick auf die verbliebenen Fähigkeiten nachgekommen zu sein, die **Darlegungs- und Beweislast über den Umfang der real beim schwerbehinderten Menschen verbliebenen körperlichen und geistigen Fähigkeiten und die sich daraus ergebenden Auswirkungen für eine behinderungsgerechte Beschäftigung sowie ggf. deren Unzumutbarkeit und Nichterfüllbarkeit** (*LAG SchlH* 15.6.2005 NZA-RR 2005, 552; *LAG RhPf* 11.5.2005 – 9 Sa 908/04, EzA-SD 17/2005 S. 13 LS); er muss zudem darlegen, dass die vom Arbeitnehmer aufgezeigte **behinderungsgerechte Beschäftigungsmöglichkeit nicht besteht** oder deren Zuweisung ihm unzumutbar ist. Dazu gehört auch die Darlegung, dass kein entsprechender freier Arbeitsplatz vorhanden ist und auch nicht durch Versetzung freigemacht werden kann. Es obliegt dann dem **Arbeitnehmer** der **Nachweis**, dass entgegen der Behauptung des Arbeitgebers ein **freier Arbeitsplatz** zur Verfügung steht oder vom Arbeitgeber frei gemacht werden kann. Eine Unzumutbarkeit der Beschäftigung des Arbeitnehmers hat der Arbeitgeber sowohl darzulegen als auch zu beweisen (*BAG* 10.5.2005 EzA § 81 SGB IX Nr. 7).

### e) Betriebliche Voraussetzungen für die Beschäftigung schwerbehinderter Menschen

Beschäftigungspflichtige Arbeitgeber haben in ihren Betrieben die Voraussetzungen für die Beschäftigung des vorgeschriebenen Mindestanteils (abhängig von der Beschäftigtenzahl, vgl. § 71 Abs. 1, 2 SGB IX) schwerbehinderter Menschen zu schaffen (§ 81 Abs. 3 SGB IX). **Dazu gehört die Einrichtung und Unterhaltung der Arbeitsstätten** einschließlich der Betriebsanlagen, Maschinen und Geräte, die Organisation des Arbeitsablaufs, die Einrichtung von Teilzeitarbeitsplätzen, die Ausstattung von Arbeits- und Ausbildungsplätzen mit technischen Arbeitshilfen. Eine Verpflichtung des Arbeitgebers besteht nicht, soweit ihre Erfüllung für den Arbeitgeber nicht zumutbar ist, insbes. weil sie mit unverhältnismäßigen Aufwendungen verbunden wäre. 182

Diese Pflicht ist **öffentlich-rechtlicher Natur**. Sie ist aber **zugleich** Pflicht des einzelnen Arbeitgebers gegenüber dem einzelnen schwer behinderten Menschen im Rahmen des jeweiligen individualrechtlichen Beschäftigungsverhältnisses als konkrete Ausprägung der Treue- und Fürsorgepflicht. Der einzelne schwerbehinderte Mensch hat auf die Erfüllung der Pflicht **einen einklagbaren Rechtsanspruch**. 183

### f) Prävention

Die Arbeitgeber sind gem. § 84 Abs. 1 SGB IX verpflichtet, präventiv **schon beim Eintreten von personen-, verhaltens- oder betriebsbedingten Schwierigkeiten** bei der Beschäftigung von schwerbehinderten Menschen, die zur Gefährdung des Beschäftigungsverhältnisses führen können, **aktiv zu werden**. Durch möglichst frühzeitiges Einschreiten der Schwerbehindertenvertretung, des Betriebs- oder Personalrats oder der sonstigen Beschäftigtenvertretung sowie des Integrationsamts, durch Nutzung aller ihm zur Verfügung stehenden Möglichkeiten, Leistungen und Hilfen sollen danach in vielen Fällen solche Schwierigkeiten beseitigt werden mit der Folge, dass das **Beschäftigungsverhältnis möglichst dauerhaft fortgesetzt** werden kann. Die Arbeitgeber darüber hinaus verpflichtet, mit Zustimmung des/der Betroffenen die **Schwerbehindertenvertretung einzuschalten**, wenn ein schwerbehinderter Mensch länger als drei Monate ununterbrochen arbeitsunfähig ist oder das Beschäftigungsverhältnis aus gesundheitlichen Gründen gefährdet ist (§ 84 Abs. 2 S. 1 SGB IX). Daneben kann die gemeinsame Servicestelle (§ 23 SGB IX) und das Integrationsamt eingeschaltet werden (§ 84 Abs. 2 S. 2 SGB IX). 184

Verletzt der Arbeitgeber seine Erörterungspflicht gem. § 84 Abs. 1 SGB IX, trifft ihn die sekundäre Darlegungslast dafür, dass ihm auch unter Berücksichtigung der besonderen Arbeitgeberpflicht nach § 81 Abs. 4 SGB IX eine zumutbare Beschäftigung des schwerbehinderten Arbeitnehmers nicht möglich war. Denn die frühzeitige Erörterung mit dem Integrationsamt als fachkundiger Stelle dient der Kenntniserlangung der für eine behindertengerechte Beschäftigung möglichen Maßnahmen. Gerade diese Kenntniserlangung verhindert der Arbeitgeber mit seiner Pflichtverletzung (*BAG* 4.10.2005 EzA § 81 SGB IX Nr. 9). 185

### g) Wiedereinstellung schwerbehinderter Menschen nach Arbeitskampfmaßnahmen

Gem. § 91 Abs. 6 SGB IX sind schwerbehinderte Menschen, die lediglich aus Anlass eines Streiks oder einer Aussperrung fristlos gekündigt worden sind, nach Beendigung des Streiks oder der Aussperrung wieder einzustellen. 186

Da rechtmäßige Arbeitskampfmaßnahmen nicht zur Beendigung des Arbeitsverhältnisses mit schwerbehinderten Menschen führen (die das Arbeitsverhältnis beendende lösende Aussperrung 187 ist gegenüber schwerbehinderten Menschen nicht möglich, *BAG* 21.4.1971 AP Nr. 43 zu Art. 9 Abs. 3 GG Arbeitskampf), kommt die Vorschrift nur bei rechtswidrigen Streiks in Betracht. Auch dann kann ein Wiedereinstellungsanspruch des schwerbehinderten Menschen bestehen.

188 Ein derartiger Anspruch ist aber ausgeschlossen, wenn der Arbeitnehmer den Streik initiiert hat oder bei seiner Organisation und Durchführung tätig gewesen ist, bzw. dann, wenn die Kündigung wegen rechtswidriger Ausschreitungen während des Arbeitskampfes erfolgt (zw.).

## 2. Landesgesetze über den Bergmannsversorgungsschein

189 Nach inhaltlich recht unterschiedlichen landesgesetzlichen Regelungen in Nordrhein-Westfalen (30.12.1983 GVBl. S. 635, Beschäftigungspflicht von 1 % der Arbeitsplätze ab 100 Arbeitsplätzen), Niedersachsen (6.1.1949 GVBl. Sb. I, S. 741) sowie im Saarland (11.7.1962 i. d. F. v. 16.10.1981, Amtsblatt 1962, S. 606, S. 705, 1981, S. 820, Beschäftigungspflicht von 3 % der Arbeitsplätze ab 50 Arbeitsplätzen) werden Bergleute, die im Untertagebetrieb nicht mehr oder nur mehr vermindert einsatzfähig sind, durch Festlegung von Beschäftigungspflichten zu Lasten der privaten und öffentlichen Arbeitgeber begünstigt.

190 Gem. § 75 Abs. 4 SGB IX werden die Inhaber von Bergmannsversorgungsscheinen, auch wenn sie nicht schwerbehinderte Menschen i. S. d. § 68 SGB IX sind, auf die Pflichtquote angerechnet.

191 In Nordrhein-Westfalen und Niedersachsen besteht kein individualrechtlicher Einstellungsanspruch des Bergmannsversorgungsscheininhabers. Der Arbeitgeber hat ferner das Auswahlrecht unter den Bewerbern. Im Saarland hat dagegen die Behörde das Recht, die Arbeitsplätze zu bestimmen, die mit Bergmannsversorgungsscheininhabern besetzt werden müssen.

192 Soweit die Arbeitsplätze anderweitig besetzt sind, müssen sie durch innerbetriebliche Umsetzungsmaßnahmen baldmöglichst freigemacht werden. Schließlich hat die Behörde im Saarland sogar das Recht, die einzustellenden Personen und den Inhalt des Arbeitsvertrages zu bestimmen.

## VII. Wiedereinstellungspflicht nach lösender Aussperrung und Kündigung

193 Nach dem Ende einer lösenden Aussperrung ist der Arbeitgeber grds. verpflichtet, sich in Verhandlungen über die Wiedereinstellung einzulassen (*BAG* 15.6.1964 AP Nr. 36 zu Art. 9 GG Arbeitskampf, 21.4.1971 AP Nr. 43 zu Art. 9 GG Arbeitskampf; s. aber unten Rdn. 238 ff.).

194 Aus dem Gebot der Verhältnismäßigkeit folgt, dass ungeachtet der lösenden Wirkung der bestehende Bestandsschutz des Arbeitsverhältnisses beachtet werden muss. Deshalb müssen ausgesperrte Arbeitnehmer grds. wieder eingestellt werden, soweit die Arbeitsplätze noch vorhanden sind.

195 Die Wiedereinstellungsentscheidung ist nach billigem Ermessen (§ 315 BGB) zu treffen, was arbeitsgerichtlich überprüfbar ist. Verboten sind Diskriminierungen. Berücksichtigt werden können die Art des Arbeitskampfes, die Erkennbarkeit der Rechtswidrigkeit eines Streiks für den Arbeitnehmer und das Ausmaß der Beteiligung sowie die anderweitige Besetzung des Arbeitsplatzes oder der endgültige Wegfall des Arbeitsplatzes während des Arbeitskampfes. Sind von mehreren gleichartigen Arbeitsplätzen nur Einzelne weggefallen, ist auch die Frage der sachgerechten Auswahl unter Berücksichtigung der Kriterien des § 1 Abs. 3 KSchG zu prüfen (*BAG* 21.4.1971 AP Nr. 43 zu Art. 9 GG Arbeitskampf).

196 Bei der Beendigung des Arbeitsverhältnisses außerhalb von Arbeitskämpfen insbes. durch Kündigung kommt eine Wiedereinstellungspflicht des Arbeitgebers bei der Verdachtskündigung in Betracht, wenn sich der Verdacht nachträglich als unbegründet erweist (*BAG* 13.7.1956 AP Nr. 2 zu § 611 BGB Fürsorgepflicht; s. Kap. 4 Rdn. 1538 ff.) sowie bei der Druckkündigung, wenn der Druck zu einem späteren Zeitpunkt nachlässt. Zur Wiedereinstellungspflicht bei betriebsbedingter Kündigung s. Rdn. 14.

## VIII. Benachteiligung wegen des Geschlechts bei der Begründung des Arbeits- oder Ausbildungsverhältnisses (§ 611a BGB bis 17.8.2006; §§ 1, 15 AGG ab 18.8.2006)

### 1. Grundlagen

Der Arbeitgeber darf einen Arbeitnehmer/in bei der Begründung des Arbeitsverhältnisses (oder Ausbildungsverhältnisses) nicht wegen seines/ihres Geschlechts benachteiligen (§ 611a BGB i. V. m. § 33 Abs. 1 AGG, §§ 1, 15 AGG; s. Kap. 3 Rdn. 4903). **197**

**Verboten sind alle Vereinbarungen und Maßnahmen benachteiligenden Inhalts, die zu einer unmittelbaren oder mittelbaren Diskriminierung von Frauen oder Männern** (vgl. dazu *LAG Hamm* 22.11.1996 NZA-RR 1997, 203) **führen**. Umgekehrt ist eine geschlechtsbezogene Unterscheidung nur dann gestattet, wenn ein spezifisches Geschlecht für diese Tätigkeit **unverzichtbare Voraussetzung** ist, wofür ein sachlicher Grund nicht ausreicht, der einem pädagogischen Konzept entspricht. Nur bei mittelbarer Diskriminierung kann die Ungleichbehandlung wegen des Geschlechts durch sachliche Gründe gerechtfertigt sein (*LAG Düsseld.* 1.2.2002 LAGE § 611a BGB Nr. 5). **198**

Eine **unmittelbare Diskriminierung** liegt dann vor, wenn eine Frau, die unter den gleichen Bedingungen gleiches leistet wie ein Mann, benachteiligt oder bevorzugt wird. Das ist z. B. der Fall, wenn der Arbeitgeber zwar eine geschlechtsneutrale Formulierung wählt, die sich aber nur auf einen Mann oder eine Frau beziehen kann. **199**

Eine **mittelbare Diskriminierung** liegt vor, wenn die Vereinbarung oder Maßnahme zwar geschlechtsneutral ausgestaltet ist, von ihr aber Männer und Frauen ungleich betroffen sind und die nachteilige Wirkung auf Begründung und Ausgestaltung des Arbeitsverhältnisses für die Angehörigen des einen Geschlechts nicht anders als mit dem Geschlecht oder der traditionellen Rollenverteilung unter den Geschlechtern erklärt werden kann. **200**

Eine Benachteiligung wegen des Geschlechts liegt auch dann vor, **wenn neben der** Geschlechtsdiskriminierung noch **andere Gründe** für die Maßnahme maßgeblich waren. Ausreichend ist es, wenn in einem **Motivbündel**, das die Entscheidung beeinflusst hat, das Geschlecht als Kriterium enthalten gewesen ist. Ein Nachschieben von nicht diskriminierenden Einstellungsvoraussetzungen ist nur dann als Nachweis einer geschlechtsneutralen Entscheidung anerkannt, wenn positiv nachgewiesen wird, dass trotz des späteren Vorbringens besondere Umstände vorlagen, wonach die geltend gemachten Gründe keine Vorwände gewesen sind. Hierzu ist erforderlich, dass in dem Motivbündel, das die Auswahlentscheidung beeinflusst hat, das Geschlecht des abgewiesenen Bewerbers überhaupt nicht als negatives oder das andere Geschlecht als positives Kriterium enthalten ist. Eine Benachteiligung wegen des Geschlechts liegt auch dann vor, wenn neben der Geschlechtsdiskriminierung noch andere Gründe für die Maßnahme maßgeblich waren. **Ausreichend ist es, wenn in einem Motivbündel, das die Entscheidung beeinflusst hat, das Geschlecht als Kriterium enthalten gewesen ist** (*BAG* 5.2.2004 EzA § 611a BGB 2002 Nr. 3). **201**

▶ Beispiele: **202**
- Zu beachten ist, dass nicht allein die formale Position des bereits durch die bloße Einreichung eines Bewerbungsschreibens begründeten Status als »Bewerber« ausreicht, um die Anwendung der Normen zu rechtfertigen. Voraussetzung ist vielmehr die **materiell zu bestimmende Eignung als Bewerber**. Deshalb kann im Stellenbesetzungsverfahren nur benachteiligt werden, wer sich **subjektiv ernsthaft** beworben hat und **objektiv** für die zu besetzende Stelle in **Betracht** kommt (*BAG* 12.11.1998 EzA § 611a BGB Nr. 14; *LAG Bln.* 30.3.2006 LAGE § 611a BGB 2002 Nr. 1).
- Besetzt der Arbeitgeber eine Beförderungsstelle mit einem männlichen Arbeitnehmer und nicht mit einer schwangeren Arbeitnehmerin, die eine mit diesem **vergleichbare Stellung** im Unternehmen innehat, so stellt dies für sich **allein** betrachtet **keine Tatsache** dar, die eine **Benachteiligung** der Arbeitnehmerin wegen ihres Geschlechts vermuten lässt (*BAG* 24.4.2008 EzA § 611a BGB 2002 Nr. 6).

# Kapitel 2
Anbahnung und Begründung des Arbeitsverhältnisses

- Müssen an einem Arbeitsplatz **schwere körperliche Arbeiten** geleistet werden – u. a. gelegentliches Tragen von 50 kg-Säcken – so liegt in der **körperlichen Leistungsfähigkeit** des Bewerbers ein Einstellungskriterium, nicht aber per se in der Zugehörigkeit zu einem bestimmten Geschlecht (*LAG Köln* 8.11.2000 NZA-RR 2001, 232).
- Wenn ein Arbeitgeber in einer Zeitungsanzeige Altenpfleger/innen oder Krankenschwestern sucht, so liegt bei einem Krankenpfleger, der sich beworben hatte und im Auswahlverfahren gleichwohl nicht berücksichtigt worden war, keine geschlechtsspezifische unterschiedliche Behandlung vor. Denn zum einen zeigt der Hinweis auf die **mögliche Einstellung eines Altenpflegers**, dass der Arbeitgeber eine derartige unterschiedliche Behandlung nicht vornehmen wollte. Zum anderen spricht die Tatsache dagegen, dass der Arbeitgeber **tatsächlich einen Altenpfleger** eingestellt hat (*LAG Bln.* 16.5.2001 – 13 Sa 393/01). Auch aus **Indizien im Zusammenhang mit der Bewerbung** kann im Übrigen geschlussfolgert werden, dass eine ernsthafte Bewerbung gar nicht gewollt war. Ein ernsthafter Bewerber wird in seiner Bewerbung alles tun, um ein positives Bild von seiner Person und seinen auf den Text der Stellenausschreibung bezogenen Fähigkeiten abzugeben. Gegen eine subjektiv ernsthafte Bewerbung spricht es deshalb, wenn der Bewerber in seiner Bewerbung zu einer als wesentlich erkennbaren Einstellungsvoraussetzung keine Angaben macht, oder wenn er z. B. eine weit überzogene Vergütungsvorstellung äußert (*LAG Bln.* 30.3.2006 LAGE § 611a BGB 2002 Nr. 1).

**203** Die Auslegung der Normen **darf** im Lichte des Art. 3 Abs. 2 GG **nicht dazu führen, dass es der Arbeitgeber in der Hand hat**, durch eine geeignete Verfahrensgestaltung die **Chancen von Bewerbern** (um die Begründung eines Ausbildungsverhältnisses) **wegen ihres Geschlechts so zu mindern, dass seine Entscheidung praktisch unangreifbar wird** (*BVerfG* 21.9.2006 NZA 2007, 195).

**204** Bedient sich der Arbeitgeber zur Stellenausschreibung **eines Dritten**, z. B. der Bundesagentur für Arbeit und verletzt dieser die Pflicht zur geschlechtsneutralen Stellenausschreibung, **so ist dem Arbeitgeber dieses Verhalten i. d. R. zuzurechnen**. Denn den Arbeitgeber trifft im Falle der Fremdausschreibung die Sorgfaltspflicht, die Ordnungsmäßigkeit der Ausschreibung zu überwachen (*BAG* 5.2.2004 EzA § 611a BGB 2002 Nr. 3; vgl. dazu *Mohr* SAE 2006, 26 ff.); das gilt auch für die Ausschreibung einer Ausbildungsstelle durch die Bundesagentur in der **elektronischen Stellenbörse** (*BVerfG* 21.9.2006 NZA 2007, 195).

Die zweistufige Regelung des § 611a Abs. 1 S. 3 BGB a. F. lässt die **Beweislastverteilung unberührt, senkt aber das Beweismaß** dahingehend, dass der klagende Arbeitnehmer lediglich Tatsachen vortragen muss, die eine Benachteiligung wegen des Geschlechts als **überwiegend wahrscheinlich** erscheinen lassen. Werden vom Arbeitnehmer **Hilfstatsachen** vorgetragen, die für sich genommen nicht zur Begründung der Vermutungswirkung ausreichen, ist vom Tatrichter eine **Gesamtbetrachtung** dahingehend vorzunehmen, ob die Hilfstatsachen im Zusammenhang gesehen geeignet sind, die Vermutungswirkung zu begründen. In die vom Tatrichter danach vorzunehmende Gesamtwürdigung sind nicht nur solche Tatsachen einzubeziehen, denen ein »roter Faden« innewohnt. Sinn der Gesamtbetrachtung ist, Indizien, die für sich genommen den Tatrichter nicht von der überwiegenden Wahrscheinlichkeit geschlechtsdiskriminierender Motive überzeugen konnten, darauf zu überprüfen, **ob sie in der Gesamtschau eine entsprechende Überzeugung erbringen**. Aus welchen Bereichen diese Indizien stammen, ist hierfür nicht von Bedeutung. Der innere Zusammenhang der vorgebrachten Tatsachen ist nicht Voraussetzung der Vermutung einer gesetzwidrigen Benachteiligung. Vielmehr kann sich gerade erst aus diesen Tatsachen eine »**Benachteiligungskultur**« im Unternehmen ergeben. Solche Indizien können sich sowohl aus Erklärungen oder Verhaltensweisen des Arbeitgebers vor der geltend gemachten benachteiligenden Entscheidung als auch aus zeitlich nach dieser Entscheidung abgegebenen Erklärungen ergeben (*LAG Bln.-Bra.* 28.6.2011 NZA-RR 2011, 623).

Besteht auf Grund der vorzunehmenden Gesamtbetrachtung eine überwiegende Wahrscheinlichkeit für eine Benachteiligung wegen des Geschlechts, muss der Arbeitgeber Tatsachen darlegen und beweisen, dass **ausschließlich nicht auf die Schwangerschaft bezogene sachliche** Gründe seine Auswahlentscheidung gerechtfertigt haben. Hierfür genügt es nicht vorzutragen, der beförderte Mitbewerber sei der bestplatzierte Bewerber gewesen. Dies folgt aus § 611a Abs. 3 BGB a. F. (*LAG Bln.-Bra.* 28.6.2011 NZA-RR 2011, 623).

## 2. Einzelfragen; insbes. Quotenregelungen

Zulässig ist eine unterschiedliche Behandlung, wenn ein bestimmtes Geschlecht **unverzichtbare Voraussetzung** für die vom Arbeitnehmer auszuübende Tätigkeit ist. Das ist der Fall, wenn die zugesagte Art der Tätigkeit nach der Verkehrssitte nicht von einem Angehörigen des anderen Geschlechts erbracht werden kann (Tänzer, Tänzerin, Mannequin, Schauspieler; vgl. *BAG* 14.3.1989 EzA § 611a BGB Nr. 4). Allein ein **sachlicher Grund rechtfertigt keine geschlechtsbezogene Differenzierung** (*BAG* 12.11.1998 EzA § 611a BGB Nr. 14; vgl. dazu *Walker* SAE 2000, 64 ff.). 205

Das *LAG Bln.* (14.1.1998 NZA 1998, 312) hat eine unterschiedliche Behandlung von Stellenbewerbern, aber auch eine geschlechtsspezifische Ausschreibung einer Stelle durch eine politische Partei für eine Frauenreferentin für zulässig gehalten, weil Männern regelmäßig die Fähigkeit zur Zusammenarbeit mit Frauen aus feministischen Zusammenhängen fehlen soll, weil es Fraueninitiativen und -gruppierungen gibt, die eine **Zusammenarbeit mit einem Mann ablehnen**. Verbindungen zu solchen Gruppen aufzubauen, erfordert danach zwangsläufig, die Stelle mit einer Frau zu besetzen. Das *BAG* (12.11.1998 EzA § 611a BGB Nr. 14) hat dies demgegenüber für eine **Gleichstellungsbeauftragte ausdrücklich verneint**. 206

Nicht verboten ist eine Differenzierung, die sich zu Lasten von Frauen und Männern auswirkt, sofern sie nicht wegen des Geschlechts, sondern aus anderen Gründen erfolgt. Liegt z. B. ein Beschäftigungsverbot auf Grund von Arbeitnehmerschutzbestimmungen vor, so geht das *BAG* (14.3.1989 EzA § 611a BGB Nr. 4) davon aus, dass ein sachlicher Unterscheidungsgrund i. S. d. § 611a Abs. 1 S. 2 BGB vorliegt. 207

Fraglich ist, inwieweit Frauen z. B. durch Auswahlrichtlinien (§ 95 BetrVG) generell oder jedenfalls bei gleicher Qualifikation so lange bevorzugt werden dürfen, bis sie im Unternehmen gleich repräsentiert sind (vgl. *Pfarr* NZA 1995, 809). 208

Das *BAG* (22.6.1993 EzA Art. 3 GG Nr. 40) ist davon ausgegangen, dass eine den öffentlichen Dienst betreffende gesetzliche Quotenregelung mit nationalem Recht vereinbar ist, nach der Frauen gegenüber Männern bei gleicher Qualifikation bevorzugt bei der Übertragung einer höherwertigen Tätigkeit zu berücksichtigen sind. 209

(derzeit unbesetzt) 210

Der *EuGH* (17.10.1995 EzA Art. 3 GG Nr. 47; s. *BAG* 5.3.1996 EzA Art. 3 GG Nr. 52) ist allerdings davon ausgegangen, dass Art. 2 Abs. 1, 4 RL 76/207/EWG **einer nationalen Regelung entgegensteht, nach der bei gleicher Qualifikation von Bewerbern unterschiedlichen Geschlechts um eine Beförderung in Bereichen, in denen die Frauen unterrepräsentiert sind, den weiblichen Bewerbern automatisch der Vorrang eingeräumt wird**, wobei eine Unterrepräsentation dann vorliegen soll, wenn in den einzelnen Vergütungsgruppen der jeweiligen Personalgruppe nicht mindestens zur Hälfte Frauen vertreten sind, und dies auch für die nach dem Geschäftsverteilungsplan vorgesehenen Funktionsebenen gelten soll. Gleiches gilt für eine Regelung, nach der ein Bewerber eines unterrepräsentierten Geschlechts um eine **Stelle im Staatsdienst**, der eine hinreichende Qualifikation für diese Stelle besitzt, vor einem Bewerber des anderen Geschlechts, der sonst ausgewählt worden wäre, auszuwählen ist, sofern dies erforderlich ist, damit **ein Bewerber des unterrepräsentierten Geschlechts** ausgewählt wird, und sofern der **Unterschied zwischen den Qualifikationen** der Bewerber **nicht so groß** ist, dass sich daraus ein Verstoß gegen das Erfordernis der Sachgerechtigkeit bei der Einstellung ergeben würde. Daran ändert sich nichts, wenn die Regelung nur für die Besetzung einer von vornherein festgelegten begrenzten Stellenzahl oder von Stellen gilt, die im Rahmen eines von einer konkreten Hochschule besonders beschlossenen Programms über die Zulassung positiver Dis- 211 kriminierung geschaffen worden sind (*EuGH* 6.7.2000 EzA EG-Vertrag 1999 Richtlinie 76/207 Nr. 2).

212 (derzeit unbesetzt)

213 Das *LAG Bln.* (8.8.1996 NZA-RR 1997, 115) hält eine Regelung, die eine **Entscheidung »unter Wahrung der Einzelfallgerechtigkeit«** fordert, für sowohl mit dem Europa-Recht als auch mit dem GG für vereinbar (ebenso *BAG* 2.12.1997 EzA Art. 3 GG Nr. 78). Diese Regelung begründet aber **keinen** über Art. 33 Abs. 2 GG hinausgehenden **Anspruch** der nicht berücksichtigten Bewerberin auf Übertragung des Beförderungsamtes, wenn die Besetzungsentscheidung nicht nur zwischen ihr und dem vom Arbeitgeber ausgewählten Bewerber getroffen worden ist, sondern **auch andere Bewerber/Bewerberinnen als besser qualifiziert beurteilt worden sind.** In diesen Fällen kommt nur ein Anspruch auf Neubescheidung in Betracht. Dieser Anspruch wird gegenstandslos, wenn die Stelle zwischenzeitlich besetzt ist (*BAG* 2.12.1997 EzA Art. 3 GG Nr. 78; s. a. *VG Frankf./M.* 10.1.2008 – 9 G 3464/07, ZTR 2008, 222 LS; zur arbeitsrechtlichen Konkurrentenklage vgl. Kap. 1 Rdn. 403).

214 Nicht zu beanstanden ist auch eine Quotenregelung hinsichtlich der bevorzugten Beförderung von Frauen, wenn sie eine **Öffnungsklausel** für Fälle enthält, in denen in der **Person eines männlichen Mitbewerbers Gründe** vorliegen, die **überwiegen** (s. *EuGH* 28.3.2000 EzA Art. 3 GG Nr. 81, insbes. auch zu Vorgaben eines Frauenförderplans). Gleiches gilt für eine auf einer **nationalen Verwaltungspraxis** beruhenden Regelung, nach der ein Bewerber des unterrepräsentierten Geschlechts einem Bewerber des anderen Geschlechts vorgezogen werden kann, wenn die **Verdienste der Bewerber als gleichwertig** oder fast gleichwertig anzusehen sind, sofern die Bewerbungen Gegenstand einer **objektiven Beurteilung** sind, bei der die besondere **persönliche Lage aller Bewerber** berücksichtigt wird (*EuGH* 6.7.2000 EzA EG-Vertrag 1999 Richtlinie 76/207 Nr. 2).

215 Voraussetzung ist allerdings, dass diese Regelung männlichen Mitbewerbern, die die gleiche Qualifikation wie die weiblichen Bewerber besitzen, in jedem Einzelfall garantiert, dass die Bewerbungen Gegenstand einer objektiven Beurteilung sind, bei der alle die Person des Bewerbers betreffenden Kriterien berücksichtigt werden und der den weiblichen Bewerbern eingeräumte Vorzug entfällt, wenn eines oder mehrere dieser Kriterien zugunsten des männlichen Bewerbers überwiegen und solche Kriterien gegenüber den weiblichen Bewerbern keine diskriminierende Wirkung haben (*EuGH* 11.11.1997 EzA Art. 3 GG Nr. 69; vgl. auch *OVG Münster* 27.3.1998 NZA-RR 1998, 575).

216 Das *BAG* (21.1.2003 EzA Art. 33 GG Nr. 26) hat insoweit für das Bundesland Rheinland-Pfalz folgende Grundsätze aufgestellt:
 – Liegen gleichqualifizierte Bewerbungen zu einem öffentlichen Amt vor, verbleibt dem Arbeitgeber ein Auswahlermessen. Dieses Ermessen wird in Rheinland-Pfalz durch das in den §§ 7, 9 LGG geregelte Vorrangprinzip eingeschränkt. Danach haben weibliche Bewerberinnen um ein öffentliches Amt, soweit und solange Frauen in der entsprechenden Vergütungsgruppe unterrepräsentiert sind, das Recht auf bevorzugte Berücksichtigung.

217 – Diese Regelung ist eine Maßnahme zur Förderung der Durchsetzung der tatsächlichen Gleichberechtigung der Geschlechter (Art. 3 Abs. 2 S. 2 GG). Sie verstößt nicht gegen Art. 3 Abs. 3 GG, weil die Härtefallregelung des § 9 LGG die Anwendung des Frauenvorrangs ausschließt, sofern die Gründe in der Person des männlichen Bewerbers so schwerwiegend sind, dass sie gegenüber dem Gebot der Gleichstellung der Frauen überwiegen.

218 – § 7 Abs. 1 LGG verstößt nicht gegen Art. 2 Abs. 1 i. V. m. Art. 3 RL 76/207/EWG. Danach ist zwar eine Diskriminierung auf Grund des Geschlechts bei den Bedingungen des Zugangs zur Beschäftigung einschließlich der Auswahlkriterien verboten. Art. 2 Abs. 4 RL lässt jedoch Maßnahmen der Frauenförderung zu, die den Frauen keinen absoluten und unbedingten Vorrang einräumen. Die Vorrangsregelung in §§ 7, 9 LGG ist als zulässige Maßnahme der Frauenförderung anzusehen.

219 – Ob und in welchem Umfang ein höheres allgemeines Dienstalter eines Mannes der europa- und verfassungsrechtlich legitimierten Förderung von Frauen entgegensteht, ist an dem Ziel zu mes-

sen, in unterrepräsentierten Bereichen die tatsächliche Gleichberechtigung von Frauen durchzusetzen. Die Praxis eines öffentlichen Arbeitgebers, zu Gunsten der männlichen Bewerber erst ein mindestens 60 Monate längeres Dienstalter als entscheidendes Hilfskriterium heranzuziehen, ist nicht zu beanstanden. Sie gleicht den typischen Nachteil von Frauen aus, die wegen der Kindererziehungszeiten verspätet in das Berufsleben eintreten oder ihre Berufstätigkeit unterbrechen.

Fraglich ist in diesem Zusammenhang auch, inwieweit z. B. eine Gemeindeordnung (wie etwa § 5 GONW 1994) den Gemeinden zwingend vorgeben darf, dass sie zu kommunalen **Gleichstellungsbeauftragten** ausschließlich nur Frauen bestellen dürfen. Das *LAG Hamm* (10.4.1997 NZA-RR 1997, 315) hält diese Regelung für sowohl europarechtlich als auch mit nationalem Recht vereinbar, weil sachlich gerechtfertigt. Daher kann ein Mann in NRW, dessen Bewerbung wegen seines Geschlechts abgelehnt worden ist, keine Entschädigung gem. § 611a BGB verlangen. Das *BAG* (12.11.1998 EzA § 611a BGB Nr. 14; vgl. dazu *Walker* SAE 2000, 64 ff.) hat diese Regelung demgegenüber dahin ausgelegt, dass sie **keineswegs das weibliche Geschlecht als unverzichtbare Voraussetzung** der Bestellung zum Gleichstellungsbeauftragten verlangt. 220

Demgegenüber ist bei einem **reinen Frauenverband** das Geschlecht unverzichtbare Voraussetzung für die Tätigkeit der Geschäftsführerin. In einem derartigen Fall stellt folglich eine geschlechtsspezifische Stellenausschreibung keine Diskriminierung dar (*ArbG München* 14.2.2001 NZA-RR 2001, 365). 221

Auch kann ein **Finanzdienstleistungsunternehmen** für sich ein frauenspezifisches Betätigungsfeld und eine darauf gerichtete Organisation in Anspruch nehmen, die es erfordert, dass die Beratungstätigkeit ausschließlich von weiblichen Kundenbetreuerinnen wahrgenommen wird. Das Geschlecht ist dann unverzichtbare Voraussetzung für die Tätigkeit einer Kundenbetreuerin, so dass eine geschlechtsspezifische Stellenausschreibung keine Diskriminierung darstellt. Bei einer Stellenbesetzung ist daher die Eigenschaft, Frau zu sein, unverzichtbare Voraussetzung für eine dortige Tätigkeit, so dass sich ein übergangener männlicher Bewerber auf einen Entschädigungsanspruch auf Grund geschlechtsspezifischer Diskriminierung nicht berufen kann (*ArbG Bonn* 8.3.2001 NZA-RR 2002, 100). 222

### 3. Rechtsfolgen; Rechtsmissbrauch

In Betracht kommt ein Entschädigungs- und Schadensersatzanspruch (§ 15 AGG; s. Kap. 3 Rdn. 4959 ff.). 223

Im Einzelfall kann die Geltendmachung eines Entschädigungsanspruches rechtsmissbräuchlich sein. Das ist z. B. dann der Fall, wenn der Bewerber an der Begründung des Arbeitsverhältnisses **überhaupt kein Interesse** hat, sondern es ihm allein auf die Zahlung einer Abfindung ankommt. Das lässt sich auch damit begründen, dass im Stellenbewerbungsverfahren **nur derjenige Bewerber benachteiligt werden kann, der sich subjektiv ernsthaft beworben hat und objektiv für die zu besetzende Stelle in Betracht kommt**. Ist die Bewerbung dagegen nicht als ernsthaft zu werten, scheidet ein Schadensersatzanspruch aus (*LAG Bln.* 14.7.2004 NZA-RR 2005, 124). Der Arbeitgeber ist allerdings insoweit für das Vorliegen konkreter Tatsachen, die den Einwand des Rechtsmissbrauchs belegen, darlegungs- und beweispflichtig (*LAG Hamm* 22.11.1996 NZA-RR 1997, 203; vgl. auch *BAG* 12.11.1998 EzA § 611a BGB Nr. 14); Gleiches gilt für Zweifel an der Ernsthaftigkeit der Bewerbung. 224

## IX. Tarifliche Einstellungsregelungen

### 1. Beschäftigungsregelungen

In Betracht kommen z. B. tarifliche Beschäftigungsregelungen (Einstellungsverbote als Betriebsnormen i. S. d. § 1 Abs. BetrVG), die nicht dem Schutz des einzustellenden Arbeitnehmers, sondern dem Interesse der vorhandenen Belegschaft oder einzelner Belegschaftsteile dienen. 225

226 So kann z. B. (vgl. *BAG* 26.4.1990 EzA § 4 TVG Nachwirkung Nr. 12) im Interesse der Fachkräfte (Schutz vor Entlassungen und Arbeitslosigkeit) in der tariflichen Regelung vorgesehen sein, dass bestimmte Arbeitsplätze nur mit Fachkräften besetzt werden dürfen, solange solche in ausreichender Zahl zur Verfügung stehen.

227 Verstöße dagegen führen zwar nicht zur Unwirksamkeit abgeschlossener Arbeitsverträge; der Betriebsrat kann aber gem. § 99 Abs. 2 Nr. 1 BetrVG die Zustimmung zur Einstellung verweigern.

## 2. Einstellungsgebote; Übernahme von Auszubildenden

228 Einstellungsgebote kommen als betriebliche Normen z. B. in Betracht, um bestimmte Arbeitsplätze bevorzugt mit bestimmten Arbeitnehmergruppen (z. B. schwerbehinderten Menschen) zu besetzen, ohne dem Einstellungsbewerber einen individualrechtlichen Anspruch einzuräumen.

229 Weitergehend sieht z. B. Nr. 3 der Tarifvereinbarung zur Beschäftigungssicherung in der rheinland-pfälzischen Metall- und Elektroindustrie vom 11.3.1994 vor, dass Auszubildende »im Grundsatz nach **erfolgreich bestandener Abschlussprüfung** für **mindestens sechs Monate** in ein Arbeitsverhältnis übernommen (werden), soweit dem nicht personenbedingte Gründe entgegenstehen« (s. *Schulze* NZA 2007, 1329 ff.).

230 Der Begriff der »personenbedingten Gründe« ist dabei nicht i. S. v. § 1 Abs. 2 S. 1 KSchG zu verstehen, sondern hat sich an den **Zwecken des Tarifvertrages** zu orientieren (*BAG* 17.6.1998 NZA 1998, 1178); erfasst sind ausschließlich solche Umstände, die **erforderlich** sind, um **einen zweckentsprechenden Vollzug des Anschlussarbeitsverhältnisses zu gewährleisten**. Bei der Ausfüllung dieses Merkmals steht dem Arbeitgeber ein Beurteilungsspielraum zu (*LAG Köln* 6.7.2005 – 3 Sa 294/05, ZTR 2006, 143 LS).

231 Diese Regelung sieht nicht die (automatische) Begründung eines Arbeitsverhältnisses ohne entsprechenden Vertrag vor. Der Arbeitgeber ist vielmehr lediglich verpflichtet, dem Auszubildenden nach erfolgreich bestandener Abschlussprüfung die Übernahme in ein Arbeitsverhältnis **anzubieten**, sofern kein tariflicher Ausnahmetatbestand gegeben ist (*BAG* 14.5.1997 AP Nr. 2 zu § 611 BGB Übernahme ins Arbeitsverhältnis). Die Nichterfüllung der Pflicht des Arbeitgebers kann ihn zum **Schadensersatz** verpflichten (§§ 280, 249, 251 BGB; *BAG* 14.10.1997 EzA § 611 BGB Einstellungsanspruch Nr. 10, 11; *LAG RhPf* 21.6.2004 ZTR 2005, 273 LS). Der Arbeitgeber kann seiner Verpflichtung **auch** durch Abschluss eines **befristeten Vertrages ohne Sachgrund** nach § 14 Abs. 2 S. 1 TzBfG nachkommen, da die Möglichkeit der Befristung mit einem vorhandenen Sachgrund die sachgrundlose Befristung nicht ausschließt (*LAG BW* 19.10.2008 LAGE § 14 TzBfG Nr. 44).

232 Die nahezu wortgleiche Regelung für die Metallindustrie Nordwürttemberg/Nordbaden vom 10.3.1994 verpflichtet den Arbeitgeber im Übrigen lediglich dazu, die Übernahme in ein sich **unmittelbar** an die Berufsausbildung **anschließendes** Arbeitsverhältnis für die Dauer von sechs Monaten anzubieten. Die Übernahme in ein erst später beginnendes Arbeitsverhältnis kann auch nicht im Wege des Schadensersatzes (Naturalrestitution) verlangt werden (*BAG* 14.10.1997 EzA § 611 BGB Einstellungsanspruch Nr. 11).

233 Als Hinderungsgrund kommen auch **akute Beschäftigungsprobleme** in Betracht (§ 8 Abs. TV Beschäftigungsbrücke Metall- und Elektroindustrie NRW; § 2 TV Beschäftigungssicherung Metall- und Elektroindustrie sieht den Anspruchsausschluss u. a. aus »betrieblichen Gründen« vor, vgl. *LAG RhPf* 21.6.2004 ZTR 2005, 273 LS); sie sind dann gegeben, wenn zum Zeitpunkt der Beendigung der Berufsausbildung Entlassungen erforderlich sind oder zumindest drohen (*LAG Hamm* 21.2.2003 LAGE § 4 TVG Beschäftigungssicherung Nr. 9).

234 Es kann auch vorgesehen sein, dass der Arbeitgeber mit **Zustimmung des Betriebsrats** von dieser Verpflichtung befreit wird, wenn das Angebot eines Arbeitsverhältnisses wegen »akuter Beschäftigungsprobleme im Betrieb« nicht möglich ist, oder der Betrieb über seinen Bedarf hinaus Ausbildungsverträge abgeschlossen hat (so z. B. § 3 TV Beschäftigungssicherung der Metall verarbeitenden Industrie NRW v. 15.3.1994). Verweigert der Betriebsrat in einem solchen Fall die Zustimmung,

A. Die Freiheit der Entscheidung über die Begründung von Arbeitsverhältnissen **Kapitel 2**

so muss der Arbeitgeber die dafür maßgebenden Gründe mit dem Betriebsrat erörtern und **versuchen, eine Einigung zu erzielen**. Der darlegungs- und beweispflichtige Arbeitgeber hat dann über seinen Bedarf hinaus Ausbildungsverträge abgeschlossen, wenn eine im Zeitpunkt der Begründung des Berufsausbildungsverhältnisses erstellte Prognose des Arbeitgebers ergeben hat, im Zeitpunkt des erfolgreichen Abschlusses der Berufsausbildung werde im Ausbildungsbetrieb **kein Bedarf** für eine Übernahme des Auszubildenden bestehen (*BAG* 12.11.1997 NZA 1998, 1013).

Ist die an sich bei einem Widerspruch des Betriebsrats vorgesehene tarifliche Schlichtungsstelle 235 bei Beendigung des Ausbildungsverhältnisses **noch nicht errichtet**, so scheidet ein Schadensersatzanspruch des Arbeitnehmers mangels eines Verschuldens des Arbeitgebers jedenfalls dann aus, wenn der Arbeitgeber diese unverzüglich nach ihrer Errichtung anruft, diese aber – gleich aus welchen Gründen – eine inhaltliche Befassung mit der Angelegenheit ablehnt (*LAG RhPf* 21.6.2004 ZTR 2005, 273 LS). Das *BAG* (29.9.2005 EzA § 611 BGB 2002 Einstellungsanspruch Nr. 1) hat diese Entscheidung – unzutreffend – aufgehoben, weil die Verpflichtung des Arbeitgebers **erst mit einer Entscheidung der** – nicht vorhandenen – **Schlichtungsstelle erlösche**. Damit wird eine gesetzlich oder tariflich gar nicht vorgesehene Garantiehaftung des Arbeitgebers in derartigen Fällen postuliert.

Ist nach Maßgabe einer derartigen Tarifnorm ein auf 12 Monate befristeter Arbeitsvertrag abgeschlossen worden, so ist er trotz einer ausdrücklichen entgegenstehenden Vereinbarung im Arbeitsvertrag **ordentlich nicht vor Fristablauf kündbar; dies soll sich aus dem Sinn und Zweck der Tarifnorm ergeben** (*BAG* 6.7.2006 EzA § 4 TVG Metallindustrie Nr. 133). Dieser Kündigungsausschluss überfordert den Arbeitgeber danach nicht, weil der Tarifvertrag (TV »Beschäftigungsbrücke« Metall- und Elektroindustrie NRW v. 18.3.2000) ausreichende Einschränkungen des Übernahmeanspruchs vorsieht und dem Arbeitgeber die Möglichkeit der außerordentlichen Kündigung verbleibt (*BAG* 6.7.2006 EzA § 4 TVG Metallindustrie Nr. 133). 236

Ein Beschäftigungsanspruch aufgrund einer tarifvertraglichen Übernahmeverpflichtung eines Aus- 237 zubildenden nach Abschluss der Ausbildung kann vor einer erstinstanzlichen Entscheidung im Hauptverfahren mit einer einstweiligen Verfügung durchgesetzt werden; nach *LAG Köln* (23.11.2009 LAGE § 4 TVG Beschäftigungssicherung Nr. 13) allerdings nur dann, wenn der Vertragseingehungsanspruch des ehemaligen Auszubildenden offensichtlich begründet ist. Im konkret entschiedenen Einzelfall hat das *LAG Köln* (23.11.2009 LAGE § 4 TVG Beschäftigungssicherung Nr. 13) dies im Hinblick auf eine Fehlzeitenquote von über 25 % während des Ausbildungsverhältnisses und das Nichtbestehen eines Übernahmeanspruchs nach Maßgabe der tariflichen Regelung dann, wenn personenbedingte Gründe entgegenstehen, verneint.

### 3. Wiedereinstellungsklauseln

Wiedereinstellungsklauseln nach das Arbeitsverhältnis beendender lösender Aussperrung haben 238 keine nennenswerte praktische Bedeutung mehr, seit dem das *BAG* (GS 21.4.1971 AP Nr. 43 zu Art. 9 GG Arbeitskampf) davon ausgeht, dass die Aussperrung i. d. R. nur noch suspendierend wirkt.

Wiedereinstellungsklauseln können aber auch mit normativer Wirkung Arbeitnehmern mit einer 239 bestimmten Betriebszugehörigkeit, die im Anschluss an den Erziehungsurlaub (jetzt die Elternzeit) zur Betreuung eines Kindes aus dem Betrieb ausscheiden, einen Anspruch auf Wiedereinstellung im selben Betrieb auf einem vergleichbaren Arbeitsplatz einräumen.

Voraussetzung ist, dass ein geeigneter Arbeitsplatz zum Zeitpunkt der Wiedereinstellung vorhanden 240 ist oder auf absehbare Zeit zur Verfügung steht.

Gem. § 59 Abs. 5 BAT soll der Angestellte, dessen Arbeitsverhältnis auf Grund der Zuerkennung 241 einer Rente wegen verminderter Erwerbsfähigkeit automatisch beendet worden ist (vgl. § 59 Abs. 1 ff. BAT) dann, wenn er bei Beendigung des Arbeitsverhältnisses nach § 59 Abs. 1, 2 BAT bereits ordentlich unkündbar war, auf seinen Antrag hin bei seiner früheren Dienststelle wieder eingestellt werden, wenn dort ein für ihn geeigneter Arbeitsplatz frei ist.

242 Beantragt ein früherer Angestellter des öffentlichen Dienstes seine Wiedereinstellung nach § 59 Abs. 5 BAT, kann er sich zum Nachweis einer wiederhergestellten Berufsfähigkeit auf eine hierzu ergangene Feststellung des Rentenversicherungsträgers berufen. § 59 Abs. 5 BAT gestattet es dem Arbeitgeber allerdings, im Einzelfall von einer Wiedereinstellung abzusehen, wenn hierfür **gewichtige Gründe** sprechen (z. B. die personelle Ausstattung der Finanzverwaltung mit ausgebildeten Nachwuchskräften) und die soziale Situation des früheren Arbeitnehmers eine Wiedereinstellung nicht verlangt. Letzteres ist z. B. dann der Fall, wenn der Arbeitnehmer zur Sicherung eines angemessenen Lebensunterhalts nicht auf die Erzielung von Erwerbseinkommen angewiesen ist, weil er durch seine Altersrente und die vom Arbeitgeber finanzierte Zusatzversorgung ca. 2342,54 € (= 4581,61 DM) netto und damit etwa 90 % seiner früheren Nettobezüge erreicht (*BAG* 24.1.1996 EzA § 59 BAT Nr. 4).

243 Der als **Sollvorschrift** ausgestattete § 62 Abs. 5 MTL II in der bis 31.12.1984 geltenden Fassung ist aus Gründen eines **wirksamen arbeitsrechtlichen Bestandsschutzes** dahin auszulegen, dass dem wegen Gewährung einer Zeitrente ausgeschiedenen Arbeitnehmer im Falle der Wiederherstellung seiner Berufsfähigkeit ein **unbedingter Anspruch auf Wiedereinstellung** auf einem für ihn geeigneten Arbeitsplatz **zusteht.** Dem Arbeitgeber kann die Berufung auf das Fehlen eines freien Arbeitsplatzes aus dem in § 162 Abs. 1, 2 BGB normierten allgemeinen Rechtsgedanken verwehrt sein, wenn er diesen Zustand selbst treuwidrig herbeigeführt hat. Dies kann der Fall sein, wenn er einen freien geeigneten Arbeitsplatz **in Kenntnis des Wiedereinstellungsverlangens anderweitig besetzt** hat. In diesem Fall kommt außerdem ein auf Wiedereinstellung gerichteter **Schadensersatzanspruch** in Betracht (*BAG* 23.2.2000 EzA § 4 TVG Wiedereinstellungsanspruch Nr. 1).

244 Sieht ein Tarifvertrag die Möglichkeit vor, dass Arbeitnehmer, die den gesetzlichen **Erziehungsurlaub** (jetzt die Elternzeit) in Anspruch nehmen, bis zu sechs Monaten nach Beendigung des Erziehungsurlaubs (jetzt der Elternzeit) in den Betrieb zurückkehren können, und bestimmt der Tarifvertrag zugleich, dass die beabsichtigte Rückkehr mindestens sechs Monate **vorher schriftlich mitzuteilen** ist, führt die verspätete Mitteilung nicht dazu, dass das Arbeitsverhältnis mit Ablauf Ruhenszeitraums endet (*LAG Hamm* 18.3.1998 NZA-RR 1998, 548).

### X. Betriebsverfassungsrechtliche Wiedereinstellungsklauseln

245 Auch in einer Betriebsvereinbarung kann eine Wiedereinstellungsklausel vorgesehen sein.

246 So stellt z. B. die in einem **Sozialplan** enthaltene, an keine weiteren tatbestandlichen Voraussetzungen gebundene Regelung »Alle betroffenen Mitarbeiter erhalten die Zusage der **bevorzugten Wiedereinstellung**« eine Inhaltsnorm dar, die zugunsten der entlassenen Arbeitnehmer einen unverzichtbaren Rechtsanspruch begründet, bei der künftigen Besetzung von Arbeitsplätzen vor externen Bewerbern berücksichtigt zu werden. Die erteilte Zusage ist nach Auffassung des *LAG Hamm* (28.11.1996 NZA-RR 1997, 175) jedoch auf solche Arbeitsplätze zu beschränken, die mit der früheren Beschäftigung vergleichbar sind, sodass Arbeitsplätze einer geringeren tariflichen Wertigkeit unberücksichtigt bleiben. Auch der Arbeitgeber, der eine Betriebsvereinbarung anlässlich eines Teilbetriebsübergangs mit der Regelung »Den zum 1.1.1991 überwechselnden Mitarbeitern wird, sofern eine Weiterbeschäftigung innerhalb der X GmbH aus betrieblichen Gründen nicht mehr möglich ist, eine **Rückkehrmöglichkeit zugesagt, soweit freie und adäquate Arbeitsplätze in der A. vorhanden sind**« mit dem Betriebsrat abschließt, ist unter den darin genannten Bedingungen – ggf. auch noch nach 13 Jahren – an diese gebunden (instr. *LAG RhPf* 15.11.2004 AuR 2005, 272 m. zust. Anm. Heither AuR 2005, 272 ff.). Das *BAG* (19.10.2005 EzA § 77 BetrVG 2001 Nr. 13) hat demgegenüber die Klage abgewiesen. Es hat die zugrunde liegende Betriebsvereinbarung dahin ausgelegt, dass der Wiedereinstellungsanspruch **nur bis zu einem Herauslösen der Gesellschaft aus dem Konzernverbund bestand**, wenn auch die anderen Ausgleichsregelungen in der Betriebsvereinbarung entweder befristet oder von einer Konzernzugehörigkeit der Konzerntochter abhängig sind. Das *LAG Bln.* (19.9.2003 LAGE § 620 BGB 2002 Nr. 1) hat angenommen, dass der Arbeitgeber dann, wenn er auf

Grund einer Betriebsvereinbarung zur Wiedereinstellung eines wirksam gekündigten Arbeitnehmers verpflichtet ist, das künftige Arbeitsverhältnis bereits vor dessen Begründung kündigen kann.

## XI. Gleichheitssatz (Art. 3 Abs. 1 GG)

Wenn der öffentliche Arbeitgeber bei der Dauereinstellung von Lehrkräften solche Bewerber bevorzugt, die bereits als Aushilfskräfte befristete Vertretungsdienste geleistet haben, so kann er von dieser Bevorzugung nur **unterhälftig tätig gewordene Aushilfskräfte** ausschließen, ohne gegen Diskriminierungsverbote zu verstoßen. Ein Anspruch der unterhälftig Beschäftigten auf Grund des Gleichheitssatzes (Art. 3 Abs. 1 GG), wie die übrigen Aushilfskräfte bevorzugt zu werden, besteht nicht (*LAG Köln* 31.7.1998 ZTR 1998, 562 LS). 247

## B. Pflichten bei der Vertragsanbahnung

### I. Stellenausschreibung (§ 611b BGB bis 17.8.2006; §§ 1 ff. AGG seit dem 18.8.2006)

Der Arbeitgeber darf einen Arbeitsplatz weder öffentlich (z. B. in Zeitungen) noch innerhalb des Betriebes nur für Männer oder nur für Frauen ausschreiben, es sei denn, dass ein rechtfertigender Grund dafür vorliegt (s. Rdn. 197 ff.). 248

Durch dieses Gebot der geschlechtsneutralen Stellenausschreibung sollen **geschlechtsbezogene Differenzierungen**, wenn sie nicht rechtlich geboten sind oder wenn die Zugehörigkeit zu einem bestimmten Geschlecht für die vorgesehene Tätigkeit keine notwendige Voraussetzung darstellt, **bereits im Vorfeld der Begründung von Arbeitsverhältnissen ausgeschlossen werden**. 249

Bei Verstößen dagegen besteht zwar kein Schadensersatzanspruch. Gleichwohl können sich aus einem Verstoß **Rückschlüsse auf die Einhaltung des Benachteiligungsgebots** bei der Begründung des Arbeitsverhältnisses ergeben. Insoweit kann die Vermutung einer Benachteiligung des Geschlechts begründet werden (BT-Drs. 8/4529 S. 9 zu § 611b BGB a. F.). 250

Stellenausschreibungen dürfen aber jedenfalls nicht gegen die Diskriminierungsverbote des **Art. 3 Abs. 3 GG** verstoßen; Besonderheiten gelten bei Tendenzunternehmen, weil insoweit der Arbeitgeber bei der Verwirklichung seiner Zielsetzung im besonderen Maße auf die Tätigkeit seiner Arbeitnehmer angewiesen ist. 251

Ein Verstoß gegen Art. 3 Abs. 3 GG begründet die Vermutung, dass die Ablehnung des Bewerbers, der zum diskriminierten Personenkreis gehört, aus diesem Grund erfolgt ist. Ein Einstellungsanspruch des Bewerbers besteht jedoch nicht. 252

### II. Begründung eines vorvertraglichen Schuldverhältnisses

#### 1. Grundlagen

Bereits vor Vertragsschluss entsteht durch die Vertragsanbahnung, also die Aufnahme der Vertragsverhandlungen, eine Sonderverbindung zwischen dem Bewerber und dem Arbeitgeber (culpa in contrahendo, § 311 Abs. 2, 3 BGB). 253

Es handelt sich um ein vorvertragliches Schuldverhältnis, das durch das Fehlen einer rechtsgeschäftlich übernommenen Leistungspflicht gekennzeichnet ist. **Ziel ist es, die vorhandenen Rechtsgüter des Vertragspartners über das Deliktsrecht hinaus zu schützen**. 254

Die Haftung gem. § 311 Abs. 2, 3 BGB ist auf Grund der Inanspruchnahme und Gewährung von Vertrauen gerechtfertigt, weil die Enttäuschung dieses Vertrauens durch eine entsprechende Einstandspflicht kompensiert werden muss (s. *BGH* 19.12.1977 NJW 1978, 1374). 255

#### 2. Pflichten aus c. i. c. (§ 311 Abs. 2, 3 BGB)

Bei Vertragsanbahnung darf jeder Verhandlungspartner (bei der Verwendung von Verhandlungsgehilfen gilt § 278 BGB analog, *BAG* 15.5.1974 EzA § 276 BGB Verschulden bei Vertragsschluss 256

Nr. 29) nach der Auffassung des redlichen Verkehrs die Offenbarung und Aufdeckung solcher Tatsachen erwarten, von denen die Gegenseite annehmen muss, dass sie für seine Entschließung von Bedeutung sind, von denen er sich selbst aber auf andere Weise keine Kenntnis verschaffen kann.

257 Insoweit bestehen neben Schutzpflichten für schon vorhandene Rechtsgüter Aufklärungs- und Mitteilungspflichten; **es bestehen nicht nur Leistungs-, sondern auch Verhaltenspflichten zur Rücksichtnahme auf die Rechte, Rechtsgüter und Interessen des anderen Teils.**

258 Die vertragliche Rücksichtnahmepflicht beinhaltet eine **Pflicht zur Aufklärung** dahingehend, dass die eine Vertragspartei die andere unaufgefordert über die Umstände informieren muss, die dieser unbekannt, aber für ihre Entscheidungen im Zusammenhang mit dem Zustandekommen oder der Durchführung des Arbeitsverhältnisses erheblich sind. Der Schuldner ist dann zur Aufklärung verpflichtet, wenn Gefahren für das **Leistungs- oder Integritätsinteresse** des Gläubigers bestehen, von denen dieser keine Kenntnis hat. Dementsprechend darf ein Arbeitgeber, der Vertragsverhandlungen eingeht, bestehende Umstände, gleich welcher Art, die die vollständige Durchführung des Rechtsverhältnisses in Frage stellen können, nicht verschweigen, soweit sie ihm bekannt sind oder bekannt sein müssen (*BAG* 14.7.2005 EzA § 242 BGB 2002 Nr. 1).

259 Der Arbeitgeber muss den Arbeitnehmer folglich insbes. über solche Umstände aufklären, die zu einer **vorzeitigen Beendigung des Arbeitsverhältnisses führen** können. Der anwerbende Arbeitgeber muss dem Bewerber Mitteilung über solche Umstände machen, die für seine Entscheidung maßgeblich sein können. Wenn der Arbeitgeber Anlass zu **Zweifeln** hat, ob er in nächster Zeit in der Lage sein wird, **Löhne und Gehälter auszuzahlen**, muss er vor Abschluss neuer Arbeitsverträge darauf hinweisen, soweit nicht seine Zahlungsschwierigkeiten als allgemein bekannt vorausgesetzt werden können. Eine Aufklärungspflicht besteht insbes. auch dann, wenn aus dem Bereich des Unternehmens heraus die Gefahr droht, die Arbeitsverhältnisse würden wegen absehbarer wirtschaftlicher Schwierigkeiten nicht durchgeführt werden können. Auch das Verschweigen einer nicht unerheblichen wirtschaftlichen Bedrängnis oder einer charakterlichen Unzuverlässigkeit eines leitenden Angestellten kann zu Schadensersatzansprüchen wegen Verletzung der Aufklärungspflicht führen (*LAG Hamm* 14.1.2005 AuR 2005, 236 LS).

260 Die Aufklärungspflicht über einen **möglichen Stellenabbau** tritt nicht erst dann ein, wenn diesbezügliche unternehmerische Entscheidungen bereits wirksam und endgültig getroffen sind. Allerdings kann eine Auskunftspflicht aus Treu und Glauben nur dann abgeleitet werden, wenn die **Planungen eine hinreichende Reife und Konkretheit aufweisen**, was voraussetzt, dass sich der Arbeitgeber im Grundsatz dazu entschlossen hat, bestimmte Stellen zu streichen. Der Stellenabbau muss hinreichend bestimmt und in Einzelheiten bereits absehbar sein, seine bloße Möglichkeit reicht nicht aus. Allein das Bestehen einer schlechten wirtschaftlichen Lage, die dem Arbeitnehmer zudem bekannt ist, in der aber noch keine konkrete Planung besteht, einen Arbeitsplatz zu streichen, begründet noch keine Auskunftspflicht (*BAG* 14.7.2005 EzA § 242 BGB 2002 Nr. 1).

261 Daraus folgt andererseits z. B. für den Arbeitnehmer die Pflicht, zulässigerweise gestellte Fragen (s. Rdn. 293 ff.) wahrheitsgemäß zu beantworten. Die Wahrheitspflicht ist insoweit Teil der Treuepflicht, die schon für die Zeit der auf Abschluss eines Arbeitsvertrages gerichteten Verhandlungen besteht (*BAG* 7.2.1964 AP Nr. 6 zu § 276 BGB Verschulden bei Vertragsschluss; s. *Preis/Bender* NZA 2005, 1321 ff.).

262 Entsteht dem Arbeitgeber durch die wahrheitswidrige Beantwortung einer derartigen Frage ein Schaden, so ist der Bewerber gem. § 311 Abs. 2, 3 BGB zum Schadensersatz verpflichtet (*BAG* 7.2.1964 AP Nr. 6 zu § 276 BGB Verschulden bei Vertragsschluss).

263 Ein Schadensersatzanspruch kann auch nach Abschluss des Arbeitsvertrages entstehen, wenn das Arbeitsverhältnis aus Gründen vorzeitig endet oder seinen Sinn verliert, die der Arbeitgeber dem Arbeitnehmer vor Abschluss des Vertrages unter Verletzung der Aufklärungspflicht schuldhaft verschwie-

gen hat (*BAG* 2.12.1976 EzA § 276 BGB Nr. 35; *LAG Hamm* 14.1.2005 AuR 2005, 236 LS; zur Haftung Dritter s. *BAG* 18.8.2011 EzA § 311 BGB 2002 Nr. 2).

Der Arbeitgeber ist gem. § 81 Abs. 1 S. 1 BetrVG – einer weiteren gesetzlichen Ausformung der cic – verpflichtet, den Arbeitnehmer vor Abschluss des Arbeitsvertrages über die **Art der Tätigkeit** und seine Stellung im Betrieb und, wo dies für das Arbeitsverhältnis von Bedeutung ist, über seine Aufgaben und Verantwortung **zu unterrichten**. 264

Macht ein Arbeitgeber in **Stellenanzeigen unzutreffende Angaben** über die Höhe eines zu erzielenden Mindestjahreseinkommens und weist er in einem Vorstellungsgespräch den Arbeitnehmer nicht darauf hin, dass das angegebene, nur durch Provisionen erreichbare Mindesteinkommen lediglich von wenigen Mitarbeitern tatsächlich erreicht wird, so verstößt er gegen die ihm gegenüber Stellenbewerbern obliegende Aufklärungspflicht. Diese wird nicht dadurch eingehalten, dass der Arbeitgeber während des Vorstellungsgesprächs dem zukünftigen Arbeitnehmer Unterlagen mit Berechnungsbeispielen, das Vergütungssystem und den Arbeitsvertragstext vorlegt, wenn sich aus diesen Unterlagen das in der Stellenanzeige genannte Mindesteinkommen nicht nachvollziehen lässt. Es genügt auch nicht der Hinweis, dass das Mindesteinkommen nur mit einem außerordentlichen Arbeits- und Zeiteinsatz erreicht werden könnte. Das Mindesteinkommen muss mit der geschuldeten durchschnittlichen Leistung des Arbeitnehmers erreicht werden können (*LAG Hessen* 13.1.1993 NZA 1994, 884). 265

In diesem Zusammenhang lässt sich auch die Auffassung vertreten, dass dann, wenn der Arbeitgeber während des Anbahnungsverhältnisses noch keine Gewissheit hat, dass er den Arbeitnehmer, der sich in einem bestandsgeschützten Arbeitsverhältnis befindet, auch tatsächlich beschäftigen kann, er den Arbeitnehmer über diesen Umstand **aufklären** muss. Unterlässt der Arbeitgeber einen Hinweis auf die Beschäftigungsproblematik und spricht er zu Beginn der Probezeit eine Kündigung aus, weil er keine tatsächliche Beschäftigungsmöglichkeit für den Arbeitnehmer gefunden hat, kann die Probezeitkündigung wegen treuwidrigen Verhaltens gem. § 242 BGB nichtig sein (*Hümmerich* NZA 2002, 1305 ff.). 266

Der Arbeitgeber haftet auch dann, wenn er gegenüber einem Bewerber in einer dem schriftlichen Arbeitsvertrag vorangestellten Präambel **unwahre Tatsachenangaben macht**, auf Grund derer sich der Bewerber zum Vertragsabschluss entschließt (*ArbG Wiesbaden* 12.6.2001 NZA-RR 2002, 349). 267

Der Abbruch von Vertragsverhandlungen begründet i. d. R. keine Schadensersatzpflichten, auch wenn bekannt ist, dass der Verhandlungspartner in der Erwartung des Vertragsschlusses erhebliche Aufwendungen gemacht hat (*BGH* 18.10.1974 NJW 1975, 43 ff.). 268

Etwas anderes gilt aber dann, wenn der andere Teil berechtigterweise auf das Zustandekommen des Vertrages vertraut und deshalb bereits wirtschaftliche Nachteile auf sich genommen hat, insbes. ein bestehendes Arbeitsverhältnis mit einem anderen Arbeitgeber gekündigt hat (*BAG* 15.5.1974 EzA § 276 BGB Verschulden bei Vertragsschluss Nr. 29). 269

Scheitert ein Vertragsschluss mit einer **öffentlich-rechtlichen Körperschaft** nur an den für sie bestehenden Vertretungsvorschriften, so haftet die Körperschaft für ein Verschulden ihrer Vertreter bei den Verhandlungen auch dann, wenn sie keine Abschlussvollmacht haben (*BAG* 15.5.1974 EzA § 276 BGB Verschulden bei Vertragsschluss Nr. 29). 270

### 3. Umfang des Schadensersatzanspruchs

Verlangt werden kann nur der Ersatz des Vertrauensschadens (negatives Interesse). Insbesondere bei einem Schadensersatzanspruch wegen Abbruchs der Vertragsverhandlungen kann der Arbeitnehmer also nicht verlangen, so gestellt zu werden, als wäre der Arbeitsvertrag zustande gekommen (*BAG* 7.6.1963 AP Nr. 4 zu § 276 BGB Verschulden bei Vertragsschluss). 271

Besteht der Schaden dagegen darin, dass der Arbeitnehmer den Arbeitsvertrag auf Grund einer Verletzung der Mitteilungspflicht des Arbeitgebers über das erzielbare Mindesteinkommen abgeschlos- 272 sen hat, so ist der Arbeitnehmer dann, wenn er am Vertrag festhält, so zu behandeln, **als wenn es ihm gelungen wäre, bei Kenntnis des wahren Sachverhalts den Vertrag zu für ihn günstigeren Bedingungen abzuschließen** (*LAG Hessen* 13.1.1993 NZA 1994, 884).

273 Demgegenüber kann ein Arbeitnehmer, der wegen **Ausfalls seiner Vergütung in vollem Umfang Insolvenzgeld** erhalten hat, für denselben Zeitraum mangels Schadens keinen Schadensersatz von dem gesetzlichen Vertreter des Arbeitgebers mit der Begründung verlangen, dieser habe ihm beim Abschluss des Arbeitsvertrages die bestehende »Insolvenzreife« des Arbeitgebers verschwiegen. Der Arbeitnehmer kann vom gesetzlichen Vertreter des Arbeitgebers die Leistung von Schadensersatz auch nicht an die Bundesagentur für Arbeit verlangen. Mangels inhaltlicher Kongruenz zwischen dem an die Stelle des Vergütungsanspruchs getretenen Insolvenzgeldes und dem Schadensersatzanspruch geht dieser nicht gem. § 115 Abs. 1 S. 1 SGB IX auf die Bundesagentur über (*BAG* 15.12.2005 EzA § 611 BGB 2002 Arbeitgeberhaftung Nr. 4).

### 4. Darlegungs- und Beweislast; Verjährung; Verhältnis zu anderen Ansprüchen

274 Die Darlegungs- und Beweislast für das Vorliegen der Anspruchsvoraussetzungen hat der **Arbeitnehmer**. Für die Verjährung gelten §§ 195, 199 BGB. Neben Ansprüchen aus § 311 Abs. 2, 3 BGB können auch Ansprüche gem. §§ 823 ff. BGB bestehen.

## III. Fragerecht des Arbeitgebers; Offenbarungspflichten des Arbeitnehmers

### 1. Grundlagen, die beabsichtigte gesetzliche Neuregelung

275 Mit §§ 32a ff. BDSG-RegE (s. a. RL 95/46/EG; *Düwell* FA 2010, 234; *Forst* NZA 2010, 1043 ff.) sollen erstmals zahlreiche Bestimmungen zum Beschäftigtendatenschutz in das BDSG aufgenommen werden. In diesem Zusammenhang soll auch geregelt werden, inwieweit sich der Arbeitgeber in Bewerbungsverfahren nach dem Gesundheitszustand des Arbeitnehmers oder dem Vorliegen einer Behinderung erkundigen darf. Viele für die Praxis wichtigen Fragen bleiben aber nach wie vor ungeklärt (s. *Bayreuther* NZA 2010, 679 ff.), so dass die im Anschluss an die Darstellung der beabsichtigten gesetzlichen Regelung aufgezeigten Grundsätze nach wie vor – vorbehaltlich der gesetzlichen Regelung – ihre Bedeutung behalten werden.

### *a) Eingeschränktes Fragerecht*

276 Gem. § 32 Abs. 2 BDSG-RegE darf der Arbeitgeber Daten eines Beschäftigten über die rassische oder ethnische Herkunft, eine Behinderung, die Gesundheit, die sexuelle Identität, die Vermögensverhältnisse, Vorstrafen oder laufende Ermittlungsverfahren **nur erheben**, wenn und soweit diese Daten wegen der Art der auszuübenden Tätigkeit oder der Bedingungen ihrer Ausübung **wesentliche und entscheidende berufliche Anforderungen oder Hindernisse darstellen.**

### *b) Behinderung*

277 Gem. § 32a Abs. 2 S. 1, 2 BDSG-RegE darf der Arbeitgeber Angaben über eine etwaige Behinderung nur **tätigkeitsbezogen** verlangen; dabei wird nicht darauf abgestellt, ob es sich um eine »einfache« oder um eine »schwere« Behinderung handelt. Darüber hinaus ist es dem Arbeitgeber verboten, sich danach zu erkundigen, ob eine festgestellte Schwerbehinderung oder eine Gleichstellung vorliegt (§ 32a Abs. 5 BDSG-RegE; s. *Forst* NZA 2010, 1043 ff.).

278 Der Gesetzeswortlaut-Entwurf ist allerdings missverständlich. Danach ist die Frage nach einer festgestellten Schwerbehinderung strikt verboten, also auch dann nicht zulässig, wenn das Nichtvorhandensein einer festgestellten Schwerbehinderung eine entscheidende Voraussetzung für die angestrebte Tätigkeit darstellt (krit. daher *Bayreuther* NZA 2010, 679 ff.; *Düwell* FA 2010, 236). Dieses absolute Frageverbot sollte sich vernünftigerweise nur auf die Tatsache der verwaltungsrechtlichen Feststellung der Schwerbehinderung beziehen, nicht aber darauf, ob überhaupt eine Schwerbehinderung vorliegt. Denn ansonsten darf ein Bewerber, der auf Grund einer Schwerbehinderung für

den fraglichen Arbeitsplatz definitiv nicht in Frage kommt, nicht nach dem Vorliegen der Behinderung befragt werden darf, nur weil diese behördlicherseits anerkannt wurde (*Bayreuther* NZA 2010, 679 ff.).

Unklar ist insoweit auch, ob der Arbeitgeber danach fragen darf, ob der Stellenbewerber an gesundheitlichen, seelischen oder ähnlichen Beeinträchtigungen leidet, durch die er zur Verrichtung der beabsichtigten vertraglichen Tätigkeit ungeeignet ist. Zudem ist **nicht geregelt, welche Rechtsfolgen eine unzulässige Frage auslöst** (s. *Forst* NZA 2010, 1043 ff.). 279

### c) Gesundheitszustand

Gem. § 32a Abs. 2 S. 1 BDSG-RegE sind Fragen nach dem Gesundheitszustand nur unter den gleichen Voraussetzungen zulässig wie die Frage nach einer Behinderung. So wird ein Gleichlauf zwischen der Frage nach dem Vorliegen einer Behinderung und der nach dem Bestehen von Erkrankungen erzielt; das ist sinnvoll, weil viele chronische Krankheiten als Behinderungen i. S. d. § 1 AGG anzusehen sind, so dass dahingehende Fragen des Arbeitgebers ohnehin an § 8 AGG zu messen sind (*Bayreuther* NZA 2010, 679 ff.). Offen bleibt insoweit, was unter der »Eignung« des Bewerbers für die angestrebte Tätigkeit zu verstehen ist und insbes., ob einem Bewerber die Eignung für die konkrete Tätigkeit bereits dann fehlt, wenn er die geschuldete Tätigkeit an sich erbringen könnte, aber zu erwarten steht, dass er häufig krankheitsbedingt ausfallen wird. Ist die Krankheit zugleich eine Behinderung – was natürlich der Fall sein kann – darf der Bewerber wegen ihr nur abgelehnt werden, wenn ihm auf Grund dieser Erkrankung eine **wesentliche und entscheidende Eigenschaft** für die angestrebte Tätigkeit **fehlt** (§ 8 AGG). Gem. § 32a Abs. 2 BDSG-RegE unterliegen zudem auch Erkundigungen des Arbeitgebers nach »einfachen« Erkrankungen den gleichen Anforderungen. Das spricht für einen **strengen Maßstab**; notwendig ist wohl, dass das Nichtvorhandensein der gesundheitlichen Beeinträchtigung eine »unverzichtbare Voraussetzung für die fragliche Stelle« darstellt. Ein Bewerber wäre also nicht alleine deshalb ungeeignet, weil er krankheitsbedingt häufig ausfallen wird, solange er die geschuldete Tätigkeit an sich noch erbringen kann (instr. *Bayreuther* NZA 2010, 679 ff.). 280

### d) Einstellungsuntersuchung

Die Zulässigkeit von Einstellungsuntersuchungen (und Eignungstests) folgt weitgehend den Regeln, die für Fragen des Arbeitgebers nach dem Gesundheitszustand eines Stellenbewerbers gelten: der Arbeitgeber darf sich durch eine Einstellungsuntersuchung **Kenntnis darüber verschaffen**, ob ein Bewerber für eine bestimmte Stelle **geeignet ist** und darüber hinaus, ob er an gesundheitlichen Beeinträchtigungen leidet, die auf Dauer oder in periodisch wiederkehrenden Abständen die Eignung für die vorgesehene Tätigkeit einschränken und zudem, ob in absehbarer Zeit mit einer Arbeitsunfähigkeit zu rechnen ist. Allerdings muss der Bewerber in die Untersuchung nach Aufklärung über ihre Art und Umfang sowie in die Weitergabe des Untersuchungsergebnisses an den Arbeitgeber einwilligen. 281

Das ist problematisch, weil zum Einen der die Einwilligung verweigernde Bewerber i. d. R. chancenlos ist und zum Anderen Einstellungsuntersuchungen viel weitergehender in das Persönlichkeitsrecht des Arbeitnehmers eingreifen als die einfache Frage nach bestehenden gesundheitlichen Beeinträchtigungen, denn es geht nicht nur um das informationelle Selbstbestimmungsrecht des Bewerbers, sondern vor allem auch um sein Recht auf Nichtwissen über seine gesundheitliche Disposition. Der untersuchende Arzt wird dem Bewerber häufig das Gesamtergebnis der Untersuchung mitteilen; gem. § 32a Abs. 3 S. 4 BDSG-RegE ist er dazu sogar verpflichtet (krit. *Bayreuther* NZA 2010, 679 ff.). Zwar darf der untersuchende Arzt mit Rücksicht auf seine Verschwiegenheitsverpflichtung nur ein Gesamturteil (»tauglich« bzw. »ungeeignet«) an den Arbeitgeber weitergeben und nicht den gesamten medizinischen Befund (§ 32a Abs. 3 S. 5 BDSG-RegE). Fraglich ist aber, ob sich in der Praxis daran auch tatsächlich gehalten wird, und ob der untersuchende Arzt nicht doch Erwägungen in die Beurteilung einfließen lässt, an denen sich die Bewerberauswahl rechtlich gesehen an sich nicht orientieren dürfte. Ist der Bewerber zwar grundsätzlich für die Tätigkeit geeignet, könnte er auf Grund einer festgestellten Erkrankung aber u. U. häufiger krankheitsbedingt ausfallen, erscheint 282 es nicht ausgeschlossen, dass er dies zum Anlass nimmt, um ein negatives Attest abzugeben (*Bayreuther* NZA 2010, 679 ff.; s. a. *Forst* NZA 2010, 1043 ff.).

283 Immerhin ist das Ziel von Einstellungsuntersuchungen darauf **beschränkt**, dass nur festgestellt werden darf, ob der Beschäftigte zum Zeitpunkt der Arbeitsaufnahme für die vorgesehene Tätigkeit **geeignet** ist (§ 32a Abs. 3 S. 1 BDSG-RegE). Dass darüber hinaus Einstellungsuntersuchungen zulässig bleiben, die auf Grund öffentlich-rechtlicher Vorgaben, im Interesse der Allgemeinheit oder zum Schutz von bedeutenden Rechtsgütern Dritter geboten sind, folgt aus § 32a Abs. 1 BDSG-RegE, jedenfalls aber aus § 32a Abs. 2 BDSG-RegE (*Bayreuther* NZA 2010, 679 ff.).

### e) Religion und Weltanschauung

284 Gem. § 32a Abs. 6 BDSG-RegE darf der Arbeitgeber Daten über die Religion oder Weltanschauung des Beschäftigten/Bewerbers nur dann erheben wenn die Tätigkeit bei einer Religionsgemeinschaft, einer ihr zugeordneten Einrichtung oder bei einer Vereinigung erfolgen soll, die sich die gemeinschaftliche Pflege einer Religion oder Weltanschauung zur Aufgabe gemacht hat und die erfragte Anforderung entweder im Hinblick auf das Selbstbestimmungsrecht der Einrichtung oder nach der Art der Tätigkeit eine berechtigte und damit gerechtfertigte berufliche Anforderung darstellt.

### f) Politische oder gewerkschaftliche Zugehörigkeit

285 Fragen nach politischer oder gewerkschaftlicher Zugehörigkeit (s. *Forst* ZTR 2011, 587 ff.) sind bei einem Arbeitgeber, dessen Tätigkeit unmittelbar und überwiegend politisch oder koalitionspolitisch ausgerichtet ist oder Zwecke der Berichterstattung oder Meinungsäußerung verfolgt, gem. § 32a Abs. 7 BDSG-RegE hinsichtlich von Daten über die politische Meinung, Gewerkschaftszugehörigkeit und Weltanschauung des Bewerbers zulässig. Voraussetzung ist, dass es sich **im Hinblick auf die Ausrichtung des Arbeitgebers und die Art der vorgesehenen Tätigkeit um eine gerechtfertigte berufliche Anforderung handelt** (s. *Düwell* FA 2010, 236).

286 Diese Norm dient dem Tendenzschutz von Parteien, Koalitionen und Medienunternehmen. § 32a Abs. 7 S. 2 BDSG-RegE entspricht § 8 Abs. 1 AGG, da hier nicht der Arbeitgeber selbst eine Religions- oder Weltanschauungsgemeinschaft ist, so dass § 9 AGG keine Anwendung findet (s. *Forst* NZA 2010, 1043 ff.).

### g) Internetrecherche

287 Gem. § 32 Abs. 6 S. 2–4 BDSG-RegE wird dem Arbeitgeber gestattet, allgemein zugängliche Daten (z. B. über eine Suchmaschine einsehbare Daten) ohne Mitwirkung des Bewerbers zu erheben, sofern nicht dessen Interesse überwiegt. Das entspricht zwar an sich dem bislang geltenden § 28 Abs. 1 S. 1 Nr. 3 BDSG-RegE. Neu ist aber, dass der **Arbeitgeber den Bewerber** nunmehr – z. B. in der Stellenausschreibung – auf diese Möglichkeit **hinweisen muss**. So kann der Bewerber seinen Online-Auftritt vor der Bewerbung bereinigen. Besonderheiten gelten für soziale Netzwerke. Insoweit differenziert die gesetzliche Regelung zwischen freizeitorientierten Netzwerken (z. B. Facebook, StudiVZ) und berufsorientierten Netzwerken (z. B. XING, Linked In). In ersteren überwiegt kraft unwiderleglicher Vermutung das Interesse des Bewerbers am Persönlichkeitsschutz, bei letzteren bleibt es bei der Interessenabwägung (§ 32 Abs. 6 S. 3 BDSG-RegE; s. *Forst* NZA 2010, 1043 ff.; *Göpfert/Wilke* NZA 2010, 1329 ff.).

288 Nur mit Einwilligung des Bewerbers darf der Arbeitgeber nach § 32 Abs. 6 S. 4 BDSG-RegE Daten bei sonstigen Dritten erheben. Diese Vorschrift bringt vor allem Veränderungen bzgl. der freizeitorientierten Netzwerke mit sich. Denn sie verbieten i. d. R. eine Recherche durch Arbeitgeber in ihren AGB. Dieses Verbot erhält damit nunmehr erstmals eine gesetzliche Grundlage. Das ist zu begrüßen, denn in dem gleichen Umfang, in dem die virtuelle Identität an Bedeutung gewinnt, muss auch die virtuelle Privatsphäre geschützt sein. Dieser Schutz darf nicht allein von den AGB der Netzwerkbetreiber abhängen (zutr. *Forst* NZA 2010, 1043 ff.).

### h) Datennutzung und -verarbeitung

Gem. § 32b BDSG-RegE darf der Arbeitgeber die Beschäftigtendaten, die er nach den §§ 32, 32a BDSG-RegE erhoben hat, verarbeiten und nutzen, soweit dies erforderlich ist, um die Eignung des Beschäftigten für die vorgesehenen Tätigkeiten festzustellen oder um über die Begründung des Beschäftigungsverhältnisses zu entscheiden.

Gem. § 32b Abs. 2 BDSG-RegE darf der Arbeitgeber Beschäftigtendaten verarbeiten und nutzen, die er nicht nach §§ 32, 32a BDSG-RegE erhoben hat, wenn dies den Zwecken des Abs. 1 dient und er die Daten nach §§ 32, 32a BDSG-RegE hätte erheben dürfen. So wird vermieden, dass Daten nur deshalb zweimal erhoben werden, weil sie unter Verstoß gegen Verfahrensvorschriften erhoben wurden.

Der Arbeitgeber darf auch solche Daten verwenden, die ihm der Bewerber freiwillig zur Verfügung stellt.

Gem. § 32b Abs. 3 BDSG-RegE sind die Daten zu löschen, sobald die Bewerbung abgelehnt wurde, wenn nicht der Bewerber einer Speicherung zustimmt. Bewerberdatenbanken können so weiterhin angelegt und gepflegt werden (s. *Forst* NZA 2010, 1043 ff.).

### 2. Auskunftspflicht

Nach der Rechtsprechung des *BAG* (7.6.1984 EzA § 123 BGB Nr. 24) ist der Arbeitnehmer grds. verpflichtet, auf zulässigerweise gestellte Fragen des Arbeitgebers wahrheitsgemäß zu antworten.

Die Beantwortung unzulässiger Fragen kann der Arbeitnehmer zwar ablehnen. Dies wird bei realistischer Einschätzung der Situation des Arbeitnehmers im Vorstellungsgespräch allerdings wohl nur ausnahmsweise einmal gleichwohl seine Einstellung zur Folge haben.

(derzeit unbesetzt)

### 3. Wahrheitswidrige Antwort auf unzulässige Fragen

Wesentlich ist deshalb, dass eine wahrheitswidrige Antwort auf eine unzulässige Frage für den Arbeitnehmer keinerlei negative rechtliche Konsequenzen hat (*BAG* 7.6.1984 EzA § 123 BGB Nr. 24; 12.5.2011 EzA § 123 BGB 2002 Nr. 10; a. A. *Meilicke* BB 1986, 1288).

Die unrichtige Antwort wird dem Arbeitnehmer nicht als arglistige Täuschung angelastet. Dem Arbeitgeber, der sich selbst rechtswidrig verhält, wird es verwehrt, zu Lasten des Arbeitnehmers **nachteilige Konsequenzen** aus der Unrichtigkeit der Antwort zu ziehen.

Nur die (vorsätzlich, nicht nur fahrlässig) bewusst falsche Antwort auf eine zulässige Frage kann den Arbeitgeber u. U. zur Anfechtung des Arbeitsvertrages gem. §§ 123, 142 BGB berechtigen, wenn diese Tatsachen für die Einstellung des Bewerbers kausal gewesen sind.

### 4. Normative Grundlage des Fragerechts und der Auskunftspflicht

Das Fragerecht des Arbeitgebers und die entsprechende Pflicht des Arbeitnehmers zur wahrheitsgemäßen Beantwortung folgt aus **§ 242 BGB**, der auch das vorvertragliche Anbahnungsverhältnis zwischen den Parteien beherrscht. Dabei bestehen insoweit gegensätzliche Interessen, als der künftige Arbeitgeber zur Verwirklichung seiner Freiheit zum Vertragsabschluss daran interessiert ist, von dem Bewerber alle für das konkret beabsichtigte Arbeitsverhältnis erforderlichen Tatsachen zu erfahren, um den Arbeitsplatz mit einem geeigneten Bewerber besetzten zu können.

Der Bewerber ist dagegen daran interessiert, möglichst wenig insbes. aus seinem privaten Bereich offenbaren zu müssen, auch um nicht Gefahr zu laufen, den Arbeitsplatz nicht zu erhalten (*BAG* 1.8.1985 EzA § 123 BGB Nr. 26; vgl. *Ehrich* DB 2000, 421 ff.).

## 5. Umfang des Fragerechts

301　Dem Arbeitgeber steht ein Fragerecht zu, wenn er im Zusammenhang mit dem zu begründenden Arbeitsverhältnis ein berechtigtes, billigenswertes und schutzwürdiges Interesse an der Beantwortung seiner Fragen hat. Das Interesse muss objektiv so stark sein, dass dahinter das Interesse des Arbeitnehmers am Schutz seines Persönlichkeitsrechts und an der Unverletzlichkeit der Intimsphäre zurücktreten muss (*BAG* 7.6.1984 EzA § 123 BGB Nr. 24). Die Pflicht zur wahrheitsgemäßen Antwort auf eine zulässige Frage schließt im Übrigen die Pflicht ein, »überhaupt« zu antworten (*BAG* 13.6.2002 EzA § 1 KSchG Verhaltensbedingte Kündigung Nr. 57).

302　Soweit sie für den in Aussicht genommen Arbeitsplatz von Bedeutung sind, dürfen Fragen nach beruflichen und fachlichen Fähigkeiten, Kenntnissen und Erfahrungen (Berufsausbildung, bisherige berufliche Tätigkeiten, bisherige Beschäftigungsverhältnisse, vgl. *BAG* 12.2.1970 AP Nr. 17 zu § 123 BGB) grds. uneingeschränkt gestellt werden.

303　Das gilt für die Frage nach den **früheren Arbeitgebern** und die **Dauer der jeweiligen Beschäftigungsverhältnisse**, auch dann, wenn der Arbeitnehmer die Teilnahme an einer Entziehungstherapie verheimlichen und so seine Wiedereingliederung in das Arbeitsleben erreichen will (*LAG Köln* 13.11.1995 LAGE § 123 BGB Nr. 18).

304　Das Gleiche gilt für die Frage nach dem bisherigen **beruflichen Werdegang** (*LAG Hamm* 8.2.1995 LAGE § 123 BGB Nr. 21), der Schulausbildung, Studium, Sprachkenntnissen sowie nach Zeugnissen, bestandenen Prüfungen und der Vereinbarung rechtswirksamer **Wettbewerbsverbote** mit einem früheren Arbeitgeber (*BAG* 22.10.1986 EzA § 23 BDSG Nr. 4). Zulässig ist auch die Frage nach der Ausübung einer **Konkurrenztätigkeit** zum Zeitpunkt der geplanten Einstellung und der Absicht, diese weiterhin auszuführen (vgl. § 60 HGB).

305　Daher steht es dem Arbeitgeber auch zu, bei mehreren Bewerbern den Qualifikationsunterschieden nachzugehen (hinsichtlich der fachlichen Qualifikation, der körperlichen und gesundheitlichen Verfassung, sowie der persönlichen Eigenschaften als Voraussetzungen für die zu erbringende Arbeitsleistung), um den am besten geeigneten Bewerber herauszufinden.

306　Der Arbeitgeber hat bei der **Festlegung der Qualifikationsanforderungen und ihrer Gewichtung**, soweit sie nicht willkürlich erfolgen, weitgehend freie Hand (MünchArbR/*Buchner* § 30 Rn. 267).

307　Im Übrigen lässt der Schutz des allgemeinen Persönlichkeitsrechts des Arbeitnehmers (Art. 2 Abs. 1 i. V. m. Art. 1 Abs. 1 GG; daraus wird auch das **Grundrecht auf informationelle Selbstbestimmung** abgeleitet als die Freiheit, selbst zu bestimmen, wem welche Daten über sich selbst bekannt werden) nur solche Fragen des Arbeitgebers zu, an deren Beantwortung er zur Beurteilung der Eignung und Befähigung des Arbeitnehmers ein **objektiv gerechtfertigtes Interesse** hat. Im Zusammenhang mit den Einstellungsverhandlungen müssen vom Bewerber nur die Daten zur Verfügung gestellt werden, die für eine **sachgerechte Einstellungsentscheidung geeignet und erforderlich** sind (Zweckbindung der Datenerhebung; vgl. *BAG* 22.10.1986 EzA § 23 BDSG Nr. 4).

308　Zulässig sind Fragen, die eine gewisse **Mobilität des Arbeitnehmers**, z. B. die Versetzungsbereitschaft (nicht aber die dafür u. U. maßgeblichen privaten Lebensverhältnisse) betreffen, oder die Bereitschaft, **Schichtdienst zu leisten**, wenn die vorgesehene Beschäftigung entsprechende Anforderungen stellt. Dies gilt allerdings nur dann, wenn die Versetzungsbereitschaft, Bereitschaft zum Schichtdienst zum Vertragsbestandteil werden soll. Nicht zu beanstanden ist auch der z. B. im Freistaat Sachsen verwendete **Personalfragebogen** zur Überprüfung des aus der DDR übernommenen pädagogischen Personals; soweit er unzulässige Fragen – z. B. über Vorgänge, die bereits vor 1970 abgeschlossen waren und die deshalb als Indiz für eine mangelnde Eignung regelmäßig nicht mehr taugen – enthält, dürfen unzutreffende Antworten nicht zu arbeitsrechtlichen Konsequenzen führen. Im Übrigen kann dem Schutz des Persönlichkeitsrechts durch Würdigung der jeweiligen Fragen und Antworten hinreichend Rechnung getragen werden (*BVerfG* 8.1.1998 NZA 1998, 418).

## B. Pflichten bei der Vertragsanbahnung — Kapitel 2

Diese Grundsätze gelten auch dann, wenn sich der Arbeitnehmer im Anstellungsvertrag **verpflichtet**, seinen **Hauptwohnsitz** mit Familie **in der Nähe des Betriebes zu nehmen**. Dies berechtigt den Arbeitgeber selbst dann nicht, den Arbeitsvertrag nach § 123 BGB anzufechten, wenn diese Absicht nie bestand, weil diese Verpflichtung zumindest dann, wenn es nachvollziehbare in Zusammenhang mit der Arbeitsleistung stehende Gründe dafür nicht gibt, rechtlich nicht bindend ist (*LAG Nbg.* 9.12.2003 NZA-RR 2004, 298). 309

Unzulässig ist im Übrigen die Frage nach der **Nichtrauchereigenschaft** des Arbeitnehmers. Außerdem können persönliche Umstände, die zwar für die Beurteilung der Eignung des Arbeitnehmers von Bedeutung sind, aber lange zurückliegen, auf Grund der zwischenzeitlichen Entwicklung ihre Bedeutung und Aussagekraft verlieren (MünchArbR/*Buchner* § 30 Rn. 313). 310

Letztlich geht es um die **Aufteilung der Risiken der künftigen Entwicklung** des Arbeitsverhältnisses, die daran zu orientieren ist, wie diese Risiken nach der Vorgabe der Rechtsordnung im Verhältnis zwischen Arbeitgeber und Arbeitnehmer verteilt sind (*Hofmann* ZfA 1975, 20 ff.). 311

### 6. Offenbarungspflichten

Auch ohne entsprechende Frage muss der Arbeitnehmer u. U. auf Umstände und in seiner Person gegebene Eigenschaften (z. B. eine Körperbehinderung, eine Schwangerschaft, den Antritt einer Strafhaft, das Vorliegen eines Einberufungsbescheides zu Wehr- oder Zivildienst) hinweisen. 312

Das ist dann der Fall, wenn er erkennen muss, dass er wegen dieser Umstände und Eigenschaften die vorgesehene Arbeit nicht nur zeitweilig, sondern auf längerer Dauer nicht zu leisten vermag oder die sich daraus ergebende Minderung der Leistungen und Fähigkeiten für den in Betracht kommenden Arbeitsplatz von ausschlaggebender Bedeutung ist (*BAG* 25.3.1976 EzA § 123 BGB Nr. 16; 1.8.1985 EzA § 123 BGB Nr. 26; 8.9.1988 EzA § 8 MuSchG Nr. 1). 313

**Eine allgemeine Pflicht des Bewerbers, Mängel der Qualifikation für die von ihm geschuldete Arbeitsleistung von sich aus zu offenbaren, besteht dagegen nicht**. Es ist Sache des Arbeitgebers, der Belastung durch ihm nicht zuzumutende Risiken durch entsprechende Informationserhebung vorzubeugen. Etwas anderes kommt dann in Betracht, wenn der Bewerber die elementarsten Anforderungen des vorgesehenen Arbeitsplatzes nicht erfüllen kann, sodass er die vertragliche Leistung nicht zu erbringen in der Lage ist (*Hofmann* ZfA 1975, 47 ff.). 314

### 7. Einzelfälle

#### a) Vermögensverhältnisse

Die Frage nach den Vermögensverhältnissen – Lohn- und Gehaltspfändungen, Schulden usw. – wird nur dann als zulässig angesehen werden können, wenn der Arbeitgeber wegen der vorgesehenen Tätigkeit ein berechtigtes Interesse an geordneten Vermögensverhältnissen des Arbeitnehmers geltend machen kann. 315

Das ist dann der Fall, wenn es sich bei dem zukünftigen Arbeitsplatz um eine **besondere Vertrauensstellung** handelt, bei der der Arbeitnehmer z. B. mit Vermögenswerten oder Geld umgehen muss (*Zeller* BB 1987, 1523 m. w. N.; vgl. auch *BAG* 4.11.1981 EzA § 1 KSchG Verhaltensbedingte Kündigung Nr. 9 zur Zulässigkeit einer personenbedingten Kündigung bei einem in einer Vertrauensstellung beschäftigten Arbeitnehmer, weil Lohnpfändungen darauf hindeuten, dass dieser seit längerer Zeit in ungeordneten wirtschaftlichen Verhältnissen lebt; *BAG* 18.4.1968 AP Nr. 32 zu § 63 HGB: Zulässigkeit der Frage nach der Ablegung eines Offenbarungseides). 316

Zulässig wird die Frage wohl auch dann sein, wenn wegen der besonderen betrieblichen Umstände, z. B. in einem **Kleinbetrieb** ohne besondere kaufmännische Organisation, die sachgerechte Bearbeitung zahlreicher Lohnpfändungen nicht durchführbar wäre. 317

Nicht zulässig ist die Frage nach der Höhe des **vorherigen Lohnes oder Gehalts**, wenn die bisherige Vergütung für die angestrebte Stelle keine Aussagekraft hat, also der bisherige und der angestrebte 318

### b) Gesundheitszustand und Körperbehinderung; Geschlecht des Arbeitnehmers

#### aa) Körperliche Eignung

319 Fragen zur Ermittlung der körperlichen Eignung für die konkret zu übernehmende Arbeitsaufgaben können grds. ohne Einschränkung gestellt werden.

320 Krankheiten oder Leiden des Arbeitnehmers kommen als verkehrswesentliche Eigenschaften gem. § 119 Abs. 2 BGB dann in Betracht, wenn sie von einer gewissen Dauer sind und der Arbeitnehmer deshalb die vertraglich übernommenen Arbeiten nicht ohne wesentliche Einschränkungen durchführen kann, z. B. dann, wenn er durch Anfallleiden (Epilepsie) in seiner für den bestimmten Arbeitsplatz notwendigen durchschnittlichen Leistungsfähigkeit ständig erheblich beeinträchtigt ist (*BAG* 28.3.1974 EzA § 119 BGB Nr. 5).

#### bb) Gesundheitszustand, Körperbehinderung

321 Hinsichtlich des Gesundheitszustandes sowie einer Körperbehinderung als eines dauernden körperlichen Schadens, der zu einer Beeinträchtigung der Bewegungsmöglichkeiten und insbes. der Erwerbsfähigkeit führt, besteht ein Fragerecht des Arbeitgebers nur insoweit, als er ein berechtigtes Interesse an der Beantwortung seiner Fragen für das Arbeitsverhältnis hat (*BAG* 7.6.1984 EzA § 123 BGB Nr. 24).

322 Der Umfang des Fragerechts beschränkt sich deshalb auf die Fälle einer schwerwiegenden Beeinträchtigung der Arbeitsfähigkeit des Betroffenen, die für die Belastbarkeit des Arbeitnehmers, konkret bezogen auf die auszuübende Tätigkeit oder das Arbeitsverhältnis überhaupt, von Bedeutung ist.

323 Die unrichtige Beantwortung der Frage des Arbeitgebers nach einer Körperbehinderung durch einen Stellenbewerber kann deshalb nur dann eine Anfechtung des Arbeitsvertrages wegen arglistiger Täuschung rechtfertigen, wenn die verschwiegene Körperbehinderung **erfahrungsgemäß die Eignung** des Arbeitnehmers für die vorgesehene Tätigkeit **beeinträchtigt** (*BAG* 7.6.1984 EzA § 123 BGB Nr. 24).

324 Fraglich ist, inwieweit sich der Arbeitgeber durch Ausübung des Fragerechts hinsichtlich des allgemeinen Gesundheitszustandes (z. B. bestehender Krankheiten) gegen das Risiko späterer Arbeitsausfalls (mit entsprechenden Zahlungspflichten nach dem EFZG) schützen kann.

325 Hinsichtlich bestehender Krankheiten beschränkt sich das Fragerecht des Arbeitgebers auf folgende Punkte (vgl. *BAG* 7.6.1984 EzA § 123 BGB Nr. 24):
– Liegt eine Krankheit bzw. eine Beeinträchtigung des Gesundheitszustandes vor, durch die die **Eignung** für die vorgesehene Tätigkeit auf Dauer oder in periodischen Abständen **eingeschränkt** wird?

326 – Liegen **ansteckende Krankheiten** vor, die zwar nicht die Leistungsfähigkeit beeinträchtigen, jedoch die zukünftigen Kollegen oder Kunden gefährden?

327 – Ist zum Zeitpunkt des Dienstantritts bzw. in absehbarer Zeit **mit einer Arbeitsunfähigkeit** zu rechnen, z. B. auf Grund einer geplanten Operation, einer bereits bewilligten Kur oder auch durch eine z.Zt. bestehende akute Erkrankung?

328 Der Arbeitnehmer darf diese Fragen nicht schon deshalb falsch beantworten, weil er annimmt oder hofft, dass er bis zum vorgesehenen Dienstantritt wieder arbeitsfähig sein wird (*BAG* 7.2.1964 AP § 276 BGB Verschulden bei Vertragsschluss Nr. 6).

## B. Pflichten bei der Vertragsanbahnung Kapitel 2

So können sich z. B. ein Meniskusschaden, der zu leichten Kniebeschwerden führt sowie Migräne- 329
beschwerden auf die Eignung als Maschinenarbeiter auswirken (*BAG* 7.6.1984 EzA § 123 BGB
Nr. 24).

### cc) Beantragte Rehabilitationsmaßnahme

Nach Auffassung des *ArbG Limburg* (9.4.1997 BB 1997, 2006) ist eine Mitteilungspflicht des Ar- 330
beitnehmers und ein Fragerecht des Arbeitgebers bei einer bloß beantragten Rehabilitationsmaßnahme jedenfalls bei einem für ein Jahr abgeschlossenen befristeten Arbeitsverhältnis zu **verneinen**.
Denn der Leistungsträger entscheidet über die Bewilligung der Maßnahme nach seinem Ermessen,
sodass der Arbeitnehmer im konkreten Einzelfall nicht damit rechnen konnte, dass im Zeitpunkt des
geplanten Dienstantritts oder danach in absehbarer Zeit eine Arbeitsunfähigkeit bzw. eine Arbeitsverhinderung wegen der Rehabilitationsmaßnahme eintreten würde.

### dd) Aids

Hinsichtlich einer bestehenden Aidsinfektion wird in der Literatur teilweise (*Zeller* BB 1987, 1523; 331
*Klak* BB 1987, 1382) die Auffassung vertreten, dass ein entsprechendes Fragerecht des Arbeitgebers
besteht, weil die Erkrankung in ihrem Verlauf so schwer ist, dass der Patient sofort oder kurze Zeit
nach Ausbruch der Krankheit nur eingeschränkt oder überhaupt nicht mehr in der Lage ist, der bisherigen beruflichen Tätigkeit nachzugehen.

> Demgegenüber wird überwiegend (vgl. *Löwisch* DB 1987, 936; *Richardi* NZA 1988, 73) davon 332
> ausgegangen, dass bei nicht besonders infektionsgefährdeten Tätigkeiten kein Fragerecht des Ar-
> beitgebers nach einer bestehenden Aidsinfektion besteht.

Stets zulässig ist aber auch nach dieser Auffassung die Frage nach einer **akuten Aidserkrankung**.

### ee) Transsexualität

> Gibt eine transsexuelle Person, deren Geschlechtsumwandlung nach §§ 8, 10 Transsexuellenge- 333
> setz noch nicht erfolgt ist, bei Einstellungsverhandlungen ihr wahres Geschlecht ungefragt nicht
> an, so liegt darin im Hinblick auf den Schutzzweck des Transsexuellengesetzes (TSG) keine
> rechtswidrige arglistige Täuschung (§ 123 Abs. 1 BGB).

Eine Offenbarungspflicht besteht insoweit nicht, weil § 5 TSG – wonach die transsexuelle Person 334
bei der Vornamensänderung vor einer grundlosen Aufdeckung der von ihr vorher geführten Vornamen geschützt werden soll – zu entnehmen ist, dass die transsexuelle Person bei Bewerbungen zumindest ungefragt und ohne nähere Kenntnis, dass eine vollständige weibliche Identität Voraussetzung für die Einstellung ist, ihre »vergangene« Identität nicht offen legen muss.

Allerdings kommt eine Anfechtung gem. § 119 Abs. 2 BGB in Betracht, wenn das Geschlecht als 335
verkehrswesentliche Eigenschaft i. S. dieser Vorschrift zu verstehen ist. Das ist jedenfalls hinsichtlich
der vollen weiblichen Identität für den Vertrag als Arzthelferin nach Auffassung des *BAG* (21.2.1991
EzA § 123 BGB Nr. 35) der Fall.

### c) Schwerbehinderteneigenschaft

Die Schwerbehinderteneigenschaft ist ein Anfechtungsgrund nach § 119 Abs. 2 BGB, wenn der Ar- 336
beitnehmer wegen der Behinderung die vorgesehene Arbeit nicht zu leisten vermag.

### aa) Fragerecht

> Nach lange überwiegend vertretener Auffassung (*BAG* 25.3.1976 EzA § 123 BGB Nr. 16; 337
> 1.8.1985 EzA § 123 BGB Nr. 26; 3.12.1998 EzA § 123 BGB Nr. 51; *LAG Hamm* 6.11.2003
> – 8 (16) Sa 1072/03 – FA 2004, 154 LS; *Natzel* SAE 1999, 220 ff.; **a. A.** *Großmann* NZA 1989,
> 702) darf der Bewerber uneingeschränkt nach seiner Schwerbehinderteneigenschaft oder nach

## Kapitel 2 — Anbahnung und Begründung des Arbeitsverhältnisses

einer Gleichstellung und nach dem prozentualen Grad der Behinderung (§§ 68 ff. SGB IX) gefragt werden, weil das gesamte künftige Arbeitsverhältnis durch die Schwerbehinderteneigenschaft erheblich beeinflusst wird.

338 So besteht für den Arbeitgeber mit einer Mindestanzahl von 16 Beschäftigten die öffentlich-rechtliche Pflicht, einen bes**timmten Prozentsatz** der Arbeitsplätze **mit schwerbehinderten Menschen zu besetzen**, die durch Einstellung von schwerbehinderten Menschen zur Vermeidung der Zahlung einer Ausgleichsabgabe erfüllt werden kann (vgl. *OVG Lüneburg* NZA 1989, 722; s. Rdn. 158 ff.).

339 Für den schwerbehinderten Menschen besteht zudem ein **besonderer Kündigungsschutz** (§§ 85 ff. SGB IX) wenn das Arbeitsverhältnis länger als sechs Monate bestanden hat. Der Arbeitgeber hat häufig eine längere Kündigungsfrist einzuhalten (mindestens vier Wochen, § 86 SGB IX). Schließlich steht dem schwerbehinderten Menschen **Zusatzurlaub** in Höhe von fünf Arbeitstagen zu (§ 125 SGB IX).

340 Im Hinblick auf die in der Literatur (vgl. *Großmann* NZA 1989, 702; ErfK/*Preis* § 611 BGB Rn. 378) geäußerte Kritik hat das *BAG* (11.11.1993 EzA § 123 BGB Nr. 40) daran zunächst nur insoweit festgehalten, als die Schwerbehinderung für die auszuübende Tätigkeit von Bedeutung ist; zwischenzeitlich (*BAG* 5.10.1995 EzA § 123 BGB Nr. 41) hält es die Frage wieder für **uneingeschränkt zulässig**.

341 Ob daran nach Inkrafttreten des SGB IX am 1.7.2001 festgehalten werden kann, ist **fraglich**. Denn das *BAG* (5.10.1995 EzA § 123 BGB Nr. 41) hat seine Auffassung u. a. damit begründet, die Aufnahme des Verbots der Benachteiligung Behinderter in das Grundgesetz (Art. 3 Abs. 3 S. 2 GG) rechtfertige keine andere Bewertung. Ein Vergleich mit der Zulässigkeit der Frage nach der Schwangerschaft, die als diskriminierend angesehen wird, sei unstatthaft. Denn während der Gesetzgeber in § 611a BGB a. F. ein ausdrückliches geschlechtsspezifisches Diskriminierungsverbot bei der Begründung von Arbeitsverhältnissen normiert habe, fehle es im Falle der Behinderten. Da ein **derartiges Benachteiligungsverbot** – § 611a a. F. BGB nachgebildet – **nunmehr** aber **ausdrücklich in** §§ 1, 15 AGG **vorgesehen** ist, kann diese Argumentation nach Auffassung von *Düwell* (BB 2001, 1529 f.; *Messingschlager* NZA 2003, 301 ff.; *Brecht-Heitzmann* ZTR 2006, 639 ff.; vgl. auch *LAG Hamm* 6.11.2003 – 8 (16) Sa 1072/03, FA 2004, 154 LS; offen gelassen von *BAG* 7.7.2011 EzA § 123 BGB 2002 Nr. 11 = NZA 2012, 34) nicht mehr aufrechterhalten werden. Nach *LAG Hessen* (24.3.2010 – 6/7 Sa 1373/09, AuR 2011, 35 LS) ist nunmehr die **tätigkeitsneutrale Frage** nach einer anerkannten Schwerbehinderung oder Gleichstellung **unzulässig**, weil diskriminierend i. S. d. AGG; eine Anfechtung des Arbeitsvertrages oder Kündigung wegen unwahrer Beantwortung dieser Frage ist unzulässig.

342 Jedenfalls berechtigt die Falschbeantwortung der Frage nach einer Schwerbehinderung des Arbeitnehmers dann nicht zur Anfechtung des Arbeitsvertrages, wenn die Schwerbehinderung für den Arbeitgeber **offensichtlich** war und deshalb bei ihm ein Irrtum nicht entstanden ist (*BAG* 18.10.2000 EzA § 123 BGB Nr. 56; *LAG Nbg.* 10.6.1999 ARST 1999, 283 LS).

342a Inzwischen geht das BAG (16.2.2012 EzA § 3 AGG Nr. 7 = NZA 2012, 555) davon aus, dass **im bestehenden Arbeitsverhältnis** jedenfalls nach sechs Monaten, also **nach dem Erwerb des Sonderkündigungsschutzes für behinderte Menschen**, die Frage des Arbeitgebers nach der Schwerbehinderung **zulässig ist**. Das gilt insbes. zur Vorbereitung von beabsichtigten Kündigungen. Denn die Frage steht dann im Zusammenhang mit der Pflichtbindung des Arbeitgebers durch die Anforderungen des § 1 Abs. 3 KSchG, der die Berücksichtigung der Schwerbehinderung bei der Sozialauswahl verlangt, sowie durch den Sonderkündigungsschutz nach § 85 SGB IX, wonach eine Kündigung der vorherigen Zustimmung des Integrationsamtes bedarf. Sie soll es dem Arbeitgeber ermöglichen, sich rechtstreu zu verhalten. Die Frage diskriminiert behinderte Arbeitnehmer nicht gegenüber solchen ohne Behinderung. Sie setzt behinderte Arbeitnehmer nicht gegenüber Nichtbehinderten zurück. Die Frage dient vielmehr der Wahrung der Rechte und Interessen der Schwerbehinderten und ist Voraussetzung dafür, dass der Arbeitgeber die Belange des schwerbehinderten

## B. Pflichten bei der Vertragsanbahnung Kapitel 2

Menschen bei Kündigungen überhaupt wahren kann. Auch datenschutzrechtliche Belange stehen der Zulässigkeit der Frage nicht entgegen. § 28 Abs. 6 Nr. 3 BDSG lässt die Frage nach der Schwerbehinderung und damit nach sensitiven Daten i. S. v. § 3 Abs. 9 BDSG zu. Eine Geltendmachung, Ausübung oder Verteidigung rechtlicher Ansprüche als Voraussetzung einer Datenerhebung nach § 28 Abs. 6 Nr. 3 BDSG liegt in Übereinstimmung mit der Formulierung des Art. 8 Abs. 2 Buchst. b RL 95/46/EG auch dann vor, wenn die Datenerhebung erforderlich ist, um den Rechten und Pflichten des Arbeitgebers Rechnung zu tragen. Dazu gehören auch die Pflichten des Arbeitgebers zur Beachtung der Schwerbehinderung im Rahmen der Sozialauswahl und zur Wahrung des Schwerbehindertenschutzes nach §§ 85 ff. SGB IX. Die Frage nach der Schwerbehinderung im Vorfeld von Kündigungen verletzt den schwerbehinderten Arbeitnehmer nicht in seinem Recht auf informationelle Selbstbestimmung. Aus dem Grundgesetz ergeben sich insoweit keine weitergehenden Anforderungen als aus dem Unionsrecht. Infolge der wahrheitswidrigen Beantwortung der ihm rechtmäßig gestellten Frage nach seiner Schwerbehinderung ist es dem Arbeitnehmer unter dem Gesichtspunkt widersprüchlichen Verhaltens dann verwehrt, sich im Kündigungsschutzprozess auf seine Schwerbehinderteneigenschaft zu berufen (*BAG* 16.2.2012 EzA § 3 AGG Nr. 7 = NZA 2012, 555).

### bb) Offenbarungspflicht

Dagegen muss der schwerbehinderte Mensch nicht von sich aus auf die Schwerbehinderteneigenschaft oder die Gleichstellung hinweisen, es sei denn, dass er erkennen kann und muss, dass er wegen der Behinderung die vorgesehene Arbeit nicht zu leisten vermag oder eine deswegen beschränkte Leistungsfähigkeit für den vorgesehenen Arbeitsplatz von ausschlaggebender Bedeutung ist (*BAG* 1.8.1985 EzA § 123 BGB Nr. 26). — 343

Ein schwerbehinderter Mensch, der bei Abschluss des Arbeitsvertrages noch für die Dauer von vier Monaten eine befristete Rente wegen Erwerbsunfähigkeit bezieht, ist deshalb nicht verpflichtet, von sich aus hierauf beim Einstellungsgespräch hinzuweisen, wenn er die ihm übertragenen Arbeitsleistungen ohne weiteres erbringen kann. Ein Anfechtungsrecht des Arbeitgebers gem. § 123 Abs. 1 BGB besteht unter diesen Voraussetzungen nicht (*LAG Düsseld.* 6.3.1991 NZA 1991, 674 LS). — 344

### d) Schwangerschaft
### aa) Schwangerschaft als Anfechtungsgrund

Eine Anfechtung gem. § 119 Abs. 2 BGB wegen Schwangerschaft kommt nicht in Betracht, weil die ihrer Natur nach vorübergehende Schwangerschaft im Hinblick auf den Arbeitsvertrag nicht allgemein als verkehrswesentliche Eigenschaft i. S. d. § 119 Abs. 2 BGB angesehen werden kann (*BAG* 8.6.1955 AP Nr. 2 zu § 9 MuSchG; 8.9.1988 EzA § 8 MuSchG Nr. 1). — 345

Etwas anderes gilt aber u. U. dann, wenn es sich um einen zulässigerweise befristeten Arbeitsvertrag handelt und die Arbeitnehmerin infolge der Beschäftigungsverbote und Beschäftigungsbeschränkungen des MuSchG für einen erheblichen Teil der Vertragsdauer ausfällt (*BAG* 8.9.1988 EzA § 8 MuSchG Nr. 1) bzw. wenn die vertraglich von der Frau übernommene Arbeit infolge der Schwangerschaft **nicht ausgeführt werden kann** (z. B. Tänzerin, Mannequin). — 346

### bb) Fragerecht

Die Frage nach einer bestehenden Schwangerschaft wird inzwischen als Verstoß gegen den Gleichbehandlungsgrundsatz nach der RL 76/207 EWG sowie §§ 1, 15 AGG und damit als unzulässig angesehen (*EuGH* 8.11.1990 EzA § 611a BGB Nr. 7; 15.10.1992 EzA § 123 BGB Nr. 37). — 347

Ausnahmsweise wurde aber die Frage nach der Schwangerschaft bei einer Arzthelferin dann als sachlich gerechtfertigt angesehen, wenn sie objektiv dem gesundheitlichen Schutz der Bewerberin und des ungeborenen Kindes dient (*BAG* 1.7.1993 EzA § 123 BGB Nr. 39). **Demgegenüber** ist — 348 nach der Rechtsprechung des *EuGH* (3.2.2000 NZA 2000, 255; vgl. auch *EuGH* 4.10.2001 EzA § 611a BGB Nr. 17; 27.2.2003 EzA § 16 BErzGG Nr. 6; s. a. *Stürmer* NZA 2001, 526 ff.; *Nicolai* SAE 2001, 79 ff.) davon auszugehen, dass ein Arbeitgeber die Einstellung einer Frau, die die erforderliche Qualifikation für eine ausgeschriebene unbefristete Stelle besitzt, **nicht allein deshalb ablehnen** kann, **weil sie schwanger ist und die im Rahmen der Stelle anfallenden Tätigkeiten aus diesem Grunde nicht von Anfang an ausüben kann.** Schutzgebote bzw. Beschäftigungsverbote für werdende Mütter dienen nämlich dem Schutz der Frau bei Schwangerschaft und Mutterschaft. Sie dürfen nicht zu Nachteilen beim Zugang zu einer Beschäftigung führen, weil dies die Wirksamkeit der RL 76/207 einschränken kann.

Der *EuGH* (4.10.2001 EzA § 611a BGB Nr. 16, 17; s. *Schulte Westerberg* NJW 2003, 490 ff.; *Feldhoff* ZTR 2004, 58 ff.) hat insoweit folgende Grundsätze aufgestellt:
- Art. 10 RL 92/85/EWG entfaltet unmittelbare Wirkung und ist dahin auszulegen, dass er, wenn ein Mitgliedstaat innerhalb der in dieser Richtlinie vorgeschriebenen Frist keine Umsetzungsmaßnahmen getroffen hat, dem Einzelnen Rechte verleiht, die dieser vor einem nationalen Gericht gegenüber den öffentlichen Stellen dieses Staates geltend machen kann.
- Art. 10 Nr. 1 der RL 92/85/EWG verpflichtet mit der Zulassung von Ausnahmen vom Verbot der Kündigung von schwangeren Arbeitnehmerinnen in nicht mit ihrem Zustand in Zusammenhang stehenden Ausnahmefällen, die entsprechend den einzelstaatlichen Rechtsvorschriften und/oder Gepflogenheiten zulässig sind, die Mitgliedstaaten nicht, die Gründe für eine Kündigung im Einzelnen aufzuführen.
- Zwar gilt das Kündigungsverbot nach Art. 10 der RL 92/85/EWG sowohl für unbefristete als auch für befristete Arbeitsverträge, doch kann die Nichterneuerung eines solchen Vertrages zum Zeitpunkt seiner regulären Beendigung nicht als eine verbotene Kündigung angesehen werden. Soweit sie jedoch ihren Grund in der Schwangerschaft der Arbeitnehmerin hat, stellt sie eine unmittelbare Diskriminierung auf Grund des Geschlechts dar, die gegen Art. 2 Abs. 1, 3 Abs. 1 der RL 76/207/EWG verstößt.
- Art. 10 Nr. 1 der RL 92/85/EWG ist dahin auszulegen, dass er die Mitgliedstaaten nicht verpflichtet, die Einschaltung einer nationalen Behörde vorzusehen, die nachdem sie festgestellt hat, dass ein Ausnahmefall vorliegt, der die Kündigung rechtfertigen kann, vor der Entscheidung des Arbeitgebers ihre Zustimmung erteilt.
- Art. 5 Abs. 1 der RL 76/207/EWG und Art. 10 der RL 92/85/EWG stehen der Entlassung einer Arbeitnehmerin wegen Schwangerschaft entgegen,
- wenn diese auf bestimmte Zeit eingestellt wurde,
- wenn sie den Arbeitgeber nicht über ihre Schwangerschaft unterrichtet hat, obwohl ihr diese bei Abschluss des Arbeitsvertrags bekannt war,
- und wenn feststand, dass sie auf Grund ihrer Schwangerschaft während eines wesentlichen Teils der Vertragszeit nicht würde arbeiten können.
- Für die Auslegung des Art. 5 Abs. 1 RL 76/207 und des Art. 10 RL 92/85 ist unerheblich, dass die Arbeitnehmerin von einem sehr großen Unternehmen eingestellt wurde, das häufig Aushilfspersonal beschäftigt.

Im Anschluss daran hat das *BAG* (6.2.2003 EzA § 123 BGB 2002 Nr. 2 m. Anm. *Löwisch/Fischer* SAE 2004, 126 ff.; s. *Feldhoff* ZTR 2004, 58 ff.; krit. *v. Koppenfels-Spies* AuR 2004, 43 ff.) seine Rechtsprechung modifiziert und folgende Grundsätze aufgestellt:
- Die Frage des Arbeitgebers nach einer Schwangerschaft vor der geplanten unbefristeten Einstellung einer Frau ist regelmäßig rechtswidrig. Das gilt auch dann, wenn die Frau die vereinbarte Tätigkeit wegen eines mutterschutzrechtlichen Beschäftigungsverbotes zunächst nicht aufnehmen kann.
- Denn ein nationales Gericht muss die Auslegung innerstaatlichen Rechts soweit wie möglich am Wortlaut und Zweck einschlägiger gemeinschaftsrechtlicher Richtlinien ausrichten, um das mit ihnen verfolgte Ziel zu erreichen. Dieser Grundsatz folgt aus dem Vorrang des Gemein-

schaftsrechts vor dem nationalen Recht. Dabei kommt der Rechtsprechung des Europäischen Gerichtshofes besondere Bedeutung zu.
- Nach der Rechtsprechung des EuGH ist die Benachteiligung einer schwangeren Bewerberin bei der Einstellung in ein unbefristetes Arbeitsverhältnis wegen Verstoßes gegen die RL 76/207/EWG unzulässig, wenn die Bewerberin ihre Arbeit nach Ablauf von gesetzlichen Schutzfristen wieder aufnehmen kann. Das gilt auch dann, wenn sie zu Beginn des Arbeitsverhältnisses wegen eines gesetzlichen Beschäftigungsverbotes nicht beschäftigt werden kann. Die Benachteiligung würde in diesen Fällen auf dem Geschlecht beruhen.
- In Übereinstimmung damit geht das *BAG* nunmehr davon aus, dass die Frage des Arbeitgebers nach einer Schwangerschaft vor der geplanten unbefristeten Einstellung einer Frau regelmäßig gegen § 611a BGB verstößt und daher unzulässig ist.
- Wird die Frage wahrheitswidrig verneint, so liegt darin keine »arglistige Täuschung« i. S. d. § 123 BGB. Dies gilt auch dann, wenn für die vereinbarte Tätigkeit ein Beschäftigungsverbot nach dem Mutterschutzgesetz besteht.

*cc) Offenbarungspflicht*

Von sich aus muss eine Frau nicht auf eine bestehende Schwangerschaft hinweisen, auch dann **349** nicht, wenn sie die arbeitsvertraglich geschuldete Arbeitsleistung – jedenfalls einstweilen – nicht erbringen kann (*EuGH* 3.2.2000 NZA 2000, 255; vgl. auch *EuGH* 4.10.2001 EzA § 611a BGB Nr. 17; 27.2.2003 EzA § 16 BErzGG Nr. 6).

*e) Vorstrafen; strafrechtliche Ermittlungsverfahren*

*aa) Fragerecht*

Die Frage nach Vorstrafen (nach Straftaten auf vermögensrechtlichem, politischem, verkehrs- **350** rechtlichem Gebiet) ist nur eingeschränkt, nämlich dann zulässig, wenn die zu besetzende Arbeitsstelle oder die zu leistende Arbeit dies erfordert (*BAG* 5.12.1957 AP Nr. 2 zu § 123 BGB; 20.5.1999 EzA § 123 BGB Nr. 52; s. a. *LAG Hamm* 10.3.2011 – 11 Sa 2266/10, EzA-SD 10/2011 S. 6 LS).

Die Frage nach »innerhalb der letzten drei Jahre anhängig gewesen(en) **Ermittlungsverfahren** der Staatsanwaltschaft« ist regelmäßig unzulässig, soweit sie sich auf Ermittlungsverfahren bezieht, die im **Zeitpunkt der Befragung abgeschlossen** sind, ohne dass es zu einer Verurteilung gekommen ist; ob eine Ausnahme dann zu machen ist, wenn abgeschlossene Ermittlungsverfahren für die in Aussicht genommene Arbeitstätigkeit in spezifischer Weise einschlägig sind, hat das *LAG Hamm* (10.3.2011 – 11 Sa 2266/10, EzA-SD 10/2011 S. 6 LS) offen gelassen.

Der Bewerber kann sich als unbestraft bezeichnen, wenn die Strafe nach dem Bundeszentralregister- **351** gesetz (BZRG) **nicht in das Führungszeugnis** oder nur in ein Führungszeugnis nach § 30 Abs. 3, 4 BZRG aufzunehmen oder gem. §§ 51, 53 BZRG im Register zu tilgen ist (MünchArbR/*Buchner* § 30 Rn. 342 ff.); in diesem Fall muss der Bewerber eine Frage nach einer derartigen Strafe – auch im öffentlichen Dienst – nicht richtig beantworten. Hat der Bewerber sie dagegen richtig beantwortet, darf der Arbeitgeber sie nicht zu Ungunsten des Bewerbers berücksichtigen (*LAG Düsseld.* 24.4.2008 LAGE Art. 33 GG Nr. 17).

Fraglich ist allerdings, ob auf entsprechende Fragen bei Bewerbern für besonderes Vertrauen erfor- **352** dernde Positionen nicht gleichwohl eine Mitteilungspflicht besteht.

Dafür spricht, dass je mehr es um Positionen mit Entscheidungsbefugnissen geht, desto größeres Ge- **353** wicht die Vertrauenswürdigkeit als persönliches Qualifikationsmerkmal erlangt. Eine Ausnahme ist auch dann zu machen, wenn die Vorstrafe auf einem Gebiet liegt, das mit der laut Arbeitsvertrag vom Arbeitnehmer zu verrichtenden Tätigkeit unmittelbar zusammenhängt (*LAG Düsseld.* 24.4.2008 LAGE Art. 33 GG Nr. 17).

354 Zweifelhaft ist, ob der Arbeitgeber ein Führungszeugnis nach dem BZRG anfordern darf (verneinend *Wohlgemuth* DB 1985 Beilage Nr. 21, S. 1 ff.).

355 Fraglich ist, ob ein Fragerecht des Arbeitgebers wegen **anhängiger Ermittlungsverfahren** besteht. Bei der Prüfung der Eignung des Bewerbers für die geschuldete Tätigkeit – z. B. bei der Einstellung in den Polizeivollzugsdienst – kann es jedenfalls je nach den Umständen zulässig sein, danach zu fragen (*BAG* 20.5.1999 EzA § 123 BGB Nr. 52; *LAG Bra.* 27.1.1998 ZTR 1998, 521; a. A. *ArbG Münster* 20.11.1992 NZA 1993, 461).

356 Allerdings ist für den Bereich der Führungskräfte insgesamt sowie bei schwersten Delikten auch für andere Arbeitnehmer eine abweichende Bewertung erforderlich.

*bb) Offenbarungspflicht*

357 Aus Anlass der Bewerbung eines Arbeitnehmers auf eine vom Arbeitgeber – auch im öffentlichen Dienst – ausgeschriebene Stelle braucht eine **Vorstrafe nicht offenbart zu werden** (§ 53 Abs. 1 Nr. 1 BZRG), wenn sie nicht gem. § 32 Abs. 2 BZRG in ein Führungszeugnis nach § 30 Abs. 1 S. 1 BZRG einzutragen ist (*BAG* 21.2.1991 EzA § 123 BGB Nr. 35; *LAG Düsseld.* 24.4.2008 LAGE Art. 33 GG Nr. 17; offen gelassen allerdings von *BAG* 27.7.2005 EzA Art. 33 GG Nr. 29).

358 Ein Arbeitnehmer, der sich um eine Dauerstellung bewirbt, muss von sich aus und ungefragt nicht unbedingt eine rechtskräftig verhängte und demnächst zu verbüßende mehrmonatige Freiheitsstrafe offenbaren.

359 Das gilt vor allem dann, wenn der Bewerber eine Strafverbüßung im offenen Vollzug beantragt und die Chance hat, diese bewilligt zu erhalten (a. A. *LAG Frankf.* 7.8.1986 NZA 1987, 352). Das *BAG* (18.9.1987 EzA § 123 BGB Nr. 28) hat die Anfechtung des Arbeitsvertrages durch den Arbeitgeber letztlich als unwirksam erachtet, weil der Freigängerstatus später noch bewilligt worden war und so der Arbeitnehmer seiner Arbeitspflicht nachkommen konnte. Der Anfechtungsgrund hatte folglich zum Zeitpunkt der Anfechtungserklärung bereits seine Bedeutung verloren.

360 Bei der Prüfung der Eignung des Bewerbers für die geschuldete Tätigkeit – z. B. bei der Einstellung in den Polizeivollzugsdienst – kann es auch je nach den Umständen zulässig sein, diesen zu verpflichten, während eines längeren Bewerbungsverfahrens anhängig werdende einschlägige Ermittlungsverfahren nachträglich mitzuteilen (*BAG* 20.5.1999 EzA § 123 BGB Nr. 52).

*f) Persönliche Lebensverhältnisse; Verfassungstreue; pflegebedürftige Angehörige*

361 Fragen nach familiären Verhältnissen (Ehegatten, Kindern) sind zulässig, wenn der Arbeitgeber ein betriebsbezogenes Interesse (z. B. hinsichtlich des Wohnortes) an einer Auskunft hat; eine Ausforschung des Intimbereichs ist dagegen unzulässig.

362 Vorbehaltlich der Verfassungsgarantie der Kirchenautonomie (Art. 140 GG; s. Rdn. 369) und insgesamt bei der Bewerbung um eine Beschäftigung in einem **Tendenzbetrieb** sind daher Fragen nach dem Bestehen einer nichtehelichen Lebensgemeinschaft, einer bevorstehenden Heirat oder danach, ob der Arbeitnehmer geschieden ist, nach der Religionszugehörigkeit, einer Parteimitgliedschaft oder politischen Anschauungen und Aktivitäten nicht zulässig.

363 Die Frage nach der **Gewerkschaftszugehörigkeit** verstößt vor der Einstellung gegen Art. 9 Abs. 3 GG; nach der Einstellung ist sie dagegen zulässig, wenn und soweit die Anwendung von Tarifverträgen davon abhängt, dass der Arbeitnehmer einer tarifschließenden Gewerkschaft angehört (§§ 3, 4 TVG). **Der Arbeitnehmer kann demgegenüber uneingeschränkt nach der Tarifbindung des Arbeitgebers fragen** (*BAG* 19.3.2003 NZA 2003, 1207; s. *Boemke* NZA 2004, 142 ff.).

364 Unzulässig ist auch die Frage danach, ob der Bewerber **Wehrdienst** oder **Zivildienst** geleistet hat oder leisten möchte (Art. 4 Abs. 3 GG) oder danach, ob er derzeit Nebentätigkeiten durchführt oder dieses plant (Art. 12 Abs. 1 GG).

## B. Pflichten bei der Vertragsanbahnung — Kapitel 2

Auch ein Arbeitnehmer des **öffentlichen Dienstes** unterliegt nicht in jedem Fall der einem Beamten vergleichbaren – gesteigerten – Treuepflicht. **Je nach Stellung und Aufgabenkreis** kann von ihm, anders als von einem Beamten, nicht die Bereitschaft verlangt werden, sich mit der Idee des Staates, d. h. seiner freiheitlichen, demokratischen, rechts- und sozialstaatlichen Ordnung zu identifizieren und dafür aktiv einzutreten. Je nach Funktion kann ein Arbeitnehmer die ihm nach § 3 Abs. 1 S. 2 TV-L obliegende Pflicht zur Verfassungstreue schon dadurch »wahren«, dass er die freiheitlich-demokratische Grundordnung **nicht aktiv bekämpft** (*BAG* 12.5.2011 EzA § 123 BGB 2002 Nr. 10). Diesen Grundsätzen ist auch bei der Ausübung des Fragerechts im Zusammenhang mit der Einstellung in den öffentlichen Dienst angemessen Rechnung zu tragen. Auch wenn zu den Eignungskriterien i. S. v. Art. 33 Abs. 2 GG die Verfassungstreue zählt, sind darauf bezogene Fragen nur zulässig, soweit die vorgesehene Funktion dies erfordert und rechtfertigt (vgl. *BAG* 16.12.2004 EzA § 123 BGB 2002 Nr. 5; 12.5.2011 EzA § 123 BGB 2002 Nr. 10). **Die Frage muss so formuliert sein, dass der Arbeitnehmer erkennen kann, wonach gefragt ist.** Er muss die Zulässigkeit der Frage beurteilen. Wenn **politische Einstellungen** den Arbeitnehmer bei funktionsbezogener Betrachtung nicht – auch für ihn erkennbar – an der ordnungsgemäßen Erfüllung seiner Berufspflichten hindern, besteht keine Pflicht, die eigenen Überzeugungen und mögliche Parteimitgliedschaften oder Organisationszugehörigkeiten ungefragt zu offenbaren (*BAG* 12.5.2011 EzA § 123 BGB 2002 Nr. 10). — 364a

Drängte sich dem Arbeitnehmer bei seiner Einstellung allerdings auf, dass er wegen seines politischen Engagements nicht in der Lage sein werde, das für die angestrebte Tätigkeit **erforderliche Maß an Verfassungstreue aufzubringen**, und versäumt er es bewusst, diesen Umstand zu offenbaren, kann dies den Arbeitgeber – unabhängig von Inhalt und Umfang seiner Belehrung zur Verfassungstreue – zur Anfechtung des Arbeitsvertrags berechtigen (*BAG* 12.5.2011 EzA § 123 BGB 2002 Nr. 10). — 364b

Im Hinblick auf den unmittelbar nach Begründung des Arbeitsverhältnisses, insbes. bereits vor Anwendbarkeit des KSchG vorgesehenen **besonderen Kündigungsschutz** nach § 5 PflegeZG ist fraglich, inwieweit der Arbeitgeber ein berechtigtes Interesse an der Frage nach pflegebedürftigen Angehörigen des Arbeitnehmers i. S. d. § 7 Abs. 3 PflegeZG bzw. nach der Absicht, Pflegezeit i. S. d. § 4 PflegeZG in absehbarer Zeit in Anspruch zu nehmen, hat. Es wird wohl danach zu **differenzieren** sein, ob es sich um eine beabsichtigte **Daueranstellung** – dann kein Fragerecht, weil ein nur vorübergehender Zustand (s. § 4 Abs. 1 PflegeZG) – oder um eine Einstellung z. B. zum **Zwecke der Vertretung** handelt – dann Fragerecht, wenn der Vertragszweck gefährdet ist (instr. *Joussen* NZA 2009, 69 ff.). — 365

### g) Persönliche Eigenschaften

Da Eigenschaften wie Pünktlichkeit, Korrektheit bei der Erfüllung arbeitsvertraglicher Verpflichtungen einschließlich der Beachtung des geschuldeten arbeitsvertraglichen Begleitverhaltens für das Arbeitsverhältnis und seine reibungslose Abwicklung von Bedeutung sind, stehen dem Arbeitgeber entsprechende Informationen über das Verhalten des Arbeitnehmers im früheren Arbeitsverhältnis zu. — 366

Daher kann z. B. Auskunft über die Gründe einer verhaltens- oder personenbedingten Kündigung im früheren Arbeitsverhältnis verlangt werden (auch wenn sie für die soziale Rechtfertigung einer Kündigung noch nicht ausreichend waren) und deshalb auch schon über die Vorfrage, ob sich der Arbeitnehmer zum Zeitpunkt der Bewerbung noch in einem **ungekündigten Arbeitsverhältnis** befindet. — 367

### h) Tätigkeit bei Tendenzunternehmen

Tendenzträger im Tendenzunternehmen übernehmen die arbeitsvertragliche Aufgabe, die Politik des Tendenzunternehmens intern mit zu entwickeln, zu begründen und nach außen zu vertreten. Sie müssen diese auch i. d. R. von ihrer weltanschaulichen, politischen und gewerkschaftlichen Überzeu- — 368 gung her mittragen. Deshalb steht dem Arbeitgeber insoweit ein Recht zur Erhebung der für die Beurteilung maßgeblichen Tatsachen zu.

369 Kirchliche Einrichtungen können z. B. den Abschluss eines Arbeitsvertrages davon abhängig machen, dass der Bewerber um den Arbeitsplatz der Kirche angehört. Schon daraus folgt, dass der kirchliche Arbeitgeber die Frage nach der **Religionszugehörigkeit** stellen darf. Da aber ein kirchlicher Arbeitgeber jeden Arbeitnehmer zu einer Leistung und Loyalität verpflichten kann, die der Stellung der Einrichtung in der Kirche und der übertragenen Funktion gerecht werden, sind auch weitergehende Fragen zulässig. Sie sind sogar geboten, weil ein Arbeitgeber bei der Vertragsanbahnung klarstellen muss, welche Anforderungen an eine Person gestellt werden, die im Dienst der Kirche steht. Es gehört zu seinen Obliegenheiten bei Vertragsschluss, dem Bewerber mitzuteilen, dass die Gestaltung des kirchlichen Arbeitsverhältnisses von der Dienstgemeinschaft aller ausgeht, in der jeder Mitarbeiter das kirchliche Selbstverständnis der Einrichtung anerkennt und seiner Leistungserbringung und dem Verhalten außerhalb des Dienstes zugrunde legt.

*i) Sicherheitsbedenken*

370 Weil Sicherheitsbedenken allein noch keinen ohne weiteres eine ordentliche Kündigung sozial rechtfertigenden Grund darstellen (*BAG* 26.10.1978 EzA § 1 KSchG Nr. 38) geht *Buchner* (MünchArbR § 30 Rn. 339) davon aus, dass dem Arbeitgeber die Tatsachenerhebung und das dazu erforderliche Fragerecht (hinsichtlich persönlicher, familiärer Daten, Vorstrafen, der Zuverlässigkeit des Bewerbers) wegen tatsächlich **begründeter Sicherheitsbedenken** vor der Einstellungsentscheidung – keineswegs beschränkt auf den Verteidigungs- und Rüstungsbereich – **nicht verwehrt werden kann**.

*j) Zugehörigkeit zur Scientology-Organisation*

371 Bei der Entscheidung über die Besetzung einer **Vertrauensstellung**, das sind insbes. Führungspositionen sowie alle sonstigen Arbeitsplätze, die Zugang zu unternehmensinternen Daten gewähren, ist die Frage nach der Mitgliedschaft des Kandidaten zur Scientology-Organisation zulässig (*Bauer/Baeck/Merten* BB 1997, 2534; für den öffentlichen Dienst vgl. *Berger-Delhey* ZTR 1999, 116).

*k) Mitarbeit für das MfS*

372 Die wahrheitswidrige Beantwortung der Frage nach einer Mitarbeit für das Ministerium für Staatssicherheit der ehemaligen DDR kann bei einer Einstellung in den öffentlichen Dienst u. U. die Anfechtung des Arbeitsvertrages wegen einer arglistigen Täuschung gem. §§ 123, 142 BGB rechtfertigen.

373 Denn ein als Lehrer im öffentlichen Dienst eingestellter Arbeitnehmer ist verpflichtet, die in einem Fragebogen gestellte Frage nach einer Mitarbeit für das MfS wahrheitsgemäß zu beantworten. Nach Art. 33 Abs. 2 GG hat jeder Deutsche nach seiner Eignung, Befähigung und fachlichen Leistung gleichen Zugang zu jedem öffentlichen Amt. Zur Eignung in diesem Sinne gehören auch die Fähigkeit und die innere Bereitschaft, die dienstliche Aufgabe nach den Grundsätzen der Verfassung wahrzunehmen, insbes. die **Freiheitsrechte der Bürger zu wahren** und rechtsstaatliche Regeln einzuhalten. Deshalb ist es grds. nicht zu beanstanden, wenn bei Einstellungen in den öffentlichen Dienst auch eine etwaige frühere Mitarbeit für das MfS herangezogen wird (*BAG* 16.12.2004 EzA § 123 BGB 2002 Nr. 5).

374 Die Anfechtung ist jedoch ausgeschlossen (§ 242 BGB), wenn die Rechtslage des Getäuschten im Zeitpunkt der Anfechtung nicht mehr beeinträchtigt ist (*BAG* 28.5.1998 EzA § 123 BGB Nr. 49; s. Rdn. 893 f.; zur Kündigung des Arbeitsverhältnisses vgl. *BAG* 21.6.2001 NZA 2002, 168 LS). Fragen nach **vor 1970 abgeschlossenen Tätigkeiten** für das MfS sind aber nur dann statthaft, wenn diese Tätigkeiten **besonders schwer wiegen**. Eine arglistige Täuschung kann auch darin liegen, dass der Arbeitnehmer, der mit einer berechtigten Frage des öffentlichen Arbeitgebers nach einer Tätigkeit für das MfS rechnet, unaufgefordert bei seiner Bewerbung versichert (z. B. »an Eides statt«), er sei nicht für das MfS tätig gewesen (*BAG* 6.7.2000 EzA § 123 BGB Nr. 55).

Etwas anderes gilt aber dann, wenn zum Zeitpunkt der Fragestellung die Tätigkeit für das MfS **375** erst etwas mehr als 10 Jahre zurücklag. Denn dieser Zeitraum ist in jedem Fall zu kurz, um die Annahme zu rechtfertigen, die MfS-Tätigkeit habe so lange zurückgelegen, dass allein der Ablauf der Zeit »die Wunden geheilt« habe (*BAG* 16.12.2004 EzA § 123 BGB 2002 Nr. 5). Dabei sind an einen **Lehrer**, der lernbehinderte Schüler in Sport und Werken zu unterrichten hat, keine geringeren Anforderungen zu stellen, als sie üblicherweise von Lehrern mit dieser Fächerkombination zu verlangen sind. Die geltende Verfassungsordnung baut im Kern und entscheidend auf der Achtung und dem Schutz der Menschenwürde durch die staatliche Gewalt auf. Gerade gegenüber Personen, die auf Grund von Behinderungen in der eigenen Rechtsausübung gefährdet sind, bedarf es **besonderer und fürsorglicher Beachtung ihrer Menschenwürde und Freiheitsrechte** seitens des Staates und der von ihm eingesetzten Lehrer. Außerdem bedarf dieser Kreis der Lehrer an staatlichen Schulen in besonderem Maße des Vertrauens der Eltern, der Öffentlichkeit und des Dienstherrns in seine innere Einstellung zu den Grundwerten der Verfassung (*BAG* 16.12.2004 EzA § 123 BGB 2002 Nr. 5 = ZTR 2005, 379 = NZA 2006, 624 LS).

Die **fehlende Zustimmung des Personalrats** zu einem Personalfragebogen gibt dem Arbeitnehmer **376** im Übrigen nicht das Recht, eine in dem Fragebogen individualrechtlich zulässigerweise gestellte Frage nach einer früheren MfS-Tätigkeit wahrheitswidrig zu beantworten (*BAG* 2.12.1999 NZA 2001, 107; s. *Gitter* SAE 2000, 346 ff.).

Im Gegensatz zu der Frage nach einer Mitarbeit für das MfS ist die Frage nach erfolglosen Anwer- **377** bungsversuchen seitens des MfS **nicht zulässig**, da sie in keinerlei Zusammenhang mit der Pflichtenbindung im Arbeitsverhältnis steht. Die lediglich **kurzzeitige Untervermietung einer Wohnung** ist im Übrigen keine »Arbeit« für das MfS (*BAG* 1.7.1999 NZA-RR 1999, 635; zur Frage nach früheren »Stasi-Kontakten« vgl. *BAG* 13.6.2002 EzA § 1 KSchG Verhaltensbedingte Kündigung Nr. 57).

Es sind auch in der Privatwirtschaft Arbeitsplätze denkbar, bei denen eine frühere Tätigkeit des **378** Einzustellenden für das MfS derart gravierende Eignungsmängel erkennen lässt, dass der Betreffende eine entsprechende Frage des Arbeitgebers wahrheitsgemäß zu beantworten hat (*BAG* 25.10.2001 NZA 2002, 639 LS).

Solange der Arbeitgeber keine konkrete Frage stellt, muss sich der Arbeitnehmer allerdings nicht über »Stasi-Kontakte« unbestimmter Art »offenbaren« (*BAG* 13.6.2002 EzA § 1 KSchG Verhaltensbedingte Kündigung Nr. 57).

### l) Frage nach früheren Beschäftigungen im Unternehmen (bei befristeten oder auflösend bedingten Arbeitsverhältnissen)

Gem. § 14 Abs. 2 TzBfG (s. Kap. 5 Rdn. 90 ff.) ist seit dem 1.1.2001 der Abschluss eines sach- **379** grundlos befristeten Arbeitsvertrages mit einem Arbeitnehmer dann unzulässig, wenn mit demselben Arbeitgeber bereits ein befristetes oder unbefristetes Arbeitsverhältnis bestanden hatte. Daraus wird abgeleitet, dass der **Arbeitgeber befugt** sein soll, vor Abschluss eines befristeten Vertrages den Bewerber **ausdrücklich nach früheren Beschäftigungen im Unternehmen zu fragen** bzw. eine entsprechende Frage ausdrücklich in einen Einstellungsfragebogen aufzunehmen (*Bauer* BB 2001, 2476; *Kliemt* NZA 2001, 300).

Ob bei einer wahrheitswidrigen Beantwortung der Frage allerdings eine Anfechtung gem. § 123 **380** BGB oder gem. § 119 BGB in Betracht kommt, ist **zweifelhaft**, verfügt der Arbeitgeber doch über dieselben Erkenntnismöglichkeiten hinsichtlich des hier maßgeblichen Vorgangs wie der Arbeitnehmer. Auch der Vorschlag, in einer Präambel des befristeten Vertrages die Zusicherung einer fehlenden Vorbeschäftigung aufzunehmen mit der Maßgabe, dass dann, wenn sich der Arbeitnehmer später und zutreffend auf eine Vorbeschäftigung beruft, die Geschäftsgrundlage wegfalle und das Arbeitsverhältnis mit sofortiger Wirkung ende (so *Straub* NZA 2001, 923), überzeugt nicht, weil ein Kenntnisvorsprung des Arbeitnehmers nicht besteht und im Hinblick auf Namensänderungen, Än-

## Kapitel 2 — Anbahnung und Begründung des Arbeitsverhältnisses

derungen in der Betriebs-, Unternehmens- und Konzernstruktur das Fehlerrisiko eher auf Seiten des Arbeitgebers liegt.

### m) Drogenkonsum

381 Anlässlich einer Einstellungsuntersuchung darf der Arbeitgeber ein **Drogenscreening** verlangen, wenn eine Alkohol- oder Drogenabhängigkeit des Bewerbers seine **Eignung für den Arbeitsplatz entfallen** ließe. Das ist insbes. der Fall bei **gefährdeten oder gefährdenden Tätigkeiten** (z. B. Gerüstbauer, Pilot, Waffenträger usw.). Die **Rechtsschutzmöglichkeiten eines Bewerbers**, der wegen Verweigerung eines unzulässigen Drogentests abgelehnt wird, sind **gering**. Er kann allenfalls Schadensersatz- oder Schmerzensgeldansprüche geltend machen, deren Voraussetzungen schwer nachweisbar sind (vgl. *Diller/Powietzka* NZA 2001, 1227 ff.).

### n) Befinden in einem ungekündigten Arbeitsverhältnis

382 I. d. R. besteht nach Auffassung des *LAG München* (3.2.2005 LAGE § 123 BGB 2002 Nr. 1) beim Abschluss eines Arbeitsvertrages **keine Offenbarungspflicht** dahin, dass sich der Arbeitnehmer in einem ungekündigten Arbeitsverhältnis befindet und dieses bis zum Beginn des neuen Arbeitsverhältnisses unter Beachtung der geltenden Kündigungsfristen nicht mehr beenden kann.

## 8. Beschränkung der Informationserhebung bei Dritten

383 Zwar sind bei der Informationserhebung des Arbeitgebers bei Dritten (z. B. weil ein Fragerecht gegenüber dem Arbeitnehmer nicht besteht oder weil dieser nicht die notwendigen, z. B. medizinischen Einzelheiten, kennt) im Verhältnis Arbeitgeber/Arbeitnehmer die gleichen normativen Schutzbestimmungen (s. Rdn. 293 ff.) zu beachten.

384 Andererseits kann der Arbeitgeber an der Informationserhebung bei Dritten **noch weniger gehindert werden**, als an der Wahrnehmung der Informationsmöglichkeiten gegenüber dem Einstellungsbewerber selbst. Allenfalls die Herausgabe persönlicher Daten, nicht jedoch die Nachfrage nach solchen Daten kann das Persönlichkeitsrecht des Bewerbers verletzen (*BAG* 18.12.1984 EzA § 611 BGB Persönlichkeitsrecht Nr. 2).

### a) Einschränkung der Informationserhebung durch Zuständigkeitsnormen

385 **Dritte unterliegen nicht den Grenzen des Fragerechts**. Es kann jedoch eine nur beschränkte Zuständigkeit (insbes. bei Behörden, z. B. bei Auskünften aus dem Bundeszentralregister [BZRG] oder der Verfassungsschutzbehörden bei Arbeitnehmern in sicherheitsempfindlichen Bereichen ist diese einschließlich ihrer Grenzen ausdrücklich normiert) zur Informationsgewährung sowie das rechtliche Erfordernis gegeben sein, personenbezogene Daten **nur mit Einwilligung** des Betroffenen weiterzugeben.

386 Schlechthin unzulässig ist die Einholung einer ärztlichen Auskunft über den Gesundheitszustand des Bewerbers/Arbeitnehmers ohne dessen Einwilligung. Unzulässig ist auch die Anforderung eines Aidstests oder das Verlangen, die Entgegennahme oder die Verwendung einer genetischen Analyse oder die Mitteilung der Ergebnisse früherer Untersuchungen vor oder nach Begründung des Beschäftigungsverhältnisses (§§ 3 Nr. 12 lit. a, g, 19 GenDG; s. *Fischinger* NZA 2010, 65 ff.; *Genenger* NJW 2010, 13 ff.; *Wiese* BB 2009, 2198 ff. und BB 2011, 313 ff.).

387 Ausnahmen sind aber für genetische Untersuchungen und Analysen gem. § 20 GenDG zum Arbeitsschutz möglich, wenn auf Grund des Gefahrenpotentials des Arbeitsplatzes die Erhebung der Krankheitsdisposition des Einstellungsbewerbers in dessen Interesse geboten erscheint, um **mögliche Gesundheitsgefährdungen auszuschließen** (s. *Wiese* BB 2009, 2198 ff. und BB 2011, 313 ff.).

## B. Pflichten bei der Vertragsanbahnung Kapitel 2

### b) Ärztliche und psychologische Untersuchungen

Der Arbeitgeber kann und muss zum Teil nach Maßgabe gesetzlicher Vorschriften (z. B. § 43 IfSG) 388
verlangen, dass sich der Arbeitnehmer einer ärztlichen Einstellungs- oder auch sonstigen Eignungsuntersuchung (auf Kosten des Arbeitgebers) unterzieht.

> Mit ausdrücklich oder stillschweigend erteilter Einwilligung des Bewerbers sind psychologische 389
> Tests durch eine hierfür zuständige Stelle zulässig, wenn es um die Feststellung der Eignung eines Arbeitnehmers geht und dieser durch sein Verhalten Anlass zu Zweifeln an seiner Eignung gegeben hat (*BAG* 13.2.1964 AP Nr. 1 zu Art. 1 GG).

Entsprechendes gilt für mit Einwilligung des Bewerbers eingeholte **graphologische Gutachten**, die 390
das *BAG* (16.9.1982 EzA § 123 BGB Nr. 22) trotz des damit verbundenen Ausleuchtens der Persönlichkeit für zulässig erachtet.

In der Einreichung eines **handgeschriebenen Lebenslaufs** liegt zugleich auch die Einwilligung zur 391
Einholung eines graphologischen Gutachtens, wenn der Stellenbewerber in einem Begleitschreiben auf die Vorzüge der angewandten Graphologie hinweist (*BAG* 16.9.1982 EzA § 123 BGB Nr. 22).

### c) Informationen durch den früheren oder derzeitigen Arbeitgeber

> Inwieweit der frühere oder derzeitige Arbeitgeber Informationen über den Bewerber geben darf 392
> oder geben muss, richtet sich nach der zwischen Bewerber und Arbeitgeber (noch) bestehenden Rechtsbeziehung. Eine Verpflichtung zur Auskunftserteilung (z. B. über Qualifikation und Leistungsverhalten) besteht zwar nicht dem potentiellen neuen Arbeitgeber gegenüber, aber zu dessen Gunsten im Wege einer nachwirkenden Fürsorgepflicht im Verhältnis zum Einstellungsbewerber aus dem noch bestehenden oder früheren Arbeitsverhältnis (*BAG* 25.10.1957 AP Nr. 1 zu § 630 BGB). Der Arbeitgeber ist folglich verpflichtet, Dritten gegenüber, bei denen sich der Arbeitnehmer bewirbt, Auskünfte über seine Leistungen und sein Verhalten zu erteilen. Die Auskunft muss wahrheitsgemäß i. S. einer vollständigen, gerechten und nach objektiven Grundsätzen getroffenen Beurteilung sein (*LAG Nds.* 29.5.2009 LAGE § 280 BGB 2002 Nr. 4).

Für diese Auskunftserteilung gelten **dieselben Schranken wie für die Zeugniserteilung**. Der Arbeit- 393
nehmer kann verlangen, dass eine falsche Auskunft richtig gestellt wird und er hat, wenn weitere Beeinträchtigungen zu besorgen sind, einen Anspruch auf Unterlassung von Auskünften.

Demgegenüber lässt sich nach Auffassung des *LAG Hmb.* (BB 1985, 804; abl. dazu *Schulz* NZA 394
1990, 717) eine Auskunft freier gestalten als ein Zeugnis. Deshalb soll der Arbeitgeber angesichts des vertraulichen Charakters einer Auskunft bei der Auskunftserteilung Umstände mitteilen dürfen, die in das Zeugnis nicht aufgenommen zu werden pflegen. Die Auskunft darf danach grds. auch ungünstige Bemerkungen über Leistung und Führung des Arbeitnehmers sowie über den Grund seines Ausscheidens enthalten. Jedenfalls ist ein wahrheitsgemäßer Hinweis eines ehemaligen Arbeitgebers an einen potentiellen künftigen Arbeitgeber auf **Arbeitsunfähigkeitszeiten** eines Arbeitnehmers wegen epileptischer Anfälle dann nicht rechtswidrig, wenn die erteilte Auskunft für den potentiellen Arbeitgeber von **berechtigtem Interesse** ist, z. B. wegen der beabsichtigten Beschäftigung auf Baustellen und damit auch u. U. auf Gerüsten (*LAG Köln* 27.6.1997 NZA-RR 1998, 533).

Haben sich die Parteien durch gerichtlichen Vergleich auf einen **bestimmten Zeugnisinhalt geeinigt**, 395
dann ist der Arbeitgeber bei Auskunftserteilung aber jedenfalls an den Vergleichsinhalt gebunden (*LAG Hmb.* BB 1985, 804).

Verstößt der Arbeitgeber gegen die ihm obliegenden Pflichten, so hat der Arbeitnehmer Anspruch auf 396
**Schadensersatz** aus dem Arbeitsverhältnis wegen Verletzung der Fürsorgepflicht, auch wenn dieses bereits beendet ist, oder aus §§ 824, 826 BGB (ggf. i. V. m. §§ 278, 831 BGB). Der Schaden kann darin bestehen, dass es wegen der Auskunft nicht zum Abschluss eines neuen Arbeitsvertrages gekommen ist; die Höhe kann sich aus dem entgangenen Verdienst berechnen (*LAG Nds.* 29.5.2009 LAGE § 280 BGB 2002 Nr. 4).

397 Für die Behauptung, wegen der Pflichtverletzung einen neuen Arbeitsplatz nicht gefunden zu haben, ist der Arbeitnehmer darlegungs- und beweispflichtig. Es gibt keinen Erfahrungssatz, auf den man die tatsächliche Vermutung stützen kann, dass die Bewerbung nur deshalb erfolglos blieb, weil ein früherer Arbeitgeber über den Bewerber eine negative Auskunft erteilt hat (*LAG Frankf.* 20.12.1979 BB 1980, 1160 LS; *LAG Bln.* 8.5.1989 NZA 1989, 965); das gilt selbst bei guter Qualifikation des Bewerbers und gutem Arbeitszeugnis (*LAG Nds.* 29.5.2009 LAGE § 280 BGB 2002 Nr. 4).

398 Unabhängig von diesem Anspruch des Arbeitnehmers ist der Arbeitgeber auch gegen den Willen des Arbeitnehmers berechtigt, Informationen über Leistung und Verhalten des Arbeitnehmers während des Arbeitsverhältnisses an Personen zu erteilen, die ein **berechtigtes Interesse an der Erlangung der Auskunft haben**, selbst wenn sie dem Arbeitnehmer schaden (*BAG* 25.10.1957 AP Nr. 1 zu § 630 BGB). Dies gilt aber nicht für persönliche Daten, insbes. die zwischen den Parteien vereinbarten Arbeitsbedingungen (*BAG* 18.12.1984 EzA § 611 BGB Persönlichkeitsrecht Nr. 2).

399 Verstößt der Arbeitgeber dagegen, z. B. indem er dem anderen Arbeitgeber den Arbeitsvertrag und einen Personalkreditvertrag zeigt, so liegt in der Preisgabe personenbezogener Daten eine **Verletzung des Persönlichkeitsrechts**. Von der Schwere des Eingriffs hängt es ab, ob der Betroffene Schmerzensgeld für seinen immateriellen Schaden verlangen kann. Das ist dann nicht der Fall, wenn die Rechtsverletzung dem Arbeitnehmer keinerlei Nachteile verursacht hat und aus der Sicht des Arbeitgebers seinen Interessen dienen sollte (*BAG* 18.12.1984 EzA § 611 BGB Persönlichkeitsrecht Nr. 2).

400 Die Auskünfte des Arbeitgebers müssen **richtig i. S. einer wahrheitsgemäßen Zeugniserteilung** sein (*BAG* 25.10.1957 AP Nr. 1 zu § 630 BGB).

401 Gegenüber Dritten kann ausnahmsweise eine vertragsähnliche Haftung in Betracht kommen.

402 Die versprochene Leistung kann zum Inhalt haben, dass der die Auskunft Erteilende deren Richtigkeit garantiert. Dies ist der Fall, wenn das Vertrauen des Auskunftsempfängers auf die Richtigkeit der Auskunft so weit geht, dass seine Dispositionen davon beeinflusst werden (BGHZ 74, 281). Insoweit liegt ein stillschweigender Abschluss eines Auskunftsvertrages zwischen dem früheren und dem möglichen neuen Arbeitgeber vor, denn die erbetene Auskunft hat für den möglichen neuen Arbeitgeber i. d. R. besondere wirtschaftliche Bedeutung (*BGH* 20.1.1954 BGHZ 12, 105; 7.6.1956 BB 1956, 770). Auf jeden Fall **darf der neue Arbeitgeber auf die Richtigkeit** des Zeugnisses wie auch **der Auskunft vertrauen.**

### 9. Bewerbungsunterlagen; Datenschutz

403 **Der Arbeitgeber ist verpflichtet, Bewerbungsunterlagen sorgfältig aufzubewahren** und sie unverzüglich wieder **auszuhändigen**, sobald feststeht, dass ein Arbeitsvertrag nicht zustande kommt. Im Falle eines Vertragsabschlusses hat er sie zurückzugeben, soweit sie für ihn nicht mehr von wesentlicher Bedeutung sind.

404 Die vom Arbeitgeber bei der Einstellung erhobenen Daten stehen nicht zu seiner freien Disposition. Grenzen der Datenspeicherung und -nutzung ergeben sich aus allgemeinen persönlichkeitsrechtlichen Grundsätzen sowie dem BDSG.

405 Sensible personenbezogene Daten (z. B. ärztliche Zeugnisse) dürfen den Personalakten nicht offen beigelegt, sondern müssen gesondert verschlossen aufbewahrt werden (*BAG* 15.7.1987 EzA § 611 BGB Persönlichkeitsrecht Nr. 5).

Dritten, die nicht mit Personalentscheidungen betraut sind, dürfen die Bewerbungsunterlagen nur mit Zustimmung des Betroffenen zugänglich gemacht werden; der Arbeitgeber ist verpflichtet, sie sorgfältig aufzubewahren.

Eine Ausnahme vom Weiterleitungsverbot gilt für die Personen und Stellen im Betrieb, die für den **406** Arbeitgeber die Einstellungsentscheidung vorbereiten oder von Gesetzes wegen an ihr beteiligt sind; das gilt insbes. für den Betriebsrat (§ 99 BetrVG).

Ein **erfolglos gebliebener Bewerber** hat analog § 1004 BGB einen **Anspruch auf Vernichtung des** **407** **Personalfragebogens** (*BAG* 6.6.1984 EzA Art. 2 GG Nr. 4), da die dauerhafte Aufbewahrung dieser persönlichen Daten einen Eingriff in das Persönlichkeitsrecht des Bewerbers darstellt.

Etwas anderes gilt, wenn der Arbeitgeber ein berechtigtes Interesse an der Aufbewahrung hat, z. B. **408** dann, wenn die Bewerbung des Arbeitnehmers im Einverständnis der Parteien in absehbarer Zeit wiederholt werden soll. Ein schutzwürdiges Interesse an der Aufbewahrung kann auch dann bestehen, wenn der Arbeitgeber mit Rechtsstreitigkeiten über die negative Entscheidung des betroffenen Bewerbers oder eines konkurrierenden Dritten rechnen muss. Demgegenüber genügt noch nicht die bloße Absicht, den Fragebogen bei einer nochmaligen Bewerbung zu einem Datenvergleich heranzuziehen, oder den Bewerber später zu einer nochmaligen Bewerbung anzuhalten.

### 10. Background Checks und ihre Grenzen

Hinsichtlich der Beantwortung der Frage, welchen Grenzen Arbeitgeber unterworfen sind, wenn sie **409** im Vorfeld von Einstellungen sog. Background Checks von Bewerbern durchführen möchten (z. B. unter Vorlage von Führungszeugnissen, SCHUFA-Auskünften), gelten zusammengefasst folgende Grundsätze (vgl. *Hohenstatt/Starner/Hinrichs* NZA 2006, 1065 ff.; *Thum/Szcesny* BB 2007, 2405 ff.):

- Die Reichweite des Informationsverschaffungsanspruchs im Einstellungsverfahren wird maßgeblich geprägt durch die von der Rechtsprechung zum Fragerecht entwickelten Kriterien.
- Der Anspruch ist danach auf die Beschaffung von Informationen über den Bewerber beschränkt, **410** die in einem sachlichen und inneren Zusammenhang mit dem zu besetzenden Arbeitsplatz stehen und für die Tätigkeit im Unternehmen von Bedeutung sind.
- Die Anforderung von Zeugnissen zu den fachlichen Fähigkeiten des Bewerbers sowie – nach Zu- **411** stimmung des Bewerbers – von ärztlichen, fachpsychologischen und graphologischen Gutachten ist zulässig, sofern die einzelnen Dokumente auf die angestrebte Tätigkeit beschränkt sind.

Der Arbeitgeber kann zudem auch ein Führungszeugnis und eine SCHUFA-Auskunft verlangen, **412** wenn im Unternehmen geeignete Sicherungsinstrumente zur Berücksichtigung der Interessen des Bewerbers vorhanden sind.

### 11. Informationen im Internet

Fraglich ist, inwieweit der Arbeitgeber im Rahmen der Personalauswahl auf Informationen zurück- **413** greifen darf, die im Internet, insbes. in sozialen Netzwerken (z. B. Facebook, StudiVZ) hinterlegt sind. Insoweit lassen sich folgende differenzierte Grundsätze vertreten (s. *Forst* NZA 2010, 427 ff.):
- Bei der Beurteilung von Bewerberüberprüfungen in sozialen Netzwerken ist zwischen der Recherche in berufsorientierten Netzwerken und derjenigen in freizeitorientierten Netzwerken zu unterscheiden, da letztere eine Recherche durch ihre AGB verbieten.
- Daten, die über Suchmaschinen ohne Netzwerkmitgliedschaft des Arbeitgebers frei zugänglich sind, können nach § 28 Abs. 1 S. 1 Nr. 3, Abs. 6 Nr. 2 BDSG erhoben werden.
- Daten, die nur Mitgliedern zugänglich sind, können nur in berufsorientierten Netzwerken erhoben werden. Es ist zu unterscheiden, ob das Bewerberprofil allen Mitgliedern des Netzwerks offen steht oder nur befreundeten Mitgliedern. Im ersten Fall kann die Datenerhebung gem. § 32 Abs. 1 S. 1 Alt. 1 BDSG, im zweiten Fall sogar eine Einwilligung nach §§ 4, 4a BDSG gerechtfertigt sein. Die Erhebung von Daten auf Profilseiten Dritter ist nicht gerechtfertigt.
- Vor der Datenerhebung hat der Arbeitgeber den betrieblichen Datenschutzbeauftragten zu unterrichten. Die Ergebnisse der Recherche sind dem Betriebsrat in Betrieben mit mehr als 20 Arbeitnehmern vorzulegen.

– Handelt der Arbeitgeber rechtswidrig, droht neben öffentlich-rechtlichen Sanktionen vor allem eine Inanspruchnahme durch die Netzwerkbetreiber. Schadensersatzklagen der Bewerber haben hingegen wenig Aussicht auf Erfolg, weil der Bewerber darlegen und beweisen muss, dass er ohne die rechtswidrige Informationserhebung im Internet eingestellt worden wäre. Dieser Beweis wird ihm meist nicht gelingen. Eine reale Haftungsgefahr besteht für den Arbeitgeber deshalb nur, wenn er Daten erhebt, die sich auf ein Merkmal nach § 1 AGG beziehen. Denn dann greift der Sondertatbestand des § 15 AGG ein, der auch eine Beweislastumkehr beinhaltet.

414, 415 (derzeit unbesetzt)

### IV. Vorstellungskosten

416 Gem. § 670 BGB hat der erfolglose Stellenbewerber i. d. R. einen Anspruch auf Erstattung der für die Vorstellung angefallenen Kosten (*BAG* 14.2.1977 EzA § 196 BGB Nr. 8; a. A. *Sieber/Wagner* NZA 2003, 1312 ff.).

417 Die Anreise muss aber **mit Wissen und Wollen des möglichen Vertragspartners** erfolgen; nicht erforderlich ist, dass der Arbeitgeber den Bewerber ausdrücklich zur Vorstellung aufgefordert hat. Die Anregung zur Vorstellung kann auch vom Bewerber ausgegangen sein (*LAG Nbg.* 25.7.1995 LAGE § 670 BGB Nr. 12).

418 Der Arbeitgeber muss dann alle Aufwendungen ersetzen, die der Bewerber **für erforderlich halten** durfte, unabhängig davon, ob später ein Arbeitsverhältnis zustande kommt oder nicht (*ArbG Köln* 20.5.2005 NZA-RR 2005, 577). Dazu gehören Fahrtkosten oder Mehrkosten für Verpflegung und Übernachtung, es sei denn, dass die Parteien eine abweichende Vereinbarung betroffen haben. Der Ersatz ungewöhnlich hoher Kosten (z. B. einer Flugreise aus dem Ausland) kann nur bei ungewöhnlich qualifizierten Bewerbern erwartet werden. Hinsichtlich der Erstattung von **Taxikosten** darf ein Bewerber auf deren Erstattung für die Weiterfahrt vom Hauptbahnhof bis zum einladenden Betrieb vertrauen, wenn in der Anreisebeschreibung unter der Rubrik »Anreise mit der Deutschen Bahn Ankunft Köln Hbf« die Weiterfahrt mit dem Taxi als eine mögliche Variante ausdrücklich genannt wird. Andererseits trifft den Bewerber ein Mitverschulden an der Schadensverursachung, wenn er sich beim Betrieb vorher erkundigen konnte, ob etwaige Taxikosten für die Fahrt vom einladenden Betrieb erstattet werden und auf welche Weise der Betrieb anderenfalls kostengünstiger erreicht werden kann (*ArbG Köln* 20.5.2005 NZA-RR 2005, 577: Erstattung von 26,35 € statt 52,70 €).

419 Ansprüche des Arbeitnehmers auf Ersatz von Vorstellungskosten unterliegen der **Verjährung** nach §§ 195, 199 BGB; dies gilt auch, wenn der Bewerber nicht eingestellt wird (*BAG* 14.2.1977 EzA § 196 BGB Nr. 8).

### V. Pflichten des bisherigen Arbeitgebers eines Arbeitsplatzbewerbers

420 Gem. § 629 BGB muss der Arbeitgeber nach der Kündigung eines dauernden Arbeitsverhältnisses (oder dessen bevorstehender Beendigung durch Aufhebungsvertrag, Fristablauf oder Zweckerreichung) dem Arbeitnehmer auf Verlangen **angemessene Zeit** zum Aufsuchen eines anderen Arbeitsverhältnisses gewähren. Der Arbeitnehmer soll vor Beendigung des Arbeitsverhältnisses bei der Suche nach einer Anschlussbeschäftigung unterstützt werden, um ihm die wirtschaftliche Grundlage seiner Lebensführung zu erhalten.

421 Häufigkeit und Dauer der Freistellung hängen von den **Umständen des jeweiligen Einzelfalles** ab. Angemessen ist die dem Zweck einer erfolgreichen Bewerbung entsprechende Zeit. Dem Arbeitnehmer steht ein **Ermessensspielraum** zu, zu entscheiden, welche Schritte er zur Stellungssuche unternimmt, insbes. auf welche Stellenangebote er sich bewerben will. Hinsichtlich der Dauer der Freistellung sind auch die **betrieblichen Interessen** des Arbeitgebers zu berücksichtigen (§ 315 Abs. 1 BGB).

422 Erforderlich ist die vorherige Geltendmachung des Anspruchs. **Fraglich** ist, ob ein **Recht zur Selbstbeurlaubung** besteht. Z. T. (*Hoppe* BB 1970, 8 ff.) wird dies im Hinblick auf §§ 320, 273 BGB be-

jaht; z. T. (*Dütz* DB 1976, 1480) als dogmatisch nicht begründbar verneint und auf den Klageweg, u. U. auf eine einstweilige Verfügung verweisen.

§ 629 BGB ist **zwingendes Recht**, darf also weder einzel- noch kollektivvertraglich ausgeschlossen werden. Gleichwohl sind die Tarifvertragsparteien befugt, den Begriff der angemessenen Zeit zu **konkretisieren**. § 12 Nr. 3 BRTV Bau hat z. B. diesen Zeitraum für Arbeiter im Baugewerbe auf bis zu zwei Stunden festgelegt.

Gem. **§ 616 S. 1 BGB** – § 629 BGB enthält lediglich einen Befreiungs-, nicht einen Entgeltzahlungsanspruch – ist dafür das Entgelt fortzuzahlen, wenn die Verhinderung an der Arbeitsleistung sich auf eine **verhältnismäßig nicht erhebliche Zeit** beschränkt. Die Voraussetzungen beider Normen sind nicht inhaltsgleich, sodass z. B. bei einer weiten Reise zwar ein Anspruch auf Arbeitsbefreiung, nicht aber auf Entgeltfortzahlung gegeben sein kann (*BAG* 13.11.1969 AP Nr. 41 zu § 616 BGB).

Gem. § 2 Abs. 2 Nr. 3 SGB III hat der Arbeitgeber zudem – seit dem 1.1.2003 – den Arbeitnehmer vor der Beendigung des Arbeitsverhältnisses frühzeitig über die Notwendigkeit eigener Aktivitäten bei der Suche nach einer anderen Beschäftigung sowie über die Verpflichtung unverzüglicher Meldung bei der Agentur für Arbeit zu informieren (§ 37b SGB III), ihn dazu freizustellen und die Teilnahme an erforderlichen Qualifizierungsmaßnahmen zu ermöglichen (vgl. dazu *Hümmerich/Holthausen/Welslau* NZA 2003, 7 ff.). Diese Regelung enthält **keine konkrete**, bei Verletzung durch den Arbeitgeber **einen Schadensersatzanspruch auslösende Pflicht** zur Information des Arbeitnehmers, sondern nur einen allgemeinen Programmsatz (*LAG SchlH* 15.6.2005 – 3 Sa 63/05, EzA-SD 17/2005 S. 13 LS; *LAG RhPf* 11.5.2005 – 9 Sa 908/04, EzA-SD 17/2005 S. 13 LS).

Bei Beendigung des dauernden Arbeitsverhältnisses kann der Arbeitnehmer ein schriftliches **Zeugnis** über die Art und Dauer der Beschäftigung, sowie auf Verlangen auch über die Führung und die Leistungen fordern (§ 109 GewO; vgl. auch § 16 BBiG). Zur Auskunftspflicht gegenüber anderen Arbeitgebern s. Rdn. 392 ff.

## C. Der Abschluss des Arbeitsvertrages

### I. Grundlagen

Der Arbeitsvertrag ist Verpflichtungstatbestand und Rechtsgrund für die Erbringung der Arbeitsleistung und des Arbeitsentgelts.

Nach inzwischen ganz überwiegend vertretener Auffassung (s. Kap. 1 Rdn. 34 ff.) entsteht das Arbeitsverhältnis durch Arbeitsvertrag. Es wird allerdings erst mit dem Arbeitsantritt aktualisiert (sog. Vertragstheorie).

Überholt ist demgegenüber die sog. Eingliederungstheorie, wonach Begründungstatbestand des Arbeitsverhältnisses der tatsächliche Akt der Einstellung des Arbeitnehmers in den Betrieb sein soll.

Für das Zustandekommen des Arbeitsvertrages gelten §§ 145 ff. BGB. Ausreichend ist es, wenn sich die Parteien über die entgeltliche Verwendung des Arbeitnehmers geeinigt haben. Dabei stellt allerdings die Übersendung eines (noch) nicht unterschriebenen **Vertragsentwurfs** noch kein Angebot zum Vertragsschluss dar (*LAG Bln.* 30.1.2004 ZTR 2004, 433 LS).

**Bestreitet eine Partei das Zustandekommen eines Arbeitsvertrages, so muss im Einzelnen nach Inhalt, Ort, Zeitpunkt und beteiligten Personen dargelegt werden, wer welche tatsächlichen Erklärungen abgegeben hat** (vgl. *LAG RhPf* 13.5.1996 – 9 (11) Sa 1379/95, n. v.).

Notwendige Voraussetzung für die Annahme eines Arbeitsverhältnisses ist nach § 611 Abs. 1 BGB, dass sich der Arbeitnehmer vertraglich zur Leistung von Diensten verpflichtet (*BAG* 15.2.2012 EzA § 611 BGB 2002 Arbeitnehmerbegriff Nr. 20). Die nähere inhaltliche Konkretisierung der Leistungspflicht des Arbeitnehmers kann durch das Direktionsrecht des Arbeitgebers sowie gem. § 612 BGB hinsichtlich der Vergütung vorgenommen werden.

433 Für die Vertretung beim Abschluss des Arbeitsvertrages gelten §§ 164 ff., 181 BGB. Nicht anwendbar ist § 181 BGB auf den Abschluss eines Berufsausbildungsverhältnisses zwischen Eltern und ihrem Kind (§ 10 Abs. 3 BBiG).

## II. Abgrenzungen

434 Zulässig ist nach der Rechtsauffassung des *LAG Hamm* (24.5.1989 DB 1989, 1974) auch die Vereinbarung eines sog. »**Einfühlungsverhältnisses**« ohne Vergütungsanspruch einerseits und ohne Arbeitspflicht des potentiellen Arbeitnehmers andererseits als eine unbezahlte Kennenlernphase zwischen Arbeitgeber und Arbeitnehmer (zur Vertragsgestaltung s. *Barth* BB 2009, 2646 ff.).

435 Streiten die Parteien über den Inhalt ihrer vertraglichen Abmachungen, spricht sowohl die – unstreitige – Vereinbarung eines Tätigwerdens des Arbeitnehmers für vier Tage im Betrieb des Arbeitgebers als auch die – unstreitige – Tatsache, dass der Arbeitnehmer die Frage der Bezahlung erst nach Beendigung der Tätigkeitsphase angesprochen hat, für den Abschluss eines unbezahlten Einfühlungsverhältnisses und gegen die Vereinbarung eines bezahlten Probearbeits-, Praktikums- (s. *LAG RhPf* 18.6.2009 – 10 Sa 137/09, AuR 2010, 83 LS) oder Volontärverhältnisses. Der Arbeitnehmer trägt dann die Darlegungs- und Beweislast für die Behauptung, es sei eine Bezahlung des Einfühlungsverhältnisses vereinbart worden (*LAG Brem.* 25.7.2002 LAGE § 611 BGB Probearbeitsverhältnis Nr. 5).

436 Kein – weiterer, modifizierter – Arbeitsvertrag kommt zwischen Arbeitnehmer und Arbeitgeber dann zustande, wenn ein Arbeitnehmer gem. § 74 SGB V zur Wiedereingliederung beschäftigt wird (vgl. zu Begründung, Inhalt und Beendigung dieses Rechtsverhältnisses *Gitter* ZfA 1995, 123 ff.; ein Anspruch auf **eine ganz bestimmte Wiedereingliederung** gegen den Arbeitgeber besteht nicht: *LAG RhPf* 4.3.2005 NZA-RR 2005, 568). Insoweit handelt es sich vielmehr um ein **Rechtsverhältnis eigener Art** i. S. v. § 305 BGB, weil es nicht auf eine Arbeitsleistung im üblichen Sinne gerichtet ist, sondern als Maßnahme der Rehabilitation es dem Arbeitnehmer ermöglichen soll, die Arbeitsfähigkeit wiederherzustellen. Dadurch wird die bestehende Arbeitsunfähigkeit nicht berührt. Ohne ausdrückliche Zusage steht dem Arbeitnehmer weder aus dem Wiedereingliederungsvertrag noch aus dem Gesetz ein Vergütungsanspruch zu (*BAG* 29.1.1992 EzA § 74 SGB V Nr. 1).

437 Abzugrenzen ist der Arbeitsvertrag vom **Vorvertrag**, durch den eine oder beide Parteien sich verpflichten, einen anderen Vertrag (den Hauptvertrag) abzuschließen. Notwendig ist, dass sich die Parteien des Vorvertrages noch einmal einigen müssen. Ein wirksamer Vorvertrag, der einen oder beide Vertragspartner zum Abschluss eines Hauptvertrages verpflichtet, setzt voraus, dass der **Inhalt des Hauptvertrages hinreichend bestimmt** oder bestimmbar ist. Insbesondere sind die **Hauptpflichten** des abzuschließenden Vertrages im Vorvertrag **festzulegen**. Ein solcher Vorvertrag verpflichtet die Parteien, ein **Angebot auf Abschluss des Hauptvertrages** abzugeben bzw. das Angebot des anderen Teiles anzunehmen. Er beinhaltet darüber hinaus materielle Vertragsgestaltungspflichten, insbes. die Pflicht zur Mitwirkung an der Überbrückung der dem Hauptvertrag (noch) entgegenstehenden Hindernisse (*LAG Hamm* 29.7.2003 LAGE § 611 BGB 2002 Einstellungsanspruch Nr. 1). Die Vereinbarung eines Fußballvereins mit einem Lizenzspieler, wonach der Spieler nach Beendigung seiner aktiven Laufbahn eine Tätigkeit im Bereich Management des Vereins aufnehmen wird, wobei über Art, Umfang und Gehalt zum Zeitpunkt des Vertragsschlusses noch verhandelt werden soll, genügt diesen Anforderungen nicht (*LAG Sachsen* 24.8.1999 NZA-RR 2000, 410). Dagegen kann sich der (öffentliche) Arbeitgeber von seinem Angebot zum Abschluss des Vorvertrages vor allem dann nicht mehr lösen, wenn der Bewerber es auf einer vom Arbeitgeber vorkonzipierten »Annahmeerklärung« angenommen hat (*LAG Hamm* 29.7.2003 LAGE § 611 BGB 2002 Einstellungsanspruch Nr. 1).

438 Zu beachten ist im Übrigen, dass die einem Arbeitgeber vorbehaltene einseitige Lösungsmöglichkeit von einem Vorvertrag einen **Rücktrittsvorbehalt** i. S. d. § 308 Nr. 3 BGB darstellen kann; bei einem Vorvertrag zu einem Arbeitsvertrag handelt es sich nicht um ein Dauerschuldverhältnis.

## C. Der Abschluss des Arbeitsvertrages   Kapitel 2

Ein Rücktrittsvorbehalt ist nach § 308 Nr. 3 BGB nur wirksam, wenn in dem Vorbehalt der Grund für die Lösung vom Vertrag mit hinreichender Deutlichkeit angegeben ist und ein sachlich gerechtfertigter Grund für seine Aufnahme in die Vereinbarung besteht (*BAG* 27.7.2005 EzA § 308 BGB 2002 Nr. 2).

Demgegenüber liegt ein **Optionsvertrag** vor, wenn eine der Parteien das Recht erhält, durch einseitige Erklärung – also ohne dass sich die Parteien noch einmal einigen müssen – ein Arbeitsverhältnis zu begründen. 439

**Hinweis:** 440

Eine Rahmenvereinbarung, die keine Verpflichtung zur Arbeitsleistung begründet, sondern nur die Bedingungen beabsichtigter, auf einzelne Arbeitseinsätze befristeter Arbeitsverträge wiedergibt, ist kein Arbeitsvertrag (*BAG* 31.7.2002 EzA § 12 TzBfG Nr. 1 m. Anm. *Lindemann* BB 2003, 527; 16.4.2003 EzA § 620 BGB 2002 Nr. 5). Denn notwendige Voraussetzung für die Annahme eines Arbeitsverhältnisses ist nach § 611 Abs. 1 BGB, dass sich der Arbeitnehmer vertraglich zur Leistung von Diensten verpflichtet. Eine Rahmenvereinbarung, welche nur die Bedingungen der erst noch abzuschließenden Arbeitsverträge wiedergibt, selbst aber noch keine Verpflichtung zur Arbeitsleistung begründet, ist kein Arbeitsvertrag (*BAG* 15.2.2012 EzA § 611 BGB 2002 Arbeitnehmerbegriff Nr. 20). Eine Kombination von Rahmenvereinbarung und einzelnen befristeten Arbeitsverhältnissen ist auch für arbeitsvertragliche Beziehungen grds. möglich. Die Arbeitsvertragsparteien sind insbes. nicht gezwungen, statt dessen ein Abrufarbeitsverhältnis gem. § 12 TzBfG zu begründen; insbes. zwingendes Kündigungsschutz- oder Befristungskontrollrecht wird dadurch nicht umgangen (*BAG* 31.7.2002 EzA § 12 TzBfG Nr. 1; 16.4.2003 EzA § 620 BGB 2002 Nr. 5; 15.2.2012 EzA § 611 BGB 2002 Arbeitnehmerbegriff Nr. 20). Wird ein Musiker z. B. jeweils für einzelne Aufführungen engagiert, kann dies auf der Grundlage einer Rahmenvereinbarung erfolgen, nach der sich der Musiker bereiterklärt, im Einzelfall ohne rechtliche Verpflichtung zur Arbeitsleistung tätig zu werden (*BAG* 9.10.2002 EzA § 611 BGB Arbeitnehmerbegriff Nr. 89).

Zu beachten ist, dass sich etwas anderes als die zuvor dargestellten Grundsätze aber aus einer abweichenden tatsächlichen Handhabung ergeben kann (*BAG* 15.2.2012 EzA § 611 BGB 2002 Arbeitnehmerbegriff Nr. 20).

Der Erklärungswert eines Rufs zur **Übernahme einer Professur** an einer Fachhochschule beschränkt sich auf die Erkundung der grundsätzlichen Bereitschaft eines Bewerbers. Der Ruf enthält kein Angebot auf Abschluss eines konkreten Arbeitsvertrages, das mit der Annahme des Rufs angenommen wird. Ein Arbeitsverhältnis zwischen dem Träger der Fachhochschule und dem berufenen Bewerber wird erst nach einer entsprechenden Einigung in den sich anschließenden Berufungsverhandlungen begründet (*BAG* 9.7.1997 EzA § 145 BGB Nr. 1). 441

### III. Anforderungen an den Vertragsschluss; Geschäftsfähigkeit

Parteien des Arbeitsvertrages sind der **Arbeitgeber** (s. Kap. 1 Rdn. 216 ff.) und der **Arbeitnehmer** (s. Kap. 1 Rdn. 38 ff.), eine natürliche Person (vgl. § 613 S. 1 BGB). 442

Die Wirksamkeit des Arbeitsvertrages setzt die Geschäftsfähigkeit der Vertragsparteien voraus. Für geschäftsunfähige Personen muss der gesetzliche Vertreter handeln, bei beschränkt Geschäftsfähigen bedarf es seiner Einwilligung oder Genehmigung (§§ 105, 107, 108 BGB). 443

Nach Auffassung von *Richardi/Buchner* (MünchArbR § 32 Rn. 57) ist zusätzlich die Genehmigung des **Vormundschaftsgerichts** (§§ 1643 Abs. 1, 1822 Nr. 5 BGB) erforderlich, wenn das Arbeitsverhältnis mit dem Minderjährigen als Arbeitgeber länger als ein Jahr nach dem Eintritt der Volljährigkeit fortdauern sollte. 444

Gem. § 112 BGB kann einem Minderjährigen der **selbstständige Betrieb eines Geschäfts** gestattet werden. Nach Auffassung von *Richardi/Buchner* (§ 32 Rn. 54) bedarf der Minderjährige für den 445

Abschluss von Arbeitsverhältnissen nicht auch der Zustimmung des Vormundschaftsgerichts (§ 1822 BGB).

446  Erforderlich ist diese aber jedenfalls für den Minderjährigen als Arbeitnehmer, sowie dann, wenn ein Vertrag für den Minderjährigen für länger als ein Jahr fest abgeschlossen werden soll und gesetzlicher Vertreter ein Vormund ist (§ 1822 Nr. 6, 7 BGB).

447  § 113 BGB sieht eine Teilgeschäftsfähigkeit beschränkt geschäftsfähiger Minderjähriger oder betreuter Volljähriger (§ 1903 Abs. 1 BGB) durch Ermächtigung des Vertreters für die Eingehung oder Aufhebung eines Dienst- oder Arbeitsverhältnisses oder die Erfüllung der sich daraus ergebenden Verpflichtungen vor.

448  Sie erfasst **alle verkehrsüblichen Vereinbarungen und Rechtsgeschäfte**, auch z. B. das Recht zum Beitritt in eine Gewerkschaft. **Tarifvertraglich vorgesehene Gestaltungsmöglichkeiten** sind jedenfalls i. d. R. als verkehrsüblich anzusehen. Für eine einschränkende Auslegung des § 113 Abs. 1 S. 1 BGB besteht dann kein Anlass, wenn die gesetzlichen Vertreter wissen oder wissen müssen, dass der Tarifvertrag den Arbeitnehmern ein Wahlrecht einräumt. Jedenfalls unter dieser Voraussetzung erstreckt sich die Ermächtigung nach § 113 Abs. 1 S. 1 BGB auch auf die **Wahl des Durchführungsweges für eine Zusatzversorgung** (*BAG* 8.6.1999 EzA § 113 BGB Nr. 2). Ausgenommen sind Verträge, zu denen der Vertreter der Zustimmung des Vormundschaftsgerichts bedürfte (§ 113 Abs. 1 S. 2 BGB). Auf **Berufsausbildungsverhältnisse** ist § 113 BGB nicht anwendbar, ebenso wenig für Volontäre und Praktikanten gem. § 26 BBiG.

449  Die Beschäftigung von Kindern und Jugendlichen unter 15 Jahren ist grds. verboten; §§ 5, 7 JArbSchG enthalten aber zahlreiche Ausnahmen, z. B. für Berufsausbildungsverhältnisse (§ 7 Abs. 2 Nr. 1 JArbSchG).

450  **Volljährige Betreute** (§§ 1896 ff. BGB) **bleiben geschäftsfähig**. Das Vormundschaftsgericht kann aber für den Aufgabenbereich des Betreuers insgesamt oder für einen Teil davon einen Einwilligungsvorbehalt anordnen (§§ 1903, 108 ff. BGB). Dann bedarf es wie bei beschränkt Geschäftsfähigen der Einwilligung und der Genehmigung des Betreuers.

### IV. Form des Arbeitsvertrages

#### 1. Grundsatz der Formfreiheit

451  Für den Abschluss des Arbeitsvertrages (§§ 145 ff., 151 BGB) besteht grds. Formfreiheit, er kann auch mündlich sowie durch stillschweigendes Verhalten begründet werden. Ausreichend ist eine Einigung über die Erbringung einer Dienstleistung. Wenn sie nach den Umständen nur gegen eine Vergütung zu erwarten ist, gilt eine Vergütung als stillschweigend vereinbart (§ 612 Abs. 1 BGB).

#### 2. Schriftformerfordernis

452  Der Vertragsabschluss kann auf Grund **gesetzlicher** (§ 11 BBiG für Berufsausbildungsverhältnisse) oder **tariflicher Vorschriften** (z. B. Ziff. 3 MTV holz- und kunststoffverarbeitende Industrie Rheinland-Pfalz), nicht aber auf Grund einer Betriebsvereinbarung der Schriftform (§§ 125, 127 BGB) bedürfen. §§ 14 Abs. 4, 21 TzBfG (vgl. dazu Kap. 5 Rdn. 132, 266) enthalten ein gesetzliches konstitutives Schriftformerfordernis nicht für den Arbeitsvertrag als solchen, sondern für die Befristungs- bzw. Bedingungsabrede; im Übrigen besteht kein Schriftformerfordernis, weder nach dem BGB, noch nach dem NachwG (*LAG RhPf* 25.5.2004 LAG Report 2005, 164).

453  Dabei ist hinsichtlich der Rechtsfolgen der Nichteinhaltung der Schriftform zwischen konstitutiver (§ 125 S. 1 BGB i. V. m. Art. 2 EGBGB) und deklaratorischer Schriftform zu unterscheiden.

454  Im Allgemeinen wird für den Vertragsschluss nur die **deklaratorische Schriftform** wegen der **Beweismittelfunktion** (vgl. § 11 BBiG, § 2 BRTV Bau) gewollt sein, da andernfalls die rechtswirksame Be-

gründung von Arbeitsverhältnissen erheblich behindert würde. Das setzt voraus, dass sich im Wege der **Auslegung** ergibt, dass die Schriftform nicht die Wirksamkeit des Arbeitsvertrages berühren sollte.

Das *LAG Bln.* (17.4.1978 EzA § 397 BGB Nr. 3) hat allerdings in der Formulierung eines Tarifvertrages, dass alle Arbeitsverhältnisse »spätestens drei Tage nach der Arbeitsaufnahme schriftlich vereinbart werden müssen«, eine **konstitutive Schriftformklausel** gesehen. 455

Konstitutive Schriftformklauseln kommen auch für **Nebenabreden** (vgl. z. B. § 4 Abs. 2 BAT) in Betracht. Die Verbindlichkeit einer bestimmten Zusage soll von der Beachtung der Schriftform abhängig sein, während die Rechtswirksamkeit des Vertragsabschlusses selbst von ihr nicht berührt wird. Eine Nebenabrede liegt vor, wenn sie eine Nebenleistung betrifft, die weder die Arbeitsleistung des Arbeitnehmers noch die Gegenleistung des Arbeitgebers unmittelbar berührt (z. B. Vereinbarungen über Fahrtkosten, Verpflegungszuschüsse, Trennungsentschädigung [*BAG* 18.5.1977 EzA § 4 BAT Nr. 1). 456

Die Nichteinhaltung der Schriftform der §§ 14 Abs. 2, 21 TzBfG führt zum Zustandekommen eines unbefristeten/unbedingten Arbeitsvertrages (vgl. §§ 16, 21 TzBfG). 457

### 3. Aufhebung der Schriftform; ergänzende Vertragsauslegung

Soweit in einem schriftlich abgeschlossenen Arbeitsvertrag vereinbart worden ist, dass Vertragsänderungen der Schriftform bedürfen, kann die Schriftform von den Parteien dennoch jederzeit ausdrücklich oder konkludent **formfrei aufgehoben** werden (vgl. *BAG* 27.3.1987 EzA § 242 BGB Betriebliche Übung Nr. 22). Das ist jedenfalls dann der Fall, wenn die Parteien »**die Maßgeblichkeit der mündlichen Vereinbarung übereinstimmend gewollt haben**« (*BAG* 10.1.1989 EzA § 74 HGB Nr. 51; *BGH* 2.7.1975 NJW 1975, 1653; *LAG Köln* 14.5.2008 NZA-RR 2009, 68 LS). Von einer solchen konkludenten Aufhebung einer einfachen Schriftformklausel ist jedoch regelmäßig nicht auszugehen, wenn die behauptete **mündliche Absprache vor oder gleichzeitig mit dem Abschluss des schriftlichen Arbeitsvertrags getroffen worden sein soll** und im praktischen Arbeitsalltag nicht gelebt worden ist (*LAG Köln* 14.5.2008 NZA-RR 2009, 68 LS). 458

Etwas anderes gilt auch **bei einer sog. doppelten Schriftformklausel**, nach der auch die Aufhebung der Schriftform der Schriftform bedarf. Eine derartige Klausel steht allerdings einer **ergänzenden Vertragsauslegung** durch das Gericht **nicht entgegen**, denn dadurch wird der Vertrag nicht geändert, sondern bestimmt, was als von Anfang an vereinbarter Vertragsinhalt anzusehen ist. Bei einer ergänzenden Vertragsauslegung ist insoweit darauf abzustellen, was die Parteien bei angemessener Abwägung ihrer Interessen nach Treu und Glauben als redliche Vertragsparteien vereinbart hätten, wenn sie die Unwirksamkeit der Klausel bedacht hätten. Zur Feststellung des mutmaßlichen Parteiwillens ist die tatsächliche Vertragsdurchführung von erheblicher Bedeutung, weil sie Aufschluss über das von den Parteien wirklich Gewollte gibt (*BAG* 7.12.2005 EzA § 12 TzBfG Nr. 2; zu AGB s. Kap. 1 Rdn. 704). 459

### 4. Arbeitsverträge mit Kommunen

Arbeitsverträge mit Gemeinden und Landkreisen bedürfen nach den Gemeindeordnungen und Landkreisordnungen der Schriftform. Wegen der aus Art. 55 EGBGB folgenden fehlenden Gesetzgebungszuständigkeit der Länder für Bürgerliches Recht handelt es sich nicht um Formvorschriften i. S. d. §§ 125 ff. BGB, sondern nur um **Regelungen des Vertretungsrechts** (*BAG* 26.3.1986 EzA § 626 n. F. Nr. 99). 460

### 5. Geltendmachung des Formmangels

Den Formmangel kann grds. jede Vertragspartei geltend machen. Jedoch kann die Berufung auf ihn gegen Treu und Glauben verstoßen, z. B. dann, wenn das Arbeitsverhältnis bereits trotz des 461

Formmangels für eine verhältnismäßig erhebliche Zeit durchgeführt wurde (*BAG* 9.12.1981 EzA § 242 BGB Betriebliche Übung Nr. 6).

## 6. Vermutung der Vollständigkeit und Richtigkeit des schriftlich abgeschlossenen Arbeitsvertrages

462 Ein schriftlich abgeschlossener Arbeitsvertrag hat die Vermutung der Richtigkeit und Vollständigkeit für sich (vgl. § 416 ZPO).

463 Wer mündliche Vereinbarungen gegen den Inhalt der Urkunde behauptet, muss beweisen, dass die Urkunde unrichtig oder unvollständig ist und auch das mündlich Besprochene Gültigkeit haben soll (*BGH* NJW 1980, 1680; vgl. *Zöller/Geimer* § 416 Rn. 4).

## 7. Das Nachweisgesetz (NachwG)

464 Durch das am 21.7.1995 in Kraft getretene NachwG wurde die RL 91/533/EWG in deutsches Recht umgesetzt.

465 Wesentlicher Inhalt ist die deklaratorische **Verpflichtung des Arbeitgebers** zum Zwecke der Beweissicherung (vgl. *Preis* NZA 1997, 10 f.; *Müller-Glöge* RdA 2001, Sonderbeilage Heft 5, S. 46 ff.), **den Arbeitnehmer** (zu den Ausnahmen vom Anwendungsbereich bei bestimmten Teilzeit- und hauswirtschaftlichen Beschäftigungen vgl. § 1 Nr. 1, 2 NachwG), der nicht nur zur vorübergehenden Aushilfe von höchstens einem Monat eingestellt worden ist (vgl. dazu *Stückemann* BB 1999, 2670 ff.), **innerhalb einer bestimmten Frist schriftlich über die wesentlichen Punkte des Arbeitsvertrages oder des Arbeitsverhältnisses in Kenntnis zu setzen**. Der Nachweis kann nicht in elektronischer Form gem. §§ 126 Abs. 3, 126a BGB n. F. i. V. m. dem SignaturG erteilt werden (vgl. dazu *Gotthardt/Beck* NZA 2002, 876 ff.). Die Nachweispflicht gem. § 2 Abs. 1 NachwG besteht **unanhängig von einer Aufforderung** zur Aushändigung des schriftlichen Arbeitsvertrages (*BAG* 5.11.2003 EzA § 2 NachwG Nr. 6). Auch wenn Name und Anschrift des Arbeitgebers nicht nach § 2 Abs. 1 S. 2 Nr. 1 i. V. m. § 3 NachwG dokumentiert werden, setzt eine Schadensersatzverpflichtung eine Kausalität zwischen der zum Schadensersatz verpflichtenden Handlung und der Entstehung des Schadens voraus (*LAG Nds.* 27.6.2002 NZA-RR 2003, 133).

466 Zu den mitzuteilenden Umständen gehören gem. § 2 Abs. 1 S. 2 Nr. 1–10 NachwG insbes. Arbeitsort, -entgelt, -zeit, Kündigungsfristen, die Vereinbarung einer Befristung sowie eines Hinweises auf sonstige anzuwendende Regelungen (Tarifverträge, Betriebsvereinbarungen, wobei allerdings eine detaillierte Einzelauflistung nicht erforderlich ist; vgl. BT-Drs. 13/668, S. 10; *BAG* 29.5.2002 EzA § 2 NachwG Nr. 4; s. a. *Preis* NZA 1997, 13 ff.; *LAG Düsseld.* 17.5.2001 ZTR 2001, 521 LS).

467 Gem. § 2 Abs. 1 S. 2 Nr. 5 NachwG bedarf es auch einer kurzen Charakterisierung (vgl. dazu *Treber* NZA 1998, 862 f.) oder Beschreibung der vom Arbeitnehmer zu leistenden Tätigkeit. Dem genügt der Arbeitgeber des öffentlichen Dienstes im **Anwendungsbereich des BAT** regelmäßig durch eine Arbeitsplatz- oder Stellenbeschreibung; dieser Nachweis kann auch in einer Stellenausschreibung enthalten sein. In diesen Fällen besteht insbes. keine Verpflichtung des Arbeitgebers, den Nachweis durch Angabe der Vergütungs- und Fallgruppe zu führen. Ebenso wenig sieht das NachweisG eine Pflicht zum Nachweis vor, ob die Möglichkeit des Bewährungsaufstiegs besteht (*BAG* 8.6.2005 EzA § 2 NachwG Nr. 7).

468 Geringfügig Beschäftigte müssen auch auf ihre Möglichkeit zum **Verzicht auf die Versicherungsfreiheit hingewiesen** werden (§ 2 Abs. 1 S. 3 NachwG); sie können eine Versicherungspflicht in der gesetzlichen Rentenversicherung freiwillig begründen. **Rechtsfolgen** aus der Verletzung dieser Hinweispflicht regelt das Gesetz **nicht** (vgl. dazu *Leuchten/Zimmer* NZA 1999, 969 ff.; *Stückemann* FA 2000, 343).

469 Dem erforderlichen Nachweis der anzuwendenden Regelungen steht insbes. die **Allgemeinverbindlichkeit** eines Tarifvertrages nicht entgegen (*BAG* 29.5.2002 EzA § 2 NachwG Nr. 4; *LAG Düsseld.*

## C. Der Abschluss des Arbeitsvertrages Kapitel 2

17.5.2001 ZTR 2001, 521 LS = NZA-RR 2002, 477; *LAG Bra.* 10.8.2001 ZTR 2002, 289 LS = NZA-RR 2003, 314). Dem NachwG ist auch hinsichtlich einer (auf Grund einzelvertraglicher Bezugnahme anwendbaren) tarifvertraglichen Ausschlussfrist Genüge getan, wenn gem. § 2 Abs. 1 Nr. 10 NachwG auf die Anwendbarkeit des einschlägigen Tarifvertrages hingewiesen wird (*BAG* 23.1.2002 EzA § 2 NachwG Nr. 3; *LAG RhPf* 16.7.2002 NZA-RR 2003, 30; *LAG Köln* 7.3.2002 NZA-RR 2002, 591; a.A. *LAG SchlH* 8.2.2000 NZA-RR 2000, 196; *Linde/Lindemann* NZA 2003, 649 ff.; wie das *BAG* (23.1.2002 EzA § 2 NachwG Nr. 3) auch bei allgemeinverbindlichem Tarifvertrag *LAG Nds.* 7.12.2000 LAGE § 8 TVG Nr. 1; *LAG Brem.* 9.11.2000 NZA-RR 2001, 98; *LAG Köln* 6.12.2000 NZA-RR 2001, 261). Gleiches gilt, wenn der Tarifvertrag kraft betrieblicher Übung gilt (*BAG* 17.4.2002 EzA § 2 NachwG Nr. 5); auf tarifliche Ausschlussfristen muss also nicht gesondert hingewiesen werden (*BAG* 5.11.2003 EzA § 2 NachwG Nr. 6; *LAG Köln* 7.3.2002 NZA-RR 2002, 591).

Art. 2 Abs. 2i der zugrunde liegenden RL 91/533/EWG ist dahin auszulegen, dass er die **Leistung** **470** **von Überstunden** nicht erfasst. Aus Art. 2 Abs. 1 folgt jedoch die Verpflichtung des Arbeitgebers, den Arbeitnehmer von einer – einen wesentlichen Punkt des Arbeitsvertrages oder des Arbeitsverhältnisses darstellenden – Vereinbarung in Kenntnis zu setzen, wonach der Arbeitnehmer auf Grund der bloßen Anordnung des Arbeitgebers zur Leistung von Überstunden verpflichtet ist. Ggf. kann sie entsprechend Art. 2 Abs. 3 der RL in Form eines Hinweises auf die einschlägigen Rechts- und Verwaltungsvorschriften bzw. Satzungs- oder Tarifvertragsbestimmungen erfolgen (*EuGH* 8.2.2001 EzA § 611 BGB Mehrarbeit Nr. 8 m. Anm. *Oetker* SAE 2002, 163).

Durch die Verpflichtung zur schriftlichen Fixierung der wesentlichen Arbeitsvertragsbedingungen **471** **spätestens einen Monat nach Beginn des Arbeitsverhältnisses** (§ 2 Abs. 1 NachwG) soll eine **größere Rechtssicherheit** geschaffen werden. Einen Vorteil haben insbes. die Arbeitnehmer, die keinen schriftlichen Arbeitsvertrag haben (BT-Drs. 13/668, S. 8). Das NachwG soll auch einen Beitrag zur **Bekämpfung der illegalen Beschäftigung** leisten. Denn wenn der Arbeitnehmer nicht im Besitz eines Nachweises über die wesentlichen Arbeitsbedingungen ist, soll dies im Einzelfall als Indiz für eine illegale Beschäftigung gewertet werden können (BT-Drs. 13/668, S. 8). Gem. § 3 NachwG ist auch die Änderung wesentlicher Vertragsbedingungen schriftlich mitzuteilen. Danach ist der Arbeitgeber z. B. verpflichtet, dem Arbeitnehmer einen erstmals abgeschlossenen **Haustarifvertrag** schriftlich mitzuteilen, in dem z. B. eine Ausschlussfrist enthalten ist. Eines gesonderten Hinweises auf die Ausschlussfrist bedarf es jedoch nicht (*BAG* 5.11.2003 EzA § 3 NachwG Nr. 6). **Änderungen einschlägiger Tarifverträge** muss der Arbeitgeber dagegen **nicht mitteilen**, also wenn z. B. ein MTV ohne zeitliche Unterbrechung von einem weiteren MTV abgelöst wird, der denselben räumlichen, fachlichen und persönlichen Geltungsbereich hat (*LAG Köln* 11.9.2009 – 4 Sa 579/09, AuR 2010, 130 LS; a. A. *LAG Hamm* 8.10.2007 – 8 Sa 943/07).

§ 2 Abs. 2 NachwG sieht zusätzliche Angaben bei der Entsendung des Arbeitnehmers ins Ausland **472** vor.

In **bestehenden Arbeitsverhältnissen** ist den Arbeitnehmern gem. § 4 NachwG auf ihr Verlangen **473** innerhalb von zwei Monaten eine Niederschrift gem. § 2 NachwG auszuhändigen. Wird ein gewerblicher Arbeitnehmer von einem Straßenbauunternehmen **seit rund 18 Jahren beschäftigt**, wobei die Zeiten der Beschäftigung jeweils von ca. Dezember bis ca. April des Folgejahres nach Ausspruch einer entsprechenden Arbeitgeberkündigung unterbrochen wurden, gilt § 4 NachwG trotz der Unterbrechungen; das Arbeitsverhältnis ist in Bezug auf die Nachweispflicht nach Auffassung des *LAG München* (10.3.2005 – 3 Sa 727/04, EzA-SD 10/2005, S. 6 LS) **wie ein ununterbrochenes Arbeitsverhältnis zu behandeln**, das bei Inkrafttreten des NachwG bereits bestanden hat.

Erstellt der Arbeitgeber den Nachweis, der eine selbstständige Nebenpflicht des Arbeitgebers dar- **474** stellt, nicht, so kann der Arbeitnehmer diesen vor dem ArbG **einklagen**. Andererseits macht ein Verstoß gegen das NachwG mündlich tatsächlich vereinbarte Vertragsbedingungen nicht (nachträglich) unwirksam (*LAG Nds.* 18.3.2005 – 10 Sa 1990/04, EzA-SD 13/2005, S. 4 LS). Die schuldhafte Verletzung der Nachweispflicht kann aber **Ansprüche aus positiver Forderungsverletzung** (§§ 280 ff.,

241 Abs. 2 BGB; *BAG* 17.4.2002 EzA § 2 NachwG Nr. 5: §§ 286, 284, 249 BGB; 5.11.2003 EzA § 2 NachwG Nr. 6: §§ 280, 286 BGB) begründen, was allerdings auch einen konkret bezifferbaren Schaden voraussetzt. Schaden i. S. v. § 249 BGB ist das **Erlöschen des Vergütungsanspruchs** des Arbeitnehmers. Da der Schadensersatzanspruch auf Naturalrestitution gerichtet ist, kann der Arbeitnehmer vom Arbeitgeber verlangen, so gestellt zu werden, als sei sein Vergütungsanspruch nicht untergegangen (*LAG Bra.* 10.8.2001 NZA-RR 2003, 314; s. a. *LAG Düsseld.* 17.5.2001 NZA-RR 2002, 477: Arbeitgeber darf sich gem. § 242 BGB nicht auf die Verfallfrist berufen).

**475** Der Schadensersatzanspruch ist begründet, wenn die geltend gemachten Vergütungsansprüche bestanden und bei gesetzmäßigem Nachweis seitens des Arbeitgebers nicht erloschen wären. Bei der Prüfung des Anspruchs ist die Vermutung aufklärungsgemäßen Verhaltens des Arbeitnehmers einzubeziehen. Danach ist grds. davon auszugehen, dass jedermann bei ausreichender Information seine Eigeninteressen in vernünftiger Weise wahrt. Bei einem Verstoß gegen § 2 Abs. 1 Nr. 10 NachwG ist zugunsten des Arbeitnehmers zu vermuten, dass dieser die tarifliche Ausschlussfrist beachtet hätte, wenn er auf die Geltung des Tarifvertrags hingewiesen worden wäre. Diese Auslegung des Nachweisgesetzes ist geboten, um den Zweck der Richtlinie, den Arbeitnehmer vor Unkenntnis seiner Rechte zu schützen, wirksam zur Geltung zu bringen. Der Arbeitgeber kann diese Vermutung widerlegen. (*BAG* 17.4.2002 EzA § 2 NachwG Nr. 5;. *LAG München* 10.3.2005 – 3 Sa 727/04, EzA-SD 10/2005, S. 6 LS; *Weber* NZA 2002, 641 ff.).

**476** Der Arbeitnehmer hat die **adäquate Verursachung** darzulegen; ihm kommt die Vermutung eines aufklärungsgemäßen Verhaltens zugute (*BAG* 5.11.2003 EzA § 2 NachwG Nr. 6; 20.4.2011 – 5 AZR 171/10, EzA-SD 16/2011 S. 14 = NZA 2011, 1173; *LAG München* 10.3.2005 – 3 Sa 727/04, EzA-SD 10/2005, S. 6 LS). Diese Vermutung entbindet den Arbeitnehmer aber nicht davon, **die Kausalität zwischen der unterlassenen Aufklärung und dem durch die Versäumung tariflicher Ausschlussfristen eingetretenen Schaden** darzulegen (*BAG* 20.4.2011 – 5 AZR 171/10, EzA-SD 16/2011 S. 14 = NZA 2011, 1173). Der Schadenseratzanspruch besteht auch dann nicht, wenn den Arbeitnehmer an der Verursachung des Schadens ein wesentliches Mitverschulden trifft. Dabei ist ihm das **Mitverschulden** seines Prozessbevollmächtigten gem. §§ 254 Abs. 2 S. 2, 278 BGB zuzurechnen (*BAG* 29.5.2002 EzA § 2 NachwG Nr. 4). Hat dieser z. B. die Geltung einer tariflichen Ausschlussfrist fahrlässig nicht erkannt, hat eine Abwägung dieser Pflichtverletzung mit der Verletzung der Nachweispflicht zu erfolgen (§§ 254, 278 BGB). Im Gegensatz zu dem Arbeitnehmer muss sich der Rechtsanwalt über das anzuwendende Recht selbst informieren, denn er wird gerade zum Zweck der Rechtswahrung von dem Arbeitnehmer beauftragt (*BAG* 5.11.2003 EzA § 2 NachwG Nr. 6).

**477** Daneben kommen Ansprüche aus § 823 Abs. 2 BGB i. V. m. dem NachweisG als Schutzgesetz in Betracht (*ArbG Frankf.* 25.8.1999 – 2 Ca 477/99); ersatzfähig sind danach aber nur solche Schäden, die in den sachlichen Schutzbereich der verletzten Norm fallen. Andererseits **gebietet es keine Bestimmung** der RL 91/533, einen **wesentlichen Punkt des Arbeitsvertrages** oder des Arbeitsverhältnisses, der nicht oder nicht hinreichend genau in einem dem Arbeitnehmer ausgehändigten Schriftstück aufgeführt ist, **als unwirksam zu betrachten** (*EuGH* 8.2.2001 EzA § 611 BGB Mehrarbeit Nr. 8). Allein der Verstoß gegen die aus § 2 NachwG folgende Verpflichtung begründet nicht den Einwand rechtsmissbräuchlichen Verhaltens (§ 242 BGB) des Arbeitgebers (*BAG* 17.4.2002 EzA § 2 NachwG Nr. 5; a. A. *LAG SchlH* 8.2.2000 LAGE § 2 NachwG Nr. 8). Die Verletzung der Nachweispflicht führt auch nicht gem. § 242 BGB zur Unanwendbarkeit vereinbarter Vertragsbedingungen (*BAG* 5.11.2003 EzA § 2 NachwG Nr. 6). Zudem kann sich ein Arbeitnehmer nicht auf Folgen einer Pflichtverletzung des Arbeitgebers aus dem NachweisG berufen, wenn sein Arbeitsvertrag **vor dem Inkrafttreten des Gesetzes geschlossen** worden ist und er kein Verlangen i. S. d. Altfallregelung des § 4 NachweisG gestellt hat (*BAG* 16.5.2001 EzA § 3 TVG Nr. 23; *LAG Nbg.* 13.2.2004 NZA-RR 2005, 37).

**477a** Befindet sich ein Arbeitgeber mit der Aushändigung der nach § 2 NachwG geschuldeten Niederschrift oder der ihm nach § 3 NachwG obliegenden Mitteilung in Verzug, hat er gem. § 280 Abs. 1 S. 1 BGB den durch den eingetretenen Verzug adäquat verursachten Schaden zu ersetzen. Der Arbeitnehmer kann deshalb von dem Arbeitgeber verlangen, so gestellt zu werden, als wäre sein Zahlungsanspruch nicht untergegangen, wenn ein solcher Anspruch nur wegen Versäumung der Ausschlussfrist erloschen ist und bei gesetzmäßigem Nachweis seitens des Arbeitgebers bestehen würde. Bei der Prüfung der adäquaten Verursachung eines Schadens kommt dem Arbeitnehmer die **Vermutung eines aufklärungsgemäßen Verhaltens** zugute. Dem Arbeitgeber bleibt die Möglichkeit, diese tatsächliche Vermutung zu **widerlegen** (*BAG* 21.2.2012 EzA § 7 BUrlG Abgeltung Nr. 21).

Sind die Arbeitsbedingungen streitig, so wird allein aus der Tatsache, dass der Nachweis nicht erstellt wurde, jedoch **keine Umkehr der Beweislast** zugunsten des Arbeitnehmers folgen (*Preis* NZA 1997, 12; *Franke* DB 2000, 274 ff.; **a. A.** *Däubler* NZA 1992, 578: richtlinienkonforme Auslegung). 478

**Vermittelnd** lassen sich die beweisrechtlichen Folgen mit *Preis* (NZA 1997, 17; s. a. *Weber* NZA 2002, 641 ff.; *LAG Nbg.* 9.4.2002 LAGE § 2 NachwG Nr. 12 = ZTR 2002, 395 LS) gleichwohl wie folgt zusammenfassen: 479
- Die zwingende Nachweispflicht führt dazu, dass früher erteilte/nicht erteilte Bestätigungen oder Nachweise über Arbeitsbedingungen durch das NachweisG eine andere Qualität erlangt und prozessuale Konsequenzen haben. Deshalb muss die gesamte arbeitsrechtliche Vertragsgestaltung auf eine **solide Basis** gestellt werden, da andernfalls der Prozessverlust droht.
- Nur einer von beiden Seiten **unterzeichneten Vertragsurkunde** kommt die Vermutung der Vollständigkeit und Richtigkeit zugute. Folglich muss der Vertragspartner, der von dem Vertragstext abweichende Abreden behauptet, den Gegenbeweis abweichender mündlicher Abrede führen (instr. *LAG Köln* 12.3.2007 NZA-RR 2007, 570 zur Frage, wer Arbeitgeber ist).
- Diese beweisrechtliche Stellung hat der einseitig vom Arbeitgeber gefertigte Nachweis nicht. Er ist eine **Privaturkunde** i. S. d. § 416 ZPO, die der freien Beweiswürdigung in materieller Hinsicht unterliegt.
- Hat der Arbeitgeber einen Nachweis erteilt, muss er, wenn er sich nicht an dessen Inhalt festhalten lassen will, als Aussteller der Urkunde beweisen, dass sie unrichtig oder unvollständig erstellt ist bzw. das mündlich besprochene Gültigkeit haben soll; ihm obliegt insoweit die **Beweislast** (vgl. aber auch *Bergwitz* BB 2001, 2319 ff.: nur Beweis des ersten Anscheins für den Arbeitnehmer; insgesamt **a. A.** *Müller-Glöge* RdA 2001, Sonderbeilage zu Heft 5, S. 46 ff.).
- Zu seinen Gunsten kann sich der Arbeitgeber dagegen nicht auf den von ihm selbst ausgestellten Nachweis mit beweisrechtlicher Privilegierung berufen. Insbesondere greift **kein Anscheinsbeweis** zu seinen Gunsten ein, dass er den Vertragsinhalt vollständig und richtig wiedergegeben hat. Deshalb ist es sinnvoller, einen Arbeitsvertrag mit beidseitiger Unterschrift auszufertigen.
- Hat der Arbeitgeber den Nachweis nicht oder nicht vollständig erteilt, so ist bei Nichterteilung des Nachweises über wesentliche Vertragsbestimmungen der Fall einer **Beweisvereitelung** durch den Arbeitgeber gegeben; europarechtlich ist dies nicht zu beanstanden (*EuGH* 8.2.2001 EzA § 611 BGB Mehrarbeit Nr. 8). Dieser Umstand ist vom Tatrichter im Rahmen des § 286 ZPO zu berücksichtigen. Dies bedeutet für den Arbeitnehmer eine erhebliche Erleichterung der Beweisführungslast, die je nach Fallgestaltung einer Beweislastumkehr nahe kommen kann; nach Auffassung des *LAG Hamm* (14.8.1998 NZA-RR 1999, 210; zust. *Franke* DB 2000, 274 ff.; vgl. auch *LAG Nbg.* 9.4.2002 LAGE § 2 NachwG Nr. 12) genügt dafür allerdings die **bloß fahrlässige Unterlassung** der Ausstellung des Nachweises **nicht**. Vielmehr müssen weitere Indizien für die Richtigkeit der vom Arbeitnehmer behaupteten Arbeitsbedingungen sprechen.

Gelingt dem Arbeitnehmer der Beweis seiner Behauptung z. B. des Abschlusses einer bestimmten Entgeltvereinbarung nicht, ist das Gericht aber auch nicht davon überzeugt, dass die Behauptung des Arbeitnehmers unwahr ist, so geht in dieser Situation des non-liquet die Unmöglichkeit der Tatsachenaufklärung zu Lasten des Arbeitgebers, wenn dieser entgegen § 2 Abs. 1 NachwG dem Arbeitnehmer keinen Nachweis der wesentlichen Vertragsbedingungen erteilt hat (*LAG Nds.* 21.2.2003 NZA-RR 2003, 520).

480 Soweit **Unklarheiten über die Person des Arbeitgebers** bestehen, hat das *LAG Köln* (9.1.1998 LAGE § 2 NachwG Nr. 4) Folgendes angenommen:
– Die Unklarheit darüber, welche von mehreren, in Betriebsgemeinschaft und teilweise in Personalunion geführten Gesellschaften mit gleichen oder sich ergänzenden Unternehmenszwecken Vertragspartner und damit Arbeitgeber des unstreitig eingestellten Arbeitnehmers werden sollte, ist überwiegend vom Arbeitgeber verschuldet, wenn der monatelang für die Unternehmensgruppe tätig gewordene Arbeitnehmer weder einen schriftlichen Arbeitsvertrag noch die Niederschrift des § 2 NachwG erhalten hat. Der dadurch **verschuldeten Beweisnot** ist durch erleichterte Anforderungen an seine Darlegungs- und Beweislast zur Frage der Passivlegitimation Rechnung zu tragen. Diesen genügt u. U. schon der Hinweis auf den Verfasser der ersten Lohnabrechnung. Die **Indizwirkung** dieses Umstandes wird nicht allein dadurch gemindert, dass spätere Monate von anderen Gesellschaften abgerechnet worden sind.

481 – Die Erleichterungen gelten auch für andere Vertragsbedingungen, die dem NachwG zuwider nicht niedergelegt worden sind. So kann z. B. der Hinweis auf den Inhalt eines letztlich nicht zustande gekommenen Vertragsentwurfs genügen.

482 Für eine **Lohnzahlungsklage** hat das *LAG Köln* (31.7.1998 LAGE § 2 NachwG Nr. 6) angenommen, dass dann, wenn der Arbeitgeber seiner Verpflichtung aus dem NachwG nicht nachkommt, dies unter dem Gesichtspunkt der Beweisvereitelung wenn schon nicht eine Beweislastumkehr, so doch jedenfalls eine **erhebliche Erleichterung der Beweisführungslast** zur Folge hat. Dieser ist genügt, wenn der Arbeitnehmer eine vom Arbeitgeber zur Vorlage bei Kreditgebern ausgestellte Lohnbescheinigung vorlegt.

483 Von den Vorschriften des NachwG kann nicht zu Ungunsten des Arbeitnehmers abgewichen werden (§ 5 NachwG); auch Tarifdispositivität ist nicht gegeben (*Preis* NZA 1997, 11).

484 Vergleichbare Regelungen enthalten § 11 BBiG sowie § 24 SeemG. § 11 AÜG enthält inzwischen nur noch ergänzende Anforderungen.

### V. Inhaltliche Ausgestaltung des Arbeitsvertrages

#### 1. Notwendige Elemente des Arbeitsvertrages

*a) Vereinbarung der Arbeitsleistung; Arbeitszeit*

485 Die notwendige Vereinbarung über die Erbringung der Arbeitsleistung liegt vor, wenn der Arbeitgeber eine Arbeitszusage durch den Arbeitnehmer angenommen hat oder sie auf seinen Antrag hin erfolgt. Die Zusage kann auch in der Vornahme der Arbeit selbst liegen. Im schriftlich abgeschlossenen Arbeitsvertrag wird der **Inhalt der Tätigkeit i. d. R. näher umschrieben**, häufig allerdings auch nur durch die Angabe einer **tariflichen Vergütungsgruppe**, die allgemeine Tätigkeitsmerkmale vorsieht.

Gibt der Arbeitnehmer andererseits auf die Frage im **Einstellungsbogen** »Wann können Sie arbeiten?« bestimmte Uhrzeiten und/oder Tage an, und wird dieser Bogen Bestandteil des Arbeitsvertrages, der keine anderweitige Regelung zur Lage der täglichen Arbeitszeit enthält, dann ist diese Arbeitszeitregelung Vertragsinhalt geworden (*LAG Köln* 21.10.2003 NZA-RR 2004, 523).

Lässt sich dagegen bei streitigem Parteivortrag **nicht feststellen**, welche Vereinbarungen über die **Länge der Arbeitszeit** getroffen wurden, **kommt der monatelangen tatsächlichen Durchführung ein erhebliches Gewicht** für die Auslegung der zu Grunde zu legenden Absprachen zu. Dabei ist eine Vereinbarung mit dem Inhalt, der Arbeitnehmer bekomme nur die tatsächlich geleisteten Arbeitsstunden gezahlt, wegen Umgehung des Kündigungsschutzes unwirksam. In einem solchen Fall ist die bisherige durchschnittliche Arbeitsmenge zu Grunde zu legen; der Arbeitnehmer kann Weiterzahlung dieser Vergütung verlangen (*LAG Nbg.* 17.2.2004 AuR 2004, 354 LS).

486 Aus § 612 Abs. 1 BGB folgt, dass eine Vereinbarung über die Vergütung nicht notwendige Voraussetzung für das Zustandekommen eines Arbeitsvertrages ist. **Denn im Allgemeinen ist Arbeit nur**

## C. Der Abschluss des Arbeitsvertrages

**gegen eine Vergütung zu erwarten**. Etwas anderes kann sich durch Auslegung ergeben, insbes. bei Gefälligkeitsleistungen, wenn sich die Beteiligten nicht der Rechtsordnung unterstellen wollen oder diese zwar gelten soll, die Gefälligkeit sich aber gerade auf die Unentgeltlichkeit bezieht.

### b) Fehlen einer Vergütungsabrede

§ 612 Abs. 1 BGB ersetzt eine fehlende Vergütungsabrede. Ein Irrtum des Arbeitgebers über die Vergütung berechtigt ihn – im Gegensatz zum Arbeitnehmer – nicht zur Anfechtung (§ 119 BGB). **487**

> § 612 Abs. 1 BGB ist auch dann anwendbar, wenn jemand in Erwartung einer (rechtsunwirksam) zugesagten oder unverbindlich in Aussicht gestellten Gegenleistung Dienste erbringt (z. B. ein Neffe arbeitet auf dem Hof des Onkels in der Erwartung, den Hof als Erbe zu übernehmen), und diese dann aber nicht erhält (sog. fehlgeschlagene Vergütungserwartung). **488**

Insoweit hat § 612 Abs. 1 BGB eine Auffangfunktion, um als bereicherungsrechtliches Element bei der Erbringung von Dienstleistungen, die nur gegen Vergütung zu erwarten sind, demjenigen, der sie ohne vertragliche Vergütungsabrede leistet, zu einem vertraglichen Vergütungsanspruch zu verhelfen (*BAG* 24.6.1965 AP Nr. 23 zu § 612 BGB; 30.9.1978 AP Nr. 27 zu § 612 BGB). **489**

Dienstleistungen, die ein Partner einer **nichtehelichen Lebensgemeinschaft** für den anderen erbringt, rechtfertigen allerdings keinen Anspruch auf Nachzahlung von nach der Trennung geltend gemachtem Lohn, wenn die Mitarbeit in einem **kleinen Familienbetrieb** erfolgt und sich ein übereinstimmender Wille für einen späteren Vergütungsausgleich nicht feststellen lässt. Eine einseitige Vergütungserwartung genügt nicht (*LAG Köln* 17.6.1999 LAGE § 612 BGB Nr. 7). Gleiches gilt, wenn eine Arbeitnehmerin im **Betrieb ihres Verlobten** in der **Erwartung künftiger Eheschließung** arbeitet, wenn die geplante Eheschließung scheitert. Denn das Eheversprechen für sich genommen kann nicht als Zusage einer künftigen Vergütung gewertet werden (*LAG RhPf* 18.11.1998 NZA 2000, 1060 LS). **490**

> Entsprechend anwendbar ist § 612 Abs. 1 BGB dann, wenn über den Rahmen des Arbeitsvertrages hinaus höherwertige Dienste geleistet bzw. Sonderleistungen erbracht werden, für die eine Vergütungsregelung fehlt, die durch die vereinbarte Vergütung nicht abgegolten sind und sich aus den Umständen ergibt, dass die höherwertige Dienstleistung nur gegen entsprechende Vergütung zu erwarten ist (vgl. dazu *Roth/Olbrisch* DB 1999, 2111 ff.), andererseits aber weder einzel- noch tarifvertraglich geregelt ist, wie diese Dienste zu vergüten sind (*BAG* 29.1.2003 NZA 2003, 1168 LS). **491**
>
> Diese Voraussetzungen sind z. B. dann nicht erfüllt, wenn ein Redakteur einer Tageszeitung Fotografien anfertigt. Denn zu seiner Tätigkeit gehört die Berichterstattung mit eigenen Wort- und/oder Bildbeiträgen; fotografieren ist also gerade Teil der vertraglich geschuldeten Tätigkeit. Etwas anderes gilt auf Grund einer tariflichen Regelung nur für sog. Wortredakteure (*BAG* 29.1.2003 NZA 2003, 1168 LS).

Nichts anderes gilt, wenn ein Arbeitnehmer zeitweilig eine höherwertige Tätigkeit als Urlaubs- oder Krankheitsvertreter verrichtet oder sie zur Probe erbringen soll (*BAG* 16.2.1978 EzA § 612 BGB Nr. 8). **492**

Auch der Leitende Arzt einer Fachabteilung kann vom Krankenhausträger neben der vereinbarten Vergütung nach § 612 Abs. 1 BGB nicht ohne weiteres eine zusätzliche Vergütung beanspruchen, wenn er in erheblichem Umfang Rufbereitschaft deshalb leisten muss, weil er Oberarzt ist (*BAG* 17.3.1982 AP Nr. 33 zu § 612 BGB). Ein Anspruch eines **nachgeordneten Arztes** gegen den leitenden Arzt **auf Beteiligung an den Einnahmen** des leitenden Arztes aus Privatliquidation scheidet zudem regelmäßig dann aus, wenn der nachgeordnete Arzt auf Grund seines mit dem Krankenhausträger abgeschlossenen Arbeitsvertrages verpflichtet ist, auch in dem privat abgerechneten Nebentätigkeitsbereich des leitenden Arztes tätig zu werden. Ohne Anhaltspunkte für eine abweichende Vereinbarung kann davon ausgegangen werden, dass das mit dem Krankenhausträger vereinbarte Entgelt (§ 612 BGB) auch die Vergütung für die Erbringung dieser Dienste enthält. Lediglich dann, **493** wenn die ärztliche Betreuung von Patienten in der Privatpraxis des leitenden Arztes nicht zu den Dienstaufgaben des nachgeordneten Arztes gehört, kommen Entgeltansprüche nach § 612 Abs. 2 BGB in Betracht (*BAG* 20.7.2004 EzA § 611 BGB 2002 Krankenhausarzt Nr. 2).

**494** Wird des Weiteren ein Redaktionsvolontär nicht ausgebildet, sondern tatsächlich als Redakteur eingesetzt, hat er analog § 612 BGB Anspruch auf eine Vergütung, die der eines Redakteurs entspricht (*LAG Thüringen* 6.6.1996 NZA 1997, 943 LS).

*c) Übliche Vergütung (§ 612 Abs. 2 BGB)*

**495** Bestehen insoweit keine besonderen im konkreten Einzelfall anwendbaren Vorschriften (Tarifvertrag, Betriebsvereinbarung), so findet § 612 Abs. 2 BGB Anwendung; das gilt **auch** dann, wenn eine **Vergütungsvereinbarung unwirksam ist** (*BAG* 28.9.1994 EzA § 612 BGB Nr. 17; *LAG Düsseld.* 11.7.2008 – 9 Sa 1958/07 – EzA-SD 18/2008 S. 7 LS). Danach ist die übliche Vergütung geschuldet.

**496** Üblich ist diejenige Vergütung, die im Betrieb für eine vergleichbare Tätigkeit oder, sofern eine solche nicht gegeben ist, im gleichen Gewerbe, am selben Ort gewährt wird.

Besteht für den betroffenen räumlichen und fachlichen Bereich ein Tarifvertrag, so ist regelmäßig die tarifliche Vergütung auch die übliche Vergütung. Zu beachten ist allerdings, dass dann, wenn das übliche Entgelt insoweit durch einen Mindestentgelttarifvertrag bestimmt wird, auch eine in demselben Tarifvertrag geregelte Ausschlussfrist Anwendung findet (*BAG* 20.4.2011 – 5 AZR 171/10, EzA-SD 16/2011 S. 14 = NZA 2011, 1173).

**497** Etwas anderes kann dann gelten, wenn entweder für die betreffende Tätigkeit üblicherweise übertarifliche Vergütungen gezahlt werden, oder wenn nur wenige Arbeitsvertragsparteien tarifgebunden sind und üblicherweise eine geringere als die tarifliche Vergütung gezahlt wird.

**498** Wird – wie im öffentlichen Dienst – allgemein nach Tarif vergütet, ist die jeweilige Höhe der tariflichen Vergütung als die übliche Vergütung i. S. d. § 612 Abs. 2 BGB anzusehen. **Zu der so gefundenen vertraglichen Vergütung gehören jedoch nicht tarifliche Ausschlussklauseln.** Gelten diese nicht kraft Tarifgebundenheit der Vertragspartner, müssen sie ausdrücklich vereinbart werden (*BAG* 26.9.1990 EzA § 4 TVG Ausschlussfristen Nr. 89).

*d) Unwirksame, weil mitbestimmungswidrige Änderung einer Vergütungsordnung im Betrieb; höherer Vergütungsanspruch*

**499** Vereinbart der Arbeitgeber nach der Kündigung eines Vergütungstarifvertrags mit allen neu eingestellten Arbeitnehmern eine geringere als die tarifliche Vergütung, haben diese keinen individuellen Anspruch auf Gleichbehandlung mit den, kraft Nachwirkung, weiterhin Tarifunterworfenen. Die Änderung einer – ursprünglich etwa kraft Tarifbindung des Arbeitgebers – im Betrieb geltenden Vergütungsordnung unterliegt der Mitbestimmung des Betriebsrats nach § 87 Abs. 1 Nr. 10 BetrVG. Maßnahmen des Arbeitgebers, die der notwendigen Mitbestimmung entbehren, sind auch individualrechtlich unwirksam, soweit sie bestehende Rechtspositionen der Arbeitnehmer schmälern (Theorie der Wirksamkeitsvoraussetzungen). Auch wenn dem Arbeitnehmer durch die Nichtbeachtung der Mitbestimmung seitens des Arbeitgebers grds. kein Anspruch auf Leistungen erwächst, die die bestehende Vertragsgrundlage übersteigen, kann die Weitergeltung der bisherigen Entlohnungsgrundsätze unter besonderen Umständen dazu führen, dass ihm ein Anspruch auf eine höhere Vergütung als die vertraglich vereinbarte zusteht. Die Notwendigkeit einer Beachtung und Anwendung der betriebsverfassungsrechtlich (weiter-)geltenden tariflichen Vergütungsordnung schließt bei fehlender Tarifbindung andererseits die rechtliche Möglichkeit nicht aus, unter Beibehaltung der inneren Struktur dieser Ordnung niedrigere als die tariflichen (Anfangs-)Gehälter zu vereinbaren (*BAG* 11.6.2002 § 87 BetrVG 1972 Betriebliche Lohngestaltung Nr. 76).

## C. Der Abschluss des Arbeitsvertrages

### e) Umzugskosten

Ein Vertrag, der die **jederzeit widerrufliche Versetzung** eines Arbeitnehmers in das entfernte Ausland (z. B. Hongkong) und die Erstattung der Umzugskosten vorsieht, enthält im Zweifel gem. §§ 133, 157 BGB auch die Zusage, die **Kosten des Rückumzugs** zu erstatten. Das gilt auch dann, wenn für die Erstattung die Feststellung einer dienstlichen Notwendigkeit vorausgesetzt wird, diese Feststellung aber nicht getroffen wird, weil der Arbeitnehmer das Arbeitsverhältnis mit Rücksicht auf die bevorstehende Schließung der ausländischen Niederlassung zum Schließungstermin gekündigt hat (*BAG* 26.7.1995 EzA § 133 BGB Nr. 19). 500

### 2. Dauer des Arbeitsvertrages

#### a) Grundlagen

Der Arbeitsvertrag wird auf unbestimmte Zeit abgeschlossen, soweit die Arbeitsvertragsparteien nichts anderes vereinbaren. 501

Die **Befristung** des Arbeitsvertrages mit der Folge, dass das Arbeitsverhältnis mit Fristablauf endet, ohne dass es einer Kündigung bedarf, ist nur dann zulässig, wenn sie durch Gesetz ausdrücklich zugelassen wird oder wenn für die Befristung und ihre Dauer ein sachlicher Grund besteht. 502

Das Arbeitsverhältnis kann für die **Lebenszeit** des Arbeitnehmers (vgl. § 624 BGB), des Arbeitgebers oder einer dritten Person (z. B. bei der Anstellung zur Pflege eines Kranken) vereinbart werden. Der Bedeutungsgehalt derartiger Abreden ist unterschiedlich und im Einzelfall im Wege der **Auslegung** zu ermitteln (z. B. Beschränkung des Rechts zur ordentlichen Kündigung des Arbeitgebers, Verhinderung des Eintritts des Erben in das Arbeitsverhältnis, Zweckbefristung; s. Kap. 5 Rdn. 37). 503

#### b) Daueranstellung

Eine Daueranstellung ist gegeben, wenn ein Arbeitnehmer unkündbar ist, d. h. das Recht des Arbeitgebers zur ordentlichen Kündigung (vor allem auf Grund tarifvertraglicher Normen) ausgeschlossen oder beschränkt ist (vgl. § 53 Abs. 3 BAT). 504

Die Zusage einer Lebens- oder Dauerstellung bedeutet noch keine Anstellung auf Lebenszeit. Ihr Inhalt ist vielmehr durch **Auslegung** unter Berücksichtigung der Gesamtumstände des konkreten Falles zu ermitteln (z. B. Anwendbarkeit des KSchG bereits ab dem ersten Arbeitstag, Ausschluss der ordentlichen Kündigung, Zulässigkeit der Kündigung erst nach einem längeren Zeitraum oder Einhaltung einer längeren als der gesetzlichen Kündigungsfrist). 505

Im Zweifel entspricht es nicht dem Willen der Vertragsparteien, dass eine ordentliche Kündigung des Arbeitgebers völlig ausgeschlossen und nur eine Entlassung aus wichtigem Grund möglich sein soll (*BAG* 18.1.1967 AP Nr. 81 zu § 1 KSchG; 7.11.1968 AP Nr. 3 zu § 66 HGB; 8.6.1972 AP Nr. 1 zu § 1 KSchG 1969). 506

#### c) Bedingung

Der gesamte Arbeitsvertrag kann auch unter einer Bedingung (§ 158 Abs. 1, 2 BGB) abgeschlossen werden. Bei der **aufschiebenden Bedingung** tritt die von ihr abhängig gemachte Wirkung (Begründung des Arbeitsverhältnisses) erst mit dem (hinsichtlich des Zeitpunkts ungewissen) Eintritt der Bedingung ein. Bei der **auflösenden Bedingung** (vgl. § 21 TzBfG) gilt die rechtsgeschäftliche Regelung zunächst einmal. Ihre Wirkung endet erst mit dem Eintritt der Bedingung (s. zum TzBfG Kap. 5 Rdn. 264 ff.). Ein **Vorbehalt einer erfolgreichen Teilnahme an einem sog. Assessmentcenter** ist als aufschiebende Bedingung für das Wirksamwerden eines Arbeitsvertrages dann rechtlich unbedenklich, wenn der Arbeitgeber das Arbeitsverhältnis zum vorgesehenen Vollzugsbeginn ohnehin ordentlich kündigen könnte (*LAG Bln.* 1.3.2002 – 6 Sa 2403/01, EzA-SD 13/2002, S. 12 LS). 507

### d) Altersgrenzen

**508** In Einzelverträgen, Tarifverträgen, Betriebsvereinbarungen ist schließlich häufig eine Altersgrenze für die Beendigung des Arbeitsverhältnisses vorgesehen, bei deren Erreichen das Arbeitsverhältnis endet, ohne dass es einer Kündigung durch den Arbeitgeber bedarf; s. Kap. 5 Rdn. 273 ff.

### 3. Arbeitsverhältnis zur Probe

**509** Eine Einstellung zur Probe soll dem Arbeitgeber die Möglichkeit geben, sich ein Urteil darüber zu bilden, ob der Arbeitnehmer sich für die ihm zugedachte Stellung eignet.

**510** Ohne besondere Vereinbarung ist die Probezeit als Beginn eines Arbeitsverhältnisses auf unbestimmte Zeit anzusehen, in dem die gesetzlich zulässige kürzestmögliche Kündigungsfrist stillschweigend als vereinbart gilt (*BAG* 29.7.1958 AP Nr. 3 zu § 620 BGB Probearbeitsverhältnis; 22.7.1971 AP Nr. 11 zu § 620 BGB Probearbeitsverhältnis; s. aber Kap. 4 Rdn. 221).

**511** Wird das Arbeitsverhältnis auf die Dauer der Probezeit befristet (vgl. § 14 Abs. 1 Nr. 6 TzBfG; s. Kap. 5 Rdn. 59), so ist während seiner Dauer die **ordentliche Kündigung des Arbeitgebers** (nicht des Arbeitnehmers) **ausgeschlossen, sofern die Parteien nicht etwas anderes vereinbart haben** (*BAG* 15.3.1978 EzA § 620 BGB Nr. 34). Mit Ablauf der Befristung endet das Arbeitsverhältnis grds. selbst dann, wenn der Arbeitnehmer sich während der Probezeit bewährt hat (*BAG* 8.3.1962 AP Nr. 22 zu § 620 BGB Befristeter Arbeitsvertrag; vgl. dazu *Wilhelm* NZA 2001, 818 ff.).

**512** Eine Befristung für eine Probezeit von **mehr als sechs Monaten** ist wegen des nach diesem Zeitraum einsetzenden Kündigungsschutzes nur zulässig, wenn Eignung und Leistung wegen der Besonderheit des Arbeitsplatzes, auf dem der Arbeitnehmer erprobt werden soll, nicht innerhalb von sechs Monaten beurteilt werden können (*BAG* 15.3.1978 EzA § 620 BGB Nr. 34; vgl. zur möglichen Anwendbarkeit des KSchG in derartigen Fällen *Wilhelm* NZA 2001, 818 ff.).

**513** Wird in einem Arbeitsvertrag **eine feste Probezeit** vereinbart, kommt im Übrigen **nur dann** ein **befristetes Arbeitsverhältnis** für die Dauer der Probezeit zustande, wenn dies **eindeutig vereinbart** wird (*LAG SchlH* 29.5.2001 ARST 2001, 243, s. aber Kap. 5 Rdn. 59).

### 4. Aushilfsarbeitsverhältnis

**514** Die Besonderheit eines i. d. R. zeit- oder zweckbefristet abgeschlossenen Aushilfsarbeitsverhältnisses besteht darin, dass ein vorübergehender Bedarf an Arbeitskräften gedeckt werden soll, der nicht durch den normalen Betriebsablauf, sondern durch den Ausfall von Stammpersonal (z. B. Krankheit) oder durch einen zeitlich begrenzten zusätzlichen Arbeitsanfall (Schlussverkauf, Weihnachtsgeschäft) begründet ist (*BAG* 30.9.1981 EzA § 620 BGB Nr. 53; 22.5.1986 EzA § 622 BGB Nr. 24; vgl. § 14 Abs. 1 Nr. 1 TzBfG; s. Kap. 5 Rdn. 62).

**515** Möglich ist auch:
- die Vereinbarung einer Befristung als **Höchstdauer** des Arbeitsverhältnisses mit der Möglichkeit, den Arbeitsvertrag vor Zeitablauf zu kündigen; § 622 Abs. 5 Nr. 1 BGB ist insoweit anwendbar (*BAG* 22.5.1986 EzA § 622 BGB Nr. 24);
- der Abschluss **mehrerer Zeitverträge** hintereinander, jedoch nur dann, wenn die Prognose im Zeitpunkt des Vertragsabschlusses ergibt, dass kein über den vorgesehenen Endtermin der Befristung hinausgehender ständiger Dauerarbeitsbedarf besteht (*BAG* 30.9.1981 EzA § 620 BGB Nr. 53) sowie
- die Vereinbarung eines Aushilfsarbeitsverhältnisses auf **unbestimmte Zeit**, das durch ordentliche Kündigung endet (vgl. § 622 Abs. 5 Nr. 1 BGB). Voraussetzung dafür ist aber, dass der Arbeitgeber bei der Anstellung mit einem nur vorübergehenden Bedürfnis gerechnet hat.

## 5. Änderung des Vertragsinhalts

Die Arbeitsvertragsparteien können den Inhalt des Arbeitsvertrages **jederzeit formlos ändern**. Dies kann ausdrücklich oder stillschweigend geschehen. Dabei kann die **widerspruchslose Fortsetzung der Tätigkeit** durch den Arbeitnehmer nach einem Änderungsangebot des Arbeitgebers dann als Annahme der Vertragsänderung angesehen werden, wenn diese sich **unmittelbar im Arbeitsverhältnis auswirkt** (*BAG* 22.12.1970 AP Nr. 2 zu § 305 BGB; 13.5.1987 EzA § 315 BGB Nr. 34). Es ist **ausreichend**, dass dies **teilweise der Fall** ist, wenn ein **einheitliches Vertragsangebot ein Bündel von Vertragsänderungen** (z. B. Anwendung aller einschlägigen Tarifverträge auf das Arbeitsverhältnis) **zum Inhalt hat** (*BAG* 1.8.2001 EzA § 315 BGB Nr. 50). 516

## VI. Auskunftsanspruch des abgelehnten Bewerbers

Weder Art. 8 Abs. 1 RL 2000/43/EG, Art. 10 Abs. 1 RL 2000/78/EG noch Art. 19 Abs. 1 RL 2006/54/EG sind dahingehend auszulegen, dass sie für einen Arbeitnehmer, der schlüssig darlegt, dass er die in einer Stellenausschreibung genannten Voraussetzungen erfüllt, und dessen Bewerbung nicht berücksichtigt wurde, keinen Anspruch auf Auskunft darüber vorsehen, ob der Arbeitgeber am Ende des Einstellungsverfahrens einen anderen Bewerber eingestellt hat. Es kann jedoch nicht ausgeschlossen werden, dass die Verweigerung jedes Zugangs zu Informationen durch einen Beklagten ein Gesichtspunkt sein kann, der im Rahmen des Nachweises von Tatsachen, die das Vorliegen einer unmittelbaren oder mittelbaren Diskriminierung vermuten lassen, heranzuziehen ist. Es ist Sache des vorlegenden Gerichts, unter Berücksichtigung aller Umstände des bei ihm anhängigen Rechtsstreits zu prüfen, ob dies im Ausgangsverfahren der Fall ist (*EuGH* 19.4.2012 EzA § 22 AGG Nr. 5). 516a

## D. Formulararbeitsvertrag

### I. Einführung

Die Schuldrechtsreform 2002 hat das Recht der Allgemeinen Geschäftsbedingungen (AGB) neu geregelt, insbes. wurden die §§ 305 ff. BGB eingeführt. Zuvor galt ein eigenständiges Gesetz, das AGBG. Aus Sicht der Arbeitnehmer und Arbeitgeber brachte diese Gesetzesreform eine grundlegende Veränderung: Arbeitsverträge sind nicht mehr von der Geltung des AGB-Rechts ausgeschlossen. Das AGBG war hingegen auf Arbeitsverträge nicht anwendbar, da § 23 Abs. 1 AGBG eine Bereichsausnahme u. a. für Verträge auf dem Gebiet des Arbeitsrechts statuierte. Zwar hat die Rechtsprechung trotzdem eine Inhaltskontrolle von Arbeitsvertragsklauseln durchgeführt, diese aber auf § 242 BGB gestützt (*BAG* 16.3.1994 EzA § 611 BGB Ausbildungsbeihilfe Nr. 10). 517

In diesem Abschnitt werden wesentliche Regelungen vorgestellt, die üblicherweise in Arbeitsverträgen enthalten sind. Basis für die Besprechung ist die vorhandene Rechtsprechung des BAG. Fehlt höchstrichterliche Rechtsprechung, wird die Rechtsprechung der Instanzgerichte und ggf. Ansichten in der Literatur dargestellt. Zu jeder Regelung sind Beispiele aufgenommen, insbes. mit vom BAG für wirksam erachteten Klauseln. Als Handbuch für Praktiker werden zudem Hinweise auf Punkte gegeben, die bei der Verwendung bestimmter Klauseln zu berücksichtigen sind. 518

### 1. Grundsätze der AGB-Kontrolle

§§ 305 ff. BGB sind anzuwenden, wenn AGB i. S. dieser Vorschriften vorliegen. Formulararbeitsverträge sind i. d. R. AGB. Keine AGB liegen vor, wenn die Vertragsbedingungen zwischen den Parteien im Einzelnen ausgehandelt werden (§ 305 Abs. 1 S. 3 BGB). Ein Aushandeln liegt nur vor, wenn der Verwender die betreffende Klausel inhaltlich ernsthaft zur Disposition stellt und dem Verhandlungspartner Gestaltungsfreiheit zur Wahrung eigener Interessen einräumt mit der realen Möglichkeit, die inhaltliche Ausgestaltung dieser Vertragsbedingungen zu beeinflussen. Der Verwender muss sich deutlich und ernsthaft zu gewünschten Änderungen der zu treffenden Vereinbarung bereit erklären. Das verlangt mehr als ein gemeinsames Verständnis vom Inhalt der Regelung (*BAG* 15.9.2009 EzA § 611 BGB 2002 Ausbildungsbeihilfe Nr. 13). »Aushandeln« i. S. v. § 305 Abs. 1 519

S. 3 BGB bedeutet damit auch mehr als »verhandeln«. Es genügt nicht, dass der Vertragsinhalt lediglich erörtert wird und den Vorstellungen des Vertragspartners entspricht (*BAG* 18.1.2006 EzA § 307 BGB 2002 Nr. 13; 19.5.2010 EzA § 310 BGB 2002 Nr. 10). In der Praxis dürfte es bei Standardarbeitsverträgen nur ausnahmsweise gelingen, ein Aushandeln zu belegen.

520 Zu beachten ist, dass **individuelle Vertragsabreden** Vorrang vor AGB haben (§ 305b BGB). Liegt eine Individualvereinbarung vor, verdrängt sie die AGB-Regelung. Außerdem werden **überraschende Klauseln**, die nach den Umständen, insbes. nach dem äußeren Erscheinungsbild des Vertrags, so ungewöhnlich sind, dass der Vertragspartner nicht mit ihnen zu rechnen braucht, nicht Vertragsbestandteil (§ 305c Abs. 1 BGB). Zweifel bei der Auslegung von AGB gehen zu Lasten des Verwenders (§ 305c Abs. 2 BGB).

521 Ist eine Klausel keine überraschende Klausel (§ 305c Abs. 1 BGB) und liegt auch keine vorrangige Individualabrede vor, ist sie einer Inhaltskontrolle (§§ 307 ff. BGB) zu unterziehen. Dabei kann sich die Unwirksamkeit einer AGB aus den konkreten Klauselverboten (§§ 308, 309 BGB) ergeben oder aus der »Generalklausel« des **§ 307 Abs. 1 BGB**. Danach sind AGB immer dann unwirksam, wenn sie den Vertragspartner des Verwenders entgegen den Geboten von Treu und Glauben unangemessen benachteiligen. Die Vermutungsregel des § 307 Abs. 2 BGB bestimmt, dass eine unangemessene Benachteiligung im Zweifel anzunehmen ist, wenn eine Regelung mit wesentlichen Grundgedanken der gesetzlichen Regelung, von der sie abweicht, nicht vereinbar ist oder wesentliche Rechte und Pflichten, die sich aus der Natur des Vertrags ergeben, so einschränkt, dass die Erreichung des Vertragszwecks gefährdet ist. Eine unangemessene Benachteiligung kann sich auch daraus ergeben, dass eine Bestimmung nicht klar und verständlich ist (sog. **Transparenzgebot**, § 307 Abs. 1 S. 2 BGB).

522 Eine Inhaltskontrolle findet nur insoweit statt, als die AGB von Rechtsvorschriften abweicht oder sie ergänzende Regelungen trifft (sog. **Kontrollsperre**, § 307 Abs. 3 BGB). Gibt eine AGB nur das wider, was das Gesetz regelt, unterfällt sie keiner Inhaltskontrolle. Rechtsvorschriften in diesem Sinne sind nicht nur Gesetze, sondern auch die dem Gerechtigkeitsgebot entsprechenden allgemein anerkannten Rechtsgrundsätze, d. h. auch alle ungeschriebenen Rechtsgrundsätze, die Regeln des Richterrechts oder die aufgrund ergänzender Auslegung nach §§ 157, 242 BGB und aus der jeweiligen Natur des Schuldverhältnisses zu entnehmenden Rechte und Pflichten (*BAG* 11.10.2006 EzA § 308 BGB 2002 Nr. 6). Allerdings unterliegen auch kontrollfreie Hauptabreden der Unklarheitenregelung (§ 305 Abs. 2 BGB) sowie der Transparenzkontrolle (§ 307 Abs. 1 S. 2 BGB).

523 Die **Rechtsfolgen** einer unwirksamen AGB sind in § 306 BGB geregelt. Absatz 1 ordnet an, dass der Vertrag im Übrigen wirksam bleibt (entgegen § 139 BGB). Der Inhalt des Vertrags richtet sich, soweit eine Bestimmung unwirksam oder nicht Vertragsbestandteil geworden ist, nach den gesetzlichen Vorschriften (§ 306 Abs. 2 BGB). Der gesamte Vertrag ist unwirksam, wenn das Festhalten an ihm auch unter Berücksichtigung der nach Absatz 2 vorgesehenen Änderungen eine unzumutbare Härte für eine Vertragspartei darstellen würde (§ 306 Abs. 3 BGB). Das wird bei Arbeitsverträgen nur ganz ausnahmsweise der Fall sein, da eine Unwirksamkeit des gesamten Arbeitsvertrags den Interessen des Arbeitnehmers im Regelfall nicht gerecht werden dürfte.

524 AGB, die nur teilweise gegen AGB-Recht verstoßen, sind grundsätzlich insgesamt unwirksam. Nach dem »**Verbot der geltungserhaltenden Reduktion**« ist das Aufrechterhalten der Klausel mit eingeschränktem, gerade noch zulässigem Inhalt id.R. nicht möglich (*BAG* 4.3.2004 EzA § 309 BGB 2002 Nr. 1; 23.9.2010 EzA § 309 BGB Nr. 6). In Ausnahmefällen ist jedoch eine ergänzende Vertragsauslegung möglich (*BAG* 14.1.2009 EzA § 611 BGB 2002 Ausbildungsbeihilfe Nr. 12). Zudem wendet das BAG teilweise den sog. »blue-pencil-test« an: Danach kann eine sprachlich teilbare Vertragsklausel, die nach Streichen des unwirksamen Teils weiterhin verständlich bleibt, in diesem Umfang aufrechterhalten werden (*BAG* 6.5.2009 EzA § 307 BGB 2002 Nr. 44).

### 2. Besonderheiten im Arbeitsrecht

525 Keiner AGB-Kontrolle unterliegen dahingegen Tarifverträge, Betriebs- und Dienstvereinbarungen (§ 310 Abs. 4 S. 1 BGB).

**526** Bei Arbeitsverträgen sind die im **Arbeitsrecht geltenden Besonderheiten** angemessen zu berücksichtigen (§ 310 Abs. 4 S. 2 BGB). Dies führt z. B. dazu, dass Vertragsstrafenabreden entgegen § 309 Nr. 6 BGB in Arbeitsverträgen wirksam vereinbart werden können (*BAG* 4.3.2004 EzA § 309 BGB 2002 Nr. 1; 23.9.2010 EzA § 309 BGB Nr. 6; s. dazu Rdn. 715 ff.). Ob die zu berücksichtigenden »Besonderheiten« nur rechtlicher Natur sein können oder aber auch tatsächlicher Natur, ist umstritten (ErfK/*Preis* §§ 305–310 BGB Rn. 11 m. w. N.).

**527** Tarifverträge, Betriebs- und Dienstvereinbarungen werden Rechtsvorschriften i. S. d. § 307 Abs. 3 S. 1 BGB gleichgestellt (§ 310 Abs. 4 S. 3 BGB). Das bedeutet, dass AGB, die inhaltlich einer Norm eines Tarifvertrags, einer Betriebs- oder Dienstvereinbarung entsprechen, keiner Klauselkontrolle unterliegen. Wird jedoch durch AGB auf eine dieser kollektiven Regelungen verwiesen, unterliegt die Bezugnahmeklausel selbst der AGB-Kontrolle (s. Rdn. 739 ff.).

**528** Neben diesen explizit auf den Bereich des Arbeitsrechts bezogenen Normen findet auch § 310 Abs. 3 BGB auf Arbeitsverträge Anwendung. § 310 Abs. 3 BGB regelt Verträge zwischen Verbrauchern und Unternehmern (**Verbraucherverträge**). Arbeitnehmer werden vom BAG als Verbraucher i. S. d. § 13 BGB qualifiziert, so dass § 310 Abs. 3 BGB auf Arbeitsverträge anzuwenden ist (*BAG* 25.5.2005 EzA § 307 BGB 2002 Nr. 3; 23.9.2010 EzA § 309 BGB Nr. 6). Dies hat weitreichende Folgen: AGB gelten in diesem Fall als vom Unternehmer gestellt, es sei denn, sie wurden vom Verbraucher in den Vertrag eingeführt (§ 310 Abs. 3 Nr. 1 BGB). Wichtigste Modifikation im Vergleich zu den allgemeinen AGB-Regeln ist, dass § 305c Abs. 2 BGB und die §§ 306, 307–309 BGB auch dann auf vorformulierte Vertragsbedingungen Anwendung finden, wenn sie nur zur einmaligen Verwendung bestimmt sind, soweit der Verbraucher auf Grund der Vorformulierung auf den Inhalt keinen Einfluss nehmen konnte. Damit wird auf eine Voraussetzung für das Vorliegen von AGB verzichtet, nämlich dass es sich um für eine Vielzahl von Verträgen vorformulierte Vertragsbedingung handeln muss (§ 305 Abs. 1 S. 1 BGB). Der Arbeitnehmer darf auf Grund der Vorformulierung keine Möglichkeit haben, auf den Inhalt Einfluss zu nehmen (§ 310 Abs. 3 Nr. 2 BGB). Bei Formulararbeitsverträgen wird der Arbeitnehmer i. d. R. diese Möglichkeit nicht haben. Dies hat zur Folge, dass auch ein zur einmaligen Verwendung vorgesehener Formulararbeitsvertrag der Inhaltskontrolle der §§ 307 ff. BGB unterliegen kann. Bei Verbraucherverträgen ist ein anderer Maßstab an die Inhaltskontrolle anzulegen (§ 310 Abs. 3 Nr. 3 BGB): Bei der Beurteilung der unangemessenen Benachteiligung (§ 307 Abs. 1 und Abs. 2 BGB) sind auch die den Vertragsschluss begleitenden Umstände zu berücksichtigen.

**529** Zu beachten ist, dass diese Regeln auch auf Anstellungsverträge von Geschäftsführern jedenfalls dann Anwendung finden, wenn der Geschäftsführer nicht zugleich als Gesellschafter über zumindest eine Sperrminorität verfügt und Leitungsmacht über die Gesellschaft ausüben kann. Das BAG hat in diesem Fall auch einen GmbH-Geschäftsführer als Verbraucher (§ 13 BGB) qualifiziert (*BAG* 19.5.2010 NZA 2010, 939). Darüber hinaus sind auch Vorstandsmitglieder als Verbraucher zu qualifizieren (*Bauer/Arnold* ZIP 2006, 2337). Die in diesem Kapitel dargestellten Grundsätze sind daher auch für Anstellungsverträge von Geschäftsführern und Vorständen zu berücksichtigen.

**530** Klauseln, die den Umfang der von den Parteien geschuldeten Vertragsleistungen festlegen, unterliegen keiner Inhaltskontrolle (§ 307 Abs. 3 S. 1 BGB, *BAG* 10.12.2008 EzA § 611 BGB 2002 Kirchliche Arbeitnehmer Nr. 10). Bei ihnen handelt es sich um Abreden, die ihrer Art nach grundsätzlich nicht der Regelung durch Gesetz oder anderen Rechtsvorschriften zugänglich sind, sondern von den Parteien festgelegt werden müssen. Das sind Regeln über den unmittelbaren Gegenstand der Hauptleistung (Tätigkeitsbeschreibung) sowie des dafür zu zahlenden Entgelts (*BAG* 27.7.2005 EzA § 307 BGB 2002 Nr. 5). Vertragsbestimmungen, die den Umfang der von den Parteien geschuldeten Vertragsleistungen festlegen, unterliegen aber einer Transparenzkontrolle nach § 307 Abs. 1 S. 1 BGB (*BAG* 21.6.2011 EzA § 9 TzBfG Nr. 5).

## II. Inhalt und Ort der Tätigkeit

531 Der Arbeitgeber kann Inhalt, Ort und Zeit der Arbeitsleistung nach billigem Ermessen bestimmen, soweit diese Arbeitsbedingungen nicht durch Arbeitsvertrag, Betriebsvereinbarung, Tarifvertrag oder gesetzliche Vorschriften festgelegt sind (§ 106 GewO). Grundsätzlich gibt der Arbeitsvertrag vor, welche Tätigkeiten der Arbeitgeber von seinem Arbeitnehmer verlangen kann. Je enger die Beschreibung der Tätigkeit ist, desto geringer ist der Handlungsspielraum des Arbeitgebers, im Rahmen seines Direktionsrechts die Tätigkeit und den Arbeitsort des Arbeitnehmers einseitig zu verändern. Flexibilität ermöglichen insofern Versetzungs- oder Änderungsvorbehalte. Diese unterliegen in Formulararbeitsverträgen der AGB-Kontrolle.

532 Die Konkretisierung von Inhalt und Ort der geschuldeten Tätigkeit und ein damit ggf. verbundener Versetzungs- oder Änderungsvorbehalt haben auch Einfluss auf die **Sozialauswahl** bei einer betriebsbedingten Kündigung. Sie erweitern den Kreis der vergleichbaren Arbeitnehmer (s. Rdn. 554 ff.).

### 1. Versetzungs- und Änderungsvorbehalte

533 Versetzungs- oder Änderungsvorbehalte eröffnen dem Arbeitgeber die Möglichkeit, trotz eines im Arbeitsvertrag ausdrücklich umschriebenen Tätigkeitsbereichs und -orts dem Arbeitnehmer eine andere Tätigkeit zuzuweisen oder ihn an einen anderen Ort zu versetzen. Das BAG unterscheidet dabei **Versetzungs- und Änderungsvorbehalte** abhängig von dem in der Klausel vorgesehen Umfang möglicher Änderungen der Tätigkeit: Erlaubt die Klausel lediglich solche Änderungen, die mangels Konkretisierung im Arbeitsvertrag vom Direktionsrecht gedeckt wären, ist es ein Versetzungsvorbehalt. Sieht die Klausel hingegen Änderungsmöglichkeiten vor, die über das Direktionsrecht des Arbeitgebers hinausgehen, handelt es sich um einen Änderungsvorbehalt. Bei der Inhaltskontrolle von Versetzungs- und Änderungsvorbehalten legt das BAG unterschiedliche Maßstäbe an.

#### a) Versetzungsvorbehalt

534 Bei einem Versetzungsvorbehalt, der lediglich § 106 GewO wiedergibt, handelt es sich nicht um eine von Rechtsvorschriften abweichende oder diese ergänzende Regelung i. S. d. § 307 Abs. 3 S. 1 BGB. Deshalb unterliegt er nicht der Angemessenheitskontrolle (§ 307 Abs. 1 S. 1 BGB), muss aber der Unklarheitenregelung (§ 305 Abs. 2 BGB) sowie der Transparenzkontrolle (§ 307 Abs. 1 S. 2 BGB) genügen (*BAG* 13.6.2007 EzA § 106 GewO Nr. 2; 13.4.2010 – 9 AZR 36/09, n. v.; 25.8.2010 EzA § 307 BGB 2002 Nr. 49).

535 Eine Prüfung anhand von § 308 Nr. 4 BGB kommt dahingegen nicht in Betracht, weil diese Vorschrift lediglich die einseitige Änderungsmöglichkeit der vom Verwender versprochenen Leistung betrifft (also etwa des Arbeitsentgelts), nicht aber die Arbeitsleistung des Arbeitnehmers als Gegenleistung (*BAG* 13.3.2007 AP § 307 BGB Nr. 26; 11.4.2006 EzA § 308 BGB 2002 Nr. 5). Solange die Versetzungsklausel lediglich den Inhalt des § 106 GewO nachbildet, ist sie auch keine unangemessene Benachteiligung i. S. d. § 307 Abs. 2 Nr. 1 BGB (*BAG* 3.12.2008 AP § 307 BGB Nr. 42; 13.3.2007 AP § 307 BGB Nr. 26; 11.4.2006 EzA § 308 BGB 2002 Nr. 5; 19.1.2011 EzA § 106 GewO Nr. 7). In diesem Fall müssen in der Klausel keine Gründe genannt werden, die zu einer Änderung der Tätigkeit führen können. Dies verstößt nicht gegen das Transparenzgebot (§ 307 Abs. 1 S. 2 BGB). § 106 GewO verlangt keine Spezifizierung, weil Arbeitsverträge nur eine rahmenmäßig umschriebene Leistungspflicht festlegen können (*BAG* 3.12.2008 AP § 307 BGB Nr. 42; 13.3.2007 AP § 307 BGB Nr. 26; 11.4.2006 EzA § 308 BGB 2002 Nr. 5). Allerdings hat das BAG offen gelassen, ob bei einer besonders schwerwiegenden Veränderung unter Umständen etwas anderes gelten kann (*BAG* 11.4.2006 EzA § 308 BGB 2002 Nr. 5).

536 Nimmt der Versetzungsvorbehalt selbst eine Einschränkung der Tätigkeiten vor, die zugewiesen werden können, ist diese Einschränkung verbindlich (*BAG* 23.2.2010 EzA § 106 GewO Nr. 6).

537 Bestimmt der Arbeitsvertrag, dass ein anderer Arbeitsplatz nur in einer bestimmten Stadt oder einem bestimmten Bundesland zugewiesen werden darf, kann der Arbeitgeber den Arbeitnehmer

## D. Formulararbeitsvertrag Kapitel 2

später nicht einseitig über die Stadt- oder Bundeslandgrenzen hinaus versetzen. In diesem Fall ist nur eine einvernehmliche Änderung des Arbeitsorts oder, bei Vorliegen der Voraussetzungen, eine Änderungskündigung möglich. Es ist daher sorgfältig abzuwägen, ob eine solche Einschränkung in den Arbeitsvertrag aufgenommen werden soll.

Ein Versetzungsvorbehalt ist wirksam, wenn er mit § 106 GewO übereinstimmt, diesen also inhaltlich übernimmt oder auf die Vorschrift verweist. Eine Versetzung entspricht nach der Rechtsprechung des BAG zudem billigem Ermessen und damit § 106 GewO, wenn die wesentlichen Umstände des Falles abgewogen und die beiderseitigen Interessen angemessen berücksichtigt wurden (*BAG* 11.4.2006 EzA § 308 BGB 2002 Nr. 5; 25.8.2010 EzA § 307 BGB 2002 Nr. 49). Berücksichtigt die Klausel diese Anforderungen, stellt sie keine unangemessene Benachteiligung dar. **538**

Folgende Klauseln hat die Rechtsprechung für wirksam erachtet. **539**

*aa) Inhalt der Tätigkeit*

▶ **Beispiel** **540**
– *BAG* 11.4.2006 EzA § 308 BGB 2002 Nr. 5:
Frau ... wird als Redakteur angestellt und in der Redaktion der ..., Auflagengruppe über 30.000 beschäftigt. (...)
Frau ... wird als Redakteur (verantwortlich für Wort und Bild) in der Hauptredaktion, Ressort Sonderaufgaben beschäftigt. Der Verlag behält sich unter Wahrung der Interessen des Redakteurs die Zuweisung eines anderen Arbeitsgebietes vor.

▶ **Beispiel** **541**
– *BAG* 3.12.2008 AP § 307 BGB Nr. 42:
Die Gesellschaft behält sich vor, ohne dass es einer Kündigung bedarf, der Arbeitnehmerin innerhalb des Unternehmens eine andere, ihrer Ausbildung und beruflichen Entwicklung oder vorherigen Tätigkeit entsprechende Tätigkeit zu übertragen, soweit dies mit einem Wohnungswechsel nicht verbunden ist.

*bb) Ort der Tätigkeit*

§ 106 GewO erlaubt auch die Bestimmung des Arbeitsorts durch den Arbeitgeber. Das BAG hat klargestellt, dass die Nennung eines bestimmten Orts in Kombination mit einer im Arbeitsvertrag geregelten Einsatzmöglichkeit im gesamten Unternehmen die Tätigkeit nicht auf einen bestimmten Ort beschränkt. Hierdurch wird klargestellt, dass weiter § 106 S. 1 GewO und damit die Versetzungsbefugnis an andere Arbeitsorte gilt. Nach Auffassung des BAG ist es auch nicht zwingend notwendig, Ankündigungsfristen oder den zulässigen Entfernungsradius in die Vertragsklausel aufzunehmen. Derartige Festlegungen sind wünschenswert, jedoch zur Vermeidung einer unangemessenen Benachteiligung (§ 307 Abs. 1 S. 2 BGB) nicht zwingend erforderlich (*BAG* 13.4.2010 EzA § 307 BGB 2002 Nr. 47). Bei einem Außendienstmitarbeiter kann sich der Arbeitgeber zudem mit einer Versetzungsklausel die Zuweisung eines anderen Gebiets vorbehalten (*BAG* 19.1.2011 – 10 AZR 738/09, n. v.). **542**

▶ **Beispiele aus der Rechtsprechung:** **543**

▶ – *BAG* 13.3.2007 AP § 307 BGB Nr. 26: **544**
Frau ... wird ab ... bei ... in Frankfurt beschäftigt.
... kann Frau ... entsprechend ihren Leistungen und Fähigkeiten in einer anderen im Interesse der ... liegenden Aufgabe betrauen, sie an einem anderen Ort sowie [...] einsetzen.

▶ – *BAG* 13.4.2010 EzA § 307 BGB 2002 Nr. 47: **545**
Sie werden ab 1. Juli 2000 als Manager für den Bereich TLS in unserer Niederlassung Bielefeld eingestellt.
P. behält sich das Recht vor, Sie im Bedarfsfall auch an einem anderen Arbeitsort und/oder bei

einer anderen Gesellschaft des Konzerns P entsprechend Ihrer Vorbildung und Ihren Fähigkeiten für gleichwertige Tätigkeiten einzusetzen. Hierbei werden Ihre persönlichen Belange angemessen berücksichtigt.

**546** Das *BAG* hat in der Entscheidung vom 13.4.2010 (EzA § 307 BGB 2002 Nr. 47) ausdrücklich offen gelassen, ob die Konzernversetzungsklausel einer Inhaltskontrolle (§§ 307 ff. BGB) standhält. Jedenfalls sei die von der Konzernversetzungsklausel abtrennbare Befugnis, den Arbeitnehmer an einen anderen Arbeitsort im Bundesgebiet zu versetzen, nicht unwirksam. Mit dieser Entscheidung ist auch die bislang offene Frage entschieden, dass der Vorbehalt einer Versetzungsbefugnis im gesamten Bundesgebiet nicht per se unzulässig ist. Im Einzelfall ist aber jeweils zu prüfen, ob die konkrete Zuweisung eines anderen Arbeitsplatzes im Bundesgebiet billigem Ermessen und damit § 106 GewO entspricht.

### cc) Konkretisierung der Arbeitspflicht

**547** Zu beachten ist zudem, dass nach der Rechtsprechung des BAG nach längerer Zeit eine **Konkretisierung** der Arbeitspflicht auf bestimmte Arbeitsbedingungen eintreten kann. Dazu bedarf es jedoch nicht nur des reinen Zeitablaufs, sondern es müssen zusätzlich besondere Umstände hinzutreten, aus denen sich ergibt, dass der Arbeitnehmer nicht in anderer Weise eingesetzt werden soll (*BAG* 7.12.2000 EzA § 611 BGB Direktionsrecht Nr. 23). Ob ein hierauf gerichteter Versetzungsvorbehalt diese Konkretisierung verhindern kann, ist nicht abschließend geklärt. Einige Instanzgerichte haben in der Zeit vor der Schuldrechtsreform entschieden, dass ein Versetzungsvorbehalt einer Konkretisierung entgegenstehen kann (*LAG Köln* 23.2.1987 LAGE § 611 BGB Direktionsrecht Nr. 1; *LAG RhPf* 20.10.1993 AuR 1994, 311; *Hess. LAG* 24.1.1996 – 2 Sa 883/95). Dieser Aspekt spricht für die Aufnahme eines Versetzungsvorbehalts.

### b) Änderungsvorbehalte

**548** Im Gegensatz zu Versetzungsvorbehalten erweitern **Änderungsvorbehalte** das Direktionsrecht des Arbeitsgebers (*Preis/Genenger* NZA 2008, 969, 972). Sie sind daher am Maßstab der §§ 307 ff. BGB zu überprüfen.

**549** Ein Änderungsvorbehalt benachteiligt den Arbeitnehmer i. d. R. unangemessen i. S. d. § 307 Abs. 1 S. 1 BGB, wenn sich der Arbeitgeber vorbehält, dem Arbeitnehmer auch eine geringerwertige Tätigkeit zuzuweisen als arbeitsvertraglich vorgesehen. Dies gilt selbst dann, wenn die bisher gezahlte Vergütung fortgezahlt wird (*BAG* 30.8.1995 EzA § 611 BGB Direktionsrecht Nr. 14; 12.12.1984 EzA § 315 BGB Nr. 29). Das BAG hat eine Klausel für unwirksam gehalten, die dem Arbeitgeber erlaubte, »falls erforderlich, (...) nach Abstimmung der beiderseitigen Interessen Art und Ort der Tätigkeit des/der Angestellten« zu ändern (*BAG* 9.5.2006 AP § 307 BGB Nr. 21). Die Klausel bringt nicht zum Ausdruck, dass nur eine andere gleichwertige Tätigkeit zugewiesen werden darf.

**550** Im Einzelfall fällt die Unterscheidung zwischen Versetzungs- und Änderungsvorbehalt schwer, zumal bei einzelnen Entscheidungen des BAG eine gewisse Ergebnisorientierung aufscheint. Es empfiehlt sich deshalb, in jedem Fall in der Klausel vorzusehen, dass nur eine gleichwertige Tätigkeit zugewiesen werden darf.

### c) Musterklausel

**551** ▶ Beispiel:
– Der Arbeitgeber behält sich vor, dem Arbeitnehmer unter Wahrung seiner Interessen auch andere seiner Vorbildung und seinen Fähigkeiten entsprechende und gleichwertige Aufgaben zu übertragen und ihn an einen anderen Arbeitsplatz und/oder Arbeitsort im Bundesgebiet zu versetzen. Dieses Recht besteht auch, wenn der Arbeitnehmer längere Zeit eine bestimmte Tätigkeit ausübt oder längere Zeit an einem bestimmten Arbeitsort eingesetzt ist.

## 2. Konzernversetzungsklauseln

Die dauerhafte Versetzung eines Arbeitnehmers in den Betrieb eines anderen Konzernunternehmens ist nicht vom Direktionsrechts des Arbeitgebers umfasst. Sie bedarf daher grundsätzlich seiner vorherigen Zustimmung. In der Literatur wird teilweise vertreten, dass es der konkreten Zustimmung des Arbeitnehmers im Einzelfall bedürfe (vgl. dazu ErfK/*Preis* §§ 305–310 BGB Rn. 86). Das *ArbG Karlsruhe* hat hingegen auch eine antizipierte Zustimmung des Arbeitnehmers im Rahmen des Arbeitsvertrags gebilligt (19.9.2003 – 7 Ga 5/03). Auch das *BAG* hält eine solche vorherige Zustimmung wohl für möglich (23.3.2006 EzA § 1 KSchG Betriebsbedingte Kündigung Nr. 147). Inwieweit eine solche Vereinbarung als vorformulierte Klausel aber einer gerichtlichen Inhaltskontrolle standhält, ist noch ungeklärt. So könnte z. B. § 309 Nr. 10a) BGB zur Anwendung kommen, der verlangt, dass alle möglichen Zielunternehmen für die Versetzung ausdrücklich genannt sind (*Bauer/Lingemann/Diller/Haußmann* Kap. 2 Rn. 110b). Dem wird entgegengehalten, § 309 Nr. 10a) BGB verstoße gegen das zwingende Kündigungsrecht im Verhältnis zum ersten Arbeitgeber und dass § 309 Nr. 10b) BGB, der für die Wirksamkeit der Klausel ein Lösungsrecht vom Vertrag fordert, nicht zum Bestandsschutzbedürfnis des Arbeitnehmers passe. Stattdessen soll eine Konzernversetzungsklausel anhand von §§ 305c Abs. 1 BGB, 307 BGB zu überprüfen sein (*BAG* 13.4.2010 EzA § 307 BGB 2002 Nr. 47; ErfK/*Preis* §§ 305–310 BGB Rn. 86).

552

> Eine **Konzernversetzungsklausel** kann in bestimmten Fallgestaltungen dazu führen, dass ein Arbeitnehmer bei einer betriebsbedingten Kündigung Anspruch auf Weiterbeschäftigung in einem anderen Unternehmen des Konzerns hat. Dies kann der Fall sein, wenn sich ein anderes Konzernunternehmen ausdrücklich zur Übernahme des Arbeitnehmers bereit erklärt hat. Eine solche Verpflichtung kann sich auch aus dem Arbeitsvertrag ergeben. Eine konzernübergreifende Versetzungsklausel soll daher dazu führen können, dass der Arbeitgeber vor einer betriebsbedingten Kündigung versuchen muss, den Arbeitnehmer in einem anderen Konzernunternehmen unterzubringen. Zusätzlich muss aber ein bestimmender Einfluss des Beschäftigungsbetriebs bzw. des vertragsschließenden Unternehmens auf die »Versetzung« vorliegen. Die Entscheidung hierüber darf nicht ausschließlich beim aufnehmenden Unternehmen liegen (*BAG* 23.3.2006 EzA § 1 KSchG Betriebsbedingte Kündigung Nr. 147). Wegen der mit einer Konzernversetzungsklausel verbundenen rechtlichen Unsicherheiten und Risiken sollte sie nur nach sorgfältiger Abwägung verwendet werden.

553

## 3. Auswirkungen auf die Sozialauswahl

Die Formulierung des inhaltlichen und örtlichen Tätigkeitsbereichs kann bei einer betriebsbedingten Kündigung Auswirkungen auf die **Sozialauswahl** haben, die zwischen vergleichbaren Arbeitnehmern durchzuführen ist. Nach der Rechtsprechung des BAG sind diejenigen Arbeitnehmer vergleichbar, die austauschbar sind, wobei sich die Austauschbarkeit in erster Linie nach arbeitsplatzbezogenen Kriterien richtet (*BAG* 16.9.1982 EzA § 1 KSchG Betriebsbedingte Kündigung Nr. 18). Es ist zu prüfen, ob der Arbeitnehmer, dessen Arbeitsplatz weggefallen ist, die Funktion des anderen Arbeitnehmers wahrnehmen kann. Eine Vergleichbarkeit besteht nicht, wenn die anderweitige Beschäftigung nur aufgrund Vereinbarung oder Änderungskündigung zugewiesen werden kann (*BAG* 29.3.1990 EzA § 1 KSchG Soziale Auswahl Nr. 29). Je enger der Tätigkeitsbereich des Arbeitnehmers im Arbeitsvertrag festgelegt wurde, desto enger sind auch die Möglichkeiten, dem Arbeitnehmer ohne Änderungskündigung oder Vertragsänderung eine andere Tätigkeit zuzuweisen. Dies schränkt wiederum den Kreis der vergleichbaren Arbeitnehmer im Rahmen einer Sozialauswahl ein.

554

> Ist ein Arbeitnehmer nach dem Arbeitsvertrag als »IT-Mitarbeiter« beschäftigt, kann der Arbeitgeber ihm grundsätzlich alle Aufgaben zuweisen, die denen eines IT-Mitarbeiters im Betrieb des Arbeitgebers entsprechen. Im Fall einer beabsichtigten betriebsbedingten Kündigung muss der Arbeitgeber eine Sozialauswahl grundsätzlich zwischen allen IT-Mitarbeitern durchführen, auch wenn diese aufgrund spezifischer Kenntnisse (z. B. von Programmiersprachen) nicht ohne weiteres in der Lage wären, die Aufgaben des jeweils anderen Arbeitnehmers zu erfüllen. Wird der Arbeitnehmer hingegen nach seinem Arbeitsvertrag als »Softwareentwickler für den Be-

555

reich xy« beschäftigt und dem Vertrag womöglich noch eine Stellenbeschreibung beigefügt, hat der Arbeitgeber kaum Raum für eine einseitige Zuweisung anderer Aufgaben. Im Fall einer betriebsbedingten Kündigung ist die Sozialauswahl dann grundsätzlich nur zwischen den Softwareentwicklern im Bereich xy mit gleicher Stellenbeschreibung durchzuführen. Die Vor- und Nachteile einer Flexibilität bei der einseitigen Zuweisung von Aufgaben und eines kleineren Kreises vergleichbarer Arbeitnehmer bei der Sozialauswahl müssen gegeneinander abgewogen werden.

556 Zu beachten ist, dass auch eine sehr weite Versetzungsklausel grundsätzlich nicht dazu führt, dass die Sozialauswahl über den Betrieb hinaus ausgedehnt wird. Die Sozialauswahl ist grundsätzlich streng betriebsbezogen durchzuführen. Daran ändert bspw. auch eine unternehmensweite Versetzungsklausel nichts (*BAG* 15.12.2005 EzA § 1 KSchG Soziale Auswahl Nr. 66; 2.6.2005 EzA § 1 KSchG Soziale Auswahl Nr. 61).

### III. Laufzeit des Arbeitsvertrags

#### 1. Unbefristetes Arbeitsverhältnisses

557 Die Vereinbarung eines unbefristeten Arbeitsverhältnisses unterliegt keinen Besonderheiten.

558 ▶ **Beispiel:**

Das Arbeitsverhältnis wird auf unbestimmte Zeit geschlossen.

#### 2. Befristetes Arbeitsverhältnis

559 Bei der Vereinbarung eines befristeten Arbeitsverhältnisses ist der Arbeitgeber an die Vorgaben des TzBfG gebunden. In Frage kommen kalendermäßige Befristungen (mit und ohne Sachgrund), Zweckbefristungen und auflösende Bedingungen. Auch Doppelbefristungen (Kombination von kalendermäßiger Befristung und Zweckbefristung) sind möglich (*BAG* 29.6.2011 DB 2011, 2921). Der EuGH hält grds. auch Kettenbefristungen mit Sachgrund für zulässig. Der Arbeitgeber darf z. B. wiederholt oder sogar dauerhaft auf befristete Vertretungen zurückgreifen. Allerdings müssen die nationalen Gerichte eine einzelfallbezogene Missbrauchskontrolle durchführen (*EuGH* 26.1.2012 EzA-SD 2012 Nr. 3). **Die Befristung bedarf der Schriftform (§ 14 Abs. 4 TzBfG). Befristungsregelungen beziehen** sich auf die Hauptleistungspflichten aus dem Arbeitsvertrag und unterfallen somit als Leistungsbeschreibung nicht der Inhaltskontrolle (§§ 307 ff. BGB; *BAG* 27.7.2005 EzA § 620 BGB 2002 Altersgrenze Nr. 6). Allerdings dürfen auch Befristungsabreden nicht überraschend (§ 305c BGB) oder unklar formuliert sein (§ 307 Abs. 1 S. 2 BGB, *BAG* 16.4.2008 EzA § 305c BGB 2002 Nr. 14; 8.8.2007 EzA § 21 TzBfG Nr. 2).

560 Eine **überraschende Klausel** liegt vor, wenn innerhalb eines auf ein Jahr befristeten Arbeitsvertrags eine Probezeitbefristung enthalten ist, die – im Gegensatz zu den sonstigen Laufzeit-Regelungen – nicht drucktechnisch hervorgehoben ist. Eine solche Klausel wird nicht Vertragsbestandteil (*BAG* 16.4.2008 EzA § 305c BGB 2002 Nr. 14). Zudem sieht das BAG in der Kombination von Befristungen auch einen Verstoß gegen das Transparenzgebot (§ 307 Abs. 1 S. 2 BGB). Zwar sei jede einzelne Klausel für sich klar und verständlich. In Verbindung miteinander ergäben sie aber nicht ohne weiteres Sinn, weil durch die Probezeitbefristung der zuvor geregelten einjährigen Befristung die Grundlage entzogen werde (*BAG* 16.4.2008 EzA § 305c BGB 2002 Nr. 14). Eine sich an die Probezeitbefristung anschließende, längere Zeitbefristung stellt zudem eine intransparente und damit unangemessene Klausel dar, wenn sie im gleichen Vertragsabschnitt geregelt ist wie die Probezeitbefristung (*LAG RhPf* 1.12.2011 – 2 Sa 478/11, n. v.).

561 Es empfiehlt sich, in einem befristeten Arbeitsvertrag statt einer Probezeitbefristung die kürzestmögliche Kündigungsfrist (§ 622 Abs. 3 BGB) während der Probezeit zu vereinbaren oder aber ein von Vornherein auf sechs Monate befristetes Arbeitsverhältnis zu begründen, das dann ggf. verlängert wird. Hierbei ist darauf zu achten, dass keine Befristung wegen des Sachgrunds der Erprobung (§ 14 Abs. 1 S. 1 Nr. 5 TzBfG), sondern eine sachgrundlose Befristung vereinbart wird,

## D. Formulararbeitsvertrag

da ansonsten eine sachgrundlose Verlängerung wegen des Vorbeschäftigungsverbots unzulässig ist (§ 14 Abs. 2 S. 2 TzBfG).

▶ **Beispiel für eine kalendermäßige Befristung:** 562

Der Arbeitnehmer wird befristet für die Zeit vom ... bis ... eingestellt. Das Arbeitsverhältnis endet mit Ablauf der Frist, ohne dass es einer Kündigung bedarf.

▶ **Beispiel für eine Zweckbefristung:** 563

Der Arbeitnehmer wird für die Dauer der Erkrankung des Arbeitnehmers ... als dessen Vertreter eingestellt. Das Arbeitsverhältnis endet mit Erreichen des Zwecks, ohne dass es einer Kündigung bedarf.

Zu berücksichtigen ist, dass bei einer Zweckbefristung das Arbeitsverhältnis erst zwei Wochen 564 nach Zugang einer schriftlichen Unterrichtung des Arbeitnehmers durch den Arbeitgeber über den Zeitpunkt der Zweckerreichung endet (§ 15 Abs. 2 TzBfG).

▶ **Beispiel für eine Doppelbefristung:** 565

Der Arbeitnehmer wird für die Zeit vom ... längstens bis zum ... als Vertreter für den erkrankten Arbeitnehmer ... eingestellt. Das Arbeitsverhältnis endet mit Ablauf der Frist, ohne dass es einer Kündigung bedarf. Endet die Erkrankung des Arbeitnehmers ... vor diesem Termin, endet das Arbeitsverhältnis zu diesem Zeitpunkt.

### IV. Arbeitszeit

Ein weiterer im Arbeitsvertrag zu regelnder Punkt ist die Arbeitszeit. Festzulegen sind der Umfang 566 der täglichen bzw. wöchentlichen, monatlichen oder jährlichen Arbeitszeit, Beginn und Ende – also die Lage – der täglichen Arbeitszeit, mögliche Flexibilisierungsmechanismen, Überstundenregelungen, ggf. Regelungen zur Nacht- und Schichtarbeit sowie zur Kurzarbeit.

#### 1. Grenzen des ArbZG

Der Arbeitgeber ist an die Vorgaben des **ArbZG** gebunden. Danach darf die wöchentliche Arbeitszeit 567 im Durchschnitt von sechs Kalendermonaten oder 24 Wochen 48 Stunden nicht überschreiten. Allerdings gilt das ArbZG nicht für alle Arbeitnehmer, insbes. nicht für leitende Angestellte i. S. v. § 5 Abs. 3 BetrVG (§ 18 Abs. 1 Nr. 1 1. Alt. ArbZG). Für Arbeitnehmer, die jünger als 18 Jahre sind, gilt das Jugendarbeitsschutzgesetz (§ 18 Abs. 2 ArbZG).

#### 2. Dauer der Arbeitszeit

Die Dauer der Arbeitszeit kann unterschiedlich bestimmt werden. Denkbar ist eine Angabe der 568 durchschnittlichen Wochenarbeitszeit oder auch der durchschnittlichen Monatsarbeitszeit. Die Formulierung kann klarstellend darauf hinweisen, dass sich die Arbeitszeit exklusive Pausen versteht. Es kann auch eine ungleichmäßige Verteilung der Arbeitszeit vereinbart werden, wobei in einem bestimmten Zeitraum ein bestimmter Durchschnittswert zu erreichen ist. Dabei sind die Vorgaben des § 3 S. 2 ArbZG zu beachten.

▶ **Beispiel Wochenarbeitszeit:** 569

Die durchschnittliche regelmäßige Arbeitszeit beträgt 40 Stunden pro Woche ausschließlich der Pausen. Sie kann aus betrieblichen Gründen auf mehrere Wochen ungleichmäßig verteilt werden, wobei innerhalb eines Zeitraums von ... Wochen/Monaten eine durchschnittliche Arbeitszeit von 40 Stunden pro Woche erreicht werden soll.

▶ **Beispiel Monatsarbeitszeit** (aus *Bauer/Lingemann/Diller/Haußmann* Kap. 2 Muster 2.1a Ziffer 3. [1] 3. Variante): 570

> Die Arbeitszeit beträgt 163 Stunden monatlich, wobei die tatsächliche Arbeitszeit in den einzelnen Monaten zwischen 150 und 180 Stunden variieren kann. Die Vergütung ist konstant. Die Zahl der geleisteten Stunden wird bis zum Jahresende ausgeglichen.

### 3. Lage der täglichen Arbeitszeit

**571** Die Bestimmung der **Lage der Arbeitszeit** ist vom Direktionsrecht (§ 106 GewO) umfasst und kann daher vom Arbeitgeber nach billigem Ermessen festgelegt werden. In Betrieben mit Betriebsrat ist dabei das Mitbestimmungsrecht des Betriebsrats zu beachten (§ 87 Abs. 1 Nr. 2 BetrVG).

**572** ▶ Beispiel:

> Die Verteilung der Arbeitszeit, insbes. der Beginn und das Ende der täglichen Arbeitszeit und die Lage der Pausen, richtet sich nach den jeweils geltenden betrieblichen Regelungen.

### 4. Befristung einzelner Vertragsbedingungen, insbesondere der Arbeitszeit

**573** Um bei der Dauer der Arbeitszeit eine gewisse Flexibilität zu erreichen, bietet sich insbes. eine Befristung der Arbeitszeitregelung im Arbeitsvertrag an. Eine Befristung ist zwar auch für andere Arbeitsbedingungen denkbar. In der Praxis finden sich aber zumeist befristete Arbeitszeiterhöhungen.

**574** Die **Befristung einzelner Arbeitsbedingungen** fällt nicht unter das TzBfG, weil dieses für die Befristung eines (ganzen) Arbeitsvertrags gilt (§ 14 Abs. 1 S. 1 TzBfG; *BAG* 14.1.2004 EzA § 14 TzBfG Nr. 8; 18.1.2006 EzA § 307 BGB 2002 Nr. 13). Vor Einführung der §§ 307 ff. BGB verlangte das BAG für die Befristung einzelner Vertragsbedingungen das Vorliegen eines sachlichen Grunds, wenn bei unbefristeter Änderung die neuen Arbeitsbedingungen dem gesetzlichen Änderungsschutz des Kündigungsschutzgesetzes unterlagen. Wenn das KSchG keine Anwendung fand – etwa weil die Wartezeit (§ 1 Abs. 1 KSchG) noch nicht erfüllt war oder es sich um einen Kleinstbetrieb i. S. v. § 23 Abs. 1 S. 2–4 KSchG handelte – bedurfte es für die Befristung keines sachlichen Grunds (*BAG* 13.6.1986 EzA § 620 BGB Nr. 85). Nach Inkrafttreten des Schuldrechtsmodernisierungsgesetzes zum 1.1.2002 hat der 7. Senat des BAG diese Rechtsprechung aufgegeben und die Befristung einzelner Arbeitsbedingungen – soweit sie als AGB zu qualifizieren sind – einer **Inhaltskontrolle** anhand der §§ 305 ff. BGB unterzogen. Da es sich bei der Befristung einer Arbeitszeiterhöhung nicht um eine Abrede über den unmittelbaren Gegenstand der Hauptleistung, sondern um eine Änderung einer solchen Hauptleistungspflicht handele, greife auch nicht die Kontrollsperre des § 307 Abs. 3 S. 1 BGB. Die Vereinbarung ist daher anhand von § 307 Abs. 1 S. 1 BGB auf ihre Angemessenheit zu überprüfen (*BAG* 27.7.2005 EzA § 307 BGB 2002 Nr. 5; 18.1.2006 EzA § 307 BGB 2002 Nr. 13). Auch wenn das TzBfG auf die Befristung einzelner Vertragsbedingungen keine Anwendung findet, ist das Vorliegen eines Befristungsgrunds i. S. d. TzBfG ein Indiz für die Angemessenheit der Regelung. Die dem TzBfG zugrunde liegende Wertung, dass eine Befristung die Ausnahme sein soll, gilt auch für die Befristung einzelner Arbeitsbedingungen. Wenn also Umstände vorliegen, die die Befristung des Arbeitsvertrags insgesamt rechtfertigen würden (z. B. die Vertretung eines anderen Arbeitnehmers, § 14 Abs. 1 Nr. 3 TzBfG), spricht dies in aller Regel dafür, dass auch die durch eine befristete Arbeitszeiterhöhung für den Arbeitnehmer entstehenden Nachteile für diesen zumutbar sind (*BAG* 8.8.2007 EzA § 14 TzBfG Nr. 42). Nur in Ausnahmefällen und bei Vorliegen außergewöhnlicher Umstände kann bei Vorliegen eines Befristungsgrunds i. S. d. § 14 TzBfG eine andere Beurteilung in Betracht kommen, z. B. wenn ein teilzeitbeschäftigter Arbeitnehmer den Wunsch nach einer Verlängerung seiner vertraglich vereinbarten Arbeitszeit geäußert hat und ein entsprechender freier Arbeitsplatz zur Verfügung steht (*BAG* 2.9.2009 EzA § 14 TzBfG Nr. 61). Allein die Ungewissheit über den künftigen Arbeitskräftebedarf reicht allerdings nicht aus, um eine befristete Arbeitszeiterhöhung zu rechtfertigen. Diese Ungewissheit gehört zum unternehmerischen Risiko und darf nicht dem Arbeitnehmer aufgebürdet werden (§ 9 TzBfG; *BAG* 27.7.2005 EzA § 307 BGB 2002 Nr. 5).

## D. Formulararbeitsvertrag

▶ **Beispiel:**

575

Die folgende Klausel hat das BAG für wirksam gehalten (*BAG* 2.9.2009 EzA § 14 TzBfG Nr. 61: Vertretung für eine andere Arbeitnehmerin):

> Sie werden ab dem ... befristet bis zum ... auf der Basis der vollen Wochenarbeitszeit in der Nachrichtenredaktion (z. Z. 37 Stunden/Woche) beschäftigt. Dementsprechend erhöht sich Ihr monatliches Grundgehalt in dieser Zeit auf ... .
>
> Insoweit gilt ihr Arbeitsvertrag als geändert.

### 5. Arbeit auf Abruf

Auf Seiten des Arbeitgebers besteht gelegentlich das Bedürfnis, die Arbeitszeit nicht statisch festzulegen, sondern sie an dem tatsächlichen Arbeitsanfall auszurichten. Eine Möglichkeit hierfür bietet die sog. Arbeit auf Abruf. Arbeitgeber und Arbeitnehmer können vereinbaren, dass der Arbeitnehmer seine Arbeitsleistung entsprechend dem Arbeitsanfall zu erbringen hat (§ 12 Abs. 1 S. 1 TzBfG).

576

Die Vereinbarung muss eine bestimmte **Dauer** der wöchentlichen und täglichen Arbeitszeit festlegen (§ 12 Abs. 1 S. 2–4 TzBfG). Dabei handelt es sich um eine Mindestdauer der wöchentlichen und täglichen Arbeitszeit, um zu verhindern, dass der Arbeitgeber den Arbeitnehmer während des Arbeitsverhältnisses überhaupt nicht zur Arbeitsleistung heranzieht (*BAG* 7.12.2005 EzA § 12 TzBfG Nr. 2). Zudem schafft die Mindestdauer eine verlässliche Berechnungsgrundlage für ein regelmäßiges Arbeitseinkommen und damit auch für einen sozialversicherungsrechtlichen Schutz des Arbeitnehmers (ErfK/*Preis* § 12 TzBfG Rn. 17). Ist in der Vereinbarung keine Mindestdauer festgelegt, gilt eine wöchentliche Arbeitszeit von zehn Stunden und der Arbeitgeber muss den Arbeitnehmer täglich mindestens drei aufeinander folgende Stunden beschäftigen (§ 12 Abs. 1 S. 3 und 4 TzBfG). Der Arbeitnehmer ist nur dann zur Arbeit verpflichtet, wenn der Arbeitgeber ihm die Lage der Arbeitszeit mindestens vier Tage im Voraus mitgeteilt hat (§ 12 Abs. 2 TzBfG). Von diesen Regelungen kann durch Tarifvertrag auch zu Ungunsten des Arbeitnehmers abgewichen werden (§ 12 Abs. 3 TzBfG).

577

Die Vereinbarung von Arbeit auf Abruf unterliegt der Kontrolle nach §§ 305 ff. BGB. Eine solche Vereinbarung weicht von den wesentlichen Grundgedanken des § 615 BGB ab, wonach das Wirtschaftsrisiko grundsätzlich vom Arbeitgeber zu tragen ist: Er wird nicht von seiner Gegenleistungspflicht befreit, wenn er den Arbeitnehmer aufgrund Auftragsmangels nicht beschäftigen kann. Durch die Vereinbarung von Arbeit auf Abruf wird ein Teil des Wirtschaftsrisikos auf den Arbeitnehmer verlagert, wenn der Arbeitgeber aufgrund Auftragsmangels den Arbeitnehmer nicht über die Mindestdauer hinaus beschäftigt und ihm insofern auch kein Gehalt zahlen muss (*BAG* 7.12.2005 EzA § 12 TzBfG Nr. 2). Damit ist die Inhaltskontrolle nach §§ 307 ff. BGB eröffnet. § 308 Nr. 4 BGB findet keine Anwendung.

578

Die Vereinbarung ist anhand von § 307 Abs. 2 Nr. 1 i. V. m. § 307 Abs. 1 S. 1 BGB zu bewerten. Das BAG greift auf seine Rechtsprechung zur Wirksamkeit von Widerrufsvorbehalten zurück (s. dazu Rdn. 616 ff.). Die Vereinbarung von Arbeit auf Abruf ist daher immer dann angemessen, wenn der abrufbare Anteil der Arbeitsleistung nicht mehr als 25 % der vereinbarten Mindestdauer der Arbeitsleistung ausmacht. Beinhaltet die Vereinbarung die Verringerung der Arbeitsleistung, darf die Verringerung der Arbeitszeit nicht mehr als 20 % der Mindestdauer betragen. Daher hat das BAG eine Klausel, die eine Mindestdauer von 30 Stunden pro Woche und einen abrufbaren Anteil von bis zu 10 Stunden auf insgesamt 40 Stunden pro Woche vorsah, für unwirksam gehalten, da der abrufbare Anteil 33,3 % der Mindestdauer ausmacht (*BAG* 7.12.2005 EzA § 12 TzBfG Nr. 2). Jedoch sind diese Grenzen nicht unumstößlich: Ausnahmen können z. B. gelten, wenn die Vereinbarung zur Ermöglichung eines sozialverträglichen Personalabbaus getroffen wird (*BAG* 14.8.2007 EzA § 6 ATG Nr. 2).

579

Eine Lücke im Arbeitsvertrag, die durch eine unwirksame Vertragsklausel zur Arbeit auf Abruf entsteht, ist nach Ansicht des BAG im Wege der **ergänzenden Vertragsauslegung** zu schließen, da es

580

keine gesetzliche Regelung gibt, die nach § 306 Abs. 2 BGB herangezogen werden könnte und auch die Fiktion des § 12 Abs. 1 S. 3 TzBfG nicht interessengerecht ist. Dabei ist darauf abzustellen, was die Parteien bei einer angemessenen Abwägung ihrer Interessen nach Treu und Glauben als redliche Vertragsparteien vereinbart hätten, wenn sie die Unwirksamkeit der Klausel bedacht hätten (*BAG* 7.12.2005 EzA § 12 TzBfG Nr. 2).

581 ▶ Beispiel für eine Klausel:

> Die regelmäßige wöchentliche Arbeitszeit beträgt dreißig Stunden (im Folgenden: »Regelarbeitszeit«). Die Parteien sind sich darüber einig, dass der Arbeitnehmer keinen Anspruch gegen den Arbeitgeber hat, ihn wöchentlich mehr als dreißig Stunden zu beschäftigen. Die Arbeitswoche beginnt am Montag und endet am Samstag. Der Arbeitgeber teilt dem Arbeitnehmer die Verteilung der Arbeitszeit auf die einzelnen Arbeitstage sowie den Beginn und das Ende der täglichen Arbeitszeit jeweils eine Woche im Voraus mit.
>
> Der Arbeitnehmer erklärt sich ausdrücklich damit einverstanden und verpflichtet sich, auf Aufforderung des Arbeitgebers bis zu 37,5 Stunden pro Woche zu arbeiten. Die Arbeit wird je nach Arbeitsanfall jeweils eine Woche im Voraus eingeteilt und dem Arbeitnehmer mitgeteilt. Für die geleisteten Arbeitsstunden von der dreißigsten Stunde bis einschließlich der 37,5 Stunde erhält der Arbeitnehmer dieselbe Stundenvergütung je geleisteter Arbeitsstunde wie für die Arbeitsstunden innerhalb der Regelarbeitszeit.

### 6. Überstunden

582 Das Interesse des Arbeitgebers wird zumeist darin liegen, eine pauschale Abgeltung von Überstunden in den Arbeitsvertrag aufzunehmen. Bei leitenden Angestellten ist dieses Vorgehen üblich, in allen anderen Fällen aber nicht ohne weiteres zulässig. Kann (oder soll) eine solche Pauschalierungsabrede nicht getroffen werden, kann eine Überstundenregelung vorsehen, dass für geleistete Überstunden eine zusätzliche Vergütung gezahlt wird oder dass die geleisteten Überstunden mit Freizeit ausgeglichen werden.

#### a) Pauschalierungsabreden

583 Als Hauptleistungsabreden unterliegen **Pauschalierungsabreden** lediglich einer Transparenzkontrolle (§ 307 Abs. 3 S. 2 BGB, *BAG* 1.9.2010 – 5 AZR 517/09 – EzA-SD 2010, Nr. 25, 9). Eine Pauschalierungsabrede ist nach Auffassung des BAG nur klar und verständlich, wenn sich aus dem Arbeitsvertrag selbst ergibt, welche Arbeitsleistungen in welchem zeitlichen Umfang von ihr erfasst werden sollen (*BAG* 17.8.2011 EzA § 612 BGB 2002 Nr. 10). Der Umfang der Leistungspflicht muss so bestimmt oder zumindest durch die konkrete Begrenzung der Anordnungsbefugnis hinsichtlich des Umfangs der Arbeitsstunden so bestimmbar sein, dass der Arbeitnehmer bereits bei Vertragsschluss erkennen kann, was ggf. »auf ihn zukommt« und welche Leistung er für die vereinbarte Vergütung maximal erbringen muss.

584 In einer früheren Entscheidung hat das BAG bei einer unwirksamen Pauschalierungsabrede eine ergänzende Vertragsauslegung dahingehend vorgenommen, dass nur eine Vergütung für die über die gesetzlich maximal zulässige Arbeitszeit hinausgehende Zahl an Überstunden erforderlich sei (*BAG* 28.9.2005 EzA § 307 BGB 2002 Nr. 8). Auf diese Entscheidung verweist das *BAG* auch in seiner Entscheidung vom 1.9.2010 (– 5 AZR 517/09, EzA-SD 2010, Nr. 25, 9). Dies spricht dafür, dass das BAG eine Pauschalierung bis zur gesetzlich zulässigen Höchstarbeitszeit akzeptiert.

585 ▶ Beispiel:

> Denkbar wäre folgende vertragliche Regelung:
>
> Der Arbeitnehmer wird seine ganze Arbeitskraft im Interesse des Arbeitgebers einsetzen. Er wird Mehrarbeit und Überstunden in gesetzlich zulässigem Umfang leisten.

## D. Formulararbeitsvertrag

Mit der in ... vereinbarten Vergütung sind gesetzlich zulässige Mehrarbeit oder Überstunden abgegolten.

Da die Wirksamkeit einer solchen Klausel noch nicht höchstrichterlich bestätigt ist, wäre es sicherer, die **Anzahl** der durch die Vergütung abgegoltenen Arbeitsstunden im Vertrag ausdrücklich anzugeben. 586

Leitende Angestellte sind vom Schutzbereich des ArbZG ausgenommen (§ 18 Abs. 1 Nr. 1 ArbZG). Insoweit kann bei ihnen nicht auf die höchstzulässigen Arbeitszeitgrenzen Bezug genommen werden. Unter AGB-rechtlichen Gesichtspunkten werden die Gerichte aber eine gewisse Begrenzung der maximal abgegoltenen Überstunden verlangen, weil der Mitarbeiter ansonsten nicht weiß, wie viele Überstunden er ohne zusätzliche Bezahlung leisten muss. Allerdings ist eine solche Regelung bei Führungskräften bislang immer noch unüblich. Um ein mögliches finanzielles Risiko zu begrenzen, sollten Ausschlussfristen in den Arbeitsvertrag aufgenommen werden. Sind diese verstrichen, kann keine Überstundenvergütung verlangt werden. 587

▶ **Denkbar wäre folgende Klausel:** 588

Der Arbeitnehmer ist verpflichtet, seine ganze Arbeitskraft im Interesse des Arbeitgebers einzusetzen und, soweit erforderlich, auch über die regelmäßige Arbeitszeit hinaus zu arbeiten.

(...) Mit der in § ... vereinbarten Vergütung sind Mehrarbeit oder Überstunden im Umfang von ... Stunden pro [Woche/Monat], Nacht-, Schicht-, Samstags-, Sonn- und Feiertagsarbeit abgegolten.

Folge einer unwirksamen Pauschalierungsabrede ist grds., dass die über die vertraglich geschuldete Arbeitszeit hinausgehenden Arbeitsstunden mit der üblichen Vergütung abzugelten sind (§ 612 BGB) (*BAG* 1.9.2010 – 5 AZR 517/09, EzA-SD 2010, Nr. 25, 9). Anders als in seiner Entscheidung vom 28.9.2005 (EzA § 307 BGB 2002 Nr. 8) sah das *BAG* keinen Raum für eine ergänzende Vertragsauslegung. Ist die Pauschalierungsabrede unwirksam, steht dem Arbeitnehmer ein Anspruch auf Vergütung der geleisteten Mehrarbeit nach § 612 Abs. 1 BGB allerdings nur dann zu, wenn seitens des Arbeitnehmers eine »objektive Vergütungserwartung« besteht. Eine objektive Vergütungserwartung wird vom BAG anerkannt, wenn der Arbeitnehmer kein herausgehobenes Entgelt bezieht (so bei Lagerarbeiter: *BAG* 22.2.2012 – 5 AZR 765/10, FA 2012, 117). Für einen angestellten Rechtsanwalt mit erheblichem Einkommen hat das BAG eine Vergütungserwartung für Überstunden hingegen verneint (*BAG* 17.8.2011 EzA § 612 BGB 2002 Nr. 10). 589

### b) Freizeitausgleich- oder Vergütungsabrede

Sollen (oder können) Überstunden nicht pauschal abgegolten werden, muss im Arbeitsvertrag eine Regelung getroffen werden, ob diese durch eine zusätzliche Vergütung oder im Wege des Freizeitausgleichs abgegolten werden sollen. 590

▶ **Beispiel:** 591

Überstunden werden i. d. R. durch Freizeit ausgeglichen. Sollte dies aus betrieblichen Gründen nicht möglich sein, werden die Überstunden ausgezahlt. Zuschläge werden nicht gewährt.

### 7. Kurzarbeitsklauseln

Kurzarbeit bei erheblichen Arbeitsausfällen kann der Arbeitgeber nicht im Wege des Direktionsrechts einseitig anordnen. Sie bedarf einer **kollektiv- oder individualrechtlichen Grundlage** (*BAG* 12.10.1994 EzA § 87 BetrVG 1972 Kurzarbeit Nr. 2). Kollektivrechtliche Grundlage kann ein Tarifvertrag oder eine Betriebsvereinbarung sein. Wird die Kurzarbeit durch Betriebsvereinbarung eingeführt, kommt es nicht mehr auf den Willen des einzelnen Arbeitnehmers an (*BAG* 14.2.1991 EzA § 87 BetrVG Kurzarbeit Nr. 1). Besteht kein Betriebsrat, kann Kurzarbeit durch eine Änderungskündigung (theoretisch) oder eine individuelle Vereinbarung mit dem Arbeitnehmer eingeführt wer- 592 den. Dies gilt auch für leitende Angestellte, die gem. § 5 Abs. 3 BetrVG nicht in den Regelungsbereich des BetrVG fallen. Eine individuelle Vereinbarung mit dem Arbeitnehmer ist auch im Rahmen des Arbeitsvertrags möglich. Solche Kurzarbeitsklauseln, mit denen sich der Arbeitgeber die Anordnung von Kurzarbeit vorbehält, unterfallen einer Inhaltskontrolle (§§ 307 ff. BGB), da sie das unternehmerische Risiko entgegen § 615 BGB auf den Arbeitnehmer verlagern. Hinsichtlich der Wirksamkeit solcher Klauseln besteht Unsicherheit, da bislang keine höchstrichterliche Rechtsprechung hierzu vorliegt. Ein bedingungsloses Anordnungsrecht ohne Angabe von Gründen wird einer Inhaltskontrolle voraussichtlich nicht standhalten, zumal das BAG schon den Tarifvertragsparteien nicht erlaubt, dem Arbeitgeber diese Möglichkeit zu eröffnen (*BAG* 27.1.2004 EzA § 615 BGB Kurzarbeit Nr. 1). Empfehlenswert ist es, die gesetzlichen Regelungen zum Kurzarbeitergeld (§§ 169 ff. SGB III) in die arbeitsvertragliche Kurzarbeitsklausel mit aufzunehmen. Ein Verstoß gegen wesentliche Grundgedanken einer gesetzlichen Regelung (§ 307 Abs. 2 Nr. 1 BGB) liegt dann nicht vor (*Bauer/Günther* BB 2009, 662, 664). Die Anzeige des Arbeitsausfalls bei der Arbeitsverwaltung liegt auch im Interesse des Arbeitgebers, da ihm im Falle des Unterlassens der Anzeige Schadensersatzansprüche der Arbeitnehmer in Höhe des nicht gezahlten Kurzarbeitsgelds drohen (siehe dazu *Bauer/Günther* BB 2009, 662, 665). Außerdem sollte eine **Ankündigungsfrist** in die Klausel aufgenommen werden (*LAG Bln.-Bra.* 19.1.2011 BB 2011, 1140).

593 ▶ **Eine denkbare Klausel wäre** (aus *Bauer/Günther* BB 2009, 662, 665):

Die Gesellschaft kann Kurzarbeit anordnen, wenn ein erheblicher Arbeitsausfall vorliegt, der auf wirtschaftlichen Gründen oder einem unabwendbaren Ereignis beruht, und der Arbeitsausfall der Arbeitsverwaltung angezeigt ist (§§ 169 ff. SGB III). Für die Dauer der Kurzarbeit vermindert sich die in § ... dieses Vertrags geregelte Vergütung im Verhältnis der ausgefallenen Arbeitszeit. Die Gesellschaft hat bei der Anordnung der Kurzarbeit gegenüber dem Arbeitnehmer eine Ankündigungsfrist von drei Wochen einzuhalten.

## V. Vergütung

594 Die Zusammensetzung und die Höhe des Arbeitsentgelts, einschließlich der Zuschläge, Zulagen, Prämien und Sonderzahlungen sowie anderer Bestandteile des Arbeitsentgelts und der Fälligkeit unterliegen der Nachweispflicht (§ 2 Abs. 1 S. 2 Nr. 6 NachwG). Zu unterscheiden ist zwischen der dem Arbeitnehmer zugesagten Grundvergütung sowie variablen Vergütungsbestandteilen und Sonderzahlungen, die häufig nur widerruflich oder auf freiwilliger Basis gewährt werden.

### 1. Grundvergütung

595 Die Höhe der Grundvergütung unterliegt als Absprache über den unmittelbaren Gegenstand der Hauptleistung nicht der Inhaltskontrolle (§ 307 Abs. 3 S. 1 BGB). Die Grundvergütung wird häufig durch Bezugnahme auf einen Tarifvertrag festgelegt. Zusätzlich sind der Fälligkeitszeitpunkt sowie der Weg der Zahlungsabwicklung anzugeben. Es kann z. B. das monatliche Grundgehalt oder aber die jährliche Festvergütung angegeben werden.

596 ▶ **Beispiel monatliches Grundgehalt:**

Der Arbeitnehmer erhält eine am Monatsende zahlbare Bruttovergütung von Euro .../Monat.

597 ▶ **Beispiel jährliche Festvergütung:**

Der Arbeitnehmer erhält eine jährliche Festvergütung in Höhe von Euro ... brutto.

Die Vergütung wird in zwölf gleichen Raten jeweils am Ende eines Monats rückwirkend und bargeldlos gezahlt. Der Arbeitnehmer wird innerhalb von 14 Tagen nach Beginn des Arbeitsverhältnisses seine Bankverbindung mitteilen.

598 **Wertsicherungsklauseln** sind grundsätzlich unzulässig (§ 1 Abs. 1 PrKG). Zulässig sind jedoch Gehalts- und Lohngleitklauseln, die an Tarifgehälter gekoppelt werden (»Spannungsklausel« i. S. v. § 1 Abs. 2 Nr. 2 PrKG; *Bauer/Lingemann/Diller/Haußmann* Kap. 3 Muster 3.1 Fn. 10).

## D. Formulararbeitsvertrag  Kapitel 2

▶ **Beispiel Gehaltsgleitklausel** (aus *Bauer/Lingemann/Diller/Haußmann* Kap. 3 Muster 3.1 § 3 [1]): **599**

> Im Falle von Tariferhöhungen oder -ermäßigungen erhöht oder ermäßigt sich die Bruttovergütung um den Prozentsatz, um den sich das Tarifgehalt der Gehaltsgruppe ... für Angestellte des ... Tarifvertrags verändert.

Auch wenn die Höhe der Grundvergütung nicht der Inhaltskontrolle unterliegt, ist der Arbeitgeber **600** bei der Festlegung nicht völlig frei. Zwar gibt es in Deutschland keinen gesetzlichen, für alle Branchen geltenden **Mindestlohn**. Eine Einschränkung der Vertragsfreiheit folgt aber aus § 5 TVG für allgemeinverbindlich erklärte Tarifverträge (z. B. im Bereich der Abfallwirtschaft, des Baugewerbes oder des Dachdeckerhandwerks). Zudem bietet das Arbeitnehmer-Entsendegesetz einen Rechtsrahmen, um branchenbezogene Mindestlöhne für alle Arbeitnehmer einer Branche verbindlich zu machen und zwar unabhängig davon, ob der Arbeitgeber seinen Sitz im In- oder Ausland hat. Darunter fallen unter anderem die Branche der Gebäudereinigung und der Sicherheitsdienstleistungen. Darüber hinaus können auf Grundlage von § 3a AÜG tariflich vereinbarte Mindestlöhne als Lohnuntergrenzen für die Zeitarbeit festgelegt werden. Ausgehend davon gilt seit 1. Januar 2012 erstmals eine verbindliche Lohnuntergrenze in der Zeitarbeitsbranche. Das Mindestarbeitsbedingungengesetz ermöglicht die Festsetzung von Mindestarbeitsentgelten in Wirtschaftszweigen, in denen bundesweit tarifgebundene Arbeitgeber weniger als 50 % der unter den Geltungsbereich dieser Tarifverträge fallenden Arbeitnehmer beschäftigen (§ 1 Abs. 2 MiArbG). Auch aus dem Verbot sittenwidriger Löhne (§ 138 BGB) ergibt sich ein gewisser Mindestlohn. Ein auffälliges Missverhältnis zwischen Leistung und Gegenleistung i. S. d. § 138 Abs. 2 BGB liegt nach der Rechtsprechung des BAG immer dann vor, wenn die Arbeitsvergütung nicht einmal zwei Drittel des in der betreffenden Branche und Wirtschaftsregion üblicherweise gezahlten Tariflohns erreicht. Dies hat die Unwirksamkeit der Gehaltsabrede zur Folge. Der Arbeitgeber schuldet die übliche Vergütung (§ 612 Abs. 2 BGB; *BAG* 22.4.2009 EzA § 138 BGB 2002 Nr. 5).

### 2. Variable Vergütung und Sonderzahlungen

Bei variablen Vergütungsbestandteilen und Sonderzahlungen liegt es regelmäßig im Interesse des Arbeitgebers, ein besonders hohes Maß an Flexibilität zu gewährleisten. Dies kann durch verschiedene vertragliche Gestaltungen erreicht werden. **601**

#### a) Variable Vergütung

Variable Vergütungen kommen in den unterschiedlichsten Ausprägungen vor. Verbreitet sind beispielsweise Gewinn- oder Umsatzbeteiligungen. Diese sind abzugrenzen von Provisionen, bei denen der Arbeitnehmer an dem Wert eines bestimmten Geschäfts oder bestimmter Geschäfte beteiligt wird. Die Gewinn- oder Umsatzbeteiligung bezieht sich dahingegen auf den Geschäftserfolg des Arbeitgebers als Ganzes, nicht auf einzelne Geschäfte. **602**

▶ **Beispiel Gewinnbeteiligung** (aus *Bauer/Lingemann/Diller/Haußmann* Kap. 3 Muster 3.3 § 3 [2] 1. Variante): **603**

> Herr/Frau ... erhält eine Gewinnbeteiligung (Tantieme) in Höhe von ... % des Jahresgewinns gem. Handelsbilanz des Arbeitgebers, vor Abzug der Tantieme, nach Abschreibungen, Wertberichtigungen und Bildung von Rückstellungen sowie abzüglich des Teils des Gewinns, der durch die Auflösung von Rückstellungen entstanden ist. [Die Tantieme beträgt in den ersten drei Jahren jedoch mindestens jährlich Euro ... .]

Zu berücksichtigen ist, dass nach der Rechtsprechung des BAG die Formulierung »erhält« anspruchsbegründenden Charakter hat (*BAG* 24.10.2007 EzA § 307 BGB 2002 Nr. 26; 30.7.2008 EzA § 307 BGB 2002 Nr. 38). **604**

605 Neben statisch an die jeweilige Handelsbilanz oder an den Umsatz anknüpfenden Abreden kommen auch ermessensabhängige Bonusvereinbarungen in Frage. Hierbei behält sich der Arbeitgeber i. d. R. vor, sowohl über das »Ob« als auch über die Höhe einer etwaigen variablen Vergütung jeweils frei zu entscheiden.

606 Zu beachten ist, dass durch den Wortlaut der Vereinbarung kein Anspruch auf die Leistung begründet werden darf. Formulierungen wie »erhält« oder »Anspruch« sind daher zu vermeiden.

607 ▶ **Beispiel ermessenabhängige Sondervergütung:**

Dem Arbeitnehmer kann eine Sondervergütung gewährt werden. Wird eine Sondervergütung gewährt, wird diese nach Abschluss des Geschäftsjahres zum 31.3. des folgenden Kalenderjahres ausgezahlt.

Der Arbeitgeber entscheidet jedes Jahr nach billigem Ermessen [in Abhängigkeit vom Geschäftsergebnis], ob und ggf. in welcher Höhe eine Sondervergütung gewährt wird.

608 Zu beachten ist, dass der Betriebsrat bei der Einführung eines Gewinnbeteiligungssystems ein **Mitbestimmungsrecht** hat (§ 87 Abs. 1 Nr. 10 BetrVG; *BAG* 25.4.1995 EzA § 242 BGB Gleichbehandlung Nr. 65). Dies gilt nicht für die Gewinnbeteiligung leitender Angestellter, da sie nicht vom Geltungsbereich des BetrVG erfasst sind.

*b) Sonderzahlungen*

609 Als Sonderzahlungen oder Sondervergütungen werden alle Leistungen bezeichnet, die der Arbeitgeber aus einem bestimmten Anlass oder an bestimmten Terminen zusätzlich zum laufenden Arbeitsentgelt erbringt. Sonderzahlungen sind i. d. R. nicht von der individuellen Leistung des Arbeitnehmers abhängig. Darunter fallen z. B. das Weihnachtsgeld und das Urlaubsgeld. Häufig sind Sonderzahlungen kollektivrechtlich geregelt, z. B. in einer Betriebsvereinbarung oder einem Tarifvertrag. Auch aufgrund einer Gesamtzusage oder im Wege der betrieblichen Übung entstehen oftmals Ansprüche auf Sonderzahlungen. Die betriebliche Übung entsteht nach der Rechtsprechung des BAG bei jährlich gewährten Sonderzahlungen nach einer dreimaligen vorbehaltslosen Gewährung der Sonderzahlung (*BAG* 28.2.1996 EzA § 611 BGB Gratifikation, Prämie Nr. 139). Eine Sonderzahlung kann aber auch in einem Arbeitsvertrag vorgesehen sein. Dem Arbeitgeber wird es zumeist wichtig sein, diese Sonderzahlung nur nach eigenem Ermessen und in Abhängigkeit von der wirtschaftlichen Lage des Unternehmens zu erbringen. Um dieses Ziel zu erreichen, kommen in erster Linie zwei Gestaltungsformen in Betracht: Entweder wird die Entstehung eines Anspruchs von Vornherein ausgeschlossen, indem die Leistung unter einen **Freiwilligkeitsvorbehalt** gestellt wird. Alternativ kann sich der Arbeitgeber den **Widerruf** der Leistung vorbehalten. Sowohl Freiwilligkeits- als auch Widerrufsvorbehalte unterfallen einer Inhaltskontrolle nach §§ 305 ff. BGB.

*aa) Freiwilligkeitsvorbehalt*

610 Will der Arbeitgeber eine Sonderzahlung unter einen Freiwilligkeitsvorbehalt stellen, ist es zunächst wichtig, eine Formulierung zu wählen, die keinen Anspruch des Arbeitnehmers auf die Sonderzahlung begründet. Nach Ansicht des BAG ist eine Regelung mangels Transparenz (§ 307 Abs. 1 S. 2 BGB) unwirksam, die nach ihrem Wortlaut einen Anspruch begründet, anschließend aber einen Freiwilligkeitsvorbehalt enthält. Durch die Kombination einer anspruchsbegründenden Formulierung und eines Freiwilligkeitsvorbehalts soll der Arbeitnehmer unangemessen benachteiligt werden, da die Gefahr bestehe, dass er sich von der Durchsetzung seines Anspruchs auf die Sonderzahlung abhalten lässt (*BAG* 24.10.2007 EzA § 307 BGB 2002 Nr. 26; 30.7.2008 EzA § 307 BGB 2002 Nr. 38). Anspruchsbegründend sind nach Ansicht des BAG bereits Formulierungen, nach denen der Arbeitnehmer eine Sonderzuwendung »erhält«, oder die regeln, dass der Arbeitnehmer an einem »Bonussystem teilnimmt«. Aber auch wenn in einem Formulararbeitsvertrag Sonderzahlungen nach Voraussetzungen und Höhe präzise formuliert werden, ist es nach Ansicht des BAG in aller Regel widersprüchlich, wenn diese dennoch an einen Freiwilligkeitsvorbehalt geknüpft werden (*BAG*

30.7.2008 EzA § 307 BGB 2002 Nr. 38). Für die Begründung eines Anspruchs reicht auch der Ausdruck: »Als Sonderzahlung zahlt die Unternehmung ...« (*BAG* 10.12.2008 EzA § 307 BGB 2002 Nr. 40).

Wenn eine Formulierung gewählt wurde, die keinen Anspruch des Arbeitnehmers auf die Sonderzahlung begründet, kann die Leistung unter einen Freiwilligkeitsvorbehalt gestellt werden. Dabei genügt es jedoch nicht, die Leistung als »freiwillig« zu bezeichnen (*BAG* 8.12.2010 EzA § 307 BGB 2002 Nr. 51). Das BAG geht davon aus, dass dies lediglich ausdrücken soll, dass der Arbeitgeber nicht aus anderen Gründen (z. B. aufgrund eines Tarifvertrags oder einer Betriebsvereinbarung) zu der Leistung verpflichtet ist (*BAG* 1.3.2006 EzA § 4 TVG Tariflohnerhöhung Nr. 48). Es ist daher wichtig zu betonen, dass **kein Rechtsanspruch** entstehen soll. 611

▶ **Beispiel Freiwilligkeitsvorbehalt:** 612

> Gewährt der Arbeitgeber dem Arbeitnehmer eine Sonderleistung (z. B. Gratifikation, Weihnachtsgeld), ist dies eine freiwillige Leistung, auf die kein Rechtsanspruch besteht. Der Arbeitgeber behält sich vor, jedes Jahr neu zu entscheiden, ob und ggf. in welcher Höhe er Sonderleistungen gewährt. Aus der Gewährung einer Sonderleistung kann für die Zukunft kein Anspruch abgeleitet werden. Das gilt auch dann, wenn die Sonderleistung wiederholt gewährt wird. Hierauf muss bei der Gewährung oder Auszahlung nicht nochmals gesondert hingewiesen werden.

Der letzte Teil der Klausel verhindert, dass ein Anspruch aus betrieblicher Übung entsteht. Eine betriebliche Übung entsteht bei einer jährlich gezahlten Gratifikation – wie oben ausgeführt – durch die dreimalige vorbehaltlose Gewährung. Dies kann entweder dadurch verhindert werden, dass vor jeder Auszahlung der Gratifikation darauf hingewiesen wird, dass kein Rechtsanspruch besteht oder durch Aufnahme eines Freiwilligkeitsvorbehalts in den Arbeitsvertrag. Ein klarer und verständlicher Freiwilligkeitsvorbehalt im Arbeitsvertrag führt dazu, dass kein Anspruch des Arbeitnehmers auf künftige Leistungen entsteht (*BAG* 8.12.2010 EzA § 307 BGB 2002 Nr. 51). Eine Wiederholung des Freiwilligkeitsvorbehalts vor jeder Sonderzahlung ist nicht erforderlich (*BAG* 30.7.2008 EzA § 307 BGB 2002 Nr. 38; 21.1.2009 EzA § 307 BGB 2002 Nr. 41). 613

Andere Maßstäbe gelten jedoch für **laufendes Arbeitsentgelt**. Dieses kann nicht unter einen Freiwilligkeitsvorbehalt gestellt werden. Der 5. Senat des BAG hat entschieden, dass eine Klausel, die eine monatlich zu zahlende Zulage unter Ausschluss jeden Rechtsanspruchs vorsieht, den Arbeitnehmer unangemessen benachteiligt und daher gegen § 307 Abs. 1 S. 1 BGB verstößt. Diese Bewertung bezieht das BAG auf jede Form des laufenden Arbeitsentgelts, also auch auf die Grundvergütung: Ein vertraglich vereinbarter Ausschluss jeden Rechtsanspruchs hierauf widerspreche dem Zweck des Arbeitsvertrags und sei daher unwirksam (§ 307 Abs. 2 Nr. 1 i. V. m. § 307 Abs. 1 S. 1 BGB; *BAG* 25.4.2007 EzA § 307 BGB 2002 Nr. 20). 614

Diese Rechtsprechung führt zu nicht nachvollziehbaren Ergebnissen. So kann zwar eine jährlich gezahlte Zulage in Höhe von EUR 2.400 wirksam unter einen Freiwilligkeitsvorbehalt gestellt werden, eine monatlich gezahlte Zulage in Höhe von EUR 200 jedoch nicht. Ein sachlicher Grund für diese unterschiedliche Behandlung ist nicht ersichtlich. Für die Praxis ist aber von der Rechtsprechung des BAG auszugehen und deshalb die Vereinbarung von »freiwilligen« monatlichen Zulagen zu vermeiden. Stattdessen sollten jährliche Zulagen im Arbeitsvertrag vorgesehen und diese unter einen Freiwilligkeitsvorbehalt gestellt werden. 615

*bb) Widerrufsvorbehalt*

Im Gegensatz zu einem Freiwilligkeitsvorbehalt besteht bei einem Widerrufsvorbehalt ein Anspruch auf die Leistung. Der Arbeitgeber behält sich aber vor, diesen in bestimmten Fällen zu widerrufen. Ein Widerrufsvorbehalt weicht von dem Grundsatz ab, dass Verträge bindend sind. Widerrufsvorbehalte unterliegen daher einer Inhaltskontrolle gem. § 307 Abs. 3 S. 1 BGB. Maßstab für die Inhaltskontrolle ist § 308 Nr. 4 BGB. Danach ist die Vereinbarung eines Rechts des Verwenders unwirksam, die versprochene Leistung zu ändern oder von ihr abzuweichen, wenn nicht die Vereinbarung 616 der Änderung oder Abweichung unter Berücksichtigung der Interessen des Verwenders für den anderen Vertragsteil zumutbar ist (*BAG* 11.2.2009 EzA § 308 BGB 2002 Nr. 9).

617 Anhand dieses Maßstabs hat das BAG folgende **Voraussetzungen** für einen wirksamen Widerrufsvorbehalt entwickelt:

Eine Leistung kann nur aus **sachlichem Grund** widerrufen werden. Der Widerrufsvorbehalt ist nur dann wirksam, wenn er die **Widerrufsgründe** beschreibt. Es ist zumindest erforderlich, dass eine bestimmte Richtung deutlich wird, aufgrund derer sich der Arbeitgeber eine Änderung der Arbeitsbedingungen vorbehält (wirtschaftliche Gründe, Leistung oder Verhalten des Arbeitnehmers). Der Grad der Störung (wirtschaftliche Notlage des Unternehmens, negatives wirtschaftliches Ergebnis der Betriebsabteilung, nicht ausreichender Gewinn, Rückgang bzw. Nichterreichen der erwarteten wirtschaftlichen Entwicklung, unterdurchschnittliche Leistungen des Arbeitnehmers, schwerwiegende Pflichtverletzungen) muss konkretisiert werden, wenn der Verwender hierauf abstellen will und nicht schon allgemein auf die wirtschaftliche Entwicklung, die Leistung oder das Verhalten des Arbeitnehmers gestützte Gründe nach dem Umfang des Änderungsvorbehalts ausreichen und nach der Vertragsregelung auch ausreichen sollen (*BAG* 11.10.2006 EzA § 308 BGB 2002 Nr. 6). Fraglich ist seit einer neuen Entscheidung des BAG, ob die Nennung »wirtschaftlicher Gründe« als Widerrufsgrund ausreicht. Nach Ansicht des 9. Senats ist der Widerrufsvorbehalt bzgl. eines Dienstwagens unwirksam, der einen Widerruf aus »wirtschaftlichen Gründen« zulässt. Die Klausel lasse auch einen Widerruf zu, wenn Marktaspekte (auch Gründe des Arbeitsmarkts oder von Konkurrenzunternehmen) oder wirtschaftliche Gesichtspunkte (wie auch verstärktes Gewinnstreben oder der Wegfall des Interesses, Arbeitnehmer durch die Überlassung eines Dienstwagens zu binden) es aus Sicht des Arbeitgebers nicht mehr sinnvoll machten, den Dienstwagen zu überlassen. Dies gehe zu weit. Die Klausel hat der Senat für unwirksam erachtet (*BAG* 13.4.2010 NZA-RR 2010, 457). Es ist deshalb empfehlenswert, klar auf wirtschaftliche Schwierigkeiten des Arbeitgebers abzustellen und diese unter Umständen auch an Zahlen festzumachen (z. B. Umsatzrückgang von ... %) (*Bauer/Lingemann/Diller/Haußmann* Kap. 2 Rn. 139). Hierdurch sinkt aber die Flexibilität des Arbeitgebers.

618 Außerdem ist ein Widerrufsvorbehalt nur dann wirksam, wenn der widerrufliche Teil höchstens **25 bis 30 % der Gesamtvergütung** ausmacht und der Tariflohn nicht unterschritten wird (*BAG* 12.1.2005 EzA § 308 BGB 2002 Nr. 1). Die Grenze von 25 % greift immer dann, wenn der widerrufliche Teil aus Zahlungen besteht, die eine unmittelbare Gegenleistung für die Arbeitsleistung darstellen. Ist dies nicht der Fall und fallen darunter auch Aufwendungen, die der Arbeitnehmer eigentlich selbst zu tragen hätte, wird die Grenze erst bei 30 % des Gesamtverdienstes gezogen (*BAG* 11.10.2006 EzA § 308 BGB 2002 Nr. 6).

619 Wegen der mit der Formulierung von Widerrufsvorbehalten verbundenen Unsicherheiten, ist zu empfehlen, Freiwilligkeitsvorbehalte zu verwenden. Lediglich wenn dies nach der Rechtsprechung des BAG nicht möglich ist, z. B. bei regelmäßigen Zahlungen, sollten Widerrufsvorbehalte vereinbart werden.

620 ▶ **Beispiel Widerrufsvorbehalt** (aus *Bauer/Lingemann/Diller/Haußmann* Kap. 3 Muster 3.2 § 4 [2]):

Der Arbeitgeber behält sich vor, die übertarifliche Zulage bei Vorliegen eines sachlichen Grunds zu widerrufen. Als sachliche Gründe kommen in Betracht,
– wirtschaftliche Schwierigkeiten des Unternehmens (z. B. ein Umsatzrückgang von mehr als ... %),
– eine um ... % unterdurchschnittliche Arbeitsleistung des Arbeitnehmers über einen Zeitraum von ... Monaten oder
– eine schwerwiegende Pflichtverletzung des Arbeitnehmers.

Das Tarifgehalt bleibt dabei unangetastet. Der widerrufliche Teil ist begrenzt auf 24,5 % der Gesamtvergütung.

Ist eine Widerrufsklausel unwirksam, fällt sie ersatzlos weg (§ 306 BGB). Für Altfälle, bei denen die Vereinbarung bereits vor der Schuldrechtsreform 2002 geschlossen wurde, kommt allerdings eine ergänzende Vertragsauslegung in Betracht (*BAG* 11.2.2009 EzA § 308 BGB 2002 Nr. 9). 621

Vermieden werden muss die Kombination eines Widerrufs- mit einem Freiwilligkeitsvorbehalt. Das BAG hielt eine vertragliche Bestimmung, nach der ein Anspruch auf eine Weihnachtsvergütung nicht besteht, wenn sie gewährt wird jedoch eine freiwillige, stets widerrufbare Leistung des Arbeitgebers darstellt, wegen Verstoßes gegen das Transparenzgebot (§ 307 Abs. 1 Satz 2 BGB) für unwirksam (*BAG* 30.7.2008 EzA § 307 BGB 2002 Nr. 38). Der für sich genommen transparente Freiwilligkeitsvorbehalt (»Ein Rechtsanspruch auf eine Weihnachtsgratifikation besteht nicht.«) stehe in Widerspruch zu dem Widerrufsvorbehalt (»Wird eine solche gewährt, stellt sie eine freiwillige, stets widerrufbare Leistung des Arbeitgebers dar.«), da dieser einen Anspruch auf die Leistung voraussetzt. Eine geltungserhaltende Reduktion lehnt das BAG ab. Die Klausel ist ersatzlos weggefallen. 622

### c) Anwesenheitsprämie

Sinn einer Anwesenheitsprämie ist es, dem Arbeitnehmer einen Anreiz zu bieten, die Zahl seiner berechtigten oder unberechtigten Fehltage möglichst gering zu halten. Früher war in Rechtsprechung und Literatur umstritten, ob der Arbeitgeber Sonderzahlungen wegen Fehlzeiten aufgrund krankheitsbedingter Arbeitsunfähigkeit kürzen oder sogar ganz streichen konnte (vgl. *BAG* 15.2.1990 EzA § 611 BGB Anwesenheitsprämie Nr. 9). Diesem Streit hat der Gesetzgeber mit der Schaffung des § 4a EFZG ein Ende bereitet. Danach ist eine Vereinbarung über die Kürzung von Sonderzahlungen auch für Zeiten der **Arbeitsunfähigkeit infolge Krankheit** zulässig. Die Kürzung darf für jeden Tag der Arbeitsunfähigkeit infolge Krankheit ein Viertel des Arbeitsentgelts, das im Jahresdurchschnitt auf einen Arbeitstag entfällt, nicht überschreiten. Dabei geht das BAG von der Vereinbarung einer Anwesenheitsprämie aus, egal ob sie als Kürzung einer Sonderzahlung i. S. d. § 4a EFZG ausgestaltet ist oder ob die Formulierung so gewählt ist, dass das »Nichtfehlen« Anspruchsvoraussetzung für die Gewährung der Leistung ist (*BAG* 25.7.2001 EzA § 4a EntgeltfortzG Nr. 2). § 4a EFZG enthält grundsätzlich **keine Rechtsgrundlage** für die Kürzung einer Sonderzahlung. Er stellt vielmehr lediglich klar, dass bei vereinbarter Kürzungsmöglichkeit diese auch bei Krankheit greifen darf. Erforderlich ist es, dass im Arbeitsvertrag selbst eine Kürzungsmöglichkeit geregelt ist (*LAG SchlH* 7.1.2004 – 3 Sa 426/03). § 4a S. 2 EFZG regelt lediglich die Obergrenze für die Kürzung von Sonderzahlungen wegen Krankheit. Daher müssen Arbeitsvertragsklauseln, die eine Kürzungsmöglichkeit von Sonderzahlungen vorsehen, sich an diese Grenzen halten. 623

> Sondervergütungen können für Tage, an denen der Arbeitnehmer arbeitsunfähig erkrankt ist, um ein Viertel des Arbeitsentgelts, das im Jahresdurchschnitt auf einen Arbeitstag entfällt, gekürzt werden. 624

### d) Zielvereinbarungen

Die Höhe der aufgrund einer Zielvereinbarung erreichbaren variablen Vergütung unterliegt als Entgeltvereinbarung keiner Inhaltskontrolle (§§ 307 ff. BGB; ErfK/*Preis* § 611 BGB Rn. 504). Die **Zielvereinbarung** muss AGB-rechtlichen Maßstäben genügen. Bei den für den jeweiligen Bemessungszeitraum vereinbarten konkreten Zielen wird es sich häufig um kontrollfreie Individualabreden (§ 305b BGB) handeln. Sofern Ziele vom Arbeitgeber einseitig vorgegeben werden, unterliegen aber auch diese einer Inhaltskontrolle (ErfK/*Preis* § 611 BGB Rn. 505). Ist im Vertrag geregelt, dass die Ziele jedes Jahr neu von den Arbeitsvertragsparteien **vereinbart** werden sollen und erhält der Arbeitnehmer keine Bonuszahlung, weil aus vom Arbeitgeber zu vertretenden Gründen keine Zielvereinbarung getroffen wurde, hat der Arbeitnehmer einen **Schadenersatzanspruch** gegen den Arbeitgeber wegen der entgangenen Bonuszahlung (*BAG* 12.12.2007 EzA § 611 BGB 2002 Gratifikation, Prämie Nr. 22). Die Parteien können aber vereinbaren, dass eine getroffene Zielvereinbarung weiter gelten soll, bis sie von einer anderen Zielvereinbarung ersetzt wird (*BAG* 10.12.2008 EzA § 611 BGB 2002 Gratifikation, Prämie Nr. 23). Hierbei ist jedoch zu berücksichtigen, dass auch eine solche Vereinbarung eine Schadensersatzpflicht nicht ausschließt, wenn die Ziele wegen veränderter Umstände 625 nicht mehr erreichbar sind. Zudem beseitigt auch eine Regelung zur Nachwirkung der Zielvereinbarung nicht die Pflicht des Arbeitgebers zur Verhandlung einer neuen Zielvereinbarung (*BAG* 12.5.2010 NZA 2010, 1009). Auch ein Verhandeln von Zielen schließt aber eine Schadenersatzpflicht nicht aus, wenn der Arbeitgeber Ziele anbietet, die der Arbeitnehmer nicht erreichen kann.

626 Da der Abschluss einer Zielvereinbarung aus vielfältigen Gründen nicht möglich sein kann, kann es sinnvoll sein, als Auffangregelung einen festen Bonusbetrag vorzusehen.

627 ▶ **Beispiel Zielvereinbarung:**

Der Arbeitnehmer erhält einen Bonus auf Basis einer jährlich bis zum ... zwischen Arbeitgeber und Arbeitnehmer abzuschließenden Zielvereinbarung.

Wurde bis zum ... keine Zielvereinbarung abgeschlossen, gilt die für das vorangegangene Kalenderjahr abgeschlossene Zielvereinbarung auch für das laufende Kalenderjahr.

Sofern eine Zielvereinbarung zuvor nicht vereinbart wurde oder für den Fall, dass eine Übertragung der in der für das vorangegangene Kalenderjahr abgeschlossenen Zielvereinbarung vereinbarten Ziele auf das laufende Kalenderjahr nicht möglich ist, erhält der Arbeitnehmer einen Bonus in Höhe von EUR ... .

628 Zu beachten ist auch das Mitbestimmungsrecht des Betriebsrats nach § 87 Abs. 1 Nr. 10 BetrVG.

### e) Rückzahlungs-, Stichtags- und Bestandsklauseln

629 Arbeitgeber haben regelmäßig ein Interesse daran, Arbeitnehmer durch Gewährung einer Sonderzahlung an das Unternehmen zu binden. Sonderzahlungen werden daher häufig mit Rückzahlungs- oder Stichtags-/Bestandsklauseln verbunden. Aus Sicht des Arbeitnehmers stellen Rückzahlungs- und Stichtags-/Bestandsklauseln eine **Kündigungserschwerung** dar. Insoweit besteht bei Rückzahlungs-, Stichtags- und Bestandsklauseln die Gefahr, dass der Arbeitnehmer unzulässig in seiner durch Art. 12 GG garantierten Berufsfreiheit beschränkt wird. Rückzahlungs- und Stichtagsklauseln unterliegen daher einer Inhaltskontrolle nach §§ 307 ff. BGB (*BAG* 24.10.2007 EzA § 307 BGB 2002 Nr. 26).

### aa) Rückzahlungsklauseln

630 Rückzahlungsklauseln regeln, dass Sonderzuwendungen zurückgezahlt werden müssen, wenn das Arbeitsverhältnis bis zu einem bestimmten auf die Auszahlung der Sonderzuwendung folgenden Zeitpunkt nicht fortbesteht. Eine Klausel, die eine Rückzahlung von Ausbildungskosten für jede Kündigung des Arbeitnehmers vorsieht, ohne Kündigungen auszunehmen, die aus Gründen aus der Sphäre des Arbeitgebers ausgesprochen werden, benachteiligt den Arbeitnehmer unangemessen und ist nach § 307 Abs. 1 S. 1 BGB unwirksam (*BAG* 13.12.2011 – 3 AZR 791/09). Das BAG hat zudem eine **Staffelung** der zulässigen Bindungsdauer in Abhängigkeit von der Höhe der Sonderzuwendung entwickelt, die für am Jahresende gezahlte Sonderzuwendungen (Weihnachtsgeld) gilt.

631 Eine unter der Grenze von EUR 100 liegende Gratifikation rechtfertigt keine Bindung. Eine über EUR 100, aber unter einem Monatsverdienst liegende Gratifikation darf den Arbeitnehmer bis zum 31.3. des Folgejahrs binden (*BAG* 21.5.2003 EzA § 611 BGB 2002 Gratifikation, Prämie Nr. 9). Wird dem Arbeitnehmer eine Gratifikation gewährt, die einem Monatsgehalt entspricht, ist eine Bindung bis zum auf den 31.3. des Folgejahrs folgenden nächstmöglichen Kündigungstermin (d. h. Beendigungsdatum) zulässig (*BAG* 28.4.2004 EzA § 611 BGB 2002 Gratifikation, Prämie Nr. 12). Eine zwischen einem und zwei Monatsgehältern betragende Gratifikation kann unter Umständen sogar eine Bindung bis zum 30.6. des Folgejahrs rechtfertigen (*BAG* 24.10.2007 EzA § 307 BGB 2002 Nr. 26).

632 Steht bei Abschluss des Arbeitsvertrags noch nicht fest, in welcher Höhe ein Bonus gezahlt werden wird, muss der Vertrag selbst eine Staffelung nach den vom BAG festgelegten Grundsätzen vorsehen,

sonst liegt eine unangemessene Benachteiligung i. S. d. § 307 Abs. 1 S. 1 BGB vor (*BAG* 24.10.2007 EzA § 307 BGB 2002 Nr. 26).

▶ **Beispiel Rückzahlungsklausel** (*Lingemann/Gotham* NZA 2008, 509, 511): 633

Der Bonus dient auch als Ansporn für künftige Betriebstreue. Je nach Höhe und Ausscheidenszeitpunkt ist ein für das jeweilige Kalenderjahr gewährter Bonus daher wie folgt zurückzuzahlen:
- Beträgt der Bonus 100,00 Euro oder weniger, so ist er unabhängig vom Ausscheidenszeitpunkt nicht zurückzuzahlen.
- Beträgt der Bonus mehr als 100,00 Euro, aber weniger als ein Monatsgehalt, so ist er zurückzuzahlen, wenn Herr/Frau ... vor dem 31.3. des folgenden Kalenderjahres aus dem Arbeitsverhältnis ausscheidet.
- Beträgt der Bonus ein Monatsgehalt oder mehr, so ist er zurückzuzahlen, wenn Herr/Frau ... vor dem 30.6. des folgenden Kalenderjahres aus dem Arbeitsverhältnis ausscheidet. Liegt der nächstzulässige Kündigungstermin nach dem 31.3. des folgenden Kalenderjahres allerdings vor dem 30.6., so ist der Bonus nur dann zurückzuzahlen, wenn der Arbeitnehmer vor diesem nächstzulässigen Kündigungstermin ausscheidet.

*bb) Stichtags- und Bestandsklauseln*

In seiner früheren Rechtsprechung hat das BAG Stichtagsklauseln weniger strengen Maßstäben unterworfen als Rückzahlungsklauseln. Begründet hat es dies damit, dass eine Stichtagsklausel, bei der die Auszahlung der Sonderzuwendung von dem (ungekündigten) Bestand des Arbeitsverhältnisses bis zu einem bestimmten Zeitpunkt abhängt, den Arbeitnehmer im Gegensatz zu einer Rückzahlungsklausel nicht mit der Verpflichtung zur Rückzahlung der Sonderzuwendungen belastet. Insofern werde auch eine im Vergleich zur Rückzahlungsvereinbarung nur geringe Bindungswirkung erreicht. Selbst bei einer Sonderzuwendung von nur einem halben Monatsgehalt hat das BAG eine Bindung bis zum 30.6. des Folgejahrs akzeptiert (*BAG* 30.11.1998 – 6 AZR 21/88). 634

An dieser Rechtsprechung scheint das BAG nicht mehr festhalten zu wollen. In seinem Urteil vom 24.10.2007 hat der 10. Senat eine Stichtagsklausel für unwirksam gehalten, die eine Bonuszahlung an den Bestand des ungekündigten Arbeitsverhältnisses bis zum 1.4. des Folgejahrs unabhängig von der Höhe des Bonus geknüpft hat, wenn die Höhe des Bonus bei Abschluss der Vereinbarung nicht feststeht. Im gleichen Urteil stellt der Senat grundsätzlich in Frage, ob bei einer Inhaltskontrolle an der Differenzierung zwischen Stichtags- und Rückzahlungsklauseln noch festzuhalten sei (*BAG* 24.10.2007 EzA § 307 BGB 2002 Nr. 26). Insofern ist nicht auszuschließen, dass das BAG seine alte Rechtsprechung aufgeben wird. Um sicher zu gehen, dass eine Stichtagsklausel trotzdem wirksam ist, ist die gleiche **Staffelung** zu empfehlen, wie bei Rückzahlungsklauseln. Dabei kann jedenfalls ein Anspruch auf eine Weihnachtsgratifikation vom ungekündigten Bestehen des Arbeitsverhältnisses im Auszahlungszeitpunkt abhängig gemacht werden, ohne dass die Stichtagsklausel danach differenziert, in wessen Verantwortungsbereich die Kündigung fällt (*BAG* 18.1.2012 – 10 AZR 667/10). Ausdrücklich offen gelassen hat der 10. Senat in seinem Urteil, ob auch Rückzahlungsklauseln bzgl. Sonderzahlungen, die mehr als 25 % des Gesamtverdienstes ausmachen, wirksam sein können (*BAG* 24.10.2007 EzA § 307 BGB 2002 Nr. 26). In einem Urteil vom 6.5.2009 hat der 10. Senat eine Stichtagsklausel in einer Bonusvereinbarung, die ca. 60 % des Gesamtverdienstes im Jahr ausmachte, nicht beanstandet (*BAG* 6.5.2009 EzA § 307 BGB 2002 Nr. 44). 635

Eine Klausel, die den Anspruch auf Zahlung eines für das jeweilige Geschäftsjahr gezahlten Bonus an den Bestand des Arbeitsverhältnisses während des gesamten Geschäftsjahrs knüpft, ist zulässig (*BAG* 6.5.2009 EzA § 307 BGB 2002 Nr. 44). Allerdings hat das BAG in dieser Entscheidung offen gelassen, ob eine Bonuszahlung auch an den Bestand eines »ungekündigten« Arbeitsverhältnisses geknüpft werden darf. Durch die Anknüpfung an den ungekündigten Bestand des Arbeitsverhältnisses würde der Bonusanspruch sowohl bei einer arbeitgeberseitigen, als auch einer arbeitnehmerseitigen Kündigung entfallen, ohne, dass zwischen den Kündigungsgründen differenziert würde. Die Entscheidung deutet darauf hin, dass das BAG eine Klausel jedenfalls dann für unzulässig hält, wenn 636 der Bonus (wie im zugrunde liegenden Fall) mehr als 25 % der Gesamtvergütung ausmacht und seine Zahlung den ungekündigten Bestand des Arbeitsverhältnisses voraussetzt. Allerdings ist eine solche Klausel nach Ansicht des BAG teilbar. Wird das Wort »ungekündigtes« gestrichen, setzt die Auszahlung des Bonus nur noch das Bestehen eines Arbeitsverhältnisses zum Abschluss des Geschäftsjahrs voraus. Die Klausel ist damit sprachlich teilbar, so dass die verbleibende Regelung aufrechtzuerhalten ist.

636a  Stichtagsklauseln in Beriebsvereinbarungen, die eine **erfolgs-/leistungsabhängige Vergütung** betreffen und das Bestehen des ungekündigten Arbeitsverhältnisses zu einem Stichtag nach Ablauf des Bemessungszeitraums vorsehen, sind unwirksam (BAG 7.6.2011 EzA § 88 BetrVG 2001 Nr. 3; 12.4.2011 EzA § 88 BetrVG 2001 Nr. 2). Vergütungsbestandteile, die vom Erreichen persönlicher Ziele und dem Unternehmenserfolg abhängen, sind nach Ansicht des 1. Senats unmittelbare Gegenleistung für eine vom Arbeitnehmer erbrachte Leistung (»**erarbeitete Ansprüche**«) (BAG 7.6.2011 EzA § 88 BetrVG 2001 Nr. 3; 12.4.2011 EzA § 88 BetrVG 2001 Nr. 2). Die Argumente dieser Entscheidung lassen sich auch auf allgemeine Arbeitsbedingungen übertragen. Allerdings vertritt der insoweit zuständige 10. Senat zu diesen Fragen bislang eine andere Auffassung (vgl. Rdn. 635).

637  ▶ **Beispiel Stichtags-/Bestandsklausel:**

Ein Anspruch auf einen Bonus besteht nur, wenn das Arbeitsverhältnis am Ende des Geschäftsjahrs [ungekündigt] besteht.

### 3. Anrechnungsklauseln

638  Eine Anrechnungsklausel soll dem Arbeitgeber die Möglichkeit geben, **übertariflich** gewährte Gehaltsbestandteile auf kommende Tariflohnerhöhungen anzurechnen. In Formulararbeitsverträgen unterfallen solche Anrechnungsklauseln der Inhaltskontrolle nach §§ 307 ff. BGB nur dann, wenn durch die anrechenbaren Zulagen besondere Leistungen honoriert werden (BAG 1.3.2006 EzA § 4 TVG Tariflohnerhöhung Nr. 48). Tun sie dies nicht, handelt es sich um eine reine Bruttolohnabrede, die als unmittelbare Festlegung der Hauptleistungspflicht nur der Transparenzkontrolle (§ 307 Abs. 1 S. 2 BGB) unterfällt. Anrechnungsklauseln sind seit Jahrzehnten in Arbeitsverträgen üblich, so dass sie als Besonderheit des Arbeitsrechts i. S. v. § 310 Abs. 4 S. 2 BGB zu berücksichtigen sind (BAG 27.8.2008 EzA § 4 TVG Tariflohnerhöhung Nr. 49).

639  Bei der Gestaltung von Anrechnungsklauseln sind Arbeitgeber relativ frei. Das BAG hat eine Klausel, die lediglich eine »anrechenbare betriebliche Ausgleichszulage« vorsah, nicht als Verstoß gegen § 308 Nr. 4 BGB gewertet, weil die Änderung der Zulagenhöhe für den Arbeitnehmer zumutbar sei, da sie nicht zu einer geringeren Gesamtvergütungshöhe führe. Gründe für die Anrechnung müssen in der Anrechnungsklausel nicht angegeben werden (BAG 1.3.2006 EzA § 4 TVG Tariflohnerhöhung Nr. 48).

640  Nach Ansicht des BAG führt der Hinweis auf die »Übertariflichkeit« dazu, dass ein durchschnittlicher Arbeitnehmer nicht annehmen könne, eine übertarifliche Zulage diene einem besonderen Zweck und sei von der jeweiligen Höhe des Tariflohns unabhängig. Dies gilt selbst dann, wenn kein Anrechnungsvorbehalt vereinbart wurde. Daher liege kein Verstoß gegen das Transparenzgebot vor. Dies soll sogar für eine rückwirkende Anrechnung gelten (BAG 27.8.2008 EzA § 4 TVG Tariflohnerhöhung Nr. 49). Allerdings bestand in diesem Fall die Besonderheit, dass die übertarifliche Zulage nicht arbeitsvertraglich vereinbart war. Ob das BAG auch bei einer arbeitsvertraglich vereinbarten übertariflichen Zulage zum gleichen Ergebnis kommen würde, ist nicht sicher (vgl. ErfK/Preis §§ 305–310 BGB Rn. 65). Zulagen, die besondere Belastungen ausgleichen, sollen ohne ausdrücklichen Anrechnungsvorbehalt tariffest sein (BAG 23.3.1993 EzA § 4 TVG Tariflohnerhöhung Nr. 24). Insofern ist die Regelung eines Anrechnungsvorbehalts zumindest dann ratsam, wenn eine übertarifliche Zulage ausdrücklich durch den Arbeitsvertrag gewährt wird oder wenn sie ein Ausgleich für **besondere Belastungen** ist. Soll die Anrechnung auch **rückwirkend** möglich sein, sind Formulierungen wie »Anrechnung auf kommende/künftige Tariferhöhungen« zu vermeiden, da an-

sonsten das Anrechnungsrecht des Arbeitgebers beschränkt ist (*BAG* 17.9.2003 EzA § 4 TVG Tariflohnerhöhung Nr. 42).

▶ **Beispiele Anrechnungsvorbehalt** (aus *Bauer/Lingemann/Diller/Haußmann* Kap. 2 Muster 2.2 Ziffer 4 [3]): 641

Die übertarifliche Zulage kann auf den Tariflohn angerechnet werden, wenn sich dieser in Folge von Tariferhöhungen oder infolge einer Umgruppierung des Arbeitnehmers erhöht.

oder: 642

▶ Bei der übertariflichen Zulage handelt es sich um eine anrechenbare betriebliche Zulage.

Zu berücksichtigen ist, dass die Anrechnung von Tariflohnerhöhungen auf übertarifliche Zulagen dem **Mitbestimmungsrecht** des Betriebsrats nach § 87 Abs. 1 Nr. 10 BetrVG unterfällt, wenn sich durch die Anrechnung die Verteilungsgrundsätze ändern und darüber hinaus für eine anderweitige Anrechnung bzw. Kürzung ein Regelungsspielraum bleibt. Eine Anrechnung ist hingegen mitbestimmungsfrei, wenn durch die Anrechnung das Zulagenvolumen völlig aufgezehrt wird oder die Tariflohnerhöhung vollständig und gleichmäßig auf die über-/außertariflichen Zulagen angerechnet wird (*BAG GS* 3.12.1991 EzA § 87 BetrVG 1972 Betriebliche Lohngestaltung Nr. 30). 643

## 4. Ausgleichsquittung/Klageverzicht

Mit einer Ausgleichsquittung soll eine Absprache getroffen werden, nach der etwaige Ansprüche zwischen den Arbeitsvertragsparteien erledigt sein sollen. Auf diese Weise soll nach Beendigung eines Arbeitsverhältnisses möglichst bald ein Zustand geschaffen werden, in dem Arbeitgeber und Arbeitnehmer keine Ansprüche mehr gegeneinander geltend machen können. Ausgleichsquittungen werden daher hauptsächlich in Auflösungsverträgen oder in Abwicklungsvereinbarungen verwendet. Inwieweit eine solche Klausel nach AGB-Recht wirksam ist, hat das BAG noch nicht abschließend entschieden. Jedenfalls soll eine **allgemeine Ausgleichsklausel**, nach der sämtliche Ansprüche »gleich nach welchem Rechtsgrund sie entstanden sein mögen, abgegolten und erledigt sind«, nach § 305c Abs. 1 BGB nicht Vertragsinhalt werden, wenn der Verwender sie in eine Erklärung mit falscher oder missverständlicher Überschrift ohne besonderen Hinweis oder drucktechnische Hervorhebung einfügt (*BAG* 23.2.2005 AP § 1 TVG Tarifverträge: Druckindustrie Nr. 42). Das *LAG Düsseldorf* geht sogar grundsätzlich davon aus, dass umfassende und unbeschränkte Ausgleichsquittungen i. d. R. unangemessen benachteiligend für den Arbeitnehmer sind, so lange sie keine kompensatorische Gegenleistung vorsehen. Außerdem soll ein Globalverzicht auf Rechte und Ansprüche, der mit der Bestätigung des Empfangs von Arbeitspapieren, der Herausgabe von Firmeneigentum und der Vornahme anderer Abwicklungsformalitäten verknüpft wird, eine überraschende Klausel i. S. v. § 305c Abs. 1 BGB sein (*LAG Düsseld.* 13.4.2005 LAGE § 307 BGB 2002 Nr. 7). Ähnlich hat das LAG Schleswig-Holstein entschieden, das ausdrücklich darauf hinweist, § 310 Abs. 4 S. 2 BGB stehe der Unwirksamkeit einer solchen Vereinbarung nicht entgegen (*LAG SchlH* 24.9.2003 NZA-RR 2004, 74). Das LAG Berlin-Brandenburg wiederum sieht in einer Ausgleichsquittung eine Hauptleistungsvereinbarung, so dass die Kontrollsperre des § 307 Abs. 3 S. 1 BGB greife. Eine allgemeine Klausel, die nicht auflistet, welche Ansprüche von ihr betroffen sein sollen, soll jedoch wegen Verstoßes gegen das Transparenzgebot (§ 307 Abs. 3 S. 2 BGB) unwirksam sein (*LAG Bln.-Bra.* 5.6.2007 LAGE § 307 BGB 2002 Nr. 13). 644

Ein formularmäßiger **Verzicht** des Arbeitnehmers auf Erhebung einer **Kündigungsschutzklage** ist unwirksam, wenn keine kompensatorische Gegenleistung des Arbeitgebers vorgesehen ist. Die Inhaltskontrolle ist gem. § 307 Abs. 3 S. 1 BGB eröffnet, da ein Klageverzicht von §§ 4, 13 KSchG abweicht. Ein Klageverzicht ohne Gegenleistung des Arbeitgebers benachteiligt den Arbeitnehmer unangemessen (§ 307 Abs. 1 S. 1 BGB), weil der Arbeitgeber auf diese Weise versucht, seine Rechtsposition ohne Rücksicht auf die Interessen des Arbeitnehmers zu verbessern, indem er dem Arbeitnehmer die Möglichkeit einer gerichtlichen Überprüfung der Kündigung entzieht (*BAG* 6.9.2007 EzA § 307 BGB 2002 Nr. 29). 645

**646** Ausgleichsklauseln, die einseitig nur Ansprüche des Arbeitnehmers erfassen und dafür keinen entsprechende Gegenleistung gewähren, sind unangemessen benachteiligend i. S. d. § 307 Abs. 3 S. 1 BGB (*BAG* 21.6.2011 EzA-SD 2011, Nr. 23, S. 9). Daher ist zu empfehlen, Ausgleichsquittungen und Klageverzichte nicht ohne Gegenleistung zu vereinbaren. Als Gegenleistung kommen sowohl monetäre Leistungen (insb. Abfindungen) als auch andere nicht monetäre Leistungen oder für den Arbeitnehmer vorteilhafte Gestaltungen (z. B. Verlängerung der Kündigungsfrist) in Betracht. Weiterhin sollten erledigte Ansprüche möglichst genannt werden, z. B. Ansprüche auf variable Vergütung.

**647** ▶ **Beispiel Ausgleichsquittung:**

§ ... Erledigung von Ansprüchen

Mit Ausnahme der in dieser Vereinbarung geregelten Ansprüche sind sämtliche sonstigen wechselseitigen Ansprüche zwischen den Parteien aus dem Arbeitsverhältnis und seiner Beendigung, gleich ob bekannt oder unbekannt, und gleich aus welchem Rechtsgrund erledigt, insbes. Ansprüche auf variable Vergütung. Sämtliche Urlaubsansprüche und etwaige Ansprüche auf Freizeitausgleich sind in Natura gewährt.

**648** ▶ **Beispiel Klageverzicht:**

§ ... Klageverzicht

Der Arbeitnehmer wird keine Kündigungsschutzklage erheben und die Kündigung auch nicht in sonstiger Weise gerichtlich angreifen.

## VI. Dienstwagen

**649** Viele Arbeitsverträge sehen die Überlassung eines Dienstwagens auch zur privaten Nutzung vor.

### 1. Überlassung eines Dienstwagens

**650** Die Überlassung eines Dienstwagens auch zur privaten Nutzung hat **Entgeltcharakter** und ist Hauptleistungspflicht. Sie ist ein geldwerter Vorteil und Sachbezug und daher steuer- und abgabenpflichtiger Teil der geschuldeten Vergütung (*BAG* 5.9.2002 EzA § 615 BGB Nr. 109). Die Überlassung eines Dienstwagens zur privaten Nutzung ist regelmäßig Gegenleistung für die geschuldete Arbeitsleistung und damit nur solange geschuldet, wie der Arbeitgeber überhaupt Vergütung zahlen muss. Dies ist nicht der Fall bei Zeiten der Arbeitsunfähigkeit, für die keine Entgeltfortzahlungspflicht mehr nach § 3 Abs. 1 EFZG besteht (*BAG* 14.12.2010 EzA § 3 EntgeltfortzG Nr. 17).

**651** In der arbeitsvertraglichen Vereinbarung sollte genau festgelegt werden, wie und in welchem Umfang der Arbeitnehmer den Dienstwagen auch privat nutzen darf, welche Kosten der Arbeitgeber und welche Kosten der Arbeitnehmer trägt. Empfehlenswert ist ein Hinweis auf die steuerrechtliche Einordnung. Besteht eine betriebliche Richtlinie für die Überlassung von Dienstwagen, kann auf diese verwiesen werden.

**652** ▶ **Beispiel für eine Klausel:**

Der Arbeitgeber stellt dem Arbeitnehmer für seine Tätigkeit als ... einen Dienstwagen gem. den betrieblichen Richtlinien in ihrer jeweils gültigen Fassung zur Verfügung. Der Arbeitnehmer darf den Dienstwagen auch privat nutzen. Das gilt auch für Fahrten zwischen Wohnung und Arbeitsstätte. Der Arbeitgeber übernimmt sämtliche Kosten für die Wartung und Instandsetzung des Dienstwagens, Versicherungsbeiträge, Kfz-Steuer und Rundfunkgebühren sowie die Betriebskosten (Benzin, Reinigung). Straßenbenutzungsgebühren (Maut, Vignetten), Parkgebühren und Kosten für den Transport des Fahrzeugs (z. B. Kosten für Autoreisezug, Fähren) für Privat- und Urlaubsfahrten trägt der Arbeitnehmer. Der Arbeitnehmer trägt die auf den geldwerten Vorteil der Privatnutzung anfallenden Steuern.

## 2. Entzug des Dienstwagens

Beim Entzug eines Dienstwagens sind die für **Widerrufsvorbehalte** entwickelten Grundsätze zu berücksichtigen (s. Rdn. 616 ff.). Insbesondere müssen die Gründe, aufgrund derer ein Widerruf zulässig sein soll, in der Klausel aufgeführt werden. Daneben darf der durch den Widerruf der Privatnutzung des Dienstwagens wegfallende geldwerte Vorteil nicht mehr als 25 % der Gesamtvergütung ausmachen (*BAG* 19.12.2006 EzA § 307 BGB 2002 Nr. 17). Zu beachten ist insoweit insbes. das Urteil des BAG vom 13.4.2010 (siehe dazu schon Rdn. 617). Danach ist eine Widerrufsklausel bzgl. eines Dienstwagens unwirksam, die einen Widerruf aus »wirtschaftlichen Gründen« erlaubt, weil diese auch einen Widerruf zulasse, wenn Marktaspekte oder wirtschaftliche Gesichtspunkte (wie auch verstärktes Gewinnstreben oder der Wegfall des Interesses, Arbeitnehmer durch die Überlassung eines Dienstwagens zu binden) es aus Sicht des Arbeitgebers nicht mehr sinnvoll erscheinen lassen, den Dienstwagen zu überlassen. Nach Ansicht des *BAG* geht dies zu weit (13.4.2010 NZA-RR 2010, 457). 653

Eine Regelung, nach der ein Arbeitnehmer einen auch privat nutzbaren Dienstwagen im Falle der Freistellung an den Arbeitgeber zurückgeben muss, ist wirksam (*BAG* 21.3.2012 NZA 2012, 616). Nach dem BAG ist jedoch der Widerruf selbst einer Ausübungskontrolle im Einzelfall zu unterziehen (§ 315 BGB). Dem Interesse des Arbeitgebers an der Rückforderung des Dienstwagens ist das Interesse des Arbeitnehmers an der weiteren Nutzung gegenüberzustellen. Die Interessenabwägung im Einzelfall kann dazu führen, dass der Arbeitgeber einen Dienstwagen nur unter Einräumung einer Auslauffrist und nicht während des laufenden Monats zurückfordern darf. Bei ermessensfehlerhaftem Widerruf drohen Schadensersatzansprüche des Arbeitnehmers (*BAG* 21.3.2012 NZA 2012, 616). 653a

▶ **Beispiel für eine Widerrufklausel für einen Dienstwagen:** 654

> Der Dienstwagen ist auf Verlangen der Gesellschaft herauszugeben, wenn der Arbeitnehmer nicht mehr als ... eingesetzt wird, im Fall des Ruhens des Arbeitsverhältnisses, nach Ablauf des Entgeltfortzahlungszeitraums sowie im Fall einer unwiderruflichen Freistellung. Der Arbeitnehmer ist nicht berechtigt, an dem Dienstwagen ein Zurückbehaltungsrecht auszuüben.

## VII. Verschwiegenheitspflicht

### 1. Verschwiegenheitspflicht während des Arbeitsverhältnisses

Ganz grundsätzlich ist der Arbeitnehmer verpflichtet, **Betriebs-** oder **Geschäftsgeheimnisse** nicht zu offenbaren. Grundlage dieser Verpflichtung ist § 242 BGB (ErfK/*Preis* § 611 BGB Rn. 710). Eine Verschwiegenheitspflicht während des Arbeitsverhältnisses ergibt sich zudem aus verschiedenen gesetzlichen Bestimmungen. § 17 Abs. 1 UWG regelt, dass mit Freiheitsstrafe bis zu drei Jahren oder mit Geldstrafe bestraft wird, wer als bei einem Unternehmen beschäftigte Person ein Geschäfts- oder Betriebsgeheimnis, das ihr im Rahmen des Dienstverhältnisses anvertraut worden oder zugänglich geworden ist, während der Geltungsdauer des Dienstverhältnisses unbefugt an jemanden zu Zwecken des Wettbewerbs, aus Eigennutz, zugunsten eines Dritten oder in der Absicht, dem Inhaber des Unternehmens Schaden zuzufügen, mitteilt. 655

Betriebs- und Geschäftsgeheimnisse sind Tatsachen, die im Zusammenhang mit einem Geschäftsbetrieb stehen, nur einem eng begrenzten Personenkreis bekannt sind und nach dem bekundeten Willen des Betriebsinhabers geheim zu halten sind (*BAG* 15.12.1987 EzA § 611 BGB Betriebsgeheimnis Nr. 1). 656

Während des Arbeitsverhältnisses dient eine Verschwiegenheitsklausel u. a. der Klarstellung der aufgrund Gesetzes bereits bestehenden Verpflichtung zur Geheimhaltung. Außerdem kann eine Klausel auch den Rahmen der geheim zu haltenden Tatsachen über die Betriebs- und Geschäftsgeheimnisse hinaus erweitern. Inwieweit solche Klauseln einer Inhaltskontrolle nach §§ 307 ff. BGB standhalten, ist nicht höchstrichterlich geklärt. Insbesondere ist fraglich, ob eine Geheimhaltungsklausel, die alle betrieblichen Verhältnisse umfasst, wirksam wäre. Nach Ansicht des *LAG Hamm* ist Voraussetzung 657 für die Wirksamkeit einer solchen Klausel, dass ein Geheimhaltungsinteresse seitens des Arbeitgebers besteht. Die Verpflichtung muss durch betriebliche Belange gerechtfertigt sein (*LAG Hamm* 5.10.1988 DB 1989, 783). Um der Transparenz nach § 307 Abs. 1 S. 2 BGB zu genügen, ist es in jedem Fall ratsam, alle geheim zu haltenden Tatsachen in einer gewissen Konkretheit in die Klausel aufzunehmen. Die Klausel kann auch insoweit erweitert werden, dass auch solche Tatsachen unter die Schweigepflicht fallen, die der Arbeitgeber selbst ausdrücklich als vertraulich bezeichnet (*Bauer/Lingemann/Diller/Haußmann* Kap. 3 Muster 3.1 Fn. 22).

658 Häufig werden auch persönliche Rechtsverhältnisse des Arbeitnehmers mit in eine Geheimhaltungsklausel aufgenommen, wie z. B. die Bezüge. Die Vergütung ist nach Ansicht des BAG unter Umständen ein Betriebs- und Geschäftsgeheimnis, wenn sie eine für die Situation des Unternehmens grundlegende Kalkulationsgrundlage ist (*BAG* 26.2.1987 EzA § 79 BetrVG Nr. 1).

659 Der Arbeitnehmer ist verpflichtet, während des Arbeitsverhältnisses und nach seiner Beendigung über alle nicht allgemein bekannten geschäftlichen Angelegenheiten sowohl gegenüber Außenstehenden als auch gegenüber anderen Arbeitnehmern, die mit den betreffenden Angelegenheiten nicht unmittelbar befasst sind, Verschwiegenheit zu wahren. Er wird erhaltene Anweisungen zur Geheimhaltung erfüllen. Im Zweifelsfall wird er eine Weisung der Geschäftsleitung zur Vertraulichkeit bestimmter Tatsachen einholen.

Die Verschwiegenheitspflicht gilt insbes. für Umsätze, Bilanzen und Angaben über die finanzielle Lage des Unternehmens, Struktur- und Beteiligungsinformationen, jegliche Form von Preis- und Rateninformationen sowie sonstige Geschäfts- und Betriebsgeheimnisse. Sie gilt auch für die in diesem Vertrag geregelte Vergütungshöhe.

### 2. Nachvertragliche Verschwiegenheitspflicht

660 Inwieweit die vertragliche Verschwiegenheitspflicht auch nach Beendigung des Arbeitsverhältnisses weiter Wirkung entfaltet, ist umstritten. In seinem Urteil vom 15.12.1987 ging das BAG davon aus, dass Arbeitnehmer auch über die Beendigung des Arbeitsverhältnisses hinaus Betriebs- und Geschäftsgeheimnisse geheim halten müssen (*BAG* 15.12.1987 EzA § 611 BGB Betriebsgeheimnis Nr. 1). Eine Geheimhaltungsvereinbarung bezüglich einzelner, konkret bestimmter Geheimnisse auch über das Ende des Arbeitsverhältnisses hinaus ist wirksam. Die berechtigten Interessen eines Arbeitnehmers werden nicht unzulässig eingeschränkt (*BAG* 16.3.1982 EzA § 242 BGB Nachvertragliche Treuepflicht Nr. 1). Jedoch ist dabei die Grenze zu einem **faktischen Wettbewerbsverbot** zu beachten (*BAG* 19.5.1998 EzA § 242 BGB Nachvertragliche Treuepflicht Nr. 2).

661 Zur Vermeidung einer Unwirksamkeit der Klausel wird vorgeschlagen, eine Öffnungsklausel in den Arbeitsvertrag aufzunehmen, die das berufliche Fortkommen des Arbeitnehmers berücksichtigt (*Bauer/Lingemann/Diller/Haußmann* Kap. 3 Muster 3.1 § 5 [2] und Fn. 25):

▶ Beispiel:

Sollte die nachvertragliche Verschwiegenheitspflicht Herrn/Frau ... in seinem/ihrem beruflichen Fortkommen unangemessen behindern, hat er/sie gegen den Arbeitgeber einen Anspruch auf Freistellung von dieser Pflicht.

### VIII. Wettbewerbsverbot

### 1. Vertragliches Wettbewerbsverbot

662 Ein gesetzlich verankertes Wettbewerbsverbot für die Laufzeit des Arbeitsverhältnisses findet sich in § 60 HGB. Danach darf ein Handlungsgehilfe ohne Einwilligung des Prinzipals weder ein Handelsgewerbe betreiben noch in dem Handelszweig des Prinzipals für eigene oder fremde Rechnung Geschäfte machen. Für jedes Arbeitsverhältnis gilt folgender allgemeiner Grundsatz: Während des rechtlichen Bestehens eines Arbeitsverhältnisses ist dem Arbeitnehmer grundsätzlich **jede Konkurrenztätigkeit** zum Nachteil seines Arbeitgebers untersagt, auch wenn der Einzelarbeitsvertrag keine

ausdrücklichen Regelungen enthält (*BAG* 16.8.1990 EzA § 4 n. F. KSchG Nr. 38). Die Rechtsfolgen eines Verstoßes gegen das Wettbewerbsverbot durch den Handlungsgehilfen sind ebenfalls gesetzlich geregelt: Der Prinzipal kann entweder **Schadensersatz** verlangen oder er kann in das vom Handlungsgehilfen getätigte Konkurrenzgeschäft eintreten (§ 60 Abs. 1 HGB). Diese Regelungen übertragen die Arbeitsgerichte nicht auf andere Arbeitsverhältnisse. Hier werden Verstöße vielmehr nach den allgemeinen Regeln behandelt: Denkbar ist ein Anspruch auf **Unterlassung**, ein Anspruch auf **Schadenersatz** wegen Vertragsverletzung und ein Anspruch auf **Herausgabe** des durch das vertragswidrige Handeln Erlangten (*BAG* 21.10.1970 EzA § 60 HGB Nr. 5).

▶ **Beispiel für ein vertragliches Wettbewerbsverbot:** 663

> Dem Arbeitnehmer ist es ohne vorherige schriftliche Zustimmung des Arbeitgebers während der Dauer des Arbeitsverhältnisses untersagt, für eigene oder fremde Rechnung, selbständig oder unselbständig, direkt oder indirekt in Wettbewerb zum Arbeitgeber zu treten.
>
> Als Wettbewerbshandlung gilt jede selbständige oder unselbständige, direkte oder indirekte sowie beratende Tätigkeit für ein Unternehmen, das im Geschäftsbereich des Arbeitgebers innerhalb Deutschlands aktiv ist, sowie jede mittelbare oder unmittelbare Beteiligung an einem solchen Unternehmen, es sei denn diese beschränkt sich auf eine Beteiligung durch Erwerb frei handelbarer Anteile, die 5 % des Stammkapitals einer solchen Gesellschaft nicht überschreitet und keinen Einfluss auf die Unternehmensführung eines solchen Unternehmens erlaubt.

### 2. Nachvertragliches Wettbewerbsverbot

Grundsätzlich ist ein Arbeitnehmer nach Beendigung des Arbeitsverhältnisses frei von Wettbewerbsbeschränkungen. Ein nachvertragliches Wettbewerbsverbot ist nur in den Grenzen der §§ 74 ff. HGB zulässig. Dies gilt auch für alle anderen Arbeitsverhältnisse (§ 110 S. 2 GewO). Für eine Darstellung der Zulässigkeitsvoraussetzungen eines nachvertraglichen Wettbewerbsverbots s. Kap. 9 Rdn. 127 ff. 664

Nachvertragliche Wettbewerbsverbote sind für den Arbeitgeber mit einem hohen finanziellen Aufwand verbunden. Zudem ist bei Abschluss des Arbeitsvertrags oft noch nicht absehbar, ob der Arbeitnehmer tatsächlich Kenntnisse und Fähigkeiten aufweist oder während seiner Tätigkeit erwirbt, die ein Interesse des Arbeitgebers daran begründen, den Arbeitnehmer auch nach Beendigung des Arbeitsverhältnisses für Wettbewerber zu sperren. Soweit der Arbeitgeber ein nachvertragliches Wettbewerbsverbot aufnimmt, sollte er regelmäßig überprüfen, ob er gem. § 75a HGB auf das Wettbewerbsverbot verzichten möchte. 665

▶ **Beispiel für ein nachvertragliches Wettbewerbsverbot:** 666

> Der Arbeitnehmer verpflichtet sich, für die Dauer von [einem Jahr/zwei Jahren] nach Beendigung des Arbeitsverhältnisses weder in selbständiger noch unselbständiger Stellung oder in sonstiger Weise für ein Unternehmen tätig zu werden, welches mit dem Arbeitgeber in Wettbewerb steht. In gleicher Weise ist es dem Arbeitnehmer untersagt, während dieser Dauer ein solches Konkurrenzunternehmen zu errichten, zu erwerben oder sich hieran unmittelbar oder mittelbar zu beteiligen.
>
> Das Wettbewerbsverbot gilt für das Gebiet ...
>
> Für die Dauer des Wettbewerbsverbotes erhält der Arbeitnehmer eine Entschädigung, die für jedes Jahr des Verbots die Hälfte der von ihm zuletzt bezogenen vertragsmäßigen Leistungen beträgt. Die Entschädigung wird am Schluss eines jeden Monats anteilig fällig.
>
> Der Arbeitnehmer muss sich anderweitigen Erwerb nach Maßgabe von § 74c HGB auf die Entschädigung anrechnen lassen. Der Arbeitnehmer hat jeweils zum Quartalsende unaufgefordert schriftlich mitzuteilen, ob und in welcher Höhe er anderweitige Einkünfte bezieht. Auf Verlangen sind die Angaben zu belegen.

Das Wettbewerbsverbot tritt nicht in Kraft, wenn der Arbeitnehmer bei seinem Ausscheiden das 65. Lebensjahr vollendet oder das Anstellungsverhältnis weniger als ein Jahr bestanden hat.

Im Übrigen gelten die §§ 74 ff. HGB.

667 Gerade im Zusammenhang mit Unternehmenskäufen besteht oftmals ein Interesse des Käufers, den Verkäufer zu verpflichten, keine übernommenen Arbeitnehmer abzuwerben und einzustellen. Solche Vereinbarungen (sog. Sperrabreden) umgehen im Ergebnis §§ 74 ff. HGB. Um dies zu verhindern, bestimmt § 75f HGB, dass beiden Arbeitgebern der Rücktritt von einer Sperrabrede freisteht. Sperrabreden sind zudem nicht gerichtlich durchsetzbar.

## IX. Nebentätigkeit

668 Gesetzliche Regelungen für die Frage, ob und in welchem Umfang ein Arbeitnehmer neben dem Arbeitsverhältnis eine Nebentätigkeit ausüben darf, gibt es – außer einigen beamtenrechtlichen Vorschriften – nicht. Grundsätzlich gilt, dass der Arbeitnehmer nur insoweit dem Arbeitgeber gegenüber verpflichtet ist, wie dies arbeitsvertraglich festgelegt wurde. Die Verwendung seiner Arbeitskraft außerhalb der Arbeitszeit steht ihm grundsätzlich frei (*BAG* 18.1.1996 EzA § 242 BGB Auskunftspflicht Nr. 5). Dies gilt jedoch nicht grenzenlos. Zum einen müssen auch bei der Ausübung einer Nebentätigkeit die **Höchstarbeitszeitgrenzen** des § 3 ArbZG beachtet werden. Bei der Ermittlung der zulässigen Höchstarbeitszeit sind alle Beschäftigungszeiten zusammenzurechnen (§ 2 Abs. 1 S. 1 2. Hs. ArbZG; *BAG* 14.12.1967 BB 1968, 206). Außerdem ist § 8 BUrlG zu beachten, wonach der Arbeitnehmer während des Urlaubs keine dem Urlaubszweck widersprechende Erwerbstätigkeit leisten darf (*BAG* 25.2.1988 EzA § 8 BUrlG Nr. 2).

669 Die Freiheit, eine nebenberufliche Tätigkeit zu ergreifen, ist von der Berufsfreiheit nach Art. 12 GG geschützt (*BAG* 26.6.2001 EzA § 611 BGB Nebentätigkeit Nr. 4). Ein **absolutes Nebentätigkeitsverbot**, das dem Arbeitnehmer jedwede Nebentätigkeit untersagt, ist unzulässig (*BAG* 3.12.1970 EzA § 626 n. F. BGB Nr. 7). Eine solche Einschränkung benachteiligt den Arbeitnehmer unangemessen (§ 307 Abs. 1 S. 1 BGB). Dies hat zur Folge, dass die ganze Klausel entfällt (§ 306 Abs. 1 BGB). Eine geltungserhaltende Reduktion ist nicht möglich (*Gaul/Khanian* MDR 2006, 68, 69).

670 Eine Einschränkung der Nebentätigkeit im Arbeitsvertrag kann auf zwei verschiedene Arten ausgestaltet werden: Als Verbot mit Erlaubnisvorbehalt und als eingeschränkte Erlaubnis. Bei dem **Nebentätigkeitsverbot mit Erlaubnisvorbehalt** ist dem Arbeitnehmer eine Nebentätigkeit untersagt, wenn diese nicht vom Arbeitgeber im Voraus genehmigt wird. Dabei ist zu beachten, dass der Arbeitnehmer einen Anspruch auf Genehmigung hat, wenn die Nebentätigkeit die betrieblichen Interessen des Arbeitgebers nicht beeinträchtigt. Der Erlaubnisvorbehalt darf es dem Arbeitgeber nicht ermöglichen, die Aufnahme einer Nebentätigkeit willkürlich zu verwehren. Er soll dazu dienen, dem Arbeitgeber bereits vor Aufnahme der Nebentätigkeit die Überprüfung zu ermöglichen, ob seine betrieblichen Interessen durch die Nebentätigkeit beeinträchtigt werden (*BAG* 21.9.1999 EzA § 611 BGB Nebentätigkeit Nr. 3). Ob betriebliche Interessen beeinträchtigt sind, ist im Rahmen einer Prognose zu prüfen. Ausreichend ist dabei, dass bei verständiger Würdigung unter Berücksichtigung der erfahrungsgemäß zu erwartenden Entwicklung eine Beeinträchtigung betrieblicher Interessen wahrscheinlich ist. Ist dies der Fall, darf auch ein absolutes Beschäftigungsverbot zumindest für eine bestimmte Beschäftigungssparte vereinbart werden (*BAG* 26.6.2001 EzA § 611 BGB Nebentätigkeit Nr. 4). Sinnvoll kann es im Hinblick auf das Transparenzgebot (§ 307 Abs. 1 S. 2 BGB) sein, in der Klausel darauf hinzuweisen, dass der Arbeitnehmer einen Anspruch auf Erteilung der Genehmigung hat, wenn betriebliche Interessen der Nebentätigkeit nicht entgegenstehen (*Gaul/Khanian* MDR 2006, 68, 69).

671 Inwieweit die Aufnahme ehrenamtlicher karitativer, konfessioneller oder politischer Tätigkeiten von einer Nebentätigkeitsgenehmigung abhängig gemacht werden kann, ist von dem jeweiligen Unternehmen abhängig. Grundsätzlich droht ein zu weiter Eingriff in die Privatsphäre des Arbeitnehmers (*BAG* 11.12.2001 EzA § 611 BGB Nebentätigkeit Nr. 6). Eine Beschränkung kann z. B. bei Unter-

nehmensberatern oder Tendenzbetrieben möglich sein, wenn bei solchen Nebentätigkeiten eine Kollision mit den Interessen des Arbeitgebers droht (*Gaul/Khanian* MDR 2006, 68, 69).

▶ **Beispiel Nebentätigkeitsverbot mit Erlaubnisvorbehalt** (aus *Bauer/Lingemann/Diller/ Haußmann* Kap. 2 Muster 2.1a Ziffer 9): 672

(1) Die Aufnahme einer anderweitigen entgeltlichen Tätigkeit ist dem Arbeitnehmer nur nach vorheriger schriftlicher Zustimmung des Arbeitgebers gestattet. Hat der Arbeitnehmer dem Arbeitgeber schriftlich die beabsichtigte Tätigkeit unter Angabe von Art, Ort und Dauer angezeigt, und stehen sachliche Gründe der Aufnahme der Tätigkeit nicht entgegen, hat der Arbeitgeber unverzüglich zuzustimmen. Er kann seine Zustimmung befristet oder unter einem Widerrufsvorbehalt erteilen.

(2) Das Zustimmungserfordernis gem. Abs. 1 besteht nicht für die Aufnahme ehrenamtlicher, karitativer, konfessioneller oder politischer Tätigkeiten, sofern sie die Tätigkeit nach Maßgabe dieses Vertrags nicht beeinträchtigen.

Bei einer **eingeschränkten Erlaubnis** ist der Arbeitnehmer grundsätzlich berechtigt, eine Nebentätigkeit aufzunehmen. Der Arbeitgeber kann der Aufnahme dieser Nebentätigkeit aber widersprechen, wenn seine berechtigten Interessen berührt sind. 673

▶ Der Arbeitnehmer hat dem Arbeitgeber die beabsichtigte Aufnahme jeder anderweitigen entgeltlichen Tätigkeit vorher schriftlich anzuzeigen. Der Arbeitgeber kann der Aufnahme der Nebentätigkeit widersprechen, wenn seine berechtigten Interessen durch die Aufnahme der Nebentätigkeit gefährdet sind. Der Arbeitnehmer darf im Fall eines Widerspruchs des Arbeitgebers die Nebentätigkeit nicht aufnehmen. 674

## X. Urlaub

Es gibt den Erholungsurlaub und den Bildungsurlaub. Die Dauer des jährlichen Erholungsurlaubs unterliegt der Nachweispflicht (§ 2 Abs. 1 S. 2 Nr. 8 NachwG). 675

### 1. Erholungsurlaub

Der Erholungsurlaub ist im BUrlG geregelt. 676

*a) Grenzen des BUrlG*

Der jährliche **Mindesterholungsurlaub** beträgt 24 Werktage (§ 3 BUrlG). Dabei gelten als Werktage alle Kalendertage, die nicht Sonn- oder gesetzlicher Feiertag sind. Die 24 Werktage beziehen sich nach Rechtsprechung des BAG auf eine 6-Tage-Woche. Der Mindesturlaubsanspruch eines Arbeitnehmers mit einer anderen Anzahl von Arbeitstagen in der Woche errechnet sich nach folgender Formel: 24 : 6 × Anzahl der tatsächlichen Arbeitstage pro Woche (*BAG* 5.9.2002 EzA § 1 BUrlG Nr. 24). 677

Üblicherweise wird in Arbeitsvertragsklauseln die Dauer des jährlichen Erholungsurlaubs durch die Anzahl der Arbeitstage beschrieben. Denkbar ist aber auch eine Angabe in Wochen. 678

▶ **Beispiel Jahresurlaub in Arbeitstagen:** 679

Der Arbeitnehmer erhält einen jährlichen Erholungsurlaub von 30 Arbeitstagen.

▶ **Beispiel Jahresurlaub in Wochen:** 680

Der Arbeitnehmer hat einen Anspruch auf den gesetzlichen Mindesturlaub gem. § 3 Abs. 1 BUrlG von vier Wochen/Jahr.

*b) Erteilung des Urlaubs*

681 Der Arbeitgeber legt die zeitliche Lage des Urlaubs fest. Dabei sind die Urlaubswünsche des Arbeitnehmers zu berücksichtigen, es sei denn, dass ihrer Berücksichtigung dringende betriebliche Belange oder Urlaubswünsche anderer Arbeitnehmer, die unter sozialen Gesichtspunkten den Vorrang verdienen, entgegenstehen (§ 7 Abs. 1 BUrlG). Besteht eine betriebliche Regelung zur Urlaubsplanung, sollte auf diese verwiesen werden.

682 ▶ **Beispiel Erteilung des Urlaubs:**

> Der Arbeitgeber erteilt den Urlaub gem. den betrieblichen Bedürfnissen unter Berücksichtigung der Interessen des Arbeitnehmers. Der Urlaub ist nach Maßgabe der jeweils geltenden betrieblichen Regelung rechtzeitig zur Urlaubsplanung beim Arbeitgeber zu beantragen.

*c) Übertragung des Urlaubs und Verfall von Urlaubsansprüchen*

683 Bis zum Ende des Kalenderjahrs nicht genommener Urlaub kann gem. § 7 Abs. 3 S. 2 BUrlG auf das nächste Kalenderjahr übertragen werden. Der übertragene Urlaub muss innerhalb der ersten drei Monate des nächsten Kalenderjahrs gewährt und genommen werden. Geschieht dies nicht, verfällt der Urlaubsanspruch zumindest dann, wenn der Arbeitgeber die Nichtgewährung des Urlaubs nicht zu vertreten hat (*BAG* 13.5.1982 EzA § 7 BUrlG Nr. 25).

684 Dies galt nach der früheren Rechtsprechung des BAG auch für den Fall, dass der Urlaub im Übertragungszeitraum wegen **Arbeitsunfähigkeit** des Arbeitnehmers nicht gewährt werden konnte. Wurde das Arbeitsverhältnis beendet, ohne dass der Arbeitnehmer vorher seine Arbeitsfähigkeit wiedererlangt hatte, war dieser Urlaubsanspruch nicht gem. § 7 Abs. 4 BUrlG abzufinden, da insoweit kein Urlaubsanspruch bestand (*BAG* 21.6.2005 EzA § 7 BUrlG Nr. 114). Diese Rechtsprechung hat der *EuGH* durch sein Urteil vom 20.1.2009 (RS C-350/06 und C-520/06 (Schultz-Hoff) EzA Richtlinie 2003/88 EG-Vertrag 1999 Nr. 1) gekippt. Auf Vorlage des *LAG Düsseld.* (2.8.2006 LAGE § 7 BUrlG Nr. 43) hat der EuGH über die Frage entschieden, ob durch einzelstaatliche Vorschriften und/oder einzelstaatliche Gepflogenheiten vorgesehen werden kann, dass der Anspruch auf bezahlten Jahresurlaub erlischt, wenn Arbeitnehmer im Urlaubsjahr vor der Urlaubsgewährung arbeitsunfähig erkranken und vor Ablauf des Urlaubsjahres bzw. des gesetzlich, kollektiv- oder einzelvertraglich festgelegten Übertragungszeitraums ihre Arbeitsunfähigkeit nicht wiedererlangen oder ob eine solche Regelung gegen Art. 7 der Richtlinie 2003/88/EG verstößt. Nach Ansicht des EuGH verstößt dies gegen Art. 7 Abs. 1 der Richtlinie 2003/88/EG. Zwar ist die Festlegung eines Übertragungszeitraums an sich nicht zu beanstanden, jedoch muss der Arbeitnehmer tatsächlich die Möglichkeit haben, seinen Urlaubsanspruch geltend zu machen. Kann er dies krankheitsbedingt nicht, darf der Anspruch (und damit auch eine eventuelle Vergütung nach § 7 Abs. 4 BUrlG) nicht verfallen. Dieses Urteil bezieht sich allerdings lediglich auf den gesetzlichen Mindesturlaubsanspruch von vier Wochen. Das BAG hat daraufhin seine frühere Rechtsprechung aufgegeben und ist dem EuGH hinsichtlich des Mindestjahresurlaubs gefolgt. Das Schicksal darüber hinausgehender Urlaubsansprüche können die Arbeitsvertragsparteien frei regeln (*BAG* 24.3.2009 EzA § 7 BUrlG Abgeltung Nr. 15). Der *EuGH* hat mit Urteil v. 22.11.2011 (– RS C-214/10, BB 2012, 59 »Schulte«) seine Rechtsprechung modifiziert. Tarifvertragsparteien können danach einen maximalen Übertragungszeitraum festlegen. Der EuGH erkannte in der Entscheidung »Schulte« einen Übertragungszeitraum von 15 Monaten an. Es empfiehlt sich, diese Rechtsprechungsänderungen in arbeitsvertraglichen Urlaubsklauseln zu berücksichtigen und zwischen dem gesetzlich gewährleisteten Mindesturlaub und dem darüber hinausgehenden Urlaubsanspruch zu unterscheiden.

685 ▶ **Beispiele:**

> Der Jahresurlaub muss im jeweiligen Kalenderjahr genommen werden. Kann der Urlaub aus betrieblichen oder in der Person des Arbeitnehmers liegenden Gründen nicht vollständig im jeweiligen Kalenderjahr genommen werden, wird er nach Maßgabe des Bundesurlaubsgesetzes auf das nächste Kalenderjahr übertragen. Bis zum Ablauf des Übertragungszeitraums nicht genommener

## D. Formulararbeitsvertrag

Urlaub entfällt ersatzlos. Das gilt nicht für den gesetzlichen Urlaubsanspruch (gem. Bundesurlaubsgesetz derzeit 20 Arbeitstage bei einer Fünf-Tage-Woche), soweit der Arbeitnehmer diesen wegen Arbeitsunfähigkeit nicht nehmen kann.

oder (aus *Bauer/Lingemann/Diller/Haußmann* Kap. 2 Muster 2.1a Ziffer 7 [2]): 686

▶ Der Arbeitgeber gewährt dem Arbeitnehmer einen Urlaubsanspruch von zwei weiteren Wochen/Jahr. Für diesen zusätzlichen Urlaub gilt abweichend von den rechtlichen Vorgaben für den gesetzlichen Mindesturlaub, dass der Urlaubsanspruch nach Ablauf des Übertragungszeitraums gem. § 7 Abs. 3 Bundesurlaubsgesetz auch dann verfällt, wenn der Urlaub bis dahin wegen Arbeitsunfähigkeit des Arbeitnehmers nicht genommen werden kann.

Sinnvoll ist es auch, zu regeln, welcher Urlaub zuerst genommen wird. Bestehen am Ende des Übertragungszeitraums noch offene Urlaubsansprüche, ist dann klar, um welche Art von Urlaub es sich handelt, den gesetzlichen Mindesturlaub oder den darüber hinausgehenden Urlaub. 687

▶ **Beispiel** (aus *Bauer/Lingemann/Diller/Haußmann* Kap. 2 Muster 2.1a Ziffer 7 [3]): 688

Mit der Erteilung von Urlaub wird bis zu dessen vollständiger Erfüllung zunächst der gesetzliche Mindesturlaubsanspruch erfüllt.

### 2. Bildungsurlaub

Der gesetzliche Anspruch auf Gewährung von Bildungsurlaub ist durch landesgesetzliche Regelungen festgeschrieben. Die Bundesländer haben hierfür die Gesetzgebungskompetenz, da der Bund von seiner konkurrierenden Gesetzgebungskompetenz gem. Art. 72 Abs. 1, 74 Abs. 1 Nr. 12 GG keinen Gebrauch macht (*BVerfG* 15.12.1987 EzB 1989 § 7 AWbG Nr. 30). Gesetzliche Regelungen zum Bildungsurlaub bestehen in Berlin, Brandenburg, Bremen, Hamburg, Hessen, Mecklenburg-Vorpommern, Niedersachsen, Nordrhein-Westfalen, Rheinland-Pfalz, Saarland, Sachsen-Anhalt und Schleswig-Holstein (*Schaub* § 105 Rn. 1). Arbeitsvertragliche Klauseln, die einen Bildungsurlaub gewähren, müssen sich an den von diesen Gesetzen gestellten Maßstäben orientieren. 689

▶ **Beispiel:** 690

Der Arbeitnehmer hat einen Anspruch auf Bildungsurlaub gem. den gesetzlichen Vorschriften. Der Bildungsurlaub ist unter Berücksichtigung der berechtigten Interessen des Arbeitgebers und des Arbeitnehmers festzulegen.

### XI. Reisekosten und Spesen

Die Erstattung von Reisekosten und Spesen ist oftmals in betrieblichen Reisekosten- bzw. Spesenordnungen geregelt. Zudem sind steuerliche Vorgaben zu berücksichtigen. Eine arbeitsvertragliche Klausel, nach der Reisezeiten mit der Bruttomonatsvergütung abgegolten sind, ist intransparent, wenn sich aus dem Arbeitsvertrag nicht ergibt, welche »Reisezeit« von ihr in welchem Umfang erfasst werden soll (*BAG* 20.4.2011 EzA § 611 BGB 2002 Mehrarbeit Nr. 3). 691

▶ **Beispiel:** 692

Der Arbeitnehmer hat im Rahmen der steuerlichen Vorschriften und etwaigen betrieblichen Regelungen des Arbeitgebers Anspruch auf Erstattung üblicher Reise- und sonstiger Kosten, die ihm im Rahmen seiner Tätigkeit entstehen. Entstandene Kosten sind durch Belege nachzuweisen.

### XII. Betriebliche Altersversorgung

Eine arbeitgeberfinanzierte betriebliche Altersversorgung hat oftmals eine kollektivrechtliche Grundlage (insbes. Betriebsvereinbarung, Gesamtzusage). Die Regelung im Arbeitsvertrag erschöpft sich dann i. d. R. in einem Verweis auf solche Regelungen. Aber auch individuelle Pensionszusagen, bspw. gegenüber Führungskräften, werden i. d. R. in einer separaten Vereinbarung geregelt. 693

694 ▶ **Beispiel mit Verweis auf Betriebsvereinbarung:**

> Der Arbeitnehmer hat Anspruch auf betriebliche Altersversorgung gem. der Betriebsvereinbarung vom ... sowie etwaige diese ergänzende oder ersetzende Regelungen.

695 ▶ **Beispiel mit Verweis auf gesonderte individuelle Vereinbarung:**

> Der Arbeitgeber wird dem Arbeitnehmer eine Versorgungszusage erteilen. Hierüber werden Arbeitgeber und Arbeitnehmer eine gesonderte Vereinbarung abschließen.

### XIII. Dienstverhinderung

#### 1. Meldepflicht

696 Die Meldepflichten eines Arbeitnehmers bei Arbeitsunfähigkeit sind gesetzlich geregelt. Der Arbeitnehmer ist verpflichtet, dem Arbeitgeber die Arbeitsunfähigkeit und deren voraussichtliche Dauer unverzüglich anzuzeigen. Dauert die Arbeitsunfähigkeit länger als drei Kalendertage, hat der Arbeitnehmer eine ärztliche Bescheinigung über das Bestehen der Arbeitsunfähigkeit sowie deren voraussichtliche Dauer spätestens am darauffolgenden Tag vorzulegen (§ 5 Abs. 1 S. 1 und 2 EFZG). Der Arbeitgeber ist berechtigt, die Vorlage der ärztlichen Bescheinigung früher zu verlangen (§ 5 Abs. 1 S. 3 EFZG). Insoweit besteht ein Mitbestimmungsrecht des Betriebsrats nach § 87 Abs. 1 Nr. 1 BetrVG (*BAG* 25.1.2000 EzA § 87 BetrVG 1972 Betriebliche Ordnung Nr. 26).

697 ▶ **Beispiel:**

> Der Arbeitnehmer ist verpflichtet, dem Arbeitgeber jede Dienstverhinderung und ihre voraussichtliche Dauer unverzüglich anzuzeigen. Auf Verlangen sind die Gründe der Dienstverhinderung mitzuteilen.
>
> Ist der Arbeitnehmer voraussichtlich länger als drei Arbeitstage arbeitsunfähig, hat er dies durch eine Arbeitsunfähigkeitsbescheinigung nachzuweisen. Diese Bescheinigung ist dem Arbeitgeber spätestens am dritten Tag der Arbeitsunfähigkeit vorzulegen, auf Verlangen des Arbeitgebers auch früher.

698 Dauert die Arbeitsunfähigkeit länger als in der Bescheinigung angegeben, muss der Arbeitnehmer eine neue ärztliche Bescheinigung vorlegen (§ 5 Abs. 1 S. 4 EFZG). Da der Gesetzgeber keine weitere Regelung darüber getroffen hat, wann der Arbeitnehmer diese vorzulegen hat, insbes. ob auch hier die Drei-Tages-Frist (§ 5 Abs. 1 S. 2 EFZG) gilt und ob eine vorherige Informationspflicht besteht, sollte dies arbeitsvertraglich geregelt werden. Das BAG hatte für die Vorgängervorschrift (§ 3 Abs. 1 LFZG) entschieden, dass die Drei-Tages-Frist auch auf die Folgebescheinigung anzuwenden ist (*BAG* 29.8.1980 EzA § 6 LohnFG Nr. 13). Die Meldepflicht sollte auch auf den Zeitraum nach Ablauf des Entgeltfortzahlungszeitraums erstreckt werden.

699 ▶ **Beispiel:**

> Dauert die Arbeitsunfähigkeit länger als in der Bescheinigung angegeben, ist der Arbeitnehmer verpflichtet, spätestens am dritten Tag nach Ablauf der alten Bescheinigung eine neue Bescheinigung vorzulegen, auf Verlangen des Arbeitgebers auch früher. Diese Pflicht besteht auch nach Ablauf des Entgeltfortzahlungszeitraums.

#### 2. Entgeltfortzahlung und Aufstockung des Krankengelds

*a) Entgeltfortzahlung*

700 Die Mindestregeln über die Entgeltfortzahlung im Krankheitsfall sind im EFZG geregelt. Der Arbeitnehmer hat gegen den Arbeitgeber Anspruch auf Entgeltfortzahlung im Krankheitsfall für die *Dauer von maximal sechs Wochen* (§ 3 Abs. 1 S. 1 EFZG). Insoweit genügt ein Verweis im Arbeitsvertrag auf die gesetzlichen Regeln.

▶ **Beispiel:**

Bei Arbeitsunfähigkeit infolge Krankheit erhält der Arbeitnehmer Entgeltfortzahlung nach den gesetzlichen Regeln.

*b) Aufstockung des Krankengelds*

Nach Ablauf des gesetzlichen Entgeltfortzahlungszeitraums hat der Arbeitnehmer Anspruch auf Krankengeld gegen seine gesetzliche (§§ 44 ff. SGB V) oder ggf. private Krankenversicherung. Die Leistungen der gesetzlichen Krankenversicherung sind der Höhe nach gedeckelt (§ 47 Abs. 1 SGB V). Bei der privaten Krankenversicherung kommt es auf den jeweiligen Tarif an. Insbesondere bei Führungskräften und leitenden Angestellten gewähren Arbeitgeber gelegentlich eine Aufstockung zum gesetzlichen Krankengeld.

▶ **Beispiel:**

Nach Ablauf des gesetzlichen Entgeltfortzahlungszeitraums erhält der Arbeitnehmer einen Zuschuss zum Krankengeld in Höhe der Differenz zwischen dem Krankengeld und den letzten Nettobezügen des Arbeitnehmers für ... Monate, maximal aber bis zur Beendigung des Arbeitsverhältnisses. Der Arbeitnehmer muss sich auf diesen Zuschuss Leistungen von Versicherungen anrechnen lassen.

### 3. Abtretung von Schadenersatzansprüchen

§ 6 EFZG regelt den Übergang von Schadenersatzansprüchen des Arbeitnehmers gegen Dritte auf den Arbeitgeber: Schadenersatzansprüche gegen den Schädiger gehen in Höhe des Arbeitsentgelts sowie der Arbeitgeberbeiträge zur Sozialversicherung auf den Arbeitgeber über. Arbeitsvertragsklauseln, die eine Abtretung dieser Ansprüche an den Arbeitgeber regeln, haben insoweit nur deklaratorische Bedeutung.

▶ **Beispiel:**

Ist ein Dritter für die Arbeitsunfähigkeit des Arbeitnehmers ersatzpflichtig, tritt der Arbeitnehmer hiermit seine Ansprüche gegen diesen Dritten erstrangig an den Arbeitgeber bis zur Höhe der fortgezahlten Bezüge einschließlich der Arbeitgeberbeiträge zur Sozialversicherung ab; der Arbeitgeber nimmt die Abtretung hiermit an.

### XIV. Umzugskosten

Teilweise finden sich Regelungen in Arbeitsverträgen, nach denen der Arbeitgeber die Umzugskosten des Arbeitnehmers für einen betrieblich bedingten Umzug übernimmt. Zumeist enthalten diese Klauseln den Vorbehalt der Einwilligung des Arbeitgebers in die Auswahl eines bestimmten Möbelspediteurs sowie eine Regelung, wie viele Angebote der Arbeitnehmer einholen muss, bevor ein Unternehmen beauftragt wird.

▶ **Beispiel:**

Der Arbeitgeber verpflichtet sich, dem Arbeitnehmer die Umzugskosten von ... nach ... gegen Vorlage der Belege bis zu einer Höhe von maximal EUR ... zu erstatten.

Die Erteilung des Umzugsauftrags bedarf des Einverständnisses des Arbeitgebers. Vor Erteilung des Auftrags hat der Arbeitnehmer die Angebote von mindestens ... Möbelspediteuren einzuholen.

Häufig ist eine **Rückzahlung** vorgesehen, falls das Arbeitsverhältnis vor einem bestimmten Zeitpunkt endet. Vor der Schuldrechtsreform hat das BAG eine Rückzahlungsvereinbarung mit dreijähriger Bindungsfrist ohne pro-rata-Reduzierung jedenfalls für den Fall gebilligt, dass der Umzug sowohl im Interesse des Arbeitgebers als auch des Arbeitnehmers lag und der zurückzuzahlende Umzugskostenbetrag etwa ein Monatsgehalt betrug (*BAG* 24.2.1975 EzA Art. 12 GG Nr. 11). Das BAG stellte darauf ab, dass ein Umzug regelmäßig dem Arbeitnehmer diene, der dadurch bessere Arbeitsbedingungen und günstigere Aufstiegschancen erlange. Andererseits seien Arbeitsverhältnisse von nur kurzer Dauer für den Arbeitgeber von vergleichsweise geringem Wert. Der Erstattungsbetrag sei mit etwa einem Monatsgehalt auch an die wirtschaftlichen Verhältnisse des Arbeitnehmers angepasst. Ob bei einem wesentlich über ein Monatsgehalt hinausgehenden Umzugskostenbetrag oder einer abweichenden Interessenlage von Arbeitgeber und Arbeitnehmer eine pro-rata-Reduzierung des Rückzahlungsbetrags erforderlich ist, hat das BAG in der Entscheidung ausdrücklich offen gelassen.

709  Nach der Schuldrechtsreform sind Rückzahlungsklauseln an § 307 BGB zu messen. Es spricht viel dafür, dass eine pro-rata Reduzierung des Rückzahlungsbetrags jedenfalls in Fällen erforderlich ist, in denen der Umzug in erster Linie dem Arbeitgeber dient und/oder der Umzugskostenbetrag ein Monatsgehalt wesentlich übersteigt. Fraglich ist zudem, ob bei der Rückzahlung von Umzugskosten wie bei der Rückzahlung von Aus- und Fortbildungskosten eine Differenzierung hinsichtlich des Beendigungstatbestands erforderlich ist. Eine solche Differenzierung erscheint bei Betrachtung der typischen Interessenlage angemessen.

710  ▶ **Beispiel Rückzahlungsklausel:**

Scheidet der Arbeitnehmer vor Ablauf von drei Jahren nach dem Umzugstermin aufgrund einer Eigenkündigung aus dem Arbeitsverhältnis aus, ohne dass er/sie dafür einen wichtigen Grund hat, oder endet das Arbeitsverhältnis in dieser Zeit aus verhaltensbedingten Gründen, ist der Arbeitnehmer verpflichtet, die Umzugskosten zurückzuzahlen, wobei pro Monat der Betriebszugehörigkeit nach dem Umzugstermin die Rückzahlungsverpflichtung in Höhe von 1/36 der Umzugskosten entfällt.

## XV. Gehaltsabtretung und -verpfändung

711  Die Abtretung oder Verpfändung von Gehaltsansprüchen führen bei dem Arbeitgeber zu Verwaltungsaufwand und damit zu zusätzlichen Kosten. Arbeitgeber versuchen daher häufig, Gehaltsabtretungen und -verpfändungen arbeitsvertraglich auszuschließen oder zumindest eine Kostenerstattung zu regeln.

712  Ein **Abtretungsverbot** (§ 399 2. Alt. BGB) kann auch zwischen Arbeitgeber und Arbeitnehmer wirksam vereinbart werden. Es entwickelt auch Wirkung gegenüber dem Abtretungsempfänger. Das Abtretungsverbot wirkt sich auch auf die Verpfändung von Gehaltsbestandteilen aus, da nicht übertragbare Rechte nicht verpfändet werden können (§ 1274 Abs. 2 BGB; *Bauer/Lingemann/Diller/Haußmann* Kap. 2 Muster 2.1a Fn. 34). Diese vertraglichen Einschränkungen ändern aber nichts daran, dass beim Arbeitnehmer eine Lohnpfändung im Wege der **Zwangsvollstreckung** durchgeführt werden kann. Auch die Lohnpfändung verursacht beim Arbeitgeber einen Verwaltungsaufwand. Vollstreckungsrechtliche Vorschriften (§ 788 Abs. 1 ZPO) gewähren dem Arbeitgeber keinen Kostenerstattungsanspruch gegen den Arbeitnehmer (vgl. *BGH* 18.5.1999 NJW 1999, 2276). Auch einen materiell-rechtlichen gesetzlichen Anspruch gibt es nicht. Ein solcher Anspruch kann auch nicht im Wege einer freiwilligen Betriebsvereinbarung begründet werden, da den Betriebsparteien hierfür die Regelungskompetenz fehlt (*BAG* 18.7.2006 EzA § 75 BetrVG 2001 Nr. 4). Dies legt es nahe, den Ersatz eventuell entstehender Verwaltungskosten arbeitsvertraglich zu regeln. In Betracht kommt praktisch nur eine Pauschale. In einem Formulararbeitsvertrag unterliegt eine solche Klausel der Inhaltskontrolle, insbes. nach § 309 Nr. 5 BGB. Die vereinbarte Pauschale darf für die geregelten Fälle den nach dem gewöhnlichen Lauf der Dinge zu erwartenden Schaden nicht übersteigen und muss dem anderen Vertragsteil ausdrücklich den Nachweis gestatten, dass ein Schaden überhaupt nicht entstanden oder wesentlich niedriger als die Pauschale ist. Zudem ist die Pfändungsgrenze bei Arbeitseinkommen zu beachten (*BAG* 18.7.2006 EzA § 75 BetrVG 2001 Nr. 4).

▶ **Beispiel** (nach *Bauer/Lingemann/Diller/Haußmann* Kap. 2 Muster 2.1a Ziffer 5 [6]): 713

> Ansprüche auf Arbeitsentgelt dürfen nicht abgetreten oder verpfändet werden. Bei Pfändungen von Ansprüchen auf Arbeitsentgelt werden Euro 2,50 pro Pfändung, Euro 2,50 für jedes zusätzliche Schreiben sowie Euro 1,- je Überweisung vom Lohn einbehalten. Dies gilt nicht, soweit der unpfändbare Teil des Gehalts geschmälert wird. Dem Arbeitnehmer bleibt der Nachweis vorbehalten, dass ein Schaden überhaupt nicht entstanden oder niedriger als die Pauschale ist.

Ob eine solche Klausel einer gerichtlichen Inhaltskontrolle standhalten würde, ist offen. Der BGH hat ähnliche Klauseln in AGB von Kreditinstituten für unwirksam erklärt (*BGH* 18.5.1999 NJW 1999, 2276). 714

## XVI. Vertragsstrafen

### 1. Zulässigkeit von Vertragsstrafenabreden in Arbeitsverträgen

Die Gründe für Vertragsstrafenabreden in Arbeitsverträgen sind vielfältig. Insbesondere werden ein Nichtantritt der Arbeit, die vertragswidrige Beendigung des Arbeitsverhältnisses sowie Verstöße gegen Verschwiegenheitsvereinbarungen und vertragliche und/oder nachvertragliche Wettbewerbsverbote unter eine Vertragsstrafe gestellt. Hintergrund ist, dass der Arbeitgeber den ihm entstandenen Schaden häufig nur schwer konkret darlegen kann. 715

> Der praktische Nutzen einer Regelung, dass der Arbeitnehmer bei Nichtantritt der Tätigkeit eine Vertragsstrafe zu zahlen hat, ist höchst zweifelhaft. Ein Arbeitnehmer, der nur zur Vermeidung der Verwirkung einer Vertragsstrafe seine Arbeit aufnimmt, wird den Arbeitsvertrag unmittelbar nach Arbeitsaufnahme kündigen. Bis zur Beendigung des Arbeitsverhältnisses ist der Arbeitgeber verpflichtet, die Vergütung zu zahlen, ohne den Arbeitnehmer i. d. R. sinnvoll einsetzen zu können. Vor diesem Hintergrund sollte kritisch abgewogen werden, ob eine solche Regelung in den Arbeitsvertrag aufgenommen wird. 716

Vertragsstrafenabreden unterliegen der Inhaltskontrolle nach §§ 307 ff. BGB. Nach § 309 Nr. 6 BGB sind Vertragsstrafen in Allgemeinen Geschäftsbedingungen generell unwirksam. Trotz dieser Regelung sind Vertragsstrafen in Arbeitsverträgen als **Besonderheiten des Arbeitsrechts** (§ 310 Abs. 4 S. 2 BGB) jedoch weiterhin zulässig (*BAG* 4.3.2004 EzA § 309 BGB 2002 Nr. 1). Nach Ansicht des BAG besteht die arbeitsrechtliche Besonderheit darin, dass die Arbeitsleistung nicht vollstreckbar ist (§ 888 Abs. 3 ZPO). 717

Eine Vertragsstrafenabrede kann eine **überraschende Klausel** sein, insbes. wenn diese nicht mit einer eigenen Überschrift versehen oder zwischen anderen Regelungen »versteckt« ist. Eine formularmäßig vereinbarte, im Vertragstext nicht besonders hervorgehobene Vertragsstrafenregelung ist dann keine überraschende Klausel (§ 305c Abs. 1 BGB), wenn der gesamte Vertrag ein einheitliches Schriftbild hat, keinerlei drucktechnische Hervorhebungen enthält, keine der im Einzelnen durchnummerierten Vertragsregelungen mit einer Überschrift versehen ist und die Vertragsstrafe auch nicht versteckt bei einer anderen Thematik eingeordnet ist (*LAG SchlH* 2.2.2005 NZA-RR 2005, 351). Enthält der Vertrag Überschriften, sollte die Vertragsstrafenabrede in einer eigenen Klausel mit entsprechender Überschrift geregelt werden. 718

### 2. Inhaltliche Anforderungen an Vertragsstrafenabreden

Eine Vertragsstrafenabrede kann wegen eines Verstoßes gegen § 307 Abs. 1 BGB unwirksam sein. Der grundsätzlichen Anwendbarkeit dieser Norm stehen die Besonderheiten des Arbeitsrechts nicht entgegen (*BAG* 4.3.2004 EzA § 309 BGB 2002 Nr. 1). Die unangemessene Benachteiligung kann sich insbes. aus der Höhe der Vertragsstrafe oder daraus ergeben, dass die die Vertragsstrafe auslösenden Pflichtverletzungen nicht klar benannt sind. 719

## a) Auslösende Pflichtverletzungen

**720** Grundsätzlich sind die eine Vertragsstrafe auslösenden Tatbestände so klar zu bestimmen, dass sich der Arbeitnehmer in seinem Verhalten darauf einstellen kann. Ist dies nicht der Fall, ist die Klausel unwirksam (§ 307 Abs. 1 S. 2 BGB; *BAG* 14.8.2007 EzA § 307 BGB 2002 Nr. 28). Die Regelung muss erkennen lassen, welche konkreten Pflichten durch sie tatsächlich gesichert werden sollen. Globale Strafversprechen, die eine Vertragsstrafe »im Falle eines gravierenden Vertragsverstoßes« auferlegen und damit auf die Absicherung aller arbeitsvertraglichen Pflichten zielen, verstoßen gegen das Bestimmtheitsgebot und sind unwirksam. Wenn jedoch die »gravierenden Vertragsverstöße« durch in Klammern genannte Beispielsaufzählungen konkretisiert werden, genügt dies dem Bestimmtheitsgebot (*BAG* 18.8.2005 EzA § 307 BGB 2002 Nr. 6). Eine Klausel, nach der eine Vertragsstrafe durch »schuldhaft vertragswidriges Verhalten des Arbeitnehmers, das den Arbeitgeber zur fristlosen Kündigung des Arbeitsverhältnisses veranlasst«, verwirkt wird, ist hingegen wegen mangelnder Bestimmtheit unwirksam (§ 307 Abs. 1 S. 2 BGB). Sie lässt nicht erkennen, welche konkreten Pflichtverletzungen sanktioniert werden sollen (*BAG* 21.4.2005 EzA § 309 BGB 2002 Nr. 3).

**721** Von hoher praktischer Bedeutung sind Vertragsstrafenabreden im Zusammenhang mit vertraglichen oder nachvertraglichen **Wettbewerbsverboten** und **Verschwiegenheitspflichten**. Auch in diesen Fällen müssen die Pflichtverletzungen klar beschrieben werden. Dazu gehört auch die Beschreibung, wann ein Einzelverstoß vorliegt (z. B. einmaliger Geheimnisverrat), der eine einmalige Vertragsstrafe auslöst, und wann es sich um einen Dauerverstoß handelt (z. B. Aufnahme einer konkurrierenden Beschäftigung oder Beratertätigkeit), der zu einer monatlich erneut fällig werdenden Vertragsstrafe führt (*BAG* 14.8.2007 EzA § 307 BGB 2002 Nr. 28).

## b) Höhe der Vertragsstrafe

**722** Grund für die Unwirksamkeit einer Vertragsstrafenabrede kann auch die unangemessene Höhe der Vertragsstrafe sein. Das *BAG* hat bislang die folgenden Grundsätze entwickelt:

Eine Vertragsstrafe in Höhe der Arbeitnehmerbezüge bis zum Ablauf der ordentlichen Kündigungsfrist für den Fall des Nichtantritts der Arbeit ist grundsätzlich angemessen. Eine höhere Vertragsstrafe ist nach Ansicht des BAG nur dann angemessen, wenn das Sanktionsinteresse des Arbeitgebers im Falle der vertragswidrigen Nichterbringung der Arbeitsleistung vor der rechtlich zulässigen Beendigung des Arbeitsverhältnisses den Wert der Arbeitsleistung, der sich in der Arbeitsvergütung bis zur vertraglich zulässigen Beendigung des Arbeitsverhältnisses dokumentiert, aufgrund besonderer Umstände typischerweise und generell übersteigt (*BAG* 18.12.2008 – 8 AZR 81/08 – EzA-SD 2009, Nr. 19, 7–11). Ist dies nicht der Fall, ist eine höhere Vertragsstrafe unangemessen. Deshalb hat das BAG eine Klausel, die bei einer zweiwöchigen Kündigungsfrist eine Vertragsstrafe in Höhe eines vollen Monatsgehalts vorsah, für unwirksam erklärt (*BAG* 4.3.2004 EzA § 309 BGB 2002 Nr. 1; *BAG* 23.9.2010 EzA § 309 BGB Nr. 6). Gleiches gilt für eine Kündigungsfrist von sechs Wochen zum Monatsende und einer vereinbarten Vertragsstrafe von drei Monatsgehältern, da die höchstmögliche Kündigungsfrist einen Kalendermonat zuzüglich sechs Wochen beträgt (*BAG* 18.12.2008 – 8 AZR 81/08 – EzA-SD 2009, Nr. 19, 7–11). Gilt während der Probezeit eine zweiwöchige Kündigungsfrist, benachteiligt eine Vertragsstrafe in Höhe einer Bruttomonatsvergütung den Arbeitnehmer auch dann unangemessen, wenn er die Pflichtverletzung erst nach Ablauf der Probezeit begeht (*BAG* 23.9.2010 NZA 2011, 89). In diesem Fall liegt eine unzulässige »Übersicherung« des Arbeitgebers vor. Eine geltungserhaltende Reduktion der unwirksamen Vertragsstrafenklausel oder eine ergänzende Vertragsauslegung – bei Neuverträgen – scheidet aus (*BAG* 23.9.2010 EzA § 309 BGB Nr. 6).

**723** Eine Vertragsstrafenabrede, die die genaue Höhe der Vertragsstrafe nicht erkennen lässt bzw. sie in das Ermessen des Arbeitgebers stellt, ist unangemessen. So hat das BAG eine Klausel, die für Wettbewerbsverstöße »eine Vertragsstrafe in Höhe des ein- bis dreifachen Betrages des jeweiligen Monatsgehalts«, deren genaue Höhe vom Arbeitgeber nach »der Schwere des Verstoßes« festgesetzt werden

## D. Formulararbeitsvertrag

sollte, für benachteiligend und damit unwirksam gehalten (*BAG* 18.8.2005 EzA § 307 BGB 2002 Nr. 6).

*derzeit unbesetzt* 724

### c) Geltendmachung weiterer Schäden

Eine Klausel, nach der die Geltendmachung weiterer Schäden durch die Vertragsstrafenabrede nicht 725 ausgeschlossen ist, hat nur deklaratorische Bedeutung (§§ 340 Abs. 2 S. 2, 341 Abs. 2 BGB), wird aber üblicherweise in den Vertrag mit aufgenommen.

### d) Musterklausel

▶ **Beispiel** (nach *Diller* NZA 2008, 574, 576): 726

> Für jede Handlung, durch die der Arbeitnehmer das vertragliche/nachvertragliche Wettbewerbsverbot, seine Verschwiegenheitspflicht, ... schuldhaft verletzt, hat er eine Vertragsstrafe in Höhe der Vergütung zu zahlen, auf die er bis zum nächst zulässigen Kündigungszeitpunkt Anspruch hätte, maximal jedoch in Höhe eines Bruttomonatsgehalts.
>
> Besteht die Verletzungshandlung in der kapitalmäßigen Beteiligung an einem Wettbewerbsunternehmen oder der Eingehung eines Dauerschuldverhältnisses (z. B. Arbeits-, Dienst-, Handelsvertreter- oder Beraterverhältnis), wird die Vertragsstrafe für jeden angefangenen Monat, in dem die kapitalmäßige Beteiligung oder das Dauerschuldverhältnis besteht, neu verwirkt (Dauerverletzung). Mehrere Verletzungshandlungen lösen jeweils gesonderte Vertragsstrafen aus, ggf. auch mehrfach innerhalb eines Monats. Erfolgen dagegen einzelne Verletzungshandlungen im Rahmen einer Dauerverletzung, sind sie von der für die Dauerverletzung verwirkten Vertragsstrafe mit umfasst.
>
> Die Geltendmachung von Schäden, die über die verwirkte Vertragsstrafe hinausgehen, bleibt vorbehalten, desgleichen die Geltendmachung aller sonstigen gesetzlichen Ansprüche und Rechtsfolgen aus einer Verletzung (z. B. Unterlassungsansprüche, Wegfall des Anspruchs auf Karenzentschädigung für die Dauer des Verstoßes etc.).

### 3. Rechtsfolgen der Unwirksamkeit

Ist die unwirksame Regelung Teil einer umfänglichen Vertragsstrafenklausel, die z. B. auch an den 727 Nichtantritt des Arbeitsverhältnisses oder die Lösung des Arbeitsverhältnisses unter Vertragsbruch anknüpft, ist nicht automatisch die ganze Klausel unwirksam. Kann die unwirksame Regelung herausgestrichen werden und bleibt die restliche Regelung verständlich, wird diese aufrechterhalten (sog. »blue-pencil-test«, *BAG* 21.4.2005 EzA § 309 BGB 2002 Nr. 3). Ansonsten gilt jedoch auch bei Vertragsstrafenabreden, dass eine geltungserhaltende Reduktion (z. B. auf eine angemessene Höhe der Vertragsstrafe) nicht in Frage kommt, auch wenn § 343 BGB dies für Vertragsstrafen vorsieht. Diese Vorschrift gilt nur für wirksame Vertragsstrafenabreden (*BAG* 4.3.2004 EzA § 309 BGB 2002 Nr. 1).

## XVII. Haftungsklauseln, Beweislastregelungen

### 1. Haftungsklauseln

Das BAG hat Grundsätze für die Haftung von Arbeitnehmern entwickelt. Es gilt eine **Haftungspri-** 728 **vilegierung**: Diese setzt voraus, dass ein Arbeitsverhältnis besteht und die Pflichtverletzung bei einer betrieblich veranlassten Tätigkeit geschieht. Der Umfang der Haftung ist abhängig vom Grad des Verschuldens des Arbeitnehmers: Bei **vorsätzlich** verursachten Schäden haftet der Arbeitnehmer voll, bei **grob fahrlässig** verursachten Schäden grundsätzlich ebenfalls voll, jedoch bestehen hier ausnahmsweise Haftungserleichterungen. Bei **normaler Fahrlässigkeit** ist der Schaden in aller Regel zwischen Arbeitgeber und Arbeitnehmer quotal zu verteilen, wobei die Gesamtumstände von Schadensanlass und Schadensfolgen nach Billigkeitsgrundsätzen und Zumutbarkeitsgesichtspunkten gegeneinander abzuwägen sind. Bei **leichtester Fahrlässigkeit** entfällt eine Haftung des Arbeitnehmers (*BAG GS* 27.9.1994 EzA § 611 BGB Arbeitnehmerhaftung Nr. 59).

729 Dieses Haftungssystem ist für arbeitsvertragliche Haftungsverschärfungen grundsätzlich nicht offen. Eine arbeitsvertragliche Haftungsverschärfung ist z. B. eine sog. Mankoabrede, die dem Arbeitnehmer die Haftung für Kassenfehlbeträge oder Inventurfehlbestände aufbürdet. Bereits vor Geltung des AGB-Rechts für Arbeitsverträge hat das BAG eine Mankoabrede nur für zulässig gehalten, wenn hierfür eine zusätzliche Vergütung vereinbart wurde und die Mankohaftung nur bis zur Höhe dieser vereinbarten Mankovergütung reichen sollte. In diesem Fall sei im Ergebnis nur die Chance einer zusätzlichen Vergütung von der Mankoabrede betroffen und es trete keine Verschärfung der Arbeitnehmerhaftung ein (*BAG* 2.12.1999 EzA § 611 BGB Arbeitnehmerhaftung Nr. 67).

730 Es ist davon auszugehen, dass die Vereinbarung einer Haftungsverschärfung ohne Vereinbarung einer Risikoprämie in einem Formulararbeitsvertrag auch nach AGB-Regeln unwirksam ist. Wird eine Risikoprämie bzw. eine Mankovergütung vereinbart, muss die Haftungssumme auf diese Vergütung beschränkt sein.

### 2. Beweislastregelungen

731 Eine Sonderregelung besteht hinsichtlich der Beweislast für die Haftung eines Arbeitnehmers (§ 619a BGB). Danach hat abweichend von § 280 Abs. 1 BGB der Arbeitnehmer dem Arbeitgeber Ersatz für den aus Verletzung einer Pflicht entstandenen Schaden nur zu leisten, wenn er die Pflichtverletzung zu vertreten hat. Im Gegensatz zu § 280 Abs. 1 BGB gilt hier also **keine Verschuldensvermutung**. Der Arbeitgeber muss neben der Pflichtverletzung auch das Vertretenmüssen des Arbeitnehmers beweisen.

732 Eine Arbeitsvertragsklausel, die diesen Grundsatz modifizieren will, ist an § 309 Nr. 12 BGB zu messen. Danach sind Bestimmungen unwirksam, durch die der Verwender die Beweislast zum Nachteil des anderen Vertragsteils ändert. Es ist daher davon auszugehen, dass Regelungen unwirksam sind, die es dem Arbeitnehmer aufbürden, ein Verschulden des Arbeitgebers zu beweisen, oder entgegen § 619a BGB ihm auferlegen, zu beweisen, dass er eine Pflichtverletzung nicht zu vertreten hat (§ 309 Nr. 12a) BGB).

### XVIII. Rückzahlung von Aus- und Fortbildungskosten

733 Finanziert der Arbeitgeber dem Arbeitnehmer eine Aus- oder Fortbildung, hat er im Anschluss an diese Maßnahme ein Interesse daran, den Arbeitnehmer an das Unternehmen zu binden, um von den erweiterten Kenntnissen des Arbeitnehmers zu profitieren. Eine Bindung soll i. d. R. durch eine Rückzahlungsklausel unterstützt werden, die den Arbeitnehmer bei Beendigung des Arbeitsverhältnisses bis zu einem bestimmten Zeitpunkt verpflichtet, die Aus- und Fortbildungskosten (anteilig) zurück zu zahlen. **Gegenstand der Rückzahlungsvereinbarung** können die Kosten der Schulungsmaßnahme einschließlich der materiellen Ausbildungsmittel, ggf. übernommene Kosten für Reise, Übernachtung und Verpflegung sowie das während der Ausbildungszeit gezahlte Arbeitsentgelt einschließlich der Arbeitnehmerbeiträge zur Sozialversicherung (*BAG* 11.4.1984 EzA § 611 BGB Ausbildungsbeihilfe Nr. 4) sein (Arbeitgeberbeiträge zur Sozialversicherung dürfen nach der Entscheidung des BAG hingegen nicht zurückverlangt werden). Grundsätzlich ist eine Rückzahlungsvereinbarung für solche Kosten auch in einem Formulararbeitsvertrag wirksam, unterliegt aber einer Inhaltskontrolle (§§ 307 ff. BGB; *BAG* 14.1.2009 EzA § 611 BGB 2002 Ausbildungsbeihilfe Nr. 12; 19.1.2011 EzA § 611 BGB 2002 Ausbildungsbeihilfe Nr. 15). Das BAG hat insoweit strenge Regeln entwickelt: Zunächst muss die Ausbildung für den Arbeitnehmer von geldwertem Vorteil sein, sei es durch eine höhere Vergütung beim Arbeitgeber oder dadurch, dass der Arbeitnehmer durch die Ausbildung einen Vorteil auf dem Arbeitsmarkt erlangt. Zudem müssen die Vorteile der Ausbildung und die Dauer der Bindung in einem angemessenen Verhältnis zueinander stehen, was anhand der Dauer der Aus- und Fortbildungsmaßnahmen sowie an der Qualität der durch sie

erworbenen Qualifikation festzumachen ist. Folgende Richtwerte hat das BAG entwickelt: bei einer bis zu einmonatigen Fortbildungsmaßnahme ohne Verpflichtung zur Arbeitsleistung mit Fortzahlung der Bezüge ist eine Bindungsdauer von bis zu sechs Monaten zulässig, bei einer Dauer von bis zu zwei Monaten eine einjährige Bindung, bei einer Fortbildungsdauer von drei bis vier Monaten eine zweijährige Bindung, bei einer Fortbildungsdauer von sechs Monaten bis zu einem Jahr nicht mehr als eine dreijährige Bindung und bei einer mehr als zweijährigen Ausbildung eine bis zu fünfjährige Bindung. Längere Bindungen können zulässig sein, wenn der Arbeitgeber ganz erhebliche Mittel für die Fortbildung aufbringt oder der Arbeitnehmer durch die Fortbildung überdurchschnittlich große Vorteile hat (*BAG* 14.1.2009 EzA § 611 BGB 2002 Ausbildungsbeihilfe Nr. 12).

**734** Zu berücksichtigen ist, dass es sich bei der angegebenen Fortbildungsdauer um Zeiten der **tatsächlichen Arbeitsfreistellung** handelt. Wird der Arbeitnehmer während eines Zeitraums von einem Jahr einen Tag pro Woche von der Verpflichtung zur Arbeitsleistung zur Teilnahme an einer Fortbildungsveranstaltung freigestellt, beträgt die reine Freistellungsdauer ca. sieben Wochen. Grundsätzlich angemessen ist daher lediglich eine einjährige, nicht aber eine dreijährige Bindung.

**735** Eine ergänzende Vertragsauslegung kommt bei einer aufgrund **überlanger Bindungsdauer** unwirksamen Klausel in Betracht, wenn es im Einzelfall für den Arbeitgeber schwierig war vorauszusehen, welche Bindungsdauer angemessen sein wird. Es wäre unangemessen und würde den Interessen beider Parteien nicht gerecht, das sich ergebende Prognoserisiko dem Arbeitgeber aufzuerlegen, wenn es für ihn objektiv schwierig war, die zulässige Bindungsdauer zu bestimmen (*BAG* 14.1.2009 EzA § 611 BGB 2002 Ausbildungsbeihilfe Nr. 12). Eine Klausel, die eine Rückzahlung der Aus- und Fortbildungskosten unabhängig von dem Grund vorsieht, aus dem das Arbeitsverhältnis endet, ist benachteiligend und damit unwirksam (§ 307 Abs. 1 S. 1 BGB; *BAG* 11.4.2006 EzA § 307 BGB 2002 Nr. 14). Eine Rückzahlungsklausel ist nur dann ausgewogen, wenn es der Arbeitnehmer selbst in der Hand hat, durch Betriebstreue der Rückzahlungspflicht zu entgehen. Daher muss die Rückzahlungsklausel Fälle ausnehmen, in denen der Arbeitnehmer wegen eines Fehlverhaltens des Arbeitgebers kündigt oder wenn der Arbeitgeber aus betriebsbedingten Gründen kündigt (*BAG* 11.4.2006 EzA § 307 BGB 2002 Nr. 14). Eine geltungserhaltende Reduktion einer Klausel, die keine Unterschiede hinsichtlich der Beendigungsgründe macht, kommt nicht in Betracht (§ 306 BGB; *BAG* 11.4.2006 EzA § 307 BGB 2002 Nr. 14).

**736** Eine unangemessene Benachteiligung liegt auch dann vor, wenn der Arbeitgeber sich nicht verpflichtet, den Arbeitnehmer nach Abschluss der Fortbildung weiterhin zu beschäftigen, da für den Ausgebildeten so gar nicht erst die Möglichkeit besteht, die Ausbildungskosten durch Betriebstreue abzugelten (*BAG* 18.3.2008 EzA § 307 BGB 2002 Nr. 36).

**737** Ein Verstoß gegen das Transparenzgebot (§ 307 Abs. 1 S. 2 BGB) liegt vor, wenn nicht bestimmt ist, mit welcher Tätigkeit und Vergütung der Ausgebildete nach Abschluss eines Studiums eingestellt werden soll (*BAG* 18.3.2008 EzA § 307 BGB 2002 Nr. 36).

**738** Wegen der Schwierigkeiten, im Zeitpunkt des Abschlusses des Arbeitsvertrags vorauszusehen, an welchen Aus- oder Fortbildungen der Arbeitnehmer zukünftig teilnehmen wird und welche Bindungsfristen diese rechtfertigen, sollte eine Rückzahlungsklausel nicht in den Arbeitsvertrag aufgenommen werden. Es sollte vielmehr im **konkreten Einzelfall** eine Aus- oder Fortbildungsvereinbarung geschlossen werden, in der auch eine Rückzahlung der Ausbildungskosten geregelt ist.

### XIX. Bezugnahme- und Verweisungsklauseln

**739** Arbeitsverträge enthalten häufig Verweise auf andere Regelungswerke (unternehmens- bzw. betriebsinterne Regelungen wie Betriebsordnungen, Arbeitsanordnungen, Dienstanweisungen), Betriebsvereinbarungen oder Tarifverträge. Zu solchen Verweisungen existiert eine große Zahl von Entscheidungen des BAG. Bei der Formulierung sind zahlreiche Punkte zu berücksichtigen.

## 1. Verweis auf einseitige Regelungswerke des Arbeitgebers

**740** Einseitige Regelungswerke des Arbeitgebers gibt es in vielen Varianten: Ethikrichtlinien, Verhaltensrichtlinien oder Regelungen zur Dienstwagennutzung oder Erstattung von Reisekosten. Der Arbeitgeber will solche Regelungswerke einseitig ändern können. Solche Änderungen sollen über dynamische Verweisungsklauseln auch für das jeweilige Arbeitsverhältnis Geltung entfalten. Zu berücksichtigen ist, dass ein Regelungswerk des Arbeitgebers auch dann wirksam in den Arbeitsvertrag einbezogen werden kann, wenn der Arbeitnehmer **keine Möglichkeit zur Kenntnisnahme** hatte, z. B. weil die Regelungswerke dem Arbeitsvertrag nicht angehängt wurden. Nach § 310 Abs. 4 S. 2 letzter Hs. BGB gilt § 305 Abs. 2 BGB bei Arbeitsverträgen nicht und auch eine analoge Anwendung scheidet angesichts der klaren gesetzgeberischen Entscheidung aus (*BAG* 14.3.2007 EzA § 307 BGB 2002 Nr. 18).

**741** Der dynamische Verweis auf einseitige Regelungswerke des Arbeitgebers wie Betriebsordnungen, Arbeitsanordnungen oder Dienstanweisungen »in ihrer jeweiligen Fassung« führt nach Ansicht des BAG zu einem **Vertragsänderungsrecht** des Arbeitgebers (*BAG* 11.2.2009 EzA § 308 BGB 2002 Nr. 9). Durch die Änderung der einseitig von ihm formulierten Arbeitsordnung kann er die Arbeitsbedingungen einseitig anpassen, so dass die dynamische Bezugnahme auf die Regelungswerke das gleiche Ziel wie die Befristung von Arbeitsbedingungen oder ein Widerrufsvorbehalt verfolgt. Eine solche dynamische Bezugnahmeklausel ist daher an § 308 Nr. 4 BGB zu messen. Danach muss entweder die Arbeitsvertragsklausel selbst oder aber die Arbeitsordnung Gründe benennen, wegen derer eine Verschlechterung der Arbeitsbedingungen eintreten kann. Sind diese Voraussetzungen nicht erfüllt, ist die dynamische Inbezugnahme unwirksam (*BAG* 11.2.2009 EzA § 308 BGB 2002 Nr. 9). Das bei Abschluss des Arbeitsvertrags geltende und in Bezug genommene Regelungswerk gilt weiterhin. Im Ergebnis kommt es zu einer statischen Verweisung; spätere Änderungen gelten nicht.

**742** Eine Angabe von Änderungsgründen ist nicht erforderlich, wenn innerhalb des Regelungswerks nur Sachverhalte geregelt sind, die dem Weisungsrecht des Arbeitgebers (§ 106 GewO) unterfallen (*Bauer/Lingemann/Diller/Haußmann* Kap. 2 Muster 2.1a Fn. 54).

**743** ▶ **Beispiel** (nach *Bauer/Lingemann/Diller/Haußmann* Kap. 2 Muster 2.1a Ziffer 11 [2], [3]):

> Darüber hinaus gelten die für den Betrieb jeweils einschlägigen Betriebsordnungen, Arbeitsanordnungen, Dienstanweisungen etc. in ihrer jeweils gültigen Fassung.
>
> Die oben genannten Vereinbarungen und Regelungen können in der Personalabteilung zu den üblichen Dienststunden und im Intranet unter ... eingesehen werden.

**744** Bei Verwendung dieser Klausel müssen die Änderungsgründe in den Regelungswerken selbst genannt werden. Wie bei Widerrufsklauseln kommen für eine Änderung insbes. wirtschaftliche Gründe in Betracht, die möglicht zu spezifizieren sind.

## 2. Verweis auf Betriebsvereinbarungen

**745** Betriebsvereinbarungen gelten unmittelbar und zwingend für das Arbeitsverhältnis (§ 77 Abs. 4 S. 1 BGB). Insofern ist ein Verweis auf geltende Betriebsvereinbarung zunächst deklaratorisch. Von Bedeutung sind Verweise auf Betriebsvereinbarungen jedoch, wenn durch Betriebsvereinbarung Arbeitsbedingungen zum Nachteil der Arbeitnehmer verändert werden sollen. Ein solcher verschlechternder Eingriff ist wegen des für Betriebsvereinbarungen geltenden Günstigkeitsprinzips nur möglich, wenn der Arbeitsvertrag betriebsvereinbarungsoffen ausgestaltet ist. Das Günstigkeitsprinzip besagt, dass Betriebsvereinbarungen individualvertraglich begründete Ansprüche nur dann ablösen können, wenn sie günstiger für den Arbeitnehmer sind. Bei Sozialleistungen wird ausnahmsweise ein kollektiver Günstigkeitsvergleich durchgeführt, so dass Betriebsvereinbarungen auch durch Einheitsregelung oder Gesamtzusage begründete Ansprüche abändern können, wenn die Neuregelung bei kollektiver Betrachtung nicht ungünstiger für die Belegschaft ist (*BAG GS* 16.9.1986 EzA § 77 BetrVG 1972 Nr. 17). Auch eine mündliche oder durch betriebliche Übung begründete

## D. Formulararbeitsvertrag

Vertragsbedingung ist nach Ansicht des BAG eine Allgemeine Geschäftsbedingung. Insofern ist auch hier ein transparenter Vorbehalt erforderlich, wenn diese durch Betriebsvereinbarungen abgeändert werden soll (*BAG* 5.8.2009 EzA § 242 BGB 2002 Betriebliche Übung Nr. 10).

Vor der Schuldrechtsreform 2002 ließ das BAG bereits Formulierungen wie »Die allgemeinen Arbeitsbedingungen und -vergütungen unterliegen den gesetzlichen Bestimmungen sowie Betriebsvereinbarungen.« ausreichen, um eine Betriebsvereinbarungsoffenheit anzunehmen (*BAG* 20.11.1987 EzA § 620 BGB Altersgrenze Nr. 1). Inwieweit dies auch noch nach Geltung des AGB-Rechts für Arbeitsverträge gilt, ist fraglich. Denkbar ist im Hinblick auf das Transparenzgebot (§ 307 Abs. 1 S. 2 BGB), dass der Arbeitgeber ausdrücklich darauf hinweisen muss, dass Betriebsvereinbarungen den einzelvertraglich begründeten Ansprüchen auch dann vorgehen sollen, wenn sie ungünstiger sind (*Preis* NZA 2010, 361, 366). **746**

▶ **Beispiel:** **747**

Im Übrigen gelten die für den Betrieb jeweils einschlägigen Betriebsvereinbarungen. Dies gilt auch dann, wenn sie nach Abschluss des Arbeitsvertrags geändert werden und für den Arbeitnehmer ungünstigere Regelungen vorsehen, als dieser Arbeitsvertrag.

### 3. Bezugnahme auf Tarifverträge

Eine der wesentlichen Rechtsprechungsänderungen des BAG seit dem In-Kraft-Treten des Schuldrechtsmodernisierungsgesetzes zum 1.1.2002 ist die Modifikation der Auslegung dynamischer Bezugnahmeklauseln auf Tarifverträge. Diese Rechtsprechungsänderung hat das *BAG* mit Urteil vom 14.12.2005 (EzA § 3 TVG Bezugnahme auf Tarifvertrag Nr. 32) angekündigt und mit Urteil vom 18.4.2007 (EzA § 3 TVG Bezugnahme auf Tarifvertrag Nr. 35) umgesetzt. Seit diesen Entscheidungen gab es zu kaum einem Thema so viele BAG-Entscheidungen, wie zur Auslegung von Bezugnahmeklauseln auf Tarifverträge. Im Einzelnen gelten heute folgende Grundsätze: **748**

#### a) Gleichstellungsabreden – Vertrauensschutz für »Altfälle«

Vor der Schuldrechtsreform legte das BAG bei Tarifgebundenheit des Arbeitgebers dynamische Bezugnahmeklauseln auf Tarifverträge in aller Regel über ihren Wortlaut hinaus als sog. **Gleichstellungsabreden** aus. Sinn und Zweck sei, die nicht organisierten mit den tarifgebundenen Arbeitnehmern gleich zu stellen (*BAG* 4.9.1996 EzA § 3 TVG Bezugnahme auf Tarifvertrag Nr. 7). Endete die Tarifbindung des Arbeitgebers, galten die in Bezug genommenen Tarifverträge nur noch statisch fort, selbst wenn der Wortlaut eine dynamische Auslegung nahe legte. War der Arbeitgeber zum Zeitpunkt der Vereinbarung der Bezugnahmeklausel nicht tarifgebunden, lag regelmäßig keine Gleichstellungsabrede vor (*BAG* 25.9.2002 EzA § 3 TVG Bezugnahme auf Tarifvertrag Nr. 24). Das Gleiche galt, wenn ein branchenfremder Tarifvertrag in Bezug genommen wurde (*BAG* 25.10.2000 EzA § 3 TVG Bezugnahme auf Tarifvertrag Nr. 15). **749**

Aus Gründen des Vertrauensschutzes wendet das BAG diese Auslegungsregeln auf Bezugnahmeklauseln in Arbeitsverträgen weiterhin an, die vor Inkrafttreten der Schuldrechtsreform am 1.1.2002 geschlossen worden sind, sog. Altfälle (*BAG* 10.12.2008 EzTöD 100 § 2 TVöD-AT Bezugnahmeklausel Nr. 14; *BAG* 14.12.2011 – 4 AZR 79/10). Dieser Vertrauensschutz ist zeitlich nicht begrenzt (*BAG* 14.12.2011 – 4 AZR 79/10). Wurde ein Arbeitsvertrag vor dem 1.1.2002 geschlossen, aber nach diesem Zeitpunkt geändert, kommt es für die Beurteilung, ob es sich um einen »Neufall« oder »Altfall« handelt, darauf an, ob die Bezugnahmeklausel zum Gegenstand der rechtsgeschäftlichen Willensbildung der Vertragsparteien gemacht worden ist (*BAG* 19.10.2011 EzA-SD 2011, Nr 25, S. 11). Die Erklärung, dass »alle anderen Vereinbarungen aus dem Anstellungsvertrag unberührt bleiben«, soll nach Ansicht des BAG zum Ausdruck bringen, dass eine Bezugnahmeklausel erneut Gegenstand der Willensbildung der Parteien war. Es soll dann ein »Neufall« und kein »Altfall« vorliegen (*BAG* 18.11.2009 EzA § 3 TVG Bezugnahme auf Tarifvertrag Nr. 43). **750**

*b) Ab 1.1.2002 abgeschlossene Arbeitsverträge (»Neufälle«)*

**751** Für ab dem 1.1.2002 abgeschlossene Arbeitsverträge sowie geänderte Altverträge gelten die folgenden Grundsätze:

*aa) Statische Bezugnahmeklauseln*

**752** Bei der **statischen Inbezugnahme** wird auf einen bestimmten Tarifvertrag in einer bestimmten Fassung verwiesen. Künftige Tarifentwicklungen haben keine Auswirkungen auf die schuldrechtlichen Verpflichtungen des Arbeitgebers. Der Tarifvertrag gilt genau in dieser einen Fassung; Änderungen durch die Tarifvertragsparteien sind im Hinblick auf die Bezugnahmeklausel unbedeutend.

**753** ▶ **Beispiel** (aus *Bauer/Lingemann/Diller/Haußmann* Kap. 2 Muster 2.2 Ziffer 5 [Var. 1]):

Im Übrigen gilt der ... Tarifvertrag in seiner Fassung vom .... Der Arbeitnehmer hat keinen Anspruch auf Weitergabe künftiger Tarifänderungen.

**754** Fehlt die Angabe einer konkret nach Datum festgelegten Fassung, wird eine Klausel regelmäßig als dynamische Klausel verstanden (*BAG* 17.1.2006 EzA § 3 TVG Bezugnahme auf Tarifvertrag Nr. 33). Der 5. Senat des BAG hat eine Klausel mit der Formulierung »Der Arbeitnehmer erhält folgende Vergütung« mit Angabe der konkreten Vergütungszahlen sowie der Vergütungsgruppe und -stufe nach der Unklarheitenregelung des § 305c Abs. 2 BGB zu Lasten des Arbeitgebers als dynamische Inbezugnahme ausgelegt (*BAG* 9.11.2005 EzA § 305c BGB 2002 Nr. 3). Der 6. Senat des BAG hat hingegen die Anwendung der Unklarheitenregelung des § 305c Abs. 2 BGB auf Bezugnahmeklauseln abgelehnt, weil sich die Frage der Günstigkeit für den Arbeitnehmer abstrakt nicht eindeutig beantworten lasse, weil neue Fassungen von Tarifverträgen i. d. R. für den Arbeitnehmer günstigere aber auch ungünstigere Regelungen enthielten (*BAG* 24.9.2008 EzA § 305c BGB 2002 Nr. 15).

*bb) Kleine dynamische Bezugnahmeklauseln*

**755** **Kleine dynamische Bezugnahmeklauseln** verweisen auf einen bestimmten Tarifvertrag in seiner jeweiligen Fassung. Damit werden auch künftige Entwicklungen des Tarifvertrags mit in Bezug genommen. Entgegen seiner früheren Rechtsprechung legt das BAG solche kleinen dynamischen Bezugnahmeklauseln auch bei tarifgebundenen Arbeitgebern nicht mehr ohne weiteres als Gleichstellungsabrede aus. Es gilt das Vereinbarte, d. h. zukünftige Tarifentwicklungen sind unabhängig von der Tarifgebundenheit des Arbeitgebers weiterzugeben. Eine Auslegung als **Gleichstellungsabrede** ist nur möglich, wenn der beabsichtigte Gleichstellungszweck deutlich in der Klausel zum Ausdruck kommt. Die Vereinbarung einer Gleichstellungsabrede ist zwar weiterhin möglich, jedoch muss dies für den Arbeitnehmer mit hinreichender Deutlichkeit zum Ausdruck kommen (*BAG* 14.12.2005 EzA § 3 TVG Bezugnahme auf Tarifvertrag Nr. 32).

**756** Für die arbeitsvertragliche Bezugnahmeklausel bedeutet das, dass ihr Bedeutungsinhalt in erster Linie anhand des Wortlauts zu ermitteln ist (*BAG* 18.4.2007 EzA § 3 TVG Bezugnahme auf Tarifvertrag Nr. 35). Dies hat bei einer kleinen unbedingten dynamischen Bezugnahmeklausel zur Folge, dass der in Bezug genommene Tarifvertrag auch nach Ende oder Wechsel der Tarifbindung des Arbeitgebers dynamisch weiter gilt (*BAG* 22.10.2008 EzA § 3 TVG Bezugnahme auf Tarifvertrag Nr. 40). Daher ist eine einzelvertraglich vereinbarte dynamische Bezugnahme auf einen bestimmten Tarifvertrag jedenfalls dann, wenn die Tarifgebundenheit des Arbeitgebers an den im Arbeitsvertrag genannten Tarifvertrag nicht in einer für den Arbeitnehmer erkennbaren Weise zur auflösenden Bedingung der Vereinbarung gemacht worden ist, eine **konstitutive Verweisungsklausel**, die durch einen Verbandsaustritt des Arbeitgebers oder einen sonstigen Wegfall seiner Tarifgebundenheit nicht berührt wird (*BAG* 22.4.2009 EzA § 3 TVG Bezugnahme auf Tarifvertrag Nr. 41). Das gilt unabhängig davon, ob der Arbeitnehmer Gewerkschaftsmitglied ist oder nicht. Nach Ansicht des *BAG* wird die Wirkung einer Bezugnahmeklausel nicht dadurch berührt, dass der in Bezug genommene Tarifvertrag noch aus einem weiteren rechtlichen Grund für das Verhältnis der Parteien maßgebend

## D. Formulararbeitsvertrag

ist (*BAG* 29.8.2007 EzA § 3 TVG Bezugnahme auf Tarifvertrag Nr. 37). Um diese konstitutive Wirkung zu verhindern, muss in der Klausel zwischen tarifgebundenen und nicht tarifgebundenen Arbeitnehmern unterschieden werden.

> Für die Praxis wichtig ist, dass eine kleine dynamische Bezugnahmeklausel auch Sanierungs- und Rationalisierungsschutztarifverträge erfasst (*BAG* 24.9.2008 EzA § 3 TVG Bezugnahme auf Tarifvertrag Nr. 40). 757

▶ **Beispiel** (nach *Bauer/Lingemann/Diller/Haußmann* Kap. 2 Muster 2.2 Ziffer 5 [Var. 2]): 758

> (1) Im Übrigen gelten die Tarifverträge, an die der Arbeitgeber derzeit tarifgebunden ist und die diese ergänzenden, ändernden oder ersetzenden Tarifverträge in ihrer jeweils gültigen Fassung. Das sind derzeit die Tarifverträge der . . . -Industrie. Diese Abrede gilt, weil und solange der Arbeitgeber tarifgebunden ist. Sie bezweckt die Gleichstellung nicht organisierter mit organisierten Arbeitnehmern.
>
> (2) Endet die Tarifbindung des Arbeitgebers, finden die Bestimmungen der in Bezug genommenen Tarifverträge mit dem Inhalt Anwendung, den sie bei Ende der Tarifbindung des Arbeitgebers haben; der Arbeitnehmer hat keinen Anspruch auf Weitergabe künftiger Tarifänderungen; der Arbeitgeber wird dem Arbeitnehmer jeweils mitteilen, wenn seine Tarifbindung endet.

### cc) Große dynamische Bezugnahmeklauseln/Tarifwechselklauseln

**Große dynamische Bezugnahmeklauseln**, auch Tarifwechselklauseln genannt, sollen erreichen, dass die jeweils auf das Arbeitsverhältnis anwendbaren Tarifverträge auch im Fall eines Verbandswechsels oder eines Hinauswanderns des Betriebs oder des Arbeitsverhältnisses (Outsourcing) aus dem Geltungsbereich des bislang einschlägigen Tarifvertrags gelten (*BAG* 22.4.2009 EzA § 3 TVG Bezugnahme auf Tarifvertrag Nr. 41). 759

Bei der Formulierung einer Tarifwechselklausel ist die Aufgabe des Grundsatzes der Tarifeinheit durch das BAG zu beachten (*BAG* 27.1.2010 EzA § 4 TVG Tarifkonkurrenz Nr. 23; 23.6.2010 ZIP 2010, 1309). Nach dem Grundsatz der Tarifeinheit verdrängte bei einer Tarifpluralität nach dem Grundsatz der Spezialität der dem Betrieb räumlich, betrieblich, fachlich und persönlich am nächsten stehende und deshalb den Eigenarten und Erfordernissen des Betriebs und der darin tätigen Arbeitnehmer am besten Rechnung tragende Tarifvertrag den anderen Tarifvertrag (*BAG* 20.3.1991 EzA § 4 TVG Tarifkonkurrenz Nr. 7). Diesen Grundsatz hat das BAG nun aufgegeben, so dass für verschiedene Arbeitnehmer im Betrieb unterschiedliche Tarifverträge gelten können (*BAG* 27.1.2010 EzA § 4 TVG Tarifkonkurrenz Nr. 23). Daher muss in einer Tarifwechselklausel der Tarifvertrag, der gelten soll, näher bestimmt werden, sonst droht eine Unwirksamkeit nach § 307 Abs. 1 S. 2 BGB. Dies geschieht in der folgenden Klausel durch die Aufnahme des Grundsatzes der Spezialität in die Bezugnahmeklausel. 760

▶ **Beispiel** (aus *Bauer/Lingemann/Diller/Haußmann* Kap. 2 Muster 2.2 Ziffer 5 [Var. 4]): 761

> (1) Im Übrigen gelten die jeweils für den Arbeitgeber kraft Tarifbindung anwendbaren Tarifverträge und die diese ergänzenden, ändernden oder ersetzenden Tarifverträge in ihrer jeweils gültigen Fassung.
>
> Ist der Arbeitgeber an mehrere Tarifverträge gebunden, so gelten die Tarifverträge, in deren Geltungsbereich das Arbeitsverhältnis fällt. Fällt das Arbeitsverhältnis in den Bereich mehrerer konkurrierender Tarifverträge, so gilt der speziellste Tarifvertrag. Das ist der Tarifvertrag, der dem Betrieb räumlich, betrieblich fachlich und persönlich am nächsten steht und deshalb den Erfordernissen und Eigenarten des Betriebs und der dort tätigen Arbeitnehmer am besten gerecht wird. Derzeit sind damit nach unserer Auffassung anwendbar die folgenden Tarifverträge: . . .
>
> (2) Diese Abrede bezweckt die Gleichstellung nicht organisierter mit organisierten Arbeitnehmern und ist daher eine Gleichstellungsabrede. Das bedeutet:

(a) Sie ersetzt lediglich eine fehlende Tarifbindung auf Seiten des Arbeitnehmers. Einen weiter gehenden Zweck hat die Abrede nicht, insbes. soll einem nicht organisierten Arbeitnehmer keine weitergehende Rechtsstellung eingeräumt werden als diejenige, die für den organisierten Arbeitnehmer nach Tarifrecht gilt. Die Tarifverträge gem. Absatz 1 finden daher nur solange Anwendung, wie der Arbeitgeber normativ gegenüber organisierten Arbeitnehmern gebunden ist.

(b) Endet die Tarifbindung des Arbeitgebers, finden die Bestimmungen der Tarifverträge mit dem Inhalt Anwendung, den sie bei Ende der Tarifbindung des Arbeitgebers haben; der Arbeitnehmer hat keinen Anspruch auf Weitergabe künftiger Tarifänderungen; der Arbeitgeber wird dem Arbeitnehmer jeweils mitteilen, wenn seine Tarifbindung endet. Diese Regelung gilt jeweils so lange, bis für den Arbeitgeber wieder kraft Tarifbindung ein oder mehrere Tarifverträge Anwendung finden. Im Fall eines Verbandswechsels des Arbeitgebers, eines Betriebsübergangs, oder eines Wechsels der Branche gelten daher die dann jeweils für den Arbeitgeber kraft Tarifbindung anwendbaren Tarifverträge in ihrer jeweils gültigen Fassung für das Arbeitsverhältnis und zwar unabhängig davon, ob sie die Arbeitsbedingungen für den Arbeitnehmer verbessern oder verschlechtern. Der Arbeitgeber wird dem Arbeitnehmer die anwendbaren Tarifverträge jeweils mitteilen.

*dd) Klausel für zum Zeitpunkt des Vertragsschlusses nicht tarifgebundene Arbeitgeber*

**762** Bei zum Zeitpunkt des Abschlusses des Arbeitsvertrags **nicht tarifgebundenen Arbeitgebern** spielt der Gleichstellungszweck keine Rolle. Bezugnahmeklauseln auf Tarifverträge haben hier immer **konstitutive Wirkung**. Entsprechend muss der Gleichstellungszweck auch nicht in der Bezugnahmeklausel zum Ausdruck kommen. Begründet der Arbeitgeber zu einem späteren Zeitpunkt eine Tarifbindung, gelten hingegen die gleichen Grundsätze wie zum Zeitpunkt des Abschlusses des Arbeitsvertrags tarifgebundener Arbeitgeber.

**763** ▶ **Beispiel:**

(1) Der Arbeitgeber ist nicht tarifgebunden. Trotzdem gelten die Tarifverträge der ...-Industrie und die diese ergänzenden, ändernden oder ersetzenden Tarifverträge in ihrer jeweils gültigen Fassung, soweit dieser Arbeitsvertrag keine abweichenden Regelungen enthält. Sollte der Arbeitgeber zu einem späteren Zeitpunkt eine Tarifbindung begründen, gilt Folgendes:

(a) In diesem Fall gelten die jeweils für den Arbeitgeber kraft Tarifbindung anwendbaren Tarifverträge und die diese ergänzenden, ändernden oder ersetzenden Tarifverträge in ihrer jeweils gültigen Fassung, soweit dieser Arbeitsvertrag keine abweichenden Regelungen enthält.

(b) Ist der Arbeitgeber an mehrere Tarifverträge gebunden, so gelten die Tarifverträge, in deren Geltungsbereich das Arbeitsverhältnis fällt. Fällt das Arbeitsverhältnis in den Bereich mehrerer konkurrierender Tarifverträge, so gilt der speziellste Tarifvertrag. Das ist der Tarifvertrag, der dem Betrieb räumlich, betrieblich fachlich und persönlich am nächsten steht und deshalb den Erfordernissen und Eigenarten des Betriebs und der dort tätigen Arbeitnehmer am besten gerecht wird.

(2) Diese Abrede bezweckt im Fall der Tarifbindung des Arbeitgebers die Gleichstellung nicht organisierter mit organisierten Arbeitnehmern und ist daher eine Gleichstellungsabrede. Das bedeutet:

(a) Sie ersetzt im Fall der Tarifbindung des Arbeitgebers lediglich eine fehlende Tarifbindung auf Seiten des Arbeitnehmers. Einen weitergehenden Zweck hat die Abrede nicht, insbes. soll einem nicht organisierten Arbeitnehmer keine weitergehende Rechtsstellung eingeräumt werden als diejenige, die für den organisierten Arbeitnehmer nach Tarifrecht gilt. Die Tarifverträge gem. Absatz 2 finden daher nur solange Anwendung, wie der Arbeitgeber normativ gegenüber organisierten Arbeitnehmern gebunden ist.

(b) Endet die Tarifbindung des Arbeitgebers, finden die Bestimmungen der Tarifverträge mit dem Inhalt Anwendung, den sie bei Ende der Tarifbindung des Arbeitgebers haben; der Ar-

## D. Formulararbeitsvertrag

beitnehmer hat keinen Anspruch auf Weitergabe künftiger Tarifänderungen; der Arbeitgeber wird dem Arbeitnehmer jeweils mitteilen, wenn seine Tarifbindung endet. Diese Regelung gilt jeweils so lange, bis für den Arbeitgeber wieder kraft Tarifbindung ein oder mehrere Tarifverträge Anwendung finden. Im Fall eines Verbandswechsels des Arbeitgebers, eines Betriebsübergangs, oder eines Wechsels der Branche gelten daher die dann jeweils für den Arbeitgeber kraft Tarifbindung anwendbaren Tarifverträge in ihrer jeweils gültigen Fassung für das Arbeitsverhältnis und zwar unabhängig davon, ob sie die Arbeitsbedingungen für den Arbeitnehmer verbessern oder verschlechtern. Der Arbeitgeber wird dem Arbeitnehmer die anwendbaren Tarifverträge jeweils mitteilen.

### c) Grundsätzlich keine inhaltliche Kontrolle von Tarifverträgen

Die Bezugnahme auf einen Tarifvertrag unterliegt als solche der Inhaltskontrolle nach §§ 307 ff. BGB (*BAG* 28.6.2007 EzA § 310 BGB 2002 Nr. 5). Sie muss insoweit insbes. klar und verständlich sein. Inwieweit auch der Inhalt des Tarifvertrags als in Bezug genommene Regelung einer Inhaltskontrolle unterliegt, ist nicht abschließend geklärt. Grundsätzlich sind Tarifverträge der AGB-Kontrolle entzogen (§ 310 Abs. 4 S. 1 BGB). Dies gilt bei arbeitsvertraglicher Inbezugnahme zumindest dann, wenn auf das **ganze** Regelungswerk eines sachlich und örtlich einschlägigen Tarifvertrags verwiesen wird (*BAG* 23.9.2004 EzA § 611 BGB 2002 Direktionsrecht Nr. 1). Anderes soll allerdings gelten, wenn nur auf einzelne Vorschriften eines Tarifvertrags verwiesen wird, weil insoweit die Privilegierung des § 310 Abs. 4 S. 1 BGB entfällt. Eine Bezugnahme auf ein geschlossenes Regelungssystem innerhalb eines Tarifvertrags ist hingegen nicht unangemessen benachteiligend (§ 307 Abs. 1 S. 2 BGB) und daher wirksam (*BAG* 6.5.2009 EzA § 310 BGB 2002 Nr. 8). Diskutiert wird auch, ob in Bezug genommene orts- oder sachfremde Tarifverträge einer Inhaltskontrolle unterfallen (*Löwisch/Rieble* § 3 TVG Rn. 264 ff.). Jedenfalls ortsfremde, aber brancheneinschlägige Tarifverträge unterliegen u. E. keiner Inhaltskontrolle (vgl. *BAG* 21.8.2002 EzA § 3 TVG Bezugnahme auf Tarifvertrag Nr. 21; a. A. *Löwisch/Rieble* § 3 TVG Rn. 266). Bei fachfremden Tarifverträgen ist jedoch mit der herrschen Meinung davon auszugehen, dass diese einer Inhaltskontrolle unterliegen (*Bauer/Lingemann/Diller/Haußmann* Kap. 2 Rn. 98). **764**

### XX. Beendigung des Arbeitsverhältnisses

Regelungen für die Beendigung des Arbeitsvertrags können verschiedene Bereiche betreffen: Neben formellen Regelungen für den Ausspruch von Kündigung sowie Kündigungsfristen kommen Kündigungsausschlüsse vor Dienstantritt sowie Freistellungsabreden für die Zeit nach Ausspruch einer Kündigung in Betracht. Zudem wird häufig eine Beendigung des Arbeitsverhältnisses bei Erreichen der Regelaltersgrenze sowie bei der Feststellung der vollständigen Erwerbsunfähigkeit des Arbeitnehmers vereinbart. **765**

### 1. Schriftform der Kündigung

Die Kündigung zur Beendigung eines Arbeitsverhältnisses bedarf der **Schriftform** (§ 623 BGB); die elektronische Form ist ausgeschlossen. Insoweit hat eine Klausel, die die Erforderlichkeit der Schriftform für die Kündigung des Arbeitsverhältnisses vorsieht, in Arbeitsverträgen nur deklaratorische Bedeutung. Für Dienstverträge (insbes. mit Geschäftsführern und Vorstandsmitgliedern) ist ein Schriftlichkeitsgebot für Kündigungen jedoch weiterhin relevant, da § 623 BGB nur für die Kündigung von Arbeitsverhältnissen gilt. **766**

▶ Beispiel: **767**

Jede Kündigung bedarf zu ihrer Wirksamkeit der Schriftform.

## 2. Ausschluss der ordentlichen Kündigung vor Dienstantritt

768 Grundsätzlich kann ein Arbeitsvertrag unter Einhaltung der ordentlichen Kündigungsfrist oder aus wichtigem Grund vor dem vereinbarten Dienstantritt gekündigt werden, wenn die Parteien dies nicht ausdrücklich ausgeschlossen haben oder sich der Ausschluss der Kündigung aus den Umständen zweifelsfrei ergibt (*BAG* 25.3.2004 EzA § 620 BGB 2002 Kündigung Nr. 1). Denkbar ist, eine Kündigung vor Dienstantritt vertraglich auszuschließen. Dabei ist zu berücksichtigen, dass sich die Klausel auf den Ausschluss der ordentlichen Kündigung beschränken sollte, da das außerordentliche Kündigungsrecht aus wichtigem Grund unabdingbar ist.

769 ▶ **Beispiel:**

Vor der Arbeitsaufnahme kann das Arbeitsverhältnis nicht ordentlich gekündigt werden.

770 Der praktische Wert einer solchen Klausel ist zweifelhaft. Ein Arbeitnehmer, der noch vor Aufnahme der Tätigkeit ein anderes Arbeitsangebot bekommen hat oder aus anderen Gründen von der Tätigkeit Abstand nehmen möchte, wird das Arbeitsverhältnis am ersten Arbeitstag unter Einhaltung der ordentlichen Kündigungsfrist kündigen. Einigen sich Arbeitnehmer und Arbeitgeber nicht auf eine frühere einvernehmliche Beendigung, muss der Arbeitgeber den Arbeitnehmer bis zum Ablauf der Kündigungsfrist bezahlen, ohne ihn i. d. R. sinnvoll einsetzen zu können. Nach dem Motto »Reisende soll man ziehen lassen« spricht einiges gegen die Aufnahme einer solchen Regelung.

## 3. Probezeit

771 Während einer vereinbarten Probezeit von bis zu sechs Monaten kann eine **verkürzte** Kündigungsfrist von zwei Wochen vereinbart werden (§ 622 Abs. 3 BGB). Eine solche Vereinbarung unterliegt mangels Abweichung von gesetzlichen Vorgaben keiner Inhaltskontrolle. Tarifverträge sehen teilweise noch kürzere Kündigungsfristen während einer Probezeit vor.

772 ▶ **Beispiel:**

Die ersten sechs Monate des Arbeitsverhältnisses gelten als Probezeit. Während der Probezeit kann das Arbeitsverhältnis von beiden Vertragspartnern nach Maßgabe der [gesetzlichen/tariflichen] Regelung [mit einer Frist von zwei Wochen] gekündigt werden.

773 Auch wenn keine Probezeit vereinbart ist, greifen die Kündigungsschutzvorschriften des KSchG erst nach sechs Monaten Betriebszugehörigkeit (§ 1 Abs. 1 KSchG). Der Unterschied besteht dann lediglich darin, dass anstatt der vereinbarten Mindestkündigungsfrist von zwei Wochen (§ 622 Abs. 3 BGB) die ordentliche Kündigungsfrist nach § 622 Abs. 1 BGB oder eine andere arbeitsvertraglich vereinbarte Kündigungsfrist gilt.

## 4. Kündigungsfristen

774 Die nach der Dauer der Betriebszugehörigkeit gestaffelten gesetzlichen Kündigungsfristen für Arbeitsverhältnisse sind in § 622 Abs. 1, Abs. 2 BGB geregelt. Grundsätzlich kann keine kürzere Kündigungsfrist einzelvertraglich vereinbart werden. Ausnahmen gelten für die Probezeit (§ 622 Abs. 3 BGB), für die einzelvertragliche Bezugnahme auf einen Tarifvertrag (§ 622 Abs. 4 S. 2 BGB), für vorübergehende Aushilfstätigkeiten (§ 622 Abs. 5 Nr. 1 BGB) und für Kleinunternehmen hinsichtlich der Kündigungstermine (§ 622 Abs. 5 Nr. 2 BGB). Außerdem ist insbes. § 622 Abs. 6 BGB zu beachten, wonach für den Arbeitnehmer keine längere Kündigungsfrist vereinbart werden darf, als für den Arbeitgeber.

775 § 622 Abs. 2 S. 2 BGB bestimmt, dass bei der Berechnung der für die Länge der Kündigungsfristen maßgeblichen Beschäftigungsdauer Zeiten, die vor der Vollendung des 25. Lebensjahres liegen, nicht berücksichtigt werden. Diese Regelung verstößt gegen das Altersdiskriminierungsverbot der Richtlinie 2000/78/EG und ist daher nach Ansicht des EuGH europarechtswidrig (*EuGH* 19.1.2010 – C-555/07 – EzA Richtlinie 2000/78 EG-Vertrag 1999 Nr. 14: Seda Kücükdeveci/Swe-

## D. Formulararbeitsvertrag Kapitel 2

dex GmbH & Co. KG). § 622 Abs. 2 S. 2 BGB darf auf Kündigungen, die nach dem 2.12.2006 ausgesprochen werden, nicht mehr angewendet werden.

> Nach Ablauf von sechs Monaten kann das Arbeitsverhältnis von beiden Vertragsparteien unter Einhaltung der gesetzlichen Kündigungsfristen gekündigt werden, wobei auch Beschäftigungszeiten des Arbeitnehmers vor Vollendung des 25. Lebensjahrs bei der Berechnung der Kündigungsfrist berücksichtigt werden. Verlängert sich die vom Arbeitgeber einzuhaltende Kündigungsfrist, gilt die verlängerte Kündigungsfrist auch für eine Kündigung des Arbeitnehmers.

776

Längere Kündigungsfristen können einzelvertraglich grundsätzlich vereinbart werden. Bei sehr langen Kündigungsfristen stellt sich die Frage, ob in das Recht des Arbeitnehmers auf freie Berufswahl (Art. 12 GG) eingegriffen wird. Dies wird jedoch mit Blick auf § 15 Abs. 4 TzBfG (für Dienstverhältnisse: § 624 BGB) i. d. R. zu verneinen sein.

777

### 5. Freistellungsklauseln

Freistellungsklauseln geben dem Arbeitgeber das Recht, den Arbeitnehmer unter Fortzahlung der Bezüge von der Arbeitsleistung einseitig freizustellen, bspw. nach Ausspruch einer Kündigung. Dies hat insoweit Einfluss auf rechtliche Positionen des Arbeitnehmers, als dem Arbeitgeber durch die Freistellungsklausel die Möglichkeit eingeräumt wird, auf den grundrechtlich geschützten Anspruch des Arbeitnehmers auf tatsächliche Beschäftigung (*BAG GS* 27.2.1985 EzA § 611 BGB Beschäftigungspflicht Nr. 9) einseitig einzuwirken. Der arbeitsvertragliche Beschäftigungsanspruch muss nur zurücktreten, wenn überwiegende Interessen des Arbeitgebers entgegenstehen (*BAG GS* 27.2.1985 EzA § 611 BGB Beschäftigungspflicht Nr. 9). An diesem Grundsatz muss sich eine Freistellungsklausel messen lassen.

778

Inwieweit eine Freistellungsklausel in einem Formulararbeitsvertrag, die es dem Arbeitgeber erlaubt, »den gekündigten Arbeitnehmer unter Fortzahlung der Bezüge bis zum Ende des Arbeitsverhältnisses von seiner Tätigkeit freizustellen«, einer AGB-Kontrolle standhalten würde, ist offen. Nach Ansicht des ArbG Frankfurt ist eine solche Klausel, die keine Beschränkung auf hinreichend gewichtige Interessen des Arbeitgebers enthält und in der es sich nicht nur um kurze Kündigungsfristen handelt, i. d. R. wegen § 307 Abs. 1 S. 1, Abs. 2 Nr. 2 BGB unwirksam (*ArbG Frankfurt* 19.11.2003 NZA-RR 2004, 409). Auch das *LAG München* hält generelle, einschränkungslose Freistellungsklauseln für unwirksam, lässt aber zumindest bei außertariflichen Führungskräften die Freistellung für den »Fall der Vertragsauflösung oder Kündigung des Arbeitsverhältnisses« genügen (*LAG München* 7.5.2003 LAGE § 307 BGB 2002 Nr. 2). Das ArbG Berlin bejaht dahingegen eine unangemessene Benachteiligung des Arbeitnehmers, wenn die Freistellungsklausel sich nur auf die Voraussetzung der Kündigung bezieht, und zwar auch bei Freistellungsklauseln, die nur für Führungskräfte und außertarifliche Arbeitnehmer verwendet werden (*ArbG Bln.* 4.2.2005 – 9 Ga 1155/05 – EzA-SD 2005, Nr. 8, 11).

779

Da eine höchstrichterliche Klärung bislang fehlt, wird in der Literatur empfohlen, die zu Widerrufsvorbehalten ergangene Rechtsprechung zu berücksichtigen und sich an deren Anforderungen zu orientieren (*Ohlendorfer/Salamon* NZA 2008, 856, 859 ff.). In Frage kommt auch eine beispielhafte Aufzählung der sachlichen Gründe, die im Fall der Kündigung eine Freistellung für die Zeit der Kündigungsfrist rechtfertigen sollen, wie z. B. Auftragsmangel, Fehlverhalten des Arbeitnehmers, Gefahr des Wechsels zu einem Konkurrenzunternehmen (*Bauer* NZA 2007, 409, 412).

780

> Bei überwiegenden Interessen des Arbeitgebers ist eine Freistellung auch ohne vertragliche Regelung möglich. Eine Klausel, die eine Freistellung lediglich in den von der Rechtsprechung anerkannten Fällen erlaubt, ist für den Arbeitgeber daher ohne Mehrwert. Bis zu einer höchstrichterlichen Klärung ist es daher aus unserer Sicht vertretbar, keine Freistellungsgründe in der Klausel zu benennen. Denkbar ist weiterhin, eine Freistellung auch im Zusammenhang mit der Beendigung eines Arbeitsverhältnisses zu erlauben, also z. B. während Verhandlungen über einen Aufhebungsvertrag. Ob eine solche Freistellungsklausel einer AGB-Kontrolle standhält, ist jedoch offen.

781

782 ▶ **Beispiel:**

Der Arbeitgeber ist berechtigt, den Arbeitnehmer nach Ausspruch einer Kündigung – gleichgültig, von welcher Seite – sowie im Zusammenhang mit der Beendigung des Arbeitsverhältnisses von der Verpflichtung zur Arbeitsleistung unter Anrechnung von Urlaubsansprüchen und etwaigen Ansprüchen auf Freizeitausgleich unter Fortzahlung der Vergütung freizustellen. Während der Freistellung muss sich der Arbeitnehmer auf fortzuzahlende Bezüge den Wert desjenigen anrechnen lassen, was er infolge des Unterbleibens der Dienstleistung erspart oder durch anderweitige Verwendung seiner Dienste erwirbt oder zu erwerben böswillig unterlässt. [Der Arbeitnehmer ist während der Freistellung an das vertragliche Wettbewerbsverbot gebunden.]

783 Das *BSG* hat mit Urteil vom 24.9.2008 (EzTöD 100 § 3 TVöD-AT Sozialversicherungspflicht Nr. 1) geklärt, dass auch im Fall der unwiderruflichen Freistellung das sozialversicherungspflichtige Beschäftigungsverhältnis im beitragsrechtlichen Sinn fortbesteht, der Arbeitnehmer also »versichert« bleibt. Nach Ansicht des BAG kann der Arbeitnehmer bei einer unwiderruflichen Freistellung unter dem Vorbehalt der Anrechnung etwaigen anderweitigen Verdienstes regelmäßig davon ausgehen, nicht mehr an das vertragliche Wettbewerbsverbot (§ 60 HGB) gebunden zu sein (*BAG* 6.9.2006 EzA § 615 BGB 2002 Nr. 16). Soll der Arbeitnehmer auch während der Freistellung an das vertragliche Wettbewerbsverbot gebunden sein, muss dies aus der Freistellungsklausel hervorgehen.

### 6. Beendigung des Arbeitsverhältnisses zum Rentenalter

784 Eine Regelung, nach der das Arbeitsverhältnis mit Erreichen des Regelalters in der gesetzlichen Rentenversicherung endet, ist eine Befristung. Eine Befristung auf diesen Zeitpunkt kann nach § 14 Abs. 1 S. 1 BGB sachlich gerechtfertigt sein, wenn der Arbeitnehmer durch den Bezug einer gesetzlichen Altersrente wirtschaftlich abgesichert ist (*BAG* 27.7.2005 EzA § 620 BGB 2002 Altersgrenze Nr. 6). Auf Vorlage des ArbG Hamburg hat der EuGH ebenfalls eine entsprechende tarifvertraglich festgeschriebene Altersgrenze gebilligt (*EuGH* 12.10.2010 – C-45/09: Rosenbladt; bereits zuvor zu einer spanischen Regelung: *EuGH* 16.10.2007 – C-411/05, EzA Richtlinie 2000/78 EG-Vertrag 1999 Nr. 3: Palacios de la Villa). Die Vereinbarung einer Altersgrenze, die das Ende des Arbeitsverhältnisses für den Zeitpunkt vorsieht, ab dem der Arbeitnehmer eine gesetzliche Altersrente erhält, ist zumindest dann keine überraschende Klausel i. S. d. § 305c Abs. 1 BGB, wenn sie nicht an völlig unvorhersehbarer Stelle im Arbeitsvertrag steht (*BAG* 27.7.2005 EzA § 620 BGB 2002 Altersgrenze Nr. 6).

785 Sieht der Arbeitsvertrag die Beendigung des Arbeitsverhältnisses ohne Kündigung zu einem Zeitpunkt vor, zu dem der Arbeitnehmer vor Erreichen der Regelaltersgrenze eine Rente wegen Alters beantragen kann, gilt diese dem Arbeitnehmer gegenüber als auf das Erreichen der Regelaltersgrenze abgeschlossen, es sei denn, dass die Vereinbarung innerhalb der letzten drei Jahre vor diesem Zeitpunkt abgeschlossen oder von dem Arbeitnehmer innerhalb der letzten drei Jahre vor diesem Zeitpunkt bestätigt worden ist (§ 41 S. 2 SGB VI). Vor diesem Hintergrund sollte im Arbeitsvertrag geregelt werden, dass das Arbeitsverhältnis endet, wenn der Arbeitnehmer tatsächlich eine vorgezogene Altersrente bezieht. Eine solche Vereinbarung wird nicht von § 41 S. 2 SGB VI erfasst.

786 ▶ **Beispiel:**

Das Arbeitsverhältnis endet, ohne dass es einer Kündigung bedarf, spätestens mit Ablauf des Monats, in dem der Arbeitnehmer die Regelaltersgrenze in der gesetzlichen Rentenversicherung erreicht oder der Arbeitnehmer eine gesetzliche Altersrente bezieht.

787 Problematisch ist allerdings die arbeitsvertragliche Festlegung einer Altersgrenze, die nicht dem Zeitpunkt entspricht, ab dem der Arbeitnehmer die Zahlung gesetzlicher Altersrente verlangen kann. Das BAG hat tarifvertragliche Altersgrenzen, die die Regelaltersgrenze unterschreiten, nur dann für zulässig erachtet, wenn das Erreichen eines bestimmten Lebensalters wegen der vom Arbeitneh-

## D. Formulararbeitsvertrag

mer ausgeübten Tätigkeit zu einer Gefährdung wichtiger Rechtsgüter führen kann und wenn somit durch die Beschäftigung des Arbeitnehmers über ein bestimmtes Lebensalter hinaus nach einer nachvollziehbaren Einschätzung der Tarifvertragsparteien das Risiko von unerwarteten altersbedingten Ausfallerscheinungen zunimmt und dadurch die Gefahr für Leben und Gesundheit ansteigt (*BAG* 16.10.2008 EzA § 14 TzBfG Nr. 54). Nach diesen Grundsätzen hat es eine Altersgrenze von 60 Jahren bei Piloten für sachlich gerechtfertigt gehalten (*BAG* 27.11.2002 EzA § 620 BGB 2002 Altersgrenze Nr. 2). Allerdings hat nunmehr der EuGH auf eine entsprechende Vorlagefrage des BAG hin (*BAG* 17.6.2009 EzA Richtlinie 2000/78 EG-Vertrag 1999 Nr. 12) entschieden, dass eine Altersgrenze von 60 Jahren für Verkehrspiloten aufgrund einer Ungleichbehandlung wegen des Alters europarechtswidrig ist. Der EuGH verneinte eine Rechtfertigung nach Art. 4 Abs. 1 der RL 2000/78/EG (§ 8 AGG). Zwar kann das Vorhandensein besonderer körperlicher Fähigkeiten, die vom Alter abhängen, eine für die Ausübung des Berufs des Verkehrspiloten »wesentliche und entscheidende berufliche Anforderung« sein. Eine Altersgrenze von 60 Jahren bei Piloten sei aber unverhältnismäßig, da diese im Widerspruch zu den geltenden nationalen und internationalen Regelungen stehe, die die Ausübung der Tätigkeit als Verkehrspilot unter bestimmten Einschränkungen bis zum Alter von 65 Jahren gestatten. Auch eine Rechtfertigung nach Art. 6 Abs. 1 der RL 2000/78/EG (§ 10 AGG) lehnt der EuGH ab, da »legitim« i. S. d. Art. 6 Abs. 1 der Richtlinie 2000/78/EG nur sozialpolitische Ziele seien, bspw. aus den Bereichen Beschäftigungspolitik und Arbeitsmarkt (*EuGH* 13.9.2011 EzA Richtlinie 2000/78 EG-Vertrag 1999 Nr. 22). Für Kabinenpersonal von Flugzeugen hat das BAG bereits vorher entschieden, dass eine Altersgrenze von 60 Jahren für das Kabinenpersonal von Flugzeugen sachlich nicht gerechtfertigt ist, da im Gegensatz zum Cockpitpersonal eventuelle altersbedingte Ausfallerscheinungen bereits nicht zu einer Gefährdung der Flugzeuginsassen und der Bevölkerung am Boden führen können (*BAG* 16.10.2008 EzA § 14 TzBfG Nr. 54).

### 7. Beendigung des Arbeitsverhältnisses bei Feststellung der vollständigen Erwerbsminderung

Die Wirksamkeit von Arbeitsvertragsklauseln, die das Ende des Arbeitsverhältnisses an die Feststellung der vollständigen Erwerbsminderung knüpfen, ist nicht geklärt. Das BAG hat eine entsprechende Tarifnorm in seiner früheren Rechtsprechung akzeptiert (*BAG* 24.6.1987 EzBAT § 59 BAT Nr. 5). Ob es diese Rechtsprechung auch nach der Schuldrechtsreform aufrechterhält, ist offen. 788

▶ Beispiel: 789

> Das Arbeitsverhältnis endet auch mit Ablauf des Monats, in dem ein Bescheid zugestellt wird, mit dem der zuständige Sozialversicherungsträger feststellt, dass der Arbeitnehmer voll erwerbsgemindert ist, bei späterem Beginn des entsprechenden Rentenbezugs jedoch erst mit Ablauf des dem Rentenbeginn vorhergehenden Tages. Gewährt der Sozialversicherungsträger nur eine Rente auf Zeit, so ruht der Arbeitsvertrag für den Bewilligungszeitraum dieser Rente, längstens jedoch bis zum Beendigungszeitpunkt wegen des Anspruchs auf eine gesetzliche Altersrente.

### XXI. Rückgabe von Arbeitgebereigentum

Ist das Arbeitsverhältnis beendet, hat der Arbeitgeber ein Interesse daran, ihm zustehende, aber im Besitz des Arbeitnehmers befindliche Gegenstände und Unterlagen zurückzuerhalten. Ein Herausgabeanspruch des Arbeitgebers besteht nach Wegfall des Rechts zum Besitz grundsätzlich schon aus § 985 BGB. Ob der Ausschluss des Zurückbehaltungsrechts in einem Formulararbeitsvertrag noch wirksam ist, ist wegen § 309 Nr. 2 BGB fraglich (*Tomicic* Beck'sches Online-Formular Vertragsrecht 2.1.8. Arbeitsvertrag [ausführlich], Fn. 48). 790

▶ Beispiel: 791

> Der Arbeitnehmer hat alle dem Arbeitgeber gehörenden Gegenstände sowie alle sonstigen den Arbeitgeber betreffenden Dokumente und Unterlagen, sowie Kopien davon, spätestens mit Been-

digung des Arbeitsverhältnisses unaufgefordert zurückzugeben. Ein Zurückbehaltungsrecht an diesen Gegenständen besteht nicht.

### XXII. Ausschlussfristen

792 Ausschlussfristen führen dazu, dass Ansprüche verfallen, wenn sie nicht in der (tarif)vertraglich vereinbarten Art und Weise geltend gemacht werden. Ausschlussfristen sind von den Arbeitsgerichten von Amts wegen zu berücksichtigen (*BAG* 27.3.1963 AP Nr. 9 zu § 59 BetrVG).

#### 1. Einstufige Ausschlussfrist

793 Einstufige Ausschlussfristen machen den Erhalt eines Anspruchs von dessen Geltendmachung in einem festgelegten Zeitraum abhängig. Eine solche Ausschlussfrist kann in einem Formulararbeitsvertrag vereinbart werden. Sie ist angesichts der Üblichkeit von Ausschlussfristen im Arbeitsleben keine überraschende Klausel (§ 305c Abs. 1 BGB; *BAG* 25.5.2005 EzA § 307 BGB 2002 Nr. 3). Jedoch ist auch hier darauf zu achten, dass die Klausel im Arbeitsvertrag nicht an einer unüblichen Stelle auftaucht. Das BAG hat eine Ausschlussklausel, die unter der Überschrift »Schlussbestimmungen« neben einer salvatorischen Klausel und einer Schriftformklausel platziert wurde, als überraschend eingeordnet (*BAG* 31.8.2005 EzA § 6 ArbZG Nr. 6). Eine Ausschlussfrist kann auch durch Inbezugnahme einer tarifvertraglichen Ausschlussfrist vereinbart werden (*BAG* 6.5.2009 EzA § 310 BGB 2002 Nr. 8).

794 Bei der Formulierung der Klausel und der Festsetzung der Frist sind die vom BAG vorgegebenen Voraussetzungen zu beachten: Eine Ausschlussfrist, die kürzer als drei Monate ist, ist gegenüber dem Arbeitnehmer unangemessen benachteiligend i. S. d. § 307 Abs. 1 S. 1 BGB. Sie ist mit den wesentlichen Grundgedanken des gesetzlichen Verjährungsrechts nicht vereinbar (§ 307 Abs. 2 Nr. 1 BGB) und schränkt wesentliche Rechte, die sich aus der Natur des Arbeitsvertrags ergeben, so ein, dass die Erreichung des Vertragszwecks gefährdet ist (§ 307 Abs. 2 Nr. 2 BGB; *BAG* 28.9.2005 EzA § 307 BGB 2002 Nr. 8). Außerdem darf die Ausschlussfrist nicht einseitig nur die Ansprüche des Arbeitnehmers betreffen. Eine solche einseitige Ausschlussfrist widerspricht einer ausgewogenen Vertragsgestaltung und ist nichtig (§ 307 Abs. 1 S. 1 BGB; *BAG* 31.8.2005 EzA § 6 ArbZG Nr. 6). Außerdem müssen in der Klausel selbst die mit ihr verbundenen Nachteile deutlich hervortreten, sonst verstößt sie gegen das Transparenzgebot (§ 307 Abs. 1 S. 2 BGB). Empfehlenswert ist es daher, ausdrücklich darauf hinzuweisen, dass die Ansprüche nach Ablauf der Geltendmachungsfrist verfallen (*BAG* 31.8.2005 EzA § 6 ArbZG Nr. 6).

795 Für den Beginn der Ausschlussfrist ist an die Fälligkeit des jeweiligen Anspruchs anzuknüpfen. Eine Klausel, die nur auf die Beendigung des Arbeitsverhältnisses abstellt, benachteiligt den Arbeitnehmer unangemessen und ist daher unwirksam (§ 307 Abs. 1 S. 1 BGB; *BAG* 1.3.2006 NJW 2006, 2205).

796 ▶ **Beispiel:**

Alle Ansprüche aus und im Zusammenhang mit dem Arbeitsverhältnis sind innerhalb von drei Monaten nach Fälligkeit schriftlich geltend zu machen. Ansprüche, die nicht innerhalb dieser Frist geltend gemacht werden, verfallen.

#### 2. Zweistufige Ausschlussfrist

797 Bei einer zweistufigen Ausschlussfrist muss ein Anspruch zusätzlich nach Ablehnung durch die Gegenseite oder wenn sich die Gegenseite nicht innerhalb einer bestimmten Frist zu dem Anspruch äußert, gerichtlich geltend gemacht werden. Auch zweistufige Ausschlussfristen sind als eine im Arbeitsrecht geltende Besonderheit i. S. d. § 310 Abs. 4 S. 2 BGB in Formulararbeitsverträgen zulässig und verstoßen daher nicht gegen § 309 Nr. 13 BGB (*BAG* 25.5.2005 EzA § 307 BGB 2002 Nr. 3). Die Frist auf der zweiten Stufe darf ebenfalls nicht weniger als drei Monate betragen, sonst ist die Klausel unwirksam (§ 307 Abs. 1 S. 1 i. V. m. § 307 Abs. 2 Nr. 1 BGB; *BAG* 25.5.2005 EzA § 307 BGB 2002 Nr. 3). Sind erste und zweite Stufe inhaltlich getrennt, kann trotz einer unwirksamen

D. Formulararbeitsvertrag  Kapitel 2

zweiten Stufe durch Anwendung des blue-pencil-Tests die erste Stufe wirksam bestehen bleiben (*BAG* 12.3.2008 EzA § 307 BGB 2002 Nr. 33). Zur Einhaltung der Klagefrist genügt bei Vergütungsansprüchen das Erheben der Kündigungsschutzklage, um das Erlöschen der vom Ausgang des Kündigungsrechtsstreits abhängigen Annahmeverzugsansprüche des Arbeitnehmers zu verhindern (*BAG* 19.3.2008 EzA § 307 BGB 2002 Nr. 34).

▶ **Beispiel:** 798

> Alle Ansprüche aus und in Zusammenhang mit dem Anstellungsverhältnis sind innerhalb von drei Monaten nach Fälligkeit schriftlich geltend zu machen. Ansprüche, die nicht innerhalb dieser Frist geltend gemacht werden, verfallen.
>
> Lehnt die Gegenpartei den Anspruch schriftlich ab oder erklärt sich nicht innerhalb eines Monats nach der Geltendmachung des Anspruchs, muss der Anspruch innerhalb einer Frist von drei Monaten nach schriftlicher Ablehnung durch die Gegenpartei oder nach Fristablauf gerichtlich geltend gemacht werden. Anderenfalls verfällt er ebenfalls.

Nach Ansicht des BAG findet § 309 Nr. 7 BGB (Haftungsausschluss bei Verletzung von Leben, 799
Körper, Gesundheit und bei grobem Verschulden) auf eine Ausschlussfrist keine Anwendung, weil die Obliegenheit einer schriftlichen Geltendmachung keinen Haftungsausschluss und keine Haftungsbegrenzung enthält (*BAG* 28.9.2005 EzA § 307 BGB 2002 Nr. 8; für die zweistufige Ausschlussfrist *BAG* 25.5.2005 EzA § 307 BGB 2002 Nr. 3). Anders sieht das wohl der BGH, der eine in AGB geregelte verkürzte Verjährung von Gewährleistungsansprüchen wegen § 309 Nr. 7a) und b) BGB für unwirksam erklärt hat, wenn die in der Norm genannten Ansprüche nicht ausdrücklich ausgenommen wurden (*BGH* 15.11.2006 NJW 2007, 674). Zur Sicherheit könnten daher die in § 309 Nr. 7 BGB aufgeführten Ansprüche von der Ausschlussfrist ausgenommen werden.

▶ **Beispiel:** 800

> Die Ausschlussfrist gilt nicht für Schadensersatzansprüche wegen der Verletzung von Leben, Körper oder Gesundheit und für Schadensersatzansprüche aufgrund einer vorsätzlichen oder grob fahrlässigen Pflichtverletzung sowie für Ansprüche aus strafbaren oder unerlaubten Handlungen.

## XXIII. Datenschutz

Die Erhebung, Verarbeitung und Nutzung personenbezogener Daten sind nur zulässig, soweit das 801
BDSG oder eine andere Rechtsvorschrift dies erlaubt oder anordnet oder der Betroffene eingewilligt hat (§ 4 Abs. 1 BDSG). Eine Einwilligung des Arbeitnehmers in die Erhebung und insbes. in die Übermittlung von personenbezogenen Daten ist insbes. für Unternehmen wichtig, die Teil eines (internationalen) Konzerns sind. Häufig findet in Konzernen eine zentrale Datenverwaltung, teilweise auch im Ausland, statt. Auch die Datenweitergabe im Konzern unterliegt dem BDSG, ein Konzernprivileg gibt es nicht. Wenn möglich, sollte die zulässige Verwendung in der Klausel konkretisiert werden. Die Einwilligung bedarf grundsätzlich der Schriftform (§ 4a Abs. 1 S. 3 BDSG). Soll die Einwilligung zusammen mit anderen Erklärungen schriftlich erteilt werden, ist sie besonders hervorzuheben (§ 4a Abs. 1 S. 4 BDSG).

> Die Einwilligung ist nach § 4a Abs. 1 S. 1 BDSG nur wirksam, wenn sie auf der freien Entschei- 802
> dung des Betroffenen beruht. Ist die Einwilligungserklärung Teil des Arbeitsvertrags, bestehen Zweifel an der freien Entscheidungsmöglichkeit des Arbeitnehmers, da dieser i. d. R. nur die Möglichkeit haben wird, den Arbeitsvertrag insgesamt mit der Einwilligungserklärung zu unterschreiben. Es ist daher zu empfehlen, die Einwilligung als separate Erklärung zum Arbeitsvertrag zu nehmen und gesondert vom Arbeitnehmer unterschreiben zu lassen.

803 ▶ **Beispiel:**

**Einwilligungserklärung betr. Verwendung personenbezogener Daten**

Ich erkläre mich mit der Erhebung, Verarbeitung und Nutzung, insbesondere ..., meiner personenbezogenen Daten im Rahmen der betrieblichen Erfordernisse und/oder soweit es im Rahmen der Zweckbestimmung des Arbeitsverhältnisses erforderlich ist, einverstanden. [Mir ist bekannt, dass dies auch die Übermittlung der personenbezogenen Daten an verbundene Unternehmen, auch im Ausland, beinhaltet. Ich bestätige, dass mir bekannt ist, dass in anderen Ländern andere Gesetze zum Datenschutz und zum Schutz des Persönlichkeitsrechts gelten, die ein anderes Datenschutzniveau als in Deutschland vorsehen können.] Mir ist bekannt, dass ich diese Erklärung jederzeit widerrufen kann.

Arbeitnehmer

## XXIV. Ausschluss abweichender Absprachen und Nebenabreden

804 Mit einer Ausschlussklausel bzgl. vom Vertrag abweichender Absprachen und Nebenabreden (auch Vollständigkeitsklausel genannt) versucht der Arbeitgeber, sonstige – evtl. nur mündlich getroffene – Vereinbarungen für unwirksam zu erklären. Dies ist insbes. im Hinblick auf den Vorrang der Individualabrede nach § 305b BGB problematisch. Mündliche Vereinbarungen, die vor Abschluss eines Formulararbeitsvertrags getroffen wurden, haben Vorrang vor Formularabreden (§ 305b BGB; *BAG* 23.5.2007 NZA 2007, 940). Der BGH hat hingegen – bereits vor Einführung der §§ 305 ff. BGB – für die AGB eines Mobilfunkanbieters die Klausel »Mündliche Nebenabreden bestehen nicht« für wirksam gehalten (*BGH* 14.10.1999 ZIP 1999, 1887).

805 ▶ **Beispiel** (aus *Bauer/Lingemann/Diller/Haußmann* Kap. 2 Muster 2.1a Ziffer 13):

Mit Abschluss dieses Vertrages werden alle eventuell bisher vorhandenen schriftlichen oder mündlichen Absprachen und Nebenabreden hinfällig. Ergänzende mündliche Abmachungen zu diesem Vertrag wurden nicht getroffen.

## XXV. Änderungen des Vertrags

806 Regelungen für eventuelle Änderungen des Vertrags werden zumeist in Form von (doppelten) Schriftformklauseln und durch salvatorische Klauseln getroffen.

### 1. Schriftformklausel

807 Durch eine Schriftformklausel wird festgeschrieben, dass es zur Änderung des Vertrags einer Vereinbarung in Schriftform bedarf. Eine doppelte Schriftformklausel legt darüber hinaus fest, dass auch die Änderung/Aufhebung der Schriftformklausel der Schriftform bedarf. Eine doppelte Schriftformklausel in einem Formulararbeitsvertrag darf nicht für **individuelle Vertragsabreden** gelten, weil diese Vorrang vor Allgemeinen Geschäftsbedingungen haben (§ 305b BGB). Die Schriftformklausel kann daher die Wirksamkeit der Individualabrede nicht verhindern, sie wird von ihr verdrängt (*BAG* 20.5.2008 EzA § 307 BGB 2002 Nr. 37). Eine Schriftformklausel, die auch Individualabreden umfassen soll, ist wegen der Täuschung des Arbeitnehmers über die Rechtslage unangemessen benachteiligend und damit unwirksam (§ 307 Abs. 1 S. 1 BGB; *BAG* 20.5.2008 EzA § 307 BGB 2002 Nr. 37).

808 Normalerweise steht eine doppelte Schriftformklausel auch der Entstehung eines Anspruchs aus betrieblicher Übung entgegen, da es sich bei dieser nicht um eine Individualabrede i. S. d. § 305b BGB handelt (*BAG* 24.6.2003 EzA § 125 BGB 2002 Nr. 2). Ist eine doppelte Schriftformklausel aber aus den oben genannten Gründen wegen einer zu weiten Formulierung unwirksam, steht sie wegen des

Verbots der geltungserhaltenden Reduktion auch einem Anspruch aus betrieblicher Übung nicht entgegen (*BAG* 20.5.2008 EzA § 307 BGB 2002 Nr. 37).

▶ **Beispiel:** 809

> Änderungen und/oder Ergänzungen dieses Vertrags und dieser Schriftformklausel bedürfen – soweit es sich dabei nicht um nach Vertragsschluss getroffene individuelle Abreden handelt – der Schriftform.

## 2. Salvatorische Klausel

Eine salvatorische Klausel legt fest, dass eine unwirksame Bestimmung des Vertrags die Wirksamkeit 810 des restlichen Vertrags nicht berührt. In einem Formulararbeitsvertrag hat diese Bestimmung wegen § 306 Abs. 1 BGB nur noch deklaratorische Bedeutung, weil diese Norm bereits bestimmt, dass der Vertrag im Übrigen trotz einer unwirksamen Allgemeinen Geschäftsbedingung wirksam bleibt.

▶ **Beispiel:** 811

> Sollte eine Bestimmung dieses Vertrags unwirksam sein, so wird dadurch die Wirksamkeit des Vertrags im Übrigen nicht berührt. Die Vertragspartner werden in derartigen Fällen die unwirksamen Bestimmungen durch Bestimmungen ersetzen, die diesen wirtschaftlich am nächsten kommen.

Die Wirksamkeit des zweiten Satzes der Beispielsklausel ist fraglich. Das BAG hat eine Klausel, nach 812 der die Vertragsparteien »im Rahmen des Zumutbaren nach Treu und Glauben verpflichtet (sind), die unwirksame Bestimmung durch eine ihrem wirtschaftlichen Erfolg möglichst nahe kommende wirksame Regelung zu ersetzen« wegen § 307 Abs. 2 Nr. 1 BGB für unwirksam gehalten (*BAG* 25.5.2005 EzA § 307 BGB 2002 Nr. 3). Eventuell könnte es jedoch genügen, die Klausel so zu formulieren, dass keine »automatische Ersetzung« der Regelung durch eine wirtschaftlich am nächsten kommende Regelung stattfindet, sondern die Parteien verpflichtet werden, über eine solche zu verhandeln (*Bauer/Lingemann/Diller/Haußmann* Kap. 3 Muster 3.1 Fn. 76).

▶ **Beispiel:** 813

> Die Vertragsparteien werden im Fall der Unwirksamkeit einer Regelung Verhandlungen mit dem Ziel aufnehmen, eine wirksame und zumutbare Ersatzregelung zu vereinbaren, die dem von den Vertragsparteien mit der unwirksamen Bestimmung verfolgten wirtschaftlichen Zweck möglichst nahe kommt.

## XXVI. Gerichtsstandsklauseln

Eine Vereinbarung eines – vom gesetzlich vorgesehenen Gerichtsstand abweichenden – Gerichts- 814 stands in einem Formulararbeitsvertrag ist kaum möglich. Die gesetzlichen Vorgaben sind so eng, dass kaum Raum für eine Vereinbarung zwischen den Parteien bleibt.

Das ArbGG verweist über § 46 Abs. 2 S. 1 ArbGG auf die Vorschriften der ZPO über den Gerichts- 815 stand (§§ 12–40 ZPO). Nach § 38 Abs. 1 ZPO können Gerichtsstandsvereinbarungen nur von Kaufleuten, juristischen Personen des öffentlichen Rechts oder öffentlich-rechtlichen Sondervermögen wirksam geschlossen werden. Diese Fälle liegen im Falle eines Arbeitsvertrags regelmäßig nicht vor. Eine Gerichtsstandsvereinbarung kann wirksam geschlossen werden, wenn eine der Parteien keinen allgemeinen Gerichtsstand im Inland hat (§ 38 Abs. 2 S. 1 ZPO), wobei auch hier wieder die Einschränkung des § 38 Abs. 2 S. 3 ZPO gilt. Eine Gerichtsstandsvereinbarung kann außerdem ausdrücklich und schriftlich nach der Entstehung der Streitigkeit getroffen werden (§ 38 Abs. 3 Nr. 1 ZPO) und es kann sich eine Zuständigkeit kraft rügelosen Verhandelns (§ 39 ZPO) ergeben.

Eine eigene Regelung zum Gerichtsstand enthält das ArbGG in § 48 Abs. 1a. Danach ist für ver- 816 schiedene Streitigkeiten im Urteilsverfahren auch das Gericht zuständig, in dessen Bezirk der Arbeitnehmer gewöhnlich seine Arbeit verrichtet oder zuletzt gewöhnlich verrichtet hat. Ist ein gewöhnlicher Arbeitsort in diesem Sinne nicht feststellbar, ist das Arbeitsgericht örtlich zuständig, von dessen Bezirk aus der Arbeitnehmer gewöhnlich seine Arbeit verrichtet oder zuletzt gewöhnlich verrichtet hat. Mit dieser Regelung sollten die bestehenden Auseinandersetzungen über den besonderen Gerichtsstand des Erfüllungsorts nach § 29 ZPO im Rahmen von Arbeitsverträgen beendet werden und dem Arbeitnehmer die Möglichkeit gegeben werden, Klage im Gerichtsbezirk seines Arbeitsorts zu erheben (*Reinhard/Böggemann* NJW 2008, 1263, 1264 ff.). Diese Regelung ist insbes. für Außendienstmitarbeiter relevant.

817 Bei Streitigkeiten in Arbeitsverhältnissen mit Auslandsbezug innerhalb der EU gelten die Art. 18–21 EuGVVO (Verordnung über die gerichtliche Zuständigkeit und die Anerkennung und Vollstreckung von Entscheidungen in Zivil- und Handelssachen). Nach Art. 21 EuGVVO kann eine Gerichtsstandsvereinbarung nur nach dem Entstehen der Streitigkeit getroffen werden oder wenn sie dem Arbeitnehmer die Befugnis einräumt, andere als die gesetzlich zuständigen Gerichte (zusätzlich) anzurufen (MünchAnwHbArbR/*Moll/Melms* Teil C. § 9 Rn. 16).

818 Im Hinblick auf die umfassenden gesetzlichen Gerichtsstandsregelungen ist von einer vertraglichen Vereinbarung abzuraten.

### XXVII. Mitteilung von Änderungen

819 Eine arbeitsvertragliche Regelung, die den Arbeitnehmer verpflichtet, Änderungen der Kontoverbindung, der Anschrift oder sozialversicherungsrechtlich oder steuerlich erheblicher Tatsachen dem Arbeitgeber umgehend mitzuteilen, hat – neben der Erleichterung der Verwaltung des Arbeitsverhältnisses – insbes. das Ziel, dem Arbeitnehmer die Möglichkeit zu nehmen, sich später auf Änderungen berufen zu können, die er nicht mitgeteilt hat. So soll die Verpflichtung zur Mitteilung der Adressänderung dazu führen, dass der Arbeitnehmer im Falle der Zustellung einer Kündigung an die alte Adresse sich wegen Zugangsvereitelung nicht auf den verspäteten oder nicht erfolgten Zugang berufen kann (*Schaub/Schrader* I. Buch § 2 Fn. 154).

820 ▶ Beispiel:

Der Arbeitnehmer verpflichtet sich, dem Arbeitgeber jede Änderungen seiner Anschrift, Kontoverbindung und Änderung der persönlichen Verhältnisse, die einen Einfluss auf die steuerliche und sozialversicherungsrechtliche Bewertung des Arbeitsverhältnisses haben, umgehend mitzuteilen.

821 Insbesondere bei einer Kündigung sollte sich der Arbeitgeber nicht darauf verlassen, dass sich der Arbeitnehmer nach einem nicht mitgeteilten Umzug wegen Zugangsvereitelung nicht auf den verspäteten oder nicht erfolgten Zugang berufen kann. Wenn es Anhaltspunkte für einen Umzug gibt, sollte der Arbeitgeber die neue Adresse ermitteln und die Kündigung (zusätzlich) dort zustellen. Ohnehin ist es der beste Weg, dem Arbeitnehmer die Kündigung unter Zeugen persönlich (im Betrieb) zu übergeben.

### XXVIII. Vertragsaushändigung

822 Ein von beiden Seiten unterzeichneter Arbeitsvertrag hat die Vermutung der Richtigkeit und Vollständigkeit für sich (*BAG* 9.2.1995 EzA § 1 KSchG Personenbedingte Kündigung Nr. 12). Eine Klausel, die bestätigt, dass beide Vertragsparteien eine Ausfertigung des Vertrags erhalten haben, führt dazu, dass die Parteien jeweils nachweisen können, dass die andere Partei eine Ausfertigung bekommen hat und sich somit auf die im Vertrag geschlossenen Vereinbarungen berufen können.

823 ▶ Beispiel:

Der Arbeitnehmer bestätigt, eine im Original unterschriebene Version des Arbeitsvertrags erhalten zu haben.

824 Im Falle eines Formulararbeitsvertrags muss ein solches Empfangsbekenntnis gesondert unterschrieben werden, da es ansonsten gem. § 309 Nr. 12b) BGB unwirksam ist.

## E. Rechtsmängel des Arbeitsvertrages

Für Arbeitsverträge gelten die gleichen Nichtigkeitsgründe wie bei anderen Rechtsgeschäften (§§ 104 ff., 177, 134, 138, 306, 125, 142 Abs. 1 i. V. m. §§ 119, 123 BGB). 825

### I. Verstoß gegen ein gesetzliches Verbot (§ 134 BGB)

Nicht jede zwingende Norm ist ein Verbotsgesetz i. S. d. § 134 BGB. Es hängt von Inhalt und Zweck des Verbotsgesetzes ab, ob bei einem Verstoß die rechtsgeschäftliche Regelung selbst als unerlaubt anzusehen ist und ob für diesen Fall die Abwehr des Gesetzesverstoßes durch die Nichtigkeitsfolge erforderlich ist. 826

Zwar sind auch Tarifnormen und Betriebsvereinbarungen gem. Art. 2 EGBGB (materiell-rechtliche) Rechtsnormen i. S. d. bürgerlichen Rechts. Dennoch kommen sie nicht als Verbotsgesetze i. S. d. § 134 BGB in Betracht. Zur Absicherung von Tarifnormen gegen abweichende Rechtsgeschäfte genügt § 4 Abs. 3 TVG. Die Einwirkung von Betriebsvereinbarungen auf das Arbeitsverhältnis regelt § 77 Abs. 4 BetrVG. 827

Verbotsgesetze sind aber Art. 3 Abs. 3 GG, § 266 StGB (vgl. *BAG* 25.4.1963 AP Nr. 2 zu § 611 BGB Faktisches Arbeitsverhältnis für die Beschäftigung mit der Veruntreuung von Mandantengeldern) sowie die Beschäftigungsverbote und -beschränkungen des öffentlichen Arbeitsschutzes sowie i. d. R. die Beschäftigungsverbote zum Schutz Dritter oder der Allgemeinheit. 828

Rechtsfolge der Verletzung eines Verbotsgesetzes ist i. d. R. die Nichtigkeit der Vereinbarung, es sei denn, dass sich aus Inhalt und Zweck des Verbots etwas anderes ergibt. 829

▶ Beispiele: 830
- Die einzelvertragliche Vereinbarung, wonach einerseits eine **regelmäßige wöchentliche Arbeitszeit von 30 Stunden** gilt, der Arbeitnehmer andererseits jedoch verpflichtet ist, auf **Anforderung des Arbeitgebers** auch darüber hinaus zu arbeiten, ist als sog. **Bandbreitenregelung gem. § 134 BGB unwirksam**, weil sie eine Umgehung zwingender gesetzlicher Vorschriften des Kündigungsschutzes darstellt. Anstelle der unwirksamen Arbeitszeitregelung ist die fortan maßgebliche Arbeitszeit aus der bisherigen Abwicklung des Arbeitsverhältnisses unter Berücksichtigung der Begleitumstände des Einzelfalles abzuleiten. Als Anknüpfungspunkt bietet sich dafür eine Durchschnittsberechnung der in der Vergangenheit angefallenen Arbeitsstunden an (*LAG Düsseld.* 17.9.2004 LAGE § 12 TzBfG Nr. 2).

  Ein Arbeitsvertrag ist gem. § 134 BGB nichtig, wenn er die **Ausübung des ärztlichen Berufs** zum Gegenstand hat und die erforderliche **Approbation oder Erlaubnis** weder vorliegt noch erteilt werden kann (*BAG* 3.11.2004 EzA § 134 BGB 2002 Nr. 3).
- Ein Vertrag, mit dem ein Handwerksmeister einem Handwerksbetrieb **lediglich seinen Meistertitel zur Verfügung stellt**, ohne dass er tatsächlich als technischer Betriebsleiter tätig wird, ist gem. § 134 BGB wegen Umgehung des § 7 HandwO nichtig, denn der Betriebsleiter eines Handwerksbetriebs muss wie ein das Handwerk selbständig betreibender Handwerksmeister über den Handwerksbetrieb in seiner fachlichen Ausgestaltung und seinem technischen Ablauf bestimmen und insoweit die Verantwortung tragen. Er muss gegenüber den handwerklich beschäftigten Betriebsangehörigen fachlich weisungsbefugt sein und tatsächlich die Leitungsaufgaben wahrnehmen können und wahrnehmen. Wird mit einem Konzessionsträgervertrag § 7 HandwO umgangen, kommt auch kein »fehlerhaftes Arbeitsverhältnis« zustande (*BAG* 18.3.2009 EzA § 134 BGB 2002 Nr. 4).

## II. Verstoß gegen die guten Sitten (§ 138 BGB); unangemessene Benachteiligung des Arbeitnehmers (§ 307 Abs. 1 BGB)

### 1. Sittenwidrigkeit (§ 138 Abs. 1 BGB)

831 Die Sittenwidrigkeit (d. h. der Verstoß gegen das Anstandsgefühl aller billig und gerecht Denkenden) eines Arbeitsvertrages gem. § 138 Abs. 1 BGB kann sich aus seinem Inhalt, dem Gegenstand der versprochenen Dienste, nach altem Recht z. B. die Zusage geschlechtlicher Hingabe (*BGH* 31.3.1970 NJW 1970, 1273), der Vorführung des Geschlechtsverkehrs auf der Bühne (*BAG* 1.4.1976 EzA § 138 BGB Nr. 16; für Striptease-Tänzerinnen offen gelassen von *BAG* 7.6.1962 AP Nr. 18 zu § 611 BGB Faktisches Arbeitsverhältnis) ergeben. Aufgrund der Neuregelung der §§ 1 ff. ProstG kann daran allerdings ab dem 1.1.2002 nicht mehr festgehalten werden. Denn nunmehr begründet eine Vereinbarung, nach der **sexuelle Handlungen** gegen ein vorher vereinbartes Entgelt vorgenommen worden sind, eine rechtswirksame Forderung; gleiches gilt, wenn eine Person, insbes. im Rahmen eines Beschäftigungsverhältnisses, sich für die Erbringung derartiger Handlungen gegen ein vorher vereinbartes Entgelt für eine bestimmte Zeitdauer bereithält (§ 1 ProstG).

Die Sittenwidrigkeit ist im Übrigen **nicht allein nach der vereinbarten Vergütungshöhe** zu beurteilen. Der Inhalt der guten Sitten wird auch durch die **Wertungen des Grundgesetzes** (z. B. Art. 7 Abs. 4 GG für die Vergütung angestellter Lehrkräfte anerkannter Ersatzschulen) und einfachgesetzliche Regelungen konkretisiert. Rechtsfolge des Verstoßes gegen § 138 Abs. 1 BGB ist ein Anspruch des Arbeitnehmers auf die übliche Vergütung nach § 612 Abs. 2 BGB (*BAG* 26.4.2006 EzA § 612 BGB 2002 Nr. 7).

832 **Sittenwidrigkeit liegt** aber dann **vor**, wenn:
– Der Arbeitnehmer in seiner wirtschaftlichen Freiheit, insbes. in seinem Fortkommen, **unbillig oder unangemessen beschränkt** wird (soweit keine konkretisierende Gesetzesregelung besteht, z. B. § 624 BGB, §§ 74 ff. HGB).

833 – Die Vergütungsregelung den Arbeitnehmer mit dem **Betriebs- oder Wirtschaftsrisiko** belastet. Deshalb kann der Arbeitnehmer nicht zu einem Ausgleich der während seiner Tätigkeit auftretenden Unternehmensverluste verpflichtet werden, z. B. für Verluste, die dadurch entstehen, dass vom Arbeitgeber veranlasste Personal- und Sachkosten nicht verdient werden (*LAG Hamm* 5.12.2003 LAG Report 2004, 254 LS).

834 – Ein Arbeitgeber seine Arbeitnehmer verpflichtet, ihre **Weiterbeschäftigung selbst zu finanzieren** (*BAG* 10.10.1990 EzA § 138 BGB Nr. 25).

835 – Der Arbeitnehmer bereits vor Abschluss des Arbeitsvertrages, der vorsieht, dass sich die Bezahlung nach den Vorschriften des BAT bestimmt, in einer Vereinbarung im Voraus auf **künftig fällig werdende Gehaltsansprüche »verzichtet«**, wenn dadurch das Geschäftsrisiko auf den Arbeitnehmer abgewälzt werden soll (*LAG Bln.* 17.2.1997 NZA-RR 1997, 371).

836 – Ein Außendienstmitarbeiter auf Grund einer Vereinbarung nur Provision, nicht aber festes Gehalt oder Reisespesen erhalten soll und er bei schwierigen Verhältnissen nur eine **geringe Provision** erhält, die in auffälligem Missverhältnis zur Leistung steht.

837 – Ein **besonders grobes Missverhältnis zwischen Leistung und Gegenleistung** besteht.
Das ist z. B. dann der Fall, wenn bei einer **Mankohaftung** dem erhöhten Risiko des Arbeitnehmers kein angemessener wirtschaftlicher Ausgleich gegenübersteht (*BAG* 27.2.1970 AP § 611 BGB Haftung des Arbeitnehmers Nr. 54). Gleiches gilt für die Vereinbarung unangemessen hoher **Vertragsstrafen** (*RG* 27.4.1917 RGZ 90, 181). Auch eine **Verlustbeteiligung** des Arbeitnehmers ist jedenfalls dann sittenwidrig, wenn dafür kein angemessener Ausgleich erfolgt (*BAG* 10.10.1990 EzA § 138 BGB Nr. 24).

838 **Sittenwidrigkeit liegt ferner** in folgenden Fällen vor:
– Eine **Vergütungspflicht** soll für eine 14-tägige Probezeit nur für den Fall des Abschlusses eines **endgültigen Arbeitsvertrages** entstehen (*LAG Köln* 18.3.1998 LAGE § 138 BGB Nr. 10).

## E. Rechtsmängel des Arbeitsvertrages Kapitel 2

- Steht der Ausbildungszweck in einem sechsmonatigen sog. Praktikantenverhältnis (einer Dipl. 839
Ing. für Innenarchitektur) nicht im Vordergrund, d. h. überwiegt der Ausbildungszweck nicht
deutlich die für den Betrieb erbrachten Leistungen und Arbeitsergebnisse, ist eine Vergütung
von 375 € monatlich sittenwidrig (*LAG BW* 8.2.2008 NZA 2008, 768).
- Besteht für einen **Rechtsanwalt** eine Wochenarbeitszeit von 35 Stunden und erhält dieser hierfür 840
nur eine Vergütung von **1.300,00 DM brutto monatlich**, so ist die Entgeltvereinbarung gem.
§ 138 Abs. 1 BGB nichtig (*LAG Frankf.* 28.10.1999 NZA-RR 2000, 521); üblich i. S. d. § 612
Abs. 2 BGB ist im ersten Berufsjahr eine Bruttovergütung von 2.800 DM. Auch die Vergütung
eines angestellten Rechtsanwalts »ein wenig über dem Referendarsgehalt« ist sittenwidrig und un-
angemessen (*Anwaltsgerichtshof NRW* 2.11.2007 – 2 ZU 7/07, AuR 2008, 158).
- Nichts anderes gilt für die Anstellung eines **Rechtsanwalts** zu einem monatlichen Bruttoeinkom- 841
men von **610 €** bzw. 1300 DM jedenfalls dann, wenn das Arbeitsverhältnis vier Jahre dauert. Die
Nichtigkeit des zugrunde liegenden Arbeitsvertrages führt zu einem Anspruch des angestellten
Rechtsanwalts auf die übliche Vergütung gem. § 612 Abs. 2 BGB (*ArbG Hersfeld* 4.11.1998
NZA-RR 1999, 629).
- Ein **Stundenlohn von 9,98 DM brutto** (das war **weniger als 42 % des Tariflohns**) war für einen 842
gelernten Heizungsmonteur in Berlin im Zeitraum 1996/97 sittenwidrig (*LAG Bln.* 20.2.1998
AuR 1998, 468).
- Die Vereinbarung einer Vergütung, die die Tariflöhne des jeweiligen Wirtschaftszweigs um mehr 843
als ein Drittel unterschreitet, ist sittenwidrig (*LAG Brem.* 17.6.2008 LAGE § 138 BGB 2002
Nr. 1; *ArbG Bln.* 10.8.2007 – 28 Ca 6934/07, AuR 2007, 445 LS), wenn in dem Wirtschaftsgebiet üblicherweise der Tariflohn gezahlt wird (*LAG Brem.* 17.6.2008 LAGE § 138 BGB
2002 Nr. 1).

Demgegenüber soll **keine Sittenwidrigkeit** gegeben sein: 844
- Bei einer Vereinbarung mit einem Arbeitnehmer, der auf einem von der Bundesagentur für Arbeit
**subventionierten Arbeitsplatz** beschäftigt wird, wonach dieser ca. 16 % seiner Nettovergütung an
den Arbeitgeber zwecks Weiterbeschäftigung von Mitarbeitern auf nicht geförderten Arbeitsplätzen abgibt und der Arbeitnehmer auch nur in einem zeitlich reduzierten Umfang beschäftigt wird
(so *LAG Bln.* 7.1.2000 LAGE § 138 BGB Nr. 16). Selbst ein etwaiger Subventionsbetrug gegenüber der Bundesagentur für Arbeit soll danach die Wirksamkeit der getroffenen Vereinbarung
nicht berühren (*LAG Bln.* 7.1.2000 LAGE § 138 BGB Nr. 16).
- Bei einer **Zusage eines Handgeldes** im Zusammenhang mit einem Vereinswechsel eines Berufs- 845
fußballspielers (*LAG Hamm* 5.4.2000 NZA-RR 2000, 411).
- bei einer **Unterschreitung der tariflichen Vergütung um etwas mehr als 23 %** (1,59 €) **bei** einem 846
tariflichen Vergütungsanspruch von 6,88 €. Es kann danach weder auf den Sozialhilfesatz abgestellt werden, noch auf die Pfändungsfreigrenzen des § 850c ZPO. Auch die Aufwendungen
des Arbeitnehmers für die Erreichung des Arbeitsplatzes sind nicht zu berücksichtigen (*LAG RhPf*
26.8.2004 AuR 2005, 196 LS).

### 2. Wucher (§ 138 Abs. 2 BGB; § 291 Abs. 1 Nr. 3 StGB)

Die Voraussetzungen des § 138 Abs. 2 BGB (auffälliges **objektives Missverhältnis** zwischen Leis- 847
tung und Gegenleistung zuzüglich des subjektiven Tatbestandes der **Ausbeutung**; vgl. *BAG*
24.3.2004 EzA § 138 BGB 2002 Nr. 2; *LAG Brem.* 17.6.2008 LAGE § 138 BGB 2002 Nr. 1; *LAG
Hamm* 18.3.2009 – 6 Sa 1372/08, EzA-SD 13/2009 S. 8 LS; s. a. *Schmitt* SAE 2005, 201 ff.) können
u. U. auch dann gegeben sein, wenn der Arbeitnehmer bei Vertragsabschluss arbeitslos ist und keinen
Anspruch auf die Gewährung von Arbeitslosengeld oder -hilfe hat, sodass er letztlich zum Vertragsabschluss gezwungen ist.

> Entscheidend für die Beurteilung eines auffälligen Missverhältnisses zwischen Leistung und Ge- 848
> genleistung ist die Arbeitsleistung als solche, ihre Dauer und der Schwierigkeitsgrad, die körper-
> liche und geistige Beanspruchung; maßgebend sind die Arbeitsbedingungen schlechthin (Hitze,
> Kälte, Lärm; vgl. *BAG* 11.1.1973 AP Nr. 30 zu § 138 BGB).

## Kapitel 2
Anbahnung und Begründung des Arbeitsverhältnisses

849 Ein Verstoß gegen § 138 Abs. 2 BGB liegt z. B. dann vor, wenn:
– Der vertraglich vereinbarte Stundenlohn um 48 % unter der tarifvertraglich üblichen Vergütung liegt. Er ist auch nicht dadurch zu rechtfertigen, dass der Lebensunterhalt des – geringfügig – Beschäftigten durch Sozialleistungen gesichert ist. Rechtsfolge des Verstoßes gegen § 138 BGB ist ein **Anspruch auf die übliche Vergütung** von 5 € pro Stunde für eine Auspackhilfe im Supermarkt (*ArbG Brem.-Bremerhafen* 12.12.2007 – 9 Ca 9331/07, AuR 2008, 275 LS; bestätigt durch *LAG Brem.* 17.6.2008 – 1 Sa 29/08, AuR 2008, 357; abl. *Mohr* BB 2008, 1065 ff.).

850 – Der Arbeitnehmer verpflichtet ist, gegen eine unverhältnismäßig niedrige Vergütung zu arbeiten.

851 – Der Arbeitnehmer gegen eine durchschnittliche Vergütung zahlreiche Nebenverpflichtungen übernehmen muss.

852 – Trotz angemessener Arbeitsleistung der Arbeitnehmer nicht in der Lage ist, für sich und seine Familie den notwendigen Unterhalt zu verdienen.

853 – Die Vergütung weit unter dem Tariflohn liegt (s. dazu näher Rdn. 856).

854 – Dem Arbeitnehmer ohne ausreichende Vergütung das wirtschaftliche Risiko der Arbeit überbürdet wird.

855 ▶ **Beispiel:**

Bei einer Vereinbarung darüber, dass die Arbeitsleistung unentgeltlich erbracht werden soll. Ein Arbeitgeber bspw., der mit einem Sozialhilfeempfänger im Hinblick auf eine eventuelle spätere Einstellung im Rahmen eines bezahlten Arbeitsverhältnisses einen Vertrag über ein unentgeltliches Praktikum – das tatsächlich ein Arbeitsverhältnis ist – schließt, nutzt dessen wirtschaftliche Zwangslage aus (*ArbG Bln.* 8.1.2003 – 36 Ca 19390/02, EzA-SD 10/2003, S. 15 LS).

856 Der *BGH* (22.4.1997 EzA § 302a StGB Nr. 1; krit. *Nägele* BB 1997, 2162; s. a. *Müller/Hauck* FA 2001, 198 ff.) geht davon aus, dass die Beschäftigung eines Arbeitnehmers zu **unangemessen niedrigem Lohn** auch Wucher i. S. d. § 291 StGB (instr. *Metz* NZA 2011, 782 ff. sein kann. Er hat dies bejaht im Falle eines Arbeitgebers, der bei einem Tariflohn von 19 DM seinen Arbeitnehmern, die Maurerarbeiten verrichteten, 21 DM bezahlte, zwei tschechischen Grenzgängern dagegen, die die gleiche Arbeit verrichteten, nur 12 DM. Im Anschluss daran hat das *LAG Bln.* (20.2.1998 LAGE § 302 StGB Nr. 1) angenommen, dass ein Lohn von etwa **1/3 unter Tarif** bereits als strafbarer Lohnwucher angesehen werden kann. Denn auch wenn der Tariflohn danach mangels Allgemeinverbindlichkeit des Entgelttarifvertrages nicht für die Parteien verbindlich ist, gibt er doch eine Orientierungsgröße für den Marktwert der Arbeitsleistung des Arbeitnehmers. Gleiches galt für eine Lohnvereinbarung von **11,50 DM Stundenlohn brutto für eine Lager- und Produktionshelferin** ohne berufliche Qualifikation (*ArbG Brem.* 30.8.2000 NZA-RR 2001, 27), sowie bei der Vereinbarung eines Stundenlohns, der bei **weniger als 2/3 des in der betreffenden Branche und Wirtschaftsregion üblicherweise gezahlten Tariflohns** liegt (*BAG* 22.4.2009 EzA § 138 BGB 2002 Nr. 5; *LAG SchlH* 31.8.2010 LAGE § 138 BGB 2002 Nr. 5; s. a. *Nakielski/Winkel* AuR 2010, 163 f.; *Böggemann* NZA 2011, 493 ff.; zu § 115 SGB X und Klagen der ARGE bei sog. »Aufstockern« und Löhnen von unter 3 €, 3,33 €, 1,14 €, 2,66 € usw.; dazu *ArbG Stralsund* 13.2.2009 – 1 Ca 313/08 – AuR 2009, 182 m. Anm. *Buschmann*), insbes. wenn der tatsächlich gezahlte Lohn erheblich unter diesem Betrag lag (*LAG Brem.* 28.8.2008 – 3 Sa 69/08 – EzA-SD 24/2008 S. 11 LS; *AG Halle-Saalkreis* 31.5.2001 AuR 2001, 516), sofern in dem Wirtschaftsgebiet **üblicherweise** tatsächlich der **Tariflohn** gezahlt wird (*LAG Brem.* 28.8.2008 – 3 Sa 69/08 – EzA-SD 24/2008 S. 11 LS, dort auch zur Bestimmung des Begriffs des Wirtschaftszweiges; *LAG Brem.* 17.6.2008 LAGE § 138 BGB 2002 Nr. 1). Eine Üblichkeit der Tarifvergütung kann angenommen werden, wenn **mehr als 50 % der Arbeitgeber eines Wirtschaftsgebiets tarifgebunden sind** oder wenn die organisierten Arbeitgeber mehr als 50 % der Arbeitnehmer eines Wirtschaftsgebiets beschäftigen (*BAG* 22.4.2009 EzA § 138 BGB 2002 Nr. 5; **a. A.** *ArbG Leipzig* 11.3.2010 LAGE § 138 BGB 2002 Nr. 4).

Neben der Arbeitsvergütung bezogene **Sozialleistungen** sind für die Beurteilung der Sittenwidrigkeit der Höhe der Vergütung **irrelevant** (*LAG Brem.* 28.8.2008 – 3 Sa 69/08, EzA-SD 24/2008 S. 11 LS). **Maßgeblich ist der Vergleich mit der tariflichen Stunden- oder Monatsvergütung** (s. a.

*LAG Hamm* 18.3.2009 – 6 Sa 1372/08, EzA-SD 13/2009 S. 8 LS) ohne Zulagen und Zuschläge sowie unregelmäßige Zusatzleistungen, wobei auch die besonderen Umstände des Falles zu berücksichtigen sind; sie können die Bestimmung des Werts der Arbeitsleistung und die Beurteilung der sittenwidrigen Ausbeutung beeinflussen und ggf. zu einer Korrektur der Zwei-Drittel-Grenze führen. Maßgebend ist dabei nicht allein der Zeitpunkt des Vertragsabschlusses. Vielmehr kann eine Entgeltvereinbarung auch nachträglich wucherisch werden, wenn sie nicht an die allgemeine Lohnentwicklung angepasst wird. Der begünstigte Vertragsteil muss aber Kenntnis vom Missverhältnis der beiderseitigen Leistungen haben. Regelmäßig wird jedoch davon ausgegangen werden können, dass die einschlägigen Tariflöhne den Arbeitgebern bekannt sind. Ob auch die Üblichkeit des Tariflohns bekannt ist oder sich jedenfalls aufdrängen muss, hängt von den jeweiligen Umständen ab (*BAG* 22.4.2009 EzA § 138 BGB 2002 Nr. 5). Die Heranziehung tariflicher Regelungen zur Bestimmung einer üblichen Vergütung führt im Übrigen nicht zur Anwendung der tariflichen Ausschlussfrist für die Vergütung (*BAG* 22.4.2009 EzA § 138 BGB 2002 Nr. 5 = NZA 2009, 837).

Die Vereinbarung von 5, 20 € für die Tätigkeit einer **Verkäuferin oder auch Packerin** im Einzelhandel NRW (im Textildiscounthandel) für eine Tätigkeit in der Zeit von 2004–2008 ist insoweit sittenwidrig (*LAG Hamm* 18.3.2009 – 6 Sa 1372/08, EzA-SD 13/2009 S. 8 LS, dort auch zur Darlegungs- und Beweiskast in derartigen Fällen).

Ein Stundenlohn von 6,- € brutto für eine **Fachverkäuferin/Alleinverkäuferin** im Einzelhandel, die mit allen anfallenden Aufgaben, die gewöhnlich zum Betrieb einer »Filiale« gehören, beschäftigt wird, ist jedenfalls dann sittenwidrig, wenn der Tarifvertrag der entsprechenden Branche oder Wirtschaftsregion eine mehr als doppelt so hohe Vergütung vorsieht (*ArbG Leipzig* 11.3.2010 LAGE § 138 BGB 2002 Nr. 4).

Andererseits ist es revisionsrechtlich **nicht zu beanstanden**, wenn das Berufungsgericht bei der Vereinbarung **von 70 % des üblichen Gehalts** ein auffälliges Missverhältnis zwischen Leistung und Gegenleistung i. S. v. § 138 BGB **verneint hat** (*BAG* 23.5.2001 EzA § 138 BGB Nr. 39; vgl. dazu *Peter* AuR 2001, 510 ff.; *LAG RhPf* 26.8.2004 AuR 2005, 196 LS: Unterschreitung des Tariflohns um 23 % führt nicht zur Sittenwidrigkeit).

857 Nach *SG Dortmund* (2.2.2009 – 31 AS 317/07, AuR 2009, 147 LS) ist unabhängig von diesen Grundsätzen ein Stundenlohn von 4, 50 € **stets sittenwidriger Lohnwucher**; eine solche Vergütung ist generell unzumutbar.

858 **Für die Bezahlung von Leiharbeitnehmern** hat das *BAG* (24.3.2004 EzA § 138 BGB 2002 Nr. 2; vgl. dazu *Schmitt* SAE 2005, 200 ff.) folgende **Grundsätze** aufgestellt:
– Bei Leiharbeitnehmern ist zur Feststellung des Missverhältnisses zwischen Leistung und Gegenleistung der **Tariflohn der Zeitarbeitsunternehmen maßgeblich**. Diese bilden einen eigenen Wirtschaftszweig.

859 – Zur Feststellung des auffälligen Missverhältnisses zwischen Leistung und Gegenleistung kann **nicht** auf einen bestimmten **Abstand zwischen dem Arbeitsentgelt und der Sozialhilfe** abgestellt werden. Ebenso wenig kann aus den **Pfändungsgrenzen** des § 850c ZPO auf ein Missverhältnis zwischen Leistung und Gegenleistung geschlossen werden.

860 – In § 138 BGB kommen elementare Gerechtigkeitsanforderungen, die der gesamten Rechtsordnung zu Grunde liegen, zum Ausdruck. Sie sind Ausfluss der durch Art. 2 Abs. 1 GG geschützten allgemeinen Handlungsfreiheit sowie des Sozialstaatsprinzips (Art. 20 Abs. 1 GG). Auch Tarifverträge sind hieran zu messen. Dazu ist unter Berücksichtigung der Besonderheiten der von dem jeweiligen Tarifvertrag erfassten Beschäftigungsbetriebe und der dort zu verrichtenden Tätigkeiten festzustellen, ob das tarifliche Arbeitsentgelt für die nach dem Tarifvertrag jeweils geschuldete Arbeitsleistung dem Anstandsgefühl aller billig und gerecht Denkenden widerspricht.

861 – Den tarifvertraglich ausgehandelten Löhnen und Gehältern wird von Verfassungs wegen eine Richtigkeitsgewähr eingeräumt. Auf Grund dieser Wertung kann die **Höhe eines tarifvertraglich vereinbarten Arbeitsentgelts** nur dann von den Gerichten **beanstandet** werden, wenn der Tarif-

lohn unter Berücksichtigung aller Umstände des räumlichen, fachlichen und persönlichen Geltungsbereichs des Tarifvertrags sowie der im Geltungsbereich des Tarifvertrags zu verrichtenden Tätigkeiten **einen »Hungerlohn«** darstellt.

862 – Art. 4 ESC kommt für die in den Mitgliedsländern tätigen Arbeitnehmer kein verbindlicher Rechtscharakter zu. Diese Vorschrift hat keine unmittelbare Wirkung für den einzelnen Bürger.

863 In jedem Fall bedarf es einer sorgfältigen Abwägung der Interessenlage im Einzelfall. Unter besonderen Umständen können Arbeitsleistungen auch unentgeltlich oder gegen geringe Vergütung erbracht werden, etwa bei Mitarbeit von Familienangehörigen.

864 In den Fällen des Lohnwuchers wird häufig nur die Vergütungsvereinbarung nichtig sein. Das führt nicht gem. § 139 BGB zur Nichtigkeit des ganzen Vertrages, wenn dadurch der Arbeitnehmerschutz in sein Gegenteil verkehrt wird. Bei Tarifbindung wird die nichtige Lohnvereinbarung durch den Tariflohn ersetzt; in den übrigen Fällen ist die angemessene Vergütung gem. § 612 Abs. 2 BGB (s. Rdn. 495 ff.; vgl. *ArbG Bln.* 8.1.2003 – 36 Ca 19390/02, EzA-SD 10/2003, S. 15 LS) zu ermitteln.

865 **Gibt es weder einen Branchen-, noch einen branchenüblichen Tarifvertrag** (z. B. für das Lektoratsgewerbe, für das der Gehaltstarifvertrag für das Zeitschriftenverlagsgewerbe nicht als Vergleichsmaßstab herangezogen werden kann), so ist auf das **allgemeine Lohnniveau** im konkret betroffenen Wirtschaftsgebiet abzustellen. Mangels eines branchenüblichen Tariflohns muss der klagende Arbeitnehmer dann aber zumindest Anhaltspunkte dafür vortragen, dass das allgemeine Lohnniveau für die von ihm ausgeübte Tätigkeit im Wirtschaftsgebiet mindestens ein Drittel höher war als sein Gehalt im streitgegenständlichen Zeitraum. Eine Behauptung »ins Blaue« hinein unter Berufung auf ein Sachverständigengutachten erweist sich dann als unzulässiger Ausforschungsbeweis (*LAG SchlH* 31.8.2010 LAGE § 138 BGB 2002 Nr. 5).

865a Der Kläger genügt seiner Darlegungs- und Beweislast dann, wenn er sich zum Beleg des Lohnniveaus bei einer Lohnwucherklage auf den **einschlägigen Tarifvertrag des Wirtschaftsgebietes** beruft. Nur wenn der Arbeitgeber substantiiert bestreitet, hat er weitere Anhaltspunkte für den üblichen Lohn vorzutragen. Dazu genügt es, sich auf die **einschlägige Verdienststatistik** der neuen Bundesländer zu berufen. Das gilt auch dann, wenn die Erhebung nicht nur ein (neues) Bundesland betrifft, sondern das Gebiet aller neuen Bundesländer (*LAG Bln-Bra.-* 9.2.2011 – 20 Sa 1430/10, AuR 2011, 505 LS).

### 3. Unangemessene Benachteiligung des Arbeitnehmers (§ 307 Abs. 1 BGB)

866 Nach Auffassung des *LAG SchlH* (22.9.2004 LAGE § 307 BGB 2002 Nr. 5) ist eine formularmäßig vereinbarte, pauschale, **keine Begrenzung nach oben enthaltende und auch nicht annähernd den Umfang der einkalkulierten zuschlagspflichtigen Arbeitsleistung transparent machende arbeitsvertragliche Pauschalierungsabrede**, nach der im Bruttomonatsentgelt **alle Zuschläge** für Nacht-, Sonn- und Feiertagsarbeit enthalten sind, gem. § 307 BGB **unwirksam**. Denn sie benachteiligt den Arbeitnehmer infolge der dem Arbeitgeber eingeräumten unbegrenzten Möglichkeit eines nachhaltigen Eingriffes in das synallagmatische Verhältnis unangemessen und verstößt folglich gegen das **Transparenzgebot**.

### III. Anfechtung des Arbeitsvertrages

#### 1. Anfechtungsgründe

*a) Irrtum*

*aa) § 119 Abs. 1 BGB*

867 Anfechten kann ein Rechtsgeschäft gem. § 119 Abs. 1 BGB, wer sich bei Abgabe einer Willenserklärung in einem Irrtum befunden hat. Allerdings berechtigt nicht jeder Irrtum nach der gesetzlichen Regelung des § 119 Abs. 1 BGB zur Anfechtung. Vielmehr muss es sich um einen Erklä-

rungsirrtum (der Erklärende wollte eine Erklärung dieses Inhalts überhaupt nicht abgeben) oder um einen Inhaltsirrtum (der Erklärende hat sich irrige Vorstellungen über die inhaltliche Tragweite oder die rechtliche Bedeutung seiner Erklärung gemacht) handeln (vgl. dazu *Strick* NZA 2000, 695 ff.).

Die Unkenntnis des Arbeitnehmers davon, dass bei Abschluss eines **zweiten befristeten Arbeitsvertrages** im unmittelbaren Anschluss an den ersten befristeten Arbeitsvertrag nur der **letzte Arbeitsvertrag** für die Rechtsbeziehungen zwischen den Arbeitsvertragsparteien maßgeblich ist, berechtigt ihn nicht, den von ihm abgeschlossenen befristeten Anschlussarbeitsvertrag nach § 119 Abs. 1 BGB wegen Irrtums über den Inhalt seiner Erklärung anzufechten (*BAG* 30.10.1987 EzA § 119 BGB Nr. 13). Dies gilt selbst dann, wenn die Befristung des ersten Vertrages rechtsunwirksam war, sodass der Arbeitnehmer die unbefristete Fortsetzung dieses Vertrages hätte verlangen können (*BAG* 30.10.1987 EzA § 119 BGB Nr. 13).

### bb) § 119 Abs. 2 BGB

#### (1) Grundlagen

Gem. § 119 Abs. 2 BGB ist auch die Anfechtung möglich wegen eines Irrtums über verkehrswesentliche Eigenschaften der Person oder Sache.

Dabei sind Eigenschaften die tatsächlichen oder rechtlichen Verhältnisse einer Person oder Sache, die in ihrer Beziehung zu anderen Personen oder Sachen wurzeln und wegen ihrer Beschaffenheit und vorausgesetzten Dauer nach den Anschauungen des Verkehrs einen Einfluss auf die Wertschätzung der Sache ausüben. Eigenschaften sind demnach für die Individualisierung einer Person bzw. für den Wert oder die Verwendbarkeit einer Sache bedeutsam. Folglich ist jeder wertbildende Faktor Eigenschaft i. S. d. § 119 Abs. 2 BGB.

Der Arbeitgeber ist nach § 119 Abs. 2 BGB z. B. zur Anfechtung berechtigt, wenn der Arbeitnehmer wegen **gesundheitlicher Mängel** nicht nur kurzfristig gehindert ist, die übernommene Arbeit auszuführen (*BAG* 26.7.1989 EzA § 1 LohnFG Nr. 110; s. a. *Strick* NZA 2000, 695 ff.).

Dagegen kommt bei Abschluss eines Arbeitsvertrages mit einer **schwangeren Arbeitnehmerin**, durch den sich diese ausschließlich zu Nachtarbeit (§ 8 MuSchG) verpflichtet, eine Anfechtung nach § 119 Abs. 2 BGB nicht in Betracht, wenn bei Vertragsschluss noch mit der Erteilung einer Ausnahmegenehmigung nach § 8 Abs. 6 MuSchG zu rechnen war (*BAG* 8.9.1988 EzA § 8 MuSchG Nr. 1).

#### (2) Irrtum über die Leistungsfähigkeit des Arbeitnehmers

Im Rahmen der Anfechtung von Arbeitsverträgen genügt nicht jeder Irrtum über den Grad der Leistungsfähigkeit des Arbeitnehmers. Es kann auch nicht schon dann gem. § 119 Abs. 2 BGB angefochten werden, wenn sich der Arbeitgeber bei der Einstellung unrichtige Vorstellungen über die Leistungsfähigkeit des Arbeitnehmers gemacht hat und dieser seinen Erwartungen nicht entspricht.

Anfechtungsgrund ist nicht die Fehlbeurteilung, sondern das Nichtwissen von Eigenschaften als Voraussetzung für die Beurteilung, ob der Arbeitnehmer für diese Arbeitsleistung geeignet ist.

In Betracht kommen insbes. **Mängel fachlicher Vorbildung** als notwendige Voraussetzung für die Erbringung der Arbeitsleistung sowie **Krankheit** und andere Umstände, wenn durch sie die notwendige Fähigkeit des Arbeitnehmers fehlt oder erheblich beeinträchtigt ist, die vertraglich übernommene Arbeitsleistung auszuführen (*BAG* 28.3.1974 EzA § 119 BGB Nr. 5).

*cc) Prüfungsmaßstab*

876 Anfechtbar wegen Irrtums ist der Arbeitsvertrag nur, wenn der Erklärende bei verständiger Würdigung des Falles bei Kenntnis der Sachlage die Erklärung nicht abgegeben hätte.

877 Folglich führt nur eine solche Vorstellung zur Anfechtung, die (subjektiv) von **entscheidendem Einfluss auf die Abgabe der Willenserklärung** gewesen ist. Die Interessen des von der irrtümlichen Erklärung Betroffenen fordern allerdings zusätzlich, dass nicht nur der subjektive, eventuell launenhafte oder unsinnige Standpunkt des Irrenden als Maßstab herangezogen wird. Deshalb ist die Kausalität zwar vom Standpunkt des Irrenden zu würdigen, dieser ist aber als verständiger Mensch zu denken. Nicht zur Anfechtung berechtigt der sog. **Motivirrtum**, das ist eine unrichtige Vorstellung, die die Entstehung des Geschäftswillens beeinflusst, in ihm aber keinen Ausdruck gefunden hat.

*b) Arglistige Täuschung oder Drohung*

878 Gem. § 123 BGB hat ein Anfechtungsrecht, wer durch arglistige Täuschung (Hervorrufen oder Aufrechterhalten eines Irrtums durch Vorspiegelung falscher oder Unterdrückung wahrer Tatsachen) oder widerrechtlich durch Drohung (Inaussichtstellung eines künftigen, empfindlichen Übels durch den Gegner) zur Abgabe einer Willenserklärung bestimmt worden ist (vgl. dazu *Strick* NZA 2000, 695 ff.). Hat z. B. der Arbeitnehmer im Rahmen seiner Bewerbung ein **gefälschtes Prüfungszeugnis** vorgelegt, um dadurch seine Einstellungschancen zu verbessern, so liegt eine arglistige Täuschung über seine theoretischen und praktischen Kenntnisse vor (*LAG BW* 13.10.2006 LAGE § 123 BGB 2002 Nr. 3).

879 Die Täuschung muss die Abgabe der Erklärung zumindest **ursächlich mit veranlasst** haben (*BAG* 7.7.2011 EzA § 123 BGB 2002 Nr. 11 = NZA 2012, 34). Das ist bei Vorlage eines gefälschten Prüfungszeugnisses z. B. dann der Fall, wenn vom Arbeitgeber nur die Bewerber mit den besten Noten berücksichtigt werden (*LAG BW* 13.10.2006 LAGE § 123 BGB 2002 Nr. 3). Andererseits berechtigt die **Falschbeantwortung** der Frage nach einer **Schwerbehinderung** des Arbeitnehmers dann nicht zur Anfechtung des Arbeitsvertrages, **wenn die Schwerbehinderung für den Arbeitgeber offensichtlich war und folglich bei ihm ein Irrtum nicht entstanden ist** (*BAG* 18.10.2000 EzA § 123 BGB Nr. 56; s. a. *BAG* 12.5.2011 EzA § 123 BGB 2002 Nr. 10: Verfassungstreue). Nicht anders ist es dann, wenn der Arbeitgeber **ausdrücklich erklärt**, er hätte die Arbeitnehmerin auch dann eingestellt, wenn diese die Frage **wahrheitsgemäß beantwortet hätte** (*BAG* 7.7.2011 EzA § 123 BGB 2002 Nr. 11 = NZA 2012, 34). Erforderlich ist ferner, dass sich der Täuschende bewusst war, den anderen wenigstens möglicherweise zu schädigen. Das Verschweigen wesentlicher Tatsachen begründet eine arglistige Täuschung nur dann, wenn eine Rechtspflicht zur Aufklärung oder zur Offenbarung bestand, d. h. wenn unter den Vertragspartnern ein so enges Vertrauensverhältnis bestand, dass die Mitteilung der verschwiegenen Tatsache nach der Verkehrsauffassung redlicherweise erwartet werden durfte (*BGH* NJW 1970, 655).

880 Im Rahmen der Anfechtung eines Arbeitsvertrages kommt § 123 Abs. 1 BGB in Betracht, wenn der Arbeitnehmer
– eine zulässige Frage des Arbeitgebers vor Abschluss des Arbeitsvertrages bewusst wahrheitswidrig beantwortet hat (vgl. *BAG* 20.5.1999 EzA § 123 BGB Nr. 52) sowie dann, wenn er
– verpflichtet gewesen wäre, auf die fehlende Fähigkeit zur Erbringung der vertraglich geschuldeten Arbeitsleistung von sich aus hinzuweisen oder hinsichtlich anderer Eigenschaften und Umstände eine Offenbarungspflicht bestand, der der Arbeitnehmer jedoch nicht nachgekommen ist (s. *BAG* 12.5.2011 EzA § 123 BGB 2002 Nr. 10: Verfassungstreue; s. Rdn. 293 ff., 312 ff.).

## 2. Erklärung der Anfechtung

881 Die Anfechtung als Ausübung eines unselbstständigen **Gestaltungsrechts** erfolgt durch formlose Erklärung desjenigen, der die fehlerhafte Willenserklärung abgegeben hat gegenüber dem Anfechtungsgegner (§ 143 BGB). Das Anfechtungsrecht ist unwiderruflich und bedingungsfeindlich.

## E. Rechtsmängel des Arbeitsvertrages

Zulässig ist jedoch eine vorsorgliche Anfechtung (**Eventualanfechtung**) für den Fall, dass die erwartete Nichtigkeit eines Rechtsgeschäfts nicht bejaht werden sollte (*BGH* 8.3.1961 DB 1961, 1021). 882

Als rechtsgestaltende Erklärung muss die Anfechtungserklärung unzweideutig zum Ausdruck bringen, dass das Rechtsgeschäft – im Gegensatz zur Kündigung – von Anfang an, d. h. rückwirkend, beseitigt werden soll (*BGH* 22.2.1991 DB 1991, 1375; s. aber Rdn. 903 ff.). 883

### 3. Anfechtungsfrist

*a) Irrtumsanfechtung*

Die Irrtumsanfechtung muss gem. § 121 BGB unverzüglich, d. h. **ohne schuldhaftes Zögern** nach Kenntnis des Anfechtungsgrundes erfolgen. Insoweit ist dem Anfechtungsberechtigten ein billig zu benennender Zeitraum zugestanden für die Überlegung der wegen § 122 BGB wichtigen Frage, ob er anfechten oder es trotz des beachtlichen Irrtums bei der abgegebenen Erklärung bewenden lassen will. Dabei kann die Beratung mit einem Rechtskundigen geboten sein. 884

Nach der Rechtsprechung des *BAG* (14.12.1979 EzA § 119 Nr. 11) ist eine Anfechtungserklärung gem. § 119 BGB allerdings nur dann unverzüglich i. S. d. § 121 BGB, wenn sie innerhalb der Zwei-Wochenfrist des § 626 Abs. 2 BGB erfolgt ist. Denn auch eine außerordentliche Kündigung aus wichtigem Grund muss innerhalb von zwei Wochen seit Erlangung der Kenntnis des Kündigungsgrundes erfolgen (abl. *Herschel* AuR 1980, 255 weil die Anfechtung und die außerordentliche Kündigung wesensverschiedene Rechtsgestaltungen sind). 885

Wird eine Anfechtung wegen Irrtums mit einer bestimmten Begründung erklärt, so können andere Anfechtungsgründe nicht nachgeschoben werden, wenn eine selbstständige Anfechtung mit diesen Gründen gem. § 121 BGB verspätet wäre (*BAG* 14.12.1979 EzA § 119 BGB Nr. 11; 21.1.1981 EzA § 119 BGB Nr. 12). 886

*b) § 123 BGB*

Die Anfechtung gem. § 123 BGB muss binnen Jahresfrist nach Entdeckung der Täuschung oder nach Aufhören der durch die Drohung hervorgerufenen Zwangslage erfolgen (§ 124 BGB). 887

Eine Anfechtung ist ausgeschlossen, wenn seit der Abgabe der Willenserklärung 10 Jahre vergangen sind (§§ 121 Abs. 2, 124 Abs. 3 BGB). 888

Im Rahmen der §§ 123, 124 BGB wird § 626 BGB keine Bedeutung beigemessen, weil wegen der zeitlich fest fixierten starren Ausschlussfrist für eine kürzere Konkretisierung dieser Anfechtungsfrist kein Raum ist (*BAG* 19.5.1983 EzA § 123 BGB Nr. 23). 889

### 4. Anhörung des Betriebsrats (§ 102 BetrVG)?

Ganz überwiegend wird davon ausgegangen, dass § 102 Abs. 1 BetrVG nicht, auch nicht analog, anwendbar ist (KR-*Etzel* § 102 BetrVG Rn. 42; *Picker* ZfA 1981, 43 f.; a. A. *Hönn* ZfA 1987, 89 f.). 890

Denn Anfechtung und Kündigung haben wesensverschiedene Funktionen und sind hinsichtlich ihrer Voraussetzungen und Wirkungen voneinander zu unterscheiden. Das zeigt sich insbes. darin, dass ein Anfechtungsgrund i. S. d. §§ 119, 123 BGB grds. ohne weiteres die sofortige Auflösung des Arbeitsverhältnisses rechtfertigt, weil es für eine weitere Bindung an einer wirksamen Willenserklärung fehlt. Deshalb bedarf es weder eines besonderen zukunftsbezogenen Kündigungsgrundes i. S. d. § 626 Abs. 1 BGB (vgl. *BAG* 5.12.1957 AP Nr. 2 zu § 123 BGB) noch einer Anhörung des Betriebsrats gem. § 102 Abs. 1 BetrVG. 891

### 5. Anwendbarkeit des § 9 MuSchG, § 18 BEEG, der §§ 85, 91 SGB IX?

892 § 9 MuSchG, § 18 BEEG sind nicht, auch **nicht analog, anwendbar**. Diese Vorschriften sollen nur den Bestand des Arbeitsverhältnisses, nicht aber den Erwerb des Arbeitsplatzes unter Beeinträchtigung der Willensfreiheit des Arbeitgebers schützen. Nichts anderes gilt für den besonderen Kündigungsschutz des SGB IX (*Wolf/Gangel* AuR 1982, 279).

### 6. Einschränkung des Anfechtungsrechts durch Treu und Glauben (§ 242 BGB)?

893 Die Anfechtung eines Arbeitsverhältnisses wegen Irrtums nach § 119 BGB oder arglistiger Täuschung oder Drohung nach § 123 BGB kann gegen Treu und Glauben verstoßen und deshalb unbeachtlich sein (*BAG* 19.5.1983 EzA § 123 BGB Nr. 23; 18.9.1987 EzA § 123 BGB Nr. 28).

894 Ein derartiger Treueverstoß liegt dann vor, wenn nach den Umständen des Einzelfalls nach langjähriger Tätigkeit des Arbeitnehmers für den Arbeitgeber der Anfechtungsgrund für die weitere Durchführung des Arbeitsverhältnisses **keine Bedeutung mehr hat** (*BAG* 11.11.1993 EzA § 123 BGB Nr. 40; 28.5.1998 EzA § 123 BGB Nr. 49). Das ist z. B. dann der Fall, wenn ein Gruppenleiter in einer Behindertenwerkstatt bei der Einstellung eine **rechtskräftige Verurteilung wegen eines Sittlichkeitsdelikts** an einem von ihm betreuten Jugendlichen verschwiegen hat, wenn:
– das Arbeitsverhältnis **nahezu 10 Jahre gedauert hat**,
– die **Strafe im Bundeszentralregister gelöscht** wurde und
– der Arbeitnehmer während der gesamten Dauer des Arbeitsverhältnisses nicht einschlägig in Erscheinung getreten ist (*LAG Köln* 3.5.2000 ZTR 2001, 43).

895 Anders ist es dagegen dann, wenn sich der Bewerber die Einstellung bei einer **Berufsgenossenschaft** als Technischer Aufsichtsbeamter im Status eines Dienstordnungs-Angestellten durch die Vorlage eines gefälschten **Diplomzeugnisses und Hochschuldiploms** erschleicht; die Anfechtung ist dann gem. § 123 BGB wirksam, selbst wenn das Vertragsverhältnis bereits über viele Jahre bestanden hat (*LAG Nbg.* 24.8.2005 – 9 Sa 400/05, FA 2006, 123 LS). Gleiches gilt dann, wenn der Arbeitgeber ein schützenswertes Interesse daran hat, dass die ihm vorgelegten **Zeugnisse auch der tatsächlichen Qualifikation entsprechen**, selbst nach 8-jähriger Tätigkeit (*LAG BW* 13.10.2006 LAGE § 123 BGB 2002 Nr. 3).

## IV. Rechtsfolgen von Nichtigkeit und Anfechtung?

896 Das nichtige Rechtsgeschäft hat – unabhängig vom Parteiwillen – keine Geltung.

897 Das ist z. B. dann der Fall, wenn ein Arbeitsvertrag gem. § 134 BGB nichtig ist, weil er die Ausübung des **ärztlichen Berufs** zum Gegenstand hat und die erforderliche Approbation oder Erlaubnis weder vorliegt noch erteilt werden kann. Auch ein sog. faktisches Arbeitsverhältnis (s. Rdn. 907 ff.) kommt dann nicht zustande. Folge ist vielmehr die Rückabwicklung der erbrachten Leistungen nach Bereicherungsrecht. Gem. § 817 S. 2 BGB ist die Rückforderung des Wertes der Arbeitsleistung ausgeschlossen, wenn mit der Erbringung der Arbeitsleistung vorsätzlich gegen das Verbot der Ausübung der Heilkunde ohne Approbation verstoßen wurde. Allerdings kommt im Einzelfall eine **Einschränkung des Ausschlusses der Rückforderung nach Treu und Glauben in Betracht** (*BAG* 3.11.2004 EzA § 134 BGB 2002 Nr. 3; s. *Joussen* NZA 2006, 963 ff.).

898 Die wirksam erklärte Anfechtung führt grds. dazu, dass das angefochtene Rechtsgeschäft als von Anfang an nichtig angesehen wird (§ 142 Abs. 1 BGB; s. aber Rdn. 903 ff.).

899 Im Falle der Irrtumsanfechtung muss der Anfechtende gem. § 122 BGB den Schaden ersetzen, der dadurch entstanden ist, dass ein anderer auf die Gültigkeit des Rechtsgeschäfts vertraut hat (Vertrauensschaden, negatives Interesse; vgl. *BGH* 14.3.1969 AP Nr. 1 zu § 122 BGB).

900 Dagegen ist der arglistig Täuschende oder Drohende im Falle des § 123 BGB ohne diese Beschränkung *auf das negative* Interesse zum Schadensersatz gem. §§ 823, 826, 249 BGB verpflichtet.

## E. Rechtsmängel des Arbeitsvertrages  Kapitel 2

Im Übrigen ist für den Fall, dass ein Arbeitsvertrag wirksam angefochten ist (§§ 119, 123, 142 BGB), hinsichtlich der eintretenden Rechtsfolgen zu entscheiden zwischen den Fällen, in denen das Arbeitsverhältnis bereits in Vollzug gesetzt war und denen, in denen nur der Arbeitsvertrag abgeschlossen worden ist. 901

### 1. Rechtslage vor Vollzug des Arbeitsverhältnisses

Vor Vollzug des Arbeitsverhältnisses gelten die allgemeinen Regelungen des BGB, d. h. der abgeschlossene Arbeitsvertrag ist rückwirkend als von Anfang an nichtig anzusehen (§ 142 Abs. 1 BGB). 902

### 2. Rechtslage nach Arbeitsaufnahme

#### a) Verhältnis von Anfechtung und Kündigung

Teilweise (*LAG BW* 10.10.1956 DB 1956, 1236) wird die Auffassung vertreten, dass §§ 119 ff. BGB nach Aufnahme der Arbeit durch den Arbeitnehmer nicht mehr anwendbar sind. An ihre Stelle sollen die Regelungen über die außerordentliche Kündigung treten. 903

Allerdings soll die Kündigung ein Arbeitsverhältnis, das fehlerfrei zustande gekommen ist, **für die Zukunft beseitigen**, weil sich entweder nachträglich die Voraussetzungen geändert haben oder eine Fortsetzung des Arbeitsverhältnisses nunmehr nicht mehr gewollt ist (*BAG* 5.12.1957 AP Nr. 2 zu § 123 BGB). 904

Wirkt folglich ein Anfechtungsgrund so stark nach, dass er dem Anfechtungsberechtigten die Fortsetzung des Arbeitsverhältnisses unzumutbar macht, so kann ein und derselbe Grund sowohl zur Anfechtung als **auch zur außerordentlichen Kündigung** berechtigen (*BAG* 14.12.1979 EzA § 119 BGB Nr. 11; 16.12.2004 EzA § 123 BGB 2002 Nr. 5). 905

In einem solchen Fall steht es dem Anfechtungs- und Kündigungsberechtigten frei, welche rechtliche Gestaltungsmöglichkeit er ausüben will; ihm steht ein Wahlrecht zu (*BAG* 16.12.2004 EzA § 123 BGB 2002 Nr. 5 = ZTR 2005, 379 = NZA 2006, 624 LS). Wenn er allerdings eine Anfechtung erklärt hat, so muss er sich an seinem verlautbarten Willen festhalten lassen und kann sich nicht darauf berufen, die Wirksamkeit seiner rechtsgestaltenden Erklärung sei unter dem Gesichtspunkt einer außerordentlichen Kündigung zu überprüfen (*BAG* 29.8.1974 – 2 AZR 417/73, n. v.; zit. nach KR/ *Fischermeier* § 626 BGB Rn. 44 ff.). 906

#### b) Faktisches Arbeitsverhältnis

Demgegenüber entsteht nach ganz überwiegend vertretener Auffassung (*BAG* 16.9.1982 EzA § 123 BGB Nr. 22; 29.8.1984 EzA § 123 BGB Nr. 25; s. a. *Strick* NZA 2000, 695 ff.) durch die tatsächliche Arbeitsaufnahme ein sog. faktisches Arbeitsverhältnis, das grds. nicht mehr rückwirkend beseitigt werden kann. 907

#### aa) Keine Rückwirkung der Anfechtung

Ist der Arbeitsvertrag nichtig (§§ 125, 134, 138 BGB), so kann sich jede Vertragspartei – entgegen § 142 Abs. 1 BGB **nur mit ex-nunc Wirkung** für die Zukunft – durch einseitige Erklärung – für die weder Beschränkungen nach dem MuSchG, dem BEEG noch dem SGB IX gelten – von dem faktischen Arbeitsverhältnis lösen (*BAG* 5.12.1957 AP Nr. 2 zu § 123 BGB; 18.4.1968 AP Nr. 32 zu § 63 HGB; *LAG BW* 13.10.2006 LAGE § 123 BGB 2002 Nr. 3; s. *Joussen* NZA 2006, 963 ff.). 908

Im Hinblick auf die offensichtlichen Schwierigkeiten bei der Rückabwicklung hat sich die Auffassung durchgesetzt, dass ein bereits in Vollzug gesetzter Arbeitsvertrag nicht mehr mit rückwirkender Kraft angefochten werden kann. 909

**Kapitel 2** — Anbahnung und Begründung des Arbeitsverhältnisses

910 In Funktion gesetzt ist ein Arbeitsvertrag bereits dann, wenn der Arbeitnehmer am Tage des Dienstantritts **im Betrieb erschienen ist**, seinen Arbeitsplatz zugewiesen sowie Informationsmaterial für seine zukünftige Tätigkeit erhalten hat.

911 Anstelle der rückwirkenden Nichtigkeit wird der Anfechtung nur die kündigungsähnliche Wirkung der Auflösung des Arbeitsverhältnisses für die Zukunft zugeschrieben. Insoweit handelt es sich um eine richterliche Rechtsfortbildung.

912 Das führt z. B. nach Auffassung des *LAG Nbg.* (28.8.2003 – 8 Sa 142/03, EzA-SD 25/2003, S. 8 LS) dazu, dass der Arbeitgeber bereits **erdientes Entgelt nicht zurückfordern kann**, selbst dann nicht, wenn der Arbeitnehmer Leistungen erbringt, für die ihm die Qualifikation fehlt. Dies gilt jedenfalls dann, wenn er die vertraglich geschuldete Leistung rein tatsächlich voll erbracht hat.

*bb) Fehlende Arbeitsleistung nach ursprünglicher Aktualisierung*

913 Etwas anderes galt allerdings dann, wenn das Arbeitsverhältnis zwar zunächst aktualisiert, sodann aber – warum auch immer – wieder außer Funktion gesetzt worden war und der Arbeitnehmer von da ab keine Arbeitsleistung mehr erbracht hatte. In diesen Fällen wirkte jedenfalls die Anfechtung gem. § 123 BGB auf den Zeitpunkt der Außerfunktionssetzung zurück (*BAG* 16.9.1982 EzA § 123 BGB Nr. 22; 29.8.1984 EzA § 123 BGB Nr. 25; s. aber jetzt Rdn. 917).

914 Wenn keine Rückabwicklungsschwierigkeiten auftreten, ist es nicht gerechtfertigt, abweichend von § 142 Abs. 1 BGB der Anfechtungserklärung nur Wirkung für die Zukunft beizumessen.

915 Eine Außerfunktionssetzung in diesem Sinne lag nach zunächst vertretener Auffassung allerdings **nicht bei einer vom Willen der beiden Vertragsparteien unabhängigen Erkrankung des Arbeitnehmers** (§§ 3 ff. EFZG) vor (*BAG* 16.9.1982 EzA § 123 BGB Nr. 22; 20.2.1986 EzA § 123 BGB Nr. 27).

916 Demgegenüber wurde in der Literatur (*Brox* Anm. zu *BAG* 16.9.1982 EzA § 123 BGB Nr. 22; *v. Hoyningen-Huene/Linck* § 1 Rn. 102) die Auffassung vertreten, dass die Interessenlage der Beteiligten in beiden Fällen der Anfechtung übereinstimmt: Der Arbeitnehmer ist beim Annahmeverzug des Arbeitgebers genauso schutzbedürftig wie bei einer krankheitsbedingten Arbeitsunfähigkeit. Für den Arbeitgeber ist danach schwer einzusehen, dass er Lohn für die vor der Anfechtung liegenden krankheitsbedingten Ausfallzeiten zahlen muss, obwohl er auf Grund von außerhalb seines Einflussbereiches liegenden Umständen keine Arbeitsleistung erhalten hat, während die Entgeltfortzahlungspflicht entfallen soll, wenn er selbst die Annahme der ihm angebotenen Arbeitsleistung zu Unrecht verweigert hat.

917 Das *BAG* (3.12.1998 EzA § 123 BGB Nr. 51; vgl. dazu *Natzel* SAE 1999, 220 ff.) hat sich dem inzwischen unter Aufgabe seiner bisherigen Rechtsprechung (s. Rdn. 913) angeschlossen. **Schon der Begriff »Außerfunktionssetzung« ist normativ nicht begründet, unscharf**; auch wird das Regel-Ausnahme-Verhältnis nicht genügend berücksichtigt. Stellt man als Hauptgrund für die bisherige Rechtsprechung für eine ex-nunc-Wirkung der Anfechtung im Arbeitsverhältnis auf die Schwierigkeit, wenn nicht Unmöglichkeit ab, die beiderseits erbrachten Leistungen nach Bereicherungsgrundsätzen **rückabzuwickeln**, dann liegt dieser Grund dann gerade nicht vor, wenn der Arbeitnehmer infolge krankheitsbedingter Arbeitsunfähigkeit **nicht gearbeitet** hat, weil dann **keine Arbeitsleistung** erbracht worden ist, **die nicht zurückgewährt werden kann**. Auch der Gesichtspunkt des Arbeitnehmerschutzes trägt nicht. Denn der Arbeitnehmer ist in diesen Fällen **nicht schutzwürdig: Wer seinen Vertragspartner getäuscht hat, kann sich nicht auf den Bestand des Vertrages verlassen**. Es ist in diesen Fällen vor allem nicht einzusehen, dass der Arbeitgeber, der nur durch eine arglistige Täuschung des Arbeitnehmers zu dessen Einstellung bewogen worden ist, den Arbeitnehmer **nunmehr fürs Nichtstun bezahlen müsste** (*BAG* 3.12.1998 EzA § 123 BGB Nr. 51).

## E. Rechtsmängel des Arbeitsvertrages

### cc) Inhalt des faktischen Arbeitsverhältnisses

Aufgrund des faktischen Arbeitsverhältnisses ergeben sich quasi-vertragliche Ansprüche, d. h. es ist für die Vergangenheit wie ein fehlerfrei zustande gekommenes Arbeitsverhältnis zu behandeln (*BAG* 5.12.1957 AP Nr. 2 zu § 123 BGB; s. instr. *LAG München* 19.12.2007 LAGE § 74 HGB Nr. 22 zum Bestand eines Wettbewerbsverbots). 918

### c) Fehlende Geschäftsfähigkeit des Arbeitnehmers

Ist das Arbeitsverhältnis wegen fehlender Geschäftsfähigkeit des Arbeitnehmers (z. B. bei Nichtvorliegen der Voraussetzungen des § 113 BGB) nichtig, kann sich der Arbeitgeber wegen des Schutzzwecks der §§ 104 ff. BGB für die Vergangenheit nicht auf die Nichtigkeit berufen. Der Arbeitnehmer hat **quasi-vertragliche Ansprüche**, d. h. es ist ihm für die Zeit der Beschäftigung das Arbeitsentgelt zu zahlen, das nach dem nichtigen Vertrag zu zahlen gewesen wäre. 919

Den Arbeitnehmer treffen – auch für die Vergangenheit – **keine Pflichten aus dem Arbeitsvertrag**, weil er sich wegen des Mangels der Geschäftsfähigkeit nicht wirksam verpflichten konnte. 920

Dem Arbeitgeber hingegen stehen keine vertraglichen Leistungs- und Schadenersatzansprüche zu; Ansprüche des Arbeitgebers kommen nur gem. §§ 823 ff. BGB in Betracht. 921

### d) Fehlende Geschäftsfähigkeit des Arbeitgebers

Ist der Arbeitgeber nicht oder nur beschränkt geschäftsfähig, kommen Ansprüche des Arbeitnehmers **nur gem. §§ 812 ff., 823 ff. BGB** in Betracht. In diesen Fällen hat der Schutz des nicht voll Geschäftsfähigen Vorrang vor den Grundsätzen des faktischen Arbeitsverhältnisses. 922

### e) Verstoß gegen die guten Sitten oder ein Strafgesetz

Nicht anwendbar sind die Grundsätze über das faktische Arbeitsverhältnis dann, wenn dem Arbeitsvertrag so schwere Rechtsmängel anhaften, dass die Anerkennung quasi-vertraglicher Ansprüche der geltenden Rechtsordnung widersprechen würde. 923

Das ist vor allem dann der Fall, wenn der Vertragsinhalt gegen die guten Sitten oder ein Strafgesetz verstößt. Hat eine Partei im Übrigen die Nichtigkeit des Arbeitsvertrages gekannt, kann sie sich nicht auf quasi-vertragliche Ansprüche berufen. 924

Allerdings ist die Nichtigkeit des gesamten Vertrages nur dann anzunehmen, wenn entweder die zugesagte Tätigkeit insgesamt sittenwidrig ist oder es sich um die sittenwidrige Bindung einer Vertragspartei handelt (s. Rdn. 831 ff.). 925

Bei arglistiger Täuschung oder Drohung kann der Erhebung quasi-vertraglicher Ansprüche durch die **Einrede der Arglist** begegnet werden; anwendbar sind dann §§ 812 ff. BGB bzw. die Vorschriften des gesetzlichen Rücktrittsrechts. 926

### f) Nichtigkeit einzelner Abreden des Vertrages

Richtet sich ein gesetzliches Verbot nur gegen eine bestimmte Vertragsabrede, ist diese unverbindlich. Ihre Nichtigkeit berührt entgegen § 139 BGB nicht die Wirksamkeit des übrigen Vertrages, wenn das Verbotsgesetz den Schutz des Arbeitnehmers bezweckt (s. Rdn. 831 ff.). 927

Die durch die Nichtigkeit entstandenen Lücken sind durch Tarifnormen, Betriebsvereinbarungen, gesetzliche Bestimmungen oder die Verkehrssitte auszufüllen. Hat der Arbeitnehmer z. B. verbotene Mehrarbeit geleistet, so hat er gleichwohl Anspruch auf Vergütung als Mehrarbeit. Denn die Schutzvorschrift würde sich sonst zuungunsten des geschützten Arbeitnehmers auswirken (*BAG* 4.10.1963 AP Nr. 3 zu § 10 JArbSchG). 928

Die Nichtigkeit gilt rückwirkend von Anfang an; allerdings kann sich nur der Arbeitnehmer, nicht auch der Arbeitgeber darauf berufen. 929

## V. Beiderseitiger Irrtum

930 Zweifelhaft ist die Rechtslage, wenn sich die Parteien in einem beiderseitigen Rechtsirrtum befunden haben und ein tatsächlich und rechtlich als Arbeitsverhältnis zu qualifizierendes Rechtsverhältnis übereinstimmend **als freies Mitarbeiterverhältnis angesehen und bislang abgewickelt haben.**

931 Nach Auffassung des *BAG* (9.7.1986 EzA § 242 BGB Geschäftsgrundlage Nr. 1) richtet sich dann die Anpassung des Vertrages nach den Grundsätzen über den Wegfall der (subjektiven) Geschäftsgrundlage (§ 313 BGB), d. h. eine Anpassung des Vertrages wird i. d. R. nur noch für noch nicht beendete Vertragsverhältnisse und für die Zukunft in Betracht kommen.

932 Neben den Grundsätzen über den Wegfall der Geschäftsgrundlage (§ 313 BGB) ist § 812 Abs. 1 S. 2 BGB nicht anwendbar. Zu beachten ist dabei allerdings zum einen, dass das *BAG* (9.7.1986 EzA § 242 BGB Geschäftsgrundlage Nr. 1) davon ausgegangen ist, dass ein Wegfall der Geschäftsgrundlage in derartigen Fällen **i. d. R. nicht gegeben** ist, weil neben dem beiderseitigen Irrtum Voraussetzung für eine Abänderung des Vertrages wäre, dass das Festhalten an ihm für den Schuldner zu einem unzumutbaren Opfer wird. Denn eine Störung der Geschäftsgrundlage ist rechtlich nur von Bedeutung, wenn das Festhalten am Vertrag ein Verstoß gegen Treu und Glauben wäre, wenn also dem Schuldner die Erfüllung des Vertrages auf der bisherigen Grundlage nicht mehr so zugemutet werden könnte.

933 Das *BAG* (9.7.1986 EzA § 242 BGB Geschäftsgrundlage Nr. 1) hatte zudem nur zu entscheiden, ob der Arbeitgeber vom Arbeitnehmer die **Rückzahlung** von vermeintlich – im Hinblick auf die Nichtarbeitnehmereigenschaft – **zu viel gezahltem Entgelt** verlangen kann. Nicht ausgeschlossen ist aber auch danach, dass der Arbeitgeber für vergangene Zeiten dem Arbeitnehmer Nachzahlungen zu leisten hat, z. B. für Entgeltfortzahlung im Krankheitsfall, Urlaubsabgeltung usw. (a. A. wohl KHzA/ *Worzalla* 1.1 Rn. 369). Voraussetzung ist, dass die Ansprüche noch nicht verjährt sind, oder durch auf das Arbeitsverhältnis anzuwendende tarifliche Ausschlussfristen nicht verfallen sind. Andererseits hat das *BAG* (21.1.1998 EzA § 612 BGB Nr. 21; ebenso *LAG Köln* 10.10.1996 LAGE § 611 BGB Nr. 7; a. A. *LAG Bln.* 8.6.1993 NZA 1994, 512) für den Fall, dass einem Mitarbeiter einer öffentlich-rechtlichen Rundfunkanstalt mangels einer besonderen Vereinbarung die übliche Vergütung (§ 612 BGB) zusteht, deren Höhe davon abhängig gemacht, ob die Tätigkeit in freier Mitarbeit oder im Arbeitsverhältnis geleistet wird. Es hat im konkret entschiedenen Einzelfall dem klagenden Arbeitnehmer lediglich das im Verhältnis zu den tariflichen Honorarsätzen für freie Mitarbeiter **niedrige Tarifgehalt für Angestellte** zugebilligt. Zwischen einer Abwicklung und einer Vertragsanpassung für die Zukunft wird in dieser Entscheidung allerdings nicht unterschieden.

## VI. Klagefrist (§§ 4, 13 KSchG) für den betroffenen Arbeitnehmer?

934 Wegen des grundsätzlichen Unterschiedes zwischen Anfechtung und Kündigung braucht der Arbeitnehmer, wenn er gegen die vom Arbeitgeber erklärte Anfechtung des Arbeitsverhältnisses gerichtlich vorgehen will, nach einer z. T. (*Picker* ZfA 1981, 107 ff.; SPV/*Preis* Rn. 147; APS/*Hesse* § 4 KSchG Rn. 16; a. A. KR/*Friedrich* § 4 KSchG Rn. 16a; *Hönn* ZfA 1987, 90 f.; das *BAG* [14.12.1979 EzA § 119 BGB Nr. 11] hat diese Frage bislang ausdrücklich offen gelassen) vertretenen Auffassung nicht gem. §§ 13, 4 KSchG binnen drei Wochen nach Zugang der Anfechtungserklärung Klage beim Arbeitsgericht zu erheben.

935 Denn diese Vorschriften dienen einerseits nicht dem Bestandsschutzinteresse des Arbeitnehmers und sind andererseits auf die Besonderheiten der Kündigungsgründe in § 1 KSchG, § 626 BGB mit ihren umfassenden Interessenabwägungen ausgerichtet, die bei der Anfechtung grds. nicht stattfinden.

936 Der Arbeitnehmer kann deshalb dann, wenn der Arbeitgeber die Anfechtung des Arbeitsverhältnisses erklärt hat, ohne Fristeinhaltung in den Grenzen der allgemeinen **Verwirkung** (§ 242 BGB) durch *Feststellungsklage* (§ 256 ZPO) geltend machen, dass ein Anfechtungsgrund nicht besteht. **Der Arbeitgeber hat dann die Darlegungs- und Beweislast.**

Zu beachten ist, dass ein Anfechtungsgrund u. U. auch als Kündigungsgrund, dann meist als wichtiger Grund für eine außerordentliche Kündigung, in Betracht kommen kann. Das ist der Fall, wenn der Anfechtungsgrund im Zeitpunkt der Anfechtungserklärung so stark nachwirkt, dass deswegen die Fortsetzung des Arbeitsverhältnisses unzumutbar ist (*BAG* 28.3.1974 EzA § 119 BGB Nr. 5; 14.12.1979 EzA § 119 BGB Nr. 11; s. Rdn. 905). 937

Spricht der Arbeitgeber vorsorglich **sowohl eine Anfechtung als auch eine Kündigung** aus, so muss das Fehlen des (identischen) Anfechtungs- und Kündigungsgrundes wegen des inneren Zusammenhangs nach § 626 BGB oder § 1 Abs. 1 KSchG im Kündigungsschutzprozess geltend gemacht werden. Die Anfechtung kann in diesem Fall auch ohne Anhörung des Betriebsrats wirksam werden (s. Rdn. 890 f.). 938

## VII. Ermittlung einer Anfechtungserklärung durch Umdeutung (§ 140 BGB)?

Gem. § 140 BGB kommt eine Umdeutung eines Rechtsgeschäfts nur dann in Betracht, wenn das Rechtsgeschäft, das an die Stelle des unwirksamen treten soll, nicht weitergehende Folgen herbeiführt, als sie die unwirksame Erklärung gehabt hätte. Eine Umdeutung ist nur zulässig, wenn das **neue Rechtsgeschäft gleiche oder weniger weit reichende Folgen nach sich zieht**. 939

Deshalb kann eine ordentliche Kündigung nicht in eine Anfechtungserklärung gem. §§ 119, 123 BGB umgedeutet werden, weil diese zur sofortigen Auflösung des Arbeitsverhältnisses führen würde und auch durch die Nichtanwendbarkeit der §§ 9, 10 KSchG weitergehende Folgen für den Arbeitnehmer hat (*BAG* 3.11.1982 EzA § 15 KSchG Nr. 28). 940

Zulässig ist dagegen die Umdeutung einer außerordentlichen Kündigung in eine Anfechtungserklärung, soweit nicht ohnehin von vornherein eine Auslegung in eine Anfechtungserklärung in Betracht kommt. Das ist dann der Fall, wenn aus den Gesamtumständen ersichtlich ist, dass die Auflösung des Arbeitsverhältnisses aus Gründen des Irrtums oder der Täuschung gewollt ist. 941

## VIII. Schadenersatzansprüche aus c. i. c. (§ 313 Abs. 2, 3 BGB)?

Arglistige Täuschungen im Rahmen der Vertragsverhandlungen bedeuten stets auch ein Verschulden bei Vertragsschluss, sodass Ansprüche aus culpa in contrahendo (§ 311 Abs. 2, 3 BGB) geltend gemacht werden können. Verlangt werden kann der Ersatz des Vertrauensschadens (z. B. die Inseratskosten für die notwendige anderweitige Besetzung der Stelle). 942

Fraglich ist, ob die vom Arbeitgeber bis zur Anfechtung zu erbringende **Lohnzahlung** einen ersatzfähigen Schaden darstellt. Das kann z. B. dann der Fall sein, wenn der Arbeitnehmer die Aufgabe wegen eines Qualifikationsmangels nicht sachgerecht lösen kann, dagegen dann nicht, wenn der Arbeitnehmer zwar in ungeordneten Vermögensverhältnissen lebt, diese allerdings nicht auf die Brauchbarkeit der Arbeitsleistung durchschlagen (*BAG* 18.4.1968 AP Nr. 32 zu § 63 HGB). 943

## F. Öffentlich-rechtliche Pflichten des Arbeitgebers; Arbeitspapiere

Die Begründung des Arbeitsverhältnisses löst für den Arbeitgeber zahlreiche Meldepflichten gegenüber öffentlichen Stellen aus. 944

### I. Meldepflichten gegenüber Sozialversicherungsträgern

Die Einstellung löst (ebenso wie die Beendigung des Arbeitsverhältnisses) die Meldepflicht gem. § 28a SGB IV gegenüber der zuständigen Krankenkasse aus (zu den zuständigen Behörden vgl. §§ 4 SGB V, 28i Abs. 1 S. 1 SGB IV), von der die Krankenversicherung des Arbeitnehmers durchgeführt wird und an die der Gesamtversicherungsbeitrag abzuführen ist (zu Inhalt, Form und Frist der Meldung vgl. § 28a Abs. 3, § 28c SGB IV i. V. m. der Datenerfassungs- und Übermittlungsverordnung – DEÜV; zu Besonderheiten bei der Arbeitnehmerüberlassung und bei Hausgewerbetreibenden vgl. § 28a Abs. 4, 6, § 28m Abs. 2, 3 SGB IV). 945

946 Ergänzungen für den Bereich der Krankenversicherungen enthalten §§ 198, 200 SGB V (Meldepflicht für sonstige versicherungspflichtige Personen sowie zum Wehr- oder Zivildienst einberufene Beschäftigte); im Übrigen stehen die Meldungen gegenüber der Krankenkasse auch den anderen Sozialversicherungsträgern zur Verfügung (vgl. § 198 SGB V, § 190 SGB VI).

## II. Arbeitsschutzrecht

947 Meldepflichten im Arbeitsschutzrecht sehen vor:
– § 5 Abs. 1 S. 3 MuSchG (Mitteilung der Einstellung einer schwangeren Arbeitnehmerin gegenüber der Aufsichtsbehörde);
– § 15 HAG (Mitteilung von Namen und Arbeitsstätte des in Heimarbeit Beschäftigten gegenüber Gewerbeaufsichtsamt und Polizeibehörde);
– § 15g StVZO (u. U. Meldepflicht bei der Einstellung eines Taxi-, Mietwagen- oder Krankenwagenführers gegenüber der örtlich zuständigen Verwaltungsbehörde).

## III. Vorlage von Arbeitspapieren durch den Arbeitnehmer

948 Der Arbeitnehmer hat zu Beginn des Arbeitsverhältnisses die Lohnsteuerkarte (zur Berechnung, Einbehaltung und Abführung der vom Arbeitnehmer zu tragenden Lohnsteuer durch den Arbeitgeber, vgl. §§ 38 ff. EStG), das Sozialversicherungsnachweisheft (§ 28o SGB IV) auszuhändigen und den Sozialversicherungsausweis vorzulegen (§§ 95 Abs. 4, 97, 99 SGB IV; zu den Ausnahmen vgl. § 109 SGB IV) bzw. mitzuführen und bestimmten Kontrollbehörden auf Verlangen vorzulegen (z. B. im Bau- und Gebäudereinigergewerbe, vgl. § 107 SGB IV).

949 Daneben kommen als weitere vorzulegende Unterlagen in Betracht das **Gesundheitszeugnis** (§ 43 IfSG), die **Arbeitserlaubnis** ausländischer Arbeitnehmer (§ 285 SGB III) und die **Gesundheitsbescheinigung** von Jugendlichen (§ 32 JArbSchG); geboten sein kann auch ein Nachweis über die **Impfung gegen Hepatitis B** bei einer einzustellenden Pflegekraft (§ 4 VO arbeitsmedizinische Vorsorge; s. *ArbG Frankf./O.* 9.11.2011 – 6 Ca 874/11, ZTR 2012, 192 LS), verbunden mit einem Kostenerstattungsanspruch gem. § 670 BGB.

950 Fraglich ist, ob der Arbeitgeber die Vorlage einer Bescheinigung nach **§ 6 Abs. 2 BUrlG** zum Ausschluss von Doppelansprüchen verlangen kann.

951 Besondere Vorschriften gelten für die Arbeitnehmer im **Schiffsverkehr** (Vorlage eines Seefahrtsbuches bzw. eines Schifferdienstbuches bei Anmusterung, §§ 11, 16 SeemG, §§ 1, 4 SchifferdienstbücherG).

952 Als arbeitsrechtliche Folge der Nichtvorlage der erforderlichen Arbeitspapiere kommt insbes. die Abmahnung sowie die (außerordentliche oder ordentliche) Kündigung des Arbeitsverhältnisses in Betracht.

953 Welche Sanktion im Einzelfall gerechtfertigt ist, hängt vom jeweiligen Arbeitspapier und seiner Bedeutung für die Durchführung des Arbeitsverhältnisses ab und ferner davon, inwieweit arbeitsvertragliche Interessen des Arbeitgebers betroffen sind (vgl. zum Gesundheitszeugnis *BAG* 25.6.1970 AP Nr. 1 zu § 18 BSeuchG; 2.3.1971 AP Nr. 2 zu § 18 BSeuchG).

## IV. Überlassung von Arbeitspapieren an den Arbeitnehmer

954 Ausnahmsweise ist auch der Arbeitgeber verpflichtet, dem Arbeitnehmer Arbeitspapiere bei Beginn der Beschäftigung auszuhändigen:
– Niederschrift des Berufsausbildungsvertrages (**§ 11 Abs. 3 BBiG**);
– dem Leiharbeitnehmer ist eine Urkunde auszuhändigen, die den wesentlichen Inhalt des Arbeitsverhältnisses wiedergibt und vom Verleiher unterzeichnet ist (**§ 11 Abs. 1 S. 3 AÜG**);
– Entgeltbücher (**§ 9 HAG**) an Heimarbeiter.

## F. Öffentlich-rechtliche Pflichten des Arbeitgebers; Arbeitspapiere     Kapitel 2

### V. Information des Arbeitnehmers über die Pflicht zur unverzüglichen Meldung bei der Agentur für Arbeit (§ 2 Abs. 2 S. 2 Nr. 3 SGB III)

Gem. § 2 Abs. 2 S. 2 Nr. 3 SGB III soll der Arbeitgeber den Arbeitnehmer vor Beendigung des Arbeitsverhältnisses frühzeitig über die Verpflichtung unverzüglicher Meldung bei der Agentur für Arbeit (§ 37b SGB III; zur Neufassung dieser Regelung ab dem 1.1.2006 vgl. *Preis/Schneider* NZA 2006, 177 ff.) informieren. Dabei handelt es sich aber nur um eine **Obliegenheit**, die ihrem Schutzzweck nach **rein sozialrechtlicher Natur** ist. 955

Die Informationspflicht bezweckt eine Verbesserung des Zusammenwirkens von Arbeitgeber, Arbeitnehmer und den Agenturen für Arbeit und dient nicht dem Schutz des Vermögens des Arbeitnehmers. Der Arbeitgeber wird zur Mitwirkung veranlasst, um i. S. d. Solidargemeinschaft den Eintritt der Arbeitslosigkeit möglichst zu vermeiden und die Dauer eingetretener Arbeitslosigkeit einzugrenzen. **Ein Verstoß gegen diese Pflicht begründet deshalb keinen Schadensersatzanspruch des Arbeitnehmers** (*BAG* 29.9.2005 EzA § 280 BGB 2002 Nr. 1 m. Anm. *Gitter* SAE 2006, 190; *LAG RhPf* 11.5.2005 – 9 Sa 908/04, EzA-SD 17/2005 S. 13 LS; a. A. *Ziegelmeier* DB 2004, 1830 ff.; s. Rdn. 426). 956

Aus dieser Norm folgt auch nicht die Verpflichtung des Arbeitgebers, den Arbeitnehmer bereits bei Abschluss eines befristeten Arbeitsvertrages vorsorglich auf die Pflicht zur Arbeitslosmeldung hinzuweisen (*LAG Düsseld.* 2.3.2005 – 4 Sa 1919/04, EzA-SD 11/2005 S. 13 LS).

# Kapitel 3  Der Inhalt des Arbeitsverhältnisses

## Übersicht

| | Rdn. |
|---|---|
| A. **Pflichten des Arbeitnehmers** | 1 |
| I. Der Inhalt der Arbeitspflicht | 1 |
|   1. Grundlagen | 1 |
|   2. Pflicht zur persönlichen Arbeitsleistung | 4 |
| II. Veränderung der Leistungsart | 9 |
|   1. Grundlagen | 9 |
|     a) Arbeitsvertragliche Änderungsbefugnis | 9 |
|     b) Tarifliche Änderungsbefugnis | 11 |
|   2. Konkretisierung der Arbeitspflicht | 15 |
|   3. Versetzung des Arbeitnehmers | 17 |
| III. Umfang und Intensität der Arbeitspflicht | 20 |
| IV. Ort der Arbeitsleistung | 26 |
| V. Arbeitszeit | 31 |
|   1. Abgrenzungen | 35 |
|     a) Arbeitsbereitschaft | 35 |
|     b) Bereitschaftsdienst; Bereitschaftszeiten | 39 |
|     c) Rufbereitschaft | 51 |
|   2. Wege- und Dienstreisezeiten | 57 |
|   3. Ruhezeiten und Ruhepausen | 65 |
|   4. Umfang der Arbeitszeit | 70 |
|     a) Grundlagen | 70 |
|     b) Überschreitung der Dauer der Arbeitszeit | 79 |
|     c) Der Anspruch auf Teilzeitbeschäftigung (TzBfG) | 107 |
|     d) Unterschreitung der Arbeitszeit | 256 |
|     e) Begrenzung der Arbeitszeit | 257 |
|     f) Anspruch auf Verlängerung der Arbeitszeit nach vorheriger Verringerung? | 258 |
|   5. Lage der Arbeitszeit | 259 |
|   6. Beginn und Ende der Arbeitszeit | 263 |
|   7. Der Sonderfall: Schullehrer | 270 |
| VI. Befreiung von der Arbeitspflicht | 274 |
|   1. Einverständliche Arbeitsbefreiung | 274 |
|     a) Anspruch des Arbeitnehmers auf Freistellungsvereinbarung | 278 |
|     b) Wirkung der Arbeitsbefreiung | 290 |
|     c) Dauer und Beendigung der Freistellung | 296 |
|     d) Anrechnung anderweitigen Verdienstes? | 299 |
|     e) Sozialversicherungsrechtliche Konsequenzen | 302 |
|   2. Freistellung durch einseitige Erklärung des Arbeitgebers und des Arbeitnehmers; tarifliche Regelungen; Schuldrechtsreform | 305 |
|   3. Gesetzliche Befreiung von der Arbeitspflicht | 312 |

| | Rdn. |
|---|---|
|     a) Unmöglichkeit der Arbeitsleistung | 312 |
|     b) Unzumutbarkeit der Arbeitsleistung | 317 |
|   4. Annahmeverzug des Arbeitgebers | 321 |
|   5. Zurückbehaltungsrecht des Arbeitnehmers | 323 |
|     a) Grundlagen | 323 |
|     b) Beispiele | 328 |
|   6. Arbeitsverhinderung aus sonstigen Gründen | 342 |
|   7. Ruhen des Arbeitsverhältnisses | 344 |
| VII. Durchsetzung des Anspruchs auf Arbeitsleistung | 345 |
|   1. Klage auf Erfüllung | 345 |
|   2. Einstweilige Verfügung; Klage auf Unterlassung anderweitiger Erwerbstätigkeit | 348 |
| VIII. Nebenpflichten des Arbeitnehmers | 353 |
|   1. Grundlagen | 353 |
|   2. Rechtsgrundlage | 355 |
|   3. Arten von Nebenpflichten (Überblick) | 358 |
|   4. Wettbewerbsverbot | 361 |
|     a) Grundlagen; persönlicher Geltungsbereich | 361 |
|     b) Zeitlicher Geltungsbereich | 365 |
|     c) Gegenstand des Wettbewerbsverbots | 374 |
|     d) Rechtsfolgen des Wettbewerbsverstoßes | 396 |
|     e) Gerichtliche Geltendmachung | 415 |
|   5. Wahrung des Betriebsfriedens und der betrieblichen Ordnung | 416 |
|     a) Grundlagen | 416 |
|     b) Einzelfragen | 423 |
|   6. Schutz des Unternehmenseigentums | 446 |
|   7. Pflicht zur Verschwiegenheit über betriebliche Angelegenheiten | 450 |
|     a) Grundlagen | 450 |
|     b) Einzelfälle | 454 |
|     c) Zeitlicher Geltungsbereich | 464 |
|     d) Rechtsfolgen der Schweigepflichtverletzungen | 469 |
|     e) Verschwiegenheitspflichten auf Grund besonderer Stellung | 474 |
|   8. Unterlassung unternehmensschädlicher Meinungsäußerungen und der Verbreitung wahrer Tatsachen | 477 |
|     a) Grundlagen | 477 |
|     b) Kritische Äußerungen über den Arbeitgeber und Betriebsangehörige | 481 |

# Der Inhalt des Arbeitsverhältnisses — Kapitel 3

|  | Rdn. |
|---|---|
| c) Unterlassung der Verbreitung wahrer Tatsachen | 484 |
| d) Falsche Verdächtigung | 485 |
| 9. Annahme von Schmiergeldern | 486 |
|    a) Grundlagen | 486 |
|    b) Rechtsfolgen | 490 |
| 10. Unternehmensschädliche Einwirkung auf Kollegen (insbes. Abwerbung) | 496 |
| 11. Außerdienstliche Verhaltenspflichten | 499 |
| 12. Pflicht zur Unternehmensförderung | 504 |
|    a) Anzeige drohender Gefahren/Schäden | 504 |
|    b) Verhinderung von Störungen und Beseitigung von Schäden | 509 |
|    c) Anzeige persönlicher Arbeitsverhinderung | 512 |
|    d) Verhältnis zu Arbeitskollegen | 513 |
|    e) Förderung des Unternehmenszwecks | 514 |
| 13. Nebenbeschäftigung | 520 |
|    a) Grundlagen | 520 |
|    b) Grenzen der Nebentätigkeit | 523 |
|    c) Vereinbarte Nebentätigkeitsverbote | 532 |
|    d) Sanktionen für Verbotsverstöße | 548 |
|    e) Zeitliche Kollisionen von Mehrfach-Arbeitsverhältnissen | 561 |
| 14. Auskunftspflichten im bestehenden Arbeitsverhältnis | 562 |
| 15. Sanktionen der Nebenpflichtverletzung (Überblick) | 566 |
| IX. Nichtleistung der Arbeit | 568 |
| 1. Grundlagen | 568 |
| 2. Unmöglichkeit der Leistung und Verzug | 571 |
| 3. Rechtsfolgen von Unmöglichkeit und Verzug | 574 |
|    a) Nachleistungsanspruch | 574 |
|    b) Mehrarbeit | 575 |
|    c) Weitere Kosten | 577 |
|    d) Zurückbehaltungsrecht | 578 |
|    e) Kürzung von freiwilligen Sozialleistungen | 579 |
|    f) Lohnminderung bei Abbruch der Ausbildung | 581 |
|    g) Weitere Rechtsfolgen | 582 |
|    h) Durch die Beendigung des Arbeitsverhältnisses entstandene Schäden | 584 |
| 4. Pauschalierter Schadensersatz | 587 |
| 5. Vertragsstrafe | 588 |
|    a) Grundlagen | 588 |
|    b) Vertragsbruch | 594 |
|    c) Festsetzung und Höhe der Vertragsstrafe | 597 |
| 6. Kündigung vor Dienstantritt | 602 |
|    a) Kündigungserklärung | 603 |

|  | Rdn. |
|---|---|
|    b) Lauf der Kündigungsfrist | 605 |
|    c) Schadensersatzanspruch des Arbeitgebers | 610 |
| X. Schlechtleistung der Arbeit | 612 |
| 1. Grundlagen | 612 |
| 2. Anspruchsgrundlage für Schadensersatzansprüche des Arbeitgebers | 613 |
| 3. Lohnminderung? | 615 |
| 4. Rechtsfolgen | 616 |
|    a) Unverschuldete Schlechtleistung | 616 |
|    b) Verschuldete Schlechtleistung | 619 |
| XI. Haftung des Arbeitnehmers | 623 |
| 1. Allgemeine Voraussetzungen | 624 |
|    a) Tatbestandsmerkmale der Haftungsansprüche | 624 |
|    b) Grundsätze der Schadensberechnung | 631 |
|    c) Ersatzfähige Schäden | 634 |
|    d) Aufrechnung mit Schadensersatzansprüchen | 636 |
| 2. Haftungsbeschränkung im Arbeitsverhältnis | 638 |
|    a) Grundlagen | 638 |
|    b) Entwicklung der Rechtsprechung des BAG | 639 |
|    c) Abwägungskriterien | 658 |
|    d) Haftpflichtversicherung des Arbeitnehmers | 661 |
|    e) Mitverschulden des Arbeitgebers (§ 254 BGB) | 663 |
|    f) Detektivkosten; Kosten für Videoüberwachung | 668 |
|    g) Unverzichtbarkeit der Haftungsbeschränkung; Haftung bei Beschädigung eines Firmenfahrzeugs bei erlaubter Privatnutzung | 672 |
| 3. Darlegungs- und Beweislast | 673 |
| 4. Mankohaftung | 676 |
|    a) Mankoabrede | 677 |
|    b) Rechtliche Grenzen | 680 |
|    c) Darlegungs- und Beweislast | 683 |
|    d) Mankohaftung ohne vertragliche Vereinbarung | 685 |
|    e) Kritik | 696a |
| 5. Haftung gegenüber Dritten | 697 |
|    a) Haftung nach den allgemeinen Vorschriften | 697 |
|    b) Freistellungsanspruch gegen den Arbeitgeber | 699 |
|    c) Dogmatische Grundlage | 702 |
|    d) Umfang des Freistellungsanspruchs; Pfändbarkeit | 703 |
|    e) Insolvenz des Arbeitgebers | 706 |
| 6. Haftung gegenüber Betriebsangehörigen | 707 |
|    a) Grundlagen; §§ 104, 105 SGB VII | 707 |

# Kapitel 3

Der Inhalt des Arbeitsverhältnisses

|   |   | Rdn. |
|---|---|---|
| | b) Zweck der Sonderregelungen | 711 |
| | c) Arbeitsunfall | 712 |
| | d) Eintritt des Versicherungsfalles auf einem versicherten Weg | 717 |
| | e) Persönliche Voraussetzungen | 730 |
| | f) Der Haftungsausschluss | 737 |
| XII. | Schuldanerkenntnis des Arbeitnehmers | 742 |
| B. | **Pflichten des Arbeitgebers** | 746 |
| I. | Zahlung und Sicherung des Arbeitsentgelts | 746 |
| | 1. Grundlagen | 746 |
| | a) Der Begriff des Arbeitsentgelts; der Euro; Lohnabrechnung | 746 |
| | b) Bemessungsgrößen | 752 |
| | c) Tarifliche Normen; übertarifliche Entgelte | 755 |
| | d) Betriebsvereinbarungen | 757 |
| | e) Einzelvertragliche Entgeltregelungen | 758 |
| | f) Freiwillige Leistungen; Widerrufsvorbehalt | 759 |
| | g) Widerrufsvorbehalt nach freiem Ermessen | 766 |
| | h) Widerruf von Entgeltbestandteilen | 768 |
| | i) Auswirkungen der Schuldrechtsreform | 769 |
| | j) Lohnabrechnung; Durchsetzung des Anspruchs | 773 |
| | 2. Entgelthöhe | 774 |
| | a) Grundlagen | 774 |
| | b) Grundsatz der Lohngleichheit von Männern und Frauen | 779 |
| | c) Zinsen | 787 |
| | d) Steuerschaden | 795 |
| | 3. Brutto- und Nettoentgelte | 796 |
| | a) Die Besteuerung des Arbeitseinkommens | 796 |
| | b) Brutto-, Nettolohnvereinbarung | 825 |
| | c) Sozialversicherungsbeiträge | 849 |
| | d) Der Sonderfall: Mitarbeiter in Spielbanken | 859 |
| | 4. Erfüllung | 860 |
| | a) Grundlagen | 860 |
| | b) Entgeltberechnung bei außerordentlicher Kündigung | 865 |
| | c) Gehaltsvorschüsse; Abschlagszahlungen; Arbeitszeitkonto | 866 |
| | d) Sachbezüge als Teil des Arbeitsentgelts (§ 107 Abs. 2 GewO) | 868 |
| | e) Aufrechnung gegen eine Lohnforderung | 872 |
| | f) Entgelt nach Maßgabe von Zielvereinbarungen | 876 |
| | 5. Leistungsbezogene Entgelte; Eingruppierung nach dem BAT | 877 |
| | a) Grundlagen | 877 |

|   |   | Rdn. |
|---|---|---|
| | b) Die Vergütung der Angestellten im öffentlichen Dienst | 897 |
| | c) Akkordlohn | 945 |
| | d) Prämienlohn | 960 |
| | e) Leistungslohn auf Grund einer individuellen Leistungsbeurteilung | 969 |
| | f) Zulagen, Zuschläge | 972 |
| | 6. Ergebnisbezogene Entgelte | 978 |
| | a) Provision | 978 |
| | b) Umsatz- und Gewinnbeteiligung | 1002 |
| | c) Zielvereinbarungen | 1012 |
| | 7. Gratifikationen, Sonderzuwendungen | 1029 |
| | a) Grundlagen | 1029 |
| | b) Zweck derartiger Leistungen | 1032 |
| | c) Die praktischen Probleme | 1033 |
| | d) Auslegung der Zusage | 1034 |
| | e) Rechtsgrundlagen | 1067 |
| | f) Rückzahlungsvorbehalte | 1089 |
| | g) Berücksichtigung von Fehlzeiten und Nichtarbeit durch Kurzarbeit mit »Null-Stunden« | 1116 |
| | h) Berücksichtigung und Anrechnung anderweitiger Sozialleistungen | 1166 |
| | i) Berechnungsmethode; Anspruchskürzung | 1173 |
| | j) Anwesenheitsprämie | 1177 |
| | 8. Sonstige Entgelte | 1181 |
| | a) Sachzuwendungen | 1181 |
| | b) Vermögensbeteiligung | 1209 |
| | c) Arbeitgeberdarlehen | 1212 |
| | d) Arbeitnehmerdarlehen | 1237 |
| | e) Miles & More-Bonus-Programme | 1239 |
| | 9. Abtretung | 1240 |
| | a) Grundlagen | 1240 |
| | b) Ausschluss der Abtretbarkeit bei Unpfändbarkeit | 1241 |
| | c) Abfindung | 1246 |
| | d) Vereinbarung eines Abtretungsverbots | 1247 |
| | e) Vorausabtretung; AGB | 1252 |
| | 10. Lohnpfändung | 1256 |
| | a) Grundlagen | 1256 |
| | b) Ablauf der Lohnpfändung | 1259 |
| | c) Die Rechtsstellung des Arbeitgebers nach der Pfändung | 1299 |
| | d) Die Rechtsstellung des Gläubigers nach der Pfändung | 1333 |
| | e) Die Rechtsstellung des Arbeitnehmers nach der Lohnpfändung | 1336 |
| | f) Besonderheiten der Pfändung von Lohnansprüchen ziviler Arbeitnehmer gegen die alliierten Stationierungsstreitkräfte | 1340 |

|  | Rdn. |
|---|---|
| g) Lohnpfändungsschutz | 1343 |
| 11. Rückzahlung von Vergütung | 1382 |
| a) Anwendbarkeit der §§ 812 ff. BGB | 1382 |
| b) Darlegungs- und Beweislast für den Wegfall der Bereicherung | 1389 |
| c) Besonderheiten im öffentlichen Dienst | 1392 |
| d) Erstattung von Sozialversicherungsbeiträgen und Lohnsteuer | 1394 |
| e) Der Sonderfall: Negatives Arbeitszeitguthaben | 1398 |
| 12. Das Arbeitsentgelt in der Insolvenz des Arbeitgebers | 1399 |
| a) Schutz des Arbeitsentgelts durch die InsO | 1399 |
| b) Geschützter Personenkreis | 1416 |
| c) Arbeitsentgelt i. S. d. § 55 InsO, § 183 SGB III | 1422 |
| d) Insolvenzgeld | 1457 |
| e) Vorfinanzierung durch Dritte | 1480 |
| II. Arbeitsentgelt ohne Arbeitsleistung | 1484 |
| 1. Annahmeverzug des Arbeitgebers | 1484 |
| a) Grundlagen | 1484 |
| b) Voraussetzungen des Annahmeverzuges | 1496 |
| c) Beendigung des Annahmeverzuges | 1557 |
| d) Die Rechtswirkungen des Annahmeverzuges | 1581 |
| e) Anrechnung auf den entgangenen Verdienst | 1592 |
| f) Darlegungs- und Beweislast | 1624 |
| g) Betriebsrisiko | 1628 |
| h) Wirtschaftsrisiko | 1651 |
| 2. Arbeitsverhinderung aus persönlichen und sonstigen Gründen | 1654 |
| a) Arbeitsverhinderung aus persönlichen Gründen | 1654 |
| b) Freizeit zur Stellensuche (§ 629 BGB; § 2 Abs. 2 Nr. 3 SGB III) | 1693 |
| c) Ausübung staatsbürgerlicher Rechte und Pflichten | 1694 |
| d) Wahrnehmung mitbestimmungsrechtlicher Aufgaben und Rechte | 1707 |
| e) Gesetzliche Beurlaubung bei Wehr- und Zivildienst | 1708 |
| 3. Die Lohnzahlung an Feiertagen | 1715 |
| a) Normative Grundlagen | 1715 |
| b) Räumlicher Anwendungsbereich der §§ 1, 2 EFZG | 1719 |
| c) Anspruchsvoraussetzungen der Feiertagsvergütung | 1722 |
| d) Umfang und Berechnung der Feiertagsvergütung | 1752 |
| e) Unabdingbarkeit des Anspruchs | 1768 |

|  | Rdn. |
|---|---|
| f) Der Ausschluss der Feiertagsvergütung | 1775 |
| g) Darlegungs- und Beweislast | 1780 |
| 4. Entgeltfortzahlung im Krankheitsfall | 1781 |
| a) Grundlagen | 1781 |
| b) Anspruchsvoraussetzungen | 1784 |
| c) Höhe des Entgeltfortzahlungsanspruchs | 1872 |
| d) Beginn und Dauer des Entgeltfortzahlungsanspruchs | 1908 |
| e) Entgeltfortzahlung über das Ende des Arbeitsverhältnisses hinaus | 1926 |
| f) Mehrfacherkrankungen | 1949b |
| g) Anzeige- und Nachweispflichten | 1976 |
| h) Darlegungs- und Beweislast hinsichtlich der Arbeitsunfähigkeit; Zweifel am Inhalt der Arbeitsunfähigkeitsbescheinigung | 2033 |
| i) Rechtsmissbräuchliche Geltendmachung (§ 242 BGB); Unzumutbarkeit; Schadensersatz | 2067 |
| j) Verzicht auf Entgeltfortzahlung | 2074 |
| k) Maßnahmen der medizinischen Vorsorge und Rehabilitation | 2084 |
| l) Forderungsübergang auf den Arbeitgeber bei Dritthaftung | 2093 |
| m) Forderungsübergang auf Sozialleistungsträger | 2101 |
| n) Entgeltfortzahlungsversicherung | 2117 |
| 5. Urlaubsrecht | 2124 |
| a) Normative Regelungen | 2124 |
| b) Rechtsnatur des Urlaubsanspruchs | 2126 |
| c) Auswirkungen abweichender (insbes. tariflicher) Regelungen | 2172 |
| d) Mutterschutzfristen, Elternzeit | 2191 |
| e) Erkrankung des Arbeitnehmers | 2192 |
| f) Ersatzurlaubsanspruch | 2193 |
| g) Umfang des Urlaubsanspruchs | 2203 |
| h) Urlaubsabgeltung | 2279 |
| i) Erkrankung während des Urlaubs; Erwerbsunfähigkeit; Maßnahmen der medizinischen Vorsorge oder Rehabilitation | 2316 |
| j) Urlaubsgeld | 2327 |
| k) Die zeitliche Festlegung des Urlaubs | 2332 |
| l) Verfallfristen | 2362 |
| m) Unabdingbarkeit (§ 13 BUrlG) | 2371 |
| n) Zweckbindung des Urlaubs | 2392 |
| o) Rechtsschutz | 2397 |
| p) Der Urlaubsentgelt- und -abgeltungsanspruch; Pfändbarkeit | 2413 |
| q) Urlaub für jugendliche Arbeitnehmer und Auszubildende | 2465 |
| r) Zusatzurlaub für schwer behinderte Menschen | 2470 |

# Kapitel 3 — Der Inhalt des Arbeitsverhältnisses

| | Rdn. |
|---|---|
| s) Urlaub im Bereich der Heimarbeit | 2493 |
| t) Urlaub nach dem SeemG | 2498 |
| u) Urlaub im Baugewerbe und im Maler- und Lackierhandwerk | 2510 |
| v) Sonderregelungen bei Bundesbahn und Bundespost | 2526 |
| w) Urlaub und Grundwehrdienst, Wehrübungen, Zivildienst | 2527 |
| x) Urlaub und BEEG | 2537 |
| y) Bildungsurlaub | 2591 |
| III. Pflichten zur Wahrung von Arbeitnehmerinteressen | 2689 |
| 1. Allgemeine Fürsorgepflicht, Rücksichtnahmepflicht des Arbeitgebers | 2689 |
| a) Begriffsbestimmung | 2689 |
| b) Dogmatische Grundlage | 2693 |
| c) Gegenstand der Schutzpflichten | 2694 |
| d) Abgrenzung zu den Hauptleistungspflichten des Arbeitgebers | 2702 |
| e) Grenzen der Schutzpflichten | 2706 |
| f) Abdingbarkeit/Unabdingbarkeit | 2713 |
| g) Sanktionen der Verletzung von Nebenpflichten | 2716 |
| 2. Beschäftigungsanspruch des Arbeitnehmers | 2724 |
| a) Begriffsbestimmung; Anspruchsgrundlage | 2724 |
| b) Inhalt des Anspruchs; Interessenabwägung | 2733 |
| c) Durchsetzung des Anspruchs | 2747 |
| d) Rechtsfolgen der Nichtbeschäftigung | 2752 |
| 3. Schutzpflichten für Leben und Gesundheit des Arbeitnehmers | 2766 |
| a) Zweck der Arbeitnehmerschutzvorschriften | 2766 |
| b) Normative Grundlagen | 2769 |
| c) Doppelwirkung des öffentlich-rechtlichen Arbeitsschutzes; Grenzen | 2785 |
| d) Unabdingbarkeit; Kosten | 2791 |
| e) Anforderungen an Arbeitsstätten; Gefährdungsbeurteilung | 2801 |
| f) Nichtraucherschutz | 2806 |
| g) Arbeitsanweisungen und Belehrungen | 2808 |
| h) Unterbringung und Verpflegung | 2811 |
| i) Vorsorgeuntersuchungen; Untersuchungen bei gesundheitlichen Bedenken | 2816 |
| j) Gestaltung des Arbeitsplatzes werdender und stillender Mütter | 2821 |
| k) Sanktionen der Verletzung von Arbeitnehmerschutznormen | 2823 |
| 4. Schutz der Vermögensgegenstände des Arbeitnehmers | 2839 |

| | Rdn. |
|---|---|
| a) Problemstellung | 2839 |
| b) Schutzpflicht des Arbeitgebers | 2841 |
| c) Schadensersatzansprüche des Arbeitnehmers | 2860 |
| d) Haftungsausschluss | 2867 |
| 5. Haftung des Arbeitgebers für Eigenschäden des Arbeitnehmers | 2870 |
| a) Problemstellung | 2870 |
| b) Keine verschuldensunabhängige Haftung des Arbeitgebers | 2871 |
| c) § 670 BGB analog | 2875 |
| d) Verkehrsunfälle mit dienstlich genutztem Privat-Pkw oder sonstigem Privatfahrzeug; Diebstahl des Firmen-Pkw | 2887 |
| e) Ärztliche Untersuchungen | 2897 |
| 6. Aufwendungsersatz | 2898 |
| a) Begriffsbestimmung | 2898 |
| b) Ersatzfähige Aufwendungen | 2900 |
| c) Kosten der persönlichen Lebensführung; häusliches Arbeitszimmer | 2908 |
| d) Geldstrafen; Bußgelder | 2910 |
| 7. Sonstige Vermögenssorge | 2913 |
| 8. Schutz der Arbeitnehmerpersönlichkeit; Mobbing | 2918 |
| a) Begriffsbestimmung | 2918 |
| b) Grenzen des Persönlichkeitsschutzes | 2923 |
| c) Einzelfälle | 2925 |
| d) Wahrung der Ehre des Arbeitnehmers | 2973 |
| e) Schutz vor sexueller Belästigung am Arbeitsplatz | 2975 |
| f) Freie Gestaltung des Äußeren | 2980 |
| g) Außerdienstliches Verhalten | 2984 |
| h) Schutz der Freiheitssphäre des Arbeitnehmers | 2985 |
| i) Rechtswidrige Kündigung durch den Arbeitgeber | 2989 |
| j) Sanktion von Pflichtverletzungen | 2992 |
| 9. Maßregelungsverbot (§ 612a BGB) | 3014a |
| a) Grundlagen | 3014a |
| b) Tatbestandsvoraussetzungen | 3014d |
| c) Beispiele | 3014i |
| d) Rechtsfolgen | 3014l |
| e) Darlegungs- und Beweislast | 3014m |
| IV. Personalakten | 3015 |
| 1. Begriffsbestimmung | 3015 |
| 2. Entscheidung über die Führung von Personalakten | 3017 |
| 3. Inhalt der Personalakte | 3018 |
| a) Zulässige Informationen über den Arbeitnehmer | 3018 |
| b) Unzulässige Informationen über den Arbeitnehmer | 3026 |

## Der Inhalt des Arbeitsverhältnisses — Kapitel 3

| | Rdn. |
|---|---|
| c) Entscheidung über die Aufnahme von Informationen in die Personalakte | 3031 |
| d) Anhörungspflicht des Arbeitnehmers? | 3034 |
| e) Vollständigkeit der Personalakten? | 3036 |
| 4. Wahrung der Vertraulichkeit durch den Arbeitgeber | 3038 |
| a) Normative Grundlagen | 3038 |
| b) Umgang mit Personalakten | 3039 |
| c) Verhältnis zum Betriebsrat | 3042 |
| d) Verhältnis zu Dritten; Rechts- und Amtshilfe von Behörden | 3045 |
| 5. Aufbewahrungspflicht? | 3049 |
| 6. Einsichtsrecht des Arbeitnehmers | 3052 |
| 7. Recht auf Gegendarstellung | 3057 |
| 8. Widerruf; Berichtigungs-, Entfernungsanspruch | 3061 |
| a) Widerruf; Berichtigungsanspruch | 3061 |
| b) Entfernungsanspruch | 3064 |
| c) Rechtsschutzmöglichkeiten des Arbeitnehmers | 3081 |
| V. Beschäftigtendatenschutz | 3084 |
| 1. Grundlagen | 3084 |
| a) Problemstellung | 3084 |
| b) Funktion des Datenschutzes | 3085 |
| c) Normative Grundlagen | 3086 |
| 2. Allgemeine Rechtsgrundsätze | 3088 |
| a) Anwendungsbereich des BDSG | 3088 |
| b) Personenbezogene Daten | 3091 |
| c) Erheben, Verarbeiten und Nutzung | 3092 |
| d) Verbot mit Erlaubnisvorbehalt | 3093 |
| e) Benachrichtigungspflichten des Arbeitgebers – Auskunftsansprüche des Arbeitnehmers | 3104 |
| f) Betrieblicher Datenschutzbeauftragter | 3108 |
| 3. Erhebung, Verarbeitung und Nutzung zur Begründung eines Beschäftigungsverhältnisses | 3111 |
| a) Erforderlichkeit | 3112 |
| b) Fragerecht des Arbeitgebers | 3113 |
| c) Einstellungsuntersuchung | 3115 |
| d) Gendiagnostische Untersuchungen | 3119 |
| e) Datenerhebung bei Dritten oder aus anderen Quellen | 3120 |
| f) Löschung von Daten | 3124 |
| 4. Datenschutz bei der Durchführung des Beschäftigungsverhältnisses | 3126 |
| a) Erfüllung der vertraglichen Haupt- und Nebenleistungspflichten | 3127 |
| b) Ermittlungsmaßnahmen | 3131 |
| c) Videoüberwachung | 3137 |
| d) Ortungssysteme | 3141 |

| | Rdn. |
|---|---|
| e) Biometrische Verfahren | 3146 |
| f) Telekommunikation | 3148 |
| 5. Beendigung des Arbeitsverhältnisses | 3153 |
| 6. Umgang mit Arbeitnehmerdaten aus dem Beschäftigungsverhältnis | 3155 |
| a) Datenweitergabe im Konzern | 3156 |
| b) Datenweitergabe bei Unternehmenstransaktionen | 3161 |
| c) Datenweitergabe bei Rechtsstreitigkeiten | 3162 |
| 7. Beteiligung von Betriebs- und Personalrat | 3163 |
| 8. Rechtsfolgen eines datenschutzrechtlichen Verstoßes | 3165 |
| VI. Recht am Arbeitsergebnis | 3171 |
| 1. Grundlagen | 3171 |
| 2. Das Recht der Arbeitnehmererfindungen | 3185 |
| a) ArbNErfG | 3185 |
| b) Patent- und gebrauchsmusterfähige Diensterfindungen | 3187 |
| c) Freie Erfindungen | 3263 |
| d) Vorschläge zur Rationalisierung und für technische Verbesserungen | 3268 |
| e) Sonderregelungen für den öffentlichen Dienst | 3282 |
| 3. Urheberrechtlich geschützte Werke | 3283 |
| a) Arbeitsvertraglich geschuldete Werke | 3283 |
| b) Arbeitsvertraglich nicht geschuldete Werke | 3310 |
| 4. Geschützte Leistungen ausübender Künstler | 3313 |
| 5. Begrenzung der Rechte der angestellten Urheber und ausübenden Künstler | 3325 |
| VII. Recht der betrieblichen Altersversorgung | 3326 |
| 1. Grundlagen | 3326 |
| a) Begriffsbestimmungen | 3326 |
| b) Freiwillige, betrieblich veranlasste Sozialleistungen | 3327 |
| c) Zweck betrieblicher Altersversorgung; Versorgung, Entgeltcharakter | 3330 |
| d) Ausgestaltungsformen betrieblicher Altersversorgung | 3334 |
| e) Abgrenzungsfragen | 3339 |
| 2. Begründung und Ausgestaltung der betrieblichen Altersversorgung | 3344 |
| a) Die Begründung betrieblicher Versorgungsansprüche | 3344 |
| b) Die Durchführungs-, Gestaltungsformen der betrieblichen Altersversorgung | 3393 |

# Kapitel 3

## Der Inhalt des Arbeitsverhältnisses

| | Rdn. |
|---|---|
| c) Die Ausgestaltung der betrieblichen Altersversorgung | 3477 |
| 3. Abwicklung betrieblicher Versorgungsverpflichtungen | 3531 |
| a) Abänderung und Einschränkung von betrieblichen Versorgungszusagen | 3531 |
| b) Wechsel des Versorgungsschuldners | 3614 |
| c) Die (persönliche) Haftung von Unternehmern für betriebliche Versorgungsverpflichtungen | 3615 |
| d) Verfügungen des Arbeitnehmers über Versorgungsansprüche | 3627 |
| e) Abtretung, Verpfändung | 3629 |
| f) Aufrechnung des Arbeitgebers | 3631 |
| g) Fälligkeit von Betriebsrenten | 3634 |
| 4. Das Gesetz zur Verbesserung der betrieblichen Altersversorgung (Betriebsrentengesetz – BetrAVG) | 3635 |
| a) Unverfallbarkeit der Versorgungsanwartschaft | 3635 |
| b) Abfindungsverbot | 3757 |
| c) Übertragung unverfallbarer Anwartschaften | 3769 |
| d) Anrechnungsverbot | 3778 |
| e) Auszehrungsverbot | 3804 |
| f) Flexible Altersgrenze | 3813 |
| g) Anpassung von Versorgungsleistungen | 3848 |
| h) Insolvenzsicherung | 3922 |
| i) Persönlicher Geltungsbereich des BetrAVG | 4020 |
| 5. Auswirkungen des AGG (ab 18.8.2006) | 4037 |
| C. **Betriebsinhaberwechsel; Arbeitgeberwechsel** | 4038 |
| I. Gesamtrechtsnachfolge | 4038 |
| 1. Grundlagen | 4038 |
| 2. Umwandlung von Unternehmen | 4039 |
| a) Umwandlungsformen | 4039 |
| b) Rechtsfolgen für die Arbeitnehmer | 4046 |
| c) Folgen für Arbeitnehmervertretungen | 4061 |
| d) Beteiligungsrechte der Arbeitnehmervertretungen | 4069 |
| e) Gläubigerschutz | 4076 |
| II. § 25 HGB | 4078 |
| III. Rechtsgeschäftlicher Betriebsübergang (§ 613a BGB) | 4080 |
| 1. Grundlagen | 4080 |
| a) Gemeinschaftsrecht der EU | 4080 |
| b) Zweck der Regelung | 4084 |
| c) Zwingendes Recht | 4085 |
| 2. Voraussetzungen des Betriebsübergangs | 4095 |

| | Rdn. |
|---|---|
| a) Betrieb | 4095 |
| b) Betriebsteil | 4110 |
| c) Übergang | 4112 |
| d) Betriebsinhaberwechsel | 4158 |
| e) Übergang durch Rechtsgeschäft | 4161 |
| f) Zeitpunkt des Übergangs | 4174 |
| 3. Rechtsfolgen des Betriebsüberganges | 4179 |
| a) Übergang der Arbeitsverhältnisse | 4179 |
| b) Das Widerspruchsrecht der Arbeitnehmer | 4192 |
| c) Individualrechtliche Folgen auf Seiten des Arbeitnehmers | 4242 |
| d) Rechtsfolgen auf Seiten des Erwerbers | 4256 |
| e) Rechtsfolgen auf Seiten des Veräußerers | 4260 |
| f) Fortgeltung von Kollektivnormen nach § 613a Abs. 1 S. 2 bis 4 BGB | 4264 |
| g) Besonderheiten bei Betriebsvereinbarungen | 4277 |
| h) Besonderheiten bei Tarifverträgen | 4282 |
| i) Altersversorgung | 4297 |
| j) Besonderheiten in der Insolvenz des Arbeitgebers | 4306 |
| D. **Sonderformen von Arbeitsverhältnissen** | 4311 |
| I. Arbeit auf Abruf (§ 12 TzBfG) | 4311 |
| 1. Begriffsbestimmung | 4311 |
| 2. Flexible Arbeitszeitdauer | 4312 |
| 3. Keine Beschränkung auf Teilzeitarbeitsverhältnisse? | 4314 |
| 4. Verteilung der Arbeitszeit; Nichtausschöpfung des Arbeitsdeputats | 4315 |
| 5. Ankündigungsfrist | 4319 |
| 6. Mindestdauer der Arbeitseinsätze | 4320 |
| 7. Arbeitsentgelt ohne Arbeitsleistung | 4322 |
| II. Arbeitsplatzteilung (§ 13 TzBfG) | 4326 |
| 1. Begriffsbestimmung | 4326 |
| 2. Lage der Arbeitszeit | 4327 |
| 3. Vertretungstätigkeit | 4329 |
| 4. Entgelt ohne Arbeitsleistung | 4333 |
| 5. Kündigungsverbot | 4334 |
| III. Gruppenarbeitsverhältnis | 4337 |
| 1. Begriffsbestimmung | 4337 |
| 2. Betriebsgruppen | 4339 |
| a) Rechtsgrundlage | 4339 |
| b) Rechtsstellung der einzelnen Arbeitnehmer | 4340 |
| c) Haftung; Darlegungs- und Beweislast | 4342 |
| d) Auflösung, Veränderung der Betriebsgruppe | 4344 |
| 3. Eigengruppe | 4345 |
| a) Begriffsbestimmung; Beispiele | 4345 |
| b) Entgeltansprüche; Haftung | 4347 |

Der Inhalt des Arbeitsverhältnisses — **Kapitel 3**

|  | Rdn. |
|---|---|
| c) Kündigung und Kündigungsschutz | 4349 |
| d) Auflösung der Eigengruppe; Mitgliederwechsel | 4352 |
| IV. Mittelbares Arbeitsverhältnis | 4353 |
| 1. Begriffsbestimmung | 4353 |
| 2. Inhaltliche Ausgestaltung | 4355 |
| V. Arbeitnehmerüberlassung | 4358a |
| 1. Grundlagen | 4358a |
| 2. Die gesetzliche Neuregelung | 4358f |
| a) Wirtschaftliche Tätigkeit | 4358f |
| b) Vorübergehend | 4358i |
| c) Konzernprivileg | 4358l |
| d) Lohnuntergrenze | 4358o |
| e) Beseitigung des »Drehtüreffekts« | 4358t |
| f) Information über freie Arbeitsplätze | 4358w |
| g) Gleicher Zugang zu den Gemeinschaftseinrichtungen oder -diensten | 4358x |
| h) Rechtsansprüche | 4358y |
| 3. Leiharbeitsverhältnis | 4359 |
| a) Begriffsbestimmungen | 4359 |
| 4. Vermutung für Arbeitsvermittlung | 4362 |
| 5. Arbeitnehmerüberlassung nach dem AÜG | 4367 |
| a) Begriffsbestimmung | 4372 |
| b) Rechtsbeziehungen zwischen den Beteiligten | 4377 |
| c) Überlassung von Auszubildenden | 4378 |
| d) Entsendung im Rahmen eines Werkvertrages; Abgrenzungsfragen | 4379 |
| e) Entsendung im Rahmen eines Dienstvertrages | 4393 |
| f) Erlaubnisvorbehalt | 4400 |
| g) Weitere Pflichten des Verleihers | 4416 |
| h) Besonderheiten des Arbeitsverhältnisses zwischen Verleiher und Leiharbeitnehmer | 4420 |
| i) Rechtsbeziehungen zwischen Verleiher und Entleiher | 4427 |
| j) Rechtsbeziehungen zwischen Entleiher und Leiharbeitnehmer | 4430 |
| k) Auswirkungen illegaler Arbeitnehmerüberlassung | 4434 |
| VI. Geringfügig Beschäftigte i. S. d. § 8 Abs. 1 SGB IV | 4458 |
| 1. Arbeitsrechtliche Einordnung | 4458 |
| 2. Sozialversicherungsrechtliche Behandlung | 4459 |
| a) Grundsätze | 4459 |
| b) Krankenversicherung | 4469 |
| c) Rentenversicherung | 4470 |
| d) Unfallversicherung | 4472 |
| e) Pflegeversicherung | 4473 |
| f) Arbeitslosenversicherung | 4474 |

|  | Rdn. |
|---|---|
| g) Gleitzone (Arbeitsentgelt zwischen 400,01 € und 800 €/Monat; ab 1.4.2003) | 4475 |
| 3. Steuerrechtliche Behandlung | 4476 |
| 4. Meldepflicht | 4480 |
| E. **Berufsausbildungsverhältnis** | 4481 |
| I. Normative Grundlagen | 4481 |
| II. Duales System | 4485 |
| III. Der Berufsausbildungsvertrag | 4486 |
| 1. Rechtsnatur und Begründung | 4486 |
| 2. Grenzen der vertraglichen Regelungsbefugnis | 4490 |
| 3. Schriftliche Niederlegung des Ausbildungsvertrages | 4494 |
| IV. Pflichten des Ausbildenden | 4499 |
| 1. Ausbildungspflicht (§ 14 Abs. 1 Nr. 1 BBiG) | 4499 |
| 2. Ausbildungsmittel | 4502 |
| 3. Nebenpflichten | 4507 |
| 4. Vergütungspflicht | 4509 |
| 5. Kosten der Berufsausbildung | 4523 |
| 6. Rechtsfolgen der Verletzung der Ausbildungspflicht; Darlegungs- und Beweislast | 4525 |
| 7. Nichtübernahme in ein Anschlussarbeitsverhältnis | 4529 |
| V. Pflichten des Auszubildenden | 4531 |
| VI. Beendigung des Berufsausbildungsverhältnisses | 4534 |
| 1. Ablauf der vertraglichen Dauer; Bestehen der Prüfung | 4534 |
| 2. Tarifliche Regelungen | 4539 |
| 3. Wiederholungsprüfungen | 4541 |
| 4. Aufhebungsvertrag | 4546 |
| 5. Kündigung des Ausbildungsvertrages | 4547 |
| 6. Schadensersatz bei vorzeitiger Beendigung, insbes. Kündigung | 4548 |
| 7. Übergang in ein Arbeitsverhältnis (§ 24 BBiG) | 4556 |
| VII. Andere Vertragsverhältnisse (§ 26 BBiG) | 4559 |
| VIII. Fortbildungsvertrag | 4564 |
| IX. Umschulungsvertrag | 4566 |
| X. Ordnung der Berufsbildung; zuständige Behörden | 4572 |
| F. **Einreden und Einwendungen** | 4576 |
| I. Verjährung | 4576 |
| 1. Grundlagen | 4576 |
| 2. Das neue Verjährungsrecht | 4577 |
| a) Die regelmäßige Verjährungsfrist | 4577 |
| b) Hemmung und Neubeginn | 4581 |
| c) Betriebliche Altersversorgung | 4584 |
| d) Übergangsvorschriften | 4585 |
| e) Hemmung und Unterbrechung der Verjährung; Kündigungsschutzklage | 4587 |
| 3. Prozessuale Fragen | 4592 |

# Kapitel 3
## Der Inhalt des Arbeitsverhältnisses

| | Rdn. |
|---|---|
| 4. Einwand des Rechtsmissbrauchs | 4594 |
| II. Verwirkung | 4597 |
|    1. Begriffsbestimmung | 4597 |
|    2. Einzelfragen | 4600 |
|    3. Kollektivvertragliche Rechte | 4613 |
| III. Ausschluss-, Verfallfristen | 4615 |
|    1. Grundlagen | 4615 |
|      a) Begriffsbestimmung | 4615 |
|      b) Zweck der Ausschlussfristen | 4616 |
|      c) Vertragsauslegung; inhaltliche Grenzen; Auswirkungen der Schuldrechtsreform | 4618 |
|      d) Ein-, zweistufige Ausschlussfristen; je nach Anspruch unterschiedliche Ausschlussfristen | 4622 |
|      e) Einseitige tarifliche Ausschlussfristen | 4629 |
|      f) Unterschiedliche Ausschlussfristen für Arbeiter und Angestellte | 4630 |
|      g) Berücksichtigung von Amts wegen | 4631 |
|      h) Schriftform | 4634 |
|    2. Beginn der Ausschlussfrist | 4636 |
|      a) Grundlagen | 4636 |
|      b) Schadensersatzansprüche | 4647 |
|      c) Rückwirkung von Ausschlussfristen | 4656 |
|      d) Zahlung »unter Vorbehalt« | 4658 |
|    3. Kenntnis des Arbeitnehmers/Arbeitgebers | 4660 |
|      a) Tarifliche Normen; § 8 TVG | 4660 |
|      b) Informationspflicht des Arbeitgebers? | 4666 |
|    4. Geltendmachung des Anspruchs | 4668 |
|      a) Inhaltliche Anforderungen; Geltendmachung durch Dritte | 4669 |
|      b) Schriftliche Geltendmachung | 4680 |
|      c) Erhebung der Kündigungsschutzklage | 4683 |
|      d) Wirkung der ordnungsgemäßen Geltendmachung | 4706d |
|    5. Erfasste Ansprüche; Auslegung | 4707 |
|      a) Grundlagen; prozessuale Konsequenzen | 4707 |
|      b) Abgerechneter Lohn; Insolvenz des Arbeitgebers; Rückzahlungsansprüche; Annahmeverzug | 4714 |
|      c) Entfernung von Abmahnungen | 4724 |
|      d) Vorruhestandsleistungen; Betriebliche Altersversorgung | 4730 |
|      e) Beschäftigungsanspruch | 4734 |
|      f) Abfindungsansprüche | 4736 |
|      g) Schadensersatzansprüche | 4742 |
|      h) Miet-, Kauf-, Darlehensverträge | 4749 |
|      i) Feiertagsentgelt; Entgeltfortzahlung | 4752 |
|      j) Urlaub; Urlaubsgeld | 4754 |
|      k) Zeugnis-, Zeugnisberichtigungsanspruch | 4760 |
|      l) Teilzeitanspruch des Arbeitnehmers | 4761 |
|      m) Ansprüche des Arbeitgebers; Erstattungsansprüche gegenüber Sozialkassen; Schadensersatzansprüche gem. § 717 Abs. 2 ZPO | 4762 |
|      n) Aufrechnung | 4772 |
|      o) Zinsen | 4774 |
|      p) Wiedereinstellungsanspruch | 4775 |
|      q) Ehegattenarbeitsverhältnis | 4776 |
|    6. Arglistige Berufung auf die Ausschlussfrist; Geltendmachung des Anspruchs | 4777 |
|    7. Einzelvertraglich vereinbarte Ausschlussfristen; Auswirkungen der Schuldrechtsreform | 4785 |
|      a) Zum alten Recht | 4785 |
|      b) Zum neuen Recht nach der Schuldrechtsreform | 4788 |
|    8. Ausschlussfristen in Betriebsvereinbarungen; Verhältnis zu tarifvertraglichen Ausschlussfristen | 4789 |
| IV. Ausgleichsquittung | 4790a |
|    1. Grundsätze | 4790a |
|      a) Typischer Inhalt von Ausgleichsquittungen | 4791 |
|      b) Zweck der Ausgleichsquittung | 4793 |
|      c) Normative Bedeutung | 4796 |
|    2. Erfasste Ansprüche | 4817a |
|      a) Grundlagen | 4817a |
|      b) Kündigungsschutzklage | 4817b |
|      c) Zahlungsansprüche | 4824a |
|      d) Nicht erfasste Ansprüche | 4836b |
|    3. Wirksamkeit der Ausgleichsquittung | 4836e |
|      a) Grundlagen | 4836e |
|      b) Anfechtung der Ausgleichsquittung; Widerruf | 4837 |
|    4. Darlegungs- und Beweislast | 4848 |
|    5. Bereicherungsanspruch | 4849 |
| V. Ausschlussklauseln im (außergerichtlichen und gerichtlichen) Vergleich | 4851 |
|    1. Auswirkungen der Ausgleichsklausel | 4855 |
|    2. Rechtsnatur und Auslegung der Ausgleichsklausel | 4864 |
|    3. Rechtsmissbrauch | 4870 |
| **G. Antidiskriminierungsrecht** | **4871** |
| I. Grundsätzliche Bedeutung | 4871 |
| II. Benachteiligungen | 4876 |
|    1. Begriff der Benachteiligung | 4877 |
|    2. Mittelbare Benachteiligung | 4879 |
|    3. (Sexuelle) Belästigung | 4880 |
|    4. Anweisung zur Benachteiligung | 4882 |
| III. Verbotene Diskriminierungsmerkmale | 4883 |
|    1. Rasse/ethnische Herkunft | 4884 |

## A. Pflichten des Arbeitnehmers

| | Rdn. | | Rdn. |
|---|---|---|---|
| 2. Geschlecht | 4885 | 4. Affirmative Action | 4932 |
| 3. Religion/Weltanschauung | 4886 | VI. Organisationspflichten des Arbeitgebers | 4935 |
| 4. Behinderung | 4887 | 1. Übersicht | 4935 |
| 5. Alter | 4888 | 2. Pflicht zur neutralen Stellenausschreibung | 4936 |
| 6. Sexuelle Identität | 4889 | 3. Pflicht zur Schulung/Hinweispflicht | 4939 |
| IV. Anwendungsbereich | 4890 | 4. Pflicht zum Abstellen von Benachteiligungen | 4941 |
| 1. Persönlicher Anwendungsbereich | 4891 | 5. Aushang/Bekanntmachungspflicht | 4943 |
| 2. Sachlicher Anwendungsbereich | 4892 | VII. Rechtsfolgen einer Benachteiligung | 4944 |
| a) Allgemeines | 4892 | 1. Übersicht | 4944 |
| b) Betriebliche Altersversorgung | 4894 | 2. Verbot der Benachteiligung | 4945 |
| c) Kündigungen | 4895 | 3. Unwirksamkeit von Vereinbarungen/Anpassung | 4948 |
| 3. Zeitlicher Geltungsbereich/Inkrafttreten | 4896 | 4. Benachteiligung als Vertragsverletzung | 4951 |
| V. Rechtfertigung von Benachteiligungen | 4897 | 5. Beschwerderecht/Beschwerdestelle | 4953 |
| 1. Struktur der Rechtfertigungsgründe | 4897 | 6. Leistungsverweigerungsrecht | 4954 |
| 2. Rechtfertigung einer unmittelbaren Benachteiligung | 4899 | 7. Schadenersatz/Entschädigung nach § 15 AGG | 4959 |
| a) Systematik von § 8 AGG | 4900 | a) Übersicht | 4959 |
| b) Rechtfertigung wegen Customer Preference | 4901 | b) Schadenersatz nach § 15 Abs. 1 AGG | 4960 |
| c) Rechtfertigung wegen besonderer Schutzvorschriften/Lohngleichheitsgebot | 4902 | c) Entschädigung nach § 15 Abs. 2 AGG | 4963 |
| d) Rechtfertigung einer Geschlechtsdiskriminierung | 4903 | d) Beweislast | 4969 |
| e) Rechtfertigung der Diskriminierung wegen Behinderung | 4905 | e) Schadenersatz/Entscheidung bei Benachteiligung durch kollektive Vereinbarungen | 4987 |
| f) Rechtfertigung der Diskriminierung wegen sexueller Identität | 4906 | f) Ausschlussfrist | 4989 |
| g) Rechtfertigung der Diskriminierung wegen Rasse/ethnischer Herkunft | 4907 | g) Prozessuale Geltendmachung | 4995 |
| | | 8. Maßregelungsverbot | 4996 |
| h) Rechtfertigung der Altersdiskriminierung | 4908 | VIII. Aufgaben des Betriebsrats | 4998 |
| | | IX. Antidiskriminierungsverbände | 4999 |
| i) Rechtfertigung von Diskriminierung wegen Religion/Weltanschauung | 4926 | X. Antidiskriminierungsstelle des Bundes | 5000 |
| | | XI. Diskriminierung bei Verbandsbeitritt | 5001 |
| 3. Rechtfertigung von mittelbarer Benachteiligung | 4930 | XII. Auswirkungen des AGG auf Organisation der Bewerberauswahl | 5002 |

## A. Pflichten des Arbeitnehmers

### I. Der Inhalt der Arbeitspflicht

#### 1. Grundlagen

Die Arbeitspflicht des Arbeitnehmers ist auf der Grundlage und in den Grenzen des Arbeitsvertrages seine Hauptleistungspflicht. Sie steht im synallagmatischen (Gegenseitigkeits-)Verhältnis zur Lohnzahlungspflicht des Arbeitgebers. Beide Pflichten bilden die tragenden Elemente des Arbeitsverhältnisses. **1**

Die geschuldete Leistung des Arbeitnehmers besteht in Arbeit, nicht nur in Arbeitsbereitschaft; die vorgesehene Dienstleistung ist auch **tatsächlich zu erbringen** (*BAG* 21.12.1954 AP Nr. 2 zu § 611 BGB Lohnanspruch). Geschuldet ist ein **Tätigwerden** des Arbeitnehmers, **nicht** dagegen **ein** bestimmter **Erfolg**. **2**

3   Der Inhalt der Arbeitsleistung ist im Arbeitsvertrag i. d. R. nur rahmenmäßig festgelegt. Die Ausfüllung des Rahmens erfolgt entsprechend den Anforderungen des Arbeitsplatzes nach Maßgabe der Verkehrssitte (§§ 157, 242 BGB). Dabei sind häufig die Branche, die Berufsbezeichnung, die tarifliche Eingruppierung nach Lohn- und Gehaltsgruppen und den dazugehörigen Tätigkeitsmerkmalen, der Betrieb und der Ort von Bedeutung. Die weitere inhaltliche Konkretisierung erfolgt im Rahmen des Direktionsrechts durch Weisungen des Arbeitgebers (s. Kap. 1 Rdn. 559 ff.).

### 2. Pflicht zur persönlichen Arbeitsleistung

4   Gem. § 613 S. 1 BGB ist der Arbeitnehmer im Zweifel verpflichtet, die Arbeitspflicht persönlich zu erfüllen; er darf sich nicht durch einen anderen vertreten lassen.

5   I. d. R. schließen schon die äußeren Umstände die Berechtigung des Arbeitnehmers zur Substituierung seiner Person durch Gehilfen oder Ersatzleute aus. Andererseits ist er aber bei Ausfall seiner Arbeitskraft (z. B. bei Urlaub oder Krankheit) nicht zur Bestellung einer Ersatzkraft verpflichtet.

6   Verstößt der Arbeitnehmer gegen seine Verpflichtung zur persönlichen Arbeitsleistung und wird die Erbringung der Leistung damit als **Fixschuld unmöglich**, wird der Arbeitnehmer gem. § 275 Abs. 1 BGB unabhängig vom Vertretenmüssen, von seiner Verpflichtung **frei**. Die **Vergütungspflicht** des Arbeitgebers **entfällt** gem. § 326 Abs. 1 BGB; der Arbeitnehmer **haftet** gem. §§ 280 Abs. 1, 3, 283 i. V. m. § 275 Abs. 1, 4 BGB auf **Schadensersatz** statt der Leistung. Bei Nachholbarkeit tritt **Verzug** (§§ 280 Abs. 1, 2, 286 BGB) ein; eine **Haftung wegen Nichterfüllung** kann sich dann aus §§ 280 Abs. 1, 3, 281 BGB ergeben. Da das Gesetz im Rahmen der §§ 611 ff. BGB **kein Gewährleistungsrecht** enthält, kann der Arbeitnehmer zudem u. U. gekündigt werden. Der Dritte hat keine Ansprüche gegen den Arbeitgeber. Allerdings ist der Arbeitgeber u. U. ungerechtfertigt bereichert (»aufgedrängte Bereicherung« i. S. d. § 812 Abs. 1 S. 1 1. Alternative BGB). Der Dritte haftet dem Arbeitgeber dagegen für verursachte Schäden (§ 823 Abs. 1 BGB); auch der Arbeitnehmer haftet insoweit gem. § 278 BGB.

7   Zulässig sind Vereinbarungen, die den Arbeitnehmer berechtigen, sich 5Dritter zur Erfüllung seiner Arbeitspflicht zu bedienen. Der Arbeitnehmer muss dann auf den Dritten so einwirken, dass dieser die Arbeitsleistung ordnungsgemäß erbringt.

8   Inwieweit der Arbeitnehmer für das Fehlverhalten des Dritten einstehen (d. h. seiner Arbeitspflicht selbst nachkommen oder Schadensersatz leisten) muss, hängt von der jeweiligen Vereinbarung ab, ebenso, ob der Arbeitnehmer den Vertrag mit dem Dritten im Namen des Arbeitgebers oder im eigenen Namen (dann liegt ein mittelbares Arbeitsverhältnis vor) abgeschlossen hat.

## II. Veränderung der Leistungsart

### 1. Grundlagen

*a) Arbeitsvertragliche Änderungsbefugnis*

9 ▶ Grds. kann die Art der Tätigkeit während des laufenden Vertragsverhältnisses jederzeit einvernehmlich geändert werden (§§ 241, 311 Abs. 1 BGB, § 105 S. 1 GewO).

Gegen den Willen des Arbeitnehmers kommt eine Änderung nur durch Änderungskündigung in Betracht (§ 2 KSchG), die sozial gerechtfertigt sein muss.

Zulässig ist auch eine arbeitsvertraglich vereinbarte **einseitige Änderungsbefugnis** des Arbeitgebers, wenn sie nicht zu einer Umgehung des Kündigungsschutzes führt.

Das ist dann der Fall, wenn **wesentliche Elemente** des Arbeitsvertrages – z. B. der **Umfang der Arbeitszeit** bei arbeitszeitabhängiger Vergütung – einer **einseitigen Änderung** unterworfen werden, durch die das Gleichgewicht Leistung und Gegenleistung grundlegend gestört würde. In diesen Fällen erfolgt eine **Ermessenskontrolle** gem. § 315 Abs. 3 BGB (*BAG* 7.9.1972 AP Nr. 2 zu § 767 ZPO; 12.12.1984 EzA § 315 BGB Nr. 29; s. Kap. 4 Rdn. 2938 ff.).

## A. Pflichten des Arbeitnehmers

An diesen Grundsätzen hat sich durch die **Schuldrechtsreform nichts geändert**. § 308 Nr. 4 BGB ist auf **arbeitsvertragliche Versetzungsvorbehalte** nicht anzuwenden, denn die Norm erfasst nur einseitige Bestimmungsrechte hinsichtlich der Leistung des Verwenders. Versetzungsklauseln in Arbeitsverträgen betreffen demgegenüber die Arbeitsleistung als die dem Verwender geschuldete Gegenleistung. Eine formularmäßige Versetzungsklausel, die materiell der Regelung in § 106 S. 1 GewO nachgebildet ist, stellt auch weder eine unangemessene Benachteiligung des Arbeitnehmers nach § 307 Abs. 1 S. 1 BGB dar noch verstößt sie allein deshalb gegen das Transparenzgebot des § 307 Abs. 1 S. 2 BGB, weil **keine konkreten Versetzungsgründe** genannt sind (*BAG* 11.4.2006 EzA § 308 BGB 2002 Nr. 5; s. dazu *Hunold* NZA 2007, 19 ff.; *Salamon/Fuhlrott* NZA 2011, 839 ff.; s. Kap. 1 Rdn. 537 ff.). Allerdings verstößt eine vorformulierte Klausel, nach der der Arbeitgeber eine andere als die vertraglich vereinbarte Tätigkeit einem Arbeitnehmer »**falls erforderlich**« und nach »**Abstimmung der beiderseitigen Interessen**« einseitig zuweisen kann, als unangemessene **Benachteiligung** gegen § 307 BGB, wenn **nicht gewährleistet** ist, dass die Zuweisung eine **mindestens gleichwertige Tätigkeit** zum Gegenstand haben muss (*BAG* 9.5.2006 NZA 2007, 145). 10

### b) Tarifliche Änderungsbefugnis

Eine einseitige Änderungsbefugnis des Arbeitgebers kann sich auch aus einem **Tarifvertrag** ergeben, der z. B. zur Zuweisung einer **niedriger entlohnten Tätigkeit** berechtigt (*BAG* 22.5.1985 EzA § 1 TVG Tarifverträge: Bundesbahn Nr. 6, 7). 11

§ 16 Abs. 1 LTV DB bestimmt insoweit: »Der Arbeiter hat, soweit es der Dienst erfordert, jede ihm übertragene Arbeit – auch an einem anderen Dienstort und bei einer anderen Dienststelle – zu leisten, die ihm nach seiner Befähigung, Ausbildung und körperlichen Eignung zugemutet werden kann, ohne dass der Arbeitsvertrag förmlich geändert wird. Dabei kann ihm sowohl eine höher als auch eine niedriger gelöhnte Beschäftigung übertragen werden.« 12

**Nach Auffassung des *BAG*** (22.5.1985 EzA § 1 TVG Tarifverträge: Bundesbahn Nr. 6, 7) **verstößt diese Regelung nicht gegen § 2 KSchG**. Denn der Tarifwortlaut stellt klar, dass durch von § 16 LTV gedeckte Umsetzungsmaßnahmen des Arbeitgebers die arbeitsvertragliche Rechtsposition des betreffenden Arbeiters nicht betroffen wird. **Vielmehr sind die dort vorgesehenen Rechtsfolgen lediglich die Auswirkung von Maßnahmen, die der Arbeitgeber auf Grund eines tariflich erweiterten Direktionsrechts bzw. einer ihm durch Tarifvertrag eingeräumten Rechtsposition von Fall zu Fall trifft.** Wenn der Arbeitgeber im Rahmen der tariflichen Grenzen von diesen Möglichkeiten Gebrauch macht und dem Arbeitnehmer eine andere Tätigkeit zuweist, bedarf es dazu, wie der Tarifvertrag selbst bestimmt, gerade nicht der Form der Kündigung, also auch keiner Änderungskündigung nach § 2 KSchG. 13

Auch eine Überprüfung der Maßnahme nach § 106 GewO oder § 315 BGB kommt nicht in Betracht (*BAG* 22.5.1985 EzA § 1 TVG Tarifverträge: Bundesbahn Nr. 6, 7). Denn die Tarifnorm sieht **eindeutige und justitiable Kriterien** vor, neben denen für § 315 BGB kein Raum ist. Eine andere Beurteilung würde zu der grundsätzlichen Befugnis der Arbeitsgerichte führen, Tarifverträge auf ihre Vereinbarkeit mit § 242 BGB zu überprüfen zu dürfen, die ihnen – wie bei Gesetzen – jedoch nicht zukommt. 14

### 2. Konkretisierung der Arbeitspflicht

Die im ursprünglichen Arbeitsvertrag vorbehaltene Weisungsbefugnis des Arbeitgebers kann durch langjährige Ausübung einer bestimmten (höher- oder zwar gleichwertigen, aber andersartigen) Tätigkeit u. U. eingeschränkt sein, wenn eine Konkretisierung der Arbeitspflicht eingetreten ist (s. Kap. 1 Rdn. 569. 15

Bewegt sich die neue Tätigkeit im Rahmen gleichwertiger Tätigkeitsfelder, kann das dann der Fall sein, wenn beim Arbeitnehmer der objektiv gerechtfertigte Eindruck entsteht, er werde gegen seinen Willen nicht mehr in andere (gleichwertige) Arbeitsfelder des Unternehmens versetzt werden (z. B. nach einer arbeitsplatzbezogenen Fortbildung, die zu einer Spezialisierung des Arbeitnehmers führt). 16

**Allein die langjährige Beschäftigung** an einem bestimmten Arbeitsplatz kann allerdings im Zweifel die einseitige Umsetzungsbefugnis des Arbeitgebers **noch nicht** einschränken (*BAG* 27.4.1988 AP Nr. 4 zu § 10 TVArb Bundespost; s. Kap. 1 Rn 569).

### 3. Versetzung des Arbeitnehmers

17 Im Rahmen der besonderen Regelung des **§ 12 BAT** ist eine Versetzung gegen den Willen des Angestellten gerechtfertigt, wenn das Interesse des Angestellten an der Weiterbeschäftigung am bisherigen Dienstort hinter dem Interesse der Allgemeinheit an der ordnungsgemäßen Durchführung der Aufgaben des öffentlichen Dienstes und damit einer Versetzung zurücktreten muss. Soll die Versetzung wegen Leistungsmängeln erfolgen, so kann eine Abmahnung als milderes Mittel geboten sein (*BAG* 30.10.1985 EzA § 611 BGB Fürsorgepflicht Nr. 40).

18 Aus dem Gedanken der Fürsorgepflicht (§ 242 BGB) kann der Arbeitgeber u. U. zur Versetzung des Arbeitnehmers verpflichtet sein, z. B. dann, wenn dessen Gesundheitszustand die Fortführung der bisherigen Tätigkeit nicht mehr erlaubt und der Wechsel auf einen gleichwertigen Arbeitsplatz dem Arbeitgeber zumutbar ist (*BAG* 25.3.1959 AP Nr. 25 zu § 611 BGB Fürsorgepflicht).

19 Es besteht allerdings keine Verpflichtung des Arbeitgebers zur Versetzung auf einen höher dotierten Arbeitsplatz (**Beförderung**), um eine Kündigung abzuwenden (*LAG Köln* 31.5.1989 DB 1989, 2234); das gilt jedenfalls für die Übertragung einer »echten« Beförderungsstelle (*BAG* 22.1.1998 NZA 1998, 536).

### III. Umfang und Intensität der Arbeitspflicht

20 Der Arbeitnehmer schuldet den Einsatz seiner eigenen Arbeitskraft und deshalb weder eine konkret bestimmte Leistungsqualität oder -quantität noch ein konkret bestimmtes Arbeitstempo. Umfang und Intensität der Arbeitsleistung unterliegen, da es um die Hauptleistungspflicht des Arbeitnehmers geht, nicht dem Weisungsrecht des Arbeitgebers, sondern werden grds. vertraglich festgelegt. Ist die Arbeitsleistung demgegenüber im Vertrag der Menge und Qualität nach nicht oder nicht näher beschrieben, so richtet sich der Inhalt des Leistungsversprechens zum einen nach dem vom Arbeitgeber durch Ausübung des Direktionsrechts festzulegenden Arbeitsinhalt und zum anderen nach dem persönlichen, subjektiven Leistungsvermögen des Arbeitnehmers (*BAG* 11.12.2003 EzA § 1 KSchG Verhaltensbedingte Kündigung Nr. 62; 17.1.2008 EzA § 1 KSchG Verhaltensbedingte Kündigung Nr. 72).

21 Die Arbeitsqualität hängt mangels entsprechender Vorgaben also vom persönlichen Leistungsvermögen des Arbeitnehmers ab. Er hat in der Arbeitszeit **unter angemessener Anspannung seiner Kräfte und Fähigkeiten, also seiner persönlichen Leistungsfähigkeit ständig zu arbeiten**, d. h. die vertraglich übernommene Arbeitsaufgabe **sorgfältig und konzentriert** zu erfüllen, ohne Körper und Gesundheit zu schädigen (*BAG* 11.12.2003 EzA § 1 KSchG Verhaltensbedingte Kündigung Nr. 62; s. a. *LAG Hamm* 23.8.2000 NZA-RR 2001, 138). Der Leistungsumfang kann insoweit durchaus alters- oder krankheitsbedingt innerhalb einer bestimmten Bandbreite schwanken (*BAG* 14.1.1986 EzA § 87 BetrVG 1972 Betriebliche Ordnung Nr. 11). Aus dieser subjektiven Komponente folgt allerdings nicht, dass der Arbeitnehmer seine Leistungspflicht selbst willkürlich bestimmen kann. Er muss vielmehr **unter angemessener Ausschöpfung seiner persönlichen Leistungsfähigkeit arbeiten** (*BAG* 11.12.2003 EzA § 1 KSchG Verhaltensbedingte Kündigung Nr. 62; 17.1.2008 EzA § 1 KSchG Verhaltensbedingte Kündigung Nr. 72 = NZA 2008, 693).

22 Allerdings kann die Verpflichtung zu einer **bestimmten konkreten Leistungsqualität** vertraglich oder tarifvertraglich (z. B. durch Lohnkürzungen bei Nichterreichen bestimmter Qualitätsanforderungen; vgl. *BAG* 15.3.1960 AP Nr. 13 zu § 611 BGB Akkordlohn) geregelt sein oder sich aus der Branchen- bzw. Betriebsüblichkeit sowie der Höhe der Bezahlung ergeben.

## A. Pflichten des Arbeitnehmers

Beim Arbeitstempo muss der Produktionsprozess die **individuelle Leistungsfähigkeit** des Arbeitnehmers berücksichtigen, also so organisiert sein, dass der Arbeitnehmer keine psychischen oder physischen Schäden erleidet.

Demgegenüber wird auch die Auffassung vertreten (z. B. *Hunold* BB 2003, 2346), dass der Arbeitnehmer eine durch den Arbeitsvertrag und evtl. in Bezug genommene Arbeitsplatz- oder Leistungsbeschreibungen definierte Arbeitsleistung »mittlerer Art und Güte« schuldet (§ 243 Abs. 1 BGB). Dagegen spricht aber, dass diese Auffassung nicht hinreichend berücksichtigt, dass der Arbeitsvertrag als Dienstvertrag keine »Erfolgshaftung« des Arbeitnehmers kennt. Der Dienstverpflichtete schuldet das »Wirken«, nicht das »Werk« (*BAG* 11.12.2003 EzA § 1 KSchG Verhaltensbedingte Kündigung Nr. 62; s. Kap. 4 Rdn. 2192 ff.).

Leistungsmängel können kündigungsrechtlich erst dann bedeutsam werden, wenn sie sich signifikant vom Leistungsniveau der zwar unter dem Durchschnitt liegenden, aber noch hinreichend leistungsfähigen vergleichbaren Mitarbeiter abheben (s. Kap. 4 Rdn. 2192 ff.).

### IV. Ort der Arbeitsleistung

Weil der Arbeitnehmer keinen Leistungserfolg, sondern nur eine Leistungshandlung schuldet, ist der vereinbarte oder sich aus den Umständen nach dem Vertragszweck ergebende Leistungsort (§ 269 Abs. 1 BGB) zugleich Erfüllungsort für die Arbeitsleistung. Vereinbart wird i. d. R. ein bestimmter Betrieb, meist der Betriebssitz des Arbeitgebers (§ 29 ZPO).

Die Befugnis des Arbeitgebers, den **Wechsel des Leistungsortes** einseitig anzuordnen, kann sich aus dem Arbeitsvertrag ergeben. Ein dadurch eingeräumtes Weisungsrecht besteht nicht, wenn mit dem Wechsel des Leistungsortes zugleich auch ein Wechsel der Leistungsart oder eine Entgeltminderung verbunden ist.

Bei Tätigkeiten mit wechselndem Einsatzort (z. B. Montagearbeiter) steht dem Arbeitgeber ein vertraglich vereinbartes oder sich aus den Umständen ergebendes Weisungsrecht zu, dessen Grenzen sich aus dem Vertrag selbst bzw. (z. B. bei angestellten Künstlern) einem dem Arbeitnehmer überlassenen Ausführungsspielraum sowie aus § 315 BGB/§ 106 GewO ergibt.

Im Rahmen des § 315 BGB/§ 106 GewO sind die Beeinträchtigungen der privaten Lebensführung des Arbeitnehmers (Wohnsitz), der zeitliche und finanzielle Mehraufwand sowie sachliche Gesichtspunkte auf betrieblicher Seite zu berücksichtigen.

Wird ein **Betrieb insgesamt verlegt**, muss der Arbeitnehmer, weil die Arbeitsleistungspflicht i. d. R. vertraglich an einen bestimmten Betrieb und nicht an einen geographischen Ort gebunden ist, diesem folgen, soweit das nicht unzumutbar ist. Bei der notwendigen Abwägung stehen die **Verkehrsverbindungen** im Vordergrund, insbes., ob der Arbeitnehmer den vom Arbeitsvertrag vorausgesetzten persönlichen Lebensbereich verlassen muss, weil er nach Beendigung der Arbeit nicht mehr in seine Wohnung zurückkehren kann.

### V. Arbeitszeit

Die Arbeitszeit bezeichnet die Dauer (z. B. auch Höchst- oder Mindestdauer) der täglichen, monatlichen oder jährlichen Arbeitsleistung vom Beginn bis zum Ende der Arbeitszeit ohne die Ruhepausen (§ 2 Abs. 1 ArbZG), also den Umfang der vom Arbeitnehmer geschuldeten Leistungen.

Zu Rechtsfragen des ArbZG s. *Scherr/Krol-Dickob* Arbeitszeitrecht im öffentlichen Dienst von A–Z, Nr. 10 ff.).

Unterschieden werden können
- die arbeitsvertragliche Arbeitszeit als die Zeit, in der der Arbeitnehmer zur Arbeitsleistung verpflichtet ist;
- die vergütungsrechtliche Arbeitszeit als die Zeit, die der Arbeitnehmer bezahlt erhält;

- die arbeitsschutzrechtliche Arbeitszeit als die Zeit, die nach arbeitsschutzrechtlichen Vorgaben gearbeitet bzw. nicht gearbeitet werden darf;
- die mitbestimmungspflichtige Arbeitszeit als die Zeit, die der Mitbestimmung des Betriebs- bzw. Personalrats unterfällt (*Scherr/Krol-Dickob* Einf. Nr. 1).

**34** Zur Arbeitszeit rechnen nach Maßgabe vertraglicher oder tarifvertraglicher Bestimmungen i. d. R. auch Zeiten minderer Arbeitsintensität (*Scherr/Krol-Dickob* Einf. Nr. 1 ff. m. w. N.; *Baeck/Deutsch* ArbZG, § 2 Rn. 27 ff.); zu beachten ist, dass die Antwort auf die Frage, ob eine bestimmte Zeit als **Arbeitszeit** i. S. d. ArbZG zu behandeln ist, **keine Auskunft** darüber gibt, inwieweit dafür eine **Vergütung** in bestimmter Höhe zu zahlen ist (*BAG* 12.3.2008 EzA § 4 TVG Chemische Industrie Nr. 10).

Die Zeit, in der ein Arbeitnehmer an einer **Betriebsversammlung** teilnimmt, ist z. B. Arbeitszeit i. S. d. ArbZG (*OVG Münster* 10.5.2011 – 4 A 1403/08, AuR 2011, 311 LS).

### 1. Abgrenzungen

#### a) Arbeitsbereitschaft

**35** **Arbeitsbereitschaft** ist wache Achtsamkeit im Zustand der Entspannung (an der Arbeitsstätte oder auch in der eigenen Wohnung). Der Arbeitnehmer muss jederzeit damit rechnen, eine bestimmte Tätigkeit erbringen zu müssen (vgl. §§ 18 Abs. 1 MTL II, 18 Abs. 1 MTB II; *BAG* 10.1.1991 NZA 1991, 516; 5.5.1988 EzA § 12 AZO Nr. 3; *Baeck/Deutsch* ArbZG, § 2 Rn. 33 ff.). Sie unterscheidet sich von der Vollarbeit dadurch, dass vom Arbeitnehmer eine geringere Stufe sowohl der geistigen als auch der körperlichen Leistungsbereitschaft erwartet wird (sog. Beanspruchungstheorie; *BAG* 28.1.1981 EzA § 7 AZO Nr. 1; 19.1.1988 NZA 1988, 881; *Baeck/Lösler* NZA 2005, 247 ff.). Das ist z. B. der Fall bei Be- und Entladezeiten, während derer der Kraftfahrer sein Fahrzeug und das Betriebsgelände zwar verlassen darf, einem Arbeitsaufruf aber umgehend nachzukommen hat (§ 2 BMTV Güter- und Möbelfernverkehr; *BAG* 29.10.2002 EzA § 4 ArbZG Nr. 1).

**36** Der Umfang der Beanspruchung – zur Bestimmung, ob es sich um Arbeitszeit i. S. d. ArbZG handelt oder nicht – ist im Einzelfall anhand einer **umfassenden Gesamtwürdigung** festzustellen. Dabei sind u. a. folgende Gesichtspunkte maßgeblich (vgl. *Baeck/Deutsch* ArbZG, § 2 Rn. 36): **Häufigkeit der Anordnung der Arbeitsbereitschaft**, Häufigkeit von **Nacht- und Wochenendbereitschaft**, Grad der **geforderten Aufmerksamkeit**, Häufigkeit der Inanspruchnahme durch **Vollarbeit**, **Regelmäßigkeit** bzw. Unregelmäßigkeit der Unterbrechungen, **Verantwortlichkeit** im Hinblick auf die Schwere der Folgen bei Säumnis rechtzeitigen Eingreifens, **Grad der Bequemlichkeit** bzw. Unbequemlichkeit während der Bereitschaftszeit, Belastung durch **Störfaktoren** wie Lärm, Geräusche und Erschütterungen. Anhand dieser Kriterien, deren Aufzählung nicht abschließend ist, ist im Rahmen einer wertenden Gesamtbetrachtung der Grad der Beanspruchung des Arbeitnehmers zu ermitteln.

**37** Für Arbeitsbereitschaft ist grds. das vereinbarte Arbeitsentgelt in voller Höhe zu zahlen, es sei denn, dass einzel- oder tarifvertraglich (vgl. *LAG Nds.* 20.4.2004 LAGE § 7 ArbZG Nr. 3; *LAG Bln.-Bra.* 4.2.2010 – 2 Sa 498/09, EzA-SD 8/2010 S. 11 LS) Abschläge oder Pauschalzahlungen vereinbart worden sind, was zulässig ist (*BAG* 28.11.1973 AP Nr. 2 zu § 19 MTB II; *Baeck/Deutsch* ArbZG, § 2 Rn. 40; s. a. *BAG* 12.3.2008 EzA § 4 TVG Chemische Industrie Nr. 10). Eine Betriebsvereinbarung, die derartige Zeiten schuldrechtlich unzutreffend als unbezahlte Ruhepausen behandelt, ist rechtsunwirksam (*BAG* 29.10.2002 EzA § 4 ArbZG Nr. 1).

**38** Tarifliche Normen sehen z. T. (z. B. §§ 6 ff. TVöD) vor, dass Arbeitszeit und Arbeitsbereitschaft dadurch kombiniert werden können, dass die regelmäßige Arbeitszeit durch den Arbeitgeber nach Maßgabe des § 106 GewO einseitig verlängert werden kann bis zu 10 (11) Stunden täglich, wenn in sie regelmäßig eine Arbeitsbereitschaft von durchschnittlich mindestens 2 (3) Stunden fällt. Eine Verlängerung auf bis zu 12 Stunden täglich ist zulässig, wenn der Angestellte lediglich an der Arbeitsstelle anwesend sein muss, um im Bedarfsfall vorkommende Arbeiten zu verrichten. Bei einer derartigen Verlängerung steht dem Angestellten keine zusätzliche Vergütung zu; die verlängerte Arbeitszeit ist durch die tarifliche Vergütung gem. §§ 15 ff. TVöD abgegolten (*BAG* 26.3.1998 EzA § 15 BAT Nr. 5).

### b) Bereitschaftsdienst; Bereitschaftszeiten

**Bereitschaftsdienst** verpflichtet den Arbeitnehmer im Gegensatz dazu, sich an einer vom Arbeitgeber 39 festgelegten Stelle aufzuhalten und jederzeit bereit zu sein, seine volle Arbeitstätigkeit unverzüglich aufnehmen zu können, also tätig zu werden, ohne dass es einer wachen Achtsamkeit bedarf (*BAG* 27.2.1985 AP Nr. 12 zu § 17 BAT; 25.10.1989 EzA § 1 KSchG Verhaltensbedingte Kündigung Nr. 30; vgl. *Jobs/Zimmer* ZTR 1995, 483 ff.), wenn erfahrungsgemäß mit einer dienstlichen Inanspruchnahme zu rechnen ist (*BVerwG* 22.1.2009 NZA 2009, 733). Bereitschaftsdienst ist damit eine ihrem Wesen nach von der vereinbarten Dienstleistung sich unterscheidende Leistung des Arbeitnehmers. Sie ist nichts weiter als eine im Rahmen und für Zwecke des Arbeitsverhältnisses erfolgende Aufenthaltsbeschränkung, die mit der Verpflichtung verbunden ist, bei Bedarf sofort tätig zu werden (vgl. *EuGH* 3.10.2000 EzA § 7 ArbZG Nr. 1 m. Anm. *Weber* SAE 2002, 340; 1.12.2005 NZA 2006, 89). **Unerheblich** ist, ob sich der Arbeitnehmer **innerhalb oder außerhalb des Betriebes aufzuhalten** hat. Entscheidend ist nur, dass er sich an einer **vom Arbeitgeber bestimmten Stelle** aufhalten muss. Vergütungsrechtlich ist der Bereitschaftsdienst als eine andere, zusätzliche Leistung des Arbeitnehmers zu vergüten (vgl. dazu *Benecke* ZTR 2005, 521 ff.); mangels einer ausdrücklichen arbeitsvertraglichen oder tarifvertraglichen Regelung nach § 612 BGB (MünchArbR/*Anzinger* § 298 Rn. 37 unter Hinweis auf *BAG* 8.7.1959 AP Nr. 5 zu § 7 AZO). Pauschalabgeltungen sind zulässig, wenn die Pauschale in einem **angemessenen Verhältnis zu der tatsächlich anfallenden Arbeit** steht (*LAG RhPf* 23.9.2004 LAGE § 612 BGB 2002 Nr. 1) und wenn nicht tarifvertragliche Regelungen entgegenstehen (*LAG BW* 1.8.2002 – 22 Sa 95/01, EzA-SD 1/03, S. 4 LS). Statt einer Vergütung kann nämlich auch ein Freizeitausgleich vorgesehen werden (*Baeck/Deutsch* ArbZG, § 2 Rn. 43; s. z. B. § 8.1 Abs. 7 TVöD-K). Stimmt der Arbeitnehmer bei Anwendbarkeit einer derartigen tariflichen Regelung ausdrücklich oder konkludent zu, dass der Arbeitgeber ihm anstelle der Zahlung des Bereitschaftsdienstentgelts Freizeitausgleich gewährt, treffen die Arbeitsvertragsparteien i. d. R. **keine** beide Seiten **bezüglich der Vergütung** künftiger Bereitschaftsdienste **bindende Vereinbarung**. Diese Zustimmung wirkt i. d. R. nur solange, bis sie vom Beschäftigten widerrufen wird. Nimmt ein Beschäftigter nicht nur die gewährte Freizeit, sondern vorbehaltlos auch die dafür gezahlte Vergütung in Anspruch, so erklärt er damit **konkludent seine Zustimmung zur Abgeltung** der entsprechenden geleisteten Bereitschaftsdienste **durch Freizeitausgleich** (*BAG* 17.12.2009 – 6 AZR 716/08, EzA-SD 4/2010 S. 12 LS).

So ist z. B. eine auf der Grundlage des Arbeitsvertrages gezahlte Vergütung von ca. 68 % der Ver- 40 gütung der regulären Arbeitszeit nicht zu beanstanden. Das *BAG* (28.1.2004 EzA § 611 BGB 2002 Arbeitsbereitschaft Nr. 2; ebenso *LAG Hamm* 6.6.2002 NZA-RR 2003, 223 LS; vgl. auch *LAG Köln* 14.10.2002 NZA-RR 2003, 292) hat die Klage eines Assistenzarztes, der eine Bezahlung von 125 % der Normalarbeitszeit erstrebte, abgewiesen. Denn Bereitschaftsdienst stellt – zusammengefasst – eine Leistung des Arbeitnehmers dar, die wegen der insgesamt geringeren Inanspruchnahme des Arbeitnehmers niedriger als sog. Vollarbeit vergütet werden darf. Daran ändert auch die Rechtsprechung des *EuGH* (3.10.2000 EzA § 7 ArbZG Nr. 1; 9.9.2003 EzA § 7 ArbZG Nr. 5) nichts, nach der Bereitschaftsdienst Arbeitszeit ist. Die pauschale Vergütungsvereinbarung der Parteien richtete sich an einer während der Bereitschaftsdienste maximal zu erwartenden Vollarbeit aus. Das ist zulässig. Der Kläger hat nicht Freizeit ohne Vergütung geopfert, sondern für die geleisteten Bereitschaftsdienste insgesamt eine Vergütung erhalten, die nicht als unangemessen bezeichnet werden kann. Auf die Frage, ob die Bereitschaftsdienste nach dem ArbZG zulässig waren, kommt es nicht an (*BAG* 28.1.2004 EzA § 611 BGB 2002 Arbeitsbereitschaft Nr. 2).

Insoweit gelten im Einzelnen folgende Grundsätze (*BAG* 28.1.2004 EzA § 611 BGB 2002 Arbeits- 41 bereitschaft Nr. 2; *Benecke* ZTR 2005, 521 ff.):

- Eine einzelvertragliche Bestimmung, nach der Bereitschaftsdienste eines Krankenhausarztes mit einem bestimmten Stundensatz vergütet werden, wobei als Basis eine feste Stundenzahl zugrunde gelegt wird, regelt die Bereitschaftsdienstvergütung als Produkt von Geldfaktor und Zeitfaktor.
- Der Arbeitnehmer, der die Vergütung überobligatorischer Arbeitsleistungen während des Bereitschaftsdienstes fordert, muss im Einzelnen darlegen, an welchen Tagen und zu welchen Tageszeiten er über die übliche Arbeitszeit hinaus gearbeitet hat. Der Vergütungsanspruch setzt ferner voraus, dass die Mehrarbeit vom Arbeitgeber angeordnet, gebilligt oder geduldet wurde oder jedenfalls zur Erledigung der geschuldeten Arbeit notwendig war.
- Bereitschaftsdienst ist zwar Arbeitszeit i. S. d. RL 93/104/EG (jetzt RL 2003/88/EG) u. i. S. d. § 2 ArbZG (*BAG* 15.7.2009 EzA § 6 ArbZG Nr. 7; 16.12.2009 EzA § 4 ArbZG Nr. 3). Daraus folgt aber keine bestimmte Vergütungspflicht. Die Arbeitszeitrichtlinie betrifft ebenso wie das Arbeitszeitgesetz nur den öffentlich-rechtlichen Arbeitsschutz.
- Zu vergüten ist der gesamte Bereitschaftsdienst und nicht nur die darin enthaltene Vollarbeit; denn der Arbeitnehmer erbringt auch in der Ruhezeit eine Leistung gegenüber dem Arbeitgeber, weil er in seinem Aufenthalt beschränkt ist und mit jederzeitiger Arbeitsaufnahme rechnen muss. Die Vergütungsvereinbarung darf nicht nur die Zeiten der Heranziehung zu Vollarbeit, sondern muss auch den Verlust an Freizeit im Übrigen angemessen berücksichtigen. Unter diesen Voraussetzungen können die Arbeitsvertragsparteien die Vergütung des Bereitschaftsdienstes nach dem voraussichtlichen Grad der Heranziehung zu Vollarbeit pauschalieren.
- Die Bewertung des Bereitschaftsdienstes mit 55 % (Zeitfaktor) bei einem Geldfaktor von 125 % ist nicht sittenwidrig oder wucherisch, wenn die Arbeitsbelastung (Vollarbeit) während des Bereitschaftsdienstes weniger als 50 % beträgt.
- Die rechtswidrige Anordnung von Bereitschaftsdienst hat nicht zur Folge, dass die Zeit des Bereitschaftsdienstes vergütungsrechtlich wie Vollarbeit zu behandeln ist. Auch wenn der Arbeitgeber mit seiner Dienstplangestaltung gegen das Arbeitszeitgesetz und die Arbeitszeitrichtlinie verstößt, ergeben sich hieraus nicht weitergehende Vergütungsansprüche als arbeits- oder tarifvertraglich vorgesehen.
- Verstößt die vereinbarte Ableistung von Bereitschaftsdiensten gegen öffentlich-rechtliche Arbeitsschutzvorschriften, führt dies nicht zur Nichtigkeit der Vergütungsvereinbarung.
- Die Nichtgewährung von gesetzlich vorgeschriebenen Ruhezeiten führt zu einem Verlust an Freizeit, der als solcher keinen Schaden i. S. d. §§ 249 ff. BGB darstellt.

41a Allerdings hat der *EuGH* (25.11.2010 EzA EG-Vertrag 1999 Richtlinie 2003/88 Nr. 5 = NZA 2011, 53; s. *Wank* AuR 2011, 200 ff.; s. a. *EuGH* 4.3.2011 – C-258/10, AuR 2011, 312 LS: Förster) in diesem Zusammenhang entschieden:

Ein Arbeitnehmer, der z. B. als Feuerwehrmann in einem zum öffentlichen Sektor gehörenden Einsatzdienst beschäftigt ist und als solcher eine durchschnittliche wöchentliche Arbeitszeit abgeleistet hat, die die in Art. 6 lit. b der RL 2003/88/EG vorgesehene wöchentliche **Höchstarbeitszeit überschreitet,** kann sich auf das Unionsrecht berufen, um die **Haftung der Behörden** des betreffenden Mitgliedstaats **auszulösen** und **Ersatz des Schadens** zu erlangen, der ihm durch den Verstoß gegen diese Bestimmung entstanden ist.

Das Unionsrecht steht einer nationalen Regelung entgegen,
- die – was vom vorlegenden Gericht zu prüfen ist – den Anspruch eines im öffentlichen Sektor beschäftigten Arbeitnehmers auf Ersatz des Schadens, der ihm durch den Verstoß der Behörden des betreffenden Mitgliedstaats gegen eine Vorschrift des Unionsrechts, z. B. Art. 6 lit. b RL 2003/88, entstanden ist, von einer an den Verschuldensbegriff geknüpften Voraussetzung abhängig macht, die über die der hinreichend qualifizierten Verletzung des Unionsrechts hinausgeht, und
- die den Anspruch eines im öffentlichen Sektor beschäftigten Arbeitnehmers auf Ersatz des Schadens, der ihm durch den Verstoß der Behörden des betreffenden Mitgliedstaats gegen Art. 6 lit. b der RL 2003/88 entstanden ist, davon abhängig macht, dass zuvor ein Antrag auf Einhaltung dieser Bestimmung bei seinem Arbeitgeber gestellt wurde.

## A. Pflichten des Arbeitnehmers Kapitel 3

Der von den Behörden der Mitgliedstaaten zu leistende Ersatz des Schadens, den sie Einzelnen durch Verstöße gegen das Unionsrecht zugefügt haben, muss dem erlittenen Schaden **angemessen** sein. In Ermangelung von Unionsvorschriften auf diesem Gebiet ist es **Sache des nationalen Rechts** des betreffenden Mitgliedstaats, unter **Beachtung des Äquivalenz- und des Effektivitätsgrundsatzes** zu bestimmen, ob der Ersatz des Schadens, der einem Arbeitnehmer wie im Ausgangsverfahren durch den Verstoß gegen eine Vorschrift des Unionsrechts entstanden ist, diesem Arbeitnehmer in Form von Freizeitausgleich oder in Form einer finanziellen Entschädigung zu gewähren ist, und die Regeln für die Art und Weise der Berechnung der Anspruchshöhe festzulegen. Die in den Art. 16–19 der RL 2003/88 vorgesehenen Bezugszeiträume sind in diesem Zusammenhang nicht relevant.

Dies gilt unabhängig davon, ob der Sachverhalt unter die Bestimmungen der RL 93/104/EG oder die der RL 2003/88 fällt.

Die **Tarifvertragsparteien** dürfen Bereitschaftsdienst und Vollarbeit unterschiedlichen Vergütungsordnungen unterwerfen. So wie Tarifverträge anerkanntermaßen für besondere Belastungen wie Akkord-, Nacht- und Schichtarbeit bzw. die Arbeit an Sonn- und Feiertagen einen höheren Verdienst vorsehen, können sie auch bestimmen, dass Zeiten geringerer Inanspruchnahme der Arbeitsleistung zu einer niedrigeren Vergütung führen. Dies ist sachgerecht; ein Verstoß gegen Art. 3 Abs. 1 GG liegt darin nicht. Weitergehende gesetzliche Ansprüche bestehen nicht (*BAG* 28.1.2004 ZTR 2004, 413). 42

Weil die Entscheidung des *EuGH* (3.10.2000 EzA § 7 ArbZG Nr. 1) so verstanden werden konnte, als wären **Zeiten des Bereitschaftsdienstes und der Rufbereitschaft** (s. Rdn. 51) **uneingeschränkt auch vergütungsrechtlich als Arbeitszeit** in vollem Umfange **zu qualifizieren**, hat das *BAG* (24.10.2001 EzA § 11 BUrlG Nr. 48) zudem **klargestellt**, dass derartige Zeiten jedenfalls **keine Überstunden i. S. v. § 11 BUrlG sind.** 43

Seit dem 1.1.2004 (s. *Boerner* NJW 2004, 1559 ff.) werden Arbeitsbereitschaft und Bereitschaftsdienst (vgl. *BAG* 16.3.2004 EzA § 7 ArbZG Nr. 7; *LAG Bra.* 27.5.2005 NZA-RR 2005, 626; s. auch *EuGH* 14.7.2005 NZA 2005, 921 m. Anm. *Lörcher* AuR 2005, 417; s. Rdn. 79) insgesamt als Arbeitszeit i. S. d. ArbZG gewertet (s. § 7 Abs. 1 S. 1 Nr. 1a, d, Abs. 2a ArbZG; Entwicklungslinien: *LAG SchlH* 12.3.2002 – 3 Sa 611/01, EzA-SD 10/02, S. 1 f. = NZA 2002, 621; *EuGH* 9.9.2003 EzA § 7 ArbZG Nr. 5; *BAG* 18.2.2003 EzA § 7 ArbZG Nr. 4; 5.6.2003 EzA § 7 ArbZG Nr. 6; s. a. *OVG Lüneburg* 23.7.2008 NZA-RR 2009, 112 LS), z. B. mit der Folge, dass sie bei der Bestimmung der **Mindestdauer gesetzlicher Ruhepausen** nach § 4 S. 1 ArbZG **zu berücksichtigen sind** (*BAG* 5.7.2009 EzA § 6 ArbZG Nr. 7; 16.12.2009 EzA § 4 ArbZG Nr. 3). Seitdem ist die arbeitsvertragliche **Vereinbarung über eine Arbeitszeit einschließlich Bereitschaftsdienst von durchschnittlich mehr als 48 Stunden wöchentlich** an sich **nichtig** (s. *ArbG Bln.* 21.6.2006 – 86 Ca 26096/05, EzA-SD 22/06 S. 10 LS); seit dem 1.9.2006 gilt zudem eine Sonderreglung über die Arbeitszeit im Straßentransport (§ 21a ArbZG; s. dazu *Didier* NZA 2007, 120 ff.). 44

Die Tarifvertragsparteien erhalten allerdings Gestaltungsspielräume. Sie können in einem abgestuften Modell auf tarifvertraglicher Grundlage längere Arbeitszeiten vereinbaren. Die Arbeitszeit darf auf tarifvertraglicher Grundlage über zehn Stunden je Werktag hinaus mit Zeitausgleich verlängert werden; die Tarifvertragsparteien können den Ausgleichszeitraum auf bis zu zwölf Monate ausweiten. Erscheint den Tarifvertragsparteien eine interessengerechte Arbeitszeitgestaltung auf dieser Grundlage nicht möglich, können sie vereinbaren, die Arbeitszeit auch ohne Zeitausgleich über acht Stunden je Werktag zu verlängern. Dabei muss ausdrücklich sichergestellt werden, dass die Gesundheit der Arbeitnehmer nicht gefährdet wird. Der Beschäftigte muss schriftlich einwilligen. Beschäftigten, die nicht einwilligen oder ihre Einwilligung – mit einer Frist von sechs Monaten – widerrufen, darf daraus kein Nachteil entstehen. Die Tarifvertragsparteien erhielten eine Übergangsfrist bis zum 31.12.2005 (verlängert bis zum 31.12.2006; § 25 ArbZG), innerhalb derer die jetzt bestehenden Tarifverträge zur Arbeitszeit weiter galten. Damit wurde den aktuellen

Umstellungsproblemen aller Branchen mit hohem Anteil an Bereitschaftsdiensten und Arbeitsbereitschaft Rechnung getragen (s. *Giesen* NJW 2006, 721 ff.).

45 § 25 S. 1 ArbZG stellt im Übrigen Tarifverträge, die **am 1.1.2004 bereits bestanden, nicht von der Verpflichtung frei, die Grenze der höchstzulässigen jahresdurchschnittlichen Wochenarbeitszeit von 48 Stunden – einschließlich der Zeiten der Arbeitsbereitschaft und Bereitschaftsdienst – zu beachten** (*BAG* 24.1.2006 EzA § 87 BetrVG 2001 Arbeitszeit Nr. 8).

46 Nach dem Auslaufen der Übergangsregelung am 31.12.2006 gilt ab dem 1.1.2007 grds. Folgendes (s. § 7 Abs. 2a ArbZG; *BAG* 23.6.2010 EzA § 7 ArbZG Nr. 8):
 – Die werktägliche Arbeitszeit einschließlich Bereitschaftsdienst und Ruhepausen **kann** nur auf der Grundlage tarifvertraglicher Regelungen längstens bis auf 24 Stunden verlängert werden.
 – Spätestens nach 24 Stunden täglicher Arbeitszeit ist grds. eine ununterbrochene Ruhezeit von mindestens 11 Stunden zu gewähren.
 – Die durchschnittliche wöchentliche Arbeitszeit darf 48 Stunden innerhalb des gesetzlichen (sechs Kalendermonate oder 24 Wochen) bzw. tariflich festgelegten (ein Jahr) Ausgleichszeitraums nicht übersteigen.
 – Nur wenn ein Tarifvertrag dies zulässt, kann mit individueller Zustimmung des Arbeitnehmers eine Arbeitszeit auch über 48 Stunden pro Woche vereinbart werden.

47 § 7 Abs. 2a ArbZG enthält **keine Vorgaben** dazu, auf welche Art und Weise eine Gefährdung der Gesundheit der Arbeitnehmer ausgeschlossen werden soll. Allgemeine Vorgaben des Arbeitsschutzrechts wie z. B. die **Erstellung einer Gefährdungsanalyse** gem. § 5 ArbSchG reichen aber jedenfalls nicht aus. Ob durch § 7 Abs. 2a ArbZG Art. 22 RL 2003/88/EG ordnungsgemäß umgesetzt worden ist, hat das *BAG* (23.6.2010 EzA § 7 ArbZG Nr. 8) offen gelassen, weil die nationale gesetzliche Regelung in jedem Fall zwischen Privaten anzuwenden ist.

48 Im Regelfall ist in den Arbeitsverträgen die Verpflichtung des Arbeitnehmers zur Übernahme von Bereitschaftsdiensten nur **rahmenmäßig** bestimmt. In diesem Fall ist der Arbeitgeber auf Grund seines **Direktionsrechts** berechtigt, diese nur rahmenmäßig vorgeschriebene Verpflichtung einseitig zu konkretisieren; dabei muss er die Grundsätze **billigen Ermessens** (§ 106 GewO/§ 315 BGB) beachten (*Baeck/Deutsch* ArbZG, § 2 Rn. 44).

49 Für das **Verhältnis von Bereitschaftsdienst und Zeitgutschriften** auf einem Arbeitszeitkonto gilt Folgendes (*BAG* 17.3.2010 EzA § 611 BGB 2002 Arbeitszeitkonto Nr. 1):
 – Die Zeitgutschrift auf einem Arbeitszeitkonto ist eine abstrakte Recheneinheit, die für sich gesehen keinen Aufschluss darüber gibt, wie sie erarbeitet wurde. Deshalb kommt es für den Abbau eines Arbeitszeitkontos nur noch auf die Höhe des Zeitguthabens in der maßgeblichen Recheneinheit an.
 – Aufbau und Abbau eines Arbeitszeitkontos können jeweils eigenen Regeln folgen. Ein allgemeiner Grundsatz, ein Arbeitszeitkonto sei spiegelbildlich zu seinem Aufbau abzubauen, besteht nicht.
 – Der Abbau eines Arbeitszeitkontos durch Freizeitausgleich erfolgt durch die Freistellung des Arbeitnehmers von seiner Pflicht, Arbeitsleistung zu erbringen. Der Umfang des Freizeitausgleichs richtet sich nach der vom Arbeitnehmer geschuldeten Arbeitszeit. Zu dieser zählen nicht nur Zeiten tatsächlicher Arbeitsleistung, sondern auch innerhalb der regelmäßigen Arbeitszeit liegende Bereitschaftszeiten.

50 Vom Bereitschaftsdienst zu unterscheiden sind z. B. tarifvertraglich vorgesehene **Bereitschaftszeiten** (s. z. B. Anh. zu § 9 Abschn. B Abs. 1 TVöD), die einen **anderen Grad der Beanspruchung** des Arbeitnehmers aufweisen und zur **regelmäßigen Arbeitszeit** gehören (z. B. gem. § 6 TVöD), also – anders als Bereitschaftsdienst – nicht außerhalb der regelmäßigen Arbeitszeit liegen und auch nicht gesondert vergütet werden (s. *BAG* 24.9.2008 – 10 AZR 669/07, NZA 2009, 45; 24.9.2008 – 10 AZR 770/07, EzA-SD 26/2008 S. 12 LS; *LAG Bln.-Bra.* 17.10.2008 – 6 Sa 1777/08, EzA-SD 26/2008 S. 12 LS). Ein **Schulhausmeister**, dem typischerweise mit Bereitschaftszeiten verbundene Arbeitsaufgaben obliegen, der aber gleichwohl geltend macht, bei ihm fielen solche Zeiten nicht an, muss dies

## A. Pflichten des Arbeitnehmers

im Einzelnen darlegen und unter Beweis stellen; zieht der öffentliche Arbeitgeber einen Hausmeister zur Arbeitsleistung unter Verstoß gegen das Arbeitszeitrecht heran, löst dies keinen zusätzlichen Vergütungsanspruch des Arbeitnehmers aus (*BAG* 17.12.2009 – 6 AZR 729/08, NZA-RR 2010, 440).

### c) Rufbereitschaft

**Rufbereitschaft** verpflichtet den Arbeitnehmer, sich an einem selbst gewählten, dem Arbeitgeber bekannt zu gebenden Ort auf Abruf bereitzuhalten, um im Bedarfsfall die Arbeit aufnehmen zu können oder sich sonst mit Hilfe technischer Vorkehrungen außerhalb der Arbeitszeit verfügbar zu halten (*BAG* 22.1.2004 NZA 2005, 600 LS). Der Mitarbeiter muss sich in der fraglichen Zeit nicht in der Einrichtung aufhalten, sondern kann seinen Aufenthaltsort frei bestimmen (*BAG* 31.1.2002 EzA § 611 BGB Rufbereitschaft Nr. 2 m. Anm. *Pieper* ZTR 2002, 420 ff.; 23.9.2010 – 6 AZR 330/09, EzA-SD 23/2010 S. 14 LS; vgl. auch *Baeck/Lösler* NZA 2005, 247 ff.; zur Festsetzung einer Höchstwegezeit in diesem Zusammenhang vgl. *ArbG Marburg* 4.11.2003 – 2 Ca 212/03, EzA-SD 14/04 S. 11 LS). **51**

Muss ein Arbeitnehmer **ständig innerhalb von 15 Minuten zum Dienst erreichbar sein** (z. B. ein unfallchirurgischer Oberarzt), führt dies zu einer derart engen zeitlichen und mittelbar auch räumlichen Bindung des Arbeitnehmers, dass damit keine Rufbereitschaft (mehr), sondern (schon) Bereitschaftsdienst vorliegt (*LAG Köln* 13.8.2008 – 3 Sa 1453/07, ZTR 2009, 76). **52**

Überlässt der Arbeitgeber dem Arbeitnehmer ein **Funktelefon**, muss der Arbeitgeber nicht wissen, wo sich der Arbeitnehmer gerade aufhält. Es genügt, dass der Arbeitnehmer über das Telefon **jederzeit erreichbar** ist. Auch bei der Verwendung eines Funksignalempfängers muss der Arbeitgeber nicht wissen, wo sich der Arbeitnehmer gerade aufhält. Der Arbeitnehmer ist während der Rufbereitschaft grds. bei der Wahl seines Aufenthaltsortes frei. Allerdings darf die **räumliche Distanz** zwischen dem Arbeitsort und dem jeweiligen Aufenthaltsort **nur so groß** sein, dass er die **Arbeit rechtzeitig aufnehmen** kann. Dies ist nur dann der Fall, wenn zwischen dem Abruf und der Arbeitsaufnahme eine Zeitspanne liegt, die den Einsatz nicht gefährdet und im Bedarfsfall die rechtzeitige Arbeitsaufnahme gewährleistet (*BAG* 19.12.1991 EzA § 611 BGB Arbeitsbereitschaft Nr. 1; *Baeck/Deutsch* ArbZG, § 2 Rn. 47). Der Arbeitnehmer darf sich nicht in einer Entfernung vom Arbeitsort aufhalten, die dem Zweck der Rufbereitschaft zuwiderläuft (*BAG* 28.4.1971 AP Nr. 2 zu § 611 BGB Arbeitsbereitschaft; *Baeck/Deutsch* ArbZG, § 2 Rn. 47). Andererseits ist eine Anweisung des Dienstgebers, dass bei Rufbereitschaft die Arbeit innerhalb von 20 Minuten nach Abruf aufgenommen werden muss, mit der freien Bestimmung des Aufenthaltsortes nicht vereinbar, weil durch den Faktor Zeit diese eingeschränkt wird (*BAG* 31.1.2002 EzA § 611 BGB Rufbereitschaft Nr. 2 m. Anm. *Pieper* ZTR 2002, 420 ff.). Beschränkt also der Arbeitgeber den Arbeitnehmer in der freien Wahl des Aufenthaltsortes durch eine **strikte Zeitvorgabe zwischen Abruf und Arbeitsaufnahme, kann Arbeitsbereitschaft vorliegen**. Voraussetzung ist, dass dem Arbeitnehmer auf Grund der einzuhaltenden Zeitvorgabe die Gestaltung seiner arbeitsfreien Zeit entzogen wird (*BAG* 22.1.2004 NZA 2005, 600 LS). **53**

Die Rufbereitschaft beginnt in dem Zeitpunkt, von dem an der Arbeitnehmer verpflichtet ist, auf Abruf Arbeit aufzunehmen, und endet in dem Zeitpunkt, in dem diese Verpflichtung endet (*BAG* 28.7.1994 EzA § 15 BAT Rufbereitschaft Nr. 4). Gleiches gilt dann, wenn der Arbeitnehmer verpflichtet ist, auf Anordnung seines Arbeitgebers außerhalb der regelmäßigen Arbeitszeit ein auf Empfang geschaltetes Funktelefon mitzuführen, um auf telefonischen Abruf Arbeit zu leisten, die darin besteht, **dass er über dieses Funktelefon Anordnungen trifft oder weiterleitet** (*BAG* 29.6.2000 EzA § 611 BGB Rufbereitschaft Nr. 1 zu § 15 Abs. 6b BAT; vgl. dazu *Pieper* ZTR 2001, 292 ff.; a. A. *LAG SchlH* 15.10.1998 ARST 1999, 25 zumindest dann, wenn sich der Arbeitnehmer an jedem beliebigen Ort aufhalten kann, ihn keine Pflicht trifft, diesen Ort zu benennen, er die Dienststelle während der Erreichbarkeitszeit nicht aufsuchen muss und er im Falle der Nichterreichbarkeit die Pflicht zur Erreichbarkeit auf andere Mitarbeiter übertragen kann). Die Erbringung einer Arbeitsleistung während der Rufbereitschaft unterbricht nicht die Rufbereitschaft (*BAG* 9.10.2003 EzA § 611 BGB 2002 Rufbereitschaft Nr. 1); zur Bezahlung s. sogleich. **54**

55 Da sie nicht mit der zugesagten Arbeitsleistung identisch ist, besteht bei der Rufbereitschaft grds. kein Anspruch auf Bezahlung als Arbeitsleistung. Eine eingeschränkte Vergütungspflicht ergibt sich aber häufig aus Tarifverträgen (z. B. 50 % gem. § 18 Abs. 1 MTL II; *Baeck/Deutsch* ArbZG, § 2 Rn. 49; zur Rechtslage bei Wochenfeiertagen vgl. *LAG Düsseld.* 30.5.2001 ZTR 2001, 509; zu § 8 TVöD s. *BAG* 24.9.2008 – 6 AZR 259/08, EzA-SD 24/2008 S. 14 LS). Ohne entsprechende Vereinbarung folgt ein Anspruch auf angemessene Vergütung aus § 612 BGB. Fällt während der Rufbereitschaft Arbeitsleistung an, so ist sie (einschließlich Wegezeit) zu vergüten; ggf. auch mit Überstundenvergütung (*BAG* 9.10.2003 EzA § 611 BGB 2002 Rufbereitschaft Nr. 1; 23.9.2010 – 6 AZR 330/09, EzA-SD 23/2010 S. 14 LS); **die Tarifvertragsparteien dürfen insoweit Arbeitnehmern keine erheblichen Arbeitsleistungen ohne Vergütung abverlangen** (*BAG* 23.9.2010 – 6 AZR 330/09, EzA-SD 23/2010 S. 14 LS). **Fahrtkosten**, die insoweit entstehen, werden dagegen regelmäßig mangels anderweitiger Vereinbarung nicht erstattet (vgl. *BAG* 16.12.1989 EzA § SR 2c BAT Nr. 1). Fährt ein Arbeitnehmer mit dem **Privatfahrzeug** während der Rufbereitschaft zur Arbeitsstelle, setzt er sein Fahrzeug nicht im Betätigungsfeld des Arbeitgebers mit der Folge eines Erstattungsanspruchs analog § 670 BGB ein; auch ist die Zeit für den Weg zur Arbeitsstelle während der Rufbereitschaft **keine Arbeitszeit** (*LAG München* 15.12.2009 LAGE § 670 BGB 2002 Nr. 2).

56 Eine **tariflich vorgesehene Rufbereitschaftszulage** ist die Gegenleistung dafür, dass der Arbeitnehmer während der Rufbereitschaft in seiner Freizeitgestaltung beeinträchtigt ist. Angesichts der gänzlich verschiedenen Leistungszwecke dieser Zulage und der Vergütung für die während der Rufbereitschaft erbrachte Vollarbeit bedarf es einer ausdrücklichen Regelung, wenn die Zulage neben dem für anfallende Arbeit während der Rufbereitschaft geschuldeten Entgelt gezahlt werden soll (*BAG* 20.5.2010 NZA-RR 2010, 616).

56a Ordnet der Arbeitgeber Rufbereitschaft an, ist die Zeit der geleisteten Rufbereitschaft grds. auch dann nach den für die Rufbereitschaft geltenden Bestimmungen zu vergüten, wenn der Arbeitgeber die Rufbereitschaft auf Grund des erfahrungsgemäß zu erwartenden Arbeitsanfalls **nicht hätte anordnen dürfen** (*BAG* 24.3.2011 ZTR 2011, 441); zu beachten ist aber, dass sich weder dem ArbZG noch der RL 2003/88/EG selbst eine Anspruchsgrundlage für (zusätzliche) Vergütungsansprüche bei **Verstößen gegen Arbeitszeitschutzvorschriften** entnehmen lässt (*BAG* 24.3.2011 ZTR 2011, 423).

### 2. Wege- und Dienstreisezeiten

57 Die Zeit für An- und Abfahrt des Arbeitnehmers zum und vom Betrieb des Arbeitgebers ist keine Arbeitsleistung und daher weder zu vergüten (*BAG* 8.12.1960 AP Nr. 1 zu § 611 BGB Wegezeit) noch arbeitsschutzrechtlich zu berücksichtigen (MünchArbR/*Anzinger* § 298 Rn. 11 ff.). Dagegen sind Fahrten bei einem außerhalb des Betriebes des Arbeitgebers liegenden Arbeitsplatz unter Abzug der gewöhnlich für die Fahrt zum Betrieb benötigten Zeit, wenn der Arbeitnehmer den Arbeitsplatz unmittelbar von seiner Wohnung aus aufsucht, regelmäßig als Arbeitszeit zu vergüten, soweit keine gegenteilige tarif- oder einzelvertragliche Regelung besteht (*BAG* 15.3.1989 EzA § 4 TVG Bauindustrie Nr. 49). Abweichende einzel- oder kollektivvertragliche Vereinbarungen sind zulässig.

58 **Dienstreisezeiten** (Fahrten außerhalb der Gemeindegrenzen des Wohn- bzw. Betriebsortes) **und dienstliche Wegezeiten** (Fahrten innerhalb der Gemeindegrenzen; zu den Begriffen vgl. MünchArbR/*Anzinger* § 298 Rn. 11 ff.) **sind** (auch arbeitsschutzrechtlich) **Arbeitszeit**, weil sie der Arbeitnehmer im betrieblichen Interesse und zur Erfüllung seiner Arbeitspflicht aufwendet (*BAG* 22.2.1978 EzA § 17 BAT Nr. 2; krit. zu den Begriffsbildungen *Baeck/Deutsch* ArbZG, § 2 Rn. 63 ff.; vgl. auch *LAG München* 27.7.2005 – 10 Sa 199/05, EzA-SD 25/05 S. 12 LS: Reisezeiten für Fahrten des Arbeitnehmers im Außendienst vom Wohnort zum Kunden gelten nicht ohne weiteres als Arbeitszeit; s. a. *Hunold* Beil. 1/06 zu NZA Heft 10/06 S. 38 ff.). **Differenzierend** stellt das *BAG* (11.7.2006 EzA § 2 ArbZG Nr. 1 = NZA 2007, 155) allerdings inzwischen darauf ab, ob der Arbeitnehmer die fragliche Zeit **nicht nur im Interesse des Arbeitgebers** aufwendet, sondern auch, wie **hoch der Grad der Belastung** des Arbeitnehmers ist. Die Wegezeiten (Dauer der Hin- und Rück-

## A. Pflichten des Arbeitnehmers

## Kapitel 3

fahrt) einer Dienstreise gelten jedenfalls dann nicht als Arbeitszeit i. S. v. § 2 Abs. 1 ArbZG, wenn der Arbeitgeber lediglich die Benutzung eines öffentlichen Verkehrsmittels vorgibt und dem Arbeitnehmer überlassen bleibt, wie er die Zeit nutzt (*BAG* 11.7.2006 EzA § 2 ArbZG Nr. 1).

Beginnt ein Kundendienstmonteur dagegen mit seiner vergütungspflichtigen Arbeit in seinem **Home-Office**, können die Fahrzeiten vom Home-Office zum ersten Kunden bzw. vom letzten Kunden zurück – unbeschadet der zuvor dargestellten Problematik – als vergütungspflichtige **Arbeitszeit** anzusehen sein, denn die Benutzung und Steuerung des Kundendienstfahrzeugs ist dann zur Erfüllung der arbeitsvertraglich geschuldeten Tätigkeit erforderlich und liegt im ausschließlichen Interesse des Arbeitgebers. Das gilt jedenfalls dann, wenn der Arbeitgeber seine Betriebsstätte aufgelöst hat und alle Monteure nur noch vom Home-Office aus arbeiten. Die Anrechnung einer fiktiv ersparten Wegezeit wegen der Auflösung der Betriebsstätte erfolgt nicht (*LAG Düsseld*. 23.1.2008 LAGE § 611 BGB 2002 Reisezeit Nr. 1). Das **BAG** (22.4.2009 – 5 AZR 292/08, NZA-RR 2010, 231) **ist dem gefolgt**, denn wenn bei einem Außendienstmitarbeiter das wirtschaftliche Ziel der gesamten Tätigkeit darauf gerichtet ist, verschiedene Kunden zu besuchen, so gehört die Reisetätigkeit insgesamt zu den vertraglichen Hauptleistungspflichten. Wird sie wie die sonstige Arbeit vergütet, darf der Arbeitnehmer dies als Angebot (§ 145 BGB) verstehen. Eine entsprechende, nicht ausdrücklich abgeschlossene Vergütungsvereinbarung kommt dann durch Annahme gem. § 151 BGB zustande. Ändert sich sodann der Ausgangspunkt der Reisetätigkeit wegen Schließung der Betriebsstätte des Arbeitgebers, hat das auf die Vergütungspflicht des Arbeitgebers grds. keinen Einfluss. Der Arbeitnehmer muss sich insbes. nicht die ersparte Fahrtzeit zur Betriebsstätte anrechnen lassen. **Haben die Arbeitsvertragsparteien zudem die Vereinbarung über die Behandlung von Reisezeit als zu vergütende Arbeitszeit nicht unter den Vorbehalt einer (ablösenden) Betriebsvereinbarung gestellt, gilt im Verhältnis zu Betriebsvereinbarungen das Günstigkeitsprinzip** (*BAG* 22.4.2009 – 5 AZR 292/08, EzA-SD 15/2009 S. 8 LS = NZA-RR 2010, 231).

**59**

Liegt die Fahrt **außerhalb der üblichen Arbeitszeit** (z. B. auch während der Nachtzeit oder bei Sonn- und Feiertagsaufenthalten) und bedeutet sie nicht unmittelbar die Erfüllung der Hauptleistungspflicht (wie z. B. beim LKW-Fahrer) oder ist sie nicht Voraussetzung für die Erfüllung der Hauptleistungspflicht (wie z. B. beim Bauarbeiter), so entsteht ein Vergütungsanspruch – vorbehaltlich einer abweichenden insbes. tariflichen Regelung (z. B. § 17 Abs. 2 BAT; s. dazu *BAG* 11.7.2006 EzA § 2 ArbZG Nr. 1; zu § 8 Abs. 2 TVöD s. *BAG* 14.12.2010 – 9 AZR 686/09, EzA-SD 9/2011, S. 12 LS = NZA 2011, 760) – nach einer z. T. in Rspr. und Literatur vertretenen Auffassung nur insofern, als die Zeit tatsächlich mit Arbeit oder Bereitschaftszeiten ausgefüllt wird (Steuerung eines Kfz, Aktenstudium; vgl. *LAG Nds*. 20.7.2005 LAG Report 2005, 315; *Loritz* NZA 1997, 1192 ff.; *Baeck/Lösler* NZA 2005, 247 ff.; LKW-Fahrer als Beifahrer auf dem LKW: *BAG* 20.4.2011 EzA § 611 BGB 2002 Mehrarbeit Nr. 3 = NZA 2011, 917). Etwas anderes gilt danach nur bei einer entsprechenden **Vereinbarung**; ohne Vereinbarung kommt eine Bezahlung der Reisetätigkeit dann nicht in Betracht (*Hunold* NZA 1993, 10 ff.). Demgegenüber ist nach Auffassung von *Loritz* (NZA 1997, 1193 ff.) bei Fehlen einer Vereinbarung § 612 Abs. 1 BGB anzuwenden, auch wenn der Arbeitnehmer seine Hauptleistung nicht schon in Gestalt des Reisens erbringt, aber im Verlauf des Tages an wechselnden Einsatzstellen tätig werden muss, wie etwa ein Monteur. Soweit über die vereinbarte Arbeitszeit hinaus Kunden zu besuchen sind, liegt Mehrarbeit vor und es besteht objektiv eine **Vergütungserwartung**.

**60**

Das *BAG* (3.9.1997 EzA § 612 BGB Nr. 20; s. a. *BAG* 26.7.2006 EzA § 14 TzBfG Nr. 31; *Heins/Leder* NZA 2007, 249 f.) hat dazu folgende **Grundsätze** aufgestellt:
– Reisezeiten, die ein Arbeitnehmer über die regelmäßige Arbeitszeit hinaus im Interesse des Arbeitgebers aufwendet, sind als Arbeitszeit zu vergüten, wenn das vereinbart oder eine Vergütung »den Umständen nach« zu erwarten ist (§ 612 Abs. 1 BGB).
– Ist eine Regelung nicht getroffen, sind die Umstände des Einzelfalles maßgebend. Einen Rechtssatz, dass solche Reisezeiten stets oder regelmäßig zu vergüten seien, gibt es nicht.

**61**

**Kapitel 3**     Der Inhalt des Arbeitsverhältnisses

- Bei der Prüfung der Umstände steht dem Tatsachengericht ein Beurteilungsspielraum zu. Es kommt auch eine Vergütung eines Teils der Reisezeiten (z. B. über zwei Stunden pro Reisetag hinausgehend) in Betracht.

Arbeitsschutzrechtlich bedeutet eine derartige Dienstreisezeit keine Arbeitszeit.

62 Tarifliche Regelungen (z. B. § 7 BRTV Bau für Arbeiter im Baugewerbe) sehen bei ständig wechselnden Arbeitsstätten, wie z. B. im Baugewerbe üblich, vor, dass der Arbeitgeber jedenfalls die Zusatzkosten teilweise mit übernehmen soll, die durch den Einsatz auf vom Betrieb entfernt gelegenen Baustellen entstehen. In Betracht kommt – je nach Entfernung und Abwesenheitsdauer – eine **Fahrtkostenabgeltung** (Km-Geld) sowie ein **Verpflegungszuschuss**. Für die Tätigkeit auf Baustellen ohne tägliche Heimfahrt wird eine **Auslösung** gezahlt, wenn der Arbeiter wegen des dortigen Einsatzes außerhalb seiner Erstwohnung übernachtet (s. a. Rdn. 2358) und so Aufwendungen für getrennte Haushaltsführung hat (vgl. *BAG* 26.5.1998 NZA 1998, 1123; 11.11.1997 DB 1998, 2070). Damit sollen auch die Aufwendungen des Arbeitnehmers für auswärtige Übernachtungen abgegolten werden (*BAG* 14.2.1996 EzA § 4 TVG Bauindustrie Nr. 81).

63 Zu beachten sind aber jeweils die **konkreten tariflichen Voraussetzungen**, von deren Erfüllung die Begründetheit des Anspruchs abhängig ist. So setzt z. B. ein Anspruch auf Auslösung nach § 8 Nr. 2 des Rahmentarifvertrages für die gewerblichen Arbeitnehmer im Steinmetz-, Stein- und Holzbildhauerhandwerk vom 4. April 1989 nicht nur voraus, dass dem Arbeitnehmer während des Einsatzes auf der auswärtigen Baustelle die tägliche Rückkehr vom Arbeitsplatz zum Wohnort nicht zumutbar ist. Erforderlich ist darüber hinaus, dass der Arbeitnehmer wegen des Einsatzes auf der auswärtigen Baustelle eine Unterkunft außerhalb seiner Erstwohnung nimmt und dadurch einen besonderen Mehraufwand hat (*BAG* 27.2.1996 EzA § 4 TVG Auslösung Nr. 1).

64 Zusätzlich kommt u. U. ein Anspruch auf **Reisegeld** und **Reisezeitvergütung** in Betracht (§ 7 Nr. 4.1 ff. BRTV Bau).

### 3. Ruhezeiten und Ruhepausen

65 Ruhezeit ist ein ununterbrochener Zeitraum von mindestens 11 Stunden zwischen dem Ende der täglichen Arbeitszeit und deren Wiederbeginn (§ 5 Abs. 1 ArbZG). Abweichende Regelungen (z. B. die zeitweise Verkürzung auf 10 Stunden, die allerdings innerhalb eines bestimmten Zeitraums durch eine entsprechende Verlängerung auf 12 Stunden ausgeglichen werden muss) sind z. B. für Krankenhäuser und Gaststätten möglich (§ 5 Abs. 2, 3 ArbZG). Formell ist Ruhezeit i. S. d. § 5 ArbZG der **gesetzlich festgelegte arbeitsfreie Zeitraum zwischen dem Ende der täglichen Arbeitszeit und dem Beginn der nächsten täglichen Arbeitszeit** bzw. zwischen zwei Schichten desselben Arbeitnehmers. Materiell setzt Ruhezeit lediglich voraus, dass der Arbeitnehmer innerhalb dieser Zeit **nicht** in einem Umfang **beansprucht** wird, der eine Einstufung als Arbeitszeit erfordert. Insofern wird Ruhezeit nicht nur gewährt, wenn z. B. ein Arzt unentgeltlich von seiner Arbeitspflicht freigestellt wird (*BAG* 22.7.2010 EzA § 5 ArbZG Nr. 1).

Ruhepausen sind im Voraus festgelegte, zumindest aber (am Beginn des Arbeitstages rahmenmäßig bestimmte, *LAG Köln* 3.8.2010 LAGE § 4 ArbZG Nr. 2), also) vorhersehbare Unterbrechungen der Arbeitszeit von bestimmter Dauer, die der Erholung dienen. Es muss sich um **im Voraus festliegende Unterbrechungen** der Arbeitszeit handeln, in denen der Arbeitnehmer weder Arbeit zu leisten noch sich dafür bereitzuhalten hat. Er muss frei darüber entscheiden können, wo und wie er diese Zeit verbringen will. Entscheidendes Merkmal der Ruhepause ist, dass der Arbeitnehmer von jeder Arbeitsverpflichtung und auch von jeder Verpflichtung, sich zur Arbeit bereitzuhalten, freigestellt ist (*BAG* 13.10.2009 EzA § 4 ArbZG Nr. 2; zur Mindestdauer je nach der Arbeitszeit vgl. § 4 ArbZG; vgl. *BAG* 23.6.1988 EzA § 242 BGB Betriebliche Übung Nr. 24; 23.9.1992 EzA § 12 AZO Nr. 6; a. A. hinsichtlich des Merkmals »im Voraus« *Baeck/Deutsch* ArbZG, § 4 Rn. 9). § 4 S. 1 ArbZG regelt nur die Mindestdauer gesetzlicher Ruhepausen; darü-

## A. Pflichten des Arbeitnehmers Kapitel 3

ber hinausgehend kann der Arbeitgeber unter Beachtung des § 106 GewO auch längere Ruhepausen anordnen (*BAG* 16.12.2009 EzA § 4 ArbZG Nr. 3).

Die Vorhersehbarkeit ist auch dann gewährleistet, wenn zu **Beginn der täglichen Arbeitszeit** für die Gewährung der Ruhepause **ein bestimmter zeitlicher Rahmen feststeht**, innerhalb dessen der Arbeitnehmer – ggf. in Absprache mit anderen Arbeitnehmern – seine Ruhepause nehmen kann (*BAG* 27.2.1992 EzA § 12 AZO Nr. 5; vgl. *Baeck/Deutsch* ArbZG, § 4 Rn. 23). Der Arbeitnehmer ist von jeglicher Arbeitsleistung, selbst in Form des Bereithaltens zur Arbeit (offen gelassen von *LAG BW* 14.10.1998 ZTR 1999, 365; a. A. *Baeck/Deutsch* ArbZG, § 4 Rn. 10 für Bereitschaftsdienst und Rufbereitschaft), freigestellt. Er kann frei darüber entscheiden, wie er diese Freizeit verbringen will (*Baeck/Deutsch* ArbZG, § 4 Rn. 8). **Standzeiten für Busfahrer an den Endhaltestellen** stellen keine Pausen in diesem Sinne dar, wenn während der Zeiten ggf. eintreffende Fahrgäste den Bus betreten dürfen und dann ggf. auch Fahrscheine auszustellen sind. Ob solche Ereignisse häufig oder selten auftreten, ist unerheblich. Entscheidend ist, dass die Zeit dem Arbeitnehmer nicht zur freien Verfügung steht, sondern er sich im oder am Bus zur Vornahme einzelner Arbeitsleistungen bereithalten muss (*LAG MV* 21.3.2006 – 5 Sa 460/05, AuR 2007, 103 LS).

Die Pausen müssen auch **grds. nach der Uhrzeit** festgelegt werden, sofern die genaue Festlegung nicht zulässigerweise der **Absprache zwischen den beteiligten Arbeitnehmern** überlassen ist (*BAG* 13.10.2009 EzA § 4 ArbZG Nr. 2). Die freie Verfügbarkeit des Arbeitnehmers ist allerdings **keine begriffsnotwendige** und deshalb **zwingende Voraussetzung** für das Vorliegen einer Ruhepause (*BAG* 21.8.1990 EzA § 87 BetrVG 1972 Betriebliche Ordnung Nr. 16). Eine Ruhepause in diesem Sinne liegt nur vor, wenn spätestens zu Beginn der Arbeitsunterbrechung auch deren Dauer feststeht (*BAG* 29.10.2002 EzA § 4 ArbZG Nr. 1).

Zu den Pausen gehören nicht die **Splitterzeiten**, die keine ins Gewicht fallende Entspannung ermöglichen (*BAG* 12.2.1986 DB 1987, 995 f.), **Kurzpausen** (Verschnaufpausen; s. *BAG* 24.5.2007 NZA 2007, 1175; s. aber auch *BAG* 13.10.2009 EzA § 4 ArbZG Nr. 2), die der Arbeitnehmer in teil- oder vollmechanisierten Betrieben nach freiem Ermessen nehmen kann sowie **Betriebspausen** (Stillstands- und Wartezeiten, die Arbeitsunterbrechungen aus technischen Gründen darstellen, während derer der Arbeitnehmer aber zur Arbeitsleistung verpflichtet bleibt (*BAG* 23.11.1960 AP Nr. 6 zu § 12 AZO; *Baeck/Deutsch* ArbZG, § 4 Rn. 13). Kurzpausen sind dann Pausen i. S. v. § 7 Abs. 1 Nr. 2 ArbZG, wenn sie die **allgemeinen Anforderungen an eine Pause erfüllen**, also Ruhepausen im arbeitszeitrechtlichen Sinne sind. Der Arbeitgeber erfüllt mit ihrer Gewährung seine gesetzliche Verpflichtung aus § 4 ArbZG. Auch Kurzpausen müssen jedenfalls gem. § 4 S. 1 ArbZG im Voraus feststehen. In einem Dienstplan vorgesehene Lenkzeitunterbrechungen erfüllen regelmäßig diese Anforderung (*BAG* 13.10.2009 EzA § 4 ArbZG Nr. 2). 66

Der Arbeitgeber hat seine Pflicht, eine Ruhepause zu gewähren, erfüllt, wenn er eine Pausenregelung schafft, die es den Arbeitnehmern ermöglicht, die Ruhepause zu nehmen. Eine Pausenregelung genügt dann nicht den gesetzlichen Anforderungen, wenn den Arbeitnehmern gestattet wird, Pausen zu nehmen, dies ihnen aber aus tatsächlichen oder rechtlichen Gründen **unmöglich ist** (*BAG* 23.9.1992 EzA § 12 AZO Nr. 6). 67

Ruhepausen sind grds. **nicht Arbeitszeit** (vgl. § 2 Abs. 1 S. 1 ArbZG), sodass, sofern es sich um Ruhepausen i. S. d. § 4 ArbZG handelt (30 bzw. 45 Minuten in Zeitabschnitten von mindestens 15 Minuten) vorbehaltlich abweichender Vereinbarungen i. d. R. kein Vergütungsanspruch besteht. 68

Behauptet der Arbeitgeber im Rahmen eines Streits um die Vergütung unstreitig von ihm angeordneter Arbeitsunterbrechungen, es habe sich um nicht vergütungspflichtige Ruhepausen gehandelt, muss er darlegen, dass diese im Voraus feststanden. Dabei spricht der Zweck der Ruhepause dafür, dass ihre Lage am Beginn des Arbeitstages zumindest rahmenmäßig festgestanden haben muss (*LAG Köln* 3.8.2010 – 12 Sa 610/10, AuR 2011, 120 LS). 68a

Erhalten die Arbeitnehmer im Einvernehmen mit dem Arbeitgeber entgegen § 4 ArbZG keine Pause, werden aber statt einer Bezahlung diese Zeiten (30 Minuten) als »**Mehrarbeit« gesammelt** und durch 69 die Gewährung von freien Tagen abgegolten, so kann zwar eine **betriebliche Übung** dieses Inhalts entstehen; sie ist aber vor allem wegen Verstoßes gegen § 4 ArbZG **rechtswidrig** und kommt als günstigere Regelung i. S. d. Günstigkeitsprinzips nicht in Betracht (*LAG RhPf* 4.10.1999 NZA-RR 2001, 89).

### 4. Umfang der Arbeitszeit

*a) Grundlagen*

70 Die Arbeitszeitdauer wird, soweit nicht ohnehin Tarifbindung (§§ 3, 5 TVG) besteht, i. d. R. einzelvertraglich, häufig durch Verweisung auf einen Tarifvertrag und ggf. auf eine Betriebsvereinbarung vereinbart. Sie unterliegt – vorbehaltlich abweichender tarifvertraglicher Regelung – nicht dem allgemeinen Weisungsrecht des Arbeitgebers, da sie den Umfang der Hauptleistungspflicht des Arbeitnehmers betrifft (s. Kap. 1 Rdn. 559 ff.).

Zu beachten ist, dass dann, wenn sich den Vereinbarungen der Arbeitsvertragsparteien eine Teilzeitabrede **nicht mit hinreichender Deutlichkeit** entnehmen lässt, davon auszugehen ist, dass der Arbeitnehmer in einem **Vollzeitarbeitsverhältnis** steht (*BAG* 8.10.2008 EzA § 615 BGB 2002 Nr. 27). Andererseits beinhaltet die Tatsache, dass ein Arbeitnehmer vom Arbeitgeber – auch längere Zeit – unter Überschreitung der vertraglich vorgesehenen Arbeitszeit aufgrund entsprechender Mehrarbeitsanordnungen eingesetzt wird, für sich genommen noch keine einvernehmliche Vertragsänderung zum Vollzeitarbeitsverhältnis (*BAG* 22.4.2009 – 5 AZR 133/08, EzA-SD 14/2009 S. 10 LS; *LAG Köln* 14.4.2011 LAGE § 4 TzBfG Nr. 8).

71 Die einzel- und kollektivvertragliche Regelungsbefugnis wird durch das ArbZG als öffentlich-rechtlicher Arbeitsschutznorm begrenzt. **Mit dem ArbZG wird der gesetzlich zulässige und grds. nicht abdingbare Arbeitszeitrahmen abgesteckt, innerhalb dessen die privatrechtlich vereinbarte Arbeitsleistung dem zeitlichen Umfang nach erbracht werden darf.**

72 Danach darf die werktägliche Arbeitszeit der Arbeitnehmer acht Stunden nicht überschreiten (§ 3 ArbZG). Sie kann ohne besonderen Anlass auf zehn Stunden werktäglich verlängert werden, wenn sie in einem bestimmten Zeitraum (6 Kalendermonate oder 24 Wochen) ausgeglichen wird. Das Unternehmen kann einen kürzeren Zeitraum wählen, einen längeren jedoch nur auf Grund eines Tarifvertrages oder einer Betriebsvereinbarung (§ 7 ArbZG; s. *BAG* 13.10.2009 EzA § 4 ArbZG Nr. 2). Wenn im Arbeitsvertrag eine **Arbeitszeitregelung fehlt** und sich auch aus den weiteren Umständen die regelmäßig geschuldete Arbeitszeit nicht ergibt, **gilt die nach § 3 ArbZG gesetzlich zulässige Höchstarbeitszeit als Regelarbeitszeit** (*LAG SchlH* 31.5.2005 NZA-RR 2005, 458). Gem. § 7 ArbZG (s. *BAG* 13.10.2009 EzA § 4 ArbZG Nr. 2 = NZA-RR 2010, 623) haben die Tarifvertragsparteien ebenso wie die Betriebspartner die Befugnis, von den Arbeitszeitgrundnormen abzuweichen; eine entsprechende Befugnis der Arbeitsvertragsparteien besteht nicht.

73 Sonn- und Feiertagsarbeit ist zwar grds. verboten (§ 9 Abs. 1 ArbZG); §§ 9 Abs. 2, 10 ArbZG sehen aber zahlreiche Ausnahmen vor (krit. *Richardi/Annuß* NZA 1999, 953 ff.; vgl. auch *Rose* DB 2000, 1662 ff.). Arbeitnehmer, die arbeitsvertraglich an **Sonn- und Feiertagen beschäftigt** werden dürfen, sind allerdings befugt, gegen eine auf Antrag des Unternehmens ergangene **behördliche Feststellung zu klagen**, dass eine Beschäftigung von Arbeitnehmern an Sonn- und Feiertagen zulässig ist (*BVerwG* 19.9.2000 EzA § 10 ArbZG Nr. 1; s. *Ulber* AuR 2000, 470 ff.).

74 Fraglich ist, ob bei beiderseitiger Tarifbindung einzelvertraglich eine längere als die tariflich als Höchstgrenze vorgesehene Arbeitszeit unterhalb der Höchstgrenze des ArbZG vereinbart werden kann.

75 Zum Teil (*Zöllner* DB 1989, 2121) wird dies im Hinblick auf das **Günstigkeitsprinzip** (§ 4 Abs. 3 TVG) **bejaht, zum Teil** im Hinblick auf ein vermeintlich gegebenes öffentliches Interesse (**Gesundheitsschutz**, *Däubler* DB 1989, 2535) bzw. die fehlende Vergleichbarkeit von einem Mehr an Freizeit oder Arbeitsentgelt (*LAG BW* 22.3.1989 DB 1989, 2028; *ArbG Stuttg.* 7.9.1995 EzA § 4 TVG Günstigkeitsprinzip Nr. 8) **verneint.**

Weil das **öffentliche Schutzinteresse durch das ArbZG aber abschließend konkretisiert ist**, wird 76
schließlich darauf hingewiesen, dass sich das Problem des Günstigkeitsvergleichs nicht stellt,
wenn man die Freiheit des Arbeitnehmers, über den Umfang seiner Hauptleistungspflicht autonom
zu entscheiden, betont und der individuellen Vereinbarung den Vorrang vor der Kollektivvereinbarung einräumt. Da der Tarifvertrag den Arbeitnehmer bei einer Teilzeitvereinbarung nicht zu
einer zeitlich umfänglicheren Arbeitsleistung verpflichten kann, ist er auch nicht in der Lage, dessen
Arbeitszeit gegenüber einem ausdrücklich vereinbarten Leistungsumfang zu schmälern. Auf Grund
der Tarifnorm sind danach lediglich die tarifschließenden Parteien verpflichtet, auf ihre Arbeitgeber
einzuwirken, die individuellen und kollektiven Arbeitszeiten einzuhalten (*Richardi* ZfA 1990, 232 f.;
DB 1990, 1616 f.).

Das **ArbZG soll den europarechtlichen Anforderungen insbes. durch die RL 89/391/EWG sowie** 77
**der RL 93/104/EG** (jetzt RL 2003/88/EG; s. Kap. 1 Rdn. 780 ff.) Rechnung tragen.

Für die zulässige Höchstarbeitszeit für **Einsatzkräfte einer staatlichen Feuerwehr** in der BRD hat 78
der EuGH (14.7.2005 NZA 2005, 921 m. Anm. *Lörcher* AuR 2005, 417) folgende Grundsätze
aufgestellt:
- Die Tätigkeiten, die von den Einsatzkräften einer staatlichen Feuerwehr wie im konkreten Ausgangsfall ausgeübt werden, fallen i. d. R. in den Anwendungsbereich dieser Richtlinien, so dass
  Art. 6 Nr. 2 RL 93/104/EG (jetzt Art. 6 RL 2003/88/EG) grds. der Überschreitung der Obergrenze von 48 Stunden entgegensteht, die für die wöchentliche Höchstarbeitszeit einschließlich Bereitschaftsdienst vorgesehen ist.
- Eine Überschreitung dieser Obergrenze ist jedoch möglich, wenn außergewöhnliche Umstände einer solchen Schwere und eines solchen Ausmaßes vorliegen, dass dem Ziel, das ordnungsgemäße Funktionieren der zum Schutz der öffentlichen Interessen wie der öffentlichen
  Ordnung, Gesundheit und Sicherheit unerlässlichen Dienste zu gewährleisten, zeitweilig Vorrang vor dem Ziel gebührt, die Sicherheit und den Gesundheitsschutz der in den Einsatz- und
  Rettungsteams tätigen Arbeitnehmer zu gewährleisten; auch in einer solchen außergewöhnlichen Situation müssen jedoch die Ziele der RL 89/391/EWG weitest möglich gewahrt werden.

### b) Überschreitung der Dauer der Arbeitszeit

Überarbeit (»Überstunden«) ist die über die durch Vertrag, Tarifvertrag oder Betriebsverein- 79
barung für das einzelne Arbeitsverhältnis festgelegte regelmäßige Arbeitszeit **hinausgehende Arbeitszeit**. Wenn im Arbeitsvertrag eine Arbeitszeitregelung fehlt und sich auch aus den weiteren
Umständen die regelmäßig geschuldete Arbeitszeit nicht ergibt, gilt die **nach § 3 ArbZG gesetzlich zulässige Höchstarbeitszeit** als Regelarbeitszeit (*LAG SchlH* 31.5.2005 NZA-RR 2005,
458). Mehrarbeit ist die über die gesetzliche Höchstarbeitszeit (§ 3 ArbZG) hinausgehende Arbeitszeit. Überstunden werden i. d. R. wegen bestimmter besonderer Umstände vorübergehend
zusätzlich geleistet (*BAG* 21.11.2001 EzA § 4 EFZG Nr. 4).

Bei der Ermittlung der Mehrarbeitsgrenze ist der gesetzliche Arbeitszeitrahmen des **§ 3 ArbZG** maß- 80
gebend. Dieser erlaubt dem Arbeitgeber eine Arbeitszeit von acht Stunden an allen Werktagen der
Woche, insgesamt also 48 Stunden in der Woche. Dort, wo die tarif- oder arbeitsvertraglich vereinbarte regelmäßige Wochenarbeitszeit unter 48 Stunden liegt und diese Arbeitszeit auf **fünf Werktage
in der Woche** verteilt ist, kann die Differenz zwischen dieser regelmäßigen Wochenarbeitszeit und
der gesetzlich zulässigen Arbeitszeit in der Woche von 6 × 8 Stunden = 48 Stunden noch auf die fünf
Arbeitstage der Woche verteilt werden, bevor die Grenze für Mehrarbeit erreicht wird (*BAG*
28.7.1981 EzA § 6 AZO Nr. 1).

Sieht eine Arbeitszeitregelung in einer Betriebsvereinbarung eine wöchentliche Arbeitszeit von 81
38,5 Stunden **im Jahresdurchschnitt** vor, so liegt Überarbeit erst dann vor, wenn die auf das Jahr bezogene Arbeitszeit überschritten wird (*BAG* 11.11.1997 NZA 1998, 1011). Sind Überstunden demgegenüber auf Grund einer tarifvertraglichen Regelung Arbeitsstunden, die der Arbeiter auf Anord-

nung des Arbeitgebers **über die dienstplanmäßige oder betriebsübliche tägliche Arbeitszeit hinaus** leistet (so z. B. § 67 Nr. 39 BMT-G II), so kommt es nicht einmal auf die Überschreitung der **durchschnittlichen regelmäßigen wöchentlichen Arbeitszeit** (§ 14 Abs. 1 BMT-G II) **an** (*BAG* 6.8.1998 – 6 AZR 177/97; s. a. *BAG* 16.2.2000 EzA § 4 TVG Metallindustrie Nr. 117).

82  Die Befugnis zur Anordnung von Überstunden ist **nicht selbstverständlicher Teil des Direktionsrechts** des Arbeitgebers. Sie bedarf deshalb einer besonderen Grundlage (*BAG* 3.6.2003 EzA § 77 BetrVG 2001 Nr. 5). **Eine Verpflichtung zur Leistung von Überarbeit kann einzelvertraglich vereinbart sein**, z. B. durch Formulararbeitsvertrag mit Vergütungsausschlusses (zur AGB-Kontrolle s. Kap. 1 Rdn. 708; *BAG* 1.9.2010 EzA § 307 BGB 2002 Nr. 50; 17.8.2011 EzA § 612 BGB 2002 Nr. 10). Sie kann sich aber auch im Wege der Vertragsauslegung für besondere Fälle z. B. aus der vom Arbeitnehmer übernommenen Arbeitsaufgabe (z. B. bei leitenden Angestellten) ergeben bzw. besteht darüber hinaus in besonderen Notfällen. Rechtsgrundlage kann auch eine Betriebsvereinbarung sein, solange die Pflicht zur Leistung von Überarbeit nicht vertraglich ausgeschlossen ist (*BAG* 3.6.2003 EzA § 77 BetrVG 2001 Nr. 5 = NZA 2003, 1155; s. a. *LAG Hamm* 10.5.2007 – 16 Sa 1780/06, EzA-SD 24/2007 S. 8 LS).

83  Demgegenüber indiziert bereits der Abschluss eines **Teilzeitvertrages**, dass der Arbeitnehmer dem Arbeitgeber nur im Rahmen der vereinbarten Arbeitszeit zur Verfügung stehen, also keine Überstunden leisten will. Denn Teilzeitbeschäftigte wählen typischerweise eine Verkürzung ihrer Arbeitszeit, um in der so gewonnenen Freizeit anderweitige zeitlich bindende Verpflichtungen erfüllen zu können. Etwas anderes gilt aber dann, wenn die Teilzeitarbeit eingeführt wurde, weil entweder der Arbeitsbedarf des Arbeitgebers abgesunken ist (dauerhafte Kurzarbeit) oder wenn es sich um Teilzeitarbeit neben dem Bezug einer Teilrente handelt. Denn in diesen Fällen fehlt es am typischen Interesse der Teilzeitbeschäftigten an der Begrenzung der Arbeitsleistung auf das vereinbarte Deputat.

84  Ist **arbeitsvertraglich** das Recht zur einseitigen Anordnung von Überstunden vereinbart, so ist der Arbeitgeber nach Auffassung des *ArbG Frankf. a. M.* (26.11.1998 ARST 1999, 284) dem Rechtsgedanken des § 4 Abs. 2 BeschFG (jetzt § 12 Abs. 2 TzBfG) nach verpflichtet, eine **angemessene Ankündigungsfrist** zu wahren, um es dem Arbeitnehmer auf zumutbare Weise zu ermöglichen, sich auf eine vorher nicht zeitlich festgelegte Inanspruchnahme seiner Arbeitskraft einzustellen. Die Zuweisung von Überstunden für den laufenden Arbeitstag kann nur bei deutlich überwiegenden betrieblichen Interessen billigem Ermessen entsprechen.

85  Ein schwer behinderter Arbeitnehmer kann nach § 124 SGB IX verlangen, von Mehrarbeit freigestellt zu werden. Mehrarbeit ist danach jede über acht Stunden werktäglich hinausgehende Arbeitszeit; als solche gilt **auch Bereitschaftsdienst**, denn seit der Neufassung des ArbZG zum 1.1.2004 ist auch Bereitschaftsdienst Arbeitszeit i. S. dieses Gesetzes; davon dürfen auch Regelungen der Kirchen oder der öffentlich-rechtlichen Religionsgesellschaften nicht abweichen (*BAG* 21.11.2006 EzA § 124 SGB IX Nr. 2). Die vor allem tariflich eingeführten Arbeitszeitverkürzungen gewährleisten nicht den Schutz des schwer behinderten Menschen vor einer Überbeanspruchung, weil sie durch Flexibilisierungsregelungen vielfach eine Verlängerung der täglichen Arbeitszeit über acht Stunden hinaus ermöglichen. Die Verlängerung der Arbeitszeit nach § 3 S. 1 ArbZG auf bis zu zehn Stunden täglich stellt Mehrarbeit i. S. d. § 124 SGB IX dar, weil der Acht-Stunden-Tag überschritten wird. § 124 SGB IX enthält mehr als ein Leistungsverweigerungsrecht. Verlangt der Arbeitnehmer die Freistellung, so wird die Mehrarbeit nicht mehr geschuldet. Von einem Freistellungsverlangen werden nach § 124 SGB IX nur Nachtarbeit und Bereitschaftsdienste erfasst, wenn damit Mehrarbeit verbunden ist (*BAG* 3.12.2002 EzA § 81 SGB IX Nr. 2). Die Einteilung eines **schwerbehinderten Menschen**, der zu einer Arbeitszeit von 8 Stunden verpflichtet ist, **zur Rufbereitschaft** im Anschluss an die dienstplanmäßig zu erbringende Arbeitszeit von 7 Std. 42 Min. überschreitet dann die Grenzen billigen Ermessens, wenn die bis zum Erreichen der 8 Stunden verbleibenden Minuten keine sinnvolle Arbeitsleistung ergeben (*LAG Hamm* 30.3.2006 – 8 Sa 1992/04, AuR 2006, 293 LS).

## A. Pflichten des Arbeitnehmers Kapitel 3

Ein **allgemeiner Rechtsanspruch** auf gesonderte Überstundenvergütung für jede Mehrarbeitszeit 86
oder jede dienstliche Anwesenheitszeit über die vereinbarte Arbeitszeit hinaus **besteht grds. nicht**
(*BAG* 21.9.2011 EzA § 612 BGB 2002 Nr. 11 = NZA 2012, 145; 22.2.2012 – 5 AZR 765/10).
Sie liegt aber nahe, wenn die Überarbeit über die persönliche regelmäßige Arbeitszeit des Arbeitnehmers hinausgeht. Bei Fehlen einer (wirksamen) Vergütungsregelung verpflichtet **§ 612 Abs. 1 BGB** den Arbeitgeber, geleistete Mehrarbeit zusätzlich zu vergüten, wenn diese den Umständen nach nur gegen eine Vergütung zu erwarten ist. Eine entsprechende **objektive Vergütungserwartung** ist regelmäßig gegeben, wenn der Arbeitnehmer **kein herausgehobenes Entgelt** bezieht (*BAG* 22.2.2012 – 5 AZR 765/10). Für derartige Überarbeit kann grds. eine zusätzliche Vergütung nach dem Maßstab verlangt werden, nach dem auch sonst der Lohn berechnet wird (vgl. aber *LAG Köln* 1.8.1997 NZA-RR 1998, 393: Die Geltendmachung kann u. U. treuwidrig sein).

Bei zeitlicher Verschränkung arbeitszeitbezogen und arbeitszeitunabhängig vergüteter Arbeitsleistungen lässt sich dagegen das Bestehen einer objektiven Vergütungserwartung für Überstunden (§ 612 Abs. 1 BGB) im arbeitszeitbezogen vergüteten Arbeitsbereich nicht ohne Hinzutreten besonderer Umstände oder einer entsprechenden Verkehrssitte begründen (*BAG* 21.9.2011 EzA § 612 BGB 2002 Nr. 11).

Für eine **europarechtswidrige** tarifliche (BAT SR 2 r Nr. 3 Abs. 1) **Wochenarbeitszeit für Hausmeister** im öffentlichen Dienst, die eine wöchentliche Durchschnittsarbeitszeit von 50,5 Stunden vorsieht, gilt insoweit **folgendes** (*BAG* 14.10.2004 – 6 AZR 564/03, AuR 2005, 332 m. Anm. *Ohnesorg*; s. a. *EuGH* 11.1.2007 – C 437/05, FA 2007, 175):

- Sie verstößt gegen Art. 6 Nr. 2 RL 104/93/EG (jetzt RL 2003/88/EG).
- Die wöchentliche Höchstarbeitszeit ist deshalb **auf 48 Stunden zu begrenzen**; ein darüber hinausgehender Einsatz des Hausmeisters ist unzulässig.
- Die durch die Unanwendbarkeit der tarifvertraglichen Arbeitszeitverlängerung entstandene **Tariflücke ist von den Arbeitsgerichten im Wege ergänzender Vertragsauslegung zu schließen**, wenn sich unter Berücksichtigung von Treu und Glauben ausreichende Anhaltspunkte für einen entsprechenden Regelungswillen der Tarifvertragsparteien ergeben (s. a. *BAG* 23.2.2011 ZTR 2011, 489). Die ergänzende Vertragsauslegung führt nicht dazu, dass die wöchentliche Arbeitszeit auf 38,5 Stunden herabgesetzt wird und der Arbeitnehmer einen Anspruch auf Mehrarbeitsvergütung für die überschießenden Stunden hat.
- Eine **zusätzliche Vergütung** schuldet der Arbeitgeber auch nicht hinsichtlich der Stunden, die über 48 Wochenstunden hinaus abgeleistet werden. Die im Anspruchszeitraum gültige RL 93/104/EG und das ArbZG sehen bei Verstößen gegen ihre Regelungen keine finanziellen Ansprüche vor und dienen ausschließlich dem öffentlich-rechtlichen Arbeitsschutz.

Eine einzelvertragliche Vereinbarung, wonach etwaige **Überstunden mit dem Gehalt** abgegolten sind, ist insoweit aber grds. ebenso zulässig wie eine Überstundenvergütung in Form einer gleich bleibenden Pauschale; eine Pauschalabgeltung findet allerdings ihre Grenze in § 138 BGB und ist deshalb nichtig, wenn es dadurch zu einem krassen Missverhältnis zwischen Leistung und Gegenleistung kommt. Das ist bei einer vertraglichen Vergütung, die mehr als 70 % des üblichen Vergleichslohns ausmacht, nicht der Fall (*LAG SchlH* 5.11.2002 NZA-RR 2003, 242). Die arbeitsvertragliche Regelung, dass Überstunden durch das gezahlte Bruttogehalt abgegolten sein sollen, erfasst aber jedenfalls **nur die im Rahmen des § 3 ArbZG liegende zulässige Mehrarbeit**, nicht aber die darüber hinausgehenden Überstunden. Für die unzulässige Mehrarbeit besteht gem. § 612 Abs. 1 BGB ein Vergütungsanspruch. Denn das Beschäftigungsverbot bezweckt, die Arbeitsleistung und damit eine Überforderung des Arbeitnehmers zu verhindern, nicht, den Vergütungsanspruch auszuschließen. Ist die Vergütung für die regelmäßige Arbeitszeit im Arbeitsvertrag bestimmt, sind Überstunden anteilig zu vergüten, wenn es insoweit an einer Regelung fehlt (§ 612 Abs. 2 BGB; *BAG* 28.9.2005 EzA § 307 BGB 2002 Nr. 5; s. dazu *Lindemann* BB 2006, 826 ff.; s. a. *LAG Bln.-Bra.* 3.6.2010 LAGE § 307 BGB 2002 Nr. 24).

Sollen nach dem Arbeitsvertrag Überstunden mit dem »übertariflichen Gehalt« abgegolten sein, 87
liegt gegenüber der tariflichen Einzelvergütung von Überstunden günstigere Regelung (§ 4

Abs. 3 TVG) allenfalls dann vor, wenn im Voraus feststeht, dass sich die einzelvertragliche Regelung für den Arbeitnehmer vorteilhaft auswirkt (*BAG* 17.4.2002 EzA § 4 TVG Ausschlussfristen Nr. 48; s. a. *LAG Hamm* 10.5.2007 – 16 Sa 1780/06, EzA-SD 24/2007 S. 8 LS). Mit § 307 Abs. 1 BGB ist eine **formularmäßige** arbeitsvertragliche Vereinbarung, wonach erforderliche Überstunden des Arbeitnehmers mit der monatlichen Vergütung abgegolten sind, **unvereinbar** (*BAG* 1.9.2010 EzA § 307 BGB 2002 Nr. 50; *LAG Hamm* 18.3.2009 LAGE § 307 BGB 2002 Nr. 17; *LAG Bln.-Bra.* 3.6.2010 LAGE § 307 BGB 2002 Nr. 24); § 612 Abs. 1 BGB gilt dann entsprechend (*BAG* 1.9.2010 EzA § 307 BGB 2002 Nr. 50), aber nicht ausnahmslos (*BAG* 17.8.2011 – 5 AZR 406/10; s. *Schramm/Kuhnke* NZA 2012, 127 ff.), denn die nach § 612 Abs. 1 BGB erforderliche – objektive – Vergütungserwartung wird zwar in weiten Teilen des Arbeitslebens gegeben sein. Einen **allgemeinen Rechtsgrundsatz**, dass jede Mehrarbeitszeit oder jede dienstliche Anwesenheit über die vereinbarte Arbeitszeit hinaus zu vergüten ist, gibt es jedoch gerade **bei Diensten höherer Art** nicht (ErfK/*Preis* § 612 BGB Rn. 18; s. *BAG* 17.11.1966 BAGE 19, 126: Leitende Angestellte; 17.3.1982 BAGE 38, 194: Chefärzte). Die Vergütungserwartung ist deshalb stets anhand eines **objektiven Maßstabs** unter Berücksichtigung der Verkehrssitte, der Art, des Umfangs und der Dauer der Dienstleistung sowie der Stellung der Beteiligten zueinander festzustellen, ohne dass es auf deren persönliche Meinung ankäme. Sie kann sich insbes. daraus ergeben, dass im betreffenden Wirtschaftsbereich Tarifverträge gelten, die für vergleichbare Arbeiten eine Vergütung von Überstunden vorsehen. **Darlegungs- und beweispflichtig** für das Bestehen einer Vergütungserwartung ist nach allgemeinen Grundsätzen derjenige, der eine Vergütung begehrt (*BAG* 17.8.2011 – 5 AZR 406/10).

Ist angesichts der Höhe des vereinbarten Bruttoentgelts die Leistung von Überstunden nur **gegen eine zusätzliche Vergütung zu erwarten**, dann ist der **vertragliche Ausschluss** (durch AGB) jeder zusätzlichen Vergütung von Mehrarbeit wegen **Intransparenz** nach § 307 Abs. 1 S. 2 BGB **unwirksam**, denn der Arbeitsvertrag lässt dann aus der Sicht eines verständigen Arbeitnehmers nicht erkennen, welche Arbeitsleistung der Kläger für das regelmäßige Bruttoentgelt schuldete. Er kann bei Vertragsschluss nicht absehen, was auf ihn zukommen wird (*BAG* 22.2.2012 – 5 AZR 765/10).

88 Zu beachten ist, dass dann, wenn für einen Angestellten rechtswirksam **Bereitschaftsdienst im Anschluss an die Regelarbeitszeit** angeordnet worden ist, der Arbeitgeber in Ausübung seines Weisungsrechts, wenn über den Ablauf der Regelarbeitszeit hinausgehend noch Arbeit anfällt, bestimmen kann, dass er den bereits festgelegten Bereitschaftsdienst in Anspruch nimmt. Er ist insbes. dann nicht darauf angewiesen, insoweit Überstunden anzuordnen (*BAG* 25.4.2007 EzA § 611 BGB 2002 Arbeitsbereitschaft Nr. 4).

89 Der Arbeitnehmer, der im Prozess von seinem Arbeitgeber die Bezahlung von Überstunden fordert, muss, zumal wenn zwischen der Geltendmachung und der behaupteten Leistung ein längerer Zeitraum liegt, beim Bestreiten der Überstunden im Einzelnen darlegen, an welchen Tagen und zu welchen Tageszeiten er über die übliche Arbeitszeit hinaus tätig geworden ist (*BAG* 29.5.2002 EzA § 611 BGB Mehrarbeit Nr. 10; 25.5.2005 EzA § 611 BGB 2002 Mehrarbeit Nr. 1). Er muss vortragen, von welcher Normalarbeitszeit er ausgeht, er muss die genauen Zeiten angeben, die er über die Normalarbeitszeit hinaus gearbeitet hat, dass er tatsächlich gearbeitet hat und welche Tätigkeit er ausgeführt hat (*BAG* 3.11.2004 – 5 AZR 648/03, EzA-SD 2/05 S. 8; 17.8.2011 EzA § 612 BGB 2002 Nr. 10 = NZA 2011, 1335; *LAG SchlH* 31.5.2005 NZA-RR 2005, 458). **Er muss also auch darlegen, welche konkrete geschuldete Arbeit er ausgeführt hat**; das gilt auch dann, wenn streitig ist, ob **Arbeitsleistung** (*BAG* 25.5.2005 EzA § 611 BGB 2002 Mehrarbeit Nr. 1) **oder Bereitschaftsdienst angefallen ist** (*BAG* 29.5.2002 EzA § 611 BGB Mehrarbeit Nr. 10); auch die Pausen sind anzugeben (*LAG Bln.-Bra.* 3.6.2010 LAGE § 307 BGB 2002 Nr. 24). Dabei sind §§ 16 Abs. 2, 21a Abs. 7 ArbZG zu berücksichtigen (**Aufzeichnungs- und Aufbewahrungspflicht** des Arbeitgebers; *LAG Bln.-Bra.* 3.6.2010 LAGE § 307 BGB 2002 Nr. 24). Insoweit sind z. B. **Tachoscheiben** Unterlagen i. S. d. § 21 Abs. 7 S. 3 ArbZG (*LAG Köln* 10.11.2010 – 3 Sa 770/10, AuR 2011, 312 LS).

Er darf sich auch bei entsprechendem Bestreiten des Arbeitgebers und dessen Darlegung, die Arbeiten hätten innerhalb der arbeitsvertraglich geschuldeten Arbeitszeit erledigt werden können, **nicht** auf die **pauschale Behauptung**, die Überstunden seien sachdienlich gewesen, **beschränken**. Vielmehr muss er dann für die einzelnen Überstunden Umstände vortragen, aus denen auf ihre Sachdienlichkeit geschlossen werden kann. Der Hinweis auf die Befassung mit bestimmten Projekten reicht nicht aus, denn aus ihr allein folgt nicht zwangsläufig, dass die angefallene Arbeit nur durch Überschreitung der vertraglich geschuldeten Arbeitszeit erledigt werden konnte (*LAG SchlH* 14.11.2007 – 6 Sa 492/06, EzA-SD 6/2008 S. 8 LS).

Dem **Arbeitgeber** obliegt es, dem Vortrag des Arbeitnehmers **substantiiert entgegenzutreten**. Pauschales Bestreiten genügt nicht. Behauptete eigene Unkenntnis des Arbeitgebers genügt ebenfalls nicht, denn es handelt sich um eine organisatorische Frage, hinsichtlich derer ein Arbeitgeber sicherstellt, Informationen über den Betriebsablauf zu erhalten (*LAG Bln.-Bra.* 3.6.2010 LAGE § 307 BGB 2002 Nr. 24).

▶ **Beispiel:** 90

Fordert ein **Berufskraftfahrer** Mehrarbeitsvergütung, dann muss er den **Arbeitsbeginn**, etwaige **Vorbereitungstätigkeiten** (Fahrzeugwartung, Ladung), Fahrtbeginn, Fahrtstrecke, **arbeitszeitverlängernde Vorkommnisse** (Stau, Umleitungen), **Zeiten etwaiger Fahrtunterbrechungen** (Pausen, polizeiliche Fahrzeugkontrolle, Fahrzeugpanne), **Ankunftszeit sowie Abschlusstätigkeiten** (Wagenpflege, Entladung, Schriftverkehr) angeben (*LAG SchlH* 31.5.2005 NZA-RR 2005, 458). **Pausenzeiten**, in denen der Kraftfahrer lediglich als Beifahrer mitfährt oder sich in der Schlafkoje ausruhen kann, sind danach regelmäßig nicht zu vergüten (vgl. allg. zu Lenk-, Ruhenszeiten und Unterbrechungen für Kraftfahrer EG-VO 561/2006 v. 31.5.2006).

**Zu beachten** ist allerdings das Urteil des *LAG Nds.* v. 10.5.2005 (LAGE § 242 BGB 2002 Auskunftspflicht Nr. 1). **Danach hat der LKW-Fahrer nach Art. 14 Abs. 2 VO/EWG/3821/85 (über das Kontrollgerät im Straßenverkehr) einen Anspruch auf Kopien der Fahrtenschreiberdiagramme. Er kann diesen Anspruch auch geltend machen zur Vorbereitung einer Klage auf Überstundenvergütung.** Diese Regelung (abgedr. z. B. bei *Baeck/Deutsch* ArbZG, 2. Aufl., S. 610; s. a. § 21a Abs. 7 ArbZG; *LAG Bln.-Bra.* 3.6.2010 LAGE § 307 BGB 2002 Nr. 24; *LAG Köln* 10.11.2010 – 3 Sa 770/10, AuR 2011, 312 LS) hat folgenden Wortlaut: »Das Unternehmen bewahrt die Schaublätter nach der Benutzung mindestens ein Jahr lang gut geordnet auf; es händigt den betreffenden Fahrern auf Verlangen eine Kopie der Schaublätter aus. Die Schaublätter sind jedem zuständigem Kontrollbeamten auf Verlangen vorzulegen oder auszuhändigen«. 91

Der Arbeitnehmer muss im Streitfall ferner eindeutig vortragen (*BAG* 15.6.1961 AP Nr. 7 zu § 253 ZPO; *LAG Köln* 3.7.2003 – 8 (3) Sa 220/03 – EzA-SD 2/04, S. 9 LS), – je nach Fallgestaltung – **ob die Überstunden vom Arbeitgeber angeordnet oder zur Erledigung der ihm obliegenden Arbeit notwendig oder vom Arbeitgeber gebilligt oder geduldet worden sind** (*BAG* 15.6.1961 AP Nr. 7 zu § 253 ZPO; 25.11.1993 EzA § 253 ZPO Nr. 14; 3.11.2004 – 5 AZR 648/03, EzA-SD 2/05 S. 8; 25.5.2005 EzA § 611 BGB 2002 Mehrarbeit Nr. 1; s. a. *BAG* 26.7.2006 EzA § 14 TzBfG Nr. 31; *LAG Köln* 25.6.1999 ZTR 2000, 128; 16.12.2000 ZTR 2001, 329 LS; *LAG SchlH* 5.11.2002 NZA-RR 2003, 242; 14.11.2007 – 6 Sa 492/06, EzA-SD 6/2008 S. 8 LS). Der Arbeitgeber **duldet Überstunden** dann, **wenn er die Arbeitsleistungen**, die über die regelmäßige Arbeitszeit hinausgehen, **entgegennimmt**. Das gilt jedenfalls dann, wenn die Erbringung von Überstunden über mehrere Wochen erfolgt und der Arbeitgeber keinerlei ernst gemeinte organisatorische Vorkehrungen trifft, um eine freiwillige Ableistung von Überstunden zu unterbinden (*LAG Bln.-Bra.* 3.6.2010 LAGE § 307 BGB 2002 Nr. 24). Der Arbeitgeber muss sich die Duldung von Überstunden durch den **Vorgesetzten** zudem als Direktionsbefugten **zurechnen lassen** (*LAG Bln.-Bra.* 23.12.2011 LAGE § 611 BGB 2002 Überarbeit Nr. 3). 92

Dem Arbeitgeber obliegt es sodann, dem Sachvortrag des Arbeitnehmers substantiiert entgegenzutreten. Diese **abgestufte Darlegungs- und Beweislast** (vgl. *BAG* 25.5.2005 EzA § 611 BGB 2002 Mehrarbeit Nr. 1; *LAG SchlH* 31.5.2005 NZA-RR 2005, 458) besteht auch dann, wenn der Arbeitgeber seinen **Unternehmenssitz nicht am Ort der Betriebsstätte** hat (*BAG* 17.4.2002 EzA § 4 TVG Ausschlussfrist Nr. 48). Dazu hat z. B. ein LKW-Fahrer die einzelnen Fahrten mit ihren Fahrtzielen, die Fahrtzeiten und Standzeitpausen u. Ä. für jeden Tag, für den er Überstunden fordert, so aufzuschlüsseln, dass der Arbeitgeber darauf substantiiert erwidern kann (*LAG Bln.-Bra.* 3.6.2010 LAGE § 307 BGB 2002 Nr. 24). Eine Partei kommt im Übrigen ihrer Darlegungslast insoweit **nicht nach**, wenn sie dem Gericht **Urkunden, Blattsammlungen, Akten oder auch Schaublätter vorlegt**, aus denen das Gericht nach eigenem Ermessen die erheblichen Tatsachen auswählen soll; im Hinblick auf die verteilte Darlegungs- und Beweislast kommt zudem der Vorlage von **Tachoscheiben** (Fahrtschreiberaufzeichnungen) nur eine **sehr eingeschränkte Beweiskraft zu** (zutr. *LAG SchlH* 31.5.2005 NZA-RR 2005, 458; s. aber auch *LAG Bln.-Bra.* 3.6.2010 LAGE § 307 BGB 2002 Nr. 24; *LAG Köln* 10.11.2010 – 3 Sa 770/10, AuR 2011, 312 LS). Ist zwischen den Parteien zudem eine **wöchentliche Arbeitszeit** vereinbart, kann ein Arbeitnehmer eine Überstundenforderung **nicht dadurch schlüssig darlegen**, dass er **erhebliche Arbeitszeiten an einzelnen Arbeitstagen auflistet** (*LAG München* 27.7.2005 – 10 Sa 199/05, EzA-SD 25/05 S. 12 LS).

Zu beachten ist, dass dann, wenn ein **Arbeitszeitkonto** geführt wird, eine zu geringe Vergütung von Arbeitsstunden keinen Anspruch darauf begründet, diese Stunden als Mehrarbeit verbucht zu bekommen, sondern nur auf Zahlung der Vergütungsdifferenz (*BAG* 10.11.2010 EzA § 611 BGB 2002 Arbeitszeitkonto Nr. 3; 6.7.2011 – 4 AZR 424/09, EzA-SD 2/2012 S. 21 LS).

93 Ein **gesetzlicher Anspruch** auf Zahlung eines Überstundenzuschlags **besteht nicht**. Im Gegensatz zu der aufgehobenen Regelung des § 15 AZO sieht das ArbZG keinen Mehrarbeitszuschlag mehr vor. Die finanzielle Regelung bleibt den Tarifvertragsparteien überlassen (für den Ausgleich von Nacht-, Sonn- und Feiertagsarbeit besteht allerdings gem. §§ 6 Abs. 5, 11 Abs. 2 ArbZG eine Zuschlagspflicht; der Arbeitgeber hat – mangels anderweitiger Regelung – allerdings ein Wahlrecht zwischen angemessenem Freizeitausgleich und Lohnzuschlag; *BAG* 11.1.2006 EzA § 11 ArbZG Nr. 2; 15.7.2009 EzA § 6 ArbZG Nr. 7).

94 Tarifverträge enthalten aber i. d. R. eine besondere Vergütungsregelung, wonach zusätzlich neben der Grundvergütung für jede geleistete Überstunde ein besonderer **Überstundenzuschlag** zu zahlen ist (vgl. z. B. § 4 MTV für die gewerblichen Arbeitnehmer und Angestellten der chemischen Industrie Rheinland-Pfalz, §§ 4, 5 MTV Nährmittel- und Feinkostindustrie Hessen und Rheinland-Pfalz; § 35 BAT bzw. jetzt § 8 TVöD). Möglich ist auch ein Mehrarbeitszuschlag für eine betrieblich angeordnete Sonderschicht an einem dem Arbeitnehmer zustehenden freien Tag (vgl. z. B. § 3 Abs. 2 MTV Arbeiter Bewachungsgewerbe BW). Dieser Anspruch setzt nicht voraus, dass der Arbeitnehmer über die im Tarifvertrag festgelegte Arbeitszeit hinaus tatsächlich gearbeitet hat.

95 ▶ **Beispiel:**

Liegt die im Schichtplan festgelegte tatsächliche Arbeitszeit deshalb unterhalb der tariflichen regelmäßigen Arbeitszeit, weil der Arbeitnehmer im Berechnungszeitraum Urlaub hatte, sind Sonderschichten, die der Arbeitnehmer an den ihm nach dem Schichtplan zustehenden freien Tagen geleistet hat, nach § 3 Abs. 2 MTV zuschlagspflichtig (*BAG* 18.2.1997 NZA 1997, 1000).

96 Art. 157 AEUV und Art. 1 der Richtlinie 75/117/EWG vom 10.2.1975 zur Angleichung der Rechtsvorschriften der Mitgliedstaaten über die Anwendung des Grundsatzes des gleichen Entgelts für Männer und Frauen verbieten es nicht, dass ein Tarifvertrag die Zahlung von **Überstundenzuschlägen** (auch für Teilzeitbeschäftigte) **nur bei Überschreiten der tarifvertraglich für Vollzeitbeschäftigte festgelegten Regelarbeitszeit vorsieht** (*EuGH* 15.12.1994 EzA Art. 119 EWG-Vertrag Nr. 24; *BAG* 20.6.1995 EzA Art. 119 EWG-Vertrag Nr. 32; 25.7.1996 EzA § 611 BGB Mehrarbeit Nr. 6).

## A. Pflichten des Arbeitnehmers Kapitel 3

zu ersetzen, muss die tarifliche Regelung allerdings eine Kompensation für die mit der Nachtarbeit verbundenen Belastungen vorsehen; dies kann auch stillschweigend in allgemeinen tariflichen Arbeitsbedingungen erfolgen. Voraussetzung dafür ist, dass der Tarifvertrag selbst einen Hinweis auf den Ausgleich enthält oder sich dafür aus der Tarifgeschichte oder aus Besonderheiten des Geltungsbereichs Anhaltspunkte ergeben (*BAG* 18.5.2011 EzA § 6 ArbZG Nr. 9; s. a. *BAG* 28.7.2010 NZA-RR 2011, 28: § 8 Abs. 1 TVöD).

Nach Auffassung des *Sächs. LAG* (21.4.1999 – 2 Sa 1077/98) kann ein **Ersatzruhetag für Feiertagsbeschäftigung** nach § 11 Abs. 3 S. 2 ArbZG auch durch einen **Werktag**, z. B. Samstag, gewährt werden, der für einen nicht in der Sechs-Tage-Woche beschäftigten Arbeitnehmer ohnehin arbeitsfrei ist. Das *BAG* (12.12.2001 EzA § 11 ArbZG Nr. 1; s. a. 23.3.2006 EzA § 12 ArbZG Nr. 1) hat diese Auffassung bestätigt; eine bezahlte Freistellung kann folglich nicht verlangt werden. 106

### c) Der Anspruch auf Teilzeitbeschäftigung (TzBfG)

#### aa) Grundlagen

Das TzBfG, das am 1.1.2001 in Kraft getreten ist, sieht erstmals einen **einklagbaren Anspruch** des Arbeitnehmers auf Teilzeitbeschäftigung vor. Die Neuregelung des Teilzeitarbeitsrechts stellt die Verwirklichung europarechtlicher Vorgaben dar. Bezweckt wird zudem eine **Ausweitung der Teilzeitarbeit** durch mehr Flexibilität und größere Zeitsouveränität. 107

Das TzBfG gilt für **alle Arbeitnehmer** in Arbeitsverhältnissen unabhängig davon, ob es um eine Tätigkeit im öffentlichen Dienst oder in der Privatwirtschaft geht. Es findet auch Anwendung auf leitende Angestellte und bereits in Teilzeit beschäftigte Arbeitnehmer, nicht dagegen für Beamte. 108

#### bb) Teilzeitarbeitsverhältnisse; Begriffsbestimmung

Teilzeitbeschäftigung liegt dann vor, wenn ein Arbeitnehmer eine **kürzere regelmäßige Wochenarbeitszeit** hat, als die im Betrieb vergleichbaren vollzeitbeschäftigten Arbeitnehmer (§ 2 Abs. 1 S. 3 TzBfG). Besteht in dem Betrieb keine Vereinbarung hinsichtlich der regelmäßigen Wochenarbeitszeit, so ist die regelmäßige Wochenarbeitszeit maßgeblich, die sich im **Jahresdurchschnitt pro Woche** errechnet. Gibt es keine vergleichbaren Arbeitnehmer, die Vollzeit arbeiten, ist auf vergleichbare Arbeitnehmer in einem **anwendbaren Tarifvertrag** abzustellen. Liegt auch kein Tarifvertrag vor, ist auf die übliche Arbeitszeit Vollzeitbeschäftigter in dem betreffenden **Wirtschaftszweig** abzustellen. 109

I. d. R. ist also Vergleichsmaßstab die jeweils im Betrieb maßgebliche regelmäßige Arbeitszeit. Nicht entscheidend ist die tarifvertraglich vorgesehene Regelarbeitszeit. Die Lage der Arbeitszeit ist dagegen unerheblich (vgl. *Lindemann/Simon* BB 2001, 146). 110

▶ **Beispiele:** 111

Im Betrieb des Arbeitgebers arbeiten die Arbeitnehmer regelmäßig an fünf Tagen in der Woche acht Stunden von 8 Uhr bis 17 Uhr bei einer Stunde Mittagspause. Der Arbeitnehmer trifft mit dem Arbeitgeber eine Vereinbarung, wonach er freitags nur bis 12 Uhr arbeiten muss. Er ist damit Teilzeitbeschäftigter.

Unter § 8 TzBfG fallen auch flexible, auf **längere Zeiträume erstreckte Arbeitszeiten**, wie die Reduzierung der Arbeitszeit für bestimmte Monate auf Null (*LAG Düsseld.* 1.3.2002 NZA-RR 2002, 407; a. A. *LAG Düsseld.* 17.5.2006 DB 2006, 1682 u. 17.5.2007 LAGE § 8 TzBfG Nr. 17a).

**Geringfügig Beschäftigte** i. S. d. § 8 Abs. 1 Nr. 1 SGB IV sind auf Grund der Legaldefinition des § 2 Abs. 2 TzBfG im Übrigen **stets Teilzeitbeschäftigte**. 112

### cc) Ausschreibungspflicht (§ 7 TzBfG)

**113** Gem. § 7 Abs. 1 TzBfG sind Arbeitsplätze, die neu besetzt werden sollen, grds. auch als Teilzeitarbeitsplätze auszuschreiben, sofern sie sich dafür **eignen**.

### (1) Eignung als Teilzeitarbeitsplatz

**114** Fraglich ist, wie die Eignung als Teilzeitarbeitsplatz inhaltlich zu bestimmen ist. Nach dem RegE zum TzBfG (NZA 2000, 1045 ff.) sollte noch in all den Fällen eine Ausschreibungspflicht bestehen, in denen keine »dringenden betrieblichen Belange einer solchen entgegenstehen«. Auf Grund der Änderung des Gesetzeswortlauts sind an den Begriff »geeignet« damit **geringere Anforderungen** zu stellen.

**115** Teilweise wird die Auffassung vertreten, dass es der **Entscheidungs- und Organisationsfreiheit des Arbeitgebers** obliegt, zu entscheiden, ob eine Eignung für die Ausschreibung als Teilzeitarbeitsplatz gegeben ist oder nicht. Dies soll sich aus § 7 Abs. 3 TzBfG (Information der Arbeitnehmervertretung über Teilzeitarbeit im Betrieb) ergeben. Die Frage der »Eignung« ist danach **subjektiv aus der Sicht des Arbeitgebers** zu bestimmen (*ArbG Hannover* 13.1.2005 AuR 2005, 275; *Kliemt* NZA 2001, 63 ff.).

**116** Demgegenüber kann der Begriff der Eignung aber auch aus der Sicht eines **objektiven Dritten** zu beurteilen sein, ggf. unter **Beachtung nicht überprüfbarer unternehmerischer Entscheidungen**, d. h. eines vorgegebenen unternehmerischen Organisationsmodells und -konzepts (*Hanau* NZA 2001, 1168 ff.) mit der Maßgabe, dass dann, wenn die Eignung verneint werden soll, **erheblicher Begründungsbedarf** besteht (*Hinrichs* AiB 2001, 68; a. A. *Kliemt* NZA 2001, 68).

**117** Das *BAG* (13.10.2009 EzA § 8 TzBfG Nr. 25) verlangt, dass sich das zugrunde liegende **Organisationskonzept** des Arbeitgebers nicht allein auf seine unternehmerische Vorstellung vom richtigen Arbeitszeitumfang beschränkt.

### (2) Sanktionen

**118** § 7 Abs. 1 TzBfG selbst sieht keine Sanktionen für den Fall der Verletzung der Ausschreibungspflicht vor (*Dassau* ZTR 2001, 65; krit. *Richardi/Annuß* BB 2000, 2202). In Betracht kommen aber kollektivrechtliche Auswirkungen:
- Zum einen kann ein **Widerspruchsrecht** des Betriebsrats gem. **§ 99 Abs. 2 Nr. 5 BetrVG** gegeben sein, falls der Betriebsrat eine Ausschreibung gem. § 93 BetrVG verlangt hat und dabei den Anforderungen des § 7 Abs. 1 TzBfG nicht Genüge getan wurde. Ein Widerspruchsrecht kann nämlich auch bei einer nicht ordnungsgemäßen Ausschreibung, die gegen gesetzliche Vorschriften, z. B. § 611b BGB, jetzt des AGG, verstößt, bestehen (*Hess. LAG* 13.7.1999 NZA-RR 1999, 641; a. A. *Beckschulze* DB 2000, 2605; GK-BetrVG/*Kraft/Raab* § 99 Rn. 130 m. w. N.):
- Soweit Bewerber im Betrieb beschäftigt sind, die sich für eine Teilzeittätigkeit interessieren, kann in der Besetzung einer Stelle mit einem Vollzeitbewerber eine Benachteiligung liegen, die den **Widerspruchsgrund** des **§ 99 Abs. 2 Nr. 4 BetrVG** auslöst (KDZ/*Zwanziger* § 7 TzBfG Rn. 6).
- Auch **§ 99 Abs. 2 Nr. 1 BetrVG** kann u. U. ein Widerspruchsrecht des Betriebsrats begründen. Denn nach der Rechtsprechung des *BAG* (25.3.2000 DB 2000, 723) besteht das Zustimmungsverweigerungsrecht nicht nur dann, wenn die tatsächliche Beschäftigung des einzustellenden Arbeitnehmers gegen eine gesetzliche Vorschrift verstößt, sondern auch dann, wenn die personelle Maßnahme unter Verstoß gegen eine vom Gesetzgeber vorgesehene **Verhaltensweise im Auswahlverfahren** erfolgt ist. Das gilt insbes. bei der Einstellung unter Verstoß gegen ein gesetzliches Diskriminierungsverbot (z. B. §§ 1 ff. AGG, Art. 9 Abs. 3 GG; *BAG* 25.3.2000 DB 2000, 723), oder auch für die Einstellung eines gesunden Arbeitnehmers ohne die gem. §§ 71, 81 SGB IX erforderliche Prüfung der Einstellung von Schwerbehinderten (*BAG* 14.11.1989 EzA § 99 BetrVG 1972 Nr. 84; 10.11.1992 EzA § 99 BetrVG 1972 Nr. 108).

## A. Pflichten des Arbeitnehmers  Kapitel 3

Dem kann man entgegenhalten, dass der Arbeitgeber im Gegensatz zum SGB IX die Wertungsfrage, ob er den ausgeschriebenen Arbeitsplatz für Teilzeitarbeit geeignet hält, selbst entscheiden muss. Denn die Eignung als Teilzeitstelle kann nicht durch den Betriebsrat bestimmt werden. Schreibt der Arbeitgeber die Stelle **nur als Vollzeitstelle** aus, gibt er damit zugleich **zu erkennen**, dass dies seiner Ansicht nach nicht der Fall ist. Der Betriebsrat darf daher seine Zustimmung zu einer Einstellung nicht verweigern (*Beckschulze* DB 2000, 2605).

– Selbst wenn ein Zustimmungsverweigerungsrecht letztlich abzulehnen sein sollte, wird ein entsprechend begründeter Widerspruch des Betriebsrats jedenfalls **nicht offensichtlich unbegründet** sein, so dass der Arbeitgeber gehalten ist, das **Zustimmungsersetzungsverfahren** gem. § 99 Abs. 4 BetrVG vor der beabsichtigten Einstellung durchzuführen, einschließlich des sich daraus ergebenden Zeitverlusts und der verursachten Kosten.

### (3) Anspruch eines Teilzeitarbeitnehmers auf Vollzeitbeschäftigung?

#### aaa) Informationspflicht des Arbeitgebers

Ein teilzeitbeschäftigter Arbeitnehmer hat gegenüber seinem Arbeitgeber einen Anspruch auf Unterrichtung bezüglich anderer freier oder frei werdender vergleichbarer Arbeitsplätze, die sich von der Dauer oder der Lage der Arbeitszeit her von seinem unterscheiden, wenn er gegenüber seinem Arbeitgeber den entsprechenden **Wunsch** geäußert hat (§ 7 Abs. 2 TzBfG). 119

Sowohl die Anzeige seitens des Arbeitnehmers ist **formlos** möglich als auch die Information durch den Arbeitgeber. Der Informationspflicht kann z. B. durch einen **Aushang** am schwarzen Brett genügt werden. 120

#### bbb) Sanktionen

Die Folgen eines Verstoßes des Arbeitgebers gegen seine Verpflichtung sind gesetzlich nicht geregelt. Grds. kommt zwar ein Anspruch aus §§ 280 ff., 241 Abs. 2 BGB in Betracht. Allerdings wird es dem Arbeitnehmer i. d. R. schwer fallen, einen Schaden zu beweisen, der darin bestehen könnte, dass er bei ordnungsgemäßer Information tatsächlich die begehrte Arbeitsstelle erhalten hätte. Denn auch bei ordnungsgemäßer Information wäre der Arbeitgeber bei der Stellenbesetzung grds. frei gewesen. 121

Sieht man die gesetzliche Regelung als **Schutzgesetz** zu Gunsten des Arbeitnehmers an, könnte ein Schadensersatzanspruch gem. § 823 Abs. 2 BGB gegeben sein. **Dagegen** spricht allerdings, dass die inhaltsgleiche Vorschrift des § 3 BeschFG überwiegend **nicht als Schutzgesetz** i. S. d. § 823 Abs. 2 BGB angesehen worden ist. Für diese Auffassung spricht, dass sich aus dem Informationsanspruch selbst noch **kein Anspruch auf Zuweisung eines bestimmten Arbeitsplatzes** mit bestimmter Arbeitszeit ergibt, sodass bei einem Verstoß gegen diese Verpflichtung auch kein Schadensersatzanspruch gegeben sein kann. 122

#### ccc) Bevorzugte Berücksichtigung; Schadensersatzanspruch

Darüber hinaus ist der Teilzeitarbeitnehmer, der seinen Wunsch nach Verlängerung seiner Arbeitszeit angezeigt hat, bei gleicher Eignung bei der Besetzung eines freien Vollzeitarbeitsplatzes nunmehr bevorzugt zu berücksichtigen es sei denn, dass **dringende betriebliche Gründe oder Arbeitszeitwünsche anderer teilzeitbeschäftigter Arbeitnehmer** entgegenstehen (§ 9 TzBfG); § 9 TzBfG gilt nicht für vollzeitbeschäftigte Arbeitnehmer (*BAG* 21.6.2011 EzA § 306 BGB 2002 Nr. 5 = NZA 2011, 1274). Die gesetzliche Regelung begründet bei Vorliegen der dort genannten Tatbestandsmerkmale einen **Anspruch** des Arbeitnehmers **auf Abschluss einer geänderten Arbeitszeitregelung** (vgl. *BAG* 15.8.2006 EzA § 9 TzBfG Nr. 1; 8.5.2007 EzA § 9 TzBfG Nr. 3; *LAG Köln* 9.7.2009 NZA-RR 2010, 515; s. *Mühlhausen* NZA 2007, 1264 ff.; zu den Besonderheiten bei einem freigestellten Betriebsratsmitglied s. *LAG Düsseld.* 3.8.2007 LAGE § 9 TzBfG Nr. 2). 123

Der Anspruch setzt voraus, dass es sich um eine **freie Stelle** handelt, einen »**entsprechenden Arbeitsplatz**« mit **längerer Arbeitszeit** (s. *BAG* 15.8.2006 EzA § 9 TzBfG Nr. 1; 16.9.2008 EzA § 9 124

TzBfG Nr. 4; *LAG SchlH* 26.6.2008 – 5 TaBV 18/08, EzA-SD 3/2009 S. 10 LS), die der Teilzeitarbeitnehmer – bis auf die Änderung der regelmäßigen Arbeitszeit – **ohne jede Vertragsänderung hätte übernehmen können** und er dem Konkurrenten gegenüber als gleich geeignet anzusehen ist. Frei ist ein Arbeitsplatz dann, wenn der Arbeitsvertrag des bisherigen Stelleninhabers wegen Befristung endet, dagegen dann nicht, wenn es um die befristete Einstellung zur **Krankheitsvertretung** geht (*LAG SchlH* 26.6.2008 – 5 TaBV 18/08, EzA-SD 3/2009 S. 10 LS).

Bei einer **Einsatzsteuerung nach Fremdvorgaben** aufgrund mitbestimmter Schichtpläne muss der Arbeitgeber im Falle eines Aufstockungsverlangens nach § 9 TzBfG darlegen, dass eine sinnvolle Schichtplangestaltung bei Zuordnung von Arbeitsstunden zu einem Vollzeitarbeitsverhältnis nicht mehr möglich ist. Er muss ferner darlegen, dass alle **Verhandlungsmöglichkeiten** mit dem Betriebsrat zur Schichtplananpassung an die Arbeitszeitwünsche **ausgeschöpft sind** (*LAG Köln* 25.1.2010 – 2 Sa 996/09, EzA-SD 8/2010 S. 11 LS).

Geht es um die unbefristete Übernahme des bisherigen Stelleninhabers, so entsteht die dem § 9 TzBfG zugrunde liegende Konkurrenzsituation. Die Frage der gleichen Eignung des Teilzeitarbeitnehmers bestimmt sich nach dem Anforderungsprofil der zu besetzenden Stelle. Ist lediglich von einer der Dauer nach betriebsüblichen Einarbeitungszeit des Teilzeitarbeitnehmers auszugehen, so steht allein dieser Gesichtspunkt der Annahme der gleichen Eignung nicht desswegen entgegen, weil der Konkurrent im Hinblick auf seine bisherige Tätigkeit auf dieser Stelle im Rahmen seines befristeten Arbeitsverhältnisses einer solchen Einarbeitung nicht mehr bedarf (*LAG Bln.* 2.12.2003 – 3 Sa 1041/03, EzA-SD 9/04, S. 10 LS m. Anm. *Pielenz* AuR 2004, 469). Insoweit ist ein »entsprechender« Arbeitsplatz i. S. v. § 9 TzBfG dann gegeben, wenn auf dem zu besetzenden freien Arbeitsplatz **die gleiche oder zumindest eine vergleichbare Tätigkeit auszuüben ist**, wie sie der teilzeitbeschäftigte Arbeitnehmer schuldet, der den Wunsch nach der Verlängerung der Arbeitszeit angezeigt hat. Hinsichtlich Eignung und Qualifikation muss der Teilzeitbeschäftigte den objektiven Anforderungen dieses Arbeitsplatzes genügen (*BAG* 8.5.2007 EzA § 9 TzBfG Nr. 3) und es dürfen sich **keine besser qualifizierten Konkurrenten beworben** haben (*BAG* 16.9.2008 EzA § 9 TzBfG Nr. 4). Ein Anspruch auf Verlängerung der Arbeitszeit in einer **höherwertigen Funktion** besteht dagegen lediglich im **Ausnahmefall**. Das ist z. B. dann der Fall, wenn die Personalorganisation des Arbeitgebers Teilzeitarbeit lediglich auf einer niedrigeren **Hierarchiestufe** als der bisher eingenommenen zulässt. Das bewirkt eine **Selbstbindung**: Die Grenze zwischen den beiden Hierarchieebenen wird für den späteren Verlängerungswunsch des teilzeitbeschäftigten Arbeitnehmers durchlässig. In diesem Fall gilt auch der Arbeitsplatz mit der höherwertigen Tätigkeit als »entsprechender Arbeitsplatz« i. S. v. § 9 TzBfG (*BAG* 16.9.2008 EzA § 9 TzBfG Nr. 4).

125 Der Anspruch entfällt nur, wenn »**dringende betriebliche Gründe**« dem entgegenstehen (vgl. *ArbG Rosenheim* 20.10.2005 AuR 2006, 211 LS). Diese Voraussetzungen können z. B. bei der Notwendigkeit einer **Einarbeitung des Teilzeitbeschäftigten** gegeben sein, wenn der Arbeitgeber auch die Möglichkeit hat, ein befristetes Arbeitsverhältnis mit einem die konkrete Stelle besetzenden Arbeitnehmer fortzusetzen, der keine Einarbeitung mehr benötigt (*LAG Bln.* 2.12.2003 – 3 Sa 1041/03, EzA-SD 9/04, S. 10 LS). Jedenfalls bedarf der Arbeitgeber im konkreten Einzelfall einer **plausiblen Begründung** für die entgegenstehenden dringenden betrieblichen Gründe (*ArbG Rosenheim* 20.10.2005 AuR 2006, 211 LS).

126 Es liegt in diesem Zusammenhang grds. im **Organisationsermessen des Arbeitgebers**, welche Arbeitsplätze er mit welchem Arbeitszeitkontingent einrichtet und besetzt. Sein Ermessen ist allerdings im Hinblick auf § 9 TzBfG **eingeschränkt**; die Einrichtung von Arbeitsplätzen, auf denen Arbeitnehmer ausschließlich Teilzeitarbeit leisten sollen, muss **arbeitsplatzbezogen veranlasst sein** (*BAG* 15.8.2006 EzA § 9 TzBfG Nr. 1; *LAG Köln* 9.7.2009 NZA-RR 2010, 515; 30.9.2010 LAGE § 9 TzBfG Nr. 4). Andererseits schränkt § 9 TzBfG die Organisationsfreiheit des Arbeitgebers nicht in der Weise ein, dass er den erhöhten Beschäftigungsbedarf durch die Einrichtung von neuen und die Besetzung der dann »freien« Stellen decken muss. Er kann den **gestiegenen** Bedarf vielmehr

auch durch die Verlängerung der Arbeitszeiten teilzeitbeschäftigter Arbeitnehmer befriedigen. Für insoweit erforderliche **Auswahlentscheidungen** gelten nicht die Grundsätze der Ermessensausübung aus § 106 GewO; der Arbeitgeber unterliegt für die Entscheidung, welchem Teilzeitbeschäftigten er eine Verlängerung der Arbeitszeit anbietet, **keiner Bindung**, ist also frei. Auch wird der Arbeitgeber durch § 9 TzBfG nicht verpflichtet, das gestiegene Arbeitsvolumen anteilig auf alle interessierten Teilzeitbeschäftigten zu verteilen (*BAG* 13.2.2007 EzA § 9 TzBfG Nr. 2).

Ist in einem kraft Allgemeinverbindlicherklärung im Betrieb geltenden Manteltarifvertrag geregelt, **127** dass die Mindestarbeitszeit eines vollzeitbeschäftigten Arbeitnehmers 160 Stunden beträgt, bezieht sich ein Aufstockungsanspruch mangels weitergehender Anhaltspunkte gem. § 9 TzBfG i. V. m. § 2 Abs. 1 S. 1 TzBfG auf diesen Stundenumfang. Will ein Arbeitgeber einem Aufstockungsverlangen entgegenhalten, er wolle dort ausschließlich Teilzeitkräfte beschäftigen, muss dies arbeitsplatzbezogene Gründe haben. Daran fehlt es, wenn der Arbeitgeber unterschiedliche Teilzeitmodelle praktiziert und insbes. ohnehin Teilzeitkräfte mit 150 Stunden pro Monat beschäftigt (*LAG Köln* 15.6.2009 NZA-RR 2010, 174).

Die gesetzliche Regelung zeigt, dass ein genereller Anspruch darauf, zukünftig in Vollzeit beschäftigt **128** zu werden, für einen Teilzeitbeschäftigten nicht besteht. Der Arbeitgeber ist insbes. auch **nicht verpflichtet**, einen entsprechenden Arbeitsplatz **zu schaffen** (vgl. *BAG* 13.11.2001 – 9 AZR 442/00, EzA-SD 11/02, S. 5) und dazu vorhandene Arbeitsplätze neu zuzuschneiden (*LAG Bln.* 9.6.2006 LAGE § 9 TzBfG Nr. 1 = NZA-RR 2007, 12). Er muss auch **nicht** einen **freien Teilzeitarbeitsplatz splitten**, um die vertragliche Arbeitszeit eines teilzeitbeschäftigten Arbeitnehmers auf 100 % einer Vollzeitarbeitsstelle aufzustocken (*LAG SchlH* 26.6.2008 – 5 TaBV 18/08, EzA-SD 3/2009 S. 10 LS).

**Andererseits darf der Arbeitgeber seine Organisationsfreiheit nicht dazu nutzen, den Anspruch aus** **129** **§ 9 TzBfG leerlaufen zu lassen.** Wenn er wegen eines gestiegenen Personalbedarfs neue Teilzeitarbeitsplätze einrichtet und dadurch die Aufstockung der Arbeitszeit für die bereits Teilzeitbeschäftigten objektiv verhindert, müssen für diese Maßnahme **arbeitsplatzbezogene Sachgründe** vorliegen (*BAG* 13.2.2007 EzA § 9 TzBfG Nr. 2; *LAG Köln* 9.7.2009 NZA-RR 2010, 515). Auch darf der Arbeitgeber den gesetzlich gegebenen Berücksichtigungsanspruch **nicht dadurch umgehen**, dass er die gleiche Tätigkeit auf dem zu besetzenden Arbeitsplatz künftig **anders vergüten** will. Denn die betrieblichen Gründe beziehen sich nur auf die Auswahlentscheidung zwischen mehreren Arbeitnehmern für die Besetzung des freien Arbeitsplatzes (*BAG* 8.5.2007 EzA § 9 TzBfG Nr. 3).

Der Arbeitgeber kann einem Verlängerungswunsch nach § 9 TzBfG nur entgegenhalten, dass er **130** nach seinem **unternehmerischen Organisationskonzept** nur Teilzeitkräfte beschäftigen wolle, wenn es hierfür arbeitsplatzbezogene Erfordernisse gibt (*BAG* 15.8.2006 NZA 2007, 255; 13.2.2007 NZA 2007, 807). Die Behauptung eines Arbeitgebers der Systemgastronomie, sein unternehmerisches Organisationskonzept sehe es vor, im Servicebereich grds. nur Teilzeitkräfte zu beschäftigen, ist als lediglich vorgeschoben zu werten, wenn tatsächlich diverse mit einem Teilzeitvertrag ausgestattete Servicekräfte über lange Zeiträume gleich bleibend im Umfang von weit mehr als einer Vollzeitstelle eingesetzt werden. Der Arbeitgeber kann dem Aufstockungsverlangen eines mit einem Teilzeitarbeitsvertrag ausgestatteten Arbeitnehmers nicht entgegenhalten, es fehle an einer freien Vollzeitstelle, wenn er den Arbeitnehmer an dessen eigenen sog. »Teilzeitarbeitsplatz« über 3,5 Jahre gleich bleibend mit durchschnittlich mehr als 184 Stunden/Monat beschäftigt hat (*LAG Köln* 2.4.2008 NZA-RR 2009, 66; 9.7.2009 NZA-RR 2010, 515).

Hat der Arbeitgeber **schuldhaft gegen seine Pflicht zur bevorzugten Berücksichtigung** nach § 9 **131** TzBfG **verstoßen**, so steht dem Teilzeitarbeitnehmer, der vorher seinen Wunsch auf Aufstockung seiner Arbeitszeit auf eine Vollzeittätigkeit ordnungsgemäß angezeigt hat, ein **Schadensersatzanspruch** zu, wenn der Arbeitgeber die Stelle anderweitig besetzt. Dieser Anspruch ist gerichtet auf die Differenz zwischen der bisherigen Vergütung und derjenigen Vergütung, die der Teilzeitarbeitnehmer auf der Vollzeitstelle erhalten hätte (*BAG* 16.9.2008 EzA § 9 TzBfG Nr. 4; *LAG Bln.* 2.12.2003 – 3 Sa 1041/03, EzA-SD 9/04, S. 10 LS; *LAG Düsseld.* 23.3.2006 – 5 (3) Sa 13/06, FA 2006, 253 LS).

*ddd) Bewerbung mehrerer Teilzeitbeschäftigter*

132 Fraglich ist, was gilt, wenn sich mehrere Teilzeitbeschäftigte auf einen Vollzeitarbeitsplatz bewerben. In Betracht zu ziehen wäre, ob eine **Sozialauswahl** durchzuführen ist. Dagegen spricht aber entscheidend, dass dieses ausdrücklich im Regierungsentwurf zum TzBfG vorgesehen war, dann jedoch im Gesetzeswortlaut keinen Niederschlag gefunden hat. Daraus kann nur gefolgert werden, dass der Arbeitgeber auch andere, eigene Interessen berücksichtigen kann und lediglich eine sachgerechte Entscheidung nach **billigem Ermessen (§ 106 GewO/§ 315 BGB)** zu treffen hat (*Lindemann/Simon* BB 2001, 140). Eine Auswahlentscheidung kann man deshalb allenfalls dann für ermessenswidrig halten, wenn auch unter Berücksichtigung fachlicher Gesichtspunkte die Vernachlässigung sozialer Gesichtspunkte nicht zu vertreten ist (vgl. *Preis/Gotthardt* DB 2001, 150). Dabei wird es vorrangig auf **Unterhaltspflichten** ankommen. Im Übrigen dürften **Schwerbehinderte** grds. vorrangig zu berücksichtigen sein.

*dd) Der Anspruch auf Wechsel in Teilzeit*

133 Arbeitnehmer können unter bestimmten Voraussetzungen vom Arbeitgeber verlangen, dass ihre Arbeitszeit verkürzt wird (8 TzBfG; s. *Viethen* NZA 2001, Sonderbeil. zu Heft 24, S. 4 ff.). Diese Regelung ist mit Art. 12 GG vereinbar (*BAG* 18.2.2003 NZA 2003, 1392). **I. d. R. geht es um die Vereinbarkeit familiärer und beruflicher Belange** (vgl. *ArbG Stuttg.* 23.11.2001 NZA-RR 2002, 183). Der Arbeitnehmer ist bei seinem Wunsch nach Verringerung der Arbeitszeit auch **nicht** auf das arbeitsvertraglich **vereinbarte Arbeitszeitmodell** – z. B. Erbringung der Arbeitsleistung in jedem Kalendermonat – **beschränkt** (*LAG Düsseld.* 7.7.2011 – 11 Sa 360/11, AuR 2012, 39 LS).

*(1) Anspruchsvoraussetzungen*

*aaa) Überblick*

134 Die gesetzlichen Voraussetzungen für den Anspruch auf – unbefristete (s. *BAG* 12.9.2006 EzA § 8 TzBfG Nr. 15; die Tarifvertragsparteien können etwas anderes vereinbaren: *BAG* 21.11.2006 EzA § 8 TzBfG Nr. 16) – Verringerung der Arbeitszeit sind:
- der Arbeitnehmer muss länger als sechs Monate beschäftigt sein (§ 8 Abs. 1 TzBfG);
- er muss einen **wirksamen Antrag** auf Verringerung der Arbeitszeit stellen (*BAG* 16.10.2007 EzA § 8 TzBfG Nr. 19);
- er muss eine Ankündigungsfrist von drei Monaten einhalten (§ 8 Abs. 2 TzBfG);
- der Arbeitgeber muss mehr als 15 Arbeitnehmer beschäftigen, wobei Auszubildende nicht zu berücksichtigen sind (§ 8 Abs. 7 TzBfG; s. *Fischer* BB 2002, 94 ff.);
- es dürfen keine betrieblichen Gründe der Verringerung der Arbeitszeit entgegenstehen (§ 8 Abs. 4 TzBfG; s. *BAG* 15.8.2006 EzA § 8 TzBfG Nr. 14);
- der Antrag darf **nicht nur für einen bestimmten Zeitraum** (befristet) gestellt werden (*BAG* 24.6.2008 EzA § 8 TzBfG Nr. 21; 12.9.2006 EzA § 8 TzBfG Nr. 15; *LAG SchlH* 25.8.2005 NZA-RR 2006, 12; *LAG Hamm* 8.7.2008 – 14 SaGa 25/08 – EzA-SD 16/2008 S. 4 LS; **a. A.** *Gruber* DB 2007, 804 ff.; die Tarifvertragsparteien können etwas anderes vereinbaren: *BAG* 21.11.2006 EzA § 8 TzBfG Nr. 16);
- die Zeitgrenze nach § 8 Abs. 6 TzBfG (erneute Verringerung frühestens nach Ablauf von zwei Jahren; vgl. dazu – Fristbeginn – *LAG SchlH* 18.12.2003 – 4 Sa 96/03, EzA-SD 12/04, S. 6 LS) muss eingehalten werden; diese Frist gilt allerdings dann nicht, wenn der Arbeitgeber den Antrag des Arbeitnehmers wegen der Erfüllung der tariflichen Quote durch befristete Teilzeitarbeitsverträge abgelehnt hat (*BAG* 21.11.2006 EzA § 8 TzBfG Nr. 16; s. Rdn. 185).

**Für den Anspruch ist es unerheblich, aus welchen Gründen der Arbeitnehmer seine Arbeitszeit verringern möchte** (*BAG* 9.12.2003 EzA § 8 TzBfG Nr. 8). Der Anspruch ist bis zu den **Grenzen des Rechtsmissbrauchs** insbes. nicht auf das bisher vereinbarte Arbeitszeitverteilungsmodell beschränkt. Der Arbeitnehmer hat vielmehr Anspruch auf entsprechende Vertragsänderung. Er kann z. B. verlangen, statt in der Fünftagewoche in der Viertagewoche zu arbeiten (*BAG* 18.8.2009 EzA § 8 TzBfG Nr. 24).

**Befristet verringert werden kann die Arbeitszeit nur einvernehmlich.** Das ergibt sich aus dem Wortlaut der gesetzlichen Regelung und der Entstehungsgeschichte. Etwas anderes würde auch der Regelung in § 9 TzBfG widersprechen, wonach Arbeitnehmer, die zuvor ihre Arbeitszeit gem. § 8 TzBfG verringert haben, einen Anspruch auf bevorzugte Berücksichtigung bei der Besetzung eines Arbeitsplatzes mit verlängerter Arbeitszeit haben (*BAG* 24.6.2008 EzA § 8 TzBfG Nr. 21; 12.9.2006 EzA § 8 TzBfG Nr. 15; s. a. *LAG SchlH* 25.8.2005 NZA-RR 2006, 12). Der Arbeitgeber kann folglich bei einem Wunsch auf befristete Verringerung der Arbeitszeit **frei entscheiden**, ob er diesen Antrag auf Verringerung der Arbeitszeit annimmt oder ablehnt. Hat ein Arbeitnehmer die Zustimmung insoweit **befristet verlangt**, so ist ohne weitere konkrete Anhaltspunkte dieser Antrag regelmäßig nicht entgegen seinem Wortlaut dahingehend auszulegen, dass der Arbeitnehmer mit seinem Antrag auch eine unbefristete Verringerung der Arbeitszeit begehrt. **Lehnt der Arbeitgeber den Antrag nicht frist- und formgerecht ab, so tritt dann nicht die Zustimmungsfiktion des § 8 Abs. 5 S. 2 TzBfG ein** (*BAG* 12.9.2006 EzA § 8 TzBfG Nr. 15).

135

*bbb) Anspruchsberechtigte Arbeitnehmer*

Zum anspruchsberechtigten Personenkreis gehören alle Arbeitnehmer, die länger als sechs Monate beschäftigt sind (*Viethen* NZA 2001 Sonderbeil. zu Heft 24, S. 4; s. Rdn. 134). Darunter fallen also auch leitende Angestellte, Arbeitnehmer, die bereits in Teilzeit arbeiten oder geringfügig i. S. d. SGB IV beschäftigt sind. **Unerheblich** ist auch, ob die Arbeitnehmer in **befristeten** oder **unbefristeten Arbeitsverhältnissen** arbeiten.

136

*ccc) Wirksamer Antrag; Ankündigungsfrist*

Der Antrag des Arbeitnehmers auf Verringerung der Arbeitszeit nach § 8 TzBfG ist ein **Angebot auf Abschluss eines Änderungsvertrages** i. S. v. § 145 BGB. Der Inhalt eines solchen Angebots muss nach allgemeinem Vertragsrecht so **bestimmt** sein, dass es mit einem einfachen »Ja« angenommen werden kann. Dem Bestimmtheitsgrundsatz ist auch dann genügt, wenn der Antragende dem Antragsempfänger die **konkrete Festlegung** eines einzelnen Vertragspunkts überlässt; der Inhalt des zustande kommenden Änderungsvertrags muss im Hinblick auf die verringerte wöchentliche Arbeitszeit feststehen. Ein **Verringerungsverlangen** des Arbeitnehmers dagegen, das den Umfang der Reduzierung der Arbeitszeit **offen** lässt, **ohne** dem Arbeitgeber das **Recht zur Festlegung des Umfangs** der verringerten wöchentlichen Arbeitszeit nach billigem Ermessen einzuräumen, ist **nicht hinreichend bestimmt**. Es löst deshalb weder die Fiktionswirkungen des § 8 Abs. 5 S. 2 TzBfG noch die zweijährige Sperrfrist des § 8 Abs. 6 TzBfG aus (*BAG* 16.10.2007 EzA § 8 TzBfG Nr. 19; ebenso für ein befristetes Teilzeitverlangen *LAG Hamm* 8.7.2008 – 14 SaGa 25/08, EzA-SD 16/2008 S. 4 LS).

137

Der Arbeitnehmer muss seinen Wunsch auf Teilzeitarbeit zudem drei Monate vor dem beabsichtigten Zeitpunkt der Verringerung der Arbeitszeit geltend machen. Eine **Form ist dafür nicht vorgesehen**; die mündliche Geltendmachung des Anspruchs genügt folglich (*Viethen* NZA 2001 Sonderbeil. zu Heft 24, S. 4; krit. *Hopfner* DB 2001, 2144). Die Frist bestimmt sich nach §§ 187 Abs. 1, 188 Abs. 2 BGB. Zwischen dem Zugang der Erklärung beim Arbeitgeber (§ 130 BGB) und dem Beginn der Arbeitszeitverkürzung müssen volle drei Monate liegen.

138

Die Frist soll dem Arbeitgeber ausreichend Zeit geben, die Anspruchsvoraussetzungen des Teilzeitanspruchs zu prüfen und arbeitsorganisatorische und personelle Auffangmaßnahmen vorzubereiten. Der Arbeitgeber kann daher auf ihre Einhaltung verzichten. Ein Verzicht des Arbeitgebers auf die Einhaltung der Drei-Monats-Frist wirkt jedoch nicht zu Ungunsten, sondern zu Gunsten des Arbeitnehmers. Ein Verzicht kann dann angenommen werden, wenn der Arbeitgeber in Kenntnis der Fristversäumnis mit dem Arbeitnehmer vorbehaltlos erörtert, ob dem Teilzeitverlan-

139

gen betriebliche Gründe nach § 8 Abs. 4 TzBfG entgegenstehen (*BAG* 14.10.2003 EzA § 8 TzBfG Nr. 6).

140 Fraglich ist, was gilt, wenn der Arbeitnehmer die Drei-Monats-Frist **nicht einhält** und der Arbeitgeber nicht auf die Einhaltung verzichtet. Teilweise wird die Auffassung vertreten, dass ein nicht fristgerecht gestellter Antrag **unbeachtlich** ist, keine Rechtsfolgen hat und insbes. nicht die Fiktionswirkung des § 8 Abs. 5 S. 2, 3 TzBfG hervorrufen kann, wenn der Arbeitgeber ihm nicht entgegentritt. Zur Begründung wird darauf verwiesen, dass es sich bei der Drei-Monats-Frist um eine materielle Wirksamkeitsvoraussetzung handelt und der Gesetzgeber in der Gesetzesbegründung zu der ähnlichen Vorschrift des §§ 15 Abs. 5, 16 Abs. 1 BEEG ausdrücklich ausgeführt hat, dass bei Fristversäumung ein neuer Antrag zu stellen ist (*Preis/Gotthardt* DB 2001, 145 ff.).

141 Andererseits ist es nicht ausgeschlossen, eine **Parallele zur Kündigungserklärung** unter Nichteinhaltung der maßgeblichen Kündigungsfrist zu ziehen. Der Antrag ist demnach bei Nichtwahrung der Ankündigungsfrist umzudeuten bzw. auszulegen in einen Antrag zu einem späteren, fristgerechten Zeitpunkt (*BAG* 20.7.2004 EzA § 8 TzBfG Nr. 9; *LAG Düsseld.* 25.8.2011 LAGE § 8 TzBfG Nr. 20; *LAG Hamm* 6.5.2002 NZA-RR 2003, 178; *LAG RhPf* 4.6.2004 NZA-RR 2005, 123). Dieser liegt erst drei Monate nach dem Tag der Geltendmachung des Teilzeitanspruchs (§ 8 Abs. 2 TzBfG; *BAG* 20.7.2004 EzA § 8 TzBfG Nr. 9; *LAG SchlH* 15.12.2010 – 3 SaGa 14/10, AuR 2011, 179 LS). In diesem Fall kommt allerdings die Fiktionswirkung nach § 8 Abs. 5 S. 2, 3 TzBfG nicht zum Tragen, wenn der Arbeitgeber dem Begehren des Arbeitnehmers nicht entgegen tritt oder sich sachlich darauf einlässt (*BAG* 20.7.2004 EzA § 8 TzBfG Nr. 9).

142 Fraglich ist auch, ob zunächst eine **Wartefrist** von sechs Monaten vor Antragstellung abgewartet werden muss, oder ob dies bereits nach dreimonatigem Bestand des Arbeitsverhältnisses möglich ist. Folge ist, dass bei der ersten Alternative ein Anspruch auf Teilzeitbeschäftigung frühestens nach neun Monaten erwachsen kann, während dies bei der zweiten Alternative bereits nach sechs Monaten der Fall wäre.

143 Bei neu eingestellten, in unbefristeten Arbeitsverhältnissen beschäftigten Arbeitnehmern wird sich diese Problematik nicht stellen, weil in den ersten sechs Monaten kein Kündigungsschutz besteht. Problematisch kann dies bei befristet eingestellten Arbeitnehmern werden, wenn kein Kündigungsrecht vor Ablauf der Befristung vereinbart worden ist.

144 **Überwiegend** wird die Auffassung vertreten, dass die **Geltendmachung erst nach sechs Monaten erfolgen kann**; dies soll sich aus der Begründung im Gesetzentwurf ergeben (*Preis/Gotthardt* DB 2001, 149; *Hromadka* NJW 2001, 403).

145 Auch in diesem Zusammenhang stellt sich die Frage, ob ein zu früh gestellter Antrag unbeachtlich ist oder ob das Teilzeitbegehren dann als auf den nächst zulässigen Termin gerichtet umzudeuten ist (s. Rdn. 141).

### ddd) Weiterer Verfahrensgang

146 Bei der Geltendmachung seines Teilzeitbegehrens muss der Arbeitnehmer den Umfang der begehrten Arbeitszeitverkürzung angeben, der in seinem Belieben steht. Zusätzlich soll er die gewünschte Verteilung der verbleibenden Arbeitszeit angeben (§ 8 Abs. 2 TzBfG; *BAG* 23.11.2004 EzA § 8 TzBfG Nr. 12). Letzteres ist nicht Voraussetzung für die Wirksamkeit des Teilzeitbegehrens (vgl. *Viethen* NZA 2001 Sonderbeil. zu Heft 24, S. 5). Bei Nichtmitteilung der gewünschten Lage der Arbeitszeit ist nach § 8 Abs. 3 S. 2 TzBfG zu verfahren bzw. letztlich hat sie der Arbeitgeber nach billigem Ermessen (§ 106 GewO/§ 315 BGB) im Rahmen seines Direktionsrechts festzusetzen.

147 Nach der Geltendmachung des Anspruchs muss der Arbeitgeber mit dem Arbeitnehmer ein **Gespräch mit dem Ziel einer »Vereinbarung« führen**. Fraglich ist, was unter den Begriffen »Vereinbarung« i. S. d. § 8 Abs. 3 S. 1 TzBfG bzw. »Einvernehmen« i. S. d. § 8 Abs. 3 S. 2 TzBfG zu verstehen ist.

## A. Pflichten des Arbeitnehmers  Kapitel 3

Hinsichtlich des »Ob« der Arbeitszeitreduzierung bedarf es einer **Vertragsänderung**, sodass unter dem Begriff »Vereinbarung« eine vertragliche Absprache zu verstehen ist; ab dem Zeitpunkt der Annahmeerklärung des Antrags einer Arbeitnehmerin, Teilzeit arbeiten zu wollen, ist der von ihr gestellte Antrag nicht mehr frei widerrufbar. Die Arbeitnehmerin ist daher an den von ihr gestellten Antrag gebunden (*ArbG Passau* 5.6.2003 NZA-RR 2003, 572). Bezüglich des »**Wie**«, d. h. der Verteilung der verbleibenden Arbeitszeit auf die einzelnen Wochentage erscheint dies zweifelhaft. Nach § 8 Abs. 3 S. 2 TzBfG legt der Arbeitgeber die Lage der Arbeitszeit fest, wenn auch nach Möglichkeit im »Einvernehmen« mit dem Arbeitnehmer. Unter Festlegen ist wohl ein **gesetzlich herausgehobenes Direktionsrecht** des Arbeitgebers zu verstehen. Dafür spricht auch § 8 Abs. 5 S. 4 TzBfG, der dem Arbeitgeber ein einseitiges Festlegungsrecht zubilligt (vgl. *ArbG Passau* 5.6.2003 NZA-RR 2003, 572; *Kliemt* NZA 2001, 66). 148

Diese Unterscheidung ist praktisch von Bedeutung für die Formulierung eines zulässigen **Klageantrags** und des zutreffenden **Urteilstenors**, der bei gerichtlicher Festsetzung der Lage der Arbeitszeit das Direktionsrecht des Arbeitgebers, insbes. hinsichtlich der Möglichkeit der späteren Änderung der Lage der Arbeitszeit bei veränderten betrieblichen Gegebenheiten, nicht einschränken darf (s. Rdn. 207).

Das *BAG* (23.11.2004 EzA § 8 TzBfG Nr. 12; 8.5.2007 EzA § 8 TzBfG Nr. 18; 24.6.2008 EzA § 8 TzBfG Nr. 22) hat insoweit **folgende Grundsätze** aufgestellt:
- Der **Arbeitnehmer** kann entscheiden, ob er **neben der Verringerung der Arbeitszeit** eine **bestimmte Verteilung** der so verringerten Arbeitszeit verlangt. Er kann die Verringerung der Arbeitszeit auch davon abhängig machen, dass der Arbeitgeber der gewünschten Verteilung zustimmt. Er unterbreitet damit ein einheitliches Vertragsangebot.
- Der Arbeitnehmer ist **nicht verpflichtet**, bereits mit dem Antrag auf Herabsetzung der Arbeitszeit **verbindlich anzugeben**, in welcher Weise die Arbeitszeit verteilt werden soll.
- **Will der Arbeitnehmer andererseits eine bestimmte Verteilung** der Arbeitszeit erreichen, muss er seinen Wunsch **spätestens in das Erörterungsgespräch** mit dem Arbeitgeber einbringen. Es reicht aber aus, dass er aufgrund **des Ergebnisses der Erörterung** nach § 8 Abs. 3 TzBfG seinen **Verteilungswunsch erstmals äußert** oder einen vorher geäußerten Verteilungswunsch ändert; danach ist er daran gebunden (*BAG* 24.6.2008 EzA § 8 TzBfG Nr. 22). Nach Ablehnung durch den Arbeitgeber ist der geänderte Verteilungswunsch nur durch **neuerliche Geltendmachung** von Verringerung und Verteilung der Arbeitszeit unter den Voraussetzungen des § 8 Abs. 6 TzBfG durchsetzbar (*BAG* 24.6.2008 EzA § 8 TzBfG Nr. 22).
- Macht der Arbeitnehmer eine Verringerung seiner regelmäßigen Arbeitszeit geltend, **ohne eine bestimmte Verteilung** der reduzierten Arbeitszeit **zu beantragen**, überlässt er die Verteilung der Arbeitszeit dem Arbeitgeber, der sie in Ausübung seines Direktionsrechts gem. § 106 S. 1 GewO nach billigem Ermessen festlegen soll. Der Arbeitgeber muss in einem solchen Fall darlegen, dass seine, der Verringerung der Arbeitszeit entgegenstehenden betrieblichen Gründe nicht durch Ausübung seines Weisungsrechts nach § 106 S. 1 GewO beseitigt werden können (*BAG* 8.5.2007 EzA § 8 TzBfG Nr. 18).

Aus § 8 TzBfG lässt sich **kein Anspruch** darauf ableiten, die durch die Verringerung der Arbeitszeit auf die Hälfte verbleibende Arbeitszeit so zu verteilen, dass **im Wechsel ein Monat gearbeitet wird** und ein Monat arbeitsfrei ist (*LAG Köln* 23.11.2009 – 5 Sa 601/09, ZTR 2010, 263 LS). 149

Allerdings können sich die Arbeitsvertragsparteien auch über die Lage der Arbeitszeit vertraglich einigen und diese festlegen. Eine zukünftige Veränderung der Lage der Arbeitszeit ist dann dem Direktionsrecht des Arbeitgebers entzogen. Allerdings besteht auf eine solche vertragliche Festlegung der Arbeitszeit kein gesetzlicher Anspruch des Arbeitnehmers. § 8 Abs. 5 S. 4 TzBfG kommt bei einer einvernehmlichen Festlegung nicht mehr zur Anwendung, da diese Regelung dem Arbeitgeber nur ein einseitiges Änderungsrecht in den Fällen des § 8 Abs. 5 S. 3 und des § 8 Abs. 3 S. 2 TzBfG zubilligt, d. h. dann, wenn die Lage der Arbeitszeit auf Grund der Fiktionswirkung oder auf Grund des Direktionsrechts des Arbeitgebers festgelegt wurde (s. Rdn. 192). 150

*eee) Zahl der Arbeitnehmer*

151 Der Anspruch auf Arbeitszeitverkürzung besteht gem. § 8 Abs. 7 TzBfG nur dann, wenn der Arbeitgeber **i. d. R. mehr als 15 Arbeitnehmer beschäftigt**; diese Anspruchsbeschränkung ist nicht verfassungswidrig (*LAG Köln* 18.1.2002 EzA § 8 TzBfG Nr. 4a). Anders als im Rahmen des § 23 KSchG besteht keine Regelung, wonach Teilzeitbeschäftigte nur quotal entsprechend ihrem Arbeitszeitvolumen zu zählen sind. Es gilt daher das **pro Kopf** Prinzip; Auszubildende werden nicht mit berücksichtigt (vgl. *Viethen* NZA 2001 Sonderbeil. zu Heft 24, S. 4).

152 Abzustellen ist dabei nach dem Wortlaut der gesetzlichen Regelung nicht auf den Betrieb, sondern auf das **Unternehmen**. Auch insoweit unterscheidet sich § 8 TzBfG von § 23 KSchG (s. a. §§ 99, 111 BetrVG).

153 Fraglich ist, zu welchem **Zeitpunkt** i. d. R. 15 Arbeitnehmer beschäftigt werden müssen. In Betracht kommt der Zeitpunkt der Geltendmachung des Arbeitszeitverringerungsbegehrens, der Zeitpunkt der Entscheidung des Arbeitgebers darüber, der Zeitpunkt, ab dem die Arbeitszeit reduziert werden soll, sowie der Zeitpunkt der letzten mündlichen Verhandlung in der Tatsacheninstanz (s. Rdn. 178).

*fff) Entgegenstehende betriebliche Belange*

154 Sowohl die Verringerung der Arbeitszeit als auch die Verteilung der verbleibenden Arbeitszeit können vom Arbeitgeber abgelehnt werden, wenn betriebliche Belange entgegenstehen (§ 8 Abs. 4 TzBfG; vgl. demgegenüber § 9 TzBfG und § 15 Abs. 7 BEEG: »dringende betriebliche Gründe«).

155 Der Begriff der betrieblichen Belange insoweit ist ein **unbestimmter Rechtsbegriff**, bei dessen Anwendung dem Tatsachengericht ein **Beurteilungsspielraum** zusteht. Das Revisionsgericht kann nur überprüfen, ob der Rechtsbegriff selbst verkannt worden ist, bei der Subsumtion des festgestellten Sachverhalts unter diesen Rechtsbegriff Denkgesetze verletzt worden sind, bei der Subsumtion des festgestellten Sachverhalts unter diesen Rechtsbegriff Denkgesetze oder allgemeine Erfahrungssätze verletzt worden sind, nicht alle wesentlichen Umstände berücksichtigt worden sind oder das Ergebnis widersprüchlich ist (*BAG* 16.10.2007 EzA § 8 TzBfG Nr. 19).

156 **Gefordert ist eine auf den konkreten Einzelfall bezogene Interessenabwägung** (*LAG München* 6.11.2002 – 9 Sa 37/02, EzA-SD 7/03, S. 11 LS; vgl. *Hunold* NZA-RR 2004, 226 ff.; *Feldhoff* ZTR 2006, 58 ff.).

157 Derartige betriebliche Belange (vgl. *Reiserer/Penner* BB 2002, 1694 ff.) liegen z. B. dann vor, wenn die **Organisation**, der **Betriebsablauf** oder die **Sicherheit im Betrieb wesentlich beeinträchtigt** werden oder **unverhältnismäßige Kosten** erwachsen würden. Diese Voraussetzungen sind dann erfüllt, wenn die gewünschte Arbeitszeitreduzierung eine **erhebliche Störung** des im Betrieb praktizierten **Arbeitszeitsystems** bewirkt, weil der Arbeitgeber entweder den Arbeitnehmer, der den Teilzeitwunsch äußert, oder andere mittelbar betroffene Arbeitnehmer nicht mit der gesamten Arbeitszeit einsetzen kann. Diese Störung ist schon deshalb erheblich, weil der Arbeitgeber seiner Beschäftigungspflicht nicht in vollem Umfang nachkommen kann und infolgedessen u. a. Annahmeverzugsansprüche entstehen können (*BAG* 13.11.2007 EzA § 8 TzBfG Nr. 20; s. a. *LAG Düsseld.* 25.8.2011 LAGE § 8 TzBfG Nr. 20). Als weitere Gründe kommen in Betracht, dass eine Ersatzarbeitskraft für die frei werdenden Stunden auf dem Arbeitsmarkt nicht zu finden ist (s. *Beckschulze* DB 2000, 2599) oder auch, dass das Betriebsklima erheblich gestört wird, weil andere Arbeitnehmer nunmehr Überstunden leisten müssen.

158 Dabei genügen an sich **rationale, nachvollziehbare Gründe**, die zur Ablehnung des Begehrens des Arbeitnehmers geführt haben (*LAG Köln* 9.4.2003 LAGE § 8 TzBfG Nr. 11b); die überwiegende Rechtsprechung (*BAG* 30.9.2003 EzA § 8 TzBfG Nr. 5; 14.10.2003 EzA § 8 TzBfG Nr. 6) verlangt ein nachvollziehbares, mit betriebswirtschaftlichen, unternehmenspolitischen oder betriebsorganisatorischen Gründen untermauertes Konzept. Insoweit ist vor **allem die Darlegung** des Arbeitgebers, **seine Arbeitsabläufe »bestmöglich« und »effektiv« gestalten wollen, zu allgemein**, um ein von den Arbeitsgerichten nur auf Willkür überprüfbares Organisationskonzept darstellen

zu können (*BAG* 18.5.2004 EzA § 8 TzBfG Nr. 11; s. Rdn. 171 ff.). Der Arbeitgeber muss zudem substantiiert darlegen und ggf. beweisen, dass das von ihm behauptete Konzept auch im Übrigen eingehalten wird (*LAG Köln* 4.12.2001 – 9 Sa 726/01, EzA-SD 8/02, S. 5 LS; *ArbG Bielefeld* 12.3.2002 – 5 Ca 3150/01, EzA-SD 9/02, S. 9 LS). Es stellt in diesem Zusammenhang ein nachvollziehbares und servicefreundliches Organisationskonzept dar, wenn der Arbeitgeber so weitgehend wie möglich sicher stellen will, dass seine Kunden z. B. jeweils nur einen Verkäufer als Ansprechpartner haben; ein solcher Grund liegt jedoch **nicht** vor, wenn sich die **Öffnungszeiten eines Verkaufsgeschäfts** von der durchschnittlichen Wochenarbeitszeit einer Vollzeitkraft deutlich unterscheiden (*BAG* 30.9.2003 EzA § 8 TzBfG Nr. 5). Es kann in einem Produktionsbetrieb mit Mehrschichtbetrieb auch darin bestehen, jede Schicht mit zwei Betriebselektrikern zu besetzen (*BAG* 14.10.2003 EzA § 8 TzBfG Nr. 6). Die bloße Berufung des Arbeitgebers auf ein **praktiziertes Organisationskonzept**, dass alle Arbeitnehmer, auch die Teilzeitbeschäftigten, im **Schichtbetrieb** arbeiten und in diesem Zusammenhang auch die Nachmittagsschicht bis mindestens 18 Uhr abdecken müssen, ist allein kein Ablehnungsgrund. Es bedarf vielmehr darüber hinaus der Darlegung und ggf. des Nachweises konkreter Umstände, inwiefern dieses Konzept dem konkreten Teilzeitwunsch auch tatsächlich entgegensteht und die gewünschte zeitliche Lage der Arbeit nicht durch eine zumutbare Änderung der betrieblichen Abläufe ermöglicht werden kann (*LAG SchlH* 15.12.2010 – 3 SaGa 14/10, AuR 2011, 179 LS).

Andererseits stellen die im Gesetz enthaltenen **Beispiele** »wesentlich beeinträchtigt« und »unverhältnismäßige Kosten« **vom Wortlaut her an sich höhere Anforderungen** (krit. *Richardi/Annuß* BB 2000, 2202). Das *ArbG Bonn* (20.6.2001 NZA 2001, 973) hat infolge dessen Gründe von einem gewissen Gewicht verlangt, da ansonsten von einer »wesentlichen« Beeinträchtigung betrieblicher Belange nicht ausgegangen werden könne; **einfache Beeinträchtigungen** der Organisation, des Arbeitsablaufs oder der Sicherheit im Betrieb **genügen nicht** (*LAG Düsseld.* 19.4.2002 – 9 (12) Sa 11/02, EzA-SD 16/02, S. 9; *LAG Köln* 9.4.2003 LAGE § 8 TzBfG Nr. 11b). Dabei ist zu beachten, dass der Arbeitgeber im Rahmen der Unternehmerentscheidung die Organisationsstruktur festlegt, durch die er den von ihm bestimmten Betriebszweck verfolgt. Sie betrifft den nur beschränkt nachprüfbaren Kernbereich der Unternehmerentscheidung (*ArbG Frankf. a. M.* 19.12.2001 FA 2002, 181). Allein ein **erhöhter Verwaltungsaufwand** stellt danach z. B. keinen »betrieblichen« Grund dar, der eine Versagung des Reduzierungswunsches rechtfertigen könnte (ebenso *ArbG Stuttg.* NZA 2001, 968; *Lindemann/Simon* BB 2001, 146 ff.). Auch betriebliche Beeinträchtigungen, die stets mit einer Verringerung oder anderweitigen Verteilung der Arbeitszeit einhergehen, müssen vom Arbeitgeber hingenommen werden (*LAG Düsseld.* 19.4.2002 – 9 (12) Sa 11/02, EzA-SD 16/02, S. 9). Von daher stellt auch der Umstand, dass **andere Arbeitnehmer regelmäßig an bestimmten Wochentagen Urlaub in Anspruch nehmen**, grds. **keinen** der vom Arbeitnehmer gewünschten Verteilung seiner verringerten Arbeitszeit entgegenstehenden **betrieblichen Grund** dar (*LAG RhPf* 11.2.2004 NZA-RR 2004, 341). Das Interesse des Arbeitnehmers an der Teilzeit überwiegt nach z. T. vertretener Auffassung zudem dann, wenn es dem Arbeitgeber möglich und zumutbar ist, durch Abbau von Überstunden zusammen mit den frei werdenden Stunden einen Vollzeitarbeitsplatz einzurichten und zu besetzen und somit dem Teilzeitverlangen des Arbeitnehmers zu entsprechen (*LAG München* 6.11.2002 – 9 Sa 37/02, EzA-SD 7/03, S. 11 LS). **159**

Das *BAG* (9.12.2003 EzA § 8 TzBfG Nr. 8) hat diese Entscheidung aufgehoben und stärker differenzierend darauf abgestellt, dass zwar ein betrieblicher Grund zur Verweigerung dann nicht besteht, wenn die ausfallende Arbeitszeit durch die Einstellung einer Teilzeitkraft ausgeglichen werden kann. Steht eine derartige Kraft allerdings nicht zur Verfügung, kann der Arbeitnehmer aber regelmäßig nicht darauf verwiesen werden, eine Vollzeitkraft einzustellen und Überstunden abzubauen. Ebenso wenig kann der Arbeitnehmer vom Arbeitgeber verlangen, den Arbeitszeitausfall durch **dauernde Überstunden** anderer Arbeitnehmer auszugleichen. Auf die **Inanspruchnahme von Leiharbeit** kann der Arbeitnehmer den Arbeitgeber zudem dann nicht verweisen, wenn der Arbeitgeber nicht ohnehin auf Leiharbeit als übliche Maßnahme zurückgreift (*BAG* 9.12.2003 EzA § 8 TzBfG Nr. 8). Die Beeinträchtigung ist andererseits dann nicht wesentlich, **160** wenn das Unternehmensziel auch bei Einsatz aller Arbeitnehmer in Vollzeit gar nicht erreichbar ist, weil der Arbeitgeber dann ohnehin Vorkehrungen treffen muss, dass der Kunde z. B. den Verkäufer nicht antrifft, an den er sich ursprünglich gewandt hatte. Das hat das *BAG* (30.9.2003 EzA § 8 TzBfG Nr. 5) z. B. angenommen bei einem Teppichhaus, das wöchentlich bis zu 60 Stunden geöffnet hat. Die Arbeitszeit einer Vollkraft dauert im Durchschnitt 37,5 Stunden in der Woche. Die klagende Arbeitnehmerin verlangte eine Verkürzung ihrer wöchentlichen durchschnittlichen Arbeitszeit auf 25 Stunden. Dadurch erhöht sich zwar die Wahrscheinlichkeit, dass Kunden sie für Rückfragen nicht antreffen. Angesichts der 60stündigen wöchentlichen Ladenöffnungszeit wird dadurch das betriebliche Organisationskonzept nicht wesentlich beeinträchtigt. Das oben geschilderte Organisationskonzept in einem Produktionsbetrieb wird dann nicht beeinträchtigt, wenn es dem Arbeitgeber **möglich und zumutbar** ist, für die ausfallende Arbeitszeit eine **geeignete Ersatzkraft** (vgl. dazu auch *ArbG Wetzlar* 26.9.2001 AuR 2002, 77 LS) einzustellen. Diese ist dann geeignet, wenn sie die durch den Arbeitsplatz notwendigen Kenntnisse und Fähigkeiten hat oder dem Arbeitgeber zuzumuten ist, sie entsprechend zu schulen, wobei die Schulung aber keine unverhältnismäßigen Kosten verursachen darf; andererseits darf der Arbeitgeber keine zu hohe fachliche Anforderung an die erforderlichen Qualifikationen der Ersatzkraft stellen (*BAG* 14.10.2003 EzA § 8 TzBfG Nr. 6).

161 Soweit es infolge der Verringerung der Arbeitszeit um die reine **Kostenbelastung** des Arbeitgebers geht, muss diese Kostenbelastung unverhältnismäßig hoch sein, um einen Ablehnungsgrund abzugeben; das ist dann der Fall, wenn die wirtschaftlichen Auswirkungen für den Arbeitgeber **nicht mehr tragfähig sind** (*LAG Düsseld.* 19.4.2002 – 9 (12) Sa 11/02, EzA-SD 16/02, S. 9). Derartige Kosten können sich auch durch **lange Einarbeitungszeiten** neu einzustellender Mitarbeiter ergeben, die zugleich eine wesentliche Beeinträchtigung des Arbeitsablaufs verursachen können. Welcher Einarbeitungsaufwand insoweit für den Arbeitgeber noch zumutbar ist, hängt von den **betrieblichen und persönlichen Umständen des Einzelfalls** ab. Eine **Dreimonatsfrist** als Parallele zum Kündigungsschutzrecht kann **keine erste Orientierung** dafür geben, was für einen Arbeitgeber als Einarbeitungszeit noch zumutbar ist. Denn dies allein belegt noch nicht das Vorliegen unverhältnismäßiger Kosten oder »entgegenstehender« Betriebsablaufstörungen (*BAG* 23.11.2004 EzA § 8 TzBfG Nr. 12; a. A. *LAG Nds.* 26.6.2003 NZA-RR 2004, 123). Dem Teilzeitwunsch des Arbeitnehmers entgegenstehende Belange können sich also jedenfalls auch daraus ergeben, dass der Fortbildungsaufwand für einen Arbeitnehmer, der wegen der Teilzeit eines anderen Arbeitnehmers einzustellen ist, unverhältnismäßig hoch ist (sog. »unproduktiver Aufwand«; *LAG BW* 9.6.2004 LAG Report 2004, 289). Gleiches gilt dann, wenn der Teilzeitwunsch die **Anschaffung eines weiteren Dienstwagens** für den Einsatz einer mit durchschnittlich neun Wochenstunden einzustellenden Ersatzkraft erfordert, weil die Verringerung der Arbeitszeit dann unverhältnismäßige Kosten verursacht (*LAG Nds.* 18.11.2002 LAGE § 8 TzBfG Nr. 11). Nichts anderes gilt dann, wenn der auf die Refinanzierung seiner Betriebskosten durch die öffentliche Hand angewiesene Betreiber einer Kindertagesstätte für die Einrichtung der Teilzeitstelle die Genehmigung durch den Kostenträger benötigt und die Genehmigung weder vorliegt noch ihre Erteilung (entsprechend dem mit dem Arbeitnehmer abgestimmten Antrag) zu erwarten ist (*LAG Düsseld.* 2.7.2003 – 12 Sa 407/03, EzA-SD 21/03, S. 6 LS). Auch kann der Arbeitgeber nicht darauf verwiesen werden, innerhalb der fehlenden Zeit einen **Subunternehmer** einzuschalten (*ArbG Hannover* 31.1.2002 NZA-RR 2002, 294).

162 Der Arbeitszeitreduzierung entgegenstehende »betriebliche Gründe« können z. B. im Falle einer Kindergarten-Ergänzungskraft auch aus **pädagogischen Gesichtspunkten** herrühren. Berufsspezifische Anforderungen auch an die Dauer der Präsenz am Arbeitsplatz und/oder die Zahl derjenigen Personen, auf welche dieselbe Tätigkeit aufteilbar ist, können rationale und nachvollziehbare Gründe sein, die bei der Beurteilung der ablehnenden Entscheidung zu beachten sind. Auch der Einwand des Arbeitgebers, die pädagogische Konzeption einer Kindertagesstätte für behinderte Kinder gebiete es, dass die Gruppenleiterin während der gesamten Betreuungszeit am Tag anwesend ist, stellt einen betrieblichen Grund insoweit dar (*LAG Nds.* 2.8.2002 LAGE § 8 TzBfG Nr. 9; bestätigt durch *BAG* 19.8.2003 EzA § 8 TzBfG Nr. 4). Das gilt insbes. für den Fall, dass die als Leiterin einer Kindergar-

tengruppe beschäftigte Arbeitnehmerin die ihr anvertraute Gruppe regelmäßig vorzeitig, also noch vor der Heimfahrt der Kinder, verlassen will; es spricht zudem nicht gegen die ernsthafte Durchführung eines pädagogischen Konzepts, wenn der Arbeitgeber davon im Einzelfall vorübergehend abweicht (*BAG* 19.8.2003 EzA § 8 TzBfG Nr. 4; s. a. *BAG* 16.10.2007 NZA-RR 2008, 210 zum Mentorenprinzip/Erzieherbezugssystem bei Erziehern). Das gilt erst recht, wenn zusätzlich zu dem zuvor beschriebenen pädagogischen Konzept auf Grund der **notwendigen Refinanzierung der Personalkosten** die bei einem Stellensplitting zusätzlich anfallende und zu vergütende Arbeitszeit (z. B. für sog. Übergabe-, Austauschzeiten) durch den Kostenträger nicht übernommen wird (*LAG Düsseld.* 19.1.2005 – 12 Sa 1512/04, EzA-SD 11/05 S. 9 LS). Anders ist es aber dann, wenn der Arbeitgeber von dem von ihm aufgestellten pädagogischen Konzept ohne Not abgewichen ist (*BAG* 16.10.2007 NZA-RR 2008, 210).

Betriebliche Gründe stehen dem Teilzeitanspruch auch dann entgegen, wenn, nicht zuletzt zur Sicherstellung der Arzneimittelversorgung der Bevölkerung, sämtliche an einem Tag hereinkommenden Aufträge bis zu einer bestimmten Uhrzeit abgearbeitet sein sollen (*ArbG Hannover* 22.1.2003 NZA-RR 2003, 300). Etwas anderes gilt aber dann, wenn es dem Arbeitgeber möglich und zumutbar ist, für die ausfallende Arbeitskraft eine **Ersatzkraft** einzustellen. Der Arbeitgeber muss also versuchen, vor Ablehnung eines Antrags auf Verringerung der Arbeitszeit eine geeignete zusätzliche Arbeitskraft einzustellen (*LAG Nds.* 12.9.2003 LAG Report 2004, 33); umgekehrt ist das **Fehlen einer geeigneten Ersatzkraft** für die infolge der Arbeitszeitverringerung ausfallenden Stunden ein **berechtigter Ablehnungsgrund** für die Teilzeitbeschäftigung (*BAG* 23.11.2004 EzA § 8 TzBfG Nr. 12). Folglich muss der Arbeitgeber bei der Agentur für Arbeit nach einem geeigneten Bewerber suchen und die Stelle inner- und/oder außerbetrieblich ausschreiben. Das kann nur entbehrlich sein, wenn sein Bemühen ohnehin erfolglos wäre (*BAG* 27.4.2004 EzA § 8 TzBfG Nr. 10; vgl. auch *LAG Nds.* 26.6.2003 NZA-RR 2004, 123). Sind entsprechende **Bewerber vorhanden**, bedarf es einer **nachvollziehbaren Begründung**, weshalb es an der Eignung des Bewerbers fehlt. Dabei müssen die vom Arbeitgeber vorausgesetzten Qualifikationen beachtet werden; wenn die Ersatzkraft das erforderliche Know-how für die Tätigkeit nicht besitzt, kann der Arbeitgeber deren Einstellung ablehnen (*ArbG Lübeck* 10.7.2003 NZA-RR 2004, 14). Der Einwand des Arbeitgebers, er könne keine geeignete zusätzliche Arbeitskraft finden, ist folglich nur beachtlich, wenn er nachweist, dass eine dem Berufsbild des Arbeitnehmers, der seine Arbeitszeit reduziert, entsprechende **zusätzliche Arbeitskraft auf dem für ihn maßgeblichen Arbeitsmarkt nicht zur Verfügung steht** (*LAG Nds.* 26.6.2003 NZA-RR 2004, 123). Er darf folglich bei der Ausschreibung keine höheren Anforderungen aufstellen als diejenigen, die er üblicherweise verlangt (*BAG* 23.11.2004 EzA § 8 TzBfG Nr. 12).

Entgegenstehende betriebliche Gründe können von daher auch dann nicht angenommen werden, wenn vom Arbeitgeber bei der Suche nach einer geeigneten Ersatzkraft in Stellenausschreibungen zu hohe Qualifikationsanforderungen gestellt werden (*LAG Hamm* 27.9.2002 – 10 Sa 232/02, EzA-SD 1/03, S. 5 LS). Erforderlichenfalls ist auch eine **zumutbare Umorganisation** vorzunehmen, um eine geeignete Ersatzkraft einstellen zu können (*LAG Nds.* 12.9.2003 LAG Report 2004, 33).

Zu beachten ist, dass auch durch eine Häufung von Teilzeitwünschen im Einzelfall eine Überforderung des Arbeitgebers entstehen kann, auf Grund derer er ein Teilzeitverlangen berechtigt ablehnen kann. Ein betrieblicher Grund zur Ablehnung liegt allerdings erst dann vor, wenn das Teilzeitverlangen die Überforderungsgrenze überschreitet (*BAG* 30.9.2003 EzA § 8 TzBfG Nr. 5). Das kann z. B. dann der Fall sein, wenn der Arbeitgeber die Einstellung einer Teilersatzkraft für erforderlich halten darf und für deren **laufende Fortbildung unverhältnismäßige Kosten entstünden**. Dabei ist grds. anzunehmen, dass eine **im Außendienst mit Akquisition betraute Teilzeitkraft** über dieselben Kenntnisse verfügen muss wie eine Vollzeitkraft; deshalb ist für ihre Fortbildung auch derselbe Aufwand erforderlich. Will ein im Außendienst beschäftigter Arbeitnehmer seine Arbeitszeit verringern, so kann er den Einwand unverhältnismäßiger Aufwendungen für eine Ersatzkraft nicht dadurch ausräumen, dass er seine Arbeit verdichte und für Kunden auch außerhalb der Arbeitszeit zur Verfügung stehe, sodass er sein bisheriges Arbeitspensum auch nach Arbeitszeitverringerung erledigen werde (*BAG* 21.6.2005 EzA § 8 TzBfG Nr. 13).

164 Dem Teilzeitwunsch des Arbeitnehmers können auch **künstlerische Belange** entgegenstehen; die Aufzählung der entgegenstehenden betrieblichen Gründe in § 8 Abs. 4 S. 2 TzBfG ist nicht abschließend. Art. 5 Abs. 3 S. 1 GG schützt allerdings auch die künstlerischen Vorstellungen. Deshalb können auch subjektive Gesichtspunkte maßgebend sein. Folglich dürfen an die Darlegung der Beeinträchtigung der Kunstfreiheit durch die verlangte Verringerung der Arbeitszeit **keine überzogenen Anforderungen** zu stellen sein; andererseits müssen die Gründe nachvollziehbar sein (*BAG* 27.4.2004 EzA § 8 TzBfG Nr. 10).

165 Die Arbeitszeitverringerung kann auch dann aus betrieblichen Gründen verweigert werden, wenn der auf die Refinanzierung seiner Betriebskosten durch die öffentliche Hand angewiesene **gemeinnützige Betreiber** einer Kindertagesstätte für die Einrichtung der Teilzeitstelle die **Genehmigung durch den Kostenträger benötigt** und die Genehmigung weder vorliegt noch ihre Erteilung entsprechend dem mit dem Arbeitnehmer abgestimmten Antrag zu erwarten ist (*LAG Düsseld.* 2.7.2003 NZA-RR 2004, 234).

166 § 8 TzBfG begründet **keinen Gesetzesvorbehalt i. S. d. Eingangssatzes von § 87 Abs. 1 BetrVG**, der zum Ausschluss des Mitbestimmungsrechts des Betriebsrats führt. Eine auf der Grundlage von § 87 Abs. 1 Nr. 2 BetrVG geschlossene Betriebsvereinbarung kann den Arbeitgeber deshalb berechtigen, den Wunsch eines Arbeitnehmers auf Neuverteilung der Arbeitszeit abzulehnen (*BAG* 24.6.2008 EzA § 8 TzBfG Nr. 21; 16.12.2008 EzA § 8 TzBfG Nr. 23; 18.8.2009 EzA § 8 TzBfG Nr. 24; *LAG SchlH* 4.10.2007 NZA-RR 2008, 301). Der Betriebsrat hat bei der Ausübung seines Mitbestimmungsrechts aus § 87 Abs. 1 Nr. 2 BetrVG zwar auch darauf zu achten, dass die **Vereinbarkeit von Familie und Erwerbstätigkeit** gefördert wird. Diese allgemeine Aufgabe des Betriebsrats aus § 80 Abs. 1 Nr. 2 Buchst. b BetrVG führt jedoch **nicht notwendig zum Vorrang der Interessen des einzelnen Arbeitnehmers**, der Familienpflichten zu erfüllen hat. Den Betriebsparteien steht bei der Abwägung der Einzel- und Kollektivinteressen ein Beurteilungsspielraum zu (*BAG* 16.12.2008 EzA § 8 TzBfG Nr. 23). Hat die Arbeitszeitverteilung eines einzelnen Arbeitnehmers folglich Auswirkungen auf das kollektive System der Verteilung der betriebsüblichen Arbeitszeit, kann eine Betriebsvereinbarung oder Regelungsabrede dem Verlangen des Arbeitnehmers auf Neuverteilung seiner Arbeitszeit nach § 8 Abs. 2 bis 5 TzBfG entgegenstehen (*BAG* 18.8.2009 EzA § 8 TzBfG Nr. 24).

Das *LAG SchlH* (4.10.2007 NZA-RR 2008, 301) hat allerdings angenommen, dass andererseits allein die **fehlende Zustimmung des Betriebsrats** zur begehrten Arbeitszeit nach Maßgabe des § 87 Abs. 1 Nr. 2 BetrVG keinen betrieblichen Grund darstellt. Existiert danach im Betrieb das Organisationskonzept eines flexiblen Arbeitseinsatzes, so kann die ablehnende Haltung des Arbeitgebers und des Betriebsrats hinsichtlich fester Arbeitszeiten nicht allein damit begründet werden, jede Abweichung davon gefährde den Betriebsfrieden. Insoweit ist vielmehr konkret der Einzelfall zu prüfen (*LAG SchlH* 4.10.2007 NZA-RR 2008, 301).

167 Legt eine **Betriebsvereinbarung** z. B. die Verteilung der Arbeitszeit auf fünf Tage in der Woche oder den Beginn der täglichen Arbeitszeit fest, so kann auch dies ein betrieblicher Grund für den Arbeitgeber sein, der Verteilung der Arbeitszeit auf weniger oder mehr Tage in der Woche zu widersprechen (*BAG* 18.2.2003 EzA § 8 TzBfG Nr. 3 m. Anm. *Klebeck* SAE 2004, 98 ff.; 16.3.2004 EzA § 8 TzBfG Nr. 8; *LAG Bln.* 18.1.2002 – 19 Sa 1982/01, EzA-SD 5/02, S. 8 m. krit. Anm. *Buschmann* AuR 2002, 191; s. a. *Feuerborn* SAE 2006, 1 ff.).

168 Auch das Vorliegen einer Betriebsvereinbarung, in der die Betriebspartner verschiedene (insgesamt 16) Modelle von Teilzeitvereinbarungen festlegen, kann ein ausreichend gewichtiger betrieblicher Grund für den Arbeitgeber sein, davon abweichende, vom Arbeitnehmer verlangte Teilzeitmodelle abzulehnen (s. *BAG* 15.8.2006 EzA § 8 TzBfG Nr. 14). Wird zudem bei bestimmten Teilzeitmodellen (z. B. Teilzeit 25 %) die Einsatzplanung für Flugbegleiter erheblich

## A. Pflichten des Arbeitnehmers

## Kapitel 3

erschwert, so kann der Arbeitgeber auch aus diesem Grund das gewünschte Teilzeitmodell ablehnen (*LAG Köln* 10.11.2005 – 5 Sa 1125/05, ZTR 2006, 332 LS); eine **Luftfahrtgesellschaft** lehnt jedenfalls die Verringerung auf 25 % der Arbeitszeit zu Recht ab, wenn der Arbeitnehmer wegen seines Arbeitsvolumens **nicht auf allen Umlaufketten einplanbar ist** (*BAG* 15.8.2006 EzA § 8 TzBfG Nr. 14; s. a. *BAG* 24.6.2008 EzA § 8 TzBfG Nr. 21). Offen gelassen hat das *BAG* (15.8.2006 EzA § 8 TzBfG Nr. 14; 24.6.2008 EzA § 8 TzBfG Nr. 21) allerdings, ob der Arbeitgeber dieses Teilzeitverlangen bereits deshalb berechtigterweise ablehnen darf, weil er mit der bei ihm gebildeten Personalvertretung eine **freiwillige Betriebsvereinbarung** abgeschlossen hat, nach der eine Arbeitszeit von unter 50 % der regeltariflichen Arbeitszeit nur dann vereinbart werden darf, wenn sich ein Arbeitnehmer in Elternzeit befindet oder bei ihm ein sozialer Härtefall vorliegt.

Betriebliche Gründe stehen dem Teilzeitwunsch jedenfalls auch dann entgegen, wenn seine Umsetzung (Reduzierung der Arbeitszeit von 51,09 auf 46,67 % bei einer Fluggesellschaft) dazu führen würde, dass der betroffene oder andere Arbeitnehmer **nicht mit ihrer gesamten Arbeitszeit eingesetzt werden könnten**. Diese Störung ist schon deshalb erheblich, weil Ansprüche aus Annahmeverzug entstehen können und der Arbeitgeber seiner Beschäftigungspflicht nicht in vollem Umfang nachkommen kann (*BAG* 13.11.2007 EzA § 8 TzBfG Nr. 20).

Ist andererseits im Arbeitsvertrag ein **bestimmtes Arbeitszeitmodell** vereinbart, muss der in § 8 Abs. 2 TzBfG zugelassene Verteilungswunsch nicht schon die Beschränkungen dieses Modells einhalten (*BAG* 16.12.2008 EzA § 8 TzBfG Nr. 23).

Die **Betriebsparteien** können den gesetzlichen Teilzeitanspruch aus § 8 TzBfG **nicht kontingentieren** und befristen. Eine sog. **Überforderungsquote** können nur die **Tarifvertragsparteien** festlegen (§ 8 Abs. 4 S. 3 TzBfG; *BAG* 24.6.2008 EzA § 8 TzBfG Nr. 21).

**169** Das gilt jedoch dann **nicht**, wenn der vom Arbeitnehmer gewünschte andere Arbeitsbeginn keinen **kollektiven Bezug** hat. Die kollektiven Interessen der im Betrieb beschäftigten Arbeitnehmer sind regelmäßig berührt, wenn es wegen der abweichenden Arbeitszeit zu Arbeitsverdichtung oder Mehrarbeit kommt oder wenn andere Arbeitnehmer ungünstigere Arbeitszeiten hinnehmen müssen (s. *BAG* 16.12.2008 EzA § 8 TzBfG Nr. 23). Dieser Bezug fehlt aber andererseits dann, wenn die Interessen der anderen Arbeitnehmer nicht durch Arbeitsverdichtung, Mehrarbeit oder andere Auswirkungen berührt werden. Das hat das *BAG* (16.3.2004 EzA § 8 TzBfG Nr. 8) angenommen bei einer **Lagerarbeiterin**, die im Anschluss an den Erziehungsurlaub ihre wöchentliche Arbeitszeit auf zwanzig Stunden/Woche verringern und die Arbeitszeit auf 8.00 bis 12.00 Uhr festlegen wollte. Danach vereinbarten die Betriebsparteien für den »Wareneingang« den Arbeitsbeginn 6.00 Uhr und für den »Warenausgang« 8.00 Uhr. Die Beklagte ordnete die Klägerin dem »Wareneingang« zu. Sie erklärte sich mit der Verringerung der Arbeitszeit einverstanden. Den gewünschten Arbeitsbeginn um 8.00 Uhr lehnte sie wegen befürchteter Ablaufstörungen und unter Hinweis auf die Betriebsvereinbarung – letztlich erfolglos – ab. Denn im konkret entschiedenen Einzelfall wurde weder festgestellt, dass durch die von der Betriebsvereinbarung abweichende Festlegung des täglichen Arbeitsbeginns der Klägerin Störungen des Betriebsablaufs auftraten, noch dass die kollektiven Interessen der übrigen Arbeitnehmer berührt wurden (*BAG* 16.3.2004 EzA § 8 TzBfG Nr. 8).

**170** Auch allein die Tatsache, dass in der Produktion ein flexibles Arbeitszeitmodell im Zwei-Schicht-System angewandt wird, steht dem Anspruch nicht entgegen. Denn der Arbeitgeber hat im Einzelfall unter Berücksichtigung aller Umstände zumutbare Anstrengungen zur Schaffung eines Teil*zeitarbeitsplatzes* zu machen (*ArbG Bielefeld* 15.1.2002 – 2 Ca 3037/01, EzA-SD 9/02, S. 9 LS). Demgegenüber hat das *LAG BW* (4.11.2002 LAGE § 8 TzBfG Nr. 10) pauschal angenommen, dass dann, wenn die Betriebsorganisation, die dem Teilzeitwunsch entgegensteht, mit den Interessenvertretern der Arbeitnehmer abgestimmt ist, der Arbeitnehmer mit seinem Verringerungs- und/oder Verteilungsverlangen nicht durchdringen kann.

*Dörner*

Dem Verteilungswunsch zur Lage der reduzierten Arbeitszeit ist andererseits jedenfalls dann zu entsprechen, wenn der Arbeitgeber ihm weder außergerichtlich noch im Prozess, und zwar auch nicht hilfsweise, entgegengetreten ist (*ArbG Bonn* 20.6.2001 NZA 2001, 973).

*ggg) Verhältnis zur Unternehmerentscheidung*

171 Fraglich ist in diesem Zusammenhang, in welchem Verhältnis die gesetzliche Neuregelung zur freien Unternehmerentscheidung steht, auf bestimmten Arbeitsplätzen nur Teilzeit- oder Vollzeitkräfte zu beschäftigen. Das *BAG* (12.8.1999 EzA § 1 KSchG Soziale Auswahl Nr. 41; vgl. generell zur Festlegung der Organisationsstruktur des Betriebes mit nur eingeschränkter Überprüfbarkeit *ArbG Freiburg* 4.9.2001 NZA 2002, 216) hat für den Bereich des **Kündigungsschutzrechts** hinsichtlich der Vergleichbarkeit von Voll- und Teilzeitbeschäftigten im Rahmen der Einbeziehung in die Sozialauswahl die Auffassung entwickelt, dass für die Beantwortung dieser Frage maßgeblich auf das Vorliegen entsprechender Organisationsentscheidungen des Arbeitgebers abzustellen ist. Vertritt man die Auffassung, dass die Freiheit der Unternehmerentscheidung durch § 8 TzBfG in zulässiger Weise nach Art. 12 Abs. 1 S. 2 GG eingeschränkt worden ist, führt dies zu einem **Spannungsverhältnis** zur Rechtsprechung des *BAG* (12.8.1999 EzA § 1 KSchG Soziale Auswahl Nr. 41). Lässt man andererseits alleine eine »Unternehmerentscheidung« in diesem Sinne ausreichen, um ein Teilzeitbegehren ablehnen zu können, wäre der gesetzlich ausdrücklich normierte Anspruch in der Praxis letztlich wertlos (vgl. *Preis/Gotthardt* DB 2001, 1458).

172 Deshalb liegt es nahe, in Anlehnung an die Rechtsprechung des *BAG* (12.8.1999 EzA § 1 KSchG Soziale Auswahl Nr. 41) zur Sozialauswahl die Unternehmerentscheidung **zwar grds. als betrieblichen Belang anzuerkennen** und auch ausreichen zu lassen, jedoch **gleichzeitig eine substantiierte Darlegung des dahinter stehenden unternehmenspolitischen und wirtschaftlichen Konzepts** zu verlangen (*BAG* 18.5.2004 EzA § 8 TzBfG Nr. 11; *LAG RhPf* 12.4.2002 LAGE § 940 ZPO Nr. 3; *LAG Köln* 3.2.2006 NZA-RR 2006, 343; 15.3.2006 LAGE § 8 TzBfG Nr. 17; s. Rdn. 158; s. a. *Bayreuther* DB 2004, 1726 ff.). Es müssen also Umstände gegeben sein, wonach das gegebene Konzept dem Teilzeitwunsch des Arbeitnehmers tatsächlich entgegensteht und mit dem Begehren des Arbeitnehmers durch eine zumutbare Änderung der Betriebsabläufe nicht zur Deckung gebracht werden kann (*LAG Köln* 15.3.2006 LAGE § 8 TzBfG Nr. 17). Das *BAG* (13.10.2009 EzA § 8 TzBfG Nr. 25) verlangt, dass sich das zugrunde liegende **Organisationskonzept** des Arbeitgebers **nicht allein auf seine unternehmerische Vorstellung vom richtigen Arbeitszeitumfang beschränkt**. So ist z. B. eine von den Arbeitsgerichten zu respektierende Entscheidung des Arbeitgebers gegeben, wenn ein **Krankenhausträger** dem beim Krankenhaus eingerichteten **Sozialdienst** vorgibt, zum Patienten ein »**Nähe- und Vertrauensverhältnis**« aufzubauen. Diese Entscheidung kann Grundlage eines nur auf Willkür überprüfbaren Organisationskonzepts sein (*BAG* 18.5.2004 EzA § 8 TzBfG Nr. 11).

173 Beruht das behauptete Konzept also auf der »Struktur der Beschäftigung von Vollzeitkräften«, ist zu überprüfen, ob dieses Konzept tatsächlich beschlossen wurde und im Betrieb eingeführt wurde. Die Beschäftigung von Teilzeitkräften spricht dann gegen die Umsetzung dieses Konzepts; es ist also zu prüfen, ob das organisatorische Konzept gegeben ist und der Arbeitszeitverkürzung entgegensteht (*ArbG Bielefeld* 12.3.2002 – 5 Ca 3150/01, EzA-SD 9/02, S. 9 LS). Auch die nach den Umsatzeinbrüchen des 11.9.2001 vom Arbeitgeber verlangte Bereitschaft zur Ableistung von Teilzeit hat eine Indizwirkung dafür, dass Teilzeitarbeit die Organisation des Betriebes nicht wesentlich beeinträchtigt (*LAG Bln.* 20.2.2002 NZA 2002, 858). Gegen das vom Arbeitgeber behauptete Bedürfnis nach einer Vollzeitkraft spricht zudem, wenn der Arbeitgeber eine jahrelange Abwesenheit des Arbeitnehmers, bedingt durch Erziehungsurlaub, ohne Einstellung einer Ersatzkraft überbrücken konnte (*LAG RhPf* 12.4.2002 LAGE § 940 ZPO Nr. 3).

Dagegen stellt die Entscheidung einer Bank, **im Interesse der Kundennähe** in Zukunft auf allen Arbeitsplätzen mit Kundenkontakt den Teilzeitbegehren der Mitarbeiter nicht mehr stattzugeben, allein keinen entgegenstehenden betrieblichen Grund dar (*LAG Köln* 3.2.2006 NZA-RR 2006, 343).

Verlangt die unternehmerische Aufgabenstellung einen **einheitlichen künstlerischen Marktauftritt** von Verlagsprodukten und kann dieser nach dem Organisationskonzept des Arbeitgebers nur durch einen Vollzeitarbeitnehmer verwirklicht werden, steht das einer Teilung des Arbeitsplatzes entgegen. Das setzt aber voraus, dass das betriebliche Organisationskonzept auch tatsächlich durchgeführt und durch die vom Arbeitnehmer gewünschte Abweichung wesentlich beeinträchtigt wird. Ist der Arbeitsplatz wegen einer zweijährigen Abwesenheit des Arbeitnehmers – wegen Elternzeit – geteilt worden, so hat der Arbeitgeber darzulegen, aufgrund welcher Tatsachen sein Organisationskonzept während dieser Zeit beeinträchtigt wurde (*BAG* 13.10.2009 EzA § 8 TzBfG Nr. 25).

Als entscheidungserheblichen Umstand kann man auch heranziehen, ob der der freien Unternehmerentscheidung zuwider laufende Teilzeitwunsch zu einer »wesentlichen Beeinträchtigung« i. S. d. § 8 Abs. 4 S. 2 TzBfG hinsichtlich der vorgegebenen Organisationsstruktur führt oder nicht. Dies wird i. d. R. zum einen vom konkreten Arbeitsplatz abhängen und zum anderen von den Gründen, die der Unternehmerentscheidung zu Grunde liegen. **174**

Die maßgeblichen Kriterien lassen sich nach der Rechtsprechung des *BAG* (18.2.2003 EzA § 8 TzBfG Nr. 3; 18.5.2004 EzA § 8 TzBfG Nr. 11; s. a. *LAG Köln* 9.4.2003 – 3 Sa 975/02, EzA-SD 23/03, S. 6 LS) wie folgt zusammenfassen: **175**
- Zunächst ist das vom Arbeitgeber aufgestellte und durchgeführte **Organisationskonzept** festzustellen, das der vom Arbeitgeber als betrieblich erforderlich angesehenen Arbeitszeitregelung zugrunde liegt. Insoweit ist vor allem die **Darlegung** des Arbeitgebers, **seine Arbeitsabläufe** im Hinblick auf »Rahmenbedingungen« (Kostendruck durch Fallpauschalen, kurze Verweildauer von Patienten, Erosion familiärer Hilfen) **»bestmöglich« und »effektiv« gestalten wollen, zu allgemein**, um ein von den Arbeitsgerichten nur auf Willkür überprüfbares Organisationskonzept darstellen zu können (*BAG* 18.5.2004 EzA § 8 TzBfG Nr. 11; s. a. *LAG Köln* 23.12.2005 – 9 Ta 397/05, ZTR 2006, 332).
- Gelingt dies, ist zu überprüfen, ob die vom Organisationskonzept bedingte Arbeitszeitregelung tatsächlich der gewünschten Änderung der Arbeitszeit entgegensteht.
- Abschließend ist zu prüfen, ob das Gewicht der entgegenstehenden betrieblichen Belange so erheblich ist, dass die Erfüllung des Arbeitszeitwunsches des Arbeitnehmers zu einer wesentlichen Beeinträchtigung der Arbeitsorganisation, des Arbeitsablaufs, der Sicherung des Betriebes oder zu einer unverhältnismäßigen wirtschaftlichen Belastung des Betriebes führen würde.

**Je näher das behauptete unternehmerische Konzept an die Entscheidung, keine Teilzeitbeschäftigung zuzulassen, heranreicht, umso höher sind die Anforderungen an die Darlegung dieses Konzepts** (*LAG Köln* 3.2.2006 NZA-RR 2006, 343). **176**

Ein Organisationskonzept des Arbeitgebers, **Sachbearbeitertätigkeiten nur von Vollzeitkräften** durchführen zu lassen, kann im Übrigen nur dann ein dem Teilzeitwunsch entgegenstehender betrieblicher Grund sein, wenn das Organisationskonzept **im Wesentlichen auch »gelebt« wird**. Dies ist dann nicht der Fall, wenn die einheitliche und kundenbezogene Sachbearbeitung wegen häufiger Mehrarbeit und daraus folgendem Abbau von Mehrarbeit durch Freistellung nicht durchgehalten wird. Dann muss die Organisationsentscheidung des Arbeitgebers bei Abwägung der widerstreitenden Interessen hinter den Teilzeitwunsch des Arbeitnehmers zurücktreten (*LAG BW* 19.5.2004 LAG Report 2004, 291). **177**

*hhh) Maßgeblicher Beurteilungszeitpunkt*

Fraglich ist, auf welchen Beurteilungszeitpunkt für das Vorliegen der betrieblichen Belange abzustellen ist. **178**

179 In Betracht kommt insofern der **Termin der Antragstellung** durch den Arbeitnehmer (*LAG BW* 20.7.2000 – 3 Sa 60/99 – zu § 15b BAT; zit. nach *Diller* NZA 2001, 590), der Zeitpunkt der **Bescheidung des Antrags** durch den Arbeitgeber (*LAG Hamm* 16.12.2004 NZA-RR 2005, 405; *ArbG Arnsberg* 22.1.2002 NZA 2002, 563) oder der Zeitpunkt der **letzten mündlichen Verhandlung** in der Tatsacheninstanz (also vor dem Landesarbeitsgericht) bei gerichtlicher Geltendmachung des Teilzeitanspruchs.

180 Die Beantwortung dieser Frage ist vor allem deshalb in der Praxis relevant, weil sich in der **Zwischenzeit erhebliche Änderungen** ergeben haben können. Das kann z. B. dann der Fall sein, wenn in einem Tarifvertrag gem. § 8 Abs. 5 TzBfG neue Gründe genannt werden, die als betriebliche Gründe entweder nunmehr ausreichen oder nicht mehr ausreichen, bzw. wenn zuvor bestehende betriebliche Gründe, z. B. die Unmöglichkeit der Verpflichtung einer Ersatzarbeitskraft, während des Prozesses entfallen, weil sich etwa ein Arbeitnehmer bereit findet, das frei werdende Stundendeputat zu übernehmen bzw. ein entsprechendes (Teilzeit-)Arbeitsverhältnis einzugehen.

181 Teilweise (*Diller* NZA 2001, 590; *Grobys/Bram* NZA 2001, 1175 ff.) wird die Auffassung vertreten, dass der entscheidungserhebliche Zeitpunkt der der letzten mündlichen Verhandlung in der Tatsacheninstanz ist. Denn ein Anspruch muss grds. zu dem **Zeitpunkt** bestehen, in dem ein **Gericht verbindlich darüber zu entscheiden hat**. Deshalb ist es grds. unerheblich, ob die Tatbestandsvoraussetzungen für einen Anspruch bereits bei Klageeinreichung oder zu einem früheren Zeitpunkt bestanden haben oder zwischenzeitlich wieder weggefallen sind. Anhaltspunkte dafür, dass der Gesetzgeber für § 8 TzBfG eine abweichende Regelung hat treffen wollen, lassen sich der Neuregelung nach dieser Auffassung nicht entnehmen. Eine Parallele zur Kündigung kann deshalb nicht gezogen werden, weil es sich bei der Ausübung des Kündigungsrechts um ein Gestaltungsrecht handelt. Insofern ist es gerechtfertigt, bei einer Kündigung und deren Überprüfung auf den Zeitpunkt der Ausübung des Gestaltungsrechts abzustellen. Demgegenüber ist der Anspruch nach § 8 TzBfG darauf gerichtet, den Arbeitsvertragspartner dazu zu bringen, einer Vertragsänderung zuzustimmen.

182 Andererseits lässt sich durchaus auch die Auffassung vertreten, dass dem Gesetz beim Anspruch auf Teilzeitarbeit doch etwas anderes zu entnehmen ist. Denn nach § 8 Abs. 6 TzBfG kann der Arbeitnehmer eine erneute Verringerung der Arbeitszeit frühestens nach Ablauf von zwei Jahren verlangen, nachdem der Arbeitgeber einer Verringerung zugestimmt oder aber sie berechtigt abgelehnt hat. Es überzeugt nicht, dass sich diese Frist verkürzen lassen können soll, nur weil der Arbeitnehmer seinen – unterstellt – zunächst ungerechtfertigten Antrag gerichtlich geltend gemacht hat, der Arbeitgeber also zunächst gerechtfertigt den Antrag abgelehnt und sich während des Prozesses bezüglich der Beurteilung der betrieblichen Belange eine Änderung ergeben hat. Von daher kann man nach dem Wortlaut der Regelung auch der Auffassung sein, dass der maßgebliche Zeitpunkt der der Entscheidung des Arbeitgebers sein muss (*BAG* 18.2.2003 EzA § 8 TzBfG Nr. 2; *LAG Hamm* 16.12.2004 NZA-RR 2005, 405).

183 Stellt man zutr. auf den Zeitpunkt der Ablehnung des Antrags ab, so kommt eine **Änderung der rechtskräftig erstrittenen Verteilung der Arbeitszeit nur auf Grund von Tatsachen in Betracht, die zeitlich nach der Ablehnung des früheren Verteilungswunsches entstanden sind** (*LAG Hamm* 16.12.2004 NZA-RR 2005, 405).

*iii) Präklusion der Ablehnungsgründe?*

184 Der Arbeitgeber muss nach dem Wortlaut der gesetzlichen Regelung die Ablehnung des Teilzeitbegehrens nicht begründen (vgl. demgegenüber § 15 Abs. 7 S. 4 BEEG). Da folglich eine gesetzliche Begründungspflicht nicht besteht, kann bei einer Nichtmitteilung der Ablehnungsgründe auch **keine Präklusion** eintreten. Gleiches muss dann gelten, wenn der Arbeitgeber gleichwohl seine Ablehnungsgründe mitteilt (vgl. *Diller* NZA 2001, 590 ff.).

## A. Pflichten des Arbeitnehmers  Kapitel 3

### jjj) Tarifliche Regelungen

Gem. § 8 Abs. 4 S. 3 TzBfG können die Tarifvertragsparteien durch Tarifvertrag bestimmen, was als 185
»betrieblicher Grund« für eine Ablehnung eines Wunsches auf Arbeitszeitverkürzung angesehen werden kann; sie sind allerdings nicht befugt, vom Gesetz abweichende Voraussetzungen zu vereinbaren (*BAG* 21.11.2006 EzA § 8 TzBfG Nr. 16). Wirksam ist z. B. eine tarifliche Regelung, wonach die – kontingentierten – Teilzeitstellen **allein nach »Seniorität« der Bewerber vergeben** werden *LAG Düsseld.* 14.12.2005 LAGE § 8 TzBfG Nr. 15a); möglich ist es auch, dass die Tarifvertragsparteien eine **Quote von Teilzeitarbeitsplätzen** vereinbaren (*BAG* 21.11.2006 EzA § 8 TzBfG Nr. 16 = NZA 2007, 712 LS) mit der Konsequenz, dass die Ausschöpfung des Teilzeitstellenkontingents einen Ablehnungsgrund i. S. d. § 8 Abs. 4 S. 3 TzBfG darstellt (*BAG* 24.6.2008 EzA § 8 TzBfG Nr. 21; **a. A.** *LAG Düsseld.* 14.12.2005 LAGE § 8 TzBfG Nr. 15a); § 8 Abs. 6 TzBfG gilt dann allerdings nicht (*BAG* 21.11.2006 EzA § 8 TzBfG Nr. 16). Auch wenn der Arbeitgeber nicht einem Tarifvertrag unterfällt, kann er einen solchen einzelvertraglich hinsichtlich der Ablehnungsgründe in Bezug nehmen, wenn sein Betrieb in dessen fachlichen Geltungsbereich fällt. Zu den Ablehnungsgründen, die tarifvertraglich vereinbart werden können, gehören insbes. sog. Überforderungsklauseln (*BAG* 24.6.2008 EzA § 8 TzBfG Nr. 21).

Eine **tarifliche Härtefallklausel** für einen Teilzeitanspruch, die persönliche Umstände wie z. B. die 186
Betreuung pflegebedürftiger Angehöriger berücksichtigt, ist allerdings **keine tarifliche Konkretisierung** dem Verringerungsanspruch entgegenstehender betrieblicher Gründe i. S. einer solchen **Überforderungsquote**. Schöpft der Arbeitgeber eine solche Härtefallquote nicht vollständig aus, kann das auf die fehlende wesentliche Beeinträchtigung betrieblicher Belange hindeuten. Ein derartiges Indiz kann der Arbeitgeber dann mit dem Vortrag negativer Auswirkungen der verringerten Arbeitszeit auf das tarifliche Arbeitszeitsystem entkräften (*BAG* 13.11.2007 EzA § 8 TzBfG Nr. 20).

Darüber hinaus können die **Tarifvertragsparteien** aufgrund der ihnen grundgesetzlich gewährleisteten Tarifautonomie auch **Ansprüche der Arbeitnehmer auf befristete Verringerung der Arbeitszeit** 187
**begründen**. Sie sind frei, die Voraussetzungen und die Reihenfolge festzulegen, nach denen Anträgen auf befristete Änderung der Arbeitszeit stattzugeben ist. Sie können auch die Zahl der zur Verfügung stehenden Teilzeitarbeitsplätze bestimmen (*BAG* 21.11.2006 EzA § 8 TzBfG Nr. 16).

### kkk) Reaktionsmöglichkeiten von Arbeitgeber und Arbeitnehmer

Der Arbeitgeber muss, wenn er mit dem Antrag des Arbeitnehmers auf Verkürzung der Arbeitszeit 188
und deren Verteilung entsprechend dessen Vorstellungen nicht einverstanden ist, dies **spätestens einen Monat vor der beabsichtigten Änderung** des Arbeitsvertrages schriftlich mitteilen. Versäumt er diese Frist, tritt die Verringerung und die Verteilung der Arbeitszeit so in Kraft, wie sie vom Arbeitnehmer beantragt wurde (§ 8 Abs. 5 S. 2, 3 TzBfG). Lehnt der Arbeitgeber den Antrag nur mündlich ab, handelt der Arbeitnehmer nicht rechtsmissbräuchlich, wenn er sich auf den Formmangel beruft (*BAG* 18.5.2004 EzA § 8 TzBfG Nr. 11). Einer besonderen Begründung bedarf die Ablehnung andererseits zunächst nicht (anders demgegenüber § 15 Abs. 7 S. 4 BEEG). Sinn und Zweck der Stufenregelung in § 8 TzBfG sprechen insoweit nach Auffassung des *LAG Düsseld.* (1.3.2002 NZA-RR 2002, 407; 2.5.2002 LAGE § 8 TzBfG Nr. 8) dafür, dass eine schriftliche Ablehnung des Teilzeitwunsches erst dann erfolgen kann, wenn die Erörterungen durchgeführt wurden und gescheitert sind; eine »Vorratsablehnung« ist danach nicht zulässig.

> Das *BAG* (18.2.2003 EzA § 8 TzBfG Nr. 2; s. a. *LAG Nds.* 26.6.2003 NZA-RR 2004, 123) hat 189
> insoweit folgende Grundsätze aufgestellt:
> – § 8 TzBfG unterscheidet zwischen der gewünschten Verringerung der Arbeitszeit und deren gewünschter Verteilung. Häufig hat der Arbeitnehmer ein Interesse daran, beide Wünsche so miteinander zu verbinden, dass das Angebot der Verringerung der Arbeitszeit von deren Verteilung abhängig sein soll. In diesem Fall wirkt nach § 150 Abs. 2 BGB die Ablehnung der gewünschten Festsetzung der Arbeitszeitverringerung als Ablehnung des gesamten Änderungsangebots.

- Nach § 8 Abs. 3 TzBfG ist der Arbeitgeber verpflichtet, sowohl die gewünschte Verringerung der Arbeitszeit als auch deren Verteilung mit dem Arbeitnehmer mit dem Ziel der Einigung zu erörtern.
- Die Verletzung der Verhandlungsobliegenheit führt nicht dazu, dass eine Vereinbarung zwischen den Arbeitsvertragsparteien über die Arbeitszeitwünsche des Arbeitnehmers fingiert wird. Eine solche Rechtsfolge hätte im Gesetz ausdrücklich vorgesehen werden müssen.
- Die Verletzung der Verhandlungsobliegenheit führt auch nicht dazu, dass der Arbeitgeber das Recht zur Ablehnung des Änderungsverlangens verwirkt.

190 Der Arbeitnehmer kann sich sodann entscheiden, ob er es bei der bisherigen Regelung hinsichtlich der Arbeitszeit belässt oder ob er versucht, **sein Begehren gerichtlich** durchzusetzen. Ein Rechtsstreit über zumindest zwei regelmäßig eröffnete und u. U. sogar drei Instanzen wird allerdings i. d. R. zu einer ganz erheblichen zeitlichen Verzögerung der Durchsetzung eines ggf. bestehenden Anspruchs auf Arbeitszeitreduzierung führen.

191 Dennoch ist ein **Recht auf Selbstvollzug** durch den Arbeitnehmer **abzulehnen**; wie im Falle einer Selbstbeurlaubung würde eine Zuwiderhandlung des Arbeitnehmers u. U. einen an sich zur außerordentlichen Kündigung gem. § 626 Abs. 1 BGB geeigneten Umstand darstellen (*Diller* NZA 2001, 590; *Rolfs* RdA 2001, 135); der Arbeitnehmer ist auf die Möglichkeit des einstweiligen Rechtsschutzes zu verweisen.

*(2) Einseitige Änderungsmöglichkeit des Arbeitgebers*

192 Gem. § 8 Abs. 5 S. 4 TzBfG kann die Verteilung der verbleibenden Zeit einseitig vom Arbeitgeber wieder geändert werden, wenn **betriebliche Interessen** bestehen, die das Interesse des Arbeitnehmers an der Beibehaltung der zeitlichen Verteilung **erheblich überwiegen**. Der Arbeitgeber muss dabei eine Ankündigungsfrist von **einem Monat** wahren. Die Einhaltung einer Schriftform ist nicht vorgesehen, aber zu Beweiszwecken in jedem Fall sinnvoll.

193 Teilweise wird (*Preis/Gotthardt* DB 2000, 2065 ff.; *Straub* NZA 2001, 919 ff.) die Auffassung vertreten, der Gesetzgeber habe in § 8 Abs. 5 S. 4 TzBfG dem Arbeitgeber ein einseitiges gesetzliches Änderungsrecht hinsichtlich einzelner arbeitsvertraglicher Bestimmungen eingeräumt, ein Teilkündigungsrecht, die erstmalige Anerkennung eines bislang nahezu einhellig abgelehnten Rechtsinstituts (s. Kap. 4 Rdn. 2943).

194 Dies überzeugt nicht. Denn eindeutig besteht das einseitige Änderungsrecht des Arbeitgebers hinsichtlich der Lage der Arbeitszeit nur in den Fallgruppen des § 8 Abs. 5 S. 3 TzBfG und des § 8 Abs. 3 S. 2 TzBfG. In beiden Fällen ist die Lage der Arbeitszeit nicht vertraglicher Bestandteil des Arbeitsvertrages, sondern Ausfluss des **Direktionsrechts** des Arbeitgebers. In der ersten Alternative wurde dieses fiktiv i. S. d. Arbeitnehmers wegen Untätigkeit des Arbeitgebers gesetzlich ersetzt, in der zweiten Alternative vom Arbeitgeber, wenn auch im Einvernehmen mit dem Arbeitnehmer, ausgeübt (vgl. *Grobys/Bram* NZA 2001, 1175 ff.). Das *BAG* (17.7.2007 EzA § 8 TzBfG Nr. 14) geht insoweit davon aus, dass § 8 Abs. 5 S. 4 TzBfG den Arbeitgeber **nur berechtigt**, eine im Geltungsbereich des § 8 TzBfG einvernehmlich oder kraft Fiktion verteilte **Arbeitszeit einseitig zu ändern**.

195 Ein einseitiges Änderungsrecht besteht nach § 8 Abs. 5 S. 4 TzBfG dagegen nicht, wenn sich die Arbeitsvertragsparteien über die Lage der reduzierten Arbeitszeit **vertraglich geeinigt** und deren Festlegung damit dem Direktionsrecht des Arbeitgebers entzogen haben.

196 Fraglich ist schließlich, ob das Änderungsrecht auch im Falle einer gerichtlichen Festlegung der Lage der Arbeitszeit auf Grund Geltendmachung des Anspruchs nach § 8 Abs. 4 S. 1 TzBfG noch besteht. Nach dem Wortlaut des § 8 Abs. 5 S. 4 TzBfG ist dies nicht der Fall. Daher wird die Auffassung vertreten (*Preis/Gotthardt* DB 2000, 2065 ff.), dass § 8 Abs. 5 S. 4 TzBfG entsprechend anzuwenden ist. Dafür spricht, dass die gerichtliche Entscheidung nur die fehlende einvernehmliche Festlegung nach § 8 Abs. 3 S. 2 TzBfG ersetzt.

## A. Pflichten des Arbeitnehmers

### (3) Reaktionsmöglichkeiten des Arbeitnehmers

Ist der Arbeitnehmer mit der einseitigen Verteilung der Arbeitszeit durch den Arbeitgeber gem. § 8 Abs. 5 S. 4 TzBfG nicht einverstanden, kann er deren Berechtigung lediglich gerichtlich überprüfen lassen (vgl. *LAG BW* 4.11.2002 LAGE § 8 TzBfG Nr. 10). Gesetzlich nicht geregelt ist, ob in der **Zwischenzeit** die vorherige oder die vom Arbeitgeber geänderte Verteilung der Arbeitszeit gilt. Insofern liegt es nahe, dieselben Grundsätze anzuwenden, die bei der Missachtung einer Weisung des Arbeitgebers im Rahmen seines Direktionsrechts gelten (s. Kap. 1 Rdn. 530 ff.). Denn § 8 Abs. 5 S. 4 TzBfG stellt eine gesetzliche Heraushebung des Direktionsrechts des Arbeitgebers dar (s. Rdn. 194; a. A. *Kliemt* NZA 2001, 66).     197

War die Neuverteilung der Arbeitszeit folglich **gerechtfertigt**, war es auch die Festlegung durch den Arbeitgeber. Kann oder will der Arbeitnehmer ihr nicht nachkommen, verhält er sich **vertragswidrig**. Der Arbeitgeber kann ihn daher **abmahnen** und ihm im Wiederholungsfall aus verhaltensbedingten Gründen **kündigen**. War die Festlegung dagegen nicht gerechtfertigt, weil die betrieblichen Interessen an einer Neuverteilung der Arbeitszeit das Interesse des Arbeitnehmers nicht überwogen, musste der Arbeitnehmer der Festlegung des Arbeitgebers **nicht nachkommen**. Arbeitsrechtliche Maßnahmen des Arbeitgebers wie Abmahnung oder Kündigung sind dann **unwirksam**.     198

Im Zweifel wird der Arbeitnehmer zunächst der Neuverteilung der Arbeitszeit nachkommen, um den Bestand des Arbeitsverhältnisses nicht zu gefährden.     199

### (4) Darlegungs- und Beweislast

Ausgangspunkt ist der Grundsatz, dass **jede Partei die bejahenden Tatsachen** darlegen und beweisen muss, **aus denen sie einen Anspruch ableitet** oder mit denen sie dem geltend gemachten Anspruch entgegentritt.     200

> Klagt der Arbeitnehmer auf Zustimmung zur Reduzierung oder Festlegung einer gewünschten Verteilung der Arbeitszeit, hat er die allgemeinen Anspruchsvoraussetzungen darzulegen und zu beweisen:
> – Bestand des Arbeitsverhältnisses von mehr als sechs Monaten;
> – Beschäftigtenzahl von mehr als 15;
> – Geltendmachung des Verlangens auf Arbeitszeitverringerung drei Monate vor deren Beginn.     201

Bei der Beschäftigtenzahl kann der Arbeitnehmer sich zunächst darauf beschränken, eine Zahl von mehr als 15 Arbeitnehmern zu behaupten. Ein Bestreiten durch den Arbeitgeber muss nach § 138 Abs. 2 ZPO substantiiert unter Benennung der beschäftigten Arbeitnehmer erfolgen. Der Arbeitnehmer hat dann sein Vorbringen zu der Mindestbeschäftigtenzahl zu konkretisieren und seinerseits die Arbeitnehmer, die über die vom Arbeitgeber benannten hinaus beschäftigt werden, **zu benennen**. Die Beweislast für die Mindestbeschäftigtenzahl trägt der **Arbeitnehmer** (*Grobys/Bram* NZA 2001, 1180).     202

Die Darlegungs- und Beweislast für entgegenstehende **betriebliche Gründe** trägt der **Arbeitgeber** (*BAG* 8.5.2007 EzA § 8 TzBfG Nr. 18); dies folgt bereits aus dem Gesetzeswortlaut (*LAG Köln* 9.4.2003 EzA § 8 TzBfG Nr. 11b). Der Arbeitgeber hat die Gründe nach § 8 Abs. 4 S. 2 TzBfG substantiiert darzulegen und die gesetzlichen Beispiele mit Tatsachenvortrag auszufüllen. Die wesentliche Beeinträchtigung der Organisation, des Arbeitsablaufs oder der Sicherheit im Betrieb, mit der Arbeitszeitreduzierung verbundene unverhältnismäßige Kosten oder die Unteilbarkeit des Arbeitsplatzes dürfen **nicht nur pauschal und schlagwortartig** dargelegt werden (*ArbG Stuttg.* 5.7.2001 NZA 2001, 968). So ist z. B. der Einwand, keine geeignete zusätzliche Arbeitskraft zu finden, nur dann beachtlich, wenn der Arbeitgeber vorträgt und im Bestreitensfalle nachweist, dass eine dem Berufsbild des Arbeitnehmers, der seine Arbeitszeit reduziert, entsprechende zusätzliche Arbeitskraft auf dem für ihn maßgeblichen **Arbeitsmarkt nicht zur Verfügung steht** (*ArbG Mönchengladbach* 30.5.2001 EzA § 8 TzBfG Nr. 1).     203

204 Behauptet der Arbeitgeber, die Besetzung des frei werdenden Teils der Stelle durch einen anderen Mitarbeiter des Betriebes sei nicht möglich, hat er darzulegen, **hinsichtlich welcher Arbeitnehmer er dies geprüft hat** und welche rechtlichen oder tatsächlichen Hindernisse **dem entgegenstehen**. Macht er unverhältnismäßige **Kosten** geltend, z. B. wegen der notwendigen Einrichtung eines weiteren Arbeitsplatzes (vgl. *Beckschulze* DB 2000, 2601), sind diese möglichst **betragsmäßig darzulegen** (*ArbG Mönchengladbach* 30.5.2001 EzA § 8 TzBfG Nr. 1; *Grobys/Bram* NZA 2001, 1180).

205 Auch Tatsachen, die ein betriebliches Interesse für eine Änderung der Verteilung der Arbeitszeit i. S. v. § 8 Abs. 5 S. 4 TzBfG begründen sollen, hat der Arbeitgeber darzulegen und zu beweisen. Für den Arbeitnehmer kann ein Bestreiten dieser Gründe mit Nichtwissen gem. § 138 Abs. 4 ZPO dann ausreichen, wenn ihm der Einblick in die betrieblichen Abläufe fehlt und er deshalb zu einem konkreten Bestreiten nicht in der Lage ist (*Grobys/Bram* NZA 2001, 1180). Macht der Arbeitnehmer eine Verringerung seiner regelmäßigen Arbeitszeit geltend, **ohne eine bestimmte Verteilung** der reduzierten Arbeitszeit zu beantragen, überlässt er die Verteilung der Arbeitszeit dem Arbeitgeber, der sie in Ausübung seines **Direktionsrechts** gem. § 106 S. 1 GewO nach billigem Ermessen festlegen soll. Der Arbeitgeber muss in einem solchen Fall darlegen, dass seine, der Verringerung der Arbeitszeit entgegenstehenden, betrieblichen Gründe nicht durch Ausübung seines Weisungsrechts nach § 106 S. 1 GewO beseitigt werden können (*BAG* 8.5.2007 EzA § 8 TzBfG Nr. 18).

206 Die Gründe für eine spätere Änderung der Verteilung der Arbeitszeit hat der Arbeitgeber zu beweisen, soweit sie aus seinem und der Arbeitnehmer, soweit sie aus seinem Bereich kommen.

*(5) Prozessuale Fragen*

*aaa) Streitgegenstand; Klageantrag; Erledigung; Zwangsvollstreckung*

207 Der Antrag des Arbeitnehmers ist auf die **Zustimmung zu einer Verringerung der vertraglich geschuldeten Arbeitszeit** gerichtet, d. h. auf die Änderung des Arbeitsvertrages **und** die gerichtliche **Ersetzung der vom Arbeitgeber festzulegenden Lage der Arbeitszeit** im Rahmen seines Direktionsrechts. Es handelt sich an sich um **zwei verschiedene Streitgegenstände**, die der Arbeitnehmer kumulativ im Wege der Klagehäufung geltend machen kann (§ 260 ZPO; vgl. dazu *LAG Bln.* 18.1.2002 – 19 Sa 1982/01 – EzA-SD 5/02, S. 7). Dabei handelt es sich beim Antrag auf die Festlegung der Lage der Arbeitszeit grds. um einen uneigentlichen Hilfsantrag, über den nur entschieden werden soll, wenn dem Hauptantrag auf Reduzierung der Arbeitszeitmenge stattgegeben wird.

208 Der Hilfsantrag und der Urteilstenor müssen dabei § 8 Abs. 5 S. 4 TzBfG Rechnung tragen, dürfen also das Direktionsrecht des Arbeitgebers nicht unzulässig einschränken.

209 ▶ **Beispiel:**

Der Beklagte wird verurteilt, dem Antrag des Klägers auf Reduzierung seiner wöchentlichen Arbeitszeit auf 20 Stunden die Woche/80 Stunden im Monat/1000 Stunden im Jahr ... zuzustimmen;

hilfsweise für den Fall des Obsiegens mit dem Antrag zu 1 wird die Beklagte verurteilt, die Arbeitszeit des Klägers, solange sich die betrieblichen Interessen nicht ändern, wie folgt festzulegen: Montag bis Freitag von 8 bis 12 Uhr/für die ersten zehn Arbeitstage jedes Kalendermonats von 8 bis 17 Uhr/im Monat Januar (...).

210 Das *BAG* (18.2.2003 EzA § 8 TzBfG Nr. 2, 3) geht allerdings davon aus, das die beiden Klageziele auch zu einem einheitlichen Antrag auf Zustimmung zur Änderung des Arbeitsvertrages miteinander verbunden werden können. Ist das der Fall, verstößt die gerichtliche Aufspaltung eines derartigen einheitlichen Klageantrags in zwei Klageanträge gegen § 308 ZPO.

Der Antrag des Arbeitnehmers muss jedenfalls als Vertragsangebot i. S. v. § 145 BGB so formuliert sein, dass er mit einem einfachen »Ja« angenommen werden kann. Daran fehlt es z. B., wenn der Arbeitnehmer vom Arbeitgeber verlangt, die Arbeitszeit »im Rahmen von 19,25 Stunden bis 25 Stunden« zu vereinbaren (*BAG* 18.5.2004 EzA § 8 TzBfG Nr. 11).

Andererseits gebietet das **Bestimmtheitserfordernis** des § 253 Abs. 2 Nr. 2 ZPO es nicht, dass der Arbeitnehmer in seinem Klageantrag den **Zeitpunkt** benennt, **ab dem die begehrte Verringerung seiner vertraglich vereinbarten Arbeitszeit wirksam werden soll**. Der Arbeitnehmer, die Zustimmung des Arbeitgebers zu einer Verringerung seiner vertraglich vereinbarten Arbeitszeit verlangt, muss im Klageantrag auch keine bestimmte Verteilung der Arbeitszeit verlangen; er kann die Verteilung der verringerten Arbeitszeit auch dem Arbeitgeber ohne Verstoß gegen das Bestimmtheitserfordernis des Klageantrags überlassen (*BAG* 21.6.2005 EzA § 8 TzBfG Nr. 13).

Regelmäßig ist zwar davon auszugehen, dass ein Arbeitnehmer, der das Verlangen nach Verringerung seiner vertraglichen Arbeitszeit aus § 8 TzBfG **mit einem Verteilungswunsch verbindet**, eine **einheitliche Zustimmung** des Arbeitgebers wünscht. Der Arbeitnehmer ist jedoch nicht gehindert, die Frage der Verteilung der Arbeitszeit bis zur Einigung über die Verringerung zurückzustellen und danach gesondert zu verfolgen. Er kann eine **isolierte Klage** auf Neuverteilung der Arbeitszeit erheben. Voraussetzung dafür ist, dass ein unmittelbarer Zusammenhang dieser Klage mit einem vorausgegangenen Verlangen auf Verringerung der Arbeitszeit nach § 8 TzBfG besteht. Ein solcher Zusammenhang zwischen Verringerungs- und Neuverteilungsverlangen i. S. v. § 8 Abs. 2 bis 5 TzBfG ist insbes. dann anzunehmen, wenn der Arbeitgeber dem Verringerungswunsch des Arbeitnehmers zugestimmt, den Neuverteilungsantrag dagegen abgelehnt hat (*BAG* 16.12.2008 EzA § 8 TzBfG Nr. 23). 211

Durch den **zwischenzeitlichen Neuabschluss eines Arbeitsvertrages wird** eine Klage auf Arbeitszeitreduzierung **gegenstandslos**. Denn der Anspruch auf Reduzierung und Neuverteilung der Arbeitszeit bezieht sich nicht nur gem. § 8 Abs. 1 TzBfG auf die »vertraglich vereinbarte Arbeitszeit«, sondern korrespondiert auch mit den betrieblichen Gründen, die der Arbeitgeber dem Anspruch des Arbeitnehmers als Einwendung entgegenhalten kann. Wird der Arbeitsvertrag geändert, ändert sich der zu beurteilende Gegenstand für die Einlassungen des Arbeitgebers (*LAG Bln.* 12.12.2003 NZA-RR 2004, 522). 212

Da es sich im Übrigen in beiden Fällen – Arbeitszeitverringerung und veränderte Verteilung – um die Ersetzung von Willenserklärungen des Arbeitgebers handelt, erfolgt die Zwangsvollstreckung gem. § 894 ZPO, d. h. die Erklärungen gelten mit Rechtskraft der stattgebenden Entscheidung als abgegeben (*BAG* 19.8.2003 EzA § 8 TzBfG Nr. 4; *LAG Hamm* 16.12.2004 NZA-RR 2005, 405; *LAG Bln.* 18.1.2002 – 19 Sa 1982/01, EzA-SD 5/02, S. 7; *Straub* NZA 2001, 925). Erst mit **Rechtskraft des Urteils** wird die veränderte Arbeitszeit im Rahmen des Arbeitsvertrages wirksam (*ArbG Mönchengladbach* 30.5.2001 EzA § 8 TzBfG Nr. 1; a. A. *LAG Hamm* 16.12.2004 NZA-RR 2005, 405: mit Wirkung zum Tag der Ablehnung; s. a. *BAG* 27.4.2004 EzA § 8 TzBfG Nr. 10). Eine **vorläufige Vollstreckbarkeit** ist **nicht** gegeben, auch nicht über § 62 ArbGG (*BAG* 19.8.2003 EzA § 8 TzBfG Nr. 4). 213

Nach *LAG Nds.* (15.4.2008 – 11 Sa 1374/07, AuR 2009, 58 LS) kann mit der Klage auf Zustimmung zu einer bestimmten Arbeitszeitverteilung auch ein **Antrag auf Unterlassung einer Beschäftigung zu anderen Zeiten** verbunden werden. Dabei ist unter Berücksichtigung der Wertungen des Art. 6 Abs. 1 GG auch unterhalb der Schwelle des einstweiligen Rechtsschutzes das verfassungsrechtlich geschützte Interesse eines Elternteils an der Betreuung des Kindes wirksam zu gewährleisten. Ein derartiger Unterlassungstitel soll dann nach § 62 Abs. 1 ArbGG vorläufig vollstreckbar sein (*LAG Nds.* 15.4.2008 – 11 Sa 1374/07, AuR 2009, 58 LS). 214

Haben sich die Arbeitsvertragsparteien dagegen über die Verringerung der wöchentlichen Arbeitszeit geeinigt, jedoch über die Verteilung kein Einvernehmen erzielt, kann allein auf die Annahme des Angebots zur Verteilung der Arbeitszeit geklagt werden (*LAG BW* 4.11.2002 LAGE § 8 TzBfG Nr. 10). 215

Zu beachten ist, dass nach Auffassung des *BAG* (27.4.2004 EzA § 8 TzBfG Nr. 10) seit dem 1.1.2003 auf Grund der **Neuregelung des § 311a Abs. 1 BGB auch die Verurteilung zu einer rückwirkenden Verringerung der Arbeitszeit gem. § 8 TzBfG zulässig sein soll**. Der Wirksamkeit eines 216

Vertrages steht danach nicht mehr entgegen, dass der Schuldner nach § 275 Abs. 1 BGB n. F. nicht zu leisten braucht, auch wenn das Leistungshindernis schon bei Vertragsschluss vorlag. Denn nach § 275 Abs. 1 BGB n. F. ist der Anspruch auf die Leistung ausgeschlossen, soweit diese für den Schuldner oder für jedermann unmöglich ist. **Der rückwirkende Abschluss eines Vertrages ist damit nicht mehr nichtig.** Der Antrag kann deshalb auch auf eine Verurteilung zur **Zustimmung zur Vertragsänderung** zu einem **in der Vergangenheit liegenden Zeitpunkt** gerichtet sein.

*bbb) Einstweilige Verfügung*

217 Im Hinblick auf die Dauer eines ohne weiteres durch zwei, u. U. durch drei Instanzen zu führenden Prozesses besteht damit zumindest zeitweilig die Möglichkeit der Vereitelung des Anspruchs auf Teilzeitarbeit durch den Arbeitgeber. Für den Arbeitnehmer kommt in der Zwischenzeit nur das Institut der einstweiligen Verfügung (§§ 935, 940 ZPO; Leistungsverfügung; s. *Hahn* FA 2007, 130 ff.) in Betracht. Dieses ist im hier maßgeblichen Zusammenhang – wie stets – **einschränkend** auszulegen, zumal die einstweilige Verfügung hier zu einer einstweiligen und zeitweisen **Vorabbefriedigung** des Arbeitnehmers führen würde, nicht unähnlich wie bei einer einstweiligen Verfügung bezüglich einer Urlaubserteilung (zutr. *Reinhard/Kliemt* NZA 2005, 549). Auch die gebotene Planungssicherheit für die betriebliche Disposition und die von der Arbeitszeitreduzierung betroffenen Arbeitnehmer gebietet eine **Beschränkung auf Ausnahmefälle** (*LAG Hmb.* 4.9.2006 – 4 Sa 41/06, NZA-RR 2007, 122; **a. A.** ausdrücklich *LAG Bln.* 20.2.2002 NZA 2002, 858; *LAG Hamm* 6.5.2002 NZA-RR 2003, 178; s. a. *LAG Hamm* 8.7.2008 – 14 SaGa 25/08, EzA-SD 16/2008 S. 4 LS).

218 Andererseits muss eine einstweilige Verfügung dann möglich sein, wenn die Teilzeitarbeit zur Abwendung wesentlicher Nachteile des Arbeitnehmers geboten ist und betriebliche Gründe nicht entgegenstehen (*LAG RhPf* 12.4.2002 LAGE § 8 TzBfG Nr. 6; *LAG Köln* 5.3.2002 LAGE § 8 TzBfG Nr. 7; ähnlich *LAG Bln.* 31.8.2006 – 14 Ta 1560/06, EzA-SD 23/06 S. 15 LS; *LAG Hmb.* 4.9.2006 – 4 Sa 41/06, AuR 2006, 452). Wesentliche Nachteile in diesem Sinne liegen z. B. dann vor, wenn die **Kindesbetreuung** trotz Aufbietung aller zumutbarer Anstrengungen ohne die Verringerung der Arbeitszeit nicht gewährleistet werden kann (*ArbG Bln.* 12.10.2001 – 31 Ga 24563/01, EzA-SD 10/02, S. 13), **sonstige dringende und unumgängliche familiäre Gründe** gegeben sind (*LAG Köln* 23.12.2005 LAGE § 8 TzBfG Nr. 16) und andererseits der Arbeitgeber ein **unternehmerisches Konzept nicht glaubhaft macht** und schlüssig darlegt, wonach im fraglichen Bereich nur Vollzeitarbeit möglich wäre (*ArbG Nbg.* 28.11.2003 – 14 Ga 114/03, FA 2004, 90) und deshalb ersichtlich die Interessen des Arbeitnehmers an der Verringerung der Arbeitszeit überwiegen (*ArbG Lübeck* 10.7.2003 NZA-RR 2004, 14). Gleiches gilt, wenn der Arbeitgeber nur pauschal auf die aktuelle wirtschaftliche Lage und damit verbundene **interne Umstrukturierungsmaßnahmen** hinweist (*LAG Köln* 23.12.2005 LAGE § 8 TzBfG Nr. 16). Bei **Öffnungszeiten eines Geschäfts** von 9.15 bis 19 Uhr liegt es auf der Hand, dass zur Betreuung von Kindern eine dritte Person erforderlich ist (*LAG Bln.* 20.2.2002 NZA 2002, 858). Der Arbeitnehmer hat insoweit allerdings darzulegen und glaubhaft zu machen, dass er alle ihm zumutbaren Anstrengungen unternommen hat, die Betreuung der Kinder sicherzustellen (*LAG RhPf* 12.4.2002 LAGE § 8 TzBfG Nr. 6). Daran fehlt es, wenn der Arbeitnehmer nicht glaubhaft machen kann, dass Schwierigkeiten bei der Kindesbetreuung unmittelbar und konkret bevorstehen (*ArbG Düsseld.* 9.1.2002 FA 2002, 81). Dient die begehrte Verringerung der Arbeitszeit dem Ziel der Betreuung eines Kindergartenkindes im Wechsel mit dem ebenfalls berufstätigen Ehegatten, so kann der Antragsteller im Rahmen der Prüfung des Verfügungsgrundes nach z. T. vertretener Auffassung nicht auf eine Fremdbetreuung durch eine Kindertagesstätte o. Ä. verwiesen werden (*LAG Hamm* 6.5.2002 – 8 Sa 641/02, NZA-RR 2003, 178). Es genügt demgegenüber nach zutreffend vertretener Auffassung **nicht**, wenn die Arbeitnehmerin darlegt, dass sie und ihr Ehemann sich entschieden haben, sich selbst um die Betreuung des Kindes zu kümmern und Fremdbetreuung im Rahmen einer Tageseinrichtung oder durch eine Tagesmutter/Kinderfrau zu vermeiden. Zwar mag eine derartige Entscheidung aus verfassungsrechtlichen Gründen zu respektieren sein. Haben sich aber die Eltern gegen eine Fremdbetreuung in einer Tagesstätte ent-

schieden, kommt auch eine Fremdbetreuung durch die Großeltern zumindest bis zum Erlass des Urteils in der Hauptsache in Betracht (*LAG Düsseld.* 4.12.2003 NZA-RR 2004, 181).

Jedenfalls kann die durch das ArbG im Wege einer einstweiligen Verfügung angeordnete vorläufige Arbeitszeitregelung vom Arbeitgeber nicht im Wege einer Änderungskündigung angegriffen, d. h. **faktisch außer Kraft** gesetzt werden (*LAG SchlH* 18.12.2003 – 4 Sa 96/03, EzA-SD 12/04, S. 6 LS; dort auch zu den Anforderungen an die Glaubhaftmachung des Verfügungsgrundes).

Teilweise (*Rolfs* RdA 2001, 136; a. A. *LAG SchlH* 18.12.2003 – 4 Sa 96/03, EzA-SD 12/04, S. 6 LS) wird demgegenüber die Auffassung vertreten, im Anwendungsbereich des § 894 ZPO komme generell eine einstweilige Verfügung **nicht** in Betracht. Teilweise wird aus § 894 ZPO lediglich die Rechtsfolge abgeleitet, dass auch eine einstweilige Verfügung, bei der eine Willenserklärung ersetzt wird, erst **mit der Rechtskraft** des Beschlusses/Urteils **vollstreckbar** ist (*Corts* NZA 1998, 357 ff. zur Urlaubsgewährung). 219

Andererseits ist nach einer weiteren Auffassung § 894 ZPO im hier maßgeblichen Zusammenhang **gar nicht anwendbar**, weil dies dem Wesen des einstweiligen Verfügungsverfahrens widersprechen würde. Die Vollstreckungswirkung tritt danach bereits mit der **Zustellung** der Verfügungsentscheidung ein (ErfK/*Gallner* § 7 BUrlG Rn. 55). 220

Wie bei der einstweiligen Verfügung hinsichtlich der Urlaubserteilung (vgl. *Corts* NZA 1998, 357 ff.) lässt sich dieses Problem durch **entsprechende Tenorierung bei zutreffender Antragstellung**, auf die gem. § 139 ZPO hinzuwirken ist, **umgehen**. 221

▶ Beispiel: 222
1. Der Verfügungsbeklagte wird verurteilt, dem Antrag des Verfügungsklägers auf Reduzierung seiner wöchentlichen Arbeitszeit mit 20 Stunden die Woche/80 Stunden im Monat/1000 Stunden im Jahr... bis zum Erlass einer rechtskräftigen Entscheidung in der Hauptsache zuzustimmen;
2. hilfsweise für den Fall des Obsiegens mit dem Antrag zu 1 wird der Verfügungsbeklagte verurteilt, die Arbeitszeit, solange sich die betrieblichen Interessen nicht ändern, bis zum Erlass einer rechtskräftigen Entscheidung in der Hauptsache wie folgt festzulegen: Montag bis Freitag von 8 bis 12 Uhr/für die ersten zehn Arbeitstage jedes Kalendermonats von 8 bis 17 Uhr/im Monat Januar...
3. Dem Verfügungskläger wird gestattet, bis zum Erlass einer rechtskräftigen Entscheidung in der Hauptsache zu den unter Ziffer 1 und 2 genannten geänderten Arbeitszeiten zu arbeiten.

Dem Arbeitgeber kann folglich im Wege der einstweiligen Verfügung aufgegeben werden, den Arbeitnehmer in dem von ihm beantragten Rahmen bis zum Erlass des Urteils in der Hauptsache zu beschäftigen und seinem Teilzeitwunsch vorläufig zu entsprechen. Sofern sich allerdings im Hauptsacheverfahren herausstellt, dass dem Arbeitnehmer ein Anspruch auf Arbeitszeitverkürzung gem. § 8 TzBfG tatsächlich gar nicht zusteht, wird er dafür zu sorgen haben, seine arbeitsvertraglichen Verpflichtungen mit den Notwendigkeiten seines Privatlebens in Einklang zu bringen (*LAG RhPf* 12.4.2002 LAGE § 8 TzBfG Nr. 6). 223

*ccc) Streitwert*

Der Streitwert eines Hauptsacheverfahrens nach § 8 TzBfG kann sich nach § 3 ZPO i. V. m. § 42 **Abs. 4 S. 2 GKG** richten, beträgt also dann das 36-fache der Differenzvergütung zwischen der Vollzeittätigkeit und der Teilzeittätigkeit (*Straub* NZA 2001, 925 f.; s. a. *LAG BW* 1.7.2010 NZA-RR 2011, 43). 224

Dagegen wird eingewandt, entscheidend müsse das wirtschaftliche Interesse des Klägers sein. Da dieses auf eine Reduzierung der Arbeitszeit und damit der Vergütung gerichtet sei, könne § 48 Abs. 2, 3 GKG, § 23 RVG, der nur für den umgekehrten Fall Regelungen enthält, nicht herangezogen werden. Vielmehr müsse man sich an § 12 Abs. 2 GKG, § 8 BRAGO (Streitwert in nichtver- 225 mögensrechtlichen Angelegenheiten) orientieren (*Hanau* NZA 2001, 1168). Der Wert der Freizeit und damit das wirtschaftliche Interesse lässt sich aber durchaus am Unterschiedsbetrag zwischen bisheriger und zukünftiger Vergütung ablesen. Deshalb erscheint es vertretbar, § 3 ZPO i. V. m. § 42 Abs. 4 S. 2 GKG mit der Maßgabe anzuwenden, dass – wie bei der Änderungskündigung des Arbeitgebers – eine Begrenzung auf einen Höchstbetrag von drei Bruttomonatsgehältern des Arbeitnehmers erfolgt. Denn insoweit liegt eine **ähnliche Interessenlage** vor wie bei der Änderungskündigung: In beiden Fällen möchte ein Vertragspartner den Inhalt des Arbeitsvertrages ändern (*LAG Köln* 5.4.2005 NZA 2005, 1135 LS; *LAG Bln.* 9.3.2004 NZA-RR 2004, 492; *LAG Nbg.* 12.9.2003 NZA-RR 2004, 103; *LAG Nds.* 14.12.2001 NZA-RR 2002, 550; *LAG Hmb.* 8.11.2001 NZA-RR 2002, 551; *Hess. LAG* 28.11.2001 LAGE § 3 ZPO Nr. 15).

226 Im Rahmen eines einstweiligen Verfügungsverfahrens ist die Begrenzung auf den Zeitpunkt der Rechtskraft der Hauptsache einerseits, das Eintreten einer teilweisen Befriedigungswirkung andererseits zu berücksichtigen. Bei einer zu erwartenden Verfahrensdauer in der Hauptsache von sechs Monaten wäre die **sechsfache**, bei einer zu erwartenden Verfahrensdauer bis zur Rechtskraft von zwölf Monaten der **zwölffache Differenzbetrag** angemessen. Andererseits wird auch die Auffassung vertreten, dass ein **Abschlag bei einer sog. Leistungs- und Befriedigungsverfügung unterbleiben kann** (*LAG Nbg.* 12.9.2003 NZA-RR 2004, 103).

### (6) Verhältnis zu anderen Ansprüchen auf Arbeitszeitverkürzung

227 Der Anspruch aus § 8 TzBfG **verdrängt andere Anspruchsgrundlagen**, die ebenfalls auf Arbeitszeitverkürzung gerichtet sind (§§ 15 Abs. 5 ff. BEEG, 81 Abs. 5 SGB IX; s. *ArbG Frankf. a. M.* 27.3.2002 ARST 2003, 16) **nicht**. Die Ansprüche bestehen **nebeneinander**; vgl. § 23 TzBfG (*Rudolf/Rudolf* NZA 2002, 602 ff.). Deshalb ist z. B. ein Arbeitnehmer, dessen Antrag nach § 8 TzBfG berechtigt abgelehnt wurde und der nunmehr seine Arbeitszeit zur Kinderbetreuung reduzieren will, nicht durch die Sperrfrist nach § 8 Abs. 6 TzBfG daran gehindert, sein Teilzeitbegehren auf eine dieser Anspruchsgrundlagen zu stützen. Tarifliche Ansprüche (z. B. im öffentlichen Dienst gem. § 15 BAT, jetzt §§ 6 ff. TVöD) werden durch die gesetzliche Regelung ebenfalls nicht verdrängt.

228 Für das **Verhältnis zwischen § 8 TzBfG, Tarifnormen und der gesetzlichen Regelung des § 81 SGB IX** (Verringerung der Arbeitszeit bei schwer behinderten Menschen) gelten **folgende Grundsätze** (*BAG* 14.10.2003 EzA § 81 SGB IX Nr. 3):
   – Nach § 22 Abs. 1 TzBfG kann nicht von den zwingenden Vorschriften dieses Gesetzes zu Ungunsten des Arbeitnehmers abgewichen werden. Hieran sind auch die Tarifvertragsparteien gebunden. Eine unzulässige Abweichung von dem in § 8 TzBfG geregelten Anspruch des Arbeitnehmers auf Verringerung der Arbeitszeit liegt vor, wenn der Inhalt des Anspruchs zum Nachteil des Arbeitnehmers geändert wird.
   – Eine Tarifnorm, die während der Bewilligungsdauer einer Rente wegen Erwerbsminderung auf Zeit das Ruhen des Arbeitsverhältnisses anordnet, stellt aber keine unzulässige Abweichung (§ 22 Abs. 1 TzBfG) von § 8 TzBfG dar. Denn der Verringerungsanspruch des Arbeitnehmers bleibt unberührt, wenn das Arbeitsverhältnis der Parteien auf Grund einer Tarifvorschrift vorübergehend wegen der Bewilligung einer Erwerbsminderungsrente auf Zeit ruht. Der Arbeitnehmer schuldet dann keine Arbeitszeit, die verringert werden könnte.
   – Eine derartige tarifvertragliche Regelung kann jedoch wegen Verstoßes gegen zwingendes Recht unwirksam sein, sofern sie die schwerbehindertenrechtliche Pflicht des Arbeitgebers, den schwer behinderten Arbeitnehmer mit einer behinderungsgerecht verringerten Arbeitszeit zu beschäftigen (§ 81 Abs. 4 Nr. 1, Abs. 5 S. 3 SGB IX), aufhebt. Denn eine tarifvertragliche Regelung, nach der die Hauptpflichten aus dem Arbeitsverhältnis ruhen, kann nicht die schwerbehindertenrechtliche Pflicht des Arbeitgebers aufheben, einen schwer behinderten Menschen entsprechend seinen Fähigkeiten unter behinderungsbedingter Verringerung der Arbeitszeit zu beschäftigen. Das ist dann der Fall, wenn der schwer behinderte Arbeitnehmer nach ärztlicher Feststellung noch in der Lage ist, trotz einer vom Rentenversicherungsträger fest-

## A. Pflichten des Arbeitnehmers

gestellten Erwerbsminderung mit verringerter Arbeitszeit tätig zu werden und dem Arbeitgeber diese Beschäftigung auch zumutbar ist.
- Das Verlangen des schwer behinderten Menschen nach § 81 Abs. 5 S. 3 SGB IX bewirkt unmittelbar eine Verringerung der geschuldeten Arbeitszeit, ohne dass es einer Zustimmung des Arbeitgebers zur Änderung der vertraglichen Pflichten bedarf.

### (7) Die Gegenleistung des Arbeitgebers (Arbeitsentgelt) bei Reduzierung der Arbeitszeit

#### aaa) Grundlagen

Aus dem TzBfG selbst ergibt sich keine Regelung der Frage, ob und ggf. wie die Gegenleistung des Arbeitgebers (das Arbeitsentgelt des Arbeitnehmers) im Falle der Arbeitszeitverkürzung zu reduzieren ist. § 4 TzBfG enthält insoweit keine Aussagen, sondern nur Schutzbestimmungen zu Gunsten des Arbeitnehmers. Diese sind nicht entsprechend dahingehend auszulegen, dass auch dem Arbeitgeber ein Recht auf Reduzierung seiner von ihm zu erbringenden Gegenleistung zusteht. Denn die gesetzliche Veränderung des Inhalts von Arbeitsverträgen ist die Ausnahme, die ausdrücklich im Gesetz geregelt sein muss; dies ist z. B. durch § 613a BGB geschehen. 229

Als Ansatzpunkt kommt die Überlegung in Betracht, dass im Antrag des Arbeitnehmers, seine Arbeitszeit zu reduzieren, **konkludent ein Angebot an den Arbeitgeber** liegen kann, die Gegenleistung, **das Arbeitsentgelt, entsprechend zu vermindern.** Das ist dann problematisch, wenn der Arbeitnehmer dies ausdrücklich ablehnt und bei seiner Antragstellung im Rechtsstreit eine entsprechende Verringerung der Gegenleistung des Arbeitgebers in Abrede stellt. Reagiert der Arbeitgeber darauf nicht, würde dies zu einer Reduzierung der Arbeitszeit bei vollem Lohnausgleich führen (§ 8 Abs. 5 S. 2 TzBfG). 230

Andererseits ist zu überlegen, ob eine Auslegung des ursprünglichen Arbeitsvertrages zu dem wohl **vom Gesetzgeber als selbstverständlich unterstellten Ergebnis** der Reduzierung der Gegenleistung führt. Nach in der Literatur vertretener Auffassung (*Kelber/Zeißig* NZA 2001, 577 ff.) ist die Reduzierung des Entgeltanspruchs des Arbeitnehmers bereits im ursprünglichen Arbeitsvertrag angelegt. Denn die Arbeitsvertragsparteien vereinbaren im ursprünglichen Arbeitsvertrag i. d. R. keine fixe Gegenleistung, sondern ein Verhältnis zwischen Leistung und Gegenleistung. Die gesamte Gegenleistung wird nur bei Erbringen der gesamten Leistung des Arbeitnehmers versprochen. Leistet der Arbeitnehmer nicht mehr vollständig, so muss der Arbeitgeber die Gegenleistung folglich ebenfalls nicht vollständig erbringen. 231

Teilweise wird auch die Auffassung vertreten, dass eine verdeckte Regelungslücke im bisherigen Vertrag besteht, die durch ergänzende Vertragsauslegung gem. §§ 133, 157 BGB zu schließen ist (*Grobys* DB 2001, 758). 232

#### bbb) Einzelfragen

Ist ein Stundendeputat für das Arbeitsentgelt nicht ausdrücklich festgesetzt worden, kann entweder der **Durchschnitt** der erbrachten Arbeitsleistung des letzten Jahres herangezogen und dieser ins Verhältnis zur reduzierten Arbeitszeit gesetzt werden mit der Folge einer entsprechenden Verringerung der Vergütung. Hilfsweise könnte auf den Durchschnitt **vergleichbarer Arbeitnehmer** abgestellt oder die gesetzliche Höchstarbeitszeit von 48 Stunden/Woche als Vergleichsmaßstab herangezogen werden. 233

Bei vertraglichen Regelungen Vollzeitbeschäftigter, wonach eine gewisse Anzahl von **Überstunden mit dem Gehalt abgegolten sind,** kann, wenn die Anzahl der Überstunden bei der Vollzeitarbeit festgelegt war, eine Verpflichtung des Teilzeitarbeitnehmers zur Erbringung von entsprechend reduzierten Überstunden angenommen werden. Andererseits sind **Teilzeitarbeitnehmer i. d. R. nicht verpflichtet, Überstunden zu leisten,** weil sie durch die Vereinbarung von Teilzeitarbeit gerade zum Ausdruck gebracht haben, nicht für die volle Arbeitszeit dem Arbeitgeber zur Verfügung stehen zu wollen (s. Rdn. 83). Wegen weiterer Arbeitsverhältnisse oder familiärer Verpflichtungen ist dies 234 dem Arbeitnehmer häufig auch praktisch gar nicht möglich. Alternativ kann im Rahmen einer derartigen Fallkonstellation bei der Reduzierung der Arbeitszeit auf ein bestimmtes festes Stundendeputat eine anspruchsmindernde Berücksichtigung der bisherigen Überstunden bei der Bemessung des künftigen Teilzeitentgelts erfolgen (*Thür. LAG* 27.1.2004 – 5 Sa 131/02, EzA-SD 12/04, S. 10).

235 Andererseits können anwendbare **kollektivrechtliche Regelungen vorsehen**, dass Teilzeitbeschäftigte zuschlagpflichtige Mehrarbeit leisten, »wenn für Vollzeitbeschäftigte zuschlagpflichtige Mehrarbeit vorliegt«, während für Vollzeitbeschäftigte die Überschreitung der tariflich oder betrieblich festgelegten Wochenarbeitszeit maßgebend ist. Danach haben auch **Teilzeitbeschäftigte Anspruch auf Mehrarbeitszuschläge nur bei Überschreitung der tariflich oder betrieblich festgelegten Wochenarbeitszeit**. Solche Regelungen verstoßen nicht gegen das Verbot der Benachteiligung wegen Teilzeitarbeit und den Gleichheitssatz des Art. 3 Abs. 1 GG. Die Tarifvertragsparteien und Betriebspartner dürfen mit den Mehrarbeitszuschlägen darauf abzielen, die Einhaltung der generell festgelegten Arbeitszeit nach Möglichkeit zu gewährleisten und bei Überschreitung einen Ausgleich für die besondere Arbeitsbelastung vorzusehen. Sie müssen nicht den Schutz des individuellen Freizeitbereichs in den Vordergrund stellen (*BAG* 16.6.2004 EzA § 4 TzBfG Nr. 9).

236 Das Recht zur **Privatnutzung eines Dienstfahrzeugs** ist Arbeitsentgelt in Form eines Sachbezugs (*BAG* 23.6.2004 NZA 2004, 1287; s. Rdn. 1190). Von daher ist § 4 Abs. 1 S. 2 TzBfG (s. dazu Rdn. 240) anwendbar.

In Betracht kommt eine **Anpassung** der Dienstwagenvereinbarung gem. §§ 133, 157 BGB, wenn die ursprüngliche Vereinbarung als **lückenhaft** angesehen wird. Die Lücke ist durch den hypothetischen Parteiwillen aufzufüllen, z. B. durch eine weitergehende Beteiligung des Arbeitnehmers an den Kosten des Dienstwagens oder durch eine teilweise Entziehung der Nutzungsmöglichkeit. Falls in der Dienstwagenvereinbarung zu Gunsten des Arbeitgebers ein **Widerrufsrecht** vereinbart worden ist, begründet allein die Vereinbarung zukünftiger Teilzeitarbeit kein Recht des Arbeitgebers, deshalb den Widerruf auszuüben. Dies würde gegen §§ 4, 5 TzBfG verstoßen.

Bei künftigen Dienstwagenvereinbarungen sollten auf jeden Fall Regelungen für eine mögliche Arbeitszeitreduzierung getroffen werden. Allerdings wird auch insoweit ein erweitertes einseitiges Widerrufsrecht des Arbeitgebers im Hinblick auf §§ 4, 5 TzBfG nicht unproblematisch sein. Vorzuziehen ist in jedem Fall die **Vereinbarung einer Beteiligung des Arbeitnehmers an den Kosten** (vgl. *Kelber/Zeißig* NZA 2001, 577 ff.).

237 **Provisionsvereinbarungen**, die an ein bestimmtes Ziel geknüpft sind, sind i. d. R. nicht betroffen, da ein bestimmter Erfolg geschuldet wird. Ein Bezug zur Arbeitszeit besteht nicht, sodass § 4 TzBfG nicht anwendbar ist.

238 Demgegenüber hat die Reduzierung der Arbeitszeit bei der Vereinbarung der Zahlung von **Tantiemen** einen Einfluss auf den Anspruch. I. d. R. ist eine Tantieme am Gewinn, dem Ertrag oder dem Umsatz des Unternehmens, einer Abteilung oder des Betriebes ausgerichtet, bezogen auf die gesamte zur Verfügung gestellte Arbeitskraft des Arbeitnehmers. Deshalb kommt eine anteilige Reduzierung in Betracht.

239 Gleiches gilt für **Zielvereinbarungen**. Im Einzelfall ist zu ermitteln, ob sie von der Arbeitszeit des Arbeitnehmers abhängig ist oder nicht (vgl. *Kelber/Zeißig* NZA 2001, 581 f.).

*ee) Benachteiligungsverbote wegen Teilzeit- und befristeter Beschäftigung; Kündigungsverbot (§§ 4, 5, 11 TzBfG)*

(1) § 4 TzBfG

240 § 4 Abs. 1 S. 1 TzBfG enthält ein dem bisherigen § 2 Abs. 1 BeschFG entsprechendes **Diskriminierungsverbot** (vgl. *Preis/Gotthardt* DB 2000, 2066); diese Regelung **bleibt auch nach dem 18.8.2006 durch das AGG unberührt** (§ 2 Abs. 3 AGG; s. Rdn. 4871 ff.). § 4 TzBfG schafft insoweit keine neue Rechtslage. Sie **kodifiziert** lediglich die zu § 2 BeschFG 1985 ergangene Rechtsprechung

des BAG zur Vergütung Teilzeitbeschäftigter entsprechend der Vergütung eines Vollzeitbeschäftigten. Das Gebot der Gleichbehandlung teilzeit- und vollzeitbeschäftigter Arbeitnehmer nach § 4 Abs. 1 TzBfG i. S. eines einheitlichen Verbots der sachlich nicht gerechtfertigten Benachteiligung wegen der Teilzeitarbeit (*BAG* 5.11.2003 EzA § 4 TzBfG Nr. 6) gilt sowohl für einseitige Maßnahmen als auch für vertragliche Vereinbarungen. Es **konkretisiert den allgemeinen Gleichheitsgrundsatz** des Art. 3 Abs. 1 GG, der auch von untergesetzlichen Normgebern zu beachten ist; geeignete Gründe, die eine Ungleichbehandlung wegen Teilzeit rechtfertigen können, sind vom Arbeitgeber darzulegen (*BAG* 16.1.2003 – 6 AZR 222/01, NZA 2003, 972). An diese Regelung sind auch die Tarifvertragsparteien gebunden (*BAG* 18.3.2003 EzA § 4 TzBfG Nr. 4; 5.11.2003 EzA § 4 TzBfG Nr. 6). Eine schlechtere Behandlung i. S. d. § 4 Abs. 1 S. 1 TzBfG kann auch darin liegen, dass aufgrund unterschiedlicher Vertragsgestaltung der teilzeitbeschäftigte Arbeitnehmer Nachteile erleidet, die ein Vollzeitbeschäftigter nicht hat. Unterlässt der Arbeitgeber das zur Verhinderung oder Beseitigung einer von § 4 Abs. 1 S. 1 TzBfG verbotenen schlechteren Behandlung Erforderliche, macht er sich ggf. schadensersatzpflichtig (*BAG* 14.12.2011 EzA § 4 TzBfG Nr. 22).

Deshalb verstoßen § 34 Abs. 1 Unterabs. 1 S. 3 u. Unterabs. 2 BAT-O gegen § 4 Abs. 1 TzBfG und sind daher unwirksam, soweit danach **Urlaubsgeld**, Zuwendung und vermögenswirksame Leistungen **unberücksichtigt bleiben**. Vollzeit- und Teilzeitkräfte werden insbes. dann ungleich vergütet, wenn für jeweils die gleiche Stundenzahl nicht die gleiche Gesamtvergütung gezahlt wird. 241

Eine Benachteiligung Teilzeitbeschäftigter bei der Vergütung kann auch nicht durch den vertraglich vereinbarten Ausschluss betriebsbedingter Kündigungen kompensiert werden. Verstoßen Vereinbarungen gegen das Verbot der Benachteiligung wegen Teilzeitarbeit aus § 4 Abs. 1 TzBfG, sind leistungsgewährende Vertragsbestimmungen auf diejenigen Personen zu erstrecken, die entgegen dem Gebot der Gleichbehandlung von der Gewährung tariflicher Leistungen – auch teilweise – ausgeschlossen wurden. Diese Rechtsfolge ergibt sich allerdings aus § 134 BGB i. V. m. § 612 Abs. 2 BGB und nicht unmittelbar aus § 4 Abs. 1 TzBfG (*BAG* 24.9.2008 EzA § 4 TzBfG Nr. 17). 242

**Erhalten Teilzeitbeschäftigte für die gleiche Anzahl geleisteter Arbeitsstunden z. B. die gleiche Gesamtvergütung wie Vollzeitbeschäftigte, besteht keine Ungleichbehandlung i. S. d. § 4 Abs. 1 S. 1 TzBfG** (*BAG* 5.11.2003 EzA § 4 TzBfG Nr. 6). Der Ausschluss der geringfügig Beschäftigten i. S. d. § 8 SGB IV aus dem Geltungsbereich der AVR und ihrer Anlagen verstößt dagegen beispielsweise gegen diese Regelung (*LAG BW* 7.11.2001 – 2 Sa 36/01); Gleiches gilt für die **Herausnahme von Arbeitnehmern aus tariflichen Vergütungsbestimmungen**, wenn sie regelmäßig nicht mehr als 25 % der durchschnittlichen Wochenarbeitszeit beschäftigt werden (*LAG Düsseld.* 21.12.2006 LAGE § 4 TzBfG Nr. 6). Auch eine tarifliche Regelung (z. B. § 15b Abs. 1 BAT; jetzt § 11 Abs. 1 TVöD), nach der nur Vollbeschäftigte einen Anspruch auf vorübergehende Verringerung ihrer Arbeitszeit aus familienpolitischen Gründen haben, diskriminiert Teilzeitbeschäftigte (*BAG* 18.3.2003 EzA § 4 TzBfG Nr. 4). Gleiches gilt für § 23 ETV-Arb (Deutsche Post AG), soweit die zu den in dieser Regelung aufgeführten Stichtagen befristet Beschäftigten für die restliche Laufzeit des befristeten Arbeitsverhältnisses von der Zahlung einer Besitzstandszulage – im Gegensatz zu unbefristet Beschäftigten – ausgeschlossen werden (*BAG* 11.12.2003 EzA § 4 TzBfG Nr. 8). Nichts anderes gilt für eine Tarifregelung, die vorsieht, dass **Zeiten geringfügiger Beschäftigung**, die vor einem bestimmten Stichtag zurückgelegt wurden, **nicht als Beschäftigungszeit** i. S. d. Tarifvertrags **gelten** (*BAG* 25.4.2007 EzA § 4 TzBfG Nr. 12; zur Höhe eines Kinderzuschlags zu einer Abfindung im Sozialplan für Teilzeitbeschäftigte s. *LAG Brem.* 27.4.2006 NZA-RR 2007, 68). 243

Das Gebot der Gleichbehandlung teilzeit- und vollzeitbeschäftigter Arbeitnehmer (§ 4 Abs. 1 TzBfG) gilt **sowohl für vertragliche Vereinbarungen als auch für einseitige Maßnahmen**. Die Heranziehung eines teilzeitbeschäftigten **Orchestermusikers** zu einer bestimmten Zahl von Diensten ist an § 4 Abs. 1 S. 1 TzBfG zu messen. Werden Teilzeitbeschäftigte bei der Heranziehung zu einer bestimmten Anzahl von Diensten gegenüber Vollzeitbeschäftigten benachteiligt, steht ihnen bei Fortbestand des Arbeitsverhältnisses ein Anspruch auf Gleichbehandlung in Form der bezahlten Freizeitgewährung und kein Zahlungsanspruch zu (*BAG* 3.12.2008 EzA § 4 TzBfG Nr. 18). 244

**Kapitel 3**                                                      Der Inhalt des Arbeitsverhältnisses

245     Eine Tarifvorschrift, die eine **Spätarbeitszulage für Teilzeitbeschäftigte** unter der Voraussetzung gewährt, dass Wechselschicht geleistet wird, während dieses Erfordernis bei Vollzeitbeschäftigten nicht besteht, ist insoweit unwirksam, wenn sich weder aus dem Wortlaut noch dem tariflichen Zusammenhang oder der Tarifgeschichte als Zweck der Zulage ermitteln lässt, die Belastungen der Wechselschicht auszugleichen. Ein solcher sachlicher Grund für eine die Teilzeitbeschäftigten benachteiligende Differenzierung lässt sich für § 5 Abschn. I Ziff. 2 MTV Metall NRW nicht feststellen. Die Unwirksamkeit führt zur uneingeschränkten Wirksamkeit der begünstigenden Regelung. Wird eine Zulage allein an die durch die zeitliche Lage der Arbeit entstehende Erschwernis geknüpft, ist sie für Teilzeitbeschäftigte nicht entsprechend der Teilzeitquote zu kürzen, da die Belastung für Voll- und Teilzeitbeschäftigte gleich ist (*BAG* 24.9.2003 EzA § 4 TzBfG Nr. 5).

Nach z. T. vertretener Auffassung (*LAG SchlH* 27.3.2007 – 5 Sa 557/06, ZTR 2007, 545; *LAG Brem.* 17.7.2007 – 1 Sa 49/07, ZTR 2007, 614; *LAG Düsseld.* 15.5.2007 ZTR 2007, 615) haben Teilzeitbeschäftigte, deren Arbeitsverhältnis sich nach dem neuen **TVöD** richtet und die ständig Wechselschichtarbeit leisten, Anspruch auf die **volle Zulagenpauschale** nach § 8 Abs. 5 S. 1 TVöD. Eine dem Umfang der Teilzeitbeschäftigung entsprechende anteilige Kürzung der Zulagenpauschale führt danach zu einem Verstoß gegen § 4 Abs. 1 TzBfG (a. A. *LAG Hamm* 10.5.2007 ZTR 2007, 543).

Das *BAG* (24.9.2008 EzA § 4 TzBfG Nr. 15) **ist dem nicht gefolgt**. Den Arbeitnehmern steht nach der tariflichen Regelung vielmehr die beanspruchte Zulage **nur anteilig** entsprechend dem Umfang ihrer verminderten Arbeitszeit zu. Denn die Tarifvertragsparteien des TVöD haben eine von der allgemeinen Regel zur Berechnung der Vergütung Teilzeitbeschäftigter abweichende Vereinbarung für die maßgebliche Zulage nicht getroffen. Ihre Einschätzung, dass die sich aus der Arbeit ergebenden Erschwernisse einen Teilzeitbeschäftigten im Vergleich zu einem Vollzeitbeschäftigten geringer belasten, überschreitet nicht die Grenzen ihrer autonomen Regelungsmacht. Die tarifliche Zulagenregelung wahrt den Grundsatz, dass einem teilzeitbeschäftigten Arbeitnehmer das Arbeitsentgelt oder eine andere teilbare geldwerte Leistung mindestens in dem Umfang zu gewähren ist, der dem Anteil seiner Arbeitszeit an der Arbeitszeit eines vergleichbaren vollzeitbeschäftigten Arbeitnehmers entspricht. Eine solche Gleichbehandlung gem. dem pro-rata-temporis-Grundsatz schließt eine Diskriminierung des Teilzeitbeschäftigten aufgrund der Teilzeitbeschäftigung aus (*BAG* 24.9.2008 EzA § 4 TzBfG Nr. 15; s. a. *BAG* 18.3.2009 EzA § 4 TzBfG Nr. 20 zur Funktionszulage von teilzeitbeschäftigten Kassiererinnen; 23.3.2011 ZTR 2011, 494). Leistet der Teilzeitbeschäftigte dagegen die **gleiche Arbeitszeit wie ein Vollzeitbeschäftigter**, arbeitet er aber an weniger Arbeitstagen, kommt eine Kürzung – Theaterbetriebszulage – nicht in Betracht (*BAG* 23.2.2011 ZTR 2011, 492).

Eine tarifliche Regelung, die lediglich **nicht vollbeschäftigtes Reinigungspersonal ohne sachlichen Grund aus dem persönlichen Geltungsbereich ausschließt**, verstößt dagegen trotz der Tariföffnungsklausel in § 22 TzBfG gegen das Diskriminierungsverbot von Teilzeitbeschäftigten (§ 4 Abs. 1 TzBfG). Denn dieses gilt trotz der Öffnungsklausel in § 22 TzBfG auch für die Tarifvertragsparteien. Wegen der Unwirksamkeit der die nicht vollbeschäftigte Reinigungskraft benachteiligenden Regelung kann diese **zeitanteilig** die für das vollbeschäftigte Reinigungspersonal vorgesehene **tarifliche Vergütung verlangen** (»Anpassung nach oben«), insbes. weil tarifvertraglich die anteilige Vergütung von Teilzeitbeschäftigten bestimmt ist (*BAG* 15.10.2003 EzA § 4 TzBfG Nr. 7).

Ein Interessenausgleich, der ohne sachliche Rechtfertigung die **Entfernung von Teilzeitbeschäftigten** aus dem Unternehmen zum Gegenstand hat, verstößt gegen § 4 TzBfG und ist nichtig (*LAG Köln* 31.3.2006 LAGE § 1 KSchG Interessenausgleich Nr. 10).

246     § 4 Abs. 1 S. 2 TzBfG enthält darüber hinaus eine Regelung für die zu zahlende Vergütung; das **pro-rata-temporis-Prinzip** ist **eingeführt** worden. Diese Regelung konkretisiert das allgemeine Benachteiligungsverbot des § 4 Abs. 1 S. 1 TzBfG und bedeutet, dass bei der **Zahlung des Arbeits**entgelts

oder bei der Gewährung einer anderen teilbaren geldwerten Leistung eine Abweichung von diesem Grundsatz nur mit einem **sachlichen Grund** zulässig ist (*BAG* 22.10.2008 EzA § 4 TzBfG Nr. 16). Der Arbeitgeber soll – negativ formuliert – Teilzeitbeschäftigten bestimmte Vergütungsbestandteile nicht wegen der Teilzeitarbeit ohne sachlichen Grund versagen können. Teilzeitarbeit darf deshalb grds. nur quantitativ, nicht aber qualitativ anders abgegolten werden als Vollzeitarbeit (*BAG* 22.10.2008 EzA § 4 TzBfG Nr. 16). Eine Gleichbehandlung Teilzeitbeschäftigter bei der Vergütung entsprechend dem Pro-rata-temporis-Grundsatz des § 4 Abs. 1 S. 2 TzBfG schließt eine sonstige Benachteiligung i. S. d. Satzes 1 nicht aus. Eine schlechtere Behandlung i. S. d. § 4 Abs. 1 S. 1 TzBfG kann auch darin liegen, dass aufgrund unterschiedlicher Vertragsgestaltung der teilzeitbeschäftigte Arbeitnehmer Nachteile erleidet, die ein Vollzeitbeschäftigter nicht hat. Ist z. B. mit einem teilzeitbeschäftigten Lehrer eine bestimmte Zahl von Unterrichtsstunden und die anteilige Vergütung einer Vollzeitkraft vereinbart, führt die Anhebung der Pflichtstundenzahl für Vollzeitkräfte zu einer entsprechenden Minderung des Vergütungsanspruchs des Teilzeitbeschäftigten (*BAG* 14.12.2011 EzA § 4 TzBfG Nr. 22).

▶ **Beispiele:** 247
 – Führt eine **Verminderung der regelmäßigen tariflichen Arbeitszeit** ohne entsprechende Herabsetzung der laufenden Vergütung in einem Tarifvertrag dazu, dass sich das Arbeitsentgelt Vollbeschäftigter pro Arbeitsstunde erhöht, und wird einem Teil der Teilzeitbeschäftigten diese Erhöhung vorenthalten, verstößt die Regelung gegen das Verbot der Diskriminierung teilzeitbeschäftigter Arbeitnehmer in § 4 Abs. 1 TzBfG, wenn nicht sachliche Gründe die Benachteiligung rechtfertigen (*BAG* 22.10.2008 EzA § 4 TzBfG Nr. 16).
 – Der **Ausschluss der Teilzeitbeschäftigten** aus dem **persönlichen Geltungsbereich des Sozial-TV-Berlin-Brandenburg**, der zu einem Wegfall der Ausgleichszulage führt, verstößt gegen das Benachteiligungsverbot des § 4 Abs. 1 S. 2 TzBfG, da sich dadurch ein geringeres Entgelt pro rata temporis ergibt. Der Ausschluss wird nicht dadurch kompensiert, dass betriebsbedingte Kündigungen für eine bestimmte Zeit auch für diesen Personenkreis ausgeschlossen werden. Ein sachlicher Grund für die Benachteiligung liegt auch nicht darin, dass die ausgeschlossenen Teilzeitbeschäftigten vor Inkrafttreten des Sozial-TV-BB eine geringere Arbeitszeit vereinbart hatten, während bei dem einbezogenen Personenkreis erst durch diesen Tarifvertrag die regelmäßige Arbeitszeit herabgesetzt wurde (*BAG* 5.8.2009 NZA-RR 2010, 336).

Die Regelung findet auf **Überstundenvergütungen** keine Anwendung. Bezugsgröße für die Bestim- 248
mung der anteiligen Vergütung des Teilzeitbeschäftigten ist danach die Arbeitszeit eines vergleichbaren Vollzeitbeschäftigten. Das ist die **regelmäßige Arbeitszeit**. Diese bestimmt sich nach der vertraglichen Vereinbarung, den anwendbaren Tarifverträgen oder einer betrieblichen Übung (*BAG* 5.11.2003 EzA § 4 TzBfG Nr. 6; s. a. *Feldhoff* ZTR 2005, 62 ff.). Dem Teilzeitbeschäftigten soll ein Anspruch auf Arbeitsentgelt oder auch auf andere teilbare Leistungen mindestens in dem Umfang zustehen, der dem Anteil seiner Arbeitszeit an der Arbeitszeit eines vergleichbaren vollzeitbeschäftigten Arbeitnehmers entspricht (vgl. *Richardi/Annuß* BB 2000, 2201; *Hartwig* FA 2001, 35). Eine Ungleichbehandlung aus sachlichen Gründen ist damit in diesem Bereich nicht mehr zulässig. Sie bleibt aber zulässig z. B. hinsichtlich der teilweisen Verrichtung der Arbeit unter gesundheitsschädlichen Bedingungen (*Rolfs* RdA 2001, 131). Wird Teilzeitbeschäftigten ein monatlicher Zuschlag nach Maßgabe einer tariflichen Regelung »zur Anerkennung der Unternehmenszugehörigkeit« **entsprechend dem Verhältnis ihrer tatsächlichen Arbeitszeit zur tariflichen Wochenarbeitszeit gezahlt**, ist dies nicht zu beanstanden. Dieser Zuschlag ist vielmehr eine arbeitszeitabhängige zusätzliche Vergütung für die beim Arbeitgeber geleistete Arbeit (*BAG* 16.4.2003 EzA § 4 TzBfG Nr. 3). Die Betriebspartner sind auch berechtigt, die **Höhe von Abfindungen in einem Sozialplan** so zu regeln, dass Teilzeitbeschäftigte sie in dem Umfang erhalten, der dem Anteil ihrer Arbeitszeit an der Arbeitszeit der Vollzeitbeschäftigten entspricht (*BAG* 13.2.2007 EzA § 4 TzBfG Nr. 11).

Fraglich ist, welches Arbeitsentgelt Vollzeitbeschäftigter vergleichbar ist. Denn die Arbeitsent- 249
gelte auch der vollzeitbeschäftigten Arbeitnehmer, die **gleiche Tätigkeiten** verrichten, können z. B. auf Grund **individualvertraglicher Vereinbarungen** etwa auch in Folge unterschiedlichen

Verhandlungsgeschicks der Arbeitnehmer durchaus **unterschiedlich** sein. Einen allgemeinen Grundsatz, wonach immer gleicher Lohn für gleiche Arbeit zu zahlen ist, gibt es nach der Rechtsprechung des *BAG* (21.6.2000 EzA § 242 BGB Gleichbehandlung Nr. 83) nicht.

Verrichten z. B. drei Arbeitnehmer dieselben Tätigkeiten für 2.500, 3.000 bzw. 2.300 €, so ist fraglich, wie das Entgelt festzusetzen ist, wenn der erste dieser Arbeitnehmer seine Arbeitszeit halbieren möchte.

Möglich wäre die Bestimmung in dem Verhältnis, wie sie der konkret betroffene Arbeitnehmer erhalten hätte, wenn er Vollzeit arbeiten würde (also ausgehend von 2.500 € 1.250 €). Möglich wäre es aber auch, als Vergleichsentgelt das heranzuziehen, das der am niedrigsten vergütete vergleichbare Vollzeitarbeitnehmer erhält (ausgehend von 2.300 € 1.150 €), bzw. die Bildung eines Durchschnitts aus dem Entgelt aller vergleichbarer vollzeitbeschäftigter Arbeitnehmer (2.600 € = 1.300 €).

§ 4 Abs. 1 S. 2 TzBfG findet jedenfalls auf **Überstundenvergütungen keine Anwendung**. Bezugsgröße für die Bestimmung der Höhe der anteiligen Vergütung des Teilzeitbeschäftigten ist nach dieser Vorschrift die Arbeitszeit eines vergleichbaren Vollzeitbeschäftigten. Das ist gem. § 2 Abs. 1 TzBfG die regelmäßige Arbeitszeit. Diese bestimmt sich nach der vertraglichen Vereinbarung, den anwendbaren Tarifverträgen oder einer tatsächlichen Übung (*BAG* 5.11.2003 EzA § 4 TzBfG Nr. 6).

250 Das Verbot einer ungleichen Behandlung befristet wie unbefristet beschäftigter Arbeitnehmer beim Entgelt nach § 4 Abs. 2 S. 2 TzBfG konkretisiert das allgemeine Benachteiligungsverbot des § 4 Abs. 2 S. 1 TzBfG. Deshalb können sachliche Gründe eine unterschiedliche Behandlung befristet und unbefristet beschäftigter Arbeitnehmer im Entgeltbereich rechtfertigen (*BAG* 11.12.2003 EzA § 4 TzBfG Nr. 8).

251 **Lehrer**, deren **befristetes Arbeitsverhältnis** im **laufenden Schuljahr** endet, haben **keinen Anspruch** auf Fortzahlung der Vergütung während anschließender Schulferienzeiten. Denn ihnen wird nicht »wegen« der Befristung ein den unbefristet angestellten Lehrkräften gewährter Vorteil in Form einer bezahlten Freistellung vorenthalten (*BAG* 19.12.2007 EzA § 4 TzBfG Nr. 14).

*(2) § 5 TzBfG*

252 Die in § 5 TzBfG enthaltene Regelung verbietet es, den Arbeitnehmer wegen der Inanspruchnahme von Rechten aus dem TzBfG z. B. bei einem beruflichen Aufstieg zu **benachteiligen**.

*(3) § 11 TzBfG*

253 Gem. § 11 TzBfG ist eine Kündigung unwirksam, die deshalb erklärt wird, weil sich ein Arbeitnehmer weigert, von einem Vollzeit- in ein Teilzeitarbeitsverhältnis oder umgekehrt zu wechseln. Die Weigerung muss nicht nur äußerer Anlass, sondern tragender Grund für die Kündigung sein (*Preis/Gotthardt* DB 2000, 2069).

254 § 11 TzBfG stellt einen sonstigen Unwirksamkeitsgrund i. S. d. **§ 13 Abs. 3 KSchG** dar, muss also innerhalb der 3-Wochen-Frist gem. § 4 KSchG geltend gemacht werden.

255 Unberührt von § 11 TzBfG bleibt das Recht des Arbeitgebers, das Arbeitsverhältnis **aus anderen Gründen** zu kündigen. Das gilt sowohl für die Beendigungs- als auch für die Änderungskündigung z. B. aus anderen dringenden betrieblichen Gründen, die eine Reduzierung der Arbeitszeit erfordern (vgl. *Rolfs* RdA 2001, 132). Fraglich ist allerdings, ob auf Grund der Wertungen in § 8 TzBfG auch weiterhin allein eine **unternehmerische Organisationsentscheidung**, künftig nur noch Teilzeit- oder nur noch Vollzeitkräfte zu beschäftigen, als Kündigungsgrund anzuerkennen ist (s. Rdn. 171 ff.; dafür *Schiefer* DB 2000, 2121). Erforderlich ist jedenfalls das Vorliegen eines **plausiblen wirtschaftlichen oder unternehmenspolitischen Konzepts** i. S. einer Missbrauchs-

kontrolle, da § 11 TzBfG andernfalls leer laufen würde (*Preis/Gotthardt* DB 2000, 2069; *Dassau* ZTR 2001, 67).

#### d) Unterschreitung der Arbeitszeit

Die Unterschreitung der Arbeitszeit **muss wegen der** grds. bestehenden **Beschäftigungspflicht des Arbeitgebers vereinbart sein**, kann sich aber auch aus zwingenden Gründen ergeben, z. B. bei der Umstellung des Schichtbetriebes von Winter- auf Sommerzeit. Die Arbeitszeit der betroffenen Nachtschicht verringert sich dann automatisch um eine Stunde, ohne dass der Arbeitgeber in Annahmeverzug gerät. Er muss diese Stunde auch nicht nachholen lassen, wenn der Arbeitnehmer trotz der ausgefallenen Stunden die vereinbarte Zahl an Arbeitsstunden und damit die geschuldete Arbeitsleistung erreicht (*BAG* 11.9.1985 EzA § 615 BGB Nr. 49). Der typische Fall einer Unterschreitung der vereinbarten individuellen Arbeitszeit ist die **Kurzarbeit** (s. Rdn. 278 ff.). 256

#### e) Begrenzung der Arbeitszeit

Neben tariflichen Normen bestehende gesetzliche Begrenzungen der Arbeitszeit folgen aus dem ArbZG, § 8 MuSchG, §§ 8 ff. JArbSchG, §§ 3 ff. LadSchlG (zur geänderten Gesetzgebungszuständigkeit durch Art. 74 Nr. 11 GG n. F. seit dem 1.9.2006 s. *Horstmann* NZA 2006, 1246 ff.; *Kühling* AuR 2006, 384 ff.), § 3 SeemG, §§ 169 ff. SGB III (Kurzarbeit) sowie dem Gesetz über die Arbeitszeit in Bäckereien und Konditoreien. Verboten ist nach Maßgabe des ArbZG die Überschreitung der täglichen oder wöchentlichen Höchstarbeitszeit; zulässig ist u. U. eine andere Verteilung der Arbeitszeit (vgl. §§ 3, 7 ArbZG). 257

#### f) Anspruch auf Verlängerung der Arbeitszeit nach vorheriger Verringerung?

Will eine Angestellte, deren Arbeitszeit zur Betreuung ihres Kindes wunschgemäß auf die Hälfte der regelmäßigen tariflichen Wochenarbeitszeit verringert worden ist, ihre Arbeitszeit später wieder aufstocken, so bedarf es dazu einer Vereinbarung mit dem Arbeitgeber. Dieser schuldet allerdings nicht schon deshalb die Zustimmung dazu, weil er vor der Verringerung der Arbeitszeit die Angestellte nicht auf die Möglichkeit hingewiesen hat, die Herabsetzung der Wochenarbeitszeit zeitlich zu befristen (*BAG* 13.11.2001 – 9 AZR 442/00, EzA-SD 11/02, S. 5). 258

Der insoweit geltend gemachte Anspruch kann im Wege der Leistungsklage verfolgt werden; Klageziel ist es, den Arbeitgeber zu verurteilen, das Angebot des Arbeitnehmers auf Vertragsänderung anzunehmen (*BAG* 13.11.2001 – 9 AZR 442/00, EzA-SD 11/02, S. 5). Ein auf Herbeiführung einer Verlängerung der vertraglich vereinbarten Arbeitszeit gerichteter Klageantrag ist allerdings dann **unzulässig**, wenn die Parteien **auch über die Höhe** der für die verlängerte Arbeitszeit geschuldeten Vergütung **streiten**, Gegenstand des Klageantrags aber nur die Dauer der Arbeitszeit ist (*LAG Düsseld.* 11.8.2006 – 9 Sa 172/06, FA 2007, 57). Zu § 9 TzBfG s. Rdn. 123.

### 5. Lage der Arbeitszeit

Mit der Festlegung des Zeitpunktes, zu dem die Arbeitszeit am Tage beginnt und endet und zu dem sie durch Pausen zu unterbrechen ist, wird die Leistungspflicht, die durch die Dauer der Arbeitszeit nur umfangmäßig bestimmt ist, endgültig konkretisiert. Die Lage der Arbeitszeit wird aus praktischen Gründen selten durch den Arbeitsvertrag festgelegt; fehlt eine ausdrückliche Regelung, ist i. d. R. im Wege der Vertragsauslegung davon auszugehen, dass dem Arbeitgeber ein Leistungsbestimmungsrecht in den Grenzen des § 106 GewO/§ 315 BGB sowie des ArbZG (Weisungsrecht) eingeräumt ist. 259

▶ Beispiel: 260

Es entspricht nicht billigem Ermessen, einer aus dem Erziehungsurlaub (jetzt der Elternzeit) zurückkehrenden Mutter mitzuteilen, dass sie ab sofort früher mit der Arbeit anfangen muss, wenn sie wegen der Änderung der Arbeitszeit ihr Kind nicht in den Kindergarten bringen kann (*LAG Nbg.* 8.3.1999 NZA 2000, 263).

Häufig wird die Lage der Arbeitszeit durch Betriebsvereinbarung geregelt (§ 87 Abs. 1 Nr. 2 BetrVG).

261 Die möglichen Gestaltungsformen der Lage der Arbeitszeit reichen von einem einseitigen Gestaltungsrecht des Arbeitnehmers (z. B. bei Telearbeit) bis zu einer minutiösen Festlegung durch den Arbeitgeber. Möglich ist z. B. auch die »**gleitende Arbeitszeit**« (s. a. *Reichold* NZA 1998, 393 ff.), die den Arbeitnehmer berechtigt, innerhalb einer vorbestimmten Zeitdauer pro Tag (z. B. von 7–18 Uhr) über die Lage der Arbeitszeit selbst zu bestimmen (einfache Gleitarbeitszeit). Er muss die täglich geschuldete Arbeitszeit, z. B. von acht Stunden, dann an jedem Tag in dem Gleitzeitrahmen erbringen.

262 Der Arbeitnehmer kann aber auch ermächtigt werden, die tägliche Arbeitsdauer – in den Grenzen des § 3 ArbZG – in einem festgelegten Rahmen zu verändern (z. B. an bestimmten Tagen länger oder kürzer als 8 Stunden im Gleitzeitrahmen arbeiten) und binnen eines »Ausgleichszeitraums« einen Zeitausgleich vorzunehmen, d. h. »vor-« oder »nachzuarbeiten« (qualifizierte Gleitzeitarbeit). Vorgegeben wird eine Kernarbeitszeit, in der die Anwesenheit des Arbeitnehmers zwingend erforderlich ist und die Gleitzeit, d. h. die Zeitspanne, innerhalb derer der Arbeitnehmer arbeiten darf. Die Abwicklung erfolgt über ein sog. Zeitkonto, auf dem neben der jeweils tatsächlich geleisteten Arbeit die für einen bestimmten Zeitraum geschuldete Arbeitszeit vermerkt wird.

### 6. Beginn und Ende der Arbeitszeit

263 Fehlt eine (einzel- oder kollektivvertragliche) Vereinbarung, so beginnt die Arbeitszeit in dem Zeitpunkt, **in dem der Arbeitnehmer entweder die Arbeit aufnimmt oder dem Arbeitgeber die geschuldete Arbeitsleistung vertragsgemäß anbietet, der Arbeitgeber also in der Lage ist, die Arbeitskraft des Arbeitnehmers zur Leistung der Dienste einzusetzen**. Maßgeblich ist der Arbeitsvertrag und im Zweifel die Art der geschuldeten Arbeitsleistung; regelmäßig beginnt die Arbeitszeit mit der Aufnahme der Tätigkeit am Arbeitsplatz (vgl. *Baeck/Deutsch* ArbZG, § 2 Rn. 9 ff.).

264 **Waschen und Umkleiden** sind i. d. R., sofern nichts anderes vereinbart ist, keine zu vergütenden Hauptleistungspflichten des Arbeitnehmers, für die der Arbeitgeber nach § 611 BGB eine Vergütung zu gewähren hätte. Werden diese Tätigkeiten vom Arbeitnehmer verlangt, kann es sich zwar um Dienstleistungen nach § 612 Abs. 1 BGB handeln, diese sind regelmäßig aber nicht nur gegen eine Vergütung zu erwarten (*BAG* 11.10.2000 EzA § 611 BGB Nr. 30 m. Anm. *Walker* SAE 2002, 16; a. A. *Adam* AuR 2001, 481 ff.). Maßgeblich sind aber andererseits letztlich die **Verhältnisse im Einzelfall**. Zu bejahen ist dies z. B. ausnahmsweise bei einem Model auf einer Modenschau. Gehört das Umkleiden nicht zum Inhalt der geschuldeten Arbeitsleistung, z. B. bei der Tätigkeit eines Kochs, so sind in erster Linie die organisatorischen Gegebenheiten des jeweiligen Betriebes und die konkreten Anforderungen an den Arbeitnehmer maßgebend, wie sie sich aus den betrieblichen Regelungen und Handhabungen tatsächlich ergeben (vgl. auch *Busch* BB 1995, 1690). Im konkret entschiedenen Einzelfall hat das *BAG* (22.3.1995 EzA § 611 BGB Arbeitszeit Nr. 1) dies für einen Koch verneint.

265 Je nach den Umständen kann der Beginn der Arbeitszeit aber auch vorverlegt sein (z. B. auf das Betätigen der Stechuhr vgl. *BAG* 29.4.1982 EzA § 2 AZO Nr. 1) oder auf das Erreichen der Arbeitsstelle (im öffentlichen Dienst), sodass die Arbeitszeit nach dem Erreichen bzw. Verlassen des Betriebsgebäudes oder gar -geländes beginnt oder endet (vgl. § 15 Abs. 7 BAT, § 15 Abs. 7 MTB II sowie *BAG* 18.1.1990 EzA § 15 BAT Nr. 1).

266 Arbeitsstelle für **Angestellte im öffentlichen Dienst** ist z. B. ein Dezernat, eine Abteilung oder eine Station im Krankenhaus.

## A. Pflichten des Arbeitnehmers

Jedenfalls der **TVöD** enthält eine § 15 Abs. 7 BAT **entsprechende Regelung nicht mehr.** Daher ist wohl nunmehr i. d. R. der Aufenthalt am Arbeitsplatz und die dort zu erbringende Arbeitsleistung maßgeblich. 267

Bei **Krankenschwestern** stellt die Umkleidezeit z. B. Arbeitszeit i. S. d. BAT (nicht dagegen i. S. d. ArbZG) dar. Das gilt jedenfalls dann, wenn der Arbeitgeber die Arbeit dadurch, dass die Krankenschwestern die Dienstkleidung, die ihnen vom Arbeitgeber unentgeltlich zur Verfügung gestellt und gereinigt wurde und die sie in einem eigens dafür eingerichteten Umkleideraum zu wechseln, während des Dienstes zu tragen haben und nicht mit nach Hause nehmen dürfen, so organisiert hat, dass das Umkleiden als arbeitsvertragliche Verpflichtung anzusehen ist, die nicht irgendwann und irgendwo, sondern unmittelbar an Ort und Stelle zu erfüllen ist (*BAG* 28.7.1994 EzA § 15 BAT Nr. 4). 268

Allerdings legt der TVöD nunmehr hinsichtlich der vertraglich geschuldeten Leistung das Maß der wöchentlich geschuldeten Arbeitsleistung und die Vergütung darüber hinausgehender Zeiten abschließend fest. Ein Rückgriff auf § 612 Abs. 1 BGB – z. B. für nicht erfasste Zeiten des Umkleidens und der Desinfektion – scheidet insoweit aus (*BAG* 18.5.2011 EzA § 611 BGB 2002 Mehrarbeit Nr. 4). 268a

Der Zeitpunkt der **Beendigung der Arbeitszeit** richtet sich nach den gleichen Kriterien. 269

### 7. Der Sonderfall: Schullehrer

Bei Lehrern an allgemein bildenden Schulen beschreibt die vereinbarte Unterrichtsstundenzahl den zeitlichen Umfang der geschuldeten Arbeitsleistung nur zum Teil. Außerhalb der Unterrichtserteilung geschuldete, jedoch zum Unterrichtsbild des Lehrers gehörende Arbeitsleistungen entziehen sich einer exakten zeitlichen Bemessung. Eine feste Relation zur Zahl der Unterrichtsstunden ist insoweit nicht möglich. Die zeitliche Inanspruchnahme des Lehrers für solche Arbeitsleistungen darf aber nicht unverhältnismäßig sein. **Die Anordnung zusätzlich zum Unterricht zu erbringender Dienste hat billigem Ermessen zu genügen** (*BAG* 20.11.1996 EzA § 2 BeschFG 1985 Nr. 51). 270

Diese Maßstäbe gelten auch, wenn zu prüfen ist, ob durch Inanspruchnahme eines teilzeitbeschäftigten Lehrers für Tätigkeiten außerhalb der Unterrichtserteilung eine Ungleichbehandlung i. S. d. § 4 Abs. 1 S. 1 TzBfG vorliegt (*BAG* 20.11.1996 EzA § 2 BeschFG 1985 Nr. 51; 25.5.2005 NZA 2005, 981). 271

▶ **Beispiel:** 272

> Es liegt keine Ungleichbehandlung i. S. d. § 4 Abs. 1 S. 1 TzBfG, wenn ein mit 20 von 26 Wochenstunden Unterricht teilzeitbeschäftigter Lehrer einmal im Jahr eine einwöchige Klassenfahrt durchführt; insoweit besteht nach der zunächst vom BAG (20.11.1996 EzA § 2 BeschFG 1985 Nr. 51) vertretenen Auffassung auch kein Anspruch auf die Vergütung einer gleich eingruppierten Vollzeitarbeitnehmerin. Inzwischen vertritt das BAG (22.8.2001 EzA § 2 BeschFG 1985 Nr. 66; 25.5.2005 NZA 2005, 981) die gegenteilige Auffassung; teilzeitbeschäftigte Lehrkräfte sind also insoweit wie vollzeitbeschäftigte Lehrkräfte zu vergüten. Leistet der teilzeitbeschäftigte Lehrer also anlässlich einer **ganztägigen Klassenfahrt** Arbeit wie eine Vollzeitkraft, steht ihm ein Anspruch auf **entsprechende Arbeitsbefreiung** unter Fortzahlung der Vergütung oder zusätzliche anteilige Vergütung zu.

Allerdings ist eine Klassenfahrt nicht notwendig insgesamt mit Arbeitsleistung verbunden. Pausen fallen insbes. an, wenn die Schüler zeitweise nicht beaufsichtigt werden müssen oder mehrere Lehrer einander ablösen können. Die verminderte Heranziehung zu Klassenfahrten stellt keinen Zeitausgleich für einen teilzeitbeschäftigten Lehrer dar; denn dieser arbeitet ggf. bei jeder ganztägigen Klassenfahrt, die an solchen Tagen stattfindet, an denen er nicht entsprechend einer vollzeitbeschäftigten Lehrkraft zu arbeiten hätte, über die geschuldete Arbeitszeit hinaus (*BAG* 25.5.2005 NZA 2005, 981). Eine einem danach bestehenden Anspruch entgegenstehende Tarifnorm ist unwirksam 273

(Nr. 3 SR 2 I I BAT; *BAG* 22.8.2001 EzA § 2 BeschFG 1985 Nr. 66; s. jetzt § 44 Nr. 2 TV-L – Sonderregelung für Lehrkräfte).

## VI. Befreiung von der Arbeitspflicht

### 1. Einverständliche Arbeitsbefreiung

274 Im Rahmen der Vertragsfreiheit ist die vorübergehende oder dauernde Befreiung von der Arbeitspflicht sowie die Regelung ihrer Auswirkungen auf die übrigen Rechte und Pflichten aus dem Arbeitsvertrag (§§ 241, 311 Abs. 1 BGB) möglich (vgl. dazu *BAG* 23.1.2008 EzA § 615 BGB 2002 Nr. 22; *Beckmann* NZA 2004, 1131 ff.; s. a. *Meyer* NZA 2011, 1249 ff.). Eine Arbeitsbefreiung kommt auch auf der Grundlage eines Tarifvertrages in Betracht, wenn der Arbeitgeber insbes. zur Einführung von **Kurzarbeit** ermächtigt wird (vgl. *BAG* 5.3.1974 EzA § 87 BetrVG 1972 Kurzarbeit Nr. 3). Kurzarbeit wird im Übrigen häufig durch Betriebsvereinbarung eingeführt (vgl. *BAG* 4.3.1986 EzA § 87 BetrVG 1972 Arbeitszeit Nr. 17). Eine Ermächtigung des Betriebsrats an den Arbeitgeber, den Kurzarbeitsumfang und den betroffenen Personenkreis eigenhändig zu bestimmen, beinhaltet demgegenüber einen rechtswidrigen Verzicht auf das Mitbestimmungsrecht, sodass eine derartige Betriebsvereinbarung unwirksam ist (*ArbG Marburg* 17.12.1999 NZA-RR 2001, 144). Der Arbeitgeber ist deshalb in einem derartigen Fall verpflichtet, die konkrete Durchführung der Kurzarbeit mit jedem Arbeitnehmer gesondert zu regeln (*ArbG Marburg* 17.12.1999 NZA-RR 2001, 144). Dagegen kann der Arbeitgeber insbes. in betriebsratslosen Betrieben die Kurzarbeit auch **nicht einseitig auf Grund seines Direktionsrechts einführen**; die Meldung der Kurzarbeit gem. § 173 SGB III bei der Agentur für Arbeit ist dafür keine Ermächtigungsgrundlage. Der Arbeitgeber ist dann vielmehr gehalten, mit allen Arbeitnehmern eine Vereinbarung hierüber herbeizuführen bzw. eine außer- oder ordentliche Änderungskündigung auszusprechen. Verweigert ein betroffener Arbeitnehmer die angebotene Kurzarbeitsregelung, so führt dies dazu, dass sein Vergütungsanspruch aus Annahmeverzug bestehen bleibt. Der Anspruch wird auch nicht in der Höhe des bei seiner Zustimmung zur Durchführung der Kurzarbeit zu beanspruchenden Kurzarbeitergeldes gemindert; § 615 S. 2 BGB ist weder unmittelbar noch analog anwendbar (*LAG RhPf* 7.10.1996 ZTR 1997, 141 LS).

275 Abgesehen von der Sonderregelung des § 19 Abs. 1 KSchG (Einführung von Kurzarbeit auf Grund Ermächtigung durch die Arbeitsbehörde) kommt eine Befreiung von der Arbeitspflicht nicht einseitig mittels Weisungsrecht unter entsprechender Lohnminderung durch den Arbeitgeber in Betracht; um den Arbeitgeber in einer derartigen Situation in Annahmeverzug zu setzen, genügt i. d. R. ein **wörtliches Angebot** des Arbeitnehmers nach § 295 BGB (*BAG* 10.10.2006 EzA § 75 BPersVG Nr. 3).

276 Allerdings kann das **Stillschweigen** des Arbeitnehmers auf die rechtswidrige einseitige Weisung des Arbeitgebers zur Durchführung der Kurzarbeit ein **Einverständnis** des Arbeitnehmers beinhalten. Dies gilt jedenfalls dann, wenn der Arbeitnehmer in den Monaten zuvor bereits mehrfach sein Einverständnis mit der Kurzarbeit durch Stillschweigen kundgetan hatte. Sollte der Arbeitnehmer nunmehr mit der erneuten Kurzarbeit nicht einverstanden sein, muss er so widersprechen, dass für den verständigen Arbeitgeber die Weigerung erkennbar wird (*ArbG Marburg* 17.12.1999 NZA-RR 2001, 144).

277 Der Arbeitgeber ist bei Einführung von Kurzarbeit verpflichtet, **dem Arbeitsamt alle für die ordnungsgemäße Berechnung des Kurzarbeitergeldes notwendigen Informationen zu geben**. Eine Pflicht des Arbeitgebers zum **Widerspruch gegen den Bescheid des Arbeitsamtes** zum Bezug von Kurzarbeitergeld besteht gegenüber den betroffenen Arbeitnehmern nur dann, wenn der Bescheid offensichtlich unzutreffend ist oder der Arbeitnehmer die Berechnung des Arbeitsamtes rechtzeitig und substantiiert gerügt hat (*BAG* 30.8.2002 NZA-RR 2003, 328; s. *BSG* 18.3.2011 – L 7 AL 21/08, AuR 2011, 315 LS: kein Anspruch für Leiharbeitsfirmen).

## A. Pflichten des Arbeitnehmers  Kapitel 3

*a) Anspruch des Arbeitnehmers auf Freistellungsvereinbarung*

*aa) Gesetzliche Regelungen*

Ein gesetzlicher Anspruch folgt z. B. aus § 629 BGB, (s. Kap. 2 Rdn. 420). 278

Gem. §§ 2, 3, 4 PflegeZG (seit dem 1.7.2008) besteht zudem u. a. das Recht von Arbeitnehmern, zu einer kurzzeitigen (§ 2 PflegeZG; s. dazu Rdn. 1693 ff.) oder zu einer längeren Pflege naher Angehöriger (§§ 3, 4 PflegeZG) bis zu sechs Monaten Pflegezeit in Anspruch zu nehmen (§ 4 PflegeZG). Dabei können Arbeitnehmer (und arbeitnehmerähnliche Personen, § 7 PflegeZG) zwischen einer vollständigen und einer teilweisen Freistellung von der Arbeit wählen (s. *Glatzel* NJW 2009, 1377 ff.).

Notwendig für das Vorliegen der Voraussetzungen des § 3 PflegeZG ist, dass: 279
- es sich **nicht** um einen **Kleinbetrieb** handelt, es müssen also mehr als 15 Beschäftigte vorhanden sein; analog zu § 15 Abs. 7 Nr. 1 BEEG und § 8 Abs. 7d TzBfG zählen die zur Berufsausbildung Beschäftigten nicht mit (s. *Düwell* FA 2008, 108 ff.);
- es um die Pflege eines »**nahen Angehörigen**« geht (§ 7 PflegeZG);
- der Angehörige **pflegebedürftig** ist (§ 7 Abs. 4 PflegeZG i. V. m. §§ 14, 15 SGB IX) und
- dass der Beschäftigte den Angehörigen in **häuslicher Umgebung** pflegt.

§ 3 PflegeZG räumt dem Beschäftigten ebenso wie § 16 Abs. 1 S. 1 BEEG ein einseitiges Gestaltungsrecht ein. Durch die Erklärung, Pflegezeit in Anspruch zu nehmen, treten unmittelbar die gesetzlichen Rechtsfolgen der Pflegezeit ein, ohne dass es noch eines weiteren Handelns des Arbeitgebers bedürfte (*BAG* 15.11.2011 EzA § 4 PflegeZG Nr. 1). Als Folge werden die beiderseitigen Hauptpflichten aus dem Arbeitsverhältnis suspendiert (zu den sozialversicherungsrechtlichen Konsequenzen s. *Joussen* NZA 2009, 72). 280

Verlangt der Arbeitnehmer nur eine **teilweise Freistellung**, haben die Vertragsparteien eine **schriftliche Vereinbarung** über die Verringerung und Verteilung der Arbeitszeit zu treffen. Da es sich bei dem Anspruch auf Verringerung als solchem um ein Gestaltungsrecht handelt, bezieht diese sich nicht auf das »Ob«, sondern nur auf das »Wie«, also die Ausgestaltung (*Joussen* NZA 2009, 72). Dabei hat der Arbeitgeber grds. den Wünschen des Arbeitnehmers zu entsprechen, es sei denn, dass dringende betriebliche Gründe entgegenstehen. 281

Sollte eine Vereinbarung zwar getroffen, aber dem Schriftformerfordernis (§ 3 Abs. 4 PflegeZG) nicht entsprechen, sprechen Sinn und Zweck des PflegeZG trotz § 126 BGB gegen die Annahme der Nichtigkeit der Vereinbarung (*Joussen* NZA 2009, 72). 282

Kommt eine Einigung inhaltlich nicht zustande, kann der Arbeitnehmer **Klage nach § 894 ZPO** erheben mit dem Antrag, den Arbeitgeber zur Abgabe einer den Wünschen des Arbeitnehmers entsprechenden Willenserklärung zu verurteilen. 283

Die **Darlegungs- und Beweislast** für – sehr eng auszulegende – entgegenstehende dringende betriebliche Belange trägt wie nach § 15 Abs. 7 Nr. 4 BEEG der Arbeitgeber (*Joussen* NZA 2009, 72). 284

Das PflegeZG erlaubt es einem Arbeitnehmer nicht, Pflegezeit für ein und denselben nahen **Angehörigen mehrfach in Anspruch zu nehmen** (mehrfaches Gestaltungsrecht; *BAG* 15.11.2011 EzA § 4 PflegeZG Nr. 1;. *LAG BW* 31.3.2010 LAGE § 4 PflegeZG Nr. 1; a. A. *Joussen* NZA 2009, 72), denn § 3 Abs. 1 PflegeZG gibt dem Arbeitnehmer ein **einmaliges Gestaltungsrecht**, das er durch die Erklärung gegenüber dem Arbeitgeber, Pflegezeit zu nehmen, ausübt. Mit der erstmaligen Inanspruchnahme von Pflegezeit ist dieses Recht erloschen, sofern sich die Pflegezeit auf denselben Angehörigen bezieht. Dies gilt selbst dann, wenn die genommene Pflegezeit die Höchstdauer von sechs Monaten unterschreitet (*BAG* 15.11.2011 EzA § 4 PflegeZG Nr. 1). Offen gelassen hat das *BAG* (15.11.2011 EzA § 4 PflegeZG Nr. 1), ob es mit § 3 Abs. 1 PflegeZG vereinbar ist, dass der Arbeitnehmer die Pflegezeit durch einmalige Erklärung auf mehrere getrennte Zeitabschnitte verteilt, und ob die zeitliche Höchstbeschränkung des Pflegezeitanspruchs nur für dasselbe Arbeitsverhältnis gilt. 285

285a Zum 1.1.2012 ist schließlich das **Familienpflegezeitgesetz** (FPfZG) in Kraft getreten. Dabei handelt es sich nicht um eine Erweiterung des PflegeZG, sondern um ein **eigenständiges neues Gesetz**, das parallel dazu gilt. Es trägt dem wachsenden Pflegebedarf der Bevölkerung Rechnung. Der Vorrang häuslicher Pflege sowie die Unterstützung der Bereitschaft von Angehörigen oder Nachbarn ist als ausdrückliches Ziel in § 3 SGB XI verankert (s. *Göttling/Neumann* NZA 2012, 119 ff.; *Schwerdle* ZTR 2012, 3 ff.).

285b § 2 Abs. 1 FPfZG definiert die **Familienpflegezeit** als vom Staat »förderfähige Verringerung der Arbeitszeit von Beschäftigten, die einen pflegebedürftigen nahen Angehörigen in häuslicher Umgebung pflegen, für die Dauer von längstens 24 Monaten bei gleichzeitiger Aufstockung des Arbeitsentgelts durch den Arbeitgeber. Die verringerte Arbeitszeit muss wöchentlich mindestens 15 Stunden betragen; bei unterschiedlichen wöchentlichen Arbeitszeiten oder einer unterschiedlichen Verteilung der wöchentlichen Arbeitszeit darf die wöchentliche Arbeitszeit im Durchschnitt eines Zeitraums von bis zu einem Jahr 15 Stunden nicht unterschreiten.«

285c Die **freiwillige Familienpflegezeitvereinbarung** ist zwischen Beschäftigten und Arbeitgeber schriftlich zu schließen (§ 3 Abs. 1 Nr. 1 FPfZG). Ohne sie hat der Arbeitgeber keinen Anspruch auf die staatliche Förderung in Form eines zinslosen Darlehens. Diese Vereinbarung muss Regelungen über den Umfang und die Verteilung der Arbeitszeit während der Familienpflegezeit und die Dauer der Familienpflegezeit enthalten. Sie muss weiterhin einen ausdrücklichen Hinweis darauf enthalten, dass nach dem Ende der Familienpflegezeit die Rückkehr zur vorherigen – oder einer höheren – Wochenarbeitszeit erfolgt (§ 3 Abs. 1 Nr. 1a FPfZG).

285d Gem. § 9 FPfZG kann der Beschäftigte kann auf Grund gesetzlicher (z. B. § 8 TzBfG) oder kollektivvertraglicher Bestimmungen seine Arbeitszeit in der **Nachpflegephase** verringern. Sein Arbeitgeber behält gleichwohl das Recht, das Arbeitsentgelt in der Nachpflegephase zum Ausgleich des »negativen« Guthabens aus der Familienpflegezeit teilweise einzubehalten (§ 9 Abs. 1 S. 1 FPfZG). Nicht nur bei Teilzeitbeschäftigten kann der Arbeitnehmer dadurch bedürftig i. S. d. SGB II und zum sog. Aufstocker werden. Damit müsste letztlich der Steuerzahler (einen Teil) der Familienpflegezeitversicherung auf diesem Weg finanzieren (*Göttling/Neumann* NZA 2012, 119 ff.).

285e Bei **Kurzarbeit** vermindert sich der Anspruch auf Einbehaltung von Arbeitsentgelt um den Anteil, um den die Arbeitszeit durch die Kurzarbeit vermindert ist; die Nachpflegephase verlängert sich entsprechend (§ 9 Abs. 1 S. 2 FPfZG).

285f Kann ein **Ausgleich des Wertguthabens** wegen Freistellung von der Arbeitsleistung nicht durch Einbehaltung von Arbeitsentgelt erfolgen, kann der Arbeitgeber von den Beschäftigten einen Ausgleich in Geld verlangen (Ratenzahlung; § 9 Abs. 2 S. 2, Abs, 4 FPfZG). Eine vollständige oder teilweise Freistellung (bis zu sechs Monaten) kann nach §§ 3, 4 FPfZG erfolgen. Möglich ist auch die Kombination von Familienpflegezeit und Pflegezeit derart, dass nicht erst die Nachpflegezeit mit der Auffüllung des Wertguthabens zu absolvieren ist. Dem Beschäftigten wird damit ermöglicht, einen nach dem SGB XI Pflegebedürftigen über zwei Jahre weiterhin – bis zu maximal sechs Monaten – zu versorgen. Danach hat der Beschäftigte die Nachpflegephase mit voller Arbeitsleistung bei reduziertem Gehalt zu absolvieren. Die gesamte Zeit besteht Kündigungsschutz (§§ 9 Abs. 3 S. 1 PFlZG).

285g Während der Familienpflegezeit kann ein **Vertreter mit Sachgrund** eingestellt werden (§§ 9 Abs. 5, 6 PFlZG). Weil ein Sachgrund vorliegt, kommt als Vertreter auch ein Beschäftigter in Betracht, der in den letzten drei Jahren beim Arbeitgeber bereits (mit oder ohne Sachgrund) beschäftigt war (s. *Göttling/Neumann* NZA 2012, 119 ff.).

285h Den Arbeitgeber, der ein **Darlehen vom Bundesamt** in Anspruch genommen hat, trifft die Pflicht, dem Bundesamt unverzüglich jede Änderung in den Verhältnissen, die für seinen Anspruch auf Darlehensforderung erheblich sind, mitzuteilen, insbes. eine vorzeitige Beendigung der Familienpflegezeit (§ 3 Abs. 4 FPfZG). Der Beschäftigte hat dem Arbeitgeber die Beendigung der häuslichen Pflege des nahen Angehörigen unverzüglich mitzuteilen (§ 5 Abs. 2 FPfZG). Tut er es nicht, läuft er Gefahr, die zu Unrecht vom Bundesamt gezahlten Leistungen zurückzahlen zu müssen, wenn die Überzahlung darauf zurückzuführen ist, dass der Beschäftigte vorsätzlich oder grob fahrlässig seiner Mitteilungspflicht nicht nachgekommen ist (§ 7 Abs. 1 S. 1 FPfZG). Der Erstattungsanspruch ist nur ausgeschlossen, soweit der Beschäftigte die mit den zu Unrecht gezahlten Leistungen geförderten Aufstockungsbeträge nicht erhalten oder dem Arbeitgeber bereits erstattet hat (§ 7 Abs. 1 S. 2 FPfZG).

*bb) Tarifnormen*

Tarifnormen sehen (vgl. z. B. § 15 Abs. 1 BAT, § 28 TVöD) für Angestellte die Möglichkeit vor, aus wichtigem Grund **Sonderurlaub** zu erhalten, wenn es die dienstlichen oder betrieblichen Verhältnisse gestatten. In Betracht kommt dies z. B. zur Erfüllung öffentlich-rechtlicher, familiärer oder sonstiger anerkennenswerter persönlicher Pflichten (z. B. der Betreuung von Kleinkindern; vgl. *BAG* 12.1.1989 EzA § 50 BAT Nr. 1; *ArbG Köln* 19.7.2007 NZA-RR 2008, 49; vgl. auch *LAG Brem.* 15.8.2000 ZTR 2001, 83 zur Freistellung gem. § 50 Abs. 2 BAT für die Teilnahme an einer berufsfördernden Leistung). Gleiches gilt für die Wahl zum **Oberbürgermeister** (*BAG* 8.5.2001 NZA 2002, 160), u. U. auch für die Tätigkeit als wissenschaftlicher Mitarbeiter im Büro einer Bundestagsabgeordneten (vgl. *ArbG Bln.* 3.1.2003 NZA-RR 2004, 51).

286

*cc) Fürsorgepflicht*

Auch ohne ausdrückliche Regelung im Arbeitsvertrag kann sich ein Befreiungsanspruch aus der Fürsorgepflicht des Arbeitgebers (§ 242 BGB; s. a. § 241 Abs. 2 BGB) ergeben, soweit nicht ohnehin bereits § 616 S. 1 BGB (s. Rdn. 1654 ff.) eingreift. Ein entsprechender Anspruch besteht dann, wenn durch das Festhalten an der Arbeitsverpflichtung eine wesentliche Persönlichkeitsbeeinträchtigung droht, der Anlass unvorhersehbar war, der Arbeitnehmer nur mittels der Arbeitsbefreiung in der Lage ist, die Beeinträchtigung abzuwenden und schließlich dem Arbeitgeber der Ausfall der Arbeitsleistung auch zumutbar ist (z. B. mehrwöchige Ausbildung an einem Heim-Dialyse-Gerät, die ein Arbeitnehmer für die Pflege seines erkrankten Ehepartners benötigt; vgl. *BAG* 20.7.1977 EzA § 616 BGB Nr. 11; 7.9.1983 EzA § 626 BGB n. F. Nr. 87).

287

Den Arbeitnehmer trifft allerdings nach § 242 BGB eine **Hinweis- und ggf. Nachweispflicht** als arbeitsvertragliche Nebenpflicht, um den Arbeitgeber rechtzeitig von der bestehenden Pflichtenkollision zu unterrichten bzw. diese auch nachzuweisen. Dem Arbeitgeber obliegt es, dem Arbeitnehmer rechtzeitig etwa entgegenstehende betriebliche Belange mitzuteilen (*BAG* 7.9.1983 EzA § 626 BGB n. F. Nr. 87).

288

*dd) Gleichbehandlungsgrundsatz; betriebliche Übung*

Der Anspruch kann sich schließlich auch aus dem **Gleichbehandlungsgrundsatz** oder einer **betrieblichen Übung** ergeben. Eine betriebliche Übung besteht insoweit allerdings dann nicht, wenn die Arbeitsbefreiung bislang als eine Annehmlichkeit gedacht war (z. B. Arbeitsbefreiung an den Dienstagen nach Ostern und Pfingsten sowie an Heiligabend, Silvester, Rosenmontag); in diesen Fällen ist das Vertrauen auf die Fortsetzung dieses Verfahrens nicht hinreichend geschützt (s. Kap. 1 Rdn. 527).

289

*b) Wirkung der Arbeitsbefreiung*

Die Arbeitsleistungspflicht des Arbeitnehmers wird infolge der Freistellungsvereinbarung gekürzt (Kurzarbeit) bzw. vorübergehend oder endgültig aufgehoben (*BAG* 23.1.2008 EzA § 615 BGB 2002 Nr. 22).

290

Grds. hat der Arbeitnehmer keinen Anspruch auf **Fortzahlung des Arbeitsentgelts**; die Freistellungsvereinbarung bedarf aber im Zweifel der **Auslegung** (§§ 133, 157 BGB). So wird z. B. mit der Vereinbarung einer unwiderruflichen Freistellung von der Arbeit unter Fortzahlung der Vergütung regelmäßig **kein Rechtsgrund für eine Entgeltzahlungspflicht** des Arbeitgebers geschaffen, die über die

291

gesetzlich geregelten Fälle **der Entgeltfortzahlung** bei krankheitsbedingter Arbeitsunfähigkeit **hinausgeht** (*BAG* 29.9.2004 EzA § 133 BGB 2002 Nr. 4).

292 Wird z. B. für die Zeit der Freistellung das »**Ruhen des Arbeitsverhältnisses**« vereinbart, so bedeutet dies im Regelfall die Suspendierung der gegenseitigen Hauptleistungspflichten, also auch der Lohnzahlungspflicht (*BAG* 10.5.1989 EzA § 16 BErzGG Nr. 2; 7.12.1989 EzA § 4 TVG Metallindustrie Nr. 66). Soll die Freistellungsvereinbarung einen Entgeltanspruch **unabhängig** von den gesetzlichen, tarif- oder arbeitsvertraglichen Voraussetzungen **begründen**, so bedarf dies einer **besonderen Regelung** (*BAG* 23.1.2008 EzA § 615 BGB 2002 Nr. 22).

293 Allerdings darf aus der faktischen Einstellung der wechselseitigen Hauptpflichten nicht ohne weiteres auf eine (konkludente) Ruhensvereinbarung geschlossen werden.

294 Denn grds. ist davon auszugehen, dass der Arbeitnehmer bei fehlender ausdrücklicher Regelung nicht auf den sich aus dem weiter bestehenden Arbeitsvertrag ergebenden Vergütungsanspruch verzichten will.

295 Anstelle des Arbeitsentgelts kann der Arbeitnehmer unter bestimmten Voraussetzungen Bezüge von anderer Seite erhalten, insbes. Kurzarbeitergeld (§§ 169 ff. SGB III). Die **vertraglichen Nebenpflichten** (Wettbewerbsverbote, Unterlassungs-, Verschwiegenheits-, Auskunfts-, Rechnungslegungs- und Herausgabepflichten des Arbeitnehmers sowie die Pflicht des Arbeitgebers zum Schutz der Persönlichkeit des Arbeitnehmers und seines Eigentums; s. Rdn. 353 ff., 2689 ff.) **bestehen** angepasst an die jeweiligen tatsächlichen Umstände **fort** (vgl. *BAG* 10.5.1989 EzA § 16 BErzGG Nr. 2).

### c) Dauer und Beendigung der Freistellung

296 Die Dauer der Freistellung (zeit-, zweckbefristet oder unbefristet) richtet sich grds. nach der Freistellungsvereinbarung.

297 Eine Klausel, in der sich der Arbeitgeber vorbehält, wegen der unsicheren Auftragslage allein zu bestimmen, wann der Arbeitnehmer aus einem unbezahlten Urlaub zurückkehren soll, ist nichtig. Eine solche Vereinbarung ist jedoch in die zulässige Vereinbarung eines unbezahlten Urlaubs für eine bestimmte Zeit umzudeuten, deren Ende sich aus den berechtigten Interessen beider Parteien an dieser Beurlaubung ergibt (*BAG* 13.8.1980 EzA § 9 BUrlG Nr. 11).

298 War die Freistellung infolge Arbeitsmangels veranlasst (z. B. Werksbeurlaubung oder Kurzarbeit), so endet sie automatisch mit Entfallen des Freistellungsgrundes. Die wechselseitigen Hauptleistungspflichten (Arbeits-, Entgeltzahlungspflicht) leben wieder auf.

### d) Anrechnung anderweitigen Verdienstes?

299 Die vertragliche Arbeitspflicht eines Arbeitnehmers erlischt nur durch den Abschluss eines Erlassvertrages i. S. v. § 397 Abs. 1 ZPO oder durch den Abschluss eines Änderungsvertrages (*BAG* 19.3.2002 EzA § 615 BGB Nr. 108). Unterschiedlich wird in der Praxis die Frage beantwortet, ob sich der einvernehmlich freigestellte Arbeitnehmer während der Freistellung erzielte anderweitige Verdienste anrechnen lassen muss (vgl. *Klar* NZA 2004, 576 ff.).

300 Das *LAG SchlH* (20.2.1997 NZA-RR 1997, 286) ist davon ausgegangen, dass für die Zeit einer frei vereinbarten Freistellung ähnlich dem Sonderurlaub grds. kein Vergütungsanspruch des Arbeitnehmers besteht. Wenn einem Arbeitnehmer gekündigt und er zugleich unter Fortzahlung der vereinbarten Vergütung bis zum Ablauf der Kündigungsfrist unter Verzicht auf jede Arbeitsleistung beurlaubt wird, muss er sich danach i. d. R. den innerhalb dieses Zeitraums erzielten anderweitigen Verdienst anrechnen lassen. Die Abbedingung des § 615 S. 2 BGB muss **ausdrücklich vereinbart** werden.

301 Demgegenüber ist das *LAG Hamm* (11.10.1996 NZA-RR 1997, 287 im Anschluss an *BAG* 30.9.1982 – 6 AZR 802/79, n. v.) bei der gleichen Fallkonstellation davon ausgegangen, dass der Arbeitnehmer mangels einer Regelung der Frage der Anrechenbarkeit vorbehaltlich des Wettbewerbs-

verbots gem. § 60 HGB eine anderweitige Tätigkeit **ohne Anrechnungsverpflichtung** aufnehmen kann. Mangels einer gegenteiligen Vereinbarung kommt danach eine Anrechnungsverpflichtung auch weder im Wege ergänzender Vertragsauslegung noch durch analoge Anwendung des § 615 S. 2 BGB in Betracht.

Zutr., insbes. in der Begründung, hat das *LAG SchlH* (22.12.2011 LAGE § 615 BGB 2002 Nr. 15; ebenso *BAG* 23.09.2009 EzA § 615 BGB 2002 Nr. 30) angenommen, dass die Freistellung eines Arbeitnehmers von der Arbeitspflicht als solche **nur einen Verzicht auf das Angebot der Arbeitsleistung** bedeutet. Mit der Freistellung tritt mithin **regelmäßig Annahmeverzug** des Arbeitgebers mit den Rechtsfolgen des § 615 BGB ein. Will der Arbeitgeber den Arbeitnehmer hingegen unter Fortzahlung der Vergütung und unter Anrechnung anderweitigen Verdienstes von der Arbeit freistellen, muss diese Regelung der Freistellungserklärung eindeutig zu entnehmen sein (*BAG* 23.09.2009 EzA § 615 BGB 2002 Nr. 30). 301a

### e) Sozialversicherungsrechtliche Konsequenzen

Sozialversicherungsrechtliche Auswirkungen hatte eine Freistellung bislang nur hinsichtlich der Arbeitslosenversicherung. Insoweit ist das *BSG* (25.4.2002 BSGE 89, 243; 18.12.2003 BSGE 92, 74) davon ausgegangen, dass eine einvernehmliche und unwiderrufliche Freistellung eines Arbeitnehmers dessen Arbeitslosigkeit hinsichtlich der Zahlung von Arbeitslosengeld und des Beginns der Sperrzeit nach § 144 Abs. 2 SGB III begründen kann. Im Anschluss daran haben sich die Spitzenverbände der Krankenkassen, der Verband Deutscher Rentenversicherungsträger und die Bundesagentur für Arbeit am 5./6.7.2005 zwar darauf verständigt, dass mit einer einvernehmlichen und unwiderruflichen Freistellung die Sozialversicherungspflicht insgesamt endet (**a. A.** z. B. *Bauer/Krieger* DB 2005, 2242 ff.). 302

Das hatte insbes. folgende Konsequenzen (vgl. *Lindemann/Simon* DB 2005, 2462 ff.): 303
– Meldepflicht des Arbeitgebers gem. §§ 28a ff. SGB IV;
– Wegfall der Arbeitslosenversicherung ohne die Möglichkeit einer freiwilligen Versicherung;
– Wegfall der Rentenversicherung, verbunden allerdings mit der Möglichkeit der freiwilligen Weiterversicherung;
– Wegfall der Kranken- und Pflegeversicherung, verbunden allerdings mit der Möglichkeit der freiwilligen Weiterversicherung.

Das *BSG* (24.9.2008 – B 12 KR 22 u. 27/07, NZA-RR 2009, 269, 272; ebenso *LSG RhPf* 21.6.2007 – 5 KR 231/06, n. v.; s. *Bergwitz* NZA 2009, 518 ff.; *Kock/Fandel* DB 2009, 2321 ff.) hat diese Auffassung – Wegfall der Sozialversicherungspflicht – aber **ausdrücklich nicht geteilt**, so dass an sich die zuvor dargestellten **Probleme entfallen** zu sein schienen. 304

Denn es schien endgültig geklärt zu sein, dass eine Freistellung von der Arbeitsleistung keinen nennenswerten Einfluss auf das Beschäftigungsverhältnis im sozialversicherungsrechtlichen Sinne hat, solange nur ein entgeltliches Arbeitsverhältnis fortbesteht. Die Praxis richtete sich darauf ein, dass die tatsächliche Erbringung einer Arbeitsleistung letztlich in jeder Phase der Beschäftigung nach § 7 Abs. 1 SGB IV grds. verzichtbar ist (*Rolfs/Witschen* NZA 2011, 881 ff.). Allerdings heißt es nunmehr im Rundschreiben der Spitzenverbände der Sozialversicherungsträger vom 31.3.2009 über die Absicherung flexibler Arbeitszeiten (s. a. Rundschreiben v. 13.4.2010 und v. 2./3.11.2010; http://www.aok-business.de; *Rolfs/Witschen* NZA 2011, 881 ff.; *Giesen/Ricken* NZA 2010, 1056 u. NZA 2011, 336), dass der **Fortbestand einer sozialversicherungsrechtlich relevanten Beschäftigung** in Zeiten der vollständigen Freistellung von der Arbeitsleistung im Rahmen einer flexiblen Arbeitszeitregelung für Zeiten **von mehr als einem Monat** nur auf der Grundlage einer **Wertguthabenvereinbarung gem. § 7b SGB IV** möglich sei. Anderenfalls ende die versicherungspflichtige Beschäftigung nach § 7 Abs. 1 SGB IV in der Freistellung nach Ablauf eines Monats. Die neuere Rechtsprechung des *BSG* 24.9.2008 (– B 12 KR 22 u. 27/07, NZA-RR 2009, 269, 272) zum Fortbestand einer versicherungspflichtigen Beschäftigung in Zeiten der einvernehmlichen und unwiderruflichen Freistellung von der Arbeitsleistung stehe ihrer Auffassung nicht entgegen, weil diese sich 304a allein auf die Rechtslage vor 2009 beziehe. Vielmehr führe das BSG aus, dass es ausdrücklicher gesetzlicher Ausschlussregelungen bedürfte, wenn der Fortbestand der Beschäftigung in Zeiten der Freistellung ausgeschlossen werden solle. Diese Regelung habe der Gesetzgeber mit dem sog. »Flexi II-Gesetz« nunmehr getroffen (s. *Rolfs/Witschen* NZA 2011, 881; *Peiter/Westphal* BB 2011, 1781 ff.).

304b Demgegenüber ist § 7 Abs. 1a S. 1 SGB IV eng auszulegen und stellt keine allgemeine Ausschlussklausel dar. Der Anwendungsbereich der Norm erfasst ausschließlich Freistellungen von der Arbeitsleistung auf der Basis einer Wertguthabenvereinbarung nach § 7b SGB IV. Tatbestandlich davon nicht erfasste Arbeitszeitvereinbarungen und sonstige Freistellungen von der Arbeitsleistung sind auch nach dem 31.12.2008 an den Anforderungen der allgemeinen Regelung in § 7 Abs. 1 SGB IV zu messen (instr. *Rolfs/Witschen* NZA 2011, 881 ff.). Solange ein entgeltliches Arbeitsverhältnis besteht, kommt es daher nur in Ausnahmefällen auf die tatsächliche Erbringung einer Arbeitsleistung an.

## 2. Freistellung durch einseitige Erklärung des Arbeitgebers und des Arbeitnehmers; tarifliche Regelungen; Schuldrechtsreform

305 Die vertragliche Arbeitspflicht eines Arbeitnehmers erlischt grds. nur durch den Abschluss eines **Erlassvertrages** i. S. v. § 397 Abs. 1 ZPO oder durch den Abschluss eines **Änderungsvertrages** (*BAG* 19.3.2002 EzA § 615 BGB Nr. 108; 23.9.2009 EzA § 615 BGB 2002 Nr. 30). Wegen der synallagmatischen Verknüpfung der Arbeitsleistungspflicht des Arbeitnehmers mit der Lohnzahlungspflicht des Arbeitgebers kommt eine einseitige Freistellung durch den Arbeitgeber dagegen **nur in Ausnahmefällen** (z. B. bei der Urlaubserteilung, der vorübergehenden Suspendierung im Arbeitskampf) in Betracht, selbst wenn sie als Möglichkeit für den Arbeitgeber vertraglich z. B. für den Fall der Kündigung ausdrücklich vorgesehen ist (*LAG Hamm* 3.2.2004 – 19 Sa 120/04, NZA-RR 2005, 358; vgl. *Beckmann* NZA 2004, 1131 ff.). **Erforderlich ist, dass überwiegende und schutzwürdige Interessen des Arbeitgebers den grundrechtlich geschützten Beschäftigungsanspruch des Arbeitnehmers** (s. Rdn. 2724 ff.) **ausnahmsweise verdrängen** (*BAG* GS 27.2.1985 EzA § 611 BGB Beschäftigungspflicht Nr. 9; ebenso *LAG Köln* 2.8.2005 LAGE § 103 BetrVG 2001 Nr. 4 u. *Hess. LAG* 11.6.2008 – 18 SaGa 553/08, AuR 2008, 321 LS); **die Ausübung des Freistellungsrechts muss zumindest billigem Ermessen** i. S. d. § 106 GewO/§ 315 Abs. 3 BGB **entsprechen** (*LAG Hamm* 3.2.2004 – 19 Sa 120/04, NZA-RR 2005, 358). Das gilt auch für einen **Insolvenzverwalter**, der den Arbeitnehmer nach Anzeige der Masseunzulänglichkeit wegen fehlenden Beschäftigungsbedarfs freistellt. Die Anordnung ist **unbillig, wenn der Insolvenzverwalter nicht unverzüglich Maßnahmen ergreift, um das Arbeitsverhältnis zum schnellstmöglichen Zeitpunkt zu beenden**. Gleiches gilt dann, wenn der Insolvenzverwalter die Freistellung des Betriebsratsvorsitzenden damit begründet, er habe ohnehin kaum noch Arbeiten für den Betrieb verrichtet, weil dann die Frage der Erforderlichkeit der Betriebsratstätigkeit zu Lasten des Betriebsratsmitglieds auf die insolvenzrechtliche Freistellung verlagert wäre (*LAG Nbg.* 13.9.2005 NZA-RR 2006, 133). Mangels ausdrücklicher Regelung im Arbeitsvertrag und mangels besonderer Umstände kann sich auch der im Rahmen eines Kündigungsschutzprozesses **zur Weiterbeschäftigung verurteilte Arbeitgeber** seiner Beschäftigungspflicht nicht dadurch entziehen, dass er den Arbeitnehmer unter Fortzahlung der Vergütung freistellt (*LAG Bln.* 13.10.2003 – 6 Ta 1968/03, ZTR 2004, 50 LS). Der Arbeitgeber ist auch **nicht berechtigt**, einen Arbeitnehmer **einseitig ohne Fortzahlung der Bezüge freizustellen**, weil dieser sich weigert, die ihm vorgelegte Verpflichtungserklärung zur Einhaltung der IT-Sicherheitsrichtlinien und der Datenschutzbestimmungen, die für den Betrieb als Betriebsvereinbarung gelten, zu unterzeichnen (*Hess. LAG* 24.1.2011 LAGE § 611 BGB 2002 Beschäftigungspflicht Nr. 9).

306 Entscheidend ist, dass der (betriebs-, personen- oder verhaltensbedingte) Suspendierungsgrund als solcher die Freistellung von der Arbeit rechtfertigt bzw. dass dem Arbeitgeber die Weiterbeschäftigung des Arbeitnehmers unzumutbar ist. In Betracht kommt insbes. der Verdacht einer gegen den Betrieb gerichteten Straftat (z. B. Verrat von Betriebsgeheimnissen, vgl. *BAG* 4.6.1964 AP Nr. 13 zu § 626 BGB Verdacht strafbarer Handlungen). Betriebliche bzw. wirtschaftliche Gründe scheiden dagegen i. d. R. aus, weil der Arbeitgeber das Betriebs- und Wirtschaftsrisiko

## A. Pflichten des Arbeitnehmers Kapitel 3

trägt. Die Suspendierung ist insoweit nach Auffassung des *LAG Köln* (20.3.2001 – 6 Ta 46/01) regelmäßig nur aus wichtigem Grund als vorläufig milderes Mittel zur Vermeidung einer sofortigen außerordentlichen Kündigung zulässig.

Eine analoge Anwendung des § 102 BetrVG für die Suspendierung als Vorstufe einer Kündigung kommt nicht in Betracht. **307**

Nach zutr. Auffassung (*Hess. LAG* 14.3.2011 LAGE § 21a BetrVG 2001 Nr. 1; *ArbG Bln.* 4.2.2005 EzA-SD 8/05, S. 11 LS; *ArbG Stuttg.* 18.3.2005 EzA-SD 14/05, S. 8 LS; **a.A.** *ArbG Frankf. a.M.* 22.9.2005 BB 2006, 1915 LS) sind allerdings inzwischen nach der **Schuldrechtsreform** vom Arbeitgeber gestellte Freistellungsklauseln, wonach er im gekündigten Arbeitsverhältnis zur Freistellung des Arbeitnehmers unter Fortzahlung der Bezüge berechtigt ist, **i. d. R. nach § 307 Abs. 1 S. 1, Abs. 2 Nr. 1, § 310 Abs. 4 BGB, unwirksam** (s. *Ohlendorf/Salamon* NZA 2008, 856 ff.), denn eine derartige Regelung ist **mit wesentlichen Grundgedanken einer Regelung** i. S. v. § 307 Abs. 2 Nr. 1 BGB **nicht zu vereinbaren** (*Hess. LAG* 14.3.2011 LAGE § 21a BetrVG 2001 Nr. 1; s. a. *LAG Hamm* NZA-RR 2012, 75 LS: Fussballtrainer; *Richter/Lange* NZA-RR 2012, 57 ff.). Das Gegenteil hat das *LAG Köln* (20.3.2006 LAGE § 307 BGB 2002 Nr. 9) allerdings für eine Klausel angenommen, die festlegt, dass der Arbeitgeber den Arbeitnehmer im Fall der **Kündigung freistellen darf** (a. A. *LAG BW* 5.1.2007 LAGE § 1 KSchG Soziale Auswahl Nr. 52b) und dass diese Zeit auf den Resturlaub angerechnet wird mit der Begründung, dass es sich um eine **häufig geübte Praxis** handelt, die auch von der Rechtsprechung anerkannt wird. Jedenfalls ist eine vorformulierte Vertragsklausel, die den Arbeitgeber **einseitig berechtigt**, den Arbeitnehmer für **unbegrenzte Zeit ohne Zahlung** jedweder **Vergütung** von der Erbringung der Arbeitsleistung freizustellen, als **objektive Umgehung des zwingenden Kündigungsschutzes** gem. § 134 BGB nichtig (*ArbG Essen* 5.2.2008 – 2 Ca 3837/07, EzA-SD 17/2008, S. 9 LS). **308**

Möglich sind auch tarifvertragliche Regelungen. Nach § 8a Abs. 7 S. 1 TV Vorruhestand kann z. B. der Südwestrundfunk einen Arbeitnehmer, der das 57. Lebensjahr vollendet und dessen Arbeitsplatz in der Zeit vom 1. Oktober 1998 bis 31. Dezember 2000 wegfällt, unter Fortentrichtung von 75 % der Vergütung von der Arbeitspflicht freistellen. Diese Regelung begründet ein einseitiges Suspendierungsrecht der Rundfunkanstalt. **309**

Dazu hat das *BAG* (27.2.2002 EzA § 4 TVG Rundfunk Nr. 23; s. Rdn. 292) festgestellt: **310**
- Diese Regelung ist rechtswirksam. Sie ist hinreichend bestimmt, weil die Voraussetzungen des Freistellungsrechts in der Norm selbst geregelt sind.
- Die tarifliche Regelung begegnet keinen durchgreifenden Bedenken wegen des Eingriffs in die Berufsausübungsfreiheit des betroffenen Arbeitnehmers (Art. 12 Abs. 1 GG). Der Südwestrundfunk hat für die Zeit bis 31. Dezember 2000 auf betriebsbedingte Kündigung verzichtet. Er hat insoweit eine »Gegenleistung« erbracht.
- Die Freistellungsvoraussetzungen entsprechen den betrieblichen Gründen, die nach § 1 KSchG eine ordentliche Kündigung sozial rechtfertigen können. Indem die Tarifvertragsparteien die Vorschrift als »Kann-Bestimmung« ausgestaltet haben, ist dem Arbeitgeber aufgegeben, über eine Freistellung nach billigem Ermessen zu entscheiden.
- Als bei der Zusammenlegung des Südwestfunks mit einer anderen Rundfunkanstalt Doppelstrukturen abgebaut wurden, hatte der Arbeitgeber bei der Besetzung der geringeren Anzahl der neu eingerichteten Leitungsstellen soziale Gesichtspunkte bei der Ausübung des Auswahlermessens angemessen zu berücksichtigen.

Bei zulässiger Suspendierung des Arbeitsverhältnisses bleibt – ohne ausdrückliche Regelung – der Lohnanspruch aus § 611 BGB grds. bestehen. Das gilt auch dann, wenn die Suspendierungsgründe der Sphäre des Arbeitnehmers entstammen (*BAG* 4.6.1964 AP Nr. 13 zu § 626 BGB Verdacht strafbarer Handlungen). Bei unberechtigter Suspendierung gerät der Arbeitgeber stets in Annahmeverzug (§ 615 BGB, vgl. *BAG* 19.4.1990 EzA § 615 BGB Nr. 66; *LAG Hamm* NZA-RR 2012, 75 LS).

311 Der Arbeitnehmer kann das Arbeitsverhältnis auch im Hinblick auf die Suspendierung aus wichtigem Grund kündigen und ggf. Schadensersatz gem. § 628 BGB verlangen (*BAG* 15.6.1972 AP Nr. 7 zu § 628 BGB; s. *Beckmann* NZA 2004, 1131 ff.). Ein individualrechtliches Gestaltungsrecht des Arbeitnehmers auf einseitige Suspendierung seiner Arbeitspflicht kommt lediglich im Arbeitskampfrecht (Streik) in Betracht.

### 3. Gesetzliche Befreiung von der Arbeitspflicht

#### a) Unmöglichkeit der Arbeitsleistung

312 Das Leistungsstörungsrecht ist durch das Gesetz zur Modernisierung des Schuldrechts grundlegend neu geregelt worden. Arbeitsverträge, die **nach dem 31.12.2001** geschlossen werden, unterliegen sofort dem neuen Recht. Gem. Art. 229 § 5 S. 1 EGBGB galt zunächst für Schuldverhältnisse, die **vor dem 1.1.2002** entstanden sind, weiter das **bisherige Recht**. Um eine Anpassung zu ermöglichen, sieht Art. 229 § 5 S. 2 EGBGB vor, dass für sie das neue Recht erst **ab dem 1.1.2003** gilt; dies gilt auch für Arbeitsverhältnisse (s. *BAG* 19.1.2010 EzA § 195 BGB 2002 Nr. 1; vgl. *Däubler* NZA 2001, 1330 ff.).

313 Gem. § 311a Abs. 1 BGB steht es der Wirksamkeit eines Vertrages nicht entgegen, dass der Schuldner gem. § 275 Abs. 1–3 BGB **nicht zu leisten braucht** und das Leistungshindernis **schon bei Vertragsschluss** vorliegt.

314 Gem. § 275 Abs. 1 BGB ist der Anspruch auf Leistung dann ausgeschlossen, soweit diese für den Schuldner oder für jedermann **unmöglich** ist. Gem. § 311a Abs. 2 BGB kann der Gläubiger nach seiner **Wahl Schadensersatz** statt der Leistung (§ 283 BGB) oder **Ersatz seiner Aufwendungen** in dem in § 284 BGB vorgesehenen Umfang verlangen. Dies gilt nicht, wenn der Schuldner das Leistungshindernis bei Vertragsschluss nicht kannte und seine Unkenntnis auch nicht zu vertreten hat. Aus § 311a Abs. 2 BGB folgt u. a. die Haftung des Schuldners auf das Erfüllungsinteresse.

Bei **nachträglicher Unmöglichkeit** kommt ein Schadensersatzanspruch gem. § 280 Abs. 1 BGB dann in Betracht, wenn der Schuldner eine Pflicht aus dem Schuldverhältnis verletzt. Dies gilt aber dann nicht, wenn der Schuldner die Pflichtverletzung **nicht zu vertreten** hat.

Ist dagegen die Leistung zwar **objektiv möglich**, dem betroffenen Arbeitnehmer aber von Anfang an **subjektiv unmöglich**, weil er von vornherein nicht in der Lage ist, die vertraglich geschuldete Arbeitsleistung zu erbringen, z. B. weil er einem anderen Arbeitgeber seine Dienste ebenfalls fest zugesagt hat, so ist seine **Arbeitsverpflichtung wirksam**. Das hat zur Folge, dass der Arbeitnehmer einen durch die Nichtleistung eintretenden Schaden des Arbeitgebers zu ersetzen hat. Ihn trifft eine **Erfüllungshaftung** (*BAG* 27.2.1974 EzA § 306 BGB Nr. 2).

315 Hat der Arbeitgeber die Unmöglichkeit zu vertreten, bleibt der Vergütungsanspruch des Arbeitnehmers erhalten. Ist die Unmöglichkeit von keiner Vertragsseite zu vertreten, entfällt auch der Lohnzahlungsanspruch des Arbeitnehmers (§ 326 Abs. 1 BGB soweit nicht die **Sonderregeln** der §§ **615, 616 BGB** eingreifen (s. Rdn. 1484 ff.).

316 Kann ein Arbeitnehmer nur noch Arbeiten verrichten, die der Arbeitgeber ihm nicht im Wege des Direktionsrechts zuweisen kann, und überträgt der Arbeitgeber ihm solche Tätigkeiten nicht, gerät der Arbeitgeber zwar nicht in Annahmeverzug, denn **Unmöglichkeit und Annahmeverzug schließen sich aus**. Der Arbeitnehmer kann aber **Schadensersatz** aus § 280 Abs. 1 BGB wegen Verletzung der Rücksichtnahmepflicht aus § 241 Abs. 2 BGB (z. B. i. V. m. Nr. 12 des Teils I der Sonderbestimmungen P für Feuerwehrpersonal, Werkschutzpersonal, Wachpersonal zum TV AL II) verlangen, wenn die tarifliche Regelung bei Unterbringung eines dauerhaft zur Erbringung der vertraglich geschuldeten Leistung nicht mehr geeigneten Arbeitnehmers auf einem neuen Arbeitsplatz einen Einkommensschutz vorsieht, er aber gleichwohl nicht auf einem freien Arbeitsplatz beschäftigt wird, auf dem zwar ursprünglich nicht geschuldete Tätigkeiten zu erbringen sind, die er jedoch nach seinen Kenntnissen und seiner Leistungsfähigkeit ausführen kann. Dies setzt jedoch voraus, dass er zuvor gegenüber dem Arbeitgeber die Bereitschaft hat erkennen lassen, auch Tätigkeiten außerhalb der ge-

## A. Pflichten des Arbeitnehmers

schuldeten Arbeitsleistung zu erbringen (*BAG* 13.8.2009 NZA-RR 2010, 420). Damit wird letztlich ein allgemeiner Anspruch auf leidensgerechte Beschäftigung über § 81 Abs. 4 SGB IX hinaus entwickelt (instr. *Mückl/Hiebert* NZA 2010, 1259 ff.).

### b) Unzumutbarkeit der Arbeitsleistung

Die Unzumutbarkeit der Arbeitsleistung kann sich daraus ergeben, dass sich der Arbeitnehmer bei Erfüllung seiner Arbeitspflicht in einem – vom Arbeitgeber vermeidbaren – Gewissenskonflikt (s. *BAG* 24.2.2011 EzA § 1 KSchG Personenbedingte Kündigung Nr. 28; *LAG Hamm* 20.4.2011 LAGE § 626 BGB 2002 Nr. 34a) befindet, der zu einer Pflichtenkollision führt. In Betracht kommen grundrechtsrelevante Eingriffe in die Menschenwürde oder in Persönlichkeitsrechte des Arbeitnehmers, aber auch ein Fehlverhalten von Arbeitskollegen und Vorgesetzten (s. Kap. 1 Rdn. 300 ff.). **317**

Das *BAG* (20.5.1988 EzA § 1 KSchG Personenbedingte Kündigung Nr. 3) hatte das Leistungsverweigerungsrecht des Arbeitnehmers aus einer **Analogie zu § 616 BGB, § 72 HGB, §§ 228, 904 BGB** abgeleitet. Inzwischen **sieht § 275 Abs. 3 BGB ausdrücklich ein Leistungsverweigerungsrecht vor**, wenn der Schuldner die Leistung persönlich zu erbringen hat, was beim Arbeitnehmer regelmäßig gem. § 613 BGB der Fall ist und sie ihm unter Abwägung des seiner Leistung entgegenstehenden Hindernisses mit dem Leistungsinteresse des Gläubigers nicht zugemutet werden kann. **318**

Die Lohnzahlungspflicht des Arbeitgebers besteht weiter, wenn dieser die Pflichtenkollision, z. B. infolge entsprechender Arbeitsanweisungen, zu vertreten hat. Im Übrigen entfällt sie gem. § 326 Abs. 1 BGB. **319**

▶ **Beispiele:** **320**

Ein Leistungsverweigerungsrecht kommt beispielsweise in Betracht, wenn:
- Ein Arbeitnehmer Arbeitsleistungen zu erbringen hat, die er **mit seinem Gewissen nicht vereinbaren kann**. Deshalb kann z. B. ein Drucker die Mitarbeit einer Herstellung von **kriegsverherrlichenden Werbebriefen** für Bücher über das Dritte Reich und den Zweiten Weltkrieg aus Gewissensgründen verweigern, wenn der Druckauftrag auf einen anderen Arbeitnehmer übertragen werden kann (*BAG* 20.12.1984 EzA § 1 KSchG Verhaltensbedingte Kündigung Nr. 16).
- Beruft sich der Arbeitnehmer gegenüber einer Arbeitsanweisung des Arbeitgebers (Ein- und Ausräumen alkoholischer Getränke durch einen Arbeitnehmer **muslimischen Glaubens**) auf einen ihr entgegenstehenden, ernsthaften inneren Glaubenskonflikt, kann das Beharren des Arbeitgebers auf Vertragserfüllung ermessensfehlerhaft i. S. v. § 106 S. 1 GewO i. V. m. Art. 4 Abs. 1 GG sein. Der Arbeitnehmer muss in einem solchen Fall der Anordnung keine Folge leisten; auf ein etwaiges Leistungsverweigerungsrecht nach § 275 Abs. 3 BGB kommt es nicht an (*BAG* 24.2.2011 EzA § 1 KSchG Personenbedingte Kündigung Nr. 28).
- Will ein Arbeitnehmer geltend machen, dass eine arbeitgeberseitige Weisung seine Glaubensüberzeugung verletzt und deshalb von ihm nicht zu beachten ist (Weisung, bei der Verabschiedung von Telefonkunden auf den Zusatz »**Jesus hat Sie lieb**« zu verzichten), muss er plausibel darlegen, dass seine Haltung auf einer für ihn zwingenden Verhaltensregel beruht, gegen die er nicht ohne ernste Gewissensnot handeln könnte (*LAG Hamm* 20.4.2011 LAGE § 626 BGB 2002 Nr. 34a).
- Ein in der Arzneimittelforschung tätiger Arzt darf in Anwendung dieser Grundsätze aus Gewissensgründen die Mitarbeit an der Erforschung eines Medikaments ablehnen, das objektiv geeignet ist, die bei atomarer Verstrahlung auftretenden Symptome der Strahlenkrankheit zeitweise zu unterdrücken und daher nach seiner Meinung die **Führbarkeit eines Atomkrieges** positiv beeinflussen kann (*BAG* 24.5.1989 EzA § 611 BGB Direktionsrecht Nr. 3).
- Auch die Erforderlichkeit der **Betreuung von Kindern** kann als entgegenstehendes Hindernis zur vorübergehenden Leistungsverweigerung berechtigen. Können zwei Kinder im Alter von

11 Monaten bzw. 5 Jahren nicht mehr von ihrer Mutter betreut werden, weil deren erneute Schwangerschaft nicht komplikationsfrei verläuft und diese zeitweilig stationär aufgenommen werden muss, indiziert diese Situation die Notwendigkeit der Kinderbetreuung durch den Vater (*LAG Hamm* 27.8.2007 – 6 Sa 751/07, AuR 2008, 117 LS).

### 4. Annahmeverzug des Arbeitgebers

321    Nimmt der Arbeitgeber die ordnungsgemäß angebotene Leistung nicht an (§§ 293 ff. BGB), indem er den Arbeitnehmer nicht beschäftigt, so kommt der Arbeitgeber nicht nur in Annahmeverzug (s. Rdn. 1484 ff.), sondern **der Arbeitnehmer wird auch von seiner Arbeitsleistungspflicht befreit**.

322    Diese Befreiung endet mit der Beendigung des Annahmeverzuges, d. h. sobald sich der Arbeitgeber wieder zur Entgegennahme der Arbeitsleistung bereit erklärt bzw. wenn er die ausgesetzten Mitwirkungshandlungen wieder aufnimmt oder zumutbare Arbeitsanweisungen erteilt.

### 5. Zurückbehaltungsrecht des Arbeitnehmers

*a) Grundlagen*

323    §§ 273, 320 BGB (s. a. § 14 **AGG**; s.Rdn. 4871 ff.) sind auch für den Arbeitsvertrag anwendbar. In der arbeitsrechtlichen Praxis wird wegen der Ähnlichkeiten zwischen beiden Vorschriften häufig nicht deutlich unterschieden (vgl. *BAG* 21.5.1992 EzA § 1 KSchG Verhaltensbedingte Kündigung Nr. 43; *Kraft* Anm. zu *BAG* 18.12.1986 EzA § 615 BGB Nr. 53).

324    Es ist im Übrigen allgemein anerkannt, dass Arbeitnehmer ein ihnen jeweils individuell zustehendes allgemeines oder besonderes Zurückbehaltungsrecht wegen eines Rechtsanspruchs auch **gemeinschaftlich ausüben können**, ohne dass es sich um einen betriebsbezogenen Streik handelt (*BAG* 20.12.1963 AP Nr. 32 zu Art. 9 GG Arbeitskampf).

325    Nimmt der Arbeitnehmer zu Unrecht die Voraussetzungen eines Zurückbehaltungsrechts an und verweigert er deshalb seine Arbeitsleistung, so kann dies einen Grund zur außerordentlichen und/ oder ordentlichen Kündigung des Arbeitgebers wegen Arbeitsverweigerung darstellen. Denn grds. hat der Arbeitnehmer das Irrtumsrisiko zu tragen (s. Kap. 4 Rdn. 2217 zur Kündigung).

326    Bei der stets erforderlichen **Interessenabwägung** ist jedoch der Rechtsirrtum des Arbeitnehmers zu beachten. Das hat zur Folge, dass zumindest dann, wenn er sich vor Ausübung des Zurückbehaltungsrechts nach Kräften um die Klärung der Rechtmäßigkeit der Arbeitsverweigerung bemüht hat, eine außerordentliche und/oder ordentliche Kündigung ausscheiden wird. Daneben drohen dem Arbeitnehmer bei unberechtigter Arbeitsverweigerung **Schadensersatzansprüche** des Arbeitgebers gem. § 280 ff. BGB. Bei der Beurteilung des erforderlichen Verschuldens ist der Irrtum aber in gleicher Weise zu beachten (vgl. *Söllner* ZfA 1972, 25 f.).

327    Zu beachten ist, dass das Zurückbehaltungsrecht auch **tatsächlich geltend gemacht werden muss**. Die Einstellung der Tätigkeit allein reicht insoweit nicht aus (zutr. *LAG RhPf* 16.5.2006 LAGE § 320 BGB 2002 Nr. 1).

*b) Beispiele*

328    Für die betriebliche Praxis sind für die Anwendung der §§ 273, 320 BGB vor allem folgende Fallgestaltungen von besonderer Bedeutung:

329    – Ein Zurückbehaltungsrecht des Arbeitnehmers hinsichtlich der Arbeitsleistung kann dann bestehen, wenn der Arbeitgeber dem Arbeitnehmer **längere Zeit keine zumutbare Arbeit** zuweist und auch für die Zukunft keine konkreten, dem Arbeitsvertrag entsprechenden Arbeitsanweisungen erteilt (*LAG Bln.* 12.3.1999 ARST 1999, 213).

330    – Trotz Weigerung des Arbeitnehmers, rechtmäßigen Festlegungen der Arbeitszeit durch den Arbeitgeber Folge zu leisten, kann die Ausübung des Zurückbehaltungsrechts an der eigenen Arbeitsleistung in Betracht kommen, wenn der Arbeitgeber diese Weigerung zum Anlass für nicht ge-

rechtfertigte Sanktionen nimmt. Das Zurückbehaltungsrecht wird aber durch den Grundsatz der **Verhältnismäßigkeit** beschränkt. Seine Inanspruchnahme ist deshalb nur dann erforderlich, wenn der **Versuch des Arbeitnehmers zur Beilegung** der Auseinandersetzung durch Korrektur des eigenen Verhaltens **ergebnislos** geblieben ist (*LAG Nds.* 3.5.2000 FA 2001, 283 LS).
- Will der Arbeitgeber eine **Versetzung** (§§ 99, 95 Abs. 3 BetrVG) durchführen, so steht dem betroffenen Arbeitnehmer wegen Nichtbeteiligung des Betriebsrats jedenfalls so lange ein Zurückbehaltungsrecht zu, bis die Maßnahme als vorläufige Maßnahme gem. § 100 BetrVG durchgeführt wird und die Voraussetzungen dieser Norm vorliegen (*BAG* 30.9.1993 EzA § 99 BetrVG 1972 Nr. 118). 331
- **Hilfspolizisten**, die die Verfolgung von Falschparkern für rechtswidrig halten, weil die konkrete Beschilderung objektiv unklar ist, steht kein Leistungsverweigerungsrecht zu. Ihre Weigerung und Kompetenzanmaßung stellt folglich eine Arbeitsverweigerung dar (*ArbG Marburg* 10.7.1998 NZA-RR 1999, 411). 332
- Der Arbeitnehmer kann, sobald er einen **fälligen Lohn- oder Entgeltfortzahlungsanspruch** erworben hat, bei Nichtzahlung des Lohns gem. § 273 Abs. 1 BGB die Fortsetzung der Arbeit verweigern. Gem. **§ 242 BGB** besteht das Zurückbehaltungsrecht aber dann nicht, wenn der Lohnrückstand – zeitlich und/oder dem Umfang nach – verhältnismäßig geringfügig ist (*BAG* 9.5.1996 EzA § 626 BGB n. F. Nr. 161; *LAG RhPf* 16.5.2006 LAGE § 320 BGB 2002 Nr. 1; *LAG Köln* 20.1.2010 – 9 Sa 991/09, AuR 2010, 269 LS), wenn nur eine **kurzfristige Verzögerung** der Lohnzahlung zu erwarten ist, wenn dem Arbeitgeber ein **unverhältnismäßig hoher Schaden** entstehen würde oder wenn der Lohnanspruch **auf andere Weise gesichert** ist (§ 273 Abs. 3 BGB; *LAG SchlH* 23.11.2004 LAGE § 611 BGB 2002 Abmahnung Nr. 1), z. B. durch Grundpfandrechte. Grds. genügt nur eine schon bestehende Sicherung des Arbeitnehmers, um die Verweigerung der Arbeitsleistung treuwidrig erscheinen zu lassen. Dagegen reicht es nicht aus, dass die Entstehung eines (Sicherungs-)Rechts noch von dem Eintritt weiterer Umstände abhängt. Deshalb kann der Arbeitgeber den Arbeitnehmer vor Eröffnung des Insolvenzverfahrens nicht auf zu erwartende Ansprüche auf Insolvenzgeld verweisen (*BAG* 25.10.1984 EzA § 273 BGB Nr. 3). Der Arbeitnehmer kann sich zur Rechtfertigung seines Fernbleibens auf ein Zurückbehaltungsrecht wegen bestehender Vergütungsrückstände aber nur dann berufen, wenn er das Zurückbehaltungsrecht auch gegenüber dem Arbeitgeber **tatsächlich geltend gemacht** hat, damit dieser von der ihm gem. § 273 Abs. 3 BGB eingeräumten **Abwendungsbefugnis** Gebrauch machen kann (*LAG Köln* 16.3.2001 NZA-RR 2001, 533). 333
- Einem Mitarbeiter in **leitender Funktion**, der die Arbeitsvergütung rund **20 Jahre lang pünktlich und vollständig** erhalten hat, steht kein Zurückbehaltungsrecht an der Arbeitsleistung zu, wenn der Arbeitgeber **einmalig 40 % einer Monatsvergütung einbehält**, weil er meint, diesen Betrag nicht zu schulden. In einem solchen Fall ist dem Mitarbeiter nach Treu und Glauben zuzumuten, weiterzuarbeiten und eine gerichtliche Klärung über den streitigen Lohnanspruch herbeizuführen (*LAG Köln* 19.5.1999 ARST 2000, 68). 334
- Die gegenseitigen bereicherungsrechtlichen Ansprüche der Parteien aus einer vom Arbeitnehmer gegen den Willen des Arbeitgebers **erzwungenen Weiterbeschäftigung** (nach Maßgabe des sog. allgemeinen Weiterbeschäftigungsanspruchs), die sich nach der rechtskräftigen Feststellung der Wirksamkeit einer Kündigung gem. §§ 812 ff. BGB ergeben, sind auf Zahlung von Geld gerichtet. Sie können daher durch ein Zurückbehaltungsrecht gem. § 273 BGB mit Ansprüchen des Arbeitgebers in Verbindung gebracht werden, wenn z. B. der Arbeitnehmer dem Arbeitgeber zum Schadensersatz verpflichtet ist aus Nachteilen, die der Arbeitgeber durch die Kündigung vermeiden wollte (*Pallasch* BB 1993, 2231). 335
- Ausnahmsweise kann auch ein Zurückbehaltungsrecht des Arbeitnehmers in Gestalt einer zulässigen Arbeitsniederlegung **zur Durchsetzung betriebsverfassungsrechtlicher Arbeitgeberpflichten** bestehen, wenn von der Erfüllung oder Nichterfüllung der betriebsverfassungsrechtlichen Pflichten auch die Einzelarbeitsverhältnisse der potentiellen Inhaber des Zurückbehaltungsrechts unmittelbar betroffen sind (z. B. gem. §§ 81–84, 37, 38 BetrVG; vgl. *Söllner* ZfA 1973, 19 f.), oder jedenfalls wenn **schwerwiegende Verstöße gegen die Betriebsverfassung** individuelle Abwehr- 336

ansprüche und damit auch Zurückbehaltungsrechte auslösen (vgl. *BAG* 14.2.1978 EzA Art. 9 GG Arbeitskampf Nr. 22).

337 – Ein Zurückbehaltungsrecht des Arbeitgebers kann sich aus §§ 273 Abs. 1, 618 Abs. 1 BGB ergeben, wenn der Arbeitgeber die **Arbeitsschutzvorschriften nicht beachtet** (z. B. die Feuerschutzklappen im Gebäude unter Verstoß gegen öffentlich-rechtliche Vorschriften verändert) und wenn dadurch eine Gefahr für Leben und Gesundheit des Arbeitnehmers i. S. d. § 618 Abs. 1 BGB entstanden ist (*BAG* 2.2.1994 EzA § 618 BGB Nr. 10 hinsichtlich eines asbestbelasteten Arbeitsplatzes), nicht aber dann, wenn der Arbeitsplatz nur im Rahmen des auch außerhalb des Betriebsgeländes Üblichen mit Schadstoffen (PCP, Lindan, Dioxinen, Furanen) belastet ist (*BAG* 8.5.1996 NZA 1997, 821; s. Rdn. 2996 f. u. *Molkentin* NZA 1997, 849 ff.).

338 – Eine Arbeitnehmerin kann sich gegenüber der bestehenden Arbeitspflicht nur dann auf eine **Pflichtenkollision wegen der Personensorge** für ihr Kind und damit ein Leistungsverweigerungsrecht (§§ 273, 320 BGB) berufen, wenn unabhängig von der notwendigen Abwägung der zu berücksichtigenden schutzwürdigen Interessen beider Parteien eine unverschuldete Zwangslage vorliegt (*BAG* 21.5.1992 EzA § 1 KSchG Verhaltensbedingte Kündigung Nr. 43).

339 – Ein Zurückbehaltungsrecht des früheren Arbeitgebers kann sich daraus ergeben, dass und solange der Arbeitnehmer der Verpflichtung aus § 74c Abs. 2 HGB nicht nachkommt (*BAG* 2.6.1987 EzA § 74c HGB Nr. 25).

340 Das für § 320 BGB erforderliche **Gegenseitigkeitsverhältnis** ist gegeben zwischen:
– der **Karenzentschädigung** des Arbeitgebers nach § 74 HGB und der **Wettbewerbsenthaltung** des Arbeitnehmers;
– dem Anspruch des Arbeitnehmers auf **Fortzahlung des Lohns** (§ 615 BGB) oder auf Zahlung der Karenzentschädigung (§ 74 HGB) und dem Anspruch des Arbeitgebers auf **Auskunft** über den anderweitigen erzielten Erwerb;
– der **Fürsorgepflicht** des Arbeitgebers und dem Anspruch des Arbeitnehmers auf **Zahlung des Lohns** (*BAG* 20.12.1963 AP Nr. 32 zu Art. 9 GG Arbeitskampf).

341 **Kein Gegenseitigkeitsverhältnis** besteht zwischen der Auflösung des Arbeitsverhältnisses einerseits und der Zahlung einer Abfindung bei Ausscheiden des Arbeitnehmers andererseits (*BAG* 16.10.1969 AP Nr. 20 zu § 794 ZPO).

### 6. Arbeitsverhinderung aus sonstigen Gründen

342 Ist der Arbeitnehmer aus tatsächlichen Gründen persönlich an der Arbeitsleistung gehindert, so gewähren zahlreiche arbeitsrechtliche Normen unter bestimmten Voraussetzungen einen Entgeltfortzahlungsanspruch.

343 Die Arbeitspflicht ist in diesen Fällen durch Gesetz ebenso suspendiert wie die Beschäftigungspflicht des Arbeitgebers (vgl. § 616 S. 1 BGB, §§ 2 ff. EFZG, § 37 Abs. 2 BetrVG, §§ 3 Abs. 2, 6 Abs. 1 i. V. m. § 11 MuSchG).

### 7. Ruhen des Arbeitsverhältnisses

344 Bei der Ausübung staatsbürgerlicher Rechte und Pflichten (vgl. z. B. Art. 48 Abs. 1 GG), bei der Ableistung des Grundwehr- bzw. Zivildienstes, bei Inanspruchnahme der Elternzeit (§§ 15, 16 BEEG) sowie bei Schwangerschaft und nach der Niederkunft, soweit die Krankenkasse zur Zahlung von Mutterschaftsgeld verpflichtet ist (vgl. § 13 MuSchG), ruht das Arbeitsverhältnis und damit auch die Arbeitspflicht des Arbeitnehmers.

## VII. Durchsetzung des Anspruchs auf Arbeitsleistung

### 1. Klage auf Erfüllung

345 Kommt der Arbeitnehmer seiner Verpflichtung zur Arbeitsleistung nicht nach und liegt ein Befreiungsgrund nicht vor, kann ihn der Arbeitgeber auf Erfüllung verklagen (*BAG* 2.12.1965

AP Nr. 27 zu § 620 BGB Befristeter Arbeitsvertrag). Das Rechtsschutzbedürfnis für die Leistungsklage ist, obwohl die Verurteilung zur Ableistung gem. § 888 Abs. 2 ZPO nicht vollstreckbar ist, gegeben, weil die Klage jedenfalls zu einer Klärung der Rechtslage führt.

Die Zwangsvollstreckung ist allerdings dann nicht gem. § 888 Abs. 3 ZPO ausgeschlossen, wenn der Arbeitgeber entgegen § 613 Abs. 1 BGB nicht zur persönlichen Leistung verpflichtet ist, sondern seine Arbeitskraft substituieren kann. In derartigen Fällen ist § 887 Abs. 1 ZPO anwendbar. 346

Mit der Klage auf Erfüllung der Arbeitsverpflichtung kann der Arbeitgeber den Antrag verbinden, den Arbeitnehmer für den Fall, dass er die Arbeitstätigkeit auf Grund der rechtskräftigen Verurteilung nicht binnen einer bestimmten Frist aufnimmt, zur Zahlung einer vom Arbeitsgericht nach freiem Ermessen festzusetzenden Entschädigung zu verurteilen (§ 61 Abs. 2 S. 1 ArbGG). 347

### 2. Einstweilige Verfügung; Klage auf Unterlassung anderweitiger Erwerbstätigkeit

Im Hinblick auf die i. d. R. fehlende Vollstreckbarkeit ist fraglich, inwieweit eine einstweilige Verfügung zulässig ist, mittels derer der Arbeitnehmer zur Erfüllung seiner Leistungspflicht angehalten werden soll (vgl. *Schäfer* Der einstweilige Rechtsschutz im Arbeitsrecht Rn. 89 ff.). 348

Hat der vertragsbrüchige Arbeitnehmer eine anderweitige Erwerbstätigkeit aufgenommen, so ist eine Klage auf Unterlassung dieser Erwerbstätigkeit unzulässig, weil es sich bei der Unterlassung einer anderweitigen Erwerbstätigkeit zwar um eine Nebenpflicht aus dem Arbeitsvertrag, nicht aber um eine selbstständig einklagbare Hauptpflicht handelt (*Schäfer* Der einstweilige Rechtsschutz im Arbeitsrecht Rn. 89). 349

Etwas anderes gilt, wenn für den Arbeitnehmer eine **selbstständige Pflicht auf Unterlassung anderweitiger Wettbewerbstätigkeit**, z. B. auf Grund eines vertraglichen Wettbewerbsverbots, besteht, und der Arbeitgeber ein berechtigtes Interesse am Unterbleiben der Arbeitsleistung gerade im Konkurrenzunternehmen hat (*BAG* 17.10.1969 AP Nr. 7 zu § 611 BGB Treuepflicht). Entscheidend ist, dass der Arbeitnehmer im Konkurrenzbetrieb seine Kenntnisse und Fähigkeiten in einem Bereich anwendet, in dem auch sein bisheriger Arbeitgeber tätig ist, sodass dessen Interessen unmittelbar gefährdet sind. 350

Eine Unterlassungsklage gegen einen Dritten, der den vertragsbrüchigen Arbeitnehmer abwirbt und beschäftigt, kommt nur dann in Betracht, wenn eine solche Unterlassungspflicht entweder vertraglich vereinbart ist oder wenn die Voraussetzungen sittenwidrigen Verhaltens (§ 826 BGB) oder unlauteren Wettbewerbs (§ 1 UWG) erfüllt sind. Erforderlich ist, dass der abgeworbene Arbeitnehmer seine Kenntnisse und Erfahrungen zum Vorteil des konkurrierenden Dritten verwertet. 351

Der Anspruch richtet sich gem. § 249 BGB auf **Anordnung eines Beschäftigungsverbots** mit einem bestimmten sachlichen und zeitlichen Umfang, es sei denn, dass der neue Arbeitsvertrag infolge Sittenwidrigkeit nichtig ist und dem Arbeitnehmer deshalb ein entsprechender Beschäftigungsanspruch fehlt (vgl. *BGH* 19.2.1971 AP Nr. 3 zu § 611 BGB Abwerbung). 352

## VIII. Nebenpflichten des Arbeitnehmers

### 1. Grundlagen

Unter dem Oberbegriff »Nebenpflichten« werden die über die Hauptpflicht des Arbeitnehmers, also die Pflicht zur Arbeitsleistung, hinausgehenden arbeitsvertraglichen Pflichten zusammengefasst. 353

Jedem Schuldverhältnis sind aus § 242 BGB herzuleitende **Pflichten der Vertragspartner** der **Rücksichtnahme, des Schutzes und der Förderung des Vertragszwecks** immanent. Dies wird durch § 241 Abs. 2 BGB unterstrichen. Nebenpflichten können sich je nach Qualität und Intensität der Vertragsbeziehung verstärken, sie sind bei Dauerschuldverhältnissen strukturell ausgeprägter als bei punktuellen Rechtsgeschäften; dies ist keine Besonderheit des Arbeitsrechts (ErfK/*Preis* § 611 BGB Rn. 707; MünchArbR/*Reichold* § 47 Rn. 11 ff.; s. *LAG Köln* 29.1.2003 NZA-RR 2004, 70).

Gem. § 242 BGB hat jeder Schuldner die Leistung so zu bewirken, wie Treu und Glauben mit Rücksicht auf die Verkehrssitte es erfordern. Nach § 241 Abs. 2 BGB kann das Schuldverhältnis nach seinem Inhalt jeden Teil zur Rücksicht auf die Rechte, Rechtsgüter und Interessen des anderen Teils verpflichten. Nebenleistungspflichten, wie Unterlassungs- und Handlungspflichten, sind eng mit der Hauptleistungspflicht des Arbeitnehmers verknüpft (ErfK/*Preis* § 611 BGB Rn. 707; MünchArbR/*Reichold* § 47 Rn. 12). Auch unselbständige Nebenpflichten, zu denen Sorgfalts-, Obhuts-, Fürsorge-, Aufklärungs- und Anzeigepflichten gehören, dienen dazu, die Erbringung der Hauptleistung vorzubereiten und zu fördern, die Leistungsmöglichkeit zu erhalten und den Leistungserfolg zu sichern. Im Arbeitsverhältnis wird der Inhalt der Nebenpflichten durch die besonderen persönlichen Bindungen der Vertragspartner geprägt (*BAG* 7.9.1995 EzA § 242 BGB Auskunftspflicht Nr. 4). Dennoch bestehen Nebenpflichten auch in einem ruhenden Arbeitsverhältnis (*BAG* 27.11.2008 EzA § 314 BGB 2002 Nr. 4). Je weiter sich mögliche Pflichten allerdings von der Hauptpflicht entfernen, umso zurückhaltender sind sie ohne ausdrückliche vertragliche Vereinbarung anzuerkennen (ErfK/*Preis* § 611 BGB Rn. 707).

354 Der ältere Begriff »**Treuepflicht**«, der eine selbstständig neben der Arbeitspflicht stehende und von dieser unabhängige Verhaltenspflicht bezeichnete, hat heute nur noch **historischen Wert**.

## 2. Rechtsgrundlage

355 (derzeit unbesetzt)

356 Die Rechtsgrundlage der Nebenpflichten ist insbes. in §§ 242, 241 Abs. 2 BGB zu sehen; schließlich wird aus §§ 157, 242 BGB abgeleitet, dass im Arbeitsverhältnis abweichend von allen übrigen Schuldverhältnissen die Persönlichkeit mindestens einer Vertragspartei in einer ganz besonderen Weise in das Schuldverhältnis einbezogen ist.

357 Denn mit der Verpflichtung des Arbeitnehmers, seine Arbeitskraft dem Arbeitgeber zur Verfügung zu stellen, ist i. d. R. auch der Einsatz der eigenen Persönlichkeit verbunden (§ 613 BGB). **Diese Eigenart** des Arbeitsverhältnisses **schlägt sich in den Nebenpflichten der Vertragspartner nieder**, die sich auf die Hauptpflichten beziehen und untereinander nicht in einem Gegenseitigkeitsverhältnis stehen.

## 3. Arten von Nebenpflichten (Überblick)

358 Unterschieden werden können einerseits mit der Arbeitspflicht verknüpfte Verhaltensanforderungen (**unselbstständige Nebenleistungspflichten**). Sie verpflichten den Arbeitnehmer, alles zu unternehmen, damit der vertraglich vereinbarte Leistungszweck auch erreicht wird und alles zu unterlassen, was ihn vereiteln würde. **Ihre Verletzung bedeutet zugleich eine Verletzung der Arbeitsleistungspflicht.**

359 Ferner bestehen darüber hinausgehende **selbstständige Schutzpflichten**. Deren Verletzung kann zwar u. U. Schadensersatzansprüche des Arbeitgebers (§§ 280 ff., 241 Abs. 2 BGB) begründen, sie bedeuten aber nicht zugleich auch eine Verletzung der Arbeitspflicht.

360 Andererseits kann zwischen **Handlungs- und Unterlassungspflichten** unterschieden werden. Praktisch bedeutsame Unterlassungspflichten sind insbes. das Verbot aktiver Konkurrenztätigkeit während des bestehenden Arbeitsverhältnisses, die Verpflichtung zur Wahrung der betrieblichen Ordnung, zum Schutz des Unternehmereigentums, zur Verschwiegenheit über betriebliche Tatsachen sowie weitergehend zur Unterlassung von unternehmensschädlichen Meinungsäußerungen.

## A. Pflichten des Arbeitnehmers   Kapitel 3

### 4. Wettbewerbsverbot

#### a) Grundlagen; persönlicher Geltungsbereich

Gem. § 60 Abs. 1 HGB ist einem kaufmännischen Angestellten des Betriebes eines Handelsgewerbes (§§ 1 ff. HGB) im Handelszweig des Arbeitgebers ohne dessen Einwilligung Wettbewerb verboten, soweit der Angestellte und der Arbeitgeber als Wettbewerber auftreten. § 60 HGB beschränkt die Verpflichtung, die als Nebenpflicht aus dem Arbeitsverhältnis zu qualifizieren ist, zum einen auf kaufmännische Angestellte und zum anderen auf die Dauer des Arbeitsverhältnisses. 361

Weil § 60 HGB aber eine Ausprägung der allgemeinen, auf Treu und Glauben gestützten Rücksichtspflicht des Arbeitnehmers (Treuepflicht) darstellt, gelten die in § 60 Abs. 1 HGB enthaltenen Wettbewerbsverbote schlechthin für alle Arbeitnehmer einschließlich der Auszubildenden (§ 10 Abs. 2 BBiG; *BAG* 20.9.2006 EzA § 10 BBiG Nr. 12, allerdings unter Berücksichtigung möglicher Unerfahrenheit und Jugend des Auszubildenden) und der Mitarbeiter in freien Berufen analog (*BAG* 16.6.1976 EzA § 611 BGB Treuepflicht Nr. 1; *LAG BW* 28.1.2004 LAG Report 2004, 336). Geschützt werden auch Arbeitgeber, die kein Handelsgewerbe betreiben (*BAG* 26.9.2007 EzA § 61 HGB Nr. 4). 362

**Es ist deshalb allen Arbeitnehmern verboten, den unternehmerischen Interessen des Arbeitgebers durch Betreiben eines Gewerbes oder sonstwie zuwiderzuhandeln.** Ob der Arbeitnehmer in dem von ihm betriebenen Gewerbe dem Arbeitgeber tatsächlich Konkurrenz macht, ist unerheblich; es genügt, dass das andere Gewerbe als solches mit den unternehmerischen Interessen des Arbeitgebers kollidiert (*BAG* 17.10.1969 AP Nr. 7 zu § 611 BGB Treuepflicht). Unzulässig ist auch der Abschluss einzelner Geschäfte im Bereich der gewerblichen Tätigkeit des Arbeitgebers, wenn dadurch seinen unternehmerischen Interessen zuwidergehandelt wird, d. h. dass sie gefährdet sind. Es genügt, dass der Arbeitnehmer im Marktbereich des Arbeitgebers Dritten Leistungen erbringt oder auch nur anbietet. Es kommt nicht darauf an, ob der Arbeitgeber diese Leistungen auch erbringt oder anbietet (*Hess. LAG* 28.4.1998 LAGE § 1 KSchG Verhaltensbedingte Kündigung Nr. 65). 363

Ob der Einzelarbeitsvertrag eine entsprechende ausdrückliche Regelung enthält, ist unerheblich (*BAG* 26.1.1995 EzA § 626 BGB n. F. Nr. 155; *LAG RhPf* 12.1.2006 – 11 Sa 476/05 – EzA-SD 11/06 S. 11). 364

#### b) Zeitlicher Geltungsbereich

Der zeitliche Geltungsbereich wird grds. durch die Dauer, d. h. den rechtlichen Bestand des Arbeitsverhältnisses, nicht dagegen den tatsächlichen Bestand beschränkt (*BGH* 16.11.1954 AP Nr. 1 zu § 60 HGB; *LAG RhPf* 12.1.2006 – 11 Sa 476/05, EzA-SD 11/06 S. 11). 365

Fraglich ist, ob das Wettbewerbsverbot durch eine unberechtigte Arbeitsverweigerung oder fristlose Kündigung des Arbeitnehmers unberührt bleibt, wenn der Arbeitgeber in dieses Verhalten des Arbeitnehmers nicht eingewilligt hat. Fraglich ist auch, was dann gilt, wenn der Arbeitnehmer von seiner Arbeitspflicht (z. B. bis zum Ablauf der Kündigungsfrist) suspendiert worden ist. 366

Insoweit geht das *BAG* (6.9.2006 EzA § 615 BGB 2002 Nr. 16; krit. *Nägele* NZA 2008, 1039 ff.) differenzierend davon aus, dass der Arbeitnehmer bei einer unwiderruflichen Freistellung unter dem Vorbehalt der Anrechnung etwaigen Verdienstes regelmäßig davon ausgehen kann, in der Verwertung seiner Arbeitsleistung frei und nicht mehr an das vertragliche Wettbewerbsverbot (§ 60 HGB) gebunden zu sein. Einen abweichenden Willen hat der Arbeitgeber in der Freistellungserklärung zum Ausdruck zu bringen. Ist die Freistellungserklärung des Arbeitgebers aber dahingehend auszulegen, dass abweichend von § 615 S. 2 BGB eine Anrechnung anderweitigen Verdienstes nicht erfolgen soll, kann der Arbeitnehmer redlicherweise nicht ohne ausdrückliche Erklärung des Arbeitgebers annehmen, der Arbeitgeber habe auf die Einhaltung des vertraglichen Wettbewerbsverbotes verzichtet (*BAG* 6.9.2006 EzA § 615 BGB 2002 Nr. 16; krit. *Nägele* NZA 2008, 1039 ff.; s. a. *BAG* 28.1.2010 EzA § 626 BGB 2002 Nr. 30). 367

Die Bindung an das für die Dauer des rechtlichen Bestandes des Arbeitsverhältnisses bestehende Wettbewerbsverbot besteht in diesen Fällen also **auch dann noch**, wenn der Arbeitgeber eine **außerordentliche Kündigung** ausspricht, deren Wirksamkeit der Arbeitnehmer bestreitet.

Wettbewerbshandlungen, die der Arbeitnehmer dann im Anschluss an eine unwirksame außerordentliche Kündigung begeht, können einen **wichtigen Grund** für eine (**weitere**) **außerordentliche Kündigung** bilden, wenn dem Arbeitnehmer unter Berücksichtigung der besonderen Umstände des konkreten Falles ein Verschulden anzulasten ist (*BAG* 25.4.1991 EzA § 626 BGB n. F. Nr. 140; *BGH* 12.3.2003 EzA § 89a HGB Nr. 2; s. Kap. 4 Rdn. 2260 ff.).

368 **Mit seiner Zustimmung zur vorzeitigen Beendigung des Arbeitsverhältnisses unter erheblicher Aufstockung seiner Versorgungsbezüge wird ein Arbeitnehmer jedenfalls nicht zugleich verpflichtet, sich jeder Konkurrenztätigkeit zu enthalten.** Besteht nach Beendigung des Arbeitsverhältnisses kein Wettbewerbsverbot, ist der Arbeitnehmer in der Verwertung seiner beruflichen Kenntnisse und seines redlich erworbenen Erfahrungswissens grds. frei. Solange der ehemalige Arbeitnehmer seine aus dem Arbeitsverhältnis nachwirkende Verschwiegenheitspflicht nicht verletzt, ist er nicht gehindert, sein Erfahrungswissen auch für eine Beschäftigung im Dienst eines Wettbewerbers zu nutzen (*BAG* 15.6.1993 EzA § 74 HGB Nr. 55; krit. *BGH* 3.5.2001 EzA § 611 BGB Betriebsgeheimnis Nr. 4).

369 Die Beendigung oder die Suspendierung des Wettbewerbsverbotes bis zur Zeit der gerichtlichen Klärung der Wirksamkeit der streitigen Kündigung kann schließlich **nicht allein** mit der Erwägung begründet werden, **der Arbeitgeber habe mit seiner Kündigung bereits als erster die Treue aufgekündigt** und deswegen brauche sich auch der Arbeitnehmer zunächst nicht mehr an bestehende vertragliche Bindungen zu halten.

370 Demgegenüber geht das *LAG Köln* (4.7.1995 LAGE § 60 HGB Nr. 4; zust. *Gravenhorst* Anm. zu *BGH* 12.3.2003 EzA § 89a HGB Nr. 2) davon aus, dass der Arbeitgeber nach Ausspruch einer vom Arbeitnehmer angefochtenen fristlosen Kündigung Unterlassung von Wettbewerbshandlungen bis zum rechtskräftigen Abschluss des Kündigungsschutzprozesses nur fordern kann, **wenn er ihm hierfür gleichzeitig eine monatliche Entschädigung mindestens in Höhe einer Karenzentschädigung nach §§ 74 ff. HGB anbietet.** Auch *Schäfer* (Der einstweilige Rechtsschutz im Arbeitsrecht Rn. 109) geht davon aus, dass der Arbeitgeber, der den Fortbestand des Arbeitsverhältnisses bestreitet, nicht berechtigt ist, seinen Arbeitnehmer an ein Wettbewerbsverbot zu binden, dessen Rechtsgrundlage sich nur aus dem Fortbestand des Arbeitsverhältnisses ergeben kann.

371 Hat der Arbeitgeber dem Arbeitnehmer dagegen berechtigt fristlos gekündigt und akzeptiert der Arbeitnehmer die Kündigung, so entfällt das Wettbewerbsverbot mit der Beendigung des Arbeitsverhältnisses (*BAG* 9.5.1975 EzA § 628 Nr. 10).

372 Dem Arbeitgeber steht dann ein Auflösungsschadensersatzanspruch gem. § 628 Abs. 2 BGB auch dafür zu, dass er durch die vorzeitige Vertragsbeendigung den Konkurrenzschutz des § 60 HGB verliert (*BAG* 9.5.1975 EzA § 628 BGB Nr. 10).

373 Überträgt der Arbeitgeber eine bestimmte Abteilung auf einen Betriebserwerber mit der Folge, dass der Arbeitgeber selbst in diesem Bereich nicht mehr auf dem Markt tätig wird, ist ein Arbeitnehmer, der dem Betriebsübergang widersprochen hat und dessen Arbeitsverhältnis daher zum Betriebsveräußerer fortbesteht, gehalten, Konkurrenztätigkeit, die ihm vor dem Betriebsübergang im Verhältnis zum Betriebsveräußerer verboten war, zumindest im Zeitraum des Laufes der (ggf. fiktiven) Kündigungsfrist zu unterlassen. Dies fordert jedenfalls nach Auffassung des *LAG Nbg.* (4.2.2003 LAGE § 613a BGB Nr. 86) die arbeitsvertragliche Treuepflicht, obwohl im Verhältnis zum Betriebserwerber kein Rechtsverhältnis und im Verhältnis zum Arbeitgeber jetzt kein Konkurrenzverhältnis mehr besteht. Das Konkurrenzverbot geht allerdings in der Reichweite nicht über die gegenüber dem ursprünglichen Arbeitgeber bestehenden Pflichten hinaus. Befand sich dieser mit einem Wettbewerber auf Grund einer Absprache nicht in einer Wettbewerbssituation,

trifft den Arbeitnehmer auch dann keine Unterlassungspflicht, wenn eine solche Absprache mit dem Betriebserwerber nicht existiert (*LAG Nbg.* 4.2.2003 LAGE § 613a BGB Nr. 86).

c) Gegenstand des Wettbewerbsverbots

aa) Betrieb eines Handelsgewerbes; Vorbereitungshandlungen

Verboten ist es, ein Handelsgewerbe zu betreiben (§ 60 Abs. 1 1. Alt. HGB). Im Hinblick auf Art. 12 Abs. 1 GG muss der Wortlaut des § 60 HGB verfassungskonform dahin ausgelegt werden, dass nur der Betrieb eines Handelsgewerbes **im Handelszweig des Arbeitgebers** verboten ist, weil nur insoweit für den Arbeitgeber eine abstrakte Wettbewerbsgefahr besteht (*BAG* 3.5.1983 EzA § 60 HGB Nr. 12). 374

Erforderlich ist das Betreiben eines Unternehmens im eigenen Namen, ohne Rücksicht darauf, ob das für eigene oder fremde Rechnung geschieht; auch eine persönliche Tätigkeit ist nicht erforderlich. Unzulässig ist daher der Eintritt in eine OHG oder KG als persönlich haftender Gesellschafter. Bei einer Beteiligung als Kommanditist kommt es darauf an, ob dem Handlungsgehilfen Geschäfts- und/oder Vertretungsmacht eingeräumt wird. Unzulässig ist ferner die Tätigkeit als gesetzliches Organ einer Handels-Kapitalgesellschaft, da das Organ kraft Gesetzes für die Gesellschaft tätig wird (*BAG* 15.2.1962 AP Nr. 1 zu § 61 HGB). 375

Kein Handelsgewerbe betreibt der Handlungsgehilfe dagegen, wenn er sich an einer **stillen Gesellschaft** beteiligt oder einer Handelsgesellschaft ein **Darlehen** gibt, soweit er nicht in der Gesellschaft für diese maßgeblich tätig wird (s. aber Rdn. 388 ff.). 376

Vorbereitungshandlungen für ein eigenes Handelsgewerbe werden vom gesetzlichen Wettbewerbsverbot nur dann erfasst, wenn sie die aktuellen Geschäftsinteressen des Arbeitgebers gefährden (*BAG* 16.1.1975 AP Nr. 8 zu § 60 HGB; 30.5.1978 EzA § 60 HGB Nr. 11). 377

Zulässig ist deshalb die **Anmietung von Räumen**, Einrichtung und Ausstattung der Betriebsstätte, der Abschluss von Gesellschaftsverträgen, die **Anwerbung von Mitarbeitern** (ausgenommen beim eigenen Arbeitgeber), Einholung von Informationen bei Lieferanten, Erfüllung von Formvoraussetzungen, insbes. **Eintragung in das Handelsregister, der Erwerb von Waren und Geräten. Unzulässig ist dagegen das Eindringen in den Kunden-, Lieferanten- und Arbeitnehmerkreis des Arbeitgebers**, auch der Erwerb eines Warenzeichens im Gewerbezweig des Arbeitgebers (vgl. *BAG* 12.5.1972 AP Nr. 6 zu § 60 HGB). 378

Der Abschluss eines **Franchise-Vertrags** in seiner verkehrstypischen Ausgestaltung zwischen dem Angestellten und einem Konkurrenten seines Arbeitgebers stellt sich **grds. als erlaubte Vorbereitungshandlung** dar. Durch einen solchen Vertrag räumt der Franchise-Geber dem Franchise-Nehmer gegen Entgelt (Franchise-Gebühr) das Recht ein, bestimmte Waren und/oder Dienstleistungen unter Verwendung von Name, Marke, Ausstattung usw. sowie der gewerblichen und technischen Erfahrungen des Franchise-Gebers sowie unter Beachtung des von diesem entwickelten Organisations- und Werbesystems zu vertreiben; dabei kann der Franchise-Geber dem Franchise-Nehmer Beistand, Rat und Schulung in technischer und verkaufstechnischer Hinsicht gewähren sowie eine Kontrolle über die Geschäftstätigkeit des Franchise-Nehmers ausüben. Solange der Angestellte auf Grund eines solchen Vertrags für den Konkurrenten (Franchise-Geber) noch nicht tätig wird, verletzt er nicht das gesetzliche Wettbewerbsverbot. Die Zahlung der Franchise-Gebühr durch den Angestellten an den Franchise-Geber vor Beendigung des bisherigen Arbeitsverhältnisses kann nur unter besonderen Umständen als Unterstützung eines Konkurrenten seines Arbeitgebers durch Kapital im Sinne einer Aufbauhilfe angesehen werden (*BAG* 30.5.1978 EzA § 60 HGB Nr. 11). 379

### bb) Wettbewerbshandlungen gegen den Arbeitgeber; Vorbereitungshandlungen

380 Gem. § 60 Abs. 1 2. Alt. HGB sind dem Handlungsgehilfen Wettbewerbshandlungen verboten, die gegen den Arbeitgeber gerichtet sind; die Norm soll dessen Geschäftsinteressen bereits vor einer bloßen Gefährdung durch den Handlungsgehilfen schützen.

381 Unzulässig sind Geschäfte im Handelszweig des Arbeitgebers, das sind solche, die entweder regelmäßig oder doch üblicherweise entsprechend der Art und dem Gegenstand des Unternehmens von diesem tatsächlich betrieben werden. Das Verbot gilt ohne Rücksicht auf ein besonderes Interesse des Arbeitgebers am konkreten Geschäft.

382 Geschäfte machen ist jede, wenn auch nur spekulative, **auf Gewinnerzielung gerichtete Teilnahme am geschäftlichen Verkehr**, die nicht zur Befriedigung eigener privater Bedürfnisse des Handlungsgehilfen erfolgt (*BAG* 15.2.1962 AP Nr. 1 zu § 61 HGB). Unzulässig ist jede Wettbewerbstätigkeit, auch wenn konkret keine Vertragsabschlüsse erfolgen, z. B. Kundenwerbung für ein anderes Unternehmen und sogar vorbereitende Gespräche (»**Vorfühlen**«) **bei Kunden** für eine spätere eigenständige Geschäftstätigkeit (*BAG* 24.4.1970 AP Nr. 5 zu § 60 HGB), ferner die Vermittlung oder der Abschluss von Handelsgeschäften für Dritte, soweit dies dem Handlungsgehilfen vertragsmäßig obliegt. **Wettbewerbswidrig** handelt auch ein Beschäftigter insoweit dann, wenn er vor dem Ausscheiden aus dem Arbeitsverhältnis unter **Verwendung des Adressenmaterials seines Arbeitgebers ein Verabschiedungsschreiben an die bislang von ihm betreuten und ihm dabei durch ein Vertrauensverhältnis verbundenen Kunden richtet**, wenn er direkt oder indirekt z. B. durch die Angabe seiner privaten Adresse und Telefonnummer auf seine zukünftige Tätigkeit als Wettbewerber oder für einen Wettbewerber hinweist (*BGH* 22.4.2004 NZA 2004, 986 LS = NJW 2004, 2385; krit. dazu *Fischer* FA 2005, 135 ff.). Zulässig ist es demgegenüber aber wohl, mit dem **Briefbogen und dem Telefon oder E-Mail des Arbeitgebers**, soweit generell von diesem die Privatnutzung gestattet ist, **sich von bisherigen arbeitsbezogenen Geschäftspartnern in sachbezogener Form zu verabschieden** und sich für die Zusammenarbeit zu bedanken; ist das Arbeitsverhältnis bereits beendet, ist der Arbeitnehmer zudem bei fehlendem nachvertraglichem Wettbewerbsverbot wesentlich freier in der Gestaltung von »Abschiedsbriefen« (*Fischer* FA 2005, 138). Die **Registrierung einer Internet-Domäne** für einen Arbeitnehmer mit einer Bezeichnung, die darauf schließen lässt, dass sie für den Internet-Auftritt eines noch zu gründenden Konkurrenzunternehmens verwendet werden soll, ist ebenso gestattet, wie die unentgeltliche Überlassung einer derartigen Domäne an ein Konkurrenzunternehmen (*LAG Köln* 12.4.2005 – 9 Sa 1518/04, NZA-RR 2005, 595). Dagegen ist die **kapitalmäßige Beteiligung** zumindest an einer konkurrierenden GmbH oder stillen Gesellschaft unzulässig (*BAG* 15.2.1962 AP Nr. 1 zu § 61 HGB); selbst die **Kredithingabe** an ein fremdes Unternehmen kann je nach den Umständen des Einzelfalles als verbotener Wettbewerb gelten (s. aber Rdn. 376).

383 Zulässig sind dagegen Maßnahmen ohne Zielrichtung auf den Wettbewerb, d. h. ohne spekulative Absicht, z. B. die Befriedigung eigener privater Bedürfnisse und die Anlage eigener Vermögenswerte in Unternehmen, die im Handelszweig des Arbeitgebers tätig sind, soweit damit kein Einfluss auf diese Unternehmen verbunden ist. Ausgenommen sind auch Geschäfte mit dem Arbeitgeber, die der Handlungsgehilfe als Anbieter oder Abnehmer schließt (*BAG* 3.5.1983 EzA § 60 HGB Nr. 12) sowie die (Neben-)Beschäftigung bei einem konkurrierenden Arbeitgeber, soweit der Handlungsgehilfe in dieser Position keine Wettbewerbshandlungen vorzunehmen hat (*BAG* 15.2.1962 AP Nr. 1 zu § 61 HGB). Eine Arbeitnehmerin, die zuvor als **Schuhverkäuferin** mit Personalbefugnis tätig war, betreibt bspw. keine unerlaubte Konkurrenz, wenn sie auf einer anderen Handelsstufe tätig ist, nämlich Geschäfte zwischen Schuhherstellern und Einzelhändlern vermittelt (*BAG* 8.3.2006 EzA § 74 HGB Nr. 67).

384 Bei der Bestimmung der Reichweite des im **laufenden Arbeitsverhältnis** bestehenden Wettbewerbsverbots muss die durch **Art. 12 Abs. 1 GG** geschützte Berufsfreiheit des Arbeitnehmers stets Berücksichtigung finden. Daher ist im Rahmen einer **Gesamtwürdigung aller Umstände** des Einzelfalles festzustellen, ob die anderweitige Tätigkeit zu einer Gefährdung oder Beeinträchtigung der Interessen des Arbeitgebers führt. Es spricht viel dafür, dass **bloße Hilfstätigkeiten** ohne Wettbewerbsbezug

nicht erfasst werden. Im konkret entschiedenen Einzelfall war die Klägerin langjährig als Briefsortiererin mit 15 Wochenstunden bei der beklagten Deutschen Post AG beschäftigt. Im Jahre 2006 teilte sie ihrem Arbeitgeber mit, sie übe frühmorgens eine Nebentätigkeit als Zeitungszustellerin mit einer Wochenarbeitszeit von sechs Stunden bei einem anderen Unternehmen aus. Dieses andere Unternehmen stellt nicht nur Zeitungen, sondern auch Briefe und andere Postsendungen zu. Die Tätigkeit der Klägerin beschränkte sich hier auf die Zustellung von Zeitungen. Das *BAG* (24.3.2010 EzA § 611 BGB 2002 Nebentätigkeit Nr. 1 = NZA 2010, 693; s. dazu *Fuhlrott/Fabritius* FA 2010, 194 ff.) ist davon ausgegangen, dass diese Nebentätigkeit nicht verboten ist. Ob nach allgemeinen arbeitsrechtlichen Grundsätzen auch bei untergeordneten Tätigkeiten jede Unterstützung eines Konkurrenzunternehmens verboten ist, erschien schon zweifelhaft, konnte aber dahinstehen. Die anwendbare Tarifregelung ließ eine Untersagung jedenfalls nur bei unmittelbarer Wettbewerbstätigkeit zu. Sie wich deshalb zugunsten der Arbeitnehmer von den allgemeinen Grundsätzen ab. Eine unmittelbare Wettbewerbstätigkeit lag nicht vor. Zwar befanden sich die beiden Unternehmen mindestens bei der Briefzustellung in Konkurrenz zueinander. Die Klägerin war aber weder in der Briefzustellung tätig, noch überschnitten sich ihre Tätigkeiten bei den beiden Unternehmen. Durch ihre Nebentätigkeit wurden schutzwürdige Interessen der Beklagten nicht beeinträchtigt. **Die nur untergeordnete wirtschaftliche Unterstützung des Konkurrenzunternehmens reichte nicht aus.**

Auch Vorbereitungshandlungen sind zulässig, soweit sie nicht Wettbewerbscharakter haben, z. B. Kontakte mit einem Wettbewerber zwecks Einstellung als Geschäftsführer. Die **Gründung eines Konkurrenzunternehmens** stellt insoweit eine zulässige Vorbereitungshandlung dar, solange dieses nicht eine nach außen wirkende werbende Tätigkeit aufgenommen hat (*LAG Köln* 12.4.2005 – 9 Sa 1518/04, NZA-RR 2005, 595). 385

Insgesamt liegt eine verbotswidrige Wettbewerbstätigkeit **erst dann** vor, wenn sie durch **Umfang und Intensität auch grds. geeignet ist, das Interesse des Arbeitgebers**, unbeeinflusst von Konkurrenztätigkeit in seinem Marktbereich auftreten zu können, **spürbar zu beeinträchtigen**. Einmalige oder nur ganz sporadisch ausgeübte reine Freundschaftsdienste im Marktbereich des Arbeitgebers muss dieser i. d. R. hinnehmen, wenn sie den arbeits- und wertmäßigen Umfang einer geringfügigen Gefälligkeit nicht übersteigen und unentgeltlich durchgeführt werden (*LAG SchlH* 19.12.2006 NZA-RR 2007, 240). 386

Unzulässig ist dagegen die sog. »**Aufbauhilfe**«, d. h. die beratende Unterstützung eines vertragsbrüchigen Kollegen bei einer konkurrierenden Tätigkeit für den in Aussicht genommenen neuen Arbeitgeber, einschließlich der versuchten Abwerbung eines Kollegen oder eines Geschäftspartners des Arbeitgebers, auch wenn diese erfolglos sein sollte (*BAG* 16.1.1975 AP Nr. 8 zu § 60 HGB; vgl. *Salger/Breitfeld* BB 2004, 2574 ff.; s. a. *BGH* 22.11.2007 NZA 2008, 177 zur **Direktansprache am Arbeitsplatz**). 387

### cc) Einwilligung des Arbeitgebers

§ 60 HGB ist dispositiv, sodass die Parteien ausdrücklich oder stillschweigend die Geltung dieser Norm ausschließen können. Eine stillschweigende Einwilligung kann z. B. dadurch erteilt werden, dass der Arbeitgeber Kenntnis von der Konkurrenztätigkeit hat und diese durch Nichteinschreiten duldet. 388

Aus einer bloßen Ermahnung des Arbeitgebers nach Kenntnisnahme von einer unzulässigen Wettbewerbsbetätigung des Handlungsgehilfen, nicht für die Konkurrenz tätig zu werden, kann aber nicht auf eine Einwilligung geschlossen werden (*BAG* 12.5.1972 AP Nr. 6 zu § 60 HGB). 389

Die Einwilligung wird – beschränkt auf den Betrieb eines Handelsgewerbes – gesetzlich unwiderleglich **vermutet**, wenn dem Arbeitgeber schon bei der Einstellung des Handlungsgehilfen **positiv bekannt** war, dass dieser ein Handelsgewerbe betreibt oder die Aufgabe des Betriebs nicht ausdrücklich vereinbart (§ 60 Abs. 2 HGB). 390

#### dd) Beendigung des Arbeitsverhältnisses; nachvertragliches Wettbewerbsverbot

391   Nach Beendigung des Arbeitsverhältnisses unterliegt der Arbeitnehmer grds. keiner Wettbewerbsbeschränkung. Der Arbeitnehmer kann also dann im **Rahmen der allgemeinen gesetzlichen Vorschriften zu seinem Arbeitgeber in Wettbewerb treten** (*BAG* 7.9.2004 – 9 AZR 545/03, NZA 2005, 105). Auch eine **nachvertragliche Verschwiegenheits-** sowie eine nachvertragliche **Treuepflicht** des Arbeitnehmers begründen für den Arbeitgeber i. d. R. gegen den ausgeschiedenen Arbeitnehmer **keine Ansprüche auf Unterlassung von Wettbewerbshandlungen** (*BAG* 15.6.1993 EzA § 74 HGB Nr. 55; 19.5.1998 EzA § 74 HGB Nr. 61; vgl. dazu *Wertheimer* BB 1999, 1600 ff.). Die Wettbewerbstätigkeit des Arbeitnehmers kann aber für diese Zeit durch eine vertragliche Vereinbarung eingeschränkt werden.

392   Dabei tragen §§ 74–75 f. HGB durch die Verpflichtung des Arbeitgebers zur Zahlung einer Entschädigung dafür Sorge, dass es zu einem billigen Ausgleich zwischen dem Interesse des Arbeitgebers an der ungestörten Entwicklung des Unternehmens (Art. 12, 14 GG) und dem des Arbeitnehmers an der freien Entfaltung seiner Arbeitskraft (Art. 12 GG) kommt; s. Kap. 9 Rdn. 127 ff.

393   §§ 74 ff. HGB sind auch auf Arbeitnehmer, die nicht kaufmännische Angestellte sind, entsprechend anwendbar (*BAG* 13.9.1969 EzA § 74 HGB Nr. 10).

#### ee) Wettbewerbsverbot mit einem freien Mitarbeiter

394   §§ 74 ff. HGB gelten (insbes. §§ 74b Abs. 2, 75 a HGB) auch für freie Mitarbeiter, jedenfalls dann, wenn sie wirtschaftlich abhängig sind, es sich also um arbeitnehmerähnliche Personen handelt (*BAG* 21.1.1997 EzA § 74 HGB Nr. 59; *LAG Köln* 2.6.1999 NZA-RR 2000, 19).

395   Wird mit einem freien Mitarbeiter vereinbart, er dürfe nicht für ein Unternehmen tätig sein, das mit dem Vertragspartner in Wettbewerb stehe, ist es ihm nicht verwehrt, für ein anderes Unternehmen tätig zu werden, dessen Produktions- oder Dienstleistungsangebot sich nicht mit dem des Vertragspartners überschneidet (*BAG* 21.1.1997 EzA § 74 HGB Nr. 59).

### d) Rechtsfolgen des Wettbewerbsverstoßes

#### aa) Grundlagen

396   Zwar führt ein Verstoß gegen § 60 Abs. 1 HGB nicht zur Nichtigkeit verbotswidrig abgeschlossener Rechtsgeschäfte gem. § 134 BGB. Gem. § 61 Abs. 1 HGB kann der Arbeitgeber aber entweder Schadensersatz oder Selbsteintritt verlangen. Zur Vorbereitung seiner Wahl kann er zudem gem. § 242 BGB Auskunft und Rechnungslegung verlangen, wenn er in entschuldbarer Weise über den bestehenden Umfang seines Rechts im Ungewissen ist, während der Verpflichtete unschwer Auskunft erteilen kann.

Arbeitgeber, die kein Handelsgewerbe betreiben, können **analog § 61 Abs. 1 HGB** die einem Prinzipal bei einem Wettbewerbsverstoß eines Handlungsgehilfen zustehenden Ansprüche geltend machen (*BAG* 26.9.2007 EzA § 61 HGB Nr. 4).

397   Voraussetzung ist, dass eine **hinreichende Wahrscheinlichkeit** für eine Verletzung des Konkurrenzverbotes besteht und der Arbeitgeber das darlegt (*BAG* 12.5.1972 AP Nr. 6 zu § 60 HGB). Der Handlungsgehilfe hat dann alle Angaben zu machen, die für die Beurteilung des Vorliegens der Voraussetzungen für eine etwaige Schadensersatzforderung bzw. ein Eintrittsrecht erheblich sein können (z. B. darüber, mit welchen Firmen mit welchem Inhalt und zu welchen Preisen er in geschäftliche Beziehungen getreten ist).

### bb) Schadensersatzanspruch

#### (1) Vertragsverletzung i.V. m. § 60 Abs. 1 HGB

Der Schadensersatzanspruch des Arbeitgebers folgt aus der Vertragsverletzung des Handlungsgehil- 398
fen i. V. m. § 60 Abs. 1 HGB.

Der Anspruch bestimmt sich nach Maßgabe der §§ 276, 280 Abs. 1, 282 analog, 252 BGB. Zu 399
ersetzen ist der adäquat-kausal dem Arbeitgeber entstandene Schaden, insbes. der entgangene Gewinn, wenn er das Geschäft selbst gemacht hätte.

Dazu gehören z. B. auch die **Gehaltsaufwendungen** für diejenigen Arbeitnehmer, die der Arbeitgeber 400
zur Aufdeckung und Verhinderung weiterer Wettbewerbsverstöße sowie zur vorübergehenden Vertretung des fristlos entlassenen Handlungsgehilfen eingesetzt hat (*BAG* 24.4.1970 AP Nr. 5 zu § 60 HGB). Der Arbeitgeber muss sich jedoch im Wege der **Vorteilsausgleichung** anrechnen lassen, was er infolge der fristlosen Kündigung an Gehalt einspart.

#### (2) § 826 BGB, § 1 UWG

Schadensersatzansprüche des Arbeitgebers gegen den Handlungsgehilfen und gegen beteiligte Dritte 401
können sich auch aus § 826 BGB, § 1 UWG ergeben, sofern eine zusätzliche sittenwidrige Schädigung des Arbeitgebers beabsichtigt war.

### cc) Eintrittsrecht

Durch das Eintrittsrecht des § 61 Abs. 1 2. Hs. HGB kann der Arbeitgeber verlangen, dass der 402
Handlungsgehilfe die verbotswidrig für eigene Rechnung gemachten Geschäfte als für Rechnung des Arbeitgebers eingegangen gelten lässt und die aus den Geschäften für fremde Rechnung bezogene Vergütung herausgibt oder seinen Anspruch auf die Vergütung abtritt.

Damit soll der wirtschaftliche Erfolg des Rechtsgeschäfts auf den Arbeitgeber überführt werden, so- 403
dass die Stellung und Interessen Dritter nicht berührt werden. Der Arbeitgeber muss hinsichtlich des unerlaubten Betreibens eines Handelsgewerbes sein Eintrittsrecht **einheitlich ausüben**, also bezogen auf das Handelsgewerbe insgesamt, und kann sich nicht auf einzelne Rechtsgeschäfte beschränken (*BAG* 15.2.1962 AP Nr. 1 zu § 61 HGB). Handelt es sich um ein unerlaubtes Konkurrenzgeschäft und ist dieses bereits abgewickelt, so gelten **§§ 667, 671 Abs. 1 BGB** (Herausgabeanspruch auf den erzielten Gewinn, Kündigungsrecht) analog.

Besteht das verbotswidrige Geschäft in einer Beteiligung an einer konkurrierenden Gesellschaft, ent- 404
fällt das Eintrittsrecht, weil damit in **Rechte Dritter** eingegriffen würde (*BAG* 15.2.1962 AP Nr. 1 zu § 61 HGB).

Bei Ausübung des Eintrittsrechts kann der Handlungsgehilfe entsprechend § 670 BGB Ersatz der 405
Aufwendungen verlangen, die er für das Geschäft gemacht hat oder künftig noch machen muss. Eine Vergütung für seine eigene Tätigkeit kann er dagegen nicht verlangen, es sei denn, dass im Arbeitsvertrag ein Anspruch auf Provision wegen Vermittlung eines Geschäfts vorgesehen ist.

### dd) Verjährung

Die Verjährungsfristen des § 61 Abs. 2 HGB (drei Monate ab Kenntnis des Arbeitgebers, jedoch 406
maximal fünf Jahre ab dem Geschäftsabschluss; s. dazu *Diller* FA 2011, 11) erfassen alle Ansprüche des Arbeitgebers aus dem Wettbewerbsverstoß ohne Rücksicht auf die Rechtsgrundlage einschließlich etwaiger Unterlassungsansprüche, sowie konkurrierender Schadensersatzansprüche aus einer unerlaubten Handlung nach § 823 BGB oder wegen einer vorsätzlichen sittenwidrigen Schädigung nach § 826 BGB (*BAG* 11.4.2000 EzA § 61 HGB Nr. 3).

Gleiches gilt für Ansprüche von Arbeitgebern, die kein Handelsgewerbe betreiben (*BAG* 26.9.2007 EzA § 61 HGB Nr. 4).

407 Ausgenommen sind aber Ansprüche, die nicht aus dem Wettbewerbsverbot resultieren, z. B. auf eine nicht abgeführte Provision aus einem Geschäft, das zufällig zugleich gegen das Wettbewerbsverbot verstößt oder Ersatzansprüche aus einer pflichtwidrigen Verfügung des Handlungsgehilfen über das Betriebsvermögen des Arbeitgebers (*BAG* 22.8.1966 AP Nr. 3 zu § 687 BGB; 11.8.1987 EzA § 611 BGB Arbeitnehmerhaftung Nr. 43).

408 Die Verjährungsfrist wird durch Klageerhebung gehemmt (§ 204 Abs. 1 Nr. 1 BGB), auch durch Erhebung einer Stufenklage, gerichtet zunächst auf Auskunft, sodann auf den Anspruch aus § 61 Abs. 1 HGB. Die Unterbrechung endet dann aber spätestens, wenn der Handlungsgehilfe die Auskunft erteilt und die Richtigkeit und Vollständigkeit ihres Inhalts eidesstattlich versichert hat. Mängel der Auskunft sind insoweit unerheblich (*BAG* 28.1.1986 EzA § 61 HGB Nr. 2).

409 § 61 Abs. 2 HGB gilt auch für das unerlaubte Betreiben eines Handelsgewerbes i. S. v. § 60 Abs. 1 1. Alt. HGB (*BAG* 16.1.1975 EzA § 60 HGB Nr. 8; a. A. *LAG BW* 28.1.2004 LAG Report 2004, 336); fraglich ist allerdings, ob sich die Verjährung auf alle im Rahmen des unzulässig betriebenen Handelsgewerbes getätigten Geschäfte bezieht, oder ob sie nur jeweils für das einzelne Geschäft eintritt.

*ee) Weitere Rechtsfolgen der Verletzung des Wettbewerbsverbotes*

410 Sind weitere Verletzungen des Wettbewerbsverbotes zu befürchten, kann der Arbeitgeber **Unterlassungsansprüche** geltend machen. U. U. kommt auch die (außerordentliche oder ordentliche) **Kündigung** des Arbeitsverhältnisses in Betracht.

411 ▶ Beispiel:

Überreicht eine in einer Klinik beschäftigte Krankenschwester, die nebenberuflich ohne Kenntnis des Arbeitgebers eine Heilpraktikerpraxis betreibt, anlässlich eines dienstlichen Kontakts einem Patienten eine Visitenkarte mit der Anschrift ihrer Praxis und empfiehlt sie diesem im Rahmen einer sich anschließenden Behandlung in ihrer Praxis, die ihm in der kardiologischen Abteilung der Klinik ihres Arbeitgebers verordneten Medikamente abzusetzen und einen Operationstermin zu verschieben, so liegt ein wichtiger Grund i. S. d. § 626 Abs. 1 BGB vor. Es kommt nicht darauf an, ob sich der Gesundheitszustand des Patienten hierdurch verschlechtert hat (*LAG Köln* 11.9.1996 ZTR 1997, 90).

412 Demgegenüber ist eine **Gehaltskürzung** des bereits verdienten Gehalts **unzulässig**, weil insoweit ein vertraglicher Anspruch besteht, der durch den Wettbewerbsverstoß nicht ausgeschlossen oder reduziert wird (*BGH* 19.10.1987 BB 1988, 88).

*ff) Rechtsfolgen bei anderen Arbeitnehmern*

413 § 61 Abs. 1 HGB kann im Gegensatz zu § 60 HGB **nicht für alle Arbeitnehmer**, die nicht Handlungsgehilfen sind, analog angewendet werden (*BAG* 21.10.1970 AP Nr. 13 zu § 242 BGB Auskunftspflicht). Allerdings besteht ein Herausgabeanspruch des Arbeitgebers gem. § 687 Abs. 1 i. V. m. §§ 681 S. 2, 667 BGB.

414 **Auch § 61 Abs. 2 HGB ist nicht analog anwendbar.** Das *BAG* (16.1.1975 EzA § 60 HGB Nr. 8) ist davon ausgegangen, dass der Gerechtigkeitsgehalt der Vorschrift nicht überzeugt.

*e) Gerichtliche Geltendmachung*

415 Neben einer Klage des Arbeitgebers auf Unterlassung weiteren Wettbewerbs sowie auf Schadensersatz kommt auch eine einstweilige Verfügung auf Unterlassung von Wettbewerb in Betracht, wenn durch die verbots- bzw. vertragswidrige Tätigkeit dem (bisherigen) Arbeitgeber wesentliche Nachteile zu entstehen drohen, **denen er im Hauptsacheverfahren nicht wirksam begegnen kann** (*Schäfer* Der einstweilige Rechtsschutz im Arbeitsrecht Rn. 115). Das hat das *ArbG Düsseld.*

(21.1.2000 NZA-RR 2001, 248) z. B. in einem Fall bejaht, in dem ein Arbeitnehmer zunächst ordentlich gekündigt hatte mit der Ankündigung, **nach Ablauf der Kündigungsfrist zu einem Konkurrenzunternehmen zu wechseln**, und kurze Zeit später eine wegen Fehlens eines wichtigen Grundes unwirksame fristlose Kündigung erklärt hatte. Denn dann ist ohne weiteres zu vermuten, dass der Arbeitnehmer beabsichtigt, schon vor Ablauf der ordentlichen Kündigungsfrist bei dem Konkurrenzunternehmen seine Tätigkeit aufzunehmen.

### 5. Wahrung des Betriebsfriedens und der betrieblichen Ordnung

#### a) Grundlagen

Die Verpflichtung des Arbeitnehmers, sich innerhalb des Betriebs ordnungsgemäß zu verhalten, folgt zum einen unmittelbar aus der Arbeitspflicht, soweit es um die Erfüllung der versprochenen Dienste geht. Hinsichtlich der Ordnung und des Verhaltens im Betrieb folgt sie aus der dem Arbeitsverhältnis immanenten Rücksichts- bzw. Schutzpflicht (Nebenpflicht) gem. §§ 241 Abs. 2, 242 BGB. 416

Die mit der Erfüllung der Arbeitspflicht zusammenhängenden Verhaltensanforderungen kann der Arbeitgeber durch Arbeitsanweisungen auf der Grundlage seines Direktionsrechts (s. Kap. 1 Rdn. 530 ff.) konkretisieren. 417

**Die Anforderungen an das Verhalten des Arbeitnehmers sind desto höher, je enger das Vertrauensverhältnis zwischen den Vertragspartnern ist.** 418

Jeder Arbeitnehmer ist vertraglich verpflichtet, seinen Arbeitsvertrag ordnungsgemäß zu erfüllen. Dazu gehört auch die Verpflichtung, durch sein Verhalten den Arbeitsablauf und den Betriebsfrieden nicht zu stören. 419

Fraglich ist in diesem Zusammenhang vor allem, ob bereits eine **bloße Gefährdung des Betriebsfriedens** als Verletzung der vertraglichen Arbeitspflicht – mit der Konsequenz möglicher arbeitsrechtlicher Sanktionen – zu qualifizieren ist (s. a. Kap. 4 Rdn. 1157, 2205 ff.). 420

Bei den Beschäftigten in der Privatwirtschaft genügt es jedenfalls nicht, wenn der Arbeitgeber nur auf eine mögliche abstrakte Gefährdung des Betriebsfriedens verweisen kann (*BAG* 9.12.1982 EzA § 626 BGB n. F. Nr. 86). 421

Die daran anschließende Frage, ob dann eine sog. »konkrete Gefährdung« des Betriebsfriedens auf Grund einer tatsächlichen Vermutung oder einer Besorgnis ausreicht, eine bestimmte Aktion sei erfahrungsgemäß geeignet, Störungen im Bereich der betrieblichen Verbundenheit auszulösen, hat das *BAG* (17.3.1988 EzA § 626 BGB n. F. Nr. 116) verneint.

Danach ist die Unterscheidung zwischen einer abstrakten und einer konkreten Gefährdung zu unklar und theoretisch und **praktisch nicht durchführbar**. Denn es ist zweifelhaft, auf wessen Erfahrung es ankommen soll und welche Rechtsfolgen dann eintreten, wenn die Störung entgegen der Erfahrung ausbleibt. Wenn schon die Möglichkeit oder Wahrscheinlichkeit einer Störung des Betriebsfriedens oder der Betriebsordnung als konkrete Beeinträchtigung des Arbeitsverhältnisses anzusehen wäre, dann würden Unwägbarkeiten und voreilige Annahmen zu Streitpunkten gemacht und subjektive Elemente eines Sachverhalts zu entscheidungserheblichen Kriterien erhoben. Ebenso wie bei Störungen in anderen Bereichen bedarf es deswegen auch hinsichtlich des Betriebsfriedens und der Betriebsordnung einer konkreten Beeinträchtigung des Betriebsablaufs in den Beziehungen der Betriebsangehörigen (s. Kap. 4 Rdn. 1157, 2205). 422

#### b) Einzelfragen

##### aa) Politische Betätigung im Betrieb; politische Treuepflicht

Wegen der vertraglichen Verpflichtung zur Wahrung des Betriebsfriedens hat der Arbeitnehmer im Betrieb eine provozierende parteipolitische Betätigung zu unterlassen, durch die sich andere 423

Belegschaftsangehörige belästigt fühlen, durch die der Betriebsfrieden oder der Betriebsablauf in sonstiger Weise konkret gestört oder die Erfüllung der Arbeitspflicht beeinträchtigt wird (*BAG* 9.12.1982 EzA § 626 BGB n. F. Nr. 86).

424 Eine tatsächliche Störung des Betriebsfriedens tritt z. B. dann ein, wenn ein Arbeitnehmer andere Mitarbeiter durch ständige Angriffe auf ihre politische Überzeugung, auf die Gewerkschaften oder ihre religiöse Einstellung reizt und dadurch **erhebliche Unruhe in der Belegschaft hervorruft** (*Hueck* Anm. zu *BAG* AP Nr. 58 zu § 626 BGB).

425 Weder die bloße Mitgliedschaft in einer Partei noch die einfache parteipolitische Betätigung des Arbeitnehmers kann jedoch eine Vermutung für eine konkrete Störung begründen (a. A. *BAG* 4.5.1955 AP Nr. 1 zu § 44 BetrVG für parteipolitische Betätigung).

426 Sie kann allerdings dann kündigungsrechtlich relevant werden, wenn das Arbeitsverhältnis im Leistungsbereich oder der geordnete **Betriebsablauf konkret beeinträchtigt wird** (*BAG* 6.6.1984 EzA § 1 KSchG Verhaltensbedingte Kündigung Nr. 12). Dies ist etwa dann der Fall, wenn die politische Betätigung dazu führt, dass die übrigen Arbeitnehmer sich – berechtigt oder unberechtigt – weigern, mit dem betreffenden Arbeitnehmer weiter zusammenzuarbeiten und hierdurch erhebliche Störungen im betrieblichen Bereich entstehen, die auch durch andere Maßnahmen, etwa durch Umsetzung, nicht verhindert werden können.

427 Die politische Betätigung darf auch die **Geschäftsbeziehungen des Arbeitgebers** nicht stören, insbes. Kunden und Lieferanten nicht provozieren oder ihnen gegenüber den falschen Eindruck erwecken, der Arbeitgeber identifiziere sich mit der Meinung (zum Tragen von Plaketten, Aufklebern usw. s. Kap. 1 Rdn. 301 ff.; s. Kap. 4 Rdn. 2240 ff.). In derartigen Fällen kommt u. U. eine Druckkündigung in Betracht (s. Kap. 4 Rdn. 1561 ff.).

427a Auch ein Arbeitnehmer des **öffentlichen Dienstes** unterliegt nicht in jedem Fall der einem Beamten vergleichbaren – gesteigerten – Treuepflicht. Je nach Stellung und Aufgabenkreis kann von ihm, anders als von einem Beamten, nicht die Bereitschaft verlangt werden, sich mit der Idee des Staates, d. h. seiner freiheitlichen, demokratischen, rechts- und sozialstaatlichen Ordnung zu identifizieren und dafür aktiv einzutreten. **Je nach Funktion** kann ein Arbeitnehmer die ihm nach § 3 Abs. 1 S. 2 TV-L obliegende Pflicht zur Verfassungstreue schon dadurch »wahren«, dass er die **freiheitlich-demokratische Grundordnung nicht aktiv bekämpft** (*BAG* 12.5.2011 EzA § 123 BGB 2002 Nr. 10).

*bb) Duldung persönlicher Kontrollen und ärztlicher Untersuchungen*

428 Dauerkontrollen, Leibesvisitationen, Telefonkontrollen, ärztliche Untersuchungen usw. kollidieren mit dem Grundrecht des Arbeitnehmers auf Unverletzlichkeit seiner Person und seiner Freiheit (Art. 2 Abs. 2 GG), sodass sie grds. nur mit seiner Einwilligung zulässig sind.

429 Diese Einwilligung kann entweder im Einzelfall erteilt werden oder sich daraus ergeben, dass der Arbeitnehmer sich durch Arbeitsvertrag im Voraus der Kontrolle unterwirft. Im letzteren Fall müssen **Umfang und Ausmaß** der Kontrollen festgelegt sein; die konkrete Durchführung muss **billigem Ermessen** entsprechen, d. h. erforderlich und verhältnismäßig sein.

430 Zur Duldung einer ärztlichen Untersuchung oder eines psychologischen Tests während des Arbeitsverhältnisses ist der Arbeitnehmer allenfalls in Ausnahmefällen verpflichtet, z. B. dann, wenn die rechtlich geschützten Interessen des Arbeitgebers oder Dritter Vorrang haben (z. B. bei Seuchengefahr, bei ansteckenden gefährlichen Krankheiten oder bei begründetem Verdacht auf unkontrolliertes Handeln).

431 Ein **begründeter Anlass** für eine psychologische Untersuchung besteht z. B. dann nicht, wenn ein Omnibusfahrer durch verkehrswidriges Verhalten Anlass zu Zweifeln an seiner Eignung gegeben hatte; in diesem Fall ist seine Zustimmung erforderlich (*BAG* 13.2.1964 AP Nr. 1 zu Art. 1 GG).

## A. Pflichten des Arbeitnehmers  Kapitel 3

Vereinzelt ergibt sich eine Duldungspflicht aus dem Gesetz (vgl. z. B. § 33 JArbSchG); sie kann auch durch Einzelvertrag oder Kollektivvertrag, insbes. Tarifvertrag (vgl. z. B. § 7 Abs. 2 BAT; mit anderer inhaltlicher Ausgestaltung jetzt § 3 Abs. 4 TVöD) begründet werden. **432**

### cc) Alkoholgenuss im Betrieb

Jeder Arbeitnehmer unterliegt einem relativen Alkoholverbot insofern, als der Alkoholgenuss die Erfüllung der Arbeitspflicht nicht hindern, nicht zu Fehl- oder Minderleistungen führen und auch das Zusammenwirken der Arbeitnehmer im Betrieb nicht stören darf. **433**

Ein absolutes Alkoholverbot kann sich aus der Arbeitspflicht und der auf § 242 BGB gestützten Rücksichtspflicht ergeben, wenn die vertragliche Arbeitsleistung keinerlei Alkoholgenuss erlaubt, wie z. B. bei Kraftfahrern in Gebieten mit absolutem Alkoholverbot für den Kraftfahrzeugverkehr (vgl. *Künzl* BB 1993, 1581 ff.).

Absolute Alkoholverbote können durch Vereinbarung (Einzelvertrag, Betriebsvereinbarung, Tarifvertrag) festgesetzt werden (vgl. zum Mitbestimmungsrecht des Betriebsrats *BAG* 23.9.1986 EzA § 87 BetrVG 1972 Betriebliche Ordnung Nr. 12; *LAG SchlH* 20.11.2007 NZA-RR 2008, 184). **434**

So entspricht z. B. das durch den Spruch einer Einigungsstelle statuierte absolute Verbot, während der Dienstzeit alkoholische Getränke zu sich zu nehmen als auch das Gebot, bei Dienstantritt nicht unter der Wirkung alkoholischer Getränke zu stehen, dem Verhältnismäßigkeitsgrundsatz und verletzen die allgemeine Handlungsfreiheit (Art. 2 Abs. 1 GG) der **Besatzungsmitglieder eines Schiffs** nicht unangemessen (*LAG SchlH* 20.11.2007 NZA-RR 2008, 184). **435**

Das Persönlichkeitsrecht des Arbeitnehmers (Art. 2 Abs. 1 GG) setzt einer Vereinbarung durch Einzelvertrag keine Grenzen, weil der Arbeitnehmer in ein solches Verbot, das den Kernbereich der Menschenwürde nicht berührt, einwilligen kann. Die **Abwägung der Arbeitgeber- und Arbeitnehmerinteressen im Hinblick auf Sicherheitsbelange und Leistungsminderungen führt i. d. R. zur Zulässigkeit eines absoluten Alkoholverbots** (KassArbR/*Künzl* 2.1 Rn. 913). Fraglich ist aber, inwieweit eine Einheitsregelung oder **Betriebsvereinbarung** wegen des Erfordernisses des Persönlichkeitsschutzes und der notwendigen Beachtung des Verhältnismäßigkeitsprinzips die erforderliche **Einwilligung des Arbeitnehmers** zu Alkoholkontrollen (z. B. durch Blutentnahme) für den Fall des Verdachts des Verstoßes gegen die Betriebsvereinbarung ersetzen kann. Insoweit ist davon auszugehen, dass die Betriebsvereinbarung wegen des Vorrangs des Persönlichkeitsschutzes (Art. 2 Abs. 1 GG) und des Grundrechts auf körperliche Integrität (Art. 2 Abs. 2 GG) die erforderliche Einwilligung des Arbeitnehmers zu **Alkoholkontrollen** (Blutentnahme, Alco-Test) für den Zeitpunkt des Verdachts **grds. nicht ersetzen** und eine **Einwilligungsverpflichtung** auch **nicht generell statuieren kann**. Das *BAG* (12.8.1999 EzA § 1 KSchG Verhaltensbedingte Kündigung Nr. 55) hält den Arbeitnehmer auch regelmäßig **nicht für verpflichtet**, im laufenden Arbeitsverhältnis **routinemäßigen Blutuntersuchungen** zur Klärung, ob er alkohol- oder drogenabhängig ist, zuzustimmen. **436**

Andererseits ist eine Einwilligung des Arbeitnehmers dann entbehrlich, wenn im Einzelfall ein alkoholsensibler Arbeitsplatz häufiger Kontrollen im Interesse der Allgemeinheit bedarf (*Fleck* BB 1987, 2031; *Willemsen/Brune* DB 1988, 2306). **437**

### dd) Rauchen im Betrieb

Rauchen am Arbeitsplatz und im Betrieb ist eine Persönlichkeitsäußerung, die dem Arbeitnehmer stets dann gestattet ist, wenn dadurch die Interessen des Arbeitgebers und Dritter (insbes. der Kollegen) nicht berührt werden. Deshalb bedürfen Rauchverbote einer besonderen Rechtsgrundlage (vgl. *Schillo/Behling* DB 1997, 2022 ff.; *Bergwitz* NZA-RR 2004, 169 ff.). **438**

Gesetzliche Regelungen waren bislang selten; sie betreffen i. d. R. die mit dem Rauchen verbundenen Brand- und Explosionsgefahren. Ferner verpflichten öffentlich-rechtliche Schutzbestimmungen den Arbeitgeber, für bestimmte rauchfreie Zonen im Betrieb zu sorgen (vgl. §§ 5, 32 ArbStättVO). **439**

440 Auf Grund des **Direktionsrechts** kann der Arbeitgeber ein einseitiges Rauchverbot erlassen, wenn es in engem Zusammenhang mit der Arbeitsleistung des Arbeitnehmers steht, z. B. bei Brand- und Explosionsgefahr oder bei der Gefahr der Verunreinigung des Arbeitsprodukts (s. *LAG Köln* 1.8.2008 LAGE § 1 KSchG Verhaltensbedingte Kündigung Nr. 101a zum Rauchverbot in einem Lebensmittelbetrieb). Gem. § **242 BGB** hat der Arbeitnehmer schließlich im Interesse des Arbeitgebers jegliche Belästigung von Geschäftspartnern, vor allem von Kunden, Lieferanten und anderen Arbeitnehmern durch Rauchen zu unterlassen (vgl. *Heilmann* BB 1994, 715).

441 Soweit das Rauchverbot auf einer Weisung des Arbeitgebers beruht, ist es nur im Rahmen des Verhältnismäßigkeitsgrundsatzes (vgl. § 106 GewO/§ 315 Abs. 1 BGB) zulässig, d. h. es muss in seiner konkreten Ausgestaltung erforderlich sein, um das Eigentum bzw. die Geschäftsbeziehungen oder das übrige Personal des Arbeitgebers zu schützen.

442 Es muss ferner **verhältnismäßig** sein, d. h. die Interessen der Raucher und das Interesse des Arbeitgebers, in das auch die Interessen der Kunden, Lieferanten und des Personals einfließen, müssen gegeneinander abgewogen werden (*LAG Frankf./M.* DB 1990, 1193). Deshalb wird ein absolutes Rauchverbot i. d. R. unzulässig sein.

443 Gleichwohl haben Flugbegleiter keinen Anspruch auf Gestattung des Rauchens während der Flugdienstzeiten, nachdem ausschließlich Nichtraucherflüge eingeführt worden sind, verbunden mit einem Rauchverbot für das Kabinenpersonal (*Hess. LAG* 11.8.2000 ARST 2001, 41 LS).

*ee) Persönliche Lärmentwicklung*

444 Beeinträchtigt z. B. der Gebrauch eines Radios, CD- oder MP3-Players, Fernsehers oder Kassettengeräts den Arbeitsablauf, handelt der Arbeitnehmer vertragswidrig. Arbeitet er trotz der von ihm verursachten Geräusche selbst ordnungsgemäß, stört er aber den ordnungsgemäßen Arbeitsablauf anderer Arbeitnehmer, verstößt er gegen seine Rücksichtspflicht gegenüber dem Arbeitgeber (§ 242 BGB).

445 Diese **Unterlassungspflicht kann** durch den Arbeitgeber einseitig durch generelle Weisung oder durch Betriebsvereinbarung z. B. durch Radiohör- oder Musikabhörverbote konkretisiert werden, wobei das Verhältnismäßigkeitsprinzip zu beachten ist.

### 6. Schutz des Unternehmenseigentums

446 Hinsichtlich der ihm überlassenen beweglichen Sachen (z. B. Arbeitsstoffe, Geräte, Fahrzeuge) ist der Arbeitnehmer Besitzdiener i. S. d. § 855 BGB. Er hat folglich gegenüber dem Arbeitgeber kein originäres Besitzrecht i. S. d. §§ 986, 1004 BGB. Andererseits kann er sich aber gegen den Entzug des Besitzes seitens Dritter durch verbotene Eigenmacht mit Gewalt erwehren (Selbsthilferecht, §§ 859, 860 BGB). Dies gilt auch für das Verhältnis der Arbeitnehmer untereinander, soweit nicht ein Gerät mehreren Arbeitnehmern zum abwechselnden Gebrauch zugewiesen ist.

447 Mit der Beendigung des Arbeitsverhältnisses endet für den Arbeitnehmer auch die tatsächliche Sachherrschaft; er hat alle ihm überlassenen Gegenstände herauszugeben.

448 Der Arbeitsvertrag verschafft dem Arbeitnehmer **grds. keine Befugnis zur Benutzung des Arbeitgebereigentums zu privaten Zwecken**, es sei denn, dass ihm dies durch Vereinbarung ausdrücklich, konkludent oder durch betriebliche Übung gestattet ist.

449 Im Übrigen ist der Arbeitnehmer verpflichtet, den Weisungen des Eigentümers oder Besitzers zu folgen und Gefahren von den ihm anvertrauten oder ihm zugänglichen Gütern abzuwenden. Ebenso hat er ihm bekannte **drohende Schäden oder Gefahren rechtzeitig anzuzeigen** und u. U. diese selbst zu reparieren.

A. Pflichten des Arbeitnehmers                                           **Kapitel 3**

## 7. Pflicht zur Verschwiegenheit über betriebliche Angelegenheiten

### a) Grundlagen

Ein Betriebs- oder Geschäftsgeheimnis (vgl. § 17 Abs. 1 UWG) liegt vor, **wenn Tatsachen im Zu-** 450
**sammenhang mit einem Geschäftsbetrieb nur einem eng begrenzten Personenkreis bekannt und**
**nicht offenkundig sind und nach dem Willen des Arbeitgebers auf Grund eines berechtigten wirt-**
**schaftlichen Interesses geheim gehalten werden** (vgl. *BAG* 16.3.1982 EzA § 242 BGB Nachvertragliche Treuepflicht Nr. 1; s. a. *BGH* 3.5.2001 EzA § 611 BGB Betriebsgeheimnis Nr. 4).

Die dem Arbeitsvertrag immanente Rücksichtspflicht kennt anders als § 17 UWG keine Be-  451
schränkung auf Betriebs- und Geschäftsgeheimnisse, erfasst also alle Vorgänge und Tatsachen,
die dem Arbeitnehmer im Zusammenhang mit seiner Stellung im Betrieb bekannt geworden
sind und deren Geheimhaltung im Interesse des Arbeitgebers liegt, wie z. B. persönliche Umstände und Verhaltensweisen des Arbeitgebers (auch Gesetzesverstöße) oder Kenntnisse über Kollegen (vgl. *Kuntz* DB 1993, 2482 ff.).

Verboten ist nicht nur der Verrat, sondern auch jegliche Verwertung der Geheimnisse, ferner die
unbefugte Beschaffung geheimer Informationen (z. B. Einsicht in geheime EDV-Akten mittels
eines nicht offiziell mitgeteilten Kennworts).

Die allgemeine Verschwiegenheitspflicht kann einzelvertraglich innerhalb der Grenzen der §§ 134,  452
138 BGB sowie des Verhältnismäßigkeitsprinzips **erweitert werden** (vgl. *Salger/Breitfeld* BB 2005,
154 ff.). Unverhältnismäßig sind Klauseln, die durch ein anzuerkennendes berechtigtes Interesse
des Arbeitgebers nicht gedeckt sind (vgl. *Preis/Reinfeld* AuR 1989, 364).

Soweit die Äußerung eine Meinung zum Gegenstand hat, kann sich der Arbeitnehmer auf **Art. 5**  453
**Abs. 1 GG** berufen; dieses Grundrecht gilt allerdings nur innerhalb der Schranken des Art. 5 Abs. 2
GG, sodass die (gesetzliche und die vertragliche) Verschwiegenheitspflicht des Arbeitnehmers meist
vorgeht (*BAG* 28.9.1972 AP Nr. 2 zu § 134 BGB). Andererseits ist der Arbeitnehmer aber gem.
Art. 5 Abs. 1 GG nicht gehindert, die ihm bekannten Betriebsinterna zu offenbaren, um damit gewichtige **innerbetriebliche Missstände aufzudecken, die die Öffentlichkeit betreffen und die er**
**durch Vorstelligwerden beim Arbeitgeber nicht verhindern oder beseitigen kann** (*BGH* 20.1.1981
AP Nr. 4 zu § 611 BGB Schweigepflicht). Im Übrigen sind nach dem **Verhältnismäßigkeitsprinzip**
unverhältnismäßige Beeinträchtigungen des Arbeitnehmerinteresses an der freien Meinungsäußerung untersagt.

### b) Einzelfälle

#### aa) Ruf- und kreditschädigende Äußerungen

Ruf- und kreditschädigende Mitteilungen über das Unternehmen oder den Arbeitgeber an Dritte  454
sind, auch wenn sie erweislich wahr sind, nur dann erforderlich, wenn sich der Arbeitnehmer zunächst innerhalb des Betriebes um Abhilfe bemüht hat.

Zunächst ist das **mildeste** Mittel zu wählen, also z. B. Anzeige bei der zuständigen Behörde zu erstat-  455
ten, statt sich etwa an Tageszeitungen zu wenden.

#### bb) Erstattung von Anzeigen; Anschwärzen des Arbeitgebers

Siehe ausf. Kap. 4 Rdn. 1240 ff.                                                            455a

Nach den gleichen Grundsätzen ist die Erstattung von Strafanzeigen oder anderer Anzeigen bei Be-  456
hörden über bestehende oder behauptete Missstände zu beurteilen, von denen für den Arbeitnehmer,
seine Kollegen oder die Öffentlichkeit Gefahren drohen (z. B. bei Verstößen gegen Arbeitsschutzgesetze, Vorschriften des Steuerrechts [Steuerhinterziehungen], unlautere Wettbewerbstätigkeit
des Arbeitgebers; s. *BAG* 3.7.2003 EzA § 1 KSchG Verhaltensbedingte Kündigung Nr. 61;
*EGMR* 21.7.2011 – 28274/08, EzA-SD 16/2011 S. 3 LS = NZA 2011, 1269).

**Kapitel 3**                                Der Inhalt des Arbeitsverhältnisses

457 Sie sind folglich jedenfalls dann zulässig, **wenn sie durch betriebsinternes Vorgehen nicht beseitigt werden können bzw. wenn innerbetriebliche Abhilfemöglichkeiten erfolglos ausgeschöpft worden sind** (so bereits *BAG* 5.2.1959 AP Nr. 2 zu § 70 HGB; s. 7.12.2006 EzA § 1 KSchG Verhaltensbedingte Kündigung Nr. 70).

458 Von innerbetrieblichen Bemühungen kann abgesehen werden, wenn der Arbeitnehmer den Eindruck hat, dass die Gesetzwidrigkeit dem Arbeitgeber bekannt ist und von ihm sogar gebilligt wird, ferner, wenn eine Beseitigung des Fehlers dem Arbeitgeber objektiv unmöglich ist oder aber von ihm nicht erwartet werden kann, wenn es sich um Straftaten gegen den Arbeitnehmer selbst handelt und schließlich auch dann, wenn der innerbetriebliche Abhilfeversuch nach Ablauf einer angemessenen Zeit keine Wirkung gezeigt hat (s. Kap. 4 Rdn. 1240 ff.; *BAG* 7.12.2006 EzA § 1 KSchG Verhaltensbedingte Kündigung Nr. 70; *EGMR* 21.7.2011 – 28274/08, EzA-SD 16/2011 S. 3 LS = NZA 2011, 1269).

459 Unverhältnismäßig ist die Anzeige dann, wenn das Ausmaß der Gesetzwidrigkeit sehr gering und der dem Arbeitgeber **entstehende Schaden** insbes. durch die Rufschädigung **besonders hoch** ist.

460 Das *BAG* (5.2.1959 AP Nr. 2 zu § 70 HGB) hat (noch unter der Geltung des 1969 aufgehobenen § 70 HGB) angenommen, dass nicht nur eine ordentliche, sondern sogar eine außerordentliche **Kündigung** des Arbeitsverhältnisses durch den Arbeitgeber in Betracht kommt, wenn ein Kraftfahrer seinen Arbeitgeber, einen Speditionsunternehmer, wegen **erheblicher und zahlreicher Verstöße** gegen Bestimmungen des Güterfernverkehrsrechts anzeigt, obwohl er **selbst Gefahr lief, sich strafbar zu machen**, oder in den (falschen) Verdacht zu geraten, der allein Verantwortliche zu sein. Demgegenüber hat das *LAG Köln* (23.2.1996 LAGE § 626 BGB Nr. 94) angenommen, dass ein eine außerordentliche Kündigung rechtfertigendes Anschwärzen des Arbeitgebers durch den Arbeitnehmer dann nicht vorliegt, wenn ein Kraftfahrer den ihm zugeteilten LKW **der Polizei zur Überprüfung der Verkehrstüchtigkeit vorstellt, wenn er sachlich begründeten Anlass zu Zweifeln hat**. Davon ist auszugehen, wenn die Polizei bei dieser Gelegenheit tatsächlich die fehlende Verkehrstüchtigkeit des Fahrzeugs (Reifenmängel) feststellt und deswegen sogar die Weiterfahrt verbietet. Voraussetzung ist, dass der Arbeitnehmer zuvor vergeblich versucht hat, den Arbeitgeber zur Herstellung der Verkehrstüchtigkeit zu veranlassen.

461 Gibt ein Arbeitnehmer Informationen an seine **Gewerkschaft** über Arbeitsabläufe im Betrieb weiter, die zu einem Verfahren nach dem OWiG führen können, so kann der Arbeitgeber das Arbeitsverhältnis mit ordentlicher Frist kündigen, wenn durch die Gewerkschaft eine Anzeige an das Gewerbeaufsichtsamt erfolgt. Dies gilt selbst dann, wenn die Arbeitsabläufe mit den geltenden Arbeitsschutzvorschriften nicht in Einklang stehen, andererseits dem Arbeitnehmer zugemutet werden kann, an Stelle einer Anzeige **zunächst andere Maßnahmen zu ergreifen** (*LAG BW* 20.10.1976 EzA § 1 KSchG Verhaltensbedingte Kündigung Nr. 8).

462 Mitteilungen gegenüber der Öffentlichkeit, insbes. der **Presse** sind im Hinblick auf ihre tatsächliche Wirkung nur zulässig im Rahmen des **Verhältnismäßigkeitsprinzips**.

### cc) Arbeitnehmer im Aufsichtsrat

463 Die organschaftliche Rechtsstellung der Mitglieder eines mitbestimmten Aufsichtsrats richtet sich nach allgemeinen aktienrechtlichen Vorschriften. Die dort geregelten **Mandatspflichten (u. a. die Verschwiegenheitspflicht nach § 116 AktG i. V. m. § 93 Abs. 1 S. 3 AktG) werden nicht zugleich Inhalt des Arbeitsverhältnisses**. Eine Verschwiegenheitspflicht der Arbeitnehmervertreter im Aufsichtsrat besteht (grds.) auch gegenüber dem Betriebsrat, selbst wenn ein Arbeitnehmervertreter zugleich Mitglied des Betriebsrats ist. Verstößt der Arbeitnehmervertreter im Aufsichtsrat gegen seine Pflichten aus dem Aufsichtsratsmandat, kommen zunächst die Sanktionen des Gesellschaftsrechts, vor allem die Abberufung aus dem Aufsichtsrat gem. § 103 Abs. 3 AktG, in Betracht. Eine außerordentliche Kündigung des Arbeitsverhältnisses ist nur zulässig, wenn zugleich eine arbeitsvertragliche Pflichtverletzung vorliegt und die Auswirkungen auf das Arbeitsverhältnis so schwer wiegen,

## A. Pflichten des Arbeitnehmers   Kapitel 3

dass jede weitere Beschäftigung des Arbeitnehmers dem Arbeitgeber unzumutbar ist (*BAG* 23.10.2008 EzA § 626 BGB 2002 Nr. 25).

### c) Zeitlicher Geltungsbereich
#### aa) Grundlagen

Die Verschwiegenheitspflicht (§ 17 UWG und arbeitsvertragliche Nebenpflicht, konkretisiert z. B. durch § 9 BAT; § 3 Abs. 1 TVöD) bindet den Arbeitnehmer während der gesamten rechtlichen Dauer des Arbeitsverhältnisses. Im vorvertraglichen Stadium (Vertragsanbahnung) gilt sie nur dann, wenn ein besonderes Vertrauensverhältnis begründet wurde; sie endet mit der rechtlichen **Beendigung des Arbeitsverhältnisses**, soweit nicht § 17 Abs. 2 UWG eingreift. **464**

#### bb) Nachvertragliche Verschwiegenheitspflicht

Eine nachvertragliche Verschwiegenheitspflicht (vgl. *BAG* 16.3.1982 EzA § 242 BGB Nachvertragliche Treuepflicht Nr. 1) besteht nur dann, wenn das Interesse des Arbeitgebers an der Geheimhaltung besonders groß ist und es sich um Tatsachen handelt, die dem Arbeitnehmer auch nach längerer Zeit noch einwandfrei als geschütztes Geheimnis erkennbar sind. Die Abwägung richtet sich nach dem Verhältnismäßigkeitsgrundsatz. Selbst wenn eine Verschwiegenheitspflicht nach diesen Grundsätzen besteht, begründet sie für den Arbeitgeber regelmäßig **keine Ansprüche** gegen den Arbeitnehmer **auf Unterlassung von Wettbewerbshandlungen** (*BAG* 19.5.1998 EzA § 74 HGB Nr. 61; s. *Wertheimer* BB 1999, 1600 ff.). **465**

Eine Nachwirkung kann sich aus § 17 Abs. 2 UWG, u. U. aus dem **Verbot sittenwidrigen Verhaltens** (§ 1 UWG, § 826 BGB) ergeben. Ein leitender Angestellter handelt z. B. sittenwidrig, wenn er nach kurzer Zeit den Betrieb verlässt, um unmittelbar darauf das für die wettbewerbliche Stellung des Arbeitgebers entscheidende Betriebsgeheimnis (vgl. *Richters/Wodtke* NZA-RR 2003, 281 ff.) zu nutzen, wenn ihm dieses nur kraft seiner Vertrauensstellung zugänglich geworden ist, er zu dessen Erlangung nichts beigetragen hat und auf seine Verwertung nach seinem beruflichen Werdegang billigerweise nicht angewiesen ist (*BGH* 21.12.1962 DB 1963, 381). **466**

Eine nachwirkende Schweigepflicht kann im **Tarifvertrag** (vgl. § 9 Abs. 4 BAT, § 3 Abs. 1 TVöD) oder durch **Arbeitsvertrag** geregelt sein, ggf. auch durch Vertragsstrafenregelungen ergänzt werden. Allerdings kann die Schweigepflicht den Arbeitnehmer **nicht daran hindern**, eigene Rechte wahrzunehmen und **Ansprüche einzuklagen** (*BAG* 13.2.1969 AP Nr. 3 zu § 611 BGB Schweigepflicht). **467**

Bei der Vereinbarung nachvertraglicher Schweigepflichten ist zu beachten, dass §§ 74 ff. HGB dann anzuwenden sind, wenn das berufliche Fortkommen des ausgeschiedenen Arbeitnehmers im konkreten Fall mit der Preisgabe oder Verwertung des Geheimnisses verknüpft ist, sodass eine entsprechende Vereinbarung die Wirkung eines nachvertraglichen Wettbewerbsverbots haben und entsprechend § 74 Abs. 2 HGB nichtig sein kann (§ 75d HGB; vgl. *BAG* 16.3.1982 EzA § 242 BGB Nachvertragliche Treuepflicht Nr. 1; 15.12.1987 EzA § 611 BGB Betriebsgeheimnis Nr. 1). **468**

### d) Rechtsfolgen der Schweigepflichtverletzungen

**Schadensersatzansprüche** des Arbeitgebers folgen aus § 823 Abs. 1, 2 BGB i. V. m. § 17 UWG (s. dazu *BGH* 13.12.2007 NZA-RR 2008, 421), §§ 19, 17 UWG, § 826 BGB, § 1 UWG, §§ 280 ff., 241 Abs. 2 BGB bzw. § 311 Abs. 3, 4 BGB. **469**

Bei der Berechnung des Schadens können z. B. Lizenzgebühren verlangt werden, die bei einer Lizenzvergabe erzielt worden wären (*BAG* 24.6.1986 EzA § 252 BGB Nr. 4). Erforderlich ist ein Verschulden des Arbeitnehmers (§ 276 BGB). **470**

471 Zur Vorbereitung einer Schadensersatzklage kann der Arbeitgeber vom Arbeitnehmer **Auskunft** verlangen, wenn auf diese Weise eine Aufklärung des erhobenen Ersatzanspruchs erreicht und nicht nur dessen Durchsetzung erleichtert werden soll.

472 Die Verschwiegenheitspflicht kann, insbes. bei drohender Verletzung, auch durch **Unterlassungsklage** durchgesetzt werden. Je nach Schwere des Verstoßes kann auch eine außerordentliche Kündigung des Arbeitnehmers gerechtfertigt sein (*BAG* 4.4.1974 AP Nr. 1 zu § 626 BGB Arbeitnehmer im Aufsichtsrat; *BAG* 23.10.2008 EzA § 626 BGB 2002 Nr. 25).

473 Schließlich besteht **Strafbarkeit** gem. § 17 UWG.

*e) Verschwiegenheitspflichten auf Grund besonderer Stellung*

474 Arbeitnehmer, die auf Grund einer besonderen Amtsstellung betriebliche Interna erfahren, unterliegen i. d. R. auch einer besonderen gesetzlichen Verschwiegenheitspflicht. Dies gilt vor allem für die Mitglieder des Betriebsrats (**§ 79 Abs. 1 BetrVG**) sowie für alle Arbeitnehmer, die ein sonstiges Amt im Rahmen der Betriebsverfassung oder im Bereich des Personalvertretungsrechts ausüben. Einer besonderen Schweigepflicht unterliegen ferner die Arbeitnehmervertreter im Aufsichtsrat sowie die Mitglieder der Schwerbehindertenvertretung (**§ 96 Abs. 7 SGB IX**).

475 Entsprechendes gilt für Arbeitnehmer im öffentlichen Dienst, vor allem dann, wenn sie gegenüber der Öffentlichkeit in herausragender Stellung tätig sind. Auch sie haben im Rahmen des Verhältnismäßigkeitsprinzips zunächst den innerdienstlichen Beschwerdeweg zu beschreiten, bevor sie das nächst stärkere Mittel anwenden.

476 Hält sich jedoch z. B. eine **Dienstaufsichtsbeschwerde** eines Arbeitnehmers gegen den Vorgesetzten im Rahmen des verfassungsrechtlichen Petitionsrechts (Art. 17 GG), kann dadurch die Rücksichtspflicht nicht verletzt sein (*BAG* 18.6.1970 AP Nr. 82 zu § 1 KSchG).

### 8. Unterlassung unternehmensschädlicher Meinungsäußerungen und der Verbreitung wahrer Tatsachen

*a) Grundlagen*

477 Die Rücksichtspflicht verbietet dem Arbeitnehmer nicht Meinungsäußerungen über Unternehmen, Betrieb und Arbeitgeber. Er ist aber angehalten, Äußerungen zu unterlassen, die den Interessen des Arbeitgebers schädlich sind oder sein können. Denn **Art. 5 Abs. 1 GG gibt jedem das Recht, seine Meinung frei zu äußern**. Die Meinungsfreiheit ist allerdings **nicht vorbehaltlos** geschützt. Denn sie findet ihre Grenze u. a. in den allgemeinen Gesetzen sowie in dem Recht der persönlichen Ehre (*LAG BW* 29.7.2004 AuR 2005, 343 LS).

478 Diese Pflicht kann durch Einzel- oder Kollektivarbeitsvertrag erweitert werden; sie wird flankiert durch spezielle gesetzliche Regelungen (**§ 823 Abs. 1 BGB** [Eingriff in den eingerichteten und ausgeübten Gewerbebetrieb], **§ 824 BGB** bei Kreditgefährdung, **§ 74 Abs. 2 S. 2, 3 BetrVG, § 67 BPersVG**.

479 Unter Berücksichtigung der wechselseitigen verfassungsrechtlichen Schutzpositionen sind unternehmensschädliche Meinungsäußerungen insoweit zu unterlassen, als die Rücksichtnahme auf die unternehmerischen Interessen erforderlich und gegenüber dem Recht auf freie Meinungsäußerung auch nicht unverhältnismäßig ist. Entscheidend sind die Umstände des Einzelfalls. Wegen ihrer überragenden Bedeutung ist die Meinungsfreiheit mit den rechtlichen Interessen abzuwägen, denen das grundrechtsbeschränkende Gesetz dient. **Ziel ist dabei die verhältnismäßige Zuordnung der Rechtsgüter und die Vermeidung übermäßiger Grundrechtsbeschränkungen im Einzelfall.** Von daher hat die Meinungsfreiheit zurückzutreten, wenn die Äußerung sich als Formalbeleidigung oder Schmähung erweist. Dabei wird der Begriff der Schmähkritik jedoch eng gefasst. Eine überzogene und ausfällige Kritik genügt hierfür nicht. Eine Schmähung liegt vielmehr erst dann vor, wenn bei einer Äußerung nicht mehr die Auseinandersetzung in der Sache

selbst, sondern die Diffamierung der Person im Vordergrund steht (*LAG BW* 29.7.2004 AuR 2005, 343 LS).

**§ 8 Abs. 1 BAT** enthält eine Konkretisierung dieser Pflicht für die Angestellten des öffentlichen Dienstes, die sich so zu verhalten haben, wie es von Angehörigen des öffentlichen Dienstes erwartet wird (s. Rdn. 499 ff.); der **TVöD enthält eine vergleichbare Regelung nicht mehr.** 480

### b) Kritische Äußerungen über den Arbeitgeber und Betriebsangehörige

Der Arbeitnehmer darf bei der Ausübung der Meinungsfreiheit nicht den Interessen des Arbeitgebers zuwiderhandeln oder diese beeinträchtigen. Dabei ist der Arbeitnehmer allerdings **nicht gehalten, sich über seinen Arbeitgeber nur positiv zu äußern** (*LAG BW* 29.7.2004 AuR 2005, 343 LS). Kritische Äußerungen über den Arbeitgeber, das Unternehmen oder das Personal (z. B. in Flugblättern) verletzen die Rücksichtspflicht des Arbeitnehmers deshalb nicht, solange keine konkrete Störung des Arbeitsablaufs und des Zusammenlebens im Betrieb (Betriebsfrieden), des Vertrauensverhältnisses zum Arbeitgeber oder der geschäftlichen Beziehungen des Arbeitgebers eintritt. Neben der Verpflichtung, den Betriebsfrieden nicht zu gefährden, gehört zum Gebot der Rücksichtnahme auch die **Verpflichtung zur Loyalität**. Das ist die sich aus dem Arbeitsverhältnis ergebende Nebenpflicht, im ganzen Verhalten Rücksicht zu nehmen auf den Gesamtzweck des Arbeitsverhältnisses und des Betriebes, wie auch auf die Interessen des Arbeitgebers an der Verwirklichung der unternehmerischen Zielsetzung (*LAG BW* 29.7.2004 AuR 2005, 343 LS). Das *BAG* (26.5.1977 EzA § 611 BGB Beschäftigungspflicht Nr. 2) lässt es allerdings genügen, dass es **erfahrungsgemäß zu einer Störung des Betriebsfriedens kommt.** 481

Die Rücksichtspflicht verdient jedenfalls dann stets den Vorrang vor der Meinungsäußerungsfreiheit, wenn es sich um Äußerungen handelt, die darauf abzielen, den Berufsstand des Arbeitgebers im Allgemeinen oder den Arbeitgeber selbst zu diskriminieren und in der allgemeinen Meinung herabzusetzen (*BAG* 28.9.1972 AP Nr. 2 zu § 134 BGB). 482

Höhere Anforderungen an den Arbeitnehmer werden in **Tendenzunternehmen** (vgl. § 118 Abs. 1 BetrVG), für **Arbeitnehmer des öffentlichen Dienstes** (vgl. § 8 Abs. 1 BAT; s. aber jetzt § 3 TVöD, der keine vergleichbare Regelung mehr vorsieht; s. Rdn. 500), für Arbeitsverhältnisse der **Kirchen und kirchlichen Einrichtungen** und **Organe der Betriebsverfassung** und ihre Mitglieder (§ 74 Abs. 2 S. 3 BetrVG, § 67 Abs. 1 BPersVG) gestellt. 483

### c) Unterlassung der Verbreitung wahrer Tatsachen

Die Wiederholung von wahren Tatsachenbehauptungen, die geeignet sind, den Betroffenen herabzusetzen, kann untersagt werden, wenn kein schutzwürdiges Interesse an der öffentlichen Weiterverbreitung besteht. Das ist insbes. dann anzunehmen, wenn die Verbreitung ausschließlich aus **Gründen der Vergeltung** für vermeintlich früher zugefügtes Unrecht geschieht (*BAG* 26.8.1997 EzA § 1004 BGB Nr. 6). 484

### d) Falsche Verdächtigung

Erst recht ist der Arbeitnehmer verpflichtet, falsche Verdächtigungen anderer Arbeitnehmer zu unterlassen (vgl. *OLG Koblenz* 23.1.2003 BB 2003, 854 m. Anm. *Weber* BB 2003, 855 ff.). Wer Unterschlagungen am Arbeitsplatz durch Urkundenfälschungen ermöglicht, die den Tatverdacht auf einen völlig unbeteiligten Kollegen lenken, der daraufhin fristlos gekündigt wird, ist verpflichtet, dem Arbeitgeber alsbald den wahren Sachverhalt soweit zu offenbaren, dass der Scheintäter umfassend entlastet wird. Kommt der wahre Täter dieser Verpflichtung nicht nach, haftet er für den gesamten aus dem Arbeitsplatzverlust entstandenen Schaden auch dann, wenn der Geschädigte den Kündigungsschutzprozess aus vertretbaren Erwägungen vergleichsweise beendet hat (*OLG Koblenz* 23.1.2003 BB 2003, 854). 485

## 9. Annahme von Schmiergeldern

*a) Grundlagen*

486 Der Arbeitnehmer darf keine Schmiergelder, das sind geldwerte Geschenke oder andere Vorteile, durch die seine Tätigkeit seitens Dritter beeinflusst oder eine solche Tätigkeit nachträglich belohnt werden soll, annehmen.

487 **Es genügt, dass das Schmiergeld in der Erwartung gegeben wird, der Arbeitnehmer werde die Interessen des Schmiergeldgebers berücksichtigen.** Ob und inwieweit etwas anderes für gebräuchliche Gelegenheitsgeschenke gilt, kann im Einzelfall zweifelhaft sein (z. B. Weihnachtsgeschenke, Trinkgelder). Die im Geschäftsverkehr üblichen **kleinen Aufmerksamkeiten** gelten nach der von Branche zu Branche unterschiedlichen Verkaufsauffassung als ungeeignet, den Arbeitnehmer zu beeinflussen.

488 Das Annahmeverbot folgt aus der allgemeinen Loyalitätspflicht des Arbeitnehmers. Wer als Arbeitnehmer Schmiergelder annimmt, verpflichtet sich damit gegenüber anderen, wenn auch nur moralisch, und untergräbt damit seine Loyalität gegenüber dem Arbeitgeber. Der Dritte gewinnt in irgendeiner Form Einfluss auf den Geschäftsbereich des Arbeitgebers, ohne dass sich damit unbedingt konkrete Absichten verbinden.

489 Normative Regelungen enthalten **§ 12 Abs. 1 UWG, § 10 Abs. 1 BAT, § 3 Abs. 2 TVöD** (Ausnahmen nur mit Zustimmung des Arbeitgebers); die Schmiergeldannahme kann im Übrigen sittenwidrig gem. §§ 138, 826 BGB sein.

*b) Rechtsfolgen*

490 Eine **Strafbarkeit** gem. § 12 Abs. 2 UWG ist nur dann gegeben, wenn das Schmiergeld im Hinblick auf eine unlautere Bevorzugung beim Bezug von Waren oder gewerblichen Leistungen im Wettbewerb erfolgt; eine Schädigung des Arbeitgebers ist nicht erforderlich.

491 Die Schmiergeldabrede ist **sittenwidrig** (§ 138 BGB); im Übrigen gilt i. d. R. § 817 S. 2 BGB für einen Bereicherungsanspruch des Schmiergeldgebers. Der infolge der Zahlung zustande gekommene Vertrag ist dann sittenwidrig, wenn die Schmiergeldzahlung als solche den Inhalt des Vertrages in sittenwidriger Weise beeinflusst hat; im Übrigen ist das Geschäft seitens des Arbeitgebers i. d. R. gem. § 123 Abs. 1 BGB anfechtbar.

492 Der Arbeitgeber hat gegen den Arbeitnehmer einen **Unterlassungsanspruch**, gerichtet auf die Unterlassung jeder weiteren Illoyalität (§§ 1004, 823 Abs. 2 BGB, § 12 Abs. 2 UWG).

493 **Entstandene Schäden** hat der Arbeitnehmer aus §§ 280 ff., 241 Abs. 2 BGB sowie gem. §§ 823 Abs. 1, 826, 823 Abs. 2 BGB i. V. m. §§ 263, 266 StGB zu ersetzen.

494 Eine tatsächliche Vermutung spricht dafür, dass das Schmiergeld regelmäßig zum erwünschten Erfolg führt. Ferner spricht im Hinblick auf die Höhe des Schadens eine Vermutung dafür, dass dem Arbeitgeber wertmäßig zumindest der dem Arbeitnehmer gewährte Vorteil als Gegenleistung angeboten worden wäre, wenn das Schmiergeld nicht bezahlt worden wäre.

495 Hinsichtlich des Schmiergeldes steht dem Arbeitgeber gem. §§ 667, 681, 687 Abs. 2 BGB ein **Herausgabeanspruch** gegen den Arbeitnehmer zu, allerdings nur dann, wenn dieser befugt war, selbstständig für den Arbeitgeber Verträge abzuschließen und Preise und sonstige Vertragsbedingungen auszuhandeln (*BAG* 15.4.1970 AP Nr. 4 zu § 687 BGB; 26.2.1971 AP Nr. 5 zu § 687 BGB).

## 10. Unternehmensschädliche Einwirkung auf Kollegen (insbes. Abwerbung)

496 Der Arbeitnehmer darf grds. nicht auf seine Kollegen einwirken, damit diese den ordnungsgemäßen Arbeitsablauf im Betrieb stören oder mindern. Dies gilt insbes. für die **Abwerbung** von Kollegen.

Unzulässig ist (auch nach ordnungsgemäßer Vertragsbeendigung) jede ernsthafte und beharrliche 497
Einwirkung auf Kollegen mit dem Ziel, sie zu einem Arbeitgeberwechsel zu veranlassen (vgl. zum
»Headhunting« *Benecke/Pils* NZA-RR 2005, 561 ff.).

**Zulässig sind allerdings** Gespräche über einen geplanten eigenen Arbeitsplatzwechsel, über bessere 498
Arbeitsbedingungen bei einem anderen Arbeitgeber oder die gelegentliche Frage eines leitenden Angestellten an einen unterstellten Arbeitnehmer, ob er mit ihm gehen würde, falls er sich selbstständig machen würde (vgl. *Schmiedl* BB 2003, 1120 ff.).

### 11. Außerdienstliche Verhaltenspflichten

Ausnahmsweise kann der Arbeitnehmer auf Grund der Arbeitspflicht gehalten sein, ein bestimm- 499
tes außerdienstliches Verhalten zu unterlassen (z. B. als Chauffeur den Alkoholgenuss vor Arbeitsantritt). Ferner gebietet die Rücksichtspflicht dem Arbeitnehmer, grds. unternehmensschädliche Äußerungen über unternehmensinterne Fakten und eigene Meinungen über das Unternehmen zu unterlassen.

**Gem. § 8 Abs. 1 S. 1 BAT** musste sich der Angestellte des öffentlichen Dienstes innerhalb und au- 500
ßerhalb des Dienstes so verhalten, dass das Ansehen des Arbeitgebers nicht beeinträchtigt wird. Die Anforderungen dafür richteten sich nach der jeweiligen Funktion des Angestellten. Das schloss die Verpflichtung zur **Mäßigung** bei politischer Betätigung unbeschadet des Grundrechts zur freien Meinungsäußerung gem. Art. 5 Abs. 1 GG ein (*BAG* 23.2.1959 AP Nr. 1 zu Art. 5 Abs. 1 GG Meinungsfreiheit) ein. Zu beachten ist aber, dass der TVöD eine **vergleichbare Regelung nicht mehr enthält**. Die Regelungen des TVöD stellen für die Beschäftigten des öffentlichen Dienstes keine über die in § 41 TVöD-BT-V genannten Pflichten hinausgehenden Anforderungen an die private Lebensführung. Die Pflicht aus § 241 Abs. 2 BGB, auf die Interessen der anderen Vertragspartei – auch außerhalb der Arbeitszeit – Rücksicht zu nehmen, gilt **allerdings auch für die Beschäftigten des öffentlichen Dienstes**. Ein außerdienstliches Verhalten des Beschäftigten vermag die berechtigten Interessen des öffentlichen Arbeitgebers folglich nur zu beeinträchtigen, wenn es einen **Bezug zur dienstlichen Tätigkeit** hat. Das ist dann der Fall, wenn es negative Auswirkungen auf den Betrieb oder einen Bezug zum Arbeitsverhältnis hat. Fehlt ein solcher Zusammenhang, scheidet eine Pflichtverletzung regelmäßig aus (*BAG* 27.1.2011 EzA § 626 BGB 2002 Verdacht strafbarer Handlung Nr. 10). Der notwendige Bezug kann dann gegeben sein, wenn ein Arbeitnehmer eine **Straftat unter Nutzung von Betriebsmitteln** oder betrieblichen Einrichtungen begeht, wenn sich der öffentliche Arbeitgeber staatlichen Ermittlungen ausgesetzt sieht oder wenn er mit der Straftat durch den Arbeitnehmer selbst in Verbindung gebracht wird (*BAG* 28.10.2010 EzA § 1 KSchG Verhaltensbedingte Kündigung Nr. 78 = NZA 2011, 112).

**Davon abgesehen besteht grds. keine Verpflichtung, den Lebenswandel dem Unternehmen ent-** 501
**sprechend einzurichten**. Ausnahmen bestehen insoweit in Tendenzunternehmen und Kirchen bzw. kirchlichen Einrichtungen. Erfasst sind auch z. B. Einrichtungen der Caritas, der Diakonie, kirchlich getragene Krankenhäuser, Schulen, Kindergärten, soweit sie durch die rechtmäßige kirchliche Autorität anerkannt sind.

Welche kirchlichen Grundverpflichtungen als Gegenstand des Arbeitsverhältnisses bedeutsam sein 502
können, wie eine Abstufung zum Auftrag der Kirche vorzunehmen ist, richtet sich nach den **von der verfassten Kirche anerkannten Maßstäben** (*BVerfG* 4.6.1985 EzA § 611 BGB Kirchliche Arbeitnehmer Nr. 24).

Die Kirche hat die Befugnis, den ihr angehörenden Arbeitnehmern die Beachtung jedenfalls der 503
tragenden Grundsätze der kirchlichen Glaubens- und Sittenlehre aufzuerlegen und zu verlangen, dass sie nicht gegen die fundamentalen Verpflichtungen verstoßen, die sich aus der Zugehörigkeit zur Kirche ergeben und die jedem Kirchenglied obliegen (*BVerfG* 4.6.1985 EzA § 611 BGB Kirchliche Arbeitnehmer Nr. 24; s. Rdn. 514 ff.; Kap. 4 Rdn. 3116 ff.).

## 12. Pflicht zur Unternehmensförderung

### a) Anzeige drohender Gefahren/Schäden

504 Der Arbeitnehmer ist i. d. R. verpflichtet, bemerkbare oder voraussehbare drohende Schäden oder Gefahren im eigenen Arbeitsbereich, die etwa während der Arbeitsleistung auftreten (z. B. Ausbleiben von Materialanlieferungen, Fehler an Stoffen, Geräten, Maschinen, Werkzeugen, Gebäuden) dem Arbeitgeber anzuzeigen.

505 **Die Verpflichtung ist desto intensiver, je größer die Vertrauensstellung des Arbeitnehmers für den Arbeitgeber ist.** Die Anzeige darf dann unterbleiben, wenn die Störung dem Arbeitgeber bereits bekannt ist oder mit großer Wahrscheinlichkeit bekannt sein müsste, ferner dann, wenn sie dem Arbeitnehmer unzumutbar ist (z. B. fehlende Kommunikationsmöglichkeit eines Außendienstmitarbeiters).

506 Diese Grundsätze gelten je nach den Umständen des Einzelfalles auch für Störungen und Schäden, die nicht dem eigenen Arbeitsbereich des Arbeitnehmers zuzurechnen sind, sowie für solche, die durch Kollegen drohen.

507 Ist der Arbeitnehmer vertraglich nicht zur Aufsicht verpflichtet (z. B. bei gleichgestellten Arbeitnehmern), ist eine Anzeigepflicht nur bei **Gefahr schwerer Schäden** gegeben, sodass der Arbeitnehmer von einer Anzeige absehen kann, wenn diese lediglich den Kollegen schädigt, vom Betrieb aber keinen Schaden abwendet, weil z. B. Wiederholungsgefahr nicht zu befürchten ist. Maßgeblich ist eine Abwägung der widerstreitenden Interessen nach dem **Verhältnismäßigkeitsgrundsatz** (so *BGH* 23.2.1989 BB 1989, 650 für die Verpflichtung eines freien Mitarbeiters, dem Dienstberechtigten Verstöße Dritter gegen ein vertragliches Wettbewerbsverbot anzuzeigen).

508 Die Anzeige kann auch gegenüber einem zuständigen außenstehenden Dritten (z. B. Feuerwehr, Behörde) erstattet werden, wenn Abhilfe innerhalb des Betriebes nicht möglich erscheint oder wenn der Schaden dem Arbeitnehmer oder einem Dritten droht, ohne dass der Arbeitgeber durch entsprechende Maßnahmen in angemessener Zeit Abhilfe schafft.

### b) Verhinderung von Störungen und Beseitigung von Schäden

509 Darüber hinaus kann der Arbeitnehmer auch verpflichtet sein, im Rahmen des Möglichen und Zumutbaren drohende Störungen oder Schäden zu verhindern bzw. eingetretene Schäden zu beheben.

510 In Not- und Katastrophenfällen ist der Arbeitnehmer auf Grund vertraglicher Nebenpflicht zur Abwendung von Schaden vom Betrieb verpflichtet. Dazu gehört es auch, andere Tätigkeiten als vereinbart oder Mehrarbeit zu leisten (*BAG* 3.12.1980 EzA § 615 BGB Nr. 39).

511 **Grenzen** für derartige Einsätze ergeben sich aus gesetzlichen (vgl. § 14 ArbZG) und tarifvertraglichen Bestimmungen sowie aus den Grundsätzen der Verhältnismäßigkeit.

### c) Anzeige persönlicher Arbeitsverhinderung

512 Der Arbeitnehmer muss die Zeiten voraussehbarer persönlicher Arbeitsverhinderung (insbes. gem. § 616 S. 1 BGB) rechtzeitig mitteilen.

### d) Verhältnis zu Arbeitskollegen

513 Eine vertragliche »Fürsorgepflicht« des Arbeitnehmers gegenüber seinen Kollegen besteht dagegen nicht, sodass lediglich § 823 Abs. 1 BGB gilt. Andererseits sind drohende Gefahren und Schäden für Kollegen häufig zugleich auch eine Gefahr für einen reibungslosen Betriebsablauf, sodass der Arbeitnehmer **mittelbar** dazu angehalten ist, sie nicht nur dem Arbeitgeber, sondern auch den betroffenen Arbeitnehmern anzuzeigen bzw. tätig zu werden.

### e) Förderung des Unternehmenszwecks

Mit der Ausnahme der Beschäftigung bei einem Tendenzunternehmen besteht **grds. keine Pflicht** des Arbeitnehmers, die Unternehmensziele über die Erfüllung der Arbeitspflicht und die allgemeinen Schutz- und Rücksichtspflichten hinaus durch aktive Tätigkeit zu fördern. **514**

Kennzeichnendes Merkmal für die Arbeitsverträge von **Pressejournalisten** ist die auch tarifvertraglich im Pressewesen zwingend vorgesehene Klausel über die Bindung des Redakteurs an bestimmte, vom Verleger festgelegte Richtlinien über die grundsätzliche Haltung oder die Zielsetzung der jeweiligen Zeitung oder Zeitschrift. Der Arbeitnehmer hat deshalb – nicht nur während der Arbeitszeit, sondern auch außerdienstlich – alles zu unterlassen, was den Eintritt des angestrebten Unternehmenserfolges vereitelt. **515**

Der Umfang der jeweiligen **Tendenzobliegenheiten** richtet sich nach den arbeitsvertraglichen Hauptpflichten des Redakteurs, die sich aus der Eigenart des Presseorgans (»Tendenz«) und der im Arbeitsvertrag festgelegten Arbeitsaufgabe und Stellung in der Redaktion ergeben. **516**

Es gilt der Grundsatz der **abgestuften Loyalitätsobliegenheiten** je nachdem, in welchem Maße der einzelne Redakteur durch seine vertraglichen Aufgaben an der Tendenzverwirklichung beteiligt ist (s. *BVerfG* 4.6.1985 EzA § 611 BGB Kirchliche Arbeitnehmer Nr. 24). **517**

Außerdienstliche Loyalitätsobliegenheiten kommen insbes. für Redakteure im Bereich der sog. **Richtungspresse**, also bei Zeitungen und Zeitschriften in Betracht, die entschieden für bestimmte Weltanschauungen, Wirtschaftsinteressen, Religionsgemeinschaften, Parteien, Verbände usw. eintreten. Wer hier ein tendenzbezogenes journalistisches Arbeitsverhältnis eingeht, verpflichtet sich damit, diese Tendenz nicht nur in seiner redaktionellen Arbeit zu verwirklichen, sondern auch – im Interesse der Glaubwürdigkeit seiner Arbeit und seines Blattes –, **auf ein dazu in Widerspruch stehendes Verhalten zu verzichten.** Er darf also auch in anderen Medien oder sonst öffentlich die Tendenz seines Blattes nicht angreifen oder unglaubwürdig machen. **518**

Insoweit handelt es sich zwar nicht um eine Pflicht, der ein einklagbarer Rechtsanspruch des Arbeitgebers auf Erfüllung entspricht, wohl aber um eine Loyalitätsobliegenheit, deren Nichtbeachtung vertragliche Sanktionen (**Abmahnung, Kündigung**) auslösen kann. **519**

### 13. Nebenbeschäftigung

#### a) Grundlagen

Unter Nebentätigkeit ist jede Tätigkeit zu verstehen, die außerhalb des in Rede stehenden Arbeitsverhältnisses beim gleichen Arbeitgeber, bei einem anderen Arbeitgeber oder auf andere Weise (z. B. selbstständig) ausgeübt wird (vgl. *Braun* AuR 2004, 47 ff.). **520**

Entscheidendes Kriterium ist die **anderweitige Verwertung der Arbeitskraft**, auch z. B. durch Ehrenämter, Gefälligkeiten. **521**

Dem Arbeitnehmer steht die Verwendung seiner Arbeitskraft außerhalb der Arbeitszeit **grds. frei** (Art. 2 Abs. 1, 12 Abs. 1 GG; vgl. *BAG* 14.8.1969 AP Nr. 45 zu § 1 ArbKrankhG; *Hess. LAG* 19.8.2003 LAG Report 2004, 97). Deshalb ist es z. B. einer Juristin grds. nicht verwehrt, ihre Arbeitskraft auch anderweitig einzusetzen (*LAG Düsseld.* 8.10.2003 AuR 2005, 74). **522**

#### b) Grenzen der Nebentätigkeit

Der Arbeitnehmer hat aber andererseits jede Beschäftigung zu **unterlassen, die mit der Arbeitspflicht kollidiert** bzw. den berechtigten Interessen des Arbeitgebers zuwiderläuft (*LAG Düsseld.* 8.10.2003 AuR 2005, 74). Das kann dann der Fall sein, wenn sie gleichzeitig ausgeübt wird, und bei nicht gleichzeitiger Ausübung, wenn die vertraglich vereinbarte Arbeitsleistung darunter leidet, u. U. auch dann, wenn nur die konkrete Gefahr einer Beeinträchtigung der Arbeitsleistung besteht. **523**

**524** Denn der Arbeitnehmer hat alles zu unterlassen, was seine Fähigkeit zur Erbringung der Arbeitsleistung herabsetzt oder stören kann. In Betracht kommt eine Überbeanspruchung der Kräfte des Arbeitnehmers, ferner eine Ausübung einer Konkurrenztätigkeit bzw. eine Nebenbeschäftigung während krankheitsbedingter Arbeitsunfähigkeit.

**525** Der kranke Arbeitnehmer muss sich so verhalten, dass er möglichst bald wieder gesund wird; er hat alles zu unterlassen, was seine Genesung verzögern könnte (*BAG* 11.11.1965 AP Nr. 40 zu § 1 Arb-KrankhG). Allerdings besteht **keine generelle Pflicht, während der Krankheit jede Nebentätigkeit zu unterlassen**; entscheidend sind die Umstände des konkreten Einzelfalles (vgl. *Wertheimer/Krug* BB 2000, 1462 ff.). Bei der Bestimmung der Reichweite des **im laufenden Arbeitsverhältnis z. B. bestehenden Wettbewerbsverbots** muss die durch Art. 12 Abs. 1 GG geschützte Berufsfreiheit des Arbeitnehmers stets Berücksichtigung finden. Daher ist im Rahmen einer Gesamtwürdigung aller Umstände des Einzelfalls festzustellen, ob die anderweitige Tätigkeit zu einer Gefährdung oder Beeinträchtigung der Interessen des Arbeitgebers führt. Aus der Stellung des Arbeitnehmers oder der Art der Tätigkeit muss eine unmittelbare Beeinträchtigung schutzwürdiger Interessen des Arbeitgebers drohen. Es spricht viel dafür, dass **bloße Hilfstätigkeiten** ohne Wettbewerbsbezug **nicht erfasst** werden; die nur untergeordnete wirtschaftliche Unterstützung eines Wettbewerbers reicht nicht aus (*BAG* 24.3.2010 EzA § 611 BGB 2002 Nebentätigkeit Nr. 1).

**526** Zwar benötigt der Arbeitnehmer für eine Nebenbeschäftigung grds. keine Genehmigung (s. aber Rdn. 532 ff.); gleichwohl muss er eine bevorstehende Nebenbeschäftigung anzeigen (§ 242 BGB; *BAG* 18.11.1988 EzA § 611 BGB Teilzeitarbeit Nr. 3), wenn die Interessen des Arbeitgebers bedroht sind, d. h. wenn die Aufnahme der weiteren Tätigkeit tatsächliche und/oder rechtliche Rückwirkungen auf den Arbeitgeber hat.

**527** Das ist z. B. nicht der Fall bei einer nicht-gewerblichen Nebentätigkeit (z. B. einem Ehrenamt), die ohne sozialversicherungs-, steuer- oder arbeitszeitrechtliche Konsequenzen ausgeübt werden kann. Demgegenüber kann eine **Anwaltskanzlei**, die zu einem erheblichen Teil Vermieter als Großmandanten vertritt, auf Grund eines berechtigten Interesses einer angestellten Anwältin die **Nebentätigkeit bei einem Mieterverein** untersagen (*LAG Düsseld.* 8.10.2003 AuR 2005, 74).

**528** Wird die Nebenbeschäftigung in einem Arbeitsverhältnis (§§ 1, 2 ArbZG) ausgeübt, sind §§ 3, 5 ArbZG zu beachten. Bei der Ermittlung der zulässigen Höchstarbeitszeit sind die Beschäftigungszeiten aller Arbeitsverhältnisse zusammenzurechnen (vgl. *Hunold* NZA 1995, 558 ff.).

**529** Sind auf die Nebenbeschäftigung andersartige Arbeitszeitvorschriften anzuwenden (Hauptbeschäftigung in der Industrie, Nebentätigkeit in Haushalt, Landwirtschaft), richtet sich die Beurteilung der Arbeitszeit nach den Arbeitszeitvorschriften, die für die überwiegend ausgeführte Beschäftigung gelten.

**530** Zu den Rechtsfolgen, die dann eintreten, wenn die Höchstarbeitszeit überschritten wird (Beschäftigungsverbot, Wirksamkeit der abgeschlossenen Verträge) s. Kap. 2 Rdn. 50 f.; s. a. Rdn. 515 ff.

**531** Für Kinder oder Jugendliche gilt § 4 Abs. 5 JArbSchG.

*c) Vereinbarte Nebentätigkeitsverbote*

**532** Nach dem Grundsatz der Vertragsfreiheit (§§ 311 Abs. 1, 241 BGB) können Nebentätigkeitsverbote grds. auch frei vereinbart werden. Im Hinblick auf Art. 2 Abs. 1, 12 Abs. 1 GG ist jedoch ein **generelles Verbot** jedweder Nebentätigkeit **unzulässig** (*BAG* 11.12.2001 EzA § 611 BGB Nebentätigkeit Nr. 6; 28.2.2002 EzA § 611 BGB Nebentätigkeit Nr. 5; 13.3.2003 NZA 2003, 976; *OLG Naumburg* 9.10.2006 NZA-RR 2007, 521 LS).

**533** Verbreitet ist deshalb die arbeits- oder tarifvertragliche Klausel, eine Nebenbeschäftigung bedürfe der Zustimmung des Arbeitgebers; sie stellt die Aufnahme einer beruflichen Tätigkeit unter Erlaubnisvorbehalt (*BAG* 11.12.2001 EzA § 611 BGB Nebentätigkeit Nr. 6; 28.2.2002 EzA § 611

## A. Pflichten des Arbeitnehmers Kapitel 3

BGB Nebentätigkeit Nr. 5; 13.3.2003 NZA 2003, 976; *Hess. LAG* 10.7.2001 NZA-RR 2002, 446).

Zulässig ist ein derartiges Verbot nur dann, wenn die Nebentätigkeit die vertraglich geschuldete **534** Leistung oder betriebliche Interessen beeinträchtigen würde und wenn für den Fall, dass sie mit den Anforderungen des Arbeitsplatzes vereinbar ist, dem Arbeitnehmer ein Anspruch auf Erteilung der Genehmigung gewährt wird (Genehmigungsvorbehalt; *BAG* 3.12.1970 AP Nr. 60 zu § 626 BGB; 11.12.2001 EzA § 611 BGB Nebentätigkeit Nr. 6). Bei einem Genehmigungsvorbehalt ist die Genehmigung nach billigem Ermessen (§ 106 GewO/§ 315 BGB) zu erteilen, soweit die beabsichtigte Tätigkeit **nicht zu einer konkreten Gefährdung berechtigter dienstlicher Interessen führt** (*BAG* 13.3.2003 NZA 2003, 976; *Hess. LAG* 10.7.2001 NZA-RR 2002, 446).

▶ Beispiele: **535**
- Ein mit den Aufgaben eines Rechtsschutzsekretärs beauftragter Angestellter der DGB-Rechtsschutz-GmbH hat keinen Anspruch auf Zustimmung zur Ausübung einer Nebentätigkeit, sofern eine **gegenständliche und eine zeitliche Überschneidung beider Tätigkeiten** zu befürchten ist (*BAG* 21.9.1999 EzA § 611 BGB Nebentätigkeit Nr. 3).
- Das in einem Tarifvertrag für vollzeitig beschäftigte Busfahrer vereinbarte Verbot von Nebentätigkeiten, die mit dem Lenken von Kraftfahrzeugen – also ein **inhaltlich-gegenständlich beschränktes Verbot** – verbunden sind, ist mit Art. 12 Abs. 1 GG vereinbar (*BAG* 26.6.2001 EzA § 611 BGB Nebentätigkeit Nr. 4).
- Der Arbeitgeber kann die Erteilung einer Nebentätigkeitsgenehmigung verweigern, **wenn die angestrebte Nebentätigkeit zwingend die Änderung des Arbeitsvertrages dahin erfordert,** dass der Arbeitnehmer **völlig frei über Arbeitszeit und Arbeitsumfang disponieren kann** (*Hess. LAG* 19.8.2003 LAG Report 2004, 97).

Ist eine Überschreitung der Arbeitszeitgrenzen des ArbZG nicht ausgeschlossen, hat der Arbeitgeber **536** gegen den Arbeitnehmer Anspruch auf Auskunft über das Ob und den Umfang der beruflichen Nebentätigkeit. Denn der Arbeitgeber ist Adressat des öffentlich-rechtlichen Arbeitsschutzes. Er hat die Einhaltung der dort bestimmten Höchstarbeitszeiten zu überwachen; gem. § 2 Abs. 1 S. 1 ArbZG sind die Arbeitszeiten bei mehreren Arbeitgebern zusammenzurechnen (*BAG* 11.12.2001 EzA § 611 BGB Nebentätigkeit Nr. 6).

Tarifliche Regelungen bestehen für den Bereich des **öffentlichen Dienstes** (Zustimmungs-, Geneh- **537** migungspflicht gem. §§ 11 BAT, 3 Abs. 3 TVöD, 11 MTG, 13 MTB II, 13 MTL II; vgl. dazu *Braun* ZTR 2004, 69 ff.).

Gem. § 11 BAT, § 3 Abs. 3 TVöD kann einem Angestellten die Nebentätigkeitsgenehmigung nicht **538** deshalb verweigert werden, weil eine »gewerbliche Tätigkeit durch Mitarbeiter des öffentlichen Dienstes in der Öffentlichkeit unter Berücksichtigung des sicheren Arbeitsplatzes und des garantierten Einkommens **auf Unverständnis stößt«** (*LAG Düsseld.* 14.2.1995 AP Nr. 1 zu § 611 BGB Nebentätigkeit), ebenso wenig aus **allgemeinen arbeitsmarktpolitischen Gesichtspunkten** (*LAG Hamm* 28.9.1995 NZA 1996, 723).

Die einem Angestellten des öffentlichen Dienstes (z. B. einem Dezernentenfahrer) erteilte Genehmi- **539** gung einer Nebentätigkeit von wöchentlich 7 Stunden 42 Minuten kann vom Arbeitgeber **widerrufen werden** bzw. der Angestellte hat keinen Anspruch auf erneute Erteilung, wenn er auf Grund der Tätigkeit für ein Busunternehmen durch Wochenendfahrten nach Spanien und zurück allein durch die Lenkzeiten den Zeitrahmen der genehmigten Tätigkeit regelmäßig, mehrfach und deutlich überschreitet. Denn allein die nachhaltige Überschreitung rechtfertigt die Besorgnis der Beeinträchtigung dienstlicher Interessen durch die Nebentätigkeit. Darauf, ob der Angestellte bei seinen Fahrten ausreichende Ruhepausen einlegen konnte, sei es im fahrenden Bus oder vor Ort, kommt es nicht an (*LAG RhPf* 30.1.1997 NZA-RR 1997, 324 LS). Bei **teilzeitbeschäftigten Angestellten** im öffentlichen Dienst kommt eine Versagung der Nebentätigkeitsgenehmigung i. d. R. erst dann in Betracht, wenn die zeitliche Beanspruchung durch die Nebentätigkeit zusammen mit der zeitlichen Beanspruchung durch die Teilzeittätigkeit die regelmäßige tarifliche wöchentliche Arbeitszeit zu mehr als 1/5 überschreitet (*LAG RhPf* 18.8.2005 NZA-RR 2006, 217).

540 Hat im öffentlichen Dienst ein Arbeitgeber mit einem Angestellten auf Dauer Sonderurlaub ohne Fortzahlung der Bezüge allein zur Vermeidung versorgungsrechtlicher Nachteile vereinbart und ist eine vorzeitige Beendigung des Urlaubs ausgeschlossen, stehen der Erlaubnis zur Aufnahme einer beruflichen Tätigkeit berechtigte dienstliche Interessen i. d. R. nicht entgegen. Dies gilt auch dann, wenn der Angestellte im Zuständigkeitsbereich seiner (früheren) Beschäftigungsbehörde tätig wird (*BAG* 13.3.2003 NZA 2003, 976). Offen gelassen hat das *BAG* (13.3.2003 NZA 2003, 976) in dieser Entscheidung, ob § 11 S. 1 BAT, § 3 Abs. 3 TVöD auch das Erfordernis und die Voraussetzungen einer Nebentätigkeitsgenehmigung in einem dauerhaft ruhenden Arbeitsverhältnis regelt, bei dem eine Wiederaufnahme der Hauptleistungspflichten vertraglich ausgeschlossen ist.

Diese Grundsätze gelten auch für Angestellte, die im Rahmen der Sicherheitskontrolle an einem Flughafen eine beamtengleiche Tätigkeit ausüben; das *Hess. LAG* (10.7.2001 NZA-RR 2002, 446) hat deshalb ein Nebentätigkeitsverbot bestätigt.

Einem in einem Krankenhaus beschäftigten Krankenpfleger ist es nicht gestattet, eine Nebentätigkeit als Leichenbestatter auszuüben, weil dadurch berechtigte Interessen des Arbeitgebers erheblich beeinträchtigt werden (*BAG* 28.2.2002 ZTR 2002, 490).

541 **Teilzeitbeschäftigte Angestellte** bedürfen nach § 11 BAT, § 3 Abs. 3 TVöD i. V. m. § 68 Abs. 1 Nr. 3 LBG NW auch dann einer Genehmigung für eine Nebentätigkeit, wenn die zeitliche Beanspruchung durch die Teilzeittätigkeit zusammen mit der zeitlichen Beanspruchung durch die Nebentätigkeit die regelmäßige tarifliche wöchentliche Arbeitszeit eines vollzeitbeschäftigten Angestellten nicht überschreitet.

542 Wird eine solche Nebentätigkeit ohne Genehmigung ausgeübt, kann die Erteilung einer **Abmahnung** wegen dieses Verhaltens berechtigt sein (*BAG* 30.5.1996 EzA § 611 BGB Abmahnung Nr. 34).

543 Auch unabhängig von einer tarifvertraglichen Genehmigungs- oder Zustimmungspflicht muss eine Nebentätigkeit dem Arbeitgeber angezeigt werden, soweit dadurch dessen Interessen bedroht sind. Dies ist der Fall, wenn die Nebentätigkeit mit der vertraglich geschuldeten Arbeitsleistung nicht vereinbar ist und die Ausübung der Nebentätigkeit somit eine Verletzung der Arbeitspflicht darstellt.

544 **Verweigert ein Arbeitnehmer** trotz Aufforderung des Arbeitgebers über Jahre hinweg **Angaben über einen Teil seiner erheblichen Nebentätigkeiten** völlig und gibt er über einen anderen Teil zum Umfang seiner arbeitsmäßigen Beanspruchung keine Auskunft, sind die berechtigten Interessen des Arbeitgebers an der ordnungsgemäßen Vertragserfüllung bedroht. Der Anspruch des Arbeitgebers gem. § 242 BGB, ihm die Nebentätigkeiten zweier genau bezeichneter Dreimonatszeiträume nachträglich anzuzeigen, damit er sein weiteres Vorgehen (z. B. Ausübung eines bisher nicht geltend gemachten tariflichen Zustimmungserfordernisses) prüfen kann, ist in diesem Fall begründet (*BAG* 18.1.1996 EzA § 242 BGB Auskunftspflicht Nr. 5).

545 Ein als **Hörfunk-Sprecher** tätiger Angestellter, auf dessen Arbeitsverhältnis der MTV für den NDR anwendbar ist, hat Anspruch auf Erteilung der Zustimmung zu einer Nebentätigkeit bei einem anderen Anbieter von Rundfunk- und Fernsehsendungen, wenn **nicht zu besorgen** ist, dass durch die Nebentätigkeit die **Interessen des NDR beeinträchtigt werden**. Diese Besorgnis besteht dann, wenn der Angestellte bei einem anderen im publizistischen und finanziellen Wettbewerb mit dem NDR stehenden Anbieter von Fernsehprogrammen Nachrichtentexte aus dem »Off« sprechen soll (*BAG* 24.6.1999 EzA § 611 BGB Nebentätigkeit Nr. 2).

546 Die Nebentätigkeit beeinträchtigt auch dann dienstliche Interessen des Arbeitgebers, wenn ein Arzt des medizinischen Dienstes als Nebentätigkeit Gutachten für private Kranken- und Pflegeversicherungen erstattet. Der medizinische Dienst erbringt als Körperschaft des öffentlichen Rechts seine Leistungen ausschließlich für gesetzliche Kranken- und Pflegeversicherungen und

wird von diesen durch Umlagen finanziert. Er hat daher ein berechtigtes Interesse daran, weder unmittelbar noch mittelbar deren Konkurrenten, zu denen die privaten Kranken- und Pflegeversicherungen gehören, zu fördern. Dies wäre der Fall, wenn der Arbeitgeber privaten Kranken- und Pflegeversicherungen den Sachverstand und die Erfahrungen der bei ihm angestellten Ärzte zur Verfügung stellte, indem er diesen Nebentätigkeitsgenehmigungen zur Erstattung ärztlicher Gutachten erteilte (*BAG* 28.2.2002 NZA 2002, 928 LS).

Dass der Arbeitgeber solche Nebentätigkeiten in der Vergangenheit für genehmigungsfähig gehalten und dies in einer Dienstanweisung festgehalten hat, begründet keine Rechte für die Zukunft. Der Arbeitgeber ist nämlich an eine von ihm selbst erlassene Dienstanweisung nur so lange gebunden, wie er sie anwendet (*BAG* 28.2.2002 NZA 2002, 928 LS).

Angestellte sind im Übrigen nach § 11 S. 1 BAT, § 3 Abs. 3 TVöD i. V. m. den beamtenrechtlichen Vorschriften der Landesnebentätigkeitsverordnungen z. B. für BW verpflichtet, Vergütungen für Nebentätigkeiten, die sie für andere Arbeitgeber im öffentlichen Dienst ausüben, abzuliefern, soweit bestimmte Beträge überschritten werden. Diese tarifliche Regelung verstößt weder gegen Art. 12 Abs. 1 GG noch gegen Art. 3 Abs. 1 GG (*BAG* 25.7.1996 EzA § 11 BAT Nr. 2). **547**

#### d) Sanktionen für Verbotsverstöße

Ansprüche aus pFV (§§ 280 ff., 241 Abs. 2 BGB) kommen in Betracht, wenn es wegen der Nebenbeschäftigung zu einer Beeinträchtigung des Hauptarbeitsverhältnisses (**Schlecht- oder Nichtleistung**) kommt. **548**

Fraglich ist, was dann gilt, wenn der Arbeitnehmer bei geringfügiger Beschäftigung eine Nebenbeschäftigung verschwiegen hat und der Arbeitgeber die dadurch z. B. gem. § 8 Abs. 2 SGB IV anfallenden Arbeitgeber- und Arbeitnehmeranteile zur Sozialversicherung nachentrichten muss. **549**

Seit dem 1.4.2003 tritt die Versicherungspflicht gem. § 8 Abs. 2 S. 3 SGB IV n. F. **jedenfalls dann** ein, wenn bei der **Zusammenrechnung** gem. § 8 Abs. 2 SGB IV festgestellt wird, dass die Voraussetzungen einer geringfügigen Beschäftigung nach § 8 Abs. 1 SGB IV **nicht mehr** vorliegen. Wirksam wird sie allerdings erst mit dem Tag der **Bekanntgabe der Feststellung durch die Einzugsstelle** oder einen Träger der Rentenversicherung. **550**

Nach der Rechtsprechung des *BAG* (18.11.1988 EzA § 611 BGB Teilzeitarbeit Nr. 3; 27.4.1995 EzA § 28g SGB IV Nr. 1) gelten **folgende Grundsätze**: **551**

– Nimmt ein Arbeitnehmer, der geringfügig beschäftigt und daher in der gesetzlichen Kranken- und Rentenversicherung versicherungsfrei ist, eine weitere geringfügige Beschäftigung auf, ist er **verpflichtet, dies seinem Arbeitgeber mitzuteilen**. **552**

Denn im Außenverhältnis ist dieser – unabhängig davon, ob er Kenntnis von der Mehrfachbeschäftigung hat oder nicht – gegenüber den Sozialversicherungsträgern gem. § 28e SGB IV der alleinige Zahlungs- und Haftungsschuldner (für das eigene Beschäftigungsverhältnis mit dem Arbeitnehmer). Folglich hat er, falls insgesamt die Geringfügigkeitsgrenze überschritten wird, auch entsprechende Beiträge in vollem Umfang nachzuentrichten, sofern die vierjährige Verjährungsfrist des § 25 SGB IV noch nicht abgelaufen ist. Lediglich im Innenverhältnis haben Arbeitgeber und Arbeitnehmer die Beiträge je zur Hälfte zu tragen (§§ 249 Abs. 1, 2 SGB V, § 168 Abs. 1 Nr. 1 SGB VI, §§ 340 ff. SGB III). **553**

– Eine **Mitteilungspflicht** besteht allerdings nicht als vertragliche Nebenpflicht stets ohne weiteres, sondern **nur dann, wenn dies zwischen den Parteien ausdrücklich vereinbart worden ist**. Im Urteil vom 18.11.1988 (EzA § 611 BGB Teilzeitarbeit Nr. 3) war eine entsprechende Verpflichtung eindeutig und unmissverständlich im Arbeitsvertrag vorgesehen. Im Urteil vom 27.4.1995 (EzA § 28g SGB IV Nr. 1) hat das BAG dagegen – einzelfallbezogen – eine **Mitteilungspflicht verneint** und dies wie folgt begründet: **554**

»Auf der Rückseite des von der Beklagten unterschriebenen formularmäßigen Arbeitsvertrages heißt es zwar, der Arbeitnehmer verpflichte sich, um die Versicherungsfreiheit zu erhalten, alle Änderungen in den persönlichen Verhältnissen sofort zu melden. Die Änderungen beziehen sich aber auf die auf der Vorderseite gemachten Angaben. Da dort gar nicht nach weiteren Beschäftigungen gefragt wurde, konnten sich insoweit gar keine mitteilungspflichtigen Änderungen ergeben. Die Beklagte konnte darauf vertrauen, dass sie nicht vertraglich verpflichtet war, etwas als Änderung anzugeben, wonach sie überhaupt nicht gefragt worden war.«

Im Übrigen greift hier zu Gunsten der Beklagten auch die Unklarheitenregel ein. Enthält ein auf Veranlassung und im Interesse des Arbeitgebers geschlossener Formularvertrag unklare Regelungen, so gehen diese zu Lasten des Arbeitgebers, der bei der Formulierung für die nötige Klarheit hätte sorgen müssen (vgl. *BAG* 18.9.1991 EzA § 339 BGB Nr. 14).

555 — Verletzt der Arbeitnehmer die Anzeigepflicht, ist er dem Arbeitgeber zum **Schadensersatz** – Erstattung der verauslagten Beiträge – verpflichtet. Zu dem zu ersetzenden Schaden gehören **jedoch nicht die Arbeitgeberanteile der Beiträge** zur gesetzlichen Kranken- und Rentenversicherung, die der Arbeitgeber nachentrichten muss. Denn bei diesen handelt es sich nicht um einen kausalen Schaden aus der Auskunftspflichtverletzung; der Arbeitgeber hätte sie auch bei ordnungsgemäßer Anzeige der Mehrfachbeschäftigung durch den Arbeitnehmer entrichten müssen. Auch **eine deliktsrechtliche Ersatzpflicht (§§ 823, 826 BGB) gegenüber dem Arbeitgeber** tritt **jedenfalls dann nicht ein**, wenn der Arbeitnehmer bei seiner **Einstellung nicht nach dem Bestehen weiterer geringfügiger Beschäftigungsverhältnisse gefragt worden ist** (*BAG* 27.4.1995 EzA § 28g SGB IV Nr. 1).

556 — Eine **Vereinbarung** der Arbeitsvertragsparteien, nach der der Arbeitnehmer bei Verletzung der Anzeigepflicht dem Arbeitgeber Schadensersatz **pauschal in Höhe der nachentrichteten Arbeitgeberanteile schuldet, ist nichtig**. Das Gleiche gilt für eine Vereinbarung der Arbeitsvertragsparteien, nach der der Arbeitnehmer eine weitere geringfügige Beschäftigung nicht aufnehmen darf.

557 — Was gilt, wenn der Arbeitnehmer auf ausdrückliches Befragen des Arbeitgebers die weitere Beschäftigung **bewusst verschwiegen hat**, hat das *BAG* (27.4.1995 EzA § 28g SGB IV Nr. 1) offen gelassen. Das *LAG RhPf* (14.10.1992 – 2 Sa 315/92, n. v.) sowie das *Hess. LAG* (12.10.1992 – 10 Sa 360/92) haben für diesen Fall einen Schadensersatzanspruch bejaht. Das *BSG* (10.9.1987 NZA 1988, 629) hat unter den Voraussetzungen des § 826 BGB einen derartigen Anspruch erwogen.

558 — Hinsichtlich der **Arbeitnehmeranteile** hat das *BAG* (27.4.1995 EzA § 28g SGB IV Nr. 1) zunächst die Rückforderung auf das Lohnabzugsverfahren gem. §§ 394 f., 1397 RVO beschränkt, sodass der Arbeitgeber die Arbeitnehmeranteile nach Beendigung des Arbeitsverhältnisses nicht mehr geltend machen konnte. Auf Grund des ab 1.1.1989 geltenden § 28g SGB IV gilt diese Sperre nicht mehr, wenn der Arbeitnehmer **vorsätzlich oder grob fahrlässig gehandelt hat**. Der Arbeitgeber kann deshalb – bei vorsätzlicher oder grob fahrlässiger Verletzung der Offenbarungspflicht – die vorgelegten Arbeitnehmeranteile auch auf andere Weise als durch Verrechnung mit den drei nächsten Lohn- oder Gehaltszahlungen zurückfordern, z. B. durch **gerichtliche Klage**. Anspruchsgrundlagen sind §§ 280 ff., 241 Abs. 2 BGB sowie §§ 28g, 28 o SGB IV.

559 — Eine **Unterlassungsklage** gegen den Arbeitnehmer ist grds. unzulässig.

560 — Allerdings kommt die Erklärung einer Kündigung des Arbeitsverhältnisses in Betracht. Zu beachten ist aber, dass **allein der Verlust der Versicherungsfreiheit keinen Kündigungsgrund darstellt** (*BAG* 18.11.1988 EzA § 611 BGB Teilzeitarbeit Nr. 3).

### e) Zeitliche Kollisionen von Mehrfach-Arbeitsverhältnissen

561 Kollidiert die Arbeitszeit von zwei Arbeitsverhältnissen (vertragswidriges Doppelarbeitsverhältnis), sind die kollidierenden Verträge **grds. rechtswirksam** (s. Kap. 2 Rdn. 52 f.). Für die betroffenen Arbeitgeber kommt eine Unterlassungsklage nicht in Betracht; kommt der Arbeitnehmer seiner Arbeitsverpflichtung im vertraglich geschuldeten Umfang ganz oder teilweise nicht nach, haftet er allerdings auf **Schadensersatz** wegen verschuldeter Unmöglichkeit.

## A. Pflichten des Arbeitnehmers  Kapitel 3

### 14. Auskunftspflichten im bestehenden Arbeitsverhältnis

Der Arbeitnehmer ist auch nach seiner Einstellung verpflichtet, Fragen des Arbeitgebers zu seiner Vor- und Ausbildung zu beantworten, wenn davon auszugehen ist, dass die bei der Einstellung abgegebenen Erklärungen und danach erfolgte Ergänzungen nicht mehr vollständig vorhanden sind. Gleiches gilt dann, wenn der Anspruchsberechtigte in entschuldbarer Weise über Bestehen und Umfang seines Rechts im Ungewissen ist, während der Verpflichtete unschwer Auskunft erteilen kann (*BAG* 18.1.1996 EzA § 242 BGB Auskunftspflicht Nr. 5). 562

Der Arbeitnehmer ist allerdings nicht verpflichtet, außergerichtliche Erklärungen zu möglichen Kündigungsgründen abzugeben, soweit nicht besondere rechtliche Grundlagen hierfür bestehen. 563

Der **öffentliche Arbeitgeber** darf nach dem GG z. B. nur solche **Lehrer** einsetzen, die zu den Werten der freiheitlichen demokratischen Grundordnung i. S. d. GG stehen. Zur Sicherstellung dieser Aufgabe sind solche Fragen gegenüber dem Lehrer zulässig, die **Zweifel an dessen Eignung** im Zusammenhang mit seiner früheren Tätigkeit **betreffen**. Hierzu gehören Fragen nach der Tätigkeit für das frühere Ministerium für Staatssicherheit (MfS) und nach Funktionen in politischen Parteien und Massenorganisationen der ehemaligen DDR (*BAG* 7.9.1995 EzA § 242 BGB Auskunftspflicht Nr. 4; vgl. zur Kündigung *BAG* 21.6.2001 NZA 2002, 168). 564

Demgegenüber ist ein Arbeitnehmer ohne konkrete Anhaltspunkte mangels entsprechender Anspruchsgrundlage nicht verpflichtet, einen **Fragebogen** über seine Beziehungen zur Scientology Organisation auszufüllen (*ArbG München* 24.10.2000 NZA-RR 2001, 296). 565

### 15. Sanktionen der Nebenpflichtverletzung (Überblick)

Erfüllt der Arbeitnehmer eine **Nebenleistungspflicht** (die gem. §§ 157, 242 BGB mit der Hauptleistungspflicht, der Arbeitspflicht, verbunden ist; s. Rdn. 353 ff.) nicht oder fehlerhaft, wirkt das auf die Hauptleistungspflicht zurück, sodass die **Sanktionen für Hauptleistungspflichten** eingreifen (Anspruch auf Erfüllung der Arbeitsverpflichtung; Rechtsfolgen der Unmöglichkeit, s. Rdn. 568 ff.; Rechtsfolgen der Schlechtleistung, s. Rdn. 612 ff.). 566

Bei **Nebenpflichten**, die sich aus dem Schutzrechtsverhältnis zwischen Arbeitgeber und Arbeitnehmer ergeben, kommen in Betracht: 567
– **Klage auf Erfüllung** der Schutzpflicht, wenn sie auf ein Tätigwerden des Arbeitnehmers (z. B. bei Teilnahme an einem Noteinsatz außerhalb des eigenen Arbeitsbereichs) gerichtet ist; es gelten die gleichen Grundsätze wie für die Arbeitsleistungspflicht;
– **Unterlassungsklagen** bei einer Schutzpflicht, die dem Arbeitnehmer ein bestimmtes Handeln untersagt (z. B. bei der Verletzung von Wettbewerbsverboten oder Verschwiegenheitspflichten), wenn insbes. Wiederholungsgefahr besteht;
– Ansprüche auf **Schadensersatz** wegen Nichterfüllung sowie aus §§ 280 ff., 241 Abs. 2 BGB;
– Geltendmachung einer vertraglich vereinbarten **Vertragsstrafe**;
– Verhängung einer **Betriebsbuße** nach Maßgabe der Regelung in einem Tarifvertrag oder in einer Betriebsvereinbarung (z. B. Verwarnung, Verweis, Geldbuße);
– Erteilung einer **Abmahnung**;
– Erklärung einer **Kündigung**.

### IX. Nichtleistung der Arbeit

#### 1. Grundlagen

Der Arbeitsvertrag ist ein gegenseitiger Vertrag gem. §§ 320 ff. BGB, sodass die Vorschriften über die Leistungsstörungen anwendbar sind (*BAG* 8.10.1959 AP Nr. 14 zu § 56 BetrVG). Dies gilt auch nach dem Schuldrechtsmodernisierungsgesetz. 568

Zu beachten ist, dass die Arbeitspflicht als absolute **Fixschuld** verstanden wird, **sodass die geschul- 569 dete und nicht erbrachte Leistung bereits mit dem exakt vorbestimmten Arbeitsbeginn oder mit** der vorzeitigen Beendigung der Arbeitsleistung als nicht nachholbar endgültig unmöglich wird. Für einen Schuldnerverzug bleibt kein Raum. **Ist der Arbeitgeber allerdings nicht unbedingt an einem präzisen Arbeitsbeginn interessiert** (z. B. bei einer Teilzeitstelle, die nur mit einem Arbeitnehmer besetzt ist), oder ist es dem Arbeitnehmer, falls nichts anderes vereinbart ist, auch möglich, die während eines geringfügigen Zeitraums ausgefallene Arbeitsleistung noch nachzuholen, ist davon auszugehen, dass ein **Erfüllungszeitraum** besteht, der sich nach der Natur, dem Inhalt und dem Zweck des Vertrages bestimmt. Solange er andauert, d. h. **solange die Arbeitsleistung nachholbar ist, bleibt der Arbeitnehmer im Leistungsverzug** (*BAG* 17.3.1988 EzA § 626 BGB n. F. Nr. 116). Erst mit der Beendigung des Erfüllungszeitraums wird dem Arbeitnehmer die Erfüllung der Arbeitspflicht unmöglich.

570 Erfüllungswirkung gem. § 362 BGB hat nur die zur vereinbarten Arbeitszeit erbrachte Arbeitsleistung.

### 2. Unmöglichkeit der Leistung und Verzug

571 Hinsichtlich des Arbeitnehmers ist die bewusste Zurückhaltung der Arbeit und deren eigenmächtige Unterbrechung Nichterfüllung, sodass bei Verschulden § 280 BGB (zur Unmöglichkeit s. Rdn. 312 ff.) anwendbar ist. Der Arbeitnehmer handelt z. B. dann fahrlässig, wenn er vorwerfbar irrtümlich Tatsachen annimmt, die einen Freistellungsanspruch begründen oder vorwerfbar annimmt, zur Arbeitsverweigerung berechtigt zu sein. Die Fahrlässigkeit ist nur dann ausgeschlossen, wenn er die Rechtslage etwa auf Grund der Rechtsprechung sorgfältig geprüft und erkundet hat (*BAG* 12.4.1973 AP Nr. 24 zu § 611 BGB Direktionsrecht).

572 Hat der Arbeitnehmer (z. B. infolge von Krankheit) die Unmöglichkeit nicht verschuldet, sehen z. B. § 616 BGB, §§ 2 ff. EFZG Ausnahmen für den gem. § 326 Abs. 1 BGB dann an sich gegebenen Wegfall des Entgeltanspruchs vor; insoweit bestehen **zahlreiche vom Grundsatz »ohne Arbeit kein Lohn« abweichende Tarif- oder Betriebsnormen** (vgl. *BAG* 11.9.1985 EzA § 616 BGB Nr. 30).

573 Zufallsbedingte Unmöglichkeit, z. B. wenn der Arbeitnehmer infolge von Verkehrsstörungen nicht am Arbeitsplatz erscheinen kann (Ausfall öffentlicher Verkehrsmittel, Naturkatastrophen wie Hochwasser usw.), führt gem. § 326 Abs. 1 BGB zum Wegfall des Lohnanspruchs. Das gilt selbst dann, wenn der Arbeitgeber aus Entgegenkommen Fahrmöglichkeiten zur Verfügung stellt, der Werksbus aber wegen Eisglätte z. B. nicht verkehren kann (*BAG* 8.12.1982 EzA § 616 BGB Nr. 23).

### 3. Rechtsfolgen von Unmöglichkeit und Verzug

*a) Nachleistungsanspruch*

574 Der Arbeitgeber hat einen Nachleistungsanspruch gem. § 611 BGB bei Leistungsverzug des Arbeitnehmers, also insbes. **im Rahmen des Erfüllungszeitraums** (s. Rdn. 569). Nach Ablauf des Erfüllungszeitraums tritt Unmöglichkeit ein, sodass eine Nachleistung nicht mehr möglich ist. Generell besteht keine Nachleistungspflicht bei endgültiger Leistungsunmöglichkeit, insbes. bei Vertragsbruch.

*b) Mehrarbeit*

575 Ordnet der Arbeitgeber **Mehrarbeit des betroffenen Arbeitnehmers zur Nachholung der versäumten Arbeitszeit an,** braucht er den tariflichen **Mehrarbeitszuschlag nicht zu zahlen** (*BAG* 25.7.1957 AP Nr. 1 zu § 4 AZO). Denn dann muss sich der Arbeitnehmer grds. Arbeitszeit, die er an anderen Arbeitstagen z. B. über die geschuldeten acht Stunden hinaus leistet, jedenfalls in einem gewissen Umfang auf die nicht geleisteten Arbeitsstunden anrechnen lassen. Andernfalls würde er durch die Gewährung eines Mehrarbeitszuschlages für die von ihm verschuldete Arbeitsversäumnis sogar noch belohnt. Eine solche Anrechnung ist zulässig, weil es der Arbeitnehmer andernfalls in der Hand hätte, mit Hilfe verschuldeter Arbeitsversäumnis zu Überstundenzuschlägen zu kommen. Das wäre

aber mit den Grundsätzen von **Treu und Glauben** nicht vereinbar (*BAG* 25.7.1957 AP Nr. 1 zu § 4 AZO).

Im Rahmen der §§ 280 ff., 249, 251 BGB hat der Arbeitnehmer die Kosten der angefallenen Mehrarbeit anderer Arbeitnehmer (Differenz zwischen der Vergütung des Arbeitnehmers und dem Entgelt der für ihn eingestellten Ersatzkraft, Mehrvergütung für Überstunden anderer Arbeitnehmer, anteilige Vergütung für die Mitarbeiter, die die ausgefallene Arbeitsleistung fiktiv übernehmen mussten, ohne dass es darauf ankommt, ob die Arbeit tatsächlich übernommen wurde oder ob sie liegen geblieben ist [»normativer Schaden«; vgl. *BAG* 24.4.1970 AP Nr. 5 zu § 60 HGB]) sowie den hypothetischen Schaden, der ohne den Ausgleich entstanden wäre, wenn der Arbeitgeber den Arbeitsausfall in eigener Person ausgeglichen hat (*BAG* 24.8.1967 AP Nr. 7 zu § 249 BGB), zu ersetzen. 576

### c) Weitere Kosten

Hinzukommen können **Stillstandskosten** für eine gemietete Maschine, **Konventionalstrafen**, die für Auftragsverspätung fällig werden, u. U. Rechtsanwaltskosten (*BGH* 30.4.1986 AP Nr. 28 zu § 249 BGB). Zu ersetzen ist auch der **entgangene Gewinn** (§ 252 BGB); insoweit kann der Arbeitgeber Beweiserleichterungen gem. § 287 ZPO in Anspruch nehmen (vgl. *BAG* 27.1.1972 AP Nr. 2 zu § 252 BGB). 577

### d) Zurückbehaltungsrecht

Ein Zurückbehaltungsrecht des Arbeitgebers an den **Arbeitspapieren** (Zeugnis, Urlaubsbescheinigung, Arbeitsbescheinigung [§ 312 SGB III], Sozialversicherungsnachweis und Lohnsteuerkarte) **besteht nicht** (*BAG* 20.12.1958 AP Nr. 2 zu § 611 BGB Urlaubskarte). 578

### e) Kürzung von freiwilligen Sozialleistungen

Inwieweit freiwillige Sozialleistungen (z. B. Gratifikationen, Anwesenheitsprämien) bei einer vom Arbeitnehmer zu vertretenden Leistungsunmöglichkeit gekürzt werden können, hängt, sofern keine entsprechende ausdrückliche Regelung vorhanden ist, davon ab, ob die Sozialleistung an die Arbeitsleistung oder an andere Merkmale, wie z. B. an die geleistete Betriebstreue anknüpft. 579

Ist sie Vergütung für Arbeitsleistung, so besteht kein Anspruch; s. Rdn. 1032 ff. Wird dagegen an die Betriebstreue angeknüpft, ist entscheidend, ob die Unmöglichkeit vorübergehend oder endgültig ist. Die vorübergehende Leistungsunmöglichkeit hat grds. keinen Einfluss auf die geschuldete Leistung »Betriebstreue«, sodass eine Kürzung nicht in Betracht kommt (*BAG* 29.8.1979 EzA § 611 BGB Gratifikation, Prämie 63). 580

### f) Lohnminderung bei Abbruch der Ausbildung

Nach Auffassung des *LAG Düsseld.* (26.6.1984 DB 1985, 180) kann der Ausbildende vom Auszubildenden bei vorzeitigem Abbruch der Ausbildung keinen Schadensersatz mit der Begründung verlangen, die bis dahin erbrachte Arbeitsleistung entspreche nicht der gezahlten Ausbildungsvergütung. Der Ersatz anderer Schäden – z. B. Inseratskosten – wird dadurch aber nicht ausgeschlossen. 581

### g) Weitere Rechtsfolgen

Die Arbeitsversäumnis kann nicht nachträglich auf den Urlaub angerechnet werden (s. Rdn. 2332 ff.). 582

Der Arbeitgeber kann den Arbeitnehmer bei Nichterfüllung der Arbeitsverpflichtung nach Ablauf von 4 Wochen bei der gesetzlichen Krankenkasse abmelden (§ 192 Abs. 1 Nr. 1 SGB V). 583

*h) Durch die Beendigung des Arbeitsverhältnisses entstandene Schäden*

**584** Wird wegen der Leistungsunmöglichkeit das Arbeitsverhältnis vom Arbeitgeber gekündigt, so kann er gem. § 628 Abs. 2 BGB den sog. **Auflösungsschaden** (s. Kap. 4 Rdn. 1611 ff.) ersetzt verlangen, wenn er dem Arbeitnehmer wegen vertragswidrigen Verhaltens fristlos gekündigt hat (vgl. auch § 89 Abs. 2 HGB, § 23 BBiG). Zu ersetzen ist der Schaden, der dem Arbeitgeber auf Grund der vorzeitigen Vertragsbeendigung entstanden ist.

**585** Kosten für die **Anwerbung einer Ersatzkraft** sind davon nur dann erfasst, wenn sie durch die überstürzte Vertragsbeendigung entstanden sind und bei vertragsgemäßer Einhaltung der Kündigungsfrist nicht entstanden wären (*BAG* 23.3.1984 EzA § 249 BGB Nr. 16). Gem. § 628 Abs. 1 S. 2 BGB kommt ein Wegfall des zuvor verdienten Arbeitsentgelts des Arbeitnehmers in Betracht, wenn die bisherige Arbeitsleistung infolge der Kündigung für den Arbeitgeber kein Interesse mehr hat.

**586** Zum Antrag des Arbeitgebers auf Verurteilung des Arbeitnehmers zur Zahlung einer Entschädigung gem. § 61 Abs. 2 S. 1 ArbGG s. Rdn. 345 f.

### 4. Pauschalierter Schadensersatz

**587** In der Literatur wird z. T. die Auffassung vertreten (vgl. *Kraft* NZA 1989, 777), dass **vertragliche Pauschalierungsabreden**, wie sie im Zusammenhang mit Kaufverträgen für grds. wirksam gehalten werden, auch im Arbeitsrecht vorbehaltlich einer **gerichtlichen Billigkeitskontrolle** (s. jetzt § 310 Abs. 4 S. 2 i. V. m. §§ 305 ff. BGB n. F.) zulässig sind. Allerdings muss dann der Arbeitgeber bei entsprechendem Vorbringen des Arbeitnehmers im Prozess nachweisen, dass der vereinbarte Pauschalbetrag schadenstypisch ist.

### 5. Vertragsstrafe

*a) Grundlagen*

*aa) Grundsätzliche Zulässigkeit*

**588** Nach der Rechtsprechung des *BAG* (vgl. 23.5.1984 AP Nr. 9 zu § 339 BGB) können die Parteien rechtswirksam (auch formlos) eine **Vertragsstrafe** (§§ 339 ff. BGB) **für den Fall des Vertragsbruchs oder einer fristlosen Entlassung wegen schuldhaften Verhaltens des Arbeitnehmers vereinbaren.** § 888 Abs. 3 ZPO i. V. m. § 61 Abs. 2 ArbGG stehen dem nicht entgegen, weil sie gerade das Interesse des Arbeitgebers an der zusätzlichen Sicherung seines Erfüllungsanspruchs als schutzwürdig anerkennen. **Das gilt auch nach der Schuldrechtsreform** (*BAG* 4.3.2004 EzA § 309 BGB 2002 Nr. 1; 18.8.2005 EzA § 307 BGB 2002 Nr. 6; 18.12.2008 NZA-RR 2009, 519; ebenso *LAG SchlH* 2.2.2005 NZA-RR 2005, 351; *LAG BW* 5.1.2005 – 2 Sa 86/04, EzA-SD 7/05 S. 11 LS; *Preis* NZA 2004, 1014 ff.; *Hauck* NZA 2006, 816 ff.; *Winter* BB 2010, 2757 ff.; *Haas/Fuhlrott* NZA-RR 2010, 1 ff.; a. A. *LAG Hamm* 24.1.2003 LAGE § 309 BGB 2002 Nr. 4; *Hess. LAG* 25.4.2003 – 17 Sa 1723/02, ZTR 2004, 325 LS; *Däubler* NZA 2001, 1336).

**589** Der Vorteil der Vereinbarung einer Vertragsstrafe besteht für den Arbeitgeber darin, dass er damit den bei Vertragsbruch und sonstigen schweren Pflichtverstößen des Arbeitnehmers nur schwer führbaren Schadensnachweis nicht erbringen muss (vgl. *Kraft* NZA 1989, 777). Daneben kann ein weitergehender Nichterfüllungsschaden geltend gemacht werden (§ 340 Abs. 2 BGB).

**590** Die Vertragsstrafenregelung in einem Arbeitsvertrag dient in erster Linie der **Sicherung der vertraglichen Arbeitsleistung des Arbeitnehmers** im Ganzen. Eine Vereinbarung, nach der eine Vertragsstrafe nicht ohne weiteres verwirkt ist, sondern eine entsprechende Sachverhaltsfeststellung durch eine der Parteien voraussetzt, kommt einer Betriebsbußenregelungen zwar nahe, ist aber auch im Rahmen einer Vertragsstrafenabrede möglich (*BAG* 5.2.1986 EzA § 339 BGB Nr. 2). Wirksam ist auch die Vereinbarung einer Vertragsstrafe, die die Einhaltung tariflicher Kündigungsfristen sichern soll (*ArbG Frankf. a. M.* 20.4.1999 NZA-RR 2000, 82).

## A. Pflichten des Arbeitnehmers Kapitel 3

### bb) Grundsätze der Rechtsprechung im Einzelnen

Das *BAG* (4.3.2004 EzA § 309 BGB 2002 Nr. 1; 18.8.2005 EzA § 307 BGB 2002 Nr. 6; s. **591** *Günther/Nolde* NZA 2012, 62 ff.) geht davon aus, dass entsprechende Vertragsstrafenabreden auch nach der neuen Rechtslage nicht generell unstatthaft sind; vielmehr gelten §§ 305–309 BGB. Zwar sind Vertragsstrafenabreden in Formularverträgen nach § 309 Nr. 6 BGB an sich generell unzulässig. In formularmäßigen Arbeitsverträgen folgt aber aus der angemessenen Berücksichtigung der im Arbeitsrecht geltenden Besonderheiten (§ 310 Abs. 4 BGB) die grds. Zulässigkeit von Vertragsstrafenabreden (*BAG* 18.8.2005 EzA § 307 BGB 2002 Nr. 6; krit. *Richardi* NZA 2002, 1064). Als Besonderheit des Arbeitsrechts hat es den Umstand angesehen, dass ein Arbeitnehmer zur Erbringung der Arbeitsleistung gem. § 888 Abs. 3 ZPO nicht durch Zwangsgeld oder Zwangshaft angehalten werden kann. Vertragsstrafenversprechen, die den Arbeitnehmer entgegen den Geboten von Treu und Glauben (§ 242 BGB) unangemessen benachteiligen, sind aber unwirksam (§ 307 BGB; *BAG* 28.5.2009 EzA § 307 BGB 2002 Nr. 45). Diese Unangemessenheit kann auch in einem Missverhältnis zwischen der Pflichtverletzung und der Höhe der Vertragsstrafe begründet sein. Demgemäß ist eine Vertragsstrafe für den Fall des Nichtantritts der Arbeit angesichts einer zweiwöchigen Kündigungsfrist in Höhe eines vollen Bruttomonatsgehalts regelmäßig zu hoch. Dies führt zur Unwirksamkeit der Vertragsstrafenregelung, eine Herabsetzung (s. dazu Rdn. 597 ff.) ist nicht möglich (*BAG* 4.3.2004 EzA § 309 BGB 2002 Nr. 1 m. Anm. *v. Hoyningen-Huene* SAE 2005, 155 ff.; *LAG Nds.* 23.1.2004 NZA-RR 2005, 65; ausf. *Preis* NZA 2004, 1014 ff.; krit. *Bayreuther* NZA 2004, 953 ff.). Kann das Arbeitsverhältnis innerhalb einer **sechsmonatigen Probezeit** mit einer Kündigungsfrist von 6 Wochen zum Monatsende gekündigt werden, ist auch eine Vertragsstrafenvereinbarung von 3 Bruttomonatsvergütungen für den Fall der vorzeitigen Beendigung des Arbeitsverhältnisses durch den Arbeitnehmer wegen unangemessener Benachteiligung des Arbeitnehmers gem. § 307 Abs. 1 S. 1 BGB unwirksam. Denn die Höhe der Arbeitnehmerbezüge bis zum Ablauf der ordentlichen Kündigungsfrist bildet grds. einen angemessenen Rahmen für die Vertragsstrafe (*LAG Düsseld.* 5.10.2007 – 9 Sa 986/07, AuR 2008, 159 LS).

Trotz einzuhaltender **vierwöchiger Kündigungsfrist** in einem befristeten Arbeitsverhältnis ist auch die bei vorzeitiger vertragswidriger Beendigung versprochene Vertragsstrafe in Höhe **eines Monatsentgelts unangemessen hoch**, sobald in das Monatseinkommen eine **Aufwandsentschädigung** bis zu 40 % des Gesamteinkommens **eingerechnet** ist, z. B. wegen eines Auslandsaufenthalts; *LAG Hamm* 7.5.2004 NZA-RR 2005, 128); unangemessen ist die Vereinbarung einer Vertragsstrafe auch dann, wenn sie für **jeden Fall der Zuwiderhandlung** gegen das Wettbewerbsverbot **2 Bruttomonatseinkommen** betragen soll (*LAG Köln* 15.8.2006 – 6 Sa 367/06, AuR 2007, 143 LS). Zudem wird die Auffassung vertreten, dass z. B. eine Vertragsstrafe von einem Monatsgehalt für den Fall des **Nichtantritts eines Arbeitsverhältnisses** bei vereinbarter Probezeit mit 14-tägiger Kündigungsfrist den Arbeitnehmer unangemessen benachteiligt i. S. d. § 307 Abs. 1 BGB (*LAG BW* 10.4.2003 LAG Report 2004, 45).

**Zusammengefasst gelten** danach (*BAG* 4.3.2004 EzA § 309 BGB 2002 Nr. 1; 21.4.2005 EzA § 309 BGB 2002 Nr. 3; 18.8.2005 EzA § 307 BGB 2002 Nr. 6; 25.9.2008 EzA § 310 BGB 2002 Nr. 7; 18.12.2008 – 8 AZR 81/08, NZA-RR 2009, 519; vgl. *Nicolai* FA 2006, 76 ff.; z. B. »blue-pencil-test« s. a. *BAG* 6.5.2009 EzA § 307 BGB 2002 Nr. 44; *Thüsing* BB 2006, 661 ff.; zum Verhältnis zu § 343 BGB s. *Wensing/Niemann* NJW 2007, 401 ff.) **folgende Grundsätze:**
– Auf die formularmäßige Vereinbarung von Vertragsstrafen in Arbeitsverträgen sind nach der Schuldrechtsreform grds. die **§§ 305 bis 309 BGB** anwendbar. Allerdings sind nach **§ 310 Abs. 4 S. 2 Hs. 1 BGB im Arbeitsrecht geltende Besonderheiten angemessen zu berücksichtigen.**
– Besonderheiten i. S. d. § 310 Abs. 4 S. 2 BGB sind Besonderheiten des Rechtsgebietes Arbeitsrecht im Ganzen und nicht nur Besonderheiten bestimmter Arbeitsverhältnisse wie z. B. kirchlicher Arbeitsverhältnisse. Dabei muss es sich nicht um Besonderheiten handeln, die **nur im**

- **Arbeitsrecht** gelten. Es reicht aus, wenn sich die Abweichungen von typischen Regelungslagen insbes. im Arbeitsverhältnis auswirken.
- Der **Ausschluss der Vollstreckbarkeit der Arbeitsleistung nach § 888 Abs. 3 ZPO** ist eine im Arbeitsrecht geltende Besonderheit in diesem Sinne. Vertragsstrafenvereinbarungen in Formulararbeitsverträgen sind daher nicht auf Grund des Klauselverbotes nach § 309 Nr. 6 BGB n. F. generell unzulässig, die Unwirksamkeit solcher Abreden kann sich jedoch aus § 307 BGB ergeben.
- Nach § 307 Abs. 1 S. 1 BGB sind Bestimmungen in Allgemeinen Geschäftsbedingungen unwirksam, wenn sie den Vertragspartner entgegen Treu und Glauben unangemessen benachteiligen. Unangemessen ist jede Beeinträchtigung eines rechtlich anerkannten Interesses des Arbeitnehmers, die **nicht durch begründete und billigenswerte Interessen des Arbeitgebers** (s. a. *ArbG Marburg* 16.8.2005 – 2 Ca 395/05, EzA-SD 12/06 S. 7 LS) **gerechtfertigt ist oder durch gleichwertige Vorteile ausgeglichen wird**. Zur Beurteilung der Unangemessenheit ist ein genereller, **typisierender, vom Einzelfall losgelöster Maßstab anzulegen**.
- Eine unangemessene Benachteiligung kann sich auch daraus ergeben, dass die Bestimmung **nicht klar und verständlich ist** (**§ 307 Abs. 1 S. 2 BGB**; *BAG* 21.4.2005 EzA § 309 BGB 2002 Nr. 3; ebenso *LAG BW* 5.1.2005 – 2 Sa 86/04, EzA-SD 7/05 S. 11 LS). Das ist bei einer **formularmäßig vereinbarten**, im Vertragstext nicht besonders hervorgehobenen Vertragsstrafenregelung aber jedenfalls dann nicht der Fall, wenn der **gesamte Vertragstext ein einheitliches Schriftbild** hat, **keinerlei drucktechnische Hervorhebungen** enthält, keine der im Einzelnen durchnummerierten Vertragsregelungen mit einer Überschrift versehen ist und die Vertragsstrafe auch **nicht versteckt bei einer anderen Thematik** eingeordnet ist (*LAG SchlH* 2.2.2005 – 3 Sa 515/04, NZA-RR 2005, 351). Ein Verstoß gegen das Transparenzgebot liegt dagegen dann vor, wenn die Vertragsstrafenabrede **für jeden Fall** der Zuwiderhandlung des Arbeitnehmers gegen ein **Wettbewerbsverbot** eine Vertragsstrafe in Höhe von zwei durchschnittlichen Bruttomonatseinkommen vorsieht und gleichzeitig bestimmt, dass im Falle einer dauerhaften Verletzung des Wettbewerbsverbotes jeder angebrochene Monat als eine erneute Verletzungshandlung gilt (*BAG* 14.8.2007 EzA § 307 BGB 2002 Nr. 28; s. a. *Diller* NZA 2008, 574 ff.; *Schramm* NJW 2008, 1494 ff.). Gleiches gilt dann, wenn die Parteien in einem Formulararbeitsvertrag eine »**Bruttomonatsvergütung**« als Vertragsstrafe vereinbaren und sich die monatliche Vergütung aus einem Festgehalt und einer variablen Umsatzbeteiligung zusammensetzt. Mangels Bestimmtheit verstößt diese Regelung gegen das Transparenzgebot (*LAG Bln.-Bra.* 12.11.2009 LAGE § 307 BGB 2002 Nr. 22).
- Unangemessen ist eine Regelung, wonach eine Vertragsstrafe durch »**schuldhaft vertragswidriges Verhalten des Arbeitnehmers, das den Arbeitgeber zur fristlosen Kündigung des Arbeitsverhältnisses veranlasst**« verwirkt ist, weil sie nicht erkennen lässt, durch welche konkrete Pflichtverletzung die Vertragsstrafe verwirkt wird. Die auslösende Pflichtverletzung muss so klar bezeichnet sein, dass sich der **Versprechende darauf einstellen** kann. **Globale Strafversprechen**, die auf die Absicherung aller vertraglichen Pflichten zielen, **sind unwirksam** (*BAG* 21.4.2005 EzA § 309 BGB 2002 Nr. 3; s. a. *LAG München* 24.9.2009 LAGE § 307 BGB 2002 Nr. 21; *ArbG Trier* 6.5.2010 – 3 Ca 986/09, AuR 2010, 482). Eine Vertragsstrafenregelung in einem **Lizenzspielervertrag**, wonach bei Verstößen des Spielers gegen Vertragspflichten als Vertragsstrafe ein Verweis, ein Ausschluss von Clubveranstaltungen sowie Geldbußen bis zur Höhe von einem Monatsgehalt – auch nebeneinander – festgesetzt werden können, ist folglich unangemessen; sie verstößt zudem gegen das Transparenzgebot des § 307 Abs. 1 S. 2 BGB (*LAG Düsseld.* 1.3.2006 LAGE § 307 BGB 2002 Nr. 9). **Gleiches gilt dann**, wenn der dem Arbeitgeber entstandene **Schaden dem Grunde und der Höhe nach jedenfalls im Wesentlichen** feststeht und der Arbeitnehmer darüber ein notarielles Schuldanerkenntnis unterzeichnet hat; die Vertragsstrafenforderung stellt dann eine unangemessene Benachteiligung des Arbeitnehmers dar, weil sie eine »Zusatzbestrafung« beinhaltet, an der der Arbeitgeber nach Abwägung aller Umstände kein berechtigtes Interesse mehr besitzt (*ArbG Marburg* 16.8.2005 – 2 Ca 395/05, EzA-SD 12/06 S. 7 LS).

## A. Pflichten des Arbeitnehmers

- **Ein Monatsgehalt** ist generell als Maßstab für die Bemessung einer angemessenen Vertragsstrafe **geeignet**. Beträgt die **Kündigungsfrist** in der Probezeit allerdings **nur zwei Wochen**, ist eine Vertragsstrafe von einem Monatsgehalt i. d. R. **unangemessen hoch** (*BAG* 23.9.2010 EzA § 309 BGB 2002 Nr. 6 = NZA 2011, 89; s. a. *LAG Köln* 15.8.2006 – 6 Sa 367/06, AuR 2007, 143 LS; *LAG BW* 13.6.2008 – 9 Sa 12/08, EzA-SD 3/2009 S. 6 LS). Es liegt in diesem Fall eine **unzulässige »Übersicherung«** des Arbeitgebers vor; das gilt auch dann, wenn die vertragsbrüchige Beendigung erst nach Ablauf der Probezeit erfolgt. Die Vertragsstrafenregelung ist dann **insgesamt unwirksam** und kann nicht mit dem an sich zulässigen Inhalt aufrechterhalten werden, denn anderenfalls würde gegen das Verbot der geltungserhaltenden Reduktion verstoßen (*BAG* 23.9.2010 EzA § 309 BGB 2002 Nr. 6 = NZA 2011, 89; *LAG BW* 13.6.2008 – 9 Sa 12/08, EzA-SD 3/2009 S. 6 LS; s. a. *LAG RhPf* 28.6.2007 – 2 Sa 62/07); auch eine **ergänzende Vertragsauslegung** scheidet insoweit aus (*BAG* 23.9.2010 EzA § 309 BGB 2002 Nr. 6 = NZA 2011, 89). Insgesamt benachteiligt eine Vertragsstrafenabrede den Arbeitnehmer grds. dann unangemessen, wenn sie für den Fall der vertragswidrigen Lösung des Arbeitsvertrages den Arbeitnehmer zur Zahlung einer Strafe in Höhe eines Betrages verpflichtet, der **höher ist als Arbeitsentgelt, das der Arbeitgeber dem Arbeitnehmer für die Zeit bis zur ordnungsgemäßen Beendigung des Arbeitsverhältnisses schulden würde**. Das gilt aber ausnahmsweise dann nicht, wenn das Sanktionsinteresse des Arbeitgebers aufgrund besonderer Umstände den Wert der Arbeitsleistung, der sich in der Arbeitsvergütung bis zur vertraglich zulässigen Beendigung des Arbeitsverhältnisses dokumentiert, typischerweise und generell übersteigt (*BAG* 18.12.2008 NZA-RR 2009, 519). Nicht zu beanstanden ist es jedenfalls, dass die Vertragsstrafenregelung für den Fall, dass der Arbeitnehmer sein befristetes Probearbeitsverhältnis nicht antritt, eine Vertragsstrafe in Höhe eines Bruttomonatsverdienstes vorsieht und die Kündigungsfrist während der Probezeit einen Monat beträgt (*BAG* 19.8.2010 EzA-SD 2/2011 S. 9 LS).
- Unangemessen ist auch eine Regelung, wonach die Vertragsstrafe im Falle eines gravierenden Vertragsverstoßes (etwa gegen das Wettbewerbsverbot) **in jedem Einzelfall** in Höhe des ein- bis dreifachen Monatsgehalts verwirkt wird.
- Ist eine Vertragsstrafe in einem Formulararbeitsvertrag zu hoch, kommt eine **geltungserhaltende Reduktion grds. nicht in Betracht**. Auch der Rechtsgedanke des § 343 BGB führt nicht zu einer Herabsetzung der Vertragsstrafe auf das angemessene Maß (abl. insoweit *v. Hoyningen-Huene* SAE 2005, 155 ff.);
- Andererseits ist grds. dann, wenn eine Klausel in einem Formulararbeitsvertrag sprachlich teilbar ist und der unwirksame Teil der Klausel mit einem »blauen Stift« gestrichen wird (**blue-pencil-test**), die restliche Regelung aufrechtzuerhalten, wenn sie **verständlich und wirksam ist** (*BAG* 6.5.2009 EzA § 307 BGB 2002 Nr. 44 betr. eine Zielvereinbarung; *Thüsing* BB 2006, 661 ff.).

Eine Allgemeine Geschäftsbedingung in einem Arbeitsvertrag mit einer Lehrkraft, die nur eine einmalige jährliche Kündigungsmöglichkeit zu einem **bestimmten Kündigungstermin** mit einer zweimonatigen Kündigungsfrist vorsieht, benachteiligt die Lehrkraft zwar nicht unangemessen i. S. d. § 307 BGB. Eine unangemessene Benachteiligung der Lehrkraft stellt es jedoch dar, wenn der Arbeitsvertrag die Bestimmung enthält, dass jene eine **Vertragsstrafe** in Höhe von drei Bruttomonatsverdiensten für den Fall zahlen soll, dass sie den vertraglich vereinbarten Kündigungstermin nicht einhält; eine generelle Höchstgrenze für eine arbeitsvertraglich vereinbarte Vertragsstrafe existiert jedoch nicht (*BAG* 25.9.2008 EzA § 310 BGB 2002 Nr. 7). **592**

Die Unwirksamkeit kann sich schließlich auch daraus ergeben, dass es sich um eine **Überraschungsklausel** i. S. d. § 305c Abs. 1 BGB handelt. **593**

### b) Vertragsbruch

Die Vereinbarung einer Vertragsstrafe für den Fall des Vertragsbruchs erfasst im Allgemeinen nur den Fall, dass ein Arbeitnehmer schuldhaft die Arbeit nicht aufnimmt oder das Arbeitsverhältnis **594** vor Ablauf der vereinbarten Vertragszeit oder vor Ablauf der Kündigungsfrist ohne wichtigen Grund beendet.

595 ▶ **Beispiele:**
- Eine Vertragsstrafe kann unter Berücksichtigung der Umstände des Einzelfalles auch dann verwirkt sein, wenn der Arbeitnehmer zwar zum vereinbarten Termin am Arbeitsort erscheint, allerdings **ohne ernst gemeinten Leistungswillen** hinsichtlich der Realisierung des Dienstverhältnisses. Ohne den ernstlichen Willen, die Leistung im geschuldeten Umfang zu erbringen, tritt der Arbeitnehmer das »Dienstverhältnis« nicht an und kann dadurch die vereinbarte Vertragsstrafe verwirken (*LAG Düsseld.* LAGE § 339 BGB 2002 Nr. 1).
- Bei einer explizit auf eine »**Verletzung gesetzlicher Kündigungsfristen**« durch den Arbeitnehmer bezogenen Vertragsstrafenabrede ist die Vertragsstrafe nicht verwirkt, wenn der Arbeitnehmer seiner Verpflichtung zur Erbringung der Arbeitsleistung garnicht nachkommt (*BAG* 22.10.2009 NZA-RR 2010, 565).
- Die außerordentliche Kündigung des Arbeitnehmers verbunden mit sofortiger Arbeitsniederlegung wegen von ihm erwarteter verspäteter Gehaltszahlung ist unwirksam, wenn sie vor Fälligkeit der Vergütung erfolgt und keine Anhaltspunkte dafür vorliegen, dass der Arbeitgeber zahlungsunfähig ist (*LAG Hamm* 14.2.2001 NZA-RR 2001, 524).
- Ein Vertragsbruch liegt nicht vor, wenn der Arbeitnehmer unter Einhaltung einer Frist, die die gesetzlichen Mindestvorgaben unterschreitet, die aber von den Parteien – unwirksam – in einem vom Arbeitgeber vorformulierten Arbeitsvertrag vereinbart worden ist, das Arbeitsverhältnis kündigt (*LAG Köln* 1.3.2002 NZA-RR 2003, 20).

596 Soll die Vertragsstrafe auch den Fall der **vom Arbeitnehmer schuldhaft veranlassten vorzeitigen Beendigung des Arbeitsverhältnisses durch Kündigung des Arbeitgebers erfassen**, muss dies ausdrücklich vereinbart werden (*BAG* 23.5.1984 AP Nr. 9 zu § 339 BGB; 18.9.1991 EzA § 339 BGB Nr. 7).

*c) Festsetzung und Höhe der Vertragsstrafe*

597 Die Festsetzung der Höhe der Vertragsstrafe kann entweder vertraglich vorbestimmt sein oder in das Ermessen des Arbeitgebers, nicht aber des Gerichts gestellt werden (*BAG* 25.9.1980 EzA § 339 BGB Nr. 1).

598 Sollte im Hinblick auf den angerichteten Schaden die Vertragsstrafe im Einzelfall unverhältnismäßig hoch sein, konnte der Arbeitnehmer gem. § 343 BGB ihre Herabsetzung auf einen angemessenen Betrag erreichen. Entscheidend waren die Umstände des Einzelfalles.

599, 600 (derzeit unbesetzt)

601 Wegen des nunmehr geltenden Verbots der geltungserhaltenden Reduktion (§ 306 Abs. 2 BGB) macht allerdings die Vereinbarung einer überhöhten Vertragsstrafe in einem vorformulierten Arbeitsvertrag die **Klausel insgesamt** unwirksam, denn **alles andere** würde auf eine durch § 306 Abs. 2 BGB **ausgeschlossene geltungserhaltende Reduktion hinauslaufen** (s. *BAG* 14.8.2007 14.8.2007 EzA § 307 BGB 2002 Nr. 28; zum blue-pencil-Test s. Rdn. 591). Anders als nach altem Recht findet die **Herabsetzung** auf ein angemessenes Maß nach § 343 BGB deshalb **nur** noch **ausnahmsweise dann** statt, wenn die **Androhung der Vertragsstrafe als solche durchaus korrekt** war (*BAG* 18.12.2008 – 8 AZR 81/08, NZA-RR 2009, 519; *LAG Hamm* 24.1.2003 NZA 2003, 499). Denkbar ist z. B., dass eine Klausel zunächst unwirksam ist, weil als Sanktion die Bezahlung eines Monatsgehalts vorgesehen ist, obwohl die Kündigungsfrist in der Probezeit nur zwei Wochen beträgt, dass sie dann jedoch den gesetzlichen Vorgaben Rechnung trägt, weil nach Ablauf der Probezeit die Kündigungsfrist vier Wochen beträgt (*Däubler/Bonin/Deinert* AGB-Kontrolle im Arbeitsrecht, 3. Aufl., § 309 Nr. 6 BGB Rn. 14 f.).

## A. Pflichten des Arbeitnehmers Kapitel 3

### 6. Kündigung vor Dienstantritt

Fraglich ist, ob sich der Arbeitnehmer nach Abschluss des Arbeitsvertrages der dadurch begründeten Arbeitspflicht und einer aus der Nichterfüllung resultierenden Schadensersatzpflicht rechtmäßig dadurch entziehen kann, dass er wirksam eine Kündigung des abgeschlossenen Arbeitsvertrages noch vor Aktualisierung des Arbeitsverhältnisses, d. h. vor Dienstantritt erklärt und diese das Arbeitsverhältnis noch vor Arbeitsbeginn beendet. **602**

### a) Kündigungserklärung

Nach der Rechtsprechung des *BAG* (2.11.1978 EzA § 620 BGB Nr. 38; 25.3.2004 EzA § 620 BGB 2002 Kündigung Nr. 1; ebenso *LAG München* 27.3.2003 LAG Report 2004, 9; zust. *Joussen* NZA 2002, 1177 ff.; *Raif/Köstner* AuR 2004, 393 f.) kann die Kündigung eines Arbeitsvertrages, dessen Verwirklichung erst für einen späteren Zeitpunkt vorgesehen ist, schon vor dem Dienstantritt erklärt werden, sofern die Arbeitsvertragsparteien keine abweichende Vereinbarung getroffen haben. **603**

Der vertragliche Ausschluss des Rechts, eine Kündigung vor Dienstantritt zu erklären, setzt voraus, dass die Parteien dieses **ausdrücklich ausgeschlossen haben** oder dass ein dahingehender beiderseitiger Wille aus den Umständen **eindeutig erkennbar** ist (*BAG* 25.3.2004 EzA § 620 BGB 2002 Kündigung Nr. 1). Nach Auffassung des *LAG Hamm* (15.3.1989 BB 1989, 1343) ist eine vertragliche Vereinbarung, die einseitig die arbeitnehmerseitige Kündigung vor Dienstantritt ausschließt, unwirksam, weil sie gegen § 622 Abs. 6 BGB verstößt. **604**

### b) Lauf der Kündigungsfrist

Problematisch ist, zu welchem Zeitpunkt eine vor Dienstantritt ausgesprochene Kündigung die Kündigungsfrist in Lauf setzt. **605**

Das *BAG* (9.5.1985 EzA § 620 BGB Nr. 75; ebenso *LAG München* 27.3.2003 LAG Report 2004, 9) vertritt die Auffassung, dass dann, wenn es an einer Parteivereinbarung fehlt, eine Vertragslücke vorliegt, die nach den Grundsätzen der ergänzenden Vertragsauslegung (§§ 133, 157 BGB) zu schließen ist. Folglich ist darauf abzustellen, welche Regelung die Parteien getroffen hätten, wenn sie sich dieses Umstandes bewusst gewesen wären.

Dieser mutmaßliche Parteiwille ist auf Grund der Interessenlage und grds. unter Berücksichtigung der besonderen Umstände des konkreten Einzelfalles zu ermitteln. **Es hängt in erster Linie von den zwischen den Parteien ansonsten getroffenen Vereinbarungen ab**, ob bei einer vor Dienstantritt ausgesprochenen ordentlichen Kündigung die Kündigungsfrist bereits mit dem Zugang der Kündigung oder erst an dem Tage beginnt, an dem die Arbeit vertragsgemäß aufgenommen werden soll. Es sprechen aber gute Gründe für die Annahme, dass die Kündigungsfrist auch bei einer Kündigung vor Dienstantritt, wenn die Vertragsauslegung und die ergänzende Vertragsauslegung nicht zu einem eindeutigen Ergebnis führen, im Zweifel mit dem Zugang der Kündigungserklärung beginnt (*BAG* 25.3.2004 EzA § 620 BGB 2002 Kündigung Nr. 1; a. A. *LAG München* 27.3.2003 LAG Report 2004, 9). **Bei der Kündigung vor Dienstantritt ist also grds. nicht davon auszugehen, dass die Parteien eine tatsächliche Mindestbeschäftigung gewollt haben** (*BAG* 9.2.2006 EzA § 4 KSchG n. F. Nr. 73).

Die **Länge der Kündigungsfrist** oder die **Art der vorgesehenen Beschäftigung** können aber Anhaltspunkte dafür sein, ob ein Interesse an einer zumindest vorübergehenden Realisierung des Arbeitsvertrages gegeben und deshalb anzunehmen ist, dass die Parteien auch durch eine vorzeitige Kündigung die Kündigungsfrist nicht vor Arbeitsbeginn hätten in Lauf setzen wollen, wenn sie diese Frage geregelt hätten (dafür als Grundsatz *LAG München* 27.3.2003 LAG Report 2004, 9). **606**

Ein solches Interesse fehlt i. d. R., wenn die Parteien die **kürzeste zulässige Kündigungsfrist** vereinbart haben und insbes. dann, wenn das Arbeitsverhältnis zunächst nur der Erprobung dienen soll, also eine **Probezeit** vereinbart wird. **607**

**Kapitel 3** — Der Inhalt des Arbeitsverhältnisses

608 Das *Hess. LAG* (25.11.1996 DB 1997, 1572) geht davon aus, dass die Vereinbarung einer Vertragsstrafe für den Fall der Nichtaufnahme der vereinbarten Tätigkeit für sich alleine nicht die Annahme rechtfertigt, es entspreche dem mutmaßlichen Parteiwillen, die durch eine vor Arbeitsantritt ausgesprochene Kündigung in Lauf gesetzte Kündigungsfrist beginne erst mit dem für die Arbeitsaufnahme vertraglich vorgesehenen Zeitpunkt, wenn alle Umstände im Übrigen gegen einen derartigen Parteiwillen sprechen.

609 Auch die Kündigung eines Berufsausbildungsvertrages gem. § 22 Abs. 1 BBiG vor Beginn des Berufsausbildungsverhältnisses ist nicht ausgeschlossen (*BAG* 17.9.1987 EzA § 15 BBiG Nr. 6; a. A. *LAG Bln.* 4.11.1986 NZA 1987, 421).

### c) Schadensersatzanspruch des Arbeitgebers

610 Sagt sich der Arbeitnehmer noch vor Dienstantritt von dem Arbeitsvertrag los oder kündigt er davor, kommt es aber zumindest zu einer vorübergehenden Aktualisierung des Arbeitsverhältnisses und tritt er gleichwohl die Arbeit auch nur vorübergehend nicht an, so kann der Arbeitgeber gem. §§ 280 ff., 241 Abs. 2 BGB Schadensersatz verlangen.

611 Das Schwergewicht der Vertragsverletzung liegt nicht erst im Nichtarbeiten (Unmöglichkeit) oder Zuspätarbeiten (Verzug), sondern in der in der Kündigung liegenden **Gefährdung des Vertragszwecks** (*BAG* 14.11.1975 EzA § 249 BGB Nr. 6).

## X. Schlechtleistung der Arbeit

### 1. Grundlagen

612 Eine Schlechtleistung liegt vor, wenn der Arbeitnehmer zwar seine vertraglich übernommene Leistung erbringt, diese aber mangelhaft ist. In Betracht kommen:
– Quantitätsmängel infolge mangelnder Arbeitsintensität bzw. Minderleistung (z. B. Bummelei),
– Qualitätsmängel infolge nicht gehöriger Anspannung aller geistigen und körperlichen Kräfte,
– zeitliche Verzögerungen,
– die Beschädigung der dem Arbeitnehmer überlassenen materiellen und immateriellen Güter des Arbeitgebers und Dritter (z. B. Geräte) sowie
– die Erbringung einer anderen Arbeitsleistung als durch Vertrag oder Arbeitgeberweisung vorgesehen.

### 2. Anspruchsgrundlage für Schadensersatzansprüche des Arbeitgebers

613 Nach der Rechtsprechung (*BAG* 27.10.1970 AP Nr. 44 zu § 4 TVG Ausschlussfristen) wird eine Haftung des Arbeitnehmers für Schlechtleistung generell aus pFV (§§ 280, 282, 241 Abs. 2 BGB) abgeleitet.

614 Deshalb hat der Arbeitnehmer Schadensersatz zu leisten, wenn er seine arbeitsvertraglichen Pflichten – zu denen gem. § 241 Abs. 2 BGB auch die Rücksicht auf die Rechte, Rechtsgüter und Interessen des Arbeitgebers gehören – **schuldhaft verletzt**, dadurch dem Arbeitgeber ein **Schaden** entstanden ist und zwischen der Vertragsverletzung und dem Schadenseintritt ein **Kausalzusammenhang** besteht.

### 3. Lohnminderung?

615 Eine Lohnminderung kommt dennoch nicht in Betracht, weil das Gesetz, anders als etwa beim Kaufvertrag (§§ 434 ff. BGB), eine Entgeltminderung bei mangelhaften Arbeitsleistungen nicht kennt (*BAG* 6.6.1972 AP Nr. 71 zu § 611 BGB Haftung des Arbeitnehmers; 18.7.2007 – 5 AZR 610/07, NZA 2007, 1015 LS). **Allerdings setzt der volle Vergütungsanspruch nach den §§ 611, 614 BGB die Erbringung der vollen Arbeitsleistung in zeitlicher Hinsicht voraus**; Teilleistungen genügen *nicht* (*BAG* 18.7.2007 – 5 AZR 610/07, EzA-SD 17/2007 S. 7 LS = NZA 2007, 1015 LS; s. a. *BAG* 9.4.2008 EzA § 259 ZPO 2002 Nr. 1).

## 4. Rechtsfolgen

### a) Unverschuldete Schlechtleistung

Da bei unverschuldeter Schlechtleistung eine Lohnminderung nicht in Betracht kommt (s. Rdn. 615; *BAG* 17.7.1970 AP Nr. 3 zu § 11 MuSchG), muss der Arbeitgeber dann, wenn er den Arbeitnehmer zur Nachbesserung auffordert, die dafür eingesetzte Arbeitszeit ebenfalls, also letztlich nochmals vergüten. 616

Abweichungen sind insbes. bei Akkord- oder Prämienentlohnung möglich, wenn einzel- oder kollektivvertraglich vorgesehen ist, dass das Arbeitsentgelt nur bei einer Leistung beansprucht werden kann, die bestimmten Mindestanforderungen entspricht. 617

> Derartige Regelungen unterliegen einer Verhältnismäßigkeitskontrolle, die die Übertragung des Zufallsrisikos auf den Arbeitnehmer regelmäßig als unangemessen ausschließen wird. Keinesfalls darf dem Arbeitnehmer der Nachweis mangelnden Verschuldens abgeschnitten werden. Beweist er seine Schuldlosigkeit, ist eine Lohnminderung unzulässig. Denn der Arbeitnehmer schuldet keinen Erfolg, sondern nur die Zurverfügungstellung seiner Dienste. 618

### b) Verschuldete Schlechtleistung

Die gleichen Grundsätze gelten nach der Rechtsprechung des BAG (s. Rdn. 615) **auch bei einer vom Arbeitnehmer verschuldeten (§ 276 BGB) Schlechtleistung.** 619

Demgegenüber wird in der Literatur eine Lohnminderung bejaht, da der Arbeitnehmer nach dem Arbeitsvertrag stets vollständige bzw. ordentliche Dienste schuldet, sodass eine verschuldete Schlechtleistung auch eine verschuldete Teil-Nichterfüllung ist. Vertreten wird auch die Auffassung, dass der Arbeitgeber zwar den Lohn nicht mindern, wohl aber die der Schlechtleistung entsprechende Lohnzahlung vom Arbeitnehmer in Form von Schadensersatz zurückverlangen könne (vgl. *Beuthien* ZfA 1972, 73 ff.). 620

> Demgegenüber kommen nach der Rechtsprechung (s. Rdn. 615) lediglich Schadenersatzansprüche des Arbeitgebers (§§ 280 ff., 241 Abs. 2 BGB) in Betracht, was neben einer vertragswidrigen schuldhaften Schlechtleistung des Arbeitnehmers auch den Eintritt eines Schadens (z. B. Gewährleistungsansprüche gegenüber einem Kunden, Beschädigung von Geräten oder Materialien) voraussetzt. Die mangelhaft eingesetzte Arbeitskraft des Arbeitnehmers als solche stellt dagegen keine Vermögenseinbuße, also auch keinen Schaden des Arbeitgebers, dar (*BAG* 6.6.1972 AP Nr. 71 zu § 611 BGB Haftung des Arbeitnehmers; 18.7.2007 – 5 AZR 610/07, NZA 2007, 1015 LS). 621

Hinsichtlich der **weiteren Rechtsfolgen** der Schlechtleistung gelten die zu den Rechtsfolgen der Nichtleistung der Arbeit entwickelten Grundsätze (insbes. zur Kürzung und zum Widerruf von Sozialleistungen sowie zur Kündigung des Arbeitsverhältnisses) entsprechend (s. Rdn. 571 ff.); in Betracht kommt auch eine Aufrechnung nach Maßgabe der §§ 387 ff. BGB (*BAG* 18.7.2007 – 5 AZR 610/07, EzA-SD 17/2007 S. 7 LS = NZA 2007, 1015 LS). 622

## XI. Haftung des Arbeitnehmers

Der dem Arbeitgeber durch den Arbeitnehmer zugefügte Schaden, der entweder durch die oder gelegentlich der Arbeitsleistung bzw. infolge Ausfalls der Arbeitsleistung durch eine vertragswidrige Verletzung entstanden ist, ist von diesem nach den §§ 280 ff., 241 Abs. 2 BGB, nach Maßgabe einschlägiger Spezialbestimmungen (z. B. § 61 HGB) sowie gem. §§ 823 Abs. 1, Abs. 2 i. V. m. einem Schutzgesetz (z. B. § 303 StGB), 826 BGB zu ersetzen (vgl. *Krause* NZA 2003, 577 ff.). 623

# Kapitel 3

## 1. Allgemeine Voraussetzungen

### a) Tatbestandsmerkmale der Haftungsansprüche

624 Das Verhalten des Arbeitnehmers muss vertragliche bzw. gesetzliche Rechte des Arbeitgebers verletzt haben und für die Rechtsgutverletzung kausal geworden sein (sog. **haftungsbegründende Kausalität**).

625 Erforderlich ist ein **Verschulden** des Arbeitnehmers (§ 276 BGB). Vorsatz und Fahrlässigkeit müssen sich nur auf die Rechtsgutsverletzung, nicht auf den Schaden erstrecken. Der für die **Fahrlässigkeit** maßgebliche **Sorgfaltsmaßstab richtet sich nach der vertraglich vereinbarten Stellung des Arbeitnehmers und nach seiner Tätigkeits- und ggf. auch Altersgruppe**. Innerhalb der einzelnen Gruppen (z. B. Facharbeiter, Kraftfahrer) gilt ein **objektiv-abstrakter Maßstab**. Mit Rücksicht auf die höchstpersönliche Natur der Arbeitsleistungspflicht (§ 613 BGB) ist im Arbeitsverhältnis allerdings auf die **subjektiven Fähigkeiten** des Arbeitnehmers abzustellen.

626 Grobe Fahrlässigkeit liegt vor, wenn die im Verkehr erforderliche Sorgfalt in besonders schwerem Maße verletzt worden ist, d. h. wenn das nicht beachtet wurde, was im gegebenen Fall jedem hätte einleuchten müssen und wenn selbst einfachste, ganz nahe liegende Überlegungen nicht angestellt wurden (*BAG* 28.5.1960 AP Nr. 19 zu § 611 BGB Haftung des Arbeitnehmers). Maßgeblich sind die persönlichen Umstände des Schädigers (vgl. *BAG* 18.1.1972 AP Nr. 69 zu § 611 BGB Haftung des Arbeitnehmers).

627 So sind etwa bei Unfällen im Straßenverkehr das Alter des Arbeitnehmers, die Dauer des Führerscheinbesitzes und die Fahrpraxis von Bedeutung.

628 ▶ **Beispiele:**
- Wer als Berufskraftfahrer wegen **Nichtbeachtung einer auf »Rot« geschalteten Lichtzeichenanlage** einen Verkehrsunfall verursacht, handelt in aller Regel grob fahrlässig (*BAG* 12.11.1998 EzA § 611 BGB Arbeitnehmerhaftung Nr. 65).
- Auch dann, wenn der **inkassoberechtigte Restaurantleiter der Mitropa AG** die Kellnerbrieftasche mit Einnahmen unverschlossen im Restaurantwagen zurücklässt, um zu telefonieren, haftet er i. d. R. dem Arbeitgeber für die abhanden gekommenen Einnahmen wegen grob fahrlässig begangener positiver Vertragsverletzung (*BAG* 15.11.2001 EzA § 611 BGB Arbeitnehmerhaftung Nr. 68).
- Zahlt ein **Bankangestellter** unter Verletzung einschlägiger interner Sicherheitsvorkehrungen Kontogelder an einen Nichtberechtigten aus, handelt er grob fahrlässig; er haftet folglich für den Schaden, der seinem Arbeitgeber dadurch entsteht, dass dieser der geschädigten Kontoinhaberin Ersatz leistet (*LAG Köln* 3.8.2005 – 7 Sa 1459/04, EzA-SD 6/06 S. 7 LS).

629 Schließlich muss dem Arbeitgeber ein Schaden entstanden sein (§§ 249 ff. BGB).

630 Letztlich muss die Verletzung des Rechtsguts kausal für den daraus entstandenen Schaden geworden sein (sog. **haftungsausfüllende Kausalität**; vgl. *LAG Köln* 12.12.2002 ARST 2004, 67 LS). Allerdings werden dem Verursacher nur diejenigen Schadensfolgen zugerechnet, deren Eintritt im Augenblick dieses Ereignisses vom Standpunkt eines erfahrenen Beobachters aus nicht völlig unwahrscheinlich erscheinen konnte.

### b) Grundsätze der Schadensberechnung

631 Bei der Schadensberechnung müssen schadensmindernde Faktoren berücksichtigt werden.

632 Im Wege der **Vorteilsausgleichung** müssen alle Vorteile des Geschädigten auf den Schaden angerechnet werden (z. B. ersparte Aufwendungen in Form von Lohnkosten, Verpflegungskosten, Versicherungsbeiträgen, Steuern), die adäquat-kausal durch das schadensstiftende Ereignis verursacht wurden, deren Anrechnung dem Geschädigten auch zumutbar ist, die dem Zweck des Schadensersatzes entsprechen und den Schädiger nicht unbillig entlasten.

## A. Pflichten des Arbeitnehmers                                    Kapitel 3

Zu beachten ist schließlich auch der **Einwand des rechtmäßigen Alternativverhaltens**. Ein Schadensersatzanspruch besteht demnach dann nicht, wenn der Schaden auch dann eingetreten wäre, wenn sich der Schädiger rechtmäßig verhalten hätte. 633

### c) Ersatzfähige Schäden

Ersatzfähige Schäden sind unmittelbare Schäden an Materialien, Geräten, Maschinen, Gebäuden sowie sonstige Vermögenseinbußen des Arbeitgebers, etwa der Verlust von Kunden. Ersatzfähig sind auch z. B. die Kosten für die **Neuerstellung der Buchhaltung**, wenn eine Angestellte – zumindest bedingt – vorsätzlich Falschbuchungen vornimmt (*LAG RhPf* 7.3.2008 NZA-RR 2008, 483). 634

Ggf. ist die Schadenshöhe gem. § 287 ZPO zu schätzen. Der Arbeitnehmer haftet auch für **mittelbare Schäden**, etwa für die infolge Schlüsselverlusts entstehenden Folgekosten beim Austausch der gesamten Schließanlage, für vom Arbeitgeber aufgewendete **Detektivkosten** in angemessener Höhe, wenn ein konkreter Tatverdacht für Vermögensschädigungen durch den Arbeitnehmer vorliegt (*LAG Köln* 22.5.2003 LAGE § 626 BGB Nr. 151; s. a. *BAG* 28.5.2009 NZA 2009, 1300; 28.10.2010 EzA § 280 BGB 2002 Nr. 2), den **Verlust von Schadensfreiheitsrabatten** (vgl. *BAG* 23.6.1981 EzA § 611 BGB Arbeitnehmerhaftung Nr. 36), u. U. auch für **Rechtsanwaltskosten** und bis zu deren Höhe auch für die Kosten eines **Inkasso-Institutes** (vgl. *Busemann* Die Haftung des Arbeitnehmers gegenüber dem Arbeitgeber und Dritten Rn. 17 ff., 25 ff.). 635

### d) Aufrechnung mit Schadensersatzansprüchen

Mit entsprechenden Schadenersatzansprüchen kann der Arbeitgeber z. B. gegen den Lohnanspruch des Arbeitnehmers grds. **nur bis zum pfändungsfreien Betrag aufrechnen** (§ 394 BGB, § 850 ff. ZPO). 636

Etwas anderes gilt aber dann, wenn dem Arbeitgeber ein Schadensersatzanspruch aus einer **vorsätzlichen unerlaubten Handlung** oder wegen vorsätzlicher Vertragsverletzung des Arbeitnehmers zusteht und der Arbeitnehmer bereits ausgeschieden ist (Arglisteinwand; vgl. *BAG* 28.8.1964 AP Nr. 9 zu § 394 BGB). 637

## 2. Haftungsbeschränkung im Arbeitsverhältnis

### a) Grundlagen

Der Arbeitnehmer haftet grds. in vollem Umfang für alle von ihm verursachten und zu vertretenden Schädigungen des Arbeitgebers nach den Grundsätzen der pFV (§§ 280 ff., 241 Abs. 2 BGB) bzw. gem. §§ 823 ff. BGB. Dies erscheint **bei betrieblich veranlassten Tätigkeiten unbillig**, weil wegen der Dauerhaftigkeit der Arbeitsleistung sich gelegentliche Fehler nicht vermeiden lassen und der Arbeitnehmer fremdbestimmte Arbeit innerhalb der Arbeitsorganisation des Arbeitgebers leistet. Zudem schuldet er vertraglich keinen Leistungserfolg, sondern lediglich eine Leistungshandlung; das dafür bezogene Arbeitsentgelt vergütet das Handeln, nicht aber die Übernahme eines Risikos (vgl. *Busemann* Die Haftung des Arbeitnehmers gegenüber dem Arbeitgeber und Dritten Rn. 30 ff.; *Krause* NZA 2003, 577 ff.). Ein Handeln ist dann betrieblich veranlasst, wenn bei **objektiver Betrachtungsweise** aus der Sicht des Schädigers **im Betriebsinteresse zu handeln war**, sein Verhalten unter Berücksichtigung der Verkehrsüblichkeit **nicht untypisch** war und **keinen Exzess** darstellte. Der betriebliche Charakter der Tätigkeit geht auch nicht dadurch verloren, dass der Arbeitnehmer bei Durchführung der Tätigkeit grob fahrlässig handelt (*BAG* 28.10.2010 EzA § 611 BGB 2002 Arbeitnehmerhaftung Nr. 3). 638

### b) Entwicklung der Rechtsprechung des BAG

#### aa) Von der gefahrgeneigten Arbeit zur betrieblich veranlassten Tätigkeit

**639** Das *BAG* (GS 25.9.1957 AP Nr. 4 zu §§ 898, 899 RVO; 21.1.1974 AP Nr. 74 zu § 611 BGB Haftung des Arbeitnehmers) ist zunächst davon ausgegangen, dass – lediglich – für die sog. gefahr- oder schadensgeneigte Arbeit eine Haftungsbeschränkung erforderlich ist. Sie griff dann ein, wenn es die konkrete Tätigkeit mit hoher Wahrscheinlichkeit mit sich brachte, dass auch einem sorgfältigen Arbeitnehmer gelegentlich Fehler unterliefen, mit denen wegen der menschlichen Unzulänglichkeit erfahrungsgemäß zu rechnen ist. Das **einschränkende Kriterium** der **Gefahrgeneigtheit** hat das *BAG* (*GS* 12.6.1992 EzA § 611 BGB Arbeitnehmerhaftung Nr. 58; zust. *BGH* 21.9.1993 AP Nr. 102 zu § 611 BGB Haftung des Arbeitnehmers) aber schließlich **ausdrücklich aufgegeben**.

**639a** Denn bei der Haftung des Arbeitnehmers für dem Arbeitgeber zugefügte Schäden innerhalb betrieblicher Tätigkeit müssen die **Besonderheiten des Arbeitsverhältnisses** und die Wertungen des Grundgesetzes berücksichtigt werden.

**639b** Das Arbeitsverhältnis ist geprägt einerseits u. a. durch die unternehmerische und betriebsorganisatorische Gestaltungs- und Entscheidungsfreiheit des Arbeitgebers, durch das Weisungsrecht gegenüber dem Arbeitnehmer und durch soziale Schutzpflichten, andererseits durch die Einbindung des Arbeitnehmers in das gesamte betriebliche Geschehen, durch seine Weisungsabhängigkeit und seine soziale Schutzbedürftigkeit.

**639c** Diesen Besonderheiten ist unter dem Aspekt der Art. 1, 2, 12, 14 GG durch eine alle Umstände berücksichtigende verfassungskonforme Auslegung der §§ 276, 254 BGB Rechnung zu tragen. Der Gesetzgeber hat dies durch § 276 Abs. 1 BGB ausdrücklich anerkannt, indem dort vorgesehen ist, dass der Schuldner Vorsatz und Fahrlässigkeit zu vertreten hat, wenn eine strengere oder mildere Haftung weder bestimmt noch aus dem sonstigen Inhalt des Schuldverhältnisses zu entnehmen ist.

**639d** Bei der Haftung für Schäden, die der Arbeitnehmer dem Arbeitgeber in Ausführung betrieblicher Verrichtungen zugefügt hat, ist deshalb ein **innerbetrieblicher Schadensausgleich** durchzuführen, und zwar **ohne Rücksicht darauf, ob im Einzelfall gefahrgeneigte Arbeit vorliegt oder nicht**.

**639e** Deshalb wurde letztlich die Anwendung der Grundsätze über die Beschränkung der Arbeitnehmerhaftung auf Arbeiten ausgedehnt, die durch den Betrieb veranlasst sind und auf Grund eines Arbeitsverhältnisses geleistet werden, auch wenn diese Arbeiten nicht gefahrgeneigt sind (*BAG* 27.9.1994 EzA § 611 BGB Arbeitnehmerhaftung Nr. 59; 18.4.2002 EzA § 611 BGB Arbeitnehmerhaftung Nr. 70). Dabei gelten im **Ausbildungsverhältnis** keine anderen Haftungsgrundsätze als im Arbeitsverhältnis; eine »Spaßfahrt« eines Auszubildenden mit einem Gabelstapler im Betrieb ist deshalb bspw. nicht betrieblich veranlasst und folglich auch nicht haftungsrechtlich privilegiert (*BAG* 18.4.2002 EzA § 611 BGB Arbeitnehmerhaftung Nr. 70).

#### bb) Differenzierung der Haftung nach Verschuldensgraden

**640** Das *BAG* (13.5.1970 AP Nr. 56 zu § 611 BGB Haftung des Arbeitnehmers) ist dann, wenn die Voraussetzungen für eine Haftungsbeschränkung an sich gegeben sind, im Hinblick auf das im Rahmen des § 254 Abs. 1 BGB zu Lasten des Arbeitgebers zu berücksichtigende Betriebsrisiko zunächst davon ausgegangen, dass der Arbeitnehmer bei sog. »leichtester Fahrlässigkeit« überhaupt nicht haftet (s. *ArbG Oberhausen* 24.1.2011 – 2 Ca 1013/11, AuR 2011, 508 LS). Bei mittlerer Fahrlässigkeit sollte eine Schadensaufteilung zwischen den Vertragspartnern unter Berücksichtigung aller Umstände des Einzelfalles eintreten; bei Vorsatz und grober Fahrlässigkeit sollte der Arbeitnehmer uneingeschränkt haften (vgl. *Krause* NZA 2003, 577 ff.).

**641** Seit 1987 geht das *BAG* (24.11.1987 AP Nr. 16, 17 zu § 611 BGB Gefahrgeneigte Arbeit) dagegen davon aus, dass ein Schaden, den ein Arbeitnehmer **nicht grob fahrlässig** verursacht hat, bei Fehlen einer individual- oder kollektivrechtlichen Vereinbarung über weitergehende Haftungserleichterungen grds. zwischen Arbeitgeber und Arbeitnehmer **quotenmäßig zu verteilen ist**.

## A. Pflichten des Arbeitnehmers   Kapitel 3

Dabei sind die **Gesamtumstände von Schadensanlass und Schadensfolgen nach Billigkeits- und Zumutbarkeitsgrundsätzen** gegeneinander abzuwägen.

Solange dem Arbeitnehmer eine »**normale Fahrlässigkeit**« vorzuwerfen ist, müssen sich der Arbeitgeber und der Arbeitnehmer also den Schaden teilen. In welcher Höhe der Arbeitnehmer den Schaden zu zahlen hat, hängt vom **Einzelfall** ab (*BAG* 18.4.2002 EzA § 611 BGB Arbeitnehmerhaftung Nr. 70; *LAG RhPf* 19.6.2001 – 5 Sa 391/01).

▶ **Beispiel:** 642

Vergisst ein **Lkw-Fahrer** beim Abstellen des Lkw die Handbremse anzuziehen und kommt es dadurch zu einem Schaden, kann ohne Hinzutreten weiterer Umstände von mittlerer Fahrlässigkeit ausgegangen werden. Verwirklicht sich dabei nur ein geringer Schaden, so ist, wenn die Schadenshöhe den Arbeitnehmer noch nicht in seiner Existenz bedroht, eine Abweichung von der hälftigen Schadensteilung nicht gerechtfertigt. Das gilt auch dann, wenn der Arbeitgeber eine mögliche Kaskoversicherung nicht abgeschlossen hat (*LAG Köln* 11.11.2002 ARST 2004, 67).

Hinsichtlich der an sich gegebenen vollen Haftung bei Vorsatz ist zu beachten, dass ein vorsätzlicher Pflichtverstoß dazu nur dann führt, **wenn auch der Schaden vom Vorsatz erfasst ist**. Denn die Gründe, die eine Haftungsbeschränkung rechtfertigen, tragen auch eine Erstreckung des Verschuldens auf den Schaden (*BAG* 18.4.2002 EzA § 611 BGB Arbeitnehmerhaftung Nr. 70; *LAG Nds.* 7.7.2003 LAGE § 611 BGB Arbeitnehmerhaftung Nr. 28). 643

Zu Lasten des Arbeitgebers (vgl. **§ 254 BGB**) kann ins Gewicht fallen, dass der Schaden in einer den Rückgriff des Versicherers ausschließenden Weise **hätte versichert werden können**. Zwar ist der Arbeitgeber gegenüber dem Arbeitnehmer nicht verpflichtet, z. B. für ein betriebseigenes Kfz eine Kaskoversicherung abzuschließen, wenn sich dies nicht aus dem Arbeitsvertrag oder den das Arbeitsverhältnis gestaltenden Bestimmungen ergibt. Im Rahmen der Gesamtabwägung kann eine nicht abgeschlossene Kaskoversicherung aber dazu führen, dass der Arbeitnehmer **nur in Höhe einer Selbstbeteiligung haftet**, die bei Abschluss einer Kaskoversicherung zu vereinbaren gewesen wäre (vgl. *LAG Brem.* 26.7.1999 NZA-RR 2000, 126; vgl. *Busemann* Die Haftung des Arbeitnehmers gegenüber dem Arbeitgeber und Dritten Rn. 31). Ein durch ein schädigendes Ereignis eingetretener hoher Vermögensverlust ist zudem **umso mehr dem Betriebsrisiko** des Arbeitgebers **zuzurechnen**, als dieser **einkalkuliert oder durch Versicherungen** – ohne Rückgriffsmöglichkeit gegen den Arbeitnehmer – **gedeckt werden kann**. Von Relevanz ist eine abgeschlossene oder abzuschließende Versicherung aber nur dann, wenn durch sie ein Schutz des Arbeitnehmers erreicht wird. Decken Versicherungen das eingetretene Haftungsrisiko entweder nicht oder nicht mit der Folge ab, dass der Arbeitnehmer von diesen nicht in Regress genommen werden könnte, können sie bei der Beurteilung des Haftungsumfangs nicht berücksichtigt werden (*BAG* 18.1.2007 EzA § 611 BGB 2002 Arbeitnehmerhaftung Nr. 2; s. *LAG Köln* 27.1.2011 – 7 Sa 802/10, AuR 2011, 313 LS). 644

▶ **Beispiel:** 645

So kann im Hinblick auf den Zeitwert des Unfallfahrzeugs eine Kaskoversicherung mit der höchstmöglichen Selbstbeteiligung von 1000 € u. U. vom Arbeitgeber verlangt werden, sodass das verbleibende Risiko von 1000 € dem Arbeitnehmer im Hinblick auf den Verdienst eines Kraftfahrers zumutbar ist. Ebenso kann u. U. vom Arbeitgeber verlangt werden, für ein erst zwei Jahre altes Fahrzeug im Wert von 4000 € eine Kaskoversicherung mit einer Selbstbeteiligung in Höhe von 325 € abzuschließen.

Das *BAG* (24.11.1987 AP Nr. 16, 17 zu § 611 BGB Gefahrgeneigte Arbeit) hat das damit begründet, dass sich **dem geltenden Recht** (§§ 276, 254 BGB) eine **generelle Haftungsbeschränkung** der zuvor angenommenen Art **nicht entnehmen lässt** und zudem die Voraussetzungen für eine richterliche Rechtsfortbildung mangels entsprechender gemeinsamer Rechtsüberzeugung insoweit nicht gegeben sind (vgl. *Krause* NZA 2003, 577 ff.). 646

647 Der Arbeitgeber, der mit einer Versicherungsgesellschaft, bei der seine LKW nach § 1 PflVG pflichtversichert sind, vereinbart, dass er von **jedem** von der Versicherung **regulierten Schaden 2000 DM selbst trägt**, kann diesen Betrag **nicht** in die Schadensberechnung eines quotal vom Arbeitnehmer zu tragenden Schadens aus einem von diesem mit mittlerer Fahrlässigkeit verursachten Verkehrsunfall **einfließen lassen** (*LAG Brem.* 26.7.1999 NZA-RR 2000, 126).

*cc) Haftungsbeschränkung bei grober und »gröbster« Fahrlässigkeit*

648 Selbst bei grober Fahrlässigkeit kann nach der Auffassung des *BAG* (12.10.1989 EzA § 611 BGB Gefahrgeneigte Arbeit Nr. 23; 18.4.2002 EzA § 611 BGB Arbeitnehmerhaftung Nr. 70; 28.10.2010 EzA § 611 BGB 2002 Arbeitnehmerhaftung Nr. 3; s. a. *LAG Nds.* 7.7.2003 LAGE § 611 BGB Arbeitnehmerhaftung Nr. 28; *LAG Köln* 9.11.2005 NZA-RR 2006, 311), eine Haftungserleichterung zugunsten des Arbeitnehmers eingreifen.

649 Denn auch dann kann gegenüber dem Verschulden des Arbeitnehmers das vom Arbeitgeber zu tragende Betriebsrisiko (vgl. dazu *Krause* NZA 2003, 577 ff.) ins Gewicht fallen und zu einer möglicherweise nicht unerheblichen Herabsetzung der Schadensersatzpflicht führen. Die Entscheidung darüber ist nach **Abwägung aller Umstände des Einzelfalles** zu treffen. In die Abwägung ist zwar der **Grad des Verschuldens** mit einzubeziehen. Insoweit kann auch eine besonders grobe Missachtung von Sorgfaltspflichten eine Rolle spielen. Jedoch sind **Haftungserleichterungen** auch bei »**gröbster« Fahrlässigkeit nicht grds. ausgeschlossen** (*BAG* 28.10.2010 EzA § 611 BGB 2002 Arbeitnehmerhaftung Nr. 3).

650 Dabei kann entscheidend sein, ob der Verdienst des Arbeitnehmers in einem deutlichen Missverhältnis zum Schadensrisiko der jeweiligen Tätigkeit steht (vgl. *LAG Nds.* 7.7.2003 LAGE § 611 BGB Arbeitnehmerhaftung Nr. 28). Dies kommt z. B. in Betracht, wenn Arbeitnehmer teure Fahrzeuge des Arbeitgebers zu führen oder wertvolle Maschinen zu bedienen haben.

651 ▶ **Beispiele:**
- Übernimmt ein Arbeitnehmer in der Frühschicht (5 Uhr) das Steuer eines schweren Spezialfahrzeugs, obwohl er in der vorangegangenen Nacht erhebliche Mengen Alkohol zu sich genommen und nur wenig oder schlecht geschlafen hat, und nickt er infolge des Restalkohols und der Übermüdung schon in der ersten halben Arbeitsstunde ein, beruht ein dadurch verursachter Unfall auf grober Fahrlässigkeit. Von dem am Fahrzeug des Arbeitgebers entstandenen Schaden von 150.000 DM hat er angesichts eines Monatsverdienstes von 2.400 DM netto und einer unfallfreien Betriebszugehörigkeit von drei Jahren lediglich 20.000 DM zzgl. 9 % Verzugszinsen zu zahlen (*LAG München* 21.9.1995 LAGE § 611 BGB Arbeitnehmerhaftung Nr. 20; ebenso *BAG* 23.1.1997 NZA 1998, 140 bei einem mit 1,41 Promille verursachten Unfall).
- Hat ein Arbeitnehmer infolge Alkoholeinflusses (2,15 Promille) einen Verkehrsunfall verursacht, liegt grobe Fahrlässigkeit vor. Eine Schadenshöhe von ca. 37.000 DM allein rechtfertigt aber nach Auffassung des *LAG RhPf* (2.11.1995 BB 1996, 1941) aber nicht die Annahme, dass durch die Begleichung eine Existenzgefährdung eintritt und deswegen eine Haftungsbeschränkung geboten ist.
- Hat ein auf 580 DM-Basis Beschäftigter Aushilfsarbeiten bei einem erstmaligen Einsatz als Aushilfsfahrer wegen Nichtbeachtung der zulässigen Durchfahrtshöhe an einer Stahlträger-Gitterbrücke einen Schaden in Höhe von 11.788,60 DM verursacht, zu dessen Zahlung er rechtskräftig verurteilt worden ist, so hat er, wenn er neben dem Arbeitseinkommen noch eine Rente wegen Erwerbsunfähigkeit wegen eines Verkehrsunfalls in Höhe von 1276,70 DM bezog, gegen den Arbeitgeber einen Anspruch auf Freistellung gegenüber dem geschädigten Dritten in Höhe von 9.951,90 DM sowie der gesamten Verfahrenskosten (*LAG Nbg.* 20.3.1996 NZA-RR 1997, 3).
- *Das Missachten einer auf* **Rot geschalteten Ampelanlage** ist i. d. R. grob fahrlässig; bei einem Aushilfstaxifahrer mit einem durchschnittlichen Monatsverdienst von 165 € kann eine Haf-

## A. Pflichten des Arbeitnehmers

tungsbegrenzung auf 2.000 € sachgerecht und angemessen sein (*LAG Köln* 9.11.2005 NZA-RR 2006, 311).
- Andererseits kann eine Haftungserleichterung bei grober Fahrlässigkeit dann ausscheiden, wenn der Arbeitnehmer mit besonders grober (gröbster) Fahrlässigkeit handelte. Das hat das BAG (25.9.1997 EzA § 611 BGB Arbeitnehmerhaftung Nr. 63) z. B. angenommen, als eine Assistenzärztin anlässlich einer Magenoperation einer Patientin mit der Blutgruppe Null zwei Blutkonserven verabreichte, ohne zu bemerken, dass es sich um die von einer vorangegangenen Operation stammenden Blutkonserven der Blutgruppe A handelte und die Patientin daraufhin verstarb.
- Verursacht ein Auslieferungsfahrer mit dem LKW seines Arbeitgebers einen Verkehrsunfall, weil er **während der Fahrt ein Telefongespräch** mit seinem Handy geführt, dabei in Unterlagen geblättert hat, die auf dem Beifahrersitz lagen und deshalb den Wechsel der Ampelanlage von »Grün« auf »Rot« übersehen hat, so handelt er grob fahrlässig. Bei einem Bruttomonatseinkommen von 5.400 DM und einem Schaden in Höhe von 6.705,50 DM nach Abzug einer Selbstbeteiligung besteht keine Veranlassung, die Haftung wegen eines deutlichen Missverhältnisses zwischen Verdienst des Arbeitnehmers und verwirklichtem Schadensrisiko der Tätigkeit zu mindern (*BAG* 12.11.1998 EzA § 611 BGB Arbeitnehmerhaftung Nr. 65; vgl. auch *LAG Köln* 15.9.1998 NZA 1999, 991 LS).
- Ist im Arbeitsvertrag eines **Taxi-Fahrers** vereinbart, dass dieser für vorsätzlich oder grob fahrlässig herbeigeführte Beschädigungen des Fahrzeugs haftet, so ist dieser Haftungstatbestand nicht lediglich deshalb gegeben, weil der Fahrer auf der Autobahn mit einer Geschwindigkeit von 80 bis 100 km/h ins Schleudern gerät, sich überschlägt, auf dem Dach landet, gem. dem Verkehrsunfallbericht der Polizei der Straßenzustand als winterglatt bezeichnet wird, es Nacht war und Temperaturen nahe dem Gefrierpunkt herrschten. Denn es gibt keinen Satz der allgemeinen Lebenserfahrung, dass bei winterglatter Fahrbahn nur mit einer bestimmten Geschwindigkeit sicher gefahren werden kann. Zudem kann an der Unfallstelle sog. »**Blitzeis**« vorgelegen haben, selbst wenn dies im Polizeibericht nicht erwähnt wird (*ArbG Chemnitz* 25.6.2004 AuR 2005, 115 LS).
- Auf einen im Rahmen der **Privatnutzung des Firmen-Pkw** verursachten Unfall sind die Haftungserleichterungen mangels betrieblicher Tätigkeit **nicht anwendbar** (*LAG Köln* 15.9.1998 NZA 1999, 991 LS; a. A. aber u. Rdn. 672).
- Gibt der **Kreditprokurist** einer Bank Kreditmittel in erheblichem Umfang frei, ohne zuvor Bautenstände geprüft zu haben, verletzt er seine Vertragspflicht mindestens in leichtsinniger Weise (Schaden: 600.000 €; *LAG Nds.* 7.7.2003 LAGE § 611 BGB Arbeitnehmerhaftung Nr. 28). Daneben ist allerdings auch ein echtes Mitverschulden des Arbeitgebers zu berücksichtigen und kann letztlich zu einer Begrenzung der Schadensersatzpflicht auf zwei Bruttojahreseinkommen in Höhe von insgesamt 100.000 € führen (*LAG Nds.* 7.7.2003 LAGE § 611 BGB Arbeitnehmerhaftung Nr. 28).

(derzeit unbesetzt) 652–657

### c) Abwägungskriterien

Die konkrete Verteilung des Schadens zwischen Arbeitnehmer und Arbeitgeber ist somit anhand einer Abwägung zu ermitteln, für die das maßgebliche Kriterium der **Grad des Verschuldens** (§ 276 BGB) ist, das dem Arbeitnehmer zur Last fällt. Bei Vorsatz hat er den Schaden stets, bei grober Fahrlässigkeit i. d. R. allein zu tragen. Bei leichter Fahrlässigkeit trägt den Schaden in voller Höhe der Arbeitgeber. **Bei mittlerer Fahrlässigkeit ist der Schaden unter Berücksichtigung aller Umstände quotal zu verteilen** (*BAG* 24.11.1987 EzA § 611 BGB Gefahrgeneigte Arbeit Nr. 16; 28.10.2010 EzA § 611 BGB 2002 Arbeitnehmerhaftung Nr. 3). Bei der Bestimmung der Haftungsquote bei mittlerer Fahrlässigkeit sind nach der Rechtsprechung (*BAG* 24.11.1987 EzA § 611 BGB Gefahrgeneigte Arbeit Nr. 16; 28.10.2010 EzA § 611 BGB 2002 Arbeitnehmerhaftung Nr. 3; *LAG Nds.* 7.7.2003 LAGE § 611 BGB Arbeitnehmerhaftung Nr. 28) zahlreiche Umstände maßgeblich:

658

**659** Zu berücksichtigen sind der Grad des dem Arbeitnehmer zur Last fallenden Verschuldens, die Gefahrgeneigtheit der Arbeit, die Höhe des Schadens, ein vom Arbeitgeber einkalkuliertes oder durch Versicherung deckbares Risiko (vgl. *Hübsch* BB 1998, 690 ff.), die Stellung des Arbeitnehmers im Betrieb und die Höhe des Arbeitsentgelts, in dem möglicherweise eine Risikoprämie enthalten ist. Auch können unter Umständen die persönlichen Lebensverhältnisse des Arbeitnehmers wie die Dauer seiner Betriebszugehörigkeit, sein Lebensalter, seine Familienverhältnisse und sein bisheriges Verhalten zu berücksichtigen sein (abl. *Joussen* AuR 2005, 432 ff.). Dieser Katalog ist für weitere Kriterien offen, denn die Umstände, denen je nach Lage des Einzelfalles ein unterschiedliches Gewicht beizumessen ist, können im Hinblick auf die Vielzahl möglicher Schadensursachen nicht abschließend bezeichnet werden (vgl. ausf. *Pfeifer* ZfA 1996, 70 ff.).

**660** Bei **hohen Schadenssummen** – eine starre Haftungsobergrenze existiert nicht (*LAG Köln* 28.5.2003 LAGE § 611 BGB Arbeitnehmerhaftung Nr. 27a; s. aber *LAG Nds.* 7.7.2003 LAGE § 611 BGB Arbeitnehmerhaftung Nr. 28: Begrenzung auf zwei Bruttojahreseinkommen) – kann die Haftung unbillig sein (vgl. dazu *Annuß* NZA 1998, 1089 ff.); das **Arbeitsentgelt kann Aufschluss darüber geben, ob das Schadensrisiko angemessen vergütet wird**. In entsprechender Anwendung des § 254 BGB kann eine nicht abgeschlossene Kaskoversicherung dazu führen, dass der Arbeitnehmer nur in Höhe einer Selbstbeteiligung haftet, die bei Abschluss einer Kaskoversicherung zu vereinbaren gewesen wäre (s. Rdn. 641).

### d) Haftpflichtversicherung des Arbeitnehmers

**661** Wird die schädigende Handlung von einer **gesetzlich vorgeschriebenen Haftpflichtversicherung** erfasst, so ist die Existenz eines Versicherungsschutzes in die Abwägung einzubeziehen (*BAG* 28.10.2010 EzA § 611 BGB 2002 Arbeitnehmerhaftung Nr. 3). Ein Arbeitnehmer kann sich dann nicht auf Haftungsbeschränkungen berufen, wenn z. B. eine Kfz-Haftpflichtversicherung, eingreift (*BAG* 25.9.1997 EzA § 611 BGB Arbeitnehmerhaftung Nr. 63). Bei Bestehen einer **Pflichtversicherung** liegen Risiken vor, die der Gesetzgeber als so gefahrträchtig erachtet hat, dass er den Handelnden im Hinblick auf mögliche Gefahren für andere ohne Versicherungsschutz nicht tätig sehen wollte. Dieser Grund für eine gesetzliche Pflichtversicherung überlagert gleichsam die Grundsätze der beschränkten Arbeitnehmerhaftung. Entsprechendes gilt, wenn die Vertragsparteien den Abschluss einer **Berufshaftpflichtversicherung** vertraglich ausbedungen haben und der Arbeitnehmer dafür eine **zusätzliche Vergütung erhält** (*BAG* 28.10.2010 EzA § 611 BGB 2002 Arbeitnehmerhaftung Nr. 3).

**662** Diese Grundsätze gelten aber nicht, wenn der Arbeitnehmer **freiwillig gegen die Folgen grober Fahrlässigkeit bei seiner Berufshaftpflichtversicherung versichert** war, sodass dann auch bei grober Fahrlässigkeit eine Haftungsmilderung in Betracht kommt (*BAG* 25.9.1997 EzA § 611 BGB Arbeitnehmerhaftung Nr. 63; 28.10.2010 EzA § 611 BGB 2002 Arbeitnehmerhaftung Nr. 3); insgesamt beeinflusst das Bestehen einer freiwillig abgeschlossenen Haftpflichtversicherung für **privates Handeln** die Haftungshöhe **regelmäßig nicht** (*BAG* 28.10.2010 EzA § 611 BGB 2002 Arbeitnehmerhaftung Nr. 3).

### e) Mitverschulden des Arbeitgebers (§ 254 BGB)

**663** § 254 BGB beschränkt die Haftung des Arbeitnehmers bei sog. Organisationsfehlern (*BAG* 18.1.2007 EzA § 611 BGB 2002 Arbeitnehmerhaftung Nr. 2). Der Arbeitgeber muss durch geeignete Maßnahmen nach Möglichkeit bereits die Entstehung eines Schadens verhindern oder zumindest in Grenzen halten (vgl. ausf. *Busemann* Die Haftung des Arbeitnehmers gegenüber dem Arbeitgeber und Dritten Rn. 45).

**664** Belastend wirkt eine **fehlende Aufklärung und Einweisung** des Arbeitnehmers, insbes. von Anfängern sowie die **unterlassene Kontrolle** des Arbeitnehmers, die **Überlassung von schadhaften Geräten und Material** sowie schließlich ein Verhalten des Arbeitgebers, das zu einer Überforderung oder

## A. Pflichten des Arbeitnehmers  Kapitel 3

Übermüdung des Arbeitnehmers geführt hat (*BAG* 18.1.1972 AP Nr. 69 zu § 611 BGB Haftung des Arbeitnehmers).

▶ **Beispiele:** 665
– So haftet eine Flugbegleiterin, die entgegen einschlägiger Dienstvorschriften bei einem Flug keinen Reisepass mit sich führt und damit eine von der Einreisebehörde gegen das Luftfahrtunternehmen verhängte Einreisestrafe von 3.000 US-Dollar verursacht, zwar ihrem Arbeitgeber wegen schuldhafter Verletzung des Arbeitsvertrages auf Schadensersatz. Neben der Milderung der Haftung, die eintritt, weil es sich um eine betriebliche Tätigkeit gehandelt hat, ist bei der Haftungsquote darüber hinaus ein Mitverschulden des Arbeitgebers zu berücksichtigen, das dann gegeben ist, wenn das Luftfahrtunternehmen keinerlei Kontrolle zur Überprüfung der Einreisedokumente der Flugbegleiterin vorgenommen hat (*BAG* 16.2.1995 EzA § 611 BGB Arbeitnehmerhaftung Nr. 60).
– Ein Arbeitgeber kann von seinen Arbeitnehmern nur dann Schadensersatz wegen des Verlusts eines Generalschlüssels verlangen, wenn er **sie zuvor darauf hingewiesen** hat, dass er im Falle eines Verlustes des Schlüssels beabsichtigt, Schlösser auszutauschen und welche Kosten dies annähernd verursacht (*Hess. LAG* 15.1.1998 LAGE § 249 BGB Nr. 12).
– Handelt ein Arbeitnehmer **mit ausdrücklicher Genehmigung des Vorstands**, so trägt dieser die Verantwortung für die einem Geschäft innewohnenden Risiken. Fehler des Vorstands muss der Arbeitgeber sich zurechnen lassen; sie entlasten den Arbeitnehmer (*LAG Köln* 22.11.2004 – 2 Sa 491/04, EzA-SD 7/05 S. 12 LS).

Für das Verhalten Dritter hat der Arbeitgeber gem. §§ 254, 278, 831 BGB einzustehen. 666

Bei vorsätzlicher Schadensverursachung durch den Geschädigten oder einen seiner satzungsmäßig 667
berufenen Vertreter entfällt die Ersatzpflicht des nur fahrlässig handelnden Schädigers völlig (*BAG* 7.5.1998 NZA 1998, 1051).

### f) Detektivkosten; Kosten für Videoüberwachung

Der Arbeitnehmer hat dem Arbeitgeber die durch das Tätigwerden eines Detektivs entstandenen 668
Kosten zu erstatten, wenn der Arbeitgeber anlässlich eines konkreten Tatverdachts gegen den Arbeitnehmer einem Detektiv die Überwachung des Arbeitnehmers überträgt und der Arbeitnehmer einer vorsätzlich vertragswidrigen Handlung überführt wird (*BAG* 28.10.2010 EzA § 280 BGB 2002 Nr. 2; 28.5.2009 NZA 2009, 1300; *LAG Köln* 22.5.2003 LAGE § 626 BGB Nr. 151; *LAG Düsseld.* 19.8.2003 LAGE § 91 ZPO 2002 Nr. 2; *Hangarter* FA 2010, 162 ff.; *Maier/Garding* DB 2010, 559 ff.). Das ist z. B. dann der Fall, wenn der Arbeitnehmer sich während der ärztlich attestierten Arbeitsunfähigkeit **genesungswidrig** verhält. Die aus dieser Vertragspflichtverletzung resultierende Schadensersatzpflicht erstreckt sich auf alle **Aufwendungen des Geschädigten**, soweit sie nach den Umständen des Falles als notwendig anzusehen sind. Die erforderliche Prozessbezogenheit besteht allerdings **nicht bei Kosten zur Klärung zunächst unbekannter Vorgänge**, auf Grund derer sich die Partei erst schlüssig werden will, ob für einen späteren Prozess hinreichende Erfolgsaussicht besteht (*LAG Düsseld.* 19.8.2003 LAGE § 91 ZPO 2002 Nr. 2). Der Arbeitgeber kann in einem derartigen Fall auch nicht darauf verwiesen werden, er habe die Beobachtung des Arbeitnehmers mit eigenen Arbeitnehmern vornehmen lassen können und müssen. Er darf sich vielmehr der Personen bedienen, die – als Detektive – in Ermittlungstätigkeiten erfahren sind (*LAG RhPf* 15.6.1999 NZA 2000, 260).

Hinsichtlich der **Schadenshöhe** ist zu beachten, dass sich die Grenze der Ersatzpflicht nach den Maßnahmen richtet, die ein **vernünftig und wirtschaftlich denkender Mensch** nach den Umständen des Falles zur Beseitigung der Störung bzw. zur Schadensverhütung nicht nur als zweckmäßig, sondern auch als erforderlich ergriffen haben würde (*BAG* 28.10.2010 EzA § 280 BGB 2002 Nr. 2; 28.5.2009 NZA 2009, 1300; s. *Herbert/Oberrath* BB 2011, 2936 ff.). Steht zum Zeitpunkt der Erteilung eines Überwachungsauftrags aufgrund einer vorhergehenden Observierung **bereits fest**, dass der Arbeitnehmer eine vertragswidrige **Konkurrenztätigkeit ausgeübt** hat, so scheidet eine Kostenerstattungspflicht des Arbeitnehmers allerdings dann aus, wenn die Überwachung keinen Beitrag zur Beseitigung der Vertragsstörung oder zur Schadensverhütung mehr leisten konnte (*BAG* 28.10.2010 EzA § 280 BGB 2002 Nr. 2).

Ob einer Partei bei Ablehnung eines prozessualen Kostenerstattungsanspruchs ein materiell-rechtlicher Anspruch auf Ersatz der Detektivkosten zusteht, ist des Weiteren nicht im Kostenfestsetzungsverfahren, sondern in einem **etwaigen Klageverfahren** zu prüfen (*LAG Düsseld.* 19.8.2003 LAGE § 91 ZPO 2002 Nr. 2).

669 Diese Grundsätze gelten **auch für die Erstattung der durch eine Videoüberwachung entstandenen notwendigen Kosten**, wenn der Arbeitgeber den Arbeitnehmer dadurch einer vorsätzlichen Vertragspflichtverletzung überführt. Insoweit sind Arbeitgeber und Betriebsrat grds. befugt, eine **Videoüberwachung** im Betrieb einzuführen; die Zulässigkeit des damit verbundenen Eingriffs in die Persönlichkeitsrechte der Arbeitnehmer richtet sich nach dem Grundsatz der Verhältnismäßigkeit (*BAG* 26.8.2008 EzA § 87 BetrVG 2001 Überwachung Nr. 2). Zur Abgrenzung zu den nicht ersatzfähigen Vorsorgekosten ist ein konkreter Verdacht gegen den Arbeitnehmer erforderlich. Auch wenn eine Videoüberwachung bereits dann als statthaft angesehen wird, wenn es darum geht, den bereits räumlich und funktional konkretisierten Verdacht auf eine Person einzugrenzen (*BAG* 27.3.2003 NZA 2003, 1193; s. *Wessel* FA 2006, 108 ff.), stellt dies **noch keinen konkreten Verdacht** gegen den Arbeitnehmer dar, der dessen Haftung zu begründen vermag. Es handelt sich dann noch **nicht um erstattungsfähige Vorsorgekosten**. War die Videoüberwachung im Übrigen unzulässig, weil sie einen ungerechtfertigten Eingriff in das Persönlichkeitsrecht des Arbeitnehmers darstellt, scheidet eine Haftung des Arbeitnehmers ohnehin bereits aus diesem Grund aus (zutr. *ArbG Düsseld.* 5.11.2003 NZA-RR 2004, 345).

670 Nach Auffassung des *LAG Bln.* (20.9.2001 LAGE § 103 ZPO Nr. 5; a. A. *Hess. LAG* 23.10.1998 NZA 1999, 1350 LS) steht die rechtskräftige Abweisung eines materiell-rechtlichen Anspruchs auf Ersatz von Detektivkosten der Berücksichtigung dieser Kosten in einem **gerichtlichen Kostenfestsetzungsverfahren** nicht entgegen. Denn zu den nach §§ 91 ff. ZPO zu erstattenden Prozesskosten gehören grds. Detektivkosten dann, wenn sie zur Vorbereitung eines konkreten Prozesses gedient haben (*LAG Hamm* 7.11.1995 DB 1996, 278). Die danach erforderliche Prozessbezogenheit besteht allerdings nicht bei Kosten zur Klärung zunächst unbekannter Vorgänge, auf Grund derer sich die Partei erst schlüssig werden will, ob für einen späteren Prozess hinreichende Erfolgsaussicht besteht (*LAG Düsseld.* 19.8.2003 LAGE § 91 ZPO 2002 Nr. 2).

671 Ob einer Partei im übrigen umgekehrt bei Ablehnung eines prozessualen Kostenerstattungsanspruchs ein materiell-rechtlicher Anspruch auf Ersatz von Detektivkosten zusteht, ist nicht im Kostenfestsetzungsverfahren, sondern in einem etwaigen **Klageverfahren** zu prüfen (*LAG Düsseld.* 19.8.2003 LAGE § 91 ZPO 2002 Nr. 2).

*g) Unverzichtbarkeit der Haftungsbeschränkung; Haftung bei Beschädigung eines Firmenfahrzeugs bei erlaubter Privatnutzung*

672 Die Grundsätze über die Beschränkung der Haftung des Arbeitnehmers bei betrieblich veranlassten Tätigkeiten sind einseitig zwingendes Arbeitnehmerschutzrecht. **Von ihnen kann weder einzel- noch kollektivvertraglich zu Lasten des Arbeitnehmers abgewichen werden** (*BAG* 5.2.2004 EzA § 611 BGB 2002 Arbeitnehmerhaftung Nr. 1; krit. *Schwirtzek* NZA 2005, 437 ff.). Eine Vereinbarung der Arbeitsvertragsparteien, wonach ein Arbeitnehmer für alle von ihm fahrlässig verschuldeten Unfallschäden am Dienstfahrzeug bis zur Höhe einer mit der Versicherung vereinbarten Selbstbeteiligung von 2.000,00 DM haftet, ist deshalb wegen Verstoßes gegen die Grundsätze der beschränkten Arbeitnehmerhaftung unwirksam, weil sie dem Arbeitnehmer auch bei leichtester Fahrlässigkeit diese Haftung auferlegt. Die Möglichkeit des Arbeitnehmers, den **Dienstwagen auch für Privatfahrten zu nutzen, ist eine zusätzliche Gegenleistung** für die geschuldete Arbeitsleistung; sie **rechtfertigt keine Verschärfung der Haftung des Arbeitnehmers**

## A. Pflichten des Arbeitnehmers  Kapitel 3

für Unfallschäden am betrieblich genutzten Dienstwagen (*BAG* 5.2.2004 EzA § 611 BGB 2002 Arbeitnehmerhaftung Nr. 1).

Darf der Arbeitnehmer im Übrigen das Dienstfahrzeug auch privat nutzen und »von Familienangehörigen benutzen lassen«, so gehört zu solchen »**Familienangehörigen**« auch die mit ihm in häuslicher Gemeinschaft lebende Lebensgefährtin. Unterlässt der Arbeitgeber des Weiteren für in seinem Arbeitnehmer überlassenes Dienstfahrzeug den Abschluss einer nicht mit unzumutbaren Kosten verbundenen, üblichen **Vollkaskoversicherung**, beschränkt sich die Haftung des Arbeitnehmers im Schadensfall auf die Höhe derjenigen Kosten, die auch durch eine solche Vollkaskoversicherung nicht abgedeckt wären, insbes. die übliche Selbstbeteiligung. Bei der Anwendung dieses Grundsatzes **verbietet es sich**, danach zu unterscheiden, ob der vom Arbeitnehmer verursache Unfall **im Rahmen einer Dienstfahrt oder im Rahmen einer genehmigten Privatfahrt geschehen ist** (*LAG Köln* 22.12.2004 LAG Report 2005, 254 LS; a. A. s. Rdn. 651). In den Schutzbereich dieser Haftungsbeschränkung fällt danach auch der Familienangehörige, dem der Arbeitnehmer das Dienstfahrzeug befugter Weise zur Nutzung überlassen hatte (*LAG Köln* 22.12.2004 LAG Report 2005, 254 LS, str.; a. A. s. Rdn. 651).

### 3. Darlegungs- und Beweislast

Gem. **§ 619a BGB** hat der Arbeitnehmer abweichend von § 280 Abs. 1 BGB dem Arbeitgeber Ersatz für den aus der Verletzung einer Pflicht aus dem Arbeitsverhältnis entstehenden Schaden nur zu leisten, wenn er die Pflichtverletzung **zu vertreten** hat. Damit ist das Verschulden des Arbeitnehmers und insbes. die den Grad des Verschuldens ausmachenden Tatsachen **vom Arbeitgeber darzulegen** und ggf. zu beweisen (so bereits zum alten Recht *BAG* 17.9.1998 EzA § 611 BGB Arbeitnehmerhaftung Nr. 64; vgl. *Boemke* SAE 2000, 8 ff.; *Deinert* RdA 2000, 22 ff.); er hat also nicht nur die Beweislast für die Pflicht- bzw. Rechtsgutsverletzung, sondern auch die für die haftungsbegründende und haftungsausfüllende Kausalität sowie den Schaden (s. *Oetker* BB 2002, 42 ff.). 673

Sofern kein Verstoß gegen Anordnungen durch Verkehrszeichen vor Ort gegeben ist, z. B. bei einem auf unangepasster Fahrweise beruhenden Verkehrsunfall, kann **grds. jeder Verschuldensgrad** gegeben sein (*LAG Köln* 22.1.1999 NZA-RR 1999, 408). Auf Grund einer gestuften Darlegungslast ist der Arbeitnehmer aber i. d. R. gehalten (**Prinzip der Sachnähe**), zu den schadensverursachenden Umständen vorzutragen, wenn er über die konkreten Umstände informiert ist. 674

Insgesamt obliegt es also dem **Arbeitnehmer**, der sich auf die Grundsätze der beschränkten Arbeitnehmerhaftung beruft, darzulegen, dass **deren Voraussetzungen vorliegen**, er den Schaden also bei einer betrieblichen Tätigkeit verursacht hat (*BAG* 18.4.2002 EzA § 611 BGB Arbeitnehmerhaftung Nr. 70).

(derzeit unbesetzt) 675

### 4. Mankohaftung

Im Rahmen der Mankohaftung besteht der Schaden des Arbeitgebers in **Fehlbeträgen** in einer vom Arbeitnehmer geführten Kasse, der **Nichtauslieferung von Gegenständen**, die dem Arbeitnehmer zum Transport übergeben worden sind, Fehlbeständen an den dem Arbeitnehmer anvertrauten Warenbeständen (z. B. Lager) oder ihm zur Ausführung der Arbeit überlassenen Gegenständen. 676

#### a) Mankoabrede

Gem. § 241 BGB können die Parteien in den Grenzen der §§ 138, 242 BGB, § 4 Abs. 3 TVG eine sog. Mankoabrede treffen. Ihr Inhalt ist daraufhin auszulegen, ob der Arbeitnehmer nur für verschuldetes Manko eintreten – was bei fehlender Zahlung eines besonderen Mankogeldes zu vermuten ist – oder ob er ohne Rücksicht auf ein Verschulden haften soll. Zu beachten ist, dass die Grundsätze über die beschränkte Arbeitnehmerhaftung **einseitig zwingenden Charakter** 677 haben, also nur zugunsten, nicht aber zu Lasten des Arbeitnehmers verändert werden können (*BAG* 2.12.1999 EzA § 611 BGB Arbeitnehmerhaftung Nr. 67; 27.1.2000 EzA § 611 BGB Arbeitgeberhaftung Nr. 7).

678 Für eine verschuldensunabhängige Mankohaftung ist grds. eine ausdrückliche Abrede erforderlich; sie kann sich auch aus den Umständen des Einzelfalles ergeben, z. B. dann, wenn ein zusätzliches Mankoentgelt zum Gehalt bezahlt wird, das dem Durchschnitt der nach regelmäßigem Verlauf der Dinge zu erwartenden Fehlbestände entspricht.

679 Voraussetzung für die Zulässigkeit einer Mankoabrede ist, dass sie eine sinnvolle, den Eigenarten des Betriebes und der Beschäftigung angepasste Beweislastverteilung enthält, oder eine vom Verschulden des Arbeitnehmers unabhängige Haftung für in seinem Arbeits- und Kontrollbereich aufgetretene Fehlbeträge darstellt, für die ein angemessener, gleichwertiger wirtschaftlicher Ausgleich gewährt wird (*BAG* 9.4.1957 AP Nr. 4 zu § 611 BGB Haftung des Arbeitnehmers; 17.9.1998 EzA § 611 BGB Arbeitnehmerhaftung Nr. 64; vgl. *Boemke* NZA 2000, 8 ff.; *Deinert* RdA 2000, 22 ff.). Die Begründung einer Erfolgshaftung ohne besondere Mankovergütung oder über die Höhe des vereinbarten Mankogeldes hinaus ist unzulässig. **Die Abrede wird regelmäßig dahin auszulegen sein, der Arbeitnehmer solle auch bei größeren Schäden jedenfalls nur bis zur Höhe des Mankogeldes haften** (*BAG* 2.12.1999 NZA 2000, 715; vgl. dazu *Deinert* AuR 2001, 25 ff.). Dem lässt sich **nicht entgegenhalten**, dass bereits dann ein genügender wirtschaftlicher Ausgleich gegeben wäre, wenn sich das Mankogeld an einem **durchschnittlichen Fehlbetrag** orientieren würde, denn die beschränkte Arbeitnehmerhaftung ist kein dispositives Recht.

An diesen Grundsätzen hat sich durch die **Schuldrechtsreform** (§§ 305 ff. BGB) **nichts geändert**, denn dem Gesetzgeber ging es im Bereich des Arbeitsvertragsrechts ausschließlich darum, den **Status quo auch unter dem neuen Leistungsstörungsrecht abzusichern** (*Däubler/Bonin/Deinert* AGB-Kontrolle im Arbeitsrecht, 3. Aufl., Einl. Rn. 106, § 307 BGB Rn. 99).

b) *Rechtliche Grenzen*

680 Eine derartige Vereinbarung ist deshalb insbes. gem. **§ 138 Abs. 2 BGB** sittenwidrig, wenn zwischen dem Mankorisiko des Arbeitnehmers und dem Mankoentgelt ein auffälliges Missverhältnis besteht. Dem Risiko angemessen ist das Mankoentgelt, bei unverschuldeter Mankohaftung, nur dann, wenn seine Höhe dem Durchschnitt der erfahrungsgemäß zu erwartenden Fehlbeträge entspricht (*BAG* 27.2.1970 AP Nr. 54 zu § 611 BGB Haftung des Arbeitnehmers; s. Kap. 2 Rdn. 831 ff.); im Einzelfall haftet der Arbeitnehmer bei größeren Schäden nur bis zur Höhe des Mankogeldes (*BAG* 2.12.1999 NZA 2000, 715).

681 Nicht statthaft ist eine Mankoabrede stets dann, wenn der Arbeitnehmer nicht die Möglichkeit hat, Mankoschäden wirksam zu bekämpfen, vor allem, wenn auch andere Personen Zugang zu den Beständen haben (*BAG* 22.11.1973 EzA § 626 BGB n. F. Nr. 33). Fehlbeträge, deren Entstehung außerhalb des Einflussbereichs des Filialpersonals liegt, müssen ausgenommen sein (*BAG* 13.2.1974 EzA § 611 BGB Arbeitnehmerhaftung Nr. 21).

682 Nach Auffassung des *ArbG Nbg.* (11.6.1997 ARST 1998, 10) haftet deshalb eine Kassiererin eines Großmarktes gem. §§ 133, 157, 254 BGB trotz einer Mankovereinbarung, nach der sie gegen Zahlung eines Mankogeldes von 30 DM monatlich etwaige Mankobeträge, die bei den täglichen Abrechnungen entstehen, aus eigenen Mitteln in voller Höhe auszugleichen hat, nicht verschuldensunabhängig für Kassenfehlbeträge, die durch **vorsätzlich begangene Straftaten Dritter** entstanden sind. Dies soll jedenfalls dann gelten, wenn der Schaden ungewöhnlich hoch (5.000 DM) ist.

c) *Darlegungs- und Beweislast*

683 Der **Arbeitgeber** hat die Mankoabrede (einschließlich ihrer Gültigkeit, d. h. vor allem, dass das Risiko finanziell angemessen vergütet wird), den Schaden (das Manko und seine Höhe) und die haftungsbegründende Kausalität (d. h. die Tatsache, dass das Manko durch eine pflichtwidrige Hand-

## A. Pflichten des Arbeitnehmers  Kapitel 3

lung des Arbeitnehmers entstanden ist; insoweit genügt allerdings der Beweis, dass der Arbeitnehmer alleinigen Zugang zum Bestand hatte; *BAG* 11.11.1969 AP Nr. 49 zu § 611 BGB Haftung des Arbeitnehmers) darzulegen und zu beweisen.

Im Übrigen gilt § 619a BGB; die gesetzliche Beweislastregelung ist nicht dispositiv, sondern zwingend. Dafür spricht die systematische Einordnung nach dem die Unabdingbarkeit von Arbeitgeberpflichten regelnden § 619 BGB (*Däubler* NZA 2001, 1333). Folglich kommen früher übliche Vereinbarungen, nach denen sich das Verkaufspersonal gem. § 282 BGB a. F. zu entlasten hatte (s. *BAG* 13.2.1974 EzA § 611 BGB Arbeitnehmerhaftung Nr. 21) in ab dem 1.1.2002 abgeschlossenen Arbeitsverträgen **nicht mehr in Betracht** und haben in bestehenden Verträgen ab dem 1.1.2003 ihre Wirksamkeit verloren (Art. 229 § 5 EGBGB). Eine Änderung der Beweislast, die zu Ungunsten des Arbeitnehmers von § 619a BGB abweicht, verstößt zudem gegen § 309 Nr. 12 BGB (ErfK/*Preis* §§ 305–310 BGB Rn. 90). 684

### d) Mankohaftung ohne vertragliche Vereinbarung

#### aa) Grundlagen

Fehlt eine besondere Mankoabrede, so gelten die allgemeinen Vorschriften (pFV, §§ 280 ff., 241 Abs. 2 BGB; §§ 823 ff. BGB); gem. §§ 254, 278, 831 BGB kann der Anspruch gemindert oder ausgeschlossen sein, z. B. bei Organisationsmängeln oder fehlender Überwachung. 685

#### bb) Besonderheiten bei wirtschaftlicher Dispositionsbefugnis des Arbeitnehmers

Fraglich ist, ob und inwieweit eine Mankohaftung des Arbeitnehmers in besonderen Ausnahmefällen auch ohne vertragliche Mankoabrede in Betracht kommt. 686

Insoweit ist nach der Rechtsprechung des *BAG* (13.3.1964 AP Nr. 32 zu § 611 BGB Haftung des Arbeitnehmers; 29.1.1985 EzA § 611 BGB Arbeitnehmerhaftung Nr. 41; abl. ErfK/*Preis* § 611 BGB Rn. 29 f.) von folgenden **Grundsätzen** auszugehen: 687

Der Arbeitnehmer, der eine besondere Vertrauensstellung bekleidet, die der Stellung eines Geschäftsführers angenähert ist, ist dem Arbeitgeber in erhöhtem Maße rechenschaftspflichtig. Auch wenn ihm nicht alle Funktionen des Geschäftsführers anvertraut sind, so ist er doch auch bei der Abrechnung mit dem Geschäftsherrn für die Geschäftsausgaben beweispflichtig. Auf ihn finden die Vorschriften des BGB hinsichtlich der Auskunfts- und Herausgabepflichten des Beauftragten oder des Geschäftsführers ohne Auftrag Anwendung (§§ 675, 681, 666, 667, 280 BGB). Der Arbeitnehmer trägt insoweit also die Beweislast dafür, welche Beträge er im Interesse des Betriebes aufgewendet hat. 688

Dies gilt auch dann, wenn dem Arbeitnehmer ein Kassen- oder Warenbestand so übertragen wurde, dass er **allein Zugang** zu ihm hatte und **selbstständig darüber disponieren** konnte, sodass der Arbeitnehmer diesbezüglich darlegen und beweisen muss, dass ihn an der Entstehung des Mankos kein Verschulden trifft. 689

Voraussetzung ist allerdings, dass der Arbeitgeber eine Tatsachenlage geschaffen hat, nach der er **nicht Besitzer der Sache** war (*BAG* 22.5.1997 EzA § 611 BGB Arbeitnehmerhaftung Nr. 62; abl. *Preis/Kellermann* SAE 1998, 133 ff., Haftung allein aus §§ 280 ff., 241 Abs. 2 BGB), wobei es für die Frage der Darlegungs- und Beweislast zudem darauf ankommt, ob der Arbeitnehmer Alleinbesitzer war. 690

Der Arbeitnehmer ist regelmäßig nicht Besitzer der ihm zur Erfüllung seiner Arbeitsleistung überlassenen Sachen, sondern Besitzdiener i. S. v. § 855 BGB. Zum Schadensersatz wegen Unmöglichkeit der Herausgabe der ihm zur Arbeitsleistung überlassenen Sachen gem. § 280 BGB ist der Arbeitnehmer nur dann verpflichtet, wenn er **unmittelbaren Besitz** an der Sache hatte. Das setzt zumindest den **alleinigen Zugang** zu der Sache und deren **selbstständige Verwaltung** voraus. Dazu wird gehören, dass der Arbeitnehmer wirtschaftliche Überlegungen anzustellen und die Entscheidungen über 691 die Verwendung der Sache zu treffen hat. Allein unter diesen Voraussetzungen hat der Arbeitnehmer einen **eigenständigen Spielraum**, der es rechtfertigt, ihm die Verantwortung für die Herausgabe der verwalteten Sache aufzuerlegen. In diesem Sinne wirtschaftlich tätig kann der Arbeitnehmer werden, wenn seine Tätigkeit **von kaufmännischen Aufgaben geprägt** ist, z. B. weil ihm eigene Vertriebsbemühungen obliegen oder er Preise – über deren bloße Berechnung hinaus – auch selbständig kalkulieren muss (*BAG* 17.9.1998 EzA § 611 BGB Arbeitnehmerhaftung Nr. 64; vgl. auch *BAG* 22.5.1997 AP Nr. 1 zu § 611 BGB Mankohaftung).

### cc) Beispiel: Der Kundendienstmonteur

**692** Eine entsprechende wirtschaftliche Dispositionsbefugnis hat das *BAG* (29.1.1985 EzA § 611 BGB Arbeitnehmerhaftung Nr. 41) verneint bei einem Kundendienstmonteur, der Werkzeuge und Geräte in einem Firmenfahrzeug mitzuführen hatte, denn die Werkzeuge hatte er für seine handwerkliche Tätigkeit als Fernsehmonteur zu benutzen.

**693** Mitgeführte Geräte hatte der Monteur den Kunden zu überbringen. Insoweit war er Bote, nicht aber wirtschaftlich selbstständig Handelnder. Darin unterschied er sich von einem Verkaufsfahrer, dem zu Beginn der Fahrt eine bestimmte Warenmenge übergeben wird, die er umsetzen und über deren Verbleib er nach seiner Rückkehr Rechnung legen soll. Wirtschaftlich selbstständig handelte der Arbeitnehmer insoweit nur, als er für die bei den Kunden durchgeführten Arbeiten Reparaturzeiten festzusetzen, Arbeitspreise zu berechnen und Gelder einzuziehen hatte. Um diesen Bereich der Tätigkeit des Arbeitnehmers ging es jedoch im konkreten Einzelfall nicht, weil Streitgegenstand die Haftung des Arbeitnehmers für aus dem Firmenfahrzeug entwendete Gegenstände war.

### dd) Grundsätzlich keine Haftungsbeschränkung

**694, 695** *(derzeit unbsetzt)*

**696** Die Grundsätze über die Beschränkung der Arbeitnehmerhaftung gelten auch dann, wenn der Arbeitnehmer wegen einer im Zusammenhang mit der Verwahrung und Verwaltung eines ihm überlassenen Waren- oder Kassenbestandes begangenen §§ 280 ff., 241 Abs. 2 BGB in Anspruch genommen wird. Dabei kann sich die Pflichtverletzung des Arbeitnehmers bereits daraus ergeben, dass durch das Verhalten des Arbeitnehmers dem Arbeitgeber ein Schaden entstanden ist. Für den Grad Verschuldens ist entscheidend, ob der Arbeitnehmer bezogen auf den Schadenserfolg vorsätzlich oder fahrlässig gehandelt hat (*BAG* 17.9.1998 EzA § 611 BGB Arbeitnehmerhaftung Nr. 64; vgl. *Deinert* RdA 2000, 22 ff.; **a. A.** *Pauly* BB 1996, 2038 ff.).

Gleiches gilt z. B. für **Bankkassierer**, wenn sie sehr umfangreiche Kassengeschäfte mit zahllosen kleinen Einzelbeträgen tätigen (*BAG* 13.5.1970 AP Nr. 56 zu § 611 BGB Haftung des Arbeitnehmers; 13.2.1974 EzA § 611 Arbeitnehmerhaftung Nr. 21).

### e) Kritik

**696a** Die Haftungsregeln anderer Vertragstypen können demgegenüber **nur angewandt** werden, wenn es sich bei dem zugrunde liegenden Vertragsverhältnis um ein **gemischtes Rechtsverhältnis** handelt. Das ist aber **i. d. R. nicht der Fall**. Der Arbeitnehmer schuldet weder die Herausgabe als selbständige Vertragspflicht, noch ist er ein selbständiger Verwahrer. Er hat versprochene Dienste zu leisten. Das Abhandenkommen von Sachen oder die Erzeugung von Fehlbeständen ist eine Schlechtleistung des Arbeitnehmers, für die er nach § 280 Abs. 1 BGB haftet (ErfK/*Preis* § 619a BGB Rn. 30). Das setzt in Anwendung des § 619a BGB nachgewiesenes Verschulden des Arbeitnehmers voraus. Dass der Gesetzgeber des Schuldrechtsmodernisierungsgesetzes gerade auch die Mankohaftung der Arbeitnehmerhaftung i. e. S. zuordnen wollte, zeigt seine Bezugnahme auf die entsprechende Rechtsprechung (BT-Drs. 14/7052 S. 204; ErfK/*Preis* § 619a BGB Rn. 30). Unter bestimmten Voraussetzungen kommen allerdings **Erleichterungen der Beweisführung für den Arbeitgeber** nach dem Prinzip der abgestuften Darlegungs- und Beweislast in Betracht (ErfK/*Preis* § 619a BGB Rn. 30; *Boemke* SAE 2000, 11 ff.).

## A. Pflichten des Arbeitnehmers   Kapitel 3

Eine Haftung des Arbeitnehmers kann sich darüber hinaus vor allem aus unerlaubter Handlung (§§ 823 ff. BGB) ergeben (MünchArbR/*Reichold* § 51 Rdn. 71). Der Arbeitgeber trägt insoweit die volle Beweislast für alle Anspruchsvoraussetzungen (s. *BAG* 11.11.1969 AP BGB § 611 Haftung des Arbeitnehmers Nr. 49; 13.2.1974 AP BGB § 611 Haftung des Arbeitnehmers Nr. 77; ErfK/*Preis* § 619a BGB Rn. 31). Praktische Bedeutung hat dies folglich allenfalls dann, wenn die schadensverursachende Tätigkeit nicht vom Arbeitsvertrag erfasst wird oder vertragliche Erstattungsansprüche auf Grund einer tariflichen Ausschlussklausel nicht mehr geltend gemacht werden können (ErfK/*Preis* § 619a BGB Rn. 31). 696b

### 5. Haftung gegenüber Dritten

#### a) Haftung nach den allgemeinen Vorschriften

> Ein Arbeitnehmer, der bei seiner Arbeitsleistung einem betriebsfremden Dritten einen Schaden zufügt, haftet diesem nach den allgemeinen Vorschriften (§§ 823 ff. BGB). Eine Haftungsbeschränkung entsprechend der für das Verhältnis Arbeitgeber/Arbeitnehmer im Arbeitsverhältnis entwickelten Grundsätze besteht nicht (*BGH* 19.9.1989 EzA § 611 BGB Gefahrgeneigte Arbeit Nr. 24). 697

Der Arbeitnehmer eines Frachtführers kann sich jedoch gegenüber dem Eigentümer des beim Transport beschädigten Gutes auf haftungsbeschränkende Geschäftsbedingungen berufen, die sein Arbeitgeber mit dem beauftragten Spediteur vereinbart hat (*BGH* 21.12.1993 EzA § 611 BGB Gefahrgeneigte Arbeit Nr. 27). 698

#### b) Freistellungsanspruch gegen den Arbeitgeber

> Ist der Arbeitnehmer auf Grund dieser Grundsätze einem betriebsfremden Dritten zum Schadensersatz verpflichtet, so hat er allerdings dann, wenn es sich um eine betrieblich veranlasste Tätigkeit gehandelt hat, einen Anspruch auf Freistellung gegen seinen Arbeitgeber, soweit diesen nach den Grundsätzen des innerbetrieblichen Schadensausgleichs (s. Rdn. 638 ff.) die Haftung trifft (vgl. *BAG* 24.8.1983 EzA § 249 BGB Nr. 15; s. *Bittner* NZA 2002, 833 ff.). 699

Der Arbeitnehmer kann von seinem Arbeitgeber **in dem Umfang** Freistellung verlangen, **in dem eine Ersatzpflicht gegenüber dem Arbeitgeber nicht bestünde**, wenn dieser den Schaden bei der Verrichtung betrieblich veranlasster Arbeit durch den Arbeitnehmer erlitten hätte. 700

▶ Beispiel: 701

> Wenn der Arbeitgeber einen Arbeitnehmer, von dem er weiß, dass dieser keine Fahrerlaubnis besitzt, als Kraftfahrzeugführer im öffentlichen Verkehr einsetzt, kann der Arbeitnehmer nach einem Verkehrsunfall verlangen, von den Rückgriffsansprüchen der leistungsfreien Haftpflichtversicherung freigestellt zu werden. Dies gilt selbst dann, wenn er den Unfall grob fahrlässig herbeigeführt hat (*BAG* 23.6.1988 EzA § 611 BGB Arbeitnehmerhaftung Nr. 49).

#### c) Dogmatische Grundlage

Das *BAG* (23.6.1988 EzA § 611 BGB Arbeitnehmerhaftung Nr. 49) leitet diesen Anspruch aus der **Fürsorgepflicht** des Arbeitgebers ab. 702

#### d) Umfang des Freistellungsanspruchs; Pfändbarkeit

> Der Freistellungsanspruch umfasst alle Ansprüche des Geschädigten, die mit Erfolg gegen den Schädiger geltend gemacht werden können (z. B. Schmerzensgeldansprüche, Prozesskosten; *BAG* 21.6.1963 AP Nr. 29 zu § 611 BGB Haftung des Arbeitnehmers; s. a. *BAG* 25.6.2009 NZA-RR 2010, 224). 703

# Kapitel 3

**704** ▶ Beispiele:
- Wird der Redakteur einer Zeitschrift z. B. persönlich – etwa auf Unterlassung oder Widerruf einer falschen, von ihm veranlassten oder weitergegebenen Tatsachenbehauptung einer Zeitung – in Anspruch genommen, ohne dass ihn ein Verschulden trifft, so hat ihn der Arbeitgeber von allen ihm daraus entstehenden Kosten und Belastungen freizustellen. Es handelt sich um das typische Risiko des Presseverlegers, das nicht über die Arbeitsverträge auf die angestellten Redakteure abgewälzt werden darf (MünchArbR/Giesen § 336 Rn. 25 f.).
- Bei strafrechtlichen Verurteilungen kann der Redakteur bei Vorliegen von leichter oder mittlerer Fahrlässigkeit sowohl die (vollständige oder teilweise) Bezahlung von Geldstrafen als auch die Erstattung von Prozesskosten und Schmerzensgeldern bei Persönlichkeitsverletzungen verlangen, zu denen er verurteilt worden ist (*BGH* 7.11.1990 NJW 1991, 991; s. Rdn. 2910 f.).

**705** Der Freistellungsanspruch ist als solcher **abtretbar** und damit auch für Dritte **pfändbar** (*BAG* 11.2.1969 AP Nr. 45 zu § 611 BGB Haftung des Arbeitnehmers).

### e) Insolvenz des Arbeitgebers

**706** Kann der Arbeitgeber infolge einer Insolvenz den Freistellungsanspruch des Arbeitnehmers nicht befriedigen, ist dieser dem Schadensersatzanspruch des Dritten – z. B. wegen der Beschädigung eines vom Arbeitgeber geleasten Betriebsmittels – **in voller Höhe** ausgesetzt (*BGH* 19.9.1989 EzA § 611 BGB Gefahrgeneigte Arbeit Nr. 24). Deshalb ist zu überlegen, ob dem Arbeitnehmer ein Zurückbehaltungsrecht an seiner Arbeitsleistung einzuräumen ist, wenn er mit teuren Geräten Dritter auf Anweisung seines Arbeitgebers arbeiten muss, solange dieser keine entsprechende Versicherung abgeschlossen hat.

### 6. Haftung gegenüber Betriebsangehörigen

#### a) Grundlagen; §§ 104, 105 SGB VII

**707** Es gelten die für die Haftung gegenüber Dritten entwickelten Grundsätze (s. Rdn. 697 ff.).

**708** Zu beachten ist aber die gesetzliche Regelung der §§ 104, 105 SGB VII. Danach besteht grds. keine Haftung für Personenschäden von Arbeitskollegen, die auf einen von einem Arbeitnehmer bei betrieblicher Tätigkeit verursachten Arbeitsunfall zurückzuführen sind. Dabei kommt es nicht darauf an, ob es sich um eine Schadenszufügung im Rahmen einer schadensgeneigten Arbeit handelt oder nicht.

Der Haftungsausschluss setzt voraus, dass
- ein Personenschaden eingetreten ist,
- dieser durch einen Versicherungsfall (insbes. Arbeitsunfall; s. § 7 Abs. 1 SGB VII) verursacht wurde,
- ein Kausalzusammenhang zwischen Handlung und Schaden vorliegt,
- der Schädiger eine betrieblich tätige Person ist,
- der Geschädigte Versicherter desselben Betriebes bzw. dessen Angehöriger oder Hinterbliebener ist und
- die Haftungsfreistellung nicht ausgeschlossen ist, weil der Unfall auf einem der nach § 8 Abs. 2 Nr. 1–5 SGB VII versicherten Wege eintritt oder der Versicherungsfall vom schädigenden Arbeitnehmer vorsätzlich herbeigeführt worden ist (vgl. *BAG* 19.8.2004 EzA § 104 SGB VII Nr. 2).

**709** Zu beachten ist, dass ein **Leiharbeitnehmer** i. S. v. § 104 Abs. 1 SGB VII nur für den Entleiher tätig ist und in keiner sonstigen die Versicherung begründenden Beziehung zu einem beauftragenden Drittunternehmen steht (*OLG Hamm* 14.4.2000 NZA-RR 2000, 648).

**710** Vorsätzliche Herbeiführung des Versicherungsschadens i. S. d. §§ 104 ff. SGB VII bedeutet, dass sich der **Vorsatz** (auch dolus eventualis) nicht nur auf die vorsätzliche Herbeiführung des Unfalls,

## A. Pflichten des Arbeitnehmers

### Kapitel 3

sondern auch **des konkreten Verletzungserfolgs** (*BAG* 19.8.2004 EzA § 104 SGB VII Nr. 2; *LAG RhPf* 18.11.2004 LAG Report 2005, 174), z. B. **auf den Körperschaden** oder einen **Personenschaden**, der zu einer Berufskrankheit geführt hat (*LAG Hamm* 13.6.2008 – 12 Sa 1851/07, EzA-SD 16/2008 S. 6 LS) beziehen muss (*BAG* 19.8.2004 EzA § 104 SGB VII Nr. 2; *LAG Köln* 30.1.2003 – 5 Sa 966/02, EzA-SD 9/03, S. 13 LS). Es genügt nicht, dass der Schädiger gegen Unfallverhütungsvorschriften oder die Gefahrstoffverordnung vorsätzlich verstößt, nicht aber den Personenschaden als solchen zumindest billigend in Kauf nimmt (*LAG Hamm* 13.6.2008 – 12 Sa 1851/07, EzA-SD 16/2008 S. 6 LS); allein eine vorsätzliche Pflichtverletzung reicht also nicht aus (*Hess. LAG* 14.12.2001 LAGE § 106 SGB VII Nr. 1). Auch wenn der Unternehmer den verkehrsunsicheren Zustand des Unfallfahrzeugs gekannt hat, so rechtfertigt dies noch nicht die Annahme, er habe den Unfall und die konkreten Verletzungsfolgen billigend in Kauf genommen (*BAG* 19.8.2004 EzA § 104 SGB VII Nr. 2).

#### b) Zweck der Sonderregelungen

Sinn und Zweck dieser Regelungen ist es, Haftungsstreitigkeiten unter den Betriebsangehörigen, die ihrerseits eine betriebliche Gefahrengemeinschaft bilden, im Interesse des Betriebsfriedens zu vermeiden, und andererseits den Arbeitgeber, der durch seine Unfallversicherungsbeiträge (§§ 150 ff. SGB VII) den eigenen Haftpflichtversicherungsschutz finanziert, von Freistellungs- und Erstattungsansprüchen der nach den Regeln des innerbetrieblichen Schadensausgleichs nur eingeschränkt oder gar nicht haftenden Arbeitnehmer zu entlasten (vgl. *BAG* 25.9.1957 AP Nr. 4 zu §§ 898, 899 RVO). Der Unternehmer und die Arbeitskollegen sollen nur dann von ihrer Haftung **nicht freigestellt werden, wenn sie den – die Versicherten gemeinschaftlich belastenden – Versicherungsfall vorsätzlich herbeigeführt haben** (*LAG RhPf* 18.11.2004 LAG Report 2005, 174).

711

#### c) Arbeitsunfall

Arbeitsunfall nach § 8 Abs. 1 SGB VII ist ein **Unfall eines Versicherten in Folge einer den Versicherungsschutz begründenden Tätigkeit** (*BSG* 15.6.2010 NZA-RR 2011, 201); es handelt sich um ein von außen her auf den Menschen einwirkendes, körperlich schädigendes, plötzliches (zeitlich begrenztes) Ereignis, das in einem inneren ursächlichen Zusammenhang mit einer nach § 8 SGB VII versicherten Tätigkeit steht (vgl. *Rolfs* NJW 1996, 3177 ff. u. DB 2001, 2294 ff.). Für einen Arbeitsunfall ist danach i. d. R. erforderlich, dass die **Verrichtung des Versicherten** zur Zeit des Unfalls **der versicherten Tätigkeit zuzurechnen ist** (**sachlicher Zusammenhang**), diese Verrichtung zu dem zeitlich begrenzten, von außen auf den Körper einwirkenden Ereignis – dem Unfallereignis – geführt (Unfallkausalität) und das Unfallereignis einen Gesundheitserstschaden oder den Tod des Versicherten verursacht hat (haftungsbegründende Kausalität; *BSG* 15.6.2010 NZA-RR 2011, 201).

712

Das **Aufpumpen eines Fahrradreifens** bzw. -schlauches auf dem Werksgelände 40 Minuten vor der beabsichtigten Heimfahrt mit Hilfe der betrieblichen Pressluftanlage stellt z. B. eine betriebliche Tätigkeit i. S. v. § 8 Abs. 1 SGB VII dar (*LAG Bln.* 27.6.2003 ARST 2004, 118 LS). Auch der Unfall eines Beschäftigten im umzäunten Bereich einer Kaserne – **Sturz auf glatter Straße** – ist kein Wegeunfall, sondern Unfall auf einem Betriebsweg, wenn die Arbeitszeit des Beschäftigten erst mit dem Aufsuchen des Dienstgebäudes beginnt (*LAG RhPf* 28.7.2011 – 2 Sa 306/11, ZTR 2011, 693).

Erfasst sind auch vorbereitende Tätigkeiten, Abwicklungsarbeiten, Kontrolltätigkeiten, Unfälle bei betrieblichen Gemeinschaftsveranstaltungen (z. B. Betriebsausflügen) sowie Sitzungen und Veranstaltungen z. B. des Betriebsrats. Ausgenommen sind eigenwirtschaftliche, privat-persönliche Handlungen (z. B. Privatfahrten in betrieblichen Fahrzeugen). Ein versichertes Hilfeleisten bei einem Unglücksfall liegt z. B. vor, wenn ein **Helfer eingreift**, um einen Schaden an einem anderen wichtigen Individualrechtsgut als der körperlichen Unversehrtheit zu beseitigen oder eine Gefahr für ein solches Rechtsgut abzuwenden (*BSG* 15.6.2010 NZA-RR 2011, 201).

713

**714** Das *LAG Düsseld.* (27.5.1998 LAGE § 847 BGB Nr. 4) hat angenommen, dass der Tritt ins Gesäß der unterstellten Mitarbeiterin auch dann nicht zur »betrieblichen Tätigkeit« einer Vorgesetzten gehört, wenn er mit »der Absicht der Leistungsförderung oder Disziplinierung« geschieht. § 105 Abs. 1 SGB VII schließt daher einen Schadensersatzanspruch, insbes. auf Schmerzensgeld, nicht aus. Im konkret entschiedenen Einzelfall hat das *LAG Düsseld.* (27.5.1998 LAGE § 847 BGB Nr. 4) für eine durch den Tritt verursachte Steißbeinfraktur, verbunden mit sechswöchiger Krankschreibung und fünftägiger stationärer Nachbehandlung, ein Schmerzensgeld in Höhe von 3.000 DM für angemessen gehalten. Gleiches gilt für eine grob fahrlässig zugefügte Messerstichverletzung durch einen Arbeitskollegen; das *LAG BW* (6.7.1999 NZA-RR 2000, 17) hat dafür ein Schmerzensgeld von 7.000 DM für angemessen erachtet.

**715** Ist die Mitnahme eines Arbeitskollegen zu einer Betriebsversammlung nicht durch die Organisation des Betriebes bedingt, weil sie im Verhältnis der Beteiligten zueinander deren Privatsache war, so greift, wenn der Arbeitskollege bei der Fahrt verletzt wird, der Haftungsausschluss nicht ein (*BGH* 11.5.1993 AP Nr. 23 zu § 637 RVO).

**716** Hinsichtlich der Frage, ob ein Arbeitsunfall vorliegt, ist das Arbeitsgericht an die endgültige Entscheidung gebunden, die darüber in einem Feststellungsverfahren vor dem Sozialversicherungsträger oder in einem sozialgerichtlichen Verfahren ergeht (§ 108 Abs. 1 SGB VII).

### d) Eintritt des Versicherungsfalles auf einem versicherten Weg

**717** Gem. § 104 SGB VII ist entscheidend, ob der Versicherungsfall auf einem gem. § 8 Abs. 2 Nr. 1–5 SGB VII versicherten Weg eingetreten ist. Entscheidend ist damit, ob die »Schadensfahrt« aus der Sicht des Geschädigten und des Schädigers im Zusammenhang mit einem wegebezogenen Unfall steht. Systematisch ist der Wegeunfall ein **eigenständiger Versicherungsfall**; er wird nicht fiktiv dem Arbeitsunfall zugeordnet. Der Haftungsausschluss entfällt, damit die Gleichartigkeit der Haftung und der Sorgfaltsanforderungen für alle Teilnehmer am allgemeinen Verkehr nicht durchbrochen wird. Darüber hinaus wäre es gegenüber den anderen Verkehrsteilnehmern auch unbillig, den schädigenden Arbeitnehmer von der Haftung frei zu stellen.

**718** § 8 Abs. 2 Nr. 1 SGB VII beschränkt den Versicherungsschutz grds. auf den **unmittelbar mit der versicherten Tätigkeit zusammenhängenden Weg**. Damit wird aber nicht eng allein auf einen Hin- und Rückweg abgestellt. Räumliche Abweichungen vom unmittelbaren Weg sind zum einen unter den in § 8 Abs. 2 Nr. 2–5 SGB VII vorgesehenen Fällen doch vom Versicherungsschutz umfasst (zu einem Arbeitsunfall nach der Teilnahme am JP Morgan-Chase Lauf s. *LSG Hessen* 18.3.2008 NZA 2008, 845).

**719** Dazu gehören **Abweichungen**
- zum Verbringen der Kinder des Versicherten in fremde Obhut; unterbricht dagegen ein Beschäftigter einen Betriebsweg, um sein mit ihm in einem gemeinsamen Haushalt lebendes Kind wegen der beruflichen Tätigkeit fremder Obhut anzuvertrauen, unterliegt er dabei – anders als bei einem Weg zwischen Wohnung und Arbeitsplatz – mangels ausdrücklicher gesetzlicher Regelung nicht dem Schutz der gesetzlichen Unfallversicherung (*BSG* 12.1.2010 – B 2 U 35/08 R, DB 2010, 1767);
- im Zusammenhang mit der Bildung von Fahrgemeinschaften; dabei ist der Versicherungsschutz wegen der Teilnahme an einer Fahrgemeinschaft auf dem Weg nach oder von dem Ort der versicherten Tätigkeit nicht auf »eine« Fahrgemeinschaft beschränkt (*BSG* 12.1.2010 – B 2 U 36/08 R, DB 2010, 1356);
- zur Familienheimfahrt, wenn der Versicherte auf Grund der Entfernung eine eigene Unterkunft am Ort der Tätigkeit hat, die nicht Familienwohnung ist.

**720** Ein Arbeitnehmer, der auf Grund einer Anweisung seines Arbeitgebers von seinem Arbeitsplatz nach Hause fährt, um ein **für private Zwecke entliehenes Arbeitsgerät** zu holen, das am Arbeitsplatz be-

## A. Pflichten des Arbeitnehmers  Kapitel 3

nötigt wird, steht auf diesem Weg unter dem Schutz der gesetzlichen Unfallversicherung (§ 8 Abs. 2 Nr. 5 SGB VII; *LSG Hessen* 12.2.2008 NZA-RR 2009, 496).

Andererseits stehen **Regulierungsgespräche nach einem Verkehrsunfall** nicht im sachlichen Zusammenhang mit dem Weg nach oder von dem Ort der Tätigkeit, wenn dieser nicht nur geringfügig unterbrochen wurde (*BSG* 17.2.2009 NZA-RR 2009, 661). 721

Die **Sperrwirkung** des § 104 Abs. 1 SGB VII **greift** ein, sobald sich der **Versicherte in die betriebliche Sphäre begibt**, also einen Bereich, der der Organisation des Unternehmers und dessen Ordnungsgewalt unterliegt. Dies ist dann der Fall, wenn der Versicherte im betrieblichen Interesse innerhalb oder außerhalb der Betriebsstätte unterwegs ist, er mithin den Weg in Ausübung der versicherten Tätigkeit zurücklegt, dieser Teil der versicherten Tätigkeit ist und damit der Arbeit im Betrieb gleichsteht (*BAG* 19.8.2004 EzA § 104 SGB VII Nr. 2) und ihr nicht lediglich vorausgeht. Begibt sich ein Arbeitnehmer **mit einem Firmenfahrzeug zu einem auswärtigen Montagesitz** und passiert auf dieser Fahrt ein Unfall, so handelt es sich nicht um einen Wegeunfall i. S. d. § 8 Abs. 2 Nr. 1 SGB VII, sondern um einen Unfall auf einem Betriebsweg i. S. d. § 8 Abs. 1 SGB VII. Dies gilt auch dann, wenn der Arbeitnehmer **im Betrieb nur Unterlagen abgeholt hat** und die Fahrtzeit zum Fernmontageort noch nicht als Arbeitszeit vergütet wird (*BAG* 24.6.2004 EzA § 104 SGB VII Nr. 1). Gleiches gilt dann, wenn ein vom Arbeitgeber durchgeführter **Transport der Arbeitnehmer zur und von der Arbeitsstelle** mit einem betriebseigenen Fahrzeug durchgeführt wird. Ein solcher Betriebsweg ist auch dann gegeben, wenn der Arbeitnehmer mit dem vom Arbeitgeber organisierten Rücktransport von einer auswärtigen Einsatzstelle zu Hause hätte abgesetzt werden sollen (*BAG* 19.8.2004 EzA § 104 SGB VII Nr. 2; s. a. *LAG SchlH* 2.6.2009 DB 2009, 1884 LS). 722

Der Haftungsausschluss bleibt zum anderen bestehen, soweit der Weg **zugleich betrieblich veranlasst** ist. Das ist dann der Fall, wenn der Versicherte im betrieblichen Interesse innerhalb oder außerhalb der Betriebsstätte unterwegs ist. Ist für die Beförderung ein betrieblicher Anlass vorhanden und steht diese mit dem Betrieb **in engem Zusammenhang**, dann tritt die Eigenschaft des Beförderten als Verkehrsteilnehmer in den Hintergrund. Zu den versicherten Wegen gehören zwar auch die Wege von der Wohnung zur Arbeitsstelle. Das gilt aber nur für privat organisierte Wege. Ein vom **Arbeitgeber durchgeführter Sammeltransport** mit einem betriebseigenen Fahrzeug und einem betriebseigenen Fahrer zu einer betrieblichen Baustelle ist dagegen ein Betriebsweg, für den der Haftungsausschluss gilt (*BAG* 30.10.2003 EzA § 105 SGB VII Nr. 3; ebenso *BGH* 2.12.2003 – VI ZR 348 u. 349/02; *LAG SchlH* 2.6.2009 LAGE § 104 SGB VII Nr. 1; s. a. *Hess. LAG* 23.5.2003 ZTR 2004, 380: jedenfalls dann, wenn die Fahrtzeit als Arbeitszeit vergütet wird). Gleiches gilt, wenn ein Arbeitnehmer die Möglichkeit in Anspruch nimmt, **mit einem Arbeitskollegen, der mit einem betriebseigenen Fahrzeug Gerätschaften und Material zum Betriebsgelände zum auswärtigen Beschäftigungsort transportiert, mitzufahren** (*BGH* 9.3.2004 NZA 2004, 1165). Der Haftungsausschluss greift auch dann ein, wenn ein Arbeitnehmer mit Erlaubnis des Arbeitgebers den Firmen-Lkw abends mit nach Hause nimmt, um am nächsten Arbeitstag von zuhause aus mit dem Firmen-Lkw direkt zur Baustelle zu fahren und auf der Strecke **andere Kolonnenmitarbeiter »einzusammeln«** und zur Baustelle mitzunehmen (*LAG SchlH* 2.6.2009 LAGE § 104 SGB VII Nr. 1). 723

Ob das eine oder das andere vorliegt, ist letztlich nach der besonderen Lage des Einzelfalles zu beurteilen. 724

Der Haftungsausschluss greift ferner ein, sobald sich der Unfall auf einem **eindeutig abgrenzbaren Betriebsgelände** ereignet. Fehlt es daran oder bewegt sich der Arbeitnehmer räumlich außerhalb des Betriebes, handelt es sich immer dann um eine nach § 8 Abs. 1 SGB VII versicherte Tätigkeit, wenn die dabei zurückgelegten Wege betrieblich veranlasst sind. Das ist nicht der Fall, wenn der betriebliche Zusammenhang mit der Fahrt **ein nur loser** und der **private Charakter** der Fahrt nach Anlass und Grund überwiegt (vgl. *BSG* 2.5.2001 – B 2 U 33/00 R, EzA-SD 8/02, S. 12 LS; *LSG NRW* 5.9.2003 – L 4 (2) U 50/02 1/5, EzA-SD 4/04, S. 16 LS). Bei Fahrten, die sowohl aus betrieblichen als auch aus rein persönlichen Gründen vorgenommen werden, ist darauf abzustellen, **welche Zwe-** 725 cke überwiegen. In diesem Zusammenhang kann ein Arbeitsunfall schon dann zu verneinen sein, wenn der Arbeitnehmer auf dem Nachhauseweg einen **Umweg von 100 Metern** macht. Das gilt jedenfalls dann, wenn der Umweg privat veranlasst ist und der Arbeitnehmer dabei den Straßenraum für kurze Zeit verlässt. Diese Voraussetzungen liegen z. B. dann vor, wenn der Arbeitnehmer auf dem Nachhauseweg an einer Bank vorbeifährt, um Geld abzuholen (*BSG* 24.6.2003 – B 2 U 40/02 R, EzA-SD 17/03, S. 15 LS). Bei Dienst- und Geschäftsreisen ist die Tätigkeit nach § 8 Abs. 1 SGB VII versichert, wenn sie in einem **inneren Zusammenhang** mit dem betrieblichen Zweck der Reise steht; insoweit können auch Tätigkeiten, die ansonsten allein dem privaten Bereich zuzuordnen sind, einen betrieblichen Bezug haben. Die Tätigkeit als Betriebsrat stellt sich auch außerhalb der Betriebsstätte als betriebliche Tätigkeit dar; entsprechende Wegeunfälle sind daher gem. § 8 Abs. 1 SGB VII versichert und vom Haftungsausschluss erfasst.

726  Jedenfalls stellt das **Verlassen des Arbeitsplatzes** einschließlich des Weges auf dem Werksgelände bis zum Werkstor regelmäßig noch eine betriebliche Tätigkeit i. S. v. § 105 Abs. 1 SGB VII dar. Der Weg vor dem Ort der Tätigkeit (§ 8 Abs. 2 SGB VII) beginnt mit dem **Durchschreiten oder Durchfahren des Werkstores** (*BAG* 14.12.2000 EzA § 105 SGB VII Nr. 1). Denn unter dem »Ort der Tätigkeit« ist das Betriebsgelände zu verstehen, nicht etwa nur der Raum, in dem sich der konkrete Arbeitsplatz des Mitarbeiters befindet (*LAG Köln* 13.10.1999 FA 2000, 358).

727  Anders als bei den Wegen zur Besorgung von Nahrungsmitteln oder zur Einnahme einer Mahlzeit kann bei Wegen zur Besorgung von **alkoholischen Getränken** oder sonstiger Genussmittel nicht grds. davon ausgegangen werden, dass deren Verzehr der Erhaltung oder Wiederherstellung der Arbeitskraft dient und damit versichert ist. Hierfür müssen besondere Umstände vorliegen (*BSG* 27.6.2000 – B 2 U 22/99 R).

728  Wird ein als **Streikposten** eingesetzter Arbeitnehmer von einem arbeitswilligen Kollegen fahrlässig angefahren, handelt es sich auch nicht um einen Arbeitsunfall, der zum Haftungsprivileg nach § 105 SGB VII führt (*LAG Hamm* 17.2.1999 NZA-RR 1999, 656).

729  Ob sich ein Unfall bei einer versicherten Tätigkeit nach § 8 Abs. 1 SGB VII oder auf einem nach § 8 Abs. 2 Nr. 1–4 SGB VII versicherten Weg ereignet hat, ist schließlich **aus der Sicht des Geschädigten** zu bestimmen (*BAG* 30.10.2003 EzA § 105 SGB VII Nr. 3). Gibt der Verletzte für sein Handeln sowohl versicherte als auch private Gründe an (**gemischte Motivationslage**), ist zur Beurteilung des sachlichen Zusammenhangs zwischen der versicherten Tätigkeit und der Verrichtung zur Zeit des Unfalls ebenso wie bei einer gemischten Tätigkeit darauf abzustellen, ob die Verrichtung hypothetisch auch dann vorgenommen worden wäre, wenn die privaten Gründe des Handelns nicht vorgelegen hätten (*BSG* 12.5.2009 NZA-RR 2010, 258).

e) *Persönliche Voraussetzungen*

aa) *Allgemeine Voraussetzungen*

730  Der Geschädigte muss im Unfallbetrieb tätig sein; der Schädiger muss in demselben Betrieb tätiger Betriebsangehöriger des Unfallbetriebes sein (§ 105 SGB VII). Ausreichend ist es, wenn Geschädigter und Schädiger verschiedener Betriebe, aber beide in demselben Betrieb tätig sind und der betriebsfremde Arbeitnehmer in den Betrieb, in dem er (vorübergehend) arbeitet, eingegliedert ist. Für den Haftungsgrund ist es bedeutungslos, ob der Schädiger in dem Betrieb des Geschädigten oder dieser in dem Betrieb des Schädigers eingestellt ist.

731  Ein Arbeitnehmer ist in diesem Sinne in einen anderen Betrieb eingegliedert, wenn er **persönlich abhängig**, d. h. wenn der fremde Arbeitgeber ihm gegenüber weisungsberechtigt und zur Fürsorge verpflichtet ist. Diese Voraussetzungen können insbes. bei der Verwendung von **Leiharbeitnehmern** erfüllt sein (vgl. *BAG* 15.2.1974 EzA § 637 RVO Nr. 4).

732  *§ 105 SGB VII* gilt auch gegenüber Personen die wie ein Versicherter tätig werden, auch bei nur vorübergehender Tätigkeit (§ 2 Abs. 2 SGB VII). Der Geschädigte eines Arbeitsunfalls ist wie ein Arbeitnehmer des Unternehmers in dessen Betrieb eingegliedert, wenn er **eine ernstliche, dem Unter-**

## A. Pflichten des Arbeitnehmers

**nehmen dienende Tätigkeit** vornimmt, die dem mutmaßlichen Willen des Unternehmers entspricht und regelmäßig von eigenen Mitarbeitern verrichtet wird. Der Geschädigte ist dann sozialversicherungsrechtlich zu diesem Zeitpunkt Versicherter im Betrieb des Unternehmers (*AG Brem.* 8.10.1998 NZA-RR 1999, 320).

> Ist die geschädigte Person gleichzeitig sowohl für einen Dritten als auch für den Unfallbetrieb tätig gewesen, ist entscheidend, welcher Aspekt ihrer Tätigkeit das Gepräge gibt (*BAG* 28.2.1991 EzA § 636 RVO Nr. 12).   **733**

### bb) Betriebliche Tätigkeit; gemeinsame Betriebsstätte

Gem. § 105 Abs. 1 S. 1 SGB VII sind von der zivilrechtlichen Haftung auch nicht betriebsangehörige Arbeitnehmer freigestellt, die durch eine betriebliche Tätigkeit einen Arbeitsunfall herbeiführen (vgl. *Marburger* BB 2000, 1781 ff.; *Zacharias* BB 2000, 2411 ff.; *OLG Hamm* 15.6.1998 NZA-RR 1998, 456). Die Haftungsbeschränkung nach § 105 Abs. 1 S. 1 SGB VII setzt nicht voraus, dass der Schädiger und der im selben Betrieb tätige Geschädigte Arbeitnehmer desselben Arbeitgebers waren. Es genügt, dass der bei einem anderen Arbeitgeber (**Stammunternehmen**) beschäftigte Geschädigte in den Betrieb eingegliedert war. Dafür ist entscheidend, dass der Geschädigte Aufgaben des anderen Unternehmens wahrgenommen hat und die Förderung der Belange dieses Unternehmens seiner Tätigkeit auch im Übrigen das Gepräge gegeben hat; d. h. er muss »wie ein Beschäftigter dieses Unternehmens« tätig geworden sein (*BAG* 19.2.2009 EzA § 105 SGB VII Nr. 5). Die für den Haftungsausschluss für Personenschäden bei Verletzung eines Arbeitskollegen nach § 105 Abs. 1 SGB VII erforderliche betriebliche Tätigkeit setzt also voraus, **dass der Schädiger bei objektiver Betrachtungsweise aus seiner Sicht im Betriebsinteresse handelte. Tätlichkeiten unter Arbeitskollegen** sind nicht zu billigen und grds. nicht betrieblich veranlasst. Ein Stoß vor die Brust, mit dem ein Arbeitnehmer die Arbeitsleistung eines Arbeitskollegen beanstandet, ist aber unter Berücksichtigung der Verkehrsüblichkeit unter Lkw-Fahrern nicht untypisch, so dass ein solcher Schubser noch als betriebliche Tätigkeit i. S. d. § 105 Abs. 1 SGB VII angesehen werden kann (*BAG* 22.4.2004 EzA § 105 SGB VII Nr. 4).   **734**

Verrichten Versicherte mehrerer Unternehmen vorübergehend betriebliche Tätigkeiten auf einer **gemeinsamen Betriebsstätte**, gelten §§ 104, 105 SGB VII gem. § 106 Abs. 3 letzte Alt. SGB VII für die Ersatzpflicht der für die beteiligten Unternehmen Tätigen untereinander.   **735**

> Der Begriff der »gemeinsamen Betriebsstätte« erfasst über die bisherige gesetzliche Regelung der Arbeitsgemeinschaft hinaus betriebliche Aktivitäten von Versicherten mehrerer Unternehmen, die **bewusst und gewollt bei einzelnen Maßnahmen ineinander greifen**, miteinander verknüpft sind, sich ergänzen oder unterstützen (*BAG* 28.10.2004 EzA § 106 SGB VII Nr. 2), wobei es ausreicht, dass die gegenseitige **Verständigung stillschweigend durch bloßes Tun** erfolgt (*BGH* 17.10.2000 NZA 2001, 103; *BAG* 12.12.2002 EzA § 106 SGB VII Nr. 1; *Hess. LAG* 14.12.2001 LAGE § 106 SGB VII Nr. 1). **Erforderlich sind wechselseitig aufeinander bezogene betriebliche Aktivitäten von Versicherten mehrerer Unternehmen; ein lediglich einseitiger Bezug reicht nicht aus** (*BGH* 16.12.2003 NZA 2004, 983). Notwendig ist eine **Verbindung zwischen den Tätigkeiten des Schädigers und des Geschädigten in der konkreten Unfallsituation**, die eine Bewertung als »gemeinsame« Betriebsstätte rechtfertigt (*BGH* 14.9.2004 NZA 2005, 643). An einem solchen für die gemeinsame Betriebsstätte erforderlichen »bewussten Miteinander« der Tätigkeit fehlt es des Weiteren dann, wenn eine Arbeitnehmerin beim Umzug der Firma lediglich kontrolliert, ob die Möbelpacker alles mitgenommen haben, ohne sich an den Ladearbeiten zu beteiligen. Dies gilt auch, wenn die Arbeitnehmerin am Vortag das Büromaterial verpackt und zum Verladen bereitgestellt hatte (*BAG* 28.10.2004 EzA § 106 SGB VII Nr. 2).   **736**
>
> Die Voraussetzungen einer gemeinsamen Betriebsstätte sind auch dann **nicht** gegeben, wenn es im Zuge betrieblicher Tätigkeiten im Rahmen einer Zugreinigung bei der Bahn zu einem Schaden gekommen ist, bei dem sich der Geschädigte mit seinen Arbeitskollegen auf dem Rückweg befand, während die schädigenden Beklagten mit einer Rangierabteilung unterwegs waren. Da

sich diese beiden Tätigkeiten beziehungslos nebeneinander vollzogen, **rein zufällig** aufeinander trafen, greift die Haftungsfreistellung nicht ein (*BGH* 17.10.2000 NZA 2001, 103).

Die Haftungsprivilegierung bei vorübergehender betrieblicher Tätigkeit auf einer gemeinsamen Betriebsstätte gilt zudem auch nicht zu Gunsten eines **nicht selbst dort tätigen Unternehmers** (*BGH* 3.7.2001 NZA 2001, 1143).

§ 106 Abs. 3 letzte Alt. SGB VII greift aber dann ein, wenn ein Zusammenwirken auf einer Baustelle zu einem **gemeinsamen Zweck**, nämlich der **Errichtung eines Bauwerks** unter Leitung und Organisation eines Architekten, erfolgt (*LG Memmingen* 16.1.2001 NZA-RR 2001, 266).

Das Haftungsprivileg gem. § 106 Abs. 3 SGB VII kommt einem Unternehmer allerdings nur dann zu Gute, **wenn er »Versicherter«** i. S. dieser Regelung und selbst tätig geworden **ist** (*BGH* 14.9.2004 NZA 2005, 643).

### f) Der Haftungsausschluss

**737** Der Haftungsausschluss betrifft alle Schadenersatzansprüche wegen Verletzung des Körpers und der Person des Geschädigten. Erfasst werden alle Kosten zur Wiederherstellung der Gesundheit (z. B. Operationen, Kuren, Aufwendungen der Angehörigen für Besuche im Krankenhaus; *BAG* 6.11.1974 EzA § 636 RVO Nr. 8).

Unberührt vom Haftungsausschluss bleiben jedoch Ersatzansprüche wegen eines Sachschadens. Insoweit gelten die allgemeinen Vorschriften sowie die (s. Rdn. 638 ff.) entwickelten Grundsätze.

**738** Ausgeschlossen sind Schmerzensgeldansprüche gem. § 253 Abs. 2 BGB, denn nach überwiegend vertretener Auffassung ist das Schmerzensgeld als Personenschaden anzusehen, in dieser Vorschrift nicht erwähnt, also nicht versichert und damit auch dem Haftungsprivileg des Arbeitgebers nicht unterstellt (*BAG* 6.11.1974 EzA § 636 RVO Nr. 8).

**739** Dieser Ausschluss verstößt auch bei schweren Körperschäden nicht gegen Art. 3 Abs. 1 GG, da der Nachteil angesichts eines Gesamtvergleichs zwischen dem allgemeinen Deliktsrecht und dem Unfallversicherungsrecht durch andere Vorteile kompensiert wird; die Rente aus der Unfallversicherung bei leichten und mittelschweren Unfällen wiegt ein Schmerzensgeld auf (*BVerfG* 7.11.1992 AP Nr. 6 zu § 636 RVO).

**740 Nichts anderes gilt bei Schwerstverletzungen** (*BVerfG* 8.2.1995 EzA § 636 RVO Nr. 13), denn wenn eine Verletztenrente und eine Rente aus der gesetzlichen Rentenversicherung zusammentreffen, so wird weiterhin der einen bestimmten Grenzbetrag übersteigende Betrag der Rente aus der Rentenversicherung nicht ausgezahlt (§ 93 Abs. 1 SGB VI). Damit soll erreicht werden, dass der Verletzte ein Einkommen erhält, das in etwa seinem früheren Nettoverdienst entspricht, es aber im Regelfall nicht übersteigt. Anrechnungsfrei bleibt jedoch bei der Verletztenrente der Betrag, der als Grundrente nach dem Bundesversorgungsgesetz (BVG) geleistet würde (§ 93 Abs. 2 Nr. 2a SGB VI). Um diese Summe übersteigt die Gesamtrente den letzten Nettoverdienst. Infolge der Koppelung der Höhe des Freibetrags an den Grad der Minderung der Erwerbsfähigkeit erhalten Schwerstverletzte also eine höhere Gesamtrente als Leichtverletzte mit demselben früheren Bruttoverdienst. Der Gesetzgeber wollte durch diese Neuregelung verhindern, dass der Teil der Verletztenrente, von dem angenommen wird, dass er keine Lohnersatzfunktion hat, sich rentenmindernd auswirkt. Damit sollte insgesamt eine Verbesserung für Schwerverletzte gegenüber dem bis dahin geltenden Recht erreicht werden.

**741** Auch der Haftungsausschluss nach **§ 104 SGB VII** umfasst Ansprüche auf Schmerzensgeld nach § 253 Abs. 2 BGB (*BAG* 10.10.2002 EzA § 105 SGB VII Nr. 2). §§ 104, 105 SGB VII lassen es allerdings im Gegensatz zu § 636 RVO ausreichen, dass der Versicherungsfall vorsätzlich herbeigeführt worden *ist* (s. Rdn. 729). Das Wissen und Wollen des Schädigers muss sich dabei auf die **Handlung und deren Erfolg** (*BAG* 10.10.2002 EzA § 105 SGB VII Nr. 2; 22.4.2004 EzA § 105 SGB VII Nr. 4), **nicht hingegen auf den konkreten Schadensumfang** erstrecken. Die vorsätzliche

Herbeiführung muss die durch den Arbeitsunfall verursachte **Gesundheitsschädigung einschließen** (*Hess. LAG* 23.11.2001 NZA-RR 2002, 571), z. B. den Eintritt der Berufskrankheit bei Schadensersatzansprüchen wegen Berufskrankheit (*LAG Köln* 26.7.2002 NZA-RR 2003, 350). Geht der Handelnde dagegen bereits bei seiner den Schaden auslösenden Handlung davon aus, es werde auf Grund getroffener – im Nachhinein festgestellt untauglicher – Vorkehrungen nichts passieren, so liegt bereits insoweit lediglich grobe Fahrlässigkeit vor, sodass der Haftungsausschluss nach § 104 SGB VII eingreift (*LAG Köln* 30.10.2000 ZTR 2001, 332 LS).

## XII. Schuldanerkenntnis des Arbeitnehmers

Auch im Arbeitsverhältnis finden §§ 780, 781 BGB Anwendung. Nicht selten kommt es insbes. im Zusammenhang mit Aufhebungsverträgen zu derartigen Erklärungen (s. dazu Kap. 6). Aber auch im bestehenden Arbeitsverhältnis können Schuldanerkenntnisse vereinbart werden. Fraglich ist dann vor allem, ob eine nachträgliche Beseitigung der maßgeblichen Willenserklärung in Betracht kommt (§§ 119, 123 BGB). **Selbstständige** – abstrakte, konstitutive – **Schuldversprechen und Schuldanerkenntnisse** nach **Maßgabe der §§ 780, 781 BGB** sind an **§ 307 Abs. 1 BGB** zu messen. Wenn in derartigen Vereinbarungen die **Möglichkeit ausgeschlossen ist, geltend zu machen**, der ihnen zugrunde liegende **Anspruch bestehe nicht**, liegt darin eine **Abweichung von §§ 812 Abs. 2, 821 BGB**, die sich als **unangemessene Benachteiligung** darstellt und **unzulässig ist** (§ 307 Abs. 1 BGB; *BAG* 15.3.2005 EzA § 307 BGB 2002 Nr. 2).

742

Das *BAG* (23.10.1998 EzA § 781 BGB Nr. 5) geht in diesem Zusammenhang für den Fall der Drohung eines Arbeitgebers mit einer Strafanzeige wegen schädigender Handlungen des Arbeitnehmers davon aus, dass er i. d. R. nicht widerrechtlich handelt, wenn:
– die Drohung dazu dient, den Arbeitnehmer zur Wiedergutmachung des Schadens zu veranlassen und
– er den geforderten Schadensersatz auf Grund der Angaben des Arbeitnehmers für berechtigt halten durfte.

743

Der Arbeitgeber hat insoweit grds. das Recht, bei Straftaten des Arbeitnehmers sich die Wiedergutmachung des Schadens durch Beschaffung eines Schuldanerkenntnisses zu erleichtern. Wenn dafür die Berechnung des vom Arbeitnehmer verursachten Schadens mangels Berechenbarkeit der genauen Höhe im Wege der Hochrechnung bzw. der Schadensschätzung erfolgt, muss sichergestellt sein, dass die Hochrechnung bzw. die Schätzung auf hinreichend abgesicherter Grundlage beruht. Es dürfen in die Schadensschätzung keine Schadenspositionen aufgenommen werden, die nicht durch die dem Arbeitnehmer vorgeworfene Tat verursacht sein können (*LAG Hamm* 15.8.2001 NZA-RR 2002, 654 LS). Andererseits folgt die Sittenwidrigkeit eines notariellen Schuldanerkenntnisses, das ein Arbeitnehmer im Hinblick auf die ihm von Seiten des Arbeitgebers angelastete Vermögensdelikte **nicht** allein daraus, dass der **anerkannte Schaden nicht hätte bewiesen werden können**, oder dass der anerkannte Betrag die Einkommens- und Vermögensverhältnisse des Anerkennenden deutlich übersteigt. Vielmehr müssen zusätzliche, dem Gläubiger zuzurechnende Umstände hinzukommen, die zu einem unerträglichen Ungleichgewicht der Vertragsparteien führen. Zwar kann ein auffälliges Missverhältnis zwischen der wahren Ausgangslage und den Leistungen, die der Schuldner übernommen hat, ein solcher, die Sittenwidrigkeit des Schuldanerkenntnisses begründender Umstand sein. Maßgebend ist aber nicht die fehlende Beweisbarkeit des Schadens, sondern von welcher Einschätzung die Parteien bei Abgabe des Anerkenntnisses ausgegangen und in welchem Ausmaß sie davon abgewichen sind (*LAG München* 18.12.2008 LAGE § 781 BGB 2002 Nr. 1).

744

Gibt ein Arbeitnehmer zudem zu, im Arbeitsverhältnis Unterschlagungen begangen zu haben, und unterzeichnet er dann vor einem Notar ein Schuldanerkenntnis, so kann er sich gegen dessen Wirksamkeit grds. auch nicht mit Erfolg darauf berufen, die Methoden zu seiner Überführung seien unzulässig gewesen. Denn mit Unterzeichnung des Anerkenntnisses hat der Arbeitnehmer solche bekannten Einwände aufgegeben. Im konkret entschiedenen Einzelfall (*BAG* 22.7.2010 EzA § 781 BGB 2002 Nr. 2) konnte der Inhalt der Urkunde auch nicht als sittenwidrig angese-

745

hen werden. Zwar war die Summe mit 10.000,– € hoch, im Verhältnis zu dem vorausgegangenen Geständnis des Klägers und zu den Feststellungen, die die Beklagte gemacht hatte, aber vorsichtig kalkuliert. Die Beklagte hatte auch keine Geschäftsunerfahrenheit des Klägers ausgenutzt. Die Drohung mit einer Strafanzeige erschien angesichts des vom Kläger selbst eingeräumten Sachverhalts auch nicht als unverhältnismäßig. Grundsätzlich kann ein unterzeichnetes notarielles Schuldanerkenntnis nicht erfolgreich mit den Argumenten angegriffen werden, die vor Unterschrift gegen die Forderung des Gegners hätten erhoben werden können (*BAG* 22.7.2010 – 8 AZR 144/09, EzA § 781 BGB 2002 Nr. 2; s. *Zimmer* NJW 2011, 576 ff.).

## B. Pflichten des Arbeitgebers

### I. Zahlung und Sicherung des Arbeitsentgelts

#### 1. Grundlagen

*a) Der Begriff des Arbeitsentgelts; der Euro; Lohnabrechnung*

746　Das Arbeitsentgelt ist die Gegenleistung für die Arbeitsleistung des Arbeitnehmers. Inhalt der Vergütung können Leistungen aller Art sein: Geldleistungen, Verzicht auf oder Stundung von Ansprüchen, Zinsvorteile und Rabatte, Sachleistungen, Dienstleistungen sowie die Zuwendung von Rechten, nicht dagegen Ansprüche auf Aufwendungsersatz oder auf Abfindung für den Verlust des Arbeitsplatzes.

747　Erfasst sind auch Losgewinne bei einer vom Arbeitgeber im Rahmen des betrieblichen Vorschlagswesens durchgeführten Verlosung, an der alle Arbeitnehmer teilnehmen, die einen Verbesserungsvorschlag eingereicht haben, selbst dann, wenn es sich um Sachpreise handelt (*BFH* 25.11.1993 AP Nr. 3 zu § 20 ArbNErfG).

748　Seit dem 1.1.1999 bemisst sich das Arbeitsentgelt in Euro.

749　Die Einführung des Euro lässt bestehende Rechte und Pflichten unberührt (Art. 3 EuroV 1).

750　Der **unwiderruflich festgelegte Umrechnungskurs** (Art. 131 AEUV) der DM in Euro **beträgt 1,95583**. Dieser Wert bestimmt damit jede Umstellung von DM auf Euro und umgekehrt, unabhängig von ihrem Zeitpunkt.

751　Seit dem 1.1.2003 folgt aus § 107 Abs. 1 GewO, dass das Arbeitsentgelt in Euro zu berechnen und auszuzahlen ist. Davon kann nur nach § 107 Abs. 2 S. 1 GewO abgewichen werden (*BAG* 17.2.2009 EzA § 394 BGB 2002 Nr. 2; s. Rdn. 868 ff.).

*b) Bemessungsgrößen*

752　Das Arbeitsentgelt kann an die **Quantität** der geschuldeten und geleisteten Arbeit (Arbeitsstunden, Monatsgehalt, Akkordlöhne und Mengenleistungsprämien), die **Qualität** (Akkord- und Prämienlohn, wenn die Arbeitsleistung nur dann bezahlt wird, wenn eine bestimmte Qualität erreicht wird), die Erfüllung **weiterer Pflichten** und die Aufrechterhaltung des Arbeitsverhältnisses (**Betriebstreue**) anknüpfen.

753　Es ist i. d. R. bezogen auf die individuelle Leistung des jeweiligen Arbeitnehmers, u. U. aber auch auf die Leistung einer Arbeitnehmergruppe oder des ganzen Betriebes.

754　Soweit Lohngruppen oder Lohnzuschläge eine bestimmte Tätigkeitsdauer voraussetzen, ist es eine Frage der Auslegung im Einzelfall, inwieweit eine tatsächliche Tätigkeit erforderlich ist. Das *BAG* (9.2.1983 AP Nr. 46 zu § 71 TVG Tarifverträge: Bau) hat insoweit auf den Bestand des Arbeitsverhältnisses abgestellt, weil sonst z. B. unklar wäre, ob kurzfristige Unterbrechungen unschädlich oder ob nur verschuldete Fehlzeiten zu berücksichtigen sind. Allerdings kann die Berufung auf eine solche Regelung rechtsmissbräuchlich sein, wenn die Tätigkeit binnen eines Jahres verhältnismäßig geringfügig war.

## c) Tarifliche Normen; übertarifliche Entgelte

**Die wichtigste Rechtsgrundlage für Arbeitsentgelte sind neben dem Arbeitsvertrag Tarifverträge** (s. Kap. 1 Rdn. 317 ff.). Die tariflichen Arbeitsentgelte sind i. d. R. nach Tarifgruppen gestaffelt, welche die jeweiligen Anforderungen an den Arbeitenden beschreiben. Fällt die Tätigkeit eines Arbeitnehmers in mehrere Tarifgruppen, kann der Tarifvertrag regeln, welche maßgeblich ist. I. d. R. wird auf die zeitlich überwiegende Arbeitstätigkeit abgestellt (s. Rdn. 877). 755

Häufig werden übertarifliche Entgelte gezahlt. Auf Tariflohnerhöhungen können sie grds. angerechnet werden. Etwas anderes gilt für Zulagen für bestimmte Personen, Leistungen und Zwecke (z. B. Arbeitserschwernisse wie Kälte, Schmutz usw.), soweit bei diesen nicht ausdrücklich etwas anderes bestimmt ist. 756

## d) Betriebsvereinbarungen

Wegen der Sperrwirkung der §§ 77 Abs. 3, 87 Abs. 1 BetrVG kommen Betriebsvereinbarungen als Rechtsgrundlage für die Höhe des Arbeitsentgelts i. d. R. nicht in Betracht. Allerdings sieht § 87 Abs. 1 Nr. 10, 11 BetrVG die Gestaltungsmöglichkeit der Festsetzung von Grundsätzen der betrieblichen Lohngestaltung sowie der Festsetzung von Akkord- und Prämiensätzen vor. Auch können außer- und übertarifliche Entgelte Gegenstand von Betriebsvereinbarungen sein. 757

## e) Einzelvertragliche Entgeltregelungen

Im Rahmen arbeitsvertraglicher Entgeltregelungen spielen das Weisungsrecht sowie das einseitige Leistungsbestimmungsrecht des Arbeitgebers eine geringe Rolle. Praktische Bedeutung kommt insoweit aber der **betrieblichen Übung** sowie dem **Gleichbehandlungsgrundsatz** zu (s. Kap. 1 Rdn. 480 ff., 429 ff.). 758

## f) Freiwillige Leistungen; Widerrufsvorbehalt

Möglich ist auch die Gewährung freiwilliger Leistungen ohne Rechtsanspruch für die Zukunft (*BAG* 27.10.1978 EzA § 611 BGB Qualifikation, Prämie Nr. 61); **dies gilt auch nach der Schuldrechtsreform** (*BAG* 20.4.2011 EzA § 308 BGB 2002 Nr. 12 = NZA 2011, 796; *LAG Hamm* 9.6.2005 LAGE § 611 BGB 2002 Gratifikation Nr. 4; s. Rdn. 769). Die Formulierung »eine freiwillige, jederzeit widerrufliche Leistung, auf die – auch zukünftig – kein Rechtsanspruch besteht« begründet insoweit nicht schon einen gesonderten Widerrufsvorbehalt, sondern stellt eine Formulierung dar, mit der der Arbeitgeber **lediglich seinen Freiwilligkeitsvorbehalt unterstützt, untermauert** (*LAG Hamm* 13.5.2005 LAG Report 2005, 286 LS; a. A. *LAG Bln.* 19.8.2005 – 6 Sa 1106/05, EzA-SD 23/05 S. 4 LS; *LAG Köln* 2.11.2007 LAGE § 611 BGB Gratifikation Nr. 10). 759

Soweit eine arbeitsvertragliche Entgeltregelung ohne Frist und Vorbehalt getroffen worden ist oder weil die Grundlagen des Arbeitsverhältnisses berührend, als getroffen gilt, ist eine Änderung nur entweder einvernehmlich oder durch Änderungskündigung gem. § 2 KSchG möglich. Wird dagegen der Vorbehalt der Freiwilligkeit (s. aber Rdn. 1044 f.) sowie des jederzeitigen Widerrufs erklärt, so kann der Arbeitgeber die Leistung mit Wirkung für die Zukunft widerrufen. Nach Auffassung des *LAG Hamm* (5.6.1998 NZA-RR 1999, 315) stellen allerdings Klauseln, wonach die Zahlung einer Gratifikation oder einer Jahressonderzahlung unter Vorbehalt erfolgt, keinen wirksamen Freiwilligkeits- oder Widerrufsvorbehalt dar, da sie gegen das Bestimmtheitsgebot verstoßen, das schon deshalb anwendbar ist, weil Widerrufs- und Freiwilligkeitsvorbehalt unterschiedliche Inhalte und Rechtsfolgen haben (*LAG Hamm* 5.6.1998 NZA-RR 1999, 315). 760

Der Vorbehalt der Freiwilligkeit und vergleichbare Regelungen von Entgelten sind nicht zulässig, wenn sie Änderungen ermöglichen, die den vom KSchG geschützten Bestand des Arbeitsverhältnisses in Frage stellen (s. Kap. 4 Rdn. 2941 ff.). 761

Insbesondere bei Leistungen, auf die kein Rechtsanspruch besteht und die unter dem Vorbehalt des jederzeitigen Widerrufs stehen, ist anerkannt, dass der Widerrufsvorbehalt nicht zur Umgehung des 762 unverzichtbaren Kündigungsschutzes führen darf. Der Kernbestand des Arbeitsverhältnisses darf nicht angetastet werden; der Widerruf ist auf für das Arbeitsverhältnis nicht wesentliche Zusatzbestimmungen zu beschränken (vgl. *Kania* DB 1998, 2418 ff.).

763 Enthält ein Schreiben des Arbeitgebers, das an die Belegschaft gerichtet und am schwarzen Brett ausgehängt ist, eine übertarifliche Zulage, die unter einen Widerrufsvorbehalt gestellt ist, so wird diese Zusage in ihrer Gesamtheit als günstige Betriebsübung Inhalt des Vertrages der eintretenden Mitarbeiter. Das Angebot des Arbeitgebers ist als ganzes zu sehen, sodass nicht nur die tatsächliche Besserstellung durch die übertarifliche Leistung durch den Arbeitnehmer schlüssig angenommen werden kann, sondern auch die Widerrufbarkeit Inhalt des Vertrages wird, weil die Mehrleistung, auch wenn sie widerruflich geleistet werden soll, eine insgesamt günstigere Regelung darstellt, die durch Entgegennahme seitens der Arbeitnehmer Vertragsinhalt in eben dieser Form wird (*LAG RhPf* 4.7.1996 NZA-RR 1997, 468).

764 **Der Vorbehalt der Teilkündigung ist als Widerrufsvorbehalt aufzufassen** (*BAG* 7.10.1982 EzA § 315 BGB Nr. 28; s. Kap. 4 Rdn. 2941 ff.). **Die Widerrufsentscheidung ist grds. gem. § 106 GewO/§ 315 BGB nach billigem Ermessen zu treffen** (s. aber Rdn. 759); der Arbeitgeber ist verpflichtet, die wesentlichen Umstände des Falles abzuwägen und die beiderseitigen Interessen zu berücksichtigen (*BAG* 13.5.1987 EzA § 315 BGB Nr. 34).

765 ▶ Beispiel:

Erfolgt eine Höhergruppierung eines Arbeitnehmers auf Grund einer Änderung der tariflichen Gehaltsstruktur, so entspricht es billigem Ermessen, wenn der Arbeitgeber eine bisher im Hinblick auf die Tätigkeit des Angestellten gewährte widerrufliche Sonderzulage auf die Gehaltsdifferenz zwischen der alten und der neuen Tarifgruppe anrechnet (*BAG* 7.9.1994 EzA § 315 BGB Nr. 44).

*g) Widerrufsvorbehalt nach freiem Ermessen*

766 Die Vereinbarung eines Widerrufsvorbehalts nach freiem, nicht an die einschränkenden Voraussetzungen des § 106 GewO/§ 315 BGB gebundenen Ermessen ist jedenfalls dann unzulässig, wenn und soweit sie sich auf Bestandteile des laufenden Verdienstes bezieht. Der Arbeitnehmer kann nicht zugleich auf den Schutz kündigungsrechtlicher Vorschriften und den Schutz durch gerichtliche Ermessenskontrolle nach § 315 Abs. 3 BGB verzichten (*BAG* 13.5.1987 EzA § 315 BGB Nr. 34).

767 Jahresleistungen des Arbeitgebers können dagegen unter den Vorbehalt des Widerrufs nach freiem Ermessen gestellt werden, weil es sich insoweit nicht um eine laufende Vergütung handelt.

*h) Widerruf von Entgeltbestandteilen*

768 ▶ Beispiele:
- **Es ist fraglich, ob eine Leistungszulage wegen unverschuldeter Krankheit** widerrufen werden kann. Ist die Krankheit des Arbeitnehmers altersbedingt und er zudem 31 Jahre dem Betrieb angehörig, ohne dass sich die Qualität seiner Arbeit verschlechtert hat, so verstößt die Kürzung der Zulage gegen billiges Ermessen (*BAG* 7.1.1971 AP Nr. 12 zu § 315 BGB).
- Sieht ein Tarifvertrag Leistungszulagen für dauernd über dem Durchschnitt liegende Leistungen vor, so ist längere Krankheit kein Widerrufsgrund (*BAG* 1.3.1990 DB 1990, 2127).
- Für die Kürzung einer **Leistungszulage** ist es nicht ausreichend, dass der Arbeitnehmer zwei Jahre vor dem Beurteilungszeitpunkt verspätet zur Arbeit erschien. Der Arbeitgeber muss die Schlechtleistung des Arbeitnehmers substantiieren, um ein Urteil über billiges Ermessen zu ermöglichen (*BAG* 13.5.1987 EzA § 315 BGB Nr. 34).
- Bei der **Verkleinerung des Bezirks eines Außendienstmitarbeiters** im Rahmen einer grundlegenden Neuordnung der Bezirke ist billiges Ermessen gewahrt, wenn dies nicht zu einer nachweislichen Verdienstminderung führt (*BAG* 7.10.1982 EzA § 315 BGB Nr. 28).

## B. Pflichten des Arbeitgebers
## Kapitel 3

*i) Auswirkungen der Schuldrechtsreform*

Fraglich ist, wie sich die Schuldrechtsreform auf formularmäßig vom Arbeitgeber verwendete Arbeitsvertragsklauseln auswirkt, die entsprechende Widerrufsmöglichkeiten vorsehen (s. Kap. 1 Rdn. 670, 713). 769

Das *BAG* (12.1.2005 EzA § 308 BGB 2002 Nr. 1; 20.4.2011 EzA § 308 BGB 2002 Nr. 12 = NZA 2011, 796; ebenso *LAG Hamm* 11.5.2004 NZA-RR 2004, 515; a. A. *LAG Bln.* 30.3.2004 LAGE § 308 BGB 2002 Nr. 1; vgl. *Preis* NZA 2004, 1014 ff.; *Reinecke* NZA 2005, 953 ff.; *Willemsen/Grau* NZA 2005, 1137 ff.; *Reiserer* NZA 2007, 1249 ff.; offen gelassen von *BAG* 26.1.2005 – 10 AZR 331/04, EzA-SD 8/05, S, 6 LS; vgl. *Preis/Lindemann* AuR 2005, 229 ff.; *Strick* NZA 2005, 723 ff.) hat insoweit **folgende Grundsätze** aufgestellt: 770

- Eine formularmäßig im Arbeitsvertrag verwendete Klausel, mit der sich der Arbeitgeber den **jederzeitigen unbeschränkten Widerruf** übertariflicher Lohnbestandteile und anderer Leistungen vorbehält, ist gem. § 307 Abs. 1 S. 2 u. § 308 Nr. 4 BGB **unwirksam**.
- Die Vereinbarung ist **nur dann wirksam**, wenn der **widerrufliche Anteil unter 25 bis 30 % der Gesamtvergütung liegt und der Widerruf nicht grundlos erfolgen soll**.
- Die widerrufliche Leistung muss **nach Art und Höhe eindeutig** sein. Die Vertragsklausel muss zumindest die Richtung angeben, aus der der Widerruf möglich sein soll (wirtschaftliche Gründe, Leistung oder Verhalten des Arbeitnehmers).
- Diese Anforderungen gelten seit dem 1.1.2003 auch für Formulararbeitsverträge, die vor dem 1.1.2002 abgeschlossen worden sind. Fehlt es bei einem solchen Altvertrag an dem geforderten Mindestmaß einer Konkretisierung der Widerrufsgründe, kann die entstandene Lücke im Vertrag durch eine ergänzende Vertragsauslegung geschlossen werden. Eine Bindung des Arbeitgebers an die vereinbarte Leistung ohne Widerrufsmöglichkeit würde rückwirkend unverhältnismäßig in die Privatautonomie eingreifen (*BAG* 12.1.2005 EzA § 308 BGB 2002 Nr. 1; a. A. insoweit *LAG Hamm* 11.5.2004 – 19 Sa 2132/03, NZA-RR 2004, 515). Dem steht auch **nicht entgegen**, dass der Arbeitgeber dem Arbeitnehmer vor dem 1.1.2003 **keine Anpassung der Klausel** an den strengeren Rechtszustand **angetragen hat** (*BAG* 20.4.2011 EzA § 308 BGB 2002 Nr. 12 = NZA 2011, 796).
- Es liegt nahe, dass die Parteien des Arbeitsvertrages bei Kenntnis der neuen gesetzlichen Anforderungen die Widerrufsmöglichkeit zumindest bei wirtschaftlichen Verlusten des Arbeitgebers vorgesehen hätten.
- Neben der Inhaltskontrolle nach den §§ 305 ff. BGB findet weiterhin die Ausübungskontrolle im Einzelfall gem. § 106 GewO/§ 315 BGB statt.

Bei der **Kombination eines Widerrufsvorbehalts mit einem Freiwilligkeitsvorbehalt** in vorformulierten Arbeitsbedingungen(s. Kap. 1 Rdn. 713) hat das *LAG Hamm* (27.7.2005 NZA-RR 2006, 125) angenommen, dass beide Vorbehalte wegen Verstoßes gegen das Transparenzgebot des § 307 Abs. 1 S. 2 BGB unwirksam sind. 771

Das *BAG* (8.12.2010 EzA § 307 BGB 2002 Nr. 51) hat zunächst offen gelassen, ob mit der Kombination von Freiwilligkeits- und Widerrufsvorbehalt im Arbeitsvertrag stets eine mehrdeutige und damit intransparente Klausel i. S. v. § 307 Abs. 1 S. 2 BGB formuliert wird. Jedenfalls führt eine solche **Verknüpfung** dazu, dass für den Vertragspartner **nicht hinreichend deutlich** wird, bei einer mehrfachen, ohne weitere Vorbehalte erfolgenden Sonderzahlung solle der **Rechtsbindungswille** des Arbeitgebers **für die Zukunft ausgeschlossen** bleiben. Erklärt der Arbeitgeber in diesem Falle keinen eindeutigen Freiwilligkeitsvorbehalt bei der jährlichen Sonderzahlung, muss der Arbeitnehmer nicht annehmen, die Leistung erfolge nur für das jeweilige Jahr und der Arbeitgeber wolle sich für die Zukunft nicht binden. Inzwischen geht es aber davon aus, dass in der Kombination eines Freiwilligkeitsvorbehalts mit einem Widerrufsvorbehalt regelmäßig ein zur Unwirksamkeit der Klausel führender Verstoß gegen das Transparenzgebot liegt (§ 307 Abs. 1 S. 2 BGB; *BAG* 14.9.2011 EzA § 307 BGB 2002 Nr. 54). 771a

*Dörner*

**Kapitel 3**      Der Inhalt des Arbeitsverhältnisses

772 Nach Maßgabe dieser Grundsätze ist eine Vertragsklausel in einem Formulararbeitsvertrag, wonach dem Arbeitgeber das Recht zustehen soll, zugesagte **Jubiläumszahlungen jederzeit unbeschränkt widerrufen zu können**, gem. § 308 Nr. 4 BGB rechtsunwirksam (s. *BAG* 20.4.2011 EzA § 308 BGB 2002 Nr. 12); hat sich ein Arbeitgeber im Übrigen den Widerruf für den Fall vorbehalten, dass es die Geschäftslage erfordert, so ist diese Voraussetzung jedenfalls dann nicht erfüllt, wenn das Unternehmen eine Umsatzrendite von mehr als 10 % und eine Eigenkapitalverzinsung von mehr als 20 % erzielt (*LAG Köln* 16.10.2006 NZA-RR 2007, 120).

*j) Lohnabrechnung; Durchsetzung des Anspruchs*

773 Der Anspruch des Arbeitnehmers auf Abrechnung von Arbeitsentgelt nach § 108 GewO entsteht, wenn das Arbeitsentgelt gezahlt wird. Der Arbeitgeber hat abzurechnen, wie er das Arbeitsentgelt tatsächlich berechnet hat und welche Abzüge er aus welchen Gründen tatsächlich vorgenommen und welche Beträge er abgeführt hat. Die Abrechnungspflicht ist eine **nicht vertretbare Handlung**. Soweit sie tituliert ist, ist das Urteil nach § 888 ZPO zu vollstrecken. Liegen die dort genannten Voraussetzungen vor, kann insbes. ein Zwangsgeld nicht beigetrieben werden, ist der **Erlass eines Haftbefehls** nach § 901 ZPO möglich. Der auch im Zwangsvollstreckungsrecht zu beachtende Grundsatz der Verhältnismäßigkeit steht nicht entgegen: Der Arbeitnehmer als Vollstreckungsgläubiger ist darauf angewiesen, dass sein Anspruch auf Abrechnung effektiv vollstreckt wird. Dem Arbeitgeber als Vollstreckungsschuldner ist es ohne weiteres möglich, die ihm obliegende Handlung zu erbringen. Erbringt der Arbeitgeber die titulierte Leistung, erstellt er also die Abrechnung, steht dies dem Erlass eines Haftbefehls entgegen. Das darauf gerichtete Verfahren ist erledigt (*BAG* 7.9.2009 EzA § 888 ZPO 2002 Nr. 1).

### 2. Entgelthöhe

*a) Grundlagen*

774 Das Gesetz über die Festsetzung von Mindestarbeitsbedingungen vom 11.1.1952 ermöglichte die zwingende Regelung u. a. von Entgelten zur Befriedigung der notwendigen sozialen und wirtschaftlichen Bedürfnisse der Arbeitnehmer durch Rechtsverordnung. Der Bundesminister für Arbeit und Soziales hat von der ihm erteilten Regelungsermächtigung aber keinen Gebrauch gemacht.

775 Im Zuge der Diskussion über die Einführung von Mindestlöhnen ist das MiArbG 2009 novelliert worden. Entgegen der ursprünglichen Fassung können aufgrund dieses Gesetzes nur noch **Mindestarbeitsentgelte** erlassen werden, nicht aber sonstige Mindestarbeitsbedingungen. Daneben wurden die Voraussetzungen, aufgrund deren ein Mindestarbeitsentgelt festgesetzt werden kann, präzisiert. **Die tarifgebundenen Arbeitgeber in einem Wirtschaftszweig dürfen nun bundesweit maximal 49,9 % der Arbeitnehmer beschäftigen.** Ferner wurde der Tarifvorrang des § 8 Abs. 2 MiArbG a. F. abgeschafft. Schließlich liegt die Zuständigkeit für die Überwachung des Gesetzes nicht mehr wie früher bei der obersten Arbeitsbehörde des jeweiligen Landes, sondern in Übereinstimmung mit der Regelung des AEntG bei der Zollverwaltung (§ 11 MiArbG).

776 Das MiArbG sieht in Übereinstimmung ein **dreistufiges Verfahren** für die Festsetzung von Mindestarbeitsentgelten vor. Zunächst stellt der beim Bundesministerium für Arbeit und Soziales errichtete Hauptausschuss fest, dass in einem Wirtschaftszweig Mindestarbeitsentgelte festgesetzt werden sollen (§ 3 Abs. 1 MiArbG; Feststellungsverfahren). Stimmt das Ministerium dem zu (§ 3 Abs. 1, 3 MiArbG), errichtet es für diese Wirtschaftszweige Fachausschüsse (§ 4 Abs. 1 MiArbG), die die Mindestarbeitsentgelte festsetzen (§ 4 Abs. 2 MiArbG; Festsetzungsverfahren). Diese können durch die Bundesregierung auf Vorschlag des Ministeriums als Rechtsverordnung erlassen werden (§ 4 Abs. 3 MiArbG). Erst dann sind sie für die betroffenen Arbeitgeber und Arbeitnehmer verbindlich (§ 8 Abs. 1 MiArbG).

777 Damit können Mindestarbeitsentgelte und -arbeitsbedingungen in Deutschland grds. **auf dreierlei Weise** eingeführt werden: Durch **Allgemeinverbindlicherklärung** von Tarifverträgen nach § 5 TVG, durch **Aufnahme der jeweiligen Branche in das AEntG**, wenn die an die entsprechenden Tarif-

B. Pflichten des Arbeitgebers                                                                         Kapitel 3

verträge gebundenen Arbeitgeber mehr als 50 % der unter ihren Geltungsbereich fallenden Arbeitnehmer beschäftigen (vgl. BT-Drs. 16/10486 S. 12), sowie durch die **Festsetzung von Mindestarbeitsentgelten** nach dem MiArbG, wenn dies nicht der Fall ist. Allerdings verzichtet § 7 Abs. 1 AEntG darauf, die 50 %-Grenze des § 5 Abs. 1 Nr. 1 TVG als Anwendungsvoraussetzung in Bezug auf den konkreten, in seinen Wirkungen auf Dritte zu erstreckenden Tarifvertrag festzuschreiben. Daher ist eine Erstreckung von Tarifverträgen auf Außenseiter nach dem AEntG rechtlich auch dann denkbar, wenn die bei tarifgebundenen Arbeitgebern beschäftigten Arbeitnehmer nicht einmal die Hälfte der Beschäftigten des Wirtschaftszweigs ausmachen und an sich die Anwendung des MiArbG eröffnet wäre (instr. ErfK/*Franzen* § 1 MiArbG Rn. 1 ff.; 9 f.; s. a. *Bayreuther* DB 2009, 678 ff.; *Sittard* NZA 2009, 346 ff.; *Maier* NZA 2009, 351 ff.; *Kortstock* NZA 2010, 311 ff.; *Böhm* NZA 2010, 1218 ff.; *Sodan/Zimmermann* NJW 2009, 2001 ff.; krit. *Bayreuther* NJW 2009, 2006 ff.).

Mangels entsprechender Vorgaben richtet sich die Höhe des Entgelts in erster Linie nach dem 778
Arbeitsvertrag (in den Grenzen des § 138 BGB) sowie nach Maßgabe tariflicher Bestimmungen (s. Rdn. 752). Zu beachten ist, dass der Arbeitnehmer dann, wenn er ein höheres Bruttoentgelt behauptet als vom Arbeitgeber zugestanden, dafür **die Beweislast** trägt. Die Auszahlung allein muss für den vollen Beweis nicht genügen, auch wenn diese durch eine Sammelüberweisung erfolgt ist, die von dem Arbeitnehmer vorbereitet und vom Arbeitgeber monatlich unterzeichnet wurde. Denn auch aus der Tatsache der Unterzeichnung der Sammelüberweisung kann der Arbeitnehmer nicht ohne Hinzutreten weiterer Umstände ein Einverständnis ableiten (*LAG Hamm* 25.1.2006 – 18 Sa 1321/05, EzA-SD 8/06 S. 7 LS).

### b) Grundsatz der Lohngleichheit von Männern und Frauen

Zu beachten ist der Grundsatz der Lohngleichheit für Männer und Frauen, der sich aus Art. 3 Abs. 2 779
GG, Art. 157 AEUV und Art. 1 RL 75/117/EWG ergibt und durch §§ 1 ff. AGG innerstaatlich umgesetzt worden ist. **Danach darf für die gleiche oder gleichwertige Arbeit nicht wegen des Geschlechts des Arbeitnehmers eine geringere Vergütung vereinbart werden als mit einem Arbeitnehmer des anderen Geschlechts** (s. Kap. 1 Rdn. 310; s. Rdn. 4871 ff.).

Um die »**gleiche Arbeit**« handelt es sich, wenn Arbeitnehmer identische oder gleichartige Tätigkeiten 780
ausüben. Ob die Arbeit gleich ist, muss durch einen Gesamtvergleich der Tätigkeiten ermittelt werden. Bei einzelnen Abweichungen ist die jeweils überwiegende Tätigkeit maßgebend. Ein nur teilweiser und vorübergehender Einsatz an denselben Maschinen rechtfertigt die Annahme gleicher Arbeit nicht, wenn die betreffenden Arbeitnehmer auch andere Tätigkeiten ausüben, für die sie nach dem Inhalt ihrer Arbeitsverträge eingestellt worden sind.

Um eine »**gleichwertige**« **Arbeit** handelt es sich, wenn Arbeitnehmer Tätigkeiten ausüben, die nach 781
objektiven Maßstäben der Arbeitsbewertung denselben Arbeitswert haben. Auch insoweit ist ein Gesamtvergleich der Tätigkeiten erforderlich. Dabei ist der jeweils erforderliche Umfang von Vorkenntnissen und Fähigkeiten zu berücksichtigen. Die Tarifpraxis und die Verkehrsanschauung können Anhaltspunkte geben.

Werden Arbeitnehmer, wie im Arbeitsvertrag vereinbart, zu mehreren unterschiedlichen Arbeiten 782
eingeteilt (vielseitige Verwendbarkeit), so kann dies eine insgesamt höhere Bewertung der Arbeit rechtfertigen als die jeweils geschuldete einzelne Tätigkeit (*BAG* 23.8.1995 EzA § 612 BGB Nr. 18; s. *Henssler/Schaffner* SAE 1997, 186 ff.).

Sind männliche und weibliche Arbeitnehmer mit der gleichen Arbeit beschäftigt und entlohnt der 783
Arbeitgeber fast die Hälfte der Männer, dagegen nur 1/10 der Frauen über Tarif, dann liegt hierin ein Verstoß gegen §§ 1 ff. AGG, wenn die höhere Entlohnung der männlichen Arbeitnehmer nicht durch Gründe gerechtfertigt ist, die nicht auf das Geschlecht bezogen sind.

Die nach § 22 AGG für die Verlagerung der Beweislast auf den Arbeitgeber erforderlichen Tatsa- 784
chen, die eine Benachteiligung wegen des Geschlechts vermuten lassen, sind jedenfalls dann durch

# Kapitel 3
## Der Inhalt des Arbeitsverhältnisses

die zahlenmäßig wesentlich größere nachteilige Betroffenheit der Angehörigen eines Geschlechts glaubhaft gemacht, wenn die Kriterien für die Entlohnungspraxis des Arbeitgebers für die Arbeitnehmer nicht durchschaubar sind. Nach dem Grundsatz der gemeinschaftsrechtskonformen Auslegung beruht eine Entgeltdiskriminierung jedenfalls dann auf einer Vereinbarung i. S. d. §§ 1 ff. AGG, wenn der unterschiedlichen Behandlung zumindest eine Vereinbarung mit den begünstigten Arbeitnehmern zugrunde liegt. Eine Vereinbarung mit dem benachteiligten Arbeitnehmer muss nicht hinzukommen. Offen ist, ob angesichts der Vorgaben des Gemeinschaftsrechts dem Tatbestandsmerkmal der Vereinbarung in §§ 1 ff. AGG, eigenständige Bedeutung zukommen kann. Jedenfalls stellt eine tarifliche Vorschrift, die Zeiten der **Mutterschutzfristen** nach §§ 3 Abs. 2, 6 Abs. 1 MuSchG nicht in die Berechnungsgrundlage eines ergebnisbezogenen Entgelts einbezieht, die Vereinbarung einer geringeren Vergütung dar, die unzulässig ist, weil sie auf der Geltung besonderer Schutzvorschriften wegen des Geschlechts der Arbeitnehmerin beruht (*BAG* 2.8.2006 EzA § 612 BGB 2002 Nr. 8).

785 Im Falle eines Verstoßes gegen §§ 1 ff. AGG, haben die wegen ihres Geschlechts benachteiligten Arbeitnehmer Anspruch auf die Leistungen, die der bevorzugten Gruppe gewährt werden (*BAG* 23.9.1992 EzA § 612 BGB Nr. 16); diese Regelung stellt eine eigenständige Anspruchsgrundlage dar (*BAG* 2.8.2006 EzA § 612 BGB 2002 Nr. 8).

786 Art. 157 AEUV und die RL 75/117/EWG verlangen aber weder, dass Arbeitnehmerinnen während des **Mutterschaftsurlaubs** weiter das volle Arbeitsentgelt erhalten, noch ergeben sich aus diesen Normen bestimmte Kriterien für die Bestimmung der Höhe der den Arbeitnehmerinnen während dieses Zeitraums zu zahlenden Leistungen, sofern sie nicht so niedrig festgesetzt werden, dass dadurch der Zweck des Mutterschaftsurlaubes gefährdet wird. Soweit jedoch bei der Berechnung auf einen Lohn abgestellt wird, den die Arbeitnehmerin vor Beginn des Mutterschaftsurlaubes erhalten hat, sind in diese Leistungen Lohnerhöhungen, die zwischen dem Beginn des Zeitraums, für den die Referenzlöhne gezahlt worden, und dem Ende des Mutterschaftsurlaubes erfolgt sind, ab ihrem In-Kraft-Treten einzubeziehen (*EuGH* 13.2.1996 EzA Art. 119 EWG-Vertrag Nr. 37).

### c) Zinsen

787 Gerät der Arbeitgeber in Annahmeverzug, weil er nach Ausspruch einer Kündigung die Gehaltszahlungen an den Arbeitnehmer einstellt, so hat er dies dann zu vertreten und deshalb die rückständigen Beträge zu verzinsen, wenn er bei Anwendung der erforderlichen Sorgfalt hätte erkennen können, dass die Kündigung unwirksam war (*BAG* 22.3.2001 EzBAT Schadensersatzpflicht des Arbeitgebers Nr. 31; 13.6.2002 EzA § 615 BGB Nr. 110). Es ist insbes. zu prüfen, ob sich der Arbeitgeber in einem entschuldbaren Rechtsirrtum befunden hat. Der Rechtsirrtum ist entschuldbar, wenn die Rechtslage objektiv zweifelhaft ist und der Schuldner sie sorgfältig geprüft hat. Beruht der Ausspruch der Kündigung auf einem vertretbaren Rechtsstandpunkt, handelt der kündigende Arbeitgeber so lange nicht fahrlässig, wie er auf die Wirksamkeit seiner Kündigung vertrauen darf. Jedenfalls in Höhe des erhaltenen Arbeitslosengeldes kann der Arbeitnehmer vom Arbeitgeber keine Zinsen auf den Annahmeverzugslohn verlangen (*BAG* 13.6.2002 EzA § 615 BGB Nr. 110).

Für **Eingruppierungsstreitigkeiten** im öffentlichen Dienst gilt insoweit Folgendes: Gem. § 286 Abs. 4 BGB kommt der Schuldner einer Leistung **nicht in Verzug, solange die Leistung in Folge eines Umstands unterbleibt, den er nicht zu vertreten hat**. Daraus ergibt sich zum einen, dass der Verzug ein Verschulden des Schuldners voraussetzt. Insoweit kommt grds. auch ein **Rechtsirrtum** als verschuldensausschließend in Betracht; daran werden aber **strenge Anforderungen** gestellt. Dies geht auf die Überlegung zurück, dass derjenige schuldhaft handelt, der seine Interessen trotz zweifelhafter Rechtslage auf Kosten fremder Rechte wahrnimmt. Gleichwohl bleibt dem Schuldner vorbehalten, sich nach Maßgabe dieser materiell-rechtlichen Vorgaben zu entlasten. Dies ist auch dem öffentlichen Arbeitgeber in Eingruppierungsrechtsstreitigkeiten möglich. Davon zu unterscheiden ist die Frage der Darlegungs- und Beweislast für das (fehlende) Verschulden. Das Gesetz weist diese dem Schuldner zu. Er ist gehalten, im Einzelnen darzulegen und ggf. zu beweisen,

## B. Pflichten des Arbeitgebers

dass die geschuldete Leistung zum Fälligkeitszeitpunkt unterblieben ist, ohne dass ihn ein Verschulden trifft. Für eine Nichtbeachtung dieser gesetzlichen Beweislastverteilungsanordnung im hier maßgeblichen Zusammenhang gibt es keinen Grund (*BAG* 26.1.2011 NZA-RR 2011, 531).

### aa) Berechnungsfaktoren

Gerät der Arbeitgeber mit der Entgeltzahlung in Verzug, so sind die Verzugszinsen auf der Grundlage der **Bruttovergütung** zu berechnen (*BAG* GS 7.3.2001 EzA § 288 BGB Nr. 3 m. Anm. *Boemke/Fischer* SAE 2002, 152 u. *Löwisch* RdA 2002, 182). Der Verzugszinssatz beträgt gem. § 288 Abs. 1 BGB **5 Prozentpunkte über dem Basiszinssatz/Jahr** (d. h. zwischen 11 und 14 %; vgl. dazu *Henkel/Kessler* NJW 2000, 3089; *Treber* NZA 2001, 187 ff.; gem. § 247 Abs. 1 BGB verändert er sich jeweils zum 1.1. und 1.7. eines jeden Jahres). Die Anwendung dieser Regelung setzt aber voraus, dass **der Arbeitnehmer Verbraucher i. S. d. § 13 BGB ist** (dafür *BAG* 25.5.2005 EzA § 307 BGB 2002 Nr. 3 st. Rspr.; *LAG Köln* 12.2.2005 – 4 Sa 1018/04, EzA-SD 16/05 S. 6 LS; *Däubler* NZA 2001, 1332 f.). Denn andernfalls beträgt der Zinssatz gem. § 288 Abs. 2 BGB bei Rechtsgeschäften, an denen ein Verbraucher nicht beteiligt ist, für Entgeltforderungen **8 Prozentpunkte über dem Basiszinssatz**.

788

Prozesszinsen ab Rechtshängigkeit oder Verzugszinsen ab Klageerhebung sind ab dem Kalendertag zu leisten, an dem die **Klage dem Schuldner zugestellt wird**. Für eine analoge Anwendung der §§ 187 Abs. 1, 188 BGB zur Bestimmung des ersten und des letzten Tages der Zahlungspflicht besteht kein Raum (*Treber* NZA 2002, 1316 ff.).

789

### bb) Formulierung des Klageantrags

Sachgerecht erscheint folgender Klageantrag:

790

»*Der Beklagte wird verurteilt, an den Kläger ... Euro (Betrag) brutto nebst Zinsen in Höhe von fünf Prozentpunkten über dem Basiszinssatz nach § 1 des Diskontsatz-Überleitungs-Gesetzes vom 9.6.1998 (BGBl. I S. 1242; zuletzt geändert am ...) ab dem ... (Verzugsbeginn/Rechtshängigkeit) zu zahlen.*«

Diese Formulierung genügt dem zivilprozessualen **Bestimmtheitsgrundsatz** (§ 253 Abs. 2 Nr. 2 ZPO). Zwar lässt sich dem Klageantrag die beantragte und zugesprochene Zinshöhe nicht entnehmen. Die Bezugnahme auf externe Berechnungsgrößen ist aber dann statthaft, wenn
– die **Berechnungsfaktoren**, auf die verwiesen wird, **eindeutig und unmissverständlich** bezeichnet sind,
– die **Berechnungsmodalitäten klar fixiert** sind,
– es sich um objektive, für eine Vielzahl von Fällen und unabhängig vom Einfluss der Parteien ermittelbare **Maßstäbe** handelt und
– die Berechnungsfaktoren aus **allgemein bekannten** oder aus allgemein zugänglichen **Quellen** sicher und ohne großen Aufwand ermittelbar sind.

791

Diesen Kriterien wird durch den vorgeschlagenen Klageantrag entsprochen (zutr. *Treber* NZA 2001, 190 ff.). Denn die weiteren Modalitäten zur Berechnung der Zinssumme (Hauptforderung und Zinsbeginn) ergeben sich aus dem Titel. Bei dem Basiszinssatz handelt es sich um einen objektiven, eindeutigen Faktor, der durch seine Veröffentlichung im Bundesanzeiger leicht feststellbar ist und von den Parteien nicht beeinflusst werden kann. Klageantrag und Tenor können sich insofern auf den Zinsbeginn und die Aufnahme des Gesetzeswortlauts beschränken. Das *BAG* (1.10.2002 EzA § 4 TVG Ausschlussfristen Nr. 157) hat es als ausreichend angesehen, dass **Zinsen in Höhe bestimmter »Prozentpunkte über dem Basiszinssatz** der Europäischen Zentralbank« gefordert wurden; dies ist – auch für die Vergangenheit – bestimmt genug.

792

### cc) Urteilstenor

**793** Der Tenor eines arbeitsgerichtlichen Urteils lautet dann: »Der Beklagte wird verurteilt, an den Kläger Euro ... (Betrag) brutto nebst Zinsen in Höhe von fünf Prozentpunkten über dem Basiszinssatz nach § 1 des Diskontsatz-Überleitungs-Gesetzes vom 9.6.1998 (BGBl. I S. 1242; zuletzt geändert am ...) ab dem (Verzugsbeginn/Rechtshängigkeit) zu zahlen.«

**794** Mit dieser Tenorierung wird weder von den Vollstreckungsorganen Unzumutbares verlangt, noch die Last der Zinsberechnung ungerechtfertigt dem Gerichtsvollzieher zugeschoben. Denn dieser muss auch dann die angefallenen Zinsen für die nachfolgende Zeit berechnen, wenn die Zinssumme nur bis zum Tag der Einreichung der Klage oder bis zur letzten mündlichen Verhandlung beziffert wird, und dies ggf. unter Ermittlung eines zwischenzeitlich veränderten Basiszinssatzes. Der einzutreibende Zinsbetrag kann – zumal unter Nutzung gängiger Berechnungssoftware – **ohne besonderen Zeitaufwand** für den gesamten Verzugszeitraum in Abhängigkeit von dem dynamischen Basiszinssatz ermittelt werden. Im Wechsel- und Scheckrecht ist dies seit langem und im Bereich des Verbraucherkreditrechts seit Beginn der neunziger Jahre gängige Praxis (zutr. *Treber* NZA 2001, 192).

### d) Steuerschaden

**795** Zahlt ein Arbeitgeber verspätet die Arbeitsvergütung aus, obwohl er auf die Wirksamkeit einer von ihm ausgesprochenen Kündigung nicht vertrauen durfte, muss er dem Arbeitnehmer den hieraus entstandenen Steuerschaden ersetzen. Die Höhe des Schadens bestimmt sich aus einem Vergleich der steuerlichen Lage bei verspäteter Zahlung mit der bei rechtzeitiger Zahlung. Zu den zu erstattenden Kosten gehören dabei grds. auch die Kosten für die Einschaltung eines Steuerberaters, der die Höhe des Schadens ermittelt. Ein solcher Steuerschaden ist ein Anspruch »aus dem Arbeitsverhältnis« i. S. einer tariflichen Ausschlussfrist. In der Erhebung einer Kündigungsschutzklage liegt keine Geltendmachung von Steuerverzögerungsschäden. Ein Steuerverzögerungsschaden wird frühestens mit Bekanntgabe des Steuerbescheides fällig, mit der die – progressionsbedingt erhöhte – Steuer gefordert wird. Ob zu diesem Zeitpunkt eine weitere Frist hinzutritt, innerhalb derer ein Arbeitnehmer seinen Steuerschaden unter Einschaltung sachverständiger Personen berechnen kann, bleibt offen. Die Geltendmachung eines Anspruchs verlangt lediglich eine Spezifizierung nach Grund und Höhe. Dem genügt grds. auch eine übersetzte Forderung, es sei denn, die Geltendmachung wird hierdurch gänzlich unbestimmt. Bei besonderer Schwierigkeit der Berechnung führt eine Zuvielforderung jedenfalls dann nicht zur Unbestimmtheit, wenn der Schuldner die Erklärung des Gläubigers als Aufforderung zur Bewirkung der tatsächlich geschuldeten Leistung verstehen muss und der Gläubiger zur Annahme der gegenüber seinen Vorstellungen geringeren Leistung bereit ist. Eine Geltendmachung kann auch vor Fälligkeit erfolgen (*BAG* 20.6.2002 EzA § 611 BGB Arbeitgeberhaftung Nr. 11).

## 3. Brutto- und Nettoentgelte

### a) Die Besteuerung des Arbeitseinkommens

#### aa) Grundlagen

**796** Der Arbeitnehmer ist einkommensteuerpflichtig. Die Einkommensteuer auf den Arbeitslohn wird durch unmittelbaren Steuerabzug vom Arbeitslohn erhoben (Lohnsteuer, § 38 Abs. 1 EStG). Etwas anderes gilt nur, wenn die Parteien **klar und eindeutig vereinbart haben**, dass der Arbeitgeber diese Steuerschuld wirtschaftlich zu tragen hat (*BAG* 29.9.2004 EzA § 42d EStG Nr. 2). Der Arbeitgeber ist auf Grund öffentlich-rechtlicher Vorschriften (§§ 38 Abs. 3, 41 a Abs. 1 EStG) verpflichtet, die Lohnsteuer zu berechnen, einzubehalten und für den Arbeitnehmer abzuführen (*BAG* 30.4.2008 EzA § 611 BGB 2002 Nettolohn, Lohnsteuer Nr. 3).

**797** Er kann diese Vorauszahlung vom vereinbarten (Brutto-)Lohn abziehen, so dass der Arbeitnehmer die Steuern zu tragen hat (*BAG* 24.6.2003 EzA § 125 BGB 2002 Nr. 2).

## B. Pflichten des Arbeitgebers Kapitel 3

Steuerfrei sind Zuschläge, die für tatsächlich geleistete Sonntags-, Feiertags- oder Nachtarbeit neben dem Grundlohn gezahlt werden, soweit sie je nach der Zeit, in der sie durchgeführt wurde, bestimmte Prozentsätze des Grundlohns nicht übersteigt (§ 3b EStG). Dagegen sind **pauschale Zuschläge**, die der Arbeitgeber ohne Rücksicht auf die Höhe der tatsächlich erbrachten Sonntags-, Feiertags- oder Nachtarbeit an den Arbeitnehmer leistet, nur dann nach § 3b EStG begünstigt, wenn sie nach dem übereinstimmenden Willen von Arbeitgeber und Arbeitnehmer als **Abschlagszahlungen** oder Vorschüsse auf eine spätere Einzelabrechnung gem. § 41b EStG geleistet werden. Diese Einzelabrechnung zum jährlichen Abschluss des Lohnkontos ist **grds. unverzichtbar**. Auf sie kann im Einzelfall nur verzichtet werden, wenn die Arbeitsleistungen fast ausschließlich zur Nachtzeit zu erbringen und die pauschal geleisteten Zuschläge so bemessen sind, dass sie auch unter Einbeziehung von Urlaub und sonstigen Fehlzeiten – aufs Jahr bezogen – die Voraussetzungen der Steuerfreiheit erfüllen (*BFH* 8.12.2011 NZA-RR 2012, 197). Es ist von Verfassungs wegen nicht geboten, die danach bestehende Steuerfreiheit auf **Gefahrenzulagen** und Zulagen im Kampfmittelbeseitigungsdienst auszudehnen (*BFH* 15.9.2011 ZTR 2011, 755). 798

Die Arbeitsgerichte sind insoweit nicht befugt, die Berechtigung der Abzüge zu prüfen; allerdings sind die Grenzen des § 28g S. 3, 4 SGB IV zu beachten (*BAG* 30.4.2008 EzA § 611 BGB 2002 Nettolohn, Lohnsteuer Nr. 3).

**Das Abführen der Lohnsteuer hat der Arbeitgeber unentgeltlich und unter Kontrolle der Finanzbehörden zu erledigen.** Die Abführung von Steuern (und Sozialversicherungsabgaben) begründet für den Arbeitgeber einen **besonderen Erfüllungseinwand**, den er einem Vergütungsanspruch des Arbeitnehmers entgegenhalten kann (*BAG* 30.4.2008 EzA § 611 BGB 2002 Nettolohn, Lohnsteuer Nr. 3). Kommt er seinen Pflichten nicht ordnungsgemäß nach, so kommt gem. § 42d Abs. 1 EStG seine Haftung für die Lohnsteuer in Betracht. Zwar bleibt der **Arbeitnehmer** gegenüber dem Finanzamt **Schuldner der Lohnsteuer. Der Arbeitgeber haftet aber, falls er die Lohnsteuer nicht vorschriftsmäßig einbehalten und abgeführt hat, als Gesamtschuldner** (§ 42d Abs. 3 S. 1 EStG). 799

Gem. § 42e EStG kann der Arbeitgeber im Zweifel **Auskunft** darüber verlangen, wie im einzelnen Fall die Vorschriften über die Lohnsteuer anzuwenden sind. Eine derartige dem Arbeitgeber erteilte Anrufungsauskunft (§ 42e EStG) stellt nicht nur eine Wissenserklärung (unverbindliche Rechtsauskunft) des Betriebsstätten-Finanzamtes darüber dar. Sie ist vielmehr feststellender Verwaltungsakt i. S. d. § 118 S. 1 AO, mit dem sich das Finanzamt selbst bindet. Die Vorschrift des § 42e EStG gibt dem Arbeitgeber nicht nur ein Recht auf förmliche Bescheidung seines Antrags. Die Norm berechtigt ihn auch, eine ihm erteilte Anrufungsauskunft erforderlichenfalls im Klagewege inhaltlich überprüfen zu lassen (*BFH* 30.4.2009 NZA-RR 2010, 40). 800

*bb) Abrechnungs-, Zahlungs- und Mitteilungspflichten des Arbeitgebers gegenüber dem Arbeitnehmer*

*(1) Grundlagen*

Die Rechtsbeziehungen zwischen dem Arbeitnehmer und dem Arbeitgeber aus Anlass des Lohnsteuerverfahrens sind Teil des Arbeitsverhältnisses, wobei die beiderseitigen Pflichten durch Vorschriften des Auftragsrechts konkretisiert werden (*BAG* 19.1.1979 EzA § 670 Nr. 13). 801

Daraus folgt, dass der Arbeitgeber dem Arbeitnehmer eine **Abrechnung** über die einbehaltenen Beträge zu erteilen, diese zu **erläutern** sowie die Unterlagen (z. B. Lohnsteuerkarte) **richtig und vollständig zu führen** hat. 802

Zahlt der Arbeitgeber schließlich die Vergütung aus, ohne Lohnsteuer einzubehalten, muss er den Arbeitnehmer darauf hinweisen, dass er die Zahlungen selbst versteuern muss, insbes. dann, wenn der Arbeitgeber von einer freien Mitarbeit, der Arbeitnehmer hingegen erkennbar von einem Arbeitsverhältnis ausgeht (*BAG* 27.3.1958 AP Nr. 2 zu § 670 BGB). 803

804 Schließlich hat der Arbeitgeber den Arbeitnehmer von Nachforderungen des Finanzamts umgehend in Kenntnis zu setzen, damit dieser sich darauf einrichten und ggf. auch einen Rechtsbehelf einlegen kann (*BAG* 23.3.1961 AP Nr. 9 zu § 670 BGB).

805 Zu beachten ist, dass dann, wenn sich der Arbeitgeber in einem Prozessvergleich zur »**vertragsgemäßen Abrechnung**« verpflichtet, es nicht zu beanstanden ist, dies dahin auszulegen, dass sich die Verpflichtung auf **Geldansprüche** beschränkt, nicht aber die private Nutzung eines Dienstwagens erfasst (*BAG* 5.9.2002 NZA 2003, 973).

*(2) Lohnabrechnung als Schuldanerkenntnis?; Verdienstbescheinigung*

806 Lohnabrechnungen geben grds. nur die **Höhe der aktuellen Vergütung** an. Sie dokumentieren lediglich den abgerechneten Lohn, bestimmen aber nicht den Anspruch. Ein Erklärungswert über künftige Ansprüche kommt ihnen deshalb z. B. allein auf Grund der Angabe »Tariflohn« nicht zu (*BAG* 3.11.2004 EzA § 242 BGB 2002 Betriebliche Übung Nr. 4). Ohne besondere Anhaltspunkte kann der Empfänger einem Abrechnungsschreiben auch nicht entnehmen, dass ohne Rücksicht auf tarifvertragliche Grundlagen Leistungen gewährt werden sollen. Die bloße Tatsache, dass die Voraussetzungen der tariflichen Ansprüche in der Korrespondenz nicht in Frage gestellt werden, ist kein solcher Anhaltspunkt (*BAG* 14.12.2004 EzA § 4 TVG Rundfunk Nr. 25).

807 Fraglich ist aber, ob die in der Lohnabrechnung enthaltenen tatsächlichen Angaben, z. B. über die Zahl der verbliebenen Urlaubstage, ein Schuldanerkenntnis darstellen.

808 Ein abstraktes Schuldanerkenntnis (§ 781 BGB) kommt i. d. R. schon deshalb nicht in Betracht, weil bei den heute zumeist maschinell erstellten Abrechnungen die gesetzliche Schriftform (§§ 781, 126 BGB) nicht eingehalten wird. Denn die Gehaltsabrechnung enthält dann nicht die Unterschrift des Arbeitgebers (vgl. *LAG RhPf* 9.10.2002 LAGE § 781 BGB Nr. 5; *LAG Köln* 1.6.2007 – 11 Sa 1329/06, EzA-SD 14/2007 S. 11 LS; zum Anspruch auf Neuerstellung bei Vorlage einer völlig unbrauchbaren Abrechnung vgl. *LAG RhPf* 23.1.2001 NZA-RR 2002, 293).

809 Eine Ausnahme von der Formvorschrift nach § 782 BGB kommt nicht in Betracht. Denn Gehaltsabrechnungen sind keine Abrechnungen oder Vergleiche i. S. d. § 782 BGB, da der Arbeitnehmer an ihnen nicht mitwirkt (*BAG* 10.3.1987 EzA § 7 BUrlG Nr. 55; *LAG RhPf* 9.10.2002 LAGE § 781 BGB Nr. 5).

810 In Betracht kommt allerdings ein **deklaratorisches Schuldanerkenntnis**.

811 Teilt der Arbeitgeber dem Arbeitnehmer in einer Lohnabrechnung z. B. die Zahl der noch nicht gewährten Urlaubstage mit, so kann darin u. U. ein bestätigendes (deklaratorisches) Schuldanerkenntnis liegen, durch das es ihm verwehrt ist, einzuwenden, er schulde in dieser Höhe nicht (*BAG* 10.3.1987 EzA § 7 BUrlG Nr. 55; 1.10.1991 EzA § 7 BUrlG Nr. 81).

812 Ein Schuldanerkenntnisvertrag liegt dann vor, wenn die vereinbarte Regelung zum Ziel hat, ein bestehendes Schuldverhältnis insgesamt oder in einzelnen Beziehungen dem Streit oder der Ungewissheit der Parteien zu entziehen. Mit ihm wird bezweckt, für die Zukunft die Vertragsbeziehungen auf eine verlässliche Basis zu stellen. Er setzt übereinstimmende Willenserklärungen voraus. Inwieweit durch ein deklaratorisches Schuldanerkenntnis Einwendungen des Schuldners gegen den Anspruch ausgeschlossen sind, ist eine Frage der Auslegung.

813 Grds. enthält die Lohn- oder Gehaltsabrechnung jedoch kein Schuldanerkenntnis. In aller Regel teilt der Arbeitgeber in der Lohnabrechnung, zu der er nach § 108 GewO, § 82 Abs. 2 BetrVG, tarifvertraglich oder arbeitsvertraglich (Nebenpflicht) verpflichtet ist, dem Arbeitnehmer nur die Höhe des Lohns oder sonstiger Ansprüche mit.

814 Die Lohnabrechnung hat nicht den Zweck, streitig gewordene Ansprüche endgültig festzulegen (*LAG RhPf* 9.10.2002 LAGE § 781 BGB Nr. 5). **Sie bezweckt vielmehr nur die Information über die erfolgte Zahlung**; es handelt sich auch nicht um einen selbständigen Abrechnungsanspruch zur Vorbereitung eines Zahlungsanspruchs (*BAG* 12.7.2006 NZA 2006, 1294; 10.1.2007 NZA

## B. Pflichten des Arbeitgebers  Kapitel 3

2007, 679). Bei Irrtümern kann deshalb keine Seite die andere am Inhalt der Mitteilung festhalten. Der Lohnabrechnung kann somit regelmäßig nicht entnommen werden, dass der Arbeitgeber z. B. die Zahl der angegebenen Urlaubstage auch dann gewähren will, wenn er diesen Urlaub nach Gesetz, Tarifvertrag oder Arbeitsvertrag nicht schuldet.

Erst recht ergibt sich aus ihr nicht, dass der Arbeitgeber auf den zukünftigen Einwand des Erlöschens des Anspruchs durch Zeitablauf verzichten will. **815**

Will er mit der Abrechnung eine derartige Erklärung abgeben, so müssen dafür besondere Anhaltspunkte gegeben sein (*BAG* 10.3.1987 EzA § 7 BUrlG Nr. 55; *LAG RhPf* 9.10.2002 LAGE § 781 BGB Nr. 5). Nach diesen Grundsätzen stellt auch eine Verdienstbescheinigung gegenüber der Krankenkasse zum Zwecke der Berechnung von Krankengeld nicht ohne weiteres ein Anerkenntnis von Vergütungsansprüchen gegenüber dem Arbeitnehmer dar (*BAG* 5.11.2003 EzA § 2 NachwG Nr. 6). **816**

Demgegenüber stellt nach Auffassung des *LAG Düsseld.* (12.2.1971 DB 1971, 1774) die Abrechnung des Arbeitgebers über die einbehaltenen Beträge (Lohnsteuer, Sozialabgaben) regelmäßig ein deklaratorisches Schuldanerkenntnis dar. **817**

Auch das *BAG* (21.4.1993 EzA § 4 TVG Ausschlussfristen Nr. 103) geht aber jedenfalls davon aus, dass dann, wenn der Arbeitgeber durch Abrechnung eine Forderung vorbehaltlos ausgewiesen hat, der Arbeitnehmer sie nicht mehr geltend machen muss, um eine Ausschlussfrist zu wahren. Die Pflicht zur Geltendmachung wird auch nicht dadurch wieder begründet, dass der Arbeitgeber die Forderung später bestreitet. **818**

Umgekehrt lässt sich aus dem Umstand einer übergebenen und nicht beanstandeten Gehaltsabrechnung nicht ohne weiteres ein stillschweigendes Einverständnis des Arbeitnehmers herleiten. Denn Schweigen stellt nur in eng begrenzten Fällen eine Zustimmung dar. Auch ist der Arbeitnehmer nicht nach Treu und Glauben (§ 242 BGB) gehalten, in irgendeiner Weise sofort zum Ausdruck zu bringen, dass er mit dem Inhalt der Abrechnung nicht einverstanden ist (*LAG RhPf* 15.5.2002 – 10 Sa 69/02, EzA-SD 24/02, S. 14 LS).

*cc) Fehlerhafte Berechnung und Zahlung der Lohnsteuer; fehlerhafte Lohnsteuerbescheinigung; Progressionsschaden nach unwirksamer Kündigung*

Hat der Arbeitgeber zu viel Lohnsteuer abgeführt, besteht ein **Erfüllungsanspruch** des Arbeitnehmers, denn die Zahlung der Lohnsteuer stellt nur insoweit eine Erfüllung dar, als sie in gesetzlicher Höhe erfolgt. Wurde zu wenig Lohnsteuer abgeführt und der Arbeitnehmer daher vom Finanzamt unmittelbar in Anspruch genommen, besteht bei einer originären Nettolohnvereinbarung eine **Erstattungspflicht** des Arbeitgebers. **819**

Wird der Arbeitgeber nachträglich durch das Finanzamt in Anspruch genommen, ohne dass eine originäre Nettolohnvereinbarung vorliegt (s. Rdn. 825 ff.), so besteht ein Erstattungsanspruch aus der **Redlichkeitspflicht des Arbeitnehmers**, die durch das Auftragsrecht konkretisiert wird (*BAG* 14.6.1974 AP Nr. 20 zu § 670 BGB); weiterhin kommen Ansprüche aus § 426 Abs. 1 S. 1 Abs. 2 BGB i. V. m. § 42 Abs. 1 Nr. 1 EStG in Betracht (*BAG* 16.6.2004 EzA § 42d EStG Nr. 1). Denn **Schuldner** der Lohnsteuer **ist gem.** § 38 Abs. 2 EStG **der Arbeitnehmer**; dies gilt insbes. auch im Verhältnis zum Arbeitgeber. Etwas anderes gilt nur, wenn ausnahmsweise der klar erkennbare Parteiwille dahin geht, die Steuerlast solle den Arbeitgeber treffen (*BAG* 16.6.2004 EzA § 42d EStG Nr. 1). **820**

Die Lohnsteuernachforderung ist dabei nicht nach der anteiligen individuellen Steuerschuld des Arbeitnehmers, sondern allein unter Berücksichtigung der in der Lohnsteuerkarte eingetragenen Merkmale zu berechnen (Lohnsteuerkartenprinzip). Vom Arbeitgeber veranlasste Ahnungslosigkeit des Arbeitnehmers über eine Steuerbefreiung und die Nichtvorlage vorhandener Belege, um eine Steuerbefreiung für Sonntags-, Feiertags- und Nachtzuschläge nach § 3b EStG zu erreichen, können zum Entfallen des Erstattungsanspruchs des Arbeitgebers führen (*LAG Saarland* 18.6.1997 DB 1997, 1980 LS). **821**

822 Dem Arbeitnehmer können gegen den Arbeitgeber auch Schadensersatzansprüche aus § 280 BGB wegen **unrichtiger Berechnung der abzuführenden Lohnsteuer** zustehen, weil der Arbeitgeber verpflichtet ist, die abzuführende Lohnsteuer richtig zu berechnen. Der Arbeitgeber handelt jedoch bei einer objektiv fehlerhaften Berechnung der abzuführenden Lohnsteuern regelmäßig nicht schuldhaft, wenn er sich auf die Berechnung des Finanzamts zur Nachentrichtung der Lohnsteuer verlässt und sich diese zu Eigen macht (*BAG* 16.6.2004 EzA § 42d EStG Nr. 1).

823 Bewirkt die fehlerhafte Lohnsteuerbescheinigung durch den Arbeitgeber, dass der Arbeitnehmer zu einer überhöhten Einkommensteuer veranlagt wird, so kann dem Arbeitnehmer gegen den Arbeitgeber ein **Schadensersatzanspruch** zustehen, dessen Erfüllung durch den Arbeitgeber **nicht zum Lohnzufluss** führt (*BFH* 20.9.1996 NZA-RR 1997, 121).

824 Stellt sich nachträglich die Unwirksamkeit einer vom Arbeitgeber ausgesprochenen Kündigung heraus, haftet der Arbeitgeber nach Auffassung des *ArbG Hanau* (22.12.1997 DB 1998, 523 LS; a. A. *LAG RhPf* 31.10.1996 DB 1997, 1038 LS) nur dann nicht gem. §§ 280 Abs. 1, 2, 286 BGB für einen dem Arbeitnehmer auf Grund des Jahressteuerprinzips (§ 38a EStG) wegen der Zahlung der während des Annahmeverzuges fällig gewordenen Vergütungsansprüche in einem späteren Jahr entstehenden Steuerprogressionsschaden, wenn der Arbeitgeber nach objektivem Maßstab mit guten Gründen auf die Rechtswirksamkeit der Kündigung vertrauen durfte. Da es dem Schuldner grds. nicht gestattet ist, das Risiko einer zweifelhaften Rechtslage dem Gläubiger zuzuschieben, kommt es danach auf die subjektiven Vorstellungen des Arbeitgebers nicht an.

*b) Brutto-, Nettolohnvereinbarung*

*aa) Grundlagen*

825 Im Falle einer Bruttovereinbarung ist der Arbeitgeber berechtigt, von dem vereinbarten Lohn die Arbeitnehmer-Anteile zur Sozialversicherung, die Lohnsteuer und ggf. auch die Kirchensteuer abzuziehen (*BAG* 24.6.2003 EzA § 125 BGB 2002 Nr. 2; 29.9.2004 EzA § 42d EStG Nr. 2). **Der Arbeitnehmer hat nur Anspruch auf Auszahlung eines im Vertrag i. d. R. nicht ausgewiesenen Nettolohns.** Ob der Arbeitgeber verpflichtet ist, im Falle einer steuerpflichtigen geringfügigen Beschäftigung das Einkommen des Arbeitnehmers pauschal zu versteuern und die Steuern selbst zu tragen, richtet sich ebenfalls allein nach dem **Arbeitsvertrag** (*BAG* 24.6.2003 EzA § 125 BGB 2002 Nr. 2).

826 Im Falle einer Nettolohnvereinbarung hat der Arbeitgeber für das gesamte Entgelt oder einzelne Leistungen zuzüglich zu dem vereinbarten Lohn die Lohnsteuer, ggf. die Kirchensteuer und auch die Arbeitnehmer-Anteile zur Sozialversicherung (im Innenverhältnis) zu tragen. Soweit in arbeitsrechtlichen Regelungen der Begriff »netto« gebraucht wird, ist damit regelmäßig lediglich auf die Abzüge von Entgeltzahlungen Bezug genommen; nach den Umständen des Einzelfalls kann aber auch eine andere Auslegung geboten sein (*BAG* 18.5.2010 EzA § 310 BGB 2002 Nr. 9).

827 In diesem Fall weist der Vertrag i. d. R. nur den Auszahlungsbetrag, nicht aber den tatsächlichen Lohnanspruch aus.

*bb) Im Zweifel Bruttolohnvereinbarung; Schlüssigkeit einer Nettolohnklage*

828 Eine Vergütungsvereinbarung stellt im Zweifel eine Bruttovereinbarung dar (*BAG* 18.1.1974 AP Nr. 19 zu § 670 BGB; 29.9.2004 EzA § 42d EStG Nr. 2); dies gilt auch bei einem **geringfügigen Beschäftigungsverhältnis** gem. § 8 Abs. 4 SGB IV (*LAG Brem.* 28.8.2008 – 3 Sa 69/08, EzA-SD 24/2008 S. 11 LS). Die Höhe der im Arbeitsverhältnis geschuldeten Bruttovergütung kann im Übrigen regelmäßig durch **Feststellungsklage** geklärt werden (*BAG* 28.9.2005 EzA § 611 BGB 2002 Krankenhausarzt Nr. 3).

829 Fraglich ist, ob dies auch für Verträge über Schwarzarbeit gilt (dafür *BSG* 22.9.1988 BB 1989, 1762; dagegen *BGH* 24.9.1986 St 34, 166).

## B. Pflichten des Arbeitgebers   Kapitel 3

Für die Annahme einer Nettolohnvereinbarung ist – insbes. wegen der nachteiligen Auswirkungen für den Arbeitgeber – eine eindeutige Vereinbarung erforderlich (*BAG* 19.12.1963 AP Nr. 15 zu § 670 BGB; s. a. *LAG SchlH* 16.1.2008 – 3 Sa 433/07, EzA-SD 7/2008 S. 9 zur Steuerpflichtigkeit einer Teilleistung aufgrund nachträglicher Gesetzesänderung). 830

Sofern derartige Vertragsgestaltungen in manchen Bereichen typisch sind, z. B. bei Verträgen mit Hauspersonal oder bei bestimmten Aushilfstätigkeiten, können sich derartige Erfahrungssätze auch zugunsten der Annahme einer Nettolohnvereinbarung auswirken (*BAG* 3.4.1974 AP Nr. 2 zu § 1 TVG Tarifverträge: Metall). 831

Den im Übrigen regelmäßig gegebenen Beweis des ersten Anscheins zugunsten einer Bruttolohnvereinbarung kann der Arbeitnehmer meist nur widerlegen, wenn die Lohnvereinbarung einen dahingehenden Willen des Arbeitgebers klar erkennen lässt, sodass der Arbeitnehmer dem Nachweis, der Arbeitgeber habe die Steuerschuld zuzüglich zu dem vereinbarten Lohn übernehmen wollen, durch Urkundenbeweis führen kann (§§ 415, 418 ZPO; *BAG* 18.1.1974 AP Nr. 19 zu § 670 BGB). Die bloße Vereinbarung »**Vergütung soll steuerfrei gezahlt werden**« genügt diesen Anforderungen nicht, denn sie kann auch die Auffassung der Parteien zum Ausdruck bringen, dass das Entgelt nicht der Lohnsteuerpflicht unterliegt. Gleiches gilt für den Zusatz »**brutto für netto**« (*BAG* 18.1.1974 AP Nr. 19 zu § 670 BGB; *LAG Nds.* 10.12.1984 DB 1985, 658) sowie die **Übernahme der Steuerschuld** gegenüber dem Finanzamt im Rahmen der Pauschalierung bei sog. geringfügigen Beschäftigungsverhältnissen. Auch dann verbleibt es bei dem Grundsatz, dass die Lohnsteuer **im Zweifel von dem Arbeitnehmer selbst** zu entrichten ist (*LAG Köln* 9.10.1997 NZA-RR 1998, 244). 832

Auch bei einer Nettolohnvereinbarung bleibt allerdings Schuldner der Lohnsteuer der Arbeitnehmer. 833

Nimmt der Arbeitgeber dagegen **wiederholt und ausschließlich eine Barauszahlung** der vereinbarten Vergütung ohne Abzüge und ohne Erstellung einer Abrechnung vor, spricht das nach Auffassung des *LAG Köln* (1.8.1997 NZA-RR 1998, 393) »**vermutungsweise**« **für eine Nettolohnvereinbarung**. 834

Zur schlüssigen Begründung einer Nettolohnklage hat der Kläger jedenfalls die für den Tag des Zuflusses des Arbeitsentgelts geltenden Besteuerungsmerkmale im Einzelnen darzulegen (*BAG* 26.2.2003 EzA § 4 TVG Ausschlussfristen Nr. 163). 835

Eine Entgeltforderung ist im Übrigen **nicht schlüssig** dargelegt, wenn in einer Entgeltaufstellung unzulässigerweise **Brutto- und Nettoforderungen** miteinander **verrechnet** und **aufgerechnet** werden (*LAG Köln* 18.2.2008 – 14 Sa 1029/07, EzA-SD 11/2008 S. 6 LS; s. a. *BAG* 15.3.2005 EzA § 307 BGB 2002 Nr. 2). 836

Das *LAG München* (27.2.2009 LAGE § 611 BGB 2002 Nettolohn, Lohnsteuer Nr. 1; ebenso *LSG Mainz* 29.7.2009 – L 6 R 105/09, DB 2001, 2443) hat angenommen, dass dann, wenn die Parteien eine »**Schwarzgeldabrede**« treffen, wonach das Arbeitsverhältnis als geringfügiges Beschäftigungsverhältnis mit 400 € geführt wird, tatsächlich aber mindestens 1.300 € an den Arbeitnehmer ausbezahlt werden, gem. § 14 Abs. 2 S. 2 SGB IV die **Vereinbarung eines Nettoarbeitsentgelts fingiert wird**. Der Arbeitnehmer hat also dann Anspruch darauf, dass der Arbeitgeber auf das an den Arbeitnehmer bezahlte Entgelt die Lohnsteuer und die gesamten Sozialversicherungsbeiträge übernimmt. Dem ist das **BAG** (17.3.2010 EzA § 611 BGB 2002 Nettolohn, Lohnsteuer Nr. 5) **jedoch nicht gefolgt**. Denn mit einer Schwarzgeldabrede bezwecken die Arbeitsvertragsparteien, Steuern und Sozialabgaben zu hinterziehen, **nicht aber deren Übernahme durch den Arbeitgeber**. Die Fiktion des § 14 Abs. 2 S. 2 SGB IV betrifft nur das Sozialversicherungsrecht; sie dient ausschließlich der nachzufordernden Gesamtsozialversicherungsbeiträge und hat keine arbeitsrechtliche Wirkung, begründet also insbes. keine Nettolohnabrede (*BAG* 21.9.2011 EzA § 612 BGB 2002 Nr. 11 = NZA 2012, 145). 837

### cc) Änderung der gesetzlichen Abzüge bei Nettolohnvereinbarungen

**838** Fraglich ist, was bei einer Nettolohnvereinbarung gilt, wenn sich die Höhe der gesetzlichen Abzüge ändert und sich dem Vertrag nicht entnehmen lässt, was die Parteien für diesen Fall gewollt haben.

**839** Nach der Rechtsprechung des *BAG* (6.7.1970 AP Nr. 1 zu § 611 BGB Bruttolohn) soll eine Anpassung der Lohnhöhe nur dann erfolgen, wenn dies gem. §§ 157, 242 BGB angezeigt ist.

**840** Die bei Vertragsschluss bestehenden persönlichen Verhältnisse des Arbeitnehmers sind, wenn sich aus der Abrede nichts anderes ergibt, Grundlage der Vereinbarung. Ändern sich diese zugunsten des Arbeitnehmers (z. B. durch eine Heirat), so ist der Vertrag dahingehend anzupassen, dass der Nettolohn wegen der reduzierten Steuerlast zu erhöhen ist. Folglich ist das Risiko einer Änderung der Verhältnisse im Ergebnis nicht anders als bei einer Bruttolohnvereinbarung verteilt (sog. abgeleitete Nettolohnvereinbarung; a. A. *ArbG Düsseld.* 24.9.2010 LAGE § 611 BGB 2002 Nettolohn, Lohnsteuer Nr. 2).

### dd) Verpflichtung des Arbeitnehmers, individuelle Möglichkeiten zur Senkung der Lohnsteuerbelastung zu Gunsten des Arbeitgebers in Anspruch zu nehmen?; Rechtsmissbrauch

**841** Änderungen der persönlichen Verhältnisse des Arbeitnehmers (Steuerklasse, Kinderzahl, Freibeträge) müssen in die Lohnsteuerkarte eingetragen werden.

**842** Haben die Vertragsparteien bei einer Nettolohnvereinbarung die Umstände, die zu einer Reduzierung der steuerlichen Belastung führen können, nicht zum Gegenstand der Verhandlungen gemacht, kann der Arbeitgeber im Allgemeinen nicht davon ausgehen, dass der Arbeitnehmer die individuellen Möglichkeiten einer Senkung der Lohnsteuerbelastung zugunsten des Arbeitgebers in Anspruch nimmt.

**843** Denn der Arbeitgeber hat die Übernahme der Lohnsteuer in dieser für ihn auch ermittelbaren Höhe akzeptiert. **Allerdings ist er zur Tragung der Lohnsteuer nicht in jedweder Höhe verpflichtet.** Etwas anderes kann deshalb z. B. dann gelten, wenn der Arbeitnehmer in den zurückliegenden Lohnzahlungszeiträumen bislang immer einen entsprechenden Steuerfreibetrag hat eintragen lassen. Das gilt erst recht, wenn das Verhalten des Arbeitnehmers willkürlich ist, er z. B. die Lohnsteuerkarte nicht vorlegt und der Arbeitgeber ihn daher in die Steuerklasse VI einstufen muss (§ 39c Abs. 1 EStG). In diesem Fall kann der Arbeitgeber den Nettolohn unter Berufung auf den Wegfall der Geschäftsgrundlage (§ 313 BGB) kürzen.

**844** Das *BAG* (22.10.1986 EzA § 8 BAT Zuschuss zum Mutterschaftsgeld Nr. 4) hat zudem angenommen, dass z. B. eine nach § 14 MuSchG anspruchsberechtigte Frau **rechtsmissbräuchlich** handelt, wenn sie durch die Änderung von steuerlichen Merkmalen (Steuerklasse, Freibeträge) die Höhe der ihr im Bezugszeitraum zufließenden Nettovergütung allein deshalb beeinflusst, um einen höheren Zuschuss des Arbeitgebers zum Mutterschaftsgeld zu erlangen. Andererseits darf der Arbeitgeber einen anderen als den im Bezugszeitraum bezogenen Nettoverdienst nicht deshalb für die Berechnung des Zuschusses heranziehen, weil sich bei der Höhe der Nettobezüge steuerliche Freibeträge ausgewirkt haben.

**845** Die gleichen Grundsätze gelten für das während der Altersteilzeit herabgesetzte Einkommen des Arbeitnehmers sowie für tarifliche Überbrückungsleistungen. Denn durch die Wahl einer günstigen Steuerklasse erhöhen sich die vom Arbeitgeber zu zahlenden Leistungen. Rechtsmissbräuchlich ist der Wechsel der Lohnsteuerklasse allerdings nur dann, wenn die Änderung der Steuermerkmale ohne sachlichen Grund erfolgt, insbes. um den Arbeitgeber zu höheren Zahlungen zu verpflichten. Das ist vor allem dann der Fall, wenn die gewählte Steuerklassenkombination für den Arbeitnehmer und seine Ehefrau steuerrechtlich nachteilig ist. Ein Rechtsmissbrauch ist dann nicht gegeben, wenn die gewählte Steuerklassenkombination steuerlich vernünftig ist. Nach Maßgabe dieser Grundsätze liegt Rechtsmissbrauch dann vor, wenn ein Arbeitnehmer aus der Lohnsteuerklasse V mit Beginn der Altersteilzeit in die Lohnsteuerklasse III wechselt, obwohl sein Arbeitsentgelt nunmehr nur etwa die Hälfte des Arbeitsentgelts seines Ehegatten beträgt. Steuerrechtlich ist diese Wahl nicht nachvollziehbar (*BAG* 9.9.2003 EzA § 4 TVG Altersteilzeit Nr. 7). Nicht zu beanstanden ist es demgegenüber, dass ein Arbeitnehmer, dessen Ehegatte seit vielen Jahren arbeitslos ist, im Zusammenhang mit der bevorstehenden Beendigung des Arbeitsverhältnisses von der Kombination IV/IV in die steuerrechtlich angezeigte Kombination III/V wechselt. Die bisherige Steuerklassenwahl war steuerrechtlich ungünstig. Denn sie bietet sich nur bei etwa gleich hohen Monatseinkünften der Ehegatten an. Der Arbeitgeber wird dann zwar durch die geänderte Lohnsteuerklasse finanziell belastet. Das ist aber nicht rechtsmissbräuchlich (*BAG* 9.9.2003 EzA § 242 BGB Rechtsmissbrauch Nr. 1; s. a. *LAG Sachsen* 1.2.2002 NZA-RR 2003, 150; *LAG Köln* 18.12.2008 NZA-RR 2009, 677).

**Auch die Wahl der Steuerklassenkombination IV/IV ist selbst dann nicht als Missbrauch zu beanstanden, wenn das Bruttoarbeitsentgelt des einen Ehegatten deutlich höher ist als das des anderen Ehegatten; das gilt auch, wenn beide zuvor langjährig die steuerlich günstigere Kombination III/V gewählt hatten** (Lohnsteuermerkmale; *BAG* 13.6.2006 EzA § 4 TVG Altersteilzeit Nr. 20).

Insgesamt hat der Arbeitgeber also bei der Bemessung dieses Entgelts (auch z. B. einer tariflichen Überbrückungsbeihilfe) die auf der **Lohnsteuerkarte eingetragenen Lohnsteuermerkmale** (*BAG* 13.6.2006 EzA § 4 TVG Altersteilzeit Nr. 20), soweit es sich um **eine steuerlich zulässige Lohnsteuerklassenwahl handelt, zugrunde zu legen** (*BAG* 9.12.2003 EzA § 242 BGB 2002 Rechtsmissbrauch Nr. 2). 846

Dieser Lohnsteuerklassenwahl kann er (*BAG* 9.12.2003 EzA § 242 BGB 2002 Rechtsmissbrauch Nr. 2) aber den Einwand des Rechtsmissbrauchs nach folgenden Grundsätzen entgegenhalten: 847
– Der Wechsel der Lohnsteuerklasse ist rechtsmissbräuchlich, wenn dafür kein sachlicher Grund besteht.
– Dies ist unter Berücksichtigung der steuerrechtlichen und der arbeitslosenversicherungsrechtlichen Folgen des Wechsels zu beurteilen. Verringert sich durch den Wechsel das monatliche Nettoeinkommen der Eheleute, ist die Wahl i. d. R. »unvernünftig«.
– Unberücksichtigt bleibt es, wenn Einkommensverluste eines Ehegatten durch Dritte ausgeglichen werden. Soweit sich durch diesen Ausgleich das steuerpflichtige Bruttoeinkommen eines Ehegatten erhöht und durch diesen Effekt weitere Steuerpflichten entstehen, bleiben sie ebenfalls unberücksichtigt.

Bestimmt ein Tarifvertrag, dass für die Bemessung des Nettomonatsentgelts bei einer Überbrückungsbeihilfe die Steuermerkmale des letzten vollen Kalendermonats vor Beendigung des Arbeitsverhältnisses (Bemessungsmonat) maßgebend sind, ist der Arbeitgeber nicht verpflichtet, wegen eines nach Ablauf des Bemessungsmonats erfolgten Lohnsteuerklassenwechsels Mehrleistungen zu erbringen (*BAG* 10.2.2004 ZTR 2004, 591). 848

#### c) Sozialversicherungsbeiträge

Die arbeitsrechtliche Vergütungspflicht erstreckt sich regelmäßig **nicht nur auf die Nettoauszahlung**, sondern umfasst auch die Leistungen, die nicht in einer unmittelbaren Auszahlung an den Arbeitnehmer bestehen, so auch die Arbeitnehmeranteile zur Sozialversicherung (*BAG* 9.4.2008 EzA § 4 TVG Gaststättengewerbe Nr. 3). 849

Im **Außenverhältnis haftet allein der Arbeitgeber auf den gesamten Sozialversicherungsbeitrag** (vgl. §§ 20 ff. SGB IV [Sozialversicherung], §§ 220 SGB V [Krankenversicherung], §§ 168 ff. SGB VI [Rentenversicherung], §§ 340 ff. SGB III [Arbeitslosenversicherung], §§ 1 ff. SGB XI). 850

Ein unterbliebener Abzug der Arbeitnehmerbeiträge zur Sozialversicherung kann gem. § 28g SGB IV zwingend nur bei den nächsten drei Vergütungszahlungen nachgeholt werden, es sei denn, dass der Beitragsabzug ohne Verschulden des Arbeitgebers unterblieben ist (*BAG* 12.10.1977 EzA §§ 394–395 RVO Nr. 1; s. Rdn. 551 ff.). Allerdings bezweckt das Nachholverbot nicht den Schutz des Arbeitnehmers vor verspäteter Lohn- und Gehaltszahlung. Der Arbeit- 851 geber ist deshalb auch bei verspäteter Entgeltzahlung und -berechnung i. d. R. berechtigt, den Arbeitnehmeranteil des Gesamtsozialversicherungsbeitrages vom Arbeitsentgelt abzuziehen (*BAG* 15.12.1993 NZA 1994, 620). Ebenso wenig ist er gehindert. bei unterbliebenem Beitragsabzug bei Abschlagszahlungen eine Verrechnung mit etwaigen Überzahlungen bei einer Endabrechnung vorzunehmen (*ArbG Hameln* 6.11.1996 NZA-RR 1997, 418).

852 Ein Arbeitnehmer, der aus einem vollstreckbaren Bruttoentgelturteil den gesamten ausgeurteilten Betrag im Wege der **Zwangsvollstreckung** betreibt und die darin enthaltenen Arbeitnehmeranteile zur Sozialversicherung für Luxusausgaben verbraucht, handelt nach Auffassung des *LAG BW* (28.4.1993 NZA 1994, 509) gegenüber dem Arbeitgeber, der vom Sozialversicherungsträger wegen der Arbeitnehmeranteile nochmals in Anspruch genommen wird, vorsätzlich sittenwidrig i. S. d. § 826 BGB. Er hat deswegen dem Arbeitgeber den daraus entstehenden Schaden zu ersetzen. § 28g SGB IV steht dem nicht entgegen (ebenso i. E. *LAG Köln* 13.6.2001 – 7 Sa 1426/00).

853 Ein Anspruch auf **Erstattung** zu Unrecht entrichteter **Sozialversicherungsbeiträge** steht nicht demjenigen zu, der die Beiträge an die Einzugsstelle abgeführt hat, sondern demjenigen, **der die Beiträge getragen hat** (§ 26 Abs. 3 SGB IV). Diese hat durch die zu Unrecht erfolgte Beitragsentrichtung auf Kosten des Abführenden etwas ohne rechtlichen Grund erlangt (§ 812 Abs. 1 S. 1 BGB; *BAG* 29.3.2001 EzA § 812 BGB Nr. 7).

854 Haben die Parteien in einem Rechtsstreit sich vergleichsweise darauf geeinigt, ein ursprünglich von ihnen vereinbartes »freies Mitarbeiterverhältnis« **rückwirkend wie ein Arbeitsverhältnis abzuwickeln** und insbes. die sozialversicherungsrechtlichen Vorschriften zu beachten, so kann der Arbeitgeber eine Erstattung oder Verrechnung von seinen nach zu entrichtenden Arbeitnehmerbeiträgen dagegen nur bei Vorliegen der Voraussetzungen des § 28g SGB IV geltend machen (*LAG Köln* 25.1.1996 ZTR 1996, 329 LS).

855 Nach Beendigung des Arbeitsverhältnisses und der Entgeltzahlung scheidet ein Erstattungsanspruch des Arbeitgebers aus, außer bei einem Rechtsmissbrauch des Arbeitnehmers (z. B. Veranlassung des Arbeitgebers zur Unterlassung der Beitragszahlung, Verheimlichung erheblicher Tatsachen, vorsätzliches oder grob fahrlässiges Unterlassen eines Hinweises auf den unterlassenen Beitragsabzug oder Verletzung sonstiger Meldepflichten gem. § 28o SGB IV). Dies gilt auch bei der Nachzahlungspflicht des Arbeitgebers für ein irrtümlich als selbstständig eingestuftes Dienstverhältnis (*BAG* 14.1.1988 EzA §§ 394–395 RVO Nr. 2) und bei Schwarzarbeit.

856 Bei der Beurteilung der Geringfügigkeit einer Beschäftigung gem. § 8 Abs. 2 SBG IV, d. h. wenn die Sozialversicherungspflicht vom Umfang der Tätigkeit abhängt, sind **mehrere geringfügige Beschäftigungen zusammenzurechnen**. Problematisch ist die Rechtslage dann, wenn der Arbeitnehmer dem Arbeitgeber das jeweils andere Arbeitsverhältnis verschweigt (s. Rdn. 548 ff.).

857 Soweit der Arbeitgeber nach § 2 der BeitragszahlungsVO (bis 2006) als Spezialvorschrift zu § 366 Abs. 2 BGB bei einer Teilzahlung auf den Gesamtsozialversicherungsbeitrag nicht (mehr) bestimmen darf, dass zuerst die Arbeitnehmeranteile getilgt werden (so *BGH* 13.1.1998 NZA 1998, 429), ist diese Vorschrift mit § 266a Abs. 1 StGB, der das Vorenthalten von Beiträgen des Arbeitnehmers unter Strafe stellt (vgl. dazu *BGH* 18.4.2005 BB 2005, 1905 m. Anm. *Berger/Herbst* BB 2006, 437; 9.8.2005 NJW 2005, 3650 m. Anm. *Kutzner* NJW 2006, 413 ff.), unvereinbar (*BSG* 22.2.1996 DB 1996, 2503). Dennoch muss eine Tilgungsbestimmung des Arbeitgebers dahin, an die sozialversicherungsrechtliche Einzugsstelle geleistete Zahlungen sollten vorrangig auf fällige Arbeitnehmeranteile zu den Sozialversicherungsbeiträgen angerechnet werden, greifbar in Erscheinung treten, auch wenn sie konkludent erfolgen kann (*BGH* 26.6.2001 NZA 2002, 153).

Jedenfalls gehört es zu den Pflichten des Geschäftsführers einer GmbH, sich in der finanziellen *Krise des Unternehmens* **über die Einhaltung von erteilten Anweisungen** zur pünktlichen Zahlung fälliger Arbeitnehmerbeiträge zur Sozialversicherung **durch geeignete Maßnahmen zu vergewissern**. Ein Irrtum des Geschäftsführers über den Umfang seiner Pflicht zur Überwachung einer an die Buchhaltung erteilten Anweisung zur Zahlung fälliger Arbeitnehmerbeiträge ist andererseits ein Verbotsirrtum, der i. d. R. den Vorsatz hinsichtlich des Vorenthaltens dieser Beiträge nicht entfallen lässt (*BGH* 9.1.2001 NZA 2001, 392). Im Übrigen ist der Geschäftsführer einer GmbH auch dann gem. §§ 823 Abs. 2 BGB, 266 a StGB haftungsrechtlich verantwortlich, wenn die GmbH zwar **zum Fälligkeitszeitpunkt nicht über die erforderlichen Mittel verfügt**, er es jedoch **pflichtwidrig unterlassen** hat, die Erfüllung dieser Verpflichtung durch **Bildung von Rücklagen**, notfalls auch durch die Kürzung der Nettolohnzahlung **sicherzustellen** (*BGH* 25.9.2006 – II ZR 108/05 – FA 2007, 15; zur Anwendbarkeit von § 266a StGB bei einem durch türkische Firmen vorgetäuschten Entsendetatbestand und der damit verbundenen Hinterziehung von mehr als 300.000 € an Sozialversicherungsbeiträgen *BGH* 7.3.2007 FA 2007, 178). Ein Schadensersatzanspruch gegen den Geschäftsführer besteht auch dann, wenn dieser an andere **Gesellschaftsgläubiger Zahlungen** geleistet hat, die nicht mit der Sorgfalt eines ordentlichen Geschäftsmanns vereinbar waren. In einem solchen Fall kann er sich nicht auf eine Pflichtenkollision berufen (*BGH* 29.9.2008 – II ZR 162/07, EzA-SD 26/2008 S. 16 LS).

Der Geschäftsführer einer GmbH wird allerdings erst mit seiner Bestellung für die Abführung von Sozialversicherungsbeiträgen verantwortlich. Das pflichtwidrige Verhalten früherer Geschäftsführer kann ihm grds. nicht zugerechnet werden (*BGH* 11.12.2001 NZA 2002, 1400).

Andererseits haftet der GmbH-Geschäftsführer **nicht persönlich** im Rahmen der Durchgriffshaftung (§§ 823 Abs. 2 BGB, 263, 266, 266 a StGB) **für eine unterlassene Beitragsabführung an die ZVK** des Baugewerbes (*LAG SchlH* 28.9.2004 NZA-RR 2005, 316). Denn z. B. bei den Beiträgen zur Urlaubskasse des Baugewerbes handelt es sich weder um Beiträge der Arbeitnehmer zur öffentlich-rechtlichen Sozialversicherung noch um Teile des Arbeitsentgelts, die der Arbeitgeber für den Arbeitnehmer abzuführen hat (*BAG* 18.8.2005 NZA 2005, 1235). 858

*d) Der Sonderfall: Mitarbeiter in Spielbanken*

Die Arbeitnehmer der Spielbanken werden nach Maßgabe von Landesgesetzen und Tarifverträgen im Allgemeinen aus dem Tronc, d. h. dem Gesamtaufkommen von Spenden, die die Spielbankbesucher hinterlassen, bezahlt. Der Arbeitgeber ist nach Maßgabe der jeweiligen gesetzlichen und tariflichen Vorschriften (z. B. § 7 Spielbank NW) berechtigt, dem Tronc vorab auch die **Arbeitgeberanteile zur Sozialversicherung** einschließlich der Arbeitgeberanteile zur Pflegeversicherung und die Beiträge zur gesetzlichen Unfallversicherung sowie die Kosten der betrieblichen Altersversorgung einschließlich der Beiträge zur Insolvenzsicherung zu entnehmen (*BAG* 3.3.1999 EzA § 611 BGB Croupier Nr. 5). Er ist allerdings nicht berechtigt, dem Tronc auch die Schwerbehindertenabgabe zu entnehmen (*BAG* 11.3.1998 EzA § 611 BGB Croupier Nr. 3, 4). 859

### 4. Erfüllung

*a) Grundlagen*

**Gem. § 614 BGB ist die Vergütung nach Leistung der Arbeit zu entrichten; allerdings kann die Vorleistung des Entgelts vereinbart werden.** 860

Das Gehalt eines Handlungsgehilfen ist gem. **§ 64 HGB** spätestens am Schluss eines jeden Monats fällig; ein späterer Fälligkeitstermin kann nicht vereinbart werden. 861

*Bei Fälligkeit* muss das Geld abgesandt, nicht notwendig angekommen sein (§§ 269, 270 BGB); Urlaubsentgelt ist vor Antritt des Urlaubs auszuzahlen (§ 11 Abs. 2 BUrlG). 862

Ist die Vergütung nach Zeitabschnitten bemessen, ist sie nach dem Ablauf der einzelnen Abschnitte zu entrichten (§ 614 S. 2 BGB). Bei einer nach Stunden oder Tagen bemessenen Vergütung ist aber nach der Verkehrssitte eine Fälligkeit zum Wochenschluss anzunehmen, wenn das Arbeitsverhältnis andauert. 863

**Erfüllungsort für die Lohnzahlungsverpflichtung ist der Arbeitsort.** 864

### b) Entgeltberechnung bei außerordentlicher Kündigung

**865** Wird das Arbeitsverhältnis gem. §§ 626, 627 BGB gekündigt, hat der Arbeitgeber, wenn nichts besonderes vereinbart oder wie in § 18 Abs. 1 BBiG bestimmt ist, für die Berechnung der entsprechenden Teilvergütung des Arbeitnehmers ein Wahlrecht zwischen einer konkreten (Monatsgehalt dividiert durch die Zahl der möglichen Arbeitstage multipliziert mit der Zahl der bis zur Beendigung des Arbeitsverhältnisses angefallenen Arbeitstage) oder abstrakten Berechnungsweise (Zahl der Tage bis zum Ende des Arbeitsverhältnisses im laufenden Monat dividiert durch 30; vgl. *BAG* 14.8.1985 EzA § 63 HGB Nr. 38).

### c) Gehaltsvorschüsse; Abschlagszahlungen; Arbeitszeitkonto

**866** Auf Gehaltsvorschüsse bzw. Abschlagszahlungen auf bereits verdiente, noch nicht fällige Entgeltsbestandteile besteht **grds. kein Anspruch**. Etwas anderes kann sich aber aus einer Verkehrssitte (z. B. beim Akkordlohn) oder aus der Fürsorgepflicht des Arbeitgebers ergeben.

**867** Eine Vorschusszahlung ist dann anzunehmen, wenn dies bei der Auszahlung erklärt wurde; die **Beweislast dafür trifft den Arbeitgeber** (*BAG* 11.7.1961 AP Nr. 2 zu § 614 BGB Gehaltsvorschuss; 28.6.1965 AP Nr. 3 zu § 614 BGB Gehaltsvorschuss). Bei Provisionen gilt die Regelung des § 87a HGB. Auch ein **negatives Guthaben** auf einem Arbeitszeitkonto stellt einen Lohn- oder Gehaltsvorschuss dar. Kann allein der Arbeitnehmer darüber entscheiden, ob und in welchem Umfang das negative Guthaben entsteht, hat er es im Falle der Vertragsbeendigung bei nicht rechtzeitigem Zeitausgleich finanziell auszugleichen. Dazu darf der Arbeitgeber eine Verrechnung mit Vergütungsansprüchen vornehmen (*BAG* 13.12.2000 NZA 2002, 390).

**867a** Die **Belastung** eines Arbeitszeitkontos mit **Minusstunden** setzt voraus, dass der Arbeitgeber diese Stunden im Rahmen einer verstetigten Vergütung entlohnt hat und der Arbeitnehmer zur Nachleistung verpflichtet ist, weil er die in Minusstunden ausgedrückte Arbeitszeit **vorschussweise vergütet** erhalten hat. Unterlässt der Arbeitgeber eine Verteilung der individuell geschuldeten Arbeitszeit auf die einzelnen Arbeitstage, Kalenderwochen oder ggf. längere Zeiträume, ruft vielmehr den Arbeitnehmer flexibel zur Arbeit ab, kommt er – unabhängig von einem besonderen Arbeitsangebot des Arbeitnehmers – mit Ablauf eines jeden Arbeitstags in Annahmeverzug, wenn und soweit er die sich aus Arbeits- und Tarifvertrag ergebende Sollarbeitszeit nicht ausschöpft (*BAG* 26.1.2011 EzA § 611 BGB 2002 Arbeitszeitkonto Nr. 4).

**867b** Das auf einem Arbeitszeitkonto ausgewiesene **Zeitguthaben** des Arbeitnehmers darf der Arbeitgeber zudem nur mit Minusstunden verrechnen, wenn ihm die der Führung des Arbeitszeitkontos zugrunde liegende **Vereinbarung** (Arbeitsvertrag, Betriebsvereinbarung, Tarifvertrag) **die Möglichkeit** dazu **eröffnet** (*BAG* 21.3.2012 – 5 AZR 676/11).

### d) Sachbezüge als Teil des Arbeitsentgelts (§ 107 Abs. 2 GewO)

**868** Gem. § 107 Abs. 2 GewO können Arbeitgeber Sachbezüge als Teil des Arbeitsentgelts vereinbaren, wenn dies dem Interesse des Arbeitnehmers (z. B. Überlassung eines Kfz, das auch privat genutzt werden darf; s. *BFH* 11.11.2010 NZA-RR 2011, 313: Gutschein im Buchhandel; 11.11.2010 NZA-RR 2011, 431: Benzingutschein) oder der Eigenart des Arbeitsverhältnisses (z. B. Deputate im Gastronomie-, Brauerei-, Tabakgewerbe; vgl. BR-Drs. 112/02, S. 37) entspricht. Danach können die Arbeitsvertragsparteien vereinbaren, dass ein Teil des Arbeitsentgelts in Form eines Sachbezugs erbracht wird, vorausgesetzt, dies liegt im Interesse des Arbeitnehmers oder in der Eigenart des Arbeitsverhältnisses. **Der Sachbezug muss Gegenleistung für die vom Arbeitnehmer geschuldete Arbeitsleistung sein.** Eine Anrechnung des Sachbezugs auf den unpfändbaren Teil des Arbeitsentgelts ist nach § 107 Abs. 2 S. 5 GewO ausgeschlossen. Die Überlassung von Berufskleidung an den Arbeitnehmer und ihre Pflege und Ersatzbeschaffung durch den Arbeitgeber stehen regelmäßig nicht *im Gegenseitigkeitsverhältnis* zu der vom Arbeitnehmer geschuldeten Arbeitsleistung. Eine vertraglich vereinbarte Befugnis, die monatliche Kostenbeteiligung des Arbeitnehmers mit dem Monatsentgelt zu »verrechnen«, berechtigt den Arbeitgeber nicht, den Betrag ohne Rücksicht auf die Pfändungsgrenzen der §§ 850 ff. ZPO einzubehalten. Nach § 394 S. 1 BGB findet die Aufrechnung gegen eine Forderung, die nicht der Pfändung unterworfen ist, nicht statt. Das gilt auch für einen Aufrechnungsvertrag. Die Pfändungsfreigrenzen dürfen auch nicht deshalb unterschritten werden, weil der Arbeitgeber dem Arbeitnehmer mit der Überlassung von Berufskleidung sowie deren Pflege und Ersatzbeschaffung eine der Kostenpauschale »wirtschaftlich gleichwertige« Leistung erbringt (*BAG* 17.2.2009 EzA § 394 BGB 2002 Nr. 2).

Der Arbeitgeber darf dem Arbeitnehmer auch keine Waren auf Kredit überlassen. Er darf ihm nach Vereinbarung Waren in Anrechnung auf das Arbeitsentgelt überlassen, wenn die Anrechnung zu den durchschnittlichen Selbstkosten erfolgt. Die Gegenstände müssen mittlerer Art und Güte sein; der Wert der vereinbarten Sachbezüge oder die Anrechnung der überlassenen Waren auf das Arbeitsentgelt darf die Höhe des pfändbaren Teils des Arbeitsentgelts nicht übersteigen (s. *Bauer/Opolony* BB 2002, 1590 ff.; zur Umwandlung von Barlohn in Sachlohn s. *BFH* 6.3.2008 NZA-RR 2008, 643). **869**

Auch die Überlassung eines Dienstwagens zur privaten Nutzung ist ein Sachbezug i. S. v. § 107 Abs. 2 S. 1 und 5 GewO. Sachbezüge können als Teil des Arbeitsentgelts vereinbart werden, wenn dies dem Interesse des Arbeitnehmers oder der Eigenart des Arbeitsverhältnisses entspricht. Sachbezug in diesem Sinn ist jede Leistung des Arbeitgebers, die er als Gegenleistung für die Arbeitsleistung in anderer Form als in Geld erbringt. Sachleistung und Arbeitsleistung müssen im unmittelbaren Gegenseitigkeitsverhältnis stehen. § 107 Abs. 2 S. 5 GewO bestimmt, dass der Wert der vereinbarten Sachbezüge oder die Anrechnung der überlassenen Waren auf das Arbeitsentgelt die Höhe des pfändbaren Teils des Arbeitsentgelts nicht übersteigen darf. Arbeitnehmern muss der unpfändbare Teil ihres Arbeitsentgelts verbleiben. Sie sollen nicht in eine Lage geraten, in der sie Gegenstände, die sie als Naturalvergütung erhalten haben, erst verkaufen müssen, bevor ihnen Geld zur Verfügung steht. Die Pfändungsgrenze für einen Vergütungsanspruch, der nach dem Arbeitsvertrag monatlich fällig wird, bestimmt sich gem. § 850c Abs. 1 ZPO auch dann nach dem monatlichen Nettoeinkommen, wenn der Arbeitnehmer in dem betreffenden Monat nicht die ganze Zeit gearbeitet hat. Entscheidend ist der regelmäßige monatliche Auszahlungszeitraum. Die Pfändungsgrenzen für Arbeitsentgelt, das wöchentlich oder täglich geschuldet wird, sind in einem solchen Fall unerheblich. Geld- und Naturalleistungen sind nach § 850e Nr. 3 S. 1 ZPO zusammenzurechnen, wenn der Schuldner neben seinem in Geld zahlbaren Einkommen auch Naturalleistungen erhält. Ist die Summe beider Leistungen nach § 850c Abs. 1 ZPO, § 850e Nr. 3 ZPO unpfändbar, verstößt eine Anrechnung des Sachbezugs auf das Arbeitseinkommen gegen das Verbotsgesetz des § 107 Abs. 2 S. 5 GewO (*BAG* 24.3.2009 EzA § 107 GewO Nr. 1; a. A. *LAG Köln* 10.7.2009 NZA-RR 2009, 494). **870**

Eine arbeitsvertragliche Vereinbarung, wonach die vereinbarte Vergütung durch die Gewährung von **Aktienbezugsrechten** erfüllt wird, verstößt jedenfalls gegen § 107 Abs. 1 GewO. Denn sie entspricht regelmäßig nicht den Interessen des Arbeitnehmers und kann auch nicht mit der Eigenart des Arbeitsverhältnisses begründet werden (*LAG Düsseld.* 30.10.2008 – 5 Sa 977/08, DB 2009, 687 LS). **871**

### e) Aufrechnung gegen eine Lohnforderung

Der Arbeitgeber kann gem. § 394 BGB gegen eine Lohnforderung nicht aufrechnen, soweit diese der Pfändung nicht unterworfen ist (vgl. § 850c ZPO; zum Verfahren bei negativem Arbeitszeitkonto s. Rdn. 867). Soweit danach zulässig, kann sich die Aufrechnung nur auf den Nettolohnbetrag beziehen, da nur insoweit die Gegenseitigkeit der Forderung besteht. Der Arbeitgeber ist deshalb **nicht** berechtigt, **gegen Bruttogehaltsansprüche** des Arbeitnehmers mit **Rückforderungsansprüchen**, z. B. Rückforderung der Weihnachtsgratifikation, dergestalt aufzurechnen, dass er die Bruttobeträge **»Brutto gegen Brutto«** voneinander abzieht. Er kann vielmehr Brutto-Rückforderungen nur gegen späteres Nettoentgelt verrechnen (*LAG Nbg.* 2.3.1999 LAGE § 387 BGB Nr. 2; *LAG Düsseld.* 25.7.2007 LAGE § 7 BUrlG Abgeltung Nr. 21). **872**

Eine Aufrechnung mit Schadensersatz- oder sonstigen Zahlungsansprüchen gegen eine Bruttolohnforderung ist zudem mangels Gegenseitigkeit der Forderungen nach § 387 BGB ausgeschlossen, solange nicht klar ist, wie hoch die auf die **Bruttolohnforderung abzuführenden Lohnsteuern und Sozialversicherungsbeiträge sind** (*LAG Bln.-Bra.* 12.11.2009 LAGE § 307 BGB 2002 Nr. 22).

873 Rechnet der Arbeitgeber **mit mehreren Gegenforderungen** auf, die die Arbeitnehmeransprüche insgesamt übersteigen, so muss er die Aufrechnungsforderungen in ein **Stufenverhältnis** stellen. Tut er dies nicht und lässt sich eine Reihenfolge auch aus sonstigen Umständen nicht entnehmen, so **fehlt es an der Bestimmtheit** der Aufrechnungserklärung; die Aufrechnung ist insgesamt unzulässig (*LAG Nbg.* 2.3.1999 LAGE § 387 BGB Nr. 2).

874 Der Arbeitgeber bleibt trotz Aufrechnung zur Abführung der Sozialversicherungsbeiträge verpflichtet. Die Aufrechnung ist unzulässig, wenn der Nettobetrag für den Arbeitgeber nicht bestimmbar ist.

875 Dagegen ist die Aufrechnung von Schadensersatzansprüchen aus vorsätzlicher Nachteilszufügung **in vollem Umfang** zulässig, wenn der Arbeitnehmer bereits **ausgeschieden ist** (*BAG* 28.8.1964 AP Nr. 9 zu § 394 BGB).

*f) Entgelt nach Maßgabe von Zielvereinbarungen*

876 Vereinbaren die Parteien in einer Zielvereinbarung eine **monatliche Vorauszahlung** auf den bei Erreichen des vereinbarten Ziels erdienten variablen Gehaltsanteil, kann der Arbeitnehmer nach Ablauf des Zielvereinbarungszeitraumes zuvor unterbliebene Vorauszahlungen nicht mehr einklagen. Er kann dann entweder Auskunft über den Grad der Zielerreichung (und im Wege der Stufenklage) Zahlung des sich ergebenden Gehalts oder unbedingte Zahlung verlangen, wobei er als Anspruchsinhaber die Darlegungs- und Beweislast für die Zielerreichung trägt (*LAG Hmb.* 9.2.2005 LAG Report 2005, 262). S. a. Rdn. 1012 ff.

### 5. Leistungsbezogene Entgelte; Eingruppierung nach dem BAT

*a) Grundlagen*

*aa) Ziel und Formen der Leistungsentlohnung*

877 Durch die Abhängigkeit der Höhe des Arbeitsentgelts von der Erbringung bestimmter Leistungen sollen Arbeitnehmer in besonderer Weise zu Leistungen motiviert werden. Als Grundlage für leistungsbezogene Entgelte kommen in Betracht:
– die tatsächliche Arbeitsleistung (Einzel-, Gruppenakkord),
– die nach festgelegten Kriterien bewertete Arbeitsleistung sowie
– bestimmte fest definierte Leistungserfolge einschließlich der Verwertungserfolge (Prämienlohn, Provision).

*bb) Rechtsgrundlage der Leistungsentlohnung*

878 Grundlage der Leistungsentlohnung ist die **einzelvertragliche Vereinbarung**. Der Arbeitgeber kann grds. nicht einseitig kraft seines Direktionsrechts Leistungslohn anordnen. Andererseits hat der Arbeitnehmer keinen Anspruch, dass seine Tätigkeit im Leistungs- oder Zeitlohn entlohnt wird. Die Leistungsentlohnung kann auch **tarifvertraglich** oder in einer **Betriebsvereinbarung** geregelt sein.

*cc) Anknüpfungspunkte für die Leistungsentlohnung*

879 **Die Anknüpfungspunkte für die Leistungsvergütung sind grds. beliebig** (z. B. Arbeitsmenge, Qualität, Einsparungen an Material oder Energie, Maschinenauslastung, Verkaufsergebnisse). Dabei kommen auch mehrere Bemessungsgrundlagen gleichzeitig in Betracht.

**Erforderlich ist die Festlegung des konkreten Verhältnisses von Leistung und Entlohnung zueinander;** definiert werden muss also die Leistungsentgeltkurve oder die Leistungsentgeltstufe. Diese Kurve kann grds. linear, degressiv oder progressiv verlaufen. Definiert werden muss auch der Beginn und das Ende der Kurve; dazu gehört der Basisentgeltwert für die Minimalleistung oder den Minimalerfolg. 880

*dd) Der Leistungsgrad des einzelnen Arbeitnehmers*

Der Leistungsgrad des einzelnen Arbeitnehmers ist eine messbare Größe und drückt konkret die Arbeitsintensität und die Arbeitseffektivität aus. Er wird durch einen Vergleich der konkreten Arbeitsleistung des Arbeitnehmers mit der nach arbeitswissenschaftlichen Methoden ermittelten Normalleistung ermittelt. 881

Damit wird der individuelle Leistungsgrad im Gegensatz zur zeitabhängigen Bezahlung berücksichtigt und der Entlohnung ganz oder teilweise zugrunde gelegt. Wird eine vorab bestimmte Arbeitsmenge oder ein vorausgesetzter Arbeitserfolg nicht erreicht, so reduziert sich das Arbeitsentgelt. 882

*ee) Arbeitsbewertung*

Durch die Arbeitsbewertung soll eine anforderungsgerechte Struktur der Entgeltleistungen gewährleistet werden, indem Tätigkeiten auf der Grundlage einer personenabhängigen (Qualifikation des Arbeitnehmers) oder einer an der Arbeitsanforderung (Arbeitsschwierigkeit) orientierten Bewertung analysiert und kategorisiert werden. 883

*ff) Analytische Arbeitsbewertung*

Für die Bewertung der zunächst zu ermittelnden Arbeitsaufgabe wird nach der analytischen Arbeitsbewertung die **Tätigkeit oder der Aufgabenbereich anhand einzelner Anforderungen** (Fachkönnen, Verantwortung, Belastung, Arbeitsbedingungen) **bewertet** 884

Für Führungsaufgaben müssen eigenständige Bewertungskriterien verwendet werden (z. B. Komplexität des Aufgabenbereichs, Handlungsfreiheit, Einfluss auf den Unternehmenserfolg durch Entscheidungs- oder Beratungsfunktionen, Personalführung usw.). 885

**Die individuellen Fähigkeiten und das Leistungsverhalten des Arbeitnehmers werden grds. nicht berücksichtigt.** 886

Danach werden innerhalb der einzelnen Anforderungsarten Abstufungen vorgesehen, die näher beschrieben werden und denen ein fester Punktwert zugeordnet wird. Die Arbeitsschwierigkeit der jeweiligen Tätigkeit wird dadurch ermittelt, dass für jedes Anforderungskriterium ein Punktwert ermittelt und aufsummiert wird. Die Punktwertsumme stellt für die Lohngruppe den maßgebenden Arbeitswert dar, dem die Tarifvertragsparteien das jeweils vereinbarte Arbeitsentgelt zuordnen können (Wertzahlverfahren). 887

*gg) Summarische Arbeitsbewertung*

Bei der summarischen Arbeitsbewertung **werden die Anforderungen einer Tätigkeit oder eines Arbeitsbereichs insgesamt erfasst und zu den anderen in gleicher Weise bewerteten Tätigkeiten ins Verhältnis gesetzt.** 888

Beim Katalogverfahren wird anhand von Richtbeispielen ein Lohn- oder Gehaltsgruppenkatalog erstellt, dem dann die einzelnen Tätigkeiten zugeordnet werden. Beim Rangfolgeverfahren werden die Anforderungen der Tätigkeiten oder Aufgabenbereiche insgesamt erfasst und mit anderen Tätigkeiten verglichen. 889

(derzeit unbesetzt) 890

#### hh) Die Tarifpraxis

891 In der Tarifpraxis beruhen die Vergütungsstrukturen regelmäßig auf **Lohn- und Gehaltsgruppen**. Die jeweiligen Vergütungsgruppen sind allgemein umschrieben und werden durch Beispiele mehr oder weniger konkret definiert. Durch die verschiedenen Gehaltsgruppen werden die **qualitativ unterschiedlichen Anforderungen pauschaliert ausgedrückt. Diese Vergütungsstrukturen lehnen sich an die summarische Arbeitsbewertung an.**

892 Der Vorteil solcher Systeme liegt darin, dass die einzelnen Vergütungsstufen mit relativ geringem Aufwand beschrieben werden können.

893 Die pauschale Betrachtungsweise führt andererseits aber zwangsläufig zu Ungenauigkeiten und kann den Grundsätzen der Vergütungsgerechtigkeit widersprechen. **Probleme ergeben sich dann, wenn bestimmte Tätigkeiten eines Arbeitnehmers unter die allgemein beschriebenen Vergütungsgruppen subsumiert werden müssen.**

894 (derzeit unbesetzt)

895 Demgegenüber führt die **analytische Arbeitsbewertung** (vgl. *Willenbacher* ZfA 1993, 211 ff.) zu **exakten Ergebnissen**; zudem hat sie eine **Befriedungsfunktion**, weil die Ergebnisse regelmäßig von einer mit Mitgliedern der Geschäftsleitung und des Betriebsrats **paritätisch besetzten Kommission** festgestellt werden. Sie erfordert jedoch einen sehr **hohen Aufwand**.

896 Im Streitfall werden an die Darlegung der tatsächlichen Voraussetzungen einer Abweichung vom Ergebnis der paritätischen Kommission strenge Anforderungen gestellt; zudem setzt sich das jeweils erzielte Punktergebnis aus einer Vielzahl von Einzelfaktoren (die sich u. a. auf die benötigten beruflichen Fertigkeiten, die Verantwortung für Maschinen, Rohstoffe, die Tätigkeit anderer Arbeitnehmer sowie besondere Erschwernisse, unter denen die Arbeit zu leisten ist, beziehen) zusammen, die bereits schriftsätzlich ohne konkrete Ortskenntnis kaum ausreichend dargelegt werden können und zudem einen nicht unerheblichen Bewertungsspielraum dem Rechtsanwender (letztlich dem Arbeitsgericht) überlassen (vgl. *LAG RhPf* 29.8.1994 – 11 Sa 121/94, n. v.).

### b) Die Vergütung der Angestellten im öffentlichen Dienst

#### aa) Grundlagen

897 Die Vergütung der Arbeitnehmer des öffentlichen Dienstes bestimmt sich seit langem nach komplexen Regelwerken, z. B. dem BAT, BMTG-II, MTV-Arb. u. a. m. Die dort vorgesehenen Regularien werden insbes. als **leistungsfeindlich, kompliziert und antiquiert** empfunden.

898 Deshalb löst ab dem 1.10.2005 der TVöD den BAT/BMT-G/MTArb für die Arbeiter und Angestellten des Bundes, der Kommunen und der Länder ab; für die Bundesländer gilt ab dem 1.11.2006 grds. der TV-L; s. *Rieger* ZTR 2006, 402 ff.).

Mit dem Abschluss des TVöD erfolgte eine **grundlegende Reform** des Tarifsystems im öffentlichen Dienst. Mit der Einführung des Leistungsprinzips soll auf die Anforderungen der modernen Arbeitswelt reagiert und eine gerechtere Tarifstruktur einführt werden. Es entfallen tarifliche Bewertungskriterien wie Senioritätsprinzip, Familienstand und Anzahl der Kinder sowie Bewährungs-, Zeit-, und Tätigkeitsaufstiege. Durch die Instrumente der leistungsorientierten Bezahlung und des leistungsorientierten Stufenaufstiegs ist jedoch jedem Beschäftigten, der seine auszuübende Tätigkeit zumindest durchschnittlich erfüllt, der vorgesehene stufenweise Aufstieg bis in die höchste Stufe der Entgeltgruppe gesichert. Zudem besteht auch weiterhin die Möglichkeit der Höhergruppierung. Trotz der Leistungselemente richtet sich die Höhe des Entgelts nach wie vor grds. nach der Zugehörigkeit des Beschäftigten zu einer bestimmten Entgeltgruppe bzw. Entgeltstufe. Die Zuordnung erfolgt, wenn die tariflich aufgestellten Tätigkeitsmerkmale der Gruppe erfüllt sind. Ist dies der Fall, entsteht der Anspruch auf das entsprechende Entgelt als tarifliche Mindestvergütung (Tarifautomatik; vgl. dazu *Kutzki* FA 2005, 194 ff.; *Hock/Klapproth* ZTR 2006, 118 ff.). Diese Zuordnung ist – wie bislang – kein konstitutiver Akt des Arbeitgebers.

## B. Pflichten des Arbeitgebers   Kapitel 3

Durch eine sog. Eingruppierungsfeststellungsklage kann sie gerichtlich überprüft werden. Die Zuordnung ist damit unverändert Rechtsanwendung (instr. MünchArbR/*Giesen* § 326 Rn. 43 f.).

Es gibt künftig eine neue Entgelttabelle mit 15 Entgeltgruppen (E 1–E 15) und i. d. R. mit sechs Stufen, davon vier als sog. »Entwicklungsstufen«, mit denen leistungsabhängige Stufenaufstiege möglich sind. Es gibt keine Zulagen und Orts- oder Sozialzuschläge mehr, Zeit- und Tätigkeitsaufstiege sind abgeschafft; Überleitungsvorschriften sind vereinbart.

Der **TVöD** sieht auch eine **leistungsorientierte Bezahlung** in Form von variablen Vergütungsbestandteilen vor; als Zielgröße wird von 8 % der Entgeltsumme der Tarifbeschäftigten des jeweiligen Arbeitgebers ausgegangen (instr. *Fritz* ZTR 2005, 230 ff., 286 ff.; ZTR 2006, 2 ff.; *v. Steinau-Steinrück/Schmidt* NZA 2006, 518 ff.; *Hock* ZTR 2006, 409 ff.).

Im TVöD erfolgt hinsichtlich der Vergütung auch keine Unterscheidung mehr zwischen Arbeitern und Angestellten. Auch die Begriffe Vergütung und Lohn werden nach § 17 I 3 TVÜ-Bund/VKA durch den des Entgelts ersetzt.

Eine abschließende Regelung des neuen Entgeltrechts ist im TVöD bzw. TV-L aber noch nicht enthalten. Da eine Einigung der Tarifvertragsparteien hinsichtlich der Regelungen zur Eingruppierung – §§ 12, 13 TVöD sind dafür vorgesehen – nicht erreicht worden ist, gilt insoweit Übergangsrecht (MünchArbR/*Giesen* § 326 Rn. 43 f.).

Nach § 17 Abs. 1 TVÜ bleiben deshalb bis zum Inkrafttreten der noch neu zu verhandelnden Eingruppierungsvorschriften die bisherigen Regelungen des Tarifrechts über den 30.9.2005 hinaus gültig. Die Ein- und Umgruppierung erfolgt daher weiterhin nach §§ 22, 23 BAT i. V. m. der Vergütungsgruppenordnung (Anlage 1 a und 1 b zum BAT/-O) bzw. den §§ 1, 2 I, II, 5 des TV über das Lohngruppenverzeichnis des MTArb/-O und BMT-G/-O. Außerdem werden in § 17 TVÜ die Grundsätze für die Eingruppierung bzw. Einreihung der Beschäftigten für die Übergangszeit festgelegt (MünchArbR/*Giesen* § 326 Rn. 43 f.).

Die Zuordnung der vorgenommenen Eingruppierung richtet sich nach den im TVÜ enthaltenen **Zuordnungstabellen** (Anlage 2 und 4 TVÜ-Bund und Anlagen 1 und 3 TVÜ-VKA). Zu beachten ist hier, dass alle Eingruppierungsvorgänge (Neueinstellung und Umgruppierungen), die zwischen dem 1.10.2005 und dem Inkrafttreten der neuen Entgeltordnung stattfinden, mit einzelnen Ausnahmen lediglich vorläufig erfolgen und weder einen Vertrauensschutz noch einen Besitzstand begründen, Abs. 3, 4. Zu berücksichtigen ist ferner, dass im Geltungsbereich des TVöD die Vergütungsgruppe I BAT nicht mehr existiert und eine Zuordnung daher unterbleibt. In diesem Bereich müssen die früheren Arbeitsverhältnisse außertariflich ausgestattet werden (MünchArbR/*Giesen* § 326 Rn. 43 f.).

*bb) Bezugnahmeklauseln*

Fraglich ist, wie Bezugnahmeklauseln auf den BAT durch den Wechsel zum TVöD auszulegen sind (s. Kap. 1 Rdn. 361 ff.). Am nächsten liegt es, insoweit eine Ablösung des BAT durch den TVöD anzunehmen (*LAG RhPf* 22.8.2008 – 9 Sa 198/08, ZTR 2008, 686; *LAG SchlH* 5.6.2008 – 3 Sa 94/08, EzA-SD 22/2008 S. 11 LS; *Möller/Welkoborsky* NZA 2006, 1382 ff.; a. A. *Hümmerich/Mäßen* NZA 2005, 961). Nach Auffassung des *ArbG Münster* (24.10.2006 NZA-RR 2007, 24) gilt dies aber nicht für Unternehmen und Organisationen, deren Mitarbeiter zwar bisher **nach dem BAT** bezahlt wurden, jedoch **nicht dem öffentlichen Dienst angehören**; insoweit soll kein Automatismus eines Tarifwechsels gelten. Gleiches hat das *LAG BW* (22.1.2008 LAGE § 4 TVG Tarifkonkurrenz Nr. 6 = NZA-RR 2008, 443) für den Fall angenommen, dass der Arbeitnehmer Mitglied des **Marburger Bundes** ist, der den TVöD (zunächst) nicht abgeschlossen hat. **899**

Eine nach dem 31. Dezember 2001 einzelvertraglich vereinbarte dynamische Bezugnahme auf einen bestimmten Tarifvertrag ist jedenfalls dann, wenn eine Tarifgebundenheit des Arbeitgebers an den **900** im Arbeitsvertrag genannten Tarifvertrag nicht in einer für den Arbeitnehmer erkennbaren Weise zur auflösenden Bedingung der Vereinbarung gemacht worden ist, eine konstitutive Verweisungsklausel, die durch einen Verbandsaustritt des Arbeitgebers oder einen sonstigen Wegfall seiner Tarifgebundenheit nicht berührt wird. Eine arbeitsvertragliche Bezugnahme des »BAT und den diesen ergänzenden, ändernden oder ersetzenden Tarifverträgen in der für den Bereich der Vereinigung der kommunalen Arbeitgeberverbände jeweils geltenden Fassung« erfasst jedenfalls dann regelmäßig den TVöD-VKA, wenn nur dessen Anwendbarkeit als ein den BAT-VKA ersetzender Tarifvertrag in Frage steht. Ein zwischen Betriebsveräußerer und Betriebserwerber geschlossener Personalüberleitungsvertrag kann eine unmittelbare dynamische Anwendung von Tarifverträgen nicht begründen, da es sich um einen unzulässigen Vertrag zu Lasten Dritter handeln würde. In dem Personalüberleitungsvertrag kann aber zu Gunsten der von ihm erfassten Arbeitnehmer ein schuldrechtlicher Anspruch gegen die Arbeitgeberin begründet werden, die dynamische Bezugnahme der im Personalüberleitungsvertrag genannten Tarifverträge mit ihnen zu vereinbaren. Die Bezugnahme auf ein bestimmtes Tarifwerk kann über ihren Wortlaut hinaus nur dann als große dynamische Verweisung – Bezugnahme auf den jeweils für den Betrieb fachlich oder betrieblich geltenden Tarifvertrag – ausgelegt werden, wenn sich dies aus besonderen Umständen ergibt. Eine »korrigierende« Auslegung im Falle eines Verbandswechsels kommt auch dann nicht in Betracht, wenn der Vertragspartner der von unterschiedlichen Arbeitgeberverbänden abgeschlossenen Tarifverträge jeweils dieselbe Gewerkschaft ist (*BAG* 22.4.2009 EzA § 3 TVG Bezugnahme auf Tarifvertrag Nr. 41; s. a. *LAG Nds.* 24.8.2009 LAGE § 3 TVG Bezugnahme auf Tarifvertrag Nr. 17; s. Kap. 1 Rdn. 361 ff.).

### cc) Eingruppierung nach dem BAT

901 Die Höhe der Vergütung der Angestellten im öffentlichen Dienst richtet sich also vorbehaltlich der Ausführungen oben a), b) nach wie vor im Wesentlichen nach Vergütungsgruppen, deren Tätigkeitsmerkmale in der **Anlage 1 a BAT** in der – jeweils inhaltlich unterschiedlichen – Fassung für den Bund und die Länder einer- und der für die Vereinigung der kommunalen Arbeitgeberverbände (VKA) andererseits normiert sind. **Die Anlage 1 b enthält Tätigkeitsmerkmale für medizinisches Personal.**

902 Nach welchen Kriterien eine von dem Angestellten auf Dauer auszuübende Tätigkeit einer Vergütungsgruppe zuzuordnen ist, d. h. in welche Vergütungsgruppe er einzugruppieren ist, ist in **§ 22 BAT** geregelt.

902a Die **Nennung der Vergütungsgruppe** im Arbeitsvertrag mit einem öffentlichen Arbeitgeber ist im Regelfall als **Wissenserklärung** und nicht als Willenserklärung anzusehen. Die Angabe bezeichnet lediglich diejenige Vergütungsgruppe, die nach Auffassung der Arbeitgeberin nach den vereinbarten tariflichen Eingruppierungsregelungen zutreffend ist. Diese Angabe **hindert ebenso wenig** eine spätere **Berufung des Arbeitnehmers auf eine höhere Vergütungsgruppe** wie eine **des Arbeitgebers auf eine niedrigere Vergütungsgruppe** und die Durchführung einer korrigierenden Rückgruppierung (*BAG* 15.6.2011 ZTR 2012, 26).

### (1) Prüfungsmaßstab für die Eingruppierung

903 Nach § 22 Abs. 2 Unterabs. 2 BAT entspricht die gesamte auszuübende Tätigkeit den Tätigkeitsmerkmalen einer Vergütungsgruppe, wenn zeitlich mindestens zur Hälfte Arbeitsvorgänge anfallen, die für sich genommen die Anforderungen eines Tätigkeitsmerkmals oder mehrerer Tätigkeitsmerkmale dieser Vergütungsgruppe erfüllen. Kann die Erfüllung einer Anforderung i. d. R. erst bei Betrachtung mehrerer Arbeitsvorgänge festgestellt werden (z. B. vielseitige Fachkenntnisse), sind diese Arbeitsvorgänge für die Feststellung, ob die Anforderung erfüllt ist, insoweit zusammen zu beurteilen (*BAG* 12.12.1990 AP Nr. 154 zu §§ 22, 23 BAT 1975).

904 Diese tarifliche Beurteilung der Tätigkeit ist in vollem Umfang gerichtlich nachprüfbar (*BAG* 18.7.1990 AP Nr. 151 zu §§ 22, 23 BAT 1975).

905 Die tarifliche Bewertung der Tätigkeit ist Rechtsanwendung und kann im Prozess nicht einem Sachverständigen übertragen werden (*BAG* 14.12.1977 EzA §§ 22, 23 BAT 1975 Nr. 5).

## B. Pflichten des Arbeitgebers

### (2) Tarifautomatik

Maßgeblich ist, dass die tarifliche Mindestvergütung nicht von einer Eingruppierung oder Höhergruppierung durch den Arbeitgeber abhängig ist, sondern regelmäßig aus der auszuübenden Tätigkeit folgt (Tarifautomatik; *BAG* 30.5.1990 NZA 1991, 378; 25.1.2006 NZA-RR 2007, 45). 906

**Der Arbeitnehmer wird also nicht eingruppiert, er ist es.**

Daher besteht die tarifliche Mindestvergütung unabhängig von der Bewertung der Stelle im Stellen- oder Haushaltsplan, im Geschäftsverteilungsplan oder durch eine innerbehördliche Tätigkeitsbeschreibung (*BAG* 11.3.1987 AP Nr. 135 zu §§ 22, 23 BAT 1975; 25.1.2006 NZA-RR 2007, 45). Der Angestellte kann einen höheren Vergütungsanspruch weder auf die Tätigkeit seines Vorgängers noch auf die Besoldung vergleichbarer Beamter stützen (*BAG* 11.4.1979 AP Nr. 21 zu §§ 22, 23 BAT 1975), ebenso wenig auf die bisherige Vergütungspraxis, noch auf die Angabe der Vergütungsgruppe im Arbeitsvertrag (*BAG* 25.1.2006 NZA-RR 2007, 45; *LAG Köln* 28.7.2000 ZTR 2001, 80). 907

Die Tarifautomatik bedeutet des Weiteren, dass dann, wenn sich die Vergütung bei Änderung der tatsächlichen Umstände ändert – z. B. Anzahl der unterstellten Arbeitnehmer – sich der Inhalt der Vergütung automatisch ändert, ohne dass es einer Änderungskündigung bedarf. § 106 GewO/§ 315 BGB ist nicht anwendbar, wenn – wie i. d. R. – die tarifliche Vergütungsnorm dem Arbeitgeber keinen Spielraum für die Festlegung der Vergütung belässt (*BAG* 7.11.2001 EzA § 4 TVG Einzelhandel Nr. 50). 908

**Leistungsgesichtspunkte spielen bei der Eingruppierung grds. keine Rolle.** 909

### (3) Arbeitsvorgänge

#### aaa) Begriffsbestimmung

Auszugehen ist zunächst davon, welche Arbeitsvorgänge im Tarifsinne eine Tätigkeit enthält. Der Begriff des Arbeitsvorgangs ist ein feststehender, abstrakter und von den Tarifvertragsparteien vorgegebener Rechtsbegriff. 910

Unter einem Arbeitsvorgang ist eine unter Hinzurechnung der Zusammenhangstätigkeiten und bei Berücksichtigung einer vernünftigen, sinnvollen Verwaltungsübung nach tatsächlichen Gesichtspunkten abgrenzbare und rechtlich selbstständig bewertbare Arbeitseinheit der zu einem bestimmten Arbeitsergebnis führenden Tätigkeit eines Angestellten zu verstehen (*BAG* 16.4.1986 AP Nr. 120 zu §§ 22, 23 BAT 1975; 27.5.2004 ZTR 2005, 88; 22.9.2010 NZA-RR 2012, 112 LS). 911

#### bbb) Darlegungslast; Auswirkungen des Nachweisgesetzes

Der Arbeitnehmer muss als Kläger einer Eingruppierungsfeststellungsklage (zu § 256 ZPO insoweit *BAG* 17.10.2007 EzA § 1 TVG Nr. 48) daher zunächst die Tatsachen vortragen, die das Gericht in die Lage versetzen, Arbeitsvorgänge im Tarifsinne zu bilden (*BAG* 24.9.1980 AP Nr. 36 zu §§ 22, 23 BAT 1975). Behauptet der Arbeitnehmer, dass er sich aus der ihm zugebilligten Vergütungsgruppe durch ein **qualifiziertes Merkmal** heraushebt, muss er auch darlegen und ggf. beweisen, dass er neben diesem auch die subjektiven und objektiven Voraussetzungen der ihm bisher zugestandenen Ausgangsvergütungsgruppe erfüllt (*LAG Köln* 28.7.2000 ZTR 2001, 80). 912

Tagebuchartige Aufzeichnungen können nicht verlangt werden, wenn sie auch i. d. R. über einen Zeitraum von sechs Monaten zur Erleichterung der Prozessführung zu empfehlen sind. 913

Der Arbeitgeber hat allerdings darzulegen, warum und inwieweit die bisherige Bewertung der einzelnen Tätigkeiten fehlerhaft war, wenn er eine Eingruppierung korrigieren will (**korrigierende Rückgruppierung;** *BAG* 28.5.1997 NZA-RR 1998, 140; 15.6.2011 ZTR 2012, 26; s. Kap. 4 914

Rdn. 3019 ff.). Der Arbeitgeber genügt seiner Darlegungslast für den die Rückgruppierung auslösenden Irrtum z. B. dann, wenn er darlegt, bei der ursprünglichen Eingruppierung sei ein Qualifizierungsmerkmal als erfüllt angesehen worden, das es in der betreffenden Fallgruppe nicht gibt (*BAG* 18.2.1998 – 4 AZR 581/96). Erforderlich ist aber nicht der Vortrag, auf welchem konkreten Irrtum die fehlerhafte Eingruppierung beruht, sondern nur, dass die **bisher** als tarifgerecht angenommene **Eingruppierung objektiv fehlerhaft** ist, es also zumindest an einer tariflichen Voraussetzung dafür fehlt (*BAG* 7.5.2008 – 4 AZR 206/07, ZTR 2008, 553; 15.6.2011 ZTR 2012, 26). Das gilt aber dann **nicht**, wenn zwischen den Parteien **unstreitig** ist, dass die ursprüngliche Eingruppierung **nicht tarifgemäß** war (*BAG* 15.6.2011 ZTR 2012, 26).

Bestimmt sich die Eingruppierung des Arbeitnehmers nach **Aufbaugruppen**, ist bei dessen korrigierender **Rückgruppierung über mehrere Vergütungsgruppen** die Prüfung der Rückgruppierung für alle Vergütungsgruppen oberhalb der nunmehr vom Arbeitgeber als zutreffend angesehenen erforderlich. Die Darlegung der Voraussetzungen für die korrigierende Rückgruppierung durch den Arbeitgeber ist aber dann entbehrlich, wenn die von ihm korrigierte Eingruppierung bereits nach dem Vorbringen des Arbeitnehmers fehlerhaft war (*BAG* 15.2.2006 NZA 2007, 215).

Wenn allerdings die **arbeitsvertraglich geschuldete Tätigkeit einer bestimmten Vergütungsgruppe entspricht** und der Arbeitgeber dennoch der Arbeitnehmerin eine Tätigkeit zuweist, die zu einer **niedrigeren Vergütungsgruppe** gehört, **dann kommt eine korrigierende Rückgruppierung nicht in Betracht**. Denn dann ist nicht die Vergütungsgruppe falsch, sondern die Arbeitnehmerin wird vertragswidrig beschäftigt (*LAG Köln* 20.1.2006 – 11 Sa 1142/05, ZTR 2006, 313 LS).

Zu beachten ist zudem, dass die **wiederholte korrigierende Rückgruppierung** des Arbeitnehmers bei unveränderter Tätigkeit und Tarifrechtslage **regelmäßig unzulässig ist**. Denn der rückgruppierende Arbeitgeber nimmt aus der Sicht des betroffenen Arbeitnehmers insoweit für sich in Anspruch, die bisherige Eingruppierung mit besonderer Sorgfalt überprüft zu haben und dabei zu einem Ergebnis mit höherer Richtigkeitsgewähr gekommen zu sein, als bei bei seiner ursprünglichen, nun als fehlerhaft erkannten tariflichen Bewertung der vereinbarten Tätigkeit. Der davon betroffene Arbeitnehmer muss nicht damit rechnen, dass der Arbeitgeber diese Korrektur selbst erneut in Frage stellt, ohne dass sich die arbeitsvertragliche Tätigkeit oder die Tarifrechtslage geändert haben (*BAG* 23.8.2006 EzA § 4 TVG Rückgruppierung Nr. 5).

**915** Ob die Grundsätze über die korrigierende Rückgruppierung auch auf den **Bewährungsaufstieg** übertragen werden kann, wenn der Arbeitgeber die Richtigkeit der Eingruppierung in die Vergütungsgruppe leugnet, aus der der Arbeitnehmer im Wege der Bewährung in die nächst höhere Vergütungsgruppe aufsteigen will, hat das *BAG* (8.10.1997 NZA 1998, 557 LS) ausdrücklich offen gelassen (s. Rdn. 931 ff.).

**916** Nach Auffassung von *Linck* (FA 1998, 105 ff.; ebenso *Otte* ZTR 1998, 241; *Preis* NZA 1997, 10; a. A. *LAG Köln* 28.7.2000 ZTR 2001, 80; *Zwanziger* DB 1999, 2027) ist weitergehend davon auszugehen, dass die schriftliche Mitteilung der Vergütungsgruppe des Arbeitgebers im Hinblick auf das NachwG eine starke Richtigkeitsvermutung bewirkt. Dagegen soll der Beweis des Gegenteils durch den Arbeitgeber zulässig sein; dies führt zu **einer Umkehr der Beweislast**. Der Arbeitgeber muss dann beweisen, dass die mitgeteilten Informationen falsch oder durch Tatsachen widerlegt sind. Gleiches (Umkehr der Beweislast) soll dann gelten, wenn ein Arbeitsvertrag oder ein Nachweis die **Anforderungen des NachwG nicht oder** in den entscheidenden Punkten **nur unzureichend** erfüllt, indem z. B. nur die Vergütungsgruppe, nicht aber die auszuübenden Tätigkeiten angegeben sind (*Friedrich/Kloppenburg* RdA 2001, 293 ff.).

## ccc) Bildung von Arbeitsvorgängen; Zusammenhangstätigkeiten

Die Bildung von Arbeitsvorgängen, für die die Protokollnotiz Nr. 1 zu § 22 BAT Beispiele enthält, ist vom Arbeitsgericht durchzuführen. Dabei ist darauf zu achten, dass unterschiedliche Tätigkeiten, die der Angestellte ausübt, voneinander abgegrenzt werden und auch eine Abgrenzung in Bezug auf die Mitwirkung anderer Angestellter erfolgt (**tatsächliche Abgrenzbarkeit**). Ferner dürfen tariflich unterschiedlich zu bewertende Tätigkeiten auch bei äußerer Gleichförmigkeit (z. B. die Bearbeitung schwieriger und einfacher Beihilfeanträge) nicht zu einem Arbeitsvorgang zusammengefasst werden (**rechtlich selbstständige Bewertbarkeit**; *BAG* 18.7.1990 AP Nr. 151 zu §§ 22, 23 BAT 1975). 917

> Zusammenhangstätigkeiten sind unselbstständige Teiltätigkeiten, die der Haupttätigkeit zuzurechnen sind und von ihr nicht im Sinne einer »Atomisierung« getrennt und als selbstständige Arbeitsvorgänge bewertet werden dürfen. Dies ist insbes. je nach dem Arbeitsergebnis zu beurteilen. 918

**Einen Arbeitsvorgang im Tarifsinne kann auch die gesamte von dem Angestellten auszuübende Tätigkeit bilden.** Das ist insbes. dann der Fall, wenn das Tätigkeitsmerkmal Funktionscharakter hat. Dadurch geben die Tarifvertragsparteien zu erkennen, dass alle einem bestimmten Aufgabenbereich zugehörigen Aufgaben einheitlich tariflich bewertet werden sollen (*BAG* 20.6.1990 AP Nr. 150 zu §§ 22, 23 BAT 1975). 919

### (4) Subsumtion

Sind die Arbeitsvorgänge gebildet und ist ihr jeweiliger zeitlicher Umfang festgestellt, so kommt es für die tarifliche Mindestvergütung darauf an, ob die Hälfte der Arbeitszeit des Angestellten mit Arbeitsvorgängen ausgefüllt wird, die dem betreffenden Tätigkeitsmerkmal entsprechen. 920

Unter welchen Voraussetzungen ein Arbeitsvorgang den Anforderungen eines Tätigkeitsmerkmals entspricht, ist tariflich allerdings nicht näher geregelt. **Nach der Protokollnotiz Nr. 1 S. 2 zu § 22 BAT ist jeder einzelne Arbeitsvorgang als solcher zu bewerten und darf hinsichtlich der Anforderungen zeitlich nicht aufgespalten werden.** Folglich erfüllt ein Arbeitsvorgang eine tarifliche Anforderung eines Tätigkeitsmerkmals, wenn er überhaupt in rechtlich erheblichem Ausmaß, d. h. in nicht unerheblichem Umfang die Anforderung erfüllt (*BAG* 19.3.1986 AP Nr. 116 zu §§ 22, 23 BAT 1975). 921

> Die Arbeitsvorgänge, die die tariflichen Anforderungen des Tätigkeitsmerkmals erfüllen, sind dann in zeitlicher Hinsicht zusammenzurechnen. Entfällt auf sie mindestens die Hälfte oder ein abweichendes tariflich vorgesehenes Maß (z. B. ein Drittel oder ein Fünftel) der Gesamtarbeitszeit, so entspricht die gesamte auszuübende Tätigkeit dem Tätigkeitsmerkmal der betreffenden Vergütungsgruppe (*Neumann* ZTR 1987, 41). 922

Der Arbeitnehmer muss aber nicht nur durch seinen Sachvortrag die Bildung von Arbeitsvorgängen ermöglichen. Er muss insbes. bei qualifizierenden Merkmalen (z. B. bei gründlichen und umfassenden Fachkenntnissen) im Einzelnen begründen, warum die von ihm tatsächlich benötigten Fachkenntnisse über das Maß gründlicher und vielseitiger Fachkenntnisse i. S. einer Steigerung der Tiefe nach im Verhältnis zum Maß gründlicher Fachkenntnisse nochmals i. S. einer Steigerung der Tiefe und Breite nach hinausgehen (*BAG* 14.8.1985 AP Nr. 105 zu §§ 22, 23 BAT 1975). Diesen Anforderungen genügt es nicht, wenn z. B. der Lebensmittelkontrolleur lediglich vorträgt, dass er eine Vielzahl von Gesetzen, Verordnungen, EG-Richtlinien anzuwenden und die einschlägigen Rechtsgrundlagen im Einzelfall zu ermitteln hat. Darzulegen ist vielmehr, dass er Überlegungen im Rahmen einer kontroversen Literatur und Rechtsprechung anzustellen hat (vgl. *LAG RhPf* 24.4.1995 – 11 Sa 104/94, n. v.). 923

### (5) Tariflücken

Die Tarifvertragsparteien wollen mit den Tätigkeitsmerkmalen der Vergütungsordnung zum BAT grds. alle in diesem Bereich vorkommenden Tätigkeiten erfassen. 924

925 Sollten bestimmte Arbeitnehmergruppen nicht erfasst werden, ist dies ausdrücklich bestimmt (§ 3 BAT). In diesen Fällen und immer dann, wenn die Tarifvertragsparteien eine regelungsbedürftige Frage bewusst ungeregelt lassen, liegt eine sog. bewusste (tarifpolitische) Tariflücke vor, deren Ausfüllung den Arbeitsgerichten im Hinblick auf die Tarifautonomie verwehrt ist (*BAG* 26.8.1987 AP Nr. 138 zu §§ 22, 23 BAT 1975).

926 Eine Eingruppierung im Wege tariflicher Lückenausfüllung kommt auch dann nicht in Betracht, wenn für eine Tätigkeit spezielle Tätigkeitsmerkmale fehlen, eine Eingruppierung jedoch nach den allgemeinen Tätigkeitsmerkmalen möglich ist. Die allgemeinen tariflichen Tätigkeitsmerkmale für den Verwaltungsdienst haben eine Auffangfunktion und können daher auch für solche Aufgaben herangezogen werden, die nicht zu den eigentlichen behördlichen bzw. herkömmlichen Verwaltungsaufgaben im engeren Sinne zählen. **Nur wenn ein Bezug zu Verwaltungsaufgaben überhaupt fehlt, kann eine (unbewusste) Tariflücke angenommen werden, die von den Arbeitsgerichten zu schließen ist.** Dabei ist darauf abzustellen, wie in der Vergütungsordnung zum BAT artverwandte und vergleichbare Tätigkeiten bewertet werden (*BAG* 18.5.1988 AP Nr. 145 zu §§ 22, 23 BAT 1975). Die Vergleichbarkeit von Dauer, Intensität und wissenschaftlicher Ausrichtung der **Ausbildungen zu zwei verschiedenen Berufen** für sich allein ist **nicht geeignet**, die Ausfüllung einer Tariflücke in der Vergütungsordnung zu begründen (*BAG* 21.6.2000 – 4 AZR 931/98). Notwendig für eine **Lückenschließung** ist, dass sich aus dem **Tarifvertrag** selbst **hinreichende Anhaltspunkte** dafür ergeben, welche Regelung die Tarifvertragsparteien getroffen hätten, wenn sie die Lücke bemerkt hätten (*BAG* 23.2.2011 ZTR 2011, 489).

*(6) Spezialitätsprinzip*

927 Besteht hingegen für eine bestimmte Tätigkeit ein spezielles Tätigkeitsmerkmal, so scheidet nach dem der Vorbemerkung Nr. 1 zu allen Vergütungsgruppen zur Anlage 1 a zum BAT zugrunde liegenden Spezialitätsprinzip die Heranziehung der allgemeinen Tätigkeitsmerkmale aus. Auch wenn die Tätigkeit ihrer Art und ihrem Umfang nach die an das Tätigkeitsmerkmal geknüpfte Vergütung wegen geänderter Verhältnisse als nicht angemessen erscheinen lässt, kann weder eine bewusste noch eine unbewusste Tariflücke angenommen werden. **Die Gerichte bleiben an die Entscheidung der Tarifvertragsparteien gebunden. Ihnen ist es versagt, tarifliche Normen auf ihre allgemeine Zweckmäßigkeit und ihre Vereinbarkeit mit § 242 BGB hin zu überprüfen** (*BAG* 25.2.1987 AP Nr. 3 zu § 52 BAT).

*(7) Erstmalige Eingruppierung*

928 Die erstmalige Eingruppierung wird **bei der Einstellung des Angestellten** vorgenommen. Die Vergütungsgruppe ist im Arbeitsvertrag auszuweisen (§ 22 Abs. 3 BAT). Ist sie unzutreffend, so kann der Angestellte jederzeit einen höheren Vergütungsanspruch geltend machen.

929 Wird dem Angestellten vom Arbeitgeber auf Dauer eine Tätigkeit übertragen, die dem Tätigkeitsmerkmal einer höheren Vergütungsgruppe entspricht, so steht ihm von diesem Zeitpunkt an ein höherer Vergütungsanspruch zu (§ 23 BAT).

930 Wird dem Angestellten auf Dauer eine Tätigkeit übertragen, die die objektiven Anforderungen einer Vergütungsgruppe erfüllt, deren subjektive Voraussetzungen (z. B. Ablegen einer bestimmten Prüfung) bei ihm aber nicht vorliegen, so spricht nach Auffassung von *Freitag* (MünchArbR § 188 Rn. 76; offen gelassen von *BAG* 30.5.1990 AP Nr. 179 zu §§ 22, 23 BAT 1975) vieles dafür, dem Angestellten im Wege der Lückenausfüllung eine um eine Vergütungsgruppe niedrigere Vergütung zu zahlen.

*(8) Bewährungsaufstieg*

931 Für die Angestellten im **Bereich des Bundes und der Länder**, die unter die Anlage 1 a zum BAT fallen, ist in § 23a BAT ein Bewährungsaufstieg geregelt. Erfüllt der Angestellte ein mit dem Hinweiszei-

chen * gekennzeichnetes Tätigkeitsmerkmal, so ist in der nächst höheren Vergütungsgruppe geregelt, welche Bewährungszeit er erfüllen muss, um den höheren Vergütungsanspruch zu erlangen (zu den Auswirkungen des NachwG auf die Darlegungs- und Beweislast vgl. *LAG Hamm* 2.7.1998 ZTR 1998, 512 LS).

Der Angestellte hat sich dann bewährt, wenn er sich während der vorgeschriebenen Bewährungszeit in der ihm übertragenen Tätigkeit den auftretenden Anforderungen gewachsen gezeigt hat (*BAG* 17.2.1993 EzBAT § 23a BAT Bewährungsaufstieg Nr. 25); in der **Freistellungsphase** der Altersteilzeit kann kein Bewährungsaufstieg nach § 23a BAT-O stattfinden, weil es dann an der dazu notwendigen **tatsächlichen Arbeitsleistung fehlt** (*BAG* 4.5.2010 NZA 2011, 645). 932

Der Arbeitgeber verstößt nicht gegen Treu und Glauben, wenn er aus Anlass des Bewährungsaufstieges überprüft, ob die Tätigkeit die Anforderungen der Vergütungsgruppe, aus der der Bewährungsaufstieg möglich ist, überhaupt erfüllt (*BAG* 31.3.1971 AP Nr. 10 zu § 23a BAT). Insbesondere die Zahlung der entsprechenden Vergütung zwingt nicht zu dem Schluss, dass dies der Fall ist. Etwas anderes kann aber dann gelten, wenn dem Arbeitnehmer **mehrfach bestätigt** wird, er sei **zutreffend originär** in eine bestimmte Vergütungsgruppe **eingruppiert** und dies erst im Zuge der Einführung eines Bewährungsaufstieges geleugnet wird (*BAG* 8.10.1997 NZA 1998, 558 LS; vgl. aber auch *BAG* 9.12.1999 ZTR 2000, 460). Schon wegen des **Verbots des Selbstwiderspruchs** kann es folglich dem Arbeitgeber des öffentlichen Dienstes verwehrt sein, einem Angestellten **nach Ablauf der Bewährungszeit entgegenzuhalten**, seine Vergütung sei wegen Fehlens einer Tatbestandsvoraussetzung des seiner Eingruppierung bislang zugrunde gelegten Eingruppierungsmerkmals **übertariflich**, so dass er trotz Bewährung in seiner Tätigkeit an dem tariflich für dieses Eingruppierungsmerkmal vorgesehenen Bewährungsaufstieg nicht teilnehme (*BAG* 8.6.2005 EzA § 2 NachwG Nr. 7). 933

Zu beachten ist, dass der Arbeitgeber im Rahmen des Direktionsrechts (s. Kap. 1 Rdn. 552 f.) dem Arbeitnehmer auch während der Bewährungszeit eine Tätigkeit innerhalb der Vergütungsgruppe nach Maßgabe einer Fallgruppe zuweisen kann, aus der kein Bewährungsaufstieg möglich ist. Denn wenn zwischen den Parteien im Arbeitsvertrag die Beschäftigung und Vergütung nach einer bestimmten Vergütungsgruppe vereinbart ist, dann erfasst das Direktionsrecht des Arbeitgebers grds. alle Fallgruppen der jeweiligen Vergütungsgruppe (*BAG* 23.10.1985 AP Nr. 10 zu § 24 BAT). 934

Wird dem Angestellten jedoch unter Verletzung des Direktionsrechts eine nach einer niedrigeren Vergütungsgruppe zu bewertende Tätigkeit übertragen, so ist es dem Arbeitgeber grds. verwehrt, sich darauf zu berufen, wenn der Angestellte einen Bewährungsaufstieg aus der ursprünglich übertragenen Tätigkeit geltend macht (*BAG* 9.10.1969 AP Nr. 3 zu § 23a BAT). 935

Das Direktionsrecht rechtfertigt nicht die Übertragung einer Tätigkeit, die geringerwertige Qualifikationsmerkmale erfüllt und nur im Wege des Bewährungsaufstiegs die Eingruppierung in die ursprüngliche maßgebende Vergütungsgruppe ermöglicht (*BAG* 30.8.1995 EzA § 611 BGB Direktionsrecht Nr. 14; 24.4.1996 EzA § 611 BGB Nr. 17). Andererseits ist es unerheblich, ob aus einer einschlägigen Fallgruppe der vereinbarten Vergütungsgruppe ein Bewährungsaufstieg in eine höhere Vergütungsgruppe möglich ist oder nicht (*BAG* 21.11.2002 EzA § 520 ZPO 2002 Nr. 1). 936

### (9) Fallgruppenbewährungsaufstieg

Zahlreiche Vergütungsgruppen enthalten unabhängig von § 23a BAT Regelungen über den sog. Fallgruppenbewährungsaufstieg. Dies bedeutet, dass ein Tätigkeitsmerkmal einer Vergütungsgruppe die Bewährung in einer bestimmten Fallgruppe einer niedrigeren Vergütungsgruppe als Anforderung enthält. Diese Bewährungsaufstiegsmöglichkeit besteht auch für den Bereich der VkA (§ 23b Abschn. B BAT) und der Anlage 1 b zum BAT. Zur Berücksichtigung von Beschäftigungszeiten im EU-Ausland vgl. *EuGH* 15.1.1998 NZA 1998, 205). 937

*(10) Korrektur einer irrtümlichen Eingruppierung*

938  Siehe Kap. 4 Rdn. 3019 ff.

*(11) Gleichbehandlungsgrundsatz*

939  Ansprüche auf Zahlung einer höheren Vergütung werden in Eingruppierungsrechtsstreitigkeiten häufig auf den arbeitsvertraglichen Gleichbehandlungsgrundsatz gestützt. Dieser hat im Bereich des Arbeitsentgelts aber nur **subsidiäre Bedeutung**, weil neben tariflichen Bestimmungen die **Vertragsfreiheit Vorrang** hat, soweit es nicht um generalisierende Regelungen geht (s. Kap. 1 Rdn. 450, 455).

940  Ein Vergütungsanspruch kann außerdem auf den Gleichbehandlungsgrundsatz nur gestützt werden, wenn der Arbeitgeber gleichliegende Fälle aus unsachlichen oder sachfremden Gründen ungleich behandelt und deshalb eine willkürliche Ungleichbehandlung vorliegt.

941  Diese Voraussetzungen liegen nicht schon dann vor, wenn der bisherige Stelleninhaber eine höhere Vergütung erhalten hat, als seinem Nachfolger zugebilligt wird oder vergleichbare Arbeitnehmer eine höhere Vergütung erhalten (*LAG Köln* 22.7.1998 ZTR 1998, 565; a. A. *LAG Köln* 23.6.1996 – 12 Sa 1075/95, n. v.). Nur wenn der Arbeitgeber eine bestimmte Gruppe von Arbeitnehmern generell und bewusst einer Vergütungsgruppe zuordnet, deren Voraussetzungen sie nicht erfüllen, kann er im Einzelfall davon ohne sachlichen Grund nicht abweichen (*BAG* 17.12.1992 ZTR 1993, 249).

*(12) Rechtskraft*

942  Wurde eine Eingruppierungsklage **rechtskräftig abgewiesen**, ist die Rechtskraftwirkung unter Heranziehung des **Tatbestandes** und der **Entscheidungsgründe** zu bestimmen. Wenn sich die Tätigkeit nicht geändert hat und sich die auf ein geltend gemachtes bestimmtes Eingruppierungsmerkmal einer Vergütungsgruppe bezogene Feststellung auf den Zeitraum der in Betracht kommenden Bewährungszeit bezieht, steht mit Bindungswirkung fest, dass die Voraussetzungen für den Bewährungsaufstieg nicht erfüllt sind (*BAG* 10.12.1997 NZA-RR 1998, 567). War Streitgegenstand ein Anspruch auf Vergütung aus einer **bestimmten Vergütungsgruppe**, so ist bei einem Rechtsstreit um Vergütung auf Grund eines nunmehr geltend gemachten **Bewährungsaufstiegs** über das Vorliegen der Voraussetzungen der Ausgangsvergütungsgruppe erneut zu entscheiden. Nur wenn ausnahmsweise über eine bestimmte Fallgruppe einer Vergütungsgruppe rechtskräftig entschieden wurde, ist diese Entscheidung bindend (*BAG* 10.12.1997 NZA-RR 1998, 567).

943  Die rechtskräftige Feststellung des Anspruchs eines Angestellten auf Vergütung nach einer Vergütungsgruppe mit nur einem einschlägigen Eingruppierungsmerkmal führt andererseits bei Einführung des Bewährungsaufstiegs für dieses materiell nicht geänderte Merkmal und tariflich vorgesehener Berücksichtigung vor der Tarifänderung liegender Zeiten als Bewährungszeiten zwingend zu dem Anspruch des Angestellten nach der Aufstiegsgruppe ab dem Zeitpunkt der Tarifänderung, wenn nach der Entscheidung im Vorprozess die Tätigkeit des Angestellten während eines vor der Tarifänderung liegenden, die Bewährungszeit ausfüllenden Zeitraums den Anforderungen des Eingruppierungsmerkmals entsprochen und der Angestellte sich bewährt hat (*BAG* 16.4.1997 NZA-RR 1998, 283).

944  Die Rechtskraft eines früheren Urteils hindert eine **neue abweichende Entscheidung** dann nicht, wenn dies durch eine **nachträgliche Änderung des Sachverhalts** veranlasst wird. Die negative Prozessvoraussetzung der vorliegenden rechtskräftigen Entscheidung bei Wiederholung desselben Streits greift generell nicht ein, wenn neu entstandene Tatsachen behauptet werden und darauf gestützt eine Änderung der rechtskräftig festgestellten Rechtslage geltend gemacht wird. Fehlt es schon an einer derartigen Behauptung, ist eine erneute Klage unzulässig. Ob diese behaupteten Tatsachen dann wirklich eingetreten sind, ist eine Frage der Begründetheit, ebenso wie die Frage, ob die behaupteten Tatsachen, wenn sie denn vorliegen, eine abweichende rechtliche Beurteilung – im Falle einer Eingruppierungsklage eine höhere Eingruppierung – rechtfertigen. Bei der rechtlichen Würdigung

dieser neuen Tatsachen ist von der Begründung des rechtskräftigen Urteils im Vorverfahren auszugehen; eine **inhaltliche Abweichung von der früheren Entscheidung** ist **nur** möglich, soweit die **neuen Tatsachen** auf der Basis der Urteilsbegründung eine **veränderte Rechtslage** ergeben (*LAG Nds.* 31.3.2000 ZTR 2000, 512 LS).

#### c) Akkordlohn

##### aa) Grundlagen

Akkordlohn ist eine **leistungsgerechte Vergütung** des Arbeitnehmers, weil das Arbeitsentgelt am Ergebnis seiner Tätigkeit gemessen wird. Er ist allerdings nur bei Arbeitsabläufen möglich, die sich in gleicher Art und Weise permanent wiederholen; ferner muss der Arbeitnehmer Einfluss auf den Produktionsvorgang nehmen, also schneller oder langsamer arbeiten können. 945

Ziel des Unternehmers muss es zudem sein, ein quantitativ möglichst hohes Produktionsergebnis zu erzielen; **andererseits** darf die Steigerung der Quantität nicht zu einem **Unterschreiten der notwendigen Qualität** führen.

##### bb) Bezugsgröße für die Arbeitsmenge

Als Bezugsgröße für die Arbeitsmenge kommen in Betracht 946
- der Stückakkord (Arbeitsmenge),
- der Gewichtsakkord (Gewicht des Produkts),
- der Flächenakkord (bearbeitete Fläche),
- der Maßakkord (Maßeinheiten, z. B. die Länge eines bearbeiteten Gegenstandes), sowie der
- Pauschalakkord (bei vielschichtigen Arbeitsaufgaben ist die jeweilige Arbeitsaufgabe Bezugsgröße).

**Bei der Berechnung der Bezugsgröße muss zwischen Einzel- und Gruppenakkord** (Messung des Leistungsergebnisses des einzelnen Mitarbeiters bzw. einer Arbeitsgruppe, insbes. bei komplexen Tätigkeiten) **unterschieden werden**. 947

##### cc) Gegenüberstellung von Arbeitsmenge und Entgeltbezugsgrößen

Sodann muss die Arbeitsmenge bestimmten Entgeltbezugsgrößen gegenübergestellt werden. 948

In Betracht kommen der Geldakkord (Arbeitsmenge mal Geldfaktor = Akkordlohn) sowie der Zeitakkord (Vorgabezeit je Stück mal produzierte Menge mal Geldfaktor = Akkordlohn). 949

Dabei wird beim Zeitakkord die Vorgabezeit im Einzelnen ermittelt, beim Geldakkord dagegen nur geschätzt. 950

##### dd) Grundlagen der Bemessung der Vorgabezeiten

Für die Bemessung der Vorgabezeiten beim Zeitakkord kommen in Betracht: 951
- der **ausgehandelte Akkord** (Vereinbarung zwischen Arbeitgeber und Arbeitnehmer darüber, welche Arbeitszeit pro Arbeitsstück oder Arbeitsmenge vorgesehen ist. Die Zeitvorgabe kann auch durch Betriebsvereinbarung oder Tarifvertrag festgelegt werden);
- **Faust- oder Meisterakkord** (Festlegung der Akkordvorgabe durch den Arbeitgeber und Umsetzung nach Maßgabe der §§ 106 GewO/315 ff. BGB);
- **Schätzakkord** (Schätzung der Zeitvorgabe anhand von Erfahrungssätzen und sonstigen Hilfskriterien);
- **arbeitswissenschaftlicher Akkord**.

##### ee) Systeme der Vorgabezeitenermittlung

Bei der Vorgabezeitermittlung nach REFA (Verband für Arbeitsstudien e. V.) wird die Normalleistung, die ein voll- oder ausreichend geeigneter und geübter Arbeitnehmer auf Dauer und im Mit- 952 tel der täglichen Schichtzeit ohne Gesundheitsschädigungen erbringen kann, wenn er die in der Vorgabezeit berücksichtigten Zeiten für persönliche Bedürfnisse und Erholung einhält (= Sollzeit) ermittelt. An dieser Sollzeit wird die individuelle Arbeitsleistung jedes einzelnen Arbeitnehmers (= Istzeit) gemessen.

953 Im Rahmen einer umfangreichen Analyse des Arbeitsablaufs wird die Zeit für die Durchführung der Tätigkeit (Auftragszeit) ermittelt, die sich aus einer Rüst- und Ausführungszeit (Vorbereitung, Ausführung der Tätigkeit, ggf. erforderliche Nachbereitungsarbeiten) zuzüglich der Erholungszeiten zusammensetzt. Hinzu kommen Verteilzeiten, die zusätzlich bei der Durchführung der Tätigkeit anfallen (sachliche, persönliche Verteilzeiten). Daneben muss auch der Leistungsgrad des Arbeitnehmers gemessen werden, bei dem die Zeitstudien angefertigt wurden. Anschließend wird die Istzeit zur Normalzeit umgerechnet (Normalzeit = Istzeit mal Leistungsgrad v. H. dividiert durch Hundert).

954 (derzeit unbesetzt)

*ff) Akkordrichtsatz/Mindestverdienst*

955 Der Akkordrichtsatz schließlich ist der Stundenverdienst eines Akkordarbeiters, wenn das Arbeitsergebnis beim Zeitakkord der vorgegebenen Normalleistung entspricht. Er muss entweder vertraglich vereinbart sein oder wird durch Tarifvertrag geregelt.

956 Der Akkordrichtsatz ist i. d. R. ein Tarifstundenlohn, der um einen Akkordaufschlag (ca. 10 bis 25 %) angehoben wird.

957 Möglich ist auch, dass tarifvertraglich für die Arbeitnehmer ein **Mindestverdienst** vereinbart wird, der unabhängig von der tatsächlichen Leistung dem Arbeitnehmer ein bestimmtes Mindesteinkommen sichert.

*gg) Verbot der Akkordarbeit für bestimmte Arbeitnehmergruppen*

958 Wegen der bei Akkordarbeit bestehenden Gefahr der Überbeanspruchung der körperlichen Kräfte und der daraus resultierenden gesundheitlichen Gefahren dürfen **Jugendliche und werdende Mütter** nicht mit Akkordarbeit oder Arbeiten, bei denen durch ein gesteigertes Arbeitstempo ein höheres Entgelt erzielt werden kann, beschäftigt werden (§ 23 JArbSchG, § 4 Abs. 3 MuSchG).

959 Gem. § 3 des Gesetzes über das Fahrpersonal von Kraftfahrzeugen und Straßenbahnen (i. d. F. vom 19.2.1987 BGBl. I S. 640) dürfen **Mitglieder des Fahrpersonals von Kraftfahrzeugen und Straßenbahnen**, soweit sie am Verkehr auf öffentlichen Straßen teilnehmen, nicht nach der zurückgelegten Fahrtstrecke und der Menge der beförderten Güter entlohnt werden. Damit ist jede Form von Prämien oder Zuschlägen ausgeschlossen. Um Gefahren für den Straßenverkehr auszuschließen, sind derartige Leistungsanreize verboten, weil sie den Leistungsdruck für das Fahrpersonal erhöhen würden und dieser sich mittelbar auf alle Verkehrsteilnehmer auswirken müsste.

*d) Prämienlohn*

*aa) Grundlagen*

960 Auch beim Prämienlohn kann der Arbeitnehmer auf die jeweiligen Leistungsergebnisse Einfluss nehmen, sodass gerade das persönliche Leistungsergebnis honoriert wird.

961 Der Anwendungsbereich ist weiter als beim Akkordlohn, weil die Entlohnung auf **beliebig vielen und unterschiedlichen Bezugsgrößen** basieren kann.

962 Gegenstand der Prämie können die Arbeitsmenge, Arbeitsqualität, der Materialeinsatz, Nutzungsgrad der Maschinen sowie die Einhaltung von Terminen sein.

963 Honoriert werden können auch bestimmte Verhaltensweisen der Arbeitnehmer, wie Anwesenheit und Pünktlichkeit.

## B. Pflichten des Arbeitgebers

### bb) Ziel des Prämienlohns

Ziel ist es, neben der Schaffung eines Leistungsanreizes im Interesse der allgemeinen Lohngerechtigkeit eine **angemessene Vergütungsstruktur** zu erreichen. 964

#### (1) Die Prämienlohnkurve

Die Prämienlohnkurve kann linear oder in Stufen, degressiv oder progressiv ansteigen. Soweit der Prämienlohn auf Zeitvorgaben aufbaut, besteht wie beim Akkordlohn die Möglichkeit des Schätzens, der statistischen oder der arbeitswissenschaftlichen Ermittlung. 965

#### (2) Kombinierter Prämienlohn

Zwar kann die Vergütung insgesamt als Prämienlohn vereinbart werden; häufiger ist jedoch ein **kombinierter Prämienlohn** (Tariflohn zuzüglich einer auf Betriebs- oder Unternehmensebene vereinbarten Prämie). 966

#### (3) Verbot von Prämienlohn für bestimmte Berufsgruppen

Prämienlohn ist ebenso wie der Akkordlohn für bestimmte Berufsgruppen verboten (s. Rdn. 958 f.). 967

### cc) Formen der Prämienvergütung

Unterschieden werden können: 968
- der **Halsey-Lohn** (zusätzlicher Prämienlohn zu einer Grundleistung, wobei die zusätzliche Prämienvergütung unterproportional zur Leistungsmenge steigt);
- das **Emersonsche Leistungssystem** (der Arbeitnehmer erhält neben einem Stundenlohn eine Prämie nach Maßgabe einer Tabelle, die nach arbeitswissenschaftlichen Grundsätzen einen erhöhten Leistungsgrad ermittelt);
- das **Rowan-System** (zum garantierten Mindestlohn kommt eine Prämie hinzu, die sich an der Zeit orientiert, die der Arbeitnehmer im Vergleich zur Vorgabezeit eingespart hat. Die Lohnkurve verläuft degressiv, um einen zu starken Leistungsanreiz zu vermeiden);
- das **Differenziallohnsystem nach Taylor** (erzeugt einen besonderen Leistungsanreiz für eine hohe Zeiteinsparung, indem für die Normalleistung im Rahmen der Zeitvorgabe der Grundlohn gezahlt wird und die Prämie bei einer Zeitunterschreitung überproportional steigt. Je mehr Zeit eingespart wird, umso steiler verläuft die Prämienkurve);
- das **Gantt-System** (für die Normalleistung innerhalb der Vorgabezeit wird der Grundlohn gewährt und garantiert; bei einer Zeiteinsparung wird eine fixe Prämie vorgesehen, wobei es gleichgültig ist, wie viel Zeit eingespart wurde).

### e) Leistungslohn auf Grund einer individuellen Leistungsbeurteilung

Im Angestelltenbereich wird traditionell eine Zeitvergütung gewährt. Als Leistungsanreiz kommt eine Leistungszulage in Betracht, die sich prozentual vom Grundbetrag errechnet und deren variable Höhe von der individuellen Leistungsbeurteilung durch den Vorgesetzten anhand eines von vornherein festgelegten Bewertungskatalogs abhängt, der die maßgeblichen Kriterien (z. B. Anwendung von Fachkenntnissen, Sorgfalt, Zuverlässigkeit, Belastbarkeit usw.) anhand einer Punkte- oder Notenskala bestimmt. 969

Die Leistung des Mitarbeiters wird in periodischen Abständen bewertet, z. B. in einem jährlichen Turnus (mit Wirkung erst auf den nächsten Lohnzahlungszeitraum im folgenden Jahr) auf der Grundlage einer genauen Stellenbeschreibung in einem formellen Verfahren. 970

Als **Rechtsgrundlage** für ein derartiges Leistungsentgelt kommt der **Arbeitsvertrag**, aber auch eine **Betriebsvereinbarung** in Betracht. Diese Form der Leistungsentlohnung kann mit anderen Leistungslohnformen, vor allem mit dem Prämienlohn, kombiniert werden. 971

### f) Zulagen, Zuschläge

#### aa) Begriffe; Zweck von Zulagen und Zuschlägen

972 Vergütungszuschläge sind gesondert ausgewiesene und berechnete Vergütungsbestandteile, die auf Grund bestimmter Tatbestände zusätzlich zum Entgelt bezahlt werden.

973 Als Grund für eine derartige Leistung kommen auf der Grundlage des Arbeitsvertrages, insbes. aber auf Grund tarifvertraglicher Regelung eine außergewöhnliche Arbeitsbelastung oder Leistung des Arbeitnehmers, aber auch die sozialen Verhältnisse, wie z. B. der Familienstand in Betracht.

974 Gesetzliche Normen, die die Gewährung von Zulagen oder Zuschlägen für Mehrarbeit vorsehen, bestehen nicht mehr. § 15 AZO ist durch das ArbZG ersatzlos aufgehoben worden (s. Rdn. 79 ff.).

975 Stattdessen sehen aber nunmehr §§ 6 Abs. 5, 11 Abs. 2 ArbZG – mangels anderweitiger Vereinbarung – eine Zuschlagspflicht für Nacht-, Sonn- und Feiertagsarbeit vor, die der Arbeitgeber wahlweise durch angemessene Freizeit oder durch Zahlung eines Lohnzuschlages erfüllen kann.

976 **Vergütungszuschläge sollen gezielt bestimmte Defizite oder Sonderbelastungen ausgleichen oder einen besonderen Anreiz bieten**, wobei die Grenze zur Prämie fließend ist.

#### bb) Formen von Zulagen, Zuschlägen

977 In Betracht kommen insbesondere:
- Mehrarbeitsvergütung (s. Rdn. 79 ff.);
- Überstundenvergütung (s. Rdn. 79 ff.);
- Zuschläge für **ungünstige Arbeitszeit** (Nacht-, Sonn- und Feiertagsarbeit; vgl. §§ 6 Abs. 5, 11 Abs. 2 ArbZG; s. Rdn. 975);
- **Erschwerniszulagen** für besondere Belastungen der Arbeitnehmer während der Arbeit (für besonders gefährliche oder gesundheitsgefährdende Arbeiten, bei Lärm, Licht, Kälte, Nässe, bei besonderen psychischen Belastungen, bei Schmutz und weiter Entfernung zum Arbeitsplatz);
- **Funktionszulagen** für eine Tätigkeit, die mit einer zusätzlichen Verantwortung verbunden ist. Vergleichbar ist dem eine Berufsjahreszulage, die mit Ablauf einer bestimmten Anzahl von Tätigkeitsjahren in einer Gehaltsgruppe einsetzt;
- **Sozialzulagen**, um die besondere soziale Situation des Arbeitnehmers anzuerkennen (Verheirateten-, Kinder-, Alters-, Wohn- und Ortszuschläge).

### 6. Ergebnisbezogene Entgelte

#### a) Provision

##### aa) Grundlagen

978 Bemessungsgrundlage der Provision ist nicht allein die Arbeitsleistung des Arbeitnehmers, sondern auch oder ausschließlich die wirtschaftliche Verwertung von Produkten oder Dienstleistungen auf dem freien Markt.

979 Die Provision wird ausgelöst durch Vermittlung oder Abschluss einer Absatzvereinbarung mit einem Dritten (**Vermittlungsprovision**), oder dadurch, dass allgemein derartige Verträge mit einem bestimmten Kundenkreis einer Region vereinbart werden (**Bezirksprovision**).

980 Sie kann sich auf alle oder bestimmte Geschäfte eines Unternehmens beziehen (**Umsatzprovision**) und damit nicht allein von der Leistung des Provisionsberechtigten abhängen, sondern in gleicher Weise auch die Leistungen anderer Mitarbeiter berücksichtigen.

## bb) Rechtsgrundlage und Berechnung der Provision bei Handlungsgehilfen

Die Provision selbst richtet sich nach einem bestimmten Prozentsatz an dem wirtschaftlichen Wert des vermittelten oder abgeschlossenen Geschäfts. Die Provisionsberechnung kann aber auch auf Grundlage einer Punktewertung folgen. **981**

Gem. § 65 HGB finden bestimmte, für den Handelsvertreter geltende Vorschriften (§§ 87 Abs. 1, 3, 87a–c HGB) auf Handlungsgehilfen entsprechende Anwendung. Voraussetzung ist, dass eine Provisionsvergütung ausdrücklich vereinbart worden ist, oder sich zumindest im Wege der Auslegung ermitteln lässt, dass eine erfolgsbezogene Vergütung i. S. d. Provisionsrechts übereinstimmend gewollt ist. **982**

Die Provision kann als alleinige Vergütung vereinbart werden. Möglich ist es auch, dass ein monatlicher Mindestverdienst vorgesehen ist, der mit Provisionsansprüchen verrechnet wird (vgl. *BAG* 8.12.1982 AP Nr. 5 zu § 1 TVG Tarifverträge: Versicherungsgewerbe). **983**

Trotz fehlender ausdrücklicher Verweisung in § 65 HGB sind § 87 Abs. 2, 4 HGB (Bezirks- und Inkassoprovision) sowie § 92 BGB (Versicherungsvertreter) anwendbar. **984**

## cc) Rechtsgrundlage bei anderen Arbeitnehmern

Soweit Arbeitnehmer, die keine Handlungsgehilfen sind, eine Provision erhalten, sind die in § 65 HGB in Bezug genommenen Vorschriften entsprechend anzuwenden. **985**

Es ist jeweils zu überprüfen, ob sie für die spezielle Situation eines Arbeitnehmers geeignet sind. Seine Schutzbedürftigkeit, die aus seiner Abhängigkeit resultiert, muss auch bei einer Provisionsentlohnung berücksichtigt werden (*BAG* 4.7.1972 AP Nr. 6 zu § 65 HGB). **986**

## dd) Entstehung eines Provisionsanspruchs

Erforderlich ist, dass der Arbeitnehmer auf Grund seiner arbeitsvertraglichen Verpflichtung ein Geschäft mit einem Dritten vermittelt (§ 87 Abs. 1 HGB). Der Provisionsanspruch ist aber zunächst auflösend bedingt durch die tatsächliche Ausführung des Geschäfts. Ein unbedingter Provisionsanspruch entsteht gem. § 87a HGB erst dann, wenn der Arbeitgeber das Geschäft ausführt, spätestens jedoch, wenn der Dritte seinerseits die vertraglich geschuldete Leistung erfüllt hat. **987**

Nach Auffassung des *LAG Köln* (23.10.2006 NZA-RR 2007, 236) reicht dann, wenn dem Arbeitnehmer ohne weitere Einschränkung eine Provision zugesagt worden ist, eine **Mitursächlichkeit der Tätigkeit** des Arbeitnehmers für das Zustandekommen des Geschäfts als Voraussetzung für den Provisionsanspruch aus.

Der Provisionsanspruch bleibt auch bestehen, wenn beide Seiten das Geschäft nicht ausführen, es sei denn, der Arbeitgeber hat die Unmöglichkeit nicht zu vertreten oder die Erfüllung ist ihm unzumutbar. Der Provisionsanspruch entfällt, wenn feststeht, dass der Dritte nicht leistet (z. B. bei Nichtigkeit, Anfechtung, Kündigung des Vertrages). **988**

**Ein vermitteltes Geschäft liegt bei gleichartigen Folgegeschäften auch dann vor, wenn sie nicht unmittelbar auf die Tätigkeit des Arbeitnehmers zurückzuführen sind** (§ 87 Abs. 1 2. Alt. HGB). Gem. § 87 Abs. 1 S. 2 HGB ist eine Provision ausgeschlossen, wenn für einen anderen ausgeschiedenen Arbeitnehmer gem. § 87 Abs. 3 HGB ein entsprechender Provisionsanspruch entstanden ist; u. U. ist eine Teilung zugunsten des nachfolgenden Handelsvertreters möglich, wenn dies wegen besonderer Umstände der Billigkeit entspricht (§ 87 Abs. 3 S. 2 HGB). **989**

### ee) Provisionsanspruch nach Beendigung des Arbeitsverhältnisses; Rückzahlung von Provisionsvorschüssen

990 Ist eine Provisionsregelung einzel- oder kollektivvertraglich vereinbart, so kann ein Provisionsanspruch auch dann noch geltend gemacht werden, wenn der Arbeitnehmer sein **Arbeitsverhältnis beendet hat, das abgeschlossene Geschäft aber überwiegend noch auf seine Tätigkeit während des Arbeitsverhältnisses zurückzuführen ist** (§ 87 Abs. 3 Nr. 1 HGB). Nicht ausreichend sind dagegen nur lose Geschäftskontakte.

991 Nach § 87 Abs. 3 Nr. 2 HGB besteht ein nachgehender Anspruch, wenn das Angebot des Dritten vor Beendigung des Arbeitsverhältnisses zugegangen ist.

992 Eine arbeitsvertragliche Vereinbarung, nach der ein angestellter Außendienstmitarbeiter neben seinem Fixum Provisionen nach Erreichen einer Jahressollvorgabe erhält, kann bei Fehlen einer Regelung für den Fall unterjähriger Beschäftigung durch Vertragsauslegung zu ergänzen sein. Da die Arbeitsvertragsparteien regelmäßig keine rechtswidrigen oder nichtigen Arbeitsvertragsbedingungen verabreden wollen, ist eine ergänzende Vertragsauslegung geboten, wenn die Vereinbarung der Parteien ohne die Ergänzung gegen § 622 Abs. 6 BGB verstößt. Davon ist auszugehen, wenn der Angestellte bei Ausübung des gesetzlichen Kündigungsrechts zum Ende des ersten Halbjahres wegen der Höhe der Jahressollvorgabe keinerlei Provisionsansprüche erwirbt (*BAG* 20.8.1996 EzA § 87 HGB Nr. 11).

993 Der Unternehmer ist im Rahmen des Branchenüblichen und Möglichen verpflichtet, mit dem Handelsvertreter **loyal zusammenzuarbeiten** und seine Vermittlungs- und Abschlussbemühungen zu unterstützen und zu fördern. Dies folgt aus der vertraglichen Treue- und Loyalitätspflicht. Verstößt der Unternehmer gegen diese Verpflichtung zur Rücksichtnahme und Förderung, stehen ihm nach Treu und Glauben gegenüber dem Handelsvertreter keine Ansprüche auf Rückzahlung von Provisionsvorschüssen zu (*LAG Hamm* 3.2.2009 NZA-RR 2009, 631).

### ff) Abweichende Vereinbarungen

994 § 87 HGB ist abdingbar; abweichende Regelungen können sich aus einzel- und kollektivvertraglichen Vereinbarungen ergeben. Allerdings ist der Ausschluss einer Überhangprovision nach § 87 Abs. 3 HGB nur dann zulässig, wenn es hierfür einen **sachlichen Grund** gibt (*BAG* 28.2.1984 EzA § 87 HGB Nr. 8; 20.8.1996 EzA § 87 HGB Nr. 11). Ob daran festzuhalten ist, dass der Anspruch auf bereits erarbeitete, aber erst nach Beendigung des Arbeitsverhältnisses fällige Provision **abbedungen** werden kann, hat das *BAG* (20.2.2008 EzA § 307 BGB 2002 Nr. 31) inzwischen allerdings **offen gelassen**. Danach spricht viel dafür, dass dies nicht möglich ist. Jedenfalls ist eine vom Arbeitgeber vorformulierte Vertragsklausel, nach der dem Arbeitnehmer als Überhangprovision nur die Hälfte der vereinbarten Provision zusteht, zu weit gefasst, benachteiligt den Arbeitnehmer entgegen den Geboten von Treu und Glauben unangemessen und ist deshalb gem. § 307 Abs. 1 S. 1 BGB unwirksam.

### gg) Weitere Modalitäten des Provisionsanspruchs

995 Die Fälligkeit und Abrechnung (die ein **abstraktes Schuldanerkenntnis** gem. § 781 BGB darstellt) regeln §§ 87a Abs. 4, 87 c HGB. Der Provisionssatz ist regelmäßig einzel- bzw. kollektivvertraglich festgelegt; § 87b HGB enthält insoweit lediglich eine subsidiäre Regelung.

996 Gem. § 87c Abs. 2, 3 HGB hat der Arbeitnehmer Anspruch auf Erteilung eines Buchauszuges, Auskunft über alle maßgeblichen Umstände, die für den Provisionsanspruch wesentlich sind; er kann zudem u. U. Einsicht in die Bücher und sonstigen Urkunden (gem. § 87c Abs. 4 HGB nach Wahl des Arbeitgebers entweder durch den Arbeitnehmer selbst oder einen vom Arbeitnehmer zu bestimmenden Wirtschaftsprüfer) verlangen.

## hh) Verjährung; Ausschlussfristen

Der Anspruch auf Provision verjährt ebenso wie die Hilfsansprüche nach § 87c HGB gem. §§ 195 ff. BGB. Die Klage auf Auskunft, Rechnungslegung oder Erteilung der Buchauszüge (§ 87c HGB) hemmt nicht die Verjährung der jeweiligen Provisionsansprüche (*BAG* 30.4.1971 AP Nr. 15 zu § 9 ArbGG 1953; 5.9.1995 EzA § 196 BGB Nr. 9). Zu beachten sind sowohl für den Provisionsanspruch als auch für die Hilfsrechte nach § 87 HGB **tarifliche Ausschlussfristen**. Sie sind mit § 87c Abs. 5 HGB vereinbar, weil sie die Rechte unberührt lassen und nur die Abwicklung schneller gestalten sollen (*BAG* 23.3.1982 EzA § 87c HGB Nr. 4).

997

## ii) Darlegungs- und Beweislast

Für die **Ausführung des Geschäfts** i. S. d. § 87a Abs. 1 S. 1 HGB bzw. für die Ausführung durch den Dritten trägt der **Arbeitnehmer** die Beweislast, da es sich hierbei um anspruchsbegründende Tatsachen handelt.

998

Im Rahmen des § 87a Abs. 3 S. 2 HGB muss der Arbeitnehmer nachweisen, dass die Nichterfüllung feststeht.

999

Demgegenüber muss der **Arbeitgeber** die von ihm **nicht zu vertretende Unmöglichkeit** oder die **Unzumutbarkeit** der Erfüllung nachweisen. Gleiches gilt für die Umstände einer Nichtleistung des Dritten nach § 87a Abs. 2 HGB, da es sich um Tatsachen handelt, die den Anspruch zum Erlöschen bringen.

1000

## jj) Der Sonderfall: Wegfall einer Topfabrede

Schließen zwei Verkäufergruppen zum Ausgleich ihrer unterschiedlich hohen Provisionseinkünfte auf Veranlassung des Arbeitgebers eine sog. Topfvereinbarung und wird diese später gekündigt, so kann sich für diejenigen Verkäufer, die ohne Topfvereinbarung erheblich geringere Provisionseinkünfte haben, ein Anspruch auf **Anhebung ihrer Vergütung aus einer ergänzenden Vertragsauslegung** ergeben (*BAG* 3.6.1998 EzA § 157 BGB Nr. 4).

1001

## b) Umsatz- und Gewinnbeteiligung

### aa) Begriffe; Abgrenzung

**Die Umsatz- und Gewinnbeteiligung (Tantieme) ist eine zusätzliche Vergütung, die das übliche Arbeitsentgelt ergänzt.** Es soll damit nicht die dem Arbeitnehmer zustehende übliche Vergütung abgegolten werden.

1002

Davon zu unterscheiden ist die Ergebnis- oder Erfolgsbeteiligung, die sich auf einen Leistungs- oder Arbeitserfolg, nicht jedoch auf den Markterfolg des Unternehmens bezieht (s. *BAG* 3.5.2006 NZA-RR 2006, 582 zur Erfolgsbeteiligung nach einem »Carried-Interest-Plan«; dazu *Hohenstatt/Starner* BB 2006, 2413 ff.).

1003

Abgestellt werden kann auf den Markterfolg des Betriebes, des Unternehmens, aber auch eines Betriebsteiles oder einer Abteilung. Wird auf den Gewinn abgestellt, so ist regelmäßig der jährliche Reingewinn nach Maßgabe der Handels-, nicht aber nach der hiervon abweichenden Steuerbilanz (*BAG* 13.4.1978 EzA § 611 BGB Tantieme Nr. 1) maßgeblich (vgl. *Ricken* NZA 1999, 236 ff.); möglich ist auch ein **Bezug zum Betriebsergebnis**. Der Arbeitgeber hat dann die Erfolgsbeteiligung nach billigem Ermessen festzulegen (*LAG Nbg.* 23.7.2002 NZA-RR 2003, 411). Wird eine arbeitsvertraglich vereinbarte Erfolgsbeteiligung auf der Grundlage der »**Dividende** der ... AG« errechnet, ist der von der Hauptversammlung zusätzlich zur Dividende beschlossene, als »Sonderausschüttung« bezeichnete Gewinnanteil nicht der Berechnung der Erfolgsbeteiligung zugrunde zu legen (*BAG* 12.2.2003 NZA-RR 2003, 459). **§ 216 Abs. 3 AktG** passt den **wirtschaftlichen Inhalt von Erfolgsbeteiligungsvereinbarungen mit Arbeitnehmern rechnerisch an,** wenn die Vereinbarung auf die Gewinnausschüttung der Gesellschaft, den Nennbetrag oder Wert ihrer Aktien oder ihres Grundkapi-

1004

tals oder auf sonstige Kapital- oder Gewinnverhältnisse Bezug nimmt. Wird das Grundkapital einer AG bei gleichzeitiger Ausgabe von Gratisaktien an die Aktionäre aus Eigenmitteln erhöht und dadurch die auf die Aktie entfallende Dividende vermindert, kann ein Arbeitnehmer, dessen Erfolgsbeteiligung an die Höhe der Dividende pro Aktie anknüpft, einen Anspruch auf eine entsprechende Erhöhung der Erfolgsbeteiligung haben (*BAG* 12.10.2005 EzA § 611 BGB 2002 Tantieme Nr. 1).

**1005** Demgegenüber stellt eine zusätzlich zum Gehalt gewährte **prozentuale Beteiligung** an dem vom Angestellten erzielten **Umsatz** keine widerrufbare Sonderleistung dar; vielmehr handelt es sich um einen **Teil des Entgelts** für die vertraglich geschuldete Arbeitsleistung. (*BAG* 8.9.1998 EzA § 611 BGB Nr. 29). Eine Vereinbarung, dass diese Umsatzbeteiligung im Folgejahr in **monatlichen gleichen Raten** ausgezahlt werden soll, **regelt nur die Leistungszeit**. Sie bewirkt aber nicht, dass der Anspruch untergeht, wenn das Arbeitsverhältnis im folgenden Jahr nicht mehr besteht (*BAG* 8.9.1998 EzA § 611 BGB Nr. 29).

Andererseits ist die einem leitenden Angestellten zugesagte Beteiligung am Jahresgewinn des von ihm geführten Betriebs (**Tantieme**) eine **Erfolgsvergütung**. Nach §§ 275 Abs. 1, 326 Abs. 1 BGB erlischt der Anspruch, wenn der Angestellte während des gesamten Geschäftsjahres **arbeitsunfähig erkrankt** ist und **keine Entgeltfortzahlung** beanspruchen kann (*BAG* 8.9.1998 EzA § 611 BGB Tantieme Nr. 1).

Bezeichnet der Arbeitgeber demgegenüber bei einer im Arbeitsvertrag und bei den arbeitgeberseitigen Zusicherungen nur unvollständigen Regelung der Voraussetzungen für eine Tantieme diese in Abrechnungen als »**Abschlussvergütung**« und zahlt er diese auch in Jahren mit **Bilanzverlusten**, so handelt es sich nicht um eine Gewinnbeteiligung, sondern um eine davon unabhängige **Gratifikation** für geleistete Dienste und bewiesene Betriebstreue, auf die auch in Verlustjahren ein Anspruch bestehen kann (*LAG Hamm* 23.2.2001 NZA-RR 2001, 525).

*bb) Rechtsgrundlage; AGB*

**1006** Als Rechtsgrundlage einer Tantieme kommen **einzel- und kollektivvertragliche Vereinbarungen** in Betracht. Sie kann als eine freiwillige, jederzeit einseitig widerrufbare (vgl. aber §§ 305 ff. BGB u. § 106 GewO/§ 315 BGB) Zusage ausgestaltet sein. In der Praxis werden Tantiemen vor allem an Führungskräfte und leitende Angestellte gezahlt.

**1006a** Eine Vergütungsregelung in einem Arbeitsvertrag, wonach die Zahlung einer **Tantieme** von der Ausschüttung einer Dividende abhängig ist, stellt keine unangemessene Benachteiligung i. S. v. § 307 Abs. 1 BGB dar. Wird eine im Arbeitsvertrag vereinbarte Bedingung für eine Sonderzahlung in nachfolgenden Begleitmitteilungen anlässlich von Zahlungen **mehrfach nicht mehr wiederholt**, kann dies regelmäßig **nicht dahingehend** verstanden werden, der Arbeitgeber werde die **Sonderzahlung künftig unbedingt leisten** (*BAG* 18.1.2012 EzA § 307 BGB 2002 Nr. 56).

*cc) Keine Einschränkung der Unternehmensführung*

**1007** Die Gewinnbeteiligung des Arbeitnehmers schränkt Entscheidungen des Arbeitgebers über die Unternehmensführung nicht ein. Das gilt vor allem dann, wenn Kunden Preisnachlässe gewährt werden und sich dadurch die Gewinnbeteiligung verringert (*BAG* 13.4.1978 EzA § 611 BGB Tantieme Nr. 1).

*dd) Auskunftsanspruch*

**1008** Allerdings ist mit dem Anspruch auf Gewinnbeteiligung ein Anspruch auf Auskunft gegenüber dem Arbeitgeber verbunden. Dem Arbeitnehmer muss auf diese Weise die Möglichkeit eingeräumt werden, den Umfang des Anspruchs zu überprüfen (§ 242 BGB). Ein derartiger Anspruch besteht jedenfalls dann auch hinsichtlich der Verteilung der im Auftragsgebiet des Arbeitnehmers eingegangenen Aufträge, wenn die durch Tatsachen gestützte **Besorgnis** gerechtfertigt ist, dass der Arbeitgeber den Arbeitnehmer bei der Zuteilung der Aufträge **benachteiligt** hat (*BAG* 21.11.2000 NZA 2001, 1093).

## B. Pflichten des Arbeitgebers — Kapitel 3

Wird dem Arbeitnehmer eine **Gewinn- und Verlustrechnung** eines Wirtschaftsprüfers überlassen, bei der vom Wirtschaftsprüfer bestätigt wird, dass die internen Kostenumlagen auf Plausibilität geprüft werden, muss der Arbeitnehmer zunächst **ergänzende Auskunft** verlangen (§§ 157, 242 BGB), bevor Einsichtnahme in die Bücher verlangt werden kann (*LAG Nbg.* 8.5.2001 ARST 2001, 258 LS). 1009

### ee) Maßregelungsverbot

Bei der Bestimmung des Adressatenkreises einer freiwilligen Leistung (Erfolgs- und Umsatzbeteiligungen) hat der Arbeitgeber § 612a BGB zu beachten. Insoweit kann eine unzulässige Maßregelung darin liegen, dass der Arbeitgeber den Adressatenkreis um diejenigen Mitarbeiter verringert, die zuvor in zulässiger Weise ihre vertraglichen Rechte ausgeübt haben, indem sie sich der vertraglichen Verlängerung der Wochenarbeitszeit ohne Lohnausgleich widersetzt haben. Sie sind so zu stellen, als wäre die Maßregelung nicht erfolgt; sie haben also Anspruch auf die Leistung, die ihnen zugestanden hätte, wenn sie zum Adressatenkreis der Regelung gehört hätten (*BAG* 12.6.2002 EzA § 612a BGB Nr. 2). 1010

### ff) Verjährung

Für die Verjährung gelten §§ **195 ff. BGB**. 1011

## c) Zielvereinbarungen

### aa) Allgemeines

Eine in den letzten Jahren immer beliebter werdende Form variabler Vergütung sind Zielvereinbarungen. Dem Mitarbeiter wird eine bestimmte finanzielle Zusatzleistung (»Prämie«, »Bonus«, »Tantieme« etc.) zugesagt für den Fall, dass er bestimmte, im Vorhinein definierte Ziele ganz oder teilweise erreicht. Der Zielerreichungszeitraum ist regelmäßig ein Jahr. Hintergrund dieser Vergütungsform ist der Gedanke, die Mitarbeiter eigenverantwortlich über den besten Weg zur Zielerreichung entscheiden zu lassen (Management by objectives). Überdies ermöglicht eine Zielvereinbarungsabrede, je nach den wechselnden Bedürfnissen des Unternehmens jedes Jahr andere Ziele vorzugeben. 1012

So überzeugend Zielvereinbarungen aus personalwirtschaftlicher Sicht sein mögen (ausf. *Geffken* NZA 2000, 1033), so streitanfällig sind sie in der Praxis (ausf. *Heiden* DB 2009, 1705); über keine andere variable Vergütungsform wird so viel prozessiert. Die Gründe dafür sind vielfältig. Eine gesetzliche Regelung fehlt (§§ 65, 87 ff. HGB gelten nur für variable Zahlungen, die vom Abschluss bestimmter Außengeschäfte abhängen). Zielvereinbarungen werden oft unklar oder unvollständig formuliert und überdies in der betrieblichen Praxis häufig anders gehandhabt als eigentlich vereinbart. Schließlich fehlen regelmäßig Regelungen zu Leistungsstörungen (Kündigung, Freistellung, Krankheit, Änderung der Geschäftspolitik etc.). 1013

### bb) Rechtliche Grenzen

Zielvereinbarungen sind grds. **zulässig**. Allerdings darf das Marktrisiko nicht auf den Arbeitnehmer abgewälzt werden, so dass es mit § 138 BGB kollidieren kann, wenn bei extrem niedriger Festvergütung der weit überwiegende Teil der Vergütung zielabhängig gezahlt werden soll (*Berwanger* BB 2003, 1502; *Annuß* NZA 2007, 291). Gilt ein **tarifliches Mindestgehalt**, so muss dem Arbeitnehmer unabhängig von der Zielerreichung jedenfalls die tarifliche Mindestvergütung verbleiben (*Riesenhuber/v. Steinau-Steinrück* NZA 2006, 790). 1014

### cc) Vertragliche Gestaltung

Auf die **Formulierung** von Zielvereinbarungsabreden wird regelmäßig zu wenig Sorgfalt verwendet. Sind sie vorformuliert, gehen nach § 305c Abs. 2 BGB Unklarheiten zu Lasten des Verwenders (dazu *Riesenhuber/v. Steinau-Steinrück* NZA 2006, 788; *Horcher* BB 2007, 2070). Zielvereinbarungen 1015 können zum einen »harte«, d. h. messbare Ziele, zum Gegenstand haben (Gewinnung des Großkunden X, Installation eines EDV-Systems etc.). Meist geht es aber um »weiche« Ziele, die eine Bewertung erfordern (Verbesserung der Zusammenarbeit zwischen den Filialen, erfolgreicher Aufbau einer Vertriebsstruktur etc.; dazu ausf. *Mauer* NZA 2002, 540).

1016 Die jährlichen **Zielvorgaben** werden typischerweise vom jeweiligen Vorgesetzten **einseitig festgesetzt**. Denkbar ist aber auch, dass die Ziele gemeinsam vom Mitarbeiter und vom Vorgesetzten vereinbart werden sollen. Häufig wird der Arbeitsvertrag trotz vermeintlich entgegenstehender Formulierung so zu verstehen sein, dass es nur um eine Mitwirkung (Anhörung, Abstimmung etc.) des Mitarbeiters geht, aber der Vorgesetzte im Falle der Nicht-Einigung ein einseitiges Festsetzungsrecht haben soll (z. B. *LAG Köln* 23.5.2002 DB 2003, 451; *LAG Düsseld.* 28.7.2006 DB 2006, 2635; genau andersherum *Riesenhuber/v. Steinau-Steinrück* NZA 2006, 788: im Zweifel einvernehmliche Festlegung der Ziele). Eine Regelung, nach der tatsächlich Einigkeit erforderlich ist, geht an der Realität vorbei, wenn nicht zugleich ein Konfliktlösungsmechanismus vereinbart ist, denn die Anrufung des Arbeitsgerichts zur Klärung der Zielvorgaben ist im ungestörten Arbeitsverhältnis keine Alternative. In der Praxis unterbleibt bei Nichteinigung regelmäßig die Zielvorgabe, was allerdings Streit am Jahresende vorprogrammiert (s. Rdn. 1026).

1017 Meist wird nicht ausdrücklich geregelt, wer am Jahresende in welchem Verfahren die Zielerreichung messen bzw. feststellen soll. Dann obliegt die **Feststellung** dem Arbeitgeber, der sie bei »weichen« Zielen nach billigem Ermessen (§ 315 BGB) treffen muss (dazu *LAG Düsseld.* 18.8.2011 BeckRS 2011, 76974 »C&L«). Selten anzutreffen sind Regelungen, wonach die Zielerreichung gemeinsam von Arbeitgeber und Arbeitnehmer festgestellt werden soll, wobei dann bei Nichteinigung gem. § 315 BGB die Festsetzung dem Arbeitgeber obliegt.

1018 Auslegungsprobleme ergeben sich oft hinsichtlich der Frage, ob nur bei voller Zielerreichung eine Zahlung verdient sein soll oder ob bei **anteiliger Zielerreichung** anteilig zu zahlen ist (ausf. *Behrens/Rinsdorf* NZA 2006, 830; *Riesenhuber/v. Steinau-Steinrück* NZA 2006, 790). Dies richtet sich vor allem nach der Formulierung der Zielvereinbarung, aber auch nach der Art des Zieles. Je weicher das Ziel, desto eher wird ein anteiliger Anspruch anzunehmen sein. Bei Zweifeln über die Auslegung einer Zielvereinbarung kann bedeutsam sein, wie sie in der Vergangenheit gehandhabt wurde.

*dd) Beweislast für Zielerreichung*

1019 Grundsätzlich trägt der Arbeitnehmer die **Beweislast für die Zielerreichung** (*Riesenhuber/v. Steinau-Steinrück* NZA 2006, 791; diff. *Behrens/Rinsdorf* NZA 2003, 366, ausf. *Mauer* NZA 2002, 549). Gegebenenfalls kann er im Wege der Stufenklage zunächst Auskunft und ggf. Abgabe der eidesstattlichen Versicherung verlangen.

*ee) Leistungsstörungen*

1020 Besondere Probleme machen Zielvereinbarungen im Falle von Leistungsstörungen. Die Rechtsfolgen richten sich primär nach der vertraglichen Vereinbarung, die allerdings häufig lückenhaft ist (i. E. *Mauer* NZA 2002, 543; *Heiden* DB 2009, 2714):

1021 **Scheidet** der Arbeitnehmer **unterjährig** aus, so erlischt der Anspruch auf anteilige Zahlung im Regelfall nicht. Etwas anderes kann jedoch vereinbart werden; die Zielvereinbarung hat dann Mischfunktion und dient auch dazu, die Betriebstreue zu honorieren (*Bauer/Diller/Göpfert* BB 2002, 885; a. A. *Hidalgo/Rid* BB 2005, 2688). Andererseits kann der Arbeitnehmer bei unterjährigem Ausscheiden stets nur eine pro rata gekürzte Zahlung verlangen, selbst wenn im Vertrag von einer Kürzung nichts steht (*LAG Düsseld.* 28.7.2006 DB 2006, 2635). Schwierig ist die Berechnung einer anteiligen Zahlung (*Mauer* NZA 2002, 545 f.; *Heiden* DB 2009, 2718). Handelt es sich um eine teilbare oder skalierbare Zielvorgabe, so ist ratierlich zu berechnen (besteht das Ziel z. B. darin, eine bestimmte Zahl neuer Außendienstmitarbeiter einzustellen, kann ohne weiteres bewertet werden, wie weit der Arbeitnehmer bis zu seinem Ausscheiden anteilig Erfolg hatte). Bei Ja-/Nein-Zielen (Gewinnung des Unternehmens X als Kunden) ist eine anteilige Berechnung nicht möglich, so dass der Anspruch vollständig entfällt, wenn bis zum Ausscheidenstermin der Arbeitnehmer noch keinen Erfolg hatte.

Die dem Arbeitnehmer gesteckten **Ziele** werden nicht selten im Lauf des Jahres von der Geschäftsführung **aufgegeben** oder sie **gehen ins Leere**. Soll der Arbeitnehmer bspw. ein bestimmtes EDV-System erfolgreich installieren, kann er das nicht mehr, wenn die Geschäftsführung nach einem Testlauf beschließt, das System doch nicht flächendeckend einzuführen. Hier kommt je nach den Umständen eine Anpassung nach den Grundsätzen des Wegfalls der Geschäftsgrundlage in Betracht, der Arbeitgeber hat dann Alternativziele festzusetzen (*Annuß* NZA 2007, 292 f.; *Riesenhuber/v. Steinau-Steinrück* NZA 2006, 792). Wo das untunlich oder unmöglich ist (z. B. wenn das Jahr schon fast abgelaufen ist), tritt an die Stelle der Zielvereinbarungstantieme eine nach § 315 BGB vom Arbeitgeber nach billigem Ermessen festzusetzende Zahlung (anders *Behrens/Rinsdorf* NZA 2006, 832: Lösung über § 162 BGB; wieder anders *LAG Düsseld.* 21.10.2009 – 7(6) Sa 1033/06; *Berwanger* BB 2003, 1503: Bei Nichterreichung des Ziels habe der Arbeitgeber regelmäßig nach der Betriebsrisikolehre zu zahlen). Mit dem Wegfall der Geschäftsgrundlage darf man allerdings nicht zu schnell sein. Die Zielvereinbarung ist für den Arbeitnehmer ein Risikogeschäft und sollte es auch bleiben (*Bauer/Diller/Göpfert* BB 2002, 884; instruktiv zum Arbeitnehmerrisiko bei erfolgsabhängiger Vergütung *BAG* 3.5.2006 DB 2006, 1499). Überdies soll die Zielvereinbarung nicht nur die Anstrengungen des Mitarbeiters honorieren, sondern auch den Mehrwert, den er für das Unternehmen schafft. Nicht jede geringfügige Änderung der betrieblichen Umstände rechtfertigt deshalb schon das Verlangen nach einer Anpassung. Von vornherein unrealistische und unerreichbare Ziele können nach § 138 BGB korrigiert werden. 1022

Noch ungeklärt ist die Auswirkung von **krankheitsbedingten Fehlzeiten** (*Annuß* NZA 2007, 293; *Mauer* NZA 2002, 543 f.). Kann der Arbeitnehmer die Ziele nicht erreichen, weil er längere Krankheitszeiten hat, die die sechswöchige Entgeltfortzahlung überschreiten, kann er grds. keinen Ausgleich dafür verlangen (*Annuß* NZA 2007, 293). Bei Krankheitszeiträumen, ggf. mehreren, unterhalb der Sechswochengrenze ist dagegen die Zielerreichungstantieme zu zahlen, wenn der Arbeitnehmer nachweisen kann, dass er ohne die Krankheitszeiten das Ziel erreicht hätte. 1023

Ob eine **Freistellung**, egal ob rechtmäßig oder nicht, den Arbeitnehmer um die Zielerreichungstantieme bringen kann, ist umstritten. Man könnte den Gedanken des § 162 BGB heranziehen (a. A. *Behrens/Rinsdorf* NZA 2006, 834 für eine berechtigte Freistellung). Allerdings träfe den Arbeitnehmer die Beweislast dafür, dass bzw. zu welchem Grad er die Ziele erreicht hätte. Sind hinreichende Anhaltspunkte vorhanden, kann das Gericht dem Arbeitnehmer durch Schätzung (entsprechend § 287 Abs. 2 ZPO) helfen. 1024

*ff) Vorauszahlung*

Häufig wird eine **Vorauszahlung** auf die Zielerreichungstantieme in Form monatlicher Abschlagszahlungen vereinbart. Am Jahresende ist dann abzurechnen, zu viel gezahlte Vorauszahlungen muss der Arbeitnehmer zurückzahlen. Ist der Zielerreichungszeitraum abgelaufen, kann der Arbeitnehmer nur noch auf die tatsächlich erreichte Tantieme bzw. vorgelagert auf Abrechnung/Auskunft klagen, nicht mehr jedoch auf ausstehende Vorauszahlungen (*LAG Hmb.* 9.2.2005 NZA-RR 2005, 496). 1025

*gg) Unterbliebene Zielfestlegung*

Geradezu ein Dauerbrenner ist die Situation, dass entgegen der getroffenen Vereinbarung die **Festlegung** der konkreten Ziele für das betreffende Jahr **unterblieben** ist (ausf. *Behrens/Rinsdorf* NZA 2006, 1129; *Schmiedl* BB 2006, 2417; *Mauer* NZA 2002, 547). Diskutiert wurden verschiedene Lösungen (vgl. auch *Gelhaar* NZA-RR 2007, 113): 1026
– Jedenfalls Anspruch auf denjenigen Betrag, den der Arbeitnehmer als monatliche Vorauszahlung auf die Zielerreichungstantieme erhalten hat (*LAG Köln* 3.4.2006 – 14 (9) Sa 5/06, ZTR 2006, 553).

- Hat der Arbeitnehmer versäumt, den Arbeitgeber wegen der Festlegung der Ziele anzusprechen, verliert er den Tantiemeanspruch (*Bauer/Diller/Göpfert* BB 2002, 883).
- Bestimmung der Zielvorgabe durch gerichtliches Urteil jedenfalls dann, wenn der Arbeitnehmer nicht gänzlich untätig war, sondern mindestens einmal die Festlegung der Ziele gefordert hatte (*Hess. LAG* 29.1.2002 – 7 Sa 836/01, AiB 2002, 575).
- Es kann im Wege der ergänzenden Vertragsauslegung (für diesen Weg grds. *Schmiedl* DB 2004, 329) auf die Zielvorgabe des Vorjahres abgestellt werden, wenn diese noch Sinn macht (*Bauer* FA 2002, 295; *Bauer/Diller/Göpfert* BB 2002, 883; *Berwanger* BB 2003, 1502; *LAG Hamm* 26.11.2004 AuA 2005, 240).
- Bestimmung der Tantieme gem. § 315 BGB nach billigem Ermessen (*LAG Hamm* 26.11.2004 AuA 2005, 240; *Hess. LAG* 29.1.2002, besprochen in AiB 2002, 575; *Mauer* NZA 2002, 540 ff.; vgl. dazu *BGH* 9.5.1994 NJW-RR 1994, 1056; *ArbG Düsseld.* 13.8.2003 DB 2004, 1103; *Behrens/Rinsdorf* NZA 2006, 835).
- Vergütungsanspruch des Arbeitnehmers aus § 280 ff. BGB nebst Schätzung nach § 287 ZPO (*BAG* 19.8.1976 EzA § 611 BGB Beschäftigungspflicht Nr. 1; 18.9.2001 EzA § 611 BGB Mehrarbeit Nr. 8; *LAG Hamm* 24.11.2004 AuA 2005, 236).
- Entsprechend § 162 Abs. 1 BGB fiktive Zielerreichung von 100 % (*LAG Düsseld.* 28.7.2006 DB 2006, 2635; *LAG Köln* 23.5.2002 NZA-RR 2002, 305; in diese Richtung auch *BSG* 23.3.2006 DB 2006, 1864).

Das *BAG* hat mit Urteil vom 12.12.2007 (EzA § 611 BGB 2002 Gratifikation, Prämie Nr. 22; dazu *Mohnke* BB 2009, 839) den gordischen Knoten durchgeschlagen und entschieden, dass über § 280 BGB i. V. m. § 287 ZPO vorzugehen ist: Nach Ablauf des Geschäftsjahrs, für das die Tantieme zugesagt war, ist die Vereinbarung von Zielen nicht mehr möglich. Unterlässt der Arbeitgeber die Festlegung der Ziele, macht er sich gegenüber dem Arbeitnehmer schadenersatzpflichtig. Der Schaden besteht im Verlust derjenigen Bonuszahlung, die für den Fall der Zielfestsetzung erreicht worden wäre. Dies hat das Gericht unter Würdigung aller Umstände nach freier Überzeugung zu entscheiden. Dabei soll zu berücksichtigen sein, dass Zielerreichungssysteme ihre Funktion als zusätzlichen Anreiz nur erfüllen können, wenn realistische Ziele vereinbart werden, die erfüllbar sind. Das Gericht kann sich die Ermittlung aller Umstände nicht dadurch ersparen, dass es auf die Höhe der Zielerreichungstantieme des Vorjahrs zurückgreift. Bei der Bemessung des Schadens ist auch zu berücksichtigen, ob und in welchem Umfang den Arbeitnehmer ein Mitverschulden daran trifft, dass keine Zielvereinbarung getroffen wurde. Bei der Pflicht des Arbeitgebers bleibt es auch dann, wenn im Vertrag geregelt ist, dass die Zielvorgabe des Vorjahrs mangels Zielfestsetzung im Folgejahr weiter gelten soll (*BAG* 12.5.2010 NZA 2010, 1009).

### hh) Mitbestimmung des Betriebsrats

**1027** Weitgehend ungeklärt sind nach wie vor die mitbestimmungsrechtlichen Fragen von Zielvereinbarungen (*Däubler* NZA 2006, 793; *Rieble/Gistel* BB 2004, 2462). Zweifellos unterfallen Zielvereinbarungen **§ 87 Abs. 1 Nr. 10 BetrVG**, so dass der Betriebsrat zumindest über die Einführung von Zielvereinbarungen sowie hinsichtlich deren Grundstruktur (»harte« oder »weiche« Ziele? Einseitige Vorgabe der Ziele oder einvernehmliche Festlegung? etc.) mitzubestimmen hat. Die individuelle Festlegung der einzelnen jährlichen Ziele mit dem einzelnen Arbeitnehmer innerhalb eines vorgegebenen Rahmens ist dagegen als reine Individualmaßnahme nicht mitbestimmungspflichtig.

**1028** Das **Einsichtsrecht** des Betriebsrats in die Lohn- und Gehaltslisten erstreckt sich auch auf die jeweils gezahlten Zielerreichungstantiemen. Überdies kann der Betriebsrat im Rahmen seines Kontrollrechts nach § 80 Abs. 1 Nr. 1 BetrVG verlangen, dass der **Arbeitgeber mitteilt**, welche Ziele er mit den einzelnen Arbeitnehmern vereinbart hat und inwieweit sie diese Ziele erreicht haben (*BAG* 21.10.2003 EzA § 80 BetrVG Nr. 3; krit. dazu *Rieble/Gistel* BB 2004, 2462).

## 7. Gratifikationen, Sonderzuwendungen

### a) Grundlagen

Von besonderer praktischer Bedeutung sind mit der Zahlung sog. Gratifikationen, Sonderzuwendungen verbundene Rechtsfragen. **1029**

**Gratifikationen sind Sonderzuwendungen, die der Arbeitgeber aus bestimmten Anlässen (z. B. Weihnachten, Urlaub) neben der Arbeitsvergütung gewährt.** Davon zu **unterscheiden** ist die sog. **Jahresabschlussgratifikation**. Damit werden die Arbeitnehmer unabhängig von ihrem persönlichen Anteil am Gewinn des Unternehmens, eines Betriebes oder einer Betriebsabteilung beteiligt. Die für die Gratifikation geltenden Rechtsgrundsätze werden nach der Rechtsprechung (*BAG* 21.2.1974 AP Nr. 81 zu § 611 BGB Gratifikation) auf die Abschlussgratifikation entsprechend angewandt, weil die Zahlung von der persönlichen Erwirtschaftung des Gewinns unabhängig ist. Daneben wird vielfach ein sog. 13. Monatsgehalt gezahlt. **1030**

Gemeinsam ist den Sonderzuwendungen i. d. R., dass sie **einmal jährlich fällig werden** (häufig am 1.12., zum Jahresende, oder aber, wie bei der Jahresabschlussgratifikation, erst im Folgejahr). **1031**

### b) Zweck derartiger Leistungen

Der Arbeitgeber kann mit der Gewährung derartiger Leistungen verschiedene Zwecke verfolgen: Zum einen kann es um die Abgeltung vergangener Dienste gehen, zum anderen können sowohl die vergangene als auch die zukünftige Betriebstreue belohnt werden. Schließlich kann der Arbeitgeber beide Zwecke verfolgen (*BAG* 26.9.2007 – 10 AZR 568, 569, 570/06, EzA-SD 24/2007 S. 7 LS = NZA 2007, 1424; vgl. *Gaul* BB 1994, 494 ff.; *Tofall* ZTR 1997, 446 ff.). **1032**

### c) Die praktischen Probleme

Problematisch ist in der Praxis insbesondere, **1033**
- inwieweit ein Arbeitnehmer, der vor Erreichen des regelmäßig für die Zahlung maßgeblichen Stichtages aus dem Arbeitsverhältnis ausscheidet, eine anteilige Zahlung für die zurückgelegte Dauer des Beschäftigungsverhältnisses im Kalenderjahr verlangen kann;
- inwieweit ein Arbeitnehmer, der in den ersten Monaten des nachfolgenden Kalenderjahres aus dem Arbeitsverhältnis ausscheidet, eine entsprechende Zahlung zurückerstatten muss;
- inwieweit Fehlzeiten (z. B. durch Krankheiten, Mutterschutz oder Elternzeit) zum Wegfall bzw. zur Minderung des Anspruchs führen und
- welche Auswirkungen die Schuldrechtsreform insoweit hat.

### d) Auslegung der Zusage

#### aa) Grundfragen

Ob mit der Sonderzuwendung nur die **Abgeltung vergangener Dienste** bezweckt oder aber sowohl vergangene und zukünftige **Betriebstreue belohnt** werden soll, ist im Wege der **Auslegung der Zusage** zu entscheiden. **Die Bezeichnung der Zuwendung allein ist dafür nicht maßgebend** (*BAG* 11.11.1971 AP Nr. 71 zu § 611 BGB Gratifikation). Sie kann allenfalls als ein zusätzliches Indiz (*Beckers* NZA 1997, 130 f.), nicht aber als ausschlaggebendes oder gar alleiniges Merkmal für eine bestimmte Zielsetzung herangezogen werden (*BAG* 24.10.1990 EzA § 611 BGB Gratifikation, Prämie Nr. 81). **1034**

Der mit der Zahlung verfolgte Zweck ergibt sich folglich aus den Voraussetzungen, von denen die Erfüllung der Leistung in der Zusage abhängig gemacht wird (*BAG* 26.9.2007 EzA § 242 BGB 2002 Gleichbehandlung Nr. 13). **1035**

### bb) Die Zweckbestimmung anhand der Leistungsvoraussetzungen

**1036** Soll allein die bewiesene Betriebstreue belohnt werden, so kommt dies i. d. R. dadurch zum Ausdruck, dass der Anspruch erst entsteht, wenn der Arbeitnehmer innerhalb des Bezugszeitraums eine bestimmte Zeitdauer dem Betrieb angehört hat und zu einem bestimmten Stichtag noch Arbeitnehmer ist. Soweit z. B. im Tarifvertrag über betriebliche Sonderzahlungen im Kfz-Handwerk Hessen vorgesehen ist, dass »**anspruchsberechtigte Arbeitnehmer**« beim Ausscheiden wegen vorgezogenen Altersruhegeldes die volle Leistung erhalten, setzt der Anspruch voraus, dass das Arbeitsverhältnis am Auszahlungstag, dem 1.12. des Kalenderjahres, besteht (*BAG* 24.10.2001 NZA 2002, 1158). Auch Arbeitnehmer des **öffentlichen Dienstes**, die infolge einer arbeitgeberseitigen Kündigung vor dem 1.12. eines Jahres aus dem Beschäftigungsverhältnis ausscheiden, haben für das Jahr, in dem das Arbeitsverhältnis endet, keinen Anspruch auf Zahlung eines Weihnachtsgeldes nach Maßgabe des Tarifvertrages über eine Zuwendung für Angestellte (*ArbG Frankf./O.* 25.4.2002 NZA-RR 2003, 669).

**1037** Sonderzahlungen sind andererseits **Entgelt im engeren Sinne und keine Gratifikationen**, wenn sie in das im vertraglichen Gegenseitigkeitsverhältnis stehende Vergütungsgefüge eingebaut sind, ausschließlich die Entlohnung erbrachter Arbeitsleistung zum Gegenstand haben und kein darüber hinausgehender Zweck verfolgt wird (*BAG* 24.10.1990 EzA § 611 BGB Gratifikation, Prämie Nr. 81). Die Betriebsparteien können insoweit z. B. den Anspruch auf eine im Synallagma stehende **variable Erfolgsvergütung** nicht davon abhängig machen, dass das Arbeitsverhältnis zu einem Auszahlungstag **außerhalb des Bezugszeitraums** vom Arbeitnehmer **nicht gekündigt wird**, denn dann handelt es sich um eine unmittelbare Gegenleistung für eine vom Arbeitnehmer zu erbringende Leistung, die dieser als Arbeitsentgelt für den vereinbarten Zeitraum erhält; diese kann nicht bei bereits erbrachter Arbeitsleistung unter die auflösende Bedingung des Bestehens eines ungekündigten Arbeitsverhältnisses zu einem Stichtag nach Ablauf des Leistungszeitraums gestellt werden (*BAG* 12.4.2011 – 1 AZR 412/09, EzA-SD 17/2011, S. 13 LS = NZA 2011, 989; s. a. *Salamon* NZA 2011, 1328 ff.).

**1038** Die Sonderzuwendung kann aber auch einen **Mischcharakter** haben (Entgelt im weiteren Sinne); sie kann sowohl Sonderzuwendung als auch Arbeitsentgelt zugleich sein. Derartige Entgelte sind regelmäßig von weiteren anspruchsbegründenden Voraussetzungen abhängig. Soll auch die zukünftige Betriebstreue belohnt werden, so wird dies zumeist dadurch sichergestellt, dass der Arbeitnehmer am Ende des Bezugszeitraums in einem ungekündigten Arbeitsverhältnis stehen oder dass er auch nach dem Ende des Bezugszeitraums noch bis zu einem bestimmten Stichtag des folgenden Jahres dem Betrieb angehören muss (*BAG* 18.1.1978, 27.10.1978 EzA § 611 BGB Gratifikation, Prämie Nr. 54, 57; *LAG Hamm* 28.1.2000 NZA-RR 2000, 539; 27.1.2011 LAGE § 611 BGB 2002 Gratifikation Nr. 21).

**1039** Gewährt eine Betriebsvereinbarung ein zusätzliches Entgelt für unfallfreies Fahren im Bezugszeitraum, so können die Betriebspartner darüber hinaus auch weitere anspruchsbegründende Voraussetzungen für den Bezug der Sonderzahlung festlegen, z. B. ein im Bezugszeitraum durch Eigenkündigung des Arbeitnehmers nicht beendetes Arbeitsverhältnis (*BAG* 10.1.1991 EzA § 611 BGB Gratifikation, Prämie Nr. 82). Wird eine Sonderzahlung rechtlich zulässig von mehreren Anspruchsvoraussetzungen abhängig gemacht, so besteht zwischen diesen kein Rangverhältnis. Vielmehr müssen sämtliche Voraussetzungen gegeben sein, wenn der Anspruch bestehen soll. Nur bei einer Sonderzahlung, bei der keine weiteren Voraussetzungen genannt sind, gilt im Zweifel, dass mit ihr lediglich eine zusätzliche Vergütung für die geleistete Arbeit innerhalb des Bezugszeitraums bezweckt wird und daher das ungekündigte Bestehen des Arbeitsverhältnisses am Auszahlungstag nicht anspruchsbegründend sein kann (*BAG* 8.11.1978 EzA § 611 BGB Gratifikation, Prämie Nr. 60).

**1040** Bezeichnet der Arbeitgeber andererseits bei einer im Arbeitsvertrag und bei den arbeitgeberseitigen Zusicherungen nur unvollständigen Regelung der Voraussetzungen für eine Tantieme diese in Abrechnungen als »**Abschlussvergütung**« und zahlt er diese auch in Jahren mit **Bilanzverlusten**, so handelt es sich nicht um eine Gewinnbeteiligung, sondern um eine davon unabhängige Gratifikation für geleistete Dienste und bewiesene Betriebstreue, auf die auch in Verlustjahren ein

Anspruch bestehen kann. Bei einer Zusage einer Tantieme »bei einem guten Ergebnis« und vorbehaltlosen Zahlungen in den Vorjahren auch bei Bilanzverlusten entspricht es bei einem nun besseren Bilanzergebnis der Billigkeit im Rahmen der gerichtlichen Festsetzung nach § 315 Abs. 3 S. 2 BGB (s. a. § 106 GewO), wenn die für die Vorjahre als erreichbar bezeichnete Tantiemehöhe gezahlt wird, selbst wenn der zuvor tatsächlich geleistete Betrag niedriger war (*LAG Hamm* 23.2.2001 NZA-RR 2001, 525).

### cc) AGB-Kontrolle (§§ 305 ff. BGB)

Eine Sonderzahlung mit Mischcharakter, die jedenfalls auch Vergütung für bereits erbrachte Arbeitsleistung darstellt, kann in AGB nicht vom ungekündigten Bestand des Arbeitsverhältnisses zu einem Zeitpunkt außerhalb des Bezugszeitraums der Sonderzahlung abhängig gemacht werden. Zwar ist es dem Arbeitgeber nicht schlechthin versagt, Sonderzahlungen mit Bindungsklauseln zu versehen, solange die Zahlungen nicht ausschließlich Gegenleistung für schon erbrachte Arbeit sind. Das gilt sowohl für Klauseln, in denen sich der Arbeitnehmer verpflichtet, erfolgte Sonderzahlungen zurückzuerstatten, wenn er vor einem bestimmten Zeitpunkt das Arbeitsverhältnis von sich aus kündigt (Rückzahlungsklauseln), als auch für Regelungen, nach denen die Leistung der Sonderzahlung voraussetzt, dass der Arbeitnehmer zu einem bestimmten Zeitpunkt noch im Arbeitsverhältnis steht (Bestandsklauseln, Stichtagsklauseln).

**1040a**

Allerdings dürfen derartige Klauseln den Arbeitnehmer nicht unangemessen benachteiligen. Insbes. dürfen sie den Arbeitnehmer nicht in unzulässiger Weise in seiner Berufsfreiheit (Art. 12 Abs. 1 GG) behindern und unterliegen insoweit einer Inhaltskontrolle durch die Arbeitsgerichte gem. § 307 BGB. Eine Sonderzahlung, die jedenfalls auch Vergütung für bereits erbrachte Arbeitsleistung darstellt, kann nicht vom ungekündigten Bestand des Arbeitsverhältnisses zu einem Zeitpunkt außerhalb des Bezugszeitraums, in dem die Arbeitsleistung erbracht wurde, abhängig gemacht werden. Die Stichtagsklausel steht im Widerspruch zum Grundgedanken des § 611 Abs. 1 BGB, indem sie dem Arbeitnehmer bereits erarbeiteten Lohn entzieht. Sie verkürzt außerdem in nicht zu rechtfertigender Weise die nach Art. 12 Abs. 1 GG geschützte Berufsfreiheit des Arbeitnehmers, weil sie die Ausübung seines Kündigungsrechts unzulässig erschwert. Ein berechtigtes Interesse des Arbeitgebers, dem Arbeitnehmer Lohn für geleistete Arbeit ggf. vorenthalten zu können, ist nicht ersichtlich. Eine derartige faktische Einschränkung des Kündigungsrechts ist nicht durch den Zweck der Belohnung von Betriebstreue gedeckt. Das Arbeitsverhältnis dient dem Austausch von Arbeitsleistung und Arbeitsvergütung.

**1040b**

Der Wert der Arbeitsleistung für den Arbeitgeber hängt von ihrer Qualität und vom Arbeitserfolg ab, regelmäßig jedoch nicht von der reinen Verweildauer des Arbeitnehmers im Arbeitsverhältnis. Die Honorierung zunehmender Beschäftigungsdauer als solcher steht nicht in einem Verhältnis zur Qualität und zum Erfolg der Arbeitsleistung. Die einmal erbrachte Arbeitsleistung gewinnt auch regelmäßig nicht durch bloßes Verharren des Arbeitnehmers im Arbeitsverhältnis nachträglich an Wert (*BAG* 18.1.2012 EzA § 611 BGB 2002 Gratifikation, Prämie Nr. 31).

**1040c**

Dient eine Sonderzuwendung dagegen nicht der Vergütung geleisteter Arbeit, sondern anderen Zwecken und knüpft sie nur an den Bestand des Arbeitsverhältnisses an, stellt es keine unangemessene Benachteiligung gem. § 307 BGB dar, wenn der ungekündigte Bestand des Arbeitsverhältnisses zum Auszahlungstag als Anspruchsvoraussetzung bestimmt wird. Zwar kann dann, wenn eine Sonderzuwendung im Synallagma zur erbrachten Arbeitsleistung steht und sie vom Arbeitnehmer durch die Erbringung der geschuldeten Arbeitsleistung verdient worden ist, ihre Zahlung in AGB nicht vom Vorliegen weiterer Voraussetzungen abhängig gemacht werden. Eine Weihnachtsgratifikation, die an den Bestand des Arbeitsverhältnisses anknüpft und nicht der Vergütung geleisteter Arbeit dient, kann aber vom ungekündigten Bestehen des Arbeitsverhältnisses zum Auszahlungszeitpunkt abhängig gemacht werden, ohne dass danach differenziert werden muss, wer die Kündigung ausgesprochen hat und ob sie auf Gründen beruht, die in der Sphäre des Arbeitgebers oder des Arbeitnehmers liegen (*BAG* 18.1.2012 EzA § 611 BGB 2002 Gratifikation, Prämie Nr. 32).

**1040d**

### dd) Stichtagsregelungen; Auszahlungstermin

**1041** – Ist im Arbeitsvertrag vereinbart, dass der Arbeitgeber jeweils **im November eines jeden Jahres** in Abhängigkeit von der Geschäftslage und der persönlichen Leistung festlegt, ob und in welcher Höhe ein Weihnachtsgeld gezahlt wird und darauf auch bei wiederholter Zahlung kein Rechtsanspruch besteht, muss sich ein Arbeitnehmer zu diesem Zeitpunkt noch in einem Arbeitsverhältnis befinden, damit auch für ihn ein Anspruch entstehen kann. Ein anteiliger ratierlicher Anspruch für jeden Monat des zuvor beendeten Arbeitsverhältnisses kann daraus ohne weitere Voraussetzungen nicht hergeleitet werden. Eine solche Klausel ist auch weder unklar noch widersprüchlich, selbst wenn eine darin enthaltene Rückzahlungsklausel wegen der unbestimmten Höhe des Anspruchs und damit der nicht überprüfbaren Bindungsfrist unwirksam ist (*BAG* 10.12.2008 NZA 2009, 322).

**1042** – **Sieht ein Tarifvertrag einen Anspruch auf betriebliche Sonderzahlungen für Arbeitnehmer vor, die jeweils am Auszahlungstag in einem Arbeitsverhältnis stehen**, und legt er zugleich fest, dass mangels einer abweichenden Betriebsvereinbarung als Auszahlungstag in diesem Sinne **der 1. Dezember** gilt, so handelt es sich um eine Stichtagsregelung (*BAG* 13.5.2004 EzA § 611 BGB 2002 Gratifikation, Prämie Nr. 13). Bestimmt der Tarifvertrag ferner, dass es dem Arbeitgeber in diesem Fall unbenommen ist, die Erfüllung der Zahlung vorher durchzuführen, begründet eine betriebsübliche Leistung der Sonderzahlung im November i. d. R. keine abweichende Regelung des maßgeblichen Stichtags. Im Fall einer Kündigung des Arbeitsverhältnisses zum 30. November besteht für das Jahr des Ausscheidens deshalb i. d. R. kein Anspruch auf Sonderzahlung (*BAG* 13.5.2004 EzA § 611 BGB 2002 Gratifikation, Prämie Nr. 13).

**1043** – Verspricht der Arbeitgeber in einer Betriebsvereinbarung die Zahlung einer Weihnachtsgratifikation mit der Maßgabe, dass ein **Gratifikationsanspruch** nicht allein im Fall der Beendigung des Arbeitsverhältnisses, sondern auch **im Falle eines Betriebsübergangs entfällt**, so verstößt dies allerdings nach zutr. Auffassung des *LAG Hamm* (16.12.2004 LAG Report 2005, 265) gegen die Grundsätze des § 613a BGB.

**1044** – Ist das Bestehen eines Arbeitsverhältnisses an einem bestimmten Stichtag innerhalb des Bezugszeitraums als Anspruchsvoraussetzung für eine Jahressonderzuwendung ausgestaltet (vgl. z. B. *BAG* 19.11.2003 EzA § 611 BGB 2002 Gratifikation. Prämie Nr. 11: Stichtag 31.12.), dann ist eine **Kündigung zum Ablauf dieses Stichtages unschädlich** (*BAG* 26.10.1983 EzA § 611 BGB Gratifikation, Prämie Nr. 74).

**1045** – Kann allerdings ein Arbeitsverhältnis ordentlich nur zum Schluss eines Kalendervierteljahres gekündigt werden, ist eine zum 1.4. ausgesprochene Kündigung i. d. R. dahin auszulegen, dass sie das Arbeitsverhältnis zum 31.3. beenden soll (*BAG* 25.9.2002 EzA § 611 BGB Gratifikation, Prämie Nr. 168).

**1046** – Die Bestimmung einer Betriebsvereinbarung, wonach Mitarbeiter von der Gratifikationszahlung ausgeschlossen sind, die am Stichtag 30.11. des Jahres in einem gekündigten Arbeitsverhältnis stehen, gilt auch für den Fall einer betriebsbedingten Kündigung (*BAG* 25.4.1991 EzA § 611 BGB Gratifikation, Prämie Nr. 85). Die Bestimmung unterliegt der gerichtlichen Inhaltskontrolle auf ihre Übereinstimmung mit der Verfassung, den Gesetzen, den guten Sitten und der Billigkeit gem. § 75 BetrVG. Ein Verstoß gegen den Rechtsgedanken des § 162 BGB hat das *LAG Hmb.* (5.3.1998 LAGE § 611 BGB Gratifikation Nr. 42) auch für den Fall verneint, dass der Arbeitgeber dadurch erreichen will, dass alle Arbeitnehmer von der Sonderzahlung ausgeschlossen sind.

**1047** – Auch eine einzelvertragliche Zusage, die den Anspruch auf eine einmalige Sonderzahlung von dem Bestehen eines ungekündigten Arbeitsverhältnisses an einem bestimmten Stichtag abhängig macht, entfällt im Fall einer betriebsbedingten Kündigung vor dem Stichtag. Eine solche Regelung unterliegt allerdings der richterlichen Inhalts- und Billigkeitskontrolle.

**1048** – Es ist aber i. d. R. nicht unbillig oder treuwidrig, Arbeitnehmer im Falle einer sozial gerechtfertigten betriebsbedingten Kündigung vom Bezug einer freiwilligen Sozialleistung auszunehmen (*BAG* 19.11.1992 EzA § 611 BGB Gratifikation, Prämie Nr. 83); umgekehrt kann z. B. ein Tarifvertrag auch ausdrücklich vorsehen, dass ein Anspruch auf eine anteilige Jahressonderzuwendung dann besteht, wenn das Arbeitsverhältnis auf Grund betriebsbedingter Kündigung in der zweiten Jahreshälfte endet (*BAG* 14.11.2001 EzA § 611 BGB Gratifikation, Prämie Nr. 166).

Im Übrigen hindert lediglich eine wirksame Kündigung, die unmittelbar zur Beendigung des Arbeitsverhältnisses und zum Ausschluss einer künftigen Betriebstreue führt, die Entstehung des Jahressonderzahlungsanspruchs. Steht dagegen rechtskräftig die Fortsetzung des Arbeitsverhältnisses fest und hat der Arbeitgeber nur eine unwirksame Kündigung erklärt, so befindet er sich im Schuldnerverzug (*BAG* 7.12.1989 EzA § 611 BGB Gratifikation, Prämie Nr. 78). **1049**

- Sieht ein Tarifvertrag die Zahlung einer Jahressonderzuwendung vor, wenn das Arbeitsverhältnis am 1.12. eines Kalenderjahres ungekündigt besteht, kann eine **treuwidrige Vereitelung** dieses Anspruchs i. S. v. § 162 BGB allerdings dann angenommen werden, wenn der Arbeitgeber die Kündigung allein deshalb unter **Überschreiten der tariflichen bzw. gesetzlichen Mindestfristen** für die ordentliche Kündigung vorfristig ausgesprochen hat, um den Zuwendungsanspruch des Arbeitnehmers auszuschließen. Das ist aber dann **zu verneinen**, wenn die Kündigung im Rahmen einer **Massenentlassung** zur Durchführung einer betriebsverfassungsrechtlich durch Abschluss eines Interessenausgleichs und eines Sozialplans umgesetzten unternehmerischen Entscheidung ausgesprochen wird (*BAG* 4.5.1999 EzA § 611 BGB Gratifikation, Prämie Nr. 155). **1050**
- Macht eine tarifvertragliche Regelung den Anspruch davon abhängig, dass das Arbeitsverhältnis am Stichtag »ungekündigt« ist, so steht eine Befristung des Arbeitsverhältnisses einer Kündigung nicht gleich (*BAG* 14.12.1993 EzA § 611 BGB Gratifikation, Prämie Nr. 107). **1051**
Arbeitnehmer, die mit einem befristeten Arbeitsvertrag beschäftigt sind, der vor dem für eine Jahressonderzahlung maßgebenden Stichtag endet, haben auch dann keinen Anspruch auf eine anteilige Jahressonderzahlung, wenn eine solche für Arbeitnehmer, die auf Grund einer betriebsbedingten Kündigung vor dem Stichtag ausscheiden, vorgesehen ist (*BAG* 6.10.1993 EzA § 611 BGB Gratifikation, Prämie Nr. 106; 8.3.1995 EzA § 611 BGB Gratifikation, Prämie Nr. 131; s. a. *BAG* 23.5.2007 – 10 AZR 363/06, NZA 2007, 1015 LS).

Gratifikationen sollen – unabhängig davon, inwieweit mit ihnen auch eine künftige Betriebstreue bewirkt oder honoriert werden soll – den Arbeitnehmer auch in Zukunft zu reger und engagierter Mitarbeit motivieren. Eine solche motivierende Wirkung kann eine Sonderzahlung gegenüber bereits ausgeschiedenen oder alsbald ausscheidenden Mitarbeitern nicht mehr entfalten. Schon diese am Motivationszweck orientierte Differenzierung danach, ob das Arbeitsverhältnis am Auszahlungstag noch – ggf. ungekündigt – besteht oder nicht, ist sachlich gerechtfertigt, sodass ein Verstoß gegen den Gleichbehandlungsgrundsatz nicht vorliegt. **1052**

Das gilt auch dann, wenn mit der Gratifikation gleichzeitig in der Vergangenheit geleistete Dienste für den Betrieb zusätzlich anerkannt werden sollen, wie die anteilige Gewährung an Arbeitnehmer, deren Arbeitsverhältnis erst im Laufe des Bezugsjahres begonnen hat, ausweist. Denn der Zweck einer Sonderzahlung allein vermag über die gesetzten Anspruchsvoraussetzungen hinaus einen Anspruch auf die Sonderzuwendung nicht zu begründen (*BAG* 8.3.1995 EzA § 611 BGB Gratifikation, Prämie Nr. 131). **1053**

- Bei einer inhaltsgleichen tariflichen Regelung (»ungekündigtes Fortbestehen des Arbeitsverhältnisses am Stichtag«) steht ein vor dem Stichtag abgeschlossener Aufhebungsvertrag einer Kündigung des Arbeitsverhältnisses nicht gleich (*BAG* 7.10.1992 EzA § 611 BGB Gratifikation Nr. 92). **1054**
- Denn die Tarifvertragsparteien haben, wenn sie einen Aufhebungsvertrag nicht erfassen, der unterschiedlichen Interessenlage beim Ausspruch einer Kündigung und dem Abschluss eines Aufhebungsvertrages Rechnung getragen. Kündigt der Arbeitnehmer vor dem Stichtag, so steht fest, dass er zukünftige Betriebstreue nicht mehr erbringen wird. Kündigt der Arbeitgeber, so führt die Kündigung i. d. R. nur dann zur Beendigung des Arbeitsverhältnisses, wenn sie sozial gerechtfertigt ist. Der Wegfall der Betriebstreue beruht damit auf Umständen, die es den Tarifvertragsparteien als gerechtfertigt erscheinen ließen, in diesen Fällen einen Anspruch auf die Zuwendung zu versagen. Anders ist indessen die Interessenlage beim Abschluss eines Aufhebungsvertrages. In diesem Fall besteht ein gegenseitiges Einvernehmen über die Beendigung des Arbeitsverhältnisses. **1055**

Der Wegfall zukünftiger Betriebstreue beruht damit nicht auf einer einseitigen Erklärung, sondern auf beiderseitiger Billigung der Arbeitsvertragsparteien. Diese lässt den tariflichen Anspruch auf die Jahreszahlung unberührt (*BAG* 7.10.1992 EzA § 611 BGB Gratifikation Nr. 92).

1056 – Die Angabe eines bestimmten Auszahlungstermins, also die jährliche Fälligkeit, bedeutet nicht notwendig, dass das Verbleiben des Arbeitnehmers im Betrieb bis zu diesem Termin Anspruchsvoraussetzung ist (vgl. *BAG* 13.6.1991 EzA § 611 BGB Gratifikation, Prämie Nr. 86; s. Rdn. 1064).

1057 – Der Anspruch auf eine freiwillige Weihnachtsgratifikation kann aber auch dann vom Fortbestand des Arbeitsverhältnisses am Auszahlungstag abhängig gemacht werden, wenn die Gratifikation auch »als Anerkennung für die Leistung« gelten soll (*BAG* 26.10.1994 EzA § 611 BGB Gratifikation, Prämie Nr. 115).

1058 – **Der Arbeitgeber kann Arbeitnehmer, die im Laufe des Bezugszeitraums ausgeschieden sind, auch dann von der Leistung ausnehmen, wenn er den im Laufe des Bezugsjahres neu eingetretenen Arbeitnehmern die Leistung anteilig gewährt.** Denn auch dann kann das Ziel, den Arbeitnehmer auch für die Zukunft zu reger und engagierter Mitarbeit zu motivieren, nicht erreicht werden. Offen gelassen hat das *BAG* (10. Senat 8.3.1995 EzA § 611 BGB Gratifikation, Prämie Nr. 131; dafür *BAG* 5. Senat 5.3.1980 EzA § 242 BGB Gleichbehandlung Nr. 21 u. 3. Senat 20.7.1993 EzA § 1 BetrAVG Gleichbehandlung Nr. 4) zunächst, ob der Arbeitgeber dem Arbeitnehmer die nicht ohne weiteres erkennbaren Gründe für eine Differenzierung **alsbald mitteilen muss**, wenn er sich auf diese berufen will. Auszugehen ist aber davon, dass die Verletzung des arbeitsrechtlichen Gleichbehandlungsgrundsatzes **unabhängig davon** ist, ob der Arbeitgeber die Gründe der von ihm vorgenommenen **Differenzierung** dem Arbeitnehmer – vorprozessual – **mitgeteilt hat**. Eine materiell-rechtliche oder prozessuale Präklusion des Arbeitgebers mit Differenzierungsgründen **tritt nicht ein**. Ob der Arbeitgeber einen »nachgeschobenen« Differenzierungsgrund nur »vorschiebt« ist keine Frage der Präklusion, sondern der Tatsachenfeststellung (*BAG* 23.2.2011 EzA § 242 BGB 2002 Gleichbehandlung Nr. 24 = NZA 2011, 693; s. a. Kap. 1 Rdn. 432).

1059 – Eine betriebliche **Bonusregelung**, die nicht lediglich die Betriebstreue des Arbeitnehmers honorieren, sondern die Erreichung bestimmter Ziele seitens des Arbeitgebers belohnen will, ist Teil des Arbeitsentgelts. In einem derartigen Fall darf die Auszahlung des Bonus nicht davon abhängig gemacht werden, dass das Arbeitsverhältnis zu einem bestimmten Stichtag (noch) besteht (*ArbG Wiesbaden* 19.12.2000 NZA-RR 2001, 80).

1060 – Wird über das **Intranet** die Zahlung einer Sonderprämie an Mitarbeiter zugesagt, die im (zum Zeitpunkt der Zusage noch nicht) abgelaufenen Geschäftsjahr zur Belegschaft »gehörten«, so sind mangels gegenteiliger Anhaltspunkte auch solche Arbeitnehmer Adressaten der Zusage, die während des Geschäftsjahres im Wege eines Betriebsübergangs ausgeschieden sind, jedoch mit Wissen und Willen des früheren Arbeitgebers weiterhin Zugriff auf dessen Intranet haben. Eine in späteren Mitteilungen **nachgeschobene Stichtagsregelung** vermag die mit der ursprünglichen Zusage für die ausgeschiedenen Arbeitnehmer begründeten Ansprüche nicht mehr zu beseitigen. Dass die Leistung in der ursprünglichen Zusage als »freiwillige Sonderprämie« bezeichnet wurde, ändert daran nichts (*BAG* 22.1.2003 EzA § 611 BGB 2002 Gratifikation, Prämie Nr. 1).

### ee) Quotelung bei Ausscheiden vor dem Stichtag?

1061 Wird die Zahlung (z. B. eines 13. Monatsgehalts) zugesagt, ohne weitere Voraussetzungen des Anspruchs zu benennen, so ist **im Zweifel** davon auszugehen, dass nur eine **zusätzliche Vergütung** für geleistete Arbeit innerhalb des Bezugszeitraumes **bezweckt wird**. War aber lediglich die Entlohnung vergangener Dienste gewollt, so erwächst ein Anspruch entsprechend der zurückgelegten Zeit im Jahr.

1062 Scheidet in einem derartigen Fall ein Arbeitnehmer vor dem Ende des Bezugszeitraums aus, so behält er einen Anspruch auf denjenigen Teil der vollen Jahresleistung, der dem Verhältnis der tatsächlichen Arbeitsleistung zur Gesamtdauer des Bezugszeitraums entspricht (Zwölftelung).

## B. Pflichten des Arbeitgebers
## Kapitel 3

Dieser Teilanspruch wird mangels einer anderen Regelung in der Zusage allerdings erst zum Ende des Bezugszeitraums fällig (*BAG* 8.11.1978 EzA § 611 BGB Gratifikation, Prämie Nr. 60; 13.6.1991 EzA § 611 BGB Gratifikation, Prämie Nr. 86).

*ff) Zweifel bei der Auslegung*

**Zweifel bei der Auslegung gehen zu Lasten des Arbeitgebers, der die Vertragsbestimmungen formuliert hat** (*LAG Hamm* 23.2.2001 NZA-RR 2001, 525). Will er den Fortbestand des Arbeitsverhältnisses im Zeitpunkt der Auszahlung zur Leistungsbedingung machen, so muss dies aus der Zusage **eindeutig für den Arbeitnehmer erkennbar sein.** Die Bezeichnung als **Weihnachtsgeld** ist nach Auffassung des *BAG* (13.6.1991 EzA § 611 BGB Gratifikation, Prämie Nr. 86; **a. A.** *LAG Köln* 24.9.2007 – 14 Sa 539/07, AuR 2008, 230 LS: auch kein Verstoß gegen § 307 Abs. 1 S. 2 BGB) **nicht eindeutig genug**, denn der Hinweis auf Weihnachten kann auch als bloße Fälligkeitsregelung verstanden werden. Vereinbaren die Parteien als Bezüge ein festes Monatsgehalt und eine Weihnachtsgratifikation in Höhe eines Monatsgehalts, auszuzahlen mit dem Novembergehalt, so besteht ein anteiliger Anspruch auf die Gratifikation auch dann, wenn das Arbeitsverhältnis im November nicht mehr besteht. Die Vereinbarung der Auszahlung mit dem Novembergehalt stellt eine Fälligkeitsregel dar. Sie ist nicht dahin zu verstehen, dass ein Novembergehalt auch tatsächlich zu zahlen ist (*BAG* 21.12.1994 EzA § 611 BGB Gratifikation, Prämie Nr. 119). Anhand der für die Sonderleistung vereinbarten Voraussetzungen hat das *BAG* (EzA § 611 BGB Gratifikation, Prämie Nr. 119) angenommen, dass es sich letztlich nicht um ein Weihnachtsgeld, sondern um ein 13. Monatsgehalt gehandelt hat, das bei vorzeitigem Ausscheiden anteilig zu zahlen ist.

1063

**Andererseits** hat das *BAG* (30.3.1994 EzA § 611 BGB Gratifikation, Prämie Nr. 109; ebenso *LAG Köln* 21.1.2005 FA 2005, 189 LS) angenommen, dass die einzelvertragliche Zusage der Zahlung eines »Weihnachtsgeldes« in bestimmter Höhe **durchaus dahin verstanden** werden kann, dass ein Anspruch auf dieses Weihnachtsgeld nur gegeben sein soll, wenn **auch das Arbeitsverhältnis zu Weihnachten noch besteht.** Vereinbaren die Parteien ein »**Weihnachtsgeld**« ohne weitere Voraussetzungen, von deren Vorliegen und Erfüllung die Leistung abhängig ist, so ist es in diesem Zusammenhang auch nicht zu beanstanden, wenn das LAG die Abrede so auslegt, dass der Bestand des Arbeitsverhältnisses zu Weihnachten nicht Anspruchsvoraussetzung ist. Denn es kann sich auch um eine Fälligkeitsbestimmung handeln. Für dieses Ergebnis kann insbes. sprechen, dass die Vereinbarung im unmittelbaren systematischen Zusammenhang mit der Vergütungsbestimmung steht (*BAG* 21.5.2003 EzA § 611 BGB 2002 Gratifikation, Prämie Nr. 8; s. a. *LAG Köln* 21.1.2005 FA 2005, 189 LS).

1064

*gg) Nachträgliche Differenzierung beim Leistungsverhalten; Wegfall bei Fehlzeiten?*

Wenn der Arbeitgeber bei der Gewährung einer freiwilligen Sonderzahlung eine allgemeine Ordnung setzt, muss diese nach sachlichen, objektiv bestimmbaren Kriterien gestaltet sein und darf nicht erst bei der Gewährung der freiwilligen Leistungen ausgefüllt werden. Eine Gratifikation, deren Zweck es ist, besondere Leistungen zu honorieren und unzureichende Leistungen möglichst auszuschließen, kann nach Auffassung des *LAG Hamm* (5.11.1997 NZA-RR 1998, 293) ihren Zweck nur erreichen, wenn **im Vorhinein** feststeht, an welche leistungsbezogenen Kriterien die Sonderzahlung anknüpft und welche Fehl- und Schlechtleistungen eine Kürzung oder gar den Ausschluss von der Sonderzahlung zur Folge haben werden. Eine nachträgliche Differenzierung in der Höhe oder dem Grund des Anspruchs nach einem in der Vergangenheit liegenden Leistungsverhalten – etwa zum Auszahlungszeitpunkt oder zum Ende des Bezugsjahres – ist danach unzulässig (ebenso für die Anwesenheitsprämie *BAG* 26.10.1994 EzA § 611 BGB Anwesenheitsprämie Nr. 10; 21.12.1994 EzA § 611 BGB Anwesenheitsprämie Nr. 11).

1065

Inzwischen hat das *BAG* (7.8.2002 EzA § 4a EFZG Nr. 3 m. Anm. *Windt/Kinner* BB 2002, 2554) für die Berücksichtigung krankheitsbedingter Fehlzeiten die Grenzlinien in diesem Bereich neu definiert:

1066

# Kapitel 3
## Der Inhalt des Arbeitsverhältnisses

- Bei einer zukunftsgerichteten Anwesenheitsprämie muss den Arbeitnehmern im Voraus bekannt sein, dass und in welchem Umfang sie bei Fehltagen im Bezugszeitraum gekürzt wird.
- Um eine solche Anwesenheitsprämie handelt es sich nicht, wenn der Arbeitgeber ohne Rechtspflicht und ohne jegliche Bindung für die Zukunft ein Weihnachtsgeld als freiwillige Leistung gewährt und dabei u. a. danach differenziert, in welchem Umfang die Arbeitnehmer in der Vergangenheit Arbeitsleistungen erbracht haben oder Fehlzeiten aufwiesen. Er kann dann in den Grenzen des § 4a S. 2 EFZG solche Arbeitnehmer ausnehmen, die im Bezugszeitraum Fehlzeiten aufwiesen.
- Zahlt der Arbeitgeber das Weihnachtsgeld in unterschiedlicher Höhe, hat ein nicht berücksichtigter Arbeitnehmer etwaige generelle Regelungen darzulegen und die Gruppe von Arbeitnehmern zu bezeichnen, mit der er sich für vergleichbar hält, wenn er geltend machen will, nach dem Gleichbehandlungsgrundsatz stehe auch ihm ein Weihnachtsgeld zu.

*e) Rechtsgrundlagen*

*aa) Ausdrückliche kollektiv- und einzelvertragliche Regelungen; Einschränkung und Wegfall des Anspruchs*

**1067** Auf die Zahlung einer Sonderzuwendung besteht weder kraft Gesetzes, Gewohnheitsrechts, noch auf Grund der Fürsorgepflicht des Arbeitgebers ein Rechtsanspruch. Für sie muss deshalb stets eine **besondere Rechtsgrundlage** vorhanden sein, die in vielen Wirtschaftszweigen in tariflichen Regelungen über Sonderzuwendungen besteht (s. insoweit zur Kürzung aus wirtschaftlichen Gründen *BAG* 20.2.2008 FA 2008, 191).

**1068** Als Anspruchsgrundlage kommen zudem häufig Betriebsvereinbarungen und einzelvertragliche Vereinbarungen in Betracht (vgl. *Beckers* NZA 1997, 131 f.; zur Auslegung einer Bezugnahme auf eine Betriebsvereinbarung in einem Arbeitsvertrag vgl. *BAG* 24.9.2003 EzA § 133 BGB 2002 Nr. 3).

**1069** Ein einzelvertraglich begründeter Anspruch auf eine Sonderzahlung – z. B. auch durch Bezugnahme auf einen Tarifvertrag in einem Arbeitsvertrag – **kann nur durch Kündigung oder vertragliche Abreden unter Vorbehalt gestellt, verschlechtert oder beseitigt werden** (*BAG* 24.11.2004 EzA § 242 BGB Betriebliche Übung Nr. 5; *LAG Köln* 29.5.2006 NZA-RR 2006, 622; abl. *Thüsing* NZA 2005, 718 ff.; s. Rdn. 1075). Das **Schweigen des Arbeitnehmers** zu einer angetragenen nachteiligen Veränderung des Arbeitsvertrages kann nur unter engen Voraussetzungen als Zustimmung gewertet werden, nämlich dann, wenn sich die Veränderung unmittelbar auswirkt und der Arbeitnehmer in Kenntnis dieser Auswirkungen weiterarbeitet, obwohl nach der Verkehrssitte unter Berücksichtigung der Umstände des Einzelfalls ein ausdrücklicher Widerspruch zu erwarten gewesen wäre. Ein Widerspruch gegen eine solche gegenläufige betriebliche Übung ist bei monatlicher Gewährung bzw. Nichtgewährung der Leistungen **jedenfalls dann nicht mehr rechtzeitig, wenn er erst mehr als ein Jahr nach der Änderung erhoben wird** (*BAG* 9.5.2006 EzA § 15 BErzGG Nr. 16). Ein mit der Zahlung der Sonderzuwendung verbundener Zusatz, dass auf außertarifliche und freiwillige Leistungen kein Rechtsanspruch bestehe, ist insoweit allerdings andererseits nicht geeignet, eine vertraglich vorbehaltlos versprochene Leistung unter Vorbehalt zu stellen (*BAG* 24.11.2004 EzA § 242 BGB Betriebliche Übung Nr. 5).

*bb) Betriebliche Übung*

**1070** Kraft betrieblicher Übung entsteht ein Gratifikationsanspruch, wenn der Arbeitgeber eine Gratifikation wiederholt und vorbehaltlos gewährt und dadurch für den Arbeitnehmer ein Vertrauenstatbestand des Inhalts entsteht, der Arbeitgeber wolle sich auch für die Zukunft binden (s. Kap. 1 Rdn. 480; vgl. *Freitag* NZA 2002, 294 ff.); notwendige Voraussetzung ist, dass es an einer **anderen kollektiv- oder individualrechtlichen Grundlage für die Leistungsgewährung fehlte** (*BAG* 20.6.2007 – 10 AZR 410/06, NZA 2007, 1293).

B. Pflichten des Arbeitgebers                                                        Kapitel 3

Ein derartiger Vertrauenstatbestand ist nach der Rechtsprechung des *BAG* (16.2.2010 – 3 AZR  **1071**
123/08; 26.6.1975 EzA § 611 BGB Gratifikation, Prämie Nr. 47) regelmäßig nach dreimaliger
Zahlung anzunehmen, falls nicht besondere Umstände dagegen sprechen oder der Arbeitgeber bei
jeder Zahlung einen Bindungswillen für die Zukunft ausgeschlossen hat (abl. *Schwerdtner* Anm.
zu *BAG* EzA § 611 BGB Gratifikation Nr. 83, 84, 86).

Eine betriebliche Übung auf zukünftige Gewährung von Weihnachtsgeld entsteht **aber dann nicht,**  **1072**
wenn – für den Arbeitnehmer erkennbar – **die Zuwendung nach Gutdünken des Arbeitgebers dreimalig in unterschiedlicher Höhe gezahlt wird.** Der Arbeitnehmer muss dann davon ausgehen, dass
der Arbeitgeber die Zuwendung nur für das jeweilige Jahr gewähren will (*BAG* 28.2.1996 EzA § 611
BGB Gratifikation, Prämie Nr. 139; s. Kap. 1 Rdn. 480 ff.). Auch eine für den Arbeitnehmer **erkennbar auf das jeweilige Kalenderjahr bezogene Zusage** einer Leistung begründet keine Ansprüche
der Leistungsempfänger aus einer betrieblichen Übung für zukünftige Jahre. Ein Widerrufsvorbehalt
bzw. die Mitteilung, dass die Leistung freiwillig erfolgt, ist in diesem Fall nicht erforderlich, um Ansprüche für die Zukunft zu beseitigen bzw. überhaupt nicht entstehen zu lassen (*BAG* 16.4.1997 EzA
§ 242 BGB Betriebliche Übung Nr. 39).

Betriebsrentenansprüche aus betrieblicher Übung lassen sich **nicht deshalb verneinen**, weil zur Ab-  **1073**
änderung oder Ablösung derartiger Ansprüche das Instrumentarium der **Änderungskündigung** oder
der **kollektivvertraglichen Abänderung** regelmäßig nicht zur Verfügung steht. Will der Arbeitgeber
deshalb vermeiden, dass aus der Stetigkeit seines Verhaltens aufgrund betrieblicher Übung eine in
Zukunft wirkende Bindung entsteht, muss er den einschränkenden Vorbehalt zwar nicht ausdrücklich formulieren, aber **klar und deutlich zum Ausdruck bringen** (*BAG* 16.2.2010 EzA § 1 BetrAVG
Betriebliche Übung Nr. 10).

*cc) Beseitigung, Abänderung der betrieblichen Übung; wirtschaftliche Notlage*

Da überwiegend die Betriebsübung als Gestaltungsmittel für den Einzelarbeitsvertrag verstanden  **1074**
wird, kann der Anspruch beseitigt werden, wenn der einzelne **Arbeitsvertrag gekündigt oder einvernehmlich abgeändert** wird. Schließlich kann durch Beseitigung der Betriebsübung die Entstehung
des Anspruchs für zukünftig zu begründende Arbeitsverträge ausgeschlossen werden; s. Kap. 1
Rdn. 522 ff.

Darüber hinaus hat das *BAG* (26.3.1997 EzA § 611 BGB Gratifikation, Prämie Nr. 147) vor der  **1075**
Schuldrechtsreform die Auffassung vertreten, dass dann, wenn der Arbeitgeber über einen Zeitraum von drei Jahren zu erkennen gibt, dass er eine betriebliche Übung anders zu handhaben gedenkt als bisher (hier: Gratifikationszahlung nur noch unter einem Freiwilligkeitsvorbehalt), die
alte betriebliche Übung einvernehmlich entsprechend geändert wird, wenn die Arbeitnehmer der
neuen Handhabung über diesen Zeitraum von drei Jahren hinweg nicht widersprechen. Mit Urteil vom 4.5.1999 (EzA § 242 BGB Betriebliche Übung Nr. 43) hat das BAG daran zwar ausdrücklich festgehalten. Die Annahme einer geänderten betrieblichen Übung in diesem Sinne
erforderte jedoch immerhin, dass der Arbeitgeber **klar und unmissverständlich erklärte, die bisherige betriebliche Übung einer vorbehaltlosen Zahlung solle beendet und durch eine Leistung
ersetzt werden, auf die in Zukunft kein Rechtsanspruch mehr bestehe** (*LAG Köln* 22.1.2008 –
9 Sa 1184/07, EzA-SD 11/2008 S. 7 LS).

Diesen Anforderungen wurde schon **nicht genügt**, wenn der Arbeitgeber nunmehr in den Lohnabrechnungen vermerkt: »Die Zahlung des Weihnachtsgeldes ist eine freiwillige Leistung und begründet **keinen Rechtsanspruch**!« (*LAG Köln* 22.1.2008 – 9 Sa 1184/07, EzA-SD 11/2008
S. 7 LS).

Zahlt ein Arbeitgeber über **zehn Jahre lang** an alle Mitarbeiter nach zehnjähriger Betriebszugehörigkeit vorbehaltlos eine Jubiläumszuwendung in derselben Höhe, wird dadurch eine betriebliche Übung begründet, die den einzelnen Arbeitnehmern einen vertraglichen Anspruch auf diese
Leistung verschafft. Verringert der Arbeitgeber sodann generell die Höhe der Zahlung ab einem

bestimmten Jahr und **verlangt ein Arbeitnehmer**, der sein zehnjähriges Betriebsjubiläum in demselben Jahr begeht, **die Zahlung** in der vorherigen Höhe, so **hindert auch dies** das Entstehen einer **gegenläufigen betrieblichen Übung** (*BAG* 28.5.2008 EzA § 242 BGB 2002 Betriebliche Übung Nr. 8).

Hatte ein Arbeitnehmer des Weiteren gegenüber dem Arbeitgeber schriftlich geäußert, er gehe vom Fortbestand einer betrieblichen Übung aus, und stellte der Arbeitgeber kurze Zeit (im Streitfall 3 Monate) später schriftlich klar, er wolle sich von der betrieblichen Übung lösen, so konnte er ohne zusätzliche Anhaltspunkte das Schweigen des Arbeitnehmers darauf nicht als Zustimmung zur Aufhebung des Anspruchs werten, wenn die Leistung ein halbes Jahr später fällig war (*BAG* 27.6.2001 EzA § 242 BGB Betriebliche Übung Nr. 44).

1076 Auch eine abändernde betriebliche Übung des Inhalts, wonach Sonderzahlungen sich nach **einem anderen Tarifvertrag** als zuvor vereinbart richten, setzte u. a. voraus, dass der Arbeitgeber ein **eindeutiges annahmefähiges Angebot** abgab, dass er nunmehr auf Grund des anderen, genau bezeichneten Tarifvertrags leisten wolle (*BAG* 5.12.2001 EzA § 3 TVG Bezugnahme auf Tarifvertrag Nr. 18). Eine Übertragung dieser Grundsätze für **unmittelbar vertraglich begründete Ansprüche** kam **nicht in Betracht** (*BAG* 24.11.2004 EzA § 242 BGB Betriebliche Übung Nr. 5).

1077 Inzwischen hat das *BAG* (16.2.2010 – 3 AZR 123/08) angenommen, dass dann, wenn ein Arbeitgeber seinen Betriebsrentnern in drei aufeinander folgenden Jahren vorbehaltlos eine Weihnachtsgratifikation in gleicher Höhe gewährt, dadurch eine betriebliche Übung entsteht, die ihn zur Zahlung auch in den Folgejahren verpflichtet. Erklärt er den Betriebsrentnern gegenüber zu einem späteren Zeitpunkt, er gewähre die Gratifikation nur noch in den kommenden drei Jahren, und rechnet er sie ab diesem Zeitpunkt mit dem Hinweis »Versorgungsbezug freiwillige Leistung« ab, lässt dies den Anspruch auch dann nicht entfallen, wenn die Versorgungsberechtigten der vom Arbeitgeber beabsichtigten Änderung nicht widersprechen. Der Arbeitgeber kann sich nicht darauf berufen, es sei eine gegenläufige betriebliche Übung entstanden.

1078 Für den Bereich der **betrieblichen Altersversorgung** war generell eine **gegenläufige betriebliche Übung nicht anzuerkennen**. Denn die unterschiedliche Struktur der Rechtsbeziehung verbot es, den für das Arbeitsverhältnis entwickelten Rechtsgedanken der gegenläufigen betrieblichen Übung auf das Versorgungsverhältnis zu übertragen. Gem. Art. 229 § 5 EGBGB sind auf Dauerschuldverhältnisse, die vor dem 1.1.2002 begründet wurden, vom 1.1.2003 an die Vorschriften in der dann geltenden Neufassung anzuwenden. Durch die Einräumung einer einjährigen Übergangsfrist hat der Gesetzgeber dem Vertrauensschutz des Arbeitgebers im Regelfall genügt (*BAG* 16.2.2010 EzA § 1 BetrAVG Betriebliche Übung Nr. 10; krit. *Bloching/Ortolf* NZA 2010, 1335 ff.).

1079 Nach der **Schuldrechtsreform** lässt sich dies für die Zeit nach dem 1.1.2002 ohnehin generell **nicht mehr aufrechterhalten**. Vielmehr gilt nunmehr Folgendes (*BAG* 18.3.2009 EzA § 242 BGB 2002 Betriebliche Übung Nr. 9; s. a. *Roeder* NZA 2009, 883 ff.; *Bieder* DB 2009, 1929 ff.):
– Hat ein Arbeitgeber einem Arbeitnehmer jahrelang vorbehaltlos Weihnachtsgeld gezahlt, wird der Anspruch des Arbeitnehmers auf Weihnachtsgeld aus betrieblicher Übung nicht dadurch aufgehoben, dass der Arbeitgeber später bei der Leistung des Weihnachtsgeldes erklärt, die Zahlung des Weihnachtsgeldes sei eine freiwillige Leistung und begründe keinen Rechtsanspruch, und der Arbeitnehmer der neuen Handhabung über einen Zeitraum von drei Jahren hinweg nicht widerspricht; wird diese Erklärung als Änderungsangebot verstanden, liegt eine für eine Vielzahl von Verträgen vorformulierte Vertragsbedingung i. S. v. § 305 Abs. 1 BGB vor.
– Erklärt ein Arbeitgeber unmissverständlich, dass die bisherige betriebliche Übung einer vorbehaltlosen Weihnachtsgeldzahlung beendet werden und durch eine Leistung ersetzt werden soll, auf die in Zukunft kein Rechtsanspruch mehr besteht, kann nach dem Inkrafttreten des Gesetzes zur Modernisierung des Schuldrechts am 1.1.2002 eine dreimalige widerspruchs*lose Entgegennahme* der Zahlung durch den Arbeitnehmer nicht mehr den Verlust des Anspruchs auf das Weihnachtsgeld bewirken. Denn diese Annahme ist mit dem Klauselverbot für fingierte Erklärungen in § 308 Nr. 5 BGB nicht zu vereinbaren.

Der auf Grund einer betrieblichen Übung entstandene Anspruch kann folglich nur durch **Kündigung** oder **einverständliche Vertragsänderung beseitigt** werden (*LAG RhPf* 16.8.2011 NZA-RR 2012, 5). 1080

Fraglich ist, ob eine bestehende betriebliche Übung durch Abschluss einer **Betriebsvereinbarung** endet oder aufgehoben werden kann. 1080a

> Das *BAG* (5.8.2009 EzA § 242 BGB 2002 Betriebliche Übung Nr. 10) geht im Verhältnis zu einer nachfolgenden Betriebsvereinbarung von Folgendem aus: 1081
> – Vergütungsansprüche aus betrieblicher Übung stehen nicht unter dem stillschweigenden Vorbehalt einer ablösenden Betriebsvereinbarung.
> – Hat ein Arbeitgeber seinen Arbeitnehmern mehr als zehn Jahre ohne jeden Vorbehalt einen bestimmten Prozentsatz der jeweiligen Bruttomonatsvergütung als Weihnachtsgeld gezahlt, wird der aus betrieblicher Übung entstandene vertragliche Anspruch auf Weihnachtsgeld nicht für ein Jahr durch eine Betriebsvereinbarung aufgehoben, die regelt, dass für dieses Jahr kein Weihnachtsgeld gezahlt wird.
> – Im Verhältnis eines vertraglichen Vergütungsanspruchs des Arbeitnehmers zu den Regelungen in einer Betriebsvereinbarung gilt das Günstigkeitsprinzip.

Fraglich ist auch, ob ein Gratifikationsanspruch entfällt oder einseitig gekürzt werden kann, wenn der Arbeitgeber sich in **einer wirtschaftlichen Notlage befindet**. Das *BAG* (26.10.1961 AP § 322 ZPO Nr. 7) hat angenommen, dass dann, wenn Gratifikationsansprüche die **Grenzen der zumutbaren Belastung des Arbeitgebers übersteigen**, er sie nach § 242 BGB auf ein erträgliches Maß zurückführen oder – wenn auch vielleicht nur vorübergehend – in Wegfall bringen kann. Demgegenüber hat das *LAG Hamm* (13.9.2004 – 8 Sa 721/04, EzA-SD 1/05 S. 5 = NZA-RR 2005, 237 zutreffend angenommen, dass ohne besondere Anhaltspunkte das **Wirtschaftsrisiko** des Arbeitgebers dem Arbeitnehmer **nicht übertragen werden kann**; es kann auch nicht per se als Geschäftsgrundlage (§ 313 BGB) der Gratifikationszuwendung angesehen werden. 1082

*dd) Gleichbehandlungsgrundsatz*

Zwar stellt der Gleichbehandlungsgrundsatz an sich selbst keine Anspruchsgrundlage dar; bei seiner Verletzung haben aber die übergangenen Arbeitnehmer gleichwohl einen Anspruch auf die anderen Arbeitnehmern gewährte Leistung (s. *BAG* 26.9.2007 EzA § 242 BGB 2002 Gleichbehandlung Nr. 17; s. Kap. 1 Rdn. 429 ff.). 1083

Insoweit widerspricht es z. B. dem Gleichbehandlungsgrundsatz, wenn ein Arbeitgeber eine Sonderzahlung, deren Höhe in hohem Maße durch **Krankheitstage** bestimmt wird und die im Hinblick auf Rückzahlungsklauseln im Falle eines Ausscheidens im Folgejahr zur Betriebstreue anreizen soll, **nur solchen Arbeitnehmern** gewährt, die neue, **verschlechternde Arbeitsbedingungen akzeptiert** haben, die sich zudem im Anspruchsjahr vergütungsmäßig nicht auswirken (*BAG* 30.7.2008 – 10 AZR 497/07, EzA-SD 22/2008 S. 8 LS). 1084

Behält sich der Arbeitgeber z. B. vor, einzelne Arbeitnehmer mit **besonderen Leistungen** nach seiner subjektiven Einschätzung zum Weihnachtsfest besonders zu vergüten, so schafft er damit **keine allgemeine Ordnungsregel**, so dass eine Verletzung des Gleichbehandlungsgrundsatzes nicht in Betracht kommt, und zwar unabhängig davon, ob der Arbeitgeber die Leistungen eines einzelnen Arbeitnehmers zu Recht als nicht ausreichend oder als nur durchschnittlich angesehen hat (*LAG RhPf* 25.11.1999 – 4 Sa 1133/99). 1085

> Gewährt der Arbeitgeber dagegen aufgrund einer abstrakten Regelung eine freiwillige Leistung nach einem **erkennbar generalisierenden Prinzip** und legt er gem. dem mit der Leistung verfolgten Zweck die Anspruchsvoraussetzungen für die Leistung fest, darf er einzelne Arbeitnehmer von der Leistung nur dann ausnehmen, wenn dies **sachlichen Kriterien** entspricht (*BAG* 28.3.2007 EzA § 611 BGB 2002 Gratifikation, Prämie Nr. 21; s. a. *BAG* 10.12.2008 EzA § 611 BGB 2002 Gratifikation, Prämie Nr. 24). Er darf also umgekehrt **nicht** solche Arbeitnehmer von 1086

der Leistung **ausnehmen, die die verfolgten Zwecke tatsächlich erfüllen** (*BAG* 26.9.2007 EzA-SD 24/2007 S. 7 LS = NZA 2007, 687; zur Gruppenbildung bei einer unterschiedlich hohen Kürzung einer Sonderzuwendung s. *LAG Köln* 26.3.2007 LAGE § 242 BGB 2002 Gleichbehandlung Nr. 4).

Es ist insoweit nicht zu beanstanden, wenn eine **Bonuszahlung**, die im **Vorfeld einer Betriebsabspaltung** in erster Linie die Arbeitsleistung von leitenden Angestellten in einem bestimmten Zeitraum belohnen soll, vom Fortbestand des Arbeitsverhältnisses bei der die Leistung versprechenden Arbeitgeberin abhängt. Die Herausnahme u. a. der im Wege des Betriebsübergangs das Unternehmen verlassenden Mitarbeiter lässt auf den weiteren Zweck der Leistung schließen, nur die verbleibenden Arbeitnehmer zur besseren Arbeitsleistung in der Zukunft motivieren zu wollen; dieser Zweck ist nicht sachwidrig (*BAG* 14.2.2007 EzA § 611 BGB 2002 Gratifikation, Prämie Nr. 20).

### ee) Freiwilligkeits- und Widerrufsvorbehalt

**1087**  Ein ausdrücklicher Freiwilligkeitsvorbehalt berechtigt den Arbeitgeber, die Gratifikationszahlung jederzeit einzustellen oder zu kürzen (s. aber zu AGB: *BAG* 20.4.2011 EzA § 308 BGB 2002 Nr. 12 = NZA 2011, 796; s. a. Kap. 1 Rdn. 670, 713). Damit können auch Ansprüche der Arbeitnehmer für den laufenden Bezugszeitraum ausgeschlossen werden, unabhängig davon, ob der Arbeitnehmer im Vertrauen auf die Zahlung bereits disponiert hat. Wird im Arbeitsvertrag eine **Weihnachtsgratifikation** als **freiwillige Leistung** bezeichnet, die ohne Anerkennung einer Rechtspflicht gewährt wird, so kann der Arbeitgeber **in jedem Jahr erneut eine Entscheidung** darüber treffen, ob, unter welchen Voraussetzungen und an welche Arbeitnehmer eine Gratifikation gezahlt werden soll (*BAG* 12.1.2000 EzA § 611 BGB Gratifikation, Prämie Nr. 158). Der Arbeitgeber kann im Arbeitsvertrag auch ein **Urlaubsgeld** in der Weise in Aussicht stellen, dass er sich jedes Jahr erneut die Entscheidung vorbehält, ob und unter welchen Voraussetzungen es gezahlt wird. Das setzt voraus, dass der Arbeitnehmer nach §§ 133, 157 BGB den **mangelnden Verpflichtungswillen des Arbeitgebers erkennen** muss. Verwendet ein Arbeitgeber im Arbeitsvertrag für eine Gruppe von zugesagten Leistungen (hier: Zuschuss zu den vermögenswirksamen Leistungen und 13. Monatsgehalt) die Überschrift »Freiwillige soziale Leistungen«, so muss ein Arbeitnehmer nicht davon ausgehen, dass damit ein Rechtsanspruch ausgeschlossen sein soll (*BAG* 11.4.2000 EzA § 611 BGB Gratifikation, Prämie Nr. 160).

Gleiches gilt für die Bezeichnung einer Jubiläumszuwendung in einer Gesamtzusage als »freiwillige Sozialleistung«, ebenso wie für Bezeichnungen wie »Ehrengabe« oder »Geldgeschenk«. Ein Arbeitgeber, der sich den Widerruf derartiger Zusagen vorbehalten will, muss dies in seiner Erklärung gegenüber den Arbeitnehmern unmissverständlich deutlich machen, etwa indem er die Leistungen »ohne Anerkennung einer Rechtspflicht« in Aussicht stellt (*BAG* 23.10.2002 EzA § 611 BGB Gratifikation, Prämie Nr. 168). Auf einen mit der Vereinbarung der Zahlung einer Gratifikation zu einem bestimmten Stichtag verbundenen Vorbehalt der Freiwilligkeit kann sich der Arbeitgeber jedenfalls dann nicht mehr berufen, wenn er dem Arbeitnehmer nach dem Stichtag die Gratifikationszahlung in Aussicht gestellt hat (*LAG Köln* 13.12.2001 NZA-RR 2002, 629).

Ein Widerrufsvorbehalt, der auch in einer **Betriebsvereinbarung** enthalten sein kann (*LAG RhPf* 19.11.1999 NZA-RR 2000, 409), berechtigt den Arbeitgeber dagegen nur, unter Einhaltung billigen Ermessens (§ 106 GewO/§ 315 BGB) eine Gratifikationszusage, die zunächst einen einzelvertraglichen Anspruch des Arbeitnehmers i. S. d. § 194 BGB begründet, **abzuändern oder zu streichen** (vgl. ausf. *Reiserer* DB 1997, 426 ff.). Hat sich der Arbeitgeber den Widerruf eines arbeitsvertraglich zugesagten Urlaubsgeldes vorbehalten, so zielt seine Widerrufserklärung auf die **Beseitigung eines Anspruchs** und damit auf eine Rechtsfolge; sie stellt deshalb eine empfangsbedürftige Willenserklärung i. S. d. §§ 116 ff. BGB dar (*LAG RhPf* 19.11.1999 NZA-RR 2000, 409). Sie bewirkt nur dann das **Erlöschen** des Anspruchs, **wenn sie dem Arbeitnehmer vor der vertraglich vereinbarten Fälligkeit zugeht** (*BAG* 11.4.2000 EzA § 611 BGB Gratifikation, Prä-

## B. Pflichten des Arbeitgebers

mie Nr. 160). Ein Zugang ist dann überhaupt **nicht gegeben**, wenn der Arbeitgeber das Widerrufsschreiben an dem für betriebliche Bekanntmachungen bestimmten »**schwarzen Brett**« aushängt. Denn das schwarze Brett gehört nicht zu den von den Arbeitnehmern zur Entgegennahme von Erklärungen bereit gehaltenen Einrichtungen; es ist deshalb grds. nicht möglich, durch Aushang am schwarzen Brett einzelvertraglich wirksame Willenserklärungen abzugeben. Dies folgt schon daraus, dass diese Art der Bekanntgabe von Willenserklärungen nicht gewährleisten kann, dass alle betroffenen Arbeitnehmer Kenntnis erlangen (*LAG RhPf* 19.11.1999 NZA-RR 2000, 409).

Bei einer **Verknüpfung von Freiwilligkeitsvorbehalt und Widerrufsvorbehalt** in einem vorformulierten Arbeitsvertrag (AGB) wird für den Arbeitnehmer nicht hinreichend deutlich, dass trotz mehrfacher, ohne weitere Vorbehalte erfolgender Sonderzahlungen ein Rechtsbindungswille des Arbeitgebers für die Zukunft ausgeschlossen bleiben soll. Der Arbeitnehmer kann nämlich die mehrjährige, regelmäßig im November eines Jahres erfolgende Zahlung von Weihnachtsgeld unter Berücksichtigung der Einzelumstände nach Treu und Glauben dahin auffassen, dass sich der Arbeitgeber auf Dauer zu einer Sonderzahlung verpflichtet. Wesentliche Umstände sind insoweit die Häufigkeit und die Höhe der Leistung sowie etwaige die Zahlung begleitende Erklärungen des Arbeitgebers. Bei **dreimaliger vorbehaltloser Leistung eines Weihnachtsgeldes erwächst i. d. R. ein Rechtsanspruch für die Zukunft**. Der Vorbehalt kann auch in einer Bezugnahme auf arbeitsvertragliche Regelungen liegen (*BAG* 8.12.2010 EzA § 307 BGB 2002 Nr. 51 = NZA 2011, 628).

Ein klar und verständlich formulierter Freiwilligkeitsvorbehalt im Arbeitsvertrag kann zwar das Entstehen eines Rechtsanspruchs auf eine **zukünftige Sonderzahlung verhindern**. Es bleibt auch offen, ob mit der Kombination von Freiwilligkeits- und Widerrufsvorbehalt im Arbeitsvertrag stets eine mehrdeutige und damit intransparente Klausel i. S. v. § 307 Abs. 1 S. 2 BGB formuliert wird. Jedenfalls führt eine solche Verknüpfung dazu, dass für den Vertragspartner **nicht hinreichend deutlich wird, bei einer mehrfachen, ohne weitere Vorbehalte erfolgenden Sonderzahlung solle der Rechtsbindungswille des Arbeitgebers für die Zukunft ausgeschlossen bleiben**. Erklärt der Arbeitgeber in diesem Falle keinen eindeutigen Freiwilligkeitsvorbehalt bei der jährlichen Sonderzahlung, muss der Arbeitnehmer nicht annehmen, die Leistung erfolge nur für das jeweilige Jahr und der Arbeitgeber wolle sich für die Zukunft nicht binden (*BAG* 8.12.2010 EzA § 307 BGB 2002 Nr. 51 = NZA 2011, 628).

### ff) Umdeutung einer rechtswidrigen Betriebsvereinbarung

Eine Betriebsvereinbarung, mit der ausschließlich die Erhöhung der bisherigen Vergütung und Weihnachtsgratifikation geregelt wird, ist wegen Verstoßes gegen § 77 Abs. 3 BetrVG nichtig, wenn entsprechende tarifliche Regelungen bestehen oder üblich sind. Dies gilt auch dann, wenn der Arbeitgeber nicht tarifgebunden ist. Die Erklärung des Arbeitgebers, die zu einer nichtigen Betriebsvereinbarung geführt hat, kann allerdings ausnahmsweise in ein entsprechendes Vertragsangebot an die Arbeitnehmer umgedeutet werden, wenn besondere Umstände darauf schließen lassen, dass der Arbeitgeber sich unabhängig von der betriebsverfassungsrechtlichen Regelungsform binden wollte. Dieses Angebot können die Arbeitnehmer annehmen, ohne dass es einer ausdrücklichen Annahmeerklärung bedarf (§ 151 BGB; *BAG* 24.1.1996 EzA § 77 BetrVG 1972 Nr. 55).

1088

### f) Rückzahlungsvorbehalte

#### aa) Begriff und allgemeine Voraussetzungen

Häufig wird die Zahlung von Gratifikationen (die allein oder zumindest auch die Bindung an den Betrieb bewirken sollen) mit Rückzahlungsvorbehalten verbunden für den Fall, dass der Arbeitnehmer innerhalb der nächsten Zeit aus dem Arbeitsverhältnis ausscheidet.

1089

1090 **Derartige Vorbehalte sind zulässig**, der Arbeitgeber darf also den Anspruch auf eine freiwillige Sonderzahlung inhaltlich daran knüpfen, dass **das Arbeitsverhältnis über den Auszahlungszeitpunkt hinaus innerhalb eines bestimmten Zeitraums fortbesteht** (*BAG* 14.2.2007 EzA § 611 BGB 2002 Gratifikation, Prämie Nr. 20). **Rückzahlungsvorbehalte müssen aber eindeutig abgefasst sein** (*BAG* 10.7.1974 AP Nr. 83 zu § 611 BGB Gratifikation; instr. *LAG Hamm* 18.4.2002 NZA-RR 2003, 13).

1091 Wird in einem Arbeitsvertrag darauf hingewiesen, dass in den vergangenen Jahren ein zusätzliches Weihnachtsgeld in bestimmter Höhe gezahlt worden sei, auf das aber kein Rechtsanspruch bestehe, wird dadurch eine Rückzahlungsverpflichtung nicht begründet; auch aus der »Natur des Weihnachtsgeldes« ergibt sich eine Rückzahlungsverpflichtung nicht. Nichts anderes gilt für einen Aushang am schwarzen Brett, mit dem der Arbeitgeber seine Mitarbeiter darauf hinweist, dass das Weihnachtsgeld bei einem Ausscheiden vor dem 31.3. des Folgejahres zurückzuzahlen sei. Denn der Arbeitgeber kann dann nicht davon ausgehen, dass der Arbeitnehmer von diesem Aushang Kenntnis erlangt und mit seiner Regelung einverstanden ist (*LAG RhPf* 19.4.1996 NZA-RR 1997, 46).

1092 Regelmäßig werden Rückzahlungsklauseln nur für den Fall der Kündigung vereinbart; die entsprechende Gratifikation ist somit Entgelt für die Nichtausübung des Kündigungsrechts im Bindungszeitraum. Hat sich der Arbeitgeber die Rückzahlung für den Fall einer Kündigung durch ihn vorbehalten, so ist ein derartiger Vorbehalt zur Rückzahlung trotz § 162 BGB **auch im Falle einer betriebsbedingten Arbeitgeberkündigung wirksam** (*BAG* 4.9.1985 EzA § 611 BGB Gratifikation, Prämie Nr. 76); Rückzahlungsklauseln sind insgesamt grds. **auch dann** zulässig, wenn der Grund für die Beendigung des Arbeitsverhältnisses vor Ablauf der Bindungsfrist **nicht in der Sphäre des Arbeitnehmers liegt** (*BAG* 14.2.2007 EzA § 611 BGB 2002 Gratifikation, Prämie Nr. 20).

1093 Ist der Rückzahlungsvorbehalt für den Fall einer Kündigung des Arbeitsverhältnisses durch den Arbeitnehmer vorgesehen (s. *BAG* 14.2.2007 EzA § 611 BGB 2002 Gratifikation, Prämie Nr. 20), so wird die Rückzahlungspflicht grds. nicht im Fall eines Aufhebungsvertrages aufgelöst (s. Rdn. 1054 f.). Das gilt selbst dann, wenn der Aufhebungsvertrag auf Veranlassung des Arbeitnehmers abgeschlossen worden ist (*LAG Hamm* 12.2.1999 NZA-RR 1999, 514). Gleiches gilt, wenn die Rückzahlung für den Fall der Eigenkündigung des Arbeitnehmers sowie den Fall, dass er eine Kündigung des Arbeitgebers veranlasst hat, und wenn er aufgrund einer betriebsbedingten Arbeitgeberkündigung oder des Ablaufs einer Befristung vorzeitig ausscheidet, vorgesehen ist (*BAG* 14.2.2007 EzA § 611 BGB 2002 Gratifikation, Prämie Nr. 20). Wird tarifvertraglich eine Rückzahlungspflicht nur an ein Ausscheiden infolge einer Kündigung oder durch Arbeitgeberkündigung, deren Gründe der Arbeitnehmer ausschließlich zu vertreten hat, geknüpft, so ist dem das Ausscheiden auf Grund einer Nichtverlängerung der Befristung nicht gleichzusetzen; es gelten also dieselben Grundsätze (*BAG* 4.12.2002 EzA § 611 BGB 2002 Gratifikation, Prämie Nr. 2; s. a. *LAG Hamm* 5.2.2009 LAGE § 611 BGB 2002 Gratifikation Nr. 12).

Zu beachten ist, dass eine arbeitsvertragliche Rückzahlungsklausel hinsichtlich des Weihnachtsgeldes unwirksam ist, wenn sie weder Voraussetzungen für die Rückzahlungspflicht noch einen eindeutig bestimmten Zeitraum für die Bindung des Arbeitnehmers festlegt.

1094 Sind keine entsprechenden Anhaltspunkte gegeben, so kommt die ergänzende Auslegung einer solchen allgemeinen Rückzahlungsklausel dahin, dass die Rückforderung im Rahmen der von der Rechtsprechung entwickelten Grenzen erfolgen könne, nicht in Betracht (*BAG* 14.6.1995 EzA § 611 BGB Gratifikation Nr. 127).

1095 Enthält ein Arbeitsvertrag die Regelung, dass ein Weihnachtsgeld in Höhe eines bestimmten Betrags gezahlt wird, sowie eine Bestimmung, dass **im Übrigen die tariflichen Vorschriften** gelten, kann eine derartige Bezugnahmeklausel nach Auffassung des *LAG Hamm* (25.2.2000 NZA-RR 2000, 541) unter Anwendung der Unklarheitenregel des § 305e Abs. 2 BGB regelmäßig **nicht** dahin ausgelegt werden, dass auch **tarifliche Rückzahlungsklauseln** vertraglich vereinbart sind.

Die in einem Formular-Arbeitsvertrag enthaltene Klausel, nach der der Arbeitnehmer die im Vorjahr **1096** erhaltene Sonderzahlung u. a. zurückzuzahlen hat, wenn er aus dem Arbeitsverhältnis »**aus eigenem Verschulden**« ausscheidet, setzt erkennbar einen **Kausalzusammenhang** zwischen Vertragsbeendigung und Eigenverschulden und damit voraus, dass die vom Arbeitgeber genannten Kündigungsgründe der gerichtlichen Überprüfung standgehalten hätten. In dieser Auslegung ist die Klausel weder intransparent, noch bedeutet sie eine unangemessene Benachteiligung des Arbeitnehmers (*LAG Hamm* 5.2.2009 LAGE § 611 BGB 2002 Gratifikation Nr. 12).

### bb) Normative Grenzen von Rückzahlungsklauseln

Dem Arbeitnehmer darf **nur eine Betriebsbindung für bestimmte Zeiträume zugemutet** werden. **1097** Die Grenzen einer zulässigen Vertragsgestaltung werden dann überschritten, wenn das Grundrecht der freien Arbeitsplatzwahl, welches das Recht des Arbeitnehmers einschließt den einmal gewählten Arbeitsplatz beizubehalten, aufzugeben oder zu wechseln, in unzulässiger Weise eingeschränkt wird (*BAG* 27.10.1978 EzA § 611 BGB Gratifikation, Prämie Nr. 61). Eine derartige Vertragsgestaltung bedeutet zudem einen Verstoß gegen die Fürsorgepflicht des Arbeitgebers und eine Umgehung der gesetzlichen Kündigungsregelungen (§ 622 BGB; *BAG* 10.5.1962 AP Nr. 22 zu § 611 BGB Gratifikation).

### cc) Die Kriterien bei einzelvertraglich vereinbarten Rückzahlungsklauseln

**Maßgeblich** sind vor allem die **Dauer der Betriebsbindung** und die **Höhe der Gratifikation**, gemes- **1098** sen am Monatsgehalt zum Zeitpunkt der Auszahlung, nicht etwa am Durchschnittsentgelt während des vergangenen Jahres (*BAG* 28.1.1981 EzA § 611 BGB Gratifikation, Prämie Nr. 69).

Dabei ist von der **tatsächlichen Höhe der Zahlung** auszugehen. Es ist nicht möglich, dem Arbeitneh- **1099** mer einerseits wegen des Eintritts in das Arbeitsverhältnis während des Jahres eine geringere Gratifikation zu zahlen, ihn aber andererseits hinsichtlich der Dauer der zukünftigen Betriebsbindung so zu behandeln, als hätte er die volle Gratifikation erhalten (*LAG Hamm* 14.8.1998 – 10 Sa 153/98).

Für die danach zulässige Bindungsdauer hat das *BAG* (17.3.1982 EzA § 611 BGB Gratifikation, Prä- **1100** mie Nr. 71; 21.5.2003 EzA § 611 BGB 2002 Gratifikation, Prämie Nr. 9) für einzelvertraglich vereinbarte Rückzahlungsvorbehalte bei Weihnachtsgratifikationen **Rechtsgrundsätze** entwickelt, die immer dann Anwendung finden, wenn sich nicht wegen der besonderen Umstände des Einzelfalles eine andere Beurteilung rechtfertigt. Ausgangspunkt ist die Überlegung, dass die **zulässige Bindungsdauer sich nach der Höhe und dem Zeitpunkt der vereinbarten Fälligkeit der Leistung bestimmt**. Das gilt auch dann, wenn eine als einheitlich bezeichnete Leistung in zwei Teilbeträgen zu unterschiedlichen Zeitpunkten fällig wird; nichts anderes gilt, wenn die Parteien im Nachhinein einvernehmlich eine Gratifikation in zwei Teilbeträge aufsplitten, die jeweils zu unterschiedlichen Zeitpunkten fällig werden (*LAG SchlH* 8.2.2005 NZA-RR 2005, 290).

> Rückzahlungsvorbehalte bei Gratifikationen bis zu einem Betrag von 100 Euro sind regelmäßig **1101** unwirksam.
>
> Bei einer Gratifikation, die 100 Euro übersteigt, aber einen Monatsbezug nicht erreicht, ist eine Bindung bis zum 31.3. des Folgejahres regelmäßig zumutbar, länger aber auch nicht; **eine weitergehende Bindung verstößt gegen § 307 Abs. 1 S. 1 BGB** und führt deshalb nicht zu einem Rückzahlungsanspruch des Arbeitgebers (*BAG* 25.4.2007 NZA 2007, 875).

Erhält der Arbeitnehmer allerdings eine Weihnachtsgratifikation in Höhe von 50 % seines Gehalts, **1102** so ist eine Rückzahlungsklausel unwirksam, welche die Rückzahlung der Gratifikation bei einem Ausscheiden des Arbeitnehmers bis zum 31. März des folgenden Jahres vorsieht. **Denn eine Bindung bis zum 31.3. des Folgejahres ist tatsächlich verwirklicht, wenn der Arbeitnehmer mit dem Ablauf des 31.3. ausscheidet.** Bei einer derartigen Regelung würde der Arbeitnehmer also – unzulässigerweise – über den 31.3. des Folgejahres hinaus gebunden. Nur ein vorheriges Ausscheiden begründet die Rückzahlungsverpflichtung (*BAG* 9.6.1993 EzA § 611 BGB Gratifikation, Prämie Nr. 103).

**1103** Eine Rückzahlungspflicht besteht auch dann nicht, wenn der Arbeitnehmer in einem derartigen Fall **zum 1.4. des Folgejahres** kündigt. Dies gilt unabhängig davon, ob eine Kündigung zu diesem Zeitpunkt nach den gesetzlichen Vorschriften oder den vertraglichen Vereinbarungen zulässig ist. Eine unzulässige Kündigung zum 1.4. berechtigt den Arbeitgeber nicht, die Kündigung des Arbeitnehmers insoweit zu korrigieren, als er den Beendigungszeitpunkt auf den 31.3. vorverlegt (*LAG RhPf* 15.12.1995 NZA 1996, 1040). Kann ein Arbeitsverhältnis allerdings ordentlich nur zum Schluss eines Kalendervierteljahres gekündigt werden, ist eine zum 1.4. ausgesprochene Kündigung i. d. R. dahin auszulegen, dass sie das Arbeitsverhältnis zum 31.3. beenden soll (*BAG* 25.9.2002 EzA § 611 BGB Gratifikation, Prämie Nr. 168).

**1104** Erhält der Arbeitnehmer einen Monatsbezug, und hat er bis zum 31.3. des darauf folgenden Jahres nur eine Kündigungsmöglichkeit, dann ist es ihm in aller Regel zuzumuten, diese eine Kündigungsmöglichkeit auszulassen, wenn er die Gratifikation behalten will.

Hat er bis zum 31.3. mehrere Kündigungsmöglichkeiten, dann ist ihm wegen der Höhe der gewährten Weihnachtsgratifikation zuzumuten, den Betrieb erst nach dem 31.3. zum nächst zulässigen Kündigungstermin zu verlassen, wenn er die Gratifikation behalten will (vgl. *LAG Düsseld.* 25.3.1997 NZA-RR 1997, 457; a. A. *LAG Düsseld.* 28.1.1998 BB 1998, 1266).

Von daher kann sich der Arbeitgeber, der eine Sonderzahlung in Höhe einer Monatsvergütung zahlt, die Rückforderung für den Fall vorbehalten, dass der Arbeitnehmer **nicht über die folgenden drei Monate bis zum nächsten Kündigungstermin bleibt**; eine weitergehende Bindung des Arbeitnehmers ist allerdings unwirksam (*BAG* 28.4.2004 EzA § 611 BGB 2002 Gratifikation, Prämie Nr. 12).

Übersteigt die Höhe der Gratifikation das Monatsgehalt des Arbeitnehmers nur knapp, so ist eine Rückzahlungsklausel insoweit unwirksam, als sie eine über den 30.6. des folgenden Jahres hinausgehende Betriebsbindung bis zum 30.9. anstrebt.

Bei Zahlungen, die ein zweifaches Monatsgehalt nicht erreichen, ist eine Bindung über den 30.6. jedenfalls dann unzulässig, wenn der Arbeitnehmer mehrere Kündigungsmöglichkeiten hätte (*BAG* 28.1.1981 EzA § 611 BGB Gratifikation, Prämie Nr. 69).

Erhält der Arbeitnehmer kein volles Monatsgehalt als Weihnachtsgratifikation, weil er erst im Laufe des Jahres eingetreten ist, so ist bei der Berechnung der Bindungsfrist von dem tatsächlich ausgezahlten Betrag auszugehen.

Maßgeblich ist neben der Höhe auch der Zeitpunkt der vereinbarten Fälligkeit der Leistung. Wurde arbeitsvertraglich vereinbart, dass der Arbeitnehmer eine Gratifikation in Höhe eines Monatsgehalts erhält, die je zur Hälfte im Juni und im November des Kalenderjahres zu zahlen ist, so kann der Arbeitnehmer durch eine vertragliche Rückzahlungsklausel längstens bis zum Ende des auf den jeweiligen Zahlungszeitpunkt folgenden Quartals gebunden werden. Kündigt der Arbeitnehmer deshalb zum 31.3. des folgenden Kalenderjahres, braucht er die Gratifikation weder voll noch zur Hälfte zurückzuzahlen (*BAG* 21.5.2003 EzA § 611 BGB 2002 Gratifikation, Prämie Nr. 9). Ob dies auch dann gilt, wenn eine **einheitlich zugesagte Sonderzahlung** (Jahresprämie) **aus wirtschaftlichen Gründen** in zwei **Teilbeträgen** in zwei aufeinander folgenden Monaten (Dezember und Januar) **ausgezahlt wird**, hat das *BAG* (28.4.2004 EzA § 611 BGB 2002 Gratifikation, Prämie Nr. 12) offen gelassen.

*dd) Fristberechnung*

**1105** Bestimmt ein Arbeitsvertrag, dass das Weihnachtsgeld zurückzuzahlen ist, wenn der Arbeitnehmer »bis zum 31.3.« des jeweils folgenden Jahres aus dem Dienst der Firma ausscheidet, so ist diese Voraussetzung bei einer Kündigung unter Einhaltung der Kündigungsfrist zum 31.3. erfüllt. Denn die Frist »bis zum 31.3.« endet mit Ablauf dieses Tages (§ 188 BGB; s. aber Rdn. 1102).

## B. Pflichten des Arbeitgebers  Kapitel 3

Wird eine Kündigung zum 31.3. ausgesprochen, so führt dies zur Beendigung des Arbeitsverhältnisses mit Ablauf dieses Tages und damit bis zum 31.3. Der Zeitpunkt des Ablaufs eines Tages gehört noch zu diesem Tag und damit zu der Frist, in die der Tag fällt. Diese rechtliche Beurteilung steht im Einklang mit der Rechtsprechung des *BAG* (16.6.1996 AP Nr. 4 zu § 5 BUrlG) zu § 5 Abs. 1c BUrlG, wonach ein Arbeitnehmer auch dann in der ersten Hälfte eines Kalenderjahres ausscheidet, wenn er sein Arbeitsverhältnis zum 30.6. kündigt (*BAG* 9.6.1993 EzA § 611 BGB Gratifikation, Prämie Nr. 103; s. a. Rdn. 1102). 1106

*ee) Besonderheiten bei Tarifnormen*

Wenn dagegen auf diesem Gebiet die Tarifvertragsparteien tätig geworden sind und eine Ordnung geschaffen haben, so ist deren Regelung nur darauf zu überprüfen, ob sie gegen die Verfassung, zwingendes Gesetzesrecht, die guten Sitten und tragende Grundsätze des Arbeitsrechts verstößt. Denn bei Tarifverträgen ist von einer angemessenen Berücksichtigung der Interessen beider Seiten auszugehen (vgl. *BAG* 16.11.2005 EzA § 611 BGB 2002 Ausbildungsbeihilfe Nr. 9). 1107

In dem verbleibenden Gestaltungsspielraum kann einer Tarifnorm erst dann die Anerkennung versagt werden, wenn sie zu einer grundlegenden Schlechterstellung von Arbeitnehmern im Vergleich zu einer sachlich vertretbaren Lösung führt. 1108

Für tariflich vereinbarte Rückzahlungsvorbehalte hat das *BAG* (31.3.1966 AP Nr. 54 zu § 611 BGB Gratifikation; 23.2.1967 AP Nr. 57 zu § 611 BGB Gratifikation) eine weitergehende Bindung auch dann zugelassen, wenn der Tarifvertrag **nur kraft Vereinbarung** auf das Arbeitsverhältnis Anwendung findet. 1109

Deshalb kann z. B. eine Tarifnorm wirksam vorsehen, dass eine Zuwendung im öffentlichen Dienst zurückzuzahlen ist, wenn der Arbeitnehmer **nicht von einem Arbeitgeber des öffentlichen Dienstes zu einem anderen Arbeitgeber des öffentlichen Dienstes wechselt.** Dabei ist allerdings zu beachten, dass ein in der Rechtsform einer GmbH betriebenes Krankenhaus, dessen alleiniger Gesellschafter ein Landkreis ist, kein Arbeitgeber des öffentlichen Dienstes i. S. d. einschlägigen Normen des Zuwendungstarifvertrages ist (*BAG* 26.1.2005 EzA § 611 BGB 2002 Gratifikation, Prämie Nr. 15; s. a. *BAG* 28.5.2008 – 10 AZR 265/07, NZA-RR 2008, 667). 1110

*ff) Regelungen in Betriebsvereinbarungen*

Regelungen in Betriebsvereinbarungen unterliegen der gerichtlichen Inhaltskontrolle auf ihre Übereinstimmung mit der Verfassung, den Gesetzen, den guten Sitten und der Billigkeit gem. § 75 BetrVG (*BAG* 25.4.1991 EzA § 611 BGB Gratifikation, Prämie Nr. 85; s. Kap. 1 Rdn. 379 ff.). 1111

*gg) Die Rechtsfolgen unwirksamer Rückzahlungsfristen*

Sind zu lange Rückzahlungsfristen vereinbart worden, sind diese nichtig. Im Zweifel ist dann (an sich entgegen § 139 BGB) anzunehmen, dass nicht die Gratifikationszusage überhaupt, sondern nur die zu lange Bindung nichtig ist. 1112

Denn andernfalls würde nach Auffassung des *BAG* (28.1.1981 EzA § 611 BGB Gratifikation, Prämie Nr. 69; 17.3.1982 AP Nr. 108 zu § 611 BGB Gratifikation; s. *LAG Köln* 1.2.2001 NZA-RR 2001, 461) gegen die Grundsätze des Arbeitnehmerschutzes verstoßen, weil dann der Sinn der Beschränkung der Rückzahlungsklauseln in sein Gegenteil verkehrt würde. 1113

Dies gilt auch dann, wenn die Bindungsklausel in einem vom Arbeitgeber vorformulierten Arbeitsvertrag vereinbart ist (*LAG Köln* 1.2.2001 NZA-RR 2001, 461). 1114

*hh) Abwicklung der Rückzahlung*

Bestimmt ein Tarifvertrag, dass eine Zuwendung unter bestimmten Voraussetzungen »in voller Höhe« zurückzuzahlen ist, umfasst die Rückzahlungsverpflichtung auch die vom Arbeitgeber an das Fi- 1115 nanzamt abgeführte **Lohnsteuer**. Für eine Zug-um-Zug-Verurteilung des Arbeitgebers, einen möglichen Steuernachteil des Arbeitnehmers zu ersetzen, besteht dann keine Rechtsgrundlage (*BAG* 5.4.2000 EzA § 4 TVG Öffentlicher Dienst Nr. 13; s. a. *Thüringer LAG* 23.1.2003 LAGE § 611 BGB Gratifikation, Prämie Nr. 71: »Bruttobetrag der Gratifikation«).

*g) Berücksichtigung von Fehlzeiten und Nichtarbeit durch Kurzarbeit mit »Null-Stunden«*

*aa) Grundlagen*

1116 Fraglich ist, inwieweit z. B. krankheitsbedingte Fehlzeiten, Fehlzeiten wegen der Mutterschutzfristen (§§ 3 Abs. 2, 6 Abs. 1 MuSchG) sowie wegen der Inanspruchnahme von Erziehungsurlaub (§§ 15 ff. BEEG) sowie Zeiten, in denen wegen Kurzarbeit mit »Null-Stunden« nicht gearbeitet worden ist, bei Gratifikationen oder Sonderzuwendungen anspruchsmindernd berücksichtigt werden dürfen (vgl. *Gaul* BB 1994, 565 ff.).

*bb) Ausdrückliche Regelung für krankheitsbedingte Fehlzeiten*

1117 Sieht ein Tarifvertrag z. B. vor, dass dann, wenn ein Arbeitnehmer im Laufe eines Kalenderjahres infolge Krankheit achtmal fehlt, sich die Jahresleistung für jeden darüber hinausgehenden Fehlzeitenanfall um ein Zehntel mindert, wobei Betriebsunfälle unberücksichtigt bleiben, so ist eine derartige Regelung zulässig.

1118 Denn die Jahreszahlung ist Entgelt für in nicht ganz unerheblichem Ausmaß geleistete Arbeit während des Bezugszeitraums, solange sich aus dem jeweiligen Tarifvertrag nicht eindeutig etwas anderes ergibt (*BAG* 7.9.1989 EzA § 4 TVG Metallindustrie Nr. 64; 14.12.1995 EzA § 4 TVG Bundespost Nr. 5).

1119 Wird ein 13. Monatsgehalt als arbeitsleistungsbezogene Sonderzahlung vereinbart, so entsteht für die Zeiten, in denen bei Arbeitsunfähigkeit infolge Krankheit **kein Entgeltfortzahlungsanspruch** mehr besteht, auch **kein anteiliger Anspruch** auf das 13. Monatsgehalt. Einer gesonderten, über die Arbeitsleistungsbezogenheit der Sonderzahlung hinaus gehenden arbeitsvertraglichen Kürzungsvereinbarung bedarf es in diesem Falle nicht (*BAG* 21.3.2001 EzA § 611 BGB Gratifikation, Prämie Nr. 163). So ist z. B. § 17 Abs. 2 RTV **Energiewirtschaft** nicht dahin auszulegen, dass für im Laufe des Kalenderjahres infolge Berufs- oder Erwerbsunfähigkeit ausgeschiedene oder in Ruhestand getretene Arbeitnehmer ein Anspruch auf anteilige Weihnachtszuwendung unabhängig davon begründet werden soll, ob deren Arbeitsverhältnis vor dem Ausscheiden geruht hat oder nicht. Vielmehr ist auch deren Anspruch um 1/12 der vollen Zuwendung für jeden vollen Monat des Ruhens des Arbeitsverhältnisses im Bezugszeitraum zu kürzen (*BAG* 21.5.2003 EzA § 611 BGB 2002 Gratifikation, Prämie Nr. 7; s. a. *BAG* 12.10.2005 EzA § 611 BGB 2002 Gratifikation, Prämie Nr. 17). Gleiches gilt bei der anspruchsmindernden Bemessung einer Weihnachtsgratifikation auch dann, wenn die Krankheit in Zusammenhang mit einer **Schwangerschaft** steht (*BAG* 27.7.1994 EzA § 611 BGB Gratifikation, Prämie Nr. 113). Rechtswidrig ist es auch nicht, wenn die Tarifnorm die Verminderung der Einmalzahlung um ein Viertel für jeden Kalendermonat vorschreibt, für den der Arbeitnehmer **keinen Anspruch auf Vergütung, Urlaubsvergütung oder Krankenbezüge** gehabt hat. Dies gilt selbst dann, wenn von der Verminderung Frauen betroffen sind, die einen Anspruch auf Zuschuss zum Mutterschaftsgeld (§ 14 MuSchG) haben (*BAG* 14.12.1995 EzA § 4 TVG Bundespost Nr. 5).

1120 (derzeit unbesetzt)

1121 Nach § 2 TV Sonderzahlungen der Niedersächsischen Metallindustrie ist ein Anspruch weder von einer tatsächlichen Arbeitsleistung im Kalenderjahr noch von einem entsprechenden Verdienst innerhalb der letzten drei vollständig abgerechneten Monate vor dem Auszahlungstag abhängig. Die Arbeitsunfähigkeit infolge Krankheit während des gesamten Kalenderjahres und die Bewilligung einer Erwerbsunfähigkeitsrente auf Zeit führen, ohne Anhaltspunkte für eine entsprechende Vereinbarung der Parteien, auch nicht zu einem Ruhen des Arbeitsverhältnisses i. S. v. § 2 Abs. 5 dieses TV

(*BAG* 11.10.1995 EzA § 611 BGB Gratifikation, Prämie Nr. 133; s. aber *LAG SchlH* 15.5.1998 NZA-RR 1998, 409; a. A. *BAG* 5.8.1992 EzA § 611 BGB Gratifikation, Prämie Nr. 89).

(derzeit unbesetzt) **1122**

Andererseits ist eine Gratifikationsregelung durch Betriebsvereinbarung oder Einzelvertrag, zulässig, **1123** nach der eine vom Arbeitgeber freiwillig gewährte Weihnachtsgratifikation um Zeiten krankheitsbedingter Arbeitsunfähigkeit gekürzt werden kann, wenn für diese Zeit das Arbeitsentgelt fortgezahlt ist, ist zulässig (zur Anwesenheitsprämie s. Rdn. 1177 ff.). Dabei ist es nach Auffassung des *LAG Düsseld.* (18.3.1998 LAGE § 611 BGB Anwesenheitsprämie Nr. 4) unerheblich, welche Ursachen den krankheitsbedingten Fehlzeiten zugrunde liegen. Fehltage auf Grund eines **Arbeitsunfalls** berechtigen danach ebenfalls zur Kürzung der Gratifikation. Ob dies auch dann gilt, wenn der Arbeitsunfall auf ein zurechenbares Verhalten des Arbeitgebers zurückzuführen ist, hat das *LAG Düsseld.* (18.3.1998 LAGE § 611 BGB Anwesenheitsprämie Nr. 4) offen gelassen.

*cc) Rechtslage bei fehlender ausdrücklicher Regelung; Unklarheitenregel*

Das *BAG* (5.8.1992, 16.3.1994 EzA § 611 BGB Gratifikation, Prämie Nr. 90, 111; s. a. *BAG* **1124** 12.10.2005 EzA § 611 BGB Gratifikation, Prämie Nr. 17) geht davon aus, dass eine tarifliche Regelung über die Gewährung einer jährlichen Sonderzahlung, deren Zweck es – auch – ist, im Bezugszeitraum geleistete Arbeit zusätzlich zu vergüten, zwar bestimmen kann, welche Zeiten ohne tatsächliche Arbeitsleistung sich anspruchsmindernd oder anspruchsausschließend auf die Sonderzahlung auswirken sollen. Über diese Bestimmung hinaus kann jedoch einer solchen Regelung nicht der Rechtssatz entnommen werden, dass Voraussetzung für den Anspruch auf die tarifliche Sonderzahlung auf jeden Fall eine nicht ganz unerhebliche Arbeitsleistung im Bezugszeitraum ist.

Trifft deshalb ein Tarifvertrag über eine Jahressonderzahlung überhaupt keine Regelung für die Fälle einer fehlenden tatsächlichen Arbeitsleistung im gesamten Bezugszeitraum (vgl. *BAG* 7.8.2002 EzA § 4 TVG Druckindustrie Nr. 30). so kann i. d. R. nicht auf den Willen der Tarifvertragsparteien geschlossen werden, nur für den Fall einer fehlenden tatsächlichen Arbeitsleistung im gesamten Bezugszeitraum den Anspruch auf die Sonderzahlung auszuschließen und eine ausdrückliche Regelung dieses Inhalts lediglich im Hinblick auf die Rechtsprechung des BAG zu unterlassen (*BAG* 8.12.1993 EzA § 611 BGB Gratifikation, Prämie Nr. 108).

Der Zweck einer betrieblichen oder tariflichen Sonderzahlung (Honorierung einer tatsächlichen Arbeitsleistung für die Dauer von zumindest 4 Monaten), wie er sich aus deren Voraussetzungen, Ausschluss- und Kürzungstatbeständen ergibt, kann zwar bei der Auslegung der konkreten Regelung zu berücksichtigen sein, nicht aber weitere Ausschluss- und Kürzungstatbestände begründen (*BAG* 24.3.1993 EzA § 611 BGB Gratifikation, Prämie Nr. 102).

Fehlt es an einer entsprechenden tariflichen Regelung, so kann folglich ein Arbeitnehmer, der wäh- **1125** rend des gesamten Kalenderjahres arbeitsunfähig krank war, die betriebliche Sonderzahlung beanspruchen (*BAG* 17.12.1992 EzA § 611 BGB Gratifikation, Prämie Nr. 94; 24.3.1993 EzA § 611 BGB Gratifikation, Prämie Nr. 97). Zu beachten ist aber, dass sich das Vorliegen einer tariflichen Regelung auch mittelbar daraus ergeben kann, dass z. B. ein 13. Monatsgehalt als arbeitsleistungsbezogene Sonderzahlung vorgesehen ist (s. Kap. 4 Rdn. 1606).

Fraglich ist, ob dann, wenn der Arbeitnehmer nach langjähriger Arbeitsunfähigkeit und Aussteue- **1126** rung durch die Krankenkasse zunächst Arbeitslosengeld nach §§ 125, 126 SGB III und später eine Rente beantragt und der Arbeitgeber gegenüber dem Arbeitsamt auf das Direktionsrecht verzichtet hat, ein Anspruch auf diese tarifliche Sonderzahlung besteht, weil das Arbeitsverhältnis rechtlich fortbesteht (so *BAG* 28.9.1994 EzA § 611 BGB Gratifikation, Prämie Nr. 117; s. a. *BAG* 9.8.1995 EzA § 611 BGB Gratifikation, Prämie Nr. 130).

(derzeit unbesetzt) **1127**

**Kapitel 3**  Der Inhalt des Arbeitsverhältnisses

1128   Das *BAG* (10.4.1996 EzA § 611 BGB Gratifikation, Prämie Nr. 142) geht ohne diese einschränkenden Voraussetzungen (Verzicht auf das Direktionsrecht, Ruhen des Arbeitsverhältnisses) **generell** davon aus, dass dann, wenn sich der Arbeitnehmer bei langjähriger und auf nicht absehbare Zeit fortbestehender Arbeitsunfähigkeit nach Aussteuerung durch die Krankenkasse **arbeitslos meldet** und die Zahlung von Arbeitslosengeld nach §§ 125, 126 SGB III beantragt, die durch das an sich fortbestehende Arbeitsverhältnis begründeten Bindungen zwischen Arbeitnehmer und Arbeitgeber **so gelockert werden, dass keine Ansprüche auf die tariflichen Sonderzahlungen mehr bestehen.**

1129   Ist zudem ein rechtlich an sich fortbestehendes Arbeitsverhältnis auf Grund langjähriger Arbeitsunfähigkeit nur noch **formaler Natur** und nach dem Willen und den Vorstellungen beider Parteien keine rechtliche Bindung im Hinblick auf eine Wiederaufnahme des bisherigen Arbeitsverhältnisses anzunehmen, so ist ein Anspruch auf eine Weihnachtsgratifikation **ausgeschlossen**, selbst dann, **wenn die tarifvertraglich festgelegten Voraussetzungen erfüllt sind** (*BAG* 11.2.1998 BB 1998, 2367 ff.).

1130   Zu beachten ist in diesem Zusammenhang allerdings, dass **Unklarheiten in vom Arbeitgeber gestellten Arbeitsvertragsregelungen grds. auch dann zu seinen Lasten gehen, wenn § 305c Abs. 2 BGB keine Anwendung findet** (s. Kap. 1 Rdn. 614 ff.). Ist deshalb z. B. vertragliche Voraussetzung des Anspruchs des Arbeitnehmers auf eine Sondervergütung nur dessen »Zugehörigkeit«, so führt die unbefristete Erwerbsunfähigkeit des Arbeitnehmers nicht ohne weiteres zum Anspruchsverlust. Der Anspruch entfällt dann grds. erst mit der Beendigung des Arbeitsverhältnisses (*BAG* 26.1.2005 EzA § 611 BGB 2002 Gratifikation, Prämie Nr. 14).

*dd) Mutterschutzfristen*

1131   Fraglich ist, ob die Zeit der Mutterschutzfristen (§§ 3 Abs. 2, 6 Abs. 1 MuSchG) sich gratifikationsmindernd auswirken darf (dagegen *BAG* 13.10.1982 EzA § 611 BGB Gratifikation, Prämie Nr. 72).

1132   (derzeit unbesetzt)

1133   Inzwischen hat das *BAG* (12.7.1995 EzA § 611 BGB Gratifikation, Prämie Nr. 129) Zweifel, ob an dieser Auffassung überhaupt oder jedenfalls in dieser Allgemeinheit festgehalten werden kann. Denn Regelungen, die vorsehen, dass sich Zeiten ohne tatsächliche Arbeitsleistung anspruchsmindernd oder anspruchsausschließend auf Sonderzahlungen auswirken können, sind zulässig. Das gilt auch für Fehlzeiten, für die der Arbeitnehmer einen gesetzlichen Anspruch auf Entgeltfortzahlung hat (*BAG* 26.10.1994 EzA § 611 BGB Anwesenheitsprämie Nr. 10). Warum dann der Entgeltsicherung der schwangeren Arbeitnehmerin während der Schutzfristen eine weitergehende Schutzfunktion zukommen soll, als den Vorschriften über die Entgeltfortzahlung im Krankheitsfall, ist nicht erkennbar.

Ob das *BAG* (12.7.1995 EzA § 611 BGB Gratifikation, Prämie Nr. 129) an dieser Auffassung festhalten kann, ist fraglich. Denn der *EuGH* (21.10.1999 EzA Art. 119 EWG-Vertrag Nr. 57) geht davon aus, dass Art. 157 AEUV es dem Arbeitgeber **untersagt**, Arbeitnehmerinnen vollständig von der Gewährung einer Weihnachtsgratifikation, die freiwillig als Sonderzuwendung gezahlt wird, auszuschließen, ohne im Jahr der Gewährung geleistete Arbeit, **aber auch Mutterschutzzeiten** (Beschäftigungsverbote) **zu berücksichtigen**, wenn diese Gratifikation eine Vergütung für in diesem Jahr geleistete Arbeit ist. Art. 157 AEUV untersagt es, bei der Gewährung einer Weihnachtsgratifikation Mutterschutzzeiten (Beschäftigungsverbote) anteilig leistungsmindernd zu berücksichtigen.

1134   Jedenfalls entsteht ein Anspruch auf ein 13. Monatsgehalt, das als Teil der im Austauschverhältnis zur Arbeitsleistung stehenden Vergütung vereinbart ist (»arbeitsleistungsbezogene Sonderzahlung«) auch für Zeiten, in denen auf Grund der **Beschäftigungsverbote nach §§ 3, 6 MuSchG keine Arbeitsleistung erbracht wird** (*BAG* 25.11.1998 EzA § 611 BGB Gratifikation/Prämie Nr. 152).

1135   Das *LAG Nds.* (2.7.1996 LAGE § 14 MuSchG Nr. 8) hat angenommen, dass dann, wenn ein Tarifvertrag über Sonderzahlungen vorsieht, dass der Anspruch nur für Zeiten besteht, in denen ein Entgeltanspruch besteht, einer Arbeitnehmerin, die für diesen Zeitraum den **Zuschuss zum Mutter-**

**schaftsgeld** bezieht, die Sonderzahlung zusteht, weil der Anspruch auf den Zuschuss ein Entgeltanspruch i. S. dieser Vorschrift ist.

Sieht ein Tarifvertrag eine Minderung des Anspruchs auf eine Jahressonderzahlung für Monate vor, in denen kein Anspruch auf »Gehalt« oder »Gehaltsfortzahlung« besteht, so rechtfertigt dies ebenfalls keine Minderung für Zeiten der Beschäftigungsverbote gem. §§ 3 Abs. 2, 6 Abs. 1 MuSchG, in denen ein Anspruch gem. § 14 Abs. 1 MuSchG gegeben ist (*BAG* 24.2.1999 EzA § 4 TVG Verkehrsgewerbe Nr. 4). 1136

Handelt es sich bei dem Weihnachtsgeld um eine Sonderleistung, die an das Bestehen des Arbeitsverhältnisses über den 31. März des Folgejahres geknüpft ist, ist es mangels anderweitiger Regelung auch für die Zeit des Beschäftigungsverbots nach § 3 Abs. 2 MuSchG und der Elternzeit zu entrichten (*LAG Bln.* 27.10.1999 NZA-RR 2000, 124; zur Elternzeit s. Rdn. 1139 ff.). 1137

Der Begriff der »Beschäftigung« in den Normen des MTV Bäckerhandwerk NRW wird i. S. d. rechtlichen Bestandes des Arbeitsverhältnisses verwandt und setzt **keine tatsächliche Tätigkeit voraus.** Gem. § 13 Ziff. 5 MTV steht einem Arbeitnehmer, der Erziehungsurlaub in Anspruch nimmt, nur für solche Monate ein Zwölftel des Weihnachtsgeldes zu, in denen er »tätig« war, d. h. in denen das Arbeitsverhältnis nicht gem. § 13 Ziff. 5a) bis f) ruhte. Wird eine Arbeitnehmerin während des Erziehungsurlaubs erneut schwanger, so entsteht auch für die Zeiten der Beschäftigungsverbote der § 3 Abs. 2 MuSchG und § 6 MuSchG kein anteiliger Anspruch auf Weihnachtsgeld gem. § 13 Ziff. 5 MTV, da sie in dieser Zeit auch nicht »tätig« gewesen wäre, wenn sie nicht schwanger gewesen wäre und ein weiteres Kind geboren hätte. Dies steht nach Auffassung des *BAG* (4.12.2002 EzA § 611 BGB 2002 Gratifikation, Prämie Nr. 3) im Einklang mit dem Urteil des *EuGH* (21.10.1999 EzA Art. 119 EWG-Vertrag Nr. 57). 1138

*ee) Elternzeit*

*(1) Grundlagen*

Das *BAG* (10.2.1993 EzA § 15 BErzGG Nr. 4) geht davon aus, dass auch das Ruhen des Arbeitsverhältnisses wegen Elternzeit zur Kürzung des Anspruchs führt, wenn ein Tarifvertrag vorsieht, dass eine tarifliche Jahressonderzahlung für Zeiten gekürzt werden kann, in denen das Arbeitsverhältnis »kraft Gesetzes« ruht. 1139

Eine derartige Regelung verstößt nicht gegen Art. 141 EG, die RL 75/117 EWG, Art. 3, 6 GG sowie § 15 Abs. 3 BEEG. Denn der Arbeitgeber schuldet grds. nur Lohn für erbrachte Arbeit, sofern nicht gesetzlich ausnahmsweise eine Lohnzahlungspflicht auch für Zeiten ohne Arbeitsleistung vorgesehen ist, wie z. B. im Fall der Arbeitsunfähigkeit (*BAG* 24.5.1995 EzA § 611 BGB Gratifikation, Prämie Nr. 124; 12.1.2000 EzA § 611 BGB Gratifikation, Prämie Nr. 158; s. a. *EuGH* 21.10.1999 EzA Art. 119 EWG-Vertrag Nr. 57). 1140

Zu beachten ist aber, dass dann, wenn im Arbeitsvertrag eindeutig festgelegt wird, unter welchen Voraussetzungen der Anspruch auf eine Sonderzahlung entsteht und aus welchen Gründen die Leistung wieder zurückzuzahlen ist, damit **abschließend auch der Zweck der Leistung definiert** ist. Es können nicht im Nachhinein weitere Anspruchsvoraussetzungen aufgestellt werden, die auf weitere Zwecke schließen lassen. Ist folglich nur die rechtliche Beendigung des Arbeitsverhältnisses bis zu einem bestimmten Datum für die Sonderzahlung schädlich, steht dem ein Ruhen wegen Elternzeit nicht gleich (*BAG* 10.12.2008 EzA § 611 BGB 2002 Gratifikation, Prämie Nr. 24; s. a. *Salamon* NZA 2009, 656 ff.; *BAG* 28.3.2007 EzA § 611 BGB 2002 Gratifikation, Prämie Nr. 21). 1141

Wird in AGB unter dem ausdrücklichen Vorbehalt der Freiwilligkeit der Leistung eine Weihnachtsgratifikation für Arbeitnehmer in Aussicht gestellt, deren »Arbeitsverhältnis während des ganzen Jahres bestanden hat und im Auszahlungszeitpunkt nicht gekündigt ist«, so hindert diese normierte Anspruchsvoraussetzung den Arbeitgeber nicht, künftig den Personenkreis auch anders zu bestimmen und etwa Arbeitnehmer, deren Arbeitsverhältnis wegen Elternzeit ruht, von der Leistung auszuneh- 1142

## Kapitel 3 — Der Inhalt des Arbeitsverhältnisses

men. Denn bei einem derartigen Freiwilligkeitsvorbehalt bleibt ihm die Freiheit, in jedem Jahr neu zu entscheiden, ob und unter welchen Voraussetzungen auch in diesem Jahr ggf. eine Weihnachtsgratifikation gezahlt werden soll. Erst mit der Verlautbarung dieser Entscheidung gegenüber den Arbeitnehmern kann ein Anspruch entstehen. Auch ein im Laufe des Jahres ggf. erwachsener anteiliger Anspruch besteht nicht. Im konkreten Einzelfall hatte der Arbeitgeber jeweils im November entschieden, ob und in welcher Höhe eine Gratifikation gezahlt wird (*BAG* 6.12.1995 EzA § 611 BGB Gratifikation, Prämie Nr. 134).

**1143** Eine jährliche Sonderleistung des Arbeitgebers kann zudem dann wegen der Inanspruchnahme von Elternzeit anteilig gekürzt werden, wenn die Sonderzahlung zusätzliches Entgelt für die Arbeitsleistung ist. Voraussetzung dafür ist aber, dass die Sonderleistung jeweils bestimmten Zeitabschnitten zuzuordnen ist (*LAG Frankf./M.* DB 1989, 1775; s. a. *EuGH* 21.10.1999 EzA Art. 119 EWG-Vertrag Nr. 57). Handelt es sich um **reine Vergütung**, so muss sich der Arbeitnehmer in der Elternzeit eine seiner Anwesenheit im Bezugsjahr entsprechende Quotierung auch **ohne ausdrückliche Vereinbarung** gefallen lassen (*LAG Köln* 16.6.2000 NZA-RR 2000, 625).

**1144** § 2 Abs. 2 S. 2 TV über eine Zuwendung für Angestellte (im öffentlichen Dienst) sieht demgegenüber ausdrücklich vor, dass Zeiten ohne Dienstbezüge bis zu 12 Monaten die Höhe der Sonderzuwendung nicht beeinflussen, wenn die Nichtzahlung auf Grund von Elternzeit erfolgt. Diese Regelung gilt allerdings für jede Elternzeit **nur einmal** und kommt nicht nochmals zum Tragen, wenn die Angestellte während der laufenden Elternzeit wegen der Geburt eines weiteren Kindes erneut Elternzeit in Anspruch nimmt (*BAG* 26.3.1997 EzA § 611 BGB Gratifikation, Prämie Nr. 151).

**1145** Eine Angestellte, die nach diesem Tarifvertrag Anspruch auf eine Zuwendung hat, behält diesen Anspruch, der entsprechend ihrem vor Antritt der Elternzeit erzielten Verdienst zu errechnen ist, auch dann, wenn sie während der Elternzeit bei demselben Arbeitgeber eine **erziehungsgeldunschädliche Teilzeittätigkeit** mit entsprechend verringerter Arbeitsvergütung ausübt (*BAG* 12.1.2000 NZA 2000, 1060).

**1146** Denn die tariflichen Bestimmungen eines Tarifvertrages über eine Zuwendung für Angestellte enthalten einen Wertungswiderspruch, wenn sie dazu führen, dass Angestellte, die nach dem zwölften Lebensmonat des Kindes eine erziehungsgeldunschädliche Teilzeittätigkeit ausüben, einen geringeren Zuwendungsanspruch erwerben, als Angestellte, die während des Erziehungsurlaubs nicht tätig sind. Dieser Wertungswiderspruch ist so aufzulösen, dass sich die Zuwendung nach dem bei vergleichender Betrachtungsweise mit und ohne erziehungsgeldunschädliche Teilzeittätigkeit günstigeren Anspruch richtet (*BAG* 12.2.2003 EzA § 611 BGB 2002 Gratifikation, Prämie Nr. 4).

### (2) Kürzung von Weihnachtsgeld

**1147** Bezweckt ein tarifvertragliches Weihnachtsgeld sowohl die Entlohnung für im Bezugstermin geleistete Arbeitszeit als auch die Belohnung für erwiesene Betriebstreue, so bedarf es einer tariflichen Quotenregelung, wenn das Weihnachtsgeld für die Zeiten gekürzt werden soll, in denen das Arbeitsverhältnis wegen Elternzeit ruht.

**1148** Sofern der Tarifvertrag für diese Tatbestände keine Regelung enthält, kann eine am Maß der jährlichen Arbeitsleistung orientierte Kürzung des Weihnachtsgeldes nicht mit einem allgemeinen Rechtsprinzip begründet werden (*BAG* 24.10.1990 EzA § 611 BGB Gratifikation, Prämie Nr. 80).

**1149** Ist also im Arbeitsvertrag eindeutig festgelegt, unter welchen Voraussetzungen der Anspruch auf eine Sonderzahlung entsteht und aus welchen Gründen die Leistung wieder zurückzuzahlen ist, dann ist damit abschließend auch der Zweck der Leistung definiert. Es können folglich **nicht** im Nachhinein **weitere Anspruchsvoraussetzungen aufgestellt werden**, die auf weitere Zwecke schließen lassen. Ist *somit nur die rechtliche Beendigung des Arbeitsverhältnisses bis zu einem bestimmten Datum* für die Sonderzahlung schädlich, steht dem ein Ruhen wegen Elternzeit nicht gleich (*BAG* 10.12.2008 EzA § 611 BGB 2002 Gratifikation, Prämie Nr. 24).

## B. Pflichten des Arbeitgebers
## Kapitel 3

Sieht ein Arbeitsvertrag vor, dass die Zahlung eines Weihnachtsgeldes unter dem Vorbehalt des jederzeitigen Widerrufs steht und ein Rechtsanspruch auf das Weihnachtsgeld nicht besteht, so handelt es sich bei dieser Sonderzahlung nicht um einen Teil der im Austauschverhältnis zur Arbeitsleistung stehenden Vergütung. Daher darf der Arbeitgeber eine anteilige Kürzung des Weihnachtsgeldes für Zeiten, in denen das Arbeitsverhältnis wegen Elternzeit ruht, nur dann vornehmen, wenn dies ausdrücklich vereinbart wurde. 1150

Ob die Inanspruchnahme von Elternzeit den Arbeitgeber zur Ausübung seines vorbehaltenen Widerrufsrechts berechtigt, hat das *BAG* (10.5.1995 EzA § 611 BGB Gratifikation, Prämie Nr. 125) offen gelassen. 1151

Das *LAG Köln* (13.3.1997 NZA-RR 1997, 417) hat angenommen, dass ein Anspruch des Arbeitnehmers auf eine einzelvertraglich zugesagte Sonderzahlung während der Elternzeit nur dann entfällt, wenn es sich um eine Leistung mit **reinem Entgeltcharakter** handelt, mit der kein weiterer Zweck als die Entlohnung tatsächlich erbrachter Arbeitsleistung verfolgt wird. 1152

Andererseits besteht für einen allein an den Fortbestand des Arbeitsverhältnisses anknüpfenden Anspruch auf Zahlung einer Weihnachtsgratifikation kein Raum für eine einschränkende Auslegung des Arbeitsvertrages dahin, dass er in der Elternzeit entfällt, jedenfalls solange der Arbeitnehmer keinen endgültigen Abkehrwillen gefasst hat (*LAG Bln.* 8.6.2001 NZA-RR 2001, 467). 1153

### (3) Kürzung einer Tantieme

Sieht ein Arbeitsvertrag eine »jährliche Ermessenstantieme, die von der Erfüllung des geplanten Jahresüberschusses und von der persönlichen Beurteilung durch den Vorgesetzten abhängt« vor, so handelt es sich um eine vom Betriebsergebnis abhängige Jahressonderzahlung, durch die die Leistung der Arbeitnehmer im laufenden Jahr eine zusätzliche Vergütung erfährt. 1154

Es stellt nach Auffassung des *LAG RhPf* (24.7.1987 NZA 1988, 23) eine gegen den Gleichbehandlungsgrundsatz verstoßende sachfremde Differenzierung dar, wenn von dieser Sonderleistung Arbeitnehmerinnen ausgeschlossen werden, die sich im folgenden Jahr zum Auszahlungszeitpunkt in der Elternzeit befinden. 1155

### (4) Kürzung eines 13. Monatsgehalts

Ergibt die Auslegung einer einzelvertraglichen Vereinbarung über die Gewährung eines 13. Monatsgehalts, dass es sich bei der Sonderzahlung um eine Vergütung handelt, die anstelle der monatlichen Auszahlung nur einmal jährlich gezahlt wird bzw. dass es sich um einen Teil der im Austauschverhältnis zur Arbeitsleistung stehende Vergütung handelt, so hat der Arbeitnehmer in der Elternzeit lediglich Anspruch auf eine der im Bezugszeitraum erbrachten Arbeitsleistung entsprechende Teilleistung. 1156

Auf die Vereinbarung eines vertraglichen Kürzungsrechts für Zeiten der Elternzeit kommt es dann nicht an (*BAG* 24.10.1990 EzA § 611 BGB Gratifikation, Prämie Nr. 81; 19.4.1995 EzA § 611 BGB Gratifikation, Prämie Nr. 126). 1157

### ff) Kurzarbeit mit »Null-Stunden«; Arbeitskampf

Schließt eine tarifliche Regelung den Anspruch auf eine Sonderzahlung aus, wenn im Kalenderjahr aus »sonstigen Gründen« nicht gearbeitet wurde, so gilt dies auch bei ganzjähriger Kurzarbeit mit »Null-Stunden« – Arbeitszeit (*BAG* 19.4.1995 EzA § 611 BGB Gratifikation, Prämie Nr. 121). 1158

Stehen nach einer tariflichen Regelung über eine Sonderzahlung zeitweise nichttätigen Beschäftigten nur so viele Zwölftel der Sonderzahlung zu, wie sie im Kalenderjahr volle Monate bei dem Unternehmen gearbeitet oder Leistungen nach den Bestimmungen des AGB-DDR erhalten haben, so ist der Anspruch auf die Sonderzahlung im Hinblick auf Zeiten, in denen Kurzarbeit mit »Null-Stunden« – 1159

Arbeitszeit angeordnet war, zu kürzen (*BAG* 10.5.1995 EzA § 611 BGB Gratifikation, Prämie Nr. 128).

**1160** Macht andererseits eine tarifliche Regelung den Anspruch allein vom rechtlichen Bestand eines Arbeitsverhältnisses abhängig, dann ist die Sonderzahlung auch für Zeiten zu gewähren, in denen das Arbeitsverhältnis wegen eines Arbeitskampfes geruht hat (*BAG* 20.12.1995 EzA § 611 BGB Gratifikation, Prämie Nr. 135). Etwas anderes gilt, wenn eine tarifliche Sonderzahlung nur für **Zeiten einer tatsächlichen Arbeitsleistung** gezahlt wird. Denn eine solche Regelung erfasst mangels anderer Hinweise auch die Nichtarbeit wegen eines Streiks, weil während der Teilnahme daran die Hauptpflichten aus dem Arbeitsverhältnis ruhen. Für Zeiten der Teilnahme an einem **Arbeitskampf** besteht dann kein Anspruch. Da eine solche Kürzung nur die im Tarifvertrag vorgesehene Ordnung vollzieht, liegt in ihr **keine unzulässige Maßregelung** wegen der Teilnahme am Streik (*BAG* 3.8.1999 EzA Art. 9 GG Arbeitskampf Nr. 133; *LAG Nds.* 27.4.1998 LAGE § 611 BGB Gratifikation Nr. 43; anders in Auslegung tariflicher Regelungen – Vorliegen einer tariflichen Maßregelungsklausel – aber *BAG* 13.2.2007 EzA Art. 9 GG Arbeitskampf Nr. 138; *LAG Düsseld.* 6.3.2006 ZTR 2006, 378; *LAG SchlH* 24.11.2005 ZTR 2006, 379 LS).

*gg) Differenzierung zwischen verschiedenen Abwesenheitsursachen*

**1161** Eine tarifliche Regelung, nach der für eine Zuwendung Zeiten des Grundwehr- oder Zivildienstes, des Mutterschutzes und der Elternzeit anspruchserhaltend, Zeiten einer Arbeitsunfähigkeit ohne Entgeltfortzahlungsverpflichtung »anspruchsmindernd« berücksichtigt werden, ist zulässig und verstößt nicht gegen Art. 3 Abs. 1 GG (*BAG* 14.9.1994 EzA § 611 BGB Gratifikation, Prämie Nr. 116).

**1162** Eine derartige Regelung überschreitet nicht die Grenzen des Gestaltungsspielraums der Tarifvertragsparteien und damit die Grenzen der Tarifautonomie.

**1163** Es verstößt auch weder gegen § 6 ArbPlSchG noch gegen den Gleichbehandlungsgrundsatz, wenn die tarifliche Sonderzuwendung für Arbeitnehmer, die als Soldat auf Zeit gedient haben, für die Monate der Dienstzeit gekürzt wird, für Arbeitnehmer, die Grundwehrdienst leisten, jedoch nicht (*BAG* 24.1.1996 EzA § 6 ArbPlSchG Nr. 4).

**1164** Eine tarifliche Regelung, nach der in den Fällen des Ausscheidens, der Neueinstellung, des Ruhens des Arbeitsverhältnisses, des unbezahlten Sonderurlaubs und des Krankengeldbezugs ein anteiliger Anspruch auf 1/12 der Sonderzahlungen (13. und 14. Monatsgehalt) für jeden vollen Monat im Kalenderjahr, in dem die Arbeitnehmer gearbeitet haben, entsteht, ist dahingehend auszulegen, dass nicht schon der Bezug von Krankengeld gem. § 45 SGB V für einen Arbeitstag wegen der Pflege eines erkrankten Kindes den Arbeitgeber zur Kürzung der vollen Sonderzahlungen berechtigt. Würde die für den Fall des Krankengeldbezuges vorgesehene Verminderung von Sonderzahlungen (13. und 14. Monatsgehalt) dazu führen, dass ein Arbeitnehmer seinen Anspruch aus § 45 SGB V nur unter Inkaufnahme überproportionaler Vergütungseinbußen (1/12 der Sonderzahlungen bei einem Fehltag) wahrnehmen könnte, würde eine entsprechende individualrechtliche Regelung gegen das Maßregelungsverbot des § 612a BGB verstoßen.

**1165** Im Zweifel kann nicht angenommen werden, dass eine entsprechende tarifliche Regelung eine derartige Kürzung zulässt, zumal sie dann gemessen an Art. 6 Abs. 2 GG verfassungsrechtlich bedenklich wäre. Tarifverträge sind nach Möglichkeit so auszulegen, dass sie zu einer **vernünftigen**, sachgerechten, verfassungs- und gesetzeskonformen **Lösung** führen und nicht gegen tragende Grundsätze des Arbeitsrechts verstoßen (*BAG* 31.7.2002 EzA § 611 BGB Gratifikation, Prämie Nr. 167).

*h) Berücksichtigung und Anrechnung anderweitiger Sozialleistungen*

**1166** Fraglich ist, ob und inwieweit auf eine Jahressonderleistung andere betriebliche Sozialleistungen angerechnet werden können:

– Bestimmt ein Tarifvertrag, dass auf die Jahressonderzahlung alle betrieblichen Leistungen wie Weihnachtsgratifikation, Jahresabschluss, Jahresprämien, Ergebnisbeteiligungen, Tantiemen, dreizehnte Monatsentgelte und dergleichen angerechnet werden können, so stellt eine auf Grund betrieblicher Übung einmal jährlich zu zahlende »Treueprämie«, deren Höhe sich nach der Dauer der Betriebszugehörigkeit richtet, eine solche anrechenbare Leistung dar. Das Günstigkeitsprinzip (§ 4 Abs. 3 TVG) steht dem nicht entgegen, denn von Tarifverträgen abweichende Vereinbarungen sind zwar zulässig, wenn sie Regelungen zugunsten des Arbeitnehmers enthalten. Auch beseitigen neue tarifliche Regelungen günstigere Abmachungen im Arbeitsvertrag nicht, wobei es unerheblich ist, ob solche günstigeren Abmachungen vor oder nach In-Kraft-Treten des Tarifvertrages getroffen worden sind. **Das gilt aber nur für Vergütungsbestandteile, die nach der arbeitsvertraglichen Vereinbarung »neben« dem jeweiligen Tariflohn zu zahlen, also »tariffest« sind. Fehlt eine solche Vereinbarung, so können übertarifliche Lohnbestandteile, insbes. Lohnzulagen, auch ohne ausdrücklichen Vorbehalt auf eine Tariflohnerhöhung angerechnet werden.** Da die maßgebliche Regelung hinsichtlich der Zahlung einer Treueprämie nicht tarifvertragsfest ausgestaltet ist, ist die Anrechnung möglich (*BAG* 3.3.1993 EzA § 611 BGB Gratifikation, Prämie Nr. 101; 18.5.1994 EzA § 611 BGB Gratifikation, Prämie Nr. 112). **1167**

– Andererseits ist die Erklärung in einer Vorbemerkung zu einer betrieblichen Vereinbarung zwischen Arbeitgeber und Betriebsrat, in der die Voraussetzungen für einen Anspruch auf Tantieme und deren Berechnung geregelt sind, es handele sich um eine freiwillige soziale Leistung, zwar regelmäßig dahin auszulegen, dass sich der Arbeitgeber die Entscheidung über die Gewährung der Leistung und die Höhe des Gesamtbetrages vorbehält. Sie berechtigt ihn **aber nicht zum Ausschluss einzelner Arbeitnehmer** oder zur Anrechnung von Leistungen auf die Tantieme, die nicht in den Einzelbestimmungen vorgesehen sind (*BAG* 20.1.1998 EzA § 87 BetrVG 1972 Betriebliche Lohngestaltung Nr. 63). **1168**

– Dagegen kann bei einer derartigen tariflichen Regelung ein anlässlich der Vollendung einer Betriebszugehörigkeit von 10 Jahren einmalig gezahltes betriebliches Treuegeld nicht angerechnet werden. **1169**

Denn Jahresabschlussvergütungen, Weihnachtsgeld, Gratifikationen, Jahresergebnisbeteiligungen, Jahresprämien u. Ä. beziehen sich alle auf den Bezugszeitraum des laufenden Kalenderjahres. Sie sind daher von ihrem Zweck her vergleichbar mit der tariflichen Sonderzahlung, mit der ebenfalls die im Regelfall im Bezugszeitraum erbrachte Arbeitsleistung honoriert werden soll. Davon unterscheidet sich das betriebliche Treuegeld wegen 10-jähriger Betriebszugehörigkeit grundlegend. Insoweit handelt es sich um eine einmalige Leistung des Arbeitgebers im Hinblick auf die erbrachte 10-jährige Betriebstreue des Arbeitnehmers. Diese bezieht sich somit gerade nicht auf den Bezugszeitraum des laufenden Kalenderjahres. Dies schließt ihre Anrechnung gegenüber der jährlich zu gewährenden tariflichen Sonderleistung aus (*BAG* 10.2.1993 EzA § 611 BGB Gratifikation, Prämie Nr. 96). **1170**

– **Stammarbeiterzulagen**, die nach einer bestimmten Zeitdauer der Betriebszugehörigkeit bei persönlicher Zuverlässigkeit gewährt werden, sind auf den tariflich abgesicherten Teil eines 13. Monatseinkommens im Baugewerbe nicht anzurechnen. Denn darauf kann zwar betrieblich gewährtes Weihnachtsgeld, ein 13. Monatseinkommen oder eine Zahlung, die diesen Charakter hat, angerechnet werden. Die Stammarbeiterzulage ist damit aber nicht gleichzusetzen, weil es sich bei ihr um eine zweckgerichtete Zulage für einen besonderen Personenkreis handelt. Den Betrieben im Baugewerbe, die in einem besonderen Maße unter einem erhöhten Wechsel ihrer Arbeitnehmerschaft leiden, kommt es darauf an, einen bestimmten Facharbeiterstand zu halten und ihn zu fördern. Diesem Ziel und Zweck dient es, wenn Betriebe zuverlässige Arbeitnehmer unter bestimmten Voraussetzungen zum Stammarbeitnehmer ernennen und ihnen, um auch einen materiellen Anreiz zu bieten, eine besondere finanzielle Honorierung zukommen lassen. Die Stammarbeiterzulage ist daher schon vom Ansatz her weder mit einer Weihnachtszuwendung noch mit einem 13. Monatseinkommen zu vergleichen, bei denen dem Grunde und der Höhe nach auf die erbrachte und erwartete Betriebszugehörigkeit abgestellt wird, die aber nicht daran gebun- **1171** den sind, dass andere, besondere persönliche Voraussetzungen erfüllt sind (*BAG* 18.3.1981 EzA § 611 BGB Gratifikation, Prämie Nr. 70).

1172 – Anzurechnen ist dagegen ein 13. **Monatsgehalt**, von dem 60 % zum selben Zeitpunkt geschuldet werden, zu dem auch die tarifliche Sonderzahlung zu leisten ist (*LAG Bln.* 29.9.1995 LAGE § 611 BGB Gratifikation, Prämie Nr. 27).

*i) Berechnungsmethode; Anspruchskürzung*

1173 Ist eine tarifliche Sonderzuwendung, die jeweils zur Hälfte im Juni bzw. November auszuzahlen ist, nach dem tariflichen Monatsgrundlohn zu berechnen, so ist ohne anderweitige Bestimmung der Tarifvertragsparteien i. d. R. vom tariflichen Monatsgrundlohn des jeweiligen Auszahlungsmonats auszugehen (*BAG* 10.7.1996 EzA § 611 BGB Gratifikation, Prämie Nr. 143).

1174 Eine als dreizehntes Monatseinkommen bezeichnete tarifvertragliche Gratifikation, die im Rahmen einer Stichtagsregelung **in der Vergangenheit geleistete Dienste belohnt** und einen Anreiz für zukünftige Betriebstreue setzt, kann **rückwirkend für das ganze Jahr geändert**, d. h. in der Höhe reduziert werden (z. B. durch einen Sanierungstarifvertrag), wenn der Vertrauensschutz der Normunterworfenen nicht entgegensteht.

1175 Wird den Arbeitnehmern in einer Betriebsversammlung vor dem Fälligkeitstag mitgeteilt, dass die Tarifvertragsparteien vereinbart haben, diesen Anspruch für das laufende Jahr durch Tarifvertrag zu verringern, können die Arbeitnehmer nicht mehr darauf vertrauen, ihr Anspruch entstehe ungemindert. Auch ein anteiliger Anspruch erwächst bis zu der Mitteilung nicht, wenn es sich nicht um Entgelt handelt, das ausschließlich an die Erfüllung der Arbeitspflicht anknüpft und daher »pro rata temporis« geschuldet wird (*BAG* 14.11.2001 EzA § 4 TVG Tariflohnkürzung Nr. 16).

1176 Allerdings stellt das *BAG* (11.10.2006 AP Nr. 24 zu § 1 TVG Rückwirkung; 6.6.2007 AP Nr. 39 zu § 1 TVG Tarifverträge: Lufthansa; 17.7.2007 AP Nr. 28 zu § 1 TVG Rückwirkung) mittlerweile auch **maßgeblich** auf die **Entstehung** und **nicht erst** auf die **Fälligkeit** des Anspruchs ab.

*j) Anwesenheitsprämie*

*aa) Zweck und Inhalt von Anwesenheitsprämien*

1177 Um das Ausmaß von Fehlzeiten möglichst gering zu halten, können die Parteien sog. Anwesenheitsprämien vereinbaren. **Dadurch soll den Betriebsangehörigen, die immer anwesend sind, die Mehrbelastung honoriert werden**, die durch verschiedene Krankheitsausfälle der Kollegen hervorgerufen wird. Dabei kann z. B. für jeden Fehltag – ausgenommen Urlaub – vom festgesetzten Grundbetrag ein bestimmter Prozentsatz abgezogen werden.

*bb) § 4a EFZG*

1178 Anknüpfend an die Rechtsprechung des BAG (15.2.1990 EzA § 611 BGB Anwesenheitsprämie Nr. 9) hat der Gesetzgeber mit § 4a EFZG (ab dem 1.10.1996) die Zulässigkeit von Anwesenheitsprämien ausdrücklich klargestellt (Gestaltungsmöglichkeiten erörtert *Patterson-Baysal* FA 2000, 309 ff.). Danach ist eine Vereinbarung über die Kürzung von Leistungen, die der Arbeitgeber – erfasst sind auch tarifliche oder betriebliche Sonderzahlungen – zusätzlich zum laufenden Arbeitsentgelt erbringt (Sondervergütungen), auch für Zeiten der Arbeitsunfähigkeit infolge Krankheit zulässig. Die Kürzung darf danach für jeden Tag der Arbeitsunfähigkeit infolge Krankheit ein Viertel des Arbeitsentgelts, das im Jahresdurchschnitt auf einen Arbeitstag entfällt, nicht überschreiten.

Gewährt der Arbeitgeber z. B. eine Anwesenheitsprämie für ein Quartal nur dann, wenn in diesem Zeitraum **kein krankheitsbedingter Fehltag** liegt, enthält diese Zusage die Kürzung einer Sondervergütung i. S. d. § 4a EFZG. Dem Arbeitnehmer steht deshalb bei krankheitsbedingten Fehlzeiten in der gesetzlichen Kürzungsmöglichkeit entsprechender **anteiliger Anspruch** auf die Anwesenheitsprämie zu (*BAG* 25.7.2001 EzA § 4a EFZG Nr. 2).

Die gesetzliche Regelung enthält **keine Einschränkung** dahingehend, dass eine krankheitsbedingte Arbeitsunfähigkeit, die infolge eines vom Arbeitnehmer im Betrieb des Arbeitgebers erlittenen **Arbeitsunfalls** eingetreten ist, die Kürzungsmöglichkeit bei Sondervergütungen ausschließt (*BAG* 15.12.1999 EzA § 611 BGB Gratifikation, Prämie Nr. 157). Demgegenüber ist das Recht, unentgeltliche Nacharbeit verlangen bzw. das **Arbeitszeitkonto kürzen** zu können, nicht mit der Kürzung von Sondervergütungen vergleichbar; eine entsprechende Tarifnorm ist deshalb nicht nach § 4a EFZG zulässig (*BAG* 26.9.2001 NZA 2002, 387).

Inzwischen hat das *BAG* (7.8.2002 EzA § 4a EFZG Nr. 3) für die Berücksichtigung krankheitsbedingter Fehlzeiten und zur Abgrenzung einer Weihnachtszuwendung von einer Anwesenheitsprämie die Grenzlinien in diesem Bereich neu definiert:
– Bei einer zukunftsgerichteten Anwesenheitsprämie muss den Arbeitnehmern im Voraus bekannt sein, dass und in welchem Umfang sie bei Fehltagen im Bezugszeitraum gekürzt wird.
– Um eine solche Anwesenheitsprämie handelt es sich nicht, wenn der Arbeitgeber ohne Rechtspflicht und ohne jegliche Bindung für die Zukunft ein Weihnachtsgeld als freiwillige Leistung gewährt und dabei u. a. danach differenziert, in welchem Umfang die Arbeitnehmer in der Vergangenheit Arbeitsleistungen erbracht haben oder Fehlzeiten aufwiesen. Er kann dann in den Grenzen des § 4a S. 2 EFZG solche Arbeitnehmer ausnehmen, die im Bezugszeitraum Fehlzeiten aufwiesen.
– Zahlt der Arbeitgeber das Weihnachtsgeld in unterschiedlicher Höhe, hat ein nicht berücksichtigter Arbeitnehmer etwaige generelle Regelungen darzulegen und die Gruppe von Arbeitnehmern zu bezeichnen, mit der er sich für vergleichbar hält, wenn er geltend machen will, nach dem Gleichbehandlungsgrundsatz stehe auch ihm ein Weihnachtsgeld zu.

Aus der Anwendung dieser Grundsätze und der Schuldrechtsreform folgt nach Auffassung des *LAG Hamm* (7.3.2007 NZA-RR 2007, 629) wegen § 307 Abs. 1 S. 2 BGB, dass eine arbeitsvertragliche Vereinbarung des Inhalts »Gewährt der Arbeitgeber zusätzlich zum laufenden Arbeitsentgelt Sonderzuwendungen, so ist der Arbeitgeber berechtigt, **eine prozentuale Kürzung vorzunehmen**, sofern der Arbeitnehmer infolge Krankheit **arbeitsunfähig** ist. Für die Kürzung von Sonderzuwendungen gelten die gesetzlichen Bestimmungen (§ 4a EFZG)« nur wirksam ist, wenn die Parteien eine Vereinbarung insoweit getroffen haben, die die **konkrete Prozentangabe** der Kürzung enthält; eine **geltungserhaltende Reduktion** bei Kürzung einer Anwesenheitsprämie über den Rahmen des § 4a EFZG hinaus erfolgt **nicht** (*LAG Hamm* 13.1.2011 NZA-RR 2011, 289).

1179

*cc) Abgrenzung zum laufenden Arbeitsentgelt*

Wird eine Anwesenheitsprämie monatlich im Rhythmus der Zahlungen des laufenden Arbeitsentgelts geleistet, muss durch **Auslegung der jeweiligen Vereinbarung** ermittelt werden, ob es sich um laufendes Arbeitsentgelt handelt, das der Unabdingbarkeit der Entgeltfortzahlungspflicht unterliegt, oder aber um eine Sondervergütung i. S. d. § 4a S. 1 EFZG. Dabei spricht die Zahlung der Anwesenheitsprämie im vorbeschriebenen Rhythmus regelmäßig für die Einordnung als laufendes und damit nicht zu kürzendes Arbeitsentgelt (*LAG München* 11.8.2009 LAGE § 4a EFZG Nr. 2).

1180

### 8. Sonstige Entgelte

*a) Sachzuwendungen*

*aa) Sachbezüge als Arbeitsentgelt*

Sachleistungen (z. B. Hausbrand bei im Bergbau beschäftigten Arbeitnehmern, freie Kost oder Heizung, Deputate in der Landwirtschaft) sind **grds. als Arbeitsentgelt anzusehen**. Etwas anderes gilt für Sachzuwendungen, die in überwiegend eigenbetrieblichem Interesse gewährt werden (Überlassung von Arbeitskleidung, Arbeitsgerät). Stellt der Arbeitgeber im Rahmen von Dienstbesprechungen oder Fortbildungsveranstaltungen Speisen und Getränke unentgeltlich zur Verfügung, so ist der den Arbeitnehmern gewährte Vorteil dann kein Arbeitslohn, wenn das eigenbetriebliche Interesse

1181

des Arbeitgebers an der günstigen Gestaltung des Arbeitsablaufs den Vorteil der Arbeitnehmer bei weitem überwiegt. Ob dies der Fall ist, ist durch eine Gesamtwürdigung des Einzelfalles zu entscheiden (*BFH* 5.5.1994 EzA § 19 EStG Nr. 1). Sachzuwendungen an Arbeitnehmer anlässlich einer **zweitägigen Reise**, die sowohl eine Betriebsveranstaltung als auch eine aus ganz überwiegend eigenbetrieblichen Interessen durchgeführte Betriebsbesichtigung bei einem Hauptkunden des Arbeitgebers umfasst, **sind grds. aufzuteilen**. Sie sind aber dann insgesamt kein Arbeitslohn, wenn die dem Betriebsveranstaltungsteil zuzurechnenden, anteiligen Kosten die für Zuwendungen bei Betriebsveranstaltungen maßgebliche Freigrenze nicht übersteigen. Die dem Betriebsbesichtigungsteil zuzurechnenden anteiligen Kosten stellen ebenfalls keinen Arbeitslohn dar, wenn die Besichtigung im ganz überwiegend eigenbetrieblichen Interesse durchgeführt wird und damit keinen Entlohnungscharakter hat (*BFH* 16.11.2005 NZA-RR 2006, 481).

1182 Ist eine echte Sachleistung mit einem Mangel behaftet, so sind §§ 434 ff. bzw. 536 ff. BGB analog anwendbar.

1183 Der Anspruch auf die Sachzuwendung gehört gem. § 851 Abs. 2 ZPO regelmäßig nicht zum pfändbaren Arbeitseinkommen, da es sich um eine nach § 399 BGB nicht übertragbare Forderung handelt.

*bb) Personalrabatte*

1184 Da auch Personalrabatte eine **Form des Arbeitsentgelts** darstellen, ist auf vorformulierte Kaufverträge mit Personalrabatten gem. § 310 Abs. 4 BGB das Recht der AGB (§§ 305 ff. BGB) anwendbar (zum alten Recht s. *BAG* 26.5.1993 EzA § 9 AGB-Gesetz Nr. 1).

1185 Die in **AGB** über den Verkauf von Autos an Werksangehörige enthaltene Klausel, die den Arbeitnehmer zur Zahlung des ihm eingeräumten Preisnachlasses verpflichtet, wenn er binnen eines Jahres nach Auslieferung fristlos entlassen wird, ist wegen Verstoßes gegen das Transparenzgebot (**§ 307 BGB**) unwirksam, wenn die Höhe des Preisnachlasses im Vertrag nicht angegeben ist (*BAG* 26.5.1993 EzA § 9 AGB-Gesetz Nr. 1).

1186 Offen ist, ob es dann, wenn z. B. in der Automobilindustrie die Jahreswagen unter erheblichem Preisnachlass (ca. 20 %) an die Mitarbeiter abgegeben werden, zulässig ist, zu vereinbaren, dass der Arbeitnehmer bei Ausscheiden vor einem bestimmten Zeitpunkt den vollen Kaufpreis (Nachzahlungsklausel) zu zahlen hat (für eine uneingeschränkte Zulässigkeit *LAG Brem.* NZA 1987, 815).

1187 Jedenfalls kann der Arbeitgeber die vorbehaltlose Zusage der Gewährung von Personalrabatten nicht einseitig widerrufen (*BAG* 11.12.1996 EzA § 611 BGB Personalrabatt Nr. 2). Hat er seinem Arbeitnehmer einen Personalrabatt zugesagt, ohne sich einen Widerruf vorzubehalten, so kann er diese Vergünstigung nicht mit der Begründung einstellen, die Gewährung freiwilliger Leistungen liege in seinem billigen Ermessen. Die pauschale Behauptung, die wirtschaftliche Lage des Unternehmens habe die Senkung der Personalkosten notwendig gemacht, rechtfertigt den Widerruf einer vorbehaltlos gemachten Zusage nicht (*BAG* 14.6.1995 EzA § 611 BGB Personalrabatt Nr. 1).

1188 Die Beklagte, die eine Supermarktkette betreibt, hatte im Streitfall vorgetragen, sie habe durch Streichung des Personalrabatts Personalkosten sparen wollen. Diese Begründung hat das *BAG* (11.12.1996 EzA § 611 BGB Personalrabatt Nr. 2) als nicht nachvollziehbar angesehen. Ohne genaue Angaben lässt sich nicht erkennen, ob und ggf. welche Kosten sich durch den Wegfall des Rabatts einsparen lassen. Die Einräumung eines Personalrabatts kann für den Arbeitgeber sogar von Vorteil sein, wenn er dadurch einen Umsatz erzielt, den er sonst nicht erzielen würde.

1189 Andererseits steht die Einräumung eines Personalrabattes regelmäßig unter dem **vertraglichen Vorbehalt**, dass der Arbeitgeber die preisgeminderten Waren **selbst herstellt**. Ein Anspruch des Arbeitnehmers auf verbilligten Bezug dieser Waren geht daher nicht ohne weiteres nach **§ 613a Abs. 1 S. 1 BGB** bei einem (Teil-) Betriebsübergang über; er erlischt, wenn der Erwerber die Produktion nicht übernimmt oder der Arbeitgeber noch selbst die Produktion einstellt. Andererseits können der Arbeitgeber/Betriebserwerber verpflichtet sein, die damit verbundenen Nachteile auszugleichen. Wird insoweit in einem mit dem Konzernbetriebsrat abgeschlossenen Interessenausgleich/Sozialplan vereinbart, die ehemaligen Arbeitnehmer des PKW herstellenden Unternehmens könnten weiterhin »im Rahmen der rechtlichen Möglichkeiten« am Personaleinkauf des Konzerns teilnehmen, spricht viel dafür, dass Geschäftsgrundlage einer solchen Regelung die weitere Zugehörigkeit des Beschäftigungsunternehmens zum Konzern ist (*BAG* 7.9.2004 EzA § 611 BGB 2002 Personalrabatt Nr. 2 m. Anm. *Meyer* SAE 2006, 264). Inzwischen geht das *BAG* (13.12.2006 EzA § 611 BGB 2002 Personalrabatt Nr. 3) davon aus, dass dann, wenn der Bodenbetrieb seinen Mitarbeitern **Flugvergünstigungen** zusagt, diese Zusage regelmäßig unter dem **immanenten Vorbehalt** steht, dass die zum Konzern gehörende Fluggesellschaft noch **ein eigenes Flugnetz betreibt** und deshalb vergünstigte Flugscheine mit vertretbarem Aufwand zur Verfügung stellen kann. Nach Einstellung des Flugbetriebs und Ausscheiden des Arbeitgebers aus dem Konzern ist dieser nicht verpflichtet, Flugscheine anderer Gesellschaften zu erwerben und seinen Mitarbeitern zur Verfügung zu stellen.

*cc) Privatnutzung eines Dienstwagens*

Auch die Überlassung eines Dienstwagens zur privaten Nutzung an den Arbeitnehmer ist **Arbeitslohn** in Form eines Sachbezugs (*BAG* 23.6.2004 NZA 2004, 1287; 14.12.2010 EzA § 3 EntgfzG Nr. 17; *LAG BW* 27.7.2009 – 15 Sa 25/09, DB 2009, 2050) und folglich steuerpflichtiges Entgelt (vgl. *BFH* 26.7.2001 NZA-RR 2002, 258; zur Berücksichtigung als rentenfähiges Einkommen vgl. *BAG* 21.8.2001 EzA § 1 BetrAVG Nr. 78). Sie ist regelmäßig zusätzliche **Gegenleistung für die geschuldete Arbeitsleistung**. Damit ist sie nur **so lange geschuldet**, wie der Arbeitgeber überhaupt **Arbeitsentgelt leisten muss**, und sei es – wie im Fall der Entgeltfortzahlung bei krankheitsbedingter Arbeitsunfähigkeit – ohne Erhalt einer Gegenleistung (*BAG* 14.12.2010 EzA § 3 EntgfzG Nr. 17).

1190

Wird über die Nutzung des Dienstwagens ein **ordnungsgemäßes Fahrtenbuch** (zu den Anforderungen insoweit *BFH* 9.11.2005 NZA-RR 2006, 530: zeitnah, in geschlossener Form, vollständig hinsichtlich der Gesamtkilometer und im fortlaufenden Zusammenhang) **nicht geführt**, so ist der zu versteuernde geldwerte Vorteil nach der 1 %-Regelung (§ 8 Abs. 2 S. 2, 3 i. V. m. § 6 Abs. 1 Nr. 4 S. 2 EStG) zu bewerten; eine Schätzung des Privatanteils anhand anderer Aufzeichnungen kommt nicht in Betracht (*BFH* 16.11.2005 NZA-RR 2006, 529; 18.10.2007 – VI R 57, 59 u. 96/04 – AuR 2008, 163 LS). **Ohne ausdrückliche Vereinbarung hat der Arbeitnehmer keinen Anspruch darauf, dass der Arbeitgeber für den Arbeitnehmer die Versteuerung der geldwerten Vorteile für die private Nutzung eines Dienstfahrzeugs übernimmt und den 15 %igen Pauschsteuersatz gem. §§ 40 Abs. 2 S. 2, 40 Abs. 3 S. 1 EStG an das Finanzamt abführt** (*LAG SchlH* 20.4.2004 NZA-RR 2005, 93). Zahlt der Arbeitgeber allerdings auf Grund der Haftungsklausel des § 42d EStG die Lohnsteuer für den Dienstwagen, die der Arbeitnehmer gem. §§ 6, 8 EStG zu tragen hat, hat er gegen den Arbeitnehmer einen Rückerstattungsanspruch gem. § 670 BGB oder gem. § 812 Abs. 1 S. 1 BGB i. V. m. § 362 BGB (*LAG Bln.* 5.9.2003 ZTR 2004, 98 LS).

Die Überlassung eines Dienstwagens zur privaten Nutzung **ist auch ein Sachbezug i. S. v. § 107 Abs. 2 S. 1 und 5 GewO** (*BAG* 14.12.2010 EzA § 3 EntgfzG Nr. 17). Sachbezüge können als Teil des Arbeitsentgelts vereinbart werden, wenn dies dem Interesse des Arbeitnehmers oder der Eigenart des Arbeitsverhältnisses entspricht. Sachbezug in diesem Sinn ist jede Leistung des Arbeitgebers, die er als Gegenleistung für die Arbeitsleistung in anderer Form als in Geld erbringt. Sachleistung und Arbeitsleistung müssen im unmittelbaren Gegenseitigkeitsverhältnis stehen. § 107 Abs. 2 S. 5 GewO bestimmt, dass der Wert der vereinbarten Sachbezüge oder die Anrechnung der überlassenen Waren auf das Arbeitsentgelt die Höhe des pfändbaren Teils des Arbeitsentgelts nicht übersteigen darf. Arbeitnehmern muss der unpfändbare Teil ihres Arbeitsentgelts verbleiben. Sie sollen nicht in eine Lage geraten, in der sie Gegenstände, die sie als Naturalvergütung erhalten haben, erst verkaufen müssen, bevor ihnen Geld zur Verfügung steht. Die Pfändungsgrenze für einen Vergütungsanspruch, der nach dem Arbeitsvertrag monatlich fällig wird, bestimmt sich gem. § 850c Abs. 1 ZPO auch dann nach dem monatlichen Nettoeinkommen, wenn der Arbeitnehmer in dem betreffen-

1191

den Monat nicht die ganze Zeit gearbeitet hat. Entscheidend ist der regelmäßige monatliche Auszahlungszeitraum. Die Pfändungsgrenzen für Arbeitsentgelt, das wöchentlich oder täglich geschuldet wird, sind in einem solchen Fall unerheblich. Geld- und Naturalleistungen sind nach § 850e Nr. 3 S. 1 ZPO zusammenzurechnen, wenn der Schuldner neben seinem in Geld zahlbaren Einkommen auch Naturalleistungen erhält. Ist die Summe beider Leistungen nach § 850c Abs. 1 ZPO, § 850e Nr. 3 ZPO unpfändbar, verstößt eine Anrechnung des Sachbezugs auf das Arbeitseinkommen gegen das Verbotsgesetz des § 107 Abs. 2 S. 5 GewO (*BAG* 24.3.2009 EzA § 107 GewO Nr. 1).

**1192** Nach – **unzutreffender** – Auffassung des *LAG Hamm* (25.2.2004 LAG Report 2004, 299) hat der Arbeitnehmer dann, wenn ein Dienstwagen privat genutzt und nach der Listenpreismethode (1 %-Regelung) der Lohnsteuer unterworfen wird, i. d. R. keinen **Anspruch auf Auskunft** gegen den Arbeitgeber bzgl. aller den Pkw betreffenden Unterhaltskosten, um eine individuelle Besteuerung des Privatnutzungsvorteils gegenüber dem Finanzamt zu erreichen.

**1193** Demgegenüber hat das *BAG* (19.4.2005 EzA § 242 BGB 2002 Auskunftspflicht Nr. 1) insoweit folgende Grundsätze aufgestellt:
- Der Arbeitnehmer hat gegen den Arbeitgeber einen **Auskunftsanspruch**, wenn er auf die Auskunft zur Durchsetzung eines möglichen Zahlungsanspruchs **angewiesen ist**, der Arbeitgeber die Auskunft **unschwer erteilen** kann und sie ihn nicht übermäßig belastet.
- Der für die Auskunftserteilung vorauszusetzende Zahlungsanspruch kann sich auch gegen einen Dritten richten.
- Der Arbeitgeber kann den Auskunftsanspruch nur abwehren, wenn er konkret die Gründe benennt, aus denen sich seine **übermäßige Belastung** ergibt.
- Hat der Arbeitgeber dem Arbeitnehmer ein Dienstfahrzeug auch zur privaten Nutzung überlassen und wird die Lohnsteuer wegen des dem Arbeitnehmer zufließenden geldwerten Vorteils nach der sog. 1 %-Regelung (§ 8 Abs. 2 S. 2 EStG) ermittelt, kann der Arbeitgeber verpflichtet sein, dem Arbeitnehmer Auskunft über die tatsächlich mit der Fahrzeughaltung verbundenen Kosten zu erteilen (§ 8 Abs. 2 S. 4 EStG), damit dieser die wegen einer nur geringen Privatnutzung möglicherweise überzahlte Lohnsteuer vom Finanzamt erstattet verlangen kann.

**1194** Eine einzelvertragliche Vereinbarung dahin, dass der Arbeitnehmer den ihm überlassenen Firmenwagen auch privat nutzen darf, kann im Übrigen schon dann angenommen werden, wenn der Arbeitgeber weiß, dass der Arbeitnehmer den Wagen für die **Heimfahrt** mitnimmt, ihn auch am Wochenende in Händen hält und der Arbeitgeber keinen Kostenanteil einfordert, sondern vorbehaltlos alle anfallenden Pkw-Kosten trägt (*LAG RhPf* 19.11.1996 NZA 1997, 942).

**1195** Im Falle der **Arbeitsunfähigkeit** endet das Recht zur privaten Nutzung folglich mit dem Ende des Entgeltfortzahlungszeitraums, sofern sich aus den Parteivereinbarungen nichts Abweichendes ergibt (*BAG* 14.12.2010 EzA § 3 EntgfzG Nr. 17; *LAG Köln* 29.10.2009 – 7 Sa 788/09, ZTR 2010, 600 LS; *LAG BW* 27.7.2009 – 15 Sa 25/09, DB 2009, 2050; s. *Höser* BB 2012, 573 ff.). Überlässt der Arbeitgeber dem **arbeitsunfähigen Arbeitnehmer** trotz Ablaufs des Entgeltfortzahlungszeitraums weiterhin den Dienstwagen ohne Geltendmachung des Rückgaberechts bis zum Ablauf des Leasingvertrages, so kommt dadurch nach Auffassung des *LAG Köln* (22.6.2001 NZA-RR 2001, 523) **keine konkludente Vereinbarung** des Inhalts zustande, dass dem Arbeitnehmer auch nach Ablauf des Entgeltfortzahlungszeitraums ein Nutzungsrecht eingeräumt werden soll. Dies gilt danach erst recht, wenn erkennbar andere Gründe als ein Verzichtswille dafür verantwortlich sind, z. B. die **Unkenntnis von der Rechtsinhaberschaft** oder eine Abwägung von Aufwand und Nutzen (Abwarten des Ablaufs des ohnehin geschlossenen Leasingvertrages).

**1196** Nach der Rechtsprechung des *BAG* (11.10.2000 EzA § 14 MuSchG Nr. 15) ist für den Widerruf der Fahrzeugüberlassung maßgeblich, ob **Sachbezüge** (z. B. die Überlassung eines Firmenfahrzeugs zum unbeschränkten privaten Gebrauch) **zum Arbeitsentgelt gehören** und nicht frei widerruflich sind. Ist das der Fall, so sind sie der Arbeitnehmerin nicht nur **während eines Beschäftigungsverbots i. S. d. §§ 3 Abs. 1, 4 MuSchG, sondern regelmäßig auch während der**

## B. Pflichten des Arbeitgebers

**Kapitel 3**

Schutzfristen der §§ 3 Abs. 2, 6 Abs. 1 MuSchG weiterzugewähren (*BAG* 11.10.2000 EzA § 14 MuSchG Nr. 15). Auch die **Versetzung vom Außendienst in den Innendienst** rechtfertigt dann keine Herausgabe des Pkw (*LAG Bln.* 19.2.2007 – 10 Sa 2171/06, EzA-SD 12/2007 S. 10 LS; a. A. *LAG BW* 27.7.2009 – 15 Sa 25/09, DB 2009, 2050).

Die Vereinbarung in einem Formularvertrag, nach welcher der Arbeitgeber berechtigt ist, **jederzeit die Überlassung eines auch zur Privatnutzung zur Verfügung gestellten Firmenwagens zu widerrufen**, ist **zu weit** gefasst. Eine solche Widerrufsklausel hält einer Inhaltskontrolle nach § 307 BGB i. V. m. § 308 Nr. 4 BGB nicht stand. Sie **benachteiligt den Arbeitnehmer unangemessen**, weil hier das Widerrufsrecht an keinen Sachgrund gebunden ist. Die Widerrufsklausel ist auch nicht im Wege der geltungserhaltenden Reduktion oder der ergänzenden Vertragsauslegung auf die Fälle zu beschränken, in denen der Arbeitgeber zum Widerruf berechtigt ist, wie z. B. im Falle einer berechtigten Freistellung des Arbeitnehmers von der Arbeitspflicht (*BAG* 19.12.2006 EzA § 307 BGB 2002 Nr. 17).

Nach *LAG Nds.* (17.1.2006 EzA-SD 9/06 S. 6 LS = NZA-RR 2006, 289) ist der in einem **Formularvertrag vereinbarte Widerrufsvorbehalt für die Privatnutzung** deshalb nur dann wirksam, wenn in der Klausel selbst bereits die Widerrufsgründe angegeben sind. Ist das nicht der Fall, benachteiligt die Klausel den Arbeitnehmer unangemessen, weil dann das **Widerrufsrecht an keinen Sachgrund gebunden** ist (insoweit bestätigt durch *BAG* 19.12.2006 EzA § 307 BGB 2002 Nr. 17 = NZA 2007, 809). Das folgt nach *BAG* (13.4.2010 EzA § 308 BGB 2002 Nr. 11; instr. *Hunold* NZA 2010, 1276 ff.; *Gaul/Kaul* BB 2011, 181 ff. s. a. *BAG* 20.4.2011 EzA § 308 BGB 2002 Nr. 12 = NZA 2011, 796) auch aus § 308 Nr. 4 BGB; das Widerrufsrecht muss wegen der unsicheren Entwicklung der Verhältnisse als **Instrument der Anpassung** notwendig sein. Insgesamt ist die Vereinbarung eines Widerrufsrechts für den Arbeitnehmer nach § 308 Nr. 4 BGB **nur dann zumutbar**, wenn es für den Widerruf einen **sachlichen Grund** gibt und dieser sachliche Grund bereits **in der Änderungsklausel beschrieben** ist. Das Widerrufsrecht muss wegen der unsicheren Entwicklung der Verhältnisse als **Instrument der Anpassung notwendig** sein (*BAG* 13.4.2010 EzA § 308 BGB 2002 Nr. 11). Die Widerrufsklausel hat sich demnach auf die Fälle zu beschränken, in denen ein **anzuerkennender Sachgrund** besteht, die **Dienstwagenüberlassung zu widerrufen** und die Privatnutzung damit einzustellen (*BAG* 19.12.2006 EzA § 307 BGB 2002 Nr. 17). Der Sachgrund muss in der Klausel in einer Weise **konkretisiert werden**, die für den Arbeitnehmer deutlich macht, was ggf. auf ihn zukommt (*BAG* 12.1.2005 EzA § 308 BGB 2002 Nr. 1). Der Arbeitnehmer muss **erkennen können**, unter welchen Voraussetzungen er mit einem Widerruf rechnen muss. Die Besonderheiten des Arbeitsrechts (§ 310 Abs. 4 S. 2 BGB) rechtfertigen keine Abweichung. Der nötigen Flexibilisierung wird bereits dadurch Rechnung getragen, dass die Vertragsparteien auch in vorformulierten Vereinbarungen die Möglichkeit haben, die Überlassung eines Dienstfahrzeugs zur privaten Nutzung unter einen Widerrufsvorbehalt zu stellen, wenn die typisierten Sachgründe für den Widerruf bereits in der Vertragsklausel benannt werden (*BAG* 13.4.2010 EzA § 308 BGB 2002 Nr. 11).

Nach § 308 Nr. 4 BGB ist die Vereinbarung eines Widerrufsrechts deshalb dann zumutbar, wenn der Widerruf nicht grundlos erfolgen soll, sondern wegen der unsicheren Entwicklung der Verhältnisse als Instrument der Anpassung notwendig ist. Der Widerruf der privaten Nutzung eines Dienstwagens im Zusammenhang mit einer (wirksamen) Freistellung des Arbeitnehmers ist zumutbar. Der Arbeitnehmer muss bis zum Kündigungstermin keine Arbeitsleistung erbringen, insbes. entfallen Dienstfahrten mit dem Pkw. **Die Widerrufsklausel verknüpft dann die dienstliche und private Nutzung sachgerecht** (*BAG* 21.3.2012 – 5 AZR 651/10, EzA-SD 11/2012 S. 5).

Für Vereinbarungen aus der Zeit vor dem In-Kraft-Treten des Schuldrechtsmodernisierungsgesetzes ist entgegen *LAG Nds.* (17.1.2006 EzA-SD 9/06 S. 6 LS = NZA-RR 2006, 289, vermeintlich im Anschluss an *BAG* 12.1.2005 EzA § 308 BGB 2002 Nr. 1) keine ergänzende Vertragsauslegung zur Schließung der entstandenen Lücke möglich mit der Maßgabe, dass dann die Widerrufsgründe gelten, die die **Vertragsparteien zugrunde gelegt hätten, wenn ihnen die gesetzlich angeordnete Unwirksamkeit der Widerrufsklausel bekannt gewesen wäre.**

Denn durch die Einräumung der **Übergangsfrist** hat der Gesetzgeber dem Vertrauensschutz der Beklagten in die Wirksamkeit ihrer Vertragsklauseln genügt. Altverträge unterlagen zunächst nicht der Inhaltskontrolle nach den erst am 1.1.2002 in Kraft getretenen Vorschriften der §§ 307 ff. BGB (Bereichsausnahme gem. § 23 Abs. 1 AGBGbis 31.12.2001).

Lediglich wenn der Arbeitgeber den **Versuch unternommen** hätte, die nicht mehr den Anforderungen des § 308 Nr. 4 BGB entsprechende Widerrufsklausel der neuen Gesetzeslage anzupassen und im Dienstwagenvertrag die Gründe aufzunehmen, die ihn zum Widerruf des Nutzungsrechts am Firmenwagen berechtigen sollten, hätte zu seinen Gunsten eine ergänzende Vertragsauslegung in Frage kommen können. Hätte der Arbeitgeber dem Arbeitnehmer ein entsprechendes Vertragsänderungsangebot unterbreitet, durch das das bislang vereinbarte Widerrufsrecht auf rechtlich zulässige Fallgestaltungen reduziert worden wäre, hätte der Arbeitnehmer dieses Angebot redlicherweise annehmen müssen (*BAG* 11.4.2006 EzA § 307 BGB 2002 Nr. 14). Wenn sich der Arbeitnehmer zu einer solchen Vertragsanpassung nicht bereit erklärt hätte, wäre es eine unzumutbare Belastung für den Arbeitgeber, wenn zu seinen Lasten von der Unwirksamkeit der Widerrufsklausel ausgegangen würde. In einem solchen Falle müsste in Ausrichtung am hypothetischen Parteiwillen und am Maßstab der §§ 307 ff. BGB eine lückenausfüllende Ersatzregelung gefunden werden. Dabei könnte als Grundlage zur Ermittlung des Parteiwillens ein von der Beklagten unterbreitetes Angebot zur Vertragsanpassung zur Grundlage werden. Wenn aber ein solcher Versuch des Arbeitgebers unterblieben ist, während der einjährigen Übergangsfrist des Art. 229 § 5 S. 2 EGBGB den Dienstwagenvertrag der neuen Rechtslage sowohl in formeller als auch in materieller Hinsicht anzupassen, verdient sein Vertrauen in den Fortbestand der im Dienstwagenvertrag vereinbarten unwirksam gewordenen Vertragsklausel keinen Schutz (*BAG* 19.12.2006 EzA § 307 BGB 2002 Nr. 17).

**1197** Bei rechtswidrigem und schuldhaftem Entzug des Dienstwagens ist der Arbeitgeber dem Arbeitnehmer zum **Schadensersatz** (§§ 283 S. 1, 280 Abs. 1, 249 S. 1 BGB) **in Höhe der Kosten verpflichtet, die aufzuwenden sind, um einen entsprechenden Pkw privat nutzen zu können** (*BAG* 19.5.2010 EzA § 310 BGB 2002 Nr. 10; 13.4.2010 EzA § 308 BGB 2002 Nr. 11; 19.12.2006 EzA § 307 BGB 2002 Nr. 17). Maßgeblich ist nach Auffassung des BAG (27.5.1999 EzA § 249 BGB Nr. 24) andererseits der Betrag, der der steuerlichen Bewertung der privaten Nutzungsmöglichkeit entspricht (abl. *Meier* NZA 1999, 1083 ff.); gegen die Berechnung der Nutzungsausfallentschädigung mit monatlich **1 % des Listenpreises** des Firmenwagens bestehen **keine Bedenken** (*BAG* 19.12.2006 EzA § 307 BGB 2002 Nr. 17 = NZA 2007, 809). Im Falle der tatsächlichen Nutzung eines gleichwertigen privaten Pkw kann er allerdings, wenn sie geringer sind, nur die hierfür **tatsächlich aufgewendeten Kosten** ersetzt verlangen. Eine abstrakt nach der Tabelle *Sanden/Danner/Küppersbusch* ermittelte Nutzungsausfallentschädigung steht ihm nicht zu (*BAG* 16.11.1995 EzA § 249 BGB Nr. 21; a. A. *Hess.* LAG 19.12.1997 LAGE § 249 BGB Nr. 13). Etwas anderes gilt aber dann, wenn es sich um einen **kurzfristigen Entzug**, z. B. von einem Monat, handelt. Denn bei einer derart kurzen Zeitspanne kann dem Arbeitnehmer nicht zugemutet werden, sich einen Wagen zuzulegen, um die konkreten Kosten ermitteln zu können (*LAG RhPf* 19.11.1996 NZA 1997, 942). Besteht eine offensichtliche **erhebliche Diskrepanz** zwischen dem vertraglich zugrunde gelegten Sachbezugswert des Pkw und dem wirklichen Sachbezugswert, so kann nach Auffassung des *LAG Nbg.* (15.12.1997 ARST 1998, 181) u. U. auch ein widersprüchliches Verhalten des Arbeitnehmers in Betracht kommen, wenn er für Zeiten des streitigen Bestandes des Arbeitsverhältnisses einen mehrfachen Wert des vereinbarten Sachbezugswertes als Entschädigung fordert.

**1198** Ein Schadensersatzanspruch des Arbeitnehmers besteht dagegen dann nicht, wenn das Herausgabeverlangen des Arbeitgebers – bei vorbehaltenem Widerruf des privaten Nutzungsrechts – billigem Ermessen nicht widerspricht bzw. die durch Vergleich eingegangene Verpflichtung zur Heraus-

## B. Pflichten des Arbeitgebers  Kapitel 3

gabe als Verzicht auf die private Nutzung und die Geltendmachung eines Schadenersatzanspruchs anzusehen ist (*LAG Düsseld.* 25.4.1995 LAGE § 249 BGB Nr. 8).

Das *BAG* (14.12.2010 EzA § 3 EntgfzG Nr. 17) hat zunächst offen gelassen, ob der Arbeitgeber gem. § 241 Abs. 2 BGB gehalten ist, die Herausgabe des Firmenfahrzeugs durch den Arbeitnehmer erst nach Ablauf einer **Mindestankündigungsfrist** verlangen zu dürfen. Er ist bei Nichteinhaltung einer Ankündigungsfrist jedenfalls nicht nach § 280 Abs. 1 S. 1 BGB verpflichtet, dem Arbeitnehmer eine Nutzungsausfallentschädigung zu zahlen. Er hat dann vielmehr den Schaden zu ersetzen, der dadurch entsteht, dass der Arbeitnehmer sich auf den Nutzungsentzug nicht rechtzeitig hat einstellen können. Das ist eine Art Verfrühungsschaden, der bei Einhaltung der Ankündigungsfrist hätte vermieden werden können (*BAG* 14.12.2010 EzA § 3 EntgfzG Nr. 17). Inzwischen (*BAG* 21.3.2012 – 5 AZR 651/10, EzA-SD 11/2012 S. 5) geht es von Folgendem aus: Eine AGB, nach der ein Arbeitnehmer einen auch privat nutzbaren Dienstwagen im Falle der Freistellung an den Arbeitgeber zurückgeben muss, ist wirksam. Neben der Inhaltskontrolle der in einer AGB enthaltenen Widerrufsklausel steht die Ausübungskontrolle im Einzelfall gem. § 315 BGB. Die Interessenabwägung im Einzelfall kann dazu führen, dass der Arbeitgeber einen Dienstwagen nur unter Einräumung einer Auslauffrist zurückfordern darf. In die gebotene Interessenabwägung sind das Interesse des Arbeitgebers an einer unverzüglichen Rückgabe und das Interesse des Arbeitnehmers an einer weiteren privaten Nutzung einzustellen. Zu berücksichtigen ist u. a., dass die private Nutzung eines Dienstwagens bei gewählter Pauschalversteuerung gem. § 6 Abs. 1 Nr. 4 EStG auch dann mit der vollen Monatspauschale zu versteuern ist, wenn der Arbeitnehmer das Fahrzeug nicht im gesamten Kalendermonat nutzen kann. Kommt der Arbeitgeber seiner Vertragspflicht, dem Arbeitnehmer die Nutzung des Dienstwagens zu Privatzwecken weiter zu ermöglichen, nicht nach, wird die Leistung wegen Zeitablaufs unmöglich, sodass der Arbeitgeber nach § 275 Abs. 1 BGB von der Leistungspflicht befreit wird. Der Arbeitnehmer hat in diesem Fall nach § 280 Abs. 1 S. 1 i. V. m. § 283 S. 1 BGB Anspruch auf Ersatz des hierdurch verursachten Schadens (*BAG* 21.3.2012 – 5 AZR 651/10, EzA-SD 11/2012 S. 5). Zur Berechnung des Schadens ist eine Nutzungsausfallentschädigung auf der Grundlage der steuerlichen Bewertung der privaten Nutzungsmöglichkeit mit monatlich 1 % des Listenpreises des Kraftfahrzeugs im Zeitpunkt der Erstzulassung anzusetzen (*BAG* 21.3.2012 – 5 AZR 651/10, EzA-SD 11/2012 S. 5).

**1198a**

Wegen des in Betracht zu ziehenden Schadensersatzanspruches hat das *LAG Köln* (5.11.2002 NZA-RR 2003, 300; a. A. *LAG Bln.-Bra.* 20.5.2008 – 13 Ta 519/08, EzA-SD 11/2008 S. 5 LS) den Erlass **einer einstweiligen Verfügung auf Gestellung eines Dienstwagens** zur ausschließlich privaten Nutzung abgelehnt, weil es dem Arbeitnehmer zumutbar sei, selbst für Ersatz zu sorgen.

**1199**

**Bei Beendigung des Arbeitsverhältnisses ist der Dienstwagen an den Arbeitgeber zurückzugeben**; zur Sicherung des Herausgabeanspruchs durch eine einstweilige Verfügung vgl. *Schmiedl* BB 2002, 992 ff. Gleiches gilt nach Auffassung des *ArbG Frankf. a. M.* (8.8.2001 – 7 Ca 3269/01) beim Wechsel des Arbeitnehmers vom Arbeitsverhältnis in die Altersteilzeit. Wird auf Grund eines nach Vergleichsschluss eröffneten **Insolvenzverfahrens** durch den Insolvenzverwalter **eine Zahlungsverpflichtung nicht mehr erfüllt** (2. Rate einer vereinbarten Abfindung für die Beendigung des Arbeitsverhältnisses), die Voraussetzung für die Rückgabe des Dienst-PKW des Arbeitnehmers ist, so besteht nach Auffassung des *LAG Nds.* (8.7.2005 NZA-RR 2006, 40) auch dann grds. **kein Zurückbehaltungsrecht** oder sonst ein irgendwie geartetes Recht des Arbeitnehmers zum weiteren Besitz mehr, da eine gleichmäßige Befriedigung aller Gläubiger erfolgen soll.

**1200**

In einem **Ehegatten-Arbeitsverhältnis** ist das aber dann nicht der Fall, wenn die Überlassung in Wirklichkeit eine Unterhaltsleistung, nicht aber eine arbeitsvertragliche Leistung war (*LAG Köln* 21.7.1999 – 7 Sa 1044/98). Verlangt eine GmbH ein als Geschäftswagen überlassenes Auto heraus, so kann sich die Schuldnerin gegen diesen Herausgabeanspruch **nicht auf § 1361a BGB berufen**; diese Regelung über die Hausratsverteilung bei Getrenntleben gilt nur zwischen Ehegatten. Das gilt selbst dann, wenn der getrennt lebende Ehegatte der Schuldnerin Alleingesellschafter der GmbH ist und das Auto nur auf Grund eines formalen Arbeitsverhältnisses überlassen wurde, das

**1201**

nie zur Durchführung gelangt ist und nur aus steuer- und sozialversicherungsrechtlichen Gründen begründet worden war (*LAG Köln* 24.3.2006 NZA-RR 2006, 425).

**1202** Streiten die Parteien um die Wirksamkeit einer Arbeitgeberkündigung, so kann der Arbeitgeber die Herausgabe im Wege der einstweiligen Verfügung dann verlangen, wenn er glaubhaft macht, dass sein Obsiegen im Kündigungsschutzprozess in hohem Maße wahrscheinlich ist. Daneben ist die Dringlichkeit einer sofortigen Regelung glaubhaft zu machen (*LAG Düsseld.* 4.7.1975 DB 1975, 1849; a. A. *LAG Frankf./M.* 6.5.1991, zit. nach *Becker-Schaffner* DB 1993, 2079). Das *LAG München* (11.9.2002 NZA-RR 2002, 636) bejaht einen Herausgabeanspruch trotz Streites über die Wirksamkeit einer Kündigung dann, wenn die Kündigung nicht offensichtlich unwirksam ist (*LAG München* 25.1.2011 – 7 Sa 521/10, ZTR 2011, 632 LS) und kein erstinstanzliches Urteil vorliegt, dass das Arbeitsverhältnis durch die Kündigung nicht beendet wurde. Nach Auffassung des *LAG Nbg.* (15.12.1997 ARST 1998, 181; s. a. *LAG* Köln 12.6.2007 – 9 SaGa 6/07, AuR 2008, 160 LS: Zurückbehaltungsrecht wegen rückständiger Lohnzahlungen) ist dann, wenn die Arbeitsvertragsparteien keine Regelung der Pkw-Nutzung für den Fall des streitigen Bestandes des Arbeitsverhältnisses vorsehen, eine **ergänzende Vertragsauslegung** erforderlich, die i. d. R. ergibt, dass der Arbeitnehmer den Pkw zurückgibt und im Fall des Fortbestandes des Arbeitsverhältnisses der Arbeitgeber eine Entschädigung in Höhe des vertraglich zugrunde gelegten Sachbezugswertes als Arbeitsentgelt zu leisten hat.

**1203** Im Falle einer Freistellung nach Ausspruch einer Kündigung ist die Privatnutzung, wenn die zugrunde liegende Parteivereinbarung nichts anderes ergibt, weiterhin zu gestatten; bei Vorliegen entsprechender Anhaltspunkte kommt aber die Rücknahme des Fahrzeuges gegen Zahlung von Schadensersatz in Betracht (*BAG* 23.6.1994 EzA § 249 BGB Nr. 20; s. a. *Meier* NZA 1997, 298 ff.; a. A. *ArbG Frankf. a. M.* 8.8.2001 – 7 Ca 3269/01, es sei denn, dass der Dienstwagen ausdrücklich als Teil der Entlohnung zur Verfügung gestellt wird). Die Parteien können aber auch eine Vereinbarung treffen, wonach der Arbeitgeber im Falle der Freistellung die Herausgabe des Fahrzeugs oder dessen Ersetzung durch ein anderes, nicht notwendig gleichwertiges (vgl. dazu *Sächs. LAG* 9.4.1997 BB 1997, 1693) beanspruchen kann; insoweit handelt es sich um einen wirksamen Erlassvertrag (§ 397 Abs. 1 BGB), der nach Auffassung von *Nägele* (NZA 1997, 1200; a. A. *ArbG Ludwigshafen* BB 1976, 793; *Becker-Schaffner* DB 1993, 2078) nicht an den Grundsätzen des billigen Ermessens (§ 315 BGB) zu messen ist. Auch unter der **Geltung des § 308 Nr. 4 BGB** bleiben andererseits vertragliche Klauseln, die zur Rückgabe des auch privat genutzten Firmen-Pkw bei erfolgter Kündigung und Freistellung verpflichten, jedenfalls dann wirksam, wenn der **Wert der Nutzung im Verhältnis zur restlichen Vergütung nur unbedeutend ist**, z. B. 2,62 % beträgt (*Hess. LAG* 20.7.2004 LAG Report 2005, 1).

**1204** Steht dem Arbeitnehmer ein fälliger Anspruch aus dem Arbeitsverhältnis zu und beansprucht der Arbeitgeber wegen der Beendigung des Arbeitsverhältnisses oder wegen Ablauf des Entgeltfortzahlungszeitraums die Herausgabe, kann der Arbeitnehmer ein **Zurückbehaltungsrecht** geltend machen (*Nägele* NZA 1997, 1200).

**1205** Verweigert der Arbeitnehmer die Herausgabe zu Unrecht (§ 985 BGB), kommen Ansprüche des Arbeitgebers gem. § 993 BGB (**Nutzungsentschädigung** bei tatsächlicher Nutzung durch den Arbeitnehmer) sowie gem. §§ 280 Abs. 1, 2, 286 BGB, sowie nach *LAG München* (25.1.2011 – 7 Sa 521/10, ZTR 2011, 632 LS) auch eine (außerordentliche) Kündigung in Betracht.

**1206** Die vertragliche Überbürdung von Ablösekosten, die dem Arbeitgeber durch die vorzeitige Rückgabe eines für den Arbeitnehmer geleasten Fahrzeugs wegen dessen Eigenkündigung (in Höhe von ca. 8.050 Euro) entstehen, beeinträchtigt übermäßig das Recht des Arbeitnehmers, seinen Arbeitsplatz frei zu wählen (Art. 12 Abs. 1 GG). Die Vertragsklausel hält daher der gerichtlichen Angemessenheitskontrolle (§ 242 BGB) nicht stand und ist rechtsunwirksam (*LAG Düsseld.* 18.5.1995 NZA-RR 1996, 363). Gleiches gilt, wenn die vom Arbeitnehmer im Falle der Eigenkündigung selbst zu übernehmende Leasingrate im Verhältnis zu seinem monatlichen Einkommen **so hoch** ist, dass er sie ohne **Gefährdung seiner wirtschaftlichen Existenzgrundlage** kaum bewältigen kann (*LAG München* 30.5.2001 – 9 Sa 8/01).

Eine Vertragsklausel ist auch dann nicht mit wesentlichen Grundsätzen des Arbeitsrechts zu vereinbaren, wenn der Arbeitnehmer bei Beendigung des Arbeitsverhältnisses zu finanziellen Leistungen an den Arbeitgeber verpflichtet ist, ohne dafür eine Gegenleistung zu erhalten oder erhalten zu haben. Das *BAG* (9.9.2003 EzA § 611 BGB 2002 Inhaltskontrolle Nr. 1; s. a. *ArbG Magdeburg* 5.6.2003 NZA-RR 2004, 20) hat deshalb die Wirksamkeit einer Vertragsklausel verneint, die von den Arbeitsvertragsparteien aus Anlass der Überlassung eines Dienstwagens – auch zur privaten Nutzung – vereinbart war und die den Arbeitnehmer verpflichtete, sich trotz der Beendigung des Arbeitsverhältnisses an den Kosten des beim Arbeitgeber verbleibenden Betriebsmittels Dienstfahrzeug durch Zahlung der Leasingraten für die restliche Laufzeit des Leasingvertrages in einem Einmalbetrag an den Arbeitgeber zu beteiligen.

Andererseits führt der **Erwerb** eines zuvor auch privat genutzten **Dienstwagens** vom Arbeitgeber beim Arbeitnehmer **zum Zufluss von Arbeitslohn**, wenn der gezahlte Kaufpreis hinter dem nach § 8 Abs. 2 S. 1 EStG zu bestimmenden Wert des Fahrzeugs zurückbleibt. Für den danach maßgeblichen üblichen Endpreis des Fahrzeugs ist dabei nicht auf den Händlereinkaufspreis abzustellen, sondern auf den Preis, den das Fahrzeug unter Berücksichtigung der vereinbarten Nebenleistungen auf dem Gebrauchtwagenmarkt tatsächlich erzielen würde. Wird zur Bestimmung des üblichen Endpreises eine Schätzung erforderlich, kann sich die Wertermittlung an den im Rechtsverkehr anerkannten Marktübersichten für gebrauchte PKW orientieren (*BFH* 17.6.2005 NZA-RR 2005, 539).

Zur Haftung bei Beschädigungen des Dienstfahrzeuges s. Rdn. 672. **1207**

### dd) Steuerlast

Für Sachbezüge (einschließlich verdeckter Sachbezüge z. B. Überlassung einer Wohnung durch den Arbeitgeber zu einem niedrigen Mietzins) trifft die Steuerlast den **Arbeitnehmer**. Abweichende Vereinbarungen zwischen den Parteien des Arbeitsverhältnisses müssen ausdrücklich und eindeutig getroffen werden (*BAG* 19.12.1963 AP Nr. 15 zu § 670 BGB; s. a. Rdn. 1190). **1208**

### b) Vermögensbeteiligung

In Betracht kommen schuldrechtliche (Arbeitnehmerdarlehen) und gesellschaftsrechtliche (z. B. die Ausgabe von GmbH-Anteilen oder Belegschaftsaktien) Formen der Kapitalbeteiligung. **1209**

Stellt der Beteiligungsvertrag einen selbstständigen Vertrag neben dem Arbeitsverhältnis dar, ist das AGBG gem. § 310 Abs. 4 S. 2 BGB anwendbar. Ausgenommen sind aber die verschiedenen gesellschaftsrechtlichen Beteiligungsformen (§ 310 Abs. 4 S. 1 BGB). **1210**

Um einen Abfluss des aus Vermögensbeteiligungen stammenden Arbeitnehmerkapitals eines Arbeitsverhältnisses zu verhindern, wird häufig die Kündigung der Beteiligung durch den Arbeitnehmer ausgeschlossen. Gem. § 723 Abs. 3 BGB, § 133 Abs. 3 HGB besteht jedoch ein außerordentliches Kündigungsrecht des Arbeitnehmers. Klauseln, die generell einen Verfall des gesellschaftsrechtlichen Abfindungsanspruchs bei Beendigung des Arbeitsverhältnisses vorsehen, um einen Abfluss des Mitarbeiterkapitals zu verhindern, sind unwirksam (§ 723 Abs. 3 BGB). Schließlich kann die Übertragbarkeit von Belegschaftsaktien nicht beschränkt werden. **1211**

### c) Arbeitgeberdarlehen

#### aa) Grundlagen; Aufklärungspflichten

Häufig wird dem Arbeitnehmer ein (Geld-)Darlehen (gem. §§ 488 ff. BGB) entweder zinslos oder zumindest zu einem unter den marktüblichen Sätzen liegenden Zinssatz überlassen. Auch kann der Arbeitgeber auf eine Sicherung verzichten oder sich mit einer nachrangigen Sicherheit begnügen. **1212**

Grund für eine derartige Darlehensgewährung kann die Belohnung der Betriebstreue des Arbeitnehmers sowie die weitere Bindung an das Unternehmen sein. **1213**

**1214** Keine Anwendung findet das Verbraucherkreditgesetz, wenn der Darlehensvertrag zu Zinsen abgeschlossen wird, die unter den marktüblichen Sätzen liegen (§§ 355 ff. BGB). Da es sich um einen rechtlich selbstständigen Vertrag handelt, der außerhalb des Arbeitsrechts angesiedelt ist, sind die §§ 305 ff. BGB anwendbar (*LAG Hamm* 19.2.1993 NZA 1994, 559 LS).

Das *BAG* (4.10.2005 EzA § 611 BGB 2002 Arbeitgeberhaftung Nr. 3) hat zudem angenommen, dass auf einen im Jahre 2002 erklärten Widerruf eines im Jahre 1999 abgeschlossenen Darlehensvertrages gem. Art. 229 § 5 EGBGB das **Haustürwiderrufsgesetz** in der bis zum 30.9.2000 geltenden Fassung Anwendung findet und dass die Information des Mitarbeiters durch den Arbeitgeber mittels an den Arbeitsplatzrechner des Arbeitnehmers gerichteter E-Mail keine mündliche Verhandlung am Arbeitsplatz i. S. d. § 1 Abs. 1 Nr. 1 HaustürWG darstellt.

Zu beachten ist, dass dann, wenn der Arbeitgeber seinem Arbeitnehmer ein Darlehen zu einem marktüblichen Zinssatz gewährt, der Arbeitnehmer keinen **lohnsteuerlich zu erfassenden Vorteil** erlangt (*BFH* 4.5.2006 NZA-RR 2006, 589).

**1215** (derzeit unbesetzt)

**1216** Zu beachten ist, dass ein Arbeitgeber, der den Erwerb von **noch nicht börsennotierten Aktien** der Muttergesellschaft durch die Gewährung von zweckgebundenen Arbeitgeberdarlehen fördert, verpflichtet ist, die Arbeitnehmer über die besonderen Risiken aufzuklären, die mit einem möglichen Scheitern des angestrebten Börsengangs verbunden sind. Die schuldhafte Verletzung der Aufklärungspflicht führt zu einem Anspruch des Arbeitnehmers auf Befreiung von der Rückzahlung des Darlehens Zug um Zug gegen Rückgabe der Aktien (*BAG* 4.10.2005 EzA § 611 BGB 2002 Arbeitgeberhaftung Nr. 3). Andererseits ist ein Unternehmen, das **Aktien ausgibt und verkauft, nicht zur allgemeinen Rechtsberatung** eines Käufers dahingehend verpflichtet, dass einmal erworbene Aktien – auch bei einem Scheitern des geplanten Börsengangs – nicht zurückgegeben werden können (*BAG* 28.9.2006 EzA § 611 BGB 2002 Arbeitgeberhaftung Nr. 5).

*bb) Abgrenzung zum Vorschuss*

**1217** Problematisch kann die Abgrenzung zwischen Darlehen (Kapitalüberlassung zur vorübergehenden Nutzung) und Vorschuss (Vorauszahlung auf noch nicht verdientes und noch nicht fälliges Arbeitsentgelt in Erwartung der künftigen Gegenleistung des Arbeitnehmers) sein.

**1218** Während der Arbeitgeber beim Darlehen gem. § 394 BGB nur gegen den pfändbaren Teil der Lohnforderung aufrechnen kann, kann er den Vorschuss auch auf den unpfändbaren Teil des Arbeitseinkommens anrechnen, sodass das dem Arbeitnehmer verbleibende Einkommen durchaus unter die Pfändungsgrenze absinken kann (*BAG* 11.2.1987 EzA § 850e ZPO Nr. 1).

**1219** Für ein **Darlehen** spricht es z. B., wenn der maßgebliche Betrag wesentlich höher als das Arbeitentgelt des Arbeitnehmers ist, wenn die Rückzahlung in Raten und Verzinsung vereinbart wird oder wenn der Arbeitgeber Sicherheiten verlangt.

**1220** Dagegen spricht es für einen **Vorschuss**, wenn die Zahlung zur Überbrückung bis zur Zahlung des nächsten Arbeitsentgelts und zur Bestreitung des normalen Lebensunterhalts dient.

**1221** Macht der Arbeitgeber gegenüber einer Lohnforderung die Zahlung eines Lohnvorschusses geltend, so handelt es sich um die Einwendung der Erfüllung und damit um eine rechtsvernichtende Einwendung, deren tatsächliche Voraussetzungen der Arbeitgeber beweisen muss. **Der Arbeitgeber muss daher im Streitfall auch beweisen, dass eine unstreitige Zahlung als Lohnvorschuss geleistet worden ist**, wofür keine tatsächliche Vermutung und kein Anscheinsbeweis spricht (*LAG München* 28.9.1989 LAGE § 361 BGB Nr. 2).

**1222** Ein Arbeitnehmer ist verpflichtet, Provisionsvorschüsse auch dann zurückzuzahlen, wenn der Arbeitgeber von der Befugnis zur Anpassung der Vorschüsse an die verdienten Provisionen zunächst keinen

## B. Pflichten des Arbeitgebers

Gebrauch gemacht hat und hierfür sachliche Gründe bestanden (*BAG* 20.6.1989 EzA § 87 HGB Nr. 10).

#### cc) Kündigung des Darlehens

Das Recht zur ordentlichen Kündigung des Darlehens folgt aus § 488 Abs. 3 BGB; es ist in Arbeitgeberdarlehensverträgen jedoch meist durch die Vereinbarung eines festen Tilgungsplanes ausgeschlossen. Auf Grund einer Gesamtanalogie zu §§ 543, 569, 626, 671 Abs. 2, 3, 721 Abs. 1 BGB ist aber bereits nach bisherigem Recht eine außerordentliche Kündigung aus wichtigem Grund möglich; § 490 BGB sieht nunmehr ausdrücklich ein außerordentliches Kündigungsrecht für den Darlehensgeber und ein befristetes Sonderkündigungsrecht des Darlehensnehmers vor. Daneben kommt eine außerordentliche Kündigung gem. 314 BGB in Betracht. 1223

Die in einem Darlehensvertrag vorgesehene jederzeitige Kündigungsmöglichkeit stellt im Hinblick auf eine gleichzeitige langfristige Tilgungsvereinbarung eine unangemessene Benachteiligung des Darlehensnehmers i. S. d. § 307 Abs. 2 BGB dar und ist deshalb unwirksam (*LAG Hamm* 19.2.1993 NZA 1994, 559 LS). 1224

#### dd) Auswirkungen der Beendigung des Arbeitsverhältnisses

##### (1) Grundsätze

**Allein die Beendigung des Arbeitsverhältnisses führt nicht ohne weiteres zur Unzumutbarkeit der Fortsetzung des Darlehensvertrages.** Ausnahmsweise kann ein wichtiger Grund gegeben sein, wenn der Insolvenzverwalter ein Arbeitgeberdarlehen wegen dringenden Eigenbedarfs und Unzumutbarkeit der weiteren Belastung außerordentlich kündigt. Eine unzumutbare Belastung der Insolvenzmasse kann in einer sich wegen geringer Tilgungsraten über Jahre hinziehenden Darlehensabwicklung zu sehen sein. 1225

Scheidet der Arbeitnehmer während der Laufzeit des Darlehens auf Grund betriebsbedingter Kündigung aus dem Arbeitsverhältnis aus, so besteht dann kein Anspruch auf sofortige Rückzahlung, wenn die Auslegung des Darlehensvertrages ergibt, dass er in diesem Fall weitergeführt werden soll (*BAG* 23.9.1992 EzA § 117 GewO Nr. 1). 1226

##### (2) Keine vorzeitige Rückzahlung

> Eine vorzeitige Rückzahlung des Darlehens bei Beendigung des Arbeitsverhältnisses kommt weder im Wege der ergänzenden Vertragsauslegung noch über die Anwendung der Grundsätze vom Wegfall der Geschäftsgrundlage (§ 313 BGB) in Betracht, weil sich mit der Beendigung des Arbeitsverhältnisses lediglich das bewusst vom Arbeitgeber eingegangene Risiko verwirklicht. 1227

Sind gleichwohl ausnahmsweise die Grundsätze über den Wegfall der Geschäftsgrundlage (§ 313 BGB) anwendbar, so ist Rechtsfolge regelmäßig die Anpassung des Darlehensverhältnisses (Fortsetzung des Darlehensvertrages zu einem marktüblichen Zinssatz), nicht aber die sofortige Fälligstellung (*BAG* 5.3.1964 AP Nr. 2 zu § 607 BGB; *LAG Saarland* 29.4.1987 LAGE § 9 AGBG Nr. 1). 1228

##### (3) Kündigung zum Ende der Elternzeit

Erhebliche Bedenken bestehen gegen die Wirksamkeit einer Vereinbarung, wonach während der Dauer der Elternzeit gewährte **Zinsvergünstigungen für Arbeitgeberdarlehen rückwirkend entfallen**, wenn das **Arbeitsverhältnis** nach § 19 BEEG zum Ende der Elternzeit **gekündigt wird** (*BAG* 16.10.1991 EzA § 19 BErzGG Nr. 1). Denn der Zeitpunkt der Beendigung des Bezuges der Zinsvergünstigung bleibt danach bis zum Ende des Ruhenszeitraums in der Schwebe. Im Hinblick auf § 19 BEEG ist es bedenklich, dass damit dieselben Auswirkungen gegeben sind wie bei einer Klausel, wonach bei Ausübung des Sonderkündigungsrechts eine Rückzahlungsverpflichtung besteht. 1229

*(4) Rückzahlungsklauseln*

**1230** Die Parteien können aber vertraglich vereinbaren, dass bei Beendigung des Arbeitsverhältnisses das Darlehen sofort fällig wird.

**1231** Die Grenze für die Zulässigkeit derartiger Rückzahlungsklauseln bildet das Verbot unzulässiger Kündigungserschwerung. Weil die Möglichkeit besteht, dass dem Arbeitnehmer die notwendigen Geldmittel fehlen, um seine mit der Auflösung des Arbeitsverhältnisses fällig werdende Schuld zu erfüllen, sind Rückzahlungsklauseln zwar nicht generell unwirksam, sie unterliegen jedoch einer Inhaltskontrolle, bei der die berechtigten Interessen beider Parteien gegeneinander abgewogen werden müssen. So ist z. B. die rückwirkende Verzinsung i. d. R. unbillig.

**1232** Rückzahlungsklauseln sind dann nicht anwendbar, wenn der Arbeitgeber die vorzeitige Beendigung des Arbeitsverhältnisses zu vertreten hat (§§ 133, 157, 628 Abs. 2 BGB; *BAG* 24.2.1965 AP Nr. 1 zu § 607 BGB).

Bei einer betriebsbedingten Arbeitgeberkündigung ist die Anwendung der Rückzahlungsklausel nicht treuwidrig i. S. d. § 162 Abs. 2 BGB, denn es kann nicht als treuwidrig angesehen werden, wenn der Arbeitgeber von einem gesetzlich gerechtfertigten Kündigungsrecht Gebrauch macht.

*(5) Verstoß gegen § 307 Abs. 2 Nr. 1 BGB*

**1233** Eine Rückzahlungsklausel, die die jederzeitige Kündigung des Darlehens durch den Darlehensgeber ohne Grund vorsieht, ist gem. § 307 Abs. 2 Nr. 1 BGB (wegen § 488 Abs. 3 BGB) unwirksam (s. aber Rdn. 1224).

**1234** Eine **sofortige Fälligstellung** darf nur vereinbart werden, wenn ein wichtiger Grund vorliegt. Als wichtiger Grund in diesem Sinne genügt es allerdings, wenn die Fälligstellung des Darlehens von der ordentlichen Kündigung des Arbeitsverhältnisses abhängig gemacht wird.

*(6) Höhere Verzinsung*

**1235** Räumt ein Versicherungsunternehmen Arbeitnehmern für ein **Baudarlehen** einen **Sonderzinssatz** ein, so enthält die Bedingung, dass nach Beendigung des Arbeitsverhältnisses der für Versicherungsnehmer geltende höhere Zinssatz zur Anwendung kommt, keine unangemessene Benachteiligung der Arbeitnehmer (*BAG* 28.2.1999 EzA § 611 BGB Inhaltskontrolle Nr. 7).

*ee) Betriebsübergang*

**1236** Die Rechte und Pflichten aus einem Arbeitgeberdarlehen können nach § 613a Abs. 1 S. 1 BGB auf den Betriebserwerber übergehen. Das setzt voraus, dass das Darlehen **mit dem Bestehen des Arbeitsverhältnisses verknüpft** ist, also nach den Umständen des Einzelfalles zum Arbeitsverhältnis gehört und nicht eigenständig ist (*BAG* 21.1.1999 – 8 AZR 373/97, n. v.; *LAG Köln* 18.5.2000 NZA-RR 2001, 174). Das ist z. B. dann der Fall, wenn:
– die vollständige **Rückzahlung** des Darlehens **beim Ausscheiden** aus dem Unternehmen vorgesehen ist,
– nur eine **Familienwohnung** in einer bestimmten Entfernung von der regelmäßigen Arbeitsstätte des Arbeitnehmers durch das Darlehen **gefördert wird** (*LAG Köln* 18.5.2000 NZA-RR 2001, 174).

*d) Arbeitnehmerdarlehen*

**1237** Gewährt der Arbeitgeber aus Anlass seines **Firmenjubiläums eine Zuwendung** unter der **Bedingung**, dass diese einer **von ihm beherrschten Beteiligungsgesellschaft als Darlehen gegeben wird**, das mit 4 % p. a. zu verzinsen ist, so ist die Bestimmung des Darlehensvertrages, dass die Laufzeit 15 Jahre beträgt, im Hinblick auf § 107 Abs. 2 GewO, § 307 BGB (a. F.) nicht zu beanstanden (*BAG* 23.9.1992 EzA § 117 GewO Nr. 1).

Dagegen bestehen im Hinblick auf § 307 BGB (a. F.) erhebliche Bedenken gegen die Wirksamkeit der Bestimmungen des Darlehenvertrages, wonach sich das Darlehen jeweils um fünf Jahre verlängert, wenn es nicht rechtzeitig gekündigt worden ist, dass die Zinsen, wenn im Zeitpunkt ihrer Fälligkeit keine Lohn- und Gehaltszahlung anfällt, nur auf Antrag des Mitarbeiters überwiesen werden, und dass 50 % der Darlehenssumme erst ein Jahr später ausbezahlt und in dieser Zeit auch nicht verzinst werden (*BAG* 23.9.1992 EzA § 117 GewO Nr. 1). 1238

### e) Miles & More-Bonus-Programme

Vorteile, die ein Arbeitnehmer auf Grund der Teilnahme an einem sog. Vielfliegerprogramm (kostenlose Flüge, Sonderkonditionen bei Hotelübernachtungen usw.) erlangt, sind nicht als Arbeitseinkommen zu qualifizieren; es handelt sich bei derartigen Programmen um eine **Auslobung** i. S. d. § 657 BGB, die in keinerlei rechtlichem Zusammenhang mit dem Arbeitsverhältnis steht (vgl. *Bauer/Krets* BB 2002, 2066 ff.). Ein Arbeitnehmer, der bei seinen vom Arbeitgeber finanzierten Dienstreisen an einem derartigen Programm teilnimmt, **ist auf Anforderung seines Arbeitgebers verpflichtet, die erworbenen Bonusmeilen für weitere Dienstflüge einzusetzen** (*LAG Hamm* 29.6.2005 NZA-RR 2005, 623). Denn sie stehen gem. § 667 2. Alt. BGB dem Arbeitgeber als Auftraggeber zu. Demjenigen, für dessen Rechnung und damit auch auf dessen Kosten ein anderer die Geschäfte führt, gebühren die gesamten Vorteile aus dem Geschäft (*BAG* 11.4.2006 EzA § 667 BGB 2002 Nr. 1; *Raif* SAE 2007, 166 ff.; s. a. *Kock* DB 2007, 462 ff.). 1239

## 9. Abtretung

### a) Grundlagen

Der Entgeltanspruch des Arbeitnehmers kann nach § **398 BGB** abgetreten werden (zur Darlegungs- und Beweislast insoweit vgl. *BAG* 31.3.2004 – 10 AZR 191/03, EzA-SD 24/04 S. 12). 1240

### b) Ausschluss der Abtretbarkeit bei Unpfändbarkeit

Eine Abtretung ist nach § **400 BGB** ausgeschlossen, soweit der Entgeltanspruch unpfändbar ist. In Geld zahlbares Arbeitseinkommen kann folglich nur gepfändet werden, wenn die für den Lebensunterhalt des Arbeitnehmers gesetzlich bestimmten Pfändungsgrenzen überschritten werden. 1241

Mit Vorrang vor späteren Pfändungen ist die Abtretung zukünftiger Entgelte und der Entgelte aus zukünftigen Arbeitsverhältnissen möglich (*BAG* 24.10.1979 AP Nr. 6 zu § 829 ZPO). 1242

**Eine entgegen § 400 BGB vorgenommene Abtretung ist unwirksam.** Da dem Schuldner auch im öffentlichen Interesse die zur Aufrechterhaltung seiner Existenz erforderlichen Mittel bewahrt werden sollen, sind **alle Vereinbarungen unzulässig, die sich anderer Rechtsformen als der Abtretung bedienen, aber zu dem gleichen wirtschaftlichen Ergebnis führen** (z. B. die Vereinbarung einer Inkassozession, die Erteilung einer Einziehungsermächtigung und i. d. R. auch die Vereinbarung über die Verwaltung pfändbaren Arbeitseinkommens durch Dritte). 1243

Erteilt ein Arbeitnehmer bei einer Gehaltsabtretung zugunsten seines Darlehensgläubigers seinem Arbeitgeber den Auftrag, die laufenden Darlehensraten vom Gehalt zu überweisen, erstreckt sich dieser Auftrag nicht auf den unpfändbaren Gehaltsteil (*BAG* 23.11.1988 EzA § 400 BGB Nr. 1). 1244

Ein Verstoß gegen § 400 BGB liegt allerdings dann nicht vor, wenn der Arbeitnehmer von dem Abtretungsempfänger eine **wirtschaftlich gleichwertige Leistung** erhält. Das gilt z. B. für einen Versicherungsträger, der einen Angestellten während einer Kur unterhält, ferner für eine Gewerkschaft, die Streikunterstützungen gewährt (*BAG* 2.6.1966 AP Nr. 8 zu § 309 BGB; 10.6.1980 NJW 1980, 1653). Dass der Vermieter dem Arbeitnehmer unter Vorausabtretung der unpfändbaren Lohnbestandteile für die jeweiligen Lohnzahlungszeiträume **Wohnraum überlassen hat, genügt** diesen Anforderungen demgegenüber **nicht** (*BAG* 21.11.2000 EzA § 400 BGB Nr. 2). 1245

*c) Abfindung*

**1246** Ob eine Abtretung auch eine Abfindung nach §§ 9, 10 KSchG erfasst, ist nach den Grundsätzen der Vertragsauslegung zu ermitteln; i. d. R. ist eine Abfindung **ohne anderweitige Regelung kein Arbeitsentgelt** (vgl. *ArbG Karlsruhe* 10.4.2002 NZA-RR 2003, 212; s. Rdn. 1358) und daher von einer Gehaltsabtretung nicht erfasst (*LAG Köln* 27.3.2006 NZA-RR 2006, 365; *LAG Düsseld.* 29.6.2006 – 11 Sa 291/06, EzA-SD 19/06 S. 8). **Eine abweichende Regelung ist aber nicht per se ausgeschlossen** (*LAG Düsseld.* 29.6.2006 – 11 Sa 291/06, EzA-SD 19/06 S. 8).

*d) Vereinbarung eines Abtretungsverbots*

**1247** Arbeitgeber und Arbeitnehmer können gem. **§ 399 BGB** den Ausschluss der Abtretbarkeit des Lohnanspruchs vereinbaren. Das Abtretungsverbot kann in einer Betriebsvereinbarung (*BAG* 5.9.1960 AP Nr. 4 zu § 399 BGB) oder in einem Tarifvertrag (*LAG Köln* 27.3.2006 NZA-RR 2006, 365) vereinbart werden. Es erfasst auch zeitlich vor dieser Betriebsvereinbarung liegende Vorausabtretungen. Bereits entstandene Forderungen werden allerdings von dem Abtretungsverbot in einer späteren Betriebsvereinbarung nicht mehr erfasst. Ein tarifliches Abtretungsverbot erfasst alle Ansprüche, die nach In-Kraft-Treten des Tarifvertrages entstehen und fällig werden (*LAG Köln* 27.3.2006 NZA-RR 2006, 365).

**1248** Gegenüber einem Versicherungsträger, der während einer Kur Zahlungen gegen Gehaltsabtretung geleistet hatte, ist das in einer Betriebsvereinbarung enthaltene Abtretungsverbot unwirksam (*BAG* 2.6.1966 AP Nr. 8 zu § 399 BGB). Auch wird die **Aufrechnung des Arbeitgebers** gegen Lohnforderungen durch ein tarifvertragliches Abtretungsverbot **nicht ausgeschlossen**.

**1249** Eine trotz eines vertraglichen Abtretungsverbots erfolgende Zahlung befreit den Arbeitgeber nicht von seiner Verpflichtung gegenüber dem Arbeitnehmer. Dient aber das Abtretungsverbot dem Schutz des Arbeitgebers vor übermäßiger Belastung des Lohnbüros, kann dieser die abredewidrige Abtretung **genehmigen**.

**1250** Im Übrigen gelten hinsichtlich der Rechtsstellung von Arbeitgeber und Arbeitnehmer nach der Abtretung die §§ 404, 407 BGB. Der Arbeitgeber kann die Unwirksamkeit der Abtretung geltend machen. Einwendungen aus dem der Abtretung zugrunde liegenden Vertrag kann er aber nur dann erheben, wenn dieser mit der Abtretung eine Einheit bildet (*BAG* 14.12.1966 AP Nr. 26 zu § 138 BGB).

**1251** Zwar gelten die Grundsätze, die zu einer Beschränkung des Abtretungsverbots gem. § 400 BGB (bei wirtschaftlich gleichwertiger Leistung) geführt haben, im Rahmen des § 399 BGB nicht, weil die Schutzbereiche der beiden Vorschriften wesentlich voneinander abweichen. Andererseits kann die Berufung des Arbeitgebers auf den Abtretungsausschluss eine unzulässige Rechtsausübung darstellen. Gem. § 242 BGB ist insoweit eine umfassende Interessenabwägung erforderlich.

*e) Vorausabtretung; AGB*

**1252** Eine Vorausabtretung ist grds. zulässig, wenn sie den **Grundsatz der Bestimmtheit und das Verbot der Übersicherung** beachtet (*BGH* 22.6.1989 AP Nr. 5 zu § 398 BGB). Der Inhaltskontrolle nach § 307 Abs. 1 BGB halten solche Klauseln aber nur stand, wenn sie **Zweck und Umfang** der Abtretung sowie die **Voraussetzungen der Verwertungsbefugnis eindeutig bezeichnen**. Unzulässig ist daher eine Klausel, die nicht zweifelsfrei erkennen lässt, ob die Vorausabtretung nur die Ansprüche aus dem Kreditvertrag oder auch solche aus anderen Rechtsgründen sichern soll (*BGH* 22.6.1989 AP Nr. 5 zu § 398 BGB: zur Sicherung der Ansprüche der Bank). Zu unbestimmt ist auch die Abtretung »zur Sicherung der Ansprüche«, da insoweit nicht klar wird, ob die Verwertungsbefugnis vom Zahlungsverzug abhängt (*BAG* 22.6.1989 AP Nr. 5 zu § 398 BGB). Hinzu kommt eine mögliche übermäßige Sicherung, wenn die Vorausabtretung die gesamte pfändbare Arbeitsvergütung ohne zeitliche und betragsmäßige Begrenzung erfasst (s. *ErfK/Preis* § 611 BGB Rn. 463). Gelöst wird der Konflikt durch eine **betragsmäßige Begrenzung der Zession** und im Hinblick auf die fortschreitende

Tilgung durch eine geeignete Freigabeklausel (*BGH* 22.6.1989 AP Nr. 5 zu § 398 BGB; 27.4.1995 NJW 1995, 2289; ErfK/*Preis* § 611 BGB Rn. 463).

(derzeit unbesetzt) 1253

Nach Maßgabe dieser Grundsätze ist z. B. **eine Gehaltsabtretung, die zu einer Übersicherung des Kreditgebers führt**, gem. § 307 Abs. 1 S. 1 BGB wegen unangemessener Benachteiligung **rechtsunwirksam** (*LAG Köln* 27.3.2006 – 14 (9) Sa 1335/05, EzA-SD 19/06 S. 8 LS). 1254

Unwirksam ist auch eine **formularmäßige Sicherungsabtretung** aller Ansprüche des Kreditnehmers aus seinem Arbeitsverhältnis, wenn für die Verwertung Nr. 20 AGB-Banken gelten soll. Danach ist die Bank dann, wenn der Kunde seinen Verbindlichkeiten bei Fälligkeit nicht nachkommt, befugt, die Sicherheiten ohne gerichtliches Verfahren unter tunlichster Rücksichtnahme auf den Kunden zu beliebiger Zeit an einem ihr geeignet erscheinenden Ort auf einmal oder nach und nach zu verwerten. Denn diese Regelung über die Verwertung der zur Sicherheit abgetretenen Lohn- und Gehaltsansprüche bedeutet eine unangemessene Benachteiligung des Kreditnehmers und verstößt folglich gegen § 307 BGB (*BGH* 7.7.1992 AP Nr. 6 zu § 398 BGB; *LAG Köln* 27.3.2006 NZA-RR 2006, 365). 1255

### 10. Lohnpfändung

*a) Grundlagen*

Die Lohnpfändung ist eine besondere Form der **Zwangsvollstreckung in Forderungen**, die durch die **§§ 850 ff. ZPO** modifiziert ist. §§ 850 ff. ZPO dienen dem unmittelbaren Schutz des Arbeitnehmers durch die Aufstellung bestimmter zwingender Pfändungsschranken. Das Lohnpfändungsrecht übt daneben eine mittelbare Schutzfunktion aus, indem die Abtretungsmöglichkeit von Lohnforderungen beschränkt wird (§§ 400, 1274 Abs. 2 BGB). 1256

Durch die Pfändung des Arbeitseinkommens entstehen vollstreckungsrechtliche Beziehungen zwischen Gläubiger, Schuldner (Arbeitnehmer) und Arbeitgeber (Drittschuldner). 1257

Zu beachten ist, dass **ausländische Lohnpfändungen** keine Rechtswirkungen für den im Inland zu zahlenden Lohn der in Deutschland ansässigen und beschäftigten Arbeitnehmer haben, solange die internationale Rechtswirkung solcher Pfändungen völkerrechtlich nicht vereinbart ist. Ein in den USA zugestelltes Zahlungsverbot ist daher in der BRD wirkungslos (*BAG* 19.3.1996 EzA § 829 ZPO Nr. 3). 1258

*b) Ablauf der Lohnpfändung*

*aa) Allgemeine Voraussetzungen der Zwangsvollstreckung*

Liegen die allgemeinen Zwangsvollstreckungsvoraussetzungen **Titel** (insbes. vorläufig vollstreckbare Endurteile, Vergleiche mit vollstreckungsfähigem Inhalt, §§ 704 Abs. 1, 794 ZPO, § 62 Abs. 1 S. 2 ArbGG), **Vollstreckungsklausel** (§§ 724 ff. ZPO) und **Zustellung** des Vollstreckungstitels, u. U. nebst Vollstreckungsklausel (§ 750 ZPO) vor, so kann ein **Antrag** auf Durchführung der Lohnpfändung beim Rechtspfleger des Amtsgerichts, in dessen Bezirk der Schuldner (Arbeitnehmer) seinen allgemeinen Gerichtsstand hat (§§ 496, 828 Abs. 2, 802 ZPO, § 20 Nr. 16, 17 RPflG), eingereicht werden; hilfsweise bei dem AG, in dessen Bezirk der Drittschuldner (Arbeitgeber) das Arbeitsentgelt auszuzahlen hat (s. a. § 828 Abs. 3 ZPO: formlose Abgabe bei Unzuständigkeit). 1259

*bb) Antragsvoraussetzungen*

*(1) Bezeichnung der Beteiligten*

Erforderlich ist, dass **Gläubiger, Schuldner und Drittschuldner hinsichtlich Berufsstand, Name und Anschrift** so genau wie möglich bezeichnet werden. Es muss erkennbar sein, ob und wessen Forderungen gepfändet werden sollen. Zur möglichen Auslegung eines Pfändungs- und Überweisungs- 1260 beschlusses ist auf den objektiven Sinn des Wortlauts abzustellen, der nur durch offenkundige Tatsachen ergänzt werden kann. **Außerhalb des Beschlusses liegende Tatsachen dürfen dagegen nicht zur Auslegung herangezogen werden.**

**1261** Deshalb sind Beschlüsse, in denen der Name des Schuldners verwechselt, ein falscher Name angegeben oder eine fehlerhafte Adresse mitgeteilt wird, unwirksam (*BAG* 15.11.1972 AP Nr. 7 zu § 850 ZPO). Eine ungenaue oder **unrichtige Bezeichnung des Drittschuldners** bewirkt allerdings dann nicht die Nichtigkeit des Beschlusses, wenn gleichwohl zweifelsfrei feststeht, wer Drittschuldner ist (*BAG* 6.5.2009 EzA § 850 ZPO 2002 Nr. 1).

*(2) Bezeichnung der zu befriedigenden Forderung*

**1262** Auch die Forderung, wegen der die Vollstreckung erfolgen soll, ist **genau zu bezeichnen** (Forderungsbetrag einschließlich Zinsen und Kosten). Sie muss grds. **fällig** sein (§ 751 ZPO); eine Ausnahme gilt für Unterhaltsansprüche von Verwandten, Ehegatten usw. (§ 850d Abs. 1, 3 ZPO), wegen derer auch schon vor ihrer Fälligkeit gepfändet werden kann (sog. Vorratspfändung).

*(3) Bezeichnung der zu pfändenden Forderung*

**1263** Die Forderung, in die vollstreckt werden soll, muss einschließlich ihres Rechtsgrundes so genau bezeichnet werden, dass unzweifelhaft feststeht, welche Forderung Gegenstand der Zwangsvollstreckung sein soll (*BAG* 10.2.1962 AP Nr. 3 zu § 850 ZPO).

**1264** Unbeteiligte Dritte, insbes. weitere Gläubiger, müssen mit hinreichender Deutlichkeit feststellen können, in welche Forderung aus welchem Rechtsverhältnis vollstreckt werden soll. Weil der Gläubiger meist keinen Einblick in die zwischen Arbeitnehmer und Arbeitgeber getroffene Vereinbarung hat, genügt es allerdings, dass das **Rechtsverhältnis, aus dem die Forderung hergeleitet wird, in allgemeinen Umrissen angegeben wird.**

**1265** Hinreichend bestimmt ist deshalb ein Antrag auf Pfändung einer angeblichen Forderung »auf Zahlung aller jetzigen und künftigen Bezüge an Arbeitseinkommen (ohne Rücksicht auf ihre Benennung oder Berechnungsart)« (*BAG* 10.2.1962 AP Nr. 3 zu § 850 ZPO; a.A. *LAG Brem.* 17.9.2001 NZA-RR 2002, 186); erfasst ist dann z. B. auch von einer Pfändung des Arbeitseinkommens die in einem Vergleich in einem Kündigungsschutzprozess vereinbarte **Abfindung** (*LAG Brem.* 30.8.2007 – 3 Sa 75/07, EzA-SD 21/2007 S. 10 LS). Unzureichend ist dagegen die Formulierung, dass die Ansprüche »aus Verträgen und sonstigen Rechtsgeschäften« oder »aus jedem Rechtsgrund« gepfändet werden sollen.

**1266** Steht die Identität der zu vollstreckenden Forderung fest, ist es unerheblich, wenn sich der Gläubiger in ihrer rechtlichen Beurteilung irrt. Deshalb kann ein Beschluss, durch den die angeblichen Ansprüche auf Zahlung von Arbeitseinkommen i. S. d. § 850 ZPO gepfändet werden, auch Ansprüche auf fortlaufend gezahlten Werklohn aus einem Werkvertrag mit dem Drittschuldner erfassen (*BAG* 15.1.1975 AP Nr. 8 zu § 850 ZPO).

**1267** Es darf zwar **kein Zweifel** bestehen, welche Forderungen von einem Pfändungs- und Überweisungsbeschluss erfasst werden. Allerdings ist es **nicht erforderlich**, dass sie in **allen ihren Einzelheiten gekennzeichnet werden** und das Rechtsverhältnis, aus dem sie hergeleitet werden, gemäß der wahren Rechtslage zutreffend bezeichnet wird. Es reicht aus, dass dieses Rechtsverhältnis wenigstens in allgemeinen Umrissen angegeben wird. Eine Schadensersatzforderung des Arbeitnehmers wegen eines Verstoßes gegen das NachwG, die an die Stelle eines aufgrund einer tariflichen Ausschlussfrist verfallenen Vergütungsanspruchs tritt, wird von einem Beschluss erfasst, der sich auf das gesamte Arbeitseinkommen erstreckt. Eine schuldbefreiende Zahlung des Drittschuldners an den Schuldner zum Nachteil des Pfändungsgläubigers kann bei einem Zahlungsverbot nach § 829 Abs. 1 S. 1 ZPO auch dann nicht mehr erfolgen, wenn der Drittschuldner zur Zahlung an den Schuldner verurteilt wurde. Besteheh begründete, objektiv verständliche Zweifel, ob ein Pfändungs- und Überweisungsbeschluss eine Forderung des Schuldners gegen den Drittschuldner erfasst oder nicht, kann der Drittschuldner zur Vermeidung des Risikos einer doppelten Inanspruchnahme den vom Schuldner und vom Gläubiger beanspruchten Betrag nach § 372 S. 2 BGB hinterlegen (*BAG* 6.5.2009 EzA § 850 ZPO 2002 Nr. 1).

**Nicht erforderlich ist, dass die Lohnforderung zum Zeitpunkt der Pfändung bereits fällig ist (§ 832 ZPO).** 1268

*cc) Änderung der Bezüge oder der Rechtsstellung des Arbeitnehmers*

Bei Änderungen in Art und Höhe der Bezüge des Arbeitnehmers oder in der Rechtsstellung von Arbeitgeber und Arbeitnehmer richtet sich die Reichweite des Pfändungsbeschlusses weniger nach rechtlichen als vielmehr nach **wirtschaftlichen Gesichtspunkten**. 1269

*(1) Bestehen mehrerer Arbeitsverhältnisse*

Bestehen formalrechtlich mehrere Arbeitsverhältnisse, so kann gem. § 829 Abs. 1 S. 3, 4 ZPO die Pfändung und Überweisung **verschiedener Forderungen** des Schuldners gegen mehrere Drittschuldner in einem Beschluss zusammengefasst werden. **Andererseits dürfen die Arbeitsgerichte, bei der Ermittlung der pfändbaren Anteile, dem Einkommen Einkünfte bei anderen Arbeitgebern oder Rentenversicherungsträgern hinzurechnen** (*BAG* 24.4.2002 EzA § 850e ZPO Nr. 4). 1270

*(2) Betriebsübergang*

Bei einem Betriebsübergang (§ 613a BGB) ist kein neuer Pfändungsbeschluss erforderlich; gleiches gilt bei einer Gesamtrechtsnachfolge oder der Änderung der Rechtsform des Arbeitgebers (Verschmelzung, übertragende Umwandlung, §§ 339 ff. AktG). 1271

*(3) Änderung der Bezüge oder der Rechtsstellung*

Bei einer Änderung der Bezüge oder einer Änderung der Rechtsstellung ist (s. § 833 ZPO) bei einer Entgelterhöhung kein neuer Beschluss notwendig, ebenso wenig dann, wenn der Arbeitnehmer beim gleichen Arbeitgeber eine neue Position einnimmt oder nunmehr Ruhegeld bezieht. 1272

Soll dagegen in Zukunft anstelle eines Teils des monatlichen Barlohns vom Arbeitgeber eine **Versicherungsprämie** auf einen Lebensversicherungsvertrag zugunsten des Arbeitnehmers (Direktversicherung) gezahlt werden, entstehen insoweit keine pfändbaren Ansprüche auf Arbeitseinkommen (§ 850 Abs. 2 ZPO) mehr (*BAG* 17.2.1998 EzA § 850 ZPO Nr. 5). 1273

*(4) Beendigung des Arbeitsverhältnisses; Unterbrechungen*

Wird die Vergütung des Arbeitnehmers gepfändet und zur Einziehung überwiesen, so wird der **Pfändungs- und Überweisungsbeschluss gegenstandslos**, wenn das Arbeitsverhältnis beendet wird. 1274

Wird später ein neues Arbeitsverhältnis begründet, so erfasst der erste Beschluss nur dann die Vergütungsansprüche, wenn beide Arbeitsverhältnisse in einem inneren Zusammenhang stehen (*BAG* 24.3.1993 AP Nr. 7 zu § 134 BGB). 1275

Ein einheitliches Arbeitsverhältnis ist auch dann anzunehmen, wenn es nur **kurzfristig unterbrochen** wird, z. B. dann, wenn nach dem Willen der Parteien bei Beendigung des Arbeitsverhältnisses eine Wiederbeschäftigung ernsthaft in Erwägung gezogen wird und von vornherein Einigkeit darüber besteht, dass eine Wiedereinstellung angestrebt werden soll (*BAG* 3.10.1957 AP Nr. 2 zu § 832 ZPO). 1276

Anders ist es bei ernstlich gemeinter fristloser Kündigung, oder dann, wenn nach einer vorübergehenden Beendigung des Arbeitsvertrages ein neues Arbeitsverhältnis mit ganz oder zum Teil geänderten Arbeitsbedingungen begründet wird. 1277

(derzeit unbesetzt) 1278

*dd) Zukünftige Forderungen*

1279 Pfändbar sind auch in Aussicht stehende zukünftige Forderungen, wenn sie bereits im Zeitpunkt der Pfändung **hinreichend bestimmt** sind (*BAG* 23.2.1983 EzA § 850c ZPO Nr. 3).

1280 Es reicht aus, dass bereits eine rechtliche Grundlage vorhanden ist, die die Bestimmung der Forderung entsprechend ihrer Art und nach der Person des Drittschuldners ermöglicht. Dem steht nicht entgegen, dass die Höhe der Forderung noch ungewiss ist sowie ob überhaupt eine Forderung der Höhe nach entsteht. Reine Hoffnungen und Erwartungen genügen dagegen nicht.

*ee) Schlüssige Behauptung der Forderung*

1281 Das Bestehen der Forderung muss der Gläubiger **schlüssig behaupten**, nicht glaubhaft machen, da nur die »angebliche« Forderung des Schuldners gepfändet wird.

*ff) Vollstreckungshindernisse*

1282 Daneben dürfen keine Vollstreckungshindernisse gegeben sein (s. § 775 Nr. 1, 2 ZPO).

1283 Deren Vorliegen wird nur dann geprüft, wenn konkrete Anhaltspunkte dafür gegeben sind, also entweder, wenn ein Beteiligter sich darauf beruft oder der Rechtspfleger dienstlich Kenntnis davon erlangt.

1284 (derzeit unbesetzt)

1285 Zu beachten sind zudem **vollstreckungsbeschränkende Abreden** zwischen Gläubiger und Schuldner, die die dem Gläubiger gesetzlich eingeräumten Vollstreckungsbefugnisse einschränken sowie die Lohnpfändungsbeschränkungen der §§ 850 ff. ZPO.

*gg) Pfändungsbeschluss*

1286 Sind alle Vollstreckungsvoraussetzungen erfüllt, so erlässt das Vollstreckungsgericht **ohne vorherige Anhörung** des Schuldners oder Drittschuldners (§ 834 ZPO) den Pfändungsbeschluss, durch den dem Drittschuldner verboten wird, an den Schuldner zu zahlen (Arrestatorium, § 829 Abs. 1 S. 1 ZPO). Mit der Pfändung darf der Schuldner zudem nicht zum Nachteil des Gläubigers über die Forderung verfügen (relatives Veräußerungsverbot, Inhibitorium, § 829 Abs. 1 S. 2 ZPO).

*hh) Pfändungspfandrecht*

1287 Gem. § 804 Abs. 1 ZPO erwirbt der Gläubiger durch die Pfändung ein Pfandrecht an dem gepfändeten Gegenstand (Pfändungspfandrecht). Dies gilt jedoch dann nicht, wenn wesentliche Vollstreckungsvoraussetzungen oder materiell-rechtliche Voraussetzungen für das Entstehen des Pfandrechts (z. B. die bestehende Forderung) fehlen.

1288 Gem. § 804 Abs. 2 ZPO gewährt das Pfändungspfandrecht dem Gläubiger im Verhältnis zu anderen Gläubigern **dieselben Rechte wie ein Faustpfandrecht** (§§ 1227, 985 ff., 1004, 823 ff. BGB, § 50 InsO). Zudem hat es eine **rangwahrende Funktion** (§ 804 Abs. 2, 3 ZPO).

*ii) Überweisungsbeschluss*

1289 Durch den zusätzlich ergehenden Überweisungsbeschluss wird die gepfändete Forderung dem Gläubiger nach seiner Wahl **zur Einziehung** (Ermächtigung, es im eigenen Namen geltend zu machen) oder **an Zahlungs statt** (Forderung geht in das Vermögen des Gläubigers über, vgl. § 835 Abs. 2 ZPO) zum Nennwert überwiesen (§ 835 Abs. 1 ZPO). Damit erhält der Gläubiger die Möglichkeit, sich aus der gepfändeten Forderung zu befriedigen.

1290 (derzeit unbesetzt)

## B. Pflichten des Arbeitgebers  Kapitel 3

*jj) Zustellung des Pfändungs- und Überweisungsbeschlusses*

Wirksam wird der Pfändungs- und Überweisungsbeschluss erst mit der Zustellung an den Drittschuldner (§ 829 Abs. 2, 3 ZPO), die auf Betreiben des Gläubigers im **Parteibetrieb** (§ 829 Abs. 2 ZPO) durch den Gerichtsvollzieher nach §§ 166 ff. ZPO erfolgt. 1291

Die Zustellung eines Beschlusses, der die Ansprüche eines Arbeitnehmers gegen seinen Arbeitgeber pfändet, kann dagegen analog § 185 ZPO nicht wirksam an den Drittschuldner durch Aushändigung an den Schuldner bewirkt werden (*BAG* 15.10.1980 AP Nr. 7 zu § 829 ZPO). 1292

*kk) Verhältnis zu Vorausabtretungen*

Ein Pfändungs- und Überweisungsbeschluss entfaltet keine vollstreckungsrechtlichen Wirkungen, wenn die gepfändete Forderung im Zeitpunkt der Pfändung abgetreten war (*BAG* 24.3.1993 AP § 134 BGB Nr. 7). Auch die spätere Rückabtretung einer fälligen Forderung führt grds. nicht zur Entstehung eines Pfändungspfandrechts (*BAG* 17.2.1993 AP Nr. 4 zu § 832 ZPO). 1293

Eine Vorausabtretung ist unwirksam, wenn sie an eine Gesellschaft erfolgt, die geschäftsmäßig Rechtsberatung und die Einziehung fremder Forderungen betreibt, ohne im Besitz der erforderlichen Erlaubnis nach dem Rechtsdienstleistungsgesetz zu sein (*BAG* 24.3.1993 AP Nr. 7 zu § 134 BGB). 1294

(derzeit unbesetzt) 1295

*ll) Vorpfändung*

Um zu verhindern, dass in der Zeit vor Zustellung des Titels sowie der Erteilung einer vollstreckbaren Ausfertigung der Arbeitnehmer über den pfändbaren Lohnanteil anderweitig verfügen kann, kann der Gläubiger dem Drittschuldner und dem Schuldner die **Benachrichtigung, dass die Pfändung bevorsteht**, zustellen lassen mit der Aufforderung an den Drittschuldner, nicht an den Schuldner zu zahlen und der Aufforderung an den Schuldner, sich jeder Verfügung über die Forderung, insbes. ihrer Einziehung, zu enthalten (Vorpfändung; § 845 ZPO). 1296

Verfügungen des Schuldners zwischen Vorpfändung und anschließender gerichtlicher Pfändung sind dann dem Gläubiger gegenüber unwirksam. Der Gläubiger hat zudem einen Vorrang gegenüber später pfändenden Gläubigern. 1297

Die Zustellung erfolgt im **Parteibetrieb** durch den Gerichtsvollzieher (§§ 845 Abs. 1 S. 1, 166 ff. ZPO). 1298

*c) Die Rechtsstellung des Arbeitgebers nach der Pfändung*

*aa) Auskunftspflichten gem. § 840 ZPO (Drittschuldnererklärung)*

Nach der Zustellung eines wirksamen Pfändungsbeschlusses und Aufforderung durch den Gläubiger ist der Drittschuldner innerhalb einer Frist von zwei Wochen zur sog. Drittschuldnererklärung verpflichtet (§ 840 Abs. 1 Nr. 1–3 ZPO). 1299

(derzeit unbesetzt) 1300–1304

Die Erfüllung dieser Pflicht kann der Gläubiger nicht im Wege der Leistungsklage, erzwingen (*BGH* 17.4.1984 NJW 1984, 1901), denn § 840 ZPO begründet nur eine Auskunftspflicht mit der Folge, dass sich die Haftung des Drittschuldners in seiner Schadensersatzpflicht erschöpft. 1305

Ihm wird damit auferlegt, vermeidbaren Schaden durch Klarstellung (Offenlegung) der Verhältnisse abzuwenden. 1306

Allerdings kann der (materiell-rechtliche) Anspruch auf Auskunft sowie Rechnungslegung, auf den sich eine Pfändung als Nebenanspruch erstreckt, unabhängig von der Auskunftspflicht des § 840 ZPO geltend gemacht und mit Klage verfolgt werden (vgl. § 836 Abs. 3 ZPO). Das gilt auch für den Anspruch auf Lohn- und Provisionsabrechnung (§ 87c HGB; vgl. *Zöller/Stöber* 1307

§ 840 Rn. 15). Hat der Gläubiger Ansprüche des Schuldners auf **gegenwärtiges und künftiges Arbeitseinkommen pfänden** und sich zur Einziehung überweisen lassen, hat der Schuldner außer den laufenden Lohnabrechnungen regelmäßig **auch die letzten drei Lohnabrechnungen** aus der Zeit vor Zustellung des Pfändungs- und Überweisungsbeschlusses an den Gläubiger herauszugeben (*BGH* 20.12.2006 – VII ZB 58/06, FA 2007, 82 = NZA-RR 2007, 142; s. dazu *Reiter* FA 2007, 258).

1308 Gem. § 840 Abs. 2 S. 2 ZPO haftet der Drittschuldner für den aus der Nicht- oder Schlechterfüllung seiner Verpflichtung zur Auskunftserteilung erwachsenen Schaden. Erforderlich ist neben einem **Verschulden** des Drittschuldners, dass **gerade die Nicht- oder Schlechterfüllung** der Auskunftspflicht für die **Entstehung des Schadens ursächlich** war. Ein solcher Schaden liegt in erster Linie in den Kosten für einen gegen den Drittschuldner geführten unnötigen Prozess, wenn diese durch ordnungsgemäße oder rechtzeitige Erklärung vermieden worden wären (vgl. *LAG Hamm* 7.3.2001 NZA-RR 2002, 151).

1309 **Der Drittschuldner hat zu beweisen, dass ihn an der Nichterfüllung seiner Auskunftsverpflichtung kein Verschulden trifft** (*BGH* 28.1.1981 AP Nr. 2 zu § 840 ZPO).

1310 Trotz § 12a ArbGG gehören zu den erstattungsfähigen Kosten auch die in einem arbeitsgerichtlichen Prozess erwachsenden Anwaltskosten (*BAG* 16.5.1990 EzA § 840 ZPO Nr. 3; *ArbG Gießen* 27.2.2002 FA 2002, 149). Zu beachten ist allerdings, dass Schadensersatzansprüche wegen Nichterteilung der Auskunft, **nicht im Kostenfestsetzungsverfahren** eines wegen dieser Unterlassung geführten arbeitsgerichtlichen Verfahrens **festsetzbar sind**, denn sie sind keine »Kosten« i. S. d. Rechts der Kostenfestsetzung (*BAG* 16.11.2005 NZA 2006, 343).

1311 Ein Gläubiger, der mangels Auskunftserteilung des Drittschuldners vor dem ArbG eine unbegründete Zahlungsklage erhoben hat, kann zur Klage auf Feststellung der Haftung des Drittschuldners für den aus der Nichterfüllung der Auskunftsverpflichtung entstandenen Schaden (§§ 256, 263 ZPO) übergehen (*BGH* 4.2.1981 AP Nr. 3 zu § 840 ZPO).

1312 Den Gläubiger trifft mangels Rechtsgrundlage **keine Erstattungspflicht** für die dem Drittschuldner durch die Auskunftserteilung entstandenen Kosten (z. B. Portogebühren, Kosten für die Beiziehung eines Rechtsanwalts (*BAG* 31.10.1984 EzA § 840 ZPO Nr. 1).

*bb) Zahlungspflicht des Drittschuldners; Hinterlegung*

1313 Mit Erlass des Pfändungs- und Überweisungsbeschlusses ist der Drittschuldner verpflichtet, den gepfändeten Lohnbetrag dem Gläubiger an dessen Wohn- oder Geschäftssitz zu überweisen.

1314 Für den Schutz des guten Glaubens des Drittschuldners bei Zahlung in Unkenntnis des Pfändungs- und Überweisungsbeschlusses an seinen Arbeitnehmer gelten **§§ 407, 408 BGB** (i. V. m. § 804 ZPO, § 1275 BGB).

1315 (derzeit unbesetzt)

1316 Gem. § 836 Abs. 2 ZPO gilt der Überweisungsbeschluss, auch wenn er zu Unrecht erlassen ist, zugunsten des Drittschuldners dem Schuldner gegenüber solange als rechtsbeständig, bis er aufgehoben wird und die Aufhebung zur Kenntnis des Drittschuldners gelangt.

1317 Um der Gefahr zu begegnen, bei mehrfacher Lohnpfändung an einen schlechter Berechtigten zu zahlen, ohne dadurch von der Leistungspflicht befreit zu sein, kann der Drittschuldner gem. § 853 ZPO die gepfändete Summe **hinterlegen**. Auf Verlangen eines Gläubigers, dem die Forderung überwiesen wurde, ist er dazu verpflichtet. Konkurriert die Pfändung der Lohnforderung mit einer Abtretung, ergibt sich ein Hinterlegungsrecht des Drittschuldners aus § 372 Abs. 2 BGB. Eine schuldbefreiende Zahlung des Drittschuldners an den Schuldner zum Nachteil des Pfändungsgläubigers kann bei einem Zahlungsverbot nach § 829 Abs. 1 S. 1 ZPO **auch dann nicht mehr erfolgen**, wenn der **Drittschuldner zur Zahlung an den Schuldner verurteilt wurde**. Bestehen deshalb begründete, objektiv verständliche Zweifel, ob ein Pfändungs- und Überweisungsbeschluss eine Forderung des Schuldners gegen den Drittschuldner erfasst oder nicht, kann der Drittschuldner zur Vermeidung des Risikos einer doppelten Inanspruchnahme den vom Schuldner und vom Gläubiger beanspruchten Betrag nach § 372 S. 2 BGB hinterlegen (*BAG* 6.5.2009 EzA § 850 ZPO 2002 Nr. 1).

Die Kosten der Hinterlegung hat gem. § 788 ZPO der Schuldner zu tragen. **1318**

#### cc) Einwendungen und Einreden des Drittschuldners

#### (1) Verfahrensmängel

(derzeit unbesetzt) **1319**

> Der Drittschuldner kann sich im Drittschuldnerprozess zwar nicht auf die Fehlerhaftigkeit, wohl **1320** aber auf die Nichtigkeit eines Pfändungs- und Überweisungsbeschlusses berufen (*BAG* 15.2.1989 AP Nr. 9 zu § 829 ZPO).

(derzeit unbesetzt) **1321**

#### (2) Einreden und Einwendungen gegen die gepfändete Forderung; Überweisung an einen anderen Gläubiger zur Einziehung

Gegen die gepfändete Forderung kann er gegenüber dem Pfändungsgläubiger die Einwendungen **1322** und Einreden erheben, die zur Zeit der Pfändung **gegen den bisherigen Gläubiger begründet waren** (§ 804 ZPO, §§ 1205, 404 BGB), z. B.:
– dass die Lohnforderung des Arbeitnehmers nicht entstanden,
– bereits wieder erloschen,
– vor der Pfändung vom Arbeitnehmer abgetreten ist oder
– dass die Zahlung wegen Ablaufs einer Ausschlussfrist oder wegen Verjährung verweigert werden kann.

(derzeit unbesetzt) **1323**

Gem. § 767 ZPO kann der Drittschuldner gegen die Vollstreckung aus der in einem Prozessvergleich titulierten Abfindungsforderung auch geltend machen, dass die Forderung **einem anderen Gläubiger** zur Einziehung **überwiesen ist** (*BAG* 20.8.1996 EzA § 767 ZPO Nr. 2). **1324**

#### (3) Aufrechnung

> Der Arbeitgeber kann zudem mit Forderungen, die ihm gegenüber dem Gläubiger zustehen, **1325** ebenso aufrechnen wie grds. mit Forderungen gegen seinen Arbeitnehmer.
>
> Nach § 394 S. 1 BGB findet die Aufrechnung gegen eine Forderung allerdings nicht statt, soweit diese unpfändbar ist. Die vertragliche Befugnis, eine **monatliche Kostenbeteiligung** des Arbeitnehmers bezüglich benötigter Berufskleidung mit dem Monatsentgelt zu »verrechnen«, berechtigt den Arbeitgeber folglich nicht, den Betrag ohne Rücksicht auf die Pfändungsgrenzen der §§ 850 ff. ZPO einzubehalten. Nach § 394 S. 1 BGB findet die Aufrechnung gegen eine Forderung, die nicht der Pfändung unterworfen ist, nicht statt. Das gilt auch für einen Aufrechnungsvertrag. Die Pfändungsfreigrenzen dürfen nicht deshalb unterschritten werden, weil der Arbeitgeber dem Arbeitnehmer mit der Überlassung von Berufskleidung sowie deren Pflege und Ersatzbeschaffung eine der Kostenpauschale »wirtschaftlich gleichwertige« Leistung erbringt (*BAG* 17.2.2009 EzA § 394 BGB 2002 Nr. 2).
>
> Setzt sich die monatliche Vergütung des Arbeitnehmers aus einem Festlohn und einer Überstundenvergütung zusammen, hat der Arbeitgeber wegen der teilweisen Unpfändbarkeit der Überstundenvergütung nach § 850a Nr. 1 ZPO darzulegen, um welchen Nettobetrag sich das Arbeitsentgelt durch die Überstundenvergütung erhöht hat. Die Aufrechnung gegen eine nach Grund und Höhe unstreitige Forderung ist eine Einwendung gegen den Klageanspruch. Die tatsäch-

lichen Voraussetzungen der Aufrechnungslage hat der Aufrechnende darzulegen (*BAG* 5.12.2002 EzA § 394 BGB 2002 Nr. 1).

Etwas anderes gilt aber gem. § 392 BGB (Aufrechnung gegen eine beschlagnahmte Forderung) sowie dann, wenn die Aufrechnungsmöglichkeit gegenüber dem Arbeitnehmer einzel- oder kollektivvertraglich ausgeschlossen ist (s. *BAG* 5.12.2002 EzA § 394 BGB 2002 Nr. 1).

1326 (derzeit unbesetzt)

1327 Soweit sich eine Aufrechnungsvereinbarung auf nach der Beschlagnahme entstehende oder fällig werdende Forderungen bezieht, verliert sie mit der Beschlagnahme ihre Wirksamkeit. Das folgt aus dem Grundprinzip des Pfändungsschutzrechts für Arbeitseinkommen (s. § 850h Abs. 1 ZPO; vgl. *BAG* 22.5.1965 AP Nr. 4 zu § 611 BGB Kellner). In Betracht kommt dies z. B. bei Handelsvertretern, die den ihnen zustehenden Provisionsanteil selbst bei dem Kunden des Arbeitgebers kassieren. Verliert eine derartige Aufrechnungsvereinbarung mit der Pfändung ihre Wirkung, so ist der Arbeitgeber berechtigt und infolge des Zahlungsverbotes verpflichtet, den gepfändeten Betrag vom Lohn des Arbeitnehmers einzufordern und an den Gläubiger abzuführen (*BAG* 22.5.1965 AP Nr. 4 zu § 611 BGB Kellner).

*(4) Einwendungen gegen die zu vollstreckende Forderung*

1328 Einwendungen gegen die zu vollstreckende Forderung des Gläubigers gegen den Schuldner **stehen dem Drittschuldner nicht zu**, da er im Drittschuldnerprozess nicht Rechte des Schuldners an dessen Stelle erheben kann (*BAG* 7.12.1988 EzA § 829 ZPO Nr. 2).

1329 Etwas anderes gilt, wenn die Titelforderung unwirksam ist und der Pfändungsgläubiger selbst ihre Berechtigung offensichtlich in Frage stellt (Einwand der Arglist). Allein die Sittenwidrigkeit der dem Titel zugrunde liegenden Forderung genügt hingegen nicht; insoweit stehen entsprechende Rechtsbehelfe nur dem Schuldner, nicht dem Drittschuldner zu (*BAG* 7.12.1988 EzA § 829 ZPO Nr. 2).

*dd) Ersatz der Lohnpfändungskosten*

1330 Die durch die Lohnpfändung entstandenen Kosten (Porto, Telefongebühren, usw.) kann der Arbeitgeber nicht ohne besondere vertragliche Regelung von seinem Arbeitnehmer ersetzt verlangen; er hat **keinen gesetzlichen Erstattungsanspruch** (*BAG* 18.7.2006 EzA § 75 BetrVG 1972 Nr. 4; s. *Schielke* BB 2007, 378 ff.).

1331 Für möglich wird allerdings z. T. die Vereinbarung einer Kostenerstattungspflicht im Arbeitsvertrag, in einer Betriebsvereinbarung oder im Tarifvertrag gehalten. Meist ist ein Pauschalbetrag des jeweils gepfändeten Betrages (1–1,5 bzw. 3 %) oder ein fester Betrag pro notwendigem Schreiben oder Überweisung (s. *Hannewald* NZA 2001, 19 ff.). Allerdings **verstoßen Klauseln** in AGB von Kreditinstituten, in denen für die Bearbeitung und Überwachung von Pfändungsmaßnahmen gegen Kunden von diesen **ein Entgelt** gefordert wird, gegen § 307 BGB (*BGH* 18.5.1999 NJW 1999, 2276; 19.10.1999 NJW 2000, 515).

1332 Auch geht das *BAG* (18.7.2006 EzA § 75 BetrVG 1972 Nr. 4) davon aus, dass die **Betriebsparteien einen Erstattungsanspruch des Arbeitgebers nicht begründen können**, denn ein Mitbestimmungstatbestand nach § 87 Abs. 1 Nr. 1, 4 BetrVG liegtnicht vor; eine freiwillige Betriebsvereinbarung gem. § 88 BetrVG ist gem. § 75 Abs. 2 BetrVG unwirksam.

*d) Die Rechtsstellung des Gläubigers nach der Pfändung*

1333 Der Pfändungs- und Überweisungsbeschluss über die Lohnforderung ist kein Vollstreckungstitel gegenüber dem Arbeitgeber. Verweigert dieser die Zahlung, muss der Gläubiger den Drittschuldner verklagen, damit er einen Titel gegen ihn erlangt, um daraus gegen ihn vollstrecken zu können (sog. Drittschuldnerklage).

## B. Pflichten des Arbeitgebers Kapitel 3

Aus § 842 ZPO kann sich die Verpflichtung des Gläubigers ergeben, die Forderung beim Drittschuldner einzuklagen und sodann unverzüglich die Zwangsvollstreckung zu betreiben, z. B. bei drohender Eröffnung des Insolvenzverfahrens oder dann, wenn eine Lohnforderung nach Ablauf einer tariflichen Verfallfrist nicht mehr geltend gemacht werden kann (s. a. § 843 ZPO). 1334

(derzeit unbesetzt) 1335

### e) Die Rechtsstellung des Arbeitnehmers nach der Lohnpfändung
#### aa) Grundlagen

Mit der Lohnpfändung wird dem Arbeitnehmer lediglich die Verfügung über den gepfändeten Teil seines Lohns entzogen; im Übrigen bestehen die Rechte und Pflichten aus dem Arbeitsverhältnis mit dem Drittschuldner unverändert. Zur Kündigung des Arbeitsverhältnisses s. Kap. 4 Rdn. 2273. 1336

#### bb) Auskunftspflicht

Gem. § 836 Abs. 3 ZPO ist der Schuldner verpflichtet, dem Gläubiger die für die Geltendmachung der gepfändeten Forderung nötigen Auskünfte zu erteilen. Dem steht nicht entgegen, dass der Gläubiger gem. § 840 ZPO auch vom Drittschuldner die Auskunft erhalten oder den Inhalt der Urkunde erfahren könnte. Weil der an sich gegebene Klageweg gegen den Schuldner zu zeit- und kostenaufwendig wäre, wird der Schuldner gem. § 836 Abs. 3 ZPO verpflichtet, die **Auskunft zu Protokoll zu geben** und seine Angaben **an Eides statt** zu versichern. Die Anwendung der §§ 899 ff. ZPO führt damit zum Haftbefehl als Zwangsmittel (§ 901 ZPO). 1337

#### cc) Einstellung oder Einschränkung der Zwangsvollstreckung

Der Arbeitnehmer kann gem. § 850 f. Abs. 1 ZPO wegen besonderer Bedürfnisse aus persönlichen oder beruflichen Gründen oder wegen des Umfangs seiner Unterhaltspflicht eine Erhöhung des unpfändbaren Teils seines Arbeitseinkommens beantragen. 1338

In Ausnahmefällen kann er schließlich gem. § 765a ZPO die Aufhebung oder einstweilige Einstellung der Zwangsvollstreckung vorschlagen, wenn sie eine Härte bedeutet, die mit den guten Sitten nicht vereinbar ist. 1339

### f) Besonderheiten der Pfändung von Lohnansprüchen ziviler Arbeitnehmer gegen die alliierten Stationierungsstreitkräfte

Für die Pfändung von Lohnansprüchen ziviler Arbeitnehmer gegen die alliierten Stationierungsstreitkräfte gilt das **besondere Vollstreckungsverfahren nach Art. 35 ZA-NTS**. Erfolgt die Lohnzahlung aus dem Beschäftigungsverhältnis bei den Streitkräften durch eine deutsche Behörde, so ist diese berechtigt, dem Pfändungsbeschluss Folge zu leisten, nach dem sie nicht an den zivilen Arbeitnehmer, sondern an den Pfändungsgläubiger zu zahlen hat. 1340

(derzeit unbesetzt) 1341, 1342

### g) Lohnpfändungsschutz
#### aa) Sinn und Zweck der §§ 850 ff. ZPO

§§ 850 ff. ZPO sollen die Interessen des von der Lohnpfändung betroffenen Arbeitnehmers, seines Arbeitgebers, des pfändenden Gläubigers und der Allgemeinheit durch einen flexiblen, einzelfallorientierten Pfändungsschutz zum **angemessenen Ausgleich** bringen. 1343

#### bb) Grundstruktur der gesetzlichen Regelung

Zu unterscheiden sind **unpfändbare** (§ 850a ZPO), **bedingt pfändbare** (§ 850b ZPO) sowie **relativ pfändbare** (§§ 850c ff. ZPO) **Ansprüche**. 1344

**1345** § 850c Abs. 1 ZPO legt einen **unpfändbaren Grundbetrag** fest, der abhängig ist von den gesetzlichen Unterhaltsverpflichtungen des Arbeitnehmers. Der darüber liegende Teil des Arbeitsentgelts ist gem. § 850c Abs. 2, 3 ZPO je nach den Unterhaltspflichten des Arbeitnehmers teilweise pfändbar (s. zum Dienstwagen *BAG* 24.3.2009 EzA § 107 GewO Nr. 1). Arbeitseinkommen, das einen bestimmten Monatsbetrag, der dynamisch festgelegt ist (§ 850c Abs. 2a ZPO) übersteigt, ist frei pfändbar (§ 850c Abs. 2 S. 2 ZPO).

**1346** Die Berechnung des pfändbaren Arbeitseinkommens bestimmt sich nach § 850e ZPO. Die Pfändungsgrenze für einen Vergütungsanspruch, der nach dem Arbeitsvertrag monatlich fällig wird, bestimmt sich gem. § 850c Abs. 1 ZPO auch dann nach dem monatlichen Nettoeinkommen, wenn der Arbeitnehmer in dem betreffenden Monat **nicht die ganze Zeit gearbeitet hat. Entscheidend ist der regelmäßige monatliche Auszahlungszeitraum.** Die Pfändungsgrenzen für Arbeitsentgelt, das wöchentlich oder täglich geschuldet wird, sind in einem solchen Fall unerheblich. Geld- und Naturalleistungen (z. B. die Überlassung eines Dienstwagens zur privaten Nutzung) sind nach § 850e Nr. 3 S. 1 ZPO zusammenzurechnen, wenn der Schuldner neben seinem in Geld zahlbaren Einkommen auch Naturalleistungen erhält. Ist die Summe beider Leistungen nach § 850c Abs. 1 ZPO, § 850e Nr. 3 ZPO unpfändbar, verstößt eine Anrechnung des Sachbezugs auf das Arbeitseinkommen gegen § 107 Abs. 2 S. 5 GewO (*BAG* 24.3.2009 EzA § 107 GewO Nr. 1).

**1347** Wird durch das Vollstreckungsgericht angeordnet, dass bei der Berechnung des pfändbaren Betrages Arbeitseinkommen und laufende Geldleistungen nach dem Sozialgesetzbuch zusammenzurechnen sind, so wirkt dies nur für den Vollstreckungsgläubiger, zu dessen Gunsten die Anordnung ergangen ist. Sie hat keine Wirkung im Verhältnis zwischen Abtretungsgläubiger und Vollstreckungsschuldner (*BAG* 23.4.1996 EzA § 850e ZPO Nr. 3).

**1348** (derzeit unbesetzt)

**1349** Eine weitergehende Pfändung ist wegen gesetzlicher Unterhaltsansprüche vorgesehen (§ 850d ZPO). Zu beachten ist insoweit, dass aus einem Pfändungs- und Überweisungsbeschluss, der von einem Unterhaltsberechtigten vor Eröffnung des Verbraucherinsolvenzverfahrens über das Vermögen des Unterhaltsschuldners erwirkt worden ist, nach der Insolvenzeröffnung die Zwangsvollstreckung wegen **Unterhaltsrückständen** aus der Zeit vor Insolvenzeröffnung nicht mehr betrieben werden kann (§ 89 Abs. 1 InsO). Die Ausnahme in § 114 Abs. 3 S. 3 i. V. m. § 89 Abs. 2 S. 2 InsO betrifft nur die während des Insolvenzverfahrens neu entstehenden laufenden Unterhaltsansprüche. Wird dem Schuldner Restschuldbefreiung nach § 291 InsO in Aussicht gestellt, kann auch in der Wohlverhaltensphase die Zwangsvollstreckung wegen Unterhaltsrückständen aus der Zeit vor Insolvenzeröffnung – s. § 294 InsO – nicht betrieben werden (*BAG* 17.9.2009 NZA 2010, 300).

**1350** Gem. § 850h ZPO ist die **Erweiterung der Pfändbarkeit zum Schutz des Gläubigers vor vollstreckungsvereitelnden Manipulationen des Schuldners** (Lohnschiebung durch Zahlung an einen Dritten, meist an den Ehegatten sowie Lohnverschleierung bei Arbeitsleistung ohne angemessene Vergütung für einen Dritten, z. B. den Ehegatten) vorgesehen. Diese Norm befreit den Pfändungsgläubiger allerdings nicht davon, den anspruchsbegründenden Tatbestand, insbes. die Art und den zeitlichen Umfang der Tätigkeit des Schuldners, substantiiert darzulegen und im Streitfall zu beweisen. Dabei sind jedoch in dem Fall, dass der Schuldner im Familienbetrieb zu unpfändbaren Bezügen (weiter-)beschäftigt wird, regelmäßig mildere Anforderungen an die Darlegungs- und Beweislast zu stellen (*LAG Düsseld.* 10.3.1994 NZA 1994, 1056 LS; s. *Staab* NZA 1993, 444 ff.).

**1351** Leistet ein **Insolvenzschuldner** einem Dritten in einem ständigen Verhältnis Arbeiten gegen eine **unverhältnismäßig geringe Vergütung** i. S. v. § 850h Abs. 2 S. 1 ZPO, kann der Insolvenzverwalter analog dieser Vorschrift fiktives Arbeitseinkommen zur Masse ziehen. Das verschleierte Arbeitseinkommen ist nämlich mangels eines eigenen Anspruchs des Schuldners auf die fiktive Vergütung nicht Neuerwerb und damit nicht Teil seines Vermögens. Der Eröffnungsbeschluss wirkt wie ein Pfändungs- und Überweisungsbeschluss im Einzelvollstreckungsverfahren; er erfasst nicht die bis zu seiner Zustellung fiktiv aufgelaufenen Lohn- und Gehaltsrückstände (*BAG* 23.4.2008 EzA § 850h ZPO 2002 Nr. 3; 12.3.2008 EzA § 850h ZPO 2002 Nr. 2).

Die Begriffe der unverhältnismäßig geringen Vergütung und der angemessenen Vergütung in § 850h Abs. 2 S. 1 ZPO sind **unbestimmte Rechtsbegriffe**, bei deren Anwendung dem **Landesarbeitsgericht** ein **Beurteilungsspielraum** zukommt (*BAG* 22.10.2008 EzA § 850h ZPO Nr. 4). Notwendig ist die Berücksichtigung aller Umstände des Einzelfalls, insbes. der Art der Arbeits- und Dienstleistung, der verwandtschaftlichen oder sonstigen Beziehungen zwischen dem Dienstberechtigten und -verpflichteten und der wirtschaftlichen Leistungsfähigkeit des Dienstberechtigten. Dies schließt die fallübergreifende Annahme aus, eine Vergütung sei immer dann nicht unverhältnismäßig gering, wenn sie mehr als 75 % der üblichen Vergütung beträgt (*BAG* 22.10.2008 EzA § 850h ZPO Nr. 4). 1352

Bei der Berechnung des unpfändbaren Teils der fiktiven Arbeitsvergütung ist nicht stets die vom Schuldner gewählte Steuerklasse zu Grunde zu legen, sondern diejenige, die er ohne die Pfändung sinnvollerweise gewählt hätte. Hat zudem eine Person, der der Schuldner aufgrund gesetzlicher Verpflichtung Unterhalt leistet, eigene Einkünfte, so ist sie bei der Berechnung des unpfändbaren Teils nur dann nicht zu berücksichtigen, wenn dies das Vollstreckungsgericht auf Antrag des Gläubigers nach § 850c Abs. 4 ZPO bestimmt hat (*BAG* 23.4.2008 EzA § 850h ZPO 2002 Nr. 3). 1353

Behaupten die Gläubiger zur Begründung einer Drittschuldnerklage, der Arbeitnehmer sei – zu einer üblichen Stundenvergütung – i. d. R. mehr als vollzeitbeschäftigt (zehn Stunden arbeitstäglich) gewesen und ergibt sich daraus ein pfändbarer Betrag, so kann – bei Bestreiten des Umfangs der behaupteten Arbeitszeit durch den Drittschuldner (Arbeitgeber) – die Erhebung eines angebotenen Zeugenbeweises nicht mit der Begründung abgelehnt werden, es handele sich um einen unzulässigen Ausforschungsbeweis (*BAG* 3.8.2005 EzA § 850h ZPO 2002 Nr. 1). 1354

Korrekturen der Pfändungsfreigrenzen im Interesse der **Einzelfallgerechtigkeit** ermöglichen §§ 850 f., 850g ZPO. 1355

**Sonderfälle** (Pfändung bei nicht wiederkehrender zahlbarer Vergütung sowie der Überweisung des Arbeitseinkommens auf das Konto des Schuldners beim Geldinstitut) regeln §§ 850i, 850k ZPO. 1356

*cc) Arbeitseinkommen i. S. d. §§ 850 ff. ZPO*

*(1) Grundlagen*

Der Begriff Arbeitseinkommen i. S. d. §§ 850 ff. ZPO ist weit zu fassen (*BAG* 30.5.1978 DB 1979, 359); § 850 Abs. 2, 3 ZPO enthält keine abschließende Aufzählung. Dazu zählt grds. alles, was dem Arbeitnehmer als Geldertrag aus Anlass des Arbeitsverhältnisses zufließt; es ist unerheblich, ob es sich um fortlaufende Vergütung, eine einmalige Geldleistung handelt oder ob die Tätigkeit die Arbeitskraft des Schuldners vollständig, überwiegend oder nur teilweise in Anspruch nimmt (s. *Bengelsdorf* NZA 1996, 176 ff.). Grundlage der Berechnung des pfändbaren Einkommens ist § 850e ZPO. Maßgeblich ist der **Nettolohn** (s. *LAG Bln.* 14.1.2000 NZA-RR 2000, 657). 1357

Das ausgezahlte Einkommen ist gem. § 850e Nr. 3 ZPO mit dem **geldwerten Vorteil der Privatnutzung des Firmen-Pkw zusammenzurechnen** (*Hess. LAG* 15.10.2008 NZA-RR 2009, 548 LS). Pflichtbeiträge des Arbeitnehmers zu der Versorgungsanstalt des Bundes und der Länder sind Beiträgen gleichzustellen, die unmittelbar auf Grund sozialrechtlicher Vorschriften zur Erfüllung gesetzlicher Verpflichtungen des Schuldners abzuführen sind, sind also nicht zu berücksichtigen (*BGH* 15.10.2009 NZA-RR 2010, 86; s. *Sänger* ZTR 2011,10 ff.).

*(2) Einzelfälle*

Im Einzelnen gilt Folgendes: 1358
– Für **Abfindungen** (gem. §§ 9, 10 KSchG, Sozialplan-, Nachteilsausgleichsansprüche gem. §§ 112, 113 BetrVG) kommt Pfändungsschutz auf Antrag gem. § 850i ZPO in Betracht (*LAG Nds.* 14.11.2003 NZA-RR 2004, 490; *LAG SchlH* 13.12.2005 NZA-RR 2006, 371; *LAG Brem.* 1359

30.8.2007 – 3 Sa 75/07, ZTR 2007, 700 LS). Den Arbeitgeber trifft keine Fürsorgepflicht, den Arbeitnehmer über die Möglichkeit eines Vollstreckungsschutzantrages zu belehren. Denn insoweit ist allein das Rechtsverhältnis des Arbeitnehmers zu dessen Gläubigern betroffen, für das der Arbeitgeber keine Schutzpflichten hat (*BAG* 13.11.1991 EzA § 850 ZPO Nr. 4; *LAG SchlH* 13.12.2005 NZA-RR 2006, 371).

1360 – Akzeptiert der Arbeitnehmer für den Lohnanspruch einen **Wechsel** oder verpflichtet sich der Arbeitgeber zur Zahlung zusätzlich in einem **abstrakten Schuldanerkenntnis**, so gelten bei Pfändung in die abstrakte Forderung die für die Pfändung der Lohnforderung geltenden Grundsätze.

1361 – **Aufwandsentschädigungen** (Reisekosten, Kilometergelder usw.) sowie **Gefahren-, Schmutz- und Erschwerniszulagen** sind in den Grenzen des Üblichen gem. § 850a Nr. 3 ZPO unpfändbar. Üblich sind die durch Tarifvertrag, Betriebsvereinbarung, im öffentlichen Dienst die durch gesetzliche Regelung, sonst die in anderen Unternehmen eingeführten Sätze; Vergütungen, die die Lohnsteuerrichtlinien als steuerfrei anerkennen, können auch i. S. v. Nr. 3 als üblich angesehen werden (*Zöller/Stöber* § 850a Rn. 7). Wird diese Grenze überschritten, ist die Aufwandsentschädigung als Teil des der Pfändung unterliegenden Arbeitseinkommens nach § 850 ZPO anzusehen.

1362 – Die Vergütung für **Diensterfindungen**, technische Verbesserungsvorschläge (§§ 2, 3, 6 ArbnErfG) sowie sonstige Verbesserungsvorschläge des Arbeitnehmers zählen zum Arbeitsentgelt gem. § 850 ZPO, nicht dagegen freie Erfindungen.

1363 – **Gewinnbeteiligungen, Sonderleistungen** des Arbeitgebers, die zusätzlich zur normalen Arbeitsvergütung regelmäßig einmal pro Jahr gezahlt werden und die dem Grunde und der Höhe nach vom Unternehmensgewinn abhängig sind (Jahresprämie, 13. Monatsgehalt), zählen zum pfändungsgeschützten Arbeitseinkommen i. S. d. § 850 ZPO; auch bei der Rückforderung einer Zuwendung im Wege des Einbehalts von Arbeitsvergütung sind die Pfändungsfreigrenzen zu beachten (*BAG* 25.9.2002 EzA § 611 BGB Gratifikation, Prämie Nr. 168).

1364 – Gleiches gilt für alle Entgeltansprüche der **Heimarbeiter und Hausgewerbetreibenden** aus Dienstverträgen, aber auch aus Werk- oder Werklieferungsverträgen (§ 27 HAG).

1365 – **Heirats- und Geburtsbeihilfen** aus Anlass der Hochzeit oder der Geburt eines Kindes sind unabhängig von der Höhe absolut unpfändbar (§ 850a Nr. 5 ZPO).

1366 – **Hinterbliebenenbezüge** gehören zum pfändungsgeschützten Arbeitseinkommen (§ 850 Abs. 2 ZPO). Sterbe- und andere Gnadenbezüge sind gem. § 850a Nr. 7 ZPO unpfändbar; Unterhaltsbeträge aus Gründen der Freigiebigkeit oder im Gnadenweg sind gem. § 850b Nr. 3 ZPO nur bedingt pfändbar.

1367 – **Karenzentschädigungen** zum Ausgleich für Wettbewerbsbeschränkungen für die Zeit nach Beendigung des Arbeitsverhältnisses zählen gem. § 850 Abs. 3 ZPO zum Arbeitseinkommen. Wird insoweit eine einmalige Zahlung vereinbart, kommt Pfändungsschutz nur auf Antrag gem. § 850i ZPO in Betracht.

1368 – **Insolvenzgeld** (§§ 183 ff. SGB III) gilt als Arbeitseinkommen i. S. d. § 850 ZPO.

1369 – Ansprüche auf **Entgeltfortzahlung** sind pfändungsgeschütztes Einkommen gem. § 850 Abs. 1 ZPO. Bezüge aus privaten Krankenkassen, die ausschließlich oder zu einem wesentlichen Teil zu Unterstützungszwecken gewährt werden (§ 850b Abs. 1 Nr. 4 ZPO), sind nur bedingt pfändbar. Für Krankengeldansprüche der gesetzlichen Krankenversicherungen gilt der besondere Pfändungsschutz gem. § 54 Abs. 3 SGB I.

1370 – Der Erstattungsanspruch des Arbeitnehmers gehört dann, wenn der **Lohnsteuerjahresausgleich** durch den Arbeitgeber durchgeführt wird, vollstreckungsrechtlich zum Arbeitseinkommen, sodass die Anwendung des § 850i ZPO in Betracht kommt (*LAG Hamm* 12.2.1988 DB 1989, 488). Gleiches gilt, wenn der Lohnsteuerjahresausgleich durch das Finanzamt (§ 42 EStG) durchgeführt wird (mit der Folge, dass der Erstattungsanspruch gegenüber dem Finanzamt gepfändet werden muss, § 46 AO), denn der Umfang des Pfändungsschutzes kann nicht davon abhängen, wer den Lohnsteuerjahresausgleich durchführt (a. A. *Zöller/Stöber* § 850 ZPO Rn. 16).

1371 – **Mehrarbeitsvergütung** ist Arbeitseinkommen und insgesamt (also nicht nur ein etwaiger Mehrarbeitszuschlag) zur Hälfte (§ 850a Nr. 1 ZPO) bzw. zu einem Viertel (bei Vollstreckungen für Unterhaltsforderungen, § 850d Abs. 1 S. 2 ZPO) unpfändbar. Mehrarbeit i. S. dieser Vorschrif-

## B. Pflichten des Arbeitgebers Kapitel 3

ten ist jede über die gesetzliche, tarifliche oder betriebliche Arbeitszeit hinaus geleistete Arbeit, auch die in der Freizeit für einen anderen Unternehmer geleistete Arbeit (Nebenbeschäftigung).

- **Mutterschutzlohn**, die Sonderunterstützungen für im Familienhaushalt Beschäftigte sowie der Zuschuss zum Mutterschaftsgeld (§§ 11, 12, 14 MuSchG) sind Arbeitseinkommen i. S. d. § 850 Abs. 1 ZPO. Für das Mutterschaftsgeld (§ 13 MuSchG) gilt dagegen der besondere Pfändungsschutz gem. § 54 SGB I. 1372

- **Ruhegelder** zählen gem. § 850 Abs. 2 ZPO zum Arbeitseinkommen. Nur bedingt pfändbar sind gem. § 850b ZPO Privatrenten wegen einer Verletzung des Körpers oder der Gesundheit (z. B. gem. § 843 BGB, § 13 StVG), Unterhaltsrenten, u. U. auch Lebensversicherungen. 1373

- **Schadensersatzansprüche** sind Arbeitseinkommen, wenn sie an die Stelle entgangenen oder vorenthaltenen Arbeitsentgelts treten; gleiches gilt für den Anspruch gem. § 615 BGB. Erfasst sind auch Schadensersatzleistungen, die der Arbeitgeber wegen Verletzung arbeitsvertraglicher Pflichten für den Ersatz eines Schadens im Privatvermögen gewährt (*BFH* BStBl. 1975 II S. 520). 1374

- **Streik- und Aussperrungsunterstützungen** sind Arbeitseinkommen i. S. d. § 850 ZPO, weil es sich um Ersatzleistungen für die entgangene Arbeitsvergütung handelt. 1375

- Fraglich ist, inwieweit das während des **Urlaubs zu zahlende Arbeitsentgelt** sowie ein Urlaubsabgeltungsanspruch der Pfändung unterliegt (s. Rdn. 2453 ff.). Zusätzlich zum Urlaubsentgelt gezahltes **Urlaubsgeld** ist jedenfalls absolut unpfändbar, soweit es den Rahmen des Üblichen nicht übersteigt (§ 850a Nr. 2 ZPO; vgl. *Sibben* DB 1997, 1182 f.); das gilt auch dann, wenn es jährlich mit der Junivergütung in einer Summe bezahlt wird. § 850a Nr. 2 ZPO setzt zudem keine Darlegung konkreter urlaubsbedingter Mehraufwendungen voraus (*LAG Nbg.* 7.11.2006 – 7 Sa 716/05, EzA-SD 26/06 S. 9 LS; zu Sonderzuwendungen und Mitarbeiterbeteiligungen insoweit s. *BAG* 30.7.2008 EzA § 850a ZPO 2002 Nr. 1). Es ist nach Auffassung des *LAG Bln.* (14.1.2000 NZA-RR 2000, 657) als **Bruttobetrag vom Gesamtbruttoeinkommen** abzuziehen, obwohl dies zu einer doppelten Berücksichtigung der auf das Urlaubsgeld entfallenden Bezüge führt. 1376

- **Vermögenswirksame Leistungen** nach § 2 5. VermBG sind zwar Bestandteile des Entgelts (§ 13 Abs. 5 5. VermBG), der Anspruch auf diese Leistung ist aber nicht übertragbar (§ 13 Abs. 8 S. 2 5. VermBG) und daher gem. § 851 Abs. 1 ZPO nicht pfändbar. Gleiches gilt, wenn der Arbeitnehmer für die Vermögensbildung keine zusätzlichen Leistungen des Arbeitgebers erhält, sondern Teile seines Arbeitseinkommens vermögenswirksam anlegt (§ 11 Abs. 1 5. VermBG). Vermögenswirksame Leistungen sind auch bei der Berechnung des pfändbaren Arbeitseinkommens gem. § 850e ZPO nicht mitzurechnen. Nicht zum Arbeitslohn zählt dagegen die **Arbeitnehmersparzulage** nach § 13 5. VermBG. Sie ist ohne die Beschränkungen der §§ 850 ff. ZPO pfändbar. 1377

- **Vorsorgebeiträge**: Pfändungsschutz besteht gem. §§ 97 EStG, 851c Abs. 2 ZPO auch bei der privaten **steuerlich geförderten Altersvorsorge** (»Riester-Rente«). Anerkannt ist, dass § 851c ZPO auch Arbeitnehmern zugute kommt, die zusätzlich privat für ihr Alter vorsorgen (*LAG Nds.* 19.8.2010 – 4 Sa 970/09 B; *LAG MV* 7.12.2010 NZA-RR 2011, 484). Unklar ist allerdings, ob diese Normen nur das bereits angesammelte **Deckungs-/Vorsorgekapital** oder auch den kontinuierlich **weiteren Aufbau des Kapitals** vor der Pfändung schützen. Für die Pfändbarkeit der Freibeträge spricht insbes. der Wortlaut des § 851c Abs. 2 ZPO als Bestätigung und nicht Veränderung des dort gefundenen Ausgleichs zwischen den Gläubiger- und Schuldnerinteressen (*LAG Nds.* 19.8.2010 – 4 Sa 970/09 B; *LAG MV* 7.12.2010 NZA-RR 2011, 484; s. a. *Bengelsdorf* FA 2012, 34 ff.). 1377a

- **Weihnachtsvergütungen** sind gem. §§ 850a Nr. 4, 850d ZPO nur zum Teil pfändbar. Inwieweit Abschlussprämien, Jahresprämien oder das 13. Monatsgehalt § 850a ZPO unterfallen, hängt von dem mit der jeweiligen Zahlung verbundenen Zweck ab. Wenn die Zuwendung in erster Linie wegen der erwarteten vermehrten Bedürfnisse des Arbeitnehmers aus Anlass des Weihnachtsfestes erfolgt, ist § 850a ZPO anwendbar. Dabei ist es für die Anwendung dieser Norm gleichgültig, ob die Zuwendung ausdrücklich als Weihnachtsgratifikation bezeichnet ist oder nicht. »Weihnachtsvergütung« i. S. v. § 850a Nr. 4 ZPO kann nicht nur die klassische »Weihnachtsgratifikation«, die der Arbeitgeber dem Arbeitnehmer als Beitrag zu den erhöhten Aufwendungen zahlt, sondern auch eine Sondervergütung für erbrachte Arbeit sein, sofern sie aus Anlass des Weihnachtsfestes gezahlt wird. Der garantierte Anteil der Sparkassensonderzahlung nach § 44 Abs. 1 S. 2 1378

TVöD BT-S ist allerdings keine »Weihnachtsvergütung« i. S. v. § 850a Nr. 4 ZPO (*BAG* 14.3.2012 EzA § 850 ZPO 2002 Nr. 2).

*dd) Pfändungsschutz von Sozialleistungsansprüchen*

1379 Die Pfändbarkeit von Sozialleistungsansprüchen (z. B. Mutterschaftsgeld, § 13 MuSchG) regelt § 54 SGB I. Ansprüche auf Dienst- und Sachleistungen sind unpfändbar (§ 54 Abs. 1 SGB I). Einmalige Geldleistungen können gepfändet werden, soweit dies der Billigkeit entspricht (§ 54 Abs. 2 SGB I). Ansprüche auf laufende Geldleistungen können gem. § 54 Abs. 2 Nr. 1 SGB I wegen gesetzlicher Unterhaltsansprüche wie Arbeitseinkommen gepfändet werden (z. B. Kurzarbeiter- oder Schlechtwettergeld). Eine Billigkeitsprüfung erfolgt insoweit nicht.

1380 Wegen aller anderen Forderungen, die nicht gesetzliche Unterhaltsansprüche sind, können laufende Sozialleistungen wie Arbeitseinkommen gepfändet werden, soweit die Pfändung der Billigkeit entspricht und der Leistungsberechtigte durch die Pfändung nicht hilfsbedürftig i. S. d. Vorschriften des BSHG wird (§ 54 Abs. 3 Nr. 2 SGB I).

1381 (derzeit unbesetzt)

**11. Rückzahlung von Vergütung**

*a) Anwendbarkeit der §§ 812 ff. BGB*

1382 Die Rückzahlung irrtümlich gezahlter, nicht geschuldeter Vergütung wird nach §§ 812 ff. BGB abgewickelt (*BAG* 20.9.1972 AP Nr. 5 zu § 195 BGB; 13.10.2010 EzA § 4 TVG Ausschlussfristen Nr. 198 = NZA 2011, 219).

1382a Täuscht ein Arbeitnehmer bei Eingehung des Arbeitsverhältnisses **über seine Qualifikation** (z. B. kein vorhandener Hochschulabschluss), so ist er i. d. R. weder bereicherungsrechtlich noch im Wege des Schadensersatzes verpflichtet, die im Arbeitsverhältnis erhaltene Vergütung zurückzuzahlen (*LAG Bln.-Bra.* 24.8.2011 LAGE § 812 BGB 2002 Nr. 2).

1383 Nach § 814 BGB kann das zum Zwecke der Erfüllung einer Verbindlichkeit Geleistete allerdings dann nicht zurückgefordert werden, wenn dem Leistenden bekannt war, dass er zur Leistung nicht verpflichtet war. Erforderlich ist die positive Kenntnis der Rechtslage zum Zeitpunkt der Leistung. Nicht ausreichend ist die Kenntnis der Tatsachen, aus denen sich das Fehlen einer rechtlichen Verpflichtung ergibt. Der Leistende muss wissen, dass er nach der Rechtslage nichts schuldet. Beruht die Unkenntnis auf grober Fahrlässigkeit, schließt das den Rückforderungsanspruch nicht aus (*BAG* 6.6.2007 – 4 AZR 573/06, ZTR 2007, 551; s. Rdn. 1394; zur zusätzlichen ungerechtfertigten Abführung von Sozialversicherungsbeiträgen und den prozessualen Konsequenzen s. *BAG* 9.4.2008 EzA § 4 TVG Gaststättengewerbe Nr. 3). § 814 BGB kann auch nicht durch die Zurechnung des Wissens Anderer entsprechend § 166 Abs. 1 BGB ersetzt werden (*BAG* 13.10.2010 EzA § 4 TVG Ausschlussfristen Nr. 198 = NZA 2011, 219).

1384 Dem tariflichen Verfall des Anspruchs auf Rückzahlung zuviel gezahlter Vergütung steht andererseits der Grundsatz von Treu und Glauben (§ 242 BGB) dann entgegen, wenn der Arbeitnehmer die Überzahlung erkannt und dem Arbeitgeber pflichtwidrig nicht angezeigt hat; dieses pflichtwidrige Unterlassen muss für das Untätigbleiben des Arbeitgebers ursächlich sein. Das ist nur solange der Fall, wie der Arbeitgeber nicht anderweitig vom Tatbestand der Überzahlung Kenntnis erlangt. Dabei kommt es auf die positive Kenntnis der Nichtschuld an (*BAG* 6.9.2006 EzA § 11 ArbGG 1979 Nr. 16; 13.10.2010 EzA § 4 TVG Ausschlussfristen Nr. 198 = NZA 2011, 219; s. Rdn. 4764 f. m. w. N.).

1385 Gem. § 818 Abs. 3 BGB entfällt der Bereicherungsanspruch des Arbeitgebers dann, wenn die Bereicherung zwischenzeitlich weggefallen ist (s. *LAG München* 24.2.2011 LAGE § 812 BGB 2002 Nr. 1).

## B. Pflichten des Arbeitgebers  Kapitel 3

§ 818 Abs. 3 BGB ist **dispositiv**, kann also durch Arbeitsvertrag abbedungen werden (*BAG* 8.2.1964 AP Nr. 2 zu § 611 BGB Lohnrückzahlung); fraglich ist, inwieweit das nach der Schuldrechtsreform auch formularmäßig erfolgen kann (s. *Bieder* DB 2006, 1318 ff.). Vor dem Hintergrund des dispositiven Leitbilds des § 818 Abs. 3 BGB ist davon auszugehen, dass derartige Klauseln als **unangemessene Benachteiligung** i. S. d. § 307 Abs. 2 Nr. 1 BGB anzusehen sind (*Däubler/Bonin/Deinert*, AGB-Kontrolle im Arbeitsrecht, 3. Aufl., § 307 BGB Rn. 235a), jedenfalls wenn es sich um eine **globale Verlagerung des Risikos** überzahlten Entgelts auf den Arbeitnehmer handelt. Anders ist es bei **begrenzten Rückzahlungsklauseln** für Fälle der groben Fahrlässigkeit des Arbgeitnehmers bzw. eingeschränkt auf leichte Fahrlässigkeit des Arbeitgebers (ErfK/*Preis* §§ 305–310 BGB Rn. 93). 1386

Die einseitige Erklärung des Arbeitnehmers auf einem vom Arbeitgeber vorgelegten vorgedruckten Formular, ihm sei bekannt, dass er alle Bezüge zurückzahlen müsse, die er infolge unterlassener, verspäteter oder fehlerhafter Meldung zu viel erhalten habe, enthält jedenfalls keine Vereinbarung der Parteien über den Ausschluss des Entreicherungseinwands nach § 818 Abs. 3 BGB. Sie enthält auch keine Vereinbarung über eine Leistung des Arbeitgebers unter Vorbehalt (*BAG* 18.9.1986 EzA § 818 BGB Nr. 1). 1387

Bösgläubigkeit des Arbeitnehmers i. S. d. § 819 BGB setzt **positive Kenntnis** vom Mangel des Rechtsgrundes voraus; bloße **Zweifel** an dessen Fortbestand **sind nicht ausreichend** (*LAG Hamm* 3.12.1999 NZA-RR 2000, 181). Denn der Arbeitnehmer ist **grds. nicht verpflichtet, eine Vergütungsabrechnung des Arbeitgebers zu überprüfen** (instr. *LAG SchlH* 12.9.2007 LAGE § 242 BGB 2002 Unzulässige Rechtsausübung Nr. 1). Erhält er allerdings eine erhebliche Mehrzahlung, die er sich nicht erklären kann, muss er dieses dem Arbeitgeber anzeigen (*BAG* 10.3.2005 EzA § 4 TVG Ausschlussfristen Nr. 176; s. Rdn. 4764 ff.). 1388

### b) Darlegungs- und Beweislast für den Wegfall der Bereicherung

Die Darlegungs- und Beweislast für den Wegfall der Bereicherung hat grds. der **Arbeitnehmer**. Er hat deshalb im einzelnen Tatsachen darzulegen, aus denen sich ergibt, dass die Bereicherung weggefallen ist und er überdies keine Aufwendungen erspart hat (*LAG Hamm* 3.12.1999 NZA-RR 2000, 180). Er kann sich auf die **Grundsätze des Anscheinsbeweises** berufen, wenn es sich um eine **geringfügige Überzahlung** handelt. 1389

Ob eine Überzahlung geringfügig ist, kann nach den Richtlinien beurteilt werden, die im öffentlichen Dienst gelten. Danach ist von einem Wegfall der Bereicherung auszugehen, wenn die Zuvielzahlung bei einmaligen Leistungen 10 % des zustehenden Betrages, höchstens 200 DM (jetzt ca. 100 €), bei wiederkehrenden Leistungen 10 % aller für den Zeitraum zustehenden Beträge, höchstens monatlich 200 DM (jetzt ca. 100 €) nicht übersteigt. 1390

Ferner muss die Lebenssituation des Arbeitnehmers so sein, dass erfahrungsgemäß nach den individuellen Lebensumständen ein alsbaldiger Verbrauch der Überzahlung für die laufenden Kosten der Lebenshaltung anzunehmen ist, ohne dass ihm ein Vermögensvorteil geblieben ist. Der Arbeitnehmer hat die Tatsachen darzulegen und ggf. zu beweisen, aus denen erfahrungsgemäß auf die Verwendung zum Lebensunterhalt geschlossen werden kann. Seiner Darlegungs- und Beweislast genügt er nicht, wenn er zu den nach Art oder dem Grund vom Arbeitgeber plausibel behaupteten anderweitigen Einkünften (vermietete Eigentumswohnung, Sparvermögen, Prämiensparvertrag) nicht substantiiert Stellung nimmt (*BAG* 18.1.1995 EzA § 818 BGB Nr. 8).

Eine geringfügige Überzahlung ist jedenfalls dann nicht gegeben, wenn es sich um eine **mehrere Monate** betreffende einmalige Überzahlung handelt, die das **richtige Gehalt um ein Vielfaches** übersteigt (*BAG* 23.5.2001 EzA § 818 BGB Nr. 12).

Erleichterungen der Darlegungs- und Beweislast kommen zudem nur dann in Betracht, wenn der Arbeitnehmer **nicht zu den Besserverdienenden gehört** (*BAG* 12.1.1994 NZA 1994, 658; abl. *Schwab* BB 1995, 2110, wonach die allgemeinen Grundsätze der Verwirkung anwendbar sind). 1391

### c) Besonderheiten im öffentlichen Dienst

**1392** Bestimmt ein Tarifvertrag des öffentlichen Dienstes, dass sich die Rückforderung zu viel gezahlter Löhne nach den Vorschriften über die Herausgabe einer ungerechtfertigten Bereicherung bestimmt und hat der öffentliche Arbeitgeber dazu Richtlinien (zu deren Inhalt s. Rdn. 1390), so genügt der Arbeitnehmer, der den unteren und mittleren Einkommensgruppen zuzurechnen ist, seiner Darlegungspflicht nach § 818 Abs. 3 BGB, wenn er die Ausgabe des zu viel Erlangten im Rahmen des **angehobenen Lebensstandards** vorträgt.

**1393** Will der öffentliche Arbeitgeber in einem solchen Fall die Entreicherung nicht akzeptieren, so hat er darzulegen und zu beweisen, dass die Voraussetzungen der Richtlinien nicht gegeben sind oder der Arbeitnehmer die überzahlten Bezüge nicht durch Anhebung seines Lebensstandards verbraucht hat (*BAG* 18.9.1986 EzA § 818 BGB Nr. 1; zum Sonderfall der rückwirkenden Verrentung s. *BAG* 11.10.2006 ZTR 2007, 145).

### d) Erstattung von Sozialversicherungsbeiträgen und Lohnsteuer

**1394** Der Anspruch auf Erstattung ungerechtfertigt gezahlter Sozialversicherungsbeiträge steht nach **§ 26 Abs. 2 SGB IV** dem zu, der die Beiträge getragen hat, soweit für den Arbeitnehmer auf Grund dieser Beiträge nicht schon Leistungen erbracht wurden.

**1395** Der Arbeitgeber kann vom Arbeitnehmer nur den überzahlten Nettobetrag verlangen und im Übrigen Erstattung von der Finanz- und Sozialverwaltung.

**1396** Demgegenüber gehen Finanzverwaltung und Finanzgerichte davon aus, dass der Arbeitgeber auch die auf den zurückzuzahlenden Betrag entfallende Lohnsteuer sowie die Sozialabgaben verlangen kann (ebenso *LAG Köln* 17.11.1995 DB 1996, 208; a. A. *ArbG Rostock* 15.12.1997 DB 1998, 584); im Übrigen soll die Rückabwicklung zwischen Arbeitnehmer und Finanzamt durch Abzug vom lohnsteuerpflichtigen Einkommen oder Lohnsteuerjahresausgleich erfolgen.

**1397** Fehlt es jedenfalls an einem Rechtsgrund für eine **vom Arbeitgeber** geleistete Vergütung, erfolgt auch die Abführung der Arbeitnehmeranteile an die Sozialversicherung ohne Rechtsgrund. Solange dem Arbeitnehmer zu Unrecht entrichtete Arbeitgeberbeiträge zur Sozialversicherung **nicht ausgezahlt** worden sind, richtet sich der Bereicherungsanspruch des Arbeitgebers gegen den Arbeitnehmer nur auf eine **Abtretung** dieses Erstattungsanspruchs; der zu Unrecht ausgezahlte Bruttoanspruch ist um diesen Betrag zu kürzen (*BAG* 9.4.2008 EzA § 4 TVG Gaststättengewerbe Nr. 3). Das hat die prozessuale Konsequenz, dass der auf Rückzahlung der Vergütung gerichtete Klageantrag insgesamt nicht hinreichend bestimmt ist, wenn er nur auf den abgerechneten Bruttobetrag gerichtet ist und sich weder aus dem Antrag noch aus seiner Begründung ergibt, in welchem Umfang darin Arbeitnehmeranteile zur Sozialversicherung enthalten sind, es sei denn, die Einzugsstelle hat dem Arbeitnehmer diese Beträge bereits erstattet (*BAG* 9.4.2008 EzA § 4 TVG Gaststättengewerbe Nr. 3).

### e) Der Sonderfall: Negatives Arbeitszeitguthaben

**1398** Ein negatives Arbeitszeitguthaben auf einem Arbeitszeitkonto ist vom Arbeitnehmer bei seinem Ausscheiden trotz einer entsprechenden Vereinbarung jedenfalls **dann nicht auszugleichen**, wenn das negative Guthaben aufgrund von **Arbeitsmangel** entstanden ist (*LAG MV* 26.3.2008 – 2 Sa 314/07, BB 2009, 558).

## 12. Das Arbeitsentgelt in der Insolvenz des Arbeitgebers

### a) Schutz des Arbeitsentgelts durch die InsO

#### aa) Ansprüche für die Zeit vor Eröffnung des Insolvenzverfahrens; Anfechtung

**1399** Die Arbeitsentgeltansprüche der Arbeitnehmer vor Eröffnung des Insolvenzverfahrens sind **einfache Insolvenzforderungen** i. S. d. § 38 InsO (FK-InsO/*Mues* Anh. zu § 113 Rn. 4). Dies wird durch

## B. Pflichten des Arbeitgebers
## Kapitel 3

§ 108 Abs. 2 InsO klargestellt, der dem Vertragspartner eines über die Eröffnung des Verfahrens hinaus fortbestehenden Dienstverhältnisses des Schuldners wegen seiner Ansprüche für die Zeit vor der Eröffnung die Stellung eines Insolvenzgläubigers zuweist. Die **Sozialversicherungsbeiträge** und die **Lohnsteuerforderungen teilen den Rang der Arbeitsentgeltansprüche**; die beitragsrechtliche Fälligkeit der Sozialversicherungsbeiträge ist unerheblich. Auch **Säumniszuschläge** teilen den Rang der Beitragsrückstände, auf die sie erhoben werden, ohne Rücksicht darauf, ob sie für eine Zeit vor oder nach Insolvenzeröffnung von der Einzugsstelle verlangt werden. Auch **Abfindungsansprüche** von Arbeitnehmern, die **vor der Insolvenzeröffnung** entstanden sind, stellen **einfache Insolvenzforderungen** i. S. d. § 38 InsO dar; etwas anderes – Aussonderungsrecht gem. § 47 InsO – kann aber dann angenommen werden, wenn Abfindungsansprüche bestehen, die einem **Sondervermögen zuzuordnen sind**, das separiert von der Insolvenzmasse verwaltet wird (*LAG Düsseld.* 18.1.2007 – 5 (8) Sa 1023/06, EzA-SD 10/2007 S. 15 LS).

Etwas **anderes** gilt dann, wenn nach Stellung des Antrags auf Eröffnung des Insolvenzverfahrens vom Gericht ein **vorläufiger Insolvenzverwalter** bestellt worden ist, auf den gem. § 22 Abs. 1 InsO bei Verhängung eines allgemeinen Verfügungsverbots für den Schuldner die Verwaltungs- und Verfügungsbefugnis übergegangen ist. Dann richtet sich der Rang der Arbeitsentgeltansprüche nach § **55 Abs. 2 S. 2 InsO** (*BAG* 3.4.2001 EzA § 55 InsO Nr. 1), der insoweit auch den allgemeinen Grundsatz des § 108 Abs. 2 InsO verdrängt (*Hauser/Hawelka* ZIP 1998, 1262; a. A. *LAG Köln* 22.10.2001 NZA-RR 2002, 248). Beantragen die Arbeitnehmer allerdings Insolvenzgeld, so entfällt das Vorzugsrecht; ein Übergang des Vorzugsrechts auf die Bundesagentur für Arbeit ist deshalb ausgeschlossen (*BAG* 3.4.2001 NZA 2002, 90; s. Rdn. 1470). Die Privilegierung als Masseverbindlichkeiten **beschränkt** sich zudem **auf Fälle**, in denen der vorläufige Verwalter mit umfassender Verfügungsbefugnis die **Gegenleistung** der Arbeitnehmer **in Anspruch nimmt**. Dies wird angesichts seiner gesetzlichen Pflicht zur Betriebsfortführung (§ 22 Abs. 1 Nr. 2 InsO) der **Regelfall** sein, da die endgültige Entscheidung über eine Fortführung des Unternehmens der Gläubigerversammlung im Gerichtstermin (§ 157 InsO) vorbehalten bleiben muss. Eine Betriebsstilllegung kann der vorläufige Verwalter nur mit Zustimmung des Insolvenzgerichts zur Verhinderung einer erheblichen Vermögensminderung veranlassen (§ 22 Abs. 1 Nr. 2 InsO).

1400

> Zahlt der Arbeitgeber dem Arbeitnehmer rückständige Arbeitsvergütung, damit dieser sein Zurückbehaltungsrecht nicht länger ausübt, kann der Insolvenzverwalter diese Zahlungen nach Eröffnung des Insolvenzverfahrens zurückfordern, wenn dem Schuldner kein allgemeines Verfügungsverbot auferlegt wurde. Dies gilt auch, wenn der vorläufige Insolvenzverwalter die anfechtbare Handlung selbst vorgenommen hat (*OLG Celle* 12.12.2002 NZA-RR 2003, 552). Generell gilt, dass dann, wenn der Schuldner nach einem Antrag auf Eröffnung des Insolvenzverfahrens Vergütung leistet, die der Arbeitnehmer im Insolvenzverfahren nur als Insolvenzforderung geltend machen könnte, **der Insolvenzverwalter diese Rechtshandlung grds. auch dann anfechten und die Rückzahlung zur Insolvenzmasse verlangen kann, wenn er selbst als vorläufiger Insolvenzverwalter der Zahlung zugestimmt hatte** (*BAG* 27.10.2004 EzA § 129 InsO Nr. 1).

1401

Eine Entgeltzahlung des Arbeitgebers an einen Arbeitnehmer in der Krise wird grds. als **Bargeschäft** von der **Privilegierung des** § 142 InsO erfasst und ist damit regelmäßig nur bei Vorliegen der Voraussetzungen der **Vorsatzanfechtung** nach § 133 Abs. 1 InsO anfechtbar, wenn mit der Zahlung Vergütungsrückstände für in den vorhergehenden drei Monaten vom Arbeitnehmer erbrachte Arbeitsleistungen ausgeglichen wurden. Der **Arbeitnehmer** kennt die Zahlungsunfähigkeit oder Zahlungseinstellung seines Arbeitgebers als komplexen Rechtsbegriff nur, wenn er **selbst die Liquidität oder das Zahlungsverhalten seines Arbeitgebers wenigstens laienhaft so bewertet**. Die Kenntnis des Arbeitnehmers, dass sein Arbeitgeber noch anderen Arbeitnehmern Arbeitsentgelt schuldig ist, rechtfertigt i. d. R. allein nicht den Schluss auf die Zahlungsunfähigkeit oder Zahlungseinstellung des Arbeitgebers. Auch die Stellung oder Funktion des Arbeitnehmers im Unternehmen ist bei der Beurteilung, ob er positive Kenntnis von Umständen hatte, die gem. § 130 Abs. 2 InsO zwingend auf die Zahlungsunfähigkeit seines Arbeitgebers oder den Eröffnungsantrag schließen ließen (**Vermutungstatsachen**), nicht per se maßgebend. Da der **subjektive Tatbestand** der Deckungsanfechtung nach

1401a

§ 130 Abs. 1, 2 InsO eine (grob) fahrlässige Unkenntnis des Gläubigers nicht ausreichen lässt, sondern voraussetzt, dass dieser die **Zahlungsunfähigkeit** oder den Eröffnungsantrag bzw. die Vermutungstatsachen **kannte**, ist eine in der Krise erfolgte Entgeltzahlung des Arbeitgebers unabhängig von der Stellung und der Funktion des Arbeitnehmers im Unternehmen auch dann **nicht anfechtbar**, wenn dieser sich **keine Informationen** über den Bestand und die Entwicklung der Verbindlichkeiten und kurzfristig verwertbaren Aktiva **verschafft hat**. Die subjektiven Tatbestandsmerkmale der Vorsatzanfechtung nach § 133 Abs. 1 InsO, bei denen es sich um innere, dem Beweis nur eingeschränkt zugängliche Tatsachen handelt, die regelmäßig nur mittelbar aus objektiven Tatsachen hergeleitet werden können und die eine Gesamtwürdigung weder entbehrlich machen noch schematisch i. S. einer vom anderen Teil zu widerlegenden Vermutung angewandt werden dürfen, hat der Tatrichter gem. § 286 Abs. 1 S. 1 ZPO unter Würdigung der maßgeblichen Umstände des Einzelfalls auf der Grundlage des Gesamtergebnisses der Verhandlung und einer etwaigen Beweisaufnahme zu prüfen (*BAG* 6.10.2011 NZA 2012, 330).

**1402** Werden vom Insolvenzverwalter nach Eröffnung des Insolvenzverfahrens über das Vermögen eines einzelkaufmännisch tätigen Schuldners die unmittelbar für die selbstständige Erwerbstätigkeit des Schuldners benötigten **Betriebsmittel** »**freigegeben**« und wird im Zusammenhang mit einer solchen Freigabe zwischen dem Schuldner und dem Insolvenzverwalter eine den Erfordernissen des § 295 Abs. 2 InsO entsprechende Vereinbarung über abzuführende Beträge geschlossen, haftet die Insolvenzmasse nicht mehr für Ansprüche der Arbeitnehmer auf Arbeitsvergütung aus danach vom Schuldner begründeten Arbeitsverhältnissen. Diese hat allein der Schuldner zu erfüllen (*BAG* 10.4.2008 EzA § 55 InsO Nr. 16).

**1403** Kommt es **nicht zur Eröffnung** des Insolvenzverfahrens, so sind die Forderungen der Arbeitnehmer, deren **Gegenleistung** der Insolvenzverwalter in Anspruch genommen hat, **aus der Insolvenzmasse vorrangig zu berichtigen** (§ 25 Abs. 2 S. 2 InsO). Kommt es dagegen zur **Eröffnung** des Verfahrens, stellt der Insolvenzverwalter aber die **Masseunzulänglichkeit** i. S. v. § 208 Abs. 1 InsO fest, so zählen die aus Dauerschuldverhältnissen zur Zeit der vorläufigen Verwaltung herrührenden Masseverbindlichkeiten zu den sonstigen Masseverbindlichkeiten der **letzten Rangstufe** nach § 209 Abs. 1 Nr. 3 InsO (*Kraushaar* BB 2004, 1050 ff.; zur Darlegungs- und Beweislast des Verwalters insoweit vgl. *BAG* 11.12.2001 EzA § 60 KO Nr. 8); sie können im Wege der Feststellungsklage geltend gemacht werden (*BAG* 22.11.2005 EzA § 615 BGB 2002 Nr. 14). Ist zu diesem Zeitpunkt der Feststellung der Masseunzulänglichkeit bereits **vollständiges** Arbeitsentgelt für die Zeit nach Eröffnung des Insolvenzverfahrens **gezahlt** worden, obwohl dies bei richtiger Beurteilung nicht in voller Höhe hätte erfolgen dürfen, muss eine **rückwirkende Korrektur** der Abrechnung für die Zeit ab Eröffnung des Insolvenzverfahrens durchgeführt werden. Die Rückabwicklung erfolgt allerdings nur nach den Grundsätzen der §§ 812 ff. **BGB** mit der Folge, dass sich der Arbeitnehmer ggf. auf einen Wegfall der Bereicherung berufen kann (vgl. dazu *BAG* 18.1.1995 EzA § 818 BGB Nr. 8) und dass andererseits die Geltendmachung einer Rückforderung durch Abzug von der laufenden Vergütung durch den Insolvenzverwalter nur unter Beachtung der **Pfändungsfreigrenzen** erfolgen kann.

*bb) Ansprüche für die Zeit nach Eröffnung des Insolvenzverfahrens*

*(1) Höhe des Arbeitsentgelts; Inhalt des Arbeitsverhältnisses*

**1404** Die **Höhe des Anspruchs** auf Arbeitsentgelt aus der Zeit nach der Insolvenzeröffnung kann der Insolvenzverwalter nur wie jeder andere Arbeitgeber **außerhalb des Insolvenzverfahrens** beeinflussen.

**1405** Im Falle einer Freistellung kann sich eine Situation der Anrechnung anderweitigen Einkommens gem. § 615 S. 2 BGB ergeben. Die Anrechnung richtet sich dann nach den allgemeinen Grundsätzen, wonach es für die Entscheidung über die Anrechnung und deren Umfang auf die zeitliche und inhaltliche Vereinbarkeit der arbeitsvertraglich geschuldeten Tätigkeit mit der anderweitigen Beschäftigung ankommt. Ein **besonderes Recht** des Insolvenzverwalters **zur einseitigen Freistellung in der Situation des Insolvenzverfahrens besteht nicht**. Für die Möglichkeit der Freistellung durch den Insolvenzverwalter kommt es deshalb darauf an, ob eine solche Freistellung **einzelvertraglich**

vereinbart ist, ob sie ggf. nach Ausspruch einer Kündigung möglich oder wegen eines ausnahmsweise **überwiegenden Interesses** des Insolvenzverwalters an der Freistellung zulässig ist. Ein solches überwiegendes Interesse des Insolvenzverwalters an der Nichtbeschäftigung kann sich in der Situation der Insolvenz **ausnahmsweise dann** ergeben, wenn eine **Gefährdung** oder Behinderung **der für die ordnungsgemäße Abwicklung des Insolvenzverfahrens erforderlichen Maßnahmen** durch die tatsächliche Weiterbeschäftigung des einzelnen oder einer Vielzahl von Arbeitnehmern konkret darstellbar ist (FK-InsO/*Mues* Anh. zu § 113 Rn. 211 ff.). Der Insolvenzverwalter ist bei der Ausübung seines Freistellungsrechts an die Grenzen des billigen Ermessens gem. § 106 GewO/§ **315 Abs. 1 BGB gebunden**. Dabei können soziale Gesichtspunkte wie Alter, Betriebszugehörigkeit, Unterhaltspflichten und besondere finanzielle Interessen der betroffenen Arbeitnehmer von Bedeutung sein (*LAG Hamm* 27.9.2000 NZA-RR 2001, 654). Stellt der Insolvenzverwalter einen Teil der Belegschaft mangels ausreichender Masse von der Arbeit frei, kann eine **einstweilige Verfügung auf Weiterbeschäftigung** nur ergehen, wenn die Auswahlentscheidung des Insolvenzverwalters willkürlich oder offensichtlich unwirksam ist und besondere Beschäftigungsinteressen dies zur Abwendung wesentlicher Nachteile für den freigestellten Arbeitnehmer gebieten (*LAG Hamm* 27.9.2000 NZA-RR 2001, 654).

Auch ein spezielles Recht des Insolvenzverwalters zu einer **einseitigen Zuweisung des Urlaubs** ohne **1406** Ausspruch einer Kündigung des Arbeitsverhältnisses für die besondere Situation des Insolvenzverfahrens besteht **nicht**. Insoweit gelten die allgemeinen Grundsätze (s. Rdn. 2124); allerdings können sich ausnahmsweise aus den Besonderheiten des Insolvenzverfahrens dringende betriebliche Belange ergeben, die dem Urlaubswunsch des Arbeitnehmers entgegenstehen.

*(2) Insolvenzrechtliche Einordnung der Arbeitsentgeltansprüche*

Nach der Eröffnung des Insolvenzverfahrens sind die Arbeitsentgeltansprüche **Masseverbindlich-** **1407** **keiten** nach § 55 Abs. 1 Nr. 2 InsO (FK-InsO/*Mues* Anh. zu § 113 Rn. 203 ff.; vereinbarte Entgeltkürzung: *LAG Bln.* 3.9.2004 NZA-RR 2005, 203; Einmalzahlung aufgrund einer Verwertungsvereinbarung: *BAG* 19.7.2007 EzA § 55 InsO Nr. 4). Auch der **Urlaubsabgeltungsanspruch ist Masseforderung,** wenn das Arbeitsverhältnis nach Eröffnung des Insolvenzverfahrens beendet wird (*BAG* 21.6.2005 EzA § 7 BUrlG Nr. 113; 21.11.2006 EzA § 209 InsO Nr. 8; s. *Düwell/Pulz* NZA 2008, 786 ff.); Gleiches gilt für Urlaubsentgelt- und Urlaubsgeldansprüche, die nach der Eröffnung entstanden sind (*BAG* 21.6.2005 EzA § 209 InsO Nr. 5). Insoweit kommt es nicht darauf an, ob der Insolvenzverwalter die Gegenleistung der Arbeitnehmer tatsächlich in Anspruch genommen hat. Denn die Erfüllung muss nach der gesetzlichen Regelung für die Zeit nach der Eröffnung des Insolvenzverfahrens erfolgen. Auch ein zurzeit der Eröffnung des Insolvenzverfahrens **noch offener Urlaubsanspruch** ist eine Masseverbindlichkeit; der Insolvenzverwalter hat dem Arbeitnehmer auf dessen Antrag hin Urlaub zu erteilen und das Urlaubsentgelt aus der Insolvenzmasse zu zahlen (*BAG* 21.11.2006 EzA § 209 InsO Nr. 8). Lediglich für den **Rang der Arbeitsentgeltansprüche nach Anzeige der Masseunzulänglichkeit** nach § 209 Abs. 2 Nr. 3 InsO kommt es darauf an, ob die Arbeitnehmer **tatsächlich weiter gearbeitet haben**. Wann die Erfüllung zur Insolvenzmasse erfolgen muss, entscheidet sich nach der **Fälligkeit** der vom Arbeitnehmer geschuldeten Gegenleistung; folglich kommt es auf die Fälligkeit des Arbeitsentgeltanspruchs nicht an. Die laufenden Entgeltansprüche der Arbeitnehmer werden wie nach dem bisherigen Recht behandelt: Die zeitanteilig nach Eröffnung des Verfahrens erdienten Ansprüche teilen das Rangprivileg dieser, während die vor Eröffnung erdienten Ansprüche entweder Masseschulden nach § 55 Abs. 2 S. 2 InsO oder einfache Insolvenzforderungen sind. Entsprechendes muss für die nach der Verfahrenseröffnung fällig werdenden Entgeltansprüche auf Grund von **flexiblen Arbeitszeitvereinbarungen** gelten, sofern die durch den Arbeitnehmer geschuldete Arbeitsleistung vor Verfahrenseröffnung erbracht worden ist oder zu erbringen war. Leistet zudem eine Arbeitnehmerin durch eine **Teilzeitvereinbarung** einen Sanierungsbeitrag und soll sie bei Insolvenz für die letzten 12 Monate vor ihrem Ausscheiden bzgl. ihrer monatlichen Vergütung so gestellt werden, wie sie ohne diese Teilzeitvereinbarung gestanden hätte, wobei für diesen Zeitraum auch die volle Arbeitsleistung verlangt werden kann, so unterliegt diese Vereinbarung weder der Insolvenzanfechtung noch ist sie sittenwidrig. Die Vergütungsdifferenzen sind folglich für die Zeit nach Insolvenzeröffnung Masseverbindlichkeiten (*BAG* 19.1.2006 EzA § 55 InsO Nr. 11 m. Anm. *Girotto* SAE 2007, 80 ff.).

1408 Lohnansprüche nach Insolvenzeröffnung sind i. Ü. auch dann **Masseverbindlichkeiten**, wenn der Arbeitnehmer nicht beschäftigt wurde und ihm der Anspruch aus **Annahmeverzug** zusteht (*LAG Köln* 30.7.2001 – 2 Sa 1457/00; FK-InsO/*Mues* Anh. zu § 113 Rn. 105). Nichts anderes gilt für die Entgeltforderung bei einer Freistellungsabrede für die Zeit nach Insolvenzeröffnung (*LAG Köln* 31.1.2011 NZA-RR 2011, 372).

1409 Wird für ein Wertguthaben aus einem Arbeitszeitflexibilisierungsmodell ein Treuhandkonto eröffnet, das als Unterkonto zum Geschäftskonto des Arbeitgebers geführt wird und über das jeweils ein Betriebsratsmitglied und ein Mitglied der Geschäftsleitung nur gemeinsam verfügen können, so stehen den Arbeitnehmern in der Insolvenz des Arbeitgebers keine Aus- oder Absonderungsrechte zu, wenn der Arbeitgeber selbst Inhaber des Kontos ist (*BAG* 24.9.2003 EzA § 47 InsO Nr. 1; *LAG Nds.* 23.9.2002 LAGE § 47 InsO Nr. 1).

Ein Anspruch auf Freistellung aus der Umwandlung von Vergütung in Freizeit oder zum Ausgleich von Überstunden (Freizeitguthaben) wird nach Insolvenzeröffnung zu einer **Insolvenzforderung**, die nach § 45 InsO mit ihrem Wert geltend zu machen ist. Eine Erfüllung durch Freistellung kann nicht mehr verlangt werden. Für diesen auf Abgeltung gerichteten Anspruch haftet ein **Betriebsveräußerer** gem. § 613a Abs. 2 BGB, soweit der Freizeitanspruch bei ihm begründet wurde und der Abgeltungsanspruch mit der Insolvenzeröffnung innerhalb eines Jahres nach der Betriebsveräußerung fällig wurde (*Hess. LAG* 10.9.2008 NZA-RR 2009, 92).

*(3) Zur Kombination von Masseunzulänglichkeitsanzeige und Kündigung des Arbeitsverhältnisses*

1410 Der Rang einer Forderung auf Arbeitsvergütung als Masseverbindlichkeit wird durch die nach der Anzeige der (drohenden) Masseunzulänglichkeit zu treffende Entscheidung des Insolvenzverwalters bestimmt, ob er das Arbeitsverhältnis unverzüglich kündigt oder ob er es (zunächst) fortsetzt. Als Masseverbindlichkeit i. S. d. § 209 Abs. 2 Nr. 2 InsO gilt die Arbeitsvergütung für die Zeit nach dem ersten Termin, zu dem der Insolvenzverwalter nach Anzeige der Masseunzulänglichkeit kündigen konnte. Dies gilt auch dann, wenn der Arbeitnehmer von der Arbeitsleistung freigestellt wird. Der maßgebliche Kündigungstermin bestimmt sich nach dem Zeitpunkt, zu dem die Kündigung unter Beachtung gesetzlicher Verpflichtungen, z. B. aus § 102 BetrVG, § 85 SGB IX oder § 111 BetrVG, § 112 BetrVG, rechtlich zulässig ist. Er richtet sich nicht nach dem Zeitpunkt der unternehmerischen Entscheidung des Insolvenzverwalters, den Betrieb stillzulegen (*BAG* 31.3.2004 EzA § 209 InsO Nr. 2 m. Anm. *Adam* SAE 2004, 307 ff.; s. *Kraushaar* BB 2004, 1050 ff.).

*cc) Betriebsübergang in der Insolvenz*

1411 Wird der Betrieb im Rahmen eines Insolvenzverfahrens auf einen neuen Inhaber übertragen, tritt dieser gem. § 613a BGB in die Arbeitsverhältnisse ein. Der Betriebserwerber haftet zwar an sich auch für rückständige Arbeitsentgelte, wobei dies aber für bei Eröffnung des Insolvenzverfahrens bereits bestehende Ansprüche ausgeschlossen ist, weil die Haftung insoweit durch das **Verteilungsverfahren der InsO** verdrängt wird (s. z. B. *BAG* 11.2.1992 EzA § 613a BGB Nr. 97 zu § 59 KO). Diese Grundsätze sind auf das Insolvenzverfahren nach der InsO zu übertragen, denn auch hier würde die mit einer Haftungsübernahme verbundene Kaufpreisminderung die übrigen Gläubiger unzumutbar benachteiligen (*Heinze* NZA 1999, 63).

1412 Erfolgt ein Betriebsübergang nach Eröffnung des Insolvenzverfahrens, geht die Rechtsprechung des *BAG* (20.6.2002 EzA § 613a BGB Nr. 211) also von einer Beschränkung der »haftungsrechtlichen Regelung des § 613a BGB« für vor der Insolvenzeröffnung entstandene Ansprüche aus. Die Verteilungsgrundsätze des Insolvenzverfahrens haben wegen des Grundsatzes der Gläubigergleichbehandlung insoweit Vorrang. Diese haftungsrechtliche Beschränkung ist jedoch nicht auf den Urlaubsanspruch anzuwenden. Das folgt aus § 108 InsO. Nach § 108 Abs. 1 InsO bleibt das Arbeitsverhältnis bestehen. Ansprüche werden nach § 108 Abs. 2 InsO nur dann Insolvenzforderungen, wenn es sich um solche für die Zeit vor Eröffnung handelt. Dazu gehören Urlaubsansprüche nicht. Sie sind nicht von einer Arbeitsleistung im Kalenderjahr abhängig und werden damit nicht monatlich verdient. Soweit Beginn und Ende der Freistellung zur Erfüllung des Anspruchs noch nicht zeitlich festgelegt waren, können sie nicht einem Zeitpunkt vor oder nach der Eröffnung des Insolvenzverfahrens zugeordnet werden (*BAG* 18.11.2003 EzA § 613a BGB 2002 Nr. 21; *LAG Hamm* 15.9.2004 NZA-RR 2006, 65). Das gilt auch für übertragene Urlaubsansprüche und für Ansprüche auf Ersatz für verfallenen Urlaub (*BAG* 18.11.2003 EzA § 613a BGB 2002 Nr. 19 = NZA 2004, 651; *LAG Hamm* 15.9.2004 EzA-SD 25/04 S. 15/16 LS = NZA-RR 2006, 65).

Bei einem Betriebsübergang gehen gem. dem **Altersteilzeitgesetz** gestaltete Arbeitsverhältnisse nach § 613a Abs. 1 S. 1 BGB auch dann auf den Betriebserwerber über, wenn im sog. »**Blockmodell**« die Arbeitsphase schon vor dem Betriebsübergang abgeschlossen war. Das gilt grds. auch bei einem Betriebserwerb nach Eröffnung der Insolvenz. In diesem Fall sind aber die bereits erarbeiteten Vergütungsansprüche des nicht mehr arbeitspflichtigen Altersteilzeit-Arbeitnehmers Insolvenzforderungen, für die der Betriebserwerber nicht haftet (*BAG* 30.10.2008 EzA § 613a BGB 2002 Nr. 101).

Der Betriebserwerber haftet im Übrigen **in vollem Umfang**, wenn der Betriebsübergang bereits **vor Verfahrenseröffnung** stattgefunden hat (*BAG* 20.6.2002 EzA § 613a BGB Nr. 211; s. Rdn. 4158 ff.). **1413**

Die mit Eröffnung des Insolvenzverfahrens eintretende Haftungsbeschränkung **bleibt bestehen**, wenn es später zur **Einstellung des Verfahrens** mangels einer die Kosten des Verfahrens deckenden Masse nach § 207 InsO kommt (*BAG* 11.12.1992 EzA § 613a BGB Nr. 97 zu § 59 KO). Wird bereits die **Eröffnung** des Insolvenzverfahrens mangels Masse **abgelehnt**, haftet der Betriebserwerber **unbeschränkt** (*BAG* 27.4.1988 EzA § 613a BGB Nr. 70; *BSG* 6.11.1985 NZA 1986, 303). **1414**

*dd) Anzeige der Masseunzulänglichkeit*

Hat der Insolvenzverwalter die Unzulänglichkeit der Masse angezeigt (§ 208 InsO), so ist die Zwangsvollstreckung wegen einer Masseverbindlichkeit i. S. s. § 209 Abs. 1 Nr. 3 InsO ausgeschlossen (§ 210 InsO). Steht einer Zwangsvollstreckung das Verbot des § 210 InsO entgegen, so fehlt bereits einer gleichwohl erhobenen Leistungsklage das Rechtsschutzbedürfnis, weil das erreichbare Rechtsschutzziel dann die Sachprüfung eines auf Leistung gerichteten Antrags nicht erfordert. Auch aus dem Vollstreckungsverbot des § 888 Abs. 3 ZPO ergibt sich nichts anderes. Denn § 210 InsO dient der gerechten Risikoverteilung innerhalb der Verlustgemeinschaft der Gläubiger. § 888 Abs. 3 ZPO soll dagegen die Menschenwürde des Schuldners schützen. Aus der Zulässigkeit von Leistungsklagen in Fällen des § 888 Abs. 3 ZPO kann deshalb nicht auf die Zulässigkeit von Leistungsklagen in Fällen des § 210 InsO geschlossen werden (*BAG* 11.12.2001 EzA § 210 InsO Nr. 1). Allerdings kann der Gläubiger seine Ansprüche dann im Wege der Feststellungsklage weiter verfolgen (*BAG* 23.2.2005 EzA § 55 InsO Nr. 8; *OLG Bra.* 11.12.2002 NZA-RR 2003, 432). Daraus folgt im Umkehrschluss, dass die sog. Neumasseverbindlichkeiten i. S. d. § 209 Abs. 1 Nr. 1, 2 InsO grds. mit der Leistungsklage geltend gemacht werden können (*BAG* 23.2.2005 NZA 2005, 694). Das gilt jedenfalls solange, bis entweder der Insolvenzverwalter darlegt und beweist, dass die Masse auch zur Befriedigung dieser Ansprüche nicht mehr ausreicht, oder eine erneute Masseunzulänglichkeit gem. § 208 InsO anzeigt (*BAG* 4.6.2003 EzA § 209 InsO Nr. 1). Mit der Anzeige der Masseunzulänglichkeit wird auch ein gegen die Masse gerichtetes Kostenfestsetzungsverfahren (§§ 103, 104 ZPO) eines Altmassegläubigers wegen mangelnden Rechtsschutzinteresses unzulässig (*LAG Düsseld.* 17.7.2003 NZA-RR 2003, 549). **1415**

# Kapitel 3
Der Inhalt des Arbeitsverhältnisses

Das *BAG* (15.6.2004 EzA § 209 InsO Nr. 3; 21.6.2005 EzA § 209 InsO Nr. 5; 22.11.2005 EzA § 615 BGB 2002 Nr. 14; s. a. 21.11.2006 EzA § 209 InsO Nr. 8) hat insoweit **folgende Grundsätze** aufgestellt:

- Zu den aus der Insolvenzmasse vorab zu befriedigenden **Masseverbindlichkeiten** gehören u. a. **Entgeltansprüche** des Arbeitnehmers **aus der Zeit ab Eröffnung** des Insolvenzverfahrens (§ 55 Abs. 1 Nr. 2 InsO). Hierzu gehören **auch** Ansprüche des Arbeitnehmers auf Zahlung von **Urlaubsentgelt** und **Urlaubsgeld** sowie auf **Urlaubsabgeltung**.
- Hat der Insolvenzverwalter dem Insolvenzgericht die Masseunzulänglichkeit nach § 208 Abs. 1 InsO angezeigt, richtet sich die Rangordnung, in der Masseverbindlichkeiten zu erfüllen sind, nach § 209 InsO. Danach ist zwischen sog. **Altmasse- und Neumasseverbindlichkeiten** zu unterscheiden. Neumasseverbindlichkeiten sind vorrangig zu befriedigen.
- Eine **Neumasseverbindlichkeit** liegt u. a. vor, wenn der Insolvenzverwalter nach Anzeige der Masseunzulänglichkeit die »Gegenleistung« des Arbeitnehmers in Anspruch genommen hat. Der Anspruch eines Arbeitnehmers auf Urlaubsentgelt und Urlaubsgeld, der vom Insolvenzverwalter unwiderruflich unter Anrechnung auf offenen Urlaub von jeder Arbeitsleistung freigestellt ist, begründet keine Neumasseverbindlichkeit; der Masse fließt kein wirtschaftlicher Wert zu.
- Ob das auch dann gilt, wenn der Arbeitnehmer vom Insolvenzverwalter zur Arbeitsleistung herangezogen wird und die Zeit seiner Beschäftigung durch Urlaub unterbrochen wird, hat der *Senat* nicht entschieden.
- Masseverbindlichkeiten sind grds. im Wege der **Zahlungsklage** zu verfolgen (ebenso *LAG Düsseld.* 1.9.2006 – 17 Sa 254/06, EzA-SD 25/06 S. 11 LS). Eine Ausnahme gilt für Forderungen i. S. d. § 209 Abs. 1 Nr. 3 InsO, sobald der Insolvenzverwalter die Masseunzulänglichkeit angezeigt hat. Macht der Insolvenzverwalter zusätzlich zu Recht geltend, die Masse genüge auch nicht zur Befriedigung aller Massegläubiger i. S. v. § 209 Abs. 1 Nr. 2 InsO (weitere Masseunzulänglichkeit), steht diesen Gläubigern ebenfalls nur Rechtsschutz im Rahmen einer **Feststellungsklage** zur Verfügung (*BAG* 22.11.2005 EzA § 615 BGB 2002 Nr. 14); § 209 Abs. 1 Nr. 2 InsO gilt nicht für Sozialplanansprüche. Eine Leistungsklage gegen den Insolvenzverwalter auf Zahlung der Abfindung aus einem nach Anzeige der Masseunzulänglichkeit vereinbarten Sozialplan ist unzulässig (*BAG* 21.1.2010 EzA § 123 InsO Nr. 1).

### b) Geschützter Personenkreis

#### aa) Arbeitnehmer

1416 Für die Bestimmung des Arbeitnehmerbegriffs i. S. d. InsO sind grds. die **allgemein anerkannten Kriterien** zugrunde zu legen (s. Kap. 1 Rdn. 38). Für den Anspruch auf Insolvenzgeld gem. § 183 SGB III ist auf Grund der Einfügung des Anspruchs in das SGB III vom sozialversicherungsrechtlichen **Beschäftigtenbegriff** (s. Kap. 1 Rdn. 111) auszugehen; wegen der weitgehenden Übereinstimmung des arbeitsrechtlichen Arbeitnehmerbegriffs und des sozialversicherungsrechtlichen Beschäftigtenbegriffs hat diese Frage aber keine besondere praktische Relevanz.

#### bb) Arbeitnehmerüberlassung

1417 Bei Arbeitnehmerüberlassung nach Maßgabe des AÜG gelten in der Insolvenz des Entleihers §§ 38, 55 InsO zugunsten des Leiharbeitnehmers dann, wenn gem. **§ 10 AÜG** auf Grund fehlender Erlaubnis des Verleihers zur gewerbsmäßigen Arbeitnehmerüberlassung ein Arbeitsvertrag zwischen Entleiher und Leiharbeitnehmer als zustande gekommen gilt.

1418 Gleiches gilt, wenn streitig ist, ob ein Arbeitsvertrag wegen Fehlens der Erlaubnis zur Arbeitnehmerüberlassung wirksam ist oder nicht.

1419 Ein durch Insolvenzgeld geschützter Anspruch gegen den Verleiher besteht allerdings nur im Falle der **Gutgläubigkeit** des Arbeitnehmers (*BSG* 20.3.1984 BSGE 56, 212).

### cc) Organmitglieder

Da die Mitglieder der gesetzlichen Vertretungsorgane juristischer Personen und Vertreter und Geschäftsführer von Personengesamtheiten **nicht ausdrücklich vom Anwendungsbereich der §§ 38, 55 InsO ausgenommen** sind, ist fraglich, inwieweit diese Personen als Arbeitnehmer i. S. d. Vorschriften anzusehen sind.

1420

Es ist jeweils im Einzelfall zu prüfen, ob die für die Einordnung als Arbeitnehmer erforderliche persönliche Abhängigkeit und Weisungsgebundenheit vorliegt. Sie wird Vorstandsmitgliedern einer AG regelmäßig ebenso fehlen wie GmbH-Geschäftsführern, die zugleich als Gesellschafter mit 50 % und mehr am Stammkapital beteiligt sind. Dagegen sind **Fremdgeschäftsführer i. d. R. insoweit als Arbeitnehmer** anzusehen (*BAG* 27.6.1985 AP Nr. 2 zu § 1 AngestelltenkündigungsG).

1421

### c) Arbeitsentgelt i. S. d. § 55 InsO, § 183 SGB III

#### aa) Begriffsbestimmung

Arbeitsentgelt i. S. dieser einheitlich auszulegenden Vorschriften sind **alle Leistungen, die im weitesten Sinne als Gegenwert für die Arbeitsleistung anzusehen sind**, unabhängig davon, ob es sich um Geld oder Naturalleistungen handelt. Erfasst werden alle Arten der vertragsmäßigen Arbeitsvergütung einschließlich aller Zuschläge ohne Rücksicht auf die Bezeichnung (z. B. Lohn, Honorar, Gehalt, Deputat, Provision, Gewinnbeteiligung, Tantieme, Zulagen, Zuschläge, Gratifikationen; *BSG* 9.12.1997 ZIP 1998, 481). Lohnansprüche nach Insolvenzeröffnung sind auch dann Masseverbindlichkeiten, wenn der Arbeitnehmer nicht beschäftigt wurde und ihm der Anspruch aus Annahmeverzug zusteht (*LAG Köln* 30.7.2001 NZA-RR 2002, 181).

1422

Die früher gleichgestellten Ansprüche der Arbeitnehmer auf Entschädigung aus einer Wettbewerbsabrede mit dem Gemeinschuldner sowie Leistungen aus einer **betrieblichen Altersversorgung**, ebenfalls Vorruhestandsleistungen (§§ 59 Abs. 1 Nr. 3b, 3d, 61 Abs. 1 Nr. 1b, 1d KO; *BAG* 15.1.1991 EzA § 59 KO Nr. 23), sind **nicht mehr privilegiert**, da es insoweit an einer vom Arbeitnehmer im begünstigten Zeitraum erbrachten oder zu erbringenden Gegenleistung fehlt. Der Träger der Insolvenzsicherung nach § 7 BetrAVG hat mithin die Stellung eines Insolvenzgläubigers nach § 38 InsO. Daher genießen Betriebsrenten seit dem 1.1.1999 nur noch den besonderen Insolvenzschutz durch den Pensionssicherungsverein gem. § 7 Abs. 1 BetrAVG (s. Rdn. 3922). Hat die Gesellschaft z. B. in der zu Gunsten ihres Geschäftsführers oder ihrer Arbeitnehmer abgeschlossenen Direktversicherung für sie nur ein widerrufliches Bezugsrecht begründet, ist fraglich, ob und unter welchen Voraussetzungen diesen vor Eintritt des Versicherungsfalles in der Insolvenz der Gesellschaft ein Aussonderungsrecht an den Rechten aus dem Versicherungsvertrag zusteht (z. B. wenn die Prämien aus der ihnen zustehenden Vergütung gezahlt worden sind).

1423

Das *BAG* (31.7.2007 NZA-RR 2008, 32; 22.5.2007 EzA § 1b BetrAVG Nr. 4) geht aber jedenfalls davon aus, dass die Zugehörigkeit der Rechte aus dem Versicherungsvertrag insoweit bei Insolvenz des Arbeitgebers zur Insolvenzmasse oder zum Vermögen des Arbeitnehmers allein von der Ausgestaltung des Versicherungsverhältnisses abhängt, bei der neben den Interessen des Arbeitgebers als Versicherungsnehmer auch die des Arbeitnehmers als versicherter Person zu berücksichtigen sind. Knüpft das eingeschränkt unwiderrufliche Bezugsrecht an die gesetzlichen Unverfallbarkeitsvorschriften an, so entfällt das Widerrufsrecht mit der Unverfallbarkeit (s. Rdn. 3954 f.).

1424

Auch dann, wenn ein Arbeitsverhältnis während des Insolvenzverfahrens endet, das in der Insolvenz mit Wirkung für die Masse fortbesteht, stellt sich die Frage, wem die **Rechte** aus einer vom **Insolvenzschuldner zugunsten des Arbeitnehmers abgeschlossenen Lebensversicherung zustehen**. Maßgeblich hierfür ist, ob das im Versicherungsvertrag geregelte Bezugsrecht des Arbeitnehmers nach dem Versicherungsvertrag noch durch den Arbeitgeber als Versicherungsnehmer widerrufen werden kann. Nur dann stehen die Rechte der Masse zu. Die zur Durchführung einer betrieblichen Altersversorgung abgeschlossenen Direktversicherungen enthalten vielfach die Bestimmung, dass das Bezugsrecht nicht mehr widerruflich ist, es sei denn der Arbeitnehmer scheidet aus dem Arbeitsverhältnis aus, ohne dass die Voraussetzungen der Unverfallbarkeit nach dem Betriebsrentengesetz vorliegen. Eine derartige Klausel ist i. d. R. entsprechend dem Betriebsrentenrecht auszulegen. Aufgrund eines Betriebsübergangs endet das Arbeitsverhältnis nicht. Der Weiterbestand des Arbeitsverhältnisses ist für den Erwerb gesetzlich unverfallbarer Anwartschaften auch in der Insolvenz rechtserheblich. Damit liegen die Voraussetzungen eines »Ausscheidens« des Arbeitnehmers nicht vor, wenn sein Arbeitsverhältnis im Wege des Betriebsübergangs auf einen anderen Arbeitgeber übergeht. In diesen Fällen kann der Verwalter die Rechte aus dem Versicherungsvertrag nicht in Anspruch nehmen, insbes. den Rückkaufswert nicht zur Masse ziehen (*BAG* 15.6.2010 EzA § 1 BetrAVG Lebensversicherung Nr. 9).

**1425** Wird dagegen eine **Bezugsberechtigung** eines Arbeitnehmers mit dessen Einverständnis **auf einen Kreditgeber des Arbeitnehmers** zur Sicherung seiner Rückforderungsansprüche **übertragen**, so erwächst im Fall der Insolvenz des Arbeitgebers dem Insolvenzverwalter daraus kein neues eigenständiges Zugriffsrecht auf den Rückkaufswert. In diesen Fällen ist die unwiderrufliche Bezugsberechtigung des Arbeitnehmers zwar eingeschränkt, nicht aber zu Gunsten des Arbeitgebers. Es verbleibt daher bei den allenfalls zu Gunsten des Kreditgebers eingeschränkten Ansprüchen des Arbeitnehmers auf Zahlung des Rückkaufswertes (*OLG Bamberg* 9.2.2006 NZA-RR 2006, 423).

**1426** **Provisionen**, deren Entstehung i. d. R. durch die spätere Ausführung des Geschäfts durch den Arbeitgeber oder den Vertragsschluss bedingt sind, sind insoweit geschützt, als die vom Arbeitnehmer geschuldete Vermittlungstätigkeit oder auch der durch ihn vermittelte Vertragsabschluss in den insolvenzrechtlich privilegierten Zeitraum fällt. I. d. R. ist aber erforderlich, dass der **letzte Akt der geschuldeten Leistung**, der die Entstehung wenigstens eines bedingten Anspruchs zur Folge hat, noch in den geschützten Zeitraum fällt.

**1427** **Altersteilzeit** mit Anspruch auf Teilzeitarbeitsentgelt zuzüglich Aufstockungsbeträgen i. S. d. § 3 Abs. 1 Nr. 1a ATZG begründet einen gleich bleibenden Arbeitsentgeltanspruch, der dem **jeweiligen Auszahlungsmonat** zuzuordnen ist, gleichgültig in welchem Umfang sie einer Arbeitsleistung des Arbeitnehmers im Anspruchszeitraum entspricht. Das Teilzeitarbeitsentgelt sowie die Aufstockungsbeträge sollen gerade einen gleich bleibenden Verdienst bis zu dem Zeitpunkt, in dem ein Rentenanspruch besteht, sichern (*BAG* 19.12.2006 FA 2007, 320; s. a. *ArbG Paderborn* 25.3.2011 LAGE § 108 InsO Nr. 2). **Nach Eröffnung des Insolvenzverfahrens** ist der Anspruch auf das **laufende Arbeitsentgelt** dann, wenn die Arbeitsphase in die Zeit nach der Eröffnung des Insolvenzverfahrens über das Vermögen des Arbeitgebers fällt, einschließlich der Aufstockungsleistungen und der Aufstockungsbeiträge zur Rentenversicherung **Masseforderung** nach § 55 Abs. 1 Nr. 2 InsO, nicht Insolvenzforderung, unabhängig davon, ob der Insolvenzverwalter die Arbeitsleistung in Anspruch genommen hat (*BAG* 19.10.2004 NZA 2005, 527 u. 408; 23.2.2005 NZA 2005, 694). **In der Freistellungsphase ist das Entgelt »spiegelbildlich« für die entsprechenden Monate der Arbeitsphase zu zahlen**. In Altersteilzeit befindliche Arbeitnehmer sind folglich Insolvenzgläubiger, soweit ihnen Vergütung für die Zeit vor der Eröffnung zu leisten ist und Massegläubiger, soweit ihnen Vergütung für die Zeit nach der Eröffnung zu leisten ist. Der Arbeitgeber ist insoweit im Übrigen gem. § 271 Abs. 2 BGB »im Zweifel« berechtigt, während der Freistellungsphase Entgeltansprüche, die entsprechend ihrer »spiegelbildlichen« Fälligkeit noch nicht fällig geworden sind, »vorher« zu erfüllen. Umstände, die diese Befugnis des Arbeitgebers im Einzelfall ausschließen, sind vom Arbeitnehmer darzulegen und ggf. zu beweisen (*BAG* 19.12.2006EzA-SD 11/2007 S. 13 LS).

**1428** Soweit die Ansprüche der Arbeitnehmer nicht durch Insolvenzgeld gesichert sind, sieht § 7a SGB IV eine Verpflichtung der Vertragspartner zur Schaffung von Vorkehrungen zur Sicherung im Insolvenzfall vor. Allerdings gilt diese Verpflichtung nur für sog. Blockmodelle, in denen für vorgeleistete Ansprüche ein Ausgleichszeitraum von mehr als 27 Kalendermonaten vereinbart worden ist (§ 7a Abs. 1 Nr. 2 SGB IV). Entgeltansprüche des Arbeitnehmers in der **Freistellungsphase bei Block-Altersteilzeit**, die in der Arbeitsphase des Blockmodells vor Eröffnung des Insolvenzverfahrens erarbeitet worden sind, sind bloße Insolvenzforderungen i. S. d. § 38 InsO, nicht Masseforderungen i. S. d.

## B. Pflichten des Arbeitgebers                                              Kapitel 3

§ 55 Abs. 1 Nr. 2 InsO (*BAG* 19.10.2004 NZA 2005, 527 u. 408; 23.2.2005 NZA 2005, 694; 23.2.2005 NZA 2005, 1016 LS). Nichts anderes gilt für **Rückzahlungsansprüche** eines Arbeitnehmers, der im Rahmen eines Altersteilzeitvertrages im Blockmodell ein Wertguthaben i. S. d. § 7 Abs. 1a SGB IV erarbeitet hat (*LAG Düsseld.* 16.10.2003 LAG Report 2004, 107).

Vereinbarungen über **flexible Arbeitszeiten** mit angesammelten Zeit- oder Wertguthaben auf einem Arbeitszeitkonto sind insolvenzrechtlich nur insoweit geschützt, als die Arbeitsleistung im **begünstigten Zeitraum** erbracht wurde. Kommt es nach Verfahrenseröffnung nicht mehr zur Inanspruchnahme der Arbeitsleistung durch den Insolvenzverwalter, erstreckt sich die Privilegierung des § 55 Abs. 1 Nr. 2 InsO auf die für die in diesem Fall fiktive Arbeitsleistung in dem begünstigten Zeitraum geschuldeten Arbeitsentgeltansprüche (vgl. *LAG Hamm* 21.12.2007 – 3 Sa 1468/07, AuR 2008, 274 LS; zur Kombination von Altersteilzeit und **Zeitwertguthaben** s. aber §§ 7 ff. SGB IV mit den Änderungen durch das sog. FlexiG II **ab 1.1.2009**, s. dazu *Langohr-Plato* NZA 2008, 1377 ff.; *Uckermann* BB 2008, 1281 ff., 1566 ff., 1898 ff., 2351 ff.; *Wellisch/Lenz* DB 2008, 2762 ff.; *Hanau/ Veit* NJW 2009, 182 ff.; *Cisch/Ulbrich* BB 2009, 550 ff.; *Blümke/Scheithauer* BB 2009, 1358 ff. u. 2252 ff.; *Raffler* FA 2011, 360 ff.; s. a. *Ulbrich/Rihn* DB 2009, 1466 ff. zur Behandlung durch die Sozialversicherungsträger). 1429

Das **Prinzip des Erarbeitens** gilt auch für den Schutz durch Insolvenzgeld; die Guthaben auf Arbeitszeitkonten können einer Arbeitsleistung des Arbeitnehmers eindeutig zugeordnet werden. 1430

**Gewinnbeteiligungen** sind i. d. R. der Arbeitsleistung **mehrerer Abrechnungszeiträume** zuzuordnen, auch wenn sie erst später bezifferbar bzw. fällig sind. Sie werden anteilig für den durch Insolvenzgeld geschützten Zeitraum bei diesem berücksichtigt (*BAG* 21.5.1980 EzA § 59 KO Nr. 8; *BSG* 30.7.1981 ZIP 1982, 78). 1431

Die **Winterausfallgeld-Vorausleistung** ist eine vom Arbeitgeber finanzierte Leistung, die bei witterungsbedingtem Arbeitsausfall in der Schlechtwetterzeit für mindestens 120 Stunden das Arbeitsentgelt ersetzt und die als Voraussetzung für das Winterausfallgeld nach § 214 SGB III geleistet wird. Sie gehört zum insolvenzrechtlich geschützten Arbeitsentgelt. Infolge ihrer Zweckbestimmung als Verdienstsicherung für die Zeit des witterungsbedingten Arbeitsausfalls ist sie auch dann dem **Schlechtwetterzeitraum zuzuordnen**, wenn sie aus Arbeitszeitguthaben des Arbeitnehmers angespart worden ist. 1432

Durch die **Neufassung des § 183 SGB III** (ab 12.12.2006) findet auch Entgeltumwandlung nach dem BetrAVG beim Insolvenzgeld künftig Berücksichtigung (s. *Düwell* FA 2007, 108). 1433

*bb) Abfindungen*

Arbeitseinkommen i. S. dieser Vorschriften kann auch eine Abfindung sein, **wenn der Arbeitnehmer das Arbeitsverhältnis ohne fristgerechte Kündigung des Arbeitgebers aufgeben soll**, wenn vereinbart wird, dass er sich gegen eine ihm angedrohte zweifelhafte Kündigung nicht wehrt oder dass das Arbeitsverhältnis vor dem vereinbarten Ende gekündigt wird. Denn eine solche Abfindung beinhaltet tatsächlich eine Dienstvergütung für eine bestimmte Zeit, für die der Arbeitnehmer einverständlich von der Dienstleistung entbunden ist. 1434

Handelt es sich bei der Abfindung dagegen lediglich um eine Entschädigung für die vorzeitige Beendigung des Arbeitsverhältnisses (§§ 9, 10 KSchG), so ist sie eine einfache Insolvenzforderung (*BAG* 25.6.1987 EzA § 9 KSchG Nr. 23; 27.10.1998 EzA § 112 BetrVG 1972 Nr. 102), auch dann, wenn der Abfindungsanspruch erst **nach Insolvenzeröffnung** mit der Beendigung des Arbeitsverhältnisses entsteht (*BAG* 27.9.2007 EzA § 55 InsO Nr. 15). Um eine Masseschuld gem. § 55 InsO, die unabhängig vom Zeitpunkt der Beendigung des Arbeitsverhältnisses gegenüber den arbeitgeberseitig begründeten Abfindungsansprüchen privilegiert ist, soll es sich allerdings nach z. T. vertretener Auffassung dann handeln, wenn die Abfindung **erst durch eine Handlung des Insolvenzverwalters nach Verfahrenseröffnung oder eines vorläufigen Insolvenzverwalters mit umfassender Verwaltungs- und Verfügungsbefugnis begründet wird**. Das *BAG* (27.9.2007 EzA § 55 InsO Nr. 15) hat jeden- 1435 falls angenommen, das für eine Anwendung des § 55 Abs. 1 Nr. 2 InsO ausreichende Hinweise dafür gegeben sein müssen, dass es sich trotz der Bezeichnung als »Abfindung« um eine **Leistung** handelt, die nach ihrer **überwiegenden Zwecksetzung** in einem **Gegenseitigkeitsverhältnis** zur Arbeitsleistung steht oder jedenfalls im weiteren Sinne eine synallagmatische Verknüpfung zum Bestand des Arbeitsverhältnisses aufweist.

**1436** Gleiches gilt, wenn der Insolvenzverwalter zur Beendigung eines Kündigungsschutzprozesses mit dem Arbeitnehmer einen Abfindungsvergleich schließt; soll der Abfindungsanspruch demgegenüber nur als einfache Insolvenzforderung begründet werden, bedarf dies der Klarstellung durch eine entsprechende Rangrücktrittsvereinbarung (*BAG* 12.6.2002 EzA § 55 InsO Nr. 2 m. Anm. *Regh* BB 2002, 2611; vgl. auch *BAG* 24.4.2002 NZA 2002, 999 LS).

Andererseits hat das *LAG Köln* (28.4.2005 LAGE § 55 InsO Nr. 9; zust. *BAG* 27.4.2006 EzA § 55 InsO Nr. 12) angenommen, dass **Abfindungsforderungen**, die auf einem vor Insolvenzeröffnung abgeschlossenen Tarifvertrag beruhen und durch eine Kündigung des Insolvenzverwalters ausgelöst werden, keine Masseforderungen i. S. v. § 55 Abs. 1 InsO sind.

*cc) Ansprüche aus einem Sozialplan; Nachteilsausgleich*

**1437** Gem. § 123 InsO sind die für von der Entlassung betroffenen Arbeitnehmer vorgesehenen Sozialplanansprüche aus einem nach Eröffnung des Insolvenzverfahrens aufgestellten Sozialplan bis zu einem **Gesamtbetrag** von 2 1 Monatsverdiensten aller von Entlassung betroffenen Arbeitnehmer **Masseverbindlichkeiten**. Allerdings sind die Ansprüche **anteilig zu kürzen**, wenn der Gesamtbetrag 1/3 der für die Verteilung an die Insolvenzgläubiger zur Verfügung stehenden Masse übersteigt, sodass im Ergebnis bei Masseunzulänglichkeit (wenn also die Masse schon zur Befriedigung der Massekosten und sonstigen Masseverbindlichkeiten nicht ausreicht) die Sozialplanforderungen nicht berichtigt werden dürfen. Auch eine **Zwangsvollstreckung** in die Masse ist wegen Sozialplanforderungen **ausgeschlossen** (§ 123 Abs. 3 S. 2 InsO). Der Sache nach handelt es sich also letztlich nur um bevorrechtigte Insolvenzforderungen. In einem derartigen Fall ist eine auf das Bestehen der Forderung gerichtete **Feststellungsklage** die zutreffende Klageart (*BAG* 29.10.2002 EzA § 112 BetrVG 2001 Nr. 4; s. a. *BAG* 21.1.2010 EzA § 123 InsO Nr. 1). Einer **Leistungsklage gegen den Insolvenzverwalter** wegen Forderungen aus einem von ihm abgeschlossenen Sozialplan fehlt deshalb das erforderliche **Rechtsschutzbedürfnis**, weil ein entsprechender Leistungstitel auf Dauer keine Vollstreckungsgrundlage wäre (*BAG* 21.1.2010 EzA § 123 InsO Nr. 1).

**1438** Verpflichtet sich der Konkursverwalter in einem Vergleich »zusätzlich zu der Abfindung« aus einem Sozialplan zur Zahlung einer weiteren Abfindung, so ist grds. nicht davon auszugehen, dass auch die Sozialplanabfindung zur Masseschuld erhoben werden soll (*BAG* 12.6.2002 NZA 2002, 1231 LS).

**1439** Ein in den letzten **drei Monaten vor Verfahrenseröffnung** aufgestellter Sozialplan kann sowohl vom Insolvenzverwalter als auch vom Betriebsrat nach § 124 InsO **widerrufen** werden; der Betriebsrat kann auf dieses Recht jedenfalls nach Insolvenzeintritt wirksam verzichten (*LAG Köln* 17.10.2002 LAGE § 124 InsO Nr. 2). Grds. handelt es sich bei Ansprüchen aus einem solchen Sozialplan nur um Insolvenzforderungen i. S. v. § 38 InsO, wenn der Widerruf unterblieben ist. Denn ein **unterbliebener Widerruf** kann zwar die persönliche Haftung gem. § 60 InsO begründen, nicht aber entgegen der Systematik der InsO **Verbindlichkeiten zu Masseschulden befördern** (*BAG* 31.7.2002 EzA § 55 InsO Nr. 3). Ob sich aus dem vom Konkursverwalter mit den Arbeitnehmern eines betriebsratslosen Betriebes vereinbarten »Sozialplan« eine **individuelle Masseforderung** der Arbeitnehmer auf Abfindung mit vereinbartem Rangrücktritt ergibt, hat das *BAG* (24.4.2002 NZA 2002, 999 LS) **offen gelassen**.

**1440** Die Zustimmung eines sog. schwachen vorläufigen Insolvenzverwalters zu Kündigungen des Unternehmers (Schuldners) als Beginn der Durchführung einer Betriebsänderung ohne Interessenausgleich bzw. vor Scheitern des Einigungsstellenverfahrens führt nicht dazu, dass die Nachteilsausgleichsansprüche (vgl. zur Abgrenzung von Insolvenzforderungen und Masseverbindlichkeiten insoweit *LAG Hamm* 26.8.2004 – 4 Sa 1853/03, EzA-SD 24/04 S. 14 LS) der entlassenen Arbeitnehmer im nachfolgenden Insolvenzverfahren als Masseschulden zu begleichen sind. Solche Nachteilsausgleichsansprüche sind auch dann bloße Insolvenzforderungen, wenn nach Anordnung des Insolvenzgerichts Verfügungen des Schuldners nur noch mit Zustimmung des vorläufigen Insolvenzverwalters wirksam sein sollten und dieser ermächtigt sein sollte, mit rechtlicher Wirkung für den Schuldner zu handeln (*BAG* 4.12.2002 EzA § 113 BetrVG 1972 Nr. 30), also auch dann, wenn die Kündigungen in Absprache mit dem vorläufigen Insolvenzverwalter und mit dessen Zustimmung erfolgen (*BAG* 8.4.2003 EzA § 55 InsO Nr. 4).

*dd) Gratifikationen*

Gratifikationen zählen grds. zum insolvenzrechtlich privilegierten **Arbeitseinkommen** i. S. d. § 55 Abs. 1 Nr. 2, Abs. 2 Nr. 2 InsO, § 183 SGB III. Denn die Gratifikation ist eine Sonderzuwendung, die auf Grund eines besonderen Anlasses (z. B. Weihnachten, Urlaub oder Geschäftsjubiläum) zusätzlich zur Arbeitsvergütung gezahlt wird. Sie kann Anerkennung für geleistete Dienste oder Anreiz für weitere Dienstleistungen sein (s. Rdn. 1029). Auch wenn die Leistung freiwillig erfolgt oder vom Arbeitgeber als Geschenk bezeichnet wird, hat die Gratifikation Entgeltcharakter (*LAG SchlH* 12.3.2008 NZA-RR 2008, 594). 1441

**Hinsichtlich der zeitlichen Zuordnung der Zahlung ist der mit der Gratifikation verfolgte Sinn und Zweck entscheidend** (FK-InsO/*Mues* Anh. zu § 113 Rn. 120 ff.). Allein aus der Bezeichnung einer Sonderzahlung z. B. als Gratifikation, 13. Gehalt, kann aber nicht geschlossen werden, ob in erster Linie im vergangenen Jahr geleistete Arbeit belohnt werden soll oder nicht. Vielmehr sind die Leistungsbedingungen auszulegen (*BAG* 20.9.1972 DB 1973, 85; *LAG SchlH* 12.3.2008 NZA-RR 2008, 594; s. Rdn. 1036 ff.). 1442

Je nach dem, ob die Belohnung der Tätigkeit des Arbeitnehmers im zurückliegenden Kalenderjahr oder der Anreiz für zukünftige Betriebstreue im Vordergrund steht, kommt eine anteilmäßige Aufteilung auf den jeweiligen Bezugsraum in Betracht. Reine **Fälligkeitsregelungen**, die zeitanteilig auch bei einem vorherigen Ausscheiden einen Auszahlungsanspruch begründen, sind als Vergütung für die geleistete Arbeit in dem insolvenzrechtlich geschützten Zeitraum in Höhe des darauf entfallenden Anteils geschützt, für das Insolvenzgeld also regelmäßig zu 3/12. Dies gilt auch, wenn der Anspruch auf die Gratifikation zusätzlich vom Erreichen eines bestimmten Stichtages abhängt und somit als Gratifikation mit Mischcharakter sowohl als Entgelt für die erbrachte Arbeitsleistung als auch als Entlohnung für Betriebstreue zu qualifizieren ist. Bei den Gratifikationen mit **Mischcharakter** reicht es aus, dass das Arbeitsverhältnis noch zum Stichtag (regelmäßig ungekündigt) fortbesteht, ohne dass der Stichtag in den insolvenzrechtlich geschützten Zeitraum fallen muss. Dagegen knüpfen **Stichtagsregelungen**, die allein die Betriebstreue belohnen und keine Proportionalität zur vorherigen Arbeitsleistung aufweisen, in der Entstehung an das Erreichen des Stichtags an und sind deshalb nur dann insolvenzrechtlich – in vollem Umfang – geschützt, wenn der Stichtag in den geschützten Zeitraum fällt. Eine Weihnachtsgratifikation in Höhe von nicht mehr als 100 Euro wird i. d. R. als Beitrag zur Verschönerung und Ausgestaltung des Festes gewährt, sodass eine zeitanteilige Aufteilung nicht zu erfolgen hat (*BAG* 23.5.1967 AP Nr. 3 zu § 59 KO). 1443

Wenn es sich nach Maßgabe der Anspruchsvoraussetzungen nicht um **Arbeitsentgelt** im engeren, sondern im **weiteren Sinne** handelt, haftet der Insolvenzverwalter für die gesamte Sonderzahlung (so *LAG SchlH* 12.3.2008 NZA-RR 2008, 594 für eine Gratifikation mit Mischcharakter). 1444

*ee) Schadensersatzansprüche*

Schadensersatzansprüche gehören zum insolvenzrechtlich bevorzugten Arbeitsentgelt, wenn sie an die Stelle ausgefallenen Arbeitsentgelts (*BAG* 13.8.1980 EzA § 59 KO Nr. 10) treten. Das ist insbes. dann der Fall, wenn sie auf eine **schuldhafte vertragswidrige** Handlung des **Insolvenzverwalters** oder vorläufigen Verwalters zurückgehen, die dazu führt, dass den Arbeitnehmern Kurzarbeiter-, Winter- oder Winterausfallgeld entgeht (FK-InsO/*Mues* Anh. zu § 113 Rn. 104). 1445

1446 Nicht privilegiert sind dagegen Schadensersatzansprüche für im Rahmen des Arbeitsverhältnisses erlittene Personen- und Sachschäden sowie solche, die dem Arbeitnehmer gegen den Arbeitgeber infolge einer Verletzung des Körpers oder der Gesundheit aus unerlaubter Handlung zustehen.

1447 Ein Schadensersatzanspruch gem. § 628 Abs. 2 BGB ist einfache Insolvenzforderung. Das gilt auch, soweit sich die Schadensersatzforderung auf die Zeit vor Eröffnung des Insolvenzverfahrens bezieht (*BAG* 13.8.1980 EzA 59 KO Nr. 10). Auch die Lohnersatzfunktion dieses Schadensersatzanspruchs rechtfertigt **keine Privilegierung** nach der InsO mehr, da § 55 Abs. 1, 2 InsO eindeutig auf einen zeitlichen Bezug zur Arbeitsleistung im begünstigten Zeitraum abstellen.

*ff) Urlaubsentgeltansprüche; Urlaubsgeld*

1448 Ansprüche auf Urlaubsvergütung und Urlaubsabgeltung stellen in der Insolvenz des Arbeitgebers **Masseverbindlichkeiten i. S. d. § 55 Abs. 1 Nr. 2 InsO dar, auch soweit sie aus Kalenderjahren vor der Insolvenzeröffnung stammen**. Das gilt auch für tarifliche Urlaubsgeldansprüche, soweit sie vom Bestand des Urlaubsanspruchs abhängen (*BAG* 15.2.2005 EzA § 55 InsO Nr. 9; s. *Düwell/Pulz* NZA 2008, 786 ff.; s. a. Rdn. 1407). Auch wenn der Anspruch auf Urlaubsentgelt im Wesentlichen erst **nach Anzeige der Masseunzulänglichkeit auftritt**, fällt der Anspruch aus einem schon vor Anzeige der Masseunzulänglichkeit begründeten Dauerschuldverhältnis nicht unter § 209 Abs. 1 Nr. 2 InsO. Der Urlaubsanspruch ist mit erfolgter Freistellung bereits erfüllt, auch wenn die Urlaubszeit noch nicht vergütet wurde (*Hess. LAG* 19.2.2004 LAG Report 2005, 59). Das Urlaubsgeld, das als Jahressonderzahlung i. d. R. zu einem bestimmten Stichtag gezahlt wird, aber im Übrigen als Gratifikation mit Entgeltcharakter den dazu aufgestellten Grundsätzen folgt (s. Rdn. 1029, 1441), ist regelmäßig **zeitanteilig** dem insolvenzrechtlich privilegierten Zeitraum zuzuordnen, es sei denn, dass es gerade in dem Zeitraum, in dem der Urlaub in Anspruch genommen wird, ausgezahlt wird. Dann ist es wie das Urlaubsentgelt nur privilegiert, **wenn der Urlaub zeitlich in den insolvenzgeschützten Zeitraum fällt**. Urlaubsentgelt und Urlaubsgeld können dann nicht einer konkreten Arbeitsleistung zugeordnet werden, sondern gelten die Zeit des Urlaubs als bezahlte Freistellung ab (*BAG* 4.6.1977 AP Nr. 4 zu § 59 KO; *Düwell/Pulz* NZA 2008, 786 ff.).

1449 Während Urlaub und Urlaubsentgelt an den tatsächlich gewährten Urlaub anknüpfen, steht dem Arbeitnehmer gem. § 7 Abs. 4 BUrlG ein Anspruch auf **Urlaubsabgeltung gerade dann** zu, wenn der Urlaub wegen Beendigung des Arbeitsverhältnisses ganz oder teilweise **nicht mehr gewährt** werden konnte. Die insolvenzrechtliche Einordnung ist deshalb problematisch.

1450 Das *BSG* (22.11.1994 EzA § 141b AFG Nr. 2; **a. A.** *BAG* 28.8.2001 EzA § 7 BUrlG Abgeltung Nr. 7; s. aber jetzt *BSG* 20.2.2002 – B 11 AL 71/01 R, NZA-RR 2003, 209; s. Rdn. 1453, 2457) hat angenommen, dass der Urlaubsabgeltungsanspruch, der arbeitsrechtlich zu einem bestimmten Zeitpunkt geschuldet wird, dessen Voraussetzungen aber über einen längeren Zeitraum entstanden sind, **der Zeit zuzuordnen ist, die der Beendigung des Arbeitsverhältnisses unmittelbar vorausgeht**.

1451 Für die Zahlung von Insolvenzgeld (s. Rdn. 1457 ff.) folgt daraus, dass Urlaubstage, die in die Zeit vor Eröffnung oder Ablehnung der Eröffnung des Insolvenzverfahrens fallen, beim Vorliegen der übrigen Voraussetzungen einen Anspruch auf Insolvenzgeld begründen, während die Tage, die mit dem Tag des Insolvenzereignisses zusammenfallen oder danach liegen, nicht insolvenzgeldfähig sind.

1452 (derzeit unbesetzt)

1453 Gem. § 184 Abs. 1 Nr. 1 SGB III ist allerdings **nunmehr** ein Anspruch auf Insolvenzgeld dann **ausgeschlossen**, wenn es sich um Ansprüche handelt, die der Arbeitnehmer **wegen der Beendigung des Arbeitsverhältnisses** oder für die Zeit nach der Beendigung des Arbeitsverhältnisses **hat**. Nach der amtlichen Begründung zum SGB III (BT-Drs. 13/4941 S. 188 zu § 184 SGB III) soll davon auch der Anspruch auf Urlaubsabgeltung erfasst sein (ebenso *BSG* 20.2.2002 NZA-RR 2003, 209; 6.5.2009 NZA-RR 2010, 269). Auch der in Geld abzugeltende Schadensersatzanspruch wegen **nicht gewährtem Ersatzurlaub** ist danach vergleichbar einem Urlaubsabgeltungsanspruch i. S. d. § 7 Abs. 4 BUrlG nicht insolvenzgeldfähig. Er entsteht wegen der Beendigung des Arbeitsverhältnisses und ist deshalb gem. § 184 Abs. 1 Nr. 1 SGB III von der Gewährung eines Insolvenzgeldes ausgeschlossen (*BSG* 6.5.2009 NZA-RR 2010, 269).

Das *BAG* (25.3.2003 EzA § 55 InsO Nr. 5; s. jetzt auch für Urlaubsentgelt und -abgeltung *BAG* 21.11.2006 EzA § 55 InsO Nr. 13) geht davon aus, dass Urlaubsabgeltungsansprüche erst mit der Beendigung des Arbeitsverhältnisses entstehen und folglich nicht einem früheren Zeitraum zugeordnet werden können. Von daher ist es für die Einordnung als Masseverbindlichkeit (§ 55 Abs. 1 Nr. 2 2. Alt. InsO) unerheblich, ob die Zeit nach Eröffnung des Insolvenzverfahrens ausgereicht hätte, den Urlaubsanspruch durch Freistellung von der Arbeitspflicht zu erfüllen. Das gilt auch für Urlaubsansprüche, die aus dem Vorjahr stammen und infolge rechtzeitiger Geltendmachung nach den tariflichen Vorschriften nicht mit dem Ablauf des 31.3. verfallen sind (*LAG Hamm* 27.6.2002 NZA-RR 2002, 538). 1454

*gg) Nebenforderungen*

Fraglich ist die insolvenzrechtliche Einordnung von Nebenforderungen, also von **Zinsen**, Finanzierungskosten, Kosten der Rechtsverfolgung und Vollstreckung (z. B. geschuldeten Arbeitslohns). Da die Rangprivilegien des § 55 Abs. 1, 2 InsO umfassend »die Ansprüche« aus den dort genannten Rechtsgeschäften einbeziehen und eine entsprechende Regelung in § 39 Abs. 1 Nr. 1, 2 InsO für Nebenforderungen auf Arbeitsentgeltansprüche fehlt, sind diese **grds. wie die Hauptforderungen zu behandeln**. Für den Anspruch auf Insolvenzgeld kann sich allerdings aus der anders lautenden Formulierung des § 183 SGB III eine andere Betrachtung ergeben. 1455

*hh) Sozialversicherungsbeiträge; Steuern*

Sozialversicherungsbeiträge und Steuern sind nach den **gleichen Grundsätzen wie Nebenforderungen** zu behandeln, d. h. sie teilen den Rang des zugrunde liegenden Arbeitsentgeltanspruchs. Hat die Bundesagentur für Arbeit Insolvenzgeld gezahlt, geht der Anspruch auf Arbeitsentgelt auf sie über, ohne dass darauf noch Lohn- oder Einkommensteuer zu entrichten ist (§ 3 Nr. 2 EStG). 1456

*d) Insolvenzgeld*

*aa) Sinn und Zweck der gesetzlichen Regelung*

Mit **§§ 183 ff. SGB III** hat der Gesetzgeber auf die verbreitete Masselosigkeit, die in vielen Insolvenzfällen einer Eröffnung des Insolvenzverfahrens entgegensteht, reagiert. 1457

Dabei ist zu beachten, dass Art. 3 Abs. 2, 4 Abs. 2 RL 80/987/EWG einer Bestimmung wie § 183 Abs. 1 SGB III entgegenstehen, in der der Zeitpunkt des Eintritts der Zahlungsunfähigkeit des Arbeitgebers als der Zeitpunkt der Entscheidung über den Antrag auf Eröffnung des Insolvenzverfahrens und nicht als der Zeitpunkt der Einreichung dieses Antrags definiert wird (*EuGH* 15.5.2003 EzA § 183 SGB III Nr. 1). 1458

Den Arbeitnehmern wird gem. § 183 SGB III (u. U. auch bei einem ausländischen Insolvenzereignis, das im Inland beschäftigte Arbeitnehmer betrifft, § 183 Abs. 1 S. 2 SGB III, vgl. *SG Frankf. a. M.* 1.8.2003 NZA-RR 2004, 435) für den Fall 1459
– der Eröffnung des Insolvenzverfahrens,
– der Abweisung des Antrags auf Eröffnung des Insolvenzverfahrens mangels Masse sowie
– der Betriebseinstellung und offensichtlichen Vermögenslosigkeit, wenn ein Antrag auf Eröffnung des Insolvenzverfahrens nicht gestellt worden ist und ein Insolvenzverfahren offensichtlich mangels Masse nicht in Betracht kommt
ein sofort erfüllbarer Anspruch auf Zahlung des rückständigen Arbeitsentgelts für die letzten drei Monate des Arbeitsverhältnisses vor Eröffnung des Insolvenzverfahrens gegen die Bundesagentur für Arbeit eingeräumt.

Der Begriff des Arbeitsverhältnisses i. S. d. InsO (Art. 3, 4 der RL 80/987/EWG) ist in diesem Zusammenhang dahin auszulegen, dass nur Zeiträume, die ihrer Natur nach zu nicht erfüllten 1460

Ansprüchen auf Arbeitsentgelt führen können, erfasst werden. Ausgeschlossen ist daher ein Zeitraum, in dem das Arbeitsverhältnis wegen eines Erziehungsurlaubs ruht und in dem aus diesem Grund kein Anspruch auf Arbeitsentgelt besteht (*EuGH* 15.5.2003 EzA § 183 SGB III Nr. 1).

1461 Endet das Arbeitsverhältnis **vor** dem Insolvenzereignis, so ist der Zeitraum von drei Monaten vom rechtlichen Ende des Arbeitsverhältnisses an **zurückzurechnen**. Die **Weiterarbeit** des Arbeitnehmers bzw. Arbeitsaufnahme in Unkenntnis eines Insolvenzereignisses bewirkt dagegen nach § 183 Abs. 2 SGB III eine **Verlagerung** des durch Insolvenzgeld geschützten Zeitraums **nach hinten**; in diesem Fall besteht der Anspruch für die dem Tag der Kenntnisnahme vorausgehenden drei Monate des Arbeitsverhältnisses.

1462 Die gesetzliche Regelung schützt nicht nur die letzten drei Monate des dem Insolvenzfall vorhergehenden jeweils letzten Arbeitsverhältnisses, sondern erfasst auch ein vorhergehendes Arbeitsverhältnis bei demselben Arbeitgeber, soweit es in den Dreimonatszeitraum hineinreicht (*BSG* 23.10.1984 AP Nr. 8 zu § 141b AFG).

1463 Anspruch auf Insolvenzgeld hat ein Arbeitnehmer auch dann, wenn er neben dem zahlungsunfähig gewordenen Arbeitgeber **Dritte** auf das Arbeitsentgelt, das ihm der Arbeitgeber schuldig geblieben ist, **in Anspruch** nehmen kann (*BSG* 2.11.2000 NZA-RR 2001, 553).

1464 Erfasst werden nur Arbeitnehmer, die im **Inland abhängig beschäftigt sind** oder für eine im Voraus begrenzte Zeit in das Ausland entsandt worden sind, nicht aber Arbeitnehmer, die überwiegend im Ausland tätig sind (*BSG* 29.7.1982 AP Nr. 5 zu § 141b AFG). Für Letztere kommt es nach Auffassung der Bundesagentur für Arbeit darauf an, ob »**erhebliche Berührungspunkte zur deutschen Rechtsordnung** bestehen, aus denen zu folgern ist, dass der Schwerpunkt der rechtlichen und tatsächlichen Merkmale des Arbeitsverhältnisses im Inland liegt«, wobei die Vereinbarung der Anwendbarkeit des deutschen Arbeitsrechts, die Vergütung in deutscher Währung, die Gewährung von Heimaturlaub in Deutschland und die Vereinbarung eines deutschen Gerichtsstandes wesentliche Indizien sein können.

1465 Dagegen steht einem Arbeitnehmer, der nach Eröffnung des Insolvenzverfahrens mit dem Insolvenzverwalter ein Arbeitsverhältnis eingeht, kein Insolvenzgeld zu (*BSG* 17.5.1989 AP Nr. 12 zu § 141b AFG).

1466 Sinn und Zweck des Insolvenzgeldes ist in erster Linie der Schutz des Arbeitnehmereinkommens, auf dessen Gewährung der Arbeitnehmer existenziell angewiesen ist.

*bb) Verfahren; Forderungsübergang; Höhe und Modalitäten des Anspruchs*

1467 Insolvenzgeld wird **auf Antrag**, der beim zuständigen Arbeitsamt innerhalb einer Ausschlussfrist von zwei Monaten nach Eröffnung des Insolvenzverfahrens zu stellen ist, gewährt (§ 324 Abs. 3 SGB III). Hat der Arbeitnehmer aus von ihm nicht zu vertretenden Gründen die Frist versäumt, kann der Antrag binnen **zweier Monate** ab Wegfall des Hindernisses nachgeholt werden (§ 324 Abs. 3 S. 2 SGB III; vgl. *BSG* 30.4.1996 NZA-RR 1997, 270). Diese Nachfrist beginnt bereits mit dem Ende der unverschuldeten Unkenntnis vom Insolvenzfall, also auch mit fahrlässiger Unkenntnis des Insolvenzereignisses. Etwaige **Beratungsfehler** z. B. seines Rechtsanwalts, insbes. aus Unkenntnis der Frist, muss sich der Arbeitnehmer zurechnen lassen.

1468 Auch ein Anwalt, der ohne ausdrückliche Eingrenzung auf das Arbeitsrecht das Mandat erhält, die aus der Nichtzahlung des Lohns folgenden Ansprüche zu realisieren, muss einen Antrag auf Insolvenzgeld stellen, sobald er Kenntnis von einem anspruchsauslösenden Insolvenzereignis erhält. Geschieht dies nicht, so ist ein Insolvenzgeldanspruch wegen Fristversäumnis ausgeschlossen. Das *BSG* (29.10.1992 – 10 RAr 14/91, NZS 1993, 272) hält es dann für gerechtfertigt, den Arbeitnehmer auf eventuelle Regressansprüche gegen seinen Bevollmächtigten zu verweisen. Dabei lässt es auch einen Verstoß gegen die dem Vertreter obliegende Informationspflicht hinsichtlich der Antragstellung genügen (vgl. *Rittweger* NZA 1996, 858 ff.).

## B. Pflichten des Arbeitgebers

Demgegenüber begründet im Falle der Arbeitsaufnahme nach dem Insolvenzereignis bzw. der Weiterarbeit des Arbeitnehmers in Unkenntnis des Insolvenzereignisses (§ 183 Abs. 2 SGB III) nur die **positive Kenntnis** vom Insolvenzereignis eine Verlagerung des durch Insolvenzgeld geschützten Zeitraums, sodass es konsequent erscheint, erst diesen Zeitpunkt für den Beginn der Antragsfrist nach § 324 Abs. 3 SGB III zugrunde zu legen (*BSG* 27.8.1998 NZA 1999, 166). **1469**

Mit Antragstellung gehen die Forderungen des Arbeitnehmers auf die Bundesagentur für Arbeit gem. § 187 SGB III über (*Lakies* NZA 2001, 522), auch dann, wenn zweifelhaft ist, ob überhaupt ein Anspruch auf Insolvenzgeld erwächst. Voraussetzung ist nur, dass zumindest eine entfernte Möglichkeit besteht, dass ein solcher Anspruch in Betracht kommt (*BAG* 10.2.1982 AP Nr. 1 zu § 141m AFG). Werden Arbeitnehmer von einem sog. »starken« vorläufigen Insolvenzverwalter mit Verwaltungs- und Verfügungsbefugnis i. S. d. § 22 Abs. 1 InsO vor der Eröffnung des Insolvenzverfahrens **zur Arbeitsleistung herangezogen** und zahlt ihnen die Bundesagentur für Arbeit für diesen Zeitraum Insolvenzgeld, so sind die auf diese nach den §§ 183, 187 SGB III übergegangenen Arbeitsentgeltansprüche **keine** Masseverbindlichkeiten i. S. d. § 55 Abs. 2 InsO, sondern Insolvenzforderungen nach den §§ 108 Abs. 2, 38 InsO. Dies folgt aus § 55 Abs. 3 InsO. **1470**

> Gem. § 185 SGB III wird das Insolvenzgeld in Höhe des **Nettoarbeitsentgelts**, das sich ergibt, wenn das Arbeitsentgelt um die gesetzlichen Abzüge vermindert wird, für die letzten der Eröffnung des Insolvenzverfahrens vorausgehenden 3 Monate des Arbeitsverhältnisses gezahlt. Laufendes Arbeitsentgelt ist dann insolvenzgeldfähig, wenn es im Insolvenzgeld-Zeitraum erarbeitet wurde; bereits vorher erarbeitete und dem Arbeitszeitkonto gutgeschriebene Arbeitsstunden werden folglich nicht vom Insolvenzgeld erfasst. **Eine Abweichung von diesem Erarbeitungsgrundsatz ist nur gerechtfertigt, wenn im Insolvenzzeitraum fällig werdende Ansprüche nicht einem bestimmten Erarbeitungszeitraum zugeordnet werden können** (*BSG* 3.5.2001 – B 11 AL 80/01 R, EzA-SD 14/02, S. 15 LS). Auch tarifliche Lohnbestandteile, auf die **wirksam verzichtet** worden war, die aber im Insolvenzgeld-Zeitraum kraft tariflicher Regelung neu entstehen und fällig werden, sind bei der Berechnung des Insolvenzgeldes nur zu berücksichtigen, wenn sie im Insolvenzgeld-Zeitraum **erarbeitet** worden sind (*BSG* 4.3.2009 NZA-RR 2010, 92).
>
> Lässt sich eine **Sonderzahlung nicht einzelnen Monaten zurechnen**, so ist **sie in voller Höhe** beim Insolvenzgeld zu berücksichtigen, wenn sie in den letzten drei Monaten vor dem Insolvenzereignis hätte ausgezahlt werden müssen, andernfalls überhaupt nicht. Soweit eine sachliche Zuordnung zum Insolvenzgeldzeitraum unmöglich ist, wird auf den Fälligkeitszeitpunkt abgestellt. Eine willkürliche Verschiebung dieses Zeitpunktes, auch z. B. durch eine Betriebsvereinbarung, zu einem Zeitpunkt, zu dem feststeht, dass allein die Insolvenzgeldkasse belastet werden soll, verstößt zudem gegen § 138 Abs. 1 BGB (*BSG* 18.3.2004 – B 11 AL 57/03, EzA-SD 13/04, S. 21 LS). Generell wird in derartigen Fällen der festgelegte, im jeweiligen Kalenderjahr liegende Auszahlungszeitpunkt grds. **nicht durch eine Verschiebung der Fälligkeit**, auch nicht wenn es sich um eine dem Arbeitgeber gewährte Stundung handelt, **verändert** (*BSG* 21.7.2995 NZA-RR 2006, 437). Ein Anspruch auf variable Entgeltbestandteile ist durch Insolvenzgeld auszugleichen, wenn die zugrunde liegende Zielvereinbarung aus Gründen nicht zustande kommt, die der Arbeitnehmer nicht zu vertreten hat (*BSG* 23.3.2006 – B 11 AL 29/05 R, FA 2006, 255 LS).
>
> **Endet das Arbeitsverhältnis vor Insolvenzeröffnung**, sind die **letzten drei Monate** des Arbeitsverhältnisses Bezugszeitraum für Insolvenzgeld, gleichgültig welcher Zeitraum noch bis Insolvenzeröffnung verstrichen ist (§ 183 Abs. 1 SGB III). Klagt der Arbeitnehmer auf Arbeitsentgelt für die letzten drei Monate des beendeten Arbeitsverhältnisses und nimmt er nach Insolvenzeröffnung des beklagten Arbeitgebers den Rechtsstreit gegen den Verwalter auf, bleibt er im Forderungsrechtsstreit auch dann sachbefugt, wenn er Antrag auf Insolvenzgeld stellt (*Thüringer LAG* 12.10.2004 – 7 Sa 65/03, EzA-SD 1/05 S. 15 LS).
>
> Kann der Insolvenzgeld-Zeitraum mit den Abrechnungszeiträumen des laufenden Arbeitsentgelts nicht unmittelbar erfasst werden, lässt sich aber auch die Auffassung vertreten, dass dann eine Teillohnberechnung erfolgen muss.

**1471**

Kein Anspruch auf Insolvenzgeld besteht dagegen für Ansprüche auf Arbeitsentgelt, die der Arbeitnehmer wegen der Beendigung des Arbeitsverhältnisses oder für die Zeit nach der Beendigung des Arbeitsverhältnisses hat (§ 184 Abs. 1 Nr. 1 SGB III). Damit sind **Abfindungen**, die als Entschädigung für den Verlust des Arbeitsplatzes gezahlt werden, **ausgeschlossen**; etwas anderes gilt aber, soweit Abfindungen Arbeitsentgelt enthalten, die damit zugleich beitragspflichtig sind (*BSG* 21.2.1990 NZA 1990, 751), oder eine nachträgliche Tariflohnerhöhung abgelten (*BSG* 24.11.1983 ZIP 1984, 345). Für den Fall eines gerichtlichen **Abfindungsvergleichs** ist dabei Folgendes zu beachten: Bietet der Arbeitgeber z. B. nach Ablehnung der Eröffnung des Insolvenzverfahrens mangels Masse irgendeinen Betrag an zur Beendigung allen Streits und wird dies im Hinblick auf die schlechte Realisierbarkeit der Klageforderung akzeptiert, um wenigstens etwas Greifbares zu erhalten, so sind dann, wenn der Vergleich eine Ausgleichsklausel mit dem Wortlaut, dass »mit Zahlung dieses Betrages alle gegenseitigen Ansprüche erledigt sind« und dadurch zwischen den Parteien das letzte Wort gesprochen sein sollte, auch die Ansprüche auf Lohnzahlung für den Insolvenzgeld-Zeitraum erledigt. Der Arbeitnehmer hat also keine Ansprüche mehr auf Arbeitsentgelt, die ihm ausfallen könnten und folglich auch keinen Anspruch auf Insolvenzgeld (*BSG* 27.9.1994 NZS 1995, 375).

1472 Denn der Anspruch, den das Insolvenzgeld absichert, erlischt mit der Erfüllung des Vergleichs. Die Absicherung über das Insolvenzgeld-Recht ist also allenfalls bei Vergleichen möglich, in denen statt aller gegenseitigen Ansprüche ausdrücklich die Lohnansprüche für den 3-monatigen Insolvenzgeld-Zeitraum von der allgemeinen Regelung ausgenommen sind (*BSG* 27.9.1994 NZS 1995, 375; vgl. *Rittweger* NZA 1996, 859).

1473 Auch die Ansprüche der **Vorruheständler**, deren Arbeitsverhältnisse bereits beendet sind, werden nicht durch Insolvenzgeld geschützt; etwas anderes gilt für Ansprüche nach dem ATZG. Ansprüche auf Entgeltfortzahlung gem. § 8 EFZG und Schadensersatzansprüche gem. § 628 Abs. 2 BGB sind durch § 184 Abs. 1 Nr. 1 SGB III vom Insolvenzgeld ausgeschlossen.

1474 **Nebenforderungen** wie Zinsen, Kosten der Rechtsverfolgung und Vollstreckung sowie die Kosten des Insolvenzantrags werden angesichts der fehlenden Bezugnahme auf die InsO, wonach sie u. U. privilegiert sein können und der insoweit eindeutigen Formulierung des Gesetzes »Bezüge aus dem Arbeitsverhältnis« nicht vom Schutz durch Insolvenzgeld erfasst. Gleiches gilt für Schadensersatzansprüche, die nicht an die Stelle von Arbeitsentgelt treten, sondern Ersatz für im Rahmen des Arbeitsverhältnisses erlittene Personen- und Sachschäden bieten.

1475 Ein **Anspruch auf variable Entgeltbestandteile** ist dagegen dann durch Insolvenzgeld auszugleichen, wenn die zu Grunde liegende Zielvereinbarung aus Gründen nicht zu Stande kommt, die der Arbeitnehmer nicht zu vertreten hat (*BSG* 23.3.2006 NZA-RR 2007, 101).

1475a Auch ein Anspruch des Arbeitnehmers auf Ersatz verauslagter **Kosten für die Reparatur eines Firmenwagens** kann ein Anspruch auf Arbeitsentgelt im insolvenzgeldrechtlichen Sinne sein (*BSG* 8.9.2010 NZA-RR 2011, 437). Danach bedarf es für das Vorliegen von Arbeitsentgelt im insolvenzgeldrechtlichen Sinne keiner strengen wechselseitigen Beziehung derart, dass sich Arbeitsleistung und Entgelt wirtschaftlich gesehen unmittelbar gegenüberstehen und entsprechen. Ohne Bedeutung für die Zuordnung ist auch die Frage der Lohnsteuer- bzw. Beitragspflicht. Ansprüche auf Bezüge aus dem Arbeitsverhältnis können mithin nicht nur Lohnforderungen im engeren Sinne sein, sondern auch Ansprüche auf Ersatz von Aufwendungen, die mit der **Erbringung der Arbeitsleistung so eng verknüpft sind**, dass eine Erstreckung der Sicherung auf den Ersatzanspruch gerechtfertigt ist. Eine Erstreckung der insolvenzgeldrechtlichen Sicherung auf den Ersatzanspruch ist weiterhin dann gerechtfertigt, wenn es sich entweder um Aufwendungen handelt, die für die eigene Person des Arbeitnehmers bestimmt sind und/oder die jedenfalls im direkten Zusammenhang mit der Erfüllung von Verpflichtungen aus dem Arbeitsvertrag stehen. Auch diese Leistungen stehen in einem Gegenseitigkeitsverhältnis (*BSG* 8.9.2010 NZA-RR 2011, 437).

## B. Pflichten des Arbeitgebers — Kapitel 3

Die **Pflichtbeiträge zur Sozialversicherung** sind gem. § 208 SGB III gleichfalls für die letzten drei Monate vor dem Insolvenzereignis durch die Insolvenzausfallversicherung geschützt. Insoweit gehen die Ansprüche aber nicht auf die Bundesagentur für Arbeit als Träger der Insolvenzausfallversicherung über, sondern verbleiben der Einzugsstelle (§ 208 Abs. 2 SGB III). Damit sind die **Sozialversicherungsträger für alle rückständigen Beitragsforderungen am Verfahren beteiligt** und zur Stellung von Insolvenzanträgen gem. § 13 InsO befugt. Die Einzugsstelle kann sich auch außerhalb des Insolvenzverfahrens an die persönlich haftenden Gesellschafter (mit der Haftungsbeschränkung gem. § 93 InsO) oder an die verantwortlichen Organe wegen Schadensersatzes für vorenthaltene Arbeitnehmeranteile zur Sozialversicherung gem. § 823 Abs. 2 BGB i. V. m. § 266a StGB halten, im Falle illegaler Arbeitnehmerüberlassung auch an den Verleiher (§ 10 Abs. 3 AÜG). 1476

Insolvenzgeld ist **steuerfrei** (§ 3 Nr. 2 EStG). Das sagt aber nichts darüber aus, welches rechtliche Schicksal die im Bruttolohn enthaltene Lohnsteuer des Arbeitnehmers erfährt (s. Rdn. 1456). 1477

Ein **Vorschuss** auf Insolvenzgeld wird vor Eintritt des Insolvenzereignisses nach § 186 SGB III nur für Arbeitnehmer gewährt, deren Arbeitsverhältnisse bereits beendet sind. Daneben kommt eine vorläufige Entscheidung über den Anspruch nach § 328 Abs. 1 Nr. 3 SGB III in Betracht, wenn zur Feststellung der Anspruchsvoraussetzungen voraussichtlich längere Zeit erforderlich ist. Geboten ist dies aber nur hinsichtlich bereits fälliger Arbeitsentgeltansprüche, da die vorläufige Entscheidung zur Sicherstellung des Lebensunterhalts des Arbeitnehmers dient. 1478

Der Anspruch auf Insolvenzgeld entfällt, wenn der Arbeitgeber nach Insolvenzgeld-Antragstellung das Arbeitsentgelt mit befreiender Wirkung zahlt (*BSG* 27.9.1994 AP Nr. 17 zu § 141b AFG). Der Arbeitnehmer ist auch dann **nicht anspruchsberechtigt**, wenn und soweit seine Ansprüche auf Arbeitsentgelt vor Antragstellung: 1479
- auf einen Dritten durch Abtretung wirksam übertragen worden sind (§§ 398 ff. BGB), z. B. im Rahmen einer Insolvenzgeld-Vorfinanzierung;
- durch wirksame Inanspruchnahme des Anfechtungsrechts (§§ 129 ff. InsO) durch den Insolvenzverwalter entfallen sind;
- **erfüllt** worden sind;
- durch wirksame **Aufrechnung** erloschen sind;
- nach einer anwendbaren tariflichen Verfallklausel **verfallen** sind;
- sich durch **anzurechnendes anderweitiges Einkommen reduzieren** bzw. insgesamt entfallen (vgl. z. B. § 11 KSchG); Gleiches gilt für anzurechnende Sozialleistungen (z. B. bei der Gleichwohlgewährung von Arbeitslosengeld, § 143 Abs. 3 S. 1 SGB III);
- durch eine **rückwirkende Beendigung** des Arbeitsverhältnisses durch Vergleich oder Klagerücknahme zu einem früheren Zeitpunkt entfallen sind.

### e) Vorfinanzierung durch Dritte

Die Zulässigkeit der Vorfinanzierung von Insolvenzgeld ist gem. § 188 Abs. 4 SGB III an eine **Prognose über den Erhalt eines wesentlichen Teils der Arbeitsplätze** geknüpft. Das ist dann der Fall, wenn in umgekehrter Anwendung der Zahlenverhältnisse des § 112a BetrVG ein entsprechender **Teil der Arbeitsverhältnisse auf Dauer erhalten** werden kann (DA der BA zu § 188 SGB III, 4.2 [8] = ZIP 1999, 211), wobei in anerkannten Fördergebieten der regionalen Strukturpolitik oder Arbeitsamtsbezirken mit überdurchschnittlicher Arbeitslosenquote bzw. -dauer auch eine geringere Quote ausreichend ist. Für die **Glaubhaftmachung der** für die nach § 188 Abs. 4 SGB III zu treffenden Zustimmungsentscheidung zugrunde zu legenden Tatsachen ist dem Arbeitsamt ein Sachverständigengutachten (auch des vorläufigen Insolvenzverwalters) mit einem den Anforderungen des § 294 ZPO entsprechenden Wahrscheinlichkeitsgrad (wie Vorlage eines Sanierungskonzepts, Übernahmeangebot eines potentiellen Interessenten) vorzutragen (DA der BA zu § 188 SGB III, 4.1 [6]). 1480

Die vom Arbeitsamt zu erteilende Zustimmung zur Vorfinanzierung setzt voraus, dass die Arbeitsentgelte vor dem Insolvenzereignis zum Zwecke der Vorfinanzierung **abgetreten** worden sind. Für eine Zustimmung zur Vorfinanzierung für diejenigen Arbeitsentgeltansprüche, die bereits vor der Be- 1481 stellung eines vorläufigen Insolvenzverwalters entstanden sind, reicht es aus, dass ein erheblicher Teil der Arbeitsplätze zumindest während des Insolvenzeröffnungsverfahrens erhalten bleibt, die Arbeitsverhältnisse also **noch ungekündigt** sind.

1482 Eine Vorfinanzierung, bei der die Arbeitsentgeltansprüche gegen Gewährung eines **Darlehens** in Höhe des Nettobetrages abgetreten werden, **erfasst nur die pfändbaren Teile des Arbeitseinkommens** (§ 400 BGB), da der Arbeitnehmer insoweit keine wirtschaftlich gleichwertige Leistung erhält (*BSG* 8.4.1992 BSGE 70, 265). Im Fall der Abtretung an einen späteren Betriebserwerber kann der Anspruch auf Insolvenzgeld entfallen, wenn der Zessionar später nach § 613a Abs. 1 BGB für die rückständigen Arbeitsentgeltansprüche haftet und damit die Arbeitsentgeltansprüche infolge von Konfusion erloschen sind (*BSG* 6.11.1985 BSGE 59, 111). Im Falle der **Betriebsübernahme** nach Eröffnung des Insolvenzverfahrens ist eine Haftung nach der Rechtsprechung des BAG (s. Rdn. 1411) ausgeschlossen, selbst wenn später das Verfahren nach § 207 InsO eingestellt wird. Dann gehen die Ansprüche der Arbeitnehmer unbeschadet des Betriebsübergangs auf den Zessionar über, der nach § 188 Abs. 1 SGB III Insolvenzgeld beanspruchen kann.

1483 Eine **isolierte Abtretung** des Anspruchs auf Insolvenzgeld ist erst nach Stellung des Insolvenzgeldantrags möglich (§ 189 SGB III). Damit wird ein vorheriges Auseinanderfallen von Arbeitsentgelt- und Insolvenzgeldanspruch vermieden und der Forderungsübergang auf die Bundesagentur für Arbeit gem. § 187 SGB III sichergestellt. Dagegen erfasst eine vorher ausgebrachte Pfändung den Insolvenzgeldanspruch im Zeitpunkt der Antragstellung durch den Inhaber des Arbeitsentgeltanspruchs, im Falle der Vorfinanzierung also durch den Abtretungsempfänger.

## II. Arbeitsentgelt ohne Arbeitsleistung

### 1. Annahmeverzug des Arbeitgebers

*a) Grundlagen*

*aa) Fixschuldcharakter der Arbeitsleistung*

1484 Gem. § 615 S. 1 BGB behält der Arbeitnehmer den Anspruch auf die vereinbarte Vergütung, ohne zur Nachleistung verpflichtet zu sein, **wenn der Arbeitgeber mit der Annahme der Arbeitsleistung in Verzug gerät (§§ 293 ff. BGB)**. Daraus, dass der Arbeitnehmer nicht zur Nachleistung verpflichtet ist, wird der Fixschuldcharakter der in sukzessiven Teilleistungen zu erbringenden Arbeitsleistungspflicht deutlich.

1485 Der Arbeitgeber kann auch teilweise mit der Annahme der Dienste in Verzug geraten. Das ist dann der Fall, wenn er die Annahme der Dienste nicht generell ablehnt, aber weniger Arbeitsleistung annimmt, als der Arbeitnehmer schuldet, der Arbeitgeber also den Umfang der Arbeitsleistung rechtswidrig einschränkt (*BAG* 7.11.2002 EzA § 612a BGB 2002 Nr. 1). Gleiches gilt dann, wenn der Arbeitgeber ohne Zustimmung des Betriebsrats vorzeitig die Rückkehr von Wechselschicht zu Normalarbeitszeit anordnet; er gerät bzgl. der Lage der Arbeitszeit auch ohne tatsächliches oder wörtliches Angebot der Arbeitnehmer, weiter in Wechselschicht zu arbeiten, in Annahmeverzug und hat dann die bei Wechselschicht fälligen Zeitzuschläge i. d. R. wegen Annahmeverzugs fortzuzahlen (*BAG* 18.9.2002 EzA § 87 BetrVG 2001 Arbeitszeit Nr. 1).

1486 Nach Auffassung des *BAG* (17.3.1988 EzA § 622 BGB Nr. 116) ist die Arbeitsleistung jedenfalls dann, wenn der Arbeitnehmer im Zeitlohn vergütet wird, sie zu einer fest bestimmten Zeit oder innerhalb eines bestimmten Zeitraums zu erbringen hat, Fixschuld nach § 323 Abs. 2 Nr. 2 BGB: relative Fixschuld.

*bb) Unmöglichkeit der Arbeitsleistung; Abgrenzung*

1487 Die Leistungspflicht des Arbeitnehmers wird folglich unmöglich und entfällt, sobald die Leistungszeit ungenutzt verstreicht (§ 275 Abs. 1 BGB). Abweichend von § 326 Abs. 1 BGB bleibt jedoch der Vergütungsanspruch des Arbeitnehmers erhalten, unabhängig davon, ob der Arbeitgeber die Nichtannahme der Arbeitsleistung zu vertreten hat.

Der Annahmeverzug regelt aber grds. eine **Leistungsverzögerung** und setzt daher die **Nachholbarkeit** der Leistung voraus. Verzug und Unmöglichkeit schließen sich somit aus (*BAG* 24.11.1960 AP § 615 BGB Nr. 18). Eine Nachholung der Arbeit kommt auf Grund des Fixschuldcharakters der Arbeitsleistung nicht in Betracht. Mit Zeitablauf wird die Leistung unmöglich (*BAG* 24.11.1960 AP § 615 BGB Nr. 18). Nachgeleistete Arbeit ist eine andere als die ursprünglich geschuldete Arbeit (*Picker* JZ 1985, 641 ff.).  **1487a**

Annahmeverzug ist danach das Unterbleiben der Arbeitsleistung, das durch die vom Arbeitgeber verweigerte Annahme der vom Arbeitnehmer angebotenen Arbeit entsteht. Unmöglichkeit ist dann gegeben, wenn, unterstellt der Arbeitgeber sei zur Annahme bereit gewesen, die Arbeitsleistung dem Arbeitnehmer unmöglich ist (*BAG* 24.11.1960 AP § 615 BGB Nr. 18; 21.3.1985 EzA § 615 BGB Nr. 44; 30.1.1991 EzA § 615 BGB Betriebsrisiko Nr. 12; abl. ErfK/*Preis* § 615 BGB Rn. 7).  **1487b**

(derzeit unbesetzt)  **1488**

*cc) Abdingbarkeit des § 615 S. 1 BGB; Ausnahmen*

**Im Umkehrschluss folgt aus § 619 BGB, dass § 615 S. 1 BGB einzel- ebenso wie kollektivvertraglich abbedungen werden kann** (*BAG* 9.3.1983 EzA § 615 BGB Betriebsrisiko Nr. 9; 5.9.2002 EzA § 615 BGB Nr. 109).  **1489**

Etwas anderes gilt allerdings gem. § 11 Abs. 4 S. 2 AÜG für das Recht des Leiharbeitnehmers auf Vergütung bei Annahmeverzug des Verleihers.  **1490**

Eine tarifvertragliche Regelung, wonach nur die tatsächlich geleistete Arbeitszeit bezahlt wird, betrifft nur Ansprüche aus § 616 S. 1 BGB, nicht aber solche aus Annahmeverzug (*BAG* 8.3.1961 AP Nr. 13 zu § 615 BGB Betriebsrisiko).  **1491**

Zu beachten ist, dass ein Ausschluss des § 615 S. 1 BGB durch tarifvertragliche Regelungen überall dort nicht in Betracht kommt, wo die Arbeitsentgeltfortzahlung unabdingbarer Bestandteil des zwingenden Kündigungsschutzes ist, der auf die wirtschaftliche Existenzsicherung des Arbeitnehmers abzielt. Gleiches gilt dann, wenn der Entzug dieses Anspruchs auf Grund vorbehaltener einseitiger Leistungsbestimmungen des Arbeitgebers eine wesentliche Äquivalenzstörung des arbeitsvertraglichen Gegenseitigkeitsverhältnisses von Arbeitsleistung und Entgelt verursacht. Denn dann verbietet der aus § 2 KSchG abzuleitende Inhaltsschutz des Vertrages einen Entzug der Rechtsfolgen aus § 615 S. 1 BGB.  **1492**

> Die Abbedingung darf zudem **nicht unbillig** sein. Die Dispositivität findet deshalb ihre Grenzen dort, wo der Arbeitgeber generell das ihn treffende Arbeitsentgeltrisiko auf den Arbeitnehmer verlagern will. Angesichts des hohen Gerechtigkeitsgehalts bestehen Bedenken gegen die Zulässigkeit einer formularmäßigen Abbedingung der Regelung. Entsprechende Klauseln unterliegen der Inhaltskontrolle (ErfK/*Preis* § 615 BGB Rn. 8). Eine arbeitsvertragliche Bestimmung, durch die das Ruhen des Arbeitsverhältnisses in den Schulferien vereinbart wird, soweit diese nicht durch Urlaub ausgefüllt sind, weil in dieser Zeit keine Reinigungsarbeiten anfallen, betrifft das Wirtschaftsrisiko des Arbeitgebers und bedingt § 615 BGB ab. In einem Formulararbeitsvertrag handelt es sich nach den zuvor dargestellten Grundsätzen um eine unangemessene Benachteiligung der Arbeitnehmer, wenn sie verpflichtet werden, ihren Urlaub in den Schulferien zu nehmen und dem Arbeitgeber ohne Berücksichtigung der Wünsche der Arbeitnehmer das Recht eingeräumt wird, den Arbeitnehmern den Urlaub zuzuweisen (*LAG Hamm* 20.10.2005 FA 2006, 158 LS).  **1493**

### dd) Suspendierung

**1494** Möglich ist allerdings eine einzel- oder kollektivvertragliche Regelung über die Suspendierung der wechselseitigen Hauptleistungspflichten, sodass es während dieser Zeit nicht zum Annahmeverzug des Arbeitgebers kommt (z. B. Vereinbarung unbezahlten Urlaubs zur Abwicklung persönlicher Belange).

### ee) Verzicht auf bereits entstandene Ansprüche

**1495** Die Arbeitsvertragsparteien können sich in einem gerichtlichen oder außergerichtlichen Vergleich rechtswirksam darüber verständigen, dass ihre arbeitsvertraglichen Beziehungen trotz unwirksamer Kündigung zu einem bestimmten Zeitpunkt beendet worden sind und der Arbeitnehmer dadurch auf einen bereits entstandenen Anspruch aus § 615 S. 1 BGB verzichtet (vgl. *BAG* 17.4.1986 EzA § 615 BGB Nr. 47).

### ff) Abgrenzung zum ärztlichen Liquidationsrecht

**1495a** Besteht nach dem Arbeitsvertrag eines Arztes für diesen zusätzlich die **Erwerbschance** »Liquidationsrecht«, so ergibt insoweit sich ein Erstattungsanspruch des **unwirksam gekündigten Arztes** in Form eines Schadensersatzanspruchs nach § 280 Abs. 1, § 283 BGB (*BAG* 15.9.2011 EzA § 611 BGB 2002 Krankenhausarzt Nr. 4). Bei eingeräumtem Liquidationsrecht muss der Krankenhausträger als Arbeitgeber dem Arzt die personellen und sächlichen Mittel zur Verfügung stellen, die dieser zur Behandlung der Wahlleistungspatienten benötigt. Dies gilt unabhängig davon, ob die Erwerbschance zur Vergütung des Arztes gehört, also im Gegenleistungsverhältnis steht oder ob es sich um eine gestattete Nebentätigkeit handelt. Die Dauerverpflichtung des Arbeitgebers besteht arbeitstäglich und weist eine derartige zeitliche Bindung auf, dass ein Fixgeschäft vorliegt. Ist die Zeit verstrichen, kann die Nutzung nicht nachgeholt werden, was zu Schadensersatzansprüchen des angestellten Arztes führt. Im Rahmen von Geschäftsbeziehungen kann aus dem bisher erzielten Gewinn auf den infolge der Störung der Geschäftsbeziehung entgangenen Gewinn geschlossen werden. Der Arbeitgeber, der unsorgfältig eine sich als unwirksam herausstellende Kündigung ausgesprochen hat, kann den Arbeitnehmer nicht darauf verweisen, er habe durch sein Verhalten die Kündigung erst notwendig gemacht. Was dem einen Vertragspartner kein Recht gibt, sich vom Vertrag zu lösen, kann dem anderen nicht nach § 254 BGB vorgeworfen werden (*BAG* 15.9.2011 EzA § 611 BGB 2002 Krankenhausarzt Nr. 4).

### b) Voraussetzungen des Annahmeverzuges

### aa) Rechtswirksamer Arbeitsvertrag

**1496** Anspruchsvoraussetzung ist zunächst das Vorliegen eines rechtswirksamen Arbeitsvertrages, **dessen Hauptpflichten nicht ruhen** (*LAG Nds.* 11.10.2004 AuR 2005, 236 LS).

**1497** Nimmt der Arbeitgeber im Einvernehmen mit dem Arbeitnehmer eine Kündigungserklärung zurück, so gehen die Vertragsparteien vorbehaltlich einer abweichenden Regelung von der Unwirksamkeit der Kündigung und damit für die Frage des Annahmeverzuges (§ 615 BGB) vom Fortbestand des Arbeitsverhältnisses aus (*BAG* 17.4.1986 EzA § 615 BGB Nr. 47).

**1498** Der Arbeitgeber gerät (weil ein rechtswirksamer Arbeitsvertrag vorliegt) auch dann in Annahmeverzug gem. § 615 BGB, wenn er im Hinblick auf die fehlende Zustimmung des Betriebsrats (§ 99 BetrVG) eine weitere Beschäftigung des Arbeitnehmers ohne entsprechenden vertraglichen Vorbehalt ablehnt.

**1499** Wird die Zustimmung des Betriebsrats zu einer höherwertigen Tätigkeit versagt, so erwirbt der Arbeitnehmer auf der Grundlage der vertraglich verbindlichen Zusage einen Anspruch auf Vergütung nach der höheren Vergütungsgruppe gem. § 326 Abs. 2 BGB (*BAG* 16.1.1991 EzA § 24 BAT Nr. 4).

## B. Pflichten des Arbeitgebers Kapitel 3

*bb) Angebot des Arbeitnehmers; ausnahmsweise Entbehrlichkeit des Angebots*

*(1) Allgemeine Voraussetzungen*

Weiterhin setzt der Annahmeverzug voraus, dass der Arbeitgeber ein Angebot des Arbeitnehmers zur Arbeitsleistung ablehnt (§ 293 BGB). **1500**

Der Arbeitnehmer muss die Arbeitsleistung persönlich tatsächlich so anbieten, wie sie zu bewirken ist (§§ 294, 613 S. 1 BGB; *BAG* 7.12.2005 EzA § 615 BGB 2002 Nr. 12; 19.5.2010 EzA § 615 BGB 2002 Nr. 33), d. h. **zur rechten Zeit, am rechten Ort und in der rechten Art und Weise**; der Arbeitnehmer muss sich also **zur vertraglich vereinbarten Zeit an den vereinbarten Arbeitsort begeben und die nach dem Vertrag geschuldete Arbeitsleistung anbieten** (*BAG* 7.12.2005 EzA § 615 BGB 2002 Nr. 12). **1501**

Ist die vom Arbeitnehmer zu erbringende Tätigkeit im Arbeitsvertrag nur **rahmenmäßig umschrieben**, obliegt es nach § 106 S. 1 GewO dem Arbeitgeber, den Inhalt der zu leistenden Arbeit näher zu bestimmen. Ist der Arbeitnehmer dazu aus in seiner Person liegenden Gründen nicht mehr in der Lage, kann es die Rücksichtnahmepflicht gem. § 241 Abs. 2 BGB gebieten, dass der Arbeitgeber von seinem Direktionsrecht erneut Gebrauch macht und die zu erbringende Leistung innerhalb des vereinbarten Rahmens anderweitig derart konkretisiert, dass dem Arbeitnehmer die Leistungserbringung wieder möglich wird. Verletzt der Arbeitgeber schuldhaft diese Pflicht, kommt ein Schadensersatzanspruch des Arbeitnehmers nach § 280 Abs. 1 BGB wegen entgangener Vergütung in Betracht. Die Verpflichtung des Arbeitgebers zur Neubestimmung der Tätigkeit des Arbeitnehmers setzt voraus, dass dieser die Umsetzung auf einen leidensgerechten Arbeitsplatz verlangt und dem Arbeitgeber mitgeteilt hat, wie er sich seine weitere, die aufgetretenen Leistungshindernisse ausräumende Beschäftigung vorstellt. Diesem Verlangen **muss der Arbeitgeber i. d. R. entsprechen**, wenn ihm die in der Zuweisung einer anderen Tätigkeit liegende Neubestimmung der Arbeitsleistung **zumutbar und rechtlich möglich** ist, insbes. wenn dem **keine betrieblichen Gründe**, zu denen auch wirtschaftliche Erwägungen zählen können, oder die Rücksichtnahmepflicht gegenüber anderen Arbeitnehmern **entgegenstehen**. Ist ein leidensgerechter Arbeitsplatz nicht frei, setzt ein Austausch des Arbeitnehmers voraus, dass der Arbeitgeber dem Arbeitnehmer, der den anderen Arbeitsplatz innehat, im Wege des Direktionsrechts eine andere Tätigkeit zuweisen kann, die Neuausübung des Direktionsrechts diesem Arbeitnehmer gegenüber billigem Ermessen entspricht und der auszutauschende Arbeitnehmer einem Arbeitsplatzwechsel nicht seine Zustimmung verweigert hat (*BAG* 19.5.2010 EzA § 615 BGB 2002 Nr. 33). **1502**

Besteht allerdings zwischen den Arbeitsvertragsparteien **Streit** darüber, welche Arbeit erfüllungstauglich ist, bedarf es **keines tatsächlichen Angebots** der vom Arbeitgeber bereits als erfüllungstauglich eingestuften Arbeit. Verlangt der Arbeitgeber andererseits eine bestimmte Arbeit in rechtlich **einwandfreier Art und Weise**, kommt er **nicht in Annahmeverzug**, wenn der Arbeitnehmer diese Arbeit ablehnt und stattdessen eine andere, ebenfalls vertragsgemäße Arbeit anbietet (*BAG* 30.4.2008 NZA-RR 2008, 551). **1503**

Erhält der Arbeitnehmer von der **Krankenkasse die Mitteilung**, der Arbeitgeber habe ihn abgemeldet, muss der Arbeitnehmer seine Arbeitsleistung **tatsächlich anbieten**. Er kann dabei verlangen, dass der Arbeitgeber die Abmeldung rückgängig macht und für den Fall der Weigerung die Geltendmachung eines Zurückbehaltungsrechts ankündigen (*LAG Köln* 5.12.2006 NZA-RR 2007, 289). **1504**

> Anzubieten ist die **vertraglich geschuldete Arbeitsleistung**. Sofern allerdings Annahmeverzug ausnahmsweise wegen der unterbliebenen Beschäftigung mit anderen als den vertragsgemäßen Arbeiten in Betracht kommt, muss der Arbeitnehmer regelmäßig gerade die nicht vertragsgemäße Arbeit wenigstens der Art nach anbieten; verletzt der Arbeitgeber sodann schuldhaft eine aus besonderen Gründen bestehende derartige Pflicht, schuldet er gem. § 280 Abs. 1 BGB Schadensersatz wegen entgangener Vergütung in Höhe der Vergütung für die pflichtwidrig unterbliebene Beschäftigung (*BAG* 27.8.2008 EzA § 615 BGB 2002 Nr. 26). **1505**

**Kapitel 3**     Der Inhalt des Arbeitsverhältnisses

1506    Macht der Arbeitgeber von seinem vermeintlichen und streitigen Recht Gebrauch, die **Arbeitszeitdauer flexibel zu bestimmen**, kommt § 296 BGB – Entbehrlichkeit eins Angebots, s. Rdn. 1512 – nicht zur Anwendung; vielmehr muss der Arbeitnehmer die **Arbeit anbieten**, um Annahmeverzug zu begründen. Denn im ungekündigt bestehenden Arbeitsverhältnis kann anders als nach Ausspruch einer Kündigung regelmäßig nicht angenommen werden, der Arbeitgeber habe eine vorzunehmende Handlung nicht rechtzeitig vorgenommen. **Macht der Arbeitgeber von einem (vermeintlichen) Recht also Gebrauch, die Arbeitszeitdauer zu bestimmen, gilt § 296 BGB folglich nicht** (*BAG* 18.11.2009 EzA § 615 BGB 2002 Nr. 31). Ist die **vertragliche Dauer** der Arbeitszeit **ungewiss oder streitig**, liegt andererseits ein **tatsächliches Angebot** der Arbeitsleistung im Umfang der vollen vertraglichen Arbeitszeitdauer **nicht ohne weiteres darin, dass der Arbeitnehmer die Arbeit an seinem Arbeitsplatz aufnimmt** (*BAG* 25.4.2007 EzA § 615 BGB 2002 Nr. 20).

1507    Das Angebot erfolgt zudem nur dann »zur rechten Zeit«, wenn es auch angenommen werden kann; das ist z. B. am Tage eines Betriebsausfluges nicht der Fall, ebenso wenig zu einer Uhrzeit, zu der noch niemand anwesend ist. Nach diesen Anwesenheitszeiten muss sich der Arbeitnehmer auch und gerade dann richten, wenn mit ihm keine bestimmten Arbeitszeiten vereinbart worden sind (*LAG Köln* 12.4.2002 NZA-RR 2003, 128).

Der Arbeitgeber kann andererseits dieses Angebot nicht mit der Maßgabe zurückweisen, der Arbeitnehmer müsse zuvor eine »Arbeitsfähigkeitsbescheinigung« vorlegen. Dafür bedarf es vielmehr einer besonderen Rechtsgrundlage (*LAG Bln.* 10.5.2001 LAGE § 626 BGB Nr. 135). Diese kann sich allerdings z. B. aus Tarifnormen (§ 9 Nr. 1 Abs. 6 MTV Metall NRW) ergeben (*LAG Düsseld.* 17.7.2003 LAGE § 4 TVG Metallindustrie Nr. 29).

1508    Gem. § 295 BGB genügt ausnahmsweise ein wörtliches Angebot der Leistung, wenn der Gläubiger (Arbeitgeber) erklärt hat, dass er die Leistung nicht annehmen wird oder wenn eine erforderliche Mitwirkungshandlung des Arbeitgebers unterblieben ist (*BAG* 7.12.2005 EzA § 615 BGB 2002 Nr. 12; 12.7.2006 NZA 2006, 1094; s. a. *Hess. LAG* 21.8.2006 NZA-RR 2007, 186). Als wörtliches Angebot kann ein **Widerspruch** des Gekündigten **gegen die Kündigung** oder die **Klage auf Gehaltsfortzahlung** angesehen werden (*BAG* 12.7.2006 NZA 2006, 1094; *BGH* 28.10.1996, NZA-RR 1997, 329).

Das Angebot ist **entbehrlich**, wenn die verpflichtete Partei erkennen lässt, sie sei unter keinen **Umständen bereit**, den Dienstverpflichteten **weiter zu beschäftigen** (*BAG* 12.7.2006 NZA 2006, 1094; *BGH* EzA § 615 BGB Nr. 100).

Selbst ein wörtliches Angebot ist insbes. dann nicht erforderlich, wenn der Arbeitgeber es **versäumt**, dem Arbeitnehmer einen **funktionsfähigen Arbeitsplatz zur Verfügung zu stellen**. Das ist bei Übertragung eines neuen Arbeitsbereichs nur dann der Fall, wenn diese vom Direktionsrecht des Arbeitgebers gedeckt ist (*LAG Köln* 14.2.2001 ARST 2001, 211 LS). Ergibt sich z. B. aus einem **Arbeitszeitmodell**, dass der Arbeitnehmer verpflichtet ist, einen **Negativsaldo zurückzuführen**, so ist der Arbeitgeber verpflichtet, dem Arbeitnehmer zum Ausgleich Arbeit zu übertragen, da der Arbeitnehmer nicht berechtigt ist, sich Arbeit zu nehmen. Ein Arbeitgeber, der der Verpflichtung zum Einsatz des Arbeitnehmers aus dem im Arbeitsvertrag festgelegten Umfang nicht nachkommt und die vertraglich geforderte Stundenzahl nicht abfordert, gerät folglich in Annahmeverzug (*Hess. LAG* 2.6.2005 NZA-RR 2006, 127). Ist zudem der ursprüngliche **Arbeitsort entfallen**, gerät der Arbeitgeber in Annahmeverzug, wenn er nicht einen neuen Arbeitsplatz bestimmt (*LAG Köln* 13.8.2007 – 2 Sa 527/07, AuR 2008, 161 LS).

Ist der Arbeitgeber zudem arbeitsvertraglich zu einer **flexiblen Arbeitszeiteinteilung** berechtigt, die lediglich im Jahresdurchschnitt die 40-Stunden-Woche einhalten muss, so kommt er auch ohne ein besonderes Arbeitsangebot des Arbeitnehmers in Annahmeverzug, sobald arbeitszeitrechtlich nur noch bestimmte Arbeitstage zur Verfügung stehen, um den Jahresdurchschnitt zu erreichen (*BAG* 8.10.2008 EzA § 615 BGB 2002 Nr. 27).

## B. Pflichten des Arbeitgebers

Im **Leiharbeitsverhältnis** tritt Annahmeverzug ein, wenn der Arbeitgeber dem Arbeitnehmer nach beendetem Arbeitseinsatz keine neue Arbeit zuweist; etwas anderes gilt aber dann, wenn der Arbeitgeber Arbeit hat und diese zuweisen will, der Arbeitnehmer aber nicht erreichbar ist (*LAG Köln* 29.11.2005 – 9 Sa 659/04, EzA-SD 9/06 S. 8 LS). Voraussetzung für den Annahmeverzug ist, dass der Arbeitnehmer **objektiv leistungsfähig** und **subjektiv leistungswillig** ist. Davon ist allerdings, sofern keine besonderen Umstände vorliegen, regelmäßig auszugehen (*ArbG Brem.-Bremerhafen* 6.12.2007 – 9 Ca 9273/07, AuR 2008, 277 LS).

▶ Beispiele: 1509
- Der Arbeitgeber ist nicht berechtigt, einen Arbeitnehmer einseitig ohne Fortzahlung der Bezüge freizustellen, weil dieser sich weigert, die ihm vorgelegte Verpflichtungserklärung zur Einhaltung der IT-Sicherheitsrichtlinien und der Datenschutzbestimmungen, die für den Betrieb als Betriebsvereinbarung gelten, zu unterzeichnen (*Hess. LAG* 24.1.2011 LAGE § 611 BGB 2002 Beschäftigungspflicht Nr. 9)
- Vom Direktionsrecht nicht umfasst ist die Anordnung des Arbeitgebers, den Arbeitnehmer als Springer eine Tour fahren zu lassen, die dieser zuvor lediglich drei Tage als Beifahrer kennen gelernt hatte, da dieser Zeitraum unzureichend ist, diese Tour für eine Springertätigkeit auch nur annähernd zu beherrschen. Nachdem der Arbeitnehmer darauf mit zutreffender Begründung hingewiesen hatte, war es Sache des Arbeitgebers, zur Vermeidung von Lohnansprüchen aus Annahmeverzug dem Arbeitnehmer einen anderen funktionsfähigen Arbeitsplatz zur Verfügung zu stellen (*LAG Köln* 14.2.2001 ARST 2001, 211 LS).
- Die Zuweisung einer Tätigkeit, die von ihrem Arbeitsort her **nicht billigem Ermessen entspricht**, löst nicht die Verpflichtung des Arbeitnehmers aus, seine Arbeitsleistung tatsächlich an diesem Arbeitsort anzubieten (*Hess. LAG* 21.8.2006 NZA-RR 2007, 186).
- Auch der Arbeitgeber, der **die Existenz eines Arbeitsverhältnisses bestreitet** und nicht bereit ist, erforderliche Mitwirkungshandlungen zu erbringen, gerät ohne tatsächliches oder wörtliches Angebot der Arbeitsleistung in Annahmeverzug (*LAG Nbg.* 12.1.2004 NZA-RR 2004, 400).
- Kündigt ein Arbeitnehmer das Arbeitsverhältnis ordentlich und reagiert der Arbeitgeber darauf mit einem Schreiben des Inhalts, dass er die Kündigung vom 4.8. zum 31.8. erhalten hat mit der Maßgabe, dass er dem **erkennbaren Wunsch des Arbeitnehmers nachkommen will**, das Arbeitsverhältnis möglichst schnell zu beenden, so dass die Kündigung zum 5.8. gilt, so liegt darin ein Verhalten, das deutlich macht, dass der Arbeitgeber **an einer Arbeitsleistung des Arbeitnehmers nicht interessiert ist.** Er gerät damit in Annahmeverzug, ohne dass es eines Angebots des Arbeitnehmers bedarf (*ArbG Limburg* 18.6.2003 AuR 2004, 395 LS).

### (2) Unzumutbarkeit eines Angebots in Ausnahmefällen

Nach dem Ausspruch einer außerordentlichen Kündigung kann unabhängig davon jedenfalls dann 1510 auf ein wörtliches Angebot verzichtet werden, wenn **Form und Begleitumstände** es dem Arbeitnehmer unzumutbar machen, der Kündigung zu widersprechen. Das ist z. B. bei dem einem Betriebsratsmitglied nach außerordentlicher Kündigung zusätzlich erteilten Hausverbot der Fall, weil damit ernsthaft und endgültig die Weiterbeschäftigung verweigert wird (*BAG* 11.11.1976 EzA § 103 BetrVG 1972 Nr. 17).

### (3) Entbehrlichkeit eines wörtlichen Angebots insbes. nach Ausspruch einer Kündigung; die Kündigungsschutzklage als wirksames Angebot

Unterlässt der Arbeitgeber eine Verteilung der individuell geschuldeten Arbeitszeit auf die einzelnen 1510a Arbeitstage, Kalenderwochen oder ggf. längeren Zeiträume, ruft vielmehr den Arbeitnehmer flexibel zur Arbeit ab, kommt er – unabhängig von einem besonderen Arbeitsangebot des Arbeitnehmers – mit Ablauf eines **jeden Arbeitstags** in Annahmeverzug, wenn und soweit er die sich aus Arbeits- und Tarifvertrag ergebende **Sollarbeitszeit nicht ausschöpft** (*BAG* 26.1.2011 EzA § 611 BGB 2002 Arbeitszeitkonto Nr. 4 = NZA 2011, 640).

**1510b** Das Angebot ist entbehrlich, wenn die verpflichtete Partei erkennen lässt, sie sei **unter keinen Umständen bereit**, den Dienstverpflichteten **weiter zu beschäftigen** (*BAG* 12.7.2006 NZA 2006, 1094; *BGH* EzA § 615 BGB Nr. 100).

**1510c** Auch die Freistellung eines Arbeitnehmers von der Arbeitspflicht bedeutet einen Verzicht auf das Angebot der Arbeitsleistung. Mit der **Freistellung** tritt mithin **regelmäßig Annahmeverzug** des Arbeitgebers mit den Rechtsfolgen des § 615 BGB ein (*BAG* 23.9.2009 EzA § 615 BGB 2002 Nr. 30; 23.1.2008 EzA § 615 BGB 2002 Nr. 22; 6.9.2006 EzA § 615 BGB 2002 Nr. 16; *LAG SchlH* 22.12.2011 LAGE § 615 BGB 2002 Nr. 15).

**1511** Zweifelhaft ist in diesem Zusammenhang, welche Voraussetzungen für die Begründung von Annahmeverzug des Arbeitgebers im Zusammenhang mit von diesem erklärten Kündigungen bestehen, deren Unwirksamkeit später rechtskräftig festgestellt wird. Es ist davon auszugehen, dass in der Erhebung der Kündigungsschutzklage ein **ausreichendes wörtliches Angebot** i. S. d. § 295 BGB liegt (*BAG* 18.12.1986 EzA § 615 BGB Nr. 53; 19.4.1990 EzA § 615 BGB Nr. 66; krit. *Waas* NZA 1994, 151 ff.; s. a. *Ricken* NZA 2005, 323 ff.). Es bedarf dann auch keines wörtlichen Dienstleistungsangebots des Arbeitnehmers mehr, um den Arbeitgeber in Annahmeverzug zu setzen. Als wörtliches Angebot kann auch ein sonstiger Widerspruch des Gekündigten gegen die Kündigung oder die Klage auf Gehaltsfortzahlung angesehen werden (*BAG* 12.7.2006 NZA 2006, 1094; *BGH* 28.10.1996, NZA-RR 1997, 329).

**1512** Denn der Arbeitgeber hat dem Arbeitnehmer einen funktionsfähigen Arbeitsplatz zur Verfügung zu stellen, ihm ferner Arbeit zuzuweisen und somit eine nach dem Kalender bestimmte Mitwirkungshandlung gem. § 296 BGB vorzunehmen. Er muss als Gläubiger der geschuldeten Arbeitsleistung dem Arbeitnehmer die Leistungserbringung ermöglichen.

Erst durch die Wahrnehmung seines Leistungsbestimmungsrechts (Direktionsrechts) konkretisiert der Arbeitgeber die Arbeitspflicht des Arbeitnehmers im Zuge der Arbeitssteuerung und schafft so die Grundlage für den Leistungserfüllungsvorgang. Dazu muss er **den Arbeitseinsatz des Arbeitnehmers fortlaufend planen und durch Weisungen hinsichtlich Ort und Zeit der Arbeitsleistung näher konkretisieren**. Kommt der Arbeitgeber dieser Obliegenheit nicht nach, gerät er in Annahmeverzug, **ohne dass es eines Angebots der Arbeitsleistung** durch den Arbeitnehmer **bedarf** (*BAG* 19.1.1999 EzA § 615 BGB Nr. 93; *LAG Köln* 4.3.2010 – 6 Sa 117/10, AuR 2010, 444 LS).

Es reicht in diesem Zusammenhang nicht aus, dass auf die Existenz eines Arbeitsplatzes verwiesen und im Übrigen zum Ausdruck gebracht wird, man werde den Arbeitnehmer schon »irgendwie« beschäftigen. Die zugewiesene Arbeit ist zu konkretisieren, damit der Arbeitnehmer überprüfen kann, ob der Arbeitgeber sein Weisungsrecht zulässig ausübt. Der Arbeitnehmer schuldet nur eine vertragsgemäße Arbeitsleistung (*LAG SchlH* 10.12.2003 – 3 Sa 395/03, EzA-SD 2/04, S. 8 LS). Andererseits ist ein Angebot der Arbeitsleistung im Übrigen regelmäßig **nicht** nach § 296 BGB **entbehrlich**, da für die Einteilung der Arbeit durch den Arbeitgeber keine Zeit nach dem Kalender bestimmt ist, sondern der Arbeitgeber die Lage der Arbeitszeit – im Grundsatz – jederzeit bestimmen kann (*BAG* 30.4.2008 NZA-RR 2008, 551).

Da der Arbeitgeber mit Ausspruch der Kündigung allerdings den entgegengesetzten Willen unzweideutig zu erkennen gibt (*BAG* 12.7.2006 NZA 2006, 1094; s. a. *LAG München* 19.8.2010 LAGE § 613a BGB 2002 Nr. 30: Widerspruch gegen Betriebsübergang), muss er den Arbeitnehmer wieder zur Arbeit auffordern – im Falle einer außerordentlichen Kündigung sofort bzw. nach Ablauf einer etwaigen Auslauffrist –, wenn er trotz der Kündigung nicht in Annahmeverzug geraten will. Gleiches gilt z. B. bei der Einhaltung einer zu kurzen Kündigungsfrist (*BAG* 9.4.1987 EzA § 9 AÜG Nr. 1; *LAG SchlH* 10.12.2003 – 3 Sa 395/03, EzA-SD 2/04, S. 8 LS; s. auch *LAG Bln.* 20.9.2002 – 6 Sa 961/02, EzA-SD 24/02, S. 13 LS).

**1513** Hat der Arbeitgeber dem Arbeitnehmer statt einer gemäß dem ultima-ratio-Prinzip erforderlichen Änderungskündigung (§§ 2, 15 KSchG) eine Beendigungskündigung ausgesprochen, die mithin so-

## B. Pflichten des Arbeitgebers  Kapitel 3

zial ungerechtfertigt ist, so kommt der Arbeitgeber – jedenfalls im Regelfall – in Annahmeverzug, wenn er dem Arbeitnehmer nicht die ursprünglich geschuldete Arbeit anbietet (*BAG* 27.1.1994 EzA § 615 BGB Nr. 80).

Spricht der Arbeitgeber dagegen eine ordentliche Kündigung mit einer kurzen tariflichen Kündigungsfrist aus, obwohl die längere gesetzliche Frist nach § 622 Abs. 1 BGB anwendbar ist, so gerät er nach **Ablauf der tariflichen Kündigungsfrist** nach Auffassung des *LAG Düsseld.* (17.7.1997 LAGE § 615 BGB Nr. 51) **nicht automatisch in Verzug**. Voraussetzung dafür ist vielmehr, dass es der Arbeitgeber erst nach entsprechendem **Protest des Arbeitnehmers** unterlässt, ihn zur Arbeitsleistung aufzufordern. 1514

> Der *BGH* (28.10.1996 – 2 ZR 14/96) lässt beim gekündigten GmbH-Geschäftsführer, dessen Dienste die GmbH nicht mehr in Anspruch nehmen will, was insbes. in der Einsetzung eines neuen Geschäftsführers seinen Ausdruck findet, als Angebot den Protest des Geschäftsführers gegen die Kündigung durch eine rechtzeitige Gehaltsklage genügen. Er muss das Angebot nicht laufend wiederholen; es genügt, dass er abschnittsweise nachträglich seine Gehaltsforderungen einklagt. Das Verlangen nach einem nochmaligen Leistungsangebot läuft in diesen Fällen nicht nur auf eine sinnlose Förmelei hinaus, sondern es ist auch treuwidrig. Inzwischen geht der *BGH* (9.10.2000 NZA 2001, 36; s. *Wolff* SAE 2001, 203 ff.) noch weitergehend davon aus, dass die GmbH durch den **Widerruf der Bestellung als Geschäftsführer** und die Bestellung eines neuen Geschäftsführers i. d. R. erkennen lässt, dass sie unter keinen Umständen zur weiteren Beschäftigung bereit ist; eines **wörtlichen Angebots** der Dienste bedarf es unter diesen Umständen **nicht**. 1515

### (4) Rückwirkung

Das Angebot wirkt auch auf den Zeitpunkt der außerordentlichen Kündigung oder den des Ablaufs der Kündigungsfrist bei einer ordentlichen Kündigung zurück (*BAG* 12.7.2006 NZA 2006, 1094; *LAG Bln.* DB 1981, 2034); das gilt jedenfalls **für einen Widerspruch des Gekündigten oder die Klage auf Gehaltsfortzahlung**. 1516

### (5) Rechtslage bei Streit über das Zustandekommen eines Aufhebungsvertrages

Besteht dagegen zwischen dem Arbeitgeber und dem Arbeitnehmer Streit darüber, ob das Arbeitsverhältnis durch einen Aufhebungsvertrag beendet wurde und stellt sich im Nachhinein heraus, dass ein Aufhebungsvertrag tatsächlich nicht zustande gekommen ist, so hat der Arbeitgeber nur dann Annahmeverzugsvergütung zu bezahlen, wenn der Arbeitnehmer zuvor seine Arbeitsleistung angeboten hat. 1517

> Der Arbeitgeber kann ein solches Angebot erwarten, wenn der Arbeitnehmer meint, ein Aufhebungsvertrag sei nicht zustande gekommen. Vertritt der Arbeitgeber nach Verhandlungen mit dem Arbeitnehmer die Auffassung, das Arbeitsverhältnis sei einvernehmlich beendet worden, beendet er das Arbeitsverhältnis – anders als bei einer Kündigung – nicht durch einseitige Erklärung. Ein wörtliches Angebot nach § 295 BGB genügt deshalb regelmäßig nicht (*BAG* 7.12.2005 EzA § 615 BGB 2002 Nr. 12). 1518

### cc) Leistungsvermögen des Arbeitnehmers

Gem. **§ 297 BGB** kommt der Arbeitgeber allerdings dann nicht in Verzug, wenn der Schuldner zur Zeit des Leistungsangebots oder im Falle des § 296 BGB zu der für die Handlung des Gläubigers bestimmten Zeit **außerstande ist, die Leistung zu bewirken**; der Annahmeverzug ist also dann ausgeschlossen, wenn der Arbeitnehmer **nicht leistungswillig und leistungsfähig ist** (*BAG* 24.9.2003 EzA § 615 BGB 2002 Nr. 5; 15.6.2004 EzA § 615 BGB 2002 Nr. 8; *Thüringer LAG* 27.1.2004 – 5 Sa 131/02, EzA-SD 12/04 S. 10 LS; 17.2.2006 – 7 Sa 61/05, EzA-SD 22/06 S. 9 LS). **Die Leistungsbereitschaft ist eine von dem Leistungsangebot und dessen Entbehrlichkeit unabhängige Voraussetzung des Annahmeverzugs; sie muss während des gesamten Verzugszeitraums vorliegen** (*BAG* 19.5.2004 EzA § 615 BGB 2002 Nr. 6; 17.8.2011 EzA § 615 BGB 2002 Nr. 34). 1519

1520 Denn das Leistungsvermögen und die Leistungsbereitschaft des Schuldners zum maßgeblichen Zeitpunkt der termingebundenen Mitwirkungshandlung des Gläubigers ist Voraussetzung des Annahmeverzuges (*BAG* 18.12.1986 EzA § 615 BGB Nr. 53).

1520a Die **Nichtaufnahme** einer vom Arbeitgeber angebotenen **zumutbaren Beschäftigung** kann den Annahmeverzug des Arbeitgebers wegen fehlenden Leistungswillens des Arbeitnehmers **gänzlich entfallen lassen**. Sie führt nicht nur zur Anrechnung böswillig nicht erzielten Verdienstes gem. § 615 S. 2 BGB, § 11 Nr. 2 KSchG (*BAG* 17.8.2011 EzA § 615 BGB 2002 Nr. 34).

1521 Das Unvermögen des Arbeitnehmers (§ 297 BGB) bezieht sich zwar an sich nur auf die nach dem Vertragsinhalt geschuldete Arbeitsleistung. Allerdings kann der Arbeitgeber auf Grund der **Fürsorgepflicht** verpflichtet sein, dann, wenn der Arbeitnehmer auf Grund eines subjektiven Leistungshindernisses (z. B. vorübergehender Entzug des Führerscheins) außerstande ist, die vertraglich geschuldete Arbeitsleistung zu erbringen, ihn zur Vermeidung des Annahmeverzuges vorübergehend zu einer möglichen und zumutbaren anderen als der vertraglich geschuldeten Tätigkeit heranzuziehen (*BAG* 18.12.1986 EzA § 615 BGB Nr. 53).

1522 Besteht zwischen den Arbeitsvertragsparteien **Streit** darüber, welche Arbeiten der Arbeitnehmer noch ausführen kann und hat der Arbeitnehmer eine bestimmte Arbeit **abgelehnt**, kann er Annahmeverzugsvergütung nicht mit der Begründung verlangen, der Arbeitgeber hätte ihm diese Arbeit anbieten müssen. Das gilt auch dann, wenn eine Beendigungskündigung des Arbeitgebers rechtskräftig mit der Begründung für unwirksam erklärt worden ist, der Arbeitgeber hätte trotz der Ablehnung seitens des Arbeitnehmers die entsprechende Arbeit im Wege der Änderungskündigung anbieten müssen. Sofern allerdings Annahmeverzug ausnahmsweise wegen der unterbliebenen Beschäftigung mit anderen als den vertragsgemäßen Arbeiten in Betracht kommt, muss der Arbeitnehmer regelmäßig gerade **die nicht vertragsgemäße Arbeit** wenigstens der Art nach **anbieten**; verletzt der Arbeitgeber sodann schuldhaft eine aus besonderen Gründen bestehende derartige Pflicht, schuldet er gem. § 280 Abs. 1 BGB Schadensersatz wegen entgangener Vergütung in Höhe der Vergütung für die pflichtwidrig unterbliebene Beschäftigung (*BAG* 27.8.2008 EzA § 615 BGB 2002 Nr. 26).

Macht der Arbeitgeber geltend, der Arbeitnehmer sei nicht leistungsfähig gewesen (§ 297 BGB), hat er als Gläubiger die **Beweislast** für die fehlende Leistungsfähigkeit des Arbeitnehmers zu tragen (*BAG* 23.1.2008 EzA § 615 BGB 2002 Nr. 22; s. a. *LAG Düsseld.* 3.9.2009 – 11 Sa 410/09, AuR 2009, 435).

*(1) Entzug der Fahrerlaubnis; fehlende Flugtauglichkeitsbescheinigung*

1523 Der Arbeitgeber gerät dann, wenn er einem Auslieferungsfahrer wegen des Entzugs des Führerscheins außerordentlich gekündigt hat, eine andere Beschäftigungsmöglichkeit jedoch nicht besteht, für die Zeit nach der Kündigung nicht bereits deswegen in Annahmeverzug, weil rechtskräftig die Unwirksamkeit der Kündigung festgestellt wird, weil er den Arbeitnehmer rechtmäßig gar nicht beschäftigen kann (*BAG* 18.12.1986 EzA § 615 BGB Nr. 53). Nichts anderes gilt dann, wenn einem Flugteilnehmer – auch nach Ausspruch einer unwirksamen Kündigung – das erforderliche Flugtauglichkeitszeugnis fehlt (*LAG RhPf* 31.8.2006 – 11 Sa 323/06, ZTR 2007, 52 LS).

*(2) Krankheit des Arbeitnehmers; Kündigung*

1524 Grundsätzlich darf der Arbeitgeber das **Arbeitsangebot** des Arbeitnehmers **nach einer Krankheit nicht mit der Maßgabe zurückweisen, dieser müsse eine »Gesundschreibung« vorlegen;** dafür besteht keine Rechtsgrundlage (*LAG Bln.* 10.5.2001 LAGE § 5 EFZG Nr. 4; *LAG Düsseld.* 17.7.2003 NZA-RR 2004, 65). **Verweigert** deshalb **der Arbeitgeber** dem Arbeitnehmer nach dem Ende einer ihm von einem Arzt attestierten Arbeitsunfähigkeit **die Wiederaufnahme der Arbeit**, hat der **Arbeitgeber i. E. darzulegen und zu beweisen**, dass der Arbeitnehmer in dem fraglichen Zeitraum nach § 297 BGB objektiv nicht in der Lage war, die von ihm geschuldete Arbeits-

## B. Pflichten des Arbeitgebers    Kapitel 3

leistung zu erbringen (*BAG* 29.10.1998 EzA § 615 BGB Nr. 90; *LAG Düsseld.* 23.3.2007 NZA-RR 2007, 457).

Hat der Arbeitgeber **Indizien** vorgetragen, aus denen auf Arbeitsunfähigkeit des Arbeitnehmers geschlossen werden kann, ist es **Sache des Arbeitnehmers, die Indizwirkung zu erschüttern**; der Einholung eines Sachverständigengutachtens auf Antrag des Arbeitgebers bedarf es nur dann, wenn bei einer Gesamtwürdigung aller Indizien zur Zeit der letzten mündlichen Verhandlung begründete Zweifel an der Arbeitsunfähigkeit des Arbeitnehmers während des Annahmeverzugszeitraums bestehen (*LAG Düsseld.* 23.3.2007 NZA-RR 2007, 457; s. *Stähler* NZA-RR 2012, 117 ff.).

Anders ist es aber dann, wenn der Arbeitnehmer nach Ablauf des Entgeltfortzahlungszeitraums tatsächlich aus gesundheitlichen Gründen **weiterhin nicht in der Lage ist**, die vertragsgemäße **Arbeit zu erbringen**. Daran ändert dann auch das Angebot der Arbeitsleistung durch den Arbeitnehmer nichts. Hat der Arbeitnehmer zudem eine bestimmte, an sich mögliche Arbeit abgelehnt, kann der Vergütungsanspruch nicht darauf gestützt werden, der Arbeitgeber hätte diese Arbeit anbieten müssen. Das gilt auch dann, wenn eine Beendigungskündigung des Arbeitgebers rechtskräftig mit der Begründung für unwirksam erklärt worden ist, der Arbeitgeber hätte trotz der Ablehnung seitens des Arbeitnehmers die entsprechende Arbeit im Wege der Änderungskündigung anbieten müssen (*BAG* 27.8.2008 EzA § 615 BGB 2002 Nr. 26).

Eine Nachweispflicht bezüglich der wiedererlangten Arbeitsfähigkeit kann sich aus Tarifnormen ergeben, z. B. aus § 9 Nr. 1 Abs. 6 MTV-Metall. Danach ist das Ende der Arbeitsunfähigkeit nach einer längeren Arbeitsunfähigkeitsperiode auf Verlangen des Arbeitgebers durch Bescheinigung des Arztes oder der Krankenkasse nachzuweisen (*LAG Düsseld.* 17.7.2003 NZA-RR 2004, 65). Das *LAG Hamm* (8.9.1995 LAGE § 615 BGB Nr. 89) hat des Weiteren angenommen, dass der Arbeitnehmer dann nicht i. S. d. § 297 BGB zur Leistung imstande ist, wenn er zwar nicht förmlich durch ärztliche Bescheinigung arbeitsunfähig krankgeschrieben wurde, wenn aber bezogen auf seinen bisherigen Arbeitsplatz eine ärztliche **Arbeitsplatzwechsel-Empfehlung** vorliegt. Ist in diesem Fall ein für ihn ungefährlicher Arbeitsplatz nicht frei, oder bietet der Arbeitnehmer seine Arbeitskraft ausdrücklich nur für seinen bisherigen Arbeitsplatz an, gerät der Arbeitgeber durch das Leistungsangebot des Arbeitnehmers danach nicht in Annahmeverzug. Demgegenüber hat das *BAG* (17.2.1998 EzA § 615 BGB Nr. 89) angenommen, dass der Arbeitgeber **nicht berechtigt** ist, die Arbeitsleistung des arbeitswilligen und arbeitsfähigen Arbeitnehmers **abzulehnen** und die Zahlung des Arbeitsentgelts **einzustellen**, wenn der Arbeitnehmer eine **ärztliche Empfehlung zum Wechsel des Arbeitsplatzes** vorlegt. Steht allerdings auf Grund eines Sachverständigengutachtens objektiv fest, dass der Arbeitnehmer aus gesundheitlichen Gründen außerstande ist, die geschuldete Leistung zu erbringen, so kann das fehlende Leistungsvermögen nicht allein durch die subjektive Einschätzung des Arbeitnehmers ersetzt werden, er sei trotzdem gesundheitlich in der Lage, einen Arbeitsversuch zu unternehmen (*BAG* 29.10.1998 EzA § 615 BGB Nr. 90).

**1525**

Andererseits muss der Arbeitgeber dem krankheitsbedingt nur eingeschränkt leistungsfähigen Arbeitnehmer eine – in seinem Betrieb vorhandene – **leidensgerechte Tätigkeit** zuweisen, z. B. Arbeiten ohne schwere Traglasten an einem »Bedienungsmann« in der chemischen Industrie (*BAG* 6.12.2001 NZA 2002, 999). Ein Arbeitnehmer ist also demzufolge **nicht schon dann leistungsunfähig** i. S. v. § 297 BGB, wenn er aus Gründen in seiner Person **nicht mehr alle Arbeiten verrichten kann**, die zu den vertraglich vereinbarten Tätigkeiten gehören. Ist es dem Arbeitgeber möglich und zumutbar, dem nur eingeschränkt leistungsfähigen Arbeitnehmer leidensgerechte und vertragsgemäße Arbeiten zuzuweisen, dann ist die Zuweisung anderer Arbeiten unbillig. Die Einschränkung der Leistungsfähigkeit steht dann dem Annahmeverzug des Arbeitgebers nicht entgegen (*BAG* 8.11.2006 EzA § 615 BGB 2002 Nr. 17).

**1526**

Demgegenüber gerät der Arbeitgeber im ungekündigten Arbeitsverhältnis dann nicht in Annahmeverzug, wenn ihm sowohl der **medizinische Dienst der Krankenkassen** als auch ein **Vertrauensarzt** übereinstimmend mitgeteilt haben, die Arbeitnehmerin sei zur vertraglich geschuldeten

> Tätigkeit **aus gesundheitlichen Gründen nicht mehr in der Lage**, und wenn der Arbeitgeber daraufhin die Arbeitnehmerin nach Hause schickt, weil er einen leidensgerechten Arbeitsplatz nicht zur Verfügung stellen kann (*LAG Bln.* 9.12.2004 – 16 Sa 1967/04, EzA-SD 6/05 S. 5 LS). Im Prozess um den Verzugslohn genügt es der Arbeitnehmerin dann nicht, wenn sie sich für ihre Arbeitsfähigkeit **pauschal auf das Zeugnis eines anderen Arztes** oder auf ein Sachverständigengutachten beruft, ohne sich mit den ärztlichen Äußerungen des medizinischen Dienstes und des Vertrauensarztes sowie dem Sachvortrag des Arbeitgebers zu den körperlichen Anforderungen der geschuldeten Arbeit auseinander zu setzen (*LAG Bln.* 9.12.2004 – 16 Sa 1967/04, EzA-SD 6/05 S. 5 LS).

1527 Ist der Arbeitnehmer auf Grund einer ärztlichen Bescheinigung im Übrigen den Anforderungen, die die vertraglich geschuldete Tätigkeit an ihn stellt, **nicht mehr gewachsen**, so gilt für die Frage des Annahmeverzuges zusammengefasst folgende Verteilung der **Darlegungs- und Beweislast**: In einem Rechtsstreit, der darüber geführt wird, ob der Arbeitgeber dem Arbeitnehmer einen für diesen geeigneten Arbeitsplatz anbieten kann, genügt der Arbeitnehmer seiner Darlegungslast, wenn er **allgemein angibt, welche Tätigkeiten er ausführen kann**. Er braucht in dem Angebot nicht etwa einen konkreten Arbeitsplatz zu beschreiben. Der Arbeitgeber kann sich dann **nicht auf die pauschale Entgegnung** zurückziehen, für den Arbeitnehmer sei **kein geeigneter Arbeitsplatz** vorhanden (*LAG Köln* 5.10.1998 ZTR 1999, 87).

1528 Ist der Arbeitnehmer zur Zeit des Ausspruchs einer außerordentlichen Kündigung z. B. wegen einer Erkrankung nicht in der Lage, seine arbeitsvertraglich geschuldeten Verpflichtungen zu erfüllen, so treten bei Arbeitsunfähigkeit zur Zeit des Kündigungstermins die Verzugsfolgen jedenfalls dann unabhängig von der Anzeige der Arbeitsfähigkeit ein, wenn der Arbeitnehmer dem Arbeitgeber durch Erhebung einer Kündigungsschutzklage oder sonstigen Widerspruch (z. B. auch durch einen Antrag auf nachträgliche Zulassung der Kündigungsschutzklage) gegen die Kündigung seine weitere Leistungsbereitschaft deutlich gemacht hat (*BAG* 19.4.1990 EzA § 615 BGB Nr. 66). **Der Arbeitgeber muss dann zur Beendigung des Annahmeverzuges den Arbeitnehmer zur Arbeit auffordern** (*BAG* 19.1.1999 EzA § 615 BGB Nr. 93). Das gilt erst recht dann, wenn der Arbeitgeber nach einer fristlosen Kündigung des erkrankten Arbeitnehmers diesem **ausdrücklich Hausverbot erteilt** und ihm erklärt hat, dass er sich nicht wieder bei ihm zu melden braucht, wenn er wieder gesund geschrieben sei (*ArbG Hmb.* 29.8.2006 – 21 Ca 539/05, AuR 2007, 60 LS).

1529 (derzeit unbesetzt)

1530 Das gilt auch dann, wenn der Arbeitnehmer zum Zeitpunkt der später für unwirksam erklärten Kündigung und danach infolge Krankheit mehrfach befristet arbeitsunfähig geschrieben war und unabhängig von dem Eintritt der Arbeitsunfähigkeit und deren Anzeige (*BAG* 21.1.1992 AP Nr. 53 zu § 615 BGB; 24.11.1994 EzA § 615 BGB Nr. 83).

*(3) Schwerbehinderung*

1531 Ein Anspruch gem. § 615 S. 1 BGB kommt bei einem schwer behinderten Menschen, der aus gesundheitlichen Gründen seine vertraglich geschuldete Leistung nicht mehr erbringen kann, nicht in Betracht. Das Schwerbehindertenrecht verpflichtet den Arbeitgeber auch nicht zur Entgeltfortzahlung (*BAG* 23.1.2001 EzA § 615 BGB Nr. 103). Kann der Arbeitnehmer davon **nur einen Teil erbringen**, gerät der Arbeitgeber ebenfalls **nicht in Annahmeverzug**, es sei denn, dem Arbeitnehmer **kann ein anderer Arbeitsplatz zugewiesen werden**, den dieser ausfüllen kann (§ 106 GewO; *BAG* 4.10.2005 EzA § 615 BGB 2002 Nr. 13 m. Anm. *Waas* SAE 2007, 72 ff.; s. Kap. 2 Rdn. 177).

1532 Möglich ist allerdings **ein Schadensersatzanspruch aus der Verletzung der sich aus § 81 Abs. 4 SGB IX ergebenden Verpflichtung** des Arbeitgebers, den schwer behinderten Menschen im Rahmen der betrieblichen Möglichkeiten **seinem Gesundheitszustand und seinen Fähigkeiten gemäß zu beschäftigen** (*BAG* 23.1.2001 EzA § 615 BGB Nr. 103; 4.10.2005 EzA § 615 BGB 2002 Nr. 13; s. dazu Kap. 2 Rdn. 174 ff.).

## B. Pflichten des Arbeitgebers — Kapitel 3

*(4) Beispiele*

**Annahmeverzug tritt nicht ein:** 1533
- wenn der Arbeitnehmer wegen **Alkoholgenusses** außerstande ist, seine Arbeitsleistung zu verrichten (*LAG SchlH* 28.11.1988 NZA 1989, 472);
- wenn eine in der Kernzeitbetreuung einer Schule beschäftigte **Erzieherin** zu unvorhersehbaren Zeiten unter plötzlich auftretenden **Sturzattacken** mit möglichen und unabsehbaren Verletzungsfolgen leidet, deren Ursachen nicht bekannt sind. Denn in einem solchen Fall ist wegen der Gefahrenlage für die zu betreuenden Kinder dem Arbeitgeber die Beschäftigung der Arbeitnehmerin unzumutbar, was ihn dazu berechtigt, die Arbeitsleistung abzulehnen, ohne in Annahmeverzug zu geraten (*LAG BW* 1.9.2005 – 11 Sa 18/05, EzA-SD 2/06 S. 11 LS);
- wenn ein **behördliches Fahrverbot** wegen einer Smogwetterlage den auf ein Kfz angewiesenen Arbeitnehmer hindert, seine Arbeitskraft ordnungsgemäß anzubieten;
- bei Vorliegen eines **gesetzlichen Beschäftigungsverbotes** (Fehlen einer Arbeitserlaubnis, §§ 284 ff. SGB III, Schutzfristen der §§ 3 Abs. 2, 6 Abs. 1 MuSchG oder wenn der Arbeitnehmer eine notwendige Erlaubnis zur Berufsausübung nicht besitzt (*BAG* 6.3.1974 EzA § 615 BGB Nr. 21; zum Beschäftigungsverbot wegen Verletzung der Fortbildungspflicht eines Rettungssanitäters s. *BAG* 18.3.2009 EzA § 615 BGB 2002 Nr. 28);
- wenn der Arbeitnehmer, obwohl gem. § 2 Abs. 1 GesBergV verpflichtet, nicht die in dieser Vorschrift genannte **ärztliche Bescheinigung** vorlegt (*BAG* 15.6.2004 EzA § 615 BGB 2002 Nr. 8; *LAG Düsseld.* 17.7.2003 LAGE § 297 BGB 2002 Nr. 1);
- (jedenfalls nicht ohne weiteres), wenn der Arbeitnehmer zwar eine Kündigungsschutzklage erhebt, zugleich aber eine Rente wegen Berufsunfähigkeit bezieht (*LAG Bln.* 1.3.2002 LAGE § 615 BGB Nr. 64);
- wenn der Arbeitgeber den Arbeitnehmer **rechtswirksam von der Arbeitspflicht befreit**, etwa Urlaub erteilt oder Freizeitausgleich angeordnet hat. Eine während der Freistellung erklärte rechtsunwirksame Kündigung des Arbeitgebers lässt die Arbeitsbefreiung unberührt; das Arbeitsverhältnis besteht unverändert fort (*BAG* 23.1.2001 EzA § 615 BGB Nr. 101);
- Gleiches gilt, wenn der Arbeitgeber den Arbeitnehmer mit seinem Einverständnis von weiterer Arbeitsleistung unter Anrechnung auf Urlaub **freistellt** (*BAG* 19.3.2002 EzA § 615 BGB Nr. 108);
- bei **Verbüßung einer Strafhaft** (*BAG* 18.8.1961 AP Nr. 20 zu § 615 BGB; *LAG BW* 17.2.2006 – 7 Sa 61/05, EzA-SD 22/06 S. 9 LS). Ein zuvor begründeter Annahmeverzug des Arbeitgebers endet allerdings dann nicht, wenn der Arbeitnehmer sich trotz Strafaufschubs freiwillig mit Rücksicht auf den Annahmeverzug des Arbeitgebers zum Strafantritt meldet und seine Strafe auch im Wochenendvollzug hätte abbüßen können.
  - Die für den Annahmeverzug des Arbeitgebers vorausgesetzte Leistungsbereitschaft des Arbeitnehmers fehlt dann, wenn er durch **Zustimmung zu einem Aufhebungsvertrag** dokumentiert, ab einem bestimmten Zeitpunkt nicht mehr seine Arbeitsleistung erbringen zu wollen, auch dann, wenn der Aufhebungsvertrag mangels Schriftform formnichtig ist (so jedenfalls das *Thüringer LAG* 27.1.2004 – 5 Sa 131/02 – EzA-SD 12/04 S. 10 LS).
- Nimmt der Arbeitnehmer die ihm vom Arbeitgeber zur Vermeidung der eingeleiteten Zwangsvollstreckung aus einem Weiterbeschäftigungstitel **angebotene urteilsgemäße Beschäftigung** nicht wahr, belegt dies seinen **fehlenden Leistungswillen** (*BAG* 17.8.2011 EzA § 615 BGB 2002 Nr. 34).

Hält sich der Arbeitnehmer längere Zeit im **Ausland** auf, wird hierdurch nicht automatisch der Annahmeverzug beendet (*BAG* 11.7.1985 EzA § 615 BGB Nr. 52). 1534

Auch der **Aufbau einer eigenen wirtschaftlichen Existenz** unterbricht den Annahmeverzug grds. nicht, wenn der Arbeitnehmer jederzeit bereit und fähig gewesen wäre, seine Aktivitäten abzubrechen (*BAG* 18.1.1963 AP Nr. 22 zu § 615 BGB). 1535

Am Leistungsvermögen des Arbeitnehmers fehlt es aber dann nicht, wenn der Auftraggeber eines Bewachungsunternehmens einem dort beschäftigten Arbeitnehmer ein **Hausverbot** erteilt, **ohne** dass den Arbeitnehmer daran ein **Verschulden** trifft. Der Arbeitgeber gerät deshalb in Annahmeverzug, 1536 wenn er den Arbeitnehmer aus diesem Grunde nicht beschäftigen kann (*LAG Nds.* 4.9.1998 LAGE § 615 BGB Nr. 58).

1537 Gleiches gilt, wenn der Arbeitnehmer zwar infolge eines Hausverbots nicht an seinem alten Arbeitsplatz eingesetzt werden kann, der Arbeitgeber aber trotz der Möglichkeit, ihn **anderweitig zu beschäftigen**, keinen anderen Arbeitsplatz zur Verfügung stellt (*Hess. LAG* 26.4.2000 NZA-RR 2000, 633).

1538 Dem Arbeitnehmer dagegen, der in einem Lebensmittelbetrieb in einem Pausenraum in ein Handwaschbecken uriniert hat und der deshalb von dem Auftraggeber – einem Fruchthandelsunternehmen – seines Arbeitgebers, der für das Handelsunternehmen Ware konfektioniert und verpackt, ein Hausverbot erhält, wird die **Arbeitsleistung – verschuldet – unmöglich**, sodass sein Arbeitgeber von der Verpflichtung zur Gegenleistung frei wird (*LAG Brem.* 24.8.2000 NZA-RR 2000, 632).

*(5) Darlegungs- und Beweislast*

1539 S. zunächst Rdn. 1524.

1540 Der Arbeitgeber trägt die Darlegungs- und Beweislast für das Unvermögen des Arbeitnehmers (*LAG BW* 17.2.2006 – 7 Sa 61/05 – EzA-SD 22/06 S. 9 LS); er darf die Leistungsunfähigkeit des Arbeitnehmers nicht »ins Blaue hinein« behaupten. Trägt er aber ausreichende Indiztatsachen vor, die die Arbeitsunfähigkeit des Arbeitnehmers ergeben können, z. B. Krankheitszeiten des Arbeitnehmers vor und nach dem Verzugszeitraum, dürfen die Arbeitsgerichte die dafür angebotenen Beweise nicht als ungeeignet ablehnen. Vielmehr muss sich der Arbeitnehmer substantiiert einlassen und ggf. die behandelnden Ärzte von der Schweigepflicht entbinden. Erst wenn die Frage der Leistungsfähigkeit des Arbeitnehmers auch nach Ausschöpfung der Beweismittel nicht geklärt werden kann, geht das zu Lasten des Arbeitgebers (*BAG* 5.11.2003 EzA § 615 BGB 2002 Nr. 6).

Nimmt der Arbeitnehmer die ihm vom Arbeitgeber zur Vermeidung der eingeleiteten Zwangsvollstreckung aus einem Weiterbeschäftigungstitel angebotene urteilsgemäße Beschäftigung nicht wahr, belegt dies seinen fehlenden Leistungswillen. Er kann die **Indizwirkung** durch **Tatsachenvortrag erschüttern** (*BAG* 17.8.2011 EzA § 615 BGB 2002 Nr. 34).

*dd) Ernsthafter Leistungswille*

1541 Voraussetzung ist weiterhin, dass der Arbeitnehmer den ernsthaften Willen hat, die Leistung im geschuldeten Umfang zu erbringen (§ 297 BGB; vgl. *BAG* 27.3.1974 AP Nr. 15 zu § 242 BGB Auskunftspflicht; 19.5.2004 EzA § 615 BGB 2002 Nr. 6).

1542 Das Erfordernis der Leistungsbereitschaft bezieht sich auf **die vertraglich vorgesehene Tätigkeit**. Es muss folglich die Bereitschaft bestehen, die betreffende Arbeit bei dem Vertragspartner zu den vertraglichen Bedingungen zu leisten; das gilt auch im gekündigten Arbeitsverhältnis. Der Annahmeverzug des Arbeitgebers ist also dann **ausgeschlossen, wenn der Arbeitnehmer nicht leistungsfähig oder nicht leistungswillig ist** (*BAG* 13.7.2005 EzA § 615 BGB 2002 Nr. 9). Der Annahmeverzug kann im Übrigen auch **über den Zeitpunkt des Ablaufs der Kündigungsfrist hinaus bestehen**, selbst wenn der Arbeitnehmer auf den Vorschlag des Arbeitgebers zu erkennen gegeben hat, er sei mit der Vertragsbeendigung einverstanden und nach Ablauf der Kündigungsfrist seine Arbeitskraft zunächst nicht wieder anbietet. Davon ist insbes. dann auszugehen, wenn der Arbeitnehmer erklärt, **er brauche die Arbeit** (*LAG Nds.* 11.10.2004 AuR 2005, 236 LS).

1543 Zweifel an der Leistungsbereitschaft des Arbeitnehmers begründen weder:
 – das **Eingehen eines neuen Arbeitsverhältnisses** (vgl. §§ 11, 12 KSchG, 615 S. 2 BGB);
 – die **Stellung eines Auflösungsantrages** (§ 9 Abs. 1 KSchG); **noch**
 – das **Nichtverlangen nach Weiterbeschäftigung** trotz ordnungsgemäßen Widerspruchs des Betriebsrats (§ 102 Abs. 3, 5 BetrVG). Andererseits gerät der Arbeitgeber dann nicht in Annahmeverzug, wenn der Arbeitnehmer sich wegen der beabsichtigten Änderung von Arbeitsaufgaben und

## B. Pflichten des Arbeitgebers

Arbeitsplatz – nach dem Erziehungsurlaub – weigert, am Arbeitsplatz zu erscheinen, an dem die Änderung der Arbeitsbedingungen zwischen Arbeitgeber und Arbeitnehmer erörtert werden sollen (*LAG SchlH* 26.9.2002 ARST 2003, 190 LS).

Zu beachten ist, dass dann, wenn der Arbeitgeber nach Ausspruch einer Kündigung eine sog. **Prozessbeschäftigung** anbietet, der Leistungsbereitschaft des Arbeitnehmers entgegensteht, dass und wenn der Arbeitnehmer die **Forderung nach einem Verzicht auf die Wirkungen der Kündigung** zur Bedingung der Arbeitsaufnahme macht (*BAG* 13.7.2005 EzA § 615 BGB 2002 Nr. 9; abw. *LAG Hamm* 11.2.2010 – 8 Sa 1395/09, EzA-SD 6/2010 S. 11 LS). 1544

Andererseits muss der Arbeitnehmer in den Fällen des § 296 BGB – entbehrliches Angebot – seine Leistungsbereitschaft nicht nachweisen. Es ist vielmehr Sache des Arbeitgebers, den fehlenden Leistungswillen darzutun. Dazu reicht es z. B. nicht aus, darauf hinzuweisen, dass der Arbeitnehmer verbal vehement gegen eine vom Arbeitgeber angeordnete Versetzung protestiert hat, wenn der Arbeitgeber den Arbeitnehmer noch zu keinem Zeitpunkt am neuen Arbeitsort zum Dienst eingeteilt und konkret zur Aufnahme der Arbeit am neuen Standort aufgefordert hat (*LAG Köln* 25.5.2005 NZA-RR 2006, 181). 1545

### ee) Leistungsverweigerungsrecht des Arbeitnehmers

Steht dem Arbeitnehmer z. B. wegen erheblicher Lohnrückstände ein Leistungsverweigerungsrecht zu, so muss er gem. § 298 BGB mit seinem Angebot der Arbeitsleistung zugleich sein Leistungsverweigerungsrecht gegenüber dem Arbeitgeber geltend machen. 1546

Voraussetzung des Annahmeverzuges ist hier, dass der Schuldner die geschuldete Gegenleistung vom Gläubiger verlangt hat, der Gläubiger die Gegenleistung aber nicht anbietet. Andernfalls bleibt das Leistungsverweigerungsrecht unbeachtlich (vgl. *BAG* 21.5.1981 EzA § 615 BGB Nr. 40). 1547

### ff) Unzumutbarkeit der Annahme der Arbeitsleistung

Der Arbeitgeber kommt nicht in Annahmeverzug, wenn er berechtigt ist, die Arbeitsleistung nicht anzunehmen, d. h. wenn **ihm die tatsächliche Beschäftigung des Arbeitnehmers nach Treu und Glauben nicht zugemutet werden kann** (*BAG* 11.11.1976 EzA § 103 BetrVG 1972 Nr. 17; *LAG BW* 1.9.2005 – 11 Sa 18/05, EzA-SD 2/06 S. 11 LS; s. Rdn. 1533). 1548

Von praktischer Bedeutung ist diese Frage dann, wenn sich der Ausspruch einer außerordentlichen Kündigung (§ 626 BGB) wegen notwendiger weiterer Ermittlungen, z. B. beim dringenden Verdacht des sexuellen Missbrauchs von Kleinkindern in einer Kindertagesstätte durch einen Erzieher (*LAG Bln.* 27.11.1995 NZA-RR 1996, 283), oder wegen der im Falle einer Verdachtskündigung notwendigen Anhörung des Arbeitnehmers oder wegen der notwendigen Beteiligung des Betriebsrats nach § 102 Abs. 1 BetrVG verzögert oder wenn die Kündigung nicht wegen Fehlens eines wichtigen Grundes, sondern aus sonstigen Gründen i. S. d. § 13 Abs. 3 KSchG unwirksam ist. 1549

Die Unzumutbarkeit der Entgegennahme weiterer Arbeitsleistung wird nicht durch jedes Verhalten des Arbeitnehmers begründet, das zur Kündigung aus wichtigem Grund berechtigt. Die Pflichtverletzung muss vielmehr schwerer wiegen als der wichtige Grund für die außerordentliche Kündigung. Erforderlich ist ein besonders grober Vertrauensverstoß und die Gefährdung von Rechtsgütern des Arbeitgebers, seiner Familienangehörigen oder anderer Arbeitnehmer, deren Schutz Vorrang vor dem Interesse des Arbeitnehmers an der Erhaltung seiner Vergütung verdient (*BAG* 29.10.1987 EzA § 615 BGB Nr. 43). 1550

Diesen Anforderungen genügt es z. B. nicht, wenn ein Arbeitnehmer erhebliche Vermögenswerte beiseite geschafft hat, seine Kündigung aber mangels Anhörung des Betriebsrats unwirksam war (*BAG* 29.10.1987 AP Nr. 42 zu § 615 BGB). Gleiches gilt bei **Veruntreuungen durch eine Kindergartenleiterin**, wenn die Zeit des Annahmeverzuges vom Arbeitgeber dadurch verursacht wurde, dass er die Unwirksamkeit der von ihm ausgesprochenen fristlosen Kündigung wegen unterlassener Beteiligung des Integrationsamtes verschuldet hat (*LAG Köln* 18.1.2002 – 11 Sa 522/01, EzA-SD 13/02, 1551

S. 19 LS). Etwas anderes gilt aber nach der Kündigung einer **schwangeren Verkäuferin** wegen erwiesenem Diebstahl aus der Kasse. Denn bei einer Weiterbeschäftigung müsste der Arbeitgeber ständig die Arbeit der Arbeitnehmerin überwachen, um sicherzustellen, dass keine weiteren Eigentumsdelikte eintreten können; dies ist nicht zumutbar (*ArbG München* 18.6.2004 NZA-RR 2005, 28).

1552 Nach zw. Auffassung des *LAG Köln* (29.7.2008 – 9 Sa 333/08, AuR 2009, 104 LS) soll es dem Arbeitgeber u. U. zumutbar sein, ein zu kündigendes Betriebsratsmitglied für die Dauer des gerichtlichen Zustimmungsersetzungsverfahrens einem anderen Vorgesetzten zu unterstellen, wenn der Arbeitnehmer seinen bisherigen Vorgesetzten mit einer Tätlichkeit bedroht hat.

### gg) Treuwidrigkeit der Geltendmachung des Anspruchs; Mutterschutz

1553 Wird dem Arbeitgeber nach Ausspruch der Kündigung rechtzeitig das Bestehen einer Schwangerschaft mitgeteilt (§ 9 MuSchG) und lehnt er eine weitere Beschäftigung ohne Nachweis der Schwangerschaft ab (weil die Arbeitnehmerin eine entsprechende Bescheinigung nicht vorlegt), so kann die Geltendmachung des Anspruchs gem. § 615 S. 1 BGB je nach den Umständen des Einzelfalles treuwidrig (§ 242 BGB) sein (*BAG* 6.6.1974 AP Nr. 3 zu § 9 MuSchG 1968).

1554 Ist eine Kündigung wegen Verstoßes gegen § 9 Abs. 1 S. 1 MuSchG rechtsunwirksam, so gerät der Arbeitgeber nach Auffassung des *LAG Hamm* (14.3.1995 LAGE § 615 BGB Nr. 43) auch bei nachträglicher Anzeige der Schwangerschaft außerhalb der Zwei-Wochen-Frist des § 9 MuSchG von Anfang an in Annahmeverzug, sofern er eine Mitwirkungshandlung gem. § 296 BGB unterlässt. Ein Vertrauen auf eine nicht erforderliche Mitwirkungshandlung kann bei Nichteinhaltung der Klagefrist gem. § 4 KSchG deshalb nicht entstehen.

### hh) Annahmeverzug bei fehlendem Weiterbeschäftigungsanspruch

1555 Nach Auffassung des *LAG Köln* (6.2.1998 LAGE § 284 BGB Nr. 1) kann der Arbeitgeber so lange, wie er die Erfüllung des Weiterbeschäftigungsanspruchs des gekündigten Arbeitnehmers verweigern darf (s. Kap. 4 Rdn. 3331 ff.), auch die Erfüllung des Entgeltanspruchs verweigern, sodass er nicht in Verzug gerät. Holt er nach Abschluss des Kündigungsschutzverfahrens zu seinen Lasten **unverzüglich** die Nachzahlung der inzwischen angefallenen Vergütungsansprüche vor, so muss er danach dem Arbeitnehmer einen durch die Verzögerung der Zahlung entstandenen Schaden, insbes. **eine steuerliche Mehrbelastung,** nicht erstatten.

### ii) Freistellung des Arbeitnehmers (Kündigung; Resturlaub)

1555a Die Freistellung eines Arbeitnehmers von der Arbeitspflicht bedeutet als solche nur einen **Verzicht auf das Angebot der Arbeitsleistung**. Mit der Freistellung tritt mithin regelmäßig Annahmeverzug des Arbeitgebers mit den Rechtsfolgen des § 615 BGB ein (*LAG SchlH* 22.12.2011 LAGE § 615 BGB 2002 Nr. 15). Will der Arbeitgeber den Arbeitnehmer hingegen unter **Fortzahlung der Vergütung** und **ohne Anrechnung anderweitigen Verdienstes** von der Arbeit freistellen, muss diese Regelung der Freistellungserklärung **eindeutig zu entnehmen sein** (*BAG* 23.09.2009 EzA § 615 BGB 2002 Nr. 30).

1556 Stellt der Arbeitgeber den Arbeitnehmer nach Ausspruch einer ordentlichen Kündigung für die Dauer der Kündigungsfrist unter Anrechnung bestehender Urlaubsansprüche von der Arbeit frei und bittet er den Arbeitnehmer zugleich, ihm die Höhe des während der Freistellung erzielten Verdienstes mitzuteilen, **überlässt der Arbeitgeber dem Arbeitnehmer die zeitliche Festlegung der Urlaubszeit** und gerät während der verbleibenden Zeit in Annahmeverzug. Eines wörtlichen Angebots der Arbeitsleistung durch den Arbeitnehmer bedarf es dann nicht, denn der Arbeitgeber lässt erkennen, unter keinen Umständen zur Weiterbeschäftigung des Arbeitnehmers bereit zu sein (*BAG* 6.9.2006 EzA § 615 BGB 2002 Nr. 16).

## B. Pflichten des Arbeitgebers  Kapitel 3

### c) Beendigung des Annahmeverzuges

#### aa) Die Problemstellung in der Praxis

Zweifelhaft ist, unter welchen Voraussetzungen der Annahmeverzug im Anschluss an eine Arbeitgeberkündigung beendet wird, wenn die Parteien gerichtlich über die Rechtswirksamkeit der Kündigung streiten und der Arbeitgeber dem Arbeitnehmer zur Meidung hoher Lohnnachzahlungskosten für den Fall rechtskräftiger Feststellung der Unwirksamkeit der Kündigung die Weiterbeschäftigung anbietet. 1557

#### bb) Typische Fallkonstellationen

##### (1) Angebot eines faktischen Arbeitsverhältnisses

Der Arbeitgeber kann sich gegenüber dem Arbeitnehmer ohne vertragliche Übergangsregelung bereit erklären, diesen im Rahmen eines faktischen Arbeitsverhältnisses zur Vermeidung von Verzugslohn bis zur erstinstanzlichen Entscheidung weiterzubeschäftigen. 1558

##### (2) Weiterbeschäftigung zu den bisherigen Arbeitsbedingungen unter Aufrechterhaltung der Kündigung

Der Arbeitgeber kann sich bereit erklären, den Arbeitnehmer an seinem früheren Arbeitsplatz zu den bisherigen Arbeitsbedingungen bis zum Abschluss des Kündigungsschutzrechtsstreits weiterzubeschäftigen, ohne die Kündigung für ungerechtfertigt zu erklären. 1559

Für eine Weiterbeschäftigung im Rahmen des bisherigen Arbeitsverhältnisses spricht eine tatsächliche Vermutung (*BAG* 14.11.1985 EzA § 615 BGB Nr. 46). Die mögliche, zu diesem Zeitpunkt aber noch nicht rechtskräftig feststehende Wirksamkeit der streitgegenständlichen Kündigung berührt eine derartige Aufforderung nicht (*ArbG Bln.* 22.2.2001 NZA-RR 2001, 306). 1560

##### (3) Befristetes oder bedingtes Arbeitsverhältnis

Der Arbeitgeber kann schließlich dem Arbeitnehmer bis zur rechtskräftigen Entscheidung über die Wirksamkeit der Beendigung des Arbeitsverhältnisses ein befristetes oder ein bedingtes Arbeitsverhältnis anbieten. Zu beachten ist allerdings inzwischen das konstitutive Schriftformerfordernis der §§ 14 Abs. 4, 21 TzBfG, das auch derartige Vereinbarungen erfasst, z. B. auch für eine arbeitsvertragliche Vereinbarung über die befristete Weiterbeschäftigung des Arbeitnehmers bis zur rechtskräftigen Entscheidung des Kündigungsschutzrechtsstreits (*BAG* 22.10.2003 EzA § 14 TzBfG Nr. 8; *LAG Hamm* 16.1.2003 NZA-RR 2003, 468; das gilt aber dann nicht, wenn der Arbeitgeber den Arbeitnehmer bis zur rechtskräftigen Entscheidung allein zur Abwendung der Zwangsvollstreckung weiter beschäftigt (*LAG Hamm* 31.10.2003 LAGE § 14 TzBfG Nr. 13). 1561

##### (4) Notwendigkeit des Abstandnehmens von der Kündigung

In allen diesen Fallgruppen verneint das **BAG** (24.11.1994 EzA § 615 BGB Nr. 83; 7.11.2002 EzA § 615 BGB 2002 Nr. 1, 2; ebenso *LAG RhPf* 5.3.1998 LAGE § 615 BGB Nr. 57; a. A. *LAG Hamm* DB 1986, 1394) **die Beendigung des Annahmeverzugs** bei Ablehnung eines derartigen Angebots durch den Arbeitnehmer. 1562

Dem Arbeitnehmer darf kein Arbeitsvertrag aufgezwungen werden. Will der Arbeitgeber in dieser Situation den Annahmeverzug beenden, so muss er mit dem Angebot der Weiterbeschäftigung auch klarstellen, dass er zu Unrecht gekündigt hat. Denn der Arbeitgeber muss die Leistung des Arbeitnehmers als Erfüllung des Vertrages annehmen, wenn er nicht in Annahmeverzug geraten will. Beharrt er dagegen auf der Wirksamkeit der ausgesprochenen Kündigung, so bringt er zum Ausdruck, dass er die Leistung nicht als Erfüllung des Arbeitsvertrages annimmt. 1563

Ist der Arbeitgeber nach einer unwirksamen Kündigungserklärung mit der Annahme der Dienste des Arbeitnehmers in Verzug gekommen, so muss er folglich zur Beendigung des Annahmeverzugs die versäumte Arbeitsaufforderung nachholen. Dies muss mit der Erklärung verbunden sein, dass er die Arbeitsleistung als Erfüllung des fortbestehenden Arbeitsvertrages annimmt. Deshalb endet der Annahmeverzug nicht, wenn der Arbeitgeber bei seiner Arbeitsaufforderung die Kündigung aufrechterhält. Der Annahmeverzug wird allein durch eine Rückkehr des Arbeitgebers zu dem Vertragszustand beseitigt, der ohne Kündigung gelten würde (*BAG* 7.11.2002 EzA § 615 BGB 2002 Nr. 1, 2, 24.9.2003 EzA § 615 BGB 2002 Nr. 4; *LAG Köln* 7.7.2002 NZA-RR 2003, 308; *LAG Bln.-Bra.* 5.11.2009 LAGE § 611 BGB 2002 Abmahnung Nr. 6; vgl. *Opolony* BB 2004, 1386 ff.).

Allein die **unsubstantiierte Behauptung** des Arbeitgebers, dem Arbeitnehmer sei die Weiterbeschäftigung angeboten worden, die nicht erkennen lässt, wann genau und durch wen dem Arbeitnehmer ein Beschäftigungsangebot mit welchem Inhalt unterbreitet und ob das Angebot mit der Erklärung verbunden wurde, der Arbeitgeber nehme von der Kündigung Abstand, **beendet folglich den Annahmeverzug nicht**. Denn der Annahmeverzug wird allein durch eine Rückkehr des Arbeitgebers zu dem Vertragszustand beseitigt, der ohne die unwirksame Kündigung gelten würde (*ArbG Mainz* 20.10.2004 AuR 2005, 115 LS).

*(5) Aber: Böswilliges Unterlassen anderweitigen Erwerbs?*

1564 Allerdings kann in diesen Fällen die Ablehnung des Angebots zur Weiterbeschäftigung ein böswilliges Unterlassen anderweitigen Erwerbs i. S. d. § 615 S. 2 BGB darstellen (vgl. *Bayreuther* NZA 2003. 1365 ff.; *Ricken* NZA 2005, 323 ff.).

1565 Böswillig i. S. v. § 11 Nr. 2 KSchG – die Norm **verdrängt** im Anwendungsbereich des KSchG bei Kündigungen **§ 615 S. 2 BGB** (s. Rdn. 1593 ff.) – handelt der Arbeitnehmer, dem ein Vorwurf daraus gemacht werden kann, dass er während des Annahmeverzugs trotz Kenntnis aller objektiven Umstände (Arbeitsmöglichkeit, Zumutbarkeit der Arbeit und Nachteilsfolgen für den Arbeitgeber) vorsätzlich untätig bleibt oder die Aufnahme der Arbeit bewusst verhindert; **nicht erforderlich ist eine Schädigungsabsicht zum Nachteil des Arbeitgebers** (*LAG RhPf* 18.1.2005 LAG Report 2005, 168). Für die Frage der Zumutbarkeit kann allerdings auch der **Zeitpunkt des Arbeitsangebots** von Bedeutung sein. Der Arbeitnehmer muss insbes. eine **deutliche Verschlechterung seiner Arbeitsbedingungen nicht akzeptieren**, solange er berechtigte Aussichten hat, rechtzeitig eine günstigere Arbeit zu finden; je länger Arbeitsangebot und vorgesehene Arbeitsaufnahme auseinander liegen, desto weniger wird es dem Arbeitnehmer i. d. R. vorzuwerfen sein, wenn er das Angebot ablehnt und sich stattdessen um eine für ihn günstigere Arbeit bemüht (*BAG* 11.10.2006 EzA § 615 BGB 2002 Nr. 18).

Eine Anrechnung kommt andererseits auch dann in Betracht, wenn die Beschäftigungsmöglichkeit bei dem Arbeitgeber besteht, der sich mit der Annahme der Dienste in Verzug befindet (*BAG* 7.11.2002 EzA § 615 BGB 2002 Nr. 1, 2). Voraussetzung ist aber die positive Kenntnis des Arbeitnehmers von der Arbeitsmöglichkeit und seine vorsätzliche Untätigkeit; fahrlässige Unkenntnis reicht nicht aus (*LAG Köln* 5.7.2002 NZA-RR 2003, 308).

1566 Böswilliges Unterlassen ist auch dann gegeben, wenn der Arbeitnehmer **grundlos zumutbare Arbeit ablehnt**, oder vorsätzlich verhindert, dass ihm zumutbare Arbeit angeboten wird (*BAG* 16.5.2000 EzA § 615 BGB Nr. 99; vgl. *Tschöpe* DB 2004, 434 ff.). Voraussetzung ist aber, dass auch **tatsächlich ein Angebot des Arbeitgebers an den Arbeitnehmer ergeht**, die Arbeit jedenfalls vorläufig für die Dauer des Kündigungsschutzrechtsstreits aufzunehmen (*BAG* 22.2.2000 EzA § 615 BGB Nr. 97; 7.11.2002 EzA § 615 BGB 2002 Nr. 1, 2; 24.9.2003 EzA § 615 BGB 2002 Nr. 4; 13.7.2005 EzA § 615 BGB 2002 Nr. 9; *LAG Bln.-Bra.* 5.11.2009 LAGE § 611 BGB 2002 Abmahnung Nr. 6; abw. *LAG Hamm* 11.2.2010 – 8 Sa 1395/09, EzA-SD 6/2010 S. 11 LS). Für die danach erforderliche Beurteilung kommt es auf die Umstände des Einzelfalles, insbes. die Art und Begründung der Kündigung und das Verhalten des Arbeitgebers im Kündigungsschutzprozess an (*BAG*

## B. Pflichten des Arbeitgebers Kapitel 3

14.11.1985 EzA § 615 BGB Nr. 46; 22.2.2000 EzA § 615 BGB Nr. 97; 7.11.2002 EzA § 615 BGB 2002 Nr. 1, 2; 24.9.2003 EzA § 615 BGB 2002 Nr. 4 = NZA 2004, 90; *LAG RhPf* 5.3.1998 LAGE § 615 BGB Nr. 57; *LAG Bln.-Bra.* 5.11.2009 LAGE § 611 BGB 2002 Abmahnung Nr. 6).

> Böswilliges Unterlassen kommt vor allem in Betracht bei Kündigungen aus betriebs- oder personenbedingten Gründen. Bei fristloser oder verhaltensbedingter Kündigung ist dagegen meist dem Arbeitnehmer die Weiterbeschäftigung nicht zumutbar, da derartige Kündigungen auch einen diskriminierenden Charakter haben; wird eine Kündigung also auf verhaltensbedingte Gründe gestützt, so spricht dieser Umstand eher für die Unzumutbarkeit der vorläufigen Weiterarbeit (*BAG* 7.11.2002 EzA § 615 BGB 2002 Nr. 2). 1567
>
> Wenn eine Arbeitnehmerin z. B. befürchtet, ihr Einsatz auf einem anderen Arbeitsplatz werde im Zusammenhang mit der nachdrücklichen Aufrechterhaltung bestimmter Vorwürfe durch den Arbeitgeber betriebs-öffentlich als kompromittierend angesehen, so kann dies als nachvollziehbares Motiv für die Ablehnung der Arbeitsangebote des Arbeitgebers verstanden werden, das den Vorwurf der Böswilligkeit ausschließt (*BAG* 7.11.2002 EzA § 615 BGB 2002 Nr. 1).

Der Arbeitnehmer kann andererseits nicht die vorläufige Weiterbeschäftigung zu den bisherigen Bedingungen verlangen, das entsprechende Angebot des Arbeitgebers sodann aber ablehnen. Dieses treuwidrige Verhalten erfüllt die Voraussetzungen des § 615 S. 2 BGB (*LAG Köln* 14.12.1995 LAGE § 615 BGB Nr. 45; weitergehend *LAG München* 9.5.2001 NZA-RR 2001, 414: Rechtshängigkeit reicht auch bei verhaltensbedingter Kündigung für die Zumutbarkeit aus). **Fehlt allerdings ein entsprechendes Angebot** des Arbeitgebers, so handelt der Arbeitnehmer auch dann **nicht böswillig**, wenn er es unterlässt, ein Urteil des Arbeitsgerichts, mit dem der Arbeitgeber verurteilt worden ist, den Arbeitnehmer für die Dauer des Kündigungsschutzprozesses weiterzubeschäftigen, **zu vollstrecken**, oder die Vollstreckung anzudrohen (*BAG* 22.2.2000 EzA § 615 BGB Nr. 97). Auch kann der Arbeitgeber sich dann nicht darauf berufen, der Arbeitnehmer habe es nach einer unwirksamen fristlosen Kündigung **unterlassen**, beim ArbG einen Antrag auf Erlass einer **einstweiligen Verfügung** zur Durchsetzung des Weiterbeschäftigungsanspruchs zu stellen. Denn es ist **Sache des Arbeitgebers**, den Arbeitnehmer zur Arbeit aufzufordern, wenn er die Folgen des Annahmeverzugs beseitigen will; dies gilt auch dann, wenn der Arbeitnehmer teilweise Vergütung aus umsatzabhängiger Provision erhält (*LAG SchlH* 10.1.2006 – 2 Sa 307/05, NZA-RR 2006, 301). 1568

> Wird einem Arbeitnehmer dagegen wegen einer unstreitigen Vertragsverletzung außerordentlich gekündigt und erweist sich diese Kündigung als unverhältnismäßig, muss sich der Arbeitnehmer, der mit dem Kündigungsschutzantrag gleichzeitig den Weiterbeschäftigungsantrag gestellt hat, den unterlassenen Verdienst anrechnen lassen, wenn er nach Verkündung des arbeitsgerichtlichen Urteils der Aufforderung, im Rahmen eines Prozessrechtsarbeitsverhältnisses zu arbeiten, nicht nachkommt (*BAG* 24.9.2003 EzA § 615 BGB 2002 Nr. 4; *LAG RhPf* 4.7.2002 LAGE § 615 BGB Nr. 65; abw. *LAG Hamm* 11.2.2010 – 8 Sa 1395/09, EzA-SD 6/2010 S. 11 LS). Eine Unzumutbarkeit kann sich dann nur aus besonderen, insbes. nachträglich eingetretenen Umständen ergeben, die der Arbeitnehmer vortragen muss. Aber auch unabhängig von einem Weiterbeschäftigungsurteil kann es dem Arbeitnehmer obliegen, der Aufforderung zur Arbeitsaufnahme nachzukommen, wenn der Arbeitgeber im Zusammenhang mit der Kündigung keine unbewiesenen Vorwürfe gemacht, sondern auf einen unstreitigen und für den Ausspruch einer Kündigung grds. geeigneten Sachverhalt abgestellt hat, der nur rechtlich zu bewerten ist (*BAG* 24.9.2003 EzA § 615 BGB 2002 Nr. 4 = NZA 2004, 90). 1569

Ein Arbeitnehmer handelt demgegenüber nicht böswillig i. S. v. § 11 Nr. 2 KSchG, § 615 S. 2 BGB, indem er den ohne Beteiligung des Betriebsrats ausgesprochenen **Versetzungen nicht Folge leistet** (*BAG* 7.11.2002 EzA § 615 BGB 2002 Nr. 1, 2). 1570

> Im Hinblick auf §§ 14 Abs. 4, 21 TzBfG (s. Rdn. 1561) sind die Voraussetzungen des § 615 S. 2 BGB auch dann erfüllt, wenn der Arbeitgeber für eine vorläufige – befristete oder bedingte, nicht nur zur Abwendung der Zwangsvollstreckung erfolgende – Weiterbeschäftigung den Ab- 1571

schluss einer schriftlichen Vereinbarung verlangt und der Arbeitnehmer die Unterzeichnung verweigert (*LAG Nds.* 30.9.2003 LAGE § 615 BGB 2002 Nr. 2).

### (6) Kündigungsgrund?

1572 Ein fristlos entlassener Arbeitnehmer, der wegen der Kündigung mit seinem Arbeitgeber einen Kündigungsschutzprozess führt, setzt keinen – erneuten – Kündigungsgrund, wenn er einer im Laufe des Rechtsstreits vom Arbeitgeber zur Verringerung des Annahmeverzugsrisikos ausgesprochenen Arbeitsaufforderung nicht nachkommt, solange der Arbeitgeber an der Kündigung festhält (*LAG Köln* 9.8.1996 NZA 1997, 718 LS). Das gilt auch dann, wenn der Arbeitnehmer im Anschluss an ein Weiterbeschäftigungsurteil die Arbeit zunächst wieder aufgenommen hat und sodann wieder einstellt, weil der ihm im weiteren Verlauf zugewiesene Arbeitsplatz **nicht seinem titulierten Weiterbeschäftigungsanspruch entspricht** (*LAG MV* 23.11.2000 NZA-RR 2001, 187).

### (7) Der Sonderfall: Die unterlassene Mitteilung der vorzeitigen Beendigung einer Schwangerschaft

1573 Eine Arbeitnehmerin, die dem Arbeitgeber das Bestehen einer Schwangerschaft mitgeteilt hat, ist einerseits **verpflichtet**, den Arbeitgeber unverzüglich zu unterrichten, wenn die Schwangerschaft **vorzeitig endet** (etwa auf Grund einer Fehlgeburt; *BAG* 13.11.2001 EzA § 9 MuSchG n. F. Nr. 36), auch dann, wenn der Arbeitgeber sich mit der Annahme der Dienste in Verzug befindet und eine von ihm erklärte Kündigung wegen Verstoßes gegen § 9 MuSchG rechtskräftig für rechtsunwirksam erklärt worden ist. Hat eine Arbeitnehmerin diese Mitteilung schuldhaft unterlassen und hat der Arbeitgeber deshalb das Arbeitsverhältnis nicht gekündigt, so begründet die schuldhafte Verletzung der Unterrichtungspflicht zwar Ansprüche des Arbeitgebers auf Schadensersatz. Gleichwohl kann er die »Nichtbeendigung« des Arbeitsverhältnisses und die Erfüllung der sich aus dem Arbeitsverhältnis ergebenden Ansprüche der Arbeitnehmerin auf **Entgelt aus Annahmeverzug** andererseits **nicht als Schaden geltend machen** (*BAG* 18.1.2000 EzA § 615 BGB Nr. 98; vgl. dazu *Bittner* RdA 2001, 336 ff.). Die Arbeitnehmerin handelt auch nicht rechtsmissbräuchlich, **wenn sie die ihr auf Grund des Annahmeverzuges des Arbeitgebers zustehenden Entgeltansprüche verfolgt** (*BAG* 13.11.2001 EzA § 9 MuSchG n. F. Nr. 36).

### cc) Aufforderung zur Fortsetzung der Beschäftigung

1574 Besteht das Arbeitsverhältnis auf Grund Vereinbarung oder gerichtlicher Entscheidung fort, so endet der Annahmeverzug nicht automatisch. Der Arbeitgeber muss vielmehr unmissverständlich den Arbeitnehmer zur Fortsetzung der Beschäftigung zu den bisherigen Vertragsbedingungen auffordern (*BAG* 21.3.1985 EzA § 615 BGB Nr. 44; 7.11.2002 EzA § 615 BGB 2002 Nr. 1).

### dd) Rechtslage bei der Änderungskündigung

1575 Nach einer unwirksamen Änderungskündigung tritt der Annahmeverzug des Arbeitgebers unabhängig davon ein, ob der Arbeitnehmer das Änderungsangebot unter Vorbehalt akzeptiert hat oder nicht (vgl. § 8 KSchG).

1576 Das gilt auch dann, wenn die Änderungskündigung nicht wegen fehlender sozialer Rechtfertigung, sondern aus sonstigen Gründen rechtsunwirksam ist (KR/*Rost* § 8 KSchG Rn. 8).

1577 Lehnt der Arbeitnehmer nach Ausspruch einer Änderungskündigung durch den Arbeitgeber die Fortsetzung des Arbeitsverhältnisses zu den geänderten Arbeitsbedingungen ab, kann jedoch auch insoweit ein **böswilliges Unterlassen** gegeben sein, zumutbare Arbeit anzunehmen (§ 11 S. 1 Nr. 2 KSchG; *BAG* 16.6.2004 EzA § 615 BGB 2002 Nr. 7; *LAG Köln* 21.6.2005 NZA-RR 2006, 14; s. Rdn. 1620).

## B. Pflichten des Arbeitgebers  Kapitel 3

**Im Einzelnen gilt folgendes:**
- Die Zumutbarkeit der Arbeit erfordert eine **Gesamtwürdigung aller Umstände** des Arbeitsangebots des Arbeitgebers und der Ablehnung des Arbeitnehmers.
- Die Unzumutbarkeit der Arbeit folgt nicht allein daraus, dass der Arbeitgeber die Fortsetzung derselben Arbeit zu einer **verminderten Vergütung** anbietet.
- Andererseits ist die Zumutbarkeit der neuen Arbeitsbedingungen nicht schon deshalb zu bejahen, weil der Arbeitnehmer **Kündigungsschutzklage erhoben** hat und damit die Rechtfertigung der Änderung gerichtlich überprüft wird.
- Besondere Bedeutung kann dabei dem Umstand zukommen, dass der **Arbeitsplatz weggefallen ist** (Betriebsteilschließung) und eine andere Beschäftigungsmöglichkeit des Arbeitnehmers im Unternehmen des Arbeitgebers nicht besteht (zutr. *LAG Köln* 21.6.2005 NZA-RR 2006, 14). Ob allerdings dem Arbeitnehmer dann **eine längere Fahrtzeit von ca. 2 Stunden** je Hin- und Rückfahrt zuzumuten ist, erscheint zweifelhaft (so aber *LAG Köln* 21.6.2005 NZA-RR 2006, 14).
- Der Annahme eines böswilligen Unterlassens kann entgegenstehen, dass der Arbeitnehmer während des Annahmeverzuges des Arbeitgebers **vorbereitende Arbeiten für eine selbstständige Berufsausübung** aufnimmt.
- Soweit Einkünfte erst nach Beendigung des Annahmeverzuges erzielt werden, die auf Tätigkeiten im Verzugszeitraum beruhen, sind diese nach § 11 S. 1 Nr. 1 KSchG (ggf. anteilig) anzurechnen.

Auch dann, wenn ein Arbeitnehmer sich nach Ausspruch einer **außerordentlichen Änderungskündigung**, die er auch nicht unter Vorbehalt angenommen hat, weigert, zu den geänderten finanziellen Bedingungen weiterzuarbeiten, hat er sich den nicht erzielten Verdienst auf seinen Annahmeverzugsanspruch anrechnen zu lassen, wenn ihm die Weiterarbeit zumutbar war (*LAG Nds.* 23.7.2003 LAG Report 2004, 4).

#### ee) § 102 Abs. 5 S. 2 BetrVG

Die gerichtliche Entbindung von der Weiterbeschäftigungspflicht (§ 102 Abs. 5 S. 1, 2 BetrVG) führt nicht zu einer Beendigung des Annahmeverzuges (*LAG RhPf* 11.1.1980 BB 1980, 415). 1578

#### ff) Beendigung des Arbeitsverhältnisses

Dagegen endet der Annahmeverzug dann, wenn der **Arbeitsvertrag wirksam beendet wird**, z. B. durch gerichtlichen Vergleich oder Gestaltungsurteil (§ 9 KSchG). 1579

#### gg) Begründung eines neuen Arbeitsverhältnisses

Schließt der Arbeitnehmer während des Annahmeverzuges des Arbeitgebers einen neuen Arbeitsvertrag mit einem Dritten ab, führt dies **nicht zu einer Beendigung des Annahmeverzuges** (*OLG Frankf. a. M.* 7.5.1997 NZA-RR 1998, 433). 1580

### d) Die Rechtswirkungen des Annahmeverzuges

#### aa) Lohnausfallprinzip

Dem Arbeitnehmer bleibt gem. § 615 S. 1 BGB für die Dauer des Annahmeverzuges der Anspruch auf Zahlung der vertraglich geschuldeten Vergütung (Bruttovergütung) erhalten. 1581

Die Höhe des Verzugslohns wird nach dem Lohnausfallprinzip berechnet. Der Arbeitnehmer muss so gestellt werden, als hätte er während des Annahmeverzuges weitergearbeitet. Folglich sind während des Annahmeverzuges eingetretene Entgelterhöhungen ebenso zu berücksichtigen wie angefallene Überstunden. Denn wenn ein Arbeitnehmer z. B. über einen Zeitraum von **mehreren Monaten Arbeitsleistungen** in einem zeitlichen Umfang erbringt, der **über die tarifliche Wochenarbeitszeit hinausgeht**, kann es sich bei der tatsächlich angefallenen Arbeitszeit um die **für ihn maßgebende regelmäßige Arbeitszeit** i. S. d. § 4 Abs. 1 EFZG handeln.

# Kapitel 3
Der Inhalt des Arbeitsverhältnisses

Hat der Arbeitnehmer folglich über einen langen Zeitraum hinweg Überstunden in einem bestimmten Umfang geleistet und fehlen Anhaltspunkte dafür, dass sich der Arbeitsumfang im Annahmeverzugszeitraum verändert hätte, so umfasst der Anspruch auf Vergütung auch die wegen Annahmeverzuges nicht geleisteten Überstunden (*BAG* 18.9.2001 EzA § 611 BGB Mehrarbeit Nr. 9).

Das gilt nach Auffassung des *LAG Düsseld.* (18.5.2000 NZA-RR 2000, 538) aber dann **nicht**, wenn die Mehrarbeit unter besonderen Umständen **projektbezogen** veranlasst worden ist und vom Betriebsrat als Überstunden genehmigt worden war.

1582 Bei **leistungs- oder erfolgsabhängiger Vergütung** ist der hypothetische Verdienst des Arbeitnehmers gem. § 287 Abs. 2 zu schätzen (*BAG* 19.8.1976 EzA § 611 BGB Beschäftigungspflicht Nr. 1).

1583 Gleiches gilt, wenn es an Anhaltspunkten für die Höhe des mutmaßlich erzielten Entgelts fehlt; dabei kann die vom Arbeitnehmer bis zum Beginn des Annahmeverzuges erzielte Vergütung einen Anhaltspunkt liefern (*BAG* 18.9.2001 EzA § 611 BGB Mehrarbeit Nr. 9). Unerheblich ist dabei, ob die Ableistung der Überstunden dem ArbZG zuwiderlief, denn eine entsprechende Freistellung des Arbeitgebers von der Lohnzahlungspflicht käme der Aufforderung gleich, diese Vorschriften zu missachten. Das würde dem Sinn des ArbZG entgegenlaufen (*BAG* 18.9.2001 EzA § 611 BGB Mehrarbeit Nr. 9).

1584 Der im **Stundenlohn** beschäftigte Arbeitnehmer kann Verzugslohnansprüche jedenfalls dann auf der Basis des zuletzt gezahlten durchschnittlichen Monatslohns geltend machen, wenn er in der Vergangenheit Lohnzulagen in **wechselnder Höhe** erhalten hat (*LAG Hamm* 21.12.2007 LAGE § 1 KSchG Betriebsbedingte Kündigung Nr. 81).

### bb) Begriff des Arbeitsentgelts

1585 Zu der geschuldeten Vergütung gehören alle Leistungen mit Entgeltcharakter, die dem Arbeitnehmer mit Rücksicht auf das Arbeitsverhältnis zufließen, z. B. auch **tarifliche Zeitzuschläge**, die mit der Leistung von Wechselschicht verbunden sind (*BAG* 18.9.2002 EzA § 87 BetrVG 2001 Arbeitszeit Nr. 1; s. a. *BAG* 14.1.2009 EzA § 4 EFZG Nr. 14 für Sonn- und Feiertagszuschläge). Das gilt auch für Nachtarbeitszuschläge, erst recht dann, wenn es sich nach dem Arbeitsvertrag um eine **pauschalierte**, stets in gleich bleibender Höhe zu zahlende **Monatsleistung** handelt (*LAG Köln* 12.3.2009 – 7 Sa 1258/08 – AuR 2010, 132 LS). Zum Arbeitsentgelt gehörende Sachbezüge, die während des Annahmeverzuges nicht weitergewährt werden, sind für die Dauer der Ausfallzeit angemessen abzugelten (z. B. nach der Sachbezugsverordnung nach § 17 Abs. 1 Nr. 3 SGB IV oder Vorschriften der obersten Landesbehörden nach § 8 Abs. 2 S. 4 EStG). Das gilt z. B. für **Mahlzeiten**, die der Arbeitgeber unentgeltlich oder verbilligt an die Arbeitnehmer im Betrieb abgibt.

Schuldet der Arbeitgeber insoweit dem Grunde nach Annahmeverzugsvergütung, so obliegt es ihm, hinsichtlich der Anspruchshöhe vorzutragen, wie sich die in seinem Betrieb angeordnete **Kurzarbeit** konkret auf die **Vergütung** des Arbeitnehmers **im ungekündigten Arbeitsverhältnis** ausgewirkt hätte (*BAG* 19.3.2008 EzA § 615 BGB 2002 Nr. 23).

### cc) Aufwendungsersatz

1586 Zum Verzugslohn gehören dagegen nicht Auslösungen, Fahrgelder und Essenszuschüsse und ähnliche Leistungen, soweit der Anspruch davon abhängig ist, dass dem Arbeitnehmer Aufwendungen, die dadurch abgegolten werden, auch tatsächlich entstehen und soweit ihm solche Aufwendungen nicht entstanden sind. Etwas anderes gilt, wenn Aufwandsentschädigungen unabhängig von konkreten Aufwendungen des Arbeitnehmers gewährt und von ihm zur Anhebung seines allgemeinen Lebensstandards verwendet werden können (*BAG* 10.3.1988 EzA § 4 TVG Metallindustrie Nr. 39; s. Rdn. 1752 ff.).

## dd) Fälligkeit; Zinsen; Verjährung; Ausschlussfristen

Die aus § 615 S. 1 BGB folgenden Lohnansprüche werden zu dem Zeitpunkt fällig, in dem sie bei ordnungsgemäßer Abwicklung des Arbeitsverhältnisses fällig geworden wären (*BAG* 8.8.1985 EzA § 4 TVG Ausschlussfristen Nr. 69). Dieser Fälligkeitszeitpunkt ist auch maßgeblich für den Eintritt der Verjährung des Verzugslohns sowie den Untergang des Anspruchs auf Grund tariflicher oder vertraglicher Ausschlussfristen. 1587

Gerät der Arbeitgeber in Annahmeverzug, weil er nach Ausspruch einer Kündigung die Gehaltszahlungen an den Arbeitnehmer einstellt, so hat er dies dann zu vertreten und deshalb die rückständigen Beträge zu verzinsen, wenn er bei Anwendung der erforderlichen Sorgfalt hätte erkennen können, dass die Kündigung unwirksam war (*BAG* 13.6.2002 EzA § 615 BGB Nr. 110; 22.3.2001 EzBAT Schadensersatzpflicht des Arbeitgebers Nr. 31). Es ist insbes. zu prüfen, ob sich der Arbeitgeber in einem entschuldbaren Rechtsirrtum befunden hat. Der Rechtsirrtum ist entschuldbar, wenn die Rechtslage objektiv zweifelhaft ist und der Schuldner sie sorgfältig geprüft hat. Beruht der Ausspruch der Kündigung auf einem vertretbaren Rechtsstandpunkt, handelt der kündigende Arbeitgeber so lange nicht fahrlässig, wie er auf die Wirksamkeit seiner Kündigung vertrauen darf. Jedenfalls in Höhe des erhaltenen Arbeitslosengeldes kann der Arbeitnehmer vom Arbeitgeber keine Zinsen auf den Annahmeverzugslohn verlangen (*BAG* 13.6.2002 EzA § 615 BGB Nr. 110).

Zu beachten ist, dass durch die **Kündigungsschutzklage** nach § 4 KSchG oder eine Klage auf Feststellung des Fortbestehens des Arbeitsverhältnisses gem. § 256 ZPO die **Verjährung** der sich aus § 615 BGB ergebenden Zahlungsansprüche des Arbeitnehmers **nicht gehemmt wird** (*BAG* 7.11.1991 EzA § 209 BGB Nr. 5; zum Verhältnis zu tariflichen Ausschlussfristen s. Rdn. 4683 ff.). 1588

## ee) Annahmeverzug und Betriebsübergang

Erhebt der Arbeitnehmer im Falle eines Betriebsübergangs gegenüber dem früheren Betriebsinhaber eine erfolgreiche Kündigungsschutzklage, so muss der **neue Inhaber** den gegenüber dem früheren Inhaber eingetretenen Annahmeverzug ebenso wie eine diesem gegenüber erfolgte tarifliche Geltendmachung auf Grund des Schutzzwecks des § 613a BGB **gegen sich gelten lassen** (*BAG* 21.3.1991 EzA § 615 BGB Nr. 68). 1589

## ff) Forderungsübergang auf Sozialversicherungsträger (§§ 203 f. SGB III, § 115 SGB X)

Der sozialversicherungsrechtliche Leistungsträger tritt nach § 203 f. SGB III, § 115 SGB X in die von den Arbeitsvertragsparteien bindend klargestellte Rechtslage ein. Gehen die Parteien von der Unwirksamkeit einer Kündigung und damit auch für die Frage des Annahmeverzuges (§ 615 BGB) vom Fortbestand des Arbeitsverhältnisses aus, weil der Arbeitgeber sie im Einvernehmen mit dem Arbeitnehmer »zurückgenommen« hat, so gilt dies im Bereich der ordentlichen Kündigung auch für den Sozialversicherungsträger. 1590

Haben die Parteien im Rahmen einer ordentlichen Kündigung den Streitgegenstand abschließend geregelt und sind danach Ansprüche auf den sozialversicherungsrechtlichen Leistungsträger übergegangen, so braucht dieser eine spätere Änderung der ursprünglichen Vereinbarung nach §§ 404, 412 BGB nicht gegen sich gelten zu lassen (*BAG* 17.4.1986 EzA § 615 BGB Nr. 7). 1591

### e) Anrechnung auf den entgangenen Verdienst

#### aa) Sinn und Zweck der Anrechnung

Der Arbeitnehmer soll keine Vorteile dadurch erlangen, dass er die vereinbarte Vergütung fordern kann, ohne zu Nachleistungen verpflichtet zu sein. Deshalb muss er sich nach § 615 S. 2 BGB auf die vom Arbeitgeber geschuldete Vergütung das anrechnen lassen, **was er infolge des Unterbleibens der Arbeitsleistung erspart oder durch anderweitige Verwendung seiner Arbeitskraft erwirbt oder zu erwerben böswillig unterlässt.** 1592 *bb) Verhältnis zu § 11 KSchG*

1593 Soweit das KSchG Anwendung findet, wird § 615 S. 2 BGB durch die **Sonderregelung des § 11 KSchG verdrängt** (*BAG* 6.9.1990 EzA § 615 BGB Nr. 67); beide Vorschriften sind nahezu inhaltlich deckungsgleich (*LAG RhPf* 18.1.2005 LAG Report 2005, 168; a. A. *LAG Nbg.* 9.3.2010 LAGE § 615 BGB 2002 Nr. 10).

1593a Nach § 615 S. 2 BGB muss sich der Verpflichtete den Wert desjenigen **anrechnen** lassen, was er infolge des Unterbleibens der Dienstleistung **erspart** hat. Im Spezialfall des **§ 11 KSchG** findet eine solche **Anrechnung** hingegen **nicht statt**. Kommt eine Anwendung des § 11 KSchG zu Gunsten eines Arbeitnehmers nicht in Betracht, liegt darin **keine Verletzung des allgemeinen Gleichheitssatzes** (Art. 3 Abs. 1 GG). In § 11 KSchG wird von einer Anrechnung ersparter Aufwendungen i. S. d. § 615 S. 2 BGB im Anschluss an ein Kündigungsschutzverfahren abgesehen, um die **Fortsetzung des Arbeitsverhältnisses nicht** durch Auseinandersetzungen über die Höhe des Annahmeverzugsentgelts **zu belasten** (vgl. BT-Drs. Nr. 2090 v. 27.3.1951 u. Nr. 2384 vom 21.6.1951; RdA 1951, 178). Dieser Regelungszweck des § 11 KSchG kann auch in einem **Kleinbetrieb Bedeutung erlangen**, wenn der Arbeitnehmer des Kleinbetriebs die Kündigung des Arbeitgebers mit Erfolg angegriffen hat und das Arbeitsverhältnis möglichst konfliktfrei fortgesetzt werden soll. Dennoch kann es unter Berücksichtigung des Regelungsspielraums des Gesetzgebers verfassungsrechtlich unbedenklich sein, das durch § 11 KSchG verfolgte Anliegen dann hinter das Interesse des Arbeitgebers an einer Anrechnung der ersparten Aufwendungen des Arbeitnehmers zurücktreten zu lassen, wenn es sich um einen Arbeitgeber eines Kleinbetriebs handelt, der typischerweise finanziell weniger leistungsstark und deshalb an einer Reduzierung der Lohnkosten besonders interessiert ist (*BVerfG* 24.6.2010 EzA § 615 BGB 2002 Nr. 32).

1593b Beide Bestimmungen stellen darauf ab, ob dem Arbeitnehmer nach Treu und Glauben (§ 242 BGB) sowie unter Beachtung des Grundrechts auf freie Arbeitsplatzwahl (Art. 12 GG) die Aufnahme einer anderweitigen Arbeit **zumutbar ist**. Dabei kommt eine Anrechnung auch in Betracht, wenn die Beschäftigungsmöglichkeit **bei dem Arbeitgeber** besteht, der sich mit der Annahme der Dienste des Arbeitnehmers **im Verzug** befindet. Maßgebend sind die Umstände des Einzelfalls. Wie § 615 S. 2 BGB schließt § 11 S. 1 Nr. 2 KSchG den Fall mit ein, dass der Arbeitgeber nur **vertragswidrige Arbeit anbietet**, denn das Angebot vertragsgerechter Arbeit zwecks Erfüllung des bestehenden Arbeitsverhältnisses würde den Annahmeverzug beenden. Vielmehr handelt der Arbeitnehmer böswillig, dem ein Vorwurf daraus gemacht werden kann, dass er während des Annahmeverzugs trotz Kenntnis aller objektiven Umstände vorsätzlich untätig bleibt oder die Aufnahme der Arbeit bewusst verhindert (*BAG* 17.11.2011 EzA § 615 BGB 2002 Nr. 35).

1594 § 11 KSchG gilt nicht nur für den Fall der Feststellung des Fortbestands des Arbeitsverhältnisses durch gerichtliche Entscheidung (Urteil), sondern auch für alle Vereinbarungen, die zu dem gleichen Ergebnis gelangen, also von einer unwirksamen Kündigung des Arbeitgebers ausgehen.

*cc) Abdingbarkeit*

1595 § 11 KSchG ist **unabdingbar**, soweit für den Arbeitnehmer nachteilige Anrechnungsbestimmungen auf Grund einzel- oder kollektivrechtlicher Regelung getroffen werden. Dagegen ist **§ 615 S. 2 BGB** auch zum Nachteil des Arbeitnehmers **vertragsdispositiv** (*BAG* 6.11.1968 AP Nr. 16 zu § 615 BGB Betriebsrisiko).

*dd) Anzurechnender Verdienst*

1596 Anzurechnen ist derjenige Verdienst, den der Arbeitnehmer durch anderweitige Verwendung desjenigen Teils seiner Arbeitskraft erwirbt, den er dem Arbeitgeber zur Verfügung zu stellen verpflichtet war. **Es muss sich also um Verdienst handeln, der kausal durch das Freiwerden der Arbeitskraft erzielt worden ist.** Anhaltspunkte für die Kausalität können sich sowohl aus objektiven (maßgeblich ist, ob beide Tätigkeiten nebeneinander ausgeübt werden können) als auch aus subjektiven Umständen (maßgeblich ist der Wille des Arbeitnehmers) ergeben (*BAG* 6.9.1990 EzA § 615 BGB Nr. 67). Nebenverdienste bleiben insoweit unberücksichtigt, als sie auch bei Erfüllung der arbeitsvertraglichen Pflichten möglich gewesen wären (*LSG Nds.-Brem.* 21.11.2002 NZA-RR 2003, 603). Die gleichen Grundsätze gelten für teilzeitbeschäftigte Arbeitnehmer.

Zu dem anzurechnenden anderweitigen Verdienst zählen alle Leistungen, die als Gegenleistung für die Arbeitsleistung (z. B. auch die durch einen anderen Arbeitgeber gezahlte Urlaubsabgeltung, *LAG Hamm* 25.11.1996 ZTR 1997, 236), auch im Rahmen einer selbstständigen Gewerbeausübung erzielt werden, nicht aber Einkünfte aus einer kapitalmäßigen Beteiligung an einem Unternehmen, es sei denn, dass der Arbeitnehmer mit der Verwaltung seines Vermögens ausgelastet ist (*BAG* 27.3.1974 AP Nr. 15 zu § 242 BGB Auskunftspflicht). Anzurechnen sind auch öffentlich-rechtliche Leistungen, die der Arbeitnehmer während des Annahmeverzuges bezogen hat, z. B. Arbeitslosengeld (*BAG* 7.2.2007 EzA § 615 BGB 2002 Nr. 19; s. a. *Fritz/Erren* NZA 2009, 1242 ff.), vorgezogenes Altersruhegeld, Erwerbsunfähigkeitsrente (vgl. *LAG Köln* 24.11.1995 NZA-RR 1996, 286), ebenso ein Gründungszuschuss (*LAG Köln* 15.10.2003 ZTR 2004, 326 LS). Nach Auffassung des *LAG Brem.* (17.9.2001 NZA-RR 2002, 186) muss schließlich ein Arbeitnehmer, der in einem **Reinigungsunternehmen** tätig ist, sich den »Nebenverdienst«, den er nach einer fristlosen Kündigung des Arbeitsverhältnisses im Annahmeverzugszeitraum morgens in der Zeit ab 5 Uhr bei einem Konkurrenzunternehmen erzielt (450 DM monatlich) auf die Annahmeverzugsansprüche anrechnen lassen, wenn seine Arbeitszeit bei dem in Annahmeverzug geratenen Arbeitgeber um 7.30 Uhr begonnen hätte, auch wenn er diese Nebentätigkeit nicht hätte ausüben dürfen (Verstoß gegen das ArbZG und das Konkurrenzverbot). 1597

*ee) Durchführung der Anrechnung und Rückabwicklung*

Der anzurechnende anderweitige Arbeitsverdienst ist auf die vertragsmäßige Vergütung für die ganze Zeit des Annahmeverzuges (vergleichende Gesamtberechnung; *BAG* 22.11.2005 EzA § 615 BGB 2002 Nr. 14) und nicht nur auf den Zeitabschnitt anzurechnen, in dem er erzielt worden ist (*BAG* 19.7.1978 EzA § 242 BGB Auskunftspflicht Nr. 1; 29.7.1993 EzA § 615 BGB Nr. 79). Zunächst ist die **Vergütung** für die auf Grund des Verzugs des Arbeitgebers **nicht geleisteten Dienste** zu ermitteln. Dieser Gesamtvergütung ist **gegenüberzustellen, was der Arbeitnehmer während des gesamten Zeitraums anderweitig erworben hat** (*BAG* 22.11.2005 EzA § 615 BGB 2002 Nr. 14). Bezogen auf die Anrechnung böswillig unterlassenen Erwerbs bedeutet das: Zunächst hat die proportionale Zuordnung der Anrechnung in zwei Schritten zu erfolgen. Zunächst ist von dem vom Arbeitgeber geschuldeten Bruttoarbeitsentgelt der Bruttoverdienst in Abzug zu bringen, den zu erwerben der Arbeitnehmer böswillig unterlassen hat. Von dem so errechneten Differenzbetrag muss sich der Arbeitnehmer den Teil des bezogenen Arbeitslosengelds anrechnen lassen, der dem Anteil der Bruttovergütung entspricht, die der Arbeitgeber dem Arbeitnehmer noch nach Anrechnung des böswillig unterlassenen Erwerbs auf das vertraglich geschuldete Arbeitsentgelt zu zahlen hat (*BAG* 11.1.2006 EzA § 615 BGB 2002 Nr. 10; s. a. *Schulze* NZA 2006, 1145 ff.). 1598

Folglich sind die anzurechnenden Einkünfte für den gesamten Zeitraum zu ermitteln und mit der Annahmeverzugsvergütung zu verrechnen. Voraussetzung für die vollständige Anrechnung des gesamten anderweitigen Erwerbs ist aber regelmäßig die **Beendigung des Annahmeverzuges**. Dauert der Annahmeverzug z. Zt. der Entscheidung über eine Vergütungsklage des Arbeitnehmers noch an, kann der Arbeitgeber **nur Auskunft** über die Höhe des anderweitigen Verdienstes aus den Zeitabschnitten verlangen, für die der Arbeitnehmer fortlaufend seit Beginn des Annahmeverzuges Entgelt geltend gemacht hat (*BAG* 24.8.1999 EzA § 615 BGB Nr. 96; s. a. *Groeger* NZA 2000, 793 ff.; a. A. *LAG Düsseld.* 1.9.2005 – 5 Sa 212/05, FA 2006, 58 LS). 1599

Die Durchführung der Anrechnung erfolgt nicht durch Rechtsgeschäft, vielmehr handelt es sich um eine **automatisch eintretende Kürzung** des Vergütungsanspruchs des Arbeitnehmers, für die **§§ 850 ff. ZPO keine Anwendung finden**, weil der Arbeitnehmer die Leistung bereits erhalten hat. 1600

1601 Stellt sich heraus, dass der Arbeitnehmer neben dem Verzugslohn anderweitig anzurechnende Einkünfte erzielt hat, ist er zur Erstattung gem. § 812 Abs. 1 S. 1 BGB verpflichtet (*BAG* 2.6.1987 EzA § 74c HGB Nr. 25).

1602 Wird der Arbeitgeber rechtskräftig verurteilt, für einen bestimmten Zeitraum des Annahmeverzuges nach § 615 BGB die vereinbarte Vergütung zu zahlen und erfährt er später von einem anrechenbaren Verdienst des Arbeitnehmers in dieser Zeit, so ist er auch durch das rechtskräftige Urteil nicht gehindert, den überzahlten Betrag nach § 812 BGB zurückzufordern bzw. bei der Endabrechnung über die restliche Zeit des Annahmeverzuges zur Anrechnung zu bringen (*BAG* 29.7.1993 EzA § 615 BGB Nr. 79).

*ff) Darlegungs- und Beweislast; Auskunftsanspruch; eidesstattliche Versicherung*

1603 Die Darlegungs- und Beweislast für die Voraussetzungen des § 615 S. 2 BGB (§ 11 KSchG) hat der **Arbeitgeber.** Dem Arbeitgeber werden aber i. d. R. die näheren Umstände, deren Kenntnis zur Beurteilung der Kausalität erforderlich ist, nicht bekannt sein.

1604 Der Arbeitgeber hat daher gegen den Arbeitnehmer einen selbstständig einklagbaren Anspruch auf Auskunft über die Höhe seines anderweitigen Verdienstes in der Zeit des Annahmeverzuges (*BAG* 29.7.1993 EzA § 615 BGB Nr. 79; s. a. *Lüderitz/Pawlak* NZA 2011, 313 ff.).

1605 Voraussetzung ist aber, dass der Arbeitgeber zuvor dargelegt und nachgewiesen hat, dass der Arbeitnehmer überhaupt einer anderen Erwerbstätigkeit nachgegangen ist (a. A. *Klein* NZA 1998, 1208 ff.).

1606 Inhalt und Umfang von Auskunftspflichten richten sich im Einzelfall nach den Grundsätzen von Treu und Glauben. Gerade wenn es um Angaben über Einkünfte aus einer selbstständigen Tätigkeit geht, lassen sich keine schematischen Regeln aufstellen, die für die vielfältigen Erscheinungsformen des Arbeitslebens gleichermaßen Geltung beanspruchen. Es ist das Interesse des Arbeitnehmers zu berücksichtigen, dass die Auskunft ihm **keinen zumutbaren Aufwand** verursacht, andererseits das Interesse des Arbeitgebers, ein **möglichst deutliches Bild** über den anrechenbaren Zwischenverdienst zu erhalten. Nur im konkreten Einzelfall kann nach **Treu und Glauben** beurteilt werden, wie detailliert die Angaben des Arbeitnehmers zumutbarerweise sein müssen. Auch inwieweit bei einer Gesamtabrechnung und konkret geltend gemachten Bedenken des Arbeitgebers Belege vorgelegt werden müssen und konkrete Nachweise erforderlich sind, kann nur eine **Einzelfallabwägung** nach Treu und Glauben ergeben. Jedenfalls darf der Auskunftsanspruch nicht dadurch entwertet werden, dass auch bei begründeten Einwendungen des Arbeitgebers diesem jegliche Möglichkeit abgeschnitten wird, die Angaben des Arbeitnehmers zu überprüfen. Regelmäßig werden deshalb konkrete Nachweise zu fordern sein.

1607 Bei **Zweifeln** an der Auskunft kann der Arbeitgeber i. d. R. verlangen, dass der Arbeitnehmer seine Angaben zusätzlich belegt (*BAG* 2.6.1987 EzA § 74c HGB Nr. 25). Bei Einkünften aus selbstständiger unternehmerischer Tätigkeit genügt der Arbeitnehmer seiner Auskunftspflicht durch die Vorlage des **Einkommensteuerbescheides**. Entbindet er in diesem Zusammenhang das Finanzamt nicht von seiner Verpflichtung, das Steuergeheimnis zu wahren, so ist die Weigerung im Rahmen der Gesamtwürdigung gem. § 286 ZPO zu berücksichtigen (*BAG* 14.8.1974 AP Nr. 3 zu § 13 KSchG 1969).

1608 Werden entsprechende Belege nicht vorgelegt, kann der Arbeitgeber vom Arbeitnehmer die Abgabe einer **eidesstattlichen Versicherung** verlangen. Dieser Anspruch ist nicht bereits dadurch erfüllt, dass der Arbeitnehmer im Prozess vor dem Arbeitsgericht an Eides statt versichert, eine bestimmte im Prozess vorgelegte Aufstellung, die mit seinen sonstigen Angaben nicht übereinstimmt, sei richtig (*BAG* 29.7.1993 EzA § 615 BGB Nr. 79).

## B. Pflichten des Arbeitgebers  Kapitel 3

*gg) Leistungsverweigerungsrecht des Arbeitgebers*

Solange der Arbeitnehmer seiner Auskunftsverpflichtung nicht nachkommt, steht dem Arbeitgeber ein Leistungsverweigerungsrecht aus § **320 Abs. 1 BGB** zu (*BAG* 27.3.1974 AP Nr. 15 zu § 242 BGB Auskunftspflicht). 1609

Eine Verurteilung des Arbeitgebers auf Zahlung des Verzugslohns Zug-um-Zug gegen die entsprechende Auskunftserteilung scheidet aus, weil der Umfang der Leistungspflicht des Arbeitgebers ohne vorherige Auskunft des Arbeitnehmers nicht bestimmbar ist. 1610

Mangels Fälligkeit der Verzugsvergütung ist die Zahlungsklage des Arbeitnehmers dann insgesamt als zurzeit unbegründet abzuweisen (*BAG* 2.6.1987 EzA § 74c HGB Nr. 25). 1611

*hh) Öffentlich-rechtliche Leistungen*

Der Arbeitnehmer hat über erhaltene öffentlich-rechtliche Leistungen (z. B. Arbeitslosengeld) Auskunft zu erteilen, da auch insoweit eine Anrechnung erfolgt (§ 11 Nr. 3 KSchG). Danach ist der »Nettobetrag« des Arbeitslosengeldes als die dem Arbeitnehmer infolge Arbeitslosigkeit gezahlte öffentlich-rechtliche Leistung auf das Arbeitsentgelt anzurechnen. Der Arbeitgeber hat der Bundesagentur die geleisteten Beiträge aus dem Bruttobetrag des Arbeitsentgelts zu erstatten (§ 335 Abs. 3 SGB III; *BAG* 24.9.2003 EzA § 615 BGB 2002 Nr. 3). In Höhe der gewährten Unterstützung geht der Anspruch des Arbeitnehmers aus § 615 S. 1 BGB gem. § 115 SGB X auf den Sozialversicherungsträger über. 1612

Bei Leistungen der Grundsicherung für Arbeitsuchende an Mitglieder einer **Bedarfsgemeinschaft** nach dem SGB II ist der Grundsatz der Personenidentität durchbrochen. Erbringt eine ARGE (jetzt: Jobcenter) Leistungen an den nicht getrennt lebenden Ehegatten, den Lebenspartner des Hilfebedürftigen und an dessen unverheiratete Kinder unter 25 Jahren, weil der Arbeitgeber die Vergütung an den Arbeitnehmer nicht zahlt, geht dessen Vergütungsanspruch nach der in § 34b SGB II enthaltenen Sonderregelung auch in Höhe der an diese Personen erbrachten Leistungen auf den Träger der Grundsicherung über (*BAG* 21.3.2012 – 5 AZR 61/11). 1612a

An der Rechtsnatur des Verzugslohns ändert sich durch den Wechsel in der Aktivlegitimation nichts (*BAG* 28.6.1984 AP Nr. 1 zu § 115 SGB X). 1613

Die Berufsunfähigkeitsrente nach früherem Recht ist keine Leistung infolge Arbeitslosigkeit i. S. d. § 11 Nr. 3 KSchG (*BAG* 24.9.2003 EzA § 615 BGB 2002 Nr. 3). 1614

*ii) Böswillig unterlassener Erwerb*

*(1) Begriffsbestimmung*

Weiterhin ist anzurechnen, was der Arbeitnehmer böswillig zu erwerben unterlässt (hypothetischer Erwerb; s. *LAG Nds.* 18.1.2006 NZA-RR 2006, 349). Dabei ist aber zu beachten, dass die **Annahme einer Arbeit** i. S. v. § 11 S. 1 Nr. 2 KSchG **nicht dasselbe ist wie die Annahme eines Angebots**; sie setzt auch kein Angebot voraus. Der Arbeitnehmer **darf nicht untätig bleiben, wenn sich eine realistische Arbeitsmöglichkeit bietet**. Das kann auch die Abgabe von eigenen Angeboten mit einschließen. Geht es um die Arbeitsmöglichkeit **bei dem bisherigen Arbeitgeber**, kann der Arbeitnehmer allerdings regelmäßig abwarten, ob ihm eine zumutbare Arbeit angeboten wird; das ist nur dann der Fall, wenn sie auf den **Erwerb von Zwischenverdienst** gerichtet ist. **Auf eine dauerhafte Änderung der Arbeitsbedingungen braucht sich der Arbeitnehmer nicht einzulassen** (*BAG* 11.1.2006 EzA § 615 BGB 2002 Nr. 11 m. Anm. *Janko* SAE 2007, 118 ff.; vgl. dazu *Schulze* NZA 2006, 1145 ff.; s. a. *LAG Bln.-Bra.* 20.4.2007 – 6 Sa 162/07, EzA-SD 14/2007 S. 9 LS zum Widerruf einer widerruflich vereinbarten Freistellung). Andererseits kommt eine Anrechnung eben auch dann in Betracht, wenn eine zumutbare Beschäftigungsmöglichkeit **bei einem sich im Verzug befindlichen Arbeitgeber** besteht. Dabei ist die von einem Arbeitgeber in einem unstreitig bestehenden Arbeitsverhältnis über sein **Weisungsrecht hinaus** zugewiesene Arbeit **nicht ohne weiteres als unzumutbar** 1615 anzusehen; insoweit sind alle Umstände des Einzelfalls zu berücksichtigen. Neben der Art der Arbeit und den sonstigen Arbeitsbedingungen ist zu prüfen, **aus welchen Gründen** der Arbeitgeber keine vertragsgemäße Arbeit anbietet und der Arbeitnehmer ihm zugewiesene Arbeit ablehnt (*BAG* 7.2.2007 EzA § 615 BGB 2002 Nr. 19). Allerdings liegt z. B. bei **unzumutbar langer Pendelzeit** (mehr als 2 Stunden pro Strecke bei einer schwangeren Arbeitnehmerin) zum Erreichen des neuen angebotenen Arbeitsplatzes kein böswilliges Unterlassen anderweitigen Erwerbs vor; dies gilt selbst dann, wenn es sich um die **einzige geeignete freie Stelle** handelt (*LAG Hamm* 24.5.2007 NZA-RR 2008, 175).

**1616** Böswillig handelt der Arbeitnehmer, dem ein Vorwurf daraus gemacht werden kann, dass er in Kenntnis der objektiven Umstände, d. h. der Arbeitsmöglichkeit, Zumutbarkeit der Arbeit und der Nachteilsfolge für den Arbeitgeber, vorsätzlich untätig bleibt oder die Arbeitsaufnahme verhindert hat; nicht erforderlich ist Schädigungsabsicht des Arbeitnehmers (*BAG* 17.11.2011 EzA § 615 BGB 2002 Nr. 35; *LAG RhPf* 18.1.2005 LAG Report 2005, 168; so bereits *BAG* 18.6.1965 AP Nr. 2 zu § 615 BGB Böswilligkeit). Das ist dann der Fall, wenn der Arbeitnehmer grundlos zumutbare Arbeit ablehnt oder vorsätzlich verhindert, dass ihm zumutbare Arbeit angeboten wird (*BAG* 16.5.2000 EzA § 615 BGB Nr. 99; 17.11.2011 EzA § 615 BGB 2002 Nr. 35). Die **Unzumutbarkeit** der Arbeit kann sich unter **verschiedenen Gesichtspunkten** ergeben. Maßgebend sind die **Umstände des Einzelfalls**. Sie kann ihren Grund in der Person des Arbeitgebers, der Art der Arbeit und den sonstigen Arbeitsbedingungen haben. Auch vertragsrechtliche Umstände sind zu berücksichtigen. Allerdings ist die nichtvertragsgemäße Arbeit **nicht ohne weiteres** mit unzumutbarer Arbeit gleichzusetzen, denn das Angebot vertragsgerechter Arbeit zwecks Erfüllung des bestehenden Arbeitsverhältnisses würde den Annahmeverzug beenden (*BAG* 17.11.2011 EzA § 615 BGB 2002 Nr. 35).

Grundsätzlich ist es **nicht unzumutbar**, die Arbeit unter **Hinnahme von Verdiensteinbußen** fortzuführen. Es bedarf insgesamt wegen der Zumutbarkeit der Arbeitsaufnahme einer **Einzelfallprüfung**, die sich nach den gesamten Umständen des konkreten Falls beurteilt (*LAG Nds.* 18.1.2006 NZA-RR 2006, 349). Unzumutbarkeit liegt auch dann nicht vor, wenn der Arbeitgeber für eine **vorläufige Weiterbeschäftigung** nach Ausspruch einer Kündigung den Abschluss **einer schriftlichen Vereinbarung verlangt** und der Arbeitnehmer die Unterzeichnung verweigert (*LAG Nds.* 30.9.2003 NZA-RR 2004, 194; *Lüderitz/Pawlak* NZA 2011, 313 ff.).

Auch das **Fehlen dringender Gründe** für das Angebot des Arbeitgebers, den Arbeitnehmer bis zum rechtskräftigen Abschluss des Kündigungsschutzprozesses nicht mit der arbeitsvertraglich geschuldeten, sondern einer **anderen Tätigkeit** zu beschäftigen, schließt böswilliges Unterlassen anderweitigen Erwerbs (i. S. v. § 11 S. 1 Nr. 2 KSchG) nicht aus. Das Bestehen dringender Gründe für das Angebot objektiv vertragswidriger Arbeit ist ein Kriterium für böswilliges Unterlassen i. S. v. § 615 S. 2 BGB im unstreitig bestehenden Arbeitsverhältnis, in dem der Arbeitnehmer vertragsgemäße Arbeit zu vertragsgemäßen Bedingungen erwarten darf. **Für die Obliegenheit des Arbeitnehmers nach § 11 S. 1 Nr. 2 KSchG im gekündigten Arbeitsverhältnis ist dagegen der arbeitsvertragliche Beschäftigungsanspruch grds. ohne Belang**. Aufgrund der Unsicherheit über den Bestand des Arbeitsverhältnisses nach Ablauf der Kündigungsfrist und vor einer rechtskräftigen Entscheidung im Kündigungsschutzprozess **steht** in einem streitbefangenen Zeitraum gerade **nicht fest**, dass der Arbeitgeber den Arbeitnehmer vertragsgemäß **beschäftigen muss**. Es steht noch nicht einmal fest, ob er den Arbeitnehmer überhaupt noch auf der Grundlage eines bestehenden Arbeitsvertrags zu beschäftigen hat (*BAG* 17.11.2011 EzA § 615 BGB 2002 Nr. 35).

Nichts anderes gilt, wenn ein Arbeitnehmer sich nach Ausspruch einer **außerordentlichen Änderungskündigung**, die er auch nicht unter Vorbehalt angenommen hat, weigert, zu den **geänderten finanziellen Bedingungen** weiterzuarbeiten. Er hat sich dann den nicht erzielten Verdienst auf seinen Annahmeverzugsanspruch anrechnen zu lassen, wenn ihm die Weiterarbeit zumutbar war (*LAG Nds.* 18.1.2006 NZA-RR 2006, 349). Grundsätzlich schließt den Vorwurf die Tatsache

## B. Pflichten des Arbeitgebers

aus, dass der Arbeitnehmer sich beim Arbeitsamt als arbeitsuchend gemeldet hat (*LAG Köln* 5.7.2002 LAGE § 615 BGB Nr. 66; s. a. Rdn. 1618).

Bietet der **Betriebsveräußerer** dem Arbeitnehmer, der dem Übergang seines Arbeitsverhältnisses widersprochen hat, an, ab dem Zeitpunkt des Betriebsübergangs für den Betriebserwerber die selbe Tätigkeit zu den selben Bedingungen zu verrichten, und übernimmt er für die Vergütungsansprüche die **gesamtschuldnerische Haftung**, so muss sich der Arbeitnehmer, der dieses Angebot ablehnt, die ihm dadurch entgehende Vergütung nach § 615 S. 2 Alt. 3 BGB auf seinen Anspruch auf Vergütung aus dem Gesichtspunkt des Annahmeverzugs anrechnen lassen (*BAG* 9.9.2010 EzA § 611 BGB 2002 Kirchliche Arbeitnehmer Nr. 16).

Eine Anrechnung kommt im Falle der Arbeitsunfähigkeit nicht in Betracht (*BAG* 4.12.2002 EzA § 3 EFZG Nr. 10). **1617**

*(2) Fehlende Böswilligkeit*

▶ **Beispiele: Nicht böswillig handelt der Arbeitnehmer:** **1618**
– der vom Arbeitgeber im Rahmen eines unstreitig fortbestehenden Arbeitsverhältnisses **einseitig** von der Verpflichtung zur Arbeitsleistung **freigestellt wird** (*LAG Köln* 27.4.2005 ZTR 2006, 51 LS);
– der eine Arbeit zurückweist, die ihm der Arbeitgeber unter **Überschreitung seines Direktionsrechts** zuweist (*BAG* 13.12.1980 AP Nr. 4 zu § 615 Böswilligkeit);
– der während des Annahmeverzugs **kein anderweitiges Dauerarbeitsverhältnis** eingeht, das ihm die Rückkehr an den bisherigen Arbeitsplatz erschwert (*BAG* 18.6.1965 AP Nr. 2 zu § 615 BGB Böswilligkeit);
– der eine **selbstständige Tätigkeit aufnimmt**, bei der die Geschäftsergebnisse geringer sind als das zu beanspruchende Arbeitslosengeld (*BAG* 2.6.1987 EzA § 74c HGB Nr. 25);
– der einen vorübergehenden **Auslandsaufenthalt** durchführt oder ein Erfolg versprechendes **Studium** aufnimmt (*BAG* 9.8.1974 AP Nr. 5 zu § 74c HGB; 11.7.1985 EzA § 615 BGB Nr. 52);
– der trotz Vorliegens der Voraussetzungen des § 102 Abs. 5 BetrVG **kein Weiterbeschäftigungsverlangen** an den Arbeitgeber richtet;
– der es **unterlässt**, sich bei der Agentur für Arbeit **als Arbeitsuchender zu melden**.

Denn die Vorschriften über den Annahmeverzug begründen keine Obliegenheit des Arbeitnehmers, die Vermittlung der Bundesagentur für Arbeit in Anspruch zu nehmen (*BAG* 16.5.2000 EzA § 615 BGB Nr. 99; *LAG Bln.* 3.9.2003 – 17 Sa 808/03, EzA-SD 23/03, S. 6 LS; vgl. dazu *Spirolke* NZA 2001, 707 ff.): **1619**
– wenn der Arbeitnehmer eine Berufsunfähigkeitsrente nach altem Recht bezieht (*BAG* 24.9.2003 EzA § 615 BGB 2002 Nr. 3);
– wenn der Arbeitnehmer im Zusammenhang mit einem Antrag nach § 8 TzBfG eine **einstweilige Verfügung** zur Regelung seiner Arbeitszeit beantragt, woraufhin ihm wegen Fehlens einer entsprechenden Beschäftigungsmöglichkeit – unwirksam – gekündigt wird und beschäftigt ihn der Arbeitgeber entsprechend der gerichtlichen Entscheidung bis zum Ablauf der Kündigungsfrist unter **Androhung von Schadensersatzansprüchen** weiter, so stellt es kein böswilliges Unterlassen anderweitigen Erwerbs dar, wenn sich der Arbeitnehmer **nach Ablauf der Kündigungsfrist arbeitslos meldet**, anstatt der Aufforderung nachzukommen, seiner Schadensminderungspflicht durch Weiterarbeit zu genügen (*LAG Hamm* 4.11.2004 NZA-RR 2005, 416).

*(3) Änderungskündigung*

Im Rahmen einer erklärten Änderungskündigung gilt Folgendes (*BAG* 16.7.2004 EzA § 615 BGB 2002 Nr. 7; 26.9.2007 EzA § 615 BGB 2002 Nr. 21; s. Rdn. 1575): **1620**
– Ein **böswilliges Unterlassen** kommt in Betracht, wenn der Arbeitnehmer nach Ausspruch einer Änderungskündigung durch den Arbeitgeber die Fortsetzung des Arbeitsverhältnisses zu geän-

derten Arbeitsbedingungen ablehnt (ebenso *BAG* 26.9.2007 EzA § 615 BGB 2002 Nr. 21 = NZA 2008, 1063; s. a. *Fritz/Herren* NZA 2009, 1242 ff.). Lehnt der Arbeitnehmer das Angebot ab, bedarf es **keines neuen**, auf eine sog. Prozessbeschäftigung gerichteten **Angebots**. Der Arbeitnehmer, der die Möglichkeit des § 2 KSchG nicht wahrnimmt, handelt auf eigenes Risiko (*BAG* 26.9.2007 EzA § 615 BGB 2002 Nr. 21 = NZA 2008, 1063).

- Die Unzumutbarkeit der Arbeit folgt nicht allein daraus, dass der Arbeitgeber die Fortsetzung derselben Arbeit zu einer verminderten Vergütung anbietet.
- Andererseits ist die Zumutbarkeit der neuen Arbeitsbedingungen nicht schon deshalb zu bejahen, weil der Arbeitnehmer Kündigungsschutzklage erhoben hat und damit die Rechtfertigung der Änderung gerichtlich überprüft wird.
- Der Annahme eines böswilligen Unterlassens kann entgegenstehen, dass der Arbeitnehmer während des Annahmeverzuges des Arbeitgebers vorbereitende Arbeiten für eine selbstständige Berufsausübung aufnimmt.

Soweit Einkünfte erst nach Beendigung des Annahmeverzugs erzielt werden, die auf Tätigkeiten im Verzugszeitraum beruhen, sind diese nach § 11 S. 1 Nr. 1 KSchG (ggf. anteilig) anzurechnen.

Liegt danach ein böswilliges Unterlassen vor, so **endet es** mit **Ablauf der Kündigungsfrist**, wenn der Arbeitgeber anschließend eine Beendigungskündigung erklärt, ohne die auf der Änderungskündigung beruhende Arbeitsmöglichkeit weiter anzubieten (*BAG* 26.9.2007 EzA § 615 BGB 2002 Nr. 21 = NZA 2008, 1063).

*jj) Einvernehmliche Freistellung*

**1621** Siehe Rdn. 299 ff.; s. Kap. 6 Rdn. 124 ff.

Haben die Arbeitsvertragsparteien in einem Vergleich die Freistellung des Arbeitnehmers von der Arbeitsleistung und die Fortzahlung der Vergütung vereinbart, so muss sich der Arbeitnehmer den anderweitigen Verdienst während des Freistellungszeitraums nicht nach § 615 S. 2 BGB anrechnen lassen (*LAG Berlin-Brandenburg* 20.4.2007 – 6 Sa 162/07, EzA-SD 14/2007 S. 9 LS; *LAG Hamm* 27.2.1991 DB 1991, 1577; a. A. *Thür. LAG* 21.11.2000 ZTR 2001, 138 LS); auch ein Rückforderungsanspruch des Arbeitgebers für das gezahlte Entgelt gem. § 812 BGB besteht nicht. Auch wenn der Vergleich keine umfassende Ausgleichsklausel enthält, die Regelungen aber abschließend sind, kommt eine Anrechnungsverpflichtung auf Grund einer ergänzenden Vertragsauslegung auf jeden Fall dann nicht in Betracht, wenn die Parteien die Möglichkeit eines anderweitigen Erwerbs des Arbeitnehmers während des Freistellungszeitraums bedacht haben (*LAG RhPf* 21.10.2008 – 1 Ta 176/08; *LAG Hamm* 11.10.1996 LAGE § 615 BGB Nr. 49; *LAG Bra.* 17.3.1998 LAGE § 615 BGB Nr. 56; a. A. *LAG SchlH* 20.2.1997 BB 1997, 1212; *LAG Hamm* 25.11.1996 ZTR 1997, 236; *Bauer/Baeck* NZA 1989, 784).

Will der Arbeitgeber anderweitig erzielten Verdienst anrechnen, muss er sich das vorbehalten, denn auf den Entgeltanspruch ist ein vom Arbeitnehmer erzielter anderweitiger Verdienst gesetzlich nur nach § 615 Abs. 1 S. 2 BGB, § 11 KSchG anzurechnen. Vorausgesetzt wird, dass sich der Arbeitgeber mit der Annahme der vom Arbeitnehmer geschuldeten Dienste **in Verzug befindet**. Annahmeverzug besteht aber nicht, wenn der Arbeitgeber den Arbeitnehmer mit seinem Einverständnis von weiterer Arbeitsleistung unter **Anrechnung auf Urlaub freistellt**. Er muss dann aber auch, wenn er einverständlich den Arbeitnehmer von weiterer Arbeitsleistung unter Anrechnung auf Urlaub freistellt, die genaue zeitliche Lage des Urlaubs im Freistellungszeitraum festlegen (*BAG* 19.3.2002 EzA § 615 BGB Nr. 108).

**1622** Eine einvernehmliche Freistellung kommt **nicht dadurch zustande**, dass der Arbeitnehmer ein **neues Arbeitsverhältnis** während der Dauer der Freistellung eingeht und die Arbeit auch tatsächlich antritt. Denn dadurch wird das bisherige Arbeitsverhältnis nicht beendet (*LAG Köln* 9.10.1998 ARST 1999, 115 LS).

## B. Pflichten des Arbeitgebers  Kapitel 3

### kk) Einseitige Freistellung durch den Arbeitgeber

Der Arbeitgeber kann **nicht einseitig** den Arbeitnehmer von der Arbeitsleistung unter Lohnfortzahlung **freistellen**. Dafür bedarf es auch dann, wenn ein Beschäftigungsanspruch nicht besteht, einer Vereinbarung bezüglich der Aufhebung des Anspruchs des Arbeitgebers auf die Arbeitsleistung. Das gilt auch dann, wenn die Freistellung mit der Anordnung des **Abfeierns von Überstunden** verbunden wird (*LAG Nbg.* 28.3.2000 ARST 2000, 283 LS). Maßgeblich für die rechtliche Beurteilung ist sodann das Verhalten des Arbeitnehmers: 1623

- Widerspricht er der Freistellung nicht und bleibt er im weiteren der Arbeit fern, ist von einem stillschweigend abgeschlossenen Freistellungsvertrag auszugehen; die Vergütung bestimmt sich nach dieser Vereinbarung;
- Widerspricht er auch der Anordnung des Abfeierns der Überstunden nicht, ist die Vereinbarung einer bezahlten Freizeit anzunehmen. Mit der Bezahlung der Vergütung für den Freistellungszeitraum wird der Anspruch auf Vergütung der Überstunden erfüllt (§ 362 BGB). Die Ansprüche auf Zahlung von Überstundenzuschlägen bleiben von der Freistellung i. d. R. unberührt und sind in Geld zu erfüllen;
- Widerspricht der Arbeitnehmer der Anordnung des Abfeierns von Überstunden, kann darin nach z. T. vertretener Auffassung eine Verletzung der ihm obliegenden Treuepflicht liegen, die beinhaltet, mit der Vereinbarung bezahlter Freizeit zum Zwecke des Abfeierns von Überstunden einverstanden zu sein. Das soll jedenfalls dann der Fall sein, wenn ein Arbeitnehmer in herausgehobener Position gekündigt hat, um zu einem Konkurrenzunternehmen zu wechseln und der Arbeitgeber den Arbeitnehmer deshalb nicht mehr bis zum Vertragsende beschäftigen möchte (*LAG Nbg.* 28.3.2000 ARST 2000, 283 LS).

### f) Darlegungs- und Beweislast

Im Zahlungsprozess hat der Arbeitnehmer darzulegen und zu beweisen, dass zwischen den Parteien während des Verzugszeitraums ein Arbeitsverhältnis bestanden hat, ferner den Umfang der geltend gemachten Forderung, die Ablehnung der Arbeitsleistung durch den Arbeitgeber sowie ggf. das Vorliegen der Voraussetzungen des § 298 BGB. 1624

Demgegenüber trifft den Arbeitgeber die Darlegungs- und Beweislast für einen fehlenden Leistungswillen oder das Leistungsunvermögen des Arbeitnehmers (§ 297 BGB; *BAG* 23.1.2008 EzA § 615 BGB 2002 Nr. 22), ferner für das Vorliegen anderweitiger Einkünfte (a. A. *Klein* NZA 1998, 1208 ff.) sowie der Voraussetzungen, die die Annahme rechtfertigen sollen, dass der Arbeitnehmer anderweitigen Erwerb böswillig unterlassen hat. Verweigert deshalb der Arbeitgeber dem Arbeitnehmer nach dem Ende einer ihm von einem Arzt attestierten Arbeitsunfähigkeit die Wiederaufnahme der Arbeit, so hat der Arbeitgeber im Einzelnen darzulegen und zu beweisen, dass der Arbeitnehmer in dem fraglichen Zeitraum objektiv nicht in der Lage war, die von ihm geschuldete Arbeitsleistung zu erbringen (*LAG Düsseld.* 17.7.2003 LAGE § 297 BGB 2002 Nr. 1).

Für die notwendige Kausalität zwischen dem Freiwerden von der bisherigen Arbeitsleistung und dem anderweitigen Erwerb, für die Anhaltspunkte sich sowohl aus objektiven als auch aus subjektiven Umständen ergeben, trifft grds. den Arbeitgeber die Darlegungs- und Beweislast.

Allerdings darf einer Partei keine unerfüllbare Darlegungs- und Beweislast auferlegt werden. Ihr Umfang richtet sich deshalb danach, wie substantiiert sich der Arbeitnehmer auf den Vortrag des Arbeitgebers einlässt. Hinsichtlich der Höhe des anderweitig erzielten Verdienstes ist der Arbeitnehmer ohnehin auskunftspflichtig. 1625

Insoweit geht das *BAG* (19.3.2002 EzA § 615 BGB Nr. 108) davon aus, dass dann, wenn der Arbeitnehmer sich anderweitigen Verdienst auf seinen Entgeltanspruch anzurechnen lassen hat, der Arbeitgeber Auskunft über die tatsächlichen Umstände der anderweitigen Erwerbstätigkeit des Arbeitnehmers verlangen und bis zur Erteilung der Auskunft die Leistung verweigern kann (*BAG* 19.3.2002 EzA § 615 BGB Nr. 108; s. *Nägele* BB 2003, 45 ff.). 1626

1627 Weil dem Arbeitgeber die näheren Umstände, deren Kenntnis zur Beurteilung der Kausalität erforderlich ist, meist nicht bekannt sind, genügt es, wenn er **Indizien** vorträgt, die für das Vorliegen des Kausalzusammenhanges sprechen. Hat der Arbeitgeber solche Anhaltspunkte vorgetragen, so muss der Arbeitnehmer nach § 138 Abs. 2 ZPO darlegen, weshalb die vom Arbeitgeber behauptete Kausalität nicht vorliegt.

### g) Betriebsrisiko

#### aa) Die praktische Ausgangslage

1628 Gem. § 326 Abs. 1 BGB verliert der Arbeitnehmer an sich den Vergütungsanspruch bei Unmöglichkeit der Arbeitsleistung, wenn weder ihn noch den Arbeitgeber daran ein Verschulden trifft. Dabei können betriebstechnische Störungsursachen (Maschinenschäden), Naturereignisse (Überschwemmung), wirtschaftliche Gründe (Lieferausfall von Rohstoffen), aber auch behördliche Anordnungen (Inventur) zur Unmöglichkeit der Leistung führen.

1629 Das Ergebnis des Wegfalls des Entgeltanspruchs des Arbeitnehmers wird in diesen Fällen aber als unangemessen angesehen; das *BAG* (9.3.1983 EzA § 615 BGB Betriebsrisiko Nr. 9; 30.1.1991 EzA § 615 BGB Betriebsrisiko Nr. 12) geht davon aus, dass sich §§ 323, 615 BGB a. F. zur angemessenen Lösung der Vergütungsgefahr bei Betriebsstörungen nicht eignen. Nichts anderes gilt, nachdem durch **§ 615 S. 3 BGB** (*BAG* 9.7.2008 EzA § 615 BGB 2002 Nr. 25) der Gesetzgeber ausdrücklich den Fortbestand des Vergütungsanspruchs festgeschrieben hat für Fälle, in denen der Arbeitgeber das Risiko des Arbeitsausfalls trägt. Denn damit wird **keine Aussage** darüber getroffen, **wann dies der Fall ist**; die Konkretisierung soll weiterhin der Rechtsprechung überlassen bleiben, um den Besonderheiten der denkbaren Fallgestaltungen Rechnung tragen zu können (vgl. *LAG Düsseld.* 5.6.2003 LAGE § 615 BGB 2002 Nr. 1; *Auktor* ZTR 2002, 464 f.; *Luke* NZA 2004, 244 ff.).

#### bb) Problemlösung

1630 Erforderlich ist nach Auffassung des *BAG* (9.3.1983 EzA § 615 BGB Betriebsrisiko Nr. 9; 30.1.1991 EzA § 615 BGB Betriebsrisiko Nr. 12) eine Lösung nach den allgemeinen Grundgedanken des Arbeitsrechts und den Prinzipien der Wirtschaftsverfassung. Danach gelten folgende Grundsätze:

##### (1) Gründe im betrieblichen Bereich

1631 Der Arbeitgeber, dem die wirtschaftliche Initiative und das Entscheidungsrecht in Fragen der Betriebsführung zusteht, muss die Verantwortung und damit in Gestalt der Lohnfortzahlung die Folgen tragen, die sich daraus ergeben, dass die Entgegennahme der Arbeitsleistung des Arbeitnehmers aus Gründen unmöglich wird, die im betrieblichen Bereich liegen.

1632 Dabei ist **unerheblich**, ob diese Gründe **betriebstechnische Ursachen** haben, auf einem **Versagen sachlicher oder persönlicher Mittel des Betriebes** beruhen oder **von außen** auf das Unternehmen **einwirken**. Erfasst sind also auch Ursachen, die für den Arbeitgeber einen Fall **höherer Gewalt** darstellen (z. B. Naturkatastrophen, Unglücksfälle, extreme Witterungsverhältnisse).

1633 Das ist z. B. dann der Fall, wenn in einem Betrieb auf Grund eines plötzlichen Kälteeinbruchs die Ölheizung ausfällt (*BAG* 9.3.1983 EzA § 615 BGB Betriebsrisiko Nr. 9), der Arbeitgeber wegen zu niedriger Temperaturen den Betrieb einstellen muss (*BAG* 18.5.1999 EzA § 615 BGB Nr. 94) oder der Arbeitnehmer auf Grund einer Betriebsstilllegung bis zum Ablauf der Kündigungsfrist nicht mehr beschäftigt werden kann (*BAG* 23.6.1994 NZA 1995, 468).

1634 Gleiches gilt, wenn der Arbeitgeber **witterungsbedingt** im Winter Lkw-Fahrer in der Zeit von Dezember bis Februar **regelmäßig nicht beschäftigt** und eine **wirksame Vereinbarung** über Abrufarbeit **nicht vorliegt**. Der Arbeitgeber trägt insoweit auch dann das Risiko des Arbeitsausfalls gem. § 615 S. 3 BGB, wenn er selbst den Betrieb aus Gründen, die in seinem betrieblichen oder wirtschaftlichen Verantwortungsbereich liegen, einschränkt oder stilllegt. Soll sich die Arbeitszeit arbeitsvertraglich nach den für den Arbeitgeber »maßgeblichen Erfordernissen und den für den

Beruf eines Kraftfahrers typischen Kriterien« richten, ruht die Arbeitspflicht auch angesichts der Saisonabhängigkeit eines mit Baustoffen handelnden Betriebs nicht in einem bestimmten Zeitraum (*BAG* 9.7.2008 EzA § 615 BGB 2002 Nr. 25; s. a. *BAG* 22.4.2009 EzA § 615 BGB 2002 Nr. 29).

Der Arbeitnehmer behält auch seinen Lohnanspruch in Höhe des Kurzarbeitergeldes, wenn dieses vom Arbeitsamt für eine mit dem Betriebsrat vereinbarte Kurzarbeitsperiode rückwirkend widerrufen wird (*BAG* 11.7.1990 EzA § 615 BGB Betriebsrisiko Nr. 11; s. a. *BAG* 22.4.2009 EzA § 615 BGB 2002 Nr. 29 = NZA 2009, 913). Gleiches gilt, wenn der Arbeitgeber den Arbeitnehmer nach einer rechtsunwirksamen Kündigung wegen **Umstrukturierungsmaßnahmen** nicht beschäftigen kann, denn die Unmöglichkeit der Beschäftigung ist dann **vom Arbeitgeber zu vertreten** (*Hess. LAG* 28.11.2003 LAG Report 2004, 201). 1635

Der Arbeitgeber trägt auch gem. § 615 S. 3 BGB das Risiko, wenn er eine tarifvertragliche **Verlängerung der Arbeitszeit** infolge einer Verkürzung bezahlter Pausenzeiten wegen Beachtung des Mitbestimmungsrechts des Betriebsrats gem. § 87 Abs. 1 Nr. 2 BetrVG erst zu einem **späteren Zeitpunkt** durch einen neuen Dienstplan umsetzen kann (*LAG Bln.-Bra.* 4.3.2011 LAGE § 242 BGB 2002 Gleichbehandlung Nr. 9). 1635a

*(2) Existenzgefährdung*

Diese Grundsätze gelten nicht, wenn das die Betriebsstörung herbeiführende Ereignis den Betrieb wirtschaftlich so schwer trifft, dass bei Zahlung der vollen Löhne die Existenz des Betriebes, Unternehmens gefährdet würde (*BAG* 28.9.1972 AP Nr. 28 zu § 615 BGB Betriebsrisiko; abl. ErfK/*Preis* § 615 BGB Rn. 127 ff.) oder wenn der Betrieb von vornherein so ausgebaut ist, dass er zur Überholung in regelmäßigen Abständen stillgelegt wird (*BAG* 21.12.1954 AP Nr. 2 zu § 611 BGB Lohnanspruch). Diese Auffassung ist sachlich und rechtlich **nicht zu rechtfertigen** (MünchArbR/*Boewer* § 69 Rdn. 59). Der Gesichtspunkt der Betriebsverbundenheit des Arbeitnehmers ist ebenso wenig ein geeignetes Zurechnungsprinzip wie der Solidaritätsaspekt beim Arbeitskampfrisiko. Solange die Arbeitnehmer **nicht am Gewinn des Unternehmens beteiligt werden**, gibt es **keinen Grund**, eine **Betriebsverbundenheit anzunehmen** und ihnen das Risiko der Existenzgefährdung aufzubürden (ErfK/*Preis* § 615 BGB Rn. 127). 1636

Nach – zutr. Auffassung des *LAG München* (6.5.1997 LAGE § 242 BGB Lohnstundung Nr. 1) ist der Arbeitnehmer auf Grund seiner Treuepflicht auch nicht verpflichtet, in einer **wirtschaftlichen Existenzkrise** des Arbeitgebers Lohnforderungen in Höhe von 10 % seines Bruttomonatseinkommens zu stunden, und zwar auch dann nicht, wenn die übrigen Mitarbeiter in dieser Höhe auf ihre Lohnforderungen verzichtet haben. 1637

(derzeit unbesetzt) 1638

*(3) Leistungsfähigkeit und -bereitschaft des Arbeitnehmers*

Die Betriebsrisikolehre ist nur dann anwendbar, wenn der Arbeitnehmer **zur Arbeitsleistung fähig und bereit ist**, der Arbeitgeber ihn aber aus Gründen, die in seinem Betrieb liegen, nicht beschäftigen kann und **weder der Arbeitgeber noch der Arbeitnehmer schuldhaft die Ursache für das Unterbleiben der Arbeitsleistung gesetzt haben**. 1639

Die Folgen anderer objektiver Leistungshindernisse, die den Arbeitnehmer daran hindern, an seinen Arbeitsplatz als Erfüllungsort zu gelangen, hat der Arbeitgeber nach den Grundsätzen der Betriebsrisikolehre nicht zu tragen (z. B. witterungsbedingtes Fahrverbot, Smogalarm usw.). 1640

*derzeit unbesetzt* 1641

### cc) Längerfristige Betriebsstörungen

**1642** Auch bei längerfristigen Betriebsstörungen **enden die Arbeitsverhältnisse nicht automatisch**, auch führen sie nicht zum Wegfall der Geschäftsgrundlage (§ 313 BGB) als einem selbstständigen Beendigungsgrund für das Arbeitsverhältnis.

**1643** Vielmehr ist noch eine ordentliche Kündigung (§ 1 KSchG) erforderlich, die sozial gerechtfertigt sein muss.

Ein wichtiger Grund für eine außerordentliche Kündigung ist in diesen Fällen regelmäßig nicht gegeben (*BAG* 28.9.1972 AP Nr. 28 zu § 615 BGB Betriebsrisiko), denn dies würde zu einer unzulässigen Abwälzung der Risikotragung bei Betriebsstörungen auf den Arbeitnehmer führen.

### dd) Arbeitskampfrisiko

**1644** Besonderheiten gelten, wenn die fraglichen Störungen auf einem Streik in einem anderen Betrieb beruhen (sog. Arbeitskampfrisiko).

**1645** Können die Fernwirkungen eines Streiks im Betrieb das Kräfteverhältnis der kämpfenden Parteien beeinflussen, so tragen beide Seiten das Arbeitskampfrisiko, sodass keine Vergütungs- oder Beschäftigungsansprüche bestehen.

**1646** Das gilt z. B. dann, wenn die für den mittelbar betroffenen Betrieb zuständigen Verbände mit den unmittelbar kämpfenden Verbänden identisch oder organisatorisch eng verbunden sind (*BAG* 22.12.1980 EzA § 615 BGB Betriebsrisiko Nr. 7, 8).

**1647** Siehe ausf. Kap. 10 Rdn. 119 ff.

### ee) Abdingbarkeit

**1648** Nach der Rechtsprechung des *BAG* (9.3.1983 EzA § 615 BGB Betriebsrisiko Nr. 9; s. a. 9.7.2008 EzA § 615 BGB 2002 Nr. 25 = NZA 2008, 1408) können die Grundsätze über die Verteilung des Betriebsrisikos durch Tarifvertrag oder Einzelvertrag abbedungen werden, da § 615 BGB nicht zwingender Natur ist. **Allerdings muss eine derartige Abbedingung mit hinreichender Deutlichkeit aus dem Inhalt der Vereinbarung hervorgehen**. Eine zwischen Arbeitgeber und Arbeitnehmer getroffene Vereinbarung, dass der Arbeitnehmer **bei erwartetem Auftragsmangel** in Zukunft bezahlten oder unbezahlten **Urlaub** einbringen werde, ist deshalb jedenfalls dann **unwirksam**, wenn Anlass und Menge der möglichen Arbeitszeitreduzierung **nicht näher konkretisiert** sind. Wird in einem derartigen Fall der Arbeitnehmer anlässlich der Erstellung der Abrechnung gefragt, ob die Zeiten der Nichtleistung als bezahlter Erholungsurlaub oder als unbezahlter Urlaub behandelt werden sollen, kann die Wahl des unbezahlten Urlaubs auch nicht als rechtswirksamer Verzicht auf entstandene Annahmeverzugsansprüche interpretiert werden (*LAG Nbg.* 30.5.2006 EzA-SD 17/06 S. 4 LS = NZA-RR 2006, 511). Eine **tarifvertragliche Regelung**, die eine Vergütungspflicht des Arbeitgebers festlegt, wenn die Arbeitszeit infolge eines Umstandes ausfällt, den der Arbeitgeber zu vertreten hat, umfasst andererseits auch die Vergütungspflicht für Fälle, in denen die Arbeit infolge einer auf höherer Gewalt (Störung der Elektrizitätsversorgung) beruhenden Betriebsstörung ausfällt, die der Arbeitgeber nach der Lehre vom Betriebsrisiko zu vertreten hat.

**1649** Häufig betreffen tarifliche Freistellungsklauseln Fälle des Arbeitsausfalls auf Grund höherer Gewalt, soweit es sich um objektive Leistungshindernisse im außerbetrieblichen Bereich, wie z. B. außerbetriebliche Energiestörungen oder Naturkatastrophen handelt. Bestimmt der Tarifvertrag dagegen, dass nur die »tatsächlich geleistete Arbeit« bezahlt wird, so bezieht sich diese Regelung lediglich auf den Ausschluss des Lohnanspruchs nach § 616 BGB (*BAG* 8.3.1961 AP Nr. 13 zu § 615 BGB Betriebsrisiko; 30.1.1991 EzA § 615 BGB Betriebsrisiko Nr. 12). Eine Ausnahme von der Abdingbarkeit gilt gem. § 11 Abs. 4 S. 2 AÜG für Leiharbeitnehmer.

## ff) Keine generelle vertragliche Abwälzung des Lohnrisikos

Eine **generelle einzelvertragliche Abwälzung des Beschäftigungs- und Lohnrisikos auf den Arbeitnehmer widerspricht jedenfalls dem Arbeitnehmerschutzgedanken**, wonach der Arbeitgeber das Betriebs- und Wirtschaftsrisiko zu tragen hat. 1650

### h) Wirtschaftsrisiko

Vom Betriebsrisiko zu unterscheiden ist das sog. Wirtschaftsrisiko (vgl. *BAG* 22.12.1980 EzA § 615 BGB Betriebsrisiko Nr. 7). **Dabei ist die Durchführung des Arbeitsprozesses selbst nicht gehemmt. Die Arbeitsleistung bleibt zwar technisch möglich, ist aber für den Arbeitgeber wirtschaftlich nutzlos** (z. B. wegen Auftragsmangel, fehlender Rentabilität). Die Rentabilität oder sogar die Existenz des Betriebes wird infolge weiterer Erfüllung der arbeitsvertraglichen Pflichten in Frage gestellt. 1651

Dieses Wirtschaftsrisiko liegt erst recht beim Arbeitgeber, weil bei allen Austauschverträgen allein der Gläubiger das Risiko der Nutzlosigkeit der an sich noch erbringbaren Leistung trägt, die er weiterhin verlangen könnte (ErfK/*Preis* § 615 BGB Rn. 136). Folglich gerät der Arbeitgeber in Annahmeverzug (§ 615 S. 1 BGB). 1652

Zweifelhaft ist, ob zumindest bei Vorliegen einer Existenzgefährdung des Betriebes dem Arbeitgeber ein Recht zur außerordentlichen Kündigung zusteht. Im Allgemeinen wird allerdings kein wichtiger Grund vorliegen, da der Arbeitgeber rechtzeitig in der Lage ist, durch ordentliche Kündigung, Kurzarbeit, Betriebsstilllegung und ähnliche Maßnahmen der wirtschaftlichen Situation Rechnung zu tragen. Im Übrigen gelten hinsichtlich einer ordentlichen Kündigung die zum Betriebsrisiko entwickelten Grundsätze (s. Rdn. 1642 f.; ErfK/*Preis* § 615 BGB Rn. 137). 1653

## 2. Arbeitsverhinderung aus persönlichen und sonstigen Gründen

### a) Arbeitsverhinderung aus persönlichen Gründen

#### aa) Grundlagen

Gem. § 616 S. 1 BGB behält der Arbeitnehmer – aus **sozialpolitischer Rücksichtnahme** und aus Gründen der **Humanität** – (*BAG* [GS] 18.12.1959 AP Nr. 22 zu § 616 BGB) entgegen § 326 Abs. 1 BGB den Anspruch auf die volle Arbeitsvergütung, wenn er für eine verhältnismäßig nicht erhebliche Zeit durch einen in seiner Person liegenden Grund ohne Verschulden an der Arbeitsleistung verhindert ist. 1654

(derzeit unbesetzt) 1655

#### bb) Sonderregelungen; Teilregelung durch das PflegeZG

§ 616 S. 1 BGB wird durch **zahlreiche Sonderregelungen verdrängt** (z. B. §§ 3 ff. EFZG, § 37 Abs. 2, 6, 7 BetrVG, § 46 Abs. 2 BPersVG, §§ 1 ff. BUrlG, landesrechtliche Bildungsurlaubsgesetze). Ab dem 1.7.2008 gilt zudem das PflegeZG, das u. a. das Recht von Arbeitnehmern (und arbeitnehmerähnlichen Personen, § 7 PflegeZG) vorsieht, bei akut auftretenden Pflegesituationen bis zu zehn Arbeitstage der Arbeit fernzubleiben, um für einen nahen Angehörigen eine bedarfsgerechte Pflege zu organisieren oder die sofortige pflegerische Versorgung des betroffenen Angehörigen sicherzustellen (kurzzeitige Arbeitsverhinderung; § 2 PflegeZG; zum FPFlZG s. Rdn. 285 ff.); dieses Recht kann je Angehörigem nur einmal in Anspruch genommen werden, denn § 3 Abs. 1 PflegeZG gibt dem Arbeitnehmer ein **einmaliges Gestaltungsrecht**, das er durch die Erklärung gegenüber dem Arbeitgeber, Pflegezeit zu nehmen, ausübt. Mit der erstmaligen Inanspruchnahme von Pflegezeit ist dieses Recht erloschen. Dies gilt selbst dann, wenn die genommene Pflegezeit die Höchstdauer von sechs Monaten unterschreitet (*BAG* 15.11.2011 EzA § 4 PflegeZG Nr. 1). 1656

Durch die Erklärung bzw. Anzeige verändert der Arbeitnehmer **unmittelbar die Rechtswirklichkeit**; mit ihr treten die gesetzlichen Rechtsfolgen der kurzzeitigen Arbeitsverhinderung unmittelbar ein, ohne dass es noch eines weiteren Handelns des Arbeitgebers bedürfte. Allerdings kann der Arbeit- 1656a

# Kapitel 3
Der Inhalt des Arbeitsverhältnisses

geber vom Arbeitnehmer die Vorlage der Bescheinigung nach § 2 Abs. 2 S. 2 PflegeZG verlangen; kommt dieser dem nicht nach, kommen Sanktionen in Betracht (*Joussen* NZA 2009, 69 ff.).

**1657** Ein eigener Entgeltfortzahlungsanspruch ist nicht vorgesehen; er kann sich aber aus § 616 BGB, sowie einzel- und kollektivvertraglichen Regelungen (z. B. § 29 Abs. 1 S. 1e TVöD: Entgeltzahlung für einen Tag) ergeben. Greifen derartige Vergütungsregelungen – § 616 BGB ist abdingbar (s. Rdn. 1659) – nicht ein, gewährt die Pflegekasse nach § 44a SGB XI für jeden Pflegebedürftigen eine **Entgeltersatzleistung für längstens 10 Tage** (s. *Düwell* FA 2008, 108 ff.).

**1658** Des Weiteren besteht ein besonderer Kündigungsschutz für den Pflegezeitraum (s. *Preis/Weber* NZA 2008, 82 ff.; *Preis/Nehring* NZA 2008, 729 ff.;s. a. Kap. 4 Rdn. 720).

### cc) Abdingbarkeit; Bedeutung tarifvertraglicher Regelungen

**1659** § 616 S. 1 BGB enthält dispositives, durch Tarifvertrag oder Einzelvertrag abdingbares Recht (vgl. § 619 BGB); das gilt **zu Gunsten, aber auch zu Ungunsten des Arbeitnehmers**. Daran hat sich durch das PflegeZG nichts geändert. Es lässt die bisherige Rechtslage zu den Rechtsgrundlagen für die Vergütungsfortzahlung unberührt mit der Folge, dass Arbeitnehmer nach dem PflegeZG einen Freistellungsanspruch, aber keinen Vergütungsanspruch haben müssen (*Joussen* NZA 2009, 69, 71; *Glatzel* NJW 2009, 1377; ErfK/*Preis* § 616 BGB Rn. 13). Tarifvertraglich ist § 616 S. 1 BGB meist abbedungen und durch einen Katalog einzelner Verhinderungsfälle mit einer jeweils hierfür bestimmten Anzahl freier Arbeitstage ersetzt (z. B. § 52 BAT, § 29 TVöD; § 4 BRTV-Bau).

**1660** Ob der Tarifvertrag eine abschließende und damit § 616 BGB ausschließende Regelung enthält, ist im Wege der **Auslegung** zu ermitteln. Davon ist auszugehen, wenn nach dem Tarifvertrag »**Lohn nur für wirklich geleistete Arbeit**« bezahlt werden soll und lediglich bei bestimmten Ausnahmen die Entgeltfortzahlungspflicht des Arbeitgebers bestehen bleibt oder es heißt: »Grds. wird Arbeitsentgelt nur für die Zeit gezahlt, in der Arbeit geleistet wird, sowie für die Zeit der Arbeitsbereitschaft, es sei denn, dass gesetzliche oder tarifliche Vorschriften etwas anderes bestimmen« (*BAG* 26.8.1982 EzA § 616 BGB Nr. 21; 4.9.1985 EzA § 616 BGB Nr. 33).

**1661** Enthält der Tarifvertrag einen festen Katalog von Säumnisgründen und der dafür zugestandenen bezahlten Freizeit anstelle der generalklauselartigen Regelung des § 616 S. 1 BGB, so wird insoweit die Unzumutbarkeit der Arbeitsleistung vermutet. Der Arbeitnehmer muss dann nicht darlegen, wie sich das in dem tariflichen Katalog aufgeführte Ereignis tatsächlich auf sein Leben ausgewirkt hat (*BAG* 12.12.1973 AP Nr. 44 zu § 616 BGB).

**1662** Beschränkt sich der Tarifvertrag allerdings auf eine Erwähnung bestimmter Verhinderungsfälle und konkretisiert er damit allein den Anwendungsbereich des § 616 S. 1 BGB, so kann diese Vorschrift für weitere Verhinderungsfälle Anwendung finden (*BAG* 27.6.1990 EzA § 616 BGB Nr. 43).

**1663** Ob im Arbeitsvertrag neben Modifikationen auch der **völlige Ausschluss** des § 616 S. 1 BGB rechtlich zulässig wäre, hat das *BAG* (20.6.1979 EzA § 616 BGB Nr. 16) offen gelassen. Bei Einzelverträgen ist nach neuem Schuldrecht jedenfalls zu prüfen, ob eine Inhaltskontrolle nach den §§ 305 ff. BGB vorzunehmen ist, wenn der Arbeitgeber den Ausschluss des § 616 BGB in **Formulararbeitsverträgen** vornimmt (ErfK/*Preis* § 616 BGB Rn. 13).

### dd) Tatbestandsvoraussetzungen

*(1) Arbeitsverhältnis*

**1664** Voraussetzung für die Anwendung des § 616 S. 1 BGB ist zunächst, dass ein Arbeitsverhältnis besteht.

§ 616 S. 1 BGB greift vom rechtlichen Beginn bis zur rechtlichen Beendigung des Arbeitsverhältnisses ein, also auch dann, wenn der Arbeitnehmer infolge des Verhinderungsgrundes die Arbeit nicht mehr zu dem vertraglich vorgesehenen Antrittszeitpunkt aufnehmen kann.

Liegt der Verhinderungsfall bereits beim Abschluss des Arbeitsvertrages vor und besteht er bis zum Zeitpunkt der vereinbarten Arbeitsaufnahme fort, so entfällt auf Grund des Schutzzwecks des § 616 BGB eine Vergütungspflicht des Arbeitgebers (*BAG* 26.7.1989 EzA § 1 LohnFG Nr. 110). Bei fehlerhaft begründeten Arbeitsverhältnissen gilt § 616 S. 1 BGB, bis sich eine Vertragspartei auf diesen Umstand beruft (*BAG* 16.9.1982 EzA § 123 BGB Nr. 22). 1665

*(2) Alleinige Ursache der Arbeitsverhinderung in der Person des Arbeitnehmers*

Der in der Person des Arbeitnehmers liegende Anlass muss die alleinige Ursache der Arbeitsverhinderung und damit für den Vergütungsverlust bilden (*BAG* 17.10.1990 EzA § 16 BErzGG Nr. 5); es genügt, wenn er wegen seiner persönlichen Verhältnisse die Arbeitspflicht nicht erfüllen kann (*BAG* 8.12.1982 EzA § 616 BGB Nr. 23). 1666

§ 616 BGB ist deshalb bei objektiven Leistungshindernissen grds. dann nicht anwendbar, wenn die Arbeitsleistung wegen allgemeiner Hindernisse, die weder in der Person des Arbeitnehmers noch in der Sphäre des Arbeitgebers ihre Grundlage haben und die allgemein der Erbringung der Arbeitsleistung entgegenstehen (z. B. Demonstrationen, verkehrsbedingte Störungen wie z. B. Straßenglätte, Schneeverwehungen, Ausfall der öffentlichen Verkehrsmittel, allgemeine Verkehrsstörungen wie Verkehrsstau, witterungsbedingtes Fahrverbot [*BAG* 8.12.1982 EzA § 616 BGB Nr. 23; 8.9.1982 EzA § 616 BGB Nr. 33]) nicht erbracht werden kann. 1667

War der Arbeitnehmer krankheitsbedingt nicht leistungsfähig oder leistungswillig, so kann ihm der gleichzeitig eintretende persönliche Verhinderungsfall nicht zu einem Vergütungsanspruch nach § 616 BGB verhelfen (*BAG* 20.3.1985 EzA § 1 LohnFG Nr. 77). 1668

Allerdings ist § 616 BGB **ausnahmsweise** auch bei einem objektiven Leistungshindernis anzuwenden, wenn das Hindernis den betroffenen Arbeitnehmer wegen seiner besonderen persönlichen Verhältnisse in der Weise betrifft, dass es gerade auf seinen körperlichen oder seelischen Zustand zurückwirkt oder er von einer Naturkatastrophe betroffen wird und ihm die Arbeitsleistung deshalb vorübergehend nicht zuzumuten ist, weil er erst seine eigenen Angelegenheiten ordnen muss. 1669

Voraussetzung ist immer, dass das Leistungshindernis sich gerade aus Eigenschaften und Umständen ergibt, die in der Person des verhinderten Arbeitnehmers begründet sind, ohne Rücksicht darauf, ob und – wenn ja – wie viele weitere Arbeitnehmer von dem Ereignis betroffen sind. Die Zahl der betroffenen Arbeitnehmer kann nur gewisse Hinweise darauf geben, ob das Leistungshindernis in der Person des Arbeitnehmers begründet ist oder ein allgemeines Leistungshindernis vorliegt (*BAG* 8.9.1982 EzA § 616 BGB Nr. 22). 1670

Der Hinderungsgrund muss andererseits nicht unmittelbar in der Person des Arbeitnehmers selbst vorliegen. Es genügt, dass er seiner persönlichen Sphäre zuzuordnen (z. B. bei Kindern; s. *Brose* NZA 2011, 719 ff.; und anderen engen Familienangehörigen) und ihm im Hinblick darauf die Arbeitsleistung nicht zuzumuten ist. 1671

**Ein Verhinderungsgrund liegt dann vor, wenn dem Arbeitnehmer die Arbeitsleistung tatsächlich unmöglich ist** (z. B. bei vorübergehender Festnahme), **aber auch dann, wenn sie ihm aus in seiner persönlichen Sphäre liegenden Gründen unzumutbar ist**, d. h. wenn ihm wegen höherrangiger sittlicher und rechtlicher Pflichten die Arbeitsleistung nach Treu und Glauben unter Abwägung der wechselseitigen Interessen nicht mehr abverlangt werden darf (*BAG* 25.10.1973 AP Nr. 43 zu § 616 BGB). 1672

*(3) Notwendiger Bezug zur Arbeitszeit*

**1673** Notwendige Voraussetzung ist zudem, dass die Erfüllung anderer Verpflichtungen oder die Wahrnehmung vorrangiger berechtigter Interessen nur während der Arbeitszeit möglich ist, dies also unvermeidbar ist, es sei denn, dass durch Gesetz oder Tarifvertrag etwas anderes bestimmt ist (*BAG* 7.6.1978 EzA § 63 HGB Nr. 29).

**1674** Ein Anspruch besteht deshalb z. B. nicht, wenn es dem Arbeitnehmer möglich ist, Arztbesuche oder Behördengänge terminlich in die Freizeit zu legen. Das gilt insbes. bei einer Teilzeitbeschäftigung. Etwas anderes gilt aber dann, wenn die Festlegung des Termins z. B. einer ärztlichen Untersuchung nicht vom Arbeitnehmer beeinflusst werden kann (*BAG* 27.6.1990 EzA § 4 TVG Papierindustrie Nr. 2).

**1675** Sind beide Elternteile berufstätig, so ist ein Anspruch nach § 616 BGB für die Betreuung oder Pflege eines kranken Kindes (§ 45 Abs. 1 SGB V) regelmäßig nur für einen Elternteil (oder Lebenspartner einer gleichgeschlechtlichen eingetragenen Lebenspartnerschaft, § 45 Abs. 1 S. 2 SGB V i. V. m. § 10 Abs. 4 SGB V) gegeben (*BAG* 20.6.1979 EzA § 616 BGB Nr. 14).

*(4) Persönliche Leistungshindernisse*

**1676** ▶ **Beispiele:**

Im Übrigen kommen als persönliche Leistungshindernisse in Betracht:
- **besondere Familienereignisse** (Tod des Ehegatten, der Kinder, Geschwister oder Eltern, eigene Hochzeit [auch standesamtliche Trauung; *BAG* 27.4.1983 EzA § 616 BGB Nr. 24], Hochzeit der Kinder, Goldene Hochzeit der Eltern, Niederkunft der Ehefrau oder Lebensgefährtin, Pflege plötzlich und schwer erkrankter naher Angehöriger);
- **dringende**, in der Freizeit nicht erfüllbare **persönliche oder berufliche Angelegenheiten** (Umzug, Arztbesuch; vgl. aber zutr. *LAG Hamm* 18.3.2004 – 11 Sa 247/03, EzA-SD 13/04, S. 8 LS zum Arztbesuch während der Gleitzeit: Keine Zeitgutschrift für einen einstündigen Arztbesuch bei einer Gleitzeit von 6.00 bis 20.00 Uhr bei einer frei wählbaren Kernarbeitszeit von 4,5 Stunden oder Heilbehandlungen, Ablegung von Prüfungen [z.B. Führerschein]);
- die **Erfüllung öffentlicher und religiöser Pflichten, Ausübung staatsbürgerlicher Ehrenämter** (gerichtliche Vorladungen als Zeuge, Sachverständiger, Wartepflicht und notwendige Hilfeleistung nach Verkehrsunfall, Konfirmation, Erstkommunion, Einberufung als ehrenamtlicher Richter, Wahrnehmung polizeilicher Termine).
- Ein Arbeitgeber ist nicht verpflichtet, durch Art. 4 Abs. 1, 2 GG geschützte **Gebetspausen** eines muslimischen Arbeitnehmers während der Arbeitszeit hinzunehmen, wenn dadurch betriebliche Störungen verursacht werden (*LAG Hamm* 18.1.2002 NZA 2002, 675). Denn der gläubige Arbeitnehmer ist zwar unter Berücksichtigung der betrieblichen Belange wegen Art. 4 Abs. 1, 2 GG grds. berechtigt, seinen Arbeitsplatz zur Abhaltung kurzzeitiger Gebete zu verlassen. Insoweit kann auch ein Leistungshindernis nach § 616 BGB bestehen. Wegen der aus Art. 2 Abs. 1, 12 Abs. 1 und 14 Abs. 1 GG gleichfalls grundrechtlich geschützten Belange des Arbeitgebers darf der Arbeitnehmer seinen Arbeitsplatz allerdings nicht ohne Rücksprache mit seinem Vorgesetzten verlassen. Die Pflichtgebete des Islam sind nur innerhalb eines Zeitrahmens je nach Sonnenstand abzuhalten. Der Arbeitnehmer ist nicht berechtigt, den genauen Zeitpunkt seiner Arbeitsunterbrechung innerhalb des Zeitrahmens ohne Rücksprache mit seinem Vorgesetzten selbst zu bestimmen (*LAG Hamm* 26.2.2002 NZA 2002, 1090; vgl. dazu *Adam* NZA 2003, 1375 ff.).

**1677** **Nicht erfasst** ist dagegen die Zeit einer Ratsherrentätigkeit nach der Niedersächsischen GO, weil sie sich nicht als Erfüllung einer öffentlich-rechtlichen Verpflichtung darstellt. Denn der Arbeitsausfall beruht auf einem freien Willensentschluss des Arbeitnehmers und nicht auf einem rechtlichen Zwang (*BAG* 20.6.1995 EzA § 4 TVG Milchindustrie Nr. 3).

## (5) Verschulden der Arbeitsverhinderung

Der Anspruch entfällt, wenn der Arbeitnehmer die Arbeitsverhinderung verschuldet hat im Sinne eines auf Vorsatz und grobe Fahrlässigkeit beschränkten Verschuldens gegen sich selbst. Erforderlich ist ein gröblicher Verstoß gegen das von einem verständigen Menschen im eigenen Interesse gebotene Verhalten, dessen Folgen auf den Arbeitgeber abzuwälzen unbillig wäre (*BAG* 11.11.1987 EzA § 1 LohnFG Nr. 88). 1678

## (6) Verhältnismäßig nicht erhebliche Zeit

Die Arbeitsverhinderung darf sich nur auf eine verhältnismäßig nicht erhebliche Zeit erstrecken. **Abzustellen ist i. d. R. auf das Verhältnis zwischen Verhinderungsdauer einerseits und der Gesamtdauer des bisherigen Arbeitsverhältnisses andererseits.** 1679

Das *BAG* (13.11.1969 AP Nr. 41 zu § 616 BGB; 25.10.1973 AP Nr. 43 zu § 616 BGB; 20.7.1977 EzA § 616 BGB Nr. 11; 19.4.1978 EzA § 616 BGB Nr. 12) hat zum Teil auf das Verhältnis zwischen der Verhinderung und der Dauer des Arbeitsverhältnisses abgestellt, teilweise aber auch einen Zeitraum von bis zu fünf Arbeitstagen als verhältnismäßig nicht erheblich angesehen, ohne auf die Dauer des Arbeitsverhältnisses einzugehen. 1680

Insbesondere bei der **Erkrankung naher Angehöriger** ist das *BAG* (19.4.1978 EzA § 616 BGB Nr. 12) **in Anlehnung an § 185c RVO a. F.** von einem Befreiungsanspruch für die Dauer von **fünf Tagen** ausgegangen; im Übrigen ist der Zeitraum unter Berücksichtigung aller Umstände des Einzelfalles zu bestimmen. 1681

Fraglich ist aber, was derzeit gilt, nachdem durch **§ 45 SGB V** (instr. *Greiner* NZA 2007, 490; s. *Kießling* DB 2006 841; *Schulz* DB 2006, 838 ff.; zum Verhältnis zu bewilligtem Urlaub s. *ArbG Bln.* 17.6.2010 – 2 Ca 1648/10, EzA-SD 14/2010 S. 8) die Anspruchsdauer für Kinderkrankengeld im Verhältnis zur Vorgängerregelung des § 185c RVO auf zumindest zehn Tage erhöht worden ist (s. ErfK/*Preis* § 616 BGB Rn. 1oa). 1682

Anspruchsberechtigt i. S. d. § 45 SGB V sind jedenfalls nur **Versicherte**; das Kind darf das 12. Lebensjahr noch nicht vollendet haben und muss gesetzlich versichert sein. Eine andere im Haushalt lebende Person darf nicht für die Pflege zur Verfügung stehen. Je Kind hat der Versicherte einen Anspruch auf **Zahlung von Krankengeld** für die Dauer von höchstens zehn Arbeitstagen pro Kalenderjahr. Unabhängig von der Kinderzahl sieht das Gesetz eine **Höchstgrenze** bei 25 Arbeitstagen pro Jahr vor. Für Alleinerziehende verdoppelt sich der Anspruch. Das Krankengeld hat eine **Entgeltersatzfunktion**; Höhe und Berechnung bestimmen sich nach § 47 SGB V. Danach beträgt es 70 % des erzielten regelmäßigen Arbeitsentgelts (s. *Brose* NZA 2011, 719 ff.). 1682a

(derzeit unbesetzt) 1683, 1684

Ist der Arbeitnehmer für eine erhebliche Dauer an der Arbeitsleitung verhindert, steht ihm ein Vergütungsanspruch auch nicht für einen verhältnismäßig nicht erheblichen Teil des Zeitraums zu (*BAG* [GS] 18.12.1959 AP Nr. 22 zu § 616 BGB; ErfK/*Preis* § 616 BGB Rn. 10). 1685

## (7) Mehrzahl von Verhinderungsfällen

Handelt es sich um mehrere verschiedene Verhinderungsfälle i. S. d. § 616 BGB, so sind diese nicht zusammenzurechnen, wenn sie auf unterschiedlichen Anlässen beruhen, sodass der Arbeitnehmer jeweils das volle Entgelt verlangen kann. 1686

(derzeit unbesetzt) 1687

## (8) Informations- und Nachweispflicht

Aus der Treuepflicht des Arbeitnehmers (jetzt § 241 Abs. 2 BGB) folgt die Verpflichtung, den Arbeitgeber über Grund und Dauer der Arbeitsverhinderung möglichst frühzeitig zu informieren, da- 1688 mit sich dieser auf den Arbeitsausfall des Arbeitnehmers wegen der Auswirkungen auf den Betriebsablauf einstellen kann. War die Verhinderung für den Arbeitnehmer nicht vorhersehbar, ist die Benachrichtigung unverzüglich nachzuholen.

**1689** Häufig enthalten tarifvertragliche Regelungen eine entsprechende Unterrichtungspflicht des Arbeitnehmers. **Regelmäßig wird der Arbeitgeber, dem der persönliche Verhinderungsgrund unbekannt ist, einen Nachweis verlangen und bis zu dessen Erbringung die Entgeltzahlung verweigern dürfen** (*BAG* 5.5.1972 AP Nr. 1 zu § 7 LohnFG).

*(9) Berechnung des Anspruchs*

**1690** Der Entgeltfortzahlungsanspruch aus § 616 BGB ist ein Erfüllungsanspruch; der Arbeitgeber schuldet folglich die **Bruttovergütung**. Der Arbeitnehmer ist so zu stellen, als ob er während der Zeit der Arbeitsverhinderung weitergearbeitet hätte (s. Rdn. 1581 ff.). Gem. **§ 616 S. 2 BGB** muss sich der Arbeitnehmer den Betrag **anrechnen lassen**, der ihm für die Zeit der Verhinderung aus einer auf Grund gesetzlicher Verpflichtung bestehenden Kranken- und Unfallversicherung zukommt. Hat ein Dritter die Arbeitsverhinderung zu vertreten, haftet ihm dieser auch für den Verdienstausfall. Soweit der Arbeitnehmer Arbeitsentgelt nach § 616 BGB erhalten hat, muss er einen Schadenersatzanspruch gegen den Dritten an den Arbeitgeber (s. §§ 255 BGB, 285 BGB) abtreten.

*ee) Darlegungs- und Beweislast*

**1691** Der Arbeitnehmer muss die anspruchsbegründenden objektiven Voraussetzungen des § 616 BGB, der Arbeitgeber das Selbstverschulden des Arbeitnehmers für den Arbeitsausfall darlegen und beweisen (*BAG* 20.3.1985 EzA § 1 LohnFG Nr. 77).

**1692** Da es dem Arbeitgeber aber häufig nicht möglich ist, die für den Grund des Arbeitsausfalls erheblichen Umstände, die aus dem **Lebensbereich des Arbeitnehmers** herrühren, im Einzelnen darzulegen, muss der Arbeitnehmer dies auf Verlangen des Arbeitgebers **offenbaren** (§ 138 Abs. 2, 3 ZPO; *Baumgärtel* Anm. zu *BAG* AP Nr. 52 § 1 LohnFG).

*b) Freizeit zur Stellensuche (§ 629 BGB; § 2 Abs. 2 Nr. 3 SGB III)*

**1693** S. Kap. 2 Rdn. 420 ff.

*c) Ausübung staatsbürgerlicher Rechte und Pflichten*

*aa) Wahlvorbereitung*

**1694** Art. 48 Abs. 1 GG räumt (konkretisiert durch § 3 AbgG) den Bewerbern um einen Sitz im Bundestag zur Vorbereitung ihrer Wahl einen **verfassungsrechtlichen Anspruch auf den erforderlichen Urlaub** ein.

**1695** Ein Anspruch auf Fortzahlung der Bezüge für die Dauer der Beurlaubung besteht jedoch nicht. Gleiches gilt für Bewerber um einen Sitz im Europaparlament (EuropaabgeordnetenG). Die arbeitsrechtliche Stellung der Landtagsabgeordneten ist in den Landesverfassungen in Verbindung mit Abgeordnetengesetzen geregelt; diese lehnen sich weitgehend an das BundestagsabgeordnetenG an.

**1696** Voraussetzung für einen Wahlvorbereitungsurlaubsanspruch ist, dass die Ernstlichkeit der Bewerbung feststeht und der Urlaub erforderlich ist. Die Ernstlichkeit ist immer dann zu bejahen, wenn sich der Bewerber auf einem bereits eingereichten Wahlvorschlag befindet. Nicht ausreichend sind allgemeine Aktivitäten, die sich auf Wahlvorbereitungshandlungen einer Partei beziehen. Andererseits reicht eine konkrete Chance aus, von der Partei als Kandidat aufgestellt zu werden.

**1697** Bei der Prüfung der Erforderlichkeit des Wahlvorbereitungsurlaubs kommt es **allein auf die Interessen des Kandidaten** an, die Interessen des Arbeitgebers bleiben unberücksichtigt.

## B. Pflichten des Arbeitgebers

Allerdings steht dem Arbeitnehmer **kein Recht zur Selbstbeurlaubung** zu. 1698

Eine vertragliche oder tarifliche Beschränkung des Wahlvorbereitungsurlaubsanspruchs wäre rechtlich unzulässig (*BVerfG* 21.9.1976 AP Nr. 5 zu Art. 140 GG). 1699

### bb) Sonstige staatsbürgerliche Rechte und Pflichten

Darüber hinaus steht dem Arbeitnehmer ein **Recht auf erforderliche Freizeit** für alle staatsbürgerlichen Rechte und Pflichten zu (z. B. die Ausübung des aktiven Wahlrechts, die ehrenamtliche Tätigkeit in Wahlvorständen oder bei Gerichten und Behörden, vgl. *BAG* 17.12.1956 AP Nr. 7 zu § 616 BGB; 9.3.1983 AP Nr. 60 zu § 616 BGB). Die Wahrnehmung eines Termins als Zeuge vor Gericht ist eine solche allgemeine Pflicht gegenüber den staatlichen Gerichten. Allgemeine Pflichten sind Pflichten, die **jeden ohne weiteres treffen können** und nach allgemeiner Erfahrung treffen. Dies ist bei der Zeugenpflicht der Fall, die sich auf Grund besonderer tatsächlicher Umstände auf die einzelne Person konkretisiert. Der Zeuge muss keine weiteren Voraussetzungen erfüllen. Er hat einer Ladung Folge zu leisten, unabhängig davon, ob er zum Beweisthema Aussagen machen kann. Der Begriff »staatsbürgerliche Pflicht« wird insoweit benutzt, um die Pflicht eines Bürgers zu bezeichnen, als Zeuge vor Gericht zu erscheinen und auszusagen. Somit wird er i. S. einer allgemeinen bürgerlichen Pflicht verstanden, aber **unabhängig von der Staatsbürgerschaft** (*BAG* 13.12.2001 EzA § 616 BGB Nr. 47; **a. A.** *LAG Köln* 23.10.2000 ZTR 2001, 231). 1700

(derzeit unbesetzt) 1701

### cc) Ehrenamtliche Richter

Für die Rechtsstellung der ehrenamtlichen Richter **in der Arbeits- und Sozialgerichtsbarkeit** gelten § 26 ArbGG, § 20 SGG. Zu ihrer Tätigkeit gehört nicht nur die eigentliche richterliche Tätigkeit (also insbes. die Sitzungsteilnahme), sondern z. B. auch die Teilnahme an Sitzungen des Ausschusses der ehrenamtlichen Richter oder an den notwendigen Schulungen (*BAG* 25.8.1982 EzA § 26 ArbGG Nr. 1). 1702

Fraglich ist, ob dies auch für die erforderliche **Zeit des Aktenstudiums** gilt, unabhängig davon, ob der Kammervorsitzende die Akteneinsicht angeordnet hat. 1703

Dafür spricht nach Auffassung des *LAG Brem.* (14.6.1990 LAGE § 616 BGB Nr. 5; **a. A.** *LAG Brem.* 25.7.1988 LAGE § 26 ArbGG 1979 Nr. 1), dass dann, wenn der ehrenamtliche Richter sein Recht und seine Pflicht, durch Aktenstudium über den Tatbestand voll informiert zu sein, am jeweiligen Sitzungstag erst umsetzen muss, ein Widerspruch zu der im Interesse aller Prozessbeteiligten liegenden vernünftigen, vorausschauenden Planung des Termintages gegeben wäre. Deshalb muss ihm die Möglichkeit gegeben werden, die Akten auch vor dem eigentlichen Termintag einsehen zu können. 1704

Ein etwaiger **Verdienstausfall** des ehrenamtlichen Richters wird auf der Grundlage des Gesetzes über die Entschädigung der ehrenamtlichen Richter erstattet (s. *BAG* 22.1.2009 EzA § 616 BGB 2002 Nr. 1: Gleitzeit; s. a. *Natter* AuR 2006, 264 ff.). 1705

Der Arbeitgeber ist von der Verhinderung an der Arbeitsleistung rechtzeitig zu unterrichten (§§ 242, 241 Abs. 2 BGB). 1706

### d) Wahrnehmung mitbestimmungsrechtlicher Aufgaben und Rechte

Siehe Kap. 13 Rdn. 678 ff. 1707

## Kapitel 3 — Der Inhalt des Arbeitsverhältnisses

e) *Gesetzliche Beurlaubung bei Wehr- und Zivildienst*

aa) *Deutsche Arbeitnehmer*

1708 Die Rechte und Pflichten aus einem bestehenden Arbeitsverhältnis ruhen während der gesamten Dauer des – freiwilligen (**Aussetzung der Wehrpflicht** seit 1.7.2011) – Wehrdienstes (§§ 1 Abs. 1, 10, 16a ArbPlSchG). Endet ein Arbeitsverhältnis z. B. wegen einer Befristung zu einem Zeitpunkt während des freiwilligen Wehrdienstes, ruhen die Rechte und Pflichten nur bis zur Beendigung. Das Ruhen bedeutet, dass die gegenseitigen Hauptleistungspflichten aus dem Arbeitsverhältnis entfallen, soweit nicht ausdrücklich etwas anderes vereinbart ist (*BAG* 15.12.2009 – 9 AZR 795/08). Abweichende Vereinbarungen sind nur zu Gunsten des Arbeitnehmers zulässig. Andere Pflichten – z. B. die Verschwiegenheitspflicht oder Wettbewerbsverbote – bleiben bestehen. Bei schwerwiegenden Vertragsverletzungen kommt eine außerordentliche Kündigung aus wichtigem Grund in Betracht (§ 2 Abs. 3 S. 1 ArbPlSchG; ErfK/*Gallner* § 2 ArbPlSchG Rn. 6).

1709 Mit dem Ende des Grundwehrdienstes und der Wehrübung lebt das Arbeitsverhältnis wieder auf, sodass der Arbeitnehmer unaufgefordert zur Arbeit zu erscheinen hat. Bei der Erfassung, Vorstellung usw. (§ 14 Abs. 1 ArbPlSchG) tritt kein Ruhen des Arbeitsverhältnisses ein. Vielmehr ist der Arbeitnehmer kraft Gesetzes unter Weitergewährung des Arbeitsentgelts von der Arbeit freigestellt.

1710–1712 (derzeit unbesetzt)

bb) *Ausländische Arbeitnehmer*

1713 Für **ausländische Arbeitnehmer aus EG-Staaten**, die ihre Tätigkeit in der BRD zur Erfüllung der Wehrpflicht in ihrem Heimatland unterbrechen müssen, gilt wegen des Diskriminierungsverbots (Art. 45 AEUV und Art. 7 RVO Nr. 1612/68) das **ArbPlSchG entsprechend** (*EuGH* 15.10.1969 AP Nr. 2 zu Art. 177 EWG-Vertrag; *BAG* 5.12.1969 AP Nr. 3 zu Art. 177 EWG-Vertrag).

1714 Für **Arbeitnehmer aus Nicht-EG-Staaten** besteht für eine verhältnismäßig kurzfristige Wehrdienstverpflichtung bis zu zwei Monaten ein **Leistungsverweigerungsrecht**, sofern nicht die Arbeitsleistung für den geordneten Betriebsablauf von erheblicher Bedeutung ist und der Arbeitgeber durch den Arbeitsausfall in eine Zwangslage gerät; für einen längeren wehrdienstbedingten Arbeitsausfall gilt dies nicht (*BAG* 20.5.1988 EzA § 1 KSchG Personenbedingte Kündigung Nr. 3; s. Kap. 4 Rdn. 2163 f.).

### 3. Die Lohnzahlung an Feiertagen

a) *Normative Grundlagen*

1715 §§ 1, 2 EFZG (s. a. § 84 Abs. 4 SeemG) regeln die Rechtsfolgen des Arbeitsausfalls an einem Feiertag, geben aber nicht zugleich die dafür maßgebenden gesetzlichen Feiertage vor.

1716, 1717 (derzeit unbesetzt)

1718 §§ 1, 2 EFZG beziehen sich nur auf die staatlich bzw. gesetzlich anerkannten Feiertage, nicht jedoch auf rein kirchliche Feiertage.

b) *Räumlicher Anwendungsbereich der §§ 1, 2 EFZG*

1719 Maßgeblich für die Anwendbarkeit der §§ 1, 2 EFZG ist das **Feiertagsrecht des jeweiligen Arbeitsortes**, nicht des Betriebssitzes des Arbeitgebers, wenn die Arbeit außerhalb des Betriebssitzes durchgeführt wird. Auch auf den Wohnort des Arbeitnehmers kommt es nicht an (*Schmitt* EFZG, § 2 Rn. 21; a. A. *Treber* EFZG § 2 Rn. 14).

1720 Kommt es zu einem Auslandseinsatz eines Arbeitnehmers, für den das deutsche Arbeitsstatut gilt, so kann deutsches Feiertagsrecht wegen seiner öffentlich-rechtlichen Natur am Arbeitsort keine Anwendung finden (*BAG* 30.4.1987 EzA § 12 SchwbG Nr. 15).

## B. Pflichten des Arbeitgebers

§§ 1, 2 EFZG gelten weder für öffentliche Feiertage am ausländischen Arbeitsort nach dem jeweiligen Landesrecht noch für ausländische Feiertage zu Gunsten ausländischer Arbeitnehmer, deren Arbeitsverhältnis in der BRD durchgeführt wird und sich nach deutschem Arbeitsstatut richtet.

### c) Anspruchsvoraussetzungen der Feiertagsvergütung

> Gem. § 2 Abs. 1 EFZG ist für die Arbeitszeit, die infolge eines gesetzlichen Feiertages ausfällt, dem Arbeitnehmer das Arbeitsentgelt zu zahlen, das er ohne den Arbeitsausfall erhalten hätte; bei Kurzarbeit gilt § 1 Abs. 2 EFZG.

#### aa) Arbeitnehmer; Arbeitsverhältnis

Die Vorschriften des EFZG gelten für alle **Arbeitnehmer** i. S. d. Gesetzes. Das sind die Arbeiter und die Angestellten sowie die zu ihrer Berufsbildung Beschäftigten mit Vergütungsanspruch (arg. e. § 19 Abs. 1 S. 2 BBiG), nicht jedoch die arbeitnehmerähnlichen Personen (ErfK/*Dörner* § 1 EFZG Rn. 2; *Willemsen/Müntefering* NZA 2008, 193 ff.).

Einbezogen sind alle zur **Berufsbildung** Beschäftigten (BAG 20.8.2003 EzA § 3 EntgfzG Nr. 11). Damit wird keine Berufsausbildung auf arbeitsvertraglicher Grundlage verlangt. Auch diejenigen, die auf Grund anderer Normen oder Vereinbarungen beruflich gebildet werden (berufl. Fortbildung und berufl. Umschulung), sind vom Geltungsbereich erfasst. Deshalb gehören nicht nur die Auszubildenden i. S. d. BBiG zum berechtigten Personenkreis, sondern auch die Praktikanten, die zur Vorbereitung ihrer eigentlichen Ausbildung beschäftigt werden, und Volontäre mit einem Arbeitsentgeltanspruch (ErfK/*Dörner* § 1 EFZG Rn. 3).

#### bb) Arbeitsausfall wegen des Feiertages

Voraussetzung ist, dass die Arbeit **ausschließlich wegen des Feiertags** ausgefallen ist (*BAG* 19.4.1989 EzA § 1 FeiertagslohnzG Nr. 41).

> Der Anspruch besteht folglich dann nicht, wenn die Arbeitspflicht des Arbeitnehmers aus anderen Gründen (z. B. Krankheit) ohnehin entfallen wäre. Das gilt auch dann, wenn auf Grund individueller Arbeitszeitgestaltung an dem Tag, auf den der Feiertag fällt, ohnehin arbeitsfrei gewesen wäre (z. B. im sog. Rolliersystem).

Sieht etwa eine **Betriebsvereinbarung** auf der Grundlage einer entsprechenden tarifvertraglichen Regelung zulässigerweise vor, dass im wöchentlichen Wechsel jeweils von Montag bis Freitag und von Montag bis Donnerstag gearbeitet wird, so hat der Arbeitnehmer keinen Anspruch auf Feiertagsvergütung, wenn auf den danach **arbeitsfreien Freitag ein gesetzlicher Feiertag fällt** (*BAG* 24.1.2000 NZA 2001, 1026).

Fällt ein Wochenfeiertag in die Zeit des **bezahlten Erholungsurlaubs**, so darf dieser nicht auf den Urlaub angerechnet werden (§ 3 Abs. 2 BUrlG). Etwas anderes gilt, wenn die Arbeit im Betrieb trotz des Feiertages nicht ausfällt (vgl. § 10 ArbZG) und die Arbeit des Arbeitnehmers nur wegen seines Urlaubs entfällt (*BAG* 14.5.1964 AP Nr. 94 zu § 611 BGB Urlaubsrecht; 31.5.1988 AP Nr. 58 zu § 1 FeiertagslohnzG).

Endet ein unbezahlter Sonderurlaub mit einem Feiertag, so wird ohne anderweitige ausdrückliche Vereinbarung der Arbeitsvertragsparteien davon auszugehen sein, dass der Arbeitnehmer den Feiertag nicht als unbezahlten Urlaubstag nehmen will (*BAG* 27.7.1973 AP Nr. 30 zu § 1 FeiertagslohnzG).

Ist der Arbeitgeber für Arbeitszeit, die sowohl infolge eines gesetzlichen Feiertages als auch infolge Krankheit des Arbeitnehmers ausgefallen ist, zur Fortzahlung des Arbeitsentgelts (§ 3 EFZG) verpflichtet, so bestimmt sich die Höhe des zu zahlenden Arbeitsentgelts für diesen Feiertag nach § 2 EFZG (§ 4 Abs. 2 EFZG).

**1731** Das Gesetz löst damit die Doppelkausalität beim Zusammentreffen von Krankheitszeiten und Feiertagen dergestalt, dass hinsichtlich der Voraussetzungen der Entgeltfortzahlung §§ 3 ff. EFZG maßgeblich sind, die Höhe sich aber nach der Vergütung für den Arbeitsausfall an Feiertagen bestimmt (s. *BAG* 19.4.1989 EzA § 1 FeiertagslohnzG Nr. 41). Damit soll eine Gleichbehandlung der erkrankten mit den gesunden Arbeitnehmern an Feiertagen erreicht werden. Der Arbeitnehmer hat danach auch z. B. Anspruch auf Fortzahlung auch der **Feiertagszuschläge** (*BAG* 1.12.2004 AP EntgeltFG § 4 Nr. 68; ErfK/*Dörner* § 1 EFZG Rn. 10).

**1732** ▶ **Beispiele:**
- **Sieht ein Arbeitsvertrag für die Dauer von Betriebsferien** zwischen Weihnachten und Neujahr unbezahlten Sonderurlaub vor, weil der Arbeitnehmer seinen vollen Jahresurlaub schon genommen hat, so wird durch eine solche Regelung der gesetzliche Anspruch auf Feiertagsbezahlung nicht berührt (*BAG* 6.4.1982 EzA § 1 FeiertagslohnzG Nr. 21).
- Anspruch auf Feiertagsvergütung besteht auch dann, wenn die **Arbeit stundenweise je nach wechselndem Bedarf** geleistet wird, ohne dass der Arbeitnehmer zum Arbeitsantritt verpflichtet wäre. Voraussetzung ist nur, dass die Arbeit tatsächlich wegen des Feiertages ausfällt, der Arbeitnehmer also ohne die gesetzlich angeordnete Feiertagsruhe arbeiten würde (*BAG* 3.5.1983 EzA § 1 FeiertagslohnzG Nr. 24; s. Rdn. 1768).
- Wird in einem Betrieb an Wochenfeiertagen **nur eingeschränkt gearbeitet**, so hängt der Anspruch auf Feiertagsvergütung davon ab, welche Arbeitnehmer wegen dieser feiertagsbedingten Maßnahme befreit waren. Eine dienstplanmäßige Freistellung schließt den Anspruch auf Feiertagsvergütung aus. Sie ist aber nur dann anzunehmen, wenn sich die Arbeitsbefreiung aus einem Schema ergibt, das von der Feiertagsruhe an bestimmten Tagen unabhängig ist (*BAG* 9.10.1996 EzA § 1 FeiertagslohnzG Nr. 51).
- Werden Arbeitnehmer regelmäßig samstags zu **Mehrarbeit** herangezogen, nicht aber an einem Samstag, der auf einen Feiertag fällt, so haben sie normalerweise Anspruch auf Feiertagslohn in Höhe der entgangenen Mehrarbeitsvergütung. Ruht die Arbeit vor und nach dem betreffenden Samstag dagegen aus anderen Gründen, so besteht ein Anspruch auf Feiertagslohn dann nicht, wenn die Arbeit wegen der vorangegangenen und nachfolgenden Betriebsstilllegung ausgefallen ist (*BAG* 26.3.1985 EzA § 1 FeiertagslohnzG Nr. 29).
- Stunden, in denen der Arbeitnehmer **tarifvertraglich vorgesehene Feiertagsarbeit leistet, sind nicht infolge des gesetzlichen Feiertags ausgefallen** (*BAG* 12.8.1993 AP Nr. 1 zu § 10 TVAL II).
- Wird ein Arbeitnehmer nach einem im Voraus bestimmten **Arbeitsplan** an einem bestimmten Wochentag von der Arbeit freigestellt, so ist seine Arbeitszeit an einem Wochenfeiertag, der nach dem Arbeitsplan arbeitsfrei ist, nicht infolge eines Feiertages ausgefallen (*ArbG Kassel* 1.8.2001 NZA-RR 2002, 238).

*cc) Besonderheiten bei Schichtarbeit; Zuschläge für Feiertagsarbeit*

**1733** Wird in einem Betrieb **Schichtarbeit** eingeführt, so dass auch an Feiertagen gearbeitet wird (s. *BAG* 13.6.2007 AP BGB § 242 Betriebliche Übung Nr. 78), so kommt es regelmäßig zu keinem Anspruch des Arbeitnehmers nach § 2 Abs. 1 EFZG, denn entweder ist er an dem Tag zur Arbeit verpflichtet; dann erhält er seine vereinbarte Vergütung nach § 611 BGB, deren Berechnung im Einzelfall zweifelhaft sein kann (s. *BAG* 14.6.2006 ZTR 2006, 592). Hat er dagegen an dem Feiertag seinen sich nach einem Dienstplan oder aus dem Schichtsystem ergebenden freien Tag oder einen seiner Ausgleichstage im Freischichtenmodell gehabt, so entfällt die Arbeit nicht wegen des Feiertags, sondern wegen der besonderen (Betriebs-)Vereinbarung (*BAG* 9.10.1996 EzA § 1 FeiertagslohnzG Nr. 51; 24.1.2001 EzA § 2 EntgfzG Nr. 1; 8.10.2010 DB 2011, 657; ErfK/*Dörner* § 1 EFZG Rn. 11). Nur wenn in einem Schichtsystem die **Arbeit wegen des Feiertags** ausfällt, z. B. die Spätschicht an einem Feiertag vor einem arbeitsfreien Wochenende, so hat der betroffene Arbeitnehmer einen Entgeltanspruch nach § 2 Abs. 1 EFZG, der nicht nur die Stunden an dem Feiertag betrifft, sondern alle Stunden der Schicht, auch wenn ein Teil der Schicht am Tag vor oder nach dem Feiertag geleistet worden wäre (*BAG* 26.1.1962 AP § 1 FeiertagslohnzG Nr. 13; ErfK/*Dörner* § 1 EFZG Rn. 11; s. zu § 9 Abs. 2 ArbZG: *BAG* 1.12.1967 AP Nr. 25 zu FeiertagslohnzG; 28.6.1983 EzA § 1 FeiertagslohnzG Nr. 25).

(derzeit unbesetzt) 1734–1740

*dd) Feiertag, Krankheit und Kurzarbeit*

Fällt ein gesetzlicher Feiertag in einen Krankheitszeitraum nach § 3 Abs. 1 EFZG, so hat der Arbeitnehmer Anspruch auf Entgeltfortzahlung im Krankheitsfalle. Die Höhe der Entgeltfortzahlung für einen Feiertag, an dem wegen Kurzarbeit nicht oder nur teilweise gearbeitet wurde, bestimmt sich nach §§ 2 Abs. 2, 4 Abs. 3 S. 2 EFZG. Dem Arbeitnehmer steht insoweit nur das gekürzte Arbeitsentgelt bzw. Insolvenzgeld zu (*BAG* 19.4.1989 EzA § 1 FeiertagslohnzG Nr. 41). 1741

§ 2 Abs. 2 EFZG gilt auch für arbeitskampfbedingte Kurzarbeit. Der Arbeitgeber ist zur Zahlung des Feiertagslohns verpflichtet, wenn er ohne den Feiertag an diesem Tage nach den Grundsätzen über die Verteilung des Arbeitskampfrisikos zur Verweigerung der Lohnzahlung berechtigt wäre (*BAG* 20.7.1982 EzA § 1 FeiertagslohnzG Nr. 38). 1742

Für den gekürzten Feiertagslohn, der bei Kurzarbeit zu zahlen ist, muss der Arbeitgeber die Sozialversicherungsbeiträge allein tragen. Lohnsteuer ist hingegen einzubehalten und abzuführen, ohne dass der Arbeitgeber dafür einen Ausgleich an den Arbeitnehmer zahlen müsste (*BAG* 8.5.1984 EzA § 1 FeiertagslohnzG Nr. 44). 1743

*ee) Feiertag und Arbeitskampf*

> Teilt die streikführende Gewerkschaft einem Arbeitgeber mit, sie habe seine Belegschaft ab einem bestimmten Zeitpunkt zum Streik aufgerufen, bleiben die Arbeitsverhältnisse der streikenden Arbeitnehmer solange suspendiert, bis die Gewerkschaft dem Arbeitgeber oder dessen Verband das Ende des Streiks mitgeteilt hat (*BAG* 31.5.1988 EzA Art. 9 GG Arbeitskampf Nr. 81). 1744

Erklärt eine Gewerkschaft einen Streik am letzten Arbeitstag vor einem gesetzlichen Feiertag für beendet und nehmen die Arbeitnehmer am Tag nach dem Feiertag die Arbeit wieder auf, ist die Arbeitszeit nicht infolge des Streiks, sondern infolge des Feiertags ausgefallen. An diesem Ergebnis ändert sich auch nichts, wenn die Gewerkschaft einen Tag nach Wiederaufnahme der Arbeit erneut zu einem Streik aufruft (*BAG* 11.5.1993 EzA § 1 FeiertagslohnzG Nr. 45). 1745

Soll ein Streik **vor einem Feiertag beendet** werden, so muss dies dem Arbeitgeber von der streikführenden Gewerkschaft oder den streikbeteiligten Arbeitnehmern mitgeteilt werden. Im Konflikt um einen Verbandstarifvertrag kann die Mitteilung auch gegenüber dem Arbeitgeberverband erfolgen. 1746

Eine **öffentliche Verlautbarung über die Medien** kann eine unmittelbare Mitteilung nur ersetzen, wenn sie vor dem Feiertag zur Kenntnis des betroffenen Arbeitgebers gelangt. Voraussetzung ist ferner, dass die Meldung hinreichend genau darüber informiert, wann, wo und inwieweit der Streik enden soll und zusätzlich klar zum Ausdruck bringt, dass der Beschluss von der streikführenden Gewerkschaft stammt (*BAG* 23.10.1996 EzA Art. 9 GG Arbeitskampf Nr. 126). 1747

Erklärt eine Gewerkschaft dagegen die Aussetzung eines Streiks lediglich für Tage, an denen ohnehin keine Arbeitspflicht besteht, so liegt keine Streikunterbrechung vor. Handelt es sich um gesetzliche Feiertage, so besteht kein Anspruch auf Feiertagslohnzahlung (*BAG* 1.3.1995 EzA Art. 9 GG Arbeitskampf Nr. 118). 1748

Die in die Zeit einer Aussperrung fallenden gesetzlichen Feiertage sind auch dann nicht zu bezahlen, wenn für den auf den Feiertag jeweils folgenden Werktag, den sog. Brückentag, durch Betriebsvereinbarung Betriebsruhe unter Anrechnung auf den Tarifurlaub vereinbart worden ist (*BAG* 31.5.1988 EzA Art. 9 GG Arbeitskampf Nr. 77). 1749

1750  Der Arbeitgeber hat die in einen bewilligten Urlaub fallenden gesetzlichen Feiertage auch dann nicht zu bezahlen, wenn für die nicht im Urlaub befindlichen Arbeitnehmer die Feiertagsbezahlung infolge der Aussperrung entfällt. Denn ein bewilligter Urlaub wird nicht dadurch widerrufen, dass der Arbeitgeber die Arbeitnehmer des Betriebs für eine Zeit aussperrt, in die der bewilligte Urlaub ganz oder teilweise fällt (*BAG* 31.5.1988 AP Nr. 58 zu § 1 FeiertagslohnzG).

*ff) Heimarbeit*

1751  Die Feiertagsbezahlung der in Heimarbeit Beschäftigten regelt **§ 11 EFZG**.

*d) Umfang und Berechnung der Feiertagsvergütung*

*aa) Lohnausfallprinzip*

1752  Für die Berechnung der gesetzlichen Feiertagsvergütung gilt das Lohnausfallprinzip. Der Arbeitnehmer soll diejenige Vergütung erhalten, die er auf Grund seiner Arbeitsleistung ohne den Feiertag bekommen hätte (*BAG* 19.4.1989 EzA § 1 FeiertagslohnzG Nr. 41).

1753  Zu der zu zahlenden Vergütung gehören alle Leistungen mit Entgeltcharakter einschließlich Zuschlägen aller Art (s. *BAG* 14.1.2009 EzA § 4 EFZG Nr. 32), nicht jedoch Beträge, die ausschließlich Aufwendungsersatzcharakter aufweisen (s. Rdn. 1581 ff.). Der Anspruch besteht nur, wenn der Feiertag die alleinige Ursache für den Ausfall der Arbeitsleistung ist. Ist die Arbeitspflicht bereits aus einem anderen Grund aufgehoben, besteht kein Anspruch (*BAG* 28.1.2004 – 5 AZR 58/03, NZA 2005, 656 LS). Der Anspruch auf Arbeitsentgelt darf also nicht bereits auf Grund anderer Ursachen entfallen. Das bedeutet aber nicht, dass alle hypothetischen Geschehensabläufe zu berücksichtigen sind. Vielmehr muss es sich um reale Ursachen handeln, die im konkreten Fall für den Ausfall der Arbeit auch wirksam geworden sind (*BAG* 24.3.2004 – 5 AZR 355/03, EzA-SD 12/04 S. 7 f.).

*bb) Einzelfragen*

1754  – **Wird die an einem Feiertag ausfallende Arbeitszeit vor- oder nachgearbeitet**, sind für den Feiertag die Normalarbeitsstunden zu vergüten (*BAG* 3.5.1983 EzA § 1 FeiertagslohnzG Nr. 24).

1755  (derzeit unbesetzt)

1756  Nahauslösungen können – auch bei längeren Entfernungen – je nach den Umständen sowohl echter Aufwendungsersatz als auch Arbeitsentgelt sein. Letzteres ist dann der Fall, wenn die Nahauslösung nicht für Mehraufwendungen ausgegeben wird, sondern zur Verbesserung des Lebensstandards (*BAG* 24.9.1986 EzA § 1 FeiertagslohnzG Nr. 32; 1.2.1995 EzA § 1 FeiertagslohnzG Nr. 46).

1757  – Die Unterscheidung ist **im Einzelfall anhand einer Regelung der Tarifvertragsparteien zu treffen**, die bestimmt, dass die Steuerpflichtigkeit dafür maßgeblich ist, in welchem Umfang mit der Nahauslösung tatsächlich Aufwendungen ersetzt werden, da diese Vorschriften klare Unterscheidungskriterien dafür enthalten.

1758  – Arbeitet eine **Akkordkolonne** von 20 Arbeitnehmern mit jeweils 17 Arbeitnehmern an 6 Wochentagen und ist für den Arbeitgeber nicht erkennbar, wie die Kolonne den Arbeitseinsatz und die Verteilung des Akkordverdienstes geregelt hat, so erhält jedes Kolonnenmitglied 1/20 des Tagesverdienstes, den die Kolonne ohne die Feiertagsruhe erzielt hätte (*BAG* 28.2.1984 EzA § 1 FeiertagslohnzG Nr. 27).

1759  – Im **Baugewerbe** ist Lohn nach dem Lohnausfallprinzip auch für Feiertage zu zahlen, an denen die Arbeit wegen Schlechtwetter ausgefallen wäre. Der Feiertagslohn beschränkt sich nicht auf die Höhe des Schlechtwettergeldes (*BAG* 14.5.1986 EzA § 1 FeiertagslohnzG Nr. 31).

1760  Wird trotz verkürzter tariflicher Arbeitszeit die über diese hinausgehende Betriebsnutzungszeit beibehalten und durch die spätere Gewährung von Freischichten ausgeglichen, so entsteht an einem Feiertag ein Entgeltausfall in Höhe der vollen zu leistenden Arbeitszeit, sodass in dieser Höhe Feiertagsvergütung zu zahlen ist (*BAG* 2.12.1987 EzA § 1 FeiertagslohnzG Nr. 35; 2.12.1988 EzA § 1 LohnFG Nr. 91; 14.12.1988 EzA § 4 TVG Metallindustrie Nr. 57).

Allerdings kann eine Betriebsvereinbarung, die bei einer Betriebsnutzungszeit von 40 Stunden den Ausgleich zu einer niedrigeren individuellen regelmäßigen wöchentlichen Arbeitszeit durch Freischichten vorsieht, bestimmen, dass eine Zeitgutschrift nur für jeden geleisteten Arbeitstag erfolgt. Eine solche Regelung verstößt nicht gegen §§ 1, 2 EFZG.

Durch diese Normen wird nur gewährleistet, dass der Arbeitnehmer für die ausfallende Arbeitszeit seine Vergütung erhält (*BAG* 2.12.1987 EzA § 4 TVG Metallindustrie Nr. 36).

(derzeit unbesetzt) **1761**

– Hat ein teilzeitbeschäftigter Arbeitnehmer des Einzelhandels nach seinem Arbeitsvertrag regelmäßig am »**langen Samstag**« (§ 3 Abs. 1 Nr. 3 LadSchlG a. F.) zu arbeiten und fällt ein langer Samstag auf einen gesetzlichen **Feiertag**, so besteht auch dann ein Anspruch auf Feiertagslohn für den gesetzlichen Feiertag, wenn der Arbeitnehmer an dem darauf folgenden langen Samstag arbeiten muss (*BAG* 10.7.1996 EzA § 1 FeiertagslohnzG Nr. 49). **1762**

– Fällt die im Rahmen eines **Freischichtmodells** vorgesehene Arbeitszeit infolge eines Feiertags aus, so ist auf dem Zeitkonto des Arbeitnehmers die **tatsächlich ausgefallene Arbeitszeit** (z. B. von 8 Stunden) und nicht lediglich die durchschnittliche tägliche Grundarbeitszeit (z. B. von 7,5 Stunden) gutzuschreiben (*LAG Köln* 10.5.2001 ZTR 2001, 428 LS). Denn der Arbeitnehmer ist so zu stellen, als hätte er an dem Feiertag die schichtplanmäßige Arbeitszeit gearbeitet (*BAG* 14.8.2002 EzA § 2 EFZG Nr. 4). **1763**

– Entfällt die Arbeitspflicht wegen einer zwischen den Betriebspartnern **vereinbarten Betriebsruhe**, besteht **kein Anspruch** (*BAG* 28.1.2004 – 5 AZR 58/03, NZA 2005, 656 LS). **1764**

– Erbringt ein Arbeitnehmer auf Grund einer besonderen Vereinbarung nach § 5 Nr. 3 BRTV-Bau **regelmäßig zusätzlich vergütete Arbeitsleistungen** (z. B. Fahrleistungen), hat der Arbeitgeber nach § 2 EFZG das dafür vereinbarte Arbeitsentgelt zu zahlen, wenn die Arbeit infolge eines Feiertages ausfällt. Denn Arbeitszeit i. S. d. § 2 EFZG ist die für die Arbeit vorgesehene oder festgelegte Zeitspanne und das Führen eines Kraftfahrzeugs zum Zwecke der Personenbeförderung im Auftrag eines Dritten ist Arbeit (*BAG* 16.1.2002 EzA § 2 EFZG Nr. 2). **1765**

– Auch bei **Arbeit auf Abruf** § 12 TzBfG; s. Rdn. 1732) besteht ein Anspruch auf Feiertagsvergütung nur dann, wenn der Feiertag die alleinige Ursache für den Arbeitsausfall ist. Der Arbeitgeber ist nicht in Anlehnung an § 11 Abs. 2 EFZG ohne Rücksicht auf die konkret ausgefallenen Stunden zur Zahlung einer Durchschnittsvergütung an Feiertagen verpflichtet (*BAG* 24.10.2001 EzA § 2 EFZG Nr. 3). **1766**

– Die an einem Wochenfeiertag **tarifwidrig angeordnete Rufbereitschaft** ist wie tariflich zulässige Rufbereitschaft während eines Wochenfeiertages zu vergüten. Das nach § 2 Abs. 1 EFZG dann fortgezahlte Tarifgehalt ist nicht anzurechnen (*BAG* 9.10.2003 – 6 AZR 447/02). **1767**

### e) Unabdingbarkeit des Anspruchs

§§ 1, 2 EFZG können **weder kollektiv- noch individualrechtlich im Voraus** zum Nachteil des Arbeitnehmers eingeschränkt werden (§ 12 EFZG). Das verbietet der Schutzzweck des § 12 EFZG, der Sorgen des Arbeitnehmers beim Arbeitsausfall in bestimmten Fällen verhindern will, und deshalb die Ansprüche gegen Verschlechterung schützt. Das gilt im bestehenden Arbeitsverhältnis ebenso wie im Zusammenhang mit seiner Beendigung. **1768**

Sind die Ansprüche allerdings **bereits entstanden und fällig**, so ist ein **Erlassvertrag** bei oder nach Beendigung des Arbeitsverhältnisses **statthaft**, während bei seiner Fortsetzung der Arbeitnehmer auf die Erfüllung seiner Ansprüche nicht verzichten kann (*BAG* 20.8.1980 AP LohnFG § 6 Nr. 11, 12; abl. ErfK/*Dörner* § 12 EFZG Rn. 4).

Einem Verfall des Anspruchs auf Grund **einzelvertraglich vereinbarter Ausschlussfristen** steht die gesetzliche Regelung allerdings jedenfalls **nicht entgegen**. Denn Ausschlussfristen betreffen nicht die durch das EFZG gestaltete Entstehung von Rechten des Arbeitnehmers und deren Inhalt, sondern ihren zeitlichen Bestand. Eine diesbezügliche Regelung ist ebenso wenig wie ein nachträglicher Verzicht durch § 12 EFZG verboten (*BAG* 25.5.2005 EzA § 307 BGB 2002 Nr. 3).

1769 Sieht etwa ein Arbeitsvertrag für die Dauer von Betriebsferien zwischen Weihnachten und Neujahr unbezahlten Urlaub vor, weil der Arbeitnehmer seinen Jahresurlaub bereits erhalten hat, so steht ihm gleichwohl Feiertagsvergütung zu (*BAG* 6.4.1982 EzA § 1 FeiertagslohnzG Nr. 21). Andererseits kann im Arbeitsvertrag der in einer Schule eingesetzten **Reinigungskraft wirksam und anspruchsausschließend vereinbart werden, dass das Arbeitsverhältnis während der Schulferien ruht**. Dies ist mit §§ 2, 12 EFZG ebenso vereinbar wie mit §§ 615 BGB, 4 TzBfG. Wird die Vereinbarung formularmäßig getroffen, ist sie allerdings auch an § 307 BGB zu messen, weil sie eine von § 611 BGB abweichende Regelung enthält. Bei der Prüfung der unangemessenen Benachteiligung ist zu berücksichtigen, dass wegen des Ruhens des Arbeitsverhältnisses auch die Ansprüche auf aufrechterhaltene Vergütung entfallen (u. a. §§ 2, 3 EFZG). Dennoch stellt die Ruhensvereinbarung für die Dauer der Schulferien jedenfalls dann keine unangemessene Benachteiligung der Reinigungskraft dar, wenn das Reinigungsobjekt geschlossen ist und Reinigungsarbeiten nicht anfallen (*BAG* 10.1.2007 EzA § 307 BGB 2002 Nr. 16; krit. *ArbG Düsseld.* 6.10.2009 – 7 Ca 1724/09, EzA-SD 26/2009 S. 6 LS).

1770 Die Arbeitsvertragsparteien können den Vergütungsanspruch des Arbeitnehmers für regelmäßig zusätzliche Arbeitsleistungen auch nicht für Tage, an denen die Arbeit wegen eines Feiertages ausfällt, ausschließen. Denn darin läge eine nach § 12 EFZG unzulässige Abweichung von der Entgeltfortzahlungspflicht nach § 2 EFZG (*BAG* 16.1.2002 EzA § 2 EFZG Nr. 2). Der Arbeitgeber darf bei feiertagsbedingtem Arbeitsausfall auf einem für den Arbeitnehmer geführten Zeitkonto keine Negativbuchungen vornehmen und damit das vorhandene Zeitguthaben kürzen, wenn das Zeitkonto nur in anderer Form den Vergütungsanspruch des Arbeitnehmers ausdrückt (*BAG* 14.8.2002 EzA § 2 EFZG Nr. 4).

1771 Eine pauschale Abgeltung der Feiertagsvergütung durch einen Lohnzuschlag ist nur zulässig, soweit der Zuschlag von vornherein als solcher erkennbar und eindeutig dazu bestimmt ist, den gesetzlichen Anspruch auf Feiertagsvergütung zu erfüllen (*BAG* 28.2.1984 EzA § 1 FeiertagslohnzG Nr. 27). Unzureichend sind daher Pauschalzulagen, die verschiedenen Zwecken dienen.

1772 Zulässig ist zwar eine Regelung, wonach die an Wochenfeiertagen ausgefallene Arbeit am nächstfolgenden **arbeitsfreien Werktag nachgeholt** werden muss. Jedoch darf diese Nacharbeit nicht unentgeltlich gefordert werden (*BAG* 25.6.1985 EzA § 1 FeiertagslohnzG Nr. 30).

1773 Möglich ist eine tarifliche Bestimmung, wonach **Überstunden** bei der Berechnung der Feiertagsvergütung zu berücksichtigen sind, wenn in der Arbeitswoche, in die der Feiertag fällt, regelmäßig Überstunden anfallen oder in den zwei vorangegangenen Wochen an dem dem Wochentag entsprechenden Feiertag Überstunden geleistet wurden, die mit den Besonderheiten des Druckgewerbes zusammenhängen (*BAG* 18.3.1992 EzA § 4 TVG Druckindustrie Nr. 23). Diese Regelung ist mit §§ 1, 2 EFZG vereinbar. Denn jedenfalls gegen die Bemessung der Überstundenvergütung im Rahmen der Feiertagsbezahlung, insbes. die nur teilweise Einbeziehung von Überstunden, die nicht infolge des Feiertages ausgefallen sind, ist nichts einzuwenden. Zumindest können die Tarifvertragsparteien für die im Gesetz nicht geregelte Bemessung des regelmäßigen Entgelts **Auslegungsregeln** schaffen.

1774 Beruht der Anspruch auf Vergütung auf §§ 1, 2 EFZG, so handelt es sich **auch dann um einen gesetzlichen und nicht um einen tariflichen Anspruch, wenn die Vergütung selbst tariflich geregelt ist**. Er unterliegt daher nicht einer tariflichen Verfallklausel, die nur tarifliche Ansprüche erfasst (*BAG* 10.12.1986 EzA § 4 TVG Ausschlussfristen Nr. 71; anders *BAG* 20.8.1980 EzA § 9 LohnFG Nr. 6 für den Entgeltfortzahlungsanspruch im Krankheitsfall).

## B. Pflichten des Arbeitgebers — Kapitel 3

*f) Der Ausschluss der Feiertagsvergütung*

Arbeitnehmer, die am letzten Arbeitstag vor oder am ersten Arbeitstag nach Feiertagen unentschuldigt der Arbeit fernbleiben, haben keinen Anspruch auf Bezahlung für diese Feiertage (§ 2 Abs. 3 EFZG). Maßgeblich ist der Arbeitstag, an dem vor oder nach dem Feiertag eine individuelle Arbeitspflicht des Arbeitnehmers bestanden hat (*BAG* 28.10.1966 AP Nr. 23 zu § 1 FeiertagslohnzG). 1775

Damit entfällt auch der Anspruch auf Feiertagsvergütung, wenn zwischen dem Bummeltag und dem Feiertag ein Urlaubstag liegt. 1776

Nicht erforderlich für den Wegfall des Anspruchs ist es, dass der Arbeitnehmer den gesamten Arbeitstag versäumt hat. **Der Anspruch entfällt auch dann, wenn der Arbeitnehmer nicht wenigstens die Hälfte der für den Arbeitstag maßgebenden Arbeitszeit abgeleistet hat** (*BAG* 28.10.1966 AP Nr. 23 zu § 1 FeiertagslohnzG). Gleichgültig ist, ob die Arbeitsversäumnis zu Beginn, im Verlauf oder am Ende der für den Arbeitnehmer maßgebenden Arbeitszeit eintritt. Entscheidend sind allein die beiden Arbeitstage vor und nach dem Feiertag in ihrem gesamten Umfang. 1777

Wird z. B. in einem Betrieb zwischen Weihnachten und Neujahr nicht gearbeitet, so verliert ein Arbeitnehmer nach § 2 Abs. 3 EFZG seinen Anspruch auf Feiertagsbezahlung für alle in der Betriebsruhe fallenden Wochenfeiertage, wenn er am letzten Tag oder am ersten Tag nach der Betriebsruhe unentschuldigt fehlt (*BAG* 6.4.1982 EzA § 1 FeiertagslohnzG Nr. 22). 1778

Bei Arbeitnehmern, die **einen nach Wochen oder Monaten bestimmten Verdienst** erhalten, darf die zu zahlende Vergütung nicht nur um den Bummeltag, sondern zugleich **auch um die sonst anfallende Vergütung für den Feiertag** gekürzt werden. 1779

*g) Darlegungs- und Beweislast*

Der Arbeitnehmer hat das Vorliegen der Voraussetzungen für die Anwendung des § 2 EFZG darzulegen. Dazu gehört auch bei Berufung des Arbeitgebers auf die Voraussetzungen des § 2 Abs. 3 EFZG, dass das Fernbleiben nicht unentschuldigt geschehen ist. 1780

Den Arbeitgeber trifft die Darlegungs- und Beweislast für die Tatsachen, aus denen sich ergeben soll, dass der Feiertag nicht die alleinige Ursache für den Ausfall der Arbeitsleistung gewesen sein soll (*BAG* 1.10.1991 EzA Art. 9 GG Arbeitskampf Nr. 99).

Für **Arbeit auf Abruf** (§ 12 TzBfG) ist allerdings davon auszugehen, dass der Arbeitnehmer auch dann im Streitfall die Anspruchsvoraussetzungen darzulegen und ggf. zu beweisen hat. Durch eine Abstufung der Darlegungs- und Beweislast lässt sich aber andererseits eine sachgerechte Lösung etwaiger Beweisschwierigkeiten des Arbeitnehmers erreichen (*BAG* 24.10.2001 EzA § 2 EFZG Nr. 3).

### 4. Entgeltfortzahlung im Krankheitsfall

*a) Grundlagen*

Aufgrund der §§ 1, 3 ff. EFZG gilt für alle Arbeitnehmer und für alle Bundesländer ein **einheitliches Recht der Entgeltfortzahlung** im Krankheitsfall. Der Arbeitgeber kann von dem zur Arbeitsleistung verpflichteten Arbeitnehmer **keine Leistung** beanspruchen, wenn einer der Tatbestände des § 275 Abs. 1 BGB (Ausschluss der Leistungspflicht) gegeben ist. Das ist u. a. der Fall, wenn der Arbeitnehmer zur Arbeitsleistung wegen krankheitsbedingter Arbeitsunfähigkeit nicht in der Lage ist. Nach § 326 Abs. 1 BGB entfällt allerdings **auch der Anspruch auf die Gegenleistung**. Davon geht § 3 Abs. 1 S. 1 EFZG aus. Aber nicht nur das Fernbleiben von der Arbeit ist damit gerechtfertigt. Vielmehr haben die Arbeitnehmer gem. § 3 Abs. 1 S. 1 EFZG auch Anspruch auf Fortzahlung des ihnen für einen bestimmten Zeitraum zustehenden Entgelts nach § 611 BGB, wenn die weiteren Voraussetzungen des Gesetzes gegeben sind; § 326 BGB wird verdrängt (ErfK/*Dörner* § 3 EFZG Rn. 1). 1781

1782 Ziel ist die wirtschaftliche Sicherung des Arbeitnehmers dahin, **dass er entgeltmäßig so gestellt wird, wie er stünde, wenn er nicht krankheitsbedingt arbeitsunfähig wäre** (*BAG* 7.11.1975 EzA § 1 LohnFG Nr. 44). Daneben sollen die gesetzlichen Krankenkassen finanziell entlastet werden.

1783 Das nach Maßgabe der §§ 1, 3 ff. EFZG weiter zu zahlende Entgelt ist Arbeitsentgelt und nicht nur Entgeltersatz. Es handelt sich um die aufrecht erhaltenen Vergütungsansprüche, die in jeder Hinsicht deren Schicksal teilen (*BAG* 26.10.1971 AP Nr. 1 zu § 6 LohnFG).

b) Anspruchsvoraussetzungen

aa) Arbeitsverhältnis

1784 Voraussetzung für den Entgeltfortzahlungsanspruch ist das **Bestehen eines Arbeitsverhältnisses** zwischen den Parteien, das bereits länger als **vier Wochen ununterbrochen bestanden hat** (Wartezeit; vgl. *Vossen* NZA 1998, 354 ff.).

1785, (derzeit unbesetzt)
1786
1787 Besteht zwischen einem beendeten und einem neu begründeten Arbeitsverhältnis zu demselben Arbeitgeber ein enger zeitlicher und sachlicher Zusammenhang, wird der Lauf dieser Wartezeit in dem neuen Arbeitsverhältnis nicht erneut ausgelöst (*BAG* 22.8.2001 EzA § 3 EFZG Nr. 3 m. Anm. *Natzel* SAE 2004, 185 ff.). Gleiches gilt für Arbeitnehmer, die unmittelbar nach Abschluss ihrer Berufsausbildung vom bisherigen Ausbilder übernommen werden (*BAG* 20.8.2003 EzA § 3 EFZG Nr. 11; *Sächs. LAG* 12.6.2002 LAGE § 3 EFZG Nr. 5). Das Berufsausbildungsverhältnis kann zwar nicht generell einem Arbeitsverhältnis gleichgesetzt werden, weil jeweils unterschiedliche Pflichten bestehen und das BBiG beide Rechtsverhältnisse deutlich unterscheidet. Dennoch müssen beide Rechtsverhältnisse bei nahtlosem Übergang als Einheit betrachtet werden, weil das EFZG auch die zu ihrer Berufsausbildung Beschäftigten als Arbeitnehmer ansieht. Die vom Gesetzgeber beabsichtigte Kostenentlastung wird dadurch erreicht, dass der Auszubildende in den ersten vier Wochen der Berufsausbildung ebenfalls der Wartezeit unterliegt (*BAG* 20.8.2003 EzA § 3 EFZG Nr. 11).

Zum Verhältnis zwischen § 3 Abs. 3 EFZG und tariflichen Regelungen hat das *BAG* (12.12.2001 EzA § 3 EFZG Nr. 9) angenommen, dass deren Reichweite durch Auslegung ermittelt werden muss. Heißt es nur, »die Beschäftigten haben in Fällen unverschuldeter, mit Arbeitsunfähigkeit verbundener Krankheit Anspruch auf Entgeltfortzahlung bis zur Dauer von sechs Wochen, nicht jedoch über die Beendigung des Arbeitsverhältnisses hinaus«, liegt ein Grundsatz vor, der der Konkretisierung und Ergänzung bedarf. Zu den ergänzend heranzuziehenden Gesetzesnormen gehört in diesem Fall regelmäßig auch die Wartezeitregelung des § 3 Abs. 3 EFZG. § 17 Nr. 2 MTV Hotel- und Gaststättengewerbe Nds. v. 28.6.2000 stellt zudem keine von § 3 Abs. 3 EFZG abweichende konstitutive Regelung dar. Sie gewährt keinen über die gesetzliche Regelung hinausgehenden Anspruch auf Entgeltfortzahlung im Krankheitsfall während der ersten vier Wochen des Arbeitsverhältnisses (*ArbG Lüneburg* 22.10.2001 NZA-RR 2003, 203).

bb) Krankheit

1788 Erforderlich ist weiterhin, dass der Arbeitnehmer **durch Arbeitsunfähigkeit infolge Krankheit an seiner Arbeitsleistung gehindert ist**.

(1) Begriffsbestimmung

1789 Krankheit im medizinischen Sinne ist jeder regelwidrige Körper- oder Geisteszustand, der einer Heilbehandlung bedarf (*BAG* 26.7.1989, 7.8.1991 EzA § 1 LohnFG Nr. 112, 120; 7.12.2005 EzA § 3 EFZG Nr. 15).

Erfasst werden allerdings **auch nicht behebbare**, von Anfang an zur Arbeitsunfähigkeit führende Krankheiten (*BAG* 3.11.1961 AP Nr. 1 zu § 78 SeemG). Als Krankheit kommt z. B. in Betracht Sterilität, ferner Geburtsfehler (z. B. Schielen), nicht dagegen eine normal verlaufende Schwangerschaft. 1790

Ebenso wenig handelt es sich bei einem Zustand um eine Krankheit, der lediglich Anlass zu einer medizinisch nicht erforderlichen sog. **Schönheitsoperation** gibt. Etwas anderes kann aber dann gelten, wenn sie notwendig ist, um einen erheblichen psychischen Leidenszustand zu beseitigen oder zu lindern. 1791

*(2) Unerheblichkeit der Ursache; Arbeitsunfall bei Nebenbeschäftigung*

Für die Beurteilung eines bestehenden Zustandes als Krankheit **spielt deren Ursache grds. keine Rolle**. 1792

Das gilt selbst dann, wenn sich ein Arbeitsunfall im Zusammenhang mit einer zweiten Beschäftigung, insbes. einer Nebentätigkeit oder einer selbstständigen Tätigkeit ereignet hat (*BAG* 21.4.1982 EzA § 1 LohnFG Nr. 62). Nach Auffassung des *LAG Hamm* (8.2.2006 NZA-RR 2006, 406) gilt dies auch dann, wenn ein die Arbeitsunfähigkeit verursachender Betriebsunfall bei der Ausübung einer vom Hauptarbeitgeber **nicht genehmigten Nebentätigkeit** nicht selbst verschuldet ist. Wegen der zwingenden Natur des EFZG kann ein Anspruchsausschluss bei nebentätigkeitsbedingten Krankheiten auch tarifvertraglich nicht vereinbart werden (*BAG* 19.10.1983 EzA § 616 BGB Nr. 25; vgl. *Boecken* NZA 2001, 233 ff.; s. Rdn. 1861). Teilweise (*Kießling* DB 2006, 841) wird die Auffassung vertreten, dass auch die Erkrankung eines zu betreuenden Kindes (vgl. § 45 SGB V) als Arbeitsunfähigkeit des Arbeitnehmers in diesem Sinne anzusehen sein soll; § 3 EFZG greift dann ein, §§ 616 BGB, 45 SGB V treten dahinter zurück (a. A. *Schulz* DB 2006, 838 ff.). 1793

*(3) Organentnahme*

Zu einer Krankheit führt auch eine Organentnahme zum Zwecke einer Transplantation. Gleichwohl besteht selbst für den Fall eines komplikationslosen Verlaufs der Organentnahme **kein Entgeltfortzahlungsanspruch** des Organspenders gegen seinen Arbeitgeber, weil eine derart verursachte Arbeitsunfähigkeit die Grenze des allgemeinen, vom Arbeitgeber zu tragenden Krankheitsrisikos überschreitet, weil sie den Arbeitnehmer nicht wie ein normales Krankheitsschicksal trifft (*BAG* 6.8.1986 EzA § 1 LohnFG Nr. 81; a. A. *Schulin* SAE 1987, 242). 1794

*(4) Sterilisation; Schwangerschaftsabbruch; künstliche Befruchtung*

Gem. § 3 Abs. 2 EFZG gilt als unverschuldete Arbeitsunfähigkeit i. S. d. § 3 Abs. 1 EFZG auch eine Arbeitsverhinderung, die infolge einer nicht rechtswidrigen Sterilisation oder eines nicht rechtswidrigen Abbruchs der Schwangerschaft eintritt. Das Tatbestandsmerkmal des nicht rechtswidrigen Schwangerschaftsabbruchs ist dahin zu verstehen, dass damit **der unter den Voraussetzungen des § 218a StGB erlaubte und deshalb straffreie Abbruch** gemeint ist, wobei der Nachweis durch eine ärztliche Bescheinigung genügt (*BAG* 5.4.1989 EzA § 1 LohnFG Nr. 105; *BVerfG* 18.10.1989 DB 1989, 2488; 28.5.1993 EzA § 1 LohnFG Nr. 124; vgl. *Pallasch* NZA 1993, 973). Bei einer Notlagenindikation nach §§ 218, 218a StGB a. F. musste die Notlage allerdings in einem schriftlichen **ärztlichen Attest** festgestellt worden sein (*BAG* 14.12.1994 EzA § 1 LohnFG Nr. 126). 1795

Nach Auffassung des *LAG RhPf* (25.8.1997 – 9 Sa 2433/96; ebenso *LAG Düsseld.* 13.6.2008 – 10 Sa 449/08; *Schmatz/Fischwasser* § 3 EFZG Rn. 105; *Schmitt* EFZG § 3 Rn. 51; a. A. *Müller-Rohden* NZA 1989, 128 ff.; s. a. *ArbG Marburg* 26.9.2006 – 2 Ca 156/06, DB 2006, 2298 LS) liegt ein **Verschulden gegen sich selbst** auch dann nicht vor, wenn die Arbeitnehmerin sich einer stationären Behandlung in einem Krankenhaus unterzieht, um sich wegen der Unfähigkeit zur Empfängnis **künstlich befruchten** zu lassen, denn die Arbeitnehmerin, die sich einem die Fruchtbarkeit herstellenden Eingriff unterzieht, handelt nicht wider die Interessen eines verständigen Menschen. Hat sich der behandelnde Arzt geirrt (**falsche medizinische Diagnose** oder wegen Verkennung des Rechtsbegriffs) oder hat der Arbeitnehmer die **Arbeitsunfähigkeit nur vorgetäuscht**, so fehlt es an dem an- 1796 spruchsbegründenden Tatbestandsmerkmal der Arbeitsunfähigkeit und der Entgeltfortzahlungsanspruch entfällt (ErfK/*Dörner* § 3 EFZG Rn. 10).

cc) *Arbeitsunfähigkeit*

(1) *Begriffsbestimmung*

1797 **Krankheit und Arbeitsunfähigkeit** i. S. d. Gesetzes sind **nicht deckungsgleich**, sondern voneinander zu unterscheiden. Eine Krankheit führt auch nicht automatisch zur Arbeitsverhinderung, die letztlich den Entgeltfortzahlungsanspruch auslöst. Vielmehr muss die Krankheit zur Arbeitsunfähigkeit führen, die wiederum alleinige Ursache für die Arbeitsverhinderung sein muss (ErfK/*Dörner* § 3 EFZG Rn. 9). Wie im Recht der gesetzlichen Krankenversicherung ist von **Arbeitsunfähigkeit** auszugehen, wenn der Arbeitnehmer seine **vertraglich geschuldete Tätigkeit objektiv nicht ausüben kann** (z. B. nach stationärer Aufnahme im Krankenhaus) oder objektiv nicht ausüben sollte, weil die Heilung nach ärztlicher Prognose verhindert oder verzögert wird (ErfK/*Dörner* § 3 EFZG Rn. 9; s. *BAG* 26.7.1989 EzA § 1 LohnFG Nr. 112). Im Recht der **gesetzlichen Krankenversicherung** sind maßgebend die **AU-RL** in der jeweiligen Fassung, die vom Bundesausschuss der Ärzte und Krankenkassen beschlossen worden sind und in den Satzungen der Krankenkassen als verbindlich anerkannt sein müssen (§ 92 Abs. 1 Nr. 7, § 81 Abs. 3 Nr. 2 SGB V). Sie sind damit mittelbar arbeitsrechtlich maßgebend. Demnach ist nicht erst der gesundheitliche Zusammenbruch maßgebend, sondern eine vom Arzt nach **objektiven Maßstäben vorzunehmende Bewertung** (AU-RL). Die subjektive Wertung des betroffenen Arbeitnehmers ist dagegen nicht ausschlaggebend (*BAG* 26.7.1989 EzA § 1 LohnFG Nr. 112; ErfK/*Dörner* § 3 EFZG Rn. 9).

Arbeitsunfähigkeit ist von der verminderten Erwerbsfähigkeit i. S. d. § 33 Abs. 3 SGB VI zu unterscheiden. Der Erwerbsgeminderte kann durchaus arbeitsfähig sein (*BAG* 29.9.2004 EzA § 3 EFZG Nr. 13), wenn auch weitgehend zugleich Arbeitsunfähigkeit vorliegen wird. Die **volle Erwerbsminderung** führt jedenfalls zur **Arbeitsunfähigkeit** (ErfK/*Dörner* § 3 EFZG Rn. 9).

1798 Hierbei kommt es sowohl auf die **konkrete einzelvertragliche Arbeitsverpflichtung** (*BAG* 25.6.1981 EzA § 616 BGB Nr. 20) als auch auf den **individuellen gesundheitlichen Zustand** des einzelnen Arbeitnehmers an. Zu berücksichtigen sind alle Tätigkeiten, die der Arbeitnehmer auf Grund seines Arbeitsvertrages, ggf. auch nach zulässiger Ausübung des **Direktionsrechts** durch den Arbeitgeber, schuldet.

1799 Maßgebend sind objektive Gesichtspunkte sodass auch derjenige arbeitsunfähig ist, der in Unkenntnis seiner gesundheitlichen Beeinträchtigung, die vernünftigerweise die vertraglich vereinbarte Arbeitsleistung verbietet, tatsächlich arbeitet (*BAG* 26.7.1989 EzA § 1 LohnFG Nr. 112; s. a. *LAG Hamm* 19.7.2003 – 18 Sa 215/03, NZA-RR 2004, 12).

(2) *Mittelbare Auswirkungen der Krankheit; ambulante Behandlungen*

1800 Arbeitsunfähigkeit liegt nicht nur dann vor, wenn der Körper- oder Geisteszustand als solcher den Arbeitnehmer zur Arbeitsleistung außer Stande setzt (z. B. Herzinfarkt).

1801 Auch nur **mittelbare Krankheitsauswirkungen** können zur Arbeitsunfähigkeit führen. Das ist z. B. dann der Fall, wenn eine für sich allein die zu erbringende Arbeitsleistung nicht hindernde Krankheit im medizinischen Sinne (z. B. Schielen) stationäre Krankenpflege erforderlich macht (*BAG* 9.1.1985 EzA § 1 LohnFG Nr. 75). Demgegenüber sind ambulante Behandlungen weitgehend von der Entgeltfortzahlung ausgenommen (*BAG* 29.2.1984 EzA § 616 BGB Nr. 27; 9.1.1985 EzA § 1 LohnFG Nr. 75). In den Fällen einer Operation bei stationärer Krankenhausaufnahme führt diese selbst wegen der Schwere des Eingriffs anschließend zur Arbeitsunfähigkeit. Zum anderen ist der Lohnausfall bei einer ambulanten Behandlung Folge lediglich der Wahl des Behandlungszeitpunkts.

1802 Allerdings kann auch bei einer in Abständen von ein bis zwei Wochen vorbeugend durchgeführten ambulanten Bestrahlung gegen eine **in unberechenbaren Schüben auftretende erbliche Krankheit**

(Schuppenflechte) Arbeitsunfähigkeit gegeben sein. Das gilt selbst dann, wenn der Arbeitnehmer zwar bei den einzelnen Behandlungen nicht arbeitsunfähig ist, das Unterlassen der Behandlung seinen Zustand in absehbar naher Zeit aber zur Arbeitsunfähigkeit zu verschlechtern droht (*BAG* 9.1.1985 EzA § 1 LohnFG Nr. 75).

Sind im Hinblick auf eine ambulante Behandlung nach diesen Grundsätzen die Voraussetzungen des § 3 Abs. 1 EFZG nicht erfüllt, so kommt ein Anspruch aus **§ 616 BGB** in Betracht. 1803

*(3) Wegeunfähigkeit*

Nicht arbeitsunfähig ist der Arbeitnehmer, der wegen einer Krankheit nur den bisherigen Weg zur Arbeitsstätte nicht zurücklegen, die geschuldete Arbeitsleistung als solche jedoch durchaus erbringen kann (*BAG* 7.8.1970 AP Nr. 4 zu § 11 MuSchG). Er ist verpflichtet, für ein geeignetes Transportmittel zu sorgen, für dessen Kosten der Arbeitgeber einzutreten hat (ErfK/*Dörner* § 3 EFZG Rn. 13). 1804

*(4) Teilarbeitsunfähigkeit*

Eine begrenzte Arbeitsunfähigkeit (Teilarbeitsunfähigkeit) ist gegeben, wenn der Arbeitnehmer die vertraglich geschuldete Leistung nur noch teilweise in einem zeitlich verringerten Ausmaß, zu anderen Tageszeiten oder nur beschränkt auf bestimmte Tätigkeiten erbringen kann (vgl. Kasseler Handbuch/*Vossen* 2.2. Rn. 50 ff.; *Stückmann* DB 1998, 1662 ff.). Auch Teilarbeitsunfähigkeit ist grds. Arbeitsunfähigkeit i. S. d. EFZG (*BAG* 29.1.1992 EzA § 74 SGB V Nr. 1; abl. *Boecken* NZA 1999, 675 f.). 1805

Nach Auffassung des *BAG* (29.1.1992 EzA § 74 SGB V Nr. 1) bedeutet es nämlich **keinen Unterschied**, ob der Arbeitnehmer durch seine Krankheit ganz oder teilweise arbeitsunfähig wird. Danach ist auch der vermindert Arbeitsfähige arbeitsunfähig krank i. S. d. Entgeltfortzahlungsrechts, eben **weil er seine vertraglich geschuldete Arbeitsleistung nicht voll erfüllen kann**. Die für die Feststellung der Arbeitsunfähigkeit maßgebliche vertraglich geschuldete Arbeitsleistung wird folglich als nach Inhalt, Umfang, Schwierigkeit und ähnlichen Qualifikationsmerkmalen unteilbare Einheit angesehen (*LAG RhPf* 4.11.1991 LAGE § 1 LohnFG Nr. 32). Denn das Gesetz kennt eine Teilarbeitsunfähigkeit ebenso wenig wie die Verpflichtung des Arbeitnehmers zur Erbringung einer Teilleistung. Deshalb kann der **Arbeitgeber** (unter Androhung, anderenfalls einen Teil des Entgelts zu verweigern) **keine Teiltätigkeit verlangen**. Eine abweichende Vereinbarung der Arbeitsvertragsparteien bleibt dagegen im Rahmen der geltenden Gesetze, Tarifverträge und Betriebsvereinbarungen möglich. Das Krankenversicherungsrecht kennt allerdings die Möglichkeit der **stufenweisen Wiedereingliederung** des Arbeitnehmers in sein berufliches Umfeld im Wege der Rehabilitation, wovon die anfängliche **Arbeitsunfähigkeit nicht berührt** wird (*BAG* 29.1.1992 EzA § 74 SGB V Nr. 1; 19.4.1994 EzA § 74 SGB V Nr. 2; ErfK/*Dörner* § 3 EFZG Rn. 12). Auch insoweit geht das Gesetz davon aus, dass Arbeitsunfähigkeit **fortbesteht** (ErfK/*Dörner* § 3 EFZG Rn. 12). 1806

Arbeitsfähig ist der Arbeitnehmer danach allerdings wieder dann, wenn die Arbeitsvertragsparteien die vom Arbeitnehmer an sich vertraglich geschuldete Arbeitsleistung **einvernehmlich vorübergehend** auf die Tätigkeiten **beschränken**, die er ihrer Art und/oder ihrem zeitlichen Umfang nach trotz seiner Erkrankung verrichten kann, ohne den Heilungsprozess zu beeinträchtigen (*BAG* 29.1.1992 EzA § 74 SGB V Nr. 1). 1807

*dd) Kausalität*

*(1) Begriffsbestimmung*

Erforderlich ist schließlich Kausalität zwischen Krankheit, Arbeitsunfähigkeit und Arbeitsverhinderung. 1808

**1809** Die krankheitsbedingte Arbeitsunfähigkeit muss die alleinige und ausschließliche Ursache für den Ausfall der Arbeitsleistung und damit für den Verlust des Vergütungsanspruchs sein (*BAG* 22.6.1988 EzA § 16 BErzGG Nr. 1; 28.1.2004 NZA 2005, 656 LS). Das ist der Fall, wenn der Arbeitnehmer ohne die krankheitsbedingte Arbeitsunfähigkeit Arbeitsentgelt erhalten hätte (*BAG* 4.12.2002 EzA § 3 EFZG Nr. 10). Ist die Arbeitspflicht dagegen bereits **aus einem anderen Grund** (z. B. Urlaub, Streik, Ruhen des Arbeitsverhältnisses) aufgehoben, besteht **kein Anspruch** (*BAG* 28.1.2004 EzA-SD 11/04, S. 9 LS = NZA 2005, 656 LS). Der Anspruch auf Arbeitsentgelt darf also nicht bereits auf Grund anderer Ursachen entfallen. Das bedeutet aber **nicht**, dass **alle hypothetischen Geschehensabläufe** zu berücksichtigen sind. Vielmehr muss es sich um reale Ursachen handeln, die im konkreten Fall für den Ausfall der Arbeit auch wirksam geworden sind (*BAG* 24.3.2004 – 5 AZR 355/03, EzA-SD 12/04 S. 7 f.). Andererseits schließt eine **volle Erwerbsminderung** i. S. d. Rentenversicherungsrechts krankheitsbedingte Arbeitsunfähigkeit gem. § 3 EFZG nicht aus. Denn es besteht kein Grund, den Arbeitgeber bei **besonders schweren Erkrankungen** des Arbeitnehmers, die sogar eine zeitweise oder dauernde volle Erwerbsunfähigkeit zur Folge haben, **von den sozialen Verpflichtungen des EFZG freizustellen** (*BAG* 29.9.2004 EzA § 3 EFZG Nr. 13).

**1810** Diese Voraussetzungen sind auch dann erfüllt, wenn die Krankheit **für sich allein noch keine Arbeitsunfähigkeit zur Folge hat**, sondern zunächst ihrerseits nur die Ursache für die weitere Folge einer stationären oder ambulanten Behandlung oder – etwa im Falle einer offenen Lungentuberkulose – einer seuchenpolizeilichen Anordnung ist. Denn auch insoweit ist eine mit der Krankheit beginnende Ursachenkette gegeben (*BAG* 26.4.1978 EzA § 6 LohnFG Nr. 8). In Fällen **ambulanter Behandlung** von für sich allein die Arbeitsleistung nicht verhindernden Krankheiten ist dagegen allein die Wahl des Behandlungszeitpunkts bzw. die Termingestaltung des Arztes ursächlich, sodass kein Entgeltfortzahlungsanspruch gegeben ist (*BAG* 29.2.1984 EzA § 616 BGB Nr. 27; s. Rdn. 1800 f.). Der Arbeitgeber, der gegenüber dem Entgeltfortzahlungsanspruch eine **anderweitige Unmöglichkeit der Arbeitsleistung** einwendet, ist dafür **darlegungs- und beweispflichtig**. **Betreuungsverpflichtungen** gegenüber minderjährigen Kindern führen als solche nicht zu einer Unmöglichkeit der Arbeitsleistung. Aus der fehlenden Kenntnis des Arbeitgebers hinsichtlich der Kinderbetreuung folgt auch keine abgestufte Darlegungslast (*BAG* 29.9.2004 EzA § 3 EFZG Nr. 13).

**1811** Hat der Arbeitnehmer dagegen einem Übergang seines Arbeitsverhältnisses durch Teilbetriebsübergang wirksam widersprochen sowie eine Beschäftigung bei dem Betriebserwerber abgelehnt und auf Beschäftigung bei seinem Arbeitgeber bestanden, beruht der Ausfall der Arbeit nicht auf einem fehlenden Arbeitswillen, wenn der Arbeitnehmer arbeitsunfähig erkrankt (*BAG* 4.12.2002 EzA § 3 EFZG Nr. 10).

**1812** Die Tarifvertragsparteien können auch von diesem in §§ 3 Abs. 1, 4 Abs. 1 EFZG angelegten Grundsatz, dass für den Anspruch auf Entgeltfortzahlung die Arbeit allein auf Grund der krankheitsbedingten Arbeitsunfähigkeit ausgefallen sein muss, **abweichen** (*BAG* 9.10.2002 EzA § 4 EFZG Nr. 10; s. Rdn. 1899).

*(2) Arbeitsunwilligkeit*

**1813** Der Kausalzusammenhang fehlt auch dann, wenn der Arbeitnehmer bereits vor Krankheitsbeginn trotz vertraglicher Verpflichtung zur Arbeitsleistung dieser ohne Grund nicht nachgekommen und daher in Schuldnerverzug geraten und ferner anzunehmen ist, dass er ohne die Krankheit weiterhin arbeitsunwillig geblieben wäre.

Hat der Arbeitnehmer dagegen dem Übergang seines Arbeitsverhältnisses durch **Betriebsübergang** wirksam **widersprochen** sowie eine Beschäftigung bei dem Betriebserwerber abgelehnt und auf Beschäftigung bei seinem Arbeitgeber bestanden, **beruht der Ausfall der Arbeit nicht auf einem fehlenden Arbeitswillen**, wenn der Arbeitnehmer **arbeitsunfähig erkrankt** (*BAG* 24.3.2004 – 5 AZR 355/03, EzA-SD 12/04 S. 7 f.).

Auch dann, wenn der Arbeitnehmer in einem Kündigungsrechtsstreit einen **Auflösungsantrag** stellt, steht die notwendige Leistungsbereitschaft nicht bereits deshalb in Zweifel (*LAG Düsseld.* 29.8.2005 – 14 (7) Sa 723/05, EzA-SD 24/05 S. 11 LS unter Hinweis auf *BAG* 18.1.1963 EzA § 615 BGB Nr. 5 u. *BAG* 19.9.1991 – 2 AZR 619/90, n. v.).

Der Arbeitnehmer muss, wenn der Arbeitgeber entsprechende Zweifel an dessen Arbeitswillen substantiiert und nicht nur in Form einer allgemeinen Behauptung dargelegt, vortragen und ggf. beweisen, dass er während der Zeit der krankheitsbedingten Arbeitsunfähigkeit arbeitswillig war (*BAG* 20.3.1985 EzA § 1 LohnFG Nr. 77). 1814

*(3) Schwangerschaft*

Eine normale Schwangerschaft ist **keine Krankheit**. Nur die mit außergewöhnlichen Beschwerden oder Störungen verbundene Schwangerschaft ist als Krankheit im Rechtssinne anzusehen und kann sich als ein nicht ausgeheiltes, befristetes Grundleiden i. S. d. § 3 Abs. 1 S. 2 EFZG (»dieselbe Krankheit«) darstellen. Nicht zu fordern ist dagegen, dass die einzelnen Krankheiten (Krankheitserscheinungen) auch untereinander noch in einem besonderen Fortsetzungszusammenhang stehen müssen (*BAG* 14.11.1984 EzA § 1 LohnFG Nr. 74). 1815

Tritt zur Schwangerschaft eine Krankheit hinzu, so gilt sie während der gesetzlichen Schutzfristen vor und nach der Entbindung (§§ 3 Abs. 2, 6 Abs. 1 MuSchG) auch als durch das gesetzliche Beschäftigungsverbot wegen der Schwangerschaft verursacht. Folglich bestehen keine Entgeltfortzahlungsansprüche wegen krankheitsbedingter Arbeitsverhinderung (*BAG* 7.10.1987 EzA § 14 MuSchG Nr. 7). 1816

*(4) Suspendierung*

Im Übrigen scheiden Entgeltfortzahlungsansprüche aus, wenn es sich um Arbeitsverhältnisse handelt, in denen zeitweise die Pflicht des Arbeitgebers zur Zahlung von Arbeitsentgelt suspendiert ist, weil es dann **an der alleinigen Kausalität der krankheitsbedingten Arbeitsverhinderung für den Entgeltausfall fehlt.** 1817

Das ist insbes. dann der Fall, wenn: 1818
– **bezahlte Freischichten** vereinbart werden und ein Arbeitnehmer während dieser Zeit (z. B. zwischen Weihnachten und Neujahr) arbeitsunfähig krank wird (*BAG* 9.5.1984 EzA § 1 LohnFG Nr. 71);
– bei für **arbeitsfrei erklärten Tagen** die maßgebliche Arbeitszeit vor- oder nachgearbeitet wird (*BAG* 22.8.1967 AP Nr. 42 zu § 1 ArbKrankhG).

Wird z. B. die für den 24. und 31.12. vorgesehene Arbeit auf Grund einer Betriebsvereinbarung vorgeholt, so hat der Arbeitnehmer, der an den freigestellten Tagen arbeitsunfähig krank ist oder eine Kur durchführt, keinen Anspruch auf Entgeltfortzahlung für die freigestellten Tage, weil Ursache des Arbeitsausfalls nicht die Krankheit (Kur) des Arbeitnehmers ist, sondern die anderweitige Verteilung der Arbeitszeit (*BAG* 7.9.1988 EzA § 1 LohnFG Nr. 94). 1819

Entsprechendes gilt für **Freischichttage nach sog. Freischichtmodellen.** Wird z. B. die Planwochenarbeitszeit auf die 4 Tage Montag bis Donnerstag unter Freistellung des Freitags verteilt, so scheiden für den Freitag Entgeltfortzahlungsansprüche aus (*BAG* 8.3.1989 EzA § 1 LohnFG Nr. 103). 1820

*Entfällt die Arbeitspflicht* wegen einer zwischen den Betriebspartnern vereinbarten Betriebsruhe, besteht ebenfalls kein Anspruch. Erhält der arbeitsunfähige Arbeitnehmer während der Dauer der **Betriebsruhe** das verstetigte Arbeitsentgelt, können ihm die ausfallenden Arbeitsstunden im Arbeitszeitkonto ins Soll gestellt werden (*BAG* 28.1.2004 – 5 AZR 58/03, EzA-SD 11/04, S. 9 LS = NZA 2005, 656 LS). 1821

### (5) Arbeitszeitverlegungen

**1822** Ohne entgeltfortzahlungsrechtliche Auswirkungen sind dagegen Arbeitszeitverlegungen, die die regulären Arbeitsentgeltansprüche unberührt lassen. Das gilt z. B. für § 17 Abs. 5 BAT, § 7 Abs. 7, 8 TVöD, wonach bei geleisteten Überstunden der Ausgleich nicht durch tarifliche Vergütung, sondern durch Gewährung von bezahlter Freizeit vorzunehmen ist.

**1823** Gleiches gilt bei Arbeitszeitverkürzungen in Kombination mit besonderen Arbeitszeitverteilungen, z. B. bei der Einführung einer verkürzten Jahresarbeitszeit durch Arbeitsfreistellung von mehreren Wochen unter Beibehaltung der Normalarbeitszeit während der übrigen Zeiten. Wird in solchen Fällen gleichwohl durchgehend, auch während der arbeitsfreien Zeit, Arbeitsentgelt bezahlt, so bestehen im Krankheitsfall Entgeltfortzahlungsansprüche sowohl während der Arbeitszeitperioden als auch während der arbeitsfreien Zeit.

### (6) Erholungsurlaub; Sonderurlaub

**1824** Erkrankt der Arbeitnehmer im Erholungsurlaub, so sieht § 9 BUrlG eine **Unterbrechung des Urlaubs** vor (s. Rdn. 2316 ff.), denn Urlaub und Krankheit schließen sich aus.

**1825** Vereinbart ein Arbeitnehmer mit dem Arbeitgeber über den regulären Erholungsurlaub hinaus für eine weitere Zeit eine unbezahlte Arbeitsbefreiung (unbezahlter Sonderurlaub), so hängt die Möglichkeit von Entgeltfortzahlungsansprüchen davon ab, was die Vertragsparteien für den Krankheitsfall insoweit vereinbart oder zumindest gewollt haben.

**1826** Soll der Sonderurlaub danach bei krankheitsbedingter Arbeitsunfähigkeit enden, so treten dieselben Rechtsfolgen einschließlich der Entgeltfortzahlungspflicht wie im Falle eines Erholungsurlaubs kraft der Vertragsabrede ein; § 9 BUrlG ist nicht anwendbar (*BAG* 25.5.1983 EzA § 9 BUrlG Nr. 12). Soll der Sonderurlaub dagegen nicht enden, ist die Arbeitsunfähigkeit für den Entgeltausfall nicht allein ursächlich, sodass auch keine Entgeltfortzahlungsansprüche in Betracht kommen.

**1827** Fehlt eine entsprechende Vereinbarung, so ist der **wirkliche oder zumindest hypothetische Willen der Vertragspartner** zu ermitteln. Schließt sich der Sonderurlaub unmittelbar an den bezahlten Erholungsurlaub an, so soll er erkennbar ebenfalls Erholungszwecken dienen. § 9 BUrlG wird analog angewendet (*BAG* 3.10.1972 AP Nr. 4 zu § 9 BUrlG), sodass mit dem Eintritt krankheitsbedingter Arbeitsunfähigkeit die Arbeitsfreistellung mit der Folge eines entsprechenden Entgeltfortzahlungsanspruchs unterbrochen wird.

**1828** Besteht dagegen kein unmittelbar zeitlicher Zusammenhang mit einem Erholungsurlaub, so spricht viel dafür, dass er nicht Erholungszwecken dient, sodass § 9 BUrlG auch nicht entsprechend anwendbar ist. Unter Umständen ist eine Urlaubsabrede gerade im Hinblick auf einen anderen Zweck, z. B. die Mithilfe beim Bau eines Eigenheimes, dahin auszulegen, dass der Urlaub wegen Zweckvereitelung durch Krankheit mit Eintritt einer Arbeitsunfähigkeit enden soll.

### (7) Elternzeit

**1829** Im Rahmen von Elternzeit (§§ 15 ff. BEEG) scheiden i. d. R. Entgeltfortzahlungsansprüche aus; § 9 BUrlG kann auch nicht analog angewendet werden.

**1830** Möglich ist es aber, dass der Arbeitnehmer erklärt, er trete die Elternzeit erst nach Ende der krankheitsbedingten Arbeitsunfähigkeit an, sodass bis dahin Entgeltfortzahlungsansprüche möglich sind (*BAG* 17.10.1990 EzA § 16 BErzGG Nr. 5). **Erkrankt der Arbeitnehmer während des Ruhens des Arbeitsverhältnisses** wegen Elternzeit, wird zum einen die Zeit des Ruhens nicht auf den 6-Wochen-Zeitraum des § 3 Abs. 1 EFZG angerechnet. Dieser Zeitraum beginnt dann nicht mit der Erkrankung, sondern erst mit der tatsächlichen Verhinderung an der Arbeitsleistung infolge der Krankheit; *das ist der Zeitpunkt der Aktualisierung des Arbeitsverhältnisses* (*BAG* 29.9.2004 EzA § 3 EFZG Nr. 13).

## B. Pflichten des Arbeitgebers — Kapitel 3

*(8) Fehlende Arbeitserlaubnis*

Ob das Fehlen der Arbeitserlaubnis eine der Lohnfortzahlung im Krankheitsfall entgegenstehende weitere Ursache dafür darstellt, dass keine Arbeitsleistung erbracht wird, ist nach den gesamten Umständen des Einzelfalls anhand des **hypothetischen Kausalverlaufs** zu prüfen. Ergibt diese Prüfung, dass die Arbeitserlaubnis sofort antragsgemäß erteilt worden wäre, so ist ihr Fehlen für den Arbeitsausfall nicht mitursächlich. 1831

Bei der Prüfung des Kausalverlaufs kann die später eingetretene tatsächliche Entwicklung (z. B. die noch am gleichen Tag der verspäteten Antragstellung tatsächlich erteilte neue Arbeitserlaubnis) herangezogen werden (*BAG* 26.6.1996 EzA § 1 LFZG Nr. 127). 1832

*ee) Kein Verschulden des Arbeitnehmers*

Weitere Voraussetzung eines Entgeltfortzahlungsanspruchs ist, dass den Arbeitnehmer an der Arbeitsunfähigkeit infolge Krankheit kein Verschulden trifft. 1833

*(1) Begriffsbestimmung*

Die Arbeitsunfähigkeit muss **ohne Verschulden des Arbeitnehmers** eingetreten sein. Es handelt sich dabei um einen anderen als den in § 276 BGB definierten Begriff über die Verantwortlichkeit des Schuldners. Im EFZG wird das Verhalten als anspruchsausschließend bewertet, das **gröblich gegen die von einem verständigen Menschen im eigenen Interesse zu erwartende Verhaltensweise** verstößt und bei dem es **unbillig wäre** (abl. insoweit ErfK/*Dörner* § 3 EFZG Rn. 23), den **Arbeitgeber mit einer Zahlungspflicht zu belasten**, weil der Arbeitnehmer die ihm zumutbare Sorgfalt gegen sich selbst nicht beachtet und dadurch die Arbeitsunfähigkeit verursacht hat (*BAG* 30.3.1988 EzA § 1 LohnFG Nr. 92; *LAG Köln* 2.3.1994 LAGE § 1 LohnFG Nr. 33). Verschulden wird insoweit ausdrücklich auf Vorsatz und große Fahrlässigkeit beschränkt. 1834

**Mitverschulden Dritter** an der Arbeitsunfähigkeit steht der Annahme eines den Entgeltfortzahlungsanspruch ausschließenden Eigenverschuldens **nicht entgegen** (*BAG* 23.11.1971 AP LohnFG § 1 Nr. 8). Beim Alleinverschulden eines Dritten bleibt der Anspruch unberührt; zugunsten des Arbeitgebers gilt § 6 EFZG. Hat der Arbeitgeber die Arbeitsunfähigkeit verschuldet, so entsteht kein Anspruch nach dem EFZG. Vielmehr behält der Arbeitnehmer, der seine Leistung deswegen nicht erbringen kann, den Anspruch auf die (volle) Gegenleistung, § 326 Abs. 2 S. 1 BGB (ErfK/*Dörner* § 3 EFZG Rn. 24). Trifft den Arbeitgeber ein Mitverschulden, so kommt eine Quotierung des Anspruchs analog § 254 BGB nicht in Betracht (ErfK/*Dörner* § 3 EFZG Rn. 24). Bei einer weit überwiegenden Verantwortlichkeit des Arbeitgebers i. S. d. § 326 Abs. 2 S. 1 BGB bleibt der Anspruch auf Arbeitsentgelt bestehen, während der Vergütungsanspruch entfällt; ebenso entsteht kein Anspruch nach dem EFZG, wenn der Arbeitnehmer die Arbeitsunfähigkeit überwiegend verschuldet hat (ErfK/*Dörner* § 3 EFZG Rn. 24).

Die Verschuldensbeurteilung erfolgt in Form der sog. **objektiven nachträglichen Prognose**, indem das Verhalten des Arbeitnehmers im Nachhinein daraufhin überprüft wird, ob es als schuldhaft anzusehen ist (*Hofmann* ZfA 1979, 275 [295]). 1835

(derzeit unbesetzt) 1836

*(2) Darlegungs- und Beweislast*

Der Arbeitgeber muss ein Verschulden des Arbeitnehmers beweisen, wenn er eine Entgeltfortzahlung aus diesem Grunde ablehnen will (*BAG* 1.6.1983 EzA § 1 LohnFG Nr. 69), denn eine verschuldet herbeigeführte Krankheit bedeutet gegenüber dem Lohnfortzahlungsanspruch des Arbeiters eine anspruchshindernde Einwendung. Diese Einwendung kann der Arbeitgeber gem. § 404 BGB auch nach einem gesetzlichen Übergang des Anspruchs auf Lohnfortzahlung dem neuen Gläubiger gegenüber geltend machen (§§ 412, 404 BGB). Allerdings muss er dafür zunächst einmal die zu fordernden Tatsachen in schlüssiger Weise vortragen. Dieser **Darlegungs-** 1837

**pflicht** kann er nicht in der Weise genügen, dass er sich gegenüber dem neuen Gläubiger auf die einfache Behauptung beschränkt, der Arbeitnehmer habe seine Arbeitsunfähigkeit selbst verschuldet, und weiter von dem neuen Gläubiger die Darlegung der einzelnen Umstände verlangt, die zur schuldhaften Herbeiführung geführt haben. Vielmehr muss der Arbeitgeber **alles vortragen, was dem Anspruch des Arbeitnehmers** auf Lohnfortzahlung **entgegensteht**. Ist ihm dies aufgrund eigener Kenntnis der Lebensumstände des Arbeitnehmers nicht möglich, muss er sich an den Arbeitnehmer wenden und **Mitwirkung bei der Aufklärung verlangen**. Diese Pflicht des Arbeitnehmers ergibt sich aus seiner arbeitsvertraglichen Treuepflicht (§ 242 BGB; *BAG* 7.8.1991 EzA § 1 LohnFG Nr. 120).

An diesen Grundsätzen über die Darlegungs- und Beweislast **ändert sich nichts**, wenn an Stelle des Arbeitnehmers eine gesetzliche Krankenkasse aus übergegangenem Recht gegen den Arbeitnehmer klagt. Der Arbeitgeber muss nach obigen Maßstäben vortragen und die Mitwirkung des Arbeitnehmers verlangen (*BAG* 7.8.1991 EzA § 1 LohnFG Nr. 120); er kann auch einwenden, dass die klagende Krankenkasse im Besitz der Unterlagen ist, aus denen sich das Selbstverschulden des Versicherten ergibt (ErfK/*Dörner* § 3 EFZG Rn. 32).

**1838** (derzeit unbesetzt)

*(3) Fallgruppen*

*aaa) Allgemeine Erkrankungen; Anforderungen an die Lebensführung*

**1839** Bei allgemeinen Erkrankungen wird ein Verschulden **nur in seltenen Fällen** angenommen (*BAG* 9.4.1960 AP Nr. 12 zu § 63 HGB; zur Frage, ob eine Pflicht des Arbeitnehmers besteht, sich gesund zu halten vgl. *Houben* NZA 2000, 128 ff.), denn dem Arbeitnehmer kann ein **heilungsförderndes Verhalten** und eine bestimmte Verhaltensweise bzgl. seiner Gesundheit **nicht vorgeschrieben werden** (ErfK/*Dörner* § 3 EFZG Rn. 31).

**1840** Das Unterlassen von Vorsichtsmaßnahmen kann einem Arbeitnehmer im Allgemeinen nur zum Vorwurf gemacht werden, wenn er **vom Arzt auf das Risiko** eines bestimmten Verhaltens (z. B. Rauchen nach Herzinfarkt) **ausdrücklich hingewiesen** wurde. Selbst dann kann grobe Fahrlässigkeit erst dann angenommen werden, wenn der Arzt ein **eindeutiges Verbot** ausgesprochen hatte.

**1841** An den Arbeitnehmer können im Übrigen im Hinblick auf seine allgemeine Lebensführung keine besonderen, über das »Normale« und »Übliche« hinausgehenden Verhaltensanforderungen zur Vermeidung von Gesundheitsstörungen gestellt werden. **Nach Eintritt einer krankheitsbedingten Arbeitsunfähigkeit** ist er allerdings eher zu Vorsichtsmaßnahmen gehalten, um nicht den Genesungsprozess (z. B. durch eine Reise oder Teilnahme an einem Fußballspiel) zu verzögern und eine Verschlimmerung des Krankheitszustandes herbeizuführen. Ein Verschulden kommt vor allem in Betracht, wenn der Arbeitnehmer **ärztliche Anordnungen nicht beachtet** (vgl. *BAG* 21.1.1976 EzA § 1 LohnFG Nr. 47; s. ErfK/*Dörner* § 3 EFZG Rn. 31).

*bbb) Aids*

**1842** Im Hinblick auf Aids kann allenfalls bei bekannter Infektion des Partners ein Verschulden in Betracht kommen.

**1843** Auch kann von dem Erkrankten nicht verlangt werden, nach den Grundsätzen des Anscheinsbeweises einen entsprechenden »Gegenbeweis« zu führen (a. A. *Eich* NZA 1987 Beil. 2 S. 10, 16). In Betracht kommt allenfalls eine **Mitwirkungspflicht** zur Aufklärung der maßgeblichen Umstände.

*ccc) Suchterkrankungen*

**1844** Suchterkrankungen (psychische Abhängigkeit von bestimmten Mitteln, die nach Unterbrechung des Konsums zu Abstinenzerscheinungen führt, z. B. von Alkohol, Drogen, Medikamenten, Nikotin) stellen eine **Krankheit** im medizinischen Sinne dar (*BAG* 7.8.1991 EzA § 1 LohnFG Nr. 120).

## B. Pflichten des Arbeitgebers  Kapitel 3

Sie können auf den verschiedensten Ursachen beruhen, die vom Arbeitnehmer nicht, jedenfalls nicht in grob fahrlässiger Weise verschuldet sind (erbliche Belastung, frühkindliche Fehlentwicklung, Milieuschädigung usw.). **1845**

Stets ist auf die Umstände des Einzelfalls abzustellen. Das hat zur Folge, dass im Streitfall die Arbeitsgerichte aufzuklären haben, welche **Ursachen zur Abhängigkeit geführt** haben und inwieweit sie dem Arbeitnehmer als Verschulden i. S. d. EFZG angelastet werden können. Der Arbeitnehmer ist zur Mitwirkung verpflichtet; kommt er dem nicht nach, ist von einem Verschulden gegen sich selbst auszugehen. **Das Risiko der Unaufklärbarkeit trägt allerdings der Arbeitgeber** (*BAG* 1.6.1983 EzA § 1 LohnFG Nr. 69). **1845a**

> Es gibt insbes. keinen allgemeinen Erfahrungssatz, wonach der Arbeitnehmer eine krankhafte Alkoholabhängigkeit i. d. R. selbst verschuldet hat (*BAG* 7.8.1991 EzA § 1 LohnFG Nr. 120). **1846**

Folglich gelten die **allgemeinen Beweislastregeln**. Will der Arbeitgeber geltend machen, der Arbeitnehmer habe die Entstehung seiner krankhaften Alkoholabhängigkeit selbst verschuldet, muss er – wie in allen anderen Fällen körperlicher oder geistiger Erkrankung des Arbeitnehmers – das Verschulden des Arbeitnehmers darlegen und beweisen. **1847**

> Allerdings ist der Arbeitnehmer analog §§ 60 ff. SGB I verpflichtet, an der Aufklärung aller für die Entstehung des Entgeltfortzahlungsanspruchs erheblichen Umstände – also auch des Nichtverschuldens – mitzuwirken und den Arbeitgeber über die Gründe aufzuklären, die nach seiner Auffassung zur Krankheit geführt haben. Er muss auf Verlangen seines Arbeitgebers nach bestem Wissen die fraglichen Umstände offenbaren (*BAG* 1.6.1983 EzA § 1 LohnFG Nr. 69; 7.8.1991 EzA § 1 LohnFG Nr. 120). Das schließt Untersuchungsmaßnahmen durch Sachverständige sowie die Entbindung behandelnder Ärzte von der Schweigepflicht ein. **1848**

Für den Zeitpunkt, der für die Beurteilung des Verschuldens entscheidend ist, ist auf die Zeit vor dem Beginn der als Krankheit zu wertenden Alkoholabhängigkeit, nicht dagegen auf den Beginn der krankheitsbedingten Arbeitsunfähigkeit abzustellen (*BAG* 1.6.1983 EzA § 1 LohnFG Nr. 69). Maßgeblich ist also der Zeitpunkt des **Beginns der Alkoholabhängigkeit**. **1849**

*ddd) Alkohol im Straßenverkehr*

> Dagegen ist grds. eine durch übermäßigen Alkoholkonsum bei Teilnahme am Straßenverkehr herbeigeführte Arbeitsunfähigkeit verschuldet, jedenfalls soweit Alkohol die alleinige Ursache darstellt (*BAG* 11.3.1987 EzA § 1 LohnFG Nr. 86; 30.3.1988 EzA § 1 LohnFG Nr. 92). **1850**

Auch ein seit längerer Zeit an Alkoholabhängigkeit erkrankter Arbeitnehmer kann schuldhaft insoweit handeln, wenn er in noch steuerungsfähigem Zustand sein Kfz für den Weg zur Arbeitsstelle benutzt, während der Arbeitszeit in erheblichem Maße dem Alkohol zuspricht und alsbald nach Dienstende im Zustand der Trunkenheit einen Verkehrsunfall verursacht, bei dem er verletzt wird (*BAG* 30.3.1988 EzA § 1 LohnFG Nr. 92; ebenso das *Hessische LAG* 23.7.1997 DB 1998, 782). Dem kann nur für den Fall zugestimmt werden, dass der Arbeitnehmer bei Antritt der Fahrt wusste, dass er am Zielort Alkohol angeboten bekommen und dass er dem Angebot erfahrungsgemäß nicht widerstehen werde (ErfK/*Dörner* § 3 EFZG Rn. 27). **1851**

Verschulden liegt auch dann vor, wenn sich ein Arbeitnehmer **auf einem Volksfest so betrinkt**, dass er nicht mehr beurteilen kann, ob der Fahrer eines Kfz, in dem er mitfährt, ebenfalls wegen Alkoholgenusses fahruntüchtig ist (*LAG Frankf./M.* 24.4.1989 BB 1989, 1826).

*eee) Rückfallerkrankungen*

Diese Grundsätze gelten an sich auch für Rückfallerkrankungen. **1852**

> Allerdings hat das *BAG* (11.11.1987 EzA § 1 LohnFG Nr. 88) angenommen, dass nach einer erfolgreichen Entwöhnungskur und einer »längeren Dauer der Abstinenz« (im entschiedenen Fall handelte es sich um fünf Monate) ein Erfahrungssatz dahingehend anzuwenden ist, der Arbeit- **1853**

# Kapitel 3
Der Inhalt des Arbeitsverhältnisses

nehmer habe die ihm erteilten Ratschläge missachtet und den Rückfall verschuldet (abl. ErfK/*Dörner* §§ EFZG Rn. 27). Ein derartiger Erfahrungssatz besteht nach medizinischen Erkenntnissen nicht, sodass auch bei Rückfällen, die möglicherweise zeigen, dass die Suchtkrankheit gerade noch nicht geheilt war, die allgemeinen Grundsätze Anwendung finden müssen. Der Rückfall auch nach einer stationären Behandlung und umfangreicher Aufklärung kann allerdings ein **wichtiges Indiz für ein Verschulden** des Arbeitnehmers sein, wenn nach stationärer Behandlung körperliche Symptome ausgeheilt sind und entsprechende umfangreiche Aufklärung erfolgt ist (MünchArbR/*Schlachter* § 73 Rdn. 47).

*fff) Verkehrsunfälle*

1854  Bei Verstößen gegen die Verkehrsregeln durch Kraftfahrer ist der Vorwurf grober Fahrlässigkeit häufiger als in anderen Lebensbereichen gerechtfertigt, weil die Teilnahme am öffentlichen Straßenverkehr durch zahlreiche Vorschriften geregelt ist und diese dem Kraftfahrer auch im Fahrschulunterricht eindringlich nahe gebracht werden. Ein den Entgeltfortzahlungsanspruch ausschließendes Verschulden liegt bei Verkehrsunfällen vor, wenn der Arbeitnehmer seine **Pflichten als Verkehrsteilnehmer** vorsätzlich oder in besonders grober Weise fahrlässig **missachtet** (*BAG* 23.11.1971 AP § 1 LohnFG Nr. 8).

1855  Verschulden kommt deshalb z. B. dann in Betracht, wenn der Kraftfahrer trotz Fahrens mit Abblendlicht mit **sehr hoher Geschwindigkeit** fährt (*BAG* 5.4.1962 AP Nr. 28 zu § 63 HGB).

1856  Verschulden liegt i. d. R. auch dann vor, wenn der Arbeitnehmer **ohne angelegten Sicherheitsgurt** fährt und die Verletzungen darauf zurückzuführen sind (*BAG* 7.10.1981 EzA § 1 LohnFG Nr. 61), nicht aber dann, wenn ein Motorradfahrer auf dem Nürburgring in einer Kurve mit einer Geschwindigkeit von 100 km/h wegrutscht (*LAG Köln* 2.3.1994 LAGE § 1 LohnFG Nr. 33).

1857  **Fußgänger** werden weniger intensiv zur Einhaltung der Verkehrsregeln angehalten, sodass grobe Fahrlässigkeit i. d. R. nur bei **Verletzung elementarer Verhaltenspflichten** in Betracht kommt (z. B. bei Betreten der Fahrbahn zur Überquerung, ohne unmittelbar zuvor den von links kommenden Verkehr geprüft zu haben, *BAG* 23.11.1971 AP Nr. 8 zu § 1 LohnFG).

*ggg) Unfälle im betrieblichen und privaten Bereich*

1858  Beruht z. B. ein zur Arbeitsunfähigkeit führender Unfall des Arbeitnehmers allein auf **Alkoholmissbrauch** (Zustand der Trunkenheit), ohne dass Alkoholabhängigkeit gegeben ist, so liegt ein Verschulden des Arbeitnehmers vor, das zum Ausschluss des Entgeltfortzahlungsanspruch führt (*BAG* 11.3.1987 EzA § 1 LohnFG Nr. 86).

1859  Bei Unfällen im betrieblichen Bereich kommt der Vorwurf grober Fahrlässigkeit in Betracht, wenn **gegen ausdrückliche Anordnungen des Arbeitgebers oder gegen Unfallverhütungsvorschriften der Berufsgenossenschaften verstoßen wird** und es deshalb zu einem Unfall mit anschließender Arbeitsunfähigkeit kommt (z. B. bei verbotener Benutzung einer gefährlichen Kreissäge, dem Nichttragen von vorgeschriebener Sicherheitskleidung, z. B. Schutzhelm, Knieschützern oder Sicherheitsschuhen). Das gilt auch, wenn die Anordnungen wegen **formeller Mängel** nicht wirksam sind, sofern sie **inhaltlich der Unfallverhütung dienen**. Von einer den Entgeltanspruch erhaltenden weit überwiegenden Verantwortlichkeit des Arbeitgebers ist auszugehen, wenn dieser die bestehenden Regeln des Arbeitsschutzes missachtet hat und deshalb der Arbeitsunfall vorgekommen ist. Dazu gehört die fehlende oder unzureichende Bereitstellung von funktionsgerechter Sicherheitskleidung (ErfK/*Dörner* § 3 EFZG Rn. 26).

1860  Im privaten Bereich fehlt es in vielen Fällen an ähnlich deutlichen Gefahrenhinweisen und rechtlich verbindlichen Verhaltensregeln. Ein Verschulden kommt insoweit nur dann in Betracht, wenn der *Arbeitnehmer* gegen allgemein bekannte, elementare Sorgfaltsgrundsätze verstößt. Das ist nach Auffassung des *LAG BW* (30.3.2000 NZA-RR 2000, 349) z. B. dann der Fall, wenn dem Arbeitnehmer eine **schwere Körperverletzung von einer betrunkenen Person** (4,1) **zugefügt** wird, die er in seine Wohnung mitgenommen hat und der er Alkohol zur Verfügung gestellt hat.

Keine Besonderheiten gelten für Unfälle, die ein Arbeitnehmer im Rahmen einer Nebenbeschäftigung oder Nebentätigkeit erleidet (*BAG* 7.11.1975 EzA § 1 LohnFG Nr. 44; s. Rdn. 1792). **1861**

*hhh) Suizidhandlungen*

Bei Suizidhandlungen ist die freie Willensbestimmung zwar nicht stets und völlig ausgeschlossen, wohl aber i. d. R. zumindest erheblich gemindert. Arbeitsverhinderungen bei Selbsttötungsversuchen sind daher **regelmäßig unverschuldet** (*BAG* 28.2.1979 EzA § 1 LohnFG Nr. 55 gegen *BAG* 6.9.1973 AP Nr. 34 zu § 1 LohnFG). **1862**

*ii) Sportunfälle*

Bei Sportunfällen kommt Verschulden dann in Betracht, wenn es sich um eine »**besonders gefährliche**« **Sportart** handelt. **1863**

> Das ist dann der Fall, wenn das Verletzungsrisiko bei objektiver Betrachtung so groß ist, dass auch ein gut ausgebildeter Sportler bei sorgfältiger Beachtung aller Regeln dieses Risiko nicht vermeiden kann, d. h. wenn der Sportler das Geschehen nicht mehr beherrschen kann, sondern sich unbeherrschbaren Gefahren aussetzt (*BAG* 7.10.1981 EzA § 1 LohnFG Nr. 60). **1864**
>
> Allerdings hat das *BAG* (EzA § 1 LohnFG Nr. 60) bisher noch keine Sportart als gefährlich i. d. S. bezeichnet (ErfK/*Dörner* § 3 EFZG Rn. 26).

Verneint wurde die besondere Gefährlichkeit z. B. beim unter ständiger Trainingsbetreuung ausgeübten Amateurboxen sowie beim Drachenfliegen (*BAG* 1.12.1976 EzA § 1 LohnFG Nr. 51; 7.10.1981 EzA § 1 LohnFG Nr. 60). Allerdings ist ein Unfall dann verschuldet, wenn sich der Arbeitnehmer **in einer seine Kräfte und Fähigkeiten deutlich übersteigenden Weise betätigt oder wenn er gröblich gegen anerkannte Regeln oder Erfahrungssätze sowie Sicherheitsvorkehrungen verstoßen hat** (*BAG* 7.10.1981 EzA § 1 LohnFG Nr. 60). **1865**

Auch bei einem Sportler, der dem Sport als Arbeitnehmer nachgeht, kommt ein »Verschulden gegen sich selbst« dann in Betracht, wenn er sich grob regelwidrig verhält und dabei selbst Verletzungen erleidet (z. B. bei Motorradrennfahrten ohne Schutzkleidung, bei Fußballspielern bei bewusstem Verzicht auf Schienbeinschoner). **1866**

Verletzt sich ein Arbeitnehmer beim **Bungee-Springen**, so steht ihm nach Auffassung von *Gerauer* (NZA 1994, 498) kein Anspruch auf Entgeltfortzahlung zu, weil er sich so ungewöhnlich leichtfertig verhält, dass eine sich daraus ergebende Arbeitsverhinderung nicht dem Risikobereich des Arbeitgebers zugeordnet werden darf. **1867**

Beim **Inline-Skating** handelt es sich demgegenüber nicht um eine gefährliche Sportart, bei deren Ausübung eine Entgeltfortzahlung nicht in Betracht kommt (*LAG Saarland* 2.7.2003 NZA-RR 2003, 568 = AuR 2004, 396 LS). Etwas anderes gilt allerdings dann, wenn bei der Ausübung dieser Sportart **in besonders grober Weise und leichtsinnig anerkannte Regeln dieser Sportart missachtet werden** (*LAG Saarland* 2.7.2003 NZA-RR 2003, 568 = AuR 2004, 396 LS). **1868**

Demgegenüber wird auch die Auffassung vertreten (ErfK/*Dörner* § 3 EFZG Rn. 26), dass diese Unterscheidung aufgegeben werden sollte (s. a. *Schmitt* Rn. 143 ff. 146; MünchArbR/*Schlachter* § 73 Rn. 52), auch weil dadurch der unstatthafte Rückgriff auf Treu und Glauben vermieden wird. Stattdessen ist danach in jedem Einzelfall **bei jeder Sportart zu untersuchen**, ob der verletzte Arbeitnehmer besonders leichtfertig gegen die anerkannten Regeln des Sports verstoßen hat oder ob er sich an dem Sport überhaupt oder in einer Weise beteiligt hat, die seinen bisherigen Ausbildungsstand und/oder seine Kräfte übersteigen. Nur wenn einer dieser Tatbestände festgestellt werden kann, ist die Arbeitsunfähigkeit schuldhaft verursacht. **1868a**

## Kapitel 3 — Der Inhalt des Arbeitsverhältnisses

*jjj) Schlägereien*

1869 Erfahrungsgrundsätze hinsichtlich des Verschuldens von an Schlägereien und Raufereien beteiligten Personen bestehen nicht (*LAG Köln* 24.5.2006 LAGE § 3 EFZG Nr. 8). Wird ein Arbeitnehmer durch die Beteiligung an einer handgreiflichen Auseinandersetzung arbeitsunfähig, so liegt in der Beteiligung noch kein Verschulden i. S. d. Gesetzes, auch dann nicht, wenn er sich in eine Situation begeben hat (Milieu), die immer wieder in Schlägereien enden kann. Nur wenn er die Schlägerei **selbst begonnen** oder aber **provoziert** hat, kann im Einzelfall (MünchArbR/*Schlachter* § 73 Rdn. 53) von einem Verhalten gegen die eigenen Interessen ausgegangen und Entgeltfortzahlung verweigert werden (*BAG* 13.11.1974 AP BGB § 611 Nr. 45; *LAG Hamm* 24.3.2003 NZA-RR 2004, 68). In diesem Fall ist wenigstens ein den Anspruch ausschließendes Mitverschulden (Verantwortlichkeit) gegeben (*OLG Koblenz* 14.7.1993 BB 1994, 719; ErfK/*Dörner* § 3 EFZG Rn. 29).

1870, (derzeit unbesetzt)
1871

*c) Höhe des Entgeltfortzahlungsanspruchs*

*aa) Entgeltausfallprinzip*

1872 Gem. § 4 Abs. 1 EFZG ist für den sich aus § 3 Abs. 1 EFZG ergebenden Zeitraum dem Arbeitnehmer das ihm bei der für ihn maßgebenden regelmäßigen Arbeitszeit zustehende Arbeitsentgelt fortzuzahlen (Entgeltausfallprinzip; s. Rdn. 1581 ff., 1752 ff.). Die konkret vom Arbeitgeber geschuldete Entgeltfortzahlung bestimmt sich nach der **ausgefallenen Arbeitszeit** und dem **Inhalt dessen, was dafür geschuldet wird** (Zeit- und Geldfaktor; ErfK/*Dörner* § 4 EFZG Rn. 2). Erfasst sind auch die entsprechenden **Zuschläge** (*BAG* 14.1.2009 EzA § 4 EFZG Nr. 14). Wird zudem regelmäßig eine **bestimmte erhöhte Arbeitszeit** abgerufen und geleistet, z. B. bei einem Kraftfahrer im Fernverkehr, ist dies die vertraglich geschuldete individuelle regelmäßige Arbeitszeit (*LAG Hamm* 30.10.2002 NZA-RR 2003, 461).

1873 Eine tarifliche Regelung zur flexiblen Verteilung der Arbeitszeit, nach der die sich in der Phase der verkürzten Arbeitszeit ergebende Zeitschuld nur durch tatsächliche Arbeitsleistung, nicht aber bei krankheitsbedingter Arbeitsunfähigkeit in der Phase der verlängerten Arbeitszeit ausgeglichen wird, verstößt gegen das Entgeltausfallprinzip des § 4 Abs. 1 EFZG und ist folglich unwirksam (*BAG* 13.2.2002 EzA § 4 EFZG Nr. 5).

1874 Ausgenommen sind Leistungen für Aufwendungen des Arbeitnehmers, soweit der Anspruch auf sie im Falle der Arbeitsfähigkeit davon abhängig ist, dass ihm entsprechende Aufwendungen tatsächlich entstanden sind, und während der Arbeitsunfähigkeit nicht entstehen (§ 4 Abs. 1a S. 2 EFZG; s. Rdn. 1581 ff., 1752 ff.). Dazu gehören z. B. **Nah- und Fernauslösungen** für Montagearbeiter in der Elektroindustrie (*BAG* 28.1.1982 EzA § 2 LohnFG Nr. 17; 15.6.1983 EzA § 2 LohnFG Nr. 18). Das gilt auch dann, wenn der Montagestammarbeiter im Bezugszeitraum, nach dem das fortzuzahlende Arbeitsentgelt berechnet wird, nicht am Montageort übernachtet hatte, sondern täglich mit seinem PKW von seiner Wohnung zum Montageort gefahren war. Etwas anderes gilt aber für Nahauslösungen dann, wenn sie **versteuert werden** (*BAG* 14.8.1985 EzA § 2 LohnFG Nr. 20).

1875 **Trinkgelder**, die dem Bedienungspersonal in Gaststätten von den Gästen freiwillig gegeben werden, gehören jedenfalls bei Fehlen einer besonderen arbeitsvertraglichen Vereinbarung für Zeiten der Arbeitsunfähigkeit nicht zum fortzuzahlenden Arbeitsentgelt (*BAG* 28.6.1995 AP Nr. 112 zu § 37 BetrVG 1972).

1876 Einmalzahlungen werden wegen der für sie geltenden besonderen Anspruchsvoraussetzungen von § 4 EFZG nicht erfasst (*BAG* 30.9.2008 EzA § 112 BetrVG 2001 Nr. 29 = NZA 2009, 386).

1877 Ein **Berufsfußballspieler** erhält das Entgelt, das er erhalten hätte, wenn er nicht krankheits- oder verletzungsbedingt ausgefallen wäre. Dazu zählen auch Prämien, die für jeden von der Mannschaft gewonnenen Meisterschaftspunkt gezahlt werden (*BAG* 6.12.1995 EzA § 616 BGB Nr. 46). Sieht eine Prämienregelung für Berufsfußballspieler vor, dass der Spieler im Falle einer »Verletzung« sechs Wo-

## B. Pflichten des Arbeitgebers  Kapitel 3

chen lang so behandelt wird, als habe er an Punktspielen teilgenommen, so ist diese Voraussetzung nicht erfüllt, wenn der Spieler auf Grund einer sonstigen Erkrankung, die weder spiel- noch trainingsbedingt war, nicht teilnehmen konnte (*BAG* 19.1.2000 NZA 2000, 771).

Für die Zeiten der Arbeitsunfähigkeit i. S. d. § 3 Abs. 1 EFZG hat der Arbeitgeber dem Arbeitnehmer zwar an sich das ihm bei der für ihn maßgebenden regelmäßigen Arbeitszeit zustehende Arbeitsentgelt in Höhe von 100 % fortzuzahlen. **1878**

Allerdings ist bei der Berechnung nicht das Entgelt zu berücksichtigen, das zusätzlich für **Überstunden** gezahlt wird (§ 4 Abs. 1a EFZG). **1879**

Sowohl die Grundvergütung als auch Überstundenzuschläge bleiben außer Betracht. **1880**

### bb) Maßgebliche Arbeitszeit

Hinsichtlich der maßgeblichen regelmäßigen Arbeitszeit ist die **konkret-individuelle Arbeitszeit des erkrankten Arbeitnehmers** zu der er arbeitsvertraglich verpflichtet ist, entscheidend. Wird deshalb regelmäßig eine bestimmte erhöhte Arbeitszeit abgerufen und geleistet, z. B. bei einem **Kraftfahrer im Fernverkehr**, ist dies die vertraglich geschuldete individuelle regelmäßige Arbeitszeit (*LAG Hamm* 30.10.2002 NZA-RR 2003, 461). **1881**

Erbringt ein Arbeitnehmer auf Grund einer **besonderen Vereinbarung** nach § 5 Nr. 3 BRTV-Bau regelmäßig zusätzlich vergütete Arbeitsleistungen (z. B. Fahrleistungen), hat der Arbeitgeber nach § 2 EFZG das dafür vereinbarte Arbeitsentgelt zu zahlen, wenn der Arbeitnehmer durch Arbeitsunfähigkeit infolge Krankheit an der Arbeitsleistung verhindert ist. Denn Arbeitszeit i. S. d. § 3 EFZG ist die für die Arbeit vorgesehene oder festgelegte Zeitspanne und das Führen eines Kraftfahrzeugs zum Zwecke der Personenbeförderung im Auftrag eines Dritten ist Arbeit (*BAG* 16.1.2002 EzA § 2 EFZG Nr. 2). Im Rahmen der verschiedenen Formen der Arbeitszeitflexibilisierung kommt es nur auf die tatsächliche individuelle Arbeitszeit an. Ist der erkrankte Arbeitnehmer zu einer effektiven täglichen Arbeitszeit von 8 Stunden verpflichtet und erhält er wegen der Differenz zur tariflich vorgesehenen durchschnittlichen Arbeitszeit von wöchentlich weniger als 40 Stunden einen entsprechenden unbezahlten Freizeitausgleich, so kommt es für die Entgeltfortzahlung darauf an, ob sie für einen Tag der Arbeitsunfähigkeit verlangt wird, an dem der betreffende Arbeitnehmer ohne die Krankheit **hätte arbeiten müssen oder für den eine unbezahlte Freischicht vorgesehen war**. Im ersten Fall hat der erkrankte Arbeitnehmer Anspruch auf Entgeltfortzahlung auf der Grundlage von 8 ausgefallenen Arbeitsstunden; im zweiten Fall scheidet eine Entgeltfortzahlung mangels ausgefallener Arbeitszeit aus (vgl. *BAG* 5.10.1988 EzA § 1 LohnFG Nr. 95; 15.2.1989 EzA § 1 LohnFG Nr. 104; 15.5.1991 EzA § 1 LohnFG Nr. 118; s. *Städler* NZA 2012, 304 ff.). **1882**

Durch **Betriebsvereinbarung** kann geregelt werden, dass eine bereits zugeteilte Freischicht durch Krankheit verbraucht ist (*BAG* 2.12.1987 EzA § 4 TVG Metallindustrie Nr. 37). **1883**

### cc) Überstunden

Gem. § 4 Abs. 1a EFZG ist die Berücksichtigung von Überstunden **ausdrücklich ausgeschlossen**; dies gilt sowohl für das zusätzlich für Überstunden gezahlte Stundenentgelt, als auch für etwaige Überstundenzuschläge (*BAG* 21.11.2001 EzA § 4 EFZG Nr. 4). **1884**

Überstunden in diesem Sinne liegen vor, wenn die individuelle regelmäßige Arbeitszeit des Arbeitnehmers überschritten wird; Überstunden werden wegen bestimmter besonderer Umstände vorübergehend zusätzlich geleistet (*BAG* 21.11.2001 EzA § 4 EFZG Nr. 4; *LAG Hamm* 30.10.2002 NZA-RR 2003, 461; s. Rdn. 79 ff.).

Vereinbaren die Parteien deshalb im Arbeitsvertrag einen Monatslohn inklusive einer Überstundenpauschale – Berechnungsgrundlage 33 Überstunden –, so handelt es sich dabei um die regelmäßige Arbeitszeit i. S. d. § 4 Abs. 1 S. 1 EFZG mit der Folge, dass der Arbeitgeber im Falle der Arbeitsunfähigkeit des Arbeitnehmers den Monatslohn nicht auf die für die tarifliche Arbeitszeit geltende Ver- **1885**

# Kapitel 3
Der Inhalt des Arbeitsverhältnisses

gütung gem. § 4 Abs. 1a EFZG reduzieren kann (*LAG Düsseld.* 16.1.2001 NZA-RR 2001, 363; *LAG SchlH* 5.11.2002 EzA-SD 1/03, S. 4 LS = NZA 2003, 243).

1886 Zwar ist der Überstundenzuschlag nicht entgeltfortzahlungspflichtig (*BAG* 26.6.2002 EzA § 4 EFZG Nr. 8). Die für die gesetzliche Entgeltfortzahlung maßgebliche individuelle Arbeitszeit des Arbeitnehmers ergibt sich aber in erster Linie aus dem Arbeitsvertrag. Dabei ist auf das gelebte Rechtsverhältnis als Ausdruck des wirklichen Parteiwillens und nicht auf den Text des Arbeitsvertrages abzustellen. Dafür ist nur die konkret bestimmte, nicht eine fiktiv errechnete Arbeitsleistung maßgebend. Wird folglich eine bestimmte, erhöhte Arbeitszeit regelmäßig abgerufen und geleistet, ist dies Ausdruck der vertraglich geschuldeten Leistung (*BAG* 21.11.2001 EzA § 4 EFZG Nr. 4; 26.6.2002 EzA § 4 EFZG Nr. 7).

1887 Eine **leistungsorientierte Zusatzvergütung** nach einer Betriebsvereinbarung über leistungsorientierte Zusatzvergütung des TÜV Nord (BV ZuV) stellt insoweit keine Mehrarbeitsvergütung dar, die bei der Entgeltfortzahlung unberücksichtigt bleiben kann (*LAG Nds.* 16.1.2006 LAGE § 4a EFZG Nr. 1).

### dd) Unsichere Prognose

1888 (derzeit unbesetzt)

1889 Das *BAG* (21.11.2001 EzA § 4 EFZG Nr. 4; 26.6.2002 EzA § 4 EFZG Nr. 7; ebenso *LAG Hamm* 30.10.2002 NZA-RR 2003, 461) geht davon aus, dass dann, wenn die Arbeitszeit schwankt, weil der Arbeitnehmer stets seine Arbeitsaufgaben vereinbarungsgemäß zu erledigen hat, sich die Dauer nach dem Durchschnitt der vergangenen zwölf Monate bemisst. Krankheits- und Urlaubstage sind nicht in die Durchschnittsberechnung einzubeziehen, soweit die ausgefallene Arbeitszeit selbst auf einer Durchschnittsberechnung beruht. Nimmt der Arbeitnehmer Freizeitausgleich in Anspruch, mindert das seine durchschnittliche regelmäßige Arbeitszeit, soweit nicht nur Überstundenzuschläge »abgefeiert« werden. Haben die Arbeitsvertragsparteien eine feste Monatsvergütung vereinbart, ist diese grds. auch im Krankheitsfall fortzuzahlen. Der Arbeitgeber kann aber einwenden, mit dem Festlohn seien vereinbarungsgemäß bestimmte Überstunden oder bestimmte tarifliche Überstundenzuschläge abgegolten worden (*BAG* 26.6.2002 EzA § 4 EFZG Nr. 7).

1890 Andererseits rechtfertigt die tatsächliche Ungewissheit über den Einsatz eines **Berufsfußballspielers** über seinen Einsatz und den Spielverlauf und daraus folgend die Ungewissheit über die Höhe etwa zu zahlender Prämien es nicht, das auf die Vergangenheit bezogene Referenzprinzip zu vereinbaren (*BAG* 6.12.1995 EzA § 616 BGB Nr. 46).

1891 Eine tarifliche **Arbeitszeitänderung** kurz vor oder während der Krankheitszeit ist jedoch uneingeschränkt zu berücksichtigen.

1892, (derzeit unbesetzt)
1893

### ee) Leistungsentgelt

1894 Erhält der Arbeitnehmer eine auf das Ergebnis der Arbeit abgestellte Vergütung (Leistungsentgelt), so ist der von ihm in der für ihn maßgebenden regelmäßigen Arbeitszeit erzielbare **Durchschnittsverdienst** fortzuzahlen (§ 4 Abs. 1a, Abs. 2 EFZG).

1895 Auch bei der Erkrankung eines Arbeitnehmers im Leistungslohn greift das Entgeltausfallprinzip ein (§ 4 Abs. 1a S. 2 EFZG). Arbeitet ein Arbeitskollege der aus zwei Arbeitnehmern bestehenden Akkordgruppe allein im Akkord weiter, ist dessen Vergütung während dieser Zeit regelmäßig für die Höhe der Entgeltfortzahlung des erkrankten Arbeitnehmers maßgebend. Auf einen zurückliegenden Referenzzeitraum der Akkordgruppe kann nur ausnahmsweise abgestellt werden. Wer sich auf einen Ausnahmefall beruft, hat besondere Umstände dafür darzulegen, dass seine Berechnung dem Entgeltausfallprinzip besser gerecht wird. Der TV Lohnausgleich v. 20.12.1999

z. B. begrenzt den gesetzlichen Anspruch auf Entgeltfortzahlung an Feiertagen nicht. Vielmehr findet eine Verrechnung zwischen dem pauschal geschuldeten Lohnausgleich und der Feiertagsvergütung statt (§ 3 Abs. 1 S. 2 TV Lohnausgleich; *BAG* 26.2.2003 EzA § 4 EFZG Nr. 11).

*ff) Weitere Einzelfälle*

Ein **angestellter Handelsvertreter** (§ 65 HGB), dessen Vergütung sich aus einem monatlichen Grundgehalt und Provisionen zusammensetzt, kann im Krankheitsfalle nicht nur die Fortzahlung des Grundgehalts verlangen, ihm steht auch die Zahlung der Provisionen zu, die er in dieser Zeit ohne krankheitsbedingte Arbeitsverhinderung wahrscheinlich verdient hätte. Dies gilt auch dann, wenn der zur Provision führende Geschäftsabschluss einer längeren Zeit der Bearbeitung bedarf. Insoweit kann es für die Schätzung des Provisionsausfalls nach § 287 Abs. 2 ZPO geboten sein, einen längeren Referenzzeitraum zugrunde zu legen (*BAG* 5.6.1985 EzA § 63 HGB Nr. 37). 1896

Hat ein Arbeitnehmer regelmäßig **Bereitschaftsdienst** zu leisten und kann er einen Bereitschaftsdienst, zu dem er eingeteilt war, **wegen Krankheit nicht ableisten**, so dürfen ihm die ausgefallenen Stunden **nicht** vergütungswirksam von seinem Arbeitszeitkonto **abgezogen werden** (*LAG Nds.* 14.11.2006 ZTR 2007, 144). 1897

Richtet sich die Höhe einer dem **Lizenzfußballer** zugesagten Jahresprämie nach der Zahl der Pflichtspiele, so führt eine Arbeitsunfähigkeit nicht dazu, dass ihm Pflichtspiele »als fortzuzahlende Vergütung« gutgebracht werden können (*BAG* 22.8.1984 EzA § 616 BGB Nr. 28). 1898

*gg) Abweichende tarifliche Regelungen*

**Gem. § 4 Abs. 4 EFZG ist das Entgeltausfallprinzip tarifdispositiv.** Deshalb ist es zulässig, tarifvertraglich ein anderes, im Ergebnis für die Betroffenen auch ungünstigeres Berechnungssystem, eine andere Berechnungsmethode einzuführen. **Alle einzelnen Bestandteile**, aus denen sich der **Geldfaktor** zusammensetzt, können bei der Entgeltfortzahlung im Krankheitsfall **normativ entfallen** (*BAG* 13.3.2002 EzA § 4 EFZG Nr. 6; 24.3.2004 EzA § 4 EFZG Nr. 12; 20.1.2010 EzA § 4 EFZG Nr. 15). Folglich kann z. B. bestimmt werden, dass sich die Entgeltfortzahlung nicht nach der individuellen regelmäßigen Arbeitszeit des Arbeitnehmers richtet, sondern **nach der regelmäßigen tariflichen Arbeitszeit** (*BAG* 24.3.2004 EzA § 4 EFZG Nr. 12). Des Weiteren kommt insbes. das sog. **Referenzperiodenprinzip** in Betracht, bei dem als Arbeitsentgelt z. B. der **Durchschnittsverdienst der drei letzten abgerechneten Lohnrechnungsmonate oder der 13 abgerechneten Lohnwochen** vor Eintritt der Arbeitsunfähigkeit als Arbeitsentgelt angenommen wird (vgl. *BAG* 1.12.2004 EzA § 4 EFZG Tarifvertrag Nr. 52). Möglich sind auch die Erstreckung der Entgeltfortzahlung auf einen Zeitraum von mehr als 6 Wochen sowie die Gewährung weiterer Leistungen durch Tarifvertrag (z. B. Zuschüsse zum Krankengeld der gesetzlichen Krankenversicherung, vgl. § 37 BAT, § 22 TVöD; § 42 Abs. 5, § 6 MTB II; s. Rdn. 1913 ff.). Die Tarifvertragsparteien können auch von dem in §§ 3 Abs. 1, 4 Abs. 1 EFZG angelegten Grundsatz, dass für den Anspruch auf Entgeltfortzahlung die Arbeit allein auf Grund der krankheitsbedingten Arbeitsunfähigkeit ausgefallen sein muss, **abweichen** (*BAG* 9.10.2002 EzA § 4 EFZG Nr. 10). Soll durch Tarifvertrag eine von § 4 Abs. 1 EFZG abweichende Bemessungsgrundlage des fortzuzahlenden Arbeitsentgelts festgelegt werden, bedarf dies aber einer **klaren Regelung** (s. *BAG* 20.1.2010 EzA § 4 EFZG Nr. 15 zu § 21 S. 2 TVöD). 1899

Möglich ist z. B. eine Regelung, nach der die Zahl der bei Arbeitsunfähigkeit je Tag zu vergütenden Arbeitsstunden aus den im Bezugszeitraum geleisteten Arbeitsstunden zu ermitteln ist, die zu teilen sind durch die Zahl der aus der Verteilung der wöchentlichen Arbeitszeit sich ergebenden Arbeitstage. Hat ein Arbeitnehmer bei festgelegter individueller regelmäßiger wöchentlicher Arbeitszeit von 38,5 Stunden entsprechend der Betriebsnutzungszeit tatsächlich 40 Stunden gearbeitet, so sind diese Stunden bei der Ermittlung des regelmäßigen Arbeitsverdienstes zu berücksichtigen. Die Zahl der geleisteten Stunden verringert sich, wenn in den Bezugszeitraum unbezahlte Freischichten fallen (*BAG* 5.10.1988 EzA § 1 LohnFG Nr. 95). 1900

# Kapitel 3
Der Inhalt des Arbeitsverhältnisses

1901 ▶ **Beispiele:**
- Zur Berechnung der Lohnfortzahlung im Krankheitsfall nach § 8 Nr. 8 i. V. m. § 15 Nr. 1a MTV-Metall NRW vom 30. April 1980 sind Freischichttage im Referenzzeitraum bei der Bemessung des Teilers mitzuzählen; sie verringern die rechnerisch pro Tag geleisteten Arbeitsstunden (*BAG* 10.7.1996 EzA § 1 LohnFG Nr. 128; a. A. für die Berechnung des Urlaubsentgelts *BAG* 8.11.1994 EzA § 11 BUrlG Nr. 37).
- Feiertagszuschläge sind nicht generell nur bei tatsächlicher Arbeitsleistung zu zahlen. Vielmehr schließt die gesetzliche Entgeltfortzahlung für Feiertagsarbeit, die wegen krankheitsbedingter Arbeitsunfähigkeit ausfällt, die entsprechenden Zuschläge grds. mit ein; Tarifverträge können das aber abweichend regeln (*BAG* 1.12.2004 EzA § 4 EFZG Tarifvertrag Nr. 52).

1902 Wird maßgeblich auf die regelmäßige bzw. eine darüber liegende tatsächliche Arbeitszeit in den letzten 13 Wochen vor Beginn der Arbeitsunfähigkeit abgestellt, so sind in dem Bezugszeitraum liegende unbezahlte Freischichten, durch die die über die individuelle regelmäßige Arbeitszeit hinaus geleistete Arbeit ausgeglichen wird, für die Errechnung der durchschnittlichen täglichen Arbeitszeit mit zu berücksichtigen (*BAG* 15.2.1989 EzA § 1 LohnFG Nr. 104).

1903 Das gilt auch dann, wenn die Vergütung für die Arbeitszeit, die über die individuelle regelmäßige wöchentliche Arbeitszeit hinausgeht, erst im Zusammenhang mit der Gewährung von Freischichten ausbezahlt wird (*BAG* 15.5.1991 EzA § 1 LohnFG Nr. 118).

1904 Bestimmt unter Zugrundelegung des Referenzprinzips der Tarifvertrag, dass die individuelle regelmäßige wöchentliche Arbeitszeit grds. auf **fünf Werktage von Montag bis Freitag** zu verteilen ist, dann gehört die auf Grund einer Betriebsvereinbarung an **Samstagen geleistete Mehrarbeit nicht zur individuellen regelmäßigen wöchentlichen Arbeitszeit**. Fällt für einen gewerblichen Arbeitnehmer Samstagsarbeit wegen krankheitsbedingter Arbeitsunfähigkeit aus, so besteht für ihn auf Grund des zeitlichen Referenzprinzips kein Anspruch auf Entgeltfortzahlung für diese ausgefallene Arbeitszeit (*BAG* 5.8.1992 EzA § 2 LohnFG Nr. 22).

1905 Auch auf den **täglichen Durchschnittslohn** kann abgestellt werden (*BAG* 8.3.1989 EzA § 2 LohnFG Nr. 103).

1906 Die Tarifvertragsparteien können des Weiteren auch tarifliche Zuschläge, die im Arbeitsverhältnis regelmäßig anfallen, von der Entgeltfortzahlung ausnehmen. Sie müssen dann bei einer Mehrzahl tariflicher Zuschläge nicht einzelne davon bei der Entgeltfortzahlung bestehen lassen (*BAG* 13.3.2002 EzA § 4 EFZG Nr. 6).

Erhält der Arbeitnehmer nach einer tariflichen Bestimmung als Entgeltfortzahlung für jeden Krankheitstag (= Kalendertag) 1/364 des Bruttoarbeitsentgelts der letzten zwölf Abrechnungsmonate, so wird der Anspruch nicht dadurch ausgeschlossen, dass der Arbeitnehmer ohne die krankheitsbedingte Arbeitsunfähigkeit wegen im vorhinein festgelegter Freischichten nicht gearbeitet hätte. Damit wird nicht nur der Geldfaktor, sondern auch der Zeitfaktor zur Bestimmung der Entgeltfortzahlung i. S. v. § 4 Abs. 4 EFZG abweichend geregelt. Das ist grds. zulässig (§ 12 EFZG; *BAG* 9.10.2002 EzA § 4 EFZG Nr. 10 = NZA 2003, 978).

Sieht ein Tarifvertrag für Cockpitmitarbeiter eine **Mehrflugstundenvergütung** ab einer bestimmten Anzahl von Flugstunden je Kalendermonat vor, darf er bestimmen, dass die wegen Arbeitsunfähigkeit ausfallenden Flugstunden unberücksichtigt bleiben. Werden insoweit die wegen Urlaubs ausfallenden Kalendertage in bestimmtem Umfang angerechnet, so liegt darin keine Verletzung des allgemeinen Gleichheitssatzes. Denn die Differenzierung ist sachbezogen und nicht willkürlich (*BAG* 7.12.2005 EzA § 3 EFZG Nr. 15).

1907 Mit der Verweisung in § 18 Abs. 1 S. 2 im privaten Transport- und Verkehrsgewerbe Rheinland-Pfalz auf § 11 BUrlG haben die Tarifvertragsparteien von der ihnen in § 4 Abs. 4 EFZG eingeräumten Möglichkeit Gebrauch gemacht, eine von den Absätzen 1, 1a und 3 des § 4 EFZG abweichende Bemessungsgrundlage festzulegen. Der **Geldfaktor** zur Errechnung der Höhe des nach § 3 EFZG und § 4 EFZG bei krankheitsbedingter Arbeitsunfähigkeit fortzuzahlenden Entgelts bestimmt sich nach § 11 BUrlG. Eine weitergehende Wirkung kommt dieser Verweisung auf § 11 BUrlG nicht zu, weil diese urlaubsrechtliche Bestimmung gerade nicht den Zeitfaktor, sondern lediglich den Geldfaktor bei der Bemessung des Urlaubsentgelts regelt (*BAG* 26.6.2002 EzA § 4 EFZG Tarifvertrag Nr. 51; s. a. *BAG* 9.11.1999 EzA § 11 BUrlG Nr. 44; 22.2.2000 EzA § 11 BUrlG Nr. 46).

### d) Beginn und Dauer des Entgeltfortzahlungsanspruchs

#### aa) Grundlagen

Zunächst muss der Arbeitnehmer eine **Wartezeit** von 4 Wochen verbringen, bevor der Anspruch nach § 3 Abs. 1 EFZG entsteht (§ 3 Abs. 3 EFZG; §§ 187 Abs. 2, 188 Abs. 2 BGB). Es genügt der **rechtliche Bestand** des Arbeitsverhältnisses; eine tatsächliche Beschäftigung während der Wartezeit wird nicht gefordert. So erhält der nach Beginn des Arbeitsverhältnisses dauerhaft erkrankte Arbeitnehmer einen Anspruch vom ersten Tag der 5. Woche für die gesetzlich vorgesehene Dauer, auch wenn er in den ersten vier Wochen keine Arbeitsleistung erbringen konnte (*BAG* 26.5.1999 EzA § 3 EFZG Nr. 7). In dieser Zeit erhält der Arbeitnehmer Krankengeld von seiner Krankenkasse. In Tarifverträgen kann vereinbart werden, dass die Wartezeit entfällt (z. B. § 22 TVöD; *BAG* 12.12.2001 EzA § 3 EFZG Nr. 9). Das dem Arbeitsverhältnis vorangegangene **Ausbildungsverhältnis** ist bei der Berechnung der Wartezeit **anzurechnen** (*BAG* 20.8.2003 EzA § 3 EFZG Nr. 11; ErfK/*Dörner* § 3 EFZG Rn. 33). 1908

**Arbeitsunfall** und Berufskrankheit sind bei der Berechnung der Wartezeit nicht privilegiert. Deshalb hat auch der Arbeitnehmer, der innerhalb der Wartezeit einen Arbeitsunfall erleidet oder auf Grund einer Berufskrankheit arbeitsunfähig wird, **keinen Anspruch** auf **sofortige Entgeltfortzahlung**. Eine teleologische Reduktion des § 3 Abs. 3 EFZG kommt nicht in Betracht (ErfK/*Dörner* § 3 EFZG Rn. 33; a. A. *Löwisch* NZA 1996, 1013; *Waltermann* NZA 1997, 179).

Wird ein Arbeitsverhältnis beendet und später ein rechtlich selbständiges Arbeitsverhältnis zwischen denselben Arbeitsvertragsparteien begründet, so muss der Arbeitnehmer grds. **erneut** die **Wartezeit** zurücklegen, bevor er einen Anspruch erwerben kann. Davon kann bei Vorliegen besonderer Umstände abgesehen werden; dann können die beiden rechtlich selbständigen Arbeitsverhältnisse entgeltfortzahlungsrechtlich als ein einheitliches Arbeitsverhältnis angesehen werden. Die besonderen Umstände sind wie bei der Erfüllung der Wartezeit des § 1 KSchG zu bestimmen (*BAG* 2.3.1983 EzA § 1 LohnFG Nr. 65; 22.8.2001 EzA § 3 EFZG Nr. 8; ErfK/*Dörner* § 3 EFZG Rn. 33).

Der Anspruch entsteht im Übrigen in jedem Arbeitsverhältnis unabhängig von einem früheren neu, sodass sich ein späterer Arbeitgeber nicht darauf berufen kann, der Arbeitnehmer habe den vollen Sechs-Wochen-Anspruch bereits bei einem früheren Arbeitgeber ausgeschöpft (*BAG* 6.9.1989 EzA § 63 HGB Nr. 62).

(derzeit unbesetzt) 1909–1912

#### bb) Dauer

Der Entgeltfortzahlungsanspruch ist auf die Dauer von **sechs Wochen (42 Kalendertage)** begrenzt (§ 3 Abs. 1 S. 1 EFZG; vgl. *BAG* 22.8.2001 EzA § 3 EFZG Nr. 3), sofern nicht eine günstigere Regelung z. B. in Tarifverträgen besteht (s. *BAG* 23.1.2008 EzA § 4 TVG Luftfahrt Nr. 16; 8.12.2010 EzA § 2 EFZG Nr. 6). Die Dauer gilt **unabhängig davon**, **welche Tage** in diesem Zeitraum **als Arbeitstage ausgefallen sind.** Für die Berechnung des Zeitraums sind die Dauer des Arbeitsausfalls und die sich daran anknüpfende Höhe der Entgeltfortzahlung ohne Bedeutung (ErfK/*Dörner* § 3 EFZG Rn. 34). 1913

Zu den 42 Tagen zählen demnach alle Sonn- und Feiertage, freien Tage auf Grund eines Schichtplans, auf Grund Freizeitausgleichs, Tage des Arbeitskampfes, arbeitsfreie Tage bei Teilzeitbeschäftigung, sofern letztere normativ oder vertraglich festgelegt sind. Eine **nachträgliche Veränderung der** 1913a

**Arbeitspflichten** zur Änderung des Entgeltfortzahlungszeitraums **kommt nicht in Betracht**. Tritt die Arbeitsunfähigkeit **vor Beginn** der Arbeitspflicht des betreffenden Tages ein, so ist dieser Tag bei der Berechnung des Zeitraums **mitzuzählen** (*BAG* 21.9.1971 AP § 1 LohnFG Nr. 6; 2.12.1981 EzA § 1 LohnFG Nr. 59; 12.7.1989 EzA § 616 BGB Nr. 39; ErfK/*Dörner* § 3 EFZG Rn. 34). Wird der Arbeitnehmer im **Laufe des Arbeitstags** arbeitsunfähig, so beginnt der Anspruchszeitraum mit dem **nächsten Tag**. Für den Tag mit teilweiser Arbeitsleistung hat er seinen regulären Anspruch aus § 611 BGB (*BAG* 4.5.1971 AP § 1 LohnFG Nr. 3; 2.12.1981 EzA § 1 LohnFG Nr. 59; 12.7.1989 EzA § 616 BGB Nr. 39; ErfK/*Dörner* § 3 EFZG Rn. 34). Der **Anspruchszeitraum** wird nicht dadurch erschöpft, dass das Arbeitsverhältnis bei Beginn der Arbeitsunfähigkeit des Arbeitnehmers ruht. Während dieser Zeit entfallen die wechselseitigen Rechte und Pflichten der Vertragsparteien mit der Folge, dass der Arbeitnehmer keinen Anspruch auf Entgeltfortzahlung hat und damit auch der **Anspruchszeitraum unberührt** bleibt (*BAG* 22.8.2001 EzA § 3 EFZG Nr. 8; ErfK/*Dörner* § 3 EFZG Rn. 34).

**1914–1916** (derzeit unbesetzt)

**1917** Zulässig sind auch tarifliche Normen, wonach der Arbeitnehmer nach Ablauf des Entgeltfortzahlungszeitraums einen Zuschuss zum Krankengeld erhält. So sind z. B. nach Nr. 9.2.3. MTV des Mitteldeutschen Rundfunks Arbeitnehmer durch den Krankengeldzuschuss so zu stellen, dass sie unter Anrechnung des von der gesetzlichen Krankenversicherung gezahlten Krankengelds ihre bisherige Nettovergütung behalten. Zur Berechnung des Zuschusses ist von der bisherigen Nettovergütung das Krankengeld abzuziehen. In Höhe der sich daraus ergebenden Differenz hat der Arbeitgeber den Zuschuss zu zahlen (*BAG* 26.3.2003 – 5 AZR 549/02 – EzA-SD 13/03, S. 16 LS; zu den Auswirkungen einer Änderung der Lohnsteuerklasse vgl. *BAG* 18.8.2004 EzA § 242 BGB 2002 Rechtsmissbrauch Nr. 3).

### cc) Fristberechnung

**1918** Für die Fristenberechnung gelten die §§ **187, 188 BGB**.

**1919** Hat der Arbeitnehmer zumindest teilweise gearbeitet, so beginnt die Sechs-Wochen-Frist nach § 187 Abs. 1 BGB am darauf folgenden Tag zu laufen. Ist der Arbeitnehmer dagegen erkrankt, bevor er mit der Arbeitstätigkeit hat beginnen können, so beginnt die Frist entgegen § 187 Abs. 1 BGB bereits an diesem Tag (*BAG* 2.12.1981 EzA § 1 LohnFG Nr. 59; 12.7.1989 EzA § 616 BGB Nr. 39).

**1920** Der Grundsatz des § 187 Abs. 1 BGB muss der bei dem Arbeitsverhältnis gegebenen besonderen rechtlichen Situation dahin angepasst werden, dass der Arbeitsbeginn bzw. die Arbeitsschicht als die maßgebende Zeiteinheit anzusehen ist.

**1921, 1922** (derzeit unbesetzt)

**1923** Der Entgeltfortzahlungsanspruch endet bereits vor Ablauf der Sechs-Wochen-Frist, wenn der Arbeitnehmer **wieder arbeitsfähig wird, mit Ablauf der gesetzlichen sechs Wochen oder einer tarifvertraglichen oder gesetzlichen** Frist. Mehrere kürzere Entgeltfortzahlungsabschnitte, unterbrochen etwa wegen des Ruhens der arbeitsvertraglichen Hauptpflichten, werden zusammengezählt.

**1924** Für die Berechnung des Fristendes gilt bei ununterbrochenem Anspruch § **188 Abs. 2 BGB**.

**1925** Ferner endet der Anspruch i. d. R. dann, wenn das Arbeitsverhältnis zu bestehen aufhört (s. aber Rdn. 1926 ff.).

### e) Entgeltfortzahlung über das Ende des Arbeitsverhältnisses hinaus

### aa) Grundlagen

**1926** Ausnahmsweise wird der Anspruch auf Entgeltfortzahlung gem. § 8 Abs. 1 EFZG durch die Beendigung des Arbeitsverhältnisses dann nicht berührt, wenn der Arbeitgeber das Arbeitsverhältnis aus **Anlass der Arbeitsunfähigkeit kündigt**. Die Regelung **sichert den bereits entstandenen Entgeltfortzahlungsanspruch**, falls das Arbeitsverhältnis dadurch beendet wird. Die Sicherung geht allerdings inhaltlich und zeitlich nicht weiter als bei der Entgeltfortzahlung im bestehenden Arbeitsverhältnis. So endet die Verpflichtung des Arbeitgebers spätestens nach 6 Wochen; eine zu der bei Beendigung des Arbeitsverhältnisses bestehenden Krankheit hinzutretende Krankheit verlängert den Zahlungszeitraum nicht (Einheit des Verhinderungsfalls). Eine selbstverschuldete Arbeitsunfähigkeit löst auch im Kündigungsfall keinen Anspruch aus. Der Kündigung des Arbeitgebers aus Anlass der Krankheit wird der Fall **gleichgestellt**, dass der Arbeitnehmer wirksam aus wichtigem Grund sein Arbeitsverhältnis beendet. Damit wird verhindert, dass der Arbeitgeber in der Zeit der Arbeitsverhinderung schwerwiegende unberechtigte Maßnahmen ergreift, die eine **Eigenkündigung** des Erkrankten zur Folge haben (ErfK/*Dörner* § 8 EFZG Rn. 1).

Auch dann, wenn der Arbeitgeber aus Anlass einer bevorstehenden Arbeitsunfähigkeit des Arbeitnehmers das Arbeitsverhältnis kündigt, lässt dies den Anspruch auf Fortzahlung des Arbeitsentgelts unberührt, wenn der Arbeitgeber mit der bevorstehenden Arbeitsunfähigkeit sicher rechnen musste. Voraussetzung für den Anspruch ist aber, dass ein Arbeitsverhältnis besteht. Ist das Arbeitsverhältnis bereits beendet, wenn der Arbeitnehmer arbeitsunfähig erkrankt, kommt ein Anspruch nicht mehr in Betracht. Daran ändert auch § 8 Abs. 1 EFZG nichts (*BAG* 17.4.2002 EzA § 8 EFZG Nr. 3).

(derzeit unbesetzt) 1927

### bb) Aufhebungsvertrag

§ 8 EFZG gilt analog, wenn der Arbeitgeber die Arbeitsunfähigkeit zum Anlass nimmt, mit dem Arbeitnehmer die einvernehmliche Beendigung des Arbeitsverhältnisses zu vereinbaren (*BAG* 20.8.1980 EzA § 6 LohnFG Nr. 16; krit. ErfK/*Dörner* § 8 EFZG Rn. 13). 1928

Denn bei der Beurteilung von Ansprüchen im Zusammenhang mit dem Ausscheiden des Arbeitnehmers aus dem Arbeitsverhältnis kommt es nicht entscheidend auf die formale Seite – Kündigung oder Aufhebungsvertrag – an.

Der Zweck des § 8 Abs. 1 S. 1 EFZG besteht darin, zu verhindern, dass der Arbeitgeber die Arbeitsunfähigkeit zum Anlass nimmt, sich der Verpflichtung zur Entgeltfortzahlung zu entziehen. Dieser gesetzgeberische Zweck würde nur unvollkommen erreicht, wenn der Arbeitgeber nicht zur Lohnfortzahlung verpflichtet wäre, wenn es ihm gelingt, den Arbeitnehmer zu einer einvernehmlichen Auflösung des Arbeitsverhältnisses zu veranlassen. 1929

Allerdings kann die **widerspruchslose Hinnahme einer Kündigung** nicht bereits als »Aufhebungsvertrag« mit der Rechtsfolge einer analogen Anwendbarkeit des § 8 Abs. 1 S. 1 EFZG verstanden werden (*BAG* 28.11.1979 EzA § 6 LohnFG Nr. 11). 1930

### cc) Anfechtung; Nichtigkeit

Fraglich ist, inwieweit § 8 Abs. 1 S. 1 EFZG analog auch bei einer Anfechtung oder bei der Berufung des Arbeitgebers auf die Nichtigkeit des Arbeitsvertrages in Betracht kommt. 1931

Dem steht zum einen der klare Wortlaut der einschlägigen Regelungen, die nur von »Kündigung« sprechen, entgegen und zum anderen das fehlende besondere Schutzbedürfnis des Arbeitnehmers, der ohne Entgeltfortzahlung Krankengeld erhält. Wird zudem eine zum Vertragsabschluss führende Willenserklärung wegen Irrtums oder wegen Täuschung erfolgreich **angefochten**, so **entfallen zukünftige**, nicht aber zurückliegende **Ansprüche**. Die denkbare Ausnahme in Fällen der Umgehung der gesetzlichen Bestimmungen über die Entgeltfortzahlung (*Schmitt* Rdn. 63; *Vossen* Rdn. 388), wird i. d. R. wegen der Nichterfüllung eines Anfechtungstatbestands nicht gegeben sein (ErfK/*Dörner* § 8 EFZG Rn. 13). 1932 *dd) Anlasskündigung*

1933 Der Arbeitgeber ist kündigungsrechtlich nicht gehindert, während der krankheitsbedingten Arbeitsunfähigkeit zu kündigen. Er kann sogar wegen einer langanhaltenden oder wegen vieler Kurzerkrankungen eine sozial gerechtfertigte Kündigung aussprechen. Das hat auch nicht zwingend die Erhaltung des Entgeltfortzahlungsanspruchs zur Folge, wenn der Arbeitnehmer bei Zugang der Kündigung gerade arbeitsunfähig ist. Der Anspruch bleibt dem Arbeitnehmer nur erhalten, wenn der Arbeitgeber die **Arbeitsunfähigkeit zum Anlass nimmt, eine Kündigung auszusprechen** (sog. Anlasskündigung).

*(1) Begriffsbestimmung*

1934 Das ist dann der Fall, wenn die Arbeitsunfähigkeit einen objektiven Geschehensablauf in Gang setzt, der schließlich den Entschluss des Arbeitgebers zur Kündigung gerade jetzt i. S. einer wesentlich mitbestimmenden Bedingung auslöst (*BAG* 28.11.1979 EzA § 6 LohnFG Nr. 10). Der Begriff »Anlass« ist entsprechend dem Schutzzweck der Norm **weit auszulegen** (ErfK/*Dörner* § 8 EFZG Rn. 6).

1935 Der Arbeitnehmer muss grds. zu dem Zeitpunkt arbeitsunfähig erkrankt sein, wenn ihm die Kündigung zugeht. Ist er gesund oder aus anderen Gründen an der Arbeitsleistung verhindert, so kann eine nachfolgende Arbeitsunfähigkeit an sich nicht Anlass für die Kündigung sein. Eine Anlasskündigung kommt aber auch dann in Betracht, wenn der Arbeitgeber zum Zeitpunkt des Zugangs der Kündigungserklärung **weiß**, dass der Arbeitnehmer **arbeitsunfähig sein wird**, z. B. bei einer angekündigten Operation oder Rehabilitationsmaßnahme. Das gilt auch, wenn der Arbeitgeber mit der bevorstehenden Arbeitsunfähigkeit **sicher rechnen muss** (*BAG* 17.4.2002 EzA § 8 EFZG Nr. 3; ErfK/*Dörner* § 8 EFZG Rn. 7).

1935a Kündigt der Arbeitgeber, um die durch das Fehlen des Arbeitnehmers entstandene **betriebliche Störung** durch die dauerhafte Besetzung mit einem anderen Arbeitnehmer zu beseitigen, ist die Arbeitsunfähigkeit **Anlass** i. S. d. EFZG (*BAG* 26.10.1971 AP § 6 LohnFG Nr. 1). Steht fest, dass die Arbeitsunfähigkeit in Berufs- oder Erwerbsunfähigkeit mündet, kündigt der Arbeitgeber aber dennoch während der Krankheit, so ist die Arbeitsunfähigkeit Anlass; der Aarbeitnehmer behält seinen Entgeltfortzahlungsanspruch (*BAG* 22.12.1971 AP § 6 LohnFG Nr. 2). Ist mit der krankheitsbedingten Arbeitsunfähigkeit ein **Beschäftigungsverbot** verbunden, das zur Kündigung führt, so ist von einer durch die Arbeitsunfähigkeit veranlassten Kündigung auszugehen (*BAG* 26.4.1978 AP§ 6 LohnFG Nr. 6; ErfK/*Dörner* § 8 EFZG Rn. 7).

1935b Bewertet der Arbeitgeber bei einer betriebsbedingten Kündigung die momentane Krankheit als Ausschlusstatbestand für die Ausklammerung des Erkrankten von der Sozialauswahl, so ist § 8 EFZG anwendbar, wenn der **Arbeitnehmer die Kündigung akzeptiert**; i. d. R. ist die Kündigung dann aber sozial ungerechtfertigt. Keine Kündigung aus Anlass der Erkrankung liegt vor, wenn der Arbeitgeber aus betriebsbedingten Gründen kündigt, die Sozialauswahl korrekt vornimmt und dabei auch der erkrankte Arbeitnehmer gekündigt wird. Dann entfällt der Anspruch, sofern die Arbeitsunfähigkeit bis zum Kündigungszeitpunkt andauert (ErfK/*Dörner* § 8 EFZG Rn. 7).

1936, (derzeit unbesetzt)
1937

*(2) Kenntnis des Arbeitgebers*

1938 Eine Kündigung aus Anlass der Arbeitsunfähigkeit scheidet aus, wenn der Arbeitnehmer zwar zurzeit des Zugangs der Kündigung krank ist, der Arbeitgeber von der (bevorstehenden) Erkrankung aber **keine Kenntnis hat**, es sei denn, der Arbeitgeber **muss mit der bevorstehenden Arbeitsunfähigkeit sicher rechnen** (*BAG* 17.4.2002 EzA § 8 EFZG Nr. 3). Ferner ist der Arbeitgeber, der von der bereits bestehenden Arbeitsunfähigkeit keine Kenntnis hatte, aber die dem Arbeitnehmer von Gesetzes wegen eingeräumte **Nachweisfrist nicht abwartet**, wie derjenige zu behandeln, der von der Arbeitsunfähigkeit Kenntnis hatte (*BAG* 20.8.1980 EzA § 6 LohnFG Nr. 14; ErfK/*Dörner* § 8 EFZG Rn. 8).

## B. Pflichten des Arbeitgebers

Das gilt **auch** im Fall einer **Fortsetzungserkrankung** (*BAG* 29.8.1980 EzA § 6 LohnFG Nr. 15). Mit Ablauf des Drei-Tage-Zeitraums in § 5 Abs. 1 S. 2 EFZG soll sich der Arbeitgeber stets auf die Unkenntnis berufen können (*BAG* 29.8.1980 EzA § 6 LohnFG Nr. 13; ErfK/*Dörner* § 8 EFZG Rn. 8).

Diese kann unter der Geltung des nunmehr geltenden § 5 Abs. 1 S. 2 EFZG wohl **nur noch eingeschränkt gelten**. Abzustellen ist vielmehr auf den **Zeitpunkt**, bis zu dem der Arbeitgeber bei pflichtgemäßem Verhalten des Arbeitnehmers mit der Vorlage einer Arbeitsunfähigkeitsbescheinigung **rechnen musste**. Da dies im Rahmen des § 5 Abs. 1 S. 2 EFZG erst am »**darauffolgenden Arbeitstag**«erfolgen muss, kann sich der Arbeitgeber erst ab dem sich hieran anschließenden Tag sich auf die Unkenntnis berufen. Bei einem auf § 5 Abs 1 S. 3 EFZG gestützten Verlangen nach früherer Vorlage der Arbeitsunfähigkeitsbescheinigung verschiebt sich der Zeitpunkt nach vorne. Das gilt entsprechend, wenn der Arbeitnehmer nach dem Ende der zunächst bescheinigten Arbeitsunfähigkeit seine Tätigkeit nicht aufnimmt, weil auch hier aufgrund § 5 Abs. 1 S. 2 EFZG analog erst nach Ablauf des Zeitraums von drei Kalendertagen für den Arbeitnehmer die Verpflichtung besteht, am »darauffolgenden Arbeitstag« die Arbeitsunfähigkeitsbescheinigung vorzulegen (*Staudinger/Oetker* § 616 BGB Rn. 382; ErfK/*Dörner* § 8 EFZG Rn. 8).

**1938a**

Lässt der Arbeitnehmer dagegen die zu seinen Gunsten eingeräumten **Fristen** für die Anzeige und den Nachweis einer Arbeitsunfähigkeit **verstreichen**, kann der Arbeitgeber davon ausgehen, dass der Arbeitnehmer **unentschuldigt fehlt**. Kündigt er deswegen, so kann sich der Arbeitnehmer nicht auf § 8 EFZG berufen (*BAG* 29.8.1980 EzA § 6 LohnFG Nr. 15; ErfK/*Dörner* § 8 EFZG Rn. 8).

**1938b**

Endet das Arbeitsverhältnis vor Ablauf der Wartezeit des § 3 Abs. 3 EFZG, so entsteht für die Vergangenheit kein Anspruch. Hat der Arbeitgeber jedoch aus Anlass der Arbeitsunfähigkeit gekündigt, so entsteht für die Zeit nach Beendigung des Arbeitsverhältnisses und nach Ablauf der Wartezeit ein Anspruch nach § 8 Abs. 1 S. 1 EFZG (*BAG* 26.5.1999 EzA § 3 EFZG Nr. 7). § 3 Abs. 3 EFZG steht dem Eintritt der Rechtsfolgen aus § 8 Abs. 1 S. 1 EFZG auch dann nicht entgegen, wenn das Arbeitsverhältnis **bereits innerhalb der Wartezeit wieder beendet wird**. Das folgt aus der Systematik und dem Sinn und Zweck des § 8 Abs. 1 EFZG (ErfK/*Dörner* § 8 EFZG Rn. 9; **a. A.** *Gaumann/Schafft* NZA 2000, 811).

**1938c**

(derzeit unbesetzt)

**1939–1941**

### (3) Darlegungs- und Beweislast

Nach der Rechtsprechung des *BAG* (26.4.1978 EzA § 6 LohnFG Nr. 7; 29.8.1980 EzA § 6 LohnFG Nr. 13) trägt der **Arbeitnehmer** die Darlegungs- und Beweislast dafür, dass die Kündigung aus Anlass der Arbeitsunfähigkeit ausgesprochen wurde, sich diese also als eine **die Kündigung wesentlich mitbestimmende Bedingung** darstellt, mag der Arbeitgeber tatsächlich auch andere Gründe dafür gehabt haben. Regelmäßig genügt der Hinweis auf die **Kenntnis des Arbeitgebers** von der krankheitsbedingten Arbeitsunfähigkeit und der **zeitliche Zusammenhang** zwischen Arbeitsverhinderung und Kündigung (ErfK/*Dörner* § 8 EFZG Rn. 10). Dadurch entsteht jedoch **keine tatsächliche Vermutung**; es handelt sich vielmehr um Hilfstatsachen (Indizien*)*, die den Schluss auf den Tatbestand des § 8 Abs. 1 EFZG zulassen (*BAG* 20.8.1980 AP LohnFG § 6 Nr. 11; *Staudinger/Oetker* § 616 BGB Rn. 378). Dieser Indizienschluss kann vom Arbeitgeber mit entgegengesetztem Tatsachenvortrag über den Kündigungsgrund, also darüber, dass er aus einem anderen Anlass gekündigt hat (*BAG* 20.8.1980 EzA § 6 LohnFG Nr. 14; 2.12.1981 EzA § 6 LohnFG Nr. 20; s. a. 5.2.1998 EzA § 8 EFZG Nr. 1 und dessen bereits beschlossener Umsetzung begegnen. Bei einer gerichtlichen Auseinandersetzung sind die streitigen Tatsachen aufzuklären und die daraufhin festgestellten Tatsachen zu würdigen. Kommt es zu keiner Auflösung in Form richterlicher Überzeugung, so trägt das non liquet der Arbeitnehmer, weil eine anspruchsbegründende Tatsache nicht festgestellt werden kann (ErfK/*Dörner* § 8 EFZG Rn. 10).

**1942**

(derzeit unbesetzt)

**1943**

**1944** Insoweit genügt es z. B. nicht, dass der Arbeitgeber einen **Rückgang des Beschäftigungsbedarfs** behauptet, wenn dieser Rückgang bereits vor der Einstellung der Arbeitnehmerin in einem Umfang von fast 50 % eingetreten war (*ArbG Hmb.* 17.11.2004 NZA-RR 2005, 296).

**1945–1948** (derzeit unbesetzt)

### ee) Arbeitnehmerkündigung (§ 8 Abs. 1 S. 2 EFZG)

**1949** Der Anspruch des Arbeitnehmers bleibt ihm auch dann erhalten, wenn er selbst kündigt, sofern er einen wichtigen Grund für die Kündigung hatte. Voraussetzung für die Anwendung des § 8 Abs. 1 S. 2 EFZG ist, dass der Arbeitnehmer eine das Arbeitsverhältnis beendende Kündigung ausgesprochen hat. Dabei muss es sich nicht um eine außerordentliche Kündigung handeln; auch eine ordentliche Kündigung kann den Anspruch über den Kündigungszeitpunkt hinaus erhalten, wenn der Arbeitnehmer nur zur Kündigung aus wichtigem Grund berechtigt war (ErfK/*Dörner* § 8 EFZG Rn. 11; *Staudinger/Oetker* § 616 BGB Rn. 390). Dabei sind die Grundsätze des § 626 Abs. 1 BGB über die Bestimmung des wichtigen Grundes heranzuziehen. Es müssen also Tatsachen vorliegen, auf Grund derer dem Arbeitnehmer unter Berücksichtigung aller Umstände des Einzelfalls und unter Abwägung der Interessen beider Vertragsteile die Fortsetzung des Arbeitsverhältnis bis zum Ablauf der Kündigungsfrist nicht zugemutet werden kann (ErfK/*Dörner* § 8 EFZG Rn. 11; s. a. Kap. 4 Rdn. 1146 ff., 3396 ff.). Insbesondere Verhaltensweisen des Arbeitgebers im Zusammenhang mit der Krankmeldung wie grobe Beleidigungen, unberechtigte Vorwürfe eines Simulantentums, aber auch die dauerhafte Missachtung zwingender Arbeitsschutzvorschriften kommen in Betracht, selbst wenn die Arbeitsverhinderung nicht auf einem dadurch bedingten Arbeitsunfall beruht (ErfK/*Dörner* § 8 EFZG Rn. 11). § 626 Abs. 2 BGB ist nicht anwendbar (ErfK/*Dörner* § 8 EFZG Rn. 11). Ein Arbeitnehmer kann also während seiner krankheitsbedingten Arbeitsunfähigkeit das Arbeitsverhältnis auch dann kündigen, wenn der wichtige Grund länger als 14 Tage zurückliegt. Allerdings ist zu beachten, dass die Annahme, es sei dem Arbeitnehmer unzumutbar, das Arbeitsverhältnis bis zum Ablauf der Kündigungsfrist fortzusetzen, mit der verstreichenden Zeit und fortdauernder Arbeitsunfähigkeit geringer wird (ErfK/*Dörner* § 8 EFZG Rn. 11).

**1949a** Die Tatsachen, aus denen der wichtige Grund folgen soll, hat der Arbeitnehmer darzulegen und ggf. zu beweisen (ErfK/*Dörner* § 8 EFZG Rn. 11).

### f) Mehrfacherkrankungen

**1949b** Wird der Arbeitnehmer auf Grund derselben Erkrankung erneut arbeitsunfähig, so verliert er seinen arbeitsrechtlichen Entgeltfortzahlungsanspruch nach § 3 Abs. 1 S. 1 EFZG für einen weiteren Zeitraum von höchstens sechs Wochen nur dann nicht, wenn die Voraussetzungen des § 3 Abs. 1 S. 2 Nr. 1, 2 EFZG vorliegen. Das ist dann der Fall, wenn er **vor der erneuten Arbeitsunfähigkeit mindestens sechs Monate nicht infolge derselben Krankheit arbeitsunfähig war, oder** seit Beginn der ersten Arbeitsunfähigkeit infolge derselben Krankheit eine Frist von **zwölf Monaten** abgelaufen ist.

### aa) Grundlagen

**1950** Erneute Arbeitsunfähigkeit infolge derselben Krankheit liegt vor, wenn die Krankheit, auf der die frühere Arbeitsunfähigkeit beruhte, in der Zeit zwischen dem Ende der vorausgegangenen und dem Beginn der neuen Arbeitsunfähigkeit **medizinisch nicht vollständig ausgeheilt war**, sondern als Grundleiden latent weiter bestanden hat, so dass die neue Erkrankung nur eine **Fortsetzung** der früheren Erkrankung ist (*BAG* 14.11.1984 EzA § 1 LFZG Nr. 74; 4.12.1985 EzA § 63 HGB Nr. 40; 13.7.2005 EzA § 3 EFZG Nr. 14). Dabei müssen die Krankheitssymptome nicht identisch sein wie z. B. bei Erkältungen; es können verschiedene Folgen einer Krankheit unterschiedliche Erscheinungsbilder haben (s. *BAG* 4.12.1985 EzA § 63 HGB Nr. 40; MünchArbR/*Schlachter* § 73 Rdn. 65 ff.).

**1951–1953** (derzeit unbesetzt)

### bb) Fortsetzungserkrankungen

(derzeit unbesetzt)

Als Fortsetzungserkrankungen kommen dabei auch sehr unterschiedliche Folgeerscheinungen eines Grundleidens in Betracht, z. B. Prellungen, Verstauchungen oder Knochenbrüche, die in zeitlichen Abständen auf epileptische Anfälle zurückgehen.

(derzeit unbesetzt)

> Tritt eine Krankheit, die sich später als Fortsetzungskrankheit herausstellt, zu einer bereits bestehenden, zur Arbeitsunfähigkeit führenden Krankheit hinzu und dauert sie über deren Ende an, so ist sie für die Zeit, in der sie die alleinige Ursache der Arbeitsunfähigkeit war, als Teil der späteren Fortsetzungserkrankung zu werten (*BAG* 2.2.1994 EzA § 1 LohnFG Nr. 125).

▶ **Beispiel:**

> Der Arbeitnehmer war vom 21.1. bis zum 2.3.1990 wegen einer Rippenfraktur arbeitsunfähig erkrankt. Vom 19.2. bis zum 12.3.1990 kam ein ebenfalls zur Arbeitsunfähigkeit führendes Handekzem hinzu, das weitere Arbeitsunfähigkeit verursachte vom 17.4. bis zum 9.5. sowie vom 7. bis 9.11.1990. Der 3.3. war der letzte Tag der am 21.1. begonnenen Sechs-Wochen-Frist. Da das Handekzem von diesem Tage an alleinige Ursache der Arbeitsunfähigkeit war und zwischen der Ersterkrankung (19.2. bis 3.3.) und den weiteren Arbeitsunfähigkeiten wegen des Handekzems als Fortsetzungserkrankungen jeweils weniger als sechs Monate liegen, begann am 3.3. erneut der Lauf der Sechs-Wochen-Frist, die die äußerste zeitliche Grenze auch für Mehrfacherkrankungen bei einem einheitlichen Verhinderungsfall bedeutet. Für die Zeiträume April/Mai, November 1990 sind daher 42 Tage weiterhin zu bezahlen (*BAG* 2.2.1994 EzA § 1 LohnFG Nr. 125).

Führen zwei Krankheiten jeweils für sich betrachtet nicht zur Arbeitsunfähigkeit, sondern nur **weil sie zusammen auftreten**, liegt eine Fortsetzungserkrankung auch dann vor, wenn später **eine der beiden Krankheiten erneut** auftritt und allein zur Arbeitsunfähigkeit führt. Auch in diesem Fall ist die erneut auftretende Krankheit Ursache einer vorausgegangenen Arbeitsunfähigkeit gewesen (*BAG* 13.7.2005 EzA § 3 EFZG Nr. 14).

### cc) Getrennte Verhinderungsfälle

Erkrankt der Arbeitnehmer hintereinander an mehreren Krankheiten mit der Folge von Arbeitsverhinderungen, die jeweils medizinisch vollständig ausgeheilt sind, bevor die nächste Erkrankung eintritt, so entsteht mit jeder Erkrankung ein neuer Entgeltfortzahlungsanspruch (*BAG* 18.5.1957 AP Nr. 3 zu § 63 HGB).

Von einer anderen Krankheit ist auszugehen, wenn sie eine **andere Ursache** hat als die vorhergehende Krankheit und wenn sie auch **nicht auf demselben Grundleiden beruht** (Umkehrschluss aus *BAG* 14.11.1984 EzA § 1 LFZG Nr. 74; 4.12.1985 EzA § 63 HGB Nr. 40; ErfK/*Dörner* § 3 EFZG Rn. 43)

Dabei ist unerheblich, ob der Arbeitnehmer zwischendurch tatsächlich die Arbeit wieder aufgenommen hat (*BAG* 12.7.1989 EzA § 616 BGB Nr. 39). Entscheidend ist nur, dass es sich um jeweils getrennte Verhinderungsfälle handelt (*BAG* 14.9.1983 EzA § 1 LohnFG Nr. 68).

### dd) Einheit des Verhinderungsfalles

Diese Grundsätze gelten dann **nicht**, wenn die **weitere Arbeitsunfähigkeit noch während der laufenden Arbeitsunfähigkeit eintritt** Tritt ein weiteres Grundleiden, das bereits für sich allein Arbeitsunfähigkeit zur Folge hätte, zum ersten Grundleiden hinzu, so ändert dies nichts am Schicksal eines einmal entstandenen, auf einem früher eingetretenen Grundleiden beruhenden Entgeltfortzahlungsanspruchs. Insoweit gilt gem. § 3 Abs. 1 S. 1 EFZG der Grundsatz der Einheit des Verhinderungsfalles (*BAG* 12.7.1989 EzA § 616 Nr. 39; 2.2.1994 EzA § 1 LohnFG Nr. 125). Mehrere gleichzeitige oder sich überlappende Erkrankungen, die nicht auf einem Grundleiden beruhen und deshalb als andere Krankheiten i. S. d. Gesetzes anzusehen sind, **lösen nur einmal einen Anspruch** für 42 Kalendertage **aus** (*BAG* 2.12.1981 EzA § 1 LohnFG Nr. 59). Das gilt auch dann, wenn die erste Arbeitsunfähigkeit selbst verschuldet war und deshalb zunächst keine Entgeltfortzahlung geschuldet wurde. Bei später hinzutretender Erkrankung entsteht zwar ein Anspruch; dieser ist aber begrenzt auf den Ablauf des 42. Kalendertags nach Beginn der ersten Arbeitsunfähigkeit (ErfK/*Dörner* § 3 EFZG Rn. 43).

1964 Dieser Grundsatz – mit der Folge der Beschränkung der Entgeltfortzahlung auf sechs Wochen – **gilt dann nicht**, wenn sich der Arbeitnehmer am Tag nach Wegfall der Arbeitsunfähigkeit in ein **Krankenhaus** begibt, um dort eine Diagnose über mögliche weitere Erkrankungen zu erhalten. Das gilt zumindest dann, wenn es keine ausreichenden Anhaltspunkte dafür gibt, dass das letztlich diagnostizierte Leiden für sich schon vor der Diagnose dazu geführt hätte, dass der Arbeitnehmer der Arbeit ferngeblieben wäre oder diese nicht mehr hätte verrichten können (*LAG Nbg.* 29.4.2008 – 6 Sa 749/07, ZTR 2008, 441).

1965– Zwei selbstständige Verhinderungsfälle liegen auch dann vor, wenn ein Arbeitnehmer zwischen zwei
1966 Krankheiten tatsächlich arbeitet (nicht aber bei einem untauglichen Arbeitsversuch) oder wenn er zwischen den Krankheiten zwar arbeitsfähig war, aber nicht arbeiten konnte, weil er nur für wenige, außerhalb der Arbeitszeit (z. B. am Sonntag) liegende Stunden arbeitsfähig war (*BAG* 2.12.1981 EzA § 1 LohnFG Nr. 59; 12.7.1989 EzA § 616 BGB Nr. 39).

*ee) Dauer der Entgeltfortzahlung bei Fortsetzungserkrankungen; Fristberechnungen*

*(1) Sechs-Wochen-Frist*

1967 Bei einer Fortsetzungserkrankung wird die Dauer des Entgeltfortzahlungsanspruchs durch die **Addition der einzelnen Krankheitszeiten ermittelt**, bis die Anspruchszeit von sechs Wochen (= 42 Kalendertagen) erreicht ist. Bei einer Fünf-Tage-Arbeitswoche und ununterbrochener Arbeitsunfähigkeit können maximal dreißig entgeltpflichtige Arbeitstage anfallen.

*(2) Zwölf-Monats-Frist*

1968 Unabhängig von der Qualifizierung einer wiederholten Erkrankung als dieselbe oder als andere Krankheit hat der Arbeitnehmer einen **erneuten Anspruch** auf Entgeltfortzahlung, wenn er **12 Monate nach dem Beginn der ersten Arbeitsunfähigkeit** erkrankt. Denn auch wenn sich diese Krankheit als Fortsetzungserkrankung i. S. d. Gesetzes erweist, behält er nach § 3 Abs. 1 S. 2 Nr. 2 EFZG einen nach § 3 Abs. 1 S. 1 EFZG erworbenen neuen Anspruch über 42 Tage. Die Rahmenfrist von 12 Monaten beginnt mit dem Eintritt der ersten krankheitsbedingten Arbeitsunfähigkeit (**Grundsatz der Vorausberechnung**; ErfK/*Dörner* § 3 EFZG Rn. 40; s. *BAG* 16.12.1987 EzA § 1 LohnFG Nr. 89). Für die konkrete Berechnung gelten §§ 187 ff. BGB heranzuziehen.

Beginnt die wiederholte Erkrankung im Laufe des Zwölf-Monats-Zeitraums und dauert sie bis in den 13. Monat hinein, so hat der Arbeitnehmer zunächst nur Anspruch auf Krankengeld. Vom ersten Tag des 13. Monats an steht ihm aber für weitere 42 Tage Entgeltfortzahlung zu, allerdings nur dann, wenn es sich nicht um eine Fortsetzungserkrankung handelt. Das folgt aus dem Wortlaut des § 3 Abs. 1 S. 2 Nr. 2 EFZG, der Systematik, die sich aus Nr. 1, 2 S. 2 ergibt sowie dem Sinn und Zweck der Norm. Denn das Gesetz mutet dem Arbeitgeber zu, dem Arbeitnehmer jeweils in einem Zeitraum von zwölf Monaten für sechs Wochen Entgeltfortzahlung wegen ein und derselben Krankheit zu gewähren. Nach Ablauf von zwölf Monaten fällt die Sperre weg und beginnt ein neuer Anspruch. Der neue Zwölf-Monats-Zeitraum braucht sich aber **nicht unmittelbar an den vorangegangenen anzuschließen**. Er beginnt erst mit Eintritt der nächsten Arbeitsunfähigkeit. Abzustellen ist darauf, wann der Arbeitnehmer nach Ablauf der Sperrfrist erneut wegen derselben Krankheit arbeitsunfähig geworden ist. Der Sinn dieser Regelung besteht darin, neu auftretende Fälle einer Arbeitsunfähigkeit dann von dem Grundsatz auszunehmen, dass je Krankheit nur einmal für sechs Wochen Entgeltfortzahlung geleistet wird, wenn ein ausreichend langer Zeitraum vergangen ist. Dann wird der Zusammenhang zwischen der neuen Arbeitsunfähigkeit und dem Grundleiden als **nicht mehr erheblich angesehen**. Dem entspricht es, dass § 3 Abs. 1 S. 2 EFZG im Falle einer fortdauernden, mehr als ein Jahr andauernden Arbeitsunfähigkeit keinen weiteren Entgeltfortzahlungsanspruch vorsieht (*BAG* 14.3.2007 EzA § 3 EFZG Nr. 16; a.A. ErfK/*Dörner* § 3 EFZG Rn. 40).

Ist der Arbeitnehmer jedoch **länger als 12 Monate** ununterbrochen arbeitsunfähig krank, so entsteht zu Beginn des 13. Monats kein Anspruch, weil er dann **nicht erneut**, sondern nur einmal fortdauernd arbeitsunfähig geworden (und geblieben) ist (ErfK/*Dörner* § 3 EFZG Rn. 40).

(derzeit unbesetzt) 1969, 1970

### (3) Sechs-Monats-Zeitraum

Arbeitsunfähigkeit auf Grund derselben Erkrankung hat grds. zur Folge, dass der Arbeitgeber nur einmal für die Dauer von sechs Wochen zur Entgeltfortzahlung verpflichtet ist. Das gilt nicht, wenn der Arbeitnehmer wegen dieser selben Krankheit erst **nach Ablauf von sechs Monaten** (s. §§ 187 ff. BGB) **erneut arbeitsunfähig erkrankt**. Dann wird der **Fortsetzungszusammenhang** zwischen der früheren und der erneut auftretenden Krankheit **unwiderleglich als gelöst angesehen** (*BAG* 18.1.1995 EzA § 7 LZG Nr. 5). Ohne Bedeutung für die Berechnung des Sechs-Monats-Zeitraums ist die Arbeitsunfähigkeit auf Grund einer anderen Krankheit. Diese Erkrankung unterbricht den Lauf der Frist nicht (*BAG* 29.9.1982 EzA § 1 LohnFG Nr. 63; ErfK/*Dörner* § 3 EFZG Rn. 41). 1971

Besteht eine Arbeitsunfähigkeit wegen einer einmaligen Krankheit z. B. einer Erkältung und kommt während dieser Zeit eine Arbeitsunfähigkeit hinzu, die auf einem Grundleiden beruht, so wird deshalb kein neuer Anspruch ausgelöst (**Einheit des Verhinderungsfalls**). Das hat zur Folge, dass die Sechs-Monatsfrist auch nicht zu laufen beginnt. Wird der Arbeitnehmer nach seiner Genesung erneut infolge einer Erkrankung zum Grundleiden innerhalb von sechs Monaten arbeitsunfähig, so besteht ein Anspruch über den vollen Zeitraum von 42 Tagen (*BAG* 19.6.1991 EzA § 1 LZG Nr. 119; ErfK/*Dörner* § 3 EFZG Rn. 41).

Tritt eine Krankheit, die sich später als **Fortsetzungserkrankung** herausstellt, zu einer **bereits bestehenden**, zur Arbeitsunfähigkeit führenden Krankheit **hinzu** und wird sie später alleinige Ursache der Arbeitsunfähigkeit, so fällt eine erneute volle Entgeltfortzahlung nur an, wenn mehr als 6 Monate vergangen sind oder für die vormalige Erkrankung noch nicht 42 Tage Entgelt geleistet worden ist (*BAG* 2.2.1994 EzA § 1 LZG Nr. 125; 13.7.2005 EzA § 3 EFZG Nr. 14; ErfK/*Dörner* § 3 EFZG Rn. 41).

### (4) Zusammentreffen beider Zeiträume

Der Zwölf-Monats-Zeitraum wird dann **unterbrochen und beginnt neu zu laufen**, wenn der Arbeitnehmer auf Grund des Dauerleidens nach Ablauf von 6 Monaten arbeitsunfähig erkrankt. Auf die zeitlich erste Erkrankung infolge eines Grundleidens ist nicht abzustellen, wenn das Grundleiden 6 Monate lang nicht zu einer Arbeitsunfähigkeit geführt hat, weil die nach Ablauf von 6 Monaten erneut eintretende Arbeitsunfähigkeit arbeitsrechtlich als neue zu bewerten ist. Die Arbeitsunfähigkeit, die nach Ablauf von 6 Monaten infolge eines Grundleidens auftritt, ist die »erste Arbeitsunfähigkeit« i. S. d. § 3 Abs. 1 S. 2 Nr. 2 EFZG. Eine neue Zwölf-Monatsfrist läuft (ErfK/*Dörner* § 3 EFZG Rn. 41). 1971a *ff) Darlegungs- und Beweislast; Hinweispflicht*

**1972** Der Arbeitgeber trägt die Darlegungs- und Beweislast für den Leistungsausschluss bei einer Fortsetzungserkrankung nach § 3 Abs. 1 S. 2 EFZG (*BAG* 4.12.1985 EzA § 63 HGB Nr. 40).

Zu berücksichtigen ist aber die **Unkenntnis des Arbeitgebers über die Krankheitsursachen**; und deshalb wird vom **Arbeitnehmer** die Darlegung verlangt, dass **keine Fortsetzungserkrankung** vorliegt, wenn er innerhalb der Zeiträume des § 3 Abs. 1 S. 2 Nr. 1, 2 EFZG länger als 6 Wochen arbeitsunfähig erkrankt. Hierzu kann er eine **ärztliche Bescheinigung** vorlegen. Bestreitet der Arbeitgeber das Vorliegen einer neuen Krankheit, obliegt dem Arbeitnehmer die Darlegung der Tatsachen, die den Schluss erlauben, es habe keine Fortsetzungserkrankung vorgelegen. Dabei hat der Arbeitnehmer den Arzt von der Schweigepflicht zu entbinden. Die Folgen der Nichterweislichkeit einer Fortsetzungserkrankung (non-liquet) sind allerdings vom Arbeitgeber zu tragen, denn nach der sprachlichen Fassung des Gesetzes trifft den Arbeitgeber die objektive Beweislast (*BAG* 13.7.2005 EzA § 3 EFZG Nr. 14; *Joussen* SAE 2006, 147; ErfK/*Dörner* § 3 EFZG Rn. 44).

**1973–1975** (derzeit unbesetzt)

*g) Anzeige- und Nachweispflichten*

**1976** § 5 EFZG soll der **missbräuchlichen Inanspruchnahme des Entgeltfortzahlungsrechtsechts entgegenwirken**. Sie **konkretisiert die Nebenpflichten des Arbeitnehmers** bei Arbeitsunfähigkeit wegen Krankheit und enthält Verpflichtungen des behandelnden Arztes bei der Abfassung der Arbeitsunfähigkeitsbescheinigung und deren weiterer Behandlung (ErfK/*Dörner* § 5 EFZG Rn. 2). Die Einhaltung der Pflichten nach § 5 EFZG gehört allerdings nicht zu den anspruchsbegründenden Voraussetzungen für den Entgeltfortzahlungsanspruch nach § 3 EFZG (*BAG* 19.2.1997 EzA § 3 EFZG Nr. 2).

*aa) Anzeigepflicht*

*(1) Grundlagen*

**1977** Gem. § 5 Abs. 1 S. 1 EFZG ist der Arbeitnehmer verpflichtet, dem Arbeitgeber eine Arbeitsunfähigkeit und deren voraussichtliche Dauer **unverzüglich** (d. h. ohne schuldhaftes Zögern, § 121 BGB) anzuzeigen (*Hess. LAG* 18.1.2011 – 12 Sa 522/10, AuR 2011, 415 LS). Dies gilt **unabhängig davon**, ob im konkreten Fall ein Entgeltfortzahlungsanspruch gegeben ist oder nicht und auch **unabhängig** von der **Pflicht zur Vorlage** einer Arbeitsunfähigkeitsbescheinigung (*Hess. LAG* 18.1.2011 – 12 Sa 522/10, AuR 2011, 415 LS). Die Mitteilungspflicht **dient der Dispositionsfähigkeit des Arbeitgebers**, die unabhängig von Zahlungspflichten durch das Fehlen des Arbeitnehmers betroffen ist (*Staudinger/Oetker* § 616 BGB Rn. 294 f.). Die Bescheinigungspflicht soll eine **unkontrollierte Selbstbefreiung** des Arbeitnehmers von der Arbeitspflicht auch dann verhindern, wenn er keinen Entgeltanspruch geltend machen kann, zumal die ärztliche Bescheinigung zur Erhaltung des sozialversicherungsrechtlichen Krankengeldanspruchs **ohnehin ausgestellt werden muss** (ErfK/*Dörner* § 5 EFZG Rn. 3).

**1978** Die Pflicht **entfällt**, wenn der Arbeitgeber bereits **Kenntnis** von der Arbeitsunfähigkeit **hat** bzw. der Arbeitnehmer sicher davon ausgehen kann, dass dem Arbeitgeber die Arbeitsunfähigkeit und das Ausmaß der Erkrankung bekannt ist (z. B. nach einem Arbeitsunfall; vgl. *Worzalla* NZA 1996, 61).

**1979** (derzeit unbesetzt)

**1980** § 5 Abs. 1 S. 1–3 EFZG gilt analog für die Anzeige und den Nachweis einer **weiterhin andauernden Arbeitsunfähigkeit** über den zunächst mitgeteilten Zeitpunkt hinaus, denn es besteht insoweit eine planwidrige *Regelungslücke* sowie eine mit der erstmaligen Anzeige und dem Nachweis der Arbeitsunfähigkeit vergleichbare Sach- und Interessenlage (*LAG RhPf* 22.1.1996 – 9 (11) Sa 1134/95, n. v.; s. a. *LAG SA* 24.4.1996 NZA 1997, 772; *LAG SchlH* 17.12.2003 NZA-RR 2004, 241).

## B. Pflichten des Arbeitgebers            Kapitel 3

Etwas anderes gilt aber dann, wenn der Arbeitgeber das Arbeitsverhältnis **gekündigt hat**, weil der Arbeitgeber dann mit der Kündigung zum Ausdruck gebracht hat, einen zukünftigen Arbeitseinsatz des Arbeitnehmers **nicht mehr in seine Planung einzubeziehen**. Erst die Aufforderung zur Erbringung der Arbeitsleistung im Rahmen eines Prozessrechtsverhältnisses lässt dann die Anzeige- und Meldepflicht des Arbeitnehmers wieder aufleben. Die Meldepflicht kann zudem nach Treu und Glauben (§ 242 BGB) bei widersprüchlichem Verhalten des Arbeitgebers ausnahmsweise bereits innerhalb der Kündigungsfrist suspendiert sein (*LAG SchlH* 17.12.2003 NZA-RR 2004, 241).    **1981**

### (2) Adressat, Form

Der Arbeitnehmer hat den Arbeitgeber bzw. **die beim Arbeitgeber zuständige Stelle** (z. B. die Personalabteilung) über die Arbeitsunfähigkeit zu informieren. Es genügt die Information eines vom Arbeitgeber zur Entgegennahme von Erklärungen **autorisierten Mitarbeiters**, was sich in großen Unternehmen und Behörden aus dem Organisationsplan ergibt. Soweit das nicht ausdrücklich geregelt ist, muss ein **Vorgesetzter** benachrichtigt werden (MünchArbR/*Schlachter* § 75 Rn. 8). Keine Benachrichtigungsempfänger sind Betriebsratsmitglieder, Telefonisten, Pförtner und andere Betriebsangehörige, denen sich der Arbeitnehmer nur als **Bote** bedienen kann und bei denen er das Risiko der rechtzeitigen und zutreffenden Übermittlung trägt (*Staudinger/Oetker* § 616 BGB Rn. 299; MünchArbR/*Schlachter* § 75 Rn. 8), es sei denn, in dem Betrieb ist es üblich, die Mitteilung in dieser Form zu machen.    **1982**

Auch wenn keine besondere Form für die Mitteilung vorgesehen ist, muss sich der erkrankte Arbeitnehmer der **modernen Telekommunikation** bedienen, sofern ihm das technisch möglich ist. So genügt eine briefliche Anzeige regelmäßig nicht. Geeignet kann auch die Einschaltung eines Boten sein, der insbes. dann heranzuziehen ist, wenn die Arbeitsunfähigkeit zu einer Einschränkung der Bewegungs- und/oder Kommunikationsfähigkeit geführt hat. Sollte ein Arbeitnehmer so schwer erkranken, dass auch die Beauftragung eines Boten nicht möglich ist, ist auch eine Benachrichtigung nach Beseitigung des Hindernisses noch unverzüglich i. S. d. § 121 BGB (ErfK/*Dörner* § 5 EFZG Rn. 7; *Worzalla* NZA 1996, 61).    **1983**

### (3) Unverzügliche Mitteilung

Die Benachrichtigung des Arbeitgebers hat unverzüglich (d. h. ohne schuldhaftes Zögern, § 121 BGB; *BAG* 31.8.1989 AP EzA § 1 KSchG Verhaltensbedingte Kündigung Nr. 27) zu erfolgen, wobei maßgebend für die Erfüllung der gesetzlichen Pflicht der **Zugang der Nachricht beim Arbeitgeber**, nicht die Absendung ist (*BAG* 31.8.989 AP EzA § 1 KSchG Verhaltensbedingte Kündigung Nr. 27; ErfK/*Dörner* § 5 EFZG Rn. 6). Unverzüglich bedeutet allerdings nicht sofort. Das Gesetz gibt dem Arbeitnehmer nur auf, den Arbeitgeber so schnell zu informieren, wie es nach den Umständen des Einzelfalls möglich ist. Das erfordert (im Inland) im Regelfall eine telefonische Nachricht zu Beginn der betrieblichen Arbeitszeit am ersten Arbeitstag, wenn die prognostizierte Arbeitsunfähigkeit schon vorher bestand, hilfsweise im Laufe des ersten Arbeitstages. Bestand die Arbeitsunfähigkeit bereits an den arbeitsfreien Tagen zuvor (Wochenende, Teilzeitbeschäftigung) und ist dann bereits abzusehen, dass der Erkrankte die Arbeit nicht wird aufnehmen können, kann der Arbeitnehmer nicht bis zum ersten individuellen Arbeitstag mit seiner Anzeige warten (ErfK/*Dörner* § 5 EFZG Rn. 6). Er muss die Anzeige im Laufe **des ersten Krankheitstages** erstatten (*Worzalla* NZA 1996, 61 ff.). Sie wäre anderenfalls nicht unverzüglich (*Staudinger/Oetker* § 616 BGB Rn. 300).    **1984**

(derzeit unbesetzt)    **1985–1987**

### (4) Inhalt der Mitteilung

Der Inhalt der Mitteilung ist gesetzlich nicht vorgeschrieben und sowohl hinsichtlich der Arbeitsunfähigkeit als auch deren Dauer **davon abhängig**, ob der Arbeitnehmer bereits den **Arzt auf-**    **1988**

# Kapitel 3
## Der Inhalt des Arbeitsverhältnisses

gesucht hat oder nicht und ob er überhaupt einen Arzt aufsuchen wird (ErfK/*Dörner* § 5 EFZG Rn. 5), denn nicht jede Krankheit führt zu einer längeren Arbeitsunfähigkeit. Deshalb hat der Arbeitnehmer die Möglichkeit, Arbeitsunfähigkeit wegen Krankheit und deren Dauer zunächst **selbst** ohne Hinzuziehung eines Arztes **zu prognostizieren** (*Worzalla* NZA 1996, 61 ff.). Eine Darstellung mit einer subjektiven Bewertung genügt insoweit als Mitteilung an den Arbeitgeber (ErfK/*Dörner* § 5 EFZG Rn. 5; s. *BAG* 31.8.1989 EzA § 1 KSchG Verhaltensbedingte Kündigung Nr. 27).

Bei einer nach der eigenen Einschätzung **nicht nur leichten Erkrankung** und der Konsultation eines Arztes kommt es auf den Zeitpunkt an. Meldet der Arbeitnehmer sich **vor dem Arztbesuch** bei seinem Arbeitgeber, kann er nur mitteilen, er fühle sich subjektiv arbeitsunfähig erkrankt und werde den Arzt aufsuchen (MünchArbR/*Schlachter* § 75 Rn. 5). Zur Dauer kann er sich nur äußern, wenn ihm ein bekanntes Krankheitsbild vorliegt, und er Erfahrungen darüber gesammelt hat, wie lange der Genesungsprozess bei der prognostizierten Krankheit andauern wird. **Nach dem Arztbesuch** muss er seine Angaben so präzisieren, wie es ihm der Arzt mitgeteilt hat (ErfK/*Dörner* § 5 EFZG Rn. 5), und zwar nicht nur bei erheblichen Unterschieden zwischen Eigenprognose und ärztlicher Beurteilung (MünchArbR/*Schlachter* § 75 Rn. 5). Liegt bei der ersten Meldung bereits eine ärztlichen Auskunft über die Arbeitsunfähigkeit und deren Dauer vor (Besuch des Arztes im Notdienst), so sind bereits zu diesem Zeitpunkt die vollständigen Angaben zu machen (ErfK/*Dörner* § 5 EFZG Rn. 5). Der Arbeitnehmer ist **nicht verpflichtet**, sich zur **Art der Erkrankung** und **deren Ursache** zu äußern (Staudinger/*Oetker* § 616 BGB Rn. 297; MünchArbR/*Schlachter* § 75 Rn. 6), grds. auch nicht über den eigenen Verursachungsbeitrag. Etwas anderes gilt aber bei Erkrankungen, die **Schutzmaßnahmen** des Arbeitgebers für andere erfordern, Fortsetzungserkrankungen, die Einfluss auf die Entgeltfortzahlungspflicht haben und einer Arbeitsunfähigkeit auf Grund **Schädigung durch einen Dritten** (§ 6.EFZG; ErfK/*Dörner* § 5 EFZG Rn. 5).

1989–1991 (derzeit unbesetzt)

1992 § 5 Abs. 2 S. 5 EFZG gestattet die Einführung und Durchführung eines vereinfachten Verfahrens bei Anzeige und Nachweis einer **Arbeitsunfähigkeit im Ausland** für den gesetzlich Versicherten, sofern es sich bei dem ausländischen Staat um Mitglieder der EU oder um einen Staat handelt, mit dem ein **Sozialversicherungsabkommen** besteht. Wenn der Arbeitnehmer das in Art. 18 VO 574/72/EWG bzw. in den Merkblättern der Krankenversicherungen beschriebene Verfahren über Meldung, Nachweis und Überprüfung der Arbeitsunfähigkeit befolgt, so ist den Anforderungen des § 5 Abs. 2 EFZG Genüge getan (ErfK/*Dörner* § 5 Rn. 27; s. *BAG* 1.10.1997 EzA § 3 EFZG Nr. 4).

*bb) Vorlage einer Arbeitsunfähigkeitsbescheinigung (Nachweispflicht)*

*(1) Grundlagen*

1993 Der neben der Mitteilung gesetzlich geforderte Nachweis in Form einer **ärztlichen Bescheinigung** entfällt bei einer Arbeitsunfähigkeitsdauer von bis zu drei Kalendertagen (*Staudinger/Oetker* § 616 BGB Rn. 308; a. A. *Marburger* BB 1994, 1421), es sei denn, der Arbeitgeber macht von seinem Recht nach § 5 Abs. 1 S. 3 EFZG Gebrauch. Bei Arbeitsunfähigkeit von einer längeren Dauer als drei Kalendertage ist der Nachweis verpflichtend, falls nicht der Arbeitgeber ausnahmsweise darauf verzichtet hat (ErfK/*Dörner* § 5 Rn. 9).

1994–1996 (derzeit unbesetzt)

*(2) Inhalt, Form, Zustandekommen*

1997 Die Bescheinigung bedarf der **Schriftform** und muss von einem **approbierten Arzt** ausgestellt sein Der Arbeitnehmer hat die **freie Wahl**, welchen Arzt er aufsuchen will; der gesetzlich Versicherte muss auch keinen Kassenarzt aufsuchen. Der Arbeitnehmer kann nicht gezwungen werden, sich an einen bestimmten Arzt wie den Betriebs- oder Werksarzt zu wenden. Das kann auch nicht vereinbart werden, auch nicht, wenn es sich bei dem Verlangen um eine zusätzliche Untersuchung handelt (ErfK/*Dörner* § 5 EFZG Rn. 13).

Der Arzt muss die Tatsache der **Arbeitsunfähigkeit** einer namentlich genannten Person, nicht nur deren Erkrankung, sowie die **Dauer** der Arbeitsunfähigkeit testieren. Bei gesetzlich Versicherten hat die Bescheinigung den Hinweis zu enthalten, dass die Krankenkasse informiert ist (§ 5 Abs. 1 S. 5 EFZG). Fehlt eine dieser Angaben, so darf der Arbeitgeber sie zurückweisen und den Arbeitnehmer auffordern, eine ordnungsgemäße Bescheinigung beizubringen. Die Bescheinigung von **ärztlichem Hilfspersonal** oder eines Heilpraktikers **genügt nicht** (*Staudinger/Oetker* § 616 BGB Rn. 320).

Regelmäßig verwenden Ärzte den **Vordruck** für Arbeitsunfähigkeitsbescheinigungen nach dem BMTV-Ärzte, womit sichergestellt ist, dass die gesetzlichen Mindestangaben enthalten sind (*Lepke* NZA 1995, 1084 ff.; s. a. die vom Bundesausschuss der Ärzte und Krankenkassen verabschiedeten AU-RL). Der Arzt kann aber auch ein **anderes Formular** verwenden oder einen individuellen Text schreiben (*Staudinger/Oetker* § 616 BGB Rn. 322). Der Arzt darf **keine Bemerkungen** über die **Ursache und die Art** der Arbeitsunfähigkeit und der **zugrunde liegenden Erkrankung** in der Bescheinigung erwähnen (*BAG* 19.3.1986 AP LohnFG § 1 Nr. 67), sofern der Arbeitnehmer ihn dazu nicht ermächtigt hat (*Staudinger/Oetker* § 616 BGB Rn. 322).

Der Dauer der Arbeitsunfähigkeit kommt nicht nur Bedeutung für die Dispositionsmöglichkeiten des Arbeitgebers zu. Nach ihrem Ende beurteilt sich auch, ob eine andere Erkrankung außerhalb des Sechs-Wochen-Zeitraums eintritt und eine neue Entgeltfortzahlungspflicht auslöst oder nicht.

**Die Dauer kann datumsgenau** bezeichnet werden, aber auch durch die **Angabe einer Frist**. Regelmäßig enthält die Bescheinigung keinen Hinweis über das **Ende am letzten testierten Tag**. Dann muss unter Berücksichtigung der Umstände des Einzelfalls **ausgelegt** werden, ob das Tagesende oder ein früherer Zeitpunkt anzunehmen ist. Ohne weitere Hinweise ist davon auszugehen, dass der Arzt seine Prognose über die Dauer der Arbeitsunfähigkeit nicht auf den ganzen Tag bezogen hat, sondern das **Ende der betriebsüblichen Arbeitszeit** gemeint hat (*BAG* 14.9.1983 EzA § 1 LohnFG Nr. 68; a. A. ErfK/*Dörner* § 5 EFZG Rn. 13). Die Dauer der Arbeitsunfähigkeit kann auch so bemessen werden, dass das Ende auf einen Tag **ohne Arbeitspflicht** des Arbeitnehmers (Samstag, Sonntag, Feiertag, Freischichttag) fällt (*BAG* 14.9.1983 EzA § 1 LohnFG Nr. 68). Es ist auch insoweit Aufgabe des behandelnden Arztes, den Zeitpunkt zu bestimmen, an dem die Arbeitsunfähigkeit endet. Soll die Arbeitsunfähigkeit nach der Bescheinigung des Arztes an einem Sonntag enden, kann – im Zusammenhang mit weiteren Erklärungen des Arztes – gemeint sein, dass der Arbeiter seine Krankheit bis zum Ende dieses Tages ausheilen soll (*BAG* 14.9.1983 EzA § 1 LohnFG Nr. 68).

(derzeit unbesetzt) 1998–2002

Ob der Arzt die Bescheinigung nach einer persönlichen Untersuchung des Arbeitnehmers oder ohne eine solche ausgestellt hat, z. B. nur auf Grund eines Anrufs der Ehefrau, ist für die Erfüllung der Pflicht nach § 5 Abs. 1 S. 1 EFZG unerheblich, kann aber den Beweiswert der Bescheinigung beeinträchtigen (vgl. *BAG* 11.8.1976 EzA § 3 LohnFG Nr. 3). 2003

Dauert die Arbeitsunfähigkeit länger als in der Bescheinigung angegeben, ist der Arbeitnehmer verpflichtet, eine **neue ärztliche Bescheinigung** vorzulegen (§ 5 Abs. 1 S. 4 EFZG). Insoweit gilt die für die Erstbescheinigung vorgesehene Frist analog (*BAG* 29.8.1980 EzA § 6 LohnFG Nr. 13). 2004

(derzeit unbesetzt) 2005, 2006

### (3) Vorlage innerhalb der Frist des § 5 Abs. 1 S. 2 EFZG

**2007** Die ärztliche Bescheinigung ist dem Arbeitgeber innerhalb der Frist des § 5 Abs. 1 S. 2 EFZG vorzulegen, d. h. sie muss i. S. d. § 130 BGB zugehen.

Die Pflicht zur Vorlage der ärztlichen Bescheinigung besteht am »**darauffolgenden Arbeitstag**«. Gemeint ist damit der **vierte Tag der Arbeitsunfähigkeit**. Unter »Arbeitstag« ist nicht Kalender- oder Werktag, sondern der Tag zu verstehen, an **dem im Betrieb gearbeitet** wird. Das kann auch ein Samstag, Sonn- oder Feiertag sein (*Staudinger/Oetker* § 616 BGB Rn. 311 f.; a. A. ErfK/*Dörner* § 5 EFZG Rn. 11). Ob der erkrankte Arbeitnehmer an einem derartigen Tag zur Arbeit verpflichtet gewesen wäre, ist unerheblich. Da das Gesetz für den »darauffolgenden Tag« auf den »Arbeitstag« abstellt, kommt es somit nur zu einer Verlängerung des Drei-Tages-Zeitraums, wenn der dritte Kalendertag auf einen Samstag, Sonn- oder Feiertag fällt und an diesem Tag im Betrieb nicht gearbeitet wird (MünchArbR/*Schlachter* § 75 Rn 19).

Eine fristgerechte Vorlage ist zu bejahen, wenn dem Arbeitgeber die ärztliche Bescheinigung am »darauffolgenden« Tag zugeht. Das setzt voraus, dass sie in den **Machtbereich des Arbeitgebers** gelangt (*Staudinger/Oetker* § 616 BGB Rn. 311 f.). Die rechtzeitige Absendung der ärztlichen Bescheinigung genügt für eine fristgerechte Vorlage nicht (Staudinger/*Oetker* § 616 BGB Rn. 311 f.).

**2008** Sie muss so in seine Sphäre gelangen, dass er unter Beachtung des üblichen Betriebsablaufs von ihr Kenntnis erlangen kann. Werden Dritte eingeschaltet, so fallen Verzögerungen bei der Vorlage, die diese zu vertreten haben, nach § 278 BGB auf den Arbeitnehmer zurück. Das wird jedoch dann nicht zu arbeitsrechtlichen Konsequenzen wegen Überschreitung der Frist führen, wenn der Arbeitnehmer von dem Dritten (z. B. der Post) rechtzeitige Zustellung erwarten konnte und nicht selbst in der Lage war, die Bescheinigung vorzulegen (*Worzalla* NZA 1996, 64).

**2009, 2010** (derzeit unbesetzt)

### (4) Vorlage auf Verlangen des Arbeitgebers

**2011** Gem. § 5 Abs. 1 S. 3 EFZG ist der Arbeitgeber berechtigt, die Vorlage der ärztlichen Bescheinigung früher zu verlangen. Das gilt unabhängig davon, wie lange die Erkrankung dauert, also auch bei Erkrankungen von weniger als vier Tagen. Der Arbeitgeber kann den einzelnen Arbeitnehmer **einseitig auffordern**, eine Arbeitsunfähigkeitsbescheinigung vorzulegen.

Das Verlangen kann **antizipiert** und **allgemein abstrakt** vor der Erkrankung durch vertragliche **Vereinbarung** (*BAG* 1.10.1997 EzA § 5 EFZG Nr. 5) oder durch freiwillige **Betriebsvereinbarung** gestellt sein (*Staudinger/Oetker* § 616 BGB Rn. 318). Auch ein **Tarifvertrag** kann entsprechendes vorsehen (*BAG* 26.2.2003 EzA § 5 EFZG Nr. 7; *LAG Nbg.* 22.1.2002 LAGE § 5 EFZG Nr. 5). Der Arbeitgeber kann aber auch **individuell bei jeder Erkrankung** entscheiden, ob er von diesem Recht Gebrauch machen will. Stets kann er sogleich nach Erhalt der Mitteilung über die Arbeitsunfähigkeit eine Aufforderung an den Arbeitnehmer richten, sich die Arbeitsunfähigkeit von Anfang an bescheinigen zu lassen und vorzulegen. Ein solches Verlangen kann auch **den ersten Tag der Arbeitsunfähigkeit umfassen** (*BAG* 1.10.1997 EzA § 5 EFZG Nr. 5). Soweit das technisch möglich ist, muss das Attest auch noch am ersten Tag übergeben werden (*Staudinger/Oetker* § 616 BGB Rn. 314). Eine Übergabe am nächsten Tag ist aber unschädlich, wenn nur der erste Fehltag von der Bescheinigung abgedeckt ist und eine Übergabe am ersten Tag weder möglich noch zumutbar war (ErfK/*Dörner* § 5 Rn. 12; generell für den zweiten Tag *Hanau/Kramer* DB 1995, 94, 96). Das spontane Verlangen des Arbeitgebers, auch für den ersten Tag eine Bescheinigung zu bekommen, setzt regelmäßig voraus, dass der Arbeitnehmer seiner Anzeigepflicht genügt hat, um noch einen Arzt aufsuchen zu können, der dann in die Lage versetzt wird, Arbeitsunfähigkeit zu bescheinigen (ErfK/*Dörner* § 5 Rn. 12).

Allerdings kann der Arbeitgeber aber nach **Ablauf der nachweisfreien Zeit nicht nachträglich** von seinem Recht auf vorzeitige Vorlage Gebrauch machen, wenn der Arbeitnehmer rechtzeitig telefonisch sein Fehlen angezeigt hat und vom Arbeitgeber nicht an diesem ersten Tag auf einen besonderen Nachweis verwiesen wurde (*LAG Nbg.* 18.6.1997 NZA-RR 1998, 51).

Da die gesetzliche Regelung keine Voraussetzungen für ein derartiges Begehren des Arbeitgebers normiert, ist **fraglich, ob er dies stets verlangen kann**, oder ob es dafür des Vorliegens ggf. gerichtlich nachprüfbarer besonderer Gründe bedarf. 2012

Die Aufforderung bedarf **keiner Begründung oder eines Sachverhalts**, der **Anlass** für ein **rechtsmissbräuchliches Verhalten** des Arbeitnehmers gibt (*LAG Köln* 14.9.2011 – 3 Sa 597/11, ZTR 2012, 190 LS; *Staudinger/Oetker* § 616 BGB Rn. 316 f.). **Allerdings** darf der Arbeitgeber zwischen verschiedenen Arbeitnehmergruppen **nicht willkürlich differenzieren**; er ist bei abstrakt-generellen Regelungen an den Gleichbehandlungsgrundsatz gebunden (MünchArbR/*Schlachter* § 75 Rn. 20; *Schaub* BB 1994, 1629 ff.). Das Vorlageverlangen kann sich auch auf **Stichproben** beschränken (*Staudinger/Oetker* § 616 BGB Rn. 316 f.). 2012a

Es wird jedoch erst wirksam, wenn das Vorlageverlangen **dem Arbeitnehmer zugeht** (§ 130 BGB) und ist vom Arbeitgeber nach billigem Ermessen auszuüben. Die Grundlage dafür ist nicht in § 315 BGB, sondern in § 106 S. 2 GewO zu sehen, da die Verpflichtung des Arbeitnehmers dessen **Ordnungsverhalten im Betrieb** konkretisiert (*Staudinger/Oetker* § 616 BGB Rn. 316 f.; a. A. ErfK/*Dörner* § 5 Rn. 12). 2012b

(derzeit unbesetzt) 2013–2016

Fraglich ist schließlich, ob und inwieweit bei entsprechenden generellen Anordnungen des Arbeitgebers ein **Mitbestimmungsrecht des Betriebsrats gem. § 87 Abs. 1 BetrVG** besteht; das *BAG* (25.1.2000 EzA § 87 BetrVG Betriebliche Ordnung Nr. 26; s. Kap. 13 Rdn. 1662; s. a. *OVG Bln.-Bra.* 17.3.2011 NZA-RR 2012, 55 zum BerlPersVG) hat dies bejaht. 2017

(derzeit unbesetzt) 2018

Ist – zulässigerweise – in einem Tarifvertrag geregelt, dass der Arbeitnehmer eine ärztliche Arbeitsunfähigkeitsbescheinigung bereits ab dem ersten Krankheitstag vorzulegen hat, kann nicht durch Betriebsvereinbarung festgelegt werden, dass diese Verpflichtung erst ab dem dritten Tag der Arbeitsunfähigkeit besteht. Das gilt auch dann, wenn der Tarifvertrag eine Präzisierung der Pflichten auf betrieblicher Ebene vorsieht (*BAG* 26.2.2003 EzA § 5 EFZG Nr. 7). 2019

*(5) Entbehrlichkeit der Vorlage*

War der Kläger infolge Krankheit arbeitsunfähig, hat er auch dann Anspruch auf Entgeltfortzahlung, wenn er kein ärztliches Attest vorlegt, die krankheitsbedingte Arbeitsunfähigkeit aber unstreitig ist (*BAG* 12.6.1996 EzA § 2 BeschFG 1985 Nr. 49). 2020

*cc) Leistungsverweigerungsrechte*

Gem. § 7 Abs. 1 EFZG ist der Arbeitgeber berechtigt, die Fortzahlung des Arbeitsentgelts zu verweigern, solange der Arbeitnehmer die Arbeitsunfähigkeitsbescheinigung schuldhaft nicht vorlegt oder bei Krankheit im Ausland nicht den Verpflichtungen aus § 5 Abs. 2 EFZG nachkommt. 2021

Auch diese Norm dient der **Missbrauchsverhinderung**. Der Arbeitgeber darf die Entgeltfortzahlung vorübergehend oder dauerhaft verweigern, wenn der Arbeitnehmer seinen **Obliegenheiten** nicht nachkommt; ohne diese Regelung wäre der Arbeitgeber auf das Zurückbehaltungsrecht (§ 273 BGB) angewiesen, dessen Anwendung bei der Erfüllung von Nebenpflichten fraglich ist (MünchArbR/*Schlachter* § 75 Rn. 28). Die Rechte bestehen aber nur, wenn der Arbeitnehmer die **Verletzung** der in § 7 Abs. 1 EFZG beschriebenen Obliegenheiten **zu vertreten** hat. § 273 BGB behält Bedeutung, wenn der Arbeitgeber einen Schaden infolge der Verletzung der Mitteilungs- und der Nachweispflichten erleidet. Dann kann er von dieser allgemeinen schuldrechtlichen Befugnis Gebrauch machen (*Staudinger/Oetker* § 616 BGB Rn. 499).

Die Leistungsverweigerungsrechte nach § 7 Abs. 1 EFZG sind auf die im Einzelnen beschriebenen Obliegenheiten des Arbeitnehmers beschränkt. Die Vorschrift kann nicht herangezogen werden, wenn der Arbeitnehmer andere Nebenpflichten im Zusammenhang mit der Arbeitsunfähigkeit verletzt. Die **Aufzählung** ist unter Berücksichtigung der Verweisung in § 9 EFZG **abschließend**; eine Analogie kommt nicht in Betracht (ErfK/*Dörner* § 7 EFZG Rn. 3). Unberührt bleiben jedoch die Möglichkeiten des Arbeitgebers, die Leistung zu verweigern, weil eine der **gesetzlichen Voraussetzungen für die Entgeltfortzahlung nicht gegeben ist**; unberührt bleibt die Möglichkeit des Arbeitgebers, auf die Pflichtverletzung arbeitsvertraglich und kündigungsrechtlich zu reagieren (*Staudinger/Oetker* § 616 BGB Rn. 498; *Worzalla* NZA 1996, 61 ff.).

2022 Sieht eine Tarifnorm vor, dass der Arbeitnehmer dann, wenn die Arbeitsunfähigkeit länger als drei Kalendertage dauert, spätestens für den vierten Tag die Arbeitsunfähigkeit und deren voraussichtliche Dauer nachzuweisen und die ärztliche Bescheinigung vorzulegen hat, und kommt der Arbeitnehmer der Vorlagepflicht nicht nach, so kann der Arbeitgeber die Zahlung von Krankenbezügen nicht nur für diesen Tag verweigern, sondern auch für die vorhergehenden Tage. Das Leistungsverweigerungsrecht besteht allerdings als rechtshemmende Einwendung (Einrede) im Regelfalle **nur so lange, bis der Arbeitnehmer seiner Vorlagepflicht nachkommt** oder auf andere Weise den Beweis für seine Arbeitsunfähigkeit erbringt (BAG 23.1.1985 EzA § 1 LohnFG Nr. 76, 1.10.1997 EzA § 5 EFZG Nr. 5; s. Rdn. 2033 ff.).

2023 Gleiches gilt gem. § 9 EFZG für Bescheinigungen bei Maßnahmen der medizinischen Vorsorge und Rehabilitation.

2024 Nur in Ausnahmefällen kann die Verletzung der Nachweispflicht zu einer endgültigen Leistungsverweigerung führen, z. B. dann, wenn der Nachweis wegen Zeitablaufs nicht mehr erbracht werden kann.

2025 Auch die **Verletzung der Mitteilungspflichten** des § 5 Abs. 2 S. 1 EFZG kann je nach den Umständen des Einzelfalls dazu führen, dass der Beweis für das Vorliegen der krankheitsbedingten Arbeitsunfähigkeit als nicht erbracht anzusehen und folglich eine endgültige Zahlungsverweigerung gerechtfertigt ist.

2026 Teilt der Arbeitnehmer dem Arbeitgeber aber seine im Ausland eingetretene Arbeitsunfähigkeit telefonisch mit und fragt der Arbeitgeber nicht nach der Urlaubsanschrift, so kann er die Entgeltfortzahlung nicht mit der Begründung verweigern, ihm sei dadurch die Möglichkeit genommen werden, die Arbeitsunfähigkeit überprüfen zu lassen (*BAG* 19.2.1997 EzA § 3 EFZG Nr. 2; zust. *Oetker* SAE 1998, 84 ff.).

Unterrichtet ein im Ausland erkrankter Arbeitnehmer dagegen weder seine gesetzliche Krankenkasse noch den ausländischen Sozialversicherungsträger von einer eingetretenen Arbeitsunfähigkeit, steht dem Arbeitgeber nach Auffassung des *LAG Nds.* (14.5.1996 LAGE § 7 EFZG Nr. 1) ein dauerhaftes Leistungsverweigerungsrecht selbst dann zu, wenn die Krankenkasse durch einen Dritten, z. B. den Arbeitgeber, Kenntnis von der Erkrankung erhält.

2027 (derzeit unbesetzt)

2028 Gem. § 7 Abs. 1 Nr. 2 EFZG hat der Arbeitgeber ein Leistungsverweigerungsrecht, wenn der Arbeitnehmer **den Übergang des Schadensersatzanspruchs** gegen einen Dritten, der schuldhaft die Arbeitsunfähigkeit verursacht hat, auf den Arbeitgeber (§ 6 EFZG) **verhindert**. Das gilt dann nicht (§ 7 Abs. 2 EFZG), wenn der Arbeitnehmer die Verletzung dieser ihm obliegenden Verpflichtungen nicht zu vertreten hat.

2029 Wird ein Arbeitnehmer durch Verschulden eines Dritten arbeitsunfähig krank und schließt er mit dessen Haftpflichtversicherung einen Abfindungsvergleich, der sämtliche aus dem Schadensfall herrührenden Ansprüche betrifft, so muss er sich dieses Rechtsgeschäft gegenüber seinem Arbeitgeber jedenfalls dann zurechnen lassen (»vertreten« i. S. v. § 7 Abs. 2 EFZG), wenn er bei Abschluss des Vergleichs damit rechnen muss, dass sich noch Folgen aus dem Schadensfall in Gestalt weiterer Erkrankungen einstellen werden, die einen Entgeltfortzahlungsanspruch gegen den Arbeitgeber entstehen lassen (*BAG* 7.12.1988 EzA § 5 LohnFG Nr. 3). Er handelt in diesem Zusammenhang konkret also dann schuldhaft, wenn er, nachdem er bei einem unverschuldeten Verkehrsunfall Verletzungen davongetragen hat, mit dem Schädiger bzw. dessen Versicherung **eine Vereinbarung über die Abgeltung aller aus dem Unfall herrührenden Forderungen trifft, ohne zuvor mit dem Arbeitgeber Kontakt aufzunehmen**. Auch ist zum Ausschluss der schuldhaften Verhinderung des Forderungsübergangs auf den Arbeitgeber erforderlich, dass der Arbeitnehmer mit den ihn wegen des Unfalls behandelnden Ärzten schriftlich abklärt, ob aus ärztlicher Sicht Bedenken gegen den Vergleichsabschluss bestehen (*LAG SchlH* 18.7.2006 NZA-RR 2006, 568).

*dd) Rechtsfolgen der Verletzung der Anzeige- und Nachweispflicht*

Hat der Arbeitgeber nicht rechtzeitig für eine Vertretung sorgen können, weil der Arbeitnehmer schuldhaft die Arbeitsunfähigkeit nicht oder nicht rechtzeitig mitgeteilt hat und ist dadurch ein Schaden entstanden, so kann ihm ein **Schadensersatzanspruch** zustehen (*Worzalla* NZA 1996, 62). Auf die Verletzung der Anzeige- und oder Nachweispflicht kann eine **Abmahnung** gestützt werden. 2030

Die Verletzung der Nachweispflicht kann unter besonderen Umständen ein wichtiger Grund zur **außerordentlichen Kündigung** sein (s. Kap. 4 Rdn. 1245 f.). 2031

Auch die schuldhafte vergeblich abgemahnte Verletzung zur unverzüglichen Anzeige der Arbeitsunfähigkeit kann an sich eine **ordentliche Kündigung** sozial rechtfertigen (*Hess. LAG* 18.1.2011 – 12 Sa 522/10, AuR 2011, 415 LS), und zwar auch dann, wenn es dadurch nicht zu Störungen der Arbeitsorganisation oder des Betriebsfriedens gekommen ist (s. Kap. 4 Rdn. 2251 f.). 2032

*h) Darlegungs- und Beweislast hinsichtlich der Arbeitsunfähigkeit; Zweifel am Inhalt der Arbeitsunfähigkeitsbescheinigung*

Der **Arbeitnehmer** hat seine Arbeitsunfähigkeit nach einem Bestreiten dieser Tatsache durch den Arbeitgeber als anspruchsbegründende Tatsache darzulegen und zu beweisen. Dem Arbeitgeber ist es auch nicht ohne weiteres verwehrt, die Arbeitsunfähigkeit des Arbeitnehmers nachträglich zu bestreiten, wenn er von seinem Recht aus § 5 Abs. 1 S. 3 EFZG keinen Gebrauch gemacht hat (*BAG* 26.2.2003 EzA § 5 EFZG Nr. 7). 2033

Diesen Beweis führt der Arbeitnehmer i. d. R. durch Vorlage einer ärztlichen Arbeitsunfähigkeitsbescheinigung. Er kann diesen Beweis aber auch mit jedem anderen zulässigen Beweismittel führen (*BAG* 1.10.1997 EzA § 5 EFZG Nr. 5; 26.2.2003 EzA § 5 EFZG Nr. 7). 2034

Gelingt der Beweis weder durch die Vorlage der Arbeitsunfähigkeitsbescheinigung noch auf andere Weise, ist die Klage als unbegründet abzuweisen (*BAG* 26.2.2003 EzA § 5 EFZG Nr. 7). Verlangt der Arbeitnehmer Vergütung für den Teil eines Arbeitstags unter Berufung auf den Eintritt einer Erkrankung im Laufe des Arbeitstags, so hat er die krankheitsbedingte Verhinderung an der Arbeitsleistung (§ 616 BGB) darzulegen und im Streitfalle zu beweisen (*BAG* 26.2.2003 EzA § 5 EFZG Nr. 7).

*aa) Zweifel an der Richtigkeit der Arbeitsunfähigkeitsbescheinigung*

Es ist nach **objektiven medizinischen Kriterien** zu beurteilen, ob ein Arbeitnehmer durch Arbeitsunfähigkeit infolge Krankheit an der Arbeitsleistung verhindert ist. Das gilt auch bei psychischen Erkrankungen (*LAG SA* 8.9.1998 NZA-RR 1999, 460). Bei der Beurteilung der Frage, ob und ggf. wie lange Arbeitsunfähigkeit vorliegt, hat der Arzt feststehende künftige Entwicklungen zu berücksichtigen, wenn sie sich konkret und greifbar abzeichnen. Ein Wahrscheinlichkeitsurteil mit ausreichendem Beweiswert für eine Arbeitsunfähigkeit liegt dann nicht mehr vor, wenn **für die prognostizierte Arbeitsunfähigkeit keine Gründe** angegeben werden können. Wird deshalb z. B. eine Arbeitsunfähigkeitsbescheinigung für einen **längeren Zeitraum** als in der Praxis üblich ausgestellt, weil dies den eigenen Urlaubsplänen des Arztes entgegenkommt, so ist eine solche Arbeitsunfähigkeitsbeschei- 2035 nigung als **Gefälligkeitsattest** ohne jeden Beweiswert für die vom Arbeitnehmer behauptete Arbeitsunfähigkeit anzusehen (*ArbG Nbg.* 28.7.1998 NZA-RR 1999, 79). Begründete Zweifel an der Richtigkeit der Arbeitsunfähigkeitsbescheinigung können sich auch aus **gewissen Verhaltensweisen des Arbeitnehmers kurz vor der Krankmeldung** ergeben, etwa der Ankündigung nach einem Streit mit dem Arbeitgeber, er, der Arbeitnehmer, werde »krankfeiern« (*BAG* 4.10.1978 EzA § 616 BGB Nr. 13), desgleichen aus Verhaltensweisen **während der bescheinigten Arbeitsunfähigkeit**, etwa Mithilfe beim Bau eines Eigenheimes oder Mitarbeit im Betrieb der Ehefrau.

**2036** Allein der Umstand, dass eine Sekretariatsmitarbeiterin die Vertretung in einem anderen Sekretariat ablehnt, und nachfolgend zwei weitere Mitarbeiterinnen, die diese Aufgaben übernehmen sollen, sich nacheinander krankmelden, lässt allerdings noch nicht auf ein kollusives Verhalten und die Annahme schließen, die Mitarbeiterinnen seien nicht arbeitsunfähig krank. Solange nichts dafür vorgetragen werden kann, dass dies auf einer Absprache unter den Mitarbeiterinnen beruht, lassen sich keine zwingenden Rückschlüsse ziehen, die den Beweiswert der Arbeitsunfähigkeitsbescheinigung erschüttern (*LAG Düsseld.* 17.6.1997 BB 1997, 1902).

**2037** Auch aus der **Arbeitsunfähigkeitsbescheinigung selbst** bzw. aus den Umständen ihrer Ausstellung können sich objektive Zweifel ergeben, z. B. aus einer Rückdatierung der Bescheinigung. Nach der sog. Vordruckvereinbarung soll die Arbeitsunfähigkeit grds. nicht für eine vor der ersten Inanspruchnahme des Arztes liegende Zeit bescheinigt werden und eine Rückdatierung zudem nur ausnahmsweise und nach gewissenhafter Prüfung sowie i. d. R. nur bis zu zwei Tagen erfolgen. **Wird diese Rückwirkung überschritten, ist i. d. R. der Beweiswert der Arbeitsunfähigkeitsbescheinigung erschüttert** (*LAG Köln* 21.11.2003 NZA-RR 2004, 572: *LAG MV* 30.5.2008 NZA-RR 2008, 500). Zweifel an der Arbeitsunfähigkeitsbescheinigung können auch berechtigt sein, wenn sie nicht auf einer vorangegangenen persönlichen Untersuchung, sondern z. B. lediglich auf einer **telefonischen Auskunft der Ehefrau** beruht (*BAG* 11.8.1976 EzA § 3 LohnFG Nr. 3). Auch mehrere inhaltlich sich widersprechende Atteste können Anlass zu Zweifeln geben.

*bb) Praktische Möglichkeiten des Arbeitgebers*

**2038** **Ein Recht des Arbeitgebers, bei Zweifeln eine Untersuchung durch den Betriebsarzt oder durch einen weiteren Arzt zu verlangen, besteht nicht.** Fraglich ist, ob er eine zweite Untersuchung durch einen weiteren Arzt dann verlangen kann, wenn dies tarifvertraglich vorgesehen ist (offen gelassen in *BAG* 4.10.1978 EzA § 616 BGB Nr. 13). Jedenfalls hat der Arbeitgeber kein Recht, ohne vorherige Zustimmung und insbes. ohne Entbindung von der Schweigepflicht durch den Arbeitnehmer vom behandelnden Arzt Auskünfte einzuholen (vgl. § 203 Abs. 1 StGB).

**2039** Allerdings kann der Arbeitgeber den medizinischen Dienst der gesetzlichen Krankenversicherung einschalten (vgl. *Lepke* DB 1995, 2029). Nach § 275 Abs. 1 Nr. 3b SGB V sind die Krankenkassen verpflichtet, eine gutachterliche Stellungnahme des medizinischen Dienstes zur Beseitigung von begründeten Zweifeln an der Arbeitsunfähigkeit einzuholen (vgl. *LAG SA* 8.9.1998 NZA-RR 1999, 460); ein unmittelbarer Anspruch des Arbeitgebers gegen den medizinischen Dienst besteht insoweit allerdings nicht.

**2040** Der Darlegung begründeter Zweifel durch den Arbeitgeber gegenüber der Krankenkasse bedarf es insoweit nur eingeschränkt (vgl. dazu *Edenfeld* DB 1997, 2273 ff.). Vielmehr definiert § 275 Abs. 1a SGB V, wann dies insbes. der Fall ist (auffallende Häufungen von Arbeitsunfähigkeiten des Arbeitnehmers bzw. auffällig häufige Arbeitsunfähigkeitsbescheinigungen des behandelnden Arztes).

**2041** Das Verfahren selbst muss dann durch die Krankenkasse eingeleitet werden, worauf der Arbeitgeber einen ggf. vor den Sozialgerichten durchsetzbaren Anspruch hat. Das Gutachten teilt der medizinische Dienst der Krankenkasse mit, die ihrerseits wiederum den Arbeitgeber über das Ergebnis – und nur über dieses, nicht etwa über Diagnosen usw. – zu informieren hat, wenn das Gutachten mit der Arbeitsunfähigkeitsbescheinigung nicht übereinstimmt (§ 277 Abs. 2 SGB V).

### cc) Beweiswert ärztlicher Bescheinigungen

Von erheblicher praktischer Bedeutung ist im arbeitsgerichtlichen Verfahren die Frage, welcher Beweiswert ärztlichen Bescheinigungen der Arbeitsunfähigkeit zukommt.

Zum Teil wird davon ausgegangen, dass ärztlichen Bescheinigungen kein besonderer Beweiswert zukommt, weil »Ärzte keine Übermenschen sind, denen in größerem Maße als anderen die Fähigkeit gegeben wäre, unwahre Angaben ihrer Patienten zu durchschauen« (*LAG München* DB 1989, 631; zust. *Hunold* BB 1989, 844).

Nach Auffassung des *BAG* (15.7.1992 EzA § 3 LohnFG Nr. 17; 26.2.2003 EzA § 5 EFZG Nr. 7) kann der Arbeitnehmer dagegen mit einer von einem Arzt im Inland ordnungsgemäß ausgestellten Bescheinigung der Arbeitsunfähigkeit grds. das Vorliegen der Voraussetzungen des § 3 Abs. 1 EFZG belegen. Zwar lässt sich dem Wortlaut der gesetzlichen Regelung kein Anhaltspunkt für die Annahme einer widerlegbaren Vermutung i. S. d. § 292 ZPO entnehmen. Allerdings wird einer ordnungsgemäß ausgestellten Bescheinigung, die eine Privaturkunde i. S. d. § 416 Abs. 1 ZPO ist, regelmäßig ein hoher Beweiswert zukommen, da sie den gesetzlich vorgesehenen und gewichtigsten Beweis für die Tatsache einer krankheitsbedingten Arbeitsunfähigkeit darstellt; mit der Ausstellung einer ordnungsgemäßen Arbeitsunfähigkeitsbescheinigung besteht aber eine **tatsächliche Vermutung** dafür, dass der Arbeitnehmer infolge Krankheit arbeitsunfähig war (*BAG* 15.7.1992 EzA § 3 LohnFG Nr. 17). Das gilt nicht nur für den außerprozessualen betrieblichen Umgang zwischen den Arbeitsvertragsparteien, sondern auch für die prozessuale Bewertung in einem Streit zwischen Arbeitgeber und Arbeitnehmer bzw. dessen Krankenkasse (*BAG* 19.2.1997 EzA § 5 EFZG Nr. 5).

Der Beweiswert ergibt sich aus der Lebenserfahrung. Der Tatrichter kann normalerweise den Beweis der Erkrankung als erbracht ansehen, wenn der Arbeitnehmer eine solche Bescheinigung vorlegt. **Hat der Arbeitgeber gleichwohl Zweifel, so kann er dem Arbeitnehmer nachteilige Umstände in den Prozess einführen; für diese trägt er die Darlegungs- und Beweislast.** Er muss deshalb Umstände darlegen und beweisen, aus denen sich ernsthafte und begründete Zweifel an der Richtigkeit der Bescheinigung ergeben; der Arbeitgeber kann also insoweit geltend machen, der Arbeitnehmer sei **nicht arbeitsunfähig** oder **nicht einmal krank gewesen**. Damit muss der Arbeitgeber, will er es auf eine gerichtliche Auseinandersetzung über die Entgeltfortzahlung ankommen lassen, nicht den Beweis des Gegenteils (Hauptbeweis) führen. Er kann wie bei jeder tatsächlichen Vermutung Tatsachen vortragen, aus denen der Richter **den Schluss ziehen kann**, dass der **Beweiswert** der Bescheinigung **erschüttert ist** (ErfK/*Dörner* § 5 EFZG Rn. 14). Da der Arbeitgeber im Regelfall weder etwas über die Art der Erkrankung noch deren Ursache erfährt und er auch nicht weiß, inwieweit der Arbeitnehmer den Arzt über seine vertraglichen Pflichten – inhaltlich zutreffend – informiert hat, ist allerdings die Darstellung entsprechender Tatsachen, die den Beweiswert erschüttern können, **nicht leicht**, zumal Ausforschungsvortrag und Ausforschungsbeweis im Zivilprozess nicht statthaft sind. Gelingt dem Arbeitgeber dies gleichwohl, dann muss der **Arbeitnehmer**, der für die Tatsache der auf Krankheit beruhenden Arbeitsunfähigkeit beweispflichtig geblieben ist, **weiteren Beweis** neben der Arbeitsunfähigkeitsbescheinigung antreten und ggf. führen, z. B. durch Vernehmung des behandelnden Arztes nach entsprechender Befreiung von der Schweigepflicht (ErfK/*Dörner* § 5 EFZG Rn. 14). Sodann hat eine Würdigung der für und gegen die Erkrankung sprechenden Umstände im Rahmen des § 286 ZPO zu erfolgen (vgl. ausf. *LAG RhPf* 11.9.2000 – 7 Sa 641/00; 8.9.2009 LAGE § 626 BGB 2002 Nr. 24). **Amtsärztlichen Äußerungen** kommt insoweit gegenüber privatärztlichen Attesten grds. **ein höherer Beweiswert zu** (*LAG RhPf* 11.3.2004 LAG Report 2005, 94 LS).

Die Lebenssachverhalte, die zu ernsthaften Zweifeln Anlass geben, können in zwei Fallgruppen gegliedert werden. Es handelt sich einmal um **Tatsachen**, die aus dem **Lebensbereich des Arbeitnehmers** rühren, und sodann um Tatsachen, die in den **Arbeitsbereich des behandelnden Arztes** fallen (ErfK/*Dörner* § 5 EFZG Rn. 15). Ist danach der Beweiswert des ärztlichen Attests erschüttert bzw. entkräftet, z. B. weil ein Arbeitnehmer während einer ärztlich attestierten Arbeitsunfähigkeit schichtweise einer Nebenbeschäftigung bei einem anderen Arbeitgeber nachgegangen ist, so hat der Arbeitnehmer konkret darzulegen, weshalb er krankheitsbedingt gefehlt hat und trotzdem der Nebenbeschäftigung nachgehen konnte (*BAG* 26.8.1993 EzA § 626 BGB n. F. Nr. 148; zur Würdigung der Verweigerung der Untersuchung gem. §§ 275 ff. SGB V vgl. *Edenfeld* DB 1997, 2276 f.). Auch dann, wenn sich ein Arbeitnehmer **weigert**, eine vertraglich geschuldete Arbeit auszuführen, mit dem Bemerken, die Arbeit **schade seiner Gesundheit**, und legt er nachträglich eine noch am selben Tag ausgestellte ärztliche Arbeitsunfähigkeitsbescheinigung vor, kann der Beweiswert des Attestes für den Konfliktzeitpunkt erschüttert sein (*LAG Bln.* 14.11.2002 LAGE § 5 EFZG Nr. 6). Nichts anderes gilt dann, wenn der Arbeitnehmer eine Untersuchung durch den Medizinischen Dienst der Krankenkasse durch sein Nichterscheinen verhindert (*LAG Hamm* 29.1.2003 – 18 Sa 1137/02, EzA-SD 9/03, S. 8 LS).

**2047**   Gleiches gilt dann, wenn ein Arbeitnehmer nach einer Auseinandersetzung mit dem Arbeitgeber den Betrieb verlässt und in den folgenden zwei Monaten Arbeitsunfähigkeitsbescheinigungen von fünf Ärzten dem Arbeitgeber vorlegt, die er zeitlich lückenlos nacheinander konsultiert hat, jeweils wegen anderer Beschwerden (*LAG Hamm* 10.9.2003 EzA-SD 26/03, S. 9 LS = NZA-RR 2004, 292). Gleiches gilt dann, wenn der Arbeitnehmer zu einem Zeitpunkt, zu dem er unstreitig nicht krank ist, seine Krankmeldung für den Fall androht, dass ihm an einem bestimmten Folgetag nicht die gewünschte Arbeitsfreistellung gewährt wird; der Beweiswert kann allerdings dadurch wiederhergestellt werden, dass der Arbeitnehmer objektive Tatsachen vorträgt, die geeignet sind, den Verdacht einer Täuschung des krankschreibenden Arztes zu beseitigen (*LAG Köln* 17.4.2002 NZA-RR 2003, 15).

Kommt das Gericht in einem nachfolgenden Streitverfahren zu dem Schluss, der Beweiswert der Bescheinigung sei durch die vom Arbeitgeber vorgetragenen (festgestellten oder unstreitigen) Tatsachen **erschüttert**, hat der Arbeitnehmer Gelegenheit, **mit den Beweismitteln der ZPO** nachzuweisen, dass er doch infolge einer Krankheit arbeitsunfähig gewesen ist. Dazu gehört vor allem die Vernehmung der behandelnden Ärzte, ggf. die Einholung eines Sachverständigengutachtens, ferner die Vernehmung anderer Personen, die seinen Zustand beobachten und bewerten konnten. Dazu zählen auch Ehepartner und Verwandte. Inwieweit diese glaubwürdig sind und/oder ihre Aussage vor allem wegen der fehlenden Sachkunde in medizinischen Angelegenheiten glaubhaft ist, bleibt der **Beweiswürdigung** des Gerichts vorbehalten (ErfK/*Dörner* § 5 EFZG Rn. 17).

Der Arbeitgeber muss insbes. **nicht zuvor** die **Krankenkasse** zur Begutachtung des Arbeitnehmers durch den Medizinischen Dienst auffordern, bevor er berechtigt die Entgeltfortzahlung verweigert. Der Verzicht auf sein Recht aus § 275 Abs. 1a S. 3 SGB V bedeutet nicht, dass ihm die Möglichkeiten abgeschnitten sind, den Beweiswert der Arbeitsunfähigkeitsbescheinigung zu erschüttern (*Staudinger/Oetker* § 616 BGB Rn. 325; a. A. *Hanau/Kramer* DB 1995, 94, 98). Abgesehen davon, dass § 275 SGB V für die nicht gesetzlich versicherten Arbeitnehmer nicht zur Anwendung kommt, **verstößt** eine solche Verknüpfung gegen **anerkannte Grundsätze des Beweisrechts**, so lange nichts anderes gesetzlich angeordnet ist (ErfK/*Dörner* § 5 EFZG Rn. 17). Der Arbeitgeber, der zur Überzeugung eines Gerichts (z. B. durch Zeugenbeweis) nachweisen kann, dass die ausgestellte Bescheinigung falsch ist, kann mit dem Beweismittel nicht ausgeschlossen werden, weil er ein anderes Beweismittel (Begutachtung durch den Medizinischen Dienst) nicht genutzt hat. Das **Auslassen der Möglichkeit**, nach § 275 Abs. 1a S. 3 SGB V zu verfahren, ist allerdings im Rahmen der **freien Beweiswürdigung** zu berücksichtigen. Es kann im Einzelfall durchaus die Bedeutung haben, dass der Arbeitgeber den Beweiswert der Bescheinigung nicht hinreichend erschüttert hat und deswegen zur Entgeltfortzahlung verurteilt wird. Deshalb **liegt es nahe, stets den medizinischen Dienst einzuschalten, um nicht nur ein sicheres ärztliches Urteil zu erlangen, sondern auch die Beweislage zu verbessern** (ErfK/*Dörner* § 5 EFZG Rn. 17; *Hunold* DB 1995, 676).

*dd) Erkrankung im Ausland; ausländische Arbeitsunfähigkeitsbescheinigungen*

**2048**   Problematisch ist der Beweiswert im Ausland erstellter Arbeitsunfähigkeitsbescheinigungen.

## B. Pflichten des Arbeitgebers — Kapitel 3

Der Gesetzgeber hat keine **besonderen Nachweispflichten** in § 5 Abs. 2 EFZG bei einer **Erkrankung im Ausland festgelegt**; insoweit gilt § 5 Abs. 1 EFZG. Es fehlt allerdings die Verpflichtung (des behandelnden ausländischen Arztes), einen Vermerk über die Benachrichtigung der Krankenkasse auf der Bescheinigung festzuhalten; insoweit fehlt es an der Kompetenz des deutschen Gesetzgebers, einen im Ausland praktizierenden Arzt verpflichten zu können. Somit muss der Arbeitnehmer auch dafür Sorge tragen, dass der Arbeitgeber spätestens am **vierten Tag seit Beginn der Arbeitsunfähigkeit die Bescheinigung** erhält, was wegen der mitunter **langen Postlaufzeiten** nicht immer einzuhalten ist. Der Arbeitnehmer kann die Bescheinigung in der Originalfassung überreichen, die regelmäßig in der **Landessprache** ausgestellt wird. Mangels gesetzlicher Regelung kann nicht davon ausgegangen werden, dass der Arbeitnehmer auf seine **Kosten** verpflichtet ist, eine Übersetzung (unverzüglich oder zeitnah) herbeizuschaffen (MünchArbR/*Schlachter* § 75 Rn. 22; ErfK/*Dörner* § 5 EFZG Rn. 28; a.A. *Berenz* DB 1995, 1462, 1463). Vielmehr ist der **Arbeitgeber gehalten**, sich eine **Übersetzung** anzufertigen.

**2048a**

Eine im Ausland ausgestellte Arbeitsunfähigkeitsbescheinigung hat grds. den gleichen Beweiswert wie eine von einem deutschen Arzt ausgestellte Bescheinigung, wenn sie erkennen lässt, dass der Arzt zwischen einer bloßen Erkrankung und einer mit Arbeitsunfähigkeit verbundenen Krankheit unterscheidet und damit eine den Begriffen des deutschen Arbeits- und Sozialversicherungsrechts entsprechende Beurteilung vorgenommen hat (*BAG* 20.2.1985 EzA § 3 LohnFG Nr. 5).

**2049**

Diesen Anforderungen genügt z. B. eine Arbeitsunfähigkeitsbescheinigung nach Maßgabe des Deutsch-Türkischen Sozialversicherungsabkommens. Der Nachweis einer krankheitsbedingten Arbeitsunfähigkeit kann aber auch durch andere Beweismittel geführt werden; dies gilt auch, wenn die Erkrankung im Ausland aufgetreten ist (*BAG* 1.10.1997 EzA § 3 EFZG Nr. 4).

**2050**

▶ **Beispiel für »durchgreifende« Zweifel:**

»Durchgreifende« Zweifel an der Richtigkeit des Inhalts der Arbeitsunfähigkeitsbescheinigung kommen in Betracht, wenn dem ausländischen Arbeitnehmer innerhalb von sieben Jahren zum 5. Male gegen Ende seines Heimaturlaubs oder im unmittelbaren Anschluss daran Arbeitsunfähigkeit bescheinigt worden ist, weil Zufälle solcher Art der allgemeinen Lebenserfahrung widersprechen und daher geeignet sind, den Beweiswert der ärztlichen Bescheinigung zu erschüttern. Hinzu kommt, dass die vom Arbeitnehmer angegebenen Krankheitsbilder als beständige Grundleiden einen spontanen Eintritt von Arbeitsunfähigkeit gegen Schluss des Heimaturlaubs nicht als wahrscheinlich erkennen lassen. Die Zweifel verstärken sich dadurch, dass die dem Kläger früher bescheinigten Arbeitsunfähigkeiten immer ungefähr vier Wochen dauerten (1974: 20 Arbeitstage, 1977: 20 Arbeitstage, 1980: 16 Arbeitstage und nochmals 24 Arbeitstage, 1981: 23 Arbeitstage). Nimmt man die tatsächlich genommenen Urlaubstage hinzu, so muss auffallen, dass sich der Heimataufenthalt des Klägers nahezu gleichmäßig jeweils auf eine Dauer von insgesamt sechs Wochen erstreckt hat, gleichviel, ob nur zwei oder vier Wochen Urlaub beantragt und bewilligt waren (*BAG* 20.2.1985 EzA § 3 LohnFG Nr. 5; vgl. auch *LAG SchlH* DB 1984, 1355).

**2051**

Insoweit ist also **grds.** davon auszugehen, dass im Ausland erstellte Arbeitsunfähigkeitsbescheinigungen **denselben Beweiswert** haben wie Bescheinigungen der in Deutschland tätigen Ärzte. Also hat der Arbeitgeber die Tatsache der Arbeitsunfähigkeit infolge Krankheit im Regelfall hinzunehmen, kann dem Entgeltfortzahlungsverlangen des Arbeitnehmers aber auch alle Tatsachen entgegenhalten, die er im Inland hätte vorbringen können. Ist die tatsächliche Vermutung auf diese Weise erschüttert, muss der Arbeitnehmer weitere Tatsachen darlegen und sie ggf. beweisen (s. ErfK/*Dörner* § 5 EFZG Rn. 28). Im Rahmen der **EU** ist aber (*EuGH* 3.6.1992 EzA § 3 LohnFG Nr. 16 »Paletta I« [wegen Art. 18 Abs. 1–4 VO 574/72/EWG]) davon auszugehen, dass **der Arbeitgeber in tatsächlicher und rechtlicher Hinsicht auch bei »durchgreifenden Zweifeln« an die vom Träger des Wohn- und Aufenthaltsortes getroffenen ärztlichen Feststellungen über den Eintritt und die Dauer der Arbeitsunfähigkeit gebunden ist**, sofern er die betreffende Person nicht durch einen Arzt seiner Wahl untersuchen lässt, wozu ihn Art. 18 Abs. 5 VO 574/72/EWG ermächtigt (zust. *Zuleeg*

**2052**

RdA 1996, 75). Damit erfuhr die in den Ländern der EU ausgestellte Arbeitsunfähigkeitsbescheinigung eine **erhebliche Aufwertung**, weil die sich aus dem deutschen materiellen und formellen Recht ergebenden Möglichkeiten bis auf die kaum realisierbare Anwendung des Art. 18 Abs. 5 EWG-VO Nr. 574/72 eingeschränkt wurden (ErfK/*Dörner* § 5 EFZG Rn. 28).

2053 Im Hinblick darauf hat das *BAG* (27.4.1994 EzA § 3 LohnFG Nr. 18) dem EuGH folgende Fragen zur **Vorabentscheidung** gem. Art. 267 AEUV vorgelegt:

2054 Entfällt die Anwendbarkeit der EWG-VO Nr. 1408/71 für die Lohnfortzahlung durch den Arbeitgeber gem. Art. 22 Abs. 1 im Hinblick auf das Erfordernis der Unverzüglichkeit der Leistungsgewährung dann, wenn die Leistung nach dem anzuwendenden deutschen Recht erst längere Zeit (3 Wochen) nach Eintritt der Arbeitsunfähigkeit fällig ist?

2055 – Bedeutet die vom *EuGH* (3.6.1992 EzA § 3 LohnFG Nr. 16 »Paletta I«) vorgenommene Auslegung von Art. 18 Abs. 1–5 VO/EWG 514/72, dass es dem Arbeitgeber verwehrt ist, einen Missbrauchstatbestand zu beweisen, aus dem mit Sicherheit oder hinreichender Wahrscheinlichkeit zu schließen ist, dass Arbeitsunfähigkeit nicht vorgelegen hat?

2056 – Falls diese Frage bejaht wird, verstößt diese Regelung dann gegen den Grundsatz der Verhältnismäßigkeit (Art. 5 Abs. 3 EUV)?

2057 Ziel war es, die durch die Paletta-Entscheidung hervorgerufene **Ungleichbehandlung** von im EU-Ausland erkrankten Arbeitnehmern einerseits und im Inland oder sonstigen Ausland erkrankten Beschäftigten **zu beseitigen** (ErfK/*Dörner* § 5 EFZG Rn. 28).

Daraufhin hat der *EuGH* (2.5.1996 EzA § 5 EFZG Nr. 1; zust. *Heinze/Giesen* BB 1996, 1830 ff.) festgestellt, dass Art. 22 Abs. 1 VO Nr. 1408/71 auch dann gilt, wenn die Vergütung erst eine bestimmte Zeit nach dem Eintritt der Arbeitsunfähigkeit zu zahlen ist. Ferner ist es dem Arbeitgeber durch Art. 18 Abs. 1–5 VO Nr. 574/72 nicht verwehrt, Nachweise zu erbringen, anhand deren das nationale Gericht ggf. feststellen kann, dass der Arbeitnehmer missbräuchlich oder betrügerisch eine gem. Art. 18 der VO festgestellte Arbeitsunfähigkeit gemeldet hat, ohne krank gewesen zu sein.

Damit hat sich der *EuGH* (2.5.1996 EzA § 5 EFZG Nr. 1) insofern **geringfügig korrigiert**, als er Art. 18 VO Nr. 574/72/EWG nicht mehr so auslegt, dass dem Arbeitgeber nur die Möglichkeit des Art. 18 Abs. 5 VO bleibt. Vielmehr gestattet das Gemeinschaftsrecht, dass der Arbeitgeber einen Nachweis erbringt, anhand dessen das nationale Gericht ggf. feststellen kann, dass der Arbeitnehmer missbräuchlich oder betrügerisch eine gem. Art. 18 VO festgestellte Arbeitsunfähigkeit gemeldet hat, ohne krank gewesen zu sein. Dagegen sind die von der deutschen **Rspr. entwickelten Grundsätze**, nach denen der **Arbeitnehmer zusätzlichen Beweis** für die durch ärztliche Bescheinigung belegte Arbeitsunfähigkeit **erbringen müsse**, wenn der Arbeitgeber Umstände darlegt und beweist, die zu ernsthaften Zweifeln an einer Arbeitsunfähigkeit Anlass geben, **nicht mit den Zielen des Art. 18 VO vereinbar**. Dies hätte nämlich für den Arbeitnehmer, der in einem anderen als dem zuständigen Mitgliedstaat arbeitsunfähig geworden ist, **Beweisschwierigkeiten** zur Folge, die das Gemeinschaftsrecht gerade vermeiden wolle (ErfK/*Dörner* § 5 EFZG Rn. 28).

Das wird **immer noch als unbefriedigend angesehen** (s. *Abele* NZA 1996, 631 f.; *Preis* ZIP 1995, 891 ff.). Das gilt vor allem wegen der unterschiedlichen Möglichkeiten, den Beweiswert von inländischen Arbeitsunfähigkeitsbescheinigungen und solchen aus der EU zu erschüttern. Dem kann nur dadurch begegnet werden, dass die nationale Rechtsprechung **auch die im Inland ausgestellte** Arbeitsunfähigkeitsbescheinigung **als gesetzliche Vermutung ansieht**, deren Richtigkeit der Arbeitgeber durch den Beweis des Gegenteils widerlegen muss. Unter **welchen Umständen** der Beweis des Gegenteils als geführt angesehen werden kann, bleibt der **Bewertung des Tatrichters** überlassen. Damit erscheint es nicht ausgeschlossen, dass einige Tatsachen, die bisher nur als Erschütterung des Nachweises über eine AU angesehen worden sind, zukünftig bei Inlandsbescheinigungen wie bei Auslandsbescheinigungen als Nachweis des Gegenteils angesehen wer-

## B. Pflichten des Arbeitgebers  Kapitel 3

den (ErfK/*Dörner* § 5 EFZG Rn. 28; *Heinze/Giesen* BB 1996, 1830, 1832; *Preis* ZIP 1995, 891 ff.).

Das *BAG* (19.2.1997 EzA § 5 EFZG Nr. 3; zust. *Oetker* SAE 1998, 84 ff.; s. a. *Junker* NZA 1999, 1 ff.; *Kaiser* NZA 2000, 1146 ff.) hat daraus allerdings nur folgende **Konsequenzen** abgeleitet: **2058**
- Der Arbeitnehmer hat dann keinen Anspruch auf Entgeltfortzahlung, wenn er in Wirklichkeit nicht arbeitsunfähig krank war und sein Verhalten missbräuchlich oder betrügerisch war. Das ist i. d. R. dann der Fall, wenn er sich arbeitsunfähig krankschreiben lässt, obwohl er es nicht ist.
- Die Beweislast dafür, dass der Arbeitnehmer nicht arbeitsunfähig krank war, trägt der Arbeitgeber (vgl. *Abele* NZA 1996, 632). Es reicht – anders als bei im Inland ausgestellten Arbeitsunfähigkeitsbescheinigungen – nicht aus, dass der Arbeitgeber Umstände beweist, die nur zu ernsthaften Zweifeln an der krankheitsbedingten Arbeitsunfähigkeit Anlass geben.
- Nach § 286 Abs. 1 ZPO hat das Gericht unter Berücksichtigung des gesamten Inhalts der Verhandlungen und des Ergebnisses einer etwaigen Beweisaufnahme nach freier Überzeugung zu entscheiden, ob eine tatsächliche Behauptung für wahr oder für nicht wahr zu erachten sei. Das Gericht hat dabei auch die prozessualen und vorprozessualen Handlungen, Erklärungen und Unterlassungen der Parteien – z. B. die Weigerung des Arbeitnehmers, den die Arbeitsunfähigkeit bescheinigenden Arzt von der Schweigepflicht zu entbinden – und ihrer Vertreter zu würdigen.

Es hat damit die **nötigen zivilprozessualen Folgerungen** aus der Entscheidung Paletta II des *EuGH* gezogen, das Urteil des LAG aufgehoben und den Rechtsstreit zur weiteren Sachaufklärung über die krankheitsbedingte Arbeitsunfähigkeit der Mitglieder der Familie Paletta zurückverwiesen. Zugleich hat es allerdings darauf hingewiesen, dass **keine zu hohen Anforderungen** an den Nachweis der betrügerischen oder rechtsmissbräuchlichen Inanspruchnahme von Entgeltfortzahlung gestellt werden dürfen. Allerdings bleibt es auch nach einer derartigen Zwischenbewertung dem Arbeitnehmer unbenommen, seinerseits den Gegenbeweis zu erbringen (ErfK/*Dörner* § 5 EFZG Rn. 28). **2058a**

Das *LAG BW*, an das das Ausgangsverfahren (»Paletta I, II«) nach Aufhebung des Urteils durch das *BAG* (19.2.1997 EzA § 5 EFZG Nr. 3) zurückverwiesen wurde, hat einen Beweisbeschluss erlassen. Es ist davon ausgegangen, dass auf Grund der massiven und sich häufig überschneidenden Arbeitsunfähigkeitszeiten der vier Familienmitglieder der Beweis durch die Beklagte geführt ist, dass die aus dem Auslandsurlaub stammenden Arbeitsunfähigkeitsbescheinigungen nicht richtig sein konnten. Es hat also den Beweis des Gegenteils durch den Arbeitgeber als erbracht angesehen. Dem Arbeitnehmer könne jedoch nicht der **Gegenbeweis** abgeschnitten werden, dass er tatsächlich doch erkrankt war. Deshalb hat es (– 10 Sa 85/97) beschlossen, gegenbeweislich die vom Arbeitnehmer als Zeugen für seine Erkrankung benannten italienischen Ärzte im Wege eines Rechtshilfeersuchens vernehmen zu lassen (vgl. *Diller* FA 1998, 111). Da der eine Arzt jedoch verstorben war und sich der Zweite an nichts mehr erinnern konnte, konnte der **Gegenbeweis nicht mit Erfolg geführt** werden. Die Klage wurde deshalb durch Urteil des *LAG BW* vom 9.5.2000 (NZA-RR 2000, 514) abgewiesen; die Revision wurde nicht zugelassen (vgl. *Kaiser* NZA 2000, 1146 f.; *Preis/Bender* NZA 2005, 1321 ff). **2059**

Das *LAG Düsseld.* (25.8.1999 NZA-RR 2000, 13) hat angenommen, dass die Beweiskraft der ärztlichen Arbeitsunfähigkeitsbescheinigung eines ausländischen (griechischen) Arztes **erschüttert** ist, wenn Umstände zusammenwirken, wie etwa die **teilweise Nichtgewährung** des erbetenen Urlaubs (für ursprünglich zwei Monate), die **gemeinsame Urlaubsreise mit dem Ehegatten**, der zeitgleich Urlaub für zwei Monate erhalten hatte, das **Ende der angeblichen Arbeitsunfähigkeit** mit Ablauf von zwei Monaten ab Urlaubsantritt, die **widersprüchlichen Angaben** des Ehegatten zur Krankheitsursache und die **ärztliche Diagnose** im Wesentlichen **auf Grund subjektiver Angaben** durch einen Arzt außerhalb seines Fachgebiets in einem EU-Land ohne Einschaltung des ausländischen Sozialversicherungsträgers erfolgte. **2060**

Ähnlich geht das *LAG Hamm* (20.2.2001 – 11 Sa 1104/00) inzwischen davon aus, dass **wiederholte bestätigte Arbeitsunfähigkeitszeiten eines ausländischen Arbeitnehmers gegen Ende seines Hei**- **2061** maturlaubs durchgreifende Zweifel an der sachlichen Richtigkeit der ärztlichen Bescheinigung entstehen lassen.

2062 Der Beweiswert einer nach einer ärztlichen Untersuchung am 1.9.2003 erstellten Erstbescheinigung, die eine Arbeitsunfähigkeit vom 1.9. bis 15.9.2003 bescheinigt, ist zudem dann erschüttert, wenn der betroffene Arbeitnehmer, dem in der Zeit vom 11.8. bis zum 29.8.2003 Urlaub gewährt war, den für den 29.8.2003 gebuchten Rückflug am 28.8.2003 auf den 11.9.2003 umbucht (*LAG Hamm* 8.6.2005 NZA-RR 2005, 625).

Zu beachten ist, dass inzwischen in Umsetzung der VO 1206/01 §§ 1072 ff. ZPO seit dem 1.1.2004 Regelungen zur Zusammenarbeit auf dem Gebiet der Beweisaufnahme, die der Vereinfachung, Vereinheitlichung und Beschleunigung der Beweisaufnahme in einem anderen Mitgliedsstaat der EU dienen, enthalten; sie haben die hier dargestellte Rechtslage allerdings **nicht verändert** (ErfK/*Dörner* § 5 EFZG Rn. 28; s. a. *Subatzus* DB 2004, 1613 ff.).

2063– (derzeit unbesetzt)
2066

*i) Rechtsmissbräuchliche Geltendmachung (§ 242 BGB); Unzumutbarkeit; Schadensersatz*

2067 Die Geltendmachung des Entgeltfortzahlungsanspruchs kann u. U. einen Verstoß gegen Treu und Glauben darstellen.

2068 Das ist nicht schon dann der Fall, wenn ein Arbeitnehmer auf Befragen bei der Einstellung erklärt hat, er sei gesund und ihm dann auf einen zuvor gestellten Antrag nach Beginn des Arbeitsverhältnisses eine Kur bewilligt wird. Der Arbeitgeber kann deshalb nicht die während der Kur zu gewährende Entgeltfortzahlung als entstandenen Schaden geltend machen (*BAG* 27.3.1991 EzA § 1 LohnFG Nr. 117). **Dem Arbeitgeber kann es wegen eines widersprüchlichen Verhaltens des Arbeitnehmers auch nach Treu und Glauben (§ 242 BGB) unzumutbar sein, Entgeltfortzahlung zu leisten**, obwohl alle Voraussetzungen des Anspruchs erfüllt sind (*BAG* 4.12.2002 EzA § 3 EFZG Nr. 10):

»*Hätte der Arbeitnehmer auch als Gesunder nicht gearbeitet, liegt in der Entgeltfortzahlungsforderung nicht ohne weiteres ein Verstoß gegen Treu und Glauben. Vielmehr kommt es darauf an, ob das Ereignis, das ohne die Arbeitsunfähigkeit wirksam geworden wäre, dem Arbeitnehmer als widersprüchliches Verhalten zuzurechnen ist. Wäre seine Arbeitsleistung schuldlos unmöglich geworden, z. B. weil er mit vertretbaren Gründen die Bewilligung von Urlaub annahm, handelt er nicht treuwidrig.*

*Hätte der Arbeitnehmer ohne die Arbeitsunfähigkeit seine Arbeitspflicht schuldhaft verletzt, kann dies ein widersprüchliches Verhalten begründen. Ein solches liegt insbes. vor, wenn sich der Arbeitnehmer bereits von dem Arbeitsverhältnis gelöst hatte. Das betrifft die Fälle des längeren unentschuldigten Fehlens, der Ankündigung, nicht mehr zu arbeiten, oder auch der Vorbereitung der Vertragsverletzung. Der Arbeitnehmer begehrt dann die Entgeltfortzahlung trotz der von ihm selbst an den Tag gelegten Distanz zum Arbeitsverhältnis und dessen Pflichten. Wer selbst nicht vertragstreu ist, darf – auf dieselbe Zeit bezogen – nicht volle Vertragstreue erwarten. Das tut der Arbeitnehmer, der zwar Entgeltfortzahlung verlangt, aber ausdrücklich oder konkludent die Verletzung seiner Arbeitspflicht angekündigt hat. Dass es dann zu einer Verletzung nicht mehr gekommen ist, steht dem Verstoß gegen Treu und Glauben nicht entgegen.*«

2069 Fraglich ist, was bei **Zweitbeschäftigungen** oder **selbstständigen Nebentätigkeiten** gilt.

2070 Soweit der Genesungsprozess dadurch nicht verzögert wird, kann die Ausübung einer derartigen anderweitigen Tätigkeit rechtlich durchaus zulässig sein (*BAG* 13.11.1979 EzA § 1 KSchG Verhaltensbedingte Kündigung Nr. 6). Mit der Geltendmachung von Ansprüchen, die auf einem Unfall bei einer nicht genehmigten Nebentätigkeit beruhen, verstößt der Arbeitnehmer jedenfalls dann nicht gegen Treu und Glauben (§ 242 BGB), wenn der Arbeitgeber die Nebentätigkeit hätte genehmigen müssen (*BAG* 19.10.1983 EzA § 616 BGB Nr. 25).

## B. Pflichten des Arbeitgebers

Allein der Umstand, dass die betreffende Tätigkeit gesetzlich verboten ist (vgl. z. B. § 8 BUrlG) genügt im Übrigen ohne das Hinzutreten besonderer Umstände nicht, um einen Verstoß gegen Treu und Glauben zu begründen; nach diesen Grundsätzen sind auch Fälle von Schwarzarbeit oder des Verstoßes gegen die vom Arbeitszeitgesetz vorgesehenen Höchstarbeitszeitgrenzen zu beurteilen. Denn soweit der Arbeitgeber entweder zur Auflösung des Arbeitsverhältnisses nicht berechtigt ist oder von einer derartigen Möglichkeit keinen Gebrauch macht, ist die Geltendmachung des Entgeltfortzahlungsanspruchs nicht rechtsmissbräuchlich. 2071

Das *BAG* (21.4.1982 EzA § 1 LohnFG Nr. 62) hat angenommen, dass ein den Lohnfortzahlungsanspruch ausschließendes Verschulden zwar darin bestehen kann, dass der Arbeiter deutlich gegen Bestimmungen des Arbeitszeitrechts verstößt und damit seine Gesundheit gefährdet. Allein mit den Tatumständen, die bei der Verschuldensprüfung zum Ergebnis führten, der Arbeiter habe nicht schuldhaft gehandelt, kann der Arbeitgeber den Einwand des Rechtsmissbrauchs jedoch nicht begründen. 2072

Der Arbeitnehmer, der sich während einer ärztlich attestierten Arbeitsunfähigkeit **genesungswidrig** verhält, begeht eine vorsätzliche Vertragspflichtverletzung, die ihn dem Arbeitgeber gegenüber zum **Schadensersatz** verpflichtet. Die Schadensersatzpflicht erstreckt sich auf Aufwendungen des Geschädigten, soweit sie nach den Umständen des Falles als notwendig anzusehen sind. Dazu können auch die **Kosten für die Beauftragung einer Detektei** gehören, wenn konkrete Verdachtsmomente dazu Anlass geben. Der Arbeitgeber kann auch nicht darauf verwiesen werden, er habe die Beobachtung des Arbeitnehmers mit eigenen Arbeitnehmern vornehmen lassen können und müssen. Er darf sich der Personen bedienen, die – als Detektive – in Ermittlungstätigkeiten erfahren sind (*LAG RhPf* 15.6.1999 NZA 2000, 260; s. a. *BAG* 28.10.2010 EzA § 280 BGB 2002 Nr. 2; s. Rdn. 673 ff.). 2073

### j) Verzicht auf Entgeltfortzahlung

#### aa) Grundsatz der Unabdingbarkeit

Gem. § 12 EFZG kann, abgesehen von der Vereinbarung einer anderen Berechnungsgrundlage für die Berechnung des Entgeltfortzahlungsanspruchs (§ 4 Abs. 4 EFZG), von den §§ 3–11 EFZG nicht zuungunsten der Arbeitnehmer oder Heimarbeiter abgewichen werden (*BAG* 20.8.1980 EzA § 6 LohnFG Nr. 14). 2074

Diese Vorschrift soll dem Schutz der Gesundheit der Arbeitnehmer bzw. Heimarbeiter dienen. Sie sollen ohne Sorge um ihren Lebensunterhalt ihre Krankheit ausheilen können. 2075

Beim **Günstigkeitsvergleich** ist nur die **jeweilige Abweichung** von der gesetzlichen Anordnung zu untersuchen und **zu vergleichen**; Vergünstigungen in einem anderen Bereich der Entgeltfortzahlung sind nicht einzubeziehen. Eine **Kompensation** der ungünstigeren Abweichung mit einer günstigeren Abweichung **findet nicht statt** (ErfK/*Dörner* § 12 EFZG Rn. 7). 2075a

So kann z. B. die vertragliche oder normativ wirkende Einführung von **Karenztagen** nicht mit der **Verlängerung des Entgeltfortzahlungszeitraums** verglichen und als insgesamt günstigere Regelung bewertet werden (*BAG* 22.8.2001 EzA § 3 EFZG Nr. 8). 2075b

Unwirksam ist deshalb z. B. auch eine Tarifregelung, die dem Arbeitgeber das Recht einräumt, für jeden Tag der Entgeltfortzahlung im Krankheitsfall den Arbeitnehmer 1,5 Stunden nacharbeiten zu lassen bzw., sofern ein Arbeitszeitkonto vorhanden ist, von diesem Zeitkonto in Abzug zu bringen (§§ 12 EFZG, 134 BGB; *BAG* 26.9.2001 EzA § 4 EFZG Tarifvertrag Nr. 50). Haben die Tarifvertragparteien allerdings andererseits den Vergütungsanspruch im Krankheitsfall tariflich geregelt, so handelt es sich bei der tariflich vorgesehenen Verpflichtung zur Fortzahlung des Arbeitsentgelts ebenfalls um einen tariflichen Anspruch, der ebenso wie der Vergütungsanspruch einer tariflichen Ausschlussklausel unterliegt. Die Vorschriften des EFZG werden also nicht dadurch berührt (§ 12 EFZG), dass Ansprüche kraft einer tariflichen Ausschlussfrist nach Ablauf bestimmter Fristen erlöschen (*BAG* 16.1.2002 EzA § 12 EFZG Nr. 1). 2076

2077 Die Arbeitsvertragsparteien können den Vergütungsanspruch des Arbeitnehmers für regelmäßige zusätzliche Arbeitsleistungen auch nicht für Tage, an denen der Arbeitnehmer wegen Arbeitsunfähigkeit an der Arbeitsleistung verhindert ist, ausschließen. Denn daran läge eine nach § 12 EFZG unzulässige Abweichung von der Entgeltfortzahlungspflicht nach § 3 EFZG (*BAG* 16.1.2002 EzA § 2 EFZG Nr. 2).

2078 Eine tarifliche Regelung zur **flexiblen Verteilung der Arbeitszeit**, nach der die sich in der Phase der verkürzten Arbeitszeit ergebende Zeitschuld nur durch tatsächliche Arbeitsleistung, nicht aber bei krankheitsbedingter Arbeitsunfähigkeit in der Phase der verlängerten Arbeitszeit ausgeglichen wird, verstößt gegen das Entgeltausfallprinzip des § 4 Abs. 1 EFZG und ist folglich unwirksam (*BAG* 13.2.2002 EzA § 4 EFZG Nr. 5).

2078a Der Anspruch auf Entgeltfortzahlung kann **nicht im Voraus ausgeschlossen oder beschränkt** werden (*BAG* 20.8.1980 EzA § 6 LohnFG Nr. 14; 20.8.1980 EzA § 9 LohnFG Nr. 6; 20.8.1980 EzA § 9 LohnFG Nr. 7). Das verbietet der Schutzzweck des § 12 EFZG, der Sorgen des Arbeitnehmers beim Arbeitsausfall in bestimmten Fällen verhindern will, und deshalb die Ansprüche gegen Verschlechterung schützt. Das gilt im bestehenden Arbeitsverhältnis ebenso wie im Zusammenhang mit der Beendigung. So ist ein **Erlassvertrag** wegen der nach § 8 EFZG fortdauernden Ansprüche im Zusammenhang mit einem Vergleich über eine aus Anlass der Arbeitsunfähigkeit ausgesprochene Kündigung grds. nicht wirksam (*BAG* 20.8.1980 EzA § 6 LohnFG Nr. 14; KDHK/*Hold* Rdn. 19). Allerdings können die Arbeitsvertragsparteien **alle zukünftigen Ansprüche** nach diesem Gesetz **fällig stellen** und damit eine **andere tatsächliche Ausgangslage schaffen**. Nunmehr wird nicht über künftige Ansprüche im Voraus, sondern über bestehende Ansprüche verfügt. Dafür gelten andere Regeln. Sind die Ansprüche **bereits entstanden und fällig**, so ist ein **Erlassvertrag** bei oder nach Beendigung des Arbeitsverhältnisses **statthaft**, während bei seiner Fortsetzung der Arbeitnehmer auf die Erfüllung seiner Ansprüche nicht verzichten kann (*BAG* 20.8.1980 AP LohnFG § 6 Nr. 11; 20.8.1980 AP LohnFG § 6 Nr. 12; ErfK/*Dörner* § 12 EFZG Rn. 5).

*bb) Ausgleichsquittung*

2079 Zweifelhaft ist, ob in einer Ausgleichsquittung wirksam auf Entgeltfortzahlungsansprüche verzichtet werden kann.

2080 Nach Auffassung des *BAG* (11.6.1976 EzA § 9 LohnFG Nr. 4; 20.8.1980 EzA § 9 LohnFG Nr. 7; abl. *Boecken* NZA 1999, 680 f.) greift § 12 EFZG nicht ein, wenn der Arbeitnehmer nach Beendigung des Arbeitsverhältnisses und damit nach Wegfall der Abhängigkeit von dem Arbeitgeber als dem ausschlaggebenden Grund für die Regelung des § 12 EFZG eine entsprechende Erklärung abgibt, die sich auf bereits entstandene und fällige Ansprüche bezieht.

2081 Der infolge seiner abhängigen Stellung in seiner Entscheidungsfreiheit beschränkte Arbeitnehmer soll davor geschützt werden, unter einem wirklichen oder auch nur vermeintlichen Druck seines Arbeitgebers Rechte preiszugeben, die ihm kraft Gesetzes zustehen. Dieser Schutz ist nur so lange gerechtfertigt, wie die Abhängigkeit besteht, also während der Dauer des Arbeitsverhältnisses.

2082 Zum Teil (*Trieschmann* Anm. zu *BAG* 20.8.1980, 29.8.1980 AP Nr. 11, 13, 16, 17, 18 zu § 6 LohnFG; ErfK/*Dörner* § 12 EFZG Rn. 6) wird demgegenüber die Auffassung vertreten, dass der Verzicht auch nach Beendigung des Arbeitsverhältnisses gegen § 12 EFZG, § 134 BGB verstößt. Danach ist der Arbeitnehmer auch nach Beendigung des Arbeitsverhältnisses gegenüber dem früheren Arbeitgeber regelmäßig der wirtschaftlich Schwächere. Der Arbeitgeber verfügt tendenziell über den längeren Atem, um einen Rechtsstreit über die umstrittenen Entgeltfortzahlungsansprüche durchzustehen, was den Arbeitnehmer i. V. m. dem stets gegebenen Prozessrisiko eher vergleichs- und/oder verzichtsbereit machen kann. Auch hier verwirklicht sich die allgemeine arbeitsrechtliche Drucksituation, der gegenüber § 12 EFZG den Arbeitnehmer schützen will.

2082a Unbeschadet dessen ist Folgendes zu beachten: Hat der Arbeiter bei der Beendigung des Arbeitsverhältnisses in einer Ausgleichsquittung bestätigt, dass er seine Arbeitspapiere und den Restlohn erhal-

## B. Pflichten des Arbeitgebers — Kapitel 3

ten hat, und hat er zugleich die auf dem Formular vorgedruckte Erklärung unterschrieben, dass damit **alle seine Ansprüche aus dem Arbeitsverhältnis abgegolten seien** und er keine Forderungen gegen die Firma – ganz gleich aus welchem Rechtsgrund – mehr habe, so hat er damit den Empfang der Papiere **quittiert** und möglicherweise die **Richtigkeit der Lohnabrechnung** anerkannt. Ein **weitergehender Verzicht**, insbes. ein Verzicht auf einen etwaigen Lohnfortzahlungsanspruch kann in einer solchen »Erklärung« **nur dann** gesehen werden, wenn sich aus den **Umständen ergibt**, dass der Arbeiter diese Bedeutung seiner Unterschrift erkannt hat (BAG 20.8.1980 EzA § 9 LohnFG Nr. 7).

Unberührt von § 12 EFZG bleibt der wegen der Beteiligung des Krankenversicherungsträgers im Entgeltfortzahlungsrecht seltene sog. **Tatsachenvergleich**, weil dadurch nicht von den Vorschriften des Gesetzes abgewichen wird (ErfK/*Dörner* § 12 EFZG Rn. 6). Streiten sich die Parteien z. B. über das die Entgeltfortzahlung ausschließende Verschulden des Arbeitnehmers und erledigen sie ihren Streit dadurch, dass von einem Verschulden des Arbeitnehmers ausgegangen wird, der Arbeitgeber aber eine Ausgleichssumme zahlt, so ist § 12 EFZG nicht verletzt (ErfK/*Dörner* § 12 EFZG Rn. 6). 2082b

Als Konsequenz der Schuldrechtsreform hat nunmehr das *LAG SchlH* (14.9.2003 NZA-RR 2004, 74; s. a. *BAG* 7.11.2007 EzA § 397 BGB 2002 Nr. 2 = NZA 2008, 355) angenommen, dass eine untergeschobene formularmäßig verwandte Ausgleichsquittung, die eine unentgeltliche Verzichtserklärung des Arbeitnehmers ohne kompensatorische Gegenleistung des Arbeitgebers beinhaltet, eine unangemessene Benachteiligung i. S. d. § 307 Abs. 1 S. 1 BGB n. F. darstellt. Der Unzulässigkeit einer derartigen Vereinbarung stehen auch keine im Arbeitsrecht geltenden rechtlichen Besonderheiten nach § 310 Abs. 4 S. 2 BGB entgegen. 2083

### k) Maßnahmen der medizinischen Vorsorge und Rehabilitation

§§ 3, 4, 6, 7, 8 EFZG gelten entsprechend für die Arbeitsverhinderung infolge einer Maßnahme der medizinischen Vorsorge oder Rehabilitation, die ein Träger der gesetzlichen Renten-, Kranken- oder Unfallversicherung, eine Verwaltungsbehörde der Kriegsopferversorgung oder ein sonstiger Sozialleistungsträger bewilligt hat und die in einer Einrichtung der medizinischen Vorsorge oder Rehabilitation stationär durchgeführt wird (§ 9 Abs. 1 S. 1 EFZG). 2084

Geregelt wird die Entgeltfortzahlung bei einer Vorsorge- oder Rehabilitationsmaßnahme, bei der der Arbeitnehmer **nicht zugleich krank sein muss**. Das geschieht dadurch, dass die für die krankheitsbedingte Arbeitsunfähigkeit geltenden Regeln weitgehend für anwendbar erklärt werden (ErfK/*Dörner* § 9 EFZG Rn. 2).

(derzeit unbesetzt) 2085–2090

Gem. § 9 Abs. 2 EFZG ist der Arbeitnehmer verpflichtet, dem Arbeitgeber den Zeitpunkt des Antritts der Maßnahme, ihre voraussichtliche Dauer und die Verlängerung der Maßnahme i. S. d. § 9 Abs. 1 EFZG **unverzüglich mitzuteilen**. Die Bestimmung ist gegenüber § 5 EFZG lex specialis und enthält eine abgeschlossene Regelung über Mitteilung und Nachweis (*Staudinger/Oetker* § 616 BGB Rn. 275). 2091

(derzeit unbesetzt) 2092

### l) Forderungsübergang auf den Arbeitgeber bei Dritthaftung

#### aa) Grundlagen

Kann der Arbeitnehmer auf Grund gesetzlicher Vorschriften (z. B. §§ 823 ff., 7, 8 StVG) von einem Dritten Schadensersatz wegen des Verdienstausfalls beanspruchen, der ihm durch die Arbeitsunfähigkeit entstanden ist, so geht dieser Anspruch insoweit auf den Arbeitgeber über, als er dem Arbeitnehmer nach dem EFZG Arbeitsentgelt fortgezahlt und darauf anfallende, vom Arbeitgeber zu tragende Beiträge zur Bundesagentur für Arbeit, Arbeitgeberanteile an Beiträgen zur Sozialversicherung und zur Pflegeversicherung sowie zu Einrichtungen der zusätzlichen Al- 2093 ters- und Hinterbliebenenversorgung abgeführt hat (§ 6 Abs. 1 EFZG, §§ 412, 399–404, 406–410 BGB).

2094 (derzeit unbesetzt)

*bb) Voraussetzungen des Forderungsübergangs*

2095 Der Anspruchsübergang findet anders als nach § 116 SGB X nicht mit dem schädigenden Ereignis statt, sondern **erst dann**, wenn der Arbeitgeber seiner gesetzlichen **Pflicht zur Entgeltfortzahlung nachgekommen ist** und das Arbeitsentgelt an den Arbeitnehmer und die Beiträge an die berechtigten Träger der sozialen Sicherung geleistet hat (*Staudinger/Oetker* § 616 BGB Rn. 416). So wird verhindert, dass der Arbeitnehmer seinen Schadensersatzanspruch verliert und zusätzlich um seinen Verdienst kämpfen muss (ErfK/*Dörner* § 6 EFZG Rn. 15). Soweit die Arbeitsunfähigkeit des Arbeitnehmers zur Folge hat, dass der Arbeitgeber über mehr als eine Entgeltperiode Entgelt zahlt, findet ein mehrfacher Anspruchsübergang statt. Folglich kann die Erstattung auch nur sukzessive verlangt werden (ErfK/*Dörner* § 6 EFZG Rn. 15).

2096 Der Gefahr einer **zwischenzeitlich anderweitigen wirksam Verfügung** (§§ 412, 404 BGB) des Arbeitnehmers über seinen Schadensersatzanspruch wie Vergleiche, Verzichtserklärungen, Abtretungen oder Verpfändungen, die mit dem späteren Anspruchsübergang verbunden ist, begegnet das Gesetz mit einem dauerhaften **Leistungsverweigerungsrecht** des Arbeitgebers (§ 7 Abs. 1 Nr. 2 EFZG). Ungeschützt ist der Arbeitgeber aber vor Pfändungen des Schadensersatzanspruchs (ErfK/*Dörner* § 6 EFZG Rn. 15).

*cc) Arbeitsentgelt*

2097 Der Anspruchsübergang ist **begrenzt** auf das nach § 4 EFZG **fortgezahlte Arbeitsentgelt** und auf die Arbeitgeberanteile zu Versicherungsbeiträgen. Inhaltlich gehören dazu die **regelmäßigt zu zahlenden Vergütungsbestandteile**, nicht aber die einmaligen, unabhängig von der Arbeitsunfähigkeit zu leistenden Beträge wie Urlaubsgeld und Weihnachtsgratifikation, wenn sie nicht im Arbeitsunfähigkeitszeitraum gezahlt sind. Diese sind auch nicht anteiliges Arbeitsentgelt, das dem regelmäßigen Arbeitsentgelt hinzuzurechnen ist und anteilig vom Schädiger verlangt wird (*Staudinger/Oetker* § 616 BGB Rn. 421 f.; ErfK/*Dörner* § 6 EFZG Rn. 12; **a. A.** *BGH* 28.1.1986 DB 1986, 1016; *Benner* DB 1999, 482). Ebenfalls **ausgeschlossen** ist der Übergang der von Seiten des Arbeitgebers erfüllten **Aufwendungsersatzansprüche** (*Staudinger/Oetker* § 616 BGB Rn. 416).

2097a Leistet der Arbeitgeber nach vertraglichen, betrieblichen oder tarifvertraglichen Vorschriften, die über das **EFZG hinausgehen**, so findet insoweit **kein Übergang** statt (MünchArbR/*Schlachter* § 76 Rdn. 9), es sei denn, es handelt sich um eine der gesetzlichen Vorschrift nachgebildete Zession (ErfK/*Dörner* § 6 EFZG Rn. 12). Der Schädiger kann einwenden, dass der Arbeitgeber nach § 6 Abs. 1 EFZG nur eine Forderung in Höhe dessen erwirbt, was er dem Arbeitnehmer auf Grund der Verpflichtung nach diesem Gesetz schuldet. Hat der Arbeitgeber darüber hinaus Leistungen erbracht, so ist der Schädiger nicht verpflichtet, auch insoweit Ersatz zu leisten. Das gilt vor allem für Leistungen über den gesetzlichen Entgeltfortzahlungszeitraum hinaus, für höhere Leistungen als das reguläre Arbeitsentgelt, für **Zuschüsse zum Krankengeld** u. a. Leistungen (ErfK/*Dörner* § 6 EFZG Rn. 12). Nur wenn der Arbeitgeber **normativ oder vertraglich zu übergesetzlichen Leistungen verpflichtet war** und ihm auch insoweit Ansprüche **abgetreten sind**, kann er an den Schädiger erfolgreich herantreten (MünchArbR/*Schlachter* § 76 Rn. 9 f.; *Staudinger/Oetker* § 616 BGB Rn. 420; **a. A.** *OLG Koblenz* 14.7.1993 DB 1994, 483).

2097b Der Arbeitgeber kann vom **Schädiger auch die Beiträge verlangen**, die er neben dem Arbeitsentgelt an die Bundesagentur, an die Träger der Krankenversicherung, der Rentenversicherung und der Pflegeversicherung sowie zu Einrichtungen der zusätzlichen Alters- und Hinterbliebenenversorgung gezahlt hat, also, die Beiträge zur ZVK des Bundes und der Länder, zur Höherversicherung in der ge-

**Nicht erfasst** sind die Leistungen des Arbeitgebers zur **Unfallversicherung**. Denn insoweit handelt es sich um Beiträge, die der Arbeitgeber allein schuldet. Es handelt sich um eine genossenschaftliche Umlage, die vom Schädiger nicht zu erstatten ist (*BGH* 11.11.1975 NJW 1976, 326; *Staudinger/Oetker* § 616 BGB Rn. 423; **a. A.** MünchArbR/*Schlachter* § 76 Rn. 11). Auch Leistungen an gemeinsame Einrichtungen der Tarifvertragsparteien wie zu den Urlaubskassen im Baugewerbe können nicht vom Schädiger nach § 6 Abs. 1 EFZG verlangt werden (ErfK/*Dörner* § 6 EFZG Rn. 13; **a. A.** *BGH* 28.1.1986 EzA § 4 LohnFG Nr. 3; *Benner* DB 1999, 482). 2097c

Dem **Schädiger** bleiben bei der cessio legis des § 6 Abs. 1 EFZG seine **Einwendungen nach § 412 BGB i. V. m. § 404 BGB erhalten**. Das bedeutet u. a., dass er dem Arbeitgeber gegenüber einwenden kann, dass nicht der gesamte Anspruch übergegangen ist, sondern nur der ermäßigte Teil, den er an den Geschädigten wegen dessen Mitverschulden zu leisten verpflichtet war. In diesem Fall hat der Arbeitgeber, der die volle Entgeltfortzahlung an seinen Mitarbeiter erbracht hat, keine Möglichkeit, in voller Höhe Schadensersatz zu erlangen. Nach §§ 412, 404 BGB kann der Schädiger auch gegenüber dem Arbeitgeber einwenden, der Gläubiger habe Aufwendungen erspart (*Benner* DB 1999, 482). 2098

*dd) Modalitäten des Anspruchs*

Gem. § 6 Abs. 2 EFZG hat der Arbeitnehmer dem Arbeitgeber unverzüglich die zur Geltendmachung des Schadensersatzanspruchs erforderlichen Angaben zu machen. 2099

Gem. § 6 Abs. 3 EFZG kann der Forderungsübergang **nicht zum Nachteil des Arbeitnehmers geltend gemacht werden**. Der Arbeitgeber muss mit seinem Anspruch also immer dann zurücktreten, wenn und soweit Schadensersatzansprüche des Arbeitnehmers gegenüber dem Schädiger noch nicht voll erfüllt sind. 2100

*m) Forderungsübergang auf Sozialleistungsträger*

*aa) Grundlagen*

Unterlässt es der Arbeitgeber, einem krankheitsbedingt arbeitsunfähigen Arbeitnehmer das Arbeitsentgelt fortzuzahlen, ist dessen gesetzliche Krankenkasse zur Zahlung von Krankengeld verpflichtet. Denn in diesem Fall ruht der Anspruch auf Krankengeld nicht nach § 49 Nr. 1 SGB V. 2101

Gem. § 115 Abs. 1 SGB X geht der Anspruch des Arbeitnehmers auf Arbeitsentgelt, soweit ihn der Arbeitgeber nicht erfüllt und deshalb ein Sozialleistungsträger Sozialleistungen erbracht hat, auf diesen über. 2102

Dadurch soll verhindert werden, dass dem Arbeitnehmer neben der funktionsgleichen Leistung des Sozialversicherungsträgers der Anspruch auf Arbeitsentgelt verbleibt und dass der Arbeitgeber durch die Einstandspflicht des Sozialleistungsträgers finanziell entlastet wird (hinsichtlich des Insolvenzgeldes gem. §§ 183 ff. SGB III gilt insoweit die Sonderregelung des § 187 SGB III). Geht der Anspruch über, endet insoweit der gesetzliche Zinsanspruch des Dienstverpflichteten (*BAG* 19.5.2010 EzA § 310 BGB 2002 Nr. 10). 2103

(derzeit unbesetzt) 2104–2107

*bb) Rechtsstellung des Sozialleistungsträgers bei Kündigungen*

In Fällen, in denen der Arbeitgeber dem Arbeitnehmer nicht aus Anlass der Arbeitsunfähigkeit gekündigt hat und der Anspruch auf Entgeltfortzahlung die Unwirksamkeit der Kündigung voraussetzt, ist der Sozialleistungsträger nicht berechtigt, Kündigungsschutzklage zu erheben. 2108

**2109** Insoweit handelt es sich um ein höchstpersönliches Recht des Arbeitnehmers, das nicht auf den Sozialleistungsträger übergeht (*BAG* 20.8.1980 EzA § 6 LohnFG Nr. 15).

**2110** (derzeit unbesetzt)

**2111** Nach Auszahlung der Sozialleistungen und damit nach Anspruchsübergang auf die Krankenkasse gem. § 115 SGB X ist ein **Verzicht** auf den Entgeltfortzahlungsanspruch durch den Arbeitnehmer nicht mehr gegenüber dem Sozialleistungsträger wirksam. Ebenso wenig kann ihm danach der Anspruch durch eine spätere **einvernehmliche Aufhebung** des Arbeitsverhältnisses wieder entzogen werden.

**2112** Der Sozialleistungsträger muss allerdings einen Vergleich zwischen Arbeitgeber und Arbeitnehmer über die Beendigung des Arbeitsverhältnisses durch Kündigung und einen mit dem Vergleich verbundenen Erlass von Entgeltfortzahlungsansprüchen auch dann gegen sich gelten lassen, wenn die Parteien den Vergleich nach der Gewährung der Sozialleistungen abgeschlossen haben (*BAG* 20.8.1980 EzA § 6 LohnFG Nr. 15). Denn das Interesse der Parteien an einer gütlichen Beendigung des Streits über den Fortgang des Arbeitsverhältnisses hat in solchen Fällen vor dem Interesse des Rechtsnachfolgers an der Erfüllung des in seinem Bestand ungewissen Entgeltfortzahlungsanspruchs Vorrang.

*cc) Einwendungen gegen die Forderung*

**2113** Gemäß den §§ 412, 404 BGB muss sich der Sozialleistungsträger die Einwendungen entgegenhalten lassen, die zum Zeitpunkt des Forderungsüberganges begründet waren, z. B. die Leistungsverweigerungsrechte nach § 7 EFZG sowie tarifliche Ausschlussfristen (*BAG* 24.5.1973 AP Nr. 52 zu § 4 TVG Ausschlussfristen).

**2114** Eine derartige Frist ist bereits dann gewahrt, wenn der Sozialleistungsträger den Anspruch auf Krankenlohn gegenüber dem Arbeitgeber vor Anspruchsübergang durch eine **Mitteilung** an ihn geltend macht. Im Übrigen ist die Frist für eine ggf. erforderliche gerichtliche Geltendmachung des Anspruchs auch dann gewahrt, wenn der Arbeitnehmer den Krankenlohn vor Forderungsübergang einklagt (*BAG* 24.5.1973 AP Nr. 52 zu § 4 TVG Ausschlussfristen).

*dd) Kenntnis des Arbeitgebers*

**2115** Der Entgeltfortzahlungsanspruch des Arbeiters geht erst mit der tatsächlichen Zahlung von Krankengeld auf die Krankenkasse über. Die Krankenkasse, die geltend machen will, der Arbeiter habe über einen Entgeltfortzahlungsanspruch wegen des Forderungsüberganges nicht mehr verfügen können, muss daher vortragen, wann sowie für welche Zeit und in welcher Höhe sie Krankengeld gezahlt hat (*BAG* 20.8.1980 EzA § 6 LohnFG Nr. 14).

**2116** Die Mitteilung der Krankenkasse an den Arbeitgeber, dass sie für einen bestimmten Zeitraum Krankengeld in bestimmter Höhe zahlen werde, begründet die Kenntnis des Arbeitgebers vom Forderungsübergang i. S. v. § 407 Abs. 1 BGB auch dann, wenn sie vor der tatsächlichen Zahlung des Krankengeldes erfolgt, sofern diese nur vor der Leistung des Arbeitgebers an den Arbeitnehmer i. S. v. § 407 Abs. 1 BGB bewirkt wird (*BAG* 20.8.1980 EzA § 6 LohnFG Nr. 14).

*n) Entgeltfortzahlungsversicherung*

**2117** Da die Verpflichtung zur Entgeltfortzahlung insbes. für Kleinbetriebe eine erhebliche Belastung darstellen kann, hat der Gesetzgeber eine Entgeltfortzahlungsversicherung durch ein Ausgleichsverfahren (§§ 1 ff. AAG) für die Entgeltfortzahlung vorgesehen. Erfasst sind auch, unabhängig davon, ob es sich bei den Arbeitnehmern um Arbeiter oder Angestellte handelt, Mutterschaftsleistungen des Arbeitgebers sowie die Entgeltfortzahlung an Auszubildende.

**2118** Träger des Ausgleichsverfahrens sind die Krankenkassen (§§ 8, 9 AAG), nicht die Ersatz- oder Betriebskrankenkassen.

## B. Pflichten des Arbeitgebers Kapitel 3

Gem. § 1 AAG erstatten diese Träger des Ausgleichsverfahrens denjenigen Arbeitgebern 80 % des fortgezahlten Arbeitsentgelts bzw. 100 % des Zuschusses zum Mutterschaftsgeld, die i. d. R. ausschließlich der zur Berufsausbildung Beschäftigten nicht mehr als 30 Arbeitnehmer beschäftigen. Eine nach dem Ausmaß der Beschäftigung differenzierende Regelung der Berücksichtigung von Teilzeitbeschäftigten enthält § 3 Abs. 1 S. 6 AAG. 2119

Gem. § 4 Abs. 1 AAG kann die Erstattung im Einzelfall versagt werden, solange der Arbeitgeber nicht die für die Durchführung des Ausgleichs erforderlichen oder falsche Angaben macht. 2120

Gem. § 7 AAG werden Mittel, die für die Durchführung des Ausgleichs der Arbeitgeberaufwendungen erforderlich sind, durch eine Umlage von den am Ausgleich beteiligten Arbeitgebern aufgebracht. 2121

Gem. § 3 Abs. 1 S. 1 AAG stellt die Krankenkasse jeweils zu Beginn eines Kalenderjahres fest, welche Arbeitgeber für die Dauer dieses Kalenderjahres an dem Ausgleich der Arbeitgeberaufwendungen teilnehmen. Diese Feststellung hat allerdings nur deklaratorischen Charakter. Wird der Feststellungsbescheid, der einen Verwaltungsakt darstellt, jedoch nicht oder erfolglos angefochten, so ist die Feststellung für das betreffende Kalenderjahr nach § 77 SGG auch dann bindend, wenn die gesetzlichen Voraussetzungen für die Teilnahme am Ausgleichsverfahren nicht vorliegen. 2122

(derzeit unbesetzt) 2123

### 5. Urlaubsrecht

*a) Normative Regelungen*

Normative Regelungen über den Urlaub enthalten neben Art. 7 RL 2003/88/EG und dem BUrlG § 4 ArbPlSchG, §§ 53–61 SeemG, § 125 SGB IX, § 14 JArbSchG, § 17 BEEG. Daneben bestehen landesrechtliche Bestimmungen über den Urlaub: 2124
- für Arbeitnehmer der Privatwirtschaft bei einer Minderung der Erwerbsfähigkeit von 25–50 % nach dem Saarländischen Gesetz Nr. 146 (drei Arbeitstage; Besitzstandswahrung; vgl. dazu *BAG* 27.5.1997 NZA 1998, 649, 5.9.2002 NZA 2003, 1400; s. a. Rdn. 2473);
- für Opfer des Nationalsozialismus; für kriegs- und unfallbeschädigte Arbeitnehmer (z. B. im Saarland bis 31.12.1999 mit Nachwirkung für zu diesem Zeitpunkt Anspruchsberechtigte; s. *BAG* 15.11.2005 NZA 2006, 879 LS);
- für solche Arbeitnehmer, die geistig oder körperlich in ihrer Erwerbsfähigkeit behindert sind (§ 15 Abs. 2 S. 2 BUrlG; zum Verhältnis dieser Regelungen zu § 125 SGB IX vgl. MünchArbR/*Leinemann* § 88 Rn. 19 Fn. 36);
- für Mitarbeiter in der Jugendpflege und der Jugendwohlfahrt (in Baden-Württemberg, Bayern, Brem., Hmb., Hessen [zur Verfassungswidrigkeit der Finanzierung durch einen Ausgleichsfond *BVerfG* 15.7.1997 NZA 1998, 27; 9.11.1999 ZTR 2000, 183], Nordrhein-Westfalen, Rheinland-Pfalz, Saarland);
- Bildungsurlaub, da insoweit der Bundesgesetzgeber seine konkurrierende Gesetzgebungszuständigkeit gem. Art. 74 Nr. 12 GG nicht ausgeübt hat. Die derzeit geltenden Landesgesetze sind abgedruckt bei *Nipperdey* ArbR 1, Nr. 135–149; s. a. Rdn. 2591 ff.).

In den neuen Bundesländern gilt § 8 der Verordnung über den Erholungsurlaub betreffend den Erholungsurlaub für Kämpfer gegen den Faschismus und Verfolgte des Faschismus vom 28.8.1978 (GBl. I S. 365) weiter. Sie haben Anspruch auf einen jährlichen Erholungsurlaub von 27 Arbeitstagen. 2125

*b) Rechtsnatur des Urlaubsanspruchs*

Der Urlaubsanspruch ist ein privatrechtlicher Anspruch i. S. d. § 194 BGB, der jedoch durch das BUrlG im Interesse des Schutzes des Arbeitnehmers mit besonderen Sicherungen ausgestattet ist; zu berücksichtigen ist zudem Art. 7 RL 2003/88/EG. 2126

Das **Motiv der gesetzlichen Regelung** besteht in der **Gewährung von Erholungsurlaub**. Der Arbeitgeber wird verpflichtet, den bei ihm beschäftigten Arbeitnehmer für eine **bestimmte Dauer im Jahr von der Verpflichtung zur Arbeitsleistung freizustellen**, um es ihm uneingeschränkt zu ermöglichen, anstelle der geschuldeten Arbeitsleistung die ihm aufgrund des Urlaubsanspruchs zustehende Freizeit selbstbestimmt zu nutzen (*BAG* 20.6.2000 EzA § 1 BUrlG Nr. 23).

*aa) Grundlagen*

2127   Das *BAG* (28.1.1982 EzA § 3 BUrlG Nr. 13; 7.7.1988 EzA § 13 BUrlG Nr. 33) versteht den Urlaubsanspruch des Arbeitnehmers nach § 1 BUrlG als einen durch dieses Gesetz bedingten Freistellungsanspruch gegen den Arbeitgeber von den nach dem Arbeitsvertrag entstehenden Arbeitspflichten, ohne dass die übrigen Pflichten aus dem Arbeitsverhältnis, insbes. die Pflicht zur Zahlung des Arbeitsentgelts, verändert werden (*BAG* 15.3.2011 EzA § 3 BUrlG Nr. 24;); das gilt auch für den übertragenen Urlaub (*BAG* 10.2.2004 EzA § 7 BUrlG Nr. 112; s. dazu Rdn. 2157 ff.).

2128   Er ist darauf gerichtet, die Arbeitspflicht des Arbeitnehmers für die sich nach dem Urlaubsanspruch ergebende Dauer auszuschließen. Ist während dieser Zeit das Arbeitsentgelt fortzuzahlen, wird dies bezahlter (Erholungs-)Urlaub genannt.

2129   § 1 BUrlG stellt insoweit sicher, dass der dem Arbeitnehmer zustehende Vergütungsanspruch trotz urlaubsbedingter Nichtleistung der Arbeit unberührt bleibt.

2130   Die Pflicht des Arbeitgebers zur Urlaubsgewährung ist keine Hauptpflicht, weil ihr keine entsprechende Pflicht des Arbeitnehmers gegenübersteht. Folglich handelt es sich um eine auf Gesetz beruhende Nebenpflicht des Arbeitgebers aus dem Arbeitsverhältnis (vgl. *BAG* 24.11.1987 EzA § 7 BUrlG Abgeltung Nr. 61; 15.3.2011 EzA § 3 BUrlG Nr. 24).

2131   Für Leiharbeitnehmer richtet sich der Urlaubsanspruch gegen den Verleiher (§ 11 Abs. 1 Nr. 7 AÜG).

2132   Mit der Bezeichnung des Urlaubs als Erholungsurlaub wird das für den Erlass des Gesetzes maßgebende gesetzgeberische Motiv ausgedrückt, dem Arbeitnehmer für die Urlaubszeit die Möglichkeit zu eröffnen, Freizeit selbstbestimmt zur Erholung zu nutzen.

2133   Für den Anspruch ist aber weder Voraussetzung, dass der Arbeitnehmer konkret und tatsächlich erholungsbedürftig ist (*BAG* 15.3.2005 EzA § 7 BUrlG Abgeltung Nr. 13), noch gibt es für den Arbeitnehmer eine Pflicht, sich während des Urlaubs zu erholen. Das Erholungsbedürfnis wird nach § 1 BUrlG für jeden Arbeitnehmer unwiderleglich vermutet.

2134   Der Urlaub nach dem BUrlG ist als gesetzlich bedingte soziale Mindestleistung des Arbeitgebers zur Erhaltung und Wiederauffrischung der Arbeitskraft des Arbeitnehmers aufzufassen (*BAG* 25.8.1987 EzA § 4 TVG Metallindustrie Nr. 33).

2135   Daraus wird abgeleitet, dass der Urlaubsanspruch unabhängig davon entsteht, ob der Arbeitnehmer im Urlaubsjahr langfristig krank war und auch dann bestehen bleibt, wenn er langfristig nicht gearbeitet hat.

2136   Das *BAG* (28.1.1982 EzA § 3 BUrlG Nr. 13; 7.11.1985 EzA § 7 BUrlG Nr. 43; 25.8.1987 EzA § 4 TVG Metallindustrie Nr. 33) hat seine Auffassung damit begründet, dass nach der gesetzlichen Regelung des BUrlG der Urlaubsanspruch **unabhängig vom Umfang der Arbeitsleistung entsteht, weil er nur an das Bestehen des Arbeitsverhältnisses und die Erfüllung der Wartezeit (§§ 1, 4 BUrlG) geknüpft ist**, nicht aber an ein Erholungsbedürfnis. Der Arbeitnehmer muss sich diesen Anspruch folglich nicht durch tatsächliche Arbeitsleistung erst »verdienen«. Deshalb entsteht auch in einem konkludent vereinbarten **ruhenden Arbeitsverhältnis** zum Bezug von Arbeitslosengeld bei fortdauernder Arbeitsunfähigkeit der gesetzliche Mindesturlaubsanspruch (*LAG BW* 21.12.2011 – 10 Sa

## B. Pflichten des Arbeitgebers　　　　　　　　　　　　　　　　　　　　　　　　　　Kapitel 3

9/11, EzA-SD 5/2012, S. 9 LS; **a. A.** *LAG Düsseld.* 7.7.2011 ZTR 2011, 730; *LAG Köln* 19.8.2011 ZTR 2011, 732). Davon geht (wohl) auch das *BAG* (15.12.2009 NZA 2010, 728: §§ 4, 10 ArbPlSchG; 17.5.2011 EzA § 4 TVG Metallindustrie Nr. 138; s. a. *Bürger* ZTR 2011, 707 ff.) aus.

Diese Auffassung ist auch **unionsrechtlich geboten**. Die Mitgliedstaaten dürfen den mit der RL 2003/88/EG allen Arbeitnehmern unmittelbar verliehenen Anspruch auf bezahlten Jahresurlaub bei ordnungsgemäß krankgeschriebenen Arbeitnehmern nicht von der Voraussetzung abhängig machen, dass sie während des von diesem Staat festgelegten Bezugszeitraums tatsächlich gearbeitet haben (*EuGH* 20.1.2009 EG-Vertrag 1999 Richtlinie 2003/88 Nr. 1). Der *EuGH* (20.1.2009 EG-Vertrag 1999 Richtlinie 2003/88 Nr. 1) scheint damit mehr als nur einen durch Richtlinienvorgabe an die Mitgliedstaaten (Art. 288 Abs. 3 AEUV) verbürgten Anspruch anzunehmen, d. h. einen unmittelbar von der RL begründeten Anspruch; seit Inkrafttreten des Vertrags von Lissabon am 1.12.2009 stellt sich zudem die Frage, ob der Anspruch auf bezahlten Jahresurlaub nicht ohnehin im Primärrecht wurzelt (Art. 31 Abs. 2 GRC i. V. m. Art. 6 Abs. 1 EUV; ErfK/*Gallner* § 1 BUrlG Rn. 6).　　　2136a

Zudem ist Art. 7 Abs. 1 RL 2003/88/EG dahin auszulegen, dass er nationalen Bestimmungen oder Gepflogenheiten entgegensteht, nach denen der Anspruch auf bezahlten Jahresurlaub **von einer effektiven Mindestarbeitszeit** von zehn Tagen oder einem Monat während des Bezugszeitraums **abhängt**. Er steht allerdings einer nationalen Bestimmung nicht entgegen, nach der je nach Ursache der Fehlzeiten des krankgeschriebenen Arbeitnehmers die Dauer des bezahlten Jahresurlaubs länger als die von der RL gewährleistete Mindestdauer von vier Wochen oder genauso lang wie diese ist (*EuGH* 24.1.2012 EzA EG-Vertrag 1999 Richtlinie 88/2003 Nr. 8 = NZA 2012, 139).　　　2136b

> Ein Arbeitnehmer handelt folglich nicht schon dann rechtsmissbräuchlich, wenn er Urlaub verlangt, obwohl er in dem gesamten Urlaubsjahr krankheitsbedingt an seiner Arbeitsleistung verhindert war (*BAG* 18.3.2003 EzA § 1 BUrlG Nr. 25; *LAG Düsseld.* 2.2.2009 LAGE § 7 BUrlG Nr. 45); dies folgt auch aus Art. 7 Abs. 1 der RL 2003/88/EG (*EuGH* 20.1.2009 EzA EG-Vertrag 1999 Richtlinie 2003/88 Nr. 1; **a. A.** z. B. *LAG Düsseld.* DB 1984, 251, DB 1992, 224).　　2137

(derzeit unbesetzt)　　　2138

### bb) Befristung des Urlaubsanspruchs; die aktuelle Rechtsentwicklung

Der Urlaubsanspruch des Arbeitnehmers entsteht – auch bei Teilzeitbeschäftigten – mit Ablauf der Wartezeit (§ 4 BUrlG) und in den folgenden Jahren jeweils am 1.1. (Stichtag); das gilt auch dann, wenn der Arbeitnehmer zu diesem Zeitpunkt arbeitsunfähig ist (*BAG* 18.3.2003 EzA § 1 BUrlG Nr. 25).　　　2139

Der Urlaubsanspruch ist streng an das Kalenderjahr gebunden.

Folglich verfällt der Urlaub, wenn er nicht bis zum 31.12. des jeweiligen Jahres realisiert wird, es sei denn, dass die Voraussetzungen für eine Übertragung gem. § 7 Abs. 3 BUrlG (dringende betriebliche oder in der Person des Arbeitnehmers [Krankheit des Arbeitnehmers, Niederkunft der Ehefrau] liegende Gründe) gegeben sind, sodass dann der Urlaub in den nächsten drei Monaten des folgenden Kalenderjahres ohne Rücksicht auf die vorher im Kalenderjahr bestehenden Rechte des Arbeitgebers oder des Arbeitnehmers gewährt und genommen werden muss (*BAG* 13.5.1982, 28.11.1990 EzA § 7 BUrlG Nr. 25, 79); **im Übertragungszeitraum hat der Arbeitgeber kein Leistungsverweigerungsrecht** gem. § 7 Abs. 1 BUrlG (*LAG BW* 3.6.2009 NZA-RR 2010, 178). Die **Ungewissheit**, ob das Arbeitsverhältnis im Urlaubsjahr fortbestanden hat, ist **kein gesetzlicher Übertragungsgrund** (*BAG* 18.9.2001 EzA § 7 BUrlG Nr. 109).

Der Urlaubsanspruch des Arbeitnehmers **erlischt** also an sich **ersatzlos**, wenn er den Arbeitgeber nicht im Urlaubsjahr oder im Falle der Übertragung nicht innerhalb der Übertragungsfrist auffordert, den Urlaub zeitlich festzulegen (s. Rdn. 2332 ff.; *BAG* 18.9.2001 EzA § 7 BUrlG Nr. 109).

## Kapitel 3
Der Inhalt des Arbeitsverhältnisses

Für die Unmöglichkeit der Inanspruchnahme des Urlaubs wegen **Krankheit** lässt sich dies aber für den **gesetzlichen Mindesturlaub nicht weiter aufrecht erhalten**; einem Verfall des Urlaubsanspruchs steht insoweit Art. 7 Abs. 1 RL 2003/88/EG entgegen (*EuGH* 20.1.2009 EzA EG-Vertrag 1999 2003/88 Nr. 1; *LAG Düsseld.* 2.2.2009 LAGE § 7 BUrlG Nr. 45; s. dazu *Dornbusch/Ahner* NZA 2009, 180 ff.;*Grobys* NJW 2009, 2177 ff.). Ausführungen zu der nahe liegenden Frage, wie lange der Anspruch übertragen werden muss, hat der *EuGH* (20.1.2009 EzA EG-Vertrag 1999 2003/88 Nr. 1 = NZA 2009, 135; s. a. *LAG Düsseld.* 2.2.2009 LAGE § 7 BUrlG Nr. 45; *LAG Hamm* 15.4.2010 – 16 Sa 1176/09, ZTR 2010, 326) zunächst nicht gemacht (krit. *Dornbusch/Ahner* NZA 2009, 180 ff.; s. jetzt *EuGH* 22.11.2011 – C 214/10, EzA-SD 24/2011, S. 5).

Das *BAG* (24.3.2009 EzA § 7 BUrlG Abgeltung Nr. 15 = NZA 2009, 538; s. a. *Krieger/Arnold* NZA 2009, 530 ff.; instr. *Boch* FA 2012, 5 ff.) hat – für den Fall der fortdauernden Arbeitsunfähigkeit – seine abweichende Auffassung demzufolge ausdrücklich aufgegeben.

**2140** Jedenfalls bestehen gegen eine Vereinbarung, nach der ein wegen Zeitablaufs am Jahresende erloschener tariflicher Urlaub im nachfolgenden Jahr in einem bestimmten Zeitabschnitt gewährt werden soll, keine rechtlichen Bedenken (*BAG* 18.10.2011 EzA § 7 BUrlG Nr. 126 = NZA 2012, 143). War die Gewährung dieses Urlaubs wegen Krankheit des Arbeitnehmers zum vereinbarten Termin nicht möglich, so erlosch der Anspruch mit Ablauf dieses Zeitabschnitts (*BAG* 25.8.1987 EzA § 4 TVG Metallindustrie Nr. 34); auch dies kann für den gesetzlichen Mindesturlaub jetzt aber nicht weiter aufrechterhalten werden (*EuGH* 20.1.2009 EzA EG-Vertrag 1999 Richtlinie 2003/88 Nr. 1 = NZA 2009, 135; *LAG Düsseld.* 2.2.2009 LAGE § 7 BUrlG Nr. 45).

**2140a** Allerdings steht Art. 7 Abs. 1 RL 2203/88/EG einer **tariflichen Regelung nicht entgegen**, die die Möglichkeit für einen während mehrerer Bezugszeiträume in Folge arbeitsunfähigen Arbeitnehmer, Ansprüche auf bezahlten Jahresurlaub anzusammeln, dadurch **einschränken**, dass sie einen **Übertragungszeitraum von 15 Monaten vorsehen**, nach dessen Ablauf der Anspruch auf bezahlten Jahresurlaub erlischt (*EuGH* 22.11.2011 – C 214/10, EzA-SD 24/2011, S. 5 = NZA 2011, 1333; *LAG Hamm* 22.3.2012 – 16 Sa 1176/09; instr. *Boch* FA 2012, 5 ff.; *Gehlhaar* NJW 2012,271 ff.; s. a. *Abele* FA 2012, 8 ff.; *Bauer/v.Medern* NZA 2012, 113 ff.). Begründet wird dies mit der **Erwägung**, dass ein **dauerhaft arbeitsunfähiger** Arbeitnehmer **ansonsten unbegrenzt Jahresurlaub ansammeln könnte. Dies würde »dem Zweck des Anspruchs auf Jahresurlaub jedoch nicht mehr entsprechen«**. Dieser besteht nämlich zumindest auch in der Erholung des Arbeitnehmers von seiner Arbeit. Davon kann bei einem unbegrenzten Ansammeln von Jahresurlauben jedoch nicht mehr gesprochen werden. Vielmehr erschöpft sich der Urlaubszweck dann ausschließlich in seiner Eigenschaft als Zeitraum für Entspannung und Freizeit. Ein allein hierauf gerichteter Anspruch könne dem Gemeinschaftsrecht jedoch nicht entnommen werden (*EuGH* 22.11.2011 – C 214/10, EzA-SD 24/2011, S. 5 = NZA 2011, 1333).

**2140b** Damit ist der Praxis in Deutschland allerdings **nicht unmittelbar geholfen**, weil dieses Urteil zunächst der Umsetzung in deutsches Recht bedarf, um Wirkungen entfalten zu können. Dies ist nicht dem EuGH anzulasten, der hierfür nicht zuständig ist, sondern der komplexen Rechtsfindung im Mehrebenensystem der Europäischen Union geschuldet (*Franzen* NZA 2011, 1403 ff.). Nach Auffassung des *LAG Hamm* (12.1.2012 – 16 Sa 1352/11, EzA-SD 5/2012, S. 8; a. A. *LAG BW* 21.12.2011 – 10 Sa 9/11, EzA-SD 5/2012, S. 9 LS: 15 Monate) folgt allerdings aus einer **richtlinienkonformen Rechtsfortbildung** des § 7 Abs. 3 S. 3 BUrlG, dass an die Stelle des gesetzlichen dreimonatigen Übertragungszeitraums bei Fehlen eines weiteren tariflichen Übertragungszeitraums unter Berücksichtigung von Art. 9 Abs. 1 des Übereinkommens Nr. 132 ILO ein **18-monatiger Übertragungszeitraum** tritt.

**2140c** Art. 7 Abs. 2 der Richtlinie 2003/88 steht zudem einer Bestimmung des nationalen Rechts entgegen, die durch einen Übertragungszeitraum von neun Monaten, nach dessen Ablauf der Anspruch auf bezahlten Jahresurlaub erlischt, den Anspruch eines in den Ruhestand tretenden Beamten auf

B. Pflichten des Arbeitgebers  Kapitel 3

Ansammlung der finanziellen Vergütungen für wegen Dienstunfähigkeit nicht genommenen bezahlten Jahresurlaub beschränkt (*EuGH* 3.5.2012 EzA EG-Vertrag 1999 Richtlinie 2003/88 Nr. 9).

**Insoweit gilt aufgrund der aktuellen Rechtsentwicklung nunmehr Folgendes:** 2141

*(1) Gemeinschaftsrechtliche Grundlagen*

Die Befristungsbestimmung des § 7 Abs. 3 BUrlG ist zwar **grds. mit dem Gemeinschaftsrecht** 2142 (Art. 7 Abs. 1, 2 RL 2003/88/EG **vereinbar** (*EuGH* 20.1.2009 EzA EG-Vertrag 1999 Richtlinie 2003/88 Nr. 1 = NZA 2009, 135; ErfK/*Gallner* § 7 BUrlG Rn. 39a). Auch das Gemeinschaftsrecht geht aus Gründen des **Gesundheitsschutzes** an sich davon aus, dass der gesetzliche Mindesturlaub zeitnah zum Arbeitsjahr erbracht wird (*EuGH* 6.4.2006 AP Richtlinie 93/104/EG Nr. 3). Denn es soll verhindert werden, dass der Arbeitnehmer Urlaubsansprüche ansammelt mit der Folge, die Lebensarbeitszeit durch die Inanspruchnahme von Urlaub aus mehreren Kalenderjahren zu verkürzen und/oder sich am Ende eines Arbeitsverhältnisses einen hohen Abgeltungsbetrag auszahlen zu lassen. Die Befristung des entstandenen Urlaubsanspruchs steht Art. 7 Abs. 1 RL 2003/88/EG aber dann entgegen, wenn der Arbeitnehmer während des gesamten Bezugszeitraums oder eines Teils davon krank geschrieben war und seine Arbeitsunfähigkeit bis zum Ende des Arbeitsverhältnisses fortgedauert hat, sodass er seinen Jahresurlaub nicht in Anspruch nehmen konnte (*EuGH* 20.1.2009 EzA EG-Vertrag 1999 Richtlinie 2003/88 Nr. 1; ErfK/*Gallner* § 7 BUrlG Rn. 39b).

*(2) EuGH 20.1.2009 EzA EG-Vertrag 1999 Richtlinie 2003/88 Nr. 1*

Der *EuGH* (20.1.2009 EzA-Vertrag 1999 Richtlinie 2003/88 Nr. 1; s. a. *Bauer/Arnold* NJW 2009, 2143 631 ff.) hebt hervor, dass das Gemeinschaftsrecht die Rechtsbeziehungen zwischen den Beschäftigten und ihren Vertragspartnern als Sozialrecht im weiten Sinn (**Sozialpolitik**) versteht und damit die in Deutschland bürgerlich-rechtlich gestalteten Beziehungen zwischen Arbeitnehmer und Arbeitgeber (Recht der Leistungsstörungen) einem weiten **sozialpolitischen Bewertungsrahmen** unterstellt. Der Anspruch des Arbeitnehmers auf bezahlten Jahresurlaub ist als ein besonders bedeutsamer Grundsatz des Sozialrechts der Gemeinschaft anzusehen (*EuGH* 20.1.2009 EzA EG-Vertrag 1999 Richtlinie 2003/88 Nr. 1 = NZA 2009, 135), nicht aber ein soziales Grundrecht (ErfK/*Gallner* § 7 BUrlG Rn. 39b).

Die Entscheidung enthält **keine konkreten Aussagen** dazu, welche einzelstaatlichen Rechtsvorschrif- 2144 ten oder Gepflogenheiten Art. 7 Abs. 1, 2 RL 2003/88 entgegenstehen. Aus der der Entscheidung zugrunde liegenden Vorlage und ihren Fragen lässt sich aber schließen, dass der EuGH jedenfalls § 7 Abs. 3, 4 BUrlG in der Auslegung des BAG als entgegenstehende Norm angesehen hat; Gleiches gilt für § 7 Abs. 3 BUrlG entsprechende Tarifnormen. Allerdings betrifft die Richtlinie den Mindesturlaub und wendet sich an die Mitgliedstaaten, sodass ihr Anwendungsbereich bei der Beurteilung von Tarifnormen nicht unmittelbar berührt wird. Tarifnormen verstoßen aber hinsichtlich des gesetzlichen Urlaubs gegen § 13 Abs. 1 S. 3 BUrlG, so dass sie insoweit unwirksam sind, wenn dem BUrlG ein anderer, gemeinschaftskonformer Inhalt beizumessen ist (ErfK/*Gallner* § 7 BUrlG Rn. 39e).

**Betroffen ist auch der gesetzliche Teilurlaub** (*BAG* 24.3.2009 EzA § 7 BUrlG Abgeltung Nr. 15 = 2145 NZA 2009, 538) und der gesetzliche Urlaub für Heimarbeiter. Anders verhält es sich beim gesetzlichen Zusatzurlaub (z. B. § 125 SGB IX; *LAG* Bln.-Bra. 2.10.2009 – 6 Sa 1215/09 – ZTR 2010, 211), denn insoweit handelt es sich nicht um Mindesturlaub, der von der RL 2003/88 erfasst wird (ErfK/*Gallner* § 7 BUrlG Rn. 39f; a. A. *Rummel* AuR 2009, 169).

Ob und ggf. wie das nationale Recht eine andere zeitliche Begrenzung als Kalenderjahr und Über- 2146 tragungszeitraum für den Fortbestand des nicht untergegangenen Urlaubsanspruchs aus den Vorjahren vorsehen kann, hat der *EuGH* (20.1.2009 EzA EG-Vertrag 1999 Richtlinie 2003/88 Nr. 1) nicht entschieden. Die Entscheidungsgründe lassen wohl nur den Schluss zu, **dass keinerlei Begrenzung für den Fortbestand** möglich ist. Der wegen lang andauernder Erkrankung über den Übertragungszeitraum hinaus übertragene Urlaub unterliegt nach Genesung des Arbeitnehmers auch **keiner vertraglichen oder tariflichen Ausschlussfrist**. Der Arbeitnehmer muss nicht innerhalb einer Verfallfrist

Urlaub beantragen und der Arbeitgeber ist nicht verpflichtet, innerhalb der Frist den Urlaub zu gewähren. Vielmehr unterliegt der so übertragene Urlaub den allgemeinen urlaubsrechtlichen Regeln zur Gewährung, Befristung und Übertragung wie der Urlaub, der im Jahr der Genesung entsteht (ErfK/*Gallner* § 7 BUrlG Rn. 39g; *Gaul/Bonanni/Ludwig* DB 2009, 1013; s. a. *ArbG Ulm* 16.9.2010 LAGE § 7 BUrlG Nr. 47; *ArbG Herne* 21.7.2010 LAGE § 7 BUrlG Abgeltung Nr. 29).

2146a  Allerdings steht Art. 7 Abs. 1 RL 2203/88/EG einer tariflichen Regelung nicht entgegen, die die Möglichkeit für einen während mehrerer Bezugszeiträume in Folge arbeitsunfähigen Arbeitnehmer, Ansprüche auf bezahlten Jahresurlaub anzusammeln, dadurch einschränken, dass sie einen Übertragungszeitraum von 15 Monaten vorsehen, nach dessen Ablauf der Anspruch auf bezahlten Jahresurlaub erlischt (*EuGH* 22.11.2011 – C 214/10, EzA-SD 24/2011, S. 5 = NZA 2011, 1333; s. *Gehlhaar* NJW 2012, 271 ff.; s. Rdn. 2140). Andererseits steht Art. 7 Abs. 2 RL 2003/88 einer Bestimmung des nationalen Rechts entgegen, die durch einen Übertragungszeitraum von neun Monaten, nach dessen Ablauf der Anspruch auf bezahlten Jahresurlaub erlischt, den Anspruch eines in den Ruhestand tretenden Beamten auf Ansammlung der finanziellen Vergütungen für wegen Dienstunfähigkeit nicht genommenen bezahlten Jahresurlaub beschränkt (*EuGH* 3.5.2012 EzA EG-Vertrag 1999 Richtlinie 2003/88 Nr. 9).

(3)  BAG 24.3.2009 EzA § 7 BUrlG Abgeltung Nr. 15

aaa)  Gemeinschaftskonforme Auslegung des § 7 Abs. 3 BUrlG

2147  Mit der Entscheidung des *EuGH* (20.1.2009 EzA EG-Vertrag 1999 Richtlinie 2003/88 Nr. 1) ist auch keine Entscheidung darüber getroffen, wie die nationalen Gerichte, über den konkreten Streitfall und andere vergleichbare Lebenssachverhalte zu befinden haben. Da der EuGH keine Verletzung des gemeinschaftsrechtlichen Primärrechts gerügt und deshalb keinen Unanwendbarkeitsausspruch vorgenommen hat, hat das *BAG* (24.3.2009 EzA § 7 BUrlG Abgeltung Nr. 15; s. a. *BAG* 4.5.2010 EzA § 7 BUrlG Abgeltung Nr. 17; s. a. *Gaul/Bonanni/Ludwig* DB 2009, 1013 ff.) eine **gemeinschaftskonforme Auslegung** des § 7 Abs. 3 BUrlG jedenfalls für die Fälle der krankheitsbedingten Arbeitsunfähigkeit gewählt. Denn die nationalen Gerichte müssen das innerstaatliche Recht so weit wie möglich so auslegen, dass das in einer Richtlinie festgelegte Ergebnis zu erreichen ist und so Art. 288 Abs. 3 AEUV beachtet wird. Dieser Grundsatz der gemeinschaftsrechtskonformen Auslegung des nationalen Rechts betrifft zwar in erster Linie die zur Umsetzung einer RL erlassenen innerstaatlichen Bestimmungen, verlangt aber auch, dass das nationale Gericht das gesamte nationale Recht berücksichtigt, um zu beurteilen, inwieweit es so angewendet werden kann, dass es nicht zu einem der Richtlinie widersprechenden Ergebnis führt (*EuGH* 5.10.2004 EzA EG-Vertrag 1999 Richtlinie 93/104 Nr. 1; s. ErfK/*Gallner* § 7 BUrlG Rn. 39i). Das ist auch im Urlaubsrecht maßgebend; deshalb ist das *BAG* (24.3.2009 EzA § 7 BUrlG Abgeltung Nr. 15) davon ausgegangen, dass gesetzliche Urlaubs(abgeltungs)ansprüche nicht erlöschen, wenn der Arbeitnehmer bis zum Ende des Urlaubsjahrs und/oder des Übertragungszeitraums erkrankt und deswegen arbeitsunfähig ist. Das entspricht Wortlaut, Systematik und Zweck der innerstaatlichen Regelungen, wenn die Ziele des Art. 7 Abs. 1, 2 RL 2003/88/EG und der regelmäßig anzunehmende Wille des nationalen Gesetzgebers zur ordnungsgemäßen Umsetzung von Richtlinien berücksichtigt werden (*BAG* 24.3.2009 EzA § 7 BUrlG Abgeltung Nr. 15). Es handelt sich um eine **richtlinienkonforme teleologische Reduktion der zeitlichen Grenzen des § 7 Abs. 3 S. 1, 3, 4 BUrlG** in Fällen krankheitsbedingter Arbeitsunfähigkeit bis zum Ende des Urlaubsjahrs und/oder des jeweiligen Übertragungszeitraums (ErfK/*Gallner* § 7 BUrlG Rn. 39j; zust. *Rummel* AuR 2009, 160; s. a. *Krieger/Arnold* NZA 2009, 530).

2147a  Das bedeutet aber **keine vollständige Aufgabe** des bisherigen Verständnisses der gesetzlichen Befristungsbestimmung in § 7 Abs. 3 BUrlG, auch wenn damit dieselbe Vorschrift zwei unterschiedliche Rechtsfolgen ausweist (ErfK/*Gallner* § 7 BUrlG Rn. 39j).

## B. Pflichten des Arbeitgebers  Kapitel 3

*bbb) Unterscheidung nach der Rechtsgrundlage des Urlaubs*

Das *BAG* (24.3.2009 EzA § 7 BUrlG Abgeltung Nr. 15) hat zwischen dem gesetzlichen und dem darüber hinaus gehenden tarif- und einzelvertraglichen Urlaub unterschieden. Denn Rechtsvorschriften oder Gepflogenheiten i. S. d. Art. 7 Abs. 1 RL 2003/88 sind zwar auch Tarifbestimmungen. Sie stehen dieser Vorschrift an sich ebenso partiell entgegen wie das Gesetz, wenn sie Urlaubsansprüche befristen. Allerdings kann das Gemeinschaftsrecht nur den gesetzlichen Teil des Urlaubs – mittelbar – betreffen, denn der tarifliche, den gesetzlichen Rahmen übersteigende Urlaub fällt nicht in den Anwendungsbereich des Gemeinschaftsrechts. Insoweit muss also der Arbeitnehmer den Verfall des überschießenden Urlaubs bei fortdauernder Erkrankung hinnehmen (ErfK/*Gallner* § 7 BUrlG Rn. 39k; *Thüsing* FA 2009, 65; *Gaul/Bonanni/Ludwig* DB 2009, 1013), denn die Tarifvertragsparteien können für den **nicht unionsrechtlich verbürgten** Teil des Urlaubs (Mehrurlaub) **regeln, dass der Arbeitnehmer das Risiko** der Inanspruchnahme **bis zu einem von ihnen festgelegten Zeitpunkt trägt**. Voraussetzung ist aber, dass die Auslegung ergibt, dass der Tarifvertrag vom **grundsätzlichen Gleichlauf** zwischen gesetzlichem Mindesturlaub und tariflichem Mehrurlaub **abweicht**, also eigenständige Regelungen trifft. Das ist dann der Fall, wenn er entweder zwischen gesetzlichem Urlaub und tariflichem Mehrurlaub unterscheidet oder sowohl für Mindest- als auch Mehrurlaub wesentlich von § 7 Abs. 3 BUrlG abweichende Übertragungs- und Verfallsregeln bestimmt (*BAG* 12.4.2011 EzA § 7 BUrlG Nr. 123). Anders ist es dann, wenn die Tarifauslegung ergibt, dass die Tarifvertragsparteien in allen Details den von ihnen vereinbarten Urlaub an das Schicksal des gesetzlichen Urlaubs anbinden wollten. Dasselbe gilt für einzelvertragliche Urlaubsvereinbarungen, durch die ein höherer Urlaubsanspruch als nach dem BUrlG entsteht. Ergibt die Vertragsauslegung allein eine Anbindung an das Gesetz, so geht der vertragliche Anspruch ebenso wenig wie der gesetzliche im Fall dauerhafter Erkrankung unter; anderenfalls bleibt nur der gemeinschaftsrechtlich abgesicherte Urlaub erhalten (s. *BAG* 24.3.2009 EzA § 7 BUrlG Abgeltung Nr. 15 zu einer Kirchenarbeits- und Vergütungsordnung; *LAG RhPf* 19.8.2010 ZTR 2011, 98; *LAG Düssel.* 20.1.2011 ZTR 2011, 377; *LAG Nbg.* 6.9.2011 ZTR 2011, 735: § 26 Abs. 2 TVöD; ErfK/*Gallner* § 7 BUrlG Rn. 39l; s. a. *LAG Köln* 16.11.2010 ZTR 2011, 231). Die Tarifvertragsparteien des TVöD z. B. haben zwar nicht ausdrücklich zwischen dem gesetzlichen, unionsrechtlich verbürgten Mindesturlaub von vier Wochen und dem tariflichen Mehrurlaub differenziert. Sie haben sich jedoch mit der Regelung in § 26 Abs. 2 TVöD hinreichend deutlich vom gesetzlichen Fristenregime in § 7 Abs. 3 BUrlG gelöst, indem sie die Übertragung und den Verfall des Urlaubsanspruchs eigenständig geregelt haben. Dies hindert die Annahme eines »Gleichlaufs« des gesetzlichen Mindesturlaubs und des tariflichen Mehrurlaubs und bewirkt, dass der Mehrurlaub aus dem Jahr 2007 am 31.5.2008 und der Mehrurlaub aus dem Jahr 2008 am 31.5.2009 gem. § 26 Abs. 2 Buchst. a TVöD verfallen sind (*BAG* 22.5.2012 – 9 AZR 575/10). Dagegen knüpft die Urlaubsregelung im TV-L den Anspruch des Beschäftigten auf Abgeltung des tariflichen Mehrurlaubs nicht daran, dass der Beschäftigte zum Zeitpunkt der Beendigung des Arbeitsverhältnisses arbeitsfähig ist oder seine Arbeitsfähigkeit während des tariflichen Übertragungszeitraums wieder erlangt (*BAG* 22.5.2012 – 9 AZR 618/10).

2148

Wenn eine arbeitsvertragliche Urlaubsregelung also **keinerlei Anhaltspunkte** dafür enthält, dass die Arbeitsvertragsparteien den vertraglichen oder tariflichen Mehrurlaub vom gesetzlichen Mindesturlaub abkoppeln wollten, ist davon auszugehen, dass auch der übergesetzliche Mehrurlaub nicht bei Fortdauer der Arbeitsunfähigkeit am 31.3. des Folgejahres erlischt (*BAG* 4.5.2010 EzA § 7 BUrlG Abgeltung Nr. 17; *LAG SchlH* 17.2.2010 LAGE § 7 BUrlG Abgeltung Nr. 24). Der Entscheidung des *LAG SchlH* (17.2.2010 LAGE § 7 BUrlG Abgeltung Nr. 24) lag z. B. eine einzelvertragliche Vereinbarung zugrunde, die bezüglich Urlaub nur regelte, dass der Vertragspartner einen Urlaub von 30 Arbeitstagen jährlich erhält (anders für § 26 Abs. 2 TVöD *LAG Nbg.* 6.9.2011 – 6 Sa 366/11, AuR 2011, 503 LS; *LAG RhPf* 19.8.2010 ZTR 2011, 98; **a. A.** *LAG Hamm* 24.2.2011 ZTR 2011, 607).

2149

*ccc) Konsequenzen bei lang anhaltender Erkrankung*

2150 Die Auslegung (Rechtsfortbildung) des § 7 Abs. 3 BUrlG durch das *BAG* (4.5.2010 EzA § 7 BUrlG Abgeltung Nr. 17) hat zur Folge, dass der **Urlaubsanspruch trotz lang anhaltender Erkrankung** am Ende des Übertragungszeitraums **dann erlischt, wenn der Arbeitnehmer** im Kalenderjahr bzw. im Übertragungszeitraum **so rechtzeitig arbeitsfähig wird, dass er in der verbleibenden Zeit seinen Urlaub nehmen kann.** Dann, wenn der aus dem Vorjahr übertragene Urlaubsanspruch nach Ablauf des Übertragungszeitraums zunächst nicht untergeht, weil der Arbeitnehmer wegen andauernder krankheitsbedingter Arbeitsunfähigkeit gehindert war, den Urlaub in Anspruch zu nehmen, **teilt er das Schicksal des Urlaubsanspruchs, den der Arbeitnehmer zu Beginn des aktuellen Urlaubsjahres erworben hat.** Zum Urlaubsanspruch gehört folglich nicht nur der jeweils neueste, am 1. Januar eines jeden Kalenderjahres entstehende Anspruch, sondern auch der infolge der Übertragung hinzutretende, noch zu erfüllende Anspruch aus dem Vorjahr. Auf diese **kumulierende Weise** wächst der Urlaubsanspruch an. Nach § 7 Abs. 3 S. 3 BUrlG besteht nur die **Besonderheit**, dass der Arbeitgeber im Interesse einer zeitnahen Erholung den Anteil des Urlaubsanspruchs, der vor dem laufenden Urlaubsjahr entstanden ist, **innerhalb des ersten Quartals gewähren muss.** Geht der aus dem Vorjahr übertragene Urlaubsanspruch trotz Ablaufs des Übertragungszeitraums – etwa wegen andauernder krankheitsbedingter Arbeitsunfähigkeit des Arbeitnehmers – nicht unter, ist dieser Teil des Urlaubsanspruchs gegenüber dem Teil, den der Arbeitnehmer zu Beginn des aktuellen Urlaubsjahres erworben hat, **nicht privilegiert.** Er unterliegt dem Fristenregime des § 7 Abs. 3 BUrlG (*BAG* 9.8.2011 EzA § 7 BUrlG Nr. 125 = NZA 2012, 29).

2150a Wird er so spät arbeitsfähig, dass er nur einen Teil seines Urlaubs nehmen kann und nimmt er ihn aber bis zum Ende des Gewährungszeitraums nicht, so bleibt ihm nur der überschießende Teil des Resturlaubsanspruchs über den Ablauf des Jahres bzw. Übertragungszeitraums erhalten. Der erfüllbare Teil des gesetzlichen Mindesturlaubs erlischt, wenn er ihn nicht zur Erteilung einfordert. Dies ist mit dem Gemeinschaftsrecht vereinbar; die Rechtsfolge beruht nämlich auf der Passivität des Arbeitnehmers, die das vom sozialen Empfinden geprägte Gemeinschaftsrecht nicht schützt. Die Festlegung des Zeitraums gehört zu dem den Mitgliedstaaten zustehenden Regelungsbereich, der nur bestimmten Grenzen unterliegt (*EuGH* 20.1.2009 EzA EG-Vertrag 1999 Richtlinie 2003/88 Nr. 1). **Sie sind überschritten, wenn der Arbeitnehmer tatsächlich nicht die Möglichkeit hatte, »den mit der RL verliehenen Anspruch auszuüben«** (*EuGH* 20.1.2009 EzA EG-Vertrag 1999 Richtlinie 2003/88 Nr. 1 = NZA 2009, 135). Das ist wohl dann nicht der Fall, wenn der Arbeitnehmer nach lang andauernder Erkrankung seine Arbeit wieder aufnimmt, seinen Urlaub in Erwartung dauerhafter Genesung nicht sofort beansprucht und dann wiederum erkrankt. In diesem Fall erlischt der aus den Vorjahren fortbestandene Urlaub am Ende des laufenden Urlaubsjahrs/Übertragungszeitraums, denn der Arbeitnehmer hatte zwischenzeitlich Gelegenheit, den »mit der RL verliehenen Anspruch auszuüben« (ErfK/*Gallner* § 7 BUrlG Rn. 39m).

2150b Allerdings steht Art. 7 Abs. 1 RL 2203/88/EG einer tariflichen Regelung nicht entgegen, die die Möglichkeit für einen während mehrerer Bezugszeiträume in Folge arbeitsunfähigen Arbeitnehmer, Ansprüche auf bezahlten Jahresurlaub anzusammeln, dadurch einschränken, dass sie einen Übertragungszeitraum von 15 Monaten vorsehen, nach dessen Ablauf der Anspruch auf bezahlten Jahresurlaub erlischt (*EuGH* 22.11.2011 – C 214/10, EzA-SD 24/2011, S. 5 = NZA 2011, 1333; s. *Gehlhaar* NJW 2012, 271 ff.; s. a. Rdn. 2140). Andererseits steht Art. 7 Abs. 2 RL 2003/88 einer Bestimmung des nationalen Rechts entgegen, die durch einen Übertragungszeitraum von neun Monaten, nach dessen Ablauf der Anspruch auf bezahlten Jahresurlaub erlischt, den Anspruch eines in den Ruhestand tretenden Beamten auf Ansammlung der finanziellen Vergütungen für wegen Dienstunfähigkeit nicht genommenen bezahlten Jahresurlaub beschränkt (*EuGH* 3.5.2012 EzA EG-Vertrag 1999 Richtlinie 2003/88 Nr. 9).

*ddd) Teilerfüllung*

2151 Steht dem Arbeitnehmer mehr als der gesetzliche Mindesturlaub zu und ist vor der andauernden Erkrankung bereits ein Teil davon erfüllt, so kann entsprechend § 366 BGB verfahren werden. Der die

Freistellung gewährende Arbeitgeber kann gem. § 366 Abs. 1 BGB eine Leistungsbestimmung abgeben. Fehlt sie, so muss gem. § 366 Abs. 2 BGB entschieden werden, welche Schuld als die lästigere i. S. d. Norm anzusehen ist. **Aus Sicht des Schuldners dürfte das nicht verfallbare Schuld aus dem gesetzlichen Mindesturlaub sein** (ErfK/*Gallner* § 7 BUrlG Rn. 39n; *Krieger/Arnold* NZA 2009, 530; abl. *Natzel* NZA 2011, 77 ff.; umgekehrt *LAG Düsseld.* 30.9.2010 ZTR 2011, 97; ganz a. A. *LAG Köln* 19.8.2011 ZTR 2011, 732: Anspruchskonkurrenz).

*(4) Langfristige anderweitige Fehlzeiten*

Langfristige Fehlzeiten können auch durch Beschäftigungsverbote (MuSchG, IfSG, BEEG) und aufgrund sozialversicherungsrechtlicher Tatbestände eintreten (z. B. die nicht dauerhafte, zeitlich auf mehrere Jahre befristete Rente wegen Erwerbsminderung), in deren Folge das Arbeitsverhältnis fortbesteht. **In allen Fällen entsteht ein Urlaubsanspruch**, der nach dem bisherigen Verständnis des § 7 Abs. 3 BUrlG spätestens am Ende des Übertragungszeitraums unterging (offen gelassen für die befristete Rente wegen Erwerbsminderung von *BAG* 9.8.2011 – 9 AZR 475/10, EzA-SD 2/2012 S. 10 = NZA 2012, 166; s. *Boecken/Jacobsen* ZTR 2011, 267 ff.; s. a. *LAG Köln* 16.11.2010 ZTR 2011, 231 u. *LAG Nbg.* 8.2.2011 ZTR 2011, 550: bei Ruhen des Arbeitsverhältnisses entsteht generell kein Anspruch; ebenso *LAG Köln* 10.3.2011 ZTR 2011, 689: befristete Erwerbsunfähigkeitsrente), soweit nicht Sonderregelungen eingreifen (MuSchG; BEEG). Endete das Arbeitsverhältnis, erhielt der Arbeitnehmer einen Abgeltungsanspruch, der jedoch nur zu realisieren war, wenn der Arbeitnehmer seine Arbeitsfähigkeit wieder erlangt hatte. Das ist aber vor allem beim Übergang in die Dauerrente i. d. R. nicht der Fall. Wenn die zeitliche Begrenzung zum Fortbestand des entstandenen Anspruchs zu den Bedingungen für die Inanspruchnahme und die Gewährung von Urlaub i. S. d. Art. 7 Abs. 1 RL 2003/88 gehört, nur »bestimmten Grenzen« unterliegt (*EuGH* 20.1.2009 EzA EG-Vertrag 1999 Richtlinie 2003/88 Nr. 1) und die Begrenzung darin besteht, dass ein Verlust des Anspruchs dann nicht erfolgt, wenn der Arbeitnehmer keine Möglichkeit der Urlaubsinanspruchnahme innerhalb des maßgebenden Zeitraums hatte, so kann auch dem Zeitrentner die Geltendmachung seines Urlaubsanspruchs aus den vergangenen Jahren nach Ablauf der Zeitrente nicht streitig gemacht werden (s. *LAG SchlH* 16.12.2010 – 4 Sa 209/10, AuR 2011, 128 LS; a. A. beim ruhenden Arbeitsverhältnis *LAG Düsseld.* 1.10.2010 – 9 Sa 1541/09, AuR 2011, 128 LS). **Es verbleiben Urlaubsansprüche für mehrere Jahre** (*LAG Düsseld.* 7.7.2011 – 5 Sa 416/11, AuR 2011, 504 LS); **gleichwohl kommt ein Rückgriff auf § 242 BGB wohl nicht in Betracht** (ErfK/*Gallner* § 7 BUrlG Rn. 39o).

2152

*cc) Erlöschen nach Fristablauf*

Kann der Arbeitnehmer den Urlaub z. B. wegen lang anhaltender Krankheit nicht spätestens bis zum 31.3. des Folgejahres verwirklichen, so erlosch entgegen der ursprünglichen Rechtsprechung des *BAG* (21.7.1973 AP Nr. 3 zu § 7 BUrlG Übertragung) der Anspruch, wenn der Arbeitgeber die Unmöglichkeit nicht zu vertreten hatte (*BAG* 13.5.1982 EzA § 7 BUrlG Nr. 25). Eine Ausnahme bestand auch nicht während des Kündigungsschutzprozesses (*BAG* 22.10.1987 EzA § 7 BUrlG Nr. 60), d. h. die Erfüllung wurde unmöglich, auch ohne dass es einer Verfallfrist bedurfte; die **Kündigungsschutzklage** enthielt **regelmäßig** auch **keine verzugsbegründende Mahnung** (*BAG* 18.9.2001 EzA § 7 BUrlG Nr. 109; s. a. *LAG München* 3.12.2009 LAGE § 7 BUrlG Abgeltung Nr. 23).

2153

Dies ist allerdings jedenfalls für den gesetzlichen Mindesturlaub insoweit mit Art. 7 Abs. 1 RL 2003/88/EG nicht vereinbar (*EuGH* 20.1.2009 EzA EG-Vertrag 1999 2003/88 Nr. 1; *LAG Düsseld.* 2.2.2009 LAGE § 7 BUrlG Nr. 45 = NZA-RR 2009, 242), als der Arbeitnehmer durch Krankheit gehindert ist, den Urlaub in Anspruch zu nehmen. Das *BAG* (24.3.2009 EzA § 7 BUrlG Abgeltung Nr. 15; 4.5.2010 EzA § 7 BUrlG Abgeltung Nr. 17; s. dazu *Krieger/Arnold* NZA 2009, 530 ff.; s. a. *LAG Nds.* 17.12.2010 LAGE § 7 BUrlG Abgeltung Nr. 31: keine Verpflichtung zur Eigenkündigung des Arbeitnehmers – § 242 BGB) hat seine gegenteilige Auffassung inzwischen ausdrücklich aufgegeben; daraus folgt entgegen *LAG Hamm* (22.4.2010 LAGE

§ 7 BUrlG Abgeltung Nr. 26 = NZA 2011, 106; zust. *Schipper/Polzer* NZA 2011, 80 ff.) nicht die Vererblichkeit des Anspruchs bei Beendigung des Arbeitsverhältnisses durch den Tod des Arbeitnehmers (*BAG* 20.9.2011 – 9 AZR 416/10, EzA-SD 2/2012 S. 20 LS).

Das *LAG BW* (29.4.2010 LAGE § 7 BUrlG Abgeltung Nr. 26; 2.12.2010 LAGE § 7 BUrlG Abgeltung Nr. 29; a. A. *LAG BW* 9.6.2011 – 6 Sa 109/10; ebenso für eine tarifliche Kürzungsregelung in einem derartigen Fall *LAG Köln* 29.4.2010 ZTR 2010, 589; *LAG Hamm* 11.11.2011 LAGE § 13 BUrlG Nr. 3) geht davon aus, dass auch in einem in Folge des Bezuges einer **Zeitrente wegen Erwerbsunfähigkeit** ruhenden Arbeitsverhältnis Jahr für Jahr der gesetzliche Mindesturlaubsanspruch entsteht und nicht mit dem Ende des Übertragungszeitraums des § 7 Abs. 3 BUrlG verfällt. Auch einem Abgeltungsanspruch steht danach nicht entgegen, dass der Arbeitnehmer auch nach seinem Ausscheiden weiterhin wegen Erwerbsunfähigkeit nicht zur Arbeitsleistung in der Lage wäre. Allerdings gilt danach für den Urlaubsabgeltungsanspruch eine zu wahrende Ausschlussfrist. Nach *LAG Düsseld.* (31.3.2010 – 12 Sa 1512/09 – EzA-SD 9/2010 S. 6 LS; 4.5.2011 LAGE § 7 BUrlG Nr. 49; ebenso *LAG Köln* 20.4.2010 LAGE § 7 BUrlG Abgeltung Nr. 25; a. A. *LAG Hamm* 11.11.2011 LAGE § 13 BUrlG Nr. 3) folgt aus der Entscheidung des *EuGH* (20.1.2009 EzA EG-Vertrag 1999 Richtlinie 2003/88 Nr. 1 = NZA 2009, 135) auch, dass § 7 Abs. 3 BUrlG insgesamt unionsrechtskonform dahin auszulegen ist, dass der gesetzliche Mindesturlaubsanspruch **generell weder auf das Ende des Kalenderjahres noch auf das Ende des Übertragungszeitraums befristet ist** (s. *Bauckhage-Hoffer/Buhr/Roeder* BB 2011, 501 ff.). Danach besteht der Anspruch auch im Falle der Arbeitsfähigkeit des Arbeitnehmers fort, unterliegt allerdings der gesetzlichen Verjährung von drei Jahren.

Das *LAG München* (3.12.2009 LAGE § 7 BUrlG Abgeltung Nr. 23) geht aber davon aus, dass der Fall der **Nichtbeschäftigung des Arbeitnehmers aufgrund einer vorausgegangenen Arbeitgeberkündigung** und eines darüber geführten mehrjährigen Rechtsstreits nicht dem Fall gleichzustellen ist, in dem der Arbeitnehmer aufgrund einer krankheitsbedingten Arbeitsunfähigkeit nicht die Möglichkeit hatte, seinen Urlaub rechtzeitig zu nehmen. Deshalb besteht nach rückwirkendem Ausscheiden aufgrund Beendigungsvergleichs nach mehrjähriger Prozessdauer kein Anspruch auf Urlaubsabgeltung bzw. entsprechenden Geldschadensersatz für mehrere zurückliegende Urlaubsjahre der Prozessdauer ohne das Erfordernis entsprechender Geltendmachungen/Mahnungen.

2154 Also auch dann, wenn ein Arbeitsverhältnis auf Grund eines gerichtlichen Vergleichs im Kündigungsschutzprozess rückwirkend beendet wird, ändert dies jedenfalls danach nach wie vor nichts am eingetretenen Erlöschen des Urlaubsanspruchs am Ende des Urlaubsjahres bzw. des Übertragungszeitraums und führt nicht zu einem nunmehr wegen der Beendigung des Arbeitsverhältnisses gegebenen Urlaubsabgeltungsanspruch.

2155, (derzeit unbesetzt)
2156

*dd) Übertragung des Urlaubsanspruchs*

2157 Die Übertragung des Urlaubs erfolgt ohne besondere Geltendmachung, wenn einer der gesetzlichen Gründe (dringende betriebliche oder in der Person des Arbeitnehmers liegende Gründe) zur Übertragung vorliegt (*BAG* 24.11.1987 EzA § 7 BUrlG Nr. 61). **Die Übertragung selbst vollzieht sich kraft Gesetzes**; besondere Übertragungserklärungen der Parteien des Arbeitsverhältnisses oder des Arbeitgebers, insbes. eine Genehmigung zur Übertragung, sind nicht erforderlich (*LAG SchlH* 23.11.2005 NZA-RR 2006, 123).

2158 Diese Grundsätze gelten auch für den Zusatzurlaub für schwer behinderte Menschen gem. § 125 SGB IX (*LAG SchlH* BB 1985, 734).

2159 Dringende betriebliche Gründe liegen nicht bereits deshalb vor und sind nicht deshalb zu vermuten, weil der Arbeitgeber den Urlaub nicht von sich aus gewährt hat (*BAG* 23.6.1992 EzA § 7 BUrlG Nr. 85).

Die Übertragungsregelung nach § 7 Abs. 3 S. 2 BUrlG gilt auch für Teilurlaubsansprüche neben der 2160
Übertragungsregelung nach § 7 Abs. 3 S. 4 BUrlG für den nach § 5 Abs. 1 lit. a BUrlG entstandenen Teilanspruch (*BAG* 25.8.1987 EzA § 7 BUrlG Nr. 57; *LAG RhPf* 2.9.1999 NZA 2000, 262).

> Wenn die gesetzlichen Voraussetzungen erfüllt sind, bedarf es für die Übertragung des Urlaubs 2161
> insbes. **keines besonderen Verlangens des Arbeitnehmers** (*LAG SchlH* 23.11.2005 NZA-RR 2006, 123). Will der Arbeitnehmer allerdings Teilurlaub (§ 5 BUrlG) auf das nächste Kalenderjahr übertragen, muss er dies noch im Urlaubsjahr verlangen. Dafür reicht andererseits jede Handlung des Arbeitnehmers aus, mit der er für den Arbeitgeber deutlich macht, den Teilurlaub erst im nächsten Jahr nehmen zu wollen. Nicht ausreichend ist es, dass der Arbeitnehmer im Urlaubsjahr nur darauf verzichtet, einen Urlaubsantrag zu stellen (*BAG* 29.7.2003 EzA § 7 BUrlG Nr. 111).

Für den nach § 7 Abs. 3 BUrlG übertragenen Urlaubsanspruch gelten folgende **Besonderheiten:** 2162
– der Anspruch ist **auf den 31. März** befristet, es sei denn, der Arbeitnehmer ist wegen Krankheit daran gehindert, soweit es sich um den gesetzlichen Mindesturlaub handelt, ihn zu realisieren (*EuGH* 20.1.2009 EzA EG-Vertrag 1999 2003/88 Nr. 1; *BAG* 4.5.2010 EzA § 7 BUrlG Abgeltung Nr. 17);
– der Arbeitgeber ist **nicht berechtigt, im Übertragungszeitraum** die **Gewährung** des Urlaubs nach § 7 Abs. 1 BUrlG **abzulehnen** (*LAG BW* 3.6.2009 NZA-RR 2010, 178).

**Im Übrigen weist der übertragene Urlaub keine besonderen Merkmale aus.** Er tritt dem im Folge- 2163
jahr entstehenden Urlaubsanspruch hinzu (*BAG* 10.2.2004 EzA § 7 BUrlG Nr. 112 = NZA 2004, 986 m. Anm. *Hager* SAE 2005, 160 ff.; 29.7.2003 EzA § 7 BUrlG Nr. 111).

*ee) Das IAO-Übereinkommen Nr. 132 über den bezahlten Jahresurlaub*

Nach Art. 9 IAO-Übereinkommen Nr. 132 wird der Zeitraum für die Übertragung des Urlaubs- 2164
anspruchs zunächst auf ein Jahr (also auf das volle Folgejahr) als Höchstgrenze festgelegt. Diese kann jedoch für den zwei Arbeitswochen überschreitenden Teil des Urlaubs noch auf 18 Monate verlängert werden.

Das *BAG* (28.11.1990 EzA § 7 BUrlG Nr. 79; 7.12.1993 EzA § 7 BUrlG Nr. 91) geht davon aus, 2165
dass diese Bestimmungen zwar **innerstaatliches Recht** geworden sind. Dadurch sind die Gesetzgebungsorgane der BRD auch innerstaatlich verpflichtet worden, dieses Übereinkommen zu erfüllen. Dem ist der Bundesgesetzgeber aber durch die Änderung des BUrlG v. 29.10.1974 nachgekommen; die vom *BAG* (28.11.1990 EzA § 7 BUrlG Nr. 79; 7.12.1993 EzA § 7 BUrlG Nr. 91) angenommene **Befristung des Urlaubsanspruchs** auf das Kalenderjahr bis maximal zum Ablauf des Übertragungszeitraums (31.3.) widerspricht dieser Regelung nicht (a. A. *LAG Düsseld.* 21.3.1991 LAGE § 7 AWbG NW Nr. 9; 4.5.2011 LAGE § 7 BUrlG Nr. 49; *LAG Hamm* 12.1.2012 – 16 Sa 1352/11, EzA-SD 5/2012, S. 8).

(derzeit unbesetzt) 2166–2168

*ff) Teilzeitbeschäftigung*

> Arbeitnehmer erwerben grds. ohne Rücksicht auf den Umfang der Arbeitszeit Anspruch auf be- 2169
> zahlten Erholungsurlaub. Das BUrlG selbst sieht insoweit keine Ausnahmen vor. Folglich erwerben auch studentische Hilfskräfte, die in einem unbefristeten Arbeitsverhältnis teilzeitbeschäftigt werden, einen Urlaubsanspruch, der sich nach dem Umfang der vertraglich geschuldeten Arbeitsleistung richtet (*BAG* 23.6.1992 EzA § 7 BUrlG Nr. 85).

Bei Teilzeitbeschäftigten, die zwar in gewisser Regelmäßigkeit, aber doch jeweils nur für einen be- 2170
stimmten Arbeitstag zur Arbeitsleistung herangezogen werden, kann allerdings zweifelhaft sein, ob ein dauerndes Teilzeitarbeitsverhältnis vorliegt mit der Folge entsprechender anteiliger Urlaubsansprüche oder aber nur jeweils für einen Tag oder einzelne Arbeitsintervalle befristete Arbeitsverhältnisse, die Urlaubsansprüche ausschließen.

**2171** Das *BAG* (19.1.1993 EzA § 1 BUrlG Nr. 20) hat insoweit angenommen, dass Studenten, die nach einer mehrwöchigen Einarbeitung als Sitz- oder Sonderwachen in einer Intensivstation eines Universitätsklinikums für geeignet gehalten und in den Kreis der zukünftig zu Sitzwachen heranzuziehenden studentischen Hilfskräfte aufgenommen werden, in einem **dauernden Teilzeitarbeitsverhältnis** stehen. Sie haben deshalb in jedem Kalenderjahr Anspruch auf Urlaub entsprechend ihrer im Vergleich zu Vollzeitbeschäftigten jährlich zu leistenden Arbeit.

*c) Auswirkungen abweichender (insbes. tariflicher) Regelungen*

**2172** Siehe Rdn. 2376 ff.

**2173–2190** (derzeit unbesetzt)

*d) Mutterschutzfristen, Elternzeit*

**2191** Gem. § 17 S. 2 MuSchG können Mütter eine Übertragung des Resturlaubs auf das laufende Kalenderjahr, in dem die Mutterschutzfrist endet, oder auf das nächste Urlaubsjahr beanspruchen, wenn sie ihren Urlaub vor Beginn des Beschäftigungsverbots nicht oder nicht vollständig erhalten haben. Damit ist klargestellt, dass die Übertragungsmöglichkeit im Vergleich zu dem von § 7 Abs. 3 BUrlG bestimmten Rahmen deutlich erweitert wird. Gem. § 17 Abs. 2 BEEG hat der Arbeitgeber im Übrigen dann, wenn der Arbeitnehmer den ihm zustehenden Urlaub vor dem Beginn der Elternzeit nicht oder nicht vollständig erhalten hat, den nach der möglichen, aber nicht notwendigen ratierlichen Kürzung gem. § 17 Abs. 1 BEEG verbleibenden Resturlaub nach der Elternzeit im laufenden oder im nächsten Kalenderjahr gewähren. Auch insoweit handelt es sich um eine Sonderregelung gegenüber der Verfallfrist des § 7 Abs. 3 BUrlG und etwaigen gleich lautenden tariflichen Regelungen (vgl. *BAG* 24.10.1989 NZA 1990, 499).

*e) Erkrankung des Arbeitnehmers*

**2192** Hat der Arbeitgeber den Urlaubszeitpunkt bestimmt und erkrankt der Arbeitnehmer vor Urlaubsantritt oder während des Urlaubs arbeitsunfähig, so entfällt dadurch nicht die Verpflichtung des Arbeitgebers, **den Urlaub zu erteilen**, wenn der Arbeitnehmer **wieder zur Erfüllung seiner Arbeitspflicht in der Lage** und der Anspruch **noch nicht durch Fristablauf erloschen ist** (*BAG* 9.6.1988 EzA § 13 BUrlG Nr. 35).

*f) Ersatzurlaubsanspruch*

*aa) Rechtslage bei unberechtigter Urlaubsverweigerung und nach Fristablauf*

**2193** Das *BAG* (5.9.1985 EzA § 7 BUrlG Nr. 40; 11.4.2006 EzA § 7 BUrlG Nr. 116) geht für den Fall, dass der Arbeitnehmer den Urlaubsanspruch rechtzeitig, aber erfolglos geltend gemacht hatte und dem Arbeitgeber die Erteilung des Urlaubs möglich war, weil insbes. gesetzliche Hinderungsgründe tatsächlich gar nicht bestanden, davon aus, dass der Urlaubsanspruch dann **zwar nach Ablauf der Befristung erloschen ist**.

**2194** Zunächst tritt dann Verzug ein, solange die Urlaubsbewilligung zeitlich noch möglich ist. Der Arbeitgeber hat aber für die dann infolge Zeitablaufs eingetretene Unmöglichkeit, als die das Erlöschen des Urlaubsanspruchs anzusehen ist, einzustehen (§§ 275 Abs. 1, 4, 280 Abs. 1, 283 S. 1, 286 Abs. 1 S. 1 BGB). Als Rechtsfolge tritt an die Stelle des ursprünglichen Urlaubsanspruchs als Schadensersatzanspruch gem. § 249 S. 1 BGB ein nicht gem. §§ 1, 7 Abs. 3 BUrlG, auch nicht nach einem Tarifvertrag befristeter Ersatzurlaubsanspruch in gleicher Höhe; für ihn gilt lediglich die **regelmäßige dreijährige Verjährungsfrist** des § 195 BGB (*BAG* 11.4.2006 EzA § 7 BUrlG Nr. 116; s. a. *BAG* 15.9.2011 EzA § 611 BGB 2002 Krankenhausarzt Nr. 4; zur Anwendbarkeit einer Ausschlussfrist s. Rdn. 2202).

**2195** Die Zuerkennung von Schadensersatz in Geld (§ 251 Abs. 1 BGB) ist danach mit den mit dem BUrlG verfolgten gesundheitspolitischen Zielsetzungen und dem gesetzgeberischen Zweck einer humanen Gestaltung des Arbeitslebens nicht in Einklang zu bringen. Eine Geldzahlungspflicht kommt auch im Hinblick auf § 7 Abs. 4 BUrlG nicht in Betracht, weil Urlaubsansprüche im fortbestehenden Arbeitsverhältnis grds. nicht durch Geldzahlungen abgelöst werden sollen.

*bb) Mahnung*

Erforderlich ist danach aber zur Herbeiführung des Verzuges **eine Mahnung des Gläubigers vor Verfall des Anspruchs nach Eintritt der Fälligkeit**. Sie muss bestimmt und eindeutig sein und ferner erkennen lassen, dass das Ausbleiben der Leistung Folgen haben wird und dass die geschuldete Leistung unverzüglich zu bewirken ist (*BAG* 26.6.1986 EzA § 3 BUrlG Nr. 17; 27.8.1986 EzA § 7 BUrlG Nr. 46; s. a. *BAG* 15.9.2011 EzA § 611 BGB 2002 Krankenhausarzt Nr. 4). Das ist z. B. dann nicht der Fall, wenn der Arbeitnehmer in einem Schreiben lediglich ausführt, dass **nach seiner Auffassung der Anspruch auf Urlaubsgeld nicht verfalle**, selbst wenn ein Arbeitnehmer im Urlaubsjahr wegen Krankheit überhaupt nicht gearbeitet hat und es ferner heißt: »Ebenso verhält es sich mit dem eigentlichen Urlaubsanspruch« (*Hess. LAG* 28.10.1996 ZTR 1997, 234). Beantragt **der Arbeitnehmer andererseits zusammen** mit Urlaub für das laufende Kalenderjahr einen sich **unmittelbar anschließenden Urlaub für das folgende Urlaubsjahr**, so hat er den Urlaub für das Folgejahr bereits vor dessen Entstehen in Verzug begründender Weise geltend gemacht (*BAG* 11.4.2006 EzA § 7 BUrlG Nr. 116).

2196

Hinzukommen muss schließlich, dass der Arbeitnehmer zum fraglichen Zeitpunkt auch tatsächlich in der Lage ist, den von ihm verlangten Urlaub anzutreten. Folglich setzt das Urlaubsverlangen eines Arbeitnehmers während einer krankheitsbedingten Arbeitsunfähigkeit den Arbeitgeber hinsichtlich der Verpflichtung zur Urlaubsgewährung nicht in Verzug (*Hess. LAG* 28.10.1996 ZTR 1997, 234).

2197

(derzeit unbesetzt)

2198

Offen bleibt hinsichtlich der Auffassung des *BAG* (10.5.2005 NZA 2006, 439; 6.9.2005 NZA 2006, 450) jedenfalls, warum sowohl § 280 Abs. 1 BGB als auch § 286 Abs. 1 BGB (jetzt §§ 275, 283 BGB) einschlägig sein sollen, obwohl sich Unmöglichkeit und Verzug ausschließen. Zudem ist eine Naturalrestitution durch Ersatzurlaub ausgeschlossen, weil sie in einem unauflösbaren Wertungswiderspruch zur Rechtsnatur der Urlaubsschuld als Fixschuld steht (*LAG Düsseld.* 20.9.1989 LAGE § 7 BUrlG Übertragung Nr. 2).

2199

*cc) Entschädigungsanspruch bei Beendigung des Arbeitsverhältnisses*

Kann der Urlaub wegen der Beendigung des Arbeitsverhältnisses trotz bestehendem Schadensersatzanspruch nicht mehr gewährt werden, so ist der Arbeitnehmer in Geld zu entschädigen (*BAG* 26.6.1986 EzA § 44 SchwbG Nr. 5; 11.4.2006 EzA § 7 BUrlG Nr. 116; 15.9.2011 EzA § 611 BGB 2002 Krankenhausarzt Nr. 4). Geldersatz unter dem Aspekt des Schuldnerverzuges für nicht genommenen Urlaub setzt aber jedenfalls voraus, dass der Arbeitgeber **in Verzug gesetzt wurde, der Arbeitnehmer also rechtzeitig, aber erfolglos um Urlaub gebeten hatte** (*BAG* 15.9.2011 EzA § 611 BGB 2002 Krankenhausarzt Nr. 4).

2200

Ein Abgeltungsanspruch gem. § 7 Abs. 4 BUrlG kommt nicht in Betracht, weil dieser an den ursprünglichen Urlaubsanspruch anknüpft, nicht aber an einen Schadensersatzanspruch.

2201

*dd) Klage des Arbeitnehmers; tarifliche Ausschlussfrist*

Hat der Arbeitgeber die Gewährung von Urlaub zu **Unrecht verweigert** und schuldet er deshalb dem Arbeitnehmer wegen des zum 31. März des Folgejahres erloschenen Urlaubsanspruchs Ersatzurlaub, erfasst die vom Arbeitnehmer innerhalb der tariflichen **Ausschlussfrist** erhobene **Klage auf Zahlung von Urlaubsentgelt** als Schadensersatz auch den erst nach Ablauf der Ausschlussfrist im Rechtsstreit geltend gemachten Anspruch auf Urlaubsgewährung (*BAG* 16.3.1999 EzA § 7 BUrlG Nr. 107).

2202

### g) Umfang des Urlaubsanspruchs

#### aa) Grundlagen (§ 3 BUrlG)

*(1) Höhe des gesetzlichen Urlaubs*

2203 Der Umfang des gesetzlichen Urlaubsanspruchs beträgt 24 Werktage einschließlich der Samstage.

2204 Der Gesetzgeber geht noch von einer Sechs-Tage-Arbeitswoche aus. Obwohl inzwischen die Fünf-Tage-Arbeitswoche üblich ist, ist vorbehaltlich abweichender Vereinbarung der Samstag ebenso wie jeder sonstige Wochentag im Rahmen des gesetzlichen Urlaubsanspruchs ein vollwertiger Urlaubstag.

*(2) Umrechnung auf die Fünf-Tage-Woche*

2205 In der betrieblichen Praxis bestimmt sich allerdings der Umfang des Urlaubsanspruchs ganz **überwiegend nach tariflichen Bestimmungen**, die meist wesentlich mehr Urlaubstage vorsehen.

2206 Fehlt eine tarifliche Regelung des Inhalts, dass nur Arbeitstage als Urlaubstage anzurechnen sind, so sind Werktage und Arbeitstage rechnerisch so in Beziehung zu setzen, dass bei einer Verteilung auf weniger als 6 Arbeitstage die Gesamtdauer des tariflichen Urlaubs (Werktage) durch 6 dividiert und sodann mit der Zahl der Arbeitstage einer Woche multipliziert wird (*BAG* 27.1.1987 EzA § 13 BUrlG Nr. 28). Wird also in einem Tarifvertrag die Dauer des jährlichen Erholungsurlaubsanspruchs auf 30 Arbeitstage festgelegt, so ist davon auszugehen, dass dem die Verteilung der Wochenarbeitszeit auf **fünf Tage** zugrunde liegt. Verteilt sich die regelmäßige Arbeitszeit auf mehr oder weniger als fünf Arbeitstage in der Woche, erhöht oder vermindert sich die Urlaubsdauer entsprechend (*BAG* 20.6.2000 EzA § 3 BUrlG Nr. 21; 11.12.2001 NZA 2002, 639 LS; s. a. *BAG* 20.3.2012 – 9 AZR 529/10); dieser Umrechnungsgrundsatz ist in § 125 SGB IX für den Zusatzurlaub von schwer behinderten Menschen gesetzlich anerkannt (*BAG* 30.10.2001 NZA 2002, 815 LS).

2207 (derzeit unbesetzt)

2208 Auch wenn die tarifliche regelmäßige Arbeitszeit nicht auf fünf Arbeitstage pro Woche, sondern auf **neun Arbeitstage** in der **Doppelwoche** verteilt ist (z. B. für Poliere im Baugewerbe gem. BRTV Bau), muss der zeitlich gleichwertige Urlaubsanspruch durch Umrechnung ermittelt werden, indem die unterschiedliche Anzahl von Arbeitstagen miteinander in Beziehung gesetzt wird. Haben die Tarifvertragsparteien die Anzahl der im Kalenderjahr zustehenden Urlaubstage nach der Verteilung der regelmäßigen Arbeitszeit auf fünf Tage in der Kalenderwoche bemessen, so erhöht oder vermindert sich bei einer abweichenden Verteilung die Anzahl der Urlaubstage je nachdem, ob die regelmäßige Arbeitszeit des Arbeitnehmers auf mehr oder weniger Tage der Kalenderwoche verteilt worden ist (*BAG* 8.9.1998 EzA § 4 TVG Bauindustrie Nr. 93). Haben Arbeitnehmer auf Grund einer tariflichen Regelung bei einer **Sechs-Tage-Woche** einen Gesamturlaub von höchstens **32 Werktagen**, so gilt diese Höchstgrenze auch für Arbeitnehmer mit einer Fünf-Tage-Woche. Sie führt bei ihnen zu einem Urlaub von höchstens **27 Arbeitstagen** (*BAG* 8.5.2001 EzA § 3 BUrlG Nr. 22; s. a. *BAG* 15.3.2011 EzA § 3 BUrlG Nr. 24 zu § 26 TVöD).

2209 **Ändert** sich im **Verlauf eines Kalenderjahres** die Verteilung der Arbeitszeit auf weniger oder auch auf mehr Arbeitstage einer Kalenderwoche, verkürzt oder verlängert sich entsprechend die Dauer des dem Arbeitnehmer zustehenden Urlaubs (*BAG* 30.10.2001 NZA 2002, 815 LS). Sie ist dann jeweils unter Berücksichtigung der nunmehr für ihn maßgeblichen Verteilung seiner Arbeitszeit neu zu berechnen. Das trifft auch für einen auf das folgende Urlaubsjahr übertragenen Resturlaub zu, wenn der Arbeitnehmer seit Beginn des folgenden Jahres in Teilzeit beschäftigt ist (*BAG* 28.4.1998 NZA 1999, 156).

## B. Pflichten des Arbeitgebers Kapitel 3

*(3) Berechnung bei flexibler Arbeitszeitverteilung*

Beschränkt sich die Arbeitsverpflichtung des Vollzeitarbeitnehmers im Rahmen eines rollierenden 2210
betrieblichen Freizeitsystems auf weniger als fünf Werktage pro Woche, ist der in Werktagen ausgedrückte tarifliche und vertragliche Urlaubsanspruch entsprechend der Arbeitsverpflichtung in Arbeitstage umzurechnen. **Enthält der dem Arbeitsverhältnis zugrunde liegende Tarifvertrag insoweit keine Regelung, so sind die Arbeitstage zu den Werktagen rechnerisch in Beziehung zu setzen** (*BAG* 14.1.1992 EzA § 4 TVG Einzelhandel Nr. 22; 18.2.1997 EzA § 3 BUrlG Nr. 20; *LAG Bln.* 21.12.2004 LAGE § 11 BUrlG Nr. 13).

Die Umrechnung erfolgt in der Weise, dass die Anzahl der Tage mit Arbeitspflicht mit der Anzahl 2211
der Urlaubstage zueinander ins Verhältnis gesetzt wird. Für diese Verhältnismäßigkeitsrechnung ist auf den Zeitabschnitt abzustellen, in dem im Durchschnitt die regelmäßige wöchentliche Arbeitszeit erreicht wird. Ist dies das Kalenderjahr, ist bei der Verhältnismäßigkeitsrechnung von 312 Werktagen auszugehen, da § 11 Abs. 1 S. 1 BUrlG abweichend von § 191 BGB von 13 Wochen pro Vierteljahr ausgeht. Ist § 11 Abs. 1 S. 1 BUrlG nicht anwendbar, weil die Berechnung des Urlaubsentgelts tarifvertraglich anders geregelt ist, ist ein weiterer Werktag hinzuzuzählen, was 365 Kalendertagen im Jahr entspricht (*BAG* 20.8.2002 EzA § 38 BetrVG 2001 Nr. 1).

Steht dem Arbeitnehmer ein Urlaubsanspruch von 30 Tagen zu, dann entspricht das bei einer Arbeitsverpflichtung von 4 Tagen/Woche 20 Arbeitstagen.

Ist zudem in einem Schichtplan bestimmt, dass die regelmäßige wöchentliche Arbeitszeit im Durch- 2212
schnitt erst nach 20 Wochen erreicht wird, so ist für die Umrechnung des nach Arbeitstagen bemessenen tariflichen Urlaubsanspruchs auf diesen Zeitraum abzustellen (*BAG* 3.5.1994 EzA § 13 BUrlG Nr. 54; vgl. zur Berechnung der Anzahl der Arbeitsschichten für den Erholungsurlaub eines Arbeitnehmers in Wechselschicht *Hess. LAG* 9.11.2000 NZA-RR 2001, 627).

Ändert sich die Verteilung der Arbeitszeit (z. B. von 5 Tagen auf 4 Tage pro Woche), dann ändert 2213
sich ebenso (automatisch) im gleichen Verhältnis die Anzahl der Urlaubstage. Die Urlaubsdauer ist dann entsprechend umzurechnen. Daraus ergibt sich eine Erhöhung oder Verringerung der dem Arbeitnehmer auf Grund des Urlaubsanspruchs zustehenden Urlaubstage. Das trifft auch für den übertragenen Urlaub zu, selbst dann, wenn der Arbeitnehmer 1995 in der 5-Tagewoche, ab dem 1.1.1996 dagegen an weniger als 5 Tagen arbeitet und es um die Höhe des aus 1995 übertragenen Resturlaubs geht (*BAG* 28.4.1998 EzA § 7 BUrlG Nr. 105).

Bei flexiblen Arbeitszeitmodellen, bei denen die regelmäßige tarifliche Arbeitszeit in einem **mehr-** 2214
**wöchigen Zyklus** oder im Jahr erreicht wird, gelten dieselben Grundsätze. Ins Verhältnis zu setzen sind allerdings nicht die geleisteten Arbeitsstunden, sondern die Zahl der mit Arbeitspflicht belegten Arbeitstage (*BAG* 30.10.2001 NZA 2002, 815 LS).

(derzeit unbesetzt) 2215

Im Übrigen gilt, dass dann, wenn die regelmäßige Arbeitszeit auf einen Zeitraum verteilt ist, der 2216
mit der Kalenderwoche nicht übereinstimmt, für die Umrechnung eines nach Arbeitstagen bemessenen Urlaubsanspruchs auf längere Zeitabschnitte als eine Woche, ggf. auf ein Kalenderjahr, abgestellt werden muss (*BAG* 22.10.1991 EzA § 13 BUrlG Nr. 51; 11.12.2001 NZA 2002, 639 LS).

*(4) Besonderheiten bei Teilzeitarbeitsverhältnissen?*

Arbeiten die Teilzeitbeschäftigten **regelmäßig an einigen Tagen in der Woche**, dann ist der Urlaubs- 2217
anspruch in dem Umfang zu kürzen, wie die Zahl der tatsächlichen Arbeitstage hinter der Zahl der potentiellen Arbeitstage zurückbleibt.

Arbeitet der Arbeitnehmer z. B. an drei Arbeitstagen in einer 5-Tage-Woche und haben Vollzeitkräfte 2218
in dem Betrieb einen Anspruch auf 30 Arbeitstage Urlaub, so steht dem Teilzeitarbeitnehmer die be-

zahlte Freistellung an 18 Tagen zu, an denen er sonst arbeiten müsste (*BAG* 11.12.2001 NZA 2002, 639 LS).

2219 Fraglich ist, ob die Rücksicht auf die in Teilzeitarbeitsverhältnissen mögliche sehr unterschiedliche Arbeitsstundenzahl (flexibilisierte Teilzeitarbeit) dazu führt, dass der Urlaubsanspruch **in Stunden umgerechnet werden muss**, um eine dem Vollzeitarbeitnehmer entsprechende Arbeitsbefreiung zu gewährleisten.

2220 Das *BAG* (5.9.2002 EzA § 1 BUrlG Nr. 24) hat hinsichtlich eines **Teilzeitbeschäftigten** mit vereinbarter Jahresarbeitszeit folgende Grundsätze aufgestellt:
- Beträgt der Urlaub bei einer regelmäßig auf fünf Arbeitstage verteilten Arbeitszeit 30 Arbeitstage, ist für die Umrechnung des Urlaubs eines Teilzeitbeschäftigten, der mit dem Arbeitgeber eine Jahresarbeitszeit vereinbart hat, auf die im Kalenderjahr möglichen Arbeitstage abzustellen. Der Urlaub des Teilzeitbeschäftigten verringert sich entsprechend.
- Wird die Arbeitszeit des Teilzeitbeschäftigten in einem Zeitkonto erfasst, sind sämtliche auf Grund des gesetzlichen Urlaubs ausfallenden Arbeitsstunden als »Ist-Arbeitszeit« anzusetzen.
- Der Anspruch des Arbeitnehmers auf »Gutschrift« von zu Unrecht nicht berücksichtigten Urlaubsstunden ist zu mindern, soweit der Arbeitgeber ihm »zuviel« freie Tage angerechnet hat.
- Ausgleichsansprüche wegen zu Unrecht nicht berücksichtigter Urlaubsstunden werden i. S. eines Tarifvertrags jedenfalls erst dann mit Ende des Ausgleichszeitraumes fällig, wenn im Tarifvertrag eine zweistufige Ausschlussfrist bestimmt ist, deren Lauf mit der »Fälligkeit« eines Anspruchs beginnt.

*(5) Anrechnung von Zeiten der Nichtbeschäftigung als Urlaub*

2221 Eine Zeit der Nichtbeschäftigung des Arbeitnehmers (Annahmeverzug des Arbeitgebers, Betriebsstörungen, Suspendierung, »Bummeltage« des Arbeitnehmers) kann **nicht nachträglich in bezahlten Erholungsurlaub umgewandelt** werden. Der Arbeitgeber kann eine entsprechende Verrechnung auch nicht einseitig vornehmen (*BAG* 18.9.2001 NZA 2002, 895; krit. *Meier* NZA 2002, 873 ff.). Stellt der Arbeitgeber den Arbeitnehmer wegen fehlender Beschäftigungsmöglichkeit **vorläufig von der Arbeit frei**, so ist er folglich auch bei vorheriger Ankündigung **nicht berechtigt**, für jeden Freistellungsmonat 1/12 des Jahresurlaubs als gewährten **Urlaub anzurechnen** (*LAG Köln* 13.3.2007 NZA-RR 2007, 520; zur Antragstellung in einem derartigen Fall s. Rdn. 2403). Gleiches gilt für die **nachträgliche Erklärung des Arbeitgebers**, für den vom Arbeitnehmer im Vorjahr zu Unrecht in Anspruch genommenen AZV-Tag (Arbeitszeitverkürzung durch freie Tage) Erholungsurlaub unter Anrechnung auf den Urlaubsanspruch des darauf folgenden Jahres zu gewähren; das ist schon mit § 7 Abs. 3 BUrlG unvereinbar (*BAG* 11.7.2006 EzA§ 626 BGB 2002 Nr. 18).

2222 Die Parteien können sich aber während des Annahmeverzuges des Arbeitgebers auf die Gewährung von Urlaub einigen. Auch können sie in einem Formulararbeitsvertrag vorsehen, dass der Arbeitgeber den Arbeitnehmer im Falle der Kündigung freistellen darf und dass diese Zeit auf den Resturlaub angerechnet wird (*LAG Köln* 20.2.2006 NZA-RR 2006, 342). Andererseits können die Arbeitsvertragsparteien nicht wirksam vereinbaren, dass der Mindesturlaubsanspruch durch Arbeitstage, an denen der Arbeitnehmer wegen Arbeitsmangels nicht beschäftigt werden kann, erfüllt wird. Dass die arbeitsfreien Tage auch im Interesse des Arbeitnehmers lagen, macht sein Urlaubsverlangen dann nicht rechtsmissbräuchlich (*LAG Düsseld.* 25.7.2007 LAGE § 7 BUrlG Abgeltung Nr. 21).

2223 Eine nachträgliche Anrechnung kommt im Übrigen auch nicht auf Verlangen des Arbeitnehmers in Betracht.

*(6) Eindeutigkeit der Urlaubsbewilligung; Rechtslage bei Kündigungen*

2224 Entscheidend ist, dass der Arbeitgeber – soweit der Arbeitnehmer keinen abweichenden Wunsch äußert – vor der Freistellung des Arbeitnehmers **eindeutig erklärt**, dass mit ihr zugleich der noch bestehende **Urlaubsanspruch des Arbeitnehmers erfüllt** oder er unter Anrechnung auf den Urlaubs-

## B. Pflichten des Arbeitgebers  Kapitel 3

anspruch **unwiderruflich** von der Arbeit freigestellt wird (*BAG* 14.8.2007 EzA § 7 BUrlG Nr. 119; 18.12.1986 EzA § 11 BUrlG Nr. 21; *LAG Nbg.* 29.8.2006 LAGE § 7 BUrlG Abgeltung Nr. 19; a. A. *LAG Bln.* 7.3.2002 LAGE § 7 BUrlG Nr. 39 = NZA-RR 2003, 130); **nur dann ist für den Arbeitnehmer erkennbar, dass der Arbeitgeber als Schuldner des Urlaubsanspruchs die geschuldete Leistung bewirken will** (§ 362 Abs. 1 BGB) und nicht nur als Gläubiger der Arbeitsleistung auf deren Annahme verzichtet (*BAG* 14.3.2006 EzA § 7 BUrlG Nr. 117).

Möglich ist dies auch bei einer außerordentlichen, hilfsweise ordentlichen Kündigung und Freistellung vorsorglich für den Fall der Unwirksamkeit der außerordentlichen Kündigung unter Anrechnung auf noch offene Urlaubsansprüche. Denn die vorsorgliche Urlaubsgewährung liegt dann im wohlverstandenen Interesse des Arbeitgebers. Sie soll die Kumulation von Annahmeverzugs- und Urlaubsabgeltungsansprüchen verhindern. Zu beachten ist, dass in derartigen Fällen die Auslegung individueller Freistellungserklärungen in erster Linie Aufgabe der Tatsachengerichte ist. Das Revisionsgericht kann dann die Auslegung nur daraufhin überprüfen, ob die Rechtsvorschriften über die Auslegung von Willenserklärungen richtig angewendet wurden, ob dabei gegen Denkgesetze oder Erfahrungssätze verstoßen und der Tatsachenstoff vollständig verwertet wurde (*BAG* 14.8.2007 EzA § 7 BUrlG Nr. 119). 2225

Der Arbeitgeber erfüllt den Urlaubsanspruch allerdings nur durch eine **unwiderrufliche Befreiung von der Arbeitspflicht** (s. Rdn. 2224). Die Unwiderruflichkeit ist Rechtsfolge der Urlaubserteilung. Sie muss deshalb nicht gesondert vom Arbeitgeber erklärt werden. Behält sich der Arbeitgeber bei Urlaubserteilung den Widerruf vor, fehlt die zur Erfüllung des Urlaubsanspruchs notwendige Freistellungserklärung (*BAG* 19.1.2010 EzA § 4 TVG Bewachungsgewerbe Nr. 4; 19.5.2009 EzA § 7 BUrlG Nr. 121; 14.3.2006 EzA § 7 BUrlG Nr. 117). 2226

Folglich ist z. B. ein Anspruch auf Urlaubsabgeltung dann ausgeschlossen, wenn der Arbeitnehmer unter erkennbarer Urlaubsgewährung von der Arbeit freigestellt war (*BSG* 27.9.1994 AP Nr. 16 zu § 141b AFG). Nach Auffassung des *LAG Köln* (20.11.1996 NZA-RR 1997, 248; abl. *Hohmeister* DB 1998, 1130 f. u. *Hoß/Lohr* BB 1998, 2579 f.) soll auch eine **konkludente Urlaubsgewährung** durch Freistellung in einem Aufhebungsvertrag genügen. Das *BAG* (9.6.1998 EzA § 7 BUrlG Nr. 106; 19.5.2009 EzA § 7 BUrlG Nr. 121) ist dieser Auffassung jedoch **nicht** gefolgt. Denn der Schluss, dass mit einer im Aufhebungsvertrag vereinbarten **Freistellung stets die Erfüllung des Urlaubsanspruchs verbunden ist, ist unzulässig**. 2227

Denn durch eine einvernehmliche Freistellung kann zwar auch der vom Arbeitgeber geschuldete Urlaubsanspruch erfüllt werden. Mit einer Freistellung können aber auch andere Ziele verfolgt werden, z. B. den Beschäftigungsanspruch des Klägers zur besseren Wahrung von Geschäftsgeheimnissen auszuschließen, oder aus sonstigen Gründen auf die Annahme der Arbeitsleistung des Arbeitnehmers zu verzichten, z. B. die Erfüllung eines **Freizeitausgleichsanspruchs aus einem Arbeitszeitkonto** (*BAG* 19.5.2009 EzA § 7 BUrlG Nr. 121 = NZA 2009, 1211; 19.1.2010 EzA § 4 TVG Bewachungsgewerbe Nr. 4). Eine Urlaubsgewährung setzt deshalb voraus, dass der Arbeitgeber dem Arbeitnehmer hinreichend erkennbar macht, er befreie ihn von der Arbeitspflicht, um den Urlaubsanspruch zu erfüllen (*BAG* 19.5.2009 EzA § 7 BUrlG Nr. 121 = NZA 2009, 1211). Entsprechende Anhaltspunkte fehlten in der Entscheidung des *LAG Köln* (20.11.1996 NZA-RR 1997, 248). Andererseits ist es für die wirksame Anrechnung des Urlaubsanspruchs auf die Zeit der Freistellung **nicht erforderlich**, dass der Arbeitgeber den Urlaub des Arbeitnehmers innerhalb einer längeren Kündigungsfrist **zeitlich festlegt**. Es genügt die **unwiderrufliche Freistellung während der Kündigungsfrist unter Anrechnung auf etwaige Urlaubsansprüche** (*LAG Köln* 16.3.2000 NZA-RR 2001, 310; 29.6.2001 NZA-RR 2002, 237); das gilt insbes. auch dann, wenn der Resturlaub **weniger Tage umfasst als die Restvertragszeit**. Trotz fehlender datumsmäßiger Bestimmung liegt dann eine wirksame Urlaubsfestsetzung vor; der Resturlaub beginnt ab sofort (s. § 366 Abs. 2 BGB; *LAG Nbg.* 29.8.2006 LAGE § 7 BUrlG Abgeltung Nr. 19). Gleiches gilt bei einer **Freistellung durch den Insolvenzverwalter** nach einer ordentlichen Kündigung bis zur Beendigung des Arbeitsverhältnisses. Die Erfüllungswirkung wird insoweit **nicht dadurch ausgeschlossen**, dass der Insolvenzverwalter zugleich erklärt, er werde dem Arbeitneh- 2228 mer während der Freistellung **keine Vergütung zahlen** (*BAG* 21.6.2005 EzA § 209 InsO Nr. 5).

**2229** Zulässig ist auch im Falle einer ordentlichen Kündigung des Arbeitnehmers – grds. auch gegen seinen Willen – die Weisung des Arbeitgebers, bis zum Ablauf der Kündigungsfrist den Urlaub zu nehmen, sofern die Erklärung des Arbeitgebers insoweit eindeutig erfolgt.

**2230** Denn die Urlaubsgewährung hat grds. Vorrang vor der Urlaubsabgeltung (*LAG RhPf* 25.1.1991 LAGE § 7 BUrlG Nr. 27). Der Urlaubsanspruch des Arbeitnehmers kann auch dadurch erfüllt werden, dass der Arbeitgeber den Arbeitnehmer bis zur Beendigung des Arbeitsverhältnisses unwiderruflich unter Anrechnung auf den Urlaubsanspruch von der Arbeit freistellt (*LAG Köln* 16.3.2000 NZA-RR 1997, 248; a.A. *LAG Bln.* 7.3.2002 § 7 BUrlG Nr. 39 = NZA-RR 2003, 130; s. Rdn. 2228). Daran ändert sich auch dann nichts, wenn dies zugleich auch zur Arbeitsvermittlung durch die Arbeitsagentur geschieht (*BAG* 18.12.1985 EzA § 11 BUrlG Nr. 21).

**2231** **Etwas anderes gilt aber dann, wenn es dem Arbeitnehmer nicht zuzumuten ist, den Urlaub während der Kündigungsfrist zu nehmen** (*BAG* 10.1.1974 EzA § 7 BUrlG Nr. 16).

Nimmt der Arbeitnehmer schließlich nach Ablauf der Kündigungsfrist einer sich als unwirksam erweisenden Arbeitgeberkündigung eigenem Bekunden zu Folge genehmigten Erholungsurlaub in genau dem Umfang in Anspruch, für den ihm zuvor in der vermeintlichen »Schlussrechnung« Urlaubsabgeltung gewährt worden war, so kann er für den fraglichen Zeitraum nicht nochmals (Urlaubs-)Vergütung verlangen (*LAG Köln* 15.10.2003 ZTR 2004, 326 LS).

*(7) Verhältnis zu anderweitigen Ansprüchen auf Arbeitsbefreiung*

**2232** Hat der Arbeitnehmer einen gesetzlichen oder tariflichen Anspruch auf Arbeitsbefreiung für Tage, an denen er bereits urlaubsbedingt von der Arbeitspflicht freigestellt ist (z. B. aus familiären Gründen, Eheschließung), so kann er grds. nicht verlangen, dass ihm diese Tage im Anschluss an den Urlaub nachgewährt werden; § 9 BUrlG ist nicht anwendbar (s. aber Rdn. 2237).

**2233** Entstehen derartige Freistellungsansprüche erst während des Urlaubs, so kommt eine Freistellung für eine Nachfeier dieses Ereignisses auch dann nicht in Betracht, wenn tariflich ein Freistellungsanspruch z. B. bei der Eheschließung vorgesehen ist (*BAG* 17.10.1985 AP Nr. 1 zu § 18 BAT), es sei denn, dass im Tarifvertrag bestimmt ist, dass die Freistellung ohne Anrechnung auf den Urlaub gewährt wird.

**2234** Erklärt der Arbeitgeber dagegen während des Beschäftigungsverbots der Arbeitnehmerin nach dem MuSchG, dass er sie von der Arbeit freistelle, da er keine andere Arbeit anbieten könne, so liegt darin keine Urlaubsgewährung, sondern ein Verzicht auf die Annahme der Arbeitsleistung. Die Urlaubsgewährung setzt voraus, dass der Arbeitgeber der Arbeitnehmerin erkennbar macht, er befreie sie von der Arbeitspflicht, um den Urlaubsanspruch zu erfüllen (*BAG* 25.1.1994 EzA § 7 BUrlG Nr. 92).

**2235** Kommen für die vom Arbeitnehmer begehrte Freistellung von der Arbeitspflicht unterschiedliche Anspruchsgrundlagen in Betracht, so hat der Arbeitgeber nicht nur zu entscheiden, ob er dem Freistellungsantrag entsprechen, sondern auch zu bestimmen, welchen Anspruch des Arbeitnehmers er erfüllen will.

**2236** Ein vor der Arbeitsbefreiung erklärter Vorbehalt des Arbeitgebers, der es ihm ermöglichen soll, nach Gewährung eines bezahlten Sonderurlaubs (§ 50 Abs. 1 BAT; jetzt § 28 TVöD) die Freistellung ggf. mit dem tariflichen Erholungsurlaub zu verrechnen, ist deshalb unwirksam (*BAG* 1.10.1991 EzA § 7 BUrlG Nr. 81).

**2237** Zur Vermeidung einer Benachteiligung sind im übrigen die Tage, an denen ein **ehrenamtlicher Helfer des Technischen Hilfswerks (THW)** während der Dauer seines Erholungsurlaubs zu einem Einsatz herangezogen wird, **nicht auf den Urlaubsanspruch anzurechnen**. Der herangezogene Helfer hat gegen seinen Arbeitgeber Anspruch auf erneute Gewährung (*BAG* 10.5.2005 EzA § 7 BUrlG Nr. 113).

Lehnt der Arbeitgeber die Freistellung eines Arbeitnehmers nach dem Bildungsurlaubsgesetz Nord- 2238
rhein-Westfalen ab und nimmt der Arbeitnehmer dennoch an der angekündigten Schulungsveranstaltung teil, so handelt es sich dabei zwar um eine **pflichtwidrige Selbstbeurlaubung**. Der
Arbeitgeber ist **aber nicht berechtigt**, die Fehlzeit **nachträglich als gewährten Erholungsurlaub zu
bezeichnen** und die Erfüllung des vollen Jahresurlaubs zu verweigern (*BAG* 25.10.1994 EzA § 7
BUrlG Nr. 96; s. Rdn. 2221).

*(8) Verhältnis zu Kurzarbeit*

Kurzarbeit wirkt sich nicht nur auf die Hauptleistungspflichten des Arbeitsverhältnisses, sondern 2239
auch auf die Urlaubsansprüche der Arbeitnehmer aus. Für **arbeitsfreie Tage** muss **kein Urlaub
genommen werden**. Die Urlaubsansprüche sind durch Umrechnung an die neue Arbeitsverpflichtung anzupassen; bei »**Kurzarbeit Null**« besteht überhaupt kein Urlaubsanspruch. Fraglich ist
aber, ob das mit Art. 7 Abs. 1 RL 2003/88/EG vereinbar ist (*ArbG Passau* 13.4.2011 –
1 Ca 62, 63/11, NZA-RR 2012, 76: Vorlage an den *EuGH*). Denn danach sind die Mitgliedstaaten zur Schaffung rechtlicher Vorgaben, die jedem Arbeitnehmer einen Anspruch auf einen bezahlten Mindestjahresurlaub von vier Wochen gewährleisten, verpflichtet (s. a. Art. 31 GRC).
Das BUrlG trifft insoweit keine Regelung. **§ 11 Abs. 1 S. 3 BUrlG** regelt nur die Bemessung
des für die Ausfallzeit zu Grunde zu legenden Verdienstes – **nicht** aber die **Bemessung der Ausfallzeit** selbst (*Rudkowski* NZA 2012, 74 ff.).

Kommt es zu einer Verringerung der Zahl der Wochenarbeitstage, werden die Urlaubsansprüche
umgerechnet (ErfK/*Gallner* § 3 BUrlG Rn. 23). Gem. § 3 BUrlG bestehen für Arbeitnehmer mit
Arbeitsverpflichtung an sechs Tagen in der Woche 24 Urlaubstage, also vier Wochen. Besteht Arbeitspflicht an weniger Wochentagen, muss die Zahl der Urlaubstage angepasst werden (z. B.
Fünftagewoche = zwanzig). Bei Kurzarbeit, die sich auf die Anzahl der Wochenarbeitstage auswirkt, ist der Urlaubsanspruch an die neue Arbeitsverpflichtung anzupassen. Wird statt an sechs
Tagen in der Woche nur noch an zwei Tagen gearbeitet, bedarf es auch nur eines Drittels des Urlaubsanspruchs. **Bei »Kurzarbeit Null«, dem vollständigem Wegfall der Arbeitspflicht, besteht
daher überhaupt kein Urlaubsanspruch** (ErfK/*Gallner* § 3 BUrlG Rn. 23).

Für diese Berechnung spricht der Vergleich zum Wechsel des Arbeitnehmers von Voll- auf Teilzeitbeschäftigung. Bei einer Verkürzung der Arbeitszeit von einer Fünf- auf eine Zweitagewoche
verbleibt dort ein Urlaubsanspruch von acht Tagen. Für die Zeiten der »Kurzarbeit Null« führt das
zu einem »Urlaubsanspruch Null« (ErfK/*Gallner* § 3 BUrlG Rn. 23; *Rudkowski* NZA 2012,
74 ff.).

Für das Verhältnis von bereits bewilligtem Urlaub zu Kurzarbeit aufgrund nachfolgender Betriebsvereinbarung gilt Folgendes (*BAG* 16.12.2008 EzA § 7 BUrlG Nr. 120; krit. *Bauer/Kern* NZA
2009, 925 ff.):
– Eine Betriebsvereinbarung über Kurzarbeit, die die Arbeitszeit auf Null verringert, befreit den
  Arbeitnehmer von seiner Arbeitspflicht. Das gilt auch, wenn der Arbeitgeber vor Einführung
  der Kurzarbeit für die Zeit der Kurzarbeit Urlaub gewährt hat. Hieraus folgt nicht, dass sich
  die Arbeitszeit durch die Kurzarbeit nicht mehr auf Null verringern kann. Vielmehr kann
  der mit der Festsetzung des Urlaubs bezweckte Leistungserfolg, die Befreiung des Arbeitnehmers von der Arbeitspflicht für die Dauer des Urlaubs, nicht eintreten (nachträgliche Unmöglichkeit gem. § 275 Abs. 1 BGB), weil die Arbeitspflicht aufgrund betriebsverfassungsrechtlicher Norm aufgehoben war, § 77 Abs. 4 S. 1 BetrVG.
– In diesem Fall wird der Arbeitgeber von seiner Pflicht zur Gewährung des Urlaubs frei. Er hat
  mit der Festlegung des Urlaubszeitraums nach § 7 Abs. 1 BUrlG das zu seiner Leistung Erforderliche getan. Wird die Freistellung durch Einführung von Kurzarbeit nachträglich unmöglich, geht der durch die Festlegung des Arbeitgebers konkretisierte Freistellungsanspruch
  nach § 243 Abs. 2 BGB, § 275 Abs. 1 BGB unter.
– Der Leistungserfolg der Urlaubsgewährung wird nachträglich unmöglich, wenn der Arbeitgeber Kurzarbeit einführt, ohne die Arbeitnehmer auszunehmen, deren Freistellung zum Zwe-

cke der Urlaubsgewährung er bereits festgelegt hatte. In diesen Fällen hat der Arbeitgeber den betroffenen Arbeitnehmern Ersatzurlaub zu gewähren. Nach § 283 S. 1 BGB hat der Gläubiger unter den Voraussetzungen des § 280 Abs. 1 BGB Anspruch auf Schadensersatz, wenn der Schuldner nach § 275 Abs. 1 BGB nicht zu leisten braucht. Die Haftung des Schuldners ist nur ausgeschlossen, wenn er die Unmöglichkeit nicht zu vertreten hat, § 280 Abs. 1 S. 2 BGB. Führt der Arbeitgeber aus betrieblichen Gründen Kurzarbeit ein, hat er die hierdurch nachträglich eingetreteneUnmöglichkeit zu vertreten.

*bb) Wartezeit*

*(1) Grundlagen*

2240 Bis zum Ablauf der nur im ersten Dienstjahr zurückzulegenden Wartezeit (§§ 186 ff. BGB) besteht zunächst nur eine Anwartschaft auf die Gewährung von Urlaub. Danach entsteht der volle Urlaubsanspruch ohne Rücksicht auf die Dauer der Beschäftigung im Eintrittsjahr.

2241 Einem Arbeitnehmer, der am 1.5. eintritt, ist somit nach dem 31.10. der volle Jahresurlaub (vorbehaltlich § 6 BUrlG) zu gewähren. Das gilt auch dann, wenn der Arbeitnehmer **mit Ablauf der Wartezeit aus dem Arbeitsverhältnis ausscheidet** (*BAG* 26.1.1967 AP Nr. 1 zu § 4 BUrlG).

2242 Zu beachten ist **aber § 5 Abs. 1 Nr. 1c BUrlG**, wonach nur ein Anspruch auf 1/12 des Jahresurlaubs für jeden vollen Monat des Bestehens des Arbeitsverhältnisses gegeben ist, wenn der Arbeitnehmer nach erfüllter Wartezeit **in der ersten Hälfte** eines Kalenderjahres aus dem Arbeitsverhältnis ausscheidet.

2243 Diese Regelung ist auch bei einer Beendigung des Arbeitsverhältnisses mit Ablauf des 30.6. des Jahres anwendbar. Das gilt selbst dann, wenn das Arbeitsverhältnis gleichzeitig mit der Erfüllung der Wartezeit endet (*BAG* 16.6.1966 AP Nr. 4 zu § 5 BUrlG). Scheidet der Arbeitnehmer dagegen erst am 1.7. oder später aus, so behält er seinen vollen Jahresurlaubsanspruch.

*(2) Unterbrechungen des Arbeitsverhältnisses*

2244 Da es insoweit allein auf den rechtlich ununterbrochenen Bestand des Arbeitsverhältnisses ankommt, sind insbes. **Zeiten der Krankheit**, der Elternzeit **ohne Einfluss**.

2245 Fraglich ist, ob das auch – wie bei der Frage der Anwendbarkeit des Kündigungsschutzgesetzes (§ 1 KSchG) – bei kurzzeitigen **rechtlichen Unterbrechungen** des Arbeitsverhältnisses gilt.

2246 Das *BAG* ist **im Rahmen von** § 1 KSchG (18.1.1979 EzA § 1 KSchG Nr. 39; 10.5.1989 EzA § 1 KSchG Nr. 46) davon ausgegangen, dass die Unterbrechung dann unschädlich ist, wenn sie verhältnismäßig kurz war und zwischen beiden Arbeitsverhältnissen ein enger sachlicher Zusammenhang besteht (s. zuletzt *BAG* 28.8.2008 – 2 AZR 101/07: 6 Wochen sind grds. erheblich; 22.5.2003 EzA § 242 BGB 2002 Kündigung Nr. 2: 7 Wochen sind erheblich).

2246a **Gegen eine Heranziehung** dieser Grundsätze im hier maßgeblichen Zusammenhang und dafür, dass die Wartezeit dann neu beginnt, auch dann, wenn die Unterbrechung sehr kurz und vom Arbeitgeber veranlasst war, spricht, dass sich **für eine andere Sichtweise im Gesetz kein Anhaltspunkt findet**. Sie führt zudem zu **Rechtsunsicherheit**, wenn eine Fülle ungeschriebener Rechtsbegriffe wie »kurze Unterbrechung, längere Unterbrechung, Verhältnis von Wartezeit zu geplanter Dauer des Arbeitsverhältnisses« maßgebend sein soll (ErfK/*Gallner* § 4 BUrlG Rn. 4). In extremen Ausnahmefällen kann der Einwand der rechtsmissbräuchlichen Berufung auf die nicht verstrichene Wartezeit als Korrektiv herangezogen werden. Abweichend vom Gesetz können die Arbeitsvertragsparteien ohnehin vereinbaren, dass die Wartezeit mit der vereinbarten Aufnahme des neuen Arbeitsverhältnisses nicht wieder beginnt und auch die Zeit der Unterbrechung auf die Sechsmonatsfrist angerechnet wird. Die Anrechnung der Unterbrechung auf die Wartezeit ist bei unklaren Erklärungen allerdings i. d. R. nicht vereinbart (ErfK/*Gallner* § 4 BUrlG Rn. 4).

Besteht das Arbeitsverhältnis fort, ruhen aber seine Hauptleistungspflichten, wird die **Zeit des Ru-** **2246b** **hens bei der Berechnung der Wartezeit mitgerechnet**. Das gilt z. B. für Streik und suspendierende Aussperrung, für ein Beschäftigungsverbot nach dem MuSchG, im Wehrdienst und während der Elternzeit. Auch in diesen Fällen kommt es nur auf den **rechtlichen Bestand** des Arbeitsverhältnisses an (ErfK/*Gallner* § 4 BUrlG Rn. 4).

cc) Teilurlaub (§ 5 BUrlG)

*(1) Grundlagen*

§ 5 BUrlG räumt dem Arbeitnehmer, dessen Arbeitsverhältnis im laufenden Kalenderjahr beginnt **2247** oder endet, einen Anspruch auf Befreiung von der Arbeitspflicht in geringerem Umfang ein als bei einem Arbeitsverhältnis über das gesamte Urlaubsjahr. Denn er benötigt dann weniger Zeit zur Erholung, und der Arbeitgeber soll nicht wie in einem bereits länger bestehenden oder sich fortsetzenden Arbeitsverhältnis belastet werden (ErfK/*Gallner* § 5 BUrlG Rn. 1). § 5 Abs. 1 lit. a, b BUrlG enthalten einen **Anspruch auf Teilurlaub** an Stelle von Vollurlaub; lit. c sieht einen **nachträglich gekürzten Vollurlaub** vor. Das BUrlG folgt dem **Zwölftelungsgrundsatz** als einem feststehenden Grundsatz des Urlaubsrechts (s. a. § 125 Abs. 2 SGB IX). Das Urlaubsentgelt für lit. c regelt § 5 Abs. 3 BUrlG. § 5 Abs. 2 BUrlG enthält für bestimmte Fallkonstellationen eine Aufrundungsvorschrift; die Regelung ist nicht anwendbar, wenn der Arbeitnehmer nach Erfüllung der Wartezeit in der 2. Jahreshälfte ausscheidet (*BAG* 24.10.2006 EzA § 125 SGB IX Nr. 1). Denn dann besteht ein Vollurlaubsanspruch (ErfK/*Gallner* § 5 BUrlG Rn. 2).

> Für tarifliche Ansprüche kann der ansonsten zwingende Zwölftelungskatalog des § 5 BUrlG z. B. **2248**
> so erweitert werden, dass auch bei einem Ausscheiden in der zweiten Jahreshälfte der Urlaubsanspruch anteilig zu verringern ist (wegen der Vereinbarkeit dieser Tarifnormen mit § 3 Abs. 1 BUrlG vgl. *BAG* 24.10.2000 EzA § 818 BGB Nr. 10 = NZA 2001, 663; ErfK/*Gallner* § 5 BUrlG Rn. 3).

> § 5 BUrlG genügt den Anforderungen des Art. 7 Abs. 1 RL 2003/88/EG v. 4.11.2003. Denn diese verbietet nur eine Regelung, die das Entstehen jeden Urlaubsanspruchs an eine Mindestbeschäftigung knüpft (*EuGH* 20.1.2009 EzA EG-Vertrag 1999 Richtlinie 2003/88 Nr. 1 = NZA 2009, 135; ErfK/*Gallner* § 5 BUrlG Rn. 4).

*(2) § 5 Abs. 1 lit. a BUrlG*

§ 5 Abs. 1 lit. a BUrlG ist **nicht anwendbar**, wenn bei der Begründung des Arbeitsverhältnisses bereits feststeht, dass der Arbeitnehmer **noch vor Ablauf der Wartezeit ausscheidet**; insoweit kann ein Teilurlaubsanspruch nur nach § 5 Abs. 1 lit. b BUrlG bestehen. Das gilt auch dann, wenn ein Arbeitsverhältnis, auf das zunächst § 5 Abs. 1 lit. a BUrlG anzuwenden ist, noch vor dem Jahresende beendet wird.

**2249**

> Wann der Teilurlaub gem. § 5 Abs. 1 lit. a BUrlG erworben wird und wann ihn der Arbeitnehmer **2250**
> verlangen kann, regelt das Gesetz nicht. Er entsteht mit dem Beginn des Arbeitsverhältnisses, wenn zu diesem Zeitpunkt feststeht, dass der Arbeitnehmer die Wartezeit nicht mehr erfüllen kann, also dann, wenn das Arbeitsverhältnis im Laufe des 1.7. eines Jahres anfängt (ErfK/*Gallner* § 5 BUrlG Rn. 5; *Leinemann/Linck* Rn. 6; offen gelassen von *BAG* 29.7.2003 EzA § 7 BUrlG Nr. 111; a. A. *Neumann/Fenski* Rn. 10 f.). Hat das Arbeitsverhältnis vor dem 1. Juli begonnen, entsteht kein Teilurlaubsanspruch, sondern nach Ablauf von sechs Monaten ein Vollurlaubsanspruch oder, wenn der Ablauf der Wartezeit nicht erreicht wird, ein Teilurlaubsanspruch nach § 5 Abs. 1 lit. b BUrlG. Wie beim Vollurlaub kommt es für die Begründung des Anspruchs nur auf den Bestand eines Arbeitsverhältnisses an; selbst bei Erkrankung des Arbeitnehmers vom Beginn des Arbeitsverhältnisses an bis zum Ende des Kalenderjahres entsteht also der Teilurlaubsanspruch (ErfK/*Gallner* § 5 BUrlG Rn. 6).

**Kapitel 3**  Der Inhalt des Arbeitsverhältnisses

2251 Der Anspruch ist **mit seinem Entstehen fällig**. Der Arbeitnehmer, dessen Arbeitsverhältnis im Laufe des zweiten Halbjahres beginnt, kann ihn sofort in Anspruch nehmen, es sei denn, dass Leistungsverweigerungsrechte (§ 7 BUrlG) gegeben sind; der Arbeitgeber kann nicht einwenden, er schulde wegen der kurzen Dauer des Arbeitsverhältnisses keine oder eine geringere Freistellung. Endet das auf Dauer angelegte, nach dem 1.7. begonnene Arbeitsverhältnis vor erfüllter Wartezeit, z. B. nach 3 Monaten, so gilt § 5 Abs. 1 lit. b BUrlG. Der Arbeitnehmer hat nur einen geringeren Teilurlaubsanspruch (gekürzter Teilurlaub). Hat der Arbeitgeber die Freistellungserklärung für den gesamten Teilurlaub schon erteilt, aber hat die Freizeit noch nicht begonnen, so kann er sie, soweit sie über den gesetzlichen Anspruch hinausgeht, kondizieren (§ 812 Abs. 1 S. 2 BGB). Ist der Urlaub bereits realisiert, so kann das rechtsgrundlos gezahlte Urlaubsentgelt zurückgefordert werden. Die Dauer des bei Beginn des Arbeitsverhältnisses entstehenden Teilurlaubs bemisst sich nach vollen Beschäftigungs(nicht Kalender-)monaten, die der Arbeitnehmer bis zum Jahresende (d. h. einschließlich des 31.12.) noch zurücklegen kann (§§ 187 Abs. 1, 2, 188 Abs. 1 BGB; ErfK/*Gallner* § 5 BUrlG Rn. 7 ff.).

2252 Wird das Arbeitsverhältnis mit dem Beginn des 1.7. begründet und zum 31.12. beendet sein, entsteht kein Vollurlaubsanspruch, sondern nur ein Teilurlaubsanspruch von 6/12 (ErfK/*Gallner* § 5 BUrlG Rn. 9; a. A. *Neumann/Fenski* Rn. 6). Denn der Zeitpunkt des Ablaufs eines Tages gehört rechtlich noch zu diesem Tag und damit zu der Frist, in die der Tag fällt (*BAG* 16.6.1966 AP BUrlG § 5 Nr. 4; ErfK/*Gallner* § 5 BUrlG Rn. 9). Dies gilt auch für den Anspruch nach § 5 Abs. 1 lit. a BUrlG. Eine Ungleichbehandlung bei der Entstehung der Teilurlaubsansprüche nach § 5 BUrlG ist aus dem Gesetz heraus nicht begründbar. Angefangene Monate werden nicht aufgerundet, auch nicht, wenn die fehlenden Tage bei Fortbestand des Arbeitsverhältnisses arbeitsfrei gewesen wären (*BAG* 26.1.1989 EzA § 5 BUrlG Nr. 14; ErfK/*Gallner* § 5 BUrlG Rn. 9).

2253 Für den Teilurlaub gelten hinsichtlich seiner Erteilung dieselben Regeln wie beim Vollurlaub (ErfK/*Gallner* § 5 BUrlG Rn. 10). Teilurlaubsansprüche sind unter den gleichen Voraussetzungen abzugelten wie Vollurlaubsansprüche (*BAG* 25.8.1987 EzA § 7 BUrlG Nr. 57). Das *LAG Köln* (4.3.2002 – 2 Sa 870/01 – EzA-SD 10/02, S. 10 LS) hat angenommen, dass dann, wenn bei Beginn eines Arbeitsverhältnisses nach dem 1.7. ein Teilurlaubsanspruch nach § 5 Abs. 1a BUrlG entsteht, die Nichtrealisierung dieses Urlaubs im Eintrittsjahr als **stillschweigendes Übertragungsverlangen** i. S. d. § 7 Abs. 3 S. 4 BUrlG gewertet werden kann; in diesem Fall soll der Teilanspruch auf das gesamte Folgejahr übertragen werden. Dem ist das *BAG* (29.7.2003 EzA § 7 BUrlG Nr. 111 = ZTR 2004, 325 LS gegen *BAG* 10.3.1966 AP KO § 59 Nr. 2; vgl. dazu *Krause* SAE 2005, 14 ff.) **nicht gefolgt; es bedarf eines im Urlaubsjahr zu äußernden Verlangens des Arbeitnehmers**. Allerdings sind an dieses Verlangen **nur geringe Anforderungen zu stellen**. Es **reicht jede Handlung des Arbeitnehmers aus**, aus der sein Wunsch, den Teilurlaub erst im nächsten Jahr zu nehmen, deutlich wird. Nicht ausreichend ist es dagegen, dass der Arbeitnehmer im Urlaubsjahr keinen Urlaub beantragt (s. Rdn. 2160).

*(3) § 5 Abs. 1 lit. b BurlG*

2254 Der Anspruch gem. § 5 Abs. 1 lit. b BUrlG entsteht erst dann, wenn ein **Beendigungstatbestand** (z. B. Kündigung, Aufhebungsvertrag) **gegeben ist**. Bei einer wirksamen Befristung auf weniger als sechs Monate entsteht der Anspruch mit dem Beginn des Arbeitsverhältnisses (MünchArbR/*Leinemann* § 89 Rn. 98). Ausscheiden bedeutet die rechtliche Beendigung des Arbeitsverhältnisses; ist sie im Streit (z. B. bei einer Kündigungsschutzklage) und macht der Arbeitnehmer statt des Teilurlaubs Vollurlaub geltend, so kommt es auf die objektive, ggf. erst später festgestellte Rechtslage an. Stets muss der Arbeitnehmer seine Urlaubsansprüche vorsorglich geltend machen, damit sie nicht wegen Fristablaufs erlöschen (ErfK/*Gallner* § 5 BUrlG Rn. 11 ff.).

2255 Mit der **Entstehung** des Anspruchs ist er auch **fällig**; er kann ab sofort gewährt und genommen werden. Dafür gelten dieselben Regeln wie beim Teilurlaub nach § 5 Abs. 1 lit. a BUrlG.

2256 Für die Berechnung der Dauer des Teilurlaubs nach § 5 Abs. 1 lit. b BUrlG gelten die Regeln zu § 5 Abs. 1 lit. a BUrlG; ein einheitlicher Teilurlaub entsteht aber auch dann, wenn sich die Wartezeit über die Jahreswende erstreckt (z. B. Beginn des Arbeitsverhältnisses am 15.11., Ende am 15.3. des Folgejahres = 4/12 Teilurlaub). Endet das Arbeitsverhältnis mit Ablauf der Wartezeit, so entsteht kein Vollurlaub, sondern nur ein Teilurlaub in Höhe von 6/12 (ErfK/*Gallner* § 5 BUrlG Rn. 13).

Eine Übertragung des Teilurlaubs kommt insoweit nur gem. § 7 Abs. 3 S. 2, 3 BUrlG in Betracht, z. B. wenn das Arbeitsverhältnis nach Kündigung vom 15.12. am 31.1. endet und der Arbeitnehmer seit Zugang der Kündigung arbeitsunfähig war. Der Teilurlaubsanspruch wandelt sich mit der Beendigung des Arbeitsverhältnisses in einen Abgeltungsanspruch um; für diesen gelten dieselben Regeln wie beim Vollurlaub (ErfK/*Gallner* § 5 BUrlG Rn. 14). 2257

*(4) § 5 Abs. 1 lit. c BUrlG*

Voraussetzung für die Kürzung des Urlaubs gem. § 5 Abs. 1 lit. c BUrlG ist **das Ausscheiden des Arbeitnehmers nach Erfüllung der Wartezeit in der ersten Jahreshälfte**, d. h. bis zum 30.6. einschließlich (*BAG* 16.6.1966 AP BUrlG § 5 Nr. 4). Scheidet der Arbeitnehmer erst am 1.7. aus, so hat er Anspruch auf Vollurlaub. Eine tarifvertragliche Kürzungsregelung, die auch das Ausscheiden des Arbeitnehmers in der zweiten Jahreshälfte erfasst, ist von § 5 Abs. 1 lit. c BUrlG nicht erfasst und nur wirksam, wenn der gesetzliche Vollurlaub nicht unterschritten wird (*BAG* 24.10.2000 EzA § 818 BGB Nr. 10 = NZA 2001, 663). Steht die Beendigung des Arbeitsverhältnisses nach Ablauf der Wartefrist bereits am Anfang des Kalenderjahrs fest (z. B. Kündigung v. 15.12. zum 31.3.; Befristung im Arbeitsvertrag v. 1.4. bis zum 31.3. des Folgejahres), so entsteht der Vollurlaub nur gekürzt. Ist der Beendigungstatbestand dagegen erst später gegeben, so findet eine Kürzung des bereits entstandenen Vollurlaubs zu dem Zeitpunkt statt, zu dem ein Beendigungstatbestand vorliegt, nicht erst am Tag der Beendigung (*Leinemann/Linck* Rn. 36, 37). Eine Kürzungserklärung des Arbeitgebers ist nicht erforderlich; es genügt, dass die gesetzlichen Voraussetzungen vorliegen (ErfK/*Gallner* § 5 BUrlG Rn. 15 ff.). 2258

Für die Berechnung der Urlaubsdauer und die Erteilung des Urlaubs gelten dieselben Grundsätze wie bei den anderen Tatbeständen des § 5 Abs. 1 BUrlG. Eine Übertragung des Urlaubs erfolgt nicht, weil der Anspruch sich in einen Abgeltungsanspruch umwandelt, wenn er bis zur Beendigung des Arbeitsverhältnisses nicht genommen worden ist (*BAG* 17.1.1995 EzA § 7 BUrlG Nr. 98; ErfK/*Gallner* § 5 BUrlG Rn. 17). 2259

*(5) Rückforderungsverbot (§ 5 Abs. 3 BUrlG)*

Der Umfang des Urlaubsanspruchs und die Dauer des gewährten Urlaubs können mit Auswirkungen auf das Urlaubsentgelt auseinander fallen. **Hat der Arbeitgeber nur die Freistellung von der Arbeit erklärt und noch kein Urlaubsentgelt gezahlt, und war der Arbeitnehmer auch noch nicht in Urlaub, als der Beendigungstatbestand eintrat, kann der Arbeitgeber seine Freistellungserklärung im Umfang der Kürzung kondizieren** (§ 812 Abs. 1 S. 2 BGB; *BAG* 23.4.1996 EzA § 5 BUrlG Nr. 17; ErfK/*Gallner* § 5 BUrlG Rn. 18). Dementsprechend ist der Anspruch des Arbeitnehmers auf Urlaubsentgelt verringert. Hat der Arbeitgeber daneben schon das Urlaubsentgelt vor Urlaubsbeginn ausgezahlt, so kann er auch den überschießenden Betrag kondizieren, weil insoweit kein Rechtsgrund mehr gegeben ist. Denn § 5 Abs. 3 BUrlG schafft keinen Anspruch für den Arbeitnehmer, sondern schützt ihn nur vor der Rückzahlung nach Inanspruchnahme des Urlaubs (ErfK/*Gallner* § 5 BUrlG Rn. 18 f.; *Leinemann/Linck* Rn. 58). Das gilt auch hinsichtlich der Rückforderung des zusätzlichen Urlaubsgeldes, wenn insoweit keine abweichende Regelung z. B. in einem Tarifvertrag anwendbar ist (*BAG* 24.10.2000 EzA § 818 BGB Nr. 10 = NZA 2001, 663). Dasselbe gilt, wenn der Arbeitnehmer seinen Urlaub angetreten hat, der Arbeitgeber aber entgegen § 8 BUrlG das Urlaubsentgelt noch nicht ausgezahlt hat und nunmehr ein Kürzungstatbestand eintritt. Der Arbeitnehmer hat dann einige Tage ohne urlaubsrechtlichen Rechtsgrund frei gehabt; für die Auszahlung des Urlaubsentgelts besteht keine Verpflichtung mehr (*BAG* 23.4.1996 EzA § 5 BUrlG Nr. 17; ErfK/*Gallner* § 5 BUrlG Rn. 18). 2260

**2261** Hat der Arbeitnehmer seinen zu Beginn des Jahres entstandenen Urlaub bereits erhalten, und hat der Arbeitgeber das Urlaubsentgelt gem. § 11 BUrlG bereits geleistet, als ein Beendigungstatbestand entstand, so kann der Arbeitgeber gem. § 5 Abs. 3 BUrlG keine Rückzahlung verlangen (*BAG* 23.4.1996 EzA § 5 BUrlG Nr. 17). Das gilt in jedem Beendigungsfall bei § 5 Abs. 1 lit. c BUrlG, auch wenn der Arbeitnehmer die Beendigung des Arbeitsverhältnisses herbeigeführt hat, auch bei einer Kündigung aus dem Urlaub heraus. Das Rückforderungsverbot ist jedoch nicht tariffest. In Tarifverträgen kann zu Ungunsten der Arbeitnehmer z. B. vereinbart werden, dass Urlaubsentgelt für zu viel geleisteten Urlaub zurückgefordert werden darf (*BAG* 23.1.1996 EzA § 5 BUrlG § 5 Nr. 16; ErfK/*Gallner* § 5 BUrlG Rn. 19).

*(6) Aufrundungsregel*

**2262** § 5 Abs. 2 BUrlG enthält eine Aufrundungsregel für den Fall, dass sich bei der Berechnung des gesetzlichen Teilurlaubs auf Grund des Zwölftelungsprinzips ein Teilurlaubstag von wenigstens einem halben Tag ergibt. Das kann dann der Fall sein, wenn die regelmäßige Arbeitszeit in der Woche anders verteilt ist als im Grundmodell des § 3 BUrlG vorgesehen (ErfK/*Gallner* § 5 BUrlG Rn. 20).

**2263** Ergibt die Berechnung einen Anspruch auf einen Teilurlaubstag von weniger als 0,5, so ist der Anspruch nicht abzurunden, sondern in dem errechneten Ausmaß zu erfüllen oder abzugelten (*BAG* 26.1.1989 EzA § 5 BUrlG Nr. 14). Die Anwendung des § 5 Abs. 2 BUrlG beschränkt sich auf die Berechnung des gesetzlichen Teilurlaubs nach § 5 Abs. 1 BUrlG. Nicht anwendbar ist die Regelung nach einer Kürzung des Urlaubs nach dem ArbPlSchG, BEEG, JArbSchG und nach dem SGB IX (ErfK/*Gallner* § 5 BUrlG Rn. 21). Die Tarifvertragsparteien sind allerdings nicht gehindert, für tarifliche Urlaubsansprüche Abrundungsregelungen für Bruchteile von Urlaubstagen zu treffen, soweit damit nicht gesetzliche Urlaubsansprüche berührt werden (*BAG* 22.10.1991 EzA § 13 BUrlG Nr. 51).

*dd) Rückzahlung überzahlten Urlaubsentgelts*

**2264** Gem. § 5 Abs. 3 BUrlG kann der Arbeitgeber dann, wenn der Arbeitnehmer gem. § 5 Abs. 1c BUrlG bereits Urlaub über den ihm zustehenden Umfang hinaus erhalten hat, das dafür gezahlte Urlaubsentgelt **nicht zurückfordern**. Darin ist allerdings kein generelles Rückzahlungsverbot über den Anwendungsbereich des § 5 Abs. 3 BUrlG hinaus zu sehen.

**2265** Gleichwohl kann der Arbeitgeber im Übrigen generell die Rückzahlung von zu viel gezahltem Urlaubsentgelt **nur dann verlangen, wenn eindeutig eine entsprechende Rückzahlungsklausel zwischen den Parteien vereinbart worden ist**. Denn die vorbehaltlose Gewährung von Urlaub, auf den noch kein Anspruch besteht, kann im Zweifel gem. § 133 BGB so ausgelegt werden, dass es damit sein Bewenden haben und damit auch ein Anspruch auf Rückzahlung von Urlaubsentgelt stillschweigend ausgeschlossen werden soll (*BAG* 27.11.1959 AP Nr. 55 zu § 611 BGB Urlaubsrecht).

**2266** Sollte dies nicht zutreffen, so sind im Übrigen §§ 812, 814, 818 Abs. 3 BGB anwendbar).

**2267** Die Tarifvertragsparteien können gem. § 13 Abs. 2 BUrlG schließlich auch von § 5 Abs. 3 BUrlG zuungunsten des Arbeitnehmers abweichen, indem vorgesehen wird, dass dann, wenn ein Arbeitnehmer nach erfüllter Wartezeit in den ersten sechs Monaten des Kalenderjahres aus dem Arbeitsverhältnis ausscheidet, sein Anspruch auf den vollen Jahresurlaub nachträglich auf 1/12 für jeden vollen Monat des Bestehens des Arbeitsverhältnisses gekürzt wird (so z. B. § 8 Nr. 8.5 MTV Gaststätten- und Hotelgewerbe NRW; s. a. d. Vorlagebeschluss wegen Art. 31 GRCh/Art. 7 Abs. 1 RL 2003/88/EG des *LAG Bln.-Bra.* 16.6.2011 LAGE § 13 BUrlG Nr. 2).

Ist im Falle der Anwendbarkeit einer derartigen Regelung bereits der Vollurlaub vom Arbeitgeber ungekürzt festgesetzt, kann der Arbeitnehmer keine Zahlung des Urlaubsentgelts verlangen und

## B. Pflichten des Arbeitgebers

muss ggf. das zu viel erhaltene Urlaubsentgelt zurückerstatten (*BAG* 23.1.1996 EzA § 5 BUrlG Nr. 16).

### ee) Ausschluss von Doppelansprüchen (§ 6 BUrlG)

*(1) Sinn und Zweck*

Der Ausschluss von Doppelansprüchen ist ein **allgemein anerkannter urlaubsrechtlicher Grundsatz**, der nicht nur für die §§ 1 ff. BUrlG, sondern auch für alle sonstigen Urlaubsansprüche gilt. 2268

Es soll verhindert werden, dass der Arbeitnehmer durch den Wechsel zu einem neuen Arbeitgeber einen höheren Urlaubsanspruch im Urlaubsjahr erwirbt, als nach dem BUrlG vorgesehen. Daher kommt es auf übertragene Ansprüche aus dem Vorjahr insoweit nicht an. 2269

Hat der Arbeitnehmer **in beiden Arbeitsverhältnissen Teilurlaubsansprüche** nach § 5 Abs. 1a, b BUrlG erworben, so ist § 6 Abs. 1 BUrlG nicht anwendbar, da diese Ansprüche sich notwendig auf unterschiedliche Zeitabschnitte beziehen (*BAG* 23.9.1965 AP Nr. 1 zu § 5 BUrlG). 2270

Keine Auswirkungen hat § 6 Abs. 1 BUrlG auch auf zeitlich zugleich bestehende Arbeitsverhältnisse (Doppelarbeitsverhältnis). 2271

*(2) Voraussetzungen*

§ 6 Abs. 1 BUrlG kommt nur Bedeutung zu, wenn der Arbeitnehmer im vorangegangenen Arbeitsverhältnis entweder bereits den vollen Urlaub erhalten hat oder ihm mehr Urlaub gewährt worden ist, als ihm nach § 5 Abs. 1 BUrlG in diesem Arbeitsverhältnis zusteht. 2272

Erfüllt sind die Urlaubsansprüche nicht nur, wenn der Arbeitnehmer von der Arbeitspflicht befreit worden ist, sondern auch dann, wenn der Arbeitgeber bei Beendigung des vorangegangenen Arbeitsverhältnisses den Urlaub abgegolten hat. 2273

*(3) Konkurrenz von Abgeltungs- und Freizeitanspruch*

Bestehen für denselben Zeitraum nebeneinander ein Abgeltungsanspruch gegen den früheren sowie ein Freizeitanspruch gegen den späteren Arbeitgeber, so ist fraglich, ob der Freizeitanspruch derart vorrangig ist, dass der frühere Arbeitgeber den Arbeitnehmer auf diesen verweisen darf, wenn der Arbeitnehmer den Freizeitanspruch zumindest bereits zum Zeitpunkt der gerichtlichen Geltendmachung des Abgeltungsanspruchs erworben hat, oder ob ein Wahlrecht des Arbeitnehmers besteht. Für ein Wahlrecht spricht (*ArbG Reutlingen* 18.2.1992 NZA 1993, 457), dass weder ein Vorrang des Abgeltungsanspruchs gegen den früheren Arbeitgeber noch ein Vorrang des Freizeitanspruchs gegen den späteren Arbeitgeber besteht. 2274

Fraglich ist auch, wie das Verhältnis zwischen Urlaubsabgeltungsansprüchen für denselben Zeitraum zu beurteilen ist (vgl. GK-BUrlG/*Bachmann* § 6 Rn. 59 ff.). 2275

Das *BAG* (28.2.1991 EzA § 6 BUrlG Nr. 4) geht davon aus, dass Urlaubsabgeltungsansprüche auf Grund eines früheren Arbeitsverhältnisses durch das Entstehen von Urlaubsansprüchen in einem nachfolgenden Arbeitsverhältnis nicht berührt werden. 2276

Denn für noch nicht abgegoltene, also noch abzugeltende Urlaubsansprüche aus dem früheren *Arbeitsverhältnis* enthält § 6 Abs. 1 BUrlG keine Regelung. Aus dieser Norm folgt weder für den Arbeitgeber des vorangegangenen Arbeitsverhältnisses eine Kürzungsbefugnis gegenüber dem Arbeitnehmer, noch ist danach ein Wahlrecht des Arbeitnehmers begründbar. Auch kommt eine Verweisung des Arbeitnehmers auf den Arbeitsbefreiungsanspruch im nachfolgenden Arbeitsverhältnis nicht in Betracht. Da der **Vorrang des Freizeitanspruchs vor dem Abgeltungsanspruch nur im fortbestehenden Arbeitsverhältnis beachtlich sein kann**, ist § 7 Abs. 4 BUrlG zu entnehmen, dass ein bei Beendigung des Arbeitsverhältnisses noch bestehender Urlaubsanspruch abzugelten ist, ohne die 2277

Entstehung neuer Urlaubsansprüche in einem anderen Arbeitsverhältnis auszuschließen. Der Arbeitnehmer kann zwar wählen, ob er den einen oder den anderen oder beide Ansprüche verfolgt. **Seine »Wahl« hat aber keinen Einfluss auf den jeweils anderen An**spruch.

*(4) Urlaubsbescheinigung (§ 6 Abs. 2 BUrlG)*

2278　Der Arbeitgeber ist gem. § 6 Abs. 2 BUrlG verpflichtet, bei Beendigung des Arbeitsverhältnisses dem Arbeitnehmer eine Bescheinigung über den im laufenden Kalenderjahr gewährten oder abgegoltenen Urlaub auszuhändigen. Für eine Klage auf die Erteilung einer derartigen Bescheinigung fehlt jedenfalls im zweiten Jahr nach dem Ende des Kalenderjahres, für das die Urlaubsbescheinigung begehrt wird, das **Rechtsschutzinteresse** (*Hess. LAG* 7.8.2001 NZA-RR 2002, 263).

*(5) Rechtslage bei unwirksamer Kündigung*

2278a　§ 6 Abs. 1 BUrlG regelt nur den Urlaubsanspruch, wenn der Arbeitnehmer während des Urlaubsjahres den Arbeitgeber wechselt. Die Norm **erfasst jedoch nicht den Fall**, dass ein Arbeitnehmer nach einer Kündigung des Arbeitgebers ein **anderweitiges Arbeitsverhältnis eingegangen** ist und festgestellt wird, dass das Arbeitsverhältnis durch **die Kündigung nicht aufgelöst ist**. In einem solchen Fall liegt ein **Doppelarbeitsverhältnis** vor. Hätte der Arbeitnehmer seine Pflichten aus beiden Arbeitsverhältnissen nicht gleichzeitig erfüllen können und hat der Arbeitgeber, mit dem er während des Kündigungsrechtsstreits ein Arbeitsverhältnis eingegangen ist, ihm für ein laufendes Kalenderjahr Urlaub gewährt, hat er im Umfang des ihm erteilten Urlaubs grds. keinen weiteren Urlaubsanspruch für dieses Jahr. Einem doppelten Urlaubsanspruch des Arbeitnehmers steht entgegen, dass dieser im Falle eines Obsiegens im Kündigungsrechtsstreit grds. so zu stellen ist, als hätte keine tatsächliche Unterbrechung des Arbeitsverhältnisses stattgefunden. Zwar handelt es sich beim Urlaub nicht um Entgelt für geleistete Dienste, sodass die **Anrechnungsvorschriften § 11 Nr. 1 KSchG und § 615 S. 2 BGB** keine unmittelbare Anwendung finden. Wegen der Gleichheit der Interessenlage ist jedoch eine **analoge Anwendung** dieser Bestimmungen geboten (*BAG* 21.2.2012 – 9 AZR 487/10).

*h) Urlaubsabgeltung*

*aa) Grundlagen; Rechtsnatur*

2279　Während des Bestandes des Arbeitsverhältnisses ist die Abgeltung des Urlaubs – bezogen auf den gesetzlichen Mindesturlaub – unwirksam (§ 134 BGB). Schließt ein Arbeitsverhältnis an ein Berufsausbildungsverhältnis zum gleichen Arbeitgeber an, so ist die Abgeltung von noch nicht erfüllten Urlaubsansprüchen aus dem Berufsausbildungsverhältnis ausgeschlossen. Diese Urlaubsansprüche sind vielmehr nach den für das Arbeitsverhältnis maßgebenden Vorschriften zu erfüllen (*BAG* 29.11.1984 EzA § 7 BUrlG Nr. 36).

2280　Das Abgeltungsverbot galt nach ursprünglich vom *BAG* (3.2.1971 AP Nr. 9 zu § 7 BUrlG Abgeltung) vertretener Auffassung auch dann, wenn die Erfüllung des Urlaubsanspruchs im bestehenden Arbeitsverhältnis z. B. wegen Krankheit des Arbeitnehmers unmöglich war. Grundlage dieser Auffassung war aber, dass der Urlaubsanspruch des Arbeitnehmers, den dieser wegen einer Krankheit oder wegen dienstlicher Belange nicht zeitgerecht hätte abwickeln können, auch über den Ablauf des Übertragungszeitraums hinaus unverändert fortbestand. Nachdem das *BAG* (13.5.1982 EzA § 7 BUrlG Nr. 25) zwischenzeitlich aber davon ausgegangen ist, dass der Urlaubsanspruch in derartigen Fällen mit dem Ende des Übertragungszeitraums spätestens erlischt, bestanden **keine rechtlichen Bedenken** gegen eine tarifliche Regelung, die einen **Abgeltungsanspruch für einen Urlaubsanspruch vorsieht, der während eines bestehenden Arbeitsverhältnisses wegen der Krankheit des Arbeitnehmers nicht mehr verwirklicht werden kann** (*BAG* 26.5.1983 EzA § 7 BUrlG Nr. 27; 14.3.2006 EzA § 7 BUrlG Abgeltung Nr. 14; s. aber jetzt *EuGH* 20.1.2009 EzA EG-Vertrag 1999 2003/88 Nr. 1 für den gesetzlichen Mindesturlaub; *BAG* 21.2.2012 EzA § 7 BUrlG Abgeltung Nr. 21).

2281　(derzeit unbesetzt)

## B. Pflichten des Arbeitgebers　　　　　　　　　　　　　　　　　　　　　　　　Kapitel 3

Weitergehend ist Urlaubsabgeltung – nach wie vor – auch im bestehenden Arbeitsverhältnis möglich, soweit der gesetzliche Mindesturlaub nicht betroffen ist (*BAG* 22.10.1987 EzA § 7 BUrlG Nr. 58). 　2282

(derzeit unbesetzt) 　2283

Gem. § 7 Abs. 4 BUrlG kann der Urlaub ausnahmsweise dann abgegolten werden, wenn er wegen der Beendigung des Arbeitsverhältnisses ganz oder teilweise nicht mehr gewährt werden kann. Der Urlaubsabgeltungsanspruch ist nach der früheren Rechtsprechung des *BAG* (28.6.1984 EzA § 7 BUrlG Nr. 34; 19.1.1993 EzA § 7 BUrlG Nr. 89; ebenso *LAG Nds.* 11.8.2003 NZA-RR 2004, 122) ein Surrogat des Urlaubsanspruchs, sodass er nicht anders als der Urlaubsanspruch behandelt werden kann. Er ist nicht auf den gesetzlichen Mindesturlaub beschränkt, sondern umfasst den gesamten Urlaubsanspruch des Arbeitnehmers, der bei Beendigung noch nicht erfüllt ist (*BAG* 18.10.1990 EzA § 7 BUrlG Nr. 80; 22.10.2009 – 8 AZR 865/08, NZA-RR 2010, 565). Er ist ebenso befristet wie der Anspruch auf Urlaub. Mit der Beendigung des Arbeitsverhältnisses wandelt sich ein bis dahin noch nicht erfüllter Urlaubsanspruch in einen **Abgeltungsanspruch** als reinen Geldanspruch **um, ohne dass es weiterer Handlungen** des Arbeitgebers oder des Arbeitnehmers **bedarf** (*BAG* 21.9.1999 EzA § 7 BUrlG Abgeltung Nr. 6; 4.5.2010 EzA § 7 BUrlG Abgeltung Nr. 17; *LAG Hamm* 11.11.2011 LAGE § 13 BUrlG Nr. 3). Ein Abgeltungsanspruch für Urlaub am Ende des Arbeitsverhältnisses aber kann **nur für solche Urlaubsansprüche entstehen**, die bei Ende des Arbeitsverhältnisses **nicht schon verfallen waren** (*BAG* 15.9.2011 EzA § 611 BGB 2002 Krankenhausarzt Nr. 4). 　2284

Der Abgeltungsanspruch setzt also voraus, dass der Urlaub noch vor Ablauf des Kalenderjahres oder infolge Übertragung nach § 7 Abs. 3 S. 2 BUrlG bis zum 31. 3. des Folgejahres hätte gewährt werden können (*BAG* 19.8.2003 EzA § 7 BUrlG Abgeltung Nr. 11; 7.9.2004 EzA § 7 BUrlG Abgeltung Nr. 12). Das ist auch bei nur teilweiser Arbeitsunfähigkeit des Arbeitnehmers bis zum Ablauf des Übertragungszeitraums nicht der Fall (*LAG Düsseld.* 28.2.2002 NZA-RR 2002, 648). Befand sich der Arbeitgeber dagegen bei der Beendigung des Arbeitsverhältnisses während der Zeit des gewährten Urlaubs nach § 11 Abs. 2 BUrlG, § 284 Abs. 2 BGB a. F. in Verzug, so bedarf es keiner weiteren Inverzugsetzung zur Bewirkung des Verzugs für den Abgeltungsanspruch (*LAG Hamm* 9.10.2002 NZA-RR 2003, 348).

Das ist mit Art. 7 Abs. 2 RL 2003/88/EG unvereinbar, jedenfalls soweit der gesetzliche Mindesturlaub betroffen ist und der Arbeitnehmer wegen Krankheit gehindert war, den Anspruch zu realisieren (*EuGH* 20.1.2009 EzA EG-Vertrag 1999 2003/88 Nr. 1; *BAG* 9.8.2011 – 9 AZR 365/10 EzA-SD 25/2011 S. 7 = NZA 2011, 1422;; 4.5.2010 EzA § 7 BUrlG Abgeltung Nr. 17; *Hess. LAG* 7.12.2010 NZA-RR 2011, 120; s. a. *BAG* 15.4.2008 – 9 AZN 1413/07).

Sachliche Gründe dafür, warum für einen arbeitsfähigen Arbeitnehmer nach Beendigung des Arbeitsverhältnisses andere Regeln für den Verfall des Urlaubsabgeltungsanspruchs gelten sollen als für einen arbeitsunfähigen Arbeitnehmer, bestehen jedoch nicht. Deshalb hält das *BAG* (19.6.2012 – 9 AZR 652/10) inzwischen auch für den Fall, dass der Arbeitnehmer arbeitsfähig ist, an der Surrogatstheorie nicht fest.

**Nicht erforderlich ist dafür, dass die Freizeitgewährung vor Ablauf des Arbeitsverhältnisses unmöglich war oder erfolglos geltend gemacht wurde.** Er entsteht in jedem Fall der Beendigung des Arbeitsverhältnisses, soweit in diesem Zeitpunkt noch ein Urlaubsanspruch besteht (*BAG* 7.11.1985 EzA § 7 BUrlG Nr. 39; 14.5.1986 EzA § 7 BUrlG Nr. 48; *LAG Nds.* 11.8.2003 NZA-RR 2004, 122), auch dann, wenn der **Arbeitnehmer** das Arbeitsverhältnis selbst **fristlos gekündigt** hat (*LAG Hamm* 12.1.1998 NZA 1999, 878 LS). 　2285

Durch die **Erhebung der Kündigungsschutzklage** wird der Arbeitgeber wegen der urlaubsrechtlichen Ansprüche **nicht in Verzug gesetzt.** Dazu bedarf es der fristgerechten Geltendmachung des Urlaubs- oder Abgeltungsanspruchs (*BAG* 17.1.1995 EzA § 7 BUrlG Nr. 98; 21.2.2012 EzA § 7 BUrlG Abgeltung Nr. 21; *LAG Nbg.* 11.3.2003 – 6 Sa 237/02, NZA-RR 2004, 33; s. a. *BAG* 　2286

15.9.2011 EzA § 611 BGB 2002 Krankenhausarzt Nr. 4). Erhebt der Arbeitnehmer nämlich eine Kündigungsschutzklage, liegt darin regelmäßig keine schriftliche Geltendmachung des Urlaubsabgeltungsanspruchs. Denn dieser Anspruch hängt nicht von dem Erfolg der Kündigungsschutzklage, also dem Fortbestand des Arbeitsverhältnisses, ab, sondern setzt mit der Beendigung des Arbeitsverhältnisses gerade das Gegenteil voraus (*BAG* 21.2.2012 EzA § 7 BUrlG Abgeltung Nr. 21). Einigen sich die Parteien nach Erhebung einer Kündigungsschutzklage des Arbeitnehmers in einem Vergleich über eine **rückwirkende Auflösung** des Arbeitsverhältnisses, ist der Abgeltungsanspruch bereits mit dem **vereinbarten Ende des Arbeitsverhältnisses entstanden**. Sofern die Parteien keine abweichende Regelung getroffen haben, bestehen keine Schadensersatzansprüche des Arbeitnehmers für den infolge Fristablaufs erloschenen Urlaubsabgeltungsanspruch, wenn sich der Arbeitgeber nicht mit der Gewährung des Urlaubs in Verzug befunden hatte (*BAG* 21.9.1999 EzA § 7 BUrlG Abgeltung Nr. 6). Verstößt ein Arbeitgeber gegen die in § 2 und § 3 Satz 1 NachwG normierten Nachweispflichten, hindert ihn dies nicht, die Erfüllung eines vom Arbeitnehmer erhobenen Anspruchs unter Berufung auf eine tarifliche Ausschlussfrist abzulehnen (*BAG* 21.2.2012 EzA § 7 BUrlG Abgeltung Nr. 21).

2287 (derzeit unbesetzt)

2288 Die Tarifvertragsparteien sind schließlich nicht gehindert, **abweichend** von § 7 Abs. 4 BUrlG zu Gunsten **fortdauernd arbeitsunfähig erkrankter Arbeitnehmer** zu vereinbaren, dass bei Beendigung des Arbeitsverhältnisses der Urlaubsanspruch vom Arbeitgeber abzugelten ist (*BAG* 9.8.1994 EzA § 7 BUrlG Nr. 95). § 33 TVAL II (Frz.) kann allerdings kein von § 7 Abs. 4 BUrlG abweichender Regelungswille der Tarifvertragsparteien zu Gunsten von dauerhaft arbeitsunfähig erkrankten Arbeitnehmern entnommen werden (*BAG* 9.11.1999 EzA § 7 BUrlG Abgeltung Nr. 3); ebenso wenig § 51 Abs. 1 BAT (*BAG* 7.9.2004 EzA § 7 BUrlG Abgeltung Nr. 17; s. Rdn. 2300).

2288a Die Vertragsfreiheit erlaubt den Parteien des Arbeitsvertrags zwar nicht, gesetzlich zwingende Urlaubsbestimmungen abzubedingen oder zum Nachteil des Arbeitnehmers zu modifizieren (§ 13 Abs. 1 BUrlG); das Gesetzesrecht des BUrlG schließt aber nicht aus, dass die Parteien **neben den gesetzlichen Rechten vertragliche Ansprüche begründen**. Den Parteien des Arbeitsvertrags steht es deshalb frei, eine Vereinbarung zu treffen, die den Arbeitgeber verpflichtet, Urlaub, der bereits verfallen ist, **nachzugewähren**. Gleiches gilt für eine Vereinbarung, die nicht die (Nach-)Gewährung verfallenen Urlaubs, sondern dessen **Abgeltung vorsieht** (*BAG* 18.10.2011 EzA § 7 BUrlG Nr. 126 = NZA 2012, 143).

*bb) Krankheit des Arbeitnehmers; Beschäftigungsverbot*

*(1) Grundlagen; die aktuelle Rechtsentwicklung*

2289 **Der Anspruch auf Urlaubsabgeltung setzte voraus, dass der Urlaubsanspruch erfüllbar ist; das ist bei Arbeitsunfähigkeit des Arbeitnehmers nicht der Fall**. Denn Arbeitsunfähigkeit und Urlaub schließen sich aus; dies ist europarechtlich nicht zu beanstanden (s. *EuGH* 20.1.2009 EzA EG-Vertrag 1999 2003/88 Nr. 1; *LAG* Düsseld. 2.2.2009 LAGE § 7 BUrlG Nr. 45 für den gesetzlichen Mindesturlaub). Aus der Befristung auch des Urlaubsabgeltungsanspruchs folgte deshalb für den Fall, dass der Arbeitnehmer aus dem Arbeitsverhältnis ausscheidet und über den Zeitpunkt der Beendigung des Arbeitsverhältnisses hinaus bis zum Ende des Urlaubsjahres bzw. des Übertragungszeitraums arbeitsunfähig krank war, dass der Urlaubsanspruch erlosch (*BAG* 23.6.1983 EzA § 7 BUrlG Nr. 28; 10.5.2005 EzA § 7 BUrlG Abgeltung Nr. 13; 14.3.2006 EzA § 7 BUrlG Abgeltung Nr. 14; a. A. *LAG Düsseld.* 25.7.2007 LAGE § 7 BUrlG Abgeltung Nr. 21).

2290 Denn dem Urlaubsabgeltungsanspruch stand dann das Leistungshindernis der Nichterfüllbarkeit entgegen (*BAG* 27.5.2003 EzA § 7 BUrlG Abgeltung Nr. 9).

2291 War der Arbeitnehmer dagegen aus dem Arbeitsverhältnis ausgeschieden und **wäre bei Fortbestand des Arbeitsverhältnisses noch die Urlaubsgewährung im fraglichen Zeitraum möglich gewesen**, so

## B. Pflichten des Arbeitgebers
## Kapitel 3

hatte der Arbeitnehmer auch Anspruch auf Urlaubsabgeltung (*BAG* 28.6.1984 EzA § 7 BUrlG Nr. 34).

Die **Arbeitsfähigkeit war insoweit ein personenbedingtes Tatbestandsmerkmal.** 2292

Diese Voraussetzung konnte auch bei **Erwerbsunfähigkeit** des Arbeitnehmers (§ 44 Abs. 2 SGB VI) erfüllt sein (*BAG* 14.5.1986 EzA § 7 BUrlG Nr. 45 gegen *BAG* 17.1.1985 EzA § 7 BUrlG Nr. 37). Denn es ist nicht ausgeschlossen, dass ein Arbeitnehmer zwar erwerbsunfähig, aber gleichzeitig dennoch arbeitsfähig ist (s. aber jetzt *LAG BW* 29.4.2010 LAGE § 7 BUrlG Abgeltung Nr. 26). 2293

Die **Darlegungs- und Beweislast** für die Arbeitsfähigkeit hatte der **Arbeitnehmer**; maßgeblich war nicht die zuletzt ausgeübte Tätigkeit, sondern die, die der Arbeitgeber nach dem Arbeitsvertrag als vertragsgemäß hätte annehmen müssen (*BAG* 10.5.2005 EzA § 7 BUrlG Abgeltung Nr. 13 = NZA-RR 2006, 112 LS; 20.1.1998 BB 1998, 1745; s. a. Rdn. 2292) 2294

(derzeit unbesetzt) 2295–2298

Die zuvor dargestellte **Surrogatstheorie** ist aber jedenfalls **insoweit**, wie der gesetzliche **Mindesturlaub** betroffen ist und der Arbeitnehmer durch **Krankheit** gehindert ist, den Anspruch zu realisieren, **nicht mit Art. 7 der RL 2003/88/EG vereinbar**; ein Erlöschen des Anspruchs tritt dann grds. nicht ein (s. *EuGH* 20.1.2009 EzA EG-Vertrag 1999 2003/88 Nr. 1; *BAG* 24.3.2009 EzA § 7 BUrlG Abgeltung Nr. 15; 9.8.2011 – 9 AZR 365/10, EzA-SD 25/2011 S. 7 = NZA 2011, 1422). Der Anspruch auf Abgeltung des bestehenden Urlaubs entsteht allerdings zumindest auch bei über das Arbeitsverhältnis hinaus andauernder Arbeitsunfähigkeit gem. § 7 Abs. 4 BUrlG mit Beendigung des Arbeitsverhältnisses als **reiner Geldanspruch**, der sich nicht mehr von sonstigen Entgeltansprüchen aus dem Arbeitsverhältnis unterscheidet **und wird sofort fällig** (*BAG* 13.12.2011 EzA § 7 BUrlG Abgeltung Nr. 21). Er ist nicht Surrogat des Urlaubsanspruchs, sondern reine Geldforderung und unterliegt damit wie andere Ansprüche aus dem Arbeitsverhältnis einzel- und tarifvertraglichen **Ausschlussfristen**. Das gilt auch für die Abgeltung des nach § 13 Abs. 1 S. 1 i. V. m. § 3 Abs. 1 BUrlG **unabdingbaren gesetzlichen Mindesturlaubs** (*BAG* 9.8.2011 – 9 AZR 352/10, NZA-RR 2012, 129 LS; 9.8.2011 – 9 AZR 365/10, EzA-SD 25/2011 S. 7 = NZA 2011, 1422; 21.2.2012 EzA § 7 BUrlG Abgeltung Nr. 21; *Hess. LAG* 7.12.2010 NZA-RR 2011, 120). Der Rechtssatz, dass die Dauer des Übertragungszeitraums, innerhalb dessen der Urlaubsanspruch bei durchgängiger Arbeitsunfähigkeit nicht verfallen kann, die Dauer des Bezugszeitraums deutlich übersteigen muss (*EuGH* 22.11.2011 – C 214/10, EzA-SD 24/2011, S. 5 = NZA 2011, 1333), ist auf die Mindestlänge einer tariflichen Ausschlussfrist für die Geltendmachung des Anspruchs auf Urlaubsabgeltung nicht übertragbar. Solche Ausschlussfristen können deutlich kürzer als ein Jahr sein (*BAG* 13.12.2011 EzA § 7 BUrlG Abgeltung Nr. 20). Derartige Regelungen **erfassen aber nicht Urlaubsansprüche im bestehenden Arbeitsverhältnis** während der Dauer der Arbeitsunfähigkeit (*Hess. LAG* 7.12.2010 NZA-RR 2011, 120). 2299

Das ist mit Art 7 Abs 2 RL 2003/88/EG und den hierzu vom *EuGH* (20.1.2009 EzA EG-Vertrag 1999 2003/88 Nr. 1) aufgestellten Grundsätzen vereinbar. Danach steht die Arbeitszeitrichtlinie grds. einer nationalen Regelung nicht entgegen, wonach die Nichtbeachtung von Modalitäten der Inanspruchnahme dazu führt, dass der Anspruch auf Abgeltung des Urlaubs am Ende eines Bezugszeitraums oder eines Übertragungszeitraums untergeht. Der Arbeitnehmer muss **tatsächlich nur die Möglichkeit haben**, den **ihm mit der Arbeitszeitrichtlinie verliehenen Anspruch auszuüben**. Das ist bei tariflichen Ausschlussfristen dann der Fall, wenn der Arbeitnehmer nur eine Frist zur schriftlichen Geltendmachung wahren muss (*BAG* 9.8.2011 – 9 AZR 365/10, EzA-SD 25/2011 S. 7 = NZA 2011, 1422). Durch eine schriftliche Geltendmachung vor der Beendigung des Arbeitsverhältnisses kann die Ausschlussfrist nicht gewahrt werden (*LAG BW* 2.12.2010 LAGE § 7 BUrlG Abgeltung Nr. 29; s. a. *LAG Nds.* 9.12.2010 LAGE § 7 BUrlG Abgeltung Nr. 30). 2299a

Nach *LAG Düsseld.* (7.7.2011 – 5 Sa 416/11, AuR 2011, 504 LS) können Urlaubsabgeltungsansprüche von dauerhaft erkrankten Arbeitnehmern auch für Zeiten geltend gemacht werden, die länger als 18 Monate zurückliegen; für Zeiten, in denen der Arbeitnehmer allerdings bei gleichzeitiger Arbeits- 2299b unfähigkeit ALG I bezieht, entstehen danach keine gesetzlichen Urlaubs- und Urlaubsabgeltungsansprüche.

**2299c** Sachliche Gründe dafür, warum für einen arbeitsfähigen Arbeitnehmer nach Beendigung des Arbeitsverhältnisses andere Regeln für den Verfall des Urlaubsabgeltungsanspruchs gelten sollen als für einen arbeitsunfähigen Arbeitnehmer, bestehen jedoch nicht. Deshalb hält das *BAG* (19.6.2012 – 9 AZR 652/10) inzwischen auch für den Fall, dass der Arbeitnehmer arbeitsfähig ist, an der Surrogatstheorie nicht fest.

*(2) Abweichende tarifliche Regelungen*

**2300** Etwas anderes kann sich auch aus einer tariflichen Regelung ergeben (s. Rdn. 2376 ff.).

**2301–2306** (derzeit unbesetzt)

*(3) Urlaub und Wiedereingliederung (§ 74 SGB V)*

**2307** Besteht nach einer ärztlichen Bescheinigung die Arbeitsunfähigkeit fort und wird zum Zweck der Wiedereingliederung in das Erwerbsleben auf Veranlassung des Arztes die Tätigkeit teilweise wieder aufgenommen, so ruhen während dieser Zeit im Allgemeinen die arbeitsvertraglichen Hauptleistungspflichten (*BAG* 29.1.1992 EzA § 74 SGB V Nr. 1). **Während dieses Wiedereingliederungsverhältnisses ist der Urlaubsanspruch nicht erfüllbar**, da der Arbeitgeber wegen des Ruhens der Hauptleistungspflichten den Arbeitnehmer nicht von der Arbeitspflicht befreien kann (*BAG* 19.4.1994 EzA § 74 SGB V Nr. 2).

*(4) Beschäftigungsverbot*

**2308** Auch die Unmöglichkeit der Arbeitsleistung einer schwangeren Arbeitnehmerin auf Grund einer fehlenden öffentlich-rechtlichen Genehmigung führt zum **Wegfall des Urlaubsabgeltungsanspruchs nach § 7 Abs. 4 BUrlG**, wenn die Unmöglichkeit bis zum Ende des Urlaubsjahres bzw. bis zum Ende des Übertragungszeitraums fortdauert (*LAG RhPf* 6.1.1999 NZA-RR 1999, 622).

*cc) Darlegungs- und Beweislast*

**2309** Dafür, dass der Arbeitnehmer bei Fortdauer des Arbeitsverhältnisses jedenfalls für die Dauer seines Urlaubsanspruchs seine vertraglich geschuldete Arbeitsleistung hätte erbringen können, trägt er die Darlegungs- und Beweislast (*BAG* 20.4.1989 EzA § 7 BUrlG Nr. 66; 20.1.1998 EzA § 13 BUrlG Nr. 57).

**2310** (derzeit unbesetzt)

**2311** Zu beachten ist, dass sich die Arbeitsfähigkeit nicht nach der zuletzt übertragenen Tätigkeit, sondern nach der vom Arbeitnehmer auf Grund des Arbeitsvertrages geschuldeten Leistung, die der Arbeitgeber als vertragsgemäß hätte annehmen müssen, richtet (*BAG* 20.1.1998 EzA § 13 BUrlG Nr. 57; s. a. *Hess. LAG* 30.1.1995 NZA 1995, 1042).

**2312** (derzeit unbesetzt)

*dd) Rechtsmissbrauch*

**2313** Der Arbeitgeber kann u. U. gegen den Urlaubsabgeltungsanspruch gem. § 242 BGB den Rechtsmissbrauchseinwand erheben. **Nachdem allerdings § 7 Abs. 4 S. 2 BUrlG a. F. ersatzlos gestrichen worden ist**, wonach der Anspruch dann entfiel, wenn der Arbeitnehmer durch eigenes Verschulden aus einem Grund entlassen worden ist, der eine außerordentliche Kündigung rechtfertigt oder das Arbeitsverhältnis unberechtigt vorzeitig aufgelöst hat und in diesen Fällen eine grobe Verletzung der Treuepflicht aus dem Arbeitsverhältnis vorliegt, **kommt dieser Einwand nur noch in besonders krassen Ausnahmefällen in Betracht.**

## B. Pflichten des Arbeitgebers Kapitel 3

(derzeit unbesetzt) 2314

### ee) Urlaubsabgeltung bei Altersteilzeit im Blockmodell

Für die **Urlaubsabgeltung bei Altersteilzeit im Blockmodell** gelten nach der Rechtsprechung des 2315
BAG (15.3.2005 EzA § 7 BUrlG Abgeltung Nr. 13; 10.5.2005 – 9 AZR 196/04, NZA 2005,
1432 LS) folgende Grundsätze:
- Der Übergang von der Arbeits- in die Freistellungsphase bei einer Altersteilzeit im Blockmodell stellt keine Beendigung des Arbeitsverhältnisses dar. Die Abgeltung der Urlaubsansprüche, die zum Zeitpunkt des Überganges noch nicht erfüllt sind, scheidet nach § 7 Abs. 4 BUrlG daher aus. § 7 Abs. 4 BUrlG ist auch nicht entsprechend anwendbar.
- Der Arbeitgeber ist also gesetzlich nicht verpflichtet, Resturlaub des Arbeitnehmers bei Beginn der Freistellungsphase abzugelten.
- Im Blockmodell der Altersteilzeit wird der Arbeitnehmer während der Freistellungsphase von der Arbeitspflicht entbunden. Die Gewährung von Urlaub wird danach unmöglich, so dass Resturlaubsansprüche nach Ablauf des Übertragungszeitraums verfallen.
- Der Arbeitgeber kommt während der Freistellungsphase nicht mit der Gewährung von Urlaubsansprüchen in Schuldnerverzug. § 286 Abs. 4 BGB schließt den Schuldnerverzug aus, solange die Leistung, hier die Urlaubsgewährung, wegen eines Umstandes unterbleibt, den der Arbeitgeber nicht zu vertreten hat.

### i) Erkrankung während des Urlaubs; Erwerbsunfähigkeit; Maßnahmen der medizinischen Vorsorge oder Rehabilitation

#### aa) Krankheit

Erkrankt ein Arbeitnehmer während des Urlaubs, so werden die durch ärztliches Zeugnis nach- 2316
gewiesenen Tage der Arbeitsunfähigkeit auf den Jahresurlaub nicht angerechnet (§ 9 BUrlG).

Die Norm soll **verhindern**, dass der Arbeitnehmer **durch krankheitsbedingte Arbeitsunfähigkeit seinen Urlaubsanspruch verliert**, denn die Arbeitspflicht, von der der Arbeitnehmer bereits durch seine Arbeitsunfähigkeit befreit worden ist, kann nicht noch einmal suspendiert werden. Deshalb, nicht weil sich der Arbeitnehmer im Urlaub nicht erholen kann, schließen sich Erkrankung und Urlaub aus (ErfK/*Gallner* § 9 BUrlG Rn. 1); das ist europarechtlich nicht zu beanstanden (s. *EuGH* 20.1.2009 EzA EG-Vertrag 1999 2003/88 Nr. 1).

Der Anspruch des Arbeitnehmers auf Freistellung geht trotz ordnungsgemäßer Erfüllungshandlung durch den Arbeitgeber und trotz von ihm nicht verschuldeter Unmöglichkeit des Eintritts des Erfüllungserfolgs bei einer Erkrankung während des Urlaubs nicht unter, sondern **besteht weiter fort**. § 275 Abs. 1 BGB befreit den Schuldner von der Leistungspflicht bei Unmöglichkeit (ErfK/*Gallner* § 9 BUrlG Rn. 1).

§ 9 BUrlG enthält keinen Grundsatz des Urlaubsrechts in dem Sinn, dass die Regelung auf andere Fälle des Zusammentreffens von Urlaub und einem anderen Tatbestand, aus dem sich die Beseitigung der Arbeitspflicht des Arbeitnehmersw ergibt, entsprechend anzuwenden ist (*BAG* 9.8.1994 EzA § 7 BurlG Nr. 97; ErfK/*Gallner* § 9 BUrlG Rn. 1).

Wird z. B. nach Erteilung des Urlaubs für **denselben Zeitraum** ein **Beschäftigungsverbot** nach dem MuSchG ausgesprochen, entsteht **kein Anspruch auf Nachgewährung** des nicht realisierten Urlaubs (*BAG* 9.8.1994 EzA § 7 BUrlG Nr. 97), denn weder eine verfassungskonforme Auslegung des Begriffs Krankheit noch eine Analogie rechtfertigen die gegenteilige Auffassung. Es ist **Sache des Gesetzgebers**, die Bestimmung entsprechend zu fassen, wenn er seine Schutzpflichten gegenüber der werdenden Mutter ausdehnen und die bürgerlich-rechtliche Rechtsfolge aus § 275 Abs. 1 BGB in diesen Fällen vermeiden will (ErfK/*Gallner* § 9 BUrlG Rn. 4).

(derzeit unbesetzt) 2317–2321

2322 Hat ein Arbeitnehmer am Ende des tariflich bestimmten Übertragungszeitraums im Folgejahr zulässigerweise seinen (Rest-)Urlaub angetreten und wird er nach Ablauf des Übertragungszeitraums während des Urlaubs krank, so hindert das nicht den Verfall des Urlaubsanspruchs für die wegen Krankheit nicht anzurechnenden Urlaubstage (*BAG* 19.3.1996 EzA § 9 BUrlG Nr. 14).

*bb) Erwerbsunfähigkeit*

2323 Dagegen ist das Entstehen und Bestehen eines Urlaubsanspruchs nicht notwendig dadurch ausgeschlossen, dass bei einem bestehenden Arbeitsverhältnis ein Arbeitnehmer eine Erwerbsunfähigkeitsrente bezieht (*BAG* 26.5.1988 EzA § 7 BUrlG Nr. 63; *LAG RhPf* 28.11.1997 BB 1998, 1953 LS). **Denn die Erwerbsunfähigkeit setzt nicht notwendig voraus, dass der Arbeitnehmer seine bisher vertraglich geschuldete Tätigkeit nicht mehr erbringen kann.** Die Merkmale der Erwerbsunfähigkeit, die nach § 44 Abs. 2 SGB VI zu bestimmen sind, stimmen mit denen der Arbeitsunfähigkeit nicht überein. Bei Prüfung der Erwerbsunfähigkeit findet keine Beschränkung auf den bisherigen Beruf oder, wie dies bei der Berufsunfähigkeit nach § 43 SGB VI die Regel ist, auf die Berufsgruppe statt (*BAG* 14.5.1986 EzA § 7 BUrlG Nr. 45; s. aber jetzt *LAG BW* 29.4.2010 LAGE § 7 BUrlG Abgeltung Nr. 26).

2324 Ob der Arbeitnehmer eine bislang ausgeübte und vertraglich geschuldete Tätigkeit wegen der Erwerbsunfähigkeit nicht mehr ausüben kann, hängt deshalb **vom Inhalt der jeweiligen Arbeitsleistung ab** und muss im Einzelfall festgestellt werden.

*cc) Maßnahmen der medizinischen Vorsorge oder Rehabilitation*

2325 Maßnahmen der medizinischen Vorsorge oder Rehabilitation dürfen gem. § 10 BUrlG nicht auf den Urlaub angerechnet werden, sofern ein Anspruch auf Entgeltfortzahlung nach §§ 3 ff. EFZG besteht (vgl. dazu *ArbG Bln.* 10.7.2002 – 30 Ca 6881/02, EzA-SD 3/03, S. 5 LS).

2326 **Davon kann in Tarifverträgen abgewichen werden, soweit nicht in den Mindesturlaub nach §§ 1, 3 BUrlG eingegriffen wird**. Ohne weiteres zulässig ist die Anrechnung für Urlaubsansprüche, die den gesetzlichen Mindesturlaub übersteigen.

*j) Urlaubsgeld*

2327 Ein über den Urlaubsentgeltanspruch hinausgehendes zusätzliches Urlaubsgeld kann der Arbeitnehmer nur dann beanspruchen, wenn eine entsprechende Vereinbarung besteht, oder ein anwendbarer Tarifvertrag dies vorsieht (*BAG* 30.7.1986 EzA § 44 SchwbG Nr. 7; ausf. *Sibben* DB 1997, 1178 ff.). Allein die **Bezeichnung einer Leistung** als Urlaubsgeld **rechtfertigt es nicht**, einen **zwingenden Sachzusammenhang** zum Erholungsurlaub anzunehmen. Es ist anhand der **Leistungsvoraussetzungen**, d. h. der Anforderungen und Ausschlussgründe, zu ermitteln, ob das Urlaubsgeld von den Regelungen zum Urlaub abhängig ist oder bloß eine saisonale Sonderleistung darstellt (*BAG* 12.10.2010 NZA 2011, 695).

Möglich ist nach dem Grundsatz der Vertragsfreiheit (§§ 241, 311 BGB) auch eine **teilweise Bezugnahme auf einen Tarifvertrag**; in einem derartigen Fall ist durch Auslegung zu ermitteln, wie weit die Bezugnahme reichen soll.

Bietet der Arbeitgeber z. B. den Abschluss eines Formulararbeitsvertrages mit der Klausel »Der Jahresurlaub richtet sich nach den Bestimmungen des (einschlägigen) Tarifvertrages« an, muss der Arbeitnehmer das regelmäßig als Verweisung auf den gesamten tariflichen **Regelungskomplex »Urlaub«** verstehen. Ist in den in Bezug genommenen urlaubsrechtlichen Bestimmungen des Tarifvertrages ein erhöhtes Urlaubsentgelt geregelt, wird mit dem Abschluss des Vertrages der Arbeitgeber auch zur Anwendung dieser tariflichen Regelung verpflichtet (*BAG* 17.11.1998 EzA § 3 TVG Bezugnahme auf Tarifvertrag Nr. 11). Gleiches gilt für ein zusätzliches tarifliches Urlaubsgeld; auf eine solche Bezugnahmeklausel ist die Unklarheitenregel des § 305c Abs. 2 BGB nicht anzuwenden, denn die Regelung ist hinreichend klar. Auf die Unklarheitenregel darf nur zurückgegriffen werden wenn trotz Ausschöpfung der anerkannten Auslegungsmethoden nicht behebbare Zweifel verbleiben (*BAG* 17.1.2006 EzA § 3 TVG Bezugnahme auf Tarifvertrag Nr. 33).

Eine derartige Leistung des Arbeitgebers hat auch **Gratifikationscharakter**; das zusätzliche Urlaubsgeld wird nicht für den Urlaub, sondern aus Anlass des Urlaubs gewährt (*BAG* 9.3.1967 AP Nr. 6 zu § 11 BUrlG; zum Urlaubsgeld in der Elternzeit s. Rdn. 2537). Mit der Erklärung, er gewähre eine »**freiwillige soziale Leistung**, aus der für die Zukunft keine Rechtsansprüche hergeleitet werden können« kann ein Arbeitgeber Ansprüche auf Urlaubsgeld, die bereits anderweitig entstanden sind, nicht nachträglich einschränken (*BAG* 21.1.2003 EzA § 611 BGB 2002 Gratifikation, Prämie Nr. 5). 2328

Eine Tarifnorm (z. B. § 34 Nr. 1 RTV Gebäudereinigerhandwerk) kann auch eine **Wartezeit** vorsehen, nach deren Ablauf z. B. von 12 Monaten erst der Arbeitnehmer einen Anspruch auf ungekürztes Urlaubsgeld erhält (vgl. *BAG* 24.10.1995 EzA § 4 TVG Gebäudereinigerhandwerk Nr. 3). 2329

Ob der Anspruch auf ein zusätzliches tarifliches Urlaubsgeld sowohl von der tatsächlichen Gewährung des Urlaubs als auch vom Bestand eines Anspruchs auf Urlaubsentgelt abhängig ist, sodass er z. B. bei dauerhafter Erkrankung entfällt, hängt von der normativen Ausgestaltung der Regelung im Einzelfall ab. Das *BAG* (21.10.1997 NZA 1998, 666; s. *LAG Köln* 2.11.2007 LAGE § 611 BGB Gratifikation Nr. 10) hat dies für § 17 MTV gewerbliche Arbeitnehmer der Schuhindustrie in der BRD bejaht (ebenso *BAG* 3.4.2001 NZA 2002 für den TV Sonderzahlung Einzelhandel NRW; 27.5.2003 NZA 2004, 232 LS für § 12 Abschnitt V MTV der chemischen Industrie), wonach mit der Urlaubsvergütung den Arbeitnehmern, die bei Beginn des Urlaubsjahres und bei Urlaubsbeginn betriebszugehörig sind, ein zusätzliches Urlaubsgeld in Höhe von zwei Wochenverdiensten, errechnet nach den Bestimmungen der Urlaubsvergütung, auszuzahlen ist. Demgegenüber besteht der Anspruch nach dem TV Sonderzahlung Einzelhandel auch dann, wenn die Arbeitnehmerin **krankheitsbedingt keine tatsächliche Arbeitsleistung** erbracht hat und ihr deshalb kein Urlaub gewährt werden konnte (*BAG* 19.1.1999 EzA § 4 TVG Einzelhandel Nr. 38 für den TV Sonderzahlung Einzelhandel Hessen; 13.11.2001 NZA 2002, 583 LS für den TV Sonderzahlung Einzelhandel RhPf). Nichts anderes gilt, wenn die Arbeitnehmerin im gesamten Kalenderjahr **Elternzeit** in Anspruch genommen hat (*BAG* 19.1.1999 EzA § 4 TVG Einzelhandel Nr. 39). Auch ein Anspruch auf Urlaubsgeld nach § 34 MTV Nr. 5 für das Bodenpersonal der LTU v. 22.10.1993 besteht dann, wenn der Arbeitnehmer im gesamten Kalenderjahr Elternzeit in Anspruch genommen hat (*BAG* 11.4.2000 NZA 2001, 512; vgl. dazu *Schmitz* AuR 2001, 70 f.). Dementsprechend ist auch eine tariflich vorgesehene **anteilige Minderung für die Zeiten des Erziehungsurlaubs** zulässig. Das gilt auch für Zeiten der Beschäftigungsverbote wegen der Geburt eines weiteren Kindes nach §§ 3 Abs. 2, 6 Abs. 1 MuSchG, soweit die Elternzeit nicht unterbrochen wird. Auch das Europäische Gemeinschaftsrecht (insbes. Art. 157 AEUV) steht dem nicht entgegen (*BAG* 15.4.2003 EzA Art. 141 EG-Vertrag 1999 Nr. 14 = NZA 2004, 46). 2330

Wird das Urlaubsgeld nicht proportional zur erzielten Vergütung, sondern als Pauschalbetrag gezahlt, so ist bei **Teilzeitbeschäftigten** gleichwohl eine Kürzung entsprechend ihres Arbeitsdeputats im Verhältnis zu einem Vollzeitbeschäftigten zulässig (*BAG* 15.11.1990 EzA § 2 BeschFG 1985 Nr. 5). 2331

k) Die zeitliche Festlegung des Urlaubs

aa) Recht und Pflicht des Arbeitgebers; Urlaubsverlangen des Arbeitnehmers; Betriebsferien

Ist der Urlaubsanspruch mit dem Beginn des Kalenderjahres entstanden, wird er **zugleich** mit diesem Zeitpunkt **fällig** (§ 271 Abs. 1 BGB). Der Arbeitnehmer hat gem. § 1 BUrlG einen Anspruch auf Urlaubsgewährung i. S. d. unwiderruflichen bezahlten Freistellung von der Arbeitspflicht durch eine entsprechende Willenserklärung des Arbeitgebers für einen **bestimmten zukünftigen Zeitraum** (*BAG* 17.5.2011 EzA § 7 BUrlG Nr. 124 = NZA 2011, 1032). Der Arbeitgeber hat das **Recht zur** 2332 zeitlichen Festlegung des Urlaubs. Die Freistellung zur Urlaubsgewährung erfolgt durch **einseitige empfangsbedürftige Willenserklärung**, die als solche mit **Zugang** beim Arbeitnehmer gem. § 130 Abs. 1 BGB wirksam wird (*BAG* 17.5.2011 EzA § 7 BUrlG Nr. 124 = NZA 2011, 1032).

2333 Das *BAG* (18.12.1986 EzA § 7 BUrlG Nr. 48) geht davon aus, dass der Arbeitgeber als Schuldner des Urlaubsanspruchs zur zeitlichen Festlegung des Urlaubs gem. § 7 Abs. 1 BUrlG darüber hinaus auch verpflichtet ist. Einer Geltendmachung des Anspruchs durch den Arbeitnehmer bedarf es an sich nicht, weil der Arbeitgeber auch ohne Aufforderung den Urlaub gewähren kann. Andererseits erlischt der Anspruch gem. § 7 Abs. 3 BUrlG, wenn eine Aufforderung durch den Arbeitnehmer unterbleibt (*LAG Nbg.* 29.8.2006 LAGE § 7 BUrlG Abgeltung Nr. 19).

Die Erhebung einer **Kündigungsschutzklage** beinhaltet i. d. R. nicht die Geltendmachung von Urlaubsansprüchen; der Arbeitnehmer hat auch im gekündigten Arbeitsverhältnis seinen Urlaubsanspruch ausdrücklich i. S. v. § 286 Abs. 1 BGB geltend zu machen, indem er den Arbeitgeber auffordert, den Urlaub zeitlich festzulegen (*BAG* 18.9.2001 NZA 2002, 895).

2334 Das Urlaubsverlangen des Arbeitnehmers muss so **rechtzeitig** erfolgen, dass die Gewährung des Urlaubs noch vor Ablauf der gesetzlichen oder tariflichen Urlaubsbefristung möglich ist (*BAG* 7.11.1985 EzA § 7 BUrlG Nr. 41).

2335 Eine wirksame Geltendmachung des Urlaubs durch einen am **Streik** teilnehmenden Arbeitnehmer liegt insoweit nur dann vor, wenn er sich, zumindest vorübergehend, zur Wiederaufnahme der Arbeit bereit erklärt hat (*BAG* 24.9.1996 EzA § 7 BUrlG Nr. 102). Zur Wirksamkeit der Geltendmachung gehört auch die **Bereitschaft**, die **Arbeitspflicht** – wieder – **zu erfüllen**. Die bloße Anzeige der »Urlaubsfähigkeit« nach längerer Krankheit reicht nicht aus (*LAG Köln* 1.10.1998 NZA-RR 1999, 404).

2336 Mit der Festlegung von Beginn und Ende des Urlaubs hat der Arbeitgeber die erforderliche Leistungshandlung vorgenommen. **Die Leistung ist bewirkt, wenn der Leistungserfolg eingetreten ist, also der Arbeitnehmer den Urlaub erhalten hat.**

2337 Der Arbeitgeber erfüllt den gesetzlichen Urlaubsanspruch des Arbeitnehmers z. B. dann, wenn er während der Kündigungsfrist Urlaub gewährt (*BAG* 6.9.2006 EzA § 615 BGB 2002 Nr. 16) und der Arbeitnehmer keine anderweitigen Urlaubswünsche äußert. Widerspricht der Arbeitnehmer der Urlaubsgewährung, so ist dies allein noch keine Äußerung eines Urlaubswunsches i. S. d. § 7 Abs. 1 BUrlG.

2337a Will der Arbeitgeber den Urlaub während des Laufs der Kündigungsfrist gewähren, muss der Arbeitnehmer als Adressat **hinreichend deutlich erkennen können**, in **welchem Umfang** der Arbeitgeber den Urlaubsanspruch erfüllen will. Erklärt sich der Arbeitgeber nicht mit der erforderlichen Deutlichkeit, geht dies zu seinen Lasten. Dies gilt insbes. dann, wenn der Arbeitnehmer nicht erkennen kann, ob der Arbeitgeber mit der Freistellung **nur den gekürzten Vollurlaub** oder den **Vollurlaub** gewähren will. Bei einer **jahresübergreifenden Kündigungsfrist** kann der Arbeitgeber nämlich die Freistellungserklärung zur Urlaubsgewährung auch – soweit kein abweichender Festlegungswunsch des Arbeitnehmers verbindlich ist – **im Vorgriff auf das Urlaubsjahr** abgeben (*BAG* 17.5.2011 EzA § 7 BUrlG Nr. 124 = NZA 2011, 1032; s. a. *Meyer* NZA 2011, 1249 ff.).

2338 Der Arbeitgeber kann den Urlaubsanspruch auch dadurch erfüllen, dass er dem Arbeitnehmer das Recht einräumt, die konkrete Lage des Urlaubs in der Kündigungsfrist selbst zu bestimmen. Ist der Arbeitnehmer damit nicht einverstanden, weil er ein Annahmeverweigerungsrecht geltend macht, so hat er dies dem Arbeitgeber unverzüglich mitzuteilen. Unterbleibt eine solche Mitteilung, kann der Arbeitgeber davon ausgehen, der Arbeitnehmer lege die Urlaubszeit selbst fest. Ein späteres Urlaubsabgeltungsverlangen wäre rechtsmissbräuchlich (§ 242 BGB) und deshalb nicht begründet (*BAG* 6.9.2006 EzA § 615 BGB 2002 Nr. 16).

2339 Steht dem Arbeitnehmer mehr Urlaub als der gesetzliche Urlaub zu, können die Parteien hierfür auch vereinbaren, dass er ohne Berücksichtigung entgegenstehender Wünsche des Arbeitnehmers während der Dauer der Kündigungsfrist zu gewähren ist (*BAG* 22.9.1992 EzA § 7 BUrlG Nr. 87).

Hat der Arbeitgeber zu Beginn des Urlaubsjahres den Erholungsurlaub zeitlich festgelegt, so besteht  2340
keine Verpflichtung zur anderweitigen Neufestsetzung, wenn die Arbeitnehmerin danach schwanger
wird und für die vorgesehene Urlaubszeit ihre Beschäftigung wegen der Beschäftigungsverbote der
§§ 3, 4 MuSchG verboten ist.

Mit der Festlegung des Urlaubszeitraums entsprechend den Wünschen der Arbeitnehmerin hat  2341
der Arbeitgeber als Schuldner des Urlaubsanspruchs das Erforderliche nach § 7 Abs. 1 BUrlG getan. Wird die Freistellung nachträglich wegen der Beschäftigungsverbote der §§ 3, 4 MuSchG
unmöglich, so wird der Arbeitgeber von der Freistellungsverpflichtung nach § 275 BGB frei, soweit die Unmöglichkeit nicht auf krankheitsbedingter Arbeitsunfähigkeit (§ 9 BUrlG) beruht
(*BAG* 9.8.1994 EzA § 7 BUrlG Nr. 97).

**Einzelfälle:**  2342
– Vereinbaren die Arbeitsvertragsparteien, dass sich die Arbeitspflicht einer Arbeitnehmerin im Reinigungsdienst auf die Schultage und die während der Ferienzeit anfallende sog. Grundreinigung  2343
beschränkt, so kann ihr in der übrigen Ferienzeit kein Urlaub gewährt werden. Die Arbeitnehmerin hat während dieser Zeit keinen Anspruch auf Urlaubsentgelt (*BAG* 19.4.1994 EzA § 4 TVG
Gebäudereinigerhandwerk Nr. 2).
– Ein Saisonbetrieb, z. B. ein Freizeitpark, der nur von April bis Oktober für Publikumsverkehr ge-  2344
öffnet ist, kann i. d. R. das Urlaubsbegehren seines Arbeitnehmers innerhalb der Saison unter Hinweis auf dringende betriebliche Belange verweigern und ihn auf Zeiten der Betriebsschließung (Betriebsferien) verweisen, auch wenn während dieser Zeit interne Vorbereitungsarbeiten für die
nächste Saison (Wartung, Reparatur) verrichtet werden. Erklärt sich der Arbeitnehmer in einem
derartigen Betrieb im Arbeitsvertrag vorweg mit der Urlaubsnahme außerhalb der Saison einverstanden, liegt hierin keine von § 13 BUrlG untersagte Abweichung von § 7 Abs. 1 BUrlG, sondern eine Einigung über die Lösung eines Interessenkonflikts (*LAG Köln* 17.3.1995 NZA 1995,
1200 LS).
– Der Arbeitgeber kann auch in einem betriebsratslosen Betrieb **Betriebsferien** kraft des ihm oblie-  2345
genden **Direktionsrechts** einführen. Diese begründen dringende betriebliche Belange i. S. v. § 7
Abs. 1 S. 1 BUrlG, hinter denen die individuellen Urlaubswünsche der Arbeitnehmer – von Härtefällen abgesehen – zurückstehen müssen (*LAG Düsseld.* 20.6.2002 ARST 2003, 84 m. Anm.
*Kappelhoff* BB 2003, 158).

*bb) Bestimmung des Urlaubszeitpunkts*

Für die Bestimmung des Zeitpunkts des Urlaubs sind die Umstände des Einzelfalles entscheidend.  2346
Notwendig ist gem. § 7 Abs. 1 BUrlG eine **Abwägung der beiderseitigen Interessen sowie der Interessen aller betroffener Arbeitnehmer**, wobei generell die Urlaubswünsche anderer Arbeitnehmer
sowie entgegenstehende betriebliche Interessen des Arbeitgebers berücksichtigt werden müssen.
Dringende betriebliche Gründe (vgl. dazu *BAG* 27.5.2003 EzA § 7 BUrlG Abgeltung Nr. 9) stehen
der Urlaubsbewilligung aber nur dann entgegen, wenn sie zu einer **erheblichen betriebswirtschaftlichen Erschwerung führen** (*LAG RhPf* 25.1.1991 LAGE § 7 BUrlG Nr. 27). Das ArbG ist insbes.
**nicht an eine innerbetriebliche Vorgabe** gebunden, etwa des Inhalts, dass nie mehr als drei Arbeitnehmer überschneidend Urlaub nehmen dürfen. Denn wenn die antragsgemäße Urlaubsgewährung
zu gewissen Störungen im Betriebsablauf führt, begründet dies allein noch keine betrieblichen Belange i. S. d. BUrlG. Denn diese treten regelmäßig beim Fehlen eines Mitarbeiters auf, sind hinzunehmen und durch einen entsprechenden Vorhalt von Personal auszugleichen (*ArbG Kaiserslautern*
29.6.2006 – 2 Ca 582/06 – AuR 2007, 60 LS).

Im Übertragungszeitraum (§ 7 Abs. 3 BUrlG) sind die betrieblichen Belange und die Urlaubs-  2347
wünsche anderer Arbeitnehmer dagegen nicht zu berücksichtigen, ebenso wenig persönliche Annahmeverweigerungsgründe des Arbeitnehmers.

### cc) Bindung an die Urlaubsfestlegung

**2348** Der Arbeitgeber ist ebenso wie der Arbeitnehmer an die von ihm vorgenommene Urlaubsfestlegung jedenfalls grds. gebunden und zur einseitigen Änderung der zeitlichen Festlegung nicht berechtigt (*BAG* 10.1.1974 EzA § 7 BUrlG Nr. 16). Dem Arbeitnehmer ist **uneingeschränkt zu ermöglichen**, anstelle der geschuldeten Arbeitsleistung **die ihm** aufgrund des Urlaubsanspruchs **zustehende Freizeit selbstbestimmt zu nutzen**. Das ist dann **nicht gewährleistet**, wenn der Arbeitnehmer trotz der Freistellung ständig **damit rechnen muss, zur Arbeit abgerufen zu werden**. Eine derartige Arbeitsbereitschaft lässt sich mit der Gewährung des gesetzlichen Erholungsurlaubs nicht vereinbaren. Der Anspruch des Arbeitnehmers wird in diesem Fall nicht erfüllt (*BAG* 20.6.2000 EzA § 1 BUrlG Nr. 23; s. *Richter* AuR 2011, 16 ff.).

**2349** Fraglich ist, inwieweit ein **Widerruf vor Urlaubsantritt** z. B. in betrieblichen Notfällen, bei ganz unvorhergesehenen Ereignissen (dafür *BAG* 12.10.1961 AP Nr. 84 zu § 611 BGB Urlaubsrecht) sowie ein **Rückrufsrecht** nach Urlaubsantritt (dafür *Lepke* DB 1990, 1134) in Betracht kommt. Hat der Arbeitgeber den Arbeitnehmer zur Erfüllung des Anspruchs auf Erholungsurlaub (§ 1 BUrlG) **freigestellt**, kann er den Arbeitnehmer jedenfalls **nicht** auf Grund einer Vereinbarung aus dem Urlaub **zurückrufen**. Denn eine solche Abrede verstößt gegen zwingendes Urlaubsrecht und ist gem. § 13 BUrlG rechtsunwirksam (*BAG* 20.6.2000 EzA § 1 BUrlG Nr. 23; *LAG Hamm* 11.12.2002 NZA-RR 2003, 347); der Arbeitgeber erfüllt den Urlaubsanspruch **nur durch eine unwiderrufliche Befreiung** von der Arbeitspflicht. Die Unwiderruflichkeit ist Rechtsfolge der Urlaubserteilung. Sie muss deshalb nicht gesondert vom Arbeitgeber erklärt werden. Behält sich der Arbeitgeber bei Urlaubserteilung den Widerruf vor, fehlt die zur Erfüllung des Urlaubsanspruchs notwendige Freistellungserklärung (*BAG* 14.3.2006 EzA § 7 BUrlG Nr. 117). Möglich ist aber die **Anfechtung der Urlaubserteilung** gem. §§ 119 ff., 123 BGB; auch kann der durch die Urlaubserteilung nach § 7 Abs. 1 BUrlG festgelegte Urlaubstermin einvernehmlich abgeändert werden (*LAG Hamm* 11.12.2002 NZA-RR 2003, 347).

**2350** Ein bewilligter Urlaub wird auch nicht dadurch unterbrochen, dass während des Urlaubs der Betrieb bestreikt wird (*BAG* 9.2.1982 EzA § 1 BUrlG Nr. 18).

**2351** (derzeit unbesetzt)

**2352** Treten nach erfolgter Urlaubsgewährung **außergewöhnliche Umstände** ein, die einer Freistellung des Arbeitnehmers entgegenstehen, kann sich der Arbeitgeber nach Auffassung des *ArbG Ulm* (24.6.2004 NZA-RR 2004, 627) auch auf den Wegfall der Geschäftsgrundlage berufen. Dies führt allerdings – nach der Schuldrechtsreform – **nicht zu einer automatischen Wiederherstellung der Arbeitspflicht des Arbeitnehmers**. Denn § 313 BGB gewährt nunmehr lediglich einen Anspruch auf Vertragsanpassung; die Rechtsfolgen des Wegfalls der Geschäftsgrundlage treten nicht mehr eo ipso – also von selbst – ein. Vielmehr bedarf es einer einvernehmlichen Vereinbarung zwischen dem Arbeitgeber und dem Arbeitnehmer über die Rückgängigmachung des genehmigten Urlaubs. Verweigert sich der Arbeitnehmer einer solchen, muss der Arbeitgeber diese durch eine gerichtliche Entscheidung ersetzen lassen (so jedenfalls *ArbG Ulm* 24.6.2004 NZA-RR 2004, 627).

Der Arbeitnehmer seinerseits hat u. U. gem. § 242 BGB einen Anspruch auf **Abschluss eines Änderungsvertrages** über die zeitliche Festlegung des Urlaubs.

### dd) Mitteilung der Urlaubsanschrift?

**2353** Eine Verpflichtung des Arbeitnehmers, dem Arbeitgeber die Urlaubsanschrift mitzuteilen, besteht nicht (*BAG* 16.12.1980 EzA § 130 BGB Nr. 10; ErfK/*Gallner* § 7 BUrlG Rn. 27).

### ee) Zusammenhängende Urlaubsgewährung

**2354** Der Urlaub ist gem. § 7 Abs. 2 BUrlG grds. **zusammenhängend zu gewähren**, damit dem Arbeitnehmer in regelmäßigen Abständen hinreichend Zeit zur Erholung gewährt wird, die nach medizinischen Erkenntnissen mindestens drei Wochen umfassen sollte, gem. § 7 Abs. 2 S. 2 BUrlG aber zumindest zwölf aufeinanderfolgende Werktage betragen muss. Dies ist Ausdruck der **gesundheitspolitischen Zielsetzung des BUrlG**. Hinsichtlich der einer weitergehenden Bewilligung entgegenstehenden betrieblichen Gründe gelten dieselben Grundsätze wie bei § 7 Abs. 1 BUrlG; für die entgegenstehenden persönlichen Gründe kommt es dagegen nicht auf die Urlaubswünsche anderer Arbeitnehmer an, sondern nur auf Belange im **persönlichen Bereich des Arbeitnehmers** (ErfK/*Gallner* § 7 BUrlG Rn. 25).

**Verbotswidrig entgegen § 7 Abs. 2 BUrlG gewährter Urlaub ist keine Erfüllung des Urlaubsanspruchs**. Dies gilt auch dann, wenn eine entsprechende Aufteilung des Urlaubs auf einer Vereinbarung zwischen Arbeitgeber und Arbeitnehmer beruht. Der Arbeitnehmer ist insoweit grds. nicht daran gehindert, den gesetzlichen Mindesturlaub in zusammenhängender Form nachzufordern (*BAG* 29.7.1965 AP Nr. 1 zu § 7 BUrlG). 2355

Gleichwohl wird § 7 Abs. 2 BUrlG in der Praxis **regelmäßig missachtet**. Der Urlaub wird – auch ohne die in § 7 Abs. 2 S. 1 BUrlG genannten Gründe – in kleineren Einheiten gewährt, im Einzelfall sogar nur an einzelnen Tagen. Das ist mit dem Gesetz nicht zu vereinbaren, auch nicht angesichts der Regelung des § 13 Abs. 1 S. 3 BUrlG (ErfK/*Gallner* § 7 BUrlG Rn. 26). 2355a

*ff) Selbstbeurlaubungsrecht des Arbeitnehmers?*

Fraglich ist, ob ein Selbstbeurlaubungsrecht des Arbeitnehmers besteht, insbes. dann, wenn der Arbeitgeber die Gewährung von Urlaub grundlos verweigert. 2356

Das *BAG* (20.1.1994 EzA § 626 BGB n. F. Nr. 153; ebenso *LAG Hamm* 21.10.1997 NZA-RR 1999, 76; *LAG Köln* 16.3.2001 NZA-RR 2001, 533; ErfK/*Gallner* § 7 BUrlG Rn. 9) geht davon aus, dass angesichts des umfassenden Systems gerichtlichen Rechtsschutzes (Möglichkeit der Leistungsklage sowie einer Einstweiligen Verfügung) ein Recht des Arbeitnehmers, sich selbst zu beurlauben, grds. abzulehnen ist. 2357

Es hat aber andererseits offen gelassen, ob etwas anderes nicht ausnahmsweise dann gilt, wenn innerhalb des Urlaubsjahres, des Übertragungszeitraums oder der Kündigungsfrist nur noch ein dem restlichen Urlaubsanspruch entsprechender Zeitraum zur Verfügung steht und sich der Arbeitgeber **grundlos weigert, den Urlaub zu gewähren** (dafür *LAG RhPf* 25.1.1991 LAGE § 7 BUrlG Nr. 27; KR-*Fischermeier* § 626 BGB Rn. 452). 2358

Tritt der Arbeitnehmer folglich eigenmächtig einen vom Arbeitgeber nicht genehmigten Urlaub an, so verletzt er seine arbeitsvertraglichen Pflichten, und ein solches Verhalten ist an sich geeignet, einen wichtigen Grund zur fristlosen Kündigung darzustellen (*LAG Hamm* 17.10.2007 NZA-RR 2008, 294; s. aber Kap. 4 Rdn. 1280). 2359

Allerdings ist es bei einer fristlosen Kündigung wegen eigenmächtigen Urlaubsantritts in der Interessenabwägung **zu Gunsten des Arbeitnehmers zu berücksichtigen**, wenn der Arbeitgeber **zu Unrecht einen Urlaubsantrag abgelehnt** und von vornherein den Betriebsablauf nicht so organisiert **hat**, dass die Urlaubsansprüche des Arbeitnehmers nach den gesetzlichen Vorschriften erfüllt werden konnten. 2360

Ist gerichtliche Hilfe zur Durchsetzung eines Urlaubsanspruchs nicht rechtzeitig zu erlangen (Arbeit auf einer Baustelle in Indonesien), so kann auch bei einem eigenmächtigen Urlaubsantritt des Arbeitnehmers im Einzelfall eine fristlose Kündigung ausnahmsweise dann unwirksam sein, wenn der Arbeitgeber u. a. aus eigenem finanziellen Interesse erhebliche Urlaubsansprüche des Arbeitnehmers hat auflaufen lassen und ihr Verfall droht (*BAG* 20.1.1994 EzA § 626 BGB n. F. Nr. 153; s. auch *LAG Hamm* 21.10.1997 NZA-RR 1999, 76). 2361

*l) Verfallfristen*

Fraglich ist, ob in einem Tarifvertrag Ausschlussfristen auch für den gesetzlichen Urlaubsanspruch oder den gesetzlichen Urlaubsabgeltungsanspruch möglich sind; s. Rdn. 2376 ff. 2362

2363–2370 (derzeit unbesetzt)

### m) Unabdingbarkeit (§ 13 BUrlG)

2371 Mit § 13 BUrlG wird den Tarifpartnern für einen großen Teil der Vorschriften Gestaltungsfreiheit eingeräumt (»**tarifliches Vorrangprinzip**«). Für nicht organisierte Arbeitnehmer und Arbeitgeber soll zudem die Möglichkeit geschaffen werden, durch Einzelvertrag die tariflichen Regelungen zu übernehmen (ErfK/*Gallner* § 13 BUrlG Rn. 1 f.).

#### aa) Tarifdispositivität

2372 Gem. § 13 Abs. 1 S. 3 BUrlG ist der Anspruch des Arbeitnehmers auf **bezahlten Erholungsurlaub** ebenso wie der **Urlaubsabgeltungsanspruch** im Urlaubsjahr **unabdingbar**. Daraus **folgt mittelbar**, dass die Tarifvertragsparteien berechtigt sind, die Gegenstände von § 3 Abs. 2 bis § 12 BUrlG in Tarifverträgen **zuungunsten der Arbeitnehmer** zu regeln.

2372a Die Befugnis zur Schaffung weniger günstiger Normen **darf jedoch nicht dazu führen**, dass **mittelbar in die unantastbaren Rechte** der Arbeitnehmer aus §§ 1, 2, 3 Abs. 1 BUrlG **eingegriffen wird** (*BAG* 10.2.1966 AP § 13 BUrlG Unabdingbarkeit Nr. 1; ErfK/*Gallner* § 13 BUrlG Rn. 5). So hat das *BAG* (22.6.1956 AP § 611 BGB Urlaubsrecht Nr. 10) z. B. den Anspruch auf Urlaubsabgeltung als eine andere Erscheinungsform des Urlaubsanspruchs (nach §§ 1, 3 Abs. 1 BUrlG) bezeichnet und ihn damit vor der tariflichen Verschlechterung bewahrt (*BAG* 22.2.2000 EzA § 11 BUrlG Nr. 46; 26.6.2001 EzA § 7 BUrlG Abgeltung Nr. 8). Diese Folge hat nach der unionsrechtlich gebotenen Neuorientierung des Abgeltungsrechts an Bedeutung gewonnen (ErfK/*Gallner* § 13 BUrlG Rn. 5). Derselbe Effekt kann auch in anderen Teilbereichen auftreten, z. B. im Bereich der Rehabilitationsmaßnahmen des § 10 BUrlG (*BAG* 10.2.1966 AP § 13 BUrlG Unabdingbarkeit Nr. 1). Deshalb ist bei jeder verschlechternden Tarifnorm zu prüfen, ob und wie die unabdingbaren Ansprüche betroffen sind (ErfK/*Gallner* § 13 BUrlG Rn. 5).

2372b Das geschieht durch einen **Günstigkeitsvergleich**. Dabei wird die **tarifliche Regelung nicht insgesamt** mit den Auswirkungen der gesetzlichen Regelung **verglichen**. Vielmehr sind die Auswirkungen der jeweiligen betroffenen Normen miteinander zu vergleichen (*BAG* 22.1.2002 EzA § 11 BUrlG Nr. 52). Die Notwendigkeit eines **Einzelvergleichs** folgt bereits aus dem Wortlaut des § 13 Abs. 1 S. 1 BUrlG, der sich auf gesetzliche und davon abweichende Vorschriften bezieht, nicht auf eine Gesamtregelung. Der Einzelvergleich kann dazu führen, dass Arbeitnehmer die jeweils günstigeren Vorschriften aus beiden Normwerken in Anspruch nehmen können; dies ist der Regelung des § 13 BUrlG immanent. Der Günstigkeitsvergleich ist individuell vorzunehmen. Es kommt auf die Auswirkungen auf das Arbeitsverhältnis des **einzelnen Arbeitnehmers** an, nicht auf die Auswirkungen auf die gesamte Belegschaft (ErfK/*Gallner* § 13 BUrlG Rn. 6).

2372c Andererseits sind bei der Prüfung der Frage, ob eine Regelung des Urlaubsentgelts günstiger ist als die gesetzliche, weder das Urlaubsgeld noch eine gegenüber dem Gesetz höhere Anzahl von Urlaubstagen in den Günstigkeitsvergleich einzustellen. Da die Tarifvertragsparteien bei Abschluss des Tarifvertrages wissen müssen, ob die von ihnen getroffene Regelung wirksam ist oder nicht, kommt es beim Günstigkeitsvergleich auf eine **abstrakte Betrachtung** der tariflichen Regelung und nicht ihre konkreten Auswirkungen im Einzelfall an (*BAG* 22.1.2002 EzA § 13 BUrlG Nr. 58).

2373–2375 (derzeit unbesetzt)

#### bb) Einzelfragen

##### (1) Anspruch auf bezahlten Erholungsurlaub

2376 Der Anspruch auf bezahlten Erholungsurlaub ist **nicht abdingbar**. Es kann z. B. nicht vereinbart werden, dass Arbeitnehmer unter bestimmten Umständen keinen Freistellungsanspruch haben und stattdessen nur eine Abfindung erhalten. Auch unterliegt der Anspruch in gesetzlicher Höhe **keiner** tariflichen **Ausschlussfrist**, sondern kann nach Fälligkeit bis zum Ende des Kalenderjahres oder des Übertragungszeitraums verlangt und genommen werden (*BAG* 24.11.1992 EzA § 4 TVG Ausschlussfristen Nr. 102; ErfK/*Gallner* § 13 BUrlG Rn. 8). Er muss nicht innerhalb einer Frist nach Fälligkeit verlangt werden. Die Tarifvertragsparteien können nicht vorsehen, dass die Entstehung eines gesetzlichen Urlaubsanspruchs von einer **bestimmten Arbeitsleistung** im Kalenderjahr abhängig ist; eine derartige Regelung ist nichtig (*BAG* 8.3.1984 EzA § 13 BUrlG Nr. 18; ErfK/*Gallner* § 13 BUrlG Rn. 8). Soweit sie sich nur auf den tariflichen Urlaub auswirkt, bestehen dagegen allerdings keine Bedenken (*BAG* 10.2.1987 EzA 13 BUrlG Nr. 31). Auch ein **mittelbarer Ausschluss** des Urlaubsanspruchs, z. B. durch eine Regelung, die vordergründig zu einem anderen Bereich des Urlaubsrechts ergeht, die sich aber so auswirkt, dass der unabdingbare § 1 BUrlG betroffen ist, ist **ausgeschlossen** (ErfK/*Gallner* § 13 BUrlG Rn. 8).

*(2) Dauer des Urlaubs*

Bisher konnte die Dauer des Urlaubs z. B. vom Lebensalter, der Betriebszugehörigkeit (*BAG* 19.11.1996 EzA § 4 TVG Privatkrankenanstalten Nr. 1) oder der tatsächlichen Beschäftigung (*BAG* 18.5.1999 EzA § 5 BUrlG Nr. 19) abhängig gemacht werden, **solange** dabei **nicht** die Dauer des gesetzlichen Mindesturlaubs **unterschritten** wurde. 2376a

Derart differenzierende Bestimmungen, die das von § 13 BUrlG geschützte Mindestniveau unangetastet lassen, können nunmehr aber gem. **§ 7 Abs. 2 AGG unwirksam** sein, wenn damit gegen das Benachteiligungsverbot des § 7 Abs. 1 i. V. m. § 3 Abs. 1, 2 AGG verstoßen wird. Zu prüfen ist insoweit, ob **Rechtfertigungsmöglichkeiten** bestehen (ErfK/*Gallner* § 13 BUrlG Rn. 9). 2376b

▶ **Beispiel** (*BAG* 20.3.2012 – 9 AZR 529/10; s. *LAG Düsseld.* 18.1.2011 ZTR 2011, 496): 2376c

Gem. § 26 Abs. 1 S. 2 TVöD beträgt bei Verteilung der wöchentlichen Arbeitszeit auf fünf Tage in der Kalenderwoche der Urlaubsanspruch in jedem Kalenderjahr bis zum vollendeten 30. Lebensjahr 26 Arbeitstage, bis zum vollendeten 40. Lebensjahr 29 Arbeitstage und nach dem vollendeten 40. Lebensjahr 30 Arbeitstage. Dies benachteiligt Beschäftigte, die das 40. Lebensjahr noch nicht vollendet haben, unmittelbar und verstößt gegen das Verbot der Benachteiligung wegen des Alters (§ 7 Abs. 1, 2 AGG). Die tarifliche Urlaubsstaffelung verfolgt nicht das legitime Ziel, einem gesteigerten Erholungsbedürfnis älterer Menschen Rechnung zu tragen. Ein gesteigertes Erholungsbedürfnis von Beschäftigten bereits ab dem 30. bzw. 40. Lebensjahr ließe sich auch kaum begründen. Der Verstoß der in § 26 Abs. 1 S. 2 TVöD angeordneten Staffelung der Urlaubsdauer gegen das Verbot der Diskriminierung wegen des Alters kann nur beseitigt werden, indem die Dauer des Urlaubs der wegen ihres Alters diskriminierten Beschäftigten in der Art und Weise »nach oben« angepasst wird, dass auch ihr Urlaubsanspruch in jedem Kalenderjahr 30 Arbeitstage beträgt.

Davon zu **unterscheiden** ist die **anpassende Umrechnung** eines tariflichen Urlaubs bei Teilzeit und einer **flexiblen Arbeitszeitverteilung** in verschiedenen Schichtdiensten. Zwar wird in Tarifverträgen meist ein höherer als der gesetzliche Urlaub versprochen. Soweit über eine tarifliche Kürzungsregelung aber eine mittelbare Kürzung des gesetzlichen Urlaubsanspruchs erfolgt, z. B. durch die Verringerung des Urlaubsanspruchs für jeden weiteren vollen Monat um ein Zwölftel bei einer Krankheitsdauer von über neun Monaten im Urlaubsjahr, verstößt sie hinsichtlich des gesetzlichen Teils gegen § 1 BUrlG (ErfK/*Gallner* § 13 BUrlG Rn. 9; s. a. *BAG* 14.3.2006 EzA § 7 BUrkG Abgeltung Nr. 14).

Eine **mittelbare Verletzung** der §§ 1, 3 BUrlG kommt auch bei der Berechnung des **Teilurlaubs** nach § 5 I lit. c) BUrlG in Betracht, dann wenn eine Regelung vorsieht, dass der zu Beginn des Jahres oder nach Ablauf der Wartezeit entstandene Urlaub auch bei einem Ausscheiden in der zweiten Jahreshälfte gezwölftelt wird und dabei die Mindestdauer unterschritten wird (*BAG* 24.10.2000 EzA § 4 TVG Metallindustrie Nr. 120; 20.1.2009 – 9 AZR 650/07; zit. n. ErfK/*Gallner* § 13 BUrlG Rn. 9). Das gilt auch für den gesetzlichen Zusatzurlaub nach dem SGB IX (*BAG* 8.3.1994 EzA § 47 SchwbG 1986 Nr. 2).

### (3) Wartezeit

**2376d** Die Wartezeit (§ 4 BUrlG) kann verkürzt und verlängert werden. Eine Wartezeit von zwölf Monaten ist allerdings nicht denkbar, denn sie kann dazu führen, dass ein Arbeitnehmer, der das ganze Jahr arbeitet, im Kalenderjahr keinen Vollurlaubsanspruch erwirbt. Das ist mit § 1 BUrlG unvereinbar (ErfK/*Gallner* § 13 BUrlG Rn. 10).

### (4) Teilurlaub

**2376e** § 5 Abs. 1 lit. a), b) BUrlG betreffen nicht den Mindesturlaubsanspruch aus § 3 Abs. 1 BUrlG. Sie begründen vielmehr einen eigenständigen Anspruch. Deshalb sind sie nicht unabdingbar, können also auch zu Lasten des Arbeitnehmers verändert werden. Das kann das Entstehen von Teilurlaubsansprüchen, die Fälligkeit (*BAG* 15.12.1983 EzA § 13 BUrlG Nr. 17; 25.10.1984 EzA § 13 BUrlG Nr. 20) und den vorzeitigen Verfall durch Versäumung einer Ausschlussfrist (*BAG* 3.12.1970 EzA § 4 TVG Ausschlussfristen Nr. 2) betreffen (ErfK/*Gallner* § 13 BUrlG Rn. 11) betreffen.

**2376f** Der Anspruch des Arbeitnehmers auf **Vollurlaub**, der unter den Voraussetzungen des § 5 Abs. 1 lit. c) BUrlG gekürzt werden darf, unterliegt dagegen § 13 Abs. 1 S. 1 BUrlG, auch wenn die Norm dort nicht genannt wird. Insofern erfolgt ein **mittelbarer Schutz** (*BAG* 9.6.1998 EzA § 7 BUrlG Nr. 106), denn es handelt sich inhaltlich um einen Urlaubsanspruch aus §§ 1, 3 Abs. 1 BUrlG; § 5 Abs. 1 lit. c) BUrlG ist kein Begründungs-, sondern ein Ausschlusstatbestand (ErfK/*Gallner* § 13 BUrlG Rn. 11). Der ursprünglich entstandene Vollurlaub wird kraft Gesetz in seinem Umfang beschränkt. Die Unabdingbarkeit dieses Anspruchs gilt auch für die Abgeltung eines Teilurlaubsanspruchs. Teilurlaub aus § 5 Abs. 1 lit. a), b) BUrlG kann nach einer entsprechenden tariflichen Bestimmung auf- und abgerundet werden, wenn sich Bruchteile von Urlaubstagen ergeben. Gekürzter Vollurlaub kann dagegen nur aufgerundet werden. Eine zu Lasten des gesetzlichen Urlaubsanspruchs aus § 5 Abs. 1 lit. c) BUrlG normierte **Abrundungsbestimmung** ist **nichtig**, weil sie den **gesetzlichen Mindesturlaub** betrifft (ErfK/*Gallner* § 13 BUrlG Rn. 11).

**2376g** Das **Rückforderungsgebot** des § 5 Abs. 3 BUrlG **kann tarifvertraglich aufgehoben werden**, soweit die tarifliche Kürzungsbefugnis des § 5 Abs. 1 lit. c) BUrlG reicht (ErfK/*Gallner* § 13 BUrlG Rn. 11).

### (5) Erteilung des Urlaubs

**2376h** Von § 7 Abs. 1 BUrlG (Urlaubserteilung durch Freistellungserklärung des Arbeitgebers), kann dadurch abgewichen werden, dass Urlaub **nur im Einvernehmen der Parteien** oder **aufgrund einer Betriebsvereinbarung** verabredet wird oder der **Arbeitnehmer** die **Lage des Urlaubs bestimmen darf**. Die **Leistungsverweigerungsrechte** des Arbeitgebers können erweitert und/oder die einzelnen Gründe anders gewichtet werden. Da §§ 1 bis 3 Abs. 1 BUrlG damit nicht berührt werden, kommt es nicht darauf an, für wen sie günstiger als die gesetzlichen Vorschriften sind (ErfK/*Gallner* § 13 BUrlG Rn. 12).

**2376i** Der für die Urlaubsgewährung zur Verfügung stehende Zeitraum kann eingeschränkt und z. B. für Lehrer als Urlaubszeit die **Schulferien** bestimmt werden (*BAG* 13.2.1996 EzA § 47 SchwbG 1986 Nr. 7). **Unwirksam** ist dagegen eine Norm, die den Arbeitnehmer verpflichtet, den Urlaub unter bestimmten Umständen **abzubrechen** (*BAG* 20.6.2000 EzA § 1 BUrlG Nr. 23; ErfK/*Gallner* § 13 BUrlG Rn. 12).

**2376j** Die Pflicht des Arbeitgebers nach § 7 Abs. 2 S. 1 BUrlG, den Urlaub **zusammenhängend** zu gewähren, gehört zum **unabdingbaren Teil** des gesetzlichen Urlaubsrechts. Deshalb kann nicht vereinbart werden, dass Urlaub stets und ohne die im Gesetz genannten Gründe geteilt gewährt werden darf. Liegen dagegen die gesetzlichen Teilungsvoraussetzungen vor, kann auch eine andere Teilungsanordnung getroffen werden, als sie § 7 Abs. 2 S. 2 BUrlG vorsieht. Das darf aber nicht dazu führen, dass der Arbeitnehmer überhaupt keinen Anspruch auf einen in Teilen zusammenhängenden Urlaub hat (ErfK/*Gallner* § 13 BUrlG Rn. 12).

## (6) Befristung und Übertragung des Urlaubsanspruchs

Auf die Befristung des Urlaubsanspruchs, die § 7 Abs. 3 S. 1 BUrlG für den Regelfall vorsieht, kann verzichtet werden (*BAG* 20.8.1996 EzA § 7 BUrlG Nr. 103). Es kann auch ein **anderer Befristungszeitraum** als das Kalenderjahr gewählt, die Übertragung ausgeschlossen oder erleichtert werden, indem sie an keine Gründe gebunden wird (*BAG* 16.3.1999 EzA § 7 BUrlG Nr. 107; 25.3.2003 EzA § 55 InsO Nr. 5). Der Übertragungszeitraum kann verlängert (*BAG* 9.5.1995 EzA § 7 BUrlG Nr. 100) oder gestaffelt werden (ErfK/*Gallner* § 13 BUrlG Rn. 13).

2376k

Der gegenüber nationalem Gesetzesrecht zu Lasten des Arbeitnehmers wirkende Ausschluss der Übertragung ist grds. unionsrechtskonform, denn Übertragungszeiträume sind zusätzliche Möglichkeiten, deren Schaffung nach Art. 7 Abs. 1 RL 2003/88/EG in die Kompetenz der Mitgliedstaaten fällt (*EuGH* 20.1.2009 EzA EG-Vertrag 1999 Richtlinie 2003/88 Nr. 1). Soweit der Urlaub jedoch im Bezugszeitraum aus **Gründen, die vom Willen des Arbeitnehmers unabhängig** sind, nicht gewährt werden kann, darf der vierwöchige Mindesturlaubsanspruch weder mit dem Ende des Bezugszeitraums noch mit dem Ende des Übertragungszeitraums untergehen. Der Arbeitnehmer muss z. B. bei krankheitsbedingter Arbeitsunfähigkeit **tatsächlich auch die Möglichkeit gehabt haben**, den ihm von der RL »verliehenen« **Anspruch auszuüben** (*EuGH* 20.1.2009 EzA EG-Vertrag 1999 Richtlinie 2003/88 Nr. 1). Die weitere Übertragung kann an bestimmte Gründe wie z. B. Krankheit gebunden werden (*BAG* 7.11.1985 EzA § 7 BUrlG Nr. 41, 43; 14.3.2006 EzA § 7 BUrlG Abgeltung Nr. 14), soweit alle vom Willen des Arbeitnehmers unabhängigen Gründe aufgenommen werden. Sonst steht einem Verfall nach dem Ende des Übertragungszeitraums Art. 7 RL 2003/88/EG entgegen (ErfK/*Gallner* § 13 BUrlG Rn. 13).

2376l

Tarifverträge können es ausreichen lassen, dass der Urlaub innerhalb des Übertragungszeitraums **angetreten** wird und die **Erfüllung außerhalb des Übertragungszeitraums** erfolgt (*BAG* 31.5.1990 EzA § 13 BUrlG Nr. 48; 19.3.1996 EzA § 9 BUrlG Nr. 14; 21.1.1997 EzA § 7 BUrlG Nr. 104; 18.3.2003 EzA § 1 BUrlG Nr. 25). Sie können eigene Bestimmungen vorsehen, in denen unter bestimmten Voraussetzungen das BUrlG zur Anwendung kommen soll (*BAG* 18.2.2003 EzA § 7 BUrlG Nr. 110; ErfK/*Gallner* § 13 BUrlG Rn. 13). Auch kann die Urlaubsgewährung innerhalb des Übertragungszeitraums mit den beschriebenen unionsrechtlichen Einschränkungen von einer **formellen Anmeldung** abhängig machen mit der Folge, dass der Urlaub mit dem Ende des Übertragungszeitraums ersatzlos erlischt, wenn ihn der Arbeitnehmer nicht vorher schriftlich geltend gemacht hat (*BAG* 14.6.1994 EzA § 125 BGB Nr. 11; 16.3.1999 EzA § 7 BUrlG Nr. 107). Die tarifliche Regelung bewirkt dann letztlich eine **Beschränkung des gesetzlichen Schadensersatzanspruchs** (ErfK/*Gallner* § 13 BUrlG Rn. 13).

2376m

## (7) Abgeltung des Urlaubs; Ausschlussfristen

§ 7 Abs. 4 BUrlG kann tariflich uneingeschränkt zugunsten der Arbeitnehmer verändert werden. So kann die Abgeltung z. B. ohne Rücksicht auf die Erfüllbarkeit des Freistellungsanspruchs geschuldet werden (*BAG* 3.5.1994 EzA 7 BUrlG Nr. 94; 16.9.1997 EzA § 4TVG Bundesbahn Nr. 5). Dann ist sie eine Abfindung, die von den sonstigen urlaubsrechtlichen Merkmalen unabhängig ist (*BAG* 26.5.1992 EzA § 7 BUrlG Nr. 83; 26.6.2001 EzA § 7 BUrlG Abgeltung Nr. 8). Damit werden die ausscheidenden Arbeitnehmer nach der bisherigen Rechtsprechung bessergestellt als die im Arbeitsverhältnis verbleibenden Arbeitnehmer. Deshalb wurde verlangt, dass die Tarifbestimmungen insoweit **eindeutig** sein müssen (*BAG* 7.9.2004 EzA § 7 BUrlG Abgeltung Nr. 12). Die Surrogatstheorie kann für Abgeltungsansprüche bei bis zum Ende des Übertragungszeitraums fortdauernder Arbeitsunfähigkeit aber nicht aufrechterhalten werden (*BAG* 4.5.2010 EzA § 7 BUrlG Abgeltung 17; 9.8.2011 – 9 AZR 352/10; s. *EuGH* 20.1.2009 EzA EG-Vertrag Richtlinie 2003/88 Nr. 1; ErfK/*Gallner* § 13 BUrlG Rn. 14). Damit ist **offen, welche Auslegungsregeln** seitdem für den Verfall von Mindest- und Mehrurlaubs(-abgeltungs)ansprüchen anzuwenden sind. Für die **Ungleichbehandlung** arbeitsfähiger und arbeitsunfähiger Arbeitnehmer besteht zudem ein **sachlicher Grund**, denn Urlaubsansprüche arbeitsfähiger Arbeitnehmer sind im Unterschied zu Urlaubsansprüchen arbeitsunfähiger Arbeitnehmer erfüllbar. Der Abgeltungsanspruch des Mindesturlaubs gleicht den

2376n

Nachteil der fehlenden Erfüllbarkeit des Urlaubsanspruchs aus und kapitalisiert den nicht zu verwirklichenden Freistellungsanspruch (*BAG* 23.3.2010 EzA § 7 BUrlG Abgeltung Nr. 16; ErfK/*Gallner* § 13 BUrlG Rn. 14). Auch durfte bislang im **laufenden Arbeitsverhältnis** nach dem Ende des Übertragungszeitraums ein **Abgeltungs- anstelle des Urlaubsanspruchs begründet** werden (s. *BAG* 18.2.1997 EzA § 4 TVG Malerhandwerk Nr. 3). Dies kann für den **Mindesturlaub nicht aufrechterhalten** werden. Die Umwandlung des Freistellungsanspruchs im bestehenden Arbeitsverhältnis in einen Abgeltungsanspruch ist vor dem Hintergrund des Abgeltungsverbots in Art. 7 Abs. 2 RL 2003/88/EG unwirksam. § 7 Abs. 4 BUrlG ist **richtlinienkonform auszulegen**; das Abgeltungsverbot des Art. 7 Abs. 2 RL 2003/88/EG ist in § 7 Abs. 4 BUrlG hineinzulesen und darf nicht verändert werden, denn die Abgeltung genießt denselben Unabdingbarkeitsschutz des § 1 BUrlG wie der Urlaubsanspruch (ErfK/*Gallner* § 13 BUrlG Rn. 14).

Sachliche Gründe dafür, warum für einen arbeitsfähigen Arbeitnehmer nach Beendigung des Arbeitsverhältnisses andere Regeln für den Verfall des Urlaubsabgeltungsanspruchs gelten sollen als für einen arbeitsunfähigen Arbeitnehmer, bestehen jedoch nicht. Deshalb hält das *BAG* (19.6.2012 – 9 AZR 652/10) inzwischen auch für den Fall, dass der Arbeitnehmer arbeitsfähig ist, an der Surrogatstheorie nicht fest.

2376o Der Freistellungsanspruch des Vorjahres tritt in diesen Fällen **zu dem des laufenden Jahres hinzu** (*EuGH* 6.4.2006 – C-124/05; *BAG* 9.8.2011 – AZR 425/10; zu § 125 SGB IX: *BAG* 23.3.2010 EzA § 7 BUrlG Abgeltung Nr. 16).

2376p Die Freistellungsansprüche unterliegen dem **Fristenregime des § 7 Abs. 3 BUrlG**. Sie können **nicht** durch **tarifliche Ausschlussfristen** zum Erlöschen gebracht werden (*BAG* 23.4.1996 EzA § 1 BUrlG Nr. 21). Das Abgeltungsverbot gilt auch für die Abgeltung des gekürzten Vollurlaubs (ErfK/*Gallner* § 13 BUrlG Rn. 14).

2376q Ein Verlust der Abgeltung z. B. bei (unberechtigter) Eigenkündigung des Arbeitnehmers oder bei berechtigter außerordentlicher Kündigung des Arbeitgebers kann nicht tariflich festgelegt werden (ErfK/*Gallner* § 13 BUrlG Rn. 14).

2376r Für den Verlust des Abgeltungsanspruchs nach Ablauf einer **tariflichen Ausschlussfrist** gilt nunmehr (nach *EuGH* 20.1.2009 EzA EG-Vertrag 1999 Richtlinie 2003/88 Nr. 1): Mit der Beendigung des Arbeitsverhältnisses entsteht der Abgeltungsanspruch unabhängig davon, ob der Arbeitnehmer arbeitsfähig ist. Er wird **zugleich fällig**, kann also auch vom arbeitsunfähigen Arbeitnehmer verwirklicht werden. Weder das Unionsrecht noch das nationale Recht stehen dem Verfall des mit Beendigung des Arbeitsverhältnisses entstandenen Anspruchs nach Ablauf einer Ausschlussfrist folglich entgegen (*BAG* 9.8.2011 – 9 AZR 352/10; ErfK/*Gallner* § 13 BUrlG Rn. 14). Der Rechtssatz, dass die Dauer des Übertragungszeitraums, innerhalb dessen der Urlaubsanspruch bei durchgängiger Arbeitsunfähigkeit nicht verfallen kann, die Dauer des Bezugszeitraums deutlich übersteigen muss (*EuGH* 22.11.2011 – C 214/10, EzA-SD 24/2011, S. 5 = NZA 2011, 1333), ist auf die Mindestlänge einer tariflichen Ausschlussfrist für die Geltendmachung des Anspruchs auf Urlaubsabgeltung nicht übertragbar. Solche Ausschlussfristen können deutlich kürzer als ein Jahr sein (*BAG* 13.12.2011 EzA § 7 BUrlG Abgeltung Nr. 20).

### (8) Verbot der Erwerbstätigkeit

2376s Das Verbot der Erwerbstätigkeit kann während des Urlaubs **gelockert oder verstärkt** werden. Die Erlaubnis, **jeder Tätigkeit** während des Urlaubs **nachgehen zu dürfen**, ist allerdings unwirksam. Die Erlaubnis nimmt zwar auf die Selbstbestimmung des Arbeitnehmers im Urlaub Rücksicht. Sie lässt den **Erholungszweck des Urlaubs aber außer Acht und verstößt damit gegen § 1 BUrlG** (ErfK/*Gallner* § 13 BUrlG Rn. 15). Unwirksam ist es auch, wenn dem Arbeitnehmer jegliche Tätigkeit im Urlaub untersagt wird. Der körperlich tätige Arbeitnehmer wird dadurch z. B. nicht an einer Tätigkeit als Animateur in einem Ferienclub während seines Urlaubs gehindert (ErfK/*Gallner* § 13 BUrlG Rn. 15).

Eine Norm, wonach der Arbeitnehmer, der im Urlaub verbotswidrig einer Erwerbstätigkeit nachgeht, sein Urlaubsentgelt zurückzahlen muss, kann nur für den tariflichen Urlaub wirksam sein; hinsichtlich des gesetzlichen Urlaubs ist § 1 BUrlG verletzt (*BAG* 25.2.1988 EzA § 8 BurlG Nr. 2; ErfK/*Gallner* § 13 BUrlG Rn. 15). **2376t**

*(9) Erkrankung im Urlaub*

Die gesetzliche Regelung über die Erkrankung im Urlaub kann zulasten der Arbeitnehmers verändert werden, indem die unterbleibende Anrechnung nach § 9 BUrlG an einen **fristgebundenen Nachweis** der Arbeitsunfähigkeit geknüpft wird (so – o. Begr. – *BAG* 15.12.1987 EzA § 9 BUrlG Nr. 13; a.A. ErfK/*Gallner* § 13 BUrlG Rn. 16). Dies kann aber dazu führen, dass der Arbeitnehmer in dem betreffenden Urlaubsjahr **keinen Urlaub** erhält, weil er während der gesamten in Aussicht genommenen Urlaubszeit tatsächlich krank war und nur wegen der verspäteten Anzeige der Nachgewährungsanspruch des § 9 BUrlG nicht entsteht. Damit wird § 1 BUrlG verletzt (ErfK/*Gallner* § 13 BUrlG Rn. 16). **2376u**

Eine Kürzung des gesetzlichen Urlaubsanspruchs **wegen Krankheit** ist **unwirksam**, weil der Urlaubsanspruch nicht von einer Arbeitsleistung im Kalenderjahr abhängig ist (*EuGH* 20.1.2009 EzA EG-Vertrag 1999 Richtlinie 2003/88 Nr. 1; ErfK/*Gallner* § 13 BUrlG Rn. 16). **2376v**

Maßnahmen der medizinischen Vorsorge oder Rehabilitation sind tariflich auch zu Lasten der Arbeitnehmer veränderbar, wenn nur der Mindesturlaub nicht angetastet wird (ErfK/*Gallner* § 13 BUrlG Rn. 16). **2376w**

*(10) Urlaubsentgelt*

Soweit der tarifliche Mehrlaub betroffen ist, können die Tarifvertragsparteien Vorschriften über das fortzuzahlende Urlaubsentgelt **ohne Einschränkung und nach Belieben** normieren (*BAG* 12.4.2011 – 9 AZR 80/10). Hinsichtlich des **gesetzlichen Mindesturlaubs** dürfen sie dagegen **nichts vereinbaren**, wonach der Arbeitnehmer zwar **Urlaub, aber kein Entgelt bekommt**; dies wäre eine mittelbare Verletzung des § 1 BUrlG. Auch unionsrechtlich wäre eine derartige Gepflogenheit nicht hinnehmbar (s. *BAG* 17.11.2009 NZA 2010, 1020; ErfK/*Gallner* § 13 BUrlG Rn. 17); entsprechende Normen haben daher für den gesetzlichen Anteil an einem Jahresurlaub einschließlich des gesetzlichen Zusatzurlaubs keine Geltung (*BAG* 12.1.1989 EzA § 11 BurlG Nr. 27; 22.1.2002 EzA § 11 BUrlGNr. 52; ErfK/*Gallner* § 13 BUrlG Rn. 17). **2377**

*(a) Referenzprinzip*

Die Tarifvertragsparteien können statt des gesetzlichen Referenzprinzip bei der Berechnung des Geldfaktors das **Lohnausfallprinzip** normieren (*BAG* 3.12.2002 EzA § 11 BUrlG Nr. 55; 15.12.2009 – 9 AZR 795/08), so dass als Urlaubsentgelt nur der Betrag zu zahlen ist, der bei tatsächlicher Arbeit angefallen wäre. Allerdings müssen dann Berechnungszeitraum und Urlaub in dieselbe Zeit fallen (§ 11 Abs. 1, 2 BUrlG). Soweit der Arbeitnehmer damit weniger verdient als bei Anwendung des § 11 Abs. 1 BUrlG, ist die Abweichung unschädlich; § 1 BUrlG ist auch nicht mittelbar verletzt. **2378**

Wird das Referenzprinzip beibehalten, kann der **Referenzzeitraum verlängert** (*BAG* 16.3.1999 EzA § 11 BUrlG Nr. 42; 23.1.2001 EzA § 11 BUrlG Nr. 49), **verkürzt** oder auf die abgerechneten Monate zurückgegriffen werden (*BAG* 26.6.1986 EzA § 11 BUrlG Nr. 23; 15.12.2009 – 9 AZR 795/08). Allerdings darf ein Tarifvertrag **nicht abweichend vom Gesetz zu Lasten der Arbeitnehmer bestimmen,** was als **Verdienst** zugrunde gelegt wird. So können z. B. nicht die Zeitzuschläge (soweit sie nicht zugleich Über- oder Mehrarbeitszuschläge sind) ausgenommen werden, die im Berechnungszeitraum verdient sind (*BAG* 22.1.2002 EzA § 11 BUrlG Nr. 52; ErfK/*Gallner* § 13 BUrlG Rn. 18). **2379**

2380 Gem. § 11 Abs. 1 S. 1 BUrlG gehört der für Überstunden gezahlte Verdienst nicht mehr zu dem unveränderbaren Teil des Urlaubsanspruchs; über ihn kann tariflich uneingeschränkt verfügt werden (*BAG* 12.12.2000 EzA § 11 BUrlG Nr. 50).

2381 Ebenso wie der Verdienstbegriff des § 11 Abs. 1 S. 1 BUrlG unabdingbar ist, kann auch die gesetzliche Anordnung des § 11 Abs. 1 S. 3 BUrlG zu der Behandlung von Verdienstkürzungen nicht zu Lasten der Arbeitnehmer verändert werden (ErfK/*Gallner* § 13 BUrlG Rn. 18).

*(b) Zeitfaktor*

2382 Der Zeitfaktor kann **nicht zu Lasten der Arbeitnehmer verändert werden**. Der Berechnung dürfen nicht weniger Stunden für jeden Urlaubstag zugrunde liegen, als der Urlauber bei Fortsetzung seiner Tätigkeit gearbeitet hätte (*BAG* 5.9.2002 EzA § 11 BUrlG Nr. 54), enn die Berücksichtigung der ausgefallenen Zeit gehört zum unabänderlichen Teil der Bezahlung i. S. d. § 1 BUrlG (ErfK/*Gallner* § 13 BUrlG Rn. 19).

2383 Wenn sich die betrieblich geregelte Verteilung der Arbeitszeit nicht mit dem tariflichen Grundmodell deckt, z. B. wenn die betriebliche Durchführung der tarifrechtlichen Vorgaben zu freien Tagen und Freischichtmodellen führt, passen die sich bei der Verteilung der Arbeitszeit ergebenden freien Tage nicht nur an die Urlaubsdauer an, sondern bewirken auch, dass sie bei der Ermittlung des Zeitfaktors unberücksichtigt bleiben. Das hat zur Folge, dass für den Zeitfaktor die **während des Urlaubs** tatsächlich **ausgefallenen Stunden** in die Rechnung **eingestellt werden müssen** und nicht nur die (theoretischen) Durchschnittsstunden (*BAG* 8.11.1994 EzA § 11 BUrlG; 5.9.2002 EzA § 11 BUrlG Nr. 54; ErfK/*Gallner* § 13 BUrlG Rn. 19).

*cc) Einzelvertragliche oder in Betriebsvereinbarungen vorgesehene Abweichungen*

*(1) Übernahme einer tariflichen Urlaubsregelung*

2384 Gem. § 13 Abs. 1 S. 2 BUrlG können die Arbeitsvertragsparteien tarifliche Urlaubsregelungen durch Bezugnahme übernehmen. Das kann ausdrücklich, durch schlüssiges Verhalten beider Vertragsparteien, betriebliche Übung oder Gesamtzusage geschehen. Die Bezugnahme muss allerdings **eindeutig und bestimmt sein;** andernfalls gilt das BUrlG (*BAG* 5.12.1995 EzA § 7 BUrlG Nr. 101). Das verlangt die Angabe des konkreten einschlägigen Tarifvertrages (ErfK/*Gallner* § 13 BUrlG Rn. 20). Haben die Parteien die Urlaubsregelung »in der jeweiligen Fassung« übernommen, müssen später in Kraft tretende Tarifnormen nicht erneut einzelvertraglich einbezogen werden (ErfK/*Gallner* § 13 BUrlG Rn. 20). Die Übernahme muss nicht den vollständigen Tarifvertrag einbeziehen, wohl aber die **Urlaubsregelung insgesamt** (§ 13 Abs. 1 S. 2 BUrlG; *BAG* 17.11.1998 EzA § 3 TVG § Bezugnahme auf Tarifvertrag Nr. 11; 17.1.2006 § 3 TVG Bezugnahme auf Tarifvertrag Nr. 33). Auf eine solche Bezugnahmeklausel ist die Unklarheitenregel nach § 305c Abs. 2 BGB nicht anzuwenden, denn die Regelung ist hinreichend klar. Auf die Unklarheitenregel darf nur zurückgegriffen werden, wenn trotz Ausschöpfung der anerkannten Auslegungsmethoden nicht behebbare Zweifel verbleiben (*BAG* 17.1.2006 § 3 TVG Bezugnahme auf Tarifvertrag Nr. 33).

2384a Auch die nur **nachwirkenden Normen** können vertraglich übernommen werden (*BAG* 27.6.1978 EzA § 4 TVG Nachwirkung Nr. 5).

*(2) Originäre einzelvertragliche Vereinbarung*

2384b Die Arbeitsvertragsparteien können auch andere als im Gesetz oder im einschlägigen Tarifvertrag vorgesehene Urlaubsregelungen vereinbaren (§ 13 Abs. 1 S. 3 BUrlG). Notwendig ist dann aber in **jeder einzelnen Vorschrift ein Günstigkeitsvergleich** (ErfK/*Gallner* § 13 BUrlG Rn. 21); das gilt nicht für die Aufteilung des Urlaubs im Urlaubsjahr (§ 7 Abs. 2 S. 2 BUrlG). Die Vertragsparteien unterliegen hinsichtlich der unmittelbaren und mittelbaren Änderung der Grundsätze der §§ 1–3 Abs. 1 BUrlG den für die Tarifvertragsparteien geltenden Grenzen und dürfen darüber hi-

## B. Pflichten des Arbeitgebers

naus auch dort nicht zu Ungunsten des Arbeitnehmers vom Gesetz abweichen, wo es diesen gestattet ist (ErfK/*Gallner* § 13 BUrlG Rn. 21).

So kann z. B. der gesetzliche Mindesturlaubsanspruch nicht an eine Ausschlussfrist gebunden werden oder Gegenstand einer **Ausgleichsquittung** sein (s. *BAG* 5.4.1984 EzA § 13 BurlG Nr. 19). Der Freistellungsanspruch kann auch nicht in einem gerichtlichen Vergleich durch negatives Schuldanerkenntnis zum Erlöschen gebracht werden (*BAG* 31.5.1990 EzA § 13 BUrlG Nr. 49; 20.1.1998 EzA § 13 BUrlG Nr. 57). Möglich ist dagegen ein »**Tatsachenvergleich**«, in dem unstreitig gestellt wird, dass bei Vertragsschluss die tatsächlichen Voraussetzungen für einen Urlaubsanspruch nicht (mehr) gegeben sind (ErfK/*Gallner* § 13 BUrlG Rn. 22). Kein unzulässiger Verzichtsvergleich ist auch dann gegeben, wenn eine objektive oder subjektive Ungewissheit über die tatsächlichen Voraussetzungen des Anspruchs im Wege des gegenseitigen Nachgebens vertragsmäßig beseitigt wird, z. B. über die Tatsachen, die für die Berechnung des Urlaubsentgelts Bedeutung haben, oder die sonst für das Entstehen des Urlaubsanspruchs oder etwaige Einwendungen gegen ihn von Bedeutung sind (*BAG* 31.5.1990 EzA § 13 BUrlG Nr. 49).

**2384c**

Die Vertragsfreiheit erlaubt den Parteien des Arbeitsvertrags zwar nicht, gesetzlich zwingende Urlaubsbestimmungen abzubedingen oder zum Nachteil des Arbeitnehmers zu modifizieren (§ 13 Abs. 1 BUrlG); das Gesetzesrecht des BUrlG schließt aber nicht aus, dass die Parteien neben den gesetzlichen Rechten **vertragliche Ansprüche begründen**. Den Parteien des Arbeitsvertrags steht es deshalb frei, eine Vereinbarung zu treffen, die den Arbeitgeber verpflichtet, Urlaub, der bereits verfallen ist, **nachzugewähren**. Gleiches gilt für eine Vereinbarung, die nicht die (Nach-)Gewährung verfallenen Urlaubs, sondern dessen Abgeltung vorsieht (*BAG* 18.10.2011 EzA § 7 BUrlG Nr. 126 = NZA 2012, 143).

**2384d**

Der Abgeltungsanspruch kann von den Vertragsparteien durch eine **Ausschlussfrist** oder eine **Ausgleichsquittung** zum Erlöschen gebracht werden (s. *EuGH* 20.1.2009 EzA EG-Vertrag 1999 Richtlinie 2003/88 Nr. 1). Sie beginnt frühestens mit der Entstehung des Anspruchs, also mit Beendigung des Arbeitsverhältnisses. Eine wirksame Ausgleichsquittung setzt voraus, dass der Abgeltungsanspruch **schon entstanden**, also das **Arbeitsverhältnis beendet** ist. Der Mindesturlaub und seine Abgeltung können nicht an eine längere Wartezeit gebunden werden. Das gilt auch für das Entstehen von Teilurlaubsansprüchen nach § 5 I lit. a), b) BUrlG (ErfK/*Gallner* § 13 BUrlG Rn. 22).

**2384e**

Beide Ansprüche dürfen nicht vom Rückforderungsgebot des § 5 Abs. 3 BUrlG ausgenommen werden; auch darf kein »minderes« Urlaubsentgelt gewährt werden (*BAG* 3.5.1994 – 9 AZR 229/92; zit. nach ErfK/*Gallner* § 13 BUrlG Rn. 22).

Dagegen kann **einzelvertraglich auch für den gesetzlichen Mindesturlaub wirksam vereinbart werden**: die Verkürzung der Wartezeit, die Einbeziehung eines Monats, der schon begonnen hat, bei der Entstehung von Teilurlaub, eine Aufrundungsregel für jeden Bruchteil von Urlaubstagen, eine Festlegung des Urlaubszeitraums durch Vereinbarung oder selbstbestimmtes Handeln des Arbeitnehmers (*BAG* 27.1.1987 EzA § 11 BUrlG Nr. 20) und ein längerer Referenzzeitraum als in § 11 Abs. 1 S. 1 BUrlG vorgesehen (*BAG* 30.7.1975 EzA § 11 BUrlG Nr. 11; ErfK/*Gallner* § 13 BUrlG Rn. 23).

**2384f**

### (3) Urlaubsregelungen in Betriebsvereinbarungen

Betriebspartner können für die Belegschaft **nicht** dadurch weniger günstige urlaubsrechtliche Regeln schaffen als im Gesetz vorgesehen, dass sie eine entsprechende **tarifliche Regelung übernehmen** (§ 77 Abs. 3, § 87 Abs. 1, § 88 BetrVG). Das gilt auch dann, wenn der Tarifvertrag eine Öffnungsklausel (§ 77 Abs. 3 S. 2 BetrVG) enthält, denn die beseitigt nur die Sperre für das Mitbestimmungsrecht, schafft aber nicht die Möglichkeit, materielle Arbeitsbedingungen aus dem Tarifvertrag zu übernehmen, solange das Gesetz Betriebspartner nicht ebenso wie Tarifvertragsparteien privilegiert (ErfK/*Gallner* § 13 BUrlG Rn. 24). **Im Übrigen** haben die Betriebspartner **dieselben Möglichkeiten wie die Einzelvertragsparteien**. Sie können mit normativer Wirkung für die betriebsangehörigen Arbeitnehmer günstigere Regelungen treffen und im Fall des § 7 Abs. 2 S. 2 BUrlG auch eine ungünstigere Norm schaffen (ErfK/*Gallner* § 13 BUrlG Rn. 24). Sie dürfen deshalb neben dem Erholungs-

**2384g**

urlaub Urlaub aus anderen Gründen, z. B. wegen Betriebstreue, versprechen (*BAG* 19.4.1994 EzA § 3 BUrlG Nr. 19).

**2385–2391** (derzeit unbesetzt)

*n) Zweckbindung des Urlaubs*

**2392** Nach § 8 BUrlG darf ein Arbeitnehmer während des Urlaubs keine dem Urlaubszweck widersprechende Erwerbstätigkeit leisten.

**2393** Erwerbstätigkeit ist eine Arbeit, die auf den Erwerb von Gegenleistungen gerichtet ist. Nicht jede Erwerbsarbeit ist aber »urlaubszweckwidrig« und damit eine Vertragsverletzung des Arbeitnehmers, sondern nur eine solche entgeltliche Tätigkeit, **die mit den suspendierten Arbeitspflichten annähernd zeitgleich sowie mit einer Verpflichtung zur Arbeit gekennzeichnet ist**, durch die sich der Arbeitnehmer die mit der Arbeitsbefreiung während der Urlaubsdauer gegebene **Möglichkeit nimmt, das mit dem Gesetz angestrebte Ziel einer selbst bestimmten Erholung zu verwirklichen**.

**2394** Verstößt der Arbeitnehmer gegen die Zweckbindung des Urlaubs (§ 8 BUrlG), indem er z. B. während des Urlaubs zu Erwerbszwecken arbeitet, so hat der Arbeitgeber keinen Anspruch auf Rückzahlung des auf den Urlaub entfallenden Arbeitsentgelts gem. § 812 Abs. 1 S. 2 2. Hs. BGB (*BAG* (25.2.1988 EzA § 8 BUrlG Nr. 2). Denn der Inhalt des Urlaubsanspruchs besteht nur in der Verpflichtung des Arbeitgebers, den Arbeitnehmer für die Urlaubsdauer von der an sich geschuldeten Arbeitspflicht zu befreien.

**2395** Danach entfällt weder der Urlaubsanspruch noch der Urlaubsabgeltungsanspruch, wenn der Arbeitnehmer gegen § 8 BUrlG verstößt, weil es dafür weder in § 1 noch in § 8 BUrlG nach dem Wortlaut, dem systematischen Zusammenhang sowie dem Zweck einen Anhaltspunkt und damit eine Rechtsgrundlage gibt. Auch eine Kürzung der Urlaubsvergütung ist ausgeschlossen.

**2396** (derzeit unbesetzt)

*o) Rechtsschutz*

*aa) Klageantrag*

**2397** Besteht zwischen den Parteien Streit über die Urlaubsgewährung, so kann der Arbeitnehmer **Leistungsklage auf Urlaubsgewährung für einen bestimmten, in der Zukunft liegenden Zeitraum erheben** (*BAG* 18.12.1986 EzA § 7 BUrlG Nr. 48). Ein derartiger Klageantrag lautet z. B.: »Die Beklagte wird verurteilt, dem Kläger bezahlten Erholungsurlaub in der Zeit vom 15.5. – 30.6.2011 zu gewähren.«

**2398** (derzeit unbesetzt)

**2399** Die Erteilung des Urlaubs liegt nicht im (billigen) Ermessen des Arbeitgebers; er ist als Schuldner des Urlaubsanspruchs vielmehr verpflichtet, gem. § 7 Abs. 1 BUrlG die Urlaubswünsche des Arbeitnehmers zu berücksichtigen, sodass er auf den Urlaub für den vom Arbeitnehmer angegebenen Termin festzusetzen hat, jedenfalls dann, wenn die Voraussetzungen gem. § 7 Abs. 1 2. Hs. BUrlG, die einer Urlaubsbewilligung zu dem angegebenen Zeitpunkt entgegenstehen können, nicht erfüllt sind. Dieser Klageantrag empfiehlt sich allerdings nur dann, wenn sich die Parteien lediglich über das Bestehen eines Leistungsverweigerungsrechts des Arbeitgebers streiten, noch ausreichend Zeit bis zum geplanten Urlaub bleibt und kein Rechtsmittel gegen ein obsiegendes Urteil zu erwarten ist. Eine solche Klage hat den **Nachteil**, dass bis zum Beginn des gewünschten Urlaubs regelmäßig **kein rechtskräftiger Titel** zu erlangen ist. Dann muss der Klageantrag auf **Leistung in einem nicht näher bestimmten Zeitraum oder auf Feststellung umgestellt** werden. Sonst wird die Klage unzulässig (*BAG* 18.12.1986 EzA § 7 BUrlG Nr. 48) bzw. unbegründet (ErfK/*Gallner* § 7 BUrlG Rn. 30).

**2399a** Im Hinblick auf § 253 Abs. 2 Nr. 2 ZPO ist **zweifelhaft**, ob der Arbeitnehmer auch **Leistungsklage auf Urlaubsgewährung ohne zeitliche Festlegung** erheben kann, z. B. mit dem Antrag, »die Beklagte zu verurteilen, ihm im Kalenderjahr ... zusätzlich 20 Tage Urlaub zu gewähren und dafür ein Urlaubsentgelt in Höhe von ... Euro zu zahlen« oder »die Beklagte zu verurteilen, ihm 59 Tage Erholungsurlaub zu gewähren«, oder ob insoweit nur eine Feststellungsklage in Betracht kommt. Da der Arbeitgeber als Schuldner die Konkretisierungsbefugnis für die Erteilung des Urlaubs nach § 7 Abs. 1 BUrlG hat, sind auch Klagen zulässig, mit denen der Arbeitgeber zur Gewährung einer bestimmten Zahl von Urlaubstagen ab einem in der Zukunft liegenden, nicht näher genannten Zeitpunkt verurteilt werden soll (*BAG* 21.2.1995 AP SchwbG 1986 § 47 Nr. 7; 21.2.1995 AP SchwbG 1986 § 47 Nr. 8; 5.9.2002 AP SonderurlG SL § 1 Nr. 2). Das gilt insbes. bei einem Streit über den Umfang des Urlaubsanspruchs (*LAG Bln.-Bra.* 39.9.2011 LAGE § 7 BUrlG Nr. 50).

Bedenken wegen der Bestimmtheit und der Auswirkungen in der Zwangsvollstreckung bestehen nicht (ErfK/*Gallner* § 7 BUrlG Rn. 31).     2399b

### bb) Zwangsvollstreckung; Leistungs-, Feststellungsklage nach Fristablauf?

(derzeit unbesetzt)     2400–2402

Die Vollstreckung eines (Leistungs-) Urteils auf Urlaubsgewährung ohne Bestimmung eines konkreten Urlaubszeitraums richtet sich nach § 888 ZPO (ErfK/*Gallner* § 7 BUrlG Rn. 31; a. A. *BAG* 19.1.1962 AP Nr. 86 zu § 611 BGB Urlaubsrecht: § 894 ZPO). Der Gläubiger des Titels auf Gewährung von Urlaub hat den Schuldner zur Leistungserfüllung – ggf. zu einem bestimmten Termin – aufzufordern. Weigert sich der Schuldner zu leisten, hat der Arbeitnehmer das Vollstreckungsverfahren auf Verhängung eines **Zwangsgeldes** oder der **Zwangshaft** zu betreiben. Der Schuldner kann einwenden, ordnungsgemäß erfüllt oder für den bestimmten Zeitraum ein Leistungsverweigerungsrecht zu haben (ErfK/*Gallner* § 7 BUrlG Rn. 31).     2403

Auch Feststellungsklagen mit dem Inhalt, dass dem Arbeitnehmer aus einem bestimmten Urlaubsjahr **noch eine bestimmte Zahl von Urlaubstagen zusteht**, sind zulässig (*BAG* 19.4.1994 EzA § 74 SGB V Nr. 2; ErfK/*Gallner* § 7 BUrlG Rn. 32). Das gilt jedenfalls dann, wenn der Arbeitnehmer aus der unterbliebenen Gewährung des Urlaubs **noch Rechtsfolgen für die Gegenwart ableitet** (*BAG* 17.11.2011 – 9 AZR 189/10). Dann muss gem. § 256 Abs. 1 ZPO allerdings sorgfältig gewürdigt werden, ob tatsächlich ein besonderes Interesse an der Feststellung des Rechtsverhältnisses besteht. Der Hinweis auf die Probleme einer Leistungsklage genügt nicht (ErfK/*Gallner* § 7 BUrlG Rn. 32). Ein Feststellungsinteresse ist jedenfalls dann nicht gegeben, wenn die Feststellung keinerlei Auswirkungen auf Gegenwart oder Zukunft hat (*BAG* 8.12.1992 EzA § 256 ZPO Nr. 37; 21.9.1993 EzA § 256 ZPO Nr. 38). Die Erwartung eines künftigen Rechtsverhältnisses reicht nicht aus (*BAG* 19.10.1993 EzA § 256 ZPO Nr. 39). Will der Arbeitnehmer neben der Feststellung, dass sein Arbeitsverhältnis nicht aufgelöst worden ist, erreichen, dass er noch Urlaub zu erhalten hat, muss er einen entsprechenden Antrag stellen. Zumindest aber muss dieses Begehren dem Vorbringen des Arbeitnehmers durch Auslegung oder Umdeutung zu entnehmen sein (ErfK/*Gallner* § 7 BUrlG Rn. 32).     2404

Zulässig sein kann aber jedenfalls u. U. ein **Antrag auf Feststellung, dass der Urlaub aus dem Vorjahr nicht durch eine vom Arbeitgeber damals erklärte widerrufliche Freistellung erfüllt ist** (*LAG Köln* 13.3.2007 NZA-RR 2007, 520).     2404a

### cc) Einstweilige Verfügung

Bei Vorliegen der allgemeinen Voraussetzungen, insbes. glaubhaft gemachtem Verfügungsanspruch und Verfügungsgrund, kann auch eine einstweilige Verfügung auf Urlaubsbewilligung für einen bestimmten Zeitraum beantragt und erlassen werden (§§ 935, 940 ZPO; *LAG RhPf* 7.3.2002 – 7 Ta 226/02, NZA-RR 2003, 130; *LAG BW* 3.6.2009 NZA-RR 2010, 178; *Reinhard/Kliemt* NZA 2005, 549 f.).     2405

> Allerdings ist zu berücksichtigen, dass der Arbeitnehmer nicht befugt ist, durch vorzeitige Aufwendungen, z. B. für eine Reise, eigenmächtig den Urlaubszeitpunkt festzulegen und so einen Ver-     2406

fügungsgrund zu schaffen, obwohl ihm an sich ausreichend Zeit zur Verfügung gestanden hätte, rechtzeitig einen Urlaubsantrag zu stellen (*LAG RhPf* 7.3.2002 – 7 Ta 226/02, NZA-RR 2003, 130).

2407 Einer entsprechenden einstweiligen Verfügung steht nicht entgegen, dass durch sie bereits eine **Befriedigung des Urlaubsanspruchs** herbeigeführt wird, wenn die geschuldete Willenserklärung vom Arbeitgeber so kurzfristig erstritten werden muss, dass die Erwirkung eines Titels im Urteilsverfahren nicht möglich ist (*LAG RhPf* 7.3.2002 – 7 Ta 226/02, NZA-RR 2003, 130; *Reinhard/Kliemt* NZA 2005, 549 f.; **a. A.** *Corts* NZA 1998, 357 ff.).

2408 Demgegenüber ist nach Auffassung des *LAG Hamm* (31.1.1995 LAGE § 7 BUrlG Nr. 33) eine Ausnahme, die eine einstweilige Verfügung, gerichtet auf die Gewährung von Urlaub in einem bestimmten Zeitraum zulässt, nur dann gegeben, wenn ohne sie für den Verfügungsgläubiger ein ganz wesentlicher Schaden oder ein Verlust des geltend gemachten Anspruchs eintreten würde.

2409 § 894 ZPO ist im hier maßgeblichen Zusammenhang **nicht anwendbar**, weil dies dem **Wesen des einstweiligen Verfügungsverfahrens widersprechen** würde. Die Vollstreckungswirkung tritt bereits mit der **Zustellung der Verfügungsentscheidung** ein (ErfK/*Gallner* § 7 BUrlG Rn. 33); mit Erlass und Zustellung der einstweiligen Verfügung erhält der Arbeitnehmer die von ihm **gewünschte Freistellungserklärung**. Er bleibt berechtigt von der Arbeit fern, auch wenn der Titel im Widerspruchs- oder Berufungsverfahren abgeändert wird (ErfK/*Gallner* § 7 BUrlG Rn. 33).

2410 Wie bei der einstweiligen Verfügung hinsichtlich der Arbeitszeitreduzierung (vgl. *Grobys/Bram* NZA 2001, 1182) lässt sich dieses Problem durch entsprechende Tenorierung bei zutreffender Antragstellung, auf die gem. § 139 ZPO hinzuwirken ist, umgehen.

2411 ▶ **Beispiel:**

Der Verfügungsbeklagte wird verurteilt, dem Antrag des Verfügungsklägers auf Bewilligung von Urlaub in der Zeit vom ... bis ..., bis zum Erlass einer erstinstanzlichen Entscheidung in der Hauptsache zuzustimmen.

2412 Hinsichtlich des Antrags im einstweiligen Verfügungsverfahren ist zu beachten, dass es unzulässig ist, zu beantragen, festzustellen, dass ein vom Arbeitgeber bestimmter, in der Zukunft liegender Zeitraum nicht als Urlaub behandelt werden darf. Denn eine nur vorläufig feststellende einstweilige Verfügung kann keine verbindliche Klärung des strittigen Rechtsverhältnisses herbeiführen, weil dies aus rechtsstaatlichen Gründen allein dem Hauptverfahren vorbehalten bleiben muss und die Entscheidung im Eilverfahren gerade keine Bindungswirkung für das Hauptverfahren entfaltet. Stattdessen kann der betroffene Arbeitnehmer den grds. bestehenden Beschäftigungsanspruch für den fraglichen Zeitraum mit der Leistungsverfügung geltend machen (*LAG RhPf* 18.11.1996 BB 1997, 1643 LS).

### p) Der Urlaubsentgelt- und -abgeltungsanspruch; Pfändbarkeit

#### aa) Das Urlaubsentgelt (§ 11 BUrlG)

##### (1) Referenzprinzip

2413 (derzeit unbesetzt)

2414 Im Umfang des gesetzlichen Urlaubs – nicht für zusätzlich gewährte tarifliche Urlaubstage – ergibt sich die Höhe des zu zahlenden Urlaubsentgelts gem. §§ 1, 11 BUrlG aus dem sog. Referenzprinzip (*BAG* 19.9.1985 EzA § 13 BUrlG Nr. 24).

## B. Pflichten des Arbeitgebers     Kapitel 3

*(2) Berechnung des Urlaubsentgelts*

*aaa) Grundlagen*

§ 11 Abs. 1 BUrlG stellt für die Bemessung des Urlaubsentgelts auf den **durchschnittlichen Arbeits** **2414a**
**verdienst im Bezugszeitraum** ab (Geldfaktor), außerdem, ohne dies ausdrücklich hervorzuheben,
auch auf die vom Arbeitnehmer im Bezugszeitraum **geleistete Arbeitszeit** sowie zugleich auf die
für den Urlaub als gleich bleibend vorausgesetzten ausfallenden Arbeitsstunden (Zeitfaktor).

Das Urlaubsentgelt bemisst sich nach dem **durchschnittlichen Arbeitsentgelt**, das der Arbeitnehmer **2415**
**in den letzten 13 Wochen vor dem Beginn des Urlaubs** erhalten hat (Referenzzeitraum; § 11 Abs. 1
S. 1 BUrlG; s. *EuGH* 20.1.2009 EzA EG-Vertrag 1999 Richtlinie 2003/88 Nr. 1; 15.9.2011 NZA
2011, 1167; *BAG* 21.9.2010 EzA § 13 BUrlG Nr. 61; *LAG Düsseld.* 2.2.2009 LAGE § 7 BUrlG
Nr. 45). Bei der Ermittlung der Höhe des Urlaubsentgelts sind **alle im gesetzlichen Referenzzeitraum** der letzten 13 Wochen vor Urlaubsbeginn **gezahlten laufenden Vergütungsbestandteile** mit
Ausnahme des zusätzlich für Überstunden gezahlten Arbeitsverdienstes **zu berücksichtigen** (*BAG*
15.12.2009 EzA § 13 BUrlG Nr. 59). Zur Bemessungsgrundlage gehört **jede Form der Vergütung,
die als Gegenleistung für erbrachte Tätigkeiten im Referenzzeitraum gezahlt wird**, ausgenommen
sind nur zusätzlich für Überstunden geleistete Vergütungen und Einmalzahlungen (*BAG* 21.9.2010
EzA § 13 BUrlG Nr. 61).

Ist in diesem Zeitraum wegen einer Erkrankung des Arbeitnehmers **keine Vergütung** verdient wor **2415a**
den, so berechnet sich die Urlaubsvergütung nach dem Durchschnittsentgelt, das der Arbeitnehmer
**in den letzten 13 Wochen, in denen er einen Anspruch auf Arbeitsvergütung hatte**, verdient hat
(*LAG Hamm* 8.12.2004 LAG Report 2005, 143).

Zu berücksichtigen sind z. B. **Zulagen** (z. B. Zeitzuschläge für Schicht-, Nachtarbeit, *BAG* 12.1.1989 **2416**
EzA § 11 BUrlG Nr. 27; 21.9.2010 EzA § 13 BUrlG Nr. 61), soweit sie nicht Aufwendungsersatz
sind, sowie laufende Prämien (*BAG* 15.12.2009 EzA § 13 BUrlG Nr. 59), aber auch ein erhöhter
Stundenlohn für Einsätze bei einem bestimmten Arbeitgeber (*BAG* 21.9.2010 EzA § 13 BUrlG
Nr. 61). Auch die **Berücksichtigung bezahlter Pausen** kann tarifvertraglich vorgesehen sein (s.
*BAG* 23.1.2001 NZA 2002, 224).

Der zusätzlich für **Überstunden** gezahlte Arbeitsverdienst ist gem. § 11 Abs. 1 S. 1 BUrlG aus der **2417**
Bemessungsgrundlage **herauszunehmen** (*BAG* 9.11.1999 EzA § 11 BUrlG Nr. 44; 21.9.2010
EzA § 13 BUrlG Nr. 61). Wird allerdings durch einen Tarifvertrag zur Errechnung der während
der Urlaubszeit zu zahlenden Bezüge der Durchschnitt des Entgelts **der letzten sechs Monate** vor
Urlaubsantritt zugrunde gelegt, dann ist auch das Entgelt einzubeziehen, das für die in den Bezugszeitraum fallenden **Überstunden geleistet** wird (*BAG* 16.3.1999 EzA § 11 BUrlG Nr. 42;
5.11.2002 EzA § 11 BUrlG Nr. 53).

Die Pflicht zur Fortzahlung des Entgelts bezieht sich unabhängig davon auch auf die **Überstunden, die der Arbeitnehmer ohne Arbeitsbefreiung während des Urlaubszeitraums verrichtet hätte.** Die Höhe des Entgelts für diese Arbeitszeit ist entsprechend § 11 Abs. 1 S. 1 BUrlG nach dem
durchschnittlichen Arbeitsverdienst zu bemessen, das der Arbeitnehmer in den letzten 13 Wochen
vor Beginn des Urlaubs erhalten hat (*BAG* 9.11.1999 EzA § 11 BUrlG Nr. 44).

Das *BAG* (9.11.1999 EzA § 11 BUrlG Nr. 44) hat insoweit ausgeführt:

»Die Höhe des Urlaubsentgelts kann ... nicht allein anhand des durchschnittlichen Arbeitsverdienstes im Bezugszeitraum, auf den § 11 Abs. 1 BUrlG abstellt, berechnet werden. Denn
nach § 1 BUrlG ist das Entgelt nicht für die im Bezugszeitraum geleistete Arbeitszeit, sondern
für die im Urlaubszeitraum ausfallende Arbeitszeit fortzuzahlen (...). Das Urlaubsentgelt ist folglich hinsichtlich der Anzahl der am jeweiligen Urlaubstag infolge der Freistellung ausfallenden
Arbeitsstunden, dem sog. Zeitfaktor, und nach der in § 11 Abs. 1 BUrlG geregelten Wertbemessung anhand des im Bezugszeitraums erzielten Durchschnittsarbeitsverdienstes, dem sog. Geldfaktor, zu berechnen. Das Urlaubsentgelt ist somit das Produkt aus Zeit- und Geldfaktor. In

§ 11 Abs. 1 S. 1 BUrlG ist ausschließlich die Bemessung des Geldfaktors geregelt (...). Die Verpflichtung des Arbeitgebers nach § 1 BUrlG, das Entgelt für alle infolge der Arbeitsbefreiung ausfallenden Arbeitsstunden einschließlich der Überstunden zu vergüten (...) ist von der Änderung ... unberührt geblieben. Durch dieses Gesetz ist § 11 Abs. 1 S. 1 BUrlG geändert worden, um zu verhindern, dass ein Arbeitnehmer durch gezielte Leistung von Überstunden im Bezugszeitraum ein höheres Urlaubsentgelt erlangen kann. Damit ist nicht ein Ausschluss des Entgelts für die wegen des Urlaubs im Freistellungszeitraum ausfallenden Überstunden verbunden. Der Arbeitnehmer hat Anspruch auf Fortzahlung des Entgelts für die Zeit, die er gearbeitet hätte, wenn er nicht urlaubsbedingt von der Arbeit freigestellt wäre.«

2418 Während des Urlaubs weitergezahlte Teile des Urlaubsentgelts (z. B. Gewinn- und Umsatzbeteiligungen sowie Fremdprovisionen) sind nicht für die Berechnung des Urlaubsentgelts zu berücksichtigen, ebenso nicht Provisionen und Gratifikationen, die für das gesamte Jahr gezahlt werden. Einmalige **tarifliche Ausgleichszahlungen** sind für die Berechnung der Urlaubsvergütung heranzuziehen, wenn sie wegen ihrer zeitlichen Zuordnung dem Entgelt des Arbeitnehmers im Bezugszeitraum zuzurechnen sind (*BAG* 21.7.1988 EzA § 4 TVG Metallindustrie Nr. 42; s. a. *BAG* 17.11.1998 NZA 1999, 773). **Tarifliche Sonderzahlungen** und vermögenswirksame Leistungen, die einem Arbeitnehmer unabhängig von der Gewährung eines Urlaubs gezahlt werden, sind dagegen in die Berechnung des Durchschnittsverdienstes nach § 11 Abs. 1 S. 1 BUrlG nicht einzubeziehen (*BAG* 17.1.1991 EzA § 11 BUrlG Nr. 30; zur Rufbereitschaft vgl. *BAG* 20.6.2000 NZA 2001, 625).

2419 Sind die Einkünfte des Arbeitnehmers aus **Provisionen** im Verlauf des Jahres unterschiedlich hoch, muss das während des Urlaubs weiterzuzahlende Urlaubsentgelt ggf. nach § 287 Abs. 2 ZPO ermittelt werden (*BAG* 19.9.1985 EzA § 13 BUrlG Nr. 24). Ist vereinbart, dass der Arbeitgeber auf die erwarteten Provisionen monatlich **Vorschüsse** leistet und später abrechnet, sind entsprechend der Vereinbarung die in den letzten drei vollen Kalendermonaten vor Urlaubsbeginn nach § 87a Abs. 1 S. 1 HGB fällig gewordenen Provisionsansprüche zugrunde zu legen. Im Bezugszeitraum fällige Ansprüche aus Bezirksprovision i. S. v. § 87 Abs. 2 HGB sind für die Durchschnittsberechnung nicht zu berücksichtigen (*BAG* 11.4.2000 EzA § 11 BUrlG Nr. 45).

2420 **Trinkgelder**, die dem Bedienungspersonal in Gaststätten von den Gästen freiwillig gegeben werden, gehören jedenfalls bei Fehlen einer besonderen arbeitsvertraglichen Vereinbarung für Zeiten des Urlaubs nicht zum fortzuzahlenden Arbeitsentgelt (*BAG* 28.6.1995 EzA § 11 BUrlG Nr. 38).

*bbb) Arbeitnehmerähnliche Personen*

2421 Gem. **§ 2 BUrlG** gelten die Regelungen des BUrlG auch für Personen, die wegen ihrer wirtschaftlichen Unselbstständigkeit als arbeitnehmerähnliche Personen anzusehen sind (vgl. *BAG* 15.11.2005 EzA § 2 BUrlG Nr. 5). Die besonderen Beschäftigungsbedingungen arbeitnehmerähnlicher Personen können es allerdings erforderlich machen, für das ihnen zustehende Urlaubsentgelt einen anderen als den in § 11 BUrlG für den Regelfall vorgesehenen Berechnungszeitraum zugrunde zu legen (*BAG* 30.7.1975 EzA § 11 BUrlG Nr. 11).

*ccc) Aufwandsentschädigungen; Sachbezüge; Ausgleichszahlungen*

2422 Aufwandsentschädigungen sind **kein Arbeitsverdienst**, es sei denn, der damit abgegoltene Aufwand fällt auch im Urlaub an oder sie sind wie **Nahauslösungen** pauschale Zahlungen, die unabhängig davon geleistet werden, ob im Einzelfall tatsächlich Aufwendungen entstanden sind. Soweit Nahauslösungen zu versteuern sind, gehören sie zum Arbeitsverdienst, sind also in die Berechnung des Urlaubsentgelts einzubeziehen. **Fernauslösungen** sind dagegen regelmäßig Aufwendungsersatz und zählen nicht zum Arbeitsentgelt (*BAG* 28.1.1982 EzA § 3 BUrlG Nr. 13; 30.3.1988 EzA § 1 LohnFG Nr. 92).

2423 **Sachbezüge sind Arbeitsverdienst** i. S. v. § 11 Abs. 1 BUrlG. Werden sie während des Urlaubs nicht weiter gewährt, sind sie angemessen in bar abzugelten. Als angemessen sind die Sätze für Sachbezüge anzusehen, die bei der Steuerfestsetzung oder der Beitragsbemessung zur Sozialversicherung zugrunde gelegt werden.

Bei der Berechnung des durchschnittlichen Arbeitsverdienstes sind bei einem Betriebsratsmitglied auch die im Referenzzeitraum erfolgten Ausgleichszahlungen nach § 37 Abs. 3 S. 2 Hs. 2 BetrVG zu berücksichtigen (*BAG* 11.1.1995 EzA § 37 BetrVG 1972 Nr. 123; a. A. *Thüringer LAG* 16.12.2010 LAGE § 4 EFZG Tarifvertrag Nr. 45). 2424

*ddd) Verdiensterhöhungen, -kürzungen*

Verdiensterhöhungen im Bezugszeitraum und im Urlaub sind zu berücksichtigen (**§ 11 Abs. 1 S. 2 BUrlG**), wenn sie nicht nur vorübergehend gewährt werden (s. *BAG* 5.9.2002 NZA 2003, 873). 2425

Eine Verdiensterhöhung in diesem Sinne liegt auch bei einer Änderung des Arbeitsverhältnisses von einem Teilzeit- zu einem Vollzeitarbeitsverhältnis oder bei einem Übergang von einem Ausbildungs- in ein Arbeitsverhältnis vor (vgl. *BAG* 29.11.1984 EzA § 13 BUrlG Nr. 22). 2426

Verdienstkürzungen, die im Berechnungszeitraum infolge von Kurzarbeit, Arbeitsausfällen (z. B. wegen Betriebsunterbrechungen etwa wegen Rohstoffmangels oder Maschinenstillstands) oder unverschuldeter Arbeitsversäumnis (Krankheit, Wahrnehmung staatsbürgerlicher Pflichten, z. B. Tätigkeit als ehrenamtlicher Richter) eintreten, bleiben für die Berechnung des Urlaubsentgelts außer Betracht (**§ 11 Abs. 1 S. 3 BUrlG**; vgl. dazu *Busch* NZA 1996, 1246 ff.). 2427

(derzeit unbesetzt) 2428

*eee) Besonderheiten bei flexibilisierter Arbeitszeit*

Bei flexibilisierter Arbeitszeit kann die Arbeitszeit im Bezugszeitraum und die durch den Urlaub ausgefallene Arbeitszeit jeweils unterschiedlich lang sein (vgl. *Busch* NZA 1996, 1246 ff.). 2429

> Insoweit ist für die Bestimmung des Umfangs der Urlaubsvergütung die Arbeitszeit maßgebend, während der der Arbeitnehmer ohne die Urlaubsgewährung hätte arbeiten müssen. Maßgeblich sind also nur die tatsächlichen Arbeitstage (Kalendertage mit Arbeitspflicht), nicht jedoch die zum Zeitausgleich zur Erreichung der individuellen regelmäßigen wöchentlichen Arbeitszeit festgesetzten freien Tage (*BAG* 24.9.1996 EzA § 4 TVG Papierindustrie Nr. 5; a. A. für Entgeltfortzahlung im Krankheitsfall *BAG* 10.7.1996 EzA § 1 LohnFG Nr. 128). 2430

Die zum Zeitausgleich für die Erreichung der individuellen regelmäßigen wöchentlichen Arbeitszeit festzulegenden **Freischichten** bleiben auch dann für die Berechnung der Urlaubsvergütung unberücksichtigt, wenn durch eine von § 614 BGB abweichende Regelung der die tarifliche wöchentliche Arbeitszeit übersteigende Anteil der tatsächlich geleisteten Arbeitszeit erst in dem Monat abgerechnet und bezahlt wird, in dem die Freischichttage liegen (sog. **Sparkassenmodell**, *BAG* 8.11.1994 EzA § 11 BUrlG Nr. 37). 2431

(derzeit unbesetzt) 2432, 2433

Fallen im Urlaub höhere oder niedrigere Arbeitszeiten an, als sie im Bezugszeitraum geleistet worden sind, muss für die Berechnung des Urlaubsentgelts nicht nur das Durchschnittsentgelt im Bezugszeitraum bestimmt (Referenzprinzip), sondern auch festgestellt werden, wie viel Arbeitszeit jeweils im Urlaub ausfällt. Aus dem Produkt des für den Bezugszeitraum gewonnenen Geldfaktors und des sich aus dem Ausfall der Arbeitszeit ergebenden Zeitfaktors ist das Urlaubsentgelt zu errechnen. Hat der Arbeitnehmer deshalb eine regelmäßige Arbeitszeit von Montag bis Freitag von 8 Stunden, so hat er Anspruch darauf, dass ihm die wegen Urlaubs ausgefallene Arbeitszeit in diesem Umfang vergütet wird (*BAG* 7.7.1988 EzA § 4 TVG Metallindustrie Nr. 41). Während des Urlaubs entstehen für den im Freischichtmodell tätigen Arbeitnehmer aber **keine Zeitausgleichsanteile** (*BAG* 7.7.1988 EzA § 4 TVG Metallindustrie Nr. 40; 18.11.1988 EzA § 4 TVG Metallindustrie Nr. 52). Wird für das Überschreiten der tariflichen wöchentlichen Arbeitszeit ein Zeitausgleich durch Freischichten gewährt, bleiben diese bei der Berechnung der Urlaubsvergütung außer Betracht (*BAG* 2434

18.11.1988 EzA § 4 TVG Metallindustrie Nr. 54; *BAG* 24.9.1996 EzA § 4 TVG Papierindustrie Nr. 5).

2435 Zahlt der Arbeitgeber andererseits einen sog. **verstetigten Monatslohn**, so bedarf es bei der Bemessung des Zeitfaktors des Urlaubsentgelts für gewährte Urlaubstage grds. keiner Korrektur des Monatslohns. Der Umstand der unregelmäßig verteilten wöchentlichen Arbeitszeit bei Schichtarbeitnehmern ist vielmehr allein bei der Frage zu berücksichtigen, wie viele Urlaubstage diesen pro Urlaubsjahr zu gewähren sind (*LAG Bln.* 21.12.2004 LAGE § 11 BUrlG Nr. 13).

*fff) Teilzeitbeschäftigte; Übergang von Voll- in Teilzeit*

2436 Für die Berechnung des Urlaubsentgelts von Teilzeitbeschäftigten mit wechselnden Arbeitszeiten ergeben sich keine Besonderheiten. Wird allerdings ein teilzeitbeschäftigter Arbeitnehmer unter Verletzung des Gleichbehandlungsgrundsatzes oder unter Verstoß gegen § 4 Abs. 1 TzBfG gegenüber vollzeitbeschäftigten Arbeitnehmern unterschiedlich vergütet, richtet sich sein Urlaubsentgelt nach dem anteiligen üblichen Arbeitsverdienst eines vollzeitbeschäftigten Arbeitnehmers (*BAG* 24.10.1989 EzA § 11 BUrlG Nr. 28).

2437 Hinsichtlich der Urlaubsdauer bestehen beim **Wechsel von Voll- in Teilzeit** zwar keine Besonderheiten. Anders ist es aber beim Urlaubsentgeltanspruch sowohl nach dem BUrlG wie nach tariflichen Regelungen. Soweit nach einer Arbeitszeitverringerung ein vorher entstandener Urlaubsanspruch erfüllt wird, ist das Urlaubsentgelt nach der vorherigen höheren Arbeitszeit zu bemessen (*EuGH* 22.4.2010 NZA 2010, 557; *Fiebig* NZA 2010, 925 ff.; *Junker* NZA 2011, 954).

*ggg) Lizenzfußballspieler*

2438 Die den Lizenzspielern der Bundesliga gezahlten Einsatz-, Spiel- und Punktprämien sind bei der Berechnung des Urlaubsentgelts für den gesetzlichen Urlaub nach § 11 BUrlG zu berücksichtigen (*BAG* 24.11.1992 EzA § 11 BUrlG Nr. 33; s. a. *BAG* 23.4.1996 EzA § 11 BUrlG Nr. 39; 8.12.1998 EzA § 11 BUrlG Nr. 41).

2439, 2440 (derzeit unbesetzt)

*(3) Auszahlung des Urlaubsentgelts*

2441 Gem. § 11 Abs. 2 BUrlG ist das Urlaubsentgelt abweichend von § 614 BGB **vor Antritt des Urlaubs zu zahlen**.

2442 Allerdings ist die Erfüllung der Lohnfortzahlungspflicht nicht Inhalt der Pflicht zur Urlaubserteilung (*BAG* 18.12.1986 AP Nr. 19 zu § 11 BUrlG), sodass die nicht rechtzeitige Erfüllung dieses Anspruchs für die Wirksamkeit der Urlaubserteilung keine Bedeutung hat.

2443– 2445 (derzeit unbesetzt)

*(4) Abweichende vertragliche Regelungen*

2446 Siehe auch Rdn. 2376 ff. Die Tarifvertragsparteien können andere Berechnungsarten für das Urlaubsentgelt wählen (*BAG* 19.9.1985 EzA § 13 BUrlG Nr. 24; 26.6.1986 EzA § 4 TVG Metallindustrie Nr. 23), **sind aber an den sich aus § 1 Abs. 1 BUrlG ergebenden Umfang der Lohnzahlungspflicht für den gesetzlichen Mindesturlaub gebunden**. Eine Verringerung dieser Pflicht durch tarifliche Bestimmung ist ausgeschlossen. Es muss sichergestellt sein, dass der Arbeitnehmer ein Urlaubsentgelt erhält, wie er es bei Weiterarbeit ohne Urlaubsgewährung voraussichtlich hätte erwarten dürfen (*BAG* 15.12.2009 EzA § 13 BUrlG Nr. 59 zum Prämienlohn). In § 11 Abs. 1 BUrlG ist die Bemessungsgrundlage für den nach § 13 Abs. 1 S. 1 BUrlG unabdingbaren Anspruch auf bezahlten Mindesturlaub geregelt. Die Tarifvertragsparteien haben nur einen eingeschränkten Gestaltungsspielraum, wenn sie für den gesetzlichen Mindesturlaub von § 11 Abs. 1 BUrlG abweichende Bemessungsregeln aufstellen. Es muss mindestens das Entgelt sichergestellt sein, das bei Fortführung der

Arbeit ohne urlaubsbedingte Freistellung gewöhnlich verdient würde (*BAG* 21.9.2010 EzA § 13 BUrlG Nr. 61).

(derzeit unbesetzt) 2447

Die Tarifvertragsparteien können jede Methode zur Berechnung des Urlaubsentgelts heranziehen, 2448
die ihnen geeignet erscheint, ein Urlaubsentgelt sicherzustellen, wie es der Arbeitnehmer bei Weiterarbeit ohne Freistellung voraussichtlich hätte erwarten können. Allerdings sind damit Regelungen nicht vereinbar, die das Ziel der Kürzung des Urlaubsentgelts im Vergleich zum Arbeitsentgelt verfolgen (*BAG* 22.1.2002 EzA § 13 BUrlG Nr. 58; 15.12.2009 EzA § 13 BUrlG Nr. 59 zum Prämienlohn).

(derzeit unbesetzt) 2449–2453

### bb) Pfändbarkeit, Abtretbarkeit

*(1) Urlaubs- und Urlaubsabgeltungsanspruch*

Zwar ist der Anspruch auf Gewährung von Urlaub höchstpersönlicher Natur mit der Folge, dass er 2454
weder abgetreten noch gepfändet werden kann (*Hohmeister* BB 1995, 2110). Das gilt auch für den Anspruch auf Urlaubsabgeltung, denn der Inhalt der Forderung würde sich ändern, wenn die Leistung an einen anderen als den ursprünglichen Gläubiger erfolgen würde.

Gleichwohl **steht dies einer Pfändung** des Urlaubsentgeltanspruchs (*BAG* 20.6.2000 EzA § 1 BUrlG 2455
Nr. 23) bis zu der Höhe, zu der auch ein Lohnanspruch pfändbar ist, **nicht entgegen**. Danach handelt es sich bei der Freistellung einerseits und der Lohnzahlungspflicht andererseits zwar um zwei Wesenselemente eines einheitlichen Anspruchs. Der Anspruch auf Urlaubsentgelt hat aber im Grunde doch den Charakter der Fortzahlung des Arbeitsentgelts und ist insofern nicht untrennbar mit dem Anspruch auf Freizeitgewährung verbunden.

(derzeit unbesetzt) 2456

Nichts anderes gilt für den Urlaubsabgeltungsanspruch gem. § 7 Abs. 4 BUrlG (*BAG* 28.8.2001 2457
EzA § 7 BUrlG Abgeltung Nr. 7). Geprüft werden muss dann aber stets, welchem Zeitraum er zuzurechnen ist. Dabei ist davon auszugehen, dass die Urlaubsabgeltung für einen **Zeitraum nach der Beendigung** des Arbeitsverhältnisses **geleistet wird** (*BAG* 28.8.2001 EzA § 7 BUrlG Abgeltung Nr. 7; *LAG Hamm* 18.10.2001 – 4 Sa 1197/01, EzA-SD 4/02, S. 23; s. aber Rdn. 1450).

*(2) Tod des Arbeitnehmers*

**Der Urlaubsanspruch geht mit dem Tod des Arbeitnehmers unter und nicht auf die Erben über** 2458
(*BAG* 23.6.1992 EzA § 7 BUrlG Nr. 84; 20.9.2011 – 9 AZR 416/10, EzA-SD 2/2012 S. 20 LS). Denn er ist auf die Beseitigung der Arbeitspflicht gerichtet, die aber gem. § 613 BGB regelmäßig an die Person des Arbeitnehmers gebunden ist. Zudem endet das Arbeitsverhältnis mit dem Tod des Arbeitnehmers, sodass ein Urlaubsanspruch nicht mehr in Betracht kommt. Damit gehen alle Ansprüche auf Befreiung von dieser Arbeitspflicht unter. Dies gilt auch für den Urlaubsanspruch. Er kann sich deshalb nicht mehr in einen Abgeltungsanspruch gem. § 7 Abs. 4 BUrlG umwandeln (*BAG* 20.9.2011 – 9 AZR 416/10, EzA-SD 2/2012 S. 20; krit. *Stein* RdA 2000, 16 ff.). Dieses Ergebnis entspricht dem von § 7 Abs. 4 BUrlG und von Art. 7 Abs. 2 der Arbeitszeitrichtlinie verfolgten Abgeltungszweck. Danach darf der Urlaub im laufenden Arbeitsverhältnis nicht abgegolten werden. Vielmehr muss dem Arbeitnehmer bei Beendigung des Arbeitsverhältnisses der Urlaub, der nicht mehr durch Freistellung gewährt werden kann, »durch eine finanzielle Vergütung ersetzt werden« (Art. 7 Abs. 2 RL 2003/88/EG). Der Abgeltungszweck knüpft folglich an die Person des Arbeitnehmers an. Das Entstehen des Anspruchs setzt voraus, dass die Abgeltung als reiner Geldanspruch noch der Person des ausscheidenden Arbeitnehmers zukommen kann. Nur wenn der Ar-

beitnehmer **nach dem Ausscheiden** aus dem Arbeitsverhältnis **verstirbt**, fällt der entstandene Anspruch gem. § 1922 Abs. 1 BGB **in den Nachlass** (*BAG* 20.9.2011 – 9 AZR 416/10, EzA-SD 2/2012 S. 20; **a. A.** im Hinblick auf *EuGH* 20.1.2009 EzA EG-Vertrag 1999 Richtlinie 2003/88 Nr. 1: *LAG Hamm* 22.4.2010 LAGE § 7 BUrlG Abgeltung Nr. 15; ErfK/*Gallner* § 7 BUrlG Rn. 81).

**2459–2464** (derzeit unbesetzt)

### q) Urlaub für jugendliche Arbeitnehmer und Auszubildende

**2465** Für Jugendliche (§§ 2 Abs. 2, 1 Abs. 1 JArbSchG) ist der Urlaubsanspruch in **§ 19 JArbSchG** geregelt.

**2466** Maßgeblich für die Berechnung ist das Alter des Jugendlichen zu Beginn des Kalenderjahres.

**2467** (derzeit unbesetzt)

**2468** Das JArbSchG enthält nur hinsichtlich der Dauer des Erholungsurlaubs und der Berufsschulferien eine Sonderregelung. Im Übrigen werden in § 19 Abs. 4 JArbSchG die Vorschriften des BUrlG für anwendbar erklärt (§§ 3 Abs. 2, 4–12, 13 Abs. 3 BUrlG). Schwer behinderte Jugendliche erhalten zudem einen Zusatzurlaub von 5 Arbeitstagen pro Jahr (§ 125 SGB IX).

**2469** Gem. § 5 Abs. 3 JArbSchG gilt § 19 JArbSchG auch für die gesetzlich zulässige Beschäftigung von Kindern.

### r) Zusatzurlaub für schwer behinderte Menschen

#### aa) Grundlagen; das Gesetz zur Förderung der Ausbildung und Beschäftigung schwer behinderter Menschen

**2470** **Die schwer behinderten Menschen, nicht jedoch die ihnen Gleichgestellten (§ 68 Abs. 2 SGB IX), haben Anspruch auf einen bezahlten zusätzlichen Urlaub von fünf Arbeitstagen im Urlaubsjahr.** Aufzustocken ist der mit dem Arbeitgeber vereinbarte Urlaub, auch wenn er den gesetzlichen Mindesturlaub übersteigt; erhöht wird also nicht **nur der gesetzliche Mindesturlaub** (*BAG* 24.10.2006 EzA § 125 SGB IX Nr. 1). Verteilt sich die regelmäßige Arbeitszeit des schwer behinderten Menschen auf mehr oder weniger als 5 Arbeitstage in der Kalenderwoche, so erhöht sich oder vermindert sich der Zusatzurlaub entsprechend (§ 125 Abs. 1 S. 1 SGB IX). Soweit tarifliche, betriebliche oder sonstige Urlaubsregelungen schwer behinderten Menschen einen längeren Zusatzurlaub zubilligen, bleibt es bei dieser Regelung (§ 125 Abs. 1 S. 2 SGB IX). Gewährt der Arbeitgeber den Arbeitnehmern Urlaub von **unterschiedlich langer Dauer**, so ist für die Bemessung des Gesamturlaubs die Urlaubsdauer **maßgeblich**, die ein mit **dem schwer behinderten Arbeitnehmer vergleichbarer Arbeitnehmer ohne Behinderung erhält** (*BAG* 24.10.2006 EzA § 125 SGB IX Nr. 1 = NZA 2007, 331).

**2471** Zu § 125 Abs. 2, 3 SGB IX (Zwölftelung, Übertragung) s. *Düwell* FA 2004, 202; *Fenski* NZA 2004, 1255 ff.

**2472** Ein Musiklehrer an einer Musikschule hat (vgl. Nr. 3 SR 2 l II BAT [VKA]; danach ist der Urlaub während der unterrichtsfreien Zeit zu nehmen) keinen Anspruch darauf, dass der Arbeitgeber den Zusatzurlaub während der Unterrichtszeit erteilt; dies verstößt weder gegen das BUrlG, das SGB IX noch gegen Art. 3 Abs. 2 GG (*BAG* 13.2.1996 EzA § 47 SchwbG 1986 Nr. 7). Nichts anderes gilt für **Lehrer an öffentlichen Schulen**. Sie können insbes. nicht verlangen, dass an Stelle arbeitsfreier Urlaubstage eine zusätzliche Verringerung der wöchentlichen Pflichtstundenzahl erfolgt (*LAG Köln* 9.10.2007 NZA-RR 2008, 277).

**2473** (derzeit unbesetzt)

### bb) Schwerbehinderteneigenschaft

2474 Der Zusatzurlaub ist an das Vorliegen der Eigenschaft als schwer behinderter Mensch i. S. v. § 68 Abs. 1 SGB IX geknüpft, nicht etwa an deren behördliche Feststellung. Denn der Bescheid nach § 69 SGB IX hat nicht konstitutive, sondern nur deklaratorische Bedeutung (*BAG* 28.1.1982 EzA § 44 SchwbG Nr. 3).

### cc) Berechnung des Zusatzurlaubs

2475 Der (Gesamt-)Urlaubsanspruch eines **teilzeitbeschäftigten** schwer behinderten **Arbeitnehmers**, dessen Arbeitsverhältnis dem BAT unterliegt, ist in seinem Umfang getrennt nach tariflichen und den gesetzlichen Merkmalen im SGB IX zu bestimmen (vgl. *Dörner* DB 1995, 1174; vgl. auch *BAG* 18.2.1997 EzA § 3 BUrlG Nr. 20). Ergeben sich bei der Berechnung des Zusatzurlaubs für schwer behinderte Menschen Bruchteile eines Urlaubstags, kommt weder eine Auf- noch eine Abrundung auf einen vollen Urlaubstag in Betracht, es sei denn, dass die Voraussetzungen nach § 5 Abs. 1 lit. a, b, c BUrlG vorliegen (*BAG* 31.5.1990 EzA § 5 BUrlG Nr. 15).

2476 Tarifvertragliche Vorschriften, die eine **Zwölftelung des Anspruchs** bei Ausscheiden in der zweiten Hälfte des Kalenderjahres vorsehen (vgl. § 48 Abs. 5 BAT), **gelten nicht für den** gesetzlichen **Zusatzurlaub** nach § 125 SGB IX. Denn der Umfang des gesetzlichen Zusatzurlaubs steht nicht zur Disposition der Tarifvertragsparteien zum Nachteil des schwer behinderten Menschen (*BAG* 8.3.1994 EzA § 47 SchwbG 1986 Nr. 2).

### dd) Entzug des Schwerbehindertenschutzes

2477 Entzieht das Integrationsamt nach § 117 Abs. 1, 2 SGB IX dem schwer behinderten Menschen zeitweilig den Schwerbehindertenschutz, ist eine Verkürzung des Zusatzurlaubs nicht zulässig, da gesetzlich nicht vorgesehen.

2478 (derzeit unbesetzt)

2479 **Hatte der Arbeitgeber den Zusatzurlaub bereits gewährt, ist der Anspruch durch Erfüllung erloschen. § 5 Abs. 3 BUrlG ist nicht anwendbar.**

2480 Entsprechendes gilt, wenn sich der Grad der Behinderung auf weniger als 50 % verringert (§ 116 Abs. 1 SGB IX).

### ee) Erlöschen des Anspruchs

2481 Der Zusatzurlaub für schwer behinderte Menschen folgt in seinem Entstehen und Erlöschen im Übrigen denselben Voraussetzungen wie der Urlaubsanspruch nach dem BUrlG (*BAG* 21.2.1995 EzA § 47 SchwbG 1986 Nr. 3).

2482 (derzeit unbesetzt)

2483 Zu beachten ist, dass die Ungewissheit über die Schwerbehinderung kein in der Person des Arbeitnehmers liegender Grund für eine Übertragung des Zusatzurlaubs auf den tarifvertraglichen oder gesetzlichen Übertragungszeitraum ist (*BAG* 21.2.1995 EzA § 47 SchwbG 1986 Nr. 3).

2484, 2485 (derzeit unbesetzt)

### ff) Urlaubsentgelt; Urlaubsgeld; Urlaubsabgeltung

2486 Hinsichtlich der Bezahlung des zusätzlichen Urlaubs gelten die für den Urlaubsentgelt- und -abgeltungsanspruch bestehenden Grundsätze (s. *Hess. LAG* 7.12.2010 NZA-RR 2011, 120).

2487 Anspruch auf ein tarifliches Urlaubsgeld haben schwer behinderte Menschen für die Dauer des Zusatzurlaubs nur, wenn die Tarifbestimmungen darüber **erkennbar einen Zusatzurlaub als anspruchsbegründend einbeziehen** (*BAG* 30.7.1986 EzA § 44 SchwbG Nr. 7).

2488 ▶ **Beispiel:**

Ist in einer Tarifnorm bestimmt, dass sich das Urlaubsentgelt nach dem durchschnittlichen Arbeitsverdienst der letzten drei Monate und einem Zuschlag von 50 % bemisst, so hat auch der schwer behinderte Mensch während des gesetzlichen Zusatzurlaubs einen Anspruch auf Urlaubsentgelt in dieser Höhe (*BAG* 23.1.1996 EzA § 47 SchwbG 1986 Nr. 6).

2489–2492 (derzeit unbesetzt)

### s) Urlaub im Bereich der Heimarbeit

2493 Gem. § 12 BUrlG gelten für Heimarbeiter und ihnen Gleichgestellte, für Hausgewerbetreibende und für Zwischenmeister nicht die Regelungen der §§ 4, 5, 6, 7 Abs. 3, 4, 11 BUrlG; die übrigen Vorschriften gelten nur nach Maßgabe der in § 12 BUrlG enthaltenen besonderen Bestimmungen.

2494 Anders als der Urlaubsanspruch für Arbeitnehmer aus dem BUrlG muss der **Urlaubsanspruch für Heimarbeiter »verdient« werden** (§ 12 Nr. 1 BUrlG). Denn das Urlaubsentgelt richtet sich nach dem vom Heimarbeiter verdienten Arbeitsentgelt. Folglich entsteht der Anspruch auch erst, wenn er durch Einkünfte des Heimarbeiters gedeckt ist (Ansammlungsprinzip).

2495–2497 (derzeit unbesetzt)

### t) Urlaub nach dem SeemG

2498 Die Urlaubs- und Urlaubsentgeltansprüche für die Besatzungsmitglieder von Kauffahrteischiffen sowie deren Kapitäne sind in den §§ 53 ff., 78 SeemG geregelt. Abweichend von § 1 BUrlG besteht der Anspruch auf bezahlten Urlaub nicht für das Kalenderjahr, sondern für jedes Beschäftigungsjahr, das mit der vereinbarten Arbeitsaufnahme im Heuerverhältnis beginnt. Das BUrlG findet nur insoweit Anwendung, als es Vorschriften über die Mindestdauer des Urlaubs enthält (§ 53 Abs. 2 SeemG).

2499–2509 (derzeit unbesetzt)

### u) Urlaub im Baugewerbe und im Maler- und Lackierhandwerk

2510 Gem. § 13 Abs. 2 S. 1 BUrlG kann durch Tarifvertrag für das Baugewerbe oder sonstige Wirtschaftszweige, in denen als Folge häufigen Ortswechsels der von den Betrieben zu leistenden Arbeit Arbeitsverhältnisse von kürzerer Dauer als einem Jahr in erheblichem Umfang üblich sind, über die nach § 13 Abs. 1 BUrlG für alle Tarifverträge eröffneten Möglichkeiten der Abweichungen hinaus auch von den §§ 1, 2, 3 Abs. 1 BUrlG abgewichen werden.

2511 Davon haben die Tarifvertragsparteien der Bauwirtschaft (BRTV Bau) und des Maler- und Lackiererhandwerks (RTV Maler) Gebrauch gemacht und eigenständige Urlaubsregelungen durch Tarifverträge geschaffen (zur Abgrenzung des fachlichen Anwendungsbereichs dieser Kassen vgl. *BAG* 11.12.1996 NZA 1997, 945; 22.1.1997 NZA 1997, 947). **Diese Tarifwerke sind durchgängig für allgemeinverbindlich erklärt worden** (§ 5 Abs. 4 TVG).

2512 Die Dauer des jeweils fälligen Urlaubs richtet sich für Arbeiter (technische und kaufmännische Angestellte sowie Poliere sind von dieser Regelung nicht erfasst) in den alten Bundesländern nach den vom Arbeitnehmer zurückgelegten **Beschäftigungstagen** (§ 8 Nr. 4 BRTV Bau). In jedem Urlaubsjahr kann erstmalig ein Teil des Jahresurlaubs angetreten werden, wenn auf Grund der zurückgelegten Beschäftigungszeit der Urlaubsanspruch einschließlich des übertragenen Resturlaubs mindestens neun Tage beträgt (§ 8 Nr. 3 BRTV Bau; **Ansparprinzip**). Restansprüche werden auf das folgende Kalenderjahr übertragen. Urlaubsansprüche und ebenso auch die Urlaubsabgeltungsansprüche verfallen mit Ablauf des Kalenderjahres, das auf das Jahr der Entstehung des Urlaubsanspruchs folgt (§ 8 Nr. 8 BRTV Bau).

## B. Pflichten des Arbeitgebers  Kapitel 3

Die Höhe des Urlaubsentgelts bestimmt § 8 Nr. 4 BRTV Bau, ein zusätzliches Urlaubsgeld sieht § 8 Nr. 6 BRTV Bau vor (s. a. *BAG* 12.10.2010 EzA § 7 BUrlG Nr. 122: zum Arbeitnehmeranteil an der Winterbeschäftigungsumlage). 2513

Der aus dem Arbeitsverhältnis ausscheidende Arbeitnehmer hat gegen den Arbeitgeber einen Urlaubsabgeltungsanspruch, wenn bei Beendigung des Arbeitsverhältnisses noch Urlaubsansprüche offen sind, grds. nur dann, wenn er länger als drei Monate in einem nicht vom BRTV Bau erfassten Betrieb beschäftigt gewesen ist oder dauernd erwerbsunfähig geworden ist oder Altersrente bezieht (§ 8 Nr. 7 BRTV Bau). 2514

Ein Abgeltungsanspruch entsteht also nicht bereits mit der Beendigung des Arbeitsverhältnisses; solange der Arbeitnehmer bei einem anderen Arbeitgeber, der vom BRTV Bau erfasst ist, beschäftigt ist, wird sein erdienter Urlaubsanspruch auf der Lohnnachweiskarte (§§ 4, 35 des Tarifvertrages über das Sozialkassenverfahren im Baugewerbe [VTV] vermerkt und auf den jeweils nächsten Arbeitgeber übertragen, kann also bei diesem uneingeschränkt geltend gemacht werden. 2515

Nach § 8 Nr. 11 BRTV-Bau ist es u. a. Ziel des Urlaubskassenverfahrens, die Urlaubsvergütung der gewerblichen Bauarbeitnehmer zu sichern; eine Insolvenzsicherung ist allerdings nicht vorgesehen (*BAG* 20.2.2001 NZA 2002, 218; 19.9.2000 NZA 2002, 221). 2516

(derzeit unbesetzt) 2517

**Die Lohnnachweiskarte** (§§ 4, 35 VTV) **ist ein Legitimationspapier i. S. d.** § 952 BGB, das der Arbeitnehmer jederzeit vom Arbeitgeber herausverlangen kann (§ 985 BGB). Ein **Anspruch auf Berichtigung** der vom Arbeitgeber eingetragenen Angaben über gewährte Urlaubstage und Urlaubsvergütung setzt ein berechtigtes Interesse des Arbeitnehmers voraus. Dieses besteht nur dann, wenn der Arbeitnehmer die Berichtigung benötigt, um eine Anspruchsberechtigung gegenüber einem anderen Bauarbeitgeber oder der Urlaubskasse nachzuweisen. Fehlt es dagegen an einer Anspruchsberechtigung, besteht auch kein Berichtigungsanspruch (*BAG* 19.9.2000 NZA 2002, 221). Der Anspruch auf Herausgabe unterfällt nicht der tariflichen Ausschlussfrist des § 16 BRTV Bau. Für den Verfall des Anspruchs auf Eintragung in die Lohnnachweiskarte und deren Berichtigung gilt die Sonderregelung des § 8 Abschn. I Nr. 9 bzw. § 8 Abschn. II Nr. 8 BRTV Bau. In den **neuen Bundesländern** wird § 8 BRTV durch § 8a BRTV ersetzt. 2518

Eine tarifvertragliche Regelung (TV Berufsbildung Baugewerbe), nach der an Stelle eines Anspruchs auf Urlaubsabgeltung der **Anspruch auf Entschädigung** durch eine gemeinsame Einrichtung der Tarifvertragsparteien tritt, weicht nicht zu Ungunsten der Arbeitnehmer von § 7 Abs. 4 BUrlG ab (*BAG* 26.6.2001 NZA 2002, 680). 2519

(derzeit unbesetzt) 2520, 2521

Das Urlaubsentgelt wird finanziert und abgerechnet über die **Urlaubs- und Lohnausgleichskasse der Bauwirtschaft**, einer gemeinsamen Einrichtung der Tarifvertragsparteien i. S. v. § 4 Abs. 2 TVG mit Sitz in Wiesbaden (ULAK). 2522

Die notwendigen Beiträge werden von den Arbeitgebern des Baugewerbes an die **Zusatzversorgungskasse des Baugewerbes** (ZVK), einer weiteren gemeinsamen Einrichtung, als Einzugsstelle gezahlt, die diese Beiträge an die ULAK weiterzuleiten hat. **Die Beitragspflicht besteht unabhängig von den Ansprüchen der Arbeitnehmer in den Betrieben** (*BAG* 8.10.1981 AP Nr. 2 zu § 1 TVG Tarifverträge: Maler). Zahlt der Geschäftsführer der Arbeitgeber-Firma die **Beiträge nur zum Teil**, so kann der betroffene Arbeitnehmer ihn nicht nach § 823 Abs. 2 BGB i. V. m. § 266a StGB auf den Differenzbetrag hinsichtlich des Anspruchs auf Resturlaub in Anspruch nehmen, weil die Tatbestandsvoraussetzungen des § 266a StGB nicht erfüllt sind (*LAG Düsseld.* 21.9.2004 – 8 (6) Sa 1152/04 – EzA-SD 24/04, S. 8 LS; zur Rückzahlung überzahlter Beiträge s. *BAG* 23.4.2008 NZA-RR 2009, 201). 2523

(derzeit unbesetzt) 2524

2525  Gegen die ULAK haben Arbeitnehmer grds. keine Ansprüche, es sei denn, sie verlangen innerhalb eines Jahres nach Verfall ihres Urlaubs oder Urlaubsabgeltungsanspruchs Entschädigung von der Kasse in Höhe des Urlaubsentgelts und des zusätzlichen Urlaubsgeldes sowie Ersatzeintragung in die Lohnnachweiskarte (vgl. § 8 Nr. 10 BRTV Bau).

*v) Sonderregelungen bei Bundesbahn und Bundespost*

2526  Für den Bereich der Deutschen Bahn AG und der Deutschen Bundespost kann gem. § 13 Abs. 3 BUrlG von der Vorschrift über das Kalenderjahr als Urlaubsjahr (§ 1) in Tarifverträgen abgewichen werden. Davon ist für beide Bereiche Gebrauch gemacht worden. Nach den entsprechenden Tarifverträgen ist jeweils das Urlaubsjahr die Zeit vom 1.4. bis zum 31.3. des Folgejahres (§ 25 AngTV, § 28 LTV [Bundesbahn], § 43 TVAng, § 23 TVArb [Bundespost]).

*w) Urlaub und Grundwehrdienst, Wehrübungen, Zivildienst*

2527  Grundwehrdienst und Wehrübungen führen nach § 1 Abs. 1 ArbPlSchG zum Ruhen des Arbeitsverhältnisses. Dadurch wird der Urlaubsanspruch weder beendet noch wird das Entstehen neuer Urlaubsansprüche ausgeschlossen.

2528  Der Arbeitgeber ist aber berechtigt, den Urlaubsanspruch des Arbeitnehmers für jeden vollen Kalendermonat, in dem der Arbeitnehmer Wehrdienst leistet, um ein Zwölftel zu kürzen (§ 4 ArbPlSchG).

Dies gilt entsprechend für Staatsangehörige eines Mitgliedstaates der EG, die im Geltungsbereich des ArbPlSchG beschäftigt werden (*EuGH* 15.10.1969 AP Nr. 2 zu Art. 177 EWG-Vertrag; *BAG* 30.7.1986 EzA § 3 BUrlG Nr. 15).

2529  Für Arbeitnehmer aus anderen Staaten kann § 4 ArbPlSchG dagegen auch nicht entsprechend angewandt werden. Für den Anspruch auf Urlaubsentgelt ist aber zu prüfen, ob die Arbeitsversäumnis unverschuldet i. S. v. § 11 Abs. 1 BUrlG ist.

2530  (derzeit unbesetzt)

2531  Gem. § 4 Abs. 1 S. 2 ArbPlSchG ist dem Arbeitnehmer der zustehende Erholungsurlaub auf Verlangen vor dem Beginn des Grundwehrdienstes zu gewähren. Gemeint ist damit der Anspruch auf den nach § 4 Abs. 1 S. 1 ArbPlSchG zu kürzenden Urlaub.

2532  Der Arbeitgeber ist dann nicht berechtigt, durch Hinweis auf dringende betriebliche Belange oder die Urlaubswünsche anderer Arbeitnehmer die Erteilung des Urlaubs zu verweigern; § 7 Abs. 1 BUrlG ist nicht anwendbar.

2533  (derzeit unbesetzt)

2534  Abweichend von § 7 Abs. 3 S. 3 BUrlG ist der Arbeitgeber (§ 4 Abs. 2 ArbPlSchG) dazu verpflichtet, den dem Arbeitnehmer vor seiner Einberufung zustehenden, noch nicht oder nicht vollständig gewährten Resturlaub nach dem Grundwehrdienst im laufenden oder nächsten Urlaubsjahr zu gewähren.

2535  Die urlaubsrechtliche Behandlung der freiwilligen Teilnahme an Wehrübungen regeln §§ 4, 10 ArbPlSchG.

2536  (derzeit unbesetzt)

*x) Urlaub und BEEG*

*aa) Grundlagen*

2537  Der Anspruch auf Elternzeit nach § 15 BEEG ist ein arbeitsrechtlicher Anspruch auf unbezahlte Freistellung von der Arbeit; bei der Inanspruchnahme von Elternzeit handelt es sich um die **Ausübung**

## B. Pflichten des Arbeitgebers — Kapitel 3

eines Gestaltungsrechts durch den Arbeitnehmer (*BAG* 19.4.2005 EzA § 15 BErzGG Nr. 15). Während der Elternzeit **ruhen die beiderseitigen Hauptpflichten aus dem Arbeitsverhältnis** (Arbeitspflicht, Lohnzahlungspflicht, Entgeltfortzahlungspflicht; Beschäftigungspflicht; s. *BAG* 15.4.2008 EzA § 15 BErzGG Nr. 17; 19.4.2005 EzA § 15 BErzGG Nr. 15). Die Inanspruchnahme von Elternzeit oder ein Wechsel unter den Berechtigten ist zweimal zulässig (§ 16 Abs. 1 S. 5 BEEG). Somit kann der Arbeitnehmer die Elternzeit auf **verschiedene Zeiträume aufteilen**; dies muss dem Arbeitgeber allerdings bereits bei der erstmaligen Inanspruchnahme mitgeteilt werden. Gleiches gilt für die **Aufteilung zwischen mehreren Berechtigten**. **Krankheit** steht der Inanspruchnahme von Elternzeit **nicht entgegen**; sie unterbricht sie auch nicht.

Mit Beendigung der Elternzeit lebt das Arbeitsverhältnis wieder auf. Der Arbeitnehmer muss unaufgefordert erscheinen und seine Arbeitsleistung ordnungsgemäß, d. h. in einer zur Begründung des Annahmeverzuges geeigneten Weise wieder anbieten. 2538

Eine Garantie des konkreten Arbeitsplatzes für die Zeit nach der Elternzeit ergibt sich aus dem BEEG nicht. Sie kann aber aus dem Arbeitsvertrag oder kollektivrechtlichen Vereinbarungen begründet sein. 2539

Einige besondere Nebenpflichten, die während der Elternzeit zu beachten sind, hat der Gesetzgeber ausdrücklich geregelt (z. B. § 15 Abs. 4 BEEG [Beschränkung einer Erwerbstätigkeit auf Teilzeitbeschäftigung in begrenzten Umfang beim selben Arbeitgeber bzw. Erlaubnispflicht bei Beschäftigung bei einem anderen Arbeitgeber]; § 16 Abs. 5 BEEG [Mitteilungspflicht bei einer Änderung der Anspruchsberechtigung hinsichtlich der Elternzeit]). **Sonstige Nebenpflichten**, insbes. die Treue- und Fürsorgepflichten wie z. B. Verschwiegenheitspflichten, die Pflicht zur Unterlassung von Wettbewerb, Auskunfts-, Rechnungs- und Herausgabepflichten **bleiben bestehen** (*BAG* 10.5.1989 EzA § 16 BErzGG Nr. 2). 2540

(derzeit unbesetzt) 2541, 2542

### bb) Geltendmachung des Anspruchs; Voraussetzungen

Während bis zum 31.12.2003 jeweils nur ein Elternteil (auch Adoptiveltern, seit dem 1.1.2004 Pflegeeltern im Rahmen einer Vollzeitpflege nach § 33 SGB VIII; s. dazu *LAG Nds.* 12.9.2005 NZA-RR 2006, 346; Lebenspartner einer gleichgeschlechtlichen eingetragenen Lebenspartnerschaft, § 15 Abs. 1 Nr. 1b BEEG; seit dem 24.1.2009 Großeltern; § 15 Abs. 1a BEEG; s. *Düwell* FA 2009, 141; *ders.* NZA 2009, 759 ff.) für einen Zeitraum Elternzeit in Anspruch nehmen konnte, können dies seit dem 1.1.2004 auch **beide Elternteile gleichzeitig** (§ 15 Abs. 3 BEEG). Die Höchstdauer der Elternzeit beträgt **drei Jahre** für jedes Kind; auch wenn beide Elternteile gleichzeitig Elternzeit nehmen, kann jeder der Elternteile die 3 Jahre voll ausschöpfen (§ 15 Abs. 3 S. 1 BEEG; s. *Winterfeld* DB 2004, 931 ff.). Eine **teilweise Übertragung** des Elternzeitanspruchs **über das dritte Lebensjahr** des Kindes hinaus bis zur Vollendung des 8. Lebensjahres ist – mit Zustimmung des Arbeitgebers – möglich (s. § 15 Abs. 2 S. 3, 4 BEEG; *BAG* 21.4.2009 EzA § 16 BErzGG Nr. 7). Die Elternzeit des Vaters kann bereits **während der Mutterschutzfrist** für die Mutter beginnen. Letztere wird auf die Höchstdauer der Elternzeit angerechnet. Die Elternzeit muss nicht im Zusammenhang genommen werden; auch kann gem. § 16 Abs. 1 S. 5 BEEG **für zwei Abschnitte Elternzeit** in Anspruch genommen werden (vgl. *Winterfeld* DB 2004, 931 ff.). 2543

Die Elternzeit wird geltend gemacht durch einseitiges, schriftliches (§ 126 BGB) Verlangen des Arbeitnehmers, also durch die Ausübung eines Gestaltungsrechts. Sie muss mindestens sieben Wochen vor dem Zeitpunkt erfolgen, von dem ab er in Anspruch genommen werden soll. Der Beginn der Elternzeit muss kalendarisch bestimmt sein (§ 16 Abs. 1 S. 1 BEEG).

Der Arbeitnehmer muss sich nur für einen Zeitraum **von zwei Zeitjahren festlegen** – »zunächst nur **bis zum 2. Geburtstag des Kindes**« (§ 16 Abs. 1 S. 5 BEEG); dieser Zeitraum beginnt mit der Geburt des Kindes (*Sowka* NZA 2004, 82 f.).

2543a  Die Zeitabschnitte beziehen sich auf den **einzelnen Anspruchssteller**. Hat der Arbeitnehmer also für einen Zeitraum, der den durch § 16 Abs. 1 S. 1 BEEG geforderten Mindestzeitraum von zwei Jahren überschreitet, erklärt, für wie lange Elternzeit genommen werden soll, so ist eine vorzeitige Beendigung nur unter den besonderen Voraussetzungen des § 16 Abs. 3, 4 BEEG zulässig (*BAG* 19.4.2005 EzA § 15 BErzGG Nr. 15; 21.4.2009 EzA § 16 BErzGG Nr. 7).

2543b  Allerdings ist eine vorzeitige Beendigung der Elternzeit wegen der Geburt eines weiteren Kindes oder wegen eines besonderen Härtefalles möglich (§ 16 Abs. 3 BEEG; s. *BAG* 21.4.2009 EzA § 16 BErzGG Nr. 7), ebenso eine **Verlängerung** der Elternzeit, wenn der Arbeitgeber zustimmt (§ 16 Abs. 3 S. 1 BEEG). Über einen entsprechenden Wunsch muss der Arbeitgeber nach billigem Ermessen entsprechend § 315 Abs. 3 BGB entscheiden. Die Vorschrift geht nicht von einer Vertragslösung aus, denn die Zustimmung ist nicht zu einer Änderung des Arbeitsvertrags erforderlich. Der Zustimmungsvorbehalt bewirkt, dass das Verlangen nur dann eine entsprechende Verlängerung der Elternzeit bewirkt, wenn der Arbeitgeber die Zustimmung erklärt oder rechtskräftig verurteilt wird, die Zustimmung zu erklären (§ 894 S. 1 ZPO). Die Frist des § 16 Abs. 1 S. 1 BEEG gilt nicht für das Verlängerungsbegehren nach § 16 Abs. 3 S. 1 BEEG (*BAG* 18.10.2011 – 9 AZR 315/10, EzA-SD 2/2012 S. 18 LS).

2543c  Eine **generelle Einschränkung** dahin, dass die Eltern sich auf **maximal zwei Jahre** festlegen können, eine weitere Inanspruchnahme der Elternzeit innerhalb der Regelfrist des § 15 Abs. 2 S. 1 BEEG aber der Zustimmung des Arbeitgebers bedarf, lässt sich aus dem Gesetz **nicht herleiten** (zutr. *LAG RhPf* 4.11.2004 – 4 Sa 606/04, AuR 2005, 424 LS; *LAG Düsseld.* 24.1.2011 – 14 Sa 1399/10; *Aschmoneit* NZA 2012, 247 ff.; a. A. *ArbG Frankf. a. M.* 22.4.2010 NZA-RR 2010, 487).

2544  Mit Zugang des Antrags beim Arbeitgeber wird das einseitige Verlangen **unwiderruflich**. Die Erklärung ist auch **bedingungsfeindlich**. Hat der Arbeitgeber allerdings noch keine anderweitige Disposition getroffen oder die Personalplanung geändert, ist er auf Grund der Fürsorgepflicht gehalten, dem Wunsch des Arbeitnehmers auf Rückgängigmachung der Elternzeit zu entsprechen. Andernfalls ist der Arbeitnehmer zum Antritt der Elternzeit verpflichtet (MünchArbR/*Heenen* § 307 Rn. 7).

2545  **Eine nicht fristgerecht abgegebene Erklärung wirkt zum nächst zulässigen Zeitpunkt**, weil die Siebenwochenfrist keine Ausschlussfrist in dem Sinne ist, dass die Elternzeit stets spätestens sieben Wochen vor Ablauf der Mutterschutzfristen (s. a. § 16 Abs. 2 BEEG) geltend gemacht werden müsste. Die Einhaltung der Frist ist **keine Wirksamkeitsvoraussetzung** (*BAG* 18.10.2011 – 9 AZR 315/10, EzA-SD 2/2012 S. 18 LS). Wird sie nicht eingehalten, kann der Antrag auch fristgerecht erneut gestellt werden. Wird der Antrag für die nächst zulässige Frist festgestellt, gilt diese. Da die Frist allein dem Interesse des Arbeitgebers dient, kann er auf ihre Einhaltung verzichten (MünchArbR/*Heenen* § 307 Rn. 11).

2545a  Vom Erfordernis der siebenwöchigen Frist für die Geltendmachung der Elternzeit gibt es **zwei Ausnahmen** (s. vgl. *LAG RhPf* 4.11.2004 – 4 Sa 606/04, AuR 2005, 424 LS): Liegen **dringende Gründe** vor, ist ausnahmsweise eine angemessene Verkürzung der Regelfrist von 7 Wochen bis zum Beginn der Elternzeit möglich (§ 16 Abs. 1 S. 2 BEEG). Die Angemessenheit der kürzeren Frist bestimmt sich nach den Umständen, die der **familiären Lage** einerseits und der betrieblichen Situation andererseits zu entnehmen sind; sie ist aufgrund einer Interessenabwägung festzustellen, wobei das Interesse des Arbeitgebers an der Einhaltung der Frist nur in gravierenden Fällen überwiegen kann. Eine Verlängerung der Frist bei dringenden Gründen auf Seiten des Arbeitgebers ist nicht vorgesehen (MünchArbR/*Heenen* § 307 Rn. 12).

2545b  Die verspätete Geltendmachung des Anspruchs auf Elternzeit **unmittelbar im Anschluss an die Mutterschutzfrist** nach § 6 Abs. 1 MuSchG (gesetzliche Regelfrist: acht/zwölf Wochen) ist besonders geregelt. Die Nachholung ist zulässig, soweit die Verspätung der Inanspruchnahme auf einem Arbeitnehmer nicht zu vertretenden Grund beruht und innerhalb einer Woche nach Wegfall des Grundes erfolgt (§ 16 Abs. 2 BEEG). Diese Frist ist eine **materiell-rechtliche Ausschlussfrist**;

wird sie versäumt, muss die Frist des § 16 Abs. 1 S. 1 BEEG eingehalten werden (MünchArbR/*Heenen* § 307 Rn. 12).

**Einer ausdrücklichen Zustimmung des Arbeitgebers bedarf es nicht.**

(derzeit unbesetzt) 2546, 2547

*cc) Kürzung des Urlaubsanspruchs; Übertragung*

Von der gem. § 17 Abs. 1 S. 1 BEEG gesetzlich vorgesehenen Möglichkeit, den Urlaubsanspruch des Arbeitnehmers durch Ausübung eines einseitigen Gestaltungsrechts zu kürzen, kann der Arbeitgeber auch stillschweigend oder konkludent Gebrauch machen (s. *BAG* 17.5.2011 EzA § 4 TVG Metallindustrie Nr. 138). Dazu ist ausreichend, wenn er auf einen Antrag des Arbeitnehmers hin nur den gekürzten Urlaub bewilligt. In diesem Fall kann die Ausübung des Gestaltungsrechts nicht daraufhin überprüft werden, ob sie billigem Ermessen entspricht (*BAG* 15.2.1984 EzA § 8d MuSchG Nr. 4). Der Arbeitgeber ist also nicht verpflichtet, dem Arbeitnehmer vor Antritt der Elternzeit mitzuteilen, dass er den Erholungsurlaub anteilig kürzen will (*BAG* 28.7.1992 EzA § 17 BErzGG Nr. 4). 2548

Aus dieser gesetzlichen Regelung folgt, dass grds. auch während der Elternzeit im ruhenden Arbeitsverhältnis Urlaubsansprüche entstehen können, denn nur ein entstandener Urlaubsanspruch kann gekürzt werden (*BAG* 17.5.2011 EzA § 4 TVG Metallindustrie Nr. 138).

(derzeit unbesetzt) 2549

§ 17 Abs. 2 BEEG, wonach der Arbeitgeber den Resturlaub nach der Elternzeit im laufenden oder im nächsten Urlaubsjahr zu gewähren hat, wenn der Arbeitnehmer den ihm zustehenden Urlaub vor dem Beginn der Elternzeit nicht oder nicht vollständig erhalten hat, ist unabhängig davon anwendbar, ob der Arbeitnehmer den Erholungsurlaub nicht rechtzeitig vor der Elternzeit geltend gemacht hat oder wegen Arbeitsunfähigkeit bis zum Beginn der Mutterschutzfrist nicht hat nehmen können oder ob Arbeitgeber und Arbeitnehmer die Übertragung vereinbart haben. 2550

Allerdings kommt nur die Übertragung eines Urlaubsanspruchs in Betracht, der im Zeitpunkt des Antritts der Elternzeit noch erfüllbar war (*BAG* 1.10.1991 EzA § 17 BErzGG Nr. 5). Der übertragene Urlaub verfällt dem entgegen nicht dann mit Ablauf des nächsten Urlaubsjahres, wenn der Urlaub **wegen Inanspruchnahme einer zweiten Elternzeit** nicht genommen werden konnte (*BAG* 20.5.2008 NZA 2008, 1237). Dies folgt schon aus dem, seit dem 1.1.2007 aufgehobenen, **für Altfälle jedoch weiter anzuwendenden § 17 Abs. 2 BErzGG a. F.** (§ 27 BEEG); jedenfalls ist diese Regelung in dieser Weise verfassungs- und gemeinschaftsrechtskonform auszulegen. Für § 17 Abs. 2 BEEG gilt Entsprechendes (*BAG* 20.5.2008 EzA-SD 21/2008 S. 4 LS = NZA 2008, 1237). 2551

Hat der Arbeitnehmer vor dem Beginn der Elternzeit mehr Urlaub erhalten, als ihm nach § 17 Abs. 1 BEEG zusteht, so kann der Arbeitgeber den Urlaub, der dem Arbeitnehmer nach dem Ende der Elternzeit zusteht, um die zu viel gewährten Urlaubstage **kürzen**. 2552

(derzeit unbesetzt) 2553

*dd) Urlaubsabgeltung; Urlaubsgeld*

Endet das Arbeitsverhältnis während der Elternzeit oder setzt der Arbeitnehmer im Anschluss an die Elternzeit das Arbeitsverhältnis nicht fort, so hat der Arbeitgeber den noch nicht gewährten Urlaub abzugelten (§ 17 Abs. 3 BEEG; s. a. *EuGH* 22.4.2010 NZA 2010, 557). 2554

Der auf das nach der Elternzeit laufende und das nächste Urlaubsjahr übertragene Urlaub verfällt mit Ablauf des nächsten Urlaubsjahres nicht dann, wenn der Arbeitnehmer den Urlaub wegen **Krankheit**, **Beschäftigungsverboten** nach dem Mutterschutzgesetz und eine sich daran anschließende **zweite Elternzeit** nicht nehmen konnte (s. Rdn. 2548); endet das Arbeitsverhältnis **während der zweiten Elternzeit** oder wird es im Anschluss an sie nicht fortgesetzt, wandelt sich der nach § 17 Abs. 2 2555

BErzGG übertragene Urlaubsanspruch nach § 17 Abs. 3 BErzGG in einen Abgeltungsanspruch um (*BAG* 20.5.2008 NZA 2008, 1237).

2556 (derzeit unbesetzt)

2557 Sagt der Arbeitgeber die Zahlung eines Weihnachts- und Urlaubsgeldes zu, so setzt der Anspruch auf das **Urlaubsgeld** zumindest voraus, dass der Arbeitgeber dem Arbeitnehmer im Urlaubsjahr auch **Urlaub gewähren** kann. Das ist für volle Kalenderjahre, in denen der Arbeitnehmer in Elternzeit ist, nicht der Fall (*BAG* 14.8.1996 EzA § 611 BGB Gratifikation, Prämie Nr. 145; vgl. auch *ArbG Freiburg* 10.1.2002 NZA-RR 2002, 461).

2558 Nach § 21 **Allgemeine Anstellungsbedingungen DGB** ist der Anspruch auf Urlaubsgeld dagegen am 1.6. eines jeden Kalenderjahres ohne Rücksicht auf Bestehen und Umfang von Urlaubsansprüchen fällig. Hat der Arbeitgeber die Zahlung aber ohne jede Einschränkung und unabhängig von der Urlaubsgewährung zugesagt, ist er nicht berechtigt, den Anspruch wegen Inanspruchnahme von Elternzeit zu kürzen (*BAG* 18.3.1997 EzA § 17 BErzGG Nr. 6).

2559 (derzeit unbesetzt)

2560 Wird ein Arbeitnehmer während der Elternzeit mit verminderter Wochenarbeitszeit – aber ansonsten zu unveränderten Arbeitsbedingungen – beschäftigt, besteht ein einheitliches Arbeitsverhältnis. Hat der Arbeitnehmer auf Grund der Teilzeitbeschäftigung im Juli des Urlaubsjahres einen Vergütungsanspruch, so ist die Anspruchsvoraussetzung des § 1 Abs. 1 Nr. 3 TVUrlaubsgeld erfüllt (*BAG* 23.4.1996 EzA § 2 BeschFG 1985 Nr. 46). Auch die Bestimmung des § 2 Abs. 1 TV Urlaubsgeld (im öffentlichen Dienst), die auf eine Vollzeitbeschäftigung am 1.7. eines jeden Jahres abstellt, verfolgt nicht das Ziel, das tarifliche Urlaubsgeld für vollzeitbeschäftigte Angestellte zu kürzen, die am 1.7. wegen Erziehungsurlaub vorübergehend ihre Arbeitszeit verringert haben (*BAG* 19.3.2002 – 9 AZR 29/01 – EzA-SD 14/02, S. 14 LS).

2561– (derzeit unbesetzt)
2565

*ee) Elternzeit und Sonderurlaub*

2566 Die Unabdingbarkeit des Anspruchs auf Elternzeit (§ 15 Abs. 1 BEEG) berührt die Wirksamkeit einer vor Beginn der Schwangerschaft abgeschlossenen Sonderurlaubsvereinbarung zwar nicht. Der Arbeitgeber kann aber nach § 242 BGB (Anspruch auf ermessensfehlerfreie Entscheidung) gehalten sein, der **vorzeitigen Beendigung** des Sonderurlaubs **zuzustimmen**, wenn stattdessen Elternzeit begehrt wird (*BAG* 16.7.1997 EzA § 15 BErzGG Nr. 11).

2567– (derzeit unbesetzt)
2572

*ff) Anspruch auf Teilzeitarbeit in der Elternzeit*

2573 Gem. § 15 Abs. 4 BErzGG ist während der Elternzeit Erwerbstätigkeit ohne Anrechnung auf das Erziehungsgeld zulässig, wenn die wöchentliche Arbeitszeit 30 Stunden nicht übersteigt.

2573a Eine derartige Teilzeitarbeit beim selben Arbeitgeber modifiziert rechtlich lediglich den Inhalt des Hauptarbeitsverhältnisses hinsichtlich der Arbeitszeit (*BAG* 23.4.1996 EzA § 2 BeschFG 1985 Nr. 46).

2573b Eine Angestellte im **öffentlichen Dienst**, die Anspruch auf eine Zuwendung nach dem Zuwendungs-TV hat, verliert diesen folglich nicht dadurch, dass sie während der Elternzeit bei **demselben Arbeitgeber** ihre bisherige Tätigkeit im Umfang einer geringfügigen Beschäftigung weiterhin ausübt (*BAG* 24.2.1999 NZA 1999, 830).

2573c Teilerwerbstätigkeit bei einem anderen Arbeitgeber oder als Selbstständiger bedarf der Zustimmung des Arbeitgebers; § 15 Abs. 4 S. 3 BEEG enthält **ein befristetes Verbot mit Erlaubnisvorbehalt**. Beantragt der Arbeitnehmer beim Arbeitgeber ordnungsgemäß die Zustimmung zur Aufnahme einer Teilzeitarbeit bei einem anderen Arbeitgeber, kann der Arbeitgeber die Zustimmung nur binnen vier Wochen unter Angabe entgegenstehender dringender betrieblicher Interessen (s. *Joussen* NZA 2003, 644 ff.) schriftlich ablehnen. Erklärt er sich nicht frist- oder formgerecht, entfällt das Zustimmungserfordernis mit Ablauf der gesetzlichen Frist (*BAG* 26.6.1997 EzA § 15 BErzGG Nr. 9).

Bei form- und fristgerechter Ablehnung des Antrags muss der Arbeitnehmer gegen seinen Arbeitgeber **Klage auf Erteilung der Zustimmung** erheben (*LAG Düsseld.* 2.7.1999 NZA-RR 2000, 232). Auf entgegenstehende betriebliche Interessen kann sich der Arbeitgeber z. B. dann berufen, wenn der Arbeitnehmer eine seiner bisherigen beruflichen Tätigkeit entsprechende Teilzeitbeschäftigung bei einem Konkurrenzunternehmen aufnehmen will (*LAG Düsseld.* NZA-RR 2000, 232). 2573d

*gg) Anspruch auf Teilzeitarbeit beim eigenen Arbeitgeber*

*(1) Anspruchsvoraussetzungen*

Gem. § 15 Abs. 6, 7 BEEG hat der Arbeitnehmer **Anspruch auf Teilzeitarbeit** während der Elternzeit **beim eigenen Arbeitgeber** (Elternteilzeit). Ausgenommen sind Arbeitgeber mit i. d. R. 15 oder weniger Arbeitnehmern. 2574

Der Arbeitnehmer kann **gleichzeitig** mit der Inanspruchnahme von Elternzeit die **Verringerung der regelmäßigen Arbeitszeit** während der Elternzeit (Elternteilzeit) verlangen (*BAG* 15.4.2008 EzA § 15 BErzGG Nr. 17). Wird die Inanspruchnahme der Elternzeit – zulässigerweise – unter die Bedingung der gleichzeitigen Zustimmung des Arbeitgebers zur gewünschten Verringerung der Arbeitszeit gestellt, so kann der Arbeitnehmer im Falle der **Ablehnung des Teilzeitwunsches nicht die Anpassung des dem Arbeitgeber mitgeteilten Elternzeitzeitraums analog § 313 Abs. 1 BGB verlangen** (*LAG Düsseld.* 18.12.2008 LAGE § 16 BEEG Nr. 1). 2574a

Der Teilzeitanspruch ist sieben Wochen vor Beginn der Tätigkeit schriftlich geltend zu machen (§ 15 Abs. 7 Nr. 5 BEEG). Gem. § 15 Abs. 7 Nr. 3 BEEG ist zudem Voraussetzung, dass die vertraglich vereinbarte regelmäßige Arbeitszeit für mindestens zwei Monate auf einen Umfang zwischen 15 und 30 Wochenstunden verringert werden soll. 2575

Wenn ein Elternteil Elternzeit nach § 16 BEEG mit völliger Freistellung von der Arbeit in Anspruch genommen hat, ist es nicht gehindert, im Laufe der Elternzeit die Verringerung seiner Arbeitszeit gem. § 15 Abs. 5–7 BEEG zu beantragen. Das ist **auch dann** zulässig, wenn **zunächst nur die völlige Freistellung** von der vertraglichen Arbeit (Elternzeit) in Anspruch genommen und keine Verringerung der Arbeitszeit beantragt worden war, der Arbeitnehmer also bereits von der Arbeitspflicht befreit ist (*BAG* 19.4.2005 EzA § 15 BErzGG Nr. 15; 9.5.2006 EzA § 15 BErzGG Nr. 16; 5.6.2007 EzA § 15 BErzGG Nr. 16; s. *Barth* BB 2007, 2567 ff.). 2576

Andererseits lässt der Anspruch auf Verringerung der Arbeitszeit u. a. das Recht des Arbeitnehmers unberührt, bestehende Teilzeitarbeit ab Beginn der Elternzeit unverändert bis zu 30 Stunden pro Woche fortzusetzen. **Unberührt** bleibt auch das Recht, die **Elternzeit** in der Weise **zu verlangen**, dass zunächst der Arbeitnehmer einige Monate vollständig von der Arbeitspflicht freigestellt wird und sich daran die Fortsetzung der bisherigen Teilzeitarbeit während der restlichen Dauer der Elternzeit anschließen soll. Auch für dieses Verlangen gelten allerdings die in § 16 BEEG geregelten Fristen und Förmlichkeiten (*BAG* 27.4.2004 EzA § 15 BErzGG Nr. 13). 2577

*(2) Entgegenstehende dringende betriebliche Gründe; Darlegungs- und Beweislast*

Der Arbeitgeber kann im Übrigen eine derartige Teilzeitarbeit – und die vom Arbeitnehmer gewünschte inhaltliche Ausgestaltung dieser Teilzeitarbeit – lediglich mit **dringenden betrieblichen Gründen** (anders § 8 Abs. 4 TzBfG: »betriebliche Gründe«) innerhalb von vier Wochen schriftlich ablehnen; dies gilt auch für die vom Arbeitnehmer verlangte Verteilung der Arbeitszeit (*BAG* 9.5.2006 EzA § 15 BErzGG Nr. 16). 2578

Mit dem Merkmal dringender betrieblicher Gründe ist eine **umfassende Abwägung der Umstände des Einzelfalls** gefordert, für die es neben **besonderen Auslastungssituationen**, einer Unterbesetzung der Abteilung oder der Eigenart der Branche auch auf die Wünsche anderer Arbeitnehmer ankommt; insoweit liegt eine Parallele zu § 7 Abs. 1 S. 1 BUrlG nahe (*Reiserer/Penner* BB 2002, 1962 ff.).

Dringende betriebliche Gründe liegen u. a. dann vor, wenn der Arbeitsplatz nicht teilbar ist, der Arbeitnehmer mit der verringerten Arbeitszeit **nicht eingeplant werden kann** oder **keine Beschäftigungsmöglichkeit** besteht (*BAG* 5.6.2007 EzA § 15 BErzGG Nr. 16; *LAG SchlH* 12.6.2007 LAGE § 15 BEEG Nr. 1).

Macht der Arbeitgeber geltend, der **Arbeitsplatz sei unteilbar** oder die gewünschte Teilzeit sei **unvereinbar mit den betrieblichen Arbeitszeitmodellen**, sind die dringenden betrieblichen Gegengründe anhand des für die betrieblichen Ablehnungsgründe i. S. v. § 8 TzBfG entwickelten Drei-Stufen-Schemas zu überprüfen (*BAG* 15.12.2009 EzA § 15 BErzGG Nr. 18):
- Beruft sich der Arbeitgeber darauf, er habe für den Arbeitnehmer keine Beschäftigungsmöglichkeit, sind bei der Prüfung der Ablehnungsgründe die Beschäftigung des Arbeitnehmers in Elternzeit mit verringerter Arbeitszeit und das vollständige Ruhen der Arbeitspflicht bis zum Ende der Elternzeit gegenüberzustellen. Der Beschäftigungsmöglichkeit müssen dringende betriebliche Gründe entgegenstehen.
- Der Vortrag für das auf der ersten Prüfungsstufe erforderliche Organisationskonzept darf sich nicht allein darin erschöpfen, der Arbeitgeber wolle die Aufgaben nach seiner unternehmerischen Zielsetzung von einer Vollzeitkraft erledigen lassen. Das gilt auch für Leitungsfunktionen.
- An das objektive Gewicht der auf der dritten Prüfungsstufe zu untersuchenden Ablehnungsgründe nach § 15 Abs. 7 S. 1 Nr. 4 BEEG sind erhebliche Anforderungen zu stellen. Die dringenden betrieblichen Gründe müssen zwar keine unüberwindbaren, aber doch besonders gewichtige Hindernisse für die beantragte Verkürzung und Umverteilung der Arbeitszeit sein.

2579 Gleiches gilt dann, wenn für eine Beschäftigung des Arbeitnehmers während der Elternzeit **kein Bedarf** besteht. Möchte ein Arbeitnehmer nach § 15 Abs. 6 BEEG während der Elternzeit die Verringerung seiner Arbeitszeit (Elternteilzeit) beanspruchen, so setzt dies gegenüber dem Elternzeitverlangen einen **zusätzlichen Beschäftigungsbedarf** voraus. Besteht dieser nicht, kann sich daraus ein dem Teilzeitverlangen entgegenstehender dringender betrieblicher Grund i. S. d. Gesetzes ergeben. Das ist z. B. dann der Fall, wenn ein Betrieb/Dienststelle mit Personal »überbesetzt« ist. Dem Arbeitgeber wird gesetzlich nicht zugemutet, den Arbeitnehmer trotz fehlendem Beschäftigungsbedarf während der Elternzeit als Teilzeitkraft zu beschäftigen. Konkurriert folglich ein Arbeitnehmer während der Elternzeit mit anderen sich nicht in Elternzeit befindlichen Arbeitnehmern um freie Arbeitsplätze, die mit Arbeitnehmern besetzt werden sollen, um deren Beschäftigungsanspruch zu erfüllen, ist unter den Bewerbern keine Sozialauswahl durchzuführen. Der Arbeitgeber hat dann vielmehr gegenüber den anderen Arbeitnehmern seine Beschäftigungspflicht auch tatsächlich zu erfüllen. Der Arbeitgeber ist insoweit auch regelmäßig nicht verpflichtet, alle vergleichbaren Arbeitnehmer nach ihrer Bereitschaft zu befragen, ihre Arbeitsverträge so zu ändern, dass die Beschäftigung des Arbeitnehmers mit der gewünschten Elternzeit möglich wird. Eine solche Pflicht zur Nachfrage kann im Einzelfall nur dann bestehen, wenn der Arbeitgeber Anhaltspunkte für eine entsprechende Bereitschaft bei einem Arbeitnehmer oder einer Gruppe von Arbeitnehmern hat (*BAG* 15.4.2008 EzA § 15 BErzGG Nr. 17).

2580 Dringlich können Gründe allerdings nur sein, wenn sie sich nicht nur aus Zweckmäßigkeits- oder Praktikabilitätsüberlegungen ergeben, sondern wenn die Gründe **die Unmöglichkeit oder zumindest die Unzumutbarkeit des Teilzeitverlangens ergeben** (*LAG München* 3.3.2004 LAG Report 2005, 197). Der Arbeitgeber muss darlegen können, dass er alle **Möglichkeiten der betrieblichen Organisation geprüft hat** und eine Reduzierung der bisherigen Arbeitszeit an Stelle des vom Gesetz ohne Einschränkung vorgesehenen Totalausfalls für die Dauer der Elternzeit nicht machbar ist. Der Tatbestand einer vollständigen Auslastung des Arbeitnehmers, der den Teilzeitwunsch einbringt, ist unbeachtlich, solange es dem Arbeitgeber möglich ist, seine Abläufe anders zu organisieren (*ArbG*

## B. Pflichten des Arbeitgebers

*Hmb.* 10.8.2005 NZA-RR 2006, 239). Andererseits können dem Teilzeitwunsch zur Beschäftigung **außerhalb der betriebsüblichen Arbeitszeiten** dringende betriebliche Gründe entgegenstehen (*LAG SchlH* 12.6.2007 LAGE § 15 BEEG Nr. 1).

Wird der Beschäftigungsbedarf teilweise durch Leiharbeitnehmer abgedeckt, so muss der Vortrag des Arbeitgebers zumindest erkennen lassen, aus welchem Grunde die Inanspruchnahme der Leiharbeit nicht im Umfang der beantragten Teilzeit zurückgefahren werden kann (*ArbG Ludwigshafen* 30.3.2011 NZA-RR 2011, 635). **2580**

Ist der **Arbeitsplatz** des Arbeitnehmers **weggefallen**, oder die Teilzeitarbeit auf dem bisherigen Arbeitsplatz des Arbeitnehmers nicht möglich, so muss der Arbeitgeber folglich prüfen, ob er den Teilzeitwunsch des Arbeitnehmers mit der Zuweisung einer anderen Arbeitsaufgabe oder durch Umorganisation erfüllen kann; der Arbeitgeber hat die Darlegungs- und Beweislast dafür, dass dem Teilzeitbegehren dringende betriebliche Gründe entgegenstehen (*LAG München* 3.3.2004 LAG Report 2005, 197). Einem während der Gesamtdauer der Elternzeit geltend gemachten Anspruch auf Elternteilzeit stehen regelmäßig dann dringende betriebliche Gründe entgegen, wenn der Arbeitgeber **befristet einen Elternzeitvertreter eingestellt hat und sowohl dieser als auch mit dem Arbeitnehmer in Elternzeit vergleichbare Arbeitnehmer eine vorübergehende Verringerung ihrer vertraglichen Arbeitszeit abgelehnt haben**. Der Arbeitgeber ist dann **nicht verpflichtet**, den Antragsteller trotz fehlender Arbeitskapazität zu beschäftigen **oder anderen Arbeitnehmern Kündigungen bzw. Änderungskündigungen auszusprechen**, um Arbeitskapazität für den Arbeitnehmer in Elternzeit »freizumachen« (*BAG* 19.4.2005 EzA § 15 BErzGG Nr. 15; *LAG BW* 23.11.2006 – 7 Sa 95/06, EzA-SD 2/2007 S. 5 LS). Eine **treuwidrige Vereitelung** der Teilzeitbeschäftigung liegt insoweit dann **nicht** vor, wenn der Arbeitgeber vor Einstellung der Ersatzkraft **erfolglos** hinsichtlich des Beginns und des Umfangs der Teilzeitbeschäftigung **nachgefragt hat** (so jedenfalls *LAG BW* 23.11.2006 – 7 Sa 95/06, EzA-SD 2/2007 S. 5 LS). Allerdings genügt der Vortrag des Arbeitgebers, der Arbeitsplatz sei nachbesetzt worden, insbes. **dann nicht**, wenn der Arbeitgeber im Zusammenhang mit einer angekündigten Elternzeit den Personalbestand durch eine **unbefristete Neueinstellung dauerhaft** erhöht und nicht von der nach § 21 BEEG ausdrücklich gestatteten befristeten Ersatzeinstellung Gebrauch gemacht hat. In einem derartigen Fall genügt entgegen *LAG BW* (23.11.2006 – 7 Sa 95/06, EzA-SD 2/2007 S. 5 LS) nicht die Behauptung, weder die neu eingestellte »Ersatzkraft« noch andere Arbeitnehmer seien bereit, ihre Arbeitszeit zu verringern. Da mit der unbefristeten Einstellung entweder das Risiko einer »**Doppelbesetzung**« eingegangen wird oder die Abdeckung eines steigenden Arbeitsbedarfs gesichert worden ist, bedarf es weitergehender Darlegungen (*BAG* 5.6.2007 EzA § 15 BErzGG Nr. 16; s. a. *LAG SchlH* 12.6.2007 LAGE § 15 BEEG Nr. 1 = NZA-RR 2007, 511). **Insgesamt hängt der Umfang der vom Arbeitgeber zur Ablehnung der gewünschten Verringerung darzulegenden und zu beweisenden Tatsachen (§ 15 Abs. 7 S. 1 Nr. 4 BEEG) vom geltend gemachten Ablehnungsgrund ab; daran orientiert sich das vom Gericht anzuwendende Prüfschema** (*BAG* 5.6.2007 EzA § 15 BErzGG Nr. 16 = NZA 2007, 1352). **2581**

Auch kann der Arbeitgeber das Begehren einer Arbeitnehmerin auf Teilzeitbeschäftigung während der Elternzeit nach Auffassung des *LAG Hamm* (15.2.2006 – 9 Sa 1601/04, FA 2006, 285) nicht mit der Begründung ablehnen, der Arbeitsplatz der Arbeitnehmerin sei nicht vertretungsweise nicht besetzt, sondern durch **anderweitige Verteilung der Arbeitszeit wegrationalisiert** worden. **2582**

Überwiegt dagegen keines der Interessen, kommt den Wünschen des Arbeitnehmers der Vorrang zu. Damit sind die dringenden betrieblichen Gründe nach § 15 Abs. 7 Nr. 4 BEEG keine nur höhere Stufe des § 8 Abs. 4 TzBfG, der auch tariflicher Regelung zugänglich und damit inhaltlich nicht fest konturiert ist. Vielmehr liegt der Regelung des § 15 Abs. 7 Nr. 4 BEEG mit der vom Gesetzgeber gewollten Interessenabwägung unter Berücksichtigung der Umstände des Einzelfalls eine andere Gewichtung und Systematik zugrunde. **2583**

### (3) Unternehmerische Entscheidung

2584 Die unternehmerische Entscheidung, im Betrieb oder Unternehmen **keine Teilzeitarbeitsplätze einzurichten, ist ohne Hinzutreten weiterer Umstände** (z. B. unverhältnismäßige Kosten nach der Wertentscheidung des Gesetzgebers in § 8 Abs. 4 TzBfG; vgl. *Rolfs* RdA 2001, 136) **kein dringender betrieblicher Grund** im hier maßgeblichen Sinn. Etwas anderes gilt, wenn der Arbeitsplatz aus **objektiven Gründen unteilbar** ist, der Arbeitnehmer mit seiner vollen Arbeitsleistung für den Betrieb unverzichtbar, die gewünschte Verteilung der Arbeitszeit praktisch nicht durchführbar ist, weil es z. B. zu einem Arbeitskräfteüberhang am Vormittag oder an bestimmten Werktagen kommt, bzw. in Ansprüche und Rechte Dritter eingegriffen wird. Der Arbeitgeber ist daher insbes. **nicht verpflichtet**, den Anspruch auf Verringerung der Arbeitszeit durch Versetzung einer im Betrieb verfügbaren Arbeitnehmerin notfalls durch **Änderungskündigung** zu realisieren.

2585 Auch bei Inanspruchnahme eines Teilzeitanspruchs in der Elternzeit scheidet so gesehen die **Umstellung des Organisationskonzepts von einer Vollzeitstelle auf zwei Teilzeitstellen aus**, wenn betriebstechnische, wirtschaftliche oder sonstige berechtigte betriebliche Bedürfnisse die Beschäftigung einer ganztags tätigen Vollzeitkraft erfordern und die Aufteilung des Aufgabenbereichs auf zwei Teilzeitkräfte, falls überhaupt praktisch realisierbar, als betriebswirtschaftlich nicht vernünftig erscheint (*LAG Düsseld.* 3.3.2004 LAG Report 2004, 196; s. a. *BAG* 19.4.2005 EzA § 15 BErzGG Nr. 14).

### (4) Verbindung von Elternzeit und Teilzeitarbeit

2586 Fraglich ist, wie dann zu verfahren ist, wenn der Arbeitnehmer nur dann Interesse daran hat, die Elternzeit in Anspruch zu nehmen, wenn **gleichzeitig sichergestellt** ist, dass der Arbeitgeber der gewünschten **Teilzeittätigkeit** zustimmt (vgl. *LAG München* 3.3.2004 LAG Report 2005, 197; *Leßmann* DB 2001, 69 ff.), denn wenn der Arbeitnehmer Elternzeit verlangt, ist er daran gebunden. Andererseits ist zu berücksichtigen, dass der Arbeitnehmer vom Arbeitgeber während der Gesamtdauer der Elternzeit **zweimal eine Verringerung seiner Arbeitszeit beanspruchen** kann (§ 15 Abs. 6 BEEG; s. *LAG Hmb.* 18.5.2011 LAGE § 15 BEEG Nr. 7). Basis ist jeweils die zuletzt geltende Arbeitszeit. Der Rechtsanspruch auf Verringerung der Arbeitszeit ist jeweils als Anspruch auf Reduzierung der ausgeübten Arbeitszeit ausgestaltet. Er lässt keine Verlängerung der Arbeitszeit innerhalb der Elternzeit zu (vgl. *Peters-Lange/Rolfs* NZA 2000, 686) und verpflichtet den Arbeitgeber erst recht nicht zur Schaffung eines zusätzlichen Teilzeitarbeitsplatzes.

2587 Nach Auffassung des *BAG* (5.6.2007 EzA § 15 BErzGG Nr. 16 = NZA 2007, 1352) gilt Folgendes:
– der Antrag, die Arbeitszeit während der Elternzeit zu verringern, kann frühestens mit der Erklärung, Elternzeit in Anspruch zu nehmen, gestellt werden. Der Arbeitgeber ist nicht verpflichtet, auf einen verfrüht gestellten Antrag gem. § 15 Abs. 7 S. 1 Nr. 4 BEEG form- und fristgerecht zu reagieren;
– der Arbeitnehmer kann die Inanspruchnahme von Elternzeit davon abhängig machen, dass der Arbeitgeber seinem Antrag während der Elternzeit zustimmt.

2588 Zu beachten ist, dass dann, wenn Elternzeit nur unter der Bedingung beansprucht wird, dass der Arbeitgeber **auch Teilzeit** gewährt, und der Arbeitgeber das Teilzeitbegehren vor dem prognostizierten Geburtstermin wirksam ablehnt, die Voraussetzungen des Sonderkündigungsschutzes nach § 18 Abs. 1 S. 1 BEEG nicht gegeben sind. Denn das setzt voraus, dass Elternzeit genommen wird. Für den Schwebezeitraum zwischen Stellung und Ablehnung des bedingten Antrags sieht das Gesetz keinen Sonderkündigungsschutz vor (*BAG* 22.6.2011 EzA § 613a BGB 2002 Nr. 126).

Für die **Anpassung an veränderte Verhältnisse**, wie es für Dauerschuldverhältnisse an sich erforderlich ist, sieht das BEEG im Gegensatz z. B. zu § 8 Abs. 5 S. 4 TzBfG, **keine Lösung** vor. Die Parteien können aber in einer privatrechtlichen **Teilzeitvereinbarung** nach § 15 Abs. 5 S. 1 BEEG **Vorkehrungen an veränderte Umstände** treffen (vgl. *Leßmann* DB 2001, 98). Verlangt dagegen der Arbeitnehmer während der Elternzeit zum dritten Mal die (weitere) Verkürzung der Arbeitszeit oder verlangt er einseitig eine Erhöhung des Arbeitszeitvolumens, beurteilt sich die Rechtslage nach §§ 8, 9 TzBfG (*Rolfs* RdA 2001, 138). Mit der ausdrücklichen Geltendmachung der Ansprüche nach dem TzBfG wird i. d. R. zugleich der Antrag auf vorzeitige Beendigung der Elternzeit verbunden sein (§ 23 TzBfG; § 16 Abs. 3 S. 1 BEEG).

*(5) Prozessuale Fragen*

Kommt eine Einigung zwischen den Vertragsparteien nicht zustande, kann und muss der Arbeitnehmer zur Durchsetzung seines Anspruchs **Klage** vor den Arbeitsgerichten **erheben**; eine **einstweilige Verfügung** gem. §§ 935, 940 ZPO **ist regelmäßig unzulässig**, weil sie im Erfolgsfall die Befriedigung des Arbeitnehmers zur Folge hätte (vgl. *Diller* NZA 2001, 590 ff.; *Rolfs* RdA 2001, 137). 2589

Der prozessuale Anspruch richtet sich auf Verurteilung des Arbeitgebers, der vom Arbeitnehmer beantragten Verringerung seiner vertraglichen Arbeitszeit für den gewünschten Zeitraum während der Elternzeit zuzustimmen. Einem stattgebenden Urteil steht nicht entgegen, dass der Zeitraum, für den die Teilzeitbeschäftigung verlangt wird, bereits verstrichen ist. Eine bestimmte Verteilung der verringerten Arbeitszeit kann dagegen nach Ablauf des beanspruchten Zeitraums nur noch durch Feststellungsklage verfolgt werden; das nach § 256 Abs. 1 ZPO erforderliche Interesse ergibt sich aus den im Fall des Obsiegens bestehenden Ansprüchen auf Annahmeverzugslohn (*BAG* 9.5.2006 EzA § 15 BErzGG Nr. 16). 2590

Der Arbeitnehmer kann seinen Wunsch nach einer bestimmten Verteilung der zu verringernden Arbeitszeit **nicht mehr ändern**, nachdem der Arbeitgeber sein Angebot auf Verringerung und Verteilung der Arbeitszeit **abgelehnt** hat (§ 8 Abs. 5 S. 1 TzBfG). Der geänderte Verteilungswunsch ist nur durch neuerliche Geltendmachung von Verringerung und Verteilung unter den Voraussetzungen des § 8 Abs. 6 TzBfG durchsetzbar (*BAG* 24.6.2008 EzA § 8 TzBfG Nr. 22).

*y) Bildungsurlaub*

*aa) Rechtsgrundlagen; Gesetzgebungskompetenz*

**Aufgrund des Übereinkommens IAO Nr. 140 (24.6.1974) über den bezahlten Bildungsurlaub** sind die Bundesländer befugt, arbeitsrechtliche Regelungen zur Arbeitnehmerweiterbildung zu treffen (Art. 70, 72 Abs. 1, 74 Nr. 12 GG), da die überbetrieblich ausgerichtete Arbeitnehmerweiterbildung bundeseinheitlich nicht abschließend geregelt ist. 2591

(derzeit unbesetzt)

Von der Gesetzgebungskompetenz haben die Länder Berlin, Brandenburg, Bremen, Hamburg, Hessen, Mecklenburg-Vorpommern, Niedersachsen, Nordrhein-Westfalen, Rheinland-Pfalz, Sachsen-Anhalt, Saarland sowie Schleswig-Holstein Gebrauch gemacht. Insbesondere in NRW wurde aufgrund der zahlreichen streitigen Einzelfragen das AWbG im Jahr 2000 geändert, was zu einer deutlichen Befriedung geführt hat (s. MünchArbR/*Düwell* § 82 Rn. 14). 2592, 2593 2594

Ziel war es die Ergebnisse der Rechtsprechung abzuschöpfen, um die **bestehenden legislativen Unzulänglichkeiten** zu beseitigen und eine **weniger konfliktbeladene Inanspruchnahme des Gesetzes zu ermöglichen**. Dazu gehören insbes. eine bessere Unterrichtung des Arbeitgebers über das Programm der zum Besuch vorgesehenen Bildungsveranstaltung und eine Abkehr von der Erforderlichkeit der Freistellungserklärung durch den Arbeitgeber in dem neu gefassten § 5 AWbG. Danach hat der Arbeitnehmer spätestens sechs Wochen vor der Veranstaltung dem Arbeitgeber seine gewünschte Bildungsveranstaltung durch Vorlage des Programms zu belegen. Zielgruppe, Lernziele, Lerninhalte sowie zeitlicher Ablauf müssen aus dem Programm hervorgehen. Verweigert der Arbeitgeber die Teilnahme, weil er Vorbehalte gegen das Programm der anerkannten Bildungsveranstaltung hat, so kann der Arbeitnehmer nach § 5 Abs. 4 AWbG mitteilen, er werde »gleichwohl« teilnehmen. Erwirkt der Arbeitgeber keine entgegenstehende gerichtliche Entscheidung, hat der Arbeitnehmer das Recht, von der Arbeit fern zu bleiben und an der Veranstaltung teilzunehmen. Erweist sich in einem späteren 2594a

Rechtsstreit die Weigerung des Arbeitgebers als unberechtigt, so hat er das Entgelt nachzuzahlen. Verschweigt sich der Arbeitgeber innerhalb der zweiwöchigen Erklärungsfrist (§ 5 Abs. 2 S. 1 AWbG) so gilt seine Zustimmung als erteilt.

2594b In § 4 Abs. 2 AWbG ist die Anrechnung von bis zu zwei Tagen betrieblicher Bildung auf den fünftägigen Arbeitnehmeranspruch eingeführt worden. In § 9 Abs. 2, 3 AWbG sind Negativkataloge geschaffen worden, die Veranstaltungen mit **touristischem Anstrich und Studienreisen** sowie weitgehend **Veranstaltungen in attraktiven Gegenden**, wie z. B. Sylt, **ausschließen**, weil sie außerhalb der Nachbarländer von NRW liegen. Seit dem Inkrafttreten der Novelle ist nur eine Revision an das *BAG* gelangt (MünchArbR/*Düwell* § 82 Rn. 14).

2595 (derzeit unbesetzt)

*bb) Zweck des Bildungsurlaubs*

2596 Der Bildungsurlaub hat der beruflichen und politischen, teilweise (z. B. Brem., Nds.) auch der allgemeinen und kulturellen Weiterbildung zu dienen (s. *BAG* 15.3.2005 EzA Art. 12 GG Nr. 46).

*cc) Persönlicher Geltungsbereich*

2597 Neben Arbeitnehmern sind teilweise auch Auszubildende, in Heimarbeit Beschäftigte, die ihnen Gleichgestellten sowie arbeitnehmerähnliche Personen mit einbezogen.

*dd) Umfang des Bildungsurlaubs; Modalitäten des Anspruchs*

2598 Die Dauer der bezahlten Freistellung beträgt regelmäßig fünf Arbeitstage im Kalenderjahr.

2599 Nach § 3 Abs. 1 S. 2 BildungsurlaubsG NRW kann der Arbeitnehmer den Anspruch auf Arbeitnehmerweiterbildung z. B. von zwei Kalenderjahren (mit fünf Arbeitstagen pro Jahr) zusammenfassen. Der zusammengefasste Anspruch darf allerdings nur zur Teilnahme an einer mehr als fünftägigen Bildungsveranstaltung oder an mehreren zusammenhängenden Veranstaltungen von insgesamt mehr als fünftägiger Dauer genutzt werden (*BAG* 11.5.1993 EzA § 3 AWbG NW Nr. 1).

2600 Der Anspruch auf Freistellung kann **erstmalig nach einer sechsmonatigen Wartezeit** oder einem sechsmonatigen Bestehen des Arbeitsverhältnisses geltend gemacht werden. Insoweit folgt zudem z. B. aus § 4 S. 2 HessBUG, dass die Wartezeit des § 4 S. 1 stets neu erfüllt werden muss, wenn ein Arbeitsverhältnis nach einem zeitlichen Abstand zum vorausgegangenen Arbeitsverhältnis **neu begründet** wird (*Hess. LAG* 3.9.1996 NZA-RR 1997, 125).

2601 Die Freistellung kann vom Arbeitgeber abgelehnt werden, wenn zwingende betriebliche Gründe oder Urlaubswünsche anderer Arbeitnehmer, die unter sozialen Gesichtspunkten Vorrang verdienen, entgegenstehen; teilweise genügen dringende betriebliche Gründe bzw. betriebliche Gründe.

2602 Für die **Entgeltfortzahlung wird zumeist auf § 11 BUrlG zurückgegriffen**; teilweise orientieren sich die Regelungen dagegen an der Entgeltfortzahlung an Feiertagen (vgl. §§ 1, 2 EFZG).

2603 Meist wird ausdrücklich die Unabdingbarkeit des Bildungsurlaubsanspruchs vorgesehen (nicht dagegen in Berlin, im Saarland).

2604 Stets ist die Benachteiligung des Arbeitnehmers wegen der Inanspruchnahme von Bildungsurlaub verboten.

*ee) Geltendmachung des Anspruchs; Freistellung des Arbeitnehmers*

2605 Der Arbeitnehmer muss den Anspruch innerhalb des jeweiligen gesetzlichen Bezugszeitraums gegenüber dem Arbeitgeber geltend machen, indem er die Inanspruchnahme, den Zeitraum und die zeitliche Lage so frühzeitig wie möglich (i. d. R. vier oder sechs Wochen vor Beginn) mitteilt.

## B. Pflichten des Arbeitgebers

Eine Selbstbeurlaubung kommt nicht in Betracht; auch ein Zurückbehaltungsrecht gem. § 273 BGB besteht nicht. — 2606

(derzeit unbesetzt) — 2607

Erfüllt der Arbeitgeber auf Antrag des Arbeitnehmers den gesetzlichen Anspruch, indem er ihn von der Arbeit freistellt, und besucht der Arbeitnehmer daraufhin die Veranstaltung, so hat der Arbeitgeber für die Zeit der Freistellung die Vergütung zu entrichten. Auf den Inhalt der Bildungsmaßnahme kommt es dann nicht an (*BAG* 11.5.1993 EzA § 7 AWbG NW Nr. 9; 21.9.1993 EzA § 7 AWbG NW Nr. 14). — 2608

Unerheblich ist, ob der Arbeitgeber bei der Freistellungserklärung den Verpflichtungswillen für die Lohnfortzahlung hat. Maßgeblich ist allein, dass der Arbeitnehmer die Erklärung des Arbeitgebers als Freistellungserklärung zum Besuch einer Veranstaltung nach § 1 Abs. 1 BildungsurlaubsG NRW verstehen musste (*BAG* 9.11.1993 EzA § 7 AWbG NW Nr. 17). — 2609

Der Arbeitnehmer hat gem. §§ 1, 2 BildUrlG einen **gesetzlich bedingten Anspruch auf Freistellung von der Arbeitspflicht**. Besteht für einen Tag, an dem eine anerkannte Bildungsveranstaltung besucht wird, keine Arbeitspflicht, ist der Arbeitgeber nicht zu einem Freizeitausgleich verpflichtet, indem er den Arbeitnehmer an einem anderen Tag von der Arbeitspflicht freistellt (*BAG* 21.9.1999 NZA 2000, 1012). — 2610

(derzeit unbesetzt) — 2611, 2612

### (1) Ablehnung der Freistellung

Der Freistellungsanspruch ist für die **Dauer des Kalenderjahres befristet. Er erlischt mit dessen Ende** (s. a. *BAG* 18.11.2008 EzA § 7 AwbG NW Nr. 32; *LAG SchlH* 20.11.2007 NZA-RR 2008, 288). — 2613

Wird die Freistellung berechtigt abgelehnt, so kann der Bildungsurlaub nachgeholt oder auf den nachfolgenden Bezugszeitraum **übertragen** werden. — 2614

Erfolgt die **Verweigerung unberechtigterweise**, so ergibt sich eine Übertragung zum Teil unmittelbar aus dem Weiterbildungsgesetz selbst oder unter Schadensersatzgesichtspunkten (§§ 280, 249 BGB; *BAG* 2.12.1997 EzA § 7 AWbG NW Nr. 26). — 2615

Dieser Schadensersatzanspruch kann **tariflichen Ausschlussfristen** unterliegen, die aber regelmäßig mit der Geltendmachung des Freistellungsanspruchs gewahrt sind (*BAG* 24.10.1995 AP Nr. 11 zu § 7 BildungsurlaubsG NRW). — 2616

(derzeit unbesetzt) — 2617–2620

Der **Arbeitnehmer** trägt die Darlegungs- und Beweislast dafür, dass ihm für einen bestimmten Zeitraum Bildungsurlaub gewährt wurde. Die Vorlage der Anmeldebestätigung des Bildungsträgers beweist nicht die Teilnahme an dieser Bildungsmaßnahme. Erhält der Arbeitnehmer vielmehr für den fraglichen Zeitraum Urlaubsgeld, spricht dies dafür, dass der Arbeitgeber ihm Urlaub und keinen Bildungsurlaub gewährt hat (*LAG Brem.* 29.3.2001 FA 2001, 286 LS). — 2621

### ff) Beendigung des Arbeitsverhältnisses

Bei berechtigter Verweigerung der Freistellung kommt bei danach eintretender Beendigung des Arbeitsverhältnisses keine Abgeltung des Anspruchs in Betracht, weil die Bildungsurlaubsgesetze einen solchen Ersatzanspruch nicht vorsehen. — 2622

(derzeit unbesetzt) — 2623–2625

### gg) Nachweispflichten

Teilweise hat der Arbeitnehmer den Nachweis der Anmeldung und der Teilnahme an der Weiterbildungsveranstaltung zu führen, teilweise genügt der Nachweis der Teilnahme. — 2626

2627 (derzeit unbesetzt)

2628 Das Hessische BUG jedenfalls hat es als Anspruchsvoraussetzung ausgestaltet, dass der Arbeitnehmer **mindestens sechs Wochen vor Beginn der gewünschten Freistellung** die Inanspruchnahme und die zeitliche Lage des Bildungsurlaubs **mitteilt** und die Anmeldebestätigung, den Nachweis über die Anerkennung der Veranstaltung sowie deren Programm beifügt (*Hess. LAG* 14.8.2001 NZA-RR 2002, 290).

### hh) Verbot von Erwerbstätigkeit

2629 Während der Freistellung darf der Arbeitnehmer keiner Erwerbstätigkeit nachgehen, die dem Zweck der Arbeitnehmerweiterbildung zuwiderläuft.

2630–2632 (derzeit unbesetzt)

### ii) Keine Doppelansprüche

2633 Der Anspruch auf Freistellung besteht nicht, soweit dem Arbeitnehmer für das laufende Kalenderjahr oder die laufende Weiterbildungsperiode bereits von einem früheren Arbeitgeber auf der Grundlage des Landesgesetzes Freistellung gewährt worden ist.

2634 Teilweise ist vorgesehen, dass der Arbeitgeber verpflichtet ist, bei Beendigung des Arbeitsverhältnisses auf entsprechendes Verlangen hin eine Bescheinigung über die in der laufenden Weiterbildungsperiode gewährte Freistellung auszustellen.

### jj) Verhältnis zu anderen Freistellungsansprüchen; Arbeitsunfähigkeit

2635 Andere Ansprüche auf Freistellung z. B. zur Teilnahme an Veranstaltungen, die auf sonstigen Rechtsvorschriften, einzel- oder kollektivvertraglichen Regelungen beruhen, bleiben z. T. unberührt, z. T. erfolgt eine Anrechnung.

2636 Zumeist werden die durch ärztliches Zeugnis nachgewiesenen Tage der Arbeitsunfähigkeit nicht angerechnet.

### kk) Anerkannte Bildungsveranstaltungen von anerkannten Trägern der Weiterbildung

2637 Die Arbeitnehmerweiterbildung muss in anerkannten Bildungsveranstaltungen von anerkannten Trägern der Weiterbildung durchgeführt werden; Lehrveranstaltungen anderer Einrichtungen kommen insoweit ausnahmsweise dann in Betracht, wenn sie behördlich genehmigt sind.

2638 Die Anerkennung einer Bildungsveranstaltung durch die zuständige Landesbehörde begründet allerdings keine tatsächliche Vermutung dafür, dass sie den in § 3 BildFG genannten Zwecken dient (*BAG* 9.6.1998 EzA § 1 BildFG RhPf Nr. 1).

2639 Eine Lehrveranstaltung gilt dann als anerkannte Bildungsveranstaltung, wenn sie **jedermann zugänglich** ist, d. h., dass sie mindestens den im jeweiligen BildungsurlaubsG genannten Anspruchsberechtigten offen steht. Sind nur Gewerkschaftsmitglieder eingeladen worden, ist die Veranstaltung nicht für jedermann zugänglich (*BAG* 3.8.1989 EzA §§ 9 AWbG NW Nr. 3).

2640 Die Einrichtung muss einen bestimmenden Einfluss darauf haben, ob die Veranstaltung stattfindet, wie sie inhaltlich gestaltet wird, wer unterrichtet und wer teilnimmt (*BAG* 16.8.1990 EzA § 7 AWbG NW Nr. 6).

2641 Sind an einer Bildungsveranstaltung zwei Einrichtungen beteiligt, z. B. das DGB-Bildungswerk Nordrhein-Westfalen und eine Einzelgewerkschaft, so kommt es für die Frage, welche Einrichtung die Veranstaltung durchführt, auf die tatsächlichen Umstände an.

## B. Pflichten des Arbeitgebers

Ist diese nicht als Einrichtung der Weiterbildung anerkannt, besteht ein Anspruch z. B. auf Fortzahlung des Arbeitsentgelts nach § 7 AWbG NRW nur, wenn die Veranstaltung durch den zuständigen Minister genehmigt ist (§ 9 S. 1d AWbG NRW). 2642

(derzeit unbesetzt) 2643–2645

Für Veranstaltungen nach dem AWbG NRW ist die durchführende Einrichtung nicht verpflichtet, unentgeltlich Leistungen zu erbringen; nach § 9 S. 2 AWbG ist lediglich ausgeschlossen, dass mit den von den Teilnehmern zu erbringenden Beiträgen Gewinne erzielt werden. Ein gewerkschaftlicher Veranstalter kann mit Rücksicht auf satzungsgemäß geleistete Mitgliedsbeiträge den teilnehmenden Mitgliedern **die Erstattung der Hotelkosten** in Aussicht stellen. Dadurch wird nicht die Jedermannzugänglichkeit der Veranstaltung i. S. v. § 2 Abs. 4 AWbG NRW ausgeschlossen (*BAG* 21.10.1997 EzA § 7 AWbGNW Nr. 26). Gleiches gilt, wenn er den beitragszahlenden Mitgliedern die **kostenlose Teilnahme** ermöglicht und von Nichtmitgliedern einen **angemessenen Beitrag** erhebt (*BAG* 9.6.1998 EzA § 7 BildFG RhPf Nr. 1). 2646

### II) Berufliche und politische Weiterbildung

#### (1) Normative Regelungen

**Der Begriff der beruflichen und politischen Weiterbildung wird nur zum Teil in den Landesgesetzen erläutert.** 2647

Gem. § 3 Abs. 2 des Bildungsfreistellungsgesetzes Rheinland-Pfalz (BildFG) dient die berufliche Weiterbildung der Erneuerung, Erhaltung, Erweiterung und Verbesserung von berufsbezogenen Kenntnissen, Fertigkeiten und Fähigkeiten. Sie ist nicht auf die bisher ausgeübte Tätigkeit beschränkt und schließt auch die Vermittlung von Schlüsselqualifikationen und Orientierungswissen ein. 2648

Gem. § 3 Abs. 3 BildFG dient gesellschaftspolitische Weiterbildung der Information über gesellschaftliche, soziale und politische Zusammenhänge sowie der Befähigung zur Beurteilung, Teilhabe und Mitwirkung am gesellschaftlichen, sozialen und politischen Leben. 2649

Gem. § 3 Abs. 4 BildFG dient berufliche und gesellschaftspolitische Weiterbildung oder deren Verbindung insbes. auch der Gleichstellung von Mann und Frau. 2650

#### (2) Auslegung des Begriffs der beruflichen Weiterbildung; Abgrenzung zur Allgemeinbildung und nützlichem Hobbywissen

Soweit es an entsprechenden Begriffsbestimmungen fehlt, sind die Begriffe auszulegen. Problematisch ist eine klare Abgrenzung zur Allgemeinbildung und zur Vermittlung von nützlichem Wissen, nützlichen Kenntnissen und Fertigkeiten für den Privat-, Hobby- oder Freizeitbereich. 2651

Veranstaltungen dienen dann der beruflichen Weiterbildung, wenn sie **Kenntnisse für den ausgeübten Beruf oder jedenfalls Kenntnisse vermitteln, die im erlernten oder ausgeübten Beruf verwendet werden können**. Es genügt, wenn sich die Kenntnisse für den Arbeitgeber mittelbar vorteilhaft auswirken (*BAG* 18.11.2008 EzA § 7 AwbG NW Nr. 32), dass sie voraussichtlich verwendet sind (*BAG* 21.10.1997 EzA § 7 AWbG NW Nr. 26). Maßgeblich für die Beurteilung der Frage, ob die Veranstaltung der beruflichen Weiterbildung dient, ist das vom Veranstalter zugrunde gelegte **didaktische Konzept**; insoweit gelten die vom *BAG* (9.5.1995 EzA § 7 AWbG NW Nr. 21) für Veranstaltungen, die der politischen Weiterbildung dienen, entwickelten Grundsätze entsprechend (*BAG* 9.5.1995 EzA § 7 AWbG NW Nr. 21; s. a. Rdn. 2658 ff.). 2652

Ist das didaktische Konzept einer Veranstaltung unter dem Titel »Mit dem Fahrrad auf Gesundheitskurs«, wie sich aus der Ablaufplanung ergibt, nicht auf die Vermittlung politischer und/oder beruflicher Kenntnisse gerichtet, sondern z. B. auf die Steigerung des persönlichen Wohlbefindens durch 2653

Fahrrad-Fitnesstraining und durch gesunde Ernährung, so besteht kein Anspruch (BAG 9.5.1995 EzA § 7 AWbG NW Nr. 21).

**2654–** (derzeit unbesetzt)
**2656**

**2657** ▶ **Beispiele:**

Ein Sprachkurs »**Italienisch für Anfänger**« dient der beruflichen Weiterbildung einer Krankenschwester i. S. d. AWbG NRW, die während ihrer Tätigkeit italienische Patienten zu betreuen hat (BAG 15.6.1993 EzA § 7 AWbG NW Nr. 10); für die Teilnahme an den Sprachkursen **Schwedisch II und Schwedisch III** besteht zudem Anspruch auf Bildungsurlaub nach § 1 NdsBildUG; die weite Fassung des Bildungsbegriffs in dieser Norm verstößt auch nicht gegen Art. 12 GG (LAG Nds. 20.1.2004 NZA-RR 2004, 520).

- Eine Bildungsveranstaltung zur **Stresserkennung und -bewältigung**, die über ein Fitness- und Gesundheitstraining hinausgeht, ist erfasst, wenn das Konzept der Veranstaltung darauf abzielt, Informationen zu vermitteln, die zur besseren Bewältigung von Stress- und Konfliktsituationen verwertet werden und sich auch für den Arbeitsprozess vorteilhaft, z. B. durch Verringerung der Fehlerquoten, auswirken können (BAG 24.10.1995 EzA § 7 AWbG NW Nr. 25).
- Die Teilnahme eines CNC-Maschinenführers an einem **Rhetorik-Kurs** dient nicht der beruflichen Weiterbildung i. S. d. AWbG NW (LAG Hamm 13.9.1996 NZA-RR 1997, 464).

*(3) Auslegung des Begriffs »Politische Bildung«*

**2658** Soweit Freistellung auch für die Durchführung politischer Bildung gewährt wird, muss auf die Vermittlung politischer Kenntnisse, Fähigkeiten und Verhaltensweisen abgestellt sein, durch die das Verständnis der Arbeitnehmer für gesellschaftliche, soziale und politische Zusammenhänge verbessert wird, um damit die in einem demokratischen Gemeinwesen anzustrebende Mitsprache in Staat, Gesellschaft und Beruf zu fördern (BVerfG 15.12.1987 AP Nr. 62 zu Art. 12 GG).

**2659** Das BAG (9.5.1995 EzA § 7 AWbG NW Nr. 21; krit. Hopfner NZA 2001, 9 ff.) geht davon aus, dass eine Veranstaltung dann der politischen Weiterbildung i. S. d. AWbG NRW dient, wenn das vom Veranstalter zugrunde gelegte didaktische Konzept und die zeitliche und sachliche Ausrichtung der einzelnen Lerneinheiten darauf ausgerichtet sind, das Verständnis der Arbeitnehmer für gesellschaftliche, soziale und politische Zusammenhänge zu verbessern.

**2660** Diese Kriterien sind vorrangig anhand des **Programms** und der dazu abgegebenen Erläuterungen zu untersuchen.

**2661** Lässt sich daraus nichts Hinreichendes entnehmen, kann **der Arbeitnehmer gleichwohl, darlegen, dass diese Voraussetzungen erfüllt sind**. Es genügt allerdings nicht vorzubringen, einzelne Lerneinheiten hätten u. a. auch politische Kenntnisse verschiedener Art vermittelt.

**2662,** (derzeit unbesetzt)
**2663**

**2664** Das BAG (17.11.1998 EzA § 7 AwbG NW Nr. 29) nimmt an, dass es nicht erforderlich ist, dass die Veranstaltung auf die spezifischen **Bedürfnisse und Interessen von Arbeitnehmern ausgerichtet** ist, denn ein Bezug zum Arbeitsverhältnis kann nur für die berufliche und die beruflich-politische Weiterbildung in Betracht kommen; dies ergibt sich auch aus ihrer eigenständigen Zielsetzung.

**2665** Mit einer gesellschaftspolitischen Weiterbildung i. S. v. § 3 Abs. 3 BildFG R-P können auch Kenntnisse vermittelt werden, die Inhalt von **Betriebsräteschulungen** nach § 37 Abs. 6, 7 BetrVG sind (BAG 9.6.1998 EzA § 1 BildFG RhPf Nr. 1).

**2666** ▶ **Beispiele:**

- Eine Bildungsveranstaltung mit dem Thema »**Die Arbeitnehmer in Betrieb, Wirtschaft und Gesellschaft I**« entspricht den Anforderungen in § 1 Abs. 3 BildungsurlaubsG Hessen (BAG 9.2.1993 EzA HBUG Nr. 2).

- Eine Veranstaltung »**Rund um den ökologischen Alltag**« dient nicht der politischen Weiterbildung einer Krankenschwester (*BAG* 15.6.1993 EzA § 7 AWbG NW Nr. 12; s. Rdn. 2657), ebenso wenig ein **Sprachkurs**, zur Vertiefung vorhandener Sprachkenntnisse, wenn landeskundliche und politische Themen nur die Übungsbereiche für die Anwendung der Sprachkenntnisse sind (*BAG* 24.8.1993 EzA § 7 AWbG NW Nr. 18).
- Eine Veranstaltung an der Costa Brava »**Das Meer – Ressource und Abfalleimer**« genügt nicht, wenn überwiegend Tauchgänge vorgenommen und Kenntnisse zur Naturkunde des Meeres vermittelt werden, auch wenn daneben umwelt- und gesellschaftspolitische Probleme bei der Nutzung des Meeres erörtert werden (*BAG* 24.10.1995 EzA § 7 AWbG NW Nr. 23; s. a. *BAG* 3.8.1989 EzA § 7 AwbG NW Nr. 4).

(derzeit unbesetzt)  2667–2669

*mm) Verfassungsmäßigkeit der Landesgesetze*

Die Regelungen der Landesgesetze sind mit Art. 12, 2, 14 GG vereinbar (*BVerfG* 5.12.1987 AP Nr. 62 zu Art. 12 GG; *BAG* 15.3.2005 EzA Art. 12 GG Nr. 46; 18.11.2008 EzA § 7 AWbG NW Nr. 32).  2670

(derzeit unbesetzt)  2671, 2672

*nn) Durchsetzung des Anspruchs*

*(1) Einstweilige Verfügung*

Lehnt der Arbeitgeber die beantragte Befreiung von seinen Arbeitspflichten unberechtigterweise ab, so kann der Arbeitnehmer den Anspruch i. d. R. im Wege einstweiliger Verfügung durchsetzen, **weil ein entsprechendes Urteil für ihn im ordentlichen Erkenntnisverfahren zu spät käme.**  2673

(derzeit unbesetzt)  2674

Stellt der Arbeitgeber den Arbeitnehmer sodann frei, erfüllt er diesen Anspruch auch dann, wenn weder die Vollziehung der einstweiligen Verfügung bewirkt noch angedroht wird (*BAG* 19.10.1993 EzA § 7 AWbG NW Nr. 20).  2675

Eine durch **treuwidriges Zuwarten** herbeigeführte Eilbedürftigkeit, die zur Ablehnung eines Gesuchs auf Erlass einer einstweiligen Verfügung führen müsste, kann in Betracht kommen, wenn die Chance bestand, rechtzeitig eine abschließende Entscheidung im **normalen Urteilsverfahren** zu erhalten (*Hess. LAG* 22.10.1998 NZA-RR 1999, 606).  2676

*(2) Klageverfahren; Ersatzurlaub*

Ist im Falle eines Klageverfahrens der gewünschte Weiterbildungstermin vor der Entscheidung verstrichen, kann der Arbeitnehmer **einen Ersatzweiterbildungsurlaub in gleicher Höhe** (§§ 280, 249 S. 1 BGB) beanspruchen. Ist der auf das Kalenderjahr bezogene Anspruch während des Verzuges des Arbeitgebers untergegangen, ist der Arbeitgeber im Wege der Naturalrestitution verpflichtet, zusätzlich zum laufenden Anspruch Ersatzfreistellung zu gewähren. Dieser Schadensersatzanspruch verjährt gem. § 195 BGB (*BAG* 5.12.1995 EzA § 1 AWbG NW Nr. 1).  2677

(derzeit unbesetzt)  2678–2681

*(3) Darlegungs- und Beweislast*

Der **Arbeitnehmer**, der die Fortzahlung des Entgelts begehrt, hat die Tatsachen darzulegen und zu beweisen, aus denen sich ergibt, dass die Bildungsveranstaltung von einer anerkannten Einrichtung durchgeführt worden ist (*BAG* 16.8.1990 EzA § 7 AWbG NW Nr. 6).  2682

2683 Gleiches gilt für den Umstand, dass die Veranstaltung mindestens den in § 2 AWbG NRW genannten Personen (Arbeitnehmern und arbeitnehmerähnlichen Personen) zugänglich war (*BAG* 16.8.1990 EzA § 7 AWbG NW Nr. 5) sowie dafür, dass die Veranstaltung inhaltlich nach den Vorschriften des jeweiligen Landesgesetzes durchgeführt wird/worden ist (*BAG* 9.2.1993 EzA § 9 HBUG Nr. 1).

2684 (derzeit unbesetzt)

2685 Den **Arbeitgeber** trifft die Darlegungs- und Beweislast, soweit er sich auf dringende bzw. zwingende betriebliche Erfordernisse und vorrangige Urlaubswünsche anderer Arbeitnehmer als **Ablehnungsgrund** beruft (*BAG* 3.8.1989 EzA § 7 AWbG NW Nr. 4).

*(4) Überprüfungsbefugnis der Arbeitsgerichte*

2686, (derzeit unbesetzt)
2687

2688 Der Anerkennungsbescheid legt nicht im Verhältnis zwischen Arbeitnehmer und Arbeitgeber verbindlich fest, dass alle Veranstaltungen, die anerkannte Einrichtungen der Weiterbildung durchführen, die Qualität einer Weiterbildungsmaßnahme aufweisen. Er hat lediglich die Wirkung, dass im Prozess nicht mehr geprüft werden darf, ob die Anerkennung zu Recht erfolgt ist (*BAG* 29.7.1982 AP Nr. 1 zu § 8 BildungsurlaubsG Hessen; *BAG* 3.8.1989 EzA § 7 AWbG NW Nr. 4; *BAG* 16.8.1990 EzA § 7 AWbG NW Nr. 6).

### III. Pflichten zur Wahrung von Arbeitnehmerinteressen

#### 1. Allgemeine Fürsorgepflicht, Rücksichtnahmepflicht des Arbeitgebers

*a) Begriffsbestimmung*

2689 Unter dem Oberbegriff der Fürsorgepflicht werden im Allgemeinen sämtliche Nebenpflichten des Arbeitgebers zusammengefasst.

Den Arbeitgeber treffen aber **zahlreiche Nebenpflichten** im bestehenden Arbeitsverhältnis, die mit der traditionellen »Fürsorgepflicht« des Arbeitgebers weder treffend noch abschließend umschrieben werden. Nebenpflichten des Arbeitgebers können sich aus Gesetzen, Kollektivverträgen, ausdrücklichen einzelvertraglichen Vereinbarungen oder aus dem allgemeinen Grundsatz von Treu und Glauben (§ 242 BGB) und dessen bereichsspezifischen Konkretisierungen ergeben. In § 241 Abs. 2 BGB ist klargestellt, dass auch die sog. Schutzpflichten, »Rücksichtnahmepflichten«, Inhalt des Schuldverhältnisses sein können. Aus dieser Norm ergibt sich allerdings keine Ausweitung der Nebenpflichten (ErfK/*Preis* § 611 BGB Rn. 610).

Jedem Vertragsverhältnis sind aus §§ 241 Abs. 2, 242 BGB herzuleitende Nebenpflichten immanent. Zahlreiche Nebenleistungspflichten des Arbeitgebers hängen unmittelbar mit der Hauptleistungspflicht zusammen (Lohnberechnung, Abführung von Sozialversicherungsbeiträgen; *BAG* 29.3.2001 NZA 2003, 105). Diese Nebenleistungspflichten gehören zu den allgemeinen Vertragsförderpflichten. Davon zu unterscheiden sind zahlreiche Schutzpflichten, die überwiegend im Arbeitsrecht durch spezialgesetzliche Regelungen konkretisiert sind. Schutzpflichten zur Wahrung von Rechtsgütern des Arbeitnehmers (Leben, Gesundheit, Persönlichkeitsrecht, Eigentum), die im Zusammenhang mit dem Arbeitsvertrag unter Beeinflussung durch den Arbeitgeber bestehen, sind ebenfalls dem allgemeinen Schuldrecht nicht fremd, wie jetzt aus § 241 Abs. 2 BGB (Schutzpflichten als Rücksichtnahmepflichten) hervorgeht (ErfK/*Preis* § 611 BGB Rn. 615).

2690 Diese Pflichten bilden das Korrelat der Einordnung der Arbeitnehmerpersönlichkeit in die betriebliche Organisation und ihrer Unterordnung unter die organisatorische Weisungsmacht des Arbeitgebers.

## B. Pflichten des Arbeitgebers

Der Arbeitgeber muss seine Verpflichtungen aus dem Arbeitsverhältnis so erfüllen, seine Rechte so ausüben und die im Zusammenhang mit dem Arbeitsverhältnis stehenden Interessen des Arbeitnehmers so wahren, wie dies unter Berücksichtigung der Belange des Betriebes und der Interessen der anderen Arbeitnehmer des Betriebes nach Treu und Glauben billigerweise verlangt werden kann (*Kort* NZA 1996, 854 ff.). 2691

Zu beachten ist, dass die Vertragspartner daneben beide **zur Rücksichtnahme und zum Schutz bzw. Förderung des Vertragszwecks verpflichtet** sind. Bei der Konkretisierung der vertraglichen Rücksichtnahmepflicht sind allerdings die grundrechtlichen Rahmenbedingungen hinreichend zu beachten (*BAG* 24.6.2004 EzA § 1 KSchG Verhaltensbedingte Kündigung Nr. 65). 2692

### b) Dogmatische Grundlage

Nach Versuchen, die dogmatische Grundlage der Fürsorgepflicht: 2693
– in der personenrechtlichen Gemeinschaftsbindung des Arbeitsverhältnisses (s.Kap. 1 Rdn. 34 ff.),
– im Sozialstaatsprinzip, obwohl es sich dabei nur um eine Staatszielbestimmung handelt, oder
– in einem sozialen Schutzprinzip anzusiedeln, für das freilich weder eine dogmatische Legitimation noch konkrete Anhaltspunkte und Konturen erkennbar sind, werden diese Nebenpflichten **heute als Integritätspflichten verstanden** (*Picker* AcP 183 [1983], 393 ff. u. JZ 1987, 1947 ff.), die sich inzwischen wechselseitig z. B. aus § 241 Abs. 2 BGB (und § 242 BGB) ableiten lassen (s. *BAG* 24.3.2011 – 2 AZR 282/10, EzA-SD 16/2011 S. 3 LS).

### c) Gegenstand der Schutzpflichten

Gegenstand ist der Schutz der Arbeitnehmerinteressen, die infolge der Einordnung des Arbeitnehmers in den Betrieb und die Belegschaft einer besonderen Gefährdung unterliegen. 2694

Das sind neben Körper und Gesundheit (§ 618 BGB) auch die in den Betrieb eingebrachten Gegenstände und vor allem die Persönlichkeit des Arbeitnehmers. 2695

(derzeit unbesetzt) 2696, 2697

Das *Sächsische LAG* (30.8.2002 LAGE § 611 BGB Fürsorgepflicht Nr. 26) hat z. B. angenommen, dass der Arbeitgeber verpflichtet ist, der Arbeitsagentur alle für die ordnungsgemäße Berechnung des Kurzarbeitergeldes notwendigen Informationen zu geben. 2698

Die allgemeine Pflicht, dass die Parteien eines Schuldverhältnisses zur Rücksicht auf die Rechte, Rechtsgüter und Interessen des anderen Teils verpflichtet sein können (§ 241 Abs. 2 BGB), **verdichtet sich wegen der besonderen persönlichen Bindung der Vertragspartner eines Arbeitsverhältnisses regelmäßig zu einer Vielzahl von Nebenleistungspflichten wie** Unterlassungs- und Handlungspflichten. Allgemeine Sorgfalts-, Obhuts-, Fürsorge-, Aufklärungs- und Anzeigepflichten dienen dazu, die Erbringung der Hauptleistung vorzubereiten und zu fördern, die Leistungsmöglichkeit zu erhalten und den Leistungserfolg zu sichern (*BAG* 28.10.2010 EzA § 611 BGB 2002 Arbeitnehmerhaftung Nr. 3). **Der konkrete Inhalt der Rücksichtnahmepflicht ergibt sich aus dem jeweiligen Arbeitsvertrag und seinen spezifischen Anforderungen; einer besonderen Vereinbarung bedarf es insoweit nicht** (*BAG* 24.3.2011 – 2 AZR 282/10, EzA-SD 16/2011 S. 3 LS). 2699

Diese Pflicht jedes Vertragspartners, auf die Rechte, Rechtsgüter und Interessen des anderen Teils Rücksicht zu nehmen (§ 241 Abs. 2 BGB), kann grds. auch zu der Verpflichtung des Arbeitgebers führen, bei der Wahrung oder Entstehung von Ansprüchen seiner Arbeitnehmer mitzuwirken. Das gilt insbes. dann, wenn es sich um die Entstehung von Ansprüchen handelt, die gegenüber Dritten erworben werden. Dafür kommen z. B. Versicherungsträger in Betracht. Die Pflicht des Arbeitgebers, bei der Wahrung der Interessen seiner Arbeitnehmer mitzuwirken, kann sich im Einzelnen auch aus Gesetz ergeben. Voraussetzung für eine Pflicht des Arbeitgebers, zu handeln oder Handlungen zu unterlassen, ist aber in jedem Fall, dass das Gesetz überhaupt Anwendung 2700 findet, d. h. maßgebend ist für die zu wahrende Interessenlage des Arbeitnehmers (*BAG* 24.9.2009 – 8 AZR 444/08, EzA-SD 4/2010 S. 6 LS = NZA 2010, 337).

2701 Der Arbeitgeber hat gegenüber seinen Arbeitnehmern auch die vertragliche Nebenpflicht, **keine falschen Auskünfte** zu erteilen. Entsteht dem Arbeitnehmer durch eine schuldhaft erteilte unrichtige Auskunft ein Schaden, kann der Arbeitgeber zum Schadensersatz verpflichtet sein. Im konkret entschiedenen Einzelfall hatte das beklagte Land zwar eine unrichtige Rechtsauskunft erteilt. Der Kläger hatte jedoch nicht ausreichend dargelegt, dass er ohne die Pflichtverletzung des beklagten Landes am Bewährungsaufstieg (BAT) hätte teilnehmen können (*BAG* 4.5.2010 – 9 AZR 184/09, NZA 2011, 645).

*d) Abgrenzung zu den Hauptleistungspflichten des Arbeitgebers*

2702 **Nicht erfasst sind davon die Pflichtenbereiche des Arbeitgebers, die seiner Hauptleistungspflicht zuzuordnen sind** (Entgeltzahlungspflicht bei gesetzlicher Freistellung von der Arbeitspflicht, betriebliche Ruhegelder).

2703 Gleiches gilt für jene Arbeitgeberpflichten, die mit der Hauptleistungspflicht eng verknüpft sind (z. B. Auskunfts-, Rechenschafts- und Aufklärungspflichten, die das Arbeitsentgelt betreffen, Lohnsteuerabführung, Sozialversicherungsbeiträge).

2704 Insoweit handelt es sich über § 242 BGB mit der Hauptpflicht eng verknüpfte Nebenpflichten (sog. Nebenleistungspflichten).

2705 Sie betreffen, wie z. B. der betriebsverfassungsrechtliche Entgelterläuterungsanspruch gem. § 82 Abs. 2 BetrVG das »Leistungsinteresse« (vgl. *BAG* 13.11.1984 EzA § 611 BGB Fürsorgepflicht Nr. 36).

*e) Grenzen der Schutzpflichten*

2706 Da sich die Schutzpflichten des Arbeitgebers aus der vertraglichen Sonderbindung der Vertragsparteien ergeben, sind nur die Interessen des Arbeitnehmers schutzwürdig, die für das Arbeitsverhältnis relevant sind. Ferner ist der Arbeitgeber im Hinblick auf das Verhältnismäßigkeitsprinzip keineswegs verpflichtet, eigene überwiegende und schutzwerte Interessen zu vernachlässigen; notwendig ist insoweit eine Interessenabwägung dahin, dass das Schutzinteresse des Arbeitnehmers überwiegt.

2707 Deshalb ist der Arbeitgeber nicht verpflichtet, im Interesse seines Arbeitnehmers Widerspruch und Klage gegen den Kurzarbeitergeld-Festsetzungsbescheid des Arbeitsamtes zu erheben, wenn er die einer ständigen Verwaltungspraxis entsprechende Rechtsauffassung der Arbeitsverwaltung teilt (*BAG* 19.3.1992 EzA § 611 BGB Arbeitgeberhaftung Nr. 3).

2708 Das *Sächsische LAG* (30.8.2002 LAGE § 611 BGB Fürsorgepflicht Nr. 26) hat allerdings angenommen, dass eine Pflicht zum Widerspruch gegen einen derartigen Bescheid gegenüber den betroffenen Arbeitnehmern dann besteht, wenn der Bescheid offensichtlich unzutreffend ist oder der Arbeitnehmer die Berechnung des Arbeitsamtes rechtzeitig und substantiiert gerügt hat.

2709 Schutzpflichten können auch bereits im Wege der Vorwirkung und ggf. auch bereits durch vorvertragliche Kontakte entstehen (s. Kap. 2 Rdn. 253 ff.).

2710 Sie enden grds. mit der Beendigung des Arbeitsverhältnisses.

2711 In diesem Zusammenhang können z. B. bei Abschluss eines Aufhebungsvertrages Aufklärungspflichten hinsichtlich der Folgen der einvernehmlichen Auflösung gegeben sein (s. Kap. 6 Rdn. 355 ff). Andererseits geht die Fürsorgepflicht eines Arbeitgebers gegenüber einem alkoholkranken Arbeitnehmer nicht so weit, dass er ein vom Arbeitnehmer während eines Abmahngesprächs gemachtes Auflösungsangebot ablehnen müsste. Soweit einzelne Bedingungen des Aufhebungsvertrages im Zusammenhang mit der verbleibenden Abwicklung des Arbeitsverhältnisses missverständlich oder benachteiligend wären, führt dies nicht zur Unwirksamkeit der Hauptpflichten des Aufhebungsvertrags, sondern nur zur Anwendung der gesetzlichen Regelungen für die Nebenpflichten (*LAG Köln* 13.2.2006 NZA-RR 2006, 463).

Einzelne Schutzpflichten (z. B. die Verpflichtung zur Zeugniserteilung und zu Auskünften) bestehen auch über das Ende des Arbeitsverhältnisses hinaus (s. Kap. 2 Rdn. 392 ff., Kap. 9 Rdn. 1 ff.). 2712

*f) Abdingbarkeit/Unabdingbarkeit*

Die auf Gesundheit, Körper und Leben des Arbeitnehmers gerichteten Schutzpflichten sind unabdingbar (§§ 618, 619 BGB, § 62 Abs. 4 HGB). 2713

Ein genereller Verzicht des Arbeitnehmers auf die Einhaltung der Schutzpflichten im Arbeitsvertrag widerspricht im Übrigen i. d. R. sowohl § 138 Abs. 1 als auch § 138 Abs. 2 BGB.

**Zulässig** sind dagegen vereinbarte Abweichungen zu Ungunsten des Arbeitnehmers in Bezug auf **einzelne Schutzpflichten** nach Maßgabe einer **Einzelfallabwägung**. 2714

Sind aus einer Verletzung von Schutzpflichten Schadensersatzansprüche entstanden, so ist der Arbeitnehmer nicht verpflichtet, diese auch geltend zu machen. Deshalb sind Vereinbarungen zu seinem Nachteil, wie z. B. ein Verzicht, insoweit durchaus zulässig. 2715

*g) Sanktionen der Verletzung von Nebenpflichten*

Verletzt der Arbeitgeber eine der ihm obliegenden Nebenpflichten (vgl. *Kort* NZA 1996, 855), so ist zu unterscheiden, ob eine Nebenleistungspflicht oder eine Schutzpflicht verletzt ist. 2716

Sanktionen für Verstöße gegen Nebenleistungspflichten richten sich stets nach den Sanktionen für Verstöße gegen Hauptleistungspflichten, mit denen sie verknüpft sind. 2717

Das gilt z. B. für Auskunftspflichten hinsichtlich des Arbeitsentgelts oder der Sozialleistungen. Insoweit kann dem Arbeitnehmer ein Leistungsverweigerungsrecht für seine Arbeitsleistung zustehen (s. Rdn. 323 ff.). **Eine von der Hauptleistungspflicht unabhängige Geltendmachung wird ohne gleichzeitigen Anspruch auf volle Erfüllung der Hauptleistungspflicht i. d. R. ausgeschlossen sein.** 2718

Bei Schutzpflichtverletzungen hat der Arbeitnehmer i. d. R. einen **Erfüllungs- und ggf. Unterlassungsanspruch**, der selbstständig einklagbar ist. Darüber hinaus steht dem Arbeitnehmer ein **Zurückbehaltungsrecht** gem. § 273 Abs. 1 BGB an seiner Arbeitsleistung zu (s. Rdn. 323 ff.). 2719

Die inhaltliche Beschränkung der Schutzpflichten durch den Verhältnismäßigkeitsgrundsatz bewirkt aber, dass ein Leistungsverweigerungsrecht dann entfällt, wenn das schutzpflichtwidrige Verhalten des Arbeitgebers nur eine geringfügige Beeinträchtigung der Arbeitnehmerinteressen bedeutet. 2720

Bei einer Verletzung der Schutzpflicht durch den Arbeitgeber kommen Schadensersatzansprüche des Arbeitnehmers aus §§ 280 ff., 241 Abs. 2 BGB (s. *BAG* 24.9.2009 – 8 AZR 444/08 – EzA-SD 4/2010 S. 6 LS = NZA 2010, 337) **nach Maßgabe der §§ 276, 278 BGB, u. U. auch gem. §§ 823, 831 BGB in Betracht.** 2721

Inhalt und Umfang der Haftung richten sich nach §§ 249 ff., 618, 842–846, 831 BGB. Gem. § 253 BGB kommt auch ein Anspruch auf Entschädigung in Betracht. 2722, 2723

### 2. Beschäftigungsanspruch des Arbeitnehmers

*a) Begriffsbestimmung; Anspruchsgrundlage*

Der Arbeitnehmer hat das Recht, auf Grund des Arbeitsvertrages, d. h. im Rahmen der versprochenen Dienste, nicht nur bezahlt, sondern auch tatsächlich beschäftigt zu werden (*BAG* [GS] 27.2.1985 EzA § 611 BGB Beschäftigungspflicht Nr. 9; *LAG Köln* 2.8.2005 LAGE § 103 BetrVG 2001 Nr. 4). 2724

## Kapitel 3 — Der Inhalt des Arbeitsverhältnisses

Der Anspruch folgt aus §§ 611, 613 BGB i. V. m. § 242 BGB. Die Generalklausel des § 242 BGB wird dabei ausgefüllt durch die Wertentscheidungen der Art. 1 und 2 GG.

2725 (derzeit unbesetzt)

2726 Der Anspruch besteht unabhängig davon, ob der Arbeitnehmer höhere oder geringwertigere Arbeiten zu verrichten hat, ob eine spezielle Aus- oder Vorbildung benötigt wird, sowie unabhängig davon, ob beim Arbeitnehmer im Einzelfall das faktische Interesse an dieser Arbeitsleistung besteht, oder ob sich die vertragsgemäße Arbeitsleistung nach dem subjektiven Empfinden des Arbeitnehmers als Last oder Bürde, oder als sinnvolle Entfaltung seiner Persönlichkeit darstellt (zutr. *ArbG Stuttg.* 18.3.2005 – 26 Ga 4/05, EzA-SD 14/05 S. 8 LS).

2727 **Die Beschäftigungspflicht des Arbeitgebers ist keine Gegenleistung für die Arbeitsleistung des Arbeitnehmers. Sie ist folglich vertragliche Nebenpflicht** (s. *Kappenhagen* FA 2007, 168).

2728 Da der Beschäftigungsanspruch eine zusätzliche Verpflichtung des Arbeitgebers eines Arbeitsverhältnisses darstellt, ist seine Existenz grds. an den Zeitraum zwischen Beginn (*BAG* 28.9.1983 AP Nr. 9 zu § 611 BGB Beschäftigungspflicht) und Ende des Arbeitsverhältnisses gebunden.

2729 Der Anspruch besteht bei einer ordentlichen Kündigung deshalb jedenfalls auch während der Kündigungsfrist bzw. bei einer außerordentlichen fristlosen Kündigung bis zum Zugang der Kündigungserklärung (*BAG* 26.5.1977 EzA § 611 BGB Beschäftigungspflicht Nr. 2).

2730 Nach Auffassung des *ArbG Köln* (9.5.1996 NZA-RR 1997, 186; ebenso *ArbG Stralsund* 11.8.2004 NZA-RR 2005, 23: es liegt auch kein Verstoß gegen § 307 BGB vor; a. A. *Fischer* NZA 2004, 233 ff.; *ArbG Frankf.* 19.11.2003 NZA-RR 2004, 409; s. ausf. Rdn. 305 ff.) Fraglich ist, ob der Anspruch bereits vorab von den Arbeitsvertragsparteien **für den Fall der Kündigung abdingbar** ist, sodass nach Ausspruch einer ordentlichen Kündigung für die Dauer der Kündigungsfrist eine Suspendierung eintritt; s. Rdn. 305 ff.

2731 Zum Anspruch auf Weiterbeschäftigung nach Ausspruch einer fristlosen Kündigung bzw. nach Ablauf der Kündigungsfrist s. Kap. 4 Rdn. 3277, 3331.

2732 Daneben besteht kein Anspruch darauf, dass der Arbeitgeber die Zuweisung einer vertraglich nicht geschuldeten Arbeit oder eine nicht vertragsgemäße Beschäftigung unterlässt, sondern nur das Recht, eine nicht geschuldete Arbeit zu verweigern; folglich kommt auch keine entsprechende einstweilige Verfügung auf Unterlassung in Betracht (*LAG München* 1.12.2004 LAGE § 106 GewO 2003 Nr. 2 = NZA-RR 2005, 354).

*b) Inhalt des Anspruchs; Interessenabwägung*

2733 Der Inhalt des Beschäftigungsanspruchs bestimmt sich nach dem Arbeitsvertrag.

2734 Er ist dispositiv und setzt voraus, dass die Beschäftigung zur Persönlichkeitsentfaltung des Arbeitnehmers erforderlich ist und schutzwürdige Interessen des Arbeitgebers an der Nichtbeschäftigung nicht überwiegen (*BAG* [GS] 27.2.1985 EzA § 611 BGB Beschäftigungspflicht Nr. 9; *LAG Köln* 2.8.2005 LAGE § 103 BetrVG 2001 Nr. 4).

2735 Letzteres ist z. B. dann der Fall, wenn die Vertrauensgrundlage für die Beschäftigung des Arbeitnehmers entfallen ist (*BAG* 10.11.1955 AP Nr. 2 zu § 611 BGB Beschäftigungspflicht), weil:
– die Gefahr besteht, dass **Betriebsgeheimnisse** verraten werden könnten,
– wenn die Beschäftigung dem Arbeitgeber **wirtschaftlich unzumutbar** ist,
– wenn dem Arbeitnehmer ein **strafbares oder schädigendes Verhalten** zur Last gelegt wird sowie
– bei **Verdacht auf erhebliche Pflichtverletzung**.

2736 (derzeit unbesetzt)

2737 Geht es andererseits um die Erfüllung der Beschäftigungspflicht des Arbeitgebers in einem z. B. **im Ausland gelegenen und zum Konzernverbund des Arbeitgebers gehörenden Drittunternehmen**,

## B. Pflichten des Arbeitgebers

mit dem der Arbeitgeber zur Entsendung des Arbeitnehmers diesbezügliche vertragliche Abmachungen getroffen hat, so befreit es den Arbeitgeber nicht ohne weiteres von seiner Beschäftigungspflicht, wenn das Drittunternehmen den Betroffenen nicht mehr beschäftigen will (*ArbG Bln.* 29.9.2006 EzA-SD 26/06 S. 16 LS = AuR 2006, 452 LS).

**Gegen die Interessen des Arbeitgebers abzuwägen sind die schutzwürdigen Arbeitnehmerinteressen.** Die Nichtbeschäftigung kann z. B. **diskriminierenden Charakter** haben. Das gilt vor allem bei einer Suspendierung, die i. d. R. als ausdrückliche Beschäftigungsverweigerung des Arbeitgebers anzusehen ist. 2738

Das *Hess. LAG* (21.6.2001 – 3 Sa 1448/00; anders *ArbG Dortmund* 16.1.2003 – 6 Ca 5736/02, EzA-SD 2/03, S. 11 LS: Kindergärtnerin) hat z. B. die Frage verneint, ob der **Träger eines Kaufhauses**, in dem in sehr ländlicher Umgebung Modeartikel, Schmuck, Kosmetika, Accessoires und Spielsachen angeboten werden, als Arbeitgeber verpflichtet ist, eine Verkäuferin zu beschäftigen, die darauf besteht, aus **religiösen Gründen** ein **Kopftuch** zu tragen, obwohl sie mehrere Jahre zuvor ihrer Tätigkeit in westlicher Kleidung nachgegangen ist und daher die von ihrem Arbeitgeber an das äußere Erscheinungsbild des Verkaufspersonals gestellten Anforderungen erfüllt hat. 2739

Das *BAG* (10.10.2002 EzA § 1 KSchG Verhaltensbedingte Kündigung Nr. 58; s. *Duchstein* BB 2011, 1717 ff.; s. a. Kap. 4 Rdn. 2167 f.) hat demgegenüber angenommen, dass die Arbeitnehmerin mit dem Tragen eines – islamischen – Kopftuchs **Grundrechte (Art. 4 Abs. 1, 2 GG) in Anspruch nimmt**. Eine Arbeitnehmerin, die ihre Tätigkeit zukünftig nur mit einem – islamischen – Kopftuch ausüben will, ist weiterhin in der Lage, ihre vertraglich geschuldete Arbeitsleistung als Verkäuferin in einem Kaufhaus zu erbringen. Der Arbeitgeber kann auch unter Berücksichtigung seiner grundrechtlich geschützten Unternehmerfreiheit nicht ohne weiteres von der Arbeitnehmerin die Einhaltung eines im Betrieb allgemein üblichen Bekleidungsstandards verlangen und die Arbeitnehmerin zu einer Arbeitsleistung ohne Kopftuch auffordern. Sowohl bei der Ausübung des Weisungsrechts des Arbeitgebers als auch bei der Ausgestaltung von vertraglichen Rücksichtnahmepflichten ist das durch Art. 4 Abs. 1 und 2 GG grundrechtlich geschützte Anliegen einer Arbeitnehmerin, aus religiösen Gründen ein Kopftuch bei der Arbeit zu tragen, zu beachten. Ob und in welcher Intensität die durch Art. 12 Abs. 1 GG grundrechtlich geschützte Unternehmerfreiheit durch das Tragen eines Kopftuchs von einer Arbeitnehmerin, z. B. in Form von betrieblichen Störungen oder wirtschaftlichen Einbußen, betroffen wird, muss der Arbeitgeber konkret darlegen. Das durch ein Verbot des Tragens unmittelbar betroffene Grundrecht der Arbeitnehmerin darf **nicht auf eine bloße Vermutung des Arbeitgebers hin zurückstehen** (*BAG* 10.10.2002 EzA § 1 KSchG Verhaltensbedingte Kündigung Nr. 58). 2740

Andererseits verbieten §§ 57 Abs. 4 S. 1, 58 SchulG NW religiöse Bekundungen in der Schule durch Lehrer(innen) und Sozialpädagog(inn)en, die geeignet sind, den **religiösen Schulfrieden zu gefährden**; diese Regelungen sind Ausdruck des staatlichen Neutralitätsgebots. Trägt z. B. eine Sozialpädagogin muslimischen Glaubens in der Schule anstelle des zuvor getragenen islamischen Kopftuchs zu jeder Zeit eine (Woll-)Mütze, die Haare, Haaransatz und Ohren vollständig bedeckt, kann darin die Kundgabe einer religiösen Überzeugung liegen mit der Folge, dass sie abgemahnt werden kann. § 57 Abs. 4 SchulG NRW verstößt weder gegen Art. 4 Abs. 1 GG, Art. 3 Abs. 1 GG noch gegen Art. 9 EMRK oder § 7 AGG (*BAG* 20.8.2009 EzA § 611 BGB 2002 Abmahnung Nr. 4; Entwicklungslinien: *BVerwG* 4.7.2002 NJW 2002, 3344; *BVerfG* 24.9.2003 NJW 2003, 3111; *BVerwG* 24.6.2004 ZTR 2004, 659). 2741

Das **ausschließlich muslimische Schüler** unterrichtet werden und diese **freiwillig teilnehmen**, führt zu **keiner anderen Bewertung**. Vielmehr gewinnt die religiöse Neutralität gerade dort an Bedeutung, wo ihre Verletzung als religiöse Parteinahme gewertet werden kann (*BAG* 10.12.2009 – 2 AZR 55/09, EzA-SD 9/2010 S. 7 LS). 2742

Gleiches gilt für § 7 Abs. 6 S. 1 KiTaG BW; folglich ist die Abmahnung einer Erzieherin im Kindergarten wegen des Tragens eines islamischen Kopftuchs gerechtfertigt (*BAG* 12.8.2010 – 2 AZR 2743

593/09, EzA-SD 2/2011 S. 8 LS = NZA-RR 2011, 162; *LAG BW* 19.6.2009 LAGE Art. 4 GG Nr. 7).

2744 (derzeit unbesetzt)

2745 Der Anspruch besteht demgegenüber auch dann, wenn die Änderung des Inhalts der Arbeitsleistung durch Ausübung des Direktionsrechts oder eines sonstigen Leistungsbestimmungsrechts durch den Arbeitgeber unwirksam ist (*LAG München* 18.9.2002 LAGE § 611 BGB Beschäftigungspflicht Nr. 45). Er ist im Übrigen nach Ausspruch einer ordentlichen Kündigung bis zum Ablauf der Kündigungsfrist nur dann ausgeschlossen, wenn dem Arbeitgeber die Beschäftigung gar nicht möglich oder jedenfalls nicht zumutbar ist oder wenn das Interesse des Arbeitgebers an der Nichtbeschäftigung des Arbeitnehmers schutzwürdig ist und das Beschäftigungsinteresse des Arbeitnehmers überwiegt. Diesen Ausnahmetatbestand muss der Arbeitgeber darlegen und beweisen. Auch die Übertragung der Aufgaben des Gekündigten auf einen anderen Arbeitnehmer schließt den Beschäftigungsanspruch grds. nicht aus (*LAG München* 19.8.1992 NZA 1993, 1130).

2746 Der Arbeitgeber kann auch ein **Betriebsratsmitglied** während des Zustimmungsersetzungsverfahrens gem. § 103 BetrVG nur dann einseitig von der Arbeitspflicht **suspendieren**, wenn der Weiterbeschäftigung überwiegende und schutzwürdige Interessen des Arbeitgebers entgegenstehen, die eine Verhinderung der Weiterbeschäftigung geradezu gebieten (*Sächsisches LAG* 14.4.2000 NZA-RR 2000, 588; *LAG Köln* 2.8.2005 LAGE § 103 BetrVG 2001 Nr. 4). Das kann z. B. dann der Fall sein, wenn bei Weiterbeschäftigung **erhebliche Gefahren für den Betrieb oder der dort tätigen Personen objektiv** bestehen oder die durch konkrete Tatsachen begründete Besorgnis besteht, dass es zu Störungen des Betriebsfriedens oder des betrieblichen Ablaufs kommt. Eine einseitige Freistellung kann zudem auch dann in Betracht kommen, wenn der durch objektive Tatsachen gesicherte dringende Verdacht einer strafbaren Handlung oder sonstigen schweren Arbeitsvertragsverletzung besteht (*LAG Hamm* 12.12.2001 NZA-RR 2003, 312).

*c) Durchsetzung des Anspruchs*

2747 Der Anspruch kann durch **Leistungsklage** (§ 259 ZPO) ohne Rücksicht auf tarifliche Ausschlussfristen (*BAG* 15.5.1991 § 4 TVG Ausschlussfristen Nr. 91), ferner durch **einstweilige Verfügung** geltend gemacht werden (*LAG Köln* 2.8.2005 LAGE § 103 BetrVG 2001 Nr. 4; *LAG Nbg.* 13.9.2005 NZA-RR 2006, 133; *LAG Hamm* 6.11.2007 LAGE § 611 BGB Beschäftigungspflicht Nr. 8). Ein Verfügungsgrund für die Durchsetzung des Anspruchs nach einer ordentlichen Kündigung bis zum Ablauf der Kündigungsfrist ist mit Rücksicht auf den rechtsstaatlichen Justizgewährungsanspruch regelmäßig gegeben, wenn der Beschäftigungsanspruch zweifelsfrei besteht und der Arbeitnehmer keine Möglichkeit hat und auch keine Möglichkeit gehabt hat, ihn im Hauptsacheverfahren durchzusetzen (*LAG München* 19.8.1992 NZA 1993, 1131).

Weil es sich um eine sog. **Leistungsverfügung** (vgl. *LAG Hmb.* 10.6.1994 LAGE § 611 BGB Beschäftigungspflicht Nr. 37) handelt, die zur Erfüllung des Anspruchs führt und damit einen irreversiblen Zustand herstellt, ist aber im Einzelfall besonders sorgfältig zu prüfen, ob das Beschäftigungsinteresse der Sicherung durch eine einstweilige Verfügung bedarf (*Schäfer* Der einstweilige Rechtsschutz im Arbeitsrecht Rn. 65; *LAG Hamm* 18.2.1998 NZA-RR 1998, 422: Notlage). Macht ein Arbeitnehmer im Rahmen einer einstweiligen Verfügung seinen Beschäftigungsanspruch geltend, so bedarf es für das Vorliegen eines Verfügungsgrundes der Glaubhaftmachung eines **gesteigerten Beschäftigungsinteresses**. Der sukzessive Untergang des Beschäftigungsanspruchs durch Zeitablauf reicht allein nicht aus (*LAG Bln.-Bra.* 16.3.2011 NZA-RR 2011, 551; s. *Schrader* BB 2012, 445 ff.). Im Rahmen eines bestehenden Arbeitsverhältnisses (s. *ArbG Bln.* 29.9.2006 – 28 Ga 16538/06, AuR 2006, 452 LS) ist dies jedenfalls dann zu bejahen, wenn der Arbeitgeber eine offensichtlich unwirksame Versetzung ausgesprochen hat (*LAG Chemnitz* 8.3.1996 NZA-RR 1997, 4; vgl. *Hilbrandt* RdA 1998, 155 ff.; zweifelnd *LAG Hamm* 6.11.2007 LAGE § 611 BGB Beschäftigungspflicht Nr. 8), weil dann der Beschäftigungsanspruch zweifelsfrei besteht und daher auch im Hauptsacheverfahren zuerkannt werden müsste (*LAG München* 18.9.2002 LAGE § 611 BGB Beschäftigungs-

## B. Pflichten des Arbeitgebers                                                                Kapitel 3

pflicht Nr. 45). **Anders** ist es aber dann, wenn die Beschäftigung vom Arbeitgeber **nicht vollständig, sondern nur zu den vom Arbeitnehmer gewünschten Bedingungen abgelehnt wird**; dann ist Tatsachenvortrag zum und die **Glaubhaftmachung des Verfügungsgrund(es)** notwendig (*Hess. LAG* 19.8.2002 ZTR 2004, 213 LS).

> Hat zudem der Arbeitgeber die Abteilung eines Betriebes schon vor dem Ablauf der Kündigungsfrist eines von ihm deswegen ordentlich gekündigten Arbeitnehmers endgültig aufgelöst, hat dieser Arbeitnehmer keinen Anspruch auf Erlass einer einstweiligen Verfügung zur tatsächlichen Beschäftigung auf seinem bisherigen Arbeitsplatz bis zum Ablauf seiner Kündigungsfrist. Denn dann, wenn der Arbeitgeber sich aus berechtigten Gründen entschlossen hat, eine Abteilung seines Betriebes endgültig aufzulösen, ist er nicht verpflichtet, damit bis zum Ablauf aller Kündigungsfristen der von ihm deswegen ordentlich betriebsbedingt gekündigten Arbeitnehmer abzuwarten (*LAG Hamm* 18.9.2003 – 17 Sa 1275/03, NZA-RR 2004, 244). **Finanzielle Schwierigkeiten** des Arbeitnehmers stellen jedenfalls **keinen Verfügungsgrund** für eine einstweilige Verfügung auf Beschäftigung dar (*LAG Köln* 6.8.1996 LAGE § 611 BGB Beschäftigungspflicht Nr. 40; 10.9.2004 – 4 Ta 298/04, EzA-SD 1/05 S. 11 LS).
>
> Andererseits sind die gesetzlichen Voraussetzungen gegen einen Betriebserwerber dann gegeben, wenn der Arbeitnehmer im Kündigungsschutzverfahren gegen den Betriebsveräußerer obsiegt und **wegen Unkenntnis über den Betriebsübergang** keine Möglichkeit hatte, den Beschäftigungsanspruch zeitgleich mit der arbeitsgerichtlichen Klärung der vor dem Betriebsübergang ausgesprochenen Kündigung durchzusetzen (*LAG Hamm* 9.6.2006 NZA-RR 2007, 17).

2748

Zu beachten ist, dass ein Verfügungsgrund jedenfalls dann **nicht mehr gegeben** ist, wenn der Arbeitnehmer **zunächst mehrere Wochen zuwartet**, bis er den Antrag auf Erlass einer einstweiligen Verfügung stellt (*ArbG Stralsund* 11.8.2004 NZA-RR 2005, 23). **Gleiches gilt** dann, wenn er sich – auf die Zuweisung einer bestimmten Tätigkeit – zunächst **monatelang mit dem Vorbehalt der gerichtlichen Prüfung** seiner Arbeitspflicht und einer entsprechenden Feststellungsklage begnügt hat (*LAG München* 1.12.2004 NZA-RR 2005, 354). Diese Voraussetzungen sind aber nicht schon dann erfüllt, wenn der Arbeitnehmer zunächst mit dem Arbeitgeber über einen anderweitigen Arbeitseinsatz oder eine Beendigung des Arbeitsverhältnisses verhandelt und dann zeitnah mit der Zuweisung der neuen Tätigkeit einen entsprechenden Antrag stellt (*LAG Hamm* 6.11.2007 LAGE § 611 BGB Beschäftigungspflicht Nr. 8); erst wenn die Verhandlungen über eine gütliche Beilegung des Streits gescheitert sind, hat der Arbeitnehmer den Anspruch alsbald geltend zu machen (*Hess. LAG* 10.5.2010 – 16 SaGa 341/10, AuR 2011, 35 LS). Gleiches gilt, wenn der Arbeitnehmer nach dem erstinstanzlichen Urteil, das seinen Antrag zurückweist, die Berufungsfrist und die Berufungsbegründungsfrist voll ausschöpft (*LAG Hamm* 6.11.2007 LAGE § 611 BGB Beschäftigungspflicht Nr. 8). Dagegen hat das *ArbG Freiburg* (12.1.2012 NZA-RR 2012, 212) angenommen, dass dann, wenn ein Arbeitnehmer nach Anordnung und Umsetzung einer Versetzungsmaßnahme mit dem Arbeitgeber über eine alternative Beschäftigung oder über eine sozialverträgliche Beendigung seines Arbeitsverhältnisses verhandelt und im Rahmen dieser Verhandlungen eine Freistellung geltend macht, er sich damit hinsichtlich der **Dringlichkeit** der Durchsetzung seines Beschäftigungsanspruchs **selbst widerlegt**.

2749

Ist ein Weiterbeschäftigungsgesuch um einstweiligen Rechtsschutz **rechtskräftig abgewiesen** worden, so steht die Rechtskraft einer **Wiederholung** des Gesuchs nicht entgegen, wenn inzwischen Umstände eingetreten sind, aus denen sich eine (ggf. neue) Gefährdung des zu sichernden Anspruchs ergibt. Ein solcher Umstand kann auch der den Ersetzungsantrag nach § 103 Abs. 2 BetrVG zurückweisende Beschluss des Arbeitsgerichts sein (*Sächs. LAG* 14.4.2000 LAGE § 103 BetrVG 1972 Nr. 16).

2750

Für die Zwangsvollstreckung gilt § **888 Abs. 1 ZPO**; für den Fall der Nichtbeschäftigung kann gem. § **61 Abs. 2 ArbGG** eine Entschädigung beantragt und festgesetzt werden.

2751

## Kapitel 3

### d) Rechtsfolgen der Nichtbeschäftigung

2752 Ist die Beschäftigungspflicht ausnahmsweise auf Grund einer besonderen Vereinbarung vertragliche Hauptpflicht des Arbeitgebers (s. Rdn. 2733), so kann der Arbeitnehmer bei vom Arbeitgeber verschuldeter Unmöglichkeit der Beschäftigung Schadensersatz verlangen (§ 280 BGB; *BAG* 12.9.1985 EzA § 102 BetrVG Nr. 61).

2753 Da der Arbeitsvertrag als **Fixgeschäft** zu verstehen ist (s. Rdn. 1484 ff.), ist der Arbeitgeber darüber hinaus gem. § 280 BGB schadensersatzpflichtig, wenn er das Arbeitsangebot des Arbeitnehmers nicht annimmt (*BAG* 12.9.1985 EzA § 102 BetrVG Nr. 61).

2754 Gem. § 287 S. 2 i. V. m. § 280 BGB kann die Schadensersatzpflicht des Arbeitgebers auch ohne sein Verschulden entstehen (*BAG* 12.9.1985 EzA § 102 BetrVG Nr. 61).

2755 Ist die Beschäftigungspflicht des Arbeitgebers nur Nebenpflicht, so kommen **Schadensersatzansprüche** aus §§ 280 ff., 241 Abs. 2 BGB in Betracht. Liegt zugleich eine schwere Verletzung des allgemeinen Persönlichkeitsrechts des Arbeitnehmers vor, kann auch ein Anspruch aus § 823 Abs. 1 BGB gegeben sein.

2756 Gem. § 249 BGB (Naturalrestitution) ist der Arbeitgeber bei Wegfall des Arbeitsplatzes verpflichtet, den Arbeitnehmer auf einem anderen gleichwertigen Arbeitsplatz zu beschäftigen, auf den sich sein vertragliches Weisungsrecht erstreckt (*BAG* 13.6.1990 EzA § 611 BGB Beschäftigungspflicht Nr. 44).

2757 Darüber hinaus besteht keine Beschäftigungspflicht; sie bewirkt **keine Verpflichtung des Arbeitgebers zur Vertragsänderung oder -anpassung.**

2758 Ist eine anderweitige Beschäftigung im Vertragsrahmen nicht möglich, muss Geldersatz geleistet werden (§ 251 Abs. 1 BGB). Der zu ersetzende Schaden besteht, soweit der Arbeitgeber gem. § 615 BGB ohnehin zur Lohnzahlung verpflichtet ist, nur in den über das Arbeitsentgelt hinausgehenden Vermögenseinbußen des Arbeitnehmers (z. B. in den entgangenen Trinkgeldern).

2759 Zu ersetzen ist ferner der Schaden, der dem Arbeitnehmer in seinem weiteren Berufsleben entsteht, etwa dadurch, dass er seine künstlerischen Fähigkeiten zeitweise nicht entwickeln kann und in seinem künstlerischen Ansehen beeinträchtigt wird.

2760 **Die Höhe des Anspruchs kann ggf. nach § 287 Abs. 1 ZPO geschätzt werden.** Die Praxis der Bühnenschiedsgerichte, bis zu sechs Monatsgagen anzusetzen, ist nicht zu beanstanden (*BAG* 12.11.1985 AP Nr. 23 zu § 611 BGB Bühnenengagementvertrag).

2761 Bei besonders schweren Persönlichkeitsverletzungen kommt ein Schmerzensgeldanspruch in Betracht (§ 847 BGB).

2762 Die unberechtigte Verweigerung der Beschäftigung des Arbeitnehmers kann ihm die Fortsetzung des Arbeitsverhältnisses unzumutbar machen und ihn zur außerordentlichen Kündigung berechtigen (§ 626 Abs. 1 BGB), mit der Folge eines Anspruchs auf Ersatz des durch die Aufhebung des Arbeitsverhältnisses entstehenden Schadens (§ 628 Abs. 2 BGB).

2763 Der Anspruch auf eine bestimmte vertragsgemäße Beschäftigung unterfällt **nicht einer tariflichen Ausschlussfrist**, die alle beiderseitigen Ansprüche aus dem Arbeitsverhältnis und solche, die mit dem Arbeitsverhältnis in Verbindung stehen, erfasst (*BAG* 15.5.1991 EzA § 1004 BGB Nr. 3; s. Rdn. 4734).

2764 Denn der Beschäftigungsanspruch des Arbeitnehmers wird als absolutes Recht verstanden; **absolute Rechte fallen** aber **nicht unter eine tarifliche Ausschlussklausel**, die ihren Wirkungsbereich auf Ansprüche aus dem Arbeitsvertrag oder aus dem Arbeitsverhältnis erstreckt. Eine Verletzung des Persönlichkeitsrechts ist wegen der Notwendigkeit des Schutzes der Persönlichkeit ein Tatbestand eigener Art, der neben der Verletzung von Pflichten aus dem Arbeitsvertrag steht.

2765 (derzeit unbesetzt)

## B. Pflichten des Arbeitgebers  Kapitel 3

### 3. Schutzpflichten für Leben und Gesundheit des Arbeitnehmers

*a) Zweck der Arbeitnehmerschutzvorschriften*

Durch die Normen des Arbeitsschutzrechts sollen die Grundrechte des Arbeitnehmers auf Leben und körperliche Unversehrtheit, auf freie Entfaltung der Persönlichkeit und Achtung der Menschenwürde verwirklicht werden. 2766

Inhaltlich kann zwischen **technischem Arbeitsschutz**, der Gefahren für Leben oder Gesundheit des Arbeitnehmers, die von Betriebseinrichtungen oder technischen Arbeitsmitteln ausgehen, sowie **sozialem Arbeitsschutz**, der einen erhöhten Schutz insbes. für (schwangere) Frauen, Jugendliche, schwer behinderte Menschen und Heimarbeiter (MuSchG, JArbSchG, SGB IX, HAG) gewährleisten soll, unterschieden werden. 2767

Verstöße gegen die Arbeitsschutznormen sind z. T. bußgeldbewehrt und werden z. T. als Straftaten sanktioniert. 2768

*b) Normative Grundlagen*

*aa) Privatrechtsnormen*

Durch die privatrechtlichen Normen des **§ 618 BGB, § 62 HGB, §§ 1 ff. ArbSchG** ist der Arbeitgeber verpflichtet, Räume, Vorrichtungen und Gerätschaften, die er zur Verrichtung der Dienste zu beschaffen hat, so einzurichten und zu unterhalten und die Dienstleistungen so zu regeln, dass **der Arbeitnehmer gegen Gefahren für Leben und Gesundheit soweit geschützt ist, wie die Natur des Betriebes und der Arbeit es gestatten**. Ziel dieser gesetzlichen Fürsorgepflicht ist die **Vorsorge gegen betriebsspezifische Gefahren für Leben und Gesundheit des Arbeitnehmers**. Das ArbSchG dient gem. § 1 Abs. 1 dazu, Sicherheit und Gesundheitsschutz der Beschäftigten bei der Arbeit durch Maßnahmen des Arbeitsschutzes zu sichern und zu verbessern (s. *Wlotzke* NZA 1996, 1017 ff.). 2769

(derzeit unbesetzt) 2770

Aufgrund § 618 BGB, § 62 HGB, §§ 3 ff. ArbSchG sowie der Konkretisierung dieser Vorschriften und der allgemeinen arbeitsvertraglichen Fürsorgepflicht des Arbeitgebers durch öffentlich-rechtliche Arbeitsschutz- und Unfallverhütungsvorschriften ist für den Arbeitsschutz und die Unfallverhütung im Betrieb **der Arbeitgeber vertragrechtlich verantwortlich** (zum Einsatz weiterer Personen s. § 278 BGB, §§ 7, 13 ArbSchG). 2771

Die **Arbeitnehmer** sind arbeitsvertragsrechtlich zu einem den **Arbeitsschutz- und Unfallverhütungsvorschriften korrespondierenden Verhalten** verpflichtet. Diese Vertragspflicht wird durch öffentlich-rechtliche Verhaltenspflichten, vor allem in Unfallverhütungsvorschriften und vereinzelt auch in staatlichen Arbeitsschutzvorschriften, weitgehend konkretisiert (vgl. § 15 ArbSchG). 2772

Soweit gem. § 62 HGB, § 618 BGB auch die Aufrechterhaltung der guten Sitten und des Anstandes im Betrieb bezweckt werden soll, ist davon auszugehen, dass an die Stelle einer diesbezüglichen Pflicht grundgesetzkonform die Verpflichtung zum Schutze und zur Förderung der Arbeitnehmerpersönlichkeit getreten ist, weil der Arbeitgeber nicht mehr als sittlich-moralische Anstalt bezeichnet werden kann. 2773

Gem. § 17 Abs. 1 S. 1 ArbSchG sind die Beschäftigten berechtigt, dem Arbeitgeber Vorschläge zu allen Fragen der Sicherheit und des Gesundheitsschutzes bei der Arbeit zu machen; u. U. können sie sich auch an die zuständige Behörde wenden. Hierdurch dürfen den Beschäftigten keine Nachteile entstehen (§ 17 Abs. 2 ArbSchG). 2774

*bb) Öffentlich-rechtliche Regelungen*

Öffentlich-rechtliche Regelungen zum Schutz von Leben und Gesundheit der Arbeitnehmer, deren Durchsetzung von staatlichen Behörden sowie im Bereich des betrieblichen Unfall- und Gefahren- 2775

schutzes durch die gesetzlichen Unfallversicherungsträger enthalten u. a. (s. §§ 18, 19 ArbSchG; MünchArbR/*Kohte* § 290 Rn. 4 ff.):
- die **Arbeitsstättenverordnung**,
- die Betriebssicherheitsverordnung,
- die Lastenhandhabungsverordnung,
- die Bildschirmarbeitsverordnung,
- die Biostoffverordnung,
- die **Gefahrstoff-Verordnung**,
- das **ASiG**, durch das in größeren Betrieben unter Hinzuziehung besonderer Fachleute für Arbeitsschutz (Betriebsärzte, Fachkräfte für Arbeitssicherheit) erreicht werden soll, dass die Arbeitsschutz- und Unfallverhütungsvorschriften den besonderen Betriebsverhältnissen entsprechend angewendet, gesicherte arbeitsmedizinische und technische Erkenntnisse in der Praxis verwirklicht werden können und die zu treffenden Schutzmaßnahmen einen möglichst hohen Wirkungsgrad erreichen.

2776 Diese Normen dienen letztlich denselben Zwecken wie die Schutz- und Förderpflichten des Arbeitgebers aus dem Arbeitsvertrag sowie §§ 1 ff. ArbSchG.

2777 Dem öffentlich-rechtlichen Arbeitsschutzrecht liegt kein geschlossenes Konzept zugrunde. Überwiegend werden jeweils nur bestimmte Beschäftigungsbereiche erfasst und nur bestimmte Gefahrenbereiche abgedeckt.

*cc) Autonomes Verbandsrecht*

2778 Der öffentlich-rechtliche Arbeitsschutz wird durch autonomes Verbandsrecht ergänzt (sog. **duale Konzeption**).

2779 So obliegt es z. B. den Berufsgenossenschaften, Unfallverhütungsvorschriften mit Präventivfunktion als autonomes Satzungsrecht zu erlassen. Diese sind ihrerseits wichtige Erkenntnisquellen für den technischen Arbeitsschutz und haben darüber hinaus die Funktion von allgemein anerkannten Regeln der Technik.

2780 Sie enthalten eine Zusammenstellung derjenigen Maßnahmen, die zur Verhütung bestimmter typischer Gefahren vor allem vom Arbeitgeber, z. T. auch von den Arbeitnehmern zu treffen bzw. zu beachten sind.

2781 Sie sind für die Mitgliedsunternehmer und für die dort versicherten Arbeitnehmer verbindlich; sie haben beiden gegenüber normativen Charakter.

2782 Andererseits sind sie keine Schutzgesetze i. S. v. § 823 Abs. 2 BGB (*BGH* 2.6.1969, 827).

*dd) Europäisches Recht*

2783 Zur Bedeutung europäischer Rechtsnormen s. Kap. 1 Rdn. 731 zu Art. 114, 154 AEUV, Kap. 1 Rdn. 728 ff., zu den ergangenen RL und deren Umsetzung

2784 (derzeit unbesetzt)

*c) Doppelwirkung des öffentlich-rechtlichen Arbeitsschutzes; Grenzen*

2785 Die an den Arbeitgeber gerichteten Gebote und Verbote in den öffentlich-rechtlichen Arbeitsschutz- und Unfallverhütungsvorschriften begründen **grds. auch entsprechende unabdingbare Vertragspflichten des Arbeitgebers** (*BAG* 12.8.2008 EzA § 618 BGB 2002 Nr. 3).

2786 Allerdings muss die jeweilige Norm ihrem Inhalt nach **geeignet sein, als Erfüllungsanspruch zu Gunsten des Arbeitnehmers vereinbart zu werden**. Das ist bei reinen Ordnungs- und Organisationsvorschriften, die ausschließlich das Verhältnis zwischen Staat und Arbeitgeber betreffen (z. B. Meldepflichten) sowie Schutznormen, die nur die Gesamtheit der Arbeitnehmer betreffen, nicht der Fall.

Fraglich ist, ob die Normen des technischen Arbeitsschutzes zugleich die **Obergrenze des vom Arbeitnehmer einklagbaren Schutzes gegen Gefahren für Leben und Gesundheit darstellen**. Der Arbeitgeber hat zunächst jedenfalls auch ohne ausdrückliche Spezialregelungen diejenigen Vorkehrungen auf seine Kosten zu schaffen, die nach dem Stand der Technik üblich und zumutbar sind. Über Normen des technischen Arbeitsschutzes hinaus sind aber besondere schutzbedürftige Arbeitnehmer (z. B. auf Grund einer gesundheitlichen Störung) auch berechtigt, besondere Schutzmaßnahmen zu verlangen, soweit diese dem Arbeitgeber zumutbar sind (*LAG BW* DB 1978, 213; *LAG Bln.* NZA 1986, 609). 2787

Die staatlichen Arbeitsschutzvorschriften sind – im Gegensatz zu den Unfallverhütungsvorschriften (s. Rdn. 2778) zumeist Schutzgesetze zu Gunsten der Arbeitnehmer i. S. d. § 823 Abs. 2 BGB sowie gesetzliche Verbote gem. § 134 BGB. 2788

(derzeit unbesetzt) 2789

Verstößt eine vertragliche Vereinbarung gegen Arbeitsschutz- oder Unfallverhütungsvorschriften, so ist der Arbeitsvertrag nach § 134 BGB ausnahmsweise nichtig, wenn nicht nur einzelne Abreden arbeitsschutzwidrig sind, sondern der Arbeitsvertrag darauf gerichtet ist, **den Arbeitnehmer überhaupt oder überwiegend verbotene Beschäftigungen ausüben zu lassen** (s. § 22 Abs. 1 JArbSchG; § 4 MuSchG). 2790

### d) Unabdingbarkeit; Kosten

Nach § 618 Abs. 1 BGB hat der Arbeitgeber dem Arbeitnehmer die nach den Unfallverhütungsvorschriften vorgeschriebene persönliche Schutzausrüstung zur Verfügung zu stellen. Dazu gehören auch Sicherheitsschuhe, z. B. für Maurer (s. *LAG Köln* 12.12.2008 – 11 Sa 777/08, AuR 2009, 224 LS). 2791

Dieser **Personenschutz** (besonders durch persönliche Schutzausrüstungen und arbeitsmedizinische Vorsorge) hat gegenüber technischen und organisatorischen Maßnahmen nur eine **ergänzende Funktion** (vgl. § 19 GefahrStVO). Im Unfallverhütungsrecht ist generell bestimmt, dass persönliche Schutzausrüstungen (erst dann) einzusetzen sind, wenn Unfall- und Gesundheitsgefahren durch »betriebstechnische Maßnahmen« nicht ausgeschlossen werden können. 2792

Gem. **§ 19 Abs. 5 GefahrStVO** brauchen die persönlichen Schutzausrüstungen nur so lange benutzt zu werden, wie es das Arbeitsverfahren unbedingt erfordert und es mit dem Gesundheitsschutz vereinbar ist. Ferner darf das Tragen von Atemschutz und von Vollschutzanzügen keine ständige Maßnahme sein. Die Arbeitnehmer sind nach § 19 Abs. 5 GefahrStVO andererseits verpflichtet, die zur Verfügung gestellten persönlichen Schutzausrüstungen zu benutzen. 2793

Die Kosten hierfür sind Teil der allgemeinen Betriebskosten und sind vom Arbeitgeber zu tragen. DiesePflicht kann (vgl. § 619 BGB) nicht im Voraus einzelvertraglich oder durch Betriebsvereinbarung ganz oder teilweise abbedungen werden (*BAG* 18.8.1982 EzA § 618 BGB Nr. 4). 2794

Der Arbeitgeber ist auch dann zur Übernahme der Anschaffungskosten verpflichtet, wenn er die Sicherheitsschuhe nicht selbst beschafft, sondern den Arbeitnehmer mit dem Erwerb beauftragt. 2795

(derzeit unbesetzt) 2796

Vereinbarungenüber eine Kostenbeteiligung sind aber dann zulässig, wenn der Arbeitgeber den Arbeitnehmern über seine gesetzliche Verpflichtung hinaus **Vorteile bei der Benutzung** oder Verwendung der Sicherheitsschuhe anbietet und der Arbeitnehmer von diesem Angebot freiwillig Gebrauch macht (*BAG* 18.8.1982 EzA § 618 BGB Nr. 4). 2797

Zur Kostentragung für die Anschaffung von Dienstkleidung (z. B. für einen Ersatzsmoking für einen Croupier in einer Spielbank) ist der Arbeitgeber nur dann verpflichtet, wenn wegen der am Arbeitsplatz **drohenden Gefahren** entsprechende Schutzkleidung zur Verfügung gestellt werden muss; dazu gehört der Smoking eines Croupiers nicht (*BAG* 19.5.1998 EzA § 670 BGB Nr. 28; 13.2.2007 NZA 2798

2007, 640); auch die betriebliche Einigungsstelle hat nicht die Kompetenz zu bestimmen, wer die anfallenden Kosten tragen muss (*BAG* 13.2.2007 NZA 2007, 640). Gleiches gilt für Dienstkleidung i. S. v. § 21 Abs. 2 AVR Caritas. Dabei handelt es sich um **Kleidungsstücke, die auf Anordnung des Arbeitgebers zur besonderen Kenntlichmachung im dienstlichen Interesse während der Arbeitszeit zu tragen sind.** Die damit verbundenen Aufwendungen obliegen dem Arbeitnehmer. Sie sind mit der Vergütung abgegolten (*BAG* 13.2.2003 EzA § 618 BGB 2002 Nr. 1). Demgegenüber hat der Arbeitgeber die Kosten der **Reinigung von Arbeitskleidung**, deren Tragen aus hygienischen Gründen vorgeschrieben ist, zu übernehmen. Entgegenstehende Vereinbarungen sind gem. § 619 BGB unwirksam. Denn die unabdingbaren Pflichten zu Schutzmaßnahmen gegen Gefahren für Leben und Gesundheit des Arbeitnehmers erstrecken sich auch auf Arbeitsschutzmaßnahmen, die aus hygienischen Gründen erforderlich sind. Der Arbeitnehmer hat daher auch dann einen Anspruch auf **Aufwendungsersatz (§ 670 BGB)** für die Reinigungskosten, wenn die Arbeitskleidung ihm übereignet worden ist (*LAG Düsseld.* 26.4.2001 NZA-RR 2001, 409).

2799 Schließlich ist eine Regelung in einem Formulararbeitsvertrag, nach der pauschalierte Kosten für die Reinigung und Wiederbeschaffung arbeitgeberseitig gestellter Berufskleidung auch für Zeiträume erhoben werden, in denen der Arbeitnehmer unter Fortzahlung der Vergütung von der Arbeitsleistung befreit (Urlaub, Krankheit) oder nicht verpflichtet ist, Arbeitskleidung zu tragen, gem. § 307 Abs. 1 BGB unwirksam (*LAG Nds.* 16.7.2007 NZA-RR 2008, 12).

2800 (derzeit unbesetzt)

### e) Anforderungen an Arbeitsstätten; Gefährdungsbeurteilung

2801 Der Arbeitgeber hat die **Arbeitsstätten** (Räume), die vor dem 1.5.1976 errichtet waren oder mit deren Errichtung zu diesem Zeitpunkt bereits begonnen war (zu den Übergangsregelungen für sog. Alt-Arbeitsstätten vgl. § 56 ArbStättV), **nach den allgemein anerkannten sicherheitstechnischen, arbeitsmedizinischen und hygienischen Regeln sowie den sonstigen gesicherten arbeitswissenschaftlichen Erkenntnissen einzurichten und zu betreiben** (vgl. § 3 ArbStättV i. V. m. den einschlägigen Arbeitsschutz- und Unfallverhütungsvorschriften). Den Vorschriften des technischen Arbeitsschutzes kommt insoweit eine **Doppelwirkung** zu, als Schutzpflichten über § 618 Abs. 1 BGB in das einzelne Arbeitsverhältnis hineinwirken. Sie begründen dann zusätzlich zu einer öffentlich-rechtlichen Pflicht eine privatrechtliche Verpflichtung, die der Arbeitgeber gegenüber dem einzelnen Arbeitnehmer zu erfüllen hat. Welche öffentlich-rechtlichen Arbeitsschutznormen über § 618 Abs. 1 BGB Erfüllungsansprüche im Privatrechtsverhältnis begründen, ist durch **Auslegung** zu ermitteln. Die Arbeitsschutzvorschrift muss neben ihrem öffentlich-rechtlichen Zweck gerade auch den Schutz des einzelnen Arbeitnehmers zum Ziel haben. Gem. § 5 Abs. 1 ArbSchG hat der Arbeitgeber zudem durch eine Beurteilung der für die Beschäftigten mit ihrer Arbeit verbundenen Gefährdung zu ermitteln, welche Maßnahmen des Arbeitsschutzes erforderlich sind; diese Regelung dient auch dem Schutz des einzelnen Arbeitnehmers (s. *BAG* 12.8.2008 NZA 2009, 102). Der Arbeitnehmer hat insoweit einen Anspruch auf Durchführung einer Gefährdungsbeurteilung. Er kann aber **keine bestimmten Überprüfungskriterien** und -methoden für die Durchführung vorgeben. Denn § 5 Abs. 1 ArbSchG eröffnet für den Arbeitgeber weite Beurteilungs- und Handlungsspielräume. Mit entsprechenden Vorgaben muss der Arbeitgeber auch nicht gegenüber dem Betriebsrat initiativ werden, um eine mitbestimmte Durchführungsregelung der Gefährdungsbeurteilung herbeizuführen (*BAG* 12.8.2008 NZA 2009, 102).

2802 Betroffen sind z. B. Arbeitsräume, Arbeitsplätze, Baustellen, Pausenräume, sanitäre Einrichtungen usw.).

2803 **Damit werden die Schutzpflichten des Arbeitgebers aus § 618 Abs. 1 BGB konkretisiert**.

§§ 4 ff. ArbStättV regeln insbes. Anforderungen an Lüftung, Temperatur, Beleuchtung, bauliche Eigenschaften, Türen, Absturzsicherheit, Schutz gegen Gase, Dämpfe, Nebel, Staub und Lärm (s. a. *EuGH* 19.5.2011 EzA EG-Vertrag 1999 Richtlinie 2003/10 Nr. 1 = NZA 2011, 967 zur RL 2003/10/EG).

Am 25.8.2004 ist eine neue ArbStättV (BGBl. I 2004, 2179 ff.) zur Umsetzung der RL 89/654 EWG in Kraft getreten (vgl. dazu *Kohte/Faber* DB 2005, 224 ff.), die Regelungen über das Einrichten und Betreiben von Arbeitsräumen, deren Gestaltung und Ausstattung, Beleuchtung und Sichtverbindung, die Gestaltung von Pausen-, Bereitschafts- und Sanitärräumen, Toiletten und Lärm (s. *EuGH* 19.5.2011 EzA EG-Vertrag 1999 Richtlinie 2003/10 Nr. 1 = NZA 2011, 967 zur RL 2003/10) enthält (vgl. *Schurig* ZTR 2004, 626 ff.; zu überhitzten Arbeitsräumen im Sommer vgl. *Grimm* DB 2004, 1666 ff.; *ders.* zur Raumtemperatur DB 2010, 1588 f.). 2804

Der Anwendungsbereich der ArbStättV umfasst allerdings nur den nach der GewO (§ 6) vorgegebenen Bereich des Gewerbebetriebes (nicht also z. B. Land- und Forstwirtschaft, Dienststellen und Einrichtungen der öffentlichen Verwaltung). 2805

*f) Nichtraucherschutz*

Seit dem 1.9.2007 ist der Arbeitgeber gem. § 5 Abs. 1 ArbStättV **verpflichtet, soweit erforderlich, ein allgemeines oder auf einzelne Bereiche beschränktes Rauchverbot zu erlassen** (s. dazu *Düwell* FA 2008, 76 f. und *LAG Bln.-Bra.* 11.3.2008 LAGE § 618 BGB 2002 Nr. 4; *Uhl/Polloczek* BB 2008, 1114; *Entzer/Sauer* BB 2008, 1116; *Kühn* BB 2010, 120 ff.). Ist es durch Landesgesetz verboten, in Gaststätten Tabak zu rauchen, und fällt ein dort beschäftigter Arbeitnehmer außerhalb von Rauchergaststätten und Raucherräumen in den Schutzbereich dieses Rauchverbots, kann er nach § 618 Abs. 1 BGB i. V. m. § 5 Abs. 1 ArbStättV verlangen, auf einem tabakrauchfreien Arbeitsplatz beschäftigt zu werden. 2806

Im Einzelnen gilt dann Folgendes (*BAG* 19.5.2009 EzA § 618 BGB 2002 Nr. 4; s. a. *Böttcher* AuR 2009, 289 ff.): 2807
– Arbeitnehmer haben unter den Voraussetzungen des § 618 Abs. 1 BGB i. V. m. § 5 Abs. 1 ArbStättV Anspruch auf Zuweisung eines tabakrauchfreien Arbeitsplatzes. Die öffentlich-rechtlichen Arbeitsschutzbestimmungen in § 5 Abs. 1 S. 1 und 2 ArbStättV haben auch den Schutz des einzelnen Arbeitnehmers zum Ziel. Sie begründen über § 618 Abs. 1 BGB eine privatrechtliche Verpflichtung des Arbeitgebers gegenüber dem Arbeitnehmer.
– Der Arbeitgeber hat Schutzmaßnahmen in Arbeitsstätten mit Publikumsverkehr nach § 5 Abs. 2 ArbStättV nur insoweit zu treffen, als die Natur des Betriebs und die Art der Beschäftigung es zulassen. Diese Zumutbarkeitsschranken bestehen jedoch lediglich dann, wenn der Arbeitgeber die unternehmerische Betätigungsfreiheit in rechtmäßiger Weise ausübt. Das Handeln des Arbeitgebers ist nicht rechtmäßig, wenn ihm gesetzliche Verbote entgegenstehen.
– § 2 Abs. 1 Nr. 8 des Berliner Nichtraucherschutzgesetzes (NRSG) verbietet das Tabakrauchen in Gaststätten. Gibt es in dem Spielsaal einer Spielbank einen räumlich nicht abgetrennten Barbereich, werden dort zugleich eine Spielbank i. S. v. § 33h GewO und eine Gaststätte i. S. v. § 1 Abs. 1 Nr. 1 GastG betrieben. Dieser gemischte Betrieb kann auch von zwei verschiedenen Rechtsträgern geführt werden. Das Rauchverbot des § 2 Abs. 1 Nr. 8 NRSG erfasst in einem solchen Fall wegen der fehlenden räumlich-baulichen Trennung sowohl den Gaststätten- als auch den Spielbankbetrieb.
– Arbeitnehmer fallen in Gaststätten und Mischbetrieben aus Spielbanken und Gaststätten außerhalb von Rauchergaststätten und Raucherräumen in den Schutzbereich des § 2 Abs. 1 Nr. 8 NRSG.

Umgekehrt ergibt sich aus dem NRSG NRW **kein subjektives Recht rauchender Beschäftigter** auf Einrichtung eines **Raucherraums** im Dienstgebäude (*OVG NRW* 29.3.2010 – 1 A 812/08, ZTR 2011, 181 LS 9.

*g) Arbeitsanweisungen und Belehrungen*

Durch Erteilung sachkundiger Arbeitsanweisungen und Belehrungen über Gefahren und bestehende Unfallverhütungsvorschriften hat der Arbeitgeber seine Schutzpflichten für Leben und Ge- 2808 sundheit der Arbeitnehmer umzusetzen (vgl. § 12 ArbSchG; § 20 GefStoffVO; s. *BAG* 11.1.2011 – 1 ABR 104/09, EzA-SD 10/2011 S. 9 LS).

2809, (derzeit unbesetzt)
2810

### h) Unterbringung und Verpflegung

2811 Durch § **618 Abs. 2 BGB** (s. a. § 40a ArbStättV) werden die Schutzpflichten des Arbeitgebers auf Wohn- und Schlafräume der Arbeitnehmer ausgedehnt, wenn der Arbeitgeber sie in häuslicher Gemeinschaft aufgenommen hat; er hat für einwandfreie Verpflegung sowie die Einhaltung der Erholungszeiten seiner Arbeitnehmer zu sorgen.

2812, (derzeit unbesetzt)
2813
2814     Gem. § 45 Abs. 1 ArbStättV ist der Arbeitgeber verpflichtet, auswärts beschäftigten Arbeitnehmern eine Übernachtungsmöglichkeit zur Verfügung zu stellen. Diese Vorschrift ist wie folgt auszulegen (*BAG* 14.2.1996 EzA § 670 BGB Nr. 25):
     a) Die Verpflichtung, Unterkünfte für die Nacht bereitzustellen, besteht nicht, wenn geeignete Übernachtungsmöglichkeiten zur Verfügung stehen, deren Inanspruchnahme dem Arbeitnehmer möglich und zumutbar ist.
     b) Die Vorschrift bestimmt nicht, dass der Arbeitgeber die Kosten der auswärtigen Unterbringung zu tragen hat.

2815 (derzeit unbesetzt)

### i) Vorsorgeuntersuchungen; Untersuchungen bei gesundheitlichen Bedenken

2816 Häufig sind **freiwillige, arbeitsmedizinisch indizierte Untersuchungen** u. a. von Arbeitnehmern, die mit Gefahrstoffen umgehen, schwere körperliche Arbeit oder Augenfeinarbeit leisten, starkem Lärm ausgesetzt sind oder Schicht- bzw Nachtarbeit leisten, vorgesehen (vgl. § 3 Abs. 1 S. 2 Nr. 2 ASiG).

2817 Darüber hinaus sind für besondere Arbeitsschutzbereiche **spezielle medizinische Vorsorgeuntersuchungen wegen besonderer Gesundheitsgefährdungen am Arbeitsplatz** vorgeschrieben, z. B. bei der Beschäftigung mit krebserzeugenden Gefahrstoffen, unter Strahleneinwirkung, in Lärmbereichen, in Druckluft, bei Hitze oder Kälte oder beim Tragen von Atemschutzgeräten (s. a. *EuGH* 19.5.2011 EzA EG-Vertrag 1999 Richtlinie 2003/10 Nr. 1).

2818 I. d. R. besteht allerdings keine öffentlich-rechtliche Verpflichtung für den Arbeitnehmer, sich der vorgeschriebenen Untersuchung zu unterziehen. Arbeitsvertraglich ist sie aber dann, wenn er zu Arbeiten verpflichtet ist, für die Vorsorgeuntersuchungen vorgeschrieben sind, denn ohne Teilnahme an der Untersuchung kann er nicht vertragsgemäß beschäftigt werden.

2819 (derzeit unbesetzt)

2820 Unabhängig von normativen Regelungen ist der Arbeitgeber i. d. R. **nicht verpflichtet, ärztliche Untersuchungen zu veranlassen**, wenn ein Arbeitnehmer in seiner Person liegende **gesundheitliche Bedenken** gegen die ihm abverlangten, arbeitsvertraglich geschuldeten Arbeiten erhebt. Es ist dann vielmehr grds. Sache des Arbeitnehmers, einen Arzt aufzusuchen und den Arbeitgeber über arbeitsplatzbezogene ärztliche Bewertungen zu informieren (*BAG* 13.12.2001 EzA § 611 BGB Arbeitnehmerhaftung Nr. 69).

### j) Gestaltung des Arbeitsplatzes werdender und stillender Mütter

2821 Der Arbeitsplatz muss im Rahmen des Erforderlichen so gestaltet sein, dass Gefahren für Leben und Gesundheit der werdenden oder stillenden Mutter oder des Kindes vermieden werden (§ 2 Abs. 1 MuSchG; s. § 2 ArbStättV).

2822 (derzeit unbesetzt)

## B. Pflichten des Arbeitgebers

### k) Sanktionen der Verletzung von Arbeitnehmerschutznormen

#### aa) Erfüllungs- und Unterlassungsanspruch

Aus der Doppelnatur der Arbeitsschutznormen folgt, dass ihre Einhaltung vom betroffenen Arbeitnehmer auch mit privat-rechtlichen Rechtsbehelfen erzwungen werden kann. Bei widerrechtlichem Handeln des Arbeitgebers steht ihm daneben ein Unterlassungsanspruch (analog §§ 12, 823, 862, 1004 BGB) zu. 2823

Voraussetzung ist allerdings, dass konkrete Gefahren für Leben und Gesundheit des Arbeitnehmers drohen und nachgewiesen werden können. Dann muss der Arbeitgeber sofort die erforderlichen Maßnahmen treffen. Sind allerdings verschiedene Maßnahmen möglich, hat der Arbeitnehmer lediglich Anspruch auf Ausübung fehlerfreien Ermessens durch den Arbeitgeber. 2824

#### bb) Zurückbehaltungsrecht

Aus § 273 BGB kann sich in den Grenzen des Verhältnismäßigkeitsprinzips ein Recht zur Leistungsverweigerung ergeben. Der Arbeitnehmer ist nicht verpflichtet, seine Arbeit unter arbeitsschutzwidrigen Umständen zu erbringen (s. § 21 Abs. 6 S. 2 GefStoffVO). 2825

(derzeit unbesetzt) 2826

Diese Regelung (§ 21 Abs. 6 S. 2 GefStoffVO) gilt nur für den Umgang mit Gefahrstoffen einschließlich Tätigkeiten in deren Gefahrenbereich. Die bloße Belastung des Gebäudes, in dem der Arbeitnehmer seine Arbeitsleistung erbringt, z. B. mit PCP, Lindan, Dioxinen, Furanen genügt nicht (*BAG* 8.5.1996 EzA § 273 BGB Nr. 5; 19.2.1997 EzA § 273 BGB Nr. 7; **a. A.** *BAG* 2.2.1995 EzA § 618 BGB Nr. 10 [Asbest]). 2827

Beschränkt sich die Gefährdung des Arbeitnehmers darauf, dass er in gefahrstoffbelasteten Räumen arbeitet, kann sich ein Zurückbehaltungsrecht folglich nur **aus § 273 Abs. 1, § 618 Abs. 1 BGB** (z. B. i. V. m. einschlägigen Richtlinien), nicht aber aus § 21 Abs. 6 S. 2 GefStoffVO ergeben. Der Arbeitgeber ist nach § 618 Abs. 1 BGB, §§ 3 ff. ArbSchG, § 62 Abs. 1 HGB verpflichtet, die **Arbeitsplätze möglichst frei von gesundheitsschädlichen Chemikalien und sonstigen Gefahrstoffen** zu halten. Dieser Pflicht genügt der Arbeitgeber in aller Regel dadurch, dass er einen Arbeitsplatz zur Verfügung stellt, dessen Belastung mit Schadstoffen nicht über das in der **Umgebung übliche Maß** hinausgeht (*BAG* 8.5.1996 EzA § 273 BGB Nr. 5). 2828

#### cc) Schadensersatzansprüche

##### (1) Normative Grundlagen

§ 618 BGB, § 62 HGB sind keine Schutzgesetze i. S. v. § 823 Abs. 2 BGB (s. Rdn. 2778, 2788). In Betracht kommen aber Schadenersatzansprüche gem. §§ 280 ff., 241 Abs. 2 BGB, § 823 Abs. 1 BGB i. V. m. §§ 831, 276, 278, 254 BGB. 2829

##### (2) Darlegungs- und Beweislast

Der Arbeitnehmer hat nur zu beweisen, dass ein zur Herbeiführung eines Schadens geeigneter ordnungswidriger Zustand vorlag. 2830

Der Arbeitgeber muss dann sein Nichtverschulden sowie ggf. ein Mitverschulden des Arbeitnehmers beweisen. 2831

§ 287 ZPO gilt zu Gunsten des Arbeitnehmers nicht nur für den **Schadensumfang** (haftungsausfüllende Kausalität), **sondern auch für den Haftungsgrund** (haftungsbegründende Kausalität; *BAG* 27.2.1970 AP Nr. 16 zu § 618 BGB). 2832

Im Streitfall kann **mehrfach wechselnder Vortrag** des Klägers bei der Beweiswürdigung zu seinen Lasten berücksichtigt werden (*BAG* 8.5.1996 EzA § 273 BGB Nr. 5). 2833

*(3) Umfang der Haftung; Verhältnis zur gesetzlichen Unfallversicherung*

2834 Der Haftungsumfang bestimmt sich gem. § 249 BGB. Gem. § 618 Abs. 3 BGB, § 62 Abs. 3 HGB erstreckt sich die Haftung entsprechend der §§ 842–846 BGB auch auf Nachteile, die für den Erwerb und das Fortkommen des verletzten Arbeitnehmers entstehen.

2835 Nach § 104 SGB VII besteht bei Arbeitsunfällen, Wegeunfällen, Berufskrankheiten allerdings eine Einstandspflicht der Berufsgenossenschaften. Der Arbeitgeber haftet dem Verletzten nur dann unmittelbar, wenn er den Arbeitsunfall vorsätzlich herbeigeführt hat oder der Arbeitsunfall bei der Teilnahme am allgemeinen Verkehr eingetreten ist (*BAG* 28.4.2011 EzA § 636 RVO Nr. 14; s. Rdn. 707 ff.). Hat der vom Arbeitgeber bestellte **Vorgesetzte** des Arbeitnehmers den **Arbeitsunfall vorsätzlich herbeigeführt**, ihn also gewollt oder seinen Eintritt billigend in Kauf genommen, so hat sich der Arbeitgeber diesen Vorsatz **zurechnen zu lassen**, wenn dessen schuldhaftes Handeln in einem engen sachlichen Zusammenhang mit den Aufgaben steht, die der Arbeitgeber dem Vorgesetzten als seinem Erfüllungsgehilfen zugewiesen hat (*BAG* 28.4.2011 EzA § 636 RVO Nr. 14).

2836 (derzeit unbesetzt)

*dd) Kündigung*

2837 Insbesondere bei schwerwiegenden Verstößen kommt die (außer-), ordentliche Kündigung des Arbeitsverhältnisses in Betracht.

*ee) Anzeigerecht*

2838 U. U. ist der Arbeitnehmer berechtigt, bei eigener Gefährdung oder der Gefährdung Dritter die zuständige Behörde zu informieren, wenn betrieblich keine Abhilfe zu erwarten ist (s. § 21 Abs. 6 GefStoffVO).

### 4. Schutz der Vermögensgegenstände des Arbeitnehmers

*a) Problemstellung*

2839 Vermögensgegenstände, die der Arbeitnehmer zum Zwecke oder gelegentlich seiner Arbeitsleistung in den Betriebsbereich einbringt oder außerhalb des Betriebes während der Arbeitsleistung mit sich führt, unterliegen den besonderen Betriebsgefahren.

2840 Eine allgemeine gesetzliche Verpflichtung zum Schutz der eingebrachten Vermögensgegenstände besteht für den Arbeitgeber nicht; § 618 Abs. 1 BGB ist auch nicht analog anwendbar (*BAG* 1.7.1965 AP Nr. 75 zu § 611 BGB Fürsorgepflicht).

*b) Schutzpflicht des Arbeitgebers*

2841 Die Schutzpflicht des Arbeitgebers folgt aber aus der **Fürsorgepflicht** (so *BAG* 5.3.1959 AP Nr. 26 zu § 611 BGB Fürsorgepflicht) bzw. aus der vertraglichen Sonderbindung zwischen den Arbeitsvertragsparteien (s. Rdn. 2689 ff.).

2842 Zudem bestimmt § 34 Abs. 5 ArbStättV für Gewerbebetriebe, dass **Umkleideräume mit Einrichtungen ausgestattet sein müssen, in denen jeder Arbeitnehmer seine Kleidung unzugänglich für andere während der Arbeitszeit aufbewahren kann**. Sind Umkleideräume nicht erforderlich, insbes. weil die Arbeitnehmer bei ihrer Tätigkeit keine besondere Arbeitskleidung tragen müssen, so muss für jeden Arbeitnehmer nach § 34 Abs. 6 ArbStättVO eine **Kleiderablage und ein abschließbares Fach zur Aufbewahrung persönlicher Wertgegenstände** vorhanden sein.

*aa) Umfang der Schutzpflicht*

2843 Geschützt sind die für die Arbeitsleistung **notwendigen, unentbehrlichen Gegenstände**. Das sind alle zur Ausführung der Arbeitsleistung und zum Erreichen der Arbeitsstätte notwendigen Hilfsmit-

## B. Pflichten des Arbeitgebers          Kapitel 3

tel (z. B. persönliches Werkzeug, Musikinstrumente, Arbeitskleidung, persönliche Wertgegenstände, wie z. B. Geldbörsen, Schecks, Scheckkarten, Uhren, und, je nach Arbeitstätigkeit, u. U. persönlicher Schmuck).

Gleiches gilt für die **im Zusammenhang mit der Arbeitsleistung üblicherweise eingebrachten Gegenstände**, die zwar zur Erbringung der Arbeitsleistung nicht notwendig, jedoch unmittelbar oder mittelbar dienlich sind und üblicherweise in den Betrieb eingebracht werden (z. B. eigene Werkzeuge des Arbeitnehmers).    2844

### bb) Verhältnismäßigkeitsprinzip; Inhalt der Schutzpflicht

Eine Verwahrungs- und Obhutspflicht besteht nach Maßgabe des Verhältnismäßigkeitsgrundsatzes allerdings nur dann, wenn die Einbringung der Vermögensgegenstände für den Arbeitnehmer erforderlich und für den Arbeitgeber nicht unangemessen, also zumutbar ist.    2845

Als erforderlich gilt z. B. die Unterbringung von Fahrrädern sowie von Mopeds und Fahrrädern mit Hilfsmotor. Das *Hess. LAG* (11.4.2003 NZA-RR 2004, 69) hat angenommen, dass der Arbeitgeber nicht gegen die Fürsorgepflicht verstößt, wenn er **Stellplätze nur außerhalb der Betriebsumzäunung** gewährt; er muss danach auch keine besonderen Stellplätze für Motorräder einrichten, die eine größere Sicherheit bieten als die allgemeinen Parkplätze.    2846

Das BAG hat bislang für Kraftfahrzeuge eine Pflicht des Arbeitgebers zur Schaffung von Unterstellmöglichkeiten dahingestellt sein lassen (28.9.1989 EzA § 611 BGB Parkplatz Nr. 1).    2847

Hat er jedoch Unterbringungsmöglichkeiten geschaffen, besteht für ihn grds. die **allgemeine Verkehrssicherungspflicht**.    2848

Er ist verpflichtet, die berechtigterweise auf das Betriebsgelände mitgebrachten Sachen durch **zumutbare Maßnahmen vor Beschädigungen** durch Dritte **zu schützen**. Wie weit diese Pflicht geht, ist im Einzelfall nach **Treu und Glauben** unter Berücksichtigung der betrieblichen und örtlichen Verhältnisse zu bestimmen. Der Arbeitgeber haftet bei schuldhafter Pflichtverletzung auf **Schadensersatz** (*BAG* 25.5.2000 EzA § 611 BGB Arbeitgeberhaftung Nr. 8). Die Fürsorgepflicht des Arbeitgebers beinhaltet auch, Schädigungen zu unterlassen. Der Arbeitgeber hat das Verschulden von Erfüllungsgehilfen in gleichem Umfang zu vertreten wie eigenes Verschulden (§ 278 BGB). Werkunternehmer, die auf dem Betriebsgelände Arbeiten ausführen und nur auf Grund besonderer Umstände mit dem Eigentum des Arbeitnehmers in Berührung kommen, sind aber regelmäßig keine Erfüllungsgehilfen des Arbeitgebers (*BAG* 25.5.2000 EzA § 611 BGB Arbeitgeberhaftung Nr. 8), ebenso wenig Arbeitskollegen.    2849

### cc) Nicht erfasste Gegenstände

Der Schutzpflicht unterliegen nicht die Gegenstände, die für die Arbeitsleistung weder unmittelbar noch mittelbar üblicherweise dienlich sind oder in einem unangemessenen Umfang (z. B. nicht benötigtes Geld) in den Betrieb mitgebracht werden (z. B. Radio- und Fernsehgeräte, Fotoapparate).    2850

Etwas anderes gilt aber dann, wenn der Arbeitgeber das Mitbringen dieser Gegenstände ausdrücklich erlaubt hat.    2851

### dd) Sicherungsmaßnahmen

**Die Art der erforderlichen Sicherungsmaßnahmen richtet sich prinzipiell nach den spezifischen Gefahren, d. h. insbes. nach den örtlichen Gegebenheiten.**    2852

Für Kleidung und ähnliche persönliche Gegenstände müssen sicherbare Schränke bzw. Kleiderablagen vorhanden sein.    2853

Als Sicherungsmaßnahme gegen den Diebstahl von Wertgegenständen kommt z. B. die Einrichtung von verschließbaren Fächern in Betracht (vgl. § 34 Abs. 6 ArbStättVO). Gegen die Gefahr der Be-    2854 schädigung von Fahrzeugen auf Parkplätzen müssen ggf. Umfriedungen, Absperrungen, Abgrenzungen eingerichtet werden, u. U. muss auch für eine Bewachung gesorgt werden.

2855 (derzeit unbesetzt)

2856 Zur Schadensminderung kommt unter Zumutbarkeitsaspekten auch eine Versicherungspflicht in Betracht.

2857 Voraussetzung ist das Bestehen einer Schutzpflicht des Arbeitgebers gegenüber einer **spezifischen Gefahr**. Sie fehlt z. B. hinsichtlich Schädigungen durch Dritte auf Parkplätzen (*BAG* 28.9.1989 AP Nr. 5 zu § 611 BGB Parkplatz). Denn insoweit ist die betriebliche Gefahr nicht größer als die übliche häusliche Gefahr des Arbeitnehmers, wenn er sein Kfz vor seinem Haus oder seiner Wohnung parkt.

2858 (derzeit unbesetzt)

2859 Auf die erforderlichen und angemessenen Sicherungsmaßnahmen hat der Arbeitnehmer einen **einklagbaren Rechtsanspruch** (*BAG* 1.7.1965 AP Nr. 75 zu § 611 BGB Fürsorgepflicht).

### c) Schadensersatzansprüche des Arbeitnehmers

2860 Schadensersatzansprüche des geschädigten Arbeitnehmers können sich aus §§ 280 ff., 241 Abs. 2 BGB oder aus **§ 823 Abs. 1 BGB** (Verkehrssicherungspflicht) ergeben, denn die Fürsorgepflicht des Arbeitgebers beinhaltet nicht nur Schutzmaßnahmen für die eingebrachten Sachen je nach den Gegebenheiten zu treffen, sondern auch, **Schädigungen zu unterlassen** (ErfK/*Preis* § 611 BGB Rdn. 610 ff.). Die Beschädigung des Arbeitnehmereigentums durch den Arbeitgeber stellt deshalb nicht nur eine unerlaubte Handlung, sondern auch eine positive Vertragsverletzung dar, wenn die Sache berechtigterweise in den Betrieb eingebracht wird und deshalb vom Schutzbereich des Arbeitsvertrages umfasst ist. Der Arbeitgeber hat das Verschulden von **Erfüllungsgehilfen** in gleichem Umfang wie eigenes Verschulden zu vertreten (§ 278 BGB). Erfüllungsgehilfen sind die Personen, deren sich der Arbeitgeber zur Erfüllung seiner Fürsorgepflicht bedient. Das können z. B. extra hierfür eingesetzte Parkwächter, Pförtner oder Sicherheitsfachkräfte sein. Inwieweit der Arbeitgeber darüber hinaus für Arbeitnehmer einzustehen hat, die bei ihrer vertraglichen Arbeitstätigkeit mit den fremden Sachen in Berührung kommen und ggf. hierfür Verantwortung tragen, mag zweifelhaft sein. Jedenfalls muss die Tätigkeit des Erfüllungsgehilfen im Bereich des vom Arbeitgeber geschuldeten Gesamtverhaltens liegen. Maßgebend ist der **konkrete Pflichtenkreis**, wie er durch Art und Umfang des jeweiligen Vertragsverhältnisses festgelegt ist (so *BAG* 25.5.2000 EzA § 611 BGB Arbeitgeberhaftung Nr. 8).

2861 Voraussetzung ist das Unterlassen einer erforderlichen und angemessenen (zurechenbaren) Sicherungsmaßnahme, die der Arbeitgeber bzw. Dritte in ihm zurechenbarer Weise (§§ 276, 278, 831 BGB) verschuldet haben; zu berücksichtigen ist auch § 254 BGB.

2862 Der Arbeitnehmer bleibt verpflichtet, seinen Besitz oder sein Eigentum vor Verlust oder Beschädigung zu bewahren, soweit ihm das auf Grund der betrieblichen Verhältnisse und seiner Arbeitsverpflichtung möglich ist.

2863 Ein Mitverschulden des Arbeitnehmers liegt ferner dann vor, wenn er den Sicherungsanweisungen des Arbeitgebers zuwiderhandelt. Gleiches gilt, wenn er Wertgegenstände mitbringt, ohne für einen besonderen Schutz zu sorgen (*BAG* 18.5.1965 AP Nr. 4 zu § 611 BGB Gefährdungshaftung des Arbeitgebers; s. § 34 Abs. 5, 6 ArbStättVO).

2864– (derzeit unbesetzt)
2866

### d) Haftungsausschluss

2867 Fraglich ist, ob die **Vereinbarung eines Haftungsausschlusses** im hier maßgeblichen Zusammenhang zulässig ist. **§ 309 Nr. 7 BGB** betrifft – bei AGB – den Haftungsausschluss für Pflichtverletzungen des Verwenders, also regelmäßig die Haftung des Arbeitgebers. Wegen der Haftungsfreistellung in § 104 SGB VII liegt der praktische Anwendungsbereich insoweit bei der Haftung des Arbeitgebers für Sachen des Arbeitnehmers. Insoweit normiert § **309 Nr. 7b BGB** das Verbot des Ausschlusses der Haftung für grob fahrlässige Pflichtverletzungen des Verwenders. Es handelt sich dabei um eine ganz allgemeine Bewertung, die auf vorformulierte Arbeitsverträge übertragbar ist. Das *BAG* (5.3.1959 AP Nr. 26 zu § 611 BGB Fürsorgepflicht) hat z. B. bereits die **Möglichkeit eines Haftungsausschlusses** für (Vorsatz und) grobe Fahrlässigkeit **verneint**. Auch die Haftung für Verkehrssicherheit kann der Arbeitgeber nicht durch vertragliche Einheitsregelung ausschließen (*BAG* 28.9.1989 NZA 1990, 345). Der Ausschluss der Haftung für einfache Fahrlässigkeit ist an § 307 BGB zu messen (ErfK/*Preis* §§ 305–310 BGB Rn. 84).

Aus § 309 Nr. 7 BGB kann insbes. nicht geschlossen werden, dass die Haftung bei einfacher Fahrlässigkeit jederzeit abbedungen werden kann. Gem. § 307 Abs. 1 BGB ist der Ausschluss der Haftung für leichte Fahrlässigkeit i. d. R. unwirksam, da für den Arbeitgeber der Abschluss einer Versicherung ungleich einfacher als für den Arbeitnehmer ist. Voraussetzung ist bei der Schadenshaftung allerdings immer, dass die **mitgebrachten Gegenstände im Zusammenhang mit dem Arbeitsverhältnis stehen und von ihrem Wert her nicht völlig aus dem Rahmen fallen**. Bei »normalen« Sachen ist dagegen die Haftung für leichte Fahrlässigkeit auch deshalb unabdingbar, weil der Arbeitnehmer zum »Einbringen« faktisch gezwungen ist (*Däubler/Bonin/Deinert* AGB-Kontrolle im Arbeitsrecht, 3. Aufl., § 309 BGB Rn. 9). So ist z. B. ein vergleichbarer Haftungsausschluss gem. § 307 BGB unwirksam, wenn der Kunde dem AGB-Verwender Vermögensgegenstände in Obhut gibt (s. *BAG* 25.5.2000 NZA 2000, 1052). **2868**

Individuell vereinbarte Freizeichnungsklauseln unterliegen keiner gerichtlichen Inhaltskontrolle und sind daher in den allgemeinen Grenzen, z. B. des § 138 Abs. 1 BGB, zulässig. **2869**

### 5. Haftung des Arbeitgebers für Eigenschäden des Arbeitnehmers

#### a) Problemstellung

Fraglich ist, wie die Rechtslage dann zu beurteilen ist, wenn dem Arbeitnehmer bei Ausführung seiner Arbeitstätigkeit ein Schaden entstanden ist, ohne dass ein Verschulden anderer Arbeitnehmer, die als Erfüllungs- oder Verrichtungsgehilfen anzusehen sein könnten (§§ 278, 831 BGB) gegeben ist, sodass Ansprüche des Arbeitnehmers aus §§ 280 ff., 241 Abs. 2 BGB sowie aus unerlaubter Handlung gegen den Arbeitgeber ausscheiden. **2870**

#### b) Keine verschuldensunabhängige Haftung des Arbeitgebers

Eine verschuldensunabhängige Haftung des Arbeitgebers für Schäden, die während der Arbeitsleistung an Sachen des Arbeitnehmers eintreten, besteht aber grds. nicht (s. Rdn. 2860 ff.). Zwar wäre es denkbar, eine solche Verantwortlichkeit aus einer Weiterführung der Haftungseinschränkung des Arbeitnehmers bei durch betriebliche Tätigkeit verursachten Schäden herzuleiten. **2871**

Danach hat ein Arbeitgeber sogar die Schäden zu tragen, die der Arbeitnehmer bei betrieblich verursachter Tätigkeit leicht fahrlässig verursacht hat; er hat sie zum Teil zu tragen, wenn sog. mittlere Fahrlässigkeit gegeben ist (s. Rdn. 641 ff.). **2872**

Dann liegt es nahe, dass der Arbeitgeber erst recht solche Schäden selbst tragen muss, die der Arbeitnehmer schuldlos herbeigeführt hat, und zwar unabhängig davon, ob sie beim Arbeitgeber, einem Dritten oder dem Arbeitnehmer selbst entstehen. **2873**

Nach der vom *BAG* (GS 10.11.1961 AP Nr. 2 zu § 611 BGB Gefährdungshaftung des Arbeitgebers) vertretenen Auffassung **dienen die zur betrieblich verursachten Tätigkeit entwickelten Grundsätze jedoch nur der Haftungsmilderung, nicht aber dem Ersatz von Eigenschäden des Arbeitnehmers**. Deshalb hat der Arbeitgeber z. B. bei einem Arbeitnehmer im Falle eines nicht schuldhaft verursachten Schadens an einem **dienstlich anerkannten Privatfahrzeug keinen Schadensersatz** nach **2874**

§§ 249 ff. BGB, sondern lediglich einen **Aufwendungsersatz** für tatsächlich entstandene Kosten zu zahlen (*LAG Nds.* 2.9.2004 NZA-RR 2005, 64; s. Rdn. 2875 ff.).

#### c) § 670 BGB analog

##### aa) Grundlagen

2875 Entsprechend § 670 BGB wird gleichwohl eine Haftung des Arbeitgebers für Sachschäden des Arbeitnehmers dann bejaht, wenn der Schaden im Betätigungsbereich des Arbeitgebers entstanden ist. Voraussetzung ist, dass er so ungewöhnlich ist, dass er durch das Arbeitsentgelt nicht als abgegolten anzusehen ist und auch nicht zum allgemeinen Lebensrisiko zählt. Nicht ersatzfähig sind daher »arbeitsadäquate« Sachschäden, mit denen der Arbeitnehmer nach der Art des Betriebs oder der Arbeit zu rechnen hat (krit. *Reichold* NZA 1994, 488 ff.).

2876 Ein »außergewöhnlicher Schaden« liegt immer dann vor, **wenn er im Zusammenhang mit der Arbeitsleistung entstanden und durch die Arbeitsvergütung nicht abgedeckt ist.**

##### bb) Ausschluss oder Minderung des Anspruchs bei schuldhaftem Verhalten des Arbeitnehmers

2877 Darüber hinaus darf der Schaden **nicht dem Lebensbereich des Arbeitnehmers zuzurechnen und von diesem auch nicht verschuldet sein** ([Mitverschulden ist analog § 254 BGB zu berücksichtigen]; s. Rdn. 2887 u. *BAG* 23.11.2006 EzA § 670 BGB 2002 Nr. 2).

2878 Insoweit sind die Grundsätze über den innerbetrieblichen Schadensausgleich entsprechend heranzuziehen (*BAG* 11.8.1988 EzA § 670 BGB Nr. 19; 23.11.2006 EzA § 670 BGB 2002 Nr. 2 = NZA 2007, 870; 22.6.2011 EzA § 670 BGB 2002 Nr. 5 = NZA 2012, 91).

2879 Der Anspruch des Arbeitnehmers ist dann ausgeschlossen, wenn er infolge einer schuldhaften Handlungsweise sein Vorgehen den Umständen nach nicht für erforderlich halten durfte.

2880 Insoweit handelt z. B. ein **Journalist** grob fahrlässig, wenn er über einen anderen eine unwahre negative Tatsache verbreitet und für die angebliche Richtigkeit weder auf eigene Kenntnisse noch auf andere Erkenntnisquellen verweist.

2881 Wird er gerichtlich in Anspruch genommen, so hat er gegen seinen Auftraggeber keinen Anspruch auf Freistellung von den Gerichtskosten (*BAG* 14.11.1991 EzA § 670 BGB Nr. 22).

##### cc) Weitere Beispiele

2882 Das *BAG* (20.4.1989 EzA § 670 BGB Nr. 20) hat offen gelassen, ob das auch z. B. für das unbeaufsichtigte Liegenlassen einer Brille im Aufenthaltsraum durch einen **Krankenpfleger** in der Psychiatrie gilt, wenn der Aufenthaltsraum auch von den Patienten benutzt wird.

2883 Nicht ersatzfähig ist jedenfalls der entstehende **Verschleiß der Kleidung**, weil dies dem Lebensbereich des Arbeitnehmers zuzuordnen ist.

2884 (derzeit unbesetzt)

2885 Ist der Arbeitnehmer in **Frankreich als LKW-Fahrer** in eine Kontrolle geraten, bei der mehrfache vorsätzliche Lenkverstöße festgestellt wurden, und wurde, weil er die geforderte Strafkaution nicht zahlen konnte, der LKW beschlagnahmt, steht dem Arbeitgeber, der zur Aufhebung der Beschlagnahme seines LKW die Kaution stellt, **ein Schadensersatzanspruch gegen den Arbeitnehmer zu.** Der Schaden besteht in dem geleisteten Kautionsbetrag. Der Ersatzanspruch steht unter der Einschränkung, dass der Arbeitgeber Zug um Zug den Kautionsrückzahlungsanspruch gegen die ausländische Hinterlegungsstelle abzutreten hat (*LAG Düsseld.* 16.7.2003 LAGE § 626 BGB Nr. 150).

2886 Verursacht ein **Berufskraftfahrer** in Ausübung einer betrieblichen Tätigkeit unverschuldet einen schweren Verkehrsunfall und wird wegen dieses Unfalls gegen ihn ein staatsanwaltschaftliches Ermittlungsverfahren eingeleitet, hat ihm der Arbeitgeber die **erforderlichen Kosten der Verteidigung**

## B. Pflichten des Arbeitgebers · Kapitel 3

(dies sind grds. die gesetzlichen Gebühren) zu ersetzen. Arbeitsrechtlich ist ein Berufskraftfahrer in diesem Zusammenhang ohne besondere Vereinbarung und Vergütung nicht zum Abschluss einer Rechtsschutzversicherung verpflichtet (*BAG* 16.3.1995 EzA § 670 BGB Nr. 24).

### d) Verkehrsunfälle mit dienstlich genutztem Privat-Pkw oder sonstigem Privatfahrzeug; Diebstahl des Firmen-Pkw

Besonderheiten gelten dann, wenn der Arbeitnehmer mit seinem eigenen beruflich genutzten Pkw einen Verkehrsunfall erlitten hat (*BAG* 8.5.1980 EzA § 670 BGB Nr. 14). **2887**

Der Arbeitgeber muss dem Arbeitnehmer die an dem Kfz ohne Verschulden des Arbeitgebers entstandenen Unfallschäden dann ersetzen, wenn das Fahrzeug mit Billigung des Arbeitgebers ohne besondere Vergütung im Betätigungsbereich des Arbeitgebers eingesetzt war (*BAG* 23.11.2006 EzA § 670 BGB 2002 Nr. 2; 28.10.2010 EzA § 670 BGB 2002 Nr. 4). Das gilt allerdings nicht, wenn der Arbeitnehmer zur Abdeckung des Unfallschadensrisikos eine **besondere Vergütung** erhält (*BAG* 28.10.2010 EzA § 670 BGB 2002 Nr. 4).

Ein Ersatz im Betätigungsbereich des Arbeitgebers ist dann anzunehmen, wenn ohne Einsatz des Fahrzeugs des Arbeitnehmers der Arbeitgeber ein eigenes Fahrzeug einsetzen und damit dessen Unfallgefahr tragen müsste (*BAG* 14.12.1995 EzA § 611 BGB Arbeitgeberhaftung Nr. 4). Dies beruht letztlich auf einer **Risikoverteilung nach Verantwortungsbereichen** (*BAG* 14.12.1995 EzA § 611 BGB Arbeitgeberhaftung Nr. 4; 23.11.2006 EzA § 670 BGB 2002 Nr. 2 = NZA 2007, 870).

▶ **Beispiele:** **2888**
- Wird der Privat-PKW des Arbeitnehmers nicht während einer Dienstfahrt, sondern in der Zeit zwischen zwei am selben Tage durchzuführenden Dienstfahrten während des Parkens in der Nähe des Betriebes beschädigt, gehört auch dieses Vorhalten des Kfz während der Innendienstzeit des Arbeitnehmers zum Einsatz im Betätigungsbereich des Arbeitgebers. Der anderweitig nicht ersetzte Sachschaden ist vom Arbeitgeber auszugleichen (*BAG* 14.12.1995 EzA § 611 BGB Arbeitgeberhaftung Nr. 4).
- Ein Arbeitnehmer, der im Rahmen seiner **Rufbereitschaft** bei der Fahrt von seinem Wohnort zur Arbeitsstätte mit seinem Privatwagen verunglückt, hat grds. Anspruch gegen seinen Arbeitgeber auf Ersatz des an seinem Pkw entstandenen Schadens. Die Höhe des Ersatzanspruchs bemisst sich nach den Regeln des innerbetrieblichen Schadensausgleichs (*BAG* 22.6.2011 EzA § 670 BGB 2002 Nr. 5 = NZA 2012, 91).

Diese Grundsätze gelten z. B. auch dann, wenn ein Forstarbeiter mit Billigung seines Arbeitgebers seinen Schlepper zu betrieblich veranlassten Tätigkeiten einsetzt; das gilt selbst dann, wenn über das Fahrzeug des Arbeitnehmers mit dem Arbeitgeber ein **Mietvertrag** abgeschlossen worden war (*BAG* 17.7.1997 EzA § 611 BGB Arbeitgeberhaftung Nr. 6). Das *LAG Nbg.* (24.9.1997 NZA-RR 1998, 199) hält § 670 BGB auch dann für analog anwendbar, wenn der Arbeitnehmer sein **privates Reisegepäck** während einer geschäftlichen Besprechung im Firmen-Pkw eingeschlossen hat, der Pkw jedoch mit Gepäck gestohlen wird. **2889**

Die Ersatzpflicht des Arbeitgebers umfasst regelmäßig auch den Nutzungsausfallschaden, es sei denn, die Ersatzfähigkeit ist in einer Vereinbarung (z. B. einer Betriebsvereinbarung) ausdrücklich ausgenommen (*BAG* 7.9.1995 NZA 1996, 32). **2890**

Ein Mitverschulden des Arbeitnehmers bei der Entstehung des Schadens ist gem. § 254 BGB zu berücksichtigen (*BAG* 22.6.2011 EzA § 670 BGB 2002 Nr. 5 = NZA 2012, 91; s. Rdn. 2877); allerdings ist der Arbeitnehmer ohne besondere Vereinbarung und Vergütung nicht zum Abschluss einer Vollkaskoversicherung verpflichtet (*Berndt* NJW 1997, 2213 ff.). Eine Haftung des Arbeitgebers scheidet insoweit zwar nicht generell aus, wenn der Unfall allein auf die **Verkehrsuntauglichkeit des Fahrzeugs des Arbeitnehmers** zurückzuführen ist, z. B. auf die mangelhafte Bereifung an einem kurz zuvor erworbenen Gebrauchtwagen. Denn auch in diesem Fall realisiert sich eine mit der be- **2891** trieblichen Tätigkeit untrennbar verbundene Unfallgefahr; es ist aber auch in einem derartigen Fall ein **Mitverschulden des Arbeitnehmers analog § 254 zu berücksichtigen**. Zudem gelten auch die Grundsätze der beschränkten Arbeitnehmerhaftung (*BAG* 23.11.2006 EzA § 670 BGB 2002 Nr. 2; tw. a. A. *LAG Düsseld.* 17.10.2005 – 14 Sa 823/05, EzA-SD 4/06 S. 10 LS). Eine Erstattungspflicht **entfällt** deshalb, wenn der Arbeitnehmer den Unfall **grob fahrlässig** verursacht hat. Bei **mittlerer Fahrlässigkeit** ist der Schaden grds. **anteilig** unter Berücksichtigung der Gesamtumstände des Einzelfalls nach Billigkeitsgrundsätzen und Zumutbarkeitsgesichtspunkten zu verteilen. Der Arbeitnehmer, der einen Anspruch auf volle Erstattung des erlittenen Unfallschadens geltend macht, hat **darzulegen und ggf. zu beweisen**, dass er den Unfall **nicht grob fahrlässig** verursacht hat, denn der Arbeitnehmer macht dann gegenüber dem Arbeitgeber keinen Schadensersatzanspruch geltend. Vielmehr verlangt er den Ersatz erforderlicher Aufwendungen nach § 670 BGB. Voraussetzung eines solchen Aufwendungsersatzanspruchs ist, dass alle Tatbestandsvoraussetzungen für diesen Anspruch gegeben sind. Zu diesen zählt, wenn der Arbeitnehmer vollen Ersatz seiner Aufwendungen verlangt, unter Berücksichtigung der Haftungsregeln für den innerbetrieblichen Schadensausgleich, dass seine Aufwendungen nur dann als in vollem Umfange erforderlich zu betrachten sind, wenn er sich nicht schuldhaft (vgl. § 276 Abs. 1 S. 1 BGB), sondern allenfalls **leicht fahrlässig verhalten** hat (*BAG* 11.8.1988 EzA § 670 BGB Nr. 19). Damit muss nach den allgemeinen prozessualen Darlegungs- und Beweislastregeln, die verlangen, dass der Anspruchssteller alle Tatbestandsvoraussetzungen für seinen geltend gemachten Anspruch darlegt und ggf. beweist, **der Arbeitnehmer, der vollen Aufwendungsersatz entsprechend § 670 BGB verlangt, zunächst** darlegen, dass er den Schaden **nicht schuldhaft, d. h. vorsätzlich oder normal fahrlässig, sondern allenfalls leicht fahrlässig verursacht hat** (*BAG* 28.10.2010 EzA § 670 BGB 2002 Nr. 4).

2892 Benutzt dagegen der Arbeitnehmer seinen privaten Pkw zur Erledigung arbeitsvertraglicher Verrichtungen und zahlt der Arbeitgeber die nach Steuerrecht anerkannte **Kilometerpauschale**, so hat der Arbeitgeber für die Kosten der Rückstufung der Haftpflichtversicherung, die durch einen bei der Arbeitsverrichtung eingetretenen Unfall verursacht worden ist, nur einzustehen, wenn dies zwischen den Parteien vereinbart war. Haben die Parteien eine Kilometerpauschale vereinbart und war der Arbeitnehmer in der Auswahl seines Pkws und der Versicherungsgesellschaft frei, so ist im Zweifel anzunehmen, dass mit Zahlung der Kilometerpauschale auch Rückstufungserhöhungen in der Haftpflichtversicherung abgegolten sind (*BAG* 30.4.1992 EzA § 670 BGB Nr. 23; s. a. *BAG* 28.10.2010 EzA § 670 BGB 2002 Nr. 4). Vereinbaren die Parteien des Arbeitsverhältnisses den Abschluss **einer Vollkaskoversicherung mit Selbstbeteiligung**, dann handelt es sich im Schadensfall nach Auffassung von *Berndt* (NJW 1997, 2214 ff.) um außergewöhnliche Kosten, die im Zweifel nicht mit der Kilometerpauschale abgegolten sind.

2893 Der Arbeitgeber kann auch mit dem Arbeitnehmer vereinbaren, dass er gegen Zahlung einer **Kfz-Pauschale** (z. B. in Höhe von 200,– € brutto pro Monat) nicht für Unfallschäden an dem für Dienstfahrten benutzten eigenen Kfz haftet (*LAG BW* NZA 1992, 458).

### aa) Tätigkeit als Wahlvorstand; Betriebsrat

2894 Der Ersatz von Unfallschäden, den ein Mitglied des Wahlvorstandes bei der Benutzung des eigenen Pkw erleidet, kommt dann in Betracht, wenn der Arbeitgeber die Benutzung ausdrücklich gewünscht hat oder diese erforderlich war, damit das Mitglied des Wahlvorstandes seine gesetzlichen Aufgaben wahrnehmen konnte (*BAG* 3.3.1983 EzA § 20 BetrVG 1972 Nr. 12).

2895 (derzeit unbesetzt)

### bb) Haftungsausschluss

2896 Dagegen kann ein Arbeitgeber, der nicht der gesetzlichen Versicherungspflicht unterliegt, die Haftung für Schäden, die bei dem Betrieb seiner Kraftfahrzeuge entstehen, gegenüber seinen berechtigterweise auf dem Betriebshof parkenden Arbeitnehmern grds. nicht durch vertragliche Einheitsregelung ausschließen (*BAG* 28.9.1989 EzA § 611 BGB Parkplatz Nr. 1; 25.5.2000 EzA § 611 BGB Arbeitgeberhaftung Nr. 8; s. Rdn. 2865).

### e) Ärztliche Untersuchungen

Vorbeugende ärztliche Untersuchungen, die wegen besonderer gesundheitlicher Gefahren der betrieblichen Tätigkeit auf Anordnung des Arbeitgebers durchgeführt werden, unterliegen der gesetzlichen Unfallversicherung. Für Personenschäden, die ein Arbeitnehmer dabei erleidet, gilt zu Gunsten des Arbeitgebers der Haftungsausschluss des § **104 SGB VII** (*BAG* 18.10.1990 EzA § 636 RVO Nr. 11). 2897

### 6. Aufwendungsersatz

#### a) Begriffsbestimmung

Aufwendungsersatz steht dem Arbeitnehmer zu, sobald er eigenes Vermögen im Interesse des Arbeitgebers einsetzt und diese Aufwendung nicht durch das Arbeitsentgelt abgegolten ist (§§ 670, 675 BGB; vgl. *BAG* 11.8.1988 EzA § 670 BGB Nr. 19; 12.4.2011 EzA § 670 BGB 2002 Nr. 4 = NZA 2012, 98). 2898

Aufwendungen sind freiwillige Vermögensopfer, die entweder als Folge einer Arbeitgeberweisung entstehen oder die der Arbeitnehmer im Rahmen seiner arbeitsvertraglichen Pflichten den Umständen nach für erforderlich halten durfte (anwendbar sind insoweit §§ 675, 662 ff. BGB; *BAG* 21.8.1985 EzA § 618 BGB Nr. 5; 12.4.2011 EzA § 670 BGB 2002 Nr. 4 = NZA 2012, 98).

Soweit allerdings eine erschöpfende tarifliche Regelung besteht, wird § 670 BGB verdrängt (vgl. §§ 42 BAT, § 44 TVöD-BT-V; § 7 BRTV Bau). 2899

#### b) Ersatzfähige Aufwendungen

Ersatzfähige Aufwendungen sind insbes. **Fahrt- und Reisekosten** bei auswärtiger Beschäftigung (z. B. Auslösung, Auswärtszulage, Reisespesen, Trennungsgeld; zum tariflichen Anspruch eines angestellten Lehrers auf Reisekostenerstattung für Klassenfahrten vgl. *BAG* 11.9.2003 – 6 AZR 323/02). Ein **Leiharbeitnehmer** hat zudem dann, wenn sich aus dem Arbeitsvertrag nichts anderes ergibt, einen Erstattungsanspruch, wenn er **auf Weisung des Arbeitgebers** nicht direkt von seiner Wohnung zum Entleiher, sondern **zunächst zum Betrieb des Verleihers fährt**, um mit seinem privaten Fahrzeug von dort Kollegen mit zum Einsatzort zu transportieren; in einem solchen Fall kann die Fahrtzeit auch gem. § 612 Abs. 1 BGB zu vergüten sein, insbes. wenn der Arbeitgeber sich vertraglich vorbehalten hat, den Leiharbeitnehmer im gesamten Bundesgebiet einzusetzen und der Stundenlohn so niedrig ist, dass die Fahrtzeit dann nicht schon pauschal mitvergütet sein kann (*LAG Köln* 24.10.2006 NZA-RR 2007, 345; s. a. *LAG Düssseld.* 30.7.2009 LAGE § 670 BGB 2002 Nr. 3). Der Ausschluss eines solchen Rechtsanspruchs in **Allgemeinen Geschäftsbedingungen** weicht von § 670 BGB ab und unterliegt deshalb der Inhaltskontrolle nach § 307 Abs. 1, 2 BGB (*LAG Düssseld.* 30.7.2009 LAGE § 670 BGB 2002 Nr. 3). 2900

**Nicht ersatzfähig sind Kosten der Anfahrt zum Arbeitsplatz (Wegezeit).** Vorbehaltlich abweichender tariflicher Sonderregelungen (z. B. § 44 Abs. 1 TVöD-BT-V) sind **Umzugskosten** zu erstatten, wenn der Arbeitnehmer aus dienstlichen Gründen (also im Arbeitgeberinteresse) versetzt wird (*BAG* 21.3.1973 AP Nr. 4 zu § 44 BAT). 2901

Nicht ersatzfähig ist auch der Aufwand für die sog. **Fahrerkarte im Güterverkehr.** Nach der VO (EG) Nr. 561/2006 ist für neu zugelassene LKW ab 3,5 t zulässigem Gesamtgewicht ein digitaler Tachograf vorgeschrieben. Für dessen Betrieb benötigt jeder Fahrer eine Fahrerkarte, die für fünf Jahre ausgestellt wird. Diese enthält einen Chip mit den persönlichen Daten des Fahrers. Ihre Nutzung ist nicht an ein bestimmtes Fahrzeug gebunden. Ein Ersatzanspruch besteht nicht, weil der Arbeitnehmer ein eigenes Interesse an der Verwendung der Fahrerkarte hat. Sie wird für ihn persönlich ausgestellt und ermöglicht ihm das Führen von LKW ab 3,5 t zulässigen Gesamtgewichts. Ihre Nutzung 2902 ist nicht auf das bestehende Arbeitsverhältnis beschränkt. Weist ein Transportunternehmer in einem Aushang darauf hin, die **Einführung digitaler Tachografen** für Neufahrzeuge stehe bevor, er habe seinerseits die erforderliche Unternehmerkarte bereits bestellt und fordert er die Fahrer ihrerseits auf, die erforderlichen Fahrerkarten zu beantragen, weil diese »zum Führerschein« gehörten, so liegt darin in diesem Zusammenhang keine an die Belegschaft gerichtete Gesamtzusage mit dem Inhalt, er wolle die Fahrer von den in Folge der Beantragung der Fahrerkarte entstehenden Kosten und Gebühren befreien (*BAG* 16.10.2007 EzA § 670 BGB 2002 Nr. 3).

2903 Stellt der Arbeitgeber nicht, wie üblich, die Arbeitsmittel (insbes. Werkzeug) zur Verfügung, werden häufig Entschädigungszahlungen für die betriebliche Benutzung von Werkzeugen des Arbeitnehmers vereinbart (sog. **Werkzeuggeld**).

2904 Ohne Vereinbarung kommt ein Anspruch auf Aufwendungsersatz für Arbeitsmittel jedoch grds. nicht in Betracht, da eine diesbezügliche arbeitsvertragliche Verpflichtung nicht besteht.

2905 Eine gesetzliche Verpflichtung des Arbeitgebers zur Überlassung von **Arbeitskleidung** besteht nur für Schutzkleidung, die auf Grund Arbeitsschutzrechts dem Arbeitnehmer zur Verfügung zu stellen ist. Darf der Arbeitnehmer sich z. B. Sicherheitsschuhe selbst anschaffen, so hat er einen Erstattungsanspruch (§§ 662 ff. BGB).

2906 (derzeit unbesetzt)

2907 Aufwendungen für eine **ärztliche Einstellungsuntersuchung** nach Arbeitsantritt darf der Arbeitnehmer nicht mehr als i. S. v. § 670 BGB erforderlich ansehen, wenn ihm zuvor telefonisch mitgeteilt wird, der Arbeitgeber wolle das Arbeitsverhältnis beenden (*BAG* 9.2.2006 EzA § 4 KSchG n. F. Nr. 73).

*c) Kosten der persönlichen Lebensführung; häusliches Arbeitszimmer*

2908 Sind Aufwendungen weder durch den Arbeitgeber veranlasst noch unmittelbar durch vertragliche Aufgaben gefordert oder gelten sie als durch das Arbeitsentgelt abgegolten, so gehören sie zu den Kosten der persönlichen Lebensführung (z. B. Kosten für die Verpflegung oder die Parkplatzbenutzung).

2909 Nutzt ein Arbeitnehmer dagegen zur Erfüllung seiner Arbeitspflicht in seinem Eigentum stehende Räumlichkeiten im Interesse des Arbeitgebers zur Erfüllung von Arbeitsaufgaben, kann er gegen diesen einen Aufwendungsersatzanspruch entsprechend § 670 BGB haben. Das setzt ein freiwilliges Vermögensopfer im Interesse des Arbeitgebers voraus (*BAG* 12.4.2011 EzA § 670 BGB 2002 Nr. 4 = NZA 2012, 98). Hierzu ist es nicht erforderlich, dass sich das Vermögen des Beauftragten rechnerisch mindert. Schon der Verzicht auf die Möglichkeit der eigenen Nutzung der Räumlichkeiten kann ein Vermögensopfer darstellen.

Die Höhe dieses Ersatzanspruchs richtet sich dann allgemein nach dem örtlichen Mietwert. In der ortsüblichen Miete sind aber regelmäßig kalkulatorisch der Gewinn des Vermieters sowie pauschale Erhaltungsaufwendungen enthalten. Diese Positionen sind in Abzug zu bringen. § 670 BGB begründet keinen Anspruch auf Gewinn, sondern auf Ausgleich des Vermögensopfers. Auch Erhaltungsaufwendungen sind nicht Bestandteil des Vermögensopfers. Sie entstehen auch ohne die Nutzung im Interesse des Arbeitgebers (*BAG* 14.10.2003 EzA § 670 BGB 2002 Nr. 1).

Neben dem Arbeitgeber kann aber auch der **Arbeitnehmer** ein Interesse an einem häuslichen Arbeitszimmer haben. Denn die Einrichtung eines solchen Arbeitsplatzes hat zur Folge, dass sich der Arbeitnehmer **Fahrtwege** und damit **Fahrtzeit** und **Fahrtkosten erspart**. Tritt hinzu, dass der Arbeitgeber dem Arbeitnehmer freigestellt hat, an welchem Ort er einen wesentlichen Teil seiner Arbeitsleistung erbringt, ist dies ein wichtiges Indiz dafür, dass das Interesse des Arbeitnehmers an der Einrichtung des häuslichen Arbeitszimmers das Interesse des Arbeitgebers überwiegt. In diesem Fall kommt die Erstattung der durch die Einrichtung des häuslichen Arbeitszimmers entstehenden Kosten nur aufgrund einer Vereinbarung, nicht aber analog § 670 BGB in Betracht (*BAG*12.4.2011 EzA § 670 BGB 2002 Nr. 4 = NZA 2012, 98).

*d) Geldstrafen; Bußgelder*

Im Hinblick auf den öffentlich-rechtlichen Strafcharakter sind auch die vom Arbeitnehmer gezahlten Geldstrafen und Bußgelder (von einer Darlehenshingabe oder einem Vorschuss abgesehen) grds. nicht ersatzfähig, ausgenommen dann, wenn der Arbeitgeber vertraglich verpflichtet ist, den Arbeitnehmer vor einem Gesetzesverstoß zu bewahren (*BAG* 28.5.1960 AP Nr. 19 zu § 611 BGB Haftung des Arbeitnehmers; vgl. *Busemann* Die Haftung des Arbeitnehmers gegenüber dem Arbeitgeber und Dritten Rn. 80; zur Kaution s. Rdn. 2884). 2910

Das ist i. d. R. nicht der Fall. So muss sich z. B. der LKW-Fahrer vor Fahrtantritt von der Sicherheit und Zulassung des ihm vom Arbeitgeber überlassenen Fahrzeugs selbst überzeugen.

Strafbarkeitserwägungen (**Strafbarkeit einer Begünstigung** gem. § 257 StGB) verbieten es, die Erstattung der Strafe vor Begehung der Straftat (z. B. bei Verstößen gegen Straßenverkehrsvorschriften im Verkehrsgewerbe) vertraglich zu vereinbaren.

**Zusagen des Arbeitgebers** über die Erstattung von etwaigen Geldbußen für Verstöße der Arbeitnehmer gegen Vorschriften über Lenkzeiten im Güterfernverkehr sind zudem sittenwidrig und daher nach **§ 138 BGB unwirksam.** Ein Arbeitgeber, der durch entsprechende Anordnungen bewusst in Kauf nimmt, dass es zum Verstoß gegen Vorschriften über Lenkzeiten kommt, handelt sittenwidrig und ist nach **§ 826 BGB gegenüber dem Arbeitnehmer** zum Schadensersatz verpflichtet. Zu dem zu ersetzenden Schaden gehört jedoch aus den dargestellten Gründen nur in Ausnahmefällen die Erstattung von Geldbußen, die gegen den Arbeitnehmer verhängt werden (*BAG* 25.1.2001 EzA § 611 BGB Arbeitgeberhaftung Nr. 9)

Derartige Geldbußen sind kein steuerpflichtiges Arbeitsentgelt, wenn der Vorteil aus ganz überwiegend eigenbetrieblichem Interesse gewährt wird (*BFH* 7.7.2004 NZA-RR 2005, 267). Ist dies nicht der Fall, z. B. bei der Zahlung einer Geldbuße oder -auflage die gegen einen Arbeitnehmer wegen **Verstößen gegen das Lebensmittelrecht** verhängt worden sind, so handelt es sich um steuerpflichtiges Arbeitsentgelt; entscheidend ist stets eine **Gesamtwürdigung der Begleitumstände** (*BFH* 22.7.2008 EzA § 19 EstG Nr. 7).

Der Arbeitgeber kann nur ausnahmsweise von dem Arbeitnehmer, der für sein Transportunternehmen als Lkw-Fahrer in Frankreich unterwegs war, die zur Freigabe des wegen Lenkzeitverstößen beschlagnahmten Lkw hinterlegte **Kaution** (4.770 €) **zurückverlangen**. Ein Bereicherungsanspruch gegen den Arbeitnehmer scheitert bereits an der fehlenden Rechtsgrundlosigkeit, da die hinterlegte Kaution der Sicherung der Sanktion wegen Lenkzeitverstößen dient. Das gegen den Fahrer verhängte Bußgeld hat zwar grds. dieser zu tragen und dem Arbeitgeber unter Verrechnung der Kaution als Aufwendungsersatz zurückzuerstatten. Etwas anderes gilt aber dann, wenn der Arbeitgeber die Lenkzeitverstöße des Arbeitnehmers angeordnet oder bewusst in Kauf genommen hat (*LAG Thüringen* 12.5.2009 LAGE § 670 BGB 2002 Nr. 2). 2911

Bei strafrechtlichen Verurteilungen kann im Übrigen nach der Rechtsprechung des *BGH* (7.11.1990 NJW 1991, 991) der **Redakteur** einer Zeitschrift bei Vorliegen von leichter oder mittlerer Fahrlässigkeit sowohl die (vollständige oder teilweise) Bezahlung von Geldstrafen als auch die Erstattung von Prozesskosten und Schmerzensgeldern bei Persönlichkeitsverletzungen verlangen, zu denen er verurteilt worden ist (s. Rdn. 700). 2912

### 7. Sonstige Vermögenssorge

Der Arbeitgeber ist zur Abführung von Lohnsteuer und Sozialversicherungsbeiträgen verpflichtet (s. Rdn. 796 ff.), ferner sind ihm bei Lohnpfändung als Drittschuldner z. B. Auskunftspflichten auferlegt (§ 840 ZPO; s. Rdn. 1299 ff.). 2913

2914 Schließlich kommen insbes. im Hinblick auf den Abschluss von Aufhebungsverträgen Aufklärungs- und Belehrungspflichten in Betracht (s. Kap. 6 Rdn. 355 ff.).

2915 Ein Arbeitgeber verletzt seine insoweit gegebene Aufklärungspflicht gegenüber dem Arbeitnehmer, wenn er diesen nicht darüber unterrichtet, dass er zu dessen Gunsten eine **Unfallversicherung abgeschlossen** hat und er dem Arbeitnehmer aufgrund einer Vereinbarung mit dem Versicherungsunternehmen einen Direktanspruch auf Leistungen aus dieser Versicherung eingeräumt hat. Versäumt der Arbeitnehmer aufgrund dieser unterbliebenen Unterrichtung die für die Geltendmachung von Ansprüchen gegen die Versicherung einschlägigen Fristen, so hat der Arbeitgeber dem Arbeitnehmer den dadurch entstandenen Schaden zu ersetzen (*BAG* 26.7.2007 EzA § 611 BGB 2002 Arbeitgeberhaftung Nr. 6).

2916 Es ist im übrigen Sache des Arbeitnehmers, der vorübergehend für seinen Arbeitgeber im Ausland, z. B. in den USA tätig wird, sich über den Umfang des Krankenversicherungsschutzes im Ausland bei seiner Krankenkasse zu informieren. Den Arbeitgeber trifft keine Informations- und Beratungspflicht gegenüber dem Arbeitnehmer (*Hess. LAG* 4.9.1995 NZA 1996, 482).

2917 Ein Arbeitgeber muss auch einen Arbeitnehmer, mit dem er einen Arbeitsvertrag schließt, der einen Einsatz des Arbeitnehmers im Ausland vorsieht, bei Vertragsabschluss grds. **nicht von sich aus darauf hinweisen, dass ab einer bestimmten Aufenthaltsdauer in einem ausländischen Staat dort eine Verpflichtung zur Abführung von Einkommen-/Lohnsteuer entstehen kann** (§§ 241, § 242, 249 BGB; §§ 1, 39b EStG; § 2 NachwG; *BAG* 22.1.2009 EzA § 611 BGB 2002 Arbeitgeberhaftung Nr. 7).

### 8. Schutz der Arbeitnehmerpersönlichkeit; Mobbing

*a) Begriffsbestimmung*

2918 Gem. § 823 Abs. 1 BGB hat der Einzelne, also auch der Arbeitnehmer, gegenüber jedermann das Recht auf Achtung seiner Menschenwürde und Entfaltung seiner individuellen Persönlichkeit. Zwar ist dieses Recht nicht mit dem Persönlichkeitsgrundrecht gem. Art. 2 Abs. 1 i. V. m. Art. 1 Abs. 1 GG identisch; es entfaltet aber vielfach eine gleichartige Wirkung (s. Kap. 1 Rdn. 297 ff.). Das allgemeine Persönlichkeitsrecht ist das Recht des Einzelnen auf Achtung und Entfaltung seiner Persönlichkeit. Zum Schutzbereich des allgemeinen Persönlichkeitsrechts gehört auch der sog. **Ehrenschutz**, der auf den **Schutz gegen unwahre Behauptungen** und **gegen herabsetzende, entwürdigende Äußerungen und Verhaltensweisen und die Wahrung** des sozialen Geltungsanspruchs gerichtet ist. **Es umfasst damit auch den Anspruch auf Unterlassung der Herabwürdigung und Missachtung durch andere** (*BAG* 28.10.2010 – 8 AZR 546/09, NZA-RR 2011, 378).

2919 Es handelt sich in erster Linie um ein Abwehrrecht gegenüber rechtswidrigen Eingriffen in die Persönlichkeitssphäre, das Rechtsgrundlage für Unterlassungspflichten des Arbeitgebers sein kann (vgl. *Wiese* ZfA 1971, 297 f.; s. *LAG SchlH* 23.1.2008 – 3 Sa 305/07, EzA-SD 8/2008 S. 8 LS).

2920 Inhaltlich bezieht sich der Schutz auf die Achtung der Menschenwürde des Arbeitnehmers (**Persönlichkeitssphäre**) und auf die freie Entfaltung seiner Persönlichkeit (**Freiheitssphäre**).

2921 (derzeit unbesetzt)

2922 Der Arbeitgeber ist insgesamt verpflichtet, das allgemeine Persönlichkeitsrecht der bei ihm beschäftigten Arbeitnehmer nicht selbst durch Eingriffe in deren Persönlichkeits- oder Freiheitssphäre zu verletzen, diese vor Belästigungen durch Mitarbeiter oder Dritte, auf die er einen Einfluss hat, zu schützen, einen menschengerechten Arbeitsplatz zur Verfügung zu stellen und die **Arbeitnehmerpersönlichkeit zu fördern** (*Thür. LAG* 10.4.2001 NZA-RR 2001, 347).

## B. Pflichten des Arbeitgebers

### b) Grenzen des Persönlichkeitsschutzes

Die Grenzen des Persönlichkeitsschutzes bestimmen sich nach Maßgabe des Verhältnismäßigkeitsgrundsatzes. 2923

Der Eingriff in die Persönlichkeitssphäre ist zulässig, wenn er nach Inhalt, Form und Begleitumständen nicht nur das gebotene (erforderliche), sondern auch das schonendste (verhältnismäßige) Mittel zur Erreichung des rechtlich gebilligten Zwecks des Arbeitgebers ist (*Wiese* ZfA 1971, 283).

Daher muss in jedem Einzelfall nach sorgfältiger objektiver Würdigung der beiderseitigen Interessen und der sonstigen Umstände (z. B. Schwere, Art, Dauer, Anlass, Mittel und Zweck der Beeinträchtigung) eine **Güter- und Interessenabwägung** erfolgen (s. *LAG Köln* 19.1.2005 – 7 TaBV 53/04, EzA-SD 24/05 S. 16 LS). 2924

### c) Einzelfälle

#### aa) Überwachungsmaßnahmen

Folglich kann eine Verletzung des Persönlichkeitsrechts vorliegen, wenn der Arbeitnehmer einem ständigen Überwachungsdruck dadurch unterworfen wird, dass der Arbeitgeber sich vorbehält, **jederzeit ohne konkreten Hinweis** den Arbeitsplatz durch versteckt aufgestellte Videokameras zu beobachten (s. Kap. 1 Rdn. 297). 2925

Andererseits kann eine derartige Überwachung z. B. dann erforderlich sein, wenn Warenverluste in erheblichem Umfang eingetreten sind und die heimliche ständige Überwachung das einzig brauchbare Mittel ist, um die Täter zu ermitteln, denn dann sind die zu fordernden **überwiegenden schutzwürdigen Interessen des Arbeitgebers** gegeben (*BAG* 26.8.2008 EzA § 87 BetrVG 2001 Überwachung Nr. 2; s. *Maties* NJW 2008, 2219 ff.). 2926

Eine versteckte Überwachung ist z. B. dann verhältnismäßig, wenn sie nicht auf den Arbeitnehmer zielt (z. B. **Maschinenkontrolle**). Zulässig ist eine Überwachung auch, wenn sie für den Arbeitnehmer sichtbar ist, sodass er sich darauf nicht nur einstellen, sondern ihr auch gelegentlich ausweichen kann. Zulässig ist auch die in einem **öffentlichen Ladengeschäft durchgeführte Videoüberwachung** zur Aufklärung und Verhütung von Warenverlusten durch Eigentumsdelikte der Kunden und der Mitarbeiter, wenn Inventurdifferenzen vorhanden sind (*ArbG Ludwigshafen* 6.6.2002 NZA-RR 2004, 16; s. a. *BAG* 26.8.2008 EzA § 87 BetrVG 2001 Überwachung Nr. 2; *LAG Köln* 29.9.2007 – 4 Sa 772/06, AuR 2008, 118 LS; s. Rdn. 2942 ff.). 2927

Nicht gerechtfertigt ist die Überwachung demgegenüber zu dem Zweck, eine sorgfältige Arbeit zu gewährleisten, wohl aber dann, wenn sie aus Sicherheitsgründen (z. B. **Bankschalter**) durchgeführt wird, oder wenn sie auf den maschinellen Arbeitsvorgang (z. B. Maschinensicherheitskontrolle) zielt und nur mittelbar den Arbeitnehmer kontrolliert. 2928

Entscheidend ist das berechtigte Sachinteresse des Arbeitgebers an bestimmten Informationen, nicht jedoch die rasche und kostengünstige Art der Verfügbarkeit der Informationen (vgl. *Röckl/Fahl* NZA 1998, 1035 ff.). 2929

**In jedem Fall muss der Arbeitnehmer über die Überwachung generell informiert werden** (GK-BetrVG/*Wiese* § 87 Rn. 345). 2930

Im Streitfall zwischen Arbeitgeber und Arbeitnehmer bedarf es hinsichtlich der Einhaltung der tatsächlichen Voraussetzungen des Verhältnismäßigkeitsprinzips substantiierten Sachvortrages durch den Arbeitgeber (*BAG* 7.10.1987 DB 1988, 403). 2931

Zur Überwachung von Arbeitnehmer-E-mails vgl. *LAG Bln.-Bra.* 16.2.2011 – 4 Sa 2132/10, BB 2011, 2298; *LAG Nds.* 31.5.2010 LAGE § 626 BGB 2002 Nr. 28; *Schimmelpfennig/Wenning* DB 2006, 2290 ff.; *Wolf/Mulert* BB 2008, 442 ff.; *Maties* NJW 2008, 2219 ff.; *Dann/Gastell* NJW 2008, 2945 ff.; s. Rdn. 2942 ff.; Kap. 4 Rdn. 1206 ff. 2932 *bb) Abhören von Telefongesprächen; Mithören von Gesprächen über eine Bürosprechanlage*

2933    Das Abhören dienstlicher und privater Telefongespräche ist generell unzulässig (*Wiese* ZfA 1971, 289 ff.; **a. A.** *LAG BW* DB 1977, 776; zur Arbeitnehmerkontrolle in Call-Centern s. *Jordan/Bissels/Löw* BB 2008, 2626 ff.).

Das Mithören oder Mithörenlassen eines Telefongesprächs z. B. durch Zweithörer, Lautsprecher, ist mit konkreter Kenntnis des Arbeitnehmers grds. zulässig, nicht aber, wenn es ausdrücklich oder konkludent als vertraulich bezeichnet ist (s. Kap. 1 Rdn. 297).

2934    Weitergehend wird in der Literatur (*Zöller/Greger* § 286 Rn. 15b) angenommen, dass das Mithören von Telefongesprächen durch Dritte ohne Bekanntgabe dieses Umstandes an den Gesprächspartner dessen Persönlichkeitsrecht zwar bei Gesprächen erkennbar persönlichen Inhalts, also mit vertraulichen Charakter berührt, nicht aber bei sonstigen Gesprächen. Denn das Mithören über Lautsprecher oder einen zweiten Kopfhörer ist inzwischen derart verbreitet, dass die Kenntnis hiervon zu unterstellen ist und es dem Gesprächspartner zugemutet werden kann, den Wunsch, Dritte am Gespräch nicht zu beteiligen, ausdrücklich zu äußern (*BGH* NJW 1982, 1398; **a. A.** *LAG Hamm* 1.9.1995 LAGE § 611 BGB Persönlichkeitsrecht Nr. 7).

2935    Auch Telefongespräche, die der Arbeitnehmer von seinem **Dienstapparat** aus führt, unterliegen dem Schutz durch das allgemeine Persönlichkeitsrecht. Der Schutz des gesprochenen Wortes wird auch nicht durch die Kenntnis einer Mithörmöglichkeit beseitigt. **Deshalb kann nicht von einer Einwilligung in ein keinem der Gesprächspartner bekanntes Mithören, etwa durch den Arbeitgeber, ausgegangen werden** (*BVerfG* 19.12.1991 AP Nr. 24 zu § 611 BGB Persönlichkeitsrecht).

2936    Lässt der Arbeitgeber einen Dritten über eine **Bürosprechanlage** eine Unterredung mit einem Arbeitnehmer, dem er kündigen will, ohne dessen Wissen mithören, so verletzt er u. U. das Persönlichkeitsrecht, wenn der Arbeitgeber dem Arbeitnehmer zu erkennen gegeben hat, dass er die Unterredung vertraulich behandeln wolle. Das ist dann der Fall, wenn die Unterredung unter vier Augen im Büro des Arbeitgebers hinter geschlossener Türe stattfindet (*BAG* 2.6.1982 EzA Art. 2 GG Nr. 2).

2937    Zusammenfassend hat das *BAG* (29.10.1997 EzA § 611 BGB Persönlichkeitsrecht Nr. 12; zust. *Löwisch/Wallisch* SAE 1998, 289 ff.; krit. *Kopke* NZA 1999, 917 ff.) in diesem Zusammenhang folgende **Grundsätze** aufgestellt:
- Das heimliche Mithörenlassen von Telefongesprächen zwischen Arbeitnehmer und Arbeitgeber **ist im Allgemeinen unzulässig**. Es verletzt das Persönlichkeitsrecht des Gesprächspartners. Auf diese Weise erlangte Beweismittel dürfen nicht verwendet werden (s. Rdn. 3001 f.), es sei denn, es ist eine Situation gegeben, in der dem **Interesse an der Beweiserhebung über das stets bestehende »schlichte« Beweisinteresse hinaus, eine besondere Bedeutung für die Rechtsverwirklichung einer Partei zukommt**, z. B. wenn sich der Beweisführer in einer **Notwehrsituation** oder in einer **notwehrähnlichen Lage** befindet (*BVerfG* 9.10.2002 EzA § 611 BGB Persönlichkeitsrecht Nr. 15).
- Wer jemanden mithören lassen will, hat seinen Gesprächspartner vorher darüber zu informieren. Deshalb muss im Streitfall der Beweis erbracht werden, dass der Telefonpartner dem Mithören zugestimmt hat (*LAG SchlH* 5.4.2005 – 2 Sa 40/05, AuR 2006, 133 LS). Dieser ist **nicht** gehalten, sich seinerseits **vorsorglich zu vergewissern**, dass niemand mithört.
- Art. 6 Abs. 1 EMRK – Gebot der Waffengleichheit im gerichtlichen Verfahren – gebietet grds. **nicht die Vernehmung des heimlich mithörenden Zeugen**. Das gilt jedenfalls dann, wenn die Partei, die ihn hat mithören lassen, keinen gewichtigen Grund dafür hatte, dies zu tun. Denn dann hat sie ihre Beweisnot durch das Unterlassen des Hinweises auf das Zuschalten der Mithöranlage selbst verursacht.
- Das zivilrechtliche allgemeine Persönlichkeitsrecht des Gesprächspartners eines Telefongesprächs ist aber **nur dann verletzt**, wenn der andere einen Dritten durch **aktives Handeln zielgerichtet veranlasst**, das Telefongespräch heimlich mitzuhören. Aus der rechtswidrigen Erlangung des Beweismittels folgt ein Beweisverwertungsverbot: Der Dritte darf nicht als Zeuge

zum Inhalt der Äußerungen des Gesprächspartners vernommen werden, der von dem Mithören keine Kenntnis hat.
- Konnte ein Dritter dagegen **zufällig**, ohne dass der Beweispflichtige etwas dazu beigetragen hat, den Inhalt des Telefongesprächs **mithören**, liegt **keine rechtswidrige Verletzung** des zivilrechtlichen allgemeinen Persönlichkeitsrechts des Gesprächspartners vor. In diesem Fall besteht deshalb auch kein Beweisverwertungsverbot (*BAG* 23.4.2009 EzA § 611 BGB 2002 Persönlichkeitsrecht Nr. 9; s. a. *Dzida/Grau* NZA 2010, 1201 ff.; *BAG* 16.12.2010 EzA § 626 BGB 2002 Nr. 33). Gleiches gilt, wenn ein bei einem Telefonat ohne Kenntnis des anderen Gesprächsteilnehmers anwesender Zeuge, der dessen Äußerungen nicht mithört, darüber vernommen wird, was eine Partei in seiner Gegenwart am Telefon erklärt hat (*LAG Hamm* 19.5.2011 LAGE § 15 AGG Nr. 13).

### cc) Erfassung von Telefondaten

**Bei Dienstgesprächen ist die Erfassung der Telefondaten (Zahl, Zeitpunkt, Gebühreneinheiten usw.) grds. zulässig**, weil nur das Arbeitsverhalten des Arbeitnehmers, nicht aber seine Persönlichkeit unmittelbar betroffen ist. 2938

Für die Zielnummer gilt das dann nicht, wenn der Gesprächspartner des Arbeitnehmers ein berechtigtes Interesse an der Geheimhaltung hat und der Arbeitnehmer selbst sogar zur Geheimhaltung seinem Gesprächsteilnehmer gegenüber verpflichtet ist (z. B. gem. § 203 Abs. 1 StGB; *BAG* 13.1.1987 EzA § 87 BetrVG Kontrolleinrichtung Nr. 17). 2939

Den Dienstgesprächen gleichzustellen sind **Privatgespräche aus dienstlichem Anlass** (z. B. Mitteilung an Familienangehörige, dass sich die Heimkehr aus dienstlichen Gründen verspätet). Hier kann auch die Angabe der Zielnummer verlangt werden, weil das Interesse des Arbeitgebers an der Verhinderung von Missbrauch überwiegt (*BAG* 27.5.1986 EzA § 87 BetrVG Kontrolleinrichtung Nr. 16). 2940

Zulässig ist ferner die Erfassung der Daten der abgehenden **reinen Privatgespräche** nach Zahl, Zeitpunkt, Dauer usw. Die Zielnummer darf dagegen nur erfasst werden, wenn das der Arbeitnehmer (z. B. zur Überprüfung der Kosten) wünscht (*BAG* 27.5.1986 EzA § 87 BetrVG Kontrolleinrichtung Nr. 16). 2941

### dd) Video-Überwachung; Überwachung der Einhaltung des vertraglichen Verbots privater Internetnutzung

Ein Video-Spähangriff eines Arbeitgebers gegen eine Kassiererin eines Einzelhandelsbetriebes verstößt jedenfalls dann gegen das allgemeine Persönlichkeitsrecht, wenn vor Beginn des Angriffs **kein durch Tatsachen begründeter Tatverdacht** einer vorsätzlichen schweren Vertragsverletzung oder Straftat gerade gegen diese, sondern nur ein **pauschaler Verdacht** gegen die gesamte Belegschaft bestanden hat (*BAG* 26.8.2008 EzA § 87 BetrVG 2001 Überwachung Nr. 2); der Eingriff in das allgemeine Persönlichkeitsrecht muss, sofern er nicht durch eine ausdrückliche gesetzliche Regelung (s. Rdn. 2992) gestattet ist, auf Grund schutzwürdiger Belange anderer Grundrechtsträger, insbes. des Arbeitgebers, gerechtfertigt sein. 2942

Bei einer Kollision des allgemeinen Persönlichkeitsrechts des Arbeitnehmers mit den schutzwürdigen Interessen des Arbeitgebers ist eine umfassende Güterabwägung unter Berücksichtigung der Umstände des Einzelfalles erforderlich. Das zulässige Maß eines Eingriffs in das allgemeine Persönlichkeitsrecht bestimmt sich nach dem Grundsatz der Verhältnismäßigkeit. Danach muss die Regelung geeignet, erforderlich und angemessen sein, um den erstrebten Erfolg zu erreichen. Für die Angemessenheit einer grundrechtsbeschränkenden Maßnahme ist die Eingriffsintensität mitentscheidend (vgl. *BAG* 26.8.2008 EzA § 87 BetrVG 2001 Überwachung Nr. 2 = NZA 2008, 1187; *BAG* 27.3.2003 EzA § 611 BGB 2002 Persönlichkeitsrecht Nr. 1; s. *Wessel* FA 2006, 108 ff.). 2943

Bei einer Videoüberwachung ist u. a. von Bedeutung,
- wie viele Personen ihr ausgesetzt sind,
- ob diese anonym oder bekannt sind,
- ob sie einen Anlass für den Eingriff gegeben haben,
- insbes. ob sie einer bereits begangenen oder drohenden Straftat oder Rechtsgutsverletzung verdächtig sind,
- wo die Überwachungsmaßnahmen stattfinden,
- wie lange und intensiv sie sind und
- welche Technik dabei eingesetzt wird (*BAG* 29.6.2004 EzA § 611 BGB 2002 Persönlichkeitsrecht Nr. 2; s.*BAG* 27.3.2003 EzA § 611 BGB 2002 Persönlichkeitsrecht Nr. 1; *Bayreuther* NZA 2005, 1038 ff.; *LAG Köln* 19.1.2005 – 7 TaBV 53/04, EzA-SD 24/05 S. 16 LS).

**2944** Eine Notwehrsituation oder eine notwehrähnliche Lage kann die Videoüberwachung **dann rechtfertigen**, wenn diese sich **gegen einen konkreten Angreifer** richtet; das Hausrecht allein rechtfertigt andererseits die Videoüberwachung von Arbeitnehmern während der Arbeitszeit nicht (*BAG* 26.8.2008 EzA § 87 BetrVG 2001 Überwachung Nr. 2; 29.6.2004 EzA § 611 BGB 2002 Persönlichkeitsrecht Nr. 2 = NZA 2004, 1278; 14.12.2004 EzA § 87 BetrVG 2001 Überwachung Nr. 4).

**2945** Das *ArbG Hmb.* (20.2.2004 NZA-RR 2005, 520) hat angenommen, dass **eine offene Videoüberwachung** als milderes Mittel in Betracht kommt. Danach ist die Behauptung, durch offene Videoüberwachung könnten auf Heimlichkeit angelegte Delikte nicht verhindert werden, zunächst eine bloße Vermutung. Der Arbeitgeber hat deshalb im Einzelnen darzulegen, warum eine offene Videoüberwachung nicht zum gleichen Aufklärungsergebnis hätte führen können.

**2946** Dient die Videoüberwachung dem Zweck, die **Entwendung von Postsendungen zu verhindern**, so sind das Postgeheimnis, das Eigentum der Postkunden und die eigenen wirtschaftlichen Interessen des Arbeitgebers als hohe (Grund-)Rechtsgüter und schutzwürdige Belange zu Gunsten des Arbeitgebers im konkreten Einzelfall zu beachten (*BAG* 14.12.2004 EzA § 87 BetrVG 2001 Überwachung Nr. 4).

Das *Hess. LAG* (25.10.2010 – 7 Sa 1586/09, AuR 2011, 128 LS) hat eine Rechtsverletzung in einem Fall angenommen, in dem der Arbeitgeber eine Mitarbeiterin an ihrem Arbeitsplatz im Büro permanent mit einer **Videokamera** überwacht hat. Der Eingriff in das Persönlichkeitsrecht war unverhältnismäßig, obwohl die Kamera nur zur Sicherheit der Mitarbeiter angebracht wurde, weil es in der Vergangenheit zu Übergriffen auf Mitarbeiter gekommen war, denn eine **Ausrichtung der Kamera** auf den **Eingangsbereich** des Büros **wäre möglich** gewesen. Unerheblich war, dass die Kamera nicht ständig in Funktion war, denn allein die Unsicherheit darüber, ob sie tatsächlich aufzeichnet oder nicht, hat die Mitarbeiterin einem ständigen Anpassungs- und Überwachungsdruck ausgesetzt, den sie nicht hinnehmen musste, nachdem sie sich bereits früh gegen die Installation gewandt hatte.

Diese ausgewogen differenzierenden Grundsätze lassen sich auch auf Überwachungsmaßnahmen übertragen, mit denen der Arbeitgeber die **Einhaltung eines vertraglich vereinbarten Verbots der privaten Internetnutzung feststellen** will (s. *LAG Bln.-Bra.* 16.2.2011 – 4 Sa 2132/10, BB 2011, 2298; *LAG Nds.* 31.5.2010 LAGE § 626 BGB 2002 Nr. 28; s. *Ernst* NZA 2002, 588 ff.; *Wolf/Mulert* BB 2008, 442 ff.; s. a. Kap. 4 Rn 1206 ff.).

*ee) »Zuverlässigkeitstests«*

**2947** Der Arbeitgeber hat das Recht, seine Mitarbeiter zu kontrollieren. Auf die Probe stellen darf er sie aber nur, wenn gegen sie der **konkrete Verdacht** einer gegen den Arbeitgeber gerichteten Straftat oder einer schweren Arbeitspflichtverletzung besteht. Ehrlichkeitstests **ohne konkreten Kontrollanlass** sind dagegen nur zulässig, wenn der Arbeitgeber **keine andere Möglichkeit** hat, sich von *der Rechtschaffenheit* seiner im Außendienst oder vergleichbar »unbeaufsichtigt« tätigen Mitarbeiter zu überzeugen. Der Mitarbeiter darf nicht nur mit dem Ziel auf die Probe gestellt werden, ihn »hereinzulegen«. Unzulässig ist auch die Anwendung strafbarer oder sonst verwerflicher Mittel. Der Arbeitgeber darf dem Mitarbeiter zwar die günstige Gelegenheit zur Begehung einer Straftat verschaffen, er darf ihn aber nicht dazu anstiften. **Die Grenze zwischen noch erlaubter Herausforderung und unzulässiger Verführung lässt sich nur im Einzelfall unter Berücksichtigung sämtlicher Umstände bestimmen** (*Maschmann* NZA 2002, 13 ff.).

*ff) Persönlichkeitsanalysen*

Anzuwenden sind diese Grundsätze auch bei Persönlichkeitsanalysen (s. Kap. 2 Rdn. 388 ff.), ärztlichen Untersuchungen, genetischen Analysen, Torkontrollen mit Leibesvisitationen, Befragungen beim Einstellungsverfahren (s. Kap. 2 Rdn. 293 ff.) und bei der Verpflichtung des Arbeitgebers zu Auskünften gegenüber Dritten (s. Kap. 2 Rdn. 392 ff.). 2948

*gg) Mobbing*

*(1) Begriffsbestimmung*

Aus arbeitswissenschaftlicher Sicht umfasst der Begriff »Mobbing« eine konfliktbelastete Kommunikation am Arbeitsplatz zwischen Arbeitnehmern oder zwischen ihnen und den Vorgesetzten, bei der jemand **systematisch** und oft über einen längeren Zeitraum **mit dem Ziel oder dem Ergebnis des Ausstoßes aus der Gemeinschaft direkt** oder indirekt angegriffen wird und dies als Diskriminierung empfindet. Die zahlreichen in Betracht kommenden Handlungen können darin bestehen, dass der Betroffene tätlich angegriffen oder auch nur geringschätzig behandelt, von der Kommunikation ausgeschlossen, beleidigt oder diskriminiert wird. Für den Arbeitgeber besteht die Nebenpflicht aus dem Arbeitsverhältnis, das Opfer derartiger Belästigungen und Attacken zu schützen und allgemein für ein ausgeglichenes Betriebsklima zu sorgen (*LAG RhPf* 19.2.2004 NZA-RR 2004, 232; s. *Sasse* BB 2008, 1450 ff.). 2949

Bei dem Begriff Mobbing handelt es sich **nicht** um einen **eigenständigen juristischen Tatbestand** (*LAG Bln.* 15.7.2004 – 16 Sa 2280/03, NZA-RR 2005, 13); Mobbing ist weder ein Rechtsbegriff noch eine Anspruchsgrundlage (*BAG* 16.5.2007 EzA § 611 BGB 2002 Persönlichkeitsrecht Nr. 6) und damit auch **keine** mit einer Rechtsnorm vergleichbare **selbständige Anspruchsgrundlage** für Ansprüche eines Arbeitnehmers gegen seinen Arbeitgeber oder gegen Vorgesetzte bzw. Arbeitskollegen (*BAG* 28.10.2010 – 8 AZR 546/09, NZA-RR 2011, 378). Die rechtliche Einordnung der unter diesen Begriff zusammenzufassenden Verhaltensweisen beurteilt sich ausschließlich danach, ob diese die tatbestandlichen Voraussetzungen einer Rechtsvorschrift erfüllen, aus der sich die gewünschte Rechtsfolge herleiten lässt (vgl. *LAG Bln.* 1.11.2002 NZA-RR 2003, 232; *LAG Bln.* 6.3.2003 LAGE Art. 2 GG Persönlichkeitsrecht Nr. 8). Macht ein Arbeitnehmer konkrete Ansprüche auf Grund von Mobbing geltend, muss also jeweils geprüft werden, ob der in Anspruch Genommene in den genannten Einzelfällen arbeitsrechtliche Pflichten, ein absolutes Recht des Arbeitnehmers i. S. d. § 823 Abs. 1 BGB, ein Schutzgesetz i. S. d. § 823 Abs. 2 BGB verletzt oder eine sittenwidrige Schädigung i. S. d. § 826 BGB begangen hat. In diesem Zusammenhang ist zu beachten, dass es Fälle gibt, in welchen die einzelnen, vom Arbeitnehmer dargelegten Handlungen oder Verhaltensweisen seiner Arbeitskollegen, Vorgesetzten oder seines Arbeitgebers **für sich allein betrachtet noch keine Rechtsverletzungen** darstellen, jedoch die **Gesamtschau** der einzelnen Handlungen oder Verhaltensweisen zu einer Vertrags- oder Rechtsgutsverletzung führt, weil deren Zusammenfassung auf Grund der ihnen zu Grunde liegenden Systematik und Zielrichtung zu einer Beeinträchtigung eines geschützten Rechts des Arbeitnehmers führt. Letzteres ist insbes. dann der Fall, wenn unerwünschte Verhaltensweisen bezwecken oder bewirken, dass die **Würde des Arbeitnehmers verletzt** und ein durch **Einschüchterungen, Anfeindungen, Erniedrigungen, Entwürdigungen** oder **Beleidigungen** gekennzeichnetes Umfeld geschaffen wird. Dies entspricht der in § 3 Abs. 3 AGG erfolgten Definition des Begriffs »Belästigung«, die eine Benachteiligung i. S. d. § 1 AGG darstellt. Da ein Umfeld grds. nicht durch ein einmaliges, sondern durch ein fortdauerndes Verhalten geschaffen wird, sind alle Handlungen bzw. Verhaltensweisen, die dem **systematischen Prozess der Schaffung eines be-** 2950 stimmten Umfeldes zuzuordnen sind, in die Betrachtung mit einzubeziehen. Demzufolge dürfen einzelne zurückliegende Handlungen/Verhaltensweisen bei der Beurteilung nicht unberücksichtigt gelassen werden (*BAG* 28.10.2010 – 8 AZR 546/09, NZA-RR 2011, 378).

2951 Die juristische Bedeutung der durch den Begriff Mobbing gekennzeichneten Sachverhalte besteht so gesehen darin, der Rechtsanwendung Verhaltensweisen zugänglich zu machen, die bei **isolierter Betrachtung** der einzelnen Handlungen die **tatbestandlichen Voraussetzungen** von Anspruchs-, Gestaltungs- und Abwehrrechten nicht oder nicht in einem der Tragweite des Falles angemessenem Umfang erfüllen können. Ob ein Fall von Mobbing vorliegt, hängt von den Umständen des Einzelfalles ab. Dabei ist eine **Abgrenzung** zu dem im gesellschaftlichen Umgang im Allgemeinen **üblichen oder rechtlich erlaubten** und deshalb hinzunehmenden **Verhalten erforderlich**. Denn nicht jede Meinungsverschiedenheit oder Auseinandersetzung zwischen Kollegen und/oder Vorgesetzten und Untergebenen kann den Begriff »Mobbing« erfüllen, weil es dem **Zusammenarbeiten** mit anderen Menschen **immanent** ist, dass sich **Reibungen und Konflikte** ergeben, ohne dass diese Ausdruck des Ziels sind, den Anderen systematisch in seiner Wertigkeit gegenüber Dritten oder sich selbst zu verletzen (*LAG SchlH* 19.3.2002 NZA-RR 2002, 457; *LAG Hamm* 25.6.2002 NZA-RR 2003, 8; *LAG Nds.* 9.3.2009 – 9 Sa 378/08, AuR 2009, 435 LS).

2952 Mobbing kann folglich nur angenommen werden, wenn **systematische und zielgerichtete Anfeindungen gegen den Arbeitnehmer vorliegen** (s. *BAG* 28.10.2010 – 8 AZR 546/09, NZA-RR 2011, 378). Daran fehlt es, wenn es in der Entwicklung einer im Wesentlichen psychisch bedingten Konfliktsituation zu einer Eskalation kommt, auf die der Arbeitgeber mit einem – im Einzelfall – nicht mehr sozial-adäquaten Exzess reagiert, z. B. einer unberechtigten Suspendierung von der Arbeitsleistung und nachfolgenden rechtswidrigen Versetzung (*LAG Thüringen* 10.6.2004 ZTR 2004, 596). Diese **wechselseitige Betroffenheit berechtigter Vertragsinteressen** der Parteien des Arbeitsverhältnisses wird **völlig verkannt**, wenn zur »Mobbingbekämpfung ... **ein auf das Prinzip der ›Nulltoleranz‹** gegründeter und als **verhaltensstrukturelles Steuerungsmittel wirksamer Mobbingrechtsschutz gefordert«** wird (unzutr. daher *LAG Thüringen* 28.6.2005 AuR 2006, 31; vgl. *Hohmann* NZA 2006, 530 ff.).

2953 ▶ Beispiele:
– Beruft sich eine Arbeitnehmerin auf vermeintliche Rechte nach dem AGG und wird ihr dann durch Führungskräfte u. a. nahe gelegt:
  – über ihre berufliche Zukunft nachzudenken,
  – ihre arbeitsvertraglichen Verpflichtungen einzuhalten, obwohl keine Pflichtverletzungen vorlagen,
  – künftig per Videoschaltung an Konferenzen teilzunehmen, obwohl dies für andere Arbeitnehmer mit gleichem Anfahrtsweg nicht gilt,
  – sich zu überlegen, ob sie einen lang dauernden Prozess gesundheitlich durchstehe,
  dann liegt darin ein herabwürdigendes und einschüchterndes Vorgehen, das eine schwerwiegende Persönlichkeitsrechtsverletzung darstellt (*LAG Bln.-Bra.* 26.11.2008 LAGE § 22 AGG Nr. 1).
– Andererseits kann eine zum Schadensersatz führende Mobbinghandlung nicht daraus abgeleitet werden, dass ein Arbeitgeber einen Arbeitnehmer bei **zwei Beförderungsentscheidungen** wegen dessen mangelhafter Englischkenntnisse **nicht berücksichtigt hat** (*LAG Köln* 9.3.2009 LAGE § 280 BGB 2002 Nr. 6).

2954 Arbeitsrechtlich erfasst der Begriff Mobbing allerdings nur fortgesetzte, aufeinander aufbauende oder ineinander übergreifende, der Anfeindung, Schikane oder Diskriminierung dienende Verhaltensweisen, die nach Art und Ablauf im Regelfall einer übergeordneten, von der Rechtsordnung nicht gedeckten Zielsetzung förderlich sind und jedenfalls in ihrer Gesamtheit das allgemeine Persönlichkeitsrecht oder andere ebenso geschützte Rechte, wie die Ehre oder die Gesundheit des Betroffenen verletzen. Ein vorgefasster Plan ist nicht erforderlich (*BAG* 28.10.2010 – 8 AZR 546/09, NZA-RR 2011, 378; 16.5.2007 EzA § 611 BGB 2002 Persönlichkeitsrecht Nr. 6; *LAG Thüringen* 10.4.2001 NZA-RR 2001, 347; 10.6.2004 ZTR 2004, 596;

## B. Pflichten des Arbeitgebers	Kapitel 3

*LAG Hamm* 25.6.2002 NZA-RR 2003, 8; *LAG Bln.* 6.3.2003 LAGE Art. 2 GG Persönlichkeitsrecht Nr. 8).

Der Begriff lässt sich auch als eine konfliktbelastete Kommunikation am Arbeitsplatz unter Kollegen oder zwischen Vorgesetzten und Untergebenen beschreiben, bei der die angegriffene Person unterlegen ist und von einer oder einigen Personen systematisch, oft und während einer längeren Zeit mit dem Ziel und/oder dem Effekt des Ausstoßens aus dem Arbeitsverhältnis direkt oder indirekt angegriffen wird und dies als Diskriminierung empfindet. Es ist einerseits erforderlich, dass sich das Verhalten gegen eine oder mehrere bestimmte Personen richtet und andererseits, dass das Verhalten systematisch erfolgt. Es muss sich folglich aus einer Kette von Vorfällen ein System erkennen lassen (*LAG SchlH* 19.3.2002 NZA-RR 2002, 457; *Benecke* NZA-RR 2003, 225 ff.).

Handelt es sich bei den vom Arbeitnehmer für das Vorliegen von Mobbing vorgetragenen Handlungen des Arbeitgebers überwiegend um die **Auseinandersetzung um unterschiedliche Rechtsansichten**, z. B. über den Umfang des Weisungsrechts des Arbeitgebers oder Rechte anlässlich der Ausübung des Betriebsratsamtes, ergibt sich aus der Menge der Auseinandersetzungen allein noch keine verwerfliche Motivation des Arbeitgebers. Vielmehr handelt es sich bei derartigen rechtlichen Auseinandersetzungen um **im Arbeitsleben normale Konflikte**, die unter Zuhilfenahme der Arbeitsgerichte geklärt werden. Es entspricht insoweit einer typischen arbeitsrechtlichen Konfliktsituation, dass ein engagierter Betriebsratsvorsitzender weit mehr im Angriffsfeld des Arbeitgebers steht, als ein Arbeitskollege ohne Funktion, ohne dass diese Angriffssituation automatisch als systematische Anfeindung einzuordnen ist. Selbst wenn Sachstreitigkeiten schließlich vom Arbeitgeber auf Grund seiner Persönlichkeitsstruktur und seines Rollenverständnisses **in unangemessener, teils intoleranter Form ausgetragen werden**, ergibt sich aus der Art und Weise der Konfliktführung noch nicht per se eine verwerfliche Motivation des Arbeitgebers, die automatisch als Mobbing einzuordnen ist (*LAG SchlH* 1.4.2004 NZA-RR 2005, 15). Gleiches gilt bei **kritischen Äußerungen des Arbeitgebers** über die Arbeitsleistung des Arbeitnehmers und das Androhen von Sanktionen bei Fehlleistungen (s. dazu *LAG Nbg.* 5.9.2006 – 6 Sa 537/04 – EzA-SD 25/06 S. 8 LS); insoweit kann es an der für das Mobbing typischen, verschiedene einzelne Handlungen **zusammenfassenden Systematik fehlen**, wenn ein Arbeitnehmer von verschiedenen Vorgesetzten, die nicht zusammenwirken und die zeitlich aufeinanderfolgen, **kritisiert oder schlecht beurteilt wird** (*BAG* 16.5.2007 EzA § 611 BGB 2002 Persönlichkeitsrecht Nr. 6; s. a. *LAG Hamm* 11.2.2008 NZA-RR 2009, 7). Verhaltensweisen von Arbeitgebern oder Vorgesetzten (§ 278 BGB), die der vermeintlich gemobbte Arbeitnehmer **provoziert hat**, sind nicht in die Prüfung eines Mobbingverhaltens einzubeziehen; an der erforderlichen Systematik kann es auch dann fehlen, wenn zwischen den einzelnen Teilakten **lange zeitliche Zwischenräume** liegen (*BAG* 16.5.2007 EzA § 611 BGB 2002 Persönlichkeitsrecht Nr. 6 = NZA 2007, 1154; s. a. *LAG Hamm* 11.2.2008 NZA-RR 2009, 7).

Auch eine **gesundheitliche Prädisposition** eines Opfers von Mobbing kann gegen die Ursächlichkeit des Mobbing-Verhaltens für eine Erkrankung sprechen (*Sächs. LAG* 17.2.2005 AuR 2006, 131 LS).

*(2) Inhalt des Schutzrechts; Zurückbehaltungsrecht*

Die Arbeitnehmer sind in der Konsequenz des von der Verfassung vorgegebenen humanitären Wertesystems verpflichtet, das durch Art. 1, 2 GG geschützte Recht auf Achtung der Würde und der freien Entfaltung der Persönlichkeit der anderen bei ihrem Arbeitgeber beschäftigten Arbeitnehmer nicht durch Eingriffe in deren Persönlichkeits- und Freiheitssphäre zu verletzen; dies gilt auch deshalb, weil sie dem Arbeitgeber keinen Schaden zufügen dürfen (*LAG Thüringen* 15.2.2001 NZA-RR 2001, 577 m. Anm. *Etzel* AuR 2002, 231). Der **Arbeitnehmer hat** nämlich seinerseits **einen Anspruch darauf**, dass ihn der Arbeitgeber auch **vor Gefahren psychischer Art schützt**. Er kann verlangen, dass er vor systematischen Anfeindungen und vor schikanösem Verhalten durch Kollegen oder Vorgesetzte geschützt wird. Der Arbeitgeber muss sich gem. **§ 278 BGB** auch das Verhalten solcher Personen

2955

zurechnen lassen, die als Vorgesetzte in seinem Namen handeln. Die Ausübung des Zurückbehaltungsrechts in Bezug auf Arbeitsleistung stellt einen Schaden für den Arbeitgeber dar, weil es geeignet ist, Druck auf den Arbeitgeber zur Lösung eines Arbeitsplatzkonflikts auszuüben. Dieser ist aber nur erforderlich, wenn der Arbeitnehmer einseitig einer schikanösen Behandlung durch den Arbeitgeber ausgesetzt ist und die **Eskalation am Arbeitsplatz nicht mit verursacht hat** (*LAG Nds.* 3.5.2000 NZA-RR 2000, 517; s. *ArbG Duisburg* 29.6.2000 NZA-RR 2001, 304).

2955a Der Arbeitgeber hat gegenüber dem Arbeitnehmer bestimmte **Fürsorge- und Schutzpflichten** wahrzunehmen. Nach § 241 Abs. 2 BGB erwachsen jeder Vertragspartei aus einem Schuldverhältnis nicht nur Leistungs-, sondern auch Verhaltenspflichten zur Rücksichtnahme und zum Schutz der Rechte, Rechtsgüter und Interessen des anderen Teils. **Dies verbietet auch die Herabwürdigung und Missachtung eines Arbeitnehmers.** Dieser hat daher Anspruch darauf, dass auf sein Wohl und seine berechtigten Interessen Rücksicht genommen wird, dass er vor Gesundheitsgefahren, auch psychischer Art, geschützt wird, und dass er keinem Verhalten ausgesetzt wird, das bezweckt oder bewirkt, dass seine Würde verletzt und ein von Einschüchterungen, Anfeindungen, Erniedrigungen, Entwürdigungen oder Beleidigungen gekennzeichnetes Umfeld geschaffen wird. Der Arbeitgeber ist in diesem Zusammenhang insbes. auch zum Schutz der Gesundheit und des Persönlichkeitsrechts des Arbeitnehmers verpflichtet (*BAG* 28.10.2010 – 8 AZR 546/09, NZA-RR 2011, 378).

2956 Macht der Arbeitnehmer insoweit ein Zurückbehaltungsrecht geltend, so muss er im Streitfall die konkreten Tatsachen vortragen, aus denen er die »Mobbing-Situation« ableitet (*BAG* 23.1.2007 NZA 2007, 1166).

*(3) Schadensersatz; Eigenkündigung*

2957 Ansprüche auf Schadensersatz (und Schmerzensgeld) wegen Arbeitsunfähigkeit, die der Arbeitnehmer auf Mobbing zurückführt, können nur begründet sein, wenn der Arbeitnehmer zumindest Pflichtwidrigkeiten des Arbeitgebers oder ihm nach §§ 278, 831 BGB zurechenbarer Arbeitskollegen belegen kann (vgl. *ArbG Dresden* 7.7.2003 – 5 Ca 5954/02, AuR 2004, 76 LS: Anspruch in erheblicher Höhe; a. A. *Sächsisches LAG* 17.2.2005 – 2 Sa 751/03, EzA-SD 12/05, S. 12 LS). Fehlerhafte Weisungen des Vorgesetzten, wie die Arbeitsleistung zu erbringen ist, stellen keine Pflichtwidrigkeiten dar. Der Arbeitgeber ist auch nicht aus Gründen der Fürsorgepflicht gegenüber dem Arbeitnehmer gehalten, die sachliche Richtigkeit der Weisungen des Vorgesetzten zu überprüfen. Nimmt der Arbeitnehmer sich die fehlerhafte Weisung so zu Herzen, dass er davon arbeitsunfähig wird, bestehen keine Schadensersatzansprüche gegen den Arbeitgeber (*LAG Nbg.* 2.7.2002 NZA-RR 2003, 121). Behauptet folglich eine Arbeitnehmerin, sie sei durch fortgesetzte Herabsetzungen und Schikanen ihres Arbeitgebers seelisch krank geworden, muss sie im Prozess um Schadensersatz und Schmerzensgeld **die beanstandeten Verhaltensweisen so konkret darlegen und beweisen, das in jedem Einzelfall beurteilt werden kann, ob diese Verhaltensweisen jedenfalls einerseits rechtswidrige und schuldhafte Überschreitungen des Direktionsrechts gewesen sind und andererseits zudem der Handelnde damit zu rechnen hatte, dass sein Verhalten eine Erkrankung der Arbeitnehmerin verursachen könnte** (*LAG Bln.* 15.7.2004 NZA-RR 2005, 13; *Sächs. LAG* 17.2.2005 – 2 Sa 751/03, EzA-SD 12/05, S. 12 LS; s. *Federhoff-Rink* FA 2005, 330 ff.).

Auch bei Maßnahmen aus Anlass einer Betriebsänderung muss für einen Schadensersatzanspruch wegen Mobbings erkennbar sein, dass sie gegen die Person des Arbeitnehmers gerichtet waren und nicht bloß den Inhalt oder den Bestand dessen Arbeitsverhältnisses betrafen. Dafür genügt die Wahrnehmung vermeintlicher Rechte nicht, wenn aus dabei gemachten Fehlern nicht zu schließen ist, dass der Arbeitnehmer damit gezielt zermürbt werden sollte (*LAG Bln.* 17.1.2003 – 6 Sa 1735/02, EzA-SD 6/03, S. 10 LS; *Benecke* NZA-RR 2003, 225 ff.).

Bei dem festzustellenden Verschulden des Arbeitgebers ist auch zu beachten, dass der Arbeitnehmer **grds. die Möglichkeit hat, sich gegen unrechtmäßige Arbeitsanweisungen tatsächlich und rechtlich zur Wehr zu setzen.** Es ist deshalb auch zu prüfen, ob es dem Arbeitnehmer zumutbar war, sich beim Arbeitgeber über Mobbing-Handlungen zu beschweren und entsprechende Abhilfe zu fordern. Das gebietet letztlich auch die Schadensminderungspflicht (*LAG SchlH* 28.3.2006 NZA-RR 2006, 402).

Wahrheitswidrige Angaben einer vorgesetzten Person über einen Arbeitnehmer, die zu dessen Entlassung führen, begründen einen Anspruch des Entlassenen gegen den Vorgesetzten auf Ersatz des Verdienstausfalls und sonstiger Schäden (*LAG Hamm* 30.11.2000 – 8 Sa 878/00; s. a. *BGH* 1.8.2002 NZA 2002, 1214). Bei der Beurteilung, ob dem Arbeitnehmer eine billige Entschädigung in Geld zu gewähren ist, kann im Übrigen auch eine **bereits gezahlte, außergewöhnlich hohe Abfindung** berücksichtigt werden (*LAG Köln* 13.1.2005 – 6 Sa 1154/04, EzA-SD 12/05, S. 13 LS). 2958

Zur Anwendung von Ausschlussfristen s. Rdn. 4747 m. w. N. u. *BAG* 16.5.2007 EzA § 611 BGB 2002 Persönlichkeitsrecht Nr. 6; *LAG Hamm* 11.2.2008 NZA-RR 2009, 7). 2959

**Kündigt der Arbeitnehmer** wegen Beleidigungen oder Nötigungen durch einen Kollegen das Arbeitsverhältnis selbst, so wird von diesem Kollegen dem Arbeitnehmer gegenüber weder ein Recht an seinem Arbeitsplatz i. S. d. § 823 Abs. 1 BGB verletzt, noch hat er gegenüber dem Kollegen gem. § 823 Abs. 2 BGB einen Anspruch auf Ersatz des Verdienstausfalls, der infolge der Eigenkündigung eintritt (*BAG* 18.1.2007 EzA § 823 BGB 2002 Nr. 6). 2960

*(4) Schmerzensgeld; Zuweisung eines anderen Arbeitsplatzes*

Die fortgesetzte und schwerwiegende Verletzung des Persönlichkeitsrechts eines Arbeitnehmers durch das von einem Vorgesetzten begangene Mobbing begründet einen Schmerzensgeldanspruch **sowohl gegenüber dem Arbeitgeber als auch gegenüber dem Vorgesetzten** (Gesamtschuldner; *BAG* 25.10.2007 EzA § 611 BGB 2002 Persönlichkeitsrecht Nr. 7; *LAG RhPf* 16.8.2001 – 6 Sa 415/01, NZA-RR 2002, 121; **a. A.** *Sächs. LAG* 17.2.2005 – 2 Sa 751/03, EzA-SD 12/05, S. 12 LS; s. *Bieder* DB 2008, 638 ff.; *Gehlhaar* NZA 2009, 825 ff.). Das gilt z. B. dann, wenn ein **schuldhaftes dienstliches Verhalten** eines Vorgesetzten dazu führt, dass ein ihm unterstellter Mitarbeiter **psychisch erkrankt** und sich der Arbeitgeber des Vorgesetzten als Erfüllungsgehilfen bedient hat. Die Beurteilung allerdings, ob ein Gesamtverhalten eines Vorgesetzten als eine einheitliche Verletzung von Rechten des unterstellten Arbeitnehmers zu qualifizieren ist oder ob einzelne Handlungen oder Verhaltensweisen des Vorgesetzten für sich genommen oder in der Gesamtschau einen rechtsverletzenden Charakter haben, unterliegt der revisionsgerichtlich nur eingeschränkt überprüfbaren tatrichterlichen Würdigung (*BAG* 25.10.2007 EzA § 611 BGB 2002 Persönlichkeitsrecht Nr. 7). 2961

Die Höhe des Schmerzensgeldes wegen etlicher Verletzungen des Persönlichkeitsrechts ist nicht am Gehalt des »Gemobbten«, sondern an der **Rechtsprechung der Zivilgerichte** bei Herabwürdigungen und Körperverletzungen zu orientieren (*LAG RhPf* 16.8.2001 – 6 Sa 415/01, NZA-RR 2002, 121; **a. A.** *ArbG Ludwigshafen* 6.11.2000 ARST 2001, 188 LS). Bei der Beurteilung, ob dem Arbeitnehmer eine billige Entschädigung in Geld zu gewähren ist, kann im Übrigen auch eine **bereits gezahlte, außergewöhnlich hohe Abfindung** berücksichtigt werden (*LAG Köln* 13.1.2005 NZA-RR 2005, 575; s. Rdn. 2957). 2962

Der Arbeitnehmer kann andererseits nach Auffassung des *ArbG Lübeck* (7.9.2000 – 2 Ca 1850b/00; zur Darlegungslast s. Rdn. 2957, 2971 und *LAG Bln.* 15.7.2004 – 16 Sa 2280/03, NZA-RR 2005, 13) vom Arbeitgeber nur dann Schmerzensgeld wegen Mobbing beanspruchen, wenn er konkret darlegt, dass es sich bei den Vorgehensweisen des Arbeitgebers um **dauerhafte, systematische degradierende oder beleidigende Handlungen** handelt und er dadurch eine psychische Gesundheitsbeeinträchtigung erleidet. Maßnahmen, die arbeitsrechtlich zulässig sind, können grds. nicht Grundlage eines Schmerzensgeldanspruchs sein. Gleiches gilt für nur einzelne rechtswidrige Maßnahmen. 2963

Es besteht auch dann **kein Anspruch** auf Schmerzensgeld wegen Mobbings, wenn der Arbeitgeber einen suchtkranken Arbeitnehmer **nicht ausreichend** bezüglich seines Verhaltens gegenüber dem Arbeitnehmer **überwacht**, aber darauf beruhende Gesundheitsstörungen oder schwere Verletzungen des Persönlichkeitsrechts des Arbeitnehmers nicht dargetan sind (*LAG BW* 5.3.2001 – 15 Sa 106/00). 2964

2965 Die **Zuweisung eines gleichwertigen Arbeitsplatzes**, an dem der gemobbte Arbeitnehmer nicht mehr den Weisungen des vorgesetzten Täters untersteht, kann der Arbeitnehmer insoweit **nur dann verlangen, wenn ein solcher Arbeitsplatz vorhanden ist** (*BAG* 25.10.2007 EzA § 611 BGB 2002 Persönlichkeitsrecht Nr. 7).

*(5) Anspruch auf Beschädigtenversorgung nach dem Gesetz über die Entschädigung für Opfer von Gewalttaten (OEG)*

2966 § 1 Abs. 1 OEG setzt u. a. voraus, dass eine Person durch einen vorsätzlichen, rechtswidrigen tätlichen Angriff eine gesundheitliche Schädigung erlitten hat. Einzelne »Mobbing«-Aktivitäten können aber nur ausnahmsweise als tätliche Angriffe i. S. d. OEG angesehen werden (*BSG* 14.2.2001 – B 9 VG 4/00 R; 7.4.2011 – B 9 VG 2/10 R, AuR 2011, 269 LS: Stalking).

*(6) Kündigungsgrund*

2967 Mobbing kann auch ohne Abmahnung und unabhängig davon, ob es in diesem Zusammenhang zu einer Störung des Betriebsfriedens gekommen ist, die außerordentliche Kündigung eines Arbeitsverhältnisses rechtfertigen. Voraussetzung dafür ist, dass das allgemeine Persönlichkeitsrecht, die Ehre oder die Gesundheit des Mobbingopfers in **schwerwiegender Weise verletzt** werden. Je intensiver das Mobbing erfolgt, umso schwerwiegender und nachhaltiger wird die Vertrauensgrundlage für die Fortführung des Arbeitsverhältnisses gestört. Muss der Mobbingtäter erkennen, dass das Mobbing zu einer Erkrankung des Opfers geführt hat und setzt dieser ungeachtet dessen das Mobbing fort, dann kann für eine auch nur vorübergehende Weiterbeschäftigung des Täters regelmäßig kein Raum mehr bestehen (*LAG Thüringen* 15.2.2001 NZA-RR 2001, 577 m. Anm. *Etzel* AuR 2002, 231; zur Eigenkündigung vgl. *Hess. LAG* 27.3.2001 NZA-RR 2002, 581).

2968 Da es aus rechtlicher Sicht bei Mobbing um die Verletzung des allgemeinen Persönlichkeitsrechts und/oder der Ehre und/oder der Gesundheit geht und die in Betracht kommenden Rechtsfolgen das Vorliegen eines **bestimmten medizinischen Befundes nicht in jedem Fall voraussetzen**, ist nach Auffassung des *LAG Thüringen* (15.2.2001 NZA-RR 2001, 577) jedenfalls für die juristische Sichtweise – Anerkennung als Kündigungsgrund – nicht unbedingt eine bestimmte Mindestlaufzeit oder wöchentliche Mindestfrequenz der Mobbinghandlungen erforderlich.

2969 Für die Einhaltung der Frist des **§ 626 Abs. 2 BGB** kommt es entscheidend auf die Kenntnis desjenigen Ereignisses an, das das letzte, den Kündigungsentschluss auslösende Glied in der Kette vorangegangener weiterer, in Fortsetzungszusammenhang stehender Pflichtverletzungen bildet (*LAG Thüringen* 15.2.2001 NZA-RR 2001, 577).

2970 Zu beachten ist in diesem Zusammenhang, dass der gemobbte Arbeitnehmer die **Entlassung des Mobbingtäters** (im konkret entschiedenen Einzelfall eines Chefarztes) **nicht verlangen kann** (*BAG* 25.10.2007 EzA § 611 BGB 2002 Persönlichkeitsrecht Nr. 7; s. *Gehlhaar* NZA 2009, 825 ff.).

*(7) Darlegungs- und Beweislast*

2971 Voraussetzung für alle in Betracht kommenden Anspruchsgrundlagen sind Handlungen, die der Arbeitnehmer bei Bestreiten des Arbeitgebers konkret darlegen und beweisen muss (*BAG* 16.5.2007 EzA § 611 BGB 2002 Persönlichkeitsrecht Nr. 6; *LAG SchlH* 15.10.2008 – 3 Sa 196/08 – EzA-SD 4/2009 S. 12 LS), dadurch kausal verursachte Verletzungen der Rechtsgüter des Arbeitnehmers (*BAG* 16.5.2007 EzA § 611 BGB 2002 Persönlichkeitsrecht Nr. 6 = NZA 2007, 1154), ein zurechenbarer Schaden und ein Verschulden des Arbeitgebers, der insbes. bei psychischen Gesundheitsverletzungen des Arbeitnehmers diese voraussehen können muss (*LAG Bln.* 1.11.2002 LAGE Art. 2 GG Persönlichkeitsrecht Nr. 6).

2972 In einem Prozess auf Schmerzensgeld wegen »Mobbing« gegen den direkten Vorgesetzten und den Arbeitgeber trägt der Arbeitnehmer bspw. die Darlegungs- und Beweislast für die Rechtsgutsverletzung und den eingetretenen Schaden. Der Arbeitnehmer muss die klagebegründenden Tatsachen bzgl. aller anspruchsbegründender Tatsachen so vortragen, dass es der Beklagten möglich ist, zu erkennen, auf welche konkreten – nach Zeit und Ort identifizierbaren – Tatsachen sich die Anspruchstellung bezieht (*ArbG München* 25.9.2001 NZA-RR 2002, 123). Die Beweisführung kann u. U. den Regeln des prima-facie-Beweises folgen, wenn es sich um einen typischen Geschehensablauf handelt. Ein solcher liegt nicht vor, wenn für einen Zeitraum von 3 Jahren neun Vorfälle behauptet werden, weil damit nicht schlüssig der Tatbestand der dauernden Rechtsgutsverletzung, der »fortgesetzten aufeinander aufbauenden und ineinander übergreifenden, der Anfeindung, Schikane oder Diskriminierung dienenden Verhaltensweisen von Kollegen oder Vorgesetzten« dargelegt ist (*LAG Brem.* 17.10.2002 LAGE Art. 2 GG Persönlichkeitsrecht Nr. 5).

Auch insbes. pauschaler und wertender Vortrag mit Worten wie z. B. »gängeln«, »beschimpft«, oder »verbalen Übergriffen, Beleidigungen und massiven Drohungen« ist nicht ausreichend (*LAG SchlH* 15.10.2008 – 3 Sa 196/08, EzA-SD 4/2009 S. 12 LS).

Befindet sich der Arbeitnehmer zudem bereits im Stadium der Arbeitsunfähigkeit, so bedarf es besonderer Darlegungen dafür, dass weitere behauptete Pflichtwidrigkeiten des Arbeitgebers oder des Vorgesetzten kausal für das Weiterbestehen der (psychischen und psychosomatischen) Erkrankungen des Arbeitnehmers (als Voraussetzung für einen Schadensersatzanspruch) gegeben sind (*LAG Nbg.* 2.7.2002 LAGE Art. 2 GG Persönlichkeitsrecht Nr. 4).

### d) Wahrung der Ehre des Arbeitnehmers

Der Arbeitgeber ist auch verpflichtet, die Ehre des Arbeitnehmers zu wahren. **Unzulässig ist deshalb jede Art der Kundgabe von Nichtachtung oder Missachtung, üble Nachrede oder Minderung des Ansehens**, z. B. auch durch eine ehrenrührige unbegründete Überwachung des Arbeitnehmers, die in den Augen der Mitarbeiter darauf schließen lässt, dass gegen ihn der Verdacht auf unerlaubte Handlungen oder Straftaten besteht (*Wiese* ZfA 1971, 297). **2973**

▶ **Beispiele:** **2974**
- Allein der Ausspruch einer **rechtsunwirksamen** betriebsbedingten **Kündigung** durch den Arbeitgeber verletzt den Arbeitnehmer **nicht** in seinem Persönlichkeitsrecht. Das ist nur dann der Fall, wenn die Kündigung den Arbeitnehmer über den bloßen Kündigungsausspruch hinaus in seinem Persönlichkeitsrecht beeinträchtigt; dafür trägt der Arbeitnehmer die Darlegungs- und Beweislast (*BAG* 24.4.2008 EzA § 611 BGB 2002 Persönlichkeitsrecht Nr. 8).
- Ein Arbeitgeber, der eine rechtsunwirksame **Kündigung** im Laufe eines Kündigungsschutzprozesses **zurückgenommen** und dann dem Arbeitnehmer unter Verstoß gegen das Direktionsrecht neue Tätigkeiten zugewiesen hat, hat einen daraufhin vom Arbeitnehmer verübten **Selbstmord** nicht adäquat kausal verursacht. Dies gilt nicht, wenn objektiv erkennbare Anhaltspunkte für eine Suizidgefährdung des Arbeitnehmers vorgelegen haben (*BAG* 24.4.2008 EzA § 611 BGB 2002 Persönlichkeitsrecht Nr. 8 = NZA 2009, 38).
- Wirkt ein Arbeitgeber an einem Presseartikel mit, in dem eine Arbeitnehmerin des Betriebes in massivster Weise in ihrer Ehre beeinträchtigt wird (**Kennzeichnung als faulste Mitarbeiterin Deutschlands**), so begründet dies u. U. einen Anspruch auf Schmerzensgeld (im konkreten Einzelfall in Höhe von 4.000 DM; *LAG Hamm* 3.9.1997 LAGE § 847 BGB Nr. 3; s. *BAG* 18.2.1999 EzA § 611 BGB Persönlichkeitsrecht Nr. 13: s. a. Rdn. 2995). Die **Pressefreiheit** (Art. 5 Abs. 1 S. 2 GG) **vermag keine derartigen ehrverletzenden Berichte** über Tatsachen aus der Intimsphäre eines Arbeitnehmers **zu rechtfertigen** (*BAG* 18.2.1999 NZA 1999, 645).
- Das *LAG Düsseld.* (27.5.1998 NZA 1998, 578; s. *Kern* NZA 2000, 125 ff.) hat ein Schmerzensgeld in Höhe von 3000 DM für eine **Steißbeinfraktur** für angemessen erachtet, die durch einen Tritt der Vorgesetzten in das Gesäß einer Mitarbeiterin verursacht wurde und mit einem fünftägigen Krankenhausaufenthalt sowie einer sechswöchigen Arbeitsunfähigkeit verbunden war.

### e) Schutz vor sexueller Belästigung am Arbeitsplatz

#### aa) BeschSchG (bis 17.8.2006)

**2975** Gem. § 4 Abs. 1 Nr. 1 Beschäftigtenschutzgesetz (BeschSchG) war der Arbeitgeber verpflichtet, bei sexuellen Belästigungen die im Einzelfall angemessenen arbeitsrechtlichen Maßnahmen wie Abmahnung, Umsetzung, Versetzung oder Kündigung (s. *LAG Nds.* 29.11.2008 – 1 Sa 547/08, EzA-SD 3/2009 S. 4 LS) zu ergreifen (s. Kap. 4 Rdn. 1309 ff.). Ziel war es, die Würde von Frauen und Männern durch den Schutz vor sexueller Belästigung am Arbeitsplatz zu wahren (§ 1 Abs. 1).

**2976** Gem. § 2 Abs. 2 S. 1 BeschSchG war eine sexuelle Belästigung am Arbeitsplatz jedes vorsätzliche, sexuell bestimmte Verhalten, das die Würde von Beschäftigten am Arbeitsplatz verletzt (s. *BAG* 25.3.2004 EzA § 626 BGB 2002 Nr. 6). So war z. B. der »**Klaps« mit dem Handrücken auf den Po geeignet**, den Tatbestand einer sexuellen Belästigung darzustellen (*LAG Köln* 7.7.2005 NZA-RR 2006, 237; instr. *LAG SchlH* 27.9.2006 – 3 Sa 163/06, EzA-SD 25/06 S. 8 LS).

Legte ein Vorgesetzter einer ihm unterstellten Arbeitnehmerin unerwartet und unaufgefordert im Dienst unter vier Augen **pornografische Bilder mit der Aufforderung** vor, **solche auch von ihr fertigen zu können**, was sofort zurückgewiesen wurde, und ergänzte er seine Ausführungen gleichwohl dahin, die Fotos sehe ja keiner, griff er unerwünscht in die Intimsphäre dieser Arbeitnehmerin ein und beging damit eine sexuelle Belästigung. Insoweit war das Bildungsniveau der betroffenen Arbeitnehmerin ebenso unbeachtlich wie der Umstand, ob die Arbeitnehmerin BILD-Leserin war und manchmal einen burschikosen Umgangsstil zeigte (*LAG SchlH* 27.9.2006 – 3 Sa 163/06, AuR 2007, 145 LS).

**2977, 2978** (derzeit unbesetzt)

#### bb) §§ 1 ff. AGG (ab dem 18.8.2006)

**2979** Das BeschSchG ist durch das AGG zum 17.8.2006 aufgehoben und mit Wirkung ab dem 18.8.2006 ohne inhaltliche Änderung ersetzt worden (s. § 33 AGG und dazu Rdn. 4871 ff.).

### f) Freie Gestaltung des Äußeren

**2980** Das Persönlichkeitsrecht des Arbeitnehmers schließt auch das Recht auf freie Gestaltung des Äußeren (insbes. Kleidung, Haartracht usw.) ein. **Es wird allerdings durch eine entsprechende Rücksichtspflicht gegenüber dem Arbeitgeber beschränkt** (instr. *Brose/Greiner/Preis* NZA 2011, 369 ff.).

**2981** So darf z. B. eine ungewöhnliche Haartracht des Arbeitnehmers keine Unfallgefahr bilden oder Kunden abstoßen. Auch insoweit muss im Wege der Verhältnismäßigkeitsprüfung im Einzelfall eine Güter- und Interessenabwägung stattfinden (vgl. *OVG RhPf* 22.9.2003 AuR 2004, 31: Ein Polizist – Beamter – darf keinen Pferdeschwanz tragen m. abl. Anm. *Walter* AuR 2004, 32 ff.).

**2982** Der Arbeitnehmer ist insoweit gem. § 242 BGB nach Treu und Glauben mit Rücksicht auf die Verkehrssitte verpflichtet, **sein Äußeres den Gegebenheiten des Arbeitsverhältnisses anzupassen**. Denn auf Grund des Arbeitsvertrages ist der Arbeitnehmer zur Einordnung, d. h. zur Übernahme einer durch den Arbeitsvertrag festgelegten Funktion innerhalb eines fremden Arbeits- oder Lebensbereichs verpflichtet; er schuldet daher ein Gesamtverhalten, das darauf gerichtet ist, nach Maßgabe der von ihm übernommenen Funktion die berechtigten Interessen des Arbeitgebers nicht zu schädigen und im Rahmen des Zumutbaren wahrzunehmen. Dies gilt besonders dann, wenn der **Arbeitgeber auf Kunden und deren Vorstellungen Rücksicht zu nehmen hat** und unter anderem durch die äußere Erscheinung seines Personals eine Aussage über Image, Stil und Trend des Unternehmens treffen will (vgl. *BAG* 8.8.1989 EzA § 87 BetrVG 1972 Betriebliche Ordnung Nr. 13).

**2983** Einschränkungen können sich auch aus gesetzlichen Vorschriften ergeben. So verbieten z. B. §§ 57 Abs. 4 S. 1, 58 SchulG NW **religiöse Bekundungen** in der Schule durch Lehrer(innen) und Sozialpädagog(inn)en, die geeignet sind, den religiösen Schulfrieden zu gefährden; diese Regelungen sind Ausdruck des staatlichen Neutralitätsgebots. Ob das Tragen eines bestimmten Kleidungsstücks die nach außen gerichtete Kundgabe einer religiösen Überzeugung ist, richtet sich nach den Deutungsmöglichkeiten, die insbes. für Schüler und Eltern objektiv naheliegen. Dabei muss sich der fragliche Symbolcharakter nicht schon aus dem Kleidungsstück als solchem ergeben. Trägt z. B. eine Sozialpädagogin muslimischen Glaubens in der Schule anstelle des zuvor getragenen islamischen Kopftuchs zu jeder Zeit eine (Woll-)Mütze, die Haare, Haaransatz und Ohren vollständig bedeckt, kann darin die Kundgabe einer religiösen Überzeugung liegen mit der Folge, dass sie abgemahnt werden kann. Denn das Bekundungsverbot knüpft an einen abstrakten Gefährdungstatbestand an; es will sicherstellen, dass konkrete Gefahren für die Neutralität der Schule unterbunden werden. § 57 Abs. 4 SchulG NRW verstößt weder gegen Art. 4 Abs. 1 GG, Art. 3 Abs. 1 GG noch gegen Art. 9 EMRK oder § 7 AGG (*BAG* 20.8.2009 EzA § 611 BGB 2002 Abmahnung Nr. 4; *LAG Düsseld.* 10.4.2008 – 5 Sa 1836/07, EzA-SD 15/2008 S. 9 LS; s. a. *BAG* 12.8.2010 – 2 AZR 593/09, EzA-SD 2/2011 S. 8 LS = NZA-RR 2011, 162).

### g) Außerdienstliches Verhalten

Hinsichtlich des außerdienstlichen Verhaltens kann der Arbeitgeber grds. keine Verhaltensanforderungen stellen. Ausnahmen gelten nur dann, wenn durch den Arbeitsvertrag auch der außerdienstliche Verhaltensbereich ausdrücklich und zulässigerweise individualvertraglich geregelt ist (z. B. in **Kirchen** oder **Tendenzunternehmen**). 2984

### h) Schutz der Freiheitssphäre des Arbeitnehmers

Hinsichtlich der Freiheitssphäre (Schutz der Persönlichkeitsrechte des Arbeitnehmers) werden insbes. die Freiheitsrechte der Art. 2 ff. GG (z. B. das Grundrecht auf Meinungsfreiheit, Art. 5 Abs. 1 GG) relevant (s. dazu ausf. Kap. 1 Rdn. 301 ff.). 2985

Der Arbeitgeber hat diesbezüglich nicht nur eigene Beeinträchtigungen zu unterlassen, sondern mit seiner Organisationsgewalt auch sicherzustellen, dass Persönlichkeitsverletzungen durch Betriebsangehörige grds. unterbleiben. 2986

Er ist daher insbes. verpflichtet, Arbeitnehmer vor Belästigungen durch Kollegen, Vorgesetzte und auch Kunden zu schützen, z. B. durch organisatorische Maßnahmen; ggf. hat er auch personelle Konsequenzen zu ziehen (vgl. *Bertelsmann* AiB 1987, 133 f.; zur sexuellen Belästigung s. Rdn. 2975). Allerdings darf Eingangspost, die neben der Adresse des Arbeitgebers auch den Namen des Arbeitnehmers aufweist, jedoch den **Vermerk »persönlich«** oder »vertraulich« vermissen lässt, ohne Verletzung des Briefgeheimnisses und des allgemeinen Persönlichkeitsrechts vom Sekretariat des Geschäftsführers geöffnet werden; ein Unterlassungsanspruch dagegen besteht nicht (*LAG Hamm* 19.2.2003 NZA-RR 2003, 346). 2987

Der Arbeitgeber hat im Übrigen in den Grenzen des Verhältnismäßigkeitsprinzips **alles zu unternehmen, was die Kreativität seiner Arbeitnehmer fördert und ihre Selbstständigkeit und Selbstbestimmung erweitert** (vgl. auch § 81 Abs. 3 SGB IX). 2988

### i) Rechtswidrige Kündigung durch den Arbeitgeber

Eine rechtswidrige Kündigung kann als Pflichtverletzung einen Schadensersatzanspruch begründen, wenn ihr Ausspruch verschuldet ist. Das ist allerdings dann nicht der Fall, wenn die Kündigung auf einem vertretbaren Rechtsstandpunkt des Arbeitgebers beruht. Ist die Rechtslage nicht eindeutig, handelt der kündigende Arbeitgeber solange nicht fahrlässig, wie er auf die Wirksamkeit der Kündigung vertrauen durfte. Entscheidend ist, ob er mit vertretbaren Gründen zu der Annahme gelangen durfte, die Kündigung werde sich als rechtsbeständig erweisen (*BAG* 17.7.2003 – 8 AZR 486/02, EzA-SD 22/03, S. 9 LS) 2989

Diese Grundsätze gelten auch dann, wenn eine **ordentliche Kündigung** nicht mit der korrekten Frist ausgesprochen worden ist und ein Schaden gerade dadurch entstanden ist. (*BAG* 17.7.2003 – 8 AZR 486/02, EzA-SD 22/03, S. 9 LS) 2990

**2991** Verursacht ein Arbeitgeber schuldhaft wegen des Ausspruchs einer rechtswidrigen Kündigung die Beendigung des sozialrechtlichen Beschäftigungsverhältnisses und die Inanspruchnahme von Arbeitslosengeld auf Grund Gleichwohlgewährung und kommt es vor Ablauf der sozialrechtlichen Rahmenfrist zum Eintritt einer erneuten Arbeitslosigkeit und Minderungen des Arbeitslosengeldes, weil Bemessungszeiträume und das Lebensalter des Arbeitnehmers vor der Gleichwohlgewährung zugrunde gelegt werden, ist der Arbeitgeber nach § 280 BGB schadensersatzpflichtig (*BAG* 17.7.2003 – 8 AZR 486/02, EzA-SD 22/03, S. 9 LS).

*j) Sanktion von Pflichtverletzungen*

*aa) Unterlassungsanspruch*

**2992** Hinsichtlich der Verletzung des Persönlichkeitsrechts durch den Arbeitgeber hat der Arbeitnehmer einen Unterlassungsanspruch, wenn die Schutzpflichtverletzung bevorsteht oder wenn Wiederholungsgefahr besteht (§ 611 BGB i. V. m. der verletzten Schutzpflicht).

**2993** So kann z. B. die Wiederholung von wahren Tatsachenbehauptungen, die geeignet sind, den Betroffenen herabzusetzen, untersagt werden, **wenn kein schutzwürdiges Interesse an der öffentlichen Weiterverbreitung** besteht. Das ist insbes. dann anzunehmen, wenn die Verbreitung ausschließlich aus Gründen der **Vergeltung** für vermeintlich früher zugefügtes Unrecht geschieht (*BAG* 26.8.1997 EzA § 1004 BGB Nr. 6; s. *OLG Hamm* 31.5.2007 – 27 U 229/06, EzA-SD 14/2007 S. 9 LS).

*bb) Beseitigungsanspruch*

**2994** Analog §§ 12, 861, 862, 1004 BGB kommt ein sog. quasi negatorischer Beseitigungsanspruch in Betracht, der sich auf die Beseitigung diffamierender Unterlagen und auf den Widerruf der ehrverletzenden Äußerungen richtet.

*cc) Schadensersatzanspruch; Schmerzensgeld*

**2995** Aus §§ 280 ff., 241 Abs. 2 BGB, § 823 Abs. 1 BGB, § 823 Abs. 2 BGB i. V. m. § 185 StGB kann sich ein Schadensersatzanspruch ergeben; analog § 253 Abs. 2 BGB kommt bei schweren Persönlichkeitsverletzungen zudem auch die Zahlung eines Schmerzensgeldes in Betracht (*BAG* 18.12.1984 EzA § 611 BGB Persönlichkeitsrecht Nr. 2; s. Rdn. 2974 zu *LAG Hamm* 3.9.1997 LAGE § 847 BGB Nr. 3). Das *LAG Bln.* (5.3.1997 NZA-RR 1998, 488) hat 10.000 DM für den fett gedruckten Text in einem Anzeigenblatt über eine »**eingebildete**« **Krankheit** einer Anzeigenvertreterin dieses Journals als angemessenen Ausgleich für die Beeinträchtigung des Persönlichkeitsrechts angesehen. Zu beachten ist in diesem Zusammenhang aber, dass eine Verurteilung zur Zahlung von Schmerzensgeld wegen Mittäterschaft oder Beihilfe zu einer unerlaubten Handlung stets die **tatrichterliche Feststellung eines Tatbeitrags** voraussetzt (*BAG* 18.2.1999 EzA § 611 BGB Persönlichkeitsrecht Nr. 8; s. *Kern* NZA 2000, 124 ff.). Das *ArbG Köln* (3.2.2000 AuR 2000, 473 m. Anm. *Kittner* AuR 2000, 474) hat angenommen, dass einem Arbeitnehmer, dem gegenüber eine **rechtsunwirksame Kündigung** ausgesprochen worden ist, deren Unwirksamkeit dem Arbeitgeber hätte bekannt sein müssen (Fehlen der Zustimmung des Integrationsamtes gem. §§ 85, 91 SGB IX), ein Schmerzensgeldanspruch wegen Verletzung des allgemeinen Persönlichkeitsrechts zustehen kann. Es hat den Arbeitgeber im konkret entschiedenen Einzelfall zur Zahlung von 1.000 DM/Monat verurteilt. Gleiches gilt, wenn der Arbeitgeber das vom Arbeitnehmer im Verlauf des lange bestehenden Arbeitsverhältnisses erworbene berufliche und **soziale Selbstverständnis grundlos massiv beeinträchtigt**; die Höhe des Schmerzensgeldes errechnet sich unter Zugrundelegung der Dauer der erlittenen Beeinträchtigung und der Höhe der monatlichen Nettovergütung des Arbeitnehmers, die seine berufliche Position widerspiegelt (*ArbG Ludwigshafen* 6.11.2000 ARST 2001, 188 LS; **a. A.** *LAG RhPf* 16.8.2001 – 6 Sa 415/01; s. a. Rdn. 2961).

**2995a** Das *Hess. LAG* (25.10.2010 – 7 Sa 1586/09, AuR 2011, 128 LS) hat in einem Fall, in dem der Arbeitgeber eine Mitarbeiterin rechtswidrig an ihrem Arbeitsplatz im Büro permanent mit einer **Video-**

kamera überwacht hatte (s. Rdn. 2945), eine schwerwiegende und hartnäckige Verletzung des informationellen Selbstbestimmungsrechts angenommen und den Arbeitgeber zu einer Entschädigung von 7.000 € verurteilt.

*dd) Zurückbehaltungsrecht*

Ferner kann dem Arbeitnehmer u. U. ein Zurückbehaltungsrecht an seiner Arbeitsleistung zustehen (§ 273 Abs. 1 BGB; s. Rdn. 323 ff.). 2996

Eine Sonderregelung enthält § 14 AGG bei Untätigkeit des Arbeitgebers bei sexueller Belästigung am Arbeitsplatz. 2997

*ee) Beschwerderecht*

Zudem hat er ein Beschwerderecht (§ 84 Abs. 1 S. 1 BetrVG). 2998

Auch insoweit enthält § 13 AGG eine Sonderregelung, nicht nur bei sexueller Belästigung am Arbeitsplatz. 2999

*ff) Kündigungsrecht des Arbeitnehmers*

Bei schweren Persönlichkeitsverletzungen kommt u. U. eine außerordentliche Kündigung des Arbeitnehmers (§ 626 Abs. 1 BGB) in Betracht. 3000

*gg) Beweisverwertungsverbot*

Lässt der Arbeitgeber einen Dritten über eine Bürosprechanlage eine Unterredung mit einem Arbeitnehmer, dem er kündigen will, ohne dessen Wissen mithören, so darf der Dritte über den gesamten Inhalt der Unterredung nicht als Zeuge vernommen werden, wenn der Arbeitgeber dem Arbeitnehmer zu verstehen gegeben hatte, dass er die Unterredung als vertraulich behandeln wolle (*BAG* 2.6.1982 EzA Art. 2 GG Nr. 2; s. a. *BAG* 23.4.2009 EzA § 611 BGB 2002 Persönlichkeitsrecht Nr. 9). 3001

Auch die gerichtliche Verwertung von Kenntnissen, die der Arbeitgeber aus dem verbotswidrigen Mithören eines Telefongesprächs des Arbeitnehmers von einem dienstlichen Telefonapparat gewonnen hat, verletzt das Recht des Arbeitnehmers am eigenen Wort (*BVerfG* 19.12.1991 EzA § 611 BGB Persönlichkeitsrecht Nr. 10). 3002

> In der gerichtlichen Verwertung von Kenntnissen und Beweismitteln, die unter Verstoß gegen das Persönlichkeitsrecht erlangt sind, liegt regelmäßig ein Eingriff in das Grundrecht aus Art. 2 Abs. 2 i. V. m. Art. 1 Abs. 1 GG. Ob dieser gerechtfertigt ist, richtet sich nach dem Ergebnis der Abwägung zwischen dem gegen die Verwertung streitenden Persönlichkeitsrecht und einem dafür sprechenden Interesse des Beweisführers (*BVerfG* 19.12.1991 EzA § 611 BGB Persönlichkeitsrecht Nr. 10; 9.10.2002 EzA § 611 BGB Persönlichkeitsrecht Nr. 15; krit. *Kopke* NZA 1999, 917 ff.). 3003

Auch gegenüber der Vernehmung eines Zeugen, der ohne Wissen und Genehmigung eines der Telefonierenden ein Telefonat über eine Zimmersprechanlage mithörte, besteht u. U. ein Beweisverwertungsverbot (*BVerfG* 9.10.2002 EzA § 611 BGB Persönlichkeitsrecht Nr. 15; *BAG* 23.4.2009 EzA § 611 BGB 2002 Persönlichkeitsrecht Nr. 9; s. Rdn. 2937 ff.; s. a. *BAG* 16.12.2010 EzA § 626 BGB 2002 Nr. 33; s. a. *Dzida/Grau* NZA 2010, 1201 ff.; a. A. *LAG Düsseld.* 24.4.1998 DB 1998, 1522 LS). 3004

Gleiches gilt: 3005
– Nicht unbedingt für die Verwertung der unter Verletzung des Persönlichkeitsrechts des Arbeitnehmers gemachten **Videoaufzeichnungen** im Kündigungsschutzverfahren zur Begründung der Kündigung und zu Beweiszwecken (*BAG* 27.3.2003 EzA § 611 BGB 2002 Persönlichkeitsrecht Nr. 1 m. Anm. *Wedde* AuR 2005, 457 ff.; s. *Bayreuther* NZA 2005, 1038 ff.; ebenso *LAG Köln* 3006

26.2.1999 ARST 1999, 235 für verdeckte Videoaufnahmen aus konkretem Anlass; vgl. auch *Sächsisches LAG* 12.6.2003 LAGE § 3 EFZG Nr. 5; **a. A.** *LAG Hamm* 24.7.2001 – 11 Sa 1524/00, NZA-RR 2002, 464; instr. *Ernst* NZA 2002, 585 ff.; s. a. *BAG* 16.12.2010 EzA § 626 BGB 2002 Nr. 33 = NZA 2011, 571; *ArbG Mönchengladbach* 3.5.2011 LAGE Art. 2 GG Persönlichkeitsrecht Nr. 15).

**3007** Das BAG (27.3.2003 EzA § 611 BGB 2002 Persönlichkeitsrecht Nr. 1) geht zwar auch davon aus, dass z. B. die heimliche Videoüberwachung eines Arbeitnehmers durch den Arbeitgeber einen Eingriff in das durch Art. 2 Abs. 1 GG geschützte allgemeine Persönlichkeitsrecht des Arbeitnehmers darstellt. Dieser Eingriff führt aber dann nicht zu einem Beweisverwertungsverbot, wenn z. B. der konkrete Verdacht einer strafbaren Handlung oder einer anderen schweren Verfehlung zu Lasten des Arbeitgebers besteht, weniger einschneidende Mittel zur Aufklärung des Verdachts ausgeschöpft sind, die verdeckte Videoüberwachung praktisch das einzig verbleibende Mittel darstellt und insgesamt nicht unverhältnismäßig ist (s. a. *BAG* 26.8.2008 EzA § 87 BetrVG 2001 Überwachung Nr. 2; 16.12.2010 EzA § 626 BGB 2002 Nr. 33). Die Verwertung **heimlicher Videoaufnahmen** von öffentlich zugänglichen Räumen (hier: Kassenbereich eines Supermarktes) kann auch im Kündigungsschutzprozess in verfassungskonformer Einschränkung des § 6b Abs. 2 BDSG zulässig sein, wenn sich der Arbeitgeber in einer **notwehrähnlichen Lage** befindet und die heimliche Videoüberwachung nicht unverhältnismäßig ist (*LAG Köln* 18.11.2010 NZA-RR 2011, 241).

**3008** – für die Verwertung eines unter dem Druck eines unzulässigen **Video-Spähangriffs** vom Arbeitgeber erlangten unspezifischen Geständnisses einer Kassiererin (*LAG BW* 6.5.1999 BB 1999, 1439);

**3009** – für die Verwertung des Ergebnisses einer ohne Kenntnis und ohne Einwilligung des Betroffenen erhobenen **DNA-Analyse** für eine außerordentliche Verdachtskündigung, die wegen der Verbreitung anonymer Schreiben mit beleidigendem Inhalt in der Dienststelle ausgesprochen werden soll (*VGH BW* 28.11.2000 AuR 2001, 469; s. *Roos* AuR 2001, 470 ff.).

**3010** Andererseits besteht **kein Beweisverwertungsverbot** bei **heimlich gefertigten Bild- und Tonaufnahmen** dann, wenn ein konkreter Tatverdacht gegen den Arbeitnehmer besteht (*Maschmann* NZA 2002, 13 ff.; s. a. *ArbG Mönchengladbach* 3.5.2011 LAGE Art. 2 GG Persönlichkeitsrecht Nr. 15). Bei Verletzung des Rechts am eigenen Bild ist ein prozessuales Verwertungsgebot insgesamt nur gegeben, wenn die **Verletzung des Persönlichkeitsrechts** die Interessen des Arbeitgebers an der Verwertung der dadurch gewonnenen Erkenntnisse **überwiegt** (*Hess. LAG* 24.11.2010 NZA-RR 2011, 294).

**3011** Lädt ein Arbeitnehmer während der Arbeitszeit **pornografisches Bildmaterial** aus dem Internet, das er auf Datenträgern des Arbeitgebers speichert und nutzt er den Internet-Zugang zum Einrichten einer Web-Page sexuellen Inhalts, so besteht dann kein Beweisverwertungsverbot, wenn der Arbeitgeber die auf seinen Datenträgern gespeicherten Daten festgestellt und gesichert hat (*ArbG Hannover* 1.12.2000 NZA 2001, 1022; ebenso für die Weiterleitung derartiger Dateien *ArbG Hannover* 28.4.2005 NZA-RR 2005, 420; krit. *Weißgerber* NZA 2003, 1005 ff.).

**3012** Darüber hinaus wird auch die Auffassung vertreten, dass **mitbestimmungswidrig erlangte Beweismittel** (z. B. bei einem Verstoß gegen § 87 Abs. 1 Nr. 1, 6, § 94 BetrVG; s. *BAG* 29.6.2004 EzA § 611 BGB 2002 Persönlichkeitsrecht Nr. 2; *Bayreuther* NZA 2005, 1038 ff.).) wegen der Schutzrichtung der materiellen Mitbestimmungsrechte des Betriebsrats regelmäßig nicht verwertet werden dürfen, es sei denn, sie dienen der Entlastung des Arbeitnehmers (*Maschmann* NZA 2002, 13 ff.; *Lerch/Weinbrenner* FA 2008, 229 ff.; s. auch *LAG Brem.* 28.7.2005 – 3 Sa 98/05 – AuR 2005, 466 LS: Verwertungsverbot für »Kommt/Geht-Daten«; **a. A.** ausf. u. zutr. *Schlewing* NZA 2004, 1071 ff.; *Altenburg/Leister* NJW 2006, 469 ff.). Das *BAG* (27.3.2003 EzA § 611 BGB 2002 Persönlichkeitsrecht Nr. 1; s. *ArbG Hmb.* 20.2.2004 NZA-RR 2005, 520) hat angenommen, dass dann, wenn die **Videoüberwachung** entgegen § 87 Abs. 1 Nr. 6 BetrVG **ohne vorherige Zustimmung des Betriebsrates** durchgeführt worden ist, sich aus diesem Verstoß jedenfalls **dann kein eigenstän-**

diges **Beweisverwertungsverbot** ergibt, wenn der **Betriebsrat** der Verwendung des Beweismittels und der darauf gestützten Kündigung **zustimmt** und die Beweisverwertung nach den allgemeinen Grundsätzen gerechtfertigt ist.

Für die Verwertung betriebsverfassungswidrig erlangter Informationen in einem Kündigungsschutzprozess gilt Folgendes: 3013

Beachtet der Arbeitgeber das Mitbestimmungsrecht des Betriebsrats nach § 87 Abs. 1 Nr. 1 BetrVG oder sich aus einer Betriebsvereinbarung z. B. über die Durchführung von Personenkontrollen ergebenden Pflichten nicht, so führt dieser Umstand **nicht dazu**, dass der Arbeitgeber die unstreitige Tatsache eines im Besitz der Arbeitnehmerin während einer Personenkontrolle aufgefundenen Gegenstandes – z. B. eines nicht bezahlten Lippenstiftes – in einem Kündigungsschutzprozess **nicht verwerten kann**. Denn ein »Sachvortragsverwertungsverbot« kennt das deutsche Zivilprozessrecht nicht. Das ArbG ist an ordnungsgemäß in den Prozess eingeführten Sachvortrag der Parteien gebunden. Insbesondere unstreitige Tatsachen muss es berücksichtigen und darf einen Parteivortrag nicht ohne gesetzliche Grundlage unbeachtet und unverwertet lassen (*BAG* 13.12.2007 EzA § 626 BGB 2002 Nr. 20; *LAG Nds.* 20.3.2009 LAGE § 626 BGB 2002 Verdacht strafbarer Handlung Nr. 6).

Schließlich ist es verfassungsrechtlich **nicht geboten**, das z. B. eine Tonbandaufnahme selbst betreffende Verwertungsverbot auf die **Aussage eines Zeugen zu erstrecken**, der nicht über den Inhalt des Tonbands Auskunft gibt, sondern über das von ihm selbst geführte Gespräch, selbst wenn er es in rechtswidriger Weise per Tonband aufgenommen hat und als Erinnerungsstütze nutzt. Denn Beweismittel ist die Zeugenaussage, nicht der Tonbandmitschnitt (*BVerfG* 31.7.2001 EzA § 611 BGB Persönlichkeitsrecht Nr. 14). 3014

### 9. Maßregelungsverbot (§ 612a BGB)

*a) Grundlagen*

Das in § 612a BGB geregelte Benachteiligungsverbot soll den Arbeitnehmer in seiner **Willensfreiheit** schützen, wenn er Rechte wahrnimmt. Der Arbeitnehmer **soll seine Rechte ohne Furcht vor wirtschaftlichen oder sonstigen Repressalien des Arbeitgebers ausüben können** (*BAG* 21.9.2011 NZA 2012, 317). § 612a BGB ist unabdingbar und gewährleistet einen umfassenden Schutz, der sich nicht nur auf die aus dem Arbeitsvertrag folgenden Rechte beschränkt, sondern sich auf jede Form der Rechtsausübung erstreckt. Es handelt sich um ein **allgemeines Benachteiligungsverbot** und einen **Sonderfall der Sittenwidrigkeit** (*BAG* 22.5.2003 EzA § 242 BGB 2002 Kündigung Nr. 2; 21.9.2011 NZA 2012, 317); es gilt für alle denkbaren Fälle, in denen der Arbeitnehmer zulässigerweise seine Rechte ausübt (BT-Drs. 8/3317 S. 10; BR-Drs. 353/79 S. 1). Indem die Vorschrift dem Arbeitgeber untersagt, bei Vereinbarungen oder Maßnahmen den Umstand zum Nachteil des Arbeitnehmers zu berücksichtigen, dass der Arbeitnehmer in zulässiger Weise seine Rechte ausgeübt hat, schränkt sie die Vertrags- und Gestaltungsfreiheit des Arbeitgebers ein. Wie aus dem auf Arbeitnehmer beschränkten Anwendungsbereich der Bestimmung deutlich wird, beruht sie auf dem für Arbeitsverhältnisse **typischen Ungleichgewicht**, das sich durch Weisungsrechte des Arbeitgebers und Weisungsunterworfenheit des Arbeitnehmers auszeichnet (*BAG* 21.9.2011 NZA 2012, 317). 3014a

Erfasst wird auch die **Ausübung von Grundrechten** durch den Arbeitnehmer, soweit sie im Verhältnis zum Arbeitgeber rechtserheblich sind, insbes. Art. 5 Abs. 1, 9 Abs. 3 S. 1, 2 GG, Art. 10 MRK (*BAG* 21.9.2011 NZA 2012, 317). Das geltend gemachte »Recht« muss zudem nicht die Qualität einer Anspruchsgrundlage erreichen. Es reicht aus, wenn es verständlich und vernünftig ist und dessen Verweigerung durch den Arbeitgeber sich als treuwidrig darstellt (ErfK/*Preis* § 612a BGB Rn. 2). Eine Rechtsausübung kann also nicht nur in der Geltendmachung von Ansprüchen bestehen, sondern auch in der Wahrnehmung sonstiger Rechtspositionen (*BAG* 21.9.2011 NZA 2012, 317). 3014b

**3014c** Über § 612a BGB ist nicht nur die unmittelbare, sondern auch die **mittelbare Benachteiligung** untersagt. Daher liegt ein Verstoß nicht nur dann vor, wenn Arbeitnehmer eine Einbuße erleiden, sondern auch dann, wenn Vorteile vorenthalten werden, die der Arbeitgeber anderen Arbeitnehmern gewährt, wenn diese entsprechende Rechte nicht ausgeübt haben (*BAG* 12.6.2002 EzA § 612a BGB Nr. 2; 7.11.2002 EzA § 612a BGB 2002 Nr. 1). Betroffene Arbeitnehmer können verlangen, dass die rechtswidrige Benachteiligung durch den Arbeitgeber unterbleibt (ErfK/*Preis* § 612a BGB Rn. 2).

*b) Tatbestandsvoraussetzungen.*

**3014d** Nach dem Gesetzeswortlaut greift der Schutz des § 612a BGB nur dann ein, wenn das geltend gemachte **Recht tatsächlich besteht** und in zulässiger Weise ausgeübt wird (KR/*Pfeiffer* § 612a BGB Rn. 6). § 612a BGB ist auch anwendbar, wenn Arbeitnehmer deshalb benachteiligt werden, weil der Betriebsrat sein Mitbestimmungsrecht in zulässiger Weise ausübt; die bloße Nichteinigung über eine Vergünstigung genügt dafür aber nicht (*BAG* 18.9.2007 EzA § 1 BetrAVG Gleichbehandlung Nr. 30). Es reicht nicht aus, dass der Arbeitnehmer nicht fahrlässig vom Bestehen des geltend gemachten Rechts ausgehen durfte. Wenn allerdings für den Arbeitgeber erkennbar ist, dass der Arbeitnehmer gutgläubig von einem vermeintlichen Recht ausgeht, entspricht es seiner Fürsorgepflicht, den Arbeitnehmer vor einer belastenden Maßnahme anzuhören. War dagegen das Verhalten des Arbeitnehmers rechtmäßig, besteht das Maßregelungsverbot unabhängig davon, ob sich der Arbeitgeber dessen bewusst war (ErfK/*Preis* § 612a BGB Rn. 5).

**3014e** Ob die Rechtsausübung zulässig ist, beurteilt sich nach der **Rechtsordnung als ganzer** (KR/*Pfeiffer* § 612a BGB Rn. 6). Zu den eigenen Rechten des Arbeitnehmers gehört trotz des kollektiven Charakters auch die Streikteilnahme (*BAG* 11.8.1992 EzA Art. 9 GG Arbeitskampf Nr. 105). Als unzulässige Rechtsausübung kommt jede Verletzung arbeitsvertraglicher Haupt- und Nebenpflichten des Arbeitnehmers in Betracht, etwa der Treue- oder Schweigepflicht oder der Dienstleistungspflicht durch die unverhohlene Drohung mit »Krankfeiern« (KR/*Pfeiffer* § 612a BGB Rn. 6). Daran anknüpfende Sanktionen des Arbeitgebers (Beanstandung, Abmahnung, Kündigung usw.) unterfallen nicht dem Schutz des § 612a BGB. Die Form der Ausübung ist unerheblich, ob schriftlich, mündlich oder durch tatsächliche Handlungen, ob gerichtlich oder außergerichtlich, individuell oder kollektiv über Interessenvertretungen (Betriebsrat oder Gewerkschaften); auch die Einschaltung eines Rechtsanwalts kommt in Betracht (KR/*Pfeiffer* § 612a BGB Rn. 5).

**3014f** Der **Begriff der Maßnahme ist weit zu verstehen** (ErfK/*Preis* § 612a BGB Rn. 8). Darunter fallen auch betriebsinterne Diskriminierungen, z. B. die Beschäftigung mit sinnlosen Arbeiten oder das Verlangen persönlicher An- und Abmeldung trotz vorhandener Stempeluhr nach Erhebung einer Kündigungsschutzklage (*LAG* Schleswig-Holstein 25.7.1989 LAGE § 612a BGB Nr. 4) oder die Nichtgewährung einer übertariflichen Gratifikation wegen der Geltendmachung tariflicher Rechte (*LAG* Nds. 21.1.1998 LAGE § 611 BGB Gratifikation Nr. 51).

**3014g** Auch **Vereinbarungen** des Arbeitgebers **mit dem Betriebsrat oder anderen Arbeitnehmern**, die den Betroffenen benachteiligen, können unter den Schutz des § 612a BGB fallen (*BAG* 31.5.2005 EzA § 112 BetrVG 2001 Nr. 14), so z. B. Betriebsvereinbarungen über Anwesenheitsprämien für die Vergangenheit oder ggf. überproportionale Kürzungen, Vereinbarungen mit nicht streikenden Arbeitnehmern über Streikbruchprämien für die Vergangenheit. Vor allem kann § 612a BGB auch bei vertraglichen Vereinbarungen des Arbeitgebers mit dem betroffenen Arbeitnehmer selbst eingreifen (ErfK/*Preis* § 612a BGB Rn. 9).

**3014g** Ob eine Benachteiligung des Arbeitnehmers vorliegt, ist durch einen **Vergleich der Situation** des **Arbeitnehmers vor** und **nach der Maßnahme** oder Vereinbarung zu beurteilen. Ein Nachteil ist stets gegeben, wenn sich die bisherige Rechtsposition des Arbeitnehmers verschlechtert, seine Rechte also verkürzt werden (*BAG* 21.9.2011 NZA 2012, 317); insoweit kommt auch der Ausspruch einer Kündigung in Betracht (*BAG* 23.4.2009 EzA § 611 BGB 2002 Persönlichkeitsrecht Nr. 9). Eine Benachteiligung kann auch in der Vorenthaltung von Vorteilen zu sehen sein (*BAG* 31.5.2005 EzA § 112

BetrVG 2001 Nr. 14; 14.3.2007 EzA § 242 BGB 2002 Gleichbehandlung Nr. 12), z. B. bei der Gewährung einer Prämie an nichtstreikende Arbeitnehmer. Sachliche Gründe der (Un-) Gleichbehandlung begründen keine Benachteiligung (*BAG* 17.3.2010 EzA § 242 BGB 2002 Gleichbehandlung Nr. 22). Ob die Benachteiligung der zulässigen Rechtsausübung nachfolgt oder vorangeht, ist unerheblich (ErfK/*Preis* § 612a BGB Rn. 10; offen gelassen *BAG* 31.5.2005 EzA § 112 BetrVG 2001 Nr. 14).

Die **Prüfung der Kausalität** zwischen Benachteiligung und Rechtsausübung erfolgt **analog § 613a Abs. 4 S. 1 BGB** (*BAG* 2.4.1987 EzA § 612a BGB Nr. 1; KR/*Pfeiffer* Rn. 7). Danach muss die Rechtsausübung z. B. für die Kündigung nicht nur in irgendeiner Weise auch ursächlich und nicht nur deren äußerer Anlass, sondern der für die Kündigung tragende Beweggrund, d. h. das wesentliche, tragende Motiv gewesen sein (*BAG* 21.9.2011 NZA 2012, 317; 14.3.2007 EzA § 242 BGB 2002 Gleichbehandlung Nr. 12). Ist weitergehend die Kündigung ausschließlich durch die zulässige Rechtsausübung bestimmt gewesen, ist es unerheblich, ob sie auch auf einen anderen Sachverhalt hätte gestützt werden können, weil sich dieser nicht kausal ausgewirkt hat und deshalb kein bestimmendes Motiv für die Kündigung war (*BAG* 25.11.1993 EzA § 14 KSchG Nr. 3; 16.9.2004 EzA § 242 BGB 2002 Kündigung Nr. 5; ErfK/*Preis* § 612a BGB Rn. 11). 3014h

*c) Beispiele:*

Ist eine zulässige Rechtsausübung des Arbeitnehmers das **tragende Motiv** des Arbeitgebers, mit dem Arbeitnehmer nach dem Ende eines befristeten Arbeitsvertrags **kein unbefristetes Folgearbeitsverhältnis zu begründen**, handelt es sich um eine verbotene Maßregelung i. S. v. § 612a BGB. Der Arbeitgeber übt nicht lediglich in zulässiger Weise seine Vertragsfreiheit aus. Sein Beweggrund dafür, dem Arbeitnehmer wegen der zulässigen Ausübung von Rechten den Vorteil eines unbefristeten Arbeitsvertrags vorzuenthalten, wird von der Rechtsordnung missbilligt. Das gilt gleichermaßen für vorangehende sachgrundlose Befristungen wie für Befristungen mit Sachgrund (*BAG* 21.9.2011 NZA 2012, 317). 3014i

**Droht der Arbeitgeber** dem Arbeitnehmer, das Arbeitsverhältnis **zu kündigen**, wenn der Arbeitnehmer trotz Arbeitsunfähigkeit nicht zur Arbeit erscheint, und kündigt der Arbeitgeber unmittelbar nach der Weigerung des Arbeitnehmers, die Arbeit aufzunehmen, das Arbeitsverhältnis, liegt ein Sachverhalt vor, der eine Maßregelung i. S. d. § 612a BGB indiziert. Ist der Kündigungsentschluss des Arbeitgebers nicht nur wesentlich, sondern ausschließlich durch die zulässige Rechtsverfolgung des Arbeitnehmers bestimmt gewesen, deckt sich das Motiv des Arbeitgebers mit dem objektiven Anlass zur Kündigung. Es ist dann unerheblich, ob die Kündigung auf einen anderen Kündigungssachverhalt hätte gestützt werden können, weil sich ein möglicherweise vorliegender anderer Grund auf den Kündigungsentschluss nicht kausal ausgewirkt hat und deshalb als bestimmendes Motiv für die Kündigung ausscheidet. Eine dem Maßregelungsverbot widersprechende Kündigung kann deshalb auch dann vorliegen, wenn an sich ein Sachverhalt gegeben ist, der eine Kündigung des Arbeitgebers gerechtfertigt hätte (*BAG* 22.5.2003 EzA § 242 BGB 2002 Kündigung Nr. 2; 23.4.2009 EzA § 611 BGB 2002 Persönlichkeitsrecht Nr. 9; instr. *ArbG Trier* 8.12.2011 – 3 Ca 936/11). 3014j

Es verstößt gegen § 612a BGB, wenn der Arbeitgeber die Geltendmachung zulässiger Rechte durch die Arbeitnehmer als **Differenzierungskriterium** verwendet, um Arbeitnehmer von einer **Erhöhung des Arbeitsentgelts** auszunehmen (*ArbG Celle* 8.6.2011 – 2 Ca 133/11, AuR 2012, 138 LS). 3014k

*d) Rechtsfolgen*

Verletzt der Arbeitgeber das Maßregelungsverbot des § 612a BGB, indem er einem befristet beschäftigten Arbeitnehmer keinen Folgevertrag anbietet, weil der Arbeitnehmer in zulässiger Weise Rechte wahrgenommen hat, hat der Arbeitnehmer keinen Anspruch auf Abschluss eines Folgevertrags, sondern kann **nur Geldersatz** verlangen. Einem Anspruch auf Naturalrestitution durch Abschluss eines Folgevertrags steht die **entsprechende Anwendung von § 15 Abs. 6 AGG** entgegen (*BAG* 21.9.2011 NZA 2012, 317). 3014l

# Kapitel 3
Der Inhalt des Arbeitsverhältnisses

*e) Darlegungs- und Beweislast*

3014m  Den **Arbeitnehmer** trifft die Darlegungs- und Beweislast dafür, dass er wegen seiner Rechtsausübung vom beklagten Arbeitgeber benachteiligt wurde. Er hat einen Sachverhalt vorzutragen, der auf einen unmittelbaren Zusammenhang zwischen der Maßnahme des Arbeitgebers und einer vorangegangenen zulässigen Ausübung von Rechten hindeutet. Der Arbeitgeber muss sich nach § 138 Abs. 2 ZPO im Einzelnen zu diesem Vortrag erklären. Sind entscheidungserhebliche Behauptungen des Arbeitnehmers streitig, sind grds. die von ihm angebotenen Beweise zu erheben (*BAG* 22.5.2003 EzA § 242 BGB 2002 Kündigung Nr. 2; 23.4.2009 EzA § 611 BGB 2002 Persönlichkeitsrecht Nr. 9; 21.9.2011 NZA 2012, 317).

## IV. Personalakten

### 1. Begriffsbestimmung

3015  Der Begriff der Personalakte wird vom Gesetzgeber nicht definiert, sondern als bekannt vorausgesetzt.

3016  Personalakten sind alle über einen Arbeitnehmer bestehenden und ihn persönlich betreffenden Unterlagen des Arbeitgebers. Maßgebend ist nicht die Bezeichnung »Personalakte« (Personalakte im formellen Sinn), sondern allein der Inhalt der den Arbeitnehmer betreffenden Vorgänge (Personalakte im materiellen Sinne; s. *BAG* 16.10.2007 EzA § 241 BGB 2002 Nr. 1; zu elektronischen Personalakten s. *Diller/Schuster* DB 2008, 928 ff.).

Zu den Personalakten gehören nur Unterlagen, die sich auf den Arbeitnehmer beziehen und in einem inneren Zusammenhang zu dem Arbeitsverhältnis stehen.

### 2. Entscheidung über die Führung von Personalakten

3017  **Dem Arbeitgeber steht es frei, überhaupt Personalakten zu führen.** Er kann auch jeweils frei darüber entscheiden, ob ein Vermerk gemacht wird oder Unterlagen angelegt und verwahrt werden sollen. Gleiches gilt für die **Art und Weise der Personalaktenführung**; deshalb fehlt für einen Anspruch des Arbeitnehmers auf Paginierung (fortlaufende Nummerierung) – auch durch einen öffentlichen Arbeitgeber – eine Anspruchsgrundlage (*BAG* 16.10.2007 EzA § 241 BGB 2002 Nr. 1).

### 3. Inhalt der Personalakte

*a) Zulässige Informationen über den Arbeitnehmer*

*aa) Grundlagen*

3018  Zum Inhalt der Personalakte gehören **alle tatsächlichen Angaben über den Arbeitnehmer** (Bewerbungsunterlagen, Zeugniskopien, Arbeitsbescheinigungen, Lebensläufe, Personalfragebogen, Arbeitsvertrag mit Anstellungsschreiben, Aufzeichnungen, die im Laufe des Arbeitsverhältnisses angefertigt wurden, z. B. über Krankheitszeiten, Freistellungen, Schriftwechsel, Lohn- und Gehaltsbescheinigungen, Pfändungs- und Überweisungsbeschlüsse, Abtretungserklärungen, Urlaubsunterlagen usw.).

3019  Zu den Personalakten gehören ferner **alle Unterlagen, die das Verhältnis des Arbeitnehmers zu Dritten**, insbes. zu Ämtern und Behörden **betreffen** (z. B. Lohnsteuer- und Versicherungsunterlagen).

3020  Erfasst sind schließlich auch alle während des Arbeitsverhältnisses angefallenen **Beurteilungen, Bewertungen und Zeugnisse** des Arbeitnehmers.

3021  Hinsichtlich der Beurteilung von Gesundheitsdaten des Arbeitnehmers gelten folgende Grundsätze (*BAG* 12.9.2006 EzA § 611 BGB Persönlichkeitsrecht Nr. 4 m. krit. *Kammerer* AuR 2007, 189 ff.):
– Der Arbeitgeber hat ein berechtigtes Interesse an der Vollständigkeit der von ihm geführten Personalakte. Das gilt auch für sensible Daten über die Persönlichkeit und die Gesundheit des Ar-

beitnehmers, z. B. bei einer Sucht/Alkoholerkrankung. Denn solche Erkrankungen können bei negativer Gesundheitsprognose eine krankheitsbedingte Kündigung des Arbeitnehmers sozial rechtfertigen (§ 1 KSchG).
– Einer ungeschützten Aufbewahrung von Gesundheitsdaten steht allerdings das allgemeine Persönlichkeitsrecht des Arbeitnehmers (Art. 2, 1 GG) entgegen. Es schützt vor der Erhebung und Weitergabe von Befunden über den Gesundheitszustand, die seelische Verfassung und den Charakter.
– Der Arbeitgeber ist zur Vermeidung eines Entfernungsanspruchs (§§ 12, 862, 1004 BGB) verpflichtet, sensible Daten über den Arbeitnehmer in besonderer Weise aufzubewahren. Sie sind gegen zufällige Kenntnisnahme z. B. durch Aufbewahrung in einem verschlossenen Umschlag zu schützen; der informationsberechtigte Personenkreis ist zu beschränken.
– Der Grundsatz der Vollständigkeit der Personalakte steht dem nicht entgegen, denn die Personalakte bleibt vollständig. Bei berechtigtem Anlass können der Umschlag geöffnet und die Daten eingesehen werden.
– Wie der Arbeitgeber den Schutz sensibler Personaldaten gewährt, hat er grds. selbst zu bestimmen. Unterbleibt diese Bestimmung, geht sie auf den Arbeitnehmer über (Rechtsgedanken aus §§ 316, 264 Abs. 2 BGB).

### bb) Dienstliche Beurteilungen

Der Arbeitgeber darf Eignung, Befähigung und fachliche Leistung der bei ihm beschäftigten Arbeitnehmer beurteilen und die Beurteilungen in die Personalakten aufnehmen (*BAG* 18.11.2008 EzA Art. 33 GG Nr. 35; 18.8.2009 EzA Art. 33 GG Nr. 37). 3022

Dienstliche Beurteilungen sind gerichtlich **nur eingeschränkt überprüfbar**. Sie können darauf kontrolliert werden, ob der Beurteiler allgemeine Beurteilungsmaßstäbe beachtet, alle wesentlichen Umstände berücksichtigt und ein fehlerfreies Verfahren eingehalten hat (*BAG* 18.11.2008 EzA Art. 33 GG Nr. 35; 18.8.2009 EzA Art. 33 GG Nr. 37). Nicht jede Verletzung einer das Beurteilungsverfahren ordnenden Bestimmung hat die Rechtswidrigkeit der Beurteilung zur Folge. Zwischen der Verletzung bloßer Ordnungsvorschriften und solcher Verfahrensvorschriften, die sich auf das Beurteilungsergebnis auswirken können, ist zu unterscheiden. Ein schuldrechtlicher Entfernungsanspruch des Arbeitnehmers besteht nur, wenn der Verfahrensverstoß das Beurteilungsergebnis beeinflussen kann (*BAG* 18.11.2008 EzA Art. 33 GG Nr. 35). 3023

Die gerichtliche Kontrolle dienstlicher Beurteilungen richtet sich im Übrigen danach, wie die Beurteilung begründet wird. Werden **Einzelvorkommnisse** konkret benannt, ist der Sachverhalt voll zu überprüfen. Wird die Beurteilung auf **allgemein gehaltene Tatsachenbehauptungen** gestützt, hat der Arbeitgeber sie auf Verlangen des Arbeitnehmers zu konkretisieren. Das Gericht hat uneingeschränkt zu überprüfen, ob der Arbeitgeber von einem zutreffenden Sachverhalt ausgegangen ist. Wird eine dienstliche Beurteilung auf reine Werturteile gestützt, muss der Arbeitgeber im Prozess keine einzelnen Tatsachen vortragen und beweisen, die den Werturteilen zugrunde liegen (*BAG* 18.8.2009 EzA Art. 33 GG Nr. 37). 3024

Das Ergebnis der Inanspruchnahme von Rechtsschutz gegen eine dienstliche Beurteilung kann in aller Regel nur in deren Aufhebung in Form eines **Bescheidungsurteils** bestehen (*BAG* 24.1.2007 NZA-RR 2007, 608). Ausnahmsweise kommt dann eine unmittelbare Abänderung der dienstlichen Beurteilung durch das Gericht in Betracht, wenn auf Grund der konkreten Umstände des Einzelfalls der Beurteilungsspielraum des Dienstherrn auf Null reduziert ist, wenn mithin nur eine einzige fehlerfreie Beurteilung in der vom Kläger beantragten Form denkbar ist (*LAG SchlH* 3.3.2009 NZA-RR 2009, 559). 3025

### b) Unzulässige Informationen über den Arbeitnehmer

Nicht Gegenstand der Personalakten sind diejenigen Teile der ärztlichen Gutachten und der Unterlagen der Betriebsärzte, die die Befunde enthalten, die der ärztlichen Schweigepflicht unterlie- 3026 gen und sich nicht in der Hand des Arbeitgebers befinden (vgl. § 8 Abs. 1 S. 3 ASiG; auch im öffentlichen Dienst sind ärztliche Gutachten nicht ohne weiteres zu den Personalakten zu nehmen *BAG* 12.9.2006 EzA § 611 BGB Persönlichkeitsrecht Nr. 4; s. Rdn. 3021).

3027 Gleiches gilt für Unterlagen und Vermerke, die mit dem Arbeitsverhältnis in keinem inneren Zusammenhang stehen (z. B. ein **Strafurteil, das ein außerdienstliches Verhalten** des Arbeitnehmers [z.B. Verkehrsunfall] gegenüber dem Arbeitgeber als Privatperson **betrifft**).

3028 Voraussetzung ist aber, dass das abgeurteilte außerdienstliche Verhalten nicht für die künftige dienstliche Verwendbarkeit des Arbeitnehmers von Bedeutung ist.

3029 Zu beachten sind zudem die Wertungen des BZRG, nach dem bestimmte Verurteilungen nicht in ein Führungszeugnis aufgenommen werden (vgl. *BAG* 9.2.1977 EzA § 611 BGB Fürsorgepflicht Nr. 21), sodass sie auch nicht Gegenstand der Personalakte sein können.

3030 Der notwendige individuelle Bezug fehlt schließlich bei allen Unterlagen, die den Betriebsrat als Organ oder die Tätigkeit der Betriebsratsmitglieder in ihrer Eigenschaft als solche betreffen, es sei denn, die Unterlagen stehen ausschließlich mit einzelnen Arbeitnehmern im Zusammenhang.

*c) Entscheidung über die Aufnahme von Informationen in die Personalakte*

3031 Über die Aufnahme von Vorgängen und Unterlagen in die Personalakten ist im Wege der **Verhältnismäßigkeitsprüfung** zu entscheiden; dabei sind die Interessen beider Seiten zu berücksichtigen.

3032 **Berichte über die dienstliche Tätigkeit sind so zu erstellen, dass sie ein möglichst objektives Bild von der Person und der Leistung des Arbeitnehmers ergeben.**

3033 (derzeit unbesetzt)

*d) Anhörungspflicht des Arbeitnehmers?*

3034 Der Arbeitnehmer im öffentlichen Dienst ist vor der Aufnahme von Beschwerden und Behauptungen tatsächlicher Art, die für ihn ungünstig sind oder für ihn nachteilig werden können, anzuhören, insbes. bei Abmahnungen (vgl. § 13 Abs. 2 BAT; *BAG* 16.11.1989 EzA § 611 BGB Abmahnung Nr. 19; § 3 Abs. 6 TV-L); § 3 Abs. 5 TVöD enthält eine derartige Verpflichtung des Arbeitgebers allerdings nicht mehr.

3035 Der Arbeitnehmer kann aber auch in der Privatwirtschaft vor der Aufnahme nachteiliger Angaben verlangen, dass ihm **Gelegenheit zur Stellungnahme** gegeben wird; ferner müssen die Angaben begründet werden.

*e) Vollständigkeit der Personalakten?*

3036 Das im Beamtenrecht bestehende Prinzip der Vollständigkeit der Personalakten, wonach der Vorgesetzte im Rahmen seines Beurteilungsspielraums alle Vorgänge in die Personalakte aufzunehmen hat, die in innerem Zusammenhang mit dem Beamtenverhältnis stehen, gilt auch für die Arbeiter und Angestellten des öffentlichen Dienstes (*BAG* 25.4.1972 AP Nr. 9 zu § 611 BGB Öffentlicher Dienst; s. *BAG* 12.9.2006 EzA § 611 BGB Persönlichkeitsrecht Nr. 4; s. Rdn. 3018), **nicht** aber **in der Privatwirtschaft**, weil der Arbeitgeber insoweit zur Führung von Personalakten nicht verpflichtet ist (GK-BetrVG/*Franzen* § 83 Rn. 14).

3037 (derzeit unbesetzt)

### 4. Wahrung der Vertraulichkeit durch den Arbeitgeber

*a) Normative Grundlagen*

3038 Die Vorschriften des BDSG insbes. zur Wahrung der Vertraulichkeit sind zwar nicht anwendbar, weil Akten und Aktensammlungen grds. keine Dateien im Sinne dieser Vorschrift sind, es sei denn, dass sie durch automatisierte Verfahren umgeordnet und ausgewertet werden können (§ 3 Abs. 2 S. 2 BDSG).

Die Verpflichtung des Arbeitgebers zur Wahrung der Vertraulichkeit folgt aber unabhängig davon aus dem **Recht des Arbeitnehmers auf Achtung seiner Persönlichkeit**.

*b) Umgang mit Personalakten*

Deshalb dürfen die Personalakten **nicht allgemein zugänglich** sein, sie müssen ferner **sorgfältig verwahrt** werden. 3039

Der Kreis der mit Personalakten befassten Mitarbeiter muss möglichst eng gehalten werden. Besonders »sensible« Daten (z. B. Angaben über den Gesundheitszustand, die Persönlichkeit des Arbeitnehmers) bedürfen des verstärkten Schutzes vor der Einsichtnahme Dritter (vgl. *BAG* 15.7.1987 EzA § 611 BGB Persönlichkeitsrecht Nr. 5; 4.4.1990 EzA § 611 BGB Persönlichkeitsrecht Nr. 19). 3040

Die Personalaktenführung und -aufbewahrung muss den abgestuften Vertraulichkeitsanforderungen Rechnung tragen, sodass etwa bei der routinemäßigen Bearbeitung von Personalangelegenheiten (z. B. Urlaubserteilung) in Daten der höheren Vertraulichkeitsstufe (z. B. über den Gesundheitszustand) nicht zufällig Einsicht genommen werden kann. 3041

*c) Verhältnis zum Betriebsrat*

Im Hinblick auf **§ 80 Abs. 2 S. 2 BetrVG** ist die gebotene Vertraulichkeit gegenüber dem Betriebsrat problematisch. 3042

Denn diesem steht zwar kein § 83 Abs. 1 BetrVG vergleichbares Einsichtsrecht zu (*BAG* 20.12.1988 EzA § 80 BetrVG Nr. 33), wohl aber ein Anspruch auf Information über individuelle Angelegenheiten, soweit sie zur Erfüllung der gesetzlichen Aufgaben der Arbeitnehmervertretung erforderlich sind und keine schutzwürdigen Interessen des Arbeitnehmers (Persönlichkeitsrecht), gemessen am Verhältnismäßigkeitsgrundsatz, entgegenstehen (vgl. *Kraft* ZfA 1983, 188 ff.). 3043

(derzeit unbesetzt) 3044

*d) Verhältnis zu Dritten; Rechts- und Amtshilfe von Behörden*

Strikt zu wahren hat der Arbeitgeber die Vertraulichkeit gegenüber Dritten. Er darf generell keinerlei personenbezogene Daten ohne ausdrückliche Einwilligung des Arbeitnehmers an Dritte weitergeben (*BAG* 18.12.1984 EzA § 611 BGB Persönlichkeitsrecht Nr. 2). 3045

Die Weiterleitung des von dem Arbeitnehmer des öffentlichen Dienstes in Kenntnis seiner Bedeutung und seiner Funktion ausgefüllten Fragebogens an das Bundesamt für Verfassungsschutz zum Zwecke der **Sicherheitsüberprüfung** verletzt jedoch nicht das allgemeine Persönlichkeitsrecht des Arbeitnehmers (*BAG* 17.5.1983 EzA Art. 2 GG Nr. 3). 3046

(derzeit unbesetzt) 3047, 3048

**5. Aufbewahrungspflicht?**

Für die aufgenommenen Daten besteht eine Aufbewahrungspflicht nur insoweit, als dies der Persönlichkeitsschutz des Arbeitnehmers erfordert. 3049

Grds. aufzubewahren sind die Erklärungen des Arbeitnehmers zum Inhalt der Personalakte gem. § 83 Abs. 2 BetrVG, andere Unterlagen ferner dann, wenn es sich um eine laufende Angelegenheit handelt, nicht aber, wenn die Angelegenheit als erledigt gilt.

In diesem Fall kommt die Aufbewahrung nur bei berechtigtem Interesse des Arbeitnehmers in Betracht. 3050

**3051** Nach Beendigung des Arbeitsverhältnisses wird i. d. R. ein berechtigtes Interesse des Arbeitnehmers fehlen, soweit nicht gesetzliche Vorschriften (z. B. § 41 Abs. 1 S. 9 EStG für die Aufbewahrung von Lohnkonten) entgegenstehen.

### 6. Einsichtsrecht des Arbeitnehmers

**3052** Als Konsequenz des allgemeinen Persönlichkeitsschutzes im Arbeitsverhältnis hat der Arbeitnehmer ein Einsichtsrecht in seine Personalakten.

**3053** Im öffentlichen Dienst ist dies konkretisiert durch tarifliche Normen (z. B. § 13 BAT, § 3 Abs. 5 TVöD), soweit ein Betriebsrat besteht, folgt es aus § 83 BetrVG, wonach der Arbeitnehmer zusätzlich zur Einsichtnahme ein Mitglied des Betriebsrates hinzuziehen kann.

Da es sich insoweit um eine individualrechtliche Vorschrift handelt, gilt sie auch dann, wenn im Betrieb kein Betriebsrat besteht.

**3054** Das Einsichtsrecht bezieht sich auf sämtliche Personalakten im materiellen Sinne. Es besteht allerdings dann nicht, wenn sich die Unterlagen bestimmungsgemäß in der Hand Dritter befinden.

**3055** Bei Unterlagen, die mehrere Arbeitnehmer betreffen (z. B. Gehaltslisten), ist ein Einsichtsrecht dann nicht gegeben, wenn bei einer Einsichtnahme unvermeidlich die Gefahr der Verletzung der Vertraulichkeit hinsichtlich der Daten anderer Arbeitnehmer besteht.

**3056** Der Arbeitnehmer hat auch **nach Beendigung des Arbeitsverhältnisses** ein **berechtigtes Interesse** daran, den Inhalt seiner fortgeführten Personalakte auf ihren Wahrheitsgehalt zu überprüfen. Der Anspruch folgt allerdings nicht aus § 34 BDSG. Die dort geregelten Ansprüche auf Auskunft und Einsicht gelten noch nicht für nur in Papierform dokumentierte personenbezogene Daten. Der Arbeitgeber hat aber im Rahmen seiner vertraglichen Rücksichtnahmepflicht (§ 241 Abs. 2 BGB) auch auf das Wohl und die berechtigten Interessen des Arbeitnehmers Rücksicht zu nehmen. Dazu gehört auch das aus dem allgemeinen Persönlichkeitsrecht des Arbeitnehmers resultierende Recht auf informationelle Selbstbestimmung. Der nachvertragliche Anspruch auf Personalakteneinsicht **setzt nicht voraus**, dass der Arbeitnehmer ein **konkretes berechtigtes Interesse darlegt**. Indem der Arbeitgeber die Personalakte des Arbeitnehmers über das Ende des Arbeitsverhältnisses hinaus aufbewahrt, besteht für den Arbeitnehmer die Gefährdungslage der Verwendung unrichtiger Daten fort, etwa bei Auskünften gegenüber Dritten. Der Arbeitnehmer kann seine über das Ende des Arbeitsverhältnisses hinaus fortbestehenden Rechte auf Beseitigung oder Korrektur unrichtiger Daten in seiner Personalakte nur geltend machen, wenn er von deren Inhalt Kenntnis hat. Schon das begründet sein Einsichtsrecht (*BAG* 16.11.2010 EzA § 241 BGB 2002 Nr. 2).

### 7. Recht auf Gegendarstellung

**3057** Das Einsichtsrecht des Arbeitnehmers wird ergänzt durch einen Anspruch auf Aufnahme einer Erklärung (Gegendarstellung) zu den Personalakten (§§ 13 BAT, 3 Abs. 5 TVöD, 83 Abs. 2 BetrVG).

**3058** Der Arbeitgeber ist verpflichtet, die Gegenerklärung der Personalakte beizufügen, auch dann, wenn die Personalakte nicht unrichtig ist oder wenn die Gegendarstellung nach seiner Auffassung unzutreffende Tatsachenbehauptungen oder Werturteile enthält.

Andererseits kann der Arbeitgeber die Aufnahme einer beleidigenden Äußerung ablehnen.

**3059** Der Arbeitnehmer kann ferner die Aufnahme von Erklärungen dann nicht verlangen, wenn sie mit seinem Arbeitsverhältnis in keinem Zusammenhang stehen (z. B. Angaben über Nebentätigkeiten). Insofern kann der Arbeitgeber ein Prüfungsrecht ausüben.

**3060** (derzeit unbesetzt)

## 8. Widerruf; Berichtigungs-, Entfernungsanspruch

### a) Widerruf; Berichtigungsanspruch

Nach dem Grundsatz von Treu und Glauben hat der Arbeitgeber das allgemeine Persönlichkeitsrecht des Arbeitnehmers in Bezug auf Ansehen, soziale Geltung und berufliches Fortkommen zu beachten. **3061**

> Bei einem objektiv rechtswidrigen Eingriff in sein Persönlichkeitsrecht hat der Arbeitnehmer analog §§ 242, 1004 BGB Anspruch auf Widerruf bzw. Beseitigung der Beeinträchtigung (*BAG* 27.11.1985 EzA § 611 BGB Fürsorgepflicht Nr. 38); auch ein Berichtigungsanspruch kann gegeben sein. **3062**

(derzeit unbesetzt) **3063**

### b) Entfernungsanspruch

Der Arbeitgeber ist schließlich verpflichtet, unrichtige bzw. unzulässige Angaben und Unterlagen aus den Personalakten zu entfernen bzw. zu ersetzen. **3064**

Dieser Anspruch folgt aus der **Fürsorgepflicht** des Arbeitgebers (*BAG* 27.11.1985 EzA § 611 BGB Fürsorgepflicht Nr. 38) sowie aus der **analogen Anwendung der §§ 12, 862, 1004 BGB** (*BAG* 13.4.1988 EzA § 611 BGB Fürsorgepflicht Nr. 47; s. zu Gesundheitsdaten *BAG* 12.9.2006 EzA § 611 BGB Persönlichkeitsrecht Nr. 4; s. a. Rdn. 3018). **3065**

(derzeit unbesetzt) **3066**

Der Anspruch ist insbes. gegeben bei objektiv unrichtigen Tatsachenbehauptungen und Rügen (z. B. Abmahnungen), die **geeignet sind, den Arbeitnehmer in seinem beruflichen Fortkommen zu beeinträchtigen** (*BAG* 15.1.1986 EzA § 611 BGB Fürsorgepflicht Nr. 39), ferner dann, wenn die Vermerke oder Unterlagen in den Personalakten infolge eines **Verstoßes gegen formelle Vorschriften** (z. B. Anhörungsrecht des Arbeitnehmers) unzulässig erfolgt bzw. aufgenommen worden sind (*BAG* 16.11.1989 EzA § 611 BGB Abmahnung Nr. 19). **3067**

(derzeit unbesetzt) **3068, 3069**

> Eine Entfernung z. B. eines auf einer wahren Sachverhaltsdarstellung beruhenden Schreibens aus der Personalakte kann u. U. sogar bei berechtigter Aufnahme bzw. Eintragung dann verlangt werden, wenn das schutzwürdige Interesse des Arbeitgebers an einem dauernden Verbleib der Eintragung in der Personalakte weggefallen ist und infolge des weiteren Verbleibs in der Personalakte die Gefahr besteht, dass der Arbeitnehmer in seiner beruflichen Entwicklung beeinträchtigt wird (*BAG* 13.4.1988 EzA § 611 BGB Fürsorgepflicht Nr. 47; s. Kap. 4 Rdn. 2365 ff.). **3070**

Deshalb kann der Arbeitnehmer z. B. die **Entfernung eines – inhaltlich zutreffenden – Schriftwechsels** verlangen, der seine Teilnahme an einem Warnstreik und den darauf beruhenden Abzug des Gehalts für vier Stunden betrifft, wenn der Arbeitnehmer ausdrücklich erklärt, auf das Entgelt keinen Anspruch zu erheben und eine anwendbare tarifliche Ausschlussfrist bereits abgelaufen ist. **3071**

Gleiches gilt dann, wenn eine **Wiederholung des berechtigt abgemahnten Verhaltens** auf Grund einer inzwischen erfolgten »Bewährung« des Arbeitnehmers nicht mehr zu besorgen ist. Allerdings kann insoweit nicht auf einen absolut bestimmbaren Zeitraum abgestellt werden (*BAG* 13.4.1988 EzA § 611 BGB Fürsorgepflicht Nr. 47; s. Kap. 4 Rdn. 2365 ff.). **3072**

Eine »Fristenregelung« kann allerdings durch Betriebsvereinbarung vorgesehen werden, wenn dort ausdrücklich festgelegt wird, dass eine missbilligende Äußerung nur für eine bestimmte Zeit Wirkung haben soll. **3073**

(derzeit unbesetzt) **3074**

Da im Arbeitsrecht nachwirkende Vertragspflichten bestehen können, muss der Tilgungsanspruch mit der Beendigung des Arbeitsverhältnisses nicht zwangsläufig erlöschen. Die Geltend- **3075**

# Kapitel 3

machung richtet sich dann ausschließlich nach dem Ergebnis einer Abwägung des Arbeitnehmerinteresses an der Löschung aller im nachteiligen Akteneinträge bzw. Unterlagen auf der einen und dem Interesse des Arbeitgebers an fortbestehender Information, etwa für den Fall der Wiedereinstellung, auf der anderen Seite (zur Entfernung einer Abmahnung s. Kap. 4 Rdn. 2365).

3076 (derzeit unbesetzt)

*aa) Erfüllung des Tilgungsanspruchs*

3077 Der Vollzug des Tilgungsbegehrens besteht in der **vollständigen Entfernung** der betreffenden Unterlagen aus den Personalakten.

3078 Enthält ein Schreiben mehrere Angaben, von denen einige zu tilgen sind, so ist das gesamte Schreiben zu entfernen und ggf. durch ein **korrigiertes zu ersetzen** (*BAG* 13.3.1991 EzA § 611 BGB Abmahnung Nr. 20).

3079 Ist dies aus tatsächlichen Gründen nicht möglich, z. B. bei einem Vermerk in einer Liste, die nicht ersetzt werden kann, so muss der **Vermerk** so **unkenntlich gemacht werden**, dass er nicht mehr verwertbar ist.

3080 Der Tilgungsanspruch erfasst jedoch nicht jenes Schriftstück, aus dem hervorgeht, dass eine unberechtigt aufgenommene Unterlage (z. B. eine Abmahnung) aus den Personalakten entfernt worden ist.

*c) Rechtsschutzmöglichkeiten des Arbeitnehmers*

3081 Steht eine Eintragung oder die Aufnahme von Unterlagen in die Personalakte bevor, kann der Arbeitnehmer gegen den Arbeitgeber **Unterlassungsklage** erheben, wenn er der Auffassung ist, dass die Aufnahme rechtlich unzulässig ist (§ 1004 Abs. 1 S. 2 BGB analog).

3082 Nach Aufnahme in die Personalakte sind neben der gerichtlichen Durchsetzung des Tilgungsanspruchs Schadensersatzansprüche (§§ 280 ff., 241 Abs. 2 BGB; §§ 823 Abs. 1, § 253 Abs. 2 BGB) einschließlich eines Schmerzensgeldanspruchs möglich.

3083 **Schadensersatzansprüche** kommen auch dann in Betracht, wenn der Arbeitgeber gegen das Gebot der Vertraulichkeit (z. B. durch die Überlassung der Personalakte an einen Dritten) verstößt. Jedenfalls ein Anspruch auf Zahlung eines Schmerzensgeldes (§ 253 Abs. 2 BGB) besteht aber dann nicht, wenn die Rechtsgutsverletzung keinerlei Nachteile verursacht hat und aus der Sicht des Arbeitgebers auch den Interessen des Arbeitnehmers dienen sollte (*BAG* 18.12.1984 EzA § 611 BGB Persönlichkeitsrecht Nr. 2).

## V. Beschäftigtendatenschutz

### 1. Grundlagen

*a) Problemstellung*

3084 Ein wesentlicher Bereich des Arbeitsverhältnisses ist der Umgang mit personenbezogenen Daten der Beschäftigten. Mit der Entwicklung der modernen Informationstechnologie ist der Datenschutz im Arbeitsverhältnis zunehmend in den Blickpunkt geraten. Der Arbeitgeber kann sich nicht unternehmerisch betätigen, ohne dass er Daten über seine Arbeitnehmer nutzt. Ebenso wenig kann er ohne Zugriff auf personenbezogene Daten seine Verpflichtungen gegenüber dem Arbeitnehmer erfüllen. Andererseits offenbart ihm der Arbeitnehmer unter Umständen Informationen über sich, die weit über das hinausgehen, was in anderen Vertragsbeziehungen an Informationen ausgetauscht wird. Die arbeitsrechtliche Praxis hat die daraus resultierenden Rechtsfragen (z. B. beim Fragerecht des Arbeitgebers) bisher im Großen und Ganzen zufriedenstellend bewältigt. Trotzdem wurden schon frühzeitig Forderungen nach einem eigenständigen Arbeitnehmerdatenschutzgesetz laut (*Simitis* Schutz von Arbeitnehmerdaten, Regelungsdefizite – Lösungsvorschläge, 1981; *Thüsing* Arbeitnehmerdatenschutz und Compliance, Rn. 4). Tatsächliche oder vermeintliche Datenschutzskandale der letzten Jahre haben diesen Forderungen neuen Auftrieb verliehen. Sie haben zu einer Konkretisierung des Arbeitnehmerdatenschutzes in dem zum 1. September 2009 in das BDSG eingefügten § 32 BDSG geführt. Die Bemühungen um ein Beschäftigtendatenschutzgesetz (BR-Drs. 535/10, BT-Drs. 17/4230, vgl. ferner die Formulierungsvorschläge des BMI v. 7.9.2011 und den Beschluss der Herbstkonferenz der Justizministerinnen und Justizminister am 9.11.2011 zum Arbeitnehmerdatenschutz) haben dagegen an Fahrt verloren (zum Entwurf etwa *Kursawe/Nebel* BB 2012, 516 ff.). Ob das Regelwerk vor der Novellierung des europäischen Datenschutzrechts in Kraft tritt, ist offen (zum Entwurf einer EU-Datenschutzgrundverordnung *Gola* EuZW 2012, 332). Die derzeit vorliegende Fassung des Verordnungsentwurfs vom 25.1.2012 (KOM [2012] 11 endg.) gestattet es in Art. 82 zwar den Mitgliedstaaten, den Arbeitnehmerdatenschutz zu regeln. Ihr Spielraum ist aber eingeschränkt, da sie sich in den Grenzen der Verordnung halten müssen (*Gola* EuZW 2012, 332, 336).

*b) Funktion des Datenschutzes*

Auch im Arbeitsverhältnis hat das Datenschutzrecht die Funktion, das allgemeine Persönlichkeitsrecht des Arbeitnehmers in seiner Ausprägung als Recht auf informationelle Selbstbestimmung (*BVerfG* 15.12.1983 BVerfGE 65, 43) zu schützen. Es handelt sich um ein absolutes Recht i. S. d. § 823 Abs. 1 BGB. Als Rahmenrecht ist es ausfüllungsbedürftig. Das darf nicht dahin missverstanden werden, dass der Betroffene ein »Eigentum« an Daten hat, die sich auf ihn beziehen. In jeder und erst recht in einer modernen, sich wesentlich auf die Informationsverarbeitung stützenden sozialen Ordnung ist der Umgang mit personenbezogenen Informationen für die Teilnehmer am sozialen Leben unerlässlich. Das gilt in der politischen, der privaten und in der wirtschaftlichen Sphäre. Dabei sind die Rechte der an diesen Vorgängen Beteiligten wechselseitig zu einem angemessenen Ausgleich zu bringen. Der betroffene Arbeitnehmer hat ein Recht darauf, dass der Arbeitgeber durch die Verarbeitung von Informationen über ihn nicht unangemessen in sein verfassungsrechtlich durch Art. 2 Abs. 1 GG geschütztes allgemeines Persönlichkeitsrecht eingreift. Andererseits muss es dem Arbeitgeber möglich sein, personenbezogene Daten des Arbeitnehmers zu verwenden, um seine berechtigten Interessen wahrzunehmen, die ihm durch sein Recht auf Berufsausübungsfreiheit bzw. wirtschaftliche Betätigung (Art. 12 Abs. 1 GG, Art. 2 Abs. 1 GG) zustehen. Diese gegenläufigen Interessen sind in einen angemessenen Ausgleich zu bringen (Grundsatz der praktischen Konkordanz). 3085

*c) Normative Grundlagen*

Mangels eines speziellen Beschäftigtendatenschutzgesetzes ist Rechtsgrundlage für die Erhebung, Verarbeitung und Nutzung personenbezogener Daten im Arbeitsverhältnis das BDSG. Es gilt für Arbeitnehmer in nicht-öffentlichen Stellen, in öffentlichen Stellen des Bundes, soweit sie am Wettbewerb teilnehmen (Wettbewerbsunternehmen) und in öffentlichen Wettbewerbsunternehmen der Länder, für die das Landesrecht keine datenschutzrechtlichen Vorgaben enthält (§ 27 Abs. 1 BDSG). Für Arbeitnehmer im Landes- und Kommunaldienst können sich entsprechende Anforderungen aus den Landesdatenschutzgesetzen (§ 12 Abs. 2 BDSG) ergeben. 3086

Wegen der Subsidiarität des BDSG (§ 1 Abs. 3 S. 1 BDSG) gehen ihm andere gesetzliche Regelungen des Datenschutzes (etwa im SGB X) vor. 3087

## 2. Allgemeine Rechtsgrundsätze

*a) Anwendungsbereich des BDSG*

Die Vorschriften des BDSG gelten bei der **automatisierten Verarbeitung** personenbezogener Daten (§ 27 Abs. 1 S. 1 BDSG). Der automatisierten Verarbeitung gleichgestellt ist der Umgang mit personenbezogenen Daten in **nicht automatisierten Dateien**, also strukturierten Sammlungen personenbezogener Daten, die nach mindestens zwei Kriterien personenbezogen ausgewertet werden 3088 können (*Gola/Schomerus* BDSG § 3 Rn. 17 f., 20), wie etwa Personalkarteikarten, Personalfragebögen, Gehaltslisten etc. Anwendung findet das BDSG auf Daten außerhalb nicht automatisierter Dateien, wenn die personenbezogenen Daten offensichtlich aus einer automatisierten Verarbeitung entnommen worden sind (§ 27 Abs. 2 BDSG). Die Offensichtlichkeit kann sich aus der Art der Datenaufbereitung, aus dem Verwendungszusammenhang oder auch aus dem äußeren Erscheinungsbild (Computerausdruck) ergeben (zur Notwendigkeit einer restriktiven Auslegung dieses Merkmals *Gola/Schomerus* BDSG § 27 Rn. 15; dagegen *Buchner* in: *Taeger/Gabel*, BDSG § 27 Rn. 16 f.).

3089 § 32 Abs. 2 BDSG erweitert den Anwendungsbereich des BDSG bei der Erhebung, Verarbeitung und Nutzung von personenbezogenen Daten im **Beschäftigungsverhältnis** (zum Begriff des Beschäftigten § 3 Abs. 11 BDSG). Der Bezug zur automatisierten Verarbeitung und zur nicht automatisierten Datei wird aufgegeben. Im Beschäftigungsverhältnis unterliegt daher jede für die Begründung, Durchführung oder Beendigung dieses Verhältnisses erfolgende Erhebung, Verarbeitung und Nutzung personenbezogener Daten der Beschäftigten den Anforderungen des BDSG. Sie gelten daher auch für Personalakten und selbst für handschriftliche Aufzeichnungen. Nach dem Wortlaut des Gesetzes ist künftig sogar eine sozialübliche verbale Frage des Arbeitgebers an Beschäftigte nur nach Maßgabe des BDSG zulässig. Dieses Ergebnis kann allein durch eine restriktive Auslegung des § 32 Abs. 2 BDSG vermieden werden (zur Kritik *Deutsch/Diller* DB 2009, 1462; dagegen ErfK/*Wank* § 32 BDSG Rn. 2, der den Ausgleich auf der Erlaubnisebene vornehmen will; eine teleologische Reduktion nehmen *Kursawe/Nebel* BB 2012, 516, 517 ff. vor). Das verlangt bereits der Umstand, dass der nationale Gesetzgeber keine über die Anforderungen der EG-Datenschutzrichtlinie 95/46/EG hinausgehenden Anforderungen stellen darf (*EuGH* 24.11.2011, NZA 2011, 1409 Rn. 28 ff.). Die Richtlinie gilt nur für die automatisierte Verarbeitung und für die Verarbeitung in Dateien. Ob die in den Vorschlägen des BMI vorgesehene Klarstellung in § 27 Abs. 3 BDSG-E ausreicht, die die sozial übliche Kommunikation aus dem Anwendungsbereich des BDSG ausnimmt, ist fraglich.

3090 Mit dem geplanten Gesetz zur Regelung des Beschäftigtendatenschutzes (BDatG) will die Bundesregierung detaillierte Regelungen für die Erhebung, Verarbeitung und Nutzung von Beschäftigtendaten vor und nach Begründung eines Beschäftigungsverhältnisses in das BDSG aufnehmen. Dabei erhöht sie die Regelungsdichte des Beschäftigtendatenschutzes im Vergleich zum bisherigen (nur als Übergangslösung gedachten, hierzu *Deutsch/Diller* DB 2009, 1462, *Wybitul* BB 2009, 1582) § 32 BDSG ganz wesentlich. Er soll durch eine Neufassung der §§ 32 bis 32l BDSG ersetzt werden (krit. zu dem Entwurf *Thüsing* NZA 2011, 16 ff.; krit. zur Europarechtskonformität *Forst* NZA 2012, 364, 365 Fn. 10; *Wuermeling* NZA 2012, 368, 369).

### b) Personenbezogene Daten

3091 Das BDSG gilt für personenbezogene Daten, also für Angaben über persönliche oder sachliche Verhältnisse einer bestimmten oder bestimmbaren natürlichen Person (§ 3 Abs. 1 BDSG). Im Beschäftigungsverhältnis geht es regelmäßig um Angaben zu bestimmten Personen, deren Identität feststeht. Auch die Verwendung von pseudonymisierten Daten stellt eine Verwendung personenbezogener Informationen dar, weil die Person regelmäßig identifiziert werden kann (etwa beim Abgleich von Kontonummern). Keine personenbezogenen Daten liegen bei einer Anonymisierung vor. Voraussetzung ist, dass die anonymisierten Informationen entweder aus tatsächlichen oder rechtlichen Gründen gar nicht oder nur mit unverhältnismäßigem Aufwand einer bestimmten Person zugeordnet werden können.

### c) Erheben, Verarbeiten und Nutzung

3092 Auch im Beschäftigungsverhältnis sind die Erhebung, die Verarbeitung und die Nutzung personenbezogener Daten (§ 3 Abs. 3, Abs. 4 und Abs. 5 BDSG) an den Vorgaben des BDSG zu messen. *Erhebung* meint die finale Beschaffung von Daten über den Betroffenen. Unter den Begriff der Verarbeitung fällt insbes. das im Arbeitsverhältnis relevante Speichern und die Übermittlung personenbezogener Daten an Dritte. Der Auffangtatbestand der Nutzung erfasst jede Verwendung personenbezogener Daten, die nicht unter eine der Verarbeitungskategorien des § 3 Abs. 4 BDSG fällt.

### d) Verbot mit Erlaubnisvorbehalt

Für die Erhebung, Verarbeitung und Nutzung personenbezogener Daten statuiert das BDSG ein Verbot mit Erlaubnisvorbehalt (§ 4 Abs. 1 BDSG). Diese Maßnahmen sind daher auch im Arbeitsverhältnis nur zulässig, wenn sie entweder durch eine gesetzliche Vorschrift ausdrücklich gestattet sind oder wenn der Betroffene – also der Beschäftigte – seine Einwilligung (und zwar grds. in Schriftform, § 4a Abs. 1 BDSG) erteilt hat. 3093

### aa) § 32 BDSG als Erlaubnistatbestand

Ermächtigungsgrundlage für die Erhebung, Verarbeitung und Nutzung personenbezogener Daten, für die **Begründung, Durchführung und Beendigung des Beschäftigungsverhältnisses** ist § 32 Abs. 1 BDSG. Die 2009 als Reaktion auf verschiedene tatsächliche, aber auch vermeintliche Datenschutzskandale in das BDSG eingefügte Vorschrift wirft wegen der Abgrenzung ihres Anwendungsbereichs zu den übrigen Erlaubnistatbeständen des BDSG, insbes. zu § 28 Abs. 1 Nr. 2 und Abs. 2 Nr. 2 BDSG, zahlreiche Zweifelsfragen auf (*Thüsing* NZA 2009, 865 ff.; *Deutsch/Diller* DB 2009, 1462 ff.). Obwohl Wortlaut und systematische Stellung ihren abschließenden Charakter nahe legen, ergibt sich aus der Gesetzesbegründung, dass § 32 BDSG nur der Erlaubnisnorm des § 28 Abs. 1 S. 1 Nr. 1 BDSG vorgeht und der Arbeitgeber im Übrigen den Umgang mit Beschäftigtendaten auf andere gesetzliche Erlaubnistatbestände des BDSG stützen kann (BT-Drs. 16/13657, S. 20; *Thüsing* Arbeitnehmerdatenschutz und Compliance, Rn. 71). 3094

> Das Gesetz zur Regelung des Beschäftigtendatenschutzes sieht keine Änderung dieser Rechtslage vor, wie sich aus der Begründung des Regierungsentwurfs ergibt (BR-Drs. 535/10 Rn. 26). In der Praxis kann die Abgrenzung zwischen § 32 BDSG und den allgemeinen Bestimmungen des § 28 BDSG schwierig sein. Auch soweit Daten vom Arbeitgeber zur Erfüllung von Nebenpflichten oder zur Ausübung einseitiger Rechte (Direktionsrecht des Arbeitgebers) erhoben, verarbeitet oder genutzt werden, ist § 32 BDSG Erlaubnistatbestand. 3095

### bb) § 28 BDSG als Erlaubnistatbestand

Soweit Daten der Beschäftigten nicht für Begründung, Durchführung und Beendigung des Beschäftigungsverhältnisses erhoben, verarbeiten oder genutzt werden, kann der Arbeitgeber den Umgang mit Beschäftigtendaten auf andere gesetzliche Ermächtigungsnormen, insbes. auf § 28 Abs. 1 und Abs. 2 BDSG stützen (*Gola/Schomerus* BDSG § 32 Rn. 32). Das kann bei der Übermittlung von Beschäftigtendaten bei einem beabsichtigten Unternehmenskauf (*Braun/Wybitul* BB 2008, 782 ff.; *Diller/Deutsch* K&R 1998, 16 ff.) oder für Compliance-Maßnahmen (dazu umfassend *Thüsing* Arbeitnehmerdatenschutz und Compliance, passim, *Vogel/Glas* DB 2009, 1747; *Gola/Schomerus* BDSG, § 32 Rn. 25) relevant werden. In der Praxis spielen vor allem die datenschutzrechtliche »Generalklausel« des § 28 Abs. 1 S. 1 Nr. 2 BDSG und § 28 Abs. 2 Nr. 2 BDSG eine wichtige Rolle. 3096

### cc) Kollektivrechtliche Regelungen

Wegen ihres normativen Charakters gelten auch Bestimmungen in **Tarifverträgen, Betriebs- und Dienstvereinbarungen** sowie **Einigungsstellensprüche** als normative Ermächtigungsgrundlagen für die Erhebung, Verarbeitung und Nutzung personenbezogener Daten der Beschäftigten im Beschäftigungsverhältnis. Da die Regelungen des BDSG subsidiär sind, gehen ihnen die entsprechenden Erlaubnisnormen vor. Betriebsvereinbarungen und Sprüche der Einigungsstelle können daher **zu Lasten des Arbeitnehmers** vom BDSG abweichen, wenn sie sich im Rahmen der Regelungskompetenz der Betriebspartner halten und den Grundsätzen über den Persönlichkeitsschutz des Arbeitnehmers Rechnung tragen (*BAG* 27.5.1986 EzA § 87 BetrVG 1972 Kontrolleinrichtung Nr. 16). Ihre Grenze finden sie an den Vorgaben der Fassung und des europäischen Rechts, insbes. denen 3097 der Richtlinie 95/46/EG zum Schutz natürlicher Personen bei der Verarbeitung personenbezogener Daten und zum freien Datenverkehr (EU-Datenschutzrichtlinie).

3098 Der Entwurf des BDatG sieht vor, dass von den Bestimmungen des Beschäftigtendatenschutzes nicht zum Nachteil des Beschäftigten abgewichen werden darf (§ 32l Abs. 5 BDSG-E). Sollte diese Vorschrift in Kraft treten, könnten kollektiv-rechtliche Erlaubnistatbestände die gesetzlichen Normen letztlich nur noch ausgestalten. Der Vorschlag des BMI vom 7.9.2011 grenzt den abweichungsfesten Anwendungsbereich des BDSG-E dagegen deutlich ein.

*dd) Die besonderen Arten personenbezogener Daten*

3099 Besonderheiten gelten auch für die Erhebung, Verarbeitung und Nutzung **besonderer Arten personenbezogener Daten**, die im Arbeitsverhältnis eine Rolle spielen können. Hierzu gehören Daten über eine Gewerkschaftszugehörigkeit, Gesundheit oder politische Meinungen. Diese durch § 3 Abs. 9 BDSG besonders geschützten Daten dürfen durch den Arbeitgeber nur erhoben, verarbeitet oder genutzt werden, wenn sich der gesetzliche Erlaubnistatbestand ausdrücklich auf solche Daten bezieht oder wenn der betroffene Arbeitnehmer eingewilligt hat. Weil § 32 BDSG keine Bezugnahme auf § 3 Abs. 9 BDSG enthält, findet der Erlaubnistatbestand des § 28 Abs. 6 Nr. 3 BDSG Anwendung. Er erlaubt die Erhebung, Verarbeitung und Nutzung solcher besonderer Arten personenbezogener Daten für die Geltendmachung, Ausübung oder Verteidigung rechtlicher Ansprüche, wenn kein Grund zu der Annahme besteht, dass die schutzwürdigen Interessen des Betroffenen am Ausschluss der entsprechenden Erhebung und Datenverwendung überwiegen. Es genügt also nicht, dass diese Daten im Rahmen des Arbeitsverhältnisses erforderlich sind; der Arbeitgeber muss stets eine weitere Interessenabwägung vornehmen, die dem besonderen Schutzbedürfnis dieser Daten gerecht wird.

3100 Der Entwurf des BDatG enthält ausdrücklich Ermächtigungstatbestände für die Verarbeitung solcher Daten (vgl. von §§ 32 Abs. 2 S. 1, 32a, 32b Abs. 2, 32c Abs. 2 und Abs. 3, 32d Abs. 1 Nr. 1 und Abs. 2 BDSG-E).

*ee) Einwilligung*

3101 Die Erhebung, Verarbeitung und Nutzung von Beschäftigtendaten für die Begründung, Durchführung oder Beendigung des Beschäftigungsverhältnisses bzw. im Zusammenhang mit diesem Beschäftigungsverhältnis kann auch auf eine **Einwilligung** des Beschäftigten nach § 4a BDSG gestützt werden. Der These, im Arbeitsverhältnis sei eine solche Einwilligung unzulässig, weil sie nicht freiwillig erfolge (*Bergmann/Möhrle/Herb* BDSG § 32 Rn. 20; *Wohlgemuth* Datenschutz für Arbeitnehmer Rn. 21 ff.) hat der Gesetzgeber in der Begründung zu § 32 BDSG eine Absage erteilt (BT-Drs. 16/13657, S. 20; *Gola/Wronka* Handbuch des Arbeitnehmerdatenschutzes, Rn. 257 ff.; *Däubler* Gläserne Belegschaften?, Rn. 150 ff.). Das bedeutet allerdings nicht, dass die Einwilligung im Beschäftigungsverhältnis stets freiwillig ist. An der Freiwilligkeit einer Einwilligung fehlt es, wenn der Arbeitgeber eine Leistung, auf die der Arbeitnehmer einen Anspruch hat, von der Erteilung einer Einwilligung abhängig macht. An der Freiwilligkeit fehlt es ferner bei der Verknüpfung der Einwilligung mit Leistungen, auf die der Arbeitnehmer zwar keinen Anspruch hat, die er sich aber nicht anderweitig beschaffen kann (Verstoß gegen das Koppelungsverbot; *Thüsing* Arbeitnehmerdatenschutz und Compliance, Rn. 129 ff.). Ebenso wenig kann die Erhebung, Verarbeitung und Nutzung von personenbezogenen Daten im Beschäftigungsverhältnis auf eine Einwilligung gestützt werden, wenn dem Arbeitgeber die Verwertung der entsprechenden personenbezogenen Daten rechtlich untersagt ist. Ein Beispiel ist die Rechtsprechung zum eingeschränkten Fragerecht des Arbeitgebers, die im Ergebnis Verwertungsverbote zugunsten des Beschäftigten begründet. Auch in bestimmten Drucksituationen liegt regelmäßig keine Freiwilligkeit vor.

3101a Nach Art. 7 Abs. 4 des Entwurfs einer EU-Datenschutz-Verordnung soll die Einwilligung als Rechtsgrundlage allerdings ausscheiden, wenn zwischen den betroffenen Parteien ein erhebliches Ungleichgewicht besteht. Die Erwägungsgründe führen das Arbeitsverhältnis als Beispiel an (*Gola*

## B. Pflichten des Arbeitgebers Kapitel 3

EuZW 2012, 332, 335). Dieses pauschale Einwilligungsverbot ist europarechtlich im Hinblick auf Art. 15 GrCh bedenklich. Es wird sich im Übrigen kaum auf das Arbeitsverhältnis beschränken lassen.

Soweit eine Einwilligung zulässig ist, muss sie auf **informierter Grundlage** erfolgen (*Gola/Schomerus* BDSG § 4a Rn. 10). Der Arbeitnehmer ist daher über den Zweck der Erhebung, Verarbeitung oder Nutzung sowie auf die Folgen der Verweigerung der Einwilligung hinzuweisen, soweit dies nach den Umständen des Einzelfalles erforderlich ist oder der Arbeitnehmer dies verlangt (§ 4a Abs. 1 S. 2 BDSG). Darüber hinaus muss die Einwilligung hinreichend bestimmt sein, insbes. den **Zweck** der Erhebung, Verarbeitung und Nutzung und bei einer Übermittlung auch die **Empfänger** hinreichend deutlich erkennen lassen. 3102

Die Einwilligung bedarf grds. der **Schriftform**. Wird sie zusammen mit anderen Erklärungen abgegeben, muss sie besonders hervorgehoben werden (§ 4a Abs. 1 S. 4 BDSG). Das Formerfordernis entfällt, wenn es besondere Umstände rechtfertigen (etwa die Privilegierung für die wissenschaftliche Forschung nach § 4a Abs. 2 BDSG oder die Besonderheiten bei elektronischen Medien, *Taeger* in: *Taeger/Gabel*, BDSG § 4a Rn. 36). Im Arbeitsverhältnis werden solche besonderen Umstände regelmäßig nicht vorliegen. 3103

### e) Benachrichtigungspflichten des Arbeitgebers – Auskunftsansprüche des Arbeitnehmers

Werden Daten direkt beim Arbeitnehmer erhoben, ist er, soweit er nicht bereits auf andere Weise Kenntnis erlangt hat, vom Arbeitgeber über die Identität der verantwortlichen Stelle (diese Kenntnis wird regelmäßig vorliegen), die Zweckbestimmung der Erhebung, Verarbeitung oder Nutzung (auch dies wird dem Arbeitnehmer bekannt sein) sowie die Kategorien von Empfängern zu informieren, über Letztere allerdings nur, soweit der betroffene Arbeitnehmer nach den Umständen des Einzelfalles nicht mit der Übermittlung an diese Empfänger rechnen musste. Besteht eine Auskunftspflicht oder ist die Erteilung der Auskunft Voraussetzung für die Gewährung von Rechtsvorteilen, ist der Betroffene hierauf, ansonsten auf die Freiwilligkeit seiner Angaben hinzuweisen. Gegebenenfalls ist er über die Rechtsvorschrift und über die Folgen der Verweigerung von Angaben aufzuklären. Die Aufklärungspflicht besteht immer dann, wenn der Betroffene entsprechend nachfragt (§ 4 Abs. 3 BDSG). Soweit der Arbeitgeber personenbezogene Daten ohne Kenntnis des Arbeitnehmers erhebt und diese erstmals für eigene Zwecke speichert, ist der Arbeitnehmer von der Speicherung zu benachrichtigen. Diese Pflicht ergibt sich für öffentliche Stellen aus § 19a BDSG und für nicht-öffentliche Stellen aus § 33 BDSG. Den Inhalt der Benachrichtigung gibt das Gesetz vor: die Tatsache der Speicherung selbst, die Art der Daten, die Zweckbestimmung sowie die Identität der verantwortlichen Stelle. Die Benachrichtigungspflicht kann unter bestimmten Voraussetzungen nach § 33 Abs. 2 BDSG entfallen, insbes. wenn der Betroffene auf andere Weise Kenntnis von der Speicherung erlangt hat (Nr. 1). Das wird bei den Daten, die für die Begründung und Durchführung des Arbeitsverhältnisses benötigt werden, regelmäßig der Fall sein. Dem Arbeitnehmer ist bekannt, dass der Arbeitgeber diese Daten dauerhaft aufbewahren muss, nicht zuletzt, um seinen Pflichten gegenüber dem Arbeitnehmer nachkommen zu können. Relevant kann die Benachrichtigungspflicht werden, wenn während der Durchführung eines Arbeitsverhältnisses erstmals neue Daten gespeichert werden. 3104

> Das BDatG ergänzt und präzisiert die bislang allgemein gehaltenen Benachrichtigungspflichten durch nicht weniger als 18 neue Informations-, Unterrichtungs- und Benachrichtigungspflichten des Arbeitgebers gegenüber den Beschäftigten (s. die Auflistung in BR-Drs. 535/10 S. 21). So wird etwa in den Fällen von § 32g Abs. 1 S. 3 BDSG-E und § 32i Abs. 2 S. 3 BDSG-E der Inhalt der allgemeinen Benachrichtigungspflicht genauer umrissen.
>
> Eine allgemeine Unterrichtungspflicht führt § 32j BDSG-E ein, wonach der Arbeitgeber dem Arbeitnehmer Mitteilung machen muss, sobald er feststellt, dass bei ihm gespeicherte Beschäftigtendaten unrechtmäßig übermittelt oder auf sonstige Weise Dritten unrechtmäßig zur Kenntnis gelangt sind.

3105

3106 Neben einem speziellen Einsichtsrecht in Personalakten (etwa § 110 BBG, § 83 Abs. 1 BetrVG, die die allgemeinen datenschutzrechtlichen Vorschriften nicht vollständig verdrängen, *Gola/Wronka* Handbuch des Arbeitnehmerdatenschutzes Rn. 361) geben § 19 BDSG für öffentliche Stellen und § 34 BDSG für nicht-öffentliche Stellen dem Beschäftigten einen Auskunftsanspruch gegen den Arbeitgeber. Hier muss der Beschäftigte allerdings selbst tätig werden. Nach § 34 Abs. 1 S. 2 BDSG soll der Betroffene die Art der personenbezogenen Daten, über die Auskunft erteilt werden soll, näher bezeichnen (*Gola/Schomerus* BDSG § 34 Rn. 5). Nur wenn es keine Benachrichtigungspflicht für den Arbeitgeber gibt, kann er nach § 34 Abs. 7 BDSG die Auskunft verweigern.

3107 Die Auskunftsrechte werden an einer Stelle durch den Entwurf des BDatG ausgeweitet. So sieht § 32 Abs. 6 S. 4 2. Hs. BDSG-E vor, dass der Beschäftigte auf Verlangen über den Inhalt der erhobenen Daten Auskunft verlangen kann, wenn der Arbeitgeber bei Dritten Daten über ihn einholt. In diesem Fall will der Gesetzgeber den Auskunftsanspruch nicht von den vielfältigen Voraussetzungen des § 34 BDSG abhängig machen. Der Bundesrat hat dies in seiner Stellungnahme moniert (BR-Drs. 535/10 [Beschluss] S. 13). Im Übrigen gelten im Beschäftigtendatenschutz die allgemeinen datenschutzrechtlichen Vorgaben (BR-Drs. 535/10 S. 26).

*f) Betrieblicher Datenschutzbeauftragter*

3108 Das BDSG sieht sowohl für den öffentlichen als auch für den nichtöffentlichen Bereich die Bestellung eines betrieblichen Beauftragten für den Datenschutz vor (§§ 4f und 4g BDSG). Im nichtöffentlichen Bereich müssen private Arbeitgeber ab einer gewissen Größe und abhängig von der Art der Datenverarbeitung einen betrieblichen Datenschutzbeauftragten bestellen. Die Mindestvoraussetzung für die Bestellung eines eigenen Datenschutzbeauftragten liegt bei zehn ständig mit der automatisierten Verarbeitung bzw. bei zwanzig mit der anderweitigen Erhebung, Verarbeitung und Nutzung personenbezogener Daten beschäftigten Personen (*Däubler* Gläserne Belegschaften?, Rn. 584). Darunter sind nicht nur fest angestellte Mitarbeiter zu verstehen, sondern auch Teilzeitbeschäftigte (näher *Gola/Wronka* Handbuch des Arbeitnehmerdatenschutzes Rn. 1408 ff.). Wenn diese Mindestgrößen nicht erreicht werden, obliegt es dem »Leiter der nichtöffentlichen Stelle«, also in den meisten Fällen dem Geschäftsführer oder Vorstandsvorsitzenden, auf andere Weise die Einhaltung der datenschutzrechtlichen Vorgaben sicherzustellen.

3109 § 4f BDSG regelt die Voraussetzungen und das Verfahren seiner Bestellung sowie seine Rechtsstellung. So genießt er einen besonderen Kündigungsschutz dahingehend, dass er nur wegen eines wichtigen Grundes gekündigt werden kann (§ 4f Abs. 3 S. 5 und 6 BDSG). Seine Aufgaben und Befugnisse ergeben sich aus § 4g BDSG. Seine wichtigste Aufgabe umreißt dabei § 4g Abs. 1 S. 1 BDSG, wonach er auf die Einhaltung des BDSG und anderer Vorschriften über den Datenschutz hinwirkt.

3110 Im Hinblick auf die Bestellung und die Funktion des betrieblichen Datenschutzbeauftragten führt das geplante BDatG keine Änderung herbei. Die Neuregelung des Beschäftigtendatenschutzes führt dazu, dass der Aufgabenbereich der betrieblichen Datenschutzbeauftragten hinsichtlich der Arbeitnehmerdaten nunmehr gesetzlich umrissen und nicht allein von Rechtsprechung und Literatur geprägt ist.

### 3. Erhebung, Verarbeitung und Nutzung zur Begründung eines Beschäftigungsverhältnisses

3111 Der Arbeitgeber darf Daten der Beschäftigten erheben, verarbeiten (also insbes. speichern) und nutzen (z. B. auswerten), wenn dies für die Entscheidung über die **Begründung eines Beschäftigungsverhältnisses** erforderlich ist (§ 32 Abs. 1 S. 1 erste Variante BDSG). Im Vordergrund steht dabei die Erhebung, also die gezielte Beschaffung der Daten über den Betroffenen, etwa durch Fragen, Fragebögen oder Recherchen aus allgemein oder begrenzt zugänglichen Quellen.

## B. Pflichten des Arbeitgebers     Kapitel 3

### a) Erforderlichkeit

Anders als bisher nach § 28 Abs. 1 S. 1 Nr. 1 BDSG ist die Erhebung, Verarbeitung und Nutzung personenbezogener Daten zur Begründung eines Arbeitsverhältnisses nicht schon dann zulässig, wenn sie der Begründung des Vertrages dient, sondern nur, wenn sie dafür **erforderlich** ist (dazu *Thüsing* Arbeitnehmerdatenschutz und Compliance, Rn. 59; anders *Gola/Schomerus* BDSG § 32 Rn. 12, nach dem sich dadurch nichts im Vergleich zur früheren Rechtslage ändere). Die Erforderlichkeit ist im Hinblick auf das individuelle betriebliche Konzept zu bestimmen, das der Unternehmer verfolgt (*Deutsch/Diller* DB 2009, 1462, 1463). Innerhalb dieses Rahmens ist zu klären, ob die erhobenen, verarbeiteten und genutzten Daten für die Entscheidung über die Begründung des Geschäftsverhältnisses geeignet sind (was regelmäßig der Fall sein wird), und ob das Ziel durch einen geringeren Eingriff in das Recht auf informationelle Selbstbestimmung des Betroffenen erreicht werden kann. Im Ergebnis geht es um eine Abwägung zwischen den Interessen des Arbeitgebers und des Bewerbers (*Thüsing* Arbeitnehmerdatenschutz und Compliance, Rn. 59; *Kania/Sansone* NZA 2012, 360).     3112

### b) Fragerecht des Arbeitgebers

Schranken für die Datenerhebung bei der Entscheidung über die Begründung des Arbeitsverhältnisses setzt auch die Rechtsprechung zum Fragerecht des Arbeitgebers (etwa *BAG* 6.2.2003 NZA 2003, 849 [Schwangerschaft], 18.10.2000 NZA 2001, 317 [Schwerbehinderteneigenschaft], 6.7.2000 NZA 2001, 319 [MfS Tätigkeit]). Soweit der Arbeitgeber nach bestimmten Eigenschaften des Bewerbers nicht fragen darf, ist die Erhebung solcher Daten im Ergebnis nicht erforderlich. Denn sie sind für eine Entscheidung über die Begründung des Beschäftigungsverhältnisses nicht geeignet. Unzulässig ist auch die Erhebung von Daten, die nach dem AGG nicht zum Kriterium für die Einstellungsentscheidung gemacht werden dürfen. Zulässig sind dagegen sämtliche Fragen, die die fachliche, physische und die persönliche Eignung des Bewerbers betreffen. Daten über Vorstrafen dürfen erhoben werden, wenn sie einen Bezug zu der vom Arbeitnehmer zu übernehmenden Tätigkeit haben (*BAG* 20.5.1999 NZA 1999, 975; zur Zulässigkeit von Fragen und nach der persönlichen Eignung auch die Formulierungsvorschläge des BMI v. 7.9.2011, S. 5 und 8 f.). Fragen über die finanziellen Verhältnisse des Bewerbers kommen in Betracht, wenn die zu besetzende Stelle den Umgang mit großen Geld- und Vermögenswerten mit sich bringt (*Kania/Sansone* NZA 2012, 360, 361; zur Zulässigkeit einer solchen Frage bei einem berechtigten Interesse des Arbeitgebers s. die Hinweise des BMI v. 7.9.2011, S. 5).     3113

> Im BDatG fasst § 32 BDSG-E diese Grundsätze über die Erhebung, Verarbeitung und Nutzung zur Begründung eines Beschäftigungsverhältnisses in einer Vorschrift zusammen. Er ermöglicht es Arbeitgebern, die Kontaktdaten der Bewerber zu erheben. Darüber hinausgehende Daten kann er erheben, wenn dies im Hinblick auf das Arbeitsverhältnis erforderlich ist. Der Gesetzgeber orientiert sich hier an der arbeitsgerichtlichen Rechtsprechung zum Fragerecht des Arbeitgebers (BR-Drs. 535/10 S. 27). Engere Regelungen stellt der Gesetzgeber für sensible Daten über die Merkmale des § 1 AGG, über Gesundheit, Vermögensverhältnisse, Vorstrafen und laufenden Ermittlungsverfahren des Bewerbers auf. Sie können nur unter den Voraussetzungen des § 32 Abs. 2 BDSG-E erhoben werden. Ob nach einer bestehenden Schwangerschaft gefragt werden kann, ist im Gesetzentwurf nicht geregelt. Für Tendenzbetriebe will § 32 Abs. 4 und 5 BDSG-E ein erweitertes Fragerecht ermöglichen.     3114

### c) Einstellungsuntersuchung

Rechtsgrundlage für die **Erhebung von Gesundheitsdaten** bei der Einstellung ist § 32 Abs. 1 S. 1 BDSG i. V. m. § 28 Abs. 6 Nr. 3 BDSG (dazu *Thüsing* Arbeitnehmerdatenschutz und Compliance, Rn. 385). Umstritten ist, ob der Arbeitgeber bei der Einstellung nach der Schwerbehinderteneigenschaft des Bewerbers fragen darf (ErfK/*Preis* § 611 Rn. 274 sieht darin eine unzulässige Diskriminierung). Das BAG lässt die Frage im bestehenden Arbeitsverhältnis der Sechsmonatsfrist des § 90 Abs. 1 Nr. 1 SGB IX zu (*BAG* 16.2.2012 NZA 2012, 555, 556). Zulässig sind Datenerhebungen     3115 über eine Beeinträchtigung des Gesundheitszustands, die die Eignung des Bewerbers für die vorgesehene Tätigkeit auf Dauer oder in periodisch wiederkehrenden Abständen einschränken oder die wegen der mit ihr verbundenen Ansteckungsgefahr zukünftige Kollegen oder Kunden gefährden könnten. Die Frage, ob im Zeitpunkt des Dienstantritts bzw. in absehbarer Zeit mit einer Arbeitsunfähigkeit wegen einer Erkrankung, Operation oder bewilligten Kur zu rechnen ist, ist ebenfalls statthaft (*BAG* 7.6.1984 NZA 1985, 57, *Gola/Wronka* Handbuch des Arbeitnehmerdatenschutzes Rn. 514 ff.; *Weichert* RDV 2007, 189, 192). Einstellungsuntersuchungen, die zu körperlichen Eingriffen bei einem Bewerber führen, sind nur mit seinem Einverständnis zulässig, weil es sich anderenfalls um eine tatbestandliche Körperverletzung i. S. d. § 223 Abs. 1 StGB handeln würde. Entgegen der Auffassung mancher Aufsichtsbehörden besteht eine fachlich medizinische Einschätzungsprärogative, welche Untersuchungen für die Eignungsbeurteilung erforderlich sind. Das Datenschutzrecht beschränkt nicht die Befugnis der Arbeitsmediziner, die aus ihrer Sicht für eine Diagnose erforderlichen Daten zu erheben.

3116 Screening-Untersuchungen von Körperflüssigkeiten (Blut oder Urin) auf Drogen- oder Alkoholmissbrauch sind wegen der Schwere des damit verbundenen Eingriffs unzulässig (*Diller/Powietzka* NZA 2001, 1227, 1228; *Bengelsdorf* NZA 2004, 113, 118). Dagegen ist die bloße Frage nach Drogen- oder Alkoholkonsum entgegen anders lautender Stimmen zulässig, wenn der Betriebsarzt die Angaben für seine Diagnose benötigt. Soweit der Arbeitgeber bereits vor der Einstellung eine arbeitsmedizinische Vorsorgeuntersuchung durchführt, also Daten erhebt, die nicht für die Entscheidung über die Einstellung, wohl aber für die Ausgestaltung des Arbeitplatzes oder zum Schutz des Arbeitnehmers erforderlich sind, ist die Erhebung zulässig, weil die Daten für die dem Arbeitgeber obliegende Pflicht zum Angebot von Vorsorgeuntersuchungen nach der ArbMedVV erforderlich sind (§ 32 Abs. 1 S. 1 BDSG i. V. m. § 28 Abs. 6 Nr. 3 BDSG). Zwar sollen Einstellungs- und Vorsorgeuntersuchungen grds. getrennt durchgeführt werden. Die ArbMedVV lässt es aber aus betrieblichen Gründen zu, dass sie gleichzeitig erfolgen (in der Sache sind sie ohnehin kaum auseinander zu halten). Dann bedarf es eines Hinweises auf die Freiwilligkeit der Vorsorgeuntersuchung (§ 3 Abs. 3 S. 2 ArbMedVV), soweit es sich nicht um eine Pflichtuntersuchung handelt.

3117 Der Arbeitgeber kann verlangen, dass die Einstellungsuntersuchung bei einem Werksarzt durchgeführt wird. Für die Entscheidung über die Einstellung ist es allerdings nicht zulässig, dass ihm dieser die Diagnose mitteilt. Zulässig ist nur die Information des Arbeitgebers über die gesundheitliche Eignung des Arbeitnehmers (*Däubler* Gläserne Belegschaften?, Rn. 230).

3118 Diese von Rechtsprechung und Literatur geprägten Grundsätze will der Gesetzgeber gesetzlich festschreiben (§ 32a BDSG-E).

*d) Gendiagnostische Untersuchungen*

3119 § 19 GenDG verbietet dem Arbeitgeber, von dem Bewerber vor Begründung des Beschäftigungsverhältnisses die Vornahme einer **genetischen Untersuchung** oder die Analyse bzw. die Mitteilung von Ergebnissen einer solchen zu verlangen. Er darf diese Ergebnisse weder entgegennehmen noch verwenden.

*e) Datenerhebung bei Dritten oder aus anderen Quellen*

3120 Nach dem Grundsatz der Direkterhebung müssen Daten grds. unter Mitwirkung des Betroffenen erhoben werden. Gemäß § 4 Abs. 2 S. 2 Nr. 2 lit. a Var. 2 BDSG darf der Arbeitgeber zwecks Begründung eines Beschäftigungsverhältnisses Daten ohne Mitwirkung des Betroffenen bei **Dritten** oder aus **anderen Quellen** ausnahmsweise nur dann erheben, wenn dies der Geschäftszweck erforderlich macht oder die Erhebung beim Betroffenen unverhältnismäßigen Aufwand erfordern würde und keine Anhaltspunkte dafür bestehen, dass überwiegende schutzwürdige Interessen des Betroffenen beeinträchtigt werden.

3121 Gibt der Bewerber entsprechende Referenzen in seinen Bewerbungsvorlagen an, ist daher eine Nachfrage bei den genannten Referenzen zulässig. Kritisch soll die Frage nach dem vollständigen Lebens-

## B. Pflichten des Arbeitgebers    Kapitel 3

lauf sein, weil sie den Bewerber zwingen kann, Umstände – z. B. eine Haftstrafe – zu offenbaren, nach der der Arbeitgeber im konkreten Zusammenhang gar nicht fragen darf (*Kania/Sansone* NZA 2012, 360, 361). Unzulässig ist regelmäßig die Ausforschung des Umfelds des Bewerbers beispielsweise im Rahmen eines sog. 360 Grad-Screening etwa bei Nachbarn oder früheren Kollegen (*Warga* PersR 2010, 97, 100).

Ausnahmen vom Grundsatz der Direkterhebung gelten auch dann, wenn dies für den Ablauf des Bewerbungsprozesses erforderlich ist, etwa, wenn es darum geht, Angaben des Bewerbers zu prüfen oder Lücken in den Bewerbungsunterlagen zu schließen (*Gola/Schomerus* BDSG § 4 Rn. 27, *Däubler* NZA 2001, 874, 876). Anhaltspunkte dafür, dass überwiegende schutzwürdige Interessen des Betroffenen beeinträchtigt sind, bestehen bei der Erhebung von Daten aus sozialen Netzwerken dann nicht, wenn diese gerade der Knüpfung beruflicher Kontakte und der Präsentation der beruflichen Eignung des Bewerbers dienen. Die Einzelfallabwägung in berufsorientierten Netzwerken fällt dabei grds. nicht zugunsten des Arbeitnehmers aus, der sich gerade zu dem Zweck im Netzwerk angemeldet hat, dass mögliche Arbeitgeber recherchieren können (*Forst* NZA 2010, 427, 431 f.). Dagegen ist der Zugriff auf andere soziale Netzwerke des sog. Web 2.0, die vor allem der privaten Kommunikation dienen und freizeitorientiert sind, problematisch (gänzlich ablehnend *Däubler* Gläserne Belegschaften?, Rn. 249, diff. *Ernst* NJOZ 2011, 953 ff.). Erfolgt er unter Missachtung bestehender Zugangsbeschränkungen, verstößt er gegen § 4 Abs. 2 S. 2 BDSG und ist regelmäßig für die Entscheidung über die Begründung des Arbeitsverhältnisses nicht erforderlich. Die Erhebung von Bewerberdaten aus dem Internet kann darüber hinaus im Einzelfall zulässig sein, soweit diese Daten frei verfügbar sind (*Forst* NZA 2010, 427, 430). Sie ist aber auch nur insoweit rechtmäßig, als sie sich auf Daten beschränkt, anhand derer sich die persönliche und fachliche Eignung des Bewerbers für das jeweilige Beschäftigungsverhältnis bestimmen lässt. Unzulässig ist es beispielsweise, ein allgemeines Persönlichkeits- oder Bewegungsprofil des Bewerbers oder ein allgemeines Charakterprofil (soweit dies überhaupt möglich sein sollte) anhand der allgemein zugänglichen Informationen zu erstellen. Erst recht geht es nicht an, dass der Arbeitgeber in einem sozialen Netzwerk den Bewerber durch Vorspiegeln einer bestimmten Identität täuscht und ihn so ausforscht (*Ernst* NJOZ 2011, 953, 956).

3122

Keine Frage der Datenerhebung sondern der Datennutzung bei der Begründung des Arbeitsverhältnisses ist das Terrorlisten-Screening nach Maßgabe der VO (EG) Nr. 2580/2001, VO (EG) Nr. 881/2002. Umstritten ist, ob die Rechtsgrundlage auf § 32 Abs. 1 BDSG, § 28 Abs. 1 S. 1 Nr. 2 BDSG (*Roeder/Buhr* BB 2012, 193, 195 f.) oder § 28 Abs. 2 Nr. 2b BDSG (*FG Düsseld.* 1.6.2011 RDV 2012, 92) gestützt werden darf. Zutreffend ist der Rückgriff auf § 28 Abs. 1 S. 1 Nr. 2 BDSG, da es dem Arbeitgeber regelmäßig darum geht, Sanktionen zu vermeiden, er also ein berechtigtes und überwiegendes Interesse an dem Datenabgleich hat.

3122a

> § 32c Abs. 1 S. 3 i. V. m. § 32 Abs. 6 S. 1 BDSG-E regelt künftig die Erhebung von Daten aus elektronischen Netzwerken. Die Hinweise des BMI vom 7.9.2011 (S. 5 f.) sehen eine Datenerhebung in allgemein zugänglichen Netzen als zulässig an, wenn der Arbeitnehmer eingewilligt hat. Vgl. detailliert *Göpfert/Wilke* NZA 2010, 1329.

3123

### f) Löschung von Daten

Daten von Bewerbern, mit denen es zu keinem Beschäftigungsverhältnis kam, kann der Arbeitgeber nicht nach Belieben weiter verwerten. Nach § 35 Abs. 2 S. 2 Nr. 3 BDSG müssen personenbezogene Daten gelöscht werden, wenn sie für eigene Zwecke verarbeitet werden, sobald ihre Kenntnis für die Erfüllung des Zwecks der Speicherung nicht mehr erforderlich ist. Nach Abschluss eines Bewerbungsverfahrens sind die Unterlagen der abgewiesenen Bewerber i. d. R. nicht mehr erforderlich (*BAG* 6.6.1984 NJW 1984, 2910). Die gesetzliche Vorgabe setzt keine zeitliche Grenze für die Löschung. Dem abgelehnten Bewerber können Ansprüche nach §§ 280 Abs. 1, 311 Abs. 2 BGB oder § 21 AGG zustehen. Macht er sie geltend, ist der Arbeitgeber auf die von ihm erhobenen Daten angewiesen. Daher kann die Löschungspflicht in zeitlicher Hinsicht nicht sofort nach der Ablehnungsentscheidung entstehen. Wann sie entsteht, kann aufgrund der gesetzlichen Vorgaben nicht ohne

3124

weiteres beantwortet werden. Der Anspruch aus § 21 AGG ist nach dessen Absatz 5 grds. nur innerhalb einer Frist von zwei Monaten nach der Benachteiligung möglich. Nach Fristablauf kann der Anspruch nur geltend gemacht werden, wenn der Benachteiligte ohne Verschulden an der Einhaltung der Frist verhindert war. Insofern muss der Arbeitgeber mit der Geltendmachung des Anspruchs über den gesamten Verjährungszeitraum rechnen (einschränkend *Gola/Schomerus* BDSG § 35 Rn. 13a, nach denen Auseinandersetzungen mit hinreichender Wahrscheinlichkeit zu erwarten sein müssen), auch wenn dies mit fortschreitendem Abstand zur Bewerbungsphase unwahrscheinlicher wird. Es gilt mangels spezieller Regelung die reguläre Verjährungsfrist von 3 Jahren (§ 195 BGB), an der sich der Arbeitgeber orientieren muss.

3125    In einem System von Grundsatz, Ausnahmen und mehreren Gegenausnahmen legt § 32b Abs. 6 BDSG-E fest, dass Daten direkt beim Bewerber zu erheben sind. Diese Vorgabe ist für allgemein zugängliche Informationen abgeschwächt. In § 32b Abs. 3 BDSG-E ist ausdrücklich vorgesehen, dass die Beschäftigtendaten nach § 35 Abs. 2 S. 2 BDSG zu löschen sind, wenn ein Beschäftigungsverhältnis nicht begründet wird und keine Einwilligung in die Speicherung der Daten durch den Arbeitnehmer vorliegt. Die Stellungnahme des Bundesrates sieht an dieser Stelle eine eigene Löschungsregelung ohne Verweisung vor (BR-Drs. 535/10 [Beschluss] S. 16). Auch die geplante Neufassung enthält keine zeitliche Grenze für die Aufbewahrung von Beschäftigtendaten aus der Bewerbungsphase. Insofern bleibt es bei oben dargestellten Grundsätzen, wonach der Arbeitgeber die Daten bis zum Ende der Verjährungsfrist nicht löschen muss.

### 4. Datenschutz bei der Durchführung des Beschäftigungsverhältnisses

3126    Nach § 32 Abs. 1 S. 1 zweite Variante BDSG darf der Arbeitgeber nach der Einstellung des Beschäftigten dessen personenbezogene Daten erheben, verarbeiten und nutzen, soweit dies für die Durchführung des Arbeitsverhältnisses erforderlich ist. Der Begriff der Durchführung des Arbeitsverhältnisses ist weit zu verstehen (*Thüsing* NZA 2009, 865, 867).

#### a) Erfüllung der vertraglichen Haupt- und Nebenleistungspflichten

3127    Zunächst ist die Erhebung, Verarbeitung und Nutzung der Daten des Arbeitnehmers gemeint, ohne die Arbeitgeber und Arbeitnehmer ihre vertraglichen Verpflichtungen nicht erfüllen können. Der Arbeitgeber darf daher die Stammdaten des Arbeitnehmers (Name, Adresse, Bank, Arbeitsbedingungen) speichern (*BAG* 22.10.1986 MDR 1987, 698). Er kann Daten über die Beurteilung des Arbeitnehmers und seine Leistungen verarbeiten (*Gola/Wronka* Handbuch des Arbeitnehmerdatenschutzes, Rn. 209 m. w. N., Erf/*Wank* § 32 BDSG Rn. 17). Das Gleiche gilt für die Daten, die für die Ermittlung des Lohns bzw. des Gehalts benötigt werden. Zulässig ist auch die Nennung der betrieblichen Kontaktdaten des Arbeitnehmers im betriebsinternen Telekommunikationsverzeichnis (*Zöll* in: *Taeger/Gabel*, BDSG § 32 Rn. 22). Der Arbeitgeber darf diese Kontaktdaten in das Internet stellen, wenn der Mitarbeiter nach außen auftritt.

3128    Erheben, verarbeiten und nutzen darf der Arbeitgeber auch solche Beschäftigtendaten, die er für die Erfüllung seiner gesetzlichen Verpflichtungen auf dem Gebiet des Sozialversicherungs- oder Steuerrechts benötigt. Besondere Arten personenbezogener Daten (Gesundheitsdaten) für das Eingliederungsmanagement nach § 84 Abs. 2 SGB X darf der Arbeitgeber nach Maßgabe des § 28 Abs. 6 Nr. 3 BDSG ebenfalls verarbeiten (zur Zulässigkeit der Datenverarbeitung für das Eingliederungsmanagement *Kursawe/Nebel* BB 2012, 516, 517).

3129    Zulässig ist auch der Umgang mit Beschäftigtendaten für Zwecke der Zeiterfassung und der Zugangskontrolle. Dies ist regelmäßig zur Durchführung des Beschäftigungsverhältnisses erforderlich. Das gilt auch, soweit die Zugangskontrolle mit passiven Transponder-Systemen erfolgt (*Zöll* in: *Taeger/Gabel*, BDSG § 32 Rn. 25, *Meyer* K&R 2009, 14).

3130    Die Übermittlung von Arbeitnehmerdaten an Zusatzversorgungseinrichtungen, die der Arbeitgeber zur Gewährung tarifvertraglich vereinbarter Zusatzversorgungsleistungen einschaltet, fällt ebenso unter § 32 Abs. 1 S. 1 BDSG wie die Weitergabe der Kontenverbindungen des Arbeitnehmers an die Bank, über die die Lohn- und Gehaltszahlungen abgewickelt werden (*Gola/Schomerus* BDSG § 32 Rn. 13).

Nicht auf § 32 BDSG, sondern auf § 28 Abs. 1 S. 1 Nr. 2 BDSG ist die Speicherung und Nutzung der Arbeitnehmerdaten durch den Arbeitgeber mit dem Ziel, den Mitarbeitereinsatz oder den Personalbedarf zu planen gestützt (zur Zulässigkeit auch Erf/*Wank* § 32 BDSG Rn. 19). 3130a

### b) Ermittlungsmaßnahmen

Bedeutung haben im Beschäftigungsverhältnis zunehmend Ermittlungsmaßnahmen. Mit ihnen kommt der Arbeitgeber seinen Compliance Pflichten (*Thüsing* Arbeitnehmerdatenschutz und Compliance Rn. 8 ff.) nach. Es besteht daher ein berechtigtes Interesse des Arbeitgebers, durch den Umgang mit Beschäftigtendaten die Rechtmäßigkeit des Unternehmenshandelns sicherzustellen und zu überwachen. 3131

### aa) Aufdeckung von Straftaten

Der Umgang mit Beschäftigtendaten zur Aufklärung von Straftaten richtet sich nach § 32 Abs. 1 S. 2 BDSG. Diese Vorschrift setzt voraus, dass tatsächliche Anhaltspunkte für eine Straftat des Betroffenen im Beschäftigungsverhältnis vorliegen, die Erhebung, Verarbeitung und Nutzung seiner Daten für Aufklärung der Straftat erforderlich ist und nicht an überwiegenden schutzwürdigen Interessen des Betroffenen scheitert (zur Kritik an dieser misslungenen Vorschrift *Deutsch/Diller* DB 2009, 1462, 1464). Die tatsächlichen Anhaltspunkte für eine Straftat muss der Arbeitgeber dokumentieren (*Zöll* in: *Taeger/Gabel*, BDSG § 32 Rn. 39, 45). Die Vorschrift regelt die Ermittlungsbefugnisse des Arbeitgebers nicht abschließend, auch wenn dies nach dem Wortlaut nahe liegt. Ebenso wenig können die schutzwürdigen Interessen des verdächtigen Arbeitnehmers Ermittlungsmaßnahmen vollständig unterbinden. Sie schließen allenfalls bei geringfügigen Straftaten Ermittlungsmaßnahmen aus, die besonders schwerwiegend in das allgemeine Persönlichkeitsrecht eingreifen (*Gola/Schomerus* BDSG § 32 Rn. 27). 3132

### bb) Aufdeckung von Ordnungswidrigkeiten und Vertragspflichtverletzung

§ 32 Abs. 1 S. 2 BDSG schließt die Erhebung, Verarbeitung und Nutzung von Beschäftigungsdaten zur Aufdeckung von Ordnungswidrigkeiten und Vertragspflichtverletzungen nicht aus. Da die Vorschrift keinen abschließenden Charakter hat, ist umstritten, ob Ermittlungsmaßnahmen zur Aufklärung von Ordnungswidrigkeiten und Vertragspflichtverletzungen auf § 32 Abs. 1 S. 1 BDSG oder auf § 28 Abs. 1 S. 1 Nr. 2 BDSG gestützt werden können (für § 32 BDSG: *Gola/Schomerus* BDSG § 32 Rn. 29; *Thüsing* NZA 2009, 865, 868; diff. *Zöll* in: *Taeger/Gabel*, BDSG § 32 Rn. 39, 41). Im Ergebnis kann dies offen bleiben, da nach einhelliger Auffassung beide Vorschriften eine Abwägung zwischen den Interessen des Arbeitgebers und denen des Beschäftigten voraussetzen (*Thüsing* Arbeitnehmerdatenschutz und Compliance, Rn. 78). Für diese Abwägung kommt es darauf an, welche Arbeitnehmer von den Ermittlungsmaßnahmen betroffen sind und welche Maßnahmen der Arbeitgeber ergreift. Je gravierender der Verstoß des Arbeitnehmers ist, desto eher sind Ermittlungsmaßnahmen datenschutzrechtlich zulässig (*Gola/Schomerus* BDSG § 32 Rn. 27). 3133

> Der Gesetzgeber will diesen Bereich nunmehr in § 32d Abs. 3 BDSG-E regeln. Danach darf der Arbeitgeber zur Aufdeckung von Straftaten oder anderen schwerwiegenden Pflichtverletzungen einen Datenabgleich durchführen. Klargestellt wird demnach, dass die bisherige Beschränkung auf die Aufklärung von Straftaten nicht abschließend gemeint war. 3134

### cc) Verdachtsunabhängige Kontrollen

Verdachtsunabhängige Kontrollen bleiben ebenfalls zulässig. Stichprobenartige Tor- und Taschenkontrollen sind durch § 32 Abs. 1 S. 1 BDSG bzw. durch § 28 Abs. 1 S. 1 BDSG gerechtfertigt. Datenschutzrechtlich problematisch sind Massen-Screenings. Sie sind zulässig, wenn sie mit anonymisierten oder pseudonymisierten Daten durchgeführt werden und ein Personenbezug erst bei ent- 3135 sprechenden Auffälligkeiten hergestellt wird (*Diller* BB 2009, 438, 439; *Wybitul* BB 2009, 1582, 1584). Bei dieser Vorgehensweise ist sichergestellt, dass nicht die ganze Belegschaft unter »Generalverdacht« gestellt wird.

3136 Das BDatG enthält für verdachtsunabhängige Kontrollen keine Neuregelung. Anstelle von § 32 Abs. 1 S. 1 BDSG soll § 32c Abs. 1 S. 1 BDSG der einschlägige Erlaubnistatbestand werden. Die Vorschläge des BMI vom 7.9.2011 (S. 10) sehen eine begrenzte Ermächtigung für das Screening vor. – Im speziellen Fall des § 32i Abs. 2 S. 3 BDSG-E kann der Arbeitgeber stichprobenartig eine Kontrolle durchführen. Dieser Fall betrifft Arbeitsplätze, wo die telefonische Dienstleistung wesentlicher Inhalt der geschuldeten Arbeitsleistung ist (z. B. Call-Center, BR-Drs. 535/10 S. 43).

### c) Videoüberwachung

3137 Datenschutzrechtlichen Beschränkungen unterliegt auch die Videoüberwachung der Beschäftigten. Sie kann regelmäßig nicht auf § 6b BDSG gestützt werden, da diese Vorschrift nur für öffentlich zugängliche Räume gilt und auf das Betriebsgelände keine Anwendung findet (*Gola/Schomerus* BDSG § 6b Rn. 9).

3138 Die offene Videoüberwachung ist angesichts des damit verbundenen Eingriffs in das allgemeine Persönlichkeitsrecht der Beschäftigten unabhängig davon, ob sie auf § 32 Abs. 1 S. 1 BDSG oder auf § 28 Abs. 1 S. 1 Nr. 2 BDSG gestützt wird, nur bei Vorliegen eines entsprechend gewichtigen Interesses des Arbeitgebers zulässig (*Meyer* K&R 2009, 14). Bei Banken kann aus Sicherheitsgründen eine weitreichende Videoüberwachung zulässig sein (*BAG* 27.3.2003 DB 2003, 2230). Der Eigentumsschutz kann sie rechtfertigen, wenn das Unternehmen regelmäßig mit großen Mengen von Wertgegenständen umgeht. Der Arbeitgeber muss die Arbeitnehmer über die Videoüberwachung informieren (*Meyer* K&R 2009, 14, 16).

3139 Eine verdeckte Videoüberwachung ist nach Maßgabe der arbeitsgerichtlichen Rechtsprechung (*BAG* 26.8.2008 NZA 2008, 1189 ff.; 27.3.2003 DB 2003, 2230; *LAG Hamm* 15.7.2011 ZD 2012, 141: für die heimliche Videoüberwachung in den öffentlich zugänglichen Räumen des Arbeitgebers) nur in eng begrenzten Ausnahmefällen zulässig. Es muss der konkrete Verdacht einer strafbaren Handlung oder einer anderen schwerwiegenden Verfehlung zu Lasten des Arbeitgebers vorliegen. Weniger einschneidende Mittel zur Aufklärung dürfen nicht bestehen. Nur unter diesen Voraussetzungen ist die verdeckte Videoüberwachung als ultima ratio mit dem Datenschutzrecht vereinbar. Bestimmte Räumlichkeiten werden von einer heimlichen Überwachung generell ausgeschlossen sein.

3139a Umstritten ist, ob die durch heimliche Videoüberwachung, auf die der Arbeitgeber nicht gem. § 6b BSDSG hinweist, gewonnenen Daten in einem arbeitsgerichtlichen Prozess einem Beweisverwertungsverbot unterliegen. Das *LAG Köln* und das *LAG Hamm* haben dies verneint (*LAG Köln* 18.11.2010 NZA 2011, 241, 243; *LAG Hamm* 15.7.2011 ZD 2012, 141; anders dagegen *ArbG Düsseld.* 3.5.2011 ZD 2011, 685; *Bergwitz* NZA 2012, 353 ff.).

3140 Die Videoüberwachung ist in § 32f BDSG-E vorgesehen und wird damit erstmals datenschutzrechtlich geregelt. In sieben Fallkonstellationen (u. a. der Schutz des Eigentums und zur Sicherung von Anlagen) erlaubt das Gesetz eine Videoüberwachung, wenn sie zur Wahrung betrieblicher Interessen erforderlich ist und keine schutzwürdigen Interessen der Betroffenen entgegenstehen. Bei der offenen Videoüberwachung ist der Arbeitgeber verpflichtet, sie erkennbar zu machen. Zudem muss er den Betroffenen informieren, wenn er Daten aus der Videoüberwachung verwendet. Eine heimliche Videoüberwachung ist im Gesetzentwurf nicht vorgesehen (BR-Drs. 535/10 S. 37; *Beckschulze/Hatzel* BB 2009, 2368, 2373).

## B. Pflichten des Arbeitgebers   Kapitel 3

### d) Ortungssysteme

Datenschutzrechtliche Relevanz hat ferner der Einsatz von Ortungssystemen im Beschäftigungsverhältnis. Solche Systeme ermöglichen theoretisch die Erstellung von detaillierten Bewegungsprofilen (*Meyer* K&R 2009, 14). 3141

Der Einsatz von GPS-Sendern kann auf § 32 Abs. 1 S. 1 BDSG gestützt werden, wenn er etwa dazu dient, den Fuhrparkeinsatz eines Logistikunternehmens zu koordinieren. Berechtigte Interessen des Arbeitnehmers stehen der damit verbundenen Aufzeichnungen seiner Fahrten nicht entgegen (*Däubler* Gläserne Belegschaften?, Rn. 322). Auch der Einsatz von Dienstwagen kann mittels GPS-Sendern kontrolliert werden. Eine Ausnahme gilt allerdings dann, wenn der Arbeitnehmer den Dienstwagen auch für private Zwecke nutzen darf und seine privaten Bewegungen aufgezeichnet werden würden (*Meyer* K&R 2009, 14, 19). 3142

Zunehmende Bedeutung erlangt der Einsatz von RFID-Systemen, bei denen auf einem Chip gespeicherte Informationen über Funk berührungslos abgerufen werden können (hierzu *Buchner*, in: *Taeger/Gabel* BDSG § 3 Rn. 18). Damit lässt sich vor allem innerbetrieblich ein lückenloses Bewegungsprofil eines Arbeitnehmers erstellen. Soweit damit nur der Standort von Arbeitsgeräten verfolgt wird, ist die Erfassung der Daten datenschutzrechtlich irrelevant. Anders kann dies sein, wenn gezielt der Standort des Arbeitnehmers erfasst werden soll. An einer solchen Standorterfassung wird nur ausnahmsweise ein berechtigtes Interesse des Arbeitgebers bestehen. Das kann etwa bei Wachpersonal der Fall sein (*Gola/Wronka* Handbuch des Arbeitnehmerdatenschutzes, Rn. 885). 3143

Zusätzliche Pflichten des Arbeitgebers beim Einsatz einer solchen Ortungstechnik ergeben sich aus § 6c BDSG. Insbesondere muss der Arbeitgeber die Beschäftigten entsprechend informieren. 3144

> Nach § 32g Abs. 1 BDSG-E darf der Arbeitgeber den Arbeitnehmer während der Arbeitszeit orten, wenn es seiner Sicherheit oder der Koordinierung seines Einsatzes dient und keine Anhaltspunkte bestehen, dass seine schutzwürdigen Interessen am Ausschluss der Datenerhebung, -verarbeitung und -nutzung überwiegen. 3145

### e) Biometrische Verfahren

Biometrische Merkmale der Arbeitnehmer sind personenbezogene Daten (*Buchner* in: *Taeger/Gabel*, BDSG § 3 Rn. 15). Sie erlangen Bedeutung bei Authentifizierungs- und Zugangskontrollsystemen, wenn der Zugang zu bestimmten Räumen oder zu bestimmten IT-Programmen ermöglicht werden soll. Derartige Verfahren kommen in der Praxis immer häufiger vor. Datenschutzrechtlich sind sie keineswegs ausgeschlossen (krit. *Steidle* Multimedia-Assistenten im Betrieb: Datenschutzrechtliche Anforderungen, rechtliche Regelungs- und technische Gestaltungsvorschläge für mobile Agentensysteme, S. 232). Die erforderliche Speicherung dieser Daten ist allerdings sensibel. Im Hinblick auf das schützenswerte Arbeitgeberinteresse an einer Verwendung biometrisch geschützter Systeme (erhöhte Sicherheit) kommt es für die datenschutzrechtliche Zulässigkeit darauf an, dass der Betroffene jederzeit feststellen kann, dass seine Daten erhoben werden (Transparenzgedanke; hierzu detailliert *Gola/Wronka* Handbuch des Arbeitnehmerdatenschutzes, Rn. 881 ff.). 3146

> Das BDatG führt in § 32h BDSG-E eine eigene Vorschrift in das BDSG ein, die sich mit biometrischen Verfahren beschäftigt. Allein zulässig sind nach § 32g Abs. 1 S. 1 BDSG-E »betriebliche Gründe zu Autorisierungs- und Authentifikationszwecken«. Detaillierte Vorgaben enthält die Neuregelung nicht (krit. *Körner* AuR 2010, 416, 420). 3147

### f) Telekommunikation

Besondere Probleme wirft der Zugriff des Arbeitgebers auf personenbezogene Daten im Zusammenhang mit Telefonaten, E-Mail und Internetnutzung des Arbeitnehmers auf. 3148

Ein Arbeitgeber, der den Arbeitnehmern die private (Mit-)Benutzung dieser Einrichtungen gestattet, ist nach herrschender Auffassung Telekommunikationsdienstleister und muss hinsichtlich der In- 3149 halte und Umstände der entsprechenden Kommunikation das Fernmeldegeheimnis (§ 88 TKG) wahren (*Zöll* in: *Taeger/Gabel*, BDSG § 32 Rn. 34, *Wellhöner/Byers* BB 2009, 2310). Weil sich von vornherein vielfach gar nicht feststellen lässt, ob es um eine dienstlich oder privat veranlasste Kommunikation geht, steht das Fernmeldegeheimnis grundgesetzlich bereits einer Selektion der Daten nach privatem oder dienstlichem Inhalt entgegen. Ein vorsätzlich rechtswidriger Zugriff auf die Daten kann die Straftatbestände der §§ 206 (Verletzung des Fernmeldegeheimnisses) und 202a (Ausspähen von Daten) StGB erfüllen. Nach einer im Vordringen begriffenen Auffassung soll nur die Datenerfassung während des Übermittlungsvorgangs dem Schutz des Fernmeldegeheimnisses unterliegen (*VGH Kassel* 19.5.2009 NJW 2009, 2470; *Gurlit* NJW 2010, 1035, 1037). Die in Dateien abgelegten Mails bzw. die gespeicherten Verbindungsdaten einer Internetnutzung sind nach dieser Auffassung nicht mehr durch das Fernmeldegeheimnis geschützt. Auf sie kann der Arbeitgeber nach den Maßgaben des § 32 Abs. 1 S. 1 BDSG bzw. denen des § 28 Abs. 1 S. 1 Nr. 2 BDSG zugreifen (*Rieß* in Roßnagel, Handbuch Datenschutzrecht, Kap. 6.4 Rn. 33 ff.). Zum gleichen Ergebnis kommen erste gerichtliche Entscheidungen, die explizit die Diensteanbietereigenschaft des Arbeitgebers verneinen (*LAG Bln.-Bra.* 16.2.2011 NZA-RR 2011, 432; *LAG Nds.* 31.5.2010 NZA-RR 2010, 406, 408), ohne dies allerdings näher zu begründen. Die Kommunikation ist allerdings auch dann nicht schutzlos, wenn sie nicht in den Anwendungsbereich des Fernmeldegeheimnisses fällt. Es finden (nur) die allgemeinen datenschutzrechtlichen Vorgaben Anwendung. Voraussetzung ist jeweils eine Interessenabwägung. Rechtmäßig wird der Zugriff im Regelfalle sein, wenn der Betroffene abwesend ist, aus betrieblichen Gründen aber dienstliche Mails abgerufen werden müssen. Zulässig ist auch die Missbrauchskontrolle bei entsprechenden Delikten und hinreichenden Anhaltspunkten (*Gola/Wronka* Handbuch des Arbeitnehmerdatenschutzes, Rn. 786). Stellt der Arbeitgeber allerdings den privaten Charakter der Kommunikation fest, darf er diese inhaltlich nicht zur Kenntnis nehmen.

3150 Das Fernmeldegeheimnis findet keine Anwendung, wenn der Arbeitgeber seinen Arbeitnehmern nur eine dienstliche Nutzung der Kommunikationseinrichtungen gestattet und dies auch durchsetzt (*BVerwG* 28.7.1989 NVwZ 1990, 73; krit. Maunz/Dürig/*Durner* GG, Art. 10 Rn. 204). Dann ist auch die Erhebung und Verwendung von Daten aus dem eigentlichen Kommunikationsvorgang nach den Maßstäben des § 32 Abs. 1 S. 1 BDSG bzw. § 28 Abs. 1 S. 1 Nr. 2 BDSG zulässig.

3151 Zulässig ist es, wenn der Arbeitgeber den Arbeitnehmern eine private Nutzung der Telekommunikationseinrichtungen nur gestattet, wenn sie in Zugriffs- und Kontrollrechte einwilligen. Eine entsprechende Einwilligung (§ 4a BDSG) scheitert nicht an der fehlenden Freiwilligkeit, weil die Arbeitnehmer keinen Anspruch auf die Gestattung einer Nutzung für private Zwecke haben. Sie ist wirksam. Als zulässig wird auch die Regelung der E-Mail und Internetnutzung mittels einer Betriebsvereinbarung angesehen, obwohl fraglich ist, ob der Betriebsrat in das Fernmeldegeheimnis der Arbeitnehmer eingreifen darf (bejahend *Jordan/Bissels/Löw* BB 2010, 2893).

3152 § 32i BDSG-E beschränkt sich auf die ausschließlich zu beruflichen oder dienstlichen Zwecken erlaubte Nutzung von Telekommunikationsdiensten. Hier kann der Arbeitgeber unter den Voraussetzungen des § 32i Abs. 1 BDSG-E bei der Nutzung durch den Arbeitnehmer anfallende Daten erheben. Unter engeren Voraussetzungen kann er nach § 32i Abs. 2 und Abs. 3 BDSG-E auch auf die Inhalte der Telekommunikation zugreifen. Eines Rückgriffs auf § 28 Abs. 1 S. 1 Nr. 2 BDSG bedarf es nicht mehr, da er hinter die Neuregelung vollständig zurücktritt (BR-Drs. 535/10 S. 26). Ist der Telekommunikationsvorgang abgeschlossen, gelten nach § 32i Abs. 4 S. 1 BDSG-E die allgemeinen Erlaubnistatbestände der §§ 32c und 32d BDSG-E. Selbst wenn die Telekommunikationsdienste nur dienstlich genutzt werden dürfen, können private Inhalte und Daten entstehen. Den Zugriff hierauf lässt § 32i Abs. 4 S. 2 BDSG-E zu, wenn dies zur Durchführung des ordnungsgemäßen Dienst- oder Geschäftsbetriebes unerlässlich ist und er den Beschäftigten hierauf schriftlich hingewiesen hat. Als Beispiel nennt die Gesetzesbegründung den Fall, dass bei Erkrankung des Beschäftigten seine E-Mails aus betrieblichen Gründen gesichtet werden müssen (BR-Drs. 535/10 S. 45).

## 5. Beendigung des Arbeitsverhältnisses

Auch in der Phase der Beendigung des Beschäftigungsverhältnisses ist Rechtsgrundlage des dafür erforderlichen Umgangs mit Beschäftigtendaten § 32 Abs. 1 S. 1 BDSG. Der Arbeitgeber darf die Daten verarbeiten, die erforderlich sind, das Beschäftigungsverhältnis zu beenden. Auf diesen Erlaubnistatbestand wird auch der Umgang mit den Daten des Beschäftigten in der Abwicklungsphase gestützt. Der Arbeitgeber ist daher etwa befugt, Daten des ehemaligen Beschäftigten an eine Einrichtung der betrieblichen Altersversorgung zu übermitteln (*Zöll* in: *Taeger/Gabel*, BDSG § 32 Rn. 37). 3153

> Das BDatG führt hier zu keinen Änderungen. § 32c Abs. 1 S. 1 BDSG-E stellt ausdrücklich klar, dass die datenschutzrechtlichen Vorgaben auch bei der Beendigung des Arbeitsverhältnisses beachtet werden müssen. 3154

## 6. Umgang mit Arbeitnehmerdaten aus dem Beschäftigungsverhältnis

Neben dem Umgang von Beschäftigungsdaten, der im Zusammenhang mit arbeitsvertraglichen Pflichten steht, wird der Arbeitgeber regelmäßig auch Beschäftigtendaten für andere Zwecke etwa die der betrieblichen Organisation verarbeiten und nutzen. Ermächtigungstatbestand für diesen Umgang mit personenbezogenen Daten ist grds. nicht § 32 BDSG, sondern § 28 BDSG. 3155

### a) Datenweitergabe im Konzern

Die Weitergabe von Beschäftigtendaten zwischen verschiedenen Konzernunternehmen ist ebenfalls nur zulässig, wenn sie auf einen Erlaubnistatbestand gestützt werden kann. Das BDSG kennt **kein Konzernprivileg** (*Weichert* in: Däubler/Klebe/Wedde/Weichert, BDSG § 28 Rn. 69, *Trittin/Fischer* NZA 2009, 343, 346, krit. *Thüsing* RDV 2010, 147; eine Konzernklausel enthält der Entwurf des § 32m in den Formulierungsvorschlägen des BMI v. 7.9.2011, S. 20 f.). 3156

Ausnahmsweise ist Rechtsgrundlage für die Weitergabe von Beschäftigtendaten an ein anderes Konzernunternehmen § 32 Abs. 1 S. 1 BGSG, wenn der Beschäftigte auch zu diesem Konzernunternehmen in einem Beschäftigungsverhältnis steht (*Däubler* Gläserne Belegschaften?, Rn. 451). 3157

Dient die Weitergabe der Beschäftigtendaten der Personalplanung und Personalentwicklung innerhalb des Konzerns, ist sie nur unter den Voraussetzungen des § 28 Abs. 1 S. 1 Nr. 2 BDSG zulässig. Das konzernangehörige Unternehmen wird zwar regelmäßig ein berechtigtes Interesse daran haben, die konzernweite Personalentwicklung zu fördern. Weitergegeben werden dürfen allerdings nur die Daten, die zur Durchführung der entsprechenden Maßnahmen erforderlich sind (*Gola/Wronka* Handbuch des Arbeitnehmerdatenschutzes, Rn. 1093). Soweit der betroffene Arbeitnehmer ein überwiegendes schutzwürdiges Interesse am Ausschluss der Weitergabe hat, ist die Übermittlung selbst bei Vorliegen eines berechtigten Interesses des Arbeitsgebers unzulässig. 3158

Eine konzerninterne Weitergabe personenbezogener Beschäftigtendaten bedarf keines gesonderten Erlaubnistatbestandes, wenn sie im Rahmen einer Auftragsdatenverarbeitung nach § 11 BDSG erfolgt. Das kann der Fall sein, wenn die Personalverwaltung des Konzerns beim Betrieb gebündelt und von diesem nach bestimmten Vorgaben für die einzelnen Konzernunternehmen durchgeführt wird. Eine Auftragsdatenverarbeitung scheidet nach herrschender Meinung in den Fällen der sog. Funktionsübertragung aus, bei denen der »Auftragnehmer« neben der Datenverarbeitung **zusätzliche Aufgaben** übernimmt (*Gola/Schomerus* BDSG § 11 Rn. 9, *Lerch/Hoffmann* AiB 2010, 470). Die in einem solchen Szenario erforderliche Weitergabe von Beschäftigtendaten kann aber bei Vorliegen der Voraussetzungen auch auf § 28 Abs. 1 S. 1 Nr. 2 BDSG gestützt werden. Voraussetzung ist allerdings stets eine Interessenabwägung. 3159

Wenn der »Auftragnehmer« die Daten außerhalb der Europäischen Union bzw. des EWR verarbeitet, findet § 11 BDSG keine Anwendung (§ 3 Abs. 8 BDSG). Erlaubnistatbestand für die Einschaltung eines »Auftragnehmers« ist in einem solchen Falle § 28 Abs. 1 S. 1 Nr. 2 BDSG. Weitere Voraussetzung ist, dass in dem Staat, in dem die Verarbeitung stattfindet, ein **angemessenes Datenschutzniveau** vorhanden ist. Soweit die EU-Kommission für einen solchen Staat festgestellt hat, dass er 3160 über ein angemessenes Datenschutzniveau verfügt, steht dieser Staat einem EU-Mitgliedstaat gleich (Art. 25 Abs. 6 EU-Datenschutzrichtlinie). Zulässig ist die Übermittlung ferner dann, wenn zu dem Erlaubnistatbestand einer der Ausnahmetatbestände des § 4c Abs. 1 BDSG hinzutritt. In anderen Fällen können die an der Übermittlung Beteiligten selbst für die Sicherstellung eines angemessenen Datenschutzniveaus sorgen (§ 4c Abs. 2 BDSG). Innerhalb eines Konzernverbundes kann ein solches Schutzniveau über bindende Unternehmensregeln (Binding Corporate Rules – BCR) sichergestellt werden (hierzu *Däubler*, Gläserne Belegschaften?, Rn. 507h ff., *Brisch/Laue* RDV 2010, 1, 7, *Grapentin* CR 2009, 693). Ein angemessenes Schutzniveau ist auch dann gewährleistet, wenn die Parteien einen der einschlägigen EU-Standardverträge (Model Contracts) abschließen (*Schmidl/Krone* DuD 2010, 838, *Moos* CR 2010, 281).

### b) Datenweitergabe bei Unternehmenstransaktionen

3161 Die Weitergabe von Beschäftigtendaten während einer Due Dilligence im Vorfeld einer Unternehmenstransaktion ist nach Maßgabe des §§ 28 Abs. 1 Nr. 2 BDSG zulässig (*Göpfert/Meyer* NZA 2011, 486 ff.; *Braun/Wybitul* BB 2008, 782; *Trybus/Uitz* MuR 2007, 341; *Diller/Deutsch* K&R 1998, 16). Der Arbeitgeber hat regelmäßig ein berechtigtes Interesse am Verkauf seines Unternehmens und an der Durchführung der Maßnahmen, die hierfür erforderlich sind. Dazu kann insbes. die Weitergabe der Daten von Schlüsselpersonal gehören. In den meisten Fällen wird es jedoch ausreichen, wenn Daten anonymisiert oder pseudonymisiert weitergegeben werden. Auch der Zeitpunkt der Weitergabe ist zu berücksichtigen. Zu einem frühen Zeitpunkt, in dem sich die Transaktion noch nicht verfestigt hat, werden regelmäßig weniger Beschäftigtendaten offen gelegt werden dürfen, als nach der Entscheidung für einen bestimmten Erwerber (*Gola/Wronka* Handbuch des Arbeitnehmerdatenschutzes, Rn. 1228). Den schutzwürdigen Interessen der Beschäftigten ist zudem durch den Abschluss von Vertraulichkeitsvereinbarungen mit den Erwerbsinteressenten bzw. dessen Beratern Rechnung zu tragen.

### c) Datenweitergabe bei Rechtsstreitigkeiten

3162 Bei international aufgestellten Unternehmen kann es erforderlich werden, Beschäftigtendaten im Zusammenhang mit gerichtlichen Auseinandersetzungen in Staaten außerhalb der EU bzw. des EWR zu übermitteln, die über kein angemessenes Datenschutzniveau verfügen. Erlaubnistatbestand für eine solche Übermittlung ist § 28 Abs. 1 S. 1 Nr. 2 BDSG (über §§ 4c Abs. 1, 4b Abs. 1 BDSG anwendbar). Der Arbeitgeber hat regelmäßig ein berechtigtes Interesse daran, die Daten der Beschäftigten an das Gericht, an die von ihm im Ausland beauftragten Anwälte, an Behörden oder an die Gegenseite und deren Anwälte weiterzugeben. Wie § 4c Abs. 1 S. 1 Nr. 3 BDSG zeigt, hat der betroffene Beschäftigte in einem solchen Fall regelmäßig dann keine überwiegenden schutzwürdigen Interessen am Ausschluss der Übermittlung, wenn die Datenübermittlung auch im Inland zulässig wäre. § 4c Abs. 1 S. 1 Nr. 3 BDSG rechtfertigt nicht nur die Übermittlung an das ausländische Gericht selbst, sondern an alle in das Verfahren eingebundenen Stellen im Ausland. Über den Wortlaut der Vorschrift hinaus muss sie auch für nichtgerichtliche justizförmige Behördenverfahren gelten. Für solche Stellen kann eine Übermittlung im Einzelfall zur Wahrung eines wichtigen öffentlichen Interesses auf Empfängerseite zulässig sein. Voraussetzung ist aber, dass dieses Interesse auch nach deutschem Recht als öffentliches Interesse anerkannt werden kann. Welche Beschäftigtendaten im Einzelfall übermittelt werden müssen, richtet sich nach den Erfordernissen des ausländischen Verfahrens.

### 7. Beteiligung von Betriebs- und Personalrat

3163 Das Datenschutzrecht lässt die Beteiligungsrechte des Betriebs- und Personalrats unberührt (§ 32 Abs. 3 BDSG). Ihr Mitbestimmungsrecht bei einer Einführung und Anwendung technischer Einrichtungen, die zur Überwachung der Beschäftigten durch den Arbeitgeber geeignet sind (§ 87 Abs. 1 Nr. 6 BetrVG, § 77 Abs. 3 Nr. 17 BPersVG), wird nicht beeinträchtigt.

## B. Pflichten des Arbeitgebers

Soweit Betriebs- und Personalrat mit Beschäftigtendaten umgehen müssen und sich nicht auf einen spezialgesetzlichen Ermächtigungstatbestand berufen können, ist Rechtsgrundlage für die Erhebung, Verarbeitung und Nutzung der Beschäftigtendaten § 32 Abs. 1 S. 1 BDSG. Der Umgang mit diesen Daten ist nämlich zur Durchführung des Beschäftigungsverhältnisses erforderlich. Die Individualrechte der §§ 33 ff. BDSG hat er dabei ebenfalls zu beachten (*Däubler* Gläserne Belegschaften?, Rn. 641). 3164

### 8. Rechtsfolgen eines datenschutzrechtlichen Verstoßes

Die rechtswidrige Erhebung, Verarbeitung und Nutzung von Beschäftigtendaten stellt unter den Voraussetzungen des § 43 Abs. 2 BDSG eine Ordnungswidrigkeit dar, die mit einem Bußgeld bis zu EUR 50.000 geahndet werden kann. Vorsätzliche Verstöße können nach Maßgabe des §§ 44 BDSG strafbar sein. 3165

Dagegen führt allein ein Verstoß gegen datenschutzrechtliche Bestimmungen noch nicht zu einem Beweisverwertungsverbot für die rechtswidrig erlangten Informationen über den Beschäftigten (*Dzida/Grau* NZA 2010, 1206). Nur wenn dieser Verstoß mit einer erheblichen Verletzung des allgemeinen Persönlichkeitsrechts des Beschäftigten einhergeht, kann ein Beweisverwertungsverbot angenommen werden (*Thüsing* Arbeitnehmerdatenschutz und Compliance, Rn. 525). 3166

Die Aufsichtsbehörde hat die Möglichkeit, die rechtswidrige Erhebung, Verarbeitung und Nutzung von Beschäftigtendaten durch Verwaltungsakt zu unterbinden (§ 38 Abs. 5 BDSG). Ein ebenfalls sehr wirksames Kontrollinstrument stellen die alle zwei Jahre zu veröffentlichenden Berichte der Aufsichtsbehörde dar (§ 38 Abs. 1 S. 4 BDSG). 3167

Soweit Beschäftigtendaten, die unter § 3 Abs. 9 BDSG (z. B. Gesundheitsdaten oder Daten über die Gewerkschaftszugehörigkeit) fallen oder Angaben zu straf- bzw. ordnungsrechtswidrigem Verhalten enthalten, unbefugt Dritten bekannt geworden sind, muss der Arbeitgeber dies der Aufsichtsbehörde und den Beschäftigten mitteilen, wenn diesen dadurch schwerwiegende Beeinträchtigungen ihrer schutzwürdigen Rechte und Interessen drohen (§ 42a BDSG). Wenn die betroffenen Arbeitnehmer nur mit einem unverhältnismäßigen Aufwand informiert werden können, ist die Benachrichtigung durch Veröffentlichung in mindestens zwei bundesweit erscheinenden Tageszeitungen oder auf andere, gleichermaßen geeignete Weise vorzunehmen. Statt eines individuellen Anschreibens kann auch eine Mitteilung in der Werkszeitung ausreichend sein (*Gola/Schomerus* BDSG § 42a Rn. 7). 3168

> Bei »Datenpannen« führt das BDatG durch die Einführung des § 32j BDSG-E zu einer Verschärfung der Benachrichtigungspflicht des Arbeitgebers. Nach der Neuregelung kommt es nicht mehr darauf an, dass eine schwerwiegende Beeinträchtigung der schutzwürdigen Rechte und Interessen droht. 3169

Den Beschäftigten können bei einem Verstoß gegen die Vorgaben des Datenschutzrechts gegen den Arbeitgeber Schadenersatzansprüche nach § 7 BDSG zu stehen. Da die Bestimmungen des BDSG und damit auch § 32 BDSG Schutzgesetze i. S. d. § 823 Abs. 2 BGB sind, kommen auch Ansprüche auf Schadenersatz nach dieser Vorschrift in Betracht (*Gola/Schomerus* BDSG § 1 Rn. 3, einschränkend *Thüsing* Arbeitnehmerdatenschutz und Compliance, Rn. 517, der Vorschriften wie § 4f BDSG keine Schutzgesetzqualität zubilligt, die allein im Allgemeininteresse bestehen). Der Beschäftigte kann weiter Unterlassungs- und Beseitigungsansprüche (§ 823 Abs. 1 BGB i. V. m. § 1004 BGB) geltend machen. 3170

## VI. Recht am Arbeitsergebnis
### 1. Grundlagen

> Da die Bezahlung der Arbeitstätigkeit zur Erzielung eines bestimmten Arbeitsergebnisses erfolgt, über das der Arbeitgeber verfügen kann, steht ihm dieses zu. Er erwirbt als Hersteller i. S. d. § 950 BGB unmittelbar und originär Sacheigentum (*BAG* 24.11.1960 AP Nr. 1 zu § 11 LitUrhG). 3171

# Kapitel 3
Der Inhalt des Arbeitsverhältnisses

Das gilt auch für hergestellte Muster, Modelle und Zeichnungen, Filmnegative, Tonträger, an den Werkstücken urheberrechtlich geschützter Werke (z. B. Manuskripten, technischen Zeichnungen, Computerprogrammen usw.; s. § 28 UrhG).

3172 (derzeit unbesetzt)

3173 Neben dem Zugangsrecht des Urhebers gem. § 25 UrhG kann sich u. U. für den Arbeitnehmer (trotz Beendigung des Arbeitsverhältnisses) nach § 242 BGB ein Besitzrecht gem. § 986 BGB ergeben, damit er z. B. eine Erfindung vollenden kann.

3174 Ein **Besitzrecht** kann auch an Kopien geschäftlicher Unterlagen des vormaligen Arbeitgebers bestehen, wenn er auf diese zur Beweisführung in einem anhängigen Prozess über eine Erfindervergütung für eine vom vormaligen Arbeitgeber in Anspruch genommene Diensterfindung angewiesen ist (*BGH* 21.12.1989 WM 1990, 810).

3175 Stellt der Arbeitnehmer zwar in der Arbeitszeit bzw. am Arbeitsplatz, jedoch nicht in Erfüllung arbeitsvertraglich geschuldeter Tätigkeit Sachen her, so erwirbt er auch das Eigentum daran.

3176 Das Recht des Arbeitgebers am Arbeitsergebnis umfasst grds. **auch das Recht an immateriellen Arbeitsleistungen** des Arbeitnehmers.

3177 Das gilt uneingeschränkt für immaterialgüterrechtlich nicht geschützte Leistungen, die in Erfüllung arbeitsvertraglicher Pflichten erbracht werden (z. B. technische Verbesserungsvorschläge, Leistungen auf dem Gebiet der Werbung; qualifizierte technische Verbesserungsvorschläge, § 20 ArbNErfG; vgl. dazu *BGH* 23.10.2001 NZA-RR 2002, 203: Computerprogramm).

3178 Bei immaterialgüterrechtlich geschützten Leistungen, das sind Arbeitsergebnisse, die patent-, gebrauchsmuster-, geschmacksmuster-, urheberrechtlich oder in anderer Weise immaterialgüterrechtlich geschützt sind bzw. durch Eintragung und Hinterlegung geschützt werden können, gilt dieser Grundsatz an sich zwar auch.

3179 Daneben besteht aber das sog. Schöpferprinzip, wonach Immaterialgüterrechte originär beim Schöpfer (z. B. Urheber, Erfinder) der geschützten bzw. schutzfähigen Leistung entstehen. Es gilt auch für Leistungen, die in Erfüllung arbeitsvertraglicher Pflichten erbracht worden sind.

Der Arbeitnehmer erwirbt originär alle Rechte an der Erfindung und das Recht auf ein Patent oder Gebrauchsmuster (vgl. §§ 6 ff. PatG, § 13 Abs. 3 GebrMG i. V. m. §§ 6 ff. PatG). Gleiches gilt für Urheberrechte (vgl. §§ 7, 29 UrhRG). Bei der Feststellung der insoweit anspruchsbegründenden Tatsache, dass der Kläger Arbeitnehmererfinder oder -miterfinder ist, darf im **Rahmen der freien Beweiswürdigung** (§ 286 ZPO) die Benennung durch den Arbeitgeber anlässlich der Anmeldung der Diensterfindung als Hinweis darauf berücksichtigt werden (*BGH* 4.4.2006 NZA-RR 2006, 474).

Sacheigentum und immaterielles Eigentum fallen folglich auseinander.

3180 Soweit die Immaterialgüterrechte originär beim Arbeitnehmer entstanden sind, hat der Arbeitgeber ein **Recht auf abgeleiteten (derivativen) Erwerb der immateriellen Nutzungsrechte** an den Leistungen.

3181 Der Erwerb erfolgt durch einseitige Erklärung des Arbeitgebers. Die Inanspruchnahme kann uneingeschränkt oder beschränkt erfolgen. Bei Urheberrechten hat der Arbeitgeber gegen den Arbeitnehmer einen Anspruch auf Rechtsübertragung.

3182 Urheberrechtlich oder geschmacksmusterrechtlich geschützte bzw. schutzfähige Leistungen sind grds. durch den Arbeitslohn abgegolten.

3183 Nur bei **Sonderleistungen**, die über die arbeitsvertraglichen Pflichten hinausgehen, bei Sonderverwertungen oder bei Leistungen, mit denen der Arbeitgeber einen besonders großen Gewinn erzielt (§ 36 UrhG) kann der Urheber an sich eine zusätzliche Vergütung verlangen.

Dagegen ist dem Arbeitnehmer nach §§ 9 ff. ArbNErfG eine angemessene Vergütung zu bezahlen, wenn der Arbeitgeber eine patent- oder gebrauchsmusterfähige Erfindung eines Arbeitnehmers in Anspruch nimmt. Denn der Arbeitnehmer hat dem Arbeitgeber im Wettbewerb ein gesetzliches Monopol verschafft (Monopoltheorie): Allein der Arbeitgeber ist bei patent- oder gebrauchsmusterrechtlich geschützten Erfindungen berechtigt bzw. bei den qualifizierten technischen Verbesserungsvorschlägen (§ 20 Abs. 1 ArbNErfG) in der Lage, die technische Neuerung zu nutzen und so einen Wettbewerbsvorsprung vor seinen Konkurrenten zu erlangen. 3184

### 2. Das Recht der Arbeitnehmererfindungen

#### a) ArbNErfG

Das ArbNErfG regelt sowohl Arbeitnehmererfindungen, die **patent- und gebrauchsmusterfähig** sind, als auch **technische Verbesserungsvorschläge**, die die Voraussetzungen des Patent- und Gebrauchsmusterschutzes nicht erfüllen (§§ 2, 3 ArbNErfG). 3185

Die Vorschriften des ArbNErfG können nach § 22 **nicht im Voraus zu Ungunsten der Arbeitnehmer abbedungen** werden. Nach der Meldung bzw. Mitteilung von Erfindungen und Verbesserungsvorschlägen sind jedoch abweichende Vereinbarungen zulässig (§ 22 Abs. 2 ArbNErfG). 3186

#### b) Patent- und gebrauchsmusterfähige Diensterfindungen

##### aa) Begriffsbestimmung

Gem. **§ 4 Abs. 2 ArbNErfG** liegt eine Diensterfindung vor, wenn sie von einem Arbeitnehmer während der Dauer des Arbeitsverhältnisses gemacht (fertig gestellt) wurde, d. h. für den Durchschnittsfachmann ohne Aufwand weiterer erfinderischer Überlegungen ausführbar ist (*BGH* 10.10.1970 AP Nr. 2 zu § 4 ArbNErfG). 3187

##### bb) Erfindung während des Arbeitsverhältnisses; Beweislast

Die Beweislast dafür, dass die Erfindung während des Arbeitsverhältnisses gemacht wurde, trägt der **Arbeitgeber**. 3188

Wenn für eine Erfindung kurze Zeit nach dem Ausscheiden aus dem Betrieb ein Patent oder Gebrauchsmuster angemeldet worden ist, so ist ein **Beweis des ersten Anscheins** gegeben. 3189

Erfindungen, die erst **nach Beendigung eines Arbeitsverhältnisses** vollendet werden, sind ausnahmsweise ebenso zu behandeln wie Diensterfindungen während des Arbeitsverhältnisses, wenn der Arbeitnehmer, um den Verpflichtungen aus dem ArbNErfG zu entgehen, die Vollendung der Erfindung pflichtwidrig auf die Zeit nach der Beendigung des Arbeitsverhältnisses hinauszögert oder wenn er eine vorzeitige Beendigung (Kündigung) des Arbeitsverhältnisses provoziert hat (§§ 280 ff., 241 Abs. 2 BGB i. V. m. § 249 BGB, vgl. *BGH* 21.10.1980 AP Nr. 3 zu § 4 ArbNErfG). 3190

##### cc) Notwendiger Bezug zur Arbeitstätigkeit bzw. zum Betrieb

Die Diensterfindung muss entweder aus der dem Arbeitnehmer im Betrieb arbeitsvertraglich obliegenden Tätigkeit entstanden sein (sog. »Obliegenheitserfindung« oder »**Auftragserfindung**«) oder maßgeblich auf Erfahrungen oder Arbeiten des Betriebes beruhen (sog. »**Erfahrungserfindung**«). 3191

Obliegenheitserfindungen sind alle Erfindungen, die mit dem Aufgabenbereich des Arbeitnehmers eng zusammenhängen und die ihre Ursache in der Tätigkeit in diesem Aufgabenbereich haben. Dagegen liegt eine Erfahrungserfindung nur dann vor, wenn für die Erfindung betriebsinterne Erfahrungen maßgebliche Bedeutung hatten, die außerdem über dem allgemeinen Stand der Technik liegen. 3192

**Anregungserfindungen**, die nicht aus der dem Arbeitnehmer obliegenden Tätigkeit folgen, sondern nur durch diese angeregt wurden, gehören nicht zu den Diensterfindungen. Es handelt sich um freie 3193

Erfindungen, die jedoch den Einschränkungen der §§ 18, 19 ArbNErfG (Mitteilungs-, Anbietungspflicht) unterliegen (§ 4 Abs. 3 ArbNErfG).

*dd) Patent- und Gebrauchsmusterfähigkeit*

3194 Die Erfindung muss nach **§ 2 ArbNErfG** patent- oder gebrauchsmusterfähig sein.

3195 Zur Rechtslage bei einer Diensterfindung, an der mehrere Arbeitnehmer als Miterfinder beteiligt sind und die nur gegenüber einem von ihnen mangels rechtzeitiger Inanspruchnahme frei geworden ist s. *OLG Düsseld.* 25.8.2005 NZA-RR 2006, 205.

*ee) Meldepflicht*

3196 Der Arbeitnehmer muss eine schutzfähige Diensterfindung nach § 5 ArbNErfG dem Arbeitgeber unverzüglich und schriftlich melden, **selbst dann, wenn die Schutzfähigkeit zweifelhaft ist**.

3197 Erfasst ist jede für die Schutzrechtsanmeldung reife Erfindung, auch wenn sie noch nicht fabrikationsreif ist; den Inhalt der Meldung regelt § 5 Abs. 2, 3 ArbNErfG. Jedenfalls dann, wenn ein Arbeitnehmer eine bereits gemeldete Diensterfindung, an der er als Miterfinder beteiligt ist, **in einer Weise fortentwickelt**, die den Gegenstand der Erfindung durch eigenständig erfinderische oder zumindest schöpferische Ergänzungen **wesentlich verändert** und infolgedessen auch eine wesentliche Veränderung der Anteile der Miterfinder bewirkt, **bedarf es einer erneuten Meldung** der Diensterfindung nach § 5 Abs. 1 ArbNErfG (*BGH* 5.10.2005 NZA-RR 2006, 90). Fehlt es an einer ordnungsgemäßen Meldung der Diensterfindung durch den Arbeitnehmererfinder, kann die vom Arbeitgeber einzuhaltende Frist zur Inanspruchnahme mit der Anmeldung der Erfindung zum Schutzrecht zu laufen beginnen; bei der Frist zur Inanspruchnahme der Diensterfindung handelt es sich um eine Ausschlussfrist (*BGH* 4.4.2006 NZA-RR 2006, 474). Bereitet ein Arbeitnehmererfinder auf Weisung des Arbeitgebers die Anmeldung der Erfindung zum Patent vor, die der Arbeitgeber sodann an den Patentanwalt weiterleitet, so kann darin eine ordnungsgemäße Meldung i. S. d. § 5 ArbnErfG liegen. Eine Übertragung der Erfindung auf den Arbeitgeber ist damit nicht verbunden (*OLG München* 10.7.2008 NZA-RR 2009, 388 LS). Die Frist zur Inanspruchnahme einer Diensterfindung wird im Übrigen, wenn es an einer schriftlichen Erfindungsmeldung des Diensterfinders fehlt, grds. nur in Gang gesetzt, wenn der Arbeitgeber, insbes. durch eine **Patentanmeldung** und die Benennung des Arbeitnehmers als Erfinder, **dokumentiert**, dass es **keiner Erfindungsmeldung mehr bedarf**, weil er über die Erkenntnisse bereits verfügt, die ihm der Diensterfinder durch die Erfindungsmeldung verschaffen soll. Eine derartige Dokumentation der Kenntnis des Arbeitgebers von der Diensterfindung und den an ihr Beteiligten ergibt sich weder daraus, dass der Arbeitgeber durch die mündliche Mitteilung einer »Initialidee« durch den Arbeitnehmer und schriftliche Berichte über anschließend durchgeführte Versuche Kenntnis von der technischen Lehre der Erfindung erhält, noch aus dem Umstand, dass der Arbeitgeber von einem Patent erfährt, das der Arbeitnehmer auf die Diensterfindung angemeldet hat (*BGH* 12.4.2011 NZA-RR 2011, 479).

3198 Vorgesehen ist auch **eine Frist**, innerhalb derer der Arbeitgeber **die vermeintliche Nicht-Ordnungsgemäßheit der Meldung monieren muss**.

3199 Diese Zwei-Monatsfrist wird allerdings nicht in Gang gesetzt, wenn der Arbeitnehmer eine Diensterfindung arglistig in einer Weise (z. B. beim Patentamt) anmeldet, die den Arbeitgeber davon abhält, sie in Anspruch zu nehmen (*BGH* 19.5.2005 NZA 2005, 1246).

Auf das Schriftformerfordernis kann **wirksam verzichtet** werden (*OLG Karlsruhe* 12.2.1997 NZA-RR 1997, 396).

*ff) Inanspruchnahme durch den Arbeitgeber; Rechtsfolgen*

3200 Die Inanspruchnahme gilt als erklärt, wenn der Arbeitgeber die Diensterfindung nicht bis zum Ablauf von vier Monaten nach Eingang der ordnungsgemäßen Meldung (§ 5 Abs. 2 S. 1, 3 ArbNErfG) gegenüber dem Arbeitnehmer durch Erklärung in Textform freigibt (§ 6 Abs. 2 ArbNErfG). Insoweit genügt die Textform, so dass die Arbeitsvertragsparteien (§ 126b BGB) zur formgerechten Abgabe ihrer Erklärungen moderne Kommunikationsmittel (Fax, Diskette, CD-Rom, E-Mail, Computerfax) in Anspruch nehmen können. Ausreichend ist die Lesbarkeit des übermittelten Textes; auf das Öffnen der E-Mail oder deren Ausdruck kommt es nicht an (*Reinecke* FA 2010, 98). **Gem. § 6 ArbNErfG existiert nur eine »unbeschränkte« Inanspruchnahme** (*Reinecke* FA 2010, 98; *Bayreuther* NZA 2009, 1123; *Gärtner/Simon* BB 2011, 1909 ff.).

Gem. § 7 Abs. 1 ArbNErfG erwirbt er die **wirtschaftlichen Verwertungsrechte bzw. Nutzungsrechte**, während die **Erfinderpersönlichkeitsrechte**, insbes. das Recht auf Erfinderbenennung gem. § 37 PatG **beim Arbeitnehmererfinder verbleiben** (*BGH* 20.6.1978 AP Nr. 1 zu § 36 PatG). 3201

Hat der Arbeitnehmer die Diensterfindung **unberechtigt zum Patent angemeldet**, bedarf es nach Inanspruchnahme der Diensterfindung durch den Arbeitgeber gem. §§ 6, 7 ArbNErfG einer **Übertragung** und nicht nur einer Umschreibung der Anmeldung oder eines hierauf erteilten Patents auf den Arbeitgeber (*BGH* 12.4.2011 NZA-RR 2011, 479). 3201a

Gem. § 13 ArbNErfG ist der Arbeitgeber verpflichtet, unverzüglich im Inland ein Patent und hilfsweise zumindest ein Gebrauchsmuster für die Erfindung anzumelden. Das gilt auch dann, wenn er den Gegenstand der Erfindung nicht für schutzfähig hält. 3202

(derzeit unbesetzt) 3203

Kommt der Arbeitgeber dieser Verpflichtung nicht nach, so kann der Arbeitnehmer nach § 13 Abs. 3 ArbNErfG die **Anmeldung** der Diensterfindung **für den Arbeitgeber auf dessen Namen und Kosten** vornehmen. 3204

Der Arbeitgeber haftet zudem für eintretende Schäden aus §§ 280 ff., 241 Abs. 2, 823 Abs. 2 BGB i. V. m. § 13 Abs. 1 ArbNErfG (*BGH* 9.1.1964 AP Nr. 1 zu § 10 ArbNErfG). 3205

Unter den Voraussetzungen des **§ 13 Abs. 2 ArbNErfG** kann der Arbeitgeber von der Anmeldung absehen, insbes. dann (§ 17 ArbNErfG), wenn berechtigte Belange des Betriebes es erfordern, eine gemeldete Diensterfindung nicht bekannt werden zu lassen und der Arbeitgeber ihre Schutzfähigkeit gegenüber dem Arbeitnehmer anerkennt. 3206

(derzeit unbesetzt) 3207, 3208

Gem. § 14 Abs. 1 ArbNErfG ist der Arbeitgeber berechtigt, aber nicht verpflichtet, auch im Ausland Schutzrechte zu beantragen. 3209

Der Arbeitnehmer darf ein auf seiner Erfindung beruhendes Patent oder Gebrauchsmuster seines Arbeitgebers weder mit einem Patentnichtigkeits- bzw. Gebrauchsmusterlöschungsverfahren angreifen, noch in einem Prozess über Vergütungsansprüche die Vernichtbarkeit des Schutzrechts einwenden (*BGH* 2.6.1987 GRUR 1987, 902). 3210

Dies gilt auch nach Beendigung des Arbeitsverhältnisses, solange der Arbeitnehmer einen durchsetzbaren Vergütungsanspruch hat oder dieser bereits voll abgegolten worden ist, selbst dann, wenn der ausgeschiedene Arbeitnehmer ein Interesse daran hat, dass seine Erfindung von ihm selbst oder von seinem neuen Arbeitgeber ohne Zustimmung des früheren Arbeitgebers verwertet werden kann (*BGH* 2.6.1987 GRUR 1987, 902). 3211

Die Nichtangriffspflicht ergibt sich aus den durch das ArbNErfG geregelten besonderen Rechtsbeziehungen zwischen dem Arbeitgeber und dem Arbeitnehmer (*BGH* 2.6.1987 GRUR 1987, 902). 3212

Gem. **§ 16 ArbNErfG** kann der Arbeitgeber das Schutzrecht oder die Schutzrechtsanmeldung, wenn er es nicht weiterverfolgen bzw. nicht aufrecht erhalten will, auf den Arbeitnehmer übertragen, u. U. aufgeben oder sich ein nicht ausschließliches Recht zur Benutzung der Diensterfindung gegen angemessene Vergütung vorbehalten. 3213

(derzeit unbesetzt) 3214–3216

3217 Bei Meldung ab dem 1.10.2009 entfällt die Möglichkeit der bis zum 31.8.2009 vorgesehenen beschränkten Inanspruchnahme; sie ist wegen ihrer praktischen Bedeutungslosigkeit gestrichen worden; es gibt nur noch die »unbeschränkte« Inanspruchnahme (*Reinecke* FA 2010, 98; *Bayreuther* NZA 2009, 1123).

*gg) Bedenkzeit des Arbeitgebers; Verfügungsverbot*

3218 Der Arbeitgeber hat eine viermonatige Bedenkzeit, in der er sich entscheiden muss, ob er die Diensterfindung in Anspruch nimmt (§ 6 Abs. 2 ArbNErfG).

3219 Zum Schutz des Arbeitgebers in dieser Zeit sieht § 7 Abs. 3 ArbNErfG vor, dass Verfügungen des Arbeitnehmers über seine Erfindung (z. B. Lizenzen) ihm gegenüber unwirksam sind, soweit seine Rechte beeinträchtigt werden (**relatives Verfügungsverbot** i. S. d. § 135 BGB).

3220 (derzeit unbesetzt)

*hh) Vergütungsanspruch des Arbeitnehmers*

3221 Mit der Erklärung der Inanspruchnahme der Diensterfindung bzw. mit Eintritt der Fiktion (§ 6 Abs. 2 ArbNErfG) entsteht ein gesetzlicher Anspruch des Arbeitnehmers auf eine angemessene Vergütung, auch dann, wenn der Arbeitgeber die Diensterfindung im Betrieb (noch) nicht benutzt (§ 9 ArbNErfG; s. a. § 26 ArbNErfG).

3222 Die Vergütungsansprüche bestehen grds. nur für die Laufzeit des Schutzrechts.

3223 § 9 Abs. 2 ArbNErfG regelt die Kriterien der Berechnung einer angemessenen Vergütung bei unbeschränkter Inanspruchnahme (s. *BGH* 4.12.2007 NZA-RR 2008, 317).

3224 Entscheidend ist die wirtschaftliche Verwertbarkeit der Erfindung (**Erfindungswert**). Für deren Berechnung nach § 11 ArbNErfG bestehen Richtlinien des BMAS. Dabei handelt es sich allerdings nur um **Empfehlungen**, von denen abgewichen werden darf (*BGH* 4.10.1988 GRUR 1990, 271; s. a. *OLG München* 8.2.2001 NZA-RR 2001, 268).

3225 **Der Erfindungswert wird bestimmt durch:**
 – die Feststellung des **marktüblichen Lizenzsatzes** für entsprechende Erfindungen (Lizenzanalogie; s. a. *BGH* 17.11.2009 NZA 2010, 400 LS; s. *Jesgarzewski* BB 2011, 2933 ff.),
 – die Feststellung des erfassbaren **betrieblichen Nutzens** abzüglich der Einführungs- und Investitionskosten, und, falls diese Methoden nicht in Betracht kommen,
 – eine **Schätzung des Erfindungswertes**, d. h. durch Berücksichtigung des Preises, den der Betrieb zum Erwerb der Erfindung hätte aufwenden müssen.

3226 Negativ zu berücksichtigen sind Aufgaben und Stellung des Arbeitnehmers im Betrieb sowie der Anteil des Betriebs an dem Zustandekommen der Erfindung (**Anteilsfaktor**). Festzustellen ist zudem, inwieweit die Erfindung nach Art und Erfindungshöhe über das hinausgeht, was billigerweise bereits durch den **Arbeitslohn abgegolten** ist.

3227 Der Anteilsfaktor kann 2–90 % betragen, wobei entscheidend ist, inwieweit der Arbeitnehmer auf Erfahrungen, Arbeiten und den sonstigen Ressourcen des Betriebes aufgebaut hat und inwieweit seine eigene schöpferische Leistung maßgeblich war.

3228 War die Festsetzung der Vergütung nach § 12 Abs. 4 ArbNErfG von Anfang an in erheblichem Maße unbillig, dann ist sie nach § 23 Abs. 1 S. 2 ArbNErfG unwirksam (s. a. § 23 Abs. 2 ArbNErfG).

3229 Bei nachträglicher wesentlicher Änderung der Umstände kann nach § 12 Abs. 1 ArbNErfG die Einwilligung in die Anpassung der Vergütung (Erhöhung, Einschränkung) gefordert werden.

3230 (derzeit unbesetzt)

B. Pflichten des Arbeitgebers **Kapitel 3**

Kommt gem. § 12 Abs. 1 ArbNErfG über die Art und Höhe der Vergütung innerhalb angemessener Zeit keine einvernehmliche Regelung zustande, so hat sie der Arbeitgeber nach **§ 12 Abs. 3 ArbNErfG** einseitig durch eine begründete Erklärung in Textform (§ 126b BGB) an den Arbeitnehmer festzusetzen und entsprechend der Festsetzung zu zahlen. 3231

Zuvor hat er **Rechnung zu legen**. Der Umfang bestimmt sich nach den Grundsätzen von Treu und Glauben aus dem Zweck der Rechnungslegung (*BGH* 13.11.1997 NZA 1998, 313). 3232

(derzeit unbesetzt) 3233, 3234

Der Arbeitnehmer hat einen klagbaren Anspruch auf Festsetzung der Vergütung, die spätestens bis zum Ablauf von 3 Monaten nach Erteilung des Schutzrechts zu erfolgen hat (s. *BGH* 4.12.2007 NZA-RR 2008, 317). 3235

(derzeit unbesetzt) 3236

Für die **Verjährung** des festgesetzten Betrages gelten §§ 195 ff. BGB (s. Rdn. 4576 ff.). 3237

(derzeit unbesetzt) 3238, 3239

Vor der Erteilung eines Schutzrechts hat der Arbeitnehmer einen **Vergütungsanspruch, sobald der Arbeitgeber die Diensterfindung benutzt** (*BGH* 28.6.1962 AP Nr. 2 zu § 12 ArbNErfG). Der Einwand der Schutzunfähigkeit kann vor einer entsprechenden rechtskräftigen patentamtlichen oder gerichtlichen Entscheidung nicht geltend gemacht werden. 3240

(derzeit unbesetzt) 3241

Vor der Benutzung der Erfindung entstehen **abweichend von § 9 ArbNErfG keine Vergütungsansprüche, wenn die Schutzfähigkeit der Erfindung streitig ist**. Bei der Berechnung einer dann zu leistenden vorläufigen Vergütung ist **nur die tatsächliche Benutzung der Erfindung zu berücksichtigen**. Ist das Fehlen der Schutzfähigkeit allerdings offensichtlich, so sind Vergütungsansprüche dem Arbeitgeber nach § 242 BGB nicht zumutbar (*BGH* 15.5.1990 GRUR 1990, 668). 3242

Nach einer rechtskräftigen Zurückweisung einer Patentanmeldung entstehen für Nutzungshandlungen nach Rechtskraft keine Vergütungsansprüche. Insoweit kommt allenfalls ausnahmsweise ein Vergütungsanspruch gem. **§ 20 ArbNErfG** (technische Verbesserungsvorschläge; vgl. *BGH* 23.10.2001 NZA-RR 2002, 203: Computerprogramm) in Betracht. 3243

(derzeit unbesetzt) 3244–3248

*ii) Auslandsverwertung inländischer Diensterfindungen*

Die Inanspruchnahme der Diensterfindung (**§ 14 ArbNErfG**) gibt dem Arbeitgeber **entsprechende Befugnisse auch im Ausland**. 3249

(derzeit unbesetzt) 3250–3253

Neben § 14 ArbNErfG ist **auch § 16 ArbNErfG** (Aufgabe der Schutzrechtsanmeldung) **zu berücksichtigen**. 3254

Mit dem Erwerb eigener Schutzrechte für einen ausländischen Staat kann der Arbeitnehmer alle von ihm nicht autorisierten Benutzungshandlungen in dem betreffenden Staat untersagen. Dazu gehören auch Importe durch den inländischen Arbeitgeber. 3255

Aus dem Zweck des § 14 ArbNErfG ergibt sich für den Arbeitgeber nach unbeschränkter Inanspruchnahme vor der Erteilung eines ausländischen Schutzrechts die Befugnis, seine ausländischen Rechte auf Schutzrechtserteilung ohne Zustimmung des Arbeitnehmers durch Veräußerung zu verwerten. 3256

**Kapitel 3** — Der Inhalt des Arbeitsverhältnisses

3257 Hat der Arbeitgeber auch Auslandsschutzrechte erworben und liefert er im Inland hergestellte Ware ins Ausland, dann sind diese Benutzungshandlungen bei der Berechnung der Vergütung als Inlandsverwertung zu berücksichtigen.

3258 (derzeit unbesetzt)

3259 Verwertet der Arbeitgeber dagegen ausländische Schutzrechte durch Erzeugung oder durch Lizenzvergaben im Ausland, so erhöht sich der Erfindungswert entsprechend.

3260 Gleiches gilt für die Nichtverwertung einer im Ausland geschützten Erfindung, obwohl sie verwertbar ist.

3261 (derzeit unbesetzt)

*jj) Haftung des Arbeitgebers*

3262 Gehen Rechte an der durch ein technisches Schutzrecht geschützten Diensterfindung weder durch ordnungsgemäße Inanspruchnahme noch durch eine Vereinbarung zwischen dem Arbeitnehmererfinder und dem Arbeitgeber auf diesen über, **haftet der die geschützte Erfindung benutzende Arbeitgeber jedenfalls nach Bereicherungsrecht**. Wird die Diensterfindung in einem ausländischen Staat benutzt, in dem der Arbeitgeber ein technisches Schutzrecht nicht angemeldet hat, kommt ein Ersatzanspruch aus pFV in Betracht, wenn der Arbeitgeber den Arbeitnehmererfinder nicht rechtzeitig darauf hingewiesen hat, dort die Diensterfindung selbst zum Schutzrecht anzumelden (*BGH* 4.4.2006 NZA-RR 2006, 474).

*c) Freie Erfindungen*

3263 Originär freie Erfindungen sind solche, die die **Voraussetzungen einer Diensterfindung von vornherein nicht erfüllen**. Sie können vom Arbeitgeber nicht in Anspruch genommen werden, es bestehen jedoch nach § 4 Abs. 3 i. V. m. §§ 18, 19 ArbNErfG **Mitteilungs- und Anbietungspflichten**.

3264 Durch die Annahme des Angebots einer nicht ausschließlichen Lizenz auf Benutzung der Erfindung zu angemessenen Bedingungen kommt ein Lizenzvertrag zustande.

3265 Wird eine Diensterfindung nach Maßgabe des § 8 ArbNErfG frei, so kann der Arbeitnehmer ohne die Beschränkungen der §§ 18, 19 ArbNErfG, jedoch nur in den sonstigen, sich aus dem Arbeitsverhältnis ergebenden Grenzen (z. B. eines persönlichen Wettbewerbsverbots) darüber verfügen.

3266 Im öffentlichen Dienst können gem. § 40 Nr. 3 ArbNErfG im öffentlichen Interesse Verwertungsbeschränkungen vorgenommen werden.

3267 Gem. § 42 ArbNErfG besteht für die Hochschulen die Möglichkeit, Diensterfindungen der an der Hochschule Beschäftigten zur Verwertung an sich zu ziehen; die Regelung ist verfassungsgemäß (*OLG Braunschweig* 10.11.2005 NZA-RR 2006, 313). Dem Erfinder steht als Ausgleich dafür neben einer Vergütung in Höhe von 30 % der durch die Verwertung seitens der Hochschule erzielten Einnahmen auch ein nichtausschließliches Benutzungsrecht im Rahmen seiner Lehr- und Forschungstätigkeit an der Diensterfindung zu (vgl. *Beyerlein* NZA 2002, 1020 ff.).

*d) Vorschläge zur Rationalisierung und für technische Verbesserungen*

3268 Vorschläge von Arbeitnehmern zur Rationalisierung oder für technische Verbesserungen, die nicht patent- oder gebrauchsmusterfähig sind, stehen dem Arbeitgeber **originär** zu. Er kann sie ohne Rechtsübertragung durch den Arbeitnehmer und ohne Erklärung bei der Inanspruchnahme verwerten, wenn es sich um »dienstliche« Verbesserungsvorschläge handelt.

3269 Technische Verbesserungsvorschläge sind jedenfalls **alle technischen Erfindungen**. Erfasst sind nach einer in der Literatur vertretenen Auffassung (*Gaul* BB 1983, 1358) auch Entdeckungen, die geeignet sind, den innerbetrieblichen Stand der Technik zu verbessern.

Nicht erfasst sind dagegen Verbesserungsvorschläge auf organisatorischem oder kaufmännischem Gebiet, ebenso wenig urheberrechtsfähige schöpferische Leistungen, z. B. im Zusammenhang mit der Entwicklung von Computerprogrammen (s. *Benecke* NZA 2002, 883 ff.). 3270

Der Arbeitnehmer hat die Pflicht, entsprechende Vorschläge aus seinem Aufgabenbereich dem Arbeitgeber **unverzüglich mitzuteilen**. 3271

Gem. § 20 Abs. 1 ArbNErfG hat der Arbeitnehmer u. U. Anspruch auf eine angemessene besondere Vergütung. 3272

Dem Arbeitgeber muss eine ähnliche Vorzugsstellung gewährt werden wie durch ein gewerbliches Schutzrecht. Erforderlich ist eine **gewisse tatsächliche Monopolstellung**, die es ihm faktisch ermöglicht, den Vorschlag unter Ausschluss von Mitbewerbern allein zu verwerten (*BGH* 26.11.1968 AP Nr. 2 zu § 20 ArbNErfG). Die **Dauer** der Vorzugsstellung ist bei der Höhe der Vergütung zu berücksichtigen. 3273

(derzeit unbesetzt) 3274

Die erforderliche Vorzugsstellung liegt nicht vor, wenn die Kenntnisse Dritten zwar nicht ohne weiteres zugänglich sind, jedoch **kein Mitbewerber** vorhanden ist, für den der Verbesserungsvorschlag von Interesse sein könnte z. B. wegen der Kosten für die Realisierung des Vorschlags. 3275

Der Arbeitgeber muss den Verbesserungsvorschlag tatsächlich verwerten, d. h. seine Vorteile tatsächlich nutzen, einschließlich der Vergabe von »Lizenzen« und der Veräußerung des Know-how. Es genügt nicht, dass der Vorschlag nur geprüft und erprobt wird (*BAG* 30.4.1965 AP Nr. 1 zu § 20 ArbNErfG). 3276

Der Arbeitnehmer hat, vorausgesetzt der Arbeitgeber handelt nicht rechtsmissbräuchlich oder willkürlich, **keinen Anspruch auf Verwertung** seines Verbesserungsvorschlags durch den Arbeitgeber. 3277

Für die Feststellung und die Festsetzung der Vergütung gelten §§ 9, 12 ArbNErfG entsprechend (§ 20 Abs. 1 ArbNErfG). 3278

Verbesserungsvorschläge, die das Ergebnis der arbeitsvertraglich geschuldeten Arbeitsleistung sind, ohne für den Arbeitgeber eine Monopolstellung zu begründen, lösen grds. keine zusätzlichen Vergütungsansprüche des Arbeitnehmers aus. 3279

Etwas anderes gilt jedoch bei einer **besonderen schöpferischen Leistung**, die eine über den vertraglichen Rahmen hinausgehende Sonderleistung darstellt und dem Arbeitgeber bei der Benutzung einen **nicht unerheblichen Vorteil** bringt. Insoweit besteht ein Vergütungsanspruch gegen den Arbeitgeber, auch wenn er keine schutzrechtsähnliche Vorzugsstellung erlangt. 3280

Die Höhe der Vergütung hängt vom tatsächlichen wirtschaftlichen Vorteil, den die Verwertung des Vorschlags dem Unternehmen bringt, ab. 3281

*e) Sonderregelungen für den öffentlichen Dienst*

Für Arbeitnehmer in nicht privatrechtlich organisierten Unternehmen der öffentlichen Hand, ferner für Beamte, Soldaten, Hochschullehrer und Assistenten an Hochschulen sehen §§ 40 ff. ArbNErfG Sonderregelungen vor. 3282

### 3. Urheberrechtlich geschützte Werke

*a) Arbeitsvertraglich geschuldete Werke*

*aa) Grundlagen*

Gem. § 43 UrhG sind die Vorschriften über die Einräumung von Nutzungsrechten durch den Urheber (§§ 31–42 UrhG) auch dann anzuwenden, wenn der Urheber das Werk (z. B. ein Computerprogramm, vgl. *BAG* 13.9.1983 AP Nr. 2 zu § 43 UrhG) **in Erfüllung seiner Verpflichtung aus** 3283 einem Arbeits- oder Dienstverhältnis geschaffen hat, soweit sich aus dem Inhalt oder dem Wesen des Arbeits- oder Dienstverhältnisses nichts anderes ergibt. Regelungen der maßgeblichen Fragen des Arbeitnehmer-Urheberrechts fehlen jedoch (s. *Benecke* NZA 2002, 883; *Schwab* NZA 1999, 1254 ff.).

3284 Die arbeitsvertragliche Verpflichtung zur Erstellung eines Werks kann sich allgemein aus der betrieblichen Funktion des Arbeitnehmers, aus seinem Berufsbild, aus der Verwendbarkeit des Werkes für den Arbeitgeber, aus der Branchenüblichkeit und aus sonstigen objektiven Umständen ergeben.

3285 Nach dem Urheber- oder Schöpferprinzip erwirbt der Werkschöpfer das gesamte Urheberrecht an einem Werk in allen seinen Ausstrahlungen, d. h. alle Urheber- Persönlichkeitsrechte stehen auf jeden Fall dem Schöpfer zu. Es ist selbst untrennbarer Bestandteil des Urheberrechts (vgl. *Grobys/Foerstl* NZA 2002, 1015 ff.).

3286 Der Schöpferbegriff des § 7 UrhG verweist bei Arbeitsverhältnissen nicht auf den Arbeitgeber, sondern auf den angestellten Urheber. Damit **fallen Sacheigentum (das dem Arbeitgeber zusteht) und Urheberrechte am arbeitsvertraglich geschuldeten Werk eines angestellten Urhebers auseinander.**

*bb) Übertragungspflicht*

3287 Der Arbeitnehmer ist allerdings in den Grenzen der sog. **Zweckübertragungstheorie gem. § 31 UrhG** verpflichtet, die Urheber-**Nutzungsrechte** an Werken, die er in Erfüllung arbeitsvertraglicher Verpflichtungen geschaffen hat, dem Arbeitgeber **zu übertragen** (Übertragungspflicht; *BAG* 13.9.1983 AP Nr. 2 zu § 43 UrhG). Danach erwirbt der Arbeitgeber die Nutzungsrechte nur in den Grenzen, die vereinbart sind bzw. sich aus dem Zweck des Arbeitsvertrages und den betrieblichen Zwecken ergeben. **Er erwirbt folglich nur diejenigen Nutzungsrechte, die er für seine betrieblichen oder dienstlichen Zwecke benötigt.**

3288 Dies erfolgt **i. d. R. stillschweigend** mit der Ablieferung des Werkes (*BGH* 22.2.1974 NJW 1974, 906). Dies gilt z. B. auch für die Herstellung einer **Schaufensterdekoration** durch einen angestellten Dekorateur (*BAG* 12.3.1997 EzA § 43 UrhG Nr. 1).

3289 Sie kann aber auch bereits durch den Arbeitsvertrag ausdrücklich oder implizit vor der Ablieferung des Werks durch Vorausverfügung erfolgen (vgl. *Riesenhuber* NZA 2004, 1363 ff.).

3290 (derzeit unbesetzt)

3291 Durch die Übertragung erhält der Arbeitgeber **ausschließliche Nutzungsrechte**, abweichend von § 38 Abs. 3 UrhG auch für Beiträge, die einer Zeitung überlassen worden sind.

3292 Eine **Weiterübertragung an Dritte ist nur mit** ausdrücklicher oder stillschweigender **Zustimmung des Urhebers** zulässig, es sei denn, dass der betriebliche Tätigkeits- und Aufgabenbereich (z. B. Rundfunkanstalten) die Weiterübertragung erfasst (s. § 69b UrhRG u. *Grobys/Foerstl* NZA 2002, 1015 ff.).

3293 Die daneben bestehenden Urheber-Persönlichkeitsrechte sind grds. **unveräußerlich und nicht übertragbar.**

3294 Allerdings kann der Urheber in Grenzen, auch im Voraus, auf ihre Geltendmachung verzichten bzw. die Wahrnehmung seiner persönlichkeitsrechtlichen Befugnisse dem Arbeitgeber einräumen.

3295 Zu den Persönlichkeitsrechten gehören das Veröffentlichungsrecht (§ 12 UrhG), das unverzichtbare Recht auf Urheber-Anerkennung (§ 13 UrhG) und auf Urheber-Benennung, das allerdings abdingbar ist.

3296–3298 (derzeit unbesetzt)

## B. Pflichten des Arbeitgebers — Kapitel 3

§§ 14, 39 UrhG sehen ein Änderungs- und Entstellungsverbot vor. Insoweit kann dem Arbeitgeber allerdings die Befugnis zur Änderung eingeräumt werden, sich diese zudem aus Treu und Glauben ergeben (§ 39 Abs. 2 UrhG). **3299**

Bei Entstellungen seines Werks, durch die die berechtigten geistigen oder persönlichen Interessen, insbes. das Ansehen oder der Ruf des Arbeitnehmers gefährdet werden, kann er seine **Namensnennung untersagen**. **3300**

Das gem. § 41 UrhG (s. a. § 42 UrhG) bestehende Rückrufsrecht wegen Nichtausübung der Nutzungsrechte durch den Arbeitgeber kommt aus wirtschaftlichen Gründen i. d. R. nicht in Betracht, weil der Arbeitnehmer für seine Arbeitsleistung bereits entlohnt wurde. Es besteht aber dann, wenn er ein schutzwürdiges Interesse an der Veröffentlichung und der Nennung seines Namens hat oder wenn eine Verwertungspflicht des Arbeitgebers vereinbart worden ist. **3301**

(derzeit unbesetzt) **3302**

Gem. § 25 UrhG hat der Urheber Anspruch darauf, dass ihm sein Werk zugänglich gemacht wird, soweit dies zur Herstellung von Vervielfältigungsstücken erforderlich ist und berechtigte Interessen des Besitzers nicht entgegenstehen (Zugangsrecht). **3303**

(derzeit unbesetzt) **3304**

*cc) Vergütungsanspruch*

> Eine zusätzliche Vergütung kann der Arbeitnehmer grds. nicht verlangen, weil mit dem Arbeitsentgelt auch die Einräumung der Urheber-Nutzungsrechte und die Verwertung arbeitsvertraglich geschuldeter Werke abgegolten ist. **3305**

Nur bei Vorliegen besonderer Umstände gilt etwas anderes, insbes. dann, wenn: **3306**
– dies für bestimmte Verwertungshandlungen arbeits- oder tarifvertraglich **festgelegt** wurde;
– der Arbeitgeber das Werk über den vereinbarten Zweck hinaus wirtschaftlich verwertet (**Sonderverwertung**);
– ein **grobes Missverhältnis** des Arbeitslohns zu den Erträgnissen aus der Nutzung des Werkes besteht (§ 36 UrhG analog).

▶ Beispiel: **3307**
> Nimmt ein Einzelhandelsunternehmen mit einer von seinem angestellten Dekorateur gestalteten Schaufensterdekoration an einem von einem Lieferanten veranstalteten Wettbewerb teil, so hat der Angestellte keinen Anspruch auf Wertersatz oder eine Sondervergütung, wenn der Arbeitgeber einen Preis (Erholungsreise im Wert von 3.500 Euro) gewinnt (*BAG* 12.3.1997 EzA § 43 UrhG Nr. 1).

Aus arbeitsrechtlichen Gründen kann eine zusätzliche Vergütung geschuldet sein z. B. bei quantitativer Mehrleistung (**Mehrarbeit, Überstunden**; s. Rdn. 79 ff.). **3308**

> §§ 32, 32a UrhRG sehen zudem einen Anspruch auf angemessene Vergütung und ggf. eine weitere Vergütung vor. Damit soll die vertraglichen Stellung von freischaffenden Urhebern und Künstlern sowie die Herstellung einer angemessenen wirtschaftlichen Beteiligung an der Verwertung ihrer Werke gestärkt werden (vgl. § 11 S. 2 UrhG; BT-Drs. 14/6433 S. 7; BT-Drs. 14/8058 S. 1 f.; s. *Grobys/Foerstl* NZA 2002, 1015 ff.). **3309**

*b) Arbeitsvertraglich nicht geschuldete Werke*

An arbeitsvertraglich nicht geschuldeten Werken erwirbt der Arbeitnehmer originär alle Urheberrechte; § 43 UrhG ist nicht anwendbar. **3310**

3311 Er ist nicht verpflichtet, die während der Dauer des Arbeitsverhältnisses geschaffenen Werke dem Arbeitgeber anzubieten, wenn sie im Arbeitsbereich des Betriebs verwendbar sind. Ihn trifft zwar das arbeitsrechtliche Wettbewerbsverbot; aus diesem folgt jedoch grds. **keine Anbietungspflicht**.

3312 Verwertet der Arbeitgeber ein solches Werk und zieht er daraus nicht unerhebliche Vorteile, so trifft ihn, wenn nichts anderes vereinbart wurde, eine **gesonderte Vergütungspflicht**; sie kann sich auch aus den konkreten Umständen des Einzelfalles ergeben.

### 4. Geschützte Leistungen ausübender Künstler

3313 Der originäre Erwerb der in §§ 73 ff. UrhG vorgesehenen Leistungsschutzrechte für Rundfunk- und Fernsehübertragungen, Vervielfältigungen usw. findet beim ausübenden **Künstler** statt, **auch wenn dieser die Leistungen im Rahmen eines Arbeitsverhältnisses erbracht hat**.

3314 Gem. § 79 UrhG entscheidet vorbehaltlich abweichender einzel- oder kollektivvertraglicher Regelungen das Wesen des Arbeits- oder Dienstverhältnisses darüber, in welchem Umfang und unter welchen Bedingungen der Arbeitgeber die Darbietungen selbst benutzen oder anderen die Benutzung gestatten darf.

3315 Gem. § 78 UrhG kann auch eine stillschweigende Übertragung erfolgen.

3316 Bei Bühnenangehörigen folgt aber z. B. die Befugnis zur Aufnahme der Darbietung auf Bildträger nicht ohne weiteres aus dem Wesen des Arbeitsverhältnisses. Erforderlich ist vielmehr eine besondere individual- oder kollektivvertragliche Regelung.

3317 Für die Nutzung arbeitsvertraglich nicht geschuldeter Leistungen der ausübenden Künstler bedarf es unter den Voraussetzungen der §§ 74, 75, 76 Abs. 1 UrhG deren Einwilligung. Eine Sonderregelung besteht gem. § 80 UrhG für Aufführungen von Gruppen von Künstlern.

3318 Bei Filmwerken bedarf es einer derartigen Einwilligung nicht; es genügt die Einwilligung in die Aufnahme (§ 92 UrhG).

3319 **Zusätzliche Vergütungsansprüche bestehen grds. nicht**. Etwas anderes gilt nur dann, wenn **Sonderleistungen** erbracht werden, die arbeitsvertraglich nicht geschuldet sind. Gleiches gilt für **Sonderverwertungen**, z. B. die Rundfunkübertragung einer arbeitsvertraglich geschuldeten Bühnenaufführung.

3320 Soweit es der Einwilligung der ausübenden Künstler bedarf, kann und wird dies i. d. R. von einer besonderen Vergütung abhängig gemacht werden. Entsprechendes gilt für Funksendungen, nicht aber für Filmwerke (§ 92 UrhG).

3321 Gem. § 83 UrhG kann der Künstler auch die Entstellung oder eine andere Beeinträchtigung der Darbietung untersagen, die geeignet ist, sein Ansehen oder seinen Ruf als ausübender Künstler zu gefährden.

3322 Ein Anspruch auf Namensnennung kann sich aus **einzel- oder kollektivvertraglichen Vereinbarungen, aus Branchengepflogenheiten und aus Treu und Glauben** ergeben (z. B. die Namensnennung von Solisten oder Dirigenten im Programmheft oder in der Rundfunkansage einer Aufführung).

3323, (derzeit unbesetzt)
3324

### 5. Begrenzung der Rechte der angestellten Urheber und ausübenden Künstler

3325 Die Ausübung der Leistungsschutzrechte von angestellten Urhebern und ausübenden Künstlern wird beschränkt durch Leistungsschutzrechte von Veranstaltern (§ 81 UrhG), Tonträgerherstellern (§ 85 UrhG), Sende-Unternehmen (§ 87 UrhG) und Filmherstellern (§ 94 UrhG; zu Filmschaffenden s. *Meiser* NZA 1998, 291 ff.).

## B. Pflichten des Arbeitgebers — Kapitel 3

### VII. Recht der betrieblichen Altersversorgung

#### 1. Grundlagen

*a) Begriffsbestimmungen*

Der Begriff »betriebliche Altersversorgung« umfasst nach der Definition in § 1 Abs. 1 S. 1 BetrAVG alle Leistungen der Alters-, Invaliditäts- oder Hinterbliebenenversorgung, die einem Arbeitnehmer und bestimmten Nicht-Arbeitnehmern (vgl. § 17 Abs. 1 BetrAVG) aus Anlass seines Arbeitsverhältnisses oder einer Tätigkeit für das Unternehmen auf Grund einzel-, kollektivvertraglicher Vereinbarung oder gesetzlicher Regelung zugesagt worden sind. Die betriebliche Altersversorgung deckt bestimmte biometrische Risiken (Alter – sog. Langlebigkeitsrisiko, Tod, Invalidität) ab (s. *BAG* 28.10.2008 EzA 1 BetrAVG Nr. 92). Sie umfasst nicht andere Lebensrisiken wie etwa Krankheitsrisiken. 3326

**Die zugesagte Leistung muss einem Versorgungszweck dienen.** Unter einer »Versorgung« sind alle Leistungen zu verstehen, die den **Lebensstandard** des Arbeitnehmers oder seiner Hinterbliebenen im **Versorgungsfall**, wenn auch nur zeitweilig, **verbessern sollen**. Auf die Bezeichnung der Leistung und sonstige Formalien kommt es nicht an. Ebenso wenig spielt es eine Rolle, aus welchen Gründen und aus welchem Anlass die Versorgungsleistung versprochen wurde (*BAG* 28.10.2008 EzA 1 BetrAVG Nr. 92).

Maßgeblich ist also, dass die zugesagten Leistungen dazu dienen sollen, **die Versorgung des Arbeitnehmers nach dessen Ausscheiden aus dem Berufs- oder Erwerbsleben zu sichern oder zu verbessern**. Entscheidend für die Beantwortung der Frage, ob dies der Fall ist, ist die Versorgungszusage und nicht die spätere tatsächliche Entwicklung. Es kommt insbes. nicht darauf an, ob der Arbeitnehmer, wenn er gesetzlich versichert ist, zum vorgesehenen Zeitpunkt die gesetzliche Altersrente in Anspruch nimmt oder Arbeitslosengeld beantragt oder weiter arbeitet (*BAG* 17.9.2008 EzA § 1 BetrAVG Nr. 91).

Maßgeblich ist auf das Ereignis abzustellen, an das die Versorgung anknüpft. Hausbrandleistungen für ausgeschiedene Arbeitnehmer sind z. B. betriebliche Altersversorgung, soweit die Leistungspflicht im Einzelfall auf einem tariflichen Tatbestand beruht, der seinerseits an biometrische Risiken i. S. d. BetrAVG anknüpft. Dagegen ist eine Werksrente, die gezahlt wird, weil der ausgeschiedene Arbeitnehmer Anpassungsleistungen wegen Umstrukturierungen im Bergbau erhält, keine betriebliche Altersversorgung (*BAG* 16.3.2010 EzA § 1 BetrAVG Nr. 93; **a. A.** *LAG Köln* 16.7.2009 NZA-RR 2009, 608 LS).

Keine Rolle spielt es für den Begriff der betrieblichen Altersversorgung, ob Geld- oder Sachleistungen erbracht werden. Ebenso wenig kommt es darauf an, ob einmalige oder laufende Leistungen erbracht werden und in welchen Zeitabständen dies geschieht. Deshalb gehören die den Rentnern gewährten Stromdeputate und Weihnachtsgelder zur betrieblichen Altersversorgung, nicht aber die Übernahme eines Teils anderweitig nicht gedeckter Krankheitskosten (*BAG* 12.12.2006 EzA § 1 BetrAVG Nr. 89; 16.3.2010 EzA § 1 BetrAVG Nr. 93).

Es hängt weder von der Bezeichnung einer in Aussicht gestellten Geldleistung noch von den in einer betrieblichen Versorgungsordnung dafür vorgesehenen Rechtsfolgen ab, ob diese Leistung dem sozialen Schutz des Betriebsrentengesetzes und der hierzu entwickelten Rechtsprechung unterfällt. Entscheidend ist allein, ob die Leistung die Begriffsmerkmale des § 1 BetrAVG erfüllt (*BAG* 28.10.2008 EzA 1 BetrAVG Nr. 92 = NZA 2009, 844). Dafür kommt es darauf an, ob die Zusage einem Versorgungszweck dient, die Leistungspflicht durch einen der im Betriebsrentengesetz genannten biologischen Ereignisse ausgelöst werden soll und ob es sich um die Zusage eines Arbeitgebers aus Anlass eines Arbeitsverhältnisses handelt (*BAG* 18.2.2003 EzA § 1 BetrAVG Ablösung Nr. 35; 28.10.2008 EzA 1 BetrAVG Nr. 92; vgl. auch *LAG Nbg.* 15.8.2001 NZA-RR 2002, 208).

Die Durchführung der betrieblichen Altersversorgung kann unmittelbar über den Arbeitgeber oder über einen der in § 1b Abs. 2–4 BetrAVG genannten Versorgungsträger (Direktversicherung, Pensionskasse, Pensionsfonds, Unterstützungskasse) erfolgen.

Betriebliche Altersversorgung liegt gem. § 1 Abs. 2 BetrAVG **auch dann** vor, wenn
- der Arbeitgeber sich verpflichtet, bestimmte Beiträge in eine Anwartschaft auf Alters-, Invaliditäts- oder Hinterbliebenenversorgung umzuwandeln (**beitragsorientierte Leistungszusage**),
- der Arbeitgeber sich verpflichtet, Beiträge zur Finanzierung von Leistungen der betrieblichen Altersversorgung an einen Pensionsfonds, eine Pensionskasse oder eine Direktversicherung zu zahlen und für Leistungen zur Altersversorgung das planmäßig zuzurechnende Versorgungskapital auf der Grundlage der gezahlten Beiträge (Beiträge und die daraus erzielten Erträge), mindestens die Summe der zugesagten Beiträge, soweit sie nicht rechnungsmäßig für einen biometrischen Risikoausgleich verbraucht wurden, hierfür zur Verfügung zu stellen (**Beitragszusage mit Mindestleistung**) oder
- künftige Entgeltansprüche in eine wertgleiche Anwartschaft auf Versorgungsleistungen umgewandelt werden (**Entgeltumwandlung**).

Der Versorgungsfall kann durch Eintritt in den Altersruhestand, Invalidität und Tod ausgelöst werden (*BAG* 8.5.1990 EzA § 7 BetrAVG Nr. 35).

### b) Freiwillige, betrieblich veranlasste Sozialleistungen

3327 Es handelt sich um eine i. d. R. freiwillige Sozialleistung, sie kann aber auch z. B. in für allgemeinverbindlich erklärten Tarifverträgen begründet sein oder sich aus § 613a BGB (s. Rdn. 4297 ff.) oder dem Gleichbehandlungsgrundsatz ergeben (s. Kap. 1 Rdn. 429 ff.).

3328 Sie ist dann betrieblich veranlasst, wenn die Zusage als Gegenleistung für erbrachte oder zu erbringende Betriebstreue angesehen werden kann und der Zusageempfänger irgendeine Tätigkeit für das die Versorgungszusage aussprechende Unternehmen geleistet hat oder leisten wird.

3329 Auch eine Versorgungszusage vor Beginn oder nach Beendigung eines Arbeitsverhältnisses kann aus Anlass eines Arbeitsverhältnisses erfolgt sein (*BAG* 8.5.1990 EzA § 7 BetrAVG Nr. 35).

### c) Zweck betrieblicher Altersversorgung; Versorgung, Entgeltcharakter

3330 Sozialpolitischer Zweck ist die Verringerung der Differenz zwischen der durch die gesetzliche Rentenversicherung getragenen Grundversorgung und der optimalen Versorgung eines Rentners (Versorgungslücke).

3331 Für die Unternehmen ist betriebliche Altersversorgung darüber hinaus **Teil der betrieblichen Personalpolitik**, durch die Mitarbeiter an das Unternehmen gebunden, leistungsfähiger Nachwuchs gewonnen und die Motivation der Belegschaft verbessert werden soll.

3332 Das Ruhegeld hat folglich Versorgungs- und Entgeltcharakter. Betriebliche Altersversorgung ist Gegenleistung für die während des Arbeitsverhältnisses erbrachte Betriebstreue. Daneben verfolgt die Altersversorgung jedoch auch den Zweck, den Lebensstandard, den der Arbeitnehmer vor Eintritt des Versorgungsfalles erreicht hatte, aufrechtzuerhalten, u. U. auch dann, wenn er praktisch erst eine relativ geringe Arbeitsleistung für den Arbeitgeber erbracht hat (z. B. in Fällen einer ohne Wartezeit zugesagten Berufs- oder Erwerbsunfähigkeitsrente; vgl. *BVerfG* 19.10.1983 EzA § 242 BGB Ruhegeld Nr. 102).

3333 Inwieweit eine Versorgungszusage **den bisherigen Lebensstandard sichern soll**, hängt vor allem davon ab, auf welches Arbeitseinkommen die Versorgungsordnung abstellt. Das Versorgungsziel ist keine vorgegebene Größe, sondern ergibt sich erst durch Auslegung, bei der Wortlaut und Systematik der Regelung im Vordergrund stehen (*BAG* 10.3.2009 – 3 AZR 199/08, NZA 2010, 303).

## B. Pflichten des Arbeitgebers — Kapitel 3

### d) Ausgestaltungsformen betrieblicher Altersversorgung

Betriebliche Versorgungsleistungen werden i. d. R. als **wiederkehrende Geldleistungen** gewährt (vgl. *Griebeling* Rn. 36 ff.). — 3334

Möglich sind jedoch auch Zusagen auf **einmalige Kapitalzahlungen**, wenn sie dem Zweck dienen, Arbeitnehmer im Alter und bei Invalidität zu versorgen oder ihre Hinterbliebenen zu unterstützen. Ein entsprechender Vertragswille wird nicht allein dadurch ausgeschlossen, dass eine vertragliche Abfindungsregelung den Versorgungszweck außer Acht lässt (*BAG* 30.9.1986 EzA § 1 BetrAVG Nr. 47). — 3335

Auch **Nutzungsrechte und Sachleistungen** können Versorgungsleistungen sein, z. B. Kohledeputate oder Wohnrechte in Werkswohnungen, andere Sozialleistungen dann, wenn sie der Versorgung des Arbeitnehmers dienen sollen, z. B. Weihnachtsgelder, die an Ruhegeldempfänger gezahlt werden (*BAG* 19.5.1981 EzA § 16 BetrAVG Nr. 11). — 3336

**Versicherungen** des Arbeitgebers zu Gunsten des Arbeitnehmers gehören dann dazu, wenn sie zur Versorgung des Arbeitnehmers abgeschlossen sind (Personenversicherung). — 3337

Trägt ein Arbeitgeber die **Krankenversicherungsbeiträge** seiner Pensionäre, so kann auch das eine Leistung der betrieblichen Altersversorgung gem. §§ 1 ff. BetrAVG sein (*Hess. LAG* 22.4.1998 NZA-RR 1999, 205). — 3338

### e) Abgrenzungsfragen

Die gesetzlichen Voraussetzungen des § 1 BetrAVG sind z. B. erfüllt, wenn ein Betriebsrentner die Zusage erhält, zusammen mit der Dezemberrente ein Rentnerweihnachtsgeld in Höhe einer monatlichen Gesamtversorgungsleistung zu erhalten (s. *BAG* 12.12.2006 EzA § 1 BetrAVG Betriebliche Übung Nr. 8). Dem steht auch nicht entgegen, wenn eine Versorgungsordnung für den Bezug des Rentnerweihnachtsgeldes eine Betriebstreue bis zum Eintritt des Versorgungsfalles verlangt. Diese Regelung ist vielmehr wegen Verstoßes gegen § 1b BetrAVG unwirksam (§ 17 Abs. 3 S. 3 BetrAVG; *BAG* 18.2.2003 EzA § 1 BetrAVG Ablösung Nr. 35). Erhalten zudem Empfänger von betrieblichen Versorgungsleistungen »ein Weihnachtsgeld in Höhe ihrer Bruttoversorgungsbezüge« eines Bezugsmonats, so handelt es sich regelmäßig auch insoweit um eine Leistung der betrieblichen Altersversorgung. Eine entsprechende Regelung in einer Betriebsvereinbarung ist deshalb nach den für eine Rechtskontrolle ablösender Neuregelungen entwickelten Grundsätzen gegen eine Verschlechterung geschützt (*BAG* 18.2.2003 EzA § 1 BetrAVG Ablösung Nr. 35; s. Rdn. 3531 ff.). Auch der **verbilligte Strombezug** der Betriebsrentner zählt zu den Leistungen der betrieblichen Altersversorgung; insoweit ist es unerheblich, ob eine derartige Leistung auch den aktiven Mitarbeitern gewährt wird (*BAG* 12.12.2006 EzA § 1 BetrAVG Nr. 89). Nichts anderes gilt für die Einräumung eines Personalrabatts an **Ruheständler** (*BAG* 19.2.2008 EzA § 1 BetrAVG Betriebliche Übung Nr. 9). — 3339

Dagegen sind Übergangsgelder (vgl. §§ 62 ff. BAT; vgl. *BAG* 18.3.2003 NZA 2004, 1064 LS), Überbrückungszahlungen, Gnadengehälter, **die den Einkommensverlust des ausgeschiedenen Arbeitnehmers für den Fall einer vorzeitigen Beendigung der Tätigkeit ausgleichen, keine Leistungen der betrieblichen Altersversorgung, weil kein Versorgungszweck intendiert ist.** Die Zahlung eines solchen Übergangsgeldes soll nach Beendigung des Arbeitsverhältnisses den Übergang in ein anderes Arbeitsverhältnis erleichtern (*BAG* 26.4.1988 EzA § 7 BetrAVG Nr. 25). — 3340

Auch **Überbrückungsbeihilfen** bis zum Erreichen eines in der Versorgungszusage festgelegten Versorgungsfalls »Alter« sind keine Leistungen der betrieblichen Altersversorgung i. S. d. BetrAVG, selbst wenn sie in der Zusage als Ruhegehälter bezeichnet worden sind. Von einer Überbrückungsbeihilfe, nicht einer Leistung der betrieblichen Altersversorgung ist auszugehen, wenn die betreffenden Zahlungen zwar **nur für den Fall** versprochen werden, dass das Arbeitsverhältnis nach Vollendung des 60. Lebensjahres des Arbeitnehmers **aufgehoben** worden ist, zugleich aber unter die **Bedingung** gestellt werden, dass das Arbeitsverhältnis unter **Mitwirkung der Arbeitgeberin** aufgelöst — 3341 wurde und die Leistungen davon abhängig sind, dass weder Gehälter noch Übergangsgelder gezahlt werden (*BAG* 3.11.1998 EzA § 7 BetrAVG Nr. 56). Gleiches gilt für **Beihilfen im Krankheitsfall** (*BAG* 12.12.2006 EzA § 1 BetrAVG Nr. 89; 10.2.2009 EzA § 1 BetrAVG Betriebsvereinbarung Nr. 6) sowie für **ein Sterbegeld** in Form eines Beitrags zu den Bestattungskosten (*BAG* 19.9.2006 EzA § 1 BetrAVG Nr. 87; 10.2.2009 EzA § 1 BetrAVG Betriebsvereinbarung Nr. 6).

3342 **Andererseits** kann auch eine als »Übergangsgeld« oder »Übergangszuschuss« (*BAG* 18.3.2003 NZA 2004, 1064 LS) bezeichnete Leistung eine Leistung der betrieblichen Altersversorgung sein, **wenn sie als Voraussetzung den Eintritt in den Ruhestand vorsieht und ungeachtet ihrer Bezeichnung ausschließlich der Versorgung des Leistungsempfängers im Alter dienen soll**. Das ist z. B. dann der Fall, wenn der Arbeitgeber ausscheidenden Mitarbeitern für die Fälle des Erreichens der Altersgrenze oder vorzeitig eintretender Invalidität bzw. bei vorzeitigem Tod den Hinterbliebenen ein einmaliges »Übergangsgeld« verspricht. Die Bezeichnung »Übergangsgeld« ist unerheblich. **Entscheidend ist der Zweck der Leistung** (*BAG* 10.8.1993 EzA § 1 BetrAVG Nr. 66; s. a. *BAG* 28.10.2008 EzA § 1 BetrAVG Nr. 92).

3343 Keine Leistungen der betrieblichen Altersversorgung sind **Vorruhestandsleistungen**, weil sie nur der Versorgung vor Eintritt des Versorgungsfalles dienen (*Griebeling* Rn. 96), sowie **Abfindungen**, insbes. aus Anlass einer Kündigung. Gleiches gilt für Hilfeleistungen, die von einer **Unterstützungskasse** bei einer **wirtschaftlichen Notlage** von Arbeitnehmern oder deren Hinterbliebenen gewährt werden (*LAG Bln.* 15.11.1999 NZA-RR 2000, 99). Etwas anderes gilt, wenn eine regelmäßig wiederkehrende Leistung einen durch eine vorzeitige Kündigung entstandenen Versorgungsbedarf auffüllt und diese Leistung erst vom Erreichen der Altersgrenze für den Bezug des vorgezogenen Altersruhegeldes an aus der gesetzlichen Sozialversicherung gezahlt wird (*BAG* 8.5.1990 EzA § 7 BetrAVG Nr. 35). Auch die **Zusatzrente nach dem TV ÜV-Cockpit**, wonach Arbeitnehmer eine Übergangsversorgung erhalten, wenn sie auf Grund der im MTV bestimmten Altersgrenze aus dem Arbeitsverhältnis ausscheiden und mindestens zehn Dienstjahre vollendet haben, ist keine Leistung der betrieblichen Altersversorgung i. S. v. § 1 Abs. 1 BetrAVG (*BAG* 27.2.2002 EzA § 4 TVG Luftfahrt Nr. 5; 18.5.2004 EzA § 4 TVG Luftfahrt Nr. 9; zur Anrechnung von Zeiten aus einem früheren beendeten Arbeitsverhältnis insoweit s. *BAG* 15.9.2009 – 3 AZR 37/08, EzA-SD 2/2010 S. 15 LS). Auch wenn eine betriebliche Leistung in Anknüpfung an die Voraussetzungen für Knappschaftsausgleichsleistung nach § 239 Abs. 1 S. 1 Nr. 2 Eingangssatz Alt. 2 SGB VI gewährt wird, handelt es sich nicht um betriebliche Altersversorgung i. S. d. Betriebsrentengesetzes. Vielmehr liegt eine Übergangsversorgung vor, die an das Arbeitsplatzrisiko anknüpft (*BAG* 14.2.2012 EzA § 1 BetrAVG Nr. 94).

## 2. Begründung und Ausgestaltung der betrieblichen Altersversorgung

### a) Die Begründung betrieblicher Versorgungsansprüche

#### aa) Der Verpflichtungstatbestand

##### (1) Grundlagen

3344 Eine Ruhegeldverpflichtung entsteht für die Zeit bis zum 1.1.2001 nur dann, wenn dafür ein besonderer Verpflichtungstatbestand, eine Versorgungszusage, besteht.

> In Betracht kommen insbes. einzelvertragliche Regelungen, z. B. auch als Gesamtzusagen als Verpflichtungserklärung des Arbeitgebers an die Belegschaft (vgl. dazu *BAG* 15.7.2008 – 3 AZR 61/07, NZA-RR 2009, 323) oder vertragliche Einheitsregelungen (s. Kap. 1 Rdn. 413 ff.); Empfehlungen der Konzernmutter an die Arbeitgeberin (Konzerntochter) reichen jedoch nicht aus (*BAG* 15.7.2008 – 3 AZR 61/07 – EzA-SD 9/2009 S. 9 LS = NZA-RR 2009, 323). Die Gesamtzusage des Arbeitgebers verlangt die **Bekanntgabe eines Leistungsversprechens an die Belegschaft**; Akte der internen Willensbildung genügen nicht. Auch allein aus dem Beitritt des Arbeitgebers zu einer selbständigen Versorgungseinrichtung kann der Arbeitnehmer noch nicht das Recht auf Versorgung herleiten (*BAG* 22.12.2009 EzA § 1b BetrAVG Nr. 7).

Wird eine freiwillige Leistung im Wege der Gesamtzusage versprochen und dabei darauf hingewiesen, die Leistungsgewährung sei »im Einvernehmen mit dem Gesamtbetriebsrat beschlossen« worden, so liegt darin zudem in aller Regel der Vorbehalt einer künftigen Abänderung durch Betriebsvereinbarung (*BAG* 10.12.2002 EzA § 1 BetrAVG Ablösung Nr. 37).

Möglich sind auch sog. Blankettzusagen des Arbeitgebers, bei denen nur sein Wille objektiv erkennbar ist, überhaupt eine Versorgungszusage erteilen zu wollen (*LAG Düsseld.* 18.2.2003 NZA-RR 2003, 600). **Der Arbeitgeber verpflichtet sich, eine Altersversorgung zu gewähren, behält sich die Festlegung der Bedingungen – gem. § 315 BGB – aber vor** (*BAG* 19.7.2005 EzA § 1 BetrAVG Betriebliche Übung Nr. 7).

Grundsätzlich erzeugt allerdings ein bloßes Inaussichtstellen einer Versorgungszusage noch keine rechtserhebliche Verpflichtung. Es bedarf vielmehr des darüber hinausgehenden erkennbaren Bindungswillens des Arbeitgebers, eine mittelbare oder unmittelbare Versorgungszusage gewähren zu wollen. Entsprechend erzeugt auch eine interne Willensbildung des Arbeitgebers, eine Versorgung gewähren zu wollen, eine rechtliche Bindung erst dann, wenn die Zusage dem Begünstigten auch tatsächlich erteilt worden ist; insofern genügt allerdings bereits der objektiv erkennbare Wille, eine Versorgungszusage erteilen zu wollen (*LAG Düsseld.* 18.2.2003 NZA-RR 2003, 600). Die Ausfüllung einer derartigen Zusage durch Festlegung der Versorgungsbedingungen unterliegt nach § 315 Abs. 3 S. 2 BGB **billigem Ermessen** (*BAG* 19.7.2005 EzA § 1 BetrAVG Betriebliche Übung Nr. 7) und letztlich einer gerichtlichen Ermessenskontrolle. Der Arbeitgeber hat bei der Ausgestaltung der Versorgungsrechte nicht nur die rechtsgeschäftlich verbindlichen Vorgaben, sondern auch die von ihm geweckten Vorstellungen und Erwartungen zu berücksichtigen (*BAG* 19.11.2002 EzA § 1 BetrAVG Nr. 85). 3345

Ist eine derartige Blankettzusage erteilt und legt der Arbeitgeber in gewissen Abständen während des laufenden Arbeitsverhältnisses Pensionshöchstbeträge fest, auf deren Basis die spätere betriebliche Altersrente berechnet werden soll, so ist folglich auch unter Berücksichtigung dessen, dass nur eine Blankettzusage erteilt wurde, zu prüfen, ob **er sich dadurch hinsichtlich des Anpassungsmodus** für die Pensionshöchstbeträge **binden will und eine betriebliche Übung entsteht** (*BAG* 19.7.2005 EzA § 1 BetrAVG Betriebliche Übung Nr. 7). Zu beachten ist in diesem Zusammenhang, dass eine **Verletzung des Mitbestimmungsrechts** des Betriebsrats gem. § 87 Abs. 1 Nr. 10 BetrVG – Änderung der Verteilungsgrundsätze – keine über die bestehende Vertragsgrundlage hinausgehenden Ansprüche des Arbeitnehmers begründet. Der Arbeitgeber ist dann auch nicht verpflichtet, wegen der Verletzung der Mitbestimmungsrechte sein billiges Ermessen in bestimmter Weise auszuüben (*BAG* 19.7.2005 EzA § 1 BetrAVG Betriebliche Übung Nr. 7). 3346

Andererseits spricht alles dagegen, dass **Tarifvertragsparteien** eine – vorläufig unbestimmte – **Blankettzusage** auf Leistungen der betrieblichen Altersversorgung geben. Die Arbeitsgerichte wären zudem nicht befugt, ein solches Blankett anstelle der Tarifvertragsparteien nach § 315 Abs. 3 BGB auszufüllen (*BAG* 19.12.2000 EzA § 1 BetrAVG Nr. 76). 3347

*(2) Ab 1.1.2001: Der Entgeltumwandlungsanspruch*

Der Gesetzgeber durch § 1a BetrAVG ab dem 1.1.2001 einen **Rechtsanspruch** des Arbeitnehmers gegen den Arbeitgeber auf **Entgeltumwandlung** (vgl. dazu Rdn. 3455 ff.) eingeführt. Voraussetzung ist, dass es sich um eine in der Rentenversicherung der Arbeiter oder Angestellten pflichtversicherte Person handelt (§ 17 Abs. 1 S. 3 BetrAVG). Die Höhe des Anspruchs beträgt **bis zu 4 %** der jeweiligen Beitragsbemessungsgrenze in der Rentenversicherung. Soweit bereits eine durch Entgeltumwandlung finanzierte betriebliche Altersversorgung besteht, ist der Anspruch des Arbeitnehmers auf Entgeltumwandlung ausgeschlossen (§ 1a Abs. 2 BetrAVG). Ist der Betrag nicht voll ausgeschöpft, besteht ein entsprechender Auffüllungsanspruch des Arbeitnehmers (vgl. *Blomeyer* NZA 2001, 917; s. Rdn. 3455 ff.). 3348

3349 Diese Regelungen gelten gem. § 1 Abs. 2 Nr. 4 BetrAVG (ab dem 1.1.2003) entsprechend, wenn der Arbeitnehmer Beiträge aus seinem Arbeitsentgelt zur Finanzierung von Leistungen der betrieblichen Altersversorgung an einen Pensionsfonds, eine Pensionskasse oder eine Direktversicherung leistet und die Zusage des Arbeitgebers auch die Leistungen aus diesen Beiträgen umfasst. Voraussetzung dafür ist aber, dass die zugesagten Leistungen aus diesen Beiträgen im Wege der Kapitaldeckung finanziert werden.

*bb) Form*

3350 **Arbeitsrechtlich besteht keine Formbedürftigkeit.**

**Steuerrechtlich** ist jedoch die **Schriftform** der Versorgungszusage für die Bildung von Pensionsrückstellungen vorgeschrieben (**§ 6a Abs. 3 EStG**).

*cc) Einzelfragen*

3351 Verspricht der Arbeitgeber eine Lebensversicherung nach einer Betriebszugehörigkeit von 10 Jahren abzuschließen, so erteilt er damit eine Versorgungszusage i. S. d. § 1 BetrAVG (*BAG* 19.4.1983 EzA § 1 BetrAVG Lebensversicherung Nr. 1).

3352 (derzeit unbesetzt)

3353 Eine **pauschale einzelvertragliche Verweisung** auf die Regelungen des **BAT** (z. B. »Auf das Arbeitsverhältnis finden die Vorschriften des BAT und die ihn ändernden und ergänzenden Regelungen Anwendung«) enthält noch **keine Versorgungszusage**, auch wenn § 46 BAT i. V. m. den speziellen Versorgungstarifverträgen eine Zusatzversorgung vorsieht (*BAG* 29.7.1986 AP Nr. 16 zu § 1 BetrAVG Zusatzversorgungskassen; s. jetzt § 25 TVöD).

3354 Voraussetzung ist aber, dass der Arbeitgeber nicht Mitglied der Zusatzversorgungskasse des öffentlichen Dienstes werden kann. Das Gegenteil gilt, wenn er für den fraglichen Zeitraum in der Lage war, den Arbeitnehmer bei der VBL zu versichern. Verweist daher der Anstellungsvertrag eines ABM-Arbeitnehmers auf den BAT und die diesen ergänzenden Tarifverträge ohne Vorbehalt, so kann sich im Wege der Vertragsauslegung auch ergeben, dass damit der ABM-Arbeitnehmer einen Anspruch auf Versorgung durch die VBL haben soll (*BAG* 15.9.1992 AP Nr. 39 zu § 1 BetrAVG Zusatzversorgungskassen).

3355 (derzeit unbesetzt)

*dd) Betriebliche Übung*

*(1) Grundlagen*

3356 Ein Anspruch auf betriebliche Altersversorgung kann sich auch aus einer betrieblichen Übung (s. a. Kap. 1 Rdn. 480 ff.; s. *Reinecke* BB 2004, 1625 ff.) ergeben.

3357 Nach der ausdrücklichen Anerkennung der betrieblichen Übung als Rechtsquelle durch den Gesetzgeber (§ 1b Abs. 1 S. 4 BetrAVG) steht im Bereich der betrieblichen Altersversorgung die Verpflichtung aus einer ausdrücklichen Versorgungszusage einer auf betrieblicher Übung beruhenden Versorgungsverpflichtung gleich (*BAG* 29.4.2003 EzA § 1 BetrAVG Betriebliche Übung Nr. 4; krit. *Gelhaar* BB 2008, 835 ff.). Danach kommt es auf ein gleichförmiges und wiederholtes Verhalten des Arbeitgebers an, das den Inhalt der Arbeitsverhältnisse gestaltet und geeignet ist, vertragliche Ansprüche auf eine Leistung zu begründen, wenn die Arbeitnehmer aus dem Verhalten des Arbeitgebers schließen durften, ihnen werde die Leistung auch künftig gewährt (*BAG* 23.4.2002 EzA § 1 BetrAVG Betriebliche Übung Nr. 2); entscheidend ist, ob die Begünstigten **dem Verhalten des Arbeitgebers einen Verpflichtungswillen entnehmen können**. Daneben sind auch **Art, Bedeutung und Begleitumstände** der üblich gewordenen Leistung zu berücksichtigen (*BAG* 19.2.2008 EzA § 1 BetrAVG Betriebliche Übung Nr. 9). Auf die subjektiven, für den Be-

## B. Pflichten des Arbeitgebers
## Kapitel 3

günstigten nicht erkennbaren Vorstellungen des Arbeitgebers und damit auf die interne Entscheidungsfindung kommt es nicht an (*BAG* 19.2.2008 EzA § 1 BetrAVG Betriebliche Übung Nr. 9 = NZA-RR 2008, 597). Dementsprechend müssen auch sog. Freiwilligkeitsvorbehalte, die das Entstehen einer betrieblichen Übung verhindern sollen, gegenüber den Begünstigten hinreichend klar zum Ausdruck gebracht werden (*BAG* 12.12.2006 EzA § 1 BetrAVG Betriebliche Übung Nr. 8); Gleiches gilt für Bedingungen, Änderungs- und Widerrufsvorbehalte (*BAG* 19.2.2008 EzA § 1 BetrAVG Betriebliche Übung Nr. 9 = NZA-RR 2008, 597). Auch die **speziellen Kenntnisse** und das **Verständnis des einzelnen Versorgungsanwärters** oder -empfängers sind **nicht maßgeblich**. Deshalb spielt es keine Rolle, über welche zusätzlichen Informationen der Kläger aufgrund seiner Tätigkeit im Aufsichtsrat und Gesamtbetriebsrat verfügte; das Verhalten des Arbeitgebers ist losgelöst von den Umständen des Einzelfalls nach objektiven Kriterien auszulegen (*BAG* 31.7.2007 NZA-RR 2008, 263).

Es muss also ein schutzwürdiges Vertrauen beim Arbeitnehmer auf Zahlung einer Betriebsrente begründet worden sein; für das Entstehen des Anspruchs aus einer betrieblichen Übung genügt es, dass der Arbeitgeber den **objektiven Eindruck einer bindenden Zusage** und damit einen **schutzwürdigen Vertrauenstatbestand** gesetzt hat (*BAG* 10.6.2011 NZA-RR 2012, 35). Zudem bestimmt und begrenzt die bisherige Handhabung des Arbeitgebers insoweit seine Verpflichtung (*BAG* 19.11.2002 EzA § 1 BetrAVG Nr. 84). Zu beachten ist, dass eine betriebliche Übung, die dem versorgungspflichtigen Arbeitgeber **keinen Entscheidungsspielraum belässt** und ihn unabhängig von der Belastbarkeit des Unternehmens zum vollen Ausgleich des Geldwertverlustes verpflichtet, einen **Ausnahmetatbestand** darstellt. Das Verhalten des Arbeitgebers muss dann schon deutlich auf einen entsprechenden Verpflichtungswillen hinweisen (*BAG* 25.4.2006 EzA § 16 BetrAVG Nr. 49). 3358

Bietet der Arbeitgeber z. B. vorbehaltlos über Jahre hinweg seinen Arbeitnehmern bei Erfüllung bestimmter Voraussetzungen den Abschluss eines Versorgungsvertrages an, der u. a. eine Versorgung nach beamtenähnlichen Grundsätzen vorsieht, so ist er aufgrund betrieblicher Übung verpflichtet, allen anderen Arbeitnehmern, die die Voraussetzungen erfüllen (20-jährige Tätigkeit im Kreditgewerbe, davon mindestens 10 Jahre bei der Beklagten, gute Beurteilung und gesundheitliche Verfassung, die eine vorzeitige Zurruhesetzung nicht erwarten lässt) den Abschluss eines inhaltsgleichen Versorgungsvertrages anzubieten (*BAG* 15.5.2012 – 3 AZR 128/11). 3358a

Die betriebliche Übung unterscheidet sich von der Gesamtzusage im Wesentlichen dadurch, dass es hier keiner ausdrücklichen Erklärung des Arbeitgebers bedarf (*BAG* 18.3.2003 EzA § 1 BetrAVG Ablösung Nr. 39). Erfolgt eine Leistungsgewährung dagegen auf Grund ausdrücklich vereinbarter Anspruchsgrundlagen, z. B. einer Gesamtzusage, ist für die Annahme einer daneben bestehenden betrieblichen Übung regelmäßig kein Raum (*BAG* 10.12.2002 NZA 2003, 1360 LS). **Unter einer Gesamtzusage ist die an alle Arbeitnehmer oder an einen nach abstrakten Merkmalen bestimmten Teil von ihnen in allgemeiner Form gerichtete Erklärung des Arbeitgebers, zusätzliche Leistungen erbringen zu wollen, zu verstehen.** Eine ausdrückliche **Annahmeerklärung** des in der Gesamtzusage enthaltenen Angebots wird nicht erwartet; ihrer bedarf es auch **nicht**. Das in der Gesamtzusage liegende Angebot wird über § 151 BGB ergänzender Inhalt des Arbeitsvertrages (*BAG* 18.3.2003 EzA § 1 BetrAVG Ablösung Nr. 39; 19.5.2005 EzA § 1 BetrAVG Betriebliche Übung Nr. 6). 3359

Die verpflichtende Wirkung einer betrieblichen Übung tritt zu Gunsten derjenigen aktiven Arbeitnehmer ein, die unter ihrer Geltung in dem Betrieb gearbeitet haben. Solche Arbeitnehmer können darauf vertrauen, dass die Übung nach ihrem Ausscheiden bei Eintritt des Versorgungsfalles fortgeführt wird. Dabei kommt es grds. nicht darauf an, dass der Anspruchsteller bereits als Betriebsrentner selbst schon in die Übung einbezogen war (*BAG* 29.4.2003 EzA § 1 BetrAVG Betriebliche Übung Nr. 4). Die betriebliche Übung kann zudem auch noch nach Eintritt des Versorgungsfalles zustande kommen und Leistungen umfassen, die in der Leistungsordnung (ausdrückliche Versorgungszusage) nicht vorgesehen sind (*BAG* 23.8.2011 EzA § 1 BetrAVG Betriebliche Übung Nr. 11). Dies gilt jedoch nicht, wenn die Leistungen lediglich in fehlerhafter Anwendung der Leistungsordnung erbracht werden (*BAG* 29.4.2003 EzA § 1 BetrAVG Betrieb- 3360

# Kapitel 3
Der Inhalt des Arbeitsverhältnisses

liche Übung Nr. 4). Auch **Betriebsrentner** können also auf Grund betrieblicher Übung z. B. einen **Rechtsanspruch auf Beihilfen im Krankheitsfall** erwerben. Dabei schließt die wiederholte Kennzeichnung einer Leistung als »freiwillig« allein die Entstehung eines Rechtsanspruchs aus betrieblicher Übung nicht von vornherein aus (*BAG* 19.5.2005 EzA § 1 BetrAVG Betriebliche Übung Nr. 6).

3361 Zahlt ein Arbeitgeber jahrelang (acht Jahre) ein 13. Ruhegehalt, das in der Versorgungsordnung nicht vorgesehen war, so begründet er damit eine betriebliche Übung zu Gunsten der Versorgungsberechtigten. Diese erwerben eine entsprechende Anwartschaft schon vor Eintritt des Versorgungsfalles. Die Versorgungsleistungen auf Grund einer derartigen betrieblichen Übung können nur unter den gleichen Voraussetzungen widerrufen werden wie ausdrücklich zugesagte Betriebsrenten.

Veranlasst der Arbeitgeber durch die **Weitergabe von Datensätzen**, dass ein Drittunternehmen einen **Personalrabatt** weitergewährt, so kann dadurch auch eine ergänzende betriebliche Übung entstehen (*BAG* 19.2.2008 EzA § 1 BetrAVG Betriebliche Übung Nr. 9).

3362 Neben der betrieblichen Übung, bei Eintritt in den Ruhestand Ruhegelder zu zahlen (Zahlungsübung), findet sich **auch die betriebliche Übung, dass der Arbeitgeber unter bestimmten Voraussetzungen ein Ruhegeld zusagt (Zusageübung)**.

3363 Eine betriebliche Übung z. B., wonach alle Arbeitnehmer innerhalb bestimmter Fristen übereinstimmende schriftliche Versorgungszusagen erhalten, begründet eine Versorgungsanwartschaft und setzt die Unverfallbarkeitsfristen des § 1 bzw. § 1b BetrAVG (s. dazu Rdn. 3635 ff.) in Lauf. Ob und wann die schriftliche Zusage im Einzelfall erteilt wird, ist unerheblich (*BAG* 29.10.1985 EzA § 1 BetrAVG Nr. 38). Auch aus einer betrieblichen Übung, eine Altersversorgung jeweils **erst im Versorgungsfall zuzusagen**, kann sich eine unverfallbare Anwartschaft auf betriebliche Altersversorgung ergeben (*Hess. LAG* 15.8.2001 NZA-RR 2002, 266). Ist es Inhalt einer solchen gleichförmigen betrieblichen Praxis, allen Mitarbeitern, die mindestens eine zehnjährige Betriebszugehörigkeit aufzuweisen haben, nachfolgend eine betriebliche Altersversorgung zu versprechen, so kommt es nicht darauf an, dass die Versorgungszusage stets zum gleichen Zeitpunkt (also etwa genau nach zehn Jahren) gemacht wird. Entscheidend ist, dass alle Mitarbeiter, in deren Person die Voraussetzungen der (internen) Versorgungsrichtlinie vorliegen, eine Versorgungszusage erhalten. Die Versorgungszusagen selbst dürfen **gebündelt und/oder rückwirkend auf den Ablauf einer bestimmten Wartefrist** datiert werden. Solche Verfahrensfragen stehen der Annahme einer betrieblichen Übung nicht entgegen (*BAG* 25.6.2002 EzA § 1 BetrAVG Betriebliche Übung Nr. 3).

3364 Eine betriebliche Übung **kann auch im Rahmen einer bestehenden Zusage entstehen**, z. B. bei der Betriebsrentenberechnung. Auch bei wiederholten und offensichtlichen Abweichungen eines solchen Verhaltens (hier: Betriebsrentenberechnungen) von einer Versorgungsordnung ist andererseits aber der Schluss, der Arbeitgeber wolle sich damit für die Zukunft auch über die Versorgungsordnung hinaus verpflichten, unzulässig, wenn das Verhalten stets mit einer wiederholten und genauen Verweisung auf die Berechnungsvorschriften verbunden ist. Daraus kann dann lediglich geschlossen werden, dass deren Vollzug gewollt ist, jedoch offensichtlich Fehler dabei unterlaufen sind (*BAG* 23.4.2002 EzA § 1 BetrAVG Betriebliche Übung Nr. 2).

3365 Andererseits führt es **nicht ohne weiteres** zu einer betrieblichen Übung, wenn ein Arbeitgeber die **Höchstbeträge** des Ruhegeldes für außertarifliche Angestellte **über längere Zeit entsprechend der Gehaltsentwicklung erhöht**. Es bedarf vielmehr konkreter Anhaltspunkte dafür, dass sich der Arbeitgeber verpflichten wollte, auch in Zukunft dieselben Bemessungsfaktoren beizubehalten (*Hess. LAG* 2.6.2004 – 8 Sa 1771/03, EzA-SD 24/04 S. 14 LS).

3366 Ist eine Regelung der betrieblichen Altersversorgung durch betriebliche Übung entstanden, kann sie nicht ohne weiteres in gleicher Weise abgeändert werden, wenn dies den Arbeitnehmern erkennbar ist, also insbes. ohne Mitbestimmung des Betriebsrats (*Hess. LAG* 26.1.2005 – 8 Sa

945/04, LAG Report 2005, 286 LS; a. A. *Hess. LAG* 2.6.2004 – 8 Sa 1771/03, EzA-SD 24/04 S. 14 LS).

Das *BAG* (31.7.2007 NZA-RR 2008, 263) hat zunächst **offen gelassen**, unter welchen Voraussetzungen im Betriebsrentenrecht eine betriebliche Übung durch eine **geänderte betriebliche Übung beendet werden** kann.

Inzwischen hat es (*BAG* 16.2.2010 EzA § 1 BetrAVG Betriebliche Übung Nr. 10) angenommen, dass dann, wenn ein Arbeitgeber seinen Betriebsrentnern in **drei aufeinander folgenden Jahren** vorbehaltlos eine **Weihnachtsgratifikation** in gleicher Höhe gewährt, dadurch eine **betriebliche Übung entsteht**, die ihn zur Zahlung auch in den Folgejahren verpflichtet. Erklärt er den Betriebsrentnern gegenüber zu einem späteren Zeitpunkt, er gewähre die Gratifikation nur noch in den kommenden drei Jahren, und rechnet er sie ab diesem Zeitpunkt mit dem Hinweis »Versorgungsbezug freiwillige Leistung« ab, lässt dies den Anspruch auch dann nicht entfallen, wenn die Versorgungsberechtigten der vom Arbeitgeber beabsichtigten Änderung nicht widersprechen. Der Arbeitgeber kann sich nicht darauf berufen, es sei eine gegenläufige betriebliche Übung entstanden.

Für den Bereich der betrieblichen Altersversorgung war **generell eine gegenläufige betriebliche Übung nicht anzuerkennen**. Denn die unterschiedliche Struktur der Rechtsbeziehung verbot es, den für das Arbeitsverhältnis entwickelten Rechtsgedanken der gegenläufigen betrieblichen Übung auf das Versorgungsverhältnis zu übertragen. Gem. Art. 229 § 5 EGBGB sind auf Dauerschuldverhältnisse, die vor dem 1.1.2002 begründet wurden, vom 1.1.2003 an die Vorschriften in der dann geltenden Neufassung anzuwenden. Durch die Einräumung einer einjährigen Übergangsfrist hat der Gesetzgeber dem Vertrauensschutz des Arbeitgebers im Regelfall genügt (*BAG* 16.2.2010 EzA § 1 BetrAVG Betriebliche Übung Nr. 10).

### (2) Darlegungs- und Beweislast

Beruft sich der **Arbeitnehmer** auf eine derartige betriebliche Übung, so trägt er für das Vorliegen ihrer tatsächlichen Voraussetzungen die Darlegungs- und Beweislast. 3367

Weil er aber oft nur weiß, dass ein Teil der Kollegen eine Versorgung erhält, muss er nicht alle Details vortragen. Es genügt, dass er zunächst die Umstände darlegt, die den äußeren Eindruck einer festen Übung erwecken oder auf eine bestimmte Gruppenbildung hindeuten. Im Anschluss daran hat der Arbeitgeber seine Praxis offen zu legen und ggf. den Anschein einer Übung oder einer bestimmten Gruppenbildung zu erschüttern (*BAG* 29.10.1985 EzA § 1 BetrAVG Nr. 38). 3368

### (3) Gerichtliche Überprüfung

Die Prüfung der Frage, ob und mit welchem Inhalt Ansprüche von Arbeitnehmern auf künftige Gewährung von Leistungen aus betrieblicher Übung erwachsen, hat das *BAG* (16.9.1998 EzA § 242 BGB Betriebliche Übung Nr. 41) bislang **in erster Linie als tatrichterliche Aufgabe** gesehen. Dementsprechend hat es angenommen, dass im Revisionsrechtszug nur überprüft werden kann, ob der angenommene Erklärungswert des tatsächlichen Verhaltens den Auslegungsregeln der §§ 133, 157 BGB entspricht, ob er mit den Gesetzen der Logik und den allgemeinen Erfahrungssätzen vereinbar ist und ob vom Berufungsgericht auch alle von ihm festgestellten wesentlichen Umstände des Einzelfalles berücksichtigt sind. Dafür spricht, dass nach der ständigen Rechtsprechung die betriebliche Übung in die Einzelarbeitsverhältnisse eingeht und so die Arbeitsverträge ergänzt. 3369

Wegen des lang andauernden, gleichförmigen und oft den gesamten Betrieb erfassenden Charakters der betrieblichen Übung erwägt das *BAG* (25.6.2002 EzA § 1 BetrAVG Betriebliche Übung Nr. 3) inzwischen aber, wie bei Formularverträgen die gefundenen Auslegungsergebnisse einer vollen revisionsrechtlichen Überprüfung zu unterziehen. 3370 *ee) Weitere Anspruchsgrundlagen*

3371　Ansprüche auf betriebliche Altersversorgung können sich zudem ergeben aus dem Grundsatz der **Gleichbehandlung** (s. Kap. 1 Rdn. 429 ff.; s. *BAG* 15.7.2008 – 3 AZR 61/07, NZA-RR 2009, 323), aus **Tarifverträgen** (selten im Bereich der Privatwirtschaft, vgl. z. B. die ZVK des Baugewerbes, häufig dagegen im öffentlichen Dienst) sowie **Betriebsvereinbarungen** und **freiwilligen Versorgungsregelungen** mit dem Sprecherausschuss der Leitenden Angestellten, u. U. auch aus dem Gesichtspunkt des **Vertrauensschutzes**.

3372　Problematisch ist die Rechtslage dann, wenn durch Tarifvertrag vorgesehen ist, dass die Leistungen von einer gemeinsamen Einrichtung der Tarifvertragsparteien (z. B. der ZVK des Baugewerbes) i. S. v. § 4 Abs. 2 TVG (als Versicherungsverein auf Gegenseitigkeit) erbracht werden sollen und der Arbeitgeber (GmbH) durch Verschmelzung mit anderen Gesellschaften aus dem betrieblichen Geltungsbereich der (Bau-)Tarifverträge ausscheidet. Dadurch erlischt die Mitgliedschaft des ursprünglichen Unternehmens im Arbeitgeberverband. Es erlischt auch das Versicherungsverhältnis des Arbeitnehmers mit der Zusatzversorgungskasse. Schließlich sind §§ 3 Abs. 3 TVG (Fortbestehen der Tarifbindung bis zur Beendigung des Tarifvertrages), 4 Abs. 5 TVG (Nachwirkung) auf gemeinsame Einrichtungen gem. § 4 Abs. 2 TVG nicht anzuwenden.

3373　Andererseits führt aber das Ausscheiden des Arbeitgebers aus dem betrieblichen Geltungsbereich der Tarifverträge (für das Baugewerbe) **nicht zum Wegfall seiner Versorgungsverpflichtung**. Denn die durch Verschmelzung entstandene Gesellschaft ist **Rechtsnachfolgerin** des ursprünglichen Arbeitgebers. Sie hat die Verbindlichkeiten des bisherigen Arbeitgebers zu erfüllen. Zu den aus dem Arbeitsvertrag zu erfüllenden Verpflichtungen gehört auch das Versorgungsversprechen. Das gilt auch bei tarifvertraglich begründeten Ansprüchen auf Versorgungsleistungen, die über eine gemeinsame Versorgungseinrichtung (Zusatzversorgungskasse) erfüllt werden.

3374　Kann der Arbeitgeber seine Arbeitnehmer nicht mehr bei der Zusatzversorgungskasse versichern und für sie Beiträge entrichten, muss er selbst im Versorgungsfall gleichwertige Leistungen erbringen (*BAG* 5.10.1993 EzA § 1 BetrAVG Zusatzversorgungskassen Nr. 6; 18.9.2001 EzA § 613a BGB Nr. 205: Teilbetriebsübergang).

*ff) Besonderheiten im öffentlichen Dienst; Aufklärungspflichten*

*(1) Grundlagen*

3375　Insbesondere im öffentlichen Dienst wurden durch Tarifverträge **tarifliche Versorgungskassen** errichtet.

3376　Allein aus dem Beitritt des öffentlichen Arbeitgebers zu einer Zusatzversorgungskasse kann der Arbeitnehmer noch kein Recht herleiten, an dem Versorgungswerk der Kasse beteiligt zu werden. Dies gilt auch, wenn der Arbeitgeber nach der Satzung der Kasse verpflichtet ist, den Arbeitnehmer anzumelden.

3377　Hat aber der Arbeitgeber seinen Beitritt zur Zusatzversorgungskasse im Betrieb verlautbart und praktiziert, in dem einige Arbeitnehmer angemeldet worden sind, dann hat der Arbeitnehmer, der die satzungsmäßigen Voraussetzungen erfüllt, einen vertraglichen Anspruch darauf, dass der Arbeitgeber ihn zur Kasse anmeldet, sofern deren Satzung dies zulässt. Der Arbeitgeber kann die Anmeldung auch nicht von einer längeren Beschäftigungsdauer des Arbeitnehmers oder von sonstigen Voraussetzungen abhängig machen, die in der Satzung der Kasse nicht vorgesehen sind (*BAG* 10.3.1992 EzA § 611 BGB Fürsorgepflicht Nr. 58).

*(2) Aushändigung der Satzung*

3378　Arbeitgeber, die an der Versorgungsanstalt des Bundes und der Länder (VBL) beteiligt sind, müssen jedem ihrer Arbeitnehmer die Satzung der Versorgungseinrichtung aushändigen. Eine schuldhafte Verletzung dieser Pflicht kann zu **Schadensersatzansprüchen** führen, wenn Arbeitnehmer aus Unkenntnis sinnvolle Versicherungsanträge nicht stellen und dadurch einen Versorgungsschaden erleiden.

Die Pflichtverletzung des Arbeitgebers ist aber dann nicht ursächlich für den Versorgungsschaden, 3379
wenn der unterlassene Versicherungsantrag zu einem Zeitpunkt hätte gestellt werden müssen, zu dem seine Zweckmäßigkeit auch für einen Sachkundigen zweifelhaft war (BAG 15.10.1985 EzA § 611 BGB Fürsorgepflicht Nr. 41).

### (3) Belehrungs- und Aufklärungspflichten

Jedem Arbeitsverhältnis wohnt die **Nebenpflicht** des Arbeitgebers inne, die im Zusammenhang mit 3380
dem Arbeitsverhältnis stehenden **Interessen des Arbeitnehmers so zu wahren**, wie dies unter Berücksichtigung der Interessen und Belange beider Vertragspartner nach Treu und Glauben **verlangt werden kann**. Die Schutz- und Rücksichtnahmepflicht des Arbeitgebers gilt auch für die Vermögensinteressen der Arbeitnehmer (BAG 21.11.2000 EzA § 611 BGB Fürsorgepflicht Nr. 61). Daraus können sich zum einen **Hinweis- und Informationspflichten** des Arbeitgebers ergeben. Zum anderen hat er, wenn er seinen Arbeitnehmern bei der Wahrnehmung ihrer Interessen behilflich ist, zweckentsprechend zu verfahren und sie vor drohenden Nachteilen zu bewahren (BAG 14.1.2009 – 3 AZR 71/07, ZTR 2009, 507).

Die arbeitsrechtlichen Nebenpflichten des Arbeitgebers beschränken sich nicht darauf, den Ar- 3381
beitnehmern weder falsche noch unvollständige Auskünfte zu erteilen. Zur Vermeidung von Rechtsnachteilen für die Versorgungsberechtigten kann der Arbeitgeber verpflichtet sein, von sich aus geeignete Hinweise zu geben. Grundsätzlich hat zwar jeder Vertragspartner für die Wahrnehmung seiner Interessen selbst zu sorgen und sich Klarheit über die Folgen der vorgesehenen Vereinbarungen zu verschaffen. Der jeder Partei zuzubilligende Eigennutz findet aber seine Grenzen am schutzwürdigen Lebensbereich des Vertragspartners (BAG 23.9.2003 EzA § 611 BGB 2002 Fürsorgepflicht Nr. 1). Hinweis- und Aufklärungspflichten beruhen auf den besonderen Umständen des Einzelfalles und sind das Ergebnis einer umfassenden Interessenabwägung (BAG 11.12.2001 EzA BGB § 611 Fürsorgepflicht Nr. 62). Gesteigerte Informationspflichten können den Arbeitgeber vor allem dann treffen, wenn die nachteilige Vereinbarung auf seine Initiative hin und in seinem Interesse zustande kommt (BAG 3.7.1990 EzA § 611 BGB Aufhebungsvertrag Nr. 7; 17.10.2000 EzA § 611 BGB Fürsorgepflicht Nr. 59). Eine Hinweispflicht kann indessen auch dann bestehen, wenn die Beendigung des Arbeitsverhältnisses nicht auf einer Initiative des Arbeitgebers beruht. Die erkennbaren Informationsbedürfnisse des Arbeitnehmers einerseits und die Beratungsmöglichkeiten des Arbeitgebers andererseits sind stets zu beachten (BAG 17.10.2000 EzA § 611 BGB Fürsorgepflicht Nr. 59; 14.1.2009 – 3 AZR 71/07, ZTR 2009, 507).

Wie groß das Informationsbedürfnis des Arbeitnehmers ist, hängt insbes. von der **Schwierigkeit der** 3382
**Rechtsmaterie** sowie dem **Ausmaß der drohenden Nachteile** und deren Voraussehbarkeit ab. Das Informationsbedürfnis steigt, wenn die Beendigung des Arbeitsverhältnisses in einem zeitlichen oder sachlichen Zusammenhang mit dem Ruhestand steht (BAG 17.10.2000 EzA § 611 BGB Fürsorgepflicht Nr. 59). Dieser Zusammenhang kann sich z. B. aus dem gesetzlichen Zweck eines Altersteilzeitarbeitsverhältnisses ergeben. Denn nach § 1 Abs. 1 des AltTZG soll älteren Arbeitnehmern durch Altersteilzeitarbeit ein gleitender Übergang vom Erwerbsleben in die Altersrente ermöglicht werden. Dem Umfang der Altersversorgung kommt dementsprechend zentrale Bedeutung zu (BAG 14.1.2009 – 3 AZR 71/07 – ZTR 2009, 507; s. a. ArbG Lörrach 11.1.2012 – 5 Ca 115/11, EzA-SD 2012, S. 12 LS).

Von der **Dauer des Arbeitsverhältnisses** hängt es ab, ob der Arbeitnehmer durch eine Altersteilzeit- 3383
vereinbarung bei der Zusatzversorgung des öffentlichen Dienstes außergewöhnliche Einbußen erleidet. Da das im Versorgungs-TV und der VBLS a. F. geregelte Gesamtversorgungssystem äußerst kompliziert und für einen durchschnittlichen Arbeitnehmer kaum durchschaubar ist (s. BVerfG

22.3.2000 EzA Art. 3 GG Nr. 83), hat er ein dringendes Interesse daran, über ungewöhnliche Nachteile unterrichtet zu werden.

**3384** **Der Arbeitgeber darf allerdings weder durch das Bestehen noch durch den Inhalt einer arbeitsvertraglichen Informationspflicht überfordert werden.** Auch in diesem Zusammenhang gewinnt die Komplexität des Gesamtversorgungssystems des öffentlichen Dienstes Bedeutung. Fundierte Auskünfte können nur die mit dieser Rechtsmaterie vertrauten Fachleute erteilen. Dies führt dazu, dass der Arbeitgeber selbst keine detaillierten Auskünfte erteilen muss, sondern die Arbeitnehmer an die VBL verweisen darf (*BAG* 17.10.2000 EzA § 611 BGB Fürsorgepflicht Nr. 59; 14.1.2009 – 3 AZR 71/07, ZTR 2009, 507). Er musste – im konkret entschiedenen Einzelfall – die Versorgungsberechtigte zwar nicht über einzelne versorgungsrechtliche Berechnungsfragen unterrichten.

**3385** **Im konkret entschiedenen Einzelfall** musste das beklagte Land seine Arbeitnehmer aber in die Lage versetzen, zweckgerechte Anfragen an die VBL zu stellen. Dazu gehörte der Hinweis auf den vorgesehenen Abschluss einer Altersteilzeitvereinbarung, deren geplante Ausgestaltung und vor allem der voraussichtliche Beendigungszeitpunkt des Arbeitsverhältnisses.

**3386** Ohne diese Angaben **bestand die naheliegende Gefahr**, dass die VBL die entscheidenden Probleme nicht erkannte und unzureichende Auskünfte erteilte, ohne dass die Versorgungsberechtigten dies bemerkten. Sowohl die Klägerin als auch der für Personalfragen zuständige Geschäftsstellenleiter des Finanzamts übersahen, dass der an die VBL gerichtete Antrag nicht geeignet war, die nach Abschluss der vorgesehenen Altersteilzeitvereinbarung zu erwartende Zusatzversorgung der VBL »detailliert« zu klären und außergewöhnliche Einbußen zu vermeiden; dies führte zur Schadenshaftung des Arbeitgebers (*BAG* 14.1.2009 – 3 AZR 71/07, ZTR 2009, 507).

**3387** Bestehen im öffentlichen Dienst **verschiedene Versorgungswege** (z. B. Versicherung entweder bei der Versicherungsanstalt des Arbeitgebers, einer Körperschaft des öffentlichen Rechts oder Höherversicherung in der gesetzlichen Rentenversicherung), so hat der Arbeitgeber auch darüber **aufzuklären**.

**3388** Neu eingestellte Arbeitnehmer müssen z. B. über bestehende Versorgungsmöglichkeiten, d. h. über die bestehenden Zusatzversorgungsmöglichkeiten und die Mittel und Wege zu ihrer Ausschöpfung belehrt werden. Die Belehrungspflicht erstreckt sich allerdings regelmäßig nicht auf die Zweckmäßigkeit zur Auswahl stehender Gestaltungsmöglichkeiten. Dieser Hinweis- und Belehrungspflicht genügt der Arbeitgeber dadurch, dass er die Vorschriften der Versorgungsregelung bei Beginn des Arbeitsverhältnisses dem Arbeitnehmer zur Kenntnis bringt, insbes. ihm ein entsprechendes Satzungsexemplar aushändigt (*BAG* 17.12.1991 EzA § 611 BGB Fürsorgepflicht Nr. 57).

**3389** **Berät der Arbeitgeber** allerdings den Arbeitnehmer bei seiner Versorgungsplanung, erteilt er z. B. Ratschläge über die Zweckmäßigkeit des Versorgungsweges, **so muss diese Belehrung richtig, eindeutig und vollständig sein.** Wenn der Arbeitgeber nur auf die beitragsrechtlichen Lasten einer Nachversicherung hinweist, jedoch wesentliche Rentenvorteile, die sich daraus ergeben, verschweigt, ist eine solche Belehrung unvollständig und irreführend. **Der dadurch schuldhaft verursachte Versorgungsschaden muss ersetzt werden** (*BAG* 13.12.1988 EzA § 611 BGB Fürsorgepflicht Nr. 53; zur Hinweispflicht nach Ausspruch einer Kündigung durch den Arbeitgeber vgl. *BAG* 23.9.2003 EzA § 611 BGB 2002 Fürsorgepflicht Nr. 1).

**3390** Im Einzelfall kann der Arbeitgeber auch verpflichtet sein, den Arbeitnehmer nach Ablauf einer zweijährigen Betriebszugehörigkeit **darauf aufmerksam zu machen, dass er nunmehr innerhalb der Frist von einem Monat den Antrag auf Aufnahme in die Pensionskasse stellen müsse.** Denn von einem Arbeitnehmer kann nicht erwartet werden, dass er sich zwei Jahre im Voraus den Beginn der Antragsfrist notiert oder sich merkt. Dem Arbeitgeber kann die Überwachung einer solchen Frist jedenfalls dann zugemutet werden, wenn er für andere Arbeitnehmer, die Pflichtmitglieder bei der Pensionskasse werden, ohnehin die Frist überwachen muss und wenn der Arbeitnehmer sich bereits zu Beginn des Arbeitsverhältnisses bereit erklärt hat, der Pensionskasse beizutreten (*BAG* 17.12.1991 EzA § 611 BGB Fürsorgepflicht Nr. 57).

Diese Grundsätze gelten auch für Arbeitnehmer eines in einer **privaten Rechtsform betriebenen Unternehmens einer Kommune**. Ein derartiger Arbeitgeber, der einem Arbeitnehmer eine vergleichende Modellrechnung voraussichtlicher Versorgungsansprüche anbietet, um dessen tarifvertraglich eingeräumte Wahlentscheidung zu unterstützen, aus einer bestehenden Versorgungszusage in ein anderes Versorgungssystem zu wechseln, haftet deshalb für eine etwaige Unrichtigkeit dieser Modellrechnung. Ergibt sich aus dieser Modellrechnung zu Unrecht, dass die Versorgungsalternative günstiger ist als die bestehende Zusage und wechselt der Arbeitnehmer daraufhin in dieses Versorgungssystem, muss der Arbeitgeber ihn so stellen, wie er nach der ursprünglichen Versorgungszusage gestanden hätte (*BAG* 21.11.2000 EzA § 611 BGB Fürsorgepflicht Nr. 61). 3391

Erhält andererseits ein leitender Mitarbeiter ein Schreiben, in welchem er auf eine in der Anlage beigefügte Neuregelung der Bestimmungen für Ruhegehaltszusagen an leitende Angestellte hingewiesen wird, hat er sich von deren Inhalt auch dann Kenntnis zu verschaffen, wenn diese Neuregelung dem Anschreiben nicht beigefügt sein sollte. Jedenfalls in einer vom Arbeitgeber für leitende Angestellte aufgestellten allgemeinen Versorgungsordnung ist es von Rechts wegen nicht zu beanstanden, wenn für einen Anspruch auf vorgezogenes betriebliches Altersruhegeld ab Bezug der vorgezogenen gesetzlichen Rente verlangt wird, dass der Arbeitnehmer innerhalb von drei Monaten ab diesem Zeitpunkt beim Arbeitgeber einen entsprechenden Antrag stellt, und dass die Zahlung der betrieblichen Versorgungsleistungen bei verspäteter Antragstellung erst mit dem Monat der Antragstellung beginnt (vgl. auch § 99 SGB VI; *BAG* 18.2.2003 EzA § 1 BetrAVG Nr. 83). 3392

### b) Die Durchführungs-, Gestaltungsformen der betrieblichen Altersversorgung

Betriebsrentenrechtlich ist zwischen der **Versorgungszusage** (§ 1 Abs. 1 S. 1 BetrAVG), der Bestimmung des internen oder externen **Durchführungsweges** (§ 1 Abs. 1 S. 2 BetrAVG) und dem aus der **Einstandspflicht** (§ 1 Abs. 1 S. 3 BetrAVG) folgenden **Verschaffungsanspruch** als Erfüllungsanspruch zu unterscheiden. Der Arbeitnehmer hat einen Anspruch auf Einhaltung des Durchführungsweges dann, wenn sich dies aus den für den Betriebsrentenanspruch maßgeblichen Regelungen ergibt (*BAG* 12.6.2007 EzA § 1 BetrAVG Nr. 90). Setzt z. B. eine **Pensionskasse** wegen eines aufgetretenen Fehlbetrags satzungsgemäß ihre **Leistungen herab**, hat der **Arbeitgeber** gem. § 1 Abs. 1 S. 3 BetrAVG dem Arbeitnehmer, dem er Versorgung über diese Pensionskasse versprochen hat, die **Minderung auszugleichen** (*Hess. LAG* 23.3.2010 NZA-RR 2011, 40). 3393

### aa) Unmittelbare Versorgungszusage

### (1) Grundlagen

Bei der unmittelbaren Versorgungszusage (Direkt-Pensionszusage) **verpflichtet sich der Arbeitgeber, einem Arbeitnehmer oder mehreren Arbeitnehmern nach Eintritt des Versorgungsfalles Versorgungsleistungen selbst zu erbringen.** Der Arbeitgeber haftet unmittelbar mit seinem Betriebsvermögen; die Finanzierung erfolgt i. d. R. durch Pensionsrückstellungen. 3394

Versorgungsleistungen aus unmittelbaren Versorgungszusagen können durch Verbände branchenspezifisch einander angeglichen und in ihrer Verwaltung **zentralisiert werden**, ohne dadurch ihren Charakter als unmittelbare Versorgungszusage zu verändern. So existieren der Bochumer Verband für den Bergbau, der Essener Verband für die Eisen- und Stahlindustrie sowie der Duisburger Verband für das Speditionsgewerbe. 3395

Die Deckungsmittel verbleiben bei den einzelnen Unternehmen; die versorgungsrechtlichen Beziehungen verändern sich dadurch nicht. 3396

*(2) Berechnung; Auslegung*

**3397** **Die Höhe des dem Arbeitnehmer zustehenden Versorgungsanspruchs bestimmt sich nach Maßgabe der jeweiligen Versorgungszusage.**

I. d. R. wird festgelegt, was zu den ruhegehaltsfähigen Bezügen gehört, und davon ein bestimmter %-Satz als Ruhegeld unter Berücksichtigung insbes. der Zusagedauer bzw. der Betriebszugehörigkeit angesetzt. Überstundenvergütungen, die nach dem jeweiligen Arbeitsanfall bemessen werden, zählen ebenso wenig wie die Vergütungen für unterschiedlich anfallende Rufbereitschaften zu den »regelmäßigen monatlichen Bezügen« i. S. d. vorliegenden Versorgungsordnung. Inwieweit eine Versorgungszusage den bisherigen Lebensstandard sichern will, hängt vor allem davon ab, welche Vergütungsbestandteile nach der konkreten Versorgungsordnung als versorgungsfähig bezeichnet werden. Das Versorgungsziel ergibt sich durch Auslegung, bei der Wortlaut und Systematik im Vordergrund stehen (*BAG* 19.11.2002 EzA § 1 BetrAVG Nr. 84).

**3398** Rechnet z. B. eine Versorgungsordnung Kindergeld, als Unterstützungen und Beihilfen gewährte Zulagen, Überstundenentgelte und sonstige für Sonderleistungen gewährte »Sondervergütungen« nicht zu den ruhegehaltsfähigen Bezügen, so fällt auch ein pauschaler Auslandszuschlag, dessen Höhe § 55 BBesG entspricht, nicht darunter (*BAG* 23.10.1990 EzA § 1 BetrAVG Nr. 62). Bei einer derartigen Regelung in einer Versorgungsordnung haben es der Arbeitgeber bzw. die Betriebspartner grds. in der Hand, **durch die Bezeichnung** einer neu eingeführten Arbeitgeberleistung **über deren Ruhegeldfähigkeit zu entscheiden**, wenn sie diese Leistungen auch entsprechend der gewählten Bezeichnung ausgestalten (*BAG* 24.4.2001 EzA § 1 BetrAVG Nr. 75; zur Auslegung dieses Begriffs s. *BAG* 24.1.2006 – 3 AZR 479/04, NZA 2006, 1128 LS).

**3398a** Verwenden die Betriebsparteien in einer Betriebsvereinbarung **Begriffe**, die in der **Rechtsterminologie** einen **bestimmten Inhalt** haben, so ist regelmäßig davon auszugehen, dass diese Begriffe auch in ihrer allgemeinen rechtlichen Bedeutung gelten sollen, soweit sich aus der Betriebsvereinbarung nichts Gegenteiliges ergibt. Regelt die Betriebsvereinbarung betriebliche Altersversorgung und verwendet sie im Sozialversicherungsrecht gebräuchliche Begriffe, ohne sie selbst zu definieren, legt sie regelmäßig den **Sprachgebrauch des Sozialversicherungsrechts** zugrunde. Wird insoweit der Begriff des Beschäftigungsverhältnisses gebraucht und ergibt sich aus dem Zusammenhang der Betriebsvereinbarung, dass damit nicht das Arbeitsverhältnis gemeint ist, ist dies ein Anhaltspunkt für ein Begriffsverständnis der Betriebsparteien, das an den sozialversicherungsrechtlichen Begriff des Beschäftigungsverhältnisses in seinem Verständnis zum Zeitpunkt des Abschlusses der Betriebsvereinbarung anknüpft (*BAG* 14.12.2010 – 3 AZR 939/08, NZA 2011, 705).

**3399** Eine Versorgungsordnung, die den Durchschnitt der zuletzt erzielten Arbeitsvergütung zum Bemessungsfaktor für den Versorgungsanspruch erhebt, erfasst regelmäßig nicht den Wechsel von langjähriger Vollzeit in Teilzeit, insbes. nicht den Eintritt in Altersteilzeit. Die Versorgungsordnung ist insoweit lückenhaft und im Wege der ergänzenden Vertragsauslegung regelmäßig dergestalt zu schließen, dass der für den Vollzeitbeschäftigten ermittelte Rentenbetrag entsprechend der Teilzeitquote (i. E. der persönliche Beschäftigungsgrad des auch oder nur in Teilzeit arbeitenden Arbeitnehmers im Verhältnis zur Arbeitszeit des in Vollzeit tätigen Arbeitnehmers) bezogen auf die gesamte Beschäftigungsdauer umzurechnen ist. Sind im Bemessungszeitraum kurzzeitige, befristete Vergütungserhöhungen oder -absenkungen aus besonderem Anlass eingetreten, kann eine ergänzende Vertragsauslegung die Unbeachtlichkeit der Vergütungsänderung für die Durchschnittsberechnung ergeben (*LAG Düsseld.* 3.6.2009 NZA-RR 2010, 96).

**3400** Knüpft eine als Betriebsvereinbarung ergangene Versorgungsordnung eine zusätzliche Versorgung zudem an den Teil des Einkommens des Arbeitnehmers, »**der die Beitragsbemessungsgrenze der gesetzlichen Angestelltenversicherung übersteigt**« und sieht gleichzeitig vor, dass »in der Höhe schwankende Zuwendungen« bei der Zusatzversorgung nicht zu berücksichtigen sind, erfordert der Zweck der Regelung nicht die Einbeziehung von Zuschlägen zur Sonntags-, Feiertags- und Nachtarbeit in die Berechnung der betrieblichen Altersversorgung. Diese Zuschläge sind in der gesetzlichen Altersversorgung weitgehend beitragsfrei und stehen insoweit von vornherein neben der

## B. Pflichten des Arbeitgebers  Kapitel 3

Systematik der Beitragszahlung und damit der gesetzlichen Altersversorgung (*BAG* 18.10.2005 EzA § 1 BetrAVG Nr. 86).

Zahlreiche Versorgungsordnungen enthalten eine »**gespaltene Rentenformel**«. Danach sind für den 3401 Teil des versorgungsfähigen Einkommens **oberhalb der Beitragsbemessungsgrenze** in der gesetzlichen Rentenversicherung **höhere Leistungen vorgesehen als für den Teil bis zur Beitragsbemessungsgrenze**. Diese »gespaltene Rentenformel« trägt dem höheren Versorgungsbedarf Rechnung, der daraus resultiert, dass die Einkommensteile oberhalb der Beitragsbemessungsgrenze nicht mit Beiträgen an die gesetzliche Rentenversicherung belegt sind und dem Arbeitnehmer bei diesen Einkommensteilen deshalb eine entsprechende Leistung aus der gesetzlichen Rentenversicherung fehlt. Stellt die Versorgungszusage auf die Beitragsbemessungsgrenze in der Rentenversicherung ab, so nimmt sie damit regelmäßig die Anpassungsregel des § 159 SGB VI in Bezug. Der Begriff der Beitragsbemessungsgrenze, wie er in Versorgungsordnungen allgemein verwendet wird, ist mit dem Prinzip der Anhebung der Beitragsbemessungsgrundlage entsprechend der tatsächlichen durchschnittlichen Lohn- und Gehaltsentwicklung nach § 159 SGB VI verbunden. Versorgungsordnungen mit einer »gespaltenen Rentenformel« sind durch die außerplanmäßige Anhebung der Beitragsbemessungsgrenze um 500 € im Jahre 2003 nach § 275c SGB VI regelmäßig lückenhaft geworden und entsprechend dem ursprünglichen Regelungsplan zu ergänzen. Danach berechnet sich die Betriebsrente ohne Berücksichtigung der außerplanmäßigen Erhöhung der Beitragsbemessungsgrenze. Von dieser Rente ist jedoch der Betrag in Abzug zu bringen, um den sich die gesetzliche Rente infolge höherer Beitragszahlungen erhöht hat (*BAG* 21.4.2009 EzA § 1 BetrAVG Auslegung Nr. 1; abl. *LAG Nds.* 8.12.2009 – 11 Sa 1783/07; *Hess. LAG* 22.6.2011 – 8 Sa 1832/10; *Diller* NZA 2012, 22 ff.).

Auch hängt es vom Inhalt der Versorgungszusage ab, ob die erlaubte **Privatnutzung eines Geschäfts-** 3402 **wagens** bei der Betriebsrentenberechnung zu berücksichtigen ist (*BAG* 21.8.2001 EzA § 1 BetrAVG Nr. 78; *Hess. LAG* 12.11.2008 NZA-RR 2009, 444); zu den »**zuletzt erhaltenen Bezügen**« als Grundlage der Rentenberechnung gehören jedenfalls i. d. R. nicht zusätzlich der Wert der Privatnutzung eines Dienstwagens und eines kostenfreien »Haustrunks«, wenn die »Bezüge« mit einem bestimmten Betrag im Arbeitsvertrag aufgeführt sind (*Hess. LAG* 12.11.2008 NZA-RR 2009, 444).

Bestimmt eine Versorgungsordnung, dass für die Berechnung der Betriebsrenten das »**Bruttoarbeits-** 3403 **entgelt** i. S. d. gesetzlichen Rentenversicherung, maßgebend sein soll, so bedeutet das im Zweifel, dass auch eine Arbeitnehmererfindungsvergütung zu berücksichtigen ist (*BAG* 9.7.1985 EzA § 2 BetrAVG Nr. 7; zu »regelmäßigen, monatlichen Bezügen« vgl. *LAG Köln* 10.8.2001 – 11 Sa 1006/00, EzA-SD 1/02, S. 14 LS). Bleiben nach der Versorgungsordnung »Überstunden- und Mehrarbeitsvergütungen, Gratifikationen oder sonstige einmalige Zuwendungen« bei der Ermittlung des für die Betriebsrente maßgeblichen **Durchschnittsbruttogehalts außer Betracht**, so zählen zu den »sonstigen einmaligen Zuwendungen« auch die jährlichen Sonderzahlungen, die der Kläger nach dem Tarifvertrag über die tarifliche Absicherung eines Teiles eines 13.Monatseinkommens erhielt (*BAG* 20.3.2001 EzA § 1 BetrAVG Nr. 77). **Arbeitgeberfinanzierte Beiträge zu einer Direktversicherung** sind regelmäßig keine »Bezüge« des Arbeitnehmers, weil der Arbeitgeber mit ihnen keine Leistung an den Arbeitnehmer erbringt, sondern eine eigene Verpflichtung gegenüber der Versicherung erfüllt mit dem Ziel, dem bezugsberechtigten Arbeitnehmer den versprochenen Versicherungsanspruch zu verschaffen (*BAG* 24.4.2001 EzA § 1 BetrAVG Nr. 78). Ist nach dem Wortlaut einer Betriebsvereinbarung auf den monatlichen Durchschnittsnettoverdienst abzustellen, so kommt es für die Beantwortung der Frage, ob dabei auch sog. Einmalzahlungen, wie das tarifliche Urlaubsgeld oder die jährliche Sonderzuwendung zu berücksichtigen ist, auch auf den erkennbaren Sinn und Zweck der Regelung an; auch die bisherige betriebliche Handhabung kann herangezogen werden (*LAG Bln.* 6.5.2003 – 3 Sa 325/03, EzA-SD 13/03, S. 13 LS).

Verweist eine Versorgungsordnung auf die »**tarifliche Arbeitszeit**« für die Bestimmung des Be- 3404 rechnungsentgelts, so ist darunter die regelmäßige tarifliche Wochenarbeitszeit zu verstehen. Tariflich zwar zugelassene, aber individuell zu vereinbarende längere Arbeitszeiten fallen nicht darunter. Die Einführung einer Obergrenze für das rentenfähige Einkommen ist zudem ein tragfähiger sachlicher Grund dafür, einzelne Einkommensbestandteile nicht in die Rentenberechnung einzubeziehen (*BAG* 15.2.2005 EzA § 4 TVG Metallindustrie Nr. 131).

3405 Zulässig ist allerdings gem. § 1 Abs. 2 Nr. 1 BetrAVG auch die **beitragsorientierte Leistungszusage**, die nicht eine Versorgungsleistung, sondern einen Versorgungsbeitrag zum Gegenstand hat (vgl. *Blomeyer* NZA 1998, 913).

3406 Zu den Grundsätzen, die Arbeitgeber und Betriebsrat bei dem Aufstellen einer Versorgungsordnung durch Betriebsvereinbarung zu beachten haben, gehört der **Grundsatz der Gleichbehandlung** (s. Kap. 1 Rdn. 457 und hier Rdn. 3520 ff.); dieser Grundsatz gilt auch für die Ermittlung der für die Berechnung der Betriebsrente maßgeblichen Bemessungsgrundlagen, also des rentenfähigen Arbeitsverdienstes. Dabei können einzelne Lohnbestandteile unberücksichtigt bleiben, wenn es dafür sachliche Gründe gibt.

3407 Insoweit gelten folgende **Grundsätze** (*BAG* 17.2.1998 EzA § 1 BetrAVG Gleichbehandlung Nr. 15):
– Arbeitgeber und Betriebsrat können den Versorgungsbedarf so beschreiben, dass nur das Festgehalt, nicht auch Provisionen, zum rentenfähigen Arbeitsverdienst gehören.
– Der Ausschluss von variablen Lohnbestandteilen aus der Bemessungsgrundlage kann durch Gründe der Klarheit und der einfachen Handhabung gerechtfertigt sein.
– Die Grenze der zulässigen Gestaltung einer Betriebsvereinbarung ist aber dann überschritten, wenn die Gruppe der Außendienstmitarbeiter (vgl. *LAG Düsseld.* 29.6.2001 NZA-RR 2002, 39) tatsächlich keine oder keine angemessene Betriebsrente erhalten kann.

*(3) Vertragliche Bezugnahme auf »die geltenden Bestimmungen« bzw. auf gesetzliche Vorschriften oder auf eine »gleichwertige Versorgung«*

3408 Wird in einem Arbeitsvertrag Versorgung nach den beim Arbeitgeber geltenden Bestimmungen versprochen, sind die die Versorgung regelnden Dienst (Betriebs-)Vereinbarungen gemeint; im Zweifel sind die **jeweils geltenden** gemeint Es handelt sich also **i. d. R. um eine dynamische Verweisung**. Eine derartige Jeweiligkeitsklausel gilt auch noch für die Betriebsrenten (*BAG* 23.9.1997 EzA § 1 BetrAVG Ablösung Nr. 14). Diese Grundsätze gelten auch bei der Verweisung auf den »jeweils geltenden Tarifvertrag«.

3409 Eine dynamische Verweisung auf gesetzliche Vorschriften kann im Übrigen dazu führen, dass Regelungen gelten, die der Arbeitgeber selbst nicht schaffen könnte. Der Gesetzgeber hat einen weitergehenden Gestaltungsspielraum als der Arbeitgeber bei der Ausübung eines Leistungsbestimmungsrechts und der Vorformulierung von Arbeitsbedingungen. Auch der Inhalt arbeitsvertraglich übernommener gesetzlicher Regelungen unterliegt keiner Angemessenheits- und Billigkeitskontrolle, wenn die Verweisungsvereinbarung nicht zu beanstanden ist, sondern für ein ausgewogenes, interessengerechtes Versorgungsmodell – mit einem Berechnungsmodus für eine Gesamtversorgungsobergrenze – sorgt (*BAG* 20.4.2004 – 3 AZR 266/02, NZA-RR 2005, 95). **Es ist auch rechtlich unbedenklich, wenn auf Tarifverträge verwiesen wird** (*BAG* 27.6.2006 EzA § 1 BetrAVG Ablösung Nr. 45). Gleiches gilt, wenn durch einen **Änderungstarifvertrag** nach Erteilung der Versorgungszusage, in der auf die Versorgungstarifverträge in ihrer jeweiligen Fassung verwiesen worden war, eine Nettogesamtversorgungsobergrenze eingeführt wird (*BAG* 27.6.2006 – 3 AZR 196/05, 212/05, EzA-SD 14/06, S. 3).

Verweist eine Betriebsvereinbarung auf eine »**gleichwertige**« **Versorgung** nach einem bestimmten Stand der VBL Satzung, so ist eine Auslegung dahin gehend möglich, dass nur die grundlegenden Wertungen der VBL-Satzung in der maßgeblichen Fassung, nicht jedoch alle Einzelregelungen in ihrer konkreten Ausgestaltung in Bezug genommen werden (*BAG* 21.2.2006 – 3 AZR 77/05, FA 2006, 215 LS).

## B. Pflichten des Arbeitgebers  Kapitel 3

### bb) Direktversicherung

#### (1) Begriffsbestimmung

Gem. § 1b Abs. 2 BetrAVG liegt eine Direktversicherung vor, wenn für die betriebliche Altersversorgung eine Lebensversicherung auf das Leben des Arbeitnehmers durch den Arbeitgeber abgeschlossen ist und der Arbeitnehmer oder seine Hinterbliebenen hinsichtlich der Leistungen des Versicherers ganz oder teilweise bezugsberechtigt sind. Dazu zählen auch Versicherungen auf das Leben der **Hinterbliebenen** des Arbeitnehmers, Unfallzusatz- oder Invaliditäts-Zusatzversicherungen sowie selbstständige Berufsunfähigkeitsversicherungen und selbstständige Unfallversicherungen auf den Todes- oder Invaliditätsfall. 3410

**Nicht ausgeschlossen ist es, dass der Arbeitnehmer an der Beitragszahlung beteiligt wird** (vgl. § 2 Abs. 2 S. 1 BetrAVG). 3411

#### (2) Abgrenzungsfragen

Erfasst sind auch sog. **Gehaltsverwendungsversicherungen**, bei denen die Prämien der Versicherung vereinbarungsgemäß durch den Arbeitgeber anstelle eines Teils der Vergütung gezahlt werden. Denn zu den Merkmalen einer betrieblichen Altersversorgung gehören das Versprechen einer Leistung zum Zwecke der Versorgung, ein den Versorgungsanspruch auslösendes Ereignis wie Alter, Invalidität oder Tod sowie die Zusage an einen Arbeitnehmer durch einen Arbeitgeber aus Anlass des Arbeitsverhältnisses. Es gibt kein weiteres einschränkendes ungeschriebenes Tatbestandsmerkmal »zusätzlich zum Barlohn entrichtete, freiwillige Arbeitgeberleistungen«. Der Arbeitnehmer kann deshalb auf einen Teil seines Gehalts verzichten mit der Maßgabe, dass der Arbeitgeber dafür einen Versicherungsvertrag abschließt (*BAG* 26.6.1990 EzA § 1 BetrAVG Nr. 59); seit dem 1.1.2002 folgt dies aus **§ 1 Abs. 2 Nr. 3, § 1a BetrAVG**. 3412

Eine Entgeltumwandlung in diesem Sinne setzt voraus, dass **im Umwandlungszeitpunkt bereits eine Rechtsgrundlage für den betroffenen Entgeltanspruch bestand** (*BAG* 8.6.1999 EzA § 1 BetrAVG Lebensversicherung Nr. 8).

I. d. R. ist dann davon auszugehen, dass der Arbeitgeber dem Arbeitnehmer arbeitsvertraglich eine von vornherein unentziehbare Rechtsposition einräumen und damit die Unverfallbarkeit der Anwartschaft zusagen wollte (*BAG* 8.6.1993 EzA § 1 BetrAVG Lebensversicherung Nr. 4). 3413

Räumt der Arbeitgeber dem Arbeitnehmer zwar ein unwiderrufliches Bezugsrecht auf die Rechte aus einer für ihn zu Versorgungszwecken abgeschlossenen Lebensversicherung ein, behält er sich aber vor, alle Versicherungsleistungen für sich in Anspruch zu nehmen, wenn das Arbeitsverhältnis vor Unverfallbarkeit der Versorgungsanwartschaft endet (sog. **eingeschränkt unwiderrufliches Bezugsrecht**), so trifft er mit der Ausübung dieses bereits vertraglich fest umrissenen Rechts keine Leistungsbestimmung i. S. d. § 315 BGB. Die Inanspruchnahme der Versicherungsleistungen durch den Arbeitgeber unterliegt daher nicht der Billigkeitskontrolle (*BAG* 23.10.1990 EzA § 315 BGB Nr. 38). 3414

Nicht erfasst sind **Rückdeckungsversicherungen**, die der Arbeitgeber abschließt, um das Risiko der von ihm selbst eingegangenen Versorgungsverpflichtungen auf einen Versicherer auszulagern, ebenso wenig Versicherungsverträge, bei denen der Arbeitnehmer selbst Versicherungsnehmer ist, auch dann nicht, wenn der Arbeitgeber die Beiträge an den Versicherer zahlt und wenn die Versicherung im Rahmen eines Gruppenversicherungsvertrages abgeschlossen wird (*BAG* 10.3.1992 EzA § 1 BetrAVG Lebensversicherung Nr. 3). 3415

#### (3) Überblick über die Rechtsbeziehungen im Dreiecksverhältnis

Zwischen Arbeitgeber, Versicherungsunternehmen und Unternehmer besteht ein Dreiecksverhältnis. 3416 *aaa) Versicherungsverhältnis zwischen Arbeitgeber und Versicherer; Vertragsübernahme*

3417 Zunächst besteht ein Versicherungsverhältnis zwischen Arbeitgeber und Versicherer (Deckungsverhältnis), bei dem der Arbeitgeber auf das Leben des Arbeitnehmers einen Einzel- oder Gruppenversicherungsvertrag abschließt.

3418 Gem. § 159 Abs. 2 VVG ist zur Gültigkeit des Vertrages die **schriftliche Einwilligung des versicherten Arbeitnehmers** erforderlich. Allerdings kann bei Gruppenversicherungen auf das Zustimmungserfordernis verzichtet werden, wenn die versicherten Arbeitnehmer einen unmittelbaren Anspruch auf die Versicherungsleistungen haben oder vom Arbeitgeber über den Vertrag und seine wesentlichen Einzelheiten unterrichtet worden sind. Bei einer zur Erfüllung einer beitragsorientierten Leistungszusage i. S. v. § 1 Abs. 2 Nr. 1 BetrAVG genommenen Direktversicherung kann der Versicherer im Übrigen die **Zustimmung zur Vertragsübernahme** durch einen neuen Arbeitgeber des versicherten Arbeitnehmers **nur in Ausnahmefällen verweigern** (*OLG Karlsruhe* 17.2.2006 NZA-RR 2006, 318).

3418a Welche Rechte der Arbeitgeber gegenüber dem Versicherer geltend machen kann, richtet sich allein nach der **Rechtslage im Deckungsverhältnis**. Das gilt auch dann, wenn der Arbeitgeber gegenüber dem Arbeitnehmer verpflichtet ist, von den ihm im Deckungsverhältnis gegebenen Möglichkeiten nur in einer **bestimmten Weise** Gebrauch zu machen (*BAG* 19.4.2011 – 3 AZR 267/09, EzA-SD 18/2011 S. 11 LS = NZA-RR 2012, 92). Sehen die Versicherungsbedingungen vor, dass die Abtretung der Rechte aus dem Versicherungsvertrag »erst dann wirksam« ist, wenn die Abtretung gegenüber der Versicherung schriftlich angezeigt worden ist, ist eine Abtretung absolut und damit auch gegenüber dem Arbeitnehmer unwirksam, wenn diese Anzeige nicht erfolgt ist. Der Arbeitgeber kann dann weiter die Rechte aus dem Versicherungsvertrag geltend machen und – soweit der Versicherungsvertrag dies zulässt – das **Bezugsrecht des Arbeitnehmers widerrufen**. Stehen dem Arbeitgeber diese Rechte zu, ist er gem. § 952 BGB Eigentümer des Versicherungsscheins. Er kann dessen Herausgabe nach § 985 BGB verlangen, wenn sich dieser im Besitz des Arbeitnehmers befindet. Der Arbeitnehmer hat in diesem Fall kein Recht zum Besitz (§ 986 BGB) an dem Versicherungsschein. Das gilt auch dann, wenn der Arbeitgeber ihm gegenüber verpflichtet ist, das Bezugsrecht nicht zu widerrufen; in der Insolvenz des Arbeitgebers tritt der Insolvenzverwalter nach § 80 Abs. 1 InsO in dessen Rechte ein, ohne dass etwas anderes dann gilt (*BAG* 19.4.2011 – 3 AZR 267/09, EzA-SD 18/2011 S. 11 LS = NZA-RR 2012, 92).

*bbb) Bezugsrechtsverhältnis zwischen Arbeitnehmer und Versicherer*

3419 Daneben besteht ein Bezugsrechtsverhältnis zwischen Arbeitnehmer und Versicherer. Die Anwartschaft auf die Versicherungsleistung (**Bezugsrecht**) ist **widerruflich**, wenn nicht ausdrücklich ein unwiderrufliches Bezugsrecht vereinbart wurde (§ 166 Abs. 1 VVG). Bei widerruflichem Bezugsrecht kann der Arbeitgeber **einseitig die Person des Bezugsberechtigten verändern** (*LAG RhPf* 28.2.2003 NZA-RR 2004, 258), er kann die Rechte aus dem Versicherungsvertrag **abtreten, verleihen oder verpfänden**.

3420 Nach Eintritt der Unverfallbarkeitsvoraussetzungen ist der Widerruf des Bezugsrechts allerdings zwar versicherungsrechtlich noch möglich (*BAG* 12.4.2011 EzA § 670 BGB 2002 Nr. 4 = NZA 2012, 98), arbeitsrechtlich jedoch unwirksam mit der Folge entsprechender Schadensersatzansprüche des Arbeitnehmers (*BAG* 28.7.1987 EzA § 1 BetrAVG Lebensversicherung Nr. 2; *LAG RhPf* 28.2.2003 NZA-RR 2004, 258). Fällt der Arbeitgeber in Konkurs, so wird das im Rahmen der Versorgungszusage eingeräumte eingeschränkt widerrufliche Bezugsrecht des Arbeitnehmers **strikt unwiderruflich**. Die Erklärung des Insolvenzverwalters, er trete in den Versicherungsvertrag nicht ein und kündige ihn, führt dann zwar zur Beendigung des Versicherungsvertrages; das unwiderrufliche Bezugsrecht des Arbeitnehmers setzt sich jedoch an dem Auflösungsguthaben (Rückkaufswert) fort (*OLG Düsseld.* 30.1.2001 NZA-RR 2001, 601; a. A. *LAG RhPf* 28.2.2003 NZA-RR 2004, 258).

Regeln die Vereinbarungen, dass der Arbeitnehmer die Versicherung nach Ausscheiden aus den Diensten des Arbeitgebers nach Vollendung des 59. Lebensjahres oder – zuvor – bei Erwerb einer unverfallbaren Anwartschaft fortführen kann, so liegt für den Fall des Ausscheidens infolge Konkurses vor Vollendung des 59. Lebensjahres und ohne unverfallbare Anwartschaft, jedoch mit einem unwiderruflichen Bezugsrecht für den Rückkaufswert, eine planwidrige Lücke der Direktversicherungsvereinbarung vor. Sie ist im Wege ergänzender Vertragsauslegung dahin zu schließen, dass der Arbeitnehmer den Lebensversicherungsvertrag als Versicherungsnehmer auf eigene Kosten unter der Voraussetzung fortführen darf, dass er die zwischenzeitlich aufgelaufenen Prämien nachzahlt (*OLG Düsseld.* 30.1.2001 NZA-RR 2001, 601). Der Arbeitnehmer, der infolge seiner **Erwerbsunfähigkeit** auf die Auszahlung des Rückkaufswertes dringend angewiesen ist, ist durch § 2 Abs. 2 S. 5 BetrAVG ohne Verstoß gegen Art. 14 GG gehindert, den Rückkaufswert auf Grund einer Kündigung des Versicherungsvertrages vor dem festgesetzten Auszahlungszeitpunkt in Anspruch zu nehmen (*OLG Düsseld.* 14.5.2002 NZA-RR 2003, 214). 3421

Beim **unwiderruflichen Bezugsrecht** erwirbt der Arbeitnehmer ein durch den Eintritt des Versorgungsfalles bedingtes, vom Arbeitgeber nicht mehr beeinflussbares Recht auf die Leistungen aus dem Versicherungsvertrag. Eine wirtschaftliche Nutzung durch den Arbeitgeber ist nur mit Zustimmung des Arbeitnehmers zulässig. Das Bezugsrecht kann auch teilweise widerruflich und teilweise unwiderruflich gestaltet sein (**gespaltenes Bezugsrecht**), etwa hinsichtlich verschiedener Leistungsarten oder in Bezug auf den Grundanspruch und die Überschussanteile. 3422

*ccc) Versorgungsverhältnis zwischen Arbeitgeber und Arbeitnehmer; Insolvenz; Anfechtung*

Schließlich besteht ein Versorgungsverhältnis zwischen Arbeitgeber und Arbeitnehmer. Aufgrund der Versorgungsverpflichtung hat der Arbeitgeber dafür **Sorge zu tragen**, dass der Arbeitnehmer im Versorgungsfall **die Versicherungsleistungen erhält**. 3423

Überträgt der Arbeitgeber innerhalb des letzten Monats vor dem Antrag auf Eröffnung des Insolvenzverfahrens über sein Vermögen seine Rechte als Versicherungsnehmer aus einer Direktversicherung auf den versicherten Arbeitnehmer, so kann der Insolvenzverwalter im Wege der Insolvenzanfechtung **die Zurückgewährung zur Insolvenzmasse verlangen**, wenn dem Arbeitnehmer noch keine unverfallbare Anwartschaft i. S. d. BetrAVG zustand (§§ 129, 131, 143, 146 InsO). **Denn der Arbeitgeber gewährt dem Arbeitnehmer dann eine Befriedigung, auf die er keinen Anspruch hat.** Die Ansprüche des Insolvenzverwalters auf Rückübertragung zur Insolvenzmasse oder Wertsatz verjähren grds. innerhalb von zwei Jahren seit der Eröffnung des Insolvenzverfahrens; tarifvertragliche Ausschlussfristen finden auf diese Ansprüche keine Anwendung (*BAG* 19.11.2003 EzA § 131 InsO Nr. 1). 3424

*cc) Pensionskasse*

*(1) Begriffsbestimmung; Organisation*

Eine Pensionskasse ist eine **rechtsfähige Versorgungseinrichtung**, die dem Arbeitnehmer oder seinen Hinterbliebenen auf ihre Leistungen der betrieblichen Altersversorgung einen **Rechtsanspruch** gewährt (§ 1b Abs. 3 S. 1 BetrAVG). 3425

Die Pensionskassen sind zur Versorgung der Arbeitnehmer im öffentlichen Dienst als öffentlich-rechtliche Körperschaften organisiert (Zusatzversorgungseinrichtungen, z. B. die VBL), im Übrigen in der Praxis als VVaG, die als privatrechtliche Versicherungsunternehmen der Versicherungsaufsicht durch das BAV unterliegen. Eine Pensionskasse kann Versorgungsträger für einen oder mehrere Arbeitgeber (Trägerunternehmen) sein. 3426

Unterschieden werden können Betriebs-, Firmen- (die Mitarbeiter eines Unternehmens umfassend), Konzern- und Gruppenpensionskassen (Mitarbeiter mehrerer rechtlich selbstständiger Unternehmen ohne einheitliche Leitung umfassend). 3427

## Kapitel 3
Der Inhalt des Arbeitsverhältnisses

*(2) Rechtsbeziehungen im Dreiecksverhältnis zwischen Arbeitgeber, Arbeitnehmer und Pensionskasse*

3428 Auch bei der Pensionskasse besteht zwischen Arbeitgeber, Arbeitnehmer und Pensionskasse ein Dreiecksverhältnis.

3429 Der Arbeitgeber ist Träger der Pensionskasse und finanziert deren Leistungen, zum Teil unter Beteiligung der Arbeitnehmer zur Aufbringung des notwendigen Beitragsaufkommens.

Der Arbeitnehmer ist Versicherter und Versicherungsnehmer in der Pensionskasse. Ihm steht ein Bezugsrecht für die Versicherungsleistungen zu.

3430 Der Abschluss des Versicherungsvertrages erfolgt i. d. R. durch den Arbeitgeber im Wege der **Anmeldung**. Aus dem Beitritt des Arbeitgebers zu einer Pensionskasse kann der Arbeitnehmer jedoch nicht das Recht ableiten, an dem Versorgungswerk der Kasse beteiligt zu werden (*BAG* 12.7.1968 AP Nr. 128 zu § 242 BGB Ruhegehalt). Versicherungs- und Mitgliedschaftsverhältnis des Arbeitnehmers werden durch die allgemeinen Versicherungsbedingungen und Satzungen der Pensionskassen sowie durch das VVG, das VAG, das BGB und das Genossenschaftsrecht geregelt. Eine Pensionskasse hat insoweit grds. **nur für die Leistungen** einzustehen, die sie **nach ihrer Satzung** versprochen hat und für die Beiträge erbracht wurden. Muss auf Grund zwingender betriebsrentenrechtlicher Vorgaben eine höhere Versorgungsleistung erbracht werden, als sie die Pensionskassenregelung vorsieht, muss der **Arbeitgeber selbst für den Spitzenbetrag einstehen**. Etwas anderes kann nur unter besonderen Umständen des Einzelfalls gelten. Darüber hinaus schuldet auch die Pensionskasse und nicht nur der Arbeitgeber auf Grund europarechtlicher Vorgaben ein diskriminierungsfreies Verhalten (*BAG* 19.11.2002 EzA Art. 141 EG-Vertrag 1999 Nr. 11; 23.3.2004 – 3 AZR 279/03, EzA-SD 17/04 S. 13 LS).

3431 Die **Satzung** einer Pensionskasse kann im Übrigen z. B. Bestimmungen darüber enthalten, ob ein versichertes Mitglied **nach Beendigung** des Beschäftigungsverhältnisses mit dem Trägerunternehmen als **freiwilliges Mitglied** in der Pensionskasse mit dem Recht auf Fortführung der Versicherung bleiben kann, auch wenn die Anwartschaft des Mitglieds auf Grund gesetzlicher Bestimmungen noch nicht unverfallbar geworden ist. Hängt die Fortführung der Versicherung in diesen Fällen von der Genehmigung des Vorstandes der Kasse ab, muss die Entscheidung analog § 315 BGB nach billigem Ermessen getroffen werden.

3432 Die Pensionskasse kann bei ihrer Entscheidung über die Fortführung der Versicherung die Interessen des Trägerunternehmens, dem das Mitglied angehört hat, berücksichtigen.

3433 Es entspricht der Billigkeit, wenn der Arbeitgeber (Trägerunternehmen) die Genehmigung von einer Mindestbetriebszugehörigkeit von fünf Jahren abhängig macht (*BAG* 4.5.1993 EzA § 1 BetrAVG Nr. 64).

3434 In den Versicherungsbedingungen einer Pensionskasse (kleinerer Versicherungsverein auf Gegenseitigkeit, § 189 Abs. 1 VVG) kann das **Recht** des Versicherungsnehmers, die **Versicherung zu kündigen** und die Auszahlung der Prämienreserve zu verlangen (§§ 165, 176 VVG), **ausgeschlossen** werden. Eine solche Regelung verstößt weder gegen Art. 12 Abs. 1, 2 Abs. 1 GG noch gegen § 39 BGB (*BAG* 13.5.1997 EzA § 1 BetrAVG Pensionskasse Nr. 1).

*(3) Verpflichtungen des Arbeitgebers*

3435 Aufgrund des Versorgungsverhältnisses ist der Arbeitgeber verpflichtet, alles zu unternehmen, damit sein Arbeitnehmer im Versorgungsfall **Versorgungsleistungen** aus der Pensionskasse erhält.

3436 Hat der Arbeitgeber dem Arbeitnehmer eine Versorgungszusage erteilt, so **haftet** er für deren Erfüllung auch dann, wenn er diesen nicht über die Pensionskasse versichern kann (vgl. *BAG* 29.7.1986 AP Nr. 16 zu § 1 BetrAVG Zusatzversorgungskassen).

## dd) Unterstützungskasse

### (1) Begriffsbestimmung; Ausschluss eines Rechtsanspruchs

Nach § 1b Abs. 4 BetrAVG sind Unterstützungskassen **rechtsfähige Versorgungseinrichtungen**, die eine betriebliche Altersversorgung durchführen und – im Gegensatz zur Pensionskasse – auf ihre Leistungen **keinen Rechtsanspruch** gewähren. Sie werden i. d. R. in der Rechtsform eines e. V. oder einer GmbH betrieben. 3437

> Der Ausschluss des Rechtsanspruchs wird allerdings nur als ein an sachliche Gründe gebundenes Widerrufsrecht verstanden, sodass den Arbeitnehmern u. U. durchaus Ansprüche auf die zugesagten Leistungen zustehen (*BAG* 18.4.1989 EzA § 1 BetrAVG Unterstützungskasse Nr. 7). 3438

Anwartschaften auf Leistungen der betrieblichen Altersversorgung können aber nur begründet werden, wenn mit der Leistung ein **Versorgungszweck** verfolgt wird, wenn der Versorgungsanspruch durch ein biologisches Ereignis (Alter, Invalidität oder Tod) ausgelöst wird und sie aus Anlass eines Arbeitsverhältnisses zugesagt wird. Sieht die Satzung einer Unterstützungskasse nur **einmalige oder laufende Beihilfen** in außergewöhnlichen unverschuldeten wirtschaftlichen Notlagen vor, handelt es sich nicht um Zusagen auf Leistungen der betrieblichen Altersversorgung (*BAG* 25.10.1994 EzA § 1 BetrAVG Nr. 68). Nichts anderes gilt für Beihilfen in Krankheits- und Todesfällen (*BAG* 10.2.2009 EzA § 1 BetrAVG Betriebsvereinbarung Nr. 6). 3439

Soweit eine **Betriebsvereinbarung** auf die Leistungsrichtlinien einer Unterstützungskasse verweist, handelt es sich im Zweifel um eine **dynamische Verweisung**; eine einzelvertragliche statische Versorgungszusage muss demgegenüber deutlich zum Ausdruck gebracht werden (*BAG* 19.11.2002 EzA § 1 BetrAVG Nr. 85). 3440

### (2) Trägerunternehmen

Trägerunternehmen können ein Unternehmen, mehrere Unternehmen eines Konzerns (**Konzernunterstützungskasse**) oder mehrere voneinander unabhängige Unternehmen (**Gruppenunterstützungskasse**) sein. Trägerunternehmen ist der Arbeitgeber, der der Unterstützungskasse **Zuwendungen leistet** (§ 7 Abs. 1 S. 2 BetrAVG). 3441

Auf die bloß formale Mitgliedschaft im Verein kommt es nicht an. 3442

Eine Gruppenunterstützungskasse, die z. B. als eingetragener Verein das satzungsmäßige Ziel verfolgt, Arbeitnehmer ihrer Trägerunternehmen zu versorgen, muss die entsprechenden Renten allerdings **nur solange zahlen** wie die Arbeitgeber der versorgungsberechtigten Arbeitnehmer Mitglied ist. 3443

> Scheidet ein Arbeitgeber aus dem Kreis der Trägerunternehmen aus, so muss er die laufenden Rentenzahlungen anstelle der Gruppenunterstützungskasse selbst übernehmen (*BAG* 11.2.1992 EzA § 1 BetrAVG Unterstützungskasse Nr. 9). 3444

### (3) Pflichten des Arbeitgebers

Der Arbeitgeber ist wegen der starken Abhängigkeit der Unterstützungskasse vom Trägerunternehmen verpflichtet, dafür zu sorgen, dass sie die versprochenen Leistungen auch erbringen kann; andernfalls muss er **selbst** dem Arbeitnehmer gegenüber **einstehen** (*BAG* 3.2.1987 EzA § 1 BetrAVG Unterstützungskasse Nr. 6). 3445

> Das gilt insbes. dann, wenn er die Unterstützungskasse nicht ausreichend dotiert, die Auszahlung von Leistungen der Kasse vereitelt oder den Rechtsschein erweckt, die Unterstützungskasse werde mit Sicherheit leisten. 3446

Es ist mit der Idee der materiellen Gerechtigkeit, die Bestandteil des Rechtsstaatsprinzips ist, nicht zu vereinbaren, wenn es dem Arbeitgeber nach Entgegennahme der Betriebstreue des Arbeitnehmers gestattet wäre, die Gegenleistung mit dem Hinweis zu verweigern, die Unterstützungskasse sei nicht 3447 leistungsfähig und er selbst habe sich zu nichts verpflichtet (*BVerfG* 16.2.1987 AP Nr. 13 zu § 1 BetrAVG Unterstützungskassen).

*(4) Rechtsverhältnis zwischen Arbeitgeber und Unterstützungskasse*

3448 Zwischen Arbeitgeber und Unterstützungskasse besteht ein **Auftragsverhältnis**, die Versorgung der Arbeitnehmer entsprechend dem Leistungsplan durchzuführen. Anwendbar sind §§ **670, 669 BGB** (Aufwendungsersatzanspruch, Vorschusspflicht).

*(5) Rechtsverhältnis zwischen Arbeitnehmer und Unterstützungskasse*

3449 Das Rechtsverhältnis zwischen dem Arbeitnehmer und der Unterstützungskasse bestimmt sich i. d. R. nach Maßgabe von sog. Leistungs- oder **Versorgungsrichtlinien**. Bei der **Auslegung** derartiger Versorgungsrichtlinien, z. B. einer vom Arbeitgeber eingeschalteten Gruppenunterstützungskasse, gilt die **Unklarheitenregel**. Bleiben nach der Auslegung von Bestimmungen zum Geltungsbereich Zweifel (z. B. hinsichtlich der Frage, ob auch Heimarbeiter erfasst sind), welches von mehreren Auslegungsergebnissen gilt, muss sich der Arbeitgeber an der für ihn ungünstigeren Auslegung festhalten lassen, soweit er nicht die Betroffenen über einen hiervon abweichenden Inhalt belehrt hat (*BAG* 27.1.1998 EzA § 1 BetrAVG Unterstützungskasse Nr. 10).

3450 Die Leistungsrichtlinien stehen unter dem Vorbehalt einer generellen Änderung und können deshalb – unter Beachtung des Mitbestimmungsrechts des Betriebsrats nach § 87 Abs. 1 Nr. 8 BetrVG – in der gleichen Form, in der sie erlassen wurden, durch neue Leistungsrichtlinien ersetzt werden. Bei der Abänderung sind Recht und Billigkeit, insbes. der Vertrauensschutzgedanke zu beachten. Die Gründe, die für die Änderung sprechen, sind gegen die Belange derjenigen Arbeitnehmer abzuwägen, deren Besitzstände geschmälert werden sollen.

3451 Im Streitfall muss der Arbeitgeber, der mit der Neuregelung mehrere Regelungsziele verfolgt, für jedes Regelungsziel **im Einzelnen darlegen**, welche Änderungen der Leistungsrichtlinien dadurch veranlasst sind. Sollen die Kosten von Leistungsverbesserungen durch Leistungsminderungen an anderen Stellen ausgeglichen werden, so ist eine **Aufstellung der geschätzten Mehr- und Minderkosten** vorzulegen (*BAG* 8.12.1981 EzA § 242 Ruhegeld Nr. 97). Sieht ein Tarifvertrag vor, dass Leistungen einer gemeinsamen Einrichtung (ZVK für das Baugewerbe) auf Leistungen der betrieblichen Altersversorgung angerechnet werden können, müssen dann, wenn die Altersversorgung über eine Unterstützungskasse gewährt wird, deren Leistungsrichtlinien entsprechend geändert werden.

3452 Die Leistungsrichtlinien werden bei einer Unterstützungskasse, die in der Rechtsform einer GmbH betrieben wird, i. d. R. vom **Geschäftsführer** auf der Grundlage der Satzung der Gesellschaft beschlossen.

3453 Für die Bekanntmachung des Beschlusses im Betrieb oder Unternehmen ist **keine besondere Form** vorgeschrieben. Es genügt, wenn der Arbeitgeber die Arbeitnehmer durch Rundschreiben unterrichtet. Es kommt nicht darauf an, ob ein einzelner Arbeitnehmer tatsächlich Kenntnis von der Änderung erhalten hat.

*ee) Erweiterung der Durchführungs-, Gestaltungsformen durch das Rentenreformgesetz 1999*

3454 Seit dem 1.1.1999 sind die Gestaltungs- und Durchführungsformen der betrieblichen Altersversorgung erweitert:

3455 – Gem. § 1 Abs. 2 Nr. 3 BetrAVG liegt betriebliche Altersversorgung auch vor, wenn künftige Entgeltansprüche in eine wertgleiche (s. dazu *Hopfner* DB 2007, 1810 ff.; *Reich/Rutzmoser* DB 2007, 2314 ff.) Anwartschaft auf Versorgungsleistungen umgewandelt werden (Entgeltumwandlung; s. Rdn. 3348 ff.; vgl. *Blomeyer* NZA 2000, 281 ff.);
– gem. § 1 Abs. 2 Nr. 1 BetrAVG gilt Gleiches dann, wenn der Arbeitgeber sich verpflichtet, bestimmte Beträge in eine Anwartschaft auf Alters-, Invaliditäts- oder Hinterbliebenenversorgung umzuwandeln (beitragsorientierte Leistungszusage).

## B. Pflichten des Arbeitgebers Kapitel 3

*ff) Änderungen im Zuge des Altersvermögensgesetzes vom 26.6.2001*

*(1) Die Entgeltumwandlung; gezillmerte Versicherungstarife*

Die Möglichkeit der Entgeltumwandlung (s. Rdn. 3348, 3455, 3470 ff.) ist in § 1 Abs. 2 Nr. 3 BetrAVG definiert (zur Begriffsbestimmung s. Rdn. 3455). Fragen werfen in diesem Zusammenhang insbes. »**gezillmerte Versicherungstarife**« bei Entgeltumwandlungen auf. Unter einer Zillmerung ist Folgendes zu verstehen: Bei Abschluss des Versicherungsvertrages fallen einmalige Abschluss- und Vertriebskosten an. Mit diesen Kosten wird bei einer Zillmerung das Konto des Arbeitnehmers sofort belastet. Dementsprechend wird in den ersten Jahren nach Beginn des Versicherungsverhältnisses überhaupt kein oder nur ein verhältnismäßig geringes Deckungskapital aufgebaut. Scheidet der Arbeitnehmer folglich vorzeitig aus, hat er u. U. kein dem eingesetzten Arbeitsengelt ensprechendes wertgleiches Äquivalent an Altersversorgung erworben. 3456

Im konkret entschiedenen Einzelfall (*BAG* 15.9.2009 EzA § 1b BetrAVG Entgeltumwandlung Nr. 1; s.*Uckermann/Fuhrmanns* NZA 2010, 550 ff.) hatten die Parteien im November 2004 eine Entgeltumwandlung vereinbart. Der Anspruch des Klägers auf Barlohn wurde in Höhe von 4 % der Beitragsbemessungsgrenze in eine sofort unverfallbare Anwartschaft auf betriebliche Altersversorgung umgewandelt. Dabei wählten die Parteien als Durchführungsweg eine Direktversicherung, d. h. der Arbeitgeber ist Versicherungsnehmer, der Arbeitnehmer ist versicherte Person und Bezugsberechtigter. Die Höhe der Versorgung sollte mit den Versicherungsleistungen übereinstimmen. Der zugrunde gelegte Versicherungstarif war gezillmert. Die Parteien hatten das Arbeitsverhältnis mit Ablauf des 30. September 2007 beendet. Anstelle des umgewandelten Barlohns wurden bis zu diesem Zeitpunkt Versicherungsbeiträge in Höhe von 7.004,00 € abgeführt. Der Versicherer teilte dem Kläger mit, dass sich das Deckungskapital auf 4.711,47 € belaufe. Der Kläger hat von der Beklagten Zahlung in Höhe des umgewandelten Arbeitsentgelts von 7.004,00 € verlangt. 3457

> Nach Auffassung des *BAG* (15.9.2009 EzA § 1b BetrAVG Entgeltumwandlung Nr. 1 = NZA 2010, 164; s. *LAG München* 15.3.2007 LAGE § 1 BetrAVG Nr. 24; **a. A.** *LAG München* 11.7.2007 NZA 2008, 362; *LAG Nds.* 5.5.2009 LAGE § 1 BetrAVG Nr. 25; krit. *Cisch/Kruip* NZA 2007, 786 ff.;*Reinhard/Luchtenberg* BB 2010, 1287 ff.) gilt Folgendes:
> – Es ist rechtlich problematisch, wenn der Arbeitgeber bei einer Entgeltumwandlung dem Arbeitnehmer anstelle von Barlohn eine Direktversicherung mit (voll)gezillmerten Tarifen zusagt. Die Zillmerung verstößt zwar nicht gegen das Wertgleichheitsgebot des § 1 Abs. 2 Nr. 3 BetrAVG. Es spricht jedoch einiges dafür, dass die auf gezillmerte Versicherungstarife abstellende betriebliche Altersversorgung eine unangemessene Benachteiligung i. S. d. § 307 BGB enthält. Angemessen könnte es sein, die bei der Direktversicherung anfallenden einmaligen Abschluss- und Vertriebskosten auf fünf Jahre zu verteilen (s. *Falkner* BB 2011, 2488 ff.).
> – Soweit die Verwendung gezillmerter Versicherungstarife bei einer Entgeltumwandlung der Rechtskontrolle nicht standhält, führt dies nicht zur Unwirksamkeit der Entgeltumwandlungsvereinbarung und nicht zur Nachzahlung von Arbeitsentgelt, sondern zu einer höheren betrieblichen Altersversorgung (s. *ArbG Herne* 22.7.2010 NZA-RR 2011, 97). 3458

Da der Anspruch auf höhere Versorgungsleistungen aber nicht Streitgegenstand war, hat das BAG (15.9.2009 EzA § 1b BetrAVG Entgeltumwandlung Nr. 1 = NZA 2010, 164) wie bereits die Vorinstanzen die Klage abgewiesen. 3459

*aaa) Die Höhe des umzuwandelnden Entgeltbetrags*

Die Höhe des umzuwandelnden Entgeltbetrags wird grds. von den Vertragspartnern bestimmt. Umgewandelt werden dürfen aber nur Ansprüche auf **Arbeitsentgelt**, für die bereits eine Rechtsgrundlage besteht, die aber noch nicht erdient sind (vgl. *Blomeyer* DB 2001, 1413; *Klemm* NZA 2002, 1123 ff.). Bildet ein **Tarifvertrag** die Rechtsgrundlage, ist eine Tariföffnungsklausel erforderlich für alle Entgeltumwandlungen, die nach dem 29.6.2001 vereinbart werden (§§ 17, 30h BetrAVG). 3460 *bbb) Anwartschaft auf Versorgungsleistungen*

3461 Der künftige Entgeltanspruch muss umgewandelt werden in eine **Anwartschaft auf Versorgungsleistungen**. Rechtsgrundlage ist i. d. R. eine **einzelvertragliche Vereinbarung** (§ 1 Abs. 2 Nr. 3 BetrAVG); eine Umwandlung durch Tarifvertrag oder Betriebsvereinbarung ist grds. nicht möglich (vgl. *Blomeyer* DB 2001, 1416).

3462 Für die Durchführung der Umwandlung stehen **drei Möglichkeiten** zur Verfügung (vgl. *Blomeyer* NZA 2001, 916 ff.; *Reinecke* NJW 2001, 3513 ff.):

3463 – **Leistungszusage**: Der Arbeitgeber kann sich verpflichten, dem Arbeitnehmer für den Versorgungsfall einen Anspruch auf Alters-, Invaliditäts- und/oder Hinterbliebenenversorgung zu verschaffen. Schaltet er dazu einen externen Versorgungsträger ein, haftet er für die korrekte Durchführung (§ 1 Abs. 1 S. 1, 3 BetrAVG); der Arbeitgeber hat also auch bei einer abgeschlossenen Direktversicherung **dann einzustehen, wenn diese nicht leistet**. Dies ist verfassungsgemäß. Prüfungsmaßstab ist Art. 12 GG. In die Berufsfreiheit wird aber nicht in unzumutbarer Weise eingegriffen. Das Risiko des Arbeitgebers, nach § 1 Abs. 1 S. 3 BetrAVG in Anspruch genommen zu werden, ist klein. Er hat es zudem auch in der Hand, es z. B. durch die Wahl des Versicherungsträgers zu begrenzen (*BAG* 12.6.2007 NZA-RR 2007, 650).

3464 – **Beitragsorientierte Leistungszusage**: Bei ihr wird die zugesagte Leistung nicht unmittelbar festgelegt, sondern entsprechend einem vereinbarten Beitrag des Arbeitgebers berechnet; für sie gelten im Übrigen die gleichen Bestimmungen zur Unverfallbarkeit der Anwartschaft (§ 1 Abs. 2 Nr. 1 BetrAVG).

3465 – **Beitragszusage mit Mindestleistung**: Ab dem 1.1.2002 kann der Arbeitgeber auch eine Beitragszusage erteilen, allerdings nur in Verbindung mit Direktversicherung (der Arbeitnehmer kann dann nicht den Versicherungsträger wählen, *BAG* 19.7.2005 EzA § 1a BetrAVG Nr. 1), Pensionskasse oder Pensionsfonds (§ 1 Abs. 2 Nr. 2 BetrAVG). Der Arbeitgeber ist verpflichtet, im Versorgungsfall dafür zu sorgen, dass mindestens die eingezahlten Beiträge für die Versorgung bereit gestellt werden, soweit sie nicht rechnungsmäßig für einen biometrischen Risikoausgleich zur Verfügung stehen. Bei einem Ausscheiden des Arbeitnehmers vor dem Versorgungsfall bleibt die »Anwartschaft« grds. aufrechterhalten. Ihre Höhe richtet sich aber nur nach dem dem Arbeitnehmer planmäßig zuzurechnenden Versorgungskapital auf der Grundlage der bis zu seinem Ausscheiden geleisteten Beiträge einschließlich der bis dahin erzielten Erträge. Die Anwartschaft muss außerdem mindestens die Summe der bis dahin zugesagten Beträge betragen, soweit sie nicht rechnungsmäßig für einen biometrischen Risikoausgleich verbraucht wurden (§ 2 Abs. 5b BetrAVG).

*ccc) Durchführung der Umwandlungsvereinbarung*

3466 Für die Durchführung der Umwandlungsvereinbarung stehen **seit dem 1.1.2002 bis zu fünf verschiedene Durchführungswege** zur Verfügung (vgl. *Blomeyer* NZA 2001, 916 ff.):

3467 – Die Verwendung von **Direktzusagen** und Leistungen von **Unterstützungskassen** ist allerdings nur in Kombination mit Leistungszusagen oder beitragsorientierten Leistungszusagen, nicht aber mit Beitragszusagen möglich (§ 1 Abs. 2 Nr. 2 BetrAVG). Denn insoweit fehlt ein externer und vom Arbeitgeber unabhängiger Versorgungsträger, an den die Beiträge abgeführt werden können. Die Anwartschaft wird **sofort unverfallbar** (§ 1b Abs. 5 BetrAVG). Die Höhe richtet sich, soweit die aufrechtzuerhaltende Anwartschaft auf einer nach dem 31.12.2000 erteilten Leistungs- oder beitragsorientierten Leistungszusage beruht (§ 30g BetrAVG), nach den bis zum Ausscheiden aus dem Arbeitsverhältnis umgewandelten Entgeltbestandteilen (§ 2 Abs. 5a BetrAVG). Diese Regelung, die einen zusätzlichen Aufwand des Arbeitgebers in bestimmten Fällen verhindert, kann auch für ältere Zusagen vereinbart werden (vgl. *Blomeyer* NZA 2001, 916).

3468 – Die Umwandlung in **Anwartschaften auf Direktversicherungs- und Pensionskassenleistungen** ist generell und ab dem 1.1.2002 auch im Rahmen von Beitragszusagen mit Mindestleistung zulässig (§ 1 Abs. 2 Nr. 2 BetrAVG). Als Ersatz für die insoweit nicht erforderliche sofortige Unverfallbarkeit ist dem Arbeitnehmer schon mit Beginn der Entgeltumwandlung (ab dem 1.1.2001) ein unwiderrufliches Bezugsrecht einzuräumen. Die Überschüsse dürfen nur zur Verbesserung der Leis-

tung verwendet werden; dem ausgeschiedenen Arbeitnehmer muss das Recht zur Fortsetzung der Versicherung oder Versorgung mit eigenen Beiträgen eingeräumt und das Recht zur Verpfändung, Abtretung oder Beleihung durch den Arbeitgeber ausgeschlossen werden (§ 1b Abs. 5 BetrAVG).
– Neu ist ab dem 1.1.2002 die Möglichkeit, die Versorgung durch einen **Pensionsfonds** durchzuführen (§ 1 Abs. 1 S. 2 i. V. m. § 1b Abs. 3 S. 1 BetrAVG); auf seine Leistungen hat der Pensionsfonds dem Arbeitnehmer einen **Rechtsanspruch** einzuräumen (§ 112 Abs. 1 Nr. 3 VAG). Das **Haftungsrisiko** des Arbeitgebers ist allerdings besonders **hoch**: bei Kapitalverlusten besteht für Leistungszusagen die Gefahr, dass der Arbeitgeber die Differenz zwischen der zugesagten und der tatsächlichen Leistung aufzubringen hat (vgl. *Blomeyer* NZA 2001, 916).  **3469**

Pensionsfonds können sowohl mit Leistungszusagen als auch mit Beitragszusagen kombiniert werden. Auf Leistungszusagen sind grds. die gleichen Vorschriften anzuwenden wie auf Pensionskassenzusagen: der Arbeitnehmer kann im Versorgungsfall die zugesagte Leistung verlangen, für die der Arbeitgeber ggf. einzustehen hat (§ 1 Abs. 1 S. 2 i. V. m. § 1b Abs. 3 S. 1 BetrAVG). Bei einem Ausscheiden des Arbeitnehmers aus dem Arbeitsverhältnis vor dem Versorgungsfall bleibt die Anwartschaft gegenüber dem Arbeitgeber ratierlich insoweit aufrechterhalten, als sie über die vom Pensionsfonds auf der Grundlage der nach dem geltenden Pensionsplan i. S. v. § 112 Abs. 1 S. 2 i. V. m. § 113 Abs. 2 Nr. 5 VAG berechnete Deckungsrückstellung hinausgeht (§ 2 Abs. 3a BetrAVG).

### (2) Der Entgeltumwandlungsanspruch (§ 1a BetrAVG)

Siehe zunächst Rdn. 3348, 3455 f.  **3470**

#### aaa) Wahl des Durchführungsweges

Die Wahl des Durchführungsweges erfolgt grds. durch Vereinbarung (§ 1a Abs. 1 S. 2 BetrAVG; s. dazu *BAG* 12.6.2007 EzA § 1a BetrAVG Nr. 2). Entscheidet sich der Arbeitgeber für eine Direktversicherung, einen Pensionsfonds oder eine Pensionskasse, hat der Arbeitnehmer keine Auswahl. Auch die vom externen Versorgungsträger angebotenen Beitrags- und Leistungskonditionen sind nicht verhandelbar. Ist dagegen der Arbeitgeber lediglich bereit, eine unmittelbare Versorgungszusage oder eine Unterstützungskassenzusage abzugeben, kann der Arbeitnehmer den Abschluss einer Direktversicherung verlangen (§ 1a Abs. 1 S. 3 BetrAVG); die Wahl des Versicherers obliegt dem Arbeitgeber. Nicht geregelt ist, wie weitgehend der Arbeitgeber auf Grund der **Fürsorgepflicht** die Arbeitnehmer **beraten** muss (vgl. *Blomeyer* NZA 2001, 918).  **3471**

#### bbb) Mindestbetrag

Um dem Arbeitnehmer zumindest eine **gering-substanzielle Versorgungsanwartschaft** zu verschaffen und den Arbeitgeber vor relativ hohen Verwaltungskosten für Miniaturentgeltumwandlung zu schützen, muss der Arbeitnehmer jährlich einen Betrag von **mindestens 1/160 der Bezugsgröße** nach § 18 Abs. 1 SGB IV für seine betriebliche Altersversorgung verwenden (§ 1a Abs. 1 S. 4 BetrAVG). Im Übrigen kann der Arbeitgeber verlangen, dass während eines laufenden Kalenderjahres gleich bleibende monatliche Beträge verwendet werden (§ 1a Abs. 1 S. 5 BetrAVG).  **3472**

#### ccc) Verhältnis zur staatlich geförderten Eigenvorsorge

Die Entgeltumwandlung kann vom Arbeitnehmer grds. **parallel zur staatlich geförderten Eigenvorsorge** durchgeführt werden. Gem. § 1a Abs. 3 BetrAVG hat er aber auch die Möglichkeit, beide zu **kombinieren**. Er kann also für die Entgeltumwandlung die staatliche Förderung in Anspruch nehmen. Um zu verhindern, dass die Förderung dann über den Arbeitgeber läuft, sind dafür nur die Durchführungswege Direktversicherung, Pensionskasse oder Pensionsfonds zugelassen. Der Arbeitnehmer kann somit entweder Entgeltumwandlung mit steuer- und bis Ende 2008 auch beitragsfreiem Aufwand verlangen oder nach Versteuerung und Beitragszahlung den Sonderausgabenabzug bzw. die Zulage in Anspruch nehmen. Diese Wahlmöglichkeit entfällt jedoch stets dann, wenn be-  **3473** reits eine Entgeltumwandlung in Direktzusagen oder Unterstützungskassenzusagen in der förderungswerten Höhe erfolgt war (vgl. *Blomeyer* NZA 2001, 918).

*ddd) Verhältnis zu tariflichen Regelungen*

3474 Gem. § 17 Abs. 3 BetrAVG sind **wesentliche Fragen**, die in einem Entgeltumwandlungsvertrag zu regeln sind, nur durch **Tarifvertrag abänderbar**. Das gilt zum einen für den Anspruch des Arbeitnehmers auf Abschluss eines Entgeltumwandlungsvertrages (s. *BAG* 19.4.2011 – 3 AZR 154/09, EzA-SD 17/2011 S. 8 LS = NZA 2011, 982) bis zur Höhe der im Gesetz vorgesehenen Beträge. Zum anderen können die versicherungsförmigen Durchführungswege innerhalb dieser Größenordnung durch Tarifverträge nicht ausgeschlossen werden. Schließlich kann dem Arbeitgeber nicht das Recht genommen werden, die Versorgung über einen Pensionsfonds, eine Pensionskasse oder eine Direktversicherung anzubieten. Alle übrigen Bedingungen können demgegenüber sowohl in individualrechtlichen Vereinbarungen zwischen Arbeitgebern und Arbeitnehmern als auch in Tarifverträgen geregelt werden. Das gilt vor allem für Entgeltumwandlungen oberhalb der förderungsfähigen Aufwendungen und für tarifliche Regelungen über die Beteiligung des Arbeitgebers an der Begründung von Anwartschaften (vgl. *Heither* NZA 2001, 1275 ff.).

*gg) Änderungen durch das Hüttenknappschaftliche Zusatzversicherungs-Neuregelungs-Gesetz vom 21.6.2002*

3475 Das HZvNG sieht vor, dass es sich auch dann um betriebliche Altersversorgung i. S. d. BetrAVG handelt, wenn der Arbeitnehmer Beiträge aus seinem Arbeitsentgelt zur Finanzierung von Leistungen der betrieblichen Altersversorgung an einen Pensionsfonds, eine Pensionskasse oder eine Direktversicherung leistet und die Zusage des Arbeitgebers auch die Leistungen an diesen Beiträgen umfasst (§ 1 Abs. 2 Nr. 4 1. Hs. BetrAVG). Dabei sind die Regelungen für Entgeltumwandlung für Zusagen, die nach dem 31.12.2002 erteilt werden (§ 30e Abs. 1 BetrAVG) entsprechend anzuwenden, soweit die zugesagten Leistungen aus diesen Beiträgen im Wege der Kapitaldeckung finanziert werden.

*hh) Änderungen durch das Alterseinkünftegesetz vom 5.7.2004*

3476 Gem. § 1a Abs. 4 BetrAVG hat der Arbeitnehmer ab dem 1.1.2005 nunmehr das Recht, die Versicherung oder Versorgung **mit eigenen Beiträgen fortzusetzen**, wenn er bei fortbestehendem Arbeitsverhältnis kein Arbeitsentgelt erhält. Der Arbeitgeber steht auch für die Leistungen aus diesen Beträgen ein; die Regelungen über die Entgeltumwandlung gelten entsprechend. Der Gesetzgeber will damit die betriebliche Altersversorgung während Beschäftigungszeiten ohne Arbeitsentgelt verbessern. Besonders während der Elternzeit, aber z. B. auch während des Krankengeldbezugs oder bei befristeter Erwerbsminderung könnte ansonsten kein Arbeitsentgelt für Ansprüche auf betriebliche Altersversorgung eingesetzt werden. Da die Elternzeit weit überwiegend von Frauen in Anspruch genommen wird, geht diese Lücke in der betrieblichen Altersversorgung bislang hauptsächlich zu ihren Lasten. Künftig soll deshalb sichergestellt werden, dass der Arbeitnehmer während dieser Zeiten seine Betriebsrente selbst fortführen kann und die Versorgungszusage des Arbeitgebers auch diese Zahlungen mit umfasst (BT-Drs. 15/2150 S. 52; vgl. dazu *Langohr-Plato/Teslau* NZA 2004, 1297 ff.).

c) Die Ausgestaltung der betrieblichen Altersversorgung

aa) Leistungsarten

*(1) Der Normalfall*

3477 Die betriebliche Altersrente macht den Anspruch auf Leistungen vom **Erreichen eines bestimmten** (i. d. R. der Vollendung des 65., jetzt 67.) **Lebensjahres** abhängig, kann aber auch an ein anderes Lebensalter geknüpft werden, solange die danach gewährte Rente noch als zur Alterssicherung bestimmt charakterisiert werden kann (s. Rdn. 3330 ff.).

## (2) Invaliditätsrente

Allerdings kann auch eine **Invalidenrente** gewährt werden, wenn es dem Arbeitnehmer vor Erreichen der Altersgrenze auf Grund geistiger, seelischer oder körperlicher Behinderung unmöglich wird, seine Arbeitsleistung in der vertragsgemäßen Weise zu erbringen. Dabei wird in der Praxis, auch wenn dies nicht zwingend ist, häufig an die **Begriffe der Erwerbsunfähigkeit** (§ 44 Abs. 2 SGB VI) und **Berufsunfähigkeit** (§ 43 Abs. 2 SGB VI; vgl. *BAG* 24.6.1998 EzA § 1 BetrAVG Invaliditätsrente Nr. 1) angeknüpft, deren Nachweis durch Vorlage des Rentenbescheides des Sozialversicherungsträgers erfolgt. Sagt der Arbeitgeber eine Betriebsrente wegen Berufsunfähigkeit zu, ohne die Berufsunfähigkeit zu definieren, so will er damit i. d. R. den **sozialversicherungsrechtlichen Begriff** übernehmen. Dies gilt auch insoweit, als in der gesetzlichen Rentenversicherung die Berufsunfähigkeit von den Verhältnissen auf dem Arbeitsmarkt abhängt. Ist ein Arbeitnehmer erwerbsunfähig, so ist er auch berufsunfähig (*BAG* 14.12.1999 EzA § 1 BetrAVG Invalidität Nr. 2). 3478

Eine Versorgungszusage, mit der der Arbeitgeber die Zahlung einer Invalidenrente für den Fall der Erwerbsunfähigkeit oder voraussichtlich dauernden Berufsunfähigkeit verspricht, bedarf der **Auslegung**. Ergibt diese, dass die Zahlung für den Fall der Erwerbsunfähigkeit oder voraussichtlich dauernden Berufsunfähigkeit i. S. d. **jeweiligen Sozialversicherungsrechts** versprochen wurde, so hat der Arbeitnehmer Anspruch auf die Invalidenrente, wenn er voll erwerbsgemindert i. S. d. § 43 Abs. 2 SGB VI n. F. ist. Das gilt grds. auch dann, wenn der Sozialversicherungsträger die Rente wegen voller Erwerbsminderung nur befristet bewilligt (*BAG* 19.1.2011 EzA § 1 BetrAVG Invalidität Nr. 4). 3478a

Der Arbeitgeber muss bei der Ausgestaltung der betrieblichen Invaliditätsversorgung insbes. die Unverfallbarkeitsvorschriften der §§ 1, 2 BetrAVG beachten. Die betriebliche Invaliditätsversorgung kann deshalb z. B. nicht davon abhängig gemacht werden, dass bei Eintritt der Invalidität das Arbeitsverhältnis noch besteht (*BAG* 20.11.2001 EzA § 1 BetrAVG Invalidität Nr. 3). 3479

▶ Beispiele: 3480
- Wird eine betriebliche Invaliditätsrente für den Fall zugesagt, dass der Arbeitnehmer infolge Berufunfähigkeit ausscheidet, so kommt es auf die **Form der Vertragsbeendigung nicht an**. Stimmt ein schwer behinderter Arbeitnehmer einem Auflösungsvertrag zu, weil er sich nicht mehr ausreichend leistungsfähig fühlt, und führt sein Leiden schließlich zur Anerkennung der Berufsunfähigkeit, so sind damit die vertraglichen Voraussetzungen der betrieblichen Invaliditätsrente erfüllt (*BAG* 13.7.1982 AP Nr. 1 zu § 1 BetrAVG Invaliditätsrente).
- Der Eintritt des Versorgungsfalles der Invalidität kann auch von der Voraussetzung abhängig gemacht werden, dass nicht nur Berufs- oder Erwerbsunfähigkeit eingetreten ist, sondern das **Arbeitsverhältnis geendet** hat oder die Versetzung in den Ruhestand erfolgt ist oder dass der gesetzliche Sozialversicherungsträger die Rentenzahlungen aufgenommen hat (*BAG* 14.1.1986 § 1 BetrAVG Nr. 36).
- Vorgesehen werden kann, dass der Versorgungsfall der Invalidität (Berufs- oder Erwerbsunfähigkeit) erst dann eintritt, wenn die **Pflicht des Arbeitgebers, wegen einer Erkrankung des Arbeitnehmers den Lohn fortzuzahlen, endet**. In einem solchen Fall hat die Feststellung des Rentenversicherungsträgers, Berufs- oder Erwerbsunfähigkeit sei zu einem früheren Zeitpunkt eingetreten, für den Eintritt des Versorgungsfalles keine Bedeutung (*BAG* 6.6.1989 EzA § 1 BetrAVG Nr. 53).
- Eine betriebliche Versorgungsordnung kann auch vorsehen, dass eine Invaliditätsrente nur geschuldet wird, wenn die **Invalidität nach Vollendung eines bestimmten Mindestalters** (z. B. 50. Lebensjahr) eintritt (*BAG* 20.10.1987 EzA § 1 BetrAVG Nr. 50).
- Erhält ein Versorgungsberechtigter aus der Sozialversicherung lediglich wegen Ausübung einer selbstständigen Tätigkeit statt einer Erwerbsunfähigkeitsrente die niedrigere **Berufsunfähigkeitsrente**, so kann eine ergänzende Vertragsauslegung dazu führen, dass er sich auf seine betriebliche Invaliditätsversorgung die gesetzliche Erwerbsunfähigkeitsrente anrechnen lassen muss (*BAG* 20.11.2001 EzA § 1 BetrAVG Invalidität Nr. 3).
- Auch bei der Berechnung der Unverfallbarkeit einer betrieblichen Invaliditätsrente gilt § 2 BetrAVG. Änderungen einer Versorgungsordnung, bei denen in eine **bereits erdiente Anwart-**

schaft auf Bezug von Invaliditätsrente eingegriffen wird, sind **unzulässig**, wenn sie **unverhältnismäßig sind** und schützenswertes Vertrauen verletzen. Dies gilt auch bei einem Eingriff in eine bereits erdiente Dynamik (*LAG Düsseld.* 8.1.2004 NZA-RR 2004, 548).
- Es ist auch zulässig, in einer tariflichen Versorgungsordnung den Beginn einer Invaliditätsrente für gesetzlich rentenversicherte Arbeitnehmer an den **vom gesetzlichen Rentenversicherer genannten Tag des Leistungsfalles** unabhängig davon zu knüpfen, ob das Arbeitsverhältnis **dann bereits beendet ist**, auch wenn bei von der Versicherungspflicht befreiten Arbeitnehmern auf das Ausscheiden aus dem Arbeitsverhältnis abgestellt wird (*BAG* 18.9.2007 NZA-RR 2008, 156).

*(3) Hinterbliebenenversorgung*

*aaa) Grundlagen*

3481 Möglich ist auch die Gewährung einer Hinterbliebenenversorgung für Witwen, Witwer und Waisen. Anwartschaften auf eine Hinterbliebenenversorgung werden unter den Voraussetzungen des § 1b Abs. 1 BetrAVG unverfallbar. Ihre Höhe ergibt sich aus der Versorgungsvereinbarung. Die Hinterbliebenen eines **vorzeitig ausgeschiedenen** Arbeitnehmers haben Anspruch auf eine **Teilrente**, die beim Fehlen günstigerer Vereinbarungen nach § 2 Abs. 1 BetrAVG berechnet wird (*BAG* 15.12.1998 EzA § 1 BetrAVG Hinterbliebenenversorgung Nr. 7).

3482 Der im Todesfall bezugsberechtigte Partner, nicht notwendig Ehepartner, z. B. einer Lebensversicherung, kann in der Versorgungsregelung konkret benannt sein. Es kann aber auch z. B. der Ehepartner ohne weitere Benennung bedacht sein. Bei einer derartigen Regelung ist Anspruchsberechtigter derjenige Ehepartner, mit dem der Versorgungsberechtigte zum Zeitpunkt seines Todes verheiratet war (*BAG* 7.9.1956 AP Nr. 17 zu § 242 BGB Ruhegehalt; *BGH* 29.1.1981 AP Nr. 4 zu § 242 BGB Ruhegehalt-Lebensversicherung).

Die Hinterbliebenenversorgung nach dem Betriebsrentengesetz knüpft aber an das typisierte Versorgungsinteresse des Arbeitnehmers an, nicht an erbrechtliche Grundsätze. Der Kreis möglicher Hinterbliebener ist dabei nicht auf Ehegatte und Kinder des Arbeitnehmers beschränkt (*BAG* 18.11.2008 EzA § 1 BetrAVG Hinterbliebenenversorgung Nr. 13).

Bezieht der Altersrentner eine Betriebsrente und daneben eine Hinterbliebenenversorgung, so gilt im Falle einer durch Betriebsvereinbarung vorgesehenen Verrechnungsklausel Folgendes (*BAG* 18.5.2010 EzA § 5 BetrAVG Nr. 35; 18.5.2010 EzA § 5 BetrAVG Nr. 34):

Verrechnungsklauseln in einer die betriebliche Altersversorgung regelnden Betriebsvereinbarung müssen dem betriebsverfassungsrechtlichen Gebot der angemessenen Behandlung aller Arbeitnehmer entsprechen. Das ist nicht mehr der Fall, wenn sie durch Verrechnungsklauseln andere Bezüge unverhältnismäßig entwerten. Eine unverhältnismäßige Entwertung liegt einmal vor, wenn auf eine betriebliche Altersrente vom Altersrentner anderweitig bezogene Hinterbliebenenversorgung, auch eine aus öffentlichen Kassen geleistete, zu mehr als 80 % angerechnet wird. Ebenso darf auf eine betriebliche Hinterbliebenenrente die eigene gesetzliche Altersrente des Hinterbliebenen nur zu 80 % angerechnet werden. Eine gesetzliche »Rente wegen Todes« darf dagegen bis zu 100 % angerechnet werden, wenn sie wegen des Todes der Person gezahlt wird, nach deren Ableben auch die betriebliche Hinterbliebenenversorgung geleistet wird.

3483 ▶ Beispiele:
- Gleichbehandlungsgesichtspunkte hindern den Arbeitgeber – auch bei Entgeltumwandlung – nicht, eine Hinterbliebenenversorgung so zuzusagen, dass **nicht alle Personen** erfasst werden, die i. S. d. Betriebsrentenrechts als Hinterbliebene behandelt werden können. Er darf dabei an die Unterschiedlichkeit des Näheverhältnisses zwischen dem Arbeitnehmer und der begünstigten Person anknüpfen. Eine unerlaubte mittelbare Benachteiligung wegen eines in § 1 AGG genannten Merkmals liegt nicht vor, wenn Personen, auf die das Merkmal zutrifft, durch die Beschränkung des Kreises der Hinterbliebenen keine Hinterbliebenenversorgung zugute kom-

men kann. Voraussetzung ist, dass kein typisiertes Versorgungsinteresse des Arbeitnehmers besteht, das dem Versorgungsinteresse der Arbeitnehmer vergleichbar ist, deren Hinterbliebene versorgt werden. Werden Entgeltansprüche in Versorgungsleistungen umgewandelt, die eine Hinterbliebenenversorgung einschließen, ist das Prinzip der Wertgleichheit nicht allein dadurch verletzt, dass versorgungsberechtigte Arbeitnehmer, die vor Eintritt des Versorgungsfalls ohne Hinterbliebene versterben, keine Leistungen der betrieblichen Altersversorgung erlangen (*BAG* 18.11.2008 EzA § 1 BetrAVG Hinterbliebenenversorgung Nr. 13).
- Eine Versorgungsordnung kann auch rechtswirksam vorsehen, dass Hinterbliebenenversorgung nur geleistet wird, wenn die **Ehe** des versorgungsberechtigten Arbeitnehmers zur Zeit seines Todes **mindestens zwei Jahre bestanden** hat. Ob diese Regelung ohne weiteres auch dann gilt, wenn der versorgungsberechtigte Arbeitnehmer seine Frau nach einer Scheidung erneut geheiratet hat, hat das BAG (11.8.1987 EzA § 1 BetrAVG Hinterbliebenenversorgung Nr. 2) offen gelassen. Jedenfalls müsste eine ergänzende Vertragsauslegung davon ausgehen, dass die Betriebspartner für eine solche Fallgestaltung einen geeigneten Vermutungstatbestand geschaffen hätten, um sog. »**Versorgungsehen**« von der Hinterbliebenenversorgung auszuschließen.
- Sieht eine betriebliche Versorgungsordnung den Ausschluss vom Bezug des Witwengeldes vor, »wenn der **Verdacht einer Versorgungsehe** nahe liegt«, so muss der Verdacht auf objektiven und nachprüfbaren Tatsachen beruhen. Er kann durch ebenfalls objektive und nachprüfbare Tatsachen erschüttert werden. Die Darlegungs- und Beweislast dafür, dass plausible Gründe bestehen, die es rechtfertigen anzunehmen, Versorgungsgesichtspunkte hätten bei der Heirat keine oder jedenfalls keine bestimmende Rolle gespielt, obliegt dem Versorgungsberechtigten (*BAG* 4.7.1989 EzA § 1 BetrAVG Hinterbliebenenversorgung Nr. 3).
- Ist nach einer Versorgungsordnung ein Anspruch auf Witwenversorgung davon abhängig, dass die Ehe durch das Ableben des früheren Arbeitnehmers aufgelöst wurde und die Eheleute zu diesem Zeitpunkt **nicht voneinander getrennt gelebt** haben, so ist der Anspruch auf Witwenversorgung dann ausgeschlossen, wenn die Eheleute im Nachversorgungsfall i. S. d. §§ 1566 Abs. 2, 1567 Abs. 1 BGB getrennt gelebt haben.
- Eine solche Regelung ist **auch dann rechtswirksam, wenn sie nicht mit einer ausdrücklichen Härteklausel verbunden ist** (*BAG* 28.3.1995 EzA § 1 BetrAVG Hinterbliebenenversorgung Nr. 4).
- Die Regelung in einer Pensionsordnung, die den Anspruch **auf Witwenrente** davon abhängig macht, dass die Begünstigte im Zeitpunkt des Todes des Arbeitnehmers das 50. Lebensjahr vollendet hat, ist von Rechts wegen nicht zu beanstanden. Von der wortlautgetreuen Anwendung dieser Regelung kann nicht allein unter Berufung darauf abgesehen werden, dass die Witwe beim Tode ihres Mannes nur wenige Monate weniger als 50 Jahre alt war oder dass die Ehe bis dahin viele Jahre gedauert hatte. Beide Sachverhalte rechtfertigen nicht die Annahme einer planwidrigen und deshalb im Wege der teleologischen Reduktion der anspruchseinschränkenden Regelung zu beseitigenden Härte im Einzelfall (*BAG* 19.2.2002 EzA § 1 BetrAVG Hinterbliebenenversorgung Nr. 10).
- Eine Tarifnorm, die dem »überlebenden Ehegatten« eine »Witwen- und Witwerrente« zubilligt, war auf **eingetragene Lebenspartner** nicht entsprechend anwendbar (*LAG Köln* 19.7.2006 ZTR 2007, 267 LS; s. aber jetzt *EuGH* 1.4.2008 – C-267/06, NZA 2008, 459). Inzwischen gilt für eingetragene Lebenspartnerschaften Folgendes (*BAG* 14.1.2009 EzA § 2 AGG Nr. 3; 15.9.2009 EzA § 2 AGG Nr. 4; *BVerfG* 7.7.2009 EzA EG-Vertrag 1999 Richtlinie 2000/78 Nr. 13; s. a. *EuGH* 10.5.2011 EzA EG-Vertrag 1999 Richtlinie 2000/78 Nr. 19; s. *Bruns* NZA 2009, 596 ff.; *Spiolek* BB 2011, 2169 ff.):

Nach der RL 2000/78/EG sind aber überlebende **eingetragene Lebenspartner** und Ehegatten in der betrieblichen Altersversorgung hinsichtlich der Hinterbliebenenversorgung gleichzustellen. Es muss jedoch am oder nach dem 1. Januar 2005 ein Rechtsverhältnis zwischen dem Versorgungsberechtigten und dem Versorgungsschuldner bestanden haben. Es reicht aus, wenn der frühere Arbeitnehmer mit einer unverfallbaren Anwartschaft aus dem Arbeitsverhältnis ausgeschieden ist oder eine Betriebsrente bezieht; diese Grundsätze gelten auch, wenn die Arbeitsvertragsparteien auf das Versorgungsrecht der Beamten Bezug genommen haben.

> Zwischen **hinterbliebenen** eingetragenen **Lebenspartnern** und **hinterbliebenen Eheleuten** besteht seit dem 1. Januar 2005 insoweit eine **vergleichbare Situation**:
>
> Der Gesetzgeber hat, soweit es Arbeitnehmer betrifft, eingetragene Lebenspartner und Ehegatten in der Altersversorgung gleichgestellt; es gilt der Versorgungsausgleich. Im Recht der gesetzlichen Rentenversicherung gilt als Ehe auch eine Lebenspartnerschaft.
>
> Auch tatsächliche Unterschiede führen nicht dazu, dass eine nicht vergleichbare Situation vorliegt. Insofern kommt es darauf an, ob eine unterschiedliche Lohnhöhe gerechtfertigt ist. Ein typisierter unterschiedlicher Versorgungsbedarf des Hinterbliebenen kann diese allenfalls rechtfertigen, wenn die Versorgungsordnung an Unterscheidungsmerkmale anknüpft, die einen unmittelbaren tatsächlichen Zusammenhang mit einem unterschiedlichen Versorgungsbedarf herstellen. Die Unterscheidung zwischen eingetragener Lebenspartnerschaft und Ehe wird dem nicht gerecht.

Diese Regeln gelten auch für Tarifverträge. Der Eingriff in die Tarifautonomie ist verhältnismäßig. Den Tarifvertragsparteien bleibt trotz des Diskriminierungsverbots noch ein weitgehender Entscheidungsspielraum sowohl hinsichtlich der Frage, ob überhaupt eine Hinterbliebenenversorgung gewährt wird, als auch hinsichtlich ihrer Höhe.

Ansprüche auf Gleichbehandlung für hinterbliebene **eingetragene Lebenspartner** in der betrieblichen Altersversorgung können nicht darauf gestützt werden, dass vor Erlass des Lebenspartnerschaftsgesetzes es in gleichgeschlechtlichen Beziehungen lebenden Menschen nicht möglich war, eine eingetragene Lebenspartnerschaft zu begründen oder die Ehe einzugehen (*BAG* 15.9.2009 EzA § 2 AGG Nr. 5; s. a. *EuGH* 10.5.2011 NZA 2011, 557).

- Der Ausschluss einer Betriebsrente des Arbeitnehmers bei vorsätzlicher oder leichtfertiger **Herbeiführung der Dienstunfähigkeit** enthält keine die Hinterbliebenenversorgung ausschließende Freitodklausel (*BAG* 29.1.1991 AP Nr. 13 zu § 1 BetrAVG Hinterbliebenenversorgung).
- Eine derartige – ausdrücklich vorgesehene – **Freitodklausel** verstößt andererseits weder gegen § 169 VVG noch gegen Art. 3 GG, ist also nicht von vorne herein unwirksam (*LAG Köln* 15.7.2004 LAG Report 2005, 199). Der Arbeitgeber ist **grds. frei** darin, **bestimmte Versorgungsfälle auszuklammern**, wobei er – bei einer auf einer Betriebsvereinbarung beruhenden Versorgungsordnung – gemeinsam mit dem Betriebsrat die Grundsätze von Recht und Billigkeit nach § 75 BetrVG zu beachten hat. Es bedeutet insoweit keine sachfremde Ungleichbehandlung, wenn Hinterbliebene im Falle des Freitodes eines Arbeitnehmers aus der Versorgungsregelung herausgenommen werden, um den Arbeitgeber davor zu schützen, vorzeitig und länger Versorgungsleistungen erbringen zu müssen. Allerdings ist der Ausschlusstatbestand des Freitodes **im Zweifel restriktiv** auszulegen (*LAG Köln* 15.7.2004 LAG Report 2005, 199; s. a. *LAG RhPf* 16.9.1996 DB 1997, 1140 LS).
- Sagt der Arbeitgeber seinen Arbeitnehmern eine Witwenversorgung zu, so muss er auch eine gleich hohe **Witwerversorgung** zusagen; ihr Ausschluss verstößt gegen den Grundsatz der Lohngleichheit von Männern und Frauen (s. Rdn. 779 ff.). Eine Frist zur Einführung der Witwerversorgung steht dem Arbeitgeber in einem solchen Fall nicht zu. Den Frauen kann nicht – auch nicht übergangsweise – ein Teil des Lohnes vorenthalten werden, der den Männern unter im Übrigen gleichen Voraussetzungen gezahlt wird (*BAG* 5.9.1989 AP Nr. 8 zu § 1 BetrAVG Hinterbliebenenversorgung).
- Bestimmt eine Versorgungsordnung, dass der Anspruch auf Witwen- oder Witwerrente mit **Wiederverheiratung** endet, ist aber im Gegensatz zu § 46 Abs. 3 SGB VI kein Wiederaufleben des Anspruchs nach Auflösung der zweiten Ehe vorgesehen, so liegt keine Regelungslücke vor. Art. 3 Abs. 1, 6 Abs. 1 GG gebieten keine Wiederauflebensvorschrift. Betriebliche Altersversorgungen müssen nicht die in § 46 Abs. 3 SGB VI enthaltene familienpolitische Maßnahme ergänzen (*BAG* 16.4.1997 EzA § 1 BetrAVG Hinterbliebenenversorgung Nr. 5). Eine **Spätehenklausel**

## B. Pflichten des Arbeitgebers
## Kapitel 3

kann auch dann eine Witwenversorgung ausschliessen, wenn die bei Beginn der Altersversorgung des früheren Angestellten bestehende Ehe geschieden und sodann vor dem Versorgungsfall **erneut geschlossen** wurde (*LAG Hamm* 15.2.2011 NZA-RR 2011, 374).
– Eine **Spätehenklausel**, wonach der hinterbliebene Ehegatte keine Unterstützung erhält, wenn die Ehe erst nach Eintritt des Arbeitnehmers in den Ruhestand geschlossen wird, ist rechtlich nicht zu beanstanden. Soll sie sich auch auf bereits erteilte Versorgungszusagen und schon zurückgelegte Beschäftigungszeiten erstrecken, so reichen dafür sachliche Gründe aus. Sie können vorliegen, wenn der Arbeitgeber im Zusammenhang mit der verfassungsrechtlich und europarechtlich notwendigen Verbesserung der Witwerversorgung zur Verringerung des damit verbundenen Mehraufwandes diese Spätehenklausel einführt (*BAG* 26.8.1997 EzA § 1 BetrAVG Ablösung Nr. 17; s. a. LAG Baden-Württemberg 12.11.2009 NZA-RR 2010, 315). Gleiches gilt für eine Versorgungszusage, die den Anspruch davon abhängig macht, dass die Ehe **vor dem (vorzeitigen) Ausscheiden aus dem Arbeitsverhältnis geschlossen wurde**. Damit wird der Kreis der Versorgungsberechtigten von vornherein in einer für den Mitarbeiter erkennbaren Weise auf Hinterbliebene eingeschränkt, die bereits während des Bestehens des Arbeitsverhältnisses in familiärer Beziehung zum Mitarbeiter standen. Dies verstößt nicht gegen Art. 6 Abs. 1 GG, § 1b BetrAVG, §§ 1 ff. AGG (*BAG* 20.4.2010 EzA § 1 BetrAVG Hinterbliebenenversorgung Nr. 14).
Eine **Altersabstandsklausel**, nach der der Anwärter nicht mehr als 20 Jahre älter sein darf als der überlebende Ehepartner, ist nach der derzeitigen Rechtslage wirksam. Sie dient einer sachlich gerechtfertigten Risikobegrenzung (*LAG Nds.* 23.6.2011 NZA-RR 2011, 600). Ebenso verhält es sich, wenn die Versorgungsordnung für die Gewährung einer Witwen- oder Witwerversorgung voraussetzt, dass die Ehe mindestens zehn Jahre bestanden hat, wenn sie **nach Vollendung des 50. Lebensjahres des verstorbenen Ehegatten** geschlossen worden ist. Denn eine derartige Regelung dient einer sachlich gerechtfertigten Risikobegrenzung (*BAG* 28.7.2005 EzA § 1 BetrAVG Hinterbliebenenversorgung Nr. 12 m. Anm. *Nicolai* SAE 2007, 185 ff.). **Fraglich** ist allerdings, ob **derartige Klauseln europarechtlich unbedenklich** sind (s. *EuGH* 22.11.2005 EzA § 14 TzBfG Nr. 21; 27.6.2006 EzA EG-Vertrag 1999 Richtlinie 2000/78 Nr. 2; s. dazu *Konzen* SAE 2007, 194 ff.).
Der *EuGH* (23.9.2008 EzA EG-Vertrag 1999 Richtlinie 2000/78 Nr. 7; s. *Preis/Temming* NZA 2008, 1209 ff.; *Bauer/Arnold* NJW 2008, 3377 ff.) hat dazu aber lediglich festgestellt, dass das Gemeinschaftsrecht kein Verbot der Diskriminierung aus Gründen des Alters, dessen Schutz die Gerichte der Mitgliedstaaten zu gewährleisten haben, enthält, wenn die möglicherweise diskriminierende Behandlung keinen gemeinschaftsrechtlichen Bezug aufweist. Ein solcher Bezug folgt danach weder aus Art. 19 AEUV noch – unter Umständen wie denen des Ausgangsverfahrens – aus der RL 2000/78/EG vor Ablauf der dem betreffenden Mitgliedstaat für die Umsetzung der RL gesetzten Frist.
– Das *BAG* (26.9.2000 EzA § 1 BetrAVG Hinterbliebenenversorgung Nr. 8) hat offen gelassen, ob die Bestimmung in einer Versorgungsordnung, wonach ein Anspruch auf Hinterbliebenenversorgung nur dann besteht, wenn der Verstorbene den Unterhalt seiner Familie überwiegend bestritten hat, wirksam ist (sog. »**Haupternährerklausel**«). Bedenken bestehen dagegen im Hinblick auf das Verbot der **mittelbaren Diskriminierung wegen des Geschlechts**, aber auch wegen des **Bestimmtheitsgebots**. Für die Feststellung der Haupternährereigenschaft eines verstorbenen früheren Arbeitnehmers oder Betriebsrentners ist aber jedenfalls im Zweifel eine Gesamtbetrachtung geboten. Eine Entscheidung allein nach der wirtschaftlichen Situation der Familie unmittelbar vor dem Nachversorgungsfall ist regelmäßig nicht gewollt.
– Nicht zu beanstanden ist es aber jedenfalls, wenn eine Versorgungsordnung Ansprüche für Hinterbliebene **nur** einräumt, soweit deren **familienrechtliche Beziehungen** zu den begünstigten Arbeitnehmern bereits **während des Arbeitsverhältnisses** bestanden (*BAG* 19.12.2000 EzA § 1 BetrAVG Hinterbliebenenversorgung Nr. 9).

*bbb) Gerichtliche Geltendmachung*

3484 Der Arbeitnehmer selbst hat i. S. d. § 256 ZPO ein rechtliches Interesse an der alsbaldigen Feststellung, dass seiner Ehefrau nach seinem Tod eine Witwenrente zusteht (*BAG* 26.8.1997 EzA § 1 BetrAVG Ablösung Nr. 17).

*bb) Versorgungsmodelle*

3485 In der Praxis existieren vor allem folgende Versorgungsmodelle:

3486 Gesamtversorgungssysteme, die **zusammen mit der gesetzlichen Rentenversicherung** eine **Gesamtversorgung** der Betriebsrentner ergeben sollen. Bei **Anrechnungssystemen** wird eine hohe Betriebsrente vom Arbeitgeber versprochen, auf die allerdings insbes. die Rente aus der gesetzlichen Rentenversicherung angerechnet wird.

3487 Bei **Limitierungssystemen** werden betriebliche Versorgungsleistung und Sozialversicherungsrente getrennt ermittelt, aber in ihrer Gesamtheit auf einen bestimmten Prozentsatz des ruhegehaltfähigen Einkommens begrenzt (Höchstbegrenzungsregelung).

3488 Bezügeabhängige Versorgungsmodelle sind i. d. R. als **Endgehaltspläne** konzipiert, indem sie davon ausgehen, dass einem Arbeitnehmer ein **bestimmter Prozentsatz** (10 % oder 15 %) des letzten Bruttoeinkommens als Betriebsrente gewährt wird.

3489 Insoweit kann zwar auch dienstzeitunabhängig ein bestimmter Prozentsatz des letzten Einkommens gewährt werden; meist baut sich jedoch die Versorgungsleistung durch **gehaltsprozentuale Steigerungsbeträge** pro Dienstjahr bis zum Erreichen eines Höchstanspruchs nach Ableistung eines vollen Berufslebens auf.

3490 Festbetragssysteme gewähren den Arbeitnehmern einen bestimmten Festbetrag oder sehen einen bestimmten €-Betrag **für jedes zurückgelegte Dienstjahr** vor (dienstzeitabhängiges Versorgungsmodell).

3491 Möglich ist auch eine Unterscheidung nach dem gewährten Arbeitsentgelt dadurch, dass die Versorgungsberechtigten entsprechend ihren Aktivbezügen in **verschiedene Versorgungsgruppen** aufgeteilt werden, denen alternativ Steigerungsbeträge pro Dienstjahr zugeordnet werden (einkommensgruppen- oder tarifgruppenbezogene Nominalbetragssysteme).

3492 Bei Eckwertsystemen wird lediglich für eine bestimmte Einkommensteuergröße ein Euro-Steigerungsbetrag pro Dienstjahr definiert und die von dieser Einkommensgröße abweichenden ruhegeldfähigen Einkommen zu dieser Größe ins Verhältnis gesetzt.

3493 Karrieredurchschnittspläne sagen für **jedes Dienstjahr einen Steigerungsbetrag** von z. B. 1 % des jeweils bezogenen Einkommens zu, der als Nominalbetrag festgeschrieben wird. Die Endrente ergibt sich aus der aufaddierten Summe der jährlich erdienten Steigerungsbeträge.

3494 Beitragsabhängige Versorgungssysteme haben die **Vorgabe eines** bestimmten **Beitragsvolumens** zum Inhalt, **das der Arbeitgeber für Versorgungszwecke zu reservieren verspricht.**

3495 Sie orientieren sich z. B. an einem Fixbetrag oder einem konstanten Verhältnis zum jeweiligen rentenfähigen Arbeitsverdienst.

3496 Ergebnisorientierte Versorgungssysteme gewähren den Mitarbeitern eine **nach versicherungsmathematischen Grundsätzen errechnete Versorgungszusage,** für die i. d. R. ein bestimmter **Anteil des Jahresüberschusses** als Barwert zur Verfügung gestellt wird.

*cc) Rechtliche Schranken*

3497 Als rechtliche Schranken entsprechender Versorgungsregelungen kommen insbes. Art. 6 GG, Art. 3 GG, Art. 157 AEUV (s. Kap. 1 Rdn. 304 ff.) sowie bei Betriebsvereinbarungen eine ge-

## B. Pflichten des Arbeitgebers Kapitel 3

richtliche Billigkeitskontrolle (§ 75 BetrVG) in Betracht. Daneben ist auch der Gleichbehandlungsgrundsatz zu beachten (s. Kap. 1 Rdn. 429 ff.).

### (1) Art. 157 AEUV

Der *EuGH* (17.5.1990 EzA Art. 119 EWG-Vertrag Nr. 4; s. *LAG Nds.* 13.1.2006 LAGE Art. 141 EG-Vertrag 1999 Nr. 2) geht davon aus, dass die auf Grund eines privaten Betriebsrentensystems gezahlten Renten in den Anwendungsbereich des Art. 157 AEUV fallen. Diese Auslegung hängt weder vom Zweck der nationalen Rechtsvorschriften ab, nach denen der Anschluss an ein solches Rentensystem für obligatorisch erklärt werden kann, noch davon, dass der Arbeitgeber gegen die Entscheidung, diesen Anschluss für obligatorisch zu erklären, Beschwerde eingelegt hat, oder davon, dass bei den Arbeitnehmern eine Untersuchung im Hinblick auf eine mögliche Beantragung einer Befreiung von der Anschlusspflicht durchgeführt worden ist (*EuGH* 24.10.1996 EzA Art. 119 EWG-Vertrag Nr. 44). **3498**

### aaa) Das Bilka-Urteil vom 13.5.1986; Umsetzung durch das BAG

Für den **Ausschluss von Teilzeitbeschäftigten** aus sowie die **inhaltliche Ausgestaltung** der betrieblichen Altersversorgung gelten folgende **Grundsätze** (*BAG* 4.3.1989 EzA § 1 BetrAVG Gleichberechtigung Nr. 4; 23.1.1990 EzA § 1 BetrAVG Gleichberechtigung Nr. 6; 20.11.1990 EzA § 1 BetrAVG Gleichberechtigung Nr. 8; 5.10.1993 EzA § 1 BetrAVG Lebensversicherung Nr. 5; Entwicklungslinien: *BAG* 5.6.1984 EzA § 242 BGB Gleichbehandlung Nr. 35; *EuGH* 13.5.1986 EzA § 46 BAT Zusätzliche Alters- und Hinterbliebenenversorgung Nr. 2 – »Bilka«), die verfassungsrechtlich unbedenklich sind (*BVerfG* 28.9.1992 AP Nr. 32 zu Art. 119 EWG-Vertrag; s. a. *EuGH* 10.2.2000 EzA Art. 141 EG-Vertrag Nr. 1, 2, 3; 1.3.2012 NZA 2012, 313): **3499**
- Art. 157 AEUV verbietet unmittelbare und mittelbare Diskriminierungen nach dem Geschlecht der Arbeitnehmer bei Vergütungsregelungen; das gilt auch für betriebliche Versorgungsregelungen.
- Eine mittelbare Diskriminierung liegt objektiv dann vor, wenn eine Vergütungsregelung zwar unterschiedslos auf Männer und Frauen anzuwenden ist, aber Arbeitnehmer ausnimmt und dabei auf Gruppenmerkmale abstellt, die aus geschlechtsspezifischen Gründen wesentlich mehr Frauen als Männer erfüllen. Das ist z. B. bei einer Versorgungsregelung anzunehmen, wenn sie Teilzeitbeschäftigte generell ausnimmt oder eine 15-jährige Wartezeit verlangt, die nur Vollzeitbeschäftigte erfüllen können.
- Eine mittelbare Diskriminierung kann auch gegeben sein, wenn nur Teilzeitbeschäftigte mit weniger als 30 Wochenstunden ausgeschlossen werden.
- Allerdings kann ein Arbeitgeber, der Leistungen der betrieblichen Altersversorgung über eine Lebensversicherung (Direktversicherung) zusagt, je nach dem Umfang der regelmäßigen Arbeitszeit der begünstigten Arbeitnehmer Gruppen bilden, die die Höhe der Versicherungsleistung und der dafür aufzubringenden Versicherungsprämien bestimmen. Bei einer versicherungsförmigen Versorgung wird die Einteilung der Arbeitnehmer in voll-, überhalbzeitig und unterhalbzeitig Beschäftigte dem Lohngleichheitsgebot des Art. 157 AEUV gerecht (*BAG* 5.10.1993 EzA § 1 BetrAVG Lebensversicherung Nr. 5).
- Ist der objektive Tatbestand einer mittelbaren Diskriminierung gegeben, muss der Arbeitgeber zur Rechtfertigung seiner Regelung darlegen und beweisen, dass sie einem unabweisbaren Bedürfnis des Unternehmens dient und für die Erreichung dieses Ziels geeignet erforderlich ist. Nicht jeder geringfügige finanzielle Vor- oder Nachteil stellt ein wirkliches Bedürfnis dar. Vielmehr müssen erhebliche Kostenvor- oder -nachteile die differenzierende Regelung erfordern.
- Verstößt eine Versorgungsregelung gegen das Lohngleichheitsgebot, weil sie Teilzeitbeschäftigte diskriminiert, so ist nicht die gesamte Versorgungsordnung nichtig, sondern nur die diskriminierende Sonderbestimmung. Die Kostensteigerung, die durch die Einbeziehung der Teilzeitbeschäftigten entsteht, kann der Arbeitgeber nur für die Zukunft durch eine anpassende

Betriebsvereinbarung korrigieren. In der Vergangenheit erdiente Versorgungsansprüche und Anwartschaften müssen hingegen nach der alten Versorgungsordnung berechnet werden.
– Der Arbeitgeber kann auch für die Beseitigung der mittelbaren Diskriminierung keine Anpassungsfrist beanspruchen.

3500 Zu beachten ist, dass das Verbot der mittelbaren Diskriminierung wegen des Geschlechts auch von den Tarifvertragsparteien zu beachten ist. Ihnen gebührt allerdings auf Grund der Tarifautonomie eine Einschätzungsprärogative in Bezug auf die sachlichen Gegebenheiten, die betroffenen Interessen und die Regelungsfolgen sowie ein Beurteilungs- und Ermessensspielraum hinsichtlich der inhaltlichen Gestaltung der von ihnen getroffenen Regelungen. Dies ist bei der Prüfung, ob eine Benachteiligung wegen des Geschlechts sachlich gerechtfertigt ist, zu berücksichtigen (*BAG* 19.1.2011 EzA § 1 BetrAVG Gleichbehandlung Nr. 14).

*bbb) Das Barber-Urteil vom 17.5.1990*

3501 Es verstößt andererseits aber auch gegen den AEUV, wenn ein **wegen Arbeitsmangels entlassener Mann** nur einen Anspruch auf eine **im normalen Rentenalter fällige Rente hat**, während eine **Frau** unter den gleichen Umständen auf Grund der Anwendung einer nach dem Geschlecht unterschiedlichen Altersvoraussetzung, wie sie auch im gesetzlichen Altersrentensystem vorgesehen ist, **Anspruch auf eine sofort fällige Rente** hat. Der Grundsatz des gleichen Entgelts muss für jeden Bestandteil des Entgelts und nicht nur auf Grund einer globalen Beurteilung der den Arbeitnehmern eingeräumten Vorteile gewährleistet sein.

3502 Insoweit kann Art. 157 AEUV von den nationalen Gerichten herangezogen werden. Denn sie haben den Schutz der Rechte zu gewährleisten, die diese Bestimmung den Einzelnen einräumt, unter anderem auch dann, wenn ein Betriebsrentensystem einem Mann nach seiner Entlassung nicht die sofort fällige Rente gewährt, die einer Frau im gleichen Fall gewährt würde (vgl. § 30a BetrAVG).

3503 Die unmittelbare Wirkung des Art. 157 AEUV kann allerdings nicht ins Feld geführt werden, um mit Wirkung von einem Zeitpunkt vor Erlass dieser Entscheidung (17.5.1990) einen Rentenanspruch geltend zu machen. Dies gilt nicht für Arbeitnehmer oder ihre anspruchsberechtigten Angehörigen, die vor diesem Zeitpunkt nach dem anwendbaren nationalen Recht eine Klage oder eine gleichwertige Forderung erhoben haben (*EuGH* 17.5.1990 EzA Art. 119 EWG-Vertrag Nr. 20).

*ccc) Die zeitliche Beschränkung der unmittelbaren Anwendung des Art. 157 AEUV im nationalen Recht; Rechtsfolgen*

3504 Die zeitliche Beschränkung dieses Urteils gilt auch für Hinterbliebene und betriebliche Systeme, die nicht an die Stelle gesetzlicher Rentensysteme getreten sind, für Leistungen, die nicht von der Dauer der tatsächlichen Beschäftigungszeit abhängen, dagegen nur dann, wenn das sie auslösende Ereignis vor dem 17.5.1990 eingetreten ist (*EuGH* 6.10.1993 EzA Art. 119 EWG-Vertrag Nr. 11; 28.9.1994 EzA Art. 119 EWG-Vertrag Nr. 21; 28.9.1994 EzA Art. 119 EWG-Vertrag Nr. 22; 28.9.1994 EzA Art. 119 EWG-Vertrag Nr. 23).

Sie gilt jedenfalls weder für den Anspruch auf Anschluss an ein Betriebsrentensystem (*EuGH* 28.9.1994 EzA Art. 119 EWG-Vertrag Nr. 22), noch für den Anspruch auf Zahlung einer Altersrente im Falle eines Arbeitnehmers, der unter Verstoß gegen Art. 157 AEUV vom Anschluss an ein solches System ausgeschlossen worden ist (*EuGH* 24.10.1996 EzA Art. 119 EWG-Vertrag Nr. 44).

3505 Folglich können sich sowohl die Arbeitnehmer als auch ihre anspruchsberechtigten Angehörigen gegenüber den dem Grundsatz der Gleichbehandlung verpflichteten Trägern der betrieblichen Altersversorgung auf die **unmittelbare Wirkung** von **Art. 157 AEUV berufen**. Diese sind **verpflichtet, von allen vom innerstaatlichen Recht zur Verfügung gestellten Mitteln, wie einer Klage vor den nationalen Gerichten, Gebrauch zu machen, um jegliche Diskriminierung im Bereich des Entgelts zu

**beseitigen.** Insoweit gelten folgende **Grundsätze** (vgl. *EuGH* 14.12.1993, EzA Art. 119 EWG-Vertrag Nr. 16; 28.9.1994 EzA Art. 119 EWG-Vertrag Nr. 21; 28.9.1994 EzA Art. 119 EWG-Vertrag Nr. 22; 28.9.1994 EzA Art. 119 EWG-Vertrag Nr. 23, 24.10.1996 EzA Art. 119 EWG-Vertrag Nr. 44; s. jetzt § 30a BetrAVG):

- Es verstößt gegen Art. 157 AEUV, wenn ein Arbeitnehmer im Rahmen eines ergänzenden betrieblichen Versorgungssystems auf Grund der Festsetzung eines **je nach Geschlecht unterschiedlichen Rentenalters** erst in einem höheren Alter als eine Arbeitnehmerin in der gleichen Lage Anspruch auf eine Betriebsrente hat (*EuGH* 14.12.1993 EzA Art. 119 EWG-Vertrag Nr. 16). 3506
- Für die **zwischen der Feststellung der Diskriminierung** durch den EuGH **und nach dem In-Kraft-Treten der Maßnahmen** zu ihrer Beseitigung zurückgelegten Beschäftigungszeiten erfordert eine ordnungsgemäße Durchführung des Grundsatzes des gleichen Entgelts, dass den benachteiligten Arbeitnehmern **dieselben Vergünstigungen** gewährt werden, wie sie den übrigen Arbeitnehmern zugute kamen. Für Beschäftigungszeiten **nach dem In-Kraft-Treten** der genannten Maßnahmen steht Art. 157 AEUV dagegen einer **Wiederherstellung der Gleichheit durch Kürzung** der Vergünstigungen, die den bevorzugten Arbeitnehmern zugute kamen, nicht entgegen. Was schließlich **vor dem 17.5.1990** liegende Beschäftigungszeiten anbelangt, so sah das Gemeinschaftsrecht **keine** Verpflichtung vor, die Maßnahmen rechtfertigen könnte, durch die den bevorzugten Arbeitnehmern gewährte Vergünstigungen **nachträglich eingeschränkt** werden (s. auch *BAG* 18.3.1997 EzA Art. 119 EWG-Vertrag Nr. 47). 3507
- Die Verwendung je nach Geschlecht **unterschiedlicher versicherungsmathematischer Faktoren** im Rahmen der durch Kapitalansammlung erfolgenden Finanzierung von betrieblichen Versorgungssystemen fällt nicht in den Anwendungsbereich des Art. 157 AEUV. 3508
- Art. 157 AEUV gilt **nicht** für Systeme, denen immer **nur Angehörige eines Geschlechts** angeschlossen waren (*EuGH* 28.9.1994 EzA Art. 119 EWG-Vertrag Nr. 23). 3509
- Art. 157 AEUV verwehrt es einem Arbeitgeber, der die erforderlichen Maßnahmen trifft, um dem Barber-Urteil nachzukommen, das **Rentenalter der Frauen** in Bezug auf Beschäftigungszeiten zwischen dem 17.5.1990 und dem Zeitpunkt des In-Kraft-Tretens der genannten Maßnahmen auf das der Männer **anzuheben**. Für Beschäftigungszeiten nach dem letztgenannten Zeitpunkt hindert ihn Art. 141 dagegen nicht daran, so vorzugehen. Für Beschäftigungszeiten vor dem 17.5.1990 sah das Gemeinschaftsrecht keine Verpflichtung vor, die Maßnahmen rechtfertigen könnte, durch die die Frauen gewährten Vergünstigungen nachträglich eingeschränkt werden (s. Rdn. 3507). 3510
- Es verstößt gegen Art. 157 AEUV, wenn ein Rentensystem unter Berufung auf **seine eigenen Schwierigkeiten** oder die des betreffenden Unternehmens eine nachträgliche Anhebung des Rentenalters der Frauen für Beschäftigungszeiten zwischen dem 17.5.1990 und dem In-Kraft-Treten der Maßnahmen vornimmt, durch die das System die Gleichstellung herbeigeführt hat (*EuGH* 28.9.1994 EzA Art. 119 EWG-Vertrag Nr. 21). 3511
- Der in Art. 157 AEUV und der RL 75/117/EWG niedergelegte Grundsatz des gleichen Entgelts für Männer und Frauen verbietet es nicht, den **Bezug einer Rente einer hauptberuflichen**, sozial gesicherten **Position gleichzustellen**, wenn diese Rente auf Grund von Erwerbsausfall durch Kindererziehung gemindert ist (*EuGH* 13.12.1994 EzA Art. 119 EWG-Vertrag Nr. 25). 3512
- **Versorgungszusagen mit unterschiedlichem Rentenzugangsalter für Männer und Frauen** verstoßen für eine **Übergangszeit** zwar nicht gegen Art. 3 Abs. 3 GG. Nach Art. 3 Abs. 2 GG dürfen die bisher noch für Frauen bestehenden Nachteile in der beruflichen Entwicklung durch die Festsetzung eines früheren Rentenalters ausgeglichen werden (*BAG* 18.3.1997 EzA Art. 119 EWG-Vertrag Nr. 47). Sie verstoßen aber gegen Art. 157 AEUV. Darauf kann sich ein benachteiligter Mann aber **nur berufen**, soweit bei der Berechnung seiner Betriebsrente **Beschäftigungszeiten nach dem 17.5.1990 zu berücksichtigen sind**. Diese Grenzziehung gilt entsprechend auch für eine betriebliche Versorgungsregelung, die zwar für Männer und Frauen dasselbe Rentenzugangsalter 65 vorsieht, für den Fall einer vorgezogenen Inanspruchnahme der Betriebsrente (§ 6 BetrAVG) aber für Frauen niedrigere versicherungsmathematische Abschläge vorsieht als für Männer. Eine solche Regelung legt den Frauen ebenso wie ein unterschiedliches Rentenzugangsalter nahe, früher in den Ruhestand zu wechseln. Für die Zeit bis zum 17.5.1990 dürfen 3513

daher der Berechnung der vorgezogenen Betriebsrente – erst recht – unterschiedlich hohe versicherungsmathematische Abschläge zu Grunde gelegt werden (*BAG* 23.9.2003 EzA § 1 BetrAVG Gleichberechtigung Nr. 13; s. a. *BAG* 29.4.2008 EzA § 2 BetrAVG Nr. 30 = NZA 2008, 1417).

3514 – Der **Unverfallbarkeitsfaktor** nach § 2 Abs. 1 BetrAVG ist für Beschäftigungszeiten vor und nach dem 17.5.1990 dann unterschiedlich zu berechnen: Für Beschäftigungszeiten vor dem 17.5.1990 ist von einer möglichen Betriebszugehörigkeit bis zum 65. Lebensjahr auszugehen, für die Zeit danach bis zum 60. Lebensjahr (Rentenzugangsalter für Frauen). Entsprechendes gilt für die Berechnung der Invalidenrente, bei der eine erreichbare (»theoretische«) Altersrente zu berücksichtigen ist (*BAG* 3.6.1997 EzA Art. 119 EWG-Vertrag Nr. 45).

3515 Diese Entscheidung hat das *BAG* (19.11.2002 EzA Art. 141 EG-Vertrag 1999 Nr. 11) wie folgt in das bundesdeutsche Recht umgesetzt:

3516 – Auch eine betriebliche Witwer- oder Witwenrente ist eine sonstige Vergütung i. S. d. Art. 157 Abs. 2 S. 1 AEUV. Dies gilt auch dann, wenn die Versorgungsleistung durch eine vom Arbeitgeber eingeschaltete selbstständige Versorgungseinrichtung wie eine Pensionskasse erbracht werden soll.

3517 – Eine Pensionskasse ist ebenso wie der Arbeitgeber selbst an die europarechtlichen Diskriminierungsverbote gebunden (*EuGH* 9.10.2001 EzA Art. 141 EGV Nr. 7).

3518 – Es stellt eine unmittelbare Frauendiskriminierung (Art. 157 AEUV) dar, wenn nur der Anspruch auf Witwerrente, nicht der auf Witwenrente an die zusätzliche Bedingung geknüpft ist, dass die frühere Beschäftigte den Unterhalt der Familie überwiegend bestritten hat.

3519 – Eine derart diskriminierende Beschränkung des Leistungsanspruchs darf weder vom Arbeitgeber noch von einer von ihm eingeschalteten Pensionskasse angewendet werden.

3519a Eine Benachteiligung der Männer **ist ab dem Stichtag 17.5.1990 nicht nur beim Pensionsalter,** sondern auch bei der **Leistungshöhe oder bei den** sonstigen Leistungsvoraussetzungen unzulässig. **Wird zwar für Männer und Frauen eine einheitliche Altersgrenze festgelegt, jedoch im Fall der vorgezogenen betrieblichen Altersversorgung für Frauen ein geringerer versicherungsmathematischer Abschlag berechnet, so ist dies ebenfalls nur für Teile der Betriebsrente zulässig, die bis zum 17.5.1990 erdient wurden. Das Gleiche gilt, wenn sich unterschiedliche Pensionsalter dahin auswirken, dass Frauen sich keinen versicherungsmathematischen Abschlag gefallen lassen müssten** (***BAG* 29.9.2010 – 3 AZR 564/09, EzA-SD 26/2010 S. 10 LS**).

*(2) Gleichbehandlungsgrundsatz; § 4 Abs. 1 TzBfG; Art. 3 Abs. 1 GG*

*aaa) Verstoß gegen den Gleichbehandlungsgrundsatz*

3520 Siehe auch Kap. 1 Rdn. 312, 311

3521 ▶ Beispiele:
– Im **Konzern** kommt eine unternehmensübergreifende Anwendung des Gleichbehandlungsgrundsatzes bei Sozialleistungen allenfalls dann in Betracht, wenn vom herrschenden Unternehmen ausgehend bestimmte Leistungen üblicherweise **konzerneinheitlich erbracht** werden und auf den Fortbestand dieser Übung ein **schützenswertes Interesse der Arbeitnehmer** der Konzernunternehmen entstanden ist (*BAG* 21.11.2006 – 3 AZR 309/05, EzA-SD 17/2007 S. 12 LS).
– Eine Versorgungsregelung, die Leistungen von der Bedingung abhängig macht, dass die Begünstigten bei Beginn des Arbeitsverhältnisses ein bestimmtes **Höchsteintrittsalter** noch nicht überschritten haben, verstößt nicht gegen den Gleichbehandlungsgrundsatz und steht auch nicht im Widerspruch zu § 75 Abs. 1 S. 2 BetrVG (*BAG* 14.1.1986 EzA § 1 BetrAVG Nr. 40). Diese Entscheidung verletzt auch nicht Art. 3 Abs. 1 GG (*BVerfG* 27.11.1989 AP Nr. 5a zu § 1 BetrAVG Gleichbehandlung).
– Ein Arbeitgeber kann auch ohne Verstoß gegen den Gleichbehandlungsgrundsatz Arbeitnehmer eines Geschäftsbereichs von der betrieblichen Altersversorgung ausnehmen, wenn die **verschiedenen Geschäftsfelder**, auf denen er tätig ist, für das Unternehmen von **unterschiedlicher wirtschaftlicher Bedeutung** sind (*LAG RhPf* 25.8.2000 NZA-RR 2001, 434).

## B. Pflichten des Arbeitgebers　　Kapitel 3

- Der Gleichbehandlungsgrundsatz ist aber dann verletzt, wenn der Arbeitgeber ohne sachlichen Grund mit einem **Teil der Arbeitnehmer die Anwendbarkeit eines Tarifvertrages** und damit die Geltung der sich daraus ergebenden Rechte und Pflichten u. a. auch hinsichtlich einer betrieblichen Altersversorgung **vereinbart**, ohne selbst tarifgebunden zu sein. Gegenstand der Prüfung, ob der Gleichbehandlungsgrundsatz verletzt wurde, sind einzelne Ansprüche oder Rechte eines Arbeitnehmers (*BAG* 25.4.1995 EzA § 1 BetrAVG Gleichbehandlung Nr. 8). Wendet der Arbeitgeber die einschlägigen Tarifnormen auf alle Arbeitnehmer zudem **unabhängig von ihrer Gewerkschaftszugehörigkeit** an, so hat er auf Grund des Gleichbehandlungsgrundsatzes auch den nicht tarifgebundenen Arbeitnehmern die tariflichen Leistungen zu gewähren (*BAG* 20.3.2001 EzA § 1 BetrAVG Zusatzversorgung Nr. 15).
- Es besteht keine Rechtsgrundlage für eine **Nachversicherung** in der Zusatzversorgung für **ausgeschiedene Beamte**. Das gilt auch dann, wenn der Mitarbeiter anschließend beim selben Diensttherrn als Arbeitnehmer weiterbeschäftigt wird. Im Verhältnis von Arbeitnehmern und Beamten fehlt es, was Versorgungsansprüche angeht, an der für die Anwendung des Art. 3 Abs. 1 GG erforderlichen Vergleichbarkeit (*BAG* 21.3.2001 ZTR 2001, 371). Deshalb verstößt auch der Ausschluss von Arbeitnehmern, denen eine Anwartschaft bzw. ein Anspruch auf beamtenrechtliche Versorgung in Höhe der Mindestversorgung zusteht, nicht gegen Art. 3 GG (*LG Karlsruhe* 23.3.2001 ZTR 2001, 372).
- Der Ausschluss von Arbeitnehmern, die auf Grund der **Zusammenrechnung mehrerer geringfügiger Beschäftigungen** der gesetzlichen Rentenversicherung unterliegen (§ 8 Abs. 2 SGB IV), von der Zusatzversorgung im öffentlichen Dienst ist sachlich nicht gerechtfertigt (*BAG* 16.3.1993 EzA § 1 BetrAVG Gleichbehandlung Nr. 3).
- § 4 Abs. 1 TzBfG gilt auch gegenüber **teilzeitbeschäftigten Arbeitnehmern, die in unterschiedlichem zeitlichen Umfang** beschäftigt werden (etwa unter oder noch über 50 % der regelmäßigen Wochenarbeitszeit). Der Ausschluss von Leistungen der betrieblichen Altersversorgung bedarf sachlicher Gründe (s. aber Rdn. 3527). **In Betracht kommen z. B. Arbeitsleistung, Qualifikation, Berufserfahrung oder unterschiedliche Anforderungen am Arbeitsplatz.** Eine tarifliche Regelung stellt als solche noch keinen sachlichen Grund für einen ungerechtfertigten Ausschluss von Arbeitnehmergruppen von tariflichen Leistungen dar, denn die Gestaltungsfreiheit der Tarifvertragsparteien hat ihre Grenzen im übergeordneten zwingenden Recht. Der Ausschluss teilzeitbeschäftigter Arbeitnehmer von der Zusatzversorgung im öffentlichen Dienst ist auch nicht deshalb gerechtfertigt, weil ein System der kaufkraftstabilen Gesamtversorgung entwickelt wurde. Auch scheitert der Anspruch nicht an einem fehlenden Versorgungsbedarf (*BAG* 28.7.1992 EzA § 1 BetrAVG Gleichbehandlung Nr. 2; 25.10.1994 EzA § 2 BeschFG 1985 Nr. 38).
- Eine Gemeinde muss Arbeitnehmern im **öffentlichen Dienst** eine tariflich geregelte Zusatzversorgung nicht verschaffen, wenn sie es **ablehnen**, die **übrigen tariflichen Bedingungen** für das Arbeitsverhältnis **zu übernehmen** und auf einer höheren als der tariflichen Vergütung bestehen (*BAG* 25.2.1999 EzA § 242 BGB Gleichbehandlung Nr. 82).

**3522** Für die Differenzierung zwischen Arbeitern und Angestellten bei Leistungen von Unterstützungskassen gilt Folgendes (*BAG* 10.12.2002 EzA § 1 BetrAVG Gleichbehandlung Nr. 26; *LAG Köln* 27.3.2008 NZA-RR 2008, 652;):

- Auch Unterstützungskassen sind verpflichtet, die Versorgungszusage unter Beachtung der Gleichbehandlung umzusetzen.
- Eine Ungleichbehandlung von Arbeitern und Angestellten, die allein mit ihrem verschiedenen Status begründet wird, verletzt Art. 3 Abs. 1 GG, § 1b Abs. 1 S. 4 BetrAVG.
- Der in Art. 20 Abs. 3 GG verankerte Vertrauensschutz gebietet es jedoch, die Versorgungsschuldner einer betrieblichen Altersversorgung bis einschließlich 30.6.1993 in ihrem Vertrauen zu schützen, eine allein an den unterschiedlichen Status anknüpfende Differenzierung zwischen Arbeitern und Angestellten sei noch tragfähig. Sie konnten jedoch nicht damit rechnen, ihnen werde eine längere Anpassungsfrist eingeräumt als dem Gesetzgeber.

*bbb) Rechtsfolgen*

3523 Tarifnormen sind wegen Verstoßes gegen Art. 3 Abs. 1 GG jedenfalls insoweit unwirksam, als alle unterhälftig beschäftigten Teilzeitkräfte (einschließlich derer, die erst auf Grund der Zusammenrechnung mehrerer geringfügiger Beschäftigungen der gesetzlichen Rentenversicherungspflicht unterliegen) bzw. Arbeitnehmer, die im jeweils vorangegangenen Kalenderjahr nicht mindestens eine Stundenvergütung für 1000 Stunden erhalten haben, von Leistungen der betrieblichen Altersversorgung ausgeschlossen worden sind. Gleiches gilt für nebenberuflich nicht geringfügig beschäftigte Angestellte (*BAG* 9.10.1996 EzA § 2 BeschFG 1985 Nr. 50; s. a. *LAG Düsseld.* 1.9.1998 NZA-RR 1999, 258). Im Übrigen sind derartige Tarifverträge einschließlich der den Versorgungsanspruch begründenden Grundregel wirksam (*BAG* 27.2.1996 EzA § 1 BetrAVG Gleichbehandlung Nr. 10; 12.3.1996 EzA § 1 BetrAVG Gleichbehandlung Nr. 11; 13.5.1997 EzA § 1 BetrAVG Gleichbehandlung Nr. 12; s. auch Kap. 1 Rdn. 312, 457).

3524 Hat der Arbeitgeber teilzeitbeschäftigte Arbeitnehmer unter Verletzung des Gleichbehandlungsgrundsatzes von der Zusatzversorgung ausgeschlossen, so ist er verpflichtet, ihnen eine **gleichwertige Versorgung** zu verschaffen. Kann der Arbeitnehmer nicht nachversichert werden, so muss der Arbeitgeber selbst eintreten. Der Anspruch setzt nicht voraus, dass der Arbeitgeber schuldhaft gehandelt hat. Denn der Arbeitnehmer, der Gleichbehandlung begehrt, verlangt nicht Schadensersatz, sondern Erfüllung des Anspruchs auf Gleichbehandlung.

3525 (derzeit unbesetzt)

3526 Der Arbeitnehmer kann verlangen, dass der Grundsatz der Gleichbehandlung **von Beginn des Arbeitsverhältnisses an** beachtet wird, auch wenn er Jahre zurück liegt, die Folgen der Verletzung sich aber heute erst zeigen. Die Rechtslage ließ **kein schutzwürdiges Vertrauen** darauf entstehen, **dass teilzeitbeschäftigte Arbeitnehmer ohne sachlichen Grund benachteiligt werden dürfen**. Das Interesse des Arbeitgebers, von zusätzlichen finanziellen Belastungen und Verwaltungsaufwand verschont zu bleiben, verdient keinen Vorrang gegenüber dem Interesse der benachteiligten Teilzeitkräfte an der uneingeschränkten Beachtung des Gleichheitssatzes. Eine Überforderung der Beklagten im konkret entschiedenen Einzelfall durch die rückwirkende Anwendung des Gleichheitssatzes war zudem nicht ersichtlich (*BAG* 7.3.1995 EzA § 1 BetrAVG Gleichbehandlung Nr. 9; dies ist verfassungsmäßig: *BVerfG* 19.5.1999 EzA § 1 BetrAVG Gleichberechtigung Nr. 1; vgl. auch *EuGH* 10.2.2000 EzA EG-Vertrag 1999 Art. 141 Nr. 1; 10.2.2000 EzA EG-Vertrag 1999 Art. 141 Nr. 2; 10.2.2000 EzA EG-Vertrag 1999 Art. 141 Nr. 3).

3527 Fraglich ist, ob auch **Arbeitnehmer, deren Arbeitszeit unter der Geringfügigkeitsgrenze gem. § 8 SGB IV lag**, eine Zusatzversorgung verlangen können. Das *BAG* (12.3.1996 EzA § 1 BetrAVG Gleichbehandlung Nr. 11; 13.5.1997 EzA § 1 BetrAVG Gleichbehandlung Nr. 12) hat das **verneint, weil es jedenfalls bei der als Gesamtversorgungssystem ausgestalteten Zusatzversorgung im öffentlichen Dienst sachliche Gründe für den Ausschluss geringfügig Beschäftigter gibt**, zumal die Anknüpfung an das Sozialversicherungsrecht dem Leistungszweck dieser Altersversorgung Rechnung trägt. **Sie ergänzt die Rentenversicherung und ist dementsprechend mit ihr verzahnt**. Auch für Beschäftigungszeiten bis zum 31.3.1991 kommt es auf die Rentenversicherungspflicht an (*BAG* 22.5.2001 EzA § 1 BetrAVG Gleichbehandlung Nr. 21).

3528 Auch ein Verstoß gegen den Gleichbehandlungsgrundsatz durch eine vom Arbeitgeber geschaffene Versorgungsordnung (Ausschluss von Außendienstmitarbeitern) führt nicht zur Nichtigkeit der gesamten Ordnung, sondern dazu, dass die **einschränkenden Bestimmungen entfallen**, die eine Arbeitnehmergruppe ohne sachlichen Grund benachteiligen. Dies gilt jedenfalls für in der Vergangenheit abgeschlossene Sachverhalte, bei denen der Arbeitgeber keine andere Möglichkeit, Gleichbehandlung herzustellen, hat, als durch eine »Anpassung« nach oben (*BAG* 9.12.1997 EzA § 1 BetrAVG Gleichbehandlung Nr. 16; *LAG Düsseld.* 29.6.2001 NZA-RR 2002, 39).

### ccc) Umsetzung des Verschaffungsanspruchs

Inhaltlich ist der Arbeitgeber verpflichtet, die z. B. bisher zu Unrecht aus der Altersversorgung ausgeschlossenen Teilzeitkräfte bei der zuständigen Zusatzversorgungskasse **nachzuversichern** und die Umlagen nach zu entrichten. Kommt er dem nach, ist der Verschaffungsanspruch erfüllt. Gibt es einen einheitlich vorgesehenen Durchführungsweg für eine betriebliche Altersversorgung nicht, ist es dem **Arbeitgeber freigestellt, auf welche Weise** er dem Arbeitnehmer die auf Grund des Gleichbehandlungsgrundsatzes geschuldete Versorgungsleistung verschafft (*LAG Nds.* 18.7.2003 NZA-RR 2004, 206; s. a. *BAG* 22.12.2009 EzA § 1b BetrAVG Nr. 7; andererseits kann dem Versorgungsberechtigten **u. U. auch ein Anspruch auf Einhaltung** eines bestimmten vorgesehenen **Durchführungsweges** zustehen (*BAG* 12.12.2006 EzA § 1 BetrAVG Zusatzversorgung Nr. 18); ob ein Wechsel des Durchführungsweges gegen den Willen des Arbeitnehmers möglich ist, ist zweifelhaft (s. *Reinecke* DB 2010, 2392 ff.). Den **Ausgleich steuerlicher Nachteile** umfasst der Verschaffungsanspruch nicht. Führt der Arbeitgeber auf Grund eines unverschuldeten **Rechtsirrtums** die Umlagen verspätet ab, so steht dem Arbeitnehmer nach § 286 BGB kein Schadensersatzanspruch wegen Verzugs zu. Der Arbeitgeber verletzt nicht seine Sorgfaltspflichten, wenn er bei einer unklaren Rechtslage von der Wirksamkeit der tarifvertraglichen Regelungen ausgeht. Soweit der Arbeitgeber durch die verspätete Abführung der Umlage von seiner tarifvertraglichen Verpflichtung zur Übernahme der Pauschal(Lohn- und Kirchen-)Steuer frei wird, steht dem Arbeitnehmer allerdings ein **Bereicherungsanspruch** nach § 812 Abs. 1 S. 1 Alt. 2 BGB zu (*BAG* 14.12.1999 ZTR 2000, 559).

3529

### ddd) Prozessuale Fragen

Die Arbeitnehmer haben schon vor Eintritt des Versorgungsfalles ein rechtliches Interesse an der alsbaldigen Feststellung des Inhalts ihrer Versorgungsrechte. Auch wenn der Versorgungsfall eingetreten ist und eine Leistungsklage möglich ist, kann noch ein Feststellungsinteresse (§ 256 Abs. 1 ZPO) bestehen. Voraussetzung ist, dass auf diesem Wege eine sachgemäße, einfache Erledigung der aufgetretenen Streitpunkte zu erreichen ist und prozesswirtschaftliche Erwägungen gegen einen Zwang zur Leistungsklage sprechen, z. B. bei einem ungewöhnlich hohen Aufwand bei der Bezifferung des Leistungsanspruchs, wenn gerade die Verpflichtung dem Grunde nach zwischen den Parteien zunächst nur im Streit steht (*BAG* 7.3.1995 EzA § 1 BetrAVG Gleichbehandlung Nr. 9; 18.9.2001 EzA § 613a BGB Nr. 205). Ansonsten handelt es sich vor Eintritt des Versorgungsfalles um eine **Klage auf eine zukünftige Leistung**; bei einer Nachfristsetzung beginnt die gesetzte Frist erst mit der Fälligkeit der Leistung zu laufen, bei einem Versorgungsverschaffungsanspruch also erst mit dem Eintritt des Versorgungsfalles (*LAG SchlH* 18.2.2004 NZA-RR 2004, 601). Macht der Arbeitnehmer zusätzlich einen Anspruch auf einen **bestimmten Durchführungsweg** geltend, handelt es sich mit dem Verschaffungsanspruch um **zwei voneinander** zu **unterscheidende Streitgegenstände** (s. *BAG* 12.12.2006 EzA § 1 BetrAVG Zusatzversorgung Nr. 18).

3530

## 3. Abwicklung betrieblicher Versorgungsverpflichtungen

### a) Abänderung und Einschränkung von betrieblichen Versorgungszusagen

#### aa) Schließung des Versorgungswerks

Erscheint dem Arbeitgeber das Risiko der Fortsetzung seiner bisherigen Zusagepraxis zu groß, kann er das Versorgungswerk für neu eintretende Arbeitnehmer schließen. Hat der Arbeitgeber bislang individualrechtliche Zusagen erteilt, genügt es, **Zusagen einfach nicht mehr zu erteilen.**

3531

Die **Änderung einer Gesamtzusage** muss allerdings ebenso wie die Aufhebung einer betrieblichen Übung eindeutig erklärt werden (s. Rdn. 774 ff.).

3532

### bb) Kündigung von Versorgungszusagen

3533 Individualrechtlich bereits begründete Versorgungszusagen können im Wege der Änderungskündigung unter den Voraussetzungen des § 2 KSchG verändert werden. Im Hinblick auf die Vielzahl auszusprechender Änderungskündigungen sowie des zu beachtenden besonderen Kündigungsschutzes für bestimmte Arbeitnehmergruppen kommt diese Möglichkeit aber nur selten in Betracht (vgl. *BAG* 8.12.1981 EzA § 242 BGB Ruhegeld Nr. 96). Eine Teilkündigung etwa nur der Versorgungszusage ist rechtlich unzulässig (s. Kap. 4 Rdn. 2949).

### cc) Kündigung von Betriebsvereinbarungen

3534 Der Arbeitgeber kann eine Betriebsvereinbarung, soweit nichts anderes vereinbart ist, mit einer Frist von drei Monaten kündigen. Die Kündbarkeit wird durch Vereinbarung eines allgemeinen steuerunschädlichen Widerrufsvorbehaltes nicht ausgeschlossen. Eine Nachwirkung tritt grds. nicht ein (§ 77 **Abs. 5, 6 BetrVG**; *BAG* 17.8.2004 EzA § 1 BetrAVG Betriebsvereinbarung Nr. 5; 9.12.2008 – 3 AZR 384/07, NZA 2009, 1341; s. *Salamon* NZA 2010, 536 ff.). Das gilt insbes. dann, wenn der Arbeitgeber im **engen zeitlichen Zusammenhang** mit dem Auslaufen der Kündigungsfrist **keine vergleichbare betriebsverfassungsrechtliche Neuregelung anstrebt** (*LAG Bln.-Bra.* 25.9.2008 LAGE § 1 BetrAVG Nr. 25). Die Ausübung des Kündigungsrechts bedarf **keiner Rechtfertigung** (*BAG* 17.8.2004 EzA § 1 BetrAVG Betriebsvereinbarung Nr. 5) und unterliegt **keiner inhaltlichen Kontrolle**. Dies gilt unabhängig vom Regelungsgegenstand, also auch dann, wenn es um eine betriebliche Altersversorgung geht. Die Kündigung einer Betriebsvereinbarung über betriebliche Altersversorgung bewirkt eine Schließung des Versorgungswerks für die Zukunft. Nach Schließung des Versorgungswerks für neu Eintretende erwerben die Mitarbeiter keine Versorgungsanwartschaft mehr, die zum Zeitpunkt des Wirksamwerdens der Kündigung nicht zum Kreis der von der Versorgungszusage Begünstigten gehören, z. B. ein Auszubildender ohne Anspruch auf Übernahme, wenn der Pensionsplan nur für »jeden Arbeiter und Angestellten, der in einem ständigen Dienstverhältnis« zur Arbeitgeberin »steht«, gilt (*BAG* 17.8.2004 EzA § 1 BetrAVG Betriebsvereinbarung Nr. 5). Aber auch Arbeitnehmer, die zum Zeitpunkt des Ausspruchs der Kündigung durch die Betriebsvereinbarung begünstigt wurden, sind von der Kündigung betroffen (*BAG* 17.8.1999 EzA § 1 BetrAVG Betriebsvereinbarung Nr. 2; *LAG Köln* 8.4.2003 NZA-RR 2003, 657).

3535 Möglich ist sowohl der Ausschluss der **Kündigung der Betriebsvereinbarung** als auch die Vereinbarung einer gesetzlich nicht vorgesehenen **Nachwirkung**; dafür bedarf es aber jeweils deutlicher Anhaltspunkte (*BAG* 21.8.2001 EzA § 1 BetrAVG Betriebsvereinbarung Nr. 4).

3536 Das *BAG* (21.8.2001 EzA § 1 BetrAVG Betriebsvereinbarung Nr. 4; 18.9.2001 EzA § 1 BetrAVG Ablösung Nr. 31; s. *Kort* NZA 2004, 889 ff.) unterscheidet aber zwischen der Kündbarkeit einer Betriebsvereinbarung und den Rechtsfolgen einer Kündigung. Denn Betriebsvereinbarungen über Leistungen der betrieblichen Altersversorgung unterscheiden sich von Betriebsvereinbarungen über andere freiwillige Leistungen. Jedenfalls **wirkt die Kündigung einer Betriebsvereinbarung über betriebliche Altersversorgung** vorbehaltlich einer Inhaltskontrolle anhand der Grundsätze des Vertrauensschutzes und der Verhältnismäßigkeit **im Zweifel für die bis zu diesem Zeitpunkt aktiven Arbeitnehmer so, als wären sie zum Zeitpunkt des Wirksamwerdens vorzeitig aus dem Arbeitsverhältnis ausgeschieden; ihre weitere Betriebstreue steigert die Versorgungsanwartschaft dann nicht mehr** (*BAG* 25.5.2004 EzA § 2 BetrAVG Nr. 21).

3537 Leistungen der betrieblichen Altersversorgung erhält der Arbeitnehmer nämlich erst, wenn er seinerseits vorgeleistet hat. Die Leistung, die durch die Versorgung entgolten wird, ist die dem Arbeitgeber während der gesamten Dauer des Arbeitsverhältnisses erwiesene Betriebstreue, die Gesamtheit der ihm erbrachten Dienste. Die vom Arbeitgeber zugesagte Gegenleistung kann nicht wegfallen, ohne dass es dafür rechtlich billigenswerte Gründe gibt.

3538 Das gilt auch, wenn die betriebliche Altersversorgung in einer Betriebsvereinbarung zugesagt wird. Die auf Grund der gekündigten Betriebsvereinbarung erworbenen Besitzstände der betroffenen Arbeitnehmer werden kraft Gesetzes nach den Grundsätzen der **Verhältnismäßigkeit** und des **Vertrau-**

## B. Pflichten des Arbeitgebers Kapitel 3

ensschutzes geschützt. **Je stärker in Besitzstände eingegriffen wird, desto gewichtiger müssen die Änderungsgründe sein.**

Die Änderungsgründe sind ebenso abzustufen wie bei der Ablösung einer Betriebsvereinbarung durch eine neue Betriebsvereinbarung (*BAG* 21.8.2001 EzA § 1 BetrAVG Betriebsvereinbarung Nr. 4; 10.9.2002 EzA § 1 BetrAVG Ablösung Nr. 34; 19.4.2005 EzA § 1 BetrAVG Ablösung Nr. 43; 9.12.2008 EzA § 1 BetrAVG Ablösung Nr. 47; 21.4.2009 – 3 AZR 674/07, NZA-RR 2009, 548; s. Rdn. 3583 ff.):  3539

– Die Kündigung kann eine **dienstzeitunabhängige Dynamik** der bestehenden Versorgungsanwartschaften nur bei Vorliegen triftiger Gründe beseitigen (*BAG* 21.8.2001 EzA § 1 BetrAVG Betriebsvereinbarung Nr. 4 = NZA 2002, 576). Sieht die Betriebsvereinbarung eine Anpassung in Anlehnung an § 16 BetrAVG vor, so bleibt die dienstzeitunabhängige Dynamik erhalten. Da bereits die vereinbarte Anpassungsregelung einer ungünstigen wirtschaftlichen Lage des Unternehmens Rechnung trägt, fehlen wirtschaftlich triftige Gründe für eine Beseitigung dieser Regelung. Für den Wegfall der noch nicht erdienten dienstzeitabhängigen Zuwächse genügen sachlich-proprotionale Gründe (*BAG* 21.8.2001 EzA § 1 BetrAVG Betriebsvereinbarung Nr. 4).

– Der bereits erdiente und nach den Grundsätzen des § 2 BetrAVG errechnete Teilbetrag kann nur in seltenen Ausnahmefällen aus zwingenden Gründen entzogen werden. Eine verschlechternde Neuregelung greift auf der ersten Besitzstandsstufe in den erdienten Besitzstand ein, wenn der Arbeitnehmer bei seinem späteren Ausscheiden aus dem Betrieb auf der Grundlage der ablösenden Neuregelung weniger erhält, als er nach der abgelösten Regelung erhalten würde, wäre er zum Ablösungsstichtag mit einer unverfallbaren Versorgungsanwartschaft vorzeitig ausgeschieden. Ein Eingriff in die erdiente Dynamik liegt vor, wenn die letztlich auf der Grundlage der Neuregelung erreichte Betriebsrente unter dem zum Ablösungsstichtag erlangten erdienten Besitzstand unter Aufrechterhaltung der Dynamik bis zum Ausscheidenstermin bleibt (*BAG* 18.2.2003 EzA § 1 BetrAVG Ablösung Nr. 35). Wird die Kürzung auf wirtschaftliche Gründe gestützt, so muss sich der Arbeitgeber in einer schweren, konkursgleichen wirtschaftlichen Notlage befinden. Auch der Abbau einer planwidrig eingetretenen Überversorgung rechtfertigt es, den erdienten Teilwert zu schmälern (vgl. *BVerfG* 3.12.1998 NZA-RR 1999, 204 u. *BAG* 28.5.2002 NZA 2003, 1198). Das Vertrauen auch der rentennahen Arbeitnehmer auf eine Gesamtversorgung von mehr als 100 % des letzten Nettoeinkommens ist in einem solchen Fall nicht schutzwürdig.

– Zuwächse, die sich aus variablen Berechnungsfaktoren (»Ruhegehaltsfähiges Einkommen«) ergeben, können nur aus triftigen Gründen geschmälert werden, soweit sie zeitanteilig erdient sind.

Dringende betriebliche Bedürfnisse nichtwirtschaftlicher Art können triftige Gründe sein, wenn ohne Schmälerung des Gesamtaufwands für die Versorgung Leistungskürzungen durch Leistungsverbesserungen aufgewogen werden, die dazu dienen sollen, eine eingetretene Verzerrung des Leistungsgefüges zu beseitigen, oder durch eine Verbesserung des Vertrauensschutzes (*BAG* 11.9.1990 EzA § 1 BetrAVG Ablösung Nr. 3). Die Dauer einer für das In-Kraft-Treten einer Neuregelung festgesetzten Übergangsfrist darf nicht auf sachfremden Erwägungen beruhen. Wirtschaftlich triftige Gründe fehlen, wenn bereits nach der **vereinbarten Dynamisierungsregelung** bei einer langfristigen Substanzgefährdung des Unternehmens eine Erhöhung der Versorgungsanwartschaften unterbleiben darf (*BAG* 21.8.2001 EzA § 1 BetrAVG Betriebsvereinbarung Nr. 4).

– Für Eingriffe in Zuwachsraten, die noch nicht erdient sind, genügen sachlich-proportionale Gründe (*BAG* 19.4.2005 EzA § 1 BetrAVG Ablösung Nr. 43). Sachliche Gründe liegen insbes. dann vor, wenn nach Erlass der alten Versorgungsordnung Änderungen der Sach- und Rechtslage eingetreten sind, die bei grundsätzlichem Festhalten am Versorgungsziel Kürzungen nahe legen. Es geht insoweit darum, die **Willkürfreiheit des Eingriffs** zu belegen. Dafür wird regelmäßig der allgemeine Hinweis auf wirtschaftliche Schwierigkeiten nicht ausreichen. Diese sind im Einzelnen darzulegen. Anderweitige nahe liegende Einsparmöglichkeiten müs-

## Kapitel 3
### Der Inhalt des Arbeitsverhältnisses

sen zumindest erwogen und ihre Unterlassung plausibel erklärt werden. Eines ausgewogenen Sanierungsplans bedarf es allerdings nicht (*BAG* 10.9.2002 EzA § 1 BetrAVG Ablösung Nr. 34 m. Anm. *Vienken* SAE 2004, 35 ff.; 19.4.2005 EzA § 1 BetrAVG Ablösung Nr. 43 = NZA-RR 2005, 598). Es genügt vielmehr, wenn sich die **Kürzungen** bei der betrieblichen Altersversorgung **in einen Zusammenhang anderer Maßnahmen einfügen, die insgesamt der Kostenersparnis dienen** (*BAG* 19.4.2005 EzA § 1 BetrAVG Ablösung Nr. 43 = NZA-RR 2005, 598). Die Notwendigkeit von Einsparungen muss in der ablösenden Betriebsvereinbarung auch nicht ausdrücklich erwähnt sein (*BAG* 19.4.2005 EzA § 1 BetrAVG Ablösung Nr. 43 = NZA-RR 2005, 598). Sachlich-proportionale Gründe liegen deshalb bereits dann vor, wenn ein unabhängiger Sachverständiger Feststellungen getroffen hat, die einen dringenden Sanierungsbedarf begründen. Allenfalls offensichtliche und ergebnisrelevante Fehler oder die Erstellung der Bilanz entgegen den anerkannten Regeln können der Annahme entgegenstehen, ein Eingriff zu Sanierungszwecken sei nicht willkürlich erfolgt (*BAG* 18.9.2001 EzA § 1 BetrAVG Ablösung Nr. 31). Andererseits können sachlich-proportionale Gründe für Eingriffe in dienstzeitabhängige Zuwächse dann fehlen, wenn sich aus der ablösenden Versorgungsordnung auch nach Anwendung der Unklarheitenregel nicht ergibt, wie hoch die erreichbare Vollrente ist (*BAG* 18.3.2003 EzA § 1 BetrAVG Ablösung Nr. 39).

– Die Betriebsrente eines vorzeitig aus dem Arbeitsverhältnis ausgeschiedenen Arbeitnehmers darf nicht niedriger sein als der ihm vor seinem Ausscheiden im Zusammenhang mit einer ablösenden Neuregelung des Versorgungswerks garantierte Versorgungsbesitzstand. Er darf diesen nicht mehr nach § 2 Abs. 1 BetrAVG zeitanteilig kürzen (*BAG* 16.12.2003 EzA § 1 BetrAVG Ablösung Nr. 41).

Soweit danach die Wirkungen der Kündigung einer Betriebsvereinbarung über betriebliche Altersversorgung beschränkt sind, bleibt sie als Rechtsgrundlage erhalten. **Die nach der Kündigung verbleibenden Rechtspositionen genießen unverändert den Schutz des § 77 Abs. 4 BetrVG.**

Dieses Prüfschema konkretisiert die allgemeinen Grundsätze des Vertrauensschutzes und der Verhältnismäßigkeit. Weitergehende Eingriffe in Versorgungsregelungen sind dann zulässig, wenn aufgrund der besonderen Umstände des Einzelfalles diese Grundsätze dem Eingriff nicht entgegenstehen (*BAG* 21.4.2009 – 3 AZR 674/07, NZA-RR 2009, 548).

3540 Für einen mit der Kündigung einer Betriebsvereinbarung beabsichtigten **Teilwiderruf einer Unterstützungskassenversorgung** hat das *BAG* (9.12.2008 EzA § 1 BetrAVG Ablösung Nr. 47; s. *Salamon* NZA 2010, 536 ff.) folgende Grundsätze aufgestellt:

– Der Teilwiderruf der zugesagten Unterstützungskassenversorgung muss den einzelnen Versorgungsberechtigten nicht zugehen. Eine **allgemeine Bekanntgabe reicht aus**. Die betroffenen Arbeitnehmer müssen die Möglichkeit haben, von der Änderung Kenntnis zu nehmen. Eine konkrete Kenntnisnahme ist nicht erforderlich.
– Durch den Teilwiderruf sollen sowohl alle **künftigen Zuwächse** aufgrund weiterer Betriebszugehörigkeit als auch eine **weitere Dynamisierung** der Versorgungsanwartschaft **vollständig beseitigt werden**. Wenn mit dem Teilwiderruf die Eingriffsmöglichkeiten bis an die Grenze des rechtlich Möglichen ausgeschöpft wurden, ist die Zustimmung des Betriebsrats nicht erforderlich.
– Ob **tragfähige Gründe** für den Eingriff in die erdiente Dynamik vorliegen, ist nach den tatsächlichen Feststellungen des Landesarbeitsgerichts zu entscheiden. Triftige wirtschaftliche Gründe können jedenfalls auch bei einem Scheitern der Sanierungsbemühungen vorliegen.
– Die gekündigte Betriebsvereinbarung wirkte **weder kraft Gesetzes noch kraft Vereinbarung nach**. Soweit kein Verteilungsspielraum besteht, scheidet ein Mitbestimmungsrecht des Betriebsrats und damit auch eine gesetzliche Nachwirkung aus. Jedenfalls hängt der Umfang sowohl der gesetzlichen als auch einer vertraglichen Nachwirkung vom Inhalt der gekündigten Betriebsvereinbarung ab.
– Ändert die Betriebsvereinbarung nur **punktuell den Inhalt** der durch eine Unterstützungskasse **abzuwickelnden betrieblichen Altersversorgung**, beseitigt sie jedoch nicht das Recht des Arbeitgebers, die zugesagte Unterstützungskassenversorgung unter Beachtung der Grundsätze des Ver-

trauensschutzes und der Verhältnismäßigkeit zu widerrufen, so kann die Arbeitgeberin davon einseitig Gebrauch machen.

### dd) Widerruf der Versorgungszusage; Zugang des Widerrufs

Der einschneidendste Eingriff in eine Versorgungszusage ist der Widerruf der Versorgungsanwartschaft bzw. des Versorgungsanspruchs (vgl. *Höfer* ART Rn. 347 ff.). Zusagen dürfen insoweit so widerrufen werden, wie sie erteilt werden können. Es reicht aus, wenn der Widerruf – bei einer Gesamtzusage – gegenüber den Arbeitnehmern in einer Form verlautbart wird, die den einzelnen Arbeitnehmer typischerweise in die Lage versetzt, von der Erklärung Kenntnis zu nehmen. Im Rahmen der betrieblichen Altersversorgung ist dieses Zugangserfordernis auch nicht abdingbar. **Der Arbeitgeber darf eine Leistungsordnung nicht ändern, ohne es dem Arbeitnehmer zu ermöglichen, von dem Inhalt der Änderung Kenntnis zu nehmen** (§ 242 BGB, nunmehr § 307 BGB; *BAG* 24.1.2006 EzA § 1 BetrAVG Gleichbehandlung Nr. 28; s. a. *BAG* 9.12.2008 – 3 AZR 384/07, NZA 2009, 1341). 3541

Das Recht, eine Versorgungszusage ganz oder teilweise widerrufen zu dürfen, kann sich aus ausdrücklich vereinbarten Widerrufsvorbehalten ergeben. Aber auch unabhängig davon berechtigen allgemeine Rechtsgrundsätze zum Widerruf, nämlich das Rechtsinstitut des Wegfalls der Geschäftsgrundlage (§ 313 BGB) sowie die Gesichtspunkte der Zumutbarkeit und des Rechtsmissbrauchs. 3542

Früher enthielten Versorgungszusagen den Hinweis, dass ihr jederzeitiger Widerruf vorbehalten würde oder dass Leistungen der betrieblichen Altersversorgung freiwillig und ohne Rechtsanspruch gewährt würden. Bei derartigen Vorbehalten kann der Arbeitgeber jedoch keine steuerlich wirksamen Pensionsrückstellungen gem. § 6a EStG bilden. 3543

### (1) Steuerunschädliche Widerrufsvorbehalte

Als steuerunschädlich werden von der Finanzverwaltung nur folgende Vorbehalte **anerkannt** (Abschnitt 41 Abs. 4 EStR 2005; s. *LAG Köln* 14.8.2007 NZA-RR 2008, 267): 3544
– Vorbehalt der Kürzung oder Einstellung der Leistungen, wenn sich die bei Erteilung der Pensionszusage maßgebenden Verhältnisse, insbes. die wirtschaftliche Lage des Unternehmens, nachhaltig so wesentlich geändert haben, dass der Firma, dem Unternehmen die Aufrechterhaltung der zugesagten Leistungen auch unter objektiver Beachtung der Belange des Pensionsberechtigten nicht mehr zugemutet werden kann, oder
– der Personenkreis, die Beiträge, die Leistungen oder das Pensionierungsalter der gesetzlichen Sozialversicherung und anderen Versorgungseinrichtungen mit Rechtsanspruch sich wesentlich ändern, oder
– die rechtliche, insbes. steuerrechtliche Behandlung der Aufwendungen, die zur planmäßigen Finanzierung der Versorgungsleistungen gemacht werden oder gemacht worden sind, sich so wesentlich ändern, dass der Firma die Aufrechterhaltung der zugesagten Leistungen nicht mehr zugemutet werden kann, oder
– der Pensionsberechtigte Handlungen begeht, die in grober Weise gegen Treu und Glauben verstoßen oder zu einer fristlosen Entlassung berechtigen würden.

### (2) Arbeitsrechtliche Gründe zum Widerruf

### aaa) Vereinbarter Widerruf; Wegfall der Geschäftsgrundlage (§ 313 BGB)

Eine Versorgungsvereinbarung, nach der ein Arbeitnehmer bei weiterer Betriebstreue eine höhere Versorgung erreichen kann, kann der Arbeitgeber nur widerrufen, wenn er sich den Widerruf vertraglich vorbehalten hatte oder wenn die Geschäftsgrundlage (s. dazu *BAG* 24.1.2006 EzA § 1 BetrAVG Gleichbehandlung Nr. 28; *LAG Köln* 14.8.2007 NZA-RR 2008, 267) für diese Vereinbarung weggefallen ist. Der allgemeine Vorbehalt, die zugesagten Leistungen zu kürzen oder einzustellen, wenn die wirtschaftliche Lage des Unternehmens sich nachhaltig so wesentlich 3545 verschlechtert, dass dem Unternehmen eine Aufrechterhaltung der zugesagten Leistungen nicht mehr zugemutet werden kann, enthält nur den Hinweis auf Kürzungs- oder Widerrufsmöglichkeiten wegen Wegfalls der Geschäftsgrundlage.

*bbb) Wirtschaftliche Notlage*

3546 In erster Linie kommen **wirtschaftliche Gründe** des Arbeitgebers für einen Widerruf der Versorgungszusage in Betracht.

3547 Nach der Rechtsprechung des *BAG* (26.4.1988 EzA § 1 BetrAVG Geschäftsgrundlage Nr. 1) war der Wegfall der Geschäftsgrundlage (§ 313 BGB) gleichbedeutend mit dem Begriff der wirtschaftlichen Notlage i. S. d. § 7 Abs. 1 Nr. 5 BetrAVG a. F., d. h. der Bestand des Unternehmens musste wegen wirtschaftlicher Schwierigkeiten ernsthaft gefährdet sein.

3548 Der Sicherungsfall der wirtschaftlichen Notlage, an dem sich die Rechtsprechung orientiert hatte, ist durch § 7 BetrAVG n. F. mit Wirkung ab dem 1.1.1999 allerdings **ersatzlos gestrichen** worden (s. Rdn. 3936), weil er nach Auffassung des Gesetzgebers **kaum praktische Bedeutung** erlangt hat. Das **BAG** (17.6.2003 EzA § 7 BetrAVG Nr. 69) geht davon aus, dass das Recht zum Widerruf wegen wirtschaftlicher Notlage nunmehr **nicht mehr besteht** und ein solches Recht **auch nicht** auf die in einer Versorgungsordnung aufgenommenen **steuerunschädlichen Vorbehalte** gestützt werden kann. Denn diese Vorbehalte wirken nur deklaratorisch; sie begründen kein eigenständiges Recht zum Widerruf (*BAG* 17.6.2003 EzA § 7 BetrAVG Nr. 69). Dem stehen Grundsätze des Vertrauensschutzes nicht entgegen (*BAG* 31.7.2007 EzA § 7 BetrAVG Nr. 72).

*ccc) Besonderheiten bei konzernangehörigen Unternehmen*

3549 Handelt es sich bei dem Not leidenden Unternehmen um eine konzernabhängige Gesellschaft, so ist ihre **wirtschaftliche Notlage dem herrschenden Unternehmen dann nicht zuzurechnen, wenn bei der Entstehung der Verluste das Konzerninteresse keine Rolle gespielt hat,** insbes. bei der Entscheidung der wirtschaftlichen Krise noch keine Leitungsmacht der Konzernobergesellschaft bestand (*BAG* 16.3.1993 EzA § 7 BetrAVG Nr. 46). Denn wenn die wirtschaftliche Lage für den Bestand und die Entwicklung eines betrieblichen Versorgungsanspruchs von Bedeutung ist, kommt es grds. auf die Situation beim **Versorgungsschuldner** an, auch **wenn dieser konzerngebunden** ist.

3550 Beim Widerruf von Versorgungsleistungen einer Unterstützungskasse ist i. d. R. für die Beurteilung des Vorliegens sachlicher Gründe für den Widerruf auf die wirtschaftliche Lage ihres **Trägerunternehmens** abzustellen. Dagegen ist **ausnahmsweise** die wirtschaftliche Lage des **Konzerns** maßgeblich, wenn das Trägerunternehmen mit seiner **wirtschaftlichen Betätigung** in einen Konzern eingebunden und **speziell auf dessen Bedürfnisse zugeschnitten ist** (*BAG* 18.4.1989 EzA § 1 BetrAVG Unterstützungskassen Nr. 7). Auch kann eine wirtschaftliche Notlage des Mutterunternehmens zu einer wirtschaftlichen Notlage der Tochter führen, wenn die Versorgungsschuldnerin auf Grund einer durch Arbeitsteilung begründeten Abhängigkeit vom Mutterunternehmen bei dessen Konkurs oder Liquidation **nicht mehr lebensfähig wäre**; gleiches gilt auch bei einer anderweitigen **sehr engen wirtschaftlichen Verflechtung** der beiden Unternehmen (*LAG Köln* 21.8.2001 – 13 (10) Sa 1222/00, 13 (8) Sa 14/01).

*ddd) Wegfall bzw. Störung der Geschäftsgrundlage wegen Änderungen des Rentenniveaus; Gesetzesänderungen; Änderung in Bezug genommener Richtlinien; Überversorgung?*

3551 Neben der Gefährdung der Unternehmenssubstanz ist der Widerruf von Versorgungsanwartschaften auch bei Vorliegen anderer sachlicher Gründe u. U. möglich. In Betracht kommt dies insbes. bei **Gesamtversorgungssystemen**, wenn sich entweder **Änderungen** der gesetzlichen Rentenversicherung ergeben oder wenn die Sozialversicherungsbeiträge und Steuern aktiver Arbeitnehmer in einem bei Errichtung der Versorgungsordnung unvorhergesehenen Ausmaß steigen und die Gesamtversorgung an einen bestimmten Prozentsatz des letzten Bruttoeinkommens gekoppelt ist. In beiden Fällen

## B. Pflichten des Arbeitgebers                                                          Kapitel 3

besteht die Möglichkeit, dass Betriebsrentner höhere Einkommen erzielen als vergleichbare aktive Arbeitnehmer (sog. **Überversorgung**). **Andererseits** kann es bei Verschlechterung des Versorgungsniveaus in der gesetzlichen Rentenversicherung bei Gesamtversorgungszusagen zu einer **erheblichen Mehrbelastung** des Arbeitgebers kommen bzw. zur Unterversorgung der Arbeitnehmer.

Eine Rentenreform allein gewährt dem Arbeitgeber zwar noch kein Recht zur Kürzung des betrieblichen Ruhegeldes (*BAG* 7.4.1959 AP Nr. 46 zu § 242 BGB Ruhegehalt). Verfolgt die Versorgungszusage jedoch erkennbar den Zweck, den Arbeitnehmern die Aufrechterhaltung ihres Lebensstandards nach Eintritt in den Ruhestand zu ermöglichen (Gesamtversorgungssystem), so wird dieser Zweck verfehlt, wenn es zu einer stärkeren Steigerung des Lebensstandards der Versorgungsempfänger z. B. durch Steigerung von Sozialversicherungsabgaben und Steuern bei aktiven Arbeitnehmern gegenüber vergleichbaren Arbeitnehmern kommt. 3552

Ein Arbeitgeber, der eine Gesamtversorgungszusage erteilt hat, bringt allerdings damit zum Ausdruck, dass er für ein **bestimmtes Versorgungsniveau** einstehen will. Dies stellt die Übernahme eines **gesteigerten Risikos** dar. Davon kann er sich nur unter besonders **strengen Voraussetzungen** lösen. Die Grenze des vom Arbeitgeber zu tragenden Risikos ist erst bei einer **Mehrbelastung von 50 % überschritten**. Bei kollektiven Versorgungszusagen ist auf die Entwicklung der wirtschaftlichen Belastung in dem Zeitraum zwischen der Schaffung des Versorgungswerks und dem Zeitpunkt, zu dem eine Anpassung verlangt wird, abzustellen; ob eine Äquivalenzstörung vorliegt, ist grds. unternehmensbezogen anhand eines Barwertvergleichs festzustellen. Dieser hat sich auf die Gesamtheit der nach der bisherigen Regelung versorgten Betriebsrentner und auf den Anpassungsstichtag zu beziehen. Zu vergleichen sind die wirtschaftliche Belastung, die sich bei Zugrundelegung der Rechtslage bei Schaffung des Versorgungswerks ergeben würde, und die tatsächliche wirtschaftliche Belastung, die sich bei Zugrundelegung der Rechtslage zum Anpassungsstichtag ergibt (*BAG* 19.2.2008 EzA § 1 BetrAVG Geschäftsgrundlage Nr. 4).

Ist nach Maßgabe dieser Kriterien eine Regelungslücke der Versorgungszusage gegeben, muss sie nach den Regeln der **ergänzenden Vertragsauslegung** (§§ 133, 157 BGB) oder des **Wegfalls bzw. Störung der Geschäftsgrundlage** (§ 313 BGB) geschlossen werden (*BAG* 13.11.2007 EzA § 1 BetrAVG Geschäftsgrundlage Nr. 3; 29.1.2008 EzA § 87 BetrVG Betriebliche Lohngestaltung Nr. 14; 19.2.2008 EzA § 1 BetrAVG Geschäftsgrundlage Nr. 4 = NZA-RR 2008, 601); der Arbeitgeber kann eine Anpassung der Versorgungsregelungen verlangen (*BAG* 19.2.2008 EzA § 1 BetrAVG Geschäftsgrundlage Nr. 4 = NZA-RR 2008, 601). Eine Befugnis zur Anpassung eines Versorgungswerks wegen Störung der Geschäftsgrundlage kann sich dann ergeben, wenn sich die zugrunde gelegte **Rechtslage** nach Schaffung des Versorgungswerks wesentlich und unerwartet geändert und dies beim Arbeitgeber zu erheblichen Mehrbelastungen geführt hat (**Äquivalenzstörung**). Daneben oder im Zusammenhang damit kann es auch dadurch zu einer Störung der Geschäftsgrundlage kommen, dass aufgrund von Gesetzesänderungen der für den Arbeitnehmer bei Erteilung der Versorgungszusage erkennbar verfolgte Versorgungszweck nunmehr verfehlt wird (**Zweckverfehlung**), weil die unveränderte Anwendung der Versorgungszusage zu einer gegenüber dem ursprünglichen Versorgungsziel **planwidrig eintretenden Überversorgung** führen würde. Ob eine planwidrige Überversorgung vorliegt, hängt von dem in der jeweiligen Versorgungsordnung angestrebten **Versorgungszweck** ab. Dabei kann sich der Umfang der angestrebten Versorgung nicht nur aus einer Nettogesamtversorgungsobergrenze ergeben. Bruttoentgelt- und nettoentgeltbezogene **Gesamtversorgungsobergrenzen** dienen dem gleichen Ziel. Sie legen fest, in welchem Umfang der bisherige Lebensstandard abgesichert werden soll. Beruht die Versorgungszusage nicht auf einer individuellen Vereinbarung, sondern auf einer allgemeinen Versorgungsordnung, kommt es für die Feststellung des Versorgungsziels auf den Zeitpunkt an, in dem das Versorgungswerk geschaffen wurde. Ist das ursprünglich angestrebte Versorgungsziel im späteren Verlauf erheblich überschritten, ist die Geschäftsgrundlage gestört. Eine die Anpassungsbefugnis begründende »Überversorgung« kann damit auch insoweit vorliegen, als die Versorgungsordnung nur einen unterhalb der letzten Nettoeinkünfte liegenden Versorgungsgrad angestrebt hat und dieser Versorgungsgrad nunmehr aufgrund von Än- 3553 derungen im Abgabenrecht planwidrig erheblich überschritten wird (*BAG* 17.1.2012 EzA § 1 BetrAVG Ablösung Nr. 49).

3553a Die Störung der Geschäftsgrundlage wegen planwidriger Überversorgung löst ein **einseitiges Leistungsbestimmungsrecht** des Arbeitgebers aus, das dieser nach billigem Ermessen auszuüben hat. Durch das Anpassungsrecht darf in die geltende Vereinbarung nicht stärker eingegriffen werden, als es durch die Grundlagen der ursprünglichen Vereinbarung geboten ist. Die Anpassung hat sich deshalb an den Bestimmungen der Versorgungsordnung zu orientieren, in die eingegriffen wird. Zulässig ist es also grundsätzlich lediglich, das ursprüngliche Versorgungsziel wieder zu erreichen, nicht aber, die Versorgung auf ein (noch) geringeres Maß **zurückzuführen**. War die Versorgungsordnung nicht auf eine Versorgung i. H. v. 100 % des maßgeblichen Nettoeinkommens, sondern auf eine geringere Versorgung ausgelegt, so ist grundsätzlich dieser ursprünglich beabsichtigte Versorgungsgrad für den Umfang der zulässigen Absenkung maßgeblich. Lagen die Folgen von Gesetzesänderungen im Steuerrecht bereits nach der ursprünglichen Versorgungsregelung im **alleinigen Risikobereich** der Betriebsrentner, so muss der Arbeitgeber bei einem **Wechsel** von einer **Bruttogesamtversorgungsobergrenze** zu einer **Nettogesamtversorgungsobergrenze** im Rahmen seiner Ermessensausübung nicht berücksichtigen, dass Steuern, die vom Betriebsrentner auf die anzurechnende gesetzliche Rente und die Betriebsrente zu entrichten sind, die verfügbaren Bezüge der Leistungsempfänger deutlich schmälern. Unterlagen zum Zeitpunkt der Schaffung der ursprünglichen Versorgungsregelung weder die anzurechnende Sozialversicherungsrente noch die Betriebsrente der Beitragspflicht zur Kranken- und/oder Pflegeversicherung, so spricht viel dafür, dass sich der Arbeitgeber in Ausübung seines Anpassungsermessens bei einem Wechsel von einer Bruttogesamtversorgungsobergrenze zu einer Nettogesamtversorgungsobergrenze an dem Risiko, dass sich die effektiven Versorgungsbezüge der Versorgungsberechtigten infolge der **Beitragspflicht zur gesetzlichen Kranken- und/oder Pflegeversicherung** mindern, **angemessen zu beteiligen** hat (*BAG* 17.1.2012 EzA § 1 BetrAVG Ablösung Nr. 49).

3554 Werden allerdings in einer Versorgungszusage außerhalb des Arbeitsvertrages liegende Regelwerke (wie Richtlinien einer Unterstützungskasse) in Bezug genommen, so wird üblicherweise dynamisch auf die Richtlinien in ihrer jeweiligen Fassung verwiesen. Ohne nähere Bestimmung stehen Vorschriften eines in Bezug genommenen Regelwerkes unter dem Vorbehalt ihrer Abänderbarkeit. Bei einer Stichtagsregelung bedeutet die Nähe zur Schnittgrenze als solche noch keinen Härtefall, der zur teleologischen Reduktion der anspruchseinschränkenden Regelung führen müsste (*BAG* 12.10.2004 EzA § 1 BetrAVG Unterstützungskasse Nr. 13).

3555 ▶ **Beispiele:**
– Enthält eine Versorgungsordnung eine **Bruttogesamtversorgungsobergrenze**, nach der die Betriebsrente niedriger ist als das Nettoeinkommen vergleichbarer Arbeitnehmer, tritt eine Störung der Geschäftsgrundlage jedenfalls dann ein, wenn dieses Nettoeinkommen durch spätere tatsächliche oder gesetzliche Änderungen überschritten wird. Die deshalb nach billigem Ermessen statthafte Anpassung darf aber in die geltende Vereinbarung nicht stärker eingreifen, als es durch die Anpassung an die Grundlagen der ursprünglichen Vereinbarung geboten ist. Bei Versorgungsregelungen mit kollektiver Wirkung darf der Arbeitgeber eine **pauschalierende Anpassung** vornehmen; weitergehende Eingriffe können auch nicht durch Betriebsvereinbarung vorgenommen werden. § 315 Abs. 3 BGB ist dann einschränkend dahingehend auszulegen, dass bei komplexen Versorgungssystemen mit kollektiver Wirkung zwar die Anpassungsentscheidung gerichtlicher Kontrolle unterliegt, das Gericht jedoch nicht seine Entscheidung an die Stelle einer unwirksamen Anpassungsentscheidung setzen kann (*BAG* 13.11.2007 EzA § 1 BetrAVG Geschäftsgrundlage Nr. 3). In einem derartigen Fall hat der Arbeitgeber darzulegen und zu beweisen, auf welchen **Grundlagen er die Anpassungsentscheidung getroffen hat** und inwieweit sie angemessen ist (*BAG* 13.11.2007 ZTR 2008, 320 = NZA-RR 2009, 56 LS).
– Soll durch eine Änderungsvereinbarung eine **Überversorgung** der Arbeitnehmer zwischen ihrem Ausscheiden aus dem Arbeitsverhältnis aufgrund einer vereinbarten **Altersgrenze** und dem

Eintritt der **Regelaltersgrenze** nach dem SGB VI abgebaut werden und führen **spätere gesetzliche Änderungen** dazu, dass die Arbeitnehmer während dieses Zeitraums unterversorgt sind, ist aufgrund dieser Planwidrigkeit wegen der damit verbundenen Zweckverfehlung die Geschäftsgrundlage gestört. Dadurch erwächst dem Arbeitgeber ein einseitiges Leistungsbestimmungsrecht, das er nach billigem Ermessen ausüben kann. Die Ausübung muss der Versorgungsberechtigte sich entgegenhalten lassen, wenn er Ansprüche geltend macht. Unabhängig davon kann er aus der Störung keine weitergehenden Rechte geltend machen, als es durch die Anpassung der ursprünglichen Vereinbarung geboten ist (*BAG* 29.1.2008 EzA § 87 BetrVG Betriebliche Lohngestaltung Nr. 14).

- Eine einheitsvertragliche Versorgungsverordnung, die volldynamische Betriebsrenten mit einer Gesamtversorgungsobergrenze von 75 % der Aktivenbezüge vorsieht, kann wegen Wegfalls der Geschäftsgrundlage an die veränderte Rechtslage angepasst werden, wenn die Abzüge für Steuern und Sozialversicherungsbeiträge insgesamt um ca. 50 % steigen und dies zur Folge hat, dass Betriebsrentner über eine Gesamtversorgung von 115 % der Nettobezüge vergleichbarer aktiver Arbeitnehmer verfügen.
- Eine denkbare und auch nicht ohne weiteres unbillige Form der Anpassung, bei der das Mitbestimmungsrecht des Betriebsrats gem. § 87 Abs. 1 Nr. 10 BetrVG zu beachten ist, besteht darin, die Bezugsgröße der Ruhegeldberechnung zu ändern und an die Stelle der Bruttobezüge die Nettobezüge der aktiven Arbeitnehmer zu setzen (*BAG* 9.7.1985 EzA § 1 BetrAVG Nr. 37; vgl. auch *BAG* 15.2.2005 EzA § 4 TVG Metallindustrie Nr. 131).
- Der Wegfall der Geschäftsgrundlage z. B. wegen planwidriger Überversorgung löst ein **Anpassungsrecht** des Arbeitgebers aus. Die »planwidrige Überversorgung« ist insoweit ein relativer, auf die konkrete Versorgungsordnung abstellender Begriff. Dabei sind nur die versorgungsfähigen Vergütungsbestandteile zu berücksichtigen (*BAG* 22.10.2002 EzA § 1 BetrAVG Ablösung Nr. 36). Das Anpassungsrecht besteht auch gegenüber den mit einer unverfallbaren Versorgungsanwartschaft ausgeschiedenen Arbeitnehmern; die Veränderungssperre des § 2 Abs. 5 BetrAVG (s. zum Tarifvorbehalt § 17 Abs. 3 S. 1 BetrAVG und dazu *BAG* 13.12.2005 – 3 AZR 478/04, NZA 2006, 456; 27.3.2007 – 3 AZR 60/06, NZA 2008, 133) steht dem nicht entgegen. Der Arbeitgeber ist nicht gehindert, bei der Ausübung des Anpassungsrechts gegenüber den mit einer unverfallbaren Versorgungsanwartschaft ausgeschiedenen Arbeitnehmern die zulässigen Anpassungsregelungen einer Betriebsvereinbarung oder eines Spruchs der Einigungsstelle zu übernehmen. Ob überhaupt eine planwidrige Überversorgung vorliegt, hängt von dem in der jeweiligen Versorgungsordnung angestrebten **Versorgungsgrad** ab. Wenn das Versorgungsziel z. B. einer Gesamtzusage festgestellt werden soll, kommt es nicht auf die tatsächlichen Verhältnisse bei Beginn des einzelnen Arbeitsverhältnisses an; **maßgeblicher Zeitpunkt ist vielmehr die Erteilung der Gesamtzusage** (*BAG* 28.7.1998 EzA § 1 BetrAVG Ablösung Nr. 18) bzw. der Errichtung der Versorgungsordnung (*BAG* 22.10.2002 EzA § 1 BetrAVG Ablösung Nr. 36).

Die **Anpassungsregelungen** müssen sich an den **Grundprinzipien der bisherigen Versorgungsordnung** ausrichten. Das Anpassungsrecht des Arbeitgebers dient nicht dazu, die Versorgungsordnung umzustrukturieren und veränderte Gerechtigkeitsvorstellungen zu verwirklichen. Billigte die Versorgungsordnung allen Versorgungsberechtigten unabhängig von ihrer Dienstzeit einen bestimmten Versorgungsgrad zu, so darf eine neue, nach Dienstzeit gestaffelte Gesamtversorgungsobergrenze bei Versorgungsberechtigten mit kürzerer Dienstzeit **nicht zu einem geringeren Versorgungsgrad als ursprünglich vorgesehen führen** (*BAG* 28.7.1998 NZA 1999, 780). Sieht eine Übergangsregelung die **Einführung einer Gesamtversorgungsobergrenze auch für langjährig beschäftigte Arbeitnehmer** vor, die hohe Ruhegeldanwartschaften erworben haben, so muss diese erst recht für Anwartschaftsinhaber gelten, die zum Ablösungsstichtag eine geringere Anwartschaft erworben haben und daher weniger schutzwürdig waren (*BAG* 15.11.2005 – 3 AZR 481/04, EzA-SD 8/06 S. 12).

3556

Haben die Arbeitsvertragsparteien zur Vermeidung einer zusätzlichen Überversorgung vereinbart, dass eine neu gewährte **übertarifliche Zulage** abweichend von der Versorgungsordnung **nicht**

3557

zum ruhegeldfähigen Gehalt zählt, so steht dem Arbeitgeber nur noch wegen der verbleibenden Überversorgung ein Anpassungsrecht zu. Wenn er später die Überversorgung durch Absenkung der Gesamtversorgungsobergrenze vollständig abbaut und bei der Festsetzung der neuen Prozentsätze die bereits vereinbarte Eindämmung der Überversorgung unberücksichtigt lässt, muss er auch die übertarifliche Zulage **wieder zum pensionsfähigen Gehalt rechnen** (*BAG* 9.11.1999 EzA § 1 BetrAVG Nr. 71).

3558 Demgegenüber ist ein **Abwicklungsvertrag**, in dem sich der Arbeitgeber verpflichtet hat, durch bestimmte Gesetzesänderungen eingetretene Verschlechterungen der vorgezogenen gesetzlichen Altersrente **auszugleichen**, regelmäßig nicht unter dem Gesichtspunkt einer Änderung der Geschäftsgrundlage anzupassen, wenn der **Gesetzgeber weitere Verschlechterungen** der vorgezogenen Altersrente beschließt. Bürdet der Gesetzgeber den Empfängern der gesetzlichen Altersrente für den Fall einer vorgezogenen Inanspruchnahme bestimmte Nachteile auf, haben sie diese selbst zu tragen und können sie regelmäßig nicht auf den Arbeitgeber abwälzen (*BAG* 20.6.2001 EzA § 242 BGB Geschäftsgrundlage Nr. 6).

3559 Ein rechtsgeschäftlicher Verzicht auf das Anpassungsrecht wegen planwidriger Überversorgung ergibt sich in diesem Zusammenhang nicht schon daraus, dass der Arbeitgeber zunächst von einer Änderung der Versorgungsregelungen abgesehen hat. Dies ist vor allem bei öffentlich-rechtlichen Rechtsträgern die Ausnahme. Allein dadurch, dass der Arbeitgeber längere Zeit nicht gegen eine Überversorgung eingeschritten ist, verwirkt er andererseits noch nicht sein Anpassungsrecht. Insbesondere bei einer der Beamtenversorgung angeglichenen Zusatzversorgung fehlt i. d. R. ein schutzwürdiger Vertrauenstatbestand. Auch bei der Nettoobergrenze sind Typisierungen, Pauschalierungen und Generalisierungen zulässig. Individuelle Steuerfreibeträge müssen nicht in die Berechnung des Nettovergleichseinkommens einbezogen werden. Die Einführung eines versicherungsmathematischen Abschlags war zwar keine geeignete Maßnahme zum Abbau der Überversorgung, aber angesichts des vorliegenden Versorgungsziels (Gewährung einer beamtenähnlichen Zusatzversorgung) eine angemessene Reaktion auf die zwischenzeitlichen Gesetzesänderungen im Betriebsrenten-, Sozialversicherungs- und Beamtenversorgungsrecht. Da die vorliegende Versorgungsordnung auf den Strukturprinzipien des Beamtenversorgungsrechts aufbaute, durften die künftigen Steigerungssätze diesem angeglichen werden. Es blieb offen, ob dies auf einer ergänzenden Vertragsauslegung oder einer Anpassung wegen Störung der Geschäftsgrundlage beruht (*BAG* 22.10.2002 EzA § 1 BetrAVG Ablösung Nr. 36; s. a. *BAG* 30.11.2010 EzA § 16 BetrAVG Nr. 58).

3560 Eine dynamische Verweisung auf gesetzliche Vorschriften kann im Übrigen dazu führen, dass **Regelungen** gelten, die der **Arbeitgeber selbst nicht schaffen könnte**. Der Gesetzgeber hat einen **weitergehenden Gestaltungsspielraum** als der Arbeitgeber bei der Ausübung eines Leistungsbestimmungsrechts und der Vorformulierung von Arbeitsbedingungen. Auch der Inhalt arbeitsvertraglich übernommener gesetzlicher Regelungen unterliegt keiner Angemessenheits- und Billigkeitskontrolle, wenn die Verweisungsvereinbarung nicht zu beanstanden ist, sondern für ein ausgewogenes, interessengerechtes Versorgungsmodell – mit einem Berechnungsmodus für eine Gesamtversorgungsobergrenze – sorgt (*BAG* 20.4.2004 – 3 AZR 266/02 – NZA-RR 2005, 95).

*eee) Orientierung der Rentenentwicklung an der aktuellen Einkommensentwicklung*

3560a Weder das für Eingriffe in Betriebsrentenanwartschaften entwickelte dreistufige Prüfschema noch die diesem zugrunde liegenden Grundsätze des Vertrauensschutzes und der Verhältnismäßigkeit sind heranzuziehen, wenn nach einer Versorgungsordnung die Entwicklung der laufenden Betriebsrentenleistung von der **Steigerung oder Senkung des Einkommens der vergleichbaren aktiv Beschäftigten** abhängt und sich aus diesem Grund die Betriebsrente verringert. Darin liegt kein Eingriff in die sich aus der Versorgungsordnung ergebenden Rechte, da die Versorgungsordnung von vornherein an die Entwicklung der tariflichen Arbeitseinkommen anknüpft. Eine Dienstvereinbarung, die eine solche Regelung vorsieht, ist jedoch nach dem jeweiligen Personalvertretungsrecht (z. B. § 71 PersVG Berlin) daraufhin zu überprüfen, ob sie den Grundsätzen von **Recht und Billigkeit** entspricht. Dazu gehören die zwingenden Grundwertungen des Betriebsrentenrechts. Es ist grds. nicht zu beanstanden, wenn die Entwicklung der Betriebsrenten von der Entwicklung der Tarifentgelte der aktiv Beschäftigten abhängig gemacht wird. Das gilt jedoch nur, soweit das mit der bei Eintritt des Versorgungsfalls entstandenen Ausgangsrente definierte Versorgungsniveau nicht beeinträchtigt wird. Ermöglicht die Dienstvereinbarung eine weitergehende Kürzung der Betriebsrente, ist sie in diesem Umfang unwirksam (*BAG* 26.10.2010 EzA § 1 BetrAVG Betriebsvereinbarung Nr. 8).

*fff) Treuepflichtverletzung des Arbeitnehmers*

Wegen Treuepflichtverletzungen des Arbeitnehmers kommt ein Widerruf von Altersversorgungsleistungen durch den Arbeitgeber auch auf Grund eines Vorbehaltes, die Leistungen zu kürzen oder einzustellen, »wenn der Versorgungsberechtigte Handlungen begeht, die in grober Weise gegen Treu und Glauben verstoßen oder zu einer fristlosen Entlassung berechtigen würden« (s. Rdn. 3544), **nur sehr eingeschränkt** in Betracht (s. *Aldenhoff/Hilderink* NZA-RR 2004, 281 ff.; zu den abweichenden Anforderungen **im öffentlichen Dienst**, insbes. bei gesetzlichen Regelungen zum Erlöschen von Zusatzversorgungsansprüchen wegen rechtskräftiger strafgerichtlicher Verurteilung s. *BAG* 21.11.2006 EzA § 18 BetrAVG Nr. 12). 3561

▶ **Beispiel:** 3562
– Hat ein leitender Angestellter durch weisungswidriges Verhalten einen hohen Schaden verursacht, so rechtfertigt dies allein noch nicht den Widerruf der Versorgungszusage. Vielmehr kommt es darauf an, ob die gesamten Umstände einen so schwerwiegenden Vorwurf ergeben, dass die Berufung des Arbeitnehmers auf die Versorgungszusage des Arbeitgebers wegen der Art und Schwere seines Verstoßes gegen die Treuepflicht als rechtsmissbräuchlich erscheint (*BAG* 3.4.1990 EzA § 1 BetrAVG Rechtsmissbrauch Nr. 2; 8.5.1990 EzA § 1 BetrAVG Rechtsmissbrauch Nr. 3; *OLG München* 25.1.2005 DB 2005, 2198 m. Anm. *Greth* DB 2005, 2199 f.).

Es muss ein besonders gewichtiger Verstoß gegen Dienstpflichten vorliegen; die Verfehlungen des Arbeitnehmers müssen letztlich so schwer wiegen, dass sich **die erbrachte Betriebstreue für den Arbeitgeber** wegen der Zufügung eines schweren, die Existenz bedrohenden Schadens **als wertlos** (*BAG* 29.1.1991 AP Nr. 13 zu § 1 BetrAVG Hinterbliebenenversorgung; *BGH* 17.12.2001 NZA 2002, 511; *LAG Hmb.* 18.8.2004 NZA-RR 2005, 150) **oder erheblich entwertet erweist** (*BGH* 13.12.1999 EzA § 1 BetrAVG Rechtsmissbrauch Nr. 4). 3563

Der Widerruf einer Versorgungszusage ist **kein fristgebunden auszuübendes Gestaltungsrecht**, sondern findet seine Grundlage in dem Einwand rechtsmissbräuchlichen Verhaltens, den der Verpflichtete dem Begehren des Berechtigten mit Rücksicht auf dessen schwerwiegendes Fehlverhalten entgegensetzen kann (*BGH* 13.12.1999 EzA § 1 BetrAVG Rechtsmissbrauch Nr. 4). Ein Rechtsmissbrauch in diesem Sinne kann **weder aus der Schädigung als solcher** noch aus der **Schadenshöhe allein** hergeleitet werden. **Ebenso wenig reicht ein wichtiger Grund zur fristlosen Kündigung aus** (ebenso *BGH* 25.11.1996 NZA-RR 1997, 147; 17.12.2001 NZA 2002, 511; *LAG Köln* 28.4.2000 NZA-RR 2000, 656), selbst wenn im Arbeitsvertrag vorgesehen ist, dass der Anspruch auf Ruhestandsbezüge erlischt, wenn Gründe eintreten, die die fristlose Kündigung rechtfertigen würden. 3564

Zu beachten ist stets, dass der Widerruf einer Versorgungszusage **nicht dazu dient, auf einfachem und schnellem Weg einen Schadensersatzanspruch zu befriedigen** (*BAG* 8.5.1990 EzA § 1 BetrAVG Rechtsmissbrauch Nr. 3; *LAG Hmb.* 18.8.2004 NZA-RR 2005, 150). 3565

▶ **Weitere Beispiele:** 3566
– **Fahrlässige Fehlleistungen** des Arbeitnehmers, der sich über Hinweise und Warnungen hinwegsetzt, reichen nicht aus. Auf Selbstüberschätzung und Überaktivität zurückzuführende Leistungsmängel wiegen nicht so schwer, dass sie zur Verweigerung der Hinterbliebenenversorgung berechtigen, auch wenn sie ein Verschulden nicht ausschließen (*BAG* 29.1.1991 AP Nr. 13 zu § 1 BetrAVG Hinterbliebenenversorgung).

## Kapitel 3
Der Inhalt des Arbeitsverhältnisses

- Ein Pförtner, der nach über 20 Dienstjahren seinen Arbeitsplatz verliert, weil er in den letzten 9 Monaten **Unterschlagungen** in einer Gesamthöhe von etwa 30.000,- DM gedeckt hat, handelt nicht arglistig, wenn er sich auf eine unverfallbare Versorgungsanwartschaft beruft (*BAG* 8.2.1983 EzA § 1 BetrAVG Rechtsmissbrauch Nr. 1).
- Missbraucht dagegen der Arbeitnehmer seine Stellung über lange Zeit hinweg dazu, den **Arbeitgeber zu schädigen** und erweist sich die von ihm erbrachte Betriebstreue deshalb im Rückblick als wertlos, kann dies den Einwand rechtsmissbräuchlichen Verhaltens begründen (*BAG* 8.5.1990 EzA § 1 BetrAVG Rechtsmissbrauch Nr. 3).
- Ein Arbeitnehmer handelt arglistig, wenn er sich auf die Unverfallbarkeit seiner Versorgungsanwartschaft beruft, obwohl er die erforderliche Betriebszugehörigkeitsdauer nur durch das **Vertuschen schwerer Verfehlungen** (z. B. der laufenden Erpressung unterstellter Gastarbeiter) erreichen konnte. In einem solchen Fall kann der Arbeitgeber die Versorgungszusage widerrufen, sobald die Verfehlungen zu seiner Gewissheit festgestellt sind (*BAG* 8.2.1983 EzA § 1 BetrAVG Nr. 24).
- Auch die Aufnahme einer Tätigkeit des Ruheständlers in einem **Konkurrenzunternehmen** des Arbeitgebers kann den Einwand des arglistigen Verhaltens begründen. Im Rahmen einer Einzelfallüberprüfung ist aber auch der Verzicht des Arbeitgebers auf ein Wettbewerbsverbot sowie die Höhe der Betriebsrente zu berücksichtigen. Unangemessene Reaktionen sind nicht erlaubt. Enttäuschung oder Verärgerung über einen früheren Mitarbeiter dürfen nicht ausschlaggebend sein (*BAG* 3.4.1990 EzA § 1 BetrAVG Rechtsmissbrauch Nr. 2).
- Ausreichend kann es aber sein, wenn der Pensionär versucht, durch **Wettbewerb** die wirtschaftliche Existenzgrundlage seines ehemaligen Arbeitgebers zu vernichten (*BGH* 7.1.1971 AP Nr. 151 zu § 242 BGB Ruhegehalt).
- Rechtsmissbräuchlich handelt auch der aus der Versorgungszusage Berechtigte, der das Unternehmen, aus dessen Erträgen seine Pension bezahlt werden soll, **fortgesetzt schädigt** (z. B. anerkannt bei einem Schaden von 6 Millionen DM) und dadurch dessen **wirtschaftliche Grundlage gefährdet** (*BGH* 25.11.1996 NZA-RR 1997, 147).
- Gleiches gilt, wenn der Arbeitnehmer **erhebliche immaterielle Schäden** des Arbeitgebers verbunden mit einer Schädigung der Allgemeinheit verursacht, z. B. durch die **langjährige Bestechlichkeit** eines für Führerscheinprüfungen zuständigen TÜV-Sachverständigen. Das *LAG Köln* (12.6.1997 NZA-RR 1998, 7) hat im konkret entschiedenen Einzelfall zudem angenommen, dass die Erklärung des Widerrufs bereicherungsrechtlich auch Wirkungen für die Vergangenheit entfaltet.
- Unverfallbare Versorgungsansprüche eines Sparkassendirektors können nicht durch eine Vertragsklausel entzogen werden, nach der der Begünstigte jede Versorgung verliert, wenn er nach Ablauf der Amtsperiode eine **Wiederbestellung ablehnt** (*BGH* 29.5.2000 NZA 2001, 266).
- Der Widerruf einer Versorgungszusage kann auch **nur teilweise gerechtfertigt** sein. Hat ein Arbeitnehmer seine Vertragspflichten **vorsätzlich gröblichst verletzt**, seinen Arbeitgeber dadurch geschädigt und ist eine außerordentliche Kündigung nur unterblieben, weil der Arbeitnehmer dies erfolgreich vertuscht hat, so kann der Widerruf der Versorgungszusage jedenfalls ab diesem Zeitpunkt gerechtfertigt sein (*Hess. LAG* 31.5.2000 LAGE § 1 BetrAVG Rechtsmissbrauch Nr. 4).

*ggg) Einzelvertraglich vereinbarte weitergehende Widerrufsrechte; Teilwiderruf; § 305c BGB*

3567 Eine nach § 1b BetrAVG unverfallbar gewordene Versorgungsanwartschaft kann wegen Treuepflichtverletzung des Arbeitnehmers nur noch dann widerrufen werden, wenn eine **unzulässige Rechtsausübung** gegeben ist (s. Rdn. 3561 ff.).

3568 **Weitergehende vertraglich vereinbarte Widerrufsrechte wegen Vertragsverletzungen sind dagegen unwirksam** (*BAG* 3.4.1990 EzA § 1 BetrAVG Rechtsmissbrauch Nr. 2).

## B. Pflichten des Arbeitgebers Kapitel 3

Für eine vertragliche Änderungsklausel in einem Formulararbeitsvertrag hat das *BAG* (23.9.2003 **3569** EzA § 305c BGB 2002 Nr. 1) folgende Grundsätze aufgestellt:
- Enthält eine vertragliche Versorgungszusage eine Änderungsklausel, die verschiedene Änderungssachverhalte aufführt (Gesetz, Tarifvertrag usw.), jedoch Betriebsvereinbarungen nicht erwähnt, ist regelmäßig davon auszugehen, dass die Versorgungszusage nicht »betriebsvereinbarungsoffen« ist, also nicht durch Betriebsvereinbarung abgeändert werden kann.
- Überraschende Vertragsklauseln in Formulararbeitsverträgen und allgemeinen Arbeitsbedingungen werden nicht Vertragsbestandteil (§ 305c Abs. 1 BGB). Überraschend ist eine Vertragsklausel, die so ungewöhnlich ist, dass der Vertragspartner des Verwenders mit ihr nicht zu rechnen braucht. Zwischen den durch die Umstände bei Vertragsschluss begründeten Erwartungen und dem tatsächlichen Vertragsinhalt muss ein deutlicher Widerspruch bestehen. Dabei sind alle Umstände zu berücksichtigen, insbes. das äußere Erscheinungsbild des Vertrags.
- Die Unklarheitenregel (§ 305c Abs. 2 BGB) gilt auch für Klauseln, die den Arbeitgeber berechtigen sollen, seine Beiträge zur Finanzierung von Leistungen zur betrieblichen Altersversorgung zu reduzieren.
- Gesetzesänderungen können zwar eine Störung der Geschäftsgrundlage darstellen. Hat sich jedoch die Gesetzeslage im Verhältnis zur Zeit des Vertragsabschlusses nicht geändert, wird dadurch eine Störung der Geschäftsgrundlage (§ 313 BGB) nicht begründet. Eine Veränderung bei der Gesetzeshandhabung genügt dafür nicht.

*ee) Einzel- und kollektivvertragliche Änderungen von Versorgungszusagen*

Einvernehmlichen Änderungen der Versorgungszusage sind durch das BetrAVG begrenzt (s. **3570** Rdn. 3635 ff.).

*(1) Das Verhältnis von vertraglicher Einheitsregelung, betrieblicher Übung zur Betriebsvereinbarung*

*aaa) Grundlagen*

Da Versorgungszusagen häufig durch vertragliche Einheitsregelungen erteilt werden, oder auf **3571** Grund einer betrieblichen Übung erwachsen, stellt sich in der Praxis die Frage, **ob sie trotz des Günstigkeitsprinzips durch eine (verschlechternde) Betriebsvereinbarung ersetzt werden können**. Dies hat für den Arbeitgeber insbes. den Vorteil, dass bei Widerspruch der betroffenen Arbeitnehmer nicht der Ausspruch von Massenänderungskündigungen erforderlich ist, deren soziale Rechtfertigung zudem zweifelhaft sein kann.

Zu beachten ist allerdings stets, dass zunächst **tatsächlich der Wille feststellbar sein muss**, eine ab- **3571a** lösende Regelung zu treffen. Eine Ablösung von einzelvertraglichen Ansprüchen auf eine Sozialleistung durch Betriebsvereinbarung muss in der Betriebsvereinbarung **selbst geregelt** werden. Dieses Regelungsziel kann sich aus dem **Zweck der Sozialleistung** ergeben, wenn er dem Leistungszweck der vertraglichen Ansprüche entspricht. Soll eine Sozialleistung abgelöst und durch eine Sozialleistung mit anderem Leistungszweck ersetzt werden, bedarf es einer eindeutigen Regelung in der Betriebsvereinbarung, weil der Wille zur Ablösung der Sozialleistung aus dem Zweck der neuen Sozialleistung nicht abgeleitet werden kann. **Ist danach eine Ablösung nicht geregelt, kommt es nicht darauf an**, ob die vertraglichen Ansprüche »betriebsvereinbarungsoffen« sind und **ob die Ablösung einem (kollektiven) Günstigkeitsvergleich standhalten würde** (*BAG* 16.11.2011 – 10 AZR 60/11, EzA-SD 2/2012 S. 9 LS = NZA 2012, 349).

> Aufgrund eines Vorlagebeschlusses (*BAG* 8.12.1982 EzA § 77 BetrVG 1972 Nr. 11) hat der **3572**
> **Große Senat des *BAG*** (16.9.1986 EzA § 77 BetrVG 1972 Nr. 17; ebenso *BAG* 23.10.2001
> EzA § 1 BetrAVG Ablösung Nr. 30; 17.6.2003 EzA § 1 BetrAVG Ablösung Nr. 40; 24.1.2006
> EzA § 1 BetrAVG Ablösung Nr. 46; 15.2.2011 EzA § 1 BetrAVG Betriebsvereinbarung Nr. 9)
> folgende **Grundsätze** aufgestellt:

- Vertraglich begründete Ansprüche der Arbeitnehmer auf Sozialleistungen (also auch auf Leistungen der betrieblichen Altersversorgung), die auf eine vom Arbeitgeber gesetzte Einheitsregelung oder eine Gesamtzusage zurückgehen, können durch eine nachfolgende Betriebsvereinbarung in den Grenzen von Recht und Billigkeit beschränkt werden, wenn die Neuregelung insgesamt bei kollektiver Betrachtung – bezogen auf die Belegschaft insgesamt, nicht aber auf den einzelnen Arbeitnehmer – nicht ungünstiger ist. In einem zweiten Schritt ist zu prüfen, ob die Ablösung auch einer **materiellen Rechtskontrolle** standhält, z. B. nach den Grundsätzen der Verhältnismäßigkeit und des Vertrauensschutzes.
- Ist demgegenüber die nachfolgende Betriebsvereinbarung insgesamt ungünstiger, ist sie nur zulässig, soweit der Arbeitgeber wegen eines vorbehaltenen Widerrufs oder Wegfalls der Geschäftsgrundlage die Kürzung oder Streichung der Sozialleistungen verlangen kann, die insoweit maßgebliche Vereinbarung/Gesamtzusage also »betriebsvereinbarungsoffen« ist.
- Es kommt nicht darauf an, ob die in einer solchen Betriebsvereinbarung geregelten Angelegenheiten der erzwingbaren Mitbestimmung unterliegen (§ 87 Abs. 1 BetrVG) oder nur als freiwillige Betriebsvereinbarungen (§ 88 BetrVG) zustande kommen.
- Ein kollektiver Günstigkeitsvergleich zwischen einem durch Gesamtzusage begründeten Versorgungswerk, das durch Widerruf für neu in den Betrieb eintretende Mitarbeiter geschlossen worden war, und einer geänderten Versorgungsordnung, die wieder für alle Mitarbeiter geöffnet ist, kann **nicht ohne weiteres** in der Weise vorgenommen werden, dass **dem Aufwand** für das geschlossene Versorgungswerk mit der naturgemäß sinkenden Zahl von Versorgungsberechtigten der Aufwand gegenübergestellt wird, der auf unbestimmte Zeit für das wieder geöffnete Versorgungswerk aufzubringen ist (*BAG* 17.6.2003 EzA § 1 BetrAVG Ablösung Nr. 40).
- Aus den **Umständen des Einzelfalls** kann sich ergeben, dass es sich bei Widerruf und Neubegründung nach dem Willen des Arbeitgebers in der Sache um einen gestreckten Ablösungsvorgang gehandelt hat. Dann ist der Aufwand, der für die ursprüngliche Versorgungsregelung ohne deren zwischenzeitliche Schließung zu erbringen gewesen wäre, mit dem für die Neuordnung erforderlichen zu vergleichen.
- Unabhängig davon ist bei **Neueröffnung eines Versorgungswerks** nach dessen zwischenzeitlicher Schließung stets auch zu berücksichtigen, dass auch das neue Versorgungswerk für Neueintretende wieder geschlossen werden kann. Deshalb ist grds. der Aufwand aus dem geschlossenen Versorgungswerk mit dem zu vergleichen, der sich bei nächstmöglicher Schließung des neuen Versorgungswerks durch Kündigung der ablösenden Betriebsvereinbarung ergäbe (*BAG* 17.6.2003 EzA § 1 BetrAVG Ablösung Nr. 40).

3572a Eine Gesamtzusage über Leistungen der betrieblichen Altersversorgung kann durch eine **inhaltsgleiche Betriebsvereinbarung** dauerhaft **nur abgelöst**, d. h. ersetzt **werden**, wenn die Gesamtzusage **betriebsvereinbarungsoffen** ist oder sich der Arbeitgeber den **Widerruf** des Versorgungsversprechens **vorbehalten** hat. Ersetzen die Betriebsparteien die Gesamtzusage durch eine inhaltsgleiche Betriebsvereinbarung, lebt die Gesamtzusage nach Beendigung der Betriebsvereinbarung nicht wieder auf (*BAG* 15.2.2011 EzA § 1 BetrAVG Betriebsvereinbarung Nr. 9).

3573 Betriebsvereinbarungsoffen ist die zugrunde liegende Regelung dann, wenn – wie häufig – der Arbeitgeber in die von ihm formulierte Einheitsregelung oder in seine Gesamtzusage den Vorbehalt aufnimmt, dass eine **spätere betriebliche Regelung den Vorrang haben soll**. Dieser Vorbehalt kann ausdrücklich, aber bei entsprechenden Begleitumständen auch stillschweigend erfolgen. Ob das der Fall ist, ist eine Frage der Auslegung der Zusagen, die der Arbeitgeber erteilt hat (*BAG* 16.9.1986 EzA § 77 BetrVG 1972 Nr. 17; 15.2.2011 EzA § 1 BetrAVG Betriebsvereinbarung Nr. 9). Das ist z. B. dann nicht der Fall, wenn in einer vertraglichen Versorgungszusage auf Satzung und Versicherungsbedingungen eines Beamtenversicherungsvereins verwiesen wird und es in den »Schlussbestimmungen« heißt, die jeweils gültigen Betriebsvereinbarungen seien »Bestandteil dieses Vertrages« (*BAG* 16.7.2008 – 3 AZR 254/07– EzA-SD 20/2008 S. 11 LS; 16.7.2008 – 3 AZR 553/06, NZA 2008,

1244). Dagegen genügt es, wenn der Hinweis erteilt wird, dass die Leistung auf mit dem Betriebsrat abgestimmten Richtlinien beruht (*BAG* 15.2.2011 EzA § 1 BetrAVG Betriebsvereinbarung Nr. 9).

Soweit ein solcher Vorbehalt **nicht gemacht** wurde, bleibt es bei der herkömmlichen Rangfolge von Ansprüchen aus Vertrag, Betriebsvereinbarung, Tarifvertrag und Gesetz. Praktische Schwierigkeiten bei der Ablösung vertraglicher Einheitsregelungen berechtigen für sich allein genommen nicht dazu, die Unterscheidung von vertragsrechtlichen und kollektiv-rechtlichen Gestaltungsmitteln aufzugeben (vertragliche Einheitsregelung als »quasi-kollektiv-rechtliches Gestaltungsmittel«; *BAG* 16.9.1986 EzA § 77 BetrVG 1972 Nr. 17). Für den Arbeitnehmer günstigere Regelungen sind dagegen natürlich stets möglich (*BAG* 16.7.2008 – 3 AZR 553/06, NZA 2008, 1244). 3574

Aufgrund der vom Großen Senat aufgestellten Grundsätze kann **nunmehr** durch Betriebsvereinbarung **auch der bereits erdiente Teilwert geschmälert werden** (s. Rdn. 3539), um eine auf einer vertraglichen Einheitsregelung beruhende planwidrig eingetretene Überversorgung abzubauen. Denn das Vertrauen rentennaher Arbeitnehmer auf eine Gesamtversorgung von mehr als **100 % des letzten Nettoeinkommens** ist in einem solchen Fall nicht schutzwürdig. 3575

Eine Begrenzung der Gesamtversorgung auf 100 % der letzten Nettobezüge als aktiver Arbeitnehmer verstößt auch nicht deshalb gegen das Übermaßverbot, weil bei der Berechnung der maßgeblichen Bezüge das dem aktiven Arbeitnehmer gezahlte Urlaubsgeld unberücksichtigt bleibt (*BAG* 9.4.1991 EzA § 1 BetrAVG Ablösung Nr. 5). 3576

Eine Neuregelung hält nicht immer schon dann einem kollektiven Günstigkeitsvergleich stand, wenn der Arbeitgeber **gleich hohe Beträge wie bisher aufwendet**. Bei einer Ablösung durch ein arbeitnehmerfinanziertes System (Entgeltumwandlung) mit Arbeitgeberzuschüssen ist auch zu berücksichtigen, inwieweit der Arbeitgeber durch die Entgeltumwandlung Sozialversicherungsbeiträge einspart (*BAG* 23.10.2001 EzA § 1 BetrAVG Ablösung Nr. 30). 3577

Die Möglichkeiten des Arbeitgebers, durch Kündigung einer Betriebsvereinbarung über betriebliche Altersversorgung auf die Versorgungsanwartschaften der begünstigten Arbeitnehmer einzuwirken, gehen insgesamt **nicht weiter** als die **Möglichkeiten der Betriebspartner** im Rahmen von Aufhebungs- oder Änderungsvereinbarungen. Bei einer **ablösenden Betriebsvereinbarung** sind Eingriffe in Anwartschaften nur in den sich aus den Grundsätzen der Verhältnismäßigkeit und des Vertrauensschutzes ergebenden Grenzen zulässig. Im Umfang der sich daraus ergebenden Beschränkungen bleibt die Betriebsvereinbarung auch nach ihrer Kündigung als normativ unmittelbar und zwingend geltende kollektiv-rechtliche Grundlage erhalten (*BAG* 15.2.2011 EzA § 1 BetrAVG Betriebsvereinbarung Nr. 9). 3577a

Die Ablösung von Ansprüchen, die auf Grund einer betrieblichen Übung entstanden sind, durch eine verschlechternde Betriebsvereinbarung richtet sich nach denselben Regeln wie die Ablösbarkeit einer Gesamtzusage. Im Grundsatz gilt das Günstigkeitsprinzip, das eine verschlechternde Neuregelung durch Betriebsvereinbarung ausschließt. Anders verhält es sich nur (*BAG* 18.3.2003 EzA § 1 BetrAVG Ablösung Nr. 39), 3578
- wenn in der einzelvertraglichen Rechtsgrundlage selbst eine Möglichkeit für eine kollektivrechtliche Verschlechterung eröffnet worden ist,
- wenn die kollektivrechtliche Neuregelung sich bei kollektiver Gesamtbetrachtung als nicht ungünstiger darstellt als die aus gebündeltem Individualverhalten entstandene betriebliche Regelung,
- wenn Gesamtzusage, vertragliche Einheitsregelung oder betriebliche Übung auf Grund einer Störung der Geschäftsgrundlage ihre »Verbindlichkeit« verloren haben und deshalb eine betriebliche Neuregelung erforderlich ist.

Im Übrigen spricht viel dafür, dass die Anwendung des kollektiven Günstigkeitsvergleichs voraussetzt, dass das Unternehmen, in dem die abgelöste Altregelung galt, und das Unternehmen, in dem die ablösende Neuregelung gelten soll, zumindest in der Grundstruktur identisch sind (*BAG* 18.3.2003 EzA § 1 BetrAVG Ablösung Nr. 39).

Aber auch wenn eine verschlechternde Ablösbarkeit durch Betriebsvereinbarung an sich eröffnet ist, muss weiter geprüft werden, inwieweit die Grundsätze des Vertrauensschutzes und der Verhältnismäßigkeit gewahrt worden sind. Bei einem Eingriff nur in künftige Zuwächse genügen für dessen Rechtfertigung sachlich-proportionale Gründe. Sie fehlen auch dann, wenn die Neuregelung es dem Begünstigten nicht mehr erlaubt, die von ihm erreichbare Vollrente aus der Regelung selbst abzuleiten und darauf aufbauend für seine Versorgungssituation im Alter vorzusorgen (*BAG* 18.3.2003 EzA § 1 BetrAVG Ablösung Nr. 39).

*bbb) Wegfall der Geschäftsgrundlage*

3579 Mit einer Gesamtversorgungszusage z. B. **übernimmt der Arbeitgeber grds. das Risiko, dass sich in Zukunft die Berechnungsgrundlagen für die Altersversorgung** – insbes. die Steigerung der Sozialversicherungsrente – **anders entwickeln, als es im Zeitpunkt der Zusage absehbar war**. Nach Abgabe eines solchen Gesamtversorgungsversprechens kann sich der Arbeitgeber folglich nur in krassen Ausnahmefällen auf den Wegfall der Geschäftsgrundlage berufen (*LAG Köln* 5.12.2005 ZTR 2006, 344 LS).

3580 Wenn der Arbeitgeber wegen des von ihm behaupteten Wegfalls der Geschäftsgrundlage eines durch Gesamtzusage errichteten Versorgungswerks gleichwohl eine verschlechternde Neuregelung schaffen will, ist die **Einigungsstelle** zuständig, falls sich Arbeitgeber und Betriebsrat nicht einigen. **Der Betriebsrat darf seine Mitwirkung an einer Neuregelung nicht verweigern.** Er muss mit dem Arbeitgeber notfalls unter dem Vorbehalt der vertragsrechtlich zulässigen Umsetzung der Regelung verhandeln (*BAG* 23.9.1997 EzA § 77 BetrVG 1972 Nr. 60).

3581 Die Frage, ob die Geschäftsgrundlage tatsächlich weggefallen ist, ist entscheidend für den Umfang der der Einigungsstelle zustehenden **Regelungsbefugnis**. Ist sie weggefallen, kann die Einigungsstelle eine vorbehaltlose Neuregelung treffen.

3582 Die Geschäftsgrundlage ist weggefallen, wenn:
- sich die zugrunde gelegte **Rechtslage** nach Erteilung der Zusage **ganz wesentlich und unerwartet geändert** hat und dies beim Arbeitgeber zu **erheblichen Mehrbelastungen** geführt hat;
- der bei der Versorgungszusage erkennbare **Versorgungszweck** dadurch **verfehlt** wird, dass die unveränderte Anwendung der Zusage zu einer gegenüber dem ursprünglichen Versorgungsziel planwidrig eintretenden **Überversorgung** führen würde.

In derartigen Fällen kann die anpassende Neuregelung auch **in zeitanteilig erdiente Besitzstände** eingreifen. Sie muss sich dabei an den Zielen der ursprünglichen Regelung orientieren, auf deren Einhaltung die Arbeitnehmer vertrauen durften (*BAG* 23.9.1997 DB 1998, 779; krit. *Schmidt* SAE 1998, 298 ff.).

*(2) Ablösung einer Betriebsvereinbarung durch eine neue Betriebsvereinbarung*

*aaa) Grundlagen*

3583 Wird eine Betriebsvereinbarung abgeschlossen, die eine ältere Betriebsvereinbarung ablösen soll, so gilt nicht das Günstigkeitsprinzip, sondern die **Zeitkollisionsregel: Die jüngere Norm ersetzt die ältere** (*BAG* 28.6.2005 NZA 2005, 1431 LS); die Betriebspartner können also eine Angelegenheit, die sie durch Betriebsvereinbarung geregelt haben, **für die Zukunft auch zu Ungunsten der Arbeitnehmer neu regeln** (*BAG* 13.3.2007 NZA 2007, 1015 LS).

3584 Bei der Änderung steht den Betriebsparteien zwar ein **Regelungsspielraum** zu. Führt die ablösende Betriebsvereinbarung jedoch zu einer Kürzung von Versorgungsanwartschaften, unterliegt sie einer Billigkeits- und Rechtskontrolle. Abzuwägen sind die Änderungswünsche gegen die Bestandsschutzinteressen der betroffenen Arbeitnehmer. Die Grundsätze der **Verhältnismäßigkeit** und des **Vertrauensschutzes** sind zu beachten. Je stärker in Besitzstände eingegriffen wird, desto schwerer müssen die Änderungsgründe sein (*BAG* 22.5.1990 EzA § 1 BetrAVG Nr. 2). Auch insoweit gilt die sog. Drei-

Stufen-Theorie (*BAG* 17.3.1987 EzA § 1 BetrAVG Nr. 48; 23.10.1990 EzA § 1 BetrAVG Ablösung Nr. 4; s. a. Rdn. 3539; *Rengier* BB 2004, 2185 ff.). **Weitergehende Eingriffe** in Versorgungsregelungen sind dann zulässig, wenn aufgrund der besonderen Umstände des Einzelfalles diese Grundsätze dem Eingriff **nicht entgegenstehen**. Die Gültigkeit einer ablösenden Betriebsvereinbarung der betrieblichen Altersversorgung hängt nicht davon ab, ob sie die Grenzen, die ablösenden Betriebsvereinbarungen gesetzt sind, in Einzelfällen überschreitet; nur soweit dies der Fall ist, kann sie keine Rechtsgrundlage für Eingriffe in die sich aus der abgelösten Betriebsvereinbarung ergebenden Rechte bilden. Offen gelassen hat das *BAG* (21.4.2009 – 3 AZR 674/07, NZA-RR 2009, 548), ob bei langjährigen Verhandlungen über eine Neuregelung für die Beurteilung der Eingriffsintensität der Zeitpunkt, zu dem die Altregelung gekündigt wurde, oder der Zeitpunkt des Inkrafttretens der Neuregelung maßgeblich ist.

Wenn durch Änderung einer Betriebsvereinbarung die betriebliche Altersversorgung von Rentenleistungen auf **Kapitalleistungen umgestellt** wird, rechtfertigt es dies andererseits jedoch noch nicht, eine Hinterbliebenenversorgung in der neuen Betriebsvereinbarung dahingehend zu beschränken, dass sie nur noch beim Tode eines **Versorgungsanwärters** und nicht mehr beim Tode eines **Betriebsrentners** gewährt wird (*BAG* 21.11.2000 EzA § 1 BetrAVG Ablösung Nr. 26). 3585

Diese Grundsätze gelten an sich auch für Betriebsvereinbarungen, in denen eine **Rentenanpassung** entsprechend der Entwicklung der tariflichen Entgelte und der aktiven Arbeitnehmer **ersetzt wird** durch eine Regelung, nach der die Betriebsrente nur noch entsprechend der **Entwicklung der Lebenshaltungskosten** steigt. 3586

Auf einen solchen nur die Rentenentwicklung betreffenden Eingriff sind aber nicht die konkretisierenden Grundsätze anzuwenden, die für den Eingriff in Versorgungsanwartschaften entwickelt worden sind. Der Eingriff ist regelmäßig bereits dann gerechtfertigt und rechtswirksam, wenn es für ihn **sachlich nachvollziehbare** und **Willkür ausschließende Gründe** gibt (*BAG* 26.8.1997 EzA § 1 BetrAVG Ablösung Nr. 17). 3587

Der unverfallbare Teil der Anwartschaft ist ferner nach **§ 7 Abs. 2 BetrAVG** gegen die Insolvenz des Arbeitgebers geschützt (s. *BAG* 15.7.2008 – 3 AZR 669/06 – EzA-SD 8/2009 S. 18 LS). Insoweit wird die **Höhe der Betriebsrentenanwartschaft**, für die der PSV bei Insolvenz des Arbeitgebers einzustehen hat, nach § 2 Abs. 1 BetrAVG bestimmt. Es kommt deshalb die gleiche Regelung zur Anwendung, die gilt, wenn festzustellen ist, wie hoch die gesetzlich unverfallbare Anwartschaft eines vor Eintritt des Versorgungsfalles aus dem Arbeitsverhältnis ausgeschiedenen Arbeitnehmers ist. **Insolvenzgeschützt ist daher der Anspruch, der dem Verhältnis der tatsächlichen Betriebszugehörigkeit bis** zum Eintritt des Sicherungsfalls zur möglichen Betriebszugehörigkeit bis zur **üblichen, »festen« Altersgrenze** entspricht (zeitratierliche Berechnung). Das kann dazu führen, dass Arbeitnehmer, die in jüngerem Alter ein Arbeitsverhältnis begonnen haben, bei gleicher Betriebszugehörigkeit eine geringere geschützte Versorgungsanwartschaft haben als solche, die es mit höherem Alter begonnen haben. Dieser Effekt kann z. B. eintreten, wenn die Versorgungsordnung eine dienstzeitabhängige Berechnung der Betriebsrente mit einer Höchstbegrenzung vorsieht. Diese Berechnung verstößt nicht gegen das unionsrechtliche Verbot der Altersdiskriminierung (Art. 21 Abs. 1 GRCh; *BAG* 19.7.2011 EzA § 7 BetrAVG Nr. 176 = NZA 2012, 156). 3588

Dieser Schutz wird nicht dadurch geschmälert, dass eine ablösende Betriebsvereinbarung schon vor dem Insolvenzfall verringerte Steigerungsraten und dadurch eine gekürzte Vollrente einführt (*BAG* 12.3.1991 EzA § 2 BetrAVG Nr. 11). Für die Berechnung der Höhe einer insolvenzgesicherten Betriebsrente ist nur die Betriebszugehörigkeit bis zum Eintritt des Sicherungsfalls zu berücksichtigen (*LAG Köln* 29.6.2009 NZA-RR 2009, 606).

Sehen die Betriebspartner von einem ausnahmsweise möglichen Eingriff in zeitanteilig erdiente Besitzstände ab, kann auch der **PSV keine entsprechenden Abschläge** vornehmen, wenn er auf Grund einer späteren Insolvenz anstelle des Arbeitgebers in Anspruch genommen wird (*BAG* 21.3.2000 EzA § 6 BetrAVG Nr. 21; 18.3.2003 EzA § 2 BetrAVG Nr. 1). 3589 *bbb) Rechtslage im Verhältnis des Arbeitgebers zu Ruheständlern*

3590    Eine Betriebsvereinbarung über betriebliche Ruhegelder, die Einschränkungen der betrieblichen Leistungen vorsieht, wirkt an sich nicht hinsichtlich derjenigen früheren Arbeitnehmer, die beim In-Kraft-Treten der neuen Betriebsvereinbarung **bereits im Ruhestand leben** und Bezüge nach einer früheren Regelung erhalten.

3591    ▶ Beispiel:

Gewährt eine Betriebsvereinbarung Ansprüche auf **Beihilfen** im Krankheitsfall gleichermaßen für aktive Arbeitnehmer und Pensionäre, so kann eine ablösende Betriebsvereinbarung nicht mehr in die Besitzstände derjenigen Pensionäre eingreifen, die sich bei In-Kraft-Treten der ablösenden Regelung bereits im **Ruhestand** befanden. Denn diese erwerben bei Eintritt in den Ruhestand einen entsprechenden Individualanspruch, der betrieblicher Gestaltung nur noch insoweit zugänglich ist, als auch die aktive Belegschaft Kürzungen hinnehmen muss (*BAG* 13.5.1997 EzA § 77 BetrVG 1972 Ruhestand Nr. 1; s. a. *BAG* 10.2.2009 EzA § 1 BetrAVG Betriebsvereinbarung Nr. 6).

3592    Gleichwohl gilt Folgendes: Bei Änderungen nach Eintritt des Versorgungsfalles ist nicht ein dreistufiges Prüfungsraster anzuwenden, sondern auf die dem zugrunde liegenden Prinzipien der Verhältnismäßigkeit und des Vertrauensschutzes zurückzugreifen. Sie führen dazu, dass nach Eintritt des Versorgungsfalles i. d. R. nur noch geringfügige Verschlechterungen der zugesagten Hinterbliebenenversorgung gerechtfertigt sein können (*BAG* 12.12.2006 EzA § 1 BetrAVG Betriebliche Übung Nr. 8). Davon kann bei einer bisher nicht vorgesehenen Kürzung einer Witwenrente um die Hälfte ihres Ausgangsbetrages keine Rede sein (*BAG* 12.10.2004 EzA § 1 BetrAVG Hinterbliebenenversorgung Nr. 11). Die auf eine Störung der Geschäftsgrundlage gestützten Änderungen der Versorgungsregelungen müssen sich auch insoweit an den Grundprinzipien der bisherigen Versorgungsordnung ausrichten. Die Einführung eines dem bisherigen Versorgungssystem fremden Differenzierungsmerkmals stellt eine mit der Störung der Geschäftsgrundlage nicht zu rechtfertigende Umstrukturierung dar (*BAG* 12.10.2004 EzA § 1 BetrAVG Hinterbliebenenversorgung Nr. 11).

*(3) Ablösung einer vertraglichen Einheitsregelung durch einen Tarifvertrag*

3593    Gegen die Ablösung von Versorgungszusagen, die auf einer betrieblichen Einheitsregelung beruhen, durch einen Tarifvertrag bestehen jedenfalls dann **keine Bedenken**, wenn in dem Tarifvertrag die vertraglich **bereits erworbenen Rechte** aufrechterhalten und die Leistungen **insgesamt verbessert werden** (*BAG* 16.2.1993 EzA § 87 BetrVG 1972 Lohngestaltung Nr. 41; s. a. *BAG* 27.2.2007 EzA Art. 9 GG Nr. 90).

*(4) Ablösung eines Tarifvertrages durch einen neuen Tarifvertrag*

3594    Eine betriebliche Altersversorgung, die auf Grund eines Tarifvertrages zu gewähren ist, steht unter dem Vorbehalt von dessen Änderung. Im Verhältnis von zwei aufeinander folgenden Tarifverträgen gilt die **Zeitkollisionsregel**. Die Tarifvertragsparteien können eine Tarifnorm sowohl **zu Gunsten wie auch zum Nachteil des betroffenen Arbeitnehmers ändern**. Die jüngere Norm ersetzt die ältere (*BAG* 24.8.1993 NZA 1994, 807; *BAG* 27.6.2006 – 3 AZR 196/05, 212/05, EzA-SD 14/06, S. 3); so kann z. B. durch die Einführung einer Nettogesamtversorgungsobergrenze der Abbau einer Überversorgung gerechtfertigt sein (*BAG* 27.6.2006 – 3 AZR 196/05, 212/05, EzA-SD 14/06, S. 3).

3595    Das gilt im Zweifel auch dann, wenn der Versorgungsfall bereits eingetreten ist (zutr. *LAG Hmb.* 19.1.2005 NZA-RR 2005, 432). Möglich sind auch Änderungen durch einen neuen Tarifvertrag zum Nachteil der Versorgungsempfänger.

3596    Den Tarifvertragsparteien steht bei der Ausgestaltung von Besitzstandsregelungen ein weiter Gestaltungsspielraum zu (*BAG* 20.2.2001 EzA § 1 BetrAVG Ablösung Nr. 29; 17.6.2008 – 3 AZR 409/06, NZA 2008, 1244; krit. *Houben* AuR 2007, 239 ff.).

## B. Pflichten des Arbeitgebers    Kapitel 3

Verschlechternde Tarifverträge sind von den Gerichten nur daraufhin zu überprüfen, ob sie gegen das  3597
Grundgesetz, gegen zwingendes Gesetzesrecht, gegen die guten Sitten oder gegen tragende Grundsätze des Arbeitsrechts verstoßen (BAG 21.11.2006 – 3 AZR 309/05 – EzA-SD 17/2007 S. 12 LS). Andererseits dürfen die Tarifvertragsparteien in die bei Beendigung des Arbeitsverhältnisses **bereits erdiente Ausgangsrente i. d. R. nicht eingreifen**, soweit nicht bereits vor Entstehung des Anspruchs besondere Anhaltspunkte für verschlechternde Eingriffe der Tarifvertragsparteien bestanden (BAG 21.8.2007 NZA 2008, 182).

Eingriffe in bestehende Versorgungsrechte müssen jedoch den Grundsätzen der **Verhältnismäßigkeit** und des **Vertrauensschutzes** genügen (BAG 17.6.2008 NZA 2008, 1244). Das zur Überprüfung  3598
von Eingriffen in Versorgungsanwartschaften entwickelte dreistufige Prüfungsschema, insbes. bei Betriebsvereinbarungen (s. Rdn. 3539) kann allerdings nicht unbesehen auf derartige Tarifverträge angewendet werden. Dies ergibt sich aus der verfassungsrechtlich geschützten Tarifautonomie, die eine Billigkeitskontrolle von Tarifverträgen nicht zulässt (BAG 21.11.2006 – 3 AZR 309/05, EzA-SD 17/2007 S. 12 LS; 17.6.2008 NZA 2008, 1244). Die an das Gewicht der Änderungsgründe zu stellenden Anforderungen hängen gleichwohl auch bei Tarifverträgen von den Nachteilen ab, die dem Versorgungsberechtigten durch die Änderung der Versorgungsregelungen entstehen. Wird nicht in den erdienten Besitzstand einer Versorgungsanwartschaft eingegriffen und sind die Eingriffe nicht schwerwiegend, so reicht jeder sachliche Grund aus (BAG 27.2.2007 EzA Art. 9 GG Nr. 90; BAG 28.7.2005 EzA § 1 BetrAVG Ablösung Nr. 44 m. Anm. *Lange* SAE 2006, 295). Die Regelungsbefugnis der Tarifvertragsparteien erfasst insoweit auch das sich an das Arbeitsverhältnis **anschließende Versorgungsverhältnis** (BAG 21.11.2006 – 3 AZR 309/05 – EzA-SD 17/2007 S. 12 LS); die Regelungsbefugnis erfasst also auch Betriebsrentner (BAG 17.6.2008 – 3 AZR 409/06, NZA 2008, 1244; 11.8.2009 EzA § 10 AGG Nr. 1; offen gelassen für die Betriebspartner von BAG 10.2.2009 EzA § 1 BetrAVG Betriebsvereinbarung Nr. 6). Dem steht nicht entgegen, dass Betriebsrentner bereits aus dem Arbeitsleben ausgeschieden sind. Soweit in laufende Betriebsrenten eingegriffen wird, rechtfertigt sich dies daraus, dass gewerkschaftlich organisierte Betriebsrentner einen auf § 18 AGG gestützten Anspruch darauf haben, an den tarifpolitischen Entscheidungsprozessen, soweit sie sie betreffen, ebenso mitzuwirken wie Gewerkschaftsmitglieder, die noch aktive Arbeitnehmer sind. Alles andere wäre eine an das Alter anknüpfende unzulässige Diskriminierung (BAG 17.6.2008 – 3 AZR 409/06, NZA 2008, 1244). Das gilt auch dann, wenn die Betriebsrentner nach der Satzung der Gewerkschaft nur (noch) außerordentliche Mitglieder ohne Stimmrecht sind. Die Gewerkschaft ist nicht nur rechtlich gehindert, die Betriebsrentner von den sie betreffenden Entscheidungen in Fragen der Tarifpolitik auszuschließen. Die Betriebsrentner haben auch einen damit korrespondierenden Anspruch darauf, an den tarifpolitischen Entscheidungsprozessen, soweit sie sie betreffen, ebenso mitzuwirken, wie Gewerkschaftsmitglieder, die noch aktive Arbeitnehmer sind (BAG 11.8.2009 EzA § 10 AGG Nr. 1).

▶ **Beispiele:**  3599
- Soll eine planwidrig eingetretene Überversorgung abgebaut werden, darf auch in Ansprüche auf Zahlung der laufenden Rente eingegriffen werden. Die Belange der Bezieher einer dynamischen Rente werden hinreichend geschützt, wenn die Umstellung schrittweise so vorgenommen wird, dass Lohnerhöhungen der aktiven Arbeitnehmer solange nicht zur Anpassung der Rente führen, bis der Betrag der nettolohnbezogenen Obergrenze erreicht ist (BAG 24.8.1993 EzA § 1 BetrAVG Ablösung Nr. 10; s. a. BAG 17.6.2008 – 3 AZR 409/06, NZA 2008, 1244).
- Die Tarifvertragsparteien können auch, um einen stärkeren Abbau der Überversorgung zu erreichen, frühere **Besitzstandsregelungen verschlechtern** (BAG 20.2.2001 EzA § 1 BetrAVG Ablösung Nr. 24).
- Durch eine **Abschmelzungsregelung**, die dazu dient, den Abbau einer Überversorgung zu verstärken und zu beschleunigen, werden ohne besondere Anhaltspunkte für das Gegenteil auch Berufs- und Erwerbsunfähigkeitsrenten erfasst (BAG 20.2.2001 EzA § 1 BetrAVG Ablösung Nr. 28).
- Ersatzkassen zählen zu den Sozialversicherungsträgern und haben deshalb die Gebote der Wirtschaftlichkeit und Sparsamkeit zu beachten. Diese Gebote rechtfertigen es, auch eine plan-

mäßige Überversorgung abzubauen und die Zusatzversorgung auf das im öffentlichen Dienst übliche Niveau zurückzuführen (*BAG* 19.11.2002 EzA § 1 BetrAVG Ablösung Nr. 38; 25.5.2004 – 3 AZR 123/03, EzA-SD 3/05 S. 16 LS).

– Haben die Tarifvertragsparteien beginnend mit dem 1.10.2003 für 15 Monate abweichend von der vorher geltenden Regelung die Gesamtversorgung der Betriebsrentner und der aus gesundheitlichen Gründen beurlaubten Arbeitnehmer von der Einkommensentwicklung der aktiven Arbeitnehmer abgekoppelt, ist das nicht zu beanstanden. Denn ein sachlicher Grund dafür war schon deshalb gegeben, weil die Tarifvertragsparteien eine Überversorgung eingegrenzt haben (*BAG* 28.7.2005 EzA § 1 BetrAVG Ablösung Nr. 44).

*(5) Betriebsübergang; Ablösung einer tariflichen Regelung durch Betriebsvereinbarung?*

**3600** Tariflich geregelte Ansprüche auf Versorgung, die im Arbeitsvertrag des Arbeitnehmers mit dem Betriebsveräußerer in Bezug genommen worden sind, gelten nach einem Betriebsübergang auch im übergegangenen Arbeitsverhältnis gem. § 613a Abs. 1 S. 1 BGB vertraglich weiter. Das hat zur Folge, dass sie nicht durch eine beim Betriebserwerber bestehende Betriebsvereinbarung mit dem gleichen Regelungsgegenstand abgelöst werden können; eine sog. **Über-Kreuz-Ablösung** kommt **nicht in Betracht** (*BAG* 13.11.2007 EzA § 613a BGB 2002 Nr. 88; s. a. *BAG* 21.4.2010 EzA § 613a BGB 2002 Nr. 119; *Döring/Grau* BB 2009, 158 ff.).

*ff) Besitzstandsschutz*

*(1) Grundlagen*

**3601** Selbst dann, wenn Änderungen der Versorgungszusagen möglich sein sollten, ist auf Grund des Entgeltcharakters der betrieblichen Altersversorgung der vom Arbeitnehmer bis zum Ablösungsstichtag erworbene Besitzstand zu schützen.

**3602** Erdiente Versorgungsanwartschaften sind grds. als Gegenleistung für bereits erbrachte Betriebstreue ähnlich schützenswert wie **Eigentumspositionen** vor entschädigungslosen Enteignungen. Dabei ist nicht zu unterscheiden zwischen verfallbaren und unverfallbaren Anwartschaften; ein Eingriff in die erdiente Anwartschaft ist nur in seltenen Ausnahmefällen aus zwingenden Gründen möglich (zur Drei-Stufen-Theorie s. Rdn. 3539).

*(2) Berechnung des bereits erdienten Teilwertes*

**3603** Für die Berechnung des bereits erdienten Teilwertes ist auf das ratierliche Berechnungsverfahren gem. **§ 2 BetrAVG** zurückzugreifen (*BAG* 8.12.1981 EzA § 242 BGB Ruhegeld Nr. 97; 17.4.1985 EzA § 1 BetrAVG Unterstützungskasse Nr. 2; s. Rdn. 3704 ff.).

*(3) Anwartschaftsdynamik*

**3604** Wird in einer Versorgungszusage eine Altersversorgung ausschließlich in **Abhängigkeit vom letzten Einkommen** zugesagt, **so steigt der zukünftige Betriebsrentenanspruch mit jeder Einkommenserhöhung.** Diese Anwartschaftsdynamik genießt gleichfalls einen besonderen Vertrauensschutz.

**3605** Der über § 2 BetrAVG hinausgehende Anwartschaftsbetrag wird noch einmal in eine sog. zeitanteilig erdiente Dynamik und Steigerungsbeträge unterteilt, die ausschließlich von der weiteren Betriebszugehörigkeit des Arbeitnehmers abhängen (*BAG* 18.4.1989 EzA § 1 BetrAVG Unterstützungskasse Nr. 7).

**3606** Der Schutz des Berechnungsfaktors »ruhegehaltsfähiges Entgelt« bei dynamischen Versorgungssystemen beruht darauf, dass nicht die fortdauernde Betriebstreue vergütet, sondern der **Versorgungsbedarf flexibel erfasst wird.** Im Gegensatz zur dienstzeitabhängigen Steigerungsrate ist eine solche lohn- oder gehaltsabhängige Dynamik, soweit hierfür bereits Betriebstreue geleistet worden ist, im Zeitpunkt der Ablösung bereits erdient.

Eingriffe in diese erdiente Dynamik, die denkbar sind z. B. durch Festschreibung des ruhegehalts- 3607
fähigen Einkommens auf den Neuordnungsstichtag oder bei Veränderung der Definition des ruhegehaltsfähigen Einkommens, kommen nur bei Vorliegen triftiger Gründe in Betracht.

**Liegen sie nicht vor, ist der Teilwert des § 2 BetrAVG entsprechend der ursprünglich zugesagten** 3608
**Gehaltsentwicklung zu steigern** (zur Drei-Stufen-Theorie s. Rdn. 3539).

*(4) Eingriffe in dienstzeitabhängige Steigerungsbeträge*

Sachliche Gründe zur Änderung der Versorgungszusage berechtigen den Arbeitgeber lediglich zu 3609
Eingriffen in dienstzeitabhängige Steigerungsbeträge (zur 3-Stufen-Theorie s. Rdn. 3539).

**Er muss nachvollziehbar erkennen lassen, welche Umstände und Erwägungen ihn zur Änderung** 3610
**der Versorgungszusage bewogen haben** (*BAG* 17.4.1985 EzA § 1 BetrAVG Unterstützungskasse
Nr. 2).

*(5) Besonderheiten bei Unterstützungskassen*

Werden Satzung und Richtlinien einer Unterstützungskasse – ausdrücklich oder stillschweigend – 3611
in Bezug genommen, müssen die Arbeitnehmer schon aufgrund des Ausschlusses eines Rechtsanspruchs stets mit einer **Abänderung der Versorgungsordnung rechnen**. Bei der dynamischen
Bezugnahme auf die Versorgungsrichtlinien einer Unterstützungskasse handelt es sich **nicht
um eine überraschende Klausel** i. S. d. § 305c Abs. 1 BGB; sie ist auch nicht wegen Verstoßes
gegen das Transparenzgebot des § 307 Abs. 1 S. 2 BGB unwirksam (*BAG* 16.2.2010 EzA § 1
BetrAVG Ablösung Nr. 48).

Der Ausschluss des Rechtsanspruchs bei Unterstützungskassen ist jedoch andererseits nur als Vorbehalt des Widerrufs aus sachlichen Gründen anzuerkennen. Es gelten die Grundsätze des
Vertrauensschutzes und der Verhältnismäßigkeit (*BAG* 17.11.1992 EzA § 1 BetrAVG Unterstützungskasse Nr. 10; 15.2.2011 EzA § 1 BetrAVG Betriebsvereinbarung Nr. 9; zur 3-Stufen-
Theorie Rdn. 3539). Da der Arbeitgeber, der die betriebliche Altersversorgung über eine Unterstützungskasse abwickelt, sein Versorgungsversprechen regelmäßig in dem Umfang begrenzen
will, wie es Satzung und Richtlinien der Unterstützungskasse vorsehen, beinhaltet auch seine Versorgungszusage diesen **Widerrufsvorbehalt**. Die Widerrufsmöglichkeit aus sachlichem Grund ist
**integraler Bestandteil der zugesagten Versorgung** (*BAG* 15.2.2011 EzA § 1 BetrAVG Betriebsvereinbarung Nr. 9).

Steht die verschlechternde Versorgungsregelung der Unterstützungskasse erkennbar im Zusammen- 3612
hang mit dem Angebot einer neuen zusätzlichen Versorgung, so kann die ausdrückliche Annahme
dieses Angebots als stillschweigende Zustimmung zu den gleichzeitigen Verschlechterungen zu verstehen sein (*BAG* 17.4.1985 EzA § 1 BetrAVG Unterstützungskasse Nr. 2).

Für den **Teilwiderruf einer Unterstützungskassenversorgung** hat das *BAG* (11.12.2001, 3613
10.9.2002 EzA § 1 BetrAVG Ablösung Nr. 31, 32, 34) folgende Grundsätze aufgestellt:
- Ein Versorgungsbesitzstand, in den nur aus zwingendem Grund eingegriffen werden kann,
  wird nur erworben, wenn der Arbeitnehmer Beschäftigungszeiten in schützenswertem Vertrauen auf den ungeschmälerten Fortbestand der bisherigen Versorgungszusage zurücklegt.
- Ein triftiger Grund, der einen Eingriff in die erdiente Dynamik einer Versorgungszusage rechtfertigen kann, liegt vor, wenn ein unveränderter Fortbestand des Versorgungswerks langfristig
  zu einer Substanzgefährdung des Versorgungsschuldners führen würde. Dies ist insbes. dann
  der Fall, wenn die Kosten des bisherigen Versorgungswerks nicht mehr aus den Unternehmenserträgen und etwaigen Wertzuwächsen des Unternehmensvermögens erwirtschaftet werden
  können, so dass eine die Entwicklung des Unternehmens beeinträchtigende Substanzaufzeh-
  rung droht.
- Ein Eingriff in die erdiente Dynamik dadurch, dass der Berechnungsfaktor »Endgehalt« auf
  einen Ablösungsstichtag festgeschrieben wird, liegt nur dann vor, wenn der begünstigte Arbeit-

nehmer im Ergebnis auf der Grundlage der ablösenden Neuregelung weniger erhält, als er bis zum Ablösungsstichtag unter Berücksichtigung des in der abgelösten Regelung festgelegten Bemessungsfaktors und bei Aufrechterhaltung der dort vorgesehenen Dynamik erdient hatte. Sieht eine ablösende Neuregelung die Möglichkeit weiterer Steigerungen der Versorgungsanwartschaft vor, kann deshalb regelmäßig erst mit Eintritt des Versorgungsfalles festgestellt werden, ob im Ergebnis in die erdiente Dynamik eingegriffen worden ist.

- Bei einem gewerkschaftlichen Dachverband, der nicht am Markt zur Gewinnerzielung tätig ist, gelten insoweit Besonderheiten, als ihm im Wesentlichen nur Beiträge der Mitgliedsgewerkschaften als Einkünfte zur Verfügung stehen. Darüber hinaus genießt ein solcher Verband den verfassungsrechtlichen Schutz der Koalitionsfreiheit aus Art. 9 Abs. 3 GG.
- Wird eine endgehaltsbezogene Versorgungsordnung durch eine beitragsorientierte Versorgungsordnung abgelöst, auf Grund derer sich die Anwartschaften der Arbeitnehmer mit erdientem – entsprechend § 2 Abs. 1, Abs. 5 BetrAVG berechnetem – Besitzstand weiter erhöhen, so kann regelmäßig erst bei Ausscheiden des Arbeitnehmers festgestellt werden, ob ein Eingriff in die erdiente Dynamik vorliegt. Daran fehlt es, wenn der begünstigte Arbeitnehmer im Versorgungsfall zumindest das erhält, was er zum Ablösungsstichtag bei Aufrechterhaltung der Dynamik des Berechnungsfaktors »Gehalt« erreicht hatte.
- Für einen sachlich gerechtfertigten Eingriff in künftige, dienstzeitabhängige Zuwächse bedarf es keines ausgewogenen Sanierungsplanes des Arbeitgebers.

### b) Wechsel des Versorgungsschuldners

**3614** Zu den Rechtsfragen, die durch den Wechsel des Versorgungsschuldners durch Gesamtrechtsnachfolge, rechtsgeschäftliche Schuldübernahme und Betriebsübergang auftreten, s. Rdn. 4297 ff.

### c) Die (persönliche) Haftung von Unternehmern für betriebliche Versorgungsverpflichtungen

#### aa) Normative Grundlagen

**3615** Schuldner der Versorgungsverpflichtung ist der **Arbeitgeber**, bei einem Unternehmen also der Träger des Unternehmens.

**3616** Dies ist bei Einzelkaufleuten dieser selbst; seine Haftung beschränkt sich nicht auf das Betriebsvermögen (*BAG* 5.11.1965 AP Nr. 4 zu § 242 BGB Ruhegehalt). Gesellschafter einer OHG und Komplementär einer KG haften im Gegensatz zu Gesellschaftern einer Kapitalgesellschaft (z. B. einer GmbH) unmittelbar mit ihrem Privatvermögen; dagegen haften Kommanditisten nur beschränkt bis zur Höhe ihrer Einlage (§§ 128 ff., 161 Abs. 1, 171 ff. HGB, § 278 AktG).

#### bb) Haftung des persönlich haftenden Gesellschafters (§ 128 HGB)

**3617** Gem. § 128 HGB haftet der persönlich haftende Gesellschafter für Versorgungsverbindlichkeiten, die vor oder während seiner Zugehörigkeit zur Gesellschaft begründet worden sind.

**3618** Da unerheblich für die Entstehung ist, ob bestimmte tatsächliche Umstände oder der Eintritt einer Bedingung fehlen, entsteht ein Anspruch bereits mit Erteilung der Versorgungszusage, nicht erst mit Eintritt des Versorgungsfalls oder Fälligkeit der einzelnen Betriebsrentenzahlungen (*BAG* 28.11.1989 EzA § 128 HGB Nr. 5).

**3619** Scheidet ein Gesellschafter aus einer Personengesellschaft aus, so verjähren gem. § 159 Abs. 1 HGB die Ansprüche aus Verbindlichkeiten der Gesellschaft 5 Jahre nach Eintragung des Ausscheidens des Gesellschafters in das Handelsregister. Wird der Anspruch erst nach der Eintragung fällig, so beginnt die Verjährung mit dem Zeitpunkt der Fälligkeit, **§ 159 Abs. 3 HGB**.

**3620** Da Ansprüche aus Versorgungsverbindlichkeiten bereits mit der Erteilung der Versorgungszusage entstehen (s. Rdn. 3615), wäre der ehemals persönlich haftende Gesellschafter u. U. **noch Jahrzehnte nach seinem Ausscheiden** dem Risiko einer Haftung für Verbindlichkeiten der Personengesellschaft

## B. Pflichten des Arbeitgebers                                        Kapitel 3

ausgesetzt, auch wenn die Einzelansprüche aus dem Ruhestandsverhältnis erst lange nach dem Ausscheiden aus der Gesellschaft fällig werden.

Für alle bis zum 26.3.1994 begründeten Verbindlichkeiten ist davon auszugehen, dass § 159 HGB auf die besonderen Haftungsprobleme bei Dauerschuldverhältnissen nicht zugeschnitten ist und daher eine auszufüllende **Regelungslücke** vorliegt (*BAG* 3.5.1983 EzA § 1 BetrAVG Nr. 25). Dieser Auffassung hat sich der *BGH* (19.5.1983 AP Nr. 5, 6, 7 zu § 128 HGB) angeschlossen. Zur weiteren Darstellung dieser Grundsätze s. 8. Aufl. Rn. 3615 ff. **3621**

Für alle **nach dem 26.3.1994** begründeten Verbindlichkeiten gelten bei Änderungen des Haftungsstatus des persönlich haftenden Unternehmers die Regelungen des Nachhaftungsbegrenzungsgesetzes v. 28.10.1994 (BGBl. I S. 3210); maßgeblich ist die Erteilung der Versorgungszusage (*BAG* 27.6.2007 EzA § 128 HGB n. F. Nr. 1). Auch muss der **Wechsel in der Unternehmerstellung** ebenfalls nach diesem Zeitpunkt in der dem jeweiligen Unternehmen entsprechenden Form durch Eintragung in das Handelsregister (bzw. durch Information der Gläubiger bei der BGB-Gesellschaft) **publiziert** worden sein. **3622**

Es gilt eine **Haftungsausschlussfrist von fünf Jahren** (§ 160 Abs. 1, §§ 2, 3, 26 HGB, §§ 45, 49, 56 f. UmwG und § 736 Abs. 2 BGB; vgl. *LAG Düsseld.* 14.12.2000 NZA-RR 2001, 406). **3623**

(derzeit unbesetzt) **3624**

Nach wie vor anwendbar sind die von der Rechtsprechung des BAG und des BGH entwickelten Rechtsgrundsätze gem. Art. 35 ff. EGHGB, § 65a Abs. 2 UmwG für die Fälle, in denen persönlich haftende Unternehmer auch nach In-Kraft-Treten des Nachhaftungsbegrenzungsgesetzes nicht von dessen Schutzbereich erfasst werden und es daher bei der Haftung nach dem alten Recht verbleibt. **3625**

(derzeit unbesetzt) **3626**

### d) Verfügungen des Arbeitnehmers über Versorgungsansprüche

Die Aufhebung einer Versorgungszusage kann außer durch einseitige Maßnahmen des Arbeitgebers in nur sehr beschränktem Umfang durch Verfügung des Arbeitnehmers geschehen. Für eine Anwartschaft, die der Arbeitnehmer nach § 1b Abs. 1–3, 5 BetrAVG bei Beendigung des Arbeitsverhältnisses behält, kann ihm mit Zustimmung des Arbeitnehmers eine einmalige Abfindung gewährt werden, wenn die Voraussetzungen des § 3 Abs. 1 S. 2–6 BetrAVG gegeben sind (**§ 3 Abs. 1 S. 1 BetrAVG**). **3627**

Fraglich ist, ob während eines laufenden Arbeitsverhältnisses auf eine unverfallbare Anwartschaft verzichtet werden darf (Entwicklungslinien: *BAG* 20.10.1987 EzA § 1 BetrAVG Nr. 51; 14.8.1990 EzA § 17 BetrAVG Nr. 5; 21.3.2000 EzA § 3 BetrAVG Nr. 6; s. Rdn. 3757 ff.). **3628**

### e) Abtretung, Verpfändung

Der Versorgungsberechtigte kann Versorgungsansprüche und -anwartschaften abtreten und verpfänden, soweit die Ansprüche nicht unpfändbar sind (**§§ 400, 1274 Abs. 2 BGB**). **3629**

Zu beachten sind jedoch die Pfändungsfreigrenzen der §§ 850 ff. ZPO sowie die in vielen Versorgungsregelungen vorgesehenen (vgl. § 399 BGB) Abtretungs- und Verpfändungsverbote. **3630**

### f) Aufrechnung des Arbeitgebers

Zwar findet gem. § 394 S. 1 BGB die Aufrechnung gegen eine Forderung nicht statt, soweit sie der Pfändung nicht unterworfen ist. Die Berufung eines Betriebsrentners auf dieses Verbot ist aber wegen **Rechtsmissbrauchs** nach § 242 BGB regelmäßig dann unzulässig, wenn der Arbeitgeber gegen eine Ruhegehaltsforderung mit einer Schadensersatzforderung aus **vorsätzlicher unerlaubter Handlung** aufrechnen will. Es ist aber stets anhand der **Umstände des Einzelfalles** zu untersuchen, ob und inwieweit der den gesetzlichen Aufrechnungsgrenzen zu entnehmende Sozialschutz gegenüber den schützenswerten Interessen des Geschädigten zurücktreten muss. Hierbei sind die **Interessen des** **3631**

**Versorgungsberechtigten und seiner Angehörigen** sowie die **Interessen der Allgemeinheit** auf der einen und das **Ausgleichsinteresse des** geschädigten **Arbeitgebers** auf der anderen Seite gegeneinander abzuwägen (*BAG* 18.3.1997 EzA § 394 BGB Nr. 3).

3632 Die individuellen Schutzinteressen des Schädigers müssen jedenfalls dann zurücktreten, wenn der vorsätzlich verursachte Schaden so hoch ist, dass er ihn unter normalen Umständen nicht ausgleichen kann, falls ihm der pfändungsfreie Teil seines Einkommens verbleibt.

3633 Im Interesse der Allgemeinheit darf der Geschädigte regelmäßig jedoch durch Aufrechnung nicht so weit in Versorgungsansprüche eingreifen, dass der Anspruchsberechtigte auf Sozialhilfe angewiesen ist, sodass die Schadensersatzansprüche bei wirtschaftlicher Betrachtungsweise teilweise aus Mitteln der öffentlichen Hand befriedigt werden. Dem Schädiger muss deshalb das Existenzminimum verbleiben, das in Anlehnung an § 850d ZPO unter Berücksichtigung sonstiger Einkünfte zu ermitteln ist (*BAG* 18.3.1997 EzA § 394 BGB Nr. 3).

*g) Fälligkeit von Betriebsrenten*

3634 Betriebsrenten sind entsprechend dem **§ 614 BGB** nach Ablauf des Zeitraums, für die sie zu leisten sind, fällig, soweit nichts anderes vereinbart ist. Ab diesem Zeitpunkt tritt Verzug ein, wenn der Versorgungsschuldner nicht leistet (*BAG* 31.7.2007 – 3 AZR 372/06, EzA-SD 23/2007 S. 14 LS).

**4. Das Gesetz zur Verbesserung der betrieblichen Altersversorgung (Betriebsrentengesetz – BetrAVG)**

*a) Unverfallbarkeit der Versorgungsanwartschaft*

*aa) Unverfallbarkeit dem Grunde nach (§ 1b BetrAVG)*

*(1) Begriffsbestimmung*

3635 Eine Versorgungsanwartschaft ist unverfallbar, wenn ein Arbeitgeber die Anwartschaft auch dann aufrechterhalten muss, wenn der Arbeitnehmer vor Eintritt eines Versorgungsfalles aus dem die Grundlage des Versorgungsversprechens bildenden Arbeitsverhältnis ausscheidet.

*aaa) Zusagen vor dem 1.1.2001*

3636 Dies ist gem. § 1 Abs. 1 S. 1 BetrAVG a. F. bei Arbeitsverhältnissen, die nach dem In-Kraft-Treten des BetrAVG am 22.12.1974 (vgl. § 26 BetrAVG) beendet worden sind, dann der Fall, wenn ein Arbeitnehmer, dem eine betriebliche Altersversorgung zugesagt worden ist, **nach Vollendung des 35. Lebensjahres ausscheidet** und entweder die **Versorgungszusage** für ihn **mindestens zehn Jahre** bestanden hat oder der Beginn der **Betriebszugehörigkeit** mindestens **zwölf Jahre** zurückliegt und die **Versorgungszusage** für ihn mindestens **drei Jahre** bestanden hat (§ 1 Abs. 1 BetrAVG a. F.; **dies verstößt nicht gegen das Lohngleichheitsgebot des Art. 157 AEUV**: *BAG* 18.10.2005 EzA EG-Vertrag 1999 Art. 141 Nr. 19). Betriebszugehörigkeit i. S. d. § 30 f.BetrAVG bedeutet die **durchgehende Tätigkeit für ein und denselben Vertragspartner**. Fälle der Betriebsnachfolge (z. B. § 613a BGB) sind mit umfasst. Diese Regelung ist **mit höherrangigem Recht vereinbar**. Sie verstößt insbes. weder gegen Art. 3 GG noch gegen das europarechtliche Lohngleichheitsgebot. Denn eine etwaige Ungleichbehandlung ist durch **objektive Faktoren gerechtfertigt**, die nichts mit einer Diskriminierung auf Grund des Geschlechts zu tun haben (s. a. *EuGH* 10.3.2011 NZA 2011, 561 für Beschäftigungszeiten für denselben Arbeitgeber in anderen Mitgliedsstaaten). Ursprünglich waren Regelungen, wonach der Arbeitgeber nur dann betriebliche Altersversorgung gewähren muss, wenn der Arbeitnehmer bis zum Versorgungsfall dem Unternehmen angehört, unbeschränkt zulässig. Mit der Unverfallbarkeitsvorschrift des § 1 Abs. 1 BetrAVG a. F. hat der Gesetzgeber die Vertragsfreiheit der Arbeitgeber zu Gunsten des Sozialschutzes der Arbeitnehmer eingeschränkt. **Er hat seinen Gestaltungsspielraum nicht dadurch überschritten, dass er lange vor der Regelaltersgrenze erwor-**

bene Anwartschaften für weniger schutzwürdig hielt als später erworbene (*BAG* 18.10.2005 EzA EG-Vertrag 1999 Art. 141 Nr. 19 = NZA 2006, 1159).

Nicht ausreichend ist grds. das frühere Bestehen eines Vertragsverhältnisses zu einem anderen Unternehmen desselben Konzerns (*LAG Köln* 7.3.2003 – 4 Sa 954/02, EzA-SD 12/03, S. 19 LS). 3637

Welche Bedeutung der vereinbarten Anrechnung von **bei anderen Arbeitgebern abgeleisteten Zeiten** zukommt, ist im Übrigen nach den Regeln der **§§ 133, 157 BGB** zu ermitteln. Haben die Beteiligten eine Erklärung übereinstimmend in demselben Sinne verstanden, geht der wirkliche Wille der Parteien dem Wortlaut des Vertrages und jeder anderweitigen Interpretation vor und setzt sich insbes. auch gegenüber einem völlig eindeutigen Vertragswortlaut durch. Der Kläger genügt seiner Darlegungslast in diesem Zusammenhang jedenfalls dann, wenn er einen entsprechenden inneren Willen seines Vertragspartners behauptet und diese Behauptung nicht aufs »Geradewohl« aufstellt, also nicht gleichsam »ins Blaue hinein« macht. Das ist der Fall, wenn er sich nicht auf die Behauptung der inneren Tatsache beschränkt, sondern weitere Tatsachen ausführt, aus denen er auf das Vorhandensein des tatsächlichen Willens seines Vertragspartners schließt (*BAG* 2.7.2009 – 3 AZR 501/07, NZA-RR 2010, 205). 3638

Daneben besteht gem. § 1 Abs. 1 S. 2 BetrAVG a. F. eine zweite selbstständige Möglichkeit, eine unverfallbare Versorgungsanwartschaft zu erwerben. Voraussetzung hierfür ist eine **von einer Versorgungszusage begleitete Beschäftigungszeit beliebiger Dauer**, das **Ausscheiden des Arbeitnehmers auf Grund einer Vorruhestandsregelung** sowie die für den Arbeitnehmer sich aus der Versorgungszusage ergebende **Möglichkeit, bei Verbleib im Arbeitsverhältnis bis zum Versorgungsfall einen Betriebsrentenanspruch zu erwerben** (vgl. *BAG* 28.3.1995 EzA § 1 BetrAVG Nr. 70). 3639

Diese Unverfallbarkeitsvoraussetzungen sind **zu Gunsten der Arbeitnehmer verbessert** worden, **die vor dem 1.1.2001 eine Versorgungszusage erhalten haben und die am 1.1.2001 in einem Arbeitsverhältnis standen**. Sie behalten bei einem vorzeitigen Ausscheiden ihre Anwartschaft auch dann, wenn die Versorgungszusage ab dem 1.1.2001 **fünf Jahre** bestanden hat und bei Beendigung des Arbeitsverhältnisses **das 30. Lebensjahr vollendet ist**. Diese »Altzusagen« sind also **spätestens am 1.1.2006 unverfallbar** (§ 30f BetrAVG; s. dazu *BAG* 14.1.2009 – 3 AZR 529/07, NZA 2010, 226; 26.5.2009 EzA § 1b BetrAVG Nr. 6). Für die am 1.1.2001 aktiven Arbeitnehmer, die zwischen dem 1.1.2001 und dem 31.12.2005 ausscheiden, bleibt es dagegen bei den alten Unverfallbarkeitsvoraussetzungen. 3640

*bbb) Zusagen nach dem 31.12.2000*

Voraussetzungen für die Unverfallbarkeit von Zusagen, die nach dem 31.12.2000 erteilt worden sind (Neuzusagen, § 30f BetrAVG): 3641
– die Vollendung des **Mindestalters 30, mindestens fünfjähriger Zusagebestand** (§ 1b Abs. 1 S. 1 BetrAVG);
– das Ausscheiden auf Grund einer Vorruhestandsregelung und die Möglichkeit, ohne das vorherige Ausscheiden die Voraussetzungen für den Bezug von Leistungen der betrieblichen Altersversorgung erfüllen zu können.

Damit soll ein **Anreiz für Vorruhestandsvereinbarungen** geschaffen und vermieden werden, dass Arbeitnehmer die Möglichkeit, Vorruhestand in Anspruch zu nehmen, deshalb ausschlagen, weil sie mit dem Übergang in den Vorruhestand Betriebsrentenansprüche verlieren, die sie bei Fortbestand des Arbeitsverhältnisses gehabt hätten (BT-Drs. 10/880, S. 21; BT-Drs. 10/1175, S. 32). 3642

Zur Unverfallbarkeit von Direktzusagen und auf Leistungen von Unterstützungskassen gerichteten Zusagen auf der Grundlage von Entgeltumwandlungsvereinbarungen s. Rdn. 3348, 3456 ff. 3643

*(2) Zwingendes Recht*

Die Unverfallbarkeitsvorschriften des § 1b BetrAVG sind zwingendes Recht (§ 17 Abs. 3 BetrAVG); **vertragliche Verbesserungen** zu Gunsten des Arbeitnehmers sind jedoch ohne weiteres 3644 möglich. Denn § 1b BetrAVG bestimmt nur, unter welchen Voraussetzungen eine Ruhegeldanwartschaft unverfallbar wird, nicht aber z. B., dass eine Anwartschaft verfällt, wenn diese Voraussetzungen nicht vorliegen. Wird in einer Ruhegeldzusage deshalb der Bestand des Arbeitsverhältnisses bei Eintritt des Versorgungsfalles nicht vorausgesetzt und ist darin auch keine sonstige Bestimmung über die Verfallbarkeit enthalten, bleibt die Anwartschaft auch nach dem Ende des Arbeitsverhältnisses bestehen, ohne dass es auf die Voraussetzungen des § 1b BetrAVG ankäme (*Hess. LAG* 21.8.1996 NZA-RR 1997, 218).

*(3) Beginn des Laufs der Unverfallbarkeitsfrist bei unmittelbarer Versorgungszusage*

3645 § 1b Abs. 1 BetrAVG enthält eine Grundregelung für die Unverfallbarkeit einer Anwartschaft aus einer unmittelbaren Versorgungszusage.

3646 Der Lauf der Unverfallbarkeitsfrist beginnt mit der Erteilung der Versorgungszusage (bei einer Gesamtzusage, einer Betriebsvereinbarung oder Tarifvertrag), z. B. mit der Aufnahme der Tätigkeit des Arbeitnehmers. Der erste Geltungstag kann dabei in Betriebsvereinbarungen und Tarifverträgen hinausgeschoben, aber auch zurückdatiert werden.

Scheidet ein Arbeitnehmer mit einer unverfallbaren Versorgungsanwartschaft aus einem ersten Arbeitsverhältnis aus und begründet er später mit **demselben Arbeitgeber** ein **weiteres Arbeitsverhältnis**, das nicht nahtlos an das erste Arbeitsverhältnis anknüpft, so beginnt die Unverfallbarkeitsfrist für die im zweiten Arbeitsverhältnis erteilte Versorgungszusage mit dem **Beginn dieses neuen Arbeitsverhältnisses** (*LAG Köln* 15.1.2008 NZA-RR 2008, 487).

3647 Eine Betriebsvereinbarung, die ein Versorgungswerk neu einführt, begründet grds. entsprechende Versorgungszusagen i. S. d. § 1b Abs. 1 BetrAVG erst mit ihrem **Zustandekommen** (*BAG* 6.3.1984 EzA § 1 BetrAVG Nr. 31). Bestimmt die Betriebsvereinbarung als Zeitpunkt des In-Kraft-Tretens ein Datum vor dem Vertragsabschluss, so bedeutet das im Zweifel, dass auch die entsprechenden Versorgungszusagen zeitlich vorverlegt und die Unverfallbarkeitsfristen damit abgekürzt werden sollen. Diese Auslegungsregeln gelten aber dann nicht, wenn die Versorgungsordnung ausdrücklich bestimmt, dass der Zeitpunkt des In-Kraft-Tretens zwar für bereits eingetretene Versorgungsfälle maßgebend ist, dass es aber für die Versorgungsanwartschaften und deren Verfallbarkeit bei den Grundsätzen des Betriebsrentenrechts verbleibt (*BAG* 6.3.1984 EzA § 1 BetrAVG Nr. 31).

3648 Sieht eine betriebliche Versorgungsordnung vor, dass unter bestimmten zeitlichen Voraussetzungen genau bezeichnete Einzelzusagen förmlich zu erteilen sind, so beginnt der Lauf der Unverfallbarkeitsfrist i. S. d. § 1b Abs. 1 BetrAVG nicht erst dann, wenn eine förmliche Einzelzusage tatsächlich erteilt wird. Schon die betriebliche Versorgungszusage selbst enthält in einem solchen Fall eine Versorgungszusage i. S. d. § 1b Abs. 1 BetrAVG (*BAG* 15.12.1981 EzA § 1 BetrAVG Nr. 14).

3649 Die Versorgungsverpflichtung auf Grund einer **betrieblichen Übung** beginnt dann, wenn der Arbeitgeber in der Entscheidung darüber, ob er die Leistungen erbringen will, nicht mehr frei ist. Folgt der Anspruch dagegen aus dem Grundsatz der Gleichbehandlung, ist entscheidend, wann den anderen vergleichbaren Arbeitnehmern Versorgungszusagen durch den Arbeitgeber erteilt wurden.

3650 Wird die **Aufnahme** in ein Versorgungswerk oder die ausdrückliche Erteilung einer Versorgungszusage **von bestimmten Bedingungen abhängig gemacht**, etwa einer **Mindestbetriebszugehörigkeit** (Vorschaltzeit), **so sind derartige Zeiten bei der Beurteilung des Beginns der Unverfallbarkeitsfrist nicht zu beachten**, unabhängig davon, ob es sich um Einzelzusagen oder abstrakt-generelle Versorgungsordnungen handelt (*BAG* 15.12.1981 EzA § 1 BetrAVG Nr. 14; 20.4.1982 EzA § 1 BetrAVG Nr. 20).

3651 Deshalb kann z. B. eine im Arbeitsvertrag enthaltene Versorgungszusage auch aufschiebend bedingt für die Zeit nach Ablauf einer sechsmonatigen Probezeit erteilt werden; die Wartefrist beginnt dann erst mit der Fortsetzung des Arbeitsverhältnisses nach Ablauf der Probezeit (*LAG Bln.* 10.10.2002 – 16 Sa 1162/02, NZA-RR 2003, 490). Das ist aber dann nicht der Fall, wenn das

Arbeitsverhältnis auf unbestimmte Zeit geschlossen wurde und dem Arbeitgeber im fortbestehenden Arbeitsverhältnis nach Ablauf der Frist, die üblicherweise als Vorschaltzeit bezeichnet wird, kein Entscheidungsspielraum verbleibt, ob er die Versorgungszusage erteilt oder nicht; die Probezeit zählt dann mit (*BAG* 24.2.2004 EzA § 1b BetrAVG Nr. 2).

*(4) Berechnung der Zusagedauer*

Die Berechnung der Zusagedauer erfolgt nach §§ **187 ff. BGB**. Die 10-, 5- bzw. 3-Jahres-Frist muss **bis auf den letzten Tag** erfüllt sein (*BAG* 21.1.2003 EzA § 1b BetrAVG Nr. 1). Ein Unterschreiten der Frist auch nur um wenige Tage lässt eine unverfallbare Anwartschaft nicht entstehen, selbst dann, wenn die Versorgungsregelung eine **Härtefallklausel** vorsieht. Denn Härtefallklauseln haben den Zweck, auch für ungewöhnliche Sonderfälle befriedigende Lösungswege zu eröffnen. Sie begründen jedoch keine Pflicht des Arbeitgebers, tragende Entscheidungen der Versorgungsordnung abzuändern, auch dann nicht, wenn das Arbeitsverhältnis aus betrieblichen Gründen beendet wurde (*BAG* 29.3.1983 EzA § 1 BetrAVG Nr. 26). Setzt eine Versorgungsordnung also für eine bestimmte Höhe des Betriebsrentenanspruchs eine »Beschäftigung ohne Unterbrechung« für einen bestimmten Zeitraum voraus, so wirken Beschäftigungslücken zwischen zwei befristeten Arbeitsverhältnissen anspruchsschädlich; das TzBfG findet auf derartige zurückliegende Sachverhalte keine Anwendung (*BAG* 19.4.2005 – 3 AZR 128/04, NZA 2005, 840 LS; vgl. *Ars/Teslau* NZA 2006, 297 ff.). 3652

Nur wenn der Arbeitgeber wider **Treu und Glauben** den Fristeintritt verhindert, gilt die Fristerfüllung gem. **§ 162 BGB** als eingetreten (*BAG* 7.8.1975 EzA § 242 BGB Ruhegeld Nr. 44). 3653

Diese Grundsätze gelten selbst dann, wenn mehrere Arbeitsverhältnisse in einem engen sachlichen Zusammenhang stehen, zwischen ihnen aber ein zeitlicher Abstand besteht (*BAG* 14.8.1980 EzA § 1 BetrAVG Nr. 11); für die damit neu in Gang gesetzte Wartezeit sind die **Zeiten vor der Unterbrechung** grds. **verloren** (*LAG Köln* 25.6.1999 NZA-RR 2000, 42, auch zu Zeiten bei einem konzernangehörigen Auslandsunternehmen). Auf den Grund und die Dauer der Unterbrechung kommt es nicht an (*BAG* 22.2.2000 EzA § 1 BetrAVG Nr. 72). Für die gesetzlichen Unverfallbarkeitsfristen spielt es insoweit keine Rolle, dass die neue Versorgungszusage vor Beendigung des früheren Arbeitsverhältnisses erteilt worden ist. Sie wird erst mit dem Beginn des neuen Arbeitsverhältnisses wirksam (*BAG* 21.1.2003 EzA § 1b BetrAVG Nr. 1). Bestimmt eine Versorgungsordnung, dass bei **Unterbrechungen des Arbeitsverhältnisses** die Zeit vor der Unterbrechung nur ruhegeldfähig sein soll, wenn dies ausdrücklich schriftlich bestätigt wird, darf ein Arbeitnehmer, der aus persönlichen Gründen ausgeschieden und erst nach drei Monaten wieder eingestellt worden war, die Gewährung einer Treueprämie und einer Jubiläumszuwendung nicht ohne weiteres als Anerkennung einer ruhegeldfähigen Vordienstzeit verstehen (*BAG* 29.9.1987 EzA § 1 BetrAVG Nr. 49). 3654

Eine Unterbrechung des Arbeitsverhältnisses liegt dann nicht vor, wenn es nur ruht, d. h. dass ohne Beendigung des Arbeitsverhältnisses lediglich die wechselseitigen Hauptpflichten entfallen (*BAG* 30.5.2006 EzA § 2 BetrAVG Nr. 26; 25.4.2006 EzA § 2 BetrAVG Nr. 27; s. ausf. Rdn. 3937 ff.). Das ist andererseits aber dann nicht der Fall, wenn der Arbeitnehmer durch eigene Kündigung das Arbeitsverhältnis beendet; eine anschließende Rückkehrvereinbarung ändert daran nichts. Die Wiedereinstellung des Arbeitnehmers ist mit dem Ruhen dann vergleichbar, wenn die Arbeitgeber- oder Arbeitnehmerkündigung von vornherein einer lediglich vorübergehenden Beendigung des Arbeitsverhältnisses dient und dementsprechend bereits die Kündigung mit einer Rückkehrvereinbarung verknüpft ist (*BAG* 21.1.2003 EzA § 1b BetrAVG Nr. 1). Allein die Vereinbarung der Anrechnung früherer Zusage- und Beschäftigungszeiten löst noch nicht die gesetzliche Unverfallbarkeit aus; insbes. müssen die beiden Arbeitsverhältnisse »nahtlos« aneinander anschließen (*BAG* 21.1.2003 EzA § 1b BetrAVG Nr. 1). 3655

Eine Zusammenrechnung erfolgt aber jedenfalls dann, wenn mehrere befristete Arbeitsverhältnisse bestanden haben, deren **Befristung unwirksam** war und bei denen nur vorübergehend die Arbeitsleistung nicht abgerufen worden ist (*BAG* 14.3.1989 EzA § 1 BetrAVG Gleichberechtigung Nr. 4). 3656

**Kapitel 3**  Der Inhalt des Arbeitsverhältnisses

3657 Führt der **Insolvenzverwalter** das Arbeitsverhältnis mit einem Arbeitnehmer fort, dem eine betriebliche Altersversorgung zugesagt ist, so kann die Versorgungsanwartschaft nach der Eröffnung Insolvenzverfahrens unverfallbar werden und ein Rechtsanspruch auf die Versorgungsleistung entstehen (*BAG* 15.12.1987 EzA § 1 BetrAVG Nr. 52; 20.10.1987 EzA § 1 BetrAVG Nr. 50; 20.10.1987 EzA § 1 BetrAVG Nr. 51).

*(5) Zusage im Geltungsbereich des BetrAVG*

3658 Die Versorgungszusage muss für den Anwartschaftsberechtigten während der maßgeblichen Frist dem Geltungsbereich des BetrAVG unterlegen haben. Die gesetzlichen Unverfallbarkeitsvorschriften verlangen ein durchlaufendes Arbeitsverhältnis (*BAG* 21.1.2003 EzA § 1b BetrAVG Nr. 1; s. Rdn. 3652).

3659 Bei einem **Statuswechsel** eines Versorgungsberechtigten von einer Arbeitnehmertätigkeit zu einer Unternehmertätigkeit, die nicht § 17 Abs. 1 S. 2 BetrAVG unterfällt (s. Rdn. 4020 ff.) bzw. umgekehrt, geht das *BAG* (21.8.1990 EzA § 1 BetrAVG Nr. 61) von einer Zusammenzählung unabhängig vom jeweiligen Status aus.

3660 Allerdings kann ein Versorgungsanwärter bei mehrfachem Wechsel zwischen Unternehmer- und Arbeitnehmereigenschaft die Unverfallbarkeitsfrist auch durch die Zusammenrechnung der Arbeitnehmerzeiten erfüllen (*BGH* 4.5.1981 AP Nr. 9 zu § 1 BetrAVG Wartezeit).

*(6) Bestehen der Versorgungszusage bei Fristablauf*

3661 Weitere Voraussetzung ist, dass die betriebliche Versorgungszusage bei Fristablauf tatsächlich noch besteht. Denn **bis zum Ablauf** der 5- bzw. 10-Jahres-Frist steht es den Arbeitsvertragsparteien **grds. frei**, Regelungen über die Beseitigung des betrieblichen Versorgungsanspruchs zu treffen, soweit dieser nicht auf einer Betriebsvereinbarung oder einem Tarifvertrag beruht.

*(7) Auswirkung von Änderungen des Inhalts der Zusage*

3662 Eine Änderung des Inhalts der Versorgungszusage **unterbricht nicht** die gesetzliche Unverfallbarkeitsfrist (**§ 1b Abs. 1 S. 3 BetrAVG**). Dies galt nach Maßgabe der alten Fristenregelung (s. Rdn. 3636 f.) sowohl für die 10-Jahres-Frist als auch für die 5, 3-Jahres-Frist; für Letztere ist es lediglich auf Grund eines Redaktionsversehens des Gesetzgebers nicht ausdrücklich vorgesehen (*BAG* 12.12.1981 EzA § 1 BetrAVG Nr. 13).

3663 Unter Änderung wird i. d. R. die **Erhöhung der Leistungszusage** verstanden. Daraus folgt ein **Prinzip der Einheit der Versorgungszusage** mit der Folge, dass neue Unverfallbarkeitsfristen bei Erteilung zusätzlicher Versorgungszusagen, etwa beim Abschluss weiterer Direktversicherungen, nicht in Betracht kommen (*BAG* 12.2.1981 AP Nr. 5 zu § 1 BetrAVG; *BVerfG* 15.3.1982 AP Nr. 5a zu § 1 BetrAVG). **Gleiches gilt für die Änderung des Durchführungswegs**, z. B. von einer Unterstützungskasse zu einer wesentlich höheren Direktzusage, selbst dann, wenn die ursprünglich zugesagte Unterstützungskassenrente nicht wegfallen, sondern nur angerechnet werden sollte (*BAG* 28.4.1981 EzA § 1 BetrAVG Nr. 22) sowie für Änderungen der Rechtsgrundlage (Ablösung einer vertraglichen Einheitsregelung durch eine Betriebsvereinbarung).

*(8) Zusagedauer und Betriebszugehörigkeit*

3664 Die Dauer der Zusage (**§ 1b Abs. 1 S. 1 BetrAVG**) hat eine praktische Bedeutung insbes. bei der Neueinführung einer betrieblichen Altersversorgung (vgl. *BAG* 20.3.1980 EzA § 1 BetrAVG Nr. 7). Denn das Erfordernis einer fünf **jährigen Zusagedauer verhindert, dass auch bei langjähriger Betriebszugehörigkeit neu erteilte Versorgungszusagen sofort unverfallbar und insolvenzgeschützt werden.**

## B. Pflichten des Arbeitgebers   Kapitel 3

*(9) Tätigkeit in anderen Betrieben des Unternehmens/Konzerns*

Die maßgebliche Betriebszugehörigkeit kann auch in einem anderen Betrieb desselben Unternehmens zurückgelegt werden, bei einem anderen Konzernunternehmen jedenfalls dann, wenn daneben weiterhin ein ruhendes Arbeitsverhältnis mit dem die betriebliche Altersversorgung zusagenden Unternehmen besteht. 3665

Ob eine derartige arbeitsrechtliche Rechtsbeziehung auch dann bestehen muss, wenn der Arbeitnehmer seine Arbeitsleistung bei dem anderen Konzernunternehmen im Interesse und **auf Veranlassung der Konzernobergesellschaft**, die die Versorgungszusage erteilt hat, erbringt, hat das *BAG* (25.10.1988 EzA § 7 BetrAVG Nr. 26) **offen** gelassen. Jedenfalls setzt sich die Betriebszugehörigkeit dann fort, wenn im Arbeitsvertrag ein Wechsel zu einer anderen Konzerngesellschaft vorgesehen ist und **zum bisherigen Arbeitgeber** im Konzernverbund **eine Verbindung bestehen bleibt**, z. B. in Form einer weiter bestehenden Leitungsfunktion in der Konzernspitze, ein **Rückkehrrecht** (*Hess. LAG* 27.6.2001 – 8 Sa 393/99). 3666

Als anwartschaftsbegründende Zeiten der Betriebszugehörigkeit und als berücksichtigungsfähige Zeiten der Tätigkeit für ein fremdes Unternehmen i. S. d. §§ 1b Abs. 1 S. 1, 17 Abs. 1 S. 2 BetrAVG kommen Zeiten in Betracht, in denen ein Mitarbeiter für eine **Vorgründungs-GmbH** tätig geworden ist. Diese berücksichtigungsfähige Tätigkeit muss auf Dauer angelegt sein, einen nicht ganz unerheblichen Umfang erreicht haben und auf Grund einer vertraglichen Bindung erbracht worden sein. Tätigkeiten dieser Art sind bei der Ermittlung der Dauer der Betriebszugehörigkeit zusammenzurechnen. Es ist **unerheblich**, ob der Begünstigte als **Geschäftsführer** der GmbH oder als **Arbeitnehmer** tätig geworden ist (*BAG* 21.8.1990 EzA § 1 BetrAVG Nr. 61; s. Rdn. 4020 ff.). 3667

*(10) Gesetzliche Anrechnung von Vordienstzeiten*

Gem. §§ 12 Abs. 1 i. V. m. § 6 Abs. 2–4 ArbPlSchG, § 78 ZDG, § 8 Abs. 3 SVG sind Zeiten des Grundwehrdienstes, einer Wehrübung, des Zivildienstes u. U. bei der Berechnung der Betriebszugehörigkeit zu berücksichtigen, wenn der Arbeitnehmer unmittelbar im Anschluss an den Dienst ein Arbeitsverhältnis beginnt und sodann sechs Monate lang dem Betrieb angehört. 3668

Eine vergleichbare Regelung sieht § 4 AbgG für Zeiten der Tätigkeit als Abgeordneter im Deutschen Bundestag vor; entsprechende Vorschriften finden sich auch in den Abgeordnetengesetzen der Länder. 3669

§ 9 Abs. 3 BVSG-NRW, § 9 Abs. 4 BVSG-Saarl. enthalten Regelungen über die Anrechnung von Beschäftigungszeiten im Bergbau für den neuen Arbeitgeber mit einem außerbergbaulichen Beschäftigungsbetrieb (vgl. *BAG* 7.6.1988 NZA 1989, 302). 3670

Zeiten der gesetzlichen **Elternzeit** führen nur zum Ruhen des Arbeitsverhältnisses, unterbrechen den Lauf der Unverfallbarkeitsfrist gem. § 1b BetrAVG und die Dauer der Betriebszugehörigkeit i. S. d. § 2 BetrAVG nicht. Der Arbeitgeber ist allerdings nicht daran gehindert, Zeiten der Elternzeit von Steigerungen einer Anwartschaft auf Leistungen der betrieblichen Altersversorgung (dienstzeitabhängige Berechnung) auszunehmen. Eine solche Versorgungszusage stellt keine durch Art. 157 AEUV verbotene Diskriminierung der Frauen dar (*BAG* 15.2.1994 EzA § 1 BetrAVG Gleichberechtigung Nr. 9; 20.4.2010 EzA Art. 3 GG Nr. 109). 3671

Wird nach der Entbindung erneut ein Arbeitsverhältnis mit demselben Arbeitgeber begründet, so wird die Vordienstzeit kraft der gesetzlichen Fiktion des § **10 Abs. 2 S. 1 MuSchG** angerechnet. 3672

*(11) Vertragliche Anrechnung von Vordienstzeiten*

Eine vertragliche Anrechnung von Vordienstzeiten bei früheren Arbeitgebern oder bei demselben Arbeitgeber ist als eine für den Arbeitnehmer günstige Abrede ohne weiteres zulässig. Eine entspre- 3673 chende Vereinbarung kann sich auch **aus den Umständen** ergeben; eine Verpflichtung des Arbeitgebers dazu besteht jedoch im Allgemeinen nicht (*BAG* 9.3.1982 EzA § 1 BetrAVG Nr. 18).

3674 Im Zweifel ist bei einer vertraglichen Anrechnung von Vordienstzeiten davon auszugehen, dass sie sich nicht nur auf die Höhe der Betriebsrente auswirken soll, sondern auch auf die Betriebszugehörigkeit i. S. d. § 1b Abs. 1 BetrAVG.

Soll die Unverfallbarkeitsfrist dagegen trotz Anrechnung nicht abgekürzt werden, so muss dies der Arbeitgeber zum Ausdruck bringen (*BAG* 16.3.1982 EzA § 1 BetrAVG Nr. 19).

3675 Das gilt aber dann nicht, wenn eine Altersversorgung nach **beamtenrechtlichen Grundsätzen** zugesagt wird, da das Beamtenrecht keine Unverfallbarkeit der Versorgungsanwartschaft kennt (*BAG* 23.4.1985 EzA § 18 BetrAVG Nr. 8).

*(12) Insolvenzschutz bei gesetzlicher oder vertraglicher Anrechnung von Vordienstzeiten*

3676 Die Anrechnung von Vordienstzeiten führt nicht nur zur vertraglichen Vereinbarung der Unverfallbarkeit, sondern darüber hinaus – ausnahmsweise – zum gesetzlichen Insolvenzschutz, **wenn die Vordienstzeit von einer Versorgungszusage begleitet war und die von einer Versorgungszusage begleitete Vordienstzeit an die insolvenzgeschützte Versorgungszusage heranreicht** (*BAG* 26.9.1989 EzA § 7 BetrAVG Nr. 31; *LAG Köln* 14.10.2003 – 13 Sa 262/03, NZA-RR 2005, 48; s. aber a. *LAG Köln* 10.9.2007 – 14 Sa 343/07, AuR 2008, 161 LS).

*(13) Ausscheiden vor Eintritt des Versorgungsfalles*

3677 Erforderlich ist weiterhin, dass der Arbeitnehmer vor Eintritt des Versorgungsfalles ausscheidet. Erfolgt ein Ausscheiden wegen des Versorgungsfalles, so liegt ein Leistungsanspruch auf Grund der Versorgungsregelung vor.

3678 Scheidet ein Arbeitnehmer vor Eintritt des Versorgungsfalles mit einer unverfallbaren Anwartschaft aus, so ist die Anwartschaft vom Arbeitgeber nach **§ 2 BetrAVG anteilig zu berechnen und mit ihrem Teilwert aufrechtzuerhalten**.

3679 Diese Pflicht hat auch ein **öffentlicher Arbeitgeber**, der in eine von einem privaten Arbeitgeber begründete Versorgungsverpflichtung nach § 613a BGB eingetreten ist. Eine Nachversicherung des ausgeschiedenen Arbeitnehmers bei einer Zusatzversorgungseinrichtung des öffentlichen Dienstes nach § 18 Abs. 2 Nr. 6, Abs. 6 BetrAVG durch den öffentlichen Arbeitgeber kommt in diesen Fällen nicht in Betracht (*BAG* 27.10.1992 EzA § 2 BetrAVG Nr. 13).

*(14) Verhältnis zu Wartezeiten*

*aaa) Grundsätze*

3680 Versorgungsordnungen können vorsehen, dass ein Arbeitnehmer Versorgungsansprüche erst nach einer gewissen **Mindestdienstzeit** oder einem **Mindestalter** erwirbt (Wartezeit; *BAG* 19.4.2005 EzA § 1b BetrAVG Nr. 3), selbst dann, wenn die Wartezeit 20 oder 25 Jahre beträgt (*BAG* 9.3.1982 EzA § 1 BetrAVG Nr. 18).

3681 Wartezeiten stellen Leistungsvoraussetzungen dar, die angeben, wann der Arbeitnehmer Versorgungsansprüche erwirbt (*BAG* 19.4.2005 EzA § 1b BetrAVG Nr. 3).
– Ein Arbeitgeber kann eine sog. qualifizierte Wartezeit festlegen, die eine »**tatsächlich geleistete Dienstzeit**« von zehn Jahren verlangt und dabei nur drei Monate einer dem Grunde nach festgestellten Erwerbsunfähigkeit berücksichtigt, wenn in dieser Zeit das Arbeitsverhältnis noch bestand. Eine solche Regelung schließt einen Anspruch auf Invalidenrente aus, wenn der Arbeitnehmer zwar mehr als zehn Jahre in einem Arbeitsverhältnis zum Arbeitgeber stand, bevor er wegen Invalidität ausschied, diese aber schon nach weniger als neun Jahren dem Grunde nach festgestellt wurde und der Arbeitnehmer danach auch tatsächlich nicht mehr tätig war. Ob dies auch dazu führt, dass bei gleicher Fallkonstellation ein Anspruch auf betriebliche Al-

tersversorgung auf Grund einer unverfallbaren Versorgungsanwartschaft ausgeschlossen ist, hat das *BAG* (20.2.2001 EzA § 1 BetrAVG Nr. 74) offen gelassen.

Dagegen ergibt sich aus der Unverfallbarkeitsfrist lediglich, ob der Arbeitnehmer eine erdiente Versorgungsanwartschaft bei Ausscheiden aus dem Arbeitsverhältnis behält.

Um eine Umgehung der Unverfallbarkeitsfristen durch lange Wartezeiten zu verhindern, sieht § 1b Abs. 1 S. 5 BetrAVG vor, dass ein Arbeitnehmer, der mit einer unverfallbaren Anwartschaft vorzeitig ausscheidet, eine vorgesehene Wartezeit auch noch nach Beendigung des Arbeitsverhältnisses erfüllen kann.
– Soweit die Unverfallbarkeit **von der Dauer der Betriebszugehörigkeit** abhängt (§ 30f BetrAVG), sind die Beschäftigungszeiten beim **Veräußerer und beim Erwerber zusammenzurechnen**. Erhalten andererseits Arbeitnehmer **nach einem Betriebsübergang erstmals eine Versorgungszusage**, so kann der neue Arbeitgeber bei der Aufstellung von Berechnungsregeln die Beschäftigungszeit beim früheren Arbeitgeber als wertbildenden Faktor außer Ansatz lassen (*BAG* 19.4.2005 EzA § 1b BetrAVG Nr. 3).

Soweit eine Versorgungsregelung nicht vorschreibt, dass die Wartezeit bis zum 65. Lebensjahr erfüllt sein muss, kann die Wartezeit auch noch **nach Vollendung des 65. Lebensjahres** zurückgelegt werden (*BAG* 3.5.1983 EzA § 1 BetrAVG Nr. 25). 3682

Auch bei Ausscheiden eines Arbeitnehmers aus dem Arbeitsverhältnis mit Eintritt des Versorgungsfalles, etwa **Invalidität**, bleibt die unverfallbare Anwartschaft auf eine Altersrente aufrecht erhalten (*BAG* 9.11.1973 AP Nr. 163 zu § 242 BGB Ruhegehalt); die Wartezeit kann er noch erfüllen. Bei Erreichen der Altersgrenze entsteht dann ein Anspruch auf zeitanteilig gekürzte Altersrente (*BAG* 18.3.1986 EzA § 1 BetrAVG Nr. 41). 3683

Bestimmt eine Ruhegeldordnung, dass ein Versorgungsfall (Invalidität) nicht schon beim Eintreten von Berufs- und Erwerbsunfähigkeit vorliegen soll, dass vielmehr darüber hinaus die **Versetzung in den Ruhestand** oder die **Aufnahme der Rentenzahlung** durch den gesetzlichen Sozialversicherungsträger erforderlich ist, so kann eine vorgeschriebene Wartezeit auch von berufs- oder erwerbsunfähigen Arbeitnehmern noch bis zur Beendigung des Arbeitsverhältnisses erfüllt werden (*BAG* 15.10.1985 EzA § 1 BetrAVG Nr. 35; 14.1.1986 EzA § 1 BetrAVG Nr. 36). 3684

Sieht eine Versorgungsordnung vor, dass der Versorgungsfall der Invalidität erst mit der **Beendigung des Arbeitsverhältnisses** eintritt, so kann der Versorgungsberechtigte die Wartezeit auch dann noch zurücklegen, wenn der Sozialversicherungsträger den Versicherungsfall auf einen Zeitpunkt vor Ablauf der Wartezeit festgelegt hat (*BAG* 9.1.1990 EzA § 1 BetrAVG Nr. 54). 3685

Nach dem TV über die Altersversorgung im Bayerischen Rundfunk ist die Wartezeit eine Anspruchsvoraussetzung für Erwerbsunfähigkeitsrenten. Sie kann **nach dem Eintritt des Versorgungsfalles nicht mehr** erfüllt werden (*BAG* 19.12.2000 EzA § 1 BetrAVG Nr. 76). 3686

Nimmt ein von einer Versorgungszusage Begünstigter die vollen Leistungen der gesetzlichen Rentenversicherung in Anspruch, ist damit der betriebsrentenrechtliche Versorgungsfall »Alter« eingetreten. Dies gilt auch dann, wenn der Begünstigte in rentenversicherungsrechtlich zulässigem geringfügigem Umfang für seinen Arbeitgeber weiterarbeitet und die Versorgungsleistungen bis zu seinem endgültigen Ausscheiden nicht in Anspruch nimmt. Das den Versorgungsanspruch vermittelnde Arbeitsverhältnis ist beendet, der Arbeitnehmer aus dem Erwerbsleben ausgeschieden. Setzt ein solcher »technischer Rentner« sein geringfügiges Beschäftigungsverhältnis auch bei einem Betriebserwerber noch einige Zeit fort, geht das bereits begründete Ruhestandsverhältnis auf diesen nicht über. Der Betriebserwerber kann auch die Versorgungsansprüche des »technischen Rentners« nicht schuldbefreiend nach § 4 Abs. 1 BetrAVG ohne Zustimmung des Trägers der gesetzlichen Insolvenzsicherung übernehmen (*BAG* 18.3.2003 EzA § 7 BetrAVG Nr. 68). 3687 *bbb) Die »Zusage der Zusage«*

3688 Für die Beurteilung von Unverfallbarkeit und Wartezeit gelten bei einer sog. »**Zusage der Zusage**« folgende Grundsätze (*BAG* 24.2.2004 EzA § 1b BetrAVG Nr. 2):
- Sagt der Arbeitgeber dem Arbeitnehmer im Arbeitsverhältnis zu, ihm nach einer festgelegten Zeitspanne eine Versorgungszusage zu erteilen, und verbleibt dem Arbeitgeber nach deren Ablauf kein Entscheidungsspielraum, ob er die Zusage erteilt oder nicht, so beginnt die Unverfallbarkeitsfrist schon mit dem Zeitpunkt der »Zusage der Zusage«.
- Die Unverfallbarkeitsfrist ist eine der privatautonomen Gestaltung zu Lasten der Arbeitnehmer entzogene gesetzliche Mindestbeschäftigungszeit, die ein Arbeitnehmer bis zu einem vorzeitigen Ausscheiden aus dem Arbeitsverhältnis zurückgelegt haben muss, um zumindest einen Teil der versprochenen Versorgung beanspruchen zu können.
- Wartezeit i. S. d. Betriebsrentengesetzes ist eine privatautonom festgelegte Mindestbeschäftigungszeit, die ein Arbeitnehmer nach dem Willen des Arbeitgebers im Beschäftigungsverhältnis zurückgelegt haben muss, um den vollen Betriebsrentenanspruch zu erwerben. Der Arbeitgeber ist bei der Festlegung einer solchen Wartezeit frei, so lange er sich damit nicht in Widerspruch zu höherrangigem Recht setzt.
- Hat ein Arbeitgeber einem Arbeitnehmer die Zusage erteilt, er werde ihm in Zukunft eine Versorgungszusage geben, handelt es sich um eine Vorschaltzeit. Sie kann bei einer entsprechenden Regelung in der Versorgungsordnung als Verlängerung einer für den Vollanspruch verlangten Wartezeit wirken. Ob bereits während der Vorschaltzeit die Unverfallbarkeitsfrist zu laufen beginnt, hängt davon ab, inwieweit die »Zusage einer Zusage« ein einer Versorgungszusage entsprechendes Vertrauen des Arbeitnehmers begründet, es hänge nur noch von der weiteren Beschäftigung im Betrieb und dem Erreichen des Versorgungsfalls ab, ob er einen Versorgungsanspruch erwirbt oder nicht. Die »Zusage einer Zusage« steht einer Versorgungszusage i. S. d. § 1b Abs. 1 BetrAVG) mit der Folge eines Beginns der Unverfallbarkeitsfrist dann gleich, wenn der Arbeitgeber auf ihrer Grundlage keinen Entscheidungsspielraum mehr hat, ob er die Zusage nach Ablauf der Vorschaltzeit erteilt oder nicht. Auf die Länge der Vorschaltzeit kommt es nicht an. Dies gilt auch dann, wenn eine arbeitsvertragliche Probezeit innerhalb eines unbefristeten Arbeitsverhältnisses als Vorschaltzeit festgelegt ist.

*(15) Besonderheiten der Direktversicherung*

3689 Diese Grundsätze gelten an sich auch für die betriebliche Altersversorgung über eine Direktversicherung (vgl. § 1b Abs. 2 BetrAVG), z. B. für die Veränderung der Versorgungszusage (§ 1b Abs. 1 S. 3 BetrAVG), auch dann, wenn der Arbeitgeber im Laufe des Arbeitsverhältnisses weitere Direktversicherungen für denselben Arbeitnehmer abschließt (*BAG* 12.2.1981 EzA § 1 BetrAVG Nr. 13).

3690 Da Versorgungszusage und Abschluss des Versicherungsvertrages nicht notwendig zeitlich zusammenfallen müssen, gilt als Zeitpunkt der Erteilung der Versorgungszusage der Versicherungsbeginn, bei dessen vertraglich möglicher Rückdatierung frühestens jedoch der Beginn der Betriebszugehörigkeit.

3691 Der Versicherungsbeginn bezeichnet den Beginn des Zeitraums, für den eine Prämie zu zahlen ist. **Ein Hinausschieben des Versicherungsbeginns ist nicht mit Wirkung für den Beginn des Laufs der Unverfallbarkeitsfristen möglich** (*BAG* 19.4.1983 EzA § 1 BetrAVG Lebensversicherung Nr. 1).

3692 Sagt der Arbeitgeber dagegen dem Arbeitnehmer eine Altersversorgung durch Direktversicherung zu, ohne dieses Versprechen zu vollziehen, so ist der Arbeitnehmer so zu behandeln, als hätte er eine unmittelbare Versorgungszusage erhalten (*BAG* 19.4.1983 EzA § 1 BetrAVG Lebensversicherung Nr. 1).

## B. Pflichten des Arbeitgebers — Kapitel 3

*aaa) Pflichten des Arbeitgebers bei Unverfallbarkeit; Beendigung des Arbeitsverhältnisses*

Ist die Anwartschaft unverfallbar, so ist der Arbeitgeber arbeitsrechtlich, nicht aber versicherungsrechtlich, verpflichtet, das Bezugsrecht zu Gunsten des Arbeitnehmers wegen der Beendigung des Arbeitsverhältnisses nicht zu widerrufen. — 3693

Widerruft ein Arbeitgeber deshalb das Bezugsrecht aus einem Lebensversicherungsvertrag, weil das Arbeitsverhältnis mit dem begünstigten Arbeitnehmer geendet hat, und war die entsprechende Versorgungsanwartschaft bereits unverfallbar, so kann der Arbeitnehmer **Schadensersatz** verlangen. Nach dem Grundsatz der Naturalrestitution (§ 249 BGB) muss der Arbeitgeber ihm eine **beitragsfreie Versicherungsanwartschaft** verschaffen, deren Wert dem widerrufenen Beitragsrecht bei Beendigung des Arbeitsverhältnisses entspricht (*BAG* 28.7.1987 EzA § 1 BetrAVG Lebensversicherung Nr. 2). — 3694

§ 1b Abs. 2 S. 1 BetrAVG beschränkt sich auf die Beendigung des Arbeitsverhältnisses, das Widerrufsverbot gilt also **nicht für das bestehende Arbeitsverhältnis**. Dies ist nach der Rechtsprechung des *BAG* (26.2.1991 EzA § 43 KO Nr. 2) kein redaktionelles Versehen, sondern entspricht auch dem sonstigen Inhalt und dem Zweck des § 1b BetrAVG. Diese Vorschrift regelt, wie sich die Beendigung des Arbeitsverhältnisses vor Eintritt des Versorgungsfalles auf die Versorgungsanwartschaft auswirkt. Der Arbeitnehmer behält unter bestimmten Voraussetzungen trotz der Beendigung des Arbeitsverhältnisses seine Versorgungsanwartschaft. Ziel ist es, die Wirksamkeit von Verfallklauseln einzuschränken. — 3695

Eine Klausel, nach der das Bezugsrecht durch die Beendigung des Arbeitsverhältnisses nach Erfüllung der Unverfallbarkeitsvoraussetzungen auflösend bedingt ist, ist gem. **§ 1b Abs. 2 S. 2 BetrAVG** unwirksam (§ 134 BGB). — 3696

*bbb) Haftung des Arbeitgebers*

Hat der Arbeitgeber die Ansprüche aus dem Versicherungsvertrag abgetreten, beliehen oder verpfändet, so ist er beim Ausscheiden eines Arbeitnehmers nach Erfüllung der Unverfallbarkeitsvoraussetzungen arbeitsrechtlich verpflichtet, diesen bei Eintritt des Versicherungsfalles so zu stellen, als ob die Belastungen nicht erfolgt wären (**§ 1b Abs. 2 S. 3 BetrAVG**). — 3697

Verstößt der Arbeitgeber gegen die gesetzlichen Auflagen, so ist er dem Arbeitnehmer zum **Schadensersatz** verpflichtet. — 3698

*(16) Pensionskasse*

Für die Voraussetzungen der Unverfallbarkeit bei einer Pensionskasse gilt gem. **§ 1b Abs. 3 BetrAVG** § 1b Abs. 1 BetrAVG entsprechend. — 3699

Soweit die Arbeitnehmer am Beitragsaufkommen zur Finanzierung der von der Pensionskasse in Aussicht gestellten Leistung beteiligt werden, gilt § 1b Abs. 3 BetrAVG aber grds. **nur für den durch Beiträge des Arbeitgebers finanzierten Anteil der Leistungen**. Scheidet der Arbeitnehmer vor Eintritt der Unverfallbarkeit aus, so müssen ihm die durch **eigene Beitragszahlungen finanzierten Leistungen erhalten bleiben**, z. B. durch Rückgewährung dieser Beträge einschließlich einer angemessenen Verzinsung. — 3700

*(17) Unterstützungskasse*

Voraussetzung der Unverfallbarkeit bei einer Unterstützungskasse ist die Dauer der Zugehörigkeit zum Kreis der Begünstigten. — 3701

> Die Aufnahme in diesen Kreis (§ 1b Abs. 4 S. 2 BetrAVG) erfolgt dann, wenn der Arbeitnehmer die Zugehörigkeitsvoraussetzungen erfüllt. Es ist unschädlich, dass die Unterstützungskasse keinen Rechtsanspruch auf ihre Leistungen gewährt (*BAG* 25.10.1994 EzA § 1 BetrAVG Nr. 68). — 3702

3703 Nach Eintritt der Unverfallbarkeitsvoraussetzungen werden ausscheidende Arbeitnehmer denjenigen Arbeitnehmern gleichgestellt, die im Betrieb verbleiben.

### bb) Höhe der unverfallbaren Versorgungsanwartschaft

#### (1) Ratierliches Berechnungsverfahren

3704 Scheidet der Arbeitnehmer vorzeitig aus dem Arbeitsverhältnis aus, hat er also noch nicht diejenigen Arbeitsleistungen erbracht, auf die die gesamte Versorgungszusage des Arbeitgebers zugeschnitten war, erwirbt er **nicht den vollen Rentenanspruch** im Versorgungsfall, sondern nur einen Anspruch auf einen **Teilbetrag**, dessen Höhe sich nach § 2 BetrAVG bestimmt. Die Möglichkeit, die Betriebsrente wegen vorzeitigem Ausscheiden nach § 2 BetrAVG zu kürzen, besteht **ohne Rücksicht** darauf, ob sie in der Versorgungszusage **vorbehalten** oder auch nur **erwähnt** wird. Das diesbezügliche Schweigen der Zusage macht diese weder überraschend i. S. v. § 305c Abs. 1 BGB) noch unklar i. S. v. § 305c Abs. 2 BGB (*LAG Köln* 14.7.2000 NZA-RR 2001, 546).

3705 Allerdings enthält § 2 BetrAVG **nur Mindestnormen, d. h. für den Arbeitnehmer günstigere Regelungen sind ohne weiteres zulässig.** Die Rente eines vorzeitig ausgeschiedenen Arbeitnehmers ist folglich nur dann nach § 2 BetrAVG zu berechnen, wenn sie vom Bestand des Arbeitsverhältnisses bis zum Versorgungsfall abhing (Verfallklausel), die Versorgungszusage auf das BetrAVG verwies oder diese Berechnung für den Arbeitnehmer günstiger ist (*Hess. LAG* 24.3.2004 NZA-RR 2005, 47).

3705a Enthält die Zusage **keine ausdrückliche Regelung** für die Berechnung der Betriebsrente bei vorgezogener Inanspruchnahme nach vorzeitigem Ausscheiden, richtet sich die Höhe der Rente nach den **allgemeinen Grundsätzen** des Betriebsrentenrechts (*BAG* 19.4.2011 – 3 AZR 318/09, EzA-SD 14/2011 S. 15 LS). Daraus folgt i. d. R. eine Berechtigung zur **Kürzung** der Betriebsrente unter **zwei Gesichtspunkten**: Einmal wird in das Gegenseitigkeitsverhältnis, das der Berechnung der Vollrente zugrunde liegt, dadurch eingegriffen, dass der Arbeitnehmer die Betriebszugehörigkeit bis zum Zeitpunkt der festen Altersgrenze nicht erbracht hat. Zum anderen ergibt sich eine Verschiebung des in der Versorgungszusage festgelegten Verhältnisses von Leistung und Gegenleistung daraus, dass er die erdiente Betriebsrente mit höherer Wahrscheinlichkeit früher und länger als mit der Versorgungszusage versprochen in Anspruch nimmt (*BAG* 19.4.2011 – 3 AZR 318/09, EzA-SD 14/2011 S. 15 LS). Der ersten Überlegung wird die bei voller Betriebszugehörigkeit bis zur festen Altersgrenze erreichbare – fiktive – Vollrente nach § 2 Abs. 1, 5 BetrAVG zeitratierlich entsprechend dem Verhältnis der tatsächlichen zu der bis zum Erreichen der festen Altersgrenze möglichen Betriebszugehörigkeit gekürzt. Für die zweite Überlegung sind die Wertungen in der Versorgungsordnung zu berücksichtigen. Wenn und soweit diesem Gesichtspunkt in der Versorgungszusage Rechnung getragen wird, z. B. indem ein versicherungsmathematischer Abschlag vorgesehen ist, verbleibt es dabei. Enthält die Versorgungszusage dagegen keine Wertung, hat das *BAG* (19.4.2011 – 3 AZR 318/09, EzA-SD 14/2011 S. 15 LS) als »**Auffangregelung**« für die Fälle, in denen die Versorgungszusage zwar keinen versicherungsmathematischen Abschlag vorsieht, ihn andererseits aber auch nicht ausschließt, einen »**untechnischen versicherungsmathematischen Abschlag**« entwickelt.

3705b Dieser erfolgt durch eine weitere zeitratierliche Kürzung der bereits in einem ersten Schritt gekürzten Betriebsrente. Dies geschieht in der Weise, dass die Zeit zwischen dem Beginn der Betriebszugehörigkeit und der vorgezogenen Inanspruchnahme der Betriebsrente in Bezug gesetzt wird zu der Zeit vom Beginn der Betriebszugehörigkeit bis zum Erreichen der festen Altersgrenze (vgl. *BAG* 19.4.2011 – 3 AZR 318/09, EzA-SD 14/2011 S. 15 LS; 17.9.2008 EzA § 2 BetrAVG Nr. 31; 12.12.2006 EzA § 1 BetrAVG Nr. 88; 23.1.2001 EzA § 6 BetrAVG Nr. 23).

#### (2) Tarifdispositivität; Günstigkeitsprinzip

3706 Das ratierliche Berechnungsverfahren (zur Berechnung s. Rdn. 3708 ff.) ist tarifdispositiv (vgl. § 17 Abs. 3 BetrAVG); es gilt ferner dann nicht, wenn die Versorgungsregelung dem einzelnen

## B. Pflichten des Arbeitgebers Kapitel 3

Mitarbeiter für den Fall des vorzeitigen Ausscheidens höhere Leistungen zuerkennt (*BAG* 21.6.1979 EzA § 2 BetrAVG Nr. 2), selbst dann, wenn die günstigere Regelung aus einer Versorgungsordnung vor In-Kraft-Treten des BetrAVG stammt (*BGH* 18.3.1982 DB 1982, 2292).

Ein Tarifvertrag kann aber für die Berechnung einer vorgezogen in Anspruch genommenen Betriebsrente des vorzeitig ausgeschiedenen Arbeitnehmers die fehlende Betriebstreue zwischen dem vorgezogenen Ruhestand und der festen Altersgrenze grds. auch zweifach mindernd berücksichtigen. Denn die Tarifvertragsparteien sind an die Wertung des § 2 Abs. 1 S. 1 BetrAVG, die grds. eine zweite zeitratierliche Kürzung zwischen vorgezogener Inanspruchnahme und fester Altersgrenze ausschließt, nicht gebunden (§ 17 Abs. 3 BetrAVG; *BAG* 24.7.2001 EzA § 2 BetrAVG Nr. 18; 18.11.2003 EzA § 6 BetrAVG Nr. 26). Das gilt auch dann, wenn der Tarifvertrag den Arbeitnehmern einen Anspruch auf vorgezogene Altersrente unabhängig von den Voraussetzungen des § 6 BetrAVG, also auch schon vor Inanspruchnahme der gesetzlichen Altersrente gibt (*BAG* 24.7.2001 EzA § 2 BetrAVG Nr. 18).

*(3) Vom Arbeitgeber finanzierter Teil des Versorgungsanspruchs*

Das ratierliche Berechnungsverfahren betrifft grds. nur die durch Arbeitgeberbeiträge finanzierten Teile des Versorgungsanspruchs. 3707

*(4) Berechnung des Wertes der unverfallbaren Anwartschaft bei einer unmittelbaren Versorgungszusage*

*aaa) Grundlagen*

Um den Wert der unverfallbaren Anwartschaft zu berechnen, ist die tatsächliche zur insgesamt möglichen Betriebszugehörigkeit ins Verhältnis zu setzen (Teilanspruch [T] = Vollanspruch [V] tatsächliche Betriebszugehörigkeit [m]/erreichbare Betriebszugehörigkeit [n]; s. *BAG* 29.4.2008 EzA § 2 BetrAVG Nr. 30; 17.9.2008 EzA § 2 BetrAVG Nr. 31; 29.9.2010 – 3 AZR 564/09, EzA-SD 26/2010 S. 10 LS). 3708

▶ **Beispiel:** 3709
 – Scheidet ein Arbeitnehmer **vor der** in der Versorgungsordnung vorgesehenen **festen Altersgrenze** – Versorgungsfall – mit einer unverfallbaren Anwartschaft **aus**, ist die bei Betriebszugehörigkeit bis zur festen Altersgrenze erreichbare Betriebsrente – Vollrente – **zu kürzen**: Dem Versorgungsberechtigten steht nur eine Betriebsrente zu, die dem Verhältnis der tatsächlichen Betriebszugehörigkeit zu der bis zur festen Altersgrenze möglichen Betriebszugehörigkeit entspricht. Auf die Gründe für das Ausscheiden kommt es nicht an.
 Das gilt auch im Falle einer Kappung der Rentenhöhe, also wenn die Versorgungsordnung für jedes Jahr der Beschäftigung eine Steigerung der Betriebsrente vorsieht, dies aber in der Höhe begrenzt. Diese Grundsätze sind auch anzuwenden, wenn der vorzeitig ausgeschiedene Arbeitnehmer die Betriebsrente vorgezogen in Anspruch nimmt (*BAG* 17.9.2008 EzA § 2 BetrAVG Nr. 31).

Eine ratierliche Kürzung muss **auch dann** erfolgen, wenn ein Arbeitnehmer mit einer unverfallbaren Anwartschaft aus dem Arbeitsverhältnis ausscheidet, der nach den Steigerungssätzen der maßgeblichen Versorgungsregelung im Zeitpunkt der Beendigung des Arbeitsverhältnisses **bereits die mögliche Höchstrente erdient** hat; das gilt auch im Falle einer **Kappung der Rentenhöhe**, also wenn die Versorgungsordnung für jedes Jahr der Beschäftigung einen festen Betrag oder einen bestimmten Prozentsatz des letzten Gehalts vorsieht, dies aber in der Höhe begrenzt und der Arbeitnehmer bei seinem Ausscheiden diesen Betrag **bereits an sich erdient** hat (*BAG* 17.9.2008 – 3 AZR 1061/06, FA 2008, 342 LS). Der **Arbeitnehmer** ist für eine davon **abweichende, ihm günstigere Zusage** darlegungs- und beweispflichtig (*BAG* 12.3.1985 EzA § 2 BetrAVG Nr. 6). 3710

Die Zusage einer von § 2 Abs. 1 BetrAVG abweichenden Berechnung der unverfallbaren Versorgungsanwartschaft (Verzicht auf zeitanteilige Kürzung) kann i. d. R. nur dann angenommen wer- 3711 den, wenn dies deutlich zum Ausdruck gebracht wird. Bei der Auslegung einer einzelvertraglichen Vereinbarung zur betrieblichen Altersversorgung sind dann sowohl die Zusammenhänge zwischen dieser Vereinbarung und einer allgemein für das Unternehmen geltenden Versorgungsordnung als auch der Sprachgebrauch des Betriebsrentenrechts zu berücksichtigen.

3712 ▶ Beispiele:
– Der Begriff »Mindestrente« meint häufig nur den Versorgungsanspruch bei Fortbestehen des Arbeitsverhältnisses bis zum Eintritt des Versorgungsfalles und sagt nichts darüber aus, ob die unverfallbare Versorgungsanwartschaft bei vorzeitigem Ausscheiden aus dem Arbeitsverhältnis zeitanteilig zu berechnen ist, wie es § 2 Abs. 1 BetrAVG vorsieht (*BAG* 4.10.1994 EzA § 2 BetrAVG Nr. 14).
– Zum Verlust der Kürzungsmöglichkeit – etwa durch stillschweigenden Verzicht – führt auch **nicht die Tatsache**, dass die Versorgungszusage die Höhe der erreichbaren Vollrente mit zunehmender Dauer der Betriebszugehörigkeit nur bis zu einer bestimmten Grenze anwachsen lässt (**Progressionsstopp**). Die Progressionsobergrenze wird dadurch auch nicht zur »festen Altersgrenze«, deren Erreichung ein rentenunschädliches Ausscheiden ermöglicht (*LAG Köln* 14.7.2000 NZA-RR 2001, 546).

*bbb) Effektive Betriebszugehörigkeit; Anrechnung von Vordienstzeiten*

3713 Abzustellen ist auf die effektive Zeit der Betriebszugehörigkeit nach Tagen, zulässig ist aber auch eine Berechnung nach Monaten (*BAG* 22.2.1983 EzA § 7 BetrAVG Nr. 11) bzw. nach Jahren. Maßgeblich ist dabei nicht nur die ruhegeldfähige Beschäftigungszeit, sondern die gesamte Betriebszugehörigkeit einschließlich der Berufsausbildung (*BAG* 19.11.2002 EzA § 1 BetrAVG Ablösung Nr. 38). Die Nichtberücksichtigung von **Kindererziehungszeiten** verstößt insoweit nicht gegen europäisches oder nationales Gesetzesrecht, auch nicht gegen Art. 6 Abs. 1, 2 GG. Es ist durch **sachliche Gründe gerechtfertigt**, wenn der Arbeitgeber derartige Zeiten z. B. von der Berechnung einer Besitzstandszulage bei der betrieblichen Altersversorgung ausnimmt, Zeiten des Zivil- und Wehrdienstes dagegen berücksichtigt. Denn diese unterschiedliche Behandlung erfolgt bereits in der Gestaltung der gesetzlichen Rente und schlägt auch auf die betriebliche Altersversorgung durch (*BAG* 20.4.2010 EzA Art. 3 GG Nr. 109; *LAG SchlH* 25.3.2008 – 2 Sa 469/07, EzA-SD 24/2008 S. 13 LS).

3714 Die gesetzliche Anrechnung von Vordienstzeiten wirkt sich nach den meisten Vorschriften (Ausnahmen: § 8 Abs. 3 SVG, § 4 AbgG) **auch auf den Unverfallbarkeitsfaktor m/n aus**, und zwar sowohl hinsichtlich der tatsächlichen wie der möglichen Betriebszugehörigkeit.

3715 Zur vertraglichen Anrechnung von Vordienstzeiten s. Rdn. 3673 ff.

*ccc) Mögliche Betriebszugehörigkeit*

3716 Die mögliche Betriebszugehörigkeit bestimmt sich vom **tatsächlichen Beginn** der Betriebszugehörigkeit **bis zur Vollendung des 65. Lebensjahres** oder bis zu einem früheren Zeitpunkt, wenn dieser in der Versorgungsregelung als feste Altersgrenze vorgesehen ist. Nicht ausreichend ist die Einräumung eines Wahlrechts für den Arbeitnehmer; vielmehr erfordert der Begriff »feste Altersgrenze« einen festen vertraglich vorgesehenen Endtermin (*BAG* 6.3.1984 EzA § 1 BetrAVG Nr. 31).

*ddd) Ermittlung des Vollanspruchs*

3717 Mit Hilfe der jeweiligen betrieblichen Versorgungsregelung ist der Rentenbetrag zu ermitteln, der sich bei einer unterstellten weiteren Tätigkeit im Betrieb bis zum Eintritt des Versorgungsfalles ergeben hätte.

3718 § 2 Abs. 5 BetrAVG (s. zum Tarifvorbehalt § 17 Abs. 3 S. 1 BetrAVG u. *BAG* 13.12.2005 – 3 AZR 478/04, NZA 2006, 456) **friert grds. alle Bemessungsgrundlagen für die Berechnung der Betriebsrente** eines vor Eintritt des Versorgungsfalles ausgeschiedenen Arbeitnehmers **auf**

## B. Pflichten des Arbeitgebers
## Kapitel 3

den Zeitpunkt seines Ausscheidens ein. Daher ist für die Berechnung einer in der Versorgungsordnung vorgesehenen Versorgungsobergrenze das letzte ruhegehaltsfähige Einkommen des Arbeitnehmers maßgeblich (s. *BAG* 29.9.2010 – 3 AZR 564/09, EzA-SD 26/2010 S. 10 LS); diese Berechnungsweise verletzt den Arbeitnehmer nicht in der durch Art. 12 Abs. 1 GG gewährten Berufsfreiheit (zutr. *LAG Nds.* 10.6.2005 LAGE § 2 BetrAVG Nr. 11). **Veränderungen der Bemessungsgrundlagen bleiben** also, soweit sie nach dem Ausscheiden des Arbeitnehmers eintreten, **außer Betracht**. Für die Berechnung der fiktiven Sozialversicherungsrente ist daher auf das im Zeitpunkt des Ausscheidens oder des Eintritts des Sicherungsfalls geltende Sozialversicherungsrecht abzustellen (*BAG* 24.10.2006 EzA § 2 BetrAVG Nr. 28). Gem. § 2 Abs. 5 BetrAVG ist allerdings des Weiteren danach zu differenzieren, ob sich die Bemessungsgrundlagen für die Leistungen der betrieblichen Altersversorgung nach dem Ausscheiden des Arbeitnehmers ändern können (dann bleiben sie für die Berechnung außer Betracht) oder ob sie bereits bei Ausscheiden des Arbeitnehmers feststehen. Dementsprechend sind alle vertraglich vorgesehenen und bereits feststehenden Veränderungen des Versorgungsanspruchs bis zum Erreichen der Altersgrenze zu berücksichtigen (vgl. *BAG* 18.3.2003 EzA § 2 BetrAVG Nr. 1; 17.8.2004 EzA § 2 BetrAVG Nr. 22 zur gleichzeitigen Inanspruchnahme der vorgezogenen Altersrente; s. jetzt *BAG* 11.12.2007 – 3 AZR 127/07, NZA 2008, 431 LS; 29.9.2010 – 3 AZR 564/09, EzA-SD 26/2010 S. 10 LS; *Rolfs* NZA 2008, 553 ff.).

Sind etwa neben einem Grundbetrag bestimmte **Steigerungsbeträge** in Abhängigkeit von der Dienstzeit vorgesehen, so sind auch die Jahre zwischen dem Ausscheiden und dem Erreichen der Altersgrenze zu berücksichtigen. Dagegen ist bei einem **bezügeabhängigen System** die Gehaltsentwicklung nach dem Ausscheiden des Arbeitnehmers irrelevant. 3719

Bemisst sich die Höhe der Versorgungsleistung bei Eintritt eines Versorgungsfalles nach dem **Einkommensdurchschnitt mehrerer Jahre** vor Erreichen der Altersgrenze, so ist dieser Durchschnitt für das vor dem Ausscheiden des Arbeitnehmers bezogenen Einkommen zu bilden. 3720

Sieht eine Versorgungsordnung zur Ermittlung der bei Betriebstreue bis zum Versorgungsfall erreichbaren Vollrente eine **sog. aufsteigende Berechnung** vor, so bedeutet dies schließlich nicht, dass deshalb der Wert einer unverfallbaren Anwartschaft »aufsteigend« bis zum Zeitpunkt des vorzeitigen Ausscheidens zu berechnen wäre. Enthält die Versorgungsordnung für diesen Fall **keine entsprechende Regelung**, ist grds. **die erreichbare Vollrente aufsteigend – bis zum Versorgungsfall – zu ermitteln und der sich ergebende Betrag sodann zeitanteilig im Verhältnis der tatsächlich erreichten zu der bis zur Altersgrenze erreichbaren Beschäftigungszeit zu kürzen** (*BAG* 15.2.2005 – 3 AZR 298/04, EzA-SD 10/05 S. 11 LS; s. a. *BAG* 29.4.2008 EzA § 2 BetrAVG Nr. 30). 3721

Ist die betriebliche Altersversorgung wie bei Gesamtversorgungssystemen von der Höhe der Rente der gesetzlichen Rentenversicherung abhängig, so ist diese grds. auch auf den Leistungsstand hochzurechnen, der sich bei Erreichen der Altersgrenze bei einem Verbleiben im Unternehmen ergeben hätte. 3722

Gem. § 2 Abs. 5 S. 2 BetrAVG kann die Berechnung entweder auf Grund des für Pensionsrückstellungen vom Bundesminister der Finanzen zugelassenen Näherungsverfahrens oder auf Antrag des Arbeitnehmers individuell erfolgen (zur individuellen Berechnung der Sozialversicherungsrente auf Verlangen des Arbeitnehmers vgl. §§ 66, 109 SGB VI). § 2 Abs. 5 S. 2 BetrAVG setzt die **Errechnung einer fiktiven Sozialversicherungsrente voraus**; nicht abzustellen ist auf die im Zeitpunkt des Ausscheidens oder – im Rahmen der Insolvenzsicherung – bei Eintritt des Sicherungsfalles erworbene Rentenanwartschaft (*BAG* 24.10.2006 EzA § 2 BetrAVG Nr. 28). 3723

Für die Bewertung der Sozialversicherungs- und Betriebsrente dürfen **nicht unterschiedliche Zeitpunkte** festgesetzt werden (*BAG* 20.3.1984 EzA § 242 BGB Ruhegeld Nr. 104). 3724

Zu beachten ist, dass von der Veränderungssperre des § 2 Abs. 5 BetrAVG **zu Gunsten des Arbeitnehmers abgewichen werden kann** (§ 17 Abs. 3 S. 3 BetrAVG). Die Parteien eines Arbeitsverhältnisses können daher vereinbaren, dass die erworbene Betriebsrentenanwartschaft **nach dem Aus-** 3725 scheiden des Versorgungsberechtigten dynamisiert wird. Ohne deutliche Anhaltspunkte kann eine solche Abweichung aber nicht unterstellt werden. Insbesondere das Fehlen eines Hinweises auf die Veränderungssperre in der Versorgungsordnung ist kein »deutlicher Anhaltspunkt« in diesem Sinne (*BAG* 15.11.2005 – 3 AZR 521/04, NZA-RR 2006, 482).

*eee) Anrechnung von Renten*

3726 Bei der Berechnung der unverfallbaren Anwartschaft eines aus dem Arbeitsverhältnis ausscheidenden Arbeitnehmers auf Leistungen der betrieblichen Altersversorgung können Renten aus der gesetzlichen Rentenversicherung zu berücksichtigen sein. Sieht z. B. eine Versorgungsordnung in Form einer Betriebsvereinbarung vor, dass die **Hälfte der gesetzlichen Rente** auf das betriebliche Ruhegeld anzurechnen ist und dass eine Kürzung der gesetzlichen Rente um Abschläge, die auf Grund vorzeitigen Eintritts in den Ruhestand wegen der längeren Bezugsdauer der gesetzlichen Rente erfolgen, durch das Unternehmen nicht ausgeglichen wird und daher »voll zu Lasten des Mitarbeiters geht«, ist bei der Berechnung der Betriebsrente nicht die tatsächlich gezahlte, gekürzte gesetzliche Rente zu Grunde zu legen, sondern die abschlagsfreie gesetzliche Rente, die der Arbeitnehmer erhalten würde, wenn er nicht vorzeitig in den Ruhestand getreten wäre (*BAG* 30.11.2010 NZA 2011, 748).

Das ist u. a. auch dann der Fall, wenn Betriebsrente und Renten aus der gesetzlichen Rentenversicherung eine **Obergrenze** nicht übersteigen dürfen (vgl. *LAG Nds.* 25.10.2002 NZA-RR 2004, 41). Insoweit können im Rahmen von **Gesamtversorgungssystemen** auch die Altersentschädigungen ehemaliger Abgeordneter z. B. der Bremischen Bürgerschaft auf Leistungen der betrieblichen Altersversorgung angerechnet werden; aus dem Teilzeitcharakter der dortigen Mandatsausübung folgt kein Anrechnungsverbot (*BAG* 23.9.2003 EzA § 5 BetrAVG Nr. 33).

3727 Das *BAG* (8.5.1990 EzA § 6 BetrAVG Nr. 14) ist zunächst davon ausgegangen, dass die Versorgungszusage danach auszulegen ist, welchen **Sinn und Zweck** eine solche Höchstbegrenzungsklausel **im Hinblick auf die Berechnung der erdienten Teilrente** hat.

3728 Ist der **Gesamtversorgungsbedarf Bestandteil der Versorgungszusage**, wird also insbes. die Differenz zwischen der zu erwartenden Rente aus der gesetzlichen Sozialversicherung, z. B. 75 % der ruhegeldfähigen Bezüge, versprochen, so sind danach zunächst **Sozialversicherungsrente und Betriebsrente hochzurechnen und an der Höchstgrenze zu messen**. Der entsprechend **geminderte Betrag der Betriebsrente** ist dann **ratierlich zu kürzen**. Diese Berechnungsvorschrift gilt erst recht dann, wenn neben der Höchstgrenze auch eine Mindestrente im Gesamtversorgungssystem vorgesehen ist (*BAG* 10.1.1984 EzA § 6 BetrAVG Nr. 7).

3729 Inzwischen hält das *BAG* (21.3.2006 EzA § 2 BetrAVG Nr. 24 m. Anm *Rolfs/de Groot* SAE 2007, 244 ff.) daran, dass Höchstbegrenzungsklauseln im Zweifel erst auf den zeitanteilig gekürzten Betrag anzuwenden sind, nicht mehr fest. Nunmehr gilt Folgendes: Soweit bei der Berechnung der Betriebsrente des vorzeitig ausgeschiedenen Arbeitnehmers eine Rente der gesetzlichen Rentenversicherung zu berücksichtigen ist, sind Zeiten bis zum Ausscheiden nach der tatsächlichen Rentenbiografie und fiktive Zeiten bis zur festen Altersgrenze nach dem letzten Einkommen beim Ausscheiden zu berechnen. Dabei ist das letzte Monatseinkommen zugrunde zu legen. Etwas anderes gilt, wenn dieses für das Einkommen des Arbeitnehmers nicht typisch ist, weil Jahressonderleistungen zu berücksichtigen sind oder das Einkommen schwankt. In diesen Fällen ist nach den Umständen des Einzelfalles auf Grund eines Durchschnittszeitraumes das typische Arbeitsentgelt zu ermitteln.

3730 Nach Auffassung des *LAG Bln.* (7.7.2006 NZA-RR 2007, 29) können insoweit eine **eigene Betriebsrente** und **Hinterbliebenenversorgung** auf Grund einer Betriebsrente nach der Satzung einer Unterstützungskasse aufeinander angerechnet werden, sofern dies **nicht zum völligen Wegfall** einer Betriebsrente führt.

3731 Jedenfalls darf die Berücksichtigung anderweitiger Bezüge bei der Berechnung der betrieblichen Altersversorgung **nicht zu einer unverhältnismäßigen wirtschaftlichen Entwertung** dieser Bezüge

## B. Pflichten des Arbeitgebers
## Kapitel 3

führen; das ist dann nicht der Fall, wenn eine Witwenrente aus der gesetzlichen Rentenversicherung auf eine Hinterbliebenenrente angerechnet wird, die auf dem Ableben derjenigen Person beruht, deren Versterben den Anspruch auf Witwenrente ausgelöst hat. Demgegenüber darf die Berücksichtigung einer eigenen Altersrente der hinterbliebenen Person lediglich zu einer wirtschaftlichen Entwertung der Altersrente um bis zu 80 % führen (*BAG* 18.5.2010 EzA § 5 BetrAVG Nr. 35).

### fff) Berechnung bei Invalidität und Tod des ausgeschiedenen Arbeitnehmers

Tritt bei einem mit einer unverfallbaren Anwartschaft aus dem Unternehmen ausgeschiedenen Arbeitnehmer vor Erreichen der Altersgrenze einer der Versorgungsfälle »Tod« oder »Invalidität« ein, erfolgt die Berechnung des Anspruchs ebenfalls gem. § 2 Abs. 1 BetrAVG nach dem **ratierlichen Berechnungsverfahren**. Nur bzgl. des zu **erwartenden Vollanspruchs** ist auf die in der Versorgungsordnung vorgesehene **Invaliden- oder Hinterbliebenenrente abzustellen**. Das führt bei Arbeitnehmern, die kurz nach dem Ausscheiden aus dem Unternehmen Invalide werden, zu erheblich geringeren Versorgungsleistungen im Verhältnis zu Arbeitnehmern, die bis zum Eintritt des Versorgungsfalls im Betrieb verblieben sind. 3732

Die Anwendung des § 2 Abs. 1 BetrAVG kann dazu führen, dass die zwischen Versorgungsfall und fester Altersgrenze fehlende Betriebstreue zweifach anspruchsmindernd berücksichtigt wird (*BAG* 21.8.2001 EzA § 2 BetrAVG Nr. 17; 15.2.2005 – 3 AZR 298/04, EzA-SD 10/05 S. 11 LS); die Rechtsprechung des BAG zur Berechnung der vorgezogenen Betriebsrente des vorzeitig ausgeschiedenen Arbeitnehmers (*BAG* 23.1.2001 EzA § 6 BetrAVG Nr. 24; 24.7.2001 EzA § 6 BetrAVG Nr. 25; s. a. Rdn. 3837, 3838) hat daran nichts geändert. Verweist eine Versorgungszusage für die Betriebsrentenberechnung der vor Eintritt des Versorgungsfalles mit unverfallbarer Anwartschaft ausgeschiedenen Arbeitnehmer pauschal auf das BetrAVG, so sind dessen Berechnungen auch im Versorgungsfall der Invalidität anzuwenden. Ein Verzicht auf eine gesetzlich ausdrücklich vorgesehene zeitanteilige Kürzung kann regelmäßig nur dann angenommen werden, wenn dies deutlich zum Ausdruck gebracht wurde, wofür der Arbeitnehmer darlegungs- und beweispflichtig ist. Nur im Fall sehr weit formulierter Versorgungszusagen bedarf es für die Anwendung gesetzlicher Kürzungsmöglichkeiten unmissverständlicher Kürzungsvorbehalte in der Versorgungszusage selbst (*BAG* 21.8.2001 EzA § 2 BetrAVG Nr. 17). 3733

Die gesetzlich unverfallbare Anwartschaft auf Invaliditäts- oder Todesfall-Leistungen ist gem. **§ 2 Abs. 1 S. 2 BetrAVG** der Höhe nach begrenzt auf den Betrag, den der Arbeitnehmer oder seine Hinterbliebenen erhalten hätten, wenn im Zeitpunkt des Ausscheidens der Versorgungsfall eingetreten wäre. 3734

### (5) Berechnung der Höhe bei einer Direktversicherung

#### aaa) Ergänzungsanspruch

Bei Direktversicherungen hat der Arbeitnehmer nicht nur einen Anspruch auf die von dem Versicherer nach dem Versicherungsvertrag auf Grund der Beiträge des Arbeitgebers zu erbringende Versicherungsleistung, soweit sie bis zum Zeitpunkt des Ausscheidens vom Arbeitgeber zu erbringen waren. Vielmehr kann er darüber hinaus die Differenz zwischen diesem Anspruch auf die Versicherungsleistung und dem vom Arbeitgeber zu finanzierenden Teilanspruch nach § 2 Abs. 1 BetrAVG (Ergänzungsanspruch) verlangen. 3735

Denn der Versicherungsbeginn fällt häufig nicht mit dem Beginn der Betriebszugehörigkeit zusammen. Zudem reicht das in den ersten Versicherungsjahren bei einer Direktversicherung angesammelte geschäftsplanmäßige Deckungskapital in vielen Fällen nicht aus, den nach dem ratierlichen Berechnungsverfahren, das an sich auch bei der Direktversicherung gelten soll, zu ermittelnden Anspruch abzudecken. 3736 *bbb) Versicherungsrechtliche Lösung*

3737 Ein derartiger Ergänzungsanspruch **widerspricht dem** vorrangig bei der Direktversicherung vom Arbeitgeber verfolgten **Ziel**, betriebsfremde **Risiken** auf ein Unternehmen der Versicherungswirtschaft **auszulagern**. Deshalb hat er die Möglichkeit (§ 2 Abs. 2 S. 2, 3 BetrAVG), die Ansprüche auf die vom Versicherer auf Grund des Versicherungsvertrages zu erbringende Versicherungsleistung zu beschränken (**versicherungsvertragliche Lösung**).

*ccc) Mitteilungspflichten bei der versicherungsrechtlichen Lösung; soziale Auflagen*

3738 Will der Arbeitgeber die versicherungsrechtliche Lösung wählen, so hat er dies dem Arbeitnehmer und dem Versicherer innerhalb von drei Monaten seit dem Ausscheiden des Arbeitnehmers mitzuteilen (§ 2 Abs. 2 S. 3 BetrAVG); gegenüber dem Versicherer ist Schriftform vorgeschrieben (§ 12 Abs. 1 ALB). Innerhalb der **Ausschlussfrist von drei Monaten** muss der Arbeitgeber auch die zur Erfüllung der drei sozialen Auflagen erforderlichen Erklärungen abgegeben haben.

3739 Der Arbeitgeber muss:

3740 – dem Arbeitnehmer spätestens drei Monate nach dem Ausscheiden ein **unwiderrufliches Bezugsrecht** eingeräumt haben, etwa vorgenommene Befreiungen und Abtretungen der Rechte aus dem Versicherungsvertrag bis zum Fristablauf rückgängig gemacht und vorhandene Beitragsrückstände ausgeglichen haben.

3741 – Die **Überschussanteile** aus dem Versicherungsvertrag müssen vom Beginn der Versicherung an, frühestens jedoch vom Beginn der Betriebszugehörigkeit an, **nur zur Verbesserung der Versicherungsleistung** verwendet werden (§ 2 Abs. 2 S. 2 Nr. 2 BetrAVG), um dem Arbeitnehmer von vornherein eine dem Versicherungsnehmer angenäherte Stellung zu verschaffen.

3742 – Der ausgeschiedene Arbeitnehmer muss nach dem Versicherungsvertrag das **Recht zur Fortsetzung der Versicherung mit eigenen Beiträgen** haben (§ 2 Abs. 2 S. 2 Nr. 3 BetrAVG), um insoweit einen Anreiz zur Eigenvorsorge in Ergänzung der betrieblichen Altersversorgung zu schaffen.

3743 **§ 2 Abs. 2 S. 4–6 BetrAVG** stellen Verbotsgesetze i. S. d. **§ 134 BGB** dar; Beleihungen und Abtretungen sind daher nichtig.

3744 Erfüllt der Arbeitgeber die sozialen Aufgaben der versicherungsrechtlichen Lösung **nicht**, ist die Höhe der unverfallbaren Anwartschaft **ratierlich** gem. § 2 Abs. 2 S. 1 BetrAVG **zu berechnen**.

*ddd) Verfügungsbeschränkungen des Arbeitnehmers*

3745 Da dem Arbeitnehmer bei der versicherungsrechtlichen Lösung weitgehend die Stellung eines Versicherungsnehmers eingeräumt wird, hat er es selbst in der Hand, die Versicherung fortzusetzen oder über sie zu verfügen.

3746 Um die bestehende Anwartschaft für den Versorgungszweck zu erhalten, hat der Gesetzgeber durch § 2 Abs. 2 S. 4–6 BetrAVG mehrere Verfügungsbeschränkungen für den Arbeitnehmer angeordnet.

3747 Danach ist eine Abtretung, Beleihung oder Verpfändung der Ansprüche aus dem Versicherungsvertrag dem Arbeitnehmer verboten, soweit das geschäftsplanmäßige Deckungskapital durch Beitragszahlungen des Arbeitgebers gebildet worden ist.

3748 Davon sind auch Überschussanteile erfasst, die durch Arbeitgeberbeiträge ausgelöst worden sind.

3749 Im Falle der Kündigung der Versicherung durch den Arbeitnehmer wird sie gem. § 2 Abs. 2 S. 5 BetrAVG in eine prämienfreie Versicherung umgewandelt.

3750 Den Rückkaufwert darf der Arbeitnehmer in Höhe des durch Beitragszahlungen des Arbeitgebers gebildeten geschäftsplanmäßigen Deckungskapitals nicht vor der zum Zeitpunkt der vertraglich vorgesehenen Fälligkeit der Versicherung in Anspruch nehmen.

3751 Der Anspruch auf **Auszahlung des Rückkaufwertes** einer vom Arbeitgeber abgeschlossenen Lebensversicherung ist nach Kündigung auch dann gem. § 2 Abs. 2 S. 5, 6 BetrAVG ausgeschlossen, wenn der Arbeitgeber den von ihm gezahlten Prämienbetrag vereinbarungsgemäß vom Gehalt des Arbeitnehmers einbehält (*OLG Frankf.* 12.8.1998 NZA 1999, 1279).

#### (6) Berechnung der Höhe bei einer Pensionskasse

##### aaa) Grundlagen

Da Pensionskassen ihrer Art nach Lebensversicherungsunternehmen sind, wird in § 2 Abs. 3 BetrAVG die Berechnung der unverfallbaren Anwartschaft weitgehend **ähnlich** der Regelung für **Direktversicherungen** in § 2 Abs. 2 BetrAVG gestaltet. Auch insoweit ist also eine ratierliche Berechnungsmöglichkeit sowie eine versicherungsrechtliche Lösung vorgesehen.

##### bbb) Besonderheiten bei der versicherungsrechtlichen Lösung

Die versicherungsrechtliche Lösung bei Pensionskassen unterscheidet sich von der bei Direktversicherungen jedoch dadurch, dass eine Bezugsberechtigung des Arbeitgebers oder eine Abtretung oder Beleihung des Rechts aus dem Versicherungsvertrag nicht vorkommt und damit die **erste soziale Auflage** des § 2 Abs. 2 BetrAVG **entfällt**. Weiterhin fallen bei zahlreichen Pensionskassen keine Überschussanteile an. Hinsichtlich der Verwendung von Überschussanteilen kann die **zweite Auflage** anders als bei der Direktversicherung auch dadurch erfüllt werden, dass der Versorgungsanspruch des Arbeitnehmers während der Tätigkeit beim Arbeitgeber der **Entwicklung seines Arbeitsentgelts** folgt.

Die Versorgungsanwartschaft muss **nicht beständig** mit dem gleichen Prozentsatz und zum gleichen Zeitpunkt **wie das Arbeitsentgelt** des Arbeitnehmers **steigen**. Vielmehr ist eine **halbdynamische Versorgungszusage** ausreichend, bei der den Arbeitnehmern bei Eintritt des Versorgungsfalles ein bestimmter Prozentsatz des zuletzt vor der Pensionierung bezogenen ruhegeldfähigen Einkommens (zur Auslegung dieses Begriffs in Betriebsvereinbarungen s. *BAG* 24.1.2006 EzA § 87 BetrVG 2001 Altersversorgung Nr. 1; zur Auslegung einer einzelvertraglichen Vereinbarung s. *BAG* 15.7.2008 NZA-RR 2009, 323) versprochen wird. Eine Dynamisierung ist für Einkommensbestandteile unterhalb der Beitragsbemessungsgrenze in der gesetzlichen Rentenversicherung erforderlich, nicht dagegen für Gehaltsbestandteile darüber, ebenso wenig nach Ausscheiden des Arbeitnehmers aus dem Unternehmen.

#### (7) Berechnung der Höhe bei Unterstützungskassen

Bei Unterstützungskassen gilt grds. nur das ratierliche Berechnungsverfahren (§ 2 Abs. 4 BetrAVG). Eine versicherungsrechtliche Lösung kann nicht gewählt werden.

### cc) Auskunftspflichten

Gem. § 4a BetrAVG (ab dem 1.1.2005) ist der Arbeitgeber bereits im laufenden Arbeitsverhältnis verpflichtet, dem Arbeitnehmer bei einem berechtigten Interesse auf **dessen Verlangen** hin schriftliche Informationen über seine betriebliche Altersversorgung zu erteilen. Die Auskunftsverpflichtung erstreckt sich inhaltlich nach § 4a Abs. 1 BetrAVG sowohl darauf, »in welcher Höhe aus der bisher erworbenen unverfallbaren Anwartschaft bei Erreichen der in der Versorgungsregelung vorgesehenen Altersgrenze ein Anspruch auf Altersversorgung besteht« (Nr. 1), als auch auf die »Höhe des Übertragungswertes« nach § 4 Abs. 5 BetrAVG (Nr. 2), sofern ein Anspruch auf Übertragung gem. § 4 Abs. 3 BetrAVG besteht (vgl. *Reinecke* DB 2006, 555 ff.; s. Rdn. 3771 ff.).

Der Anspruch dient allerdings **nicht** dazu, einen **Streit über den Inhalt** des Versorgungsanspruchs **zu beseitigen**; derartige Streitigkeiten sind durch eine Klage auf Feststellung des Inhalts und der Höhe des Versorgungsanspruchs zu klären (*BAG* 23.8.2011 – 3 AZR 669/09, EzA-SD 25/2011 S. 15 LS).

### b) Abfindungsverbot

**3757** Gem. § 3 BetrAVG a. F. waren Verträge über den Verzicht auf die Versorgungsanwartschaft gegen Zahlung einer entsprechenden Entschädigung bei Beendigung des Arbeitsverhältnisses grds. verboten (Abfindungsverbot; zur Rechtsentwicklung s. 8. Aufl. Rn. 3770).

**3758** Seit dem 1.1.2005 gilt – nach einer wechselvollen Entwicklung der Gesetzeslage – nunmehr Folgendes:

#### aa) Grundlagen

**3759** Ausgehend von der Überlegung, dass die **Bedeutung von Betriebsrenten** für die Alterssicherung **zunimmt**, sollen demgegenüber ab dem 1.1.2005 den Beschäftigten **Anwartschaften** auf betriebliche Altersversorgung bis zum Rentenbeginn und laufende Betriebsrenten **bis zum Lebensende erhalten bleiben** (BT-Drs. 15/2510, S. 52); die betriebliche Altersversorgung soll also künftig vor einem vorzeitigen Konsum bewahrt werden (*Höfer* DB 2004, 1426; *Matthießen* AuR 2005, 81 ff.).

#### bb) Neuregelung der abfindbaren Bagatellanwartschaft

**3760** Deshalb liegt nach der gesetzlichen Neuregelung ab dem 1.1.2005 eine abfindbare Bagatellanwartschaft nur dann vor, wenn die beim Erreichen der vereinbarten Altersgrenze zu zahlende monatliche Altersrente 1 % bzw. bei Kapitalleistungen 120 % der monatlichen Bezugsgröße gem. § 18 SGB IV nicht übersteigt. Weitergehende Abfindungsmöglichkeiten bestehen entgegen der bisherigen Rechtslage nicht mehr (*Langohr-Plato/Teslau* NZA 2004, 1299 f.).

#### cc) Abfindung gegen den Willen des Arbeitnehmers

**3761** Liegt die Anwartschaft **unterhalb dieser Bagatellgrenze**, kann der **Arbeitgeber sie einseitig abfinden**. Eine Zustimmungspflicht des Arbeitnehmers besteht nicht, auch dann nicht, wenn die Zusage auf einer Entgeltumwandlungsvereinbarung beruht. Entgegen der bisherigen Regelung in § 3 Abs. 1 S. 3 Nr. 4 BetrAVG kann der Versorgungsberechtigte also zur Aufgabe seiner Versorgungsansprüche gezwungen werden (*Langohr-Plato/Teslau* NZA 2004, 1299 f.).

#### dd) Vorrang des Rechtsanspruchs auf Übertragung

**3762** Als Ausgleich für diese zwangsweise Abfindung enthält § 3 Abs. 2 BetrAVG einen **gesetzlich zwingenden Vorrang des Rechtsanspruchs auf Übertragung**. Die Abfindung durch den Arbeitgeber ist dann unzulässig, wenn der Arbeitnehmer von seinem Recht auf Übertragung der Anwartschaft (§ 4 Abs. 3 BetrAVG) Gebrauch macht.

#### ee) Abfindung laufender Leistungen

**3763** Gem. §§ 3 Abs. 1, 30g Abs. 2 BetrAVG gelten diese Regelungen erstmals auch entsprechend für die Abfindbarkeit laufender Leistungen, die **erstmals nach dem 31.12.2004 zur Auszahlung gelangen**. Lediglich bereits vor dem 1.1.2005 erstmals gezahlte Renten können nach wie vor in unbegrenzter Höhe abgefunden werden (*Höfer* DB 2004, 1426 ff.).

#### ff) Zulässige Abfindungsmöglichkeiten

**3764** Nicht vom Abfindungsverbot erfasst ist die Möglichkeit
- vertraglich unverfallbare Versorgungsanwartschaften und
- Anwartschaften im laufenden Arbeitsverhältnis abzufinden, wenn die Zahlung nicht im zeitlichen oder sachlichen Zusammenhang mit dessen Beendigung erfolgt;
- der Abfindung auf Verlangen des Versorgungsberechtigten, ohne dass es der Zustimmung des Arbeitgebers bedarf, wenn dem Arbeitnehmer die Beiträge zur Sozialversicherung erstattet worden sind;

## B. Pflichten des Arbeitgebers

– der Abfindung des Teils der Anwartschaft ohne Zustimmung des Arbeitnehmers, der während eines Insolvenzverfahrens erdient worden ist, wenn die Betriebstätigkeit vollständig eingestellt und das Unternehmen liquidiert wird (*Förster/Cisch* BB 2004, 2126 ff.; s. *LAG BW* 3.7.2007 LAGE § 3 BetrAVG Nr. 2).

Besteht ein **mit einer Versorgungszusage unterlegtes Arbeitsverhältnis** zu einem Arbeitgeber, über dessen Vermögen das Insolvenzverfahren eröffnet wird, sind vor Insolvenzeröffnung erworbene Anwartschaften reine Insolvenzforderungen, die zur Tabelle angemeldet werden müssen. Für gesetzlich unverfallbare Anwartschaften aus einer Direktzusage tritt der PSV ein. Besteht das Arbeitsverhältnis nach Insolvenzeröffnung mit Wirkung für die Insolvenzmasse fort, entstehen nach der Eröffnung weitere Anwartschaften zu Lasten der Masse. Diese können – unabhängig von ihrer Höhe – vom Verwalter durch eine Kapitalleistung abgefunden werden, wenn die Betriebstätigkeit vollständig eingestellt und das Unternehmen liquidiert wird (§ 3 Abs. 4 BetrAVG; s. *BAG* 22.12.2009 EzA § ■ BetrAVG Nr. 12). **3765**

### gg) Höhe der Abfindung

Für die Berechnung von Abfindungen gelten die Regelungen zur **Ermittlung des »Übertragungswertes«** im Falle der Übertragung einer Versorgungsanwartschaft bei Beendigung des Arbeitsverhältnisses gem. § 4 Abs. 5 BetrAVG entsprechend (*Förster/Cisch* BB 2004, 2126 ff.). **3766**

### hh) Gerichtlicher Vergleich

Sind die Voraussetzungen oder die Höhe des Versorgungsanspruchs streitig, so kann über beides in den Grenzen des § 138 BGB (grobes Missverhältnis hinsichtlich des beiderseitigen Nachgebens) ein gerichtlicher Vergleich abgeschlossen werden, ohne dass dadurch § 3 Abs. 1 BetrAVG verletzt wird. Auch eine Einigung, wonach keine Versorgungsrechte bestehen, wird weder durch § 17 Abs. 3 S. 3 BetrAVG noch durch § 3 Abs. 1 BetrAVG verboten. Es genügt, wenn die Parteien zuvor über die tatsächlichen Voraussetzungen des Anspruchs auf betriebliche Altersversorgung ohne abschließende Klärung gestritten haben (*BAG* 18.12.1984 EzA § 17 BetrAVG Nr. 2; 30.7.1985 EzA § 138 BGB Nr. 18). **3767**

Das gilt auch dann, wenn im Vergleich Versorgungsansprüche ausgeschlossen werden und stattdessen ein Abfindungsanspruch wegen des Verlustes des Arbeitsplatzes erhöht wird (*BAG* 23.8.1994 EzA § 3 BetrAVG Nr. 4).

### ii) Rechtsfolgen des Verstoßes gegen § 3 BetrAVG

Ein Verstoß gegen § 3 BetrAVG führt zur Nichtigkeit der Abfindungsvereinbarung gem. § 134 BGB. Das gilt z. B. auch für eine Vereinbarung zwischen Arbeitgeber und Arbeitnehmer über die **Verrechnung künftiger Rentenansprüche** mit Ansprüchen auf eine Abfindung gem. §§ 9, 10 KSchG. Der Arbeitnehmer kann dann im Versorgungsfall seine Betriebsrente ungekürzt verlangen (*BAG* 24.3.1998 EzA § 3 BetrAVG Nr. 5; 21.3.2000 EzA § 3 BetrAVG Nr. 6). Das gilt z. B. auch für den Fall, dass eine in einem **Aufhebungsvertrag** vereinbarte **Abfindung** für den Verlust des Arbeitsplatzes mit der bis zur Vollendung des 60. Lebensjahres entstehenden **betrieblichen Invaliditätsrente verrechnet** werden soll (*BAG* 17.10.2000 EzA § 3 BetrAVG Nr. 7). Dem Arbeitgeber kann jedoch nach § 812 Abs. 1 S. 2 BGB ein **Bereicherungsanspruch** gegen den Arbeitnehmer auf Rückzahlung der Abfindung zustehen; § 817 S. 2 BGB schließt diesen Anspruch nicht aus (*BAG* 17.10.2000 EzA § 3 BetrAVG Nr. 7). Allerdings führt § 3 BetrAVG nur zur Aufrechterhaltung der bei Abschluss des Abfindungsvertrages bereits bestehenden Versorgungszusagen; die Regelung dient nicht deren Erhöhung (*BAG* 20.11.2001 EzA § 3 BetrAVG Nr. 8). **3768**

c) *Übertragung unverfallbarer Anwartschaften*

aa) *Zweck des § 4 BetrAVG*

3769 Gem. § 4 BetrAVG kann der Arbeitgeber aufrechtzuerhaltende Anwartschaften unter Zustimmung des Arbeitnehmers auf bestimmte **andere Versorgungsträger** übertragen. Dem Arbeitnehmer soll eine Bonitätsprüfung der die Versorgungsschuld übernehmenden Person nicht zugemutet werden und eine ausreichende Haftungsmasse erhalten bleiben. Die Regelung dient ferner dem Schutz des PSV vor unerwünschten Haftungsrisiken (*BAG* 17.3.1987 EzA § 4 BetrAVG Nr. 3).

bb) *Übernahme durch andere Versorgungsträger*

3770 Seit dem 1.1.2005 gilt insoweit Folgendes:

*(1) Haftungsbefreiende Schuldübernahme*

3771 Nach der Neufassung des § 4 Abs. 2 BetrAVG ist wie bislang die einvernehmliche Übernahme der Versorgungsverpflichtung durch den Folgearbeitgeber im Wege der haftungsbefreienden Schuldübernahme durch einen dreiseitigen Vertrag möglich. Die Zusage kann auch auf einem anderen Durchführungsweg als zuvor gewählt fortgesetzt werden (*Förster/Cisch* BB 2004, 2126 ff.; *Höfer* DB 2004, 1426 ff.). Im Gegensatz zur bisherigen Regelung gestattet § 4 BetrAVG künftig nur noch die haftungsbefreiende Schuldübernahme durch den Folgearbeitgeber. Die bislang vorgesehenen weiteren Übernahmemöglichkeiten durch eine Pensionskasse, eine Lebensversicherung oder einen öffentlich-rechtlichen Versorgungsträger wurden – da praktisch bedeutungslos – gestrichen (*Langohr-Plato/Teslau* NZA 2004, 1301).

Nach § 4 Abs. 2 BetrAVG ist für eine wirksame Übertragung von Versorgungsanwartschaften Voraussetzung, dass zuvor das **Arbeitsverhältnis mit dem alten Arbeitgeber beendet** worden ist. Solange der bisherige Versorgungsschuldner noch Arbeitgeber des Arbeitnehmers ist, kann seine Verpflichtung nicht mit schuldbefreiender Wirkung von einem Dritten übernommen werden. Wird in derselben Urkunde sowohl die Aufhebung des Arbeitsverhältnisses zwischen dem Arbeitnehmer und dem bisherigen Arbeitgeber als auch die Schuldübernahme nach § 4 Abs. 2 BetrAVG vereinbart, führt § 4 Abs. 2 BetrAVG zu einer derart engen Verflechtung der Rechtsbeziehungen der Vertragsparteien des Aufhebungsvertrags und denen des Schuldübernahmevertrags, dass eine Anfechtungserklärung auch gegenüber dem neuen Arbeitgeber erforderlich ist. Eine **isolierte Anfechtung** nur des Aufhebungsvertrags ist **nicht möglich**. Schadensersatzansprüche wegen Verschuldens bei Vertragsanbahnung nach § 280 Abs. 1 S. 1, § 311 Abs. 2 Nr. 1, § 249 Abs. 1 BGB können neben einer Anfechtung nach § 123 BGB geltend gemacht werden. Wird ein Arbeitnehmer selbst hinsichtlich des Abschlusses eines Aufhebungsvertrags initiativ, darf es ihm der Arbeitgeber grds. überlassen, sich über die Folgen und Risiken seines Ausscheidens zu unterrichten und muss ihn auf Zahlungsschwierigkeiten nicht hinweisen. Verletzt der Arbeitgeber die ihn bei Anbahnung eines Aufhebungsvertrags treffenden Aufklärungspflichten, so kann der Arbeitnehmer keine Aufhebung des Aufhebungsvertrags, sondern nur finanzielle Entschädigung verlangen (*BAG* 24.2.2011 EzA § 611 BGB 2002 Aufhebungsvertrag Nr. 8).

*(2) Portabilität*

3772 Mit der zum 1.1.2005 neu eingeführten sog »Portabilität« soll die Mobilität der Arbeitnehmer gefördert und die Ansprüche der Versorgungsberechtigten möglichst nur auf einen Versorgungsträger konzentriert werden. Dabei wird nicht wie nach altem Recht die Versorgungszusage selbst, sondern nur deren Wert übertragen und als Einmalprämie in das Versorgungssystem des neuen Arbeitgebers eingebracht. Er kann vom neuen Arbeitgeber zur Finanzierung eines völlig anderen Versorgungsplans verwendet werden; eine inhaltliche Identität von Leistungsarten, Leistungsumfang und/oder Leistungsvoraussetzungen ist nicht erforderlich. Konsequenz ist der rechtliche Untergang der ursprünglichen Versorgungsverpflichtung beim alten Arbeitgeber (vgl. § 4 Abs. 6 BetrAVG) und zur Erteilung einer davon haftungsrechtlich unabhängigen Neuzusage, auf die die

Regelungen zur Entgeltumwandlung entsprechend Anwendung finden, § 4 Abs. 2 Nr. 2 BetrAVG (vgl. *Langohr-Plato/Teslau* NZA 2004, 1353; *Reinsch/Novara/Stratmann* NZA 2011, 10 ff.). Das Gesetz unterscheidet dabei zwischen freiwilliger Portabilität und dem Rechtsanspruch des Arbeitnehmers; vorgesehen ist zudem die Bestimmung des Übertragungswertes (*Reichenbach/Jocham* BB 2008, 1786 ff.).

*(3) Erweiterung der Auskunftsansprüche*

Durch § 4a BetrAVG hat der Gesetzgeber die **Auskunftsansprüche** des Versorgungsberechtigten wesentlich erweitert. 3773

*cc) Rechtsfolgen der Übertragung*

Die Rechtsfolgen der Übertragung bestimmen sich nach **§§ 417, 418 BGB**; die Unverfallbarkeitsfristen beginnen nicht neu (vgl. § 1b Abs. 1 S. 3 BetrAVG). Auch der Insolvenzschutz wird grds. nicht berührt. 3774

Ist der Übernehmer neuer Arbeitgeber des Arbeitnehmers, trägt er die Beitragspflicht zum Pensionssicherungsverein gem. § 10 BetrAVG; im Zweifel obliegt ihm auch die Anpassungsprüfungspflicht des § 16 BetrAVG. 3775

Geht die Versorgungsverpflichtung auf einen Versicherer über, so verbleibt die Anpassungsprüfungspflicht beim bisherigen Arbeitgeber. 3776

*dd) Rechtsfolgen von Verstößen gegen § 4 BetrAVG*

Eine Übertragung, die gegen § 4 BetrAVG verstößt, ist gem. **§ 134 BGB** nichtig. Allerdings kann die fehlgeschlagene Schuldübernahme als kumulativer Schuldbeitritt zu bewerten sein, sodass der Versorgungsberechtigte auch den Übernehmenden in Anspruch nehmen kann. Der bisherige Arbeitgeber bleibt aber jedenfalls weiterhin zur Beitragszahlung an den Pensionssicherungsverein verpflichtet. 3777

**d) Anrechnungsverbot**

*aa) Zweck der gesetzlichen Regelung*

Um den Arbeitgeber nicht durch Eigenvorsorgemaßnahmen des Arbeitnehmers zu entlasten, dürfen nach § 5 Abs. 2 BetrAVG Leistungen der betrieblichen Altersversorgung durch Anrechnung oder Berücksichtigung anderer Versorgungsbezüge, soweit sie auf eigenen Beiträgen des Versorgungsempfängers beruhen, nicht gekürzt werden. 3778

Zu den Versorgungsbezügen, die auf eigenen Beiträgen des Versorgungsempfängers beruhen, können z. B. solche aus **privaten Lebensversicherungen** des Arbeitnehmers, Gehaltverwendungsversicherungen, Direktversicherungen, Pensionskassen bei demselben Arbeitgeber, soweit auch tatsächlich auf Eigenbeiträgen des Arbeitnehmers beruhend, **Versorgungsleistungen von Berufsverbänden**, Leistungen aus der Weiterführung betrieblicher Versorgungszusagen eines früheren Arbeitgebers durch den Arbeitnehmer selbst oder Leistungen aus der Höherversicherung oder der freiwilligen Versicherung in der gesetzlichen Rentenversicherung gehören. 3779

▶ Beispiele: 3780
– Deshalb dürfen Leistungen einer Krankengeldtageversicherung auf eine wegen Berufsunfähigkeit gewährte Betriebsrente nicht angerechnet werden, wenn die Beiträge vom Arbeitnehmer allein erbracht werden. Die Vorschrift, die eine entsprechende Anrechnung vorsieht, ist wegen Verstoßes gegen den Gleichbehandlungsgrundsatz unwirksam (*BAG* 25.10.1983 EzA § 5 BetrAVG Nr. 11).
– Dagegen kann die Anrechnung eines Leistungszuschlags der gesetzlichen Knappschaftsversicherung auf eine betriebliche Gesamtversorgung jedenfalls für solche Fälle vorgesehen wer-

den, in denen das erhöhte Verletzungsrisiko des früheren Bergmannes durch eine beamtenähnliche Versorgung voll abgesichert ist (*BAG* 8.4.1986 EzA § 5 BetrAVG Nr. 15).
– § 5 Abs. 2 BetrAVG verbietet nur die Anrechnung von Versorgungsbezügen, die auf Beiträgen des Arbeitnehmers beruhen; dies trifft aber auf die **Versorgung von Abgeordneten** nicht zu (*BAG* 23.9.2003 EzA § 5 BetrAVG Nr. 33).

*bb) Erfasste Leistungen der betrieblichen Altersversorgung*

3781   Das Anrechnungsverbot gilt nicht für Renten aus den gesetzlichen Rentenversicherungen, soweit sie auf Pflichtbeiträgen beruhen, sowie für sonstige Versorgungsbezüge, die mindestens zur Hälfte auf Beiträgen oder Zuschüssen des Arbeitgebers beruhen (vgl. § 5 Abs. 2 BetrAVG).

3782   Zulässig ist folglich eine betriebliche Versorgungsregelung, die so konzipiert ist, dass bei Eintritt eines Versorgungsfalles auf Grund der Höhe der anzurechnenden anderweitigen Versorgungsleistungen eine **Betriebsrente erst gar nicht entsteht** (*LAG Düsseld.* 7.5.1980 DB 1980, 2090).

3783   Allerdings darf eine Versorgungsordnung bei der Bemessung des Versorgungsanspruchs nicht auf den Zeitpunkt der Beendigung des Arbeitsverhältnisses und für die Berücksichtigung der Sozialversicherungsrente auf den Zeitpunkt des Versorgungsfalles abstellen, da eine solche Regelung die mit einer unverfallbaren Anwartschaft ausgeschiedenen Arbeitnehmer schlechter stellt als die im Betrieb verbliebenen Arbeitnehmer und damit gegen den **Gleichbehandlungsgrundsatz** verstößt (*BAG* 20.3.1984 EzA § 242 BGB Ruhegeld Nr. 104).

3784   Sieht im Übrigen eine Betriebsvereinbarung über eine Gesamtversorgung die **Anrechnung der gesetzlichen Rente auf die Betriebsrente vor**, so spricht dies dafür, dass der vom Arbeitgeber übernommene Arbeitnehmeranteil an den Beiträgen zur gesetzlichen Rentenversicherung nicht zum »pensionsfähigen Gehalt« i. S. d. Pensionsordnung gehört (*BAG* 19.8.2008 – 3 AZR 1101/06, NZA-RR 2009, 274).

*cc) Einzelfragen*

*(1) Tarifliche Regelungen*

3785   Ein tarifvertragliches Versorgungswerk kann bestimmen, dass die tariflichen Versorgungsleistungen auf die Leistungen bereits bestehender betrieblicher Versorgungswerke anrechenbar sind (*BAG* 19.7.1983 AP Nr. 1 zu § 1 BetrAVG Zusatzversorgungskasse).

3786   Eine derartige Regelung mit dem Wortlaut »Die Leistungen der Kasse können auf Leistungen aus betrieblichen Altersversorgungen angerechnet werden« bewirkt nicht unmittelbar die Kürzung betrieblicher Ruhegelder. Sie gibt nur die Möglichkeit, bestehende Ruhegelder an die neue tarifrechtliche Lage anzupassen und die Anrechnung von Renten der Zusatzversorgungskasse auf Betriebsrenten einzuführen. Dazu bedarf es einer Erklärung des Arbeitgebers. Diese muss in genereller Form abgegeben werden, wenn die bestehenden Versorgungsrechte auf einer betrieblichen Versorgungsordnung beruhen.

Hat der Arbeitgeber nach Errichtung der Zusatzversorgungskasse jahrelang keine Anrechnung der Kassenrente vorgesehen und sogar die betriebliche Versorgungsordnung geändert, ohne die neue tarifrechtliche Lage zu berücksichtigen, so dürfen die Arbeitnehmer darauf vertrauen, dass sie die versprochene Betriebsrente neben der tariflichen Kassenrente beziehen sollen (*BAG* 19.7.1983 AP Nr. 1 zu § 1 BetrAVG Zusatzversorgungskassen).

3787   Sollen dagegen nach einer geänderten Versorgungsordnung Leistungen der ZVK für das Baugewerbe auf die Betriebsrente angerechnet werden, ist i. d. R. eine Anrechnung nur in dem Umfang möglich, in dem ein Versorgungsberechtigter solche Leistungen **tatsächlich erhält**. Erhalten Hinterbliebene keine Leistungen von der ZVK mehr, dürfen sie bei der Berechnung der Hinterbliebenenrente nicht berücksichtigt werden (*BAG* 11.2.1992 AP Nr. 33 zu § 1 BetrAVG Unterstützungskassen).

## (2) Anrechnung von Einkünften

Eine Versorgungszusage kann auch vorsehen, dass Einkünfte des Versorgungsberechtigten aus **selbstständiger und unselbstständiger Tätigkeit** auf die Versorgungsleistungen angerechnet werden; zu beachten sind allerdings die Grenzen des Willkürverbots sowie des Gleichbehandlungsgrundsatzes (*BAG* 9.7.1991 EzA § 5 BetrAVG Nr. 26). 3788

## (3) Karenzentschädigungen

Karenzentschädigungen aus Wettbewerbsverboten können auf eine Betriebsrente angerechnet werden. Voraussetzung ist aber, dass dies **klar zum Ausdruck gebracht wird** (*BAG* 26.2.1985 EzA § 74 HGB Nr. 45). 3789

Ob andererseits eine Betriebsrente gem. § 74c HGB auf die Karenzentschädigung anzurechnen ist, hat das *BAG* (26.2.1985 EzA § 74 HGB Nr. 45) zwar bezweifelt, letztlich aber offen gelassen. 3790

## (4) Renten

### aaa) Grundlagen

Sieht eine betriebliche Versorgungsregelung vor, dass die »Rente aus der gesetzlichen Rentenversicherung« bei der Ermittlung einer Gesamtversorgungsobergrenze berücksichtigt werden soll, so ist damit im Zweifel der Betrag der Bruttorente gemeint (*BAG* 10.3.1992 EzA § 5 BetrAVG Nr. 28; 14.12.1999 EzA § 1 BetrAVG Invalidität Nr. 2). Der Zuschuss des Rentenversicherungsträgers zur Kranken- und Pflegeversicherung erhöht den Bruttobetrag der Rente nicht (*BAG* 14.12.1999 EzA § 1 BetrAVG Invalidität Nr. 2). 3791

Wenn insoweit nicht die Brutto-, sondern die Nettoversorgung maßgebend sein soll, muss dies in der Versorgungsordnung Ausdruck finden (*BAG* 5.10.1999 EzA § 17 BetrAVG Nr. 7). Im Rahmen eines Gesamtversorgungssystems kann die gesetzliche Altersrente auch insoweit angerechnet werden, als sie auf der Anrechnung von Kindererziehungszeiten beruht (*BAG* 5.12.1995 EzA § 5 BetrAVG Nr. 29).

Die Anrechnung ist unabhängig davon zulässig, ob der Arbeitnehmer früher bei anderen Arbeitgebern sozialversicherungspflichtig beschäftigt gewesen ist (*BAG* 17.5.1988 EzA § 5 BetrAVG Nr. 19). Der auf dem Wegfall der Berlinzulage beruhende geringere Anstieg der Nettolöhne kann bei der Ermittlung der reallohnbezogenen Obergrenze zu berücksichtigen sein (*BAG* 23.5.2000 NZA 2001, 1076).

Sieht ein Gesamtversorgungssystem die Berücksichtigung »**der Sozialrente**« vor, so ist die vom Arbeitnehmer erdiente und nicht die in Folge eines Versorgungsausgleichs geminderte oder erhöhte gesetzliche Rente anzurechnen (*BAG* 20.3.2001 NZA 2002, 274). 3792

▶ **Beispiele:** 3793
- Setzt sich die betriebliche Altersrente aus einem dienstzeitunabhängigen Sockelbetrag und aus dienstzeitabhängigen Steigerungsbeträgen zusammen, dürfen Versorgungsleistungen aus **vorangegangenen Arbeitsverhältnissen** auf den Sockelbetrag angerechnet werden. Eine solche Anrechnungsregelung verstößt nicht gegen § 5 Abs. 2 BetrAVG und den Gleichbehandlungsgrundsatz. Versorgungsansprüche des Arbeitnehmers gegen eine von einem früheren Arbeitgeber finanzierte Unterstützungskasse beruhen nicht auf eigenen Beiträgen des Arbeitnehmers. Es ist nicht willkürlich, wenn derjenige Arbeitnehmer ein höheres Ruhegeld erhält, dem es nicht gelungen ist, in früheren Arbeitsverhältnissen eine betriebliche Altersversorgung mindestens in Höhe des kürzbaren Sockelbetrages zu erwerben (*BAG* 20.11.1990 EzA § 5 BetrAVG Nr. 24).
- Eine auf Pflichtbeiträgen beruhende Rente kann auch dann angerechnet werden, wenn erst durch **freiwillige Beiträge** die Wartezeit für die gesetzliche Rente erfüllt worden ist. Allerdings bleibt sie dann in dem Umfang, in dem die Sozialversicherungsrente aus den freiwilligen Bei-

# Kapitel 3
## Der Inhalt des Arbeitsverhältnisses

- trägen fließt, von der Anrechnung ausgenommen (*BAG* 19.2.1976 EzA § 242 BGB Ruhegeld Nr. 49).
- Eine Anrechnung einer Sozialversicherungsrente ist möglich, wenn sie zum Teil auf einer **Zweitbeschäftigung** beruht, für die keine betriebliche Altersversorgung gewährt wird (*BGH* 16.10.1985 BB 1986, 880). Sie braucht auch grds. nicht um den Beitragsanteil zur Krankenversicherung der Rentner gekürzt zu werden (*BAG* 10.3.1992 EzA § 5 BetrAVG Nr. 28).
- Zu den anrechenbaren Renten zählen die **Renten der Arbeiter und Angestellten** und die aus der knappschaftlichen Rentenversicherung, **nicht** dagegen das **Altersruhegeld für Landwirte** (nach dem Gesetz über eine Altershilfe für Landwirte, GAL; *BAG* 5.9.1989 AP Nr. 32 zu § 5 BetrAVG). Denn dieses ist mit Leistungen aus den gesetzlichen Rentenversicherungen nicht vergleichbar. Versorgungsordnungen, in denen dem Arbeitnehmer eine Gesamtversorgung zugesagt wird und die deshalb die Anrechnung von Renten aus den gesetzlichen Rentenversicherungen auf die Betriebsrente vorsehen, erfassen das Altersruhegeld nur bei eindeutigem Wortlaut (*BAG* 5.9.1989 AP Nr. 32 zu § 5 BetrAVG).

### bbb) Beamtenähnliche Grundversorgung

3794 Sollen Renten aus der gesetzlichen Rentenversicherung auf eine beamtenähnliche Gesamtversorgung angerechnet werden, bedarf es hierfür einer **besonderen Rechtsgrundlage**. Die Arbeitsvertragsparteien des öffentlichen Dienstes können vereinbaren, dass Renten aus der gesetzlichen Rentenversicherung nur angerechnet werden, soweit sie im öffentlichen Dienst erworben sind.

### dd) Anrechnung bei geringerer Beteiligung des Arbeitgebers

3795 Beruhen die Versorgungsbezüge zu weniger als der Hälfte auf Beiträgen oder Zuschüssen des Arbeitgebers, so kann nur eine Anrechnung gem. **§ 5 Abs. 2 S. 1 BetrAVG** vorgenommen werden, d. h. der auf eigenen Beiträgen des Versorgungsempfängers beruhende Teil des Gesamtanspruchs ist nicht in die Anrechnung einzubeziehen.

### ee) Sonstige Anrechnungsverbote

3796 § 5 BetrAVG stellt **keine abschließende Regelung** dar. Daneben kommen auch Anrechnungsbegrenzungen nach sonstigen gesetzlichen Vorschriften und allgemeinen Rechtsgrundsätzen (Gleichbehandlung, Willkürverbot) zur Anwendung.

#### (1) Unfall-, Verletztenrenten

##### aaa) Grundlagen

3797 Renten aus der gesetzlichen Unfallversicherung, zu der allein der Arbeitgeber beitragspflichtig ist, unterliegen nicht dem Anrechnungsverbot (*BAG* 29.7.2003 NZA 2005, 712 LS). Eine Unfallrente kann allerdings nur dann anrechenbar sein, wenn sie dazu bestimmt ist, **Verdienstminderungen** zu ersetzen (*BAG* 29.7.2003 NZA 2005, 712 LS). Das gilt auch bei schwer behinderten Menschen; das SGB IX steht dem nicht entgegen (*BAG* 19.7.1983 EzA § 5 BetrAVG Nr. 6). Dagegen verstößt es gegen das Gleichbehandlungsgebot, wenn auch der Teil der Unfallrente angerechnet wird, der **immaterielle Schäden und sonstige Einbußen** ausgleicht (*BAG* 29.7.2003 NZA 2005, 712 LS).

3798 Da die gesetzliche Unfallversicherung keine Aufteilung der Verletztenrente je nach dem Zweck der Bezüge kennt, kommt es auf die **Aufteilung durch die betriebliche Versorgungsregelung** an. Ist diese unbillig oder enthält sie keine Regelung, so gilt der Maßstab des BetrAVG entsprechend: Derjenige Teil der Unfallrente ist anrechnungsfrei, der der Grundrente eines Versorgungsberechtigten nach dem BVersG bei vergleichbarer Minderung der Erwerbsfähigkeit entspricht. Diese teilweise Anrechnung der Verletztenrente ist sowohl bei Gesamtversorgungszusagen mit Anrechnungsklausel als auch bei Gesamtversorgungsobergrenzen sowie bei normalen Anrechnungsklauseln in Versorgungszusa-

## B. Pflichten des Arbeitgebers

gen zulässig (*BAG* 19.7.1983 EzA § 5 BetrAVG Nr. 5; 19.7.1983 EzA § 5 BetrAVG Nr. 6; 24.3.1987 EzA § 5 BetrAVG Nr. 16).

#### bbb) Partielle Anrechnung

Zulässig ist im Allgemeinen auch eine Regelung in einer Versorgungsordnung, dass die Verletztenrente der gesetzlichen Unfallversicherung im Rahmen einer Gesamtversorgung zur Hälfte angerechnet wird (*BAG* 10.4.1984 EzA § 5 BetrAVG Nr. 12). 3799

Unbillig und daher unwirksam ist aber z. B. eine betriebliche Versorgungsregelung, die sich darauf beschränkt, bei der Anrechnung von Unfallrenten die Höchstgrenze der Gesamtversorgung um 10 % der ruhegehaltsfähigen Bezüge anzuheben (*BAG* 19.7.1983 EzA § 5 BetrAVG Nr. 6).

Eine partielle Anrechnung der Unfallrente ist auch dann möglich, wenn eine Verletztenrente auf Grund einer **Minderung der Erwerbsfähigkeit** von 30 % oder weniger gezahlt wird. Die teilweise Anrechnung wird nicht dadurch ausgeschlossen, dass sich der Unfallgeschädigte seinen Anspruch auf die Verletztenrente abfinden lässt. Die Anrechnung ist auch dann zulässig, wenn der Abfindungsbetrag inzwischen – rechnerisch – durch Anrechnung auf die betrieblichen Versorgungsleistungen aufgezehrt ist (*BAG* 23.2.1988 EzA § 5 BetrAVG Nr. 18; 6.6.1989 EzA § 5 BetrAVG Nr. 22). 3800

#### ccc) Unerheblichkeit des Unfallzeitpunktes

Für die Anrechenbarkeit der Unfallrente ist es unerheblich, ob sie wegen eines Arbeitsunfalls aus der Zeit vor der Begründung des Arbeitsverhältnisses, aus dem die betriebliche Altersversorgung resultiert, folgt und während der Dauer des Arbeitsverhältnisses neben dem Lohn gezahlt wurde (*BAG* 23.2.1988 EzA § 5 BetrAVG Nr. 18). 3801

#### ddd) Hinterbliebenenversorgung

Die Grundsätze der beschränkten Anrechenbarkeit von Verletztenrenten sind im Bereich der Hinterbliebenenversorgung **nicht anwendbar**. Gesetzliche Unfallwitwenrenten können auf Leistungen der betrieblichen Hinterbliebenenversorgung zumindest dann angerechnet werden, **wenn Unfallwitwen wenigstens ein Versorgungsvorsprung** vor anderen Hinterbliebenenrenten erhalten bleibt (*BAG* 6.8.1985 EzA § 5 BetrAVG Nr. 14). 3802

### (2) Spezialgesetzliche Anrechnungsverbote

Spezialgesetzliche Anrechnungsverbote finden sich in § 123 SGB IX, § 83 BVersG. 3803

### e) Auszehrungsverbot

#### aa) Begriffsbestimmung

Nach § 5 Abs. 1 BetrAVG dürfen die bei Eintritt des Versorgungsfalls festgesetzten Leistungen der betrieblichen Altersversorgung nicht mehr dadurch gemindert oder entzogen werden, dass Beträge, um die sich andere Versorgungsbezüge nach diesem Zeitpunkt durch Anpassung an die wirtschaftliche Entwicklung erhöhen, angerechnet oder bei Begrenzung der Gesamtversorgung auf einen Höchstbetrag berücksichtigt werden. Eine Auszehrung in diesem Sinne liegt vor, **wenn die Betriebsrenten unter den bei Eintritt des Versorgungsfalles festgesetzten Betrag sinken**. Die vom selben Arbeitgeber gewährten Versorgungsleistungen sind dabei i. d. R. auch dann als **Einheit** anzusehen, wenn sie auf verschiedene Versorgungsformen verteilt sind (*BAG* 5.10.1999 EzA § 17 BetrAVG Nr. 7). 3804

#### bb) Erfasste Leistungen

Betroffen von diesem Auszehrungsverbot sind **nur laufende Leistungen** der betrieblichen Altersversorgung, **nicht** dagegen **Anwartschaften** (*BAG* 18.12.1975 EzA § 242 BGB Ruhegeld Nr. 48). 3805

**3806** Der bei der Pensionierung festgesetzte Betrag darf bei einem **Gesamtversorgungssystem** auch dann nicht wegen der Anpassung der Sozialversicherungsrenten unterschritten werden, wenn die Gesamtversorgung selbst dynamisiert ist, selbst wenn eine Gesamtversorgungsobergrenze überschritten wird (*BAG* 13.7.1978 EzA § 5 BetrAVG Nr. 2). Zulässig ist jedoch ein Auf und Ab der betrieblichen Versorgungsleistungen oberhalb der erstmalig festgesetzten Summe.

**3807** Das Auszehrungsverbot **gilt nicht für Angestellte des öffentlichen Dienstes**, die Anspruch auf eine dynamische Gesamtversorgung haben (§ 18 Abs. 1 S. 1 BetrAVG). Diese besondere gesetzliche Regelung verstößt nicht gegen Art. 3 Abs. 1 GG (*BAG* 28.6.1983 EzA § 5 BetrAVG Nr. 9).

*cc) Andere Versorgungsbezüge*

**3808** Andere Versorgungsbezüge i. S. d. § 5 Abs. 1 BetrAVG sind alle gesetzlichen und privatrechtlichen Versorgungsleistungen, also auch Betriebsrenten aus unverfallbaren Anwartschaften von **Vorarbeitgebern**, nicht dagegen Versorgungsleistungen desselben Arbeitgebers. Soll nach der Versorgungszusage eine **Sozialversicherungsrente** auf die betriebliche Altersversorgung angerechnet werden, **so gilt dies auch für eine kapitalisierte Auszahlung der sozialversicherungsrechtlichen Rente** (*LAG Köln* 16.7.2004 NZA-RR 2005, 381).

**3809** ▶ Beispiel:
– Im Rahmen von Gesamtversorgungssystemen können auch die **Altersentschädigungen ehemaliger Abgeordneter** der Bremischen Bürgerschaft auf Leistungen der betrieblichen Altersversorgung angerechnet werden. Aus dem Teilzeitcharakter der Mandatsausübung folgt kein Anrechnungsverbot (*BAG* 23.9.2003 EzA § 5 BetrAVG Nr. 33).

*dd) Leistungserhöhungen*

**3810** Vom Auszehrungsverbot betroffen sind Leistungserhöhungen, die **in Anpassung an die wirtschaftliche Entwicklung** vorgenommen werden, insbes. die Anpassung laufender Leistungen aus der gesetzlichen Rentenversicherung auf Grund der Rentenanpassungsgesetze, aber auch die Anpassung gem. § 16 BetrAVG oder auf Grund von vertraglichen Dynamisierungsklauseln.

**3811 Nicht betroffen** sind Erhöhungen, die auf **persönlichen Gründen** beruhen, etwa auf einem Wechsel von der Berufs- zur Erwerbsunfähigkeit oder bei Eintritt eines zusätzlichen Versorgungsfalles.

*ee) Rechtsfolgen bei Verstößen gegen § 5 BetrAVG*

**3812** § 5 Abs. 1 BetrAVG entgegenstehende vertragliche Regelungen sind gem. **§ 134 BGB** nichtig. Bei einer rechtswidrigen Kürzung von Versorgungsleistungen hat der Betriebsrentner Anspruch auf den Differenzbetrag zwischen der festgesetzten und der gekürzten Rente. Bei rechtswidriger Anrechnung besteht ein entsprechender Nachforderungsanspruch. Allerdings kann gem. § 17 Abs. 3 S. 1 BetrAVG in **Tarifverträgen** vom Auszehrungsverbot abgewichen werden. Eine derartige Abweichung muss nicht als solche gekennzeichnet werden. Es genügt, dass sich dies **zweifelsfrei** aus den tarifvertraglichen Regelungen **ergibt**. Abweichungen in diesem Sinne berühren nicht die Unverfallbarkeitsregelung des § 1b Abs. 1 BetrAVG, an die auch die Tarifvertragsparteien gebunden sind (*BAG* 5.10.1999 EzA § 17 BetrAVG Nr. 7).

*f) Flexible Altersgrenze*

*aa) Möglichkeiten der vorzeitigen Altersrente aus der gesetzlichen Rentenversicherung*

*(1) Normative Regelungen*

**3813** Die Möglichkeiten zur Inanspruchnahme der vorzeitigen Altersrente aus der gesetzlichen Rentenversicherung ergeben sich aus **§ 45 SGB VI** (Bergmannsrenten), **§§ 36, 41 Abs. 2, 77 Abs. 2 SGB VI** (für langjährig Versicherte), **§ 37 SGB VI** (schwerbehinderte Menschen i. S. d. § 68 SGB IX), **§ 23 Abs. 2 SGB VI** (Berufsunfähige), **§ 44 Abs. 2 SGB VI** (Erwerbsunfähige), **§ 61 SGB VI** (langjährig unter Tage beschäftigte Bergleute), §§ 38, 39, 41 Abs. 1 SGB VI (weibliche Versicherte); s. Kap. 8 Rdn. 256 ff.

Die flexible Altersgrenze lag bis zum 31.12.2007 zwischen 60 und 65 Jahren (Regelaltersgrenze) je nach der im Einzelfall anwendbaren normativen Regelung sowie nach dem Geburtsdatum des Arbeitnehmers; ab dem 1.1.2008 liegt sie zwischen 62 und 67 Jahren. **3814**

### (2) Zweck und Voraussetzungen der gesetzlichen Regelung

Hintergrund des § 6 BetrAVG ist die flexible Altersgrenze. **3815**

Voraussetzung ist die sich aus dem Rentenbescheid des Rentenversicherungsträgers ergebende **Berechtigung, die vorzeitige Altersrente zu beziehen.** Erforderlich ist, dass die gesetzliche Altersrente **in voller Höhe** in Anspruch genommen wird. Der Bezug einer Teilrente nach § 42 SGB VI löst noch keine Ansprüche nach § 6 BetrAVG aus. **3816**

§ 6 BetrAVG enthält keine Regelung zur Berechnung der vorgezogenen Betriebsrente eines Betriebsrentners, der vorzeitig mit einer unverfallbaren Versorgungsanwartschaft aus dem Arbeitsverhältnis ausgeschieden ist. Wenn eine Versorgungsordnung die Berechnung der vorgezogenen Betriebsrente eines bis zum vorgezogenen Ruhestand betriebstreuen Arbeitnehmers regelt, wegen des Eintritts der Unverfallbarkeit aber nur dem Grunde nach auf die Regelungen des BetrAVG verweist, sind die erstgenannten Regeln nicht ohne weiteres auch auf die Berechnung des Anwartschaftswertes zu übertragen. Der Arbeitgeber kann in einem solchen Fall auf die Rechtsgedanken des § 2 Abs. 1 BetrAVG zurückgreifen, darf die fehlende Betriebstreue des Arbeitnehmers zwischen dem Eintritt in den vorgezogenen Ruhestand und dem Erreichen der festen Altersgrenze aber nicht zweimal mindernd berücksichtigen (*BAG* 7.9.2004 EzA § 6 BetrAVG Nr. 27. **3817**

Insoweit wird der **geringeren Betriebszugehörigkeit** meist durch **analoge Anwendung des § 2 Abs. 1 BetrAVG (m/n-Kürzung) Rechnung getragen.** § 6 BetrAVG **zwingt aber nicht dazu**, diesen Weg zu beschreiten. Der fehlenden Betriebszugehörigkeit kann auch durch eine **aufsteigende Berechnung** oder auf andere angemessene Weise **Rechnung getragen** werden. Die Erhöhung des rechtlich unproblematischen versicherungsmathematischen Abschlags von 0,5 % pro Monat der vorgezogenen Inanspruchnahme der Betriebsrente um weitere 0,1 % auf insgesamt 0,6 % als Ausgleich der geringeren Betriebszugehörigkeit ist z. B. angemessen, denn dies ist für den Versorgungsberechtigten günstiger als eine zeitratierliche Kürzung analog § 2 Abs. 1 BetrAVG (*BAG* 29.4.2008 EzA § 2 BetrAVG Nr. 30; s. a. *BAG* 29.9.2010 EzA § 6 BetrAVG Nr. 29).

### (3) Erfüllung der Leistungsvoraussetzungen der betrieblichen Altersversorgung

Vorgezogene betriebliche Altersleistungen kann ein Arbeitnehmer nur in Anspruch nehmen, wenn er zum Zeitpunkt des Rentenbeginns Leistungen der betrieblichen Altersversorgung beanspruchen kann oder ein solcher Anspruch entstehen kann, weil etwa vorgeschriebene Wartezeiten noch erfüllt werden können. **3818**

Ist seine Wartezeit, die bis zum 65. Lebensjahr (ab dem 1.1.2008 bis zum 67. Lebensjahr) noch zurückgelegt werden kann, nicht erfüllt, kann der Arbeitnehmer Leistungen der betrieblichen Altersversorgung nach Ablauf der Wartezeit verlangen (*BAG* 28.2.1989 EzA § 6 BetrAVG Nr. 12). **3819**

Der Arbeitnehmer muss bei seinem Ausscheiden alle anderen Leistungsvoraussetzungen der Versorgungsordnung erfüllt haben. Die Versorgungsanwartschaft muss zwar noch nicht unverfallbar gewesen sein (*BAG* 28.2.1989 EzA § 6 BetrAVG Nr. 12), jedoch darf sie **nicht vorher erloschen** sein, etwa durch Ausscheiden des Arbeitnehmers aus dem Betrieb vor Eintritt der Unverfallbarkeit, ohne dass der Arbeitnehmer gleichzeitig eine vorzeitige Altersrente beantragt (*BAG* 21.6.1979 EzA § 6 BetrAVG Nr. 2). **3820** *bb) Höhe der vorgezogenen betrieblichen Altersleistung*

*(1) Grundlagen*

3821 Die Höhe der vorgezogenen betrieblichen Altersleistung **regelt § 6 BetrAVG nicht** (*BAG* 7.9.2004 EzA § 6 BetrAVG Nr. 27; s. Rdn. 3813). Sie kann in der **Versorgungsvereinbarung** festgelegt werden; die Regelung muss aber jedenfalls vor Eintritt des Arbeitnehmers in den Ruhestand erfolgen. Der Arbeitgeber muss zudem **deutlich machen, welches gekürzte betriebliche Altersruhegeld** der Arbeitnehmer erhält, wenn er sein Recht aus § 6 BetrAVG geltend macht (*BAG* 1.6.1978 EzA § 6 BetrAVG Nr. 1). Fehlt eine vertragliche Regelung, so ist nach den Regeln der ergänzenden Vertragsauslegung (§§ 133, 157 BGB) zu verfahren.

3822 Die Auslegungsregeln, die das *BAG* (12.11.1991 EzA § 2 BetrAVG Nr. 12) für die Berechnung einer nach § 6 BetrAVG vorzeitig in Anspruch genommenen Betriebsrente und die Behandlung einer in einer Versorgungsordnung enthaltenen Höchstbegrenzungsklausel aufgestellt hat (s. Rdn. 3285), gelten im hier maßgeblichen Zusammenhang nur insoweit, als die betriebliche Versorgungsregelung bzw. die zwischen den Parteien getroffene Vereinbarung keine eigene billigenswerte Bestimmung getroffen hat (*BAG* 29.7.1997 EzA § 6 BetrAVG Nr. 20; 20.3.2001 EzA § 6 BetrAVG Nr. 22).

3823 Nicht zu beanstanden ist z. B. eine Versorgungsregelung, die für die Berechnung der vorzeitigen Altersrente auf die **tatsächlich im Zeitpunkt des Ausscheidens erdiente Rente** abstellt und auf versicherungsmathematische Abschläge und auf eine zeitratierliche Kürzung verzichtet (*BAG* 29.7.1997 EzA § 6 BetrAVG Nr. 19; s. a. *BAG* 7.9.2004 EzA § 6 BetrAVG Nr. 27). Andererseits kann auch im Falle des Versorgungsfalles **wegen Invalidität** eine **zweifache Kürzung** der Betriebsrente, nämlich zum einen wegen des vorgezogenen Rentenbezugs und zum anderen wegen des vorzeitigen Ausscheidens, vereinbart werden (*LAG Nds.* 27.6.2003 LAG Report 2005, 231).

*(2) Lebensversicherungen; Pensionskassen*

3824 Lebensversicherungsunternehmen und Pensionskassen müssen das bei der Inanspruchnahme vorhandene geschäftsplanmäßige Deckungskapital nach versicherungsmathematischen Grundsätzen verrenten. Dabei wird i. d. R. kein Stornoabzug wegen des vorgezogenen Zahlungsbeginns vorgenommen. Andererseits wird die für den Versicherungsfall vorgesehene Schlussdividende entsprechend reduziert ausgezahlt.

3825 Ein auf Männer beschränkter versicherungsmathematischer Abschlag für die vorzeitige Inanspruchnahme von Altersrente ist wirksam, soweit er Führungszeiten vor dem 17.5.1990 (vgl. zu diesem Zeitpunkt Rdn. 3501 f.) betrifft (*BAG* 23.9.2003 EzA § 1 BetrAVG Gleichberechtigung Nr. 13).

3826 Für entsprechende Regelungen, die erst **nach dem 17.5.1990** (»Barber-Urteil«) **geschaffen wurden**, gilt dagegen Folgendes (*BAG* 19.8.2008 EzA Art. 141 EG-Vertrag 1999 Nr. 22):
– Ein auf Männer beschränkter versicherungsmathematischer Abschlag stellt eine gegen Art. 141 EG verstoßende Diskriminierung wegen des Geschlechts dar. Eine enge Verzahnung des gesetzlichen und betrieblichen Rentensystems schränkt weder den Anwendungsbereich des Art. 141 EG ein noch beseitigt diese die unzulässige Diskriminierung.
– Der Grundsatz des gleichen Entgelts (Art. 141 EG) gilt für jeden einzelnen Bestandteil des den männlichen oder den weiblichen Arbeitnehmern gezahlten Entgelts. Leistungen mit unterschiedlichen Zwecksetzungen können nicht miteinander »verrechnet« werden.
– Ein europarechtlicher Vertrauensschutz führt zwar zu einer zeitlichen Einschränkung der unmittelbaren Wirkung des Art. 141 EG bei den auf das Geschlecht abstellenden, unterschiedlichen Altersgrenzen und versicherungsmathematischen Abschlägen. Wenn die diskriminierende Regelung aber erst nach dem Barber-Urteil vom 17. Mai 1990 geschaffen wurde, konnte und musste der Arbeitgeber bei seinen Planungen und Dispositionen die unmittelbare Wirkung des Art. 141 EG berücksichtigen. Dementsprechend genießt er insoweit keinen Vertrauensschutz. Eine andere Beurteilung kann nur geboten sein, wenn eine bei Erlass des Barber-Ur-

teils bereits bestehende Ungleichbehandlung in einem später geänderten oder neu erlassenen Regelungswerk lediglich beibehalten oder sogar abgebaut wurde. Dies traf im vorliegenden Fall nicht zu.
- Ob die Auslegung der in einem Aufhebungsvertrag enthaltenen »Erledigungsklausel« ergibt, dass der Anspruch des Klägers auf Zahlung der Betriebsrente ohne versicherungsmathematischen Abschlag nicht ausgeschlossen worden ist, hängt von der im Einzelfall verwendeten Klausel ab. Im Übrigen können die sich aus Art. 141 EG ergebenden Rechtsfolgen können jedenfalls nicht im Voraus ausgeschlossen oder beschränkt werden. Ob auf bereits entstandene und fällige Ansprüche verzichtet werden könnte, bedurfte im vorliegenden Fall keiner Entscheidung. Der Anspruch auf Zahlung einer ungekürzten Betriebsrente entstand erst mit Eintritt des Versorgungsfalls.

*(3) Direktzusagen; Unterstützungskassen*

*aaa) Ermessensspielraum des Arbeitgebers*

Bei Direktzusagen und Unterstützungskassenleistungen hat der Arbeitgeber einen Ermessensspielraum, soweit er das Mitbestimmungsrecht des Betriebsrats beachtet. 3827

Er kann z. B. von einer Kürzung des vorgezogenen betrieblichen Altersruhegeldes absehen, um einen Anreiz für ein frühzeitiges Ausscheiden seiner Arbeitnehmer zu schaffen (*BAG* 1.6.1978 EzA § 6 BetrAVG Nr. 1). 3828

*bbb) Berechnungsmethoden*

Soweit in der Versorgungszusage Steigerungsbeträge für Beschäftigungsjahre zwischen dem 60. und 65. Lebensjahr vorgesehen sind, wird die Betriebsrente bereits dadurch geringer, dass der Arbeitnehmer diese Beträge nicht mehr erdienen kann. 3829

Der Arbeitgeber kann auch die erbrachte und die zu erwartende Betriebszugehörigkeit ins Verhältnis zueinander setzen und den in entsprechender Anwendung des § 2 BetrAVG zu errechnenden Teilwert auszahlen.

Beide Berechnungsmethoden **berücksichtigen nur die verringerte Betriebszugehörigkeit des Arbeitnehmers, nicht jedoch die längere Rentenbezugszeit.** Der vorzeitige Bezug von Altersleistungen wird damit wie ein Fall eines mit einer unverfallbaren Anwartschaft ausgeschiedenen Arbeitnehmers behandelt und stellt keine Kürzung im eigentlichen Sinn dar. 3830

Dennoch ist diese ratierliche Kürzung ohne ausdrückliche abweichende Regelung die einzig zulässige Berechnungsmethode (*BAG* 13.3.1990 EzA § 6 BetrAVG Nr. 13), vgl. aber *BAG* 21.3.2000 EzA § 6 BetrAVG Nr. 21; *Höfer* RdA 2001, 121 ff.; s. Rdn. 3837). 3831

*ccc) Versicherungsmathematische Abschläge Grundlagen*

Allerdings sind **auf Grund entsprechender Vereinbarung** mit dem Arbeitnehmer oder mit dem Betriebsrat (§ 87 Abs. 1 Nr. 10 BetrVG) versicherungsmathematische Abschläge bei der Inanspruchnahme vorgezogener betrieblicher Altersleistungen zulässig (*BAG* 24.6.1986 EzA § 6 BetrAVG Nr. 10; s. a. *BAG* 29.4.2008 EzA § 2 BetrAVG Nr. 30). **Derartige Abschläge können isoliert und neben einer ratierlichen Kürzung entsprechend § 2 BetrAVG vereinbart werden.** 3832

Ziel einer versicherungsmathematischen Kürzung ist die Herstellung der Wertgleichheit der auszuzahlenden Betriebsrente und der Ausgleich des Zinsverlusts und der längeren Rentenlaufzeit mit der ursprünglich zugesagten Betriebsrente. Diese Methode führt zu einer Kürzung des erreichten Anspruchs zwischen 0,4 % und 0,7 % pro Monat der vorzeitigen Inanspruchnahme vor Vollendung des 65. Lebensjahres (MünchArbR/*Förster/Rühmann* 2. Aufl. § 110 Rn. 20). 3833

3834 Eine derartige Vereinbarung bzw. Ergänzung der maßgeblichen Bestimmungen muss **bis zum Eintritt des Arbeitnehmers in den Ruhestand** erfolgen. Denn spätestens ab diesem Zeitpunkt entsteht für ihn ein Vertrauenstatbestand, in den der Arbeitgeber grds. nicht mehr eingreifen darf (*BAG* 24.6.1986 EzA § 6 BetrAVG Nr. 10).

3835 ▶ Beispiele:
- Sieht eine Versorgungsordnung Festrenten in Verbindung mit einer Gesamtversorgungsobergrenze vor, wird jedoch der Sonderfall der **flexiblen Altersgrenze nicht geregelt**, so darf der Arbeitgeber die Renten der vorzeitig pensionierten Arbeitnehmer zwar zeitanteilig kürzen, jedoch **keinen versicherungsmathematischen Abschlag** vornehmen. Eine weitere Kürzung auf Grund der Höchstbegrenzungsklausel kommt im Zweifel nur dann in Betracht, wenn die zeitanteilig gekürzte Festrente die Gesamtversorgungsobergrenze übersteigt (*BAG* 24.6.1986 EzA § 6 BetrAVG Nr. 10).
- Ein Sozialplan, der den betroffenen Arbeitnehmern eine Abfindung oder eine vorgezogene Pensionierung zur Wahl anbietet, kann von Regelungen einer bestehenden Versorgungsordnung abweichen, um Wertungswidersprüche zu vermeiden. So ist es nicht zu beanstanden, wenn für diejenigen Arbeitnehmer, die sich für die **Abfindungslösung** entscheiden und **gleichzeitig die flexible Altersgrenze** in Anspruch nehmen (§ 6 BetrAVG), ein **versicherungsmathematischer Abschlag** eingeführt wird, obwohl die bestehende Versorgungsordnung einen solchen nicht vorsieht (*BAG* 25.2.1986 EzA § 6 BetrAVG Nr. 11).
- Schreibt eine Versorgungsordnung vor, dass sowohl bei einer Dienstunfähigkeitsrente als auch nach dem Übergang von ihr zur vorzeitigen Altersrente kein versicherungsmathematischer Abschlag vorgenommen wird, so ergibt sich daraus i. d. R., dass auch dann ein versicherungsmathematischer Abschlag zu unterbleiben hat, wenn der Arbeitnehmer **von Anfang an die Voraussetzungen einer Dienstunfähigkeits- und einer vorzeitigen Altersrente erfüllt**. Der Verzicht auf den Abschlag trägt dem Entgelt- und Versorgungscharakter der betrieblichen Altersversorgung Rechnung und berücksichtigt, weshalb der Arbeitnehmer die erwartete Betriebstreue nicht erbringt (*BAG* 22.11.1994 EzA § 1 BetrAVG Nr. 69).
- Sollen nach einer Versorgungsordnung aus dem Jahre 1971 die Arbeitnehmer bei Erreichen der »Altersgrenze zum Bezug von Altersruhegeld nach den derzeit geltenden Sozialversicherungsgesetzen« oder dann, wenn »ein Betriebsangehöriger ... nach Erreichen der gesetzlichen Voraussetzungen (RVO) für das Altersruhegeld ... ausscheidet«, betriebliche Altersrente erhalten, so kann eine **Frau mit Vollendung des 60. Lebensjahres** die volle Betriebsrente beanspruchen, es sei denn, die Versorgungsordnung enthält für diesen Fall eine unmissverständliche Kürzungsregelung. Durch das In-Kraft-Treten des BetrAVG hat sich die bereits nach der Versorgungsordnung bestehende Rechtslage nicht verändert. Die Versorgungsordnung ist nicht lückenhaft geworden, sodass für eine ergänzende Vertragsauslegung kein Raum ist (*BAG* 25.10.1988 EzA § 2 BetrAVG Nr. 10; 21.8.1990 EzA § 6 BetrAVG Nr. 16).

*(4) Ausscheiden mit unverfallbarer Anwartschaft*

3836 Nimmt ein mit einer unverfallbaren Versorgungsanwartschaft (nach Erreichen der flexiblen Altersgrenze) ausgeschiedener Arbeitnehmer später eine vorgezogene betriebliche Altersrente in Anspruch, so ist eine **vertraglich vereinbarte Berechnung** der Höhe vorgezogener betrieblicher Altersleistungen **auch auf ihn anzuwenden**. Eine **gesetzliche Berechnungsregel** gibt es dafür nicht (*BAG* 24.7.2001 EzA § 6 BetrAVG Nr. 25 m. Anm. *Steinmeyer* RdA 2002, 315).

3837 Zusätzlich durfte dann diese Rente noch einmal zeitanteilig um den Unverfallbarkeitsfaktor gekürzt werden (*BAG* 12.3.1991 AP Nr. 11 zu § 2 BetrAVG); nach *BAG* 21.3.2000 EzA § 6 BetrAVG Nr. 24 erwog das Gericht allerdings, diese Rechtsprechung aufzugeben. Dies ist mit Urteil vom 23.1.2001 (EzA § 6 BetrAVG Nr. 23 m. Anm. *Eichenhofer* SAE 2002, 38; s. a. *BAG* 24.7.2001 EzA § 6 BetrAVG Nr. 25 m. Anm. *Steinmeyer* RdA 2002, 315; vgl. *Grabno/Bodi* BB 2001, 2425 ff.; zur Invalidenrente vgl. *BAG* 21.8.2001 EzA § 2 BetrAVG Nr. 17) geschehen. Nunmehr gelten folgende Grundsätze:

B. Pflichten des Arbeitgebers  Kapitel 3

- Bei der Berechnung der vorgezogenen in Anspruch genommenen Betriebsrente des vorzeitig ausgeschiedenen Arbeitnehmers darf die fehlende Betriebstreue zwischen dem vorgezogenen Ruhestand und der in der Versorgungsordnung festgelegten festen Altersgrenze **grds. nicht zweifach mindernd berücksichtigt** werden.
- Ausgangspunkt für die Anspruchsberechnung ist die bis zum Erreichen der festen Altersgrenze erreichbare **Vollrente**. Sie ist im Hinblick auf das vorzeitige Ausscheiden wegen der deshalb fehlenden Betriebstreue nach § 2 BetrAVG zu **kürzen**, falls die Versorgungsordnung keine für den Arbeitnehmer günstigere Berechnungsweise vorsieht.
- Der so ermittelte Besitzstand zum Zeitpunkt des vorzeitigen Ausscheidens kann ein **zweites Mal** wegen des früheren und längeren Bezugs der Altersrente gekürzt werden. Soweit die **Versorgungsordnung das vorsieht**, kann ein versicherungsmathematischer Abschlag vorgenommen werden (*BAG* 12.12.2006 EzA § 1 BetrAVG Nr. 88; s. a. *LAG RhPf* 29.8.2008 NZA-RR 2009, 35). Der Arbeitgeber darf dann **pauschal einen Abschlag von 0,5 % pro Monat** der vorgezogenen Inanspruchnahme vornehmen, wenn die Versorgungsordnung insoweit keine Festlegung trifft. Etwas **anderes** kann aber dann gelten, wenn **im Betrieb allgemein bekannt ist**, dass der Arbeitgeber den Abschlag nach der Barwertmethode jeweils im Einzelfall berechnen will. In diesem Fall kommt eine **individuelle Berechnung** des versicherungsmathematischen Abschlags in Betracht (*BAG* 8.3.2011 – 3 AZR 666/09, EzA-SD 17/2011 S. 9 LS).

Fehlt eine solche Bestimmung, kann die Kürzung stattdessen **in der Weise** erfolgen, dass die **fehlende Betriebstreue** zwischen vorgezogener Inanspruchnahme und fester Altersgrenze **zusätzlich mindernd berücksichtigt** wird. Diese Kürzung ist als »**unechter versicherungsmathematischer Abschlag**« anzusehen. Sie erfolgt in der Weise, dass die **Zeit zwischen dem Beginn der Betriebszugehörigkeit und der vorgezogenen Inanspruchnahme der Betriebsrente in Bezug gesetzt wird zu der Zeit vom Beginn der Betriebszugehörigkeit bis zum Erreichen der festen Altersgrenze**. Damit werden die wirtschaftlichen Belastungen des Arbeitgebers durch die längere Inanspruchnahme der Betriebsrente berücksichtigt (*BAG* 12.12.2006 EzA § 1 BetrAVG Nr. 88; 19.4.2011 – 3 AZR 318/09, EzA-SD 14/2011 S. 15 LS; s.a. *LAG RhPf* 29.8.2008 NZA-RR 2009, 35).

Sieht eine Versorgungsordnung bei einem Arbeitnehmer, der im Arbeitsverhältnis sowohl teilzeit- als auch vollzeitbeschäftigt war, vor, dass die Vollrente unter Berücksichtigung eines Herabsetzungsfaktors berechnet wird, der sich aus dem Verhältnis der insgesamt vereinbarten zur tariflichen Arbeitszeit ergibt, ist die Teilrente des vorzeitig mit einer unverfallbaren Versorgungsanwartschaft ausgeschiedenen Arbeitnehmers auf der Grundlage des bis zu dessen Ausscheiden tatsächlich erreichten durchschnittlichen Beschäftigungsgrades zu ermitteln. In einem solchen Fall ist es unzulässig, die zuletzt vereinbarte Teilzeit für die Zeit bis zum Erreichen der festen Altersgrenze zu fingieren und auf dieser Grundlage den Herabsetzungsfaktor zu ermitteln (*BAG* 24.7.2001 § 6 BetrAVG Nr. 25).

- Bei der Berechnung der vorgezogenen Betriebsrente eines **vorzeitig mit unverfallbarer Anwartschaft** aus dem Arbeitsverhältnis ausgeschiedenen Arbeitnehmers stehen die **Grundwertungen des BetrAVG zwingend** einer **zweifachen mindernden Berücksichtigung** der fehlenden Betriebstreue zwischen dem vorgezogenen Eintritt in den Ruhestand und der festen Altersgrenze **entgegen, wenn zugleich versicherungsmathematische Abschläge vorgesehen sind** (*BAG* 23.3.2004 – 3 AZR 279/03, NZA 2005, 375 LS).

Der arbeitsrechtliche Gleichbehandlungsgrundsatz verpflichtet den Arbeitgeber in diesem Zusammenhang nicht, eine **besonders günstige Anspruchsberechtigung** für Arbeitnehmer, die vorgezogen Betriebsrente in Anspruch nehmen, nachdem sie bis zu diesem Zeitpunkt betriebstreu geblieben sind, auch anteilig an Arbeitnehmer **weiterzugeben**, die vorzeitig aus dem Betrieb ausgeschieden sind und dann vorgezogen Betriebsrente in Anspruch nehmen. Denn für eine derartige Ungleichbehandlung gibt es sachliche Gründe (*BAG* 23.1.2001 EzA § 6 BetrAVG Nr. 24). 3838

Diese Grundsätze gelten auch dann, wenn der PSV für eine im **Insolvenzfall** unverfallbare Versorgungsanwartschaft einstehen muss (*BAG* 12.3.1991 AP Nr. 11 zu § 2 BetrAVG). 3839

*(5) Besonderheiten bei Direktversicherungen; Verschaffungsanspruch*

3840 Hat der Arbeitgeber als Versicherungsnehmer in einem Lebensversicherungsvertrag dem Arbeitnehmer lediglich ein **widerrufliches Bezugsrecht** auf die Versicherungsleistungen eingeräumt, **so gehört der Anspruch auf die Versicherungsleistung im Konkurs des Arbeitgebers zur Konkursmasse** (§ 1 Abs. 1 InsO). Das gilt **auch** dann, wenn der Arbeitnehmer **nach § 6 BetrAVG** vorzeitiges Altersruhegeld aus der gesetzlichen Rentenversicherung in Anspruch nimmt.

3841 § 6 BetrAVG regelt nur das arbeitsrechtliche Versorgungsverhältnis, schafft jedoch keinen weiteren Versicherungsfall i. S. d. § 166 VVG, sodass dem Arbeitnehmer bei vorzeitiger Inanspruchnahme des Altersruhegeldes kein unmittelbarer Anspruch gegen den Versicherer auf Auszahlung der Versicherungsleistungen zusteht. Ihm steht vielmehr aus dem arbeitsrechtlichen Versorgungsverhältnis lediglich ein schuldrechtlicher Verschaffungsanspruch gegen den Arbeitgeber zu. Dieser muss durch die vorzeitige Beendigung des Versicherungsvertrages für die Auszahlung der Versorgungsleistungen an den Arbeitnehmer sorgen (*BAG* 28.3.1995 EzA § 1 BetrAVG Lebensversicherung Nr. 6; s. a. *BAG* 26.5.2009 NZA-RR 2010, 95).

*(6) Gesamtversorgungszusagen; Höchstbegrenzungsklauseln*

3842 Nimmt ein Arbeitnehmer vorgezogenes betriebliches Altersruhegeld bei Bestehen einer **Gesamtversorgungszusage** in Anspruch, so würde sich ohne vertragliche Regelung bereits wegen der verringerten Sozialversicherungsrente der Anspruch auf Betriebsrente erhöhen. Sieht die Versorgungsordnung keine versicherungsmathematischen Abschläge vor, sondern nur eine Kürzung entsprechend § 2 BetrAVG, so muss die Versorgungszusage dahin ausgelegt werden, ob sie nur eine Berechnungsvorschrift beinhaltet oder die Versorgung begrenzen will.

3843 Bei **Limitierungsklauseln** ist auch bei einer vorgezogenen betrieblichen Altersgrenze eine Kürzung auf Grund der Gesamtversorgungsobergrenze nur dann zulässig, wenn die zeitanteilig gekürzte Rente die Obergrenze übersteigt (*BAG* 24.6.1986 § 6 BetrAVG Nr. 10).

3844 Eine **Höchstbegrenzungsklausel** in einer Versorgungsordnung ist im Zweifel dahin auszulegen, dass Voll- oder Teilrenten zunächst unabhängig von der Höchstbegrenzungsklausel zu berechnen sind, und dass diese Renten erst bei Überschreiten der Höchstgrenzen zu kürzen sind (*BAG* 8.5.1990 EzA § 6 BetrAVG Nr. 14; s. jetzt aber *BAG* 21.3.2006 EzA § 2 BetrAVG Nr. 24).

*(7) Pensionssicherungsverein*

3845 Auf Grund der abweichenden Interessenlage in der Insolvenz ist der PSV auch dann berechtigt, versicherungsmathematische Abschläge in Höhe von 0,5 % für jeden Monat des Bezugs vor Vollendung des 65. Lebensjahres vorzunehmen, wenn dies in der Versorgungsordnung nicht vorgesehen ist (*BAG* 20.4.1982 EzA § 6 BetrAVG Nr. 5).

*(8) Erwerbstätigkeit des Arbeitnehmers*

3846 Gem. § 6 S. 2 BetrAVG können die Leistungen der betrieblichen Altersversorgung eingestellt werden, wenn die Altersrente aus der gesetzlichen Rentenversicherung wieder wegfällt oder auf einen Teilbetrag beschränkt wird. Das ist der Fall, wenn die **Hinzuverdienstgrenzen des § 34 SGB VI überschritten** werden. Gibt der Arbeitnehmer die rentenschädliche Erwerbstätigkeit wieder auf, lebt der Anspruch auf vorgezogene Altersrente aus der gesetzlichen Rentenversicherung wieder auf.

3847 Nach § 6 S. 3 BetrAVG ist der ausgeschiedene Arbeitnehmer verpflichtet, die maßgeblichen Tatsachen unverzüglich anzuzeigen.

## g) Anpassung von Versorgungsleistungen

### aa) Zweck der gesetzlichen Regelung

Mit der Pflicht zur Anpassungsprüfung durch den Arbeitgeber gem. § 16 BetrAVG – im Rahmen seiner wirtschaftlichen Möglichkeiten – soll den Betriebsrentnern ein **Verfahren zur Anpassung ihrer Versorgungsleistungen** zur Verfügung gestellt werden, mit dem sie trotz des Verlusts ihrer Arbeitskampffähigkeit und damit der Möglichkeit kollektivrechtlicher Maßnahmen den **Kaufkraftschwund in etwa ausgleichen können** (*LAG Hamm* 3.2.2009 LAGE § 16 BetrAVG Nr. 13; s. a. *LAG Hamm* 23.6.2009 – 4 Sa 1880/08, EzA-SD 23/2009 S. 15 LS). Der für die Anpassung von Betriebsrenten maßgebliche Kaufkraftverlust ist gem. § 16 Abs. 2 Nr. 1 BetrAVG grds. nach dem **Verbraucherpreisindex für Deutschland** zu ermitteln. Für Zeiträume vor dem 1.1.2003 ist jedoch nach § 30c Abs. 4 BetrAVG der Preisindex für die Lebenshaltung von Vierpersonenhaushalten von Arbeitern und Angestellten mit mittlerem Einkommen (s. *BAG* 10.9.2002 EzA § 16 BetrAVG Nr. 41) zugrunde zu legen. Bei der Berechnung des Anpassungsbedarfs vom individuellen Rentenbeginn bis zum aktuellen Anpassungsstichtag kann die sog. **Rückrechnungsmethode** angewendet werden. Danach wird die Teuerungsrate zwar nach dem Verbraucherpreisindex für Deutschland berechnet; für Zeiträume vor dem 1.1.2003 wird der Verbraucherpreisindex für Deutschland jedoch in dem Verhältnis umgerechnet, in dem sich dieser Index und der Preisindex für die Lebenshaltung von Vierpersonenhaushalten von Arbeitern und Angestellten mit mittlerem Einkommen im Dezember 2002 gegenüberstanden (*BAG* 11.10.2011 EzA § 16 BetrAVG Nr. 62). 3848

(derzeit unbesetzt) 3849

### bb) Anpassungsgegenstand

§ 16 BetrAVG bezieht sich auf **laufende Leistungen der betrieblichen Altersversorgung**, dagegen weder auf Versorgungsanwartschaften, einmalige Kapitalleistungen, die der Arbeitnehmer selbst ertragbringend anlegen kann, noch auf Sachleistungen. Etwas anderes gilt aber dann, wenn die **Sachleistungen in Geldleistungen** umgewandelt werden. Denn als Anpassungsmaßstab kann dann sowohl die Inflationsrate als auch die Preisentwicklung der ersetzten Sachleistung herangezogen werden (vgl. *BAG* 11.8.1981 EzA § 16 BetrAVG Nr. 12). 3850

Lösen betriebliche Versorgungsansprüche bei Erreichen einer bestimmten Altersgrenze **Übergangsgelder** oder Überbrückungszahlungen ab, so unterliegen die dann beginnenden Versorgungsansprüche gleichermaßen der Anpassungsprüfungspflicht. 3851

Dagegen unterliegen gem. § 16 Abs. 6 BetrAVG der Anpassung nicht monatliche Raten im Rahmen eines Auszahlungsplanes sowie Renten ab Vollendung des 65. Lebensjahres im Anschluss an einen Auszahlungsplan. 3852

Vereinbaren Arbeitgeber und Arbeitnehmer in einem Vertrag über die Gewährung einer betrieblichen Altersversorgung, dass »die Berechnung des Ruhegehalts und der Hinterbliebenenbezüge in sinngemäßer Anwendung der jeweils für die Beamten des Landes Nordrhein-Westfalen geltenden Bestimmungen« zu erfolgen hat, so liegt darin zugleich eine eigenständige konkludente Anpassungsvereinbarung, durch die § 16 BetrAVG wirksam abbedungen wird. Dem steht § 17 Abs. 3 S. 3 BetrAVG nicht entgegen; denn es handelt sich dabei nicht um eine Abweichung von § 16 BetrAVG zu Ungunsten des Arbeitnehmers. Bei der Prüfung, ob sich eine von § 16 BetrAVG abweichende Anpassungsvereinbarung zu Ungunsten des Arbeitnehmers auswirkt, darf nicht punktuell auf bestimmte Zeiträume abgestellt werden. Erforderlich ist vielmehr eine Gesamtbetrachtung, in die alle wertbildenden Faktoren der vertraglich vereinbarten Anpassungsregelung einzubeziehen sind (*LAG Köln* 18.6.2008 NZA-RR 2009, 95). 3853

### cc) Berechtigte und Verpflichtete

*(1) Grundlagen*

3854 Von § 16 BetrAVG erfasst sind alle **Versorgungsempfänger**, die während der aktiven Dienstzeit die Voraussetzungen des § 17 Abs. 1 BetrAVG erfüllt haben sowie deren **Hinterbliebene**.

3855 War der Anspruchsberechtigte z. T. **als Arbeitnehmer und** z. T. **als Unternehmer** tätig, so kommt die Anpassungspflicht nur für den Teil einer Versorgungsrente in Frage, der auf einen Zeitraum entfällt, in dem der Berechtigte in einer Arbeitnehmer- oder arbeitnehmerähnlichen Stellung tätig gewesen ist. Jedoch kann es billigem Ermessen entsprechen, bei völligem Überwiegen der in solcher Eigenschaft geleisteten Dienste oder umgekehrt die ganze Rente ausschließlich nach § 16 BetrAVG anzupassen oder sie allein nach den von der Rechtsprechung entwickelten Grundsätzen gem. § 242 BGB an die gestiegenen Lebenshaltungskosten anzugleichen (*BGH* 6.4.1981 AP Nr. 12 zu § 16 BetrAVG).

3856 Anspruchsverpflichtet ist unabhängig vom Durchführungsweg der betrieblichen Altersversorgung stets der **Arbeitgeber** selbst, nicht ein selbstständiger Versorgungsträger. Im Konzern ist derjenige Arbeitgeber anpassungsverpflichtet, der dem Versorgungsberechtigten die Zusage erteilt hat (*BAG* 19.5.1981 EzA § 16 BetrAVG Nr. 11). Bei Gesamtrechtsnachfolge geht die Anpassungsprüfungspflicht auf den Rechtsnachfolger über. Wird eine unverfallbare Anwartschaft gem. § 4 BetrAVG auf einen **Nachfolgearbeitgeber** übertragen, so geht im Zweifel auch die Verpflichtung zur Anpassung auf ihn über. Gleiches gilt für den **Erben** des ehemals einzelkaufmännisch tätigen früheren Arbeitgebers, selbst wenn er dessen Geschäft nicht weiterführt (*BAG* 9.11.1999 EzA § 16 BetrAVG Nr. 33). Auch wenn ein Arbeitsverhältnis im Wege des **Betriebsüberganges** auf einen Betriebserwerber übergeht, **tritt dieser in die Anpassungsverpflichtung ein**; etwas anderes gilt nur dann, wenn besondere Vereinbarungen zwischen Arbeitgeber und Arbeitnehmer vor einem Betriebsübergang vorliegen (*BAG* 21.2.2006 EzA § 613a BGB 2002 Nr. 54).

3857 Auch das Unternehmen, das liquidiert wurde und dessen einzig verbliebener Gesellschaftszweck die Abwicklung seiner Versorgungsverbindlichkeiten ist (**Rentnergesellschaft**), hat eine Anpassung der Betriebsrenten zu prüfen und hierüber nach billigem Ermessen zu entscheiden (*BAG* 23.10.1996 EzA § 16 BetrAVG Nr. 31; 26.10.2010 EzA § 16 BetrAVG Nr. 56; zur Ausgliederung von Versorgungsverpflichtungen in eine Rentnergesellschaft s. *BAG* 11.3.2008 EzA § 4 BetrAVG Nr. 7; s. *Roth* NZA 2009, 1400 ff.; *Höfer* DB 2009, 118 ff.); nichts anderes gilt für eine **Abwicklungsgesellschaft** (*BAG* 26.10.2010 EzA § 16 BetrAVG Nr. 56). Dabei sind auch Rentner- und Abwicklungsgesellschaften nicht verpflichtet, die Kosten für die Betriebsrentenanpassung aus ihrem Vermögen aufzubringen. Auch ihnen ist eine **angemessene Eigenkapitalverzinsung** zuzubilligen. Allerdings ist bei Rentner- und Abwicklungsgesellschaften bereits eine Eigenkapitalverzinsung angemessen, die der **Umlaufrendite öffentlicher Anleihen entspricht**. Für einen Zuschlag, wie er aktiven Arbeitgebern zugebilligt wird, deren in das Unternehmen investiertes Eigenkapital einem erhöhten Risiko ausgesetzt ist, besteht kein Anlass. Die wirtschaftliche Lage eines Unternehmens wird durch dessen Ertragskraft im Ganzen geprägt. Der Arbeitgeber ist nicht schon dann zur Anpassung der Betriebsrenten verpflichtet, wenn einzelne Einkünfte den Umfang der Anpassungslast übersteigen. Entscheidend kommt es auf eine angemessene Eigenkapitalverzinsung und eine hinreichende Eigenkapitalausstattung an (*BAG* 26.10.2010 EzA § 16 BetrAVG Nr. 56).

Auch sie kann also eine **Anpassung der Renten ganz oder teilweise ablehnen**, wenn und soweit dadurch das Unternehmen übermäßig belastet würde. Diese Voraussetzung ist erfüllt, wenn der Versorgungsschuldner annehmen darf, dass es ihm mit hinreichender Wahrscheinlichkeit nicht möglich sein wird, die Anpassungsleistungen aus den Unternehmenserträgen und den verfügbaren Wertzuwächsen des Unternehmensvermögens in der Zeit bis zum nächsten Anpassungsstichtag aufzubringen. Demzufolge kommt es folglich auf die voraussichtliche Entwicklung der Eigenkapitalverzinsung und der Eigenkapitalausstattung des Unternehmens an. Diese für werbende Unternehmen entwickelten Grundsätze gelten auch für Rentner- und Abwicklungsgesellschaften. Sie sind ebenfalls nicht verpflichtet, die Kosten für die Betriebsrentenanpassung aus ihrer Vermögenssubstanz aufzubringen; auch ihnen ist eine angemessene Eigenkapitalverzinsung zuzubilligen. Dabei ist allerdings lediglich der Basiszins entsprechend der Umlaufrendite öffentlicher Anleihen in Ansatz zu bringen; für einen Risikozuschlag i. H. v. 2 %, wie er werbenden Unternehmen zugebilligt wird, ist bei einer Rentner- oder Abwicklungsgesellschaft kein Raum (*BAG* 26.10.2010 EzA § 16 BetrAVG Nr. 56).

*(2) Öffentlicher Dienst*

Arbeitnehmer, die bei einer Versorgungseinrichtung des öffentlichen Dienstes pflichtversichert waren, sind von der Anpassung ihrer Bezüge nach § 16 BetrAVG ausgeschlossen, wenn sie satzungsgemäß eine nach dem Entgelt der aktiven Arbeitnehmer dynamisierte Versorgungsrente erhalten können (§ 18 Abs. 1 S. 1 Nr. 1 BetrAVG). 3858

*(3) Anpassung in den neuen Bundesländern*

§ 16 BetrAVG ist im Beitrittsgebiet nur anzuwenden, wenn die Zusagen auf Leistungen der betrieblichen Altersversorgung **nach dem 31.12.1991** erteilt wurden. Für die bis zum 31.12.1991 erteilten Zusagen schließt der Einigungsvertrag (Anl. I Kap. VIII Sachgebiet A Abschnitt III Nr. 16) nicht nur eine auf § 16 BetrAVG, sondern im Regelfall auch eine auf § 242 BGB gestützte Verpflichtung zur Anpassung laufender Leistungen aus (*BAG* 24.3.1998 EzA § 16 BetrAVG Nr. 32). 3859

*dd) Prüfungszeitpunkt und -zeitraum*

Nach § 16 Abs. 1 S. 1 BetrAVG hat der Arbeitgeber alle drei Jahre eine Anpassung der laufenden Leistungen der betrieblichen Altersversorgung zu prüfen und hierüber nach billigem Ermessen zu entscheiden (*BAG* 11.10.2011 – 3 AZR 732/09, EzA-SD 4/2012 S. 10 LS = NZA 2012, 337). Der von § 16 BetrAVG sowohl für den Anpassungsbedarf wie die reallohnbezogene Obergrenze vorgegebene Prüfungszeitraum ist allerdings **zwingend und steht nicht zur Disposition des Arbeitgebers** (*BAG* 25.4.2006 EzA § 16 BetrAVG Nr. 47; s. a. *LAG BW* 26.3.2010 NZA-RR 2010, 373). Die Anpassungsverpflichtung gilt dann als erfüllt, wenn die Anpassung nicht geringer ist als der Anstieg der Nettolöhne vergleichbarer Arbeitnehmergruppen des Unternehmens im Prüfungszeitraum (*LAG BW* 26.3.2010 NZA-RR 2010, 373). 3860

**Das Ende** der nach § 16 BetrAVG vorgesehenen Drei-**Jahres-Frist** berechnet sich nach **§§ 187 ff. BGB.** 3861

§ 16 BetrAVG lässt jedoch die Bündelung aller in einem Betrieb anfallenden Prüfungstermine zu einem einheitlichen jährlichen Termin grds. zu. Der von § 16 BetrAVG vorgeschriebene Dreijahresturnus bei der Überprüfung von Betriebsrentenanpassungen zwingt nicht zu starren, individuellen Prüfungsterminen. Der Arbeitgeber also kann auch nur alle drei Jahre eine gebündelte Prüfung für alle Betriebsrentner im Unternehmen vornehmen (*BAG* 11.10.2011 – 3 AZR 732/09, EzA-SD 4/2012 S. 10 LS = NZA 2012, 337). 3861a

> Denn weil eine auf den individuellen Fristablauf bezogene Überprüfung für den Arbeitgeber einen unverhältnismäßig hohen Verwaltungsaufwand bedeuten würde, können die Anpassungsprüfungen an einem einheitlichen Stichtag innerhalb oder am Ende des Kalenderjahres vorgenommen werden (*BAG* 10.9.2002 EzA § 16 BetrAVG Nr. 41). Eine derartige gebündelte Anpassungsprüfung und -entscheidung kann im Extremfall bei einer erstmaligen Rentenfestsetzung dazu führen, dass die nächste Anpassungsprüfung erst nach drei Jahren und elf Monaten erfolgt. 3862

Bei einer erstmaligen Anpassungsprüfung kann der Prüfungszeitraum – sofern kein Missbrauch vorliegt – auch verkürzt werden, um sie auf einen einheitlichen Drei-Jahres-Rhythmus zu bringen. 3863 *ee) Ermittlung des Anpassungsbedarfs*

*(1) Grundlagen*

3864 Nach § 16 Abs. 1 BetrAVG hat der Arbeitgeber als Versorgungsschuldner bei seiner Entscheidung, ob und ggf. in welchem Umfang die laufenden Leistungen der betrieblichen Altersversorgung anzupassen sind, insbes. die **Belange des Versorgungsempfängers und seine wirtschaftliche Lage** zu berücksichtigen. Die Belange des Versorgungsempfängers bestehen grds. im Ausgleich des Kaufkraftverlusts seit Rentenbeginn, also in der Wiederherstellung des ursprünglich vorausgesetzten Verhältnisses von Leistung und Gegenleistung. Dementsprechend ist der volle Anpassungsbedarf zu ermitteln, der in der seit Rentenbeginn eingetretenen Teuerung besteht, soweit sie nicht durch vorhergehende Anpassungen ausgeglichen wurde. Zwar ist nach § 16 Abs. 2 Nr. 1 BetrAVG für die Ermittlung des Kaufkraftverlusts auf den Verbraucherpreisindex für Deutschland abzustellen. Aus § 30c Abs. 4 BetrAVG folgt jedoch, dass für **Prüfungszeiträume vor dem 1.1.2003** der Preisindex für die Lebenshaltung von Vierpersonenhaushalten von Arbeitern und Angestellten mit mittlerem Einkommen und erst für die Zeit danach der Verbraucherpreisindex für Deutschland maßgebend ist. Auch dann, wenn der Prüfungszeitraum sowohl Zeiträume vor dem 1.1.2003 als auch Zeiträume nach dem 31.12.2002 erfasst, verbleibt es dabei, dass der volle Anpassungsbedarf vom Rentenbeginn bis zum aktuellen Anpassungsstichtag zu ermitteln ist. Hierfür bietet sich die sog. Rückrechnungsmethode an. Danach wird die Teuerungsrate zwar aus den seit 2003 maßgeblichen Indizes berechnet; für Zeiträume, die vor dem 1.1.2003 liegen, wird der Verbraucherpreisindex für Deutschland jedoch in dem Verhältnis umgerechnet, in dem sich dieser Index und der Preisindex für die Lebenshaltung von Vierpersonenhaushalten von Arbeitern und Angestellten mit mittlerem Einkommen im Dezember 2002 gegenüberstanden. (*BAG* 11.10.2011 EzA § 16 BetrAVG Nr. 62; s. a. *BAG* 11.10.2011 – 3 AZR 732/09, EzA-SD 4/2012 S. 10 LS = NZA 2012, 337). Der Anpassungsbedarf entsteht unabhängig davon, ob die Inflationsrate eine bestimmte Opfergrenze überschreitet. Eine Minusanpassung ist weder bei Deflation noch bei schlechter wirtschaftlicher Lage möglich.

3864a Nach § 16 Abs. 1 BetrAVG darf der Arbeitgeber neben den Belangen des Versorgungsempfängers und seiner eigenen wirtschaftlichen Lage noch **andere Kriterien** in seine Prüfung und Entscheidung einbeziehen. Das Gesetz räumt ihm deshalb über den **Beurteilungsspielraum** hinaus einen **zusätzlichen Ermessensspielraum** ein. Allerdings muss seine Entscheidung im Ergebnis billigem Ermessen entsprechen. Das ist nicht der Fall, wenn der Arbeitgeber deshalb keinen vollen Teuerungsausgleich leistet, weil er für die nächsten beiden Anpassungsstichtage eine Erhöhung der Betriebsrenten um jeweils 3 % garantiert. Nach § 16 Abs. 3 Nr. 1 BetrAVG entfällt die Verpflichtung nach Abs. 1, wenn der Arbeitgeber sich verpflichtet, die laufenden Leistungen jährlich um wenigstens eins vom Hundert anzupassen. Mit dieser Bestimmung hat der Gesetzgeber selbst das Interesse des Arbeitgebers an **Planungs- und Rechtssicherheit** gegenüber dem Interesse des Arbeitnehmers an der **Wiederherstellung des ursprünglichen Verhältnisses** von Leistung und Gegenleistung **abgewogen** und zugleich festgelegt, welche Mindestvoraussetzungen vorliegen müssen, damit eine von der wirtschaftlichen Lage des Arbeitgebers unabhängige Garantieanpassung billigem Ermessen entspricht. Im Übrigen gilt § 16 Abs. 3 Nr. 1 BetrAVG nur für die Anpassung von Betriebsrenten, die aufgrund von nach dem 31.12.1998 erteilten Versorgungszusagen gezahlt werden (§ 30c Abs. 1 BetrAVG; *BAG* 11.10.2011 EzA § 16 BetrAVG Nr. 62).

3865 (derzeit unbesetzt)

*(2) Freiwillige oder vertraglich vereinbarte Anpassungsleistungen*

3866 Freiwillige oder vertraglich vorgesehene **Anpassungsleistungen verringern** grds. **den Anpassungsbedarf**. Das kommt in Betracht z. B. bei volldynamischen Zusagen oder Zusagen mit festgelegten Steigerungsraten.

3867 Soll die Betriebsrente ohne weiteres entsprechend dem **Lebenshaltungskostenindex** oder dem Preis oder dem Wert eines andersartigen Gutes oder einer bestimmten Leistung angepasst werden, stellt eine derartige Anpassungsklausel eine nach § 3 WährG genehmigungspflichtige Wertsicherungsklausel (zur Darlegungs- und Beweislast für die Vereinbarung einer solchen Klausel bemerkenswert *BAG* 13.11.2007 – 3 AZR 636/06, NZA-RR 2008, 457) dar. Genehmigungsfrei sind dagegen sog. **Spannungs- oder Spannenklauseln**, die das Ruhegeld an gleichartige Leistungen, etwa vergleichbare Beamten- oder Angestelltengehälter oder -pensionen oder Altersrenten aus der Sozialversicherung anbinden (*BAG* 16.10.1975 EzA § 242 BGB Ruhegeld Nr. 46).

**Loyalitäts- oder Verhandlungsklauseln**, das sind Absichtserklärungen des Arbeitgebers, eine Anpassung der Versorgungsleistungen von Zeit zu Zeit zu prüfen mit der Folge, dass unter bestimmten Voraussetzungen mit dem Berechtigten über eine Anpassung der Betriebsrente zu verhandeln und im Falle des Scheiterns der Verhandlungen eine Neufestsetzung durch einen Sachverständigen vorzunehmen ist, führen grds. nicht zum Wegfall der Anpassungsprüfung nach § 16 BetrAVG. 3868

*(3) Veränderungen in der gesetzlichen Rentenversicherung*

Verbessert sich die Versorgungssituation des Versorgungsempfängers auf Grund eigener Leistungen oder Zuwendungen Dritter, hat dies grds. keinen Einfluss auf den Anpassungsbedarf. Dieser ist betriebsrentenimmanent zu bestimmen, sodass alle externen Faktoren bei der Anpassungsprüfung nicht zu berücksichtigen sind (**Abkopplungstheorie**). 3869

Deshalb sind Veränderungen im Leistungssystem der gesetzlichen Rentenversicherung für die Bemessung des Anpassungsbedarfs irrelevant. Umgekehrt haben auch nachträgliche Belastungen der Betriebsrenten mit Abgaben (Steuern, Krankenversicherungsbeitrag der Rentner) keinen Einfluss (*BAG* 14.2.1989 EzA § 16 BetrAVG Nr. 20). 3870

*(4) Obergrenzen*

Bei Gesamtversorgungsmodellen mit absoluter (die Gesamtversorgung übersteigt das Nettoeinkommen eines vergleichbaren aktiven Arbeitnehmers) oder relativer Obergrenze (die Gesamtversorgung würde stärker steigen als das Nettoeinkommen eines vergleichbaren aktiven Arbeitnehmers) kann der Anpassungsbedarf nicht unter Hinweis auf die gestiegenen Sozialversicherungsrenten reduziert werden. 3871

Denn dadurch würde der Arbeitgeber von seinen Verpflichtungen durch die Sozialversicherungsgesetzgebung befreit. Zudem würden gerade **kleine Betriebsrenten** nur relativ geringfügig angepasst (*BAG* 25.9.1980 EzA § 16 BetrAVG Nr. 10). 3872

Gleichwohl kann die Entwicklung der Arbeitseinkommen der aktiven Arbeitnehmer nicht völlig unberücksichtigt bleiben. Wenn die Reallohnentwicklung der aktiven Belegschaft im Unternehmen während des Berechnungszeitraums unterhalb der Inflationsrate bleibt, so können auch die Betriebsrentner keinen vollen Inflationsausgleich verlangen (*BAG* 11.8.1981 EzA § 16 BetrAVG Nr. 12). Die gesetzliche Verpflichtung gilt aber jedenfalls dann als erfüllt, wenn die Anpassung nicht geringer ist als der Anstieg der Nettolöhne vergleichbarer Arbeitnehmergruppen des Unternehmens im Prüfungszeitraum (sog. reallohnbezogene Obergrenze; *LAG BW* 26.3.2010 – 7 Sa 68/09, NZA-RR 2010, 373). 3873

Verdiensteinbußen, die sich am Anpassungsstichtag nicht mehr auswirken, spielen für die reallohnbezogene Obergrenze nach § 16 BetrAVG keine Rolle (*BAG* 23.5.2001 EzA § 16 BetrAVG Nr. 35). 3874

**Bei der notwendigen Gruppenbildung** zur Anwendung der reallohnbezogenen Obergrenze hat der Arbeitgeber einen **weitgehenden Entscheidungsspielraum**. Es genügt, dass **klare, verdienstbezogene Abgrenzungskriterien** die Einteilung als sachgerecht erscheinen lassen. Der auf dem Wegfall der Berlinzulage beruhende geringere Anstieg der Nettolöhne kann bei der Ermittlung der reallohnbezogenen Obergrenze zu berücksichtigen sein (*BAG* 23.5.2001 EzA § 16 BetrAVG Nr. 36). 3875 *ff) Die wirtschaftliche Lage des Arbeitgebers*

*(1) Keine übermäßige Belastung des Arbeitgebers*

3876 Gem. § 16 Abs. 1 BetrAVG darf der Arbeitgeber bei seiner Anpassungsentscheidung die **eigene wirtschaftliche Lage** berücksichtigen; das gilt nach einem Betriebsübergang auch für den beim Betriebsveräußerer erworbenen Teil des Versorgungsanspruchs. Der Arbeitgeber hat insoweit einen **Beurteilungsspielraum**. Allerdings muss die **Prognose des Arbeitgebers realitätsgerecht und vertretbar sein** (*BAG* 25.4.2006 EzA § 16 BetrAVG Nr. 49); ist Versorgungsschuldner ein **verschmolzenes Unternehmen**, kann es bei der Anpassungsprüfung insoweit auch auf die wirtschaftliche Entwicklung des ursprünglich selbstständigen Unternehmens ankommen (*BAG* 31.7.2007 EzA § 16 BetrAVG Nr. 52). Der Arbeitgeber kann eine Anpassung der Betriebsrenten nach § 16 BetrAVG ganz oder teilweise ablehnen, soweit dadurch eine übermäßige Belastung des Unternehmens verursacht würde (*BAG* 10.9.2002 EzA § 16 BetrAVG Nr. 41). Insoweit kann zur Beurteilung der wirtschaftlichen Lage auf die Grundsätze zurückgegriffen werden, die zu **Eingriffen in die »erdiente Dynamik«** aufgestellt worden sind. Liegen infolge der wirtschaftlichen Lage Gründe vor, die solche Eingriffe rechtfertigen, so kann der Arbeitgeber auch die Anpassung laufender Betriebsrenten ablehnen (*BAG* 13.12.2005 EzA § 16 BetrAVG Nr. 44 m. Anm. *Rößler* NZA-RR 2007, 1 ff.).

Das ist auch dann der Fall, wenn die Wettbewerbsfähigkeit des Unternehmens gefährdet würde. Das ist nicht nur dann der Fall, wenn keine angemessene Eigenkapitalverzinsung erwirtschaftet wird, sondern auch wenn das Unternehmen nicht mehr über genügend Eigenkapital verfügt (vgl. *BAG* 18.2.2003 EzA § 16 BetrAVG Nr. 42; *LAG Nds.* 11.11.2005 LAGE § 16 BetrAVG n. F. Nr. 10; *LAG RhPf* 30.7.2008 NZA-RR 2009, 212).

Die Substanz des Unternehmens muss erhalten bleiben, seine gesunde wirtschaftliche Entwicklung darf nicht verhindert und die Arbeitsplätze dürfen nicht durch eine langfristige Auszehrung in Gefahr gebracht werden (*BAG* 14.2.1989 EzA § 16 BetrAVG Nr. 21).

Dabei ist nicht entscheidend die Belastung aus der Anhebung einer individuellen Versorgungsleistung, sondern die Gesamtbelastung aller zur Prüfung anstehenden Versorgungsleistungen. Maßgebend sind nur die Erträge und Wertzuwächse des dem Unternehmen gewidmeten Vermögens (*BAG* 9.11.1999 EzA § 16 BetrAVG Nr. 33). Wertzuwächse sind insoweit nur dann zu berücksichtigen, wenn sie **zu bilanzieren** sind und **ohne Gefährdung der Wettbewerbsfähigkeit und der Arbeitsplätze** verwertet werden können (*BAG* 18.2.2003 EzA § 16 BetrAVG Nr. 42).

Eine übermäßige Belastung des Unternehmens ist anzunehmen, wenn es mit einiger Wahrscheinlichkeit unmöglich sein wird, den Teuerungsausgleich aus den Erträgen und dem Wertzuwachs in der Zeit nach dem Anpassungsstichtag aufzubringen. Das Unternehmen kann nicht auf eine Kreditaufnahme zur Deckung des Anpassungsbedarfs verwiesen werden. Nicht erforderlich für den Ausschluss einer Anpassung der Betriebsrenten an die Kaufkraftentwicklung gem. § 16 BetrAVG ist es, dass sich der Arbeitgeber in einer wirtschaftlichen Notlage befindet (*BAG* 19.5.1981 EzA § 16 BetrAVG Nr. 11; *LAG RhPf* 30.7.2008 NZA-RR 2009, 212).

Auch nach Einstellung seiner unternehmerischen Aktivitäten sind der frühere Arbeitgeber und sein Rechtsnachfolger **nicht verpflichtet**, die Anpassungsleistungen durch **Eingriffe in die Vermögenssubstanz** zu finanzieren (*BAG* 9.11.1999 EzA § 16 BetrAVG Nr. 33).

3877 Die wirtschaftliche Lage lässt sich nicht beschränkt auf einen Stichtag erfassen. Die maßgebenden Daten können nur im Zeitablauf gewürdigt werden. Erforderlich ist folglich eine **langfristige Prognose**, gestützt auf die Unternehmensentwicklung der zurückliegenden Zeit, wie sie auch bei der Unternehmensberatung und Kreditgewährung gefordert wird (*BAG* 31.1.1984 EzA § 16 BetrAVG Nr. 15; 23.4.1985 EzA § 16 BetrAVG Nr. 16; 23.4.1985 EzA § 16 BetrAVG Nr. 17). Als repräsentativer Zeitraum ist insoweit die Dauer von i. d. R. **mindestens drei Jahren** anzusehen. Aber auch dieser Mindestzeitraum kann sich dann als nicht ausreichend erweisen, wenn die spätere Entwicklung zu berechtigten Zweifeln an der Vertretbarkeit der Prognose des Arbeitgebers führt (*BAG* 25.4.2006 EzA § 16 BetrAVG Nr. 49).

Der Arbeitgeber hat, ausgehend von den Verhältnissen am Prüfungsstichtag, die voraussichtliche 3878 wirtschaftliche Entwicklung des Unternehmens und die Auswirkungen eines Teuerungsausgleichs abzuschätzen. Wirtschaftliche Daten nach dem Anpassungsstichtag sind nur insoweit von Bedeutung, als sie eine frühere Prognose bestätigen oder entkräften. Nicht vorhersehbare, veränderte Rahmenbedingungen oder spätere, zum Anpassungsstichtag noch nicht absehbare Betriebsstilllegungen spielen keine Rolle (*BAG* 17.10.1995 EzA § 16 BetrAVG Nr. 29). Wesentliche Grundlagen der Beurteilung sind die **Bilanzen, Gewinn- und Verlustrechnungen sowie die Lageberichte der Unternehmen unter Einbeziehung der Zukunftsaussichten**.

In diesem Zusammenhang verändert die Verschmelzung von Gesellschaften weder den maßgeblichen Beurteilungszeitpunkt – Anpassungsstichtag – noch die Kriterien für die Anpassung der laufenden Betriebsrenten. Führt die **Fusion** folglich zu einer **Verbesserung der wirtschaftlichen Verhältnisse** des Anpassungsschuldners, so wirkt sich dies **zu Gunsten der Betriebsrentner** aus (*BAG* 31.7.2007 EzA § 16 BetrAVG Nr. 52).

Diese Grundsätze gelten **auch dann, wenn der Arbeitgeber in der Vergangenheit keinen vollen** 3879 **Geldwertausgleich gewährt hat und deshalb eine nachholende Anpassung zu prüfen ist**. Da in diesem Fall die Gefahr besteht, dass der Anpassungsstau den wirtschaftlich wieder gestärkten Arbeitgeber überfordert, ist seine Leistungsfähigkeit besonders sorgfältig zu prüfen (*BAG* 21.8.2001 EzA § 16 BetrAVG Nr. 39).

Die **nachholende Anpassung** betrifft die Höhe des Versorgungsbedarfs und besagt, dass – bezogen 3880 auf einen Anpassungstermin – nicht nur die Teuerung in den letzten drei Jahren, sondern der Kaufkraftverlust (folgend aus dem zum Anpassungsstichtag aktuellsten vom Statistischen Bundesamt **veröffentlichten Verbraucherpreisindex**; s. *BAG* 28.6.2011 EzA § 16 BetrAVG Nr. 60) seit Rentenbeginn – bzw. der letzten Anpassung – zu berücksichtigen ist (*BAG* 17.4.1996 EzA § 16 BetrAVG Nr. 30; 21.8.2001 EzA § 16 BetrAVG Nr. 39). Eine nachholende Anpassung in diesem Sinne liegt nur dann vor, wenn der Arbeitgeber wegen der wirtschaftlichen Lage seines Unternehmens die Belange der Versorgungsempfänger **nicht oder nur teilweise berücksichtigt hat** und die dadurch entstehende Lücke bei späteren Anpassungsentscheidungen geschlossen wird (*BAG* 21.8.2001 EzA § 16 BetrAVG Nr. 39).

Davon ist eine **nachträgliche Anpassung** zu unterscheiden. Durch eine nachträgliche Anpassung soll 3881 die Betriebsrente bezogen auf einen früheren Anpassungsstichtag unter Berücksichtigung der damaligen wirtschaftlichen Lage des Unternehmens erhöht werden (*BAG* 18.2.2003 EzA § 16 BetrAVG Nr. 42; s. a. *LAG Nds.* 11.11.2005 NZA-RR 2006, 152).

Insoweit gelten nach der Rechtsprechung des *BAG* (17.4.1996 EzA § 16 BetrAVG Nr. 30) fol- 3882 gende **Grundsätze**:
– Wenn der Versorgungsempfänger die Anpassungsentscheidung des Arbeitgebers für unrichtig hält, muss er dies vor dem nächsten Anpassungsstichtag dem Arbeitgeber gegenüber wenigstens außergerichtlich geltend machen. Mit dem nächsten Anpassungsstichtag entsteht ein neuer Anspruch auf Anpassungsprüfung und -entscheidung. Der Anspruch auf Korrektur einer früheren Anpassungsentscheidung erlischt.
– Hat der Arbeitgeber bis zum nächsten Anpassungsstichtag die Betriebsrenten weder erhöht, noch sich zur Anpassung ausdrücklich geäußert, so hat er damit stillschweigend erklärt, dass er zum zurückliegenden Anpassungsstichtag keine Anpassung vornimmt. Die Erklärung des Versorgungsschuldners, nicht anpassen zu wollen, gilt nach Ablauf von drei Jahren ab Anpassungstermin als abgegeben. Der Versorgungsberechtigte kann die stillschweigend abgelehnte Anpassungsentscheidung bis zum übernächsten Anpassungstermin rügen.
– Bei der Prüfung der wirtschaftlichen Lage des Unternehmens ist unter anderem zu berücksichtigen:

Beurteilungsgrundlage für die erforderliche Prognose ist die wirtschaftliche Entwicklung des Unternehmens in der Zeit vor dem Anpassungsstichtag, soweit daraus Schlüsse für die weitere Entwicklung gezogen werden können. Nicht vorhersehbare, neue Rahmenbedingungen und sonstige unerwartete, spätere Veränderungen der wirtschaftlichen Verhältnisse des Unternehmens bleiben unberücksichtigt

Für eine einigermaßen zuverlässige Prognose muss die bisherige Entwicklung über einen längeren, repräsentativen Zeitraum von i. d. R. mindestens drei Jahren ausgewertet werden.

Der am Anpassungsstichtag absehbare Investitionsbedarf, auch für Rationalisierungen und die Erneuerung von Betriebsmitteln, ist zu berücksichtigen.

Scheingewinne bleiben unberücksichtigt.

3883 Die **Betriebssteuern** verringern die verwendungsfähigen Mittel. Bei den Steuern von Einkommen ist zu beachten, dass nach einer Anpassungsentscheidung die Rentenerhöhungen den steuerpflichtigen Gewinn verringern.

Eine **angemessene Eigenkapitalverzinsung** ist i. d. R. nötig und für die Anpassung der Betriebsrenten nach § 16 BetrAVG von entscheidender Bedeutung (*BAG* 23.5.2000 EzA § 16 BetrAVG Nr. 35; 23.5.2000 EzA § 16 BetrAVG Nr. 36; 23.5.2000 EzA § 16 BetrAVG Nr. 37). Sie besteht aus einem **Basiszins** und einem **Risikozuschlag**. Der Basiszins entspricht der Umlaufrendite öffentlicher Anleihen. Der Risikozuschlag beträgt für alle Unternehmen einheitlich 2 %. Ein Geldentwertungsabschlag darf unterbleiben (*BAG* 23.5.2000 EzA § 16 BetrAVG Nr. 37).

Die **Höhe** der Eigenkapitalverzinsung richtet sich nach dem **vorhandenen Eigenkapital**. Eine unzureichende Eigenkapitalverzinsung ist aber nicht der einzige Grund, der nach § 16 BetrAVG eine Nichterhöhung der Betriebsrente rechtfertigen kann. Die fehlende Belastbarkeit kann sich auch aus einer Eigenkapitalauszehrung ergeben. Verlustvorträge sind dabei zu berücksichtigen (*BAG* 23.5.2000 EzA § 16 BetrAVG Nr. 35).

Der Arbeitgeber darf deshalb jedenfalls dann von einer Anpassung der Betriebsrente absehen, wenn das Eigenkapital **unter das Stammkapital der Gesellschaft sank**, daraufhin die Gesellschafter durch zusätzliche Einlagen eine Kapitalrücklage bildeten, die anschließend erzielten Gewinne nicht ausgeschüttet, sondern zur Verbesserung der Eigenkapitalausstattung verwandt wurden und trotzdem das Stammkapital bis zum nächsten Anpassungsstichtag ohne die Kapitalrücklage voraussichtlich nicht wieder erreicht wird (*BAG* 23.1.2001 EzA § 16 BetrAVG Nr. 38).

Auch nach Einstellung seiner unternehmerischen Aktivitäten kann der Versorgungsschuldner eine angemessene Verzinsung seines Eigenkapitals in Anspruch nehmen, bevor er zusätzliche Versorgungslasten durch Anpassung der Betriebsrenten an die Kaufkraftentwicklung übernimmt. Als angemessene Eigenkapitalverzinsung kommt jedoch nur der **Zinssatz** in Betracht, der sich bei einer **langfristigen Anlage festverzinslicher Wertpapiere** erzielen lässt. Zu einem **Risikozuschlag** besteht **nur bei einem aktiven Unternehmer** Anlass. Zum maßgeblichen Eigenkapital zählt nicht das zur Begleichung der Versorgungsverbindlichkeiten erforderliche Kapital. Soweit hieraus Erträge erwirtschaftet werden, sind sie in vollem Umfang zur Finanzierung der Anpassungslast heranzuziehen (*BAG* 9.11.1999 EzA § 16 BetrAVG Nr. 33).

3884 Soweit Gesellschafter einer GmbH als Geschäftsführer tätig sind, kann dafür eine **angemessene Vergütung** angesetzt werden. Der Unternehmerlohn darf das bei Fremdgeschäftsführern Übliche nicht überschreiten.

*(2) Einzelfragen*

3885 Bei der Beurteilung der wirtschaftlichen Lage des Unternehmens kommt es auf seine **Ertragskraft im Ganzen** an. Für sich genommen nicht aussagekräftig ist deshalb eine Einschränkung des Personalbestandes, die Schließung einer Unterstützungskasse oder einzelne negative Bilanzergebnisse. Einzelne Handelsbilanzen und Betriebsergebnisberechnungen, die mit Verlusten abschließen, dürfen nicht isoliert betrachtet werden. Es muss erkennbar werden, auf welche Weise und auf Grund welcher wirtschaftlicher Vorgaben die Ergebnisse dargestellt sind.

Schwankungen müssen im Hinblick auf eine **langfristige Prognose** der Unternehmensentwicklung 3886
erklärt werden. Jedenfalls dann, wenn das Unternehmen über Jahre hinweg erhebliche Verluste erlitten hat oder Sanierungsmaßnahmen erforderlich gewesen sind, entfällt ein Anspruch auf eine Anpassung, wobei jedoch stets die Zukunftsentwicklung im Auge zu behalten ist.

Als Argumente kommen in Betracht die **fehlende Dividendenausschüttung** und eine **Herabsetzung** 3887
**des Grundkapitals** zur Verringerung der Schuldenlast. Die Zahlung von **Gratifikationen** an aktive und pensionierte Arbeitnehmer schließt dagegen eine schlechte wirtschaftliche Lage des Arbeitgebers nicht aus.

Zu beachten ist auch, ob das Unternehmen in der Vergangenheit auf Grund der wirtschaftlichen Situation in der Lage war, die erforderlichen **Pensionsrückstellungen** vorzunehmen und damit gewisse 3888
Steuervorteile zu erzielen (*BAG* 23.4.1985 EzA § 16 BetrAVG Nr. 16; 23.4.1985 EzA § 16 BetrAVG Nr. 17; vgl. *Neef* NZA 2003, 993 ff.).

Fraglich ist, ob bei einem nicht mehr werbend tätigen Unternehmen, das liquidiert worden ist und 3889
dessen Gesellschaftszweck nur noch die Abwicklung seiner Versorgungsverbindlichkeiten ist (Rentnergesellschaft), zur Finanzierung der Anpassungslasten gem. § 16 BetrAVG auch ein angemessener **Eingriff in die Vermögenssubstanz** geboten ist

Insoweit hat das *BAG* (25.6.2002 EzA § 16 BetrAVG Nr. 40; s.a. Rdn. 3857 u. *BAG* 3890
26.10.2010 EzA § 16 BetrAVG Nr. 56) folgende Grundsätze aufgestellt:
– Grds. trifft auch eine Abwicklungsgesellschaft, also ein Unternehmen, das hauptsächlich mit der Nachbearbeitung ehemaliger Geschäftätigkeit und der Betreuung von Betriebsrentnern befasst ist, die Pflicht zur Anpassungsprüfung gem. § 16 BetrAVG. Eine Gleichstellung unternehmerisch nicht mehr aktiver Gesellschaften mit insolventen Unternehmen ist nicht gerechtfertigt.
– Eine Anpassung an die gestiegenen Betriebsrenten kann jedoch ganz oder teilweise abgelehnt werden, wenn und soweit dadurch das Unternehmen des Versorgungsschuldners übermäßig belastet würde. Werden Unternehmenserträge aus werbender Tätigkeit nicht mehr erzielt und verfügt der Versorgungsschuldner auch nicht über sonstige Einkünfte, die für eine Anpassung der Betriebsrenten herangezogen werden könnten, ist es regelmäßig nicht möglich, den Teuerungsausgleich aus den Erträgen des Unternehmens und dessen Wertzuwachs in der Zeit nach dem Anpassungsstichtag aufzubringen. Auch eine Abwicklungsgesellschaft ist nicht verpflichtet, die Kosten der Anpassung aus der Vermögenssubstanz aufzubringen.
– War bei Einstellung der werbenden Geschäftätigkeit und dem Übergang zur Abwicklungsgesellschaft die Geschäftslage schlecht und von hohen Verlusten geprägt, so dass bereits zuvor das betriebliche Altersversorgungs-Werk geschlossen werden musste, und wurden auch keine gewinnbringenden oder später wieder gewinnbringenden Geschäftsbereiche auf andere Konzerngesellschaften übertragen, so fehlt es für einen Berechnungsdurchgriff im Konzern an der Voraussetzung, dass sich durch die Ausübung der Leitungsmacht seitens der Konzernmutter ein konzerntypisches Risiko verwirklicht hat. Allein in der fehlenden Ausstattung der Abwicklungsgesellschaft mit Rücklagen für Anpassungen gem. § 16 BetrAVG konnte dies im Streitfall nicht gesehen werden, denn eine Anpassungsverpflichtung hat für das beherrschende Unternehmen wegen seiner damals schlechten wirtschaftlichen Situation auch im Zeitpunkt des Übergangs zur Abwicklungsgesellschaft nicht bestanden.
– Die aus Anlass des Übergangs zur Abwicklungsgesellschaft durchgeführte Übertragung von Geschäftsbereichen auf andere Konzerngesellschaften rechtfertigt für sich allein nicht ein schützenswertes Vertrauen der Betriebsrentner darauf, die Konzernobergesellschaft werde die Versorgungsverbindlichkeiten der Abwicklungsgesellschaft, Anpassungsleistungen eingeschlossen, so erfüllen wie die Ansprüche ihrer eigenen Betriebsrentner. Eine derartige Übertra-

gung von Geschäftsaktivitäten schafft keinen neuen oder weiteren Anpassungsschuldner i. S. v. § 16 BetrAVG.

*(3) Die wirtschaftliche Lage im Konzern; neue Rechtsprechung; Patronatserklärung*

3891 Bei der Anpassung der Betriebsrenten nach § 16 BetrAVG ist die **wirtschaftliche Lage des versorgungspflichtigen Arbeitgebers** entscheidend. Die Einbindung in einen Konzern ändert daran grds. nichts; solange und soweit der Versorgungsschuldner wirtschaftlich leistungsfähig ist, muss er die gesetzlich vorgesehene Anpassung vornehmen (s. *Diller/Beck* DB 2011, 1052 ff.). Die Nichtanpassung ist der Ausnahmefall (*BAG* 10.2.2009 EzA § 16 BetrAVG Nr. 54; 29.9.2010 EzA § 16 BetrAVG Nr. 55). Auf die wirtschaftliche Lage der Konzernmutter ist – ausnahmsweise – dann abzustellen (sog. **Berechnungsdurchgriff**; *BAG* 14.2.1989 EzA § 16 BetrAVG Nr. 21; 4.10.1994 EzA § 16 BetrAVG Nr. 28; s. a. *BAG* 26.5.2009 EzA § 16 BetrAVG Nr. 53; *LAG RhPf* 30.7.2008 NZA-RR 2009, 212; instr. *Cisch/Kruip* NZA 2010, 540 ff.), wenn bei Vorliegen eines Beherrschungs- und Gewinnabführungsvertrages die **wirtschaftliche Abhängigkeit** des beherrschten Unternehmens so vollständig ist, dass seine wirtschaftliche Lage für den Rechtsverkehr überhaupt nicht zählt. Nur **ausnahmsweise** kann also ein Berechnungsdurchgriff auf die günstige wirtschaftliche Lage eines anderen Konzernunternehmens in Betracht kommen. In dem Fall muss ein Unternehmen, das selbst wirtschaftlich nicht zur Anpassung der Betriebsrenten in der Lage ist, **gleichwohl eine Anpassung des Ruhegelds vornehmen**, wenn die **wirtschaftliche Lage des anderen Konzernunternehmens** dies zulässt. Deshalb setzt der Berechnungsdurchgriff einen Gleichlauf von Zurechnung und Innenhaftung i. S. einer Einstandspflicht/Haftung des anderen Konzernunternehmens gegenüber dem Versorgungsschuldner voraus. Verpflichtet sich die Konzernmutter gegenüber einem Gläubiger des konzernangehörigen Versorgungsschuldners, diesen **finanziell so auszustatten**, dass sein **Geschäftsbetrieb aufrechterhalten** werden kann (sog. **konzernexterne harte Patronatserklärung**), begründet dies **keinen Berechnungsdurchgriff** (*BAG* 29.9.2010 EzA § 16 BetrAVG Nr. 55).

3891a Eine »**Patronatserklärung**« eines verbundenen Unternehmens gegenüber dem PSV, mit der die Zahlungsfähigkeit der sich in einer wirtschaftlichen Notlage befindlichen Gesellschaft gesichert werden soll, wird bei der Überprüfung der wirtschaftlichen Leistungsfähigkeit der Gesellschaft **nicht berücksichtigt**, wenn bei abweichender Betrachtung gerade **zusätzliche Verbindlichkeiten** begründet würden (*LAG Nds.* 28.3.2008 BB 2008, 1850).

3892 Ein Berechnungsdurchgriff erfolgte dann **nicht**, wenn das in Anspruch genommene **Unternehmen** entweder **wirtschaftlich unbeeinflusst** handeln konnte oder trotz der wirtschaftlichen Einbindung in den Konzern so gehandelt hat, wie es unter **Wahrung der eigenen Interessen als selbstständige Gesellschaft** gehandelt hätte (*BAG* 14.2.1989 EzA § 16 BetrAVG Nr. 21).

3893 Die für das Abstellen auf die wirtschaftliche Lage des Konzerns maßgebliche enge wirtschaftliche Verknüpfung kann an sich auch ohne Abschluss eines Beherrschungs- oder Gewinnabführungsvertrages bei einem **qualifiziert faktischen Konzern** vorliegen. Voraussetzung dafür war, dass das herrschende Unternehmen die Geschäfte des beherrschten Unternehmens dauernd und umfassend geführt hat.

3894 Nachdem der **BGH** (17.9.2001 BGHZ 149, 10 ff.) diesen Haftungsansatz allerdings ausdrücklich **aufgegeben hat**, folgt auch im Arbeitsrecht der Schutz der abhängigen GmbH gegenüber Eingriffen ihrer Gesellschafter nicht mehr aus dem Haftungssystem des Konzernrechts des AktG. An dessen Stelle ist nunmehr die **Ausfallhaftung wegen existenzvernichtenden Eingriffs** getreten (*BAG* 28.7.2005 EzA § 16 BetrAVG Nr. 45; s. *Diller/Beck* DB 2011, 1052 ff.); dieser liegt nicht vor, solange eine Insolvenz der Tochtergesellschaft nicht eingetreten ist. Auf die wirtschaftlichen Verhältnisse eines anderen **konzernrechtlich verbundenen** Unternehmens kommt es jedenfalls **nur dann** an, wenn entweder ein entsprechender **Vertrauenstatbestand** geschaffen wurde oder die **konzernrechtlichen Verflechtungen** einen sog. Berechnungsdurchgriff rechtfertigen; das *BAG* (25.4.2006 EzA § 16 BetrAVG Nr. 49; s. a. *LAG RhPf* 30.7.2008 NZA-RR 2009, 212; *LAG Düsseld.* 22.8.2007 LAGE § 16 BetrAVG Nr. 11: nicht maßgeblich ist die wirtschaftliche Lage des gesamten

## B. Pflichten des Arbeitgebers
## Kapitel 3

Konzerns; offen gelassen von *BAG* 29.9.2010 EzA § 16 BetrAVG Nr. 55) hat angekündigt, bei gegebenem Anlass wegen der neueren Rechtsprechung zur Durchgriffshaftung bei »**existenzgefährdenden Eingriffen**« die Voraussetzungen des Berechnungsdurchgriffs zu **überprüfen** (instr. *Cisch/Kruip* NZA 2010, 540 ff.). Hat die beherrschende Gesellschaft dem Arbeitgeber **kompensationslos Vermögenswerte entzogen**, so dass er außer Stande ist, einen Teuerungsausgleich bei den laufenden Betriebsrenten zu leisten, so wirkt die dadurch ausgelöste Haftung des beherrschenden Unternehmens gegenüber dem Arbeitgeber wie eine »Entnahmesperre«. Das entzogene Vermögen ist dann bei der Überprüfung der wirtschaftlichen Leistungsfähigkeit des zur Anpassung verpflichteten früheren Arbeitgebers hinzuzurechnen. Damit werden Einflüsse ausgeschlossen, die sich allein auf der Ebene des beherrschenden Unternehmens oder gar anderer konzernangehöriger Unternehmen abspielen (s. *Schipp* DB 2010, 112 ff.).

Der Betriebrentner hat insoweit die Voraussetzungen für einen Berechnungsdurchgriff darzulegen und zu beweisen. Im Zweifel reicht eine lediglich beispielhafte Darlegung von Eingriffen im Konzerninteresse und eine plausible Erklärung aus, warum diese Eingriffe nicht nur unwesentlich zur schlechten wirtschaftlichen Lage des Tochterunternehmens beigetragen haben. Der Betriebsrentner muss jedoch konkrete Tatsachen vortragen, die greifbare Anhaltspunkte für einen Berechnungsdurchgriff liefern (*LAG RhPf* 5.8.2009 NZA-RR 2010, 319). 3895

Der sog. Berechnungsdurchgriff soll aber nicht die Konzerne, sondern die **Versorgungsberechtigten schützen**. Bei schlechter wirtschaftlicher Lage der Konzernmutter soll der versorgungspflichtigen Konzerntochter nicht die Möglichkeit eröffnet werden, eine nach ihrer eigenen wirtschaftlichen Lage tragbare Anpassung zu verweigern (*BAG* 10.2.2009 EzA § 16 BetrAVG Nr. 54). 3896

Verlangen die Betriebsrentner der abhängigen Gesellschaft während des Bestehens eines Beherrschungsvertrages eine Anpassung ihrer Betriebsrenten, so rechtfertigt der **Beherrschungsvertrag – ohne weitere Voraussetzungen** – einen sog. **Berechnungsdurchgriff**. Es kommt dann auf die wirtschaftliche Lage der herrschenden Gesellschaft an. Diese hat die infolge der Anpassung der Betriebsrenten etwa entstehenden Verluste der abhängigen Gesellschaft nach § 302 AktG auszugleichen. Der Schutzzweck von § 4 BetrAVG und § 16 BetrAVG erfordert keine erweiternde Auslegung des § 303 AktG. Führen gesellschaftsrechtliche Veränderungen während der Dauer eines Gewinnabführungs- und Beherrschungsvertrages dazu, dass die für eine Betriebsrentenanpassung erforderliche wirtschaftliche Leistungsfähigkeit der abhängigen Versorgungsschuldnerin beeinträchtigt wird oder entfällt, kommen Schadensersatzansprüche der Versorgungsgläubiger gegenüber dem (ehemals) herrschenden Unternehmen in Betracht. Das herrschende Unternehmen treffen bei Beendigung des Beherrschungsvertrages gegenüber den Betriebsrentnern der abhängigen Gesellschaft regelmäßig dieselben Verpflichtungen wie den bisherigen Versorgungsschuldner bei Ausgliederung einer Gesellschaft, auf die Versorgungsverbindlichkeiten übertragen werden (*BAG* 26.5.2009 EzA § 16 BetrAVG Nr. 53; instr. *Cisch/Kruip* NZA 2010, 540 ff.; abl. *Preu/Novara* NZA 2011, 1263 ff.). 3897

Vom sog. Berechnungsdurchgriff ist die Frage zu **unterscheiden**, wie sich finanzielle, technische, organisatorische oder sonstige **Verflechtungen** mit anderen Unternehmen auf die wirtschaftliche Lage des versorgungspflichtigen Arbeitgebers auswirken. Mit und ohne Einbindung in einen Konzern können Abhängigkeiten von anderen Unternehmen bestehen und sich dadurch externe Krisen auf die Belastbarkeit des Versorgungsschuldners auswirken. Selbst wenn eine »Schicksalsgemeinschaft« zwischen einem Konzern und dem ihm angehörenden versorgungspflichtigen Arbeitgeber besteht, rechtfertigen die damit verbundenen abstrakten Gefahren nicht die Ablehnung einer Betriebsrentenanpassung. Am Anpassungsstichtag muss sich bereits konkret abzeichnen, dass die wirtschaftliche Krise des Konzerns mit hoher Wahrscheinlichkeit auf das Unternehmen des versorgungspflichtigen Arbeitgebers »durchschlagen« werde, und zwar in einem solchen Umfang, dass dieses Unternehmen durch eine Anpassung der Betriebsrenten überfordert würde. Dem versorgungspflichtigen Arbeitgeber steht bei der Einschätzung der künftigen Leistungsfähigkeit seines Unternehmens ein gewisser Beurteilungsspielraum zu. Die Prognose muss realitätsgerecht und vertretbar sein. Nach dem Anpassungsstichtag zu verzeichnende wirtschaftliche Daten können die Prognose des Arbeitgebers bestätigen 3898 oder entkräften. Dadurch können sie die Darlegungs- und Beweislast beeinflussen (*BAG* 26.5.2009 EzA § 16 BetrAVG Nr. 53 = NZA 2010, 641; instr. dazu *Cisch/Kruip* NZA 2010, 540 ff.).

3899 (derzeit unbesetzt)

*(4) Gewerkschaften als Arbeitgeber*

3900 Gewerkschaften dürfen die ihnen zur Verfügung stehenden Mittel nur zu den satzungsgemäßen koalitionspolitischen Zwecken verwenden. Bei der Festlegung und Erfüllung ihrer Aufgaben sind sie durch das Grundrecht der Koalitionsfreiheit (Art. 9 Abs. 3 GG) geschützt. Eine Überprüfung und Bewertung solcher Entscheidungen steht den Arbeitsgerichten jedenfalls dann nicht zu, wenn es nur um die Aufrechterhaltung der bisherigen Aktivitäten geht (*BAG* 13.12.2005 EzA § 16 BetrAVG Nr. 44 m. Anm. *Rößler* NZA-RR 2007, 1 ff.).

*(5) Belange des Versorgungsempfängers*

3901 Bei der Anpassungsprüfung sind als Belange des Versorgungsempfängers nur solche Umstände zu berücksichtigen, die **durch die Teuerung seit Eintritt des Versorgungsfalles bedingt** sind. Nicht zu berücksichtigen sind deshalb besondere individuelle Dienste, persönliche Opfer des Versorgungsberechtigten während des aktiven Arbeitsverhältnisses oder besondere wirtschaftliche Belastungen im Ruhestand (*BAG* 31.1.1984 EzA § 16 BetrAVG Nr. 15).

*gg) Die Anpassungsentscheidung des Arbeitgebers*

*(1) Zweistufigkeit der Überprüfung*

3902 Die Anpassungsentscheidung des Arbeitgebers nach § 16 BetrAVG erfolgt zweistufig: Zunächst ist zu prüfen, ob die Betriebsrente in ihrem Wert noch der ursprünglich zugesagten Versorgung entspricht.

Im Anschluss daran hat der Arbeitgeber eine Entscheidung nach billigem Ermessen zu treffen, die insbes. die Belange des Versorgungsempfängers und seine wirtschaftliche Lage berücksichtigt.

*(2) Ausgleich des Anpassungsbedarfs?*

*aaa) Grundlagen*

3903 Der Anpassungsbedarf ist grds. in **voller Höhe** auszugleichen bis zur reallohnbezogenen Obergrenze, soweit dies auf Grund der bisherigen wirtschaftlichen Entwicklung auch in Zukunft für das Unternehmen **tragbar** ist.

3904 Insoweit widerspricht es nicht der Billigkeit, wenn der Arbeitgeber die Renten nur bis zur durchschnittlichen Steigerungsrate der Reallöhne der aktiven Arbeitnehmer anpasst. Die Belange der Versorgungsempfänger sind schon dann ausreichend berücksichtigt, wenn die Renten bis hin zur »reallohnbezogenen Obergrenze« angehoben werden (*BAG* 14.2.1989 EzA § 16 BetrAVG Nr. 20). Aufschluss über die wirtschaftliche Lage des Unternehmens lässt sich dabei allerdings **nicht aus den Einkommensverhältnissen einzelner Arbeitnehmer** oder Arbeitnehmergruppen entnehmen (*LAG Nds.* 23.2.2000 NZA-RR 2001, 272).

3905 Nach § 16 BetrAVG bilden »**laufende Leistungen**« der betrieblichen Altersversorgung den Gegenstand der Anpassungsprüfung. Das bedeutet aber nicht, dass auch der Teuerungsausgleich nur rentenförmig geleistet werden dürfte. **Einmalige Zahlungen sind zulässig, wenn die wirtschaftliche Lage des Arbeitgebers eine Anpassung nur in dieser Form erlaubt** (*BAG* 31.1.1984 EzA § 16 BetrAVG Nr. 15). Ist ein vollständiger Ausgleich des Anpassungsbedarfs nicht möglich, kommt folglich auch ein **partieller Ausgleich** durch Teilanpassung aller Betriebsrenten oder eine Einmalzahlung in Betracht, ferner eine Betriebsrentenerhöhung unter Vorbehalt sowie die Differenzierung zwischen einzelnen Versorgungsempfängergruppen sowie schließlich der Verzicht auf eine Anpassung (vgl. *BAG* 31.1.1984 EzA § 16 BetrAVG Nr. 15).

### bbb) Anpassungsmaßstab

Bei der Entscheidung des Arbeitgebers ist dann, wenn in der Vergangenheit kein voller Geldwertausgleich gewährt wurde, bei Folgeprüfungen von der Höhe des Kaufkraftverlusts (s. *BAG* 28.6.2011 EzA § 16 BetrAVG Nr. 60) seit Rentenbeginn bis zum Anpassungsstichtag und nicht von einem Anpassungsbedarf lediglich der letzten drei Jahre auszugehen (*BAG* 28.4.1992 EzA § 16 BetrAVG Nr. 22; 28.4.1992 EzA § 16 BetrAVG Nr. 23; 28.4.1992 EzA § 16 BetrAVG Nr. 24; 21.8.2001 EzA § 16 BetrAVG Nr. 39; 10.9.2002 EzA § 16 BetrAVG Nr. 41; s. a. Rdn. 3919). 3906

Das folgt aus dem **Zweck des § 16 BetrAVG**. Diese Bestimmung soll durch **Ausgleich des Kaufkraftverlusts** dazu beitragen, die **Gleichwertigkeit von Leistung und Gegenleistung** aufrechtzuerhalten. Der Arbeitnehmer kann auf Grund der zuvor erbrachten Leistungen erwarten, dass ihm der **volle wirtschaftliche Wert der Gegenleistung während des Bezugs der Rente** erhalten bleibt (*BAG* 28.4.1992 EzA § 16 BetrAVG Nr. 22). Andererseits kann die Anpassung der Betriebsrenten an die Kaufkraftentwicklung abgelehnt werden, soweit ein Unternehmen dadurch übermäßig belastet würde (*LAG Nds.* 23.2.2000 NZA-RR 2001, 272). 3907

Der Anpassungsbedarf ist auch dann mit dem Kaufkraftverlust (*BAG* 28.6.2011 EzA § 16 BetrAVG Nr. 60) **ab Rentenbeginn** zu berechnen, wenn der Arbeitgeber die Betriebsrente zunächst stärker erhöht hatte, als er nach § 16 BetrAVG verpflichtet war. Der Arbeitnehmer kann nicht verlangen, dass die Teuerung auf der Grundlage einer überhöhten Rentenzahlung ausgeglichen wird. 3908

### (3) Streitbeendender Charakter der Entscheidung; Einzelfragen

Mit der Anpassungsentscheidung des Arbeitgebers wird, sofern sie billigem Ermessen entspricht, die **Geschäftsgrundlage der Versorgungsgewährung neu konkretisiert**. 3909

Hat der Arbeitgeber innerhalb des Drei-Jahres-Zeitraums die Betriebsrenten angepasst, so kann er diese Erhöhung auf die Anpassungsleistung anrechnen. Etwas anderes gilt aber dann, wenn die Erhöhung nicht den Inflationsausgleich bezweckt hat, sondern eine **strukturelle Veränderung des Versorgungssystems** beinhaltet (*BAG* 11.8.1981 EzA § 16 BetrAVG Nr. 12). 3910

Hat er den Anpassungsbedarf nicht voll ausgeglichen, so braucht er seine Entscheidung nicht zu korrigieren, wenn sich die wirtschaftliche Lage des Unternehmens **positiver entwickelt**, als zum Entscheidungszeitpunkt prognostiziert (*LAG Hamm* 1.7.1986 LAGE § 16 BetrAVG Nr. 3). Zu beachten ist, dass der Anspruch auf Korrektur einer früheren Anpassung mit dem nächsten Anpassungsstichtag **erlischt, wenn er nicht zuvor geltend gemacht worden ist** (*BAG* 28.10.2008 NZA-RR 2009, 499). 3911

### hh) Gerichtliche Durchsetzung; Darlegungs- und Beweislast; Verwirkung des Klagerechts

Hält der Versorgungsempfänger die Anpassungsentscheidung des Arbeitgebers für unrichtig, muss er dies grds. vor dem nächsten Anpassungsstichtag dem Arbeitgeber gegenüber wenigstens außergerichtlich geltend machen; ohne eine solche Rüge erlischt mit dem nächsten Anpassungsstichtag der Anspruch auf Korrektur einer früheren Anpassungsentscheidung. **Das Klagerecht ist dann verwirkt.** Wenn die Anpassungsentscheidung rechtzeitig gerügt worden ist, muss der Arbeitgeber mit einer umfassenden gerichtlichen Nachprüfung rechnen. Weder die dem § 16 BetrAVG zu entnehmende Befriedungsfunktion noch der Grundsatz der Verwirkung (§ 242 BGB) liefern dann eine tragfähige Begründung dafür, nur die geltend gemachten Fehler zu berücksichtigen (*BAG* 25.4.2006 EzA § 16 BetrAVG Nr. 48; 21.8.2007 EzA § 16 BetrAVG Nr. 51; 28.10.2008 NZA-RR 2009, 499). 3912

Hat der Arbeitgeber keine ausdrückliche Anpassungsentscheidung getroffen, gilt die Erklärung, nicht anpassen zu wollen, nach Ablauf von drei Jahren als abgegeben. Deshalb kann der Versorgungsempfänger diese nachträgliche Entscheidung bis zum übernächsten Anpassungstermin rügen (*BAG* 25.4.2006 EzA § 16 BetrAVG Nr. 48 = NZA-RR 2007, 348; 21.8.2007 EzA § 16 BetrAVG Nr. 51 = NZA-RR 2008, 199).

Der Versorgungsempfänger oder auch sein Interessenverband (z. B. der Verband der Führungskräfte – VDF) können insoweit **auch eine Vereinbarung** treffen, wonach die **Rügefrist** bis zum Eintritt eines bestimmten Ereignisses – z. B. die Entscheidung in einem Musterprozess – **unterbrochen wird**. Wird dabei eine ausdrückliche Vereinbarung über das weitere Vorgehen nicht getroffen, so lebt das Rügerecht nach Eintritt der Bedingung nicht zeitlich unbegrenzt wieder auf. Maßgeblich ist dann die Auslegung der Vereinbarung unter Berücksichtigung der beiderseitigen Interessen. Im konkret entschiedenen Einzelfall hätte nach dem *BAG* (25.4.2006 NZA-RR 2007, 487; 21.8.2007 EzA § 16 BetrAVG Nr. 51 = NZA-RR 2008, 199) eine weitere Rüge bis zu dem auf das Bekanntwerden der Entscheidung folgenden Anpassungsstichtag, also innerhalb einer Frist von knapp drei Jahren, erfolgen müssen.

3913 Trifft der Arbeitgeber entgegen § 16 BetrAVG keine Anpassungsentscheidung oder entspricht seine Entscheidung nicht billigem Ermessen, so kann der Anpassungsanspruch im Übrigen **klageweise durchgesetzt** werden. Hat der Versorgungsempfänger die Anpassungsentscheidung rechtzeitig gerügt, so ist er grds. gehalten, **bis zum Ablauf des nächsten auf die Rügefrist folgenden Anpassungszeitraums Klage zu erheben; der Klage muss andererseits nicht eine außergerichtliche Rüge vorausgehen** (*BAG* 21.8.2007 EzA § 16 BetrAVG Nr. 51 = NZA-RR 2008, 199). Der Arbeitgeber kann i. d. R. erwarten, dass allerdings nach erfolgter Rüge im Anschluss an den Rügezeitraum binnen dreier Jahre gerichtlich gegen die Anpassungsentscheidung vorgegangen wird (*BAG* 25.4.2006 EzA § 16 BetrAVG Nr. 48 = NZA-RR 2007, 348). Bei einer auf § 16 BetrAVG gestützten Anpassungsklage ist insoweit **kein bezifferter Leistungsantrag** nötig.

3914 § 253 Abs. 2 Nr. 2 ZPO ist genügt, wenn der Kläger den anspruchsbegründenden Sachverhalt und einen Mindestbetrag der Anpassung angibt (*BAG* 17.10.1995 EzA § 16 BetrAVG Nr. 29). Die Klage auf Erhöhung der Betriebsrente ab einem bestimmten Tag beschränkt sich auf die ab diesem Zeitpunkt gebotene Anpassung. Wenn auch Anpassungen zu späteren Stichtagen in den Rechtsstreit einbezogen werden sollen, ist eine Klageerweiterung erforderlich (*BAG* 17.10.1995 EzA § 16 BetrAVG Nr. 29). Der **Versorgungsempfänger** hat bei einem Streit darüber, ob und ggf. in welchem Umfang laufende Leistungen der betrieblichen Altersversorgung nach § 16 BetrAVG anzupassen sind, hinsichtlich der vom Arbeitgeber zu erbringenden künftigen Leistungen ein **Titulierungsinteresse** für die volle geschuldete Betriebsrente. Der Wert der Beschwer nach §§ 9, 5 ZPO und der Streitwert nach § 42 Abs. 2 und Abs. 4 GKG sind nach der vollen eingeklagten Betriebsrente zu berechnen. Nimmt der Versorgungsempfänger den Arbeitgeber, der die Betriebsrente zum jeweiligen Anpassungsstichtag anpasst und die sich aus seiner Anpassungsentscheidung ergebende Betriebsrente an den Versorgungsempfänger auszahlt, mit einer Klage auf künftige Leistungen in Höhe der vollen geschuldeten Betriebsrente in Anspruch und erkennt der Arbeitgeber den Anspruch in der von ihm errechneten Höhe sofort an, trägt der Versorgungsempfänger nach § 93 ZPO im Umfang des Anerkenntnisses jedenfalls dann die Kosten des Rechtsstreits, wenn der gezahlte und anerkannte Teilbetrag nur geringfügig hinter der insgesamt geschuldeten Betriebsrente zurückbleibt (*BAG* 14.2.2012 – 3 AZB 59/11, EzA-SD 7/2012, S. 13 LS).

3915 **Die Höhe des Anpassungsbedarfs ist vom Versorgungsempfänger zu beweisen.**

3916 Der **Arbeitgeber** hat darzulegen und zu beweisen, dass der **Nettolohnanstieg** der Arbeitnehmer (vgl. *Reichenbach/Grüneklee* DB 2006, 446 ff.) u. U. **niedriger ist als die Inflationsrate**, ferner, dass die Anpassung zu einer **übermäßigen wirtschaftlichen Belastung** führen würde; mit anderen Worten trägt er die Darlegungs- und Beweislast dafür, dass seine Anpassungsentscheidung billigem Ermessen entspricht (*BAG* 25.4.2006 EzA § 16 BetrAVG Nr. 48).

## B. Pflichten des Arbeitgebers  Kapitel 3

Kann der Arbeitgeber dem nur nachkommen, indem er Betriebs- oder Geschäftsgeheimnisse preisgibt, muss ihn das Gericht mit den Mitteln des Prozessrechts schützen, z. B. durch den zeitweisen Ausschluss der Öffentlichkeit, sowie strafbewehrte Schweigegebote (§ 52 ArbGG, §§ 172, 174 Abs. 2 GVG; vgl. *BAG* 23.4.1985 EzA § 16 BetrAVG Nr. 17). 3917

*ii) Maßgeblicher Zeitpunkt; Bündelung von Prüfungsterminen*

Maßgeblich für die Beurteilung der Anpassungsentscheidung sind die Verhältnisse zum Zeitpunkt der **Entscheidung des Arbeitgebers**, der alle in einem Unternehmen anfallenden Prüfungstermine zu einem einheitlichen jährlichen Termin bündeln kann (*BAG* 21.8.2001 EzA § 16 BetrAVG Nr. 39); möglich ist es auch, **alle drei Jahre eine gebündelte Anpassungsentscheidung zu treffen** (vgl. *BAG* 30.8.2005 EzA § 16 BetrAVG Nr. 43 m. Anm. *Rößler* NZA-RR 2007, 1 ff.; 12.6.2007 EzA § 16 BetrAVG Nr. 50). Etwas anderes gilt allerdings hinsichtlich der Beurteilung der wirtschaftlichen Lage. Insoweit ist auch die im **Laufe des Rechtsstreits eingetretene wirtschaftliche Entwicklung** zu berücksichtigen (*BAG* 23.4.1985 EzA § 16 BetrAVG Nr. 16; 23.4.1985 EzA § 16 BetrAVG Nr. 17). 3918

*jj) Einschränkungen und Ausnahmen von der Anpassungspflicht*

*(1) Rentenreformgesetz 1999*

Mit Wirkung vom **1.1.1999** sind folgende Einschränkungen und Ausnahmen von der Anpassungspflicht vorgesehen worden (vgl. *Blomeyer* NZA 1998, 917 f.; auch danach gilt allerdings als Maßstab die **Entwicklung vom Rentenbeginn bis zum Anpassungsstichtag**; *BAG* 30.8.2005 EzA § 16 BetrAVG Nr. 43; 25.4.2006 EzA § 16 BetrAVG Nr. 47; *LAG BW* 26.3.2010 LAGE § 16 BetrAVG Nr. 13): 3919

Gem. § 16 Abs. 2 BetrAVG gilt die Anpassungsverpflichtung als erfüllt, wenn die Anpassung nicht geringer ist als der Anstieg des Preisindexes von Vier-Personen-Haushalten von Arbeitern und Angestellten mit mittlerem Einkommen oder der Nettolöhne vergleichbarer Arbeitnehmergruppen des Unternehmens im Prüfungszeitraum. Eine Nachholungspflicht bei zu Recht unterbliebener Anpassung besteht nicht (§ 16 Abs. 4 S. 1 BetrAVG). Eine Anpassung gilt als zu Recht unterblieben, wenn der Arbeitgeber dem Versorgungsempfänger die wirtschaftliche Lage des Unternehmens schriftlich dargelegt, der Versorgungsempfänger nicht binnen drei Kalendermonaten nach Zugang der Mitteilung schriftlich widersprochen hat und er auf die Folgen eines nicht fristgemäßen Widerspruchs hingewiesen wurde (§ 16 Abs. 4 S. 2 BetrAVG). Die Fiktion der zu Recht unterbliebenen Anpassung nach § 16 Abs. 4 S. 2 BetrAVG tritt nur ein, wenn sich der **schriftlichen Information** des Arbeitgebers entnehmen lässt, aufgrund welcher Umstände davon auszugehen ist, dass das Unternehmen voraussichtlich nicht in der Lage ist, die Anpassungen zu leisten. Die Darstellung der wirtschaftlichen Lage im Unterrichtungsschreiben des Arbeitgebers muss **so detailliert** sein, dass der Versorgungsempfänger durch diese allein in die Lage versetzt wird, die Entscheidung des Arbeitgebers auf **ihre Plausibilität** hin überprüfen zu können (*BAG* 11.10.2011 – 3 AZR 732/09, EzA-SD 4/2012 S. 10 LS = NZA 2012, 337). Zur Ermittlung des Anpassungsbedarfs für Zeiträume **vor dem 1.1.2003** ist nach § 30c Abs. 4 BetrAVG i. V. m. § 16 Abs. 2 Nr. 1 BetrAVG auf den Preisindex für die **Lebenshaltung von Vierpersonenhaushalten** von Arbeitern und Angestellten mit mittlerem Einkommen abzustellen (*BAG* 11.10.2011 – 3 AZR 732/09, EzA-SD 4/2012 S. 10 LS = NZA 2012, 337).

Gem. § 30c Abs. 2 BetrAVG gilt § 16 Abs. 4 BetrAVG nicht für vor dem 1.1.1999 zu Recht unterbliebene Anpassungen. Die Neuregelung zur nachholenden Anpassung (§ 16 Abs. 4 S. 1 BetrAVG) hat den **Prüfungszeitraum nicht grds. verändert**. Eine nachholende Anpassung nach dieser Bestimmung liegt nur dann vor, wenn der Arbeitgeber wegen der wirtschaftlichen Lage seines Unternehmens die Belange der Versorgungsempfänger nicht oder nur teilweise berücksichtigt hat und die dadurch entstehende Lücke bei späteren Anpassungsentscheidungen geschlossen wird (*BAG* 25.4.2006 EzA § 16 BetrAVG Nr. 47).

- Gem. § 16 Abs. 3 Nr. 1 BetrAVG entfällt die Anpassungsverpflichtung, wenn der Arbeitgeber sich verpflichtet, die laufenden Leistungen jährlich um wenigstens 1 % anzupassen; dies gilt allerdings nur für laufende Leistungen, die auf Zusagen beruhen, die nach dem 31.12.1998 erteilt werden (§ 30c Abs. 1 BetrAVG; s. *BAG* 28.6.2011 EzA § 16 BetrAVG Nr. 59).
- Gem. § 16 Abs. 3 Nr. 2 BetrAVG gilt gleiches dann, wenn die betriebliche Altersversorgung über eine Direktversicherung oder über eine Pensionskasse durchgeführt wird, ab Rentenbeginn alle auf den Rentenbestand entfallenden Überschussanteile zur Erhöhung der laufenden Leistungen verwendet werden und zur Berechnung der garantierten Leistung der nach § 65 Abs. 1 Nr. 1 VAG festgesetzte Höchstzinssatz zur Berechnung der Deckungsrückstellung nicht überschritten werden.

*kk) Zinsen*

3919a  Wird die Anpassungsverpflichtung nach § 16 Abs. 1, 2 BetrAVG durch gerichtliches (Gestaltungs-) Urteil bestimmt, sind Prozess- und **Verzugszinsen erst ab Rechtskraft des Urteils** zu zahlen, denn Voraussetzung ist jeweils die Fälligkeit der zugrunde liegenden Forderung (*BAG* 28.6.2011 EzA § 16 BetrAVG Nr. 60).

*(1) Altersvermögensgesetz vom 26.6.2001*

3920  Gem. § 16 Abs. 3 Nr. 3 BetrAVG ist der Arbeitgeber bei einer Beitragszusage zur Anpassungsprüfung der laufenden Renten nicht verpflichtet. Der Gesetzgeber **vertraut auf laufende Kapitalerträge**, die allerdings hinsichtlich der vom Arbeitgeber u. U. aufzubringenden Mindestleistung nicht anfallen. Bei Leistungszusagen unter Einschaltung von Lebensversicherern ist dagegen i. d. R. gewährleistet, dass die zugesagte Leistung auch erreicht wird (vgl. *Blomeyer* NZA 2001, 916; *Klemm* NZA 2002, 416 ff.).

3921  Bei Leistungszusagen, d. h. nicht bei Beitragszusagen, hat der Arbeitgeber ab dem 1.1.2001 die laufenden Leistungen – auch die der Pensionsfonds – jährlich mindestens um 1 % anzupassen oder bei Direktversicherungs- bzw. Pensionskassenversorgung sämtliche Überschussanteile zur Erhöhung der laufenden Leistungen zu verwenden (§ 16 Abs. 5 i. V. m. Abs. 3 Nr. 1, 2 BetrAVG)

*h) Insolvenzsicherung*

*aa) Zweck und Ausgestaltung der gesetzlichen Insolvenzsicherung*

3922  Zweck der Insolvenzsicherung gem. §§ 7 ff. BetrAVG ist insbes. der Schutz der Versorgungsempfänger – unabhängig davon, ob ihr Arbeitsverhältnis bis zum Versorgungsfall fortbestand oder schon vorher endete (*BAG* 8.6.1999 EzA § 7 BetrAVG Nr. 60) – und Arbeitnehmer vor dem Verlust ihrer Ansprüche und Anwartschaften auf Leistungen der betrieblichen Altersversorgung, wenn das Unternehmen, das die Versorgungszusage erteilt hat, zahlungsunfähig wird (vgl. *Griebeling* Rn. 696 ff.).

Der **gesetzliche Insolvenzschutz** greift allerdings **nur dann** ein, wenn die vorgesehenen Leistungen **als Altersversorgung i. S. d. § 1 Abs. 1 S. 1 BetrAVG anzusehen sind**. Das ist der Fall, wenn sie dazu dienen sollen, die Versorgung des Arbeitnehmers nach dessen Ausscheiden aus dem Berufs- oder Erwerbsleben zu sichern oder zu verbessern. Entscheidend für die Beantwortung der Frage, ob dies der Fall ist, ist die Versorgungszusage und nicht die spätere tatsächliche Entwicklung. Es kommt insbes. nicht darauf an, ob der Arbeitnehmer, wenn er gesetzlich versichert ist, zum vorgesehenen Zeitpunkt die gesetzliche Altersrente in Anspruch nimmt oder Arbeitslosengeld beantragt oder weiter arbeitet (*BAG* 17.9.2008 EzA § 1 BetrAVG Nr. 91).

3923  Träger der Insolvenzsicherung ist der PSV als VVaG, bei dem die Arbeitnehmer und Rentner durch den Arbeitgeber versichert sind. Der Arbeitgeber ist seinerseits Versicherungsnehmer beim PSV und diesem gegenüber beitragspflichtig.

## B. Pflichten des Arbeitgebers — Kapitel 3

Der Versicherungsanspruch wird ausgelöst durch bestimmte, in § 7 BetrAVG **enumerativ auf-** 3924 **gezählte Sicherungsfälle**. Versicherungsansprüche von Arbeitnehmern bestehen auch dann, wenn der Arbeitgeber keine Beitragszahlungen an den PSV geleistet hat. Umgekehrt kann die Zahlung von Beiträgen allein keinen Versicherungsanspruch auslösen (*BGH* 1.6.1981 AP Nr. 7 zu § 17 BetrAVG).

Eine freiwillige Versicherung für den Insolvenzfall beim PSV ist rechtlich unzulässig, da die Insol- 3925 venzsicherung als gesetzliche Versicherung **nicht disponibel** ist (*BAG* 22.9.1987 EzA § 1 BetrAVG Ablösung Nr. 1).

Nur die Arbeitnehmer, die **bei Eintritt des Sicherungsfalles** i. S. v. § 7 Abs. 1 BetrAVG **alle Voraus-** 3926 **setzungen** für den Bezug einer Leistung der betrieblichen Altersversorgung erfüllt haben, genießen bei Insolvenz ihres Schuldners Versicherungsschutz nach Maßgabe des § 7 Abs. 1 BetrAVG. Diese Arbeitnehmer sind **Versorgungsempfänger** i. S. dieser Vorschrift (*BAG* 26.1.1999 EzA § 7 BetrAVG Nr. 59).

Mit dem Eintritt des Versicherungsfalles erwirbt der Arbeitnehmer gegen den Träger der Insol- 3927 venzsicherung einen Versicherungsanspruch (Insolvenzsicherungsanspruch), der an die Stelle des Versorgungsanspruchs tritt. Der Versorgungsberechtigte kann dann seine Ansprüche nur noch gegen diesen geltend machen (*BAG* 12.4.1983 EzA § 9 BetrAVG Nr. 1).

Steht dagegen auf Grund eines **rechtskräftigen Urteils** fest, dass der Arbeitnehmer von seinem Arbeit- 3928 geber keine Leistungen der betrieblichen Altersversorgung fordern kann, wirkt sich dieses Urteil auch auf die Einstandspflicht des Pensions-Sicherungs-Vereins nach § 7 BetrAVG aus. Die Insolvenz des Arbeitgebers führt dann nämlich zu keinem Ausfall von Versorgungsansprüchen, weil es an der in § 7 Abs. 1, 2 BetrAVG geforderten Ursächlichkeit fehlt (*BAG* 23.3.1999 EzA § 7 BetrAVG Nr. 58).

*bb) Die Sicherungsfälle*

*(1) Grundlagen*

Gem. § 7 BetrAVG sind Sicherungsfälle neben der Eröffnung des Insolvenzverfahrens die Abwei- 3929 sung des Insolvenzantrags mangels Masse sowie der außergerichtliche Vergleich (vgl. *LAG Nbg.* 29.10.2003 – 2 Sa 398/03 – EzA-SD 4/04, S. 16 LS) des Arbeitgebers mit seinen Gläubigern, wenn ihm der PSV zustimmt. Ein außergerichtlicher Vergleich in diesem Sinne (§ 7 Abs. 1 S. 3 Nr. 2 BetrAVG) besteht aus einer Vielzahl von Einzelverträgen zwischen dem Schuldner und seinen Gläubigern. Dies gilt auch im Betriebsrentenrecht (*BAG* 9.11.1999 EzA § 7 BetrAVG Nr. 63).

*(2) Vollständige Beendigung der Betriebstätigkeit*

*aaa) Grundlagen*

Daneben ist die vollständige Beendigung der Betriebstätigkeit erfasst, wenn **kein Insolvenzantrag ge-** 3930 **stellt** worden ist und ein **Insolvenzverfahren** offensichtlich **mangels Masse, die die Kosten eines Insolvenzverfahrens decken könnte, nicht in Betracht kommt**.

Beendigung der Betriebstätigkeit ist die Einstellung des mit dem Betrieb verfolgten arbeitstech- 3931 nischen und unternehmerischen Zwecks unter Aufhebung der organisatorischen Einheit des Betriebes. Ungeschriebenes Tatbestandsmerkmal ist das Vorliegen des Insolvenzgrundes (*BAG* 20.11.1984 EzA § 7 BetrAVG Nr. 22). Ausreichend ist es z. B. wenn die Versorgungsleistungen unter Hinweis auf die Vermögenslosigkeit eingestellt sind und der Träger der Insolvenzsicherung von den gesamten Umständen unterrichtet wird (*BAG* 11.9.1980 AP Nr. 7 zu § 7 BetrAVG). Die offensichtliche Masselosigkeit ist eine anspruchsbegründende Tatbestandsvoraussetzung. Es kommt nicht darauf an, über welche Kenntnisse der Betriebsrentner und der PSV verfügen. Entscheidend sind die objektiven Verhältnisse (*BAG* 9.12.1997 EzA § 7 BetrAVG Nr. 55).

3932 Nicht erforderlich ist, dass bereits bei der Betriebseinstellung offensichtlich keine die Kosten des Insolvenzverfahrens deckende Masse vorhanden war. Es genügt, dass die Insolvenz **später eintritt** und zur **Masselosigkeit** führt (*BAG* 20.11.1984 EzA § 7 BetrAVG Nr. 22). Die Einstandspflicht des PSV entsteht in dem Zeitpunkt, in dem **alle Tatbestandsvoraussetzungen** des § 7 Abs. 1 S. 3 Nr. 3 BetrAVG vorliegen. Auch ein später gestellter Insolvenzantrag führt nicht dazu, dass der Insolvenzschutz des § 7 Abs. 1 S. 3 Nr. 3 BetrAVG rückwirkend entfällt (*BAG* 9.12.1997 EzA § 7 BetrAVG Nr. 55).

*bbb) Verfahrensfragen; Feststellungsklage*

3933 Ist die Betriebstätigkeit vollständig beendet und wird der Arbeitgeber außerdem zahlungsunfähig, so müssen die betroffenen Betriebsrentner nicht selbst klären, ob ein Insolvenzantrag geboten oder mangels Masse sinnlos erscheint. Sie können sich darauf beschränken, den **PSV von der Betriebs- und Zahlungseinstellung zu unterrichten**. Der PSV muss dann die gesicherten Versorgungsrechte gem. **§ 9 Abs. 2 S. 1 BetrAVG** auf sich überleiten und als Gläubiger die insolvenzrechtlich gebotenen Entscheidungen treffen (*BAG* 20.11.1984 EzA § 7 BetrAVG Nr. 15).

3934 Andererseits besteht zwischen dem Versorgungsempfänger oder -anwärter einer betrieblichen Altersversorgung und dem PSV als Träger der Insolvenzsicherung bereits **vor Eintritt des Sicherungsfalls** (§ 7 Abs. 1 BetrAVG) ein **feststellungsfähiges (bedingtes) Rechtsverhältnis i. S. v. § 256 Abs. 1 ZPO** (*BGH* 25.10.2004 NZA 2005, 782).

*(3) Wirtschaftliche Notlage des Arbeitgebers (bis 31.12.1998)*

3935 Sicherungsfall war auch die wirtschaftliche Notlage des Arbeitgebers (s. zuletzt 6. Aufl. Rn. 3108 ff. u. *BAG* 31.7.2007 – 3 AZR 372/06, FA 2008, 92).

3936 Die Regelung ist mit Wirkung ab dem 1.1.1999 ersatzlos gestrichen worden, weil sie nach Auffassung des Gesetzgebers kaum praktische Bedeutung erlangt hat. Konsequenz daraus ist, dass das Recht zum Widerruf wegen wirtschaftlicher Notlage nunmehr nicht mehr besteht und ein solches Recht auch nicht auf die in einer Versorgungsordnung aufgenommenen steuerunschädlichen Vorbehalte gestützt werden kann (*BAG* 18.11.2008 EzA § 7 BetrAVG Nr. 74; 17.6.2003 EzA § 7 BetrAVG Nr. 69;), denn diese Vorbehalte wirken nur deklaratorisch; sie begründen kein eigenständiges Recht zum Widerruf (*BAG* 17.6.2003 EzA § 7 BetrAVG Nr. 69). Dem stehen Grundsätze des Vertrauensschutzes nicht entgegen (*BAG* 31.7.2007 – 3 AZR 373/06, EzA-SD 24/2007 S. 12 LS). Wegen der wechselseitigen Abhängigkeit von Widerrufs- und Kürzungsmöglichkeiten auf der einen und der Sicherung des Ausfalls durch den Pensions-Sicherungs-Verein auf der anderen Seite verbleibt auch für eine verfassungskonforme Auslegung des § 7 Abs. 1 S. 3 Nr. 5 BetrAVG a. F. kein Raum mehr. Damit kann auch ein Widerruf von Leistungen einer Unterstützungskasse in den sog. Übergangsfällen grds. nicht mehr auf triftige wirtschaftliche Gründe gestützt werden (*BAG* 18.11.2008 EzA § 7 BetrAVG Nr. 74).

*cc) Voraussetzungen des Insolvenzsicherungsanspruchs*

*(1) Gesicherte Anspruchsberechtigte*

3937 Gesicherte Anspruchsberechtigte sind die Versorgungsempfänger, deren Ansprüche auf Leistungen der betrieblichen Altersversorgung **nicht erfüllt** werden.

3938 Erfasst sind auch diejenigen Personen, die nach Erfüllung der Voraussetzungen der Versorgungsordnung für einen Leistungsbezug **weitergearbeitet haben** (*BAG* 5.10.1982 EzA § 7 BetrAVG Nr. 9), ebenso Arbeitnehmer, deren Antrag auf **Erwerbsunfähigkeit** mit Wirkung auf einen Zeitpunkt vor Insolvenzeintritt genehmigt worden ist (*BAG* 5.10.1982 EzA § 7 BetrAVG Nr. 9).

Inhaber von nach § 1 BetrAVG unverfallbaren Versorgungsanwartschaften und ihre Hinterbliebenen haben gem. § 7 Abs. 2 BetrAVG bei Eintritt des Versorgungsfalles einen Anspruch gegen den Träger der Insolvenzsicherung.  3939

Das BetrAVG verwendet insoweit für die Voraussetzungen und die Höhe gesetzlich unvorfallbarer Versorgungsanwartschaften einen **einheitlichen Begriff der Betriebszugehörigkeit**; sie ist beim Zeitwertfaktor ebenso zu berechnen wie bei den Unverfallbarkeitsfristen nach § 1 Abs. 1 BetrAVG in der bis zum 31.12.1998 geltenden Fassung i. V. m. § 30f BetrAVG n. F. Deshalb bilden die Dienstzeiten in einem unterbrochenen Arbeitsverhältnis für den gesetzlichen Mindestschutz unverfallbarer Versorgungsanwartschaften keine Einheit; das gilt auch für kürzere Unterbrechungen des Arbeitsverhältnisses. Entscheidend ist insoweit nicht die tatsächliche Beschäftigung, sondern das rechtliche Fortbestehen des Arbeitsverhältnisses, so dass bei einem ruhenden Arbeitsverhältnis keine Unterbrechung vorliegt. Allerdings ist die Wiedereinstellung eines Arbeitnehmers nach Abschluss seines Studiums vom Ruhen des Arbeitsverhältnisses zu unterscheiden. Eine dem Ruhen des Arbeitsverhältnisses vergleichbare Fallgestaltung setzt zumindest voraus, dass nach dem Ausscheiden aus dem Arbeitsverhältnis beiderseitige vertragliche Verpflichtungen bestehen, die eine Wiederbegründung des Arbeitsverhältnisses sicherstellen, und dass diese Bindungen nicht erst nachträglich geschaffen werden, sondern bereits bei Beendigung des Arbeitsverhältnisses bestehen (*BAG* 25.4.2006 EzA § 2 BetrAVG Nr. 27; 30.5.2006 EzA § 2 BetrAVG Nr. 26). Ein ruhensähnlicher Sachverhalt liegt insoweit auch dann nicht vor, wenn das Arbeitsverhältnis durch einen Aufhebungsvertrag endet, dessen Ziel nicht die Überleitung in den Ruhestand, sondern in erster Linie die Trennung war (*BAG* 30.5.2006 EzA § 2 BetrAVG Nr. 26).  3940

Bei einem **Wechsel von einer Arbeitnehmertätigkeit zu einer nicht insolvenzgeschützten Tätigkeit** kann sich der Insolvenzschutz nur auf den Teil des betrieblichen Versorgungsanspruchs erstrecken, der auf die Arbeitnehmer- bzw. Nicht-Arbeitnehmertätigkeit i. S. d. § 17 Abs. 1 S. 2 BetrAVG entfällt (*BGH* 16.12.1981 AP Nr. 5 zu § 17 BetrAVG). Gleiches gilt im **umgekehrten Fall**, sodass selbst dann, wenn die Versorgungszusage auch die vorhergehende Betriebstreue als Gesellschafter umfassen soll, der PSV im Insolvenzfall die Versorgungsleistungen für die Zeit der unternehmerischen Tätigkeit zeitanteilig kürzen kann (*BGH* 2.4.1990 WM 1990, 1114).  3941

*(2) Gesicherte Versorgungsleistungen*

Gegen Insolvenz gesichert sind die in § 7 Abs. 1 BetrAVG genannten Leistungsarten der betrieblichen Altersversorgung (Direktzusage, Direktversicherung [soweit der Arbeitgeber die Ansprüche aus dem Versicherungsvertrag abgetreten, beliehen oder verpfändet hat], Leistungen von Unterstützungskassen. Erfasst sind auf Grund des Altersvermögensgesetzes vom 26.6.2001 nunmehr auch **Pensionsfondszusagen**, soweit die subsidiäre Haftung des Arbeitgebers infolge seiner Insolvenz nicht realisiert werden kann (vgl. *Blomeyer* NZA 2001, 917). Zu beachten ist, dass ein hinreichend dotierter Pensionsfonds die Möglichkeit hat, binnen eines Monats nach dem Sicherungsfall beim Bundesaufsichtsamt für das Versicherungswesen zu beantragen, die Ansprüche der Arbeitnehmer selbst zu erfüllen (§ 8 Abs. 1a S. 3 BetrAVG).  3942

Soweit §§ 7–10 BetrAVG den Arbeitgeber nennen, meinen sie ganz allgemein denjenigen, der selbst oder über Versorgungseinrichtungen Leistungen der betrieblichen Altersversorgung zusagt und erbringt. Trägerunternehmen ist i. d. R. der Arbeitgeber als Gläubiger des Anspruchs auf Arbeitsleistung (*BAG* 25.10.1988 EzA § 7 BetrAVG Nr. 26).

In die Berechnung der Unverfallbarkeit nach § 1 Abs. 1 BetrAVG werden auch die Zeiten einbezogen, in denen der Arbeitnehmer bei einer **ausländischen Tochtergesellschaft** beschäftigt wurde, wenn die Versorgungsanwartschaft von der inländischen Konzernobergesellschaft aufrechterhalten wurde (*BAG* 25.10.1988 EzA § 7 BetrAVG Nr. 26).  3943

Erfasst sind auch Ansprüche auf Naturalleistungen, Deputate und einmalige Leistungen, unabhängig vom jeweiligen konkreten Insolvenzrisiko.  3944

Der PSV muss einen Versorgungsanspruch in vollem Umfang erfüllen, wenn die Insolvenz nach Eintritt des Versorgungsfalles, aber vor Fälligkeit des ersten Rentenbeitrages eröffnet wird.

3945 In diesem Zeitraum lässt auch die Veräußerung des Betriebes durch den Insolvenzverwalter den Insolvenzschutz des Versorgungsanspruchs unberührt (*BAG* 5.10.1982 EzA § 7 BetrAVG Nr. 9).

3946 **Nicht dem Insolvenzschutz unterliegen dagegen Leistungen von Pensionskassen**, wenn der sie auslösende Beendigungstatbestand des Arbeitsverhältnisses (z. B. ein Aufhebungsvertrag) nichts mit dem Arbeitsverhältnis des Arbeitnehmers und dem daraus folgenden Versorgungsbedarf zu tun hat.

*(3) Gesicherte Versorgungsanwartschaften*

*aaa) Grundlagen*

3947 Der gesetzliche Insolvenzschutz des § 7 Abs. 2 BetrAVG greift dann, aber auch nur dann ein, **wenn eine unverfallbare Versorgungsanwartschaft zum Zeitpunkt des Sicherungsfalls besteht.** Die gesetzliche Regelung **beschränkt** den Insolvenzschutz zudem auf den **gesetzlichen Mindestschutz** unverfallbarer Versorgungsanwartschaften und enthält **keine Öffnungsklausel** für günstigere Versorgungsvereinbarungen; die Berechnungsgrundsätze der §§ 7 Abs. 2, 2 Abs. 1, 2, 5 BetrAVG stehen nicht zur Disposition der Vertrags-, Betriebs- und Tarifpartner (*BAG* 25.4.2006 EzA § 2 BetrAVG Nr. 27; 30.5.2006 EzA § 2 BetrAVG Nr. 26). Das Vorliegen der Voraussetzungen im Zeitpunkt einer späteren Beendigung des Arbeitsverhältnisses durch den Insolvenzverwalter genügt folglich nicht (*LAG Köln* 13.1.2005 NZA-RR 2005, 546). Insolvenzgesichert sind auch unverfallbare Versorgungsanwartschaften i. S. v. § 1b Abs. 1 BetrAVG, unabhängig davon, ob der Arbeitnehmer bereits ausgeschieden oder noch im Betrieb verblieben ist. Eine nach § 1b Abs. 1 S. 2 BetrAVG (Ausscheiden auf Grund einer Vorruhestandsregelung; s. *LAG Köln* 11.11.2005 NZA-RR 2006, 266) unverfallbare Versorgungsanwartschaft ist mit dem Übergang in den Vorruhestand insolvenzgeschützt.

Darauf, ob der Arbeitnehmer bei Verbleib im Arbeitsverhältnis bis zum Insolvenzfall Insolvenzschutz nach §§ 7 Abs. 2, 1b Abs. 1 S. 1 BetrAVG erlangt hätte, kommt es nicht an (*BAG* 28.3.1995 EzA § 1 BetrAVG Nr. 70).

3948 Erfasst sind **nicht Anwartschaften, deren Unverfallbarkeit vertraglich vereinbart ist** (*BAG* 22.2.2000 EzA § 1 BetrAVG Nr. 72; s. a. *LAG Köln* 10.9.2007 – 14 Sa 343/07, AuR 2008, 161 LS).

3949 Allerdings kann mit der vertraglichen Vereinbarung der Anrechnung von Vordienstzeiten eine Unverfallbarkeit erreicht werden, die dann dem gesetzlichen Insolvenzschutz unterliegt, wenn die anzurechnende Vordienstzeit bereits von einer Versorgungszusage begleitet war und bis an die darauf folgende Dienstzeit herangereicht hat (*BAG* 26.9.1989 EzA § 7 BetrAVG Nr. 31). Bei einer derartigen Anrechnungsabrede muss klar zum Ausdruck kommen, dass die Anrechnung der Vordienstzeit nicht für die Unverfallbarkeit gelten soll. Geschieht dies nicht und wird eine Vordienstzeit ohne Einschränkung angerechnet, so ist das als Versprechen zu werten, die angerechnete Zeit als Betriebszugehörigkeit auch für die Unverfallbarkeit zu berücksichtigen (*BGH* 24.10.1996 NZA-RR 1997, 263).

3950 War die verfallbare Versorgungsanwartschaft aus einem früheren Arbeitsverhältnis jedoch schon **geraume Zeit erloschen**, so kann die Anrechnung der entsprechenden Betriebszugehörigkeit zwar zur Unverfallbarkeit, nicht aber zum Insolvenzschutz der neuen Versorgungsanwartschaft führen (*BAG* 11.1.1983 EzA § 7 BetrAVG Nr. 12). Eine Erstreckung des Insolvenzschutzes auf Grund der Anrechnung von Vordienstzeiten ist ferner dann ausgeschlossen, wenn der betreffende Arbeitnehmer bereits auf Grund der **Vordienstzeiten allein eine kraft Gesetzes unverfallbare Versorgungsanwartschaft erlangt** hatte (*BAG* 28.3.1995 EzA § 1 BetrAVG Nr. 70).

3951 Bei der Berechnung der Versorgungsanwartschaft nach § 7 Abs. 2, § 2 BetrAVG ist von dem **bis zur festen Altersgrenze erreichbaren Versorgungsanspruch** auszugehen. Eine Weiterarbeit des Versor-

## B. Pflichten des Arbeitgebers

gungsanwärters über die feste Altersgrenze hinaus kann den Versorgungsanspruch nicht mehr schmälern (*BAG* 14.12.1999 EzA § 7 BetrAVG Nr. 61).

Hat ein Arbeitnehmer andererseits Anspruch darauf, dass Zeiten nach dem vorzeitigen Ausscheiden aus dem Arbeitsverhältnis bei der Berechnung seiner Betriebsrente mit berücksichtigt werden, bindet dies den PSV grds. nicht, wenn zum Zeitpunkt des Sicherungsfalles der Versorgungsberechtigte **noch kein Betriebsrentner war**. Denn der Begriff der Betriebszugehörigkeit ist gesetzlich vorgegeben und unterliegt nicht der Parteidisposition. Die Betriebszugehörigkeit ist von der versorgungsfähigen Beschäftigungszeit zu unterscheiden. Soweit die Versorgungsordnung die versorgungsfähige Beschäftigungszeit abweichend vom gesetzlichen Modell – sei es nach oben oder unten – regelt, verbleibt es bei der gesetzlichen Regelung (§ 7 Abs. 2 S. 3, § 2 Abs. 1 u. 5 BetrAVG; *BAG* 28.10.2008 – 3 AZR 903/07, NZA-RR 2009, 327). 3952

### bbb) Besonderheiten bei Unterstützungskassen

Wird die Versorgung über eine Unterstützungskasse abgewickelt, so gelten nach der Rechtsprechung des *BAG* (14.12.1993 EzA § 7 BetrAVG Nr. 47) folgende **Grundsätze**: 3953
- Die Leistungspflicht des PSV beginnt grds. gem. § 7 Abs. 1a S. 1 BetrAVG mit dem Beginn des Kalendermonats, der auf den Sicherungsfall folgt.
- Die wirtschaftliche Lage der Unterstützungskasse ist nicht entscheidend. Maßgeblich ist vielmehr, dass der Sicherungsfall beim Trägerunternehmen (Arbeitgeber) eingetreten ist.
- Maßgeblicher Zeitpunkt für den Eintritt des Sicherungsfalles des außergerichtlichen Vergleichs (§ 7 Abs. 1 S. 3 Nr. 3 BetrAVG) ist der Zeitpunkt, in dem der Arbeitgeber seine Zahlungsunfähigkeit sämtlichen Gläubigern bekannt gibt. Die Einstellung der Zahlungen allein reicht nicht aus.
- Im Interesse der Rechtssicherheit sind Absprachen zwischen dem insolventen Arbeitgeber und dem PSV innerhalb von Grenzen zulässig. Den Parteien steht ein Ermessensspielraum zu.
- Wird die Versorgung über eine Unterstützungskasse zugesagt, ist der Arbeitgeber nicht verpflichtet, jede Änderung der Versorgungsrichtlinien jedem betroffenen Arbeitnehmer persönlich mitzuteilen. Eine allgemeine Bekanntmachung im Betrieb oder Unternehmen reicht aus. Der betroffene Arbeitnehmer muss nur die Möglichkeit haben, von der Änderung Kenntnis zu nehmen.

### ccc) Besonderheiten bei Direktversicherungen

Bei Bestehen einer Direktversicherung besteht bei **unwiderruflichem Bezugsrecht** Insolvenzschutz nur bei dessen **Beeinträchtigung durch Abtretung, Beleihung oder Pfändung**. Im Übrigen bedarf es dessen nicht, weil der Anspruch bereits vor Insolvenzeröffnung aus dem Vermögen des Arbeitgebers ausgeschieden ist; der Arbeitnehmer kann Aussonderung (§ 47 InsO) verlangen; maßgeblich ist insoweit die versicherungsrechtliche Ausgestaltung des Anspruchs (*LAG München* 20.10.2006 – 11 Sa 727/05, EzA-SD 2/2007 S. 11 LS). Gem. § 7 Abs. 1a BetrAVG sind auch die bei einer Direktversicherung denkbaren Prämienrückstände in den Anwendungsbereich des BetrAVG einbezogen und damit auch vom Insolvenzschutz erfasst. 3954

Gleiches gilt bei einem unwiderruflichen Bezugsrecht, das durch Vorbehalte eingeschränkt ist (**eingeschränkt unwiderrufliches Bezugsrecht**), falls die Voraussetzungen der Vorbehalte nicht erfüllt sind; es besteht also ein **Aussonderungsrecht zu Gunsten des Arbeitnehmers** (*BAG* 31.7.2007 NZA-RR 2008, 32; 22.5.2007 EzA § 1b BetrAVG Nr. 4; s. a. *BGH* 8.6.2005 NJW-RR 2005, 1412; 3.5.2006 NZA-RR 2006, 532; 18.7.2002 NZA-RR 2003, 154; *OLG Hamm* 24.1.2006 NZA-RR 2006, 428; s. a. Rdn. 1422 f.), denn der Zweck der Vorbehalte entfällt in der Insolvenz (*LAG Nds.* 24.11.2006 – 10 Sa 946/06 B, EzA-SD 1/2007 S. 11 LS). Das *BAG* (22.5.2007 EzA § 1b BetrAVG Nr. 4; 31.7.2007 – 3 AZR 446/05, NZA-RR 2008, 32) geht – nachdem es zu einer Entscheidung des GmS-OGB nicht gekommen ist (instr. *Reinecke* DB 2011, 995 ff.) – davon aus, dass die Zugehörigkeit der Rechte aus dem Versicherungsvertrag insoweit bei Insolvenz des Arbeitgebers zur Insolvenzmasse oder zum Vermögen des Arbeitnehmers **allein von der Ausgestaltung des** 3955

Versicherungsverhältnisses abhängt, bei der neben den Interessen des Arbeitgebers als Versicherungsnehmer auch die des Arbeitnehmers als versicherter Person zu berücksichtigen sind. Knüpft das eingeschränkt unwiderrufliche Bezugsrecht an die gesetzlichen Unverfallbarkeitsvorschriften an, so entfällt das Widerrufsrecht mit der Unverfallbarkeit.

3955a  Im Einzelnen gilt Folgendes (*BAG* 22.5.2007 EzA § 1b BetrAVG Nr. 4; 15.6.2010 EzA § 1 BetrAVG Lebensversicherung Nr. 9):

Ob die Rechte aus einem Versicherungsvertrag zur Durchführung einer betrieblichen Altersversorgung in der Insolvenz des Arbeitgebers dem Arbeitnehmer oder der Masse zustehen, richtet sich **allein danach**, ob das **Bezugsrecht** nach den Regelungen im **Versicherungsvertrag noch widerrufen werden kann**. Nur wenn eine Widerrufsmöglichkeit besteht, stehen die Rechte der Masse zu. Darf der Versicherungsnehmer danach das Bezugsrecht widerrufen, kann er das Widerrufsrecht auch dann ausüben, wenn er dies auf Grund seiner sonstigen Rechtsbeziehungen zum Versicherten nicht darf. Hat der Versicherungsnehmer danach die Möglichkeit, das Bezugsrecht wirksam zu widerrufen, gehört diese Rechtsposition zu seinem Vermögen und damit in der Insolvenz zur Masse. Besteht keine Widerrufsmöglichkeit des Versicherungsnehmers, hat auch der Insolvenzverwalter keine Möglichkeit, auf die Rechte aus dem Versicherungsvertrag zuzugreifen. Sie gehören zum Vermögen des Versicherten. Das Gilt auch für Versicherungsverträge über eine Direktversicherung zur betrieblichen Altersversorgung. Auf arbeitsrechtliche Einschränkungen versicherungsrechtlich gegebener Widerrufsmöglichkeiten des Bezugsrechts kommt es nicht an, auch nicht bei Entgeltumwandlung.

3955b  Enthält der Versicherungsvertrag ein **eingeschränkt unwiderrufliches Bezugsrecht**, nach dem ein an sich unwiderrufliches Bezugsrecht unter bestimmten Bedingungen doch widerrufen werden kann, ist bei der Auslegung auf die **betriebsrentenrechtlichen Wertungen** abzustellen; die insolvenzrechtliche Beurteilung hängt davon ab, ob **im konkreten Fall** die Voraussetzungen der vorbehaltenen **Widerrufsmöglichkeit vorliegen oder nicht**. **Typischerweise wird** in diesen Fällen dem Arbeitgeber und Versicherungsnehmer eine Widerrufsmöglichkeit für den Fall eingeräumt, dass der Arbeitnehmer **aus dem Arbeitsverhältnis ausscheidet**, bevor seine Anwartschaften auf betriebliche Altersversorgung gesetzlich unverfallbar werden. Ein Arbeitnehmer scheidet in diesem Fall i. S. d. Vereinbarung aus dem Arbeitsverhältnis auch dann aus, wenn es im Wege des Betriebsübergangs auf einen anderen Arbeitgeber übergeht. In einem derartigen Fall gehen Rechtspositionen des Arbeitgebers aus Vereinbarungen mit Dritten – hier mit dem Versicherer – auch dann nicht auf den Erwerber über, wenn sie mit dem Arbeitsverhältnis im Zusammenhang stehen. Soll das Bezugsrecht widerruflich sein, falls der Arbeitnehmer aus dem Arbeitsverhältnis ausscheidet, ohne dass die Voraussetzungen einer gesetzlichen Unverfallbarkeit der Versorgungszusage vorliegen, kommt es darauf an, ob das Arbeitsverhältnis **im betriebsrentenrechtlichen Sinne endet** und ob zum Zeitpunkt der Beendigung eine gesetzlich unverfallbare Anwartschaft vorliegt. Geht das Arbeitsverhältnis auf Grund eines Betriebsübergangs auf einen anderen Arbeitgeber über, endet es nicht. Der Arbeitnehmer scheidet nicht aus dem Arbeitsverhältnis aus (*BAG* 22.5.2007 EzA § 1b BetrAVG Nr. 4; 15.6.2010 EzA § 1 BetrAVG Lebensversicherung Nr. 9).

3956  **Kein Insolvenzschutz besteht dagegen bei nur widerruflichem Bezugsrecht**, weil dem Arbeitnehmer kein Aussonderungsrecht nach § 47 InsO zusteht, selbst dann nicht, wenn die Anwartschaft auf die Versicherungsleistungen bereits unverfallbar ist. Schadensersatzansprüche des Arbeitnehmers, die durch den Widerruf des Bezugsrechts durch den Insolvenzverwalter, der mit dem Widerruf nur seinen insolvenzrechtlichen Pflichten gem. § 80 InsO nachkommt, entstanden sind, sind keine Masseschulden i. S. d. § 55 InsO (vgl. *LAG Köln* 13.11.2002 NZA-RR 2003, 550). Allerdings erhält der Arbeitnehmer, der im Sicherungsfall (Insolvenz des Arbeitgebers) eine **unverfallbare Anwartschaft** hat, einen **Anspruch gegen den Pensionssicherungsverein** gem. § 7 Abs. 2 S. 1 BetrAVG (*BAG* 26.2.1991 EzA § 43 KO Nr. 2; a. A. *LAG BW* 8.3.1990 BB 1990, 1000).

3957  Bei nur widerruflichem Bezugsrecht gehört der Anspruch auf die Versicherungsleistung in der Insolvenz des Arbeitgebers aber jedenfalls zur Insolvenzmasse gem. § 35 InsO (*BAG* 28.3.1995

## B. Pflichten des Arbeitgebers                                  Kapitel 3

EzA § 1 BetrAVG Lebensversicherung Nr. 6). Das gilt auch bei einer sog. Gehaltsumwandlung (*BAG* 17.10.1995 EzA § 1 BetrAVG Lebensversicherung Nr. 7).

### dd) Der Insolvenzsicherungsanspruch gegen den PSV

#### (1) Akzessorietät; Fälligkeit

Mit dem Eintritt des Sicherungsfalls entsteht ein **versicherungsrechtlicher Anspruch** des Versorgungsempfängers bzw. Versorgungsanwärters, **dessen Bestehen und Umfang vom Versorgungsanspruch abhängig ist** (Akzessorietät). 3958

Die Ansprüche gegen den PSV entstehen mit dem **Insolvenzstichtag**, also gem. § 7 Abs. 1a S. 1 BetrAVG mit dem **Beginn des Kalendermonats**, der auf den Eintritt des Sicherungsfalles folgt. Die Fälligkeit tritt an sich mit dem Eintritt des Sicherungsfalles ein, soweit nicht die Pensionszusage eine spätere Fälligkeit vorsieht (*BGH* 21.3.1983 AP Nr. 16 zu § 7 BetrAVG); dagegen sieht der PSV seine Leistungen erst als fällig an, wenn er sie dem Versorgungsberechtigten gem. § 9 Abs. 1 BetrAVG mitgeteilt hat. 3959

§ 7 Abs. 1 S. 3 BetrAVG sieht die entsprechende Anwendung des § 11 VVG vor, sodass der Versorgungsempfänger u. U. bereits vor Fälligkeit **Abschlagszahlungen** verlangen kann. 3960

#### aaa) Betriebsrentner

Trifft der Insolvenzfall einen Betriebsrentner, muss der Träger der Insolvenzsicherung nach § 7 Abs. 1 BetrAVG in dem Umfang eintreten, der sich aus der Versorgungszusage des Arbeitgebers ergibt. Erbringt statt dem Arbeitgeber der PSV Leistungen nach dem BetrAVG, so ist dieser im Allgemeinen nicht verpflichtet, Betriebsrenten nach § 16 BetrAVG anzupassen. Enthält die Zusage aber eine unabhängig von § 16 BetrAVG bestehende Anpassungspflicht des Arbeitgebers, wie etwa bei den Versorgungsregelungen nach den Richtlinien des Essener Verbandes, besteht diese Pflicht auch für den PSV (*BAG* 8.6.1999 EzA § 7 BetrAVG Nr. 60). 3961

**Der PSV ist dann zur Anpassung verpflichtet, nicht dagegen bei einer bloß vertraglichen Verpflichtung zur Prüfung** (*BAG* 3.3.1987 EzA § 16 BetrAVG Nr. 16). 3962

#### bbb) Inhaber einer Versorgungsanwartschaft

Der Anspruch für den Inhaber einer im Insolvenzfall unverfallbaren Versorgungsanwartschaft gegen den Träger der Insolvenzsicherung richtet sich gem. § 7 Abs. 2 S. 3 nach § 2 Abs. 1, 2, 5 BetrAVG. **Danach sind die im Zeitpunkt des Sicherungsfalles bestehenden Bemessungsgrundlagen auf den Zeitpunkt des Versorgungsfalles hochzurechnen.** Diese Vorschriften gehen von einem unveränderten Fortbestand eines Arbeitsverhältnisses und der Bemessungsgrundlagen aus. 3963

Das Risiko, kein gleichwertiges Arbeitsverhältnis mehr eingehen und keine gleichwertige Altersversorgung für die Zeit nach dem Sicherungsfall mehr erwerben zu können, trägt der Arbeitnehmer. Insoweit genießt er keinen Insolvenzschutz (*BAG* 12.3.1991 EzA § 7 BetrAVG Nr. 41). 3964

Damit sind Veränderungen der Bemessungsgrundlagen für die Berechnung des Betriebsrentenanspruchs, die nach dem Insolvenzfall, aber vor dem Versorgungsfall eintreten, für die Berechnung des Anspruchs gegen den Träger der Insolvenzsicherung unerheblich. Eine vertraglich versprochene Anpassung der Rentenanwartschaft nach variablen Bezugsgrößen, wie etwa den Gruppenbeträgen des Essener Verbandes, ist damit nicht insolvenzgesichert. Diese Begrenzung der Insolvenzsicherung ist verfassungsrechtlich nicht zu beanstanden (*BAG* 4.4.2001 EzA § 7 BetrAVG Nr. 65).

Die Veränderungssperre des § 2 Abs. 5 BetrAVG (s. zum Tarifvorbehalt § 17 Abs. 3 S. 1 BetrAVG und dazu *BAG* 13.12.2005 – 3 AZR 478/04, NZA 2006, 456; 27.3.2007 – 3 AZR 60/06, NZA 2008, 133) wirkt im Rahmen des Insolvenzschutzes nach § 7 Abs. 2 BetrAVG und führt dazu, 3965 dass eine nach dem Ausscheiden aus dem Arbeitsverhältnis vereinbarte Änderung der Versorgungsregelung für die Insolvenzsicherung **keine Rolle mehr spielt** (*BAG* 21.1.2003 EzA § 1b BetrAVG Nr. 1). Sie bezieht sich auch auf die Höhe eines versicherungsmathematischen Abschlags. Maßgebend für die Berechnung des Altersruhegeldes ist deshalb der in der Versorgungsordnung vorgesehene Abschlag zum Zeitpunkt des Ausscheidens des Arbeitnehmers aus dem Arbeitsverhältnis (*LAG Düsseld.* 3.4.2003 NZA-RR 2003, 553). Zudem muss der Träger der gesetzlichen Insolvenzsicherung weder einen irrtümlichen noch einen bewussten Verzicht auf eine zeitratierliche Berechnung (§ 2 Abs. 1 BetrAVG) des die Versorgung Versprechenden gegen sich gelten lassen, wenn der Sicherungsfall vor dem Versorgungsfall eingetreten ist (*BAG* 17.6.2003 EzA § 7 BetrAVG Nr. 20).

3966 Sie wirkt schließlich nicht nur bis zum Eintritt des Versorgungsfalles. Auch Veränderungen der Bemessungsgrundlagen **nach Eintritt des Versorgungsfalls** sind für die Berechnung des Teilanspruchs gegenüber dem Träger der Insolvenzsicherung **unbeachtlich** (*BAG* 22.11.1994 EzA § 7 BetrAVG Nr. 50).

*(2) Haftung für Rückstände*

3967 Der PSV hat für die Begleichung rückständiger Versorgungsleistungen einzustehen, soweit die Nichterfüllung auf den **insolvenzbedingten Zahlungsschwierigkeiten** des Arbeitgebers beruht (*BAG* 30.10.1980 EzA § 1 BetrAVG Nr. 12).

3968 Gem. § 7 Abs. 1a S. 3 BetrAVG haftet der PSV aber insbes. nicht für rückständige Ansprüche auf eine betriebliche Invalidenrente, die früher als sechs Monate vor dem Eintritt der regulären Einstandspflicht des PSV nach § 7 Abs. 1a S. 1 BetrAVG entstanden sind. Das gilt auch dann, wenn die Betriebsrentenordnung vorsieht, dass der Tatbestand der Erwerbsunfähigkeit u. a. durch eine entsprechende Anerkennung seitens des Sozialversicherungsträgers nachgewiesen werden kann und diese Anerkennung erst innerhalb eines Sozialgerichtsverfahrens innerhalb von sechs Monaten vor Eintritt der Insolvenz des Arbeitgebers erfolgt (*LAG Köln* 16.3.2005 – 7 Sa 1260/04 – EzA-SD 24/05 S. 18 LS = NZA-RR 2006, 42).

*(3) Anspruchsumfang bei Versorgungsleistungen*

*aaa) Grundlagen*

3969 Der Träger der Insolvenzsicherung hat gem. § 7 Abs. 1 BetrAVG im Sicherungsfall seine Leistung an den berechtigten Versorgungsempfänger oder dessen Hinterbliebenen grds. so zu erbringen, wie sie der Arbeitgeber auf Grund seiner Versorgungszusage schuldet. Erst die nach § 7 Abs. 1 BetrAVG ermittelte Versicherungsleistung wird begrenzt (*BGH* 11.10.2004 NZA 2005, 113). Die gesicherten Leistungen sind nach § 7 **Abs. 3 BetrAVG** auf das Dreifache der monatlichen Bezugsgröße gem. § 18 SGB IV reduziert (vgl. *BGH* 11.10.2004 NZA 2005, 114 LS). Bei Kapitalleistungen sieht § 7 Abs. 3 S. 2 BetrAVG eine Umrechnung des Kapitalbetrags in einen fiktiven Rentenanspruch vor.

3970 Für die Fälle der **Entgeltumwandlung** und ab dem 1.1.2002 gegebene Zusagen gilt jetzt § 7 Abs. 5 S. 2. BetrAVG (s. Rdn. 3990).

3971 Zu beachten ist in diesem Zusammenhang, dass die der nationalen gesetzlichen Regelung zugrunde liegende RL 80/987 (s. Kap. 1 Rdn. 768) dahin auszulegen ist, dass sie es einem Mitgliedstaat nicht erlaubt, die Zahlungsverpflichtung der Garantieeinrichtung auf einen Betrag zu begrenzen, der den notwendigen Lebensunterhalt der betroffenen Arbeitnehmer deckt und von dem die Zahlungen abgezogen werden, die der Arbeitgeber während des von der Garantie erfassten Zeitraums geleistet hat (*EuGH* 4.3.2004 NZA 2004, 425).

*bbb) Keine Veränderung der Versorgungszusage*

3972 Der PSV haftet auch dann für Versorgungsleistungen, wenn sich aus der Versorgungszusage eine relative oder absolute Überversorgung ergibt. Da er nicht in die Arbeitgeberstellung eintritt, hat er keine Befugnis zur Veränderung der Versorgungszusage (*BAG* 22.9.1987 EzA § 1 BetrAVG Ablösung Nr. 1).

*ccc) Versorgungsleistungen des Arbeitgebers*

Leistungen der betrieblichen Altersversorgung, die der Arbeitgeber oder sonstige Träger der Versorgung nach Eintritt des Sicherungsfalles noch erbringen oder zu erbringen haben, werden gem. § 7 Abs. 4 BetrAVG angerechnet. § 7 Abs. 4 S. 3 BetrAVG sieht weiterhin vor, dass der PSV in Zukunft auch lediglich für einen **begrenzten Zeitraum** die Leistungen in voller Höhe übernehmen kann, wenn im Insolvenzplan vorgesehen ist, dass der Arbeitgeber oder der sonstige Träger der Versorgung die Leistungen von einem bestimmten Zeitpunkt an selbst zu erbringen hat. 3973

Im **Insolvenzverfahren** dagegen erbringt der PSV die Leistungen und macht die Insolvenzquote gem. § 9 Abs. 3 BetrAVG gegen den insolventen Arbeitgeber geltend. 3974

*(4) Anspruchsumfang bei Versorgungsanwartschaften*

Die Berechnung der Höhe des Insolvenzsicherungsanspruchs richtet sich nach § 7 **Abs. 2 S. 3, 4 i. V. m. § 2 Abs. 1 BetrAVG.** Diese Grundsätze stehen **nicht zur Disposition der Vertragspartner** (*BAG* 25.4.2006 EzA § 2 BetrAVG Nr. 27); **der gesetzliche Mindestschutz kann folglich nicht durch eine Beschränkung der von der Betriebszugehörigkeit zu unterscheidenden versorgungsfähigen Beschäftigungszeit verringert werden** (*BAG* 30.5.2006 EzA § 2 BetrAVG Nr. 26). 3975

Der gesetzliche Mindestschutz berechnet sich danach in zwei Schritten (*BAG* 30.5.2006 EzA § 2 BetrAVG Nr. 26): 3976
- Zunächst ist durch Hochrechnen die ohne das vorzeitige Ausscheiden anfallende sog. Vollrente zu ermitteln, wobei die Veränderungssperre des § 2 Abs. 5 BetrAVG zu beachten ist. Insoweit ist der Pensionssicherungsverein an die Vertragsgestaltung gebunden.
- Der nächste Rechenschritt besteht in einer Kürzung der sog. Vollrente um den Zeitwert/Unverfallbarkeitsfaktor, der in § 2 Abs. 1 i. V. m. § 7 Abs. 2 S. 3 BetrAVG eigenständig geregelt ist. Er stellt auf die Betriebszugehörigkeit ab. Soweit die Berechnungsregel des § 7 Abs. 2 i. V. m. § 2 Abs. 1 BetrAVG also – wie bei der Dauer des Arbeitsverhältnisses – an vertragliche Vereinbarungen anknüpft, sind die auch vom PSV zu beachten (*BAG* 14.12.1999 EzA § 7 BetrAVG Nr. 63).

▶ **Beispiele:** 3977
- Zulässigerweise **angerechnete Vordienstzeiten** werden bei der Berechnung nach § 2 Abs. 1 BetrAVG wie eigene Betriebszugehörigkeit beim insolventen Arbeitgeber behandelt (*BAG* 8.5.1984 EzA § 7 BetrAVG Nr. 14).
- Tritt auf Grund einer durchgeführten Neuregelung eines Versorgungswerks eine Verschlechterung der erreichbaren Endrenten i. S. v. § 2 Abs. 1 BetrAVG ein, z. B. weil sich die Steigerungssätze für noch ausstehende Dienstjahre gemindert haben, so kann sich rechnerisch eine geringere unverfallbare Anwartschaft als vor der Neuordnung ergeben.
- Den Pensionssicherungsverein **bindet** eine Vereinbarung **nicht, die über die** oben dargestellten **Berechnungsgrundsätze hinausgeht** (*BAG* 30.5.2006 EzA § 2 BetrAVG Nr. 26).
- Tritt nach dem Ablösungsstichtag ein Insolvenzfall ein, kann jedoch der durch die Neuregelung bereits zeitanteilig gekürzte Teilbetrag nicht noch einmal vom PSV nach § 7 Abs. 2 BetrAVG, bezogen auf den Insolvenzstichtag, gekürzt werden (*BAG* 21.3.2000 NZA 2001, 387; 18.3.2003 EzA § 2 BetrAVG Nr. 1; s. a. *BAG* 15.7.2008 – 3 AZR 669/06, EzA-SD 8/2009 S. 18 LS).

## Kapitel 3
### Der Inhalt des Arbeitsverhältnisses

**(5) Rechtsmissbräuchliche Inanspruchnahme**

*aaa) Begriffsbestimmung; Voraussetzungen*

3978　Der PSV ist verpflichtet, Verbesserungen der Versorgungszusage durch den Arbeitgeber hinzunehmen und für eine unverfallbare Versorgungsanwartschaft Insolvenzschutz leisten, sofern nicht einer der Fälle des Versorgungsmissbrauchs i. S. d. § 7 Abs. 5 BetrAVG vorliegt (vgl. *LAG Köln* 28.2.2005 NZA-RR 2005, 486).

3979　§ 7 Abs. 5 BetrAVG greift dann ein, wenn nach den Umständen des Einzelfalles **objektiv die Annahme gerechtfertigt ist, dass es der alleinige oder überwiegende Zweck der Versorgungszusage oder ihrer Verbesserung war, den PSV in Anspruch zu nehmen** (*BAG* 8.5.1990 EzA § 7 BetrAVG Nr. 35, 24.11.1998 NZA 1999, 650). Das gilt auch dann, wenn der Arbeitnehmer **vorzeitig aus dem Arbeitsverhältnis ausscheidet**, um mit Vollendung des 60. (63.) Lebensjahres die vorgezogene Altersrente in der gesetzlichen Rentenversicherung in Anspruch nehmen zu können und der Arbeitgeber die Zeit vom vorzeitigen Ausscheiden bis zur Vollendung des 65. (67.) Lebensjahres als versorgungssteigernde Dienstzeit anerkennt (*BAG* 10.3.1992 EzA § 7 BetrAVG Nr. 43; ebenso generell für die Vereinbarung von Nachdienstzeiten *LAG Köln* 28.2.2005 NZA-RR 2005, 486). Das *BAG* (30.5.2006 EzA § 2 BetrAVG Nr. 26) geht inzwischen davon aus, dass Nachdienstzeitenvereinbarungen den PSV nur in Ausnahmefällen binden, etwa bei einem ruhensähnlichen Sachverhalt. Werden im Übrigen die durch die **Beleihung einer Lebensversicherung** gewonnenen Mittel dem Betrieb zugeführt, um ihn zu sanieren, kann es grds. nicht der überwiegende Zweck der Beleihung gewesen sein, den PSV in Anspruch zu nehmen (*LAG Köln* 19.7.2002 NZA-RR 2003, 259).

3980　Auch die Anpassung einer Betriebsrente gem. § 16 BetrAVG kann andererseits als »Verbesserung« der Missbrauchsregelung des § 7 Abs. 5 BetrAVG unterfallen. Voraussetzung ist aber stets, dass es sich um eine »vereinbarte« Verbesserung handelt. Eine solche Vereinbarung liegt dann nicht vor, wenn durch streitiges, rechtskräftiges Urteil die Anpassung in einem außerhalb des Karenzzeitraums von zwei Jahren vor Insolvenzeröffnung liegenden Anpassungszeitpunkt festgestellt wird (*BAG* 18.3.2003 EzA § 7 BetrAVG Nr. 67). Ob dies in gleicher Weise auch für nicht streitige Urteile gelten kann, hat das *BAG* (18.3.2003 EzA § 7 BetrAVG Nr. 67) offen gelassen.

Als Indizien kommen die Unangemessenheit der Versorgungszusage, verwandtschaftliche oder geschäftliche Verbindungen von Arbeitgeber und Arbeitnehmer, die wirtschaftliche Lage des Arbeitgebers bei Erteilung oder Verbesserung der Versorgungszusage, oder eine Anpassungsentscheidung nach § 16 BetrAVG in Betracht, wenn zu diesem Zeitpunkt das Unternehmen bereits insolvent war.

3981　▶ **Beispiele:**
- Der Versicherungsschutz entfällt dann nicht, wenn die Entscheidung des Arbeitgebers, laufende Renten zu erhöhen, vertretbar ist. Ihm steht bei seinen Entscheidungen nach § 16 BetrAVG ein Beurteilungsspielraum hinsichtlich der unbestimmten Rechtsbegriffe und darüber hinaus noch ein Ermessensspielraum zu (*BAG* 29.11.1988 EzA § 7 BetrAVG Nr. 27).
- Erteilt ein unwiderruflich bezugsberechtigter Arbeitnehmer nachträglich dem Arbeitgeber die Zustimmung zur Beleihung der Ansprüche aus dem Lebensversicherungsvertrag und entsteht dadurch eine Versorgungslücke, so schließt dies allein den Insolvenzschutz noch nicht wegen fehlender Schutzbedürftigkeit aus. Nach § 7 Abs. 5 BetrAVG besteht jedoch dann kein Insolvenzschutz wegen missbräuchlicher Beleihung, wenn der Arbeitnehmer am Missbrauch beteiligt war (*BAG* 26.6.1990 EzA § 1 BetrAVG Nr. 59).
- Ist dem Arbeitnehmer ein sog. eingeschränkt unwiderrufliches Bezugsrecht eingeräumt worden, so kann der Arbeitgeber bereits auf Grund der mit dem Bezugsrecht verbundenen Vorbehalte die Ansprüche aus dem Versicherungsvertrag beleihen. Eine weitere Zustimmung des Arbeitnehmers ist nicht erforderlich. Auf die Wirksamkeit und damit auch auf die Anfechtbarkeit einer zusätzlich erteilten Zustimmung des Arbeitnehmers zur Beleihung kommt es nicht an.

– Allein die Zustimmung des Arbeitnehmers zur Beleihung der Ansprüche aus dem Versicherungsvertrag führt nicht zum Wegfall des Insolvenzschutzes. Die Voraussetzungen eines Versicherungsmissbrauchs sind in § 7 Abs. 5 BetrAVG geregelt. Nach § 7 Abs. 5 S. 1 BetrAVG verliert der Arbeitnehmer nur dann den Insolvenzschutz, wenn er mit dem Arbeitgeber missbräuchlich zusammenwirkt und den missbilligten Zweck der Beleihung zumindest erkennen kann. Davon ist auszugehen, wenn sich für ihn die Erkenntnis aufdrängen musste, wegen der wirtschaftlichen Lage des Arbeitgebers sei ernsthaft damit zu rechnen, dass die Zusage nicht erfüllt werde (*BAG* 19.2.2002 EzA § 7 BetrAVG Nr. 66). Diese Voraussetzung ist nicht erfüllt, wenn dem Arbeitnehmer zwar wirtschaftliche Schwierigkeiten seines Arbeitgebers bekannt sind, er aber angenommen hat und auch annehmen durfte, dass die vorgesehene Sanierung erfolgreich sein werde und die Insolvenzsicherung nicht in Anspruch genommen werden müsse (*BAG* 17.10.1995 EzA § 7 BetrAVG Nr. 52).

*bbb) Darlegungs- und Beweislast; Missbrauchsvermutungen; Ausnahmen*

Die Darlegungs- und Beweislast für das Vorliegen eines Missbrauchstatbestandes trifft den **PSV**. 3982

Im Hinblick auf die tatsächlichen Schwierigkeiten, dem nachzukommen, enthält § 7 Abs. 5 3983
S. 2 BetrAVG eine **widerlegbare Vermutung** für den Fall, dass bei Erteilung oder Verbesserung der Versorgungszusage wegen der wirtschaftlichen Lage des Arbeitgebers ernsthaft zu erwarten war, dass die Zusage nicht erfüllt werden kann (vgl. dazu *BAG* 8.5.1990 EzA § 7 BetrAVG Nr. 35; 19.2.2002 EzA § 7 BetrAVG Nr. 66).

Der Versicherungsschutz scheidet jedoch nicht schon dann aus, wenn die wirtschaftliche Lage des 3984
Arbeitgebers im Zeitpunkt der Verbesserung schlecht war. **Entscheidend kommt es darauf an, ob beabsichtigt war, den gesetzlichen Insolvenzschutz zu missbrauchen.** Dieser Zweck darf unter den Voraussetzungen des § 7 Abs. 5 S. 2 BetrAVG vermutet werden (*BAG* 29.11.1988 EzA § 7 BetrAVG Nr. 27).

Maßgeblicher Zeitpunkt für die Beurteilung der Rechtslage ist der, in dem die Zusage verändert 3985
wird. Diese Vermutung kann insbes. durch den Nachweis entkräftet werden, dass die subjektiven Voraussetzungen des § 7 Abs. 5 S. 1 BetrAVG (Missbrauchsabsicht) nicht vorliegen (*BAG* 19.2.2002 EzA § 7 BetrAVG Nr. 66).

§ 7 Abs. 5 S. 3 BetrAVG sieht schließlich eine unwiderlegliche Missbrauchsvermutung für alle 3986
Leistungsverbesserungen vor Eintritt des Sicherungsfalles vor, wenn diese größer gewesen sind als in dem vorangegangenen Jahr.

Das gilt selbst dann, wenn die Rentenerhöhung auf einer Anpassungsentscheidung gem. § 16 BetrAVG beruht und der Arbeitgeber dazu rechtskräftig verurteilt worden ist (*BAG* 26.4.1994 EzA § 16 BetrAVG Nr. 27).

**Steigerungen der Bemessungsgrundlage** (ruhegehaltsfähiges Endgehalt) werden von dieser Rege- 3987
lung **nicht erfasst** (*BAG* 20.7.1993 EzA § 1 BetrAVG Unverfallbarkeit Nr. 4; *LAG Köln* 27.6.2001 NZA-RR 2002, 102). § 7 Abs. 5 S. 3 BetrAVG kann auf Beleihungen einer Lebensversicherung nicht entsprechend angewandt werden (*BAG* 26.6.1990 AP Nr. 11 zu § 1 BetrAVG Lebensversicherung; 17.10.1995 EzA § 7 BetrAVG Nr. 52).

Sieht ein Auflösungsvertrag vor, dass der ausscheidende Arbeitnehmer bei künftigen Verbesserun- 3988
gen der betrieblichen Altersversorgung gleichgestellt werden soll, kommt es für den Insolvenzschutz nicht auf den Zeitpunkt dieser Gleichstellungszusage, sondern allein darauf an, wann die maßgebliche Regelung verbessert worden ist. Geschieht das innerhalb der Jahresfrist des § 7 Abs. 5 S. 3 BetrAVG, so wird die Verbesserung nicht vom gesetzlichen Insolvenzschutz erfasst, und zwar weder für den ausgeschiedenen Arbeitnehmer noch für die übrige Belegschaft (*BAG* 2.6.1987 EzA § 7 BetrAVG Nr. 24).

**3989** § 7 Abs. 5 S. 3 BetrAVG **schließt** schließlich **Insolvenzschutz nicht nur für Verbesserungen von Versorgungszusagen aus**, sondern betrifft auch solche Vereinbarungen, durch die unabhängig von früheren Zusagen eine neue Leistung der betrieblichen Altersversorgung versprochen wird (*BAG* 24.11.1998 EzA § 7 BetrAVG Nr. 57).

**3990** § 7 Abs. 3 S. 3, 4 BetrAVG gilt nicht für ab dem 1.1.2002 gegebene Zusagen, soweit bei Entgeltumwandlung Beiträge von bis zu 4 % der Beitragsbemessungsgrenze in der Rentenversicherung der Arbeiter und Angestellten für eine betriebliche Altersversorgung verwendet werden (§ 7 Abs. 5 S. 3 2. Hs. BetrAVG).

**3991** Zum 1.1.2005 hat der Gesetzgeber § 7 Abs. 5 S. 3 BetrAVG um **eine zweite Ausnahme erweitert**. Danach **gilt die unwiderlegbare Missbrauchsvermutung** auch **nicht** »für im Rahmen von Übertragungen gegebene Zusagen, soweit der Übertragungswert die Beitragsbemessungsgrenze in der Rentenversicherung der Arbeiter und Angestellten nicht übersteigt«.

§ 7 Abs. 5 S. 3 Nr. 2 BetrAVG gewährt dem Arbeitnehmer, dessen Versorgung in den letzten beiden Jahren vor dem Sicherungsfall auf einen anderen Arbeitgeber übertragen worden ist, also einen **besonderen Insolvenzschutz**. Allerdings ist die sofortige Einstandspflicht des Pensionssicherungsvereins (PSV) auf die **Höhe der Beitragsbemessungsgrenze** der gesetzlichen Rentenversicherung beschränkt. Erfolgt eine Übertragung von Versorgungsanwartschaften ausschließlich zu dem Zweck, die Versorgungslast auf den PSV zu verlagern, liegt also ein Versicherungsmissbrauch i. S. d. § 7 Abs. 5 BetrAVG vor, führt dies weder zur Nichtigkeit des zugrunde liegenden Vertrags noch zur Nichtigkeit eines im Zusammenhang mit der Übertragung der Versorgungsanwartschaft geschlossenen Aufhebungsvertrags. Es besteht lediglich ein **Leistungsverweigerungsrecht** des PSV (*BAG* 24.2.2011 EzA § 611 BGB 2002 Aufhebungsvertrag Nr. 8).

Da die gesetzliche Regelung keinen Bezug auf Übertragungen i. S. v. § 4 Abs. 3 BetrAVG (Rechtsanspruch auf Portabilität) nimmt, erfasst der Ausnahmetatbestand auch solche Übertragungen, die auf freiwilliger Basis erfolgt sind (zutr. *Langohr-Plato/Teslau* NZA 2004, 1358).

*ee) Durchführung der Insolvenzsicherung*

*(1) Mitteilungs- und Auskunftspflichten; Verfahren*

**3992** Die notwendigen Mitteilungs- und Auskunftspflichten des Insolvenzverwalters und des Arbeitgebers sieht § 11 **BetrAVG** vor (s. *VG Hmb.* 1.10.2009 – 9 K 24/07, DB 2009, 2604; *Lackner* DB 2009, 2601 ff.

**3993** Der PSV ist sodann nach **§ 9 Abs. 1 BetrAVG** verpflichtet, den Berechtigten schriftlich über den Inhalt und den Umfang seiner Versorgungsansprüche und -anwartschaften zu informieren (**Leistungsbescheid**). Dieser Bescheid hat für den Berechtigten grds. nur rechtsbestätigende Funktion (*BGH* 3.2.1986 AP Nr. 4 zu § 9 BetrAVG); es handelt sich um eine **Wissens-, nicht um eine Willenserklärung**. Unter dem Gesichtspunkt des **Vertrauensschutzes** können aber Ansprüche entstehen, wenn der Empfänger des Bescheides im Vertrauen auf dessen Richtigkeit Vermögensdispositionen getroffen oder zu treffen unterlassen hat, die er auch in Zukunft nicht mehr oder nur unter unzumutbaren Nachteilen rückgängig machen bzw. nachholen kann (*BAG* 29.9.2010 NZA 2011, 210).

**3993** Die Mitteilungspflicht dient dazu, Ansprüche und Anwartschaften nach Eintritt der Insolvenz des Arbeitgebers möglichst rasch festzustellen. Der Träger der Insolvenzsicherung hat den Versorgungsberechtigten die Ansprüche und Anwartschaften nicht nur dem Grunde, sondern auch der Höhe nach mitzuteilen; § 9 BetrAVG begründet einen Auskunftsanspruch der Versorgungsberechtigten. Dieser kann folglich zunächst **Auskunft** über die Höhe der geschuldeten Betriebsrente verlangen und den Auskunftsantrag im Wege der **Stufenklage mit einem unbezifferten Zahlungsantrag** verbinden. Bejaht das ArbG die Einstandspflicht, hat es zunächst durch Teilurteil über den Auskunftsanspruch zu entscheiden. Über den Zahlungsantrag darf erst nach Erteilung der Auskunft und Bezifferung des Zahlungsantrags entschieden werden (*BAG* 28.6.2011 EzA § 9 BetrAVG Nr. 9).

In den Sicherungsfällen des § 7 Abs. 1 S. 3 Nr. 1, 3, 4, 5 BetrAVG wirkt das Mitteilungsschreiben allerdings konstitutiv, da die Eintrittspflicht von der Übernahmeerklärung des PSV abhängig gemacht wird.  **3994**

*(2) Anmeldepflicht*

Unterbleibt die Mitteilung durch den PSV, so hat der versorgungsberechtigte **Arbeitnehmer** spätestens ein Jahr nach dem Sicherungsfall seinen Anspruch oder seine Anwartschaft beim PSV anzumelden. Auf den Eintritt des Versorgungsfalles kommt es nicht an (*BAG* 21.3.2000 EzA § 9 BetrAVG Nr. 8). Hat der Berechtigte einen Anwartschaftsausweis erhalten, ist der PSV nur durch die **Verjährungsvorschriften** (§§ 195 ff. BGB) **vor der Geltendmachung von Ansprüchen für lange zurückliegende Zeiträume geschützt** (*BAG* 21.3.2000 EzA § 9 BetrAVG Nr. 8). Unterbleibt die Anmeldung, so können Leistungen erst einen Monat nach erfolgter Anmeldung beansprucht werden, soweit die Versäumung der Ausschlussfrist vom Versorgungsberechtigten verschuldet war (**§ 9 Abs. 1 S. 2 BetrAVG**).  **3995**

*(3) Abwicklung über Lebensversicherungen; Pensionsfonds*

Gem. **§ 8 Abs. 1 BetrAVG** besteht die Möglichkeit, Unternehmen der Lebensversicherungsbranche bei der Durchführung der Insolvenzsicherung zu beteiligen.  **3996**

> Wenn die betriebliche Altersversorgung über den Durchführungsweg Pensionsfonds abgewickelt wird, besteht im Falle der Insolvenz des Arbeitgebers gem. § 8 Abs. 1a BetrAVG die Möglichkeit, unter bestimmten Voraussetzungen die an sich bestehende Einstandspflicht des PSV auf den Pensionsfonds zu übertragen und die betrieblichen Versorgungsleistungen unmittelbar vom Pensionsfonds erfüllen zu lassen. Dies setzt neben der Darlegung des Pensionsfonds, dass die dauernde Erfüllbarkeit der zugesagten Versorgungsleistungen sichergestellt ist und dies durch eine Genehmigung der Aufsichtsbehörde (Bundesanstalt für Finanzdienstleistungsaufsicht) dokumentiert wird, einen entsprechenden Antrag gegenüber dieser Behörde voraus. Dieser Antrag ist an eine **Frist** von drei Monaten nach Eintritt des Sicherungsfalles gebunden (vgl. *Langohr-Plato/Teslau* NZA 2004, 1358).  **3997**

*(4) Abfindung von Anwartschaften*

Unverfallbare Anwartschaften von geringer Zusagedauer (weniger als 10 Jahre vor Eintritt des Sicherungsfalles) kann der PSV analog § 3 Abs. 2 BetrAVG abfinden (**§ 8 Abs. 2 BetrAVG**). Erforderlich ist weder die Zustimmung des Versorgungsberechtigten (*BAG* 16.12.1986 EzA § 387 BGB Nr. 2) noch das Ausscheiden des Arbeitnehmers aus dem Betrieb.  **3998**

Eine Abfindung ist zusätzlich auch dann möglich, wenn – unabhängig von der Dauer der Anwartschaft – die Monatsrente 1 % der monatlichen Bezugsgröße gem. § 18 SGB IV, bei Kapitalleistungen 12/10 der Bezugsgröße, nicht überschreitet. Darüber hinaus kann dem Arbeitnehmer mit seiner Zustimmung eine einmalige Abfindung auch dann gewährt werden, wenn ihm die Beiträge zur gesetzlichen Rentenversicherung erstattet worden sind.  **3999**

Entscheidet sich der PSV nach § 8 Abs. 2 BetrAVG für eine Abfindung, kann er ohne zeitliche Beschränkung mit Gegenansprüchen gegen den versorgungsberechtigten Arbeitnehmer aufrechnen. Er muss diesem jedoch (analog § 850i ZPO) einen aufrechnungsfreien Betrag belassen, soweit das zur Sicherung der Grundversorgung erforderlich ist (*BAG* 16.12.1986 EzA § 387 BGB Nr. 2).  **4000**

*(5) Gesetzlicher Forderungsübergang*

*aaa) Grundlagen*

§ 9 Abs. 2 BetrAVG sieht einen gesetzlichen Forderungsübergang der Versorgungsansprüche auf den PSV vor, soweit der Arbeitnehmer ihn in Anspruch nehmen kann (vgl. dazu *Berenz* DB 2004, 1098 ff.); die Versorgungsansprüche gehen also nur insoweit auf den PSV über, als er nach § 7  **4001**

BetrAVG einstandspflichtig ist (*BAG* 9.11.1999 EzA § 7 BetrAVG Nr. 63). **Damit kann allein der PSV noch Versorgungsansprüche gegen den Arbeitgeber geltend machen; der Arbeitnehmer verliert seinen Anspruch** (*BAG* 12.4.1983 EzA § 9 BetrAVG Nr. 1).

4002 Erfasst sind alle Versorgungsansprüche und -anwartschaften (auch bei betrieblicher Altersversorgung durch Unterstützungskassen, *BAG* 6.10.1992 EzA § 9 BetrAVG Nr. 6), die dem Versorgungsberechtigten gegenüber seinem Arbeitgeber zustehen, einschließlich akzessorischer Sicherungsrechte. Nur soweit der Arbeitnehmer seine Versorgungsanwartschaft allerdings bereits bei Eintritt des Sicherungsfalls erdient hat, geht sie nach § 9 Abs. 2 i.V.m. § 7 Abs. 2 BetrAVG auf den PSV als Träger der Insolvenzsicherung über. Ein Betriebserwerber haftet dagegen für den nach Konkurseröffnung erdienten und nicht vom Insolvenzschutz erfassten Teil der Versorgungsanwartschaft (*BAG* 9.12.2008 EzA § 1 BetrAVG Ablösung Nr. 47).

4003 Die Forderung geht grds. in voller Höhe auf den PSV über, unabhängig davon, ob und in welchem Umfang er sie gegenüber dem Versorgungsberechtigten befriedigt.

4004 Nach **§ 7 Abs. 1 S. 1 BetrAVG** hat der PSV bei Eröffnung des Insolvenzverfahrens über das Vermögen des Arbeitgebers die Betriebsrente so zu zahlen, wie sie dem Arbeitnehmer zugesagt worden ist. Der Anspruch vermindert sich nicht um Ansprüche des Arbeitnehmers gegen einen Dritten, die sich daraus ergeben, dass dieser der Schuld des Arbeitgebers vor dem gesetzlichen Forderungsübergang beigetreten ist. Die durch den Schuldbeitritt des Dritten entstandene Forderung geht wie auch sonstige zur Sicherung der Betriebsrente eingeräumte Rechte auf den PSV über.

4005 Der Arbeitnehmer erhält mit Eröffnung des Insolvenzverfahrens einen neuen zahlungsfähigen Schuldner (PSV). Dieser kann sich nach dem Übergang der Forderungen aus dem Versorgungsversprechen und dem Schuldbeitritt an den Versorgungsschuldner und an den dieser Schuld beitretenden Dritten halten (*BAG* 12.12.1989 EzA § 9 BetrAVG Nr. 3).

4006 Der Forderungsübergang gegen den Dritten ist allerdings in der Höhe begrenzt auf die Leistungsverpflichtung des PSV nach § 7 BetrAVG.

4007 Gem. § 9 Abs. 2 S. 3 BetrAVG werden im Anschluss an die Rechtsprechung des *BGH* (10.7.1997 NZA 1997, 1113) die übergegangenen Anwartschaften als unbedingte Forderungen nach § 45 InsO geltend gemacht. Gem. § 9 Abs. 4 BetrAVG kann in einem Insolvenzplan, der die Fortführung des Unternehmens oder eines Betriebes vorsieht, für den PSV eine besondere Gruppe gebildet werden (*Blomeyer* NZA 1998, 915 f.).

4008 Die kapitalisierten Ansprüche unterliegen der regelmäßigen Verjährungsfrist nach § 18a BetrAVG.

4009 Sind die Voraussetzungen des § 9 Abs. 2 BetrAVG erfüllt, ohne dass bislang Insolvenzantrag gestellt worden ist, kann der **PSV** selbst die **Eröffnung des Insolvenzverfahrens beantragen** (*BAG* 20.11.1984 EzA § 7 BetrAVG Nr. 15). § 9 Abs. 5 BetrAVG sieht für den PSV die Möglichkeit der sofortigen Beschwerde gegen den Beschluss, durch den das Insolvenzverfahren eröffnet wird, vor.

*bbb) Einstellung der Leistungen*

4010 Der PSV kann seine Leistungen einstellen, wenn er gegenüber dem Versorgungsberechtigten seine **Einstandspflicht zu Unrecht bejaht hat**. Aus Gründen des Vertrauensschutzes haftet er dann aber für den Schaden, der dem Versorgungsberechtigten daraus entstanden ist, dass er auf die Gültigkeit der Zusage vertraut hat (*BGH* 3.2.1986 AP Nr. 4 zu § 9 BetrAVG).

*(6) Schutz des Versorgungsberechtigten*

4011 Nach **§ 9 Abs. 2 S. 2 BetrAVG** kann der Forderungsübergang vom PSV nicht zum Nachteil des Berechtigten geltend gemacht werden.

4012 Im Fall der Übersicherung ist der PSV verpflichtet, den zur Befriedigung des Leistungsanspruchs nicht notwendigen Teil des Sicherungsrechts an den Versorgungsberechtigten zu übertragen.

## B. Pflichten des Arbeitgebers

### (7) Gesetzlicher Vermögensübergang bei Unterstützungskassen

Tritt der Sicherungsfall bei einem Trägerunternehmen einer Unterstützungskasse ein, geht neben der Forderung des Arbeitnehmers gegen den Arbeitgeber gem. § 9 Abs. 2 BetrAVG auch das gesamte Vermögen der Unterstützungskasse (z. B. auch eine **Darlehensforderung** gegen das Trägerunternehmen; *BAG* 6.10.1992 EzA § 9 BetrAVG Nr. 6) gem. **§ 9 Abs. 3 BetrAVG** einschließlich der Verbindlichkeiten auf den PSV über. **4013**

### ff) Träger der Insolvenzsicherung

Träger der Insolvenzsicherung ist der **PSV** (mit Sitz in Köln), der als Versicherungsunternehmen der Aufsicht der Bundesanstalt für Finanzdienstleistungsaufsicht (§ 14 Abs. 1 BetrAVG) unterliegt. **4014**

Das Versicherungsverhältnis mit dem PSV entsteht durch Gesetz zu dem Zeitpunkt, zu dem bei dem Arbeitgeber eine **sicherungspflichtige** und damit beitragspflichtige **betriebliche Altersversorgung** besteht, d. h. bei Neueinführung einer betrieblichen Altersversorgung mit Eintritt des ersten Versorgungsfalls oder der ersten unverfallbaren Anwartschaft. **4015**

### gg) Finanzierung der Insolvenzsicherung

Die Finanzierung der Insolvenzsicherung erfolgt im Interesse der Rechtsklarheit im Wege der Erhebung von relativ **gleichmäßigen Beiträgen bei allen Arbeitgebern, die eine betriebliche Altersversorgung in einer sicherungspflichtigen Form durchführen**, die im Wesentlichen nur nach der Zahl der Versorgungsberechtigten differieren. **4016**

Nach § 17 Abs. 2 BetrAVG entfällt eine Beitragspflicht bei nicht insolvenzgefährdeten Arbeitgebern des öffentlichen Dienstes. **4017**

Die Mittel für die Durchführung der Insolvenzsicherung werden gem. **§ 10 BetrAVG** auf der Grundlage eines Beitragsbescheides (Verwaltungsakt) aufgebracht. **4018**

Die zu erhebenden Beiträge berechnen sich nach einem modifizierten Kapitalwertumlageverfahren. Danach müssen die Beiträge eines Jahres die Deckungsmittel für alle neuen Renten, die in diesem Geschäftsjahr zu Lasten der Insolvenzsicherung zu laufen beginnen, bereitstellen. Zusätzlich wird gem. § 10 Abs. 2 BetrAVG **auch ein Beitrag für die auf Grund eingetretener Insolvenzen zu sichernden Anwartschaften erhoben**; auf Grund des § 30i BetrAVG wird dieser zusätzliche Barwert der bis zum 31.12.2005 auf Grund eingetretener Insolvenzen zu sichernden Anwartschaften einmalig auf die beitragspflichtigen Arbeitgeber entsprechend § 10 Abs. 3 BetrAVG umgelegt und erhoben (s. dazu *Hoppenrath/Berenz* DB 2007, 630 ff.); diese Regelung ist verfassungsrechtlich unbedenklich (*BVerwG* 15.9.2010 NZA 2011, 49; krit. *Rolfs/de Groot* DB 2009, 61 ff.). **4019**

### i) Persönlicher Geltungsbereich des BetrAVG

### aa) Grundlagen

> Vom persönlichen Geltungsbereich erfasst sind neben Arbeitnehmern einschließlich der zu ihrer Berufsausbildung Beschäftigten gem. § 17 Abs. 1 S. 2 BetrAVG auch Nicht-Arbeitnehmer, wenn ihnen Leistungen der Alters- oder Hinterbliebenenversorgung aus Anlass eines Arbeits- oder Beschäftigungsverhältnisses (vgl. dazu *LAG Köln* 7.3.2003 – 4 Sa 954/02, EzA-SD 12/03, S. 19 LS) bei einem Unternehmen und als Entgelt dafür zugesagt worden sind (vgl. *Griebeling* Rn. 58 ff.). Voraussetzung ist aber, dass zwischen der Zusage und dem Arbeits- oder Beschäftigungsverhältnis ein **ursächlicher Zusammenhang** besteht; erforderlich ist eine **Kausalitätsprüfung**, die alle Umstände des Einzelfalles berücksichtigt (*BAG* 19.1.2010 EzA § 17 BetrAVG Nr. 11). Es handelt sich um Personen, die zur Wahrung ihres bisherigen Lebensstandards in besonderem Maße auf die betriebliche Altersversorgung angewiesen sind und die ähnlich den Arbeitnehmern wegen der regelmäßig stärkeren Position ihres Vertragspartners keinen oder nur geringen Einfluss auf die inhaltliche Ausgestaltung der betrieblichen Versorgungszusage nehmen können. **4020**

Das ist z. B. dann nicht der Fall, wenn ein Unternehmen allen Gesellschaftern und nur ihnen eine Versorgung zusagt; dies ist ein Indiz dafür, dass dies nicht »aus Anlass« eines Arbeits- oder Beschäftigungsverhältnisses geschah. Das gilt insbes. dann, wenn es **nur wenige Gesellschafter** gibt. Ferner kommt es darauf an, ob die zugesagte Versorgung nach Art und Höhe auch bei Fremdkräften wirtschaftlich vernünftig und üblich gewesen wäre. Eine Rolle spielen kann auch, ob eine bereits während des Arbeits- oder Beschäftigungsverhältnisses zu finanzierende Direktversicherung vorliegt oder eine Direktzusage, bei der die Belastungen erst bei Eintritt des Versorgungsfalles bestehen (*BAG* 19.1.2010 EzA § 17 BetrAVG Nr. 11 = NZA 2010, 1066; s. a. *BAG* 25.1.2000 EzA § 17 BetrAVG Nr. 9).

**4021** Es muss sich um Personen handeln, bei denen die Versorgungsleistungen ihren Grund in der **Arbeit für ein fremdes Unternehmen** haben. Das Merkmal »aus Anlass ihrer Tätigkeit für das Unternehmen« ist nur dann erfüllt, wenn die Tätigkeit **auf Grund von vertraglichen Beziehungen zwischen dem Begünstigten und dem Unternehmen erbracht wird.** Es reicht insbes. nicht aus, dass sie diesem wirtschaftlich zugute kommt (*BAG* 20.4.2004 EzA § 17 BetrAVG Nr. 10).

**4022** Versorgungsberechtigte werden nur dann vom Geltungsbereich des BetrAVG ausgenommen, wenn ihre Ansprüche auf Dienstleistungen für ein Unternehmen beruhen, das man im Hinblick auf den Vermögenseinsatz und unternehmerischen Einfluss als ihr eigenes betrachten muss (*BGH* 9.6.1980 AP Nr. 2 zu § 17 BetrAVG; s. Rdn. 4024 ff.).

**4023** Erfasst sind deshalb auch arbeitnehmerähnliche Personen, Selbstständige und Fremdgeschäftsführer, die kapitalmäßig nicht an ihrer Gesellschaft beteiligt sind. Maßgeblich sind jeweils die Verhältnisse im Einzelfall; **eine schematische Abgrenzung ist untauglich** (*Griebeling* Rn. 64).

*bb) Abgrenzungsfragen*

*(1) Persönlich haftende Gesellschafter*

**4024** § 17 Abs. 1 S. 2 BetrAVG gilt nicht für Personen, die nach der Stärke ihrer kapital- und einflussmäßigen Bindung an das Unternehmen, aus dem sie die Versorgung erhalten sollen, nach der Verkehrsanschauung ebenso wie ein Einzelkaufmann als Unternehmer anzusprechen und damit für das eigene Unternehmen tätig sind. Darunter fallen i. d. R. die persönlich haftenden Gesellschafter in einer Personengesellschaft und in einer Kapitalgesellschaft jeder geschäftsführende Mehrheitsgesellschafter, aber auch mehrere nicht ganz unbedeutend beteiligte Gesellschafter-Geschäftsführer, die zusammen über die Mehrheit verfügen, mit der sie gemeinsam einer Gesellschaft ihren Willen aufzwingen können (*BGH* 9.6.1980 AP Nr. 4 zu § 17 BetrAVG; 9.3.1981 AP Nr. 6 zu § 17 BetrAVG).

**4025** In einer typischen **GmbH & Co KG**, bei der die GmbH keinen eigenen Betrieb unterhält, sondern nur die Geschäfte der KG zu leiten hat, sind für die Frage, ob ein geschäftsführender Gesellschafter als Unternehmer zu behandeln ist und daher nicht unter § 17 Abs. 1 S. 2 BetrAVG einzuordnen ist, diese Gesellschaften als **wirtschaftliche Einheit** zu betrachten (*BGH* 9.6.1980 AP Nr. 4 zu § 17 BetrAVG). Ist der Geschäftsführer beider Gesellschaften auch Gesellschafter beider Gesellschaften, so ist zu dem Anteil an der Personengesellschaft die mittelbare Beteiligung an der GmbH insoweit hinzuzurechnen, wie diese an der KG beteiligt ist (*BGH* 4.5.1981 AP Nr. 9 zu § 1 BetrAVG Wartezeit).

**4026** Hat die GmbH dagegen einen **eigenen Geschäftsbetrieb**, so ist darauf abzustellen, wer die Versorgungszusage erteilt hat und ob der Gesellschafter diese Gesellschaft beherrscht (*BGH* 9.6.1980 AP Nr. 4 zu § 17 BetrAVG).

**4027** Für die Frage, ob einem geschäftsführenden Gesellschafter wegen seiner Unternehmereigenschaft der Insolvenzschutz zu versagen ist, kommt es nicht auf den Zeitpunkt der Versorgungszusage, sondern darauf an, inwieweit das **Ruhegeld durch eine Tätigkeit als Arbeitnehmer und inwieweit es durch eine solche als Unternehmer erdient** worden ist (*BGH* 9.6.1980 AP Nr. 4 zu § 17 BetrAVG).

## B. Pflichten des Arbeitgebers | Kapitel 3

Denn Versorgungsansprüche z. B. für die Tätigkeit als Komplementär unterfallen nicht dem Insolvenzschutz der §§ 7 ff. BetrAVG, wohl aber solche, die er zuvor als Arbeitnehmer erworben hat (*BGH* 16.2.1981 AP Nr. 5 zu § 17 BetrAVG). Insoweit ist eine Quotelung vorzunehmen (*BGH* 9.3.1981 AP Nr. 6 zu § 17 BetrAVG).

Die Anwendung des § 17 BetrAVG kommt dann in Betracht, wenn der Gesellschafter lediglich **angestellter Komplementär** ist, also lediglich im Außenverhältnis als Gesellschafter auftritt, jedoch nur geringfügig am Kapital beteiligt und im Innenverhältnis von der persönlichen Haftung freigestellt ist und wie ein Angestellter an die Entscheidungen der die Gesellschaft beherrschenden Kommanditisten gebunden ist (*BGH* 9.6.1980 EzA § 17 BetrAVG).    4028

Allein- und Mehrheitsgesellschafter einer Kapitalgesellschaft (AG, GmbH) sind Unternehmer (*BGH* 14.7.1980 AP Nr. 3 zu § 17 BetrAVG). Mehrheitsgesellschafter ist jeder, der mindestens 50 % der Anteile besitzt.    4029

Minderheitsgesellschafter haben i. d. R. innerhalb des Unternehmens keine so herausragende Stellung, dass sie das Unternehmen, für das sie arbeiten, als ihr eigenes betrachten können. Allerdings kann ein Vorstandsmitglied als Unternehmer zu behandeln sein, das zwar weder über die Kapital- noch regelmäßig über die Stimmenmehrheit verfügt, aber auf Grund von Vorzugsaktien bei Satzungsänderungen und der Besetzung des Aufsichtsrates mehr als 50 % der Stimmen hält.

Ein **Minderheitsgesellschafter**, der zusammen mit einem Mehrheitsgesellschafter die Geschäfte der Kapitalgesellschaft führt, genießt dagegen den Schutz des BetrAVG, da der Mehrheitsgesellschafter auch ohne ihn seinen Willen in der Gesellschaft durchsetzen kann (*BGH* 25.9.1989 AP Nr. 19 zu § 17 BetrAVG).    4030

*(2) Kommanditisten*

Für Kommanditisten gelten die für Gesellschafter von Kapitalgesellschaften entwickelten Grundsätze entsprechend (vgl. *BGH* 1.2.1999 NZA 1999, 380).    4031

*(3) GmbH-Geschäftsführer*

Der Geschäftsführer einer GmbH, der an dieser Gesellschaft nicht unmittelbar, sondern als Mitglied einer **BGB-Gesellschaft** und einer **Erbengemeinschaft** nur mittelbar in Höhe von weniger als 8 % beteiligt ist und zudem die Willensbildung in diesen Gesamthandsgemeinschaften nicht allein bestimmen kann, ist nicht Mitunternehmer, sondern genießt wegen der ihm erteilten Versorgungszusage der Gesellschaft Insolvenzschutz i. S. v. § 17 Abs. 1 S. 2 BetrAVG (*BGH* 2.6.1997 NZA 1997, 1055).    4032

Nach Auffassung des *BAG* (16.4.1997 EzA § 17 BetrAVG Nr. 6) ist maßgeblich, dass der Geschäftsführer und Gesellschafter bei der **Führung des Unternehmens keine rechtliche Möglichkeit zu beherrschendem Einfluss** hat. Das ist nicht nur dann der Fall, wenn dem Versorgungsberechtigten während seiner Tätigkeit für das Unternehmen ein Mehrheitsgesellschafter gegenüberstand, sondern auch dann, wenn ihm ein anderer Minderheitsgesellschafter gegenübersteht, der aber auf Grund einer Stimmrechtsverteilungsregelung im Gesellschaftsvertrag die Mehrheit der Stimmen auf sich vereint.    4033

*cc) Unabdingbarkeit; Tarifdispositivität*

§§ 1 ff. BetrAVG sind grds. unabdingbare Mindestnormen; §§ 1a, 2–5, 16, 27, 28 BetrAVG sind allerdings tarifdispositiv (§ 17 Abs. 3 BetrAVG; für Entgeltumwandlung s. *BAG* 19.4.2011 – 3 AZR 154/09, EzA-SD 17/2011 S. 8 LS). Eine einzelvertragliche Vereinbarung, die den Anspruch auf Invaliditätsrente davon abhängig macht, dass das **Arbeitsverhältnis bei Eintritt der Berufsunfähigkeit noch besteht**, ist folglich nichtig (*BAG* 24.6.1998 EzA § 1 BetrAVG Invaliditätsrente Nr. 1).    4034

### dd) Zeitlicher Geltungsbereich

**4035** S, § 32 BetrAVG (22.12.1974); in den **neuen Bundesländern** gilt dies auf Grund des Einigungsvertrages (Anl. I Kap. VIII Sachgebiet A Abschnitt II Nr. 16) seit dem 1.1.1992.

**4036** Die **Neuerteilung einer früheren Zusage** nach dem 1.1.1992 lässt die Zusage in den neuen Bundesländern in den Geltungsbereich des BetrAVG fallen. Das kann auch durch **Bestätigung einer früher erteilten Zusage** geschehen. Ist das Betriebsrentengesetz anwendbar, gelten auch die Regeln zum Insolvenzschutz. Danach hat der Pensionssicherungsverein (PSV) für gesetzlich unverfallbare Betriebsrentenanwartschaften einzustehen. Bei der Prüfung, ob die notwendige Betriebszugehörigkeit für die Unverfallbarkeit vorliegt, sind Zeiten der Tätigkeit als Mitglied einer »Produktionsgenossenschaft Handwerk« (PGH) mitzurechnen. Eine solche »Tätigkeit für ein Unternehmen« steht einem Arbeitsverhältnis gleich. Voraussetzung für den Insolvenzschutz ist weiter, dass die Zusage »aus Anlass« eines Arbeitsverhältnisses und nicht wegen einer Gesellschafterstellung erteilt wird. Das ist bei Zusagen einer in eine GmbH umgewandelten ehemaligen PGH, die diese den für sie als Arbeitnehmer tätigen GmbH-Gesellschaftern und ehemaligen PGH-Mitgliedern gegeben hat, dann der Fall, wenn die Zusage nicht entscheidend aufgrund der Gesellschafterstellung, sondern aufgrund der Tätigkeit im Arbeitsverhältnis erteilt wurde. Eine Eintrittspflicht durch den PSV scheidet nach allgemeinen Regeln aus, wenn die Parteien des Versorgungsverhältnisses mit dem alleinigen oder überwiegenden Zweck gehandelt haben, ihn in Anspruch zu nehmen (*BAG* 19.1.2010 EzA § 7 BetrAVG Nr. 75).

### 5. Auswirkungen des AGG (ab 18.8.2006)

**4037** Fraglich ist, wie sich das AGG auf das Recht der betrieblichen Altersversorgung auswirkt. Einerseits enthält es eine offensichtlich europarechtswidrige Bereichsausnahme (§ 2 Abs. 2 S. 2 AGG), andererseits sieht § 10 S. 3 Nr. 4 AGG eine Regelung für Altersgrenzen in diesem Zusammenhang vor (s. Rdn. 4871 ff.). Das *BAG* (11.12.2007 EzA § 2 AGG Nr. 1) geht davon aus, dass das AGG **auch in der betrieblichen Altersversorgung gilt.** § 2 Abs. 2 S. 2 AGG enthält danach lediglich eine **Kollisionsregel** zwischen beiden Gesetzen: Soweit sich aus dem BetrAVG Anknüpfungen an die vom AGG erfassten Merkmale, z. B. Alter, ergeben, soll es dabei verbleiben. Das BetrAVG enthält solche Vorschriften z. B. hinsichtlich der Unverfallbarkeit der Betriebsrente und indem es eine feste Altersgrenze voraussetzt.

## C. Betriebsinhaberwechsel; Arbeitgeberwechsel

### I. Gesamtrechtsnachfolge

#### 1. Grundlagen

**4038** Der Betriebsinhaberwechsel kann das Ergebnis einer rechtsgeschäftlichen Einzelrechtsnachfolge oder einer Gesamtrechtsnachfolge sein. Eine Gesamtrechtsnachfolge kommt in Betracht bei Ausscheiden eines Gesellschafters aus einer Zwei-Personen-Handelsgesellschaft (BGHZ 48, 206; 113, 134; für die Anwendung des § 613a BGB im Falle der Anwachsung gem. § 738 BGB *LAG BW* 31.1.2007 – 22 Sa 5/06, n. rkr.; offen gelassen in der Revision: *BAG* Urt. v 21.2.2008 – 8 AZR 157/07, FD-ArbR 2008, 262392 = FA 2008, 238 LS) und in den gesetzlich geregelten Fällen, d. h. im Erbfall (§ 1922 BGB Tod des Arbeitgebers), auf Grund eines Spezialgesetzes (vgl. z. B. *BAG* 8.5.2001 EzA § 613a BGB Nr. 198; 2.3.2006 EzA § 613a BGB 2002 Nr. 48; 28.9.2006 – 8 AZR 441/05, AP BGB § 419 Funktionsnachfolge Nr. 26; 19.3.2009 – 8 AZR 689/07, BeckRS 2009, 87626) und bei der Übertragung und Umwandlung von Unternehmen (§§ 1 ff. UmwG).

#### 2. Umwandlung von Unternehmen

##### a) Umwandlungsformen

**4039** Das seit dem 1.1.1995 geltende Umwandlungsrecht (§§ 1 ff. UmwG) sieht für Rechtsträger mit Sitz im Inland im Wesentlichen vier Typen von Umwandlungen vor:

## C. Betriebsinhaberwechsel; Arbeitgeberwechsel

### aa) Verschmelzung von Rechtsträgern

Grundform der Umwandlung ist die Verschmelzung von Rechtsträgern. Dabei **übertragen** ein oder mehrere **Rechtsträger** (übertragender Rechtsträger) **das gesamte Vermögen** als Ganzes **auf einen anderen** schon bestehenden oder auf einen neu zu gründenden (aufnehmenden) **Rechtsträger**. Die übertragenden Rechtsträger erlöschen dabei im Wege der Auflösung ohne Abwicklung (§§ 2–122 UmwG). 4040

### bb) Aufspaltung

Bei der Aufspaltung (§ 123 Abs. 1 UmwG) erlischt der übertragende Rechtsträger. Er **teilt sein gesamtes Vermögen auf** und überträgt es jeweils als Ganzes auf mindestens zwei andere schon bestehende oder neu gegründete Rechtsträger. 4041

### cc) Abspaltung

Bei der Abspaltung (§ 123 Abs. 2 UmwG) bleibt der übertragende Rechtsträger bestehen und **überträgt nur bestimmte Vermögensteile**, insbes. Betriebe oder Betriebsteile, auf ein oder mehrere schon bestehende oder neu gegründete Rechtsträger. 4042

Sowohl bei Aufspaltung als auch bei Abspaltung wird das Vermögen gegen Gewährung von Anteilen oder Mitgliedschaften an die Anteilsinhaber des übertragenden Rechtsträgers übertragen. 4043

### dd) Ausgliederung

Die Ausgliederung (§ 123 Abs. 3 UmwG) unterscheidet sich von der Abspaltung und Aufspaltung dadurch, dass die im Gegenzug zur Vermögensübertragung gewährten Anteile des übernehmenden Rechtsträgers nicht an die Anteilseigner gehen, sondern **in das Vermögen des übertragenden Rechtsträgers** selbst fallen. 4044

### ee) Vermögensübertragung, Formwechsel

Möglich ist schließlich auch eine Vermögensübertragung (§§ 174 ff. UmwG für Bund und Länder, Gebietskörperschaften und Versicherungsunternehmen) sowie ein Formwechsel (§§ 190 ff. UmwG), bei dem lediglich die gesellschaftsrechtliche Form gewechselt, nicht aber Vermögen übertragen wird. 4045

### b) Rechtsfolgen für die Arbeitnehmer

### aa) Übergang des Arbeitsverhältnisses und Widerspruchsrecht

Bei einer Universalsukzession tritt der neue Rechtsinhaber kraft Gesetzes in alle nicht ausschließlich persönlichen Rechte und Pflichten des früheren Inhabers ein. Die Rechte und Pflichten aus Arbeitsverhältnissen werden von diesem Übergang in den gesetzlichen Bestimmungen über die geregelten Fälle der Gesamtrechtsnachfolge nicht ausgeschlossen. 4046

Ein Ausschluss der Übertragbarkeit wäre allenfalls aus § 613 S. 2 BGB abzuleiten. Nach dieser Vorschrift ist der Anspruch auf Dienste im Zweifel nicht übertragbar. Nach allgemeiner Ansicht (ErfK/ *Preis* § 613 BGB Rn. 1 m.w.N.) ist dieser gesetzliche Ausschluss der Übertragbarkeit in der Anwendung beschränkt auf die Auslegung von Vereinbarungen und verhindert nicht die kraft Gesetzes eintretenden Wirkungen der Gesamtrechtsnachfolge. Für den **rechtsgeschäftlichen** Betriebsübergang ordnet § 613a Abs. 1 S. 1 BGB den Übergang der Arbeitsverhältnisse ausdrücklich an. Die Richtlinie 2001/23/EG Art. 1 I unterscheidet nicht zwischen Betriebsübergängen durch Einzel- oder Gesamtrechtsnachfolge. Nach der Rechtsprechung des *EuGH* (Urt. v. 26.9.2000 NZA 2000, 1327) wird jeder Inhaberwechsel auf Grund vertraglicher Beziehungen erfasst, d. h. auch gesellschaftsvertraglich veranlasste. Ausgenommen von der Anwendung des § 613a BGB sind damit die Gesamtrechtsnachfolge kraft Gesetzes und auf Grund eines Hoheitsaktes (*BAG* 8.5.2001 EzA 4047

§ 613a BGB Nr. 198). Ob § 613a BGB auf die gesetzlich angeordnete Gesamtrechtsnachfolge analog anzuwenden ist (abl. *BAG* 2.3.2006 EzA § 613a BGB 2002 Nr. 48; ebenso *BAG* 28.9.2006 – 8 AZR 441/05, AP BGB § 419 Funktionsnachfolge Nr. 26), hat Bedeutung für die Frage, ob auch in diesem Fall die Arbeitnehmer nach § 613a Abs. 5 BGB zu unterrichten sind und ihnen nach § 613a Abs. 6 BGB ein Widerspruchsrecht zusteht. Im häufigsten praktischen Anwendungsfall, der Gesamtrechtsnachfolge nach dem UmwG, gibt § 324 UmwG die Antwort durch einen Verweis auf § 613a BGB. Verweist ein Spezialgesetz dagegen nur auf § 613a Abs. 1–4 BGB finden die Abs. 5 und 6 keine Anwendung (*BAG* 2.3.2006 EzA § 613a BGB 2002 Nr. 48; 19.3.2009 – 8 AZR 689/07, BeckRS 2009, 87626). Der Ausschluss des Widerspruchsrechts soll allerdings dann als Verstoß gegen das Grundrecht auf freie Wahl des Arbeitsplatzes nach Art. 12 Abs. 1 GG unwirksam sein, wenn der Arbeitgeberwechsel nur Zwischenschritt zur Vorbereitung einer Privatisierung ist (*BVerfG* 25.1.2011 – 1 BvR 1741/09).

4048 Die Begründungen für den Übergang von Arbeitsverhältnissen im Falle einer Umwandlung nach dem UmwG sind im Schrifttum uneinheitlich. Das UmwG ordnet den Übergang von Arbeitsverhältnissen anlässlich einer Umwandlung nicht ausdrücklich an. § 324 UmwG lässt § 613a Abs. 1 und Abs. 4–6 BGB »unberührt«. Nach verbreiteter Ansicht soll § 613a BGB unmittelbar oder entsprechend anzuwenden sein, weil mit den Umwandlungsverträgen »im Rahmen« vertraglicher Beziehungen die Arbeitgeberverpflichtungen übertragen werden (vgl. zum Meinungsstand ErfK/*Preis* § 613a BGB Rn. 181 m. w. N.; ausführlich *Willemsen* in Willemsen/Hohenstatt/Schweibert, Umstrukturierung und Übertragung von Unternehmen, 3. Aufl., B Rn. 88 ff.).

4049 Nach der Rechtsprechung des *BAG* (25.5.2000 EzA § 613a BGB Nr. 190) bedeutet der Verweis des § 324 UmwG auf § 613a Abs. 1 BGB, dass die Umwandlung nicht der gegenüber dem Betriebsübergang speziellere Tatbestand ist. Diese Klarstellung unterstellt, dass sowohl die Gesamtrechtsnachfolge selbst als auch § 613a BGB nebeneinander den Übergang der Arbeitsverhältnisse bewirken können. Die Voraussetzungen des § 613a BGB sollen deshalb auch im Umwandlungsfall selbstständig zu prüfen sein. Im konkreten Fall leitete das BAG daraus die Konsequenz ab, dass schon vor Wirksamwerden der Umwandlung ein Betriebsübergang i. S. v. § 613a Abs. 1 BGB eintreten könne. Werde ein Betrieb vor Wirksamwerden einer Umwandlung durch Nutzungsüberlassung oder Verpachtung (auch konkludent) an den aufnehmenden Rechtsträger übertragen, greife § 613a BGB unberührt von der später wirksam werdenden Umwandlung ein.

4050 Diese Entscheidung hat erhebliche praktische Bedeutung, da häufig die tatsächliche Leitungsmacht über einen Betrieb oder Betriebsteil zu einem anderen Zeitpunkt auf den aufnehmenden Rechtsträger übertragen wird, als die Gesamtrechtsnachfolge eintritt. Im Umwandlungsvertrag vereinbarte zurückliegende Stichtage bewirken nicht rückwirkend den Übergang der Arbeitsverhältnisse. Die Arbeitsverhältnisse gehen nach §§ 20, 324 UmwG i. V. m. § 613a BGB mit der Eintragung der Umwandlung in das Handelsregister auf den neuen Arbeitgeber über. Der Eintragungszeitpunkt ist nicht genau vorhersehbar. Zugleich sind aber verschiedene praktische Schritte von der Meldung des Arbeitgeberwechsels an die Sozialversicherung bis zur Änderung des Briefbogens zu terminieren. Dies führt nicht selten zu einem arbeitsrechtlichen Stichtag, an dem unter Umständen in einer Gesamtschau die Voraussetzungen eines rechtsgeschäftlichen Betriebsübergangs vorliegen.

4051 Wird vor dem Wirksamwerden einer Umwandlung (Zeitpunkt: Eintragung im Handelsregister) dem aufnehmenden Rechtsträger durch einen Betriebsführungsvertrag o. Ä. die tatsächliche Leitungsmacht über einen Betrieb oder Betriebsteil übertragen, bewirkt nicht erst die Umwandlung, sondern schon zuvor dieses Rechtsgeschäft den Übergang der Arbeitsverhältnisse.

4052 Der Formwechsel nach § 119 UmwG führt nicht zu einem Inhaberwechsel, da der Rechtsträger identisch bleibt. Sind Gegenstand einer Abspaltung oder Ausgliederung Vermögenswerte, die sich nicht unter den Begriff eines Betriebsteils i. S. v. § 613a Abs. 1 BGB fassen lassen, gehen Arbeitsverhältnisse auf Grund der Gesamtrechtsnachfolge über, soweit die beteiligten Rechtsträger dies im Rahmen ihrer Zuordnungsfreiheit vereinbaren (s. dazu *Mengel* Umwandlungen im Arbeitsrecht 1997, S. 217).

## C. Betriebsinhaberwechsel; Arbeitgeberwechsel  Kapitel 3

Wird durch Umwandlung ein Betrieb oder ein Betriebsteil übertragen, sind die Mitarbeiter nach § 324 UmwG, § 613a Abs. 5 BGB zu unterrichten (s. dazu Rdn. 4205 ff.). Den Mitarbeitern steht ein **Widerspruchsrecht** zu (§ 324 UmwG, § 613a Abs. 6 BGB, s. dazu Rdn. 4192 ff.). Dies gilt nicht, wenn der übertragende Rechtsträger erlischt (*BAG* 21.2.2008, EzA § 613a BGB 2002 Nr. 90 = NZA 2008, 815). 4053

Unabhängig vom Willen der Arbeitnehmer ist die Zuordnung von Versorgungsverbindlichkeiten in einem Spaltungsplan im Rahmen einer Umwandlung (*BAG* 22.2.2005 EzA § 126 UmwG Nr. 1; anders *LG Hmb.* 8.12.2005 ZIP 2005, 2331). 4054

### bb) Inhalt der übergehenden Arbeitsverhältnisse

Der Übergang der Arbeitsverhältnisse vollzieht sich i. d. R. nach § 613a Abs. 1 BGB. Dies bedeutet, dass wie beim rechtsgeschäftlichen Übergang Rechte und Pflichten aus dem Arbeitsverhältnis übertragen werden und Rechte und Pflichten aus Kollektivverträgen transformiert werden, soweit sie nicht nach § 613a Abs. 1 S. 3 oder 4 BGB durch andere Abmachungen abgelöst werden (s. dazu Rdn. 4264 ff.). 4055

Die Gesamtrechtsnachfolge bewirkt nicht, dass der aufnehmende Rechtsträger die **Stellung als Mitglied eines Arbeitgeberverbandes** übernimmt, da es sich um ein **höchstpersönliches** Recht handelt, § 38 BGB. Ein Unterschied zwischen dem rechtsgeschäftlichen Betriebsübergang nach § 613a Abs. 1 BGB und dem Betriebsübergang durch Umwandlung nach § 324 UmwG, § 613a Abs. 1 BGB ergibt sich für den Fall, dass der übertragende Rechtsträger Partei eines **Haustarifvertrages** war und der aufnehmende Rechtsträger nicht selbst einen Haustarifvertrag abgeschlossen hat. Das BAG hat unter Verweis auf die Gesamtrechtsnachfolge bei einer Umwandlung entschieden, dass der aufnehmende Rechtsträger in die Parteistellung des Arbeitgebers im Haustarifvertrag eintritt (*BAG* 24.6.1998 EzA § 20 UmwG Nr. 1 m. Anm. *Rieble;* so auch *BAG* 26.8.2009 EzA § 613a BGB 2002 Nr. 115 = NZA 2010, 173). Es kommt deshalb – anders als bei der rechtsgeschäftlichen Betriebs(teil)übertragung – nicht zur Transformation der Bedingungen eines Haustarifvertrages nach § 613a Abs. 1 S. 2 BGB, weil der Haustarifvertrag gem. § 20 Abs. 1 S. 1 UmwG als solcher den Erwerber kollektivrechtlich im Rahmen der Gesamtrechtsnachfolge bindet. 4056

### cc) Kündigungsschutz

Eine Sonderregelung trifft § 323 Abs. 1 UmwG für den Fall der Spaltung oder Teilübertragung hinsichtlich der kündigungsrechtlichen Stellung der Arbeitnehmer. Sie soll dem Arbeitnehmer für die Dauer von **zwei Jahren** erhalten bleiben. 4057

Die Bedeutung dieser Vorschrift ist in der Praxis nicht groß. Sie bewirkt lediglich, dass der Schutz vor sozial ungerechtfertigter Kündigung (§ 1 KSchG) weiter gilt, auch wenn in dem Betrieb nach der Spaltung weniger als sechs bzw. elf Arbeitnehmer (vgl. § 23 Abs. 1 KSchG) beschäftigt sind. In den typischen Umwandlungsfällen beschäftigen die beteiligten Rechtsträger mehr Arbeitnehmer. 4058

§ 323 Abs. 1 UmwG bezieht sich ausdrücklich auf die **kündigungsrechtliche** Stellung der Arbeitnehmer. Der Wortlaut verbietet, darunter die **tatsächlichen Voraussetzungen** des Kündigungsschutzes zu verstehen. So wäre es mit dem Wortlaut des § 323 Abs. 1 UmwG nicht zu vereinbaren, bei einer betriebsbedingten Kündigung die Sozialauswahl fiktiv auch auf die Arbeitnehmer in anderen abgespaltenen oder übertragenen Betrieben zu erstrecken (so aber *Bachner* NJW 1995, 2884). Ein solches Verständnis des § 323 Abs. 1 UmwG wäre im Übrigen völlig unpraktikabel. Soweit die Spaltung eines Rechtsträgers nicht mit der Spaltung des Betriebes verbunden ist, wird schon durch § 1 Abs. 2 Nr. 2 BetrVG für die an der Spaltung oder an einer Teilübertragung beteiligten Rechtsträger ein gemeinsamer Betrieb i. S. d. KSchG vermutet. Jedenfalls solange das Bundesarbeitsgericht seine Rechtsprechung (*BAG* 13.6.1985 EzA § 1 KSchG Nr. 41) beibehält, wonach die Sozialauswahl im gemeinsamen Betrieb betriebsbezogen vorzunehmen ist, gewährt § 323 Abs. 1 UmwG in dieser Fallgruppe keinen zusätzlichen Kündigungsschutz. 4059

# Kapitel 3
Der Inhalt des Arbeitsverhältnisses

4060 § 323 Abs. 1 UmwG schützt nicht den Bestand tarifvertraglicher Unkündbarkeitsregelungen (a. A. *Wlotzke* DB 1995, 44). § 613a Abs. 1 S. 2–4 BGB regelt abschließend die Geltung von Kollektivvereinbarungen nach einem Betriebsübergang. Werden Rechte aus bisherigen Kollektivvereinbarungen gem. § 613a Abs. 1 S. 3 oder S. 4 BGB abgelöst, wäre es verfehlt, § 323 Abs. 1 UmwG systemwidrig punktuell den Schutz des Bestandes einzelner Kündigungsregelungen zuzuweisen und damit die mit § 613a Abs. 1 S. 3 BGB beabsichtigte Vereinheitlichung von Arbeitsbedingungen zu durchbrechen.

### c) Folgen für Arbeitnehmervertretungen

#### aa) Betriebsrat

4061 Bleibt die betriebsorganisatorische Struktur erhalten, bleiben alle Betriebsräte in den Betrieben im Amt. Die Umwandlung wirkt sich insoweit nicht aus. Gem. § 1 Abs. 2 Nr. 2 BetrVG wird nach der Spaltung ein gemeinsamer Betrieb vermutet, wenn sich die Organisation des betroffenen Betriebes nicht wesentlich geändert hat.

#### bb) Gesamt- und Konzernbetriebsrat

4062 Da die an Umwandlungen beteiligten Unternehmen typischerweise häufig mehr als einen Betrieb unterhalten, sind hier die **Auswirkungen des Inhaberwechsels auf den Gesamtbetriebsrat und ggf. Konzernbetriebsrat** von besonderer Bedeutung.

4063 Der Gesamtbetriebsrat des übertragenden Rechtsträgers besteht (in geänderter Besetzung) fort, wenn z. B. in Folge einer Abspaltung oder Ausgliederung bei dem übertragenden Rechtsträger mindestens zwei Betriebe erhalten bleiben. Besteht im Unternehmen des aufnehmenden Rechtsträgers ein Gesamtbetriebsrat, können die Betriebsräte der übertragenen Betriebe dorthin Mitglieder entsenden, § 47 Abs. 2 BetrVG. Ist dort ein Gesamtbetriebsrat noch nicht gebildet, ist er zu errichten, wenn durch die Übernahme der Betriebe die Voraussetzungen zur Errichtung eines Gesamtbetriebsrates geschaffen werden.

4064 Das *BAG* hat in seinem Beschluss vom 5.6.2002 (EzA § 47 BetrVG 1972 Nr. 9) offen gelassen, ob der im Unternehmen des Veräußerers gebildete Gesamtbetriebsrat beim neuen Arbeitgeber fortbestehen kann, wenn dieser alle Betriebe des bisherigen Inhabers übernimmt und selbst keine Betriebe unterhält.

4065 Der Gesamtbetriebsrat ist eine Dauereinrichtung. Die Umstrukturierung eines Unternehmens erfordert gerade nicht die Neuerrichtung des Gesamtbetriebsrates (*Thüsing* DB 2004, 2474 [2480]; a. A. *Hohenstatt/Müller-Bonanni* NZA 2003, 766 [767]).

4066 So ausdrücklich *BAG* vom 16.3.2005 (EzA § 51 BetrVG 2001 Nr. 2):

(1) Der Gesamtbetriebsrat ist eine Dauereinrichtung mit wechselnder Mitgliedschaft. Er hat – anders als der Betriebsrat – keine Amtszeit und bleibt über die Wahlperiode der einzelnen Betriebsräte hinaus bestehen. Das Amt des Gesamtbetriebsrats als Gremium endet grds. nur dann, wenn die Voraussetzungen für seine Errichtung entfallen (vgl. BAG 5.6.2002 EzA § 47 BetrVG 1972 Nr. 9 = BAGE 101, 273 = AP BetrVG 1972 § 47 Nr. 11, zu B I 1 der Gründe). Ein Betriebsübergang lässt die Rechtsstellung des für den Betrieb gewählten Betriebsrats jedenfalls solange unberührt, wie die Identität des Betriebs beim neuen Arbeitgeber fortbesteht (*BAG* 5.6.2002 EzA § 47 BetrVG 1972 Nr. 9, zu B II 1 der Gründe). Besteht bei dem übernehmenden Unternehmen ein Gesamtbetriebsrat, hat der Betriebsrat des übernommenen Betriebs seine Vertreter in diesen zu entsenden (ErfK/*Eisemann* 11. Aufl., § 47 BetrVG Rn. 5; *Fitting* BetrVG 25. Aufl., § 47 Rn. 17). Es erhöht sich dann die Mitgliederzahl des Gesamtbetriebsrats.

(2) Nach diesen Grundsätzen endete das Amt des Gesamtbetriebsrats nicht. Denn die Voraussetzungen für seine Errichtung nach § 47 Abs. 1 BetrVG lagen weiterhin vor. Hiernach hatten die Betriebsräte der übernommenen Betriebe, deren Rechtsstellung durch den Betriebsinhaberwech-

sel unberührt geblieben ist, nunmehr ihre Vertreter in den auf 29 Mitglieder vergrößerten Gesamtbetriebsrat zu entsenden.

Die Anpassung an geänderte betriebliche Strukturen innerhalb des Unternehmens ist durch das Entsenderecht gem. § 47 Abs. 2 BetrVG gewährleistet. Der Gesamtbetriebsrat ist unternehmensbezogen. Er muss neu konstituiert werden, auch wenn sämtliche Betriebe eines Rechtsträgers auf einen anderen Rechtsträger übertragen werden, der bis dahin selbst keine Betriebe unterhält. 4067

Hinsichtlich der Bildung von **Konzernbetriebsräten** ist zu prüfen, ob im Konzern eines übertragenden Rechtsträgers auch nach der Umstrukturierung noch die Voraussetzungen zur Errichtung eines Konzernbetriebsrates vorliegen und ob durch Veränderungen bei dem oder den aufnehmenden Rechtsträgern erstmals die Voraussetzungen zur Errichtung eines Konzernbetriebsrates erfüllt werden oder zusätzliche Vertreter in einen schon bestehenden Konzernbetriebsrat zu entsenden sind. 4068

*d) Beteiligungsrechte der Arbeitnehmervertretungen*

*aa) §§ 111 ff. BetrVG: Interessenausgleich und Sozialplan*

Mitbestimmungsrechte des Betriebsrates gem. § 111 ff. BetrVG werden nur ausgelöst, wenn gleichzeitig mit der Umwandlung eine Betriebsänderung umgesetzt werden soll. Dabei ist der gesellschaftsrechtliche Vorgang der Umwandlung von der Betriebsänderung zu trennen. Diese Trennung gewinnt insbes. dann an Bedeutung, wenn anlässlich einer Betriebsänderung Mitarbeiter wirtschaftliche Nachteile auch durch einen Betriebsinhaberwechsel infolge einer Umwandlung befürchten (*BAG* 25.1.2000 EzA § 112 BetrVG 1972 Nr. 106). Enthält ein Interessenausgleich bei einer Umwandlung eine Namensliste, ist die Zuordnung der Arbeitnehmer zu Betrieben oder Betriebsteilen nur noch auf grobe Fehler hin gerichtlich überprüfbar, § 323 Abs. 2 UmwG. 4069

*bb) § 106 BetrVG: Unterrichtung des Wirtschaftsausschusses*

Unabhängig davon, ob eine Betriebsänderung vorliegt, ist der Wirtschaftsausschuss nach § 106 Abs. 3 Nr. 8 BetrVG rechtzeitig und umfassend über eine beabsichtige Umwandlung zu informieren. 4070

*cc) Zuleitung des Verschmelzungs-/Spaltungsvertrages*

*(1) Inhalt des Vertrages*

Die Folgen einer Umwandlung sind nach § 5 Abs. 1 Nr. 9 UmwG (für die Spaltung § 126 Abs. 1 Nr. 11 UmwG) im Umwandlungsvertrag anzugeben. Es sind mindestens diejenigen Folgen anzugeben, die durch die Umwandlung unmittelbar bewirkt werden. Zu diesen unmittelbaren Folgen zählen der Übergang der Arbeitsverhältnisse auf einen neuen Rechtsträger, die Auswirkung der Umwandlung auf tarifvertraglich oder durch Betriebsvereinbarung begründete Ansprüche und auf die Struktur der Arbeitnehmervertretungen (*Lutter/Drygala* UmwG, 4. Aufl., § 5 Rn. 56 ff.). Ein bloßer Verweis auf § 613a BGB wird nicht für ausreichend gehalten, um den Inhalt der übergehenden Arbeitsverhältnisse zu beschreiben (vgl. *Joost* ZIP 1995, 976 ff.). Es empfiehlt sich deshalb zusätzlich zusammenzufassen, zu welchen Bedingungen die Arbeitsverhältnisse fortgeführt werden, d. h. welche Tarifverträge und Betriebsvereinbarungen nach der Umwandlung gelten. Die Anforderungen an die vollständige, umfassende und richtige Angabe sämtlicher Auswirkungen einer Umwandlung auf den Inhalt der Arbeitsverhältnisse dürfen allein deshalb nicht übersteigert werden, da einige zentrale Rechtsfragen in diesem Zusammenhang nicht annähernd verlässlich geklärt sind, wie z. B. die Fortgeltung von Gesamt- und Konzernbetriebsvereinbarungen (*BAG* 18.9.2002 EzA § 613a BGB 2002 Nr. 5; s. dazu *Röder/Haußmann* DB 1999, 1754; *Rieble/Gutzeit* NZA 2003, 233) oder die Auswirkungen der arbeitsvertraglichen Bezugnahme auf Tarifverträge nach einem Betriebsübergang (*BAG* 14.12.2005 EzA § 3 TVG Bezugnahme auf Tarifvertrag Nr. 32, dazu *Bauer/Haußmann* DB 2005, 2815; bisher *BAG* 30.8.2000 EzA § 3 TVG Bezugnahme auf Tarifvertrag Nr. 13; 4071

# Kapitel 3 — Der Inhalt des Arbeitsverhältnisses

21.2.2001 EzA § 613a BGB Nr. 195 und 13.11.2002 EzA § 3 TVG Bezugnahme auf Tarifvertrag Nr. 25).

**4072** Nach einer u. E. unzutreffenden Auffassung soll der Verschmelzungsvertrag auch solche Folgen für die Arbeitnehmer und ihre Vertretungen beschreiben, die mittelbar durch eine Umwandlung begründet werden (*Bachner* NJW 1995 2881 [2886]; *Däubler* RdA 1995 137 [138]; *Wlotzke* DB 1995 45; a. A. *Lutter/Drygala* UmwG, 4. Aufl., § 5 Rn. 69 ff. m. w. N.). Vorsorglich sind im Hinblick auf den Meinungsstand jedoch mindestens die schon geplanten Betriebsänderungen zu nennen:

**4073** ▶ Muster:
- Mit dem Wirksamwerden der Verschmelzung gehen sämtliche Arbeitsverhältnisse, die mit dem übertragenden Rechtsträger bestehen, gem. §§ 20, 324 UmwG i. V. m. § 613a BGB mit allen Rechten und Pflichten auf den aufnehmenden Rechtsträger über. Am ..... waren bei dem übertragenden Rechtsträger ..... Arbeitnehmer beschäftigt.
- Für die Arbeitnehmer, deren Arbeitsverhältnisse auf den aufnehmenden Rechtsträger übergehen, gelten die bei dem übertragenden Rechtsträger erreichten oder anerkannten Dienstzeiten als beim aufnehmenden Rechtsträger verbrachte Dienstzeiten.
- Die mit dem aufnehmenden Rechtsträger bisher bestehenden Arbeitsverhältnisse bleiben von der Verschmelzung unberührt.
- Kündigungen wegen der Verschmelzung und des damit verbundenen Betriebsübergangs sind nach § 613a Abs. 4 BGB ausgeschlossen. Betriebsänderungen in Folge der Verschmelzung sind derzeit nicht geplant.
- Die örtlichen Betriebsräte in den Betrieben beider an der Verschmelzung beteiligten Rechtsträger bleiben unverändert bestehen. Der bei dem übertragenden Rechtsträger gebildete Wirtschaftsausschuss und der Gesamtbetriebsrat gehen unter. Der bei dem aufnehmenden Rechtsträger gebildete Gesamtbetriebsrat besteht fort. Die Betriebsräte der Betriebe des übertragenden Rechtsträgers entsenden Vertreter in den Gesamtbetriebsrat des aufnehmenden Rechtsträgers.
- Die Geltung örtlicher Betriebsvereinbarungen wird durch die Verschmelzung nicht berührt. Der aufnehmende und der übertragende Rechtsträger haben mit den Gesamtbetriebsräten beider Rechtsträger eine Überleitungsvereinbarung zur Geltung von Gesamtbetriebsvereinbarungen geschlossen. Darin ist geregelt, dass die Gesamtbetriebsvereinbarungen im Unternehmen des aufnehmenden Rechtsträgers in ihrem Geltungsbereich auf die bis zur Verschmelzung existierenden Betriebe dieses Unternehmens beschränkt werden und die Gesamtbetriebsvereinbarungen des übertragenden Rechtsträgers in ihrem Geltungsbereich auf die bis zur Verschmelzung existierenden Betriebe dieses Unternehmens als Gesamtbetriebsvereinbarung fortgeführt werden.
- Keiner der an der Verschmelzung beteiligten Rechtsträger ist tarifgebunden. Die Verschmelzung ist deshalb ohne Auswirkung auf die Geltung von Tarifverträgen. Soweit in den übergehenden Arbeitsverhältnissen punktuell zur Eingruppierung, Vergütungshöhe oder Anzahl der Urlaubstage auf tarifliche Bestimmungen verwiesen wird, gelten diese Vereinbarungen gem. § 324 UmwG i. V. m. § 613a Abs. 1 Satz 1 BGB auch nach der Verschmelzung.
- Ein Konzernbetriebsrat, Europäischer Betriebsrat oder mitbestimmter Aufsichtsrat ist bei keinem der beteiligten Rechtsträger gebildet.

**4074** Dem Registergericht ist anlässlich der Eintragung der Umwandlung eine inhaltliche Überprüfung der Angaben nach herrschender Auffassung nicht gestattet (offen gelassen in *OLG Düsseld.* NZA 1998, 766; *Engelmeyer* DB 1996, 2542; *Willemsen* NZA 1996, 791, *Stratz* in Schmitt/Hörtnagl/Stratz UmwG, 5. Aufl., § 5 Rn. 88). Streitig ist, ob Angaben nach § 5 Abs. 1 Nr. 9 UmwG entbehrlich sind, wenn in keinem an einer Umwandlung beteiligten Unternehmen ein Betriebsrat errichtet ist (so *LG Stuttg.* WiB 1996, 994; a. A. *Stratz* in Schmitt/Hörtnagl/Stratz UmwG, 5. Aufl., § 5 Rn. 89). Ein Prüfungsrecht des Registerrichters wird bei offensichtlicher Unrichtigkeit, oder wenigstens für den Fall einer vollständigen Auslassung dieser Angaben angenommen (*Lutter/Drygala* UmwG, § 5 Rn. 116; *Stratz* in Schmitt/Hörtnagl/Stratz UmwG, 5. Aufl., § 5 Rn. 87). Das Registergericht kann darüber hinaus nicht die Richtigkeit der Angaben prüfen. Dazu fehlen ihm die spezifischen arbeitsrechtlichen Kenntnisse, insbes. auch Tatsachenkenntnisse als Voraussetzung der Geltung von Kollektivvereinbarungen. In der Praxis prüfen Registergerichte allerdings gelegentlich, ob die Angaben insofern vollständig sind, als zu jeder denkbaren individual- oder kollektivarbeitsrechtlichen Folge entweder eine Beschreibung der Änderung oder eine sog. Negativerklärung (*OLG Düsseld.* NZA 1998, 766) im Vertragstext zu finden ist. Diese Anforderung geht über den Wortlaut des Gesetzes hinaus. Gefordert ist die Beschreibung der Auswirkung einer Umwandlung, nicht die Feststellung, inwieweit sie keine Auswirkungen hat. Betriebsräte treten gelegentlich unmittelbar an den Registerrichter heran und beanstanden die arbeitsrechtlichen Angaben im Umwandlungsvertrag. Die Unklarheiten bei der Bestimmung der im Umwandlungsvertrag notwendigen Angaben hat den Betriebsräten also ein taktisches Spiel eröffnet. Für den Unternehmer empfiehlt es sich deshalb, die Angaben ausführlich und sorgfältig vorzubereiten und ihre Vollständigkeit durch sog. Negativerklärungen zu beteuern, um ansonsten zu befürchtende Verzögerungen bei der Eintragung zum Handelsregister sicher auszuschließen.

### (2) Zuleitung des Vertrages

Der Vertrag oder sein Entwurf ist dem Betriebsrat **einen Monat** vor der Gesellschafterversammlung zuzuleiten, die über die Umwandlung beschließt. Zuleitungsadressat kann entweder der örtliche Betriebsrat, der Gesamtbetriebsrat oder ein Konzernbetriebsrat sein. Entscheidend für die Zuständigkeit ist, welche Einheiten in welchem Umfang von der beabsichtigten Umwandlung betroffen sind. Auch hier empfiehlt sich in der Praxis vorsorglich die Zuleitung an alle in Betracht kommenden Gremien. Der zuständige Betriebsrat kann auf die Zuleitung selbst nicht verzichten. Er kann aber auf die rechtzeitige Zuleitung verzichten (*OLG Naumburg* BB 2003, 2756; *LG Stuttg.* GmbHR 2000, 622; *Pfaff* DB 2002, 686).

**4075**

### e) Gläubigerschutz

Der spezielle arbeitsrechtliche Haftungsbund zwischen bisherigem Arbeitgeber und Betriebsnachfolger (§ 613a Abs. 2 BGB) ist in Umwandlungsfällen nicht anzuwenden. Denn nach § 324 UmwG bleiben nur die Abs. 1 und 4, 5 und 6 des § 613a BGB unberührt. In den Fällen der **Verschmelzung** und **Vollübertragung** haftet der übernehmende Rechtsträger deshalb für alle gegenwärtigen und künftigen Ansprüche aus dem Arbeitsverhältnis im Wege der **Gesamtrechtsnachfolge**. Zusätzlich bestimmt § 22 UmwG, dass der Gesamtrechtsnachfolger hinsichtlich der noch nicht fälligen Ansprüche Sicherheit zu leisten hat, wenn eine Gefährdung glaubhaft gemacht wird. Nach § 22 Abs. 2 UmwG sind davon Versorgungsansprüche und Versorgungsanwartschaften ausgenommen, da für sie der Insolvenzschutz nach § 7 BetrAVG gilt. Bei **Spaltungen** und **Teilübertragungen** findet eine Verringerung der Haftungsmasse statt. Deshalb schreibt § 133 Abs. 1 UmwG die gesamtschuldnerische Haftung der beteiligten übernehmenden Rechtsträger für die bisher begründeten Verbindlichkeiten des übertragenden Rechtsträgers vor. Die nach rechtsgeschäftlicher Betriebsnachfolge gem. § 613a Abs. 2 BGB geltende generelle Mithaftung des bisherigen Arbeitgebers entfällt (*Wlotzke* DB 1995, 44). Sind einem der beteiligten Rechtsträger im Spaltungs- oder Übernahmevertrag Ansprüche **nicht** zugewiesen, ist die Haftung gem. § 133 Abs. 3 UmwG begrenzt auf fünf Jahre.

**4076**

Nur für die besonders gefährdende **Aufspaltung** in Anlage- und Betriebsgesellschaft ist eine **begrenzte Mithaftung der Anlagegesellschaft** in § 134 Abs. 1 UmwG geregelt. Einbezogen in die Mithaftung sind Sozialplan- und Nachteilsausgleichsansprüche, auch wenn sie bis zu fünf Jahre nach der Spaltung begründet werden. Nach § 134 Abs. 2 UmwG werden in die gesamtschuldnerische Haftung weiterhin einbezogen »vor ... der Spaltung begründete Versorgungsverpflichtungen«. Unklar ist, in welcher Höhe für die Versorgungszusagen gehaftet wird. In Betracht kommt eine Haftung nur für den Teil, der vor der Spaltung erdient worden ist (vgl. *Düwell* NZA 1996, 397 m. w. N.).

**4077**

## Kapitel 3 — Der Inhalt des Arbeitsverhältnisses

### II. § 25 HGB

4078 Gem. § 25 HGB haftet der Erwerber (durch Rechtsgeschäft, z. B. Kauf, Schenkung, wobei auch eine Unwirksamkeit des Erwerbsgeschäfts unerheblich ist) eines (vollkaufmännischen, §§ 1 ff. HGB) Handelsgeschäfts bei Firmenfortführung für alle im Betrieb des Geschäfts begründeten Verbindlichkeiten des früheren Inhabers. Insoweit können lediglich **einzelne Verbindlichkeiten** übergehen, nicht aber das Arbeitsverhältnis als Ganzes.

4079 § 25 HGB sieht daher für den Erwerber lediglich die Haftung für einzelne, bereits begründete Verbindlichkeiten aus dem Arbeitsverhältnis vor. Die Haftung des früheren Inhabers bleibt bestehen. Es handelt sich also um eine kumulative Schuldübernahme kraft Gesetzes. Veräußerer und Erwerber haften als **Gesamtschuldner** (vgl. MünchArbR/*Wank* § 101 Rn. 13).

### III. Rechtsgeschäftlicher Betriebsübergang (§ 613a BGB)

#### 1. Grundlagen

##### a) Gemeinschaftsrecht der EU

4080 § 613a BGB wurde 1972 im Rahmen einer Neufassung des BetrVG in das BGB aufgenommen. 1980 wurde die Betriebsübergangsrichtlinie 77/187/EWG vom 14.2.1977 umgesetzt, indem § 613a BGB durch das arbeitsrechtliche EG-Anpassungsgesetz vom 13.8.1980 in Abs. 1 um die S. 2–4 und um den Abs. 4 ergänzt wurde. Mit der Bekanntmachung des Umwandlungsgesetzes zum 1.1.1995 wurde § 613a Abs. 3 BGB neu gefasst (BGBl. I 1994, S. 3210). Durch die Richtlinie 98/50/EG vom 29.6.1998 (AblEG 1998, Nr. L 201, S. 88) wurde die Betriebsübergangsrichtlinie 77/187/EWG geändert. Die zwischenzeitlich vorliegende Rechtsprechung des EuGH wurde in weiten Teilen kodifiziert und insbes. erstmals eine Definition des Betriebsübergangs in den Richtlinientext eingefügt (*von Roetteken* NZA 2001, 415).

4081 Die Richtlinien 77/187/EWG und 98/EG sind jetzt – inhaltlich unverändert – in der **Richtlinie 2001/23/EG** vom 13.3.2001 (AblEG 2001 Nr. L 82, S. 16) zusammengefasst worden (*von Roetteken* NZA 2001, 415). Nach ständiger Rechtsprechung des EuGH soll die Richtlinie 2001/23/EG die Kontinuität der im Rahmen der wirtschaftlichen Einheit bestehenden Arbeitsverhältnisse unabhängig von einem Inhaberwechsel gewährleisten. Entscheidend für einen Übergang i. S. d. Richtlinie ist daher, ob die fragliche Einheit ihre Identität bewahrt, was namentlich dann zu bejahen ist, wenn der Betrieb tatsächlich weitergeführt oder wieder aufgenommen wird (*BAG* 13.10.2011 – 8 AZR 455/10, m. w. N. auch auf die Rspr. des EuGH). Zum 1.4.2002 wurde der § 613a BGB um zwei weitere Absätze ergänzt. Mit der Unterrichtungspflicht in § 613a BGB wurden nach der Gesetzesbegründung (BT-Drs. 14/7760, S. 5 ff.) die europarechtlichen Vorgaben des Art. VI der Richtlinie 2001/23/EG umgesetzt (*Willemsen/Lembke* NJW 2002, 1159). Die Neuregelung geht jedoch über die Anforderungen der Richtlinie hinaus (*Bauer/v. Steinau-Steinrück* ZIP 2002, 457). Diese verlangt nämlich grds. nur eine Information der Arbeitnehmervertretung. Die Arbeitnehmer müssen hingegen nur in Ausnahmefällen unterrichtet werden. Demgegenüber sieht § 613a BGB stets eine Unterrichtung der Arbeitnehmer vor.

4082 Bei der Auslegung des § 613a BGB sind die Grundsätze der gemeinschaftsrechts- oder richtlinienkonformen Auslegung zu beachten, da mit dieser Norm die Vorgaben einer EG-Richtlinie umgesetzt werden sollen. Das Gebot der gemeinschaftskonformen Auslegung folgt aus dem Grundsatz der Gemeinschaftstreue gem. Art. 4 Abs. 3 EUV (vorher Art. 10 EG) i. V. m. dem Umsetzungsgebot gem. Art. 288 Abs. 3 EUV (vorher Art. 249 Abs. 3 EG). Es wird allseits akzeptiert und ist mit deutschem Verfassungsrecht vereinbar (*BAG* 30.3.2004 EzA § 113 BetrVG 2001 Nr. 4). Die nationalen Gerichte sind im Rahmen der **richtlinienkonformen Auslegung** verpflichtet, alles zu tun, was in ihrer Zuständigkeit liegt, um zu einem Ergebnis zu gelangen, das mit dem von der Richtlinie verfolgten Ziel vereinbar ist (*EuGH* 5.10.2004 EzA EGV Richtlinie 93/104 Nr. 1 = RIW 2005, 54 ff.).

Das Gebot der richtlinienkonformen Auslegung hat allerdings seine **Grenzen**. Es gilt nur innerhalb der Grenzen richterlicher Gesetzesauslegung. Diese werden bestimmt durch die allgemeinen Auslegungsregeln. Insoweit gilt nichts anderes als für die verfassungskonforme Auslegung. Lassen der Wortlaut, die Entstehungsgeschichte, der Gesamtzusammenhang und Sinn und Zweck des Gesetzes mehrere Deutungen zu, von denen jedenfalls eine zu einem verfassungsgemäßen bzw. gemeinschaftsrechtskonformen Ergebnis führt, so ist eine Auslegung geboten, die mit dem Grundgesetz bzw. dem Gemeinschaftsrecht in Einklang steht. Die verfassungs- und gemeinschaftsrechtskonforme Auslegung darf jedoch zu dem Wortsinn und dem klar erkennbaren Willen des Gesetzgebers nicht in Widerspruch treten. Der Gehalt einer nach Wortsinn, Systematik und Zweck eindeutigen Regelung kann nicht im Wege der richtlinienkonformen Auslegung in sein Gegenteil verkehrt werden (*BAG* 30.3.2004 EzA § 113 BetrVG 2001 Nr. 4). Diese Auslegungsgrenze, die das BAG zutreffend zieht, steht in Übereinstimmung mit der Rechtsprechung des EuGH. Dieser hat mehrfach ausgeführt, das innerstaatliche Gericht habe das nationale Gesetz unter voller Ausschöpfung des Beurteilungsspielraums, den ihm das nationale Recht einräume, und soweit wie möglich richtlinienkonform auszulegen (*BAG* 18.2.2003 EzA § 7 ArbZG Nr. 4 m. w. N. der EuGH-Rspr.). 4083

### b) Zweck der Regelung

§ 613a BGB ist eine Schutzvorschrift zugunsten der Arbeitnehmer, mit der **drei Hauptziele** verfolgt werden. Zum einen soll sichergestellt werden, dass der Arbeitnehmer sein Arbeitsverhältnis nicht verliert, wenn sein Arbeitsplatz bei einem anderen Inhaber fortbesteht (ErfK/*Preis* § 613a BGB Rn. 2). Dies gilt auch für den Inhalt des Arbeitsverhältnisses. Der Betriebsübergang soll sich weder auf den Bestand noch auf den Inhalt des Arbeitsverhältnisses negativ auswirken (*BAG* 19.3.2009 – 8 AZR 722/07, AP BGB § 613a Nr. 369). Zum anderen soll durch § 613a BGB die Kontinuität des Betriebsrates gewährleistet werden (*BAG* 17.1.1980 EzA § 613a BGB Nr. 24). Schließlich bezweckt § 613a BGB die Verteilung der Haftungsrisiken zwischen dem bisherigen und dem neuen Inhaber (*BAG* 17.1.1980 EzA § 613a BGB Nr. 24). Dagegen besteht der Zweck des § 613a BGB nicht darin, Sanierungen bei Betriebsübernahmen zu ermöglichen oder zu erleichtern (*BAG* 19.3.2009 – 8 AZR 722/07, AP BGB § 613a Nr. 369). 4084

### c) Zwingendes Recht

§ 613a BGB ist eine Norm **zwingenden Rechts**. Eine Vereinbarung, die dagegen verstößt, ist nach § 134 BGB unwirksam (*BAG* 18.8.2011 – 8 AZR 312/10, EzA § 613a BGB 2002 Nr. 128; 19.3.2009 – 8 AZR 722/07, § 613a BGB 2002 Nr. 108). So kann zu Lasten des Arbeitnehmers weder der Übergang der Arbeitsverhältnisse noch die Haftung des Erwerbers durch eine Vereinbarung zwischen dem alten und dem neuen Arbeitgeber ausgeschlossen werden (*BAG* 29.10.1975 EzA § 613a BGB Nr. 4; 14.7.1981 EzA § 613a BGB Nr. 31). 4085

Allerdings gilt dies nur dann, wenn der Tatbestand des § 613a BGB vorliegt und damit die zwingenden, im Gesetz vorgesehenen Rechtsfolgen eintreten. Die beteiligten Unternehmen können jedoch durch die richtige Gestaltung des maßgeblichen Sachverhaltes das Vorliegen eines Betriebsüberganges auf der Tatbestandsseite beeinflussen. 4086

So kann in den Fällen, in denen die Übernahme der Hauptbelegschaft Voraussetzung für das Vorliegen eines Betriebsübergangs ist, § 613a BGB vermieden werden, wenn die Belegschaft nicht oder nicht im erforderlichen Umfang übernommen wird (*BAG* 13.11.1997 EzA § 613a BGB Nr. 154; *Müller-Glöge* NZA 1999, 449). Bei einem Produktionsbetrieb wird der Betriebsübergang insbes. dann vermieden, wenn der Erwerber die sächlichen Betriebsmittel nicht übernimmt oder die wirtschaftliche Einheit sofort auflöst. Diese **Gestaltungsmöglichkeiten** sind legitim. So wie jeder Arbeitnehmer entscheiden kann, ob er ein Auto kauft oder least, können die beteiligten Unternehmen entscheiden, ob sie den Weg des § 613a BGB gehen oder nicht. Gehen sie ihn, sind allerdings die Rechtsfolgen des § 613a BGB zwingend. 4087

**Kapitel 3** — Der Inhalt des Arbeitsverhältnisses

4088 Grds. unwirksam ist deshalb eine **Vereinbarung zwischen den Arbeitsvertragsparteien** im Arbeitsvertrag, wonach der Übergang der Arbeitsverhältnisse generell ausgeschlossen ist (Staudinger/*Annuß* § 613a Rn. 35; a. A. *Gaul* BB 1979, 1668). Auch ein allgemeiner im Voraus erklärter Verzicht auf das Widerspruchsrecht scheidet aus (Küttner/*Kreitner* Betriebsübergang – A. Arbeitsrecht Rn. 40). Die Vereinbarung ist allerdings dann wirksam, wenn sie auf Wunsch des Arbeitnehmers aufgenommen wurde, damit das Arbeitsverhältnis in jedem Fall beim ausgesuchten Arbeitgeber verbleibt (so auch ErfK/*Preis* § 613a BGB Rn. 82). Gleiches gilt, wenn der Sachverhalt zum Zeitpunkt des Vertragsabschlusses zumindest in Grundzügen konkret absehbar war. Ein aus Anlass eines konkreten Betriebsübergangs erklärter Verzicht auf das Widerspruchsrecht ist zulässig (Küttner/*Kreitner* Betriebsübergang – A. Arbeitsrecht Rn. 40). Wenn der Arbeitnehmer widersprechen kann, kann er in Kenntnis eines konkreten Überganges auch eine entsprechende Vereinbarung mit dem Arbeitgeber schließen (s. hierzu auch Rdn. 4202).

4089 Auch ein **Aufhebungsvertrag** im Zusammenhang mit einem Betriebsübergang kann gem. § 134 BGB nichtig sein. Nicht jeder Aufhebungsvertrag, der im zeitlichen Zusammenhang mit einem Betriebsübergang abgeschlossen wird, ist allerdings nichtig. Im Gegenteil sind Aufhebungsverträge im Zusammenhang mit einem Betriebsübergang grds. sehr wohl möglich. Mit dem Abschluss eines Aufhebungsvertrages verwirklichen die Vertragsparteien die ihnen zustehende Vertragsfreiheit. Der Arbeitgeber ist im Übrigen befugt, Rechtsgeschäfte so zu gestalten, dass § 613a BGB nicht eingreift (*BAG* 18.8.2005 EzA § 613a BGB 2002 Nr. 40 m. Anm. *Naber*; s. Rdn. 4087). Nichtigkeit ist deshalb nur zu bejahen, wenn der Aufhebungsvertrag objektiv der Umgehung der zwingenden Rechtsfolgen des § 613a BGB dient (*BAG* 18.8.2011 – 8 AZR 312/10, EzA § 613a BGB 2002 Nr. 128; 21.4.2010 – 4 AZR 726/08, BeckRS 2010, 72499; 23.11.2006 – 8 AZR 349/06, AP BGB § 613a Wiedereinstellung Nr. 1). Der Aufhebungsvertrag muss auf das endgültige Ausscheiden des Arbeitnehmers aus dem Betrieb gerichtet sein, es darf kein neues Arbeitsverhältnis mit dem Betriebserwerber verbindlich in Aussicht gestellt werden (*BAG* 18.8.2011 – 8 AZR 312/10, EzA § 613a BGB 2002 Nr. 128).

4090 Eine **objektive Umgehung** des § 613a BGB liegt dann vor, wenn die Arbeitnehmer mit dem Hinweis auf eine geplante Betriebsveräußerung und Arbeitsplatzgarantien des Erwerbers (z. B. bestehende Arbeitsplatzangebote) veranlasst werden, ihre Arbeitsverhältnisse mit dem Betriebsveräußerer selbst zu kündigen oder Auflösungsverträge abzuschließen, um dann mit dem Betriebserwerber neue Arbeitsverträge abschließen zu können (*BAG* 18.8.2005 EzA § 613a BGB 2002 Nr. 40 m. Anm. *Naber*). Verboten sind auch Aufhebungsverträge aus Anlass des Betriebsübergangs, wenn sie von Veräußerer und Erwerber allein deshalb veranlasst werden, um dem bestehenden Kündigungsverbot auszuweichen (*BAG* 28.4.1987 EzA § 613a BGB Nr. 67 – **Lemgoer Modell**). Unwirksam sind schließlich alle Vertragsgestaltungen, deren objektive Zielsetzung in der **Beseitigung der Kontinuität des Arbeitsverhältnisses** bei gleichzeitigem Erhalt des Arbeitsplatzes besteht (*BAG* 10.12.1998 EzA § 613a BGB Nr. 175; 23.11.2006 – 8 AZR 349/06, EzA § 613a BGB 2002 Nr. 61). In all diesen Fällen können sich die Arbeitnehmer später auf die Unwirksamkeit der Aufhebungsverträge und der Abreden mit dem Erwerber berufen. Ihnen stehen alle bisherigen Rechte aus dem früheren Arbeitsverhältnis zu. Dies kann z. B. im Bereich der betrieblichen Altersversorgung weit reichende Konsequenzen haben.

4091 **Keine Umgehung** liegt vor, wenn der Aufhebungsvertrag auf das **endgültige Ausscheiden des Arbeitnehmers aus dem Betrieb** gerichtet ist (*BAG* 18.8.2011 – 8 AZR 312/10, EzA § 613a BGB 2002 Nr. 128; 23.11.2006 – 8 AZR 349/06, EzA § 613a BGB 2002 Nr. 61). Der Arbeitnehmer hat die Möglichkeit, der Überleitung seines Arbeitsverhältnisses zu widersprechen. Er hat deshalb auch die Möglichkeit, sein Arbeitsverhältnis, sei es mit dem Veräußerer oder dem Erwerber, einvernehmlich zu beenden. Solche Verträge werden deshalb in der Rechtsprechung des BAG ohne Rücksicht auf ihre sachliche Berechtigung als wirksam angesehen (*BAG* 18.8.2005 EzA § 613a BGB 2002 Nr. 40 m. Anm. *Naber*; 10.12.1998 EzA § 613a BGB Nr. 175).

4092 Ob der Aufhebungsvertrag der Beseitigung der Kontinuität des Arbeitsverhältnisses trotz Erhalt des Arbeitsplatzes dient oder auf ein endgültiges Ausscheiden gerichtet war, ist in der Praxis nicht selten

## C. Betriebsinhaberwechsel; Arbeitgeberwechsel  Kapitel 3

schwierig abzugrenzen. Das BAG stellt zur **Abgrenzung dieser Fallgruppen** darauf ab, ob zum Zeitpunkt des Abschlusses des Aufhebungsvertrags Arbeitnehmer und Betriebserwerber bereits ein neues Arbeitsverhältnis begründet hatten oder dem Arbeitnehmer zumindest ein solches verbindlich in Aussicht gestellt war. Fehle es daran, bestehe lediglich die mehr oder weniger begründete Erwartung des Arbeitnehmers, in ein Arbeitsverhältnis mit dem Betriebserwerber treten zu können. Der Vertragsschluss komme in diesem Fall einem Risikogeschäft gleich und diene nicht der Unterbrechung der Kontinuität des Arbeitsverhältnisses (*BAG* 18.8.2005 EzA § 613a BGB 2002 Nr. 40 m. Anm. *Naber*). Das BAG hat sich in diesem Urteil sehr intensiv mit den kritischen Stimmen in der Literatur (s. nur ErfK/*Preis* § 613a BGB Rn. 159) auseinandergesetzt und ausdrücklich an seiner Rechtsprechung festgehalten. Dieselben Kriterien gelten auch bei dem Abschluss eines dreiseitigen Vertrages in der Form, dass der Arbeitnehmer mit dem Betriebsveräußerer einen Aufhebungsvertrag und mit einer Beschäftigungs- und Qualifizierungsgesellschaft einen Arbeitsvertrag schließt. In einer solchen Vertragskonstellation beenden die Vertragsparteien die Kontinuität des Arbeitsvertrages. Der Arbeitnehmer muss den Arbeitsvertrag freiwillig schließen, die Beschäftigungs- und Qualifizierungsgesellschaft muss zwischengeschaltet sein und der Arbeitnehmer darf keine sichere Aussicht darauf haben, bei dem Erwerber eingestellt zu werden. Eine Umgehung des § 613a BGB kann dann allenfalls vorliegen, wenn die Übernahme in eine Beschäftigungsgesellschaft nur zum Schein vorgeschoben oder offensichtlich bezweckt wird, die Sozialauswahl zu umgehen (*BAG* 23.11.2006 – 8 AZR 349/06, EzA § 613a BGB 2002 Nr. 61). Soll ausgelost werden, mit welchen Arbeitnehmern ein neues Arbeitsverhältnis durch den Betriebserwerber begründet wird, ist ein neues Arbeitsverhältnis verbindlich in Aussicht gestellt. Es besteht für den ausscheidenden Arbeitnehmer dann die Chance, einen neuen Arbeitsvertrag mit dem Betriebserwerber zu bekommen. Der Betriebserwerber hat ein verbindliches Angebot abgegeben, er hat sich an den Losentscheid gebunden (*BAG* 18.8.2011 – 8 AZR 312/10, EzA § 613a BGB 2002 Nr. 128).

Grds. können die Arbeitsvertragsparteien, sei es vor oder nach dem Betriebsübergang, den Vertragsinhalt einvernehmlich ändern (Staudinger/*Annuß* § 613a Rn. 34; KR-*Pfeiffer* § 613a BGB Rn. 102). Vereinbarungen, die zum Nachteil des Arbeitnehmers vom bisherigen Arbeitsvertrag abweichen, indem sie z. B. auf bisherige betriebliche Sozialleistungen für die Zukunft verzichten, unterlagen nach bisheriger Auffassung des BAG einer Inhaltskontrolle, weil immer die Gefahr bestehe, dass Veräußerer oder Erwerber den Arbeitnehmern mit dem Verlust der Arbeitsplätze drohen und auf diese Weise eine Vereinbarung erzwingen (*BAG* 12.5.1992 EzA § 613a BGB Nr. 104; ErfK/*Preis* § 613a BGB Rn. 83). Die Arbeitnehmer seien deshalb bei einem Betriebsübergang besonders schutzbedürftig (*BAG* 12.5.1992 EzA § 613a BGB Nr. 104). Das BAG prüfte aus diesem Grund bei **Vereinbarungen im Zusammenhang mit einem Betriebsübergang**, ob für die Änderungen zum Nachteil der Arbeitnehmer ein sachlicher Grund vorliegt oder ob sie allein aus Gründen des Betriebsüberganges erfolgten (*BAG* 12.5.1992 EzA § 613a BGB Nr. 104). Dabei sollte zu berücksichtigen sein, auf wessen Initiative die Vertragsänderung zurückging (*BAG* 28.4.1987 EzA § 613a BGB Nr. 67). Die gleichen Grundsätze galten auch für Erlassverträge, die der Erwerber mit Arbeitnehmern über ihre beim Veräußerer erdienten Versorgungsanwartschaften abschloss (*BAG* 12.5.1992 EzA § 613a BGB Nr. 104). Auch Erlassverträge, die z. B. den Erlass einer Zuwendung zum Gegenstand haben, sind nach § 134 BGB nichtig, wenn sie abgeschlossen wurden, um die zwingenden Rechtsfolgen des § 613a BGB zu umgehen (*BAG* 19.3.2009 – 8 AZR 722/07, AP BGB § 613a Nr. 369). Diese Voraussetzungen sind erfüllt, wenn es Grund und Ziel der Vereinbarung ist zu verhindern, dass der künftige Betriebserwerber in sämtliche bestehende Rechte und Pflichten aus dem Arbeitsverhältnis eintritt (*BAG* 19.3.2009 – 8 AZR 722/07, AP BGB § 613a Nr. 369). In diesem Zusammenhang stellt es auch keinen sachlichen Grund dar, wenn der potentielle Betriebserwerber zum Ausdruck bringt, ohne vorherige Vertragsänderungen oder Erlassverträge den Betrieb nicht zu übernehmen (*BAG* 19.3.2009 – 8 AZR 722/07, AP BGB § 613a Nr. 369).

4093

Dieser Rechtsprechung konnte nur eingeschränkt gefolgt werden. Während eine Drucksituation vor dem Betriebsübergang noch vorstellbar ist, gilt dies für die Zeit nach dem Betriebsübergang nicht mehr. Ist das Arbeitsverhältnis erst einmal nach § 613a BGB auf den Erwerber übergegangen, unterscheidet sich dieses Arbeitsverhältnis in nichts von einem anderen Arbeitsverhältnis. Nach dem Be-

4094

## Kapitel 3
Der Inhalt des Arbeitsverhältnisses

triebsübergang ist eine besondere Schutzbedürftigkeit der übergeleiteten Arbeitnehmer nicht mehr gegeben, eine besondere Inhaltskontrolle deshalb nicht gerechtfertigt (so auch Staudinger/*Annuß* § 613a BGB Rn. 34). Dieser Kritik hat das BAG jetzt Rechnung getragen. In seinem Urteil vom 7.11.2007 (EzA § 613a BGB 2002 Nr. 79) hat das *BAG* festgestellt, dass eine einzelvertragliche Vereinbarung, mit der Arbeitnehmer und Erwerber nach dem Betriebsübergang die Vergütung für die Zukunft absenken, keines sie rechtfertigenden **Sachgrundes** bedarf (*Bunte* NZA 2010, 319 f.). Ob dies auch dann gilt, wenn auf bereits erworbene Ansprüche oder Anwartschaften verzichtet werden soll, hat das BAG ausdrücklich offen gelassen (so auch in der Entscheidung vom *BAG* 19.3.2009 – 8 AZR 722/07, AP BGB § 613a Nr. 369).

### 2. Voraussetzungen des Betriebsübergangs

*a) Betrieb*

*aa) Frühere BAG-Rechtsprechung*

**4095** Bis zum Jahre 1997 definierte das BAG den Betrieb als organisatorische Einheit, innerhalb derer ein Arbeitgeber allein oder mit seinen Arbeitnehmern mit Hilfe von sächlichen oder immateriellen Mitteln bestimmte arbeitstechnische Zwecke fortgesetzt verfolgt (*BAG* 9.2.1994 EzA § 613a BGB Nr. 115). Diese allgemeingültige Begriffsbestimmung wurde im Hinblick auf § 613a BGB dahingehend modifiziert, dass die Arbeitnehmer nicht zum Tatbestand der Norm gehörten, sondern nur die sächlichen und immateriellen Betriebsmittel (*BAG* 15.5.1985 – 5 AZR 276/84, AP BGB § 613a Nr. 41). Der Übergang der Arbeitsverhältnisse war in ständiger Rechtsprechung des BAG Rechtsfolge, nicht jedoch Tatbestandsvoraussetzung des § 613a BGB (*BAG* 22.5.1985 EzA § 613a BGB Nr. 45).

**4096** Entscheidende Voraussetzung für den Betriebsübergang war damit der **Betriebsmittelübergang**, wobei es für die Frage, welche Betriebsmittel für die Erfüllung der arbeitstechnischen Zwecke wesentlich sind, auf die jeweilige Eigenart des Betriebes ankam (*BAG* 27.7.1994 EzA § 613a BGB Nr. 123). Bei Einzelhandelsgeschäften waren dies Betriebsform und Warensortiment (*BAG* 30.10.1986 EzA § 613a BGB Nr. 58), bei Handels- und Dienstleistungsbetrieben kam es in erster Linie auf immaterielle Betriebsmittel wie Kundenstamm, Kundenlisten, Geschäftsbeziehungen zu Dritten, Knowhow und Goodwill etc. an (*BAG* 15.5.1985 – 5 AZR 276/84, AP BGB § 613a Nr. 41; 29.9.1988 EzA § 613a BGB Nr. 85). Bei Produktionsunternehmen war schließlich der Übergang der wesentlichen sächlichen (Maschinen- und Einrichtungsgegenstände) und immateriellen Betriebsmittel erforderlich (*BAG* 22.5.1985 EzA § 613a BGB Nr. 45). Ein Betriebsübergang wurde immer dann angenommen, wenn der Erwerber mit den übernommenen Betriebsmitteln in der Lage war, den Betrieb weiterzuführen (*BAG* 15.11.1978 EzA § 613a BGB Nr. 21).

**4097** Trotz der Tendenz des BAG durch eine weitgehende Entmaterialisierung des Betriebsbegriffes den Anwendungsbereich des § 613a BGB weit zu fassen, hielt es in ständiger Rechtsprechung an der Differenzierung zwischen **Betriebsübergang** und **Funktionsnachfolge** fest. Von der Funktionsnachfolge unterscheide sich die Betriebsübernahme dadurch, dass der Erwerber nicht nur bloße Aufgaben (Funktionen) übernehme, sondern auch die zu ihrer Erledigung bereits vorhandene konkrete Betriebsorganisation übertragen werde. Das BAG hat es in mehreren Entscheidungen abgelehnt, die alleinige Übernahme von Funktionen durch Erteilung von Aufträgen an Dritte als Betriebs(teil)übergang anzusehen (*BAG* 8.10.1990 EzA § 613a BGB Nr. 91). Ein Betriebsübergang wurde in diesen Fällen verneint, da weder sächliche noch immaterielle Betriebsmittel auf den Erwerber übergingen.

*bb) Neue BAG-Rechtsprechung*

**4098** Im **Spijkers-Urteil** vom 18.3.1986 (*EuGH* Slg. 1986, 1119) erarbeitete der EuGH folgende Grundsätze:

Entscheidend sei, dass die **wirtschaftliche Einheit ihre Identität bewahre**. Dies sei dann der Fall, wenn der Betrieb mit derselben oder einer gleichartigen Geschäftstätigkeit tatsächlich weitergeführt oder wieder aufgenommen werde. Hierzu müssten sämtliche den betreffenden Vorgang kennzeichnende Tatsachen berücksichtigt werden. Dazu gehörten namentlich die Art des betreffenden Unternehmens oder Betriebs, der Übergang oder Nichtübergang der materiellen Aktiva, wie Gebäude und bewegliche Güter, der Wert der immateriellen Aktiva zum Zeitpunkt des Übergangs, die Übernahme oder Nichtübernahme der Hauptbelegschaft durch den neuen Inhaber, der Übergang oder Nichtübergang der Kundschaft sowie der Grad der Ähnlichkeit zwischen der vor und der nach dem Übergang verrichteten Tätigkeit und die Dauer einer eventuellen Unterbrechung dieser Tätigkeit. Alle Umstände seien stets nur Teilaspekte einer globalen Bewertung, die nicht isoliert beurteilt werden könnten.

**4099** Der EuGH **bestätigte** diese Grundsätze mehrfach (s. nur Stichting-Urteil *EuGH* 15.5.1992 NZA 1994, 207 oder die Watson Rask-Entscheidung *EuGH* 12.11.1992 EzA § 613a BGB Nr. 124). Insgesamt blieb die EuGH-Rechtsprechung in Deutschland weitgehend unbeachtet.

**4100** Dies änderte sich 1994. Mit seiner **Christel Schmidt**-Entscheidung vom 14.4.1994 (*EuGH* 14.4.1994 EzA § 613a BGB Nr. 114) wich der EuGH von seinen bisherigen Grundsätzen ab. In dieser Entscheidung vertrat der EuGH die Auffassung, dass bereits dann, wenn ein Unternehmen durch Vertrag einem anderen Unternehmen die Verantwortung für die Erledigung der früher von ihm selbst (durch eine einzige Arbeitnehmerin) wahrgenommenen Reinigungsaufgaben überträgt, Art. 1 Abs. 1 der EWG-Richtlinie Nr. 77/187 des Rates vom 14.2.1977 anzuwenden sei. In der Begründung führte der EuGH u. a. aus, eine Übertragung von Vermögenswerten sei nicht erforderlich. Entscheidend sei vielmehr die Gleichartigkeit der vor und nach der Übertragung ausgeführten Aufgaben.

**4101** Die Entscheidung wurde in Deutschland überwiegend und zum Teil sehr heftig **abgelehnt** (*LAG Düsseld.* 22.8.1995 EzA § 613a BGB Nr. 113; *LAG SchlH* 10.2.1995 LAGE § 613a BGB Nr. 39; *Bauer* BB 1994, 1433; *Voss* NZA 1995, 205 ff.; *Henssler* NZA 1994, 913 ff.; *Röder/Baeck* NZA 1994, 542 ff.; *Willemsen* DB 1995, 924; *Buchner* DB 1994, 1417 ff.; *Gaul* ZTR 1995, 344 ff.; a. A. *LAG Hamm* 11.10.1994 LAGE § 613a BGB Nr. 37; *Zuleeg* RdA 1996, 73 f.; *Heilmann* AuR 1996, 168 ff.). Aufgrund dieser Entscheidung drohte die bisher allgemein akzeptierte Differenzierung des BAG zwischen Betriebsübergang einerseits und Funktionsnachfolge andererseits hinfällig zu werden. Dies hätte für die Praxis weit reichende Folgen gehabt. Jede Auftragsvergabe hätte danach einen Betriebs(teil)übergang darstellen können.

**4102** Die Kritik blieb nicht ohne Wirkung. Bereits im **Urteil vom 19.9.1995** (NZA 1995, 1031) stellte der *EuGH* klar, dass der Übergang einer auf Dauer angelegten Einheit nur dann vorliege, wenn sie mit der Übertragung einer organisierten Gesamtheit von Faktoren einherginge, die eine dauerhafte Fortsetzung der Tätigkeiten oder bestimmter Tätigkeiten des übertragenen Unternehmens erlaube. Diese Voraussetzungen hatten bei Christel Schmidt nicht vorgelegen. Unabhängig von der Frage, ob ein einzelner Arbeitnehmer überhaupt eine übertragungsfähige organisatorische Teileinheit darstellen kann, hatte Frau Schmidt der Überleitung ihres Arbeitsverhältnisses auf das Reinigungsunternehmen gerade widersprochen.

**4103** Die zentrale Entscheidung, mit der der EuGH die Christel Schmidt-Entscheidung wieder zurücknahm, ist die **Ayse Süzen-Entscheidung vom 11.3.1997** (*EuGH* 11.3.1997 EzA § 613a BGB Nr. 145). Diese Entscheidung, die vom Plenum des EuGH getroffen wurde, erging auf Grund eines Vorlagebeschlusses des *ArbG Bonn* (EuZW 1995, 651). In dieser Entscheidung stellte der EuGH klar, dass eine reine Auftragsvergabe keinen Betriebsübergang darstellt. Der EuGH betonte auch, dass für die Bewertung, ob ein Betriebsübergang vorliegt, sämtliche den betreffenden Vorgang kennzeichnenden Tatsachen zu berücksichtigen sind und allein die Ähnlichkeit der von dem alten und dem neuen Auftragnehmer erbrachten Dienstleistungen nicht die Annahme eines Betriebsübergangs rechtfertigt. Die Identität der wirtschaftlichen Einheit ergibt sich nämlich auch aus anderen Merkmalen wie ihrem Personal, ihren Führungskräften, ihrer Arbeitsorganisation, ihren Betriebsmethoden und ggf. den ihnen zur Verfügung stehenden Betriebsmitteln. Daraus folgerte der EuGH auch zutreffend, dass der bloße Verlust eines Auftrags an einen Mitbewerber für sich genommen keinen Betriebsübergang darstellt. Ferner führte der EuGH aus, dass den für das Vorliegen eines Betriebsübergangs maßgeblichen Kriterien je nach der ausgeübten Tätigkeit und selbst nach den Produktions- oder Betriebsmethoden, die in dem betreffenden Unternehmen, Betrieb oder Betriebsteil angewendet werden, unterschiedliches Gewicht zukommt. In bestimmten Branchen, in denen es im Wesentlichen auf die menschliche Arbeitskraft ankommt, kann danach eine Gesamtheit von Arbeitnehmern, die durch eine gemeinsame Tätigkeit dauerhaft verbunden sind, eine wirtschaftliche Einheit darstellen, die dann ihre Identität über ihren Übergang hinaus bewahrt, wenn der neue Unternehmensinhaber nicht nur die betreffende Tätigkeit weiterführt, sondern auch einen nach Zahl und Sachkunde wesentlichen Teil des Personals übernimmt, das der Vorgänger gezielt bei dieser Tätigkeit eingesetzt hatte.

4104 Der EuGH stellte damit klar, dass eine **reine Funktionsnachfolge** keinen Betriebsübergang begründet. Ein Betriebsübergang kann immer nur dann vorliegen, wenn eine wirtschaftliche Einheit übertragen wird und die Identität der wirtschaftlichen Einheit gewahrt bleibt. Die reine Auftragsvergabe begründet damit noch keinen Betriebsübergang. Stets muss die organisatorische Einheit, mit der bisher der Auftrag erfüllt wurde, übertragen werden. Nur wenn diese organisatorische Einheit ihre Identität beim neuen Auftragnehmer wahrt, kann ein Betriebs(teil)übergang vorliegen.

4105 In einem anderen entscheidenden Punkt blieb der EuGH jedoch bei seiner Rechtsprechung, nämlich dass bei **betriebsmittelarmen** Betrieben die Übernahme eines nach Zahl und Sachkunde wesentlichen Teils des Personals im Rahmen der Gesamtabwägung entscheidende Bedeutung erlangen und im Ergebnis einen Betriebsübergang begründen kann (so bspw. auch *EuGH* 29.7.2010 NZA 2010, 1014). Der EuGH stellte damit klar, dass er bei seiner Rechtsprechung bleibt, wonach der Übergang der Arbeitsverhältnisse nicht nur Rechtsfolge eines Betriebsübergangs, sondern bereits auf der Tatbestandseite zu beachten ist und insbes. bei betriebsmittelarmen Betrieben einen Betriebsübergang begründen kann.

4106 Die Entscheidung des EuGH vom 11.3.1997 (*EuGH* 11.3.1997 EzA § 613a BGB Nr. 145) hatte die erhoffte **klarstellende und befriedende Wirkung**. Das BVerfG (*BVerfG* 13.6.1997 EzA Art. 177 EWG-Vertrag Nr. 1) verweigerte die Annahme einer Verfassungsbeschwerde. Der EuGH habe die Problematik abschließend beantwortet. Für die nationalen Gerichte bestehe keine Vorlagepflicht mehr. Auf Anfrage des EuGH nahm der 8. Senat des BAG durch Beschluss vom 22.5.1997 (*BAG* 22.5.1997 EzA § 613a BGB Nr. 149; vgl. dazu *Wank* SAE 1998, 209 ff.) seine Vorlage zurück. Die aufgeworfenen Auslegungsfragen könnten mit Hilfe der Entscheidung vom 11.3.1997 beantwortet werden.

4107 Ein Betriebsübergang i. S. d. § 613a BGB liegt seit dem Urteil vom 22.5.1997 (EzA § 613a BGB Nr. 149) nach der neuen Rechtsprechung des BAG dann vor, wenn die zugrunde liegende **wirtschaftliche Einheit ihre Identität** wahrt. Mit dieser Formulierung hat das BAG die Rechtsprechung des EuGH übernommen. In dem entscheidenden Urteil vom 26.6.1997 (EzA § 613a BGB Nr. 151; zust. *Annuß* BB 1998, 1582 ff.; krit. dazu *Schiefer* NZA 1998, 1095 ff.) hat das *BAG* folgenden Leitsatz aufgestellt:

4108 »Der Begriff ›Einheit‹ bezieht sich auf eine organisatorische Gesamtheit von Personen und Sachen zur Ausübung einer wirtschaftlichen Tätigkeit mit eigener Zielsetzung. Er darf nicht als bloße Tätigkeit verstanden werden. Ihre Identität ergibt sich auch aus anderen Merkmalen, wie ihrem Personal, ihren Führungskräften, ihrer Arbeitsorganisation, ihren Betriebsmethoden und gegebenenfalls den ihr zur Verfügung stehenden Betriebsmitteln.«

4109 Das BAG verwendet damit nicht mehr den zu engen Betriebsbegriff, sondern spricht nur noch von der zugrunde liegenden **wirtschaftlichen Einheit**. Dieser Rechtsprechung ist zuzustimmen. Der neue Ansatz wird dem Normzweck des § 613a BGB eher gerecht, als die bisherige primär betriebsmittelbezogene Betrachtung (ErfK/*Preis* § 613a BGB Rn. 6).

## b) Betriebsteil

Die vom EuGH und BAG entwickelten Grundsätze zum Betriebsübergang gelten auch für den Betriebsteilübergang (*EuGH* 11.3.1997 EzA § 613a BGB Nr. 145; *BAG* 17.12.2009 – 8 AZR 1019/08, AP BGB § 613a Nr. 383; 17.4.2003 EzA § 613a BGB 2002 Nr. 11). Damit verliert die eigenständige Interpretation des Begriffs »Betriebsteil« an Bedeutung. Betriebsteile sind Teileinheiten (Teilorganisationen) des Betriebes. In Abgrenzung zur Veräußerung einzelner Anlage- oder Umlaufgüter ist es erforderlich, dass es sich um eine selbstständig abtrennbare organisatorische Untergliederung handelt, mit der innerhalb des betriebstechnischen Gesamtzwecks ein Teilzweck verfolgt wird, auch wenn es sich hierbei um eine untergeordnete Hilfsfunktion (z. B. Kantinenbetrieb) handelt (*BAG* 22.7.2004 EzA § 613a BGB 2002 Nr. 27; 17.4.2003 EzA § 613a BGB 2002 Nr. 11). Das Merkmal Teilzweck dient dabei zur Abgrenzung der organisatorischen Teileinheit. Im Teilbetrieb müssen nicht andersartige Zwecke als im übrigen Betrieb verfolgt werden (*BAG* 26.8.1999 EzA § 613a BGB Nr. 185; 17.12.2009 – 8 AZR 1019/08, AP BGB § 613a Nr. 383). **Notwendig ist allerdings eine eigenständige abgrenzbare Organisation zur Erfüllung des Teilzwecks.** Eine betriebliche Teilorganisation liegt nicht schon dann vor, wenn einzelne Betriebsmittel ständig dem betreffenden Teilzweck zugeordnet sind, auf Dauer in bestimmter Weise eingesetzt werden und dieselben Arbeitnehmer ständig die entsprechenden Arbeiten durchführen (*BAG* 26.8.1999 EzA § 613a BGB Nr. 185). 4110

Voraussetzung für einen Betriebsteilübergang ist, dass die übernommene Teilorganisation bereits **beim Veräußerer** die Qualität eines Betriebsteils hatte, also eine abgrenzbare organisatorische wirtschaftliche Einheit bildete (*BAG* 22.7.2004 EzA § 613a BGB 2002 Nr. 27; 17.4.2003 EzA § 613a BGB 2002 Nr. 11; 17.12.2009 – 8 AZR 1019/08, AP BGB § 613a Nr. 383; 28.4.2011 – 8 AZR 709/09; 18.8.2011 – 8 AZR 455/10, FA 2011, 376). Es reicht nicht aus, wenn der Erwerber mit einzelnen, bislang nicht teilbetrieblich organisierten Betriebsmitteln erst einen Betrieb oder Betriebsteil gründet (*BAG* 22.7.2004 EzA § 613a BGB 2002 Nr. 27). Ist es infolge der Übernahme einer solchen Teileinheit nicht mehr möglich, den verbleibenden Betrieb sinnvoll zu führen, so hat das nicht zur Folge, dass der Erwerber der Teileinheit in die Rechte und Pflichten aus den Arbeitsverhältnissen aller Arbeitnehmer des früheren Betriebes eintritt (*BAG* 13.11.1997 EzA § 613a BGB Nr. 156). 4111

## c) Übergang

Ein Betriebsübergang i. S. d. § 613a BGB liegt nur dann vor, wenn
- die übertragene wirtschaftliche Einheit **ihre Identität wahrt** und
- die wirtschaftliche Einheit **tatsächlich fortgeführt** wird.

4112

### aa) Wahrung der Identität

#### (1) Grundsatz

Ein Betriebsübergang liegt nur dann vor, wenn die maßgebliche wirtschaftliche Einheit beim Übergang auf einen neuen Inhaber **ihre Identität wahrt.** Um feststellen zu können, ob die wirtschaftliche Einheit ihre Identität bewahrend übergegangen ist, sind nach neuerer Rechtsprechung **alle den betreffenden Vorgang kennzeichnenden Tatsachen** zu bewerten. 4113

»Ein Betriebsübergang i. S. d. § 613a BGB liegt vor, wenn ein neuer Rechtsträger die wirtschaftliche Einheit unter Wahrung von deren Identität fortführt. Ob ein im Wesentlichen unveränderter Fortbestand der organisierten Gesamtheit ›Betrieb‹ bei dem neuen Inhaber anzunehmen ist, richtet sich nach den Umständen des konkreten Falles. Zu den maßgeblichen Tatsachen hierfür zählen insbes. die Art des betreffenden Betriebs, der Übergang der materiellen Betriebsmittel wie Gebäude und bewegliche Güter sowie deren Wert und Bedeutung, die Übernahme der immateriellen Betriebsmittel und der vorhandenen Organisation, der Grad der Ähnlichkeit mit der Betriebstätigkeit des bisherigen Inhabers, in betriebsmittelarmen Betrieben die Weiterbeschäftigung der Hauptbelegschaft, der Übergang von Kundschaft und Lieferantenbeziehungen und die Dauer 4114 einer eventuellen Unterbrechung der Betriebstätigkeit (st. Rspr. des Senats im Anschluss an *EuGH* 11.3.1997 EzA § 613a BGB Nr. 145).«

**4115** So oder vergleichbar leitet der 8. Senat des BAG seine Prüfung ein. Das Zitat ist der Entscheidung des *BAG* vom 5.2.2004 (EzA § 613a BGB 2002 Nr. 23) entnommen.

**4116** Das BAG verlangt damit in Übereinstimmung mit der Rechtsprechung des EuGH im Rahmen der Gesamtabwägung der Umstände des Einzelfalls die Prüfung folgender **sieben Kriterien**:
1. Art des betreffenden Betriebs oder Unternehmens;
2. Übergang der materiellen Betriebsmittel;
3. Übernahme der immateriellen Betriebsmittel und der vorhandenen Organisation;
4. Weiterbeschäftigung der Hauptbelegschaft durch den Erwerber;
5. Übernahme der Kundschaft und Lieferantenbeziehungen;
6. Grad der Ähnlichkeit zwischen den vor- und nach dem Übergang verrichteten Tätigkeiten;
7. Dauer einer eventuellen Unterbrechung dieser Tätigkeit.

**4117** Diese Kriterien sind lediglich Teilaspekte der vorzunehmenden **Gesamtbewertung**. Für das Vorliegen eines Betriebsüberganges kommt es nicht darauf an, ob alle Merkmale gleichzeitig gegeben sind. Vielmehr können je nach Sachlage einzelne Merkmale besonderes Gewicht besitzen (so zutr. *Müller-Glöge* NZA 1999, 449).

*(2) Die Kriterien im Einzelnen*

**4118** Die **Art des betreffenden Betriebs oder Unternehmens** (Kriterium Nr. 1) ist maßgeblich für die Gewichtung der übrigen Kriterien im Rahmen der Gesamtbewertung (*EuGH* 11.3.1997 EzA § 613a BGB Nr. 145; *BAG* 2.12.1999 EzA § 613a BGB Nr. 188). Den für das Vorliegen eines Betriebsüberganges relevanten Kriterien kommt je nach der ausgeübten Tätigkeit und je nach den Produktions- und Betriebsmethoden unterschiedliches Gewicht zu (*BAG* 25.6.2009 EzA § 613a BGB 2002 Nr. 111 = NZA 2009, 1412). Hieraus ergibt sich z. B. der wesentliche Inhalt der Arbeitsorganisation, deren Weiternutzung durch den Erwerber den Betriebsübergang charakterisiert (*Bauer/v. Steinau-Steinrück/Thees* in: Hölters Handbuch Unternehmenskauf Teil V, Rn. 35). Je nach Art des Unternehmens stehen entweder die Betriebsmittel oder die Belegschaft im Vordergrund und sind im Rahmen der Gesamtabwägung von unterschiedlichem Gewicht (*BAG* 27.1.2011 – 8 AZR 326/09; 22.10.2009 EzA § 613a BGB 2002 Nr. 116 = NZA-RR 2010, 660; 6.4.2006 EzA § 613a BGB 2002 Nr. 49). Nach der jeweiligen Eigenart des Betriebs richtet es sich, ob und ggf. welche materiellen Betriebsmittel identitätsprägend sind (*BAG* 15.2.2007 EzA § 613a BGB 2002 Nr. 64).

**4119** Der **Übergang der materiellen Betriebsmittel** (Kriterium Nr. 2) kann insbes. bei Produktionsunternehmen eine wesentliche Indizfunktion haben. Sächliche Betriebsmittel sind nach der Rechtsprechung des BAG wesentlich, wenn bei wertender Betrachtungsweise ihr Einsatz den eigentlichen Kern des zur Wertschöpfung erforderlichen Funktionszusammenhangs ausmacht und wenn sie z. B. bei der Vergabe von Aufträgen unverzichtbar zur auftragsgemäßen Verrichtung der Tätigkeiten sind (*BAG* 22.10.2009 EzA § 613a BGB 2002 Nr. 116 = NZA-RR 2010, 660; 28.5.2009 – 8 AZR 273/08, AP BGB § 613a Nr. 370; 22.1.2009 – 8 AZR 158/07, NZA 2009, 905; 15.2.2007 EzA § 613a BGB 2002 Nr. 64). Aber auch der Übergang wesentlicher Betriebsmittel begründet nicht stets einen Betriebsübergang. Im Rahmen einer Gesamtbewertung kommt es auch darauf an, ob der Erwerber über die Betriebsmittel hinaus die Arbeitsorganisation übernimmt und fortsetzt (*BAG* 22.5.1997 EzA § 613a BGB Nr. 149). Bei einem Produktionsbetrieb kann es deshalb für die Wahrung der wirtschaftlichen Einheit entscheidend sein, ob der Erwerber neben den materiellen Betriebsmitteln die beim Veräußerer gebildete betriebliche Organisation übernimmt und im Wesentlichen unverändert beibehält oder ob er die Produktion mittels der in seinem Betrieb bereits bestehenden Organisation fortführt und die übernommenen Wirtschaftsgüter in die vorhandene Organisa*tion seiner Produktion* eingliedert oder gar veräußert (*BAG* 16.5.2002 EzA § 613a BGB Nr. 210). Nur im ersten Fall wahrt die wirtschaftliche Einheit ihre Identität. So hat auch der EuGH entschieden, dass der Umstand, dass der neue Unternehmer keinen nach Zahl und Sachkunde wesentlichen

## C. Betriebsinhaberwechsel; Arbeitgeberwechsel　　　　　　　　　　　　　　　　Kapitel 3

Teil des Personals, welches der Vorgänger für die Durchführung derselben Tätigkeit eingesetzt hatte, übernommen hat, nicht ausreicht, um in einem betriebsmittelgeprägten Bereich, den Übergang einer Identität bewahrenden Einheit auszuschließen (»Abler-Entscheidung« *EuGH* 20.11.2003 AP EWG-Richtlinie Nr. 77/187 Nr. 34). In diesem Zusammenhang entschied der EuGH auch, dass ein Betriebsübergang vorliegen kann, wenn ein Auftraggeber, der einen ersten Unternehmer vertraglich mit der gesamten Verpflegung in einem Krankenhaus betraut hatte, diesen Vertrag beendet und über dieselbe Leistung einen neuen Vertrag mit einem zweiten Unternehmer abschließt, und der zweite Unternehmer zuvor von dem ersten Unternehmer benutzte und beiden nacheinander zur Verfügung gestellte wesentliche materielle Betriebsmittel benutzt. Dies soll auch dann gelten, wenn der zweite Unternehmer zum Ausdruck gebracht hat, dass er die Arbeitnehmer des ersten Unternehmers nicht übernehmen will (»Abler-Entscheidung« *EuGH* 20.11.2003 AP EWG-Richtlinie Nr. 77/187 Nr. 34). Damit kommt bei betriebsmittelintensiven Tätigkeiten der Weiterbenutzung der relevanten Betriebsmittel entscheidendes Gewicht zu. Unerheblich ist, ob diese Betriebsmittel von dem Vorgänger übernommen wurden oder vom Auftraggeber dem Nachfolger zur Verfügung gestellt werden.

Der wirtschaftlichen Einheit sind nicht nur die Betriebsmittel zuzurechnen, an denen das Eigentum übertragen bzw. erworben wird. Auch Betriebsmittel, die nicht im Eigentum des Betriebsinhabers stehen, dieser aber auf Grund einer mit Dritten getroffenen Nutzungsvereinbarung zur Erfüllung seines Betriebszweckes einsetzen kann, können relevant sein (*BAG* 11.12.1997 EzA § 613a BGB Nr. 160). Die Nutzungsvereinbarung kann als Pacht, Nießbrauch oder als untypischer Vertrag ausgestaltet sein. Wesentlich war nach der früheren Rechtsprechung des BAG, dass dem Berechtigten die Betriebsmittel zur **eigenwirtschaftlichen Nutzung** überlassen waren. Erbringe ein Auftragnehmer nur eine (Dienst-)Leistung an fremden Geräten und Maschinen innerhalb fremder Räume, ohne dass ihm die Befugnis eingeräumt sei, über Art und Weise der Nutzung der Betriebsmittel in eigenwirtschaftlichem Interesse zu entscheiden, handele es sich nicht um Betriebs-, sondern um Arbeitsmittel, die kein Indiz für die Wahrung der Identität der wirtschaftlichen Einheit seien (*BAG* 11.12.1997 EzA § 613a BGB Nr. 160). 4120

Dieser Ansatz des BAG wurde auf Vorlage des ArbG Düsseldorf vom *EuGH* mit Urteil v. 15.12.2005 (EzA § 613a BGB 2002 Nr. 41) abgelehnt. Der EuGH hat in diesem Urteil im Anschluss an die Abler-Entscheidung entschieden, dass die Überlassung der Betriebsmittel zur eigenwirtschaftlichen Nutzung **kein relevanter Gesichtspunkt** im Rahmen der Prüfung eines möglichen Betriebsmittelübergangs ist. Leider unterlässt es der EuGH, sich mit den Argumenten des BAG auseinanderzusetzen. Der EuGH beschränkt sich auf die lapidare Begründung, das Kriterium der eigenwirtschaftlichen Nutzung ergebe sich weder aus dem Wortlaut der Richtlinie noch aus den Zielen, nämlich dem Schutz der Arbeitnehmer bei einem Unternehmens- oder Betriebswechsel. Daher könne der Umstand, dass der neue Auftragnehmer die materiellen Betriebsmittel übernommen hat, ohne dass sie ihm zur eigenwirtschaftlichen Nutzung überlassen worden wären, weder zum Ausschluss eines Übergangs der Betriebsmittel noch zum Ausschluss eines Unternehmens- oder Betriebsübergangs i. S. d. Richtlinie führen (»Güney-Görres-Entscheidung« *EuGH* 15.12.2005 EzA § 613a BGB Nr. 160). Der EuGH verkennt zum einen, dass die von ihm erarbeiteten sieben Kriterien sich ebenfalls nicht allesamt wörtlich der Richtlinie entnehmen lassen. Zum anderen verkennt er, dass das von ihm selbst erarbeitete Kriterium der »Art des Unternehmens« eine solche Differenzierung zumindest nahe legt, wenn nicht sogar verlangt. 4121

In seinem Urteil vom 6.4.2006 (EzA § 613a BGB 2002 Nr. 49, bestätigt im Urteil vom 15.2.2007 EzA § 613a BGB 2002 Nr. 64), folgt nunmehr das *BAG* der Rechtsprechung des EuGH und stellt fest, dass bei der Prüfung, ob ein Betriebsübergang gegeben ist, das Merkmal der eigenwirtschaftlichen Nutzung der sächlichen Betriebsmittel **nicht** mehr heranzuziehen ist. Es bleibt aber dabei, dass den materiellen Betriebsmitteln insbes. je nach Art des Betriebes ein unterschiedliches Gewicht zukommt. Es ist nach dieser Entscheidung im Einzelfall zu prüfen, welche Bedeutung die materiellen Betriebsmittel haben, ob sie den eigentlichen Kern des zur Wertschöpfung erforderlichen Funktionszusammenhangs ausmachen (ausf. *Willemsen/Müntefering* NZA 2006, 1185). So führt bspw. die Tatsache, dass sächliche Betriebsmittel, wie etwa eine Telefonanlage, für die Erbringung einer Dienst- 4122 leistung erforderlich sind, nicht dazu, dass diese Betriebsmittel für die betriebliche Tätigkeit identitätsprägend sind und damit zur Annahme eines betriebsmittelgeprägten Betriebs führen. Dies richtet sich vielmehr nach der Eigenart des jeweiligen Betriebes (*BAG* 25.6.2009 – 8 AZR 158/07, NZA 2009, 905).

4123 Dem **Wert der übergegangenen immateriellen Aktiva** (Kriterium Nr. 3) kommt ebenfalls Indizfunktion zu. Werden immaterielle Aktiva (Patente, Gebrauchsmusterrechte, Schutzrechte, Warenzeichen, Marken, Lizenzen, »Know-how«, »Goodwill« etc.) übernommen, kann dies ein Indiz für einen Betriebsübergang sein. Voraussetzung ist dabei, dass die immateriellen Aktiva einen gewissen Wert haben (*BAG* 13.11.1997 EzA § 613a BGB 166; *Bauer/v. Steinau-Steinrück/Thees* in: Hölters Handbuch Unternehmenskauf Teil V, Rn. 37). In der Praxis können die immateriellen Aktiva den Wert der materiellen Aktiva weit übersteigen (ErfK/*Preis* § 613a BGB Rn. 23). Als wesentlicher immaterieller Aktivposten kann auch die Übernahme eines Auftrags anzusehen sein. Auch wenn die reine Auftragsnachfolge nach st. Rspr. des BAG keinen Betriebsübergang darstellt, ist bei der Gesamtschau zu berücksichtigen, dass nicht andere immaterielle Aktiva als der Auftrag für den Betrieb(steil) wesentlich waren (*BAG* 13.6.2006 – 8 AZR 271/05, AP BGB § 613a Nr. 305).

4124 Während nach der früheren Rechtsprechung des BAG die **Übernahme von Arbeitnehmern** (Kriterium Nr. 4) der Rechtsfolgenseite zuzurechnen war, ist dieses Kriterium nun auch auf der Tatbestandsseite zu prüfen. Das Maß der Indizwirkung hängt dabei von der Betriebsmittelintensität der von den Beschäftigten zu verrichtenden Arbeit ab. Bei **betriebsmittelarmen** und dienstleistungsorientierten Branchen und Arbeitszwecken, in denen es wesentlich auf die menschliche Arbeitskraft ankommt, kann eine durch ihre gemeinsame Tätigkeit dauerhaft verbundene Gesamtheit von Arbeitnehmern eine »wirtschaftliche Einheit« darstellen (*BAG* 22.5.1997 EzA § 613a BGB Nr. 149). Darum kann in diesen Fällen auch allein die Nichtübernahme des Personals zum Ausschluss eines Betriebsüberganges führen. Ein Beispiel für einen betriebsmittelarmen Betrieb bildet eine Arztpraxis. Bei dieser steht die Patientenbetreuung durch den Arzt und die nichtärztlichen Mitarbeiter im Mittelpunkt der betrieblichen Tätigkeit. Die Arbeit einer Arztpraxis wird i. d. R. durch die dort tätigen Personen, nicht durch die vorhandenen Betriebsmittel geprägt. Ein solcher Betrieb kann zwangsläufig unter Aufrechterhaltung seiner Identität nur dann von einem Betriebserwerber fortgeführt werden, wenn das Mitarbeiterteam übernommen wird, weil dieses beim betriebsmittelarmen Betrieb identitätsbildend ist (*BAG* 22.6.2011 – 8 AZR 107/10). Anderes gilt bei **betriebsmittelintensiven** Tätigkeiten. Beispielsweise bei Produktionsbetrieben kann der Betriebszweck ohne sächliche Betriebsmittel nicht erreicht werden. Die Arbeitsplätze sind regelmäßig an bestimmte Räume, Maschinen, Produktionsanlagen, Werkzeuge und sonstige Einrichtungsgegenstände gebunden. Um die Produktion in der bisherigen Weise fortsetzen zu können, benötigt der Erwerber diese materiellen Betriebsmittel (*BAG* 28.4.2011 – 8 AZR 709/09). Hier kann ein Betriebsübergang nicht allein deshalb ausgeschlossen werden, weil die Beschäftigten nicht vom Erwerber übernommen wurden. Gleiches gilt in diesen Fällen für die Begründung eines Betriebsüberganges. Bei betriebsmittelintensiven Tätigkeiten hängt das Vorliegen eines Betriebsübergangs nicht allein von der Übernahme des Personals ab (*BAG* 22.7.2004 EzA § 613a BGB 2002 Nr. 27).

4125 In jedem Fall muss es sich aber zur Wahrung der wirtschaftlichen Einheit um einen »nach Zahl und Sachkunde wesentlichen Teil des Personals« handeln, damit dem Merkmal der Personalübernahme überhaupt eine Indizwirkung zukommt (*BAG* 28.4.2011 – 8 AZR 709/09; 17.12.2009 – 8 AZR 1019/08, EzA § 613a BGB 2002 Nr. 117; 22.10.2009 EzA § 613a BGB 2002 Nr. 116 = NZA-RR 2010, 660; 10.12.1998 EzA § 613a BGB Nr. 174; *Müller-Glöge* NZA 1999, 449). **Es besteht eine Wechselbeziehung zwischen Zahl und Qualität** (*Müller-Glöge* NZA 1999, 449). Bei einem hohem Qualifikationsgrad und entsprechendem Spezialwissen kann bereits die Übernahme eines kleineren Teils des Personals Indizfunktion für den Betriebsübergang haben. Bei Arbeitsplätzen, die keine hohen Anforderungen an die Qualifikation stellen, genügt ein Anteil von 75 % der früheren Belegschaft noch nicht zur Annahme des Übergangs der Hauptbelegschaft. Dies gilt zumindest dann, wenn der neue Auftragnehmer die frühere Arbeitsorganisation nicht aufrecht erhält (*BAG* 10.12.1998 EzA § 613a BGB Nr. 174; bestätigt im Urteil v. 24.5.2005 EzA § 613a BGB 2002

Nr. 37). Einen Anteil von mehr als 85 % hat das *BAG* in seiner Entscheidung vom 11.12.1997 (EzA § 613a BGB Nr. 159) ausreichen lassen. Aber auch wenn 100 % der Belegschaft übernommen werden, die Arbeitnehmer aber nicht in der bisherigen Arbeitsorganisation, sondern z. B. in einem anderen Betrieb eingesetzt werden, wird die Identität der wirtschaftlichen Einheit grds. nicht gewahrt (*Müller-Glöge* NZA 1999, 449). Voraussetzung ist nämlich stets, dass der Erwerber die übernommene Einheit im Wesentlichen unverändert fortführt, wobei hierfür aber nicht die Beibehaltung der organisatorischen Selbständigkeit des übertragenen Unternehmens- oder Betriebsteils erforderlich ist (s. hierzu Rdn. 4141 ff.).

Dem **Übergang der Kundschaft** (Kriterium Nr. 5) kommt insbes. in der Dienstleistungsbranche erhebliches Gewicht bei der Prüfung zu, ob eine ihre Identität wahrende Einheit übergegangen ist. So wird bei Einzelhandelsbetrieben der Erhalt der regelmäßig durch Geschäftslage, Warensortiment und Betriebsform geprägten Kundenbeziehungen als entscheidend angesehen (*BAG* 2.12.1999 EzA § 613a BGB Nr. 188). Einem Übergang der Kundschaft steht es im Hinblick auf die positive Indizwirkung gleich, wenn der Erwerber vor Betriebsübergang alleiniger Auftraggeber des Veräußerers war und er den Betriebszweck nach der Übernahme wieder in eigener Regie verfolgt (*BAG* 22.7.2004 EzA § 613a BGB 2002 Nr. 27)  4126

Der **Grad der Ähnlichkeit der vor und nach der Übernahme verrichteten Tätigkeit** (Kriterium Nr. 6) hat nur eine eingeschränkte Bedeutung. Die Funktionsnachfolge allein, d. h. die Übertragung der Aufgabe begründet nämlich noch keinen Betriebsübergang (s. hierzu Rdn. 4147). Allein aus dem Umstand, dass die von dem alten und dem neuen Auftragnehmer erbrachten Leistungen ähnlich sind, kann also nicht gefolgert werden, es liege der Übergang einer wirtschaftlichen Einheit vor (ErfK/*Preis* § 613a BGB Rn. 32). Vor diesem Hintergrund kann, wenn die entscheidenden Kriterien für eine Wahrung der Identität sprechen, das Kriterium Nr. 6 das Bild nur abrunden, eine Entscheidung für einen Betriebsübergang jedoch nicht begründen.  4127

Anders ist die Rechtslage, wenn der Erwerber **eine im Wesentlichen andere betriebliche Tätigkeit** ausübt (*BAG* 13.5.2004 EzA § 613a BGB 2002 Nr. 26). Eine wesentliche Änderung der Tätigkeit geht meist mit einem Wechsel des **Betriebszwecks** und einer **Änderung der Arbeitsabläufe** einher (*BAG* 25.6.2009 EzA § 613a BGB 2002 Nr. 111 = NZA 2009, 1412). Nicht selten führt dies dann auch zu einem neuen **Kundenkreis**. All dies spricht dann gegen einen Betriebsübergang. Das BAG hatte einen solchen Sachverhalt bei einem Produktionsbetrieb zu beurteilen und verneinte im Ergebnis einen Betriebsübergang. Der Betriebszweck hatte sich grundlegend geändert, da Schuhe nicht mehr in großen Mengen, sondern nur noch als Prototypen sowie Schuhkollektionen bis zur Produktreife gefertigt wurden. In diesem Zusammenhang sanken sowohl Produktion als auch Belegschaft auf je ein 1/3 der vorherigen Stärke. Der Kundenkreis hatte sich auf Grund der Umstellung ebenfalls geändert. All dies hatte zu einer derart geänderten organisatorischen Struktur der zugrunde liegenden Einheit geführt, dass das BAG zu dem Ergebnis kam, die wirtschaftliche Einheit sei nicht mehr identisch. Das BAG kam zu diesem Ergebnis, obwohl die sächlichen Betriebsmittel des Produktionsbetriebes übergegangen waren.  4128

Die **Dauer einer Unterbrechung der betrieblichen Tätigkeiten** (Kriterium Nr. 7) kann Indizwirkung gegen das Vorliegen eines Betriebsübergangs entfalten, soweit sie erheblich ist. Je länger die Unterbrechung dauert, desto stärker spricht dies gegen einen Betriebsübergang. Entscheidend ist, ob die Unterbrechung mit dazu beigetragen hat, eine bestehende funktionsfähige wirtschaftliche Einheit zu zerschlagen. In diesem Zusammenhang kommt es nicht allein auf die Dauer der Unterbrechung an (ErfK/*Preis* § 613a BGB Rn. 35). Wie lange eine Unterbrechung sein muss, um einen Beitrag zur Zerschlagung der wirtschaftlichen Einheit leisten zu können, hängt insbes. von der Art des jeweiligen Betriebes ab. Bei einem Lebensmittelgeschäft geht der Kundenkreis sicherlich schneller verloren, als bei einem Modefachgeschäft. Die Unterbrechung muss im Ergebnis so lange sein, dass bei Wiederaufnahme der Tätigkeit davon ausgegangen werden muss, dass sich der alte Kundenstamm anderweitig orientiert hat und deshalb nun ein neuer Kundenstamm aufgebaut werden muss. Dies ist nach der Rspr. des BAG bei einer Schließung einer Metzgerei für knapp sieben Wochen nicht der Fall (*BAG* 22.10.2009 EzA § 613a BGB 2002 Nr. 116 = NZA-RR 2010, 660). Die Unterbrechung wurde von  4129 dem BAG auch deshalb als nur kurzfristig angesehen, weil sie nicht länger dauerte als jede gesetzliche Kündigungsfrist nach § 622 Abs. 2 BGB.

*(3) Unveränderte Organisation*

4130 Nach der Rechtsprechung des BAG liegt ein Betriebs(teil)übergang nur dann vor, wenn der Erwerber gerade die beim Veräußerer betrieblich bzw. teilbetrieblich organisierte Einheit übernimmt und im Wesentlichen unverändert fortführt (*BAG* 17.12.2009 – 8 AZR 1019/08, AP BGB § 613a Nr. 383). Nur unter dieser Voraussetzung nutzt der Erwerber die bereits beim Veräußerer vorhandene Organisationseinheit, zieht er die Früchte aus der bereits beim Übergang vorhandenen Struktur. Nur in diesem Fall ist es gerechtfertigt, ihn mit den Rechtsfolgen des § 613a BGB zu belasten. Diese Voraussetzung hat in der Praxis erhebliche Bedeutung, da der Erwerber durch eine entsprechende **Organisationsänderung** einen Betriebsübergang vermeiden kann.

4131 Eine im Wesentlichen unveränderte Fortführung des Betriebes oder Betriebsteils liegt dann nicht vor, wenn der Erwerber die vom Veräußerer geschaffene Organisation **nicht übernimmt**, sondern die ihm übertragenen Aufgaben in einer eigenen andersartigen, entweder schon bestehenden oder auch neu gebildeten Organisation erbringt, eventuell an einem anderen Ort. Dies hat das *BAG* in seiner Entscheidung vom 26.6.1997 (EzA § 613a BGB Nr. 151) entschieden. Allerdings vollzog der *EuGH* einen erneuten Kurswechsel zu der Süzen-Entscheidung mit seiner **Klarenberg**-Entscheidung vom 12.2.2009 (NJW 2009, 2029). Der EuGH entschied, dass ein Betriebsübergang auch dann vorliegen kann, wenn der übertragene Unternehmens- oder Betriebsteil seine organisatorische Selbständigkeit nicht bewahrt, sofern die funktionelle Verknüpfung zwischen den übertragenen Produktionsfaktoren beibehalten wird und sie es dem Erwerber erlaubt, diese Faktoren zu nutzen, um derselben oder einer gleichartigen wirtschaftlichen Tätigkeit nachzugehen. Der EuGH führte außerdem aus, dass es Sache des vorlegenden Gerichts ist, das Vorliegen dieser Voraussetzungen zu prüfen.

4132 Zur Begründung führte der EuGH in dieser Entscheidung aus, dass schon aus dem Wortlaut der Richtlinie hervorgehe, dass jeder Übergang von Unternehmen, Betrieben oder Unternehmens- bzw. Betriebsteilen auf einen anderen Inhaber durch vertragliche Übertragung oder durch Verschmelzung in den Anwendungsbereich der Richtlinie fällt. Das Kriterium der organisatorischen Selbständigkeit könne für die Identität der wirtschaftlichen Einheit nicht maßgeblich sein, da dies dazu führen würde, dass die Anwendbarkeit der Richtlinie 2001/23/EG auf den entsprechenden Unternehmens- oder Betriebsteil allein deswegen ausgeschlossen wäre, weil sich der Erwerber entschließt, den erworbenen Unternehmens- oder Betriebsteil aufzulösen und in seine eigene Struktur einzugliedern, wodurch den betreffenden Arbeitnehmern der von dieser Richtlinie gewährte Schutz vorenthalten würde. Daher ist nicht zu verlangen, dass die konkrete Organisation der verschiedenen übertragenen Produktionsfaktoren durch den Unternehmer beibehalten wird, sondern, dass die Beibehaltung der funktionellen Verknüpfung der Wechselbeziehung und gegenseitigen Ergänzung zwischen diesen Faktoren erforderlich ist. Die Beibehaltung einer solchen funktionellen Verknüpfung zwischen den übertragenen Faktoren erlaube es nämlich dem Erwerber, diese, selbst wenn sie nach der Übertragung in eine neue, andere Organisationsstruktur eingegliedert werden, zu nutzen, um derselben oder einer gleichartigen wirtschaftlichen Tätigkeit nachzugehen.

4133 In dieser Entscheidung bezog sich der EuGH (Rn. 48) ausdrücklich auf seine Christel-Schmidt-Entscheidung aus dem Jahr 1994. Der EuGH stellte insbes. fest, dass der Verlust der Selbständigkeit des bisherigen Betriebsteils beim Erwerber einen Betriebsübergang nicht ausschließt, wenn die funktionelle Verknüpfung der übertragenen Betriebsfaktoren dem Erwerber ihre Nutzung zur Fortführung derselben oder einer gleichartigen Tätigkeit erlaubt. Unter welchen Voraussetzungen eine solche Verknüpfung vorliegt, konkretisierte der EuGH jedoch nicht. Er überließ eine entsprechende Prüfung ausdrücklich den nationalen Gerichten.

4134 Diese Entscheidung stieß in Deutschland in der Literatur auf Kritik. Insbes. wurde das Fehlen einer greifbaren Definition eines »Minimalgehalts« als Wesenskern eines Betriebsüberganges und die damit verbundene Rechtsunsicherheit bemängelt (*Grobys* NJW 2009, 2032). Außerdem wurde dem

EuGH eine Verwässerung der Tatbestandsseite des § 613a BGB sowie die Nichtbeachtung des konkreten Schutzzwecks der Richtlinie vorgeworfen (*Willemsen* NZA 2009, 289, 293). Andere sahen die Kritik als nicht gerechtfertigt an (*Salamon/Hoppe* NZA 2010, 989, 990). Der EuGH verlange weiterhin den Fortbestand funktioneller Verknüpfungen übertragener Betriebsmittel und damit eine funktionelle Betrachtung der bisherigen Betriebsmittel. Dies setze voraus, dass die übertragenen Betriebsmittel beim Erwerber in der bisherigen Beziehung zueinander eingesetzt werden, um einen gleichen oder gleichartigen wirtschaftlichen Zweck zu verfolgen. Daher müsse – wie auch bisher – die organisatorische Verknüpfung der Betriebsmittel trotz Zuordnung zu verschiedenen Betriebsteilen fortbestehen (*Salamon/Hoppe* NZA 2010, 989, 991). Letztlich ist entscheidend, dass der EuGH nicht selbst festlegte, unter welchen Voraussetzungen die von ihm genannten Kriterien erfüllt sind, sondern diese Prüfung den nationalen Gerichten überlässt. Diesen bleibt somit ein erheblicher Entscheidungsspielraum.

In seinen im Anschluss an die **Klarenberg-Entscheidung** des *EuGH* (12.2.2009 NZA 2009, 2029) ergangenen Entscheidungen hat das BAG seine Rspr. insofern modifiziert, als es klargestellt hat, dass es bei der Identitätswahrung **nicht** maßgeblich auf die **konkrete Organisation** der Produktionsfaktoren ankommt, sondern vielmehr auf den Zusammenhang der Wechselbeziehung und gegenseitigen Ergänzung, der die Produktionsfaktoren verknüpft und dazu führt, dass sie bei der Ausübung einer bestimmten wirtschaftlichen Tätigkeit ineinander greifen (*BAG* 22.1.2009 EzA § 613a BGB 2002 Nr. 107 = NZA 2009, 905). Demnach muss der übertragene Unternehmens- oder Betriebsteil seine organisatorische Selbständigkeit beim Erwerber nicht vollständig bewahren, die Beibehaltung der funktionellen Verknüpfung der Produktionsfaktoren zur Fortführung einer zumindest gleichartigen wirtschaftlichen Tätigkeit genügt (*BAG* 17.12.2009 – 8 AZR 1019/08, AP BGB § 613a Nr. 383). Diese Rechtsprechung hat das BAG in neueren Entscheidungen bestätigt. Es stellt weiterhin darauf ab, ob die funktionelle Verknüpfung zwischen den übertragenen Produktionsfaktoren beibehalten wird und dies dem Erwerber ermöglicht, diese Faktoren zu nutzen, um derselben oder einer gleichartigen wirtschaftlichen Tätigkeit nachzugehen (*BAG* 27.1.2011 – 8 AZR 326/09, EzA § 613a BGB Nr. 123). Zu den Produktionsfaktoren können z. B. Kunden- und Lieferantenbeziehungen oder Fertigungsmethoden gehören (*BAG* 26.5.2011 – 8 AZR 37/10, EzA § 613a BGB Nr. 125). Das BAG hat aber auch betont, dass keine unveränderte Fortführung vorliegt, wenn der Erwerber eine andere Leistung erbringt, den Betriebszweck ändert oder ein neues Konzept verfolgt (*BAG* 27.1.2011 – 8 AZR 326/09, EzA § 613a BGB Nr. 123; 17.12.2009 – 8 AZR 1019/08, AP BGB § 613a Nr. 383). Auch eine bloße Funktionsnachfolge reicht nicht aus, bei der nur die Tätigkeit ausgeübt oder die Funktion am Markt übernommen wird, ohne Übernahme der Betriebsmittel oder der Belegschaft (*BAG* 27.1.2011 – 8 AZR 326/09, EzA § 613a BGB Nr. 123). Das BAG hat festgehalten, dass **erhebliche organisatorische** Veränderungen in einem zentralen Bereich – in dem der Entscheidung zugrunde liegenden Fall wurden Speisen nicht mehr frisch zubereitet, sondern aufgewärmt – einem Betriebsübergang entgegenstehen (*BAG* 17.12.2009 – 8 AZR 1019/08, AP BGB § 613a Nr. 383). Daher ist bei der Prüfung, ob ein Betriebsübergang vorliegt, als weiterer Punkt zu betrachten, ob die Identität der wirtschaftlichen Einheit deshalb gewahrt bleibt, weil der Zusammenhang der funktionellen Verknüpfung der Wechselbeziehung und die gegenseitige Ergänzung zwischen den übergegangenen Produktionsfaktoren erhalten wird.

**4135**

Darüber hinaus hat nach der Rspr. des BAG die Neuvergabe eines Auftrags nicht zwangsläufig einen Betriebsübergang zur Folge. Eine solche Neuvergabe ist nämlich nur die Konsequenz des Wettbewerbs auf dem freien Dienstleistungsmarkt und eine Tätigkeit noch keine wirtschaftliche Einheit. Dies gilt auch dann, wenn ein Dienstleistungsauftrag der **einzige Auftrag** eines Betriebes ist (*BAG* 28.5.2009 – 8 AZR 273/08, AP BGB § 613a Nr. 370; 22.1.2009 EzA § 613a BGB 2002 Nr. 107 = NZA 2009, 905). Eine bloße Auftragnachfolge erfüllt insbes. nicht die Voraussetzung des Fortbestands einer organisatorischen Zusammenfassung und ihrer funktionellen Verknüpfung von Ressourcen. Vor dem Hintergrund dieser Rspr. bleiben auch in Zukunft Gestaltungsmöglichkeiten, um einen Betriebsübergang auszuschließen.

**4136**

## Kapitel 3 — Der Inhalt des Arbeitsverhältnisses

4137 Nicht selten fällt in der Praxis eine **wesentliche Änderung der Arbeitsorganisation** mit einer Änderung des Betriebszwecks zusammen (s. hierzu Rdn. 4128). Ein sehr anschaulicher und plastischer Fall hierzu findet sich im *BAG*-Urteil vom 11.9.1997 (EzA § 613a BGB Nr. 153 = NZA 1998, 31). Sechs Monate nach der Schließung des gutbürgerlichen deutschen Speiselokals wurde ein arabisches Spezialitätenrestaurant mit arabischen Mitarbeitern, arabischer Musik und Bauchtanz (allerdings nur samstags) eröffnet. Der 8. Senat hat zutreffend neben der bereits erheblichen Unterbrechung einen Wechsel der Betriebsmethoden und der Arbeitsorganisation bejaht. Aus diesen Gründen kam der Übernahme der materiellen Betriebsmittel, wie der vermieteten Gebäude und der sonstigen übernommen beweglichen Güter keine für die Wahrung der Identität ausschlaggebende Bedeutung zu.

4138 Gleiches gilt auch für **Dienstleistungsbetriebe**, bei denen neben der Arbeitsorganisation die Belegschaft prägend ist. Wird zwar der überwiegende Teil der alten Belegschaft übernommen, jedoch die Arbeitsorganisation grundlegend verändert, kann dies einem Betriebsübergang entgegenstehen (*Müller-Glöge* NZA 1999, 449).

4139 ▶ **Beispiel:**
Das Reinigungsunternehmen, das den Auftrag zur Reinigung eines Hochhauses bekommt, übernimmt alle in diesem Objekt eingesetzten Arbeitnehmer des Vorgängers. Diese werden allerdings nicht in dem bisherigen Hochhaus eingesetzt, sondern auf andere Objekte des Reinigungsunternehmens verteilt. In dem Hochhaus werden bereits vorhandene eigene Arbeitnehmer tätig. Die beim bisherigen Auftragnehmer vorhandene Arbeitsorganisation wird nicht fortgeführt. Ein Betriebsübergang liegt trotz Übernahme der Hauptbelegschaft nicht vor.

4140 Die Änderung der Arbeitsorganisation steht einem Betriebsübergang allerdings nur dann entgegen, wenn die Änderung **so wesentlich** ist, dass der Erwerber die bisherigen Strukturen im Ergebnis nicht mehr nutzt. Eine nur geringfügige Änderung, wie z. B. die Verbesserung der Arbeitsmethoden durch die Einführung eines neuen EDV-Systems, genügt nicht, wenn sich hierdurch die Arbeitsorganisation nicht grundlegend verändert (*BAG* 21.8.2008 – 8 AZR 407/07, AP BGB § 613a Nr. 348; 22.7.2004 EzA § 613a BGB 2002 Nr. 27).

*bb) Fortführung der wirtschaftlichen Einheit*

4141 In seinen Entscheidungen vom 18.3.1999 (EzA § 613a BGB Nr. 177 und EzA § 613a BGB Nr. 178) hat das *BAG* klargestellt, dass allein die **Möglichkeit** der Fortführung eines Betriebes **nicht** ausreicht, um einen Betriebsübergang zu begründen. Diese Rspr. hat das *BAG* auch in seinem Urteil vom 21.2.2008 (– 8 AZR 77/07, AP BGB § 613a Nr. 343) bestätigt.

4142 Der Leitsatz der Entscheidung EzA § 613a BGB Nr. 177 lautet:
»Die Rückgabe eines verpachteten Betriebes an den Verpächter nach Ablauf des Pachtverhältnisses kann nur dann einen Betriebsübergang darstellen, wenn der Verpächter den Betrieb tatsächlich weiterführt. Die bloße Möglichkeit, den Betrieb selbst unverändert fortführen zu können, erlaubt nicht die Annahme eines Betriebsüberganges (Anpassung der Senatsrechtsprechung an die Rechtsprechung des EuGH). (. . .)«

4143 In den Entscheidungsgründen führt das *BAG* aus:
»Vielmehr bedarf es der Übernahme einer wirtschaftlichen Einheit (. . .). Wesentliches Kriterium für den Übergang ist die tatsächliche Weiterführung oder Wiederaufnahme der Geschäftstätigkeit beim Wechsel der natürlichen oder juristischen Person, die für den Betrieb verantwortlich ist. (. . .) Führt der Verpächter den an ihn zurückgefallenen Betrieb auch nicht vorübergehend, können zwar materielle und immaterielle Betriebsmittel auf ihn übergehen; er übt die wirtschaftliche Tätigkeit mit eigener Zielsetzung aber nicht aus. Er nutzt nicht die vorhandene Organisation, übernimmt weder die Hauptbelegschaft noch die Kundschaft. Ohne jegliche Ausübung einer betrieblichen Tätigkeit geht der Betrieb regelmäßig nicht auf ihn über. Der Betriebsüber-

gang kann sich dagegen auf den neuen Pächter vollziehen, wenn er die Betriebstätigkeit fortsetzt oder wieder aufnimmt. Dessen wesentlich andere Betriebstätigkeit, völlig neue betriebliche Organisation oder die erhebliche Unterbrechung der Betriebstätigkeit können dem Betriebsübergang entgegenstehen. Schließt danach schon die gänzlich andersartige Betriebstätigkeit oder -organisation den Betriebsübergang aus, wenn die bisherige Einheit auch nicht zeitweise genutzt wird, so liegt erst recht kein Betriebsübergang vor, wenn überhaupt keine betriebliche Tätigkeit entfaltet wird.«

Die Identität der wirtschaftlichen Einheit kann somit nur dann gewahrt sein, wenn sich der Erwerber die bisher beim Veräußerer bestehende organisatorische Einheit – i. S. d. Beibehaltung der funktionellen Verknüpfung der übertragenen Produktionsfaktoren – **tatsächlich** zu Nutze macht. Damit kommt es entscheidend auf die Absichten des Erwerbers im Zeitpunkt der Übernahme der tatsächlichen Leitungsmacht an (vgl. *Willemsen/Annuß* Anm. zu *BAG* 18.3.1999 AP Nr. 189 zu § 613a BGB). 4144

Ein Betriebs(teil)übergang liegt danach in folgenden Fällen **nicht** vor: 4145
– Der Erwerber führt die wirtschaftliche Einheit nicht fort. Er legt z. B. den Betrieb unmittelbar nach Erlangung der tatsächlichen Leitungsmacht über die Betriebsmittel still.
– Der Erwerber übernimmt die betriebliche Organisation des Veräußerers nicht bzw. verändert sie in erheblichem Maße. Der Erwerber »zerschlägt« unmittelbar nach Erlangung der tatsächlichen Leitungsmacht über die Betriebsmittel die beim Veräußerer bestehende Organisation, indem er z. B. übernommene Betriebsmittel an Dritte weiterveräußert (vgl. *Müller-Glöge* NZA 1999, 452).
– Der Erwerber gliedert den erworbenen Betrieb vollständig in die Organisationsstruktur des eigenen Unternehmens ein (*BAG* 6.4.2006 EzA § 613a BGB 2002 Nr. 52) und nutzt auch die funktionelle Verknüpfung der Produktionsfaktoren nicht mehr.

Mit dieser Rechtsprechung hat das BAG seine alte Rechtsprechung aufgegeben. Entscheidend sind nicht die Übernahme der wesentlichen Betriebsmittel und die damit verbundene **bloße Möglichkeit** der unveränderten Betriebsfortführung durch den Erwerber. Entscheidend ist nicht der Erwerb der Betriebsmittel als solcher, sondern vielmehr die Ausnutzung der ggf. durch diese **mitverkörperten Betriebsorganisation** im genannten Sinn. Diese ist tragendes und unverzichtbares Element eines Betriebsüberganges. **Ohne tatsächliche Nutzung der vom Vorgänger konkret geschaffenen Arbeitsorganisation gibt es letztlich keinen Betriebsübergang** (s. hierzu ausf. und sehr instruktiv *Willemsen* in: Willemsen/Hohenstatt/Schweibert Umstrukturierung und Übertragung von Unternehmen, 3. Aufl., G Rn. 75 ff.). 4146

*cc) Funktionsnachfolge*

Das BAG hat inzwischen mehrfach festgestellt, dass eine **reine Funktionsnachfolge** bzw. Aufgabenübertragung keinen Betriebsübergang begründet. Neben der Aufgabe muss stets auch die zugrunde liegende Organisation bzw. wirtschaftliche Einheit übertragen – wobei die Beibehaltung der organisatorischen Selbständigkeit, wie ausgeführt, nicht unbedingt notwendig ist – und fortgesetzt werden (s. nur: *BAG* 13.11.1997 EzA § 613a BGB Nr. 154). Dieser Rechtsprechung ist zuzustimmen. Der Schutz der betroffenen Arbeitnehmer ist nur da geboten, wo die betriebliche Einheit fortbesteht. Die Neuvergabe eines Auftrags (Funktionsnachfolge) ist zunächst nur die Folge des Wettbewerbs auf einem freien Dienstleistungsmarkt (*BAG* 28.5.2009 – 8 AZR 273/08, AP BGB § 613a Nr. 370; 22.1.2009 EzA § 613a BGB 2002 Nr. 107 = NZA 2009, 905). Dies gilt, wie bereits dargelegt, auch dann, wenn der Dienstleistungsauftrag der einzige Auftrag eines Betriebes ist (*BAG* 28.5.2009 – 8 AZR 273/08, AP BGB § 613a Nr. 370; 22.1.2009 EzA § 613a BGB 2002 Nr. 107 = NZA 2009, 905). Der Übergang einer wirtschaftlichen Einheit setzt neben einer etwaigen Auftragsnachfolge die Feststellung zusätzlicher Umstände voraus, die in der Gesamtwürdigung die Annahme des Fortbestands der wirtschaftlichen Einheit rechtfertigen. Eine Tätigkeit ist noch keine wirtschaftliche Einheit (*BAG* 14.8.2007 EzA § 613a BGB 2002 Nr. 74). Zwar kann der Wegfall des einzigen Auf- 4147 traggebers für ein Unternehmen und seine Arbeitsplätze existenzvernichtend sein. Der Übergang einer wirtschaftlichen Einheit setzt jedoch den Fortbestand der organisatorischen Zusammenfassung und ihrer funktionellen Verknüpfung von Ressourcen voraus. Eine bloße Auftragsnachfolge erfüllt diese Voraussetzung nicht (*BAG* 28.5.2009 – 8 AZR 273/08, AP BGB § 613a Nr. 370; 22.1.2009 EzA § 613a BGB 2002 Nr. 107 = NZA 2009, 905).

### dd) Betriebsstilllegung

4148 Eine Betriebsstilllegung ist die **Auflösung** der zwischen Arbeitgeber und Arbeitnehmer bestehenden **Betriebs- und Produktionsgemeinschaft** (*BAG* 3.9.1998 – 8 AZR 439/97, n. v.; 10.10.1996 EzA § 1 KSchG Betriebsbedingte Kündigung Nr. 87). Sie ist abgeschlossen, wenn die Arbeitsverhältnisse der Arbeitnehmer beendet sind (*BAG* 22.10.2009 EzA § 613a BGB 2002 Nr. 116 = NZA-RR 2010, 660). Betriebsstilllegung und Betriebsübergang schließen sich grds. gegenseitig aus (*BAG* 26.5.2011 – 8 AZR 37/10, EzA § 613a BGB Nr. 125; 22.10.2009 EzA § 613a BGB 2002 Nr. 116 = NZA-RR 2010, 660; 16.5.2002 EzA § 613a BGB Nr. 210). Die Veräußerung des Betriebes allein stellt keine Stilllegung dar (*BAG* 13.6.2006 – 8 AZR 271/05, AP BGB § 613a Nr. 305). Ist der Betrieb einmal tatsächlich stillgelegt, kann er nicht mehr übergeleitet werden. Wird ein Betrieb übergeleitet, wird er gerade nicht stillgelegt. Beides geht nicht. Anders ist die Rechtslage, wenn der Arbeitgeber die Stilllegung des Betriebes erst beschlossen hat, sie jedoch noch nicht vollzogen ist. In dieser Phase kann es trotz des Stilllegungsbeschlusses tatsächlich später noch zu einem Betriebsübergang kommen. Solange die Betriebsstilllegung noch nicht abgeschlossen ist, kann der Betrieb noch übergehen (*BAG* 22.10.2009 EzA § 613a BGB 2002 Nr. 116 = NZA-RR 2010, 660).

4149 Offensichtlich aus Angst, die Schutzfunktion des § 613a BGB könne unterlaufen werden, hält die Rechtsprechung diese Konzeption nicht konsequent durch. Nach der Rechtsprechung ist es nicht ausgeschlossen, dass es auch **nach Vollzug der Betriebsstilllegung** noch zu einem Betriebsübergang kommt (*BAG* 13.11.1997 EzA § 613a BGB Nr. 154).

4150 Plant der Arbeitgeber, den Betrieb stillzulegen, muss er mit dem Ausspruch der Kündigungen nicht warten, bis die Stilllegung vollzogen ist. Es kommt auch eine Kündigung wegen **beabsichtigter Stilllegung** des Betriebes in Betracht. Die geplante Stilllegung eines Betriebes stellt ein dringendes betriebliches Erfordernis nach § 1 Abs. 2 S. 1 KSchG dar, sofern die Planung endgültig und abschließend ist (*BAG* 26.4.2007 – 8 AZR 695/05, AP InsO § 125 Nr. 4; 10.10.1996 EzA § 1 KSchG Betriebsbedingte Kündigung Nr. 87). Die Planungen müssen so greifbar und konkret sein, dass im Zeitpunkt des Ausspruchs der Kündigung auf Grund einer vernünftigen, betriebswirtschaftlichen Betrachtung davon auszugehen ist, zum Zeitpunkt des Kündigungstermins sei der Betrieb stillgelegt (*BAG* 26.4.2007 – 8 AZR 695/05, AP InsO § 125 Nr. 4; 16.5.2002 EzA § 613a BGB Nr. 210). Die Rechtsprechung verneint allerdings einen endgültigen Stilllegungsentschluss, solange der Unternehmer noch ernsthafte Verhandlungen über eine Veräußerung des Betriebs führt (*BAG* 27.4.1995 EzA § 613a BGB Nr. 126). Selbst wenn diese Verhandlungen später scheitern sollten, ändert dies nichts daran, dass ein endgültiger Stilllegungsbeschluss nicht vorlag.

4151 Hat der Arbeitgeber ernsthaft und endgültig beschlossen, den Betrieb stillzulegen und daraufhin die betriebsbedingten Kündigungen ausgesprochen, bleiben diese auch dann wirksam, wenn es später doch noch zu einem Betriebsübergang kommt. Maßgeblich für die Beurteilung der Wirksamkeit der Kündigungen ist der Zeitpunkt des Ausspruchs der Kündigungen (*BAG* 23.11.2006 – 8 AZR 349/06, AP BGB § 613a Wiedereinstellung Nr. 1). Spätere Entwicklungen können nicht im Nachhinein zur Unwirksamkeit einer zunächst wirksamen Kündigung führen (*BAG* 19.6.1991 EzA § 613a BGB Nr. 98). Die Unwirksamkeit der Kündigung kann auch nicht aus einer Umgehung von § 613a Abs. 1 und 4 BGB hergeleitet werden, solange zum **Zeitpunkt des Ausspruchs der Kündigung** (*BAG* 13.11.1997 EzA § 613a BGB Nr. 154) der ernstliche und endgültige Stilllegungsentschluss vorlag.

4152 Bei dieser Konstellation kommt jedoch ein Anspruch des Arbeitnehmers auf **Wiedereinstellung/Fortsetzung** des Arbeitsverhältnisses gegenüber dem Arbeitgeber bzw. Erwerber in Betracht (*BAG*

21.08.2008 – 8 AZR 201/07, AP BGB § 613a Nr. 353; 25.10.2007 – 8 AZR 989/06, AP BGB § 613a Wiedereinstellung Nr. 2; 23.11.2006 – 8 AZR 349/06, AP BGB § 613a Wiedereinstellung Nr. 1). In den Fällen, in denen die wirksame betriebsbedingte Kündigung auf einer Prognose des Arbeitgebers beruht, hat der Arbeitnehmer nach zwischenzeitlich gefestigter Rechtsprechung des BAG einen Anspruch auf Fortsetzung des Arbeitsverhältnisses, wenn sich die Prognose **noch während des Laufs der Kündigungsfrist** als falsch herausstellt und der Arbeitgeber mit Rücksicht auf die Wirksamkeit der Kündigung noch keine Dispositionen getroffen hat und ihm die unveränderte Fortsetzung des Arbeitsverhältnisses zumutbar ist (*BAG* 27.2.1997 EzA § 611 BGB Einstellungsanspruch Nr. 9). Demnach besteht ein Wiedereinstellungsanspruch in Form eines Fortsetzungsanspruchs des Arbeitnehmers gegenüber dem neuen Betriebsinhaber grds. auch dann, wenn der Betriebsübergang zwar erst am Tag nach Ablauf der Kündigungsfrist stattgefunden hat, die Weiterbeschäftigungsmöglichkeit jedoch schon während des Laufs der Kündigungsfrist entstanden und die ursprünglich bei Ausspruch der Kündigung anzustellende Prognose dadurch während des Laufs der Kündigungsfrist unzutreffend geworden war (*BAG* 21.8.2008 – 8 AZR 201/07, AP BGB § 613a Nr. 353). Der für den Betriebsübergang zuständige 8. Senat des BAG hat sich dieser Rechtsprechung des 2. Senats in seinem Urteil vom 13.11.1997 (EzA § 613a BGB Nr. 154) angeschlossen und zwischenzeitlich mehrfach bestätigt (zuletzt *BAG* 25.9.2008 – 8 AZR 407/07, FA 2008, 312 LS = NZA-RR 2009, 469). Der Wiedereinstellungsanspruch ist **verwirkt**, wenn der Arbeitnehmer nicht unverzüglich (§ 121 BGB) nach Kenntniserlangung von den den Betriebsübergang ausmachenden tatsächlichen Umständen sein Fortsetzungsverlangen gegenüber dem Arbeitgeber gestellt hat. Entsprechend der Frist zur Ausübung des Widerspruchsrechts muss das Wiedereinstellungsverlangen binnen einer Frist von **einem Monat** geltend gemacht werden (*BAG* 21.8.2008 – 8 AZR 201/07, AP BGB § 613a Nr. 353; 25.10.2007 – 8 AZR 989/06, AP BGB § 613a Wiedereinstellung Nr. 2). Wird jedoch gegen die Informationspflicht nach § 613a Abs. 5 BGB dergestalt verstoßen, dass über einen stattfindenden oder bereits vollzogenen Betriebsübergang überhaupt nicht unterrichtet wird, kann auch für ein Fortsetzungsverlangen der betroffenen Arbeitnehmer eine Frist nicht zu laufen beginnen (*BAG* 27.1.2011 – 8 AZR 326/09, EzA § 613a BGB 2002 Nr. 123).

Umstritten ist die Rechtslage, wenn erst **nach Ablauf der Kündigungsfrist** eine Weiterbeschäftigungsmöglichkeit entsteht. Der 2. Senat hat den Wiedereinstellungsanspruch bei einer nach Ablauf der Kündigungsfrist eintretenden Veränderung zumindest dann verneint, wenn nach Ablauf der Kündigungsfrist ein ganz neuer Kausalverlauf in Gang gesetzt werde (*BAG* 4.12.1997 EzA § 1 KSchG Wiedereinstellungsanspruch Nr. 3). Der 7. Senat hat einen Wiedereinstellungsanspruch bei einer nach Ablauf der Kündigungsfrist eintretenden Veränderung der tatsächlichen Umstände ausdrücklich verneint (*BAG* 6.8.1997 EzA § 1 KSchG Wiedereinstellungsanspruch Nr. 2; bestätigt 28.6.2000 EzA § 1 KSchG Wiedereinstellungsanspruch Nr. 5). Der für den Betriebsübergang zuständige 8. Senat des BAG hat für den Fall eines durch willentliche Übernahme der Hauptbelegschaft herbeigeführten Betriebsübergangs das Bestehen eines Fortsetzungs-/Wiedereinstellungsanspruchs des Arbeitnehmers gegenüber dem Erwerber auch nach Ablauf der Kündigungsfrist bejaht (*BAG* 13.11.1997 EzA § 613a BGB Nr. 154). Ob dies auch in den Fällen gilt, in denen es auf Grund der Übernahme von materiellen und immateriellen Betriebsmitteln nach Ablauf der Kündigungsfrist zu einem Betriebsübergang kommt, hat der 8. Senat ausdrücklich offen gelassen (so zuletzt *BAG* 13.5.2004 EzA § 613a BGB 2002 Nr. 25). In der Literatur wird dies insbes. mit dem Hinweis auf den Umstand, dass nicht jede Unterbrechung der Geschäftstätigkeit einem Betriebsübergang entgegensteht, überwiegend bejaht (*Müller-Glöge* NZA 1999, 449; *ErfK/Preis* § 613a BGB Rn. 165). Nach der neueren Rechtsprechung des 8. Senats des BAG kommt ein Wiedereinstellungsanspruch nur ausnahmsweise in Betracht, wenn die Weiterbeschäftigungsmöglichkeit erst nach Ablauf der Kündigungsfrist entsteht (*BAG* 25.9.2008 EzA § 613a BGB 2002 Nr. 98 = NZA-RR 2009, 469; 21.8.2008 – 8 AZR 201/07, AP BGB § 613a Nr. 353; 25.10.2007 – 8 AZR 989/06, AP BGB § 613a Wiedereinstellung Nr. 2).

Differenzierter ist die Rechtslage in der **Insolvenz**. Während die herrschende Meinung den Wiedereinstellungsanspruch bei einem Betriebsübergang innerhalb der Kündigungsfrist auch in der Insolvenz bejaht, lehnt sie ihn bei einem Betriebsübergang nach Ablauf der Kündigungsfrist ab (*BAG*

25.10.2007 – 8 AZR 989/06, AP BGB § 613a Wiedereinstellung Nr. 2; 13.5.2004 EzA § 613a BGB 2002 Nr. 25 m. w. N.). Einem solchen Anspruch stehe die Intention des deutschen Insolvenzrechts entgegen, die Sanierung eines Unternehmens zu ermöglichen und eine Zerschlagung wirtschaftlicher Werte zu verhindern. Diese Entscheidung hat der 8. Senat in seinem Urteil vom 28.10.2004 (EzA § 613a BGB 2002 Nr. 30) bestätigt. Auch aus europarechtlichen Gründen sei ein Wiedereinstellungsanspruch nicht geboten.

*ee) Betriebsverlegung*

**4155** Eine Betriebsverlegung liegt vor, wenn lediglich die **örtliche Lage** des Betriebes verändert wird, sich somit die räumliche Lage der organisatorischen Einheit verändert. Ansonsten bleibt die Einheit unverändert. Die Betriebsverlegung per se steht damit einem Betriebsübergang nicht entgegen (*BAG* 25.6.2009 EzA § 613a BGB 2002 Nr. 111 = NZA 2009, 1412). Die räumliche Verlagerung kann aber zu einer Betriebsstilllegung führen, wenn sie zu einem Identitätsverlust führt. Dies ist z. B. dann möglich, wenn die Hauptbelegschaft die Verlegung nicht mitmacht und ausscheidet oder z. B. bei Einzelhandelsgeschäften die bisherigen Kundenbeziehungen durch die Ortsverlagerung verloren gehen (*BAG* 2.12.1999 EzA § 613a BGB Nr. 188). In diesem Fall liegt kein Betriebsübergang vor. Einem Betriebs(teil)übergang bei einer Betriebsverlegung steht eine räumliche Entfernung von ca. 59 km aber nicht entgegen. Sie lässt sich für die Arbeitnehmer ohne Notwendigkeit eines Umzugs in einer knappen Autostunde bewältigen (*BAG* 26.5.2011 – 8 AZR 37/10, EzA § 613a BGB 2002 Nr. 125). Nach der Rechtsprechung des BAG ist § 613a auch bei Betriebsübergängen in das **Ausland** grds. anwendbar (*BAG* 26.5.2011 – 8 AZR 37/10, EzA § 613a BGB 2002 Nr. 125).

*ff) Zusammenfassung*

**4156** Die Rechtsprechung des BAG hat sich nach der Entscheidung »Ayse Süzen« und der Entscheidung »Klarenberg« in einigen grundlegenden Punkten entscheidend geändert. Dies ist in der Praxis zu beachten. Ein Rückgriff auf frühere Entscheidungen ist nur eingeschränkt möglich.

**4157** Die **wesentlichen Eckpunkte dieser Rechtsprechung** sind:
- Die konkrete **wirtschaftliche Einheit** muss beim Erwerber ihre **Identität** wahren.
- Die vom EuGH und BAG erarbeiteten **sieben Punkte** sind zu prüfen. Die Prüfung ist mit einer **Gesamtbewertung** abzuschließen. Keine Fokussierung mehr auf Betriebsmittel. Die Übernahme der Hauptbelegschaft kann bei betriebsmittelarmen Einheiten entscheidendes Kriterium sein.
- Eine reine **Funktionsnachfolge** begründet keinen Betriebsübergang; die zugrunde liegende wirtschaftliche Einheit wird in diesem Fall nicht übertragen.
- Die vorhandene Arbeitsorganisation bzw. Betriebsmethoden müssen vom Erwerber im Wesentlichen unverändert weiter genutzt werden. Allein die **Fortführungsmöglichkeit** genügt nicht. Verändert der Erwerber sofort die zugrunde liegende Organisation grundlegend oder legt er die Einheit gar still, steht dies einem Betriebsübergang entgegen. Ein Betriebsübergang setzt aber nicht die Beibehaltung der organisatorischen Selbständigkeit voraus. Erforderlich ist die Beibehaltung des Funktions- und Zweckzusammenhangs zwischen den verschiedenen übertragenen Faktoren, der es dem Betriebserwerber erlaubt, diese Faktoren, auch wenn sie in einer anderen Organisationsstruktur eingegliedert werden, zur Verfolgung einer bestimmten wirtschaftlichen Tätigkeit zu nutzen.

*d) Betriebsinhaberwechsel*

**4158** **Inhaber** eines Betriebs oder eines Betriebsteils ist, wer im eigenen Namen einen bestimmten arbeitstechnischen Zweck verfolgt (*BAG* 6.2.1985 EzA § 613a BGB Nr. 44). Dabei kann es sich um eine natürliche Person, eine Personengesellschaft (GbR, KG, OHG) oder eine juristische Person des privaten (AG, GmbH, Genossenschaft) oder öffentlichen Rechts handeln (*BAG* 26.6.1997 EzA § 613a BGB Nr. 151).

## C. Betriebsinhaberwechsel; Arbeitgeberwechsel — Kapitel 3

Maßgeblich ist ein **Wechsel der Rechtspersönlichkeit** des Betriebsinhabers (*BAG* 31.1.2008 – 8 AZR 2/07, AP BGB § 613a Nr. 339; 3.5.1983 NJW 1983, 2283; 12.11.1998 AP Nr. 186 zu § 613a BGB). § 613a BGB findet auch auf den Übergang zwischen zwei Gesellschaften desselben Konzerns Anwendung (*EuGH* 2.12.1999 EzA § 613a BGB Nr. 186). Ein alleiniger Wechsel der Rechtsform hat keinen Einfluss auf die Identität des Betriebsinhabers. Die formwechselnde Umwandlung nach §§ 190 ff. UmwG stellt deshalb keinen Betriebsübergang dar (ErfK/*Preis* § 613a BGB Rn. 44).

**4159**

Ein **Gesellschafterwechsel** in Personengesellschaften (GbR, OHG oder KG) berührt die Identität der Gesellschaft als Rechtssubjekt nicht, so dass kein Betriebsübergang vorliegt. Diese Grundsätze gelten auch bei einem vollständigen Gesellschafterwechsel (*BAG* 12.7.1990 EzA § 613a BGB Nr. 90). Etwas anderes gilt dann, wenn alle Gesellschafter die alte Gesellschaft auflösen und dann den Betrieb auf eine neu gebildete Gesellschaft übertragen. Da nun die Identität beider Gesellschaften nicht mehr gegeben ist, gilt § 613a BGB selbst dann, wenn in beiden Gesellschaften die identischen Gesellschafter vertreten sind (*BGH* 8.11.1965 BGHZ 44, 229). Ein Widerspruchsrecht gegen den Übergang des Arbeitsverhältnisses besteht nicht, wenn der bisherige Rechtsträger durch gesellschaftsrechtliche Verschmelzung erlischt (*BAG* 21.2.2008 – 8 AZR 157/07, AP BGB § 613a Nr. 342).

**4160**

e) Übergang durch Rechtsgeschäft

aa) Rechtsgeschäft

Nach dem eindeutigen Wortlaut des § 613a BGB findet die Regelung nur Anwendung, wenn der Betrieb durch **Rechtsgeschäft** auf einen neuen Inhaber übergeht. Der Begriff des Rechtsgeschäfts ist nach ständiger Rechtsprechung des BAG und EuGH weit auszulegen. Er erfasst alle Fälle, in denen die für den Betrieb verantwortliche natürliche oder juristische Person, welche die Arbeitgeberverpflichtung gegenüber den Beschäftigten eingeht, im Rahmen vertraglicher oder sonstiger rechtsgeschäftlicher Beziehungen wechselt, ohne dass unmittelbare Vertragsbeziehungen zwischen dem bisherigen Inhaber und dem Erwerber bestehen müssen (*BAG* 18.8.2011 – 8 AZR 230/10, EzA § 613a BGB 2002 Nr. 127; 22.7.2004 – 8 AZR 350/03, AP BGB § 613a Nr. 274; 10.6.1988 AP Nr. 82 zu § 613a BGB; *EuGH* 20.11.2003 AP EWG-Richtlinie Nr. 77/187 Nr. 34 Abler; *EuGH* 7.3.1996 AP Nr. 9 zu EWG-Richtlinie 77/187 Merckx und Neuhuys, Nr. 27 f., 30). Das Tatbestandsmerkmal Übergang durch Rechtsgeschäft soll den Anwendungsbereich des § 613a BGB nicht einschränken, sondern ihn gegenüber der Gesamtrechtsnachfolge und der Übertragung aufgrund Hoheitsakts abgrenzen. Die unmittelbare Anwendung des § 613a BGB soll nur ausscheiden, wenn der Übergang von Arbeitsverhältnissen direkt auf gesetzlicher Grundlage bzw. auf Grundlage eines Hoheitsakts und ohne Zwischenschaltung eines Rechtsgeschäfts stattfindet. Letztlich ist das Merkmal »durch Rechtsgeschäft« untechnisch als »derivativer Erwerb« der Betriebsinhaberstellung zu verstehen (*BAG* 18.8.2011 – 8 AZR 230/10, EzA § 613a BGB 2002 Nr. 127). Daher findet § 613a BGB auch Anwendung, wenn ein **Zwangsverwalter** den Betrieb selbst fortführt. Zwar wird der Zwangsverwalter durch öffentlich-rechtlichen Hoheitsakt bestellt. Er übt jedoch in Bezug auf privatrechtliche Verträge des Schuldners privatrechtliche Befugnisse aus. Bei Pachtverhältnissen, in die der Zwangsverwalter nach § 152 Abs. 2 ZVG eintritt, besteht grds. keine andere Situation als in den sonstigen Fällen der Rückgabe eines verpachteten Betriebs an den Verpächter nach Ablauf des Pachtverhältnisses verbunden mit einer tatsächlichen Fortführung des Betriebs durch den bisherigen Verpächter (*BAG* 18.8.2011 – 8 AZR 230/10, EzA § 613a BGB 2002 Nr. 127).

**4161**

Das *BAG* (25.5.2000 EzA § 613a BGB Nr. 190) formuliert in Übereinstimmung mit dem EuGH wie folgt:

> »Der Übergang durch Rechtsgeschäft erfasst alle Fälle einer Fortführung der wirtschaftlichen Einheit im Rahmen vertraglicher oder sonst rechtsgeschäftlicher Beziehungen, ohne dass unmittelbare Vertragsbeziehungen zwischen dem bisherigen Inhaber und dem Erwerber bestehen müssen.«

**4162**

4163 Ein Rechtsgeschäft i. S. d. § 613a BGB muss den Erwerber in die Lage versetzen, die betroffene wirtschaftliche Einheit als neuer Inhaber leiten zu können. Hierzu muss ihm die erforderliche **Organisations- und Leitungsmacht** eingeräumt werden. Der notwendige Inhalt des Rechtsgeschäftes hängt damit letztendlich von der Art der übergehenden Einheit ab.

4164 Eine **unmittelbare** rechtsgeschäftliche Beziehung zwischen Erwerber und Veräußerer ist nicht erforderlich. Es ist auch nicht notwendig, dass die Übertragung der Leitungsmacht in einem **einheitlichen Rechtsgeschäft** erfolgt. Rechtsgeschäfte, die die Rechtsfolgen eines Betriebsübergangs ausschließen, sind aber unbeachtlich (*BAG* 27.9.2007 – 8 AZR 941/06, AP BGB § 613a Nr. 332). Nach der ständigen Rechtsprechung des BAG genügt für die Anwendung des § 613a BGB ein **Bündel von Rechtsgeschäften**, wenn diese in ihrer Gesamtheit auf die Übernahme eines funktionsfähigen Betriebes gerichtet sind (*BAG* 22.7.2004 – 8 AZR 350/03, AP BGB § 613a Nr. 274; 11.12.1997 EzA § 613a BGB Nr. 159). Ein Betriebsübergang durch Rechtsgeschäft liegt auch dann vor, wenn der Übergang von dem alten auf den neuen Betriebsinhaber rechtsgeschäftlich veranlasst wurde. Dies kann auch durch rechtsgeschäftliche Vereinbarungen mit verschiedenen Dritten, die ihrerseits Teile des Betriebsvermögens oder die Nutzungsbefugnis darüber von dem ehemaligen Inhaber des Betriebs erlangt haben, geschehen (*BAG* 22.7.2004 – 8 AZR 350/08, AP BGB § 613a Nr. 274; *EuGH* 20.11.2003 AP EWG-Richtlinie Nr. 77/187 Nr. 34 Abler). Ist die Übernahme der Hauptbelegschaft das maßgebliche Kriterium liegt ein rechtsgeschäftlicher Übergang z. B. bei einem Reinigungsauftrag dann vor, wenn das neu beauftragte Reinigungsunternehmen die Hauptbelegschaft einvernehmlich weiterbeschäftigt (*BAG* 11.12.1997 EzA § 613a BGB Nr. 159).

4165 Unerheblich ist, ob das Rechtsgeschäft **wirksam** ist. Nicht relevant ist auch, ob das zugrunde liegende Rechtsgeschäft bedingt oder mit einem Rücktrittsrecht versehen ist (*BAG* 31.1.2008 – 8 AZR 2/07, AP BGB § 613a Nr. 339). Entscheidend ist allein die wissentliche und willentliche Übernahme der Leitungsmacht. Der Erwerber tritt deshalb auch dann nach § 613a Abs. 1 S. 1 BGB in die Rechte und Pflichten aus den im Zeitpunkt des Übergangs bestehenden Arbeitsverhältnissen ein, wenn er beim Vertragsabschluss geschäftsunfähig war und das dem Betriebsübergang zugrunde liegende Rechtsgeschäft deshalb nach § 104 Abs. 2 BGB rechtsunwirksam ist. In diesem Fall kommt es entscheidend darauf an, dass der Erwerber den Betrieb tatsächlich übernommen und im eigenen Namen fortgeführt hat (*BAG* 6.2.1985 EzA § 613a BGB Nr. 44).

4166 Die **häufigsten zugrunde liegenden Rechtsgeschäfte** in der Praxis sind: Verkauf, Verpachtung, Nießbrauch, Schenkung, Leihe und sonstige Überlassungen zur Nutzung. Bei einem Bündel von Rechtsgeschäften sind daneben die Übernahme des Mietobjektes und die Weiterbeschäftigung der Arbeitnehmer von Bedeutung.

*bb) Abgrenzungsfragen*

4167 Mit der Verwendung des Begriffs des Rechtsgeschäftes wollte der Gesetzgeber bewusst den Geltungsbereich des § 613a BGB auf **rechtsgeschäftliche** Betriebsübergänge beschränken. Die Fälle der **Universalsukzession kraft Gesetzes** (*BAG* 10.3.1982 AP Nr. 1 zu § 104 KVLG) oder der Überleitung auf Grund eines **sonstigen Hoheitsaktes** sollten von der Anwendung der Vorschrift ausgeschlossen sein (*BAG* 22.7.2004 – 8 AZR 350/03, AP BGB § 613a Nr. 274; 10.6.1988 AP Nr. 82 zu § 613a BGB). So führt das *BAG* in seiner Entscheidung vom 8.5.2001 (EzA § 613a BGB Nr. 187) zu einer **gesetzlichen Ausgliederung** eines Betriebes aus dem Vermögen eines Landes auf eine Anstalt des öffentlichen Rechts kurz und knapp aus:

4168 »Ein Übergang des Arbeitsverhältnisses nach § 613a BGB setzt den Übergang eines Betriebes ›durch Rechtsgeschäft‹ voraus. Vom sachlichen Geltungsbereich der Norm sind daher Betriebsübergänge ausgenommen, die im Wege der Gesamtrechtsnachfolge kraft Gesetzes oder eines sonstigen Hoheitsaktes vollzogen werden. So ist es hier.«

4169 § 613a BGB greift somit grds. nicht ein, wenn die Rechtsnachfolge **kraft Gesetzes** eintritt (*BAG* 18.12.2008 – 8 AZR 660/07, AP BGB § 613a Nr. 366; 2.3.2006 EzA § 613a BGB 2002 Nr. 48), also in den Fällen einer landesgesetzlichen Umwandlung, der Gesamtrechtsnachfolge (z. B. Erbfolge), wenn jemand als Insolvenzverwalter oder Testamentsvollstrecker an die Stelle des Arbeitgebers tritt, beim Erwerb im Wege der Zwangsvollstreckung oder im Wege der Zwangsversteigerung, die nicht kraft Rechtsgeschäfts, sondern kraft Hoheitsakts erfolgt. Ein rechtsgeschäftlicher Betriebsübergang richtet sich jedoch nicht nach der Qualifizierung der (bisherigen) Tätigkeiten, sondern danach, ob die wesentlichen Betriebsmittel aufgrund vertraglicher Vereinbarung oder aufgrund eines hoheitlichen Aktes genutzt werden (*BAG* 13.6.2006 – 8 AZR 271/05, AP BGB § 613a Nr. 305). Ist ersteres der Fall, ist ein rechtsgeschäftlicher Betriebsübergang möglich.

In der Literatur ist umstritten, ob § 613a BGB auf die Fälle der Gesamtrechtsnachfolge **analog** anzuwenden ist (s. ausf. ErfK/*Preis* § 613a BGB Rn. 181). In Anbetracht des eindeutigen Gesetzeswortlautes ist dies nicht möglich. In dem für die Praxis wichtigsten Fall der Gesamtrechtsnachfolge nach dem UmwG enthält § 324 UmwG eine gesetzliche Regelung (s. hierzu Rdn. 4047 ff.). **4170**

»Zu dem gleichen Ergebnis kommt das BAG bei einer Überleitung auf Grund eines **Verwaltungsaktes**. Zu der Frage, ob im Zusammenhang mit der Bestellung eines neuen Notars ein Betriebsübergang vorliegt, hat das BAG in seiner Entscheidung vom 26.8.1999 (EzA § 613a BGB Nr. 187) festgestellt, dass die Errichtung einer Notarstelle ein verwaltungsinterner Vorgang ist. Die Übertragung der Notarbefugnis erfolge durch einen Hoheitsakt, nämlich einen – begünstigenden – Verwaltungsakt der Landesjustizverwaltung (vgl. § 111 BNotO). Ein solches Verwaltungshandeln könne einen rechtsgeschäftlichen Betriebsübergang i. S. v. § 613a BGB nicht begründen.« **4171**

Dagegen ist § 613a BGB anwendbar, wenn der Zwangsverwalter den Betrieb **verpachtet**. Er darf den Betrieb mit Zustimmung des Schuldners auch selbst fortführen; auch insoweit gilt § 613a BGB (*BAG* 14.10.1982 EzA § 613a BGB Nr. 38). Übernimmt der Ersteher eines Betriebsgrundstücks nach dem Zuschlag in der Zwangsversteigerung den von dem Zwangsverwalter bis zur Beendigung der Zwangsversteigerung fortgeführten Gewerbebetrieb des Schuldners, so tritt er in die mit dem Zwangsverwalter bestehenden Arbeitsverhältnisse ein. **4172**

Da § 613a BGB nicht zwingend ein privatrechtliches Rechtsgeschäft erfordert, können auch rechtsgeschäftliche Übertragungen mit **öffentlich-rechtlichem Charakter**, z. B. auf Grund eines **öffentlich-rechtlichen Vertrages** unter § 613a BGB fallen (ErfK/*Preis* § 613a BGB Rn. 62). § 613a BGB findet deshalb auch auf den durch **Verwaltungsvereinbarung** geregelten Übergang einer Schule von einem öffentlichen Träger auf einen anderen öffentlichen Träger Anwendung. Dem steht die damit verbundene, nach den Schulgesetzen vorgegebene Änderung der Schulform nicht entgegen (*BAG* 7.9.1995 EzA § 613a BGB Nr. 136). Dies bedeutet z. B. für Privatisierungen, dass wie folgt zu differenzieren ist: Erfolgt die Privatisierung mit Hilfe eines Vertrages, findet § 613a BGB unstreitig Anwendung. Beruht die Privatisierung auf Gesetz oder Verwaltungsakt, findet § 613a BGB mangels Rechtsgeschäft keine Anwendung. **4173**

*f) Zeitpunkt des Übergangs*

Der Übergang des Betriebs oder Betriebsteils ist vollzogen, wenn der Erwerber die als wirtschaftliche Einheit organisierten materiellen, immateriellen und personellen Mittel **tatsächlich** im eigenen Namen nutzt und fortführt oder anders formuliert: wenn die Inhaberschaft, mit der die Verantwortung für den Betrieb der übertragenen Einheit verbunden ist, vom Veräußerer auf den Erwerber übergeht (*BAG* 31.1.2008 – 8 AZR 2/07, AP BGB § 613a Nr. 339; 21.2.2008 – 8 AZR 77/07, AP BGB § 613a Nr. 343; 27.10.2005 EzA § 613a BGB 2002 Nr. 42 im Anschluss an *EuGH* 26.5.2005 NZA 2005, 681 Celtec). **4174**

Allein die **Möglichkeit**, die Inhaberschaft/Leitungsmacht auszuüben, genügt nicht (*Müller-Bonanni* NZA Beilage 1/2009 13, [17]), sie muss vielmehr tatsächlich vom Erwerber ausgeübt werden (*BAG* 21.2.2008 – 8 AZR 77/07, AP BGB § 613a Nr. 343). Allein der dingliche Vollzug (z. B. Eigentumsübergang) ist deshalb nicht ausschlaggebend. Die sich aus diesem Vollzug ergebenden Rechte müssen vielmehr auch tatsächlich genutzt werden. Aus den gleichen Gründen kommt es auch nicht auf das **obligatorische Rechtsgeschäft** an. Allein der Abschluss des obligatorischen Rechtsgeschäfts be- **4175** sagt noch nicht, dass ab diesem Zeitpunkt der Erwerber die wirtschaftliche Einheit tatsächlich bereits nutzt und fortführt.

4176 In der Praxis wird der Zeitpunkt des Betriebsübergangs meist **vertraglich** festgelegt. Der Zeitpunkt des Betriebsübergangs kann allerdings nicht durch Vereinbarung zwischen dem Veräußerer und dem Erwerber auf einen beliebigen Zeitpunkt verlegt werden, sie können über den Zeitpunkt des Betriebsüberganges nicht disponieren, maßgeblich sind die tatsächlichen Umstände (*BAG* 21.2.2008 – 8 AZR 77/07, AP BGB § 613a Nr. 343; 31.1.2008 – 8 AZR 2/07, AP BGB § 613a Nr. 339; *BAG* 27.10.2005 EzA § 613a BGB 2002 Nr. 42). Geht die Verfügungsmacht am Tag X auf den Erwerber über, können die Parteien nicht vereinbaren, dass der Betriebsübergang erst zwei Wochen später erfolgt. Wollen die Parteien den Betriebsübergang nicht am Tag X vorliegen haben, müssen sie vereinbaren, dass der Erwerber die Verfügungsmacht erst später erhält und ausübt.

4177 Der Annahme eines Betriebsübergangs bzw. seines Zeitpunkts stehen mögliche **vertragliche Gestaltungsrechte** (Rücktrittsrecht, Widerrufsrecht) grds. nicht entgegen. Die Einräumung eines Rücktrittsrechts, das dem Erwerber zusteht, hat deshalb keine Auswirkungen auf den Betriebsübergang, wenn dieser tatsächlich vollzogen wurde, also die Verfügungsmacht tatsächlich übergeleitet wurde (*BAG* 31.1.2008 – 8 AZR 2/07, AP BGB § 613a Nr. 339). Der Betriebsübergang bleibt nicht so lange in der Schwebe, bis klar ist, ob der Rücktritt ausgeübt wird oder nicht (*BAG* 15.12.2005 EzA § 613a BGB 2002 Nr. 45).

4178 Soweit der Übergang der Betriebsmittel **schrittweise** erfolgt, erfolgt der Betriebsübergang in dem Zeitpunkt, in dem die wesentlichen, zur Fortführung des Betriebs erforderlichen Betriebsmittel übergegangen sind und die Entscheidung über den Betriebsübergang nicht mehr rückgängig gemacht werden kann (*BAG* 27.10.2005 EzA § 613a BGB 2002 Nr. 42; 16.2.1993 EzA § 613a BGB Nr. 106).

### 3. Rechtsfolgen des Betriebsüberganges

#### a) Übergang der Arbeitsverhältnisse

4179 Nach § 613a Abs. 1 S. 1 BGB tritt der Erwerber in die Rechte und Pflichten aus dem im Zeitpunkt des Betriebsübergangs bestehenden **Arbeitsverhältnis** ein. Das Arbeitsverhältnis wird kraft Gesetzes auf den neuen Betriebsinhaber übergeleitet. Das Arbeitsverhältnis mit dem bisherigen Arbeitgeber erlischt. Der Betriebsübergang führt damit zu einem gesetzlichen **Vertragspartnerwechsel auf Arbeitgeberseite**.

4180 Erfasst werden **alle Arbeitsverhältnisse**, also Vollzeit- und Teilzeitarbeitsverhältnisse ebenso wie befristete, Aushilfsarbeits-, Nebenbeschäftigungs-, Probearbeits- und Ehegattenarbeitsverhältnisse. Das Gesetz differenziert auch nicht zwischen Angestellten, Arbeitern und Auszubildenden. **Leitende Angestellte** stehen ebenfalls in einem Arbeitsverhältnis. Auch **ruhende** Arbeitsverhältnisse sind bestehende Arbeitsverhältnisse und werden deshalb übergeleitet. Aus diesem Grund werden **Altersteilzeitverhältnisse** auch in der Freistellungsphase erfasst (*BAG* 30.10.2008 EzA § 613a BGB 2002 Nr. 101 = NZA 2009, 432; 31.1.2008 EzA § 613a BGB 2002 Nr. 89).

4181 Im Ergebnis fallen alle Arbeitsverhältnisse unter den persönlichen Geltungsbereich des § 613a BGB.

4182 Da § 613a BGB ausdrücklich von »Arbeitsverhältnissen« spricht, werden Personen, die nicht in einem Arbeitsverhältnis, sondern z. B. in einem **freien Dienstverhältnis** stehen, nicht von einem Betriebsübergang erfasst (*BAG* 13.2.2003 EzA § 613a BGB 2002 Nr. 8). Dies gilt z. B. für Handelsvertreter i. S. d. § 84 HGB und für **vertretungsberechtigte Organmitglieder** juristischer Personen (Vorstandsmitglieder von Aktiengesellschaften, GmbH-Geschäftsführer). Da die Stellung von Organmitgliedern in hohem Maße vom persönlichen Vertrauen der Gesellschafter bzw. der Hauptversammlung und des Aufsichtsrates abhängig ist, kommt auch eine analoge Anwendung des § 613a BGB nicht in Betracht (*BAG* 13.2.2003 EzA § 613a BGB 2002 Nr. 2). Etwas anderes gilt für ein eventuell mit dem Organ noch bestehendes **ruhendes Arbeitsverhältnis** (s. hierzu *BAG* 8.6.2000

## C. Betriebsinhaberwechsel; Arbeitgeberwechsel Kapitel 3

EzA § 5 ArbGG 1979 Nr. 35; *Baeck/Hopfner* DB 2000, 1914; *Bauer* GmbHR 2000, 767). Wurde bei einer **GmbH & Co. KG** der Dienstvertrag des Geschäftsführers mit der KG abgeschlossen, hängt es von der konkreten Ausgestaltung und Vertragsdurchführung ab, ob ein Arbeitsverhältnis mit der KG begründet wurde (*BAG* 10.7.1980 DB 1981, 276; 15.4.1982 NJW 1983, 2405). Die Geschäftsführerstellung bei der GmbH geht in keinem Fall mit über.

Für **Heimarbeiter und arbeitnehmerähnliche Personen** (§ 12a TVG, § 5 ArbGG, § 2 BUrlG) gilt § 613a BGB nicht, da sie gerade keine Arbeitnehmer sind. Aufgrund der strukturellen Unterschiede zu Arbeitsverhältnissen scheidet auch eine analoge Anwendung des § 613a BGB aus (*BAG* 24.3.1998 EzA § 613a BGB Nr. 165). **4183**

Ob **Leiharbeitsverhältnisse** nach § 613a BGB übergehen, hängt davon ab, ob der Betrieb oder Betriebsteil des Verleihers oder des Entleihers übertragen wird. Bei einer erlaubten Arbeitnehmerüberlassung stehen die Leiharbeitnehmer nur mit dem Verleiher in einem Arbeitsverhältnis. Bei einer Übertragung des Betriebs oder Betriebsteils des Verleihers findet deshalb § 613a BGB ohne Einschränkung Anwendung. Bei einer Übertragung des Betriebs oder Betriebsteils des Entleihers werden die Arbeitsverhältnisse der Leiharbeitnehmer grds. nicht erfasst, da die Leiharbeitnehmer nicht in einem Arbeitsverhältnis zum Entleiher stehen. Etwas anderes gilt nur dann, wenn nach § 10 Abs. 1 AÜG ein Arbeitsverhältnis zwischen Entleiher und Arbeitnehmer fingiert wird. Allerdings hat der EuGH angenommen, dass der **Übergang** von **Leiharbeitsverhältnissen** auch dann in Betracht kommt, wenn die Leiharbeitnehmer **nicht** in einem Arbeitsverhältnis mit dem Entleiher stehen. Der EuGH hat ausgeführt, dass bei einem Übergang (i. S. d. Richtlinie 2001/23) eines einem Konzern angehörenden Unternehmens auf ein Unternehmen, das diesem Konzern nicht angehört, als Betriebsveräußerer auch das Konzernunternehmen, an das der Arbeitnehmer entliehen war, angesehen werden kann, obwohl es in diesem Konzern ein Unternehmen gibt, an das die betreffenden Arbeitnehmer durch einen Arbeitsvertrag gebunden waren (*EuGH* 21.10.2010 – C-242/09, Albron). **4184**

Umstritten ist die Rechtslage bei einem **nachvertraglichen Wettbewerbsverbot**, wenn zum Zeitpunkt des Betriebsübergangs das Arbeitsverhältnis bereits beendet ist und nur noch das nachvertragliche Wettbewerbsverbot besteht. Ein nachvertragliches Wettbewerbsverbot begründet kein Arbeitsverhältnis. Nach dem Wortlaut findet § 613a BGB keine Anwendung. In Anbetracht der völlig unterschiedlichen Interessen der beteiligten Personen scheidet nach richtiger Auffassung auch eine entsprechende Anwendung aus (*LAG Frankf.* 3.5.1993 NZA 1994, 1033; *Hunold* NZA-RR 2007, 617, 622; *Bauer/Diller* Wettbewerbsverbote, 5. Aufl., Rn. 684 ff.; MüKo-HGB/*v. Hoyningen-Huene* § 74 Rn. 77; a. A. MünchArbR/*Wank* § 107 Rn. 27). **4185**

Erfasst werden nur die Arbeitsverhältnisse, die **zum Zeitpunkt des Betriebsüberganges** mit dem Veräußerer bestehen. **4186**

Ist das Arbeitsverhältnis zum Zeitpunkt des Betriebsübergangs bereits **beendet**, wird es vom Betriebsübergang nicht erfasst. Insoweit ist der Gesetzeswortlaut eindeutig (*BAG* 11.11.1986 EzA § 613a BGB Nr. 61). Endet das Arbeitsverhältnis am 31.12.01 um 24 Uhr und findet am 1.1.02 um 0 Uhr ein Betriebsübergang statt, war das Arbeitsverhältnis zum Zeitpunkt des Betriebsübergangs bereits beendet und geht deshalb nicht über. Etwas anderes gilt nur dann, wenn das Arbeitsverhältnis vom Erwerber nahtlos fortgesetzt wird. Das BAG hat dies in einem Fall, in dem das Arbeitsverhältnis zwar wirksam auf das Ende des Tages vor dem Betriebsübergang befristet war, es jedoch vom Erwerber nahtlos durch Abschluss eines neuen Arbeitsverhältnisses fortgesetzt wurde, bejaht. In diesem Fall handele es sich um ein »einheitliches Arbeitsverhältnis« (*BAG* 19.5.2005 EzA § 613a BGB 2002 Nr. 33). **4187**

Ist das Arbeitsverhältnis **gekündigt**, besteht es noch bis zum Ablauf der Kündigungsfrist. Liegt der Zeitpunkt des Betriebsübergangs vor Ablauf der Kündigungsfrist, geht das gekündigte Arbeitsverhältnis auf den Erwerber über (*BAG* 22.2.1978 EzA § 613a BGB Nr. 18), da es zu diesem Zeitpunkt noch besteht. **4188**

**4189** Alle Arbeitsverhältnisse, die zum Zeitpunkt des Betriebsüberganges bestehen, werden erfasst. Eine **Wartezeit**, wie z. B. im KSchG, gibt es nicht. Die Arbeitnehmer können sich mit Beginn der Betriebszugehörigkeit auf den Schutz des § 613a BGB berufen (*BAG* 13.2.2003 EzA § 613a BGB 2002 Nr. 8).

**4190** **Ruhestandsverhältnisse** setzen eine Beendigung des Arbeitsverhältnisses voraus. Sie werden deshalb nicht von einem Betriebsübergang erfasst. Dies hat zur Folge, dass der Erwerber Versorgungsansprüche von Arbeitnehmern, die bereits vor dem Betriebsübergang in den Ruhestand getreten sind, nicht erfüllen muss. Dasselbe gilt für Versorgungsanwartschaften von Arbeitnehmern, die bereits vor dem Betriebsübergang ausgeschieden sind. Für diese Ansprüche haftet der Veräußerer allein und zeitlich unbeschränkt.

**4191** Der Übergang des Arbeitsverhältnisses setzt voraus, dass es dem übertragenen Betrieb oder Betriebsteil zuzurechnen ist (*BAG* 22.7.2004 – 8 AZR 350/03, AP BGB § 613a Nr. 274). Keine **Zuordnungsprobleme** bestehen, wenn ein kompletter Betrieb übertragen wird. Anders ist die Situation bei **Betriebsteilübergängen**. Hier stellt sich insbes. bei Arbeitnehmern, die dem Betriebsteil zwar nicht organisatorisch zugeordnet sind, dennoch aber ganz oder zumindest teilweise für den ausgegliederten Betriebsteil tätig sind (Buchhaltung, Stabsfunktionen, EDV, Aushilfe bei gelegentlichen Engpässen usw.), die Frage, ob diese Arbeitnehmer vom Betriebsteilübergang erfasst werden. Das BAG vertrat früher die sog. **Schwerpunkttheorie** (*BAG* 25.6.1985 EzA § 613a BGB Nr. 86). Der Arbeitnehmer wurde dem Betriebsteil zugeordnet, für den er überwiegend seine Arbeitsleistung erbrachte. Heute stellt das *BAG* (13.11.1997 EzA § 613a BGB Nr. 156) ausschließlich auf die **organisatorische Anbindung** ab und hat sich damit dem EuGH (vgl. *EuGH* 7.2.1985 – Rs 186/83, Slg. 1985, 519, 528; 12.11.1992 AP Nr. 5 zu EWG-Richtlinie Nr. 77/187) angeschlossen. Danach genügt es nicht, wenn der Arbeitnehmer überwiegend für den übertragenen Betriebsteil tätig war. Die Zuordnung des Arbeitnehmers richtet sich nach objektiven Kriterien. Zu diesen zählen insbes. die Funktion des Arbeitsplatzes, der Schwerpunkt der Tätigkeit des Arbeitnehmers und eine tatsächliche Eingliederung in den Betrieb oder Betriebsteil (*BAG* 22.7.2004 – 8 AZR 350/03, AP BGB § 613a Nr. 274). Dies setzt regelmäßig eine entsprechende **Zuordnungsentscheidung** des Arbeitgebers voraus (*BAG* 25.9.2003 EzA § 613a BGB 2002 Nr. 12). Unproblematisch ist die Rechtslage schließlich dann, wenn sich alle Beteiligten einig sind. Dies gilt auch dann, wenn die Beteiligten eine vom Gesetz abweichende Zuordnung finden.

### b) Das Widerspruchsrecht der Arbeitnehmer

#### aa) Richterrechtliches Widerspruchsrecht

**4192** Nach § 613a BGB setzt der Eintritt des Betriebserwerbers in die Rechte und Pflichten des zum Zeitpunkt des Betriebsübergangs bestehenden Arbeitsverhältnisses nicht die **Einwilligung** (Zustimmung oder Genehmigung) des Arbeitnehmers voraus.

**4193** Allerdings kann der Arbeitnehmer nach der ständigen Rechtsprechung des BAG (vgl. nur *BAG* 30.10.1986 EzA § 613a BGB Nr. 54) der bevorstehenden oder bereits eingetretenen Rechtsfolge des Arbeitgeberwechsels **widersprechen**. Dieses Widerspruchsrecht wurde vom BAG durch eine verfassungskonforme Auslegung des § 613a Abs. 1 BGB entwickelt. Aus Art. 12 GG folgt nach Auffassung des BAG das Grundrecht des Arbeitnehmers, sich einen ihm genehmen Arbeitgeber auszuwählen (*Hauck* NZA Beilage 1/2009 S. 18, 22). Ein sachlicher Grund ist für die Wirksamkeit des Widerspruchs nicht erforderlich.

**4194** Diese Rechtsprechung wurde vom ***EuGH*** gebilligt (16.12.1992 EzA § 613a BGB Nr. 105). Art. 3 Abs. 1 Betriebsübergangsrichtlinie verwehre es einem Arbeitnehmer, der im Zeitpunkt des Überganges i. S. v. Art. 1 Abs. 1 der Richtlinie beim Veräußerer beschäftigt ist, nicht, dem Übergang eines Arbeitsvertrages oder Arbeitsverhältnisses auf den Erwerber zu widersprechen. Die Richtlinie 77/187/EWG verpflichte die Mitgliedstaaten jedoch nicht, die Aufrechterhaltung des Arbeitsvertrages oder Arbeitsverhältnisses mit dem Veräußerer für den Fall vorzusehen, dass ein Arbeitnehmer sich frei dafür entscheidet, das Arbeitsverhältnis nicht mit dem Erwerber fortzusetzen. Die Richtlinie stehe dem andererseits auch nicht entgegen. Es sei Sache der Mitgliedstaaten, zu bestimmen, was in einem solchen Fall mit dem Arbeitsvertrag oder dem Arbeitsverhältnis mit dem Veräußerer geschehe (ebenso *EuGH* 7.3.1996 EzA § 613a BGB Nr. 138; 12.11.1998 EzA § 613a BGB Nr. 168; ausf. dazu *Commandeur* NJW 1996, 2537 ff.).

### bb) Widerspruchsrecht nach § 613a Abs. 6 BGB

Mit dem § 613a Abs. 6 BGB hat der Gesetzgeber im Wesentlichen die Rechtsprechung des BAG kodifiziert. Dem Arbeitnehmer steht nun ein gesetzlich verankertes Widerspruchsrecht zu. **4195**

Das Widerspruchsrecht setzt grds. einen **rechtsgeschäftlichen** Betriebsübergang nach § 613a BGB voraus. Geht das Arbeitsverhältnis auf Grund eines anderen Tatbestandes über auf einen neuen Arbeitgeber über, besteht es grds. nicht. Ordnet z. B. ein Gesetz zwingend die Überleitung von Arbeitsverhältnissen vom Land auf eine Stiftung öffentlichen Rechts an, steht den Arbeitnehmern kein Widerspruchsrecht zu, wenn der Gesetzgeber bewusst kein Widerspruchsrecht eingeräumt hat (*BAG* 2.3.2006 EzA § 613a BGB 2002 Nr. 48). Eine analoge Anwendung des § 613a Abs. 6 BGB kommt wegen des Fehlens einer Regelungslücke nicht in Betracht. Kein Widerspruchsrecht steht dem Arbeitnehmer auch bei einem umwandlungsbedingten Erlöschen des übertragenden Rechtsträgers zu (*Graef* NZA 2006, 1078, 1081). Obwohl nach § 324 UmwG § 613a Abs. 1, 4 bis 6 BGB durch die Wirkungen der Eintragung einer Verschmelzung, Spaltung oder Vermögensübertragung unberührt bleiben, gebietet die Auslegung der Normen, ein Widerspruchsrecht des Arbeitnehmers zu verneinen. Auch ohne Widerspruchsrecht sind die Grundrechte des Arbeitnehmers bei einem Wechsel des Betriebsinhabers durch die bestehenden Kündigungsmöglichkeiten ausreichend gewahrt. **4196**

Der Widerspruch muss innerhalb **eines Monats** nach Zugang der Unterrichtung nach Abs. 5 erklärt werden. Maßgebend für die Einhaltung der Frist ist der Zugang beim Widerspruchsadressaten. Die Frist ist eine **Ausschlussfrist**, auf die die §§ 187 ff. BGB Anwendung finden. Nach Fristablauf kann der Widerspruch nicht mehr wirksam ausgeübt werden (*Willemsen/Lembke* NJW 2002, 1160). **4197**

Der Widerspruch muss **schriftlich** erklärt werden. Schriftlich bedeutet Schriftform i. S. d. § 126 BGB (*Hauck* NZA Beilage 1/2009 S. 18, 22; *Bauer/v. Steinau-Steinrück* ZIP 2002, 457). Der Widerspruch muss also vom Arbeitnehmer eigenhändig unterschrieben sein. Wird die Schriftform nicht gewahrt, ist der Widerspruch nach § 125 BGB nichtig. Die Schriftform verlangt keine Begründung des Widerspruchs. Auch aus Abs. 6 ergibt sich keine Verpflichtung des Arbeitnehmers, den Widerspruch zu begründen. Dies ist auch richtig, da ein sachlicher Grund für die Ausübung des Widerspruchsrechts nicht erforderlich ist (*BAG* 19.2.2009 EzA § 613a BGB 2002 Nr. 109 = NZA 2009, 1095). Es handelt sich um eine privatautonome Entscheidung des Arbeitnehmers (*BAG* 30.9.2004 EzA § 613a BGB 2002 Nr. 28). Ihm kann gegen seinen Willen kein neuer Arbeitgeber aufgezwungen werden. **4198**

Der Widerspruch ist als einseitige und empfangsbedürftige Willenserklärung **bedingungsfeindlich**. Er kann sowohl gegenüber dem Veräußerer als auch gegenüber dem Erwerber erklärt werden. Ein einmal erklärter Widerspruch kann auf Grund seines Rechtscharakters als einseitiges Gestaltungsrecht nach Zugang nicht mehr widerrufen werden (*Hauck* NZA Beilage 1/2009 S. 18, 23; *Liebers* Formularbuch des Fachanwalts Arbeitsrecht R. I.4. Rn. 140). Er kann nur noch durch eine Einigung zwischen Arbeitnehmer, Veräußerer und Erwerber wieder aufgehoben werden (*BAG* 30.10.2003 EzA § 613a BGB 2002 Nr. 16; ErfK/*Preis* § 613a BGB Rn. 97). **4199**

Die **Widerspruchsfrist** beginnt nach Zugang der Unterrichtung gem. § 613a Abs. 5 BGB zu laufen. Allein die Unterrichtung des Arbeitnehmers ist für den Fristlauf von Bedeutung. Die Unterrichtung des Betriebsrates oder der tatsächliche Vollzug des Betriebsüberganges lösen die Widerspruchsfrist nicht aus. Der Abs. 5 verlangt eine Unterrichtung **vor** dem Betriebsübergang. Dennoch setzt auch eine Unterrichtung nach dem Betriebsübergang die Monatsfrist in Gang (*BAG* 13.7.2006 EzA § 613a BGB 2002 Nr. 56 = NZA 2006, 1268). Erfolgt keine oder keine ordnungsgemäße Unterrichtung, beginnt die Widerspruchsfrist nicht zu laufen (*BAG* 23.7.2009 – 8 AZR 538/08, AP BGB **4200**

§ 613a Unterrichtung Nr. 10; 22.1.2009 EzA § 613a BGB 2002 Nr. 105 = NZA 2009, 547; 13.7.2006 EzA § 613a BGB 2002 Nr. 56 = NZA 2006, 1268; *Reinhard* NZA 2009, 63).

**4201** Das Widerspruchsrecht steht dem **Arbeitnehmer** zu. Das Recht kann also weder von den **Tarifvertragsparteien** noch vom **Betriebsrat** ausgeübt werden (Staudinger/*Annuß* § 613a BGB Rn. 325). Gleiches gilt für einen Verzicht auf das Widerspruchsrecht. In einer kollektiven Regelung kann nicht auf das Widerspruchsrecht verzichtet werden.

**4202** Auch die Regelungsbefugnis der Arbeitsvertragsparteien ist eingeschränkt. Ein abstrakter **Vorausverzicht**, z. B. im Arbeitsvertrag für alle künftigen Betriebsübergänge, ist unzulässig (*Hauck* NZA Beilage 1/2009 S. 18, [22]). In diesem Fall hat der Arbeitnehmer überhaupt keine Entscheidungsgrundlage. Anders ist ein Verzicht anlässlich eines konkret bevorstehenden Übergangs (*BAG* 19.3.1998 EzA § 613a BGB Nr. 163). Ein solcher Verzicht kann auch in einem Arbeitsvertrag vereinbart werden, wenn z. B. der Arbeitnehmer kurz vor dem Betriebsübergang in Kenntnis dessen eingestellt wird. Ein gleichwohl ausgesprochener Widerspruch wäre nicht nur vertragswidrig, sondern auch unwirksam und unbeachtlich. Dasselbe gilt, wenn der Arbeitnehmer mit dem bisherigen Arbeitgeber oder mit dem neuen Arbeitgeber den Übergang des Arbeitsverhältnisses vereinbart hat (vgl. *BAG* 15.2.1984 EzA § 613a BGB Nr. 39). Ein wirksamer Verzicht setzt nicht voraus, dass der Arbeitnehmer ordnungsgemäß nach Abs. 5 unterrichtet wurde (ErfK/*Preis* § 613a BGB Rn. 102; a. A. *Nehls* NZA 2003, 827). Dies wäre ein Eingriff in die Vertragsfreiheit, der auch zum Schutz des Arbeitnehmers nicht erforderlich ist. Der Arbeitnehmer muss keinen Verzicht im Voraus erklären, er kann die Unterrichtung abwarten und dann entscheiden. Ein konkludenter Verzicht auf das Widerspruchsrecht ist aufgrund des Schriftformerfordernisses bzgl. der Erklärung des Widerspruchs nicht möglich (*Hauck* NZA Beilage 1/2009 S. 18, 22).

**4203** Die **Ausübung des Widerspruchsrechts** kann nach § 242 BGB **rechtsmissbräuchlich sein** (*BAG* 15.2.1984 EzA § 613a BGB Nr. 39). Die zwei wichtigsten Fälle in der Praxis sind der Widerspruch, der erst Monate oder gar Jahre nach dem Betriebsübergang erklärt wird (s. hierzu Rdn. 4227 ff.), sowie der Massenwiderspruch.

**4204** Nicht jeder **Massenwiderspruch** ist per se unwirksam (*BAG* 23.7.2009 – 8 AZR 538/08, AP BGB § 613a Unterrichtung Nr. 10). Der Massenwiderspruch kann ein zufälliges Ereignis sein, wenn zwar mehrere Arbeitnehmer widersprechen, aber jeder für sich aus individuellen Gründen zu diesem Ergebnis gelangt ist. Rechtsmissbräuchlich wird der Massenwiderspruch erst dann, wenn der Widerspruch zur Erreichung unzulässiger Ziele eingesetzt wird (*Hauck* NZA Beilage 1/2009 S. 18, [22]). Eine Rechtsausübung kann nämlich dann missbräuchlich sein, wenn ihr kein schutzwürdiges Eigeninteresse zugrunde liegt, sie somit als Vorwand für die Erreichung vertragsfremder oder unlauterer Zwecke dient oder nur den Zweck hat, einem anderen Schaden zuzufügen (§ 226 BGB). Übt eine Vielzahl von Arbeitnehmern das Widerspruchsrecht aus, kann sich demgemäß aus der Zweckrichtung der Widerspruchsausübung, soweit sie nicht im Schwerpunkt auf die Verhinderung des Arbeitgeberwechsels, sondern bspw. von der Motivation getragen ist, den Betriebsübergang als solchen zu verhindern oder aber Vergünstigungen zu erzielen, auf die die Arbeitnehmer keinen Rechtsanspruch haben, ein rechtsmissbräuchliches Handeln ergeben (*BAG* 23.7.2009 – 8 AZR 538/08, AP BGB § 613a Unterrichtung Nr. 10; Staudinger/*Annuß* § 613a BGB Rn. 331). Die Verhinderung des Betriebsübergangs würde die grundgesetzlich geschützte unternehmerische Entscheidungsfreiheit des Arbeitgebers beeinträchtigen (*BAG* 30.9.2004 AP § 613a BGB Nr. 275; darüber hinausgehend *Krause* RdA 2006, 228, 232, der auch einen Einzelwiderspruch als rechtsmissbräuchlich betrachtet, wenn dieser etwa von einem Know-how-Träger eingesetzt wird, um für sich Sondervorteile zu erlangen).

### cc) Unterrichtungspflicht nach § 613a Abs. 5 BGB

#### (1) Wortlaut

Nach § 613a Abs. 5 BGB hat der bisherige Arbeitgeber oder der neue Inhaber die von einem Übergang betroffenen Arbeitnehmer in Textform zu unterrichten über: **4205**
1. den Zeitpunkt oder den geplanten Zeitpunkt des Übergangs,
2. den Grund für den Übergang,
3. die rechtlichen, wirtschaftlichen und sozialen Folgen des Übergangs für die Arbeitnehmer sowie
4. die hinsichtlich der Arbeitnehmer in Aussicht genommenen Maßnahmen.

#### (2) Sinn und Zweck der Regelung

Der Arbeitgeber hat den Arbeitnehmer im Rahmen des § 613a Abs. 5 BGB so zu informieren, dass dieser sich über die Person des Übernehmers und über die in § 613a Abs. 5 genannten Umstände ein Bild machen kann. Er soll durch die Unterrichtung eine ausreichende Wissensgrundlage für die Ausübung oder Nichtausübung seines Widerspruchsrechts erhalten (*BAG* 23.7.2009 – 8 AZR 538/08, AP BGB § 613a Unterrichtung Nr. 10; 21.8.2008 – 8 AZR 407/07, AP BGB § 613a Nr. 348; 31.1.2008 EzA § 613a BGB 2002 Nr. 85 = NZA 2008, 642; 14.12.2006 – 8 AZR 763/05, AP BGB § 613a Nr. 318; 13.7.2006 EzA § 613a BGB 2002 Nr. 56 = NZA 2006, 1268). Hierzu muss die Unterrichtung vollständig und richtig (*BAG* 23.7.2009 – 8 AZR 538/08, AP BGB § 613a Unterrichtung Nr. 10), transparent und auch für einen juristischen Laien verständlich sein (*Hohenstatt/Grau* NZA 2007, 13). Hat der Arbeitnehmer die in Abs. 5 vorgesehenen Informationen vollständig erhalten, kann er entscheiden, ob er zum neuen Inhaber mitgehen oder beim alten Arbeitgeber bleiben möchte. Im zweiten Fall besteht das Risiko einer betriebsbedingten Kündigung, da der Arbeitsplatz wegen des Betriebsübergangs entfallen ist (*Willemsen/Lembke* NJW 2002, 1159). Außerdem soll dem Betriebsveräußerer Klarheit verschafft werden, welche Arbeitnehmer bei ihm verbleiben. Spiegelbildlich soll der Betriebsübernehmer wissen, welche Mitarbeiter bei ihm tätig werden (*Hauck* NZA Beilage 1/2009 S. 18, [20]). **4206**

#### (3) Rechtsnatur

Die bisherige Rechtsprechung des *BAG* (22.4.1993 EzA § 613a BGB Nr. 111) ging davon aus, dass es sich bei der Unterrichtungspflicht um eine **Obliegenheit** handelt. Der Gesetzeswortlaut (hat ... zu unterrichten) und Sinn und Zweck der Regelung sprechen jedoch dafür, dass es sich nicht nur um eine Obliegenheit, sondern um eine **echte Rechtspflicht** handelt (ErfK/*Preis* § 613a BGB Rn. 94; *Willemsen/Lembke* NJW 2002, 1159; a. A. *Bauer/v. Steinau-Steinrück* ZIP 2002, 457). Das BAG hat zwischenzeitlich bejaht, dass es sich bei § 613a Abs. 5 BGB um eine Rechtspflicht und nicht lediglich um eine Obliegenheit handelt, so dass deren Verletzung auch Schadensersatzansprüche des Arbeitnehmers auslösen kann (*BAG* 20.3.2008 EzA § 613a BGB 2002 Nr. 91 = NZA 2008, 1297; 31.1.2008 EzA § 613a BGB 2002 Nr. 85 = NZA 2008, 642; 24.5.2005 EzA § 613a BGB 2002 Nr. 35). **4207**

#### (4) Schuldner der Unterrichtung

Sowohl der bisherige als auch der neue Betriebsinhaber sind zur Unterrichtung verpflichtet. Das Gesetz geht davon aus, dass nicht beide Personen gleichzeitig und gemeinsam unterrichten müssen. Nach dem Gesetzestext genügt es vielmehr, wenn entweder der alte oder der neue Inhaber unterrichtet. Veräußerer und Erwerber sind damit **Gesamtschuldner i. S. d. §§ 421 ff. BGB** (*BAG* 2.4.2009 – 8 AZR 262/07, NZA 2009, 1149; *Willemsen/Lembke* NJW 2002, 1159). Es genügt, wenn einer von ihnen die Arbeitnehmer ordnungsgemäß unterrichtet. Dies wirkt nach § 422 Abs. 1 S. 1 BGB auch für den anderen Arbeitgeber (*Willemsen/Lembke* NJW 2002, 1159). Es ist ausreichend, wenn sich erst aus beiden Unterrichtungstexten die vollständige Information ergibt (*Bauer/v. Steinau-Steinrück* ZIP 2002, 457). In der Praxis müssen sowohl der alte als auch der neue Betriebsinhaber zusammen- **4208** wirken, um eine vollständige Unterrichtung zu gewährleisten. Die Unterrichtung erfolgt regelmäßig in einem gemeinsam erstellten Schreiben.

*(5) Adressat der Unterrichtung*

4209 Die **vom Betriebsübergang betroffenen Arbeitnehmer** sind zu unterrichten (*Hauck* NZA Beilage 1/2009 S. 18, [19]). Betroffen sind die Arbeitnehmer, deren Arbeitsverhältnisse kraft Gesetzes auf den neuen Betriebsinhaber übergehen (s. hierzu Rdn. 4242 ff.). Die Unterrichtung muss gegenüber den Arbeitnehmern selbst erfolgen. Eine Unterrichtung des Betriebsrates ersetzt die Unterrichtung nach Abs. 5 nicht.

*(6) Form der Unterrichtung*

4210 Die Unterrichtung muss **in Textform i. S. d. neuen § 126b BGB** erfolgen. § 126b BGB erfordert eine in Schriftzeichen lesbare Erklärung, verlangt allerdings im Gegensatz zu § 126 BGB keine Unterschrift. Der Aussteller der Erklärung und der Abschluss der Erklärung müssen z. B. durch eine Namensnennung oder eingescannte Unterschrift erkennbar sein. In aller Regel ist dies eine Urkunde, die per Post, Telefax oder E-Mail übermittelt wird (*Hauck* NZA Beilage 1/2009 S. 18, 19). Die Erklärung muss nicht ausgedruckt sein. Es genügt, wenn der Empfänger sie auf dem Bildschirm lesen kann (*Bauer/v. Steinau-Steinrück* ZIP 2002, 457). Die Unterrichtung muss dem Arbeitnehmer zugehen. Die Monatsfrist beginnt erst mit dem Zugang der Unterrichtung zu laufen. Darlegungs- und beweispflichtig für den Zugang ist der Arbeitgeber, d. h. der Veräußerer und Erwerber (*Hauck* NZA Beilage 1/2009 S. 18, 19; *Nehls* NZA 2003, 822). Bei dem Unterrichtungsschreiben kann es sich um ein Standardscheiben handeln. Eine individuelle Unterrichtung der einzelnen Arbeitnehmer ist grds. nicht erforderlich (*BAG* 13.7.2006 EzA § 613a BGB 2002 Nr. 56 = NZA 2006, 1268). Allerdings muss der Arbeitgeber nach dieser Entscheidung des BAG auch bei einer standardisierten Unterrichtung auf etwaige Besonderheiten des Arbeitsverhältnisses hinweisen (ausf. *Hohenstatt/Grau* NZA 2007, 13). Ein Standardschreiben ist deshalb in der Praxis nur dann völlig unproblematisch, wenn alle Fälle gleichgelagert sind. Werden bei verschiedenen Fallgruppen diese all in einem Standardschreiben abgearbeitet, müssen die Arbeitgeber beachten, dass ihr Schreiben nur dann vor dem BAG Bestand haben wird, wenn es transparent und für einen juristischen Laien verständlich ist. In vielen Fällen ist es deshalb sinnvoller, für die einzelnen Fallgruppen (Tarifbindung ja/nein, unterschiedliche Bezugnahmeklauseln usw.) jeweils eigene Standardschreiben zu verwenden. Das BAG hat in Bezug auf eine Unterrichtung mit einem Standardschreiben aber auch darauf hingewiesen, dass vom Arbeitgeber keine umfassende Rechtsberatung im Einzelfall verlangt werden kann. Die Unterrichtung dient nicht dazu, jeden einzelnen Arbeitnehmer über alle ihn möglicherweise treffenden Folgen des Betriebsübergangs in Kenntnis zu setzen, sondern nur dazu, dass der Arbeitnehmer sich nach der Unterrichtung eingehender informieren bzw. beraten lassen kann. Das BAG hat die Unterrichtung durch ein Standardschreiben, in dem auch Passagen zu den Folgen für tarifliche Regelungen enthalten waren, die die klagende Arbeitnehmerin nicht betrafen, gebilligt (*BAG* 10.11.2011 – 8 AZR 430/10).

*(7) Zeitpunkt der Unterrichtung*

4211 Die betroffenen Arbeitnehmer sind **vor** dem Betriebsübergang zu unterrichten. Unterbleibt dies, besteht die Verpflichtung auch nach dem Betriebsübergang fort. Sie ist ggf. noch nach dem Betriebsübergang vorzunehmen, um den Lauf der Widerspruchsfrist in Gang zu setzen (*BAG* 23.7.2009 – 8 AZR 538/08, AP BGB § 613a Unterrichtung Nr. 10; ausf. *Göpfert/Winzer* ZIP 2008, 761; *Willemsen/Lembke* NJW 2002, 1159). Wird die Unterrichtung nach dem Betriebsübergang vervollständigt oder berichtigt, muss dies gegenüber den Arbeitnehmern auch so bezeichnet werden, damit die Arbeitnehmer wissen, dass nunmehr die Widerspruchsfrist beginnt (*Liebers* Formularbuch des Fachanwalts Arbeitsrecht R. I.4. Rn. 55). Zu den Auswirkungen auf die Widerspruchsfrist nach Abs. 6 s. Rdn. 4200.

## (8) Inhalt der Unterrichtung

### aaa) Erwerber und Gegenstand des Betriebsübergangs

Der Arbeitnehmer muss zunächst darüber informiert werden, auf welchen **neuen Arbeitgeber** sein Arbeitsverhältnis übergehen soll. Gerade bei häufigen Firmenänderungen ist eine genaue Bezeichnung wichtig, um den Arbeitnehmern eine Information über ihren bisherigen und den künftigen Arbeitgeber zu ermöglichen (*BAG* 18.3.2010 – 8 AZR 840/08, BeckRS 2010 71906). Hierzu muss der Erwerber grds. mit Firmenbezeichnung, Rechtsform und Anschrift genannt werden (*BAG* 13.7.2006 EzA § 613a BGB 2002 Nr. 56 = NZA 2006, 1268). In dieser Entscheidung hat das BAG offen gelassen, ob die fehlerhafte Bezeichnung des Geschäftsführers der Erwerberin »Jochen/Joachim« eine ordnungsgemäße Unterrichtung darstellt, daran aber erhebliche Zweifel geäußert. Über die Identität des Betriebserwerbers wird nicht ausreichend informiert, wenn auf eine »eigene GmbH« bzw. eine »neue GmbH« als Betriebserwerberin verwiesen wird. Es fehlt an der konkreten Bezeichnung des Betriebserwerbers (*BAG* 21.8.2008 – 8 AZR 407/07, AP BGB § 613a Nr. 348). Die Nennung einer noch nicht bestehenden, sich aber im Lauf der Entwicklung als korrekt ergebenden Firma des Betriebserwerbers genügt nicht (*BAG* 23.7.2009 – 8 AZR 538/08, AP BGB § 613a Unterrichtung Nr. 10). Bei Gesellschaften muss, wenn eine vollständige gesetzliche Vertretung nicht angegeben wird oder werden kann, ein **Ansprechpartner** auf Seiten des Betriebserwerbers genannt werden (*BAG* 23.7.2009 AP BGB § 613a Unterrichtung Nr. 10; *Liebers* Formularbuch des Fachanwalts Arbeitsrecht R. I.4. Rn. 64). Wird die Gesellschaft, auf die der Betrieb übergehen soll, neu gegründet und können daher Einzelheiten über diese nicht mitgeteilt werden, ist dieser Umstand den Arbeitnehmern offen zu legen (*BAG* 23.7.2009 – 8 AZR 538/08, AP BGB § 613a Unterrichtung Nr. 10). Die Gesellschafter und Handelsregisternummer müssen nicht angegeben werden (*Hohenstatt/Grau* NZA 2007, 13). 4212

Ist der Betriebserwerber Teil eines Konzerns, dürfen die Informationen zu ihm nicht mit solchen über die Konzernobergesellschaft vermengt werden (*BAG* 23.7.2009 – 8 AZR 538/08, AP BGB § 613a Unterrichtung Nr. 10). Soweit die bisherigen und künftigen Geschäftsaktivitäten des Betriebserwerbers dargestellt werden und dabei wegen der künftigen Konzernverflechtungen auf die Geschäftsaktivitäten anderer Konzernunternehmen eingegangen wird, muss dies bei der Unterrichtung deutlich werden. Außerdem ist dann die Positionierung des übergegangenen Betriebsteils im erwerbenden Konzern zu beschreiben (*BAG* 23.7.2009 – 8 AZR 538/08, AP BGB § 613a Unterrichtung Nr. 10). 4213

Nach der Rechtsprechung des BAG haben der Veräußerer und der Erwerber die Arbeitnehmer über den **Gegenstand des Betriebsübergangs** (konkreter Betrieb oder Betriebsteil) zu unterrichten (*BAG* 14.12.2006 EzA § 613a BGB 2002 Nr. 63 = NZA 2007, 682; 13.7.2006 EzA § 613a BGB 2002 Nr. 56 = NZA 2006, 1268). Der Arbeitnehmer muss in der Lage sein, beurteilen zu können, ob er tatsächlich von dem Betriebsübergang betroffen ist. Ggf. ist auch ein Hinweis auf die Übertragung von Schlüsselpatenten erforderlich (*BAG* 23.7.2009 – 8 AZR 538/08, AP BGB § 613a Unterrichtung Nr. 10). 4214

### bbb) Zeitpunkt oder geplanter Zeitpunkt des Übergangs

Dieser Punkt ist unproblematisch. Steht der **Zeitpunkt** noch nicht hundertprozentig fest, genügt die Mitteilung des derzeit geplanten Zeitpunktes, da sich der Inhalt der Unterrichtung nach dem Kenntnisstand des Veräußerers und Erwerbers richtet (*BAG* 13.7.2006 EzA § 613a BGB 2002 Nr. 56 = NZA 2006, 1268). Ändert sich dieser später, führt dies nicht zu einer nicht ordnungsgemäßen Unterrichtung. Maßgeblich ist das Planungsstadium zum Zeitpunkt der Unterrichtung. Ein Anspruch auf ergänzende Aufklärung kann sich allenfalls dann ergeben, wenn es sich auf Grund einer späteren Veränderung nicht mehr um denselben Betriebsübergang handelt, bspw. weil der Betrieb auf einen anderen Erwerber übergeht (*BAG* 13.7.2006 EzA § 613a BGB 2002 Nr. 56). 4215

## Kapitel 3
Der Inhalt des Arbeitsverhältnisses

*ccc) Grund des Übergangs*

4216 Was das Gesetz unter »Grund« für den Betriebsübergang versteht, wird nicht gesagt. Insbes. kann dem Wortlaut nicht entnommen werden, ob der Rechtsgrund oder die wirtschaftlichen Gründe mitgeteilt werden müssen. Das *BAG* (13.7.2006 EzA § 613a BGB 2002 Nr. 56 = NZA 2006, 1268) hat jetzt entschieden, dass die Nennung des **Rechtsgrundes** (Kaufvertrag, Pachtvertrag) für den Betriebsübergang alleine nicht genügt. Es ist danach vielmehr erforderlich, auch die **unternehmerischen Gründe/Erwägungen** für den Betriebsübergang mitzuteilen, um dem Arbeitnehmer eine sachgerechte Ausübung seines Widerspruchsrechtes zu ermöglichen. Im konkreten Fall ließ das BAG die Angabe des Veräußerers, den Betrieb aus wirtschaftlichen Gründen nicht selbst fortführen zu wollen, ausreichen. Damit wussten die Arbeitnehmer, dass es beim bisherigen Arbeitgeber keine Arbeitsplätze mehr geben wird. Die Information zu dem Grund des Betriebsübergangs erfordert in erster Linie Angaben über die zwischen Betriebsveräußerer und Betriebserwerber getroffenen schuldrechtlichen Vereinbarungen (*BAG* 23.7.2009 – 8 AZR 538/08, AP BGB § 613a Unterrichtung Nr. 10). Wird bspw. eine Übertragung durch Einzelrechtnachfolgen vereinbart, ist die Information, dass ein Kaufvertrag geschlossen wurde, nicht korrekt (*BAG* 23.7.2009 – 8 AZR 538/08, AP BGB § 613a Unterrichtung Nr. 10).

*ddd) Rechtliche, wirtschaftliche und soziale Folgen für die Arbeitnehmer*

4217 Dieser Punkt bereitet in der Praxis meist die größten Schwierigkeiten, da diese Folgen nicht selten sehr komplex und schwierig darzustellen sind. Im Regelfall dürfen sich Veräußerer und Erwerber nicht auf die Wiedergabe des Gesetzestextes beschränken, sondern müssen konkret über die **unmittelbaren und eventuell mittelbaren Folgen** des Betriebsübergangs informieren. Erste wesentliche unmittelbare Folge ist der (gesetzliche) Eintritt des Erwerbers in die Rechte und Pflichten aus dem Arbeitsverhältnis (*BAG* 25.6.2009 – 8 AZR 336/08, NJOZ 2010, 451; 22.1.2009 – 8 AZR 808/07, AP BGB § 613a Unterrichtung Nr. 4; 13.7.2006 EzA § 613a BGB 2002 Nr. 56 = NZA 2006, 1268; *Hohenstatt/Grau* NZA 2007, 13). Nähere Erläuterungen hierzu sind, da sich auf der individualvertraglichen Ebene in den meisten Fällen nichts ändert, nicht notwendig. Nur wenn es hier zu Änderungen kommt, sind nähere Ausführungen erforderlich. Die Rechtsfolgen des Betriebsübergangs müssen aber präzise angegeben werden, juristische Fehler dürfen in der Unterrichtung nicht enthalten sein (*BAG* 23.7.2009 – 8 AZR 538/08, AP BGB § 613a Unterrichtung Nr. 10; 22.1.2009 – 8 AZR 808/07, AP BGB § 613a Unterrichtung Nr. 4). Die Entscheidung des BAG vom 13.7.2006 macht aber sehr anschaulich deutlich, wie schnell Fehler passiert sind. Bereits der Hinweis, der Erwerber habe sich **verpflichtet**, alle vom Betriebsübergang betroffenen Arbeitsverhältnisse mit allen Rechten und Pflichten zu übernehmen, ist nach der Auffassung des 8. Senats dazu geeignet, die Korrektheit der Unterrichtung in Frage zu stellen. Beim Arbeitnehmer könnte nämlich der Eindruck erweckt werden, die Fortgeltung der Vertragsbedingungen stehe im Belieben des Erwerbers (*BAG* 13.7.2006 EzA § 613a BGB 2002 Nr. 56 = NZA 2006, 1268). Tatsächlich geht aber das Arbeitsverhältnis kraft Gesetzes über. Auch das Recht zum Widerspruch gegen den Übergang des Arbeitsverhältnisses ist den Arbeitnehmern mitzuteilen (*Reinhard* NZA 2009, 63, 64). Dabei ist auf das gesetzliche Schriftformerfordernis des Widerspruchs hinzuweisen (*BAG* 22.6.2011 – 8 AZR 752/09). Der Arbeitgeber muss zudem auf das **Haftungssystem** nach § 613a Abs. 2 BGB hinweisen (*BAG* 25.6.2009 – 8 AZR 396/08, NJOZ 2010, 451), demzufolge der bisherige Arbeitgeber gesamtschuldnerisch mit dem neuen Arbeitgeber nur für Verpflichtungen nach § 613a Abs. 1 BGB haftet, soweit sie vor dem Zeitpunkt des Übergangs entstanden sind und vor Ablauf von einem Jahr nach dem Betriebsübergang fällig werden (*BAG* 20.3.2008 – 8 AZR 1016/06, FA 2008, 333 LS = NZA 2008, 1354). Über das Haftungssystem muss vollständig informiert werden (*BAG* 23.7.2009 – 8 AZR 538/08, AP BGB § 613a Unterrichtung Nr. 10; 22.1.2009 AP BGB § 613a Unterrichtung Nr. 4). Der Veräußerer muss insbes. darüber unterrichten, dass er für Ansprüche, die vor dem Betriebsübergang entstanden sind und fällig wurden, weiterhin Gesamtschuldner bleibt. Dabei ist auch zu erläutern, wann ein Anspruch entstanden ist und fällig wurde (*BAG* 23.7.2009 – 8 AZR 538/08, AP BGB § 613a Unterrichtung Nr. 10). Nur die vollständige Darstellung des Haftungssystems versetzt die

Arbeitnehmer in die Lage, ggf. näheren Rechtsrat einzuholen, wer in welchem Umfang für welche Ansprüche haftet (*BAG* 26.5.2011 – 8 AZR 18/10).

Zweiter zentraler Punkt sind die Auswirkungen des Betriebsübergangs auf die beim Veräußerer geltenden **Kollektivvereinbarungen**, also Tarifverträge und Betriebsvereinbarungen. Hier ist insbes. darzustellen, welche Kollektivvereinbarungen beim Erwerber fortbestehen und welche durch kollektive Regelungen, die beim Erwerber bestehen, abgelöst werden. Soweit die Regelungen fortgelten, muss erläutert werden, ob die Normen kollektivrechtlich oder individualvertraglich fortwirken (*BAG* 23.7.2009 – 8 AZR 538/08, AP BGB § 613a Unterrichtung Nr. 10; 13.7.2006 EzA § 613a BGB 2002 Nr. 56 = NZA 2006, 1268). Eine detaillierte Bezeichnung einzelner Tarifverträge und Betriebsvereinbarungen ist nach den Entscheidungen des 8. Senats jedoch nicht nötig, da sich der Arbeitnehmer, nach Erhalt der Information, selbst näher erkundigen kann. Den Arbeitnehmern sollte in diesem Zusammenhang gesagt werden, wo sie sich näher erkundigen können. In der Praxis empfiehlt es sich dennoch, zumindest die ablösenden und die abgelösten Kollektivvereinbarungen den Arbeitnehmern – evtl. in einer Anlage zum Unterrichtungsschreiben – detailliert mitzuteilen. Da die Arbeitnehmer auch über die wirtschaftlichen Folgen zu unterrichten sind, müssen auch die wirtschaftlichen Auswirkungen einer Ablösung dargelegt werden. Schließlich empfiehlt es sich in diesem Zusammenhang auch die Folgen des Betriebsübergangs für die betriebsverfassungsrechtlichen Organe darzustellen. So ist es für den betroffenen Arbeitnehmer evtl. von Interesse, ob der Betriebsrat im Amt bleibt oder zumindest ein Übergangsmandat besitzt. Gleiches gilt für die kündigungsrechtliche Situation, wenn die Möglichkeit von Kündigungen im Raum steht (*BAG* 22.1.2009 – 8 AZR 808/07, AP BGB § 613a Unterrichtung Nr. 4; 13.7.2006 EzA § 613a BGB 2002 Nr. 56 = NZA 2006, 1268).

4218

Das BAG nimmt an, dass der Arbeitgeber unter bestimmten Umständen auch verpflichtet ist, den Arbeitnehmer über die **mittelbaren** Folgen des Betriebsübergangs zu unterrichten (*BAG* 31.1.2008 EzA § 613a BGB 2002 Nr. 85 = NZA 2008, 642; 13.7.2006 EzA § 613a BGB 2002 Nr. 56; *Reinhard* NZA 2009, 63, 65; *Göpfert/Winzer* ZIP 2008, 761, 763). Das bereitet in der Praxis oftmals besondere Schwierigkeiten. Eine Unterrichtungspflicht hinsichtlich mittelbarer Folgen bejahte das BAG bislang in folgenden Fällen: Sozialplanansprüche, die dem Arbeitnehmer bei Ausübung des Widerspruchsrechts zustehen können (*BAG* 13.7.2006 EzA § 613a BGB 2002 Nr. 56); Unterrichtung, dass Betriebserwerber Immobilien/Grundvermögen nicht übernimmt, sondern diese im Rahmen einer Vereinbarung mit einem Dritten nutzt, da hierdurch die ökonomischen Rahmenbedingungen gravierend verändert werden und die Arbeitsplatzsicherheit beim Betriebserwerber maßgeblich betroffen ist (*BAG* 31.1.2008 EzA § 613a BGB 2002 Nr. 85 = NZA 2008, 642; *Reinhard* NZA 2009, 63, [66]; *Liebers* Formularbuch des Fachanwalts Arbeitsrecht R. I.4. Rn. 68; a. *A. Dzida* NZA 2009, 641, 644). Eine grundsätzliche Unterrichtung hinsichtlich der wirtschaftlichen und finanziellen Lage des Betriebserwerbers verlangt das BAG jedoch nicht (*BAG* 31.1.2008 NZA 2008, 642).

4219

Letztendlich muss der Arbeitnehmer über das **Widerspruchsrecht** selbst und die **Art**, wie der Widerspruch nach § 613a Abs. 6 BGB auszuüben ist, unterrichtet werden. Es ist auf die **Schriftform** hinzuweisen, auf die **Frist** und darauf, dass neuer wie alter Arbeitgeber als **Adressaten** in Betracht kommen (*BAG* 20.3.2008 – 8 AZR 1016/06, FA 2008, 333 = NZA 2008, 1354). Der Arbeitnehmer muss auch über die **Folgen** eines Widerspruchs unterrichtet werden. Diese Pflicht wird vom BAG mit Sinn und Zweck der Unterrichtungspflicht begründet, dem Arbeitnehmer eine ausreichende Wissensgrundlage für die Ausübung seines Widerspruchsrechts zu verschaffen. Die Frage, ob ein Arbeitnehmer im Falle seines Widerspruchs mit einer Kündigung rechnen muss und ob ihm für diesen Fall ggf. eine Abfindung aus einem Sozialplan zusteht, ist für seine Willensbildung von erheblicher Bedeutung.

4220

Die Beurteilung der **rechtlichen Folgen** für den Arbeitnehmer sind zum Teil sehr schwierig und in der Literatur sehr umstritten. Gibt es mehrere vertretbare Auffassungen, ist eine Unterrichtung über komplexe Rechtsfragen dann nicht fehlerhaft, wenn der Arbeitgeber bei angemessener Prüfung der Rechtslage, die ggf. die Einholung von Rechtsrat über die höchstrichterliche Rechtsprechung beinhaltet, eine rechtlich vertretbare Position gegenüber dem Arbeitnehmer vertritt (*BAG* 10.11.2011 –

4221

8 AZR 430/10 (ordnungsgemäße Unterrichtung bejaht); 13.7.2006 EzA § 613a BGB 2002 Nr. 56 = NZA 2006, 1268; *Hauck* NZA Beilage 1/2009, S. 18, 20; *Reinhard* NZA 2009, 63, [65]).

### eee) In Aussicht genommene Maßnahmen

4222 Zu den hinsichtlich der Arbeitnehmer in Aussicht genommenen Maßnahmen gehören nach der Gesetzesbegründung (BR-Drs. 831/01, S. 24) Weiterbildungs- und andere Maßnahmen, welche die berufliche Entwicklung der Arbeitnehmer betreffen (*Hauck* NZA Beilage 1/2009, S. 18, 20 f.). Eine Begrenzung auf diese Art von Maßnahmen kann dem Gesetzestext allerdings nicht entnommen werden. Ferner gehören dazu alle durch den bisherigen oder neuen Betriebsinhaber geplanten erheblichen Änderungen der rechtlichen, wirtschaftlichen oder sozialen Situation der von dem Übergang betroffenen Arbeitnehmer (*BAG* 10.11.2011 – 8 AZR 430/10).

4223 **Letztendlich dürften alle Maßnahmen, die sich zum Zeitpunkt der Unterrichtung bereits im Planungsstadium befinden und sich auf die Arbeitsverhältnisse beziehen, hierunter fallen.** Diese Auffassung vertritt auch das BAG. In Aussicht genommen seien Maßnahmen frühestens dann, wenn ein Stadium konkreter Planung erreicht sei (*Hauck* NZA Beilage 1/2009, S. 18, [21]). Sind im Zeitpunkt der Unterrichtung Maßnahmen noch nicht einmal geplant, ist auch keine Unterrichtung erforderlich (*BAG* 13.7.2006 EzA § 613a BGB 2002 Nr. 56). Plant also ein Erwerber einen Abbau der Belegschaft, um Synergien nach dem Betriebsübergang zu nutzen, ist hierüber zu unterrichten (a. A. *Bauer/v. Steinau-Steinrück* ZIP 2002, 457).

4224 Maßgeblich ist der **konkrete Planungsstand bei den beteiligten Unternehmen**. Entscheidend ist nicht, was ein verständiger Unternehmer in dieser Situation planen würde, sondern nur, was tatsächlich in Aussicht genommen wird. Wie bei der Betriebsratsanhörung nach § 102 BetrVG gilt auch hier der Grundsatz der **subjektiven Determinierung**. Für die Bestimmung des maßgeblichen Planungsstandes ist auf **beide Unternehmen** abzustellen. Der Umfang der Unterrichtung kann nicht auf den Horizont des die Unterrichtung tatsächlich durchführenden Unternehmens beschränkt werden. Aus diesem Grund ist es unabdingbar, dass sich die beiden beteiligten Unternehmen vorher genau abstimmen und ihrerseits informieren.

4225 Der Arbeitnehmer sollte schließlich auch auf eine im Falle des Widerspruchs beabsichtigte **Kündigung** hingewiesen werden, obwohl diese eigentlich gerade keine Folge des Betriebsübergangs, sondern des Widerspruchs ist (*Hauck* NZA Beilage 1/2009, S. 18, [21]; *Göpfert/Winzer* ZIP 2008, 761, 763).

4226 ▶ **Muster** (ein ausführliches Muster ist bspw. auch in *Liebers* Formularbuch des Fachanwalts Arbeitsrecht unter R. I.4. abgedruckt):

Absender: B-GmbH (Anschrift)
A GmbH (Anschrift)
(Adresse Mitarbeiter)

**Persönlich übergeben**

Betr.:   Übergang Ihres Arbeitsverhältnisses auf die B-GmbH
Unterrichtung gem. § 613a Abs. 5 BGB

Sehr geehrte . . . . . ,

wir möchten Sie mit diesem Schreiben über Veränderungen informieren, die Ihr Arbeitsverhältnis betreffen. Ihr Arbeitsverhältnis besteht bisher mit der A-GmbH.

Die A-GmbH beabsichtigt, einen abgrenzbaren Betriebsteil in N (im Folgenden: Geschäftsbereich P) organisatorisch abzutrennen und durch Rechtsgeschäft der B-GmbH zu übertragen. Hiervon sind Sie als Arbeitnehmer des Geschäftsbereichs P der A-GmbH betroffen. Der Gesetzgeber hat uns aufgegeben, Sie als Arbeitnehmer schriftlich über
1. den Zeitpunkt des Betriebsteilübergangs
2. den Grund für den Übergang

3. die rechtlichen, wirtschaftlichen und sozialen Folgen des Übergangs und
4. die für Sie als Arbeitnehmer in Aussicht genommenen Maßnahmen

zu unterrichten. Dieser Verpflichtung kommen wir hiermit nach. Bitte haben Sie Verständnis dafür, dass die folgenden Erläuterungen umfangreich und juristisch geprägt sind. Dies ist mit der gesetzlichen Unterrichtungspflicht so vorgegeben.

## I. Erwerber

Die Geschäftsanteile an der B-GmbH werden gehalten von Herrn J zu 42,5 %, von Herrn A zu 40 % und von Herrn M zu 17,5 %. Sie ist eine Gesellschaft mit beschränkter Haftung nach deutschem Recht mit einem Stammkapital von EUR 50.000,-. Die B-GmbH ist im Handelsregister des Amtsgerichts XY unter der Nummer HRB XXX eingetragen und hat ihren Sitz unter folgender Adresse in der C-Straße 1 in XY. Sie wird durch ihre Geschäftsführer Herrn J S und Herrn S A vertreten. Unternehmensgegenstand der B-GmbH ist der Betrieb einer Druckerei.

## II. Zeitpunkt des Betriebsteilübergangs

Die A-GmbH wird voraussichtlich zum 1. Juni 2012 insgesamt und einheitlich den Geschäftsbereich P, bestehend aus den Funktionsbereichen Vorstufe, Disposition, Druckerei, Weiterverarbeitung/Warenausgang, Vertrieb Print, Einkauf Print/Lagerlogistik, aus ihrem Geschäftsbetrieb abtrennen und auf die B-GmbH übertragen. Die bis dahin durch die A-GmbH in dem Geschäftsbereich P wahrgenommenen Aufgaben werden ab diesem Zeitpunkt von der B-GmbH fortgeführt werden. Hiervon werden zum Zeitpunkt des Betriebsteilübergangs voraussichtlich 15 aktive Arbeitsverhältnisse zuzüglich 2 Altersteilzeit-Arbeitsverhältnisse in der Passivphase und 4 Ausbildungsverhältnisse betroffen sein. Darunter ist auch Ihr Arbeitsverhältnis bzw. Ausbildungsverhältnis.

## III. Grund für den Betriebsteilübergang

### 1. Unternehmerische Gründe

Ziel der Betriebsteilveräußerung ist, die strategische Kernkompetenz der A-GmbH auf das Geschäftsfeld »XYZ« zu konzentrieren und die im Geschäftsbereich P entstandenen Verluste künftig zu vermeiden. Durch den Zusammenschluss mit der B-GmbH entsteht ein regional leistungsstarkes Druckunternehmen mit einem Umsatzvolumen von ... Mio. EURO. Die Marktchancen erhöhen sich durch die Bündelung der Fachkompetenzen, durch Einkaufsvorteile und durch den effektiveren Einsatz von Personal und Maschinen.

### 2. Rechtsgrundlage

Rechtsgrundlage der Übertragung des Geschäftsbereichs P auf die B-GmbH ist ein Kaufvertrag über die Übertragung des Betriebsteils. Wesentliche Inhalte dieses Betriebsteilkaufvertrags sind der Verkauf und die Übertragung des Anlagevermögens (mit einem Buchwert am 31. Dezember 2011 von ca. ... Mio. EURO) zu ... EURO, der Verkauf und die Übertragung des Umlaufvermögens und ein Personalkostenausgleich für die Dauer von 2 Jahren. Zudem wird ein Mietvertrag für die Räumlichkeiten am Standort N mit einer Laufzeit von 5 Jahren, ein Kooperationsvertrag zwischen der B-GmbH und der C-GmbH mit einer Laufzeit von 5 Jahren sowie eine Überleitungsvereinbarung für den Versicherungsvertrag abgeschlossen.

Der Betriebsteilkaufvertrag steht unter dem Vorbehalt der Zustimmung des Aufsichtsrats und der Gesellschafterversammlung der A-GmbH. Die durch die Übertragung des Geschäftsbereichs P auf die B-GmbH notwendige Änderung des Gesellschaftsvertrags steht ebenfalls unter dem Vorbehalt der Zustimmung der Gesellschafterversammlung. Der Aufsichtsrat und die Gesellschafterversammlung werden voraussichtlich am 15. Mai 2012 darüber entscheiden, ob die Zustimmung zu diesen Verträgen erteilt wird. Wenn die Zustimmung erteilt wird, wird die Übertragung des Geschäftsbereichs P voraussichtlich mit Wirkung zum 1. Juni 2012 vollzogen und zu diesem Zeitpunkt der B-GmbH die tatsächliche Leitung des Geschäftsbereichs P übertragen.

## IV. Rechtliche, wirtschaftliche und soziale Folgen des Betriebsteilübergangs

Die A-GmbH und die B-GmbH haben mit den Betriebsräten beider Betriebe am 10. April 2012 eine Betriebsvereinbarung zum Betriebsteilübergang geschlossen (Anlage 1), die die wesentlichen Rahmenbedingungen dieser Veränderungen und ihre Auswirkungen auf Arbeitnehmer und Arbeitnehmervertretungen regelt. Unter Berücksichtigung dieser Vereinbarung und der gesetzlichen Vorgaben heißt dies für Ihr Arbeitsverhältnis Folgendes:

### 1. Wechsel des Arbeitgebers

Mit der Übertragung des Geschäftsbereichs P von der A-GmbH auf die B-GmbH geht Ihr Arbeitsverhältnis kraft Gesetzes mit allen Rechten und Pflichten auf die B-GmbH über. Die B-GmbH tritt kraft Gesetzes als neue Arbeitgeberin in sämtliche Rechte und Pflichten Ihres bestehenden Arbeitsverhältnisses ein und führt dieses unverändert mit allen Rechten und Pflichten fort. Dies gilt auch, soweit Ihr Arbeitsvertrag auf tarifliche Regelungen verweist. Ihre bei der A-GmbH zurückgelegte oder anerkannte Betriebszugehörigkeit gilt als bei der B-GmbH erbracht. Ihre arbeitsvertragliche Rechtsposition geht gem. § 613a Abs. 1 Satz 1 BGB auf die B-GmbH über.

Die B-GmbH beabsichtigt längerfristig, zur Vereinheitlichung der Arbeitsbedingungen innerhalb des zusammengelegten Betriebs neue Arbeitsverträge anzubieten. Inhalt dieser Vereinheitlichung soll nach den heutigen Planungen der Geschäftsführung der B-GmbH auch sein, zwei Jahre nach dem Betriebsteilübergang einheitliche arbeitsvertragliche Vergütungsstrukturen zu schaffen, in denen keine gesonderten Jahresleistungen oder Urlaubsgeld gezahlt werden. Dies wurde den Mitarbeitern des Geschäftsbereichs P in einer Bereichsversammlung am 25. Januar 2012 so mitgeteilt.

### 2. Betriebsstrukturen, Betriebsratsgremien und Betriebsvereinbarungen

2.1 Die B-GmbH unterhält in K einen eigenen Druckereibetrieb mit ca. 45 Arbeitnehmern, in dem ein Betriebsrat gewählt ist.

2.2 Die A-GmbH wird den Geschäftsbereich P, der auf die B-GmbH übertragen wird, voraussichtlich mit Wirkung zum 1. Juni 2012 auch betriebsorganisatorisch abtrennen.

2.3 Die B-GmbH beabsichtigt, ihren bisherigen Betrieb und den übernommenen Betriebsteil im Anschluss an den Betriebsteilübergang, spätestens bis zum 31. Dezember 2012 zu einem Betrieb mit zwei Standorten organisatorisch zusammenzulegen. Diese Zusammenlegung wird sich durch standortübergreifenden Personaleinsatz und einheitliche Leitung der Standorte schrittweise vollziehen.

2.4 Nach dem gemeinsamen Verständnis aller Beteiligten, der beteiligten Arbeitgeber und Betriebsräte bleibt daher der Betriebsrat der A-GmbH für Sie im Rahmen eines Übergangsmandats (§ 21a BetrVG) vorübergehend zuständig. Dieses Übergangsmandat dauert nach dem Gesetz sechs Monate und wurde mit der Betriebsvereinbarung zum Betriebsteilübergang vom 10. April 2012 verlängert bis zum 31. Dezember 2012. Nach dem 1. Juni 2012 sind spätestens bis zum 31. Dezember 2012 Betriebsratswahlen in dem Betrieb, der aus der Zusammenlegung des übernommenen Betriebsteils und des bisherigen Betriebs der B-GmbH entstehen wird, mit den Standorten K und N einzuleiten.

2.5 Soweit bis zur Neuwahl eines Betriebsrats für den Betrieb der B-GmbH mit den Standorten N und K standortübergreifende Angelegenheiten, insbes. Versetzungen von einem Standort zum anderen, zu behandeln sind, werden der Betriebsrat der B-GmbH und der Betriebsrat der A-GmbH gem. § 21a BetrVG im übertragenen Betriebsteil in N sich formlos mit dem Ziel einer konstruktiven Lösung abstimmen.

2.6 Im Folgenden stellen wir die Auswirkungen des Betriebsteilübergangs auf die bisher für Sie geltenden Betriebsvereinbarungen dar:

2.6.1 Eine vollständige Liste der im Geschäftsbereich P kollektivrechtlich bisher geltenden Betriebsvereinbarungen ist diesem Schreiben als Anlage 2 beigefügt. Zu den bisher geltenden Betriebsvereinbarungen gehört insbes. die Betriebsvereinbarung »Vereinbarung Geschäftsbereich P« (Anlage 2a) zur Arbeitszeit, die das Datum 1. Juni 2011 trägt und eine wöchentliche Arbeitszeit von 37,5 Stunden festlegt.

2.6.2 Eine vollständige Liste der im Betrieb der B-GmbH bisher kollektivrechtlich geltenden Betriebsvereinbarungen ist diesem Schreiben als Anlage 3 beigefügt.

2.6.3 Zur Vereinheitlichung der in Anlage 2 und Anlage 3 genannten Betriebsvereinbarungen wurde in einer Arbeitsgruppe zwischen dem Betriebsrat der A-GmbH, dem Betriebsrat der B-GmbH und der B-GmbH eine Einigung für die Zeit ab dem Betriebsteilübergang gefunden. Danach sollen nur noch die »Vereinbarung Geschäftsbereich P« (Anlage 2a) für die Dauer von zwei Jahren ab dem Betriebsteilübergang und die in Anlage 4 bezeichneten Betriebsvereinbarungen für die Dauer ihrer jeweiligen Laufzeit künftig an den Standorten N und K gelten. Dies bedeutet:

Durch die in Anlage 4 enthaltenen Betriebsvereinbarungen werden alle bisher kollektivrechtlich geltenden Betriebsvereinbarungen mit demselben Regelungsgegenstand ersetzt. Die ersetzten Betriebsvereinbarungen sind in der Anlage 2 gekennzeichnet.

In der Anlage 4 nicht genannten Betriebsvereinbarungen sind damit aufgehoben, soweit ihre Inhalte nicht als Besitzstand mit der »Vereinbarung Geschäftsbereich P« (Anlage 2a) für die Dauer von zwei Jahren geschützt sind. Die aufgehobenen Betriebsvereinbarungen können der Anlage 2 entnommen werden.

Die »Vereinbarung Geschäftsbereich P« gilt für die Dauer von zwei Jahren in den übergehenden Arbeitsverhältnissen mit der Maßgabe weiter, dass die Mitarbeiter bei unveränderter Arbeitszeit das bisher gezahlte Entgelt mit allen Bestandteilen erhalten, die in der »Vereinbarung Geschäftsbereich P« als übertarifliche Leistungen der A-GmbH bezeichnet sind. Mit dieser Betriebsvereinbarung wird über die Regelung des § 613a BGB hinausgehend sichergestellt, dass bis zur beabsichtigten Vereinheitlichung und Änderung der arbeitsvertraglichen Arbeitsbedingungen für die Dauer von zwei Jahren nach dem Zeitpunkt des Übergangs die bisherigen Arbeitsbedingungen in den übergehenden Arbeitsverhältnissen nach Maßgabe der »Vereinbarung Geschäftsbereich P« unter Berücksichtigung der in Anlage 4 enthaltenen Betriebsvereinbarungen und möglicher weiterer Vereinheitlichungen der Betriebsvereinbarungen, z. B. hinsichtlich der Wochenarbeitszeit, erhalten bleiben.

2.6.4 Sobald für den Betrieb an den Standorten N und K ein neuer Betriebsrat gewählt ist, wird die B-GmbH mit diesem Betriebsrat eine Überleitungs-Betriebsvereinbarung abschließen, wonach die Inhalte der in Anlage 4 bezeichneten Betriebsvereinbarungen für die jeweils verbleibende Laufzeit als Betriebsvereinbarung geregelt werden.

### 3. Tarifverträge

Die A-GmbH ist Mitglied des räumlich zuständigen Druckerei-Arbeitgeberverbands. Die B-GmbH ist nicht tarifgebunden. Rechte und Pflichten aus den bei der A-GmbH aufgrund Ihrer Gewerkschaftszugehörigkeit zum Zeitpunkt des Betriebsteilübergangs unmittelbar und zwingend geltenden Tarifverträgen werden Bestandteil Ihres Arbeitsverhältnisses. Sie dürfen gemäß § 613a Sätze 2 und 4 BGB nicht vor Ablauf eines Jahres nach dem Übergangsstichtag zu Ihrem Nachteil geändert werden, es sei denn, die Tarifverträge enden zu einem früheren Zeitpunkt oder sie werden zu einem früheren Zeitpunkt durch andere Kollektivvereinbarungen abgelöst oder dass im Geltungsbereich eines anderen Tarifvertrags Sie oder die B-GmbH nicht an diesen Tarifvertrag gebunden sind, seine Anwendung aber zwischen Ihnen und der B-GmbH vereinbart wird (§ 613a Abs. 1 Sätze 3 und 4 BGB).

### 4. In Aussicht genommene Maßnahmen

Die B-GmbH hat eine Beschäftigungsgarantie für die von der A-GmbH übergegangenen Arbeitnehmer für die Dauer von zwei Jahren ab Betriebsteilübergang (Stichtag) abgegeben. Restrukturierungsmaßnahmen, die Einfluss auf Ihr Arbeitsverhältnis haben könnten, sind von der B-GmbH derzeit nicht geplant.

### V. Kündigung

Nach dem Gesetz (§ 613a Abs. 4 Satz 1 BGB) dürfen weder die A-GmbH noch die B-GmbH Ihr Arbeitsverhältnis wegen des Betriebsteilübergangs kündigen. Weiter hat die B-GmbH für die Dauer von zwei Jahren ab dem Betriebsteilübergang eine Beschäftigungsgarantie abgegeben, siehe oben IV.4.

### VI. Haftung

Die A-GmbH und die B-GmbH haften Ihnen gegenüber uneingeschränkt als Gesamtschuldner für alle Ansprüche aus Ihrem Arbeitsverhältnis, die vor dem Zeitpunkt des Betriebsteilübergangs entstanden und fällig waren. Für Ansprüche, die vor dem Zeitpunkt des Betriebsteilübergangs entstanden sind und innerhalb eines Jahres nach diesem Zeitpunkt fällig werden, unterliegt die A-GmbH einer eingeschränkten gesamtschuldnerischen Haftung, d. h. die A-GmbH haftet für solche Ansprüche zeitanteilig entsprechend des Anteils des Bemessungszeitraums, der im Zeitraum des Betriebsteilübergangs abgelaufen ist (vgl. § 613a Abs. 2 BGB). Die B-GmbH haftet für solche Ansprüche uneingeschränkt. Zudem haftet die B-GmbH für alle anderen Ansprüche aus Ihrem Arbeitsverhältnis, insbes. solche Ansprüche, die vor dem Zeitpunkt des Betriebsteilübergangs entstanden sind, aber mehr als ein Jahr nach dem Zeitpunkt des Betriebsteilübergangs fällig werden sowie solche Ansprüche, die nach dem Zeitpunkt des Betriebsteilübergangs entstehen.

# Kapitel 3

Der Inhalt des Arbeitsverhältnisses

Ein Anspruch im vorgenannten Sinn ist entstanden, wenn die anspruchsbegründenden Voraussetzungen vorliegen. Er ist fällig, wenn Sie rechtlich berechtigt sind, seine Erfüllung zu verlangen. Mit seiner Entstehung kann ein Anspruch zugleich fällig sein, muss es aber nicht. Die dargestellte gesamtschuldnerische Haftung bedeutet für Sie, dass Sie den von der Gesamtschuldnerhaftung erfassten Anspruch in der nach § 613a Abs. 2 BGB zu berechnenden Höhe nach Ihrer Wahl voll oder teilweise sowohl gegenüber der B-GmbH als auch gegenüber der A-GmbH einfordern können. Bis zur Erfüllung des Anspruchs bleiben sowohl die A-GmbH als auch die B-GmbH Ihnen gegenüber als Schuldner verpflichtet. Durch die Erfüllung entfällt die Haftung auch des nicht in Anspruch genommenen Schuldners Ihnen gegenüber.

## VII. Widerspruch

Sie können dem gesetzlich angeordneten Übergang Ihres Arbeitsverhältnisses auf die B-GmbH innerhalb eines Monats ab Zugang dieses Schreibens schriftlich widersprechen. Der Widerspruch kann sowohl gegenüber der A-GmbH als auch gegenüber der B-GmbH erklärt werden. Die Widerspruchsfrist ist gewahrt, wenn Ihr schriftlicher Widerspruch innerhalb eines Monats bei der A-GmbH oder bei der B-GmbH eingeht.

Die Adressen der beteiligten Unternehmen lauten:
1. A-GmbH, (Anschrift)
2. B-GmbH, (Anschrift)

Widersprechen Sie schriftlich, form- und fristgerecht dem Übergang Ihres Arbeitsverhältnisses auf die B-GmbH, tritt die B-GmbH nicht in die Stellung als Ihre neue Arbeitgeberin ein. Ihr Arbeitsverhältnis bleibt unverändert mit der A-GmbH bestehen. In diesem Fall müssen Sie allerdings damit rechnen, dass die A-GmbH nach Maßgabe des Kündigungsschutzgesetzes eine betriebsbedingte Kündigung aussprechen muss, da Ihr bisheriger Arbeitsplatz in Folge des Betriebsteilübergangs vollständig bei der A-GmbH wegfällt und eine alternative Beschäftigungsmöglichkeit wahrscheinlich nicht besteht. Die Betriebsvereinbarung zum Betriebsteilübergang vom 10. April 2012 sieht für diesen Fall weder eine Abfindung noch eine Ausgleichszahlung vor.

Bitte beachten Sie, dass Sie einen einmal bei der A-GmbH oder bei der B-GmbH eingegangenen Widerspruch nicht einseitig zurücknehmen können. Wir bitten Sie deshalb, von Ihrem Widerspruchsrecht nur nach sorgfältiger Abwägung Gebrauch zu machen.

Bei etwaigen weiteren Fragen wenden Sie sich bitte an Frau Y, Tel. . . . . ., Fax . . . . ., E-Mail . . . . . aus der Personalabteilung der A-GmbH oder an die Geschäftsführer der B-GmbH Herrn J S, Tel. . . . . ., Fax . . . . ., E-Mail . . . . . und Herrn S A Tel. . . . . ., Fax . . . . ., E-Mail . . . . .

Den Gesetzestext des § 613a BGB fügen wir zu Ihrer weiteren Information als Anlage 5 bei.

Die A-GmbH dankt Ihnen für Ihre bisherige Tätigkeit. Die B-GmbH begrüßt Sie recht herzlich als neue(n) Mitarbeiter(in).

Mit freundlichen Grüßen

A-GmbH B-GmbH

Hiermit bestätige ich den Empfang des unterschriebenen Originals dieses Schreibens am

(Datum)

Ort, Datum Unterschrift Mitarbeiter
_____
Name in Druckbuchstaben

******************************************************************************

Ich habe das Unterrichtungsschreiben gelesen und verstanden. Es enthält alle relevanten Informationen zu dem Betriebsteilübergang, insbes. zu dessen geplantem Zeitpunkt, zu dessen Grund, seinen Auswirkungen auf mein Arbeitsverhältnis und zu meiner neuen Arbeitgeberin sowie den von ihr in Aussicht genommenen Maßnahmen vollständig und ist nach meinem Verständnis richtig. Ich bin umfassend informiert und habe keine weiteren Fragen. Ich erkläre zusätzlich, dass ich mit dem Übergang meines Arbeitsverhältnisses auf die B-GmbH einverstanden bin und daher von meinem Widerspruchsrecht keinen Gebrauch machen werde.

Ort, Datum Unterschrift Mitarbeiter

## (9) Fehlerhafte Unterrichtung

Die Unterrichtung muss **vollständig und formgerecht** erfolgen. Fehlt es hieran, wird die einmonatige Widerspruchsfrist gem. § 613a Abs. 6 S. 1 nicht in Gang gesetzt (*BAG* 22.1.2009 – 8 AZR 808/07, AP BGB § 613a Unterrichtung Nr. 4; 21.8.2008 – 8 AZR 407/07, AP BGB § 613a Nr. 348; 24.5.2005 EzA § 613a BGB 2002 Nr. 35). Damit die Monatsfrist zu Laufen beginnt, muss die Unterrichtung also ordnungsgemäß, d.h vollständig sein (*BAG* 10.11.2011 – 8 AZR 430/10, in diesem Fall hat das BAG eine **ordnungsgemäße** Unterrichtung bejaht). Genügt die Unterrichtung zunächst formal den gesetzlichen Anforderungen, insbes. denen des § 613a Abs. 5 BGB, und ist sie nicht offensichtlich fehlerhaft, ist es Sache des Arbeitnehmers, der sich auf die Unzulänglichkeit der Unterrichtung beruft, einen behaupteten Mangel näher darzulegen. Es gilt eine abgestufte Darlegungs- und Beweislast (*BAG* 10.11.2011 – 8 AZR 430/10). Eine offensichtlich unzureichende Unterrichtung ist nur gegeben, wenn die Unterrichtung über die Person des Betriebserwerbers und/oder in Bezug auf einen in § 613a Abs. 5 BGB genannten Umstand fehlt bzw. unverständlich oder auf den ersten Blick mangelhaft ist (*BAG* 10.11.2011 – 8 AZR 430/10). Beginnt die Monatsfrist nicht zu laufen, besteht grds. **keine zeitliche Grenze** für die Ausübung des Widerspruchsrechts. Eine Begrenzung kann sich lediglich aus allgemeinen Grundsätzen, insbes. nach den **Grundsätzen der Verwirkung**, ergeben (ausf. hierzu *BAG* 15.2.2007 EzA § 613a BGB 2002 Nr. 64). 4227

Die Verwirkung ist ein Sonderfall der **unzulässigen Rechtsausübung**. Mit der Verwirkung wird die illoyal verspätete Geltendmachung von Rechten ausgeschlossen. Ein solches Vertrauen kann sich bilden, wenn der Gläubiger längere Zeit seine Rechte nicht geltend macht (Zeitmoment). Dabei muss der Berechtigte unter solchen Umständen untätig geblieben sein und den Eindruck erweckt haben, dass er sein Recht nicht mehr geltend machen wolle, dass der Verpflichtete sich darauf einstellen durfte, nicht mehr in Anspruch genommen zu werden (Umstandsmoment; *BAG* 22.6.2011 – 8 AZR 204/10; 24.2.2011 – 8 AZR 413/09; 22.4.2010 – 8 AZR 805/07, AP BGB § 613a Widerspruch Nr. 14; 18.3.2010 – 8 AZR 840/08, BeckRS 2010 71906; 15.2.2007 EzA § 613a BGB 2002 Nr. 64; 24.7.2008 – 8 AZR 73/07, FA 2009, 23 = AP BGB § 613a Nr. 345). Das **Zeitmoment** ist jedenfalls erfüllt, wenn zwischen der Unterrichtung und dem Widerspruch des Arbeitnehmers ein Zeitraum von über 15 Monaten liegt (*BAG* 24.7.2008 – 8 AZR 73/07, FA 2009, 23 = AP BGB § 613a Nr. 345). 4228

Die Länge des Zeitablaufs ist in **Wechselwirkung** zu dem Umstandsmoment zu setzen. Beide Elemente beeinflussen sich wechselseitig. Je mehr Zeit seit dem Zeitpunkt des Betriebsübergangs verstrichen ist und je länger der Arbeitnehmer bereits für den Erwerber gearbeitet hat, desto geringer sind die Anforderungen an das Umstandsmoment. Bei einem erst drei Jahre nach dem Betriebsübergang erklärten Widerspruch hat das BAG Verwirkung deswegen angenommen, weil die widersprechende Arbeitnehmerin über die beabsichtigte Einstellung des Geschäftsbetriebs informiert worden war und erst vier Monate später ihr Widerspruchsrecht ausgeübt hat. Offen gelassen hat das BAG, ob das Widerspruchsrecht unverzüglich nach der Information hätte ausgeübt werden müssen und ob die Wahl der widersprechenden Arbeitnehmerin zum Ersatzmitglied des bei der Erwerberin gebildeten Betriebsrats das Umstandsmoment verwirklicht (*BAG* 22.6.2011 – 8 AZR 204/10). 4228a

Allein die widerspruchslose Fortsetzung des Arbeitsverhältnisses mit dem Betriebserwerber erfüllt nicht das Umstandsmoment (*BAG* 26.5.2011 – 8 AZR 18/10; 22.4.2010 – 8 AZR 805/07, AP BGB § 613a Widerspruch Nr. 14; 18.3.2010 – 8 AZR 840/08, BeckRS 2010 71906; 24.7.2008 – 8 AZR 73/07, FA 2009, 23 = AP BGB § 613a Nr. 345), ebenso nicht, wenn der Arbeitnehmer sein Widerspruchsrecht nicht unmittelbar nach dem Insolvenzantrag des Erwerbers ausgeübt hat (*BAG* 24.7.2008 – 8 AZR 73/07, AP BGB § 613a Nr. 345 = FA 2009, 23). Gleiches gilt für Vereinbarungen mit dem Betriebserwerber, durch welche einzelne Arbeitsbedingungen, z. B. Art und Umfang der zu erbringenden Arbeitsleistung, Höhe der Vergütung, geändert werden (*BAG* 18.3.2010 – 8 AZR 840/08, BeckRS 2010 71906). Auch die Zuordnung zu einer neuen Kostenstelle als freigestelltes Betriebsratsmitglied führt nicht zu einer Verwirkung des Widerspruchsrechts (*BAG* 23.7.2009 – 8 AZR 538/08, AP BGB § 613a Unterrichtung Nr. 10), ebensowenig die Beantragung von Bildungsurlaub (a. A. *Dzida* NZA 2009, 641, 645). Auch der Widerspruch gegen einen zweiten 4228b

Betriebsübergang führt grds. nicht zur Verwirkung des Widerspruchsrechts gegen den ersten Betriebsübergang. Dem Widerspruch gegen den zweiten Betriebsübergang kann nicht die Erklärung entnommen werden, dass der widersprechende Arbeitnehmer bei dem ersten Betriebserwerber bleiben möchte (*BAG* 18.5.2010 – 8 AZR 18/10).

4229 Das Umstandsmoment kann aber erfüllt sein, wenn der Arbeitnehmer selbst über die Beendigung seines Arbeitsverhältnisses disponiert (*BAG* 20.3.2008 EzA-SD 2008, Nr. 18, 8 ff. = NZA 2008, 1354), indem er z. B. eine Vertragsänderung, etwa die Begründung eines Altersteilzeitverhältnisses, oder einen Aufhebungsvertrag mit dem Erwerber vereinbart oder eine von diesem nach dem Betriebsübergang erklärte Kündigung hingenommen hat (*BAG* 22.4.2010 – 8 AZR 805/07, AP BGB § 613a Widerspruch Nr. 14; 18.3.2010 – 8 AZR 840/08, BeckRS 2010 71906; 24.7.2008 – 8 AZR 73/07, AP BGB § 613a Nr. 345 = FA 2009, 23; *Dzida* NZA 2009, 641, 642; *Rieble/Wiebauer* NZA 2009, 401, 403), d. h. weder Kündigungsschutzklage erhoben noch in sonstiger Weise die Unwirksamkeit der Kündigung gegenüber dem Veräußerer oder dem Erwerber geltend gemacht hat (*BAG* 24.7.2008 – 8 AZR 73/07, AP BGB § 613a Nr. 345 = FA 2009, 23). Ein »Hinnehmen« der Kündigung ist aber nicht gleichbedeutend mit dem Nichterheben einer Kündigungsschutzklage (*BAG* 24.2.2011 – 8 AZR 413/09). Auch der Abschluss eines dreiseitigen Vertrags über die Beendigung des bisherigen Arbeitsverhältnisses und die Vereinbarung eines befristeten Beschäftigungsverhältnisses mit einer Beschäftigungs- und Qualifizierungsgesellschaft erfüllt grds. das Umstandsmoment (*BAG* 18.3.2010 – 8 AZR 840/08, BeckRS 2010 71906; *Dzida* DB 2010, 167, 168). Gleiches gilt, wenn der Arbeitnehmer durch Vereinbarung mit dem Betriebsübernehmer sein Arbeitsverhältnis auf eine völlig neue rechtliche Grundlage stellt, die nicht mehr als Fortführung des bisherigen Vertrags angesehen werden kann (*BAG* 26.5.2011 – 8 AZR 18/10). Nach *Dzida* (NZA 2009, 641, 645) soll bspw. auch das Verlangen eines Zwischenzeugnisses vom Erwerber, eines Endzeugnisses vom Veräußerer, die Entgegennahme einer Treueprämie vom Erwerber oder die Beantragung einer Nebentätigkeitserlaubnis vom Erwerber grds. genügen (a. A. *Rudkowski* NZA 2010, 739, [749]). Auf die Verwirkung des Widerspruchsrechts kann sich auch der Veräußerer berufen, unabhängig davon ob ihm alle verwirklichten Umstandsmomente bekannt geworden sind. Es genügt, dass einer der Verpflichteten von den vertrauensbildenden Umständen Kenntnis hat (*Dzida* DB 2010, 167, 168). Daher kann sich auch der Veräußerer auf Verwirkungsumstände berufen, wenn diese nur dem Erwerber bekannt sind (*BAG* 22.4.2010 – 8 AZR 805/07, AP BGB § 613a Widerspruch Nr. 14; 18.3.2010 – 8 AZR 840/08, BeckRS 2010 71906). Neuer und alter Arbeitgeber können sich wechselseitig auf die Kenntnis des anderen vom Arbeitnehmerverhalten berufen, eine nachgewiesene subjektive Kenntnis des in Anspruch genommenen Verpflichteten von einem bestimmten Arbeitnehmerverhalten ist nicht erforderlich, wenn feststeht, dass dieses Verhalten wenigstens dem anderen Verpflichteten bekannt geworden ist.

4230 Die Ausübung des Widerspruchrechts kann auch gegen Treu und Glauben (§ 242 BGB) verstoßen. Ein solcher Verstoß liegt aber nicht schon dann vor, wenn der Arbeitnehmer – ggf. im Rahmen eines neu abgeschlossenen Arbeitsverhältnisses – grds. bereit ist, auch für den Erwerber Arbeitsleistungen zu erbringen und daher durch den Übergang seines Arbeitsverhältnisses nicht in seinen Grundrechten beeinträchtigt wird. Vielmehr müssen zusätzliche Umstände vorliegen, etwa die Verfolgung unlauterer Zwecke oder eine Schädigungsabsicht. Ein unlauteres Ziel wird mit dem Widerspruch nicht schon dann verfolgt, wenn es dem Arbeitnehmer nicht ausschließlich um die Vermeidung des Arbeitgeberwechsels geht, sondern er überlegt, dem Erwerber den Abschluss eines Arbeitsvertrages zu für ihn günstigeren Bedingungen anzubieten (*BAG* 19.2.2009 EzA § 613a BGB 2002 Nr. 109 = NZA 2009, 1095).

4231 Der Veräußerer und der Erwerber sind für die Erfüllung der Unterrichtungspflicht **darlegungs- und beweispflichtig**. Entspricht eine Unterrichtung zunächst formal den Anforderungen des § 613a Abs. 5 BGB und ist sie nicht offensichtlich fehlerhaft, ist es Sache des Arbeitnehmers, einen Mangel näher darzulegen. Hierzu ist er im Rahmen einer abgestuften Beweislast nach § 138 Abs. 3 ZPO verpflichtet. Gelingt ihm dies, müssen die Unterrichtungsverpflichteten die Einwände des Arbeitnehmers mit entsprechenden Darlegungen und Beweisantritten entkräften (*BAG* 21.8.2008 –

8 AZR 407/07, AP BGB § 613a Nr. 348; 31.1.2008 EzA § 613a BGB 2002 Nr. 85 = NZA 2008, 642; 13.7.2006 EzA § 613a BGB 2002 Nr. 56 = NZA 2006, 1268).

Eine unterbliebene oder fehlerhafte Unterrichtung führt auch unter Berücksichtigung des Grundsatzes von Treu und Glauben (§ 242 BGB) nicht zur **Unwirksamkeit einer eventuell ausgesprochenen Kündigung**. Der Arbeitnehmer ist im Falle einer nicht ordnungsgemäßen Unterrichtung dadurch, dass die Widerspruchsfrist nicht zu laufen beginnt, ausreichend geschützt. Der Schutz des Arbeitnehmers verlangt es nicht, dem Arbeitgeber das Recht zu nehmen, einen betriebsbedingten Kündigungsgrund geltend zu machen (BAG 24.5.2005 EzA § 613a BGB 2002 Nr. 35). Eine fehlerhafte Unterrichtung kann jedoch unter Umständen einen **Schadensersatzanspruch** des betroffenen Arbeitnehmers auslösen. Voraussetzung ist jedoch das Vorliegen eines Schadens (BAG 20.3.2008 – 8 AZR 1016/06, FA 2008, 333 = NZA 2008, 1297; 31.1.2008 EzA § 613a BGB 2002 Nr. 85). Kann der Arbeitnehmer durch Ausübung seines noch bestehenden Widerspruchsrechts den Eintritt des Schadens vermeiden, fehlt es an der Kausalität zwischen Falschinformation und Nichtausübung des Widerspruchsrechts und infolgedessen auch an einer Kausalität zwischen Falschinformation und Schadenseintritt (BAG 20.3.2008 – 8 AZR 1016/06, FA 2008, 333 = NZA 2008, 1297). 4232

*dd) Rechtsfolgen des Widerspruchs*

Widerspricht der Arbeitnehmer form- und fristgerecht **vor dem Betriebsübergang**, geht sein Arbeitsverhältnis nicht auf den Erwerber über. Er bleibt Arbeitnehmer des Veräußerers, ohne dass damit allerdings ein besonderer Bestandsschutz verbunden wäre. Der bisherige Betriebsinhaber hat die Möglichkeit, soweit der Arbeitsplatz wegen des Betriebs- oder Betriebsteilübergangs weggefallen ist und er nicht über freie, vergleichbare Weiterbeschäftigungsmöglichkeiten verfügt, den widersprechenden Arbeitnehmern betriebsbedingt zu kündigen (BAG 19.3.1998 EzA § 613a BGB Nr. 163). Die Kündigung scheitert nicht an § 613a Abs. 4 BGB, da wesentliche Ursache für die Kündigung nicht der Betriebsübergang, sondern der Widerspruch des Arbeitnehmers ist (ErfK/*Preis* § 613a BGB Rn. 106). 4233

Wird der Widerspruch fristgerecht erst **nach dem Betriebsübergang** erklärt, ist die Rechtsfolge umstritten. Nach überwiegender Auffassung wirkt der Widerspruch auf den Zeitpunkt des Betriebsübergangs zurück (BAG 20.3.2008 – 8 AZR 1016/06, FA 2008, 333 = NZA 2008, 1354; 13.7.2006 EzA § 613a BGB 2002 Nr. 56; ErfK/*Preis* § 613a BGB Rn. 105 m. w. N.). Hiergegen wird eingewendet, der Widerspruch sei ein Gestaltungsrecht und wirke grds. nur ex nunc. Eine Rückwirkung müsse gesetzlich geregelt sein. Dies sei nicht der Fall. Eine Rückwirkung sei auch nicht zum Schutz des Arbeitnehmers geboten (s. ausf. *Rieble* NZA 2004, 1). In einer Entscheidung vom 13.7.2006 (EzA § 613a BGB 2002 Nr. 56 = NZA 2006, 1268) setzt sich der 8. Senat des BAG ausführlich mit der Frage des Zeitpunkts der Wirkung des Widerspruchs und den dazu im Schrifttum vertretenen Meinungen auseinander und kommt zu dem Ergebnis, der Widerspruch wirke auf den Zeitpunkt des Betriebsübergangs zurück. Dies entspreche der ständigen Rechtsprechung des BAG (22.4.1993 EzA BGB § 613a Nr. 112; 22.4.1993 EzA BGB § 613a Nr. 111; 30.10.1986 EzA BGB § 613a Nr. 54) sowie der überwiegenden Auffassung im Schrifttum zu § 613a BGB a. F. (vgl. u. a. MüKo-BGB/*Müller-Glöge* § 613a Rn. 122; ErfK/*Preis* § 613a BGB Rn. 105; *Worzalla* NZA 2002, 353, [358]; *Franzen* RdA 2002, 258, [270]). Dahingegen hält der Senat die Einwände *Riebles* (NZA NZA 2004, 1) für unberechtigt. Zwar wirke die Ausübung von Gestaltungsrechten regelmäßig nur für die Zukunft. Dies sei darin begründet, dass eine Rückwirkung den Grundsätzen rechtlicher Klarheit in dem zurückliegenden Zeitraum widerspreche und eine Rückabwicklung bereits vollzogener Rechtsverhältnisse zu Schwierigkeiten führen könne. Andererseits sei eine Rückabwicklung nach der Ausübung von Gestaltungsrechten dem Bürgerlichen Recht nicht fremd (Verweis auf § 142 BGB). Entscheidend sei, ob die Rückwirkung zum Schutz des Ausübungsbefugten geboten ist. So liege es im Falle des Widerspruchsrechts nach § 613a Abs. 6 BGB. Das Widerspruchsrecht solle verhindern, dass dem Arbeitnehmer ein Arbeitgeber aufgezwungen werde, und zwar auch nicht vorübergehend durch eine verspätete Unterrichtung. Die Informationsverpflichtung diene gerade dazu, dem Arbeitnehmer Kenntnis über die Grundlagen für die Ausübung dieser Wahlmöglichkeit zu ver- 4234

## Kapitel 3

schaffen. Hätten der Veräußerer und der Erwerber dieser Verpflichtung nicht ausreichend und ordnungsgemäß Genüge getan, so sei der Arbeitnehmer schutzwürdig.

4235 Eine Ausübung des Widerspruchsrechts ist sogar noch nach der Beendigung des Arbeitsverhältnisses wirksam möglich. Das Recht zum Widerspruch entfällt grds. nicht, wenn das Arbeitsverhältnis nach dem Betriebsübergang beendet wird (*BAG* 20.3.2008 – 8 AZR 1016/06, FA 2008, 333 = NZA 2008, 1354).

4236 Muss der Veräußerer auf Grund des Widerspruches betriebsbedingt kündigen, da er den widersprechenden Arbeitnehmer nicht weiterbeschäftigen kann, stellt sich stets die Frage nach einer **Sozialauswahl**. Diese Auswahl ist **betriebsbezogen** vorzunehmen.

4237 Wird ein **ganzer Betrieb** übertragen und werden alle widersprechenden Arbeitnehmer betriebsbedingt entlassen, entfällt eine Sozialauswahl. In diesem Fall muss nur geprüft werden, ob eine Weiterbeschäftigungsmöglichkeit in einem anderen Betrieb des Unternehmens nach § 1 Abs. 2 KSchG besteht.

4238 Beschäftigt der bisherige Betriebsinhaber nach einem **Betriebsteilübergang** noch Arbeitnehmer im Betrieb, hat er vor Ausspruch betriebsbedingter Kündigungen grds. eine Sozialauswahl nach § 1 Abs. 3 KSchG durchzuführen. Die Sozialauswahl kann dazu führen, dass der widersprechende Arbeitnehmer auf Grund seiner Sozialdaten auf einem anderen Arbeitsplatz weiterzubeschäftigen ist und der Arbeitgeber einem anderen Arbeitnehmer kündigen muss, da er ihn nicht weiterbeschäftigen kann. Dieser Arbeitnehmer verliert also seinen Arbeitsplatz, obwohl er nicht die Möglichkeit hatte, sein Arbeitsverhältnis mit dem Erwerber fortzusetzen. Das BAG hat es ausdrücklich abgelehnt, in diesen Fällen von einer Sozialauswahl generell ganz abzusehen (*BAG* 18.3.1999 EzA § 1 KSchG Soziale Auswahl Nr. 40). Nach Auffassung des *BAG* (18.3.1999 EzA § 1 KSchG Soziale Auswahl Nr. 40) zur alten Rechtslage sind die Gründe, die den Arbeitnehmer zu seinem Widerspruch bewogen haben, mit der sozialen Schutzbedürftigkeit der vergleichbaren Arbeitnehmer abzuwägen. Je geringer die Unterschiede in der sozialen Schutzbedürftigkeit im Übrigen sind, desto gewichtiger müssen die Gründe des widersprechenden Arbeitnehmers sein. Nur wenn dieser einen baldigen Arbeitsplatzverlust oder eine baldige wesentliche Verschlechterung seiner Arbeitsbedingungen bei dem Erwerber zu befürchten hat, könne er einen Arbeitskollegen, der nicht ganz erheblich weniger schutzbedürftig ist, verdrängen.

4239 Diese Rechtsprechung wird vom BAG für die Zeit nach der Neuregelung der Sozialauswahlkriterien zum 1.1.2004 zutreffend nicht mehr aufrechterhalten. Seit dem 1.1.2004 ist die Sozialauswahl auf vier Kriterien beschränkt. Die Auflistung in § 1 Abs. 3 KSchG ist abschließend. Dies schließt die Berücksichtigung der Gründe für den Widerspruch im Rahmen der Sozialauswahl aus (*BAG* 31.5.2007 EzA § 613a BGB 2002 Nr. 76; *Hauck* NZA Beilage 1/2009, S. 18, [22]).

4240 Muss der alte Betriebsinhaber einem widersprechenden Arbeitnehmer betriebsbedingt kündigen, kommt es nicht selten vor, dass er diesen Arbeitnehmer während der Kündigungsfrist nicht mehr beschäftigen kann, da der Betriebsübergang bereits vor Ablauf der – evtl. sehr langen – Kündigungsfrist vollzogen wurde. In diesem Fall stellt sich die Frage, ob der Arbeitnehmer bei einem entsprechenden Angebot des neuen Betriebsinhabers gezwungen ist, dieses Angebot anzunehmen, um Nachteile auf Grund des § 615 S. 2 BGB zu vermeiden. Das *BAG* hat dies in seinem Urteil vom 19.3.1998 (EzA § 613a BGB Nr. 163) zutreffend bejaht.

4241 Ein böswilliges Unterlassen des Erwerbs beim neuen Betriebsinhaber (§ 615 S. 2 BGB) ist nicht schon deswegen ausgeschlossen, weil der Arbeitnehmer das Widerspruchsrecht wirksam ausgeübt hat. Umgekehrt wird ein böswilliges Unterlassen nicht allein durch den zulässig ausgeübten Widerspruch begründet. Eine Anrechnung der bei dem Erwerber erzielbaren Einkünfte findet nur statt, wenn dem Arbeitnehmer vorgeworfen werden kann, dass er während des Annahmeverzugs trotz Kenntnis aller objektiven Umstände vorsätzlich untätig bleibt oder die Aufnahme der Arbeit bewusst verhindert. Dies setzt zumindest die sichere Kenntnis des Arbeitnehmers voraus, dass er unabhängig von seinem Widerspruch vom Betriebserwerber beschäftigt werden würde (*BAG*

27.11.2008 – 8 AZR 188/07, BeckRS 2009 61704). Daher sollte der Erwerber dem Arbeitnehmer, der von seinem Widerspruchsrecht Gebrauch gemacht hat, ein entsprechendes Beschäftigungsangebot machen, damit dieser mögliche Erwerb im Rahmen des Annahmeverzugs gegengerechnet werden kann.

### c) Individualrechtliche Folgen auf Seiten des Arbeitnehmers

Nach § 613a Abs. 1 S. 1 BGB tritt der Erwerber in die Rechte und Pflichten aus dem Arbeitsverhältnis ein. Dieser Wortlaut ist zu eng. Das Arbeitsverhältnis geht als Vertragsverhältnis insgesamt auf den neuen Inhaber über (*Bauer/v. Steinau-Steinrück/Thees* in Hölters, Handbuch Unternehmenskauf, Teil V Rn. 158). **4242**

Mit dem Arbeitsverhältnis gehen die **individualvertraglichen Rechte und Pflichten** auf den Erwerber über. Individualvertraglich ändert sich für den Arbeitnehmer grds. nichts: Er nimmt alle individualvertraglichen Ansprüche mit. Gleiches gilt aber auch für seine individualvertraglichen Pflichten. Auch diese gehen mit und bestehen künftig gegenüber dem Erwerber. Der Arbeitnehmer ist deshalb nunmehr gegenüber dem Erwerber zur **Arbeitsleistung** verpflichtet. Der Erwerber muss seinerseits gegenüber dem Arbeitnehmer die **Entgeltansprüche**, die sich aus dem Arbeitsvertrag ergeben, erfüllen. Im **Ergebnis** kann zusammengefasst werden: Alles was konstitutiv im Arbeitsvertrag geregelt ist, wie z. B. **Dauer der Arbeitszeit, Höhe der Vergütung, eventuelle Jahressonderzahlungen, sonstige Sozialleistungen, Art der Tätigkeit und Umfang des Direktionsrechtes**, bleibt auch nach dem Betriebsübergang unverändert bestehen. Genau dies ist Sinn und Zweck des § 613a BGB. Änderungen dieser vertraglichen Regelungen sind nur nach allgemeinen Grundsätzen, also entweder einvernehmlich oder im Wege der Änderungskündigung möglich. Ein generelles **einseitiges Änderungsrecht des Erwerbers** gibt es, auch nach einem Jahr, **nicht** (s. hierzu Rdn. 4272). **4243**

Auch die beim Veräußerer aufgebaute **Betriebszugehörigkeit** bleibt dem Arbeitnehmer erhalten (ErfK/*Preis* § 613a BGB Rn. 76). Ein Mitarbeiter, der zum Zeitpunkt des Betriebsüberganges eine zwanzigjährige Betriebszugehörigkeit aufweist, nimmt diese Betriebszugehörigkeit mit. Die beim Betriebsveräußerer erbrachten Beschäftigungszeiten sind deshalb z. B. auch bei der Berechnung der Wartezeit nach § 1 Abs. 1 KSchG für eine vom Erwerber ausgesprochene Kündigung oder im Rahmen der Sozialauswahl zu berücksichtigen (*BAG* 27.6.2002 EzA § 1 KSchG Nr. 55). **4244**

Hiervon zu trennen ist jedoch die Frage, ob beim neuen Arbeitgeber ebenfalls das KSchG auf das übergehende Arbeitsverhältnis Anwendung findet. Der auf Grund der Belegschaftsstärke bei dem abgebenden Arbeitgeber über § 23 Abs. 1 S. 2 KSchG vermittelte Kündigungsschutz besteht nach dem Übergang des Arbeitsverhältnisses auf den neuen Arbeitgeber nur dann fort, wenn bei diesem die Voraussetzungen des § 23 Abs. 1 S. 2 KSchG vorliegen. Ein Fortbestand des Kündigungsschutzes trotz Unterschreiten des Schwellenwertes gem. § 23 Abs. 1 KSchG beim neuen Arbeitgeber folgt nach zutreffender Auffassung weder aus § 613a Abs. 1 BGB noch aus einer analogen Anwendung des § 323 Abs. 1 UmwG. Der im Arbeitsverhältnis mit dem Betriebsveräußerer auf Grund der Zahl der beschäftigten Arbeitnehmer erwachsene Kündigungsschutz nach dem KSchG geht nicht mit dem Arbeitsverhältnis gem. § 613a Abs. 1 S. 1 BGB auf den Betriebserwerber über, wenn in dessen Betrieb die Voraussetzungen des § 23 Abs. 1 KSchG nicht vorliegen. Das Erreichen des Schwellenwertes des § 23 Abs. 1 KSchG und der dadurch entstehende Kündigungsschutz sind kein Recht i. S. d. § 613a Abs. 1 S. 1 KSchG (*BAG* 15.2.2007 EzA § 613a BGB 2002 Nr. 65). **4245**

Der Erwerber tritt ferner in Ansprüche auf Grund **betrieblicher Übung** ein (*BAG* 3.11.2004 – 5 AZR 73/04, n. v.). Liegen die Voraussetzungen einer betrieblichen Übung vor, entstehen vertragliche Ansprüche auf die üblich gewordene Leistung. Diese Ansprüche gehen ebenfalls im Rahmen eines Betriebsüberganges mit auf den Erwerber über. Der Erwerber ist also an eine bereits vor dem Betriebsübergang begründete betriebliche Übung gebunden (ErfK/*Preis* § 613a BGB Rn. 74 m. w. N.). Ist die betriebliche Übung noch nicht bindend geworden, sondern erst im Entstehen, gilt der bis zum Zeitpunkt des Betriebsübergangs entstandene Vertrauenstatbestand auch gegenüber dem Erwerber. Er hat es damit in der Hand, den Vertrauenstatbestand zu vollenden oder ihn abzu- **4246** brechen und den Eintritt einer Bindung zu verhindern (ErfK/*Preis* § 613a BGB Rn. 74 m. w. N.). Bzgl. einer negativen betrieblichen Übung kann auf die frühere Rechtsprechung des BAG nicht mehr zurückgegriffen werden. Das *BAG* hat in seinem Urteil vom 18.3.2009 (– 8 AZR 281/08, AP BGB § 242 Betriebliche Übung Nr. 83) klargestellt, dass es an seiner bisherigen Rechtsprechung zur gegenläufigen betrieblichen Übung nicht festhält.

4247 Gleiches gilt im Ergebnis für Leistungen, die auf einer **Gesamtzusage** basieren. Eine Gesamtzusage begründet ebenfalls individualvertragliche Ansprüche. Diese gehen deshalb nach § 613a BGB auf den Erwerber über.

4248 Da sich § 613a BGB auf Rechte und Pflichten beschränkt, die **im Arbeitsverhältnis** begründet sind, werden solche Rechtsverhältnisse nicht erfasst, die auf einem besonderen separaten Rechtsakt beruhen, wie z. B. Prokuren, Handlungsvollmachten, Aufsichtsratsmandate oder Titel, wie z. B. Direktor. Die gleichen Grundsätze gelten auch bei sonstigen Zusagen und Regelungen, wie z.B in einem **Aktienoptionsplan**. Wurden die Aktienoptionen vom Arbeitgeber z. B. im Rahmen einer Gesamtzusage gewährt, sind sie wie andere Leistungszusagen des Arbeitgebers zu behandeln. Es handelt sich in diesem Fall um Ansprüche aus dem Arbeitsverhältnis, die von § 613a BGB erfasst werden (ErfK/*Preis* § 613a BGB Rn. 73). Hat jedoch nicht der Arbeitgeber, sondern ein Konzernunternehmen (meist Konzernmutter) in einem Aktienoptionsplan eigenständig Verpflichtungen gegenüber Arbeitnehmern übernommen, die im Betrieb eines anderen zum Konzern gehörenden Unternehmens beschäftigt sind, so gehen diese Verpflichtungen im Falle eines Betriebsüberganges nicht auf den Erwerber über, da sie nicht Gegenstand des Arbeitsverhältnisses mit dem Veräußerer sind (*BAG* 28.5.2008 – 10 AZR 352/07, AP BGB § 307 Nr. 34; 12.2.2003 EzA § 613a BGB 2002 Nr. 3). Der Arbeitnehmer muss diese Ansprüche, wie auch vor dem Betriebsübergang, gegenüber dem vertragsschließenden Konzernunternehmen geltend machen (ErfK/*Preis* § 613a BGB Rn. 73).

4249 Hinsichtlich des Übergangs von **Arbeitnehmerdarlehen** ist zu differenzieren: Wenn das Darlehen zu den Rechten und Pflichten aus dem Arbeitsverhältnis gehört, kann es auf den Erwerber übergehen. Dies ist insbes. dann der Fall, wenn der Arbeitgeber dem Arbeitnehmer ein Darlehen als Lohn- oder Gehaltsvorschuss gegeben hat (*BAG* 21.1.1999 – 8 AZR 373/97, n. v.). Soweit jedoch ein separater Darlehensvertrag geschlossen wurde, der eigenständig und unabhängig von dem Arbeitsverhältnis ist, geht dieser Darlehensvertrag nicht mit über.

4250 Da sämtliche im Arbeitsverhältnis begründeten Vergütungsbestandteile nach § 613a Abs. 1 S. 1 BGB übergehen, ist der Erwerber auch verpflichtet, **Mietkosten** zu erstatten, einen **Mietzuschuss** zu zahlen oder eine günstige **Mietwohnung** zu beschaffen. Diese Verpflichtung besteht lediglich dann nicht, soweit die Werkswohnungen im **Eigentum** des **Veräußerers** stehen, da der Erwerber die Wohnungen weder kraft Gesetzes erwirbt und auch der Mietvertrag nicht auf ihn übergeht (*Bauer/v. Steinau-Steinrück/Thees* in: Hölters Handbuch Unternehmenskauf, Teil V, Rn. 199). Ein gegenüber dem Veräußerer begründeter Annahmeverzug geht auf den Erwerber über. Es bedarf keines zusätzlichen Angebots des Arbeitnehmers gegenüber dem Erwerber (*BAG* 23.9.2009 – 5 AZR 518/08, BeckRS 2009 73882).

4251 Auch ein Anspruch auf Ermäßigung beim Erwerb der betrieblich hergestellten Waren, sog. **Personalrabatt**, ist grds. übergangsfähig. Stellt der Erwerber die preisgeminderten Waren nach dem Betriebsübergang allerdings nicht oder nicht mehr selbst her, entfällt dieser Anspruch (*BAG* 7.9.2004 EzA § 611 BGB 2002 Personalrabatt Nr. 1). In dieser Entscheidung hat das BAG zutreffend festgestellt, dass die Einräumung eines sog. Personalrabatts regelmäßig unter dem vertraglichen Vorbehalt steht, dass der Arbeitgeber die preisgeminderte Ware selbst herstellt.

4252 Da die Arbeitsverhältnisse auf den Erwerber übergehen, besteht auch grds. kein **Zeugnisanspruch** nach § 109 GewO gegenüber dem Veräußerer. Wird allerdings nur ein Betriebsteil übertragen und gehen die Vorgesetzten des Arbeitnehmers nicht mit über, wird ein Anspruch des Arbeitnehmers auf Erteilung eines **Zwischenzeugnisses** nach Treu und Glauben wohl angenommen werden müssen.

Während das **gesetzliche Wettbewerbsverbot** nach § 60 HGB ohne weiteres nach § 613a Abs. 1 S. 1 BGB auf den Erwerber übergeht, sind die Auswirkungen eines Betriebsübergangs auf **nachvertragliche Wettbewerbsverbote** nach §§ 74 ff. HGB umstritten. Ein Übergang nach § 613a BGB scheidet aus, wenn zum Zeitpunkt des Betriebsübergangs das Arbeitsverhältnis beendet ist und das nachvertragliche Wettbewerbsverbot bereits zu laufen begonnen hat (*Bauer/Diller* Wettbewerbsverbote, Rn. 684 ff.). Das Wettbewerbsverbot bleibt jedoch gegenüber dem Veräußerer bestehen (s. hierzu auch Rdn. 4185). **4253**

Soweit das Arbeitsverhältnis zum Zeitpunkt des Betriebsübergangs noch besteht, gehört ein **nachvertragliches Wettbewerbsverbot** grds. zu den Rechten und Pflichten aus dem Arbeitsverhältnis, in die der Erwerber nach § 613a Abs. 1 S. 1 BGB eintritt (ganz h. M., bspw. *Bauer/Diller* Wettbewerbsverbote, Rn. 671). Durch den Betriebsübergang ändert sich allerdings der Inhalt des Wettbewerbsverbots dahingehend, dass sich der Arbeitnehmer nunmehr einer Konkurrenz zum Erwerber enthalten muss. **4254**

Die übergehenden Arbeitnehmer behalten ihre individualvertraglichen Rechte und Pflichten auch dann, wenn sie in eine bestehende Betriebsorganisation integriert werden. Die Arbeitnehmer können nicht verlangen, dass ihre Arbeitsbedingungen an das Niveau im Betrieb des Erwerbers angepasst werden (*BAG* 19.1.2010 – 3 ABR 18/08, n. v.). Umgekehrt können auch die Arbeitnehmer des aufnehmenden Betriebes nicht verlangen, dass ihnen die gleichen Konditionen gewährt werden, wie den übernommenen Arbeitnehmern (*BAG* 25.8.1976 EzA § 242 BGB Gleichbehandlung Nr. 11; 30.8.1979 EzA § 613a BGB Nr. 23). Die Rechtswirkungen, die in § 613a BGB vorgesehen sind, stellen einen **sachlichen Grund** für diese Ungleichbehandlung dar, so dass kein Verstoß gegen den Gleichbehandlungsgrundsatz vorliegt (*BAG* 19.1.2010 – 3 ABR 18/08, n. v.). Nur wenn der Arbeitgeber später neue Vergütungsstrukturen oder neue Leistungen schafft, ist er an den Gleichbehandlungsgrundsatz gebunden (*BAG* 31.8.2005 EzA § 613a BGB 2002 Nr. 39). Für die Gewährung neuer Leistungen (freiwillige Lohnerhöhung) hat das *BAG* in seinem Urteil vom 14.3.2007 (– 4 AZR 460/06) festgestellt, dass allein die Anknüpfung an die Gruppe der Stammbelegschaft einerseits und die der übernommenen Arbeitnehmer andererseits keinen sachlichen Grund für eine Differenzierung darstellt. Ein sachlicher Grund für die Differenzierung könne jedoch in der Anpassung unterschiedlicher Arbeitsbedingungen der Stammbelegschaft und der durch § 613a Abs. 1 S. 2 BGB übernommenen Arbeitnehmer liegen. Die Herstellung einheitlicher Arbeitsbedingungen durch den Ausgleich von Nachteilen und die Angleichung an die Bedingungen der übernommenen Belegschaft rechtfertige eine differenzierte Behandlung der verschiedenen Gruppen. Die Angleichung sei auch dann legitim, wenn sie durch den Gleichbehandlungsgrundsatz nicht zwingend gefordert wird. **4255**

### d) Rechtsfolgen auf Seiten des Erwerbers

Der Erwerber tritt in das Arbeitsverhältnis in dem **Zustand** ein, wie es zwischen Veräußerer und Arbeitnehmer bestand. Ihm stehen nunmehr auch die aus dem Arbeitsverhältnis etwa erwachsenen Gestaltungsrechte (z. B. Kündigungsrecht, Anfechtungsrecht) und Ansprüche (Herausgabe von Geschäftsunterlagen, Unterlassen von Wettbewerb) zu. Der Erwerber, auf den während eines arbeitsgerichtlichen Beschlussverfahrens ein Betrieb oder ein Betriebsteil übergegangen ist, nimmt auch ohne entsprechende Prozesserklärung der Verfahrensbeteiligten automatisch die verfahrensrechtliche Stellung des bisherigen Betriebsinhabers oder Arbeitgebers ein (*BAG* 23.6.2010 – 7 ABR 3/09, BeckRS 2010 74034). **4256**

Der Erwerber **haftet für alle Ansprüche der übernommenen Arbeitnehmer**, unabhängig davon, ob sie vor oder nach dem Betriebsübergang entstanden und/oder fällig geworden sind (*Bauer/v. Steinau-Steinrück/Thees* in: Hölters Handbuch Unternehmenskauf, Teil V, Rn. 261). Für die Ansprüche, die nach dem Betriebsübergang entstanden sind, ist dies offensichtlich. Insoweit trifft den neuen Inhaber eine primäre unbeschränkte Haftung. Die Haftung für Ansprüche vor dem Betriebsübergang ist ebenfalls nicht begrenzt. Insbesondere der Jahresfrist des § 613a Abs. 2 BGB kann keine Begrenzung entnommen werden. Diese Regelung betrifft ausschließlich das Innenverhältnis zwi- **4257** schen Erwerber und Veräußerer (*Bauer/v. Steinau-Steinrück/Thees* in: Hölters Handbuch Unternehmenskauf, Teil V, Rz 273). Der Erwerber haftet deshalb im Außenverhältnis gegenüber dem Arbeitnehmer für Rückstände stets und ohne zeitliche Begrenzung (*Bauer/v. Steinau-Steinrück* in: Hölters Handbuch Unternehmenskauf, Teil V, Rn. 261).

4258 Der Erwerber haftet nicht für **rückständige Sozialversicherungsbeiträge oder Lohnsteuer**, da es sich hierbei nicht um Verpflichtungen aus dem Arbeitsverhältnis, sondern um Verpflichtungen öffentlich-rechtlicher Natur handelt (ErfK/*Preis* § 613a BGB Rn. 81).

4259 Der Erwerber haftet nicht für Ansprüche von Arbeitnehmern, die zum Zeitpunkt des Betriebsüberganges bereits **ausgeschieden** waren. Das gilt z. B. auch dann, wenn das provisionspflichtige Geschäft erst von dem Betriebserwerber ausgeführt wird (*BAG* 11.11.1986 EzA § 613a BGB Nr. 60).

### e) Rechtsfolgen auf Seiten des Veräußerers

4260 Für Forderungen aus Arbeitsverhältnissen, die zum Zeitpunkt des Betriebsüberganges bereits **beendet** waren, haftet der Veräußerer allein und zeitlich unbeschränkt (*Bauer/v. Steinau-Steinrück/Thees* in: Hölters Handbuch Unternehmenskauf, Teil V, Rn. 263).

4261 Der Veräußerer scheidet mit dem Betriebsübergang aus dem Arbeitsverhältnis aus. Ab diesem Zeitpunkt ist er nicht mehr Arbeitgeber der übergehenden Arbeitnehmer. Hat der Veräußerer jedoch vor dem Betriebsübergang eine Kündigung ausgesprochen, so ist er trotz des Verlustes seiner Arbeitgeberstellung in einem **Kündigungsschutzprozess** passiv legitimiert und befugt, einen Auflösungsantrag zu stellen. Der Auflösungszeitpunkt muss dann allerdings vor dem Betriebsübergang liegen (*BAG* 24.5.2005 EzA § 613a BGB 2002 Nr. 32; ausf. hierzu ErfK/*Preis* § 613a BGB Rn. 176).

4262 Der Veräußerer haftet uneingeschränkt weiterhin für Forderungen der Arbeitnehmer, die **vor** dem Betriebsübergang entstanden sind und fällig waren. Für derartige Ansprüche haftet der Veräußerer in voller Höhe (*Staudinger/Annuß* § 613a BGB Rn. 252). Da für diese Forderungen auch der Erwerber haftet, besteht insoweit ein Gesamtschuldverhältnis.

4263 Der Veräußerer haftet nach § 613a Abs. 2 S. 1 BGB schließlich neben dem Erwerber als Gesamtschuldner für Forderungen der Arbeitnehmer, die zwar **vor** dem Betriebsübergang entstanden sind, aber erst innerhalb **eines Jahres** nach dem Betriebsübergang fällig werden. Allerdings haftet der Veräußerer nur in dem Umfang, der dem im Zeitpunkt des Betriebsübergangs abgelaufenen Bemessungszeitraum entspricht (§ 613a Abs. 2 S. 2 BGB).

### f) Fortgeltung von Kollektivnormen nach § 613a Abs. 1 S. 2 bis 4 BGB

### aa) Prinzip der Transformation § 613a Abs. 1 S. 2 BGB

4264 Die Normen aus Tarifverträgen und Betriebsvereinbarungen gelten nur, wenn und soweit die jeweiligen Voraussetzungen vorliegen. Der Tarifvertrag gilt zwingend, wenn beide Seiten tarifgebunden sind (§§ 3 Abs. 1, oder 5 Abs. 4 TVG) und unter den Geltungsbereich des Tarifvertrages fallen (§ 4 Abs. 1 TVG). Letzteres ist auch für die Geltung einer Betriebsvereinbarung erforderlich. Hieran ändert § 613a BGB nichts. Der Gesetzgeber konnte nicht regeln, dass die beim Veräußerer geltenden Kollektivnormen auch beim Erwerber kollektivrechtlich fortgelten. Er hat deshalb zu einem **dogmatischen Trick** gegriffen. Die beim Veräußerer geltenden Kollektivnormen werden in **individualvertragliche Ansprüche transformiert** (§ 613a Abs. 1 S. 2 BGB). Mit seiner Entscheidung vom 22.4.2009 (EzA § 613a BGB 2002 Nr. 110 = NZA 2010, 41) hat das *BAG* die rechtliche Qualität der transformierten Normen anders als bisher bewertet und als beschränkt kollektivrechtlich bezeichnet (dazu *Bauer/Medem* DB 2010, 2560).

## bb) Ausschluss der Transformation

Die Transformation ist dann nicht notwendig, wenn die Normen auch beim Erwerber kollektivrechtlich gelten oder es zu dem betreffenden Regelungsgegenstand beim Erwerber eine eigene **kollektive Regelung** gibt (§ 613a Abs. 1 S. 3 BGB). Die Betriebsvereinbarung ist durch § 613a BGB bei dem Erwerber vor einer Ablösung durch eine andere Kollektivregelung nicht stärker geschützt, als bei dem Veräußerer (*BAG* 18.11.2003 EzA § 77 BetrVG 2001 Nr. 9). Eine kollektive Regelung ist jede Regelung in einem Tarifvertrag und einer Betriebsvereinbarung, unabhängig davon, ob sie vom Betriebsrat, Gesamt- oder Konzernbetriebsrat abgeschlossen wurde. Dabei wird die Transformation einer vom Veräußerer mit dem Betriebsrat abgeschlossenen Vereinbarung auf Erwerberseite nicht nur durch eine Betriebsvereinbarung, sondern auch durch eine Gesamt- oder Konzernvereinbarung und sogar durch einen Tarifvertrag, der den gleichen Gegenstand regelt, verhindert. 4265

Dies galt nach herrschender Meinung auch im umgekehrten Fall. Der 1. Senat des *BAG* hat in seinem Beschluss vom 22.3.2005 (EzA § 77 BetrVG 2001 Nr. 10) Zweifel an dieser »**Über-Kreuz-Ablösung**« geäußert. Der 3. Senat des *BAG* (13.11.2007 EzA § 613a BGB 2002 Nr. 87) hat für die **betriebliche Altersversorgung** entschieden, dass tarifvertraglich begründete Ansprüche auf Leistungen der betrieblichen Altersversorgung nicht durch eine beim Erwerber geltende Betriebsvereinbarung abgelöst werden können. Der Sinn und Zweck des § 613a BGB bestehe darin, dem Arbeitnehmer bei einem Betriebsübergang die bisherigen Arbeitsbedingungen zu erhalten. Betriebsvereinbarungen zur betrieblichen Altersversorgung seien nur teilmitbestimmt; der Arbeitgeber bestimmt allein über die Dotierung. Schon aus diesem Grunde komme eine Ablösung tariflich begründeter Versorgungsansprüche durch Betriebsvereinbarung im Wege der sog. Über-Kreuz-Ablösung nicht in Betracht. Das BAG hat diese Grundsätze auch auf Leistungen außerhalb der betrieblichen Altersversorgung ausgeweitet (*BAG* 21.4.2010 – 8 AZR 768/08, ArbR Aktuell 2010, 530 m. Anm. *Haußmann*). In jedem Fall ist jedoch stets zu prüfen, ob die Betriebsvereinbarung überhaupt wirksam ist oder gegen die Tarifsperre des § 77 Abs. 3 BetrVG verstößt. 4266

Unerheblich ist für die Ablösung, ob die Regelung beim Erwerber günstiger oder ungünstiger ist. Es ist **kein Günstigkeitsvergleich** anzustellen (*BAG* 16.5.1995 EzA § 613a BGB Nr. 127). Insoweit gilt allein das **Ordnungsprinzip** (*BAG* 28.6.2005 EzA § 77 BetrVG 2001 Nr. 12). In jedem Fall muss die neue kollektive Regelung normativ gelten. Eine individualvertragliche Regelung, auch in Form einer Gesamtzusage oder betrieblichen Übung, genügt nicht. 4267

> Die herrschende Meinung ist sich im Ergebnis darin einig, dass die Transformation nur **Auffangcharakter** hat (statt aller: *Bauer/v. Steinau-Steinrück* in: Hölters Handbuch Unternehmenskauf, Teil V, Rn. 357; ErfK/*Preis* § 613a BGB Rn. 113). Zur Transformation kommt es nur, wenn die kollektive Regelung nach dem Betriebübergang nicht kollektiv fort gilt und es beim Erwerber zu dem betreffenden Regelungsgegenstand keine kollektive Regelung gibt. § 613a BGB sichert den Vorrang der kollektivrechtlichen Regelungen beim Betriebserwerber vor denen des Betriebsveräußerers, die sonst nach § 613a Abs. 1 S. 2 BGB Inhalt der Arbeitsverhältnisse würden (*BAG* 1.8.2001 EzA § 613a BGB Nr. 199). 4268

## cc) Inhalt der Transformation

Die Transformation erfasst nur den **normativen Teil des Tarifvertrages** oder **der Betriebsvereinbarung**. Unter den Begriff der Betriebsvereinbarung fallen auch Gesamt- und Konzernbetriebsvereinbarungen (ErfK/*Preis* § 613a BGB Rn. 115). Schuldrechtliche Absprachen einer Betriebsvereinbarung werden nicht transformiert. Auch aus dem normativen Teil werden nur die Rechtsnormen transformiert, die Rechte und Pflichten aus dem Arbeitsverhältnis regeln (ErfK/*Preis* § 613a BGB Rn. 118). Letztendlich gelten damit nur sog. **Inhaltsnormen** individualvertraglich fort. Demgegenüber werden Abschluss-, Betriebs-, betriebsverfassungsrechtliche Normen und Normen über gemeinsame Einrichtungen grds. nicht transformiert (*Bauer/v. Steinau-Steinrück* in: Hölters Handbuch Unternehmenskauf, Teil V, Rn. 351). Diese regeln im Zweifelsfall nicht Rechte und Pflichten aus dem Arbeitsverhältnis, sondern Fragen der Ordnung des Betriebes, der Organisationsgewalt des 4269

Arbeitgebers, sowie Fürsorgemaßnahmen zugunsten der Belegschaft insgesamt. Typische Betriebsnormen sind z. B. Arbeitszeitregelungen hinsichtlich der Lage der Arbeitszeit. **Regelungsabreden** werden ebenfalls nicht erfasst. Sie haben keine normative Wirkung (*Bauer/v. Steinau-Steinrück* in: Hölters Handbuch Unternehmenskauf, Teil V, Rn. 348).

**4270** Es werden nur die kollektiven Regelungen transformiert, die **zum Zeitpunkt des Betriebsüberganges gelten**. Insoweit ist die Transformation **statisch**. Nach dem Betriebsübergang beim Veräußerer in Kraft tretende kollektive Regelungen gelten nicht mehr, sie werden von der Transformation nicht erfasst (*BAG* 4.8.1999 EzA § 613a BGB Nr. 184). Der Arbeitnehmer nimmt also an der Weiterentwicklung der Rechte und Pflichten der bisherigen Kollektivvereinbarung nicht mehr teil (ErfK/*Preis* BGB § 613a Rn. 117).

**4271** Zum Zeitpunkt des Betriebsübergangs geltende Regelungen sind auch kollektivrechtliche Inhaltsnormen, die nur noch **nachwirken**. Sie gelten noch, wenn auch nicht zwingend. Auch **nachwirkende Inhaltsnormen** werden deshalb transformiert (*BAG* 1.8.2001 EzA § 613a BGB Nr. 199). Da nachwirkende Normen keine zwingende Wirkung haben, können sie bereits vor Ablauf der Jahresfrist einzelvertraglich abgeändert werden (ErfK/*Preis* BGB § 613a Rn. 121).

*dd) Jahresfrist*

*(1) Geltungsbereich der Jahresfrist*

**4272** Transformierte Regelungen dürfen nicht **vor Ablauf eines Jahres** nach dem Betriebsübergang zum Nachteil der Arbeitnehmer geändert werden. Diese Jahresfrist ist sicherlich die am häufigsten verkannte Frist im deutschen Arbeitsrecht. Mindestens jeder zweite Arbeitgeber geht davon aus, dass er im ersten Jahr nach einem Betriebsübergang nichts zum Nachteil der Arbeitnehmer verändern kann, d. h. im ersten Jahr alles unverändert bleibt. Der zweite Irrglaube ist, dass der Erwerber nach Ablauf des ersten Jahres, in dem sich nichts verändert hat, nun alles einseitig so ändern darf, wie er dies möchte. Beides ist falsch. **Die Jahresfrist gilt nur für transformierte Regelungen**. Ansonsten gibt es weder eine Jahresfrist noch irgendwie geartete erleichterte Änderungsbedingungen nach Ablauf eines Jahres. Dies gilt sowohl für kollektive Regelungen, die auch nach dem Betriebsübergang kollektiv fort gelten (z. B. Betriebsvereinbarungen) als auch für individualvertragliche Regelungen. Letztere können nach allgemeinen Grundsätzen nur einvernehmlich oder mit Hilfe einer Änderungskündigung abgeändert werden. Eine betriebsbedingte Änderungskündigung ist in der Praxis im Normalfall nicht Erfolg versprechend und viel zu aufwendig.

*(2) Änderungssperre innerhalb des Jahres*

**4273** **Innerhalb der Jahresfrist** dürfen die transformierten Regelungen in Anbetracht des § 613a Abs. 1 S. 4 BGB nicht mit Hilfe **einzelvertraglicher Vereinbarungen** zum Nachteil der Arbeitnehmer abgeändert werden (*BAG* 1.8.2001 EzA § 613a BGB Nr. 199).

**4274** Von dieser einjährigen Änderungssperre macht das Gesetz **in zwei Fällen in § 613a Abs. 1 S. 4 BGB eine Ausnahme**. Nach der ersten Ausnahmeregelung entfällt die Änderungssperre in dem Moment, in dem der Tarifvertrag oder die Betriebsvereinbarung nicht mehr gilt, d. h. die Normen keine zwingende Wirkung mehr entfalten und deshalb nur noch nach § 4 Abs. 5 TVG oder § 77 Abs. 6 BetrVG nachwirken (ErfK/*Preis* § 613a BGB Rn. 121). Die **zweite** Ausnahmeregelung lässt eine Änderung vor Ablauf der Jahresfrist zu, wenn bei fehlender beiderseitiger Tarifgebundenheit im Geltungsbereich eines anderen Tarifvertrages dessen Anwendung zwischen dem neuen Inhaber und dem Arbeitnehmer vereinbart wird.

**4275** Von diesen Regelungen völlig unberührt ist der Fall des **§ 613a Abs. 1. S. 3 BGB**. Genauso wie eine kollektive Regelung beim Erwerber die Transformation dann verhindert, wenn sie zum Zeitpunkt des Betriebsüberganges normativ gilt, beendet sie die Transformation, wenn sie erst später beim Erwerber gilt, z. B. weil dieser erst später in den Arbeitgeberverband eintritt oder erst später eine entsprechende Betriebsvereinbarung abschließt. Dies gilt sowohl während als auch nach Ablauf der Jahresfrist. Gab es also beim Veräußerer eines Betriebsteils, der nach dem Betriebsübergang in den Betrieb des Erwerbers integriert wird, eine Betriebsvereinbarung Jahressonderzahlung und hatte der Erwerber keine entsprechende kollektive Regelung, wurden diese Ansprüche in individualvertragliche Regelungen transformiert. Schließt der Erwerber später mit seinem Betriebsrat eine Betriebsvereinbarung Jahressonderzahlung ab, löst diese die transformierten Regelungen ab. Dies gilt unabhängig davon, ob die neue Regelung für die Arbeitnehmer günstiger oder ungünstiger ist; insoweit gilt nicht das Günstigkeits-, sondern das **Ordnungsprinzip** (*BAG* 28.6.2005 EzA § 77 BetrVG 2001 Nr. 12).

### (3) Möglichkeiten nach Ablauf der Jahresfrist

**Nach Ablauf der Jahresfrist** dürfen die transformierten Regelungen einvernehmlich mit Hilfe eines Änderungsvertrages auch zum Nachteil der Arbeitnehmer abgeändert werden. Stimmt der Arbeitnehmer dem nicht zu, bleibt auf individualvertraglicher Ebene nur die betriebsbedingte Änderungskündigung. Insoweit gelten die allgemeinen Voraussetzungen des § 2 KSchG. In der Praxis liegen diese Voraussetzungen meist nicht vor. Auf die Möglichkeit der Beendigung der Transformation nach § 613a Abs. 1 S. 3 BGB wurde bereits verwiesen. **4276**

### g) Besonderheiten bei Betriebsvereinbarungen

Zu einer Transformation von Betriebsvereinbarungen kommt es insbes. dann nicht, wenn die **Identität des Betriebes** beim Betriebsübergang gewahrt wird. Geht der Betrieb als Ganzes auf den Erwerber über, bleibt der Betriebsrat im Amt und es gelten die Betriebsvereinbarungen kollektivrechtlich weiter (*BAG* 5.2.1991 EzA § 613a BGB Nr. 93). Diese Fortgeltung wird damit begründet, dass der neue Inhaber als Folge des Betriebsüberganges in vollem Umfang in die Arbeitgeberstellung seines Vorgängers und damit auch in dessen betriebsverfassungsrechtliche Stellung als **Partei** der Betriebsvereinbarungen eintritt (*BAG* 5.2.1991 EzA § 613a BGB Nr. 93). Dieser Fall ist unproblematisch und unstreitig. Bleiben Betrieb und (damit) Betriebsrat beim Erwerber unverändert bestehen, gelten die Betriebsvereinbarungen, die der Betriebsrat abgeschlossen hat unverändert kollektiv fort. **4277**

Diesen Ansatz hat das *BAG* in seinem Beschluss vom 18.9.2002 (EzA § 613a BGB 2002 Nr. 5) konsequent angewendet und unter Berufung auf § 21a BetrVG für die Praxis weit reichende Folgerungen gezogen. Es hat zum einen festgestellt, dass auch **Gesamtbetriebsvereinbarungen** kollektiv fortgelten können. Je nach Konstellation bleiben die Gesamtbetriebsvereinbarungen als solche (Übertragung aller oder zumindest mehrerer Betriebe und kein Betrieb beim Erwerber) oder als Einzelbetriebsvereinbarungen (Übertragung nur eines Betriebes oder Betrieb beim Erwerber vorhanden) bestehen (*Mues* DB 2003, 1273; *Rieble* NZA 2003, 233; *Meyer* ZIP 2004, 545). Die gleichen Grundsätze gelten auch für **Konzernbetriebsvereinbarungen**. Zum Schicksal des Gesamtbetriebsrates s. Rdn. 4062. **4278**

Des Weiteren hat das BAG in seiner Entscheidung vom 18.9.2002 festgestellt, dass in einem vom Betrieb des Veräußerers abgespaltenen **Betriebsteil**, der vom Erwerber nach der Übernahme als selbstständiger Betrieb geführt wird, die im ursprünglichen Betrieb bestehenden Einzel- und Gesamtbetriebsvereinbarungen normativ, also kollektiv weiter gelten, wenn der Betrieb betriebsratsfähig ist. In diesem Fall hat der abgebende Betriebsrat ein Übergangsmandat nach § 21a BetrVG. In der neuen Einheit wird es wieder einen Betriebsrat geben. Vor diesem Hintergrund ist die Rechtsprechung des BAG überzeugend. **4279**

Nur soweit die betriebsverfassungsrechtliche Identität im obigen Sinne **nicht** erhalten bleibt, kommt es zu der in § 613a Abs. 1 S. 2 BGB vorgesehenen Transformation der Betriebsvereinbarungen. Dies ist insbes. dann der Fall, wenn der Betrieb oder Betriebsteil in einen anderen Betrieb des Erwerbers integriert wird (ErfK/*Preis* § 613a BGB Rn. 116) oder mit diesem zu einem neuen Betrieb zusammengelegt wird. Die Transformation wird regelmäßig zu einer unterschiedlichen Regelung der Arbeitsbedingungen von übernommenen Arbeitnehmern und den bereits beim Erwerber beschäftigten Arbeitnehmern führen. Als von den Beschäftigten besonders sensibel wahrgenommen wird dabei die **4280**

Frage der Rechtmäßigkeit einer ungleichen Vergütung für dieselbe Tätigkeit. Hier hat das Bundesarbeitsgericht Klarheit geschaffen, indem es in diesen Fällen die Verletzung des **Gleichbehandlungsgrundsatzes** verneint (*BAG* 31.8.2005 EzA § 613a BGB 2002 Nr. 39). Der Arbeitgeber vollzieht nur die sich aus § 613a Abs. 1 BGB ergebenden Rechtsfolgen und trifft keine eigenständige Regelung. Dies gilt auch bei der gleichzeitigen Übernahme mehrerer Betriebe zwischen den jeweils dort Beschäftigten.

4281 Da **freiwillige Betriebsvereinbarungen** nach § 77 Abs. 6 BetrVG keine Nachwirkung entfalten, sondern nach dem Auslaufen der Kündigungsfrist erlöschen, unterliegen sie einer nur begrenzten Transformation. Die Arbeitnehmer sollen durch die Transformation nicht schlechter, aber auch nicht besser gestellt werden. Soweit der Veräußerer die freiwilligen Betriebsvereinbarungen vor dem Betriebsübergang gekündigt hat, kommt eine Fortgeltung ohnehin nur noch in Betracht, wenn das Ende der Kündigungsfrist in die Zeit nach dem Betriebsübergang fällt. Im Falle der kollektiven Fortgeltung erlischt die freiwillige Betriebsvereinbarung mit dem Ablauf der Kündigungsfrist. Im Falle der Transformation fallen die fortgeltenden Regelungen der freiwilligen Betriebsvereinbarung ersatzlos weg, ohne dass es einer Änderungskündigung bedarf (*Bauer/v. Steinau-Steinrück* NZA 2000, 505).

### h) Besonderheiten bei Tarifverträgen

### aa) Grundsatz

4282 Tarifverträge müssen nur transformiert werden, soweit sie beim Erwerber nicht kollektiv weiter gelten (*BAG* 24.6.1998 EzA § 20 UmwG Nr. 1). Der **Verbandstarifvertrag** gilt dann kollektivrechtlich fort, wenn der Betrieb(steil) auch nach dem Betriebsübergang unter seinen Geltungsbereich fällt und beiderseitige Tarifgebundenheit von Arbeitnehmern und Arbeitgebern gem. § 3 TVG besteht oder diese durch die Allgemeinverbindlicherklärung nach § 5 Abs. 4 TVG ersetzt ist. Da die Verbandsmitgliedschaft des Veräußerers als höchstpersönliches Recht – auch bei Umwandlungsfällen – nicht im Wege der Gesamtrechtsnachfolge auf den Erwerber übergeht (*BAG* 24.6.1998 EzA § 20 UmwG Nr. 1), setzt eine kollektivrechtliche Bindung des Erwerbers entweder die Mitgliedschaft im zuständigen Arbeitgeberverband oder die Allgemeinverbindlichkeit des Tarifvertrages voraus. War das Verbandstarifwerk bei dem Betriebsveräußerer vorübergehend durch einen Haus-(Sanierungs-)Vertrag verdrängt, kann nach dessen Ende das für den Erwerber geltende Verbandstarifwerk wieder aufleben (*BAG* 7.7.2010 – 4 AZR 1023/08, ArbR Aktuell 2010, 557 m. Anm. *Haußmann*).

4283 ▶ **Beispiel:**
Ist der Erwerber ebenso wie der Veräußerer Mitglied im Arbeitgeberverband Metall, gilt der Metall-Tarifvertrag auch nach dem Betriebsübergang für die tarifgebundenen Arbeitnehmer kollektivrechtlich.

4284 Bei einem **Firmentarifvertrag** wird der Erwerber eines Betriebes oder Betriebsteils nicht Vertragspartner des Firmentarifvertrages. Der Erwerber tritt nur in die Rechte und Pflichten aus den bestehenden Arbeitsverhältnissen ein; nur insoweit wird er Rechtsnachfolger des Veräußerers. **Die Stellung als Tarifvertragspartei eines Firmentarifvertrages wird nicht von § 613a BGB erfasst.** Ein Firmentarifvertrag wirkt deshalb im Rahmen des § 613a BGB nicht kollektivrechtlich fort (*BAG* 20.6.2001 EzA § 3 TVG Nr. 25; 10.6.2009 – 4 ABR 21/08, ArbR Aktuell 2009, 192 m. Anm. *Haußmann*). Das Recht zur Kündigung des Haustarifvertrages steht auch nach dem Betriebsübergang dem Betriebsveräußerer zu und der Tarifvertrag ist ihm gegenüber zu kündigen (*BAG* 26.8.2009 – 4 AZR 280/08, ArbR Aktuell 2010, 16 m. Anm. *Haußmann*). Ein Firmentarifvertrag wirkt kollektivrechtlich nur bei der Gesamtrechtsnachfolge in ein Unternehmen fort, da der Rechtsnachfolger hier in die Rechtsstellung seines Vorgängers einrückt (*BAG* 24.6.1998 EzA § 20 UmwG Nr. 1).

## C. Betriebsinhaberwechsel; Arbeitgeberwechsel  Kapitel 3

### bb) Tarifwechsel

Im Regelfall ist der Erwerber nicht an den Tarifvertrag des Veräußerers gebunden. In diesem Fall werden die Inhaltsnormen nach § 613a Abs. 1 S. 2 BGB in arbeitsvertragliche Regelungen transformiert. Es werden die tarifvertraglichen Regelungen transformiert, die zum Zeitpunkt des Betriebsübergangs bestanden. Später in Kraft tretende Tarifverträge werden nicht mehr mitgenommen. Für die übernommenen Arbeitnehmer gelten deshalb auch die tariflichen Regelungen, die rückwirkend auf einen Zeitpunkt vor dem Betriebsübergang in Kraft gesetzt werden, nicht mehr (*BAG* 13.9.1994 EzA § 613a BGB Nr. 125).   4285

Die Transformation unterbleibt nach § 613a Abs. 1 S. 3 BGB nur, wenn nicht nur der Arbeitgeber, sondern **auch** die Arbeitnehmer an den Tarifvertrag des Erwerbers gebunden sind. Diese **kongruente** Tarifgebundenheit ist nur dann gegeben, wenn der Tarifvertrag für allgemeinverbindlich erklärt wurde (§ 5 TVG) oder der Arbeitnehmer Mitglied der tarifvertragschließenden Gewerkschaft ist. Da ein Wechsel der Arbeitnehmer in die zuständige Gewerkschaft eher unwahrscheinlich ist, ist diese Voraussetzung in der Praxis regelmäßig nur erfüllt, wenn die Gewerkschaft, die den Verbandstarifvertrag des Veräußerers abgeschlossen hat, auch Vertragspartner des bei dem Erwerber geltenden Tarifvertrages ist.   4286

In der Literatur (*Hromadka/Maschmann/Wallner* Tarifwechsel Rn. 345 ff. m. w. N.) ist in den letzten Jahren sehr intensiv die Frage erörtert worden, ob auch eine **einseitige Tarifbindung des neuen Arbeitgebers** die Transformation des Tarifvertrages verhindert. Diese Diskussion hat das *BAG* mit seinem Urteil vom 21.2.2001 (EzA § 613a BGB Nr. 195) für die Praxis beendet. Das BAG hat klargestellt, dass § 613a Abs. 1 S. 3 BGB die kongruente Tarifgebundenheit sowohl des neuen Betriebsinhabers als auch des Arbeitnehmers voraussetzt. Die einseitige Tarifbindung des Erwerbers steht damit einer Transformation nicht entgegen.   4287

Auch tarifvertragliche Ansprüche eines Arbeitnehmers, die nach § 613a Abs. 1 S. 2 BGB Inhalt des Arbeitsverhältnisses mit dem Betriebserwerber geworden sind, können später durch einen Tarifvertrag, an den dann Betriebserwerber **und** Arbeitnehmer gebunden sind, oder durch eine Betriebsvereinbarung eingeschränkt werden (*BAG* 16.5.1995 EzA § 613a BGB Nr. 127). In diesem Fall wird die Transformation beendet. Es gilt bei Regelungsidentität ausschließlich der neue Tarifvertrag oder die neue Betriebsvereinbarung. Die neue kollektive Regelung löst die transformierte Regelung allerdings nur ab, wenn sie denselben Regelungsgegenstand betrifft oder dahin auszulegen ist, dass sie die arbeitsvertraglich fortgeltende Tarifvertragsregelung dieses Gegenstandes ablösen soll (*BAG* 22.1.2003 EzA § 613a BGB 2002 Nr. 1).   4288

### cc) Einzelvertragliche Bezugnahme auf einen Tarifvertrag

#### (1) Grundsatz

Ist der Arbeitnehmer nicht tarifgebunden, gilt ein Tarifvertrag bis zum Zeitpunkt des Betriebsüberganges in vielen Fällen kraft **individualvertraglicher** Bezugnahme, s. Kap. 1 Rdn. 330, 360. Die tarifgebundenen Arbeitgeber wissen nicht, welche Arbeitnehmer tarifgebunden sind. Sie wollen bei der Anwendung des Tarifvertrages auch nicht differenzieren. Sie vereinbaren deshalb mit allen Arbeitnehmern, dass die Tarifverträge XY oder die jeweils für den Betrieb maßgeblichen Tarifverträge – ergänzend – Anwendung finden.   4289

Die Bezugnahme auf einen Tarifvertrag führt nicht dazu, dass der Tarifvertrag gem. § 3 TVG unmittelbar und zwingend gilt. Es handelt sich um eine **individualvertragliche** Vereinbarung. Der Tarifvertrag gilt kraft individualvertraglicher Vereinbarung als arbeitsvertragliche Regelung. Sie wirkt unabhängig von der Gewerkschaftszugehörigkeit des Arbeitnehmers konstitutiv (*BAG* 18.4.2007 – 4 AZB 652/05). Es stellt sich deshalb im Zusammenhang mit dem Betriebsübergang allein die Frage, mit welchem Inhalt diese Bezugnahmeklausel nach dem Betriebsübergang weiter gilt. Die Fortgeltung der individualvertraglichen Bezugnahme auf den Tarifvertrag beurteilt sich allein nach § 613a Abs. 1 S. 1 BGB und nicht nach § 613a Abs. 1 S. 2–4 BGB. Anlässlich eines Betriebsübergangs   4290 muss durch Auslegung ermittelt werden, welche Wirkung die Bezugnahmeklausel im Verhältnis zwischen dem neuen Betriebsinhaber und dem Arbeitnehmer hat.

*(2) Verschiedene Bezugnahmeklauseln*

4291 Mit einer Vielzahl von Begriffen wird zwischen verschiedenen Arten von Bezugnahmeklauseln unterschieden. Die Bezeichnungen beschreiben teilweise den **Wortlaut** der Bezugnahmeklauseln, teilweise den **Regelungszweck** oder die von der Rechtsprechung entwickelten **Auslegungsgrundsätze** und damit die **Rechtsfolgen** einer Bezugnahmeklausel (s. dazu ausführlich Kap. 1 Rdn. 360 und Kap. 11 Rdn. 211 ff.).

4292 Die gewählte Bezugnahmeklausel hat je nachdem, ob der Erwerber verglichen mit dem bisherigen Betriebsinhaber an den gleichen, einen anderen oder gar keinen Tarifvertrag gebunden ist, Einfluss auf die Weitergeltung der in Bezug genommenen tarifvertraglichen Regelungen nach dem Betriebsübergang (s. Kap. 1 Rdn. 360). Folgende Fallkonstellationen sind zu unterscheiden:

*(3) Erwerber ist an den gleichen Verbandstarifvertrag gebunden*

4293 In dieser Fallgestaltung wirkt sich die Formulierung der Bezugnahmeklauseln auf die Geltung von Tarifverträgen nach einem Inhaberwechsel **nicht** aus. Sowohl die sog. große dynamische Bezugnahmeklausel als auch die sog. kleine dynamische Bezugnahmeklausel führen zum gleichen Ergebnis. Auf das Arbeitsverhältnis findet dasselbe Verbandstarifvertragwerk in seiner jeweiligen Fassung – weiterhin – Anwendung. Sollte der Veräußerer mit einem Teil seiner Arbeitnehmer, die er z. B. im Rahmen eines Betriebsteilsübergangs übernommen hat, die Geltung eines branchenfremden Tarifvertrages vereinbart haben, ändert sich ebenfalls nichts. Wurde ein **branchenfremdes** Tarifwerk im Arbeitsvertrag in Bezug genommen, gilt diese Vereinbarung auch nach dem Betriebsübergang als vertragliche Vereinbarung konstitutiv. Eine korrigierende Auslegung der Verweisungsklausel dahin, dass der Tarifvertrag gilt, dem der jeweilige Arbeitgeber unterliegt, ist nicht möglich (*BAG* 25.10.2000 EzA § 613a BGB Nr. 195). Es bleibt bei der Geltung des branchenfremden Tarifvertrages.

*(4) Erwerber ist nicht tarifgebunden*

4294 Ist der Erwerber nicht tarifgebunden, werden für die tarifgebundenen Arbeitnehmer die beim Veräußerer geltenden Tarifnormen transformiert in arbeitsvertragliche Rechte, § 613a Abs. 1 Satz 2 BGB. Dies gilt auch für Haustarifverträge, da der Erwerber nicht in die Stellung als Tarifpartei eintritt (*BAG* 26.8.2009 – 4 AZR 280/08, ArbR Aktuell 2009, 72 m. Anm. *Haußmann*; 10.6.2009 – 4 ABR 21/08, ArbR Aktuell 2009, 192 m. Anm. *Winzer*). Diese Transformation ist statisch, d. h. künftige Tarifabschlüsse bleiben unberücksichtigt. Maßgeblich sind allein die Inhalte der Tarifverträge, die zum Zeitpunkt der Transformation gem. §§ 3 Abs. 1, 4 Abs. 1 TVG unmittelbar und zwingend galten. Daraus folgt für vor Inkrafttreten des Schuldrechtsreformgesetzes abgeschlossene Arbeitsverträge (sog. Altverträge), dass ein weiter reichender dynamischer arbeitsvertraglicher Verweis auf Tarifverträge wegen seines Zwecks als **Gleichstellungsabrede** einschränkend auszulegen ist. Aus den dynamisch formulierten Bezugnahmeklauseln werden durch Auslegung statische Bezugnahmeklauseln (*BAG* 4.8.1999 EzA § 613a BGB Nr. 184; 29.8.2001 EzA § 613a BGB Nr. 201; 26.9.2001 EzA § 3 TVG Bezugnahme auf Tarifvertrag Nr. 19). Anderes gilt für Arbeitsverträge, die nach dem 1.1.2002 abgeschlossen wurden (*BAG* 14.12.2005 EzA § 3 TVG Bezugnahme auf Tarifvertrag Nr. 32). Hier muss die Gleichstellungsfunktion für den Arbeitnehmer erkennbar Vertragsinhalt geworden sein. Dies hat der 4. Senat des *BAG* in seinem Urteil vom 18.4.2007 (EzA § 3 TVG Bezugnahme auf Tarifvertrag Nr. 35) entschieden. Eine einzelvertraglich vereinbarte dynamische Bezugnahme auf einen bestimmten Tarifvertrag sei jedenfalls dann, wenn eine Tarifgebundenheit des Arbeitgebers an den im Arbeitsvertrag genannten Tarifvertrag nicht in einer für den Arbeitnehmer erkennbaren Weise zur auflösenden Bedingung der Vereinbarung gemacht worden ist, eine **konstitutive** Verweisungsklausel, die durch einen Verbandsaustritt des Arbeitgebers oder einen sonstigen Wegfall seiner Tarifgebundenheit (Betriebsübergang) nicht berührt wird (»unbedingte

## C. Betriebsinhaberwechsel; Arbeitgeberwechsel
## Kapitel 3

zeitdynamische Verweisung«). Verweist die Bezugnahmeklausel auf räumlich oder fachlich nicht einschlägige Tarifverträge, kann sie nicht als Gleichstellungsabrede ausgelegt werden (*BAG* 21.10.2009 – 4 AZR 396/08, ArbR Aktuell m. Anm. *Lerch*). Die negative Koalitionsfreiheit des Betriebserwerbers wird – so das BAG – durch die dynamische Bindung an Tarifverträge des Betriebsveräußerers nicht verletzt (*BAG* 23.9.2009 – 4 AZR 331/08, ArbR Aktuell 2010, 195 m. Anm. *Kern*).

### (5) Erwerber ist an einen anderen Tarifvertrag gebunden

Die **große dynamische Bezugnahmeklausel** führt in dieser Fallgestaltung zum Tarifwechsel. Da der jeweils einschlägige Tarifvertrag vereinbart wurde, gilt nunmehr der Tarifvertrag, an den der Erwerber gebunden ist. Dies ist der für den Betrieb nunmehr einschlägige Tarifvertrag. Die große dynamische Klausel ist eine zulässige Tarifwechselklausel (*BAG* 25.10.2000 EzA § 3 TVG Bezugnahme auf Tarifvertrag Nr. 15; 16.10.2002 EzA § 3 TVG Bezugnahme auf Tarifvertrag Nr. 22). Dies gilt auch für Verträge, die nach Inkrafttreten der Schuldrechtsreform abgeschlossen wurden. Die Tarifwechselklausel verstößt weder gegen das Transparenzgebot noch die Unklarheitenregelung. Ein Arbeitnehmer, der eine Tarifwechselklausel unterschrieben hat, kann hinreichend klar erkennen, dass ein anderer Tarifvertrag zur Geltung gelangen kann, wenn die Tarifbindung des Arbeitgebers oder eine andere Voraussetzung der unmittelbaren und zwingenden Tarifgeltung wegfällt. 4295

Demgegenüber führt die **kleine dynamische Bezugnahmeklausel** nicht zu einem Tarifwechsel. Nach dem Urteil des *BAG* vom 30.8.2000 (EzA § 3 TVG Bezugnahme auf Tarifvertrag Nr. 13) führt die Gleichstellungsfunktion nicht dazu, dass bei Geltung eines anderen Tarifvertrages bei dem neuen Inhaber des Betriebs, dessen Tarifvertrag ebenfalls in Bezug genommen wird. Die vertraglich vereinbarte Gleichstellung beschränke sich entsprechend dem Wortlaut der Bezugnahmeklausel auf die darin genannten Tarifverträge (*BAG* 29.8.2007 – 4 AZR 765/05). Der neue Tarifvertrag wird nur dann einbezogen, wenn sich aus besonderen Umständen ergibt, dass die Arbeitsvertragsparteien dies wollten (*BAG* 30.8.2000 EzA § 3 TVG Bezugnahme auf Tarifvertrag Nr. 13; 25.10.2000 EzA § 3 TVG Bezugnahme auf Tarifvertrag Nr. 15). Nach den Entscheidungen des *BAG* vom 14.12.2005 (EzA § 3 TVG Bezugnahme auf Tarifvertrag Nr. 32) und vom 29.8.2007 (– 4 AZR 765/05) gilt der in Bezug genommene Tarifvertrag, falls der zuletzt genannte Ausnahmefall nicht vorliegt, statisch weiter, wenn der Arbeitsvertrag vor Inkrafttreten des Schuldrechtsreformgesetzes abgeschlossen wurde. Wurde der Arbeitsvertrag nach dem 1.1.2002 abgeschlossen, behält die dynamische Bezugnahme auch nach dem Betriebsübergang ihre Dynamik. Dies gilt auch im Falle der Allgemeinverbindlichkeit des bei dem Erwerber geltenden Tarifvertrages (*BAG* 17.11.2010 – 4 AZR 391/09, ArbR Aktuell 2010, 629 m. Anm. *Haußmann*). Gilt der neue Tarifvertrag für die auf Grund ihrer Gewerkschaftsmitgliedschaft tarifgebundenen übergeleiteten Arbeitnehmer ohne schriftlichen Arbeitsvertrag (= Vergleichsgruppe), da die Gewerkschaft (z. B. ver.di) beide Tarifverträge abgeschlossen hat, ist nicht einzusehen, warum der Gleichlauf der beiden Arbeitnehmergruppen hier nicht gegeben sein soll. Anders ist die Situation, wenn der neue Tarifvertrag auch für die tarifgebundenen übergeleiteten Arbeitnehmer (= Vergleichsgruppe) nicht gilt. 4296

### i) Altersversorgung

Im Bereich der **betrieblichen Altersversorgung** gelten ebenfalls die allgemeinen obigen Grundsätze. 4297

#### aa) Ausgeschiedene Arbeitnehmer

Der Erwerber tritt nicht in die Versorgungsansprüche ein, wenn der Arbeitnehmer zum Zeitpunkt des Betriebsübergangs bereits **ausgeschieden** ist. Nur bestehende Arbeitsverhältnisse werden von § 613a BGB erfasst (*BAG* 18.3.2003 – 3 AZR 313/02, AP § 7 BetrAVG Nr. 108; 23.3.2004 – 3 AZR 151/03, AP BGB § 613a Nr. 265). 4298

### bb) Individualvertragliche Ansprüche aktiver Arbeitnehmer

**4299** In einem bestehenden Arbeitsverhältnis gehen **individualvertraglich begründete Ansprüche** auf Altersversorgung, unabhängig davon, ob sie auf einer individuellen Direktzusage, Gesamtzusage, betrieblichen Übung oder dem Gleichbehandlungsgrundsatz beruhen nach § 613a Abs. 1 S. 1 BGB auf den Erwerber über (*BAG* 19.5.2005 – 3 AZR 649/03, AP BGB § 613a Nr. 283). Insoweit gelten keine Besonderheiten. Neben den unverfallbaren Anwartschaften nach § 1b BetrAVG tritt der Erwerber auch in noch verfallbare Anwartschaften ein. Das Schicksal dieser Zusagen beim Erwerber beurteilt sich nach allgemeinen Grundsätzen. Insoweit gelten keine Besonderheiten.

### cc) Kollektivrechtliche Ansprüche aktiver Arbeitnehmer

**4300** Auch hier gelten die **allgemeinen Grundsätze**. Es ist zunächst zu prüfen, ob die Zusage nach dem Betriebsübergang kollektivrechtlich fortgilt. Falls ja, gibt es keine Probleme. Falls nicht, wird die Zusage grds. nach § 613a Abs. 1 S. 2 BGB transformiert. In diesem Fall ist entscheidend, ob es beim Erwerber eine kollektive Regelung gibt, welche die Transformation verhindert. Ist dies nicht der Fall, nimmt der Arbeitnehmer seine kollektivrechtlich begründete Zusage als individualvertraglichen Anspruch zum Erwerber mit. Gibt es beim Erwerber eine kollektive Versorgungsordnung, gilt diese für die übernommenen Arbeitnehmer ab dem Zeitpunkt des Betriebsüberganges, soweit sich aus der Versorgungsordnung des Erwerbers nichts anderes ergibt. Auch insoweit gelten die allgemeinen Grundsätze (ausf. *Rolfs* NZA Beilage 2008, S. 164, 167 f.).

**4301** Der Erwerber eines Betriebes ist nach § 613a BGB nicht verpflichtet, bei der Berechnung von Versorgungsleistungen auf Grund einer eigenen Versorgungszusage solche Beschäftigungszeiten anzurechnen, die von ihm übernommene Arbeitnehmer bei einem früheren Betriebsinhaber zurückgelegt haben. Er ist bei der Aufstellung von Berechnungsregeln frei, Vorbeschäftigungszeiten als wertbildende Faktoren außer Ansatz zu lassen. Unabdingbare Rechtsfolge eines Betriebsübergangs nach § 613a BGB ist lediglich, dass Vordienstzeiten beim Betriebsveräußerer bei der kraft Gesetzes entstehenden unverfallbaren Versorgungsanwartschaft mitberücksichtigt werden (*BAG* 24.7.2001 EzA § 613a BGB Nr. 204).

**4302** Beinhaltet die beim Erwerber geltende Versorgungsordnung eine **Wartezeitregelung**, die zur Begründung von Versorgungsansprüchen eine bestimmte Zugehörigkeitsdauer zum Betrieb voraussetzt, so verstößt es nicht gegen den Schutzzweck des § 613a BGB, wenn die Zeiten vor dem Betriebsübergang außer Betracht bleiben. Das gilt selbst dann, wenn der Arbeitnehmer auf Grund der zu kurzen Zeit bis zu seiner Pensionierung überhaupt nicht mehr in den Genuss von Versorgungsleistungen kommen kann, weil er im Zeitpunkt des Betriebsübergangs schon zu alt war (*BAG* 19.4.2005 EzA § 1b BetrAVG Ablösung Nr. 3).

**4303** Rechnet der Erwerber die beim Veräußerer zurückgelegten Zeiten nicht an, stellt sich die Frage, was mit den Anwartschaften passiert, die der Arbeitnehmer beim Veräußerer erworben hat. Hierzu gelten nach dem Urteil des *BAG* vom 24.7.2001 (EzA § 613a BGB Nr. 204) folgende **Grundsätze:**

»1. Auch bei der Verdrängung einer im veräußerten Betrieb geltenden Betriebsvereinbarung über Leistungen der Betrieblichen Altersversorgung durch eine beim Erwerber geltende Betriebsvereinbarung nach § 613a Abs. 1 S. 3 BGB ist der bis zum Betriebsübergang erdiente Versorgungsbesitzstand aufrechtzuerhalten.

2. Dies bedeutet nicht, dass der bis zum Betriebsübergang erdiente Besitzstand vom Betriebsübernehmer stets zusätzlich zu der bei ihm erdienten Altersversorgung geschuldet wäre. Die gebotene Besitzstandswahrung führt grds. nur insoweit zu einem erhöhten Versorgungsanspruch, wie die Ansprüche aus der Neuregelung im Versorgungsfall hinter dem zurückbleiben, was bis zum Betriebsübergang erdient war.«

Die beim Veräußerer erworbenen Anwartschaften werden demnach zwar aufrechterhalten, allerdings nur im Sinne einer **Besitzstandswahrung**. Sie werden nicht generell zusätzlich zu den beim Erwerber erworbenen Anwartschaften geschuldet. 4304

### dd) Mittelbare Versorgungszusagen

Probleme ergeben sich vor allem bei **mittelbaren Versorgungszusagen** (Unterstützungskassen, Pensionskassen, Pensionsfonds und Direktversicherungen), wenn der Erwerber nicht in der Lage ist, die Versorgung in ihrer jetzigen Form weiterzuführen. Das BAG wendet § 613a Abs. 1 S. 1 BGB grds. nur auf das **Grundverhältnis** (Verhältnis zwischen Arbeitgeber und Arbeitnehmer) an (*BAG* 13.11.2007 – 3 AZR 191/06, AP BGB § 613a Nr. 336; 5.5.1977 EzA § 613a BGB Nr. 13; 15.3.1979 EzA § 613a BGB Nr. 22). Das **Deckungsverhältnis** (Verhältnis zwischen dem Arbeitgeber und dem mittelbaren Versorgungsträger) wird nach dieser Rechtsprechung nicht von § 613a BGB erfasst. Bediente sich der Veräußerer einer Unterstützungskasse, verbleibt diese beim Veräußerer. Der Erwerber muss den übernommenen Arbeitnehmern eine entsprechende Versorgung »verschaffen«. Ein Versorgungsverschaffungsanspruch besteht auch bei einem Zusatzversorgungssystem (*BAG* 18.9.2001 – 3 AZR 689/00; AP BGB § 613a Nr. 230). 4305

### j) Besonderheiten in der Insolvenz des Arbeitgebers

Nachdem während der früher geltenden Konkursordnung die Anwendbarkeit von § 613a BGB in Insolvenzfällen höchst umstritten war, stellt § **128 InsO** die Anwendbarkeit von § 613a BGB nunmehr klar. Das europäische Recht steht dem auch nicht entgegen. Auch wenn der EuGH für die Richtlinie 77/187 entschieden hat, dass deren Anwendung auf Veräußerungen durch den Konkursverwalter nicht geboten ist, steht es den Mitgliedstaaten frei, unabhängig hiervon die Grundsätze der Richtlinie auf einen solchen Übergang anzuwenden (*EuGH* 7.2.1985 ZIP 1985, 824). 4306

§ 613a BGB ist in der Insolvenz allerdings nur dann uneingeschränkt anwendbar, soweit es um den Schutz der Arbeitsplätze und die Kontinuität des Betriebsrats geht (**Bestandsschutzfunktion**). Die von § 613a BGB vorgesehene **Haftungsverteilung** findet jedoch keine Anwendung für solche Ansprüche, die bei Insolvenzöffnungen bereits entstanden waren. Da der insolvenzrechtliche Grundsatz der gleichen Gläubigerbefriedigung anderenfalls durchbrochen würde, haben insoweit die insolvenzrechtlichen Verteilungsgrundsätze Vorrang (*BAG* 19.5.2005 – 3 AZR 649/03, AP BGB § 613a Nr. 283; 13.7.1994 EzA § 40 BetrVG 1972 Nr. 70). 4307

Für den Bereich der **betrieblichen Altersversorgung** findet § 613a BGB nur dann eingeschränkte Anwendung, sofern der Betriebsübergang nach Eröffnung des Insolvenzverfahrens stattfindet (*BAG* 20.6.2002 – 8 AZR 459/01, AP § 113 InsO Nr. 10). In diesem Fall schuldet der Erwerber im Versorgungsfall nur den bei ihm seit Betriebsübergang **zeitanteilig** erdienten Teil (*BAG* 4.7.1989 EzA § 1 BetrAVG Nr. 31). Wurde das Insolvenzverfahren erst nach dem Betriebs-(teil)übergang eröffnet, haftet der Erwerber für sämtliche bisher entstandenen Ansprüche ohne Einschränkungen (*BAG* 20.6.2002 – 8 AZR 459/01, AP § 113 InsO Nr. 10). 4308

Die mit Eröffnung des Insolvenzverfahrens eintretende Haftungsbeschränkung des Erwerbers bleibt auch dann bestehen, wenn das Insolvenzverfahren später mangels einer die Kosten des Verfahrens deckenden Masse nach § **207 InsO** eingestellt wird (*BAG* 11.2.1992 NZA 1993, 20). Das gilt allerdings nicht, wenn die Eröffnung des Insolvenzverfahrens von vornherein mangels Masse abgelehnt wurde (*BAG* 11.2.1992 EzA § 613a BGB Nr. 97). 4309

Im Hinblick auf einen Wiedereinstellungsanspruch nach einer Kündigung durch den Insolvenzverwalter hat das BAG wiederholt klargestellt, dass nach Ablauf der Kündigungsfrist ein solcher gegen den Betriebserwerber nicht geltend gemacht werden kann (s. hierzu Rdn. 4154). 4310

## D. Sonderformen von Arbeitsverhältnissen

### I. Arbeit auf Abruf (§ 12 TzBfG)

#### 1. Begriffsbestimmung

4311 § 12 TzBfG gestattet als einzige gesetzlich vorgesehene Form der Abrufarbeit die flexible Verteilung des vereinbarten Arbeitsdeputats. Der Arbeitgeber bestimmt einseitig die Lage der Arbeitszeit (s. *EuGH* 12.10.2004 EzA EG-Vertrag 1999 Richtlinie 97/81 Nr. 1; *Nicolai* DB 2004, 2812 ff.; *LAG RhPf* 18.3.2010 LAGE § 12 TzBfG Nr. 3); der Umfang des Arbeitsdeputats ergibt sich dagegen aus dem Arbeitsvertrag. Enthält der Vertrag keine Festlegung, wird nach § 12 TzBfG eine Wochenarbeitszeit von 10 Stunden fingiert. Nach Auffassung des *LAG RhPf* (1.3.2000 ZTR 2000, 570; *LAG Köln* 7.12.2001 LAGE § 12 TzBfG Nr. 1; s. Rdn. 4312) ist diese Regelung analog anwendbar, wenn in einem Arbeitsvertrag keine Vereinbarung über den (Mindest-)Umfang der Arbeitsleistung erfolgt ist, sondern diese statt dessen jeweils im Einzelfall durch die Vertragsparteien erfolgen soll. Denn der Schutzzweck der Norm gebietet es, sie auch auf solche Vertragsgestaltungen anzuwenden, die dem Arbeitgeber die Möglichkeit eröffnen, durch die fehlende Unterbreitung von Arbeitsangeboten das Arbeitsverhältnis faktisch zu suspendieren.

Gem. § 12 Abs. 1 S. 2 TzBfG muss zwischen den Parteien eine Vereinbarung über die Dauer der wöchentlichen und täglichen Arbeitszeit erfolgen; kommt es nicht dazu, muss der Arbeitgeber die Arbeitsleistung des Arbeitnehmers jeweils für mindestens drei aufeinander folgende Stunden in Anspruch nehmen (§ 12 Abs. 1 S. 4 TzBfG; s. *Busch* NZA 2001, 593 ff.). Die Arbeitsvertragsparteien können auch wirksam vereinbaren, dass der Arbeitnehmer **über die vertragliche Mindestarbeitszeit hinaus** Arbeit auf Abruf leisten muss; die insoweit einseitig vom Arbeitgeber abrufbare Arbeit des Arbeitnehmer **darf allerdings nicht mehr als 25 % der vereinbarten wöchentlichen Arbeitszeit** betragen. Damit verlagert der Arbeitgeber abweichend von § 615 BGB einen **Teil seines Wirtschaftsrisikos** auf den Arbeitnehmer. Bei der Angemessenheitsprüfung sind die Interesse des Arbeitgebers an einer Flexibilisierung der Arbeitsdauer und das Interesse des Arbeitnehmers an einer festen Regelung der Dauer der Arbeitszeit und der sich daraus ergebenden Arbeitsvergütung angemessen zum Ausgleich zu bringen (*BAG* 7.12.2005 EzA § 12 TzBfG Nr. 2; zust. *BVerfG* 23.11.2006 NZA 2007, 85; vgl. dazu *Preis/Lindemann* NZA 2006, 632 ff.; *Zundel* NJW 2006, 2304 ff.; a. A. *LAG BW* 8.12.2005 AuR 2006, 211 LS *Decruppe/Utess* AuR 2006, 347 ff.). Dazu kann auf die **Grundsätze** zurückgegriffen werden, die das *BAG* (12.1.2005 EzA § 308 BGB 2002 Nr. 1; s. *Benecke* AuR 2006, 337 ff.) zur **Wirksamkeit von Widerrufsvorbehalten aufgestellt hat** (*BAG* 7.12.2005 EzA § 12 TzBfG Nr. 2 = NZA 2006, 423):

- Eine formularmäßig im Arbeitsvertrag verwendete Klausel, mit der sich der Arbeitgeber den **jederzeitigen unbeschränkten Widerruf** übertariflicher Lohnbestandteile und anderer Leistungen vorbehält, ist gem. § 307 Abs. 1 S. 2 u. § 308 Nr. 4 BGB **unwirksam**.
- Die Vereinbarung ist nur dann wirksam, wenn der widerrufliche Anteil unter 25 bis 30 % der Gesamtvergütung liegt und der Widerruf nicht grundlos erfolgen soll.
- Die widerrufliche Leistung muss **nach Art und Höhe eindeutig** sein. Die Vertragsklausel muss zumindest die Richtung angeben, aus der der Widerruf möglich sein soll (wirtschaftliche Gründe, Leistung oder Verhalten des Arbeitnehmers).
- Diese Anforderungen gelten seit dem 1.1.2003 auch für Formulararbeitsverträge, die vor dem 1.1.2002 abgeschlossen worden sind. Fehlt es bei einem solchen Altvertrag an dem geforderten Mindestmaß einer Konkretisierung der Widerrufsgründe, kann die entstandene Lücke im Vertrag durch eine ergänzende Vertragsauslegung geschlossen werden. Eine Bindung des Arbeitgebers an die vereinbarte Leistung ohne Widerrufsmöglichkeit würde rückwirkend unverhältnismäßig in die Privatautonomie eingreifen (*BAG* 12.1.2005 EzA § 308 BGB 2002 Nr. 1; a. A. *LAG Hamm* 11.5.2004 – 19 Sa 2132/03, NZA-RR 2004, 515; s. SAE 2007, 59 ff.).
- Es liegt nahe, dass die Parteien des Arbeitsvertrages bei Kenntnis der neuen gesetzlichen Anforderungen die Widerrufsmöglichkeit zumindest bei wirtschaftlichen Verlusten des Arbeitgebers vorgesehen hätten.

- Neben der Inhaltskontrolle nach den §§ 305 ff. BGB findet weiterhin die Ausübungskontrolle im Einzelfall gem. § 315 BGB statt.

Zu beachten ist aber, dass eine Kombination von Rahmenvereinbarung und einzelnen befristeten Arbeitsverhältnissen auch für arbeitsvertragliche Beziehungen grds. möglich ist. Die Arbeitsvertragsparteien sind also insbes. nicht gezwungen, stattdessen ein Abrufarbeitsverhältnis gem. § 12 TzBfG zu begründen (*BAG* 31.7.2002 EzA § 12 TzBfG Nr. 1; s. *Strasser/Melf* AuR 2006, 342 ff.).

## 2. Flexible Arbeitszeitdauer

Eine **flexible Arbeitszeitdauer** kann nach der Rechtsprechung des *BAG* (12.3.1992 EzA § 4 BeschFG 1985 Nr. 1) demgegenüber nur dann vereinbart werden, wenn der einschlägige Tarifvertrag dies ausdrücklich gestattet. Denn gem. § 12 Abs. 3 TzBfG ist § 12 Abs. 1 TzBfG auch zum Nachteil des Arbeitnehmers tarifdisponibel (*Viethen* NZA 2001 Sonderbeil. zu Heft 24, S. 8). Allerdings muss der einschlägige Tarifvertrag überhaupt Regelungen über die tägliche und wöchentliche Arbeitszeit und die Mindestankündigungsfrist enthalten. Das Gesetz stellt also Mindestanforderungen an Tarifverträge, die Arbeit auf Abruf regeln. Hinsichtlich möglicher Vereinbarungen über die wöchentliche und tägliche Arbeitszeit gelten gegenüber den für das Einzelarbeitsverhältnis anwendbaren Beschränkungen gewisse Erleichterungen. Es ist nicht eine bestimmte Arbeitszeit festzulegen, sondern es sind Regelungen über die tägliche und wöchentliche Arbeitszeit zu treffen. Es gilt deshalb: **4312**
- Die Tarifvertragsparteien müssen zwar festlegen, welche wöchentliche Arbeitszeit maßgebend ist. Das setzt zum einen voraus, dass überhaupt eine wochenbezogene Arbeitszeit festgelegt wird. Die Tarifvertragsparteien sind aber in der näheren Ausgestaltung der wochenbezogenen Arbeitszeit freier als die Arbeitsvertragsparteien. Denkbar ist z. B. ein Arbeitszeitkorridor mit einer Mindest- und Höchstarbeitszeit, soweit er nicht dem Arbeitgeber ein praktisch volles Entscheidungsrecht zugesteht – ein Arbeitszeitkorridor zwischen 0 und 40 Stunden (vgl. *Kliemt* NZA 2001, 70);

Das *BAG* (16.11.2000 NZA 2002, 112 LS; zu Bandbreitenregelungen, die mehr als zehn Arbeitsstunden annehmen, z. B. 15–19/Woche vgl. *Rudolf* NZA 2002, 1012 ff.) hat insoweit angenommen, dass dann, wenn ein Tarifvertrag bestimmt, dass sich die Arbeitszeit nach dem Arbeitsanfall richtet, ohne zugleich eine bestimmte Dauer der Arbeitszeit festzulegen, § 12 Abs. 1 TzBfG, wonach eine wöchentliche Arbeitszeit von zehn Stunden als vereinbart gilt, nicht anwendbar ist. Eine solche Regelung ist danach auch nicht wegen Verstoßes gegen zwingende Vorschriften des Kündigungs- und Kündigungsschutzrechts unwirksam.

- Hinsichtlich der täglichen Arbeitszeit müssen die Tarifvertragsparteien eine Mindestheranziehungsdauer pro Arbeitstag festlegen. Eine andere Form der Regelung der täglichen Arbeitszeit ist nicht denkbar;
- Die von den Tarifvertragsparteien festgelegte Ankündigungsfrist (s. Rdn. 4319 f.) darf nicht so kurz sein, dass es sich praktisch um keine Ankündigungsfrist mehr handelt. Selbst wenn die gesamten vier Tage, die zwischen dem Tag der Ankündigung und der verlangten Arbeit liegen müssen, wegfallen, wäre eine Ankündigung am Vortag notwendig. Daran sind auch die Tarifvertragsparteien gebunden.

Die einzelvertragliche Vereinbarung, wonach einerseits eine regelmäßige wöchentliche Arbeitszeit von 30 Stunden gilt, der Arbeitnehmer andererseits jedoch verpflichtet ist, auf Anforderung des Arbeitgebers auch darüber hinaus zu arbeiten, wird daher z. T. als sog. Bandbreitenregelung gem. § 134 BGB als unwirksam angesehen, weil sie eine Umgehung zwingender gesetzlicher Vorschriften des Kündigungsschutzes darstellt. Anstelle der unwirksamen Arbeitszeitregelung ist die fortan maßgebliche Arbeitszeit aus der bisherigen Abwicklung des Arbeitsverhältnisses unter Berücksichtigung der Begleitumstände des Einzelfalles abzuleiten. Als Anknüpfungspunkt bietet sich dafür eine Durchschnittsberechnung der in der Vergangenheit angefallenen Arbeitsstunden an (*LAG Düsseld.* 17.9.2004 LAGE § 315 BGB 2002 Nr. 1). **4313**

### 3. Keine Beschränkung auf Teilzeitarbeitsverhältnisse?

4314 § 12 TzBfG beschränkt sich nicht auf Teilzeitbeschäftigungsverhältnisse, obwohl sich die Vorschrift im Abschnitt »Teilzeitarbeit« TzBfG befindet. Dennoch lässt ihr Wortlaut keine arbeitszeitabhängige Beschränkung des Geltungsbereichs zu. Zudem kann Abrufarbeit auf Grund der fortschreitenden Arbeitszeitverkürzung mit Vollzeitarbeit auch im Rahmen des ArbZG praktiziert werden (*Hess. LAG* 17.1.1997 NZA-RR 1997, 487 für § 4 Abs. 2 BeschFG). Andererseits lässt sich durchaus auch die Auffassung vertreten, dass eine Anwendung auf Vollzeitkräfte wegen der Einordnung der Norm im Abschnitt »Teilzeitarbeit« des TzBfG, eines Gesetzes, das sich allein mit Teilzeitarbeit und Befristung beschäftigt, nicht ohne weiteres geboten ist. Auch der Zweck der Vorschrift verlangt keine vollständige Übertragung auf Vollzeitkräfte. Denn die Regelung soll den Arbeitnehmern einmal einen gewissen Mindesteinsatz garantieren und zum anderen ihre Arbeitszeitsouveränität sichern. Hinsichtlich des ersten Gesichtspunkts sind Vollzeitkräfte nicht schutzwürdig. Auch Vollzeitkräfte haben aber andererseits, ebenso wie Teilzeitkräfte, ein Interesse daran, nicht von jetzt auf gleich zur Arbeit herangezogen zu werden. Deshalb ist zwar nicht § 12 Abs. 1, wohl aber § 12 Abs. 2 TzBfG analog auf Vollzeitkräfte anwendbar (*Löwisch* BB 1985, 1204).

### 4. Verteilung der Arbeitszeit; Nichtausschöpfung des Arbeitsdeputats

4315 Die Verteilung der Arbeitszeit im Abrechnungszeitraum ist dem **Direktionsrecht** des Arbeitgebers überlassen.

4316 Regelmäßig wird das Arbeitsdeputat pro Monat festgelegt, andererseits ist auch die Vereinbarung eines Jahresdeputats möglich.

4317 Der Nichtabruf der Arbeit, die Nichtausschöpfung des Arbeitsdeputats führt ohne weiteres zum **Annahmeverzug** des Arbeitgebers (§ 615 BGB). Es ist seine Sache, die Arbeitsleistung unter Einhaltung der Abruffrist im Bezugszeitraum so zu verteilen, dass das Deputat vollständig aufgebraucht wird. Der Arbeitnehmer ist gem. § 296 BGB nicht verpflichtet, seine Arbeitskraft ausdrücklich anzubieten, wenn ein Abruf im Bezugszeitraum unterbleibt.

4318 Die einseitige Leistungsbestimmung des Arbeitgebers ist gem. **§ 315 Abs. 1 BGB** nach billigem Ermessen zu treffen.

### 5. Ankündigungsfrist

4319 Gem. § 12 Abs. 2 TzBfG muss der Arbeitgeber den Arbeitseinsatz mindestens vier Tage im Voraus ankündigen. Gerade durch diese Ankündigungsfrist wird der Unterschied zur Arbeits- und Rufbereitschaft klargestellt. Die Frist berechnet sich nach §§ 186 ff., 193 BGB. Sie dient dem Schutz der Dispositionsfreiheit des Arbeitnehmers über seine Zeit. Sie ist die unterste Grenze für einen ordnungsgemäßen Abruf. Von Notfallsituationen abgesehen ist es deshalb nicht rechtsmissbräuchlich, sich auf die Einhaltung der Mindestabruffrist zu berufen. **Wird die Frist nicht eingehalten, ist der Abruf unwirksam und entfaltet keine Regelungswirkung.** Er lässt insbes. auch das noch verbleibende Arbeitsdeputat unberührt.

### 6. Mindestdauer der Arbeitseinsätze

4320 Gem. § 12 TzBfG muss der vertraglich vereinbarte Rahmen, ansonsten müssen Arbeitseinsätze von mindestens drei Stunden, angeordnet werden.

4321 Bei einem Verstoß gegen § 12 Abs. 1 TzBfG ist der Abruf insgesamt unverbindlich. Er wird in ein Angebot an den Arbeitnehmer umgedeutet, eine verkürzte Arbeitszeit zu vereinbaren. Zudem kann der Arbeitgeber unter Einhaltung der Ankündigungsfrist die Arbeitszeit auf das maßgebliche Mindestmaß aufstocken.

## D. Sonderformen von Arbeitsverhältnissen Kapitel 3

### 7. Arbeitsentgelt ohne Arbeitsleistung

Da der Arbeitgeber von seinem Leistungsbestimmungsrecht kaum so Gebrauch machen wird, dass ein **gesetzlicher Feiertag** als Tag zu leistender Abrufarbeit bestimmt wird, ist eine **Durchschnittsberechnung** vorzunehmen, ähnlich wie sie der Gesetzgeber in § 11 EFZG für die Heimarbeiter vorgesehen hat. Damit soll verhindert werden, dass der Arbeitgeber Feiertagsvergütung nur bezahlen muss, wenn er aus Ungeschick bei der Festlegung der Arbeitszeit einen Feiertag übersehen hat. 4322

Aus ähnlichen Überlegungen heraus soll im **Krankheitsfall**, insbes. wenn die Krankheit in Zeiten hineinreicht, für die noch kein Arbeitsabruf verbindlich festgelegt ist, auf der Basis der hypothetischen Arbeitszeitlage abgerechnet werden, also danach, wie der Arbeitgeber Arbeit abgerufen hätte, wenn der Arbeitnehmer nicht erkrankt gewesen wäre. Ist das nicht möglich, oder mit großen Schwierigkeiten verbunden, so soll nach dem Durchschnittsprinzip abgerechnet werden. Dazu wird das (noch) zur Verfügung stehende Arbeitsdeputat rechnerisch auf jeden potentiellen Arbeitstag in der Abrechnungseinheit verteilt und der Durchschnittswert ermittelt. Für jeden dieser potentiellen Arbeitstage, der in der Abrechnungseinheit wegen Krankheit ausfällt, kürzt man das verbleibende, noch abrufbare Arbeitsdeputat um diesen Durchschnittswert. 4323

Andererseits stellt es keine Benachteiligung der Abrufarbeitnehmer dar, wenn der Arbeitgeber die Arbeitseinsätze zeitlich so legt, dass der Arbeitnehmer **seinen sonstigen Verpflichtungen in der Freizeit nachkommen kann**. Allerdings gilt § 616 BGB, wenn der Arbeitgeber bereits von seiner Abrufbefugnis Gebrauch gemacht hat und der Arbeitnehmer in dieser Zeit aus persönlichen Gründen verhindert ist. 4324

Treffen die Parteien eines Arbeitsverhältnisses auf Abruf **keine Regelung zum Umfang der Arbeitszeit** und gerät der Arbeitgeber infolge des Ausspruchs einer **unwirksamen Kündigung** in Annahmeverzug, können sich Verzugslohnansprüche für den Arbeitnehmer auch über die Grenzen des § 12 Abs. 1 S. 3 TzBfG hinaus ergeben, wenn ihn der Arbeitgeber vor Verzugseintritt **regelmäßig in erheblichem Umfang** (z. B. mehr als 140 Std./Monat) **zur Arbeitsleistung herangezogen** hat und keine Anhaltspunkte dafür ersichtlich sind, dass und aus welchem Grund sich dies ab Verzugseintritt hätte ändern sollen. Der bloße Vortrag des Arbeitgebers, er hätte die Arbeitsleistung im Verzugszeitraum nicht abgerufen, genügt dazu nicht (*ArbG Trier* 3.12.2010 LAGE § 12 TzBfG Nr. 4). 4324a

Zur Berechnung des Umfangs des Urlaubsanspruchs s. Rdn. 2217 ff. 4325

### II. Arbeitsplatzteilung (§ 13 TzBfG)

#### 1. Begriffsbestimmung

Bei der Arbeitsplatzteilung regeln die Arbeitsverträge der beteiligten Arbeitnehmer **Arbeitsdeputat, Arbeitsaufgaben und das zur Arbeitsplatzteilung notwendige Zusammenwirken**. Im Normalfall handelt es sich um zwei Teilzeitbeschäftigungsverhältnisse mit gleichen Arbeitsaufgaben. Das Zusammenwirken besteht, abgesehen von der Koordination bei der Leistungserbringung, in der gruppeninternen Verteilung der Arbeitsdeputate. Diese Verteilung ist notwendig, damit der geteilte Vollzeitarbeitsplatz durchgehend besetzt wird (Arbeitszeitplanung). Die Gemeinsamkeit der Arbeitsleistung besteht beim Jobsharing darin, dass **die Arbeitnehmer die Aufgabe eines Arbeitsplatzes zeitmäßig untereinander verteilen**. 4326

#### 2. Lage der Arbeitszeit

Die Lage der Arbeitszeit wird durch einen **Arbeitszeitplan** bestimmt, den die beteiligten Arbeitnehmer gemeinsam erstellen (Zeitsouveränität). Er orientiert sich an dem zeitlichen Rahmen, der durch den Vollzeitarbeitsplatz vorgegeben ist. Die Leistungsbestimmung erfolgt gem. § 317 BGB. Sie ist deshalb atypisch, weil sie innerhalb des einzelnen Arbeitsverhältnisses nicht durch den Arbeitnehmer allein erfolgt, sondern gemeinsam mit dem als Dritten einzuordnenden Teamkollegen. Die Arbeitszeit muss nach billigem Ermessen unter Berücksichtigung der Anforderungen des Arbeitsplatzes ver- 4327 teilt werden. Ist die Leistungsbestimmung offensichtlich unbillig, kann nach § 319 Abs. 1 S. 2 BGB eine gerichtliche Regelung herbeigeführt werden.

4328 Eine **Abweichung** von der Verteilung kommt wegen ihrer Gestaltungswirkung nur noch **einvernehmlich mit dem Arbeitgeber** in Betracht.

### 3. Vertretungstätigkeit

4329 § 13 TzBfG regelt die Vertretungsarbeit. Vereinbart der Arbeitgeber mit zwei oder mehr Arbeitnehmern, dass diese sich die Arbeitszeit an einem Arbeitsplatz teilen, so sind bei Ausfall eines Arbeitnehmers die anderen in die Arbeitsplatzteilung einbezogenen Arbeitnehmer zu seiner Vertretung nur auf Grund einer für den einzelnen Vertretungsfall geschlossenen Vereinbarung verpflichtet.

4330 Allerdings kann die Pflicht zur Vertretung auch vorab für den Fall eines dringenden betrieblichen Bedürfnisses vereinbart werden. Der Arbeitnehmer ist jedoch zur Vertretung nur verpflichtet, wenn sie ihm im Einzelfall zumutbar ist.

4331 Diese Regelung ist nicht dahin zu verstehen, dass im Gegensatz zum eindeutigen Verbot § 12 TzBfG doch ein variables Arbeitszeitdeputat zugelassen wird. Vielmehr soll nur bestätigt werden, dass arbeitsvertraglich die Verpflichtung eines Arbeitnehmers begründet werden kann, in begrenztem Umfang über das vereinbarte, persönliche Arbeitsdeputat hinaus Mehrarbeit zu leisten. Wesentlich für die **Zumutbarkeit** im Einzelfall ist die zeitliche Lage, der Umfang sowie die vom Arbeitgeber eingehaltene Ankündigungsfrist.

4332 Gem. § 13 Abs. 4 TzBfG sind tarifvertragliche Abweichungen auch zu Ungunsten des Arbeitnehmers zulässig, wenn der Tarifvertrag Regelungen über die Vertretung des Arbeitnehmers enthält. Im Geltungsbereich solcher Tarifverträge können auch nicht tarifgebundene Arbeitgeber und Arbeitnehmer die Anwendung dieser tarifvertraglichen Regelungen vereinbaren (vgl. *Viethen* NZA 2001 Sonderbeil. zu Heft 24, S. 8).

### 4. Entgelt ohne Arbeitsleistung

4333 Hinsichtlich der Entgeltfortzahlung bei Krankheit, persönlicher Verhinderung, kann auf die für die Arbeit auf Abruf entwickelten Grundsätze (s. Rdn. 4311) Bezug genommen werden (vgl. *Zietsch* NZA 1997, 526 ff.).

### 5. Kündigungsverbot

4334 Gem. § 13 **Abs. 2 TzBfG** ist im Falle der Arbeitsplatzteilung die Kündigung eines Arbeitnehmers wegen des Ausscheidens eines anderen Arbeitnehmers aus der Arbeitsplatzteilung unwirksam. Das Recht zur Änderungskündigung wegen des Ausscheidens eines anderen Arbeitnehmers aus der Arbeitsplatzteilung sowie zur Kündigung des Arbeitsverhältnisses aus anderen Gründen bleibt allerdings unberührt.

4335 Entfällt also z. B. zeitgleich mit dem Ausscheiden eines Teammitglieds der Bedarf für die Arbeitsleistung des gesamten Teams aus betrieblichen Gründen, so ist die betriebsbedingte Kündigung auch des verbliebenen Teammitglieds möglich.

4336 § 13 Abs. 2 TzBfG gilt **unabhängig von der Anwendbarkeit des KSchG**, also auch in Kleinbetrieben sowie vor Ablauf der sechsmonatigen Wartefrist.

## D. Sonderformen von Arbeitsverhältnissen Kapitel 3

### III. Gruppenarbeitsverhältnis

#### 1. Begriffsbestimmung

Ein Gruppenarbeitsverhältnis liegt dann vor, wenn die Arbeitsleistung nicht von einem Arbeitnehmer allein, sondern von mehreren Arbeitnehmern (der Gruppe) gemeinsam erbracht und geschuldet wird. Sie müssen eine gemeinsame Arbeitsaufgabe erfüllen. Wenn jeder Arbeitnehmer im Rahmen eines Arbeitsvertrages eine abgegrenzte Arbeitsaufgabe hat, liegt keine Gruppenarbeit vor. 4337

Zu unterscheiden sind Betriebsgruppen, die vom Arbeitgeber zusammengestellt werden und Eigengruppen, in denen sich die Arbeitnehmer selbst organisiert und gemeinsam dem Arbeitgeber zum Abschluss des Arbeitsvertrages angeboten haben. 4338

#### 2. Betriebsgruppen

*a) Rechtsgrundlage*

Häufig handelt es sich bei der Betriebsgruppe um eine **Akkordgruppe**, die gebildet wurde, um den Akkordlohn aus der Gesamtleistung der in der Gruppe zusammengeschlossenen Arbeitnehmer zu berechnen. Der Arbeitgeber ist kraft seines **Direktionsrechts**, sofern keine vertraglichen Abreden entgegenstehen, berechtigt, aus bei ihm beschäftigten Arbeitnehmern eine Gruppe zusammenzustellen. Ohne vertragliche Vereinbarung hat er aber nicht die Befugnis, einseitig statt Einzelentlohnung Gruppenentlohnung festzusetzen. 4339

*b) Rechtsstellung der einzelnen Arbeitnehmer*

Die einzelvertraglichen Ansprüche, insbes. der Vergütungsanspruch bleiben durch die Bildung der Betriebsgruppe sowohl dem Grunde als auch der Höhe nach unberührt. 4340

Das einzelne Gruppenmitglied hat im Übrigen keine isolierte Arbeitsaufgabe, sondern die vertragliche Pflicht, sich an der Erfüllung der gemeinsamen Aufgabe zu beteiligen. Insoweit muss es nicht nur den auf ihn entfallenden Teil der Arbeit sachgerecht leisten, sondern im Rahmen des Zumutbaren darauf hinwirken, etwaige Schlechtleistungen anderer Gruppenmitglieder zu verhindern. 4341

*c) Haftung; Darlegungs- und Beweislast*

Folglich verteilt sich bei der Haftung einer Arbeitsgruppe die Beweislast zwischen Arbeitgeber und Arbeitnehmer nach Gefahrenbereichen. 4342

Den Arbeitgeber trifft die Darlegungs- und Beweislast dafür, dass ihm ein Schaden durch vertragswidrige Schlechtleistung der Gruppe verursacht wurde. 4343

Jedes einzelne Gruppenmitglied kann sich, wenn ihm dieser Beweis gelungen ist, entlasten, indem es darlegt und beweist, dass es selbst die von ihm geschuldete Arbeitsleistung erbracht und den Schaden auch nicht durch Verletzung arbeitsvertraglicher Nebenpflichten mit verursacht hat (*BAG* 28.7.1972 AP Nr. 7 zu § 282 BGB). Im Gruppenarbeitsverhältnis wurde der inzwischen gestrichene § 282 BGB a. F. analog angewendet, sodass der auf Schadensersatz wegen Verletzung einer Vertragspflicht in Anspruch genommene Vertragsteil die Beweislast für fehlendes Verschulden dann trägt, wenn die Schadensursache in seinem Gefahrenbereich liegt.

*d) Auflösung, Veränderung der Betriebsgruppe*

Der Arbeitgeber kann im Rahmen seines Direktionsrechts die von ihm zusammengesetzte Betriebsgruppe auflösen oder ihren Bestand durch den Austausch von Arbeitnehmern verändern. 4344

## 3. Eigengruppe

### a) Begriffsbestimmung; Beispiele

**4345** Bei der Eigengruppe schließt sich eine Mehrzahl von Arbeitnehmern bereits vor Eintritt in das Arbeitsverhältnis zusammen und bietet als Gruppe ihre Arbeitsleistung dem Arbeitgeber an. Das Arbeitsverhältnis besteht, sofern nichts Abweichendes vereinbart wird, zwischen Arbeitgeber und Eigengruppe.

**4346** **Beispiele** für Eigengruppen sind Bauarbeitergruppen, z. B. Maurer- oder Putzkolonnen, ein Hausmeister- oder Heimleiterehepaar, auch Musikkapellen kommen in Betracht.

### b) Entgeltansprüche; Haftung

**4347** **Der Lohnanspruch steht der gesamten Eigengruppe zu.** Ein einzelnes Mitglied hat nicht das Recht, den gesamten Lohn der Gruppe oder eine unteilbare Leistung vom Arbeitgeber zu fordern.

**4348** Ob eine **gesamtschuldnerische Haftung** der einzelnen Gruppenmitglieder für wechselseitiges Verschulden besteht (§§ 421 ff. BGB), ist Sache der **Vertragsauslegung**. Bei einer Eigengruppe haften die einzelnen Mitglieder für die Schlechtleistung anderer jedenfalls eher als bei der Betriebsgruppe.

### c) Kündigung und Kündigungsschutz

**4349** Grds. kann der Arbeitgeber die Eigengruppe **nur als Gesamtheit kündigen**; Gleiches gilt für die Kündigung der Eigengruppe, soweit nichts anderes vereinbart worden ist, da die Arbeitsleistung nicht getrennt erbracht werden kann. Vor einer Kündigung sind allen Gruppenmitgliedern Abmahnungen auszusprechen. Ebenso wie die Kündigung kann auch die Abmahnung gegenüber allen Gruppenmitgliedern ausgesprochen werden, auch wenn lediglich ein individuelles Fehlverhalten eines Gruppenmitglieds vorliegt (*LAG SA* 8.3.2000 NZA-RR 2000, 528).

**4350** Wird die von der Eigengruppe geschuldete Leistung durch das Verhalten eines Gruppenmitglieds unmöglich (wird z. B. durch das schlechte Spiel eines Musikkapellenmitglieds die Gesamtleistung der Kapelle minderwertig), so kann der gesamten Eigengruppe gekündigt werden, wenn die Restgruppe die vertraglich ausbedungene Gesamtleistung nicht mehr erbringen kann (*LAG Düsseld.* 6.9.1956 AP Nr. 12 zu § 626 BGB).

**4351** Andererseits wird aber auch der für ein Gruppenmitglied bestehende **besondere Kündigungsschutz** (z. B. § 9 MuSchG, *BAG* 21.10.1971 AP Nr. 1 zu § 611 BGB Gruppenarbeitsvertrag) auf alle Gruppenmitglieder **ausgedehnt**.

### d) Auflösung der Eigengruppe; Mitgliederwechsel

**4352** Die Eigengruppe löst sich durch übereinstimmende Willenserklärungen selbst auf; die Auflösung kann den Arbeitgeber zur fristlosen Kündigung der Gruppenmitglieder berechtigen, wenn sie zu einer Leistungsminderung führt. Die Eigengruppe kann ihre Mitglieder austauschen, es sei denn, dass etwas anderes vereinbart ist.

## IV. Mittelbares Arbeitsverhältnis

### 1. Begriffsbestimmung

**4353** Ein mittelbares Arbeitsverhältnis liegt vor, wenn ein Arbeitnehmer von einem Mittelsmann beschäftigt wird, der seinerseits selbst Arbeitnehmer eines Dritten ist, und der Arbeitnehmer mit Wissen des Unternehmers unmittelbar für diesen Arbeit leistet.

**4354** Erforderlich ist:
- ein **Unterordnungsverhältnis** zwischen dem mittelbaren Arbeitnehmer und dem Hauptarbeitnehmer,
- eine **Einstellung** mit Duldung des mittelbaren Arbeitgebers,

- ein unmittelbarer **wirtschaftlicher Nutzen** des mittelbaren Arbeitgebers aus der Arbeitsleistung des mittelbaren Arbeitnehmers,
- dass die Arbeitsleistung des mittelbaren Arbeitnehmers die **Erfüllung der dem Mittelsmann** als Hauptarbeitnehmer arbeitsvertraglich **obliegenden Pflichten** darstellt.

### 2. Inhaltliche Ausgestaltung

Hinsichtlich der inhaltlichen Ausgestaltung gelten, wenn der Vertrag zwischen mittelbarem Arbeitnehmer und Mittelsmann keine Bestimmungen enthält, folgende Auslegungsgrundsätze: 4355

Das **Direktionsrecht** steht grds. dem Mittelsmann zu. Demgegenüber steht es dem mittelbaren Arbeitgeber weitgehend zu, wenn der mittelbare Arbeitnehmer unmittelbar in dessen Betrieb arbeitet. 4356

**Schuldner der Vergütung** ist der Mittelsmann als Arbeitgeber. Ausnahmsweise hat der mittelbare Arbeitnehmer aber einen unmittelbaren Lohnanspruch gegen den mittelbaren Arbeitgeber, wenn eine missbräuchliche Inanspruchnahme der Rechtsform des mittelbaren Arbeitsverhältnisses gegeben ist. Das ist dann der Fall, wenn die Mittelsmänner unternehmerische Entscheidungen nicht treffen und keinen Gewinn erzielen können (*BAG* 20.7.1982 EzA § 611 BGB Mittelbares Arbeitsverhältnis Nr. 1). 4357

Neben den allgemeinen Gründen für die **Beendigung eines Arbeitsverhältnisses** endet das mittelbare Arbeitsverhältnis auch dann, wenn das unmittelbare Arbeitsverhältnis zwischen Mittelsmann und mittelbarem Arbeitgeber endet, es sei denn, dass etwas anderes vereinbart worden ist. Eine Kündigung des Arbeitsverhältnisses des mittelbaren Arbeitnehmers ist im Übrigen nur durch und gegenüber dem Mittelsmann möglich, weil er Vertragspartner und Arbeitgeber ist. Folglich ist auch gegen ihn eine Kündigungsschutzklage zu richten. 4358

## V. Arbeitnehmerüberlassung

### 1. Grundlagen

Der Arbeitnehmerüberlassung wird nach §§ 1 ff. AÜG auf dem Arbeitsmarkt nur eine **begrenzte Funktion** zugebilligt, nämlich einen **vorübergehenden Arbeitskräftebedarf zu decken und zeitlich begrenzte Arbeitswünsche von Arbeitnehmern** (z. B. Schülern, Studenten) **zu erfüllen**. Weiterhin soll das – weitgehend entfallene – Monopol der Bundesagentur für Arbeit hinsichtlich der Arbeitsvermittlung (§§ 291 ff. SGB III) sowie durch vorbeugende und zusätzliche Haftungsvorschriften das Aufkommen der Beiträge zur Sozialversicherung und zur Lohnsteuer gesichert werden. 4358a

Insgesamt zeigt zuletzt die Einrichtung von Personal-Service-Agenturen mit dem Ziel, eine Arbeitnehmerüberlassung zur Vermittlung von Arbeitslosen in Arbeit durchzuführen (§ 37c SGB III), eine deutlich **positivere Grundeinstellung** gegenüber der Arbeitnehmerüberlassung durch den Gesetzgeber (s. *Bauer/Kretz* NJW 2003, 537 ff.; *Kokemoor* NZA 2003, 239). 4358b

Die Zahl der Unternehmen, die gewerbsmäßige Arbeitnehmerüberlassung betreiben und entsprechend die Anzahl der in Leiharbeit Beschäftigten sind seit dem Inkrafttreten des AÜG im Jahre 1972 deutlich angestiegen. Nicht nur für die Entleiherunternehmen, denen der Ersatz eigener Arbeitnehmer durch Leiharbeitnehmer die **Senkung von Personalkosten**, einen **flexibleren Einsatz** von Arbeitskräften und die **Erprobung von Arbeitnehmern** ohne arbeitsvertragliche Bindung ermöglicht (*Böhm* NZA 2005, 554), sondern auch für Arbeitslose bietet Zeitarbeit u. U. eine Perspektive und gelegentlich auch ein **Sprungbrett in eine Dauerbeschäftigung** (11. Erfahrungsbericht, BT-Drs. 17/464, S. 54ff., 66 ff.). Diese **rechtspolitisch** allerdings **sehr umstrittenen** (a. A. ErfK/*Wank* AÜG Einl. Rn. 1) positiven **Effekte** der Zeitarbeit hat der Gesetzgeber gesehen und dadurch unterstützt, dass er Beschränkungen der Arbeitnehmerüberlassung mehrfach gelockert hat. Die **neuesten Änderungen** 2011 bringen demgegenüber **einige Restriktionen**.

**4358c** Das AÜG enthält keine umfassende Kodifikation aller rechtlichen Aspekte der Arbeitnehmerüberlassung, sondern trifft nur solche Regelungen, in denen das Recht der Arbeitnehmerüberlassung vom allgemeinen Gewerbe-, Arbeits- oder sonstigem Recht abweicht.

**4358d** Am 29.4.2011 sind wesentliche Bestimmungen des Gesetzes zur Änderung der Arbeitnehmerüberlassung (zur »Verhinderung von Missbrauch der Arbeitnehmerüberlassung«) vom 28.4.2011 in Kraft getreten. Damit sind die Neufassungen der §§ 3 Abs. 1 Nr. 3, 3a, 9 Nr. 2, 2a, 5 AÜG und der neu gefasste § 10 AÜG anzuwenden. Mit Wirkung ab 1.12.2011 gelten die Neuregelungen der §§ 13a, 13b AÜG.

**4358e** Für zuvor bestehende Arbeitnehmerüberlassungsverhältnisse ist allerdings zu beachten, dass §§ 3 Abs. 1 Nr. 3 S. 4, 9 Nr. 2 AÜG (»**Drehtüreffekt**«) in der alten Fassung noch weiterhin anwendbar sind auf Leiharbeitsverhältnisse, die vor dem 15.12.2010 begründet worden sind (§ 19 AÜG). Es dient zudem insbes. auch der **Umsetzung der RL 2008/104/EG über Leiharbeit** (s. *Leuchten* NZA 2011, 608 ff.); **Missbrauch bei der Arbeitnehmerüberlassung und ein grenzüberschreitendes Lohndumping sollen verhindert werden.**

### 2. Die gesetzliche Neuregelung

#### a) Wirtschaftliche Tätigkeit

**4358f** Die Neufassung des AÜG beendet die schwierige Differenzierung zwischen gewerblicher und nicht gewerblicher Arbeitnehmerüberlassung. Nunmehr fällt **jede Form der Arbeitnehmerüberlassung** unter das Gesetz; deshalb wurde der Begriff »gewerbsmäßig« in der Überschrift ersatzlos gestrichen, ebenso alle Bezüge auf die »gewerbsmäßige« Tätigkeit im übrigen Text. Damit entspricht die Neufassung der RL 2008/104/EG, die für alle Formen der Arbeitnehmerüberlassung gilt.

**4358g** Die Streichung des Begriffs »gewerbsmäßig« zielt vor allem auf **Konstruktionen**, in denen Arbeitnehmer vom Verleiher auf den Entleiher zu Selbstkosten, also **ohne Gewinnaufschlag**, verliehen wurden. So konnte das AÜG umgangen werden, unabhängig davon, ob jeweils eine Umgehungsabsicht zu bejahen war (*Leuchten* NZA 2011, 608 ff.).

**4358h** Die Geltung des Gesetzes beschränkt sich nunmehr »**auf wirtschaftliche Tätigkeit**«, also »jede Tätigkeit, die darin besteht, **Güter- oder Dienstleistungen auf einem bestimmten Markt anzubieten**« (*EuGH* 10.1.2006 EuZW 2006, 306). Das kann auch dann der Fall sein, wenn die Absicht der Gewinnerzielung fehlt, da das Angebot mit dem von Wirtschaftsteilnehmern konkurriert, die den gleichen Zweck verfolgen. Eine solche Tätigkeit können auch karitative Unternehmen ausüben (*Leuchten* NZA 2011, 608 ff.). Auch Personalführungsgesellschaften im Konzern werden nunmehr vom AÜG erfasst. Von der nach der RL möglichen gesetzlichen Sonderregelung hat der Bundesgesetzgeber keinen Gebrauch gemacht. Nach Art. 1 Abs. 3 RL hätte der Gesetzgeber vorsehen können, dass das AÜG nicht für Beschäftigungsverhältnisse gilt, die im Rahmen eines spezifischen öffentlichen oder von öffentlichen Stellen geförderten beruflichen Ausbildungs-, Eingliederungs- und Umschulungsprogramms geschlossen wurden (ErfK/*Wank* § 1 AÜG Rn. 31).

#### b) Vorübergehend

**4358i** Andererseits darf die Überlassung von Arbeitnehmern an einen Entleiher zwingend nur **vorübergehend** erfolgen. Auch dies entspricht einer Vorgabe der RL 2008/104/EG, nach der es zur Definition des Begriffs des Leiharbeitsunternehmens (Verleiher) gehört, dass Arbeitnehmer bei dem entleihenden Unternehmen nur vorübergehend arbeiten; ebenso gehört es zur Definition des Entleihers, dass Leiharbeitnehmer auch dort nur vorübergehend tätig werden. Erfolgt die Überlassung **nicht vorübergehend**, handelt es sich um **Arbeitsvermittlung**, die anderen rechtlichen Rahmenbedingungen unterliegt (*Leuchten* NZA 2011, 608 ff.; *Giesen* FA 2012, 66 ff.; a. A. *Lembke* FA 2011, 290 ff.: Programmsatz). Der Begriff ist als **flexible Zeitkomponente** zu verstehen; auf genau bestimmte **Höchstüberlassungsfristen** wird bewusst verzichtet (BT-Drs. 17/4804 v. 17.2.2011, S. 8). Der Leiharbeitsvertrag muss also für eine längere Zeit abgeschlossen werden als die konkrete Überlassung dauert.

Werden **mehrere Überlassungen** aneinander gereiht, liegt darin eine **Umgehung des Verbots** der Dauerüberlassung (s. Art. 5 Abs. 5 RL). Soweit zwischen den einzelnen Überlassungen **Unterbrechungszeiten** liegen, ist noch zu klären, welche zeitlichen Grenzen insoweit gelten (ErfK/*Wank* § 1 AÜG Rn. 37).

Eine maximale Laufzeit für die vorübergehende Überlassung verlangt weder das AÜG noch die RL 2008/104/EG. Folglich ist jede Überlassung in der **feststehenden Absicht**, den Arbeitnehmer auf Dauer dem Entleiher zu überlassen, nicht als Arbeitnehmerüberlassung i. S. d. AÜG anzusehen. Deshalb beschränkt § 1a n. F. AÜG die Ausnahmebestimmung zur Arbeitnehmerüberlassungserlaubnis bei den dort genannten Unternehmen auf die (ausnahmsweise) Überlassung von Arbeitnehmern, die nicht zum Zwecke der Überlassung eingestellt oder beschäftigt sind. Sind dort Arbeitnehmer dagegen bereits mit dem Ziel der Überlassung eingestellt worden, fallen auch diese Unternehmen unter das AÜG und die Arbeitgeber/Verleiher bedürfen der gesetzlichen Erlaubnis (*Leuchten* NZA 2011, 608 ff.).  4358j

Danach kommt es also auf den **ursprünglich verfolgten Zweck** an; vorübergehend ist die Arbeitnehmerüberlassung nur, wenn sie einen **voraussichtlich zeitweiligen Arbeitskräftebedarf** decken soll. Auf das Verhältnis der Überlassung zur Dauer des Arbeitsverhältnisses kommt es nicht an. Das Merkmal »vorübergehend« **entfällt**, sobald sich die Überlassung **verstetigt**. Wenn bisher mit unbefristet Beschäftigten besetzte Arbeitsplätze durch Leiharbeitnehmer besetzt werden, spricht dies dafür, dass die Überlassung dauerhaft ist. Jedoch können offene Stellen, bis fester Ersatz gefunden ist, durch Aushilfen besetzt werden. Erst wenn der Aushilfseinsatz verlängert und kein Wechsel zurück zum Einsatz eigener Arbeitnehmer vorgesehen ist, kommt es zur Verstetigung. Vorübergehend kann die Besetzung bisheriger Stammarbeitsplätze auch dann sein, wenn der **Arbeitsbedarf möglicherweise ausläuft** (*Giesen* FA 2012, 66 ff.; *Schüren/Wank* RdA 2011, 1, 3; a. A. *Lembke* NZA 2011, 609). Bei einem Verstoß gegen das Merkmal vorübergehend kann die Erlaubnisbehörde die Erlaubnis versagen oder widerrufen. Im Übrigen handelt es sich dann um **Arbeitsvermittlung**; der Verstoß bleibt aber insoweit folgenlos. Nach *Hamann* (NZA 2011, 70) steht die fehlende Sanktionierung mit der RL nicht in Einklang. Die Formulierung ist jedoch nicht als bloßer Programmsatz oder als bloß deskriptiv zu sehen (ErfK/*Wank* AÜG Einl. Rn. 12; a. A. *Lembke* DB 2011, 414, 415).  4358k

c) *Konzernprivileg*

Nach der Neufassung von § 1 Abs. 2 Nr. 2 AÜG gilt das Konzernprivileg nur noch für die konzerninterne Überlassung von Arbeitnehmern von einem Konzernunternehmen an ein anderes, wenn das überlassende Konzernunternehmen den entsprechenden Arbeitnehmer **ausdrücklich nicht zur Überlassung eingestellt hat und beschäftigt**. Von der überlassenden Konzerngesellschaft wird also eine Arbeitnehmerüberlassungserlaubnis und die Beachtung aller sonstigen Bestimmungen des AÜG verlangt, wie dies bei einem konzernfremden Verleihunternehmen auch der Fall wäre. Eine Überlassung zwischen Konzernunternehmen ist außerhalb des AÜG nur noch möglich, wenn sie mehr oder weniger »zufällig« erfolgt, weil in einem Konzernunternehmen Arbeitskräftebedarf besteht, den ein anderes Unternehmen durch die Zurverfügungstellung von Arbeitskräften ausfüllen kann.  4358l

Insoweit wird das frühere Konzernprivileg« **ausgedehnt** auf Unternehmen, die **nicht konzernmäßig miteinander verbunden** sind. Zwischen diesen dürfen Arbeitnehmer überlassen werden, wenn sie bei dem überlassenden Unternehmen ausdrücklich nicht zum Zwecke der Überlassung eingestellt worden sind (und beschäftigt werden). Zusätzlich darf diese Überlassung nur gelegentlich erfolgen, d. h. nicht regelmäßig, sowohl bezogen auf den gleichen »Entleiher« als auch bezogen auf den »Verleiher«.  4358m

Im Hinblick auf den Gesetzeszweck ist die Ausnahmebestimmung eng auszulegen (*Leuchten* NZA 2011, 608 ff.; krit. *Lembke* FA 2011, 290 ff.).  4358n

### d) Lohnuntergrenze

**4358o** Unter den Voraussetzungen des § 3a AÜG können **Mindestlöhne** für Leiharbeitnehmer eingeführt werden. §§ 3 Abs. 1 Nr. 3, 9 Nr. 2, 10 Abs. 4 AÜG enthalten im Kern vergleichbare Regelungen.

**4358p** Die Sonderregelung für die Einstellung arbeitsloser Leiharbeitnehmer (Zahlung des Nettoentgeltes für bis zu sechs Wochen in Höhe des letzten Arbeitslosengeldes) wurde ersatzlos gestrichen. Für den **Mindestvergütungsanspruch** des Leiharbeitnehmers kommt es nunmehr auf das Verhältnis zwischen der möglichen Lohnuntergrenze in § 3a n. F. AÜG und anderen möglichen Tarifverträgen an. Damit wird nicht grundlegend in die bisherige Struktur der Vergütungsregelung des AÜG eingegriffen, wonach ein Tarifvertrag vom **Equal-Pay-Prinzip** abweichende Regelungen enthalten kann. Es wird lediglich für **abweichende Tarifverträge eine Untergrenze festgelegt**, die von einer möglichen Rechtsverordnung nach § 3a n. F. AÜG definiert wird. Die bisherige eingeschränkte Equal-Pay-Regelung durch mögliche abweichende Tarifverträge erhält eine rechtliche Begrenzung durch mögliche »Mindesttarifverträge«, die von den vorschlagsberechtigten Tarifvertragsparteien angestoßen worden sind (*Leuchten* NZA 2011, 608 ff.).

**4358q** Dies steht in Übereinstimmung mit Art. 5 RL 2008/104/EG, wonach den Sozialpartnern die **Möglichkeit** eingeräumt wird, **Tarifverträge aufrechtzuerhalten oder abzuschließen**, die sich **unterhalb des Grundsatzes »gleiche Vergütung für gleiche Arbeit« befinden** und nach der faktisch Leiharbeitnehmer gegenüber Festangestellten unterschiedlich behandelt werden dürfen. Vorausgesetzt wird dabei, dass die Leiharbeitsunternehmen ihre Leiharbeitnehmer auch in Zeiten zwischen den Überlassungen in gleicher Weise vergüten. Dem entspricht § 10 Abs. 5 AÜG.

**4358r** Bei der legalen Arbeitnehmerüberlassung ohne Tarifbindung besteht gem. § 10 Abs. 4 AÜG ein Vergütungsanspruch des Leiharbeitnehmers gegen den Verleiher auf die **Differenz** zwischen der **vereinbarten Vergütung** und der Vergütung, die der Leiharbeitnehmer nach dem auf Grund Rechtsverordnung eingeführten **Tarifvertrag** zu beanspruchen gehabt hätte. Ist **kein Tarifvertrag** vorhanden, gilt das **ungeschmälerte Equal-Pay-Prinzip**.

**4358s** Bei unwirksamer Arbeitnehmerüberlassung nach § 9 Nr. 2 AÜG ist gleichfalls ein Anspruch auf Equal-Pay gegeben, da eine Vereinbarung über die Geltung eines Tarifvertrags nicht wirksam getroffen werden konnte (*Leuchten* NZA 2011, 608 ff.).

### e) Beseitigung des »Drehtüreffekts«

**4358t** §§ 3 Abs. 1 Nr. 3 S. 4, 9 Nr. 2 AÜG dienen der Beseitigung des »Drehtüreffekts«. Arbeitgebern soll es **unmöglich** gemacht werden, **festangestellte Arbeitnehmer zu kündigen** und in Verleihunternehmen zu drängen, um sie sodann wieder **zu günstigeren Arbeitsbedingungen einzustellen**. In diesem Falle gilt die frühere Vergütungsregelung aus der Zeit als festangestellter Arbeitnehmer weiter. Die Regelung erstreckt sich auch auf Konzernunternehmen (*Lembke* FA 2011, 290 ff.). Die bisherige Regelung insoweit ist allerdings noch weiterhin anwendbar auf Leiharbeitsverhältnisse, die vor dem 15.12.2010 begründet worden sind (§ 19 AÜG). Ein früheres Ausbildungsverhältnis rechnet nicht als früheres Arbeitsverhältnis (*Lembke* DB 2011, 414 ff.); wohl aber ein fortbestehendes ruhendes (ErfK/*Wank* § 3 AÜG Rn. 22a; a. A. *Lembke* FA 2011, 290 ff.).

**4358u** Die »Drehtürklausel« betrifft zwei Fälle: Ein Arbeitnehmer ist zuvor aus einem Arbeitsverhältnis bei einem anderen Arbeitgeber ausgeschieden und wird nunmehr wieder bei dem Arbeitgeber aufgrund Leiharbeit eingestellt. Oder ein konzernangehöriges Unternehmen beschäftigt einen Arbeitnehmer, der zuvor bei einem anderen konzernangehörigen Unternehmen eingesetzt war.

**4358v** In beiden Fällen tritt keine Verdrängung des Gleichstellungsgrundsatzes durch einen Leiharbeitstarifvertrag ein, wenn zwischen beiden Terminen **weniger als sechs Monate** liegen. Wird dem nicht entsprochen, gilt das Gleichstellungsgebot; der Verstoß führt zu einer Ordnungsstrafe nach § 16 Abs. 1 Nr. 7a AÜG (ErfK/*Wank* § 3 AÜG Rn. 22a).

## f) Information über freie Arbeitsplätze

Gem. § 13a AÜG hat der Entleiher den Leiharbeitnehmer ab dem 1.12.2011 über freie Arbeitsplätze in seinem Unternehmen zu informieren. Diesem soll es ermöglicht werden, sich auf freie Arbeitsplätze beim Entleiher zu bewerben, denn der Leiharbeitnehmer ist nur vorübergehend beim Entleiher tätig; der unbefristete Arbeitsvertrag ist die übliche Form des Arbeitsverhältnisses. **4358w**

## g) Gleicher Zugang zu den Gemeinschaftseinrichtungen oder -diensten

Gem. § 13b AÜG sollen Leiharbeitnehmer beim Entleiher ab dem 1.12.2011 die gleichen Bedingungen wie die festangestellten Arbeitnehmer beim **Zugang zu den Gemeinschaftseinrichtungen** oder -diensten haben; dies gilt insbes. für Kantinen, Kindergärten oder Kitas sowie Fahrdienste. Der Anspruch besteht dann nicht, wenn eine unterschiedliche Behandlung **aus sachlichen Gründen** gerechtfertigt ist. **4358x**

## h) Rechtsansprüche

§§ 13a, 13b AÜG enthalten einen **durchsetzbaren Rechtsanspruch**, nicht nur einen Programmsatz. Aus der Nichterfüllung können dem Leiharbeitnehmer folglich **Schadensersatzansprüche** gegenüber dem Entleiher erwachsen (*Leuchten* NZA 2011, 608 ff.; *Lembke* FA 2011, 290 ff.; *Forst* AuR 2012, 97 ff.; *Kock* BB 2012, 323 ff.). **4358y**

### 3. Leiharbeitsverhältnis

#### a) Begriffsbestimmungen

Innerhalb der Arbeitnehmerüberlassung wurde zwischen der echten Arbeitnehmerüberlassung (der nichtgewerbsmäßigen Arbeitnehmerüberlassung) und der unechten Arbeitnehmerüberlassung (der gewerbsmäßigen Arbeitnehmerüberlassung i. S. d. AÜG) unterschieden. Die Überlassung erfolgte dann nicht gewerbsmäßig, wenn der Verleih nur **gelegentlich und nicht in Wiederholungsabsicht** geschah, ferner dann, wenn es an einer **Gewinnerzielungsabsicht** des Verleihers **fehlte**, z. B., wenn sich der Verleiher nur die reinen Personalkosten vom Entleiher erstatten ließ (s. *BAG* 2.6.2010 EzA AÜG § 10 Nr. 13; 9.2.2011 EzA § 10 AÜG Nr. 14). **4359**

Die Neufassung stellt entsprechend der RL 2008/104/EG nicht mehr auf die **gewerbliche Tätigkeit, sondern auf eine »wirtschaftliche Tätigkeit«** ab. **4360**

(derzeit unbesetzt) **4361**

### 4. Vermutung für Arbeitsvermittlung

Gem. § 1 Abs. 2 AÜG wird dann, wenn Arbeitnehmer Dritten zur Arbeitsleistung überlassen werden, ohne dass der Überlassende die üblichen Arbeitgeberpflichten (Lohnzahlungspflicht, Erholungsurlaub, Entrichtung von Sozialversicherungsbeiträgen) oder das Arbeitgeberrisiko übernimmt, **vermutet, dass der Überlassende Arbeitsvermittlung betreibt**. **4362**

(derzeit unbesetzt) **4363**

Für die Widerlegung der Vermutung aus § 1 Abs. 2 AÜG ist erforderlich, dass nach der gesamten Gestaltung und Durchführung der vertraglichen Beziehungen auf Grund einer wertenden Einzelfallbetrachtung davon auszugehen ist, dass der Schwerpunkt des Arbeitsverhältnisses auch noch nach Ablauf der Überlassungsfrist im Verhältnis zum überlassenden Arbeitgeber liegt (vgl. *BAG* 21.3.1990 EzA § 1 AÜG Nr. 2; s. *Behrend* NZA 2002, 372 ff.). **4364**

Entscheidend ist die Zielrichtung des Gesetzgebers, zu vermeiden, dass Dauerarbeitsplätze bei einem Entleiher mit Leiharbeitnehmern besetzt werden (BT-Drs. VI 2303 S. 12). Davon ausgehend hat das *BAG* (21.3.1990 EzA § 1 AÜG Nr. 2) auf die Dauer des Arbeitsverhältnisses mit dem überlassenden Arbeitgeber, Grund und Dauer der einzelnen Überlassungen, Häufigkeit und Dauer der Unterbre- **4365**

# Kapitel 3
Der Inhalt des Arbeitsverhältnisses

chungen der Überlassungen, einzelvertragliche Zusicherung einer Bestandsgarantie durch den überlassenden Arbeitgeber sowie die Art der vom Arbeitnehmer beim Entleiher ausgeübten Arbeiten abgestellt.

4366 Nimmt ein überlassener Arbeitnehmer beim Entleiher daher **Daueraufgaben** wahr, die bei einer unmittelbaren Anstellung eine Befristung des Arbeitsverhältnisses sachlich nicht rechtfertigen können, so hat sich der Schwerpunkt des Arbeitsverhältnisses vom überlassenden Arbeitgeber zum Entleiher verlagert und die Vermutung ist nicht widerlegt (BAG 21.3.1990 EzA § 1 AÜG Nr. 2).

## 5. Arbeitnehmerüberlassung nach dem AÜG

4367– (derzeit unbesetzt)
4371

### a) Begriffsbestimmung

4372 Gem. § 1 Abs. 1 S. 1 AÜG bedürfen Arbeitgeber, die Dritten Arbeitnehmer im Rahmen ihrer wirtschaftlichen Tätigkeit vorübergehend zur Arbeitnehmerüberlassung überlassen wollen, der **Erlaubnis**.

4373 Das Kriterium der Gewerbsmäßigkeit (s. zuletzt BAG 2.6.2010 EzA § 10 AÜG Nr. 13; 9.2.2011 EzA § 10 AÜG Nr. 14) gilt seit dem 29.4.2011 nicht mehr.

4374 Arbeitnehmerüberlassung i. S. d. § 1 Abs. 1 S. 1, Abs. 2 AÜG liegt vor, wenn einem Entleiher Arbeitskräfte zur Verfügung gestellt werden, die in dessen Betrieb eingegliedert sind und ihre Arbeit allein nach Weisungen des Entleihers und in dessen Interesse ausführen (BAG 18.1.2012 EzA § 1 AÜG Nr. 14). Das AÜG gilt dann, wenn sich der drittbezogene Personaleinsatz auf Seiten des Vertragsarbeitgebers darauf beschränkt, einem Dritten den Arbeitnehmer zur Förderung von dessen Betriebszwecken zur Verfügung zu stellen. Für die Abordnung von Arbeitnehmern zu einer zur Herstellung eines Werkes gebildeten **Arbeitsgemeinschaft** enthält § 1 Abs. 1 S. 3 AÜG eine Sonderregelung, die unter bestimmten Voraussetzungen die Annahme von Arbeitnehmerüberlassung ausschließt und die inzwischen für Arbeitgeber mit Geschäftssitz in einem anderen Mitgliedstaat des Europäischen Wirtschaftsraums durch § 1 Abs. 1 S. 4 AÜG ergänzt worden ist (s. Rdn. 4403).

Das setzt voraus, dass mindestens drei Beteiligte vorhanden sind, nämlich Arbeitgeber (Verleiher), Arbeitnehmer (Leiharbeitnehmer) und Dritter (Entleiher). I. S. d. § 1 Abs. 1 AÜG wird ein Arbeitnehmer allerdings nicht bereits dann einem Dritten zur Arbeitsleistung »überlassen«, wenn er auf Grund seines Arbeitsvertrages Weisungen des Dritten zu befolgen hat. Erforderlich ist vielmehr zumindest, dass er innerhalb der Betriebsorganisation des Dritten für diesen und nicht weiterhin allein für seinen Arbeitgeber tätig wird. Letzteres ist der Fall, wenn der Arbeitnehmer durch seine Arbeitsleistung nach wie vor ausschließlich Pflichten erfüllt, die seinem Arbeitgeber gegenüber fremden Auftraggebern obliegen (BAG 22.6.1994 EzA § 1 AÜG Nr. 4). Gleiches gilt, wenn die beteiligten Arbeitgeber im Rahmen einer unternehmerischen Zusammenarbeit mit dem Einsatz ihrer Arbeitnehmer jeweils ihre eigenen Betriebszwecke verfolgen (BAG 25.10.2000 EzA § 10 AÜG Nr. 10 m. Anm. Schüren/Behrend RdA 2002, 108).

4375 Arbeitnehmerüberlassung i. S. d. AÜG setzt zumindest das Vorliegen einer – wenn auch konkludenten – **Vereinbarung zwischen dem Vertragsarbeitgeber und dem Dritten** voraus, nach der der Arbeitnehmer für den Dritten tätig werden soll.

4376 Das Bestehen von **Weisungsrechten** des Dritten und die **Eingliederung** des Arbeitnehmers in dessen Betriebsorganisation werden erst für die Frage **erheblich, ob** die Vereinbarung zwischen dem Vertragsarbeitgeber und dem Dritten als **Arbeitnehmerüberlassungsvertrag oder als eine sonstige Vertragsform** des drittbezogenen Personaleinsatzes (insbes. als Werkvertrag; s. Rdn. 4382 ff.) anzusehen ist (BAG 26.4.1995 EzA § 1 AÜG Nr. 6). Der **Einsatz eines Arbeitnehmers der Muttergesellschaft bei einer Tochtergesellschaft** ist keine Arbeitnehmerüberlassung i. S. d. AÜG, wenn die Tochtergesellschaft nicht über eine eigene Betriebsorganisation verfügt, oder mit der Muttergesellschaft einen Gemeinschaftsbetrieb führt (*BAG* 3.12.1997 EzA § 1 AÜG Nr. 9; vgl. dazu *Windbichler* SAE 1999, 84 f.). Die Durchführung der einem öffentlichen Träger obliegenden **Jugendhilfemaßnahmen** durch einen bei einem freien Träger angestellten Arbeitnehmer ist jedenfalls dann nicht am AÜG zu messen, wenn sich das Zusammenwirken beider Träger auf der Grundlage des SGB VIII vollzieht (*BAG* 11.6.1997 EzA § 1 AÜG Nr. 8). Gleiches gilt, wenn der Arbeitnehmer von einem für Rechnung der Gemeinde tätigen Sanierungsträger im Rahmen städtebaulicher Sanierungsmaßnahmen nach dem Baugesetzbuch tätig wird (*LAG Köln* 10.2.2000 ZTR 2000, 274 LS).

**Sonderregelungen** für die Arbeitnehmerüberlassung enthalten § **1b AÜG** (Verbot der Arbeitnehmerüberlassung im Baugewerbe mit Ausnahme der sog. Kollegenhilfe) mit einer Sonderregelung für Betriebe mit einem Geschäftssitz in einem anderen Mitgliedsstaat des Europäischen Wirtschaftsraumes, § **28e Abs. 2 SGB IV** (Haftung des Entleihers für die Sozialversicherungsbeiträge des Leiharbeitnehmers als gesamtschuldnerischer Bürge) sowie § **42d Abs. 6 EStG** (Haftung des Entleihers für die Lohnsteuer des Leiharbeitnehmers). 4376a

### b) Rechtsbeziehungen zwischen den Beteiligten

**Der Verleiher hat die Arbeitgeberrechte gegenüber dem Arbeitnehmer. Er tritt lediglich das Recht auf die Arbeitsleistung des Arbeitnehmers sowie das Direktionsrecht mit dem Verleih ganz oder teilweise an den Entleiher ab**; der Umfang der Abtretung richtet sich nach den Vereinbarungen im Arbeitnehmerüberlassungsvertrag zwischen Verleiher und Entleiher. Meist erhält der Entleiher ein Weisungsrecht hinsichtlich der Arbeitsausführung, während der Verleiher das Direktionsrecht hinsichtlich Arbeitsdauer, Arbeitszeit, Beendigung des Tätigwerdens beim Entleiher und der Aufnahme einer neuen Tätigkeit bei demselben oder einem anderen Entleiher erhält. 4377

### c) Überlassung von Auszubildenden

Erfasst ist nur die Überlassung von **Arbeitnehmern** zur Arbeitsleistung. Grds. zulässig ist daher die Überlassung von Auszubildenden an einen Dritten, wenn diese zu ihrer eigenen Ausbildung überlassen werden (*BVerwG* 18.3.1982 EzAÜG Nr. 109). Erforderlich ist nicht eine Ausbildung i. S. d. BBiG. Allerdings muss es sich um eine echte Ausbildung handeln, durch die der betroffene Arbeitnehmer eine objektiv feststellbare und von ihm gegenüber Dritten nachweisbare zusätzliche Ausbildung erfahren hat, wie z. B. der Erwerb eines Schweißerzeugnisses. 4378

### d) Entsendung im Rahmen eines Werkvertrages; Abgrenzungsfragen

Keine Arbeitnehmerüberlassung liegt bei der Entsendung eines Arbeitnehmers durch seinen Arbeitgeber (Werkunternehmer) zu einem Dritten als Besteller im Rahmen eines Werkvertrages (§§ 631, 278 BGB) vor, bei dem ein Erfolg, d. h. ein Ergebnis geschuldet wird und nicht die reine Arbeitsleistung ohne abgrenzbares und feststellbares Ergebnis (vgl. *BSG* 11.2.1988 AP Nr. 10 zu § 1 AÜG). Von der Arbeitnehmerüberlassung zu unterscheiden ist also die Tätigkeit eines Arbeitnehmers bei einem Dritten aufgrund eines Werk- oder Dienstvertrags. In diesen Fällen wird der Unternehmer für einen anderen tätig. Er organisiert die zur Erreichung eines wirtschaftlichen Erfolgs notwendigen Handlungen nach eigenen betrieblichen Voraussetzungen und bleibt für die Erfüllung der in dem Vertrag vorgesehenen Dienste oder für die Herstellung des geschuldeten Werks gegenüber dem Drittunternehmen verantwortlich. Die zur Ausführung des Dienst- oder Werkvertrags eingesetzten Arbeitnehmer unterliegen den Weisungen des Unternehmers und sind dessen Erfüllungsgehilfen (*BAG* 18.1.2012 EzA § 1 AÜG Nr. 14). 4379

Maßgeblich für die Abgrenzung ist weder die von den Parteien gewünschte Rechtsfolge noch die Bezeichnung des Vertrages durch die Parteien, sondern der **tatsächliche Inhalt der Vereinbarung, der sich aus dem Wortlaut des Vertrages und dessen tatsächlicher Abwicklung ergebende wirkliche Wille der Vertragspartner**, sofern die auf Seiten der Vertragsparteien zum Vertragsabschluss berechtigten Personen die abweichende Vertragspraxis kannten und sie zumindest geduldet haben (*BAG* 6.8.2003 EzA § 1 AÜG Nr. 13; *BGH* 25.6.2002 NZA 2002, 1086 m. Anm. *Schüren/Riederer/Frfr.* 4380 *v. Paar* SAE 2004, 61 ff.). Über die rechtliche Einordnung des Vertrags zwischen dem Dritten und dem Arbeitgeber entscheidet also der Geschäftsinhalt und nicht die von den Parteien gewünschte Rechtsfolge oder eine Bezeichnung, die dem tatsächlichen Geschäftsinhalt nicht entspricht (*BAG* 18.1.2012 EzA § 1 AÜG Nr. 14).

4381 Die Parteien können die zwingenden Schutzvorschriften des AÜG nicht dadurch umgehen, dass sie einen vom tatsächlichen Geschäftsinhalt abweichenden Vertragstyp wählen (*BGH* 25.6.2002 NZA 2002, 1086). Widersprechen sich die ausdrücklichen Vereinbarungen der Vertragsparteien und die praktische Durchführung, ist die tatsächliche Durchführung des Vertrages maßgebend. Insoweit sind allerdings einzelne Vorgänge der Vertragsabwicklung zur Feststellung eines vom Vertragswortlaut abweichenden Geschäftsinhalts nur geeignet, wenn es sich dabei nicht um untypische Einzelfälle, sondern um beispielhafte Erscheinungsformen einer durchgehend geübten Vertragspraxis handelt (*BAG* 6.8.2003 EzA § 1 AÜG Nr. 13).

4382 Maßgeblich sind (vgl. *BAG* 6.8.2003 EzA § 1 AÜG Nr. 13; s. a. *Marschner* NZA 1995, 668 ff.) folgende Kriterien:

4383 Für einen **Werkvertrag** spricht die **Übernahme einer Gewährleistung** für ein bestimmtes Ergebnis der Arbeiten. Andererseits schließt der Ausschluss der Gewährleistung des Unternehmens für Mängel des Werkes gem. § 637 BGB das Vorliegen eines Werkvertrages nicht aus. Trotz ausgeschlossener Gewährleistung kann deshalb ein Werkvertrag vorliegen, wenn das vereinbarte Werk besondere Risiken aufweist, die vorher nicht erkennbar sind, sodass wirtschaftlich ein Ausschluss der Gewährleistungsansprüche sinnvoll erscheint. Gleiches gilt, wenn üblicherweise die Haftung vom Werkunternehmer nicht übernommen oder jedenfalls beschränkt wird, wie dies z. B. in der Bauwirtschaft (§ 13 Teil B VOB) der Fall ist.

4384 – Die Übernahme der **Vergütungsgefahr** bei zufälligem Untergang des Werks spricht (vgl. § 644 Abs. 1 BGB) für einen Werkvertrag, ebenso wenn der Unternehmer **Art und Einteilung der Arbeiten** selbst bestimmen kann, insbes. auch, wie viele und welche Erfüllungsgehilfen, mit welchen Geräten und zu welcher Zeit er zum Erreichen des Erfolges einsetzt.

4385 – Für **Arbeitnehmerüberlassung** spricht dagegen, wenn bestimmte **namentlich benannte Arbeitnehmer entsandt werden müssen** oder wenn der angebliche Besteller sich ein **Mitspracherecht bei der Erteilung von Urlaub oder Freizeit** an die angeblichen Erfüllungsgehilfen sichert.

4386 – Das Weisungsrecht des Werkbestellers (vgl. § 645 BGB) ist auf die Herstellung des jeweils geschuldeten Werks gegenständlich beschränkt. Sobald seine **Weisungen** darüber hinausgehen, spricht dies für Arbeitnehmerüberlassung (s. *LAG Düsseld.* 10.3.2008 – 17 Sa 856/07 – FA 2008, 279 LS).

4387 – Wird die **Vergütung** für die Arbeiten **nach der Zahl der geleisteten Arbeitsstunden** bemessen, so spricht dies für Arbeitnehmerüberlassung. Denn bei einer Abrechnung nach Zeiteinheiten wird die Arbeitsleistung von Arbeitnehmern für eine bestimmte Zeit geschuldet, bei der Abrechnung nach Ergebnissen ist hingegen ein Erfolg i. S. d. Werkvertragsrechts Vertragsgegenstand. Andererseits schließt auch eine Abrechnung nach Maßeinheiten (z. B. Bauten, Quadratmetern) die Annahme einer Arbeitnehmerüberlassung nicht aus.

4388 – Arbeitnehmerüberlassung liegt dann vor, wenn der Werkunternehmer **nicht über die betrieblichen und personellen Voraussetzungen** verfügt, die Tätigkeit der von ihm zur Erfüllung seiner vertraglichen Pflichten im Betrieb eines Dritten eingesetzten Arbeitnehmer vor Ort zu organisieren und ihnen Weisungen zu erteilen (*BAG* 9.11.1994 EzA § 10 AÜG Nr. 8; s. a. *LAG Düsseld.* 10.3.2008 – 17 Sa 856/07 – FA 2008, 279 LS).

4389 Die vertragliche Festlegung eines zeitlichen Rahmens für die Erbringung der vereinbarten Leistungen im Betrieb reicht als Vorgabe von äußeren Umständen, wann und wo die geschuldeten Arbeiten durchzuführen sind, nicht aus, um eine Eingliederung der die Leistung erbringenden Personen in den Betrieb und dessen Organisation zu begründen (*BAG* 13.5.1992 NZA 1993, 357).

- Der **ständige Einsatz von Wachleuten** eines gewerblichen Bewachungsunternehmens zur Bewachung von Bundeswehreinrichtungen ist auch dann keine Arbeitnehmerüberlassung, wenn die Ausführung der zu leistenden Wachdienste einschließlich der Verhaltenspflichten des Wachpersonals in dem zugrunde liegenden Bewachungsvertrag im Einzelnen genau festgelegt ist und das Bewachungsunternehmen nur solche Wachleute einsetzen darf, für die eine entsprechende Genehmigung der zuständigen militärischen Dienststelle vorliegt (*BAG* 31.3.1993 EzA § 10 AÜG Nr. 5). 4390
- Bei einer als Werkvertrag bezeichneten Vereinbarung zwischen einem **deutschen und einem polnischen Unternehmen** über Stahlbauarbeiten, gem. dem das deutsche Unternehmen dem polnischen Unternehmen die Arbeitskräfte benennt, die eingestellt werden, der Betriebsleiter des deutschen Unternehmens die Arbeitskräfte einarbeitet, sie mit Werkzeug und Arbeitskleidung versorgt und die Arbeitszeit festlegt, handelt es sich um einen Arbeitnehmerüberlassungsvertrag, der bei Gewerbsmäßigkeit und Fehlen der Erlaubnis unwirksam ist und bei dem die polnische Seite lediglich Anspruch aus Bereicherung hat, dessen Höhe ggf. zu schätzen ist (*BGH* 21.1.2003 NZA 2003, 616). 4391

**Insgesamt dürfen diese Kriterien nicht isoliert gewertet werden, vielmehr ist eine wertende Gesamtbetrachtung erforderlich.** 4392

*e) Entsendung im Rahmen eines Dienstvertrages*

Arbeitnehmerüberlassung liegt auch dann nicht vor, wenn Arbeitnehmer im Rahmen eines Dienstvertrags (§§ 611 ff. BGB) als Erfüllungsgehilfen bei dem Dritten (Dienstberechtigten) selbstständige Dienstleistungen erbringen und das dienstleistende Unternehmen die Dienste **unter eigener Verantwortung und nach eigenem Plan** durchführt. 4393

Das kann z. B. dann der Fall sein, wenn unter räumlicher Trennung vom übrigen Betrieb des Dienstberechtigten und von dessen Arbeitnehmern ein abgrenzbarer Teil des Post- oder Abrechnungsverkehrs erledigt wird und der Dienstverpflichtete für die ordnungsgemäße Abwicklung die Verantwortung trägt (*BAG* 14.8.1985 EzA AÜG Nr. 186). 4394

Etwas **anderes** gilt aber dann, wenn die Arbeitnehmer **in die Betriebsorganisation des angeblichen Dienstberechtigten einbezogen werden** (*LAG Düsseld.* 10.3.2008 – 17 Sa 856/07 – FA 2008, 279 LS). 4395

(derzeit unbesetzt) 4396–4399

*f) Erlaubnisvorbehalt*

*aa) Grundlagen*

Die Arbeitnehmerüberlassung ist grds. nur mit einer Erlaubnis (Verleihererlaubnis) der Bundesagentur für Arbeit rechtlich zulässig (§§ 1 Abs. 1 S. 1, 17 AÜG; zum Erlöschen der Erlaubnis bei der Verschmelzung des Erlaubnisträgers mit einem anderen Unternehmen s. *LAG Düsseld.* 25.8.2008 – 17 Sa 153/08, EzA-SD 22/2008 S. 8 LS). 4400

Deutsche i. S. d. Art. 116 GG sowie die Staatsangehörigen von Mitgliedsländern der EG haben einen Anspruch auf ihre Erteilung, sofern keine Versagensgründe nach § 3 AÜG vorliegen. Bei Nicht-EG-Ausländern sowie Gesellschaften oder juristischen Personen, die entweder nicht nach deutschem Recht gegründet sind oder weder ihren satzungsmäßigen Sitz oder ihre Hauptverwaltung noch ihre Hauptniederlassung in der BRD haben, steht die Erteilung der Verleihererlaubnis im Ermessen der Erlaubnisbehörde (s. aber jetzt § 1 Abs. 1 S. 4 AÜG; vgl. *Kokemoor* NZA 2003, 239; krit. *Böhm* NZA 2003, 828 ff.). 4401 *bb) Territorialitätsprinzip*

**4402** Die Erlaubnispflicht gilt nach dem Territorialitätsprinzip für jede gewerbsmäßige Arbeitnehmerüberlassung in der BRD, sowohl wenn Verleiher vom Ausland aus an inländische Entleiher Leiharbeitnehmer überlassen, als auch wenn inländische Verleiher Entleihern im Ausland Arbeitnehmer gewerbsmäßig überlassen. Das AÜG gilt auch für alle Seeschiffer unter der Bundesflagge sowie für die nach § 13a Flaggenrechtsgesetz zur Führung der Bundesflagge berechtigten Kauffahrteischiffe, die in das internationale Seeschiffsregister eingetragen sind, sowie für deutsche Luftfahrzeuge, die in die Luftfahrzeugrolle nach § 2 Abs. 1 Luftverkehrsgesetz eingetragen sind.

*cc) Abordnung an Arbeitsgemeinschaften*

**4403** Gem. § 1 Abs. 1 S. 2 AÜG ist die Abordnung von Arbeitnehmern zu einer zur Herstellung eines Werkes gebildeten Arbeitsgemeinschaft keine Arbeitnehmerüberlassung, wenn der Arbeitgeber deren Mitglied ist, für alle Mitglieder Tarifverträge desselben Wirtschaftszweiges gelten und alle Mitglieder auf Grund des Arbeitsgemeinschaftsvertrages zur selbstständigen Erbringung von Vertragsleistungen verpflichtet sind.

**4404** Für einen Arbeitgeber mit Geschäftssitz in einem anderen Mitgliedsstaat des Europäischen Wirtschaftsraums ist die Abordnung darüber hinaus auch dann keine Arbeitnehmerüberlassung, wenn für ihn deutsche Tarifverträge desselben Wirtschaftszweigs wie für die anderen Mitglieder der Arbeitsgemeinschaft nicht gelten, er aber die übrigen Voraussetzungen des § 1 Abs. 1 S. 4 AÜG erfüllt.

**4405** Es handelt sich insoweit um eine **unwiderlegbare gesetzliche Fiktion** mit der Folge, dass nicht nur die im AÜG geregelte Erlaubnispflicht entfällt, sondern auch die Einschränkung der Arbeitnehmerüberlassung im Baubereich durch § 1b AÜG oder die Anwendung von Vorschriften in anderen Gesetzen (z. B. § 28a Abs. 4 SGB IV).

*dd) Arbeitnehmerüberlassung zur Vermeidung von Kurzarbeit; Konzernprivileg*

**4406** Das AÜG gilt gem. § 1 Abs. 3 Nr. 1 auch nicht für die Arbeitnehmerüberlassung zwischen Arbeitgebern **desselben Wirtschaftszweiges** zur Vermeidung von Kurzarbeit oder Entlassungen, wenn ein für den Entleiher und Verleiher geltender Tarifvertrag dies vorsieht und (Nr. 2) zwischen Konzernunternehmen i. S. d. § 18 AktG, wenn der Arbeitnehmer seine Arbeit vorübergehend nicht bei seinem Arbeitgeber leistet (bis 28.4.2011).

**4406a** Zweck der Ausnahmevorschriften ist es, **bürokratische Förmlichkeiten** in einem Fall **zu vermeiden**, in dem der Schutzzweck des Gesetzes auch ohne Erlaubnis gewährleistet ist (vgl. BT-Drs. 10/3206 S. 33). § 1 Abs. 3 Nr. 2 AÜG ist wie folgt strukturiert: Wenn Verleiher und Entleiher **demselben Konzern** angehören und die Arbeitnehmerüberlassung **vorübergehend** erfolgt, dann ist das AÜG **nicht anzuwenden** (krit. *Böhm* DB 2011, 473 ff.). Da die RL allerdings keine Ausnahme für die konzerninterne Arbeitnehmerüberlassung enthält, hätte diese Vorschrift aufgehoben werden müssen (s. *Lembke* NZA 2011, 319, 320; *Wank* RdA 2010, 193, 203; *Ulber* AuR 2010, 1, 12). Sie verstößt gegen Gemeinschaftsrecht (ErfK/*Wank* § 1 AÜG Rn. 57, 57a; *Böhm* DB 2011, 473 ff.). Ausgenommen sind von der RL auch nicht Personalverwaltungsgesellschaften, die z. B. die gemeinsame Buchhaltung der Konzernunternehmen betreiben und gelegentlich Arbeitnehmer in andere konzernzugehörige Gesellschaften entsenden (ErfK/*Wank* § 1 AÜG Rn. 57, 57a).

**4406b** Der Begriff vorübergehend ist **weit auszulegen**. Voraussetzung ist aber, dass der überlassene Arbeitnehmer nach Beendigung seines Einsatzes seine Arbeitsleistung bei dem überlassenden Konzernunternehmen aufnehmen kann, also **keine endgültig geplante Überlassung** vorliegt. Deshalb muss **im Zeitpunkt der Überlassung bereits feststehen**, dass der Einsatz im fremden Unternehmen befristet ist, wenn auch der **genaue Rückkehrzeitpunkt noch offen** bleiben kann (*LAG Hamm* 6.5.2011 LAGE § 9 AÜG Nr. 8).

Letztere Ausnahmeregelung findet aber **keine Anwendung** auf solche **Personalführungsgesellschaf-** 4406c
ten, deren Zweck sich in der Einstellung und Beschäftigung von Arbeitnehmern erschöpft, um diese
dauerhaft zu anderen Konzernunternehmen zu entsenden (vgl. *BAG* 20.4.2005 EzA AÜG § 14
Nr. 5). Dies gilt zumindest auch für Mischunternehmen, für die nach ihrem Gesellschaftszweck
die dauerhafte Arbeitnehmerüberlassung im Konzern von nicht nur untergeordneter Bedeutung
ist. Anderenfalls könnte das Unternehmen zur Umgehung des AÜG eingesetzt werden (vgl. dazu,
dass es für die Anwendbarkeit des AÜG nach § 1 Abs. 1 AÜG nicht auf den überwiegenden Zweck
des Betriebs ankommt, sondern es genügt, wenn die Arbeitnehmerüberlassung als solche im Einzelfall der Hauptzweck des Geschäftes ist (*BAG* 9.2.2011 EzA § 10 AÜG Nr. 14; s.a. *LAG Nds.*
3.5.2011 LAGE § 10 AÜG Nr. 6).

Eine **rechtsmissbräuchliche Arbeitnehmerüberlassung** liegt jedenfalls dann vor, wenn der Konzern- 4406d
entleiher alle typischen Arbeitgeberfunktionen, wie Urlaubsplanung oder den Ausspruch von Abmahnungen übernimmt, der Verleiher am Markt nicht werbend tätig ist, freiwillig die Arbeitsbedingungen des Konzernentleihers anpasst oder der Verleiher auf Betriebsstrukturen und Betriebsmittel
eines Konzernentleihers angewiesen ist (*LAG Nds.* 3.5.2011 LAGE § 10 AÜG Nr. 6).

Seit dem 29.4.2011 kommt es für das Konzernprivileg gem. § 1 Abs. 3 Nr. 2 AÜG darauf an, dass 4407
der Arbeitnehmer nicht zum Zweck der Überlassung eingestellt und beschäftigt wird.

Gem. § 1 Abs. 3 Nr. 2a AÜG gilt seitdem das AÜG auch dann nicht, wenn die Überlassung **nur** 4407a
**gelegentlich** erfolgt und der Arbeitnehmer nicht zum Zwecke der Überlassung eingestellt und beschäftigt wird. Während nach der früheren Fassung nur Konzernunternehmen privilegiert und einzelne Arbeitgeber nur als Arbeitgeber desselben Wirtschaftszweiges zu verstehen waren, wurde die
Bestimmung in Nr. 2a auf **Arbeitgeber im Allgemeinen erweitert**. Die Überlassung muss gelegentlich erfolgen und es darf keine Einstellung zum Zweck der Überlassung stattfinden. »Gelegentlich«
bezieht sich, anders als früher »vorübergehend«, nicht auf die Dauer des Einsatzes, sondern darauf,
ob die Übernahme planmäßig oder nur gelegentlich bei besonderem Bedarf, erfolgt (s. a. Ausschuss-
Drs. 17/11/431 »fehlende Wiederholungsabsicht«). Diese Regelung gilt auch für die – nach bisherigem Recht nicht dem AÜG unterliegenden – Personalführungsgesellschaften (ErfK/*Wank* § 1
AÜG Rn. 61).

Gleiches gilt – wie bisher – für die Überlassung in das Ausland, wenn der Leiharbeitnehmer in ein auf 4407b
der Grundlage zwischenstaatlicher Vereinbarungen begründetes **Gemeinschaftsunternehmen** verliehen wird, an dem der Verleiher beteiligt ist (Nr. 3). Diese Ausnahmen gelten nicht für die Betriebe
des Baugewerbes (§ 1 Abs. 3 S. 1 AÜG).

Keiner Erlaubnis bedarf ein Arbeitgeber mit weniger als fünfzig Beschäftigten (§ 1a AÜG), der zur 4408
Vermeidung von Kurzarbeit oder Entlassungen an einen Arbeitgeber einen Arbeitnehmer bis zur
Dauer von zwölf Monaten überlässt, wenn er die Überlassung vorher schriftlich der Bundesagentur
für Arbeit angezeigt hat (vgl. *Groeger* DB 1998, 470 ff.). Den Inhalt der Anzeige regelt § 1a Abs. 2
AÜG.

*ee) Gemischte Verträge*

Nicht dem AÜG unterliegen Verträge, die die Arbeitnehmerüberlassung nur als **eindeutige Neben-** 4409
**leistung** (z. B. beim Vermieten von hochwertigen Baumaschinen mit Personal) im Rahmen eines gemischten Vertrages vorsehen. Denn bei derartigen Verträgen folgt der Vertrag regelmäßig den Regeln des überwiegenden Vertragsbestandteils (s. ErfK/*Wank* § 1b AÜG Rn. 2).

▶ **Beispiel:** 4410

Die Gebrauchsüberlassung von Flugzeugen einschließlich fliegenden Personals stellt keine gewerbliche Arbeitnehmerüberlassung dar (*BAG* 17.2.1993 EzA § 10 AÜG Nr. 6).

## Kapitel 3
Der Inhalt des Arbeitsverhältnisses

*ff) Sonderregelungen*

4411 Spezielle Gesetze/Vorschriften, die das AÜG ausschließen, sind das Gesetz über die Schaffung eines besonderen Arbeitgebers für Hafenarbeiter, durch das Gesamthafenbetriebe zugelassen worden sind (s. Kap. 1 Rdn. 242 ff.), §§ 9, 25 PersbfG, §§ 10, 80 GüKG für die Personen- und Güterbeförderung sowie § 34a GewO (Bewachungsunternehmen). Auch die Personalgestellung eines Bundeslandes an das Bundesamt für die Anerkennung ausländischer Flüchtlinge auf Grund der Spezialregelung des § 5 Abs. 5 AsylVfG ist nicht an den Vorschriften des AÜG zu messen (*BAG* 5.3.1997 EzA § 1 AÜG Nr. 7). § 1 Abs. 2 Nr. GüKG schränkt (ab 1.12.2011) die Überlassung im Werksverkehr ein (krit. *Böhm* DB 2011, 473 ff.).

4411a Für einen **Teilbereich** des Arbeitsmarktes wird gem. § 1b AÜG die Arbeitnehmerüberlassung **ausgeschlossen**; erfasst werden Baubetriebe (krit. *Böhm* DB 2011, 473 ff.). Ob das Verbot nach der RL 2008/104/EG aufrecht erhalten werden kann, richtet sich danach, ob der Rechtfertigungsgrund des Art. 4 Abs. 1 RL erfüllt ist (ErfK/*Wank* § 1b AÜG Rn. 5). Eine entgegen dem Verbot des § 1b AÜG erfolgende Verleihung von Arbeitskräften macht den zwischen Verleiher und Entleiher geschlossenen Überlassungsvertrag jedenfalls gem. § 134 BGB nichtig. Für den Fall, dass zwar eine allgemeine Erlaubnis, aber keine Erlaubnis zur Überlassung im Baugewerbe vorliegt, führt eine dann nach § 1b S. 1 AÜG unzulässige Arbeitnehmerüberlassung in Betrieben des Baugewerbes nicht zu einem Arbeitsverhältnis zwischen Entleiher und Leiharbeitnehmer. Einer analogen Anwendung von § 10 Abs. 1 S. 1, § 9 Nr. 1 AÜG steht entgegen, dass keine unbewusste, planwidrige Regelungslücke vorliegt (*BAG* 13.12.2006 EzA § 10 AÜG Nr. 12).

4411b Die Erstreckung des Verbots der Arbeitnehmerüberlassung im Baugewerbe durch § 1b AÜG auf sämtliche wirtschaftlich tätigen Verleihunternehmen (ab 2011) kann **innerhalb von Konzernen des Baugewerbes erhebliche Auswirkungen** haben. Soweit nicht die Ausnahmetatbestände gem. § 1b S. 2 AÜG erfüllt sind, ist das Geschäftsmodell einer bislang konzerninternen und damit nach bisheriger Rechtslage nichtgewerbsmäßigen Arbeitnehmerüberlassung nicht mehr möglich. Für die Eröffnung des Anwendungsbereichs des Ausnahmetatbestands gem. § 1b S. 2 AÜG bestehen zwar Gestaltungsmöglichkeiten; da der (auch) verleihende Betrieb aber bereits in den vergangenen drei Jahren einen Baubetrieb dargestellt haben muss, sind diese erheblich eingeschränkt (instr. *Salamon* NZA-RR 2012, 61 ff.).

*gg) Das Erlaubnisverfahren; materielle Voraussetzungen*

4412 Die Verleihererlaubnis setzt nach § 2 Abs. 1 AÜG einen schriftlichen **Antrag** voraus (zum Antragsverfahren sowie der Erteilung der Erlaubnis vgl. §§ 2 ff., 17 AÜG).

4413 **Materielle Voraussetzungen**, die der Inhaber (natürliche oder juristische Personen) erfüllen muss, sind neben der notwendigen **Zuverlässigkeit** (d. h. dass zu erwarten ist, dass er die Arbeitnehmerüberlassung gesetzmäßig ausüben wird) in **§ 3 Abs. 1 Nr. 1–3, Abs. 2, Abs. 3 AÜG** geregelt. § 3 Abs. 1 Nr. 1 AÜG nennt mit dem Sozialversicherungsrecht, dem Lohnsteuerrecht, dem Arbeitsvermittlungsrecht im weiteren Sinne, dem Arbeitsschutzrecht und dem Arbeitsrecht, soweit es die Pflichten des Arbeitgebers betrifft, Rechtsgebiete, die für eine ordnungsgemäße Tätigkeit des Verleihers von besonderer Bedeutung sind, sodass im Falle der Nichtbeachtung dieser Normen Unzuverlässigkeit i. S. d. AÜG vorliegt und die Verleihererlaubnis zu versagen ist.

4414 § 3 Abs. 1 Nr. 3 AÜG sieht es als weiteren Versagungsgrund an, wenn dem Leiharbeitnehmer für die Zeit der Überlassung an den Entleiher die im Betrieb dieses Entleihers für einen vergleichbaren Arbeitnehmer des Entleihers geltenden wesentlichen Arbeitsbedingungen einschließlich des Arbeitsentgelts nicht gewährt, es sei denn, der Verleiher gewährt dem zuvor arbeitslosen Leiharbeitnehmer für die Überlassung an einen Entleiher für die Dauer von insgesamt höchstens sechs Wochen mindestens ein Nettoarbeitsentgelt in Höhe des Betrages, den der Leiharbeitnehmer zuletzt als Arbeitslosengeld erhalten hat; letzteres gilt nicht, wenn mit demselben Verleiher bereits ein Leiharbeitsverhältnis bestanden hat. Ein Tarifvertrag kann abweichende Regelungen zulassen (s. Rdn. 4422).

## D. Sonderformen von Arbeitsverhältnissen — Kapitel 3

Fraglich ist, ob eine dauerhafte Kostensenkung in einzelnen Unternehmen eines Konzerns dadurch erreicht werden kann, dass Arbeitnehmer mit »teuren« Arbeitsbedingungen Konzernunternehmen mit »kostengünstigeren« Arbeitsbedingungen nach Maßgabe des neuen AÜG dauerhaft überlassen werden können (s. *Willemsen/Annuß* BB 2005, 437 ff.; *Brors/Schüren* BB 2004, 2745 ff.). Nach Auffassung des *LAG Bln.* (7.1.2005 BB 2005, 672 LS) spricht jedenfalls viel dafür, in Leiharbeit auf Selbstkostenbasis zur Verlagerung von Personalkosten in den Bereich der Sachkosten durch Einschaltung einer Konzernschwester einen Missbrauch der Gestaltungsform zu sehen.

### g) Weitere Pflichten des Verleihers

§§ 7, 8 AÜG begründen besondere Pflichten des Verleihers, die eine Überwachung seiner Tätigkeit durch die Bundesagentur für Arbeit erleichtern sollen und die arbeitsrechtlich von Bedeutung sind, weil ihre Verletzung zum Widerruf der Verleiherlaubnis führen kann. Insoweit handelt es sich um eine **Anzeigepflicht** (§ 7 Abs. 1 AÜG), die die Feststellung erleichtern soll, ob durch einen Wechsel der Geschäftsräume, die für die Ausübung der Verleihtätigkeit vorgesehen sind, ein Versagungsgrund i. S. d. § 3 Abs. 1 Nr. 1, 2 AÜG durch eine örtliche und räumliche Veränderung gegeben ist. § 7 Abs. 2 AÜG begründet **Auskunfts-, Vorlage- und Aufbewahrungspflichten** für Auskünfte, die zur Durchführung des AÜG erforderlich sind, hinsichtlich der Vorlage geschäftlicher Unterlagen sowie deren Aufbewahrung für drei Jahre (z. B. Geschäftsbücher, Bilanzen).

Der Inhaber einer Verleiherlaubnis ist zudem einem **Nachschaurecht** der Bundesagentur unterworfen (§ 7 Abs. 3 AÜG) und muss u. U. auch **Durchsuchungen** dulden (§ 7 Abs. 4 AÜG).

Gem. § 8 AÜG sind den Verleihern umfangreiche **statistische Meldepflichten** auferlegt, um Erkenntnisse zu gewinnen über den Umfang, die Zusammensetzung und die Entwicklung der gewerbsmäßigen Arbeitnehmerüberlassung.

Die Verletzung der nach dem AÜG bestehenden gewerberechtlichen Pflichten des Verleihers ist mit **Bußgeld** (§ 16 Abs. 1 Nr. 1–8 AÜG) bedroht, sie kann auch zur Versagung bzw. zum Widerruf der Verleiherlaubnis führen (§ 5 Abs. 1 Nr. 2 AÜG).

### h) Besonderheiten des Arbeitsverhältnisses zwischen Verleiher und Leiharbeitnehmer

#### aa) Aushändigung einer Urkunde; Inhalt

Gem. § 11 AÜG richtet sich der Nachweis der wesentlichen Vertragsbedingungen nach dem NachweisG (s. Kap. 2 Rdn. 464 ff.). Zusätzlich sind in den Nachweis aufzunehmen:
– Firma und Anschrift des Verleihers, die Erlaubnisbehörde sowie Ort und Datum der Erteilung nach § 1 AÜG,
– Art und Höhe der Leistungen für Zeiten, in denen der Leiharbeitnehmer nicht verliehen ist.

Ausländische Leiharbeitnehmer haben gem. § 11 Abs. 2 S. 2 AÜG die Urkunde in ihrer Muttersprache zu erhalten.

Daneben sind gem. § 9 Nr. 2–4 AÜG bestimmte Vereinbarungen unwirksam; auf Grund der Neuregelung des § 9 Nr. 2 AÜG ist deshalb seit dem 1.1.2004 eine Vereinbarung unwirksam, die für den Leiharbeitnehmer für die Zeit der Überlassung an den Entleiher die im Betrieb dieses Entleihers für einen vergleichbaren Arbeitnehmer des Entleihers geltenden wesentlichen Arbeitsbedingungen einschließlich des Arbeitsentgelts nicht gewährt (»Equal-Pay-Gebot«; das ist verfassungsrechtlich nicht zu beanstanden: *BVerfG* 29.12.2004 BB 2005, 495 m. Anm. *Lembke*; s. *Benkert* BB 2004, 998 ff.; *Böhm* DB 2007, 169 ff.; *BAG* 19.9.2007 EzA § 13 AÜG Nr. 1), es sei denn, der Verleiher gewährt dem **zuvor arbeitslosen Leiharbeitnehmer** für die Überlassung an einen Entleiher für die Dauer von insgesamt höchstens sechs Wochen mindestens ein Nettoarbeitsentgelt in Höhe des Betrages, den der Leiharbeitnehmer zuletzt als Arbeitslosengeld erhalten hat; letzteres gilt nicht, wenn mit demselben

# Kapitel 3 — Der Inhalt des Arbeitsverhältnisses

Verleiher bereits ein Leiharbeitsverhältnis bestanden hat. Diese Ausnahme ist zum 29.4.2011 ersatzlos gestrichen worden.

**4422a** Ein **Tarifvertrag** kann abweichende Regelungen zulassen. Im Geltungsbereich eines solchen Tarifvertrages können nicht tarifgebundene Arbeitgeber und Arbeitnehmer die Anwendung der – auch schlechteren – tariflichen Regelungen vereinbaren (krit. *ArbG Bln.* 1.4.2009 – 35 BV 17008/08, DB 2009, 1079 LS; *Hümmerich/Holthausen/Welslau* NZA 2003, 9 ff.; *Buchner* DB 2004, 1042 ff.; *Däubler* DB 2008, 1914 ff.; *Waltermann* NZA 2010, 482 ff.).

### bb) Tarifvorbehalt

**4422b** Art. 5 RL lässt zu, dass die Mitgliedstaaten eine **Abweichung durch Tarifvertrag** vorsehen, aber nur »unter **Achtung des Gesamtschutzes** von Leiharbeitnehmern« (s. *Schüren/Wank* RdA 2011, 1 ff.; *Ulber* AuR 2010, 10 ff.). Zwar kann in Fällen einer tarifdispositiven gesetzlichen Regelung grds. vom Gesetz zu Gunsten oder zu Lasten des Arbeitnehmers abgewichen werden. Da die **gesetzliche Regelung** hier aber bereits das **Optimum für den Leiharbeitnehmer** bietet, kann es nur darum gehen, dass Tarifverträge davon **nach unten abweichen**. Diese Regelung ist für das Arbeitsrecht **ausgesprochen ungewöhnlich** (ErfK/*Wank* § 3 AÜG Rn. 22). Üblicherweise ist das Verhältnis von Gesetzgebung zu Tarifautonomie so zu verstehen, dass ein Gesetz ein Mindestniveau oder (inzwischen) ein mittleres Niveau zum Schutz von Arbeitnehmern vorgibt; dass aber die Tarifvertragsparteien die Möglichkeit haben, in Verhandlungen diese Regelung für Arbeitnehmer zu verbessern. Die Tarifverträge sind aber an den »Gesamtschutz« gebunden (ErfK/*Wank* § 3 AÜG Rn. 22); wie die **Gestaltungsgrenzen** insoweit **im Einzelnen** zu ziehen sind, ist **fraglich** (s. *Reim* ZTR 2003, 106 ff.; *Schüren/Behrend* NZA 2003, 524 ff.; *Ulber* AuR 2003, 7 ff.).

**4422c** Eine **Kontrolle** wird auch durch die **Überprüfung der Tariffähigkeit** erreicht (ErfK/*Wank* § 3 AÜG Rn. 22; s. *BAG* 5.10.2010 EzA Art. 9 GG Nr. 103: GKH). Der nationale Gesetzgeber kann auch z. B. eine Ausnahme nur für Tarifverträge der Leiharbeit vorsehen, die den Gesamtschutz der Arbeitnehmer achten (s. *Blanke* DB 2010, 1528 ff.; *Düwell/Dahl* DB 2009, 1070 ff.; *Fuchs* NZA 2009, 57 ff.; *Ulber* AuR 2010, 10 ff., 412 ff.; *Waltermann* NZA 2010, 482, 484; a. A. *Lembke* DB 2011, 414, 417). Der Gesetzgeber glaubt, dieser Anforderung dadurch nachgekommen zu sein, dass er nur Tarifverträge privilegiert, die bestimmte **Mindestarbeitsentgelte** vorsehen. Dadurch werden aber nur die Löhne gesichert, **nicht aber**, wie von der RL gefordert, auch **die sonstigen Arbeitsbedingungen**. Damit wird die Regelung der RL nicht gerecht (ErfK/*Wank* § 3 AÜG Rn. 22).

### cc) »Christliche Gewerkschaften«

#### (1) CGZP

**4422d** Jedenfalls ist die Tarifgemeinschaft Christlicher Gewerkschaften für Zeitarbeit und Personalserviceagenturen (CGZP) **keine Spitzenorganisation, die in eigenem Namen Tarifverträge abschließen kann**. Sie erfüllt die hierfür erforderlichen tarifrechtlichen Voraussetzungen nicht, denn Tarifverträge können auf Arbeitnehmerseite nur von einer tariffähigen Gewerkschaft oder einem Zusammenschluss solcher Gewerkschaften (Spitzenorganisation) abgeschlossen werden. Soll eine Spitzenorganisation selbst als Partei Tarifverträge abschließen, muss das zu ihren satzungsmäßigen Aufgaben gehören (§ 2 Abs. 3 TVG). Dazu müssen die sich zusammenschließenden Gewerkschaften ihrerseits tariffähig sein und der Spitzenorganisation ihre Tariffähigkeit vollständig vermitteln. Dies ist nicht der Fall, wenn die Befugnis zum Abschluss von Tarifverträgen durch die Spitzenorganisation auf einen Teil des Organisationsbereichs der Mitgliedsgewerkschaften beschränkt wird. Zudem darf der **Organisationsbereich** einer Spitzenorganisation **nicht über den ihrer Mitgliedsgewerkschaften hinausgehen**. Die CGZP ist keine Spitzenorganisation nach § 2 Abs. 3 TVG, weil sich ihre Mitgliedsgewerkschaften (CGM, DHV und GÖD) nicht im Umfang ihrer Tariffähigkeit zusammengeschlossen haben. Außerdem geht der in der Satzung der CGZP festgelegte Organisationsbereich für die gewerbliche Arbeitnehmerüberlassung über den ihrer Mitgliedsgewerkschaften hi-

D. Sonderformen von Arbeitsverhältnissen                                              Kapitel 3

naus (*BAG* 14.12.2010 EzA § 2 TVG Nr. 31 = NZA 2011, 289; s. a. *Neef* NZA 2011, 615 ff.; *Ferme* NZA 2011, 619 ff.; *Zeppenfeld/Faust* NJW 2011, 1643 ff.).

*(2) Praktische Auswirkungen*

Damit steht fest, dass die CGZP nicht tariffähig ist und sie **keine Tarifverträge abschließen kann**, 4422e mit denen Zeitarbeitsunternehmen vom Grundsatz der Gleichstellung (insbes. vom Equal-Pay) abweichen können. Zwar hat das *BAG* (14.12.2010 EzA § 2 TVG Nr. 31 = NZA 2011, 289) die Feststellung, dass die CGZP nicht tariffähig ist, zunächst gegenwartsbezogen getroffen. Aus den Entscheidungsgründen lässt sich aber der Schluss ziehen, dass die CGZP **auch in der Vergangenheit nicht tariffähig gewesen** ist (*LAG Bln.-Bra.* 20.9.2011 LAGE § 97 ArbGG Nr. 5; 30.12.2011 LAGE § 97 ArbGG Nr. 7, 19.1.2012 – 24 Ta 2405/11, AuR 2012, 140; *LAG Hamm* 30.6.2011 LAGE § 4 TVG Ausschlussfrist Nr. 57; *LAG SA* 2.11.2011 LAGE § 97 ArbGG Nr. 5; *ArbG Bln.* 30.5.2011 – 29 BV 13947/10; 8.9.2011 – 63 BV 9415/08, AuR 2011, 415 LS; *ArbG Frankfurt/Oder* 9.6.2011 LAGE § 9 AÜG Nr. 8; *ArbG Herford* 4.5.2011 – 2 Ca 144/11, AuR 2011, 272 LS; *ArbG Dortmund* 16.3.2011 – 8 Ca 18/11, AuR 2011, 272 LS; 18.8.2011 – 3 Ca 1733/11, AuR 2011, 415 LS; *Reiserer* DB 2011, 764 ff.; *Schüren* NZA 2011, 1406 f. u. AuR 2011,142 ff.; *Zimmermann* FA 2011, 201 ff.; *Brors* AuR 2011,138 ff.; a. A. *LAG Nbg.* 19.9.2011 LAGE § 97 ArbGG Nr. 4; *ArbG Freiburg* 13.4.2011 LAGE § 97 ArbGG 1979 Nr. 3: Aussetzung nach § 97 ArbGG; zust. *Lembke* NZA 2011, 1062 ff.; *Zeppenfeld/Faust* NJW 2011, 1643 ff.; s. a. *LAG Nbg.* 4.8.2011 – 4 Ta 108/11, AuR 2011, 503 LS: Teilurteil). Denn das *BAG* (14.12.2010 EzA § 2 TVG Nr. 31 = NZA 2011, 289) wirft die Frage auf, ob eine einschränkende Auslegung der Satzung der CGZP i. S. einer Beschränkung auf den Organisationsbereich der Mitglieder der CGZP möglich ist. Es verwirft diese Auslegung mit dem Hinweis auf den **eindeutigen Wortlaut** von § 1 Abs. 1 der CGZP-Satzung 2009, der dem § 1 der CGZP-Satzung 2005 entspreche. Der von der CGZP früher für sich in Anspruch genommene fachliche Organisationsbereich erstrecke sich danach auf den gesamten Bereich der gewerblichen Arbeitnehmerüberlassung. Entsprechend hat die CGZP auch gehandelt. Insoweit führt das *BAG* (14.12.2010 EzA § 2 TVG Nr. 31 = NZA 2011, 289) zur Tarifpraxis der CGZP wörtlich aus: »Die CGZP hat bis zur Entscheidung des *Landesarbeitsgerichts Berlin-Brandenburg* Firmen- und Verbandstarifverträge außerhalb des Organisationsbereichs ihrer Mitglieder abgeschlossen und schließt diese nach wie vor ab« (*Schlegel* NZA 2011, 380 ff.).

Der Anspruch eines Leiharbeitnehmers auf Equal-Pay ergibt sich somit nach z. T. vertretener Auffas- 4422f sung (*Schlegel* NZA 2011, 380 ff.) **mittelbar aus § 3 Abs. 1 Nr. 3 AÜG**. Nach § 3 Abs. 1 Nr. 3 S. 2 AÜG kann ein Tarifvertrag zwar abweichende Regelungen zulassen; in seinem Geltungsbereich können nicht tarifgebundene Arbeitgeber und Arbeitnehmer die Anwendung der tariflichen Regelung vereinbaren (§ 3 Abs. 1 Nr. 3 S. 3 AÜG). Eine wirksame Abweichung vom Gleichstellungsgrundsatz durch Inbezugnahme – nach unten – setzt allerdings voraus, dass der in Bezug genommene Tarifvertrag wirksam ist. Daran fehlt es auf Grund der fehlenden Tariffähigkeit der CGZP. War sie schon in der Vergangenheit nicht tariffähig, konnte sie schon damals keine wirksamen Tarifverträge abschließen, um vom Gleichstellungsgrundsatz des AÜG abzuweichen. Zwar galt vom 5.12.2005 bis 7.10.2009 eine andere Fassung der CGZP-Satzung als im Zeitpunkt der *BAG*-Entscheidung vom 14.12.2010. Die früheren Satzungsbestimmungen entsprachen indessen hinsichtlich der Organisationsstruktur der CGZP im Kern denjenigen Satzungsbestimmungen, die am 8.10.2009 in Kraft getreten sind (so *Schlegel* NZA 2011, 380 ff.).

Die CGZP war jedenfalls auch am 29.11.2004, 16.6.2006 und 9.7.2008 nicht tariffähig. Auf Ver- 4422g trauensschutz konnte die CGZP sich nicht berufen (*LAG Bln.-Bra.* 9.1.2012 LAGE § 2 TVG Nr. 10). Die dagegen gerichtete Nichtzulassungsbeschwerde hat das *BAG* (22.5.2012 – 1 ABN 27/12) zurückgewiesen. Damit ist die fehlende Tariffähigkeit der CGZP seit ihrer Gründung (11.12.2002 bis zum 7.10.2009) rechtskräftig festgestellt worden (*BAG* 23.5.2012 EzA § 97 ArbGG 1979 Nr. 10; 23.5.2012 EzA § 97 ArbGG 1979 Nr. 11). Insoweit gilt: Wird in einem Verfahren nach § 97 Abs. 5 ArbGG rechtkräftig festgestellt, dass eine Vereinigung aufgrund von Satzungsmängeln zu einem bestimmten Zeitpunkt nicht tariffähig oder tarifzuständig war, steht dies weiteren Verfahren entgegen, in denen sich zu einem anderen Zeitpunkt diese Eigenschaften der Vereinigung ebenso nach dieser Satzung bestimmen. Wird in einem Verfahren nach § 97 Abs. 5 ArbGG festgestellt, dass eine Arbeitnehmerkoalition bei Abschluss eines bestimmten Tarifvertrags aus tatsächlichen Gründen nicht über die erforderliche soziale Mächtigkeit verfügt hat, ist von deren Fehlen nicht nur für den festgestellten Zeitpunkt, sondern auch für die Folgezeit auszugehen. Die materielle Rechtskraft der im Verfahren nach § 97 Abs. 5 ArbGG getroffenen Entscheidung wirkt bis zu einer wesentlichen Änderung der entscheidungserheblichen tatsächlichen oder rechtlichen Verhältnisse (*BAG* 23.5.2012 EzA § 97 ArbGG 1979 Nr. 10).

**4422h** Die Rechtskraftwirkung von *BAG* 14.12.2010 (EzA § 2 TVG Nr. 31) über die Tariffähigkeit der CGZP besteht in zeitlicher Hinsicht ab dem 8.10.2009. Gegenstand der Entscheidung war die Feststellung der Tariffähigkeit der CGZP im zeitlichen Geltungsbereich ihrer an diesem Tag geänderten Satzung. Rechtsfolge eines rechtskräftigen Beschlusses nach § 97 Abs. 1 ArbGG ist zum einen, dass ein erneuter Antrag mit identischem Streitgegenstand unzulässig ist. In subjektiver Hinsicht erfasst die Rechtskraft der Entscheidung über die Tariffähigkeit oder die Tarifzuständigkeit nicht nur die Personen und Stellen, die im jeweiligen Verfahren nach § 97 Abs. 2 i. V. m. § 83 Abs. 3 ArbGG angehört worden sind, sondern entfaltet Wirkung gegenüber jedermann. Aus diesem Grund sind alle Gerichte an einen solchen Ausspruch gebunden, wenn diese Eigenschaften als Vorfrage in einem späteren Verfahren zu beurteilen sind, sofern nicht aus tatsächlichen oder rechtlichen Gründen die Rechtskraft endet, was im Aussetzungsbeschluss näher zu begründen ist (*BAG* 23.5.2012 EzA § 97 ArbGG 1979 Nr. 11).

**4422i** Nicht selten wurden in Verträgen sog. **salvatorische Klauseln** vereinbart. Sie sehen vor, dass für den Fall, dass die in Bezug genommenen CGZP-Tarifverträge unwirksam sein sollten, stattdessen von der DGB-Tarifgemeinschaft vereinbarte Tarifverträge zur Anwendung kommen sollen (vgl. dazu *Brors* BB 2006, 101 ff.; *Heimann* AuR 2012, 50 ff.; *ArbG* Bamberg 23.11.2011 – 5 Ca 626/11, AuR 2012, 139 LS; *ArbG* Oldenburg 26.11.2011 – 7 Ca 111/11, AuR 2012, 139 LS; *ArbG* Frankfurt/Oder 9.6.2011 LAGE § 9 AÜG Nr. 8: Verstoß gegen das Transparenzgebot).

**4422j** Wäre eine solche Klausel wirksam, so hätten die betreffenden Arbeitnehmer bei Unwirksamkeit des CGZP-Tarifvertrags statt des Equal-Pay-Anspruchs lediglich Anspruch auf Entlohnung nach dem in der betreffenden Klausel genannten Abweichungs-Zeitarbeitstarifvertrag der DGB-Tarifgemeinschaft. Solche Klauseln besagen aber nicht, dass die von dem Nichtigkeitsgrund nicht unmittelbar erfassten Teile des Geschäfts unter allen Umständen als wirksam behandelt werden sollen. Sie regeln vielmehr lediglich die Verteilung der **Darlegungs- und Beweislast** im Rahmen der gem. § 139 BGB stets erforderlichen Prüfung, ob die Parteien das teilnichtige Geschäft hinsichtlich des Restes hätten aufrecht erhalten wollen. Insoweit ist im Einzelfall zu prüfen, ob für den Arbeitnehmer zum Zeitpunkt seiner Arbeitsleistung hinreichende Rechtsklarheit darüber bestand, welche Arbeitsbedingungen für seine Arbeitsleistung im Falle einer (Teil-)Nichtigkeit der Bezugnahme auf den CGZP-Tarifvertrag bestehen (*Schlegel* NZA 2011, 380 ff.; *Heimann* AuR 2012, 50 ff.).

**4422k** Als tarifunfähige Organisation konnte die CGZP keine wirksamen Tarifverträge abschließen. Leiharbeitnehmern, die in der Vergangenheit nach dem CGZP-Tarifvertrag bezahlt wurden, können daher **rückwirkend höhere Vergütungsansprüche** zustehen. In der Verleihzeit belaufen sich solche Vergütungsansprüche auf die Differenz zwischen der Vergütung eines vergleichbaren Stammarbeitnehmers (»**Equal-Pay**«) und dem gezahlten CGZP-Tariflohn. Für die verleihfreie Zeit kann sich ein nachträglicher Vergütungsanspruch in Höhe der Differenz zwischen dem CGZP-Tariflohn und der üblichen Vergütung nach § 612 Abs. 2 BGB ergeben. Die übliche Vergütung dürfte **regelmäßig der Tariflohn** sein, der von der DGB-Tarifgemeinschaft vereinbart wurde (*Schlegel* NZA 2011, 380 ff.).

**4422l** Der Anspruch auf Arbeitsentgelt verjährt allerdings drei Jahre nach Schluss des Kalenderjahres, in dem der Anspruch entstanden ist und der Arbeitnehmer von den Umständen, die den Anspruch begründen und der Person des Schuldners, Kenntnis erlangt oder ohne grobe Fahrlässigkeit Kenntnis erlangen müsste (§§ 195,199 BGB). Diese allgemeinen Grundsätze der Verjährung gelten auch für rückständige Vergütungsansprüche von Leiharbeitnehmern (s. *Stoffels* NZA 2011, 1057 ff.). Hierbei ist zu berücksichtigen, dass die gesetzliche Verjährungsfrist dispositiv ist, d. h. durch Vereinbarung verkürzt werden kann.

Darüber hinaus können **arbeits- oder tarifvertragliche Verfallfristen** den Anspruch vor Ablauf der Verjährungsfrist ausschließen. Ausschlussfristen, die **in CGZP-Tarifverträgen** geregelt sind, teilen allerdings deren Schicksal und sind folglich **unbeachtlich** (*ArbG Frankfurt/Oder* 9.6.2011 LAGE § 9 AÜG Nr. 8). 4422m

Problematisch ist, ob sonstige Ausschlussfristen die Geltendmachung der rückständigen Vergütungsansprüche der Leiharbeitnehmer hindern können. Für Vergütungsansprüche in Verleihzeiten kommen die Ausschlussfristen in Betracht, die in den Tarifverträgen festgelegt sind, die in den **Entleihbetrieben** gelten und nach denen sich der »Equal-Pay«-Anspruch richtet (*Schlegel* NZA 2011, 380 ff; s. Rdn. 4423); **das ist zu verneinen** (*BAG* 23.3.2011 EzA § 10 AÜG Nr. 15; s. *Zeppenfeld/Faust* NJW 2011, 1643 ff.; s. a. Rdn. 4423). 4422n

*dd) Gleichstellungsanspruch*

§ 10 Abs. 4 AÜG gibt dann einen Entgeltanspruch, wenn mit dem Leiharbeitnehmer hinsichtlich Qualifikation und Tätigkeit vergleichbare Stammarbeitnehmer des Entleihers im Überlassungszeitraum ein **insgesamt höheres Entgelt** erzielen (*BAG* 23.3.2011 EzA § 10 AÜG Nr. 15). Macht ein Leiharbeitnehmer gegenüber seinem Arbeitgeber gem. § 10 Abs. 4 i. V. m. § 9 Nr. 2 AÜG Ansprüche auf dieselbe Vergütung geltend, wie sie das entleihende Unternehmen seinen vergleichbaren Stammarbeitnehmern auf der Grundlage von Tarifverträgen gewährt, so muss er nicht auch die dort geltenden **tarifvertraglichen Ausschlussfristen** gegen sich gelten lassen denn Ausschlussfristenregelungen sind keine wesentlichen Arbeitsbedingungen i. S. d. AÜG (*BAG* 23.3.2011 EzA § 10 AÜG Nr. 15). Das folgt auch nicht schon daraus, dass die Ansprüche, die der Verfallfrist unterliegen, von vornherein mit dieser Beschränkung erwachsen; die Ausschlussfrist gehört zum Inhalt des Anspruchs (a. A. *LAG München* 12.11.2009 LAGE § 10 AÜG Nr. 5; krit. *Brors* NZA 2010, 1385 ff.), denn das AÜG unterscheidet »Vertragsbedingungen« im Verhältnis Verleiher/Leiharbeitnehmer und »wesentliche Arbeitsbedingungen« des Entleiherbetriebs. **Ausschlussfristen unterfallen den (nachweispflichtigen) Vertragsbedingungen, gehören** aber **nicht zu den wesentlichen Arbeitsbedingungen** des Entleiherbetriebs. Der Rechtsbegriff »wesentliche Arbeitsbedingungen« ist bereits während der laufenden Umsetzungsfrist unter Rückgriff auf die Definition und den Schutzzweck der Leiharbeitsrichtlinie RL 2008/104/EG vom 5.12.2008 zu interpretieren. Ausschlussfristen sind insoweit **kein integraler Bestandteil eines Anspruchs**, sondern betreffen die Art und Weise seiner Geltendmachung nach Entstehung (*BAG* 23.3.2011 EzA § 10 AÜG Nr. 15 = NZA 2011, 850). 4423

*ee) Verbotene Vertragsgestaltungen*

Gem. § 11 Abs. 4 AÜG sind zusätzlich bestimmte nach allgemeinem Arbeitsrecht zulässige Vertragsgestaltungen untersagt (z. B. der Ausschluss oder die Beschränkung des Anspruchs des Leiharbeitnehmers auf Vergütung bei Annahmeverzug des Verleihers gem. § 615 S. 1 BGB). Damit soll z. B. verhindert werden, dass der Verleiher das Beschäftigungsrisiko auf den Leiharbeitnehmer abwälzt. Der Ausschluss der Beschränkung des Anspruchs aus § 615 BGB schließt es nach Auffassung von *Brötzmann/Musial* (NZA 1997, 17 ff.) aber nicht aus, eine **tägliche Meldepflicht** – deren Verletzung zum Entfallen eines Anspruchs gem. § 615 BGB im Falle des dadurch bedingten Nichteinsatzes führt – mit dem Leiharbeitnehmer zu vereinbaren. Dieser wird nicht unzumutbar belastet; zwar ist er verpflichtet, sich ständig für einen Einsatz bereitzuhalten, dies ist aber die spezifische Besonderheit des Arbeitnehmerüberlassungsvertrages und findet ihren Ausgleich – unabhängig von einem tatsächlich eingetretenen Einsatz – in einem Entgeltanspruch. Durch die Regelung der Meldepflicht wird es dem Arbeitgeber danach überhaupt erst möglich, das Arbeitspotential der Mitarbeiter leistungsmäßig zu erfassen. 4424 *ff) Leistungsverweigerungsrecht*

4425 Gem. § 11 Abs. 5 AÜG kann der Leiharbeitnehmer, um zu verhindern, dass er gegen seinen Willen bei Streiks oder Aussperrungen im Entleiherbetrieb eingesetzt wird, die Arbeitsleistung verweigern. Voraussetzung ist allerdings, dass der Entleiher unmittelbar vom **Arbeitskampf** betroffen ist. Der Verleiher hat den Leiharbeitnehmer auf das Recht, die Arbeitsleistung zu verweigern, hinzuweisen (§ 11 Abs. 5 S. 2 AÜG). Nach Auffassung des *LAG Frankf./M.* (17.11.1983 EzAÜG Nr. 137; offen gelassen von *LAG Köln* 10.12.1998 NZA 1999, 991 LS) kann § 9 Nr. 3 AÜG die grundsätzliche Wertung entnommen werden, dem Verleiher müsse zugemutet werden, das Arbeitsverhältnis auch bei fehlender Beschäftigungsmöglichkeit über einen Zeitraum von drei Monaten aufrechtzuerhalten und zu erfüllen.

*gg) Sonstige Pflichten des Verleihers*

4426 Letztlich hat der Verleiher dem Leiharbeitnehmer ein **Merkblatt** der Bundesagentur für Arbeit über den wesentlichen Inhalt des AÜG (§ 11 Abs. 2 S. 1, 3 AÜG) auf eigene Kosten auszuhändigen sowie ihn über den **Wegfall der Verleiherlaubnis** und damit zusammenhängende **Abwicklungsfristen** bzgl. der Verleihtätigkeit zu unterrichten (§ 11 Abs. 3 AÜG).

*i) Rechtsbeziehungen zwischen Verleiher und Entleiher*

4427 Neben den allgemeinen zivilrechtlichen Vorschriften ist der Vertrag zwischen Verleiher und Entleiher nach § 12 Abs. 1 S. 1 AÜG **schriftlich abzuschließen** (§§ 125 ff. BGB). In diesem Vertrag hat der Verleiher zu erklären, ob er eine Verleiherlaubnis besitzt (§ 12 Abs. 1 S. 2 AÜG; vgl. *Benkert* BB 2004, 998 ff.). Er hat weiterhin anzugeben, welche besonderen Merkmale die für den Leiharbeitnehmer vorgesehene Tätigkeit hat und welche berufliche Qualifikation dafür erforderlich ist, sowie welche im Betrieb des Entleihers für einen vergleichbaren Arbeitnehmer des Entleihers wesentlichen Arbeitsbedingungen einschließlich des Arbeitsentgelts gelten.

4427a Gem. § 9 Nr. 3 AÜG sind Vereinbarungen, die dem Entleiher untersagen, den Leiharbeitnehmer zu einem Zeitpunkt einzustellen, in dem dessen Arbeitsverhältnis zum Verleiher nicht mehr besteht, unwirksam; dies schließt die Vereinbarung einer **angemessenen Vergütung** zwischen Verleiher und Entleiher für die nach vorangegangenem Verleih oder mittels vorangegangenem Verleih erfolgte **Vermittlung nicht aus** (Entwicklungslinien: *EuGH* 11.1.2007 NZA-RR 2007, 267; *BGH* 7.12.2006 NZA 2007, 571). Was angemessen ist, bestimmt sich insbes. nach dem **Zweck der gesetzlichen** Regelung des § 9 Nr. 3 AÜG. Danach ist die Übernahme des Leiharbeitnehmers in ein normales Arbeitsverhältnis **sozialpolitisch erwünscht** und somit auch grds. »honorarwürdig«; die Vermittlungsvergütung ist der teilweise Ausgleich dafür, dass der ungeplante Wechsel zum Entleiher erhebliche wirtschaftliche Nachteile für den Verleiher bringen kann, da er einen von ihm ausgewählten und bereit gehaltenen, qualifizierten und offenbar geschätzten Arbeitnehmer »verliert«, wohingegen der Entleiher einen wirtschaftlichen Vorteil erhält, indem er einen Arbeitnehmer einstellen kann, den er zuvor – während der Überlassung – erprobt hat. Auf der anderen Seite soll die Berufsfreiheit des Arbeitnehmers, nämlich sein Recht auf freie Wahl des Arbeitsplatzes (Art. 12 Abs. 1 GG), gewahrt und insbes. verhindert werden, dass der sozialpolitisch erwünschte Wechsel in ein normales Arbeitsverhältnis (erhoffter »Klebeeffekt«) durch unangemessene Vermittlungsvergütungen wesentlich erschwert wird. Dementsprechend sollen nach dem Willen des Gesetzgebers bei der Entscheidung der Frage, ob die Vergütungsvereinbarung zwischen Verleiher und Entleiher angemessen ist, die Dauer des vorangegangenen Verleihs, die Höhe des vom Entleiher für den Verleih bereits gezahlten Entgelts und der Aufwand für die Gewinnung eines vergleichbaren Arbeitnehmers berücksichtigt werden. Daraus folgt, dass die **Vergütung nach der Verleihdauer – degressiv – gestaffelt ausgestaltet sein muss**, weil sich die in der Verleihvergütung einkalkulierten Kosten des Verleihers (für die Auswahl, Gewinnung und Bereithaltung des Leiharbeitnehmers) mit zunehmender Dauer der Arbeitnehmerüberlassung amortisieren und der mit dem Wechsel des Arbeitnehmers verbundene wirtschaftliche Nachteil durch die Verleihvergütung fortschreitend kompensiert wird. Des Weiteren ist den Gesichtspunkten der Verkehrsüblichkeit der vereinbarten Vergütung unter Mitberücksichti-

## D. Sonderformen von Arbeitsverhältnissen　　　　　　　　　　　　　　　　　　　Kapitel 3

gung des Marktniveaus einer funktionsgleichen Vermittlungsleistung sowie der Qualifikation des betroffenen Arbeitnehmers Beachtung zu schenken (*BGH* 10.11.2011 NZA-RR 2012, 67). Die Höhe der Vergütung ist also insbes. dann nicht mehr angemessen, wenn sie nicht nach der **Dauer des vorangegangenen Verleihs** gestaffelt ist; eine solche Vereinbarung verstößt gegen § 9 Nr. 3 Hs. 1 AÜG und ist unwirksam (*BGH* 11.3.2010 NZA 2010, 511; 10.11.2011 NZA-RR 2012, 67).

Auch eine Vereinbarung, die es dem Entleiher untersagt, den Leiharbeitnehmer zu einem Zeitpunkt einzustellen, in dem dessen Arbeitsvertrag zum Verleiher nicht mehr besteht, ist zudem nach § 9 Nr. 4 AÜG unwirksam. 4427b

Zwischen dem Verleiher und dem Entleiher von unter Verstoß gegen § 1 AÜG überlassenen Arbeitnehmern besteht kein Gesamtschuldverhältnis; ein Ausgleichsanspruch nach § 426 BGB ist infolgedessen ausgeschlossen (*BGH* 18.7.2000 – X ZR 62/98). 4428

Gem. **§ 12 Abs. 2 AÜG** muss der Verleiher den Entleiher unverzüglich über den Zeitpunkt des Wegfalls der Verleiherlaubnis unterrichten. 4429

### j) Rechtsbeziehungen zwischen Entleiher und Leiharbeitnehmer

Der Leiharbeitnehmer ist Arbeitnehmer des Verleihers, und nicht des Entleihers. **Allerdings wird diesem ausdrücklich oder stillschweigend das Direktionsrecht des Verleiharbeitgebers abgetreten, soweit es die Arbeitsausführung während der Überlassung beim Entleiher betrifft** (s. Rdn. 4377). 4430

Gem. § 11 Abs. 6 AÜG unterliegt die Tätigkeit des Leiharbeitnehmers nicht nur den für den Betrieb des Entleihers geltenden **öffentlich-rechtlichen Arbeitsschutzvorschriften**, sondern die sich daraus ergebenden Pflichten für den Arbeitgeber obliegen auch dem Entleiher unbeschadet der Pflichten des Verleihers. 4431

Gem. § 13 AÜG hat der Leiharbeitnehmer gegenüber dem Entleiher (und nicht gegenüber dem Verleiher; *LAG München* 12.11.2009 LAGE § 10 AÜG Nr. 5) einen Anspruch auf Auskunft über die im Betrieb des Entleihers für einen vergleichbaren Arbeitnehmer des Entleihers geltenden **wesentlichen Arbeitsbedingungen einschließlich des Arbeitsentgelts**. Der Leiharbeitnehmer soll damit die Möglichkeit erhalten, die **ihm** von seinem Arbeitgeber **gezahlte Vergütung an derjenigen von vergleichbaren** (§ 9 Nr. 2 AÜG) **Stammarbeitnehmern des Entleiher-Unternehmens zu messen.** Die Auskunft gem. § 13 AÜG enthält deshalb grds. auch eine Aussage über die Vergleichbarkeit der eigenen Tätigkeit mit derjenigen der verglichenen Stammarbeitnehmer. Macht ein Leiharbeitnehmer gegenüber seinem Arbeitgeber einen **Verstoß gegen das Equal-Pay-Gebot** klageweise geltend, genügt es zunächst, wenn er eine Auskunft des entleihenden Unternehmens über den dort gezahlten Vergleichslohn gem. § 13 AÜG **vorlegt.** Es ist dann Sache des Leiharbeitgebers, die **Richtigkeit dieser Auskunft**, insbes. die Vergleichbarkeit der Tätigkeit oder die Höhe der dort bescheinigten Vergütung **substantiiert zu bestreiten** (*BAG* 19.9.2007 EzA § 13 AÜG Nr. 1). 4432

Den Entleiher treffen im Übrigen über den Bereich des öffentlich-rechtlichen Arbeitsschutzes hinaus bestimmte **Obhutspflichten**, die insbes. die Organisation und Überwachung des Arbeitsablaufs betreffen. Sie sind jedoch geringer als gegenüber einem eigenen Arbeitnehmer, weil der Leiharbeitnehmer nicht in einem Arbeitsverhältnis zum Entleiher steht. **Sie beschränken sich auf die tatsächlichen Einwirkungsmöglichkeiten des Entleihers** auf die Arbeitsleistung im Entleiherbetrieb. 4433

### k) Auswirkungen illegaler Arbeitnehmerüberlassung

#### aa) Grundlagen

**Illegaler Verleih**, z. B. im Baubereich (Verstoß gegen § 1b AÜG) berührt die Wirksamkeit und Gültigkeit des Arbeitsvertrages zwischen Leiharbeitnehmer und Verleiher nicht, wenn der Verleiher nur eine Erlaubnis nach § 1 AÜG hat. In derartigen Fällen kommt ein **Arbeitsverhältnis** zwischen 4434 dem Entleiher und dem Leiharbeitnehmer **nicht zustande**; eine analoge Anwendung der §§ 9, 10 AÜG kommt nicht in Betracht (*BAG* 13.12.2006 EzA § 10 AÜG Nr. 12). Dagegen sind gem. **§ 9 Abs. 1 AÜG** Verträge zwischen Verleihern und Leiharbeitnehmern **unwirksam, wenn der Verleiher nicht über diese Erlaubnis verfügt**.

4435 Der illegal verliehene und überlassene Arbeitnehmer hat keinen Anspruch auf Arbeitslohn oder andere vertragliche Ansprüche gegen den Verleiher. Allerdings kann der illegale Verleiher bereits gezahlten Arbeitslohn von dem illegal verliehenen Arbeitnehmer nicht zurückverlangen.

4436 Das nichtige Arbeitsverhältnis zwischen Verleiher und Leiharbeitnehmer hat gem. § 10 Abs. 2, 3 AÜG trotz der Nichtigkeit noch gewisse rechtliche Auswirkungen. Vorgesehen ist ein **Ersatzanspruch des Arbeitnehmers in Höhe des Schadens, den er dadurch erleidet, dass er auf die Gültigkeit des Vertrages vertraut hat**. Ferner hat der Verleiher dann, wenn er das vereinbarte Arbeitsentgelt insgesamt oder zum Teil bereits an den Leiharbeitnehmer gezahlt hat, auch sonstige Teile des Arbeitsentgelts, die bei einem wirksamen Arbeitsvertrag für den Leiharbeitnehmer an einen anderen zu zahlen gewesen wären (z. B. Sozialabgaben), an den anderen zu zahlen. **Insoweit gilt der Verleiher neben dem Entleiher als Arbeitgeber; beide haften als Gesamtschuldner**.

4437 § 16 AÜG sieht **Ordnungswidrigkeitstatbestände** für das illegale Überlassen oder Tätigwerdenlassen eines Leiharbeitnehmers vor. Für die illegale Ausländerbeschäftigung und illegalen Verleih enthält § 15 AÜG eine **Strafvorschrift**.

4438 Illegale Arbeitnehmerüberlassung in diesem Sinne ist dann gegeben, wenn ausländische Werkvertragsarbeitnehmer für werksvertragsfremde Arbeiten eingesetzt werden, ebenso dann, wenn sie sich bei grds. erlaubten Werkvertragsarbeiten mit fremden Arbeitnehmern vermischen (*LG Oldenburg* 8.7.2004 NZA-RR 2005, 354 LS).

### bb) Gesetzlich fingiertes Arbeitsverhältnis zwischen Entleiher und Leiharbeitnehmer

#### (1) Eintritt der Fiktion

4439 Ist der Vertrag zwischen einem Verleiher und einem Leiharbeitnehmer nach § 9 Abs. 1 AÜG unwirksam, weil die nach §§ 1, 2 AÜG erforderliche Erlaubnis fehlt, so gilt unabhängig vom Willen der Beteiligten auf Grund gesetzlicher Fiktion ein Arbeitsverhältnis zwischen Entleiher und Leiharbeitnehmer zu dem zwischen dem Entleiher und dem Verleiher für den Beginn der Tätigkeit vorgesehenen Zeitpunkt als zustande gekommen (*BAG* 18.1.2012 EzA § 1 AÜG Nr. 14); die Beschäftigung des Arbeitnehmers für die Dauer eines Monats reicht insoweit aus: *LAG Düsseld.* 25.8.2008 – 17 Sa 153/08, EzA-SD 22/2008 S. 8 LS).

4440 Tritt die Unwirksamkeit erst **nach Aufnahme der Tätigkeit** beim Entleiher ein, so gilt das Arbeitsverhältnis zwischen Entleiher und Leiharbeitnehmer mit dem Eintritt der Unwirksamkeit als zustande gekommen (§ 10 Abs. 1 S. 1 AÜG).

4441 Das *BAG* (28.6.2000 EzA § 1 AÜG Nr. 10; s. *Düwell* BB 2002, 99) geht davon aus, dass in den Fällen der nach § 1 Abs. 2, 3 Abs. 1 Nr. 6 AÜG vermuteten Arbeitsvermittlung zwischen dem Leiharbeitnehmer und dem Entleiher kein Arbeitsverhältnis entsteht, weil es an der dafür erforderlichen gesetzlichen Grundlage fehlt. Denn die Fiktion eines Arbeitsverhältnisses lässt sich weder mit § 1 Abs. 2 AÜG allein noch mit einer entsprechenden Anwendung des § 10 Abs. 1 S. 1 AÜG begründen.

4442 Liegt nach dem Geschäftsinhalt gewerbliche und deshalb nach § 1 Abs. 1 AÜG erlaubnisbedürftige Arbeitnehmerüberlassung vor, so treten beim Fehlen der behördlichen Erlaubnis die in § 9 Nr. 1 und § 10 Abs. 1 AÜG angeordneten Rechtsfolgen ohne Rücksicht darauf ein, ob sich das Vorliegen eines Arbeitnehmerüberlassungsvertrages bereits aus den ausdrücklichen Vereinbarungen der Vertragsparteien oder erst aus der davon abweichenden Vertragsdurchführung ergibt und ob der Vertragsarbeitgeber seine Arbeitgeberpflichten gegenüber seinem in dem Betrieb des Dritten eingesetzten Arbeitnehmer korrekt erfüllt (*BAG* 30.1.1991 EzA § 10 AÜG Nr. 3).

## D. Sonderformen von Arbeitsverhältnissen Kapitel 3

**Die gesetzliche Fiktion ist unabdingbar.** Sie wird auch durch das grundsätzliche Verbot der Arbeitnehmerüberlassung in Betriebe des Baugewerbes (§ 1b AÜG) nicht ausgeschlossen; der Entleiher ist daher – bei Fehlen einer Erlaubnis – verpflichtet, für die überlassenen Leiharbeitnehmer Beiträge zu den Sozialkassen des Baugewerbes abzuführen (*BAG* 8.7.1998 EzA § 10 AÜG Nr. 9). 4443

Wird die Erlaubnis nach Eintritt der Fiktion erteilt, so können die kraft der Fiktion eingetretenen **Rechtsfolgen nicht mehr beseitigt werden**, da dies mit dem Schutz des Leiharbeitnehmers nicht vereinbar wäre. 4444

Hat der Verleiher gleichwohl in Unkenntnis der Fiktion noch Leistungen aus dem Arbeitsvertrag an den Leiharbeitnehmer erbracht, so kommt im Verhältnis des Verleihers zum Leiharbeitnehmer eine **bereicherungsrechtliche Rückabwicklung wegen der Grundsätze über das faktische Arbeitsverhältnis nicht in Betracht**. Der Verleiher kann jedoch vom Entleiher gem. §§ 267, 812 BGB die Herausgabe dessen verlangen, was dieser durch die Befreiung von seinen Verpflichtungen erspart hat. Denn der Leiharbeitnehmer hat gegen den Entleiher keinen Anspruch auf eine weitere Vergütung der bereits bezahlten Arbeit, sodass ein Anspruch gegen ihn durch die Zahlung des Verleihers erlischt (*BGHZ* 75, 299). 4445

### (2) Inhalt des fingierten Arbeitsverhältnisses

Den Inhalt des fingierten Arbeitsverhältnisses regelt **§ 10 Abs. 1 S. 2–5 AÜG** umfassend. Das gilt auch für die **Art der Tätigkeit und den Arbeitsort**. Gem. § 10 Abs. 1 S. 3 AÜG gilt jedoch die zwischen dem Verleiher und dem Entleiher vorgesehene **Arbeitszeit** als vereinbart. Außerdem hat der Leiharbeitnehmer gegen den Entleiher gem. § 10 Abs. 1 S. 5 AÜG mindestens Anspruch auf das mit dem Verleiher vereinbarte **Arbeitsentgelt**. 4446

Diese Vorschrift greift so lange ein, wie die nach § 10 Abs. 1 S. 4 AÜG zu bemessende Vergütung niedriger liegt. Sie begründet aber **keinen Anspruch des Leiharbeitnehmers dahingehend, dass ihm ein bei Zustandekommen des Arbeitsverhältnisses mit dem Entleiher bestehender Vergütungsvorsprung vor vergleichbaren Arbeitnehmern des Entleihers ungeschmälert erhalten bleibt**. Erhöht sich folglich die gem. § 10 Abs. 1 S. 5 AÜG geschuldete Vergütung z. B. durch Tariflohnerhöhungen, so entfällt ein entsprechender »Gehaltsvorsprung« spätestens dann, wenn das gem. § 10 Abs. 1 S. 4 AÜG das vom Verleiher an sich geschuldete Arbeitsentgelt erreicht (*BAG* 21.7.1993 EzA § 10 AÜG Nr. 7). 4447

Der Leiharbeitnehmer hat im Falle der Unwirksamkeit der Vereinbarung mit dem Verleiher nach § 9 Nr. 2 AÜGAnspruch auf die Gewährung der im Betrieb des Entleihers für einen vergleichbaren Arbeitnehmer des Entleihers geltenden wesentlichen Arbeitsbedingungen einschließlich des Arbeitsentgelts (*Schüren/Behrend* NZA 2003, 521 ff.; krit. *Rieble/Klebeck* NZA 2003, 23 ff.; zur Verfassungsmäßigkeits. BVerfG 29.12.2004 NZA 2005, 153; krit. *Bayreuther* NZA 2005, 341 ff.); Abweichungen von dem damit vorgesehenen Gleichbehandlungsgrundsatz sind also praktisch nur möglich, wenn der betroffene Leiharbeitnehmer zustimmt (s. *BAG* 12.1.2006 DB 2006, 1114; krit. *Röder/Krieger* DB 2006, 2122 ff.). 4448

Lohnforderungen aus einem nach § 10 Abs. 1 AÜG fingierten Arbeitsvertrag, die der Arbeitnehmer gegenüber dem Entleiher geltend macht, werden erst dann i. S. d. **Ausschlussklausel** des § 16 BRTV-Bau fällig, wenn der Entleiher seine Schuldnerstellung eingeräumt hat (*BAG* 27.7.1983 AP Nr. 6 zu § 10 AÜG). Soweit das AÜG keine Sonderregelungen enthält, treffen den Entleiher im Rahmen des fingierten Arbeitsverhältnisses sämtliche Arbeitgeberpflichten im Rahmen des Arbeits-, **Steuer- und Sozialversicherungsrechts** (vgl. aber § 42d Abs. 6–8 EStG). 4449

Der Entleiher ist deshalb z. B. verpflichtet, für die illegal überlassenen Leiharbeitnehmer **Beiträge zu den Kassen des Baugewerbes** abzuführen. Dem steht auch nicht entgegen, dass Arbeitnehmerüberlassung im Baugewerbe grds. unzulässig ist (*BAG* 8.7.1998 EzA § 10 AÜG Nr. 9; s. Rdn. 4371). 4450

Die **Dauer** des fingierten Arbeitsverhältnisses richtet sich nach den Vereinbarungen zwischen Verleiher und Entleiher. Leiharbeitnehmer und Entleiher sind jedoch nicht daran gehindert, einen neuen 4451

# Kapitel 3
## Der Inhalt des Arbeitsverhältnisses

Arbeitsvertrag abzuschließen, ohne an die inhaltlichen Vorgaben des § 10 AÜG gebunden zu sein und damit das fiktive Arbeitsverhältnis zu beenden (*BAG* 19.12.1979 EzA § 10 AÜG Nr. 2).

*(3) Beendigung des fingierten Arbeitsverhältnisses*

**4452** Ein kraft gesetzlicher Fiktion nach § 10 Abs. 1 AÜG zwischen dem Leiharbeitnehmer und dem Entleiher zustande gekommenes Arbeitsverhältnis **steht einem vertraglich begründeten Arbeitsverhältnis gleich** und kann, wenn es unbefristet ist, nur durch Kündigung oder durch Auflösungsvertrag beendet werden (*BAG* 30.1.1991 EzA § 10 AÜG Nr. 3).

**4453** Nach Eintritt der Fiktion des § 10 AÜG, also während des Bestehens eines Arbeitsverhältnisses, kann dieses fingierte Arbeitsverhältnis modifiziert oder aufgelöst werden (Grundsatz der Vertragsfreiheit). Auch eine Kündigung durch den Entleiher nach Maßgabe der §§ 626 BGB, 1 KSchG ist möglich. Andererseits ist auch der Leiharbeitnehmer berechtigt, das fingierte Arbeitsverhältnis aus wichtigem Grund zu kündigen. Denn die Fiktion des § 10 Abs. 1 AÜG führt dazu, dass er gegen oder zumindest ohne seinen Willen seinen Arbeitgeber kraft Gesetzes gewechselt hat.

*(4) Darlegungs- und Beweislast; Verwirkung*

**4454** Will ein in einem Drittbetrieb eingesetzter **Arbeitnehmer** geltend machen, zwischen ihm und dem Inhaber des Drittbetriebes gelte gem. § 10 Abs. 1 i. V. m. § 9 Nr. 1 AÜG ein Arbeitsverhältnis als zustande gekommen, und ist streitig, ob sein Einsatz in dem Drittbetrieb auf Grund eines Arbeitnehmerüberlassungsvertrages oder eines Dienst- oder Werkvertrags erfolgt ist (s. Rdn. 4382 ff.), so muss er **diejenigen Umstände darlegen und beweisen, aus denen sich das Vorliegen von Arbeitnehmerüberlassung ergibt.**

**4455** Das Recht eines Leiharbeitnehmers, sich gegenüber dem Entleiher darauf zu berufen, infolge unerlaubter Arbeitnehmerüberlassung gelte zwischen ihnen nach § 10 Abs. 1 AÜG ein Arbeitsverhältnis als zustande gekommen, kann nach Treu und Glauben **verwirken** (*BAG* 30.1.1991 EzA § 10 AÜG Nr. 3; *LAG Köln* 3.6.2003 – 13 Sa 2/03 – EzA-SD 22/03, S. 15 LS).

*cc) Auswirkungen auf den Vertrag zwischen Verleiher und Entleiher*

**4456** Verträge zwischen Verleiher und Entleiher, die auf Arbeitnehmerüberlassung gerichtet sind, ohne dass der Verleiher eine Verleiherlaubnis hat, sind nach § 9 Nr. 1 AÜG unwirksam. Werden Arbeitnehmer Dritten zur Arbeitsleistung überlassen und verstößt der Überlassene gegen § 1 Abs. 2 AÜG, so wird Arbeitsvermittlung vermutet. Der auf Überlassung des Arbeitnehmers gerichtete Vertrag ist nach § 134 BGB nichtig.

**4457 Das nichtige Vertragsverhältnis ist nach §§ 812 ff. BGB abzuwickeln.**

### VI. Geringfügig Beschäftigte i. S. d. § 8 Abs. 1 SGB IV

#### 1. Arbeitsrechtliche Einordnung

**4458** Bei den geringfügig Beschäftigten i. S. d. § 8 Abs. 1 SGB IV handelt es sich arbeitsrechtlich **regelmäßig um Teilzeitbeschäftigte** (s. Kap. 1 Rdn. 69). Für sie gelten daher arbeitsrechtlich die gleichen Grundsätze und Bestimmungen, wie für Arbeitnehmer in Teilzeitbeschäftigungsverhältnissen (vgl. z. B. bzgl. des Kündigungsschutzes Kap. 4 Rdn. 1875 ff.; bzgl. der Urlaubsansprüche und des Urlaubsumfangs Rdn. 2169 ff., 2217 ff.; bzgl. des Gleichbehandlungsgrundsatzes Kap. 1 Rdn. 455, 465 ff.).

## D. Sonderformen von Arbeitsverhältnissen — Kapitel 3

### 2. Sozialversicherungsrechtliche Behandlung

*a) Grundsätze*

Eine geringfügige Beschäftigung liegt nach § 8 Abs. 1 SGB IV vor, wenn: **4459**
- das **Arbeitsentgelt regelmäßig im Monat einen Betrag von 400,– € nicht übersteigt** (§ 8 Abs. 1 Nr. 1 SGB IV),
- oder die Beschäftigung innerhalb eines Jahres seit ihrem Beginn höchstens **zwei Monate oder 50 Arbeitstage** beträgt. Im zweiten Fall ist weiter Voraussetzung, dass die Beschäftigung nicht berufsmäßig ausgeübt wird und 400,– € im Monat nicht überschreitet (§ 8 Abs. 1 Nr. 2 SGB IV).

Bezüglich der Arbeitsentgeltgrenze ist auf das **regelmäßige Arbeitsentgelt** abzustellen, wie es im Arbeitsvertrag vereinbart ist oder wie es sich bei schwankender Arbeitszeit aus einer Schätzung ergibt. Bei der Schätzung ist auf den Verdienst der letzten drei Monate abzustellen, oder, sofern das Arbeitsverhältnis noch nicht so lange besteht, auf den Arbeitsverdienst vergleichbarer Arbeitnehmer in diesem Zeitraum. Zum regelmäßigen Arbeitsentgelt zählen auch **anteilig Sonderzahlungen**, wie z. B. Weihnachtsgratifikationen, Urlaubsgeld etc. Dabei genügt, dass ein Anspruch auf diese Gelder besteht; eine tatsächliche Auszahlung muss noch nicht erfolgt sein. **4460**

Berufsmäßig i. S. d. § 8 Abs. 1 Nr. 2 SGB IV ist eine Beschäftigung dann, wenn sie für die betroffene Person nicht von untergeordneter wirtschaftlicher Bedeutung ist. **4461**

▶ **Beispiele:** **4462**
- Nur gelegentliche Beschäftigungen, z. B. zwischen Ableistung des Abiturs und Aufnahme eines Studiums sind i. d. R. nicht berufsmäßig.
- Gleiches gilt für Personen, die noch nicht ins regelmäßige Erwerbsleben eingetreten sind, z. B. Schüler, Studenten, Arbeitslose, die nicht arbeitslos gemeldet sind.
- Wird ein als arbeitslos gemeldeter Arbeitnehmer in einer kurzfristigen Beschäftigung tätig, ist dies hingegen berufsmäßig.
- Gleiches gilt für eine kurzfristige Beschäftigung während einer Elternzeit oder eines unbezahlten Urlaubs.

Die Versicherungsfreiheit besteht allerdings nicht für Personen, die im Rahmen einer betrieblichen Ausbildung, wegen Kurzarbeit oder wegen einer stufenweisen Eingliederung in das Erwerbsleben nach § 74 SGB V nur geringfügig beschäftigt werden (§§ 27 Abs. 2 S. 2 SGB III, 7 SGB V, 5 Abs. 2 SGB VI). Ausnahmen bestehen hinsichtlich der Rentenversicherungspflicht für Praktikanten, die als Studierende einer Hoch- oder Fachhochschule ein Praktikum ableisten § 5 Abs. 3 SGB VI). **4463**

Werden geringfügige Beschäftigungen ausschließlich in Privathaushalten ausgeübt, gilt gem. § 8a SGB IV (seit dem 1.4.2003) ebenfalls § 8 SGB IV. Eine geringfügige Beschäftigung im Privathaushalt liegt vor, wenn diese durch einen privaten Haushalt begründet ist und die Tätigkeit sonst gewöhnlich durch Mitglieder des privaten Haushalts erledigt wird (§ 8a S. 2 SGB IV). **4464**

**Mehrere** geringfügig entlohnte **dauerhafte Beschäftigungen** i. S. d. § 8 Abs. 1 Nr. 1 SGB IV werden in der Sozialversicherung grds. (s. aber § 8 Abs. 2 S. 1 SGB IV) zusammengerechnet. Wird auf Grund der Zusammenrechnung die Zeit- oder Entgeltgrenze des § 8 SGB IV überschritten, liegt insgesamt keine geringfügige Beschäftigung mehr vor. Gleiches gilt, wenn neben der geringfügigen Beschäftigung eine Hauptbeschäftigung ausgeübt wird. **Eine Zusammenrechnung erfolgt** hingegen nicht, wenn neben einer geringfügig entlohnten dauerhaften Beschäftigung eine geringfügige Beschäftigung mit nur kurzfristiger Beschäftigung i. S. d. § 8 Abs. 1 Nr. 2 SGB IV erfolgt. **4465**

Liegt auf Grund einer Zusammenrechnung keine geringfügige Beschäftigung mehr vor, hat dies zur Folge, dass **sämtliche Beschäftigungsverhältnisse der Versicherungspflicht für die Kranken- und Rentenversicherung unterliegen**. Die Höhe der nunmehr zu zahlenden Pflichtbeiträge zu den Sozialversicherungen bestimmt sich dann nach dem insgesamt erzielten Arbeitsentgelt. **4466**

**4467** In der **Arbeitslosenversicherung** gilt bei Ausübung mehrerer geringfügiger Beschäftigungen grds. dasselbe. Es erfolgt aber keine Zusammenrechnung einer Haupt- mit einer Nebentätigkeit. Selbst wenn die Entgeltgrenzen i. d. F. überschritten werden, bleibt die geringfügige Beschäftigung hinsichtlich der Arbeitslosenversicherung versicherungsfrei.

**4468** Wird bei der Zusammenrechnung festgestellt, dass die Voraussetzungen einer geringfügigen Beschäftigung nicht mehr vorliegen, tritt die Versicherungspflicht gem. § 8 Abs. 2 S. 3 SGB IV erst mit dem Tage der Bekanntgabe der Feststellung durch die Einzugsstelle oder einen Träger der Rentenversicherung ein (vgl. *Röwekamp* FA 2003, 267 f.).

### b) Krankenversicherung

**4469** Geringfügig Beschäftigte sind gem. § 7 SGB V in dieser Beschäftigung versicherungsfrei. Insoweit besteht eine besondere Zusammenrechnungsregel (§ 7 Abs. 1 S. 2 SGB V). Trotz der Versicherungsfreiheit hat der Arbeitgeber für Arbeitnehmer nach § 8 Abs. 1 Nr. 1, nicht aber für solche nach § 8 Abs. 1 Nr. 2 SGB IV gem. § 249b S. 1 SGB V einen Pauschalbeitrag in Höhe von 13 % (s. dazu *Hanau* NZA 2006, 809; *Franke* NZA 2006, 1143 ff.) des Arbeitsentgelts zur gesetzlichen Krankenversicherung zu entrichten, wenn der Arbeitnehmer aus anderen Gründen, z. B. wegen einer versicherungspflichtigen Hauptbeschäftigung oder als Familienangehöriger (§ 10 SGB V) versichert ist. In Privathaushalten beträgt der Pauschalbeitrag 5 % (§ 249b S. 2 SGB V). Ein zusätzlicher Leistungsanspruch wird dadurch jedoch nicht begründet (ErfK/*Rolfs* § 8 SGB IV Rn. 26); diese gesetzliche Regelung ist verfassungsgemäß (*BSG* 25.1.2006 FA 2006, 159 LS). Eine Abwälzung des Pauschalbeitrages auf den Arbeitnehmer ist unzulässig (*ArbG Kassel* 13.1.2000 DB 2000, 479).

### c) Rentenversicherung

**4470** Für geringfügig Beschäftigte besteht gem. § 5 Abs. 2 SGB VI Versicherungsfreiheit in dieser Beschäftigung. Der Arbeitgeber hat gleichwohl für Arbeitnehmer nach § 8 Abs. 1 Nr. 1, nicht aber für solche nach § 8 Abs. 1 Nr. 2 SGB IV gem. § 172 Abs. 3 SGB VI einen Pauschalbeitrag von 15 % (s. dazu *Hanau* NZA 2006, 809; *Franke* NZA 2006, 1143 ff.) zu entrichten, aus dem der Arbeitnehmer »Zuschläge zu Entgeltpunkten« erwirbt, die seine Rentenanwartschaft steigern. Ansprüche auf Rente wegen verminderter Erwerbsfähigkeit werden durch den Pauschalbeitrag allerdings ebenso wenig begründet wie solche auf Rehabilitationsleistungen. In Privathaushalten beträgt der Pauschalbeitrag 5 % (§ 172 Abs. 3a SGB VI).

**4471** Der Beschäftigte kann aber gem. § 5 Abs. 2 S. 2 SGB VI jederzeit mit ex-nunc-Wirkung auf die Versicherungsfreiheit verzichten, wenn er dies dem Arbeitgeber gegenüber schriftlich erklärt. Der Verzicht gilt für die gesamte Dauer des Beschäftigungsverhältnisses sowie aller übrigen parallel ausgeübten geringfügigen Beschäftigungsverhältnisse und kann nicht widerrufen werden. Er ist nur für Arbeitnehmer nach § 8 Abs. 1 Nr. 1, nicht aber für solche nach § 8 Abs. 1 Nr. 2 SGB IV möglich. Auf die Verzichtsmöglichkeit muss der Arbeitgeber im Vertragsnachweis hinweisen (§ 2 Abs. 1 S. 3 NachwG). Macht der Arbeitnehmer von dieser Möglichkeit Gebrauch, muss er die Differenz zwischen dem vom Arbeitgeber zu tragenden Pauschalbeitrag und dem gewöhnlichen Beitrag (2003: 19,5 % vom Arbeitsentgelt, mindestens jedoch von 155 €, § 163 Abs. 8 SGB VI) tragen, wird dadurch jedoch leistungsrechtlich jedem gewöhnlichen Versicherten gleichgestellt (ErfK/*Rolfs* § 8 SGB IV Rn. 27 f.).

### d) Unfallversicherung

**4472** Die Unfallversicherung kennt keine Geringfügigkeitsgrenze, in ihr ist jeder Beschäftigte unabhängig vom Umfang der Tätigkeit versichert (ErfK/*Rolfs* § 8 SGB IV Rn. 29).

### e) Pflegeversicherung

In der Pflegeversicherung bleibt es für geringfügig Beschäftigte bei der Versicherungsfreiheit. Eine besondere Zusammenrechnungsregelung existiert nicht. Auch einen Pauschalbeitrag muss der Arbeitgeber nicht entrichten (ErfK/*Rolfs* § 8 SGB IV Rn. 30). 4473

### f) Arbeitslosenversicherung

Geringfügig Beschäftigte sind gem. § 27 Abs. 2 SGB III in dieser Beschäftigung versicherungsfrei. Abweichend von § 8 Abs. 2 SGB IV sind geringfügige und nicht geringfügige Beschäftigungen nicht zusammenzurechnen. Versicherungsfreiheit kann ausnahmsweise auch beim Überschreiten der in § 8 Abs. 1 Nr. 1 SGB IV genannten 400 €-Grenze eintreten bzw. bestehen bleiben (§ 27 Abs. 5 SGB III), wenn die Beschäftigung weniger als 15 Stunden in der Woche ausgeübt wird und gleichzeitig ein Anspruch auf Arbeitslosengeld oder -hilfe besteht (§ 27 Abs. 5 SGB III; ErfK/*Rolfs* § 8 SGB IV Rn. 31). 4474

### g) Gleitzone (Arbeitsentgelt zwischen 400,01 € und 800 €/Monat; ab 1.4.2003)

Die Gleitzone (§ 20 Abs. 2 SGB IV) kennzeichnet sich dadurch, dass der Arbeitnehmer zwar in allen Zweigen der Sozialversicherung versicherungspflichtig ist, dass aber der Arbeitnehmeranteil am Gesamtsozialversicherungsbeitrag gleitend von 4,15 % auf 20,83 % ansteigt; die Abgabenbelastung beginnt also für den Arbeitnehmer moderat. Der Arbeitgeberanteil bleibt dagegen unverändert (*Rolfs* NZA 2003, 65 ff.). 4475

### 3. Steuerrechtliche Behandlung

Grds. ist der Arbeitgeber nach §§ 38 Abs. 3, 41a EStG verpflichtet, die Lohnsteuer zu berechnen und vom Lohn einzubehalten (s. Rdn. 796 ff.). Bei Nichterfüllung dieser öffentlich rechtlichen Verpflichtung haftet er den Finanzbehörden gegenüber (§ 42d EStG). Der Arbeitnehmer kann allerdings vorab **eine sog. Freistellungsbescheinigung** beim Finanzamt beantragen. Nach Vorlage derselben ist eine Auszahlung des gesamten Geringverdienerlohnes ohne Steuerabzug möglich. Ergibt sich erst nachträglich, dass auf Grund anderer positiver Einnahmen doch eine Versteuerung durchzuführen ist, hat dies auf Grund der vom Arbeitnehmer abzugebenden Einkommensteuererklärung nachträglich zu erfolgen. 4476

Entfällt für einen geringfügig beschäftigten Arbeitnehmer die Steuerfreiheit oder erhält er keine Freistellungsbescheinigung, besteht ein Wahlrecht. Entweder ist die Regelbesteuerung über Lohnsteuerkarte vorzunehmen. Der Geringverdienerlohn kann aber auch der **Pauschalbesteuerung** unterworfen werden (§ 40a Abs. 1, 2 EStG; s. *Hanau* NZA 2006, 809). Diese ist dann allerdings zusätzlich zu den pauschalierten Beiträgen zur Renten- und Krankenversicherung zu entrichten. 4477

Ob ein Arbeitgeber verpflichtet ist, im Falle einer steuerpflichtigen geringfügigen Beschäftigung das Einkommen des Arbeitnehmers pauschal zu versteuern und die Steuern selbst zu tragen, richtet sich insoweit allein nach dem Arbeitsvertrag der Parteien (BAG 24.6.2003 EzA § 125 BGB 2002 Nr. 2). 4478

Denn § 40a Abs. 2, 3, 5 EStG verpflichtet den Arbeitgeber nicht, die pauschale Lohnsteuer wirtschaftlich zu tragen. Vielmehr ist zwischen dem öffentlich-rechtlichen Steuerschuldverhältnis und dem Arbeitsverhältnis zu unterscheiden. Arbeitsrechtlich kann die pauschale Lohnsteuer auf den Arbeitnehmer abgewälzt werden (BAG 21.7.2009 EzA § 611 BGB 2002 Nettolohn, Lohnsteuer Nr. 4). Bei einer Bruttolohnabrede hat der Arbeitnehmer sie im Innenverhältnis zu tragen, wenn nicht die Übernahme der Steuer durch den Arbeitgeber vereinbart ist. Das gilt auch für Formulararbeitsverträge. Die Abwälzung der Pauschalsteuer auf den Arbeitnehmer verstößt auch nicht gegen das Verbot der Benachteiligung von Teilzeitbeschäftigten (BAG 1.2.2006 EzA § 611 BGB 2002 Nettolohn, Lohnsteuer Nr. 2). 4479

Durch entsprechende individualrechtliche oder – bezogen auf kollektiv begründete Zahlungsansprüche – kollektivrechtliche Vereinbarungen kann der **Arbeitgeber** zwar **(auch) im Innenver-**

hältnis der Arbeitsvertragsparteien **zum Steuerschuldner werden**. Eine darauf gerichtete Vereinbarung muss den betreffenden Parteiwillen **jedoch klar zu erkennen geben**. Die Verpflichtung des Arbeitgebers aus einem Sozialplan, den Arbeitnehmern bestimmte Fahrtkosten »zu 100 % zu erstatten«, begründet als solche jedenfalls keine Pflicht des Arbeitgebers zur Übernahme der Lohnsteuer im Innenverhältnis (*BAG* 21.7.2009 EzA § 611 BGB 2002 Nettolohn, Lohnsteuer Nr. 4 = NZA 2009, 1213).

### 4. Meldepflicht

4480   Für die geringfügig Beschäftigten gelten **dieselben Meldepflichten wie für normal Beschäftigte**. Die Meldungen sind der **zuständigen Einzugsstelle** gegenüber abzugeben. Dies ist die gesetzliche Krankenversicherung, bei der der Arbeitnehmer versichert ist bzw. zuletzt versichert war. War er bislang nicht gesetzlich krankenversichert, kann der Arbeitgeber eine gesetzliche Krankenkasse wählen.

## E. Berufsausbildungsverhältnis

### I. Normative Grundlagen

4481   Normative Grundlagen des Berufsbildungsrechts sind **§§ 1 ff. BBiG** sowie **§§ 21–44b HwO**. Durch § 3 Abs. 2 Nr. 1 BBiG wird klargestellt, dass sich die Vorschriften des BBiG nicht auf die Berufsbildung beziehen, die in berufsqualifizierenden Studiengängen auf der Grundlage des HRG und der Hochschulgesetze der Länder durchgeführt wird. Auf Grund von § 5 BBiG, § 25 HwO sind im Bereich des Handwerks über 150 Ausbildungsordnungen ergangen, im Bereich der gewerblichen und industriellen Wirtschaft über 160 Ausbildungsberufe durch Rechtsverordnung staatlich anerkannt und im Einzelnen geregelt worden.

4482   Daneben sind für Jugendliche, die eine Ausbildung durchlaufen, die Vorschriften des JArbSchG anwendbar. Es gelten ferner das BUrlG, das ArbPlSchG, das BetrAVG, das VermögensbildungsG, BetrVG, PersVG, SGB III, BEEG, SGB IV.

4483   Gem. § 10 Abs. 2 BBiG sind auf den Berufsausbildungsvertrag, soweit sich aus seinem Wesen und Zweck und aus dem BBiG nichts anderes ergibt, die für den Arbeitsvertrag geltenden Rechtsvorschriften anzuwenden. Daraus folgt die Anwendbarkeit des ArbZG, des Eignungsübungsgesetzes, des WPflG, des ZDG, des MuSchG, des SGB IX, des TVG sowie des BGB. Anwendung finden auch alle Vorschriften über den technischen Arbeitsschutz.

4484   **Allerdings ist § 113 BGB auf Berufsausbildungsverhältnisse nicht anzuwenden**. Ein Minderjähriger kann nicht von den Personensorgeberechtigten zur Eingehung eines Lehrverhältnisses ermächtigt werden, da bei einem Berufsausbildungsverhältnis der Ausbildungszweck den besonderen Schutz des Minderjährigen bei der Auswahl des Lehrberufs, beim Abschluss des Ausbildungsvertrages sowie bei der Durchführung und Beendigung der Ausbildung notwendig macht.

### II. Duales System

4485   Von Bedeutung sind auch die Schulgesetze der Länder, soweit sie Bestimmungen über die Berufsschulen enthalten. Das BBiG geht insoweit vom Zusammenwirken der betrieblichen und der schulischen Ausbildung aus, regelt jedoch nur die Bereiche der betrieblichen und außerschulischen Berufsbildung. Deshalb gilt gem. § 3 Abs. 1 BBiG das BBiG nur insoweit für die Berufsbildung, als diese nicht in berufsbildenden Schulen durchgeführt wird, die den Schulgesetzen der Länder unterstehen. Das sog. duale System der Berufsausbildung besteht folglich **aus dem Lernort Betrieb und dem Lernort Schule**.

## III. Der Berufsausbildungsvertrag

### 1. Rechtsnatur und Begründung

Der Berufsausbildungsvertrag ist ein **atypischer Dienstvertrag**. Soweit es um die arbeitsrechtliche Seite der Berufsausbildung geht, enthalten §§ 10–26 BBiG Sondervorschriften. Der Ausbildungszweck gibt dem Berufsausbildungsverhältnis seinen Inhalt. Darin unterscheidet es sich von einem Arbeitsverhältnis, das ein Arbeitnehmer eingeht, um sich selbst in seiner Ausbildung zu vervollkommnen. Es ist aber ein echtes Arbeitsverhältnis; denn wer sich der Berufsausbildung unterzieht, wird zum Zweck der Ausbildung im Dienste eines anderen beschäftigt, was ihn vom Schüler oder Studenten unterscheidet. 4486

Das *BAG* (10.7.2003 NZA 2004, 269) geht davon aus, dass es sich nicht um ein Arbeitsverhältnis handelt, weil unterschiedliche Vertragspflichten bestehen. Denn Inhalt des Arbeitsverhältnisses ist die Pflicht zur Erbringung der vertraglich geschuldeten Arbeitsleistung gegen Zahlung eines Entgelts. Demgegenüber ist der Auszubildende verpflichtet, sich ausbilden zu lassen, während die Hauptpflicht des Ausbilders (§ 14 BBiG) darin besteht, dem Auszubildenden die für das Erreichen des Ausbildungsziels erforderlichen Kenntnisse und Fertigkeiten zu vermitteln. 4487

Ein Berufsausbildungsverhältnis wird durch eine vertragliche Abmachung zwischen dem Ausbildenden und dem Auszubildenden begründet. Beim Minderjährigen ist zu beachten, dass § 113 BGB nicht gilt (s. Rdn. 4484). 4488

Gem. § 10 Abs. 5 BBiG können mehrere natürliche und juristische Personen zur Erfüllung der vertraglichen Verpflichtungen in einem Ausbildungsverbund zusammenwirken. Dadurch soll es u. a. kleinen und mittelständischen Unternehmen, die auf Grund des internationalen Wettbewerbsdrucks das notwendige Ausbildungsspektrum nicht anbieten können, ermöglicht werden ihre Ausbildungspotentiale zu bündeln und zugleich eine breit angelegte, am Berufsprinzip ausgerichtete Ausbildung zu sichern (BT-Drs. 15/4752 zu Nr. 9; *Hänlein* NZA 2006, 348 ff.; *Stück/Mühlhausen* NZA-RR 2006, 169 ff.). 4489

Allerdings stellt ein Berufsausbildungsvertrag dann ein **nichtiges Scheingeschäft** dar, wenn er nur abgeschlossen wurde, um Zugang zu einer Ausbildung in einem von einem Dritten getragenen Ausbildungsverbund zu verschaffen und beide Vertragspartner des Ausbildungsvertrages weder dessen Erfüllung beabsichtigten, noch eine (Teil-) Ausbildung tatsächlich durchgeführt wird (*LAG Hamm* 24.10.2006 – 9 Sa 1033/05, NZA-RR 2007, 64).

### 2. Grenzen der vertraglichen Regelungsbefugnis

Gem. § 12 BBiG sind alle Vereinbarungen, die den Auszubildenden für die Zeit nach Beendigung des Berufsausbildungsvertrages in der Ausübung seiner erlernten Tätigkeit beschränken, nichtig, es sei denn, dass er sich innerhalb der letzten **sechs** Monate des Berufsausbildungsverhältnisses dazu verpflichtet, nach dessen Beendigung mit dem Auszubildenden ein Arbeitsverhältnis einzugehen (§ 12 Abs. 1 S. 2 BBiG). Gleiches gilt für eine Vereinbarung, die den Auszubildenden verpflichtet, für die Berufsausbildung eine Entschädigung zu zahlen (§ 12 Abs. 2 Nr. 1 BBiG). Nichtig ist ferner die Vereinbarung von Vertragsstrafen (§ 12 Abs. 2 Nr. 2 BBiG). Beiden Vertragsparteien verboten ist auch die Vereinbarung über den Ausschluss oder die Beschränkung von Schadensersatzansprüchen (§ 12 Abs. 2 Nr. 3 BBiG). Regelungen, die zu einer Besserstellung des Jugendlichen führen, sind aber gem. § 18 BBiG zulässig. Auch auf bereits entstandene Schadensersatzansprüche kann verzichtet werden. Unzulässig ist jedoch gem. § 12 Abs. 2 Nr. 4 BBiG auch die Festsetzung der Höhe eines Schadensersatzes in Pauschalbeträgen. 4490

§ 12 Abs. 1 S. 1 BBiG gilt entsprechend, wenn durch eine Rückzahlungsvereinbarung mittelbarer Druck auf den Auszubildenden ausgeübt wird, der seine Berufsfreiheit unverhältnismäßig einschränkt (*BAG* 25.4.2001 EzA § 5 BBiG Nr. 8 m. Anm. *Schlachter* RdA 2002, 186). Ist Ziel einer Ausbildung die erfolgreiche Ablegung der Prüfung zur Handelsassistentin und das Bestehen der Abschlussprüfung zur **Kauffrau im Einzelhandel** Voraussetzung für die Zulassung zu dieser Prüfung, 4491 liegt ein Berufsausbildungsverhältnis i. S. d. §§ 10 ff. BBiG vor, wenn die Ausbildung zur Handelsassistentin nach bestandener Abschlussprüfung zur Kauffrau im Einzelhandel nicht fortgesetzt wird.

4492 Das Berufsbildungsgesetz geht für die Berufsausbildung vom Grundsatz des dualen Systems aus, das durch ein Zusammenwirken von betrieblicher und schulischer Ausbildung gekennzeichnet ist. Kosten, die dem Ausbildenden bei der Ausbildung entstehen, hat er zu tragen. Eine Vereinbarung, die den Auszubildenden zur Erstattung solcher Ausbildungskosten verpflichtet, ist nach § 10 Abs. 2 Nr. 1 BBiG nichtig. Nicht erfasst werden von dieser Vorschrift Kosten, die im Zusammenhang mit dem Besuch einer staatlichen Berufsschule entstehen. Diese sind dem schulischen Bereich zuzuordnen und vom Auszubildenden zu tragen. Veranlasst der Ausbildende den Auszubildenden, an Stelle der staatlichen Berufsschule eine andere Bildungseinrichtung zu besuchen und fallen deshalb Kosten an, hat der Ausbildende diese zu tragen. Eine Abrede, die den Auszubildenden verpflichtet, diese Kosten dem Ausbildenden zu erstatten, ist als Vereinbarung über die Verpflichtung zur Zahlung einer Entschädigung für die Berufsausbildung nach § 10 Abs. 2 Nr. 1 BBiG nichtig (*BAG* 25.7.2002 EzA § 5 BBiG Nr. 9).

4493 Der Mangel in der Berechtigung des Ausbildenden, Auszubildende einzustellen oder auszubilden (§§ 28 ff. BBiG) berührt die Wirksamkeit des Ausbildungsvertrages nicht (§ 10 Abs. 4 BBiG). Allerdings kann der Auszubildende den Vertrag kündigen und u. U. gem. § 23 Abs. 1 BBiG Schadensersatzansprüche geltend machen.

### 3. Schriftliche Niederlegung des Ausbildungsvertrages

4494 Gem. § 11 BBiG hat der Ausbildende unverzüglich nach Abschluss des Berufsausbildungsvertrages, spätestens vor Beginn der Berufsausbildung, den wesentlichen Inhalt des Vertrages schriftlich niederzulegen; die Niederlegung **in elektronischer Form** ist ausgeschlossen (§ 11 Abs. 1 BBiG). § 11 Abs. 1 S. 2 BBiG sieht vor, **welche Einzelheiten mindestens aufzunehmen sind.**

4495 Enthalten sein müssen insbes. Angaben über Art, Planmäßigkeit und Ziel der Ausbildung mit einer sachlichen und zeitlichen Gliederung, Beginn und Dauer der Berufsausbildung (einschließlich Angaben über eine etwaige Verkürzung der Ausbildungsdauer gem. §§ 7, 8 BBiG), die Dauer der regelmäßigen täglichen Ausbildungszeit, Ausbildungsmaßnahmen außerhalb der Ausbildungsstätte, die Dauer der Probezeit (§ 20 BBiG: mindestens 1, höchstens 4 Monate, auch dann, wenn sich das Ausbildungsverhältnis an ein Arbeitsverhältnis anschließt, *BAG* 16.12.2004 EzA § 15 BBiG Nr. 14). Zahlung und Höhe der Vergütung (vgl. § 17 BBiG), die Dauer des Urlaubs, die Voraussetzungen, unter denen der Berufsausbildungsvertrag gekündigt werden kann sowie ein in allgemeiner Form gehaltener Hinweis auf die Tarifverträge, Betriebs- oder Dienstvereinbarungen, die auf das Berufsausbildungsverhältnis anzuwenden sind.

4496 Findet z. B. in einem Ausbildungsbetrieb ein Tarifvertrag Anwendung, hat der Ausbilder den Auszubildenden in einer Niederschrift gem. § 11 Abs. 1 Nr. 9 BBiG hierauf **hinzuweisen.** Eines gesonderten Hinweises auf eine im Tarifvertrag geregelte Ausschlussfrist bedarf es nicht. Erfüllt der Ausbilder nicht seine Hinweispflicht aus § 11 Abs. 1 Nr. 9 BBiG, haftet er dem Auszubildenden nach den allgemeinen Vorschriften auf Schadenersatz (§§ 280 ff. BGB). Das gilt auch, wenn es der Ausbilder unterlässt, den Auszubildenden auf einen Tarifvertrag hinzuweisen, der erst nach Beginn der Berufsausbildung infolge Allgemeinverbindlicherklärung auf das Ausbildungsverhältnis Anwendung findet. Bei der Prüfung eines **Schadenersatzanspruches** wegen Verletzung gesetzlicher Hinweispflichten im Ausbildungsverhältnis ist davon auszugehen, dass der Auszubildende bei ausreichender Information seine **Eigeninteressen in vernünftiger Weise wahrt.** Deshalb ist zu vermuten, dass er eine tarifliche Ausschlussfrist beachtet hätte, wenn er auf die Geltung des Tarifvertrags hingewiesen worden wäre. Diese Vermutung kann der Ausbilder widerlegen (*BAG* 24.10.2002 EzA § 4 BBiG Nr. 2).

4497 *Die Niederschrift muss von den Vertragsparteien bzw. dem gesetzlichen Vertreter eines Minderjährigen unterzeichnet werden* (§ 11 Abs. 2 BBiG).

## E. Berufsausbildungsverhältnis

Mit dieser Vorschrift wird jedoch **keine Schriftform i. S. d. § 125 BGB** für den Berufsausbildungsvertrag vorgeschrieben. Wird eine Niederschrift folglich nicht angefertigt, den Beteiligten nicht zur Unterschrift vorgelegt und ausgehändigt, so berühren diese Verstöße nicht die Wirksamkeit des mündlich geschlossenen Vertrages; daran hat auch die Nachweisrichtlinie RL 91/533/EWG nichts geändert (*BAG* 21.8.1997 EzA § 4 BBiG Nr. 1). 4498

### IV. Pflichten des Ausbildenden

#### 1. Ausbildungspflicht (§ 14 Abs. 1 Nr. 1 BBiG)

**Der Ausbildende hat dafür zu sorgen, dass dem Auszubildenden die berufliche Handlungsfähigkeit vermittelt wird, die zum Erreichen des Ausbildungszieles erforderlich ist** und die Berufsausbildung in einer durch ihren Zweck gebotenen Form planmäßig, zeitlich und sachlich gegliedert so durchzuführen, dass das Ausbildungsziel in der vorgesehenen Ausbildungszeit erreicht werden kann. Inhalt und Umfang der Ausbildung werden mittelbar durch die auf der Ermächtigungsgrundlage des § 5 BBiG ergangenen **Rechtsverordnung** über die Ausbildungsberufe geregelt. **Ausbildungsberufsbild** und **Ausbildungsrahmenplan** beschreiben in Form einer Empfehlung die Ausbildungspflichten des Ausbildenden. Er muss diese Verpflichtungen durch einen betrieblichen Ausbildungsplan konkretisieren. 4499

Gem. § 14 Abs. 1 Nr. 2 BBiG muss der Ausbildende entweder **selbst ausbilden oder einen Ausbilder ausdrücklich damit beauftragen.** 4500

Gem. § 14 Abs. 2 BBiG dürfen dem Auszubildenden nur **Verrichtungen** übertragen werden, **die dem Ausbildungszweck dienen und seinen körperlichen Kräften angemessen sind.** Allerdings ist auch die Übertragung von **Neben- und Hilfstätigkeiten** zulässig, soweit sie in der Ausbildungsstätte anfallen und von allen Auszubildenden und anderen Arbeitnehmern ohne Gefährdung des Ausbildungszwecks in gleichem Umfang übernommen werden. 4501

#### 2. Ausbildungsmittel

Gem. § 14 Abs. 1 Nr. 3 BBiG hat der Ausbildende dem Auszubildenden kostenlos die Ausbildungsmittel, insbes. Werkzeuge und Werkstoffe zur Verfügung zu stellen, die zur Berufsausbildung und dem Ablegen von Zwischen- und Abschlussprüfung erforderlich sind. Jegliche Kostenbeteiligung des Auszubildenden oder seiner Eltern ist unzulässig. Dabei erfolgt allerdings nur eine leihweise Bereitstellung, die Überlassung des Besitzes, nicht aber ein Eigentumsübergang. 4502

Nach zutr. Auffassung des *LAG SchlH* (14.2.2006 NZA-RR 2006, 461) verstößt es gegen § 14 Abs. 1 S. 3 BBiG, wenn die Parteien eines Berufsausbildungsverhältnisses vereinbaren, dass der **Auszubildende dem Ausbilder die Kosten** für das für das Gesellenstück benötigte Material **ersetzt.**

Nach Beendigung der Ausbildung sind die Ausbildungsmittel an den Ausbildenden **zurückzugeben.** 4503

Bücher oder Ausbildungsmittel, die im **Berufsschulunterricht** benutzt werden sollen, braucht der Ausbildende jedoch **nicht zur Verfügung zu stellen.** 4504

Die in § 14 Abs. 1 Nr. 3 BBiG genannten Ausbildungsmittel müssen schließlich zum Ablegen der vorgeschriebenen Abschluss- und Zwischenprüfung zur Verfügung gestellt werden, auch soweit solche nach Beendigung des Ausbildungsverhältnisses stattfinden. 4505

Fraglich ist, ob der Auszubildende **Eigentum an dem von ihm erstellten Prüfungsstück** erwirbt. Das *BAG* (3.3.1960 AP Nr. 2 zu § 23 HandwO) hat es als möglich angesehen, dass der Auszubildende Hersteller i. S. d. § 950 BGB sein kann, weil der Ausbildende Ausbildungsmittel und Werkzeuge kostenlos zur Verfügung stellen muss; das *LAG München* (8.8.2002 NZA-RR 2003, 187) hat dies offen gelassen, aber angenommen, dass sich Ausbilder und Auszubildender jedenfalls vorab über die Frage des Eigentumserwerbs am Prüfungsstück einigen können. Jedenfalls kommt ein **Eigentumsübergang an dem Gesellenstück** nach § 950 BGB dann nicht in Betracht, wenn das Gesellenstück nicht 4506 fertig gestellt worden ist. Eine nachwirkende Obhutspflicht des Ausbilders aus dem Ausbildungsverhältnis besteht andererseits nach Ablauf von zwei Monaten nach dem Beendigungsdatum nicht mehr (*LAG SchlH* 14.2.2006 NZA-RR 2006, 461).

### 3. Nebenpflichten

4507 Der Ausbildende hat den Auszubildenden zum **Besuch der Berufsschule** sowie zum **Führen der vorgeschriebenen schriftlichen Ausbildungsnachweise** (§ 43 Abs. 1 Nr. 2 BBiG) **anzuhalten**, soweit solche im Rahmen der Berufsausbildung verlangt werden, und diese durchzusetzen.

4508 Schließlich hat er gem. § 14 Abs. 1 Nr. 5 BBiG dafür zu sorgen, dass der Auszubildende charakterlich gefördert sowie sittlich und körperlich nicht gefährdet wird. Ferner muss der Auszubildende für die **Teilnahme am Berufsschulunterricht, an Prüfungen und Ausbildungsmaßnahmen außerhalb der Ausbildungsstätte freigestellt werden** (§ 15 BBiG; § 9 JArbSchG). Die Freistellung von der betrieblichen Ausbildung umfasst notwendigerweise auch die Zeiträume, in denen der Auszubildende zwar nicht am Berufsschulunterricht teilnehmen muss, aber **wegen des Schulbesuchs** aus tatsächlichen Gründen **gehindert** ist, **im Ausbildungsbetrieb an der betrieblichen Ausbildung teilzunehmen**. Dies betrifft insbes. die Zeiten des notwendigen Verbleibs an der Berufsschule während der unterrichtsfreien Zeit und die notwendigen Wegezeiten zwischen Berufsschule und Ausbildungsbetrieb (*BAG* 26.3.2001 EzA § 7 BBiG Nr. 1). Seit dem Außerkrafttreten des § 9 Abs. 4 JArbSchG zum 1.3.1997 fehlt es an einer Anrechnungsregelung, so dass die Summe der Berufsschulzeiten und der betrieblichen Ausbildungszeiten für volljährige Auszubildende kalenderwöchentlich größer als die regelmäßige tarifliche wöchentliche Ausbildungszeit sein kann (*BAG* 26.3.2001 EzA § 7 BBiG Nr. 1; 13.2.2003 EzA § 77 BetrVG 2001 Nr. 1).

### 4. Vergütungspflicht

4509 Gem. § 17 BBiG hat der Ausbildende dem Auszubildenden eine angemessene Vergütung zu gewähren (*Litterscheid* NZA 2006, 639 ff.). Sie ist nach seinem Lebensalter so zu bemessen, dass sie mit fortschreitender Berufsausbildung, mindestens jährlich, ansteigt. Maßgeblicher Zeitpunkt für die Überprüfung der Angemessenheit ist der der Fälligkeit, nicht der des Vertragsabschlusses (*BAG* 30.9.1998 EzA § 10 BBiG Nr. 4). Der Anspruch ist gem. § 25 BBiG unabdingbar und steht allein dem Auszubildenden zu, auch wenn er minderjährig ist. Der Bundestagsausschuss für Arbeit (BT-Drs. V/4260 zu § 10 S. 9) ist davon ausgegangen, dass die Vergütung ein **Zuschuss zu den Lebenshaltungskosten** sein soll, ohne diese zur vollen Deckung zu bringen.

4510 Nach der Rechtsprechung (*BAG* 22.1.2008 EzA § 10 BBiG Nr. 13; 19.2.2008 EzA § 10 BBiG Nr. 14) kommen ihr regelmäßig die Funktionen eines **Unterhaltsbeitrags**, einer **Entlohnung** der erbrachten Leistungen und der **Heranbildung von Nachwuchskräften** zu. Diese Funktionen treten zurück, wenn durch öffentliche Mittel oder Spendengelder **zusätzliche Ausbildungsplätze** für Personengruppen **finanziert werden**, die eine Ausbildung ohne die Förderung nicht erfolgreich durchführen könnten (*BAG* 22.1.2008 NZA-RR 2008, 565).

4511 Jedenfalls reicht der Bezug auf branchenübliche Sätze oder tarifliche Vergütungen regelmäßig aus; **eine Ausbildungsvergütung, die sich an einem entsprechenden Tarifvertrag ausrichtet, ist stets als angemessen anzusehen** (*BAG* 24.10.2002 EzA § 10 BBiG Nr. 8; 15.12.2005 EzA § 10 BBiG Nr. 11). Denn die Angemessenheit der Vergütung wird unter Abwägung der Interessen beider Vertragspartner und unter Berücksichtigung der besonderen Umstände des Einzelfalls festgestellt. Hierbei ist auf die Verkehrsanschauung abzustellen. Wichtigster Anhalt dafür sind die einschlägigen Tarifverträge. Es ist sachgerecht, als Vergleichsmaßstab auch für die nicht tarifgebundenen Parteien Tarifverträge heranzuziehen, weil sie von den Tarifvertragsparteien ausgehandelt worden sind und anzunehmen ist, dass die Interessen beider Seiten hinreichend berücksichtigt worden sind (*BAG* 25.7.2002 EzA § 10 BBiG Nr. 9; 15.12.2005 EzA § 10 BBiG Nr. 11; *Sächs. LAG* 30.9.2005 LAGE § 10 BBiG 2005 Nr. 1). Der **geringe Organisationsgrad** von Ausbildungsbetrieben in Tarifvertragsparteien – z. B. in der Baubranche im Freistaat Sachsen – findet dabei **keine Berücksichtigung** (*OVG Bautzen* 19.2.2009 NZA-RR 2009, 543).

Ausbildungsvergütungen werden regelmäßig für alle Ausbildungsverhältnisse unabhängig davon, 4512
für welchen Ausbildungsberuf die Ausbildung erfolgt, in den entsprechenden Tarifverträgen des jeweiligen Gewerbezweiges geregelt. Eine Differenzierung danach, welchen Abschluss die Ausbildung zum Ziel hat, erfolgt nach den einschlägigen Tarifverträgen nicht. Entscheidend kommt es nur auf das Gewerbe bzw. den Industriezweig an, in dem die Ausbildung stattfindet (*BAG* 15.12.2005 EzA § 10 BBiG Nr. 11).

Eine vertraglich vereinbarte Ausbildungsvergütung ist dann **nicht mehr angemessen**, wenn sie die in 4513
einem für den Ausbildungsbetrieb an sich einschlägigen, aber im konkreten Einzelfall nicht anwendbaren **Tarifvertrag enthaltene Vergütung um mehr als 20 % unterschreitet** (*BAG* 25.7.2002 EzA § 10 BBiG Nr. 9; *LAG SchlH* 7.11.2006 – 5 Sa 159/06, EzA-SD 1/2007 S. 6 LS; s. a. *Sächs. LAG* 16.11.2010 LAGE § 17 BBiG 2005 Nr. 2; *LAG München* 17.6.2011 LAGE § 17 BBiG 2005 Nr. 3; *OVG Bautzen* 19.2.2009 NZA-RR 2009, 543), **es sei denn, die Ausbildung wird zu 100 % von der öffentlichen Hand finanziert** (*BAG* 19.2.2008 EzA § 10 BBiG Nr. 14: Unterschreitung des Tarifniveaus um **deutlich mehr** als 20 % bei Fianzierung durch Zuschüsse der Bundesagentur für Arbeit; 11.10.1995 EzA § 10 BBiG Nr. 3; 22.1.2008 EzA § 10 BBiG Nr. 13). Denn die Begrenztheit der öffentlichen Mittel und das gesamtgesellschaftliche Interesse, möglichst vielen arbeitslosen Jugendlichen zu einer Ausbildung zu verhelfen, rechtfertigen eine geringere Höhe der Ausbildungsvergütung (*BAG* 22.1.2008 NZA-RR 2008, 565).

Die Besonderheit der **Krankenhausfinanzierung** durch Budgetierung beschränkt die Angemessen- 4514
heitskontrolle allerdings nicht. Denn die angemessene Ausbildungsvergütung orientiert sich nicht am Budget, sondern ist bei der Festlegung des Budgets zu berücksichtigen. Zwar kann ausnahmsweise eine höhere Unterschreitung noch angemessen sein, z. B. dann, wenn Ausbildungsplätze für Personengruppen geschaffen werden, die sonst nur unter erheblichen Schwierigkeiten einen Ausbildungsplatz finden könnten, und die Ausbildung teilweise oder vollständig durch öffentliche Gelder finanziert wird. Dies hat das *BAG* (19.2.2008 EzA § 10 BBiG Nr. 14) im konkret entschiedenen Einzelfall aber verneint, in dem die Beklagte die Klägerin als **Gesundheits- und Krankenpflegerin** ausbildete und die vereinbarte Ausbildungsvergütung das Tarifniveau um **35,65 % unterschritt**. Denn allein die Tatsache, dass der Ausbildungsträger im Krankenhausbereich nur über beschränkte finanzielle Mittel in Form eines ihm zugewiesenen Budgets verfügt, rechtfertigt keine Befreiung von der Pflicht, eine angemessene Ausbildungsvergütung zu gewähren. Der reguläre Ausbildungsmarkt darf durch derartige Ausnahmen nicht verfälscht werden (*BAG* 19.2.2008 EzA § 10 BBiG Nr. 14 = NZA 2008, 822).

Sind in einem Berufsausbildungsvertrag konkret bezifferte Vergütungssätze für das jeweilige Ausbil- 4515
dungsjahr als angemessene Ausbildungsvergütung vereinbart, liegt eine hierauf bezogene eigenständige Vergütungsvereinbarung auch dann vor, wenn abschließend bestimmt ist, dass mindestens die jeweils gültigen Tarifsätze gelten. Eine nach Vertragsschluss erfolgte Absenkung der Tarifsätze mindert nicht die vertraglich geschuldete Ausbildungsvergütung (*BAG* 26.9.2002 EzA § 10 BBiG Nr. 6).

Fehlt eine tarifliche Regelung, kann zur Ermittlung der angemessenen Vergütung auf **Empfeh-** 4516
**lungen von Kammern und Innungen** zurückgegriffen werden (*BAG* 30.9.1998 EzA § 10 BBiG Nr. 4; *Sächs. LAG* 16.11.2010 LAGE § 17 BBiG 2005 Nr. 2; *LAG München* 17.6.2011 LAGE § 17 BBiG 2005 Nr. 3). Liegt die Ausbildungsvergütung um mehr als 20 % unter den Empfehlungen z. B. einer Rechtsanwaltskammer, so ist zu vermuten, dass sie nicht mehr angemessen ist (*BAG* 30.9.1998 EzA § 10 BBiG Nr. 4; *Sächs. LAG* 16.11.2010 LAGE § 17 BBiG 2005 Nr. 2: Folge ist die Zahlung der tariflichen Vergütung; **a. A.** *LAG München* 17.6.2011 LAGE § 17 BBiG 2005 Nr. 3: nicht zwingend). Wird eine Ausbildung, deren **praktischer Teil bei Drittbetrieben** (z. B. des Maler- und Lackiererhandwerks) erfolgt, bei einem **gemeinnützigen Verein**, dessen Zweck die Förderung der beruflichen Bildung ist und der über kein eigenes Vermögen ver-

fügt, zu 100 % über **Zuwendungen der öffentlichen Hand finanziert**, so kann auch eine um 45 % unter einer tariflichen Ausbildungsvergütung eines entsprechenden praktischen Ausbildungsbetriebs liegende Ausbildungsvergütung noch angemessen i. S. d. § 17 BBiG sein (*LAG Bra.* 2.7.1999 – 4 Sa 129/99; a. A. *LAG SchlH* 7.11.2006 – 5 Sa 159/06, EzA-SD 1/2007 S. 6 LS), **sofern kein Missbrauch** der durch §§ 240 ff. SGB III **bereitgestellten öffentlichen Förderungsmöglichkeiten** durch den Träger der Ausbildung erkennbar ist; dabei ist es unerheblich, wie der Maßnahmeträger organisiert ist (*LAG Hamm* 24.10.2006 LAGE § 17 BBiG 2005 Nr. 1).

Auch das *BAG* (24.20.2002 EzA § 8 BBiG Nr. 8) geht davon aus, dass bei Ausbildungsverhältnissen, die ausschließlich durch öffentliche Gelder und private Spenden zur Schaffung zusätzlicher Ausbildungsplätze finanziert werden und zudem für einen nicht tarifgebundenen Ausbilder mit keinerlei finanziellen Vorteilen verbunden sind, die vereinbarte Vergütung die tariflich geregelte Ausbildungsvergütung erheblich unterschreiten darf. Die Angemessenheit bestimmt sich vor allem dann nicht allein nach den tariflichen Sätzen, wenn der Auszubildende auf einem zusätzlich geschaffenen Ausbildungsplatz ausgebildet wird und ohne diesen einen qualifizierten Berufsabschluss nicht hätte erreichen können. Andererseits ist eine Ausbildungsvergütung, die weniger als 80 % der tariflichen Vergütung beträgt, bei Ausbildungsverhältnissen, die nicht durch öffentliche Gelder finanziert werden, i. d. R. nicht mehr angemessen i. S. d. gesetzlichen Regelung (*BAG* 8.5.2003 EzA § 10 BBiG Nr. 10).

4517 In einem **vollständig** von der Bundesagentur für Arbeit **finanzierten Ausbildungsverhältnis** zwischen einer überbetrieblichen Bildungseinrichtung und einem beruflichen Rehabilitanden (öffentlich finanziertes, dreiseitiges Ausbildungsverhältnis) kann auch die Nichtanwendung von § 17 Abs. 1 S. 1 BBiG mit der Folge geboten sein, dass Vergütungsansprüche des auszubildenden Rehabilitanden nicht bestehen (*BAG* 15.11.2000 EzA § 10 BBiG Nr. 5). Ist dem Auszubildenden die Berufsausbildung als **Maßnahme der Arbeits- und Berufsförderung** Behinderter bei einer gemeinnützigen Bildungseinrichtung von der Bundesagentur für Arbeit bewilligt worden, kann die Zahlung von Ausbildungsvergütung an deren Leistungen gebunden werden. Im ausschließlich von der Bundesagentur für Arbeit finanzierten Berufsausbildungsverhältnis mit einem gemeinnützigen Bildungsträger ist § 17 Abs. 1 S. 1 BBiG auch unter Berücksichtigung des Art. 7 Nr. 5 ESC wegen des Vorrangs der sozialrechtlichen Regelungen der Leistungsgewährung nicht anzuwenden (*BAG* 16.1.2003 EzA § 10 BBiG Nr. 7).

4517a Zur Ermittlung der angemessenen Ausbildungsvergütung, die der Träger der praktischen Ausbildung zum **Altenpfleger** zu zahlen hat, sind für Einrichtungen der Diakonie zumindest regelmäßig die **Arbeitsvertragsrichtlinien der Diakonie** als Kontrollmaßstab heranzuziehen. Bleibt der Träger der praktischen Ausbildung um mehr als 20 % hinter den dort festgelegten Sätzen zurück, ist die Ausbildungsvergütung unangemessen. Rechtsfolge dessen ist, dass die volle Vergütung nach den Arbeitsvertragsrichtlinien zu zahlen ist. Offen blieb, ob in kirchlichen Einrichtungen nicht ohnehin mindestens das angemessen ist, was der Träger der praktischen Ausbildung nach seinen kirchenrechtlichen Verpflichtungen zu zahlen hat (*BAG* 23.8.2011 – 3 AZR 575/09, EzA-SD 2/2012 S. 8 LS = NZA 2012, 211).

4518 Wird in einer auf Grund der §§ 8, 9 BBiG erlassenen Regelung durch die zuständige Stelle eine bestimmte Zeit im schulischen Berufsgrundbildungsjahr oder in einer Berufsfachschule als erstes Jahr der Berufsausbildung auf die Ausbildungszeit angerechnet, so gilt die Verkürzungszeit hinsichtlich der Vergütung im Maße ihrer Anrechnung als abgeleistete Zeit eines Berufsausbildungsverhältnisses (*BAG* 8.12.1982 EzA § 29 BBiG Nr. 1). Etwas anderes gilt aber für die Fälle einer vereinbarten Verkürzung der Ausbildungszeit gem. § 8 Abs. 1 BBiG (*BAG* 8.12.1982 EzA § 29 BBiG Nr. 1).

4519 Gewährt der Ausbildende **Sachleistungen**, so können sie in Höhe der nach § 17 Abs. 1 Nr. SGB IV festgesetzten Sachbezugswerte angerechnet werden, jedoch nicht über 75 % der Bruttovergütung hinaus (§ 17 Abs. 2 BBiG).

## E. Berufsausbildungsverhältnis
## Kapitel 3

Gem. § 17 Abs. 3 BBiG ist eine über die vereinbarte regelmäßige tägliche Arbeitszeit hinausgehende  4520
Beschäftigung besonders zu vergüten; gemäß § 17 Abs. 3 2. Hs. BBiG kann auch ein Freizeitausgleich erfolgen.

§ 19 BBiG regelt die **Fortzahlung der Vergütung trotz Nichtleistung**. Sie erfolgt insbes. für die Zeit  4521
der Freistellung gem. § 15 BBiG sowie für die Dauer von bis zu sechs Wochen, wenn der Auszubildende sich für die Berufsausbildung bereit hält, diese aber ausfällt oder aus einem sonstigen, in seiner Person liegenden Grund unverschuldet verhindert ist, seine Pflichten aus dem Berufsausbildungsverhältnis zu erfüllen. Kann er infolge einer unverschuldeten Krankheit, einer Maßnahme der medizinischen Vorsorge oder der Rehabilitation, einer Sterilisation oder eines Abbruchs der Schwangerschaft durch einen Arzt an der Berufsausbildung nicht teilnehmen, gelten §§ 1 ff. EFZG unmittelbar (vgl. *Taubert* FA 2005, 108). Daneben gelten auch die Vorschriften über den Annahmeverzug des Arbeitgebers (§§ 293 ff. BGB; *BAG* 15.3.2000 EzA § 14 BBiG Nr. 10; *LAG Sachsen* 11.5.2005 LAG Report 2005, 357).

Aus §§ 15, 19 BBiG folgt bei Überschneidungen von Zeiten des Besuchs der Berufsschule und betrieblicher Ausbildung, dass der Besuch des **Berufsschulunterrichts** der betrieblichen Ausbildung  4522
**vorgeht**. Dies bedeutet zugleich die Ersetzung der Ausbildungszeit, so dass eine **Nachholung** der so ausfallenden betrieblichen Ausbildungszeiten von Gesetzes wegen **ausgeschlossen ist** (*BAG* 26.3.2001 EzA § 7 BBiG Nr. 1).

### 5. Kosten der Berufsausbildung

**Die Kosten einer Berufsausbildung i. S. d. §§ 10 ff. BBiG hat der Ausbildende zu tragen.** Dazu zählen auch die Kosten für Verpflegung und Unterkunft des Auszubildenden, die dadurch entstehen,  4523
dass die praktische Berufsausbildung nicht im Ausbildungsbetrieb, sondern an einem anderen Ort vorgenommen wird. Dies gilt auch, wenn sich die gesamte praktische Ausbildung außerhalb des Ausbildungsbetriebes vollzieht (*BAG* 21.9.1995 EzA § 5 BBiG Nr. 7).

Nach §§ 15, 19 Abs. 1 Nr. 1 BBiG hat der Ausbilder den Auszubildenden für die Teilnahme am  4524
Berufsschulunterricht freizustellen und Vergütung für diese Zeit weiterzuzahlen. Daraus folgt keine Pflicht des Ausbilders, dem Auszubildenden zusätzlich die Kosten des Berufsschulbesuchs zu erstatten. Zu den vom Ausbilder zu tragenden Ausbildungskosten gehören die betrieblichen Sach- und Personalkosten. Der Ausbilder hat auch für Kosten aufzukommen, die für die im Rahmen der betrieblichen Berufsausbildung notwendigen außerbetrieblichen Lehrgänge entstehen. Aus dem dualen System der Berufsausbildung nach dem BBiG folgt, dass die Kosten für die Teilnahme am auswärtigen Berufsschul-Blockunterricht, die nicht auf Veranlassung des Ausbilders erfolgt, der Auszubildende trägt. Das widerspricht nicht dem Prinzip der Kostenfreiheit der Ausbildung (*BAG* 26.9.2002 EzA § 6 BBiG Nr. 3).

Zur Erstattung von Fahrtkosten für die **Fahrt zur Berufsschule** ist der Ausbildende nur dann analog § 670 BGB verpflichtet, wenn er den Auszubildenden zum Besuch einer anderen als der zuständigen staatlichen Berufsschule veranlasst (*BAG* 22.12.2009 NZA 2010, 1440).

### 6. Rechtsfolgen der Verletzung der Ausbildungspflicht; Darlegungs- und Beweislast

Beruht das Nichtbestehen der Abschlussprüfung auf Verstößen des Ausbildenden gegen diese Pflichten, hat der Auszubildende insbes. wegen der nicht vermittelten Fertigkeiten und Kenntnisse die Prü-  4525
fung nicht bestanden, so hat er einen **Schadensersatzanspruch** (*BAG* 11.12.1964 AP Nr. 22 zu § 611 BGB Lehrverhältnis). Für das Verschulden des Ausbildenden gelten §§ 276, 278 BGB; **der Ausbildende hat darzulegen, dass ihn selbst kein Verschulden trifft** (*BAG* 10.6.1976 EzA § 6 BBiG Nr. 2). Darzulegen ist vom Auszubildenden insbes. auch die **Kausalität der Ausbildungsmängel für den Misserfolg bei der Prüfung** (*BAG* 10.6.1976 EzA § 6 BBiG Nr. 2).

Das *LAG Köln* (30.10.1998 NZA 1999, 317) hat weiterhin angenommen, dass ein Schadensersatzanspruch wegen unzureichender Ausbildung zudem grds. einen **gescheiterten Prüfungsversuch** vo-  4526

# Kapitel 3
*Der Inhalt des Arbeitsverhältnisses*

raussetzt, woran es beim vorzeitigen Abbruch der Ausbildung durch den Auszubildenden fehlt. Jedenfalls muss der Auszubildende dann substantiiert darlegen und beweisen, dass er das vereinbarte Berufsziel bei hypothetischer Fortsetzung des Ausbildungsverhältnisses nicht erreicht hätte.

4527 Zur Darlegung eines Mitverschuldens des Auszubildenden genügt seitens des Ausbildenden nicht der pauschale Vorwurf der Lernunwilligkeit; es muss konkret vorgetragen werden, was der Auszubildende selbst versäumt hat (*BAG* 10.6.1976 EzA § 6 BBiG Nr. 2). Das *BAG* (10.6.1976 EzA § 6 BBiG Nr. 2) hat auch die Berücksichtigung von Versäumnissen der Eltern eines minderjährigen Auszubildenden für möglich erachtet.

4528 Die **Höhe des Schadens** bemisst sich nach der Differenz der gezahlten Vergütung zu dem Einkommen, das der Auszubildende als Geselle in der Zeit zwischen dem Misserfolg der Prüfung und der erfolgreichen Wiederholungsprüfung hätte erzielen können. Dieser entgangene Verdienst ist zu ersetzen. Daneben sind §§ **823 ff. BGB** anwendbar.

### 7. Nichtübernahme in ein Anschlussarbeitsverhältnis

4529 **Der Arbeitgeber kann frei darüber entscheiden, ob und mit wem er ein Arbeitsverhältnis eingehen möchte.** Er ist deshalb z. B. auch als Ausbildender i. S. d. BBiG grds. in seiner Entscheidung frei, ob er einen Auszubildenden im Anschluss an die Ausbildung in ein Arbeitsverhältnis übernimmt (*BAG* 20.11.2003 EzA § 611 BGB 2002 Arbeitgeberhaftung Nr. 1).

4530 Ein Auszubildender, der eine **Verletzung des Ausbildungsvertrages** geltend macht, hat daher z. B. grds. **keinen Anspruch auf Schadensersatz** wegen der durch die Nichtübernahme in ein festes Arbeitsverhältnis entfallenen Vergütung (*BAG* 20.11.2003 EzA § 611 BGB 2002 Arbeitgeberhaftung Nr. 1; s. Kap. 2 Rdn. 225 ff.).

### V. Pflichten des Auszubildenden

4531 Gem. § 13 S. 1 BBiG hat sich der Auszubildende zu bemühen, die Fertigkeiten und Kenntnisse zu erwerben, die erforderlich sind, um das Ausbildungsziel zu erreichen. Er ist, ohne dass dies in § 13 BBiG zum Ausdruck kommt, nach Maßgabe des Ausbildungsvertrages bzw. der weitestgehend in Bezug genommenen Ausbildungsordnung verpflichtet, ein **Berichtsheft** zu führen. Zu beachten ist, dass gem. § 43 Abs. 1 Nr. 2 BBiG (vorgeschriebene schriftliche Ausbildungsnachweise), § 36 Abs. 1 Nr. 2 HwO nur derjenige zur Abschlussprüfung zugelassen wird, der die vorgeschriebenen Berichtshefte geführt hat.

4532 Gem. § 13 S. 2 Nr. 1 BBiG hat der Auszubildende die ihm im Rahmen seiner Berufsausbildung **aufgetragenen Verrichtungen sorgfältig auszuführen.** Gem. § 13 S. 2 Nr. 2 BBiG hat er **an Ausbildungsmaßnahmen teilzunehmen,** für die er nach § 14 BBiG freigestellt ist (insbes. für den Besuch der Berufsschule sowie Zwischen- und Abschlussprüfungen). Ein gesetzlicher Zwang, sich der Zwischen- oder Abschlussprüfung zu unterziehen, besteht allerdings nicht. Andererseits steht dem Auszubildenden kein Anspruch auf die Ausbildungsvorprüfung zu, wenn er sich **nicht mehr für die praktische Berufsausbildung bereit hält** und dem Ausbildenden nicht mehr die Teilnahme an der praktischen Berufsausbildung anbietet (*LAG Köln* 4.5.2006 NZA-RR 2006, 635).

4533 Gem. § 13 Abs. 2 Nr. 3 BBiG hat der Auszubildende den **Weisungen zu folgen**, die ihm im Rahmen der Berufsausbildung vom Ausbildenden, vom Ausbilder oder von anderen weisungsberechtigten Personen erteilt werden, er hat ferner die für die Ausbildungsstätte geltende Ordnung zu beachten (Nr. 4), Werkzeug, Maschinen und sonstige Einrichtungen pfleglich zu behandeln (Nr. 5) sowie über Betriebs- und Geschäftsgeheimnisse Stillschweigen zu wahren (Nr. 6).

## VI. Beendigung des Berufsausbildungsverhältnisses

### 1. Ablauf der vertraglichen Dauer; Bestehen der Prüfung

**Regelmäßig endet das Berufsausbildungsverhältnis mit dem Ablauf der vereinbarten Ausbildungszeit (§ 21 Abs. 1 BBiG), ohne dass es einer Kündigung bedarf.** Das gilt auch dann, wenn der Auszubildende an der Abschlussprüfung nicht teilnimmt bzw. dann, wenn die Abschlussprüfung auf einen späteren Zeitpunkt anberaumt ist, denn das BBiG sieht für diesen Fall **keine automatische Verlängerung** des Berufsausbildungsverhältnisses vor. Das Ausbildungsverhältnis verlängert sich dann weder von selbst, noch auf Verlangen des Auszubildenden (*BAG* 14.1.2009 – 3 AZR 427/07, NZA 2009, 738; 13.3.2007 EzA § 14 BBiG a. F. Nr. 14;; s. a. VG Gießen 27.5.2009 – 8 K 1726/08, DB 2009, 1714). Das BAG (14.1.2009 – 3 AZR 427/07, EzA-SD 8/2009 S. 14 LS) hat aber **offen gelassen**, ob der Auszubildende in diesen Fällen in erweiternder oder analoger Anwendung des § 21 Abs. 3 BBiG eine Verlängerung bis zur Bekanntgabe des Prüfungsverhältnisses verlangen kann. Ein entsprechender Anspruch kann tarifvertraglich vorgesehen sein (z. B. in § 16 Abs. 1, 2 TVöD; s. *BAG* 14.1.2009 – 3 AZR 427/07, EzA-SD 8/2009 S. 14 LS = NZA 2009, 738).

4534

Gem. § 21 Abs. 1 S. 2 BBiG endet es im Falle der Stufenausbildung mit Ablauf der letzten Stufe. Damit wird berücksichtigt, dass eine Berufsausbildung in Form einer Stufenausbildung nach § 5 Abs. 2 Nr. 1 BBiG einen Ausbildungsvertrag über die gesamte Regelausbildungsdauer bis zum Abschluss einer anerkannten Berufsausbildung voraussetzt (*Taubert* FA 2005, 108).

4535

Ein **vorzeitiges Ende** der Ausbildungszeit kann durch das Ablegen der Prüfung erreicht werden (*BAG* 16.6.2005 EzA § 14 BBiG a. F. Nr. 13). Denn dann liegt kein Grund vor, den Auszubildenden noch bis zum festgesetzten oder vereinbarten Ende der Ausbildungszeit an das Berufsausbildungsverhältnis zu binden. Üblich ist, dass Prüfungen mit der mündlichen oder schriftlichen Bekanntgabe des Prüfungsergebnisses durch die zuständige Prüfungskommission abschließen. Die bloße Erbringung der Prüfungsleistungen genügt nicht ohne weiteres (*BAG* 7.10.1971 EzA § 14 BBiG Nr. 1).

4536

Von daher ist die Abschlussprüfung erst dann bestanden, wenn der Prüfungsausschuss über das Ergebnis der Prüfung einen Beschluss gefasst und diesen bekannt gegeben hat (*BAG* 16.6.2005 EzA § 14 BBiG a. F. Nr. 13). Dem entspricht z. B. § 21 APO. Danach stellt der Prüfungsausschuss gemeinsam die Ergebnisse der einzelnen Prüfungsleistungen sowie das Gesamtergebnis fest. Er soll dem Prüfungsteilnehmer am letzten Prüfungstag mitteilen, ob er die Prüfung »bestanden« oder »nicht bestanden« hat. Darüber wird dem Prüfungsteilnehmer unverzüglich eine vom Vorsitzenden zu unterzeichnende Bescheinigung ausgehändigt und dabei als Termin des Bestehens bzw. Nichtbestehens der Tag der letzten Prüfungsleistung eingesetzt. Damit bestehen keine Bedenken dagegen, den Tag der letzten Prüfungsleistung als Termin des Bestehens bzw. Nichtbestehens der Prüfung einzusetzen, sofern an diesem Tag auch der Prüfungsausschuss das Gesamtergebnis festgestellt hat (*BAG* 16.6.2005 EzA § 14 BBiG a. F. Nr. 13 = NZA 2006, 680).

4537

Auch der **Gesetzgeber** hat sich inzwischen **mit dieser Fragestellung beschäftigt**. Gem. § 21 Abs. 2 BBiG endet das Berufsausbildungsverhältnis mit der Bekanntgabe des Ergebnisses durch den Prüfungsausschuss, wenn der Auszubildende vor Ablauf der Ausbildungszeit die Abschlussprüfung besteht.

4538

### 2. Tarifliche Regelungen

Im Hinblick auf § 24 BBiG wird in Tarifverträgen häufig eine Bestimmung getroffen, wonach den Auszubildenden, die vor Beendigung der vereinbarten Ausbildungszeit die Abschlussprüfung bestanden haben, mit dem auf das Bestehen der Prüfung folgenden Arbeitstag die ihrer Lohn- bzw. Gehaltsgruppe entsprechende Vergütung zu zahlen ist. Insoweit geht das *BAG* (16.2.1994 EzA § 14 BBiG Nr. 6; 16.2.1994 EzA § 14 BBiG Nr. 7; 16.2.1994 EzA § 14 BBiG Nr. 8) davon aus, dass die Abschlussprüfung dann bestanden ist, wenn das Prüfungsverfahren abgeschlossen und das Prüfungsergebnis dem Prüfling mitgeteilt worden ist.

4539

4540 § 47 BBiG ermächtigt allerdings die zuständige Stelle, in der Prüfungsordnung einen anderen Zeitpunkt festzusetzen, an dem die Abschlussprüfung als bestanden gilt. Bestimmen Prüfungsordnungen, dass in der den Prüflingen auszuhändigenden Bescheinigung als Termin des Bestehens bzw. Nichtbestehens der Tag der letzten Prüfungsleistung einzusetzen ist, so ist diese Bestimmung insoweit unwirksam, als dieser Tag vor dem Ende der Feststellung des Gesamtergebnisses der Prüfung liegt. Maßgebend ist dann dieser Tag. Entsprechend besteht bei einer tariflichen, oben skizzierten Vergütungsregelung, kein Anspruch auf den Facharbeiterlohn für die Zeit bis zur Feststellung des Gesamtergebnisses der Prüfung durch den Prüfungsausschuss (*BAG* 16.2.1994 EzA § 14 BBiG Nr. 6).

### 3. Wiederholungsprüfungen

4541 Besteht der Auszubildende die Abschlussprüfung nicht, kann er sie **zweimal wiederholen** (§ 37 Abs. 1 S. 2 BBiG). Gem. **§ 21 Abs. 3 BBiG** verlängert sich dann das Berufsausbildungsverhältnis auf sein Verlangen bis zur nächstmöglichen Wiederholungsprüfung, höchstens jedoch um ein Jahr.

4542 Der Anspruch entsteht mit Kenntnis des Auszubildenden vom Nichtbestehen der Abschlussprüfung; vor Ablauf der im Berufsausbildungsvertrag vereinbarten Ausbildungszeit ist die Geltendmachung des Verlängerungsanspruchs nicht fristgebunden. Macht der Auszubildende dagegen einen während des Berufsausbildungsverhältnisses entstandenen Anspruch auf Verlängerung erst nach Ablauf der vereinbarten Ausbildungszeit geltend, verlängert sich das Ausbildungsverhältnis nur dann bis zum nächstmöglichen Wiederholungstermin, wenn das Verlangen unverzüglich erklärt wird. Das kann auch dann noch der Fall sein, wenn der Auszubildende die Verlängerung erst nach einer angemessenen Überlegungsfrist verlangt hat, um sich über seinen weiteren beruflichen Werdegang klar zu werden oder sich der Zugang seiner Erklärung aus von ihm nicht zu vertretenden Umständen verzögert hat (*BAG* 23.9.2004 EzA § 14 BBiG Nr. 12).

4543 Das gilt selbst dann, wenn auf Grund des Ergebnisses der Prüfung mit Sicherheit zu erwarten ist, dass der Auszubildende auch die Wiederholungsprüfung nicht besteht (*LAG Hamm* 14.7.1976 DB 1977, 126). Die Verlängerung tritt kraft Gesetzes ein; eines entsprechenden Vertrages mit dem Auszubildenden oder eines privatrechtsgestaltenden Bescheides der zuständigen Stelle bedarf es nicht (*LAG Bln.* 25.2.2000 NZA-RR 2001, 243). Die nächste Prüfung in diesem Sinn ist nicht die zeitlich sofort an die misslungene Prüfung anschließende, sondern diejenige, die unter Berücksichtigung von Treu und Glauben in sinnvoller Verwendung der davor liegenden Zeit den erneuten Versuch eines Prüfungsabschlusses erfolgreich erwarten lässt. Dabei ist i. d. R. von einem Zeitraum von ca. 1/2 Jahr auszugehen.

4544 Wird auch die erste Wiederholungsprüfung nicht bestanden, so verlängert sich das Berufsausbildungsverhältnis bis zur **zweiten Wiederholungsprüfung**, wenn der Auszubildende ein Fortsetzungsverlangen stellt und diese noch innerhalb **der Höchstfrist von einem Jahr nach dem Ende der ursprünglichen Ausbildungszeit abgelegt** wird (*BAG* 26.9.2001 EzA § 14 BBiG Nr. 11). Die Beendigungswirkung tritt unabhängig davon ein, ob die zweite Wiederholungsprüfung bestanden oder nicht bestanden wird (*BAG* 15.3.2000 EzA § 14 BBiG Nr. 10; s. *Jacobs* SAE 2001, 276 ff.). **Unerheblich** ist auch, ob der Auszubildende überhaupt **zu der Prüfung angetreten ist** (*LAG Bln.* 25.2.2000 NZA-RR 2001, 243). Die weitere Verlängerung des Ausbildungsverhältnisses auf Verlangen des Auszubildenden führt nicht dazu, dass die Ausbildung über eine Gesamtfrist von 1 Kalenderjahr an Verlängerung hinaus fortgesetzt wird (*LAG Düsseld.* 9.6.1998 LAGE § 14 BBiG Nr. 3; a. A. *LAG Bln.* 25.2.2000 NZA-RR 2001, 243).

4545 § 21 Abs. 3 BBiG gilt analog dann, wenn der Auszubildende **krankheitsbedingt** an der Prüfung **nicht teilnehmen konnte** (*BAG* 30.9.1998 EzA § 14 BBiG Nr. 8), sodass sich auch dann das Ausbildungsverhältnis auf sein Verlangen hin bis zur nächstmöglichen Wiederholungsprüfung, höchstens um ein Jahr verlängert.

## E. Berufsausbildungsverhältnis    Kapitel 3

### 4. Aufhebungsvertrag

Das Berufsausbildungsverhältnis kann **jederzeit** einvernehmlich durch schriftlichen Aufhebungsvertrag beendet werden; § 623 BGB gilt wegen § 10 Abs. 2 BBiG auch für die Aufhebung des Berufsausbildungsvertrages, sowie für Volontäre und Praktikanten (APS/*Preis* § 623 BGB Rn. 5; zur Kündigung von Praktikantenverträgen s. *Hirdina* NZA 2008, 916 ff.). 4546

### 5. Kündigung des Ausbildungsvertrages

Siehe Kap. 4 Rdn. 871 ff. 4547

### 6. Schadensersatz bei vorzeitiger Beendigung, insbes. Kündigung

Wird das Berufsausbildungsverhältnis **nach der Probezeit vorzeitig gelöst**, so können sowohl **Ausbildender als auch Auszubildender voneinander Ersatz des Schadens verlangen**, wenn der andere Teil den Grund für die Auflösung zu vertreten hat (s. *BAG* 8.5.2007 EzA § 16 BBiG Nr. 4 für die Kündigung des Ausbilders). **Nicht notwendig ist die rechtliche Beendigung des Ausbildungsverhältnisses.** Es genügt, wenn sich eine Vertragspartei nach Ablauf der Probezeit endgültig vom Berufsausbildungsverhältnis löst, indem sie ihre sich daraus ergebenden Pflichten dauerhaft nicht mehr erfüllt (tatsächliche Beendigung des Berufsausbildungsverhältnisses; *BAG* 17.7.2007 EzA § 16 BBiG Nr. 5). 4548

Die gesetzliche Regelung gilt nicht im Falle der Kündigung des Auszubildenden, wenn er die Ausbildung aufgeben oder sich für eine andere Berufstätigkeit ausbilden lassen will. Die fristlose Kündigung während der Probezeit zieht im Übrigen keinerlei Schadensersatzansprüche nach sich (vgl. § 22 BBiG). 4549

Der Schadensersatzanspruch nach § 23 BBiG setzt nur voraus, dass das Berufsausbildungsverhältnis nach Ablauf der Probezeit durch einen Umstand, den der **andere Teil zu vertreten hat, vorzeitig beendet** wird. Die tatsächliche Beendigung, z. B. durch Ausscheiden unter Vertragsbruch, genügt. Eine wirksame Kündigung kann nicht verlangt werden (*BAG* 17.8.2000 EzA § 16 BBiG Nr. 3). 4550

Löst der **Auszubildende** das Berufsausbildungsverhältnis nach der Probezeit schuldhaft vorzeitig, so kann der Ausbildende **Ersatz der Aufwendungen** verlangen, die er nach den Umständen für erforderlich halten durfte. Dazu gehören die Aufwendungen für die ersatzweise Beschäftigung eines ausgebildeten Arbeitnehmers nicht. Denn Ausbildungs- und Arbeitsverhältnis können wegen der ganz unterschiedlichen Pflichtenbindung nicht gleichgesetzt werden (*BAG* 17.8.2000 EzA § 16 BBiG Nr. 3). 4551

Der Anspruch aus **§ 23 BBiG** ist unabdingbar (§ 25 BBiG). Auch die Anfechtung eines Ausbildungsvertrages gem. **§§ 119, 123 BGB** fällt unter den Tatbestand des § 23 BBiG. 4552

Der Anspruch muss innerhalb einer Frist von **drei Monaten** nach Beendigung des Berufsausbildungsverhältnisses geltend gemacht werden; andernfalls erlischt er (§ 23 Abs. 2 BBiG). Maßgebend für den Fristbeginn ist das **vertragsgemäße rechtliche Ende des Berufsausbildungsverhältnisses** i. S. v. § 21. § 23 Abs. 2 BBiG enthält keinen eigenständigen, von § 14 BBiG a. F. abweichenden Begriff der Beendigung des Berufsausbildungsverhältnisses (*BAG* 17.7.2007 EzA § 16 BBiG Nr. 5). 4553

§ 23 BBiG erfasst nur den **Erfüllungsschaden**, d. h. dass der Auszubildende **die bis zum vertraglich vereinbarten Beendigungszeitpunkt** des Berufsausbildungsverhältnisses **ausfallende Ausbildungsvergütung verlangen kann**. Bei der Schadensermittlung ist das nicht ordnungsgemäß erfüllte Berufsausbildungsverhältnis nach §§ 249 ff. BGB mit einem ordnungsgemäßen zu vergleichen. Ersatzfähig sind deshalb auch Aufwendungen, die notwendig sind, um die Ausbildung in einer anderen Ausbildungsstätte fortzusetzen (*BAG* 17.7.2007 EzA § 16 BBiG Nr. 5; s. a. *ArbG Hmb*. 10.12.2007 – 29 Ca 114/07 – AuR 2008, 118 LS). Auf den eingetretenen Nachteil wird jedoch im Rahmen des adäquat kausalen Vorteilsausgleichs dasjenige **angerechnet**, was er in dieser Zeit durch eine **anderweitige Tätigkeit erworben hat**, die er bei Fortsetzung seines Berufsausbildungsverhältnisses nicht hätte ausüben können (*BAG* 8.5.2007 EzA § 16 BBiG Nr. 4; s. a. *LAG Nds*. 14.8.2006 4554

NZA-RR 2007, 348: Begrenzung auf den Verlust eines Ausbildungsjahres). Nicht ersetzt wird zudem der **Vertrauensschaden** wegen Verletzung vorvertraglicher Pflichten; für die Erstattung derartiger Ansprüche kommt allgemeines Schadensersatzrecht zur Anwendung, das gem. § 10 Abs. 2 BBiG durch § 23 BBiG nicht ausgeschlossen ist.

4555 Ein Anspruch aus § 311 Abs. 3, 4 BGB (s. Kap. 2 Rdn. 256 ff.) setzt die Verletzung einer Verpflichtung aus dem vorvertraglichen Rechtsverhältnis voraus. Stellt die zuständige Stelle z. B. Anforderungen für die künftige Eintragung von Berufsausbildungsverträgen gem. §§ 34 ff. BBiG auf, so begründet das eine **Aufklärungspflicht** des Ausbildenden bei Vertragsschluss nur, wenn sich aus den Anforderungen ein Risiko für die Vertragsdurchführung ergibt (*BAG* 17.7.1997 EzA § 16 BBiG Nr. 2).

### 7. Übergang in ein Arbeitsverhältnis (§ 24 BBiG)

4556 **Wird der Auszubildende im Anschluss an das Berufsausbildungsverhältnis beschäftigt, ohne dass hierüber ausdrücklich etwas vereinbart worden ist, so gilt ein Arbeitsverhältnis auf unbestimmte Zeit begründet** (§ 24 BBiG). Auf welche Art und Weise das Lehrverhältnis geendet hat, ist für die Anwendung der Vorschrift gleichgültig. Allerdings muss der frühere Auszubildende tatsächlich die Arbeit aufgenommen haben; das bloße Anbieten seiner Arbeitskraft reicht nicht aus. Erforderlich ist weiterhin, dass die Arbeit **mit Wissen und Wollen** oder nach den Weisungen **des Arbeitgebers** durchgeführt wird (instr. *Benecke* NZA 2009, 820 ff.). Voraussetzung ist in jedem Fall, dass der Ausbilder überhaupt **Kenntnis von der Beendigung** des Ausbildungsverhältnisses **hat** (*LAG Bln.-Bra.* 20.4.2007 – 13 Sa 330/07 – EzA-SD 14/2007 S. 11 LS) Erfährt der Arbeitgeber von der nicht gewollten Weiterarbeit, so muss er unverzüglich widersprechen (s. *Felder* FA 2000, 339 ff.).

4557 Ein Arbeitsverhältnis nach § 24 BBiG **entsteht dann nicht**, wenn das Berufsausbildungsverhältnis im Anschluss an die vereinbarte Ausbildungszeit verlängert wird, weil der **Prüfungstermin erst später stattfindet**. Denn der Auszubildende wird dann gerade nicht »im Anschluss« an das Berufsausbildungsverhältnis beschäftigt (*BAG* 14.1.2009 – 3 AZR 427/07, NZA 2009, 738).

4558 Wird der Auszubildende dagegen i. S. d. § 24 BBiG beschäftigt, so hat er **daraus auch im Fall des Annahmeverzugs** des Arbeitgebers grds. **Anspruch auf den üblichen Facharbeiterlohn** (*BAG* 16.6.2005 NZA 2006, 680).

### VII. Andere Vertragsverhältnisse (§ 26 BBiG)

4559 Soweit nicht ein Arbeitsverhältnis vereinbart ist, gelten für Personen, die eingestellt werden, um berufliche Kenntnisse, Fertigkeiten oder Erfahrungen zu erwerben, ohne dass es sich um eine Berufsausbildung i. S. d. BBiG handelt, §§ 10–25 BBiG mit der Maßgabe, dass die gesetzliche Probezeit abgekürzt, auf die Vertragsniederschrift verzichtet und bei vorzeitiger Auflösung des Vertragsverhältnisses nach Ablauf der Probezeit abweichend von § 23 Abs. 1 S. 1 BBiG Schadensersatz nicht verlangt werden kann. Ein **anderes Vertragsverhältnis** i. S. d. § 26 BBiG kann **jedes Vertragsverhältnis** sein, das dem **Erwerb beruflicher Kenntnisse, Fertigkeiten oder Erfahrungen** der eingestellten Person **dient**, soweit es sich um keine Berufsausbildung in einem anerkannten Ausbildungsberuf und um kein Arbeitsverhältnis handelt. Eingestellt wird eine Person i. S. dieser Norm nur dann, wenn sie durch ein Mindestmaß an Pflichtbindung an der Erreichung des Betriebszwecks mitwirken muss (*BAG* 17.7.2007 EzA § 19 BBiG Nr. 5).

4560 Von dieser Regelung sind also solche Lernenden erfasst, denen für ihre berufliche Tätigkeit berufliche Kenntnisse und Fertigkeiten in einem begrenzten Umfang vermittelt werden müssen, was nicht den weiten Rahmen des § 1 Abs. 2 BBiG ausfüllt und auch nicht nach Maßgabe der Ausbildungsordnung geschehen würde. Betroffen sind insbes. **Praktikanten** (die eine Zeit lang in einem Betrieb praktisch arbeiten, um sich dadurch zur Vorbereitung auf einen Beruf die notwendigen praktischen Kenntnisse und Erfahrungen anzueignen – z. B. Masseure, medizinische Bademeister, Krankengymnasten, med.-techn. Assistentinnen) und **Volontäre**, die eine Ausbildung allein aus eigenem Interesse

## E. Berufsausbildungsverhältnis

für ein bestimmtes Gebiet oder einen Beruf betreiben, ohne jedoch eine vollständige Berufsausbildung anzustreben.

Ein Ausbildungsverhältnis i. S. v. § 26 BBiG liegt nur dann vor, wenn bei **typischer Betrachtung erstmals Kenntnisse, Fertigkeiten oder Erfahrungen vermittelt werden**. Das ist dann nicht der Fall, wenn regelmäßig eine Vorausbildung oder berufliche Praxis der neuen Mitarbeiter gegeben ist und diese von Anfang an neben der qualifizierten Ausbildung zum Versicherungsfachmann in ganz erheblichem Umfang leistungsorientiert Arbeitsleistungen erbringen und dafür eine ausgesprochen hohe Vergütung einschließlich Provisionszahlung beziehen; in einem derartigen Fall ist eine Klausel zur Rückzahlung von Ausbildungskosten grds. zulässig. Ob das zugrunde liegende Rechtsverhältnis ein § 26 BBiG ausschließendes Arbeitsverhältnis ist, bestimmt sich unter Berücksichtigung aller Aspekte des Einzelfalls nach dem Schwerpunkt des Vertragsverhältnisses (*LAG SchlH* 27.2.2001 FA 2001, 185). 4561

Demgegenüber ist die Vereinbarung eines Arbeitsverhältnisses dann anzunehmen, wenn die Leistung von Arbeit und die Zahlung von Entgelt Schwerpunkt des Beschäftigungsverhältnisses ist. Entscheidend kommt es auf die Gewichtung der vertraglichen Absprachen an. Steht die Arbeitsleistung im Vordergrund und findet daneben eine Aus- oder Fortbildung des Arbeitnehmers statt, kommt § 26 BBiG nicht zur Anwendung (*BAG* 5.12.2002 EzA § 19 BBiG Nr. 4). 4562

Gem. § 26 BBiG wird die Anwendbarkeit des § 24 BBiG über die Folgen der Weiterarbeit auf sonstige Arbeitsverhältnisse zum Erwerb beruflicher Fertigkeiten, Kenntnisse, Fähigkeiten und Erfahrungen beschränkt. Damit sollte in Abwägung mit den Interessen der Vertragspartner ein Weiterbeschäftigungsanspruch in einem Praktikanten- oder Volontärverhältnis als unangemessen ausgeschlossen werden (vgl. *Taubert* FA 2005, 109). 4563

### VIII. Fortbildungsvertrag

§§ 53 ff. BBiG, § 42 HwO enthalten keine Regeln für den Abschluss und Inhalt eines Fortbildungsvertrages. Die Fortbildung kann sowohl im Rahmen des bestehenden Arbeitsverhältnisses als auch auf Grund eines eigens zu diesem Zweck geschlossenen Vertrages erfolgen. 4564

I. d. R. trägt der Arbeitgeber die **Kosten** der Fortbildung; ein **Vergütungsanspruch** besteht nur bei entsprechender Vereinbarung; der Arbeitgeber muss den Arbeitnehmer allerdings für die Fortbildung **freistellen**. 4565

### IX. Umschulungsvertrag

Die Umschulung kann durch die Behörden der Arbeitsverwaltung oder durch andere öffentlich-rechtliche Rehabilitationsträger als Kostenträger durchgeführt werden. Zwischen dem Träger der Umschulungsmaßnahme und dem Umschüler wird ein Ausbildungsvertragsverhältnis begründet; ein weiteres Rechtsverhältnis besteht zwischen Umschulungsträger und Kostenträger. Andererseits kann die Umschulung auch in einem Betrieb erfolgen, der sie im Auftrag und für Rechnung des Kostenträgers vornimmt. 4566

Schließlich kann auch ein betriebliches Umschulungsverhältnis durch Vertrag zwischen Arbeitgeber und Arbeitnehmer als Berufsbildungsvertrag begründet werden, wenn die Umschulung allein durch den Betrieb durchgeführt und finanziert wird. 4567

Die Umschulung muss entweder zur Vorbereitung auf eine berufliche Tätigkeit oder zu einem anerkannten Ausbildungsberuf führen (§§ 58 ff. BBiG). Diese Umschulungsverhältnisse unterliegen nicht §§ 1 ff. BBiG. 4568

Die Umschulung muss nach Inhalt, Art, Ziel und Dauer den besonderen Erfordernissen der beruflichen Erwachsenenbildung entsprechen. Regelmäßig verpflichtet sich der Arbeitgeber, dem Arbeitnehmer mit bereits abgeschlossener Berufsbildung zusätzliche Kenntnisse und Fertigkeiten zur Aus- 4569

# Kapitel 3
Der Inhalt des Arbeitsverhältnisses

übung eines weiteren Berufs zu vermitteln. Auch ob ein Umschüler sich einer Abschlussprüfung unterziehen muss, richtet sich nach den getroffenen Vereinbarungen.

4570 Die gesetzlich nicht geregelte Dauer der Maßnahme soll i. d. R. nicht länger als zwei Jahre betragen.

4571 Umschulungsverträge sind regelmäßig keine Arbeitsverhältnisse, so dass für ihre **Aufhebung** auch **nicht § 623 BGB anwendbar ist** (*BAG* 19.1.2006 EzA § 623 BGB 2002 Nr. 5). Allerdings kann eine Umschulung auch im Rahmen eines Arbeitsverhältnisses stattfinden, für das dann § 623 BGB gilt (*BAG* 19.1.2006 EzA § 623 BGB 2002 Nr. 5 = NZA 2007, 97; s. a. *ArbG Chemnitz* 3.6.2004 NZA-RR 2004, 573).

### X. Ordnung der Berufsbildung; zuständige Behörden

4572 Alle Ausbildungsordnungen werden in Form einer **Rechtsverordnung** in Kraft gesetzt, die gem. §§ 4 ff. BBiG (§ 25 HwO) vom Bundesminister für Wirtschaft und Technologie oder dem sonst zuständigen Fachminister im Einvernehmen mit ersterem erlassen werden. Sie haben bindende Wirkung für alle an der Ausbildung Beteiligten und dienen als Rechtsgrundlage für eine geordnete und einheitliche Berufsausbildung.

4573 **§ 5 BBiG, § 25 Abs. 2 HwO regeln die Mindestinhalte der Ausbildungsordnung** (Bezeichnung des Ausbildungsberufes, der Ausbildungsdauer, des Ausbildungsberufsbildes sowie der Prüfungsanforderungen).

4574 Für einen anerkannten Ausbildungsberuf darf nur nach der Ausbildungsordnung ausgebildet werden (§ 4 Abs. 2 BBiG, § 27 Abs. 1 HwO). In anderen als in anerkannten Ausbildungsberufen dürfen Jugendliche unter 18 Jahren nicht ausgebildet werden, soweit die Berufsbildung nicht auf den Besuch weiterführender Bildungsgänge vorbereitet (§ 4 Abs. 3 BBiG). Etwas anderes gilt aber für Praktika vor dem Besuch von Hochschulen und Fachhochschulen. Aus § 4 Abs. 2 BBiG folgt, dass die Ausbildung grds. in einem Berufsausbildungsverhältnis stattzufinden hat. Soll ein solches nicht vereinbart werden, kann stattdessen auch ein Arbeitsverhältnis begründet werden. Es ist jedoch **unzulässig**, die Ausbildung in einem anderen Vertragsverhältnis nach § 26 BBiG, etwa einem »**Anlernverhältnis**«, durchzuführen. Derartige Verträge sind wegen des Gesetzesverstoßes insgesamt nach § 134 BGB nichtig. Trotzdem eingegangene »Anlernverhältnisse« sind für den Zeitraum ihrer Durchführung entsprechend den Regeln über das Arbeitsverhältnis auf fehlerhafter Vertragsgrundlage (sog. faktisches Arbeitsverhältnis) wie ein Arbeitsverhältnis zu behandeln. Zu zahlen ist die i. S. v. § 612 Abs. 2 BGB für Arbeitsverhältnisse übliche Vergütung (*BAG* 27.7.2010 EzA § 4 BBiG 2005 Nr. 1). Ob sich der Arbeitgeber ohne weiteres vorzeitig aus dem Rechtsverhältnis lösen kann oder ob dies wegen des Schutzzwecks des Berufsbildungsgesetzes nicht möglich ist, wofür einiges spricht, hat das *BAG* (27.7.2010 EzA § 4 BBiG 2005 Nr. 1) offen gelassen.

4575 **Zuständige Stelle** für die Überwachung der Berufsausbildung, die Beratung der Auszubildenden und Ausbildenden, die Regelung der Berufsausbildung sowie für das Prüfungswesen sind insbes. die Handwerkskammern (§ 23 HwO), die Industrie- und Handelskammern (§ 71 BBiG), Rechtsanwalts-, Patentanwalts-, Notarkammern (§ 71 BBiG), Wirtschaftsprüfer-, Steuerberater-, Ärzte-, Zahnärzte-, Apothekerkammern (§ 71 BBiG). Im öffentlichen Dienst bestimmt für den Bund die oberste Bundesbehörde für ihren Geschäftsbereich die zuständige Stelle (§ 73 BBiG). Eine Sonderregelung enthält § 75 BBiG für Kirchen und sonstige Religionsgemeinschaften des öffentlichen Rechts. Im Übrigen sind die nach Landesrecht zuständigen Behörden maßgeblich.

## F. Einreden und Einwendungen

### I. Verjährung

#### 1. Grundlagen

4576 Das Verjährungsrecht ist durch das Gesetz zur Modernisierung des Schuldrechts **grundlegend neu geregelt** worden. Arbeitsverträge, die **nach dem 31.12.2001** geschlossen werden, unterliegen **dem** neuen Recht. Gem. Art. 229 § 5 S. 1 EGBGB galt aber für Schuldverhältnisse, die **vor dem 1.1.2002** entstanden sind, zunächst weiter das **bisherige Recht**. Um eine Anpassung zu ermöglichen, sieht Art. 229 § 5 S. 2 EGBGB aber vor, dass für sie das neue Recht **ab dem 1.1.2003** gilt; dies gilt auch für Arbeitsverhältnisse (s. *BAG* 19.1.2010 EzA § 195 BGB 2002 Nr. 1; zu den Übergangsvorschriften s. Rdn. 4585).

### 2. Das neue Verjährungsrecht

#### a) Die regelmäßige Verjährungsfrist

Gem. § 195 BGB beträgt die regelmäßige Verjährungsfrist **drei Jahre**. Die darin liegende Verkürzung auf 10 % der bisher maßgeblichen Frist wird dadurch relativiert, dass der **Beginn der Frist hinausgeschoben ist**. Gem. § 199 Abs. 1 BGB ist Voraussetzung für den Fristbeginn nicht nur, dass der Anspruch **entstanden**, also i. d. R. fällig ist. Vielmehr muss der Gläubiger **die den Anspruch begründenden Umstände und die Person des Schuldners kennen** oder in Folge grober Fahrlässigkeit nicht kennen. Zu einem objektiven muss daher ein subjektives Element kommen. Damit soll dem Gläubiger eine ausreichende Möglichkeit eröffnet werden, sich um die Durchsetzung seines Anspruchs zu kümmern. Außerdem **beginnt der Lauf der Frist** erst **mit dem Ende des Jahres**, in dem diese beiden Voraussetzungen eingetreten sind (s. *Bitter/Alles* NJW 2011, 2081 ff.). 4577

Diese regelmäßige Verjährungsfrist gilt **auch für Ansprüche aus dem Arbeitsverhältnis** (z. B. den Ersatzurlaubsanspruch; *BAG* 11.4.2006 EzA § 7 BUrlG Nr. 116). 4578

Nach Auffassung des *LAG Düsseld.* (18.8.2010 – 12 Sa 650/01 – AuR 2010, 484 LS; 4.5.2011 LAGE § 7 BUrlG Nr. 49) verjähren auch **Urlaubsansprüche** in drei Jahren. Die Verjährungsfrist beginnt danach stets zum Schluss des Urlaubsjahres. Insoweit ist es unerheblich, ob der Arbeitnehmer arbeitsfähig oder lang andauernd arbeitsunfähig ist; zur Verjährungshemmung lässt § 204 Nr. 1 BGB die Feststellungsklage genügen. Gleiches gilt für den Urlaubsabgeltungsanspruch (*LAG Düsseld.* 4.5.2011 LAGE § 7 BUrlG Nr. 49). 4579

§ 199 Abs. 4 BGB sieht eine **Höchstfrist von zehn Jahren** vor, die von der Entstehung des Anspruchs an läuft und bei deren Überschreitung die Verjährung in jedem Fall eintritt. Für Schadensersatzansprüche enthält § 199 Abs. 2, 3 BGB eine Sonderregelung, da der Schadenseintritt und damit die Entstehung eines Anspruchs sehr spät erfolgen kann. § 199 Abs. 2 BGB sieht deshalb bei Verletzung von Leben, Körper, Gesundheit und Freiheit eine dreißigjährige Frist vor. Bei anderen Schadensersatzansprüchen tritt die Verjährung spätestens zehn Jahre nach ihrer Entstehung oder ohne Rücksicht auf den Entstehenszeitpunkt dreißig Jahre nach dem die Haftung auslösenden Ereignis ein. 4580

#### b) Hemmung und Neubeginn

Die Hemmung der Verjährung erfasst nunmehr außer den Fällen der **Rechtsverfolgung** nach § 204 Abs. 1 BGB auch den Fall, dass zwischen dem Schuldner und dem Gläubiger **Verhandlungen** über den Anspruch oder die ihn begründenden Umstände **schweben**. Während ihrer Dauer ist die Verjährung nach § 203 S. 1 BGB so lange gehemmt, bis die eine oder die andere Seite die Fortsetzung des Meinungsaustausches verweigert. Verhandeln die Parteien im Rahmen eines Schlichtungsgesprächs über Ansprüche der anderen Seite, wird die Verjährung von Gegenansprüchen der anderen Seite gem. § 203 BGB nur gehemmt, wenn die Gegenansprüche konkret in das Gespräch eingebracht werden und sich die andere Seite darauf einlässt (*LAG Bln.-Bra.* 12.11.2009 LAGE § 307 BGB 2002 Nr. 22). 4581

Die Verjährung wird auch dann gehemmt, wenn für den nachfolgenden Prozess gegen den **Streitverkündeten** ein **anderer Rechtsweg** eröffnet ist (*LAG Nbg.* 29.3.2011 – 7(4) Sa 702/07, AuR 2011, 315 LS). 4581a

Die Beendigung der Hemmung regelt § 204 Abs. 2 BGB. Nicht jeder Prozessstillstand führt insoweit zu einer Beendigung der Verjährungsunterbrechung wegen Nichtbetreibens, § 204 Abs. 2 4582

BGB. Besteht für das Untätigbleiben ein triftiger Grund, endet die Hemmung der Verjährung nicht. Betreiben die Parteien einen Prozess jedoch nicht weiter, weil sie einen Musterprozess abwarten wollen, liegt kein triftiger Grund vor. In diesem Fall läuft die Verjährung nur dann nicht neu an, wenn die Parteien ein materiell-rechtliches Stillhalteabkommen (pactum de non petendo) abschließen (*BAG* 22.4.2004 EzA § 204 BGB 2002 Nr. 1).

4583 Ein **Neubeginn der Verjährung** tritt nach § 212 Abs. 1 BGB nur **noch dann** ein, wenn der Schuldner dem Gläubiger gegenüber **anerkennt** oder wenn eine gerichtliche oder behördliche **Vollstreckungshandlung** vorgenommen oder beantragt wird.

### c) Betriebliche Altersversorgung

4584 Nach § 18a S. 1 BetrAVG verjährt der Anspruch auf Leistungen aus der betrieblichen Altersversorgung in dreißig Jahren. Gem. § 18a S. 2 BetrAVG unterliegen Ansprüche auf regelmäßig wiederkehrende Leistungen der regelmäßigen Verjährungsfrist (d. h. nach § 195 BGB einer Frist von drei Jahren; *BAG* 26.6.2009 – 3 AZR 797/07, EzA-SD 22/2009 S. 8 LS; *LAG SchlH* 21.12.2004 NZA-RR 2005, 320), so dass die dreißig Jahre nur für das Stammrecht gelten (*BAG* 26.6.2009 – 3 AZR 797/07, EzA-SD 22/2009 S. 8 LS). Damit wird die Rechtsprechung des BAG (s. 8. Aufl. Kap. 3. Rn. 4675) festgeschrieben und dem Schutzzweck der betrieblichen Altersversorgung Rechnung getragen (vgl. *Däubler* NZA 2001, 1331).

Zu beachten ist, dass § 18a S. 2 BetrAVG lediglich **Leistungen** betrifft, die **dem Betriebsrentner unmittelbar zugute kommen** und deshalb der kürzeren Verjährungsfrist unterworfen werden. Alle übrigen betriebsrentenrechtlichen Ansprüche fallen unter § 18a S. 1 BetrAVG und verjähren folglich in dreißig Jahren; dazu gehören auch Ansprüche auf Einhaltung des Durchführungsweges, z. B. auf Abführung von Beiträgen (*BAG* 12.6.2007 EzA § 1 BetrAVG Nr. 90).

### d) Übergangsvorschriften

4585 Soweit Arbeitsverhältnisse bereits im Jahre 2001 bestanden, ändert sich die Rechtslage erst mit dem 1.1.2003 (*BAG* 19.1.2010 EzA § 195 BGB 2002 Nr. 1; s. Rdn. 4576). Denn dann greift das neue Recht ein; ebenso aber auch die Übergangsvorschrift des Art. 229 § 6 EGBGB. Nach Art. 229 § 6 Abs. 1 EGBGB gilt grds. das neue Verjährungsrecht; dieses Prinzip wird jedoch durch Ausnahmen durchbrochen. Sind die Fristen nach neuem Recht länger als nach altem – z. B. bei Entgeltansprüchen der Arbeitnehmer – so tritt nach § 6 Abs. 3 in Bezug auf bereits entstandene Ansprüche keine Verlängerung ein. Ist umgekehrt die neue Frist kürzer – z. B. bei Ansprüchen des Arbeitgebers aus pVV (§§ 280 ff., 241 Abs. 2 BGB) – so gilt nach § 6 Abs. 4 die kürzere Frist. Würde die längere Frist des bisherigen Rechts schließlich vorher ablaufen, soll sich daran nichts ändern (vgl. *Däubler* NZA 2001, 1331).

4586 Aus Art. 229 § 5 EGBGB ergibt sich auch, nach welchem Recht sich die Wirksamkeit einer einzelvertraglichen Vereinbarung über den Verzicht auf die Einrede der Verjährung richtet. Auf Ansprüche aus einem Dauerschuldverhältnis, die vor dem 1.1.2003 zu erfüllen waren, ist das BGB in seiner bis zum 31.12.2001 geltenden Fassung weiterhin anzuwenden. Insoweit trifft der Sinn von Art. 229 § 5 S. 2 EGBGB, das BGB in seiner Fassung durch das Schuldrechtsmodernisierungsgesetz auf zuvor begründete Dauerschuldverhältnisse anwendbar zu machen und den Parteien die Möglichkeit zur Anpassung der laufenden Pflichten aus einem Dauerschuldverhältnis auf die am 1.1.2002 in Kraft getretene Änderung des BGB einzuräumen, nicht zu (*BAG* 19.1.2010 EzA § 195 BGB 2002 Nr. 1). S. zuletzt 8. Aufl. Rn. 4665 ff.

### e) Hemmung und Unterbrechung der Verjährung; Kündigungsschutzklage

4587 Gem. § 209 BGB wird – nach wie vor – die Verjährung des Anspruchs durch seine **gerichtliche Geltendmachung** unterbrochen. Der Erhebung der Klage steht insbes. die Zustellung eines Mahnbescheides im Mahnverfahren gleich (§ 209 Abs. 2 Nr. 1 BGB).

## F. Einreden und Einwendungen                                    Kapitel 3

Die Verjährung wird auch dann unterbrochen, wenn vor ihrem Ablauf ein **Mahnbescheid** beim un- 4588
zuständigen ArbG beantragt, auf entsprechenden Antrag das Verfahren an das zuständige ArbG abgegeben und der von diesem erlassene Mahnbescheid nach Ablauf der Verjährungsfrist demnächst zugestellt wird (BAG 13.5.1987 EzA § 209 BGB Nr. 3).

Zu beachten ist, dass die Voraussetzungen des § 209 BGB durch eine erhobene Kündigungs- 4589
schutzklage (§ 4 KSchG, § 256 ZPO) hinsichtlich der sich aus § 615 BGB ergebenden Zahlungsansprüche (§ 196 Abs. 1 Nr. 9 BGB) nicht erfüllt sind (BAG 7.11.2002 EzA § 206 BGB 2002 Nr. 1).

Hat der Arbeitnehmer **Lohnzahlungsklage** erhoben, dann aber wegen einer vorgreiflichen Kündi- 4590
gungsschutzklage den Prozess auf Zahlung des Entgelts aus Annahmeverzug des Arbeitgebers im Hinblick auf weitere ausgesprochene und beim Arbeitsgericht angegriffene Kündigungen **trotz rechtskräftiger Erledigung der vorgreiflichen Kündigungsschutzklage nicht weiterbetrieben** (§ 211 Abs. 2 BGB), **so endet die an sich gegebene Verjährungsunterbrechung gem. § 209 BGB**. Mit dem Ende der Unterbrechung beginnt sofort und nicht erst zum Jahresende (§ 201 BGB) eine neue zweijährige Verjährungsfrist (BAG 18.3.1997 EzA § 196 BGB Nr. 10; 24.6.1999 ZTR 2000, 140).

Der **Verfassungsbeschwerde** kommt keine verjährungsunterbrechende Wirkung zu. § 209 Abs. 1 4591
BGB ist weder unmittelbar noch analog anwendbar. Die Verfassungsbeschwerde stellt kein weiteres zusätzliches Rechtsmittel dar. Als außerordentlichem Rechtsbehelf kommt ihr kein Suspensiveffekt zu. Sie hemmt den Eintritt der formellen und materiellen Rechtskraft nicht. Die Vorschriften der §§ 202 bis 207 BGB beruhen auf dem Grundsatz, dass die Verjährung so lange nicht gegen den Gläubiger laufen darf, als er sein Recht nicht durchsetzen kann. Dass der Gläubiger zur klageweisen Durchsetzung seines Rechts außer Stande ist, kann auf verschiedenen Gründen beruhen. Dem tragen die §§ 202 ff. BGB Rechnung, indem sie zwischen den verschiedenen Erscheinungsformen nach Grund und Folgen differenzieren. An die Annahme »höherer Gewalt« i. S. d. § 203 BGB (mit der Folge der Hemmung der Verjährung; s. LAG RhPf 30.11.2007 DB 2008, 592) sind strenge Anforderungen zu stellen. Der Begriff entspricht im Wesentlichen dem unabwendbaren Zufall i. S. d. § 233 Abs. 1 ZPO a. F. Höhere Gewalt i. S. d. § 203 Abs. 2 BGB liegt jedoch stets nur dann vor, wenn die Verhinderung auf Ereignissen oder Umständen beruht, die auch durch die äußerste, vernünftiger Weise noch zu erwartende Sorgfalt nicht hätte vermieden werden können. Schon das geringste Verschulden schließt höhere Gewalt aus. Die auf Verfassungsbeschwerde eines Arbeitnehmers vom Bundesverfassungsgericht aufgehobene – zunächst rechtskräftige – Abweisung einer Kündigungsschutzklage ist als solche nicht »höhere Gewalt« i. S. d. § 203 Abs. 2 BGB. Sie hemmt die Verjährungsfrist für vom Ausgang des Kündigungsschutzprozesses abhängige Annahmeverzugsansprüche nicht, wenn der Kläger keinerlei Anstrengungen zur Wahrung der Verjährungsfrist unternommen hat, obwohl er dazu in der Lage war (BAG 7.11.2002 EzA § 206 BGB 2002 Nr. 1).

### 3. Prozessuale Fragen

Nach dem Eintritt der Verjährung ist der Schuldner berechtigt, die Leistung zu verweigern (§ 214 4592
Abs. 1 BGB). Es handelt sich um eine Einrede, die **nur dann berücksichtigt werden kann, wenn der Berechtigte sie ausdrücklich erhebt**. Eine Berücksichtigung von Amts wegen kommt selbst dann nicht in Betracht, wenn das Vorliegen der tatsächlichen Voraussetzungen der Einrede zwischen den Parteien unstreitig ist, der Berechtigte sie aber gleichwohl nicht – auch nicht konkludent – erhoben hat.

Nimmt der Kläger zu einer früher vom Beklagten erhobenen Einrede der Verjährung in einem fol- 4593
genden Schriftsatz Stellung, so wird die Tatsache der Erhebung der Einrede Inhalt seines Vorbringens. Wenn die geltend gemachte Forderung verjährt ist, so ist die Klage nunmehr unschlüssig. Sie muss auch bei weiterer Säumnis des Beklagten abgewiesen werden (BAG 14.6.1994 EzA § 196 BGB Nr. 8).

## 4. Einwand des Rechtsmissbrauchs

4594 Die Verjährungsvorschriften dienen dem **Rechtsfrieden** und der **Sicherheit des Rechtsverkehrs**. Daher sind an die Voraussetzungen eines Verstoßes gegen Treu und Glauben bei der Berufung auf Verjährungsvorschriften **strenge Maßstäbe** anzulegen (*BAG* 7.11.2007 EzA § 242 BGB Rechtsmissbrauch Nr. 4).

4595 Der Einwand des Rechtsmissbrauchs (§ 242 BGB) gegen die Erhebung der Einrede der Verjährung kommt aber dann in Betracht, **wenn der Schuldner den Gläubiger durch sein Verhalten, sei es auch unabsichtlich, von der rechtzeitigen Klage abgehalten** (*BAG* 3.4.1984 EzA § 196 BGB Nr. 5) oder nach **objektiven Maßstäben** zu der **Annahme veranlasst** hat, er werde den Anspruch auch ohne Rechtsstreit **vollständig erfüllen** (*BAG* 7.11.2007 EzA § 242 BGB Rechtsmissbrauch Nr. 4 = NZA-RR 2008, 399). Der Einwand ist aber nur erfolgreich, wenn das Verhalten des Schuldners **ursächlich** für die Fristversäumung des Gläubigers geworden ist (*BAG* 18.3.1997 EzA § 196 BGB Nr. 10).

4596 **Schweigen und Untätigkeit rechtfertigen das Unwerturteil einer unzulässigen Rechtsausübung regelmäßig nicht.** Ein Rückschluss auf die uneingeschränkte Leistungsbereitschaft des Schuldners ist nur gerechtfertigt, wenn sich aus den gesamten Umständen klar und eindeutig ergibt, der Schuldner werde die Forderung trotz des Eintritts der Verjährung erfüllen. Grundsätzlich besteht keine Verpflichtung, angesichts der drohenden Verjährung auf eine fehlende Leistungsbereitschaft hinzuweisen (*BAG* 7.11.2007 EzA § 242 BGB Rechtsmissbrauch Nr. 4 = NZA-RR 2008, 399).

## II. Verwirkung

### 1. Begriffsbestimmung

4597 Auch im Arbeitsverhältnis gelten die allgemeinen Grundsätze der Verwirkung (§ 242 BGB); es handelt sich um eine **Einwendung**, die vom ArbG **von Amts wegen** zu berücksichtigen ist.

4598 Die Verwirkung ist ein **Sonderfall der unzulässigen Rechtsausübung** (§ 242 BGB). Sie soll die illoyal verspätete Erhebung von Ansprüchen und Rechten verhindern. Sie verfolgt nicht den Zweck, den Schuldner schon dann von seiner Verpflichtung zu befreien, wenn der Gläubiger sich längere Zeit nicht auf seine Rechte berufen hat. Der Berechtigte muss vielmehr unter Umständen untätig geblieben sein, die den Eindruck erweckt haben, dass er sein Recht nicht mehr wahrnehmen wolle (*BAG* 23.2.2010 EzA § 85 SGB IX Nr. 6).

4599 Danach verstößt die Geltendmachung eines Rechts im Rahmen einer Gesamtschau dann gegen Treu und Glauben,
- wenn der Gläubiger längere Zeit zugewartet hat, obwohl er in der Lage war, das Recht geltend zu machen (**Zeitmoment**; vgl. *BAG* 24.2.2011 EzA § 613a BGB 2002 Nr. 122; 20.4.2010 NZA 2010, 883; 24.7.2008 EzA § 613a BGB 2002 Nr. 93; 15.2.2007 NZA 2007, 793; 12.12.2006 EzA § 242 BGB 2002 Verwirkung Nr. 1),
- der Schuldner nach dem Verhalten des Gläubigers davon ausgehen konnte, Ansprüche würden nicht mehr gestellt werden (**Umstandsmoment**; *BAG* 24.2.2011 EzA § 613a BGB 2002 Nr. 122; 20.4.2010 – 3 AZR 225/08, EzA-SD 14/2010 S. 9 = NZA 2010, 883; 24.7.2008 EzA § 613a BGB 2002 Nr. 93 = NZA 2008, 1294; 28.5.2002 EzA § 242 BGB Verwirkung Nr. 2; 21.1.2003 EzA § 3 BetrAVG Nr. 3; 15.2.2007 NZA 2007, 793),
- er sich darauf eingestellt hat, nicht mehr in Anspruch genommen zu werden und daraufhin eigene Dispositionen getroffen hat (*BAG* 19.3.2003 EzA § 1 AÜG Nr. 12; 20.4.2010 – 3 AZR 225/08, EzA-SD 14/2010 S. 9 = NZA 2010, 883) bzw. ihm auf Grund sonstiger besonderer Umstände nicht zuzumuten ist, sich auf die nunmehr geltend gemachten Ansprüche einzulassen (**Zumutbarkeitsmoment**; *BAG* 25.4.2001 EzA § 242 BGB Verwirkung Nr. 1; 19.3.2003 EzA § 1 AÜG Nr. 12; 15.2.2007 NZA 2007, 793; 12.12.2006 EzA § 242 BGB 2002 Verwirkung Nr. 1).

Zwar besteht zwischen den ein Vertrauen begründenden **Umständen** und dem erforderlichen **Zeitablauf** eine **Wechselwirkung** insofern, als der Zeitablauf um so kürzer sein kann, je gravierender die sonstigen Umstände sind, und dass umgekehrt an diese Umstände desto geringere Anforderungen zu stellen sind, je länger der abgelaufene Zeitraum ist *(BAG* 15.6.2011 ZTR 2012, 26; 24.7.2008 EzA § 613a BGB 2002 Nr. 93; 12.12.2006 EzA § 242 BGB 2002 Verwirkung Nr. 1; *BGH* 19.10.2005 NJW 2006, 219). »Geringere Anforderungen« **rechtfertigen jedoch nicht den völligen Entfall des Umstandsmoments** *(BAG* 15.6.2011 ZTR 2012, 26).

## 2. Einzelfragen

Die Verwirkung kann neben Zahlungsansprüchen insbes. auch das Recht des Arbeitnehmers, sich auf **einzelne Unwirksamkeitsgründe** (z. B. Formmängel, einen Verstoß gegen § 613a Abs. 4, 6 BGB; s. dazu *BAG* 27.1.2011 EzA § 613a BGB 2002 Nr. 123; 24.7.2008 EzA § 613a BGB 2002 Nr. 93 = NZA 2008, 1294; 13.7.2006 NZA 2006, 1406) einer Kündigung zu berufen, ausschließen. Gleiches gilt für die Nichtbeachtung des **gesetzlichen Kündigungstermins** durch den Arbeitgeber *(BAG* 21.8.2008 EzA § 613a BGB 2002 Nr. 95), denn die Verwirkung **beschränkt sich nicht auf materiell-rechtliche Rechtspositionen** des Berechtigten. Auch die Möglichkeit, die Unwirksamkeit einer **Kündigung** gerichtlich geltend zu machen, ist ein eigenständiges Recht, das verwirken kann. Das gilt auch für die Befugnis zur Fortsetzung eines bereits rechtshängigen Verfahrens, das längere Zeit nicht betrieben wurde. Haben die Parteien jederzeit die Möglichkeit, einem faktisch ruhenden Verfahren durch Terminsantrag Fortgang zu geben, hat der beklagte Arbeitgeber selbst bei langjährigem Verfahrensstillstand regelmäßig keinen Anlass darauf zu vertrauen, er werde vom Arbeitnehmer nicht mehr auf die Feststellung der Unwirksamkeit der angegriffenen Kündigung in Anspruch genommen. Für eine **Prozessverwirkung** ist allenfalls **in engen Grenzen Raum**. Es müssen zur Untätigkeit des Arbeitnehmers besondere Umstände hinzutreten, die unzweifelhaft darauf hindeuten, er werde trotz der Möglichkeit einer Verfahrensaufnahme auf Dauer von der Durchführung des Rechtsstreits absehen *(BAG* 25.11.2010 EzA § 242 BGB 2002 Prozessverwirkung Nr. 1). 4600

Bei Ansprüchen auf **Erfindervergütung** nach dem ArbNErfG werden diese Voraussetzungen allerdings nur in seltenen Ausnahmefällen gegeben sein *(BGH* 23.6.1977 AP Nr. 3 zu § 9 ArbNErfG). Ist eine Vereinbarung über die Erfindervergütung nicht getroffen und kommt der Arbeitgeber seiner Pflicht zur Vergütungsfestsetzung nicht nach, so stellt das Zuwarten des Arbeitnehmererfinders mit der Geltendmachung des Vergütungsanspruchs für sich allein keinen Umstand dar, der ein schutzwürdiges Vertrauen des Arbeitgebers dahin begründen kann, der Arbeitnehmererfinder werde auch in Zukunft keinen Vergütungsanspruch geltend machen *(BGH* 10.9.2002 NZA-RR 2003, 253). 4601

Der Verwirkung unterliegt auch der Anspruch des Arbeitnehmers auf Erteilung eines **Zeugnisses** *(BAG* 17.2.1988 EzA § 630 BGB Nr. 12). 4602

Ist ein zwischen dem Übernehmer und dem Arbeitnehmer geschlossener Arbeitsvertrag wegen Umgehung des § 613a BGB unwirksam, kommt eine Verwirkung von **Betriebsrentenansprüchen** gegen den Erwerber regelmäßig nicht in Betracht *(BAG* 20.4.2010 – 3 AZR 225/08, NZA 2010, 883). 4603

Zur Verwirkung des Rechts des Arbeitnehmers, die gem. § 123 BGB gegebene Nichtigkeit des Aufhebungsvertrages klageweise geltend zu machen s. Kap. 6. 4604

▶ Beispiele: 4605
 – Ein **jahrelanges Untätigbleiben eines von einer Versetzung betroffenen Arbeitnehmers** führt zur Verwirkung des Rechts, die Unwirksamkeit der Ausübung des Direktionsrechts geltend zu machen *(LAG Nbg.* 20.7.2005 NZA-RR 2006, 162); Gleiches gilt für einen Anspruch, der sich auf die **Beschäftigung** an dem bis zur Versetzung zugewiesenen Arbeitsplatz richtet *(BAG* 12.12.2006 EzA § 242 BGB 2002 Verwirkung Nr. 1).
 – Lässt ein im Ausland eingesetzter Arbeitnehmer Besuche des Geschäftsführers der persönlich haftenden Gesellschafterin seiner Arbeitgeberin (KG) ungenutzt, um aufgelaufene Forderungen geltend zu machen, so begründet dies noch kein schutzwürdiges Vertrauen. Ebenso wenig

kann ein Arbeitgeber darauf vertrauen, dass er nach Beendigung des Arbeitsverhältnisses nicht mehr in Anspruch genommen werde, wenn der Arbeitnehmer während der Kündigungsfrist zunächst nur solche Forderungen geltend macht, die mit der Abwicklung des Arbeitsverhältnisses unmittelbar zusammenhängen (z. B. Resturlaub, Zeugnis, Ausfüllung der Lohnsteuerkarte; *BAG* 28.5.2002 EzA § 242 BGB Verwirkung Nr. 2).
- Wenn die angeblich fehlerhafte Eingruppierung 24,5 Jahre zurückliegt und unangefochten ist, kann das Rückgruppierungsrecht verwirkt sein. Das Umstandsmoment ist erfüllt, wenn die angeblich fehlerhafte Eingruppierung mehrfach – auch nach zusätzlicher Arbeitsplatzüberprüfung – bestätigt und durch Zubilligung eines Bewährungsaufstiegs bekräftigt wird. Das Zumutbarkeitsmoment ist erfüllt, wenn der Angestellte in einem vorgerückten Alter ist, in dem eine neue berufliche Karriere nicht mehr begonnen werden kann, sein Hinweis glaubhaft ist, Arbeitsangebote aus der privaten Wirtschaft im Vertrauen auf die ihm zugesicherte Vergütungsgruppe geprüft zu haben und durch die Rückgruppierung seine Altersplanung in die Irre zu gehen droht (*LAG Köln* 23.5.2002 ARST 2003, 65 LS). Andererseits verstößt eine **korrigierende Rückgruppierung** jedenfalls dann noch nicht stets gegen Treu und Glauben, wenn seit Beginn der fehlerhaften Eingruppierung etwa fünf Jahre vergangen sind, der Arbeitgeber nicht zum Ausdruck gebracht hat, dass er eine **übertarifliche Vergütung** gewähren oder beibehalten wollte und die Verschlechterung des Vergütungsanspruchs durch eine zeitlich begrenzte Zulage jedenfalls teilweise ausgeglichen wird (*BAG* 26.1.2005 – 4 AZR 487/03, ZTR 2005, 584). Korrigiert ein öffentlicher Arbeitgeber seine bisherige Eingruppierung allerdings zu Gunsten der Arbeitnehmerin und führt er den für die neue Vergütungsgruppe vorgesehenen **Bewährungsaufstieg** durch, kann einer Jahre später erfolgenden korrigierenden Rückgruppierung durch den Arbeitgeber das **Verbot widersprüchlichen Verhaltens** nach § 242 BGB entgegenstehen (*BAG* 20.4.2011 – 4 AZR 368/09, NZA-RR 2011, 609).
- Für die Begründung des stets erforderlichen Umstandsmoments hat das *BAG* (17.2.1988 EzA § 630 BGB Nr. 12) darauf hingewiesen, dass von dem Arbeitnehmer, der sich zunächst innerhalb eines Zeitraums von weniger als einem Jahr dreimal um die Ausstellung eines Zeugnisses mit einem bestimmten Inhalt bemüht, nicht angenommen werden kann, dass er sodann über fast zwei Jahre hinweg untätig bleibt, obwohl er mit dem Inhalt des schließlich übersandten Zeugnisses nicht einverstanden ist. Dies muss umso mehr gelten, als der Kläger selbst davon ausging, die Ausstellung eines qualifizierten Zeugnisses werde »in nächster Zeit« erfolgen. Folglich hat der Kläger bei objektiver Bewertung den Eindruck erweckt, er wolle seine Rechte nicht weiter verfolgen, sodass der Arbeitgeber darauf vertrauen durfte, er werde mit weiteren Forderungen auf Ergänzung oder Änderung des ihm erteilten Zeugnisses nicht mehr hervortreten. Darauf konnte er sich einstellen. Die Lebenserfahrung spricht dafür, dass dies auch geschehen ist.
- Beim Zeugnisberichtigungsanspruch reicht ein **Untätigkeitszeitraum von zwölf Monaten** grds. aus, um das Zeitmoment zu erfüllen. Hat ein Arbeitnehmer sein Berichtigungsbegehren zunächst unter Fristsetzung mit Klageandrohung geltend gemacht und dann in der Folgezeit trotz definitiver Ablehnung durch den Arbeitgeber sein Berichtigungsbegehren ohne ausdrückliche Zurückstellung nicht weiterverfolgt, gleichzeitig aber mit dem Arbeitgeber einen intensiven Schriftwechsel und mehrere Gespräche über die von ihm auszuübende Tätigkeit geführt, ist auch das erforderliche Umstandsmoment gegeben (*LAG Köln* 8.2.2000 NZA-RR 2001, 130).
- Vermittelt der Arbeitgeber unmittelbar nach Kenntnisnahme des Vertragsverstoßes etwa durch eine **allgemein gehaltene Äußerung**, z. B. eine technische Mitteilung, dass die Angelegenheit für ihn damit abgeschlossen sei, ist das für die Verwirkung erforderliche Zeitmoment bereits nach dreieinhalb Monaten der Untätigkeit bis zum Ausspruch der Abmahnung erfüllt (*LAG Köln* 29.9.2003 – 13 Ta 280/03, AuR 2004, 235 LS).
- Zur Feststellung, ob der Arbeitnehmer das Recht verwirkt hat, das Bestehen eines Arbeitsverhältnisses geltend zu machen, sind das Zeitmoment und das Umstandsmoment ohne kausalen Bezug zueinander zu prüfen. Ist das Zeitmoment nicht erfüllt, kommt das Umstandsmoment

## F. Einreden und Einwendungen
## Kapitel 3

nicht zum Tragen. **Ist das Zeitmoment erfüllt** (z. B. bei einer Klageerhebung erst nach 22 Monaten), **kann das Umstandsmoment nicht deshalb verneint werden, weil der Arbeitgeber vor Ablauf des Zeitmoments über den Arbeitsplatz disponiert hat** (*BAG* 2.12.1999 EzA § 242 BGB Prozessverwirkung Nr. 3).

– Das Recht, im Falle unerlaubter Arbeitnehmerüberlassung den Bestand des Arbeitsverhältnisses zum Verleiher geltend zu machen, kann verwirken (*BAG* 19.3.2003 EzA § 1 AÜG Nr. 12; *LAG Düsseld.* 2.6.2005 – 11 Sa 218/05, EzA-SD 16/05 S. 13 LS; diff. *BAG* 18.2.2003 EzA § 10 AÜG Nr. 11); wegen der Eilbedürftigkeit kann das Zeitmoment schon nach drei Monaten gegeben sein. Das Verhaltensmoment kann dadurch erfüllt sein, dass der Leiharbeitnehmer sein Vertragsverhältnis zum Verleiher löst und damit auch gegenüber dem Entleiher zum Ausdruck bringt, dass er sich nicht mehr dessen Direktionsrecht unterworfen sieht (*LAG Köln* 28.1.2002 – 2 Sa 272/01, NZA-RR 2002, 458); wegen der Eilbedürftigkeit der Klärung des Bestandes des Arbeitsverhältnisses kann das Zeitelement aber jedenfalls nach einem Jahr gegeben sei (*LAG Köln* 3.6.2003 – 13 Sa 2/03, EzA-SD 22/03, S. 15 LS).

– Wer **keine Kenntnis** von einem möglichen Anspruch eines Dritten hat, kann auf das Ausbleiben einer entsprechenden Forderung allenfalls allgemein, nicht aber konkret hinsichtlich eines bestimmten Anspruchs vertrauen (*BAG* 25.4.2001 EzA § 242 BGB Verwirkung Nr. 1; 18.2.2003 EzA § 10 AÜG Nr. 11). Den Schutz vor unbekannten Forderungen hat das Verjährungsrecht zu gewährleisten, nicht aber der Grundsatz von Treu und Glauben (*BAG* 18.2.2003 EzA § 10 AÜG Nr. 11). Verlangt z. B. ein **angestellter Rechtsanwalt** erst nach zweieinhalb Jahren die Bezahlung von zuletzt über 900 Überstunden, ist dieser Anspruch nicht verwirkt, wenn der Arbeitgeber nach eigenem Bekunden nie Kenntnis von deren Ableistung hatte und zudem von der Wirksamkeit einer vertraglichen Abgeltungsklausel ausgegangen ist (*LAG Bln.-Bra.* 3.6.2010 LAGE § 307 BGB 2002 Nr. 24).

– Prozessverwirkung kann eintreten, wenn ein Arbeitnehmer erstmals **nach neun Monaten** geltend macht, das Arbeitsverhältnis sei **nach Ablauf der Befristung während einiger Tage** i. S. d. § 625 BGB **fortgesetzt worden** (*LAG Köln* 27.6.2001 – 3 Sa 220/01).

– Hat ein Arbeitnehmer sich bei Beendigung des Arbeitsverhältnisses **ausdrücklich die Geltendmachung** z. B. von Überstundenvergütung **vorbehalten**, so tritt mangels zusätzlicher Umstände keine Verwirkung ein (*LAG Bln.* 22.11.1996 NZA 1997, 943 LS).

Das *LAG SchlH* (18.9.1997 ARST 1998, 65) hat hinsichtlich der Verwirkung von **Überstundenvergütung** eines LKW-Fahrers folgende Grundsätze aufgestellt: **4606**

Bei der Geltendmachung von Überstunden ist insbes. die Kontrollmöglichkeit zu beachten. Ein Kraftfahrer, der ständig unterwegs ist und nur schwer kontrolliert werden kann, wird seine Ansprüche früher geltend machen müssen als ein Arbeitnehmer, der ständiger Kontrolle und Aufsicht unterliegt. Wer Überstunden erst 3 bis 19 Monate nach der behaupteten Ableistung und 3 Monate nach Beendigung des Arbeitsverhältnisses vergütet verlangt, hat die Ansprüche regelmäßig verwirkt, wenn er regelmäßig monatlich Lohnabrechnungen erhalten und das Fehlen von Überstundenvergütung nie beanstandet hat. Das gilt umso mehr, wenn der Kraftfahrer die Tachoscheiben, aus denen sich möglicherweise die Überstundenleistungen auch ableiten lassen, dem Arbeitgeber erstmals nach Beendigung des Arbeitsverhältnisses zugänglich macht.

Das *LAG Köln* (29.10.1999 NZA 2000, 724 LS) hat einen Anspruch auf Überstundenvergütung als **4607** verwirkt angesehen, der bei seiner erstmaligen Geltendmachung **über zehn Monate alt war** und mit dessen Geltendmachung der Arbeitgeber nicht mehr zu rechnen brauchte. Gleiches gilt erst recht für Ansprüche auf Überstundenvergütung geringeren Umfangs, wenn sie erstmals zehn Monate nach Beendigung des Arbeitsverhältnisses geltend gemacht werden, **regelmäßige Entgeltabrechnungen stets widerspruchslos hingenommen** wurden und der Arbeitgeber in der Schlussabrechnung die vom Arbeitnehmer zunächst in geringerem Umfang geltend gemachten Überstunden trotz abweichender eigener Ermittlung akzeptiert und vergütet hat (*LAG Köln* 5.2.1999 ARST 1999, 237).

## Kapitel 3
Der Inhalt des Arbeitsverhältnisses

**4608** Ist einer Arbeitnehmerin einzelvertraglich eine **Qualifikationszulage** zugesagt worden und hat der Arbeitgeber deren Zahlung **einseitig eingestellt**, verwirken die monatlich fällig werdenden und tarifvertraglich nicht verfallenen Ansprüche auch dann nicht, wenn die Arbeitnehmerin sie **fast fünf Jahre nicht außergerichtlich** und weitere **zwei Jahre nicht gerichtlich** geltend gemacht hat, wenn nicht weitere Umstände hinzutreten, die die Erfüllung der Ansprüche für den Arbeitgeber unzumutbar erscheinen lassen. Insbesondere dann, wenn zwei Kollegen der Arbeitnehmerin dieselben Ansprüche klageweise verfolgen, kann der Arbeitgeber regelmäßig nicht darauf vertrauen, alle anderen Arbeitnehmer würden die Streichung klaglos hinnehmen (*BAG* 14.2.2007 EzA § 242 BGB 2002 Verwirkung Nr. 2).

**4609** Das *OLG Düsseld.* (17.12.1996 NZA-RR 1998, 387) hat angenommen, dass dann, wenn ein Arbeitnehmer, dessen Kündigung durch den alten Arbeitgeber gem. § 613a Abs. 4 BGB unwirksam war, es ablehnt, mit dem neuen Inhaber einen neuen Arbeitsvertrag unter Aufgabe der bisherigen Rechte zu schlechteren Arbeitsbedingungen abzuschließen und sich stattdessen arbeitslos meldet, nach rund **zwei Jahren** der Anspruch auf Fortentrichtung des Lohns und auf Beschäftigung verwirkt sei.

**4610** Ein Anspruch auf Anwendung vertraglich in Bezug genommener Tarifregelungen ist mangels des erforderlichen Zeitmoments **nicht verwirkt**, wenn ein Arbeitnehmer erst nach **mehr als einem halben Jahr** nach einem **Betriebsübergang** gegenüber dem Betriebserwerber seine Rechte aus der vertraglichen Bezugnahme geltend macht (*BAG* 6.7.2011 – 4 AZR 494/09, EzA-SD 24/2011 S. 16 LS).

Sofern der Arbeitnehmer einem Betriebsübergang wirksam widersprochen hat und gleichwohl seine Arbeit kommentarlos bei dem Betriebserwerber aufnimmt, also das Arbeitsverhältnis mit dem neuen Arbeitgeber unverändert fortsetzt, kann er sich nach z. T. vertretener Auffassung zumindest nach Ablauf von mehr als drei Monaten nicht mehr auf den Fortbestand des Arbeitsverhältnisses mit dem alten Arbeitgeber, dem Betriebsveräußerer, berufen. Denn dann ist das aus dem Widerspruch des Arbeitnehmers folgende Recht auf Fortsetzung des Arbeitsverhältnisses mit dem alten Arbeitgeber verwirkt (*LAG SchlH* 30.10.2002 – 5 Sa 206c/02, EzA-SD 2/03, S. 10 LS). Das *BAG* (24.7.2008 – 8 AZR 175/05, EzA-SD 24/2008 S. 12 LS) geht davon aus, dass allein die **widerspruchslose Weiterarbeit** des Arbeitnehmers beim Betriebserwerber **keine Verwirkung** begründet. Das für die Verwirkung erforderliche Umstandsmoment kann **aber** dann vorliegen, wenn sich der Arbeitnehmer gegen eine vom Betriebserwerber ausgesprochene **Kündigung** seines Arbeitsverhältnisses **weder gerichtlich noch außergerichtlich zur Wehr gesetzt hat** und wenn dies dem Betriebserwerber bekannt geworden ist (*BAG* 24.7.2008 EzA-SD 24/2008 S. 12 LS). Dagegen ist das Recht, sich auf einen Betriebsübergang zu berufen, nicht verwirkt, wenn ein Arbeitnehmer zunächst **fristgerecht** gegen die Kündigung des Betriebsveräußerers, die dieser wegen Betriebsstilllegung ausgesprochen, **geklagt hat** und nach Obsiegen Ansprüche gegen den Betriebserwerber stellt (*LAG Köln* 11.8.2008 NZA-RR 2009, 182).

Generell ist das Widerspruchsrecht gem. § 613a BGB verwirkt, wenn der **Verpflichtete annehmen durfte, er werde nicht mehr in Anspruch genommen** (*BAG* 20.3.2008 – 8 AZR 1016/06, EzA-SD 18/2008 S. 8 = FA 2008, 333; s. a. *BAG* 24.7.2008 EzA § 613a BGB 2002 Nr. 93; 23.7.2009 EzA § 613a BGB 2002 Nr. 114; 20.5.2010 EzA § 613a BGB 2002 Nr. 120; s. a. *Dzida* DB 2010, 167 ff.). Fehlt es andererseits an dem Umstandsmoment, kann – je nach den Umständen des Einzelfalls – ein Widerspruch auch fast ein Jahr nach dem Vollzug des Betriebsübergangs noch möglich sein (*LAG Köln* 5.10.2007 NZA-RR 2008, 5). **Nicht erforderlich** ist es grds., dass der Arbeitgeber im Vertrauen auf das Unterbleiben des Widerspruchs **konkret feststellbare Vermögensdispositionen** getroffen hat (*BAG* 22.6.2011 – 8 AZR 752/09, EzA-SD 20/2011 S. 11 LS).

Dagegen stellt die **Disposition über den Bestand des Arbeitsverhältnisses** durch den Arbeitnehmer – im Zusammenwirken mit dem Zeitmoment – einen verwirkungsrelevanten Umstand dar. Dies gilt umso mehr, wenn zugleich ein neues Arbeitsverhältnis mit einer Drittfirma begründet und von der Betriebserwerberin eine Abfindung gezahlt wird, die den gesamten Bestand des

## F. Einreden und Einwendungen

Arbeitsverhältnisses, auch die Zeit beim Betriebsveräußerer berücksichtigt. Denn derartige Umstände begründen regelmäßig das Vertrauen darauf, der Arbeitnehmer werde ein etwa bestehendes Widerspruchsrecht gegen den Übergang seines Arbeitsverhältnisses auf die Betriebserwerberin nicht mehr ausüben (*BAG* 18.3.2010 – 8 AZR 840/08, EzA-SD 17/2010 S. 9 LS).

Erhält ein Arbeitnehmer nach Betriebsübergang vom Betriebserwerber eine Kündigung und erhebt er dagegen **keine Kündigungsschutzklage**, so kann dadurch das **Umstandsmoment** erfüllt sein. Dies rechtfertigt grds. das Vertrauen des früheren Arbeitgebers in die Nichtausübung des Widerspruchsrechts nach § 613a Abs. 6 BGB dann, wenn der **Arbeitnehmer** dadurch über sein **Arbeitsverhältnis disponiert** (*BAG* 24.2.2011 EzA § 613a BGB 2002 Nr. 122). Um das zu vermeiden, ist es erforderlich, dass entweder eine Kündigungsschutzklage erhoben oder binnen der Frist des § 4 S. 1 KSchG die Unwirksamkeit der Kündigung in sonstiger Weise gegenüber dem Betriebserwerber oder -veräußerer geltend gemacht wird. Es genügt auch, dass binnen der Dreiwochenfrist des KSchG, also der noch offenen Frist für die Erhebung der Kündigungsschutzklage, der Widerspruch gegen den Übergang des Arbeitsverhältnisses infolge des Betriebsübergangs erklärt wird. Dadurch lässt der Arbeitnehmer die vom Betriebserwerber ausgesprochene **Kündigung** zu einem Zeitpunkt **ins Leere gehen**, zu dem noch die Möglichkeit zu einer gegen den Betriebserwerber zu richtenden Kündigungsschutzklage besteht. Eine Disposition des Arbeitnehmers durch Nichterhebung einer Kündigungsschutzklage kann dann nicht angenommen werden (*BAG* 9.12.2010 – 8 AZR 152/08, EzA-SD 8/2011 S. 7 LS).

Dagegen liegt eine entsprechende Disposition dann vor, wenn der Arbeitnehmer mit dem Betriebserwerber einen **Aufhebungsvertrag** abschließt (*BAG* 24.2.2011 EzA § 613a BGB 2002 Nr. 122).

Bei der Feststellung des Umstandsmoments ist eine **Gesamtwürdigung unter Berücksichtigung aller Umstände des Einzelfalls** vom Tatsachengericht vorzunehmen. Dabei ist der Vortrag des Arbeitnehmers, die spätere »Disposition« über sein Arbeitsverhältnis gegenüber dem Betriebserwerber sei schon vor dem Betriebsübergang mit dem Betriebsveräußerer als dem früheren Arbeitgeber, etwa i. S. eines **Vorvertrags**, abgesprochen worden, ein in die Gesamtwürdigung einzustellendes Element. Ein solcher Vortrag kann nicht schon deswegen als unbeachtlich angesehen werden, weil allein auf die rechtsverbindlichen Gestaltungsakte mit der Betriebserwerberin abzustellen wäre. Die **schriftliche Bestätigung einer »Kenntnisnahme«** stellt in diesem Zusammenhang grds. **keine Willenserklärung**, also auch keinen Rechtsverzicht dar (*BAG* 24.2.2011 EzA § 613a BGB 2002 Nr. 122).

Hat ein als Paketauslieferer tätiger Kläger zunächst nach Beendigung des Vertragsverhältnisses **etwas über ein Jahr lang nichts von sich hören lassen**, in einem Schreiben mit der Behauptung, Arbeitnehmer gewesen zu sein, für den »Beiträge zu den Sozialversicherungen zu entrichten sind«, unter ausdrücklichem Vorbehalt, »eine Klage zum zuständigen ArbG und SG« zu erheben, außergerichtlich restliche Zahlungsansprüche geltend gemacht, diese dann aber doch vor den Zivilgerichten eingeklagt, so setzt er sich zu seinem vorangegangenen Tun in Widerspruch, wenn er sich, nachdem er vor den Zivilgerichten die nach dem unstreitigen Vorbringen der Beklagten deutlich höhere Subunternehmervergütung erzielt hat, plötzlich auf den Standpunkt stellt, nicht Subunternehmer, sondern Arbeitnehmer gewesen zu sein. Ein sodann geltend gemachter Zeugnisanspruch ist in diesem Fall verwirkt (*LAG Hamm* 9.9.1999 NZA-RR 2000, 575). **4611**

Wird ein Arbeitnehmer unter Fortzahlung der Vergütung in einen (Nicht-) Beschäftigungsbetrieb mit der Aufgabe der **Qualifizierung und Vermittlung versetzt**, ist für eine Verwirkung das Zeitmoment erfüllt, wenn der Arbeitnehmer keinen Widerspruch erhebt und sich **mehr als zwei Jahre versetzungskonform verhält**. Beim Umstandsmoment ist die potenzielle Belastung des Arbeitgebers durch andere Arbeitnehmer in vergleichbarer Lage zu berücksichtigen (*ArbG Bln.* 9.11.2005 LAGE § 242 BGB 2002 Nr. 2). **4612**

# Kapitel 3
Der Inhalt des Arbeitsverhältnisses

### 3. Kollektivvertragliche Rechte

4613 Die Verwirkung von Rechten aus Tarifverträgen und Betriebsvereinbarungen ist ausgeschlossen (§§ 4 Abs. 4 S. 2 TVG, 77 Abs. 4 S. 3 BetrVG).

4614 Dies bezieht sich aber nur auf die Verwirkung wegen Zeitablaufs; der Einwand der allgemeinen Arglist sowie der unzulässigen Rechtsausübung auf Grund eines »venire contra factum proprium« wird dagegen von § 4 Abs. 4 S. 2 TVG nicht erfasst. In diesen Fällen verstößt die Rechtsausübung gegen Treu und Glauben und ist daher unzulässig (*BAG* 9.8.1990 EzA § 4 TVG Ausschlussfristen Nr. 88).

### III. Ausschluss-, Verfallfristen

#### 1. Grundlagen

*a) Begriffsbestimmung*

4615 Unter Ausschluss- oder Verfallfrist wird insbes. eine in Tarifverträgen (vgl. § 4 Abs. 4 S. 3 TVG), Betriebsvereinbarungen (vgl. § 77 Abs. 4 S. 2, 4 BetrVG) oder Einzelverträgen enthaltene zumeist recht kurze Frist verstanden, innerhalb derer ein Anspruch oder ein sonstiges Recht (u. U. auch schriftlich oder zusätzlich gerichtlich) geltend gemacht werden muss, weil er bzw. es andernfalls nach Fristablauf erlischt bzw. verfällt. Die Fristberechnung erfolgt nach §§ 187 Abs. 1, 188 Abs. 2 BGB (*BAG* 19.4.2005 EzA § 4 TVG Ausschlussfristen Nr. 178).

**Ausschlussfristen betreffen** insoweit nicht die Entstehung und den Inhalt von Rechten, sondern ihren **zeitlichen Bestand**. Vorbehaltlich einer abweichenden Regelung im Tarifvertrag gelten sie für **alle mit oder nach Inkrafttreten des Tarifvertrags fällig werdenden Ansprüche** (*BAG* 26.9.2007 – 5 AZR 881/06, NZA 2008, 192 LS).

*b) Zweck der Ausschlussfristen*

4616 Zweck der Ausschlussfristen ist es, nach Fälligkeit arbeitsrechtlicher Ansprüche möglichst schnell Gewissheit über die Rechtsbeziehungen zwischen den Arbeitsvertragsparteien zu gewinnen und die gegenseitigen Forderungen rasch abzuwickeln (vgl. *BAG* 8.6.1983 EzA § 4 TVG Ausschlussfristen Nr. 55).

4617 **Es soll alsbald Klarheit darüber geschaffen werden, ob noch Ansprüche aus dem Arbeitsverhältnis bestehen** (krit. *Fenski* BB 1987, 2293).

*c) Vertragsauslegung; inhaltliche Grenzen; Auswirkungen der Schuldrechtsreform*

*aa) Zum alten Recht*

4618 I. d. R. sind Ausschlussfristen eindeutig bestimmt. Zwingend ist dies allerdings nicht. Enthält z. B. ein Formulararbeitsvertrag eine einzelvertraglich vereinbarte Ausschlussfrist, nach der Ansprüche »innerhalb der tariflichen Frist/von zwei Monaten« geltend zu machen sind, und den Anwenderhinweis, Nichtzutreffendes sei zu streichen, so steht allein das der wirksamen Einbeziehung der Klausel in den Arbeitsvertrag nicht entgegen. Welche Bedeutung der Umstand hat, dass keine Streichungen vorgenommen worden sind, ist dann durch Auslegung zu ermitteln (*BAG* 18.3.2003 NZA 2003, 1359 LS).

4619 **Extrem kurze Fristen** konnten auch nach altem Recht schon sittenwidrig sein und gegen Treu und Glauben verstoßen (*BAG* 16.11.1965 AP Nr. 30 zu § 4 TVG Ausschlussfristen). Das war bei einer zweistufigen Ausschlussfrist, die für jede Stufe einen Zeitraum von **zwei Monaten** vorsieht, allerdings nicht der Fall (*BAG* 16.11.1965 AP Nr. 30 zu § 4 TVG Ausschlussfristen; s. a. *BAG* 22.9.1999 EzA § 4 TVG Ausschlussfristen Nr. 132).

4620 (derzeit unbesetzt)

## F. Einreden und Einwendungen  Kapitel 3

*bb) Zum neuen Recht nach der Schuldrechtsreform*

Siehe Rdn. 4788 ff. **4621**

*d) Ein-, zweistufige Ausschlussfristen; je nach Anspruch unterschiedliche Ausschlussfristen*

Bei den Ausschlussklauseln (die auch gegenüber dem Rechtsnachfolger des Gläubigers der jeweiligen **4622** Forderung [Krankenkasse, Bundesagentur für Arbeit in Höhe des gezahlten Arbeitslosengeldes im Falle der sog. »Gleichwohlgewährung«, *BAG* 19.2.2003 EzA § 4 TVG Ausschlussfristen Nr. 164, Versicherung] gelten [*BAG* 24.5.1973 AP § 4 TVG Ausschlussfristen Nr. 52; *LAG Köln* 17.3.2004 LAG Report 2005, 36]) kann zwischen sog. **ein- und zweistufigen Ausschlussklauseln** unterschieden werden.

Gem. § 17 Abs. 2 MTV Chemie als Beispiel einer einstufigen Ausschlussklausel müssen die An- **4623** sprüche beider Seiten aus dem Arbeitsverhältnis innerhalb von 3 Monaten nach Fälligkeit schriftlich geltend gemacht werden. Nach Ablauf dieser Frist ist die Geltendmachung ausgeschlossen. Gem. § 17 Abs. 3 MTV Chemie müssen die Ansprüche im Falle des Ausscheidens spätestens einen Monat nach Beendigung des Arbeitsverhältnisses geltend gemacht werden.

Bei zweistufigen Ausschlussklauseln verfallen z. B. alle beiderseitigen Ansprüche aus dem Arbeits- **4624** verhältnis und solche, die mit dem Arbeitsverhältnis in Verbindung stehen, wenn sie nicht innerhalb einer Frist von z. B. 2 Monaten nach der Fälligkeit schriftlich geltend gemacht werden. Lehnt die Gegenpartei den Anspruch ab oder erklärt sie sich nicht innerhalb von 2 Wochen nach der Geltendmachung so verfällt er, wenn er nicht innerhalb von 2 Monaten nach der Ablehnung oder dem Fristablauf gerichtlich geltend gemacht wird. Ist in einem Tarifvertrag für die Ingangsetzung der 2. Stufe eine Schriftform für **die endgültige Ablehnung** der Forderung vorgesehen, so **genügt dem ein Schriftsatz nicht**, mit dem die Abweisung der Kündigungsschutzklage beantragt wird, ohne auf die Berechtigung bereits vom Arbeitnehmer geltend gemachter Ansprüche auf Verzugslohn einzugehen. **Diesem Antrag fehlt dann die mit dem Erfordernis einer schriftlichen Ablehnung verbundene Warn- und Signalfunktion** (*LAG Bln.* 18.3.2004 AuR 2004, 354 LS).

Soweit der Beginn der zweiten Stufe auf eine **Ablehnung bzw. Überlegungsfrist der Gegenpartei ab- 4625 stellt**, beginnt nach z. T. vertretener Auffassung (*Thüringer LAG* 27.9.2000 ZTR 2001, 184 LS) der Lauf der an die erste Frist anknüpfenden zweiten Ausschlussfrist für die gerichtliche Geltendmachung mit der Ablehnung oder dem Ablauf der Überlegungsfrist auch für noch nicht fällige Ansprüche, **wenn Grund und Umfang des Anspruchs** zu diesem Zeitpunkt **feststehen**. Demgegenüber geht das *BAG* (26.9.2001 EzA § 4 TVG Bauindustrie Nr. 111) davon aus, dass dann, wenn der Arbeitnehmer einen Anspruch vor Fälligkeit schriftlich geltend gemacht hat, die Frist für die gerichtliche Geltendmachung bei einer zweistufigen Ausschlussfrist nicht vor der Fälligkeit des Anspruchs beginnt.

Erklärt der Arbeitgeber, die vom Arbeitnehmer geltend gemachten Ansprüche auf ihre Berechnung **4626** überprüfen zu wollen, so liegt darin **weder ein Schweigen noch eine Ablehnung**, sodass der Arbeitnehmer nicht gehalten ist, zur Wahrung einer zweistufigen tariflichen Ausschlussfrist Klage zu erheben (*LAG Bln.* 4.5.2001 NZA-RR 2001, 648).

**Der Schuldner kann bei einer zweistufigen Anschlussfrist ohne vorangegangene schriftliche Erklä- 4627 rung der Geltendmachung des Gläubigers nicht durch die Erklärung, er lehne die Forderung ab, die Frist für die gerichtliche Geltendmachung in Lauf setzen** (*BAG* 7.12.1983 EzA § 4 TVG Ausschlussfristen Nr. 57). Gleiches gilt, wenn der Schuldner die Erfüllung nicht vor Fälligkeit der Leistung **endgültig ablehnt**. Denn dadurch ergäbe sich eine **unzulässige Verkürzung der dem Gläubiger zustehenden Überlegungsfrist** (*LAG SchlH* 23.3.2004 NZA-RR 2004, 571).

Die Tarifvertragsparteien können **auch je nach Anspruch unterschiedliche Ausschlussfristen** vor- **4628** sehen. So hat das *BAG* (25.10.1995 EzA § 4 TVG Einzelhandel Nr. 33) z. B. für den Fall, dass sich die Bezahlung nach einer tariflichen Eingruppierung bestimmt, die nach Tarifgruppen und -stufen erfolgt, angenommen, dass die Ausschlussklausel des § 10 Nr. 5 MTV Einzelhandel in Bayern, die eine dreimonatige Einspruchsfrist gegen die Eingruppierung in eine Beschäftigungs- oder Lohngruppe vorsieht, nicht den Nachzahlungsanspruch wegen Einstufung in eine zu niedrige Tarifstufe, sondern nur den Nachzahlungsanspruch von Lohn und Gehalt wegen Eingruppierung in eine zu niedrige Tarifgruppe erfasst. Der Verfall des erstgenannten Anspruchs richtet sich nach der allgemeinen Verfallklausel des § 24 Nr. 2 MTV.

### e) Einseitige tarifliche Ausschlussfristen

4629 Einseitige tarifliche Ausschlussfristen, nach denen nur Ansprüche des Arbeitnehmers, nicht aber solche des Arbeitgebers dem tariflichen Verfall unterliegen, verstoßen gegen Art. 3 Abs. 1 GG; jedenfalls nach der Schuldrechtsreform verstoßen **formularmäßig vereinbarte einseitige Ausschlussfristen, die nur für Arbeitnehmer gelten, auch gegen § 307 Abs. 1 BGB** (*BAG* 25.5.2005 EzA § 307 BGB 2002 Nr. 3; 28 9. 2005 EzA § 307 BGB 2002 Nr. 8, m. Anm. *Mohr* SAE 2006, 156 ff.; a. A. *BAG* 4.12.1997 EzA § 4 TVG Ausschlussfristen Nr. 127; *LAG Nds.* NZA-RR 2005, 401; s. Rdn. 4785 ff.).

### f) Unterschiedliche Ausschlussfristen für Arbeiter und Angestellte

4630 Der Gleichheitssatz des Art. 3 Abs. 1 GG ist nicht allein dadurch verletzt, dass die Tarifvertragsparteien die Ausschlussfristen in den Tarifverträgen für gewerbliche Arbeitnehmer bzw. für Angestellte eines bestimmten Wirtschaftszweiges unterschiedlich geregelt haben (*BAG* 4.12.1997 EzA § 4 TVG Ausschlussfristen Nr. 127).

### g) Berücksichtigung von Amts wegen

4631 Unabhängig davon, ob der einschlägige Tarifvertrag für allgemeinverbindlich erklärt worden ist, ist im Rechtsstreit **das Vorliegen der Voraussetzungen einer Ausschlussfrist von Amts wegen zu berücksichtigen** (vgl. *LAG Köln* 5.2.1998 NZA-RR 1998, 453). Hinsichtlich der Einhaltung von Ausschlussfristen muss der Arbeitnehmer **bei Anwendbarkeit eines Tarifvertrages konkrete Tatsachen insoweit vortragen**. Eines Berufens auf die Nichteinhaltung der Frist durch den Arbeitgeber bedarf es nicht. Hat der Arbeitgeber andererseits auf die Einhaltung »verzichtet«, wird dadurch die **Einhaltung der Ausschlussfrist** als anspruchsbegründendes Tatbestandsmerkmal **fingiert** (*BAG* 25.1.2006 EzA § 4 TVG Einzelhandel Nr. 55).

4631a Demgegenüber hat das *BAG* (17.8.2011 – 5 AZR 490/10) aber auch ausgeführt: »Auf einen Verfall des Mindestlohnanspruchs des Klägers gegen seine Arbeitgeberin nach § 2 Abs. 5 TV Mindestlohn hat die Beklagte sich nicht berufen. Die **Einhaltung einer tariflichen Ausschlussfrist ist weder von Amts wegen zu berücksichtigen noch eine der Schlüssigkeitsprüfung unterliegende anspruchsbegründende Tatsache**. Vielmehr handelt es sich bei ihrer Nichteinhaltung um eine rechtsvernichtende Einwendung, deren Anwendbarkeit vom Schuldner darzulegen ist. Erst wenn dies geschehen ist oder die maßgeblichen Tatsachen unstreitig sind, hat der Gläubiger die Voraussetzungen der Anspruchserhaltung (wie z. B. schriftliche Geltendmachung) darzulegen.«

4632 Das Arbeitsgericht ist jedenfalls ohne Vorliegen näherer konkreter Anhaltspunkte nicht verpflichtet nachzuprüfen, ob im jeweiligen Einzelfall überhaupt ein Tarifvertrag anwendbar ist (*BAG* 12.7.1972 AP Nr. 51 zu § 4 TVG Ausschlussfristen). Deshalb muss eine Partei, die sich auf den Ablauf einer tariflichen Ausschlussfrist beruft, die Voraussetzungen des anzuwendenden Tarifvertrages in den Tatsacheninstanzen darlegen (*BAG* 15.6.1993 EzA § 4 TVG Ausschlussfristen Nr. 104).

4633 Wird andererseits dem Gericht im Laufe eines Rechtsstreits, und zwar sogar erst nach mehrmaliger Zurückverweisung der Sache durch das Revisionsgericht bekannt, dass das streitige Arbeitsverhältnis einem Tarifvertrag unterliegt, so muss es eine in diesem enthaltene Ausschlussfrist beachten. Es muss allerdings, um eine Überraschungsentscheidung zu vermeiden, den Parteien Gelegenheit geben, zur Frage der Ausschlussfrist Stellung zu nehmen (*BAG* 12.7.1972 AP Nr. 51 zu § 4 TVG Ausschlussfristen).

## h) Schriftform

Fordert ein Tarifvertrag zur Wahrung einer tariflichen Ausschlussfrist die schriftliche Geltendmachung (z. B. § 23 RTV Gebäudereinigerhandwerk), so ist die Übermittlung eines Telefaxes ausreichend. 4634

Denn gem. § 126 Abs. 3 i. V. m. § 126a BGB kann – wenn §§ 125 ff. BGB überhaupt Anwendung finden (dagegen *BAG* 11.10.2000 EzA § 4 TVG Ausschlussfristen Nr. 134; s. Rdn. 4680 f.) die schriftliche Form sogar durch die **elektronische Form** ersetzt werden. Deshalb wird z. T. auch die Geltendmachung **per E-Mail** als ausreichend angesehen (*ArbG Krefeld* 31.10.2005 – 5 Ca 2199/05, n. v.; vgl. *Peetz/Rose* DB 2006, 2346 ff.). 4635

## 2. Beginn der Ausschlussfrist

### a) Grundlagen

Für den Beginn der Ausschlussfrist wird zumeist auf die Fälligkeit des Anspruchs – grds. **unabhängig von der Kenntnis des Arbeitnehmers** vom Bestehen des Anspruchs (*BAG* 13.12.2007 EzA § 4 TVG Ausschlussfristen Nr. 189) – abgestellt; davon ist insbes. dann auszugehen, wenn die Arbeitsvertragsparteien diesen Zeitpunkt nicht ausdrücklich festgelegt haben (*BAG* 18.3.2003 NZA 2003, 1359 LS). Insoweit ist z. B. ein Anspruch auf Vergütung aus einem **Arbeitszeitkonto** frühestens zum **Ablauf des Verteilungszeitraums** fällig, so dass auch erst zu diesem Zeitpunkt eine Ausschlussfrist zu laufen beginnt (*LAG Nds.* 29.4.2005 NZA-RR 2005, 589). Die an die Eingruppierung anknüpfende Ausschlussfrist läuft insoweit nicht an, wenn der Arbeitgeber gar keine Tarifgruppe wählt, sondern einen Stundenlohn zugrunde legt, der keiner Tarifgruppe und keiner Tarifstufe entspricht (*BAG* 11.2.2009 EzA § 4 TVG Ausschlussfristen Nr. 194). 4636

Die Fälligkeit i. S. einer tarifvertraglichen Ausschlussfrist kann von einer Abrechnung durch den Anspruchsgegner abhängen. Das ist dann der Fall, wenn der Anspruchsberechtigte die Höhe seiner Ansprüche ohne diese Abrechnung nicht erkennen kann (*BAG* 27.2.2002 EzA § 138 BGB Nr. 30). Fälligkeit einer tariflichen Leistung (z. B. einer Abfindung) tritt erst dann ein, wenn der maßgebende Tarifvertrag wirksam geworden, also unterzeichnet worden ist (§§ 1 Abs. 2 TVG, 126 Abs. 2 BGB). Denn eine Leistung ist erst fällig, wenn der Gläubiger sie verlangen kann (*BAG* 20.3.1997 NZA 1997, 896; *Schäfer* Die Abwicklung des beendeten Arbeitsverhältnisses, Rn. 142; s. auch Rdn. 4625 zu zweistufigen Ausschlussfristen). Eine Geltendmachung kann aber auch vor Fälligkeit erfolgen (*BAG* 20.6.2002 EzA § 611 BGB Arbeitgeberhaftung Nr. 11); sie ist andererseits aber erst möglich, wenn der Anspruch bereits entstanden ist (*BAG* 10.7.2003 EzA § 4 TVG Ausschlussfristen Nr. 168; 11.12.2003 EzA § 4 TVG Ausschlussfristen Nr. 170). Abgesehen von dem Sonderfall der fristwahrenden Geltendmachung durch Erhebung einer Kündigungsschutzklage ist (z. B. im Rahmen des § 18 Abs. 4 TV-DRK für die Geltendmachung von Überstundenvergütung) eine tarifliche Ausschlussfrist wahrende Geltendmachung **vor dem Entstehen des Anspruchs nicht möglich** (*BAG* 22.1.2009 – 6 AZR 5/08, NZA-RR 2010, 54 LS; 9.3.2005 EzA § 4 TVG Rotes Kreuz Nr. 5). Ein Anspruch auf Abfindung nach § 113 Abs. 2 BetrVG wird auch dann mit der Beendigung des Arbeitsverhältnisses fällig, wenn über die Kündigung, die zur Beendigung des Arbeitsverhältnisses geführt hat, **noch ein Kündigungsschutzprozess anhängig ist** und später rechtskräftig die Wirksamkeit der Kündigung festgestellt wird (*BAG* 3.8.1982 EzA § 113 BetrVG 1972 Nr. 10). 4637

Bestimmt eine tarifliche Ausschlussklausel, dass Ansprüche aus dem Arbeitsverhältnis innerhalb einer Frist von sechs Monaten ab Fälligkeit und bei Beendigung des Arbeitsverhältnisses innerhalb von acht Wochen nach Beendigung schriftlich und im Fall der Ablehnung anschließend innerhalb von sechs Monaten gerichtlich geltend zu machen sind, so beginnt der Fristablauf für alle Ansprüche, die erst mit oder nach Beendigung des Arbeitsverhältnisses entstehen, mit ihrer Fälligkeit (*BAG* 21.6.2005 EzA § 7 BUrlG Nr. 113). 4638

Tarifliche Verfallklauseln können auch vorsehen, dass die Frist zur gerichtlichen Geltendmachung von Zahlungsansprüchen, die während eines Kündigungsschutzprozesses fällig werden und von sei- 4639 nem Ausgang abhängen, erst mit der **rechtskräftigen Entscheidung im Kündigungsschutzprozess beginnt** (vgl. *BAG* 8.8.2000 NZA 2000, 1237). In einem derartigen Fall tritt die Fälligkeit nicht mit Rechtskraft des später vom BVerfG aufgehobenen Urteils ein, sondern erst mit Rechtskraft des Urteils, das nach der Zurückverweisung nach § 95 Abs. 2 BVerfGG in dem dann fortgesetzten Verfahren ergeht. Das gilt auch dann, wenn der Arbeitgeber die erfolgreiche Verfassungsbeschwerde eingelegt hatte (*BAG* 16.1.2003 EzA § 4 TVG Ausschlussfristen Nr. 166).

**4640** Bestimmt ein Tarifvertrag, dass die Ausschlussfrist für **Ansprüche auf Zuschläge** z. B. für Mehrarbeit mit Vorlage der Gehaltsabrechnung beginnt, in der sie zu berücksichtigen waren, so beginnt ihr Lauf erst dann, wenn der Anspruch auf Erteilung der Abrechnung verfallen ist (*BAG* 27.11.1984 EzA § 4 TVG Ausschlussfristen Nr. 64). Folglich verfällt der Anspruch dann nicht, wenn der Abrechnungsanspruch nicht innerhalb einer Ausschlussfrist geltend zu machen ist (*BAG* 8.8.1985 EzA § 4 TVG Ausschlussfristen Nr. 69).

**4641** Ist das Urlaubsentgelt auf Grund einer tariflichen Regelung **vor Beginn** der urlaubsbedingten Arbeitsbefreiung **auszuzahlen**, beginnt damit an sich auch der Lauf einer **Ausschlussfrist**. Besteht im Betrieb allerdings die Übung, das Urlaubsentgelt erst mit dem Gehalt des laufenden Monats oder der Gehaltsabrechnung von Mitte des nächsten Monats auszuzahlen, so ist davon auszugehen, dass die Forderung bis dahin gestundet ist. Der Lauf der Ausschlussfrist beginnt jedenfalls dann erst mit dem im Betrieb üblichen Auszahlungstermin (*BAG* 18.5.1999 EzA § 11 BUrlG Nr. 43).

**4642** Beginnt die Ausschlussfrist mit dem **Ausscheiden aus dem Betrieb**, so ist auf die rechtliche Beendigung des Arbeitsverhältnisses, nicht auf das **tatsächliche Ausscheiden** des Arbeitnehmers aus dem Betrieb (z. B. nach Ablauf der Kündigungsfrist) abzustellen (*BAG* 22.9.1999 EzA § 4 TVG Ausschlussfristen Nr. 132; s. a. *BAG* 11.2.2009 EzA § 4 TVG Ausschlussfristen Nr. 195), selbst dann, wenn er gegen die Kündigung Klage erhoben hat (a. A. *LAG Düsseld.* 12.1.1988 BB 1988, 768). Verlangt eine tarifliche Ausschlussklausel die fristgebundene Klageerhebung im Falle der »Beendigung des Beschäftigungsverhältnisses«, kommt es im Zweifel auf die **rechtliche Beendigung** des Arbeitsverhältnisses an. Der Lauf der Ausschlussfrist beginnt erst dann, wenn die Beendigung des Arbeitsverhältnisses feststeht. Die Rückwirkung der Zustellung nach § 167 ZPO gilt auch für die Fristwahrung bei einer tariflich notwendigen fristgebundenen Klageerhebung (*BAG* 11.2.2009 EzA § 4 TVG Ausschlussfristen Nr. 195). Wird an die Beendigung angeknüpft, hat der Arbeitnehmer seine Ansprüche in der vorgesehenen Frist zumindest dem Grunde nach geltend zu machen. Die Ansprüche müssen nicht fällig und der Höhe nach bestimmt sein (*BAG* 5.8.2009 EzA § 612a BGB 2002 Nr. 6).

**4643** Zu beachten ist, dass eine Ausschlussfrist, deren Lauf mit der Beendigung des Arbeitsverhältnisses beginnt, auf Ansprüche, die erst nach der Beendigung entstehen, nicht sinnvoll angewendet werden kann und folglich derartige Ansprüche nicht erfasst (*BAG* 19.12.2006 EzA § 4 TVG Ausschlussfristen Nr. 187).

**4644** Im Falle eines Betriebsübergangs nach § 613a BGB scheidet der bisherige Arbeitgeber aus dem Arbeitsverhältnis aus. Eine tarifliche Ausschlussfrist für Ansprüche gegen ihn, die an das Ausscheiden aus dem Arbeitsverhältnis anknüpft, beginnt daher mit dem **Zeitpunkt des Betriebsübergangs** zu laufen (*BAG* 10.8.1994 EzA § 4 TVG Ausschlussfristen Nr. 105). Verfolgt ein Arbeitnehmer Entgeltansprüche gegenüber einem Betriebsübernehmer, weil dieser nach Betriebsübergang mit der Annahme der Dienste in Verzug gekommen ist, so hat er dafür die Ausschlussfristen eines für allgemeinverbindlich erklärten Tarifvertrages zu wahren. Der Arbeitnehmer kann sich dann regelmäßig **nicht darauf berufen**, zunächst die **Rechtskraft** eines wegen des Betriebsübergangs geführten Feststellungsverfahrens **abzuwarten** (*BAG* 12.12.2000 NZA 2001, 1082); Annahmeverzugsansprüche werden also auch im Falle eines Betriebsübergangs so fällig, wie wenn die Arbeit tatsächlich erbracht worden wäre (*BAG* 13.2.2003 EzA § 4 TVG Ausschlussfristen Nr. 162). Allerdings beginnt der Lauf einer auf die Fälligkeit des Anspruchs abstellenden Ausschlussfrist **nicht vor Kenntnis des Arbeitnehmers von der Person des neuen Arbeitgebers**. Der Arbeitgeber, der den Verfall des Anspruchs geltend macht, muss deshalb **darlegen** und ggf. beweisen, dass der **Arbeitnehmer** diese **Kenntnis** zu einem verfallsrelevanten Zeitpunkt **hatte** (*LAG Nbg.* 8.1.2008 – 7 Sa 443/07, ZTR 2008, 215).

F. Einreden und Einwendungen                                                    Kapitel 3

Muss nach einer tariflichen Ausschlussklausel bereits der auf **Freistellung** des Arbeitnehmers von 4645
Schadensersatzansprüchen eines durch ihn bei einer betrieblich veranlassten Tätigkeit geschädigten
Dritten gerichtete Anspruch geltend gemacht werden, läuft ab dessen Übergang in einen Zahlungsanspruch keine neue Ausschlussfrist (*BAG* 16.3.1995 EzA § 4 TVG Ausschlussfristen Nr. 110). Der
Anspruch des Arbeitnehmers, vom Arbeitgeber im Innenverhältnis von Schadensersatzansprüchen
freigestellt zu werden, wird jedenfalls dann fällig – mit der Konsequenz des Beginns des Laufens
der tariflichen Ausschlussfrist –, wenn der Arbeitnehmer im Außenverhältnis die Rechtsverteidigung
gegen eine Verurteilung zum Schadensersatz einstellt. Der Freistellungsanspruch besteht unabhängig
vom Ausgleichsanspruch schädigender Gesamtschuldner untereinander. Daher wird er nicht erst
dann fällig, wenn einer der Gesamtschuldner den Ausgleich nach § 426 BGB geltend macht
(*BAG* 25.6.2009 – 8 AZR 236/08, NZA-RR 2010, 224).

**Bei einer zweistufigen Ausschlussfrist beginnt die Frist der zweiten Stufe nicht zu laufen, bevor der** 4646
**Anspruch fällig wird** (*BAG* 22.1.2008 EzA § 4 TVG Ausschlussfrist Nr. 190).

*b) Schadensersatzansprüche*

Schadensersatzansprüche werden zum Teil (vgl. z. B. § 17 Abs. 5 MTV Chemie) ausdrücklich von 4647
der Anwendung der Ausschlussfristen ausgenommen (s. Rdn. 4742 ff.).

Enthält ein Tarifvertrag (z. B. § 70 BAT, § 37 TVöD) dagegen keine besondere Regelung für 4648
Schadensersatzansprüche, sondern erfasst »Ansprüche aus dem Arbeitsverhältnis«, so wird ein solcher i. S. d. Ausschlussfrist frühestens fällig, wenn er feststellbar ist und geltend gemacht werden
kann. Das ist der Fall, sobald der Geschädigte in der Lage ist, sich den erforderlichen Überblick
ohne schuldhaftes Zögern zu verschaffen. Für Schadensersatzansprüche eines Arbeitnehmers wegen **Mobbings** beginnt die tarifliche Ausschlussfrist gem. § 70 BAT (s. a. § 37 TVöD) wegen der
**systematischen, sich aus mehreren Handlungen zusammensetzenden Verletzungshandlung** regelmäßig erst mit der **zeitlich letzten Mobbing-Handlung** (*BAG* 16.5.2007 EzA § 611 BGB
2002 Persönlichkeitsrecht Nr. 6), spätestens aber mit dem Ausscheiden des Arbeitnehmers aus
dem Arbeitsverhältnis (*Sächs. LAG* 17.2.2005 – 2 Sa 751/03, EzA-SD 12/05, S. 12 LS).

Schuldhaftes Zögern ist im Übrigen regelmäßig dann nicht anzunehmen, wenn ein Arbeitgeber, der 4649
durch strafbare Handlungen von Arbeitnehmern geschädigt wurde, vor der Geltendmachung seiner
Schadensersatzansprüche zunächst den Ausgang eines Strafverfahrens abwartet, von dem er sich eine
weitere Aufklärung des streitigen Sachverhalts versprechen darf (*BAG* 26.5.1981 EzA § 4 TVG Ausschlussfristen Nr. 47).

Fälligkeit tritt ein, sobald der Gläubiger vom Schadensereignis Kenntnis erlangt hat oder bei Be- 4650
achtung der gebotenen Sorgfalt Kenntnis erlangt hätte und die betreffende Forderung dem
Grunde nach benennbar und wenigstens annähernd bezifferbar ist (*BAG* 16.5.1984 EzA § 4
TVG Ausschlussfristen Nr. 58).

Die Anforderungen an die vom Gläubiger zu beachtende Sorgfalt und insbes. die Anlässe, auf Grund 4651
derer der Arbeitgeber die Arbeitsweise der Arbeitnehmer zu überprüfen hat, hängen von der **jeweiligen Fallgestaltung** ab.

Der Arbeitgeber braucht z. B. in aller Regel einen Angestellten, der die Arbeitsvergütungen einer gro- 4652
ßen Zahl von Arbeitnehmern selbstständig zu errechnen und den dabei anfallenden Schriftwechsel
selbstständig zu erledigen hat, nicht jeweils beim Ausscheiden eines einzelnen Arbeitnehmers daraufhin zu kontrollieren, ob er das Arbeitsentgelt des Ausscheidenden ordnungsgemäß abgerechnet hat.

Die **Darlegungs- und Beweislast** für die Verletzung der Kontrollpflicht obliegt dem Schuldner (*BAG* 4653
16.5.1984 EzA § 4 TVG Ausschlussfristen Nr. 58).

Insgesamt gilt insoweit Folgendes (*BAG* 30.10.2008 EzA § 4 TVG Ausschlussfristen Nr. 192): 4654

Schadensersatzforderungen, z. B. im Sinne der einzelvertraglich in Bezug genommenen tariflichen Ausschlussklausel des § 21 MTV Gas-, Wasser- und Elektrizitätsunternehmungen

NRW, werden fällig und können geltend gemacht werden, wenn der Schuldner erkennen kann, aus welchem Sachverhalt und in welcher ungefähren Höhe er in Anspruch genommen werden soll. Dazu gehört die Möglichkeit, die Forderung wenigstens annähernd zu beziffern. Der Gläubiger darf bei der Schadensfeststellung nicht schuldhaft zögern. Er braucht aber kein Personal von den eigentlichen Arbeitsaufgaben freizustellen, um den Schädiger so schnell wie möglich über seine Schadensersatzansprüche zu informieren. Bei einem einheitlichen Lebenssachverhalt muss der Geschädigte, um die Ausschlussfrist zu wahren, nicht einzelne Schadensvorfälle unverzüglich gegenüber dem Schädiger geltend machen, sobald er deren ungefähren Schadenshöhe ermittelt hat. Sinn und Zweck einer solchen Ausschlussfrist ist es auch, dem Schädiger zu verdeutlichen, in welchem Umfang insgesamt Ersatz von ihm verlangt wird.

4654a Für Regressansprüche des Arbeitgebers gegen den Arbeitnehmer, die sich daraus ergeben, dass der Arbeitgeber seinerseits **von einem Dritten auf Schadensersatz in Anspruch genommen wird**, beginnt die Ausschlussfrist nicht vor dem Zeitpunkt zu laufen, in dem der Dritte beim Arbeitgeber Ansprüche auf Schadensersatz geltend macht oder in dem der Arbeitgeber in sonstiger Weise von einer drohenden Schadensersatzforderung erfährt (*BAG* 16.3.1966 APO Nr. 32 zu § 4 TVG Ausschlussfristen; ErfK/*Preis* §§ 194–218 BGB Rn. 52).

4655 Ein **Steuerverzögerungsschaden** wird frühestens mit Bekanntgabe des Steuerbescheides fällig, mit der die – progressionsbedingt erhöhte – Steuer gefordert wird. Ob zu diesem Zeitpunkt eine weitere Frist hinzutritt, innerhalb der ein Arbeitnehmer seinen Steuerschaden unter Einschaltung sachverständiger Personen berechnen kann, bleibt offen (*BAG* 20.6.2002 EzA § 611 BGB Arbeitgeberhaftung Nr. 11; s. a. *BAG* 28.10.2008 NZA-RR 2009, 499 zu steuerlichen Nachteilen wegen der verspäteten Anpassung der Betriebsrente; *BGH* 11.5.1995 NJW 1995, 2108; 7.2.2008 NJW-RR 2008, 1508).

### c) Rückwirkung von Ausschlussfristen

4656 Nach der Rechtsprechung des *BAG* (14.7.1965 AP Nr. 5 zu § 1 TVG Tarifverträge: BAVA) können die Tarifvertragsparteien Ausschlussfristen auch rückwirkend einführen, wenn der in der Zukunft liegende Teil der Frist genügend Zeit zur Geltendmachung der Forderungen lässt. Das gilt insbes. dann, wenn die der Ausschlussfrist unterliegenden Rechte (Ansprüche) auch rückwirkend entstanden sind.

4657 Tritt die Tarifbindung der Parteien eines Arbeitsverhältnisses erst nach Vertragsschluss ein oder erfasst ein Tarifvertrag ein Arbeitsverhältnis erst danach, so werden die bis zum Zeitpunkt der Tarifgeltung entstehenden Ansprüche von einer tariflichen Ausschlussklausel aber jedenfalls dann nicht erfasst, wenn sich die Klausel keine ausdrückliche Rückwirkung beimisst (*BAG* 26.9.1990 EzA § 4 TVG Ausschlussfristen Nr. 87).

### d) Zahlung »unter Vorbehalt«

4658 Durch einseitige Erklärung, er zahle »unter Vorbehalt«, und in der widerspruchslosen Entgegennahme des Arbeitsentgelts durch den Arbeitnehmer liegt nicht die Vereinbarung, dass der Beginn der Ausschlussfrist des § 70 BAT (s. a. § 37 TVöD) hinausgeschoben wird.

4659 Unter welchen Voraussetzungen eine solche Vereinbarung anzunehmen ist und ob sie zulässig ist, hat das *BAG* (27.3.1996 EzA § 4 TVG Ausschlussfristen Nr. 124) offen gelassen.

### 3. Kenntnis des Arbeitnehmers/Arbeitgebers

#### a) Tarifliche Normen; § 8 TVG

4660 Fraglich ist, ob die Parteien Kenntnis von Inhalt und Anwendbarkeit einer tariflichen Ausschlussfrist haben müssen.

## F. Einreden und Einwendungen Kapitel 3

Nur vereinzelt (z. B. gem. § 16 Abs. 2 S. 2 MTV Einzelhandel Rheinland-Pfalz a. F.; ab 2003 ist **4661** das nicht mehr der Fall) wird die Anwendbarkeit der Ausschlussfrist ausdrücklich ausgeschlossen für den Fall, dass der Arbeitgeber mit dem Arbeitnehmer den Arbeitsvertrag nicht mit einem bestimmten Mindestinhalt schriftlich abschließt und der Tarifvertrag nicht an geeigneter Stelle im Betrieb zur Einsicht ausgelegt, ausgehängt oder allen Mitarbeitern ausgehändigt wird.

Einer derartigen Verpflichtung genügt der Arbeitgeber nicht dadurch, dass er den Tarifvertrag zusammen mit Arbeitsanweisungen in einen allgemein zugänglichen, mit »Info« beschrifteten Ordner ablegt (*BAG* 11.11.1998 EzA § 4 TVG Ausschlussfristen Nr. 128). Müssen auf Grund einer tariflichen Regelung des Weiteren die Voraussetzungen »Aushändigung des Tarifvertrags« und »entsprechende Eingruppierung im Arbeitsvertrag« kumulativ vorliegen, erfüllt die **Bezifferung der Gehaltshöhe** im Arbeitsvertrag die zweite Voraussetzung nicht, da sie keinen schriftlichen Niederschlag enthält, von welcher tariflichen Eingruppierung nach Tarifgruppe und Tätigkeitsjahr die Arbeitsvertragsparteien ausgehen (*LAG RhPf* 6.5.2005 NZA-RR 2005, 534).

§ 8 TVG sieht im Übrigen zwar vor, dass die Arbeitgeber verpflichtet sind, die für ihren Betrieb maß- **4662** geblichen Tarifverträge an geeigneter Stelle im Betrieb auszulegen, d. h. dass der Arbeitgeber dem Arbeitnehmer auf Anforderung das entsprechende Regelwerk zugänglich machen muss (*LAG Nbg.* 25.11.2004 NZA-RR 2005, 377). Dieser Verpflichtung kommt der Arbeitgeber nur nach, wenn er die Arbeitnehmer **deutlich darauf hinweist, wo sie die Tarifverträge** zu den betriebsüblichen Zeiten **einsehen können**. Die Arbeitnehmer müssen in diesen Zeiten **ungehinderten Zugang** zu den genannten Räumlichkeiten haben. Sie müssen die gut sichtbaren und eindeutig gekennzeichneten Tarifverträge ohne ausdrückliches Verlangen ungestört einsehen können (*LAG Nds.* 7.12.2000 LAGE § 8 TVG Nr. 1; *LAG Nbg.* 9.12.2004 ZTR 2005, 204 LS). Dabei handelt es sich aber nur um eine **Ordnungsvorschrift**, von deren Einhaltung die Wirksamkeit tariflicher Normen nicht abhängt. Es handelt sich auch nicht um ein Schutzgesetz i. S. d. § 823 Abs. 2 BGB (*BAG* 30.9.1970 AP Nr. 2 zu § 70 BAT; *LAG RhPf* 16.7.2002 NZA-RR 2003, 30; *LAG Nds.* 7.12.2000 LAGE § 8 TVG Nr. 1; **a. A.** *Hess. LAG* 17.10.2001 NZA-RR 2002, 427).

Deshalb verwehrt es ein Verstoß gegen § 8 TVG dem Arbeitgeber nicht, sich auf den Verfall ta- **4663** riflich geregelter Ansprüche zu berufen, wenn er den Arbeitnehmer zumindest auf die Geltung des Tarifvertrages, in dem sich die Ausschlussfrist befindet, hingewiesen hat. Dann ist ein Einschreiten der Gerichte zur Wahrung der Rechtsordnung nicht geboten. Vielmehr ist es dem Arbeitnehmer zuzumuten, sich zur Wahrung seiner Rechte um den Inhalt des ihm benannten Tarifvertrages zu kümmern (*LAG Nds.* 7.12.2000 LAGE § 8 TVG Nr. 1; *LAG Brem.* 9.11.2000 NZA-RR 2001, 98; zust. *Hohenhaus* NZA 2001, 1107 ff.; s. a. *Schrader* NZA 2003, 349 ff.).

**Im Übrigen laufen Ausschlussfristen unabhängig von der Kenntnis der Parteien** (*BAG* 16.8.1983 **4664** EzA § 4 TVG Ausschlussfristen Nr. 56; offen gelassen in *BAG* 11.11.1998 EzA § 4 TVG Ausschlussfristen Nr. 128).

Sie gelten auch dann (*BAG* 23.1.2002 EzA § 2 NachwG Nr. 3; 5.11.2003 EzA § 2 NachwG **4665** Nr. 6; *LAG RhPf* 16.7.2002 NZA-RR 2003, 30; s. *Lorenz* FA 2007, 268) wenn die Verpflichtung zur Auslage des Tarifvertrages im Betrieb verletzt wird; der Arbeitnehmer hat danach auch keinen Schadensersatzanspruch. Denn der Zweck des § 8 TVG ist die Ermöglichung der Kenntnisnahme von Tarifverträgen. Normzweck ist dagegen nicht, zu verhindern, dass der Arbeitnehmer wegen seiner Unkenntnis Vermögensnachteile erleidet. Die Auslegungspflicht dient nicht dem Schutz des Einzelnen. Ebenso wenig, wie Gesetzesunkenntnis zur Unanwendbarkeit der gesetzlichen Regelung führt, kann sich der Arbeitnehmer auf die bloße Unkenntnis tariflicher Verfallklauseln berufen. Der Arbeitnehmer ist also gehalten, sich selbst rechtzeitig und umfassend über den Inhalt der auf sein Arbeitsverhältnis anzuwendenden Gesetze und Kollektivverträge zu informieren (*LAG RhPf* 16.7.2002 NZA-RR 2003, 30).

*b) Informationspflicht des Arbeitgebers?*

**4666** Der Arbeitgeber ist nicht auf Grund der ihm obliegenden Fürsorgepflicht verpflichtet, den Arbeitnehmer wegen der Anwendbarkeit oder der Änderung tariflicher Vorschriften zu informieren; es handelt sich auch nicht um eine Obliegenheit des Arbeitgebers (*BAG* 23.1.2002 EzA § 2 NachwG Nr. 3).

**4667** Der Arbeitnehmer hat sich vielmehr grds. selbst die zur Wahrung seiner Rechte erforderlichen Kenntnisse zu verschaffen. In der unterbliebenen Unterrichtung über tarifliche Änderungen liegt daher allein noch kein Umstand, der dem Arbeitgeber die Berufung auf die tarifliche Ausschlussfrist als rechtsmissbräuchlich verwehrt (*LAG Frankf./M.* 13.9.1990 NZA 1991, 896).

### 4. Geltendmachung des Anspruchs

**4668** Die Geltendmachung eines Anspruchs im hier maßgeblichen Sinne ist keine Willenserklärung, sondern eine **einseitige rechtsgeschäftsähnliche Handlung**. Für deren Auslegung gelten §§ 133, 157 BGB entsprechend (*BAG* 11.12.2003 EzA § 4 TVG Ausschlussfristen Nr. 170). Eine zulässige allgemeine Feststellungsklage wahrt jedenfalls dann eine einstufige tarifliche Ausschlussfrist, **wenn sie geeignet ist, den gesamten Streitstoff abschließend zu klären**; der erforderliche Gegenwartsbezug einer Feststellungsklage, die sich auf einen abgeschlossenen Zeitraum bezieht, liegt dann vor, wenn der Kläger die Erfüllung konkreter Vergütungsansprüche aus einem in der Vergangenheit liegenden Zeitraum und damit einen gegenwärtigen rechtlichen Vorteil anstrebt (*BAG* 13.8.2009 – 6 AZR 330/08, NZA-RR 2010, 420).

*a) Inhaltliche Anforderungen; Geltendmachung durch Dritte*

**4669** Der **Zweck** tariflicher Ausschlussfristen besteht darin, **Rechtssicherheit und Rechtsklarheit zu schaffen**. Deshalb gehört zur Geltendmachung die **Angabe des konkreten Anspruchsgrundes**. Der Gläubiger muss seinen Anspruch nach Grund und Höhe so genau wie möglich bezeichnen; zumindest die ungefähre Höhe der Forderung muss genannt werden (*BAG* 17.7.2003 – 8 AZR 486/02 – EzA-SD 22/03, S. 9 LS); Gleiches gilt für den Zeitraum, für den er verfolgt wird.

**4670** All dies muss mit der für den Schuldner notwendigen Deutlichkeit ersichtlich gemacht werden. Deshalb müssen die Art des Anspruchs sowie die Tatsachen, auf die der Anspruch gestützt wird, erkennbar sein. Eine rechtliche Begründung ist dagegen nicht erforderlich (*BAG* 22.4.2004 – 8 AZR 652/02, ZTR 2004, 532). Bei einer Anspruchshäufung muss sich die Geltendmachung, wenn tarifvertraglich nichts anderes geregelt ist, auf jeden einzelnen Anspruch beziehen, auch wenn die Teilansprüche auf einem einheitlichen Anspruchsgrund beruhen (*BAG* 22.6.2005 EzA § 4 TVG Ausschlussfristen Nr. 179).

**4671** Denn der Schuldner soll anhand der Geltendmachung erkennen können, welche Forderung erhoben wird. Werden mehrere Ansprüche geltend gemacht, müssen sich die Beschreibungen des Anspruchsgrundes auf jeden einzelnen Anspruch (Zeitraum, ungefähre Höhe) beziehen (*BAG* 18.3.1999 ZTR 1999, 420; *Hess. LAG* 19.6.2001 FA 2002, 118), es sei denn, dass der Anspruchsgegner Grund und Höhe des Anspruchs ohnehin kennt (*Hess. LAG* 19.6.2001 FA 2002, 118). Macht ein Arbeitnehmer z. B. gegen den Arbeitgeber **die Zahlung einer Zulage** zu seiner Vergütung geltend, so liegt darin grds. **keine Geltendmachung** eines **Anspruchs auf Vergütung nach einer bestimmten höheren Vergütungsgruppe**; die Ausschlussfrist zur Geltendmachung eines solchen Anspruchs wird dadurch nicht gewahrt (*BAG* 22.4.2004 – 8 AZR 652/02, ZTR 2004, 532). Ist **nur der Anspruchsgrund streitig**, ist die Angabe der ungefähren Höhe ausnahmsweise dann entbehrlich, wenn es ersichtlich nur darum geht, die Anspruchsvoraussetzungen zu klären. Dazu kann es ausreichen, wenn der Arbeitnehmer in einem Statusprozess (VHS-Lehrerin) die Vergütung nach BAT verlangt, wenn unstreitig ist, dass vergleichbare Lehrer nach BAT IV a vergütet werden (*LAG Nds.* 26.6.2000 ZTR 2006, 661). *Für die Geltendmachung gegenüber dem Schuldner ist zusätzlich erforderlich, dass* **er** zunächst **zur Erfüllung des Anspruchs aufgefordert wird** (*Hess. LAG* 19.6.2001 FA 2002, 118). Die Aufforderung

## F. Einreden und Einwendungen  Kapitel 3

braucht zwar nicht wörtlich erklärt zu werden (*Schäfer* Die Abwicklung des beendeten Arbeitsverhältnisses, Rn. 152 ff.).

▶ **Beispiele:** 4672
- Es reicht jedoch nicht aus, wenn der Arbeitgeber aufgefordert wird, eine Abrechnung zu erteilen (*BAG* 5.11.2003 EzA § 2 NachwG Nr. 6), auch dann nicht, wenn der Tarifvertrag auch eine Pflicht zur Erteilung einer Abrechnung vorsieht (*LAG Nbg.* 11.3.2003 NZA-RR 2004, 33); Gleiches gilt für das Verlangen, eine Anrechnung einer Tariflohnerhöhung auf eine freiwillige Zulage »in schriftlicher Form zu begründen« und eine solche Anrechnung »noch einmal zu überdenken« (*BAG* 5.4.1995 EzA § 4 TVG Ausschlussfristen Nr. 111).
- Ebenso wenig genügt die an den Arbeitgeber gerichtete schriftliche **Bitte** »**um Prüfung**«, ob die Voraussetzungen eines näher bezeichneten Anspruchs vorliegen (*BAG* 10.12.1997 DB 1998, 682; abl. dazu *Strack* BB 1998, 1063 f.). Gleiches gilt für ein Schreiben, mit dem ein Angestellter des öffentlichen Dienstes um **Mitteilung** der für ihn zutreffenden **Vergütungs- und Fallgruppe** der Anlage 1a zum BAT bittet (*LAG Hamm* 4.6.1998 ZTR 1998, 514 LS). Auch wenn ein Arbeitnehmer nur die Anerkennung weiterer Beschäftigungszeiten fordert, wird damit eine tarifliche Ausschlussfrist für konkrete Zahlungsansprüche, z. B. Abfindungsbeträge, nicht gewahrt (*BAG* 18.3.1999 ZTR 1999, 420).
- Auch die **Aufforderung, künftig Karenzentschädigung in bestimmter Höhe zu zahlen**, reicht jedenfalls dann nicht aus, wenn sich der Arbeitnehmer entsprechend § 74c HGB monatlich anderweitigen Verdienst anrechnen lassen muss (*LAG Nbg.* 21.2.2007 NZA-RR 2007, 428).
- Gleiches gilt für die nach einer Arbeitgeberkündigung vom Arbeitnehmer an seinen Arbeitgeber gerichtete Aufforderung, bei der Abwicklung des Arbeitsverhältnisses »**tariflich zustehende Sonderzahlungen**« zu »**berücksichtigen**«. Dies ist **keine ausreichende Geltendmachung** des Anspruchs auf eine tariflich vorgesehene Weihnachtszuwendung. Denn der Gläubiger muss die Entscheidung darüber, was ihm »zusteht«, selber treffen und muss das Ergebnis seiner Prüfung zu erkennen geben (*LAG Köln* 9.4.1999 ARST 2000, 47 LS).
- Reicht die **mündliche Geltendmachung** eines Anspruchs aus, so liegt eine hinreichende Zahlungsaufforderung aber regelmäßig dann vor, wenn der Arbeitnehmer beim Empfang der Lohnabrechnung **bemängelt**, ein bestimmter **Lohnbestandteil fehle**. Einer solchen Erklärung muss der Arbeitgeber entnehmen, der Arbeitnehmer verlange Abrechnung und Zahlung auch dieses Lohnbestandteils (*BAG* 20.2.2001 EzA § 4 TVG Ausschlussfristen Nr. 139).
- Wird nach dem einschlägigen Tarifvertrag die dort geregelte Ausschlussfrist gewahrt, wenn der Anspruch »**durch den Betriebsrat** dem Grunde nach geltend gemacht ist«, so reicht es jedenfalls hinsichtlich zurückliegender Dienstjubiläen aus, wenn der Betriebsrat innerhalb der Frist der Einstellung der Zahlungen mit dem Hinweis widerspricht, die betroffenen Arbeitnehmer hätten einen individuellen vertraglichen Anspruch auf das Jubiläumsgeld (*BAG* 23.10.2002 EzA § 611 BGB Gratifikation, Prämie Nr. 168).

Reicht diese Geltendmachung durch den Betriebsrat nach dem Wortlaut der Tarifnorm bis zur 4673
Erfüllung der Ansprüche auch für »sich anschließende Ansprüche«, so können vom Betriebsrat für die Arbeitnehmer auch noch nicht entstandene Ansprüche geltend gemacht und damit dem Verfall entzogen werden (*BAG* 28.4.2004 EzA § 4 TVG Ausschlussfristen Nr. 172).

Ob die Geltendmachung eines Anspruchs durch den **Betriebsrat** auch dann, wenn dies nicht aus- 4674
drücklich im Tarifvertrag vorgesehen ist, ausreicht, hat das *BAG* (20.2.2001 EzA § 4 TVG Ausschlussfristen Nr. 139) dagegen offen gelassen.

Andererseits hat das *LAG Bra.* (17.5.2000 NZA-RR 2002, 201) angenommen, dass der Arbeit- 4675
geber eine schriftliche Geltendmachung eines Lohnanspruchs durch einen vom Arbeitnehmer bevollmächtigten Gewerkschaftssekretär nicht wegen fehlender Vorlage einer Vollmacht nach § 174 S. 1 BGB zurückweisen kann. Auch das *BAG* (14.8.2002 EzA § 4 TVG Ausschlussfristen Nr. 156) geht davon aus, dass eine analoge Anwendung von § 174 BGB auf die Geltendmachung von Ansprüchen zur Wahrung tariflicher Ausschlussfristen nicht gerechtfertigt ist. Allerdings muss die Geltendmachung durch einen bevollmächtigten Vertreter erfolgen; analog § 180

S. 1 BGB ist ein Handeln eines Vertreters ohne Vertretungsmacht unzulässig (*BAG* 14.8.2002 EzA § 4 TVG Ausschlussfristen Nr. 156).

**Ohne besondere Regelung** in der Ausschlussfrist wahren Geltendmachungen durch Dritte die Frist (z. B. des § 37 Abs. 1 S. 1 TV-L) nur, wenn diese **erkennbar in Vollmacht für den Beschäftigten** handeln (*BAG* 23.9.2010 NZA-RR 2011, 106). Deshalb ist jedenfalls ein dem **Betriebsrat** zuzurechnendes Schreiben allein ohne weitere Angaben keine ausreichende Geltendmachung (*LAG München* 13.4.2010 ZTR 2011, 42).

4676 Sind nach den Bestimmungen eines Tarifvertrages Ansprüche »gegenüber der Personalabteilung« oder einer »entsprechenden zuständigen Stelle« geltend zu machen, so reicht dafür die Geltendmachung gegenüber einem Prozessbevollmächtigten des Arbeitgebers aus, soweit ein mit dem Anspruch in Zusammenhang stehender Prozess geführt wird (*BAG* 27.2.2002 EzA § 4 TVG Metallindustrie Nr. 125).

4677 Der Schuldner muss im Übrigen jedenfalls erkennen können, um welche Art Forderung es sich handelt. Für diese Spezifizierung genügt es, dass der zugrunde liegende tatsächliche Sachverhalt geschildert wird. Eine genaue Bezifferung des Anspruchs ist nicht erforderlich, jedoch muss i. d. R. die erhobene Forderung mindestens annähernd der Höhe nach bezeichnet sein. Der Schuldner muss die Höhe der Forderung in etwa erkennen oder berechnen können, weil er andernfalls keine konkrete Grundlage für seine Reaktion hat.

4678 Es genügt jedenfalls nicht, dass ihm irgendein Betrag mitgeteilt oder bekannt wird, der erheblich unter dem liegt, den der Gläubiger von ihm verlangen will (*BAG* 8.2.1972 AP Nr. 49 zu § 4 TVG Ausschlussfristen). Diesen Anforderungen genügt grds. auch eine überhöhte Forderung, es sei denn, dass die Geltendmachung dadurch gänzlich unbestimmt wird. Bei besonderer Schwierigkeit der Berechnung führt eine Zuvielforderung andererseits jedenfalls dann nicht zur Unbestimmtheit, wenn der Schuldner die Erklärung des Gläubigers als Aufforderung zur Bewirkung der tatsächlich geschuldeten Leistung verstehen muss und der Gläubiger zur Annahme der gegenüber seinen Vorstellungen geringeren Leistung bereit ist (*BAG* 20.6.2002 EzA § 611 BGB Arbeitgeberhaftung Nr. 11). Etwas anderes gilt dann, wenn sich der Betrag für den Schuldner mühelos errechnen lässt, ihm ohnehin bereits bekannt ist oder wenn die Gegenseite die hierfür von ihr zu liefernden Angaben verweigert (*BAG* 8.1.1970 AP Nr. 43 zu § 4 TVG Ausschlussfristen; 16.12.1971 AP Nr. 48 zu § 4 TVG Ausschlussfristen).

4679 Reicht nach einer tariflichen Regelung (z. B. § 63 Unterabs. 2 BMT-G II) für denselben Sachverhalt die einmalige Geltendmachung des Anspruchs aus, um die Ausschlussfrist auch für später fällig werdende Leistungen unwirksam zu machen, ist erforderlich, dass bei unveränderter rechtlicher und tatsächlicher Lage Ansprüche aus einem bestimmten, ständig gleichen Grundtatbestand herzuleiten sind (z. B. ständige Zulagen, Vergütungsansprüche bei unzutreffender Eingruppierung). Sog. unständige Bezüge, die nicht monatlich wiederkehrend oder in unterschiedlicher Höhe anfallen, betreffen nicht denselben Sachverhalt und werden von einer derartigen Regelung folglich nicht erfasst (*BAG* 10.7.2003 EzA § 4 TVG Ausschlussfristen Nr. 168).

*b) Schriftliche Geltendmachung*

4680 Soweit die schriftliche Geltendmachung verlangt wird, handelt es sich um eine **konstitutive Schriftform**, deren Nichteinhaltung zur Nichtigkeit der Geltendmachung führt (§ 125 BGB), nicht aber nur um eine deklaratorische Schriftform zu Beweiszwecken. Jedenfalls stellt eine nicht unterschriebene Aufstellung keine schriftliche Geltendmachung i. S. einer tarifvertraglichen Ausschlussfrist dar (*BAG* 17.9.2003 EzA § 4 TVG Ausschlussfristen Nr. 169). Voraussetzung für eine schriftliche Geltendmachung ist, dass dem Arbeitgeber **mindestens ein urheberrechtlich** dem Anspruchsteller **zuzuordnendes anspruchsbegründendes Schriftstück vorgelegen** hat und beim Arbeitgeber **in irgendeiner Form verblieben** ist. Dem genügt es **nicht**, wenn der Arbeitnehmer ein – unvollständiges – **Antragsformular** ausfüllt, es mit dem Arbeitgeber erörtert und dann **komplett wieder an sich**

**nimmt**, ohne dass darüber ein Vorgang angelegt wird (*LAG SchlH* 8.11.2007 – 3 Sa 272/07 – EzA-SD 2/2008 S. 14 LS). Ein **irrtümlich an den Betriebsveräußerer** gerichtetes Geltendmachungsschreiben wahrt die tarifliche Ausschlussfrist jedenfalls dann, wenn es noch vor Fristablauf an den Betriebserwerber **weitergeleitet** wird und dieser aus den Umständen erkennen kann, dass er – und nicht der frühere Betriebsinhaber – als Schuldner gemeint ist (§ 133 BGB; *LAG Hamm* 27.1.2011 LAGE § 611 BGB 2002 Gratifikation Nr. 21).

Auch ist die Wirksamkeit einer Übermittlung eines Anspruchsschreibens per Fax nicht ausgeschlossen. Denn das *BAG* (11.10.2000 EzA § 4 TVG Ausschlussfristen Nr. 13; 14.8.2002 EzA § 130 BGB Nr. 29; *BAG* 17.9.2003 EzA § 4 TVG Ausschlussfristen Nr. 169; 27.1.2010 EzA § 4 TVG Tarifkonkurrenz Nr. 23) geht jedenfalls für diesen Fall davon aus, dass §§ 125, 126 BGB weder unmittelbar, noch analog anwendbar sind, weil die Erhebung eines Anspruchs i. S. z. B. der tariflichen Ausschlussfrist des § 16 BRTV-Bau keine Willenserklärung, sondern eine einseitige rechtsgeschäftsähnliche Handlung ist. Auch Normzweck und Interessenlage sind auf die Übermittlung eines Anspruchsschreibens per Fax nicht übertragbar. Denn angesichts der im Geschäftsleben festzustellenden Üblichkeit der Erklärungsübermittlung per Telefax besteht kein Grund, das Erfordernis der Originalunterschrift analog § 126 BGB auf Geltendmachungsschreiben zu übertragen, die ihren Sinn und Zweck auch dann erfüllen, wenn sie lediglich die bildliche Wiedergabe der Originalunterschrift enthalten. Gem. § 126 Abs. 3 i. V. m. § 126a BGB (i. V. m. dem SignaturG) ist zudem inzwischen die Einhaltung der Schriftform in elektronischer Form möglich (s. Rdn. 4635). Da die Geltendmachung eines Anspruchs den Schuldner an seine Leistungspflicht erinnern soll, erfordert die Wahrung der Ausschlussfrist allerdings den Zugang des Geltendmachungsschreibens beim Schuldner. § 130 Abs. 1 BGB ist auf die Geltendmachung entsprechend anwendbar. Einem Sendebericht mit dem »OK-Vermerk« kommt in diesem Zusammenhang nicht der Wert eines Anscheinsbeweises zu. Hierzu bedarf es näherer Darlegungen zur Art und Weise der Versendung des Telefaxes und zu den verwendeten Geräten (*BAG* 14.8.2002 EzA § 130 BGB Nr. 29). **4681**

**Jedenfalls reicht für die schriftliche Geltendmachung des Anspruchs im Zweifel die telekommunikative Übermittlung aus** (§ 127 Abs. 2 BGB). Damit genügt unter den Voraussetzungen des § 126b BGB eine E-Mail (*BAG* 16.12.2009 EzA § 3 TVG Bezugnahme auf Tarifvertrag Nr. 44), die den Aussteller zu erkennen gibt und durch eine Grußformel mit Namensangabe das Textende kenntlich macht (*BAG* 27.1.2010 EzA § 4 TVG Tarifkonkurrenz Nr. 23 = NZA 2010, 645).

Die **Anmeldung von Masseforderungen** zur Insolvenztabelle wahrt eine tarifliche Ausschlussfrist, die eine schriftliche Geltendmachung verlangt (*BAG* 15.2.2005 EzA § 55 InsO Nr. 9).

Verlangt der Tarifvertrag die schriftliche Geltendmachung von Ansprüchen, dann genügt die Aufforderung, diese Ansprüche abzurechnen, zur Einhaltung der Verfallfrist selbst dann nicht, wenn der Tarifvertrag auch die Pflicht zur Erteilung einer Abrechnung vorsieht (*LAG Nbg.* 11.3.2003 – 6 Sa 237/02, FA 2004, 29 LS). **4682**

### c) Erhebung der Kündigungsschutzklage

#### aa) Einstufige Ausschlussfristen

Die Erhebung der Kündigungsschutzklage kann bei einer einstufigen Ausschlussfrist, die nur die formlose oder schriftliche Geltendmachung des Anspruchs fordert, ausreichendes Mittel zur Geltendmachung für Ansprüche sein, die während des Kündigungsschutzprozesses fällig werden und von seinem Ausgang abhängen (*BAG* 5.11.2003 EzA § 615 BGB 2002 Nr. 6). Dies gilt z. B. für Ansprüche auf Verzugslohn (*BAG* 11.12.2001 EzA § 4 TVG Ausschlussfristen Nr. 145; *LAG Köln* 5.7.2002 NZA-RR 2003, 308), auch im öffentlichen Dienst, denn auch **der öffentliche Arbeitgeber** muss sich darauf einstellen, dass mit der Erhebung der Kündigungsschutzklage zukünftige Arbeitsentgeltansprüche geltend gemacht werden (*BAG* 26.2.2003 EzA § 4 TVG Ausschlussfristen Nr. 161), nicht dagegen für Ansprüche auf Ersatz eines Steuerschadens, den der Ar- **4683** beitnehmer wegen des Zahlungsverzuges des Arbeitgebers erleidet (*BAG* 20.6.2002 EzA § 611 BGB Arbeitgeberhaftung Nr. 11). Unschädlich ist es in diesem Zusammenhang, wenn die Geltendmachung durch die Kündigungsschutzklage vor Fälligkeit erfolgt. Denn der Lauf eventuell vom Tarifvertrag vorgesehener weiterer Fristen setzt in diesem Fall mit der Fälligkeit ein (*LAG Köln* 7.7.2002 NZA-RR 2003, 308). Erfasst sind aber nur solche Ansprüche, die **für den Arbeitgeber erkennbar mit dem Fortbestand des Arbeitsverhältnisses im Normalfall verbunden sind**. Deshalb bedürfen z. B. Zahlungsansprüche, die zusätzlich auf eine **unrichtige Eingruppierung** gestützt werden, einer gesonderten, darauf gestützten Geltendmachung, auch dann, wenn sie während des Kündigungsrechtsstreits fällig werden (*BAG* 14.12.2005 EzA § 4 TVG Ausschlussfristen Nr. 184).

4684 Voraussetzung ist aber, dass die Klage dem Arbeitgeber vor Ablauf der Ausschlussfrist zugestellt wird; **§ 167 ZPO gilt insoweit nicht**, auch nicht analog (*BAG* 8.3.1976 EzA § 4 TVG Ausschlussfristen Nr. 26). Ist durch die Erhebung der Kündigungsschutzklage die tarifliche Frist gewahrt, so müssen nach Rechtskraft des Urteils im Kündigungsschutzprozess die tariflichen Lohnansprüche nicht erneut innerhalb der tariflichen Ausschlussfrist geltend gemacht werden, wenn der Tarifvertrag dies nicht ausdrücklich vorsieht (*BAG* 9.8.1990 EzA § 4 TVG Ausschlussfristen Nr. 88).

4685 Zu beachten ist aber, dass z. B. hinsichtlich der aus § 615 BGB sich ergebenden Lohnzahlungsansprüche durch die Kündigungsschutzklage **die Verjährung** (s. Rdn. 4587) gehemmt ist (§ 204 BGB).

4686 Auch § 204 Abs. 2 BGB ist nicht entsprechend anwendbar. Die eine einstufige Ausschlussfrist wahrende Wirkung der Kündigungsschutzklage entfällt deshalb weder durch Klagerücknahme noch dadurch, dass der Kündigungsschutzprozess ohne triftigen Grund nicht betrieben wird und deshalb in Stillstand gerät (*BAG* 7.11.1991 EzA § 4 TVG Ausschlussfristen Nr. 93).

4687 Ein Rechtsanwalt, der einen Arbeitnehmer in einem Kündigungsschutzprozess vertritt, muss zur Sicherung der Lohnansprüche seines Mandanten aufklären, ob und inwieweit eine tarifliche Ausschlussklausel Anwendung findet (*BAG* 29.3.1983 AP Nr. 6 zu § 11 ArbGG 1979 Prozessvertreter).

*bb) Hemmung der Ausschlussfrist durch Erhebung der Kündigungsschutzklage*

4688 Bei einer zweistufigen Ausschlussfrist genügt die Erhebung der Kündigungsschutzklage grds. nur zur Wahrung der ersten Stufe; erforderlich ist deshalb für die Einhaltung der zweiten Stufe i. d. R. die gesonderte gerichtliche Geltendmachung des Anspruchs. Ausnahmsweise genügt die Kündigungsschutzklage aber auch bei einer zweistufigen Ausschlussfrist, wenn der Lauf der zweiten Frist für die Dauer des Kündigungsschutzprozesses gehemmt ist (*BAG* 5.11.2003 EzA § 615 BGB 2002 Nr. 6).

4689 Eine besondere tarifliche Verfallklausel, nach der abweichend von der allgemeinen Regelung der Lauf von Lohn/Ausschlussfristen »im Fall der Erhebung einer Kündigungsschutzklage« bis zur rechtskräftigen Entscheidung über das Weiterbestehen des Arbeitsverhältnisses gehemmt ist, erfasst jedoch **nicht den Fall**, dass ein **Arbeitnehmer** wegen einer vom **Arbeitgeber** behaupteten **Eigenkündigung** des Arbeitnehmers eine **allgemeine Feststellungsklage auf den Fortbestand des Arbeitsverhältnisses erhebt** (*BAG* 24.8.1999 NZA 2000, 818; vgl. *Groeger* NZA 2000, 793 ff.; *Boecken* SAE 2001, 59 ff.; a. A. *LAG Hamm* 7.11.2002 NZA-RR 2003, 484). Gleiches gilt für eine tarifliche Verfallklausel, nach der die Frist zur gerichtlichen Geltendmachung von Zahlungsansprüchen, die während eines Kündigungsschutzprozesses fällig werden und von seinem Ausgang abhängen, erst mit der rechtskräftigen Entscheidung im Kündigungsschutzprozess beginnt (*BAG* 8.8.2000 NZA 2000, 1237).

### cc) Zweistufige Ausschlussfristen; keine Wiedereinsetzung in den vorigen Stand

#### (1) Rechtsentwicklung; allgemeine Grundsätze

Auch die zweite Stufe einer tarifvertraglichen Ausschlussfrist (Klagefrist) wird i. d. R. durch eine **Ablehnung vor Fälligkeit nicht in Gang gesetzt**. Anders ist es nur dann, wenn der Gläubiger seinerseits bereits zuvor den Anspruch geltend gemacht hat. Denn dann verzichtet er auf die ihm zustehende Überlegungsfrist. Lehnt der Arbeitgeber vor Fälligkeit z. B. die Leistung von Entgeltfortzahlung ab und dokumentiert er dies später in den Lohnabrechnungen für die betreffenden Zeiträume, so stellt dies eine ausreichende schriftliche Ablehnung der Leistung dar, die die Klagefrist in Gang setzt (*LAG SchlH* 4.4.2006 – 2 Sa 548/05 – EzA-SD 11/06 S. 16 LS). 4690

Kann bei einer zweistufigen Ausschlussklausel durch die Erhebung der Kündigungsschutzklage die erste Stufe gewahrt werden für Ansprüche, die vom Ausgang des Kündigungsschutzprozesses abhängen, so beginnt eine daran anknüpfende weitere tarifliche Ausschlussfrist für die gerichtliche Geltendmachung bereits mit der Erklärung des Arbeitgebers, er beantrage, die Kündigungsschutzklage abzuweisen, auch wenn nach dem Tarifvertrag der Fristbeginn nur von der (u. U. schriftlichen) Ablehnung der Ansprüche des Arbeitnehmers durch den Arbeitgeber abhängt (*BAG* 26.4.2006 EzA § 4 TVG Ausschlussfristen Nr. 185). Einer unmittelbar auf die Ansprüche selbst bezogenen ausdrücklichen Ablehnungserklärung des Arbeitgebers bedarf es dann nicht (*BAG* 13.9.1984 EzA § 4 TVG Ausschlussfristen Nr. 62). 4691

Der Lauf der vom Arbeitnehmer einzuhaltenden Klagefrist setzt auch nicht voraus, dass der Arbeitgeber nicht nur den Fortbestand des Arbeitsverhältnisses leugnet, sondern auch in einer schriftlichen Erklärung für den Arbeitnehmer erkennbar die Ablehnung der vom Arbeitnehmer geltend gemachten Ansprüche z. B. auf Verzugslohn zum Ausdruck gebracht hat (*BAG* 26.4.2006 EzA § 4 TVG Ausschlussfristen Nr. 185 = NZA 2006, 845).

Erklärt der Arbeitgeber demgegenüber nur, die vom Arbeitnehmer geltend gemachten Ansprüche auf ihre Berechtigung **überprüfen zu wollen**, so liegt darin weder ein Schweigen noch eine Ablehnung (*LAG Bln.* 4.5.2001 – 6 Sa 299/01); eine gerichtliche Geltendmachung ist dann nicht erforderlich. 4692

**Der Notwendigkeit gerichtlicher Geltendmachung im Falle einer wirksamen Ablehnung des Anspruchs genügt dann grds. nur die fristgerecht erhobene Zahlungsklage**; die Kündigungsschutzklage wahrt die Ausschlussfrist auch dann nicht, wenn die Ansprüche vom Fortbestand des Arbeitsverhältnisses abhängen (*BAG* 16.8.1983 EzA § 4 TVG Ausschlussfristen Nr. 56; 23.2.1988 EzA § 81 ArbGG Nr. 13; *ArbG Halle* 20.11.2003 NZA-RR 2004, 188; a. A. *LAG Nds.* 23.11.1984 DB 1985, 708; s. aber *BAG* 19.3.2008 EzA § 307 BGB 2002 Nr. 34). Da während einer Aussetzung eines Rechtsstreits eine **wirksame Klageerweiterung nicht in Betracht kommt**, liegt es nahe, dass deswegen auch die gerichtliche Geltendmachung eines Anspruchs i. S. einer tariflichen Ausschlussklausel **nicht durch Klageerweiterung während der Aussetzung erfolgen kann** (*BAG* 9.7.2008 EzA § 249 ZPO 2002 Nr. 1; s. aber zu den verfassungsrechtlichen Grenzen Rdn. 4706). 4693

Eine **unbezifferte, zulässige Leistungsklage** ist ebenfalls ausreichend, wenn das Gesetz einen unbestimmten Antrag zulässt (vgl. § 10 KSchG, § 113 Abs. 3 BetrVG; s. Rdn. 4736 ff.), ebenso eine **zunächst unzulässige Leistungsklage**, die nach Ablauf der zweistufigen Ausschlussfrist durch Aufnahme eines bestimmten Zahlungsantrags zulässig gemacht wird, wenn die für die Höhe des Anspruchs geltend gemachten Tatsachen in der Klage so mitgeteilt worden sind, dass für den Beklagten die Berechnung des Betrages ohne weiteres möglich ist und die Bezifferung des Klageantrags jederzeit im Rahmen der ZPO nachgeholt werden kann. Eine **Stufenklage** reicht aus, wenn der Anspruch erst nach einer Auskunft des Schuldners beziffert werden kann (*BAG* 23.2.1977 EzA § 4 TVG Ausschlussfristen Nr. 29). 4694

Ausreichend ist auch eine **zulässige allgemeine Feststellungsklage**, wenn sie geeignet ist, den gesamten von den Parteien unterschiedlich beurteilten Streitstoff zu klären. Auch die Streitverkündung ge- 4695 genüber dem Anspruchsgegner kann als gerichtliche Geltendmachung ausreichend sein (*BAG* 16.1.2003 EzA § 4 TVG Ausschlussfristen Nr. 166).

4696 Demgegenüber genügt eine **unzulässige Feststellungsklage** nicht (*BAG* 29.6.1989 EzA § 4 TVG Ausschlussfristen Nr. 78). Auch eine Feststellungsklage, die nur einzelne Vorfragen klärt, aber mögliche weitere Streitfragen nicht zur Entscheidung stellt, wahrt die einzuhaltende Frist nicht. Zudem wirkt eine Klageänderung oder -erweiterung nicht als Geltendmachung auf den Zeitpunkt der früheren Klageerhebung zurück (*BAG* 16.1.2002 EzA § 12 EFZG Nr. 1).

4697 Ein **Mahnbescheidsantrag**, der versehentlich **nicht beim ArbG eingeht**, sondern dem Beklagten zugeht, wahrt nicht die Frist für die gerichtliche Geltendmachung; den Beklagten trifft auch keine Rechtspflicht, den Gegner auf die fehlerhafte Zustellung hinzuweisen (*LAG Nds.* 4.11.2003 LAG Report 2004, 282).

4698 Das Stellen eines **Antrags auf Bewilligung von Prozesskostenhilfe** unter gleichzeitiger Einreichung eines Entwurfs der Klageschrift und vollständiger Unterlagen über die persönlichen und wirtschaftlichen Verhältnisse des Antragstellers wahrt nach Auffassung des *LAG Nds.* (16a Ta 119/99) rückwirkend eine tarifliche Ausschlussfrist, die die gerichtliche Geltendmachung eines Anspruchs verlangt, sofern unverzüglich nach positiver oder negativer Entscheidung über den Antrag die Klage zugestellt wird. Dies soll sich aus einer Auslegung des § 167 ZPO am Maßstab von Art. 3 Abs. 1 GG i. V. m. dem Rechtsstaatsgrundsatz (Art. 20 Abs. 3 GG) ergeben. Das *LAG Bln.* (4.5.2001 – 6 Sa 299/01) hat zudem angenommen, dass dann, wenn sich der **Arbeitgeber rügelos auf eine erst im Gütetermin unterzeichnete Klageerweiterung des Arbeitnehmers einlässt**, die dadurch gem. § 295 ZPO eintretende Heilung auf den Zeitpunkt der Einreichung bei Gericht zurück wirkt. Eine tarifliche Ausschlussfrist soll danach jedenfalls dann als gewahrt angesehen werden können, wenn sie erst wenige Tage zuvor abgelaufen ist und eine im Zeitpunkt der Heilung erfolgte Zustellung noch als »demnächst« i. S. d. § 167 ZPO anzusehen wäre.

4699 Verlangt die Ausschlussfrist gerichtliche Geltendmachung des Anspruchs, so entfällt die fristwahrende Wirkung der Klageerhebung, wenn die Klage zurückgenommen wird. Eine erneute Klage nach Ablauf der Verfallfrist führt dann nicht dazu, dass die Verfallfrist als durch die erste Klage eingehalten gilt. § 212 Abs. 2 S. 1 BGB a. F. ist im Rahmen zweistufiger tariflicher Ausschlussfristen nicht entsprechend anwendbar (*BAG* 19.2.2003 EzA § 4 TVG Ausschlussfristen Nr. 164).

4700 Nicht ausreichend ist auch eine **allgemeine Statusklage** nach § 256 ZPO, die ohne Bezug zu einem konkreten Beendigungsgrund darauf gerichtet ist, die Begründung eines Arbeitsverhältnisses feststellen zu lassen (*BAG* 25.10.1989 EzA § 72a ArbGG 1979 Nr. 56).

4701 Der **Klageabweisungsantrag des Arbeitgebers in einem Kündigungsschutzprozess** enthält nicht zugleich die (nach § 70 BAT-O; s. a. § 37 TVöD) erforderliche schriftliche Geltendmachung für Ansprüche des Arbeitgebers auf Rückgewähr solcher Leistungen, die er für die Zeit nach der rechtskräftig festgestellten Beendigung des Arbeitsverhältnisses rechtsgrundlos dem Arbeitnehmer erbracht hat (*BAG* 19.1.1999 NZA 1999, 1040). Andererseits stellt aber der nach der zur **Abwendung der Zwangsvollstreckung** erfolgten Zahlung von Arbeitsentgelt auf Grund eines noch nicht rechtskräftigen (landes-)arbeitsgerichtlichen Urteils gestellte Antrag im Revisionsverfahren, das zur Zahlung verurteilende Urteil aufzuheben und das die Klage abweisende Urteil des Arbeitsgerichts wiederherzustellen, eine Geltendmachung i. S. d. § 70 BAT (s. a. § 37 TVöD) dar (*BAG* 19.3.2003 EzA § 717 ZPO 2002 Nr. 1).

4702 Ein auf **Weiterbeschäftigung gerichteter Klageantrag** enthält auch dann keine gerichtliche Geltendmachung von Zahlungsansprüchen, wenn in dem Antrag die Arbeitsbedingungen wie die Zahl der wöchentlichen Arbeitsstunden und die Höhe des Stundenlohnes angegeben sind, zu denen die Weiterbeschäftigung erfolgen soll (*BAG* 8.8.2000 NZA 2000, 1237).

4703 Zu beachten ist, dass dann, wenn ein Arbeitnehmer zunächst eine zweistufige Ausschlussfrist durch rechtzeitige gerichtliche Geltendmachung wahrt und dann die **Klage teilweise zurücknimmt**, die fristwahrende Wirkung entfällt. Das gilt auch im Verhältnis zur Bundesagentur für Arbeit, auf die

## F. Einreden und Einwendungen   Kapitel 3

Lohnansprüche in Höhe der zwischenzeitlichen Leistungen übergegangen sind (*Sächs. LAG* 20.2.2002 ARST 2002, 255 LS).

Bei der Versäumung einer arbeitsvertraglich vereinbarten Frist zur gerichtlichen Geltendmachung eines Anspruchs scheidet eine analoge Anwendung der Vorschriften über die Wiedereinsetzung in den vorigen Stand nach §§ 233 ff. ZPO aus (*BAG* 18.11.2004 EzA § 4 TVG Ausschlussfristen Nr. 175). 4704

Zu beachten ist, dass dann, wenn **die erste Stufe** einer vertraglichen Ausschlussfristenregelung, wonach mit dem Arbeitsverhältnis in Verbindung stehende Ansprüche binnen drei Monaten nach Fälligkeit schriftlich geltend gemacht werden müssen, der **AGB-Kontrolle standhält**, die **Unwirksamkeit der zweiten Stufe**, die eine **zu kurze Frist** für die gerichtliche Geltendmachung vorsieht, die Wirksamkeit der ersten Stufe nicht beeinträchtigt, wenn die **Klausel teilbar** ist und auch ohne die unwirksame Regelung **weiterhin verständlich und sinnvoll bleibt** (*BAG* 12.3.2008 EzA § 307 BGB 2002 Nr. 33). 4705

### (2) Zweistufige Ausschlussfrist in Allgemeinen Geschäftsbedingungen

Ist in den AGB des Arbeitgebers geregelt, dass von der Gegenseite – nach schriftlicher Geltendmachung – abgelehnte Ansprüche binnen einer Frist von drei Monaten einzuklagen sind, um deren Verfall zu verhindern, genügt auch für die **zweite Stufe** die **Erhebung der Kündigungsschutzklage**, um das Erlöschen der vom Ausgang des Kündigungsrechtsstreits abhängigen Annahmeverzugsansprüche des Arbeitnehmers zu verhindern. Dies folgt bei AGB aus einer Anwendung der **Unklarheitenregel des § 305c Abs. 2 BGB** sowie des **Transparenzgebots aus § 307 Abs. 1 S. 2 BGB** (*BAG* 19.3.2008 EzA § 307 BGB 2002 Nr. 34; s. *Matthiessen* NZA 2008, 1165 ff.; ebenso für den Fremdgeschäftsführer – Vertrag einer GmbH: *BAG* 19.5.2010 EzA § 310 BGB 2002 Nr. 10). 4706

Steht zwischen den Parteien im **Streit**, seit **wann ein Arbeitsverhältnis bestanden hat**, so macht ein Arbeitnehmer mit der Forderung nach der Anerkennung von Vorbeschäftigungszeiten zugleich davon abhängige Zahlungsansprüche – z. B. ein **Jubiläumsgeld** – geltend. Dadurch wird hinsichtlich der Zahlungsansprüche die erste Stufe einer tariflichen Ausschlussfrist gewahrt. Eine Klage, die auf Feststellung des Bestehens eines Arbeitsverhältnisses ab einem bestimmten Zeitpunkt gerichtet ist, genügt hinsichtlich eines davon abhängigen Zahlungsanspruchs zur Wahrung der zweiten Stufe, wenn diese eine gerichtliche Geltendmachung verlangt. Es ist dann unerheblich, dass der Streitgegenstand der Feststellungsklage nicht auch die Zahlungsansprüche umfasst (*LAG Düsseld.* 20.5.2011 – 6 Sa 393/11, AuR 2011, 505 LS). 4706a

### (3) Verfassungsrechtliche Grenzen

Die Auslegung von Tarifnormen hinsichtlich der Anforderungen an die Einhaltung einer **zweistufigen Ausschlussfrist** durch die Arbeitsgerichte darf dem Arbeitnehmer aber **nicht in unzumutbarer**, durch Sachgründe **nicht mehr zu rechtfertigender Weise den Zugang zu den Gerichten erschweren**. Die Beschreitung des Rechtsweges wird aber auch dann **faktisch vereitelt**, wenn das **Kostenrisiko** zu dem angestrebten Erfolg außer Verhältnis steht, sodass die Inanspruchnahme der Gerichte nicht mehr sinnvoll erscheint (*BVerfG* 1.12.2010 EzA § 4 TVG Ausschlussfristen Nr. 197; s. a. *Nägele/Gertler* NZA 2011, 442 ff.; *Ennemann* FA 2011, 133 ff.; *Husemann* NZA-RR 2011, 337 ff.). 4706b

Der Beschwerdeführer führte mit seiner Arbeitgeberin einen Rechtsstreit über den Abschluss eines Arbeitsvertrags im Anschluss an eine Berufsausbildung. In diesem wurde die Beklagte verurteilt, an den Beschwerdeführer ein Angebot abzugeben, ihn ab dem 7.7.2004 befristet für zwölf Monate in ein Vollzeitarbeitsverhältnis gem. § 15 des TV Rationalisierungsschutz und Beschäftigungssicherung zu übernehmen. Da sich die Verurteilung der Beklagten zur Angebotserklärung auf den Abschluss eines Arbeitsvertrags für einen in der Vergangenheit liegenden Zeitraum bezog, konnte der Beschwerdeführer in diesem Arbeitsverhältnis von vornherein nicht mehr tätig werden. Er verlangte deshalb von der Beklagten die Zahlung von Vergütung aufgrund dieses Arbeitsverhältnisses unter den Gesichtspunkten des Annahmeverzugs und des Schadensersatzes. Die von ihm errechneten Ansprüche 4706c machte er mit Schreiben vom 25.10.2005 gegenüber der Beklagten schriftlich geltend. Nachdem die Beklagte die Zahlung abgelehnt hatte, reichte der Beschwerdeführer am 28.12.2005 Klage beim Arbeitsgericht ein. Das LAG wies die Klage ab. Der Anspruch sei gem. § 31 MTV Telekom verfallen.

Diese Entscheidung verletzte den Beschwerdeführer in seinem Grundrecht auf **Gewährung effektiven Rechtsschutzes**, das in zivilrechtlichen Streitigkeiten durch Art. 2 Abs. 1 GG in Verbindung mit dem Rechtsstaatsprinzip verbürgt wird. Jedenfalls mit Blick auf die Kostenrisiken eines Leistungsantrags oder eines unechten Hilfsantrags, die angesichts der Rechtsprechung der Landesarbeitsgerichte bestehen, weil diese Anträge insgesamt oder zumindest mit Blick auf die Anwaltsgebühren als streitwerterhöhend angesehen werden (z.B. *LAG RhPf* 17.7.2007 – 1 Ta 167/07; 21.8.2008 – 1 Ta 123/08), war es naheliegend, der Frage nachzugehen, ob die entsprechende Obliegenheit zur Klageerhebung für den Beschwerdeführer zumutbar war. Vor dem Hintergrund des bei einer derartigen Antragstellung bestehenden Kostenrisikos durfte dem Beschwerdeführer die vom LAG angenommene Obliegenheit zur Klageerhebung vor dem rechtskräftigen Abschluss des Vorprozesses jedenfalls im Ergebnis nicht auferlegt werden (*BVerfG* 1.12.2010 EzA § 4 TVG Ausschlussfristen Nr. 199).

Dies führt allerdings **nicht dazu**, dass die zweite Stufe der tariflichen Ausschlussfrist für Ansprüche, die vom Ausgang eines Bestandsschutzrechtsstreits abhängen, entfällt; vielmehr **beginnt die Frist** zur Geltendmachung dieser Ansprüche mit dem **rechtskräftigen** Abschluss des **Bestandsschutzrechtsstreits**. Die tarifliche Regelung ist insoweit fortzubilden bzw. ergänzend auszulegen (*LAG Hamm* 11.3.2011 LAGE § 4 TVG Ausschlussfrist Nr. 56; *LAG Nds.* 18.11.2011 LAGE § 4 TVG Ausschlussfrist Nr. 59).

### d) Wirkung der ordnungsgemäßen Geltendmachung

**4706d** Eine einmal formgerecht (z. B. nach § 70 BAT-O) erfolgte Geltendmachung laufender Ansprüche verliert ihre fristwahrende Wirkung nicht durch den bloßen Zeitablauf. Danach verfallen Ansprüche aus dem Arbeitsverhältnis, wenn sie nicht innerhalb einer Ausschlussfrist von sechs Monaten nach Fälligkeit vom Angestellten oder vom Arbeitgeber schriftlich geltend gemacht werden. Dabei wird nur eine einmalige Geltendmachung des Anspruchs verlangt; deren fristwahrende Wirkung erstreckt sich auch auf später fällig werdende Leistungen. Dafür müssen Anspruch und spätere Leistungen durch denselben Sachverhalt verknüpft sein. Dies ist dann der Fall, wenn bei unveränderter rechtlicher oder tatsächlicher Lage aus einem bestimmten Tatbestand Ansprüche herzuleiten sind (*BAG* 20.4.2011 – 4 AZR 368/09, NZA-RR 2011, 609).

## 5. Erfasste Ansprüche; Auslegung

### a) Grundlagen; prozessuale Konsequenzen

**4707** **Ausschlussfristen sollen grds. nur für Geschäfte des täglichen Lebens** (das sind Verträge, bei denen die Person des Vertragspartners unerheblich ist, weil sie sofort abgewickelt werden) **gelten, bei denen der durch Fristversäumnis eintretende Rechtsverlust nicht allzu schwer wiegt** (*BAG* 12.1.1974 EzA § 70 BAT Nr. 1). Sie gelten auch für den Rechtsnachfolger, auf den ein Anspruch kraft Gesetzes übergegangen ist, z. B. die Bundesagentur für Arbeit (*LAG Köln* 17.3.2004 LAG Report 2005, 36).

**4708** Müssen nach einer Verfallklausel in einem Tarifvertrag nur tarifvertragliche Ansprüche innerhalb einer bestimmten Ausschlussfrist schriftlich geltend gemacht werden, werden **tarifvertraglich nicht geregelte vertragliche oder gesetzliche Ansprüche** der Arbeitsvertragsparteien nicht erfasst (*BAG* 21.1.2010 EzA § 4 TVG Ausschlussfristen Nr. 196). Eine für »tarifliche Ansprüche« geltende tarifvertragliche Ausschlussfrist erfasst regelmäßig andererseits auch gesetzliche und vertragliche Ansprüche dann, wenn deren **Bestand von einem tariflich ausgestalteten Anspruch abhängig ist**. Im Anwendungsbereich eines Tarifvertrags sind der Anspruch eines Betriebsratsmitglieds auf Entgeltfortzahlung nach § 37 Abs. 2 BetrVG sowie der Anspruch auf das Arbeitsentgelt vergleichbarer Arbeitnehmer mit einer betriebsüblichen beruflichen Entwicklung gem. § 37 Abs. 4 S. 1 BetrVG von einem tariflich ausgestalteten Anspruch abhängig. Sie unterfallen daher einer für »tarifliche Ansprüche« geltenden tarifvertraglichen Ausschlussfrist (*BAG* 8.9.2010 EzA § 4 TVG Ausschlussfristen Nr. 197).

In der Praxis beschränkt sich die Ausschlussfrist zumeist nicht nur auf die tarifvertraglichen Rechte z. B. einschließlich des Urlaubs- und Urlaubsabgeltungsanspruchs, sie erstreckt sich vielmehr regelmäßig auch auf Ansprüche aus Betriebsvereinbarungen, auf einzelvertragliche Ansprüche (insbes. auf über- und außertariflichen Arbeitsbedingungen) sowie auf gesetzliche Ansprüche (z. B. Urlaub, Entgeltfortzahlung; § 12 EFZG steht dem nicht entgegen: *BAG* 25.5.2005 EzA § 307 BGB 2002 Nr. 3 = NZA 2005, 1111, Aufwendungsersatz; vgl. *BAG* 1.12.1967 AP Nr. 17 zu § 76 BGB [für Aufwendungsersatz gem. § 670 BGB]; vgl. aber auch *BAG* 16.1.2002 EzA § 12 EFZG Nr. 1.). 4709

Von einer möglichst umfassenden Reichweite der Ausschlussklausel ist auszugehen, wenn von »**allen beiderseitigen Ansprüchen aus dem Arbeitsverhältnis**« oder von »allen Ansprüchen aus dem Arbeitsverhältnis« die Rede ist. Einer derartigen Ausschlussfrist unterfallen alle gesetzlichen und vertraglichen Ansprüche, die die Arbeitsvertragsparteien aufgrund ihrer durch den Arbeitsvertrag begründeten Rechtsstellung gegeneinander haben (*BAG* 22.1.2008 EzA § 4 TVG Ausschlussfristen Nr. 190; 21.1.2010 EzA § 4 TVG Ausschlussfristen Nr. 196); erfasst werden dann z. B. auch Ansprüche auf **Karenzentschädigung** nach §§ 74 ff. HGB (*LAG Nbg.* 21.2.2007 – 6 Sa 576/04 – EzA-SD 8/2007 S. 11 LS = NZA-RR 2007, 42) sowie Prämienansprüche für betriebliche Verbesserungsvorschläge (*BAG* 22.1.2008 EzA § 4 TVG Ausschlussfrist Nr. 190 = NZA-RR 2008, 525). Eine Ausgleichsklausel, wonach »sämtliche Ansprüche aus dem Arbeitsverhältnis und seiner Beendigung abgegolten sind«, erfasst grds. auch Ansprüche auf Aktienoptionen, wenn die Bezugsrechte vom Arbeitgeber eingeräumt wurden (*BAG* 28.5.2008 EzA § 307 BGB 2002 Nr. 35). Verlangt eine im Manteltarifvertrag geregelte Ausschlussfrist die Geltendmachung der Ansprüche auf Zahlung von Gehalt oder Lohn, umfasst dies mangels entgegenstehender Anhaltspunkte nicht nur Ansprüche aus dem Gehalts- und Lohntarifvertrag, sondern auch Entgeltansprüche, die sich aus dem Manteltarifvertrag selbst ergeben, z. B. Ansprüche auf Mehrarbeitszuschläge. Nimmt die tarifliche Ausschlussklausel eine »vorsätzliche untertarifliche Bezahlung« seitens des Arbeitgebers aus, gilt das im Zweifel für alle tariflichen Vergütungsansprüche, die von der Ausschlussfrist erfasst werden. Stellt die tarifliche Ausschlussklausel auf eine Bezahlung unter Tarif in Kenntnis des Gehalts- und Lohntarifs ab, kommt es nicht auf den Willen zur untertariflichen Bezahlung an. Voraussetzung der vorsätzlichen untertariflichen Bezahlung sind aber die Kenntnis des konkreten tariflichen Anspruchs und das Bewusstsein, tarifwidrig zu handeln (*BAG* 14.1.2009 EzA § 4 TVG Ausschlussfristen Nr. 193). Andererseits sollen tarifliche Verfallklauseln Ansprüche aufgrund sittenwidriger Vergütungsabreden regelmäßig nicht erfassen (*LAG Hamm* 18.3.2009 – 6 Sa 1372/08, EzA-SD 13/2009 S. 8 LS). 4710

Von der Formulierung, »gegenseitige Ansprüche« seien fristgebunden, werden regelmäßig sowohl Ansprüche des Arbeitnehmers als auch Ansprüche des Arbeitgebers aus dem Arbeitsverhältnis erfasst (*BAG* 18.3.2003 NZA 2003, 1359 LS). Ein **Steuerverzögerungsschaden**, der dem Arbeitnehmer auf Grund des Zahlungsverzuges des Arbeitgebers bzw. dessen verspäteter Lohnzahlung entsteht, ist ein »Anspruch aus dem Arbeitsverhältnis« (*BAG* 20.6.2002 EzA § 611 BGB Arbeitgeberhaftung Nr. 11). Demgegenüber erfasst z. B. die Ausschlussfrist des § 14.1 MTV Betriebsküchen, nach der Ansprüche »aus diesem Tarifvertrag« innerhalb von drei Monaten schriftlich geltend gemacht werden müssen, keine Vergütungsansprüche nach dem EntgeltTV Betriebsküchen (*BAG* 4.6.2003 EzA § 4 TVG Ausschlussfristen Nr. 165). Auch dann, wenn die tarifliche Ausschlussfrist für »Ansprüche aus diesem Tarifvertrag« gilt, werden von ihr nur tarifliche, nicht aber vertragliche und gesetzliche Ansprüche der Arbeitnehmer und Arbeitgeber erfasst (*BAG* 15.11.2001 EzA § 611 BGB Arbeitnehmerhaftung Nr. 68). Eine im Rahmen der Anwendung eines Tarifvertrages »für das Angestelltenverhältnis« geltende Ausschlussfrist gilt zudem nicht für Ansprüche, die erst nach der Beendigung des Arbeitsverhältnisses entstehen (*BAG* 20.1.2004 EzA § 1 BetrAVG Betriebliche Übung Nr. 5). 4711

**4712** Wegen der weit reichenden Wirkung der Ausschlussfristen für den Gläubiger eines Anspruchs sind sie bei Unklarheiten über den sachlichen Umfang der erfassten Ansprüche eng auszulegen.

**4713** Zu beachten ist, dass zum schlüssigen Vortrag einer Forderung, die einer Ausschlussfrist unterliegt, auch die **Darlegung ihrer fristgerechten Geltendmachung** gehört. Denn die Einhaltung der tariflichen Verfallfrist ist eine materiell-rechtliche Voraussetzung für den Fortbestand des Anspruchs (*BAG* 22.1.2008 EzA § 4 TVG Ausschlussfrist Nr. 190; s. Rdn. 4631 ff.).

### b) Abgerechneter Lohn; Insolvenz des Arbeitgebers; Rückzahlungsansprüche; Annahmeverzug

**4714** Bestimmt ein Tarifvertrag, dass die Frist z. B. mit der Aushändigung der Lohnabrechnung beginnt, so betrifft dies nicht den in der Lohnabrechnung – vorbehaltlos – ausgewiesenen Auszahlungsbetrag (*BAG* 28.7.2010 EzA § 611 BGB 2002 Arbeitszeitkonto Nr. 2; s. *LAG Nbg.* 27.3.2008 EzA-SD 25/2008 S. 13 LS: Arbeitszeitkonto). Dieser braucht nach dem Zweck der tariflichen Ausschlussfrist nicht mehr fristgerecht geltend gemacht zu werden. **Denn die in einer schriftlichen Lohnabrechnung ausgewiesene Lohnforderung ist vom Arbeitgeber streitlos gestellt** (*BAG* 28.7.2010 EzA § 611 BGB 2002 Arbeitszeitkonto Nr. 2). Etwas anderes gilt auch dann nicht, wenn der Arbeitgeber die Lohnabrechnung nach ihrer Erteilung widerrufen hat, Gegenansprüche erhebt oder aus anderen Gründen die Zahlung verweigert. Denn durch dieses Verhalten wird der einmal erreichte Zweck der Ausschlussfrist nicht wieder rückwirkend beseitigt. **Gleiches gilt** auch für die vorbehaltlose Mitteilung eines Arbeitgebers an den Arbeitnehmer über den Stand des für ihn geführten **Arbeitszeitkontos**; auch dessen Saldo wird streitlos gestellt. Die Notwendigkeit der Geltendmachung lebt dann auch mangels abweichender Vereinbarung nicht wieder auf, wenn sich z. B. wegen des Ablaufs eines Ausgleichszeitraums oder der Schließung eines Arbeitszeitkontos ein Freizeitausgleichs- in einen Zahlungsanspruch umwandelt (*BAG* 28.7.2010 EzA § 611 BGB 2002 Arbeitszeitkonto Nr. 2). Nichts anderes gilt auch dann, wenn Überstunden, die wegen der Beendigung des Arbeitsverhältnisses nicht durch Freistellung ausgeglichen werden konnten, auf dem vom Arbeitgeber geführten Dienstplan kontinuierlich ausgewiesen worden sind (*LAG Bln.-Bra.* 9.10.2009 – 6 Sa 1289/09, ZTR 2010, 141 LS).

Belastet der Arbeitgeber zudem das **Arbeitszeitkonto** des Arbeitnehmers zu Unrecht mit Minusstunden, für die er die Vergütung bereits in Vormonaten geleistet hat, unterliegt der diesbezügliche Einwand des Arbeitnehmers nicht Ausschlussfristen, die die Geltendmachung und den Verfall seiner Ansprüche regeln (*BAG* 26.1.2011 EzA § 611 BGB 2002 Arbeitszeitkonto Nr. 4).

**4715** Wollte man vom Gläubiger verlangen, seine in der Lohnabrechnung bereits saldierte Forderung nochmals geltend zu machen, so würde man ihm damit eine **überflüssige Förmelei** abverlangen (*BAG* 21.4.1993 EzA § 4 TVG Ausschlussfristen Nr. 103; 28.7.2010 EzA § 611 BGB 2002 Arbeitszeitkonto Nr. 2).

**4716** Gleiches gilt dann, wenn der Arbeitgeber dem Arbeitnehmer mitteilt, dass er »die Lohnzahlungspflicht korrigieren (werde)«, weil diese Erklärung dahin ausgelegt werden kann, dass der Arbeitgeber sämtliche noch offenen Lohnansprüche, die der Höhe nach unstreitig sind, anerkennt. Ausschlussfristen sind folglich auch dann nicht vom Arbeitnehmer einzuhalten (*LAG Nbg.* 10.5.2005 NZA-RR 2005, 492).

**4717** Etwas anderes gilt nach Auffassung des *LAG Bln.* (26.11.1990 NZA 1991, 440) aber jedenfalls dann, wenn der Arbeitgeber in der erteilten Lohnabrechnung zum Ausdruck bringt, den ausgewiesenen Betrag nicht zahlen zu wollen. Das ist z. B. dann der Fall, wenn der Arbeitgeber **mit Übersendung der Abrechnung zugleich eine Aufrechnung mit Gegenansprüchen erklärt**; die Abrechnung ist dann nicht vorbehaltlos erteilt, so dass die in ihr enthaltenen Ansprüche zur Wahrung einer Ausschlussfrist geltend gemacht werden müssen (*BAG* 27.10.2005 EzA § 4 TVG Ausschlussfristen Nr. 182).

**4718** Zu beachten ist, dass jedenfalls Einwendungen gegen die Richtigkeit der Lohnabrechnung innerhalb der Ausschlussfrist geltend zu machen sind. § 70 BAT (s. a. § 37 TVöD) erfasst auch den Anspruch auf **Übergangsgeld**, das einem Angestellten des öffentlichen Dienstes beim Ausscheiden aus dem Arbeitsverhältnis zusteht (*BAG* 8.9.1999 ZTR 2000, 273).

Vergütungsansprüche eines **freien Mitarbeiters**, der gerichtlich seine **Anerkennung als Arbeitnehmer durchgesetzt** hat, unterliegen einer Verfallfrist auch, soweit sie für Zeiträume entstanden sind, in denen der Status noch streitig war (*LAG Köln* 13.8.1999 NZA-RR 2000, 201 LS). 4719

Das *BAG* (8.6.1983 EzA § 4 TVG Ausschlussfristen Nr. 55) hat offen gelassen, ob Ausschlussfristen auch dann noch anwendbar sind, wenn ein Betrieb aus wirtschaftlichen Gründen die Lohn- und Gehaltszahlungen an die Arbeitnehmer einstellt. 4720

Die zur Zeit der Eröffnung des Insolvenzverfahrens über das Vermögen des Arbeitgebers bestehenden Forderungen eines Arbeitnehmers sind Insolvenzforderungen (§ 38 InsO), die zur Tabelle (§§ 174 ff. InsO) angemeldet werden müssen. Neben diesen gesetzlichen Regelungen können aber jedenfalls tarifliche Ausschlussfristen, die dem Erhalt und der Befriedigung der Forderung dienen (z. B. § 16 BRTV-Bau) nicht mehr angewendet werden (*BAG* 18.12.1984 AP Nr. 88 zu § 4 TVG Ausschlussfristen; *LAG Hamm* 20.3.1998 NZA-RR 1999, 370; *LAG Bln.-Bra.* 30.10.2009 – 6 Sa 219/09, EzA-SD 2/2010 S. 13 LS). Führt jedoch der Insolvenzverwalter den in Insolvenz gegangenen Betrieb des Gemeinschuldners fort und tritt er als Rechtsnachfolger des Arbeitgebers in die bestehenden Arbeitsverhältnisse ein, müssen Forderungen, die ein Arbeitnehmer als Massegläubiger zeitlich nach der Eröffnung des Insolvenzverfahrens erwirbt, nach den tariflichen Ausschlussfristen fristgerecht geltend gemacht und ggf. eingeklagt werden. Hat ein Arbeitnehmer im Fall einer zweistufigen Ausschlussfrist seine Forderung form- und fristgerecht geltend gemacht, wird durch diese Geltendmachung die Klagefrist der zweiten Stufe in Gang gesetzt. Durch eine erneute spätere schriftliche Geltendmachung, auch wenn sie noch fristgerecht erfolgt, kann der Lauf der Klagefrist nicht hinausgeschoben werden, weil tarifliche Verfallfristen nicht einseitig verlängert werden können (*LAG Hamm* 20.3.1998 NZA-RR 1999, 370). 4721

Verfolgt ein Arbeitnehmer **gegenüber einem Betriebsübernehmer Entgeltansprüche**, weil dieser nach Betriebsübergang mit der Annahme der Dienste in Verzug gekommen ist, so hat er dafür die Ausschlussfristen eines anwendbaren, weil für allgemein verbindlich erklärten Tarifvertrages zu wahren. Der Arbeitnehmer kann sich dann regelmäßig nicht darauf berufen, zunächst die Rechtskraft eines wegen des Betriebsübergangs geführten Feststellungsverfahrens abzuwarten (*BAG* 12.12.2000 EzA § 5 TVG Ausschlussfristen Nr. 135). 4722

Zu beachten ist, dass tarifliche Ausschlussfristen auch bei Forderungen zu wahren sind, **die nicht der Pfändung unterliegen**. Wird eine unpfändbare Forderung folglich erst nach Ablauf der Ausschlussfrist geltend gemacht, ist sie verfallen (*BAG* 25.7.2002 EzA § 5 BBiG Nr. 9). 4723

Wird das übliche Entgelt i. S. v. **§ 612 Abs. BGB** durch einen **Mindestentgelttarifvertrag** bestimmt, findet eine in demselben Tarifvertrag geregelte Ausschlussfrist Anwendung (*BAG* 20.4.2011 – 5 AZR 171/10, ZTR 2011, 558 LS). 4723a

### c) Entfernung von Abmahnungen

Ansprüche des Arbeitnehmers aus der Verletzung seines Persönlichkeitsrechts fallen als absolute Rechte dann nicht unter eine tarifliche Ausschlussfrist, wenn diese ihrem Wirkungsbereich nach sich auf Ansprüche aus dem Arbeitsvertrag oder dem Arbeitsverhältnis beschränkt (*BAG* 15.7.1987 EzA § 611 BGB Persönlichkeitsrecht Nr. 5). 4724

Das ist z. B. dann der Fall, wenn der Anspruch des Arbeitnehmers auf Widerruf bzw. Entfernung einer Abmahnung aus der Personalakte auf eine Verletzung des Persönlichkeitsrechts gestützt wird (a. A. *LAG Düsseld.* 23.11.1987 DB 1988, 450). Dagegen sind an sich auch **Abmahnungen** erfasst, wenn der Anspruch auf Entfernung auf die Verletzung der Fürsorgepflicht gestützt wird. 4725

Das *BAG* (14.12.1994 EzA § 4 TVG Ausschlussfristen Nr. 109 gegen *BAG* 12.1.1989 EzA Art. 9 GG Arbeitskampf Nr. 73) geht davon aus, dass ein Entfernungsanspruch des Arbeitnehmers 4726 hinsichtlich einer Abmahnung nicht unter die tarifliche Ausschlussfrist des § 70 BAT fällt, obwohl es sich um einen Anspruch aus dem Arbeitsverhältnis handelt.

4727 Abmahnungen in der Personalakte können die weitere berufliche Entwicklung des Arbeitnehmers nachhaltig beeinflussen und zu einer dauerhaften und nachhaltigen Gefährdung seiner Rechtsstellung beitragen. Diese Beeinträchtigung dauert so lange fort, wie sich die Abmahnung in der Personalakte befindet.

4728 **Da Abmahnungen meist keine unmittelbaren Auswirkungen haben, drängt sich für den Arbeitnehmer die Notwendigkeit, dagegen vorzugehen, auch nicht in derselben Weise auf, wie etwa bei nicht erfüllten Zahlungsansprüchen.** Weiter ist in diesem Zusammenhang zu beachten, dass der Arbeitgeber – wenn auch nur in Ausnahmefällen – verpflichtet sein kann, auch ein auf einer wahren Sachverhaltsdarstellung beruhendes Schreiben aus der Personalakte zu entfernen, wenn es für die weitere Beurteilung des Arbeitnehmers überflüssig geworden ist und ihn in seiner beruflichen Entwicklungsmöglichkeit fortwirkend beeinträchtigen kann (*BAG* 27.1.1988 ZTR 1988, 309; 13.4.1988 EzA § 611 BGB Fürsorgepflicht Nr. 47; 8.2.1989 ZTR 1989, 236). Für einen so begründeten Anspruch ließe sich aber ein Fälligkeitszeitpunkt, ab dem die Ausschlussfrist zu laufen beginnt, kaum mit Sicherheit bestimmen. Das ist mit dem Sinn und Zweck der Ausschlussfristen nicht vereinbar.

4729 **Im Hinblick auf § 70 BAT (s. a. § 37 TVöD) bedeutet dies, dass der Entfernungsanspruch immer neu entsteht, solange sich die Abmahnung in der Personalakte befindet.**

*d) Vorruhestandsleistungen; Betriebliche Altersversorgung*

4730 § 16 BRTV-Bau ist auf Ansprüche des ausgeschiedenen Arbeitnehmers auf **Vorruhestandsleistungen** nach dem VRTV-Bau nicht anwendbar (*BAG* 5.9.1995 EzA § 4 TVG Ausschlussfristen Nr. 117).

4731 Nicht erfasst von Ausschlussfristen sind regelmäßig auch die **Stammrechte** betrieblicher Altersversorgung (*BAG* 15.9.1992 AP Nr. 39 zu § 1 BetrAVG Zusatzversorgung).

4732 Fraglich ist aber, inwieweit **Versorgungsleistungen** von Ausschlussfristen erfasst werden.

4733 Das *BAG* (8.9.1999 ZTR 2000, 273; 4.4.2001 EzA § 4 TVG Ausschlussfristen Nr. 141:Sterbegeld; 26.5.2009 – 3 AZR 797/07, NZA 2009, 1279; vgl. *BAG* 15.9.2004 EzA § 4 TVG Metallindustrie Nr. 130: Alterssicherung; *BAG* 15.2.2011 ZTR 2011, 558: Übergangsgeld) geht davon aus, dass Ansprüche auf Leistungen der betrieblichen Altersversorgung einschließlich monatlich fällig werdender laufender Rentenzahlungen nur dann tariflichen Ausschlussfristen unterliegen, wenn sich dies eindeutig und unmissverständlich aus dem Tarifvertrag ergibt; dies erfordert die große Bedeutung der Betriebsrentenansprüche (*BAG* 20.4.2010 – 3 AZR 225/08, NZA 2010, 883). Das gilt selbst dann, wenn das Arbeitsverhältnis während der Zahlung der Betriebsrente noch besteht (*BAG* 26.5.2009 – 3 AZR 797/07, EzA-SD 22/2009 S. 8 LS = NZA 2009, 1279).

Im Zweifel ist also davon auszugehen, dass die Tarifvertragsparteien Versorgungsansprüche keinen tariflichen Ausschlussfristen unterwerfen. Diese Auslegungsregel gilt auch dann, wenn der Verzicht auf einen als Schadensersatz geschuldeten Versorgungsverschaffungsanspruch in Rede steht (*BAG* 17.10.2000 EzA § 1 BetrAVG Nr. 71); insoweit ist davon auszugehen, dass eine Auslegung, wonach eine allgemein gefasste Ausschlussfristenregelung auch Versorgungsverschaffungsansprüche mit umfasst, nur ganz ausnahmsweise in Betracht kommt (*BAG* 26.1.1999 EzA § 1 BetrAVG Zusatzversorgung Nr. 10; 18.9.2001 EzA § 613a BGB Nr. 205).

Der Anspruch auf Einhaltung eines vereinbarten Durchführungsweges der betrieblichen Altersversorgung unterfällt generell nicht den üblichen tariflichen Ausschlussfristen. Denn die Folgen einer unterbliebenen Einhaltung des Durchführungsweges, z. B. durch unterbliebene Beitragszahlung, zeigen sich erst im Versorgungsfall. Wegen dieses zeitlichen Auseinanderfallens können

Ausschlussfristen ihren Zweck, die Rechtslage umgehend und schnell zu klären, nicht erfüllen (*BAG* 12.6.2007 EzA § 1 BetrAVG Nr. 90).

### e) Beschäftigungsanspruch

Nicht erfasst ist der Beschäftigungsanspruch des Arbeitnehmers (*BAG* 15.5.1991 EzA § 4 TVG Ausschlussfristen Nr. 91). Denn ihm wird auf Grund der Ableitung aus § 613 BGB i. V. m. § 242 BGB, ausgefüllt durch die Wertentscheidung der Art. 1, 2 GG, der Schutz der absoluten Rechte zuerkannt (s. Rdn. 2724 ff.). Absolute Rechte fallen aber nicht unter eine tarifliche Ausschlussklausel, die ihren Wirkungsbereich nur auf Ansprüche aus dem Arbeitsvertrag oder dem Arbeitsverhältnis erstreckt. Eine Verletzung des Persönlichkeitsrechts ist wegen der Notwendigkeit des Schutzes der Persönlichkeit ein Tatbestand eigener Art, der neben der Verletzung von Pflichten aus dem Arbeitsvertrag steht. 4734

Dieser Beschäftigungsanspruch entsteht zudem während des Arbeitsverhältnisses fortlaufend und ist auch deswegen einer tariflichen Ausschlussfrist nicht zugänglich, denn eine Ausschlussfrist erfasst nur in der Vergangenheit bereits entstandene Ansprüche und soll dazu dienen, diese fristgerecht zu erfüllen (*BAG* 15.5.1991 EzA § 4 TVG Ausschlussfristen Nr. 91). 4735

### f) Abfindungsansprüche

Erfasst werden dagegen Abfindungsansprüche des entlassenen Arbeitnehmers gem. **§ 113 Abs. 2 BetrVG** (*BAG* 22.9.1982 EzA § 4 TVG Ausschlussfristen Nr. 52). 4736

Bei einer zweistufigen Ausschlussklausel genügt für die ordnungsgemäße Geltendmachung in der zweiten Stufe die Erhebung einer Klage, die die Höhe der zu zahlenden Abfindung in das Ermessen des Gerichts stellt, jedenfalls dann, wenn die für die Bemessung der Abfindung maßgeblichen Umstände in der Klageschrift mitgeteilt werden (*BAG* 22.2.1983 EzA § 4 TVG Ausschlussfristen Nr. 54). 4737

Erfasst eine tarifliche Ausschlussfrist allgemein Ansprüche aus dem Arbeitsverhältnis, so gilt sie auch für einen Anspruch auf Zahlung einer einmaligen Abfindung aus einem **Sozialplan** anlässlich der Beendigung des Arbeitsverhältnisses (*BAG* 30.11.1994 EzA § 4 TVG Ausschlussfristen Nr. 108); es handelt sich insoweit um einen »**Anspruch aus dem Arbeitsverhältnis**«. Dies gilt aber **nicht in gleicher Weise**, wenn sich die Ausschlussfrist auf »**vertragliche Ansprüche aus dem Arbeitsverhältnis**« bezieht (*BAG* 13.2.2007 EzA § 47 BetrVG 2001 Nr. 4). 4738

Bestimmt eine zweistufige Ausschlussklausel, dass ein Anspruch zwei Monate nach Fälligkeit bzw. nach Beendigung des Arbeitsverhältnisses schriftlich geltend zu machen ist, so kann die Geltendmachung rechtswirksam auch schon vor diesen Ereignissen erfolgen. Bei vorzeitiger schriftlicher Geltendmachung beginnt die Frist für eine tariflich geregelte vierzehntägige Bedenkzeit des Arbeitgebers und für die sich daran anschließende gerichtliche Geltendmachung allerdings nicht ab dem Zeitpunkt der schriftlichen Geltendmachung, sondern erst ab der Fälligkeit des Anspruches zu laufen (*BAG* 27.3.1996 EzA § 4 TVG Ausschlussfristen Nr. 123). 4739

Bei bereits ausgeschiedenen Mitarbeitern beginnt die Ausschlussfrist nach Auffassung des *LAG Bln.* (24.3.1993 NZA 1994, 425) regelmäßig erst dann, wenn sie von dem Sozialplan Kenntnis erlangen und ihre Rechte geltend machen können. 4740

Gelten tarifliche Ausschlussfristen für »Ansprüche aus dem Arbeitsverhältnis«, werden im Zweifel auch **Abfindungsansprüche** auf Grund eines außergerichtlichen Vergleichs erfasst, der nach der Erhebung einer Kündigungsschutzklage abgeschlossen worden ist (*LAG Bln.* 27.7.1998 NZA-RR 1999, 38). 4741

### g) Schadensersatzansprüche

**4742** Fraglich war auch nach der Rechtsprechung des *BAG*, inwieweit Schadensersatzansprüche erfasst werden (vgl. *Busemann* Die Haftung des Arbeitnehmers gegenüber dem Arbeitgeber und Dritten, Rn. 102 ff.).

**4743** Das *BAG* (30.10.2008 EzA § 4 TVG Ausschlussfristen Nr. 132; ebenso *LAG München* 30.4.2009 – 3 Sa 3/09 – EzA-SD 13/2009 S. 15 LS) geht insoweit davon aus, dass die Tarifvertragsparteien mit der **Wortwahl in einer Ausschlussklausel** »alle Ansprüche aus dem Arbeitsverhältnis« regelmäßig zum Ausdruck bringen, dass davon auch Ansprüche aus unerlaubter Handlung erfasst werden. Die Tarifvertragsparteien verfolgen mit der weiten Formulierung »alle beiderseitigen« Ansprüche der Arbeitsvertragsparteien (§ 15 BRTV-Bau) das **Ziel, Rechtsklarheit und Rechtssicherheit herbeizuführen.** Die Arbeitsvertragsparteien sollen sich darauf **verlassen** können, dass nach Fristablauf der jeweilige Vertragspartner **keine Ansprüche mehr erhebt.** Dem entspricht es am ehesten, alle Ansprüche aus einem **einheitlichen Lebensvorgang** nach einer gewissen Zeit **jedem rechtlichen Streit zu entziehen.** Anknüpfungspunkt ist für die Tarifvertragsparteien weniger die Rechtsgrundlage für den Anspruch als vielmehr der Anlass seines jeweiligen Entstehens. Ergibt sich somit aus dem Wortlaut eindeutig eine einschränkungslose **Erfassung sämtlicher wechselseitiger Ansprüche aus dem Arbeitsverhältnis, so bleibt kein Raum für eine enge Auslegung von Ausschlussfristen** (vgl. *BAG* 21.1.2010 EzA TVG § 4 Ausschlussfristen Nr. 196). Erfasst sind deshalb dann auch **Schadensersatzansprüche wegen vorsätzlich begangener unerlaubter Handlungen;** dem steht § 202 Abs. 1 BGB nicht entgegen (*BAG* 18.8.2011 EzA TVG § 4 Ausschlussfristen Nr. 200).

**4744** Die Ausschlussfrist des § 70 Abs. 2 BAT (s. a. § 37 TVöD) gilt jedenfalls nicht für den Anspruch des Arbeitnehmers gegen den Arbeitgeber auf Verschaffung einer **Zusatzversorgung** bei der VBL und auch nicht für einen Schadensersatzanspruch gegen den Arbeitgeber wegen unterlassener Zusatzversorgung (*BAG* 12.1.1974 EzA § 70 BAT Nr. 1).

**4745** Anwendbar ist eine tarifliche Ausschlussfrist demgegenüber auf eine Schadensersatzforderung, die sich daraus ergibt, dass der Arbeitgeber nach abgeschlossenem Rechtsstreit über die Wirksamkeit einer Arbeitgeberkündigung die rückständigen Löhne in einer Summe im Folgejahr auszahlt; dieser Anspruch ist auch nicht mit der Erhebung der Kündigungsschutzklage bereits geltend gemacht. Die Frist hinsichtlich des Schadensersatzes auf Grund der steuerlichen Nachteile beginnt spätestens mit Zugang der Steuererklärung zu laufen (*LAG RhPf* 6.3.1996 ZTR 1997, 229 LS).

**4746** Die Geltendmachung eines Anspruchs auf einen **Zuschuss zum Mutterschaftsgeld** genügt nicht, um einen auf Falschauskunft des Arbeitgebers gestützten **Schadensersatzanspruch** wegen entgangenen Verdienstes in Höhe dieses Zuschusses vor dem Verfall auf Grund einer tariflichen Ausschlussfrist zu bewahren (*LAG Bln.* 17.3.2000 NZA-RR 2000, 361).

**4747** Für Schadensersatzansprüche eines Arbeitnehmers wegen **Mobbing** beginnt die tarifliche Verfallfrist gem. § 70 BAT (s. a. § 37 TVöD) spätestens mit dem **Ausscheiden** aus dem Arbeitsverhältnis (*LAG Köln* 3.6.2004 ZTR 2004, 643). Im Übrigen ist davon auszugehen, dass eine wirksam vertraglich vereinbarte Ausschlussfrist zwar grds. auch für **Schadensersatz- und Entschädigungsansprüche** wegen Verletzung des allgemeinen Persönlichkeitsrechts und damit für Ansprüche aus mobbingbedingten Verletzungshandlungen gilt. Dabei sind jedoch die **Besonderheiten von Mobbing** insofern zu beachten, als eine **Gesamtschau** vorzunehmen ist, ob einzelne Verletzungen des allgemeinen Persönlichkeitsrechts ein übergreifendes systematisches Vorgehen darstellen. Länger zurückliegende Vorfälle sind zu berücksichtigen, soweit sie in einem Zusammenhang mit den späteren »Mobbing«-Handlungen stehen (*BAG* 16.5.2007 EzA § 611 BGB 2002 Persönlichkeitsrecht Nr. 6).

**4748** Begehrt ein Arbeitnehmer zulässigerweise gem. § 256 ZPO die **Feststellung**, dass der Arbeitgeber für **zukünftige Schäden**, die der Arbeitnehmer noch nicht beziffern kann, haftet, kommt **vor dem Eintritt dieser Schäden** ein **Verfall** des Schadensersatzanspruchs aufgrund einer Ausschlussfrist **nicht in Betracht**, auch wenn die Rechtsgutsverletzung zu einem früheren Zeitpunkt eingetreten ist (z. B. Ersatz künftiger Personenschäden als Folge einer in der Vergangenheit liegenden Hepatitis-C-Infektion; *BAG* 14.12.2006 EzA § 618 BGB 2002 Nr. 2).

### h) Miet-, Kauf-, Darlehensverträge

Ansprüche aus selbstständig neben dem Arbeitsverhältnis abgeschlossenen anderen bürgerlich-rechtlichen Verträgen werden i. d. R. von einer Ausschlussklausel, die sich auf alle Ansprüche aus dem Arbeitsverhältnis oder solche, die mit dem Arbeitsverhältnis in Verbindung stehen, bezieht, nicht erfasst (so *LAG Köln* 27.4.2001 NZA-RR 2002, 369 ausdrücklich für einen Rückzahlungsanspruch aus einem Arbeitgeberdarlehen). 4749

Dazu gehören Ansprüche aus Miet- oder Kaufverträgen, die der Arbeitgeber mit dem Arbeitnehmer zwar mit Rücksicht auf dessen Firmen- oder Betriebszugehörigkeit abschließt, für die das Arbeitsverhältnis aber keine rechtliche Bedeutung hat (*BAG* 20.1.1982 EzA § 4 TVG Ausschlussfristen Nr. 48). 4750

Von einer Ausschlussfrist, die sich auf **sämtliche Ansprüche** aus dem Arbeitsverhältnis bezieht, werden Ansprüche des Arbeitgebers auf Darlehensrückzahlung aber jedenfalls dann erfasst, **wenn das Darlehen dem Arbeitnehmer im Hinblick auf das zwischen den Parteien bestehende Arbeitsverhältnis und für dessen Zwecke gewährt worden ist** (*BAG* 18.6.1980 AP Nr. 68 zu § 4 TVG Ausschlussfristen), also mit dem Bestand des Arbeitsverhältnisses verknüpft ist (*LAG Köln* 18.5.2000 NZA-RR 2001, 174), bzw. wenn sich aus dem Darlehensvertrag ergibt, dass dieser seine **Grundlage in der arbeitsvertraglichen Beziehung der Parteien** hat (*LAG Nds.* 9.11.1999 NZA-RR 2000, 484). Das ist z. B. dann der Fall, wenn das Darlehen mit Rücksicht auf das Arbeitsverhältnis niedriger als marktüblich zu verzinsen ist (*BAG* 20.2.2001 EzA § 4 TVG Ausschlussfristen Nr. 140 für § 16 BRTV-Bau: »Ansprüche, die mit dem Arbeitsverhältnis in Verbindung stehen«). Andererseits erfasst eine Ausschlussfrist, nach der vertragliche Ansprüche aus dem Arbeitsverhältnis innerhalb bestimmter Fristen geltend zu machen sind, nicht Zinsforderungen aus Arbeitgeberdarlehen (*BAG* 28.2.1999 EzA § 611 BGB Inhaltskontrolle Nr. 7; ebenso für Rückzahlungsansprüche *LAG Köln* 27.4.2001 ZTR 2001, 475 LS). Das lässt sich insgesamt **dahin präzisieren**, dass ein Anspruch des Arbeitgebers von einer Verfallklausel für alle beiderseitigen Ansprüche aus dem Arbeitsverhältnis und solche, die mit dem Arbeitsverhältnis in Verbindung stehen, **dann nicht erfasst ist, wenn das Arbeitsverhältnis für den Inhalt oder den Bestand des Darlehensvertrags ohne Bedeutung** ist. Sind die Darlehenskonditionen dagegen wegen des Arbeitsverhältnisses günstiger als üblich oder wird das Darlehen vertragsgemäß ausschließlich zum Erwerb von Aktien der Muttergesellschaft gewährt und die Darlehenssumme unmittelbar an die Aktiengesellschaft gezahlt, so besteht eine hinreichende Verbindung zum Arbeitsverhältnis (*BAG* 4.10.2005 EzA § 611 BGB 2002 Arbeitgeberhaftung Nr. 3). 4751

Ob ein Arbeitgeberdarlehen, das zur Finanzierung einer Mitarbeiterbeteiligung gewährt wird, von einer in einer Abwicklungsvereinbarung enthaltenen Ausgleichsklausel, die alle Ansprüche »aus dem Arbeitsverhältnis« für erledigt erklärt, erfasst wird, hängt von der konkreten Ausgestaltung des Darlehensvertrags ab (*BAG* 19.3.2009 EzA § 305c BGB 2002 Nr. 17), insbes. davon, wie eng das Arbeitgeberdarlehen mit dem Arbeitsverhältnis verknüpft ist (*BAG* 21.1.2010 EzA § 4 TVG Ausschlussfristen Nr. 196).

### i) Feiertagsentgelt; Entgeltfortzahlung

Eine tarifliche Verfallklausel, die nur tarifliche Ansprüche erfasst, bezieht sich auch auf einen Vergütungsanspruch für die wegen eines Feiertages ausgefallene Arbeit (§§ 1, 2 EFZG). Zwar handelt es sich dann um einen gesetzlichen, nicht um einen tariflichen Anspruch. 4752

Es gilt aber (*BAG* 16.1.2002 EzA § 12 EFZG Nr. 1): 4753
– Der gesetzliche Entgeltfortzahlungsanspruch im Krankheitsfall ist der während der Arbeitsunfähigkeit aufrecht erhaltene Vergütungsanspruch und teilt dessen rechtliches Schicksal.

- Wenn die Tarifvertragsparteien den Vergütungsanspruch tariflich geregelt haben, handelt es sich bei der tariflich vorgesehenen Verpflichtung zur Fortzahlung des Arbeitsentgelts ebenfalls um einen tariflichen Anspruch, der ebenso wie der Vergütungsanspruch einer tariflichen Ausschlussklausel unterliegt.
- Erfasst die tarifliche Ausschlussklausel in einem Manteltarifvertrag »alle übrigen Ansprüche«, sind das jedenfalls die Ansprüche aus dem Manteltarifvertrag und die mit ihm konkurrierenden gesetzlichen Ansprüche.

### j) Urlaub; Urlaubsgeld

4754 Urlaubsentgelt unterliegt grds. tariflichen und vertraglichen Verfallfristen. Denn es ist das während der urlaubsbedingten Freistellung weitergezahlte Arbeitsentgelt des Arbeitnehmers (*BAG* 22.1.2002 EzA § 13 BUrlG Nr. 58). Deshalb erfasst eine tarifliche Ausschlussklausel, nach der »sämtliche gegenseitigen Ansprüche aus dem Arbeitsverhältnis« fristgebunden geltend zu machen sind, auch den Anspruch des Arbeitnehmers auf Zahlung von Urlaubsentgelt (*BAG* 19.4.2005 EzA § 4 TVG Ausschlussfristen Nr. 178). Eine tarifliche Ausschlussfrist, nach der gegenseitige Ansprüche aller Art aus dem Arbeitsverhältnis – ausgenommen Lohnansprüche – nur innerhalb einer Ausschlussfrist von einem Monat seit Fälligkeit des Anspruchs schriftlich geltend gemacht werden können, ist andererseits auf Urlaubs- und Urlaubsabgeltungsansprüche nicht anzuwenden. Im **noch laufenden Urlaubsjahr** ist der Arbeitnehmer nicht verpflichtet, nach dem Entlassungstermin die Urlaubsabgeltung des Urlaubs für dieses Jahr innerhalb geltender tariflicher Ausschlussfristen geltend zu machen (*LAG Nbg.* 13.2.2004 NZA-RR 2005, 37).

4755 Erfasst ist dagegen ein nach Ablauf des Urlaubsjahres oder des Übertragungszeitraumes entstehender Schadensersatzanspruch, der entweder auf Gewährung von Urlaub (Ersatzurlaubsanspruch) oder auf Zahlung (s. *ArbG Regensburg* 4.2.2010 – 8 Ca 1022/09, ZTR 2010, 204) gerichtet ist. Eine schriftliche **Mahnung** des Arbeitnehmers, ihm Urlaub zu gewähren, wahrt die tarifliche Ausschlussfrist (*BAG* 24.11.1992 EzA § 4 TVG Ausschlussfristen Nr. 102). Hat der Arbeitgeber die Gewährung von Urlaub zu Unrecht verweigert und schuldet er deshalb dem Arbeitnehmer wegen des zum 31.3. des Folgejahres erloschenen Urlaubsanspruchs **Ersatzurlaub**, erfasst die vom Arbeitnehmer innerhalb der tariflichen Ausschlussfrist erhobene **Klage auf Zahlung von Urlaubsentgelt** als Schadensersatz **auch** den erst nach Ablauf der Ausschlussfrist im Rechtsstreit geltend gemachten **Anspruch auf Urlaubsgewährung** (*BAG* 16.3.1999 EzA § 7 BUrlG Nr. 107).

4756 Hat der **schwer behinderte Mensch** für den Urlaubsanspruch die Ausschlussfrist gewahrt, so braucht er den nach Eintritt der Unmöglichkeit an seine Stelle tretenden Ersatzurlaubsanspruch nicht noch einmal geltend zu machen (*BAG* 22.10.1991 EzA § 47 SchwbG Nr. 1).

4757 Andererseits können Tarifvertragsparteien für den mit der Beendigung des Arbeitsverhältnisses an die Stelle des Urlaubsanspruchs tretenden **Abgeltungsanspruch** jedenfalls im Umfang des tariflichen Urlaubsanspruchs Ausschlussfristen vereinbaren (*BAG* 25.8.1992 EzA § 4 TVG Ausschlussfristen Nr. 101; s. aber jetzt *EuGH* 20.1.2009 EzA EG-Vertrag 1999 Richtlinie 2003/88 Nr. 1 u. *BAG* 24.3.2009 EzA § 7 BUrlG Abgeltung Nr. 15; 23.3.3011 EzA § 6 ArbZG Nr. 8). Das *LAG Düsseld.* (23.4.2010 LAGE § 7 BUrlG Abgeltung Nr. 27a) hat zudem angenommen, dass eine tarifliche Verfallfrist, die u. a. vorsieht, dass Ansprüche auf Urlaub und Urlaubsabgeltung spätestens drei Monate nach Beendigung des Arbeitsverhältnisses verfallen, auch den Abgeltungsanspruch für den gesetzlichen Erholungsurlaub aus § 7 Abs. 4 BUrlG erfasst. Der Anspruch auf Abgeltung des bestehenden Urlaubs entsteht auch bei über das Arbeitsverhältnis hinaus andauernder Arbeitsunfähigkeit gem. § 7 Abs. 4 BUrlG mit Beendigung des Arbeitsverhältnisses und wird sofort fällig. Er ist nicht Surrogat des Urlaubsanspruchs, sondern **reine Geldforderung** und unterliegt damit wie andere Ansprüche aus dem Arbeitsverhältnis einzel- und tarifvertraglichen Ausschlussfristen. Das gilt auch für die Abgeltung des nach § 13 Abs. 1 S. 1 i. V. m. § 3 Abs. 1 BUrlG unabdingbaren gesetzlichen Mindesturlaubs, denn der gesetzliche Mindesturlaubsanspruch ist nicht – mehr – nach § 7 Abs. 3 S. 3 BUrlG befristet, wenn der Arbeitnehmer dauernd arbeitsunfähig ist. Der Mindesturlaub ist bei Beendigung des Arbeitsverhältnisses unabhängig von der Erfüllbarkeit des Freistellungsanspruchs in einem gedachten fortbestehenden Arbeitsverhältnis abzugelten (*BAG* 9.8.2011 – 9 AZR 352/10, NZA-RR 2012, 129 LS; 9.8.2011 – 9 AZR 365/10, EzA-SD 25/2011 S. 7 = NZA 2011, 1422). Sachliche Gründe dafür, warum für einen arbeitsfähigen Arbeitnehmer nach Beendigung des Arbeitsverhältnisses andere Regeln für den Verfall des Urlaubsabgeltungsanspruchs gelten sollen als für einen arbeitsunfähigen Arbeitnehmer, bestehen jedoch nicht. Deshalb hält das *BAG* (19.6.2012 – 9 AZR 652/10) inzwischen auch für den Fall, dass der Arbeitnehmer arbeitsfähig ist, an der Surrogatstheorie nicht fest.

**Das ist mit Art 7 Abs 2 RL 2003/88/EG vereinbar.** Danach steht die Arbeitszeitrichtlinie grds. einer nationalen Regelung nicht entgegen, wonach die Nichtbeachtung von Modalitäten der Inanspruchnahme dazu führt, dass der Anspruch auf Abgeltung des Urlaubs am Ende eines Bezugszeitraums oder eines Übertragungszeitraums untergeht. Der Arbeitnehmer muss tatsächlich nur die **Möglichkeit** haben, den ihm mit der Arbeitszeitrichtlinie verliehenen Anspruch **auszuüben.** Das ist bei tariflichen Ausschlussfristen dann der Fall, wenn der Arbeitnehmer nur eine Frist zur schriftlichen Geltendmachung wahren muss (*BAG* 9.8.2011 – 9 AZR 365/10, EzA-SD 25/2011 S. 7 = NZA 2011, 1422; 9.8.2011 – 9 AZR 475/10, EzA-SD 2/2012 S. 10 = NZA 2012, 166).  4757a

Spätestens nach Bekanntwerden des Vorabentscheidungsersuchens des *LAG Düsseld.* (2.8.2006 LAGE § 7 BUrlG Nr. 43) konnten Arbeitnehmer **nicht mehr davon ausgehen**, dass die Rechtsprechung zu den Grundsätzen der Unabdingbarkeit des Urlaubsabgeltungsanspruchs im Fall lang andauernder Arbeitsunfähigkeit **unverändert fortgeführt würde** (*BAG* 9.8.2011 – 9 AZR 475/10, EzA-SD 2/2012 S. 10).

**Mithin ist der Urlaubsabgeltungsanspruch nicht mehr befristet.**

Ansonsten würde ein dauerhaft bis zum Lebensende arbeitsunfähig erkrankter Arbeitnehmer, der aus einem Arbeitsverhältnis ausgeschieden ist, niemals eine Urlaubsabgeltung erhalten. Dies wäre jedoch nicht mit Art. 7 der RL 2003/88/EG vereinbar. Danach soll auch der ausgeschiedene Arbeitnehmer bei lang andauernder Arbeitsunfähigkeit die Möglichkeit haben, in den Genuss einer finanziellen Vergütung zu kommen (*BAG* 9.8.2011 – 9 AZR 352/10, NZA-RR 2012, 129 LS).

(derzeit unbesetzt)  4758

Haben die Tarifvertragsparteien den Anspruch auf ein zusätzliches **Urlaubsgeld** geregelt, so ist im Zweifel anzunehmen, dass innerhalb der für tarifliche Geldansprüche vereinbarten Verfallfrist alle mit der Berechnung und Zahlung des Urlaubsgeldes zusammenhängenden Fragen geklärt werden sollen (vgl. *BAG* 9.12.2003 NZA 2004, 623 LS). Dazu gehören insbes. Streitigkeiten über die **zutreffende Forderungshöhe.** Nach Ablauf der Ausschlussfrist ist deshalb sowohl die Geltendmachung einer nicht vollständigen Erfüllung des Anspruchs als auch einer Überzahlung ausgeschlossen (*BAG* 19.1.1999 NZA 1999, 1107).  4759

*k) Zeugnis-, Zeugnisberichtigungsanspruch*

§ 70 Abs. 2 BAT (s. a. § 37 TVöD) erfasst auch den Zeugnisanspruch, weil es sich um einen Anspruch handelt, der aus dem Arbeitsverhältnis abgeleitet wird (*BAG* 23.2.1983 EzA § 70 BAT Nr. 15). Ebenso erfasst eine einzelvertragliche Ausschlussklausel, die »alle Ansprüche, die sich aus dem Arbeitsverhältnis ergeben« betrifft, auch den Anspruch auf Berichtigung des qualifizierten Arbeitszeugnisses (*LAG Hamm* 10.4.2002 NZA-RR 2003, 463).  4760

*l) Teilzeitanspruch des Arbeitnehmers*

Der Arbeitszeitverringerungsanspruch nach § 8 TzBfG ist ein Anspruch eigener Art mit eigenen Fristenregelungen, auf den Ausschlussfristen generell nicht anwendbar sind (*LAG Nds.* 18.11.2002 LAGE § 8 TzBfG Nr. 11).  4761

m) *Ansprüche des Arbeitgebers; Erstattungsansprüche gegenüber Sozialkassen; Schadensersatzansprüche gem. § 717 Abs. 2 ZPO*

4762 Ansprüche des Arbeitgebers auf **Rückzahlung von Arbeitsentgelt** und von **vermögenswirksamen Leistungen**, die versehentlich nach Beendigung des Arbeitsverhältnisses durch Banküberweisung dem Arbeitnehmer gutgebracht worden sind, fallen unter den in § 16 Abs. 1 BRTV-Bau enthaltenen Rechtsbegriff »Ansprüche aus dem Arbeitsverhältnis und solche, die mit dem Arbeitsverhältnis in Verbindung stehen« (*BAG* 1.10.2002 EzA § 4 TVG Ausschlussfristen Nr. 157: Rückzahlung Vorschuss). Deshalb verfällt der Anspruch auf Rückzahlung von Arbeitsentgelt grds. dann, wenn der Arbeitgeber ihn nicht fristgerecht geltend macht (*BAG* 10.3.2005 EzA § 4 TVG Ausschlussfristen Nr. 176 = NZA 2005, 812; **a. A.** *Hess. LAG* 9.2.2010 – 13/7 Sa 1435/09, FA 2010, 146).

4763 Sieht eine tarifliche Ausschlussklausel z. B. den Verfall von »Ansprüchen aus Mehrarbeit« vor, so zählt dazu i. d. R. auch ein Anspruch auf Rückzahlung einer irrtümlich gezahlten Mehrarbeitsvergütung. Sollen nur Ansprüche des Arbeitnehmers erfasst werden, muss dies deutlich zum Ausdruck kommen (*BAG* 14.9.1994 EzA TVG § 4 Ausschlussfristen Nr. 106).

4764 Der Anspruch des Arbeitgebers auf Rückzahlung überzahlter Vergütung wird im Zeitpunkt der Überzahlung **fällig**, wenn die Vergütung fehlerhaft berechnet worden ist, obwohl die maßgebenden Umstände bekannt waren oder hätten bekannt sein müssen, der Arbeitgeber also vor allem **trotz Kenntnis der maßgebenden Berechnungsgrundlagen die Vergütung irrtümlich fehlerhaft berechnet hat** (*BAG* 10.3.2005 EzA § 4 TVG Ausschlussfristen Nr. 176; 16.10.2007 NZA-RR 2008, 214). Denn von diesem Zeitpunkt an kann die zuviel gezahlte Summe zurückgefordert werden. Auf die Kenntnis des Arbeitgebers von seinem Rückzahlungsanspruch kommt es regelmäßig nicht an (*BAG* 31.1.2002, 19.2.2004 EzA § 4 TVG Ausschlussfristen Nr. 153, 174; s. a. *BAG* 28.1.1999 ZTR 1999, 471). § 70 BAT-O betrifft auch Rückzahlungsansprüche, die dem Arbeitgeber aus **wiederholten eingruppierungswidrigen Überzahlungen** zustehen (*Sächs. LAG* 20.10.1999 ZTR 2000, 273 LS). Macht der Arbeitgeber die Rückzahlung überzahlter Beträge unter Hinweis auf eine fehlerhafte Eingruppierung geltend, so wird dadurch allerdings nicht die Ausschlussfrist für Rückzahlungsansprüche **aus künftigen** Überzahlungen gewahrt (*BAG* 17.5.2001 EzA § 4 TVG Ausschlussfristen Nr. 136). Ausnahmsweise können jedoch Entstehen und Fälligkeit des Anspruchs zeitlich auseinander fallen. Denn die Fälligkeit eines Anspruchs setzt voraus, dass der Gläubiger in der Lage ist, die tatsächlichen Voraussetzungen seines Anspruchs zu erkennen und ihn wenigstens annähernd zu beziffern (*BAG* 19.2.2004 EzA § 4 TVG Ausschlussfristen Nr. 174). Solange der Arbeitgeber nicht erkennen kann, dass die tatsächlichen Voraussetzungen eines Rückzahlungsanspruchs eingetreten sind, tritt die Fälligkeit nicht ein. Andererseits muss der Gläubiger jedoch ohne schuldhaftes Zögern die Voraussetzungen dafür schaffen, dass er seinen Anspruch beziffern kann. Nicht schuldhaft handelt ein Arbeitgeber, der den Anspruch auf Rückzahlung überzahlter Abfindung nicht geltend machen kann, weil der Arbeitnehmer es pflichtwidrig unterlassen hat, die den Rückzahlungsanspruch begründenden tatsächlichen Umstände dem Arbeitgeber mitzuteilen (z. B. die zweiundfünfzigwöchige Arbeitslosigkeit als Voraussetzung eines Anspruchs auf gesetzliche Altersrente (*BAG* 31.1.2002 EzA § 4 TVG Ausschlussfristen Nr. 153). Gleiches gilt dann, wenn der Arbeitnehmer die **allein ihm bekannten tatbestandlichen Voraussetzungen** eines Vergütungsbestandteils – Wegfall der Berechtigung zum Bezug des Ortszuschlags der Stufe 2 – **pflichtwidrig nicht mitteilt** (*BAG* 19.2.2004 EzA § 4 TVG Ausschlussfristen Nr. 174), sowie insgesamt dann, wenn der Arbeitgeber die **Überzahlung nicht erkennen** kann, weil der **Berechnungsfehler in der Sphäre des Arbeitnehmers** liegt. Fälligkeit tritt dann erst ein, wenn der Arbeitgeber von den rechtsbegründenden Tatsachen Kenntnis erlangt; für die Rückforderung der Vergütung angestellter Lehrer kommt es dann bei Tatbeständen, die in der Sphäre des Arbeitnehmers liegen, auf die Kenntnis der Beschäftigungsdienststelle an. Diese wird i. d. R. durch den Schulleiter repräsentiert (*BAG* 16.10.2007 NZA-RR 2008, 214).

4765 Zuvor ist das *BAG* (23.2.1983 EzA § 70 BAT Nr. 15; ebenso jetzt *BAG* 10.3.2005 EzA § 4 TVG Ausschlussfristen Nr. 176; **a. A.** *LAG Düsseld.* 11.6.1997 NZA-RR 1998, 80) bereits davon ausgegangen, dass der Ablauf einer bei Fälligkeit beginnenden tariflichen Ausschlussfrist (z. B. § 70

## F. Einreden und Einwendungen  Kapitel 3

BAT; s. a. § 37 TVöD) nach § 242 BGB nicht zum Verfall des Rückzahlungsanspruchs führt, wenn der Arbeitnehmer es pflichtwidrig unterlassen hat, dem Arbeitgeber Umstände mitzuteilen, die die Geltendmachung des Rückzahlungsanspruchs innerhalb der Ausschlussfrist ermöglicht hätten (s. a. BAG 6.9.2006 NZA 2007, 526). Zu einer solchen Mitteilung ist der Arbeitnehmer verpflichtet, wenn er bemerkt hat, dass er eine gegenüber sonst ungewöhnlich hohe Zahlung erhalten hat, deren Grund er nicht klären kann. Die Einwendung des Rechtsmissbrauchs fällt in einem derartigen Fall aber dann weg, wenn der Arbeitgeber **von anderer Seite Umstände erfährt, die ihn den wirklichen Sachverhalt erkennen lassen oder ihn hätten veranlassen müssen, Nachforschungen** zum wirklichen Sachverhalt anzustellen und er dennoch über einen längeren Zeitraum weiter untätig bleibt (BAG 23.5.2001 EzA § 818 BGB Nr. 12). Erhält der Arbeitgeber **anderweitig Kenntnis** von dem Überzahlungstatbestand, beginnt **nicht eine neue Ausschlussfrist** (s. a. BAG 6.9.2006 NZA 2007, 526). Der Arbeitgeber muss dann seinen Rückzahlungsanspruch allerdings innerhalb einer kurzen, nach den Umständen des Falles sowie **Treu und Glauben** zu bestimmenden Frist, in der nach dem Tarifvertrag gebotenen Form, geltend machen (BAG 10.3.2005 EzA § 4 TVG Ausschlussfristen Nr. 176).

Zusammengefasst gilt insoweit Folgendes (BAG 13.10.2010 EzA § 4 TVG Ausschlussfristen Nr. 199):  4765a

Die Berufung des Arbeitnehmers auf den Verfall des Anspruchs auf Rückzahlung überzahlter Vergütung aufgrund tariflicher Ausschlussfristen ist rechtsmissbräuchlich, wenn der Arbeitnehmer in Kenntnis des Irrtums des Arbeitgebers diesem **Informationen vorenthalten** hat, die dem Arbeitgeber die Einhaltung der Ausschlussfrist ermöglicht hätten. Der Einwand des Rechtsmissbrauchs steht dem Verfall des Rückzahlungsanspruchs nur solange entgegen, wie der Arbeitgeber aufgrund des rechtsmissbräuchlichen Verhaltens des Arbeitnehmers von der Einhaltung der Ausschlussfrist **abgehalten** wird. Erhält der Arbeitgeber **anderweitig Kenntnis** vom Überzahlungstatbestand, muss er seinen Rückzahlungsanspruch innerhalb einer angemessenen Frist, deren Länge sich nach den Umständen des Einzelfalls richtet, in der nach dem Tarifvertrag gebotenen Form geltend machen. Er muss nach Kenntnis von der Überzahlung ohne schuldhaftes Zögern Schritte zur Rückforderung einleiten und den Sachverhalt zügig, jedoch **ohne Hast aufklären**. Der Arbeitgeber hat dazu im Prozess vorzutragen, wie er nach Kenntniserlangung vorgegangen ist, welche Einzelschritte er wann unternommen hat und aus welchen Gründen diese wie lange gedauert haben. Unterlässt es der Arbeitnehmer in Kenntnis des Irrtums des Arbeitgebers, den Arbeitgeber darüber zu unterrichten, dass bei der Vergütungsberechnung ein Fehler unterlaufen ist, kommt ein Schadensersatzanspruch nach § 280 Abs. 1 i. V. m. § 241 Abs. 2 BGB in Betracht. Dessen Fälligkeit setzt die Kenntnis des Arbeitgebers von der Überzahlung voraus.

Ein Anspruch auf Rückzahlung von Vergütung wird im Falle **rückwirkender Verrentung** des Arbeitnehmers i. S. d. tariflichen Ausschlussfrist frühestens mit der **Zustellung des Rentenbescheides** fällig (BAG 11.10.2006 – 5 AZR 755/05, ZTR 2007, 145).  4766

Eine zweistufige vertragliche Verfallklausel, nach der alle Ansprüche, die sich aus dem Arbeitsverhältnis ergeben, binnen einer Frist von 6 Monaten seit ihrer Fälligkeit geltend zu machen und im Falle ihrer Ablehnung durch die Gegenpartei binnen einer Frist von zwei Monaten einzuklagen sind, erfasst auch den Anspruch des Arbeitgebers auf Rückzahlung von Ausbildungskosten. Lehnt der Arbeitnehmer den vom Arbeitgeber angemeldeten Erstattungsanspruch vor dessen Fälligkeit ab, beginnt die Frist zur gerichtlichen Geltendmachung mit Eintritt der Fälligkeit. Haben die Parteien vereinbart, dass Ausbildungskosten vom Arbeitnehmer zu erstatten sind, wenn das Arbeitsverhältnis auf Grund einer Kündigung des Arbeitnehmers vor Ablauf einer bestimmten Frist beendet wird, entsteht der Erstattungsanspruch nicht mit dem Zugang der Kündigungserklärung, sondern erst mit der Beendigung des Arbeitsverhältnisses (BAG 18.11.2004 EzA § 4 TVG Ausschlussfristen Nr. 175).  4767

Gleiches gilt für **Schadensersatzansprüche des Arbeitgebers gegen den Arbeitnehmer**. Beginnt der Fristablauf mit der Fälligkeit des Schadensersatzanspruchs, so ist der Anspruch in diesem

Sinne fällig, wenn der Gläubiger ihn annähernd beziffern kann. Der Fälligkeit steht nicht entgegen, wenn der Gläubiger bei Kenntnis aller haftungsbegründenden Umstände zunächst einen Dritten in Anspruch nahm, von dessen alleiniger Haftung er ausging (*BAG* 27.10.2005 EzA § 4 TVG Ausschlussfristen Nr. 181).

Ein Schadensersatzanspruch des Arbeitgebers gegen den Arbeitnehmer wegen der **Beschädigung eines Firmenwagens** während eines erlaubten privaten Abstechers bei Rückkehr von einem auswärtigen Einsatz wird von einer tarifvertraglichen Verfallfrist für Ansprüche erfasst, die mit dem Arbeitsverhältnis in Verbindung stehen (*LAG Bln.* 23.2.2007 – 6 Sa 1998/06, NZA-RR 2007, 424 LS).

4768 Die Ausschlussfrist für Erstattungsansprüche des Arbeitgebers gegenüber der Sozialkasse nach § 9 Abs. 3 S. 1 VTV (Sozialkassenverfahren Gerüstbaugewerbe) findet nach Satz 2 nur dann keine Anwendung, wenn der Arbeitgeber erstmals zur Meldung und Beitragszahlung herangezogen wird. Es reicht nicht aus, dass er für einen in der Vergangenheit liegenden Zeitraum Beiträge nachentrichten soll. Er muss auch kumulativ rückwirkend zur Nachmeldung aufgefordert werden. Dies trifft nicht auf einen Arbeitgeber zu, der bereits am Sozialkassenverfahren teilgenommen hat, dann aber seine Tarifunterworfenheit bestreitet. Seine rechtskräftige Verurteilung führt nicht zu einem rückwirkenden Heranziehen zur Meldung. Die Erstattungsansprüche für Urlaubsgeld und Lohnausgleich nach §§ 9 und 12 VTV setzen gem. § 14 Abs. 4 VTV nicht nur ein rechnerisch ausgeglichenes Beitragskonto des Arbeitgebers voraus. Erforderlich ist weiterhin, dass er auch vollständig seiner Meldepflicht nach § 15 VTV nachgekommen ist. Ansonsten könnte er durch unzureichende Meldungen ein ausgeglichenes Beitragskonto vortäuschen (*BAG* 5.11.2002 EzA § 4 TVG Ausschlussfristen Nr. 160).

4769 Eine tarifliche Ausschlussklausel, die für »Ansprüche aus dem Arbeitsverhältnis« gilt, erfasst auch Schadensersatzansprüche des Arbeitgebers gegen den Arbeitnehmer nach § 717 Abs. 2 ZPO, wenn er zur Abwendung der Zwangsvollstreckung aus einem vorläufig vollstreckbaren arbeitsgerichtlichen Urteil die eingeklagten Ansprüche des Arbeitnehmers aus dem Arbeitsverhältnis erfüllt hatte und das arbeitsgerichtliche Urteil nach erfolgter Zahlung durch den Arbeitgeber aufgehoben oder abgeändert worden ist; die Ausschlussfrist für einen derartigen Anspruch beginnt allerdings erst mit der Rechtskraft des aufhebenden oder abändernden Berufungsurteil (*BAG* 18.12.2008 – 8 AZR 105/08, NZA-RR 2009, 314).

4770 Ob ein **Arbeitgeberdarlehen**, das zur Finanzierung einer Mitarbeiterbeteiligung gewährt wird, von einer in einer Abwicklungsvereinbarung enthaltenen Ausgleichsklausel, die alle Ansprüche »aus dem Arbeitsverhältnis« für erledigt erklärt, erfasst wird, hängt von der konkreten Ausgestaltung des Darlehensvertrags ab (*BAG* 19.3.2009 EzA § 305c BGB 2002 Nr. 17), insbes. davon, wie eng das Arbeitgeberdarlehen mit dem Arbeitsverhältnis verknüpft ist (*BAG* 21.1.2010 EzA § 4 TVG Ausschlussfristen Nr. 196).

4771 Bei der Versäumung einer arbeitsvertraglich vereinbarten Frist zur gerichtlichen Geltendmachung eines Anspruchs scheidet eine analoge Anwendung der Vorschriften über die Wiedereinsetzung in den vorigen Stand nach §§ 233 ff. ZPO aus (*BAG* 18.11.2004 EzA § 4 TVG Ausschlussfristen Nr. 175).

*n) Aufrechnung*

4772 Die Aufrechnung erfolgt durch einseitige, empfangsbedürftige und bedingungsfeindliche Willenserklärung (§ 388 BGB), die bewirkt, dass die Forderungen, soweit sie sich decken, in dem Zeitraum als erloschen gelten, in dem sie sich zur Aufrechnung geeignet gegenüberstanden (§ 389 BGB). Die Aufrechnungserklärung kann **auch einer Ausschlussfrist unterfallen**. Sie ist grds. formfrei (§ 388 BGB); auch wenn z. B. ein Tarifvertrag eine schriftliche Geltendmachung von Ansprüchen vorsieht, gilt dies nicht auch für die Aufrechnungserklärung (*BAG* 1.2.2006 – 5 AZR 395/05, ZTR 2006, 319; a. A. *LAG Düsseld.* 22.7.1971 DB 1972, 242; ErfK/*Preis* § 611 BGB Rn. 666).

Mit Forderungen, die im Zeitpunkt der Aufrechnungserklärung durch Ablauf einer tariflichen Ausschlussfrist erloschen sind, kann **nicht aufgerechnet** werden; § 390 S. 2 BGB ist nicht entsprechend anwendbar (*BAG* 18.1.1962 AP Nr. 2; 30.3.1973 AP Nr. 3; 30.3.1973 AP Nr. 4 zu § 390 BGB; ErfK/*Preis* § 611 BGB Rn. 667). 4773

### o) Zinsen

Werden gesetzliche Zinsen gemeinsam mit der Hauptsacheforderung eingeklagt, ist wegen der Akzessorietät zur Hauptsacheforderung eine schriftliche Geltendmachung innerhalb einer einstufigen Ausschlussfrist nicht erforderlich. Werden die Zinsansprüche dagegen außerhalb des Hauptsacheprozesses eingeklagt, unterfallen sie derartigen Ausschlussfristen. Macht der Kläger im Prozess auf Feststellung der Vergütungspflicht nach einer bestimmten Vergütungsgruppe geltend, die Beklagte habe die Ansprüche »ab Rechtshängigkeit zu verzinsen«, so genügt dies der schriftlichen Geltendmachung des Anspruchs auf Prozesszinsen. Dies gilt auch dann, wenn der Zinsantrag später zurückgenommen wird und die Prozesszinsen in einem späteren Prozess als Hauptforderung eingeklagt werden (*LAG Nbg.* 7.10.2003 ZTR 2004, 375 LS). 4774

### p) Wiedereinstellungsanspruch

Ein **tariflicher Wiedereinstellungsanspruch** nach einer alljährlichen witterungsbedingten Kündigung eines Saisonarbeitsverhältnisses unterfällt einer tariflichen Ausschlussfrist, wonach **alle beiderseitigen Ansprüche aus dem Arbeitsverhältnis und solche, die in Zusammenhang mit dem Arbeitsverhältnis stehen, verfallen**, wenn sie nicht innerhalb von zwei Monaten nach der Fälligkeit gegenüber der anderen Vertragspartei schriftlich geltend gemacht werden (*BAG* 1.12.2004 EzA § 4 TVG Malerhandwerk Nr. 4). 4775

### q) Ehegattenarbeitsverhältnis

Auch für Ansprüche aus einem Ehegattenarbeitsverhältnis gelten **keine Besonderheiten**. Insbesondere ist § 207 Abs. 1 BGB, wonach die Verjährung bei Ansprüchen zwischen Ehegatten gehemmt ist, solange die Ehe besteht, nicht analog auf einstufige Ausschlussfristen anzuwenden, die eine formlose oder schriftliche Geltendmachung der Ansprüche verlangen. Es ist also auch in einem Ehegattenarbeitsverhältnis zu verlangen, dass fällige Ansprüche bei Nichterfüllung formlos bzw. schriftlich geltend gemacht werden (*LAG BW* 26.2.2007 LAGE § 207 BGB 2002 Nr. 1). 4776

## 6. Arglistige Berufung auf die Ausschlussfrist; Geltendmachung des Anspruchs

Die Berufung auf den Ablauf der Ausschlussfrist kann arglistig sein (§ 242 BGB; *BAG* 22.6.2005 EzA § 4 TVG Ausschlussfristen Nr. 179; 27.2.2002 EzA § 138 BGB Nr. 30). Das gilt sowohl für Ansprüche des Arbeitnehmers, als auch für Ansprüche des Arbeitgebers. **§ 242 BGB** greift insoweit aber **nur dann ein**, wenn der Schuldner den Gläubiger durch **aktives Tun oder pflichtwidriges Unterlassen** von einer tarifgerechten **Geltendmachung abhält** (*BAG* 22.1.2008 EzA § 4 TVG Ausschlussfrist Nr. 190; 19.3.2009 EzA § 613a BGB 2002 Nr. 108; a. A. unzutr. *ArbG Hmb.* 2.11.2011 – 28 Ca 157/11, AuR 2012, 81 LS). 4777

**Arglist liegt insbes. dann vor**, wenn der Arbeitgeber selbst schuldhaft eine Abrechnung verzögert, ohne die der Arbeitnehmer seine Ansprüche nicht erheben oder erkennen kann (*BAG* 6.11.1985 EzA § 4 TVG Ausschlussfristen Nr. 67). 4778

Die Berufung auf eine Ausschlussfrist, die die gerichtliche Geltendmachung verlangt, verstößt gegen Treu und Glauben, wenn der Schuldner während ihres Laufes den Eindruck erweckt, eine gerichtliche Klärung des Anspruchs sei entbehrlich, sich jedoch nach Ablauf der Frist auf die Verfallklausel beruft. 4779

In diesem Sinne widersprüchlich verhält sich ein Arbeitgeber, der den Arbeitnehmer während eines Kündigungsschutzprozesses vorsorglich zur Auskunft über anderweitigen Verdienst auffordert, um eine nach Beendigung des Arbeitsverhältnisses geschuldete Karenzentschädigung abrechnen zu können, der die erteilten Auskünfte auch nicht anzweifelt, aber dann nach seinem Obsiegen im Kündigungsschutzprozess den Ablauf der Ausschlussfrist rügt (*BAG* 18.12.1984 EzA § 4 TVG Ausschlussfristen Nr. 61). Gleiches gilt erst recht dann, wenn der Arbeitgeber den Arbeitnehmer dazu veranlasst hat, den Anspruch nicht innerhalb der maßgeblichen Verfallfrist geltend zu machen (*BAG* 5.6.2003 EzA § 4 TVG Ausschlussfristen Nr. 167).

4780 Andererseits verstößt die Berufung des Arbeitgebers auf die Ausschlussfrist nicht allein deswegen gegen Treu und Glauben, weil er dem Arbeitnehmer eine **unzutreffende Auskunft** über das Bestehen seines Anspruchs gegeben hat (*BAG* 22.1.1997 EzA § 4 TVG Ausschlussfristen Nr. 125); Gleiches gilt für einen Entgeltbestandteil. I. d. R. ist dann eine Korrektur der Verfallwirkung der tariflichen Ausschlussfrist gem. § 242 BGB unter dem Gesichtspunkt einer unzulässigen Rechtsausübung zu Gunsten des Arbeitnehmers nicht geboten (*BAG* 8.12.2011 – 6 AZR 397/10, EzA-SD 4/2012 S. 11 LS). Nichts anderes gilt dann, wenn es um Vergütungsansprüche eines freien Mitarbeiters geht, der gerichtlich seine Anerkennung als Arbeitnehmer durchgesetzt hat, die für Zeiträume entstanden sind, in denen **sein Status noch streitig war**, auch wenn der Arbeitgeber dem Mitarbeiter den Arbeitnehmerstatus abgesprochen hat (*LAG Köln* 13.8.1999 NZA-RR 2000, 201). Der Arbeitgeber kann sich zudem gegenüber der Entgeltforderung eines Arbeitnehmers auch dann auf eine tarifliche Ausschlussfrist berufen, wenn eine von ihm vorgenommene Kürzung von Arbeitsentgelt auf einer Betriebsvereinbarung beruht, die gegen die Regelungssperre des § 77 Abs. 3 BetrVG verstößt (*BAG* 26.4.2001 EzA § 4 TVG Ausschlussfristen Nr. 149). Wenn ein Anspruch wegen Nichteinhaltung einer Ausschlussfrist bereits verfallen ist, kann zudem ein zeitlich nachfolgendes Verhalten des Schuldners nicht dazu führen, dass seine im Prozess vorgebrachte Einwendung, der Anspruch sei verfallen, als Verstoß gegen § 242 BGB angesehen wird (*BAG* 22.6.2005 EzA § 4 TVG Ausschlussfristen Nr. 179). Die Berufung auf die Ausschlussfrist stellt aber dann eine **unzulässige Rechtsausübung** dar, wenn die zum Verfall des Anspruchs führende Untätigkeit des Arbeitnehmers durch ein Verhalten des Arbeitgebers veranlasst worden ist. Die bloße Unkenntnis des Arbeitnehmers über die rechtlichen oder tatsächlichen Voraussetzungen eines Anspruchs ist hingegen für den Verfall auf Grund einer Ausschlussfrist unbeachtlich (*BAG* 5.8.1999 ZTR 2000, 36).

4781 Es verstößt zudem i. d. R. gegen Treu und Glauben, wenn sich ein Arbeitnehmer darauf beruft, der Gläubiger habe bei der Geltendmachung einer Schadensersatzforderung die gültige ein- oder zweistufige Ausschlussfrist nicht gewahrt, falls der Arbeitnehmer die Forderung zuvor deklaratorisch anerkannt hat. Dies gilt auch dann, wenn der Schuldner das deklaratorische Schuldanerkenntnis später anficht (*BAG* 10.10.2002 EzA § 4 TVG Ausschlussfristen Nr. 158; s. a. *BAG* 22.7.2010 EzA § 781 BGB 2002 Nr. 2).

4782 Wird der Anspruch des Arbeitgebers auf Rückzahlung überzahlter Vergütung von einer tariflichen Ausschlussfrist erfasst, steht dem Anspruchsverfall nicht der Einwand unzulässiger Rechtsausübung entgegen, wenn das Unterlassen des Arbeitnehmers, die offenbare Überzahlung dem Arbeitgeber mitzuteilen, dem Arbeitgeber es weder erschwert noch unmöglich gemacht hat, selbst die Überzahlung zu erkennen und den Rückzahlungsanspruch fristgerecht geltend zu machen (*LAG Düsseld.* 14.4.2004 – 12 Sa 177/04, FA 2004, 283 LS). Die Anwendung von Treu und Glauben setzt also im hier maßgeblichen Zusammenhang voraus, dass das **pflichtwidrige Unterlassen** des Arbeitnehmers **für das Untätigbleiben** des Arbeitgebers **ursächlich wird**. Das ist aber nur so lange der Fall, wie der Arbeitgeber **nicht anderweitig** vom Tatbestand der Überzahlung Kenntnis erlangt. Abzustellen ist auf die Kenntnis des gesetzlichen Vertreters des Arbeitgebers, eines Mitarbeiters mit Personalverantwortung oder einer sonstigen Person, die nach der Arbeitsorganisation des Arbeitgebers dazu berufen ist, die Vergütungsangelegenheiten des betroffenen Arbeitnehmers in eigener Verantwortung zu erledigen (*BAG* 6.9.2006 ZTR 2007, 89).

4783 Die Wirkungen einer tariflichen Ausschlussfrist treten grds. **auch dann ein**, wenn ein Arbeitnehmer erst **später** infolge einer Entscheidung des BVerfG **Kenntnis von dem Bestehen seines Anspruchs erlangt**. Hat der Arbeitgeber insoweit einen vertretbaren Rechtsstandpunkt eingenommen, darf er

## F. Einreden und Einwendungen Kapitel 3

sich ohne Verstoß gegen Treu und Glauben (§ 242 BGB) auf die Ausschlussfrist berufen (*BAG* 13.12.2007 EzA § 4 TVG Ausschlussfristen Nr. 189).

Kann dagegen gegenüber der Berufung auf die Ausschlussfrist der Einwand von Treu und Glauben 4784 erhoben werden, müssen nach Wegfall der den Arglisteinwand begründenden Umstände die Ansprüche innerhalb einer kurzen, nach den Umständen des Falles sowie Treu und Glauben zu bestimmenden Frist in der nach dem Tarifvertrag gebotenen Form geltend gemacht werden. Es läuft keine neue Ausschlussfrist (*BAG* 13.2.2003 EzA § 4 TVG Ausschlussfristen Nr. 162).

### 7. Einzelvertraglich vereinbarte Ausschlussfristen; Auswirkungen der Schuldrechtsreform

#### a) Zum alten Recht

Die einzelvertragliche Vereinbarung einer Verfallklausel für nicht durch Tarifvertrag begründete 4785 und darüber hinaus abdingbare gesetzliche Ansprüche (nicht abdingbar sind z. B. die gesetzlichen Urlaubsansprüche, § 13 BUrlG; vgl. *BAG* 18.11.2003 EzA § 613a BGB 2002 Nr. 19) war im Rahmen der Vertragsfreiheit gem. §§ 241, 305 BGB grds. zulässig.

Eine solche Klausel unterlag aber einer **Inhaltskontrolle** gem. § 138 BGB (Sittenwidrigkeit). Zu prü- 4786 fen war, ob sie gleichermaßen auf beide Parteien des Arbeitsverhältnisses Anwendung fand, ob sie inhaltlich ausgewogen war und nicht Rechte des Arbeitnehmers einseitig beschnitt (*BAG* 24.3.1988 EzA § 4 TVG Ausschlussfristen Nr. 72), also ob der Inhalt des Vertrages für eine Seite ungewöhnlich belastend und als Interessenausgleich offensichtlich unangemessen war (*BAG* 27.2.2002 EzA § 138 BGB Nr. 30). Das war z. B. bei einer zweistufigen Ausschlussfrist von zwei Monaten nach Fälligkeit für die Geltendmachung sowie zwei weiteren Monaten für die gerichtliche Geltendmachung nach Ablehnung der Erfüllung des Anspruchs durch den Arbeitgeber nicht der Fall (*BAG* 24.3.1988 EzA § 4 TVG Ausschlussfristen Nr. 72; *LAG Nds.* 10.5.2001 NZA-RR 2002, 319). Gleiches galt für eine zweistufige Verfallklausel, wonach alle beiderseitigen Ansprüche aus dem Arbeitsverhältnis verfielen, wenn sie nicht innerhalb eines weiteren Monats nach der Ablehnung oder Ablauf einer zweiwöchigen Äußerungsfrist gerichtlich geltend gemacht wurden (*BAG* 27.2.2002 EzA § 138 BGB Nr. 30; *LAG Köln* 28.6.2000 ZTR 2001, 74 LS). Eine vertraglich vereinbarte Ausschlussfrist war auch nicht schon deshalb als sittenwidrig zu erachten, weil berufsbedingt längere Abwesenheitszeiten ihre Einhaltung erschweren (*BAG* 27.2.2002 EzA § 138 BGB Nr. 30).

Eine formulararbeitsvertragliche Verfallklausel, die die schriftliche Geltendmachung von Ansprü- 4787 chen aus dem Arbeitsverhältnis innerhalb eines Monats nach Fälligkeit eines Anspruchs und bei Ablehnung des Anspruchs oder Nichtäußerung binnen zweier Wochen die gerichtliche Geltendmachung innerhalb eines weiteren Monats verlangte, war zulässig. Eine Inhaltskontrolle anhand des AGBG kam wegen § 23 Abs. 1 AGBG nicht in Betracht; ein Verstoß gegen §§ 134, 138, 242 BGB war nicht ersichtlich (*BAG* 13.12.2000 EzA § 611 BGB Inhaltskontrolle Nr. 8). Andererseits waren aber jedenfalls einseitige, nur den Arbeitnehmer belastende einzelvertragliche Ausschlussfristen dann unwirksam, **wenn ein gekündigter Haustarifvertrag zweiseitig wirkende Verfallfristen vorsah** (*BAG* 2.3.2004 EzA § 87 BetrVG 2002 Betriebliche Lohngestaltung Nr. 4).

#### b) Zum neuen Recht nach der Schuldrechtsreform

An der Ablehnung einer Inhaltskontrolle bei AGB kann wegen § 310 Abs. 4 S. 2, §§ 305 ff. BGB 4788 seit dem 1.1.2002/1.1.2003 nicht festgehalten werden (s. Kap. 1 Rdn. 609 ff., 648, 695). Eine Klausel jedenfalls, die für den Beginn der Ausschlussfrist **nicht die Fälligkeit der Ansprüche** berücksichtigt, sondern allein auf die Beendigung des Arbeitsverhältnisses abstellt, benachteiligt den Arbeitnehmer unangemessen und ist deshalb gem. § 307 Abs. 1 S. 1 BGB unwirksam.

Zusammengefasst gilt nunmehr Folgendes (*BAG* 25.5.2005 EzA § 307 BGB 2002 Nr. 3; 31.8.2005 EzA § 6 ArbZG Nr. 6; 28.9.2005 EzA § 307 BGB 2002 Nr. 8; 1.3.2006 NZA 2006,

# Kapitel 3
Der Inhalt des Arbeitsverhältnisses

783; *LAG Nbg.* 12.1.2011 – 4 Sa 437/10, AuR 2011, 221 LS; *LAG Sachsen* 23.8.2011 – 1 Sa 322/11, BB 2011, 2943; s. a. Kap. 1 Rdn. 609 ff., 648, 695):

- Für Ausschlussfristen in AGB muss die Ausschlussfrist jeweils mindestens drei Monate betragen; bei einstufigen Ausschlussfristen, die kürzer sind, kommt eine geltungserhaltende Reduktion nicht in Betracht, auch keine Vertragsanpassung im Wege einer ergänzenden Vertragsauslegung. Ist bei zweistufigen Ausschlussfristen nur eine von zwei Fristen kürzer, kann mit dem blue-pencil-Test festgestellt werden, dass die dreimonatige Frist wirksam bleibt.
- Tarifvertragliche Ausschlussfristen unterliegen keiner Inhaltskontrolle, können also auch kürzer sein. Insoweit besteht – gesetzlich – eine materielle Richtigkeitsgewähr. Nichts anderes gilt bei einer vertraglichen Inbezugnahme eines kompletten Tarifvertrages. Problematisch sind dagegen Teil- und insbes. Einzelverweisungen.
- Auch wenn ein Arbeitsvertrag – in der Praxis die seltene Ausnahme – individuell ausgehandelt wird, können kürzere Ausschlussfristen vereinbart werden.

**4788a** Nach Auffassung des *ArbG Hmb.* (22.6.2011 – 16 Ta 59/11, AuR 2011, 501 LS) ist eine Ausschlussfrist unwirksam da **nicht klar und verständlich**, nach der Ansprüche »innerhalb von drei Monaten **nach Fälligkeit, spätestens** jedoch innerhalb von drei Monaten **nach Beendigung** des Vertragsverhältnisses ...« geltend zu machen sind.

**4788b** Das *LAG Hamm* (11.10.2011 – 14 Sa 543/11, NZA-RR 2012, 75 LS; s. *Richter/Lange* NZA-RR 2012, 57 ff.) hat Folgendes angenommen:

Eine einzelvertragliche, der AGB-Kontrolle unterliegende Ausschlussfrist, die für die »**beiderseitigen Ansprüche** aus diesem Vertrag« gelten soll, erfasst **auch Ansprüche** aus der Haftung wegen **Vorsatzes** sowie für Schäden, die auf der Verletzung des Lebens, des Körpers oder der Gesundheit oder grober Fahrlässigkeit beruhen. Dies verstößt gegen § 202 Abs. 1 BGB; die Klausel ist deswegen gem. §§ 134, 306 BGB **insgesamt unwirksam**; § 139 BGB findet keine Anwendung. Sie stellt auch eine **unangemessene Benachteiligung** gem. § 307 Abs. 1 Nr. 1, Abs. 2 Nr. 1 BGB dar, denn sie weicht von wesentlichen Grundgedanken des gesetzlichen Verjährungsrechts, wie sie in § 202 Abs. 1 BGB zum Ausdruck kommen, in nicht zu vereinbarender Weise ab. Daraus ergibt sich zugleich ein Verstoß gegen das **Transparenzgebot** des § 307 Abs. 1 S. 2 BGB. Sie verstößt zudem gegen § 309 Nr. 7 BGB, denn eine **Verkürzung der Verjährungsfristen** stellt einen Haftungsausschluss bzw. eine Haftungsbegrenzung i. S. dieser Vorschrift dar.

## 8. Ausschlussfristen in Betriebsvereinbarungen; Verhältnis zu tarifvertraglichen Ausschlussfristen

**4789** Der Tarifvorbehalt nach § 77 **Abs. 3 BetrVG** bezieht sich nicht nur auf »materielle Arbeitsbedingungen«.

**4790** Sind Ausschlussfristen für die Geltendmachung von Ansprüchen aus dem Arbeitsverhältnis tarifvertraglich geregelt, so können durch Betriebsvereinbarung (auch für die Geltendmachung von Akkordlohnansprüchen) keine Ausschlussfristen geregelt werden, sofern nicht die tarifliche Regelung insoweit eine Öffnungsklausel enthält (*BAG* 9.4.1991 EzA BetrVG § 77 Nr. 39).

## IV. Ausgleichsquittung

### 1. Grundsätze

**4790a** Nach Beendigung eines Arbeitsverhältnisses ist es **vielfach üblich**, dass sich der Arbeitgeber vom Arbeitnehmer eine **Ausgleichsquittung** unterzeichnen lässt. Die Ausgleichsquittung ist eine **arbeitsrechtliche Besonderheit**. Das allgemeine Schuldrecht kennt nur die **Quittung** nach § 368 S. 1 BGB, z. B. eine Quittung über den ausgezahlten Lohn. Bei der Ausgleichsquittung geht es dagegen um mehr: Neben der Quittung als Bestätigung von Lohnzahlungen oder der **Aushändigung** von **Arbeitspapieren** geht daraus hervor, **dass der Arbeitnehmer hinsichtlich seiner gesamten Forderungen aus dem Arbeitsverhältnis befriedigt ist und im Übrigen keine weiteren Ansprüche mehr**

stellt. Es handelt sich dabei also um **zwei rechtlich verschiedene Bestandteile**, um eine Quittung und um das Anerkenntnis, dass keine weiteren Forderungen mehr bestehen (MünchArbR/*Wank* § 104 Rn. 1).

*a) Typischer Inhalt von Ausgleichsquittungen*

Ausgleichsquittungen werden i. d. R. vom Arbeitgeber **vorformuliert**. Zumeist werden **Formulare** verwendet.   **4791**

Der Arbeitnehmer ist **lediglich verpflichtet**, bei Beendigung des Arbeitsverhältnisses den Empfang der Arbeitspapiere und des eventuell erhaltenen Restlohnes zu **quittieren**, § 368 S. 1 BGB. Eine weitergehende Verpflichtung zur Unterzeichnung einer Ausgleichsquittung besteht nicht. Der Arbeitgeber hat daher auch **kein Zurückbehaltungsrecht** im Hinblick auf den Lohn oder gar die Arbeitspapiere, wenn sich der Arbeitnehmer weigert, die Ausgleichsquittung zu unterzeichnen (MünchArbR/*Wank* § 104 Rn. 2).   **4791a**

Unterschreibt der Arbeitnehmer eine Ausgleichsquittung, dann muss ihm bewusst sein, dass seiner Erklärung eine **weitergehende Bedeutung** zukommt als einer **bloßen Empfangsbestätigung**. Zum Verzicht gehört auch der Verzichtswille, der von demjenigen zu beweisen ist, der sich auf ihn beruft. Von dem Arbeitnehmer kann erwartet werden, dass er die zu unterzeichnende Erklärung vorher genau liest. Deshalb braucht der Arbeitgeber i. d. R. nicht besonders auf die Bedeutung einer Ausgleichsquittung hinzuweisen. Etwas anderes kann aber gelten, wenn der Arbeitnehmer z. B. erklärt, er habe seine Brille vergessen; wird er dann vor der Unterzeichnung nicht darauf hingewiesen, dass es sich um eine Ausgleichsquittung handelt, fehlt ihm der Verzichtswille (MünchArbR/*Wank* § 104 Rn. 3).   **4791b**

(derzeit unbesetzt)   **4792**

*b) Zweck der Ausgleichsquittung*

**Die Ausgleichsquittung soll in jedem Fall einen Schlussstrich unter das Arbeitsverhältnis ziehen:** Aus Kosten- und Rationalisierungsgründen will sich der Arbeitgeber nicht nur davor schützen, vom Arbeitnehmer nachträglich auf Leistungen in Anspruch genommen zu werden, sondern er will bereits jedem Streit darüber vorbeugen, ob solche dem Arbeitnehmer überhaupt noch zustehen.   **4793**

> Sinn der Ausgleichsquittung ist es in erster Linie, dass der Arbeitnehmer das Bestehen von Zahlungsansprüchen gegen seinen Arbeitgeber verneint, also von Lohnansprüchen, Prämien, Zulagen und Spesenersatz, anteiligem 13. Monatsgehalt, aber auch z. B. von Ansprüchen auf Entgeltfortzahlung, Urlaubsgeld und Urlaubsabgeltung.   **4794**

> Die Ausgleichsquittung soll dies zudem sofort bewirken, bevor z. B. einschlägige tarifliche Ausschlussfristen ablaufen.   **4795**

*c) Normative Bedeutung*

*aa) Möglicher rechtsgeschäftlicher Inhalt*

Mit dem ersten Teil der Erklärung verschafft sich der Arbeitgeber also zu Beweiszwecken eine Quittung. Mit dem zweiten Teil lässt er erklären, dem Arbeitnehmer stünden auch sonst keinerlei Ansprüche mehr zu.   **4796**

Schon bei der Beurteilung der Frage, welche **Rechtsnatur** eine Ausgleichsquittung hat, muss im Zweifel eine **Auslegung zu Gunsten des Arbeitnehmers** zugrunde gelegt werden. Da sich der Arbeitgeber durch sie eine günstigere Rechtsposition verschaffen will, liegt es an ihm, eine genaue Ausdrucksweise zu wählen und so ihre Rechtsnatur zu verdeutlichen. Wenn feststeht, dass eine Forderung entstanden ist, **verbietet dies regelmäßig die Annahme**, der Gläubiger habe sein Recht nach § 397 Abs. 1, 2 BGB **einfach wieder aufgegeben**. Im Übrigen ist aus Gründen des Arbeitnehmerschutzes im Arbeitsrecht der **Gedanke des Rechtsformzwanges** zu beachten. Er bezieht sich nicht nur auf die   **4797**

Wahl der Rechtsnatur des Beschäftigungsverhältnisses überhaupt, sondern auch auf die innerhalb des Arbeitsverhältnisses abgeschlossenen Rechtsgeschäfte. Im Einzelnen kommen **Erlassvertrag** (§ 397 Abs. 1 BGB), **konstitutives negatives Schuldanerkenntnis** (§ 397 Abs. 2 BGB), **deklaratorisches negatives Schuldanerkenntnis** (§ 397 Abs. 2 BGB), **Vergleich** (§ 779 Abs. 1 BGB), und **Quittung** (§ 368 BGB) in Betracht (MünchArbR/*Wank* § 104 Rn. 5). Daneben kann es sich um eine **bestätigende Wissenserklärung**, einen **Aufhebungsvertrag** (s. *BAG* 19.4.2007 EzA § 611 BGB 2002 Aufhebungsvertrag Nr. 7), ein pactum de non petendo (**Klageverzichtsvertrag**) oder die **Vereinbarung einer Klagerücknahme** handeln (*BAG* 3.5.1979 EzA § 4 KSchG n. F. Nr. 15; s. a. *BAG* 7.11.2007 EzA § 397 BGB 2002 Nr. 2).

4797a  Im Zweifel ist **nicht davon auszugehen**, dass der Arbeitnehmer einen **Erlassvertrag** schließen will. Denn ein Grund dafür, weshalb er einseitig auf ihm noch zustehende Ansprüche verzichten sollte, ist nicht erkennbar. Das Gleiche gilt für ein konstitutives negatives Schuldanerkenntnis; auch in diesem Fall würde sich der Arbeitnehmer noch vorhandener Ansprüche ohne erkennbaren Grund begeben. Im Zweifel gilt vielmehr die Auslegungsregel, dass die Ausgleichsquittung eine Quittung im Rechtssinne und ein deklaratorisches negatives Schuldanerkenntnis enthält (MünchArbR/*Wank* § 104 Rn. 5). Etwas anderes gilt aber dann, wenn sich aus den Umständen ergibt, dass der Arbeitnehmer eine weitergehende Bedeutung seiner Unterschrift erkannt hat (*BAG* 11.6.1976 EzA § 9 LFZG Nr. 4). Haben die Parteien zuvor darüber gestritten, ob zwischen ihnen noch Ansprüche bestehen, so stellt sich die Ausgleichsquittung als Vergleich dar (MünchArbR/*Wank* § 104 Rn. 5).

4798  ▶ **Beispiele:**
- Eine auf einem Quittungsblock handschriftlich verfasste Erklärung, dass – nach Auszahlung der zuvor quittierten Beträge – »keine weiteren Ansprüche« mehr gegen den Arbeitgeber bestünden, kann als ein negatives Schuldanerkenntnis nach § 397 Abs. 2 BGB ausgelegt werden, das die Überstundenvergütung aus dem beendeten Arbeitsverhältnis erfasst (*LAG Köln* 22.11.1996 NZA-RR 1997, 123).
- Die Erklärung in einer Ausgleichsquittung, »dass **sämtliche Ansprüche aus dem Arbeitsverhältnis** mit der Firma ... und dessen Beendigung, gleich nach welchem Rechtsgrund sie entstanden sein mögen, abgegolten und erledigt sind« ist gleichfalls als **negatives Schuldanerkenntnis** i. S. v. § 397 Abs. 2 BGB anzusehen (*BAG* 23.2.2005 NZA 2005, 1193).

*bb) Auslegung im Einzelfall*

4799  Da sich der Arbeitgeber durch die Ausgleichsquittung eine günstigere Rechtsposition verschaffen will, liegt es an ihm, eine genaue Ausdrucksweise zu wählen und auf diese Weise die Rechtsnatur der Erklärung zu verdeutlichen. Ob z. B. ein rechtsgeschäftliches deklaratorisches negatives Schuldanerkenntnis, das nur das bestätigt, was nach Auffassung der Parteien ohnehin rechtens war, oder nur eine bestätigende Wissenserklärung vorliegt, richtet sich nach dem **Verständnis eines redlichen Erklärungsempfängers**. Dieser ist nach Treu und Glauben verpflichtet (§ 242 BGB), unter Berücksichtigung aller ihm erkennbaren Umstände mit gehöriger Aufmerksamkeit zu prüfen, **was der Erklärende gemeint hat**. Zu berücksichtigen ist ferner der **Grundsatz der nach beiden Seiten hin interessengerechten Auslegung** (*BAG* 7.11.2007 EzA § 397 BGB 2002 Nr. 2; 8.3.2006 EzA § 74 HGB Nr. 67; 19.11.2003 EzA § 611 BGB 2002 Aufhebungsvertrag Nr. 2).

4800  Im Übrigen ist bei der Auslegung der Ausgleichsquittung gem. §§ 133, 157 BGB nicht allein am Wortlaut der Erklärung zu haften. Vielmehr sind alle tatsächlichen Begleitumstände der Erklärung zu berücksichtigen, die für die Frage von Bedeutung sein können, welchen Willen der Erklärende bei seiner Erklärung gehabt hat und wie sie vom Empfänger zu verstehen war. Ein Verzicht des Arbeitnehmers als Gläubiger auf Rechte oder ein Erlass von Ansprüchen ist nach der Lebenserfahrung im Allgemeinen nicht zu vermuten; insoweit sind hohe Anforderungen zu stellen. Selbst bei eindeutig erscheinender Erklärung des Gläubigers darf ein Verzicht nicht angenommen werden, ohne dass bei der Feststellung zum erklärten Vertragsinhalt sämtliche Begleitumstände berücksichtigt worden sind (*BAG* 7.11.2007 EzA § 397 BGB 2002 Nr. 2 = NZA 2008, 355; krit. *Böhm* NZA 2008, 919 ff.). Das Gleiche gilt für ein konstitutives negatives Schuldanerkenntnis,

## F. Einreden und Einwendungen — Kapitel 3

denn auch in diesem Fall würde sich der Arbeitnehmer noch vorhandener Ansprüche begeben.

**Deshalb muss sich nach dem Wortlaut der Erklärung und den Begleitumständen klar ergeben, dass und in welchem Umfang der Arbeitnehmer ihm bekannte oder mögliche Ansprüche aufgibt.** Das gilt insbes. dann, wenn feststeht, dass eine Forderung entstanden ist (*BAG* 7.11.2007 EzA § 397 BGB 2002 Nr. 2; 8.3.2006 EzA § 74 HGB Nr. 67; 19.11.2003 EzA § 611 BGB 2002 Aufhebungsvertrag Nr. 2). Wenn der Arbeitgeber weiß, dass der Arbeitnehmer außer der Pflicht, den Empfang der Arbeitspapiere zu quittieren, keinen Anlass hat, auf Ansprüche zu verzichten, so muss er auch erkennen, dass er mit seiner Unterschrift keine eigene spontane Erklärung abgibt, sondern nur eine i. d. R. vorformulierte Erklärung unterschreibt, die ihm oft nach Wortlaut und Begleitumständen nicht deutlich macht, dass von ihm ein Verzicht auf mögliche Ansprüche erwartet wird. 4801

Hat der Arbeitnehmer bei der Beendigung des Arbeitsverhältnisses in einer Ausgleichsquittung z. B. bestätigt, dass er seine Arbeitspapiere und den Restlohn erhalten hat, und hat er zugleich die auf dem Formular vorgedruckte Erklärung unterschrieben, dass damit alle seine Ansprüche aus dem Arbeitsverhältnis abgegolten seien und er keine Forderungen gegen die Firma – ganz gleich aus welchem Rechtsgrund – mehr habe, so hat er damit den Empfang der Papiere quittiert und möglicherweise die Richtigkeit der Lohnabrechnung anerkannt. Ein weitergehender Verzicht, insbes. auf einen etwaigen Entgeltfortzahlungsanspruch kann in einer solchen »Erklärung« nur dann gesehen werden, wenn sich aus den Umständen ergibt, dass der Arbeitnehmer diese Bedeutung seiner Unterschrift erkannt hat (*BAG* 20.8.1980 EzA § 9 LFZG Nr. 7). 4802

Im Zweifel gilt deshalb die Auslegungsregel, dass die Ausgleichsquittung eine Quittung im Rechtssinne und ein deklaratorisches negatives Schuldanerkenntnis enthält (*BAG* 20.8.1980 EzA § 9 LFZG Nr. 7; s. a. *BAG* 28.7.2004 EzA § 611 BGB 2002 Aufhebungsvertrag Nr. 4). 4803

(derzeit unbesetzt) 4804, 4805

Besonderheiten gelten bei Ausgleichsquittungen und Abgeltungserklärungen **im Zusammenhang mit einem Aufhebungsvertrag. Sie sind im Interesse klarer Verhältnisse grds. weit auszulegen** (*BAG* 28.7.2004 EzA § 611 BGB 2002 Aufhebungsvertrag Nr. 4 = NZA 2004, 1098). 4806

▶ **Beispiel:** 4807

Wird in einem Aufhebungsvertrag vom Arbeitnehmer zugleich der Erhalt der Arbeitspapiere bestätigt und im Anschluss an den Aufhebungsvertrag zusätzlich eine **umfassende Ausgleichsquittung** unterzeichnet, so erfasst diese i. d. R. auch den vertraglichen Anspruch des Arbeitnehmers auf ein **anteiliges 13. Monatsgehalt** (*BAG* 28.7.2004 EzA § 611 BGB 2002 Aufhebungsvertrag Nr. 4 = NZA 2004, 1098). Die drucktechnische Hervorhebung einer dem Wortlaut nach umfassenden Ausgleichsquittung sowie die separate Unterzeichnung durch den Arbeitnehmer ohne Zeitdruck sind Umstände, die i. d. R. der Annahme entgegenstehen, der Arbeitnehmer habe nur den Erhalt der Arbeitspapiere quittieren, nicht aber eine Abgeltung aller Ansprüche aus dem Arbeitsverhältnis bestätigen bzw. vereinbaren wollen. Dies gilt umso mehr, wenn der Arbeitnehmer den Erhalt der Arbeitspapiere bereits in einer vorangestellten Erklärung bestätigt und die folgende Ausgleichsquittung die Möglichkeit vorgesehen hat, noch offene Vergütungsansprüche zu benennen (*BAG* 28.7.2004 EzA § 611 BGB 2002 Aufhebungsvertrag Nr. 4 = NZA 2004, 1098).

Zudem war das Arbeitsverhältnis **im Interesse des Klägers einvernehmlich vorzeitig beendet worden.** Jedenfalls unter diesen besonderen Umständen durfte ein sorgfältiger Erklärungsempfänger davon ausgehen, dass der Kläger tatsächlich die ihrem Wortlaut nach umfassende Ausgleichsquittung erteilen und eine Abgeltung wirklich aller seiner Ansprüche aus dem Arbeitsverhältnis bestätigen bzw. vereinbaren wollte (§ 133 BGB; § 157 BGB; *BAG* 28.7.2004 EzA § 611 BGB 2002 Aufhebungsvertrag Nr. 4 = NZA 2004, 1098).

### cc) Ausgleichsquittungen von Minderjährigen

**4808** Da es sich bei allen genannten Gestaltungsformen um Rechtsgeschäfte handelt, ist die Ausgleichsquittung eines Minderjährigen ohne Einwilligung der Eltern nur im Falle der Ermächtigung zur Arbeit nach § 113 BGB wirksam.

**4809** Hat der gesetzliche Vertreter selbst den Arbeitsvertrag abgeschlossen, so ist die Ausgleichsquittung eines Minderjährigen nicht durch § 113 BGB gedeckt.

**4810–4812** (derzeit unbesetzt)

### dd) Rechtsfolgen einer Ausgleichsquittung

**4813** Nach dem Abschluss eines **Vergleichs**, der auf der unzutreffenden Beurteilung eines nicht kontroversen Sachverhalts beruht, sind Ansprüche aus dem streitigen Sachverhalt ausgeschlossen. Der **Erlassvertrag** führt zum Erlöschen der Forderungen, ebenso das **konstitutive negative Schuldanerkenntnis**.

**4814** Das negative **deklaratorische Schuldanerkenntnis** hingegen führt nicht zum Erlöschen der Forderung, wohl aber zur Umkehr der Beweislast. Nunmehr muss der Arbeitnehmer beweisen, dass die Forderung noch besteht. Auch gegenüber einer Quittung ist der Beweis des Arbeitnehmers möglich, dass er die quittierte Leistung nicht erhalten hat. Beweist er, dass er die Quittung im Voraus erteilt hat, ist bereits damit der Beweiswert der Quittung entkräftet (MünchArbR/*Wank* § 104 Rn. 20).

**4815** Ist in einer Ausgleichsquittung z. T. auf unverzichtbare Ansprüche verzichtet worden, so bleiben die wirksamen Teile der Ausgleichsquittung entgegen § 139 BGB aufrechterhalten).

### ee) Vereinbarkeit mit §§ 307, 310 BGB

**4816** Auf eine ab dem 1.1.2002 unterzeichnete Ausgleichsquittung, die als negatives Schuldanerkenntnis i. S. v. § 397 Abs. 2 BGB anzusehen ist, sind §§ 305 ff. BGB anzuwenden; das gilt auch dann, wenn das Arbeitsverhältnis vor dem 1.1.2003 begründet worden ist (*BAG* 23.2.2005 – 4 AZR 139/04, NZA 2005, 1193). Eine in einer Ausgleichsquittung enthaltene Verzichtserklärung auf alle Ansprüche des Arbeitnehmers aus dem Arbeitsverhältnis und seiner Beendigung kann wegen des Erscheinungsbildes der Ausgleichsquittung eine Überraschungsklausel (§ 305c Abs. 1 BGB; *BAG* 23.2.2005 – 4 AZR 139/04, EzA-SD 16/05 S. 16 LS = NZA 2005, 1193) sein und – mangels verständlicher und klarer Darstellung der wirtschaftlichen Folgen – gegen das Transparenzgebot (§ 307 Abs. 1 S. 2 BGB) verstoßen (*LAG Düsseld.* 13.4.2005 LAGE § 307 BGB 2002 Nr. 6). Das gilt auch dann, wenn der Verzicht **nicht ausreichend klar** erkennen lässt, **welche Ansprüche erfasst sein sollen** (*LAG Bln.-Bra.* 5.6.2007 LAGE § 307 BGB 2002 Nr. 13).

**4817** Zumindest eine **untergeschobene formularmäßig verwandte Ausgleichsquittung**, die eine unentgeltliche Verzichtserklärung des Arbeitnehmers ohne kompensatorische Gegenleistung des Arbeitgebers beinhaltet, stellt eine unangemessene Benachteiligung i. S. d. § 307 Abs. 1 S. 1 BGB dar. Sie ist folglich unwirksam. Diesem Ergebnis stehen auch keine im Arbeitsrecht geltenden rechtlichen Besonderheiten entgegen nach § 310 Abs. 4 S. 2 BGB entgegen (*LAG SchlH* 24.9.2003 NZA-RR 2004, 74 m. Anm. *v. Steinau-Steinrück* BB 2004, 611 f.; *LAG Bln.-Bra.* 5.6.2007 LAGE § 307 BGB 2002 Nr. 13). Ebenso ist davon auszugehen, dass eine Ausgleichsquittung in vorformulierten Vertragsbedingungen gem. § 307 Abs. 1 BGB unwirksam ist, wenn der Arbeitnehmer für einen Klageverzicht nichts erhält (*BAG* 6.9.2007 EzA § 307 BGB 2002 Nr. 29).

## 2. Erfasste Ansprüche

### a) Grundlagen

**4817a** Dem Wortlaut nach haben Ausgleichsquittungen meist einen **sehr weiten Umfang**. Einschränkungen ergeben sich teils durch **Auslegung** und teils durch **Inhaltskontrolle**, insbes. nach §§ 305 ff. BGB (s. Rdn. 4816 f.). Gegenstand und Umfang der Ausgleichsquittung sind durch Auslegung zu ermitteln; **im Zweifel sind sie eng auszulegen. Eine Ausgleichsquittung soll nicht weiter gehen als ein außergerichtlicher oder gerichtlicher Vergleich**. Deshalb kommt es auf die übereinstimmenden Vorstellungen der Parteien an. Die Quittung bezieht sich auf die konkret genannten Gegenstände, insbes. auf die Arbeitspapiere. Das Schuldanerkenntnis erstreckt sich, wie sich durch Auslegung ergibt, regelmäßig nur auf diejenigen Ansprüche, die bis zum Ende des Arbeitsverhältnisses fällig werden und die daher auch vom Arbeitnehmer überblickt werden können (MünchArbR/*Wank* § 104 Rn. 7).

*b) Kündigungsschutzklage*
Siehe Rdn. 4815; s. a. Kap. 1 Rdn. 609 ff., 648, 695.

Ihrem Wortlaut nach enthalten die Ausgleichsquittungen regelmäßig die Feststellung, dass zwischen den Parteien **keine Ansprüche mehr bestehen**. Darin liegt vom Wortlaut her kein Verzicht auf Rechte, wie z. B. auf das Recht zur Erhebung einer Kündigungsschutzklage. Ein derart weitgehender Umfang der Quittung kann auch nicht im Wege der Auslegung ermittelt werden. Nur dann, wenn der Arbeitnehmer ausdrücklich darauf verzichtet, gegen die Kündigung zu klagen, ist eine derartige Erklärung erheblich. Grundsätzlich kann der Arbeitnehmer zwar **nach Zugang** der Kündigungserklärung – allerdings nicht im Voraus, weder vor Beginn des Arbeitsverhältnisses noch nach dessen Beginn für eine zukünftige Kündigung (KR/*Friedrich* § 4 Rn. 296) – **auf Erhebung und Durchführung einer Kündigungsschutzklage**, auch im Wege einer Ausgleichsquittung **verzichten**. Hat der Arbeitnehmer zum Zeitpunkt der Unterschrift unter die Ausgleichsquittung **bereits** eine Kündigungsschutzklage **erhoben**, so muss die Ausgleichsquittung **klar und deutlich** den Hinweis enthalten, dass die bereits erhobene Klage zurückgenommen wird (*LAG Köln* 22.2.2000 NZA-RR 2001, 85). 4817b

Es kann nicht ohne weiteres angenommen werden, dass ein Arbeitnehmer, der sich gerade entschlossen hatte, gerichtlich gegen eine Kündigung vorzugehen, einige Tage später den rechtsgeschäftlichen Willen hatte, von einer Durchführung der Klage Abstand zu nehmen. Er muss z. B. erklären, er wolle auf das Recht verzichten, den Fortbestand des Arbeitsverhältnisses geltend zu machen, oder er wolle eine mit diesem Ziel erhobene Klage nicht mehr durchführen (*BAG* 29.6.1978 EzA § 4 KSchG n. F. Nr. 13). 4819

> Allein die Formulierung, dass keine Ansprüche »aus dem Arbeitsverhältnis« oder »aus dem Arbeitsverhältnis und seiner Beendigung« oder »aus Anlass der Beendigung des Arbeitsverhältnisses« mehr bestehen, genügte diesen Anforderungen nicht (*BAG* 3.5.1979 EzA § 4 KSchG Nr. 15). 4820
>
> Die Formulierung »**Hiermit verzichte ich** auf Ansprüche aus der Beendigung des Arbeitsverhältnisses« ist in ihrer rechtlichen Bewertung umstritten. Sie lässt sich so verstehen, dass sie auch einen Verzicht auf den Kündigungsschutz enthält (*BAG* 25.9.1969 AP KSchG § 3 Nr. 36). Dafür spricht die Freiheit des Arbeitnehmers, eine Kündigung hinzunehmen und damit auch eine ungerechtfertigte Kündigung rechtswirksam werden zu lassen. Dagegen spricht, dass die betroffenen Arbeitnehmer häufig die rechtliche Bedeutung und Tragweite der Formulierung nicht erkennen können. Hat der Arbeitnehmer noch nicht geklagt, kann die Erklärung jedoch auch dahingehend ausgelegt werden, dass an die Stelle der Vertragsbeendigung durch Kündigung des Arbeitgebers ein Aufhebungsvertrag tritt oder dass der Arbeitnehmer ein pactum de non petendo schließt (MünchArbR/*Wank* § 104 Rn. 13).
>
> Ein Verzicht auf den besonderen Kündigungsschutz nach MuSchG, SGB IX und dem besonderen Kündigungsschutz für Betriebsratsmitglieder ist zulässig (*BAG* 10.12.1964 AP Nr. 4 zu § 1 SchwBeschG). **Besonders strenge Maßstäbe** sind jedoch bei einem nachträglichen Verzicht auf den Kündigungsschutz nach dem MuSchG in Form einer Ausgleichsquittung anzulegen (*BAG* 6.4.1977 AP KSchG 1969 § 4 Nr. 4).

(derzeit unbesetzt)  4821–4823

**Nach der Schuldrechtsreform ist davon auszugehen, dass eine** unangemessene Benachteiligung **des Arbeitnehmers nach § 307 Abs. 1 BGB regelmäßig dann gegeben ist, wenn der Arbeitnehmer im** 4824 unmittelbaren Anschluss an eine Arbeitgeberkündigung ohne Gegenleistung in einem vom Arbeitgeber vorgelegten Formular auf die Erhebung einer Kündigungsschutzklage verzichtet. Denn durch einen solchen Klageverzicht wird von der gesetzlichen Regelung des § 4 S. 1 KSchG abgewichen; ohne Gegenleistung benachteiligt ein solcher formularmäßiger Verzicht den Arbeitnehmer unangemessen (*BAG* 6.9.2007 EzA § 307 BGB 2002 Nr. 29).

*c) Zahlungsansprüche*

4824a   Sinn der Ausgleichsquittung ist es in erster Linie, dass der Arbeitnehmer das Bestehen von Zahlungsansprüchen gegen seinen Arbeitgeber verneint, **also von Lohnansprüchen, Prämien, Zulagen und Spesenersatz**; aber z. B. auch von Ansprüchen auf Lohnfortzahlung, Urlaubsgeld und Urlaubsabgeltung. Bei der Auslegung ist Folgendes zu berücksichtigen: Es ist Aufgabe des Arbeitgebers, Ansprüche des Arbeitnehmers gegen ihn richtig zu berechnen und rechtzeitig zu erfüllen. Hat er dabei Fehler begangen, so kann es nicht Sinn der Ausgleichsquittung sein, dieses Risiko auf den Arbeitnehmer abzuwälzen. Andererseits kann der Arbeitnehmer bestimmte Umstände in seiner Sphäre am besten kontrollieren. Er weiß, in welcher Zeit er Urlaub genommen hat und ob ihm Aufwendungen bereits ersetzt worden sind. Es ist daher nicht unbillig, von ihm zu verlangen, dass er auf nach seiner Meinung noch bestehende Ansprüche hinweist und dass er bei Beendigung des Arbeitsverhältnisses kontrolliert, ob derartige Ansprüche dem Grunde nach noch bestehen (MünchArbR/*Wank* § 104 Rn. 8).

*aa) Urlaub*

4825   Einem Verzicht auf Urlaubsentgelt und Urlaubsabgeltung im Rahmen einer Ausgleichsquittung steht § 13 Abs. 1 S. 1 BUrlG entgegen. Dieses **Verzichtsverbot** gilt für den gesetzlichen Mindesturlaubsanspruch und für tarifvertragliche Urlaubsansprüche. Der Urlaubsabgeltungsanspruch entsteht erst nach Beendigung des Arbeitsverhältnisses (MünchArbR/*Wank* § 104 Rn. 11). Ein Verzicht auf Urlaubsabgeltung in einer Ausgleichsquittung **nach Beendigung des Arbeitsverhältnisses** ist dagegen zulässig (*BAG* 20.8.1980 EzA § 6 LohnFG Nr. 6, 14).

4826,   (derzeit unbesetzt)
4827

*bb) Entgeltfortzahlungsansprüche*

4828   Ein Verzicht auf noch nicht entstandene Lohnfortzahlungsansprüche ist nach § 12 EFZG unwirksam. Gleichwohl kommt ein Verzicht dann in Betracht, wenn der Arbeitnehmer **nach Beendigung des Arbeitsverhältnisses** eine entsprechende Erklärung abgegeben hat (s. Rdn. 2079 ff.). Denn der Zweck des § 12 EFZG besteht darin, dass der infolge seiner abhängigen Stellung in seiner Entscheidungsfreiheit beschränkte Arbeitnehmer davor geschützt werden soll, unter einem wirklichen oder auch nur vermeintlichen Druck seines Arbeitgebers Rechte preiszugeben, die ihm kraft Gesetzes zustehen. Der Schutz ist aber nach Auffassung des *BAG* (11.6.1976 EzA § 9 LohnFG Nr. 4; 20.8.1980 EzA § 9 LohnFG Nr. 7) nur so lange gerechtfertigt, wie die Abhängigkeit besteht, also nur für die Dauer des Arbeitsverhältnisses.

4829   Sofern ein Fall des § 8 Abs. 1 S. 1 EFZG vorliegt, haben Ausgleichsquittungen, die Arbeitnehmer aus Anlass der Beendigung des Arbeitsverhältnisses unterzeichnen, hinsichtlich der erst später fällig werdenden Teilansprüche auf Entgeltfortzahlung keine rechtliche Wirkung. Die Teilansprüche müssen damit erst nach dem Ende des Arbeitsverhältnisses fällig geworden sein. Dadurch allein wird der besondere Entgeltfortzahlungsanspruch in der Praxis des Arbeitslebens wirksam geschützt (*BAG* 20.8.1980 EzA § 6 LFZG Nr. 14).

4829a   Ein Verzicht auf Lohnfortzahlungsansprüche ist auch dann statthaft, wenn der Anspruch **sowohl in tatsächlicher als auch in rechtlicher Hinsicht streitig war** (MünchArbR/*Wank* § 104 Rn. 10).

4830,   (derzeit unbesetzt)
4831

## F. Einreden und Einwendungen Kapitel 3

### cc) Vergütung für Arbeitnehmererfindungen

**Ausgleichsquittungen erfassen nicht ohne weiteres Vergütungen gem. § 26 ArbNErfG, weil derartige Ansprüche unabhängig von der Beendigung des Arbeitsverhältnisses bestehen.** 4832

### dd) Betriebliche Altersversorgung

Einer allgemein gehaltenen Ausgleichsquittung ist ebenso wenig wie einer allgemein gehaltenen Ausgleichsklausel in einem Vergleich ein Verzicht auf Ansprüche aus der betrieblichen Altersversorgung zu entnehmen (*BAG* 9.11.1973 EzA § 242 BGB Ruhegehalt Nr. 28). Denn solche Ansprüche entziehen sich wegen ihrer Dimension und Bedeutung für den Arbeitnehmer dem Geltungsbereich einer Ausgleichsquittung. Der Arbeitgeber kann nicht damit rechnen, dass ein Arbeitnehmer eher beiläufig und ohne besonderen Anlass auf seine Altersversorgung verzichtet (*BAG* 9.11.1973 EzA § 242 BGB Ruhegehalt Nr. 28).). 4833

Etwas anderes gilt aber dann, wenn die Versorgungsansprüche, -anwartschaften besonders genannt werden (*BAG* 27.2.1990 EzA § 1 BetrAVG Nr. 56); wirksam ist dies aber nur in den Grenzen des § 3 BetrAVG (s. § 17 Abs. 3 BetrAVG). 4834

### ee) Karenzentschädigung

Eine Ausgleichsquittung, die mit der Feststellung endet, dass dem Arbeitnehmer keine weiteren Ansprüche aus dem Arbeitsverhältnis sowie dessen Beendigung zustehen, enthält **im Zweifel keinen Verzicht auf Rechte aus einem nachvertraglichen Wettbewerbsverbot** (*BAG* 20.10.1981 EzA § 74 HGB Nr. 39). 4835

Denn bei Ansprüchen auf Karenzentschädigung muss der Arbeitnehmer im Allgemeinen nach Treu und Glauben nicht davon ausgehen, dass eine Ausgleichsquittung mit der Feststellung, weitere Ansprüche bestünden nicht, auch alle Rechte aus einer Wettbewerbsvereinbarung abschneiden soll. **Für diese ist es nämlich kennzeichnend, dass sie erst nach Beendigung des Arbeitsverhältnisses fällig werden.** Sie sind von vornherein für die an das Arbeitsverhältnis anschließende Karenzzeit geschaffen worden. Hingegen sind Ausgleichsquittungen gerade umgekehrt dazu bestimmt, die Abwicklung des beendeten Arbeitsverhältnisses zu erleichtern und rückblickend etwa bestehende Unklarheiten zu beseitigen. **Deshalb wäre es ganz ungewöhnlich, wenn sich eine Ausgleichsquittung auch auf Ansprüche bezöge, die erst nach Beendigung des Arbeitsverhältnisses wirksam werden sollten.** Das Gegenteil muss klar zum Ausdruck gebracht werden (*Schäfer* Die Abwicklung des beendeten Arbeitsverhältnisses, Rn. 199). 4836

### ff) Tarifvertragliche Ansprüche (»Tatsachenvergleich«)

Ein Verzicht auf tarifvertragliche Ansprüche ist gem. § 4 Abs. 4 S. 1 TVG nur zulässig in einem **von den Tarifvertragsparteien gebilligten Vergleich**. Damit ist eine Ausgleichsquittung, die einen Verzicht auf solche Ansprüche enthält, unwirksam. Handelt es sich jedoch um einen Vergleich über die **Voraussetzungen eines tarifvertraglichen Anspruchs**, z. B. über die Zahl der geleisteten Überstunden, ist dieser als Tatsachenvergleich zulässig. Eine allgemein gehaltene Ausgleichsquittung bedeutet keinen Verzicht auf tariflich festgelegte Ansprüche, wie Überstundenzuschläge, Nachtschichtzuschläge oder andere Formen von Zulagen sowie Urlaubsentgelt oder 13. Gehalt. Wurden Ansprüche aus Tarifvertrag jedoch aufgrund einer Bezugnahmeerklärung im **Einzelarbeitsvertrag** vereinbart, kann darauf in einer Ausgleichsquittung verzichtet werden. Dies gilt auch für andere einzelvertraglich vereinbarte Leistungen des Arbeitgebers. Ein Aufhebungsvertrag unterliegt dem Verzichtsverbot nicht, auch wenn er wechselseitige Verzichtserklärungen enthält (MünchArbR/*Wank* § 104 Rn. 9). 4836a

### d) Nicht erfasste Ansprüche

**4836b** Durch Auslegung ergibt sich regelmäßig, dass die Ausgleichsquittung solche Ansprüche nicht mitumfasst, die erst **bei der Beendigung** oder **nach der Beendigung** des Arbeitsverhältnisses fällig werden. Dazu gehören der Anspruch auf Erteilung eines Zeugnisses ebenso wie zukünftig fällig werdende Ansprüche auf Ruhegeld oder aus einer **Ruhegeldanwartschaft** oder aus einem vertraglichen **Wettbewerbsverbot**. Ebenfalls nicht erfasst werden Forderungen, die objektiv außerhalb des von den Parteien Vorgestellten liegen und bei Unterzeichnung der Ausgleichsquittung subjektiv unvorstellbar waren (MünchArbR/*Wank* § 104 Rn. 15).

**4836c** Will der Arbeitnehmer auf die Ausstellung eines **qualifizierten Zeugnisses** verzichten, muss dies ausdrücklich in die Erklärung in der Ausgleichsquittung aufgenommen werden.

**4836d** Nach der Beendigung des Arbeitsverhältnisses kann ein Arbeitnehmer mit seinem ehemaligen Arbeitgeber ein Wettbewerbsverbot ohne Karenzentschädigung wirksam vereinbaren. Der Verzicht darf jedoch nicht schon während des Arbeitsverhältnisses erklärt werden. Er ist im Zweifel nicht von einer Ausgleichsquittung erfasst (*BAG* 31.7.2002 EzA § 74 HGB Nr. 63).

### 3. Wirksamkeit der Ausgleichsquittung

#### a) Grundlagen

**4836e** Ein großer Teil der Ansprüche des Arbeitnehmers aus dem Arbeitsverhältnis ist unverzichtbar. Insoweit ergibt sich u. U. bereits durch **Auslegung** der Ausgleichsquittung, dass sie solche Ansprüche nicht umfasst. Die wirksamen Teile der Ausgleichsquittung bleiben dann **entgegen der Regel** des § 139 BGB aufrechterhalten. Die Unwirksamkeit kann sich aus zwingendem Gesetzesrecht ergeben (§ 13 Abs. 1 S. 3 BUrlG, § 12 EFZG, § 4 Abs. 4 S. 1 TVG; MünchArbR/*Wank* § 104 Rn. 19). Da jedenfalls ein großer Teil der Ansprüche aus dem Arbeitsverhältnis auf einem Tarifvertrag beruht, kann sich die Ausgleichsquittung insoweit auf Fälle fehlender Tarifbindung des Arbeitgebers oder des Arbeitnehmers, auf Fälle der Bezugnahme auf einen Tarifvertrag oder auf außertarifliche oder übertarifliche Ansprüche beziehen. Außer dem Verzicht kommt gem. § 4 Abs. 4 S. 2 TVG aber auch die **Verwirkung** in Betracht. Der Arbeitnehmer kann tarifvertragliche Ansprüche verwirken, indem er eine Ausgleichsquittung unterzeichnet. In der späteren Geltendmachung der Rechte kann dann ein widersprüchliches Verhalten zu sehen sein (§ 77 Abs. 4 S. 2 BetrVG; MünchArbR/*Wank* § 104 Rn. 19).

**4836f** Stellt die Ausgleichsquittung einen **Vergleich** dar, dann ist dieser unwirksam, wenn der nach dem Inhalt des Vergleichs als feststehend zugrunde gelegte Sachverhalt nicht der Wirklichkeit entspricht und es bei Kenntnis dessen **nicht zum Streit** unter den Parteien gekommen wäre (§ 779 BGB; MünchArbR/*Wank* § 104 Rn. 19).

#### b) Anfechtung der Ausgleichsquittung; Widerruf

**4837** Hat der Arbeitnehmer zu Unrecht eine Ausgleichsquittung unterzeichnet, so wird sein Bestreben dahin gehen, die noch ausstehende Leistung des Arbeitgebers zu erhalten, die Wirkung der Ausgleichsquittung zu beseitigen und das Papier zu kassieren. Er kann die ihm noch zustehenden Ansprüche unmittelbar geltend machen. Beruft sich der Arbeitgeber dann auf die Ausgleichsquittung, muss der Arbeitnehmer entweder den Gegenbeweis antreten oder die Erklärung durch Widerruf oder durch Anfechtung beseitigen (MünchArbR/*Wank* § 104 Rn. 21).

**4838** Einige Tarifverträge geben dem Arbeitnehmer das Recht, eine einmal erteilte Ausgleichsquittung innerhalb einer bestimmten Frist zu widerrufen. **Unanwendbar** sind dagegen die **Widerrufsvorschriften** in §§ 312, 355 BGB, da das Arbeitsverhältnis keine besondere Vertriebsform darstellt und der Arbeitnehmer in diesem Zusammenhang nicht Verbraucher ist (*BAG* 25.5.2005 EzA § 307 BGB 2002 Nr. 3).

## F. Einreden und Einwendungen  Kapitel 3

Im Übrigen kann das in einer Ausgleichsquittung liegende Angebot bzw. die Annahme unter den Voraussetzungen der §§ 119 ff., 123 f. BGB angefochten werden (*BAG* 25.9.1969 AP Nr. 36 zu § 3 KSchG; 6.4.1977 EzA § 4 KSchG n. F. Nr. 12). Wenn der Arbeitnehmer die Ausgleichsquittung angreift, ist durch **Auslegung oder Umdeutung** zu ermitteln, ob er im Falle der tariflichen Regelung einen Widerruf und im Übrigen eine Anfechtung nach § 119 Abs. 1, 2, oder nach § 123 BGB geltend macht. Es gelten die **allgemeinen Regeln** des BGB (MünchArbR/*Wank* § 104 Rn. 23). 4839

(derzeit unbesetzt) 4840

Macht sich der Arbeitnehmer vom Inhalt der Ausgleichsquittung **gar keine Vorstellung**, unterschreibt er insbes., **ohne** die Erklärung überhaupt **gelesen zu haben**, kann er sich zwar nicht auf einen Irrtum berufen; § 119 Abs. 1 BGB kommt nicht in Betracht. Ein Erklärungsirrtum nach § 119 Abs. 1 BGB wird zudem kaum vorliegen, da der Arbeitnehmer meist eine vorgefertigte Erklärung unterschreibt. Möglich ist aber ein **Inhaltsirrtum** nach § 119 Abs. 1 BGB. (*BAG* 27.8.1970 AP Nr. 33 zu § 133 BGB; *Schäfer* Die Abwicklung des beendeten Arbeitsverhältnisses, Rn. 201 ff.). Dann kommt eine Anfechtung wegen eines **Rechtsfolgenirrtums** in Betracht; das ist dann der Fall, wenn jemand sich von dem Inhalt eines Schriftstücks, das er ungelesen unterschreibt, eine **unrichtige Vorstellung** macht (*BAG* 27.8.1970 AP Nr. 33 zu § 133 BGB). 4841

Fraglich ist, ob diese Grundsätze auch für **ausländische Arbeitnehmer** gelten, die eine in deutscher Sprache gehaltene Ausgleichsquittung unterzeichnet haben, ohne dass sie ihnen vorher übersetzt wurde. Eine von einem ausländischen Arbeitnehmer unterschriebene Ausgleichsquittung ist insoweit dann wirksam, wenn er den Inhalt der von ihm unterschriebenen Erklärung verstanden hat. Der Arbeitgeber ist für die für ihn günstigen Umstände beweispflichtig, aus denen sich dies ergibt. Eine Ausgleichsquittung braucht genau so wenig übersetzt zu werden wie andere Erklärungen innerhalb des Arbeitsverhältnisses. Unterzeichnet ein ausländischer Mitarbeiter, der nicht genügend Deutsch versteht, die Erklärung, so fehlt es allerdings, wenn der Arbeitgeber dies erkennen konnte, schon am Geschäftswillen des Arbeitnehmers. Konnte es der Arbeitgeber nicht erkennen, ist der Arbeitnehmer zur Anfechtung nach § 119 BGB berechtigt. Ist bei der Unterzeichnung der Ausgleichsquittung ein **Dolmetscher** anwesend und nimmt der Arbeitnehmer ihn nicht in Anspruch, so kann der Arbeitnehmer nicht anfechten (MünchArbR/*Wank* § 104 Rn. 24). 4841a

Ein Arbeitnehmer mit qualifizierter Berufsausbildung (indischer Ingenieur), der sich seit zehn Jahren in der BRD aufhält und deutsch nicht nur sprechen, sondern auch lesen kann, ist aber jedenfalls an die von ihm unterzeichnete Ausgleichsquittung gebunden (*LAG Köln* 24.11.1999 LAGE § 4 KSchG Nr. 4). Ist ein ausländischer Arbeitnehmer **der deutschen Sprache** so weit **mächtig**, dass er das, was ihm erklärt oder zum Durchlesen vorgelegt wird, verstehen kann oder hätte verstehen können, wenn er es durchgelesen hätte, so ist er im Hinblick auf die Wirksamkeit einer Ausgleichsquittung zudem nach Auffassung des *LAG Hamm* (14.12.1984 NZA 1985, 292) nach den **gleichen Grundsätzen** wie ein deutscher Arbeitnehmer zu behandeln. Er kann sich also nicht auf § 119 Abs. 1 BGB berufen. 4841b

Eine Anfechtung wegen widerrechtlicher Drohung (§ 123 Abs. 1 BGB) kommt insbes. dann in Frage, wenn der Arbeitgeber sich weigert, Restlohn und Arbeitspapiere ohne Unterzeichnung der Ausgleichsquittung auszuhändigen und der Arbeitnehmer sie daraufhin unterzeichnet. Gleiches gilt dann, wenn dem Arbeitnehmer **vorgespiegelt** wird, er brauche nur eine Quittung zu unterschreiben und wenn der Erklärung tatsächlich eine **weitergehende Bedeutung** (Anspruchsverzicht) zukommt (MünchArbR/*Wank* § 104 Rn. 25). 4842

(derzeit unbesetzt) 4843–4847

### 4. Darlegungs- und Beweislast

Der Verzichtswille ist im Streitfall von demjenigen darzulegen und zu beweisen, der sich auf eine wirksame Ausgleichsquittung beruft. Steht fest, dass eine Ausgleichsquittung vom Arbeitnehmer erteilt wurde und beruft sich der Arbeitnehmer auf deren Nichtigkeit oder Anfechtbarkeit, so 4848 trägt er für die maßgeblichen Tatsachen die Beweislast. Allerdings wird dem Arbeitgeber teilweise die **Darlegungs- und Beweislast** dafür auferlegt, dass der **ausländische Arbeitnehmer** die deutschsprachige Ausgleichsquittung auch verstanden hat oder der deutschen Sprache ausreichend mächtig ist, weil er Rechte aus der Ausgleichsquittung herleitet (*LAG Hamm* 2.1.1976 EzA § 305 BGB Nr. 8; *LAG Bln.* 17.4.1978 EzA § 397 BGB Nr. 3).

### 5. Bereicherungsanspruch

4849 Bestand noch eine Forderung des Arbeitnehmers gegen den Arbeitgeber, von der er nichts wusste, so kann er gem. **§ 812 Abs. 2 BGB** ein in der Ausgleichsquittung liegendes konstitutives Schuldanerkenntnis zurückverlangen (*BAG* 6.4.1977 EzA § 4 KSchG n. F. Nr. 12).

4850 Auch in den übrigen Fällen, in denen die Ausgleichsquittung zu Unrecht abgegeben wurde, besteht ein Rückforderungsanspruch des Arbeitnehmers. Alle **Zweifel**, die dazu führen, dass der Arbeitnehmer noch mit Ansprüchen gerechnet haben kann, lassen jedoch den Kondiktionsanspruch scheitern (MünchArbR/*Wank* § 104 Rn. 28).

### V. Ausschlussklauseln im (außergerichtlichen und gerichtlichen) Vergleich

4851 Häufig vereinbaren die Parteien in einem (außergerichtlichen oder gerichtlichen) Vergleich neben der Beendigung des Arbeitsverhältnisses und der Regelung von Zahlungsansprüchen usw. eine sog. Abgeltungsklausel.

4852 ▶ Beispiel:

Die Parteien schlossen zur Beilegung aller zwischen ihnen bestehenden (Rechts-)Streitigkeiten einen gerichtlichen Vergleich mit folgendem Inhalt:
»1. Die Parteien sind sich einig, dass ihr Arbeitsverhältnis zum 31.3.1994 sein Ende gefunden hat.
2. Dem Kläger wird der im Verfahren ... Ga .../94 beantragte Bildungsurlaub gewährt.
3. Der Kläger wird seinen Arbeitsplatz und die Geschäfte ordnungsgemäß übergeben.
4. Die Parteien sind sich einig, dass sämtliche Urlaubsansprüche des Klägers mit dieser Vereinbarung erfüllt sind.
5. Für den Verlust des Arbeitsplatzes zahlt die Beklagte entsprechend §§ 9, 10 KSchG, § 3 Nr. 9 EStG eine Abfindung in Höhe von 50 000 DM.
6. Mit der Erfüllung dieses Vergleichs sind die Verfahren ... Ga .../94 und ... Ca .../94 sowie alle beiderseitigen finanziellen Ansprüche der Parteien aus dem beendeten Arbeitsverhältnis – bekannt oder unbekannt – erledigt.«

4853 In diesem Vergleich ist insbes. in Ziff. 1 keine Regelung darüber enthalten, dass der Kläger für den Monat März eine Vergütung erhalten sollte. Urlaubsentgelt hatte der Kläger im vertraglich vereinbarten Umfang erhalten. Die Klage des Klägers auf Zahlung von Gehalt bzw. verdienten Provisionen für den Monat März 1994 hat das *LAG RhPf* deshalb im Hinblick auf die Ausgleichsklausel (Urteil v. 2.10.1995 – 11 Sa 634/95) abgewiesen (vgl. auch *LAG Sachsen* 7.6.2000 NZA-RR 2001, 410: Vereinbarung einer bezahlten Freistellung begründet keinen Entgeltanspruch, wenn der Arbeitnehmer – nach Ablauf der Sechs-Wochen-Frist des EFZG – bis zum Beendigungszeitpunkt arbeitsunfähig erkrankt). Auch wenn die Parteien in einem Abfindungsvergleich mit einer umfassenden Ausgleichsklausel u. a. vereinbaren, dass die Beklagte an den Kläger bis zum (ordentlichen) Beendigungszeitpunkt »die **vertragsgemäße Vergütung** in Höhe von insgesamt 23.875 DM brutto« bezahlt, dann liegt bzgl. der Vergütung eine **vertragliche Festlegung der gesamten Nachzahlungsbeträge** vor. Der Arbeitnehmer kann folglich nicht nachträglich geltend machen, er habe bei der Berechnung **ein Monatsgehalt vergessen** und darüber hinaus schulde ihm der Arbeitgeber noch eine vertraglich begründete Jahressondervergütung und ein Urlaubsgeld (*LAG RhPf* 6.5.2003 NZA-RR 2004, 302).

4854 Generell ist in diesem Zusammenhang zu beachten, dass dann, wenn sich der Arbeitgeber in einem (z. B. gerichtlichen) Vergleich verpflichtet, das Arbeitsverhältnis bis zu dessen Beendigung »ordnungsgemäß abzurechnen«, dadurch mangels anderer Anhaltspunkte ein Vergütungs-

## F. Einreden und Einwendungen Kapitel 3

anspruch nicht selbstständig begründet wird. Vielmehr betrifft die Abrechnung dann nur die nach anderen Rechtsgrundlagen bestehenden Ansprüche (*BAG* 19.5.2004 EzA § 615 BGB 2002 Nr. 6; s. a. *LAG Hamm* 11.2.2008 – 8 Sa 1592/07 – EzA-SD 11/2008 S. 6 LS).

### 1. Auswirkungen der Ausgleichsklausel

Die Ausgleichsklausel in Ziff. 6 des Vergleichs hat den Zweck, das streitige Rechtsverhältnis abschließend zu regeln (vgl. *BAG* 5.4.1973 AP § 794 ZPO Nr. 22; 10.5.1978 EzA § 794 ZPO Nr. 3; vgl. auch *LAG München* 24.4.1997 BB 1998, 269; dies gilt nicht für eine Klausel mit dem Wortlaut »Damit ist der Rechtsstreit … erledigt« [*LAG Köln* 28.10.1994 NZA 1995, 739 LS]). Dieser die Gerichtspraxis in den Tatsacheninstanzen (vgl. § 57 Abs. 2 ArbGG) i. d. R. beherrschende Zweck – Schaffung klarer Verhältnisse (vgl. *BAG* 28.7.2004 EzA § 611 BGB 2002 Aufhebungsvertrag Nr. 4) und Vermeidung möglichen Streits in der Zukunft (*BAG* 22.10.2008 EzA § 74 HGB Nr. 70) – wird aber nur erreicht, wenn die Klausel grds. weit ausgelegt wird in dem Sinne, dass alle Verpflichtungen, die nicht von dieser Klausel erfasst werden sollen, ausdrücklich und unmissverständlich im Vergleich selbst bezeichnet werden müssen, ohne dass es weiterer Zusätze bedarf wie »bekannt oder unbekannt« oder »gleich aus welchem Rechtsgrund« (*BAG* 22.10.2008 EzA § 74 HGB Nr. 70). Über die Tragweite des Vergleichs darf es keine Unklarheit geben, sonst kann er seine Friedensfunktion nicht erfüllen. Das gilt auch für Ansprüche, die sich erst aus den Bedingungen des Vergleichs selbst ergeben können. 4855

So ist das *BAG* (5.4.1973 AP § 794 ZPO Nr. 22) z. B. davon ausgegangen, dass dann, wenn im Vergleichswege das Ende des Arbeitsverhältnisses vorverlegt wird, dem Arbeitgeber durch eine allgemeine Ausgleichsklausel der Anspruch auf Rückzahlung des Gehalts abgeschnitten wird, das er für drei Monate, die nach dem im Vergleich vereinbarten Beendigungstermin lagen, ohne Rechtsgrund gezahlt hatte. 4856

Im vom *BAG* am 10.5.1978 (EzA § 794 ZPO Nr. 3) entschiedenen Fall wurde das Ende des Arbeitsverhältnisses durch den Vergleich hinausgeschoben; der damit begründeten Lohnforderung stand jedoch wiederum die Ausgleichsklausel im Wege. 4857

Diese Grundsätze hat das *LAG RhPf* (2.10.1995 – 11 Sa 634/95) auf den Beispielsfall übertragen. Hinsichtlich der Frage, ob der Arbeitnehmer ohne entsprechende eindeutige Vereinbarung weitere Entgeltansprüche geltend machen kann, besteht wegen der gleichen Sach- und Interessenlage der Parteien keine Veranlassung, beide Lebenssachverhalte unterschiedlich zu behandeln. Deshalb erfasst die Ausgleichsklausel nicht nur sich aus der Regelung im Vergleich selbst ergebende Ansprüche, sondern erst recht allgemeine Entgelt- und Provisionsansprüche. 4858

**Eine Ausnahme** kommt zwar in Betracht für Ansprüche auf betriebliches Ruhegeld und möglicherweise für Zeugnisansprüche (*BAG* 22.10.2008 EzA § 74 HGB Nr. 70; s. Rdn. 4833), sowie für Ansprüche auf Herausgabe und Berichtigung von Arbeitspapieren (s. *BAG* 22.10.2008 EzA § 74 HGB Nr. 70), **weil sich solche Ansprüche wegen ihrer Bedeutung für den Arbeitnehmer i. d. R. dem Geltungsbereich einer allgemeinen Ausgleichsquittung entziehen**, denn der Arbeitgeber kann nicht damit rechnen, dass ein Arbeitnehmer im Rahmen einer allgemeinen Ausgleichsklausel eher beiläufig ohne besonderen Anlass auf seine Altersversorgung, vielleicht auch auf ein Zeugnis verzichtet. Im Beispielsfall ging es jedoch um die unmittelbaren wirtschaftlichen Folgen der verschiedenen Arbeitsrechtsstreitigkeiten zwischen den Parteien sowie der von der Beklagten erklärten ordentlichen Kündigung. Es war deshalb naheliegend und geboten, den strittigen Entgeltanspruch entweder unmittelbar im Vergleich zu regeln oder von der Geltung der Ausgleichsklausel ausdrücklich auszunehmen oder eine Ausgleichsklausel insgesamt abzulehnen. 4858a

**Die Untätigkeit des (anwaltlich vertretenen) Klägers ließ daher nur den Schluss zu, dass auch mögliche Ansprüche auf weitere Provisionszahlungen von der Ausgleichsklausel des Vergleichs erfasst werden sollten.** 4858b

**4859** Ein »Anspruch aus dem Arbeitsverhältnis« in einem Beendigungsvergleich ist auch ein etwaiger bereicherungsrechtlicher Rückzahlungsanspruch des Arbeitgebers im Falle der nachträglichen Feststellung eines einheitlichen Arbeitsverhältnisses eines zunächst als »freier Mitarbeiter« und später als »Arbeitnehmer« Beschäftigten, auch wenn der Arbeitgeber daran bei Vergleichsabschluss nicht dachte, er aber damit rechnen konnte (*ArbG Bln.* 31.8.2005 – 7 Ga 18429/05, EzA-SD 22/05 S. 9).

Eine Klausel, mit der »alle beiderseitigen Ansprüche aus dem Arbeitsverhältnis abgegolten« sein sollen, kann auch ein **nachvertragliches Wettbewerbsverbot und eine Karenzentschädigung** umfassen, auch wenn der Zusatz »und seiner Beendigung, seien sie bekannt oder unbekannt« fehlt, denn Wettbewerbsverbot und Karenzentschädigung sind in den arbeitsvertraglichen Beziehungen begründet und deshalb Ansprüche aus dem Arbeitsverhältnis (*BAG* 22.10.2008 EzA § 74 HGB Nr. 70; s. a. *BAG* 19.11.2008 EzA § 448 ZPO 2002 Nr. 2:Abwicklungsvereinbarung; *BAG* 24.6.2009 – 10 AZR 707/08 (F), EzA-SD 17/2009 S. 13 LSAufhebungsvertrag).

Regelt ein Prozessvergleich zur Beilegung eines Kündigungsschutzprozesses noch Ansprüche des Arbeitnehmers auf **Arbeitsvergütung für die Dauer der Kündigungsfrist**, so wird ein in dieser Zeit fällig werdender Anspruch auf eine **jährliche Sonderzahlung** mit Mischcharakter von einer Ausgleichsklausel (negatives Schuldanerkenntnis) erfasst (*LAG Bln.-Bra.* 12.11.2010 NZA-RR 2011, 64; a. A. *LAG Bln.-Bra.* 19.1.2011 LAGE § 397 BGB 2002 Nr. 2).

**4860, 4861** (derzeit unbesetzt)

**4862** Nach Auffassung des *LAG Hamm* (28.4.1995 LAGE § 794 ZPO Ausgleichsklausel; a. A. *OLG Düsseld.* 9.7.1997 NZA-RR 1998, 1) erfasst eine derartige Formulierung, die noch den Zusatz enthält »mit Ausnahme der Ansprüche auf betriebliche Altersversorgung« nicht den Anspruch auf Rückzahlung eines **Arbeitgeberdarlehens**. Eine vertraglich vereinbarte Ausgleichsklausel in einer Aufhebungsvereinbarung, nach der »mit diesem Vertrag sämtliche aus dem bestehenden Arbeitsverhältnis und seiner Beendigung abzuleitenden wechselseitigen Ansprüche ... geregelt und abgegolten sind«, erfasst die **Zins- und Rückzahlungsansprüche** eines Arbeitgebers gegen seinen Arbeitnehmer aus einem gewährten Arbeitgeberdarlehen jedenfalls **grds. nicht** (*BAG* 19.1.2011 EzA § 611 BGB 2002 Aufhebungsvertrag Nr. 9). Das *LAG Köln* (9.9.1997 NZA 1998, 280 LS) hat angenommen, dass von einer in einem Abfindungsvergleich vereinbarten Ausgleichsklausel regelmäßig Ansprüche aus einem beim Gericht eingeleiteten Verfahren auf Kostenerstattung nicht erfasst werden. Andererseits erfasst eine derartige Ausgleichsklausel keine unstreitig bestehenden Lohnansprüche, die noch nicht abgerechnet sind und über die kein Streit besteht. Ein Verzicht, bei dem die Parteien im Rahmen eines Erlassvertrages von dem Bestand der Forderung ausgehen und vereinbaren, dass diese nicht mehr erfüllt werden soll, kann nicht angenommen werden. An die Feststellung des Willens, auf eine Forderung zu verzichten, sind vielmehr strenge Anforderungen zu stellen; der Verzicht auf ein Recht ist nicht zu vermuten (*LAG Hamm* 7.12.2000 NZA-RR 2002, 15).

**4863** Besonderheiten bestehen bei einem bestehenden **Wettbewerbsverbot**: Eine allgemeine Ausgleichsklausel in einem außergerichtlichen Vergleich zur Beendigung eines Kündigungsschutzrechtsstreits erfasst i. d. R. auch Ansprüche aus einem Wettbewerbsverbot (ebenso für eine Abgeltungsklausel in einem Aufhebungsvertrag *BAG* 19.11.2003 NZA 2004, 554 m. krit. Anm. *Bauer/Diller* BB 2004, 1274 ff.). Eine anderweitige Auslegung kann sich aus Umständen vor oder bei Abschluss des Vergleichs oder dem Verhalten der Parteien danach ergeben. Jedenfalls ist eine Auslegung durch das Berufungsgericht, die zum Fortbestand des Wettbewerbsverbots einerseits und zum Verzicht auf Karenzentschädigung andererseits führt, widersprüchlich (*BAG* 31.7.2002 EzA § 74 HGB Nr. 64). Das *LAG Hamm* (22.4.2005 – 7 Sa 2220/04 – EzA-SD 13/05, S. 5 LS) hat daraufhin angenommen, dass dann, wenn ein Verzicht auf die Karenzentschädigung gegeben ist, mit dieser Erklärung aber das Wettbewerbsverbot nicht insgesamt aufgehoben wird, eine derartige einseitige Auslegung zu einem widersprüchlichen Ergebnis führen würde, nämlich zu einem entschädigungslosen Wettbewerbsverbot. Folglich soll eine interessengerechte Auslegung der Ausgleichsklausel zu der Feststellung führen, dass das nachvertragliche Wettbewerbsverbot umfassend fortbesteht. Das *BAG* (8.3.2006 EzA § 74 HGB Nr. 67) hat diese Entscheidung auf der Grundlage bestätigt, **dass Klauseln in Vergleichen i. d. R. nichttypische Erklärungen sind, die in der Revision nur eingeschränkt überprüfbar sind daraufhin, ob gegen anerkannte Auslegungsregeln, Erfahrungssätze und Denkgesetze verstoßen worden ist, ob Verfahrensvorschriften eingehalten worden sind oder wesentliche Umstände unberücksichtigt wurden**; gemessen daran war die Ausgangsentscheidung nicht zu beanstanden.

Vorstellungskosten aus Anlass der Eingehung eines Arbeitsverhältnisses werden, wenn sich aus den Umständen nichts anderes ergibt, von einer Ausgleichsklausel in einem gerichtlichen Vergleich erfasst, die eine Erledigung »aller eventueller finanzieller Ansprüche aus dem Arbeitsverhältnis und seiner Beendigung« vorsieht (*LAG Nbg.* 29.9.2003 NZA-RR 2004, 290).

## 2. Rechtsnatur und Auslegung der Ausgleichsklausel

Eine Klausel des zuvor zitierten Inhalts (s. Rdn. 4852; vgl. *Diller* FA 2000, 270 ff.) ist nach Auffassung des *LAG München* (24.4.1997 BB 1998, 269) i. d. R. als **negatives konstitutives Schuldanerkenntnis** i. S. d. § 397 Abs. 2 BGB zu qualifizieren (a. A. *LAG Düsseld.* 7.12.2000 NZA-RR 2002, 15: deklaratorisches negatives Schuldanerkenntnis). Wird dieses Schuldanerkenntnis in Kenntnis einer möglichen bestehenden Forderung abgegeben, so scheidet eine Rückforderung wegen ungerechtfertigter Bereicherung aus. **4864**

Die Formulierung »Mit Erfüllung dieser Vereinbarung ...« kann danach nicht dahingehend ausgelegt werden, dass es sich insoweit um eine Bedingung handelt, deren Herbeiführen ins Belieben der Beklagten gestellt ist. Denn Bedingung i. S. d. § 158 BGB ist das Abhängigmachen eines Rechtsgeschäfts von einem zukünftigen ungewissen Ereignis. »Mit Erfüllung dieser Vereinbarung« bedeutet daher – vom insoweit nicht eindeutigen Wortlaut noch gedeckt – nichts anderes, als dass **über die in der Vereinbarung genannten Ansprüche hinaus zwischen den Parteien keine weiteren Ansprüche mehr bestehen** (abl. *Lücke* BB 1998, 271 ff.). Der Arbeitgeber kann deshalb nicht mit einer für ihn eventuell bestehenden Rückzahlungsforderung gegen den Arbeitnehmer mit einer von ihm zu zahlenden Abfindungssumme an den Arbeitnehmer aus einer Aufhebungsvereinbarung aufrechnen. **4865**

Eine Ausgleichsklausel, die **alle Ansprüche aus einem beendeten Arbeitsverhältnis sowie aus sämtlichen sonstigen Rechtsbeziehungen** der Parteien bereinigt, erfasst nach Auffassung des *LAG Bln.* (5.6.1996 NZA-RR 1997, 124) i. d. R. zwar alle wirtschaftlich mit dem Arbeitsverhältnis verbundenen Ansprüche. Sie kann aber **nicht** dahin ausgelegt werden, dass sie auch **die Aufgabe oder Übertragung von Eigentumsrechten** (z. B. Herausgabe eines Fahrzeugscheins, zweier PKW-Schlüssel sowie des PKW) zum Inhalt hat. Sollen von ihr auch dingliche Rechte erfasst werden, so bedarf es insoweit einer klaren und eindeutigen Regelung. **4866**

Das *BAG* (31.7.2002 EzA § 74 HGB Nr. 63, 64; 19.11.2003 NZA 2004, 554; 7.9.2004 EzA § 74 HGB Nr. 66 m. Anm. *Buchner* SAE 2007, 1 ff.; *LAG Bln.* 26.8.2005 NZA-RR 2006, 67) hat inzwischen in diesem Zusammenhang für die notwendige Auslegung anhand der §§ 133, 157 BGB (*BAG* 8.3.2006 EzA § 74 HGB Nr. 67) folgende Grundsätze aufgestellt: **4867**
– Ausgleichsklauseln sind im Interesse klarer Verhältnisse grds. weit auszulegen, um den angestrebten Vergleichsfrieden sicherzustellen.
– Sieht eine allgemeine Ausgleichsklausel vor, dass mit dem Vergleich alle gegenseitigen Ansprüche aus dem Arbeitsverhältnis und seiner Beendigung erledigt sein sollen, so sind von diesem Wortlaut grds. auch Ansprüche aus einem Wettbewerbsverbot erfasst. Eine Auslegung, die zum Fortbestand des Wettbewerbsverbots einerseits und zum Verzicht auf Ansprüche auf Karenzentschädigung andererseits führt, ist widersprüchlich.
– Die zum Verzicht auf Ansprüche aus betrieblicher Altersversorgung entwickelten Auslegungsregeln sind auf diese Ansprüche nicht anwendbar.
– Dies schließt nicht aus, dass aus weiteren Umständen, z. B. Art und Inhalt der Vorverhandlungen sowie Verhalten nach Vertragsschluss, auf einen anderen Willen der Parteien geschlossen werden kann.

4868 So werden z. B. **Vorstellungskosten** aus Anlass der Eingehung des Arbeitsverhältnisses dann, wenn sich aus den Umständen nichts anderes ergibt, von einer Ausgleichsklausel in einem gerichtlichen Vergleich erfasst, die eine Erledigung »aller eventueller finanzieller Ansprüche aus dem Arbeitsverhältnis und dessen Beendigung« vorsieht (*LAG Nbg.* 29.9.2003 NZA-RR 2004, 290). Die Regelung in einem Aufhebungsvertrag, wonach sämtliche Ansprüche des Arbeitnehmers aus seinem Arbeitsverhältnis und aus Anlass von dessen Beendigung – gleich aus welchem Rechtsgrund – abgegolten sein sollen, kann auch etwaige **Schadensersatz- oder Entschädigungsansprüche** des Arbeitnehmers gegen seinen Vorgesetzten wegen sog. **Mobbings** erfassen (*LAG Bln.* 26.8.2005 – 6 Sa 633/05, NZA-RR 2006, 67).

4869 Für die Reichweite einer Ausgleichsklausel – z. B. in einem Aufhebungsvertrag – kann es auch von Bedeutung sein, ob die Parteien ein **unverbindliches** – weil unzulässig bedingtes – **Wettbewerbsverbot** (ausf. dazu Kap. 9 Rdn. 173) vereinbart haben. Vereinbaren die Parteien in einer Aufhebungsvereinbarung in den ersten Ziffern des Vertrages die befristete Fortsetzung des Arbeitsverhältnisses und die für diese Zeit wechselseitig geschuldeten Leistungen, so kann die im Text folgende Klausel, nach der »weitergehende Ansprüche nicht bestehen, insbes. ...« als konstitutives negatives Schuldanerkenntnis anzusehen sein, dass auch das an sich gegebene Wahlrecht des Arbeitnehmers (s. Kap. 9 Rdn. 173) zum Erlöschen bringt (*BAG* 7.9.2004 EzA § 74 HGB Nr. 66).

### 3. Rechtsmissbrauch

4870 Vereinbaren Arbeitgeber und Arbeitnehmer im Zusammenhang mit einer einvernehmlichen Beendigung des Arbeitsverhältnisses eine Ausgleichsklausel, kann die Berufung darauf rechtsmissbräuchlich sein. Das hat das *LAG Düsseld.* (28.8.2001 ARST 2002, 81) z. B. in einem Fall angenommen, dass nach Vertragsschluss bis dahin nicht bekannte vorsätzlich begangene Vermögensdelikte des Arbeitnehmers aufgedeckt wurden (gewerbsmäßiger Betrug in Höhe von ca. 180.000 DM). Denn der Arbeitnehmer, der durch eine vorsätzliche pFV und eine vorsätzliche unerlaubte Handlung seinem bisherigen Arbeitgeber einen Schaden zufügt, verstößt gegen Treu und Glauben, wenn er, um für sich einen Rechtsvorteil zu erzielen, seinen früheren Arbeitgeber an einer Erklärung festhalten will, die dieser bei Kenntnis des Sachstandes in dieser Form nicht abgegeben hätte.

## G. Antidiskriminierungsrecht

### I. Grundsätzliche Bedeutung

4871 Nach langer Diskussion ist am 18.8.2006 das Allgemeine Gleichbehandlungsgesetz AGG in Kraft getreten. Es hat – verspätetet – mehrere EU-Richtlinien zur Antidiskriminierung umgesetzt. Umgangssprachlich wird das AGG häufig als »Antidiskriminierungsgesetz« bezeichnet, diesen Namen trugen frühere Entwürfe.

4872 Das AGG verbietet umfassend die Diskriminierung im Arbeitsleben. Es reicht jedoch darüber hinaus und betrifft nicht nur freie Mitarbeiter, Organmitglieder und selbstständig Tätige, sondern enthält auch einen dritten Abschnitt mit rein zivilrechtlichen Diskriminierungsverboten bei Massengeschäften (Versicherungsverträge, Mietverträge etc.).

4873 Der Gedanke der Antidiskriminierung war dem deutschen Recht nicht neu (krit. gegenüber den gesetzgeberischen Zielen *Picker* ZfA 2005, 167 ff.). Schon vorher gab es die Diskriminierungsverbote wegen des **Geschlechts** (§§ 611a, 611b BGB) sowie wegen **Schwerbehinderung** (§ 81 Abs. 2 SGB IX), diese Vorschriften sind durch das AGG aufgehoben worden. Daneben hatte die Rechtsprechung über die zivilrechtlichen Generalklauseln (§§ 133, 242 BGB) i. V. m. dem Gleichheitsgebot des Art. 3 GG in krassen Fällen der Diskriminierung wegen **sexueller Identität**, **Religion** oder **Rasse/ethnischer Herkunft** geholfen. Dem deutschen Recht **neu** war dagegen das Verbot der **Altersdiskriminierung**. Noch nachvollziehbar ist dabei das Verbot, Ältere schlechter zu behandeln als Jüngere. Bis zum Inkrafttreten des AGG hatte dagegen in Deutschland niemand Anstoß daran genommen, dass Arbeitgeber, Betriebspartner und Tarifparteien bewusst Ältere bes-

## G. Antidiskriminierungsrecht Kapitel 3

ser gestellt haben als Jüngere. Ganz im Gegenteil basierten viele gesetzliche und tarifvertragliche Regeln auf bewusster Differenzierung zwischen verschiedenen Altersgruppen und Besserstellung der Älteren (man denke nur an die Sozialauswahl nach § 1 Abs. 3 KSchG, die verbreiteten tariflichen Unkündbarkeitsregeln, nach Alter gestaffelte Abfindungsfaktoren in Sozialplänen, Altersgrenzen in Tarifverträgen etc.). Dies entsprach gemeinsamen Gerechtigkeitsüberzeugungen sowohl der Arbeitgeber- als auch der Arbeitnehmerseite. Nach Inkrafttreten des AGG ist die Anknüpfung an das Alter als Differenzierungskriterium grds. unzulässig, also auch eine Begünstigung der Älteren gegenüber den Jüngeren. Es verwundert daher nicht, dass das Hauptproblem des AGG die Umsetzung des Verbots der Altersdiskriminierung ist. Das Verbot der Altersdiskriminierung sieht *Preis* (NZA 2006, 410) als **das** arbeitsrechtliche Thema der nächsten Jahre. Interessanterweise ist die amerikanische Rechtsordnung, die gemeinhin als der Geburtsort der Diskriminierungsverbote angesehen wird, bei der Altersdiskriminierung ganz anders konzipiert: Der Age Discrimination Act kennt kein Verbot der Diskriminierung Jüngerer. Er verbietet lediglich die Diskriminierung Älterer, wobei die Diskriminierungsgrenze bei 40 Jahren gezogen wird (*Wiedemann/Thüsing* NZA 2002, 1236 m. w. N.).

Häufig übersehen wird, dass die Diskriminierungsverbote des AGG einen reinen Negativkatalog darstellen. Das AGG **bedeutet nicht** im Umkehrschluss, dass der Arbeitgeber sämtliche Personalentscheidungen nach **streng objektiven Kriterien** treffen müsste. Das AGG ist kein Anti-Willkür-Gesetz. Deshalb ist es insbes. bei Einstellungen dem Arbeitgeber auch nach Inkrafttreten des AGG keinesfalls verwehrt, sich an nicht messbaren, rein subjektiven Kriterien zu orientieren, also sich z. B. für den sympathischeren oder optisch attraktiveren, gesundheitlich leistungsfähigeren oder robusteren Bewerber zu entscheiden (*LAG Nbg.* 19.2.2008 AuA 2010, 186). Eine strenge Bindung an objektive Kriterien gilt über Art. 33 GG nur für die öffentlichen Arbeitgeber. 4874

Der beklagenswerte Gesetzgebungs-Dilettantismus der letzten Jahrzehnte hat im AGG einen traurigen neuen Höhepunkt erreicht (»eines zivilisierten Rechtsstaats unwürdig«, *Willemsen/Schweibert* NJW 2006, 2686). Das Gesetz strotzt nur so von Widersprüchen, Unklarheiten und Denkfehlern. Schon wenige Wochen nach dem Inkrafttreten wurden einige der gröbsten handwerklichen Schnitzer durch ein Korrekturgesetz (BGBl. 2006 I, 2742) geflickt, die meisten blieben jedoch bestehen. Überdies leidet das AGG unter einem ganz grundsätzlichen Webfehler. Im Grunde hat der Gesetzgeber mit der Schaffung des AGG seine Aufgabe, die europäischen Antidiskriminierungsrichtlinien in deutsches Recht umzusetzen, glatt verfehlt. Er hat im Wesentlichen nur die Richtlinien zusammengefasst und abgeschrieben. Richtig wäre gewesen, das gesamte einfache Gesetzesrecht daraufhin zu durchforsten, wo Widersprüche zu den Antidiskriminierungsrichtlinien vorliegen, und dann die betroffenen Einzelnormen zu ändern. Stattdessen hat der Gesetzgeber sich darauf beschränkt, im AGG allgemeine Grundsätze aufzustellen und es der Praxis überlassen, die vielfältigen Widersprüche zwischen dem AGG und anderen Gesetzen zu lösen. Am augenfälligsten war dies bei der – inzwischen Gott lob wieder gestrichenen – Bestimmung des § 10 S. 3 Nr. 6 AGG a. F. Dort fand sich eine – inhaltlich äußerst schwammige – Bestimmung, wie künftig das Kriterium des Alters bei der Sozialauswahl nach § 1 Abs. 3 KSchG zu handhaben sei. Das war natürlich gesetzgeberischer Unsinn, der richtige Weg wäre eine entsprechende Änderung des § 1 Abs. 3 KSchG gewesen. 4875

## II. Benachteiligungen

Zentraler Anknüpfungspunkt des AGG ist der Begriff der »**Benachteiligung**«. Benachteiligung ist umgangssprachlich dasselbe wie »Diskriminierung«. Ob eine Benachteiligung vorliegt, ist anhand eines objektiven Vergleichsmaßstabs zu beurteilen, nicht nach dem subjektiven Empfinden des Betroffenen (»subjektive Mimosensicht«, *Wisskirchen* DB 2006, 1491). 4876

### 1. Begriff der Benachteiligung

Die Benachteiligung kann die Zufügung eines Nachteils (Versetzung, Kündigung, Widerruf einer Zulage) sein, aber auch das Vorenthalten eines Vorteils (Verweigerung einer Gehaltserhöhung). 4877

Eine Benachteiligung kann auch in einer Unterlassung liegen (z. B. unterlassene Beförderung). Eine Benachteiligung liegt vor, wenn eine andere Person in einer vergleichbaren Situation besser behandelt wird als der Betroffene. Nach § 3 Abs. 1 AGG ist der Vergleich zu ziehen mit einer gegenwärtigen, vergangenen oder hypothetischen Behandlung einer anderen Person in vergleichbarer Situation (»*erfährt, erfahren hat oder erfahren würde*«). Zwischen diesen drei Alternativen besteht ein logisches Rangverhältnis (*Bauer/Göpfert/Krieger* § 3 Rn. 17; ausf. *Däubler* ZfA 2006, 481 ff.): Lässt sich eine gegenwärtige Ungleichbehandlung feststellen, kommt es auf in der Vergangenheit liegende Ereignisse nicht an, und erst wenn auch diese fehlen, darf hypothetisch ein mögliches Verhalten des Arbeitgebers als Vergleichsmaßstab herangezogen werden.

4878  Bei einer Einzelfallentscheidung (verhaltens- oder personenbedingte Kündigung, Versetzung wegen Fehlverhaltens, Verweigerung einer Gehaltserhöhung) ist die Feststellung einer Benachteiligung vergleichsweise einfach. Mit dem betroffenen Arbeitnehmer sind alle anderen Arbeitnehmer vergleichbar, die – bis auf das verbotene Diskriminierungsmerkmal – die gleichen personenbedingten Eigenschaften oder Verhaltensweisen aufweisen. Schwieriger ist es bei einer Auswahlentscheidung (Einstellung, Sozialauswahl bei Kündigung). Hier kommt es bei positiven Auswahlentscheidungen nach der Rechtsprechung nicht auf Kausalität an. So kann ein Stellenbewerber bereits dadurch benachteiligt werden, dass er nicht in die engere Auswahl einbezogen wird, auch wenn er letztlich die Stelle bei benachteiligungsfreier Auswahl nicht bekommen hätte (*BAG* 5.2.2004 EzA § 611a BGB Nr. 3 = NZA 2004, 540). Die Benachteiligung liegt schon darin, dass der Bewerber von vorne herein »keine faire Chance« hatte und Opfer einer »Negativauslese« geworden ist. Allerdings setzt eine »Benachteiligung« eines Bewerbers voraus, dass er objektiver für die Stelle geeignet ist (*BAG* 19.8.2010 NZA 2011, 203; 18.3.2010 NZA 2010, 1129). Umgekehrt kann bei einer negativen Auswahlentscheidung (Sozialauswahl bei betriebsbedingter Kündigung) eine Benachteiligung bereits dann vorliegen, wenn der Arbeitgeber auf Grund eines unzulässigen Diskriminierungsmerkmals einzelne Arbeitnehmer aus der Negativauswahl herausnimmt (z. B. die Sozialauswahl auf ausländische Mitarbeiter beschränkt), auch wenn sich das nicht kausal auswirkt, weil auch bei diskriminierungsfreier Auswahl der gleiche Arbeitnehmer zur Entlassung angestanden hätte (ausf. *Diller/Krieger/Arnold* NZA 2006, 887).

## 2. Mittelbare Benachteiligung

4879  Bedeutsam ist die Differenzierung zwischen **mittelbarer** und **unmittelbarer Benachteiligung**. Während die unmittelbare Benachteiligung, also das unmittelbare Ansetzen an einem der nach § 1 AGG verbotenen Diskriminierungsmerkmale, fast nie zu rechtfertigen ist, liegt die **Rechtfertigungsschwelle für die mittelbare Benachteiligung niedriger** (vgl. § 3 Abs. 2 AGG). Eine mittelbare Benachteiligung liegt vor, wenn eine Ungleichbehandlung an ein dem Anschein nach neutrales und objektives Merkmal geknüpft wird, dadurch aber typischerweise die Angehörigen einer geschützten Gruppe besonders stark betroffen sind. Das kann nur durch statistischen Vergleich ermittelt werden (*BAG* 2.12.1992 EzA Art. 119 EWG-Vertrag Nr. 7 = AP 28 zu § 23a BAT; 23.2.1994 EzA Art. 119 EWG-Vertrag Nr. 18 = AP 51 zu Art. 119 EWG-Vertrag). Die absoluten Zahlen der betroffenen Personen sind irrelevant, es kommt allein auf die Relation an. Nach überwiegender Meinung besteht eine Vermutung für eine mittelbare Diskriminierung, sobald ein Relationsunterschied von über 75 % besteht (*Bauer/Göpfert/Krieger* § 3 Rn. 26 m. w. N.). Die Benachteiligung von Teilzeitbeschäftigten z. B. ist eine mittelbare Diskriminierung von Frauen, da Teilzeitbeschäftigte ganz überwiegend Frauen sind. Wer wegen schlechter Deutschkenntnisse benachteiligt, benachteiligt mittelbar Angehörige anderer Rassen bzw. anderer ethnischer Herkunft (*Wisskirchen* DB 2006, 1491). Wer Leistungen erst ab 20jähriger Betriebsgehörigkeit gewährt, benachteiligt mittelbar jüngere Arbeitnehmer. Arbeitszeitregelungen oder Kleidervorschriften sind häufig eine mittelbare Diskriminierung religiöser Gruppen (*Hanau* ZIP 2006, 2191; *Bauer/Göpfert/Krieger* § 3 Rn. 38), wobei aber häufig eine Rechtfertigung in Betracht kommt.

## 3. (Sexuelle) Belästigung

§ 3 Abs. 3 AGG erklärt auch **Belästigungen** zu Benachteiligungen i. S. d. AGG. Erfolgt eine Belästigung aus einem der in § 1 AGG genannten verbotenen Gründe, gilt deshalb die Belästigung als verbotene Benachteiligung und löst die Rechtsfolgen des AGG aus. Das Gesetz ist hier systemwidrig. Die Belästigung unterscheidet sich von der Benachteiligung dadurch, dass es keinen Vergleich mit anderen Personen oder Personengruppen gibt (eine Belästigung liegt beispielsweise auch dann vor, wenn im Kleinbetrieb der Arbeitgeber alle Beschäftigten des Betriebes gleichermaßen belästigt). Allerdings erfasst das AGG nur solche Belästigungen, die aus einem der verbotenen Diskriminierungsgründe erfolgen, nicht also unspezifisches Mobbing. Eine Belästigung kann verbaler und nonverbaler Art sein, neben körperlichen Übergriffen (Klaps auf den Po, Angrabschen) kommen auch Drohungen, Verleumdungen, Beleidigungen und abwertende Äußerungen in Betracht. § 3 Abs. 3 AGG erfasst nur unerwünschte Verhaltensweisen, also nicht solche, die einvernehmlich erfolgen. Eine Unerwünschtheit muss aber nicht ausdrücklich von der betroffenen Person geäußert sein, sondern es reicht, wenn aus Sicht eines objektiven Beobachters davon ausgegangen werden muss, dass das Handeln von der betreffenden Person nicht erwünscht ist. Des Weiteren setzt § 3 Abs. 3 AGG voraus, dass die Würde der betreffenden Person verletzt wird, insbes. indem ein »von Einschüchterungen, Anfeindungen, Erniedrigungen, Entwürdigungen oder Beleidigungen gekennzeichnetes Umfeld geschaffen« wird. Typische Fälle sind das Schaffen einer ausländerfeindlichen Arbeitsumgebung durch ständige verbale Anfeindungen.

**4880**

Ein Sonderfall der Belästigung ist die in § 3 Abs. 4 AGG geregelte **sexuelle Belästigung**. § 3 Abs. 4 AGG wurde inhaltlich aus dem früheren Beschäftigtenschutzgesetz (BeSchG) übernommen, welches durch das AGG aufgehoben wurde. Die Verweisung auf § 2 Abs. 1 Nr. 1 bis 4 AGG ist nicht recht nachvollziehbar; gemeint ist offensichtlich, dass das Verbot der sexuellen Belästigung für den gesamten Bereich des Arbeitsrechts gelten soll. Problematisch bei der sexuellen Belästigung ist die Abgrenzung zu Handlungen in der Privatsphäre, die nicht unter das Gesetz fallen (*LAG Bln.* 3.3.2006 – 13 Sa 1906/05, EzA-SD 11/2006 S. 12; ausf. *Bauer/Göpfert/Krieger* § 3 Rn. 50). Betriebsausflüge und -feiern, die erfahrungsgemäß besonders anfällig für sexuelle Belästigungen sind, gehören wohl noch in den Schutzbereich des AGG. Das Gleiche gilt, wenn Mitarbeiter genötigt werden, sich mit Vorgesetzten außerhalb der Arbeitszeit zu treffen. In der Praxis liegt das Hauptproblem beim Tatbestandsmerkmal »unerwünscht«. Der Arbeitsplatz ist neben dem Studium statistisch der wichtigste Heiratsmarkt. Liebschaften zwischen Arbeitskollegen sind ebenso wenig verboten wie sexuelle Beziehungen. Das gilt nicht nur zwischen Arbeitskollegen untereinander, sondern auch zwischen Vorgesetzten und Untergebenen. Jede Liebesbeziehung setzt aber voraus, dass einer den Anfang macht. Das bloße Ansprechen eines Arbeitskollegen, aber auch eines/einer Untergebenen im Hinblick auf private und/oder amouröse Kontakte kann deshalb von § 3 Abs. 4 AGG nicht verboten sein, wenn sie in angemessener und üblicher Form erfolgt. So wird beispielsweise die Frage »Darf ich Sie privat zum Essen einladen?« grds. nicht zu beanstanden sein, während ein unvermitteltes »Ich hätte Lust, mit Ihnen ins Bett zu gehen« normalerweise als Belästigung empfunden wird und unter § 3 Abs. 4 AGG fällt. Aus an sich unbedenklichen Annäherungsversuchen wird aber dann eine verbotene Belästigung nach § 3 Abs. 4 AGG, wenn der Betroffene deutlich ablehnend reagiert (und nicht nur mit Ablehnung kokettiert), die Annäherungsversuche aber trotzdem beharrlich fortgesetzt werden (*LAG SchlH* 27.9.2006 – 3 Sa 163/06, AuA 2007, 176). Auch bei Komplimenten ist sorgfältig abzugrenzen zwischen noch Erlaubtem (»Sie sind heute aber schick angezogen«) und Grenzüberschreitungen (»Sie sehen heute aber scharf aus«), wobei aber grds. ein objektiver Maßstab anzulegen ist und eine Rücksichtnahme auf besonders empfindsame Mitarbeiter erst dann erforderlich ist, wenn diese sich ausdrücklich ablehnend verhalten. Nach dem ausdrücklichen Gesetzestext kann auch das sichtbare Anbringen von pornografischen Darstellungen eine sexuelle Belästigung sein. Der Begriff der »Pornografie« ist hier im engen Sinne zu verstehen, so dass die verbreiteten Pin-up-Kalender noch nicht darunter fallen. Erhebliche sexuelle Belästigungen können je nach den Umständen eine ordentliche oder außerordentliche Kündigung rechtfertigen (*BAG* 9.6.2011 – 2 AZR 232/10).

**4881**

## 4. Anweisung zur Benachteiligung

**4882** § 3 Abs. 5 AGG erstreckt den Begriff der »Benachteiligung« auf die »Anweisung eines anderen zur Benachteiligung«. Diese Regelung ist nur verständlich im Hinblick auf § 15 Abs. 1 S. 2 AGG (ausf. s. Rdn. 4960). Danach setzt die Haftung des Arbeitgebers auf Schadensersatz dessen Vertretenmüssen voraus. Der Arbeitgeber haftet grds. nur nach § 31 BGB für seine gesetzlichen Vertreter (Geschäftsführer, Vorstandsmitglieder) und über § 278 für die jeweiligen Vorgesetzten des Mitarbeiters (*BGH* 21.4.1954 BGHZ 13, 111, 113). Wegen Belästigungen, die von Arbeitskollegen begangen werden, käme eine Haftung des Arbeitgebers allenfalls wegen Organisationsverschuldens in Betracht (*Bauer/Göpfert/Krieger* § 15 Rn. 19). Diese Lücke schließt in gewissem Umfang § 3 Abs. 5 AGG, wonach die Anstiftung oder die arbeitsvertragliche Weisung an einen Arbeitnehmer, einen Dritten zu belästigen, unmittelbar als Belästigung anzusehen ist. Geht die Anstiftung/Weisung von einem Vorgesetzten des Betroffenen aus, ist deshalb dafür das Unternehmen nach § 15 AGG haftbar.

## III. Verbotene Diskriminierungsmerkmale

**4883** § 1 AGG zählt die unzulässigen Diskriminierungsgründe abschließend auf. Die Diskriminierungsverbote gelten allerdings auch für solche Diskriminierungen, die mit den in § 1 AGG genannten Merkmalen in untrennbarem Zusammenhang stehen. Wer z. B. wegen Hautfarbe oder Sprache diskriminiert, diskriminiert wegen Rasse/ethnischer Herkunft. Das AGG ist dagegen nicht analog anwendbar auf sonstige Diskriminierungen, auch wenn sie allgemein von der Rechtsordnung als ungerechtfertigt anerkannt sind, z. B. die Diskriminierung wegen Gewerkschaftszugehörigkeit, Krankheit, parteipolitischer Ausrichtung, Vorstrafen oder Familienstand (*Bauer/Göpfert/Krieger* § 1 Rn. 57). In diesen Bereichen kann man jedoch über die Generalklauseln des Zivilrechts (§§ 138, 242 BGB) zur Nichtigkeit von Rechtsgeschäften kommen. Verfehlt ist die Auffassung, die im AGG vorgesehenen besonderen Erlaubnistatbestände hinsichtlich bestimmter Diskriminierungen müssten im Umkehrschluss bedeuten, dass diese Erlaubnistatbestände bei anderen als den vom AGG erfassten Diskriminierungen ausgeschlossen seien. So kann bspw. aus dem Umstand, dass nach Art. 9 Abs. 2 AGG die Religionsgemeinschaften von ihren Arbeitnehmern loyales Verhalten und Einhaltung der religiösen Regeln verlangen können, nicht im Umkehrschluss gefolgert werden, die vom AGG nicht erfassten politischen Parteien, Zeitungsverlage oder Tarifparteien dürften von ihren Mitarbeitern nach Inkrafttreten des AGG kein tendenzkonformes Verhalten mehr verlangen (so aber *Wisskirchen* DB 2006, 1492).

### 1. Rasse/ethnische Herkunft

**4884** Die genaue Abgrenzung des Diskriminierungsmerkmals »Rasse/ethnische Herkunft« macht Schwierigkeiten. Es geht um die Zugehörigkeit zu anderen Kulturkreisen (Zigeuner), zu Volksgruppen mit anderem Aussehen (Farbige, Asiaten), zu anderen Sprachgruppen. Untrennbar mit Rassendiskriminierung verbunden sind Diskriminierungen wegen Hautfarbe und Sprache (*Bauer/Göpfert/Krieger* § 1 Rn. 56). Die Grenzen sind fließend, man denke beispielsweise an die alte Frage, ob Juden oder Sikh eine Rasse/ethnische Gruppe oder eine Religionsgemeinschaft oder beides sind. Auf die Staatsangehörigkeit kommt es nicht an, im Anknüpfen an die Staatsbürgerschaft kann aber eine mittelbare Diskriminierung wegen Rasse/ethnischer Herkunft liegen. Streitig ist, ob das Merkmal »Rasse« bzw. »ethnische Herkunft« objektiv oder subjektiv zu bestimmen ist. Vorzugswürdig erscheint ein subjektiver Ansatz. Danach kommt es nicht darauf an, ob tatsächlich Unterschiede hinsichtlich des Aussehens, der kulturellen Sitten und Gebräuche etc. bestehen. Vielmehr ist dann »Rasse« mit einem treffenden Wort von *Hanau* (ZIP 2006, 2189) alles, was ein Rassist dafür hält. Verboten wären dann auch innerdeutsche Diskriminierungen, etwa wegen landsmannschaftlichen Dialekts (»Sachsen kommen mir nicht ins Haus«, vgl. *ArbG Stuttg.* 15.4.2010 – 17 Ca 8907/09, NZA-RR 2010, 344 zur Diskriminierung von »Ossis«; a. A. *ArbG Würzburg* 23.1.2009 – 3 Ca 664/08, AE 2009 Nr. 333).

## 2. Geschlecht

Das Differenzierungsverbot hinsichtlich des »Geschlechts« schützt sowohl Männer als auch Frauen, daneben auch Transsexuelle (*Annuß* BB 2006, 1630). § 3 Abs. 1 S. 2 AGG stellt klar, dass die Benachteiligung einer Frau wegen Schwangerschaft oder Mutterschaft als Benachteiligung wegen des Geschlechts gilt. 4885

## 3. Religion/Weltanschauung

Die Diskriminierung wegen »Religion oder Weltanschauung« schützt auch Atheisten. Scientology mag keine Religion sein, dürfte aber jedenfalls eine Weltanschauung sein. Nicht geschützt sind dagegen (partei-)politische Überzeugungen, allenfalls in extremen politischen Randbereichen mag die Grenze zur Weltanschauung fließend werden. Die Grenze des AGG ist erreicht bei Religionen oder Weltanschauungen, die mit der freiheitlich demokratischen Grundordnung des GG nicht vereinbar sind (»Al Quaida«) oder mit anderen Diskriminierungsverboten kollidieren (so kann z. B. ein radikaler Moslem nicht geltend machen, seine Religion verbiete ihm die Arbeit unter einer weiblichen Vorgesetzten). Kultische Handlungen (z. B. Selbstverstümmelung) sind nicht geschützt, wenn sie nicht in einen übergeordneten religiösen Gesamtzusammenhang eingebettet sind (*Bauer/Göpfert/Krieger* § 1 Rn. 32). Hauptanwendungsfälle der (mittelbaren) religiösen Diskriminierung sind Arbeitszeitvorschriften und Kleidervorschriften (Schichtsysteme ohne Rücksicht auf Gebetszeiten, Verbot des Tragens von Kopftuch oder Burqua; vgl. *ArbG Hmb.* 3.1.1996 AuR 1996, 243: Kündigung eines Sikh, der in einem Fast-Food-Restaurant seinen traditionellen Turban statt der vom Unternehmen vorgeschriebenen Papierfaltmütze trug). Es ist anerkannt, dass die Erfordernisse eines reibungslosen Betriebsablaufs eine Rücksichtnahme auf die Besonderheiten der einzelnen Religionsgruppen häufig nicht zulassen (in einen Fließbandbetrieb sind muslimische Gebetspausen kaum einzubauen). Das Rücksichtnahmegebot geht nicht so weit, dass der Arbeitgeber verpflichtet wäre, Arbeitnehmern wegen ihrer Religion Vorteile einzuräumen, also ihnen z. B. zusätzliche Pausen für Gebete zu gewähren (*Wisskirchen* DB 2006, 1495). Wenn jedoch der Arbeitgeber gegenüber einer religiösen Gruppe besonders großzügig ist (Arbeitsbefreiung an Aschermittwoch oder Dreikönig), können andere Religionsgruppen das Gleiche fordern. 4886

## 4. Behinderung

Vorsicht ist geboten beim Diskriminierungskriterium der »Behinderung«. Sie darf nicht verwechselt werden mit der amtlich festgestellten Schwerbehinderung i. S. d. SGB IX, die einen Behinderungsgrad von mindestens 50 % voraussetzt. Wie sich aus den EU-Richtlinien ergibt, ist der Behinderungsbegriff des AGG erheblich weiter und umfasst entsprechend § 2 Abs. 1 S. 1 SGB IX **jede auf Dauer bestehende Störung einer wichtigen Körperfunktion**. Erforderlich ist aber stets ein Bezug zum Berufsleben (ausf. *Düwell* BB 2006, 1741). Deshalb ist unter »Behinderung« nur eine solche Einschränkung zu verstehen, die von dem für das Lebensalter typischen Zustand länger als sechs Monate abweichen wird, auf physische, geistige oder psychische Beeinträchtigungen zurückzuführen ist und ein Hindernis für die Teilhabe des Betroffenen am Berufsleben bildet (*EuGH* 11.7.2006 »Chaçon Navas«, NZA 2006, 839; ausf. dazu *Domröse* NZA 2006, 1320). Eine lang andauernde Krankheit ist keine Behinderung (*EuGH* 11.7.2006 NZA 2006, 839), ebenso wenig häufige Kurzerkrankungen oder Suchtkrankheiten (*Bauer/Göpfert/Krieger* § 1 Rn. 44). Die Ausschreibung eines Arbeitsplatzes »nur für Nichtraucher« verletzt deshalb nicht Art. 1 AGG. Entgegen einem weit verbreiteten Irrtum verbietet das AGG nicht die Benachteiligung/Bevorzugung wegen Aussehen/Attraktivität. Der Arbeitgeber kann sich also ohne weiteres bei der Einstellung einer Stewardess oder eines Verkäufers für den besser aussehenden Bewerber entscheiden, solange er dabei nur nicht einen schwerbehinderten Bewerber diskriminiert. Benachteiligung »wegen Behinderung« liegt auch bei Benachteiligung wegen eines **behinderten Familienangehörigen** vor (*EuGH* 17.7.2008 »Coleman«, NZA 2008, 932). 4887

## 5. Alter

Das Diskriminierungsverbot wegen »Alters« schützt sowohl Junge als auch Alte. 4888

### 6. Sexuelle Identität

**4889** Bei der »sexuellen Identität« geht es um die Diskriminierung Homosexueller, Bisexueller, aber auch Heterosexueller (Nicht-Einstellung eines Heterosexuellen als Bedienung in einem Schwulen-Café). Gesetzlich verbotene Neigungen wie Pädophilie oder Nekrophilie sind nicht geschützt. Ebenfalls nicht geschützt sind bestimmte sexuelle Praktiken oder ein bestimmtes sexuelles Verhalten, etwa der Besuch von Swingerclubs (*Bauer/Göpfert/Krieger* § 1 Rn. 53 gegen *Annuß* BB 2006, 1630). Unterscheidungen zwischen Ledigen und Verheirateten sind keine mittelbare Benachteiligung wegen sexueller Identität (*Bauer/Göpfert/Krieger* § 1 Rn. 57).

### IV. Anwendungsbereich

**4890** Der Anwendungsbereich des AGG ist außerordentlich unsystematisch und verwirrend geregelt. Mehrere Normen greifen ineinander, vermischen dabei jedoch Regeln bzgl. des Anwendungsbereichs mit inhaltlichen Regeln.

#### 1. Persönlicher Anwendungsbereich

**4891** Das AGG gilt nicht nur für **Arbeitnehmer, Auszubildende** und **Arbeitnehmerähnliche** (§ 6 Abs. 1 Nr. 1–3 AGG). Es gilt auch für den »Zugang zur Beschäftigung«, also auch für **Stellenbewerber** (ausf. *Adomeit/Mohr* NJW 2007, 179), sowie für ausgeschiedene Arbeitnehmer/Betriebsrentner (§ 6 Abs. 1 S. 2 AGG). Im Bereich der Bewerbung/Personalauswahl geht das Gesetz in § 6 Abs. 3 AGG sogar noch einen Schritt weiter und schützt auch die Bewerbung als **Organmitglied** (OLG Karlsruhe 13.9.2011 DB 2011, 2256: Entschädigung wegen einer geschlechtsdiskriminierenden Stellenausschreibung als »Geschäftsführer« ohne den Zusatz »m/w«) oder als **Selbstständiger** (Franchisenehmer, Einfirmenvertreter; dazu *Budde* BB 2007, 731), nicht aber als **Gesellschafter** (*Schroeder/Diller* NZG 2006, 728).

**4891a** Der ausdrücklich auf »Zugang zur Erwerbstätigkeit und Aufstieg« beschränkte Schutz der **Organmitglieder** umfasst nicht denklogisch auch den »Abstieg«, kann also nicht entgegen dem Wortlaut auf die Entlassung/Abberufung ausgedehnt werden (*Willemsen/Schweibert* NJW 2006, 2584; ausf. *Eßler/Baluch* NZG 2007, 321; a.A. OLG Köln 9.7.2010 – 18 U 196/09, DB 2010, 1878 für altersbedingte Nichtverlängerung eines befristeten GmbH-Geschäftsführervertrags; krit. dazu *Löw* GmbHR 20/2010 R 305). Ob allerdings die Entscheidung des deutschen Gesetzgebers europarechtskonform ist, Organmitglieder nur bei Bewerbung/Aufstieg gegen Diskriminierung zu schützen, nicht aber während der Tätigkeit und vor allem bei ihrer Beendigung, ist zweifelhaft. Der deutsche Gesetzgeber ist hier von dem deutschen Verständnis ausgegangen, dass Organmitglieder keine »Arbeitnehmer« sind. Das ist aber der falsche Ansatzpunkt, da der Begriff des »Arbeitnehmers« in europarechtlichen Normen zwingend europarechtlichen Grundsätzen folgen muss. Da der EuGH vor allem auf die Weisungsabhängigkeit abstellt (*EuGH* 11.11.2010 »Danosa« ZIP 2010, 2414), spricht einiges dafür, dass zumindest GmbH-Geschäftsführer (vgl. § 35 GmbHG) europarechtlich als Arbeitnehmer zu sehen sind, und sie deshalb europarechtlich Diskriminierungsschutz auch während der Tätigkeit und bei deren Beendigung genießen müssen (vgl. *Mankowski* IPrax 2004, 167; *Bauer/Göpfert/Krieger* DB 2005, 595, 597; *Bauer/Arnold* ZIP 2012, 597; zur Sittenwidrigkeit der diskriminierenden Kündigung eines GmbH-Geschäftsführers *LG Frankf.* 7.3.2001 NZA-RR 2001, 298). Bei **Leiharbeitnehmern** gilt der Diskriminierungsschutz sowohl gegenüber dem Verleiher als auch gegenüber dem Entleiher (§ 6 Abs. 2 S. 2 AGG).

#### 2. Sachlicher Anwendungsbereich

*a) Allgemeines*

**4892** Das AGG gilt nach § 2 Abs. 1 Nr. 1 und 2 grds. für den gesamten Bereich des Arbeitsrechts, von der **Bewerbung** bis zum **Ausscheiden**. Geschützt sind auch **Teilzeit-, Zweit-** und **Nebentätigkeiten** sowie die Arbeitnehmerüberlassung (vgl. § 6 Abs. 2 S. 2 AGG). Ausdrücklich einbezogen ist auch die **Beförderung** (»beruflicher Aufstieg«). Der Begriff der »Beschäftigungs- und Arbeitsbedingungen« in Nr. 1 ist ein Auffangtatbestand und erfasst sämtliche Arbeitsbedingungen, vor allem Arbeitszeit, sämtliche Vergütungsbestandteile sowie die Art der Arbeitsleistung (Kleidung, Auftreten, Arbeitsaufgaben etc.). Nr. 5–7 beziehen ausdrücklich den Sozialschutz, soziale Vergünstigungen sowie die Bildung in den Schutzbereich des AGG ein. Dies richtet sich vor allem an die öffentlich-rechtlichen Sozialleistungssysteme, betrifft aber auch besondere Sozialeinrichtungen und Sozialleistungen des Arbeitgebers sowie betriebliche Bildungsmaßnahmen.

Nach der ausdrücklichen Regelung in § 2 Abs. 3 AGG sperrt das AGG nicht die Geltung sonstiger Benachteiligungsverbote außerhalb der Diskriminierungsverbote des § 1. So gilt beispielsweise das Verbot der Schlechterstellung **befristet beschäftigter** Arbeitnehmer aus § 4 Abs. 2 TzBfG weiter, ebenso der allgemeine arbeitsrechtliche Gleichbehandlungsgrundsatz, der die willkürliche Ungleichbehandlung verbietet (*Bauer/Göpfert/Krieger* § 2 Rn. 52 m. w. N.). **4893**

### b) Betriebliche Altersversorgung

Nach § 2 Abs. 2 S. 2 soll das AGG nicht für die **betriebliche Altersversorgung** gelten. Diese Ausnahme ist einerseits evident europarechtswidrig (*Rengier* NZA 2006, 1251; *Cisch/Böhm* BB 2007, 602; *Thüsing* BetrAV 2006, 704; *Steinmeyer* ZfA 2007, 27), andererseits wirkt sie sich nicht aus, da die Rechtsprechung ohnehin über §§ 133, 242 i. V. m. Art. 3 GG Diskriminierungsverbote im Betriebsrentenrecht bereits flächendeckend durchgesetzt hat. Offen sind nur noch Randfragen der Geschlechts- und Altersdiskriminierung (s. Rdn. 4905 bzw. 4914). Unzulässig ist der Ausschluss gleichgeschlechtlicher Lebenspartnerschaften von Versorgungssystemen (*BAG* 14.1.2009 EzA § 2 AGG Nr. 3 = NZA 2009, 489). Streitig ist die Rechtfertigung der gesetzlichen Mindestaltersgrenze für die Unverfallbarkeit (§ 1b Abs. 1 BetrAVG [30 Jahre]), darin könnte eine unmittelbare Altersdiskriminierung oder eine mittelbare Geschlechtsdiskriminierung liegen (verneinend *BAG* 18.10.2005 DB 2006, 1014; *ArbG Marburg* 15.10.2010 DB 2010, 2568)). Immerhin wird die Bereichsausnahme des § 2 Abs. 2 S. 2 AGG dazu führen, dass die Rückwirkungssperre der *Barber*-Entscheidungen (keine rückwirkende Gleichbehandlung der Geschlechter für Zeiten vor 1990, vgl. § 30a BetrAVG) unangetastet bleibt. **4894**

### c) Kündigungen

Gem. § 2 Abs. 4 AGG sollen für **Kündigungen** ausschließlich die Bestimmungen zum allgemeinen und besonderen Kündigungsschutz gelten. Auch diese Ausnahme ist klar **europarechtswidrig** (s. aber die Rettungsversuche des *BAG* 6.11.2008 NZA 2009, 361), Kern der umzusetzenden EU-Richtlinien ist vor allem der Schutz vor Diskriminierung bei Kündigungen. § 2 Abs. 4 AGG kann richtlinienkonform nur dergestalt angewendet werden, dass der Geltungsbereich des AGG gegenüber den Regelungen des allgemeinen und besonderen Kündigungsschutzes so weit zurücktreten muss, wie dies EU-rechtlich gerade noch vertretbar ist. Was das im Einzelnen heißt, wird die Rechtsprechung zu klären haben. Schon nach bisheriger Rechtsprechung von BAG und BVerfG waren Arbeitnehmer **außerhalb des Anwendungsbereichs des Kündigungsschutzgesetzes** durch die zivilrechtlichen Generalklauseln der §§ 138, 242 gegen eine sittenwidrige Kündigung geschützt, so konnte z. B. wegen Homosexualität oder Zugehörigkeit zu einer bestimmten Religionsgemeinschaft nicht gekündigt werden (*BAG* 23.6.1984 EzA § 242 BGB Nr. 39 = NZA 1994, 1080; *BVerfG* 27.1.1998 EzA § 23 KSchG Nr. 17 = NZA 1998, 470; *LG Frankf.* 7.3.2001 NZA-RR 2001, 298). Bei dieser Rechtsprechung muss es auch nach Inkrafttreten des AGG bleiben. Eine Kündigung in der Wartezeit (§ 1 KSchG) oder im Kleinbetrieb (§ 23 KSchG), die wegen eines nach § 1 AGG verbotenen Grundes ausgesprochen wird, ist deshalb unwirksam (egal ob man das Ergebnis aus § 134 BGB i. V. m. § 7 AGG oder wegen § 2 Abs. 4 AGG nur aus §§ 138, 242 BGB herleitet). Die Sperre des § 2 Abs. 4 AGG bei Kündigungen wirkt sich in solchen Fällen also nicht auf die Beurteilung der Kündigung selbst aus. Sie hat aber Auswirkungen auf die Rechtsfolgen, in dem sie weitergehende Ansprüche nach dem AGG (insbes. Entschädigung nach § 15 Abs. 2 AGG) ausschließt (*Diller/Krieger/Arnold* NZA 2006, 888). Schwieriger wird es **im Geltungsbereich des Kündigungsschutzgesetzes**. Im Regelfall fehlt zwar bei einer diskriminierenden Kündigung zugleich der nach § 1 Abs. 1 KSchG erfor- **4895** derliche sozial gerechtfertigte Kündigungsgrund. Aber auf der Rechtsfolgenseite würde die Anwendung des AGG weiter gehen, insbes. wegen des Entschädigungsanspruchs aus § 15 Abs. 2 AGG. Hier bestehen keine Bedenken, die besonderen Rechtsfolgen des AGG (insbes. die Entschädigung nach § 15 Abs. 2 AGG) gem. § 2 Abs. 4 AGG zu sperren und es bei der Unwirksamkeit der Kündigung nach § 1 KSchG zu belassen (a. A. z. B. *LAG Bremen* 29.6.2010 NZA-RR 2010, 510: Entschädigungsanspruch bei diskriminierender Kündigung). Schwierige Probleme stellen sich auch, wenn subjektive Diskriminierungsabsicht vorliegt, aber objektive Kündigungsgründe gegeben sind (ausf. *Diller/Krieger/Arnold* NZA 2006, 887). Würde man § 2 Abs. 4 AGG hier wörtlich nehmen, bliebe die Kündigung wirksam und der Verstoß des Arbeitgebers gegen die Diskriminierungsverbote folgenlos. Dieses Ergebnis wäre unvereinbar mit den europäischen Richtlinien, die stets eine wirksame Sanktion verlangen. Deshalb erscheint die richtige Lösung, dass das Arbeitsverhältnis zwar gem. § 1 KSchG geendet hat und kein Anspruch auf Wiedereinstellung oder Schadensersatz für entgehende Gehälter besteht, aber eine Entschädigung nach § 15 Abs. 2 AGG gefordert werden kann. Für fristlose Kündigungen (§ 626 BGB) gilt jeweils das Gleiche wie für unter § 1 KSchG fallende Kündigungen.

### 3. Zeitlicher Geltungsbereich/Inkrafttreten

**4896** Nach seinem § 33 gilt das AGG nur für solche Benachteiligungen, die nach seinem Inkrafttreten (18. August 2006) begangen worden sind. Für die Zeit davor bleibt es bei der Geltung der §§ 611a, b und 612 Abs. 3 BGB sowie des Beschäftigtenschutzgesetzes, wohl auch bei § 81 Abs. 2 SGBIX (zu dem diesbezüglichen Redaktionsversehen des Gesetzgebers *Bauer/Göpfert/Krieger* § 33 Rn. 7). Entscheidend für den Zeitpunkt einer Benachteiligung ist die Benachteiligungshandlung, also die maßgebliche Entscheidung des Arbeitgebers (*Bauer/Göpfert/Krieger* § 33 Rn. 8 ff., auch zur Würdigung von Indiztatsachen aus der Zeit vor Inkrafttreten des AGG).

## V. Rechtfertigung von Benachteiligungen

### 1. Struktur der Rechtfertigungsgründe

**4897** Von zentraler Bedeutung für das AGG ist, inwieweit Benachteiligungen gerechtfertigt sein können. § 4 AGG stellt dazu die – eigentlich selbstverständliche – Regel auf, dass eine gesonderte Rechtfertigung für jede Benachteiligung erforderlich ist. Wird ein Arbeitnehmer aus **mehreren** in § 1 AGG genannten **Gründen** benachteiligt, so muss der Arbeitgeber für jeden dieser Gründe eine Rechtfertigung haben, wenn er Ansprüche aus dem AGG abwehren will. Weigert sich der Arbeitgeber bspw., behinderte Frauen einzustellen, nützt ihm die Darlegung nichts, dass wegen der spezifischen Anforderungen der Stelle die Einstellung eines Behinderten nicht möglich ist, wenn er nicht zugleich darlegen kann, warum auch Frauen für die Stelle grds. nicht in Betracht kommen. Insoweit ist von Bedeutung, dass in der Diskriminierung wegen ethnischer Herkunft häufig auch eine mittelbare Diskriminierung wegen der Religion steckt und umgekehrt.

**4898** Eine **unmittelbare Diskriminierung**, die direkt an einem der verbotenen Diskriminierungsmerkmale ansetzt, kann nach § 8 AGG nur dann gerechtfertigt sein, wenn sie wegen der Art der auszuübenden Tätigkeit oder der Bedingungen ihrer Ausübung eine »wesentliche und entscheidende berufliche Anforderung darstellt, sofern der Zweck rechtmäßig und die Anforderungen angemessen sind«. Erleichterte Rechtfertigungsmöglichkeiten enthält § 9 AGG für die unterschiedliche Behandlung wegen Religion oder Weltanschauung bei Religionsgemeinschaften und § 10 AGG für die Rechtfertigung von Altersdiskriminierung. Die Rechtfertigung einer lediglich **mittelbaren** Diskriminierung ist in § 3 Abs. 2 AGG geregelt, sie ist erheblich einfacher als die Rechtfertigung einer unmittelbaren Diskriminierung. Schließlich eröffnet § 5 AGG die Möglichkeit der gezielten Förderung benachteiligter Gruppen (Affirmative Action).

## 2. Rechtfertigung einer unmittelbaren Benachteiligung

Die Hürden für die Rechtfertigung einer unmittelbaren Benachteiligung nach § 8 AGG sind hoch. Der *EuGH* hat zur Gleichbehandlung von Frauen und Männern immer die Auffassung vertreten, dass Rechtfertigungsgründe eng auszulegen sind und stets dem Grundsatz der Verhältnismäßigkeit genügen müssen (*EuGH* 15.5.1986 Slg. 1986, 1651). Insbesondere reichen sachliche Gründe zur Rechtfertigung nicht aus. Vielmehr ist eine mittelbare Benachteiligung nur dann zu rechtfertigen, wenn sie wegen der Art der auszuübenden Tätigkeit oder der Bedingungen ihrer Ausübung eine wesentliche und entscheidende berufliche Anforderung darstellt, sofern der Zweck rechtmäßig und die Anforderungen angemessen sind.

4899

### a) Systematik von § 8 AGG

§ 8 Abs. 1 AGG zeichnet sich durch eine bemerkenswerte Anhäufung unbestimmter Rechtsbegriffe aus, überdies hat es der Gesetzgeber versäumt, die Terminologie der EU-Richtlinien in die Begrifflichkeiten des deutschen Arbeitsrechts zu übersetzen. Mit Begriffen wie »wesentlich«, »entscheidend«, »rechtmäßiger Zweck« und »angemessene Anforderung« kann man letztlich Alles und Nichts begründen. Möglicherweise (*Bauer/Göpfert/Krieger* § 8 Rn. 13 ff.) ist in folgenden Prüfungsschritten vorzugehen: Die Benachteiligung muss zunächst auf einem **unternehmerischen Konzept** beruhen, welches rechtmäßige Zwecke verfolgt, d. h. **nicht willkürlich** ist. Ein solches unternehmerisches Konzept liegt z. B. vor, wenn Differenzierungen nach Geschlecht und Alter bei Schauspielern, Berufssportlern, Striptease-Tänzern, Boy-Group Bands o. Ä. verlangt werden. Das Merkmal der »Angemessenheit« setzt das vom Arbeitgeber verfolgte unternehmerische Konzept **ins Verhältnis** zu der für die betroffene Gruppe entstehende Diskriminierung. Überdies muss die vom Arbeitgeber vorgegebene berufliche Anforderung »wesentlich« und »entscheidend« sein. Die berufliche Anforderung muss also einerseits **für das jeweilige Berufsbild prägend** sein, andererseits muss die betreffende berufliche Anforderung **nicht nur erwünschter Nebeneffekt** der Tätigkeit sein, sondern integraler Bestandteil der entgoltenen Leistung (*Thüsing* RdA 2001, 321). Den Unterschied verdeutlicht der Vergleich zwischen einer Tänzerin in einem Striplokal und einer Flugbegleiterin (Stewardess). Eine Organisationsentscheidung, wonach der Arbeitgeber mit dem Sexappeal seiner Flugbegleiterinnen werben und deshalb nur junge hübsche Frauen einstellen will, verstößt gegen das AGG, weil die eigentliche Aufgabe des Flugbegleitpersonals nicht der Sexappeal ist, sondern das Bedienen der Passagiere, die Hilfestellung beim Ein- und Aussteigen sowie das Handling von eventuellen Notfällen. Eine Striptease-Bar dagegen darf entscheiden, nur junge hübsche Frauen einzustellen, weil Geschlecht und Aussehen die zentrale Anforderung der Tätigkeit betreffen (Beispiel nach *Bauer/Göpfert/Krieger* § 8 Rn. 25).

4900

### b) Rechtfertigung wegen Customer Preference

Besonders umstritten ist das Problem der »Customer Preference«. Dies betrifft Fälle, in denen ein bestimmtes Geschlecht oder ein bestimmtes Alter von Kunden oder sonstigen Dritten eher akzeptiert wird als das andere. Ein anerkennenswerter Differenzierungsgrund kann hier nur dann vorliegen, wenn es nicht nur um Mutmaßungen geht, sondern der Kundengeschmack tatsächlich belegbar ist. Auch muss man vom Arbeitgeber erwarten, dass er nicht jeder diskriminierenden Vorstellung von Kunden oder sonstigen Dritten ohne weiteres nachgibt und seine Einstellungspolitik danach richtet. Deshalb kann z. B. die Einstellung eines Sachsen als Verkäufer im Rheinland nicht mit dem Argument verweigert werden, sein sächsischer Akzent werde auf die Kunden »irgendwie komisch« wirken. Auch ist eine Altersdiskriminierung nicht schon dann gerechtfertigt, wenn in einem Geschäft für »junge Mode« das überwiegend jugendliche Publikum tendenziell eher junge Verkäufer erwartet. Auch kann die Einstellung weiblicher Außendienstmitarbeiter nicht mit dem Argument abgelehnt werden, die Kundschaft erwarte, zum Zwecke der Kundenpflege auch in Sexclubs ausgeführt zu werden (*ArbG Hmb.* 7.3.1985 DB 1985, 1402). Es gibt aber eine Opfergrenze für den Arbeitgeber. Wenn beispielsweise in arabischen Ländern Frauen als Geschäftspartner schlechterdings nicht akzeptiert werden, kann der Arbeitgeber nicht ge-

4901

zwungen sein, eine Frau als »Gebietsrepräsentantin Naher Osten« einzustellen (*Däubler* AiB 2006, 616).

### c) Rechtfertigung wegen besonderer Schutzvorschriften/Lohngleichheitsgebot

**4902** Nach § 8 Abs. 2 AGG kann die Vereinbarung einer geringeren Vergütung für gleiche Arbeit wegen eines unzulässigen Differenzierungskriteriums nicht dadurch gerechtfertigt werden, dass wegen dieses Differenzierungskriteriums besondere Schutzvorschriften gelten. Die Vorschrift ist ein Beispiel für die beklagenswerte gesetzgeberische Qualität des AGG. Der alte § 612 Abs. 3 BGB, der ausdrücklich das Gebot der gleichen Vergütung für Männer und Frauen vorsah, wurde gestrichen. Dabei wurde übersehen, dass § 8 Abs. 2 AGG keine Anspruchsgrundlage ist, sondern lediglich eine Sonderregelung zur Rechtfertigung von Benachteiligungen. Der umgangssprachlich mit »gleicher Lohn für gleiche Arbeit« umschriebene Grundsatz der Lohngleichheit ist in Deutschland seit dem Inkrafttreten des AGG nicht mehr gesetzlich geregelt. § 8 Abs. 2 AGG läuft im Grunde nur darauf hinaus, dass der Arbeitgeber Mehraufwendungen zum Schutz bestimmter Beschäftigtengruppen nicht durch Lohnabzug auf diese umlegen darf. Zu denken ist insbes. an Beschäftigungsverbote für Mütter und Schwangere, besondere Schutzvorschriften für Behinderte (Zusatzurlaub etc.) oder für Jugendliche (vgl. die Nachw. bei *Bauer/Göpfert/Krieger* § 8 Rn. 49).

### d) Rechtfertigung einer Geschlechtsdiskriminierung

**4903** Ein klassisches Problem der unmittelbaren Geschlechtsdiskriminierung ist die Frage, in welchen Fällen der Arbeitgeber entscheiden darf, eine bestimmte Stelle nur mit Angehörigen eines bestimmten Geschlechts zu besetzen. Folgende **Fallgruppen** einer gerechtfertigten Geschlechtsdiskriminierung werden diskutiert:
- Sozialpädagogische oder therapeutische Konzepte, etwa die Einstellung ausschließlich weiblicher Bediensteter für ein Frauenhaus oder ausschließlich männlicher Sozialarbeiter für die Resozialisierung männlicher Strafgefangener (unzutr. *ArbG Hamm* 6.9.1984 DB 1984, 2700);
- Beraterin bei einem Dienstleistungsunternehmen, dessen erklärtes Ziel die Beratung von Frauen in besonderen frauenspezifischen Lebenssituationen ist (*ArbG Bonn* 8.3.2001 NZR-RR 2002, 100, fraglich;
- Pädagogisches Konzept, wonach die Betreuung von Schülern aus sozialen Brennpunkten durch Angehörige beiderlei Geschlechts erfolgen soll (dazu *LAG Düsseld.* 1.2.2002 LAGE § 611a BGB n. F. Nr. 5);
- Gleichbestellungsbeauftragte gem. § 5 Gemeindeordnung Nordrhein-Westfalen (zu Unrecht abgelehnt von *BAG* 12.11.1998 EzA § 611a BGB Nr. 14);
- Betreuung weiblicher Strafgefangener ausschließlich durch weibliche Aufseher (*EuGH* 30.6.1988 Slg. 1988, 3559);
- Schauspielrollen, Mannequins, Tänzer, Sänger;
- Rücksichtnahme auf das Schamgefühl der Kunden, etwa wenn ausschließlich weibliches Personal Damen-Badebekleidung oder -Unterwäsche verkaufen soll (*LAG Köln* 19.7.1996 AuR 1996, 504);
- Frauenreferentin bei einer politischen Partei (*LAG Bln.* 14.1.1998 NZA 1998, 312);
- Geschäftsführerin eines Frauenbundes (*ArbG München* 14.2.2001 NZA-RR 201, 265;
- Hebamme (bejaht vom *EuGH* 21.5.1985 NJW 1985, 2078);
- Pflegerin in einer Belegarztklinik, in der zu 95 % gynäkologische Operationen mit ganz überwiegend muslimischen Patientinnen durchgeführt werden (*ArbG Hmb.* 10.4.2001 – 20 Ca 188/2000, zit. bei *Schleusener/Suckow/Voigt* § 8 AGG Rn. 27);
- Pflegekraft auf einer Station, auf der zu 90 % Frauen gepflegt werden und auch der Bereich der Intimpflege betroffen ist (*ArbG Bonn* 31.3.2001 – 5 Ca 2781/00, zit. bei *Schleusener/Suckow/Voigt* § 8 AGG Rn. 29);
- Betreuerin für Nachtdienst in Mädcheninternat (*BAG* 28.5.2009 – 8 AZR 536/08, NZA 2009, 1016);

G. Antidiskriminierungsrecht  Kapitel 3

– Arbeitgeber, der durch männliche Gewalt traumatisierte Frauen betreut (*ArbG Köln* 12.2.2010 – 8 Ca 9872/09, AE 2010, 89: auch für Verwaltungsmitarbeiter zulässig; zweifelhaft!).

Unproblematisch ist eine unmittelbare die Differenzierung nach dem Geschlecht auch, wenn der Einsatz des jeweils anderen Geschlechts **verboten** wäre, so z. B. bei Berufssportlern in Herren- bzw. Frauenmannschaften. **Nicht** zulässig ist die Geschlechtsdifferenzierung in Bezug auf **schwere körperliche Arbeiten**. Natürlich sind Frauen häufig nicht in der Lage, schwere körperliche Arbeiten auszuführen. Aber das trifft auch auf viele Männer zu. Deshalb ist die körperliche Leistungsfähigkeit zwar ein legitimes Auswahlkriterium und niemand muss eine zierliche Frau als Eisenbieger einstellen. Unzulässig ist es aber, Frauen von vornherein nicht in die Auswahl für solche Berufe einzubeziehen (*Wisskirchen* DB 2006, 1492; *LAG Köln* 8.11.2000 NZA-RR 2001, 232). **4904**

Fragen des Geschlechts spielen auch bei der **mittelbaren Diskriminierung** eine große Rolle. Viele althergebrachte Vertragsgestaltungen betreffen Frauen und Männer typischerweise unterschiedlich, was die Frage der Rechtfertigung aufwirft. Nach Auffassung des BAG nicht zu beanstanden ist, dass die Inanspruchnahme von **Elternzeit** (die nach wie vor von Frauen sehr viel häufiger als von Männern in Anspruch genommen wird) auf den **Stufenaufstieg** nach dem TVöD nicht angerechnet wird (*BAG* 27.1.2011 NZA 2011, 1361) und sich im Rahmen einer betrieblichen Altersversorgung auch **nicht anwartschaftssteigernd** auswirkt (*BAG* 20.4.2010 NZA 2010, 1188; bei der Berechnung der Unverfallbarkeitsfristen zählt Elternzeit hingegen mit!). Eine Vorruhestandsregelung, nach der betriebliche Vorruhestandsleistungen mit dem Zeitpunkt des frühestmöglichen Renteneintritts enden, ist nach Auffassung des *BAG* (15.2.2011 NJW 2011, 2535) eine unzulässige Frauendiskriminierung, da diese nach wie vor vorgezogene Altersrente früher in Anspruch nehmen können als Männer. Ob das allgemeine Verbot **geschlechtsspezifischer Lebensversicherungstarife** (*EuGH* 1.3.2011 DB 2011, 821 »Test Achats«) auch für betriebliche Altersversorgung in Form von **Direktversicherungen** gilt, und falls ja auch für Altverträge, ist heftig umstritten (vgl. *Ulbrich* DB 2011, 2775; *Willemsen/Döring* BetrAV 2011, 438; *Höfer* BetrAV 2011, 586 sowie die Mitteilung der Kommission vom 22.12.2011). Der Verfall von Jahresurlaub bei Inanspruchnahme einer Freistellung für die Betreuung eines erkrankten Kindes (§ 45 Abs. 3 SGB V) ist nicht geschlechtsdiskriminierend, obwohl ganz überwiegend Frauen diese Freistellung in Anspruch nehmen (*LAG Bln.-Bra.* 10.11.2010 – 11 Sa 1475/10, BeckRS 2011, 70897). Keinen Verstoß gegen das AGG stellt es dar, wenn eine Klinik in einer Parkplatzordnung für Mitarbeiter, die am nächsten zum Eingang liegenden Parkplätze als »**Frauenparkplätze**« ausweist (*LAG RhPf* 29.9.2011 – 10 Sa 314/11). **4904a**

*e) Rechtfertigung der Diskriminierung wegen Behinderung*

Im Bereich der Behinderung ist eine unmittelbare Diskriminierung erheblich leichter zu rechtfertigen. Das gilt insbes. für das Anforderungsprofil bei **Bewerbungen**. Es gibt nun einmal viele Berufe, die besondere geistige oder körperliche Fähigkeiten oder eine besondere Konstitution erfordern. Ein Rollstuhlfahrer kommt für eine Position als Berufsfußballspieler, Gerüstbauer oder Streifenpolizist eben nicht in Frage. Auch der Gesichtspunkt der Gefahrenabwehr spielt eine Rolle, etwa bei Piloten, Lkw-Fahrern, Fluglotsen oder Feuerwehrmännern. Allerdings ist jeweils nach Art und Schwere der Behinderung zu differenzieren. Während Geh- oder Sehbehinderung die Ausübung vieler Berufe ausschließt, sind sogar behinderte Piloten denkbar, wenn die Behinderung beispielsweise im Verlust des Geruchs-/Geschmacksvermögens liegt. Welche beruflichen Anforderungen für die jeweilige Tätigkeit aufgestellt werden, obliegt jeweils dem Arbeitgeber, der dabei nach richtiger Auffassung (*Bauer/Göpfert/Krieger* § 8 Nr. 34) einen erheblichen Beurteilungsspielraum hat. So ist z. B. nicht zu beanstanden, wenn der Arbeitgeber für eine Stelle als Sekretärin/in eine Leistungsfähigkeit von »300 Anschlägen pro Minute« aufstellt, auch wenn dadurch Behinderte benachteiligt sind (*BAG* 15.2.2005 EzA § 81 SGB IX Nr. 6 = SAE 2006, 310). Aus der Berechtigung solcher Differenzierungen folgt zugleich, dass der Arbeitgeber bei der Einstellung ein diesbezügliches **Fragerecht** hat. Allerdings wird sich die frühere Rechtsprechung des *BAG* (5.10.1995 NZA 1996, 371; 18.12.2000 NZA 2001, 315), wonach sich der Arbeitgeber allgemein nach dem Vorliegen einer anerkannten Schwerbehinderung erkundigen darf, seit dem Inkrafttreten des AGG nicht mehr aufrecht erhalten lassen. **4905**

Zulässig sein muss aber die Frage, ob der Bewerber für die konkret ausgeschriebene Stelle **körperlich geeignet** ist. Bei wahrheitswidriger Beantwortung dieser Frage kann der Arbeitsvertrag wegen arglistiger Täuschung angefochten werden (*BAG* 7.7.2011 NZA 2012, 34), wobei aus taktischen Gründen immer zugleich der Ausspruch einer außerordentlichen und hilfsweise ordentlichen Kündigung zu empfehlen ist. Im **bestehenden Arbeitsverhältnis** ist die Frage nach der Schwerbehinderung jedenfalls nach sechs Monaten (Beginn des Sonderkündigungsschutzes) zulässig, so dass der Arbeitnehmer, der auf die Frage nach der Schwerbehinderung wissentlich falsch antwortet, sich wegen widersprüchlichen Verhaltens nicht auf die fehlende Zustimmung des Integrationsamts zu einer Kündigung berufen kann (*BAG* 16.2.2012 – 6 AZR 553/12, BeckRS 2012, 68156).

**4905a** Wendet der Arbeitgeber **Altersteilzeitregelungen** bei Schwerbehinderten wegen der für diese geltenden besonderen Zugangsvoraussetzungen für die gesetzliche Altersrente anders an, kann das sachlich gerechtfertigt sein (*LAG BW* 23.10.2008 – 16 Sa 57/08, AE 2009 Nr. 342). Eine tarifliche Bestimmung, nach der bei Schwerbehinderten der Anspruch auf Abfindung nach Abschluss eines Altersteilzeitvertrags wegen der Möglichkeit des Bezugs einer ungeminderten Altersrente entfällt, ist keine unzulässige Benachteiligung (*LAG RhPf* 10.2.2011 NZA-RR 2011, 345). Regelungen in einem **Sozialplan**, wonach Arbeitnehmer von Abfindungen ausgeschlossen sind, die wegen Bezugs einer befristeten vollen Erwerbsminderungsrente nicht beschäftigt sind und bei denen mit einer Wiederherstellung der Arbeitsfähigkeit nicht zu rechnen ist, verstoßen nicht gegen das AGG (*BAG* 7.6.2011 BB 2011, 1587). Die Zahlung einer geringeren Vergütung an behinderte Arbeitnehmer ist stets unzulässig und insbes. nicht durch höhere Aufwendungen für die Ausgestaltung des Arbeitsplatzes oder typischerweise unterdurchschnittliche Leistungen gerechtfertigt (*BAG* 21.6.2011 – 9 AZR 226/10, BeckRS 2011, 77831). Der bloße Ausspruch einer **Kündigung aus krankheitsbedingten Gründen** stellt nicht per se eine unzulässige Diskriminierung dar (*BAG* 28.4.2011 NJW 2011, 2458), dasselbe gilt für die Unterlassung eines betrieblichen Eingliederungsmanagements nach § 84 Abs. 2 SGB IX (*BAG* 28.4.2011 NJW 2011, 2458).

**4905b** Keine unzulässige Diskriminierung stellt es dar, wenn der öffentliche Arbeitgeber aus wirtschaftlichen Gründen Altersteilzeitverträge nur mit Schwerbehinderten abschließt, **nicht** aber mit **Gleichgestellten**. Das AGG erfasst nur die Schlechterstellung von Behinderten gegenüber Nichtbehinderten, nicht aber die Schlechterstellung von weniger Behinderten gegenüber stärker Behinderten (*LAG Nbg.* 9.6.2011 – 2 Sa 114/10).

*f) Rechtfertigung der Diskriminierung wegen sexueller Identität*

**4906** Eine **unmittelbare** Benachteiligung wegen der sexuellen Identität wird kaum je gerechtfertigt sein. So wird beispielsweise selbst der Betreiber eines Schwulencafés oder einer Lesbenbuchhandlung heterosexuelle Bewerber trotz der möglicherweise vorhandenen Erwartungshaltung der Kunden (s. Stichwort »Customer Preference«, s. Rdn. 4901) nicht ablehnen dürfen. Nach Auffassung des ArbG Stuttgart (28.4.2010 NZA-RR 2011, 407) soll die Ausnahmeregelung des § 9 Abs. 2 AGG in verfassungskonformer Auslegung den kirchlichen Einrichtungen nach Maßgabe ihres Selbstverständnisses auch die Ungleichbehandlung wegen der sexuellen Identität erlauben, so dass ein katholischer Kindergarten die Bewerbung eines homosexuellen Erziehers ablehnen dürfe.

**4906a** Noch ungeklärt ist, unter welchen Voraussetzungen die Schlechterstellung **eingetragener Lebenspartnerschaften** gegenüber der Ehe weiterhin zulässig ist. Die Zusage einer Hinterbliebenenrente lediglich an überlebende Ehegatten, nicht jedoch an überlebende Lebenspartner, ist unzulässig (*EuGH* 1.4.2008 NJW 2008, 1649 und ihm folgend *BAG* 15.9.2009 NZA 2010, 216). Auch die Zuerkennung des kinderbezogenen Bestandteils des Ortszuschlags in den Tarifverträgen des öffentlichen Dienstes ausschließlich bezogen auf Ehegatten und nicht auf eingetragene Lebenspartner verstößt nach Auffassung des *BAG* (18.3.2010 NZA 2010, 824) gegen das AGG.

## G. Antidiskriminierungsrecht  Kapitel 3

### g) Rechtfertigung der Diskriminierung wegen Rasse/ethnischer Herkunft

Umstritten ist die Rechtfertigung einer unmittelbaren Benachteiligung wegen Rasse/ethnischer Herkunft unter dem Gesichtspunkt der **Authentizität**. Darf etwa ein Chinarestaurant einen Farbigen als Kellner ablehnen und muss ein Thai-Massagesalon eine polnische Masseuse einstellen? (verneinend *Bauer/Göpfert/Krieger* § 8 Rn. 42). Geht es nur um das Lokalkolorit, wird man solche Gesichtspunkte wohl als unbeachtliche »Customer Preference« (s. Rdn. 4901) ansehen müssen. Anders kann es allenfalls sein, wenn man einer Person ohne einschlägige ethnische Herkunft die Leistungserbringung schlicht nicht zutraut. Aber chinesisch kochen kann man lernen, so dass der Koch in einem Chinarestaurant nicht unbedingt Chinese sein muss. Und auch bei einem Studio für »tibetanische Heilkunde« erwartet das Publikum nicht notwendig einen Tibeter. Eine Diskriminierung bestimmter ethnischer Gruppen wird auch dann nicht gerechtfertigt sein, wenn auf Grund bestimmter tradierter Rivalitäten eine **Störung des Betriebsfriedens** droht (z. B. bei gleichzeitiger Beschäftigung von Juden und Palästinensern oder von Griechen und Türken). Das AGG will solchen ethnischen Klischees gerade vorbeugen und verweist den Arbeitgeber darauf, hier im Einzelfall Abhilfe zu schaffen (*Wisskirchen* DB 2006, 1493 Fn. 21). Nach richtiger Auffassung kann der Arbeitgeber **Deutschkenntnisse** verlangen, ohne Ausländer oder Migranten unzulässig zu diskriminieren, wenn diese Kenntnisse für die betreffende Position wichtig sind (*LAG Nürnberg* 5.10.2011 – 2 Sa 171/11,). Aber selbst wenn perfekte Deutschkenntnisse in Wort und Schrift notwendig sind, darf eine Stellenausschreibung nicht allein auf »Muttersprachler« begrenzt werden, da man auch eine Zweitsprache perfekt beherrschen kann (*ArbG Bln.* 11.2.2009 NZA-RR 2010, 16). Die ordentliche Kündigung eines Arbeitnehmers, der deutsche Arbeitsanweisungen nicht versteht, ist zulässig, wenn Deutschkenntnisse für die Tätigkeit erforderlich sind, der Arbeitnehmer jedoch Sprachkurse ablehnt (*BAG* 28.1.2010 NZA 2010, 625). Die Aufforderung an einen ausländischen Arbeitnehmer zum Besuch von Deutschkursen, um sich mit Kunden besser verständigen zu können, ist keine Belästigung (*BAG* 22.6.2011 DB 2011, 2438). 4907

### h) Rechtfertigung der Altersdiskriminierung

#### aa) Übersicht

Einen langen Ausnahmekatalog enthält das AGG hinsichtlich der Altersdiskriminierung. Die in § 10 AGG nominierten Ausnahmen, bei denen eine Differenzierung hinsichtlich des Alters zulässig ist, beziehen sich auf bestehende Gesetze, tarifübliche Regelungen sowie tradierte Gerechtigkeitsüberzeugungen der deutschen Arbeitswelt. § 10 AGG senkt die Schwelle für die Rechtfertigung einer Altersdiskriminierung ab, hier soll jede Ungleichbehandlung zulässig sein, wenn sie nur »**objektiv und angemessen und durch ein legitimes Ziel gerechtfertigt**« ist. Der Ausnahmekatalog des § 10 AGG läuft darauf hinaus, in weiten Teilen das allgemeine Diskriminierungsverbot »wegen Alters« letztlich wieder zu konterkarieren und die Bevorzugung Älterer gegenüber Jüngeren in vielerlei Hinsicht doch wieder zu erlauben. »Altes Alter« ist dem Gesetzgeber – zu Recht! – tendenziell schutzwürdiger als »junges Alter«. 4908

§ 10 AGG folgt der »Regelbeispieltechnik«. Zunächst werden in Sätzen 1 und 2 allgemeine Voraussetzungen aufgestellt, unter denen eine Ungleichbehandlung wegen des Alters zulässig ist. Diese Voraussetzungen sind erheblich weicher als die nach § 8 AGG für die Rechtfertigung wegen anderer Diskriminierungsmerkmale. In Satz 3 Nrn. 1 bis 6 folgen dann Beispiele für gerechtfertigte Altersdifferenzierungen. Im Anwendungsbereich dieser Regelbeispiele braucht nach richtiger Ansicht nicht mehr geprüft zu werden, ob die allgemeinen Voraussetzungen des § 10 S. 1 und 2 vorliegen (a. A. *Bauer/Göpfert/Krieger* § 10 Rn. 25). § 10 Abs. 3 AGG zählt folgende **Regelbeispiele** auf: 4909

#### bb) Berufliche Eingliederung, Förderung, Schutz (Nr. 1)

§ 10 S. 3 Nr. 1 AGG erlaubt die Festlegung besonderer Bedingungen für Einstellung, Beschäftigung, Entlohnung und Beendigung des Arbeitsverhältnisses, um die berufliche Eingliederung von Jugendlichen, älteren Beschäftigten oder Personen mit Fürsorgepflichten zu fördern oder zu schüt- 4910 zen. Hierhin gehören beispielsweise Altersteilzeitverträge, die den gleitenden Übergang älterer Arbeitnehmer in die Verrentung sicherstellen. Dass ein Tarifvertrag erst ab Alter 60 Anspruch auf Altersteilzeit gibt, verstößt nicht gegen das AGG (*LAG Schleswig-Holstein* 22.6.2010 – 5 Sa 415/09 – juris). Auch tarifliche Regelungen zur Übernahme von Auszubildenden fallen unter Nr. 1 (wären aber wohl auch als Affirmative Action nach § 5 AGG zulässig, s. Rdn. 4932). Unwirksam und nicht mehr anwendbar ist dagegen § **622 Abs. 2 S. 2** BGB, wonach bei der Berechnung der gesetzlichen Kündigungsfrist Beschäftigungszeiten vor Vollendung des 25. Lebensjahres nicht berücksichtigt werden dürfen (*EuGH* 19.1.2010 »Kücükdeveci«, NZA 2010, 85 und nachfolgend *BAG* 1.9.2010, DB 2010, 2620; *BAG* 9.9.2010, DB 2011, 655; s. Rdn. 4925). Die Unwirksamkeit von § 622 Abs. 2 Satz 2 BGB schlägt auch auf tarif- oder einzelvertragliche Bezugnahmen auf diese Norm oder deren wörtliche Wiederholung im Tarifvertrag oder Arbeitsvertrag durch (*BAG* 29.9.2011 DB 2012, 807).

**4910a** Zulässig, weil dem **Schutz älterer Arbeitnehmer** dienend, dürfte die in Tarifverträgen teilweise vorgesehene Staffelung der Dauer der wöchentlichen **Arbeitszeit** nach dem **Lebensalter** sein (*Bauer/Göpfert/Krieger* § 10 Rn. 28). Dagegen ist eine Altersstaffelung der **Vergütung**, d. h. ein mit höherem Lebensalter steigendes Gehalt, grds. eine nicht gerechtfertigte Altersdiskriminierung. Zwar darf der Arbeitgeber eine erhöhte Lebens- und Berufserfahrung höher vergüten. Ein Anknüpfen dafür allein an das Lebensalter unabhängig vom Datum der Einstellung oder des Berufseinstiegs ist aber unzulässig (*EuGH* 8.9.2011 – C-298/10, NZA 2011, 1100 und nachfolgend *BAG* 10.11.2011 NZA 2012, 275). Damit war die frühere altersabhängige Entgeltstaffelung des BAT hinfällig. Gegen dessen Überleitung in das neue System des TVöD bestehen dagegen keine Bedenken (*EuGH* 8.9.2011 – C 298/10, NZA 2011, 1100und nachfolgend *BAG* 8.12.2011 NZA 2012, 275). Die altersabhängige **Staffelung des Urlaubs**, die sich in vielen Tarifverträgen insbes. des Öffentlichen Dienstes findet, ist jedenfalls dann AGG-widrig, wenn die Staffelung bereits ab dem 30. bzw. 40. Lebensjahr einsetzt (*BAG* 20.3.2012 – 9 AZR 529/10). Offen ist, ob diskriminierungsfrei Zusatzurlaub an Mitarbeiter in rentennahen Jahrgängen gewährt werden kann (dazu z. B. *LAG Bln.-Bra.* 24.3.2010 – 20 Sa 2058/09, BeckRS 2010, 75071).

**4910b** Nicht mit dem Schutzgedanken zu rechtfertigen war auch die vom EuGH verworfene Regelung des § 14 Abs. 3 TzBfG, wonach Arbeitsverhältnisse mit **älteren Arbeitnehmern befristet** werden durften (*EuGH* 22.11.2005 EzA § 14 TzBfG Nr. 21 = NZA 2005, 1345 »Mangold«). Nach Auffassung des EuGH war der mit Art. 14 Abs. 3 TzBfG bezweckte Effekt, nämlich die berufliche Eingliederung arbeitsloser älterer Arbeitnehmer, zwar grds. ein legitimes objektives angemessenes Ziel. Nach Auffassung des EuGH hatte der Gesetzgeber jedoch bei der Bestimmung der eingesetzten Mittel seinen Ermessensspielraum überschritten, weil keine Höchstgrenze für die Dauer bzw. die Verlängerung der Befristungen vorgesehen war und die Zulässigkeit der Befristung auch nicht von einer vorangegangenen Arbeitslosigkeit oder deren Dauer abhängig gemacht worden war. Damit hat der EuGH eine an der Struktur des jeweiligen Arbeitsmarkts und der persönlichen Situation der Betroffenen ausgerichtete Prüfung der Zweck-Mittel-Relation gefordert (ausf. *Bauer/Arnold* NJW 2006, 8). Der Gesetzgeber hat das bei der Neuregelung des § 14 Abs. 3 TzBfG beachtet.

*cc) Mindestanforderungen bei Einstellung (Nr. 2)*

**4911** § 10 S. 3 Nr. 2 AGG erlaubt die Festlegung von **Mindestanforderungen an Alter, Berufserfahrung oder Dienstalter für eine Einstellung oder bestimmte Vorteile**. Dass es gerechtfertigt sein muss, für bestimmte Positionen eine Mindestbeschäftigungszeit oder eine Mindestberufserfahrung zu verlangen, ist selbstverständlich. Je verantwortungsvoller, schwieriger und besser bezahlt eine Position ist, desto größere Bedeutung hat die vorangegangene Berufserfahrung. Kaum denkbar ist jedoch, dass das Erreichen eines bestimmten Alters als Bedingung einer Einstellung gerechtfertigt sein könnte. Ähnlich ist es bei **Vergütungssystemen**. Dass diese mit zunehmender Dienstzeit und zunehmender Berufserfahrung steigende Vergütungen oder sinkende Wochenarbeitszeiten (*Löwisch* DB 2006, 1730) vorsehen können, ist anerkannt, auch wenn darin eine mittelbare Altersdiskriminierung liegt (zuletzt *EuGH* 3.10.2006 »Cadman«, DB 2006, 2350; vgl. *Löwisch* DB 2006, 1730). Unzulässig soll

## G. Antidiskriminierungsrecht                                    Kapitel 3

dagegen sein, bei der Berechnung der Dienstaltersstufe im öffentlichen Dienst Beschäftigungszeiten vor dem 18. Lebensjahr auszublenden (*EuGH* 18.6.2009 »Hütter«, NZA 2009, 891).

### dd) Höchstalter bei Einstellung (Nr. 3)

§ 10 S. 3 Nr. 3 AGG erlaubt die Festsetzung eines **Höchstalters für die Einstellung** auf Grund **4912** **spezieller Ausbildungsanforderungen** eines bestimmten Arbeitsplatzes oder auf Grund der **Notwendigkeit einer angemessenen Beschäftigungszeit vor dem Eintritt in den Ruhestand**. Bei speziellen Ausbildungsanforderungen eines bestimmten Arbeitsplatzes geht es typischerweise um »**Traineeprogramme**«, die auf einen langfristigen Karriereweg innerhalb eines Unternehmens gerichtet und deshalb sehr breit über alle Geschäftsbereiche angelegt sind. Von solchen Programmen kann der Arbeitgeber ältere Mitarbeiter ausschließen (*LAG Bln.-Bra.* 14.1.2011 – 9 Sa 1771/10, BeckRS 2011, 74343). Zu vielen Berufen muss ein Schul-/Hochschulabsolvent zunächst innerbetrieblich weitergebildet werden. Dabei kann eine vorangehende Berufstätigkeit bei anderen Unternehmen eher hinderlich denn nützlich sein. So ist bspw. die Tätigkeit in einer wirtschaftsberatenden Großkanzlei so verschieden von der eines Einzelanwalts, dass Großkanzleien beschließen können, nur Berufseinsteiger bis zu einem gewissen Alter einzustellen. In den genannten Fällen wird aber ohnehin meist keine feste Altersgrenze festgelegt, sondern durch Anknüpfen an die konkrete Lebenssituation lediglich mittelbar das Alter tangiert (»**Berufsanfänger**«, »**Hochschulabsolvent**« etc.). Dann liegt allenfalls eine mittelbare Altersdiskriminierung vor, die ohnehin über § 3 Abs. 2 AGG leichter zu rechtfertigen ist. Allerdings kann ein Luftfahrtunternehmen nicht ein Höchstalter von 33 Jahren für die Einstellung anderweitig ausgebildeter Piloten mit der Begründung festlegen, erfahrungsgemäß seien Mitarbeiter mit einer längeren Vorbeschäftigungszeit bei einem anderen Luftfahrtunternehmen »verbildet« und deshalb signifikant schwerer für die Zwecke des neuen Unternehmens zu qualifizieren (*BAG* 8.12.2010 NZA 2011, 751). Ebenfalls nicht zulässig soll es sein, wenn ein Unternehmen zwecks Kostensparung gezielt nur Bewerber **im ersten Berufsjahr** einstellt (*BAG* 18.8.2009 NZA 2010, 222).

Bei der zweiten Alternative der Nr. 3, einer **angemessenen Beschäftigungszeit vor dem Eintritt in** **4913** **den Ruhestand**, geht es um den Zugang zu Berufen, die eine **aufwändige innerbetriebliche Ausbildung** voraussetzen. Diese ist einem Arbeitgeber nicht zuzumuten, wenn das Arbeitsverhältnis kurz nach Abschluss der Ausbildung durch Eintritt in den Ruhestand enden würde. Paradebeispiel ist die Pilotenausbildung. Man kann von einer Fluggesellschaft nicht verlangen, einen 61,5-Jährigen einzustellen und drei Jahre lang zum Piloten zu schulen, wenn dieser ein halbes Jahr nach dem Ausbildungsende die Altersgrenze erreichen und ausscheiden würde (*Bauer/Göpfert/Krieger* § 10 Rn. 34). Nr. 3 ist aber auch außerhalb formalisierter Ausbildungen anwendbar. Wenn etwa ein einzustellender Personalchef oder Vertriebsleiter typischerweise zwei Jahre braucht, bis er die Belegschaft bzw. die Außendienstler gut genug kennt, um seine Tätigkeit vernünftig ausüben zu können, dann kann der Arbeitgeber bei der Einstellung ein gewisses Höchstalter festlegen. In der Literatur (*Bauer/Göpfert/Krieger* § 10 Rn. 34) wird als Faustformel vorgeschlagen, dass der Arbeitgeber festlegen kann, dass die verbleibende Beschäftigungszeit nach dem Ende der Ausbildungs- bzw. Einarbeitungszeit mindestens dreimal so lang sein muss wie die Ausbildungs- bzw. Einlernzeit selbst.

### ee) Altersgrenzen im BetrAVG (Nr. 4)

§ 10 S. 3 Nr. 4 AGG erlaubt Altersgrenzen bei Systemen der **betrieblichen Altersversorgung** (ausf. **4914** *Rengier* NZA 2006, 1254 ff.). Gesetzestechnisch ist das völlig verunglückt, da gemäß der Ausnahmeregelung in § 2 Abs. 2 das AGG eigentlich für die betriebliche Altersversorgung gar nicht gelten soll (s. Rdn. 4894), die Regelung hätte also ins BetrAVG gehört. Dass es im Bereich der betrieblichen Altersversorgung zulässig ist, den Bezug bestimmter Leistungen vom **Erreichen eines bestimmten** **Alters** abhängig zu machen (betriebliche Altersrente ab 65), ist nie bezweifelt worden. Das gilt auch für Invaliditätsleistungen, die davon abhängig gemacht werden können, dass bei Eintritt der Invalidität ein bestimmtes Lebensalter erreicht ist (*LAG Nds.* 16.8.2011 – 3 Sa 133/11 B). Zulässig ist auch, die **Mitgliedschaft** in Versorgungssystemen von **bestimmten Altersgrenzen abhängig** zu machen. So bleibt z. B. § 1b Abs. 1 S. 1 BetrAVG wirksam, wonach Anwartschaften auf betriebliche

Altersversorgung nicht entstehen, wenn der Arbeitnehmer bereits vor Erreichen des 30. Lebensjahres das Unternehmen wieder verlässt (*LAG Bln.-Bra.* 19.1.2011 – 17 Sa 2300/10; *LAG Köln* 15.4.2011 – 10 Sa 1405/10; *LAG RhPf* 11.11.2011 – 9 Sa 462/11). Ebenso kann geregelt werden, dass ältere Arbeitnehmer nicht mehr in die betriebliche Altersversorgung einbezogen werden, wenn sie erst oberhalb einer gewissen Altersgrenze in das Unternehmen eintreten und ohnehin keine nennenswerten Ansprüche mehr erwerben könnten. Die **ratierliche Kürzung** gem. § 2 BetrAVG verstößt nicht gegen das AGG (*BAG* 19.7.2011 NZA 2012, 155), schon weil sich die ratierliche Kürzung je nach Ausgestaltung der Versorgungszusage mal zugunsten und mal zu Lasten des einen oder anderen Alters auswirkt (*Diller* NZA 2011, 725). Auch die Begrenzung der anrechenbaren Dienstzeit in einer Versorgungsordnung ist keine unzulässige Altersdiskriminierung, weil der Arbeitgeber damit berechtigterweise sein finanzielles Risiko begrenzen will (*LAG BW* 27.9.2010 – 4 Sa 7/10). Nach wie vor problematisch ist die Anwendung des AGG auf die **Hinterbliebenenversorgung**. Eine **Spätehenklausel**, wonach Hinterbliebenenversorgung die Eheschließung noch während des Arbeitsverhältnisses voraussetzt, hat das BAG für wirksam gehalten (*BAG* 20.4.2010 NZA 2011, 1092). Umstritten ist die Zulässigkeit von **Altersabstandsklauseln**, wonach eine Hinterbliebenenversorgung ausscheidet, wenn der Hinterbliebene mehr als 20 Jahre jünger ist als der verstorbene Arbeitnehmer (für Zulässigkeit *LAG Nds.* 23.6.2011 NZA-RR 2011, 600; offen gelassen von *EuGH* 23.9.2008 »Bartsch« NJW 2008, 3417).

*ff) Altersgrenzen für die Beendigung von Arbeitsverhältnissen (Nr. 5)*

4915 Besonders umstritten in den Diskussionen vor Inkrafttreten des AGG waren tarifliche und einzelvertragliche Altersgrenzen. § 10 S. 3 Nr. 5 AGG bestimmt dazu jetzt, dass solche Regelungen weiterhin zulässig sind, § 41 SGB VI soll allerdings davon unberührt bleiben. Im Einzelnen bedeutet dies, dass die üblichen auf das **Erreichen des 65. Lebensjahres** gezogenen Altersgrenzen in Einzelarbeitsverträgen und vor allem Tarifverträgen weiterhin **wirksam bleiben** (an ihre Stelle werden nach der Neuregelung des Renteneintrittsalters Regelungen bzgl. des 67. Lebensjahres treten). Das BAG hält deshalb einzelvertragliche und tarifliche Altersgrenzen in mittlerweile gefestigter Rechtsprechung weiterhin für zulässig (zuletzt *BAG* 8.10.2010 NZA 2011, 586). Europarechtlich ist § 10 S. 3 Nr. 5 AGG entgegen einer weit verbreiteten Auffassung unproblematisch, da nach Erwägungsgrund 14 der EG-Richtlinie 2000/78 einzelstaatliche Bestimmungen über die Festsetzung von Altersgrenzen für den Eintritt in den Ruhestand unberührt bleiben (*EuGH* 16.10.2007 »Palacios de la Villa«, NZA 2007, 1219; 12.10.2010 »Rosenbladt«, NZA 2010, 1167). Tatsächlich ist nicht zu verkennen, dass Altersgrenzen ein legitimes Ziel verfolgen, nämlich den Arbeitsmarkt für den Zugang jüngerer Arbeitnehmer offen zu halten.

4916 Der Hinweis auf § 41 SGB VI bedeutet, dass es nach wie vor grds. unzulässig ist, ein Arbeitsverhältnis statt auf den Zeitpunkt des Bezugs der Regelaltersrente (derzeit 67 Jahre) bereits auf ein niedrigeres Alter zu befristen, in dem der Arbeitnehmer nur vorgezogene (gekürzte) Altersrente in Anspruch nehmen kann. Eine Befristung auf ein geringeres Alter als 67 ist nach § 41 S. 2 SGB VI nur dann wirksam, wenn sie innerhalb der letzten drei Jahre vor dem geplanten Ausscheidenszeitpunkt abgeschlossen oder vom Arbeitnehmer bestätigt worden ist.

4917 Nicht unter § 10 S. 3 Nr. 5 AGG fallen Altersgrenzen, die nichts mit der gesetzlichen Altersversorgung oder dem Offenhalten des Arbeitsmarkts zu tun haben, sondern die in besonders gefährlichen und gefährdenden Berufen aus Gründen der **Gefahrenabwehr** ein niedrigeres Höchstalter vorsehen. Gleichwohl ist die Rechtsprechung sowohl des EuGH als auch des BAG inzwischen sehr restriktiv und hat die hergebrachten Altersgrenzen für **Verkehrspiloten** von 60 Jahren inzwischen verworfen (*EuGH* 13.9.2011 – C-447/09, NJW 2011, 3209 und nachfolgend *BAG* 11.1.2012 – 7 AZR 12/08, BeckRS 2012, 68092; anders noch *BAG* 27.11.2002 NZA 2003, 812 und *BAG* 21.7.2004 EzA § 620 BGB – Altersgrenze Nr. 5). Auch die tarifliche Altersgrenze von 55 Jahren für **Fluglotsen** wird inzwischen nicht mehr als wirksam angesehen (*LAG Düsseldorf* 9.3.2011 NZA-RR 2011, 474 und *LAG Düssseld.* 4.5.2011 – 12 TaBV 27/11).

### gg) Differenzierungen in Sozialplänen (Nr. 6)

§ 10 S. 3 Nr. 6 (ursprünglich Nr. 8) erlaubt in gewissem Umfang und unter bestimmten Voraussetzungen alters- und dienstzeitabhängige Differenzierungen in Sozialplänen. Die Regelung muss entsprechend für freiwillige Sozialpläne gelten, die außerhalb von Betriebsänderungen nach § 111 Nr. 1 bis 5 BetrVG die Folgen betriebsbedingter Kündigungen abfedern (*Löwisch* DB 2006, 1730; *Bauer/ Göpfert/Krieger* § 10 Rn. 51). Das Gleiche muss für entsprechende Richtlinien nach dem SprAuG sowie für Tarifsozialpläne gelten, jedenfalls über § 10 S. 1 und 2 AGG. Nr. 6 privilegiert entgegen dem Wortlaut (»oder«) auch solche Sozialpläne, die gleichzeitig (»und/oder«) nach Alter und Betriebszugehörigkeit differenzieren (*Bauer/Göpfert/Krieger* § 10 Rn. 52 gegen *Löwisch* DB 2006, 1731). Nr. 6 knüpft an die allgemein anerkannte »Überbrückungsfunktion« des Sozialplans (*BAG* 31.7.1996 EzA § 112 BetrVG Nr. 86 = NZA 1997, 166) an und erlaubt zwei – an sich völlig konträre Abweichungen – vom Gebot der altersneutralen Dotierung. Auf der einen Seite dürfen ältere Arbeitnehmer (und/oder solche mit längerer Beschäftigungsdauer) höhere Sozialplanleistungen erhalten als jüngere mit niedrigerer Betriebszugehörigkeit, weil ältere Arbeitnehmer typischerweise schwerer vermittelbar sind und deshalb eines besseren/längeren Schutzes bedürfen (erste Alternative). Gleichzeitig ist es aber wegen der Überbrückungsfunktion des Sozialplans auch zulässig, dass diejenigen älteren Arbeitnehmer keine oder nur noch geringe Sozialplanleistungen erhalten, die unmittelbar oder gegebenenfalls nach Bezug von Arbeitslosengeld in Altersrente gehen können (zweite Alternative).

Welche der in der Praxis üblichen Sozialplangestaltungen unter § 10 Satz 3 Nr. 6 AGG noch zulässig sind, ist angesichts des unklaren Regelungsinhalts und der Vielzahl der verwendeten unbestimmten Rechtsbegriffe nicht prognostizierbar. Wenn das Gesetz beispielsweise von den »wesentlich vom Alter abhängenden Chancen auf dem Arbeitsmarkt« als Rechtfertigungsgrund spricht, muss dann im Einzelfall nachgewiesen werden, dass in der betreffenden Region und Branche die Chancen auf dem Arbeitsmarkt wesentlich vom Alter abhängen oder ist diese Formulierung nur inhaltslose Gesetzeslyrik mit der Folge, dass stets ohne weitere Prüfung unterstellt werden kann, dass die Arbeitsmarktchancen vom Alter abhängen und deshalb eine Differenzierung zulässig ist? Genauso unklar ist, ob die »verhältnismäßig starke« (?) Betonung des Alters tatsächlich – wie es der Wortlaut nahe legt – Voraussetzung der Rechtfertigung nach § 10 S. 3 Nr. 6 AGG sein soll oder ob nicht bei verhältnismäßig geringer Betonung des Alters erst recht die Sozialplanregelung wirksam sein muss.

Letztlich spricht einiges dafür, dass im Wesentlichen all das weiter zulässig sein wird, was in der Praxis verbreitet ist, nämlich:
- gleiche Abfindung für jeden betroffenen Arbeitnehmer ohne Berücksichtigung von Alter und Betriebszugehörigkeit,
- Formel »Monatsgehalt × Dienstjahre × Faktor«,
- Formel »(Monatsgehalt × Dienstjahre × Alter) : Divisor«.

Bei richtigem Verständnis von § 10 S. 3 Nr. 6 AGG müssen aber auch Sozialplanstaffelungen zulässig sein, die Alter und Betriebszugehörigkeit zwar anspruchserhöhend berücksichtigen, aber nicht linear. So wird beispielsweise auch künftig nichts einzuwenden sein gegen Sozialpläne, die **altersunabhängige Mindestbeträge** (»Sockel«) vorsehen oder die zu berücksichtigenden Lebensjahre und/ oder Dienstjahre auf einen bestimmten **Höchstbetrag kappen** (*BAG* 21.7.2009 NZA 2009, 1107; *LAG Bln.-Bra.* 9.12.2010 ArbR 2011, 255). Unabhängig von § 10 S. 3 Nr. 6 AGG problematisch dürfte dagegen das Herausrechnen von Erziehungszeiten/Elternzeiten sein, weil hier regelmäßig eine mittelbare Frauendiskriminierung vorliegen dürfte. Unabhängig von § 10 S. 3 Nr. 6 AGG wird auch künftig nichts dagegen einzuwenden sein, wenn **Teilzeitbeschäftigte** Abfindungen nur anteilig erhalten und **geringfügig Beschäftigte** ganz aus Sozialplänen herausgenommen werden (*Bauer/ Göpfert/Krieger* § 10 Rn. 55). Nicht diskriminierend sind Sozialplanzuschläge für Schwerbehinderte sowie für Unterhaltspflichten (Spitzfindige könnten zwar in Kinderzuschlägen eine mittelbare Diskriminierung Homosexueller sehen, aber dies wäre jedenfalls sachlich gerechtfertigt, weil nicht an der Kinderzahl angeknüpft wird, sondern an den diesbezüglichen Unterhaltspflichten).

**4922** In der zweiten Alternative gestattet § 10 S. 3 Nr. 6 AGG den **Ausschluss von Sozialplanleistungen** für solche **älteren Beschäftigten**, die wirtschaftlich abgesichert sind, weil sie, ggf. nach Bezug von Arbeitslosengeld, **rentenberechtigt** sind. Entgegen dem Wortlaut muss nach Sinn und Zweck der Vorschrift nicht nur eine völlige Herausnahme gerechtfertigt sein, sondern auch eine Reduzierung der Leistungen (*LAG Köln* 4.6.2007 BB 2007, 2572; *Bauer/Göpfert/Krieger* § 10 Rn. 54), dies entspricht auch der bisherigen Rechtslage (*BAG* 31.7.1996 EzA § 112 BetrVG Nr. 86 = NZA 1996, 165; krit. *Leuchten* NZA 2002, 1260; *Fischer* DB 2002, 1997). Das Gesetz stellt nur auf die Rentenberechtigung ab, ohne dass es darauf ankäme, ob es sich um Regelaltersrente oder (gekürzte) vorgezogene Altersrente handelt. Auch stellt das Gesetz klar, dass solche Arbeitnehmer von Sozialplanleistungen ausgeschlossen werden können, die zwar noch nicht sofort in (vorgezogene) Rente gehen können, aber nahtlos nach Bezug von Arbeitslosengeld. Die finanzielle Einbuße wegen des gegenüber dem Nettogehalt niedrigeren Arbeitslosengelds braucht also nicht ausgeglichen zu werden. Nr. 6 ist entsprechend anwendbar, wenn zwar der nahtlose Übergang vom Arbeitsverhältnis ins Arbeitslosengeld und von dort in die Altersrente nicht gelingt, aber die dazwischen liegenden, nicht durch Sozialleistungen abgedeckten Zeiträume nur sehr kurz sind; in solchen Fällen kann sich der Sozialplan darauf beschränken, diese Zeiten finanziell zu überbrücken (*BAG* 11.11.2008 EzA § 112 BetrVG 2001 Nr. 30 = NZA 2009, 210; 19.11.2009 – 6 AZR 561/08, NZA 2010, 583; 12.4.2011 NZA 2011, 985; 23.3.2010 NZA 2010, 774). Bei schwerbehinderten Menschen ist zu berücksichtigen, dass sie regelmäßig schon mit 60 Jahren in Rente gehen können (a. A. *Fischer* DB 2002, 1997). Fraglich ist, ob sich aus der zweiten Alternative des § 10 S. 3 Nr. 6 AGG ergibt, dass lineare Steigerungen der Abfindung mit zunehmendem Alter wegen Benachteiligung der Jüngeren unzulässig sind, wenn für rentennahe Jahrgänge keine Abschläge vorgesehen sind (s. *Annuß* BB 2006, 1634). Dem steht die Entscheidung des *EuGH* vom 12.10.2010 »Ingeniørforeningen i Danmark«, DB 2010, 2394) nicht entgegen, da bei Sozialplänen nur ein begrenzter Topf zur Verteilung zur Verfügung steht. Der Arbeitgeber kann diskriminierungsfrei ältere Arbeitnehmer von einem Personalabbau ausschließen, der durch den Abschluss von **Aufhebungsverträgen** unter Zahlung hoher Abfindungen erfolgen soll. Wenn ältere Arbeitnehmer im Betrieb verbleiben, hat sich der Zweck des Diskriminierungsverbots verwirklicht (*BAG* 25.2.2010 BB 2010, 2635).

*hh) Sozialauswahl nach § 1 Abs. 3 KSchG*

**4923** Schon im Vorfeld besonders heftig umstritten waren die Auswirkungen des Verbots der Altersdiskriminierung auf die Sozialauswahl nach § 1 Abs. 3 KSchG sowie auf tarifvertragliche Unkündbarkeitsregelungen. Die ursprünglich in § 10 S. 3 Nr. 6 und 7 AGG a. F. enthaltenen Regelungen sind durch das Korrekturgesetz vom 2.12.2006 (BGBl. I S. 2742) wieder gestrichen worden. Sie waren gesetzestechnisch unvereinbar mit § 2 Abs. 4 AGG, wonach das gesamte AGG für Kündigungen nicht gilt (s. Rdn. 4895). Für die Praxis ist durch diese Streichung nichts gewonnen. Die Unklarheiten sind eher noch größer als vorher, da sich der Gesetzgeber aus unerfindlichen Gründen nicht getraut hat, die gestrichenen Regelungen ins KSchG zu übernehmen (wo sie ohnehin systematisch hingehört hätten, vgl. oben Rdn. 4875). Im Hinblick auf die Sozialauswahl wird in der Literatur so gut wie alles vertreten (gute Übersicht bei *Gaul/Bonanni* BB 2008, 318). Während einige der Auffassung sind, das Alter dürfe überhaupt nicht mehr berücksichtigt werden, vertreten andere die Auffassung, gegenüber dem bisherigen Verständnis von § 1 Abs. 3 KSchG ändere sich – jedenfalls nach der Streichung von § 10 S. 3 Nr. 6 a. F. – gar nichts (*Bauer/Göpfert/Krieger* § 10 Rn. 41 ff). Zur richtigen Lösung gelangt man, wenn man vom Wortlaut des § 1 Abs. 3 KSchG ausgeht. Dort steht das Alter ausdrücklich als eines der zu berücksichtigenden Kriterien. Dabei geht der Normbefehl der gestrichenen Nr. 6 a. F., wonach dem Alter kein genereller Vorrang gegenüber den anderen Auswahlkriterien zukommen durfte, ohnehin an der Praxis und der Rechtsprechung des BAG vorbei, weil dem Alter nie ein genereller Vorrang gegenüber anderen Auswahlkriterien zugute gekommen war. Wegen des klaren Wortlauts des § 1 Abs. 3 KSchG käme man an der Berücksichtigung des Alters bei der Sozialauswahl nur dann vorbei, wenn die Vorschrift europarechtswidrig wäre. Das ist sie aber schon deshalb nicht, weil i. S. v. § 10 S. 1 und 2 AGG mit zunehmendem Alter tendenziell die Chancen auf dem Arbeitsmarkt sinken

## G. Antidiskriminierungsrecht  Kapitel 3

und deshalb der Schutz der Älteren vor Kündigungen geboten ist. Bedenklich wäre allerdings eine Bevorzugung älterer Arbeitnehmer bei Kündigungen auch dann, wenn diese schon rentennah sind, sie also unmittelbar oder nach Bezug von Arbeitslosengeld Altersrente in Anspruch nehmen können. Hier läge in der Parallelwertung zu Nr. 6 n. F. (Nr. 8 a. F.) nahe, eine unzulässige Privilegierung der Älteren gegenüber den Jüngeren anzunehmen, was durch europarechtskonforme einschränkende Auslegung von § 1 Abs. 3 KSchG zu korrigieren wäre. Die Sozialauswahl nach **Altersgruppen** ist nach richtiger Ansicht weiterhin zulässig (*BAG* 6.11.2008 EzA § 2 AGG Nr. 2; 15.12.2011 – 2 AZR 42/10; die EuGH-Vorlage des *ArbG Siegburg* 27.1.2010 DB 2010, 1466 hat sich durch Vergleich erledigt; ausf. *Bauer/Krieger* NZA 2007, 674). Im Übrigen ändert das Inkrafttreten des AGG nichts daran, dass die Sozialauswahl nach § 1 Abs. 3 KSchG eine Auswahlentscheidung ist, bei der der Arbeitgeber einen erheblichen **Wertungsspielraum** hat; die Sozialauswahl muss nur »ausreichend« vorgenommen werden (*BAG* 5.12.2002 EzA § 1 KSchG Soziale Auswahl Nr. 49 = NZA 2003, 791 und 2.6.2005 EzA § 1 KSchG Soziale Auswahl Nr. 63 = NJW 2006, 315).

### ii) Unkündbarkeit

Der ebenfalls durch das Korrekturgesetz vom 2.12.2006 gestrichene § 10 S. 3 Nr. 7 a. F. betraf die Rechtfertigung einzelvertraglicher oder tarifvertraglicher Unkündbarkeitsregeln, nach denen ab einem bestimmten Alter, gegebenenfalls kombiniert mit einer gewissen Mindestdienstzeit, die ordentliche Kündigung ausgeschlossen ist (vgl. § 34 Abs. 2 TVöD: Ausschluss der ordentlichen Kündigung ab Alter 40 bei mindestens 15 Jahren Dienstzeit). Nr. 7 a. F. hatte solche Unkündbarkeitsregeln für wirksam gehalten, sofern sie nicht im Einzelfall im Rahmen der Sozialauswahl den Kündigungsschutz anderer Beschäftigter grob fehlerhaft mindern. Der Gesetzgeber hatte sich also für die Lösung entschieden, Unkündbarkeitsregeln grds. für wirksam zu erklären und sie lediglich im Einzelfall durch die Grundsätze der Sozialauswahl nach § 1 Abs. 3 KSchG zu überspielen. Da der Gesetzgeber diese Regelung zwar im AGG gestrichen, aber (unverständlicherweise) nicht ins KSchG übernommen hat, steht die Praxis vor der ungelösten Frage, wie sie künftig mit Alterssicherung umgehen soll. Denkbar wäre die Lösung, individual- und tarifvertragliche Unkündbarkeitsregelungen nach wie vor für **an sich wirksam** zu halten (so *LAG BW* 15.3.2007 – 21 Sa 97/06, juris), sie jedoch in Grenzfällen europarechtskonform dahingehend **einschränkend auszulegen**, dass sie nicht zu einer **groben Unbilligkeit** gegenüber nicht altersgesicherten Arbeitnehmern führen dürfen. Das entspräche im Wesentlichen dem Prüfungsmaßstab, den die Arbeitsgerichte bei Vorliegen einer Namensliste nach § 1 Abs. 5 KSchG im Verhältnis zu § 1 Abs. 3 KSchG vornehmen (ähnlich *Bauer/Göpfert/Krieger* Nachtrag S. 6). Sollte dagegen die Rechtsprechung zu dem Ergebnis kommen, dass individual- und tarifvertragliche Unkündbarkeitsregelungen generell diskriminierend sind, würde sich die spannende Frage nach der Fehlerkorrektur stellen. An sich ist allgemeiner Grundsatz des Diskriminierungsrechts, dass eine diskriminierende Bevorzugung einer Personengruppe dadurch ausgeglichen wird, dass der jeweilige Vorteil auch den diskriminierten Arbeitnehmern zugute kommt. Bei einer diskriminierenden Unkündbarkeitsregelung würde das heißen, dass sämtliche Arbeitnehmer unkündbar wären. Ein wahrhaft absurdes Ergebnis! Deshalb müsste die Fehlerkorrektur hier ausnahmsweise so erfolgen, dass die Regelung insgesamt unwirksam ist und kein Mitarbeiter unkündbar ist.

**4924**

### jj) Kündigungsfristen

Als **unproblematisch** werden die mit zunehmender Betriebszugehörigkeit steigenden Kündigungsfristen des § 622 Abs. 2 BGB angesehen (z. B. *Willemsen/Schweibert* NJW 2006, 2586). Unwirksam ist dagegen § 622 Abs. 2 S. 2 BGB, wonach bei den Betriebszugehörigkeitszeiten für die Berechnung der Kündigungsfrist nur die Zeiten **nach Vollendung des 25. Lebensjahres** zählen sollen (*EuGH* 19.1.2010 »Kücükdeveci«, NZA 2010, 85, s. Rn. 4910).

**4925**

*i) Rechtfertigung von Diskriminierung wegen Religion/Weltanschauung*

4926 Ebenso wie § 10 AGG besondere Rechtfertigungsmöglichkeiten für bestimmte Formen der Altersdiskriminierung enthält, sieht § 9 AGG für die Diskriminierung wegen Religion und Weltanschauung großzügigere Rechtfertigungsregelungen vor (ausf. *Belling* NZA 2004, 885 zur Gesetzgebungsgeschichte und den europarechtlichen Vorgaben). Dabei geht es vor allem um den Schutz des Selbstverwaltungsrechts der Kirchen und der übrigen Religionsgesellschaften (Art. 140 GG i. V. m. Art. 136 ff. Weimarer Reichsverfassung).

*aa) Differenzierung nach Religionszugehörigkeit*

4927 § 9 Abs. 1 AGG erlaubt den Religionsgemeinschaften eine unterschiedliche Behandlung der Beschäftigten nach Religion und Weltanschauung, wenn die geforderte Religion oder Weltanschauung nach Art der Tätigkeit und im Hinblick auf das Selbstbestimmungsrecht der Religionsgemeinschaft eine gerechtfertigte berufliche Anforderung darstellt. Der Wortlaut stellt klar, dass es nicht auf einen objektiven Maßstab ankommt, sondern auf das Selbstverständnis der Religionsgemeinschaft. Darüber hinaus muss man bei Abs. 1 nach der Art der Tätigkeit differenzieren. Je näher eine Tätigkeit dem »**verkündungsnahen Bereich**« (*Bauer/Göpfert/Krieger* § 9 Rn. 14) steht, desto eher ist eine Differenzierung gerechtfertigt. So darf beispielsweise die katholische Kirche oder eine muslimische Glaubensgemeinschaft sicherlich darauf bestehen, dass ihre Religionslehrer dem zu lehrenden Glauben selbst angehören. Ob dagegen auch der Hausmeister oder die Putzfrau der Kirche dem »richtigen« Glauben angehören, ist unerheblich und rechtfertigt eine Differenzierung nicht (*Wisskirchen* DB 2006, 1492; vgl. *LAG Hessen* 8.7.2011 – 3 Sa 742/10, juris: Die Stelle als Jurist im Versorgungswerk der evangelischen Landeskirche darf nicht von Zugehörigkeit zu einer christlichen Glaubensgemeinschaft abhängig gemacht werden). Geschützt von § 9 Abs. 1 AGG sind nicht nur die Kirchen/Religionsgemeinschaften selbst, sondern auch die ihnen **zugeordneten Einrichtungen** ohne Rücksicht auf ihre Rechtsform. Entscheidender Maßstab ist das Ausmaß der institutionellen Verbindung zwischen der Einrichtung und der Religionsgemeinschaft. Von Abs. 1 geschützt sind beispielsweise auch Hospitäler als karitative Einrichtungen der katholischen Kirche (*BVerfG* 11.10.1977 EzA § 118 BetrVG Nr. 15 = BVerfGE 46, 73) sowie kirchliche Bildungseinrichtungen (*BVerfG* 21.9.1976 AP 5 zu Art. 140 GG). Der geschützte Bereich ist aber enger als bspw. bei § 118 BetrVG.

4928 § 9 Abs. 1 AGG erlaubt den Religionsgemeinschaften nur die Differenzierung hinsichtlich der Religionszugehörigkeit bzw. der Zugehörigkeit zu einer bestimmten Weltanschauung. Andere Differenzierungen dagegen sind nicht von § 9 Abs. 1 privilegiert und deshalb nur über die allgemeinen Rechtfertigungsregeln des § 8 AGG aufrecht zu erhalten. Das Gebot der katholischen Kirche, dass Priester männlich sein müssen, ist deshalb über § 9 Abs. 1 AGG nicht zu rechtfertigen.

*bb) Verhaltenspflichten*

4929 § 9 Abs. 2 AGG erlaubt Religionsgemeinschaften, von ihren Beschäftigten ein loyales und aufrichtiges Verhalten zu fordern. Mit Diskriminierung im eigentlichen Sinn hat dies nichts zu tun. Abs. 2 erweitert aber Abs. 1 dahingehend, dass die Religionsgemeinschaften von ihren Mitarbeitern nicht nur die formale Zugehörigkeit zu ihrer Religion/Weltanschauung verlangen dürfen, sondern auch die Einhaltung der daraus folgenden religiösen Regeln. So kann beispielsweise die katholische Kirche grds. eine zweite Eheschließung (*BAG* 14.10.1980 EzA § 14 KSchG Tendenzbetrieb Nr. 10 = AP 7 zu Art. 140 GG), die Heirat eines geschiedenen Mannes (*BAG* 31.10.1984 EzA § 1 KSchG Tendenzbetrieb Nr. 16 = AP 20 zu Art. 140 GG) oder den Kirchenaustritt (*BAG* 4.3.1980 EzA § 1 KSchG Tendenzbetrieb Nr. 9 = AP 4 zu Art. 140 GG) untersagen und bei Zuwiderhandlung abmahnen oder kündigen. Nach der Rechtsprechung des Europäischen Gerichtshofs für Menschenrechte (*EGMR* 23.9.2010 – Rs 425/03 und 1620/03, EUGRZ 2010, 560) gilt das allerdings nur im verkündungsnahen Bereich, so dass z. B. die Kündigung eines Organisten aus den genannten Gründen ausscheidet.

## G. Antidiskriminierungsrecht  Kapitel 3

Bedeutung hat die Frage der religiösen Diskriminierung auch, wenn die **Arbeitspflichten** mit **religiösen Geboten kollidieren**. Hier stellt sich jeweils die Frage, ob in der Arbeitsanweisung oder aber in der Reaktion des Arbeitgebers auf eine Arbeitsverweigerung eine unzulässige Diskriminierung wegen der Religion liegt. Weigert sich der Arbeitnehmer aus religiösen Gründen, eine Arbeitsaufgabe zu erfüllen, zu der er sich vertraglich verpflichtet hat, kann dies eine arbeitgeberseitige personenbedingte Kündigung rechtfertigen. Voraussetzung ist allerdings, dass eine anderweitige Beschäftigungsmöglichkeit nicht vorhanden ist, die mit der religiösen Überzeugung des Arbeitnehmers in Einklang steht (*BAG* 24.2.2011 NJW 2011, 3319). Zu sonstigen Fragen der mittelbaren Diskriminierung wegen der Religion s. Rdn. 4930. 4929a

### 3. Rechtfertigung von mittelbarer Benachteiligung

Bei einer nur mittelbaren Diskriminierung reicht es für die Rechtfertigung, dass die Ungleichbehandlung durch ein rechtmäßiges Ziel sachlich gerechtfertigt ist und die Mittel zur Erreichung des Ziels angemessen und erforderlich sind (§ 3 Abs. 2 AGG). So kann man z. B. ohne weiteres von einer Sekretärin fehlerfreies Deutsch verlangen, auch wenn man damit mittelbar Ausländer benachteiligt. Genauso unproblematisch ist es regelmäßig, Führungspositionen nicht in Teilzeit auszuschreiben, auch wenn dies mittelbar Frauen benachteiligt, oder dafür langjährige Berufserfahrung zu verlangen, was wiederum mittelbar jüngere Arbeitnehmer benachteiligt. Häufig gerechtfertigt ist auch die mittelbare Diskriminierung religiöser Gruppen durch Arbeitszeit- oder Kleidervorschriften. Allein auf den (vermeintlichen) Kundengeschmack abzustellen, reicht als Rechtfertigung sicher nicht (vgl. die Kopftuch-Entscheidung des *BAG* 10.10.2002 DB 2003, 830). Näher liegt die Rechtfertigung, wenn eine **religiös motivierte Kleidung** nicht mit dem (vermeintlichen) Kundengeschmack kollidiert, sondern mit einer betriebseinheitlichen Kleidervorschrift (vgl. *ArbG Hmb*. 3.1.1996 AuR 1996, 243: Kündigung eines Sikh, der in einem Fast-Food-Restaurant statt der vom Arbeitgeber geforderten Papierfaltmütze seinen traditionellen Turban trug). Auch das Tragen einer Burqua durch eine Verkäuferin muss der Arbeitgeber nicht hinnehmen, da ein Kunde zumindest in der Lage sein muss, Augenkontakt mit einer Verkäuferin aufzunehmen. Zulässig ist ein Kopftuchverbot in Kindergärten, da es hier um die Wahrung religiöser/weltanschaulicher Neutralität geht (*BAG* 12.8.2010 NZA-RR 2011, 162). Regelmäßig gerechtfertigt sind auch bestimmte **Arbeitszeitregelungen** und Schichtpläne, auch wenn sie mit religiösen Gebetszeiten kollidieren. 4930

Bei der mittelbaren Diskriminierung ist gesetzessystematisch die Rechtfertigungsmöglichkeit nicht unabhängig vom Tatbestand geregelt, sondern das Fehlen einer Rechtfertigung ist Teil des Tatbestandes: Eine mittelbare Diskriminierung liegt nur vor, wenn ein an sich objektives Differenzierungskriterium eine geschützte Personengruppe besonders benachteiligt und dies nicht durch ein rechtmäßiges Ziel sachlich gerechtfertigt und zur Erreichung dieses Ziels angemessen und erforderlich ist (§ 3 Abs. 2 AGG). Diese abweichende Gesetzessystematik hat Bedeutung für die **Beweislastverteilung**. Der Anspruchsteller ist nach §§ 22 AGG vollumfänglich beweispflichtig für das Vorliegen einer Benachteiligung, eine Beweislastumkehr sieht das Gesetz nur hinsichtlich des Motivs des Arbeitgebers vor. Wenn also bei der mittelbaren Diskriminierung das Fehlen eines Rechtfertigungsgrundes Voraussetzung dafür ist, dass überhaupt eine Benachteiligung vorliegt, dann muss folglich der Arbeitnehmer die fehlende Rechtfertigung beweisen (*Bauer/Göpfert/ Krieger* § 3 Rn. 37). Allerdings muss der beklagte Arbeitgeber im Prozess jedenfalls den Hintergrund einer gewählten Differenzierung erläutern. 4931

### 4. Affirmative Action

Eine Ausnahme vom allgemeinen Benachteiligungsverbot enthält § 5 AGG. Danach ist die sog. »Affirmative Action« erlaubt, also die Ungleichbehandlung mit dem Ziel, bestehende Nachteile wegen eines Diskriminierungsgrundes zu verhindern oder auszugleichen. Hierunter fallen z. B. Programme zur Förderung von Frauen, Ausländern oder Schwerbehinderten in Bereichen, in denen sie bislang unterrepräsentiert sind. Dass der Gesetzgeber zur Förderung benachteiligter Personengruppen besondere Maßnahmen ergreifen kann, die zu einer Benachteiligung anderer Personen führen können, 4932 war immer anerkannt (vgl. Art. 157 AEUV, vormals Art. 141 Abs. 4 EG). Ob es allerdings europarechtlich zulässig ist, wenn der deutsche Gesetzgeber diese Möglichkeit im Sinn einer Öffnungsklausel an den einzelnen Arbeitgeber weitergibt, ist umstritten (bezweifelnd *Annuß* BB 2006, 1634). Die Brisanz dieser Ausnahmevorschrift ist nicht zu verkennen, letztlich ist sie eine **Blankovollmacht für die Konterkarierung des Gesetzes** (*Willemsen/Schweibert* NJW 2006, 2588). Das Kernproblem der Affirmative Action ist, dass fast alle nach § 1 AGG verbotenen Diskriminierungsmerkmale antinomisch sind: Wer ein Geschlecht bevorzugt, benachteiligt das andere. In jeder Bevorzugung einer ethnischen Gruppe liegt eine Benachteiligung der anderen, das Gleiche gilt für Religion, Alter und sexuelle Identität. Nur bei der Affirmative Action zugunsten Behinderter liegt es anders, hierin kann keine verbotene Diskriminierung Nichtbehinderter liegen, weil diese durch § 1 AGG nicht geschützt sind. Soll nun § 5 AGG tatsächlich so weit reichen, dass sich z. B. ein türkischer Unternehmer darauf berufen kann, dass türkische Arbeitnehmer in Deutschland häufig diskriminiert werden und es auf dem Arbeitsmarkt schwerer haben und er deshalb nur Türken einstellen will?

**4933** Nach § 5 ist eine Affirmative Action nur insoweit zulässig, als es sich um »geeignete« und »angemessene« Maßnahmen handelt. Ein Bezug zum Unternehmen ist nicht erforderlich. Der Arbeitgeber oder die Betriebs- oder Tarifparteien können deshalb auch aus **Allgemeinwohlinteresse** bestimmte ansonsten benachteiligte Personengruppen fördern, auch wenn sich dies betrieblich nicht unmittelbar positiv auswirkt (Beispiel: Frauenförderprogramme). Nach Auffassung des *EuGH* (17.10.1995 EzA Art. 3 GG Nr. 47 = NJW 1995, 109) darf die Förderung einer ansonsten benachteiligten Personengruppe nicht so weit gehen, dieser einen absoluten Vorrang einzuräumen. So wäre bspw. eine Regelung, wonach unabhängig von der Qualifikation eines Bewerbers stets Frauen, Ausländer, Homosexuelle oder ältere/jüngere Arbeitnehmer eingestellt werden sollen, nicht mehr nach § 5 AGG gerechtfertigt. Zulässig ist dagegen eine Regelung, nach der bei gleicher Eignung Personen der benachteiligten Gruppe bevorzugt berücksichtigt werden sollen. Dies regeln zahlreiche **Landesgleichstellungsgesetze**. Aber auch außerhalb des öffentlichen Dienstes sind Stellenausschreibungen, wonach Bewerbungen von Frauen besonderes erwünscht sind und bei gleicher Eignung bevorzugt werden, nach herrschender Auffassung AGG-konform (*LAG Köln* 26.11.2009 – 13 Sa 794/09, juris; *LAG Bln.-Bra.* 14.1.2011 DB 2011, 2040). Allgemein für zulässig gehalten werden tarifvertragliche Regelungen betr. die **Übernahme von Auszubildenden**, auch wenn dies ältere Arbeitnehmer um Einstellungsmöglichkeiten bringt oder sie gar ihren Arbeitsplatz kostet. Desgleichen werden **Jugend- oder Frauenförderpläne** allgemein für zulässig gehalten, obwohl sie zu Lasten älterer Arbeitnehmer bzw. der Männer gehen.

**4934** Völlig offen ist, welche Bedeutung § 5 AGG bei der **Bevorzugung/Förderung älterer Arbeitnehmer** haben wird. Viele der seit Jahrzehnten in Deutschland üblichen betrieblichen und tariflichen Regeln dienen dazu, die auf dem Arbeitsmarkt krass benachteiligte Personengruppe der älteren Arbeitnehmer zu schützen und zu fördern. Hierin gehört beispielsweise die tarifliche Unkündbarkeit ab einem bestimmten Alter, die Berücksichtigung des Lebensalters bei der Sozialauswahl nach § 1 Abs. 3 KSchG oder höhere Abfindungen für Ältere in Sozialplänen. Über § 5 AGG könnten solche Regelungen möglicherweise aufrechterhalten werden, obwohl sie Jüngere benachteiligen.

## VI. Organisationspflichten des Arbeitgebers

### 1. Übersicht

**4935** Die §§ 11 und 12 AGG regeln besondere Organisationspflichten des Arbeitgebers. Zunächst verlangt § 11 AGG, dass ein Arbeitsplatz nicht unter Verstoß gegen § 7 Abs. 1 AGG ausgeschrieben werden darf. § 12 AGG verpflichtet den Arbeitgeber zu umfangreichen präventiven Schutzmaßnahmen, insbes. Schulung der Mitarbeiter. Des Weiteren verpflichten § 12 Abs. 3 und 4 AGG den Arbeitgeber, die Belegschaft aktiv vor Benachteiligungen zu schützen und eingetretene Benachteiligungen abzustellen.

## 2. Pflicht zur neutralen Stellenausschreibung

§ 11 AGG verbietet, einen Arbeitsplatz unter Verstoß gegen § 7 Abs. 1 AGG auszuschreiben. Inhaltlich entspricht das dem früheren § 611b BGB (Verbot der geschlechtsspezifischen Stellenausschreibung), wobei § 11 AGG das Gebot der neutralen Stellenausschreibung auf alle in § 1 AGG genannten Diskriminierungsmerkmale ausdehnt. In diesem Zusammenhang ist auch § 7 Abs. 1 TzBfG zu beachten, der nach wie vor eine Verpflichtung zur Ausschreibung von geeigneten Arbeitsplätzen als Teilzeitarbeitsplätze vorsieht. § 11 AGG gilt sowohl für die öffentliche als auch für die innerbetriebliche Ausschreibung, unabhängig davon, ob der Betriebsrat eine innerbetriebliche Ausschreibung nach § 93 BetrVG gefordert hat. Aus dem Begriff der Stellenaus»schreibung« folgt, dass es sich um Ausschreibungen in Textform (Schwarzes Brett, Zeitung, Internet-Stellenbörse, Homepage) handeln muss, wogegen mündliche Informationen über freie Arbeitsstellen, etwa auf den inzwischen verbreiteten Karrierebörsen, nicht unter § 11 AGG fallen. § 11 AGG begründet keine Pflicht zu Stellenausschreibungen in Textform, der Arbeitgeber kann freie Stellen auch durch Mundpropaganda besetzen. Nach Auffassung des *BAG* (5.2.2004 EzA § 611 A BGB Nr. 3 = NZA 2004, 544) haftet der Arbeitgeber für Verstöße auch dann, wenn er die Anzeige nicht selbst schaltet, sondern sich anderer bedient (Bundesagentur für Arbeit, Headhunter, Personalberatungsunternehmen; ausf. *Adomeit/Mohr* NJW 2007, 2522; *Fischer* NJW 2009, 3547; *Diller* NZA 2007, 649).

4936

§ 11 AGG verlangt zunächst – wie der frühere § 611b BGB – die geschlechtsneutrale Ausschreibung, also beispielsweise durch Verwendung des Zusatzes »(m/w)« oder sowohl der männlichen als auch der weiblichen Form (»Pilot/in«). Zu beachten sind aber auch alle sonstigen Diskriminierungsverbote, so darf beispielsweise kein »junger Kollege« oder keine »deutsche Reinigungskraft« gesucht werden. § 11 AGG erfasst auch die Fälle der mittelbaren Diskriminierung, so darf beispielsweise nicht eine »Putzhilfe mit perfekten Deutschkenntnissen« (mittelbare Diskriminierung wegen ethnischer Herkunft) oder »Verkaufskraft ohne Kopftuch« (mittelbare Diskriminierung wegen Religion) gesucht werden. Allerdings geht § 11 AGG nur so weit, als nicht Rechtfertigungsgründe nach §§ 3, 8 bis 10 AGG vorliegen. Ist bei der Bewerberauswahl eine direkte oder mittelbare Diskriminierung auf Grund besonderer Umstände erlaubt, kann selbstverständlich auch schon die Stellenausschreibung entsprechende Einschränkungen enthalten.

4937

Besondere Rechtsfolgen für den Fall der Verletzung sieht § 11 AGG nicht vor, insbes. ist eine diskriminierende Stellenausschreibung keine Ordnungswidrigkeit. Bedeutung hat ein Verstoß gegen § 11 AGG dagegen nach ständiger Rechtsprechung im Rahmen der Beweislastumkehr nach § 22 AGG: Eine gegen § 11 AGG verstoßende Stellenausschreibung indiziert die Diskriminierung (*BAG* 5.2.2004 EzA § 611 A BGB Nr. 3 = NZA 2004, 543; *BVerfG* 16.11.1993 BVerfGE 89, 276, jeweils zu § 611b BGB). Der nach § 22 AGG mögliche Gegenbeweis wird dem Arbeitgeber kaum je gelingen. Diese Rechtsprechung hat zum Phänomen des sog. »AGG-Hopping« (dazu *Diller* BB 2006, S. 1968 und NZA 2009, 1386, s. a. Rdn. 4967) geführt.

4938

## 3. Pflicht zur Schulung/Hinweispflicht

Die durch § 12 AGG begründeten präventiven Handlungspflichten des Arbeitgebers wirken auf den ersten Blick wie »Soft law«, sie sind sämtlich nicht durch Bußgeldandrohungen sanktioniert. Häufig wird aber übersehen, dass sie große Bedeutung im Rahmen der Zuerkennung und Bemessung von Schadensersatz- und Entschädigung nach § 15 AGG haben werden, insbes. im Hinblick auf **Organisationsverschulden** (ausf. *Grobys* NJW 2006, 2950). Was vom Arbeitgeber an Präventivmaßnahmen verlangt werden kann, hängt von Größe, Struktur und Branche des Unternehmens ab (i. E. *Grobys* NJW 2006, 2950; *Göpfert/Siegrist* ZIP 2006, 1710). Die besondere Hinweis- und Hinwirkungspflicht in § 12 Abs. 2 S. 1 AGG ist als Obliegenheit ausgestaltet. Es handelt sich um eine nicht erzwingbare Sollvorschrift, auch der Betriebsrat hat insoweit kein Initiativrecht. Kommt der Arbeitgeber seinen Hinweis- und Hinwirkungspflichten nicht nach, verliert er jedoch die Möglichkeit des § 12 Abs. 2 S. 2 AGG, durch Hinweis auf ausreichend durchgeführte Schulungen der Mitarbeiter den Vorwurf des Organisationsverschuldens (s. Rdn. 4960) abzuschneiden.

4939

**Kapitel 3** — Der Inhalt des Arbeitsverhältnisses

4940  Dass der Arbeitgeber nach § 12 Abs. 2 S. 1 AGG seiner Hinweis- und Hinwirkungspflicht insbes. im Rahmen der »beruflichen Aus- und Fortbildung« nachkommen soll, bedeutet nicht, dass er hierzu unbedingt gesonderte Veranstaltungen abhalten müsste. Es reicht, dass er allgemeine Schulungsveranstaltungen dazu nutzt, in geeigneter Form auch auf die Unzulässigkeit von Benachteiligungen hinzuweisen (*Bauer/Göpfert/Krieger* § 12 Rn. 15). Der Ausschluss des Organisationsverschuldens nach § 12 Abs. 2 S. 2 AGG setzt allerdings eine **gewisse Intensität** (»Schulung«) voraus, ein paar eingestreute Hinweise werden dafür nicht ausreichen. Im Übrigen setzt »Schulung« eine gewisse Systematisierung der Wissensvermittlung voraus, bei der Fragen gestellt und Feedback gegeben werden kann (*Bauer/Göpfert/Krieger* § 12 Rn. 20). Das bloße Aushändigen von Informations-Merkblättern oder das Einstellen des AGG-Textes ins Intranet wird ebenso wenig reichen (a. A. *Wisskirchen* DB 2006, 1496; *Ostrowicz/Scholz* DB 2006 Heft 32, S. III) wie das Abspielen von Video-Schulungsbändern. Auch wird man verlangen müssen, dass die »Schulung« alle wesentlichen Aspekte des AGG abgedeckt und in gewissem zeitlichen Abstand wiederholt wird (im einzelnen *Göpfert/Siegrist* ZIP 2006, 1716). Nach richtiger Auffassung fallen Schulungen nach § 12 Abs. 2 AGG nicht unter den Begriff der betrieblichen Aus- und Fortbildung nach § 96 BetrVG, so dass der Betriebsrat kein Mitbestimmungsrecht bei der Bestellung und Abberufung der Ausbilder und der Auswahl der Teilnehmer (§ 98 Abs. 2 und 3 BetrVG) hat (*Bauer/Göpfert/Krieger* § 12 Rn. 25). Im Übrigen kann die sog. »Training Defence« des § 12 Abs. 2 S. 2 AGG dem Arbeitgeber nach richtiger Auffassung (*Willemsen/Schweibert* NJW 2006, 2590; *Göpfert/Siegrist* ZIP 2006, 1715) nur insoweit zugute kommen, als es um präventive Schutzpflichten geht. Hat der Arbeitgeber dagegen von Verstößen Kenntnis, muss er gem. Abs. 3 die geeigneten Maßnahmen zur Unterbindung treffen, wenn er sich nicht den Vorwurf des Organisationsverschuldens gefallen lassen will.

### 4. Pflicht zum Abstellen von Benachteiligungen

4941  Bei Verstößen verpflichtet § 12 Abs. 3 AGG den Arbeitgeber zu den »*im Einzelfall geeigneten, erforderlichen und angemessenen Maßnahmen*«, um die Verstöße zu unterbinden (ausf. *Gehlhaar* NZA 2009, 825). Hat der Arbeitgeber von einem **konkreten Verstoß Kenntnis**, muss er eingreifen. Das Gesetz nennt ausdrücklich als Beispiele die Abmahnung, Umsetzung, Versetzung oder Kündigung. Welche Maßnahmen die richtigen sind, hängt jeweils von den konkreten Umständen des Einzelfalls ab (z. B. ArbG Berlin 27.1.2012 – 28 BV 17992/11, BeckRS 2012, 67603: nach weniger gravierenden Übergriffen anlässlich einer Jubiläumsfeier kann Abmahnung ausreichend sein). Reagiert der Arbeitgeber auf gleichartige Verstöße mit verschiedenen Maßnahmen (indem er z. B. Übergriffe auf Ausländer toleriert, nicht aber auf Homosexuelle), kann die Reaktion des Arbeitgebers selbst wiederum eine Benachteiligung i. S. d. § 7 AGG darstellen (*Göpfert/Siegrist* ZIP 2006, 1714 f.). Aus der allgemeinen Schutzpflicht des Abs. 1 ergibt sich darüber hinaus die Verpflichtung, **Verdachtsmomenten** nachzugehen. Lässt sich allerdings der Sachverhalt nicht aufklären und bleibt das Vorliegen einer Benachteiligung unklar, so ist der Arbeitgeber nicht dazu verpflichtet, gegen den vermeintlichen Benachteiliger ins Blaue hinein Maßnahmen zu ergreifen (*Göpfert/Siegrist* ZIP 2006, 1714). Umstritten ist, ob der Arbeitgeber verpflichtet ist, nach anglo-amerikanischem Vorbild ein Frühwarnsystem zu installieren, z. B. mit anonym anwählbaren Beschwerde-Hotlines oder Ähnlichem.

4942  Die Pflicht zur Unterbindung von Diskriminierungen im Rahmen der Verhältnismäßigkeit trifft den Arbeitgeber nach § 12 Abs. 4 AGG auch gegenüber **betriebsfremden Dritten** (Kunden, Lieferanten etc.). Leiharbeiter und freie Mitarbeiter gelten dagegen nicht als betriebsfremde Dritte i. S. d. § 12 Abs. 4 AGG, sondern als Beschäftigte nach § 6 AGG, so dass hier § 12 Abs. 3 einschlägig ist, nicht Abs. 4 (*Bauer/Göpfert/Krieger* § 12 Rn. 39). Bei seinen Reaktionen muss der Arbeitgeber abwägen zwischen dem Schutz des Beschäftigten einerseits und den Kundenbeziehungen andererseits. So wird man bspw. von ihm verlangen können, dass er mündlich oder schriftlich an den benachteiligenden Dritten appelliert, Benachteiligungen (z. B. Beschimpfungen) zu unterlassen. Zu beachten ist, dass Abs. 4 (Benachteiligung durch Dritte) gesetzessystematisch anders strukturiert ist als Abs. 3 (*Benachteiligung durch Mitarbeiter*). Bei Abs. 3 ist der Arbeitgeber verpflichtet, die Benachteiligung zu »unterbinden«. Er hat zwar ein Ermessen hinsichtlich der zu ergreifenden Maßnahmen, aber diese müssen letztlich zum Erfolg führen. Bei Abs. 4 (Benachteiligung durch Dritte) gehen dagegen die

## G. Antidiskriminierungsrecht Kapitel 3

Pflichten des Arbeitgebers nicht so weit. Er muss sich nur um den »Schutz« des Betroffenen bemühen. Gelingt es ihm mit angemessenen Mitteln nicht, die Benachteiligung zu unterbinden, muss er keine unverhältnismäßigen Maßnahmen ergreifen. Es gibt also eine »Opfergrenze«, oberhalb derer der Arbeitgeber nicht mehr verpflichtet ist, um jeden Preis die Benachteiligung abzustellen. So kann z. B. je nach den Umständen des Einzelfalles die Kündigung einer wichtigen Kunden- oder Lieferantenbeziehung nicht verlangt werden, um eine nicht wesentlich ins Gewicht fallende Belästigung zu unterbinden (*Göpfert/Siegrist* ZIP 2006, 1714). Auf jeden Fall kann der Arbeitgeber gestaffelt vorgehen, d. h. zunächst versuchen mit milderen Maßnahmen zum Erfolg zu kommen.

### 5. Aushang/Bekanntmachungspflicht

Nach § 12 Abs. 5 AGG hat der Arbeitgeber den Text des AGG sowie des § 61 ArbGG (Klagefrist von drei Monaten) im Betrieb in geeigneter Weise bekannt zu machen, ebenso die für die Behandlung von Beschwerden nach § 13 AGG zuständige Beschwerdestelle (dazu *Gach/Julis* BB 2007, 773). Dabei kann der Arbeitgeber die geeignete Form der Bekanntmachung selbst wählen (Schwarzes Brett, Intranet). Ein Verstoß gegen § 12 Abs. 5 AGG ist sanktionslos und führt auch nicht zu einer Beweislastumkehr. 4943

### VII. Rechtsfolgen einer Benachteiligung
### 1. Übersicht

Wie so vieles ist auch die Rechtsfolgenseite des AGG unsystematisch und unzusammenhängend geregelt. Die wesentlichen Sanktionsvorschriften sind neben dem Beschwerderecht des § 13 AGG das Leistungsverweigerungsrecht des Benachteiligten nach § 14 AGG sowie die Ansprüche auf Entschädigung und Schadensersatz nach § 15 AGG. Diese Normen hängen jedoch untrennbar zusammen mit § 7 AGG. § 7 AGG enthält zunächst die zentrale Kernaussage des Gesetzes, nämlich das Verbot der Benachteiligung aus einem der in § 1 AGG genannten Gründe. Zugleich enthalten § 7 Abs. 2 und 3 AGG aber auch grundsätzliche Aussagen zu den Rechtsfolgen einer verbotenen Benachteiligung. 4944

### 2. Verbot der Benachteiligung

§ 7 Abs. 1 AGG verbietet jede Benachteiligung, also gem. den Begriffsbestimmungen in § 3 AGG nicht nur die unmittelbare oder mittelbare Benachteiligung, sondern auch die (sexuelle) Belästigung sowie eine Anweisung zur Benachteiligung (§ 3 Abs. 1 bis 5 AGG). Das Benachteiligungsverbot des § 7 Abs. 1 AGG richtet sich nicht nur gegen den Arbeitgeber, dessen gesetzliche Vertreter und die Vorgesetzten des Arbeitnehmers, sondern gegen Jedermann, also z. B. auch gegenüber Arbeitskollegen, Kunden des Arbeitgebers oder eine Gewerkschaft. Das AGG sagt aber nicht, dass eine solche Verletzung durch Dritte spezifische Rechtsfolgen auslöst, in Betracht kommt aber z. B. eine Verletzung des allgemeinen Persönlichkeitsrechts. Dagegen ist § 7 Abs. 1 AGG nach richtiger Auffassung **nicht Schutzgesetz i. S. d. § 823 Abs. 2 BGB**, denn das würde die Systematik des AGG auf den Kopf stellen (*Hanau* ZIP 2006, 220; zutreffend *OLG Frankf.* 26.8.1999 NJW-RR 2000, 976 zum früheren § 2 BeSchG). Erfolgt die Benachteiligung durch einen Arbeitskollegen, ergibt sich auch keine Haftung des Arbeitgebers aus dem Gedanken des Vertrages mit Schutzwirkung zugunsten Dritter (*Bauer/Göpfert/Krieger* § 7 Rn. 7). 4945

Der zweite Halbsatz von § 7 Abs. 1 AGG stellt klar, dass eine verbotene Benachteiligung auch dann vorliegt, wenn der Benachteiligende das Vorliegen eines in § 1 AGG geschützten Grundes nur annimmt. Benachteiligt beispielsweise der Arbeitgeber eine Kopftuch tragende Frau in der **irrigen Annahme**, sie sei Muslima, sind die Rechtsfolgen des AGG einschlägig, auch wenn die Frau einer anderen Religion angehört. Diese Regelung als »neuartiges Gesinnungszivilrecht« zu verurteilen (*Adomeit* NJW 2006, 2171) ist zwar verständlich, übersieht aber, dass es bei dieser Regelung auch um Opferschutz geht. Das Opfer soll nicht eine Beweisaufnahme über seine Religion, ethnische Herkunft oder gar sexuelle Orientierung über sich ergehen lassen müssen. Spiegelt allerdings ein Arbeit- 4946 nehmer das Vorliegen eines Diskriminierungsmerkmals bewusst vor in der Hoffnung, diskriminiert zu werden und dann Anspruch auf Entschädigung zu haben, verliert er diesen Anspruch aus dem Gesichtspunkt des Rechtsmissbrauchs.

4947 Nach § 7 Abs. 1 AGG liegt ein Verstoß gegen das Benachteiligungsverbot nur vor, wenn die Diskriminierung kausal war (»wegen«). Dabei schadet es jedoch nicht, wenn der Arbeitgeber aus einem »Motivbündel« gehandelt hat und das diskriminierende Motiv dabei jedenfalls nicht unbedeutend war (*BVerfG* 16.11.1993 NZA 1994, 745; *Diller/Krieger/Arnold* NZA 2006, 892). Besondere Probleme entstehen bei Entscheidungen, die nicht ein Einzelner trifft, sondern ein Gremium (i. E. *Bauer/Göpfert/Krieger* § 7 Rn. 16).

### 3. Unwirksamkeit von Vereinbarungen/Anpassung

4948 § 7 Abs. 2 AGG ordnet an, dass Vereinbarungen unwirksam sind, die gegen das Benachteiligungsverbot des § 7 Abs. 1 AGG verstoßen. Die Vorschrift wiederholt im Grunde genommen nur § 134 BGB, sie gilt sowohl für Einzelvereinbarungen als auch für Betriebsvereinbarungen, Tarifverträge und sonstige kollektive Regelungen. Eine Übergangsfrist sieht das AGG nicht vor, so dass mit Inkrafttreten des Gesetzes diskriminierende Vereinbarungen auch dann unwirksam werden, wenn sie aus der Zeit vor Inkrafttreten des AGG stammen. Allerdings ergreift die Unwirksamkeit nicht rückwirkend die Zeit vor Inkrafttreten des AGG. Betrifft die Unwirksamkeit einzelne Klauseln eines umfassenden Vertragswerks, so ist anhand der allgemeinen Auslegungsregeln, der üblichen salvatorischen Klauseln und der zu § 139 BGB entwickelten Grundsätze zu prüfen, ob die Vereinbarung im Übrigen wirksam bleibt (instruktiv dazu *BAG* 15.1.1955 AP 4 zu Art. 3 GG).

4949 Keine Aussage enthält das AGG dazu, ob eine nach § 7 Abs. 2 AGG unwirksame Klausel »**nach oben**« oder »**nach unten**« **anzupassen** ist. Hat bspw. der Arbeitgeber eine Zusatzprämie von 100 Euro für alle männlichen Betriebsangehörigen ausgelobt, so könnte man den Verstoß gegen § 7 Abs. 2 AGG entweder dadurch heilen, dass auch die Frauen die 100 Euro bekommen oder dadurch, dass auch die Männer sie nicht bekommen. Sowohl das BAG als auch der EuGH, die sich in der Vergangenheit mit gleichen Entgeltansprüchen von Männern und Frauen zu befassen hatten, haben jeweils »nach oben« angepasst (*BAG* 7.3.1995 EzA § 1 BetrAVG Gleichbehandlung Nr. 9 = AP 26 zu § 1 BetrAVG Gleichbehandlung; *EuGH* 7.2.1991 EzA § 119 EWG-Vertrag Nr. 1 = AP 25 zu § 23a BAT). Daraus kann jedoch nicht die allgemeine Regel abgeleitet werden, eine Anpassung nach oben sei der einzig gangbare Weg. Vielmehr wird man auf das Regel-Ausnahme-Verhältnis abstellen müssen. Eine Anpassung nach oben ist sicherlich der richtige Weg, wenn der Masse der Belegschaft eine bestimmte Vergünstigung gewährt wird, die nur einer diskriminierten Minderheit verwehrt wird. Anders liegt es, wenn nur einer kleinen Minderheit eine Vergünstigung gewährt wird. Sieht beispielsweise ein Tarifvertrag oder eine Betriebsvereinbarung vor, dass Mitarbeiter über 60 eine Sonderzahlung erhalten, fünf Stunden pro Woche weniger arbeiten müssen und ordentlich unkündbar sind, so wäre es ein absurdes Ergebnis, wenn – unterstellt man eine unzulässige Altersdiskriminierung – auch alle jüngeren Mitarbeiter die Zulage bekommen und weniger arbeiten müssten und die gesamte Belegschaft unkündbar wäre (*Thüsing* NZA 2006, 775). Bei einer Anpassung »nach unten« müssten allerdings die Grundsätze des Vertrauensschutzes beachtet werden, so kämen wohl nur ein Abschmelzen der unrechtmäßig zugesagten Leistung für die Zukunft in Betracht, nicht aber eine Rückforderung für die Vergangenheit. Nach anderer Auffassung ist hinsichtlich einer Anpassung »nach oben« oder »nach unten« danach zu differenzieren, ob eine Begünstigung oder eine Benachteiligung vorliegt, und dies soll sich aus der jeweils verwendeten Formulierung ableiten (*Bauer/Göpfert/Krieger* § 7 Rn. 31). Angesichts der Zufälligkeiten der jeweils gewählten Formulierung ist das kaum überzeugend.

4950 Hat der Arbeitgeber einem oder mehreren Arbeitnehmern vertraglich besondere Leistungen zugesagt, kann er sie nicht nachträglich mit der Begründung verweigern, die Nichtgewährung solcher Leistungen an andere Arbeitnehmer verstoße gegen das AGG (*LAG BW* 23.4.2007 NZA-RR 2007, 630 und 15.3.2007 – 21 Sa 97/06, juris).

## 4. Benachteiligung als Vertragsverletzung

§ 7 Abs. 3 AGG erklärt eine Benachteiligung nach Abs. 1 durch den Arbeitgeber oder andere Arbeitnehmer zu einer Verletzung vertraglicher Pflichten. § 7 Abs. 3 AGG hängt unmittelbar zusammen mit dem Schadensersatzanspruch nach § 15 Abs. 1 AGG, wegen § 7 Abs. 3 AGG ergäbe sich der Schadensersatzanspruch aber auch schon aus § 280 BGB (der gem. § 32 AGG ausdrücklich neben den Normen des AGG anwendbar bleibt). Ist der Arbeitgeber eine juristische Person, haftet er auch für die von den **gesetzlichen Vertretern** begangene Benachteiligung (§ 31 BGB). Des Weiteren haftet der Arbeitgeber für Benachteiligungen durch die **unmittelbaren Vorgesetzten** über § 278 BGB (Erfüllungsgehilfen). Die Haftung nach § 278 BGB setzt allerdings voraus, dass der Vorgesetzte in Wahrnehmung der dem Arbeitgeber obliegenden Pflichten handelt (vgl. *BGH* 3.6.1993 BGHZ 123, 14). Fraglich kann das insbes. bei sexueller Belästigung sein, die häufig mit der eigentlichen Arbeit und den dazu ergangenen Arbeitsanweisungen nichts zu tun hat (*Bauer/Göpfert/Krieger* § 7 Rn. 38). Eine Haftung des Arbeitgebers kommt hier häufig allenfalls dann in Betracht, wenn ihm ein Organisationsverschulden als eigenes Verschulden zuzurechnen ist. Insoweit ist von Bedeutung, ob der Arbeitgeber seinen Hinweis- und Schulungspflichten nach § 12 AGG genügt hat. Im Übrigen gelten für die i. V. m. § 7 Abs. 3 bestehenden Schadensersatzansprüche die näheren Regelungen des § 15 AGG, insbes. dessen Beschränkungen (siehe unten). Dagegen haftet der Arbeitgeber nicht ohne weiteres für Benachteiligungen, die durch andere nicht vorgesetzte Arbeitnehmer verübt werden, insbes. durch **Arbeitskollegen**, aber auch durch **Dritte (Kunden)**. 4951

§ 7 Abs. 3 AGG stellt klar, dass eine verbotene Benachteiligung nicht nur eine Verletzung des Arbeitsvertrages des benachteiligten Arbeitnehmers ist. Erfolgt die Benachteiligung durch andere Arbeitnehmer, verletzen auch diese ihren Arbeitsvertrag. Das kann zu arbeitsrechtlichen Sanktionen (Abmahnung etc.) bis hin zu einer fristlosen Kündigung führen, je nach Schwere des Verstoßes. Eine Vertragsverletzung liegt auch dann vor, wenn der benachteiligende Arbeitnehmer auf Anweisung gehandelt hat, weil eine rechtswidrige Weisung nicht beachtet werden muss; gleichwohl wird bei Handlung auf Weisung nur in Extremfällen eine arbeitsrechtliche Sanktion gerechtfertigt sein. Dass die Benachteiligung eines anderen Mitarbeiters seitens des Benachteiligenden eine Verletzung von dessen Arbeitsvertrag ist, führt im Übrigen dazu, dass sich der **handelnde Arbeitnehmer gegenüber dem Arbeitgeber schadensersatzpflichtig** macht (ausf. *Bauer/Evers* NZA 2006, 897 f.). Das arbeitsvertragliche Haftungsprivileg (vgl. *BAG* 16.2.1995 EzA § 611 BGB Arbeitnehmerhaftung Nr. 60 = NZA 1995, 565) gilt hier nicht, da es sich regelmäßig um vorsätzliche Handlungen handelt und überdies kein Bezug zu der besonderen Gefahrgeneigtheit des Arbeitsverhältnisses besteht. Die besondere Beweiserleichterung des § 22 AGG kommt dem Arbeitgeber allerdings nicht zugute, wenn er gegen den benachteiligenden Arbeitnehmer vorgeht. Das kann zu der misslichen Situation führen, dass er wegen der Beweislastregel des § 22 dem (angeblich) benachteiligten Arbeitnehmer Schadensersatz oder Entschädigung nach § 15 AGG zahlen muss, der Arbeitgeber dagegen mit der Kündigung oder dem Regressanspruch gegen den (vermeintlich) benachteiligenden Arbeitskollegen aus Beweislastgründen scheitert. 4952

## 5. Beschwerderecht/Beschwerdestelle

Nach § 13 AGG kann jeder Beschäftigte sich bei den zuständigen Stellen des Betriebes wegen einer Benachteiligung beschweren, egal ob diese von Vorgesetzten, anderen Mitarbeitern oder Dritten ausgeht. Nach § 16 AGG darf niemand wegen einer solchen Beschwerde benachteiligt werden. Der Arbeitgeber kann, muss aber nicht, eine besondere **Beschwerdestelle** benennen (dazu *Gach/Julis* BB 2007, 773; zur Frage der Mitbestimmung des Betriebsrats *VGH Kassel* 20.3.2008 NZA-RR 2008, 554; *LAG Nbg.* 19.2.2008 DB 2009, 71). Unterbleibt dies, kann der Arbeitnehmer sich an »geborene« Beschwerdestellen wie den Personalchef, den Betriebsrat, die Schwerbehindertenvertretungen, einen Gleichstellungsbeauftragten oder jeden Vorgesetzten wenden. Denkbar, aber nicht verpflichtend ist die Einrichtung einer anonymen »**Antidiskriminierungs-Hotline**«, sei es innerbetrieblich oder konzernübergreifend. § 13 Abs. 2 AGG stellt klar, dass das betriebsverfassungsrechtliche Beschwerdeverfahren nach § 85 BetrVG unberührt bleibt. 4953

## 6. Leistungsverweigerungsrecht

4954 Nach § 14 AGG hat der benachteiligte Arbeitnehmer unter bestimmten Voraussetzungen ein Leistungsverweigerungsrecht. Dieses wird durch Fernbleiben von der Arbeit ausgeübt, während die Pflicht des Arbeitgebers zur vollen Gehaltszahlung bestehen bleibt. Als milderes Mittel muss auch eine zeitweilige oder teilweise Leistungsverweigerung in Betracht kommen. Wird ein Auslieferungsfahrer beispielsweise nur von einem einzigen Kunden belästigt, so kann von ihm verlangt werden, die restliche Tour zu fahren und nur die Belieferung des ihn belästigenden Kunden zu verweigern (a. A. *Bauer/Göpfert/Krieger* § 14 Rn. 13). Als Nebenpflicht aus dem Arbeitsvertrag muss der Arbeitnehmer den Arbeitgeber von Umfang und Grund des Leistungsverweigerungsrechts rechtzeitig informieren, er kann nicht einfach zu Hause bleiben und erst auf Nachfrage sein Fernbleiben von der Arbeit mit § 14 AGG rechtfertigen. Nach dem klaren Wortlaut des § 14 AGG besteht das Leistungsverweigerungsrecht **nur bei einer (sexuellen) Belästigung** nach § 3 Abs. 3 und 4 AGG, **nicht** dagegen bei einer unmittelbaren oder mittelbaren **Benachteiligung** (§ 3 Abs. 1 und 2 AGG), wegen des klaren Gesetzeswortlauts ist auch keine analoge Anwendung möglich.

4955 Die Leistungsverweigerung nach § 14 AGG setzt voraus, dass tatsächlich eine Belästigung objektiv vorliegt, nicht nur nach der subjektiven Vorstellung des Betroffenen. Fraglich ist, ob dem Arbeitnehmer auch hier die Beweiserleichterung des § 22 AGG zugute kommt. Das mag man für richtig halten, soweit es darum geht, ob der Arbeitgeber auf die Leistungsverweigerung mit einer Kündigung reagieren darf. Dagegen wird man den Vergütungsanspruch des Arbeitnehmers wohl davon abhängig machen müssen, dass dieser unabhängig von § 22 AGG den vollen Beweis dafür erbringt, dass eine Belästigung vorlag.

4956 Die Leistungsverweigerung setzt voraus, dass der Arbeitgeber keine oder offensichtlich ungeeignete Maßnahme zur Abhilfe ergriffen hat, für die offensichtliche Ungeeignetheit gilt ein objektiver Maßstab (*Bauer/Göpfert/Krieger* § 14 Rn. 6). Bei der Auswahl der Maßnahmen hat der Arbeitgeber einen Beurteilungsspielraum, insbes. kann er zunächst versuchen, mit milderen Maßnahmen zum Erfolg zu kommen. Er muss nicht gleich mit Kanonen auf Spatzen schießen. Allerdings verpflichtet § 12 Abs. 3 AGG den Arbeitgeber letztlich dazu, ohne Rücksicht auf die Verhältnismäßigkeit solche Maßnahmen anzuwenden, die zum Erfolg führen. Mit der Ausübung des Leistungsverweigerungsrechts muss der Arbeitnehmer also gegebenenfalls warten, bis der Arbeitgeber verschiedene Maßnahmen zur Abstellung der Belästigung nacheinander durchprobiert hat, sofern diese Maßnahmen nicht aus objektiver Sicht offensichtlich ungeeignet sind. Des Weiteren steht das Leistungsverweigerungsrecht unter dem Vorbehalt, dass es zum Schutz des Arbeitnehmers erforderlich ist. Es darf dem Arbeitnehmer also kein milderes Mittel zu seinem Schutz zur Verfügung stehen. Dies bedeutet, dass man vom Arbeitnehmer verlangen muss, dass er sich zunächst innerbetrieblich um Abhilfe bemüht (z. B. durch Beschwerde nach § 13 AGG), bevor er zum scharfen Schwert der Leistungsverweigerung greift. Je nach den Umständen wird man vom Arbeitnehmer auch verlangen können, dass er selbst Vorschläge für eine wirksame Unterbindung der Belästigung macht, z. B. durch Versetzung, geänderte Arbeitszeiten oder Änderung von Unterstellungsverhältnissen.

4957 Trotz der Beweislasterleichterung des § 22 AGG ist die Leistungsverweigerung nach § 14 AGG für den Arbeitnehmer ein **riskantes Vorgehen**. Denn erweist die Leistungsverweigerung wegen des Fehlens eines oder mehrerer Tatbestandsmerkmale des § 14 AGG als unberechtigt, droht eine fristlose Kündigung wegen Arbeitsverweigerung, jedenfalls nach vorhergehender Abmahnung. Überdies entfällt bei ungerechtfertigter Leistungsverweigerung der Vergütungsanspruch.

4958 Nach der ausdrücklichen Regelung in § 14 Abs. 2 AGG bleibt das **Leistungsverweigerungsrecht nach § 273 BGB** unberührt. § 273 BGB ist insoweit weiter als § 14 Abs. 1 AGG, als danach die Zurückbehaltung der Arbeitsleistung auch wegen einer mittelbaren oder unmittelbaren Benachteiligung nach § 3 Abs. 1 und 2 AGG in Betracht kommt. Überdies verlangt § 273 BGB keinen Konnex zwischen der Leistungsverweigerung und der Beseitigung der Benachteiligung, vielmehr kann das Leistungsverweigerungsrecht nach § 273 BGB z. B. auch ausgeübt werden, wenn der Arbeit-

## G. Antidiskriminierungsrecht  Kapitel 3

geber mit finanziellen Leistungen (z. B. einer Entschädigung nach § 15 Abs. 2 AGG) in Verzug ist. Allerdings steht nach ständiger Rechtsprechung des Bundesarbeitsgerichts die Ausübung des Leistungsverweigerungsrechts hinsichtlich der Arbeitsleistung unter dem Vorbehalt von Treu und Glauben, insbes. muss die Verhältnismäßigkeit gewahrt bleiben.

### 7. Schadenersatz/Entschädigung nach § 15 AGG

*a) Übersicht*

Die zentrale Rechtsfolgennorm des AGG ist § 15 AGG. Abs. 1 regelt den Anspruch auf Ersatz des materiellen Schadens, der aus einer Benachteiligung entsteht; ein entsprechender Anspruch würde sich aber auch aus § 7 Abs. 3 AGG i. V. m. § 280 BGB ergeben. Von besonderer Bedeutung ist der Entschädigungsanspruch des § 15 Abs. 2 AGG für erlittene immaterielle Schäden. Durch das Anknüpfen an den Begriff des »Schadens« hat der Gesetzgeber deutlich gemacht, dass auch bei Abs. 2 die vom Arbeitnehmer erlittenen Nachteile im Vordergrund stehen, also die Zuerkennung hoher Entschädigungen zum Zwecke der Abschreckung (»**punitive damages**«) nicht in Betracht kommt. Nach herrschender, aber nicht unbestrittener Auffassung ist der Anwendungsbereich der Abs. 1 und 2 des § 15 AGG nicht deckungsgleich. Während ein Schadenersatzanspruch nach Abs. 1 immer auch die Anwendbarkeit des Abs. 2 eröffnet, soll Abs. 2 anders als Abs. 1 kein Verschulden voraussetzen, so dass der Arbeitgeber bei unverschuldeter Benachteiligung zwar nicht auf Schadenersatz nach Abs. 1 haftet, aber möglicherweise auf Entschädigung nach Abs. 2. Neben § 15 Abs. 1 und 2 AGG bleiben die allgemeinen zivilrechtlichen Anspruchsgrundlagen (insbes. § 280 BGB und 1004 BGB) anwendbar. Die Beschränkungen der Schadenersatzansprüche dem Umfang nach (§ 15 Abs. 6) sowie die engen formalen Voraussetzungen für die außergerichtliche (§ 15 Abs. 4 AGG) und gerichtliche (§ 61b Abs. 1 ArbGG) Geltendmachung gelten jedoch nach ihrem Sinn und Zweck auch für Ansprüche außerhalb des AGG (*Bauer/Göpfert/Krieger* § 15 Rn. 67). 4959

*b) Schadenersatz nach § 15 Abs. 1 AGG*

*aa) Verschulden*

§ 15 Abs. 1 AGG (ausf. zu den vielen Streitfragen *Stoffels* RdA 2009, 204) ist eine Rechtsgrundverweisung. Der Arbeitgeber haftet entgegen dem missverständlichen Wortlaut nicht unabhängig davon auf Schadenersatz, wer gegen ein Benachteiligungsverbot verstoßen hat, sondern nur, wenn der Verstoß von ihm selbst oder Personen ausgeht, für die er nach allgemeinen zivilrechtlichen Vorschriften mit haftet. § 15 Abs. 1 S. 2 stellt klar, dass den Arbeitgeber für Verstöße von Kunden und Lieferanten **weder eine Garantiehaftung noch eine Gefährdungshaftung** trifft. Eigenes Verschulden hat der Arbeitgeber, wenn er eine natürliche Person ist, nach § 276 BGB zu vertreten. Nach § 31 BGB haftet die juristische Person auch für die **gesetzlichen Vertreter**, also insbes. für GmbH-Geschäftsführer und AG-Vorstandsmitglieder. Allerdings hat die Rechtsprechung § 31 BGB erweitert auf selbstständig agierende Leiter selbstständiger Betriebsabteilungen, z. B. Filialleiter im Selbstbedingungsladen (*OLG München* 27.2.1973 VersR 1974, 269). Über § 278 BGB (Erfüllungsgehilfe) haftet der Arbeitgeber auch für die **Vorgesetzten** des betroffenen Mitarbeiters, sofern sie die Benachteiligung im Rahmen ihrer Vorgesetztenfunktion und nicht nur »bei Gelegenheit« begehen. Ein Vertretenmüssen des Arbeitgebers für Benachteiligungen, die von **gleichgeordneten Arbeitskollegen** begangen werden, sieht weder das allgemeine Zivilrecht noch das AGG vor (ausf. *Bauer/Evers* NZA 2006, 894; *Bauer/Göpfert/Krieger* § 15 Rn. 20). Allerdings kann sich die Haftung des Arbeitgebers aus **Organisationsverschulden** ergeben (dazu *Annuß* BB 2006, 1635; *Bauer/Göpfert/Krieger* § 15 Rn. 17). In diesem Zusammenhang bekommt § 12 Abs. 1 und 2 AGG Bedeutung. Hat der Arbeitgeber die Beschäftigten in geeigneter Weise zum Zwecke der Verhinderung von Benachteiligungen geschult, gilt dies als Erfüllung seiner Organisationspflichten nach § 12 Abs. 1 AGG, dann scheidet eine Haftung wegen Organisationsverschuldens aus (sog. »**Training Defence**«). Aus der negativen Formulierung des § 15 Abs. 1 S. 2 AGG (»dies gilt nicht«) ergibt sich, dass der benachteiligte Arbeitnehmer nicht den Beweis für das Verschulden des Arbeitgebers oder dessen Erfüllungsgehilfen zu führen hat, sondern der 4960

Arbeitgeber sich entlasten muss. Das entspricht der allgemeinen Beweislastverteilung des Vertragsrechts (§ 280 BGB). In Verbindung mit § 12 AGG bedeutet dies, dass der Arbeitgeber, wenn er sich über § 12 AGG entlasten will, den Beweis für ausreichende Schulung der Beschäftigten zu führen hat (*Bauer/Göpfert/Krieger* § 15 Rn. 22).

### bb) Umfang des Ersatzanspruchs

**4961** Der Umfang des Schadenersatzanspruchs aus § 15 Abs. 1 AGG richtet sich grds. nach §§ 249 ff. BGB. Zu ersetzen ist das »positive Interesse«, eine Obergrenze für die Höhe des Schadenersatzanspruchs sieht § 15 Abs. 1 AGG nicht vor. Für die Höhe des Schadens ist grds. der betroffene Arbeitnehmer beweispflichtig, wobei er gegebenenfalls von der Beweiserleichterung des § 287 ZPO profitiert. Problematisch ist das Fehlen einer Obergrenze im Falle einer Benachteiligung wegen **Nichteinstellung** bzw. **Nichtbeförderung**. Theoretisch wäre der ersatzpflichtige Schaden der Verdienst bzw. die Verdienstdifferenz bis zum Lebensende oder jedenfalls bis zur regelmäßigen Altersgrenze, wobei allerdings wegen der Schadenminderungspflicht aus § 254 BGB der Arbeitnehmer verpflichtet wäre, nach vergleichbaren offenen Stellen zu suchen und diese gegebenenfalls anzunehmen (*Bauer/Evers* NZA 2006, 895). Es liegt jedoch nahe, hier die Rechtsprechung des BAG zu § 628 BGB heranzuziehen. Der Schaden wäre dann begrenzt auf diejenigen Gehälter, die bis zum nächsten ordentlichen Kündigungstermin angefallen wären, zuzüglich einer Entschädigung nach den üblichen Grundsätzen (§ 1a KSchG) in den Höchstgrenzen der §§ 9, 10 KSchG (*BAG* 26.7.2001 EzA § 628 BGB Nr. 19 und 22.4.2004 EzA § 628 BGB 2002 Nr. 4; vgl. *Hanau* ZIP 2006, 2200; *Bauer/Evers* NZA 2006, 895). Bei einer Benachteiligung wegen Nichteinstellung ist erwogen worden, dem Arbeitnehmer als Schadenersatz lediglich das Gehalt für zwei Wochen zuzusprechen, da ja der Arbeitgeber während der Wartezeit des § 1 KSchG jederzeit ohne Angabe von Gründen mit einer Kündigungsfrist von zwei Wochen (§ 622 Abs. 3 BGB) hätte kündigen können (Einwand des rechtmäßigen Alternativverhaltens, *Bauer/Göpfert/Krieger* § 15 Rn. 28), hinzu käme dann natürlich noch eine Entschädigung nach Abs. 2.

### cc) Kein Anspruch auf Einstellung/Beförderung

**4962** § 15 Abs. 1 AGG wird ergänzt durch Abs. 6. Dieser schränkt den Grundsatz der Naturalrestitution (§ 249 BGB) in einem wesentlichen Punkt ein. Benachteiligt der Arbeitgeber bei der Einstellung oder Beförderung, begründet dies keinen Anspruch auf Begründung eines Arbeitsverhältnisses oder Berufsausbildungsverhältnisses bzw. auf beruflichen Aufstieg. Bei diskriminierender Verweigerung der Verlängerung eines befristeten Vertrags sperrt § 15 Abs. 6 AGG auch jeden Anspruch auf Verlängerung (*BAG* 21.9.2011 NZA 2012, 317). Der Arbeitnehmer ist also nach dem Grundsatz »**dulde und liquidiere**« auf die Geltendmachung seiner finanziellen Einbußen beschränkt. Allerdings kann er gegebenenfalls eine **zusätzliche Entschädigung nach Abs. 2** wegen Persönlichkeitsverletzung geltend machen. Im Übrigen spricht einiges dafür, dass der Arbeitgeber den Spieß umdrehen und dem Arbeitnehmer freiwillig entgegen Abs. 6 die Einstellung bzw. Beförderung nachträglich anbieten kann. Dann ist unter dem Gesichtspunkt der Naturalrestitution (§ 249 BGB) der Schaden des Arbeitnehmers vollständig kompensiert, dieser kann also nicht die Einstellung/Beförderung ablehnen und stattdessen auf das entgangene Gehalt klagen.

### c) Entschädigung nach § 15 Abs. 2 AGG
### aa) Voraussetzungen/Verschulden

**4963** Nach § 15 Abs. 2 AGG kann der benachteiligte Arbeitnehmer – ggf. neben dem Schadenersatz nach Abs. 1 – wegen der erlittenen Nicht-Vermögensschäden eine angemessene Entschädigung in Geld verlangen (ausf. *Jacobs* RdA 2009, 193). Im Umkehrschluss aus § 15 Abs. 1 S. 2 AGG ergibt sich, dass nach der Vorstellung des Gesetzgebers hier ein **Verschulden des Arbeitgebers nicht Anspruchsgrundlage ist**. Dies entspricht der Rechtsprechung des *EuGH* (22.4.1997 EzA § 611a BGB Nr. 12 = NZA 1997, 645 *Draempaehl*), wonach im Bereich der Geschlechtsdiskriminierung Verstöße unabhängig von einem Verschulden sanktioniert sein müssen, um eine wirksame Abschreckung zu bewirken. Es mag sein, dass deshalb tatsächlich der Entschädigungsanspruch nach § 15 Abs. 2 AGG kein Verschulden des Arbeitgebers voraussetzt (*BAG* 18.3.2010 NZA 2010, 1129; *Willemsen/Schweibert* NJW 2006, 2589; *Richardi* NZA 2006, 885; *Bauer/Göpfert/Krieger* § 15 Rn. 32). Daraus aber eine schrankenlose Garantiehaftung des Arbeitgebers abzuleiten, geht zu weit und dürfte einen unzulässigen Eingriff in die Grundrechtspositionen des Arbeitgebers (Art. 12, 14 GG) darstellen. Richtigerweise können dem Arbeitgeber nur solche Benachteiligungen zugerechnet werden, die sich jedenfalls in seinem Verantwortungsbereich abspielen. Das bedeutet einerseits, dass den Arbeitgeber keine Garantiehaftung für Benachteiligungen Dritter trifft, sofern er gem. § 12 Abs. 4 AGG die geforderten Maßnahmen zum Schutz der Beschäftigten ergriffen hat. Streitig ist allerdings, ob bei Diskriminierung durch **Dritte (Headhunter)** der Arbeitgeber oder der Dritte ersatzpflichtig ist (*Diller* NZA 2007, 649; *Simon/Greßlin* BB 2007, 1782; *Fischer* NJW 2009, 3547). Ein Anspruch auf Entschädigung scheidet nach § 15 Abs. 2 AGG aus, wenn den Arbeitgeber, seine Organe und Erfüllungsgehilfen kein unmittelbares Verschulden trifft und im Übrigen der Arbeitgeber seinen Schulungspflichten nach § 12 Abs. 1 und 2 AGG nachgekommen ist (*Willemsen/Schweibert* NJW 2006, 2590; missverständlich insoweit *Bauer/Göpfert/Krieger* § 15 Rn. 33). Die Entschädigung ist **steuerfrei**, was zu Missbrauch einlädt (*Bauer/Günther* NJW 2007, 113; *Cornelius/Lipinski* BB 2007, 496).

*bb) Bemessung*

Bei der Bemessung der Entschädigungshöhe sind alle Umstände des Einzelfalls zu berücksichtigen. Ist kein immaterieller Schaden eingetreten, insbes. keine Beeinträchtigung des allgemeinen Persönlichkeitsrechts, kann die Entschädigung auch »null« betragen. Allerdings wird bei einem Verstoß gegen ein Benachteiligungsverbot der Eintritt eines immateriellen Schadens nach herrschender Auffassung vermutet (*Bauer/Göpfert/Krieger* § 15 Rn. 34). Eine Entschädigung setzt auch nicht voraus, dass die Folgen eines Verstoßes die Schwere einer Persönlichkeitsrechtsverletzung erreichen. **4964**

Im Einzelnen sind bei der Bemessung der Entschädigungshöhe folgende Gesichtspunkte abzuwägen: **4965**
- wirtschaftliche Leistungsfähigkeit des Arbeitgebers,
- Schwere der Verletzung, insbes. Grad der psychischen Beeinträchtigung beim Belästigten. Entschädigungserhöhend können dabei auch Umstände gewertet werden, die sich außerhalb der Sphäre des Arbeitgebers bewegen, wie z. B. Presseberichterstattung.
- Ausgleich für materielle Schäden. Hat der Arbeitnehmer bereits einen hohen Betrag als Schadenersatz nach § 15 Abs. 1 AGG erhalten, tritt die Genugtuungsfunktion der Entschädigung zurück.
- Abschreckung. Nach der Rechtsprechung des *EuGH* (22.4.1997 EzA § 611a BGB Nr. 12 = NZA 1997, 645) müssen Verstöße des Arbeitgebers gegen die Diskriminierungsverbote abschreckend sanktioniert sein. Das bedeutet, dass Bagatellentschädigungen nicht europarechtskonform sind. Außerhalb des Bagatellbereichs hat die EuGH-Rechtsprechung jedoch keine Auswirkungen, insbes. fordert sie nicht exorbitant hohe Entschädigungen.
- Genugtuung/Wiedergutmachung. Entschädigungsmindernd können z. B. Entschuldigungen des Arbeitgebers oder ähnliche symbolische Gesten gewertet werden.
- Verschuldensgrad. Wegen der Genugtuungsfunkion wird die Entschädigung bei Vorsatz oder grober Fahrlässigkeit höher ausfallen als bei leichter Fahrlässigkeit oder gar unverschuldeten Benachteiligungen (vgl. aber zur Zurechnung Rdn. 4963).
- Höhe der Vergütung. Es ist zwar nicht einzusehen, warum die sexuelle Belästigung einer Putzfrau »billiger« sein soll als die einer Investmentbankerin (Beispiel bei *Bauer/Göpfert/Krieger* § 15 Rn. 36). Gleichwohl muss sich jede Entschädigung an den Einkommensverhältnissen, dem Arbeitsumfeld und den Lebensumständen des konkreten Arbeitnehmers orientieren.

Nach allgemeiner Meinung ist nicht zu erwarten, dass § 15 Abs. 2 AGG den deutschen Arbeitgebern »**amerikanische Verhältnisse**« bescheren wird. Vielmehr wird allgemein davon ausgegangen, dass die Arbeitsgerichte bei der Festlegung der Entschädigungssummen die Relation zu den üblichen Schmer- **4966** zensgeldleistungen bei Körperverletzungen und Verletzungen des Persönlichkeitsrechts im Auge behalten werden (*Bauer/Evers* NZA 2006, 896; vgl. etwa *BAG* 18.3.2010 NZA 2010, 1129: Entschädigung von EUR 1.000 für diskriminierten Bewerber).

### cc) Entschädigung bei verweigerter Einstellung/AGG-Hopping

**4967** Für den Fall der Nichteinstellung eines Bewerbers (ausf. *Adomeit/Mohr* NZA 2007, 179) begrenzt § 15 Abs. 2 S. 2 AGG die Entschädigung auf drei Monatsgehälter. Das entspricht dem früheren § 611a Abs. 3 Satz 1 BGB. Die Monatsgehälter sind nach richtiger Ansicht (*Bauer/Göpfert/Krieger* § 15 Rn. 36) entsprechend § 10 Abs. 3 KSchG zu berechnen, so dass die Obergrenze de facto ein **Viertel der Gesamtjahresbruttovergütung** beträgt (da Entschädigungen steuerfrei sind, kann die Entschädigung insgesamt bis zu einer halben Nettojahresvergütung ausmachen!). Die Obergrenze des § 15 Abs. 2 S. 2 AGG greift jedoch nur ein, wenn der Bewerber auch bei benachteiligungsfreier Auswahl nicht eingestellt worden wäre, die Beweislast hierfür trägt der Arbeitgeber (*EuGH* 22.4.1997 EzA § 611a BGB Nr. 12 = NZA 1997, 645). Wäre dagegen der benachteiligte Bewerber ansonsten eingestellt worden, kann er vollen Schadenersatz nach § 15 Abs. 1 und unbeschränkte Entschädigung nach § 15 Abs. 2 AGG verlangen.

**4968** Mit Entschädigungsklagen wegen angeblicher Einstellungsdiskriminierung wird **Missbrauch** betrieben, seit es § 611a BGB gab. Manche Kläger bewerben sich serienmäßig gezielt auf **Stellenanzeigen mit diskriminierungsrelevantem Inhalt** oder nutzen Fehler im Umgang mit ihrer **Schwerbehinderteneigenschaft** aus. Ihr Ziel ist nicht die Stelle, sondern die Absage nebst Entschädigungsforderung. Die Verteidigung gegen solche »**AGG-Hopper**« (dazu *Diller* BB 2006, 1968 sowie NZA 2007, 1321 und NZA 2009, 1386) ist schwierig. Immerhin hat das BAG entschieden, dass derjenige nicht »Bewerber« ist und deshalb keinen Entschädigungsanspruch hat, wer die Stelle nicht ernsthaft wollte, sondern von vornherein auf Entschädigung aus war (*BAG* 12.11.1998 EzA § 611a BGB Nr. 14 = BB 1999, 372). Auch scheidet eine Benachteiligung aus, wenn der Bewerber für die Stelle objektiv nicht qualifiziert war (*BAG* 19.8.2010 NZA 2011, 203; 18.3.2010 NZA 2010, 1129). Allerdings muss aus europarechtlichen Gründen der Arbeitgeber den Beweis der mangelnden Ernsthaftigkeit führen. **Typische Indizien** für missbräuchliches »AGG-Hopping« ist die Bewerbung aus ungekündigter Position auf eine geringer dotierte Stelle, Über- bzw. Unterqualifikation, unvollständige oder unordentliche Bewerbungen oder nur Kurzbewerbung, ungefragtes Offenbaren diskriminierungsrelevanter Eigenschaften (insb. Schwerbehinderung, dazu *Diller* NZA 2007, 1321) oder sonstiger Einstellungshindernisse, Verwendung virtueller Adressen/Postfachadressen, Nichtwahrnehmung von Vorstellungsgesprächen, Drohung mit der Einschaltung von Presse und Antidiskriminierungsverbänden sowie gezielte serienmäßige Bewerbungen auf Stellenanzeigen mit entgegen § 11 AGG diskriminierenden Einstellungsbedingungen (ausf. m. zahlr. Nachw. *Diller* BB 2006, 1968).

### d) Beweislast

**4969** Dreh- und Angelpunkt für das gesamte Diskriminierungsrecht ist die Beweislastverteilung nach § 22 AGG. Besondere Bedeutung hat sie im Bewerbungsverfahren. Die tiefgreifendsten Änderungen des Arbeitslebens durch das Inkrafttreten des AGG gibt es bei der Organisation und Durchführung professionellen Bewerbungsmanagements.

### aa) Übersicht

**4970** Die Beweislastverteilung des § 22 AGG gilt nach herrschender Auffassung für alle im AGG geregelten Ansprüche, also nicht nur für Schadenersatz und Entschädigung nach §§ 15 Abs. 1 und 2 AGG, sondern auch im Hinblick auf Unterlassungs- oder Folgenbeseitigungsansprüche (§ 7 AGG i. V. m. § 1004 BGB), bei der Geltendmachung eines Leistungsverweigerungsrechts nach § 14 AGG sowie *für den Anspruch gegen den Arbeitgeber auf Tätigwerden* nach § 12 Abs. 3 und 4 AGG (unklar *Bauer/Göpfert/Krieger* § 22 Rn. 5). Es spricht viel dafür, dass die Beweislastregel des § 22 AGG auch bei der Auslegung der zivilrechtlichen Generalklauseln (§§ 138, 242 BGB) anwendbar ist, soweit es um

## G. Antidiskriminierungsrecht    Kapitel 3

den Schutz vor diskriminierenden Kündigungen außerhalb des Anwendungsbereichs des KSchG geht (*Diller/Krieger/Arnold* NZA 2006, 888 Fn. 3).

### bb) Funktionsweise des § 22 AGG

Oft übersehen wird, dass § 22 AGG keineswegs die Beweislast z. B. eines Schadenersatzprozesses nach § 15 Abs. 1 AGG vollständig zu Lasten des Arbeitgebers umdreht. Vielmehr greift § 22 AGG nur hinsichtlich eines **einzigen Tatbestandsmerkmals**, nämlich des **Benachteiligungsmotivs** (ausf. zur Reichweite des § 22 AGG *Hoentzsch* DB 2006, 2631; *Grobys* NZA 2006, 898; *v. Medem* NZA 2007, 545). Das bedeutet, dass bei einer Schadenersatzklage nach § 15 Abs. 1 AGG der Arbeitnehmer die volle Beweislast für sämtliche anderen Tatbestandsmerkmale einer erfolgreichen Klage trägt. **4971**

Insbesondere muss der Arbeitnehmer beweisen, **4972**
- dass das AGG persönlich, sachlich und zeitlich anwendbar ist,
- dass eine Benachteiligung vorlag,
- dass ein Schaden entstanden ist,
- in welcher Höhe der Schaden eingetreten ist (hier allerdings Beweiserleichterung nach § 287 ZPO),
- dass die Geltendmachungs- und Klagefristen nach § 15 Abs. 4 und § 61b ArbGG gewahrt sind.

Gerade die Darlegung, dass tatsächlich eine Benachteiligung vorliegt, ist **für den Arbeitnehmer häufig nicht einfach**. Insbesondere trifft ihn bei einer behaupteten mittelbaren Benachteiligung die volle Beweislast dafür, dass überwiegend eine geschützte Gruppe betroffen ist (*Grobys* NZA 2006, 900; a. A. *LAG BW* 1.2.2011 – 22 Sa 67/10: Beweiserleichterung auch für Benachteiligung gegenüber einer hypothetischen Vergleichsperson). **4973**

Unabhängig von § 22 AGG trägt hingegen der Arbeitgeber bereits nach anderen Vorschriften des Gesetzes die Beweislast. Dies betrifft etwa: **4974**
- das Vorliegen eines Rechtfertigungsgrunds nach §§ 5, 3 Abs. 2, 8, 9 oder 10 AGG,
- das Fehlen des Vertretenmüssens bei § 15 Abs. 1 S. 2 AGG.

Im Anwendungsbereich des § 22 AGG, also beim Streit um das Motiv einer vom Arbeitnehmer dargelegten und ggf. bewiesenen Benachteiligung, geht es um eine Tatsache, die wie jede innere Tatsache einem unmittelbaren Beweis nicht zugänglich ist. Ein Motiv kann man nur **mittelbar durch Indizien** beweisen. § 22 AGG erspart es dem Arbeitnehmer, so viele Indizien vorzutragen und gegebenenfalls zu beweisen, dass nach der vollen Überzeugung des Gerichts (§ 286 ZPO) das Benachteiligungsmotiv bewiesen ist. Vielmehr lässt es § 22 AGG genügen, dass der Arbeitnehmer so viele bzw. so starke Indizien darlegt und beweist, dass nach Überzeugung des Gerichts das Vorliegen eines nach § 1 AGG verbotenen Motivs **überwiegend wahrscheinlich** ist. Allerdings: Werden die vom Arbeitnehmer vorgetragenen **Indizien bestritten**, hat sie der Arbeitnehmer zur vollen Überzeugung des Gerichts (§ 286 ZPO) zu beweisen, **ohne dass ihm** irgendwelche **Beweiserleichterungen zugute kommen** (*BAG* 24.4.2008 NZA 2008, 1351). Liegt ein ausreichendes Indiz (s. Rdn. 4977 ff.) vor, spielt keine Rolle, ob es der Arbeitgeber **schuldhaft** oder unverschuldet gesetzt hat. Unbeabsichtigte Fehler von Dritten oder von **Mitarbeitern der Personalabteilung** sind dem Arbeitgeber zuzurechnen und führen nicht zum Wegfall der Indizwirkung (*BAG* 16.9.2008 EzA § 81 SGB IX Nr. 17 = NZA 2009, 79). **4975**

Erst wenn der Arbeitnehmer so viele bzw. so starke Indizien vorgetragen und gegebenenfalls bewiesen hat, dass das Gericht von der überwiegenden Wahrscheinlichkeit für die Kausa **4976**

## G. Antidiskriminierungsrecht                                                                Kapitel 3

nnten verbotenen Motiv überzeugt ist, greift § 22 AGG. Es obliegt nun dem **Arbeitgeber**, entgegengesetzte Indizien darzulegen und ggf. zu beweisen, so dass das Gericht zu seiner **vollen Überzeugung** (§ 286 ZPO) zum Ergebnis gelangt, die Benachteiligung beruhe doch nicht auf dem in § 1 AGG genannten verbotenen Motiv. Es liegt auf der Hand, dass, wenn der Arbeitnehmer erst einmal die Hürde der überwiegenden Wahrscheinlichkeit genommen hat, es dem Arbeitgeber nur in Ausnahmefällen gelingen wird, den gegenteiligen Vollbeweis zu führen. Schulfall des erfolgreichen Gegenbeweises ist die unter Verstoß gegen § 11 AGG nur in weiblicher Form ausgeschriebene Stelle (»Sekretärin«). Erhält ein männlicher Bewerber eine Absage, so ist bereits auf Grund der geschlechtsspezifischen Stellenausschreibung eine überwiegende Vermutung dafür begründet, dass die Absage auf einer nach § 1 AGG unzulässigen Geschlechtsdiskriminierung beruhte. Kann der Arbeitgeber hingegen nachweisen, dass er auf die Stelle einen (anderen) Mann eingestellt hat, ist der Gegenbeweis voll erbracht und die Entschädigungsklage wird abgewiesen.

*cc) Beispiele für Beweislastumkehr*

Welche Auswirkungen das AGG letztlich auf das Arbeitsleben haben wird, hängt ganz entscheidend davon ab, wie hoch die Gerichte die Hürden für die Darlegung einer überwiegenden Wahrscheinlichkeit im Rahmen des § 22 AGG hängen werden.   4977

**Im Einzelnen dürfte Folgendes gelten:**   4978
– Schon nach bisherigem Recht (§ 611b BGB) begründete eine **unzulässige geschlechtsspezifische Stellenanzeige** ein hinreichendes Indiz dafür, dass ein abgelehnter Bewerber des anderen Geschlechts gerade aus diesem Grund nicht eingestellt wurde (*BAG* 5.2.2004 EzA § 611a BGB Nr. 3 = NZA 2004, 540). Nach Inkrafttreten des AGG gilt dies nach ganz herrschender Meinung für jede nach § 11 AGG fehlerhafte Ausschreibung (*Bauer/Göpfert/Krieger* § 22 Rn. 11). Ist bspw. eine Stelle unzulässigerweise für »junge Nachwuchskraft« ausgeschrieben worden und bekommt ein 40jähriger Bewerber eine Absage, spricht eine überwiegende Wahrscheinlichkeit dafür, dass dies gerade wegen des Alters geschah (*BAG* 19.8.2010 NZA 2010, 1412). Demgegenüber hat das *LAG Bln.-Bra.* (21.7.2011 DB 2011, 2326) eine Stellenausschreibung als »Junior Personalreferent Recruiting« nicht als Indiz für Altersdiskriminierung gewertet, da mit dem Wort »Junior« nicht das Alter, sondern eine Hierarchieebene gemeint gewesen sei.   4979
– **Offenbart ein Bewerber** ungefragt in den Bewerbungsunterlagen oder während eines Vorstellungsgesprächs, dass er **einer nach § 1 AGG geschützten Gruppe angehört**, begründet dies ent-   4980

gegen einer weit verbreiteten Ansicht keineswegs eine überwiegende Wahrscheinlichkeit dafür, dass eine Absage gerade wegen des Diskriminierungsmerkmals erfolgte (vgl. *BAG* 24.4.2008 NZA 2008, 1351 für die vergleichbare Problematik bei einer Beförderungsentscheidung). Outet sich bspw. ein Bewerber ungefragt als behindert, homosexuell, Zigeuner oder Scientologe und bekommt er die Stelle nicht, reicht das allein nicht aus, um die Beweislastumkehr nach § 22 AGG auszulösen. Denn es gibt keine Vermutung dafür, dass ein Arbeitgeber verbotenerweise diskriminiert. Ganz im Gegenteil ist von der Vermutung auszugehen, dass ein vernünftiger Arbeitgeber im Zweifel ohne Rücksicht auf irgendwelche Diskriminierungsmerkmale den jeweils bestqualifizierten Bewerber einstellt, egal ob er einer geschützten Gruppe angehört oder nicht. Hinzukommen müssten also noch weitere Indizien, etwa dass der abgelehnte schwerbehinderte oder homosexuelle Bewerber besser qualifiziert war als derjenige, der die Stelle letztlich bekommen hat (*Bauer/Göpfert/Krieger* § 22 Rn. 10). Keine generelle Regel lässt sich im Hinblick auf Fragen in Personalfragebögen oder Bewerbungsgesprächen aufstellen, die im Zusammenhang mit den in § 1 AGG genannten Diskriminierungsgründen stehen. Hier ist jeweils nach den Umständen des Einzelfalls zu differenzieren. Fragt der Arbeitgeber direkt und ohne betrieblichen Bezug nach einem besonders sensiblen Diskriminierungsmerkmal (»Sind Sie schwul?«/»Sind Sie Scientologe?«) und erhält der Bewerber nach Bejahung einer solchen Frage eine Absage, spricht einiges dafür, dass die Absage auf der Antwort auf diese Frage beruht. Anders ist es aber nach allgemeiner Lebenserfahrung, wenn sich der Arbeitgeber nach weniger sensiblen Umständen wie etwa dem Alter, dem Familienstand oder den sportlichen Aktivitäten erkundigt. So muss z. B. die Frage nach Familienstand oder sportlichen Aktivitäten keineswegs der Ausforschung einer möglichen Homosexualität oder Behinderung dienen, sie kann genauso gut Smalltalk sein oder auf Neugier beruhen.

4981 – Streitig ist, ob der **abgelehnte Bewerber** einen Anspruch auf Auskunft über den Grund der Absage hat (das *BAG* 20.5.2010 NZA 2010, 1006 hat die Frage dem EuGH vorgelegt. Eine Pflicht zur Mitteilung der Gründe besteht entgegen einer verbreiteten Meinung bei der Ablehnung eines behinderten Bewerbers nach § 81 Abs. 1 S. 9 SGB IX (*Diller* NZA 2007, 1321) nicht. Unabhängig davon kann allein aus der Tatsache, dass der Arbeitgeber keine Begründung nennt oder sich hinter einer **nichtssagenden Begründung** verschanzt (»Wir haben uns für einen anderen/besser geeigneten Bewerber entschieden« etc.) nicht auf das Vorliegen einer unzulässigen Diskriminierung nach § 1 AGG geschlossen werden; das Gleiche gilt, wenn der Arbeitgeber trotz Nachfrage nicht bereit ist, die Absage näher zu erläutern.

4982 – Geradezu abwegig ist die – leider insbes. in nichtjuristischen Medien häufig zu lesende – Auffassung, die Aufforderung zur Vorlage eines **Bewerbungsfotos** sei allein schon ausreichendes Indiz dafür, dass die Absage eines älteren oder ausländischen Mitbewerbers gerade wegen der – aus dem Lichtbild hervorgehenden – Eigenschaft als Ausländer oder Älterer erfolgt sei. Viel wahrscheinlicher ist, dass der Arbeitgeber versucht, – wie es nun mal der menschlichen Natur entspricht –, durch Betrachten des Fotos bereits auf bestimmte persönliche Eigenschaften wie Lebendigkeit, Neugier, Aufgeschlossenheit etc. zu schließen.

4983 **Abfällige Äußerungen** über geschützte Personengruppen (z. B. das Erzählen von Blondinen-, Schwulen- oder Ausländerwitzen) reicht für sich allein nicht als Diskriminierungsindiz aus (*Grobys* NZA 2006, 902).

**Unterrichtet** der Arbeitgeber entgegen § 81 Abs. 1 S. 4 SGB IX die **Schwerbehindertenvertretung** von der Bewerbung eines Schwerbehinderten nicht oder schaltet er entgegen § 81 Abs. 1 S. 2 SGB IX die Bundesagentur nicht ein, soll dies ein ausreichendes Indiz für eine verbotene Benachteiligung wegen Behinderung sein (*BAG* 15.2.2005 NZA 2005, 870; 16.9.2008 NZA 2009, 79; *LAG Nds.* 24.4.2006 – 4 Sa 1077/07, juris; ausf. *Düwell* BB 2006, 1743; krit. *Diller* NZA 2007, 1321). Das gilt natürlich nur, wenn der Arbeitgeber die Schwerbehinderung kannte. Dagegen soll selbst bei nicht offengelegter Schwerbehinderung eine Diskriminierungsabsicht zu vermuten sein, wenn der Arbeitgeber entgegen § 81 Abs. 1 S. 1 und 2 SGB IX nicht prüft, ob der zu besetzende Arbeitsplatz für Schwerbehinderte geeignet ist und ob die Arbeitsverwaltung einen geeigneten schwerbehinderten Arbeitslosen vermitteln kann (*BAG* 13.10.2011 – 8 AZR 608/10, BeckRS 2012, 65090 äußerst zweifelhaft!).

Lädt der öffentliche Arbeitgeber entgegen § 82 Abs. 2 SGB IX einen **schwerbehinderten Bewerber nicht zum Vorstellungsgespräch** ein, kann das die verbotene Benachteiligung wegen Behinderung indizieren (*BAG* 16.9.2008 NZA 2009, 79; *LAG Nds.* 24.4.2008 – 4 Sa 1077/07, juris). Für private Arbeitgeber gilt das nicht.

Allein das **Vorliegen** eines **geschützten Merkmals** indiziert noch nicht, dass deshalb diskriminiert wurde. So ist insbes. eine **Schwangerschaft** nicht ausreichendes Indiz dafür, dass gerade wegen dieser Schwangerschaft ein männlicher Mitbewerber bei einer Beförderungsentscheidung vorgezogen wurde (*BAG* 24.4.2008 NZA 2008, 1351 gegen *LAG Bln.* 19.10.2006 EzA-SD 25/06, S. 7).

Von enormer Bedeutung wird sein, ob langfristig die Gerichte die **Beweisführung mittels Statistik** als ausreichend ansehen werden (bejahend *LAG Bln.* 6.11.2008 NZA 2009, 43; diff. *BAG* 22.7.2010 NZA 2010, 93 und *BAG* 27.1.2011 »Sony« NZA 2011, 689; verneinend *LAG München* 7.8.2008 – 3 Sa 112/07, juris; dazu *Grobys* NZA 2006, 902). Erhält bspw. ein Ausländer eine Absage auf seine Bewerbung beim Automobilhersteller A, ist dann sein Vortrag ein ausreichendes Indiz für eine Ausländerdiskriminierung, dass in der gesamten Automobilbranche der Ausländeranteil in der Belegschaft im Schnitt 35 % beträgt, beim Automobilhersteller A dagegen nur 20 %? Angesichts der Tatsache, dass Statistik immer die Summe von Zufälligkeiten ist, wird es so einfach nicht sein (diff. *Boeschel* EuZW 2005, 266). Anders kann es dagegen bei »Nullquoten« sein. Beschäftigt ein Unternehmen keinen einzigen Ausländer, keine einzige Frau oder keinen einzigen Schwerbehinderten, kann das je nach den Umständen des Einzelfalls, insbes. im Zusammenspiel mit anderen Indizien, für eine verbotene Diskriminierung sprechen. Unabhängig davon ist eine Statistik umso aussagekräftiger, je konkreter sie sich auf die jeweilige Branche, die jeweilige Region, die jeweilige Größenklasse des Arbeitgebers etc. bezieht. Unabhängig davon sind statistische Relationen natürlich hinsichtlich solcher Diskriminierungskriterien relativ wertlos, bei denen eine hohe Dunkelziffer besteht (z. B. Homosexualität, Behinderung etc.). **4984**

*dd) Keine Präklusion*

Entgegen einer weit verbreiteten Auffassung gibt es keine Präklusion des Arbeitgebers hinsichtlich der Gründe für eine erfolgte Personalentscheidung. Insbesondere kommt nicht in Betracht, dem Arbeitgeber die Berufung auf Gründe für die Ablehnung eines Bewerbers abzuschneiden, die er dem Bewerber auf Anfrage nicht mitgeteilt hat (ausf. *Hanau* ZIP 2006, 2194; *Grobys* NZA 2006, 901; a. A. aber *LAG Hessen* 7.11.2005 NZA-RR 2006, 312). Allerdings kann der Arbeitgeber eine benachteiligende Maßnahme nicht nachträglich damit rechtfertigen, dass er die Maßnahme alternativ auf zulässige Gründe hätte stützen können. Die Sanktionen des AGG entfallen nicht schon dann, wenn es möglich gewesen wäre, eine getroffene Maßnahme auf zulässige Gründe zu stützen. Entscheidend ist, ob die Maßnahme in dem Zeitpunkt, in dem sie getroffen wurde, auch tatsächlich aus zulässigen Motiven heraus zustande gekommen ist. Dabei hat der Arbeitgeber grds. die Möglichkeit, die Auswahl nach seinem Belieben vorzunehmen. Der eine mag den Bewerber mit vielseitiger Biografie vorziehen, der anderen den mit stetigem Lebenslauf (*Hanau* ZIP 2006, 2195 m. Hinw. auf *BVerfG* 16.11.1982 EzA Art. 3 GG Nr. 13 = BVerfGE 89, 276). Hat der Arbeitgeber jedoch aus einem nach § 1 AGG verbotenen Motiv heraus gehandelt, nützt es ihm nichts, wenn er später darlegt, dass es zulässige, rechtfertigende Gründe gegeben hätte, aus denen er zur gleichen Entscheidung hätte gelangen können. Bei nachgeschobenen Gründen prüft die Rechtsprechung deshalb besonders genau, ob der Grund nicht nur vorgeschoben ist (*BVerfG* 16.11.1993 NZA 1994, 745; *BAG* 5.2.2004 EzA § 611a BGB Nr. 3 = NZA 2004, 544; ausf. *Göpfert/Siegrist* ZIP 2006, 1716; vgl. auch *Wisskirchen* DB 2006, 1496). **4985**

Eine besondere Rolle spielt hier die **Dokumentation** von Entscheidungen bei **Einstellungsverfahren**. Wird bspw. ein Bewerber abgelehnt, der sich in den Bewerbungsunterlagen oder im Vorstel- **4986** lungsgespräch als Homosexueller geoutet hat, trägt der Arbeitgeber häufig im Prozess lang und breit vor, an welchen Mängeln die Bewerbung gelitten hat und warum der tatsächlich eingestellte Bewerber besser qualifiziert war. Dabei wird häufig übersehen, dass es auf diese Frage nicht ankommt. Erheblich ist allein, ob der Arbeitgeber den Bewerber wegen eines verbotenen Merkmals nach § 1 AGG tatsächlich abgelehnt hat. Das lässt sich am besten dadurch widerlegen, dass die damalige Auswahlentscheidung in den Personalakten dokumentiert ist. Die Gerichte stehen erfahrungsgemäß nachträglichen Rechtfertigungsversuchen, die sich nicht durch schriftliche Dokumentation der getroffenen Entscheidung belegen lassen, sehr kritisch gegenüber.

### e) Schadenersatz/Entscheidung bei Benachteiligung durch kollektive Vereinbarungen

**4987** Nach § 15 Abs. 3 AGG trifft den Arbeitgeber eine Entschädigungspflicht bei Benachteiligungen, die durch die Anwendung kollektiver Vereinbarungen eintreten, nur dann, wenn er vorsätzlich oder grob fahrlässig gehandelt hat. Kollektive Vereinbarungen sind insbes. Tarifverträge, Betriebsvereinbarungen und Richtlinien nach dem SprAuG. Hintergrund der Regelung ist die vermutete »höhere Richtigkeitsgewähr« kollektivrechtlicher Regelungen. Eine Rolle spielt aber auch, dass der Arbeitgeber häufig nur geringen Einfluss auf das Zustandekommen solcher Regelungen hatte. Nach richtiger Auffassung ist bei Tarifverträgen unerheblich, ob sie unmittelbar gelten oder nur kraft vertraglicher Verweisung (*Bauer/Göpfert/Krieger* § 15 Rn. 42). Nach richtiger Auffassung gilt die Haftungserleichterung entgegen dem unklaren Wortlaut nicht nur für die Haftung auf Entschädigung nach § 15 Abs. 2 AGG, sondern auch für den materiellen Schadenersatz nach Abs. 1 (*Bauer/Evers* NZA 2006, 897). Für den Arbeitgeber ist es deshalb gegebenenfalls günstiger, riskante Regelungen in die Form einer Betriebsvereinbarung oder eines Haustarifvertrages zu gießen, z. B. in Auswahlrichtlinien nach § 95 BetrVG.

**4988** Grobe Fahrlässigkeit setzt voraus, dass sich dem Arbeitgeber das Vorliegen einer unzulässigen Benachteiligung hätte aufdrängen müssen. Handelt der Arbeitgeber in einer schwierigen Rechtsfrage gemäß einer vertretbaren Rechtsansicht, scheidet grobe Fahrlässigkeit regelmäßig aus (*BAG* 8.8.1989 EzA § 95 BetrVG Nr. 18 = AP 18 zu § 95 BetrVG; 14.11.1989 EzA § 99 BetrVG Nr. 85 = AP 76 zu § 99 BetrVG). Bei allgemeinverbindlichen Tarifverträgen, auf die der Arbeitgeber keinen Einfluss nehmen konnte und die durch staatlichen Hoheitsakt in Kraft getreten sind, scheidet grobe Fahrlässigkeit regelmäßig aus (*v. Steinau-Steinrück/Schneider/Wagner* NZA 2005, 31).

### f) Ausschlussfrist

**4989** Für Ansprüche auf Schadensersatz oder Entschädigung nach § 15 Abs. 1 und 2 AGG gilt eine **zweistufige Ausschlussfrist**, die unnötigerweise auf zwei verschiedene Gesetze aufgesplittet wurde.

### aa) Frist zur Geltendmachung

**4990** Nach § 15 Abs. 4 AGG müssen die Ansprüche innerhalb einer Frist von **zwei Monaten schriftlich geltend gemacht** werden (die Vorschrift ist europarechtskonform, *EuGH* 8.7.2010 – C-246/09, »Bulicke«, NZA 2010, 869 und nachfolgend *BAG* 15.3.2012 – 8 AZR 160/11, juris). Nach § 61b Abs. 1 ArbGG muss eine **Klage** innerhalb von **drei Monaten** nach der schriftlichen Geltendmachung erhoben werden. Die Frist für die schriftliche Geltendmachung muss entgegen dem Wortlaut nicht nur für Ansprüche aus § 15 Abs. 1 und 2 AGG gelten, sondern auch für konkurrierende andere vertragliche Schadensersatz- bzw. Entschädigungsansprüche (z. B. aus § 280 BGB i. V. m. § 7 Abs. 3 AGG; *Bauer/Evers* NZA 2006, 897; *Bauer/Göpfert/Krieger* § 16 Rn. 67), nicht aber für Unterlassungs- und Beseitigungsansprüche aus § 1004 BGB (*Bauer/Evers* NZA 2006, 897). Die Geltendmachungsfrist beginnt mit der **Kenntniserlangung** des Benachteiligten von der Benachteiligung. Bei fortgesetztem Verhalten wird es ausreichen, wenn der letzte Vorfall innerhalb der Zwei-Monatsfrist liegt. Fristbeginn setzt Kenntnis voraus. Kennenmüssen i. S. grober Fahrlässigkeit reicht nicht. Eine

## G. Antidiskriminierungsrecht  Kapitel 3

andere Fristberechnung sieht § 15 Abs. 4 S. 2 AGG bei einer Bewerbung oder einer Beförderung vor, hier beginnt die Frist erst mit **Zugang der Ablehnung** zu laufen, was zu einer Endloshaftung des Arbeitgebers führen kann, wenn er Stellenbewerbern keine Absage schickt. § 15 Abs. 4 S. 2 AGG ist allerdings europarechtskonform dahin auszulegen, dass die Frist erst dann zu laufen beginnt, wenn der Bewerber von den Indizien für den AGG-Verstoß Kenntnis erlangt (*BAG* 15.3.2012 – 8 AZR 160/11, juris).

> Für die Praxis von besonderer Bedeutung ist, dass der Arbeitgeber, will er sich auf Fristablauf berufen, die Ingangsetzung der Frist durch den **Zugang der Ablehnung beweisen** muss. Da normalerweise kein Arbeitgeber Ablehnungsschreiben gegen Empfangsbekenntnis oder Einschreiben/Rückschein versendet, wird ihm dieser Beweis regelmäßig nicht gelingen. Deshalb läuft § 15 Abs. 4 AGG bei der Ablehnung einer Bewerbung regelmäßig leer.  **4991**

Nach herrschender Auffassung ist entgegen § 126 BGB die schriftliche Geltendmachung auch in »einfacher Textform« möglich, also z. B. durch **Fax** (*BAG* 11.10.2000 EzA § 4 TVG Ausschlussfristen Nr. 134 = NJW 2001, 989). Zustellung der Klage an den Arbeitgeber innerhalb der Frist ersetzt die schriftliche Geltendmachung (*BAG* 9.8.1990 EzA § 4 TVG Ausschlussfristen Nr. 88 = NZA 1991, 226), § **174 BGB** (Zurückweisung mangels Beifügung einer Vollmachtsurkunde) wird nicht anwendbar sein (vgl. *BAG* 14.8.2002 EzA § 4 TVG Ausschlussfristen Nr. 156 = NZA 2002, 1344). Die Geltendmachung muss hinreichend konkret sein (zu den Einzelheiten *Bauer/Göpfert/Krieger* § 15 Rn. 56), die Höhe des Anspruchs muss jedenfalls mit einer ungefähren Größenordnung mitgeteilt werden (*BAG* 8.2.1972 DB 1972, 978), bei Anspruchshäufungen (Schadensersatz nach § 15 Abs. 1 und Entschädigung nach § 15 Abs. 2 AGG) muss jeder Anspruch grob beziffert werden.  **4992**

Gem. § 15 Abs. 4 S. 1 AGG können die Tarifvertragsparteien abweichende Geltendmachungsfristen regeln. Dabei spielt keine Rolle, ob der Tarifvertrag normativ oder nur kraft vertraglicher Verweisung gilt. **Tarifliche Ausschlussfristen**, egal ob sie kürzer oder länger als zwei Monate sind oder für das Ingangsetzen der Frist an andere Ereignisse anknüpfen, gehen stets vor (*Bauer/Göpfert/Krieger* § 15 Rn. 61). Kürzere **einzelvertragliche** Ausschlussfristen gehen nicht vor, längere dagegen nach § 31 AGG schon (unzutr. *Bauer/Göpfert/Krieger* § 15 Rn. 62). Im Übrigen ist § 203 BGB (Fristhemmung bei Verhandlungen über den Anspruch) nicht analog anwendbar, die Parteien können aber einzelvertraglich eine Fristhemmung vereinbaren.  **4993**

### bb) Klagefrist

Zusätzlich zur Zweimonatsfrist nach § 15 Abs. 4 AGG gilt die dreimonatige Klagefrist nach § 61b Abs. 1 ArbGG, der Geltungsbereich beider Fristen ist identisch. Für den Fristbeginn kommt es bei § 61b ArbGG nur auf die Geltendmachung an, ob und wie der Arbeitgeber reagiert ist unerheblich. Nach § 270 Abs. 3 ZPO wird die Frist durch Eingang der Klage beim Arbeitsgericht gewahrt, wenn sie danach alsbald zugestellt wird. Eine Wiedereinsetzung in den vorherigen Stand oder eine nachträgliche Zulassung entsprechend § 5 KSchG ist nicht vorgesehen. Unerklärlicherweise ist § 61b Abs. 1 ArbGG anders als § 15 Abs. 4 AGG nicht tarifdispositiv. Enthält ein **Tarifvertrag** eine **zweistufige Ausschlussfrist**, so geht folglich auf der ersten Stufe die tarifliche Frist des § 15 Abs. 4 AGG vor, auf der zweiten Stufe dagegen die Frist des § 61b Abs. 1 ArbGG der tariflichen Frist (a. A. *Bauer/Göpfert/Krieger* § 15 Rn. 64).  **4994**

### g) Prozessuale Geltendmachung

Schadenersatz und Entschädigung sind im Prozess durch Leistungsklage geltend zu machen. Dabei kann die Entschädigungsklage unbeziffert erhoben werden, der Kläger muss jedoch ausreichende Tatsachen für die Bemessung des Anspruchs vortragen und die ungefähre Größenordnung angeben (*BGH* 10.10.2002 NJW 2002, 3769; *BAG* 15.2.1005 EzA § 81 SGB IX Nr. 6 = SAE 2006, 390). Zuständig ist das ArbG (§ 2 Abs. 1 Nr. 3c ArbGG). Klagt dagegen der abgelehnte Bewerber gegen einen zwischengeschalteten Dritten (z. B. Headhunter) auf Auskunft über den potentiellen Arbeit-  **4995** geber, sind die Zivilgerichte zuständig (*BAG* 27.8.2008 EzA § 2 ArbGG 1979 Nr. 71 = NZA 2008, 1259).

### 8. Maßregelungsverbot

**4996** § 16 AGG enthält ein Maßregelungsverbot, Beschäftigte dürfen nicht wegen der Inanspruchnahme ihrer Rechte aus dem AGG benachteiligt werden. Das Benachteiligungsverbot erstreckt sich auf Personen, die den Arbeitnehmer bei der Wahrnehmung seiner Rechte unterstützen oder als Zeuge aussagen. § 16 ArbGG geht insoweit über das allgemeine Maßregelungsverbot aus § 612a BGB hinaus, als es nicht darauf ankommen soll, dass die Rechte »in zulässiger Weise« ausgeübt werden. Das kann aber nicht so zu verstehen sein, dass auch völlig **willkürliche** oder **querulatorische** Klagen folgenlos bleiben müssten. Das Maßregelungsverbot bezieht sich auf die Geltendmachung von Entschädigung/Schadensersatz, auf Beschwerden sowie auf eine Leistungsverweigerung nach § 14 AGG, desgleichen auf die Ankündigung solcher Schritte (*Bauer/Göpfert/Krieger* § 16 Rn. 8). Die nach § 16 AGG verbotene »Benachteiligung« wegen der Geltendmachung von Rechten hat mit der Benachteiligung nach § 3 AGG nichts zu tun, sondern bezeichnet schlicht jede Art von denkbaren Sanktionen. § 16 AGG ist ein gesetzliches Verbot i. S. d. § 134 BGB, so dass unzulässige Maßregelungen unwirksam sind. Darüber hinaus können unwirksame Maßregelungen eine Vertragsverletzung sein und Schadensersatzansprüche nach § 280 Abs. 1 BGB auslösen. § 16 Abs. 2 AGG steht zwar auch unter der Überschrift »Maßregelungsverbot«, regelt jedoch teilweise ganz andere Sachverhalte. Nach dieser Vorschrift kann die Zurückweisung oder Duldung benachteiligender Verhaltensweisen durch den Arbeitnehmer nicht als Grundlage für eine Entscheidung herangezogen werden, die diesen Arbeitnehmer berührt. Dem Gesetzgeber ist hier offensichtlich ein Redaktionsversehen unterlaufen, da das Gesetz nicht ernsthaft eine eventuelle Begünstigung/Belohnung oder Entschädigung (vgl. § 15 Abs. 2 AGG!) verbieten kann, die der Arbeitgeber einem benachteiligten Arbeitnehmer als Ausgleich für die Benachteiligung gewährt. Verboten sein kann schlechterdings nur eine negative Maßnahme. § 16 Abs. 2 AGG stellt klar, dass negative Maßnahmen nicht nur gegenüber solchen Arbeitnehmern zulässig sind, die sich gegen eine Benachteiligung wehren (das ergäbe sich schon aus dem allgemeinen Maßregelungsverbot des Abs. 1), sondern auch gegenüber solchen, die eine **Benachteiligung dulden**. So darf beispielsweise einem Arbeitnehmer, der eine Benachteiligung duldet, nicht die Eignung für höhere Aufgaben abgesprochen werden.

**4997** § 16 Abs. 3 AGG regelt, dass für das Maßregelungsverbot § 22 AGG entsprechend gelten soll. Der Sinn der Regelung ist unklar. Die Vorschrift wird wohl so zu verstehen sein, dass für die Geltendmachung einer verbotenen Maßregelung der Vortrag von Indizien ausreicht, die eine Maßregelung vermuten lassen (*Göpfert/Siegrist* ZIP 2006, 1715).

### VIII. Aufgaben des Betriebsrats

**4998** Gem. § 75 BetrVG haben Arbeitgeber und Betriebsrat gemeinsam darüber zu wachen, dass die Arbeitnehmer nach den Grundsätzen von Recht und Billigkeit behandelt werden und jede diskriminierende Benachteiligung unterbleibt. Bei Schaffung des AGG wurden sämtliche in § 1 AGG genannten Benachteiligungsverbote auch in § 75 BetrVG eingefügt. Parallel dazu fordert § 17 Abs. 1 AGG die Betriebsparteien, aber auch die Tarifvertragsparteien, noch einmal besonders auf, im Rahmen ihrer Aufgaben und Handlungsmöglichkeiten an der Vermeidung von Diskriminierung mitzuwirken (ausf. *Hayen* AiB 2006, 730). Der Betriebsrat hat nach § 80 BetrVG auch darüber zu wachen, dass im Betrieb keine unzulässigen Diskriminierungen vorkommen. Zur Prüfung möglicher Ungleichbehandlungen kann er sein **Einsichtsrecht in die Gehaltslisten** nach § 80 Abs. 2 S. 2 BetrVG wahrnehmen (*Hayen* AiB 2006, 780). Einer diskriminierenden **Einstellung** kann der Betriebsrat nach § 99 BetrVG widersprechen (*Däubler* AiB 2006, 617). Kein Mitbestimmungsrecht besteht bei der Ausgestaltung des **Beschwerdeverfahrens** und der **Beschwerdestelle** (*BAG* 21.7.2009 DB 2009, 1993). In betriebsratsfähigen Betrieben können gem. § 17 Abs. 2 AGG bei groben Verstößen des Arbeitgebers **Unterlassungsansprüche durch den Betriebsrat** oder eine im Betrieb vertretene Gewerkschaft geltend gemacht werden (z. B. *Hess. LAG* 6.3.2008 – 9 TABV 251/07, Beck RS

2008, 54494; ausf. dazu *Klumpp* NZA 2006, 904; *Besgen* BB 2007, 213; *Besgen/Roloff* NZA 2007, 670). § 17 Abs. 2 AGG verweist für die Voraussetzungen eines Unterlassungsanspruchs auf § 23 Abs. 3 S. 1 BetrVG, daraus ergibt sich – zusätzlich zu dem ausdrücklichen Wortlaut von § 17 Abs. 2 AGG – das Erfordernis eines groben Verstoßes, was nach der Rechtsprechung bedeutet, dass der Verstoß objektiv erheblich und offensichtlich schwerwiegend sein muss (*BAG* 29.2.2000 EzA § 97 BetrVG Betriebliche Lohngestaltung Nr. 69 = AP 105 zu § 87 BetrVG Lohngestaltung). In der Regel ist dafür eine wiederholte und beharrliche Pflichtverletzung erforderlich, nur im Ausnahmefall reicht eine einzelne besonders krasse Pflichtverletzung (*BAG* 14.11.1989 AP 76 zu § 99 BetrVG). Falsches Handeln des Arbeitgebers bei einer schwierigen und ungeklärten Rechtsfrage im Einklang mit einer vertretbaren Rechtsansicht reicht auf keinen Fall für einen groben Verstoß (*BAG* 8.8.1989 EzA § 95 BetrVG Nr. 18 = AP 18 zu § 95 BetrVG). Rätselhaft ist § 17 Abs. 2 S. 2 AGG, wonach der **Betriebsrat** mit einem Unterlassungsantrag **nicht Ansprüche des benachteiligten Arbeitnehmers geltend machen** darf. Offensichtlich ist, dass § 17 Abs. 2 S. 2 AGG eine gesetzliche Prozessstandschaft des Betriebsrats für die Arbeitnehmer ausschließen will. Der Betriebsrat soll nicht Ansprüche der Arbeitnehmer an sich reißen können, ggf. sogar gegen deren Willen. Zu weitgehend erscheint andererseits die Auffassung, dass Ansprüche des Betriebsrats immer dann ausgeschlossen sind, wenn der einzelne Beschäftigte durch eine Individualklage das gleiche Rechtsschutzziel erreichen könnte, ggf. zusammen mit anderen Beschäftigten (*Hayen* AiB 2006, 737; a. A. *Bauer/Göpfert/Krieger* § 17 Rn. 22). Denn dann liefe § 17 Abs. 2 S. 1 AGG angesichts des dichten Netzes des Individualrechtsschutzes gegen benachteiligende Maßnahmen regelmäßig leer. Jedenfalls kann die Einschränkung des § 17 Abs. 2 Satz 2 AGG nicht gelten, wenn ohnehin ein Fall des § 23 BetrVG vorliegt, also ein grober Verstoß des Arbeitgebers gegen Pflichten aus dem BetrVG. Zu den Pflichten aus dem BetrVG gehört auch der Gleichbehandlungsgrundsatz des § 75 BetrVG. Diese Argumente sprechen dafür, § 17 Abs. 2 S. 2 AGG restriktiv zu verstehen und nur die gezielte Geltendmachung individueller Ansprüche durch den Betriebsrat abzuschneiden, nicht aber allgemein gefasste Unterlassungsansprüche auf Grund von Benachteiligungen mit kollektivem Bezug (*Klumpp* NZA 2006, 906; dazu auch *Besgen* BB 2007, 213; *Besgen/Roloff* NZA 2007, 670).

## IX. Antidiskriminierungsverbände

§ 23 AGG regelt die Schaffung und Tätigkeit von Antidiskriminierungsverbänden. Nach § 23 Abs. 1 AGG sind Antidiskriminierungsverbände Personenzusammenschlüsse, die – nicht gewerbsmäßig und auf Dauer – die besonderen Interessen von benachteiligten Personen oder Personengruppen nach Maßgabe von § 1 AGG wahrnehmen. Über Rolle und Aufgaben der Antidiskriminierungsverbände ist im Gesetzgebungsverfahren heftig gestritten worden. Besondere Bedeutung hat die Frage erlangt, ob sich Antidiskriminierungsverbände die individuellen Ansprüche von (vermeintlich) benachteiligten Arbeitnehmern/Stellenbewerbern abtreten lassen und sie dann im eigenen Namen verfolgen können. Die ursprünglich vorgesehene Möglichkeit einer Abtretung wurde im Verlauf des Gesetzgebungsverfahrens ausdrücklich gestrichen. Im Umkehrschluss ergibt sich deshalb ein **Abtretungsverbot** (§ 399 BGB; *Willemsen/Schweibert* NJW 2006, 2592). Antidiskriminierungsverbände können deshalb nur als Beistände im arbeitsgerichtlichen Verfahren auftreten (§ 23 Abs. 2 AGG), also auch nicht als echte Prozessvertreter oder gar in Prozessstandschaft (ausf. *Thüsing/Burg* ZTR 2007, 71). In der Praxis werden vermeintlich offiziell wirkende Antidiskriminierungsverbände mitunter von Anwälten aus rein kommerziellen Interessen gegründet.

**4999**

## X. Antidiskriminierungsstelle des Bundes

Die §§ 25 ff. AGG haben eine neue Behörde ins Leben gerufen, nämlich die Antidiskriminierungsstelle des Bundes, die beim Bundesministerium für Familie, Senioren, Frauen und Jugend errichtet ist (krit. *Philipp* NVwZ 2006, 1235). Die wesentlichen Aufgaben ergeben sich aus § 27 AGG: Wer der Ansicht ist, wegen eines in § 1 AGG genannten Grundes benachteiligt worden zu sein, kann sich an die Antidiskriminierungsstelle des Bundes wenden. Diese kann gem. § 27 Abs. 2 AGG nicht nur die Betroffenen informieren, sondern sie kann auch eine gütliche Beilegung zwischen den Beteiligten anstreben, in diesem Rahmen kann sie gem. § 28 AGG auch die Beteiligten um Stellungnahme er-

**5000**

# Kapitel 4 Die Beendigung des Arbeitsverhältnisses

## Übersicht

| | Rdn. |
|---|---|
| A. Übersicht | 1 |
| B. Die Erklärung der Kündigung durch den Arbeitgeber | 7 |
| I. Die Kündigungserklärung | 7 |
|   1. Inhaltliche und förmliche Voraussetzungen | 7 |
|     a) Schriftform der Kündigungserklärung | 7 |
|     b) Eindeutigkeit des Beendigungswillens | 42 |
|     c) Angabe der Kündigungsgründe | 54 |
|     d) Auslegung der Erklärung des Arbeitgebers | 61 |
|     e) Grundsatz der Klarheit | 63 |
|     f) Vorsorgliche Kündigung; Abgrenzung zur »Bestätigung der Kündigung« und zur Berufung auf die Befristung des Arbeitsvertrages; doppelt verlautbarte Kündigung | 71 |
|     g) Ort und Zeit der Kündigungserklärung | 80 |
|   2. Zugang der Kündigungserklärung | 84 |
|     a) Zugang unter Anwesenden | 85 |
|     b) Zugang unter Abwesenden | 90 |
|   3. Vertretung; Unterzeichnung mit »i. A.« oder »i. V.« | 127 |
|     a) Kündigungserklärung durch Bevollmächtigte | 137 |
|     b) Prozessuale Geltendmachung | 172 |
|     c) Empfangsbefugnis dritter Personen | 173 |
|   4. »Rücknahme der Kündigung« | 176 |
|     a) Inhaltsbestimmung | 176 |
|     b) Erklärung im Kündigungsschutzprozess | 180 |
|     c) Verhalten des Arbeitnehmers; Rechtswirkungen | 183 |
|   5. »Annahme der Kündigung« | 189 |
| II. Kündigungsfristen | 190 |
|   1. Entwicklungslinien | 190 |
|   2. Überblick über die gesetzliche Regelung | 193 |
|     a) Grundkündigungsfrist | 193 |
|     b) Verlängerte Kündigungsfristen; Wartezeit | 194 |
|     c) Berechnung der Wartezeit | 197 |
|   3. Geltungsbereich | 203 |
|   4. Berechnung der Kündigungsfristen | 209 |
|     a) Anwendbarkeit der §§ 186 ff. BGB | 209 |
|     b) Vorzeitige Kündigung | 213 |
|   5. Einzelvertragliche Regelungen | 215 |
|     a) Verkürzung der Kündigungsfristen und Änderung der Kündigungstermine | 215 |
|     b) Verlängerung der Kündigungsfristen und Änderung der Kündigungstermine (§ 622 Abs. 5 S. 2 BGB) | 242 |
|     c) Vereinbarung der Anwendung abweichender tarifvertraglicher Bestimmungen (§ 622 Abs. 4 S. 2 BGB) | 245 |
|     d) Rechtsfolgen unwirksamer oder lückenhafter Vereinbarungen | 253 |
|   6. Tarifvertragliche Regelungen (§ 622 Abs. 4 S. 1, Abs. 6 BGB) | 260 |
|     a) Grundlagen | 260 |
|     b) Abgrenzung zwischen konstitutiven und deklaratorischen tarifvertraglichen Regelungen | 263 |
|     c) Inhalt und Grenzen der Regelungsbefugnis | 269 |
|     d) Geltung tariflicher Kündigungsvorschriften | 277 |
|     e) Tarifvertrag und günstigere Individualabsprache | 281 |
|     f) Verfassungswidrigkeit unterschiedlicher tariflicher Kündigungsfristen und Wartezeiten für Arbeiter und Angestellte | 285 |
|     g) Beispiele aus der Rechtsprechung | 299 |
|     h) Auswirkungen des KündFG auf die Beurteilung der Verfassungsmäßigkeit tariflicher Kündigungsregelungen | 312 |
|     i) Auswirkungen verfassungswidriger Kündigungsregelungen | 315 |
|   7. Auswirkungen des KündFG auf Altkündigungen und auf Altregelungen | 317 |
|     a) Altkündigungen (Art. 222 EGBGB) | 317 |
|     b) Altregelungen für weiterhin bestehende Arbeitsverhältnisse | 318 |
| III. Beschränkung des Rechts zur Erklärung einer Kündigung | 329 |
|   1. Tarifnormen, Betriebsvereinbarungen | 329 |
|   2. Gesetzliche Vorschriften | 339 |
|   3. Einzelvertraglicher Kündigungsschutz | 342 |
| C. Die Rechtswirksamkeit der außerordentlichen Arbeitgeberkündigung | 348 |
| I. Sonstige Unwirksamkeitsgründe | 350 |
|   1. Beteiligung des Betriebsrats/Personalrats | 350 |
|     a) Rechtsgrundlagen | 350 |

# Die Beendigung des Arbeitsverhältnisses   Kapitel 4

|   |   | Rdn. |
|---|---|---|
| b) | Begriffsbestimmungen | 360 |
| c) | Auslandseinsatz | 363 |
| d) | Rechtsfolgen fehlerhafter Beteiligung | 365 |
| e) | Funktionsfähigkeit des Betriebsrats; Betriebsstilllegung | 367 |
| f) | Personalausschüsse | 376 |
| g) | Verfahrensgang | 379 |
| h) | Inhaltliche Anforderungen | 420 |
| i) | Fehler im Verantwortungsbereich des Betriebsrats | 455 |
| j) | Personalvertretungsrechtliche Vorschriften | 469 |
| k) | Darlegungs- und Beweislast | 474 |
| l) | Zustimmungsbedürftige Kündigungen auf Grund Betriebsvereinbarung (§ 102 Abs. 6 BetrVG) oder Tarifvertrag | 486 |
| m) | Der Sonderfall: die außerordentliche Kündigung eines ordentlich unkündbaren Arbeitnehmers | 493 |
| n) | Überprüfung durch das Revisionsgericht | 494 |
| 2. | Mitwirkung des Betriebsrats bei der Kündigung von Mandatsträgern (§ 103 BetrVG, § 15 KSchG) | 495 |
| a) | Grundsätze | 495 |
| b) | Wichtiger Grund beim Betriebsratsmitglied | 550 |
| c) | Ordentliche Kündigung bei Betriebsstilllegung oder Stilllegung einer Betriebsabteilung | 570 |
| d) | Das Zustimmungsersetzungsverfahren | 603 |
| e) | Besonderheiten bei Tendenzträgern | 638 |
| f) | Verhältnis zu sonstigen Kündigungsschutzvorschriften | 642 |
| 3. | Der besondere Kündigungsschutz schwangerer Frauen (§ 9 MuSchG) | 647 |
| a) | Struktur der gesetzlichen Regelung; Schriftform | 647 |
| b) | Fristberechnung für den Beginn des Kündigungsschutzes; Darlegungs- und Beweislast | 655 |
| c) | Ausschluss der Anwendbarkeit | 658 |
| d) | Kenntnis des Arbeitgebers | 660 |
| e) | Zustimmung der obersten Landesbehörde | 675 |
| f) | Auswirkungen des unionsrechtlichen Arbeitnehmerbegriffs bei Organmitgliedern | 698a |
| 4. | Besonderer Kündigungsschutz von Arbeitnehmern in der Elternzeit (§ 18 BEEG) | 699 |
| a) | Grundlagen | 699 |
| b) | Zeitlicher Geltungsbereich des besonderen Kündigungsschutzes; Geltendmachung durch den Arbeitnehmer; Rechtsmissbrauch | 708 |
| c) | Verhältnis zum Mutterschutz gem. § 9 MuSchG | 716 |
| d) | Verwirkung | 719 |
| 5. | Besonderer Kündigungsschutz in der Pflegezeit | 720 |
| a) | PflegeZG | 720 |
| b) | Familienpflegezeit (FPfZG) | 720a |
| 6. | Besonderer Kündigungsschutz von schwer behinderten Arbeitnehmern (§§ 85, 91 SGB IX); Prävention (§ 84 SGB IX) | 721 |
| a) | Anwendungsbereich; Ausgestaltung | 721 |
| b) | Auslandsbezug | 725 |
| c) | Verfahren | 726 |
| d) | Kenntnis des Arbeitgebers; Rechtslage ab dem 1.5.2004 | 762 |
| 7. | Kündigungsschutz Wehr- und Zivildienstleistender | 794 |
| a) | Zweck der gesetzlichen Regelung | 794 |
| b) | Tatbestandsvoraussetzungen | 795 |
| c) | Rechtsfolgen | 804 |
| d) | Klagefrist | 818 |
| 8. | Kündigungsschutz für Abgeordnete | 820 |
| a) | Behinderungsverbot | 820 |
| b) | Normative Regelungen | 822 |
| 9. | Besonderer Kündigungsschutz für Betriebsärzte, Fachärzte für Arbeitssicherheit, Datenschutz-, Immissionsschutzbeauftragte | 833 |
| a) | Betriebsärzte, Fachkräfte für Arbeitssicherheit | 833 |
| b) | Sicherheitsbeauftragte | 843 |
| c) | Immissionsschutzbeauftragte | 845 |
| d) | Abfallbeauftragte; Gewässerschutzbeauftragte | 850 |
| e) | Datenschutzbeauftragte | 853 |
| 10. | Kündigungsschutz im Berufsausbildungsverhältnis | 863 |
| a) | Kündigung in der Probezeit | 863 |
| b) | Kündigung nach Ablauf der Probezeit | 868 |
| c) | Klagefrist? | 892 |
| d) | Kündigung vor Beginn der Berufsausbildung | 894 |
| 11. | § 613a Abs. 4 BGB | 895 |
| a) | Grundlagen | 895 |
| b) | Eigenständiges Kündigungsverbot, Klagefrist | 900 |
| c) | Voraussetzungen | 902 |
| d) | Kündigung aus anderen Gründen | 921 |
| e) | Rechtslage außerhalb des Geltungsbereichs des KSchG | 925 |

| | Rdn. |
|---|---|
| f) Betriebsübergang an ausländische Erwerber | 926 |
| g) Wiedereinstellungsanspruch | 931 |
| h) Darlegungs- und Beweislast | 935 |
| 12. Bergmannsversorgungsschein | 952 |
| II. Klagefrist (§§ 13 Abs. 1, 4, 7 KSchG) | 954 |
| 1. Regelungsbereich des KSchG (§§ 1, 23 KSchG) | 954 |
| a) Grundsätze | 954 |
| b) Regelungsgehalt des § 13 Abs. 1 KSchG | 975 |
| c) Nachträgliche Zulassung der Kündigungsschutzklage (§§ 13 Abs. 1, 5 KSchG) | 982 |
| 2. Berufsausbildungsverhältnis | 1023 |
| 3. Verwirkung des Klagerechts außerhalb des Anwendungsbereichs der §§ 1, 23 KSchG | 1024 |
| III. Ausschlussfrist (§ 626 Abs. 2 BGB) | 1025 |
| 1. Grundsätze | 1025 |
| a) Kenntnis des Arbeitgebers | 1025 |
| b) Dauergründe | 1058 |
| 2. Einzelfragen | 1068 |
| a) § 102 BetrVG, § 79 BPersVG | 1068 |
| b) § 15 KSchG, § 103 BetrVG | 1071 |
| c) § 9 MuSchG, § 18 BEEG | 1079 |
| d) §§ 85, 91 SGB IX; Verhältnis zu § 102 BetrVG | 1082 |
| IV. Materielle Voraussetzungen für eine außerordentliche Kündigung (§ 626 Abs. 1 BGB) | 1087 |
| 1. Grundsätze | 1087 |
| a) Geltungsbereich des § 626 BGB; sonstige Regelungen einer außerordentlichen Kündigung | 1087 |
| b) Zwingendes Recht | 1090 |
| c) Wichtiger Grund | 1104 |
| 2. Prüfungsmaßstab | 1117 |
| a) Der Regelfall | 1117 |
| b) Ausschluss der ordentlichen Kündigung | 1119 |
| 3. »An sich« zur außerordentlichen Kündigung geeigneter Kündigungsgrund | 1141 |
| a) Maßgeblicher Beurteilungszeitpunkt; Sachverhaltsaufklärung? | 1141 |
| b) Keine »absoluten« Kündigungsgründe | 1143 |
| c) Systematisierung der Kündigungsgründe | 1146 |
| d) Dringende betriebliche Gründe | 1147 |
| e) Gründe im Verhalten des Arbeitnehmers | 1155 |
| f) Notwendigkeit der Abmahnung bei Störungen im Leistungs-, Verhaltens- und Vertrauensbereich | 1341 |
| g) Personenbedingte Gründe | 1353 |

| | Rdn. |
|---|---|
| h) Außerdienstliches Verhalten; unerlaubte Nebentätigkeiten | 1365 |
| 4. Verhältnismäßigkeitsprinzip | 1372 |
| 5. Interessenabwägung | 1378 |
| a) Zu berücksichtigende Kriterien | 1379 |
| b) Berücksichtigung von Unterhaltspflichten und Familienstand? | 1386 |
| c) Verhältnis der Abwägungskriterien zueinander; Amtsaufklärung? | 1388 |
| d) Kritik | 1390 |
| e) Interessenabwägung durch das Revisionsgericht | 1390a |
| 6. Anhörung des Arbeitnehmers | 1391 |
| 7. Verwertung betriebsverfassungswidrig erlangter Informationen durch den Arbeitgeber | 1394 |
| 8. Wiederholungs-, Trotzkündigung | 1395 |
| V. Darlegungs- und Beweislast | 1400 |
| 1. Kündigung | 1400 |
| 2. § 626 Abs. 2 BGB | 1404 |
| 3. § 626 Abs. 1 BGB | 1408 |
| VI. Nachschieben von Kündigungsgründen | 1416 |
| 1. Grundsätze | 1416 |
| 2. Verhältnis zu § 102 BetrVG | 1420 |
| a) Zur Zeit der Kündigung bereits entstandene und dem Arbeitgeber bekannte Kündigungsgründe | 1420 |
| b) Zur Zeit der Kündigung bereits entstandene, dem Arbeitgeber aber noch unbekannte Kündigungsgründe | 1425 |
| 3. Verhältnis zu § 103 BetrVG | 1433 |
| VII. Die Verdachtskündigung | 1436 |
| 1. Allgemeine Voraussetzungen | 1436 |
| a) Begriffsbestimmung | 1436 |
| b) Übersicht über die Voraussetzungen der Verdachtskündigung | 1437 |
| c) Legitimation der Verdachtskündigung | 1438 |
| 2. Begründung der Kündigung | 1443 |
| 3. Anhörung des Arbeitnehmers | 1450 |
| a) Wirksamkeitsvoraussetzung | 1450 |
| b) Mitwirkungspflicht des Arbeitnehmers | 1468 |
| 4. Beurteilungszeitpunkt | 1473 |
| a) Grundlagen | 1473 |
| b) Der Sonderfall: Langer Zeitraum zwischen Verdachtsmomenten und Kündigung | 1477 |
| 5. Dringender Tatverdacht | 1478 |
| 6. Interessenabwägung | 1497 |
| 7. Besonderheiten bei der Zweiwochenfrist (§ 626 Abs. 2 BGB) und die Entwicklung von Strafverfahren | 1502 |
| a) Kenntnis des Arbeitgebers | 1502 |
| b) Hemmung des Fristablaufs | 1505 |
| c) Abschluss des Ermittlungs- und |  |

# Die Beendigung des Arbeitsverhältnisses  Kapitel 4

|  | Rdn. |
|---|---|
| Strafverfahrens; Verhältnis zur Tatkündigung | 1510 |
| d) Aussetzung des Kündigungsschutzverfahrens? | 1520a |
| 8. Besonderheiten bei der Anhörung des Betriebsrats | 1521 |
| 9. Die Verdachtskündigung als ordentliche Kündigung (§ 622 BGB, § 1 KSchG) | 1531 |
| 10. Fehlprognose und Wiedereinstellungsanspruch | 1538 |
| a) Wiedereinstellung | 1538 |
| b) Problemstellung; Anspruchsgrundlagen | 1541 |
| c) Prozessuale Geltendmachung | 1546 |
| d) Restitutionsklage | 1551 |
| 11. Kritik | 1553 |
| VIII. Druckkündigung | 1561 |
| 1. Begriff | 1561 |
| 2. Voraussetzungen | 1564 |
| a) Vorliegen eines weiteren Kündigungsgrundes | 1564 |
| b) Fehlen eines weiteren Kündigungsgrundes | 1567 |
| c) Arbeitsverhältnis mit Auslandsberührung | 1573 |
| d) Kündigung auf Verlangen des Betriebsrats (§ 104 BetrVG) | 1575 |
| e) Kündigung des Arbeitsverhältnisses | 1585 |
| f) Darlegungs- und Beweislast | 1588 |
| 3. Besonderheiten bei der Beteiligung des Betriebsrats | 1589 |
| 4. Rechtsfolgen der Druckkündigung | 1590 |
| IX. Besonderheiten der außerordentlichen Kündigung im öffentlichen Dienst der neuen Bundesländer | 1591 |
| 1. Normative Grundlagen | 1591 |
| 2. Zweck der Regelung | 1595 |
| 3. Eigenständige Regelung neben § 626 BGB; Anwendbarkeit sonstiger Kündigungsschutzbestimmungen | 1597 |
| 4. Tatbestandsvoraussetzungen im Einzelnen | 1603 |
| a) Verstoß gegen die Grundsätze der Menschlichkeit oder Rechtsstaatlichkeit | 1603 |
| b) Tätigkeit für das frühere Ministerium für Staatssicherheit/Amt für nationale Sicherheit | 1604 |
| 5. Verfahrensfragen; Darlegungs- und Beweislast | 1606 |
| X. Vergütung und Schadensersatz (§ 628 BGB) | 1611 |
| D. Umdeutung einer unwirksamen außerordentlichen Kündigung in eine ordentliche Kündigung | 1624 |

|  | Rdn. |
|---|---|
| I. Abgrenzung zur hilfsweise/vorsorglich erklärten ordentlichen Kündigung | 1624 |
| 1. Gerichtliche Geltendmachung | 1625 |
| 2. Umdeutung | 1627 |
| II. Voraussetzungen für die Umdeutung | 1628 |
| III. Prozessuale Fragen | 1634 |
| 1. Voraussetzungen für die gerichtliche Überprüfung einer durch Umdeutung ermittelten ordentlichen Kündigung | 1634 |
| 2. Hinnahme der ordentlichen Kündigung bei allgemeinem Feststellungsantrag | 1639 |
| IV. Anhörung des Betriebsrats | 1643 |
| 1. Gesonderte Beteiligung des Betriebsrats | 1643 |
| 2. Ausnahme: Zustimmung des Betriebsrats | 1647 |
| V. Darlegungs- und Beweislast | 1649 |
| E. **Wirksamkeit einer ordentlichen Arbeitgeberkündigung (Überblick; sonstige Unwirksamkeitsgründe)** | 1650 |
| I. Überblick | 1650 |
| II. Sonstige Unwirksamkeitsgründe | 1653 |
| 1. Beteiligung des Betriebsrats/Personalrats | 1654 |
| a) Grundsätze | 1654 |
| b) Besonderheiten vor Ablauf der Sechsmonatsfrist | 1695 |
| c) Widerspruch des Betriebsrats | 1707 |
| d) Unterrichtung des Arbeitnehmers (§ 102 Abs. 4 BetrVG) | 1738 |
| 2. §§ 85 ff. SGB IX | 1742 |
| a) Pflichtgemäßes Ermessen des Integrationsamtes; Verhältnis zum Präventionsverfahren (§ 84 SGB IX) | 1744 |
| b) Abwägung der widerstreitenden Interessen; Aufklärungspflicht | 1748 |
| c) Mitwirkungspflicht des Arbeitnehmers | 1753 |
| d) Auflagen, Bedingungen | 1754 |
| e) Besonderheiten bei betriebsbedingten Kündigungen | 1757 |
| f) Kündigung nach Zugang des Zustimmungsbescheides; Monatsfrist; Zusammentreffen von Zustimmungserfordernissen | 1762 |
| g) Änderung des Kündigungssachverhalts | 1764 |
| h) Das Gesetz zur Förderung der Ausbildung und Beschäftigung schwer behinderter Menschen (ab 1.5.2004) | 1765 |
| III. Klagefrist (§§ 4, 7 KSchG) | 1766 |
| 1. Regelungsbereich des KSchG (§§ 4, 7 KSchG) | 1766 |
| a) Grundlagen | 1766 |

# Kapitel 4

Die Beendigung des Arbeitsverhältnisses

|   | Rdn. |
|---|---|
| b) Ausnahmen | 1771 |
| 2. Rechtslage außerhalb der §§ 1, 23 KSchG | 1772 |
| a) Eingeschränkte Geltung des Grundsatzes der Kündigungsfreiheit; Art. 30 GRC | 1772 |
| b) Gleichbehandlungsgrundsatz? | 1776 |
| c) Sittenwidrigkeit | 1779 |
| d) Benachteiligungsverbot (§ 612a BGB) | 1785 |
| e) Verstoß gegen Treu und Glauben (§ 242 BGB) | 1790 |
| f) Art. 5 Abs. 1 RL 76/207/EWG, Art. 10 RL 92/85 EG | 1830 |
| g) Anderweitige Beschäftigungsmöglichkeit; unterbliebenes Präventionsverfahren/betriebliches Eingliederungsmanagement | 1832 |
| h) § 90 Abs. 3 SGB IX | 1835 |
| i) Abmahnung? | 1836 |
| j) Darlegungs- und Beweislast | 1837 |
| IV. Die Sozialwidrigkeit der ordentlichen Kündigung gem. § 1 KSchG (Überblick) | 1841 |
| 1. Voraussetzungen der Anwendbarkeit des KSchG | 1841 |
| a) Betriebsbegriff (§ 23 Abs. 1 S. 1 KSchG) | 1842 |
| b) Kleinbetriebsklausel (§ 23 Abs. 1 S. 2 KSchG) | 1858 |
| c) Persönlicher Anwendungsbereich | 1880 |
| 2. Darlegungs- und Beweislast | 1896 |
| a) Wartezeit | 1896 |
| b) Beschäftigtenzahl | 1901 |
| 3. Sozialwidrigkeit der Kündigung | 1909 |
| a) Relative Unwirksamkeitsgründe | 1909 |
| b) Absolute Unwirksamkeitsgründe | 1911 |
| c) Verzicht auf den Kündigungsschutz | 1913 |
| V. Besonderheiten der ordentlichen Kündigung im öffentlichen Dienst der neuen Bundesländer | 1925 |
| F. **Die ordentliche personenbedingte Arbeitgeberkündigung** | 1927 |
| I. Begriffsbestimmung; Abgrenzung zur verhaltensbedingten Kündigung | 1927 |
| II. Übersicht über die Voraussetzungen der krankheitsbedingten Kündigung | 1933 |
| 1. Begriffsbestimmungen | 1933 |
| 2. Überblick über die Tatbestandsvoraussetzungen | 1936 |
| III. Negative Gesundheitsprognose | 1937 |
| 1. Begriffsbestimmung | 1937 |
| 2. Gegenstand der Prognose | 1939 |
| 3. Einlassung des Arbeitnehmers | 1943 |
| 4. Praktische Bedeutung ärztlicher Bescheinigungen über nur noch eingeschränkte Einsatzfähigkeit | 1944 |
| 5. Tarifliche Regelungen | 1952 |
| 6. Durch Schwangerschaft verursachte Krankheiten | 1953 |
| 7. Prävention und Eingliederungsmanagement (§ 84 SGB IX) | 1954 |
| a) Gefährdung des Arbeitsverhältnisses schwer behinderter Arbeitnehmer | 1955 |
| b) Prävention für alle Arbeitnehmer (Eingliederungsmanagement) | 1956 |
| 8. Verstoß gegen §§ 1, 7 Abs. 1 AGG | 1957 |
| IV. Erhebliche Beeinträchtigungen betrieblicher Interessen | 1958 |
| 1. Begriffsbestimmung | 1958 |
| 2. Darlegung erheblicher Betriebsstörungen | 1959 |
| 3. Entgeltfortzahlungskosten | 1964 |
| a) Grundlagen | 1965 |
| b) Höhe der kündigungsrechtlich relevanten Entgeltfortzahlungskosten | 1971 |
| c) Vergleich mit anderen Arbeitnehmern | 1973 |
| d) Erfordernis konkreter Auswirkungen der Entgeltfortzahlungskosten auf den Betrieb? | 1976 |
| V. Interessenabwägung | 1979 |
| 1. Notwendigkeit einer Interessenabwägung? | 1979 |
| 2. Kriterien der Interessenabwägung | 1981 |
| a) Berücksichtigung aller wesentlichen Umstände des Einzelfalles | 1981 |
| b) Entbehrlichkeit der Interessenabwägung | 1984 |
| c) Vorliegen eines der Widerspruchstatbestände ohne (ordnungsgemäßen) Widerspruch des Betriebsrats | 1985 |
| d) »Besonders strenge Anforderungen« bei der personenbedingten Kündigung? | 1988 |
| e) Bewertung der Mitursächlichkeit betrieblicher Verhältnisse | 1992 |
| f) Gesundheitsschädigendes Verhalten des Arbeitnehmers | 1998 |
| g) Bisheriger Verlauf des Arbeitsverhältnisses | 2000 |
| h) Weitere Überbrückungsmaßnahmen | 2004 |
| VI. Dauernde Arbeitsunfähigkeit | 2007 |
| 1. Besonderheiten bei dauernder Arbeitsunfähigkeit | 2007 |
| 2. Modifizierung der Darlegungs- und Beweislast | 2011 |

|   | | Rdn. |
|---|---|---|
| 3. | Arbeitsunfähigkeit auf unabsehbare Zeit | 2016 |
| 4. | Besonderheiten bei der Interessenabwägung | 2017 |
| 5. | Ruhen des Arbeitsverhältnisses wegen Gewährung einer befristeten Erwerbsunfähigkeitsrente | 2020 |
| VII. | Maßgeblicher Beurteilungszeitpunkt; Wiedereinstellungsanspruch? | 2021 |
| VIII. | Darlegungs- und Beweislast | 2030 |
| 1. | Negative Gesundheitsprognose | 2031 |
| | a) Grundsatz | 2031 |
| | b) Prognosetatsachen; Art und Dauer der bisherigen Erkrankungen | 2032 |
| | c) Prognoseschädliche Tatsachen (§ 138 Abs. 2 ZPO) | 2037 |
| | d) Ursächlichkeit betrieblicher Umstände | 2045 |
| | e) Beweis der negativen Gesundheitsprognose | 2049 |
| 2. | Betriebliche Störungen | 2054 |
| 3. | Dauernde Arbeitsunfähigkeit; Arbeitsunfähigkeit auf unabsehbare Zeit | 2060 |
| 4. | Verminderte Leistungsfähigkeit | 2063 |
| IX. | Einzelfragen; weitere Gründe einer personenbedingten Kündigung | 2065 |
| 1. | Abmahnung | 2065 |
| 2. | Alkohol- und Drogensucht | 2068 |
| | a) Personen-, verhaltensbedingte Kündigung? | 2069 |
| | b) Krankheitsbedingte Kündigung | 2076 |
| 3. | Aids | 2090 |
| | a) HIV-Infektion | 2090 |
| | b) Vollbild der Erkrankung | 2092 |
| | c) Unmöglichkeit der Erbringung der Arbeitsleistung | 2094 |
| | d) Druckkündigung | 2095 |
| 4. | Inhaftierung des Arbeitnehmers | 2098 |
| | a) Dauer der Strafhaft | 2098 |
| | b) Betriebliche Auswirkungen | 2103 |
| | c) Untersuchungshaft | 2107 |
| 5. | Mangelnde Eignung des Arbeitnehmers | 2108 |
| | a) Begriffsbestimmung | 2108 |
| | b) Objektive Eignungsmängel | 2111 |
| | c) Subjektive Eignungsmängel | 2119 |
| 6. | Wirtschaftliche und soziale Absicherung eines nebenberuflich tätigen Arbeitnehmers | 2140 |
| 7. | Verfassungspolitische Einstellung; politische Tätigkeit | 2141 |
| | a) Verfassungsfeindliche Betätigung als arbeitsvertragliche Pflichtverletzung | 2141 |
| | b) Feststellung der fehlenden Eignung | 2151 |

|   | | Rdn. |
|---|---|---|
| 8. | Ehe; Ehegatten-Arbeitsverhältnis; Lebensgemeinschaft | 2154 |
| 9. | Ehrenämter | 2160 |
| 10. | Ableistung des Wehrdienstes von Nicht-EU-Ausländern | 2163 |
| 11. | Sicherheitsbedenken | 2166 |
| 12. | Äußeres Erscheinungsbild | 2167 |
| 13. | Sexualpraktiken | 2174 |
| 14. | Unmöglichkeit der Gewährung eines Ersatzruhetages | 2176 |
| 15. | Wegfall der Sozialversicherungsfreiheit eines Studenten; Exmatrikulation | 2177 |
| G. | **Die ordentliche verhaltensbedingte Arbeitgeberkündigung** | 2178 |
| I. | Verhaltensbedingter Kündigungsgrund | 2178 |
| 1. | Begriffsbestimmung; Verknüpfung mit § 626 Abs. 1 BGB | 2178 |
| 2. | Fallgruppen | 2182 |
| 3. | Sonderformen | 2183 |
| 4. | Beurteilungsmaßstab | 2185 |
| II. | Überblick über die Voraussetzungen einer ordentlichen verhaltensbedingten Arbeitgeberkündigung | 2186 |
| III. | (I. d. R.) schuldhaftes Fehlverhalten | 2187 |
| 1. | Verschulden | 2187 |
| 2. | Objektive Pflichtwidrigkeit | 2190 |
| 3. | Schlecht- oder Minderleistungen des Arbeitnehmers | 2192 |
| | a) Feststellung des Inhalts der vertraglich geschuldeten Leistung | 2192 |
| | b) Auswirkungen auf die Darlegungslast | 2200 |
| | c) »Umlernphase« nach Abmahnung | 2204 |
| 4. | Arbeitsverweigerung | 2205 |
| | a) Leistungspflicht des Arbeitnehmers? | 2205 |
| | b) Leistungsverweigerungsrecht | 2210 |
| | c) Verweigerung von Mehr-, Überarbeit | 2219 |
| 5. | Unentschuldigtes Fehlen; Verspätungen | 2225 |
| 6. | Nichtüberlassung von Arbeitspapieren | 2226 |
| 7. | Beleidigungen | 2227 |
| | a) Grundsätze | 2227 |
| | b) Vertrauliche Äußerungen | 2235 |
| | c) Störung des Betriebsfriedens durch Beleidigungen | 2236 |
| 8. | Sonstige Störungen des Betriebsfriedens | 2238 |
| | a) Tragen politischer Plakette | 2240 |
| | b) Einzelfragen | 2245 |
| 9. | Verstoß gegen die Ordnung des Betriebes (z. B. Rauch-, Alkoholverbot) | 2247 |
| 10. | Verstoß gegen Pflichten bei Arbeitsunfähigkeit | 2251 |

# Kapitel 4 — Die Beendigung des Arbeitsverhältnisses

| | Rdn. |
|---|---|
| a) Anzeigepflicht | 2251 |
| b) Pflicht zu gesundheitsförderndem Verhalten | 2255 |
| 11. Wehrdienst von Nicht-EU-Ausländern | 2258 |
| 12. Nebenpflichten im Arbeitsverhältnis und nach einer Kündigung; treuwidriges Verhalten; Wettbewerbsverbot | 2260 |
| 13. Gewerkschaftswerbung während der Arbeitszeit | 2269 |
| 14. Löschen von Kundendaten | 2270 |
| 15. Außerdienstliches Verhalten des Arbeitnehmers | 2271 |
| a) Politische Betätigung | 2272 |
| b) Lohnpfändungen | 2273 |
| c) »Vermittlungsprovision« | 2274 |
| d) Alkoholmissbrauch im Privatbereich | 2275 |
| e) Straftaten öffentlich Bediensteter im Privatbereich | 2276 |
| 16. Falschbeantwortung des Fragebogens wegen einer Zusammenarbeit mit dem ehemaligen MfS | 2278 |
| 17. Betriebliche Auswirkungen der Pflichtverletzung | 2281 |
| 18. Der Sonderfall: Arbeitsverhältnisse mit einer reinen Vermittlungsgesellschaft | 2286 |
| IV. Abmahnung | 2287 |
| 1. Notwendigkeit einer Abmahnung vor Ausspruch der Kündigung | 2287 |
| 2. Begriff und Inhalt | 2291 |
| a) Inhaltliche Anforderungen | 2291 |
| b) Zweck der Abmahnung | 2292 |
| c) Genaue Bezeichnung des Fehlverhaltens; Beispiele | 2293 |
| d) Störungen im Vertrauensbereich | 2295 |
| e) Abmahnung als bloße Ausübung des vertraglichen Rügerechts (»Ermahnung«) | 2309 |
| f) Verhältnismäßigkeitsprinzip | 2310 |
| g) Vorausgegangene Kündigung; sachlich nicht berechtigte Abmahnungen | 2316 |
| h) Vorwerfbares Verhalten? | 2320 |
| i) Außerdienstliches Verhalten | 2324 |
| j) Formell unwirksame Abmahnung; nicht weiter durchgeführtes Zustimmungsersetzungsverfahren gem. § 103 BetrVG | 2329 |
| k) Notwendige Anzahl von Abmahnungen; eindringliche »letzte« Abmahnung | 2332 |
| l) Verzicht auf das Kündigungsrecht | 2333 |
| 3. Zugang der Abmahnung | 2341 |
| a) Allgemeine Grundsätze | 2341 |

| | Rdn. |
|---|---|
| b) Notwendigkeit der tatsächlichen Kenntnisnahme | 2344 |
| 4. Abmahnungsberechtigte Personen | 2352 |
| 5. Fristen | 2354 |
| a) Frist zum Ausspruch der Abmahnung? | 2354 |
| b) Frist zur gerichtlichen Geltendmachung der Unwirksamkeit? | 2357 |
| c) Rechte des Arbeitnehmers bei inhaltlich unrichtiger oder formell unwirksamer Abmahnung | 2365 |
| d) Wirkungslosigkeit infolge Zeitablaufs; Entfernungsanspruch | 2379 |
| V. Weiteres Fehlverhalten | 2386 |
| 1. Vergleichbarkeit von abgemahntem und neuem Fehlverhalten | 2386 |
| 2. Verzicht auf eine mögliche Kündigung durch Abmahnung | 2392 |
| VI. Interessenabwägung | 2393 |
| 1. Grundüberlegungen | 2393 |
| 2. Kriterien im Einzelnen | 2395 |
| 3. Beurteilungsspielraum der Instanzgerichte | 2397 |
| VII. Darlegungs- und Beweislast | 2398 |
| 1. Vertragsverletzung; betriebliche Auswirkungen | 2398 |
| 2. Abmahnung | 2399 |
| H. Die ordentliche betriebsbedingte Kündigung | 2404 |
| I. Überblick über die Voraussetzungen der ordentlichen betriebsbedingten Arbeitgeberkündigung | 2404 |
| II. Dringende betriebliche Gründe | 2405 |
| 1. Begriffsbestimmung | 2405 |
| 2. Auswirkungen auf die Darlegungslast | 2409 |
| 3. Außer-, innerbetriebliche Gründe | 2411 |
| a) Begriffsbestimmungen | 2411 |
| b) Fremdvergabe; Grenzen; Austauschkündigung | 2412 |
| c) Umgestaltung des Arbeitsablaufs | 2418 |
| d) Reorganisation | 2420 |
| 4. Dringlichkeit der betrieblichen Erfordernisse | 2421 |
| a) Begriffsbestimmung | 2422 |
| b) Auftrags-, Umsatzrückgang | 2423 |
| c) Unmöglichkeit anderweitiger Beschäftigung | 2426 |
| d) Überprüfungsbefugnis des Arbeitsgerichts | 2435 |
| e) Politisch motivierte Kündigungsabsichten des Arbeitgebers | 2436 |
| f) Kosteneinsparung | 2437 |
| g) Unmittelbare Auswirkungen außerbetrieblicher Umstände auf den Arbeitsanfall | 2443 |
| h) Überprüfung der organisatori- | |

| | Rdn. |
|---|---|
| schen Maßnahmen des Arbeitgebers | 2446 |
| i) Einführung von Kurzarbeit? | 2479 |
| j) Mehrarbeit vergleichbarer Arbeitnehmer | 2487 |
| k) Verpflichtung zur Arbeitsstreckung oder zur dauerhaften Verkürzung der Arbeitszeit?; Abbau von Guthabenstunden | 2488 |
| l) Betriebsstilllegung; Betriebsteilstilllegung; beabsichtigte Betriebsstilllegung | 2492 |
| m) Abkehrwille des Arbeitnehmers | 2509 |
| n) Umwandlung einer Teilzeit- in eine Ganztagsstelle | 2510 |
| o) Auswechslung von Arbeitnehmern durch Leiharbeitnehmer | 2512 |
| 5. Öffentlicher Dienst; ausländische diplomatische Vertretungen | 2514 |
| a) Wegfall von Arbeitsplätzen | 2514 |
| b) Stellenbesetzung mit Beamten, Soldaten, externen Bewerbern | 2520 |
| c) Drittmittelfinanzierte Arbeitsplätze | 2524 |
| d) Ausländische diplomatische Vertretungen | 2527 |
| e) Betriebsstilllegung durch Landesgesetz | 2528 |
| 6. Insolvenzverfahren | 2529 |
| 7. Betriebs-, Unternehmensbezogenheit des Kündigungsschutzes; Konzernbezug? | 2531 |
| 8. Ultima-ratio-Grundsatz; Leiharbeitnehmer/schwer behinderte Arbeitnehmer; ruhendes Arbeitsverhältnis | 2535 |
| III. Sozialauswahl (§ 1 Abs. 3 KSchG) | 2536 |
| 1. Grundsätze | 2536 |
| a) Maßstab der geringsten sozialen Schutzbedürftigkeit; fehlerhafte Sozialauswahl | 2536 |
| b) Ausnahme bestimmter Arbeitnehmer von der Sozialauswahl | 2540 |
| c) Darlegungs- und Beweislast | 2541 |
| 2. Vergleichbarkeit der Arbeitnehmer | 2545 |
| a) Arbeitsplatzbezogene Merkmale; Austauschbarkeit; öffentlicher Dienst | 2545 |
| b) Grundsatz der Betriebs-, Dienststellenbezogenheit der Sozialauswahl; Ausnahmen | 2559 |
| c) Umgestaltung des Arbeitsablaufs i. V. m. verringerten Beschäftigungsmöglichkeiten | 2574 |
| d) Vertikale Vergleichbarkeit? | 2578 |
| e) Ordentlich »unkündbare« Arbeitnehmer | 2592 |

| | Rdn. |
|---|---|
| f) Arbeitnehmer ohne Kündigungsschutz nach § 1 KSchG | 2607 |
| g) Leitende Angestellte; Teilzeitbeschäftigte | 2610 |
| h) Arbeitnehmer im »Weiterbeschäftigungsverhältnis« | 2615 |
| i) Widerspruch des Arbeitnehmers bei Betriebsübergang | 2618 |
| 3. Auswahlkriterien | 2619 |
| a) Kriterienkatalog in § 1 Abs. 3 KSchG | 2619 |
| b) Kriterien der Sozialauswahl | 2620 |
| c) Ausreichende Berücksichtigung sozialer Gesichtspunkte; Ausschluss einzelner Arbeitnehmer von der Sozialauswahl | 2635 |
| d) Bedeutung von Auswahlrichtlinien (§ 95 BetrVG) | 2649 |
| e) Namentliche Bezeichnung der zu kündigenden Arbeitnehmer in einem Interessenausgleich | 2659 |
| 4. Auswirkungen des AGG | 2687 |
| IV. Interessenabwägung | 2690 |
| V. Maßgeblicher Zeitpunkt für die Überprüfung | 2692 |
| 1. Zeitpunkt des Zugangs der Kündigung | 2692 |
| 2. Korrektur von Fehlprognosen | 2693 |
| a) Saisonarbeit | 2700 |
| b) Ansichten in der Literatur | 2701 |
| VI. Darlegungs- und Beweislast | 2707 |
| 1. Betriebsbedingtheit; Dringlichkeit | 2707 |
| a) Innerbetriebliche Umstände | 2709 |
| b) Außerbetriebliche Faktoren | 2714 |
| c) Unmöglichkeit anderweitiger Beschäftigung | 2719 |
| 2. Sozialauswahl (§ 1 Abs. 3 S. 3 KSchG) | 2724 |
| a) Darlegungslast des Arbeitnehmers; Mitteilungspflicht des Arbeitgebers | 2724 |
| b) Bestreiten des Arbeitnehmers | 2727 |
| c) Sachvortrag des Arbeitgebers | 2728 |
| d) Beschränkung auf für den Arbeitgeber subjektiv maßgebliche Gründe | 2730 |
| e) Rechtsfolgen | 2734 |
| f) Sonderfall: Vermutung für eine fehlerhafte Sozialauswahl | 2737 |
| g) Namentliche Benennung sozial weniger schutzwürdiger Arbeitnehmer | 2738 |
| VII. Betriebsbedingte Kündigung mit Abfindungsangebot (§ 1a KSchG) | 2743 |
| 1. Beendigungskündigung | 2743 |
| 2. Änderungskündigung | 2744 |
| J. **Kündigung in der Insolvenz** | 2746 |

# Kapitel 4

## Die Beendigung des Arbeitsverhältnisses

| | | Rdn. |
|---|---|---|
| I. | Altes Recht (bis 31.12.1998) | 2746 |
| II. | Insolvenzordnung (ab 1.1.1999) | 2749 |
| | 1. Kündigungsfrist | 2751 |
| | 2. Klagefrist; Insolvenzverwalter als Partei | 2754 |
| | 3. Interessenausgleich mit namentlicher Bezeichnung der zu kündigenden Arbeitnehmer | 2756 |
| | 4. Vorabverfahren zur Kündigung von Arbeitnehmern | 2768 |
| | a) Grundlagen | 2768 |
| | b) Verfahrensvorschriften | 2769 |
| | c) Kosten | 2770 |
| | d) Bindungswirkung der Entscheidung | 2771 |
| K. | **Besonderheiten bei Massenentlassungen** | 2775 |
| I. | Allgemeines | 2775 |
| II. | Formelle Besonderheiten der Massenentlassungen (§§ 17 bis 22 KSchG) | 2777 |
| | 1. Anzeigepflicht (§ 17 KSchG) | 2777 |
| | a) Betrieb | 2778 |
| | b) Beschäftigtenzahl | 2781 |
| | c) Zahl der beabsichtigten Entlassungen innerhalb des Entlassungszeitraums des § 17 Abs. 1 KSchG | 2787 |
| | 2. Beteiligung des Betriebsrats an anzeigepflichtigen Entlassungen | 2796 |
| | a) Unterrichtung des Betriebsrats | 2797 |
| | b) Einbindung der Agentur für Arbeit vor Erstattung der Massenentlassungsanzeige | 2798 |
| | c) Beratung mit dem Betriebsrat | 2799 |
| | d) Schriftliche Stellungnahme des Betriebsrats | 2802 |
| | e) Zuständige Arbeitnehmervertretung | 2803 |
| | f) Massenentlassung im Konzern | 2805 |
| | g) Verhältnis zu anderen Beteiligungsrechten | 2806 |
| | 3. Anzeige an die Agentur für Arbeit | 2807 |
| | a) Zuständigkeit und Form | 2808 |
| | b) Inhalt | 2811 |
| | c) Stellungnahme des Betriebsrats | 2813 |
| | d) Beifügen der Mitteilung an den Betriebsrat | 2817 |
| | e) Zeitpunkt der Anzeige | 2818 |
| | 4. Folgen einer ordnungsgemäßen Massenentlassungsanzeige | 2819 |
| | a) Sperrfrist | 2819 |
| | b) Freifrist | 2822 |
| | c) Kurzarbeit, § 19 KSchG | 2823 |
| | d) Rechtsschutz gegen Entscheidungen der Agentur für Arbeit bzw. der Entscheidungsträger | 2829 |
| | 5. Folgen einer fehlenden oder fehlerhaften Massenentlassungsanzeige | 2830 |

| | | Rdn. |
|---|---|---|
| | a) Fehlende Anzeige bei Kündigungsausspruch | 2830 |
| | b) Fehlerhafte Massenentlassungsanzeige | 2835 |
| | c) Folgen mangelhafter oder fehlender Konsultation mit dem Betriebsrat | 2837 |
| | d) Mängelheilung | 2838 |
| | 6. Zeitplan/Empfohlenes Vorgehen | 2839 |
| L. | **Die anderweitige Beschäftigungsmöglichkeit** | 2840 |
| I. | Absolute Gründe der Sozialwidrigkeit | 2840 |
| | 1. Allgemeine Voraussetzungen | 2840 |
| | 2. Fehlen eines (ordnungsgemäßen) Widerspruchs des Betriebsrats | 2843 |
| II. | Pflicht zur anderweitigen Beschäftigung auch bei verhaltensbedingter Kündigung? | 2844 |
| III. | Anderweitige Beschäftigungsmöglichkeit | 2848 |
| | 1. Vergleichbare Arbeitsplätze; Unternehmensbezug | 2848 |
| | a) Grundlagen | 2848 |
| | b) Verhältnis zu Art. 33 Abs. 2 GG im öffentlichen Dienst | 2862 |
| | 2. Zumutbare Umschulungs- oder Fortbildungsmaßnahmen | 2863 |
| | a) Beschränkung auf den ursprünglichen Vertragsinhalt? | 2864 |
| | b) Zumutbarkeit | 2867 |
| | c) Rechtsnatur der Überprüfungspflicht des Arbeitgebers | 2875 |
| | 3. Darlegungs- und Beweislast | 2877 |
| | a) Anderweitige Beschäftigungsmöglichkeit | 2877 |
| | b) Umschulungs- oder Fortbildungsmaßnahmen | 2884 |
| | c) Berufung des Arbeitnehmers auf einen absoluten Unwirksamkeitsgrund | 2885 |
| M. | **Die ordentliche Arbeitgeberkündigung bei mehreren Kündigungsgründen und sog. Mischtatbeständen** | 2887 |
| I. | Mischtatbestände | 2889 |
| | 1. Begriffsbestimmung | 2889 |
| | 2. Beschränkung der Überprüfung auf die »Störquelle« | 2891 |
| II. | Mehrere Kündigungssachverhalte | 2894 |
| | 1. Begriffsbestimmung | 2894 |
| | 2. Vollständige Überprüfung aller Kündigungstatbestände | 2896 |
| | a) Grundsatz der Einzelprüfung | 2898 |
| | b) Gesamtheitliche Betrachtungsweise | 2900 |
| N. | **Vorrang der Änderungskündigung vor der Beendigungskündigung** | 2903 |
| I. | Normative Legitimation | 2903 |

# Kapitel 4

| | | Rdn. |
|---|---|---|
| II. | Verfahrensfragen; Änderung der Rechtsprechung | 2908 |
| III. | Möglichkeit und Zumutbarkeit der Weiterbeschäftigung | 2915 |
| **O.** | **Die Änderungskündigung** | **2919** |
| I. | Begriff und Anwendungsbereich | 2919 |
| | 1. Zweck der Änderungskündigung | 2919 |
| | 2. Rechtsnatur; anwendbare Vorschriften | |
| | a) Grundlagen | 2923 |
| | b) Verhältnis von § 102 BetrVG zu § 99 BetrVG | 2927 |
| | c) Einzelfragen bei der Versetzung | 2930 |
| | d) Abänderung einer vertraglichen Einheitsregelung (§ 87 BetrVG) | 2931 |
| | 3. Verknüpfung von Kündigung und Änderungsangebot | 2932 |
| | a) Verknüpfungsmöglichkeiten | 2932 |
| | b) Zeitlicher Zusammenhang zwischen Kündigung und Änderungsangebot | 2934 |
| II. | Abgrenzung zur Ausübung des Direktionsrechts und zur Versetzung | 2938 |
| | 1. Keine einseitige Zuweisung eines geringerwertigen Arbeitsplatzes | 2938 |
| | 2. Weitergehende tarifliche Regelungen | 2941 |
| III. | Abgrenzung zur Teilkündigung und zum Widerrufsrecht | 2943 |
| | 1. Begriff der Teilkündigung; Abgrenzung zur Beendigungskündigung und zur ergänzenden Vertragsauslegung | 2943 |
| | 2. Grundsätzliches Verbot der Teilkündigung | 2949 |
| | 3. Begriff des Widerrufsvorbehaltes | 2951 |
| | 4. Grundsätzliche Zulässigkeit von Widerrufsvorbehalten; Wegfall der Geschäftsgrundlage | 2953 |
| | 5. Übertragung der für den Widerrufsvorbehalt entwickelten Grundsätze auf die vorbehaltene Teilkündigung | 2959 |
| | 6. Verfahrensfragen | 2963 |
| | 7. Umdeutung | 2964 |
| IV. | Gründe für eine sozial gerechtfertigte Änderungskündigung | 2965 |
| | 1. Prüfungsmaßstab | 2965 |
| | 2. Personenbedingte Gründe | 2973 |
| | 3. Verhaltensbedingte Gründe | 2975 |
| | a) Allgemeine Voraussetzungen | 2975 |
| | b) Politische Betätigung; öffentlicher Dienst | 2976 |
| | 4. Betriebsbedingte Gründe | 2978a |
| | a) Entgeltminderung; Anpassung von Nebenabreden | 2979 |
| | b) Entgeltanpassung; Einführung tariflicher Arbeitsbedingungen | 2992 |
| | c) Organisationsänderungen; Änderungskündigung nach Betriebsteilübergang und Widerspruch des Arbeitnehmers; Verhältnismäßigkeitsprinzip | 2996 |
| | d) Kostensenkung; Reduzierung oder Erweiterung des Arbeitsvolumens | 3006 |
| | e) Korrektur unzutreffender Eingruppierung | 3019 |
| | f) Änderungskündigung zur nachträglichen Befristung eines unbefristeten Arbeitsverhältnisses | 3025 |
| | g) Veränderung der Lage der Arbeitszeit | 3026 |
| | h) Sozialauswahl | 3027 |
| | i) Anwendbarkeit des § 1 Abs. 5 KSchG bei betriebsbedingten Änderungskündigungen | 3031 |
| V. | Ablehnung des Angebots; Annahme unter Vorbehalt | 3034 |
| | 1. Vorbehaltlose Annahme | 3034 |
| | 2. Annahme unter Vorbehalt; Erklärungsfrist; Rücknahme des Vorbehalts | 3036 |
| | 3. Änderungsschutzklage als Annahme unter Vorbehalt? | 3044 |
| | 4. Normative Bedeutung des Vorbehalts | 3046 |
| | 5. Auswirkungen der Annahme unter Vorbehalt; Klageabweisung; Klagerücknahme | 3047 |
| | 6. Ablehnung der Annahme unter Vorbehalt | 3055 |
| VI. | Rechtsfolgen der Entscheidung des Arbeitnehmers für die Überprüfung der sozialen Rechtfertigung der Änderungskündigung | 3056 |
| | 1. Annahme unter Vorbehalt | 3056 |
| | a) Allgemeiner Prüfungsmaßstab | 3056 |
| | b) Interessenabwägung | 3058 |
| | c) Verhältnismäßigkeitsprinzip | 3062 |
| | 2. Ablehnung des Angebots | 3072 |
| | a) Streitgegenstand | 3072 |
| | b) Prüfungsmaßstab | 3073 |
| VII. | § 15 KSchG | 3076 |
| | 1. Ausschluss der ordentlichen Änderungskündigung | 3076 |
| | 2. Ausnahme bei Massenänderungskündigungen | 3078 |
| VIII. | Außerordentliche Änderungskündigung | 3081 |
| | 1. Anwendungsfälle | 3081 |
| | 2. Voraussetzungen | 3086 |
| | a) Zweiwochenfrist | 3086 |
| | b) Wichtiger Grund | 3088 |
| | 3. § 2 KSchG analog | 3092 |
| | 4. Änderungsschutzklage | 3095 |
| | 5. Prüfungsmaßstab | 3097 |
| IX. | Beteiligung des Betriebsrats | 3104 |
| | 1. Inhalt der Unterrichtungspflicht gem. § 102 BetrVG | 3104 |

# Kapitel 4 — Die Beendigung des Arbeitsverhältnisses

| | Rdn. |
|---|---|
| 2. Einzelfragen | 3107 |
| X. »Rücknahme« der Änderungskündigung; zwischenzeitliche Vergütung | 3115 |
| P. **Besonderheiten der Kündigung in Tendenzbetrieben und in kirchlichen Einrichtungen** | 3116 |
| I. Tendenzwidrigkeit als Kündigungsgrund | 3116 |
|    1. Anwendbarkeit des KSchG auf Tendenzbetriebe | 3116 |
|    2. Bedeutung des Tendenzbezuges der Tätigkeit; Tendenzgefährdung | 3118 |
|    3. Außerdienstliches Verhalten | 3122 |
|    4. Politische Betätigung | 3126 |
|    5. Verhältnismäßigkeitsprinzip | 3128 |
| II. Kündigungsrechtliche Besonderheiten bei Kirchenbediensteten | 3129 |
|    1. Das kirchliche Selbstbestimmungsrecht | 3129 |
|    2. Vertragliche Vereinbarung besonderer Obliegenheiten | 3132 |
|    3. Wahrung des Selbstbestimmungsrechts durch die ArbG | 3135 |
|      a) Prüfungsmaßstab bei Kündigungen | 3136 |
|      b) Maßgeblichkeit kirchlicher Maßstäbe | 3137 |
|      c) Rechtfertigung einer Kündigung | 3139 |
|    4. Kündigungsschutz von Schwerbehinderten | 3142 |
|    5. Beispiele für tendenzrelevante Kündigungsgründe | 3143 |
| Q. **Die Auflösung des Arbeitsverhältnisses durch das ArbG (§§ 9, 10 KSchG)** | 3145 |
| I. Auflösung bei sozialwidriger Kündigung auf Antrag des Arbeitnehmers | 3145 |
|    1. Unzumutbarkeit der Fortsetzung des Arbeitsverhältnisses | 3145 |
|    2. Sozialwidrigkeit der Kündigung | 3146 |
|    3. Anforderungen an die Unzumutbarkeit | 3148 |
|      a) Verhältnis zu § 626 BGB | 3148 |
|      b) Langfristige Prognose; Ausnahmecharakter der Auflösung des Arbeitsverhältnisses | 3150 |
|    4. Beendigungszeitpunkt | 3156 |
|    5. Beurteilungszeitpunkt; zu berücksichtigende Tatsachen | 3158 |
|    6. Auflösungsantrag nach Betriebsübergang | 3161 |
| II. Auflösung des Arbeitsverhältnisses auf Antrag des Arbeitgebers | 3162 |
|    1. Keine weitere gedeihliche Zusammenarbeit | 3162 |
|    2. Sonstige Unwirksamkeitsgründe | 3165 |
|    3. Prüfungsmaßstab; Beurteilungszeitpunkt | 3170 |

| | Rdn. |
|---|---|
|    4. Darlegungs- und Beweislast | 3176 |
|      a) Grundsätze | 3176 |
|      b) Berücksichtigung von die Kündigung selbst nicht rechtfertigenden Tatsachen sowie des Anlasses der Kündigung | 3179 |
|    5. Leitende Angestellte (§ 14 Abs. 2 S. 2 KSchG) | 3185 |
|    6. Besonderheiten bei schwerbehinderten Menschen? | 3188 |
| III. Beiderseitige Auflösungsanträge | 3189 |
|    1. Auflösung ohne weitere Überprüfung | 3190 |
|    2. Getrennte Überprüfung beider Anträge | 3194 |
|    3. Prozessuale Probleme | 3199 |
| IV. Auflösung bei unwirksamer außerordentlicher Kündigung | 3200 |
|    1. Grundlagen | 3200 |
|    2. Einzelfragen | 3202 |
|    3. Auflösungszeitpunkt | 3204 |
| V. Auflösungsantrag und spätere Kündigung(en) | 3205 |
| VI. Auflösung bei Änderungskündigung | 3206 |
| VII. Auflösung wegen militärischer Interessen | 3208 |
| VIII. Begriff, Rechtsnatur und Höhe der Abfindung (§ 10 KSchG) | 3212 |
|    1. Sinn und Zweck der Regelung | 3212 |
|    2. Begriff und Rechtsnatur der Abfindung | 3213 |
|      a) Funktionen der Abfindung | 3213 |
|      b) Abtretbarkeit; Pfändbarkeit | 3216 |
|      c) Vererblichkeit | 3218 |
|      d) Fälligkeit | 3220 |
|      e) Insolvenz des Arbeitgebers | 3223 |
|      f) Tarifvertragliche Ausschlussfristen | 3225 |
|    3. Höhe der Abfindung | 3226 |
|      a) Grundsatz der Angemessenheit | 3226 |
|      b) Begriff des Monatsverdienstes (§ 10 Abs. 3 KSchG) | 3229 |
|      c) Höchstgrenzen | 3233 |
|      d) Bemessungsfaktoren | 3240 |
|      e) Besonderheiten bei Abfindungen wegen unwirksamer außerordentlicher Kündigung | 3248 |
| IX. Verfahrensfragen | 3250 |
| X. Verhältnis zu anderen Ansprüchen und zu anderen Abfindungen | 3256 |
|    1. Entgelt- und Schadensersatzansprüche | 3256 |
|    2. Weitere Abfindungsansprüche | 3258 |
| XI. Steuerrechtliche Fragen | 3260 |
|    1. Steuerermäßigung | 3264 |
|    2. Lohnsteueranrufungsauskunft | 3265 |
|    3. Schadensersatz bei steuerlichen Nachteilen bei vorzeitiger Zahlung? | 3268 |

## A. Übersicht

| | Rdn. | | Rdn. |
|---|---|---|---|
| XII. Sozialversicherungsrechtliche Fragen | 3269 | a) Die praktische Ausgangssituation nach Ausspruch der Kündigung | 3331 |
| R. **Die Weiterbeschäftigung des gekündigten Arbeitnehmers** | 3275 | b) Anerkennung eines allgemeinen Weiterbeschäftigungsanspruchs nach Ausspruch einer Kündigung | 3336 |
| I. § 102 Abs. 5 BetrVG, § 79 Abs. 2 BPersVG | 3277 | c) Anspruchsvoraussetzungen | 3338 |
| 1. Zweck der gesetzlichen Regelung | 3277 | d) Prozessuale Geltendmachung des Anspruchs; einstweilige Verfügung; Zwangsvollstreckung | 3349 |
| 2. Zwingende Regelung | 3278 | | |
| 3. Verhältnis zu § 615 BGB | 3279 | | |
| 4. Voraussetzungen des Anspruchs | 3283 | e) Entsprechende Anwendung dieser Grundsätze | 3360 |
| a) Überblick | 3283 | | |
| b) Ordentliche Arbeitgeberkündigung | 3284 | 2. Auswirkung weiterer Kündigungen; Auflösungsantrag | 3365 |
| c) Ordnungsgemäßer Widerspruch des Betriebsrats | 3293 | a) Offensichtlich unwirksame Kündigung; Kündigung bei gleichem Lebenssachverhalt | 3367 |
| d) Anwendbarkeit des KSchG | 3296 | | |
| e) Rechtzeitige Erhebung der Kündigungsschutzklage | 3297 | b) Neuer Lebenssachverhalt | 3369 |
| | | c) Geltendmachung durch den Arbeitgeber | 3371 |
| f) Verlangen nach Weiterbeschäftigung | 3302 | d) Auflösungsantrag des Arbeitgebers | 3372 |
| 5. Inhalt des Anspruchs | 3306 | | |
| a) Fortsetzung des gekündigten Arbeitsverhältnisses | 3306 | 3. Inhalt des allgemeinen Weiterbeschäftigungsanspruchs und Rechtslage nach rechtskräftiger Entscheidung über die Wirksamkeit/Unwirksamkeit der Kündigung | 3373 |
| b) Der Inhalt des Weiterbeschäftigungsverhältnisses | 3308 | | |
| 6. Verhältnis zum allgemeinen Weiterbeschäftigungsanspruch; prozessuale Fragen | 3316 | a) Freiwillige Weiterbeschäftigung durch den Arbeitgeber | 3373 |
| 7. Entbindung des Arbeitgebers von der Weiterbeschäftigungspflicht (§ 102 Abs. 5 S. 2 BetrVG) | 3319 | b) Weiterbeschäftigung infolge oder zur Abwendung der Zwangsvollstreckung auf Grund einer entsprechenden Verurteilung durch das ArbG | 3382 |
| a) Überblick | 3319 | | |
| b) Fehlende Erfolgsaussicht | 3321 | | |
| c) Unzumutbare wirtschaftliche Belastung des Arbeitgebers | 3322 | S. **Die Kündigung des Arbeitsverhältnisses durch den Arbeitnehmer** | 3396 |
| d) Offensichtlich unbegründeter Widerspruch des Betriebsrats | 3326 | I. Ordentliche Kündigung | 3396 |
| e) Vergütungsanspruch bis zur Entbindung | 3329 | II. Außerordentliche Kündigung | 3399 |
| | | 1. Allgemeine Voraussetzungen | 3399 |
| f) Weitere Kündigung | 3330 | 2. Prozessuale Fragen | 3403 |
| II. Allgemeiner Weiterbeschäftigungsanspruch (Weiterbeschäftigung außerhalb des § 102 Abs. 5 BetrVG, § 79 Abs. 2 BPersVG) | 3331 | III. Umdeutung | 3407 |
| | | IV. Anfechtung, Widerruf der Eigenkündigung | 3409 |
| 1. Rechtsauffassung des BAG | 3331 | V. Rechtsmissbräuchliche Berufung auf eine Kündigung in einem emotionalen Ausnahmezustand | 3411 |

## A. Übersicht

Das Arbeitsverhältnis endet: **1**
- auf Grund einer ordentlichen/außerordentlichen Kündigung des Arbeitnehmers oder des Arbeitgebers,
- auf Grund gerichtlicher Auflösung des Arbeitsverhältnisses gem. §§ 9, 10 KSchG auf Antrag von Arbeitgeber, Arbeitnehmer oder übereinstimmendem Antrag von beiden Vertragsparteien,
- auf Grund eines Aufhebungsvertrages,
- auf Grund Zeitablaufs bei Vereinbarung eines befristeten Arbeitsverhältnisses,
- infolge Zweckerreichung bei vereinbarter Zweckbefristung,

- infolge Eintritts einer auflösenden Bedingung bei Vereinbarung eines auflösend bedingten Arbeitsverhältnisses,
- durch den Tod des Arbeitnehmers (vgl. § 613 S. 1 BGB), grds. nicht dagegen durch den Tod des Arbeitgebers, denn dann treten die Erben gem. § 1922 BGB in das Arbeitsverhältnis ein. Etwas anderes gilt aber dann, wenn die Arbeitsleistung nach ihrem Inhalt das Leben des Arbeitgebers voraussetzt (z. B. bei der Tätigkeit als Pfleger, Privatsekretär, Haushälterin, s. Kap. 2 Rdn. 504 ff.).

2 Nicht in Betracht kommt eine Beendigung des Arbeitsverhältnisses durch Erlöschen des Arbeitgebers (Auflösung, Liquidation; s. *Gehlhaar* DB 2009, 1762 ff.), durch **Rücktritt** gem. § 323 BGB, weil diese Vorschrift durch die Kündigungsschutznormen des BGB, des KSchG sowie durch Sonderregelungen z. B. in §§ 85 ff. SGB IX, § 9 MuSchG usw. insgesamt verdrängt werden. Gleiches gilt grds. für das Verhältnis des Wegfalls der Geschäftsgrundlage (§ 313 BGB) zu § 626 BGB, § 1 KSchG.

3 Ausnahmsweise kann sich allerdings ein Arbeitnehmer gem. § 313 BGB wegen **Wegfalls der Geschäftsgrundlage** nicht auf das Fehlen einer Kündigungserklärung oder eines anderen Beendigungstatbestandes berufen, wenn der ganze Vertrag gegenstandslos geworden ist. Das ist der Fall, wenn der Zweck des Arbeitsverhältnisses durch äußere Ereignisse endgültig oder doch für unabsehbare Zeit, für Arbeitgeber und Arbeitnehmer erkennbar, unerreichbar geworden ist (*BAG* 24.8.1995 EzA § 242 BGB Geschäftsgrundlage Nr. 6).

4 Diese Voraussetzungen hat das *BAG* (24.8.1995 EzA § 242 BGB Geschäftsgrundlage Nr. 6) bejaht bei einem Arbeitnehmer, der in der ehemaligen DDR 1978 am Arbeitsplatz von der Staatssicherheit festgenommen und im August 1979 unmittelbar aus der Haft in die BRD abgeschoben worden war. Nach der Wende begehrte er 1992 die Wiedereinstellung in seinem ehemaligen Betrieb mit der Begründung, dass eine Kündigung des Arbeitsverhältnisses nicht ausgesprochen worden war.

5 Das *BAG* (24.8.1995 EzA § 242 BGB Geschäftsgrundlage Nr. 6) ist davon ausgegangen, dass mit der Einwilligung des Klägers in die Abschiebung und deren tatsächlichen Vollzug **jede tatsächliche Grundlage des Arbeitsverhältnisses entfallen ist,** denn der Kläger konnte ab diesem Zeitpunkt angesichts der tatsächlichen Verhältnisse mindestens für unabsehbare Zeit nicht mehr damit rechnen, dass er seinem früheren Arbeitgeber wieder zur Verfügung stehen würde.

6 Behält sich der Arbeitgeber in Anlehnung an das Beamtenrecht die einseitige Versetzung des Arbeitnehmers in den einstweiligen Ruhestand vor, ohne dafür eine Kündigung erklären zu müssen, ist eine derartige Bestimmung wegen der Umgehung zwingender kündigungsschutzrechtlicher Bestimmungen nichtig (*BAG* 5.2.2009 EzA § 4 KSchG n. F. Nr. 87).

## B. Die Erklärung der Kündigung durch den Arbeitgeber

### I. Die Kündigungserklärung

#### 1. Inhaltliche und förmliche Voraussetzungen

*a) Schriftform der Kündigungserklärung*

7 Gem. § 623 BGB bedarf die Kündigung des Arbeitsverhältnisses zu ihrer Wirksamkeit generell der Schriftform.

*aa) Normzweck*

8 Für die Kündigung kommt § 623 BGB (vgl. auch §§ 68a, 78 Abs. 3 S. 1 SeemG) eine **Warnfunktion** zu; Arbeitgeber und Arbeitnehmer sollen nicht unüberlegt das Arbeitsverhältnis beenden. Zusätzlich wird klargestellt, dass eine Kündigung tatsächlich erklärt ist. Daneben hat § 623 BGB eine **Beweisfunktion** (vgl. APS/*Preis* § 623 BGB Rn. 2 f.; *Richardi/Annuß* NJW 2000, 1231 ff.). Die in § 623 BGB angeordnete Schriftform der Kündigung soll zudem **Rechtssicherheit für die Ver-**

tragsparteien und eine **Beweiserleichterung** im Rechtsstreit bewirken. Durch das in § 126 Abs. 1 BGB vorgesehene Erfordernis der eigenhändigen Unterschrift wird der Aussteller der Urkunde erkennbar. Die Unterschrift stellt eine unzweideutige Verbindung zwischen der Urkunde und dem Aussteller her. Der Erklärungsempfänger erhält die Möglichkeit zu überprüfen, wer die Erklärung abgegeben hat und ob die Erklärung echt ist (*BAG* 24.1.2008 EzA § 622 BGB 2002 Nr. 4; 21.4.2005 EzA § 623 BGB 2002 Nr. 4).

### bb) Anwendungsbereich

#### (1) Grundlagen

Tatbestandsvoraussetzung für die Anwendbarkeit des § 623 BGB ist zunächst, dass es sich um ein **Arbeitsverhältnis** handelt. Wegen § 10 Abs. 2 BBiG gilt die Norm aber auch für den **Berufsausbildungsvertrag** (vgl. dazu Rdn. 884 und *Gotthardt/Beck* NZA 2002, 876 ff.) sowie für Volontäre und Praktikanten i. S. d. § 26 BBiG. § 623 BGB wird durch Sonderregelungen im Rahmen ihres jeweiligen Anwendungsbereichs (z. B. § 22 Abs. 3 BBiG, § 9 Abs. 3 MuSchG, §§ 62, 78 SeemG) verdrängt. 9

Entscheidender Zeitpunkt für die Beurteilung der Rechtslage ist bei Kündigungen der **Zugang**; deshalb erfasste § 623 BGB nicht Kündigungen, die vor dem 1.5.2000 dem Erklärungsempfänger zugegangen sind (*BAG* 6.7.2000 NZA 2001, 718). 10

#### (2) Erfasste Beendigungstatbestände

§ 623 BGB erfasst (vgl. APS/*Preis* § 623 BGB Rn. 5 ff.; *Sander/Siebert* AuR 2000, 292 ff. [330 ff.]): 11
– die ordentliche/außerordentliche Arbeitnehmer- und Arbeitgeberkündigung,
– die ordentliche/außerordentliche Änderungskündigung (*BAG* 16.9.2004 EzA § 623 BGB 2002 Nr. 2; s. Rdn. 2923),
– die Kündigung durch den Insolvenzverwalter (§ 113 InsO),
– einen **Arbeitgeberwechsel** hinsichtlich der Beendigung des Arbeitsverhältnisses zum alten Arbeitgeber (*LAG Köln* 19.6.2006 NZA-RR 2007, 127);
– das Lossagungsrecht gem. § 12 KSchG (s. dazu *BAG* 25.10.2007 EzA § 12 KSchG Nr. 3), da es sich um ein fristgebundenes Sonderkündigungsrecht handelt;
– eine **Vereinbarung über den Klageverzicht und Abfindungszahlung** im Anschluss an eine formwirksame arbeitgeberseitige Kündigung bei anschließendem Streit um die Wirksamkeit der Kündigung (*BAG* 19.4.2007 EzA § 611 BGB 2002 Aufhebungsvertrag Nr. 7: Auflösungsvertrag bei Klageverzicht und über den Ablauf der Kündigungsfrist hinausreichendem Kündigungstermin; a. A. *LAG Hamm* 9.10.2003 NZA-RR 2004, 242).

#### (3) Nicht erfasste Tatbestände

§ 623 BGB erfasst dagegen **nicht** (vgl. APS/*Preis* § 623 BGB Rn. 5 ff.; *Schaub* NZA 2000, 344 ff.;): 12
– die **Teilkündigung**, da sie nicht zur Beendigung des Arbeitsverhältnisses führt,
– **Modifikationen des Kündigungsrechts**, z. B. den Ausschluss der ordentlichen Kündigung,
– die **Abmahnung** (krit. *Sander/Siebert* AuR 2000, 333),
– die **Auflösungserklärung des Eingliederungsvertrages** (§ 232 Abs. 2 SGB III; ebenso *Müller-Glöge/v. Senden* AuA 2000, 199; a. A. *Richardi/Annuß* NJW 2000, 1232),
– die **Anfechtung** des Arbeitsvertrages,
– das **Lossagungsrecht** vom faktischen Arbeitsverhältnis sowie
– die Beendigung des Rechtsverhältnisses zwischen einem Auftraggeber und einer **arbeitnehmerähnlichen** Person (*Preis/Gotthardt* NZA 2000, 349; *Müller-Glöge/v. Senden* AuA 2000, 199; a. A. KDZ/*Däubler* § 623 BGB Rn. 9);
– die **Aufhebung eines Umschulungsvertrages** i. S. v. §§ 1 Abs. 4, 47 BBiG a. F. (*BAG* 19.1.2006 EzA § 623 BGB 2002 Nr. 5);

- die Kündigung von GmbH-Geschäftsführern und AG-Vorständen (vgl. *Zimmer* BB 2003, 1334 ff.).

*cc) Wirksamkeitserfordernis*

13 Die gesetzliche Schriftform ist im hier maßgeblichen Zusammenhang nach dem eindeutigen Wortlaut der Regelung ein konstitutives Wirksamkeitserfordernis, das weder durch die Arbeitsvertragsparteien, noch durch einen Tarifvertrag oder durch eine Betriebsvereinbarung abbedungen werden kann (*BAG* 16.9.2004 EzA § 623 BGB 2002 Nr. 1; vgl. *Lakies* BB 2000, 667). Demgegenüber setzt die Wirksamkeit einer Kündigung grds. nicht voraus, dass in der schriftlichen Kündigungserklärung die **Kündigungsgründe mitgeteilt** werden (*BAG* 16.9.2004 EzA § 242 BGB 2002 Kündigung Nr. 5; s. Rdn. 54 ff.).

14 Möglich ist allerdings, dass **strengere Formvorschriften**, z. B. eine schriftliche Begründungspflicht oder besondere Zugangserfordernisse, vereinbart werden. Analog § 622 Abs. 6 BGB ist dies aber nicht nur einseitig zu Lasten des Arbeitnehmers statthaft (APS/*Preis* § 623 BGB Rn. 20).

15 Demgegenüber kommt ein **Formulararbeitsvertrag** als Grundlage der Vereinbarung einer **strengeren Formvorschrift nicht in Betracht**, denn gem. § 310 Abs. 4 S. 2 BGB i. V. m. § 309 Nr. 13 BGB sind Bestimmungen unwirksam, die für Anzeigen und Erklärungen eine strengere Form als die Schriftform oder besondere Zugangserfordernisse aufstellen. Besonderheiten des Arbeitsrechts stehen diesem Ergebnis ersichtlich nicht entgegen.

16 (derzeit unbesetzt)

*dd) Kündigung*

*(1) Allgemeine Voraussetzungen*

17 Die Kündigung muss in der Form des § 126 BGB erfolgen, d. h. das Kündigungsschreiben muss vom Aussteller **eigenhändig durch Namensunterschrift** oder mittels notariell beglaubigten Handzeichens unterzeichnet sein (*BAG* 21.4.2005 EzA § 623 BGB 2002 Nr. 4).

*(2) Anforderungen an Urkunde und Unterschrift*

18 Erforderlich ist, dass:
- die Kündigung in einer **Urkunde** niedergelegt ist,
- die **Unterschrift** die voranstehende Kündigungserklärung deckt, deshalb unterhalb des Textes steht und sie räumlich abschließt (vgl. *BGH* 20.11.1990 NJW 1991, 487),
- die Namensunterschrift die Person des **Ausstellers erkennbar** macht,
- der Aussteller die Kündigung **eigenhändig** durch Namensunterschrift unterzeichnet (zur Unterzeichnung durch einen Prozessbevollmächtigten vgl. *LAG Nds.* 30.11.2001 NZA-RR 2002, 242), so dass weder Stempel, Faksimile, andere technische Hilfsmittel (z. B. Schreibmaschine; das gilt auch dann, wenn sie mit Dienstsiegel und beigefügter Paraphe eines nicht kündigungsberechtigten Bediensteten beglaubigt ist *LAG Köln* 16.5.1997 ZTR 1997, 517 LS), noch Telegramm, Telefax (*LAG RhPf* 21.1.2004 LAG Report 2005, 43; *LAG Düssel.* 27.5.2003 LAGE § 623 BGB 2002 Nr. 1; *ArbG Hannover* 17.1.2001 NZA-RR 2002, 245 für den Aufhebungsvertrag), SMS (*LAG Hamm* 17.8.2007 – 10 Sa 512/07, AuR 2007, 444 LS) oder E-Mail genügen (KDZ/*Däubler* § 623 BGB Rn. 22; vgl. auch *ArbG Frankf./M.* 9.1.2001 – 8 Ca 5663/00). Gleiches gilt für eine Kündigungserklärung mit nur eingescannter Unterschrift (*LAG Köln* 19.6.2001 – 13 Sa 571/00, NZA-RR 2002, 164; s. Rdn. 29; zur Übergabe einer Kopie statt des Originals vgl. *LAG Hamm* 4.12.2003 LAGE § 623 BGB 2002 Nr. 3 m. Anm. *Müller* BB 2004, 1343 f. u. *BAG* 4.11.2004 EzA § 130 BGB 2002 Nr. 4; *LAG Düssel.* 18.4.2007 LAGE § 1 KSchG Soziale Auswahl Nr. 55; s. Rdn. 85). Dieses Erfordernis **verlangt nicht**, dass **unmittelbar bei Abgabe** der schriftlichen Erklärung für den Erklärungsempfänger die Person des Ausstellers feststehen muss. Dieser soll **nur identifiziert werden können**. Dazu bedarf

es **nicht der Lesbarkeit des Namenszuges**. Vielmehr genügt ein die Identität des Unterschreibenden ausreichend kennzeichnender Schriftzug, der individuelle und entsprechend charakteristische Merkmale aufweist, die die Nachahmung erschweren (*BAG* 24.1.2008 EzA § 622 BGB 2002 Nr. 4). Es genügt aber jedenfalls nicht, wenn das »Gebilde« überhaupt **keinen Bezug zu einem Namen** hat (*Hess. LAG* 22.3.2011 – 13 Sa 1593/10, FA 2011, 270).

– alle Erklärenden die schriftliche Willenserklärung unterzeichnen (*BAG* 21.4.2005 EzA § 623 BGB 2002 Nr. 4; *LAG BW* 1.9.2005 – 11 Sa 7/05, EzA-SD 22/05 S. 14 LS; s. aber Rdn. 19).

*(3) Stellvertretung; Bote*

Ein Vertreter kann mit dem Namen des Vollmachtgebers unterzeichnen. Unterschreibt er mit dem eigenen Namen, so muss die Stellvertretung in der Urkunde zum Ausdruck kommen (vgl. APS/*Preis* § 623 BGB Rn. 26). **19**

Es bedarf bei der Unterzeichnung durch einen Vertreter eines das Vertretungsverhältnis hinreichend deutlich **zum Ausdruck bringenden Zusatzes** (*BAG* 21.4.2005 EzA § 623 BGB 2002 Nr. 4; *LAG RhPf* 19.12.2007 NZA-RR 2008, 403). Sind z. B. in dem Kündigungsschreiben einer Gesellschaft bürgerlichen Rechts alle Gesellschafter sowohl im Briefkopf als auch maschinenschriftlich in der Unterschriftszeile aufgeführt, so reicht es zur Wahrung der Schriftform nicht aus, wenn lediglich ein Teil der GbR-Gesellschafter ohne weiteren Vertretungszusatz das Kündigungsschreiben handschriftlich unterzeichnet, denn eine solche Kündigungserklärung enthält keinen hinreichend deutlichen Hinweis darauf, dass es sich nicht lediglich um den Entwurf eines Kündigungsschreibens handelt, der versehentlich von den übrigen Gesellschaftern noch nicht unterzeichnet ist (*BAG* 21.4.2005 EzA § 623 BGB 2002 Nr. 4 = NZA 2005, 865). **20**

Stellt der Bevollmächtigte seiner Unterschrift das Kürzel »i. A.« voran, kann dies **ohne Klärung** des Vertretungsverhältnisses folglich **zur Unwirksamkeit der Kündigung führen** (*LAG RhPf* 19.12.2007 NZA-RR 2008, 403).

Auch das Kündigungsschreiben einer GmbH, das von einem Geschäftsführer oder Prokuristen, der die Gesellschaft nur gemeinsam mit einem weiteren Geschäftsführer oder Prokuristen vertreten kann, allein unterzeichnet wird, kann gem. § 623 BGB formunwirksam sein. Die Schriftform ist jedenfalls dann nicht gewahrt, wenn der Geschäftsführer über der Unterschriftenzeile »Geschäftsführung« unterzeichnet und **kein Vertretungsvermerk** erfolgt, denn dann bleibt für den Erklärungsempfänger offen, ob der Unterzeichnende ohne Vertretungsmacht handelte, ob er bevollmächtigt war oder aber ob sich die Kündigung im Entwurfsstadium befand, weil sie noch von einem weiteren Vertretungsberechtigten unterzeichnet werden sollte (*LAG BW* 1.9.2005 – 11 Sa 7/05, EzA-SD 22/05 S. 14 LS). **21**

Nicht ausreichend ist auch die Unterschrift eines bloßen Erklärungsboten. Die Verwendung der Abkürzung »i. A.« statt »i. V.« indiziert ein Handeln als Bote. Bei der Abgrenzung von Bote und Vertreter sind darüber hinaus auch die weiteren begleitenden Umstände und die soziale Stellung des Handelnden maßgeblich zu berücksichtigen. Je untergeordneter und je weniger mit eigenen Entscheidungsspielräumen in Personalangelegenheiten verbunden die Stellung im Betrieb ist, desto eher ist bei der Verwendung der Abkürzung »i. A.« im Zusammenhang mit der Unterzeichnung einer Kündigung ein Handeln als Bote anzunehmen (*Klein* NZA 2004, 1198 ff.). **22**

Das *BAG* (13.12.2007 EzA § 623 BGB 2002 Nr. 9) geht insoweit allerdings davon aus, dass dann, wenn ein Angestellter des Arbeitgebers auf einem Briefbogen des Arbeitgebers eine Kündigung unterzeichnet, dies dafür spricht, dass der Angestellte als Vertreter des Arbeitgebers und nicht als dessen Bote gehandelt hat. Daran ändert der Zusatz »i. A.« vor der Unterschrift i. d. R. nichts.

Unterzeichnet nur einer von mehreren Gesellschaftern einer BGB-Gesellschaft die Kündigung, so muss das Vertretungsverhältnis in dieser Urkunde deutlich zum Ausdruck kommen. Fügt er keinen Vertretungszusatz hinzu, so ist nicht auszuschließen, dass die Unterzeichnung der Urkunde auch **23** durch die anderen Gesellschafter vorgesehen war und deren Unterschrift noch fehlt. In diesem Fall ist zu prüfen, ob die Urkunde erkennen lässt, dass die Unterschrift des Gesellschafters auch im Namen der anderen erfolgt ist. Für die Beantwortung der Frage, ob jemand eine Erklärung auch in fremdem Namen abgibt, kommt es auf deren objektiven Erklärungswert an. Zu berücksichtigende Anhaltspunkte sind z. B. die dem Rechtsgeschäft zugrunde liegenden Lebensverhältnisse, die Interessenlage, der Geschäftsbereich, dem der Erklärende angehört sowie verkehrstypische Verhaltensweisen. Die gesetzliche Schriftform ist dann gewahrt, wenn der so ermittelte rechtsgeschäftliche Vertretungswille in der Urkunde, wenn auch unvollkommen, Ausdruck gefunden hat (*LAG Nds.* 11.12.2009 LAGE § 125 BGB 2002 Nr. 2). Die Schriftform ist folglich nach zutr. Auffassung des *ArbG Aachen* (30.1.2007 NZA-RR 2007, 364) bei einer GbR als Arbeitgeber dann nicht gewahrt, wenn nur ein **Teil der Gesellschafter** ohne weiteren Vertretungszusatz das Kündigungsschreiben unterzeichnen.

*(4) Inhaltliche Anforderungen*

24   Inhaltlich muss das Schreiben nicht das Wort Kündigung enthalten; ausreichend ist, dass vom **Empfängerhorizont her der Wille, das Arbeitsverhältnis durch einseitige Gestaltungserklärung für die Zukunft lösen zu wollen, eindeutig** zum Ausdruck kommt. Zur Angabe des Kündigungsgrundes verpflichtet § 623 BGB ebenso wenig wie zur Angabe der Kündigungsfrist (s. dazu *LAG Köln* 6.10.2005 NZA-RR 2006, 353). Bleibt allerdings unklar, ob eine außerordentliche oder eine ordentliche Kündigung gewollt ist, führt dies dazu, dass es sich im Zweifel um eine ordentliche Kündigung als die normale Beendigungsmöglichkeit des Arbeitsverhältnisses handelt (s. Rdn. 48 ff.; *LAG Köln* 6.10.2005 NZA-RR 2006, 353); formnichtig ist eine derartige Kündigung jedoch nicht, denn die Kündigung als solche steht fest (APS/*Preis* § 623 BGB Rn. 30).

*(5) Änderungskündigung*

25   Bei der Änderungskündigung ist die Schriftform auch für das Änderungsangebot zu beachten (*BAG* 16.9.2004 EzA § 623 BGB 2002 Nr. 2; *LAG Köln* 26.9.2003 LAGE § 623 BGB 2002 Nr. 2a; s. Rdn. 2923), denn es handelt sich um einen tatsächlich und rechtlich einheitlichen Tatbestand, der lediglich aus zwei Willenserklärungen zusammengesetzt ist. Nicht formbedürftig ist dagegen die Annahme durch den Arbeitnehmer, denn der Änderungsvertrag als solcher ist nicht formbedürftig (APS/*Preis* § 623 BGB Rn. 32; *Dassau* ZTR 2000, 390; a. A. *Sanden/Siebert* AuR 2000, 291). Dabei kommt es nicht darauf an, ob Kündigung und Änderungsangebot in einem Schriftstück zusammengefasst sind (KDZ/*Däubler* § 623 BGB Rn. 11).

*(6) Kündigung durch konkludentes Verhalten*

26   Eine Kündigung durch schlüssiges Verhalten ist nunmehr gem. § 623 BGB **kaum noch möglich**, es sei denn, dass das konkludente Verhalten das Formerfordernis erfüllt.

27   Das kann z. B. dann der Fall sein (vgl. APS/*Preis* § 623 BGB Rn. 33), wenn:
   – **prozessuales Vorbringen** in einem Rechtsstreit eine Kündigung darstellt, weil die andere Partei daraus unmissverständlich auf einen Kündigungswillen schließen kann,
   – der Kündigende oder sein Bevollmächtigter die für den Kündigungsempfänger bestimmte Abschrift **eigenhändig unterschreibt** oder
   – die für das Gericht bestimmte **Urschrift** eigenhändig unterzeichnet ist und der Kündigungsempfänger eine mit einem Beglaubigungsvermerk versehene Abschrift erhält, wenn der Beglaubigungsvermerk vom Verfasser des Schriftsatzes, der die Kündigung enthält, eigenhändig unterzeichnet ist.

28   Demgegenüber ist eine von einer Arbeitnehmerin mündlich ausgesprochene fristlose Kündigung auch dann nicht geeignet, das Arbeitsverhältnis zu beenden, wenn sie mit dem zweifachen, gegenüber dem Arbeitgeber ausgesprochenen Zitat von Götz von Berlichingen verbunden ist (*ArbG Nbg.* 5.6.2001 – 12 Ca 2734/01).

## (7) Elektronische Form

Gem. § 623 BGB (vgl. auch §§ 68a, 78 Abs. 2 S. 2 SeemG) ist **ausdrücklich** die Möglichkeit **ausgeschlossen**, eine Kündigung in elektronischer Form (§§ 126 Abs. 3, 126a BGB n. F. i. V. m. dem SignaturG) zu erklären, denn – so jedenfalls die Auffassung des Gesetzgebers – die elektronische Form besitzt in der Gegenwart eine **geringere Warnfunktion** als die traditionelle Schriftform (vgl. dazu *Gotthardt/Beck* NZA 2002, 876 ff.).

## (8) Notarielle Beurkundung; gerichtlicher Vergleich

Anwendbar sind schließlich auch §§ 126 Abs. 4, 127a BGB (Ersetzung der Schriftform durch Beurkundung, Ersetzung der notariellen Beurkundung durch einen gerichtlichen Vergleich).

### ee) Beweislast

Wer sich nunmehr auf eine Kündigung beruft, muss die Einhaltung des § 623 BGB beweisen (APS/*Preis* § 623 BGB Rn. 55).

### ff) Vollständigkeits- und Richtigkeitsvermutung

Der Inhalt einer Urkunde (vgl. § 416 ZPO) hat die Vermutung der Vollständigkeit und Richtigkeit für sich (*BGH* 14.10.1988 NJW 1989, 898). Dies ist insbes. beim Abschluss von Aufhebungsverträgen zu beachten. Die Vermutung ist zwar **widerlegbar**; an den Beweis sind jedoch **strenge Anforderungen** zu stellen (APS/*Preis* § 623 BGB Rn. 56).

### gg) Rechtsfolge der Nichteinhaltung der Schriftform: Nichtigkeit

#### (1) Grundlagen

Die Nichtbeachtung der gesetzlichen Form des § 623 BGB hat gem. § 125 S. 1 BGB die **Nichtigkeit** der Kündigung zur Folge. **Die Möglichkeit einer Heilung besteht nicht**. Die Nichtigkeitsfolge tritt i. d. R. auch dann ein, wenn im Einzelfall **einem, mehreren oder gar allen Schutzzwecken des § 623 BGB auf andere Weise Genüge getan ist**. Die gesetzlichen Formvorschriften sind gegenüber der Erfüllung der Schutzzwecke, die zu ihrer Normierung geführt haben, **verselbständigt** (*BAG* 16.9.2004 EzA § 623 BGB 2002 Nr. 1).

#### (2) Kündigung

Bis die Kündigung formwirksam wiederholt wird, besteht das Arbeitsverhältnis **unverändert fort**. Für den Arbeitnehmer gilt nicht die Drei-Wochen-Frist des § 4 S. 1 KSchG für die Geltendmachung der Formunwirksamkeit der Kündigung, da diese Regelung nur für schriftliche Kündigungen gilt (*BAG* 28.6.2007 EzA § 4 KSchG n. F. Nr. 77; 9.2.2006 EzA § 4 KSchG n. F. Nr. 73).

### hh) Durchbrechung der Formnichtigkeit in Ausnahmefällen

#### (1) Grundsätze

Die Nichtigkeitsfolge des § 125 BGB ist durch den Grundsatz von **Treu und Glauben** (§ 242 BGB) eingeschränkt (vgl. *Eberle* NZA 2003, 1121 ff.; *Henssen* DB 2006, 1513 ff.). Die Berufung auf die Nichteinhaltung der Form kann ausnahmsweise eine **unzulässige Rechtsausübung** darstellen. Grundsätzlich ist die Einhaltung der gesetzlich vorgeschriebenen Form jedoch zu beachten. **Wenn die Formvorschriften des bürgerlichen Rechts nicht ausgehöhlt werden sollen, kann ein Formmangel nur ausnahmsweise nach § 242 BGB als unbeachtlich angesehen werden** (*BAG* 16.9.2004 EzA § 623 BGB 2002 Nr. 1; *LAG Nds.* 11.10.2004 AuR 2005, 236 LS; s. a. *BAG* 22.4.2010 – 6 AZR 828/08, EzA-SD 12/2010 S. 3).

36 Zwar hat im Grundsatz jede Partei die Rechtsnachteile selbst zu tragen, die sich aus der Formnichtigkeit eines Rechtsgeschäfts ergeben. Etwas anderes gilt aber dann, wenn es nach den Beziehungen der Parteien und den gesamten Umständen mit Treu und Glauben unvereinbar wäre, das Rechtsgeschäft am Formmangel scheitern zu lassen; das Ergebnis muss für die Parteien nicht nur hart, sondern **schlechthin untragbar** sein (*BAG* 27.3.1987 EzA § 242 BGB Betriebliche Übung Nr. 22).

37 Dieser Grundsatz ist zu § 311b BGB entwickelt worden, er gilt aber auch für gesetzliche Formvorschriften im **Arbeitsrecht** (vgl. *BAG* 27.3.1987 EzA § 242 BGB Betriebliche Übung Nr. 22; APS/*Preis* § 623 BGB Rn. 39; *Preis/Gotthardt* NZA 2000, 348 ff.).

*(2) Fallgruppen (Überblick)*

38 § 242 BGB ist nicht anwendbar,
– wenn beide Parteien den **Formmangel kannten** (*BGH* 22.6.1973 NJW 1973, 1455), ebenso wenig
– bei **beidseitiger Unklarheit** (*BAG* 22.8.1979 AP Nr. 6 zu § 4 BAT).

Etwas anderes gilt aber dann, wenn der Vertragspartner seine **Machtstellung** dazu **ausgenutzt** hat, die Formwahrung zu verhindern (*BGH* 27.10.1967 BGHZ 48, 396). Dafür müssen neben der Arbeitgeberstellung z. B. aber **deutliche weitere Anhaltspunkte** im konkreten Einzelfall gegeben sein (APS/*Preis* § 623 BGB Rn. 42).

§ 242 BGB kann auch dann zur Anwendung gelangen (vgl. APS/*Preis* § 623 BGB Rn. 45 ff.),
– wenn der Arbeitgeber beim Arbeitnehmer den **Eindruck erweckt**, die Zusage – z. B. einer Abfindung – solle auch ohne Rücksicht auf die vorgeschriebene Form eingehalten werden (*BAG* 10.9.1975 EzA§ 23a BAT Nr. 2; a. A. APS/*Preis* § 623 BGB Rn. 69);
– wenn eine Partei die andere über die Formbedürftigkeit des Rechtsgeschäfts **getäuscht** hat, um sich später ggf. zu ihrem Vorteil auf die Unwirksamkeit berufen zu können (*BAG* 7.5.1986 AP Nr. 12 zu § 4 BAT);
– wenn sich eine Partei **widersprüchlich** verhält (vgl. *BAG* 4.12.1997 EzA § 626 BGB Eigenkündigung Nr. 1). Das ist z. B. dann der Fall, wenn der durch Telefax gekündigte Arbeitnehmer zunächst selbst mit einem Fax gegenüber seinem Arbeitgeber reagiert hat und dabei dies als »Schriftform« betrachtet. Der Arbeitnehmer verstößt dann gegen Treu und Glauben, wenn er sich dann bei einer Faxkündigung auf § 623 BGB beruft (*ArbG Bln.* 1.3.2002 NZA-RR 2002, 522);
– wenn die Nichterfüllung oder Rückabwicklung eines Vertrages dazu führen würde, dass die **wirtschaftliche Existenz** einer Partei, die gutgläubig auf die Rechtswirksamkeit des Geschäfts vertraut hat, **gefährdet oder vernichtet** würde (*BGH* 15.11.1960 WM 1961, 179; 19.11.1982 BGHZ 85, 315).

Ein Arbeitnehmer handelt **dann nicht treuwidrig** i. S. d. § 242 BGB, wenn er sich auf die fehlende Schriftform der Beendigung des Arbeitsverhältnisses mit dem alten Arbeitgeber bei einem vertraglichen Arbeitgeberwechsel beruft, **nachdem er einige Zeit unter Leitung des neuen Arbeitgebers gearbeitet**, aber bereits zu Beginn deutlich gemacht hat, er wünsche eine diesbezügliche Ergänzung seines schriftlichen Arbeitsvertrages (*LAG Köln* 19.6.2006 NZA-RR 2007, 127).

*(3) Besonderheiten bei Kündigungen*

39 Die Vorschrift des § 623 BGB nimmt bewusst in Kauf, dass auch unstreitig im Ernst – aber eben nur mündlich – abgegebene Auflösungserklärungen wirkungslos sind. Dann kann aber die Berufung auf die fehlende Schriftform nicht allein mit der Begründung, die Beendigungserklärung sei *ernsthaft gewesen*, für treuwidrig erklärt werden (*BAG* 16.9.2004 EzA § 623 BGB 2002 Nr. 1). Auch der Umstand, dass der Kündigungsempfänger eine formwidrig erklärte Kündigung *widerspruchslos entgegen nimmt und sich* **erst später auf die Schriftform beruft**, stellt noch **keinen Verstoß gegen Treu und Glauben** dar (*BAG* 19.5.1988 EzA § 613a BGB Nr. 82). Vielmehr müssen be-

sondere **Umstände** vorliegen, damit ein Rechtsmissbrauch angenommen werden kann (APS/*Preis* § 623 BGB Rn. 45).

Das kann z. B. dann der Fall sein, wenn: **40**
- dem Kündigenden im Gerichtstermin in Anwesenheit des Erklärenden eine einfache Fotokopie übergeben wird oder eine Einsicht in das Original möglich ist; der Erklärungsempfänger von Aufklärungsmöglichkeiten aber keinen Gebrauch macht, die Erklärung auch nicht unverzüglich wegen Nichteinhaltung der Form zurückweist, sondern sich **erst geraume Zeit später** auf den Formmangel beruft (*BAG* 20.8.1998 EzA § 127 BGB Nr. 1; vgl. auch *LAG Hamm* 4.12.2003 LAGE § 623 BGB 2002 Nr. 3);
- der Arbeitnehmer eine **Eigenkündigung mehrmals**, auch auf Vorhaltungen der anderen Seite, ernsthaft und nicht nur einmalig spontan ausgesprochen hat, sich aber nachträglich auf den Formmangel beruft (*BAG* 4.12.1997 EzA § 626 BGB Eigenkündigung Nr. 1);
- der Arbeitgeber formwidrig kündigt, der **Arbeitnehmer die Kündigung hinnimmt**, eine neue Stelle angetreten hat, der Arbeitgeber sich dann auf den Formmangel beruft und den Arbeitnehmer zur Wiederaufnahme der Arbeit unter Unterlassung der neuen Beschäftigung auffordert (*BAG* 4.12.1997 EzA § 626 BGB Eigenkündigung Nr. 1);
- der Kündigungsempfänger die **mündlich ausgesprochene Kündigung schriftlich bestätigt**, er sich aber später auf den Formmangel beruft (APS/*Preis* § 623 BGB Rn. 45 ff.).

Zu berücksichtigen ist bei allen diesen Fallkonstellationen stets, dass das Recht, sich auf die Unwirksamkeit der Kündigung zu berufen, **verwirkt** werden kann. Insoweit gelten die allgemeinen Grundsätze (vgl. ausf. Kap. 3 Rdn. 4597 ff.). **41**

### b) Eindeutigkeit des Beendigungswillens

#### aa) Grundlagen

Die Kündigung muss den Beendigungswillen eindeutig zum Ausdruck bringen (ausf. APS/*Preis* Grundlagen D Rn. 33 ff.; *Busemann/Schäfer* Rn. 20 ff.). **Der Gekündigte muss Klarheit über die Auflösung des Arbeitsverhältnisses erhalten.** Deshalb bestehen z. B. gegen die Annahme einer Kündigung erhebliche Bedenken, wenn in einem Schreiben lediglich von einer »vorübergehenden Ausstellung« die Rede ist (*LAG RhPf* 14.7.2004 NZA-RR 2005, 274). **42**

Dies kann ausdrücklich – was stets zu empfehlen ist – aber auch stillschweigend geschehen. Bei **konkludent erklärten Willenserklärungen** findet das Gewollte nicht unmittelbar in einer Erklärung Ausdruck, vielmehr nimmt der Erklärende Handlungen vor, die lediglich mittelbar den Schluss auf einen bestimmten Rechtsfolgewillen zulassen. Ob ein bestimmtes voluntatives Verhalten eine Willenserklärung darstellt oder beinhaltet und ggf. welchen Inhalt sie aufweist, ist durch **Auslegung gem. §§ 133, 157 BGB** zu ermitteln. Im Hinblick auf § 623 BGB kommen konkludent erklärte Kündigungen allerdings nur ausnahmsweise in Betracht (s. Rdn. 8 ff.). **43**

Ein konkludentes Verhalten ist – **vorbehaltlich der Einhaltung der Schriftform** – dann, aber auch nur dann als Kündigungserklärung anzuerkennen, wenn der Empfänger das gezeigte Verhalten nach **Treu und Glauben** und mit Rücksicht auf die **Verkehrssitte** zweifelsfrei als Kündigungserklärung auffassen durfte bzw. musste und dieses für den Erklärenden bei gehöriger Sorgfalt erkennbar war (*Frölich* NZA 1997, 1273; zu nach dem alten Recht auftretenden Zweifelsfällen vgl. 2. Aufl. Rn. 10c ff.). **44**

Die »**Bestätigung« einer angeblichen Eigenkündigung** des Arbeitnehmers durch den Arbeitgeber, mit der dieser mitteilt, der Arbeitnehmer habe zu einem bestimmten Zeitpunkt die Arbeit eingestellt, oder er sei unentschuldigt der Arbeit ferngeblieben, weswegen er das Arbeitsverhältnis als beendet betrachte, ist regelmäßig nicht als Kündigungserklärung anzusehen (*LAG Nbg.* 8.2.1994 LAGE § 620 BGB Kündigungserklärung Nr. 4). Es handelt sich i. d. R. lediglich um die Äußerung einer **Rechtsansicht** des Arbeitgebers dahingehend, dass er ein bestimmtes tatsächliches Verhalten des Arbeitnehmers als Eigenkündigung bewertet, nicht aber um eine darüber hinausgehende Willenserklä- **45** rung (*LAG Köln* 3.2.1995 LAGE § 620 BGB Kündigungserklärung Nr. 5). Ein Bestätigungsschreiben mit diesem Inhalt kann nur so ausgelegt werden, dass der Arbeitgeber der Meinung ist, das Arbeitsverhältnis sei bereits durch Erklärungen oder Handlungen des Arbeitnehmers beendet. Ein Bestätigungsschreiben kann auch **nicht** in eine Kündigungserklärung **umgedeutet werden**, da die Voraussetzungen des § 140 BGB i. d. R. nicht vorliegen (*LAG Köln* 3.2.1995 LAGE § 620 BGB Kündigungserklärung Nr. 5). Ein in einem derartigen Bestätigungsschreiben gleichzeitig ausgesprochenes **Hausverbot** kann ebenfalls nicht als Kündigung gewertet werden, wenn dieses Hausverbot auf der Annahme gründet, das Arbeitsverhältnis sei bereits beendet.

46 Der Beendigungszeitpunkt muss bei der ordentlichen Kündigung nicht aus der Kündigungserklärung hervorgehen; es genügt, dass er sich aus dem Gesetz, einem Tarifvertrag oder aus einer sonstigen Vereinbarung ergibt.

47 Die als ordentliche Kündigung erkennbare Kündigung ist daher Kündigung zum nächstzulässigen Zeitpunkt, sofern sie nicht ausdrücklich oder konkludent erst für einen späteren Zeitpunkt gelten soll.

*bb) Ordentliche Kündigung; außerordentliche Kündigung; Abgrenzung*

48 Da für die ordentliche und die außerordentliche Kündigung unterschiedliche Wirksamkeitsvoraussetzungen (§§ 1 ff. KSchG, § 626 BGB) sowie ein unterschiedlicher Beendigungszeitpunkt gelten, **muss aus der Kündigungserklärung selbst hervorgehen, ob sie als ordentliche oder außerordentliche Kündigung gewollt ist** (vgl. *LAG Frankf./M.* 16.6.1983 BB 1984, 786; APS/*Preis* Grundlagen E Rn. 3 ff.).

49 Für die außerordentliche Kündigung genügt der erkennbare Wille zur sofortigen fristlosen Beendigung des Arbeitsverhältnisses nur dann, wenn nicht andere fristlose Beendigungstatbestände wie Nichtigkeit, Anfechtung (§§ 134, 138, 119 ff., 123 BGB) in Betracht kommen.

50 Sind solche möglich, so muss mit der Kündigungserklärung erkennbar der Wille zum Ausdruck kommen, aus wichtigem Grund zu kündigen, d. h. von der sich aus § 626 Abs. 1 BGB ergebenden besonderen Kündigungsbefugnis Gebrauch zu machen. Der dahingehende Wille kann sich aus der ausdrücklichen Bezeichnung der Erklärung (z. B. als fristlose Kündigung) oder aus sonstigen Umständen der Erklärung selbst, insbes. einer beigefügten Begründung ergeben (*BAG* 13.1.1982 EzA § 626 BGB n. F. Nr. 81). Der Arbeitgeber muss sich also auf einen wichtigen Grund zur vorzeitigen Auflösung des Arbeitsverhältnisses berufen.

51 Hat der Kündigende das Arbeitsverhältnis dagegen mit **ordentlicher Frist** gekündigt und ist diese Kündigung wegen des tariflichen Ausschlusses des ordentlichen Kündigungsrechts unwirksam, so kann in dieser Kündigung nicht ohne weiteres eine außerordentliche Kündigung gesehen werden, selbst wenn der Kündigende einen wichtigen Grund hatte (*BAG* 29.8.1991 AP Nr. 58 zu § 102 BetrVG 1972; *LAG Köln* 4.7.1996 LAGE § 620 BGB Kündigungserklärung Nr. 6).

*cc) Außerordentliche Kündigung mit Auslauffrist*

52 Die außerordentliche Kündigung wird regelmäßig als fristlose Kündigung erklärt. Der Kündigungsberechtigte kann aber auch aus wichtigem Grund mit einer Frist kündigen (**außerordentliche Kündigung mit Auslauffrist**), die der ordentlichen Kündigungsfrist nicht entsprechen muss (vgl. *LAG Köln* 28.8.2002 LAGE § 626 BGB Nr. 144). Wird aber die ordentliche Kündigungsfrist eingehalten, so muss **klargestellt werden, dass auf das Recht zur außerordentlichen Kündigung nicht verzichtet worden ist** (*BAG* 13.1.1982 EzA § 626 BGB n. F. Nr. 81; vgl. *Busemann/Schäfer* Rn. 123).

53 Fehlt es an einer derartigen eindeutigen Erklärung, so kann das Arbeitsverhältnis bereits aus diesem Grund nicht durch außerordentliche Kündigung beendet werden, ohne dass es darauf ankommt, ob ein wichtiger Grund i. S. d. § 626 BGB vorliegt (*BAG* 19.6.1980 EzA § 620 BGB Nr. 47). Die Wirksamkeit dieser Kündigung ist dann ausschließlich nach den Maßstäben einer ordentlichen Kündigung (vgl. § 1 KSchG) zu prüfen.

## B. Die Erklärung der Kündigung durch den Arbeitgeber  Kapitel 4

### c) Angabe der Kündigungsgründe

Nicht erforderlich ist grds. als Wirksamkeitsvoraussetzung die Angabe der Kündigungsgründe im Einzelnen (*BAG* 16.9.2004 EzA § 242 BGB 2002 Kündigung Nr. 5). 54

Allerdings hat der Arbeitgeber gem. § 626 Abs. 2 S. 3 BGB dem Arbeitnehmer die Gründe für die außerordentliche Kündigung auf Verlangen unverzüglich (§ 121 BGB) mitzuteilen. Insoweit handelt es sich aber nicht um eine Wirksamkeitsvoraussetzung der außerordentlichen Kündigung. 55

**Etwas anderes gilt gem. § 22 Abs. 3 BBiG für Berufsausbildungsverhältnisse** (s. Rdn. 884 ff.) sowie gem. **§ 9 Abs. 3 MuSchG** (s. Rdn. 647 ff.). 56

Auch können tarifliche Normen einen Anspruch auf Mitteilung der Kündigungsgründe vorsehen. Ob es sich insoweit um eine Wirksamkeitsvoraussetzung der Kündigung (konstitutive Schriftform), mit der Folge der Unwirksamkeit der Kündigung (*BAG* 27.3.2003 EzA § 125 BGB 2002 Nr. 1), oder nur um eine Beweiserleichterung (deklaratorische Schriftform) handelt, ist im Wege der Auslegung der fraglichen Normen zu ermitteln. 57

Weil der **Zweck** einer derartigen Regelung, wie sie sonst nur ausnahmsweise vorgesehen ist, **i. d. R. darin besteht**, dem Kündigungsempfänger die **Möglichkeit** einzuräumen, sich anhand der Mitteilung der Gründe darüber schlüssig zu werden, ob er die **Kündigung hinnimmt oder nicht**, ist sie **i. d. R. konstitutiv**. Dabei müssen die Gründe nachvollziehbar mitgeteilt werden; sie müssen so genau bezeichnet sein, dass der Kündigungsempfänger hinreichend klar erkennen kann, auf welchen Tatsachen der Kündigungsentschluss des Arbeitgebers beruht (*BAG* 27.3.2003 EzA § 125 BGB 2002 Nr. 1). Hinsichtlich der Anforderungen i. E. kann auf die Ausführungen zu § 22 Abs. 3 BBiG, § 9 MuSchG verwiesen werden (s. Rdn. 647 ff., 884 ff.). 58

▶ **Beispiele:** 59
– Sieht ein Tarifvertrag vor, dass die Kündigungsgründe im Kündigungsschreiben genannt werden müssen, müssen sie gem. § 54 BMT-G II jedenfalls so genau bezeichnet sein, dass im Prozess nicht ernsthaft streitig werden kann, auf **welchen Lebenssachverhalt** die Kündigung gestützt war; allein die Bezugnahme auf ein inhaltlich nicht näher umschriebenes Gespräch reicht dafür nicht (*BAG* 10.2.1999 EzA § 125 BGB Nr. 14).
– Auch die **bloße Bezeichnung** im Kündigungsschreiben **als »betriebsbedingt«** ist keine dem Formerfordernis des § 54 BAT-O genügende Angabe des Kündigungsgrundes. Ob die konkrete Bezugnahme auf ein dem Arbeitnehmer zuvor übergebenes Schriftstück ausreicht, in dem die Kündigungsgründe im Einzelnen ausgeführt wurden, hat das BAG (10.2.1999 EzA § 125 BGB Nr. 13) offen gelassen.

Fraglich ist, ob die Pflicht zur Angabe des Kündigungsgrundes auch Ausführungen zu der vom Arbeitgeber getroffenen Sozialauswahl umfasst. Weitere Angaben zur Sozialauswahl im Kündigungsschreiben sind aber jedenfalls dann entbehrlich, wenn dem Arbeitnehmer die Gründe der vom Arbeitgeber getroffenen Sozialauswahl aus einem Vorprozess bekannt sind (*BAG* 27.3.2003 EzA § 125 BGB 2002 Nr. 1). 60

### d) Auslegung der Erklärung des Arbeitgebers

Für die Auslegung der nicht notwendig als Kündigung bezeichneten Willenserklärung ist zu fragen, ob der Kündigungsempfänger das Verhalten des anderen bei vernünftiger Würdigung und unter Berücksichtigung von Treu und Glauben und der Verkehrssitte als Kündigung verstehen musste (*BAG* 12.9.1974 AP Nr. 1 zu § 44 TVAL II). 61

**Entscheidend ist, welche Art der Kündigung der Kündigende tatsächlich erklärt hat**; es kommt nicht darauf an, zu welcher Art von Kündigung er befugt war. **Beendigungserklärungen beider Seiten sind grds. restriktiv auszulegen**, sowohl wegen der rechtsgestaltenden Wirkung der Kündigung als auch wegen der einschneidenden Folgen der Beendigung des Arbeitsverhältnisses. 62

*e) Grundsatz der Klarheit*

63 Für die Kündigung gilt der Grundsatz der **Klarheit**, d. h. der Beendigungswille und -zeitpunkt müssen sich eindeutig, zumindest im Wege der Auslegung unter Zuhilfenahme von Gesetz, Tarifvertrag oder einzelvertraglicher Vereinbarung ergeben.

64 Daraus folgt die **grundsätzliche Bedingungsfeindlichkeit der Kündigung**. Auch die **Verbindung einer Kündigung mit einer unzulässigen (auflösenden) Bedingung** führt zur Unwirksamkeit der Kündigung.

65 ▶ **Beispiel:**

Erklärt der Arbeitgeber mit der Kündigung des Arbeitsverhältnisses zugleich, die Kündigung **werde gegenstandslos, wenn ein auslaufender Bewachungsauftrag neu erteilt werde**, so handelt es sich i. d. R. um eine auflösende Bedingung. Durch sie wird der Kündigungsempfänger in eine ungewisse Lage versetzt; die Kündigung ist dann nicht genügend bestimmt und klar und deshalb unwirksam. Zudem wäre wegen der Ungewissheit der Möglichkeit einer Weiterbeschäftigung im Anwendungsbereich des KSchG selbst eine unbedingte Kündigung gem. § 1 Abs. 2 KSchG als sog. Vorratskündigung sozial ungerechtfertigt (*BAG* 15.3.2001 EzA § 620 BGB Kündigung Nr. 2).

66 Zulässig sind dagegen Kündigungen unter sog. Potestativbedingungen, weil es bei ihnen der Arbeitnehmer selbst in der Hand hat, ob er die Kündigung wirksam werden lässt oder nicht. Deshalb werden derartige Kündigungen allgemein als wirksam angesehen (*LAG Köln* 6.2.2002 NZA-RR 2003, 18).

67 Eine normativ geregelte **Ausnahme** von der Bedingungsfeindlichkeit bildet die **Änderungskündigung** gem. § 2 KSchG, weil der Kündigungsempfänger unmittelbar überblicken kann, ob die Kündigung wirksam wird oder nicht.

68 Eine aufschiebend bedingte Kündigungserklärung ist auch im Übrigen dann zulässig, wenn der Bedingungseintritt vom Kündigungsempfänger ohne Schwierigkeit zweifelsfrei festgestellt werden kann. Das *LAG BW* (28.4.1966 DB 1966, 908 LS) hat z. B. eine fristlose Kündigung unter der Bedingung, dass der Arbeitnehmer am folgenden Tag nicht zur Arbeit erscheint, als wirksame Kündigung betrachtet, da der Arbeitnehmer die Ungewissheit über die Beendigung des Arbeitsverhältnisses durch sein eigenes Verhalten beseitigen konnte.

69 Teilt der Arbeitgeber dagegen einem erkrankten Arbeitnehmer schriftlich mit, dass das Personal wegen **schlechter Auftragslage vorübergehend reduziert werden müsse**, weshalb einzelne Belegschaftsmitglieder nunmehr rückständigen Urlaub nähmen oder ihren Wehrdienst anträten, und schließt er daran die Bitte an, sich nach der Wiedergenesung für einige Zeit arbeitslos zu melden, so kann darin mangels hinreichender Abgrenzung von der bloßen Suspendierung keine Kündigung gesehen werden, wenn dem Arbeitnehmer überdies in Aussicht gestellt wird, im Falle der Geschäftsbelebung umgehend benachrichtigt zu werden (*LAG Hamm* 7.7.1994 LAGE § 620 BGB Kündigungserklärung Nr. 3).

70 Eine ordentliche Kündigung ist in aller Regel dahin auszulegen, dass sie das Arbeitsverhältnis zum zutreffenden Termin beenden soll. Das gilt auch dann, wenn sie ihrem Wortlaut nach zu einem früheren Termin gelten soll. Nur dann, wenn auch aus der Kündigung und den im Rahmen der Auslegung zu berücksichtigenden Umständen des Einzelfalles ein Wille des Arbeitgebers ergibt, die Kündigung nur zum erklärten Zeitpunkt gegen sich gelten zu lassen, scheidet eine Auslegung aus. Der Kündigungstermin ist dann ausnahmsweise integraler Bestandteil der Willenserklärung und muss innerhalb der Klagefrist des § 4 S. 1 KSchG angegriffen werden (s. Rdn. 1766). Dann scheidet aber auch eine Umdeutung aus, da ein derart klar artikulierter Wille des Arbeitgebers nicht den Schluss auf einen mutmaßlichen Willen, wie ihn § 140 BGB erfordert, zulässt (*BAG* 15.12.2005 EzA § 4 KSchG n. F. Nr. 72).

B. Die Erklärung der Kündigung durch den Arbeitgeber  **Kapitel 4**

*f) Vorsorgliche Kündigung; Abgrenzung zur »Bestätigung der Kündigung« und zur Berufung auf die Befristung des Arbeitsvertrages; doppelt verlautbarte Kündigung*

Die vorsorgliche Kündigung ist dagegen eine unbedingte Kündigung (*LAG Köln* 6.10.2005 NZA-RR 2006, 353). Der Kündigende behält sich lediglich entweder intern vor, dass er sie rückgängig machen will, wenn sie sich wegen der Veränderung der wirtschaftlichen Verhältnisse (z. B. durch neue Aufträge) als nicht erforderlich erweisen sollte. Sie kann auch für den Fall der Unwirksamkeit einer bereits ausgesprochenen Kündigung erklärt werden, wobei sie dann statt des Nachschiebens von Kündigungsgründen gewählt werden kann (*LAG Köln* 6.2.2002= NZA-RR 2003, 18). **Bleibt unklar, in welcher Art und zu welchem Zeitpunkt gekündigt ist, gilt die Kündigung auch insoweit als ordentliche** (*LAG Köln* 6.10.2005 NZA-RR 2006, 353). 71

In Betracht kommt sie auch bei Eintritt neuer Tatsachen, auf die eine zuvor bereits erklärte Kündigung nicht gestützt werden kann, z. B. weil sie erst nach Zugang der Kündigung eingetreten sind. 72

Fraglich ist, ob auch in der »**Bestätigung**« **einer Kündigung** eine (weitere) vorsorgliche Kündigung gesehen werden kann, oder ob es sich nur um eine Erklärung mit deklaratorischem Inhalt handelt. Maßgeblich für die Beurteilung dieser Frage sind die Umstände des Einzelfalles. 73

> Die Formulierung, eine Kündigung zu wiederholen, bedeutet zwar nach dem Wortsinn, sie noch einmal auszusprechen (*BAG* 13.11.1958 AP Nr. 17 zu § 3 KSchG). Für die Auslegung sind aber alle weiteren Begleitumstände zu würdigen, die für die Frage, welcher Wille der Beteiligte bei seiner Erklärung gehabt hat, von Bedeutung sind und dem Erklärungsempfänger bekannt waren (*BAG* 21.3.1988 EzA § 4 KSchG Nr. 33; *LAG Düsseld.* 7.12.1995 LAGE § 130 BGB Nr. 20). Auch die spätere Reaktion einer Partei auf eine von ihr abgegebene Willenserklärung kann für deren Auslegung von Bedeutung sein (*BAG* 17.4.1970 AP Nr. 32 zu § 133 BGB). 74

Es spricht gegen eine erneute, in ihrem rechtlichen Bestand von der ersten Kündigung unabhängige Kündigung, wenn der Kündigende mit der »Wiederholung« der Kündigung nur die beim mündlichen Ausspruch gescheiterte Übergabe des Kündigungsschreibens nachholen will und wenn er sich im Rechtsstreit nur darauf beruft, dem Gekündigten sei vorsorglich noch einmal eine schriftliche Kündigung zugeleitet worden (*BAG* 4.12.1986 – 2 AZR 33/86, n. v.). Auch ein **Schreiben, das eine bereits mündlich ausgesprochene fristlose Kündigung lediglich »bestätigt«**, sich dabei sprachlich der Vergangenheitsform bedient (»wurde Ihnen ... ausgesprochen«) und keinen neuen Kündigungstermin benennt, sondern den ursprünglichen Kündigungstermin wiederholt, ist nicht als erneute Kündigungserklärung auszulegen. Dies gilt selbst dann, wenn sie sich auf später eingetretene Kündigungsgründe beruft (*LAG Köln* 18.4.1997 NZA-RR 1998, 15). Demgegenüber enthält ein zweites Kündigungsschreiben dann eine eigenständige neue Kündigungserklärung, wenn in dem Schreiben das Datum, bis zu dem Arbeitsmittel zurückgegeben werden sollen, entsprechend dem späteren Zustellungsdatum der zweiten Kündigung verändert wurde und das erste Kündigungsschreiben eine fristlose, das zweite dagegen eine fristlose und eine hilfsweise ausgesprochene ordentliche Kündigung enthält (*LAG Brem.* 17.9.2001 NZA-RR 2002, 186). 75

▶ **Formulierungshinweis:** 76

> Kommt nach Maßgabe dieser Grundsätze das Vorliegen einer weiteren Kündigung in Betracht, sollte im Hinblick auf §§ 13, 4, 7 KSchG der Klageantrag der Kündigungsschutzklage hilfsweise auch darauf erstreckt werden, z. B. durch die Formulierung »2. hilfsweise für den Fall, dass im Schreiben des Arbeitgebers vom ... eine eigenständige, vom Klageantrag Nr. 1 nicht erfasste Kündigung enthalten sein sollte, festzustellen, dass das zwischen den Parteien bestehende Arbeitsverhältnis auch durch die Arbeitgeberkündigung vom ... nicht aufgelöst worden ist.«

**Bestätigt der Arbeitgeber einem Arbeitnehmer dessen angeblich ausgesprochene Kündigung, so liegt darin i. d. R. keine eigene Kündigung** des Arbeitgebers. Das gilt in jedem Fall dann, wenn der Arbeitgeber in der später erstellten Bescheinigung für die Agentur für Arbeit bestätigt, das Arbeitsverhältnis habe durch Kündigung des Arbeitnehmers geendet (*LAG Köln* 20.3.2006 NZA-RR 2006, 642). 77

78 Die Mitteilung des Arbeitgebers, ein **befristet abgeschlossener Arbeitsvertrag** solle **nicht verlängert werden**, oder eine mit der Befristung begründete Ablehnung der Weiterbeschäftigung ist i. d. R. dann **keine vorsorgliche Kündigung, wenn die Wirksamkeit der Befristung zwischen den Parteien noch nicht streitig ist** (*BAG* 26.4.1979 EzA § 620 BGB Nr. 39).

79 Möglich ist auch, dass die Auslegung von zwei Kündigungsschreiben ergibt, dass der Arbeitgeber **lediglich eine (doppelt verlautbarte) Kündigungserklärung abgegeben hat**, deren Zugang er auf zwei verschiedenen Wegen sicherstellen wollte. In einem derartigen Fall reicht es aus, dass der Arbeitnehmer gegen diese doppelt verlautbarte Kündigungserklärung nur einmal rechtzeitig nach §§ 4, 7 KSchG Klage erhebt. Dies gilt auch dann, wenn beide Kündigungsschreiben an zwei aufeinander folgenden Tagen abgeschickt werden und deshalb unterschiedliche Daten tragen (*BAG* 6.9.2007 EzA § 626 BGB 2002 Nr. 18).

**Ähnlich** hat das *LAG Bln.-Bra.* (5.3.2008 LAGE § 4 KSchG Nr. 54) angenommen, dass dann, wenn der Arbeitgeber unter **demselben Datum** aufgrund desselben Sachverhalts in zwei getrennten Schreiben eine **Tat- und eine Verdachtskündigung** ausspricht, die gegen die Tatkündigung gerichtete Kündigungsschutzklage auch die Verdachtskündigung erfasst.

### g) Ort und Zeit der Kündigungserklärung

80 Vorschriften über Ort und Zeit der Kündigung bestehen nicht. Fraglich ist die Rechtslage, wenn eine **Kündigung zur Unzeit** erfolgt.

81 Da insoweit nur die Umstände der Kündigungserklärung betroffen sind und es nicht um die Berechtigung der Kündigung als solcher geht, gilt grds. § 627 Abs. 2 S. 2 BGB. **Die Kündigung ist zwar wirksam, der Kündigende ist aber zum Schadensersatz verpflichtet.**

82 Nur in extremen Fällen wird die Unwirksamkeit der Kündigung nach § 242 BGB in Betracht gezogen, wenn die Persönlichkeit des Empfängers durch die Art der Kündigung besonders herabgesetzt wird (vgl. *LAG Brem.* 29.10.1985 BB 1986, 393).

83 Das ist bei einer Kündigung am Heiligen Abend noch nicht der Fall (*BAG* 14.11.1984 EzA § 242 BGB Nr. 38; s. a. dazu Rdn. 1803).

### 2. Zugang der Kündigungserklärung

84 Der Zeitpunkt des Zugangs der Kündigung ist grds. der maßgebliche Zeitpunkt für die Beurteilung ihrer Rechtmäßigkeit (*BAG* 10.6.2010 EzA § 626 BGB 2002 Nr. 32 = NZA 2010, 1227; 19.5.1988 EzA § 613a BGB Nr. 82; *Sächs. LAG* 14.12.2005 LAGE § 125 InsO Nr. 9; s. Rdn. 1141 ff.; 2021 ff.).

### a) Zugang unter Anwesenden

85 Für den Zugang der Kündigungserklärung gelten die allgemeinen Grundsätze: **Unter Anwesenden geht die Kündigung zu, sobald sie der Empfänger vernimmt.**

86 Zu beachten ist aber, dass wegen § 623 BGB eine mündlich erklärte Kündigung praktisch nicht wirksam sein kann.

87 **Wird einem Anwesenden ein Kündigungsschreiben übergeben, so wird die Kündigung damit wirksam**; auch insoweit handelt es sich um eine Kündigung unter Anwesenden (*BAG* 16.2.1983 EzA § 123 BGB Nr. 21).

88 Für den Zugang einer schriftlichen Kündigungserklärung unter Anwesenden ist nicht darauf abzustellen, ob der Empfänger die Verfügungsgewalt über das Schriftstück dauerhaft erlangt hat. Es genügt vielmehr die Aushändigung und Übergabe des Schriftstücks, sodass der Empfänger **in der Lage** ist, **vom Inhalt der Erklärung Kenntnis zu nehmen**. Mit der Übergabe der Kündigungserklärung ist dem grundsätzlichen Interesse an rechtzeitiger Information, auf dem das Zugangs-

erfordernis beruht, genügt. Das Gesetz will sicherstellen, dass in Fällen einer empfangsbedürftigen Willenserklärung erst mit rechtzeitiger Informationsmöglichkeit des Empfängers die Willenserklärung auch wirksam wird. Für den Zugang eines Schriftstücks unter Anwesenden ist es deshalb ausreichend, wenn es dem Adressaten nur zum Durchlesen überlassen wird, es sei denn, dem Empfänger ist die für ein Verständnis nötige Zeit nicht verblieben. Ob der Arbeitnehmer das Kündigungsschreiben tatsächlich gelesen hat, ist unerheblich; für den Zugang genügt es, dass die Erklärung in den **Machtbereich** des Empfängers gelangt und dieser die Möglichkeit hat, von ihr Kenntnis zu nehmen. Tut er das nicht, geht dies zu seinen Lasten (*BAG* 4.11.2004 EzA § 130 BGB 2002 Nr. 4; *LAG München* 18.3.2009 NZA-RR 2009, 527; **a. A.** *LAG Hamm* 4.12.2003 LAG Report 2004, 37 m. Anm. *Müller* BB 2004, 1343 f.; *LAG* Düsseld. 18.4.2007 LAGE § 1 KSchG Soziale Auswahl Nr. 55 zur Übergabe einer Kopie und der Vorlage des Originals zur Einsicht).

Das gilt auch dann, wenn einem ausländischen Arbeitnehmer, der nicht lesen kann, ein in deutscher Sprache gehaltenes ausführliches Kündigungsschreiben übergeben wird (KR/*Friedrich* § 4 KSchG Rn. 101; **a. A.** *LAG Hamm* 24.3.1988 LAGE § 5 KSchG Nr. 32: Zugang erst nach Ablauf einer angemessenen Frist, die nach Treu und Glauben zur Erlangung einer Übersetzung erforderlich ist), denn § 130 Abs. 1 BGB lässt eine individualisierende Betrachtungsweise, die auf die besonderen Behinderungen des Empfängers abstellt, von einer Erklärung tatsächlich Kenntnis zu nehmen, nicht zu. Dem Schutz sprachunkundiger Ausländer ist durch nachträgliche Zulassung der Kündigungsschutzklage gem. § 5 KSchG Rechnung zu tragen (s. Rdn. 982 ff.). 89

*b) Zugang unter Abwesenden*

*aa) Begriffsbestimmung*

Unter Abwesenden richtet sich der Zugang der Kündigung nach § 130 BGB. Es gilt die allgemeine Regel, dass eine Erklärung dem Empfänger dann zugegangen ist, wenn sie so in seinen **Machtbereich** gelangt ist, dass er unter **gewöhnlichen Umständen** davon **Kenntnis** nehmen konnte (*BAG* 16.3.1988 EzA § 130 BGB Nr. 16; *LAG Köln* 22.11.2010 NZA-RR 2011, 244). Der Empfänger einer Kündigung kann sich zudem nach Treu und Glauben (§ 242 BGB) nicht auf den fehlenden oder verspäteten Zugang der Kündigung berufen, **wenn er die Zugangsverzögerung selbst zu vertreten hat**. Er muss sich dann so behandeln lassen, als habe der Kündigende z. B. entsprechende Fristen gewahrt. Dies gilt allerdings nur dann, wenn der Kündigende alles Erforderliche und ihm Zumutbare getan hat, damit seine Kündigung den Adressaten erreichen konnte. Eine Zugangsvereitelung in diesem Sinne liegt z. B. dann vor, wenn dem Arbeitgeber während der gesamten Dauer des Arbeitsverhältnisses die **richtige Anschrift des Arbeitnehmers nicht bekannt** war, denn der Arbeitnehmer hatte, nachdem er von der Absicht, ihm zu kündigen, erfahren hatte, dem Arbeitgeber **erneut bei Übersendung einer Arbeitsunfähigkeitsbescheinigung als seine Adresse eine Wohnung angegeben, aus der** er schon vor Beginn des Arbeitsverhältnisses **ausgezogen war** und unter der die Zustellung des Kündigungsschreibens erfolglos blieb (*BAG* 22.9.2005 EzA § 130 BGB 2002 Nr. 5). Etwas anderes gilt aber dann, wenn der Arbeitgeber, um die ordentliche Kündigungsfrist auszunutzen, dem Arbeitnehmer am letzten Tag des Monats die Kündigungserklärung persönlich am Arbeitsplatz übergeben will, **dieser aber kurz vor Arbeitsschluss bereits gegangen ist** (*LAG Köln* 10.4.2006 NZA-RR 2006, 466). 90

*bb) Nachweispflicht des Arbeitgebers*

**Der Arbeitgeber hat den vollen Beweis des Zugangs einer Kündigung unter Abwesenden zu führen, denn** wenn ein gewöhnlicher Brief der Post zur Beförderung übergeben wird, so gibt es keinen Anscheinsbeweis dafür, dass er auch zugegangen ist (*BAG* 14.7.1960 AP Nr. 3 zu § 130 BGB). Bei einer Zugangsvereitelung einer Kündigungserklärung muss der Kündigende beweisen, dass die gescheiterte **Übermittlung auf ein Verhalten** des **Adressaten zurückzuführen** ist. Dies setzt den Nach- 91 weis voraus, **dass der Adressat von einer unmittelbar** bevorstehenden Kündigung Kenntnis hat (*LAG München* 15.12.2004 – 10 Sa 246/04, FA 2005, 223 LS).

92 Insoweit trifft den Absender neben dem Risiko, dass der Brief auf dem Postweg verlorengeht, auch das Risiko, wenn eine schriftliche Kündigungserklärung wegen ungenügender Frankierung oder falscher Anschrift oder wegen Nachportos den Empfänger nicht erreicht.

93 Andererseits reicht es aus, dass der Empfänger unter gewöhnlichen Umständen von der Kündigung Kenntnis nehmen konnte. **Nicht notwendig** ist, dass er auch **tatsächlich Kenntnis** nimmt (s. *LAG Köln* 22.11.2010 NZA-RR 2011, 244).

94 So reicht es z. B. bei einem Brief aus, wenn er in seinen Briefkasten gelangt ist, gleichgültig ob er den Briefkasten leert oder auch ob er vom Grundstück abwesend ist. Auch fehlende Sprachkenntnis gehört zum Risiko des Empfängers (s. Rdn. 85; KR/*Friedrich* § 4 KSchG Rn. 101). Daran ändert sich auch nichts, wenn dem Erklärenden derartige Gründe bekannt sind (*BAG* 16.3.1988 EzA § 130 BGB Nr. 16). Verfügt ein Haus mit **mehreren Mietparteien** über keine Briefkästen und erfolgt die Postzustellung üblicherweise durch Einwurf in den dafür vorgesehenen **Briefschlitz der Haustür**, ist ein auf diesem Weg per Boten zugestelltes Kündigungsschreiben in den Machtbereich des Empfängers gelangt und diesem zugegangen. Auf die tatsächliche Kenntnisnahme des Empfängers kommt es nicht an (*LAG Düsseld.* 19.9.2000 ARST 2001, 68 LS). Ist nach dem eigenen Vorbringen des Empfängers sichergestellt, dass ihn die auf diesem Weg zugestellte Post auch tatsächlich nicht erreicht, kann er unter dem Gesichtspunkt der Zugangsvereitelung nach § 242 BGB nicht geltend machen, ein in den Briefschlitz eingeworfenes Kündigungsschreiben habe ihn nicht erreicht (*LAG Düsseld.* 19.9.2000 ARST 2001, 68 LS).

*cc) Zugangszeitpunkt*

*(1) Leerung des Briefkastens; Postfach*

95 Ein durch einen Boten nach der ortsüblichen, aber noch zur allgemein üblichen Postzustellzeit in den Hausbriefkasten des Arbeitnehmers eingeworfenes Kündigungsschreiben geht diesem noch am selben Tag zu (*LAG Nbg.* 5.1.2004 LAGE § 130 BGB 2002 Nr. 1; ebenso *LAG Hamm* 26.5.2004 LAGE § 130 BGB 2002 Nr. 2: etwa 2 Stunden nach dem üblichen Posteinwurf). Hält sich der Arbeitnehmer während einer Krankheit oder einer sonstigen Arbeitsfreistellung gewöhnlich zu Hause auf, so ist allerdings von ihm nach der Verkehrsanschauung nicht zu erwarten, dass er nach den allgemeinen Postzustellungszeiten seinen Wohnungsbriefkasten nochmals überprüft.

96 Wird ein Kündigungsschreiben deshalb erst erhebliche Zeit nach der allgemeinen Postzustellung in seinen Wohnungsbriefkasten geworfen (z. B. um 16.30 Uhr), so geht ihm die Kündigung erst am nächsten Tag zu (*BAG* 8.12.1983 EzA § 130 BGB Nr. 13; *LAG Köln* 17.9.2010 NZA-RR 2011, 180: nach 16 Uhr). Eine Kündigung, die **am letzten Tag** der Sechs-Monatsfrist des § 1 Abs. 1 KSchG um **16 Uhr** in den Wohnungsbriefkasten des Arbeitnehmers eingelegt wird, geht aber unabhängig davon jedenfalls dann **noch an diesem Tag zu**, wenn der Arbeitnehmer nach vorangegangenen Verhandlungen über einen Aufhebungsvertrag **damit rechnen musste**, dass der Arbeitgeber ihm das Kündigungsschreiben noch durch Boten überbringen lässt (*LAG Bln.* 11.12.2003 – 16 Sa 1926/03, NZA-RR 2004, 528). Zu den im eigenen Interesse bestehenden Obliegenheiten des Inhabers eines Hausbriefkastens gehört es zwar, Vorsorge dafür zu treffen, dass er von den für ihn bestimmten, eingeworfenen Sendungen auch Kenntnis nehmen kann. Es ist aber nicht ausgeschlossen, dass eingeworfene Sendungen dem Inhaber eines Briefkastens ohne sein Verschulden ausnahmsweise nicht zur Kenntnis gelangen (*BAG* 28.5.2009 EzA § 5 KSchG Nr. 37).

97 Ist im Arbeitsvertrag der Hauptwohnsitz des Arbeitnehmers aufgeführt und unterhält dieser einen Zweitwohnsitz am Arbeitsort, an den das Kündigungsschreiben adressiert ist, so kann ein Arbeitgeber ohne Hinzutreten besonderer Umstände nicht annehmen, dass der Arbeitnehmer in jeder die-

ser Wohnungen Vorkehrungen getroffen hat, die es ihm ermöglichen, sich zeitnah Kenntnis von einem Kündigungsschreiben zu verschaffen (*LAG Düsseld.* 7.12.1995 LAGE § 130 BGB Nr. 20).

Für den Zugang reicht es aus, wenn ein Bote den Brief mangels Verfügbarkeit eines Hausbriefkastens nach vergeblichem Klingeln auffällig zwischen Glasscheibe und Metallgitter der von der Straße her nicht einsehbaren Haustür des Einfamilienhauses des Empfängers steckt, das zur Straßenseite hinter einem umfriedeten Vorgarten mit verschlossenem – wenn auch nicht abgeschlossenem – Gartentörchen liegt (*LAG Hamm* 25.2.1993 NZA 1994, 32). Insoweit liegt eine arglistige Vereitelung des Zugangs des Kündigungsschreibens mit der Folge, dass der Zustellungsversuch als Zugang zu werten wäre, dann nicht vor, wenn sich am Briefkasten und am Klingelschild des mit einer Kündigung rechnenden Arbeitnehmers zwar keine Namensschilder befinden, der regelmäßige Zusteller die Post jedoch dem Empfänger ständig zustellt und lediglich ein am Tage der Zustellung des Kündigungsschreibens eingesetzter Aushilfszusteller den Brief mit dem Vermerk »Empfänger unbekannt« an den Arbeitgeber zurückgehen lässt (*LAG Brem.* 17.9.2001 NZA-RR 2002, 186). **98**

Unterhält ein Arbeitnehmer bei der Post ein **Postfach**, so ist von einem Zugang des Kündigungsschreibens, das der Arbeitgeber dort einwerfen lässt, jedenfalls nach **Ablauf der Leerungszeit**, die im Postfachvertrag üblicherweise festgelegt ist, auszugehen (*LAG Köln* 4.12.2006 NZA-RR 2007, 323). **99**

*(2) Empfangsbote; Abgrenzungen*

Wird eine Willenserklärung durch Einschaltung einer Mittelsperson dem Adressaten zugeleitet, hängt der Zugang davon ab, ob es sich bei der Person, gegenüber der die Erklärung abgegeben wird, um einen Empfangsvertreter, um einen Erklärungsvertreter oder um einen Erklärungsboten handelt. **100**

Der Erklärungsbote steht auf der Seite des Absenders. Die Willenserklärung geht erst dann zu, wenn sie der Erklärungsbote dem Adressaten zuleitet. Das Risiko, dass er die Willenserklärung nicht oder mit verändertem Inhalt weitergibt, trägt der Absender. Empfangsvertreter und Empfangsbote stehen auf der Seite des Empfängers. **101**

▶ Beispiel: **102**

Übergibt ein Arbeitgeber einem **minderjährigen Arbeitnehmer** das an die Eltern gerichtete Kündigungsschreiben mit der Bitte, dieses den Eltern zu übergeben, so handelt der Minderjährige als **Erklärungsbote** des Arbeitgebers (*LAG SchlH* 20.3.2008 LAGE § 130 BGB 2002 Nr. 6; s. a. *LAG RhPf* 8.5.2009 – 6 Sa 55/09, AuR 2009, 434 LS).

Wird die Erklärung gegenüber einem vom Empfänger bevollmächtigten Empfangsvertreter (§ 164 Abs. 3 BGB) abgegeben, müssen die Zugangsvoraussetzungen für dessen Person erfüllt sein. **103**

Wird die Erklärung gegenüber einem Empfangsboten abgegeben, so ist sie in den Machtbereich des Empfängers gelangt; nach der Rechtsprechung des *BGH* (NJW-RR 1989, 757) ist Zugangszeitpunkt der, in dem regelmäßig die Weitergabe an ihn zu erwarten ist. Das Risiko, dass der Empfangsbote die Erklärung nicht, verspätet oder falsch weiterleitet, trägt der Adressat (vgl. *Herbert* NZA 1994, 391 ff.). Zwar lässt sich der Begriff des **Empfangsboten** dem Gesetz nicht entnehmen, dennoch erkennt die Rechtsprechung (vgl. *BGH* 17.3.1994 – X ZR 80/92, NJW 1994, 2613; *BSG* 7.10.2004 – B 3 KR 14/04 R, NJW 2005, 1303; *BAG* 16.1.1976 – 2 AZR 619/74, NJW 1976, 1284; *BAG* 9.4.2008 – 4 AZR 104/07, NZA-RR 2009, 79) neben Empfangsvertretern (§ 164 Abs. 3 BGB) nicht nur rechtsgeschäftlich bestellte Empfangsboten an, sondern im Wege der Rechtsfortbildung grds. auch Empfangsboten kraft Verkehrsanschauung. Soweit dem Adressaten danach Empfangsboten zugeordnet werden, wird die Empfangsbotenstellung aus der gesetzlichen Wertung in § 130 BGB abgeleitet (Grundsätze für die Risikoverteilung beim Zugang von Willenserklärungen). Danach wird eine angemessene Verteilung des Übermittlungsrisikos erreicht, wenn der Zugang einer empfangsbedürftigen Willenserklärung angenommen wird, sobald diese so in den Machtbereich des Empfängers gelangt ist, dass dieser unter **104** gewöhnlichen Umständen unter Berücksichtigung der Verkehrsauffassung von dem Inhalt der Erklärung Kenntnis nehmen kann. Die gilt auch, wenn die Erklärung einem nach der Verkehrsanschauung als ermächtigt geltenden Empfangsboten übermittelt wird. Ebenso wie der Adressat dafür Sorge zu tragen habe, dass er von Erklärungen, die in seinen Machtbereich gelangt sind, Kenntnis erhält, kann er sich nicht auf seine Unkenntnis berufen, wenn solche Erklärungen an Personen übergeben werden, die regelmäßig Kontakt zu seinem Machtbereich haben und auch auf Grund ihrer Reife und Fähigkeiten geeignet erscheinen, Erklärungen an ihn weiterzuleiten (*BAG* 9.6.2011 EzA § 130 BGB 2002 Nr. 6 = NZA 2011, 847).

**105** Nach der Verkehrsanschauung ist Voraussetzung für die Eigenschaft als Empfangsbote zum einen eine persönliche oder vertragliche Beziehung zum Adressaten, durch die die Person zum anderen auf gewisse Dauer in einer räumlichen Beziehung zu diesem steht (z. B. Ehegatten, in der Wohnung des Empfängers lebende Familienangehörige und Haushaltsmitglieder sowie die in einem Betrieb beschäftigten kaufmännischen Angestellten; vgl. *Herbert* NZA 1994, 392).

**106** Lehnt ein als Empfangsbote anzusehender Familienangehöriger (z. B. die Mutter) des abwesenden Arbeitnehmers die Annahme eines Kündigungsschreibens des Arbeitgebers ab, so muss der Arbeitnehmer die Kündigung nur dann als zugegangen gegen sich gelten lassen, wenn er auf die Annahmeverweigerung, etwa durch vorherige Absprache mit dem Angehörigen, Einfluss genommen hat. Das gilt selbst dann, wenn die Empfangsbotin das Schreiben von einem (im konkreten Einzelfall nicht als Empfangsboten anzusehenden Onkel der Arbeitnehmerin) zunächst entgegengenommen und dann ungeöffnet an die Post zurückgeleitet hat (*BAG* 11.11.1992 EzA § 130 BGB Nr. 24; a. A. *Bickel* Anm. zu *BAG* 11.11.1992 AP Nr. 18 zu § 130 BGB; *Herbert* NZA 1994, 392 ff.).

**107** Leben **Ehegatten** in einer gemeinsamen Wohnung, so sind sie nach der Verkehrsanschauung füreinander als Empfangsboten anzusehen. Eine an einen der Ehegatten gerichtete Kündigungserklärung gelangt folglich grds. auch dann in dessen Macht- und Zugriffsbereich, wenn sie dem anderen Ehegatten außerhalb der Wohnung übermittelt wird. Das gilt auch dann, wenn die Arbeitnehmerin ihren Ehemann weder ausdrücklich noch konkludent zum Empfang von Willenserklärungen ermächtigt und auch bezüglich einer solchen Ermächtigung keinen Rechtsschein gesetzt hat, denn wenn auch über die Kriterien und Details, die nach der Verkehrsanschauung die Empfangsbotenstellung begründen oder ausschließen, keine völlige Einigkeit besteht, ist jedenfalls davon auszugehen, dass in einer **gemeinsamen Wohnung** lebende Ehegatten füreinander grds. als Empfangsboten angesehen werden (*BAG* 9.6.2011 EzA § 130 BGB 2002 Nr. 6). Eine Willenserklärung ist grds. auch dann in den Machtbereich des Adressaten gelangt, wenn sie einem Empfangsboten **außerhalb der Wohnung** übermittelt wird. An welchem Ort eine Willenserklärung gegenüber einem Empfangsboten abgegeben wird, kann allerdings für den Zeitpunkt des Zugangs der Willenserklärung beim Adressaten von Bedeutung sein (*BAG* 9.6.2011 EzA § 130 BGB 2002 Nr. 6).

**107a** Die Willenserklärung geht dem Adressaten allerdings nicht bereits mit der Übermittlung an den Empfangsboten zu, sondern erst dann, wenn mit der **Weitergabe** der Erklärung durch den Empfangsboten an den Adressaten **zu rechnen ist**. Wird nämlich eine Erklärung gegenüber einem Empfangsboten abgegeben, kommt es anders als bei einer Empfangsvollmacht allein auf die **Person des Adressaten** an. Erst wenn dieser unter Zugrundelegung gewöhnlicher Übermittlungsverhältnisse die (theoretische) Möglichkeit der Kenntnisnahme hat, ist die an seinen Empfangsboten abgegebene Erklärung zugegangen, denn der Empfangsbote hat lediglich die Funktion einer **personifizierten Empfangseinrichtung** des Adressaten. Als dessen Übermittlungswerkzeug soll er die Willenserklärung entgegennehmen und an ihn weiterleiten, also noch eine Tätigkeit entfalten, um dem Adressaten die Möglichkeit der Kenntnisnahme zu verschaffen. Vom Adressaten, auf den es für den Zugang allein ankommt, kann daher erst nach Ablauf der Zeit, die der Empfangsbote für die Übermittlungstätigkeit unter den obwaltenden Umständen normalerweise benötigt, erwartet werden, dass er von der Erklärung Kenntnis nehmen kann (*BAG* 9.6.2011 EzA § 130 BGB 2002 Nr. 6).

## B. Die Erklärung der Kündigung durch den Arbeitgeber — Kapitel 4

### (3) Längere Abwesenheit des Arbeitnehmers

Ein an die Heimatanschrift des Arbeitnehmers gerichtetes Kündigungsschreiben geht diesem grds. auch dann zu, wenn dem Arbeitgeber bekannt ist, dass er während seines Urlaubs verreist ist (*BAG* 24.6.2004 EzA § 102 BetrVG 2001 Nr. 9) oder sich in Untersuchungs- oder Auslieferungshaft befindet. 108

Dafür spricht zum einen die mit den Bedürfnissen des rechtsgeschäftlichen Verkehrs schwer zu vereinbarende Unsicherheit einer konkreten Erwartung des Erklärenden von der Kenntnisnahme durch den Empfänger. Es gibt keine allgemein gültigen Erfahrungswerte über das konkrete Urlaubsverhalten der Arbeitnehmer. Auch ist der Arbeitnehmer i. d. R. nicht verpflichtet, dem Arbeitgeber mitzuteilen, ob und wohin er während des Urlaubs verreist, andererseits kann der Arbeitgeber nicht gehalten sein, sich über das individuelle Urlaubsverhalten seiner Arbeitnehmer Kenntnis zu verschaffen. Hinzu kommt die mit den subjektiven Vorstellungen einer Partei stets verbundene Darlegungs- und Beweisschwierigkeit im Prozess. 109

Der Arbeitnehmer ist im Hinblick auf die Drei-Wochen-Frist gem. §§ 4, 7 KSchG dann i. d. R. gehalten, nach Rückkehr aus dem Urlaub gem. § 5 KSchG die **nachträgliche Zulassung der Kündigungsschutzklage** zu beantragen (*BAG* 16.3.1988, 2.3.1989 EzA § 130 BGB Nr. 16, 22 gegen *BAG* 16.12.1980 EzA § 130 BGB Nr. 10; zust. *Schukai/Ramrath* SAE 1989, 182; krit. *Popp* DB 1989, 1133). 110

### (4) Einschreiben

#### aaa) Übergabe-Einschreiben

Bei Einschreibebriefen ist grds. erforderlich, dass der Brief selbst den Empfänger oder einen Empfangsberechtigten erreicht (*BAG* 20.7.1979 EzA § 130 BGB Nr. 5; s. a. *Dübbers* NJW 1997, 2503 ff.; *Reichert* NJW 2001, 2523 ff.). 111

Vorteil dieser Zustellungsart ist andererseits, dass bei der Verwendung eines Einschreibens mit Rückschein der dem Kündigenden obliegende Beweis des Zugangs sicher geführt werden kann. Um den möglichen Einwand des Arbeitnehmers, er habe zwar ein Einschreiben erhalten, darin habe sich aber entweder nichts oder jedenfalls kein Kündigungsschreiben befunden, widerlegen zu können, sollte der Arbeitgeber allerdings z. B. einen schriftlichen Vermerk der Sekretärin, die das Schreiben gefertigt und nach Unterschrift in den Umschlag gegeben und diesen verschlossen hat, fertigen lassen, um so nachweisen zu können, welchen Inhalt der Einschreibebrief hatte. 112

Wurde niemand angetroffen und **erhält der Empfänger nur einen Benachrichtigungszettel der Post, so ist die Kündigung noch nicht zugegangen, sondern erst mit der tatsächlichen Aushändigung des Briefes** (*BAG* 15.11.1962 AP Nr. 4 zu § 130 BGB; *Hess. LAG* 6.11.2000 NZA-RR 2001, 637). 113

Geht dem Arbeitnehmer eine Arbeitgeberkündigung per Einschreiben zu, so ist die Klagefrist des § 4 KSchG auch dann grds. ab der Aushändigung des Einschreibebriefs zu berechnen, wenn der Postbote den Arbeitnehmer nicht antrifft und dieser das Einschreiben zwar nicht alsbald, aber noch **innerhalb der ihm von der Post mitgeteilten Aufbewahrungsfrist** beim zuständigen Postamt **abholt** oder abholen lässt (*BAG* 25.4.1996 EzA § 130 BGB Nr. 27; zur Klagefrist s. Rdn. 954 ff.). 114

Jedoch kann die Nichtabholung oder die verspätete Abholung von der Post **rechtsmissbräuchlich** sein, sodass in diesem Fall der Zugangsvereitelung die Kündigungserklärung als zugegangen gilt (*BAG* 27.10.1982 NJW 1983, 929; *Hess. LAG* 6.11.2000 NZA-RR 2001, 637). 115

Kündigt der Arbeitgeber z. B. unmittelbar nach Erteilung der Zustimmung des Integrationsamtes dem schwer behinderten Arbeitnehmer fristlos durch Einschreiben, das nach erfolglosem Zustellversuch bei der Postanstalt niedergelegt, nach Ablauf der siebentägigen Lagefrist an den Arbeitgeber zurückgesandt und erst dann dem Arbeitnehmer zugestellt wird, dann kann es dem Arbeitnehmer je nach den Umständen nach Treu und Glauben verwehrt sein, sich darauf zu berufen, die Kündigung sei nicht unverzüglich i. S. d. § 91 Abs. 5 SGB IX erklärt worden, wenn ihm der Benachrichtigungs- 116 schein über die Niederlegung des Einschreibebriefs bei der Postanstalt (z. B. durch Einwurf in den Hausbriefkasten) i. S. d. § 130 BGB zugegangen ist. Das ist der Fall, wenn er weiß, dass bei dem Integrationsamt ein Zustimmungsverfahren anhängig ist, er den Benachrichtigungsschein tatsächlich auch erhält oder er die Unkenntnis von dessen Zugang zu vertreten hat. Hierbei ist zu berücksichtigen, dass er **in dem Zeitraum, in dem er mit einer Kündigung rechnen muss, seine Post sorgfältig durchzusehen hat** (*BAG* 3.4.1986 EzA § 18 SchwbG Nr. 7). Gleiches gilt, wenn er aus dem Verfahren vor dem Integrationsamt weiß, dass ihm eine fristlose Kündigung zugehen wird und ihm ein Benachrichtigungsschreiben der Post zugegangen ist bzw. er die Unkenntnis von dessen Zugang zu vertreten hat (*BAG* 7.11.2002 EzA § 130 BGB 2002 Nr. 1).

117 In einem solchen Fall trifft den Kündigenden zunächst die Darlegungs- und Beweislast für alle Tatsachen, die den Einwand begründen, der Arbeitnehmer berufe sich treuwidrig auf den verspäteten Zugang der Kündigung.

118 Steht der Zugang des Benachrichtigungsscheins an den Arbeitnehmer fest, so reicht es nicht mehr aus, wenn dieser pauschal bestreitet, davon tatsächlich Kenntnis erlangt zu haben. Er muss vielmehr konkrete Umstände vortragen, aus denen sich ergibt, dass er von dem Benachrichtigungsschein ohne sein Verschulden keine Kenntnis erlangt hat (*BAG* 3.4.1986 EzA § 18 SchwbG Nr. 7).

119 (derzeit unbesetzt)

*bbb) Einwurf-Einschreiben*

120 Neben dem »Übergabe-Einschreiben« besteht auch die Möglichkeit, einen Brief per »Einwurf-Einschreiben« durch die Post befördern zu lassen. Es wird mit der Tagespost in den **Hausbriefkasten** oder das Postfach des Empfängers eingeworfen. Dieser Einwurf wird von dem Mitarbeiter der Deutschen Post AG mit einer genauen **Datums- und Uhrzeitangabe dokumentiert**; einer Unterschriftsleistung des Empfängers bedarf es entgegen der bisherigen Praxis nicht mehr. Der dabei gefertigte Auslieferungsbeleg wird dann in einem Lesezentrum zentral für Deutschland eingescannt, sodass die genauen Auslieferungsdaten zur Verfügung stehen. Unter einer für Deutschland einheitlichen Telefonnummer (z.Zt. 01805/290 690) kann dann der jeweilige Postkunde unter Angabe der auf seinem Aufgabebeleg erkennbaren Kennziffer den genauen Zeitpunkt des Einwurfs in den Briefkasten erfragen. Zwar wird das Original des Auslieferungsbeleges beim Scannvorgang zerstört, allerdings besteht die Möglichkeit, gegen eine Gebühr auch einen schriftlichen Datenauszug zu erhalten, mit dem dann der exakte Einwurfzeitpunkt vor Gericht schriftlich belegt werden kann (*Neuvians/ Mensler* BB 1998, 1206 f.).

121 Dieses Einschreiben geht dem Empfänger folglich mit Einwurf in den Hausbriefkasten zu, sodass der Absender damit einen Zugang seiner Kündigung bewirken kann, ohne unter Umständen die Abholung bei der Post abwarten zu müssen (*LAG Köln* 22.11.2010 NZA-RR 2011, 244); zugleich kann nach z. T. vertretener Auffassung gem. § 418 ZPO der volle Beweis des Einwurfs des Schreibens geführt werden, der durch den Gegenbeweis der unrichtigen Beurkundung widerlegbar ist (vgl. *Dübbers* NJW 1997, 2503 ff.).

122 Demgegenüber ist darauf hinzuweisen, dass die Post inzwischen als AG geführt wird, sodass lediglich § 416 ZPO in Betracht kommt (zutr. *Bauer/Diller* NJW 1988, 2795 f.; *Reichert* NJW 2001, 2523 ff.). Allerdings hat der Kündigungsempfänger, der einen vom **Auslieferungsbeleg abweichenden Zugang** behauptet, einen Geschehensablauf darzulegen, der eine gewisse Wahrscheinlichkeit für einen späteren Zugang beinhaltet (*LAG Bln.-Bra.* 12.3.2007 – 10 Sa 1945/06, ZTR 2007, 468 LS).

123 Allerdings ist mit dem Auslieferungsbeleg nicht der Beweis erbracht, dass sich in dem zugestellten Umschlag tatsächlich auch das Kündigungsschreiben befand (*Hohmeister* BB 1998, 1478). Um eine **durchgehende Beweiskette** zu erreichen, muss der Arbeitgeber deshalb zumindest veranlassen, dass über den Inhalt des Kündigungsschreibens, die Einkuvertierung und die Übergabe in den Postlauf eine kurze Notiz gefertigt wird (*Laber* FA 1998, 172; vgl. auch *Friedrich* FA 2002, 104 ff.), denn

bei der Zustellung eines Kündigungsschreibens durch Einwurfeinschreiben hat dann der Kündigungsempfänger, der einen vom Auslieferungsbeleg **abweichenden Zugang** behauptet, einen Geschehensablauf darzulegen, der eine **gewisse Wahrscheinlichkeit** für einen späteren Zugang beinhaltet (*LAG Bln.-Bra.* 12.3.2007 – 10 Sa 1945/06, EzA-SD 14/2007 S. 6 LS; s. Rdn. 121).

*dd) Gerichtsvollzieher*

In Betracht kommt gem. § 132 Abs. 1 BGB i. V. m. §§ 166 ff. ZPO auch die Zustellung der Kündigungserklärung durch den Gerichtsvollzieher. Mit dem Zustellungsauftrag erhält dann der Gerichtsvollzieher vom Kündigenden das offene **Original der Kündigungserklärung** und mindestens eine Abschrift, die der Gerichtsvollzieher als mit dem Original identisch beglaubigt. Sodann stellt er das Original durch Übergabe zu und fertigt darüber ein Protokoll, aus dem sich Ort, Datum und Uhrzeit sowie die näheren Modalitäten der Übergabe ergeben. Dieses Protokoll wird dem Kündigenden anschließend mit der beglaubigten Kopie der Kündigungserklärung ausgehändigt, sodass er es im Prozess als **Urkundsbeweis** verwenden kann (vgl. *Hohmeister* BB 1998, 1478). 124

*ee) Zustellung durch Boten*

Insbesondere dann, wenn ein kurzfristiger, sicherer, **nachweisbarer Zugang der Kündigungserklärung** unbedingt erforderlich ist (z. B. wenn eine Kündigung bei einer Kündigungsfrist von sechs Monaten zum Jahresende noch am 30.6. erklärt werden soll, der Arbeitnehmer aber krankheits- oder urlaubsbedingt nicht im Betrieb anwesend ist), erfolgt in der Praxis nicht selten die Zustellung durch einen, oder, um vor allem hinsichtlich der Beweiskraft des rechtzeitigen Zugangs sicher sein zu können, durch **zwei als besonders zuverlässig eingeschätzte Arbeitnehmer als Boten**. Einer der Arbeitnehmer protokolliert dann den eigentlichen Zustellungsvorgang nach beteiligten Personen, Datum und Uhrzeit schriftlich zu Beweiszwecken (vgl. *Hohmeister* BB 1998, 1477 ff.). 125

Allerdings ist zu berücksichtigen, dass entsprechende Bekundungen den Einwand des Arbeitnehmers, er habe zwar einen Umschlag erhalten, darin habe sich aber kein Kündigungsschreiben befunden, nur dann widerlegen können, wenn den zustellenden Arbeitnehmern der Inhalt des Kündigungsschreibens zur Kenntnis gebracht worden und der zugestellte Umschlag in ihrem Beisein verschlossen und ihnen ausgehändigt worden ist (s. Rdn. 111). 126

### 3. Vertretung; Unterzeichnung mit »i. A.« oder »i. V.«

Bei juristischen Personen, bei OHG und KG erfolgt die Kündigung durch das vertretungsberechtigte Organ (z. B. den Geschäftsführer der GmbH, die persönlich haftenden Gesellschafter der KG). Bei Gesamtvertretung müssen alle Organmitglieder entweder zusammenwirken oder jedenfalls der Kündigungserklärung durch ein Organmitglied zustimmen (s. instr. *Zimmermann* ZTR 2007, 119 ff.). 127

Ist der Gesellschafter einer GmbH zugleich deren Arbeitnehmer, so kann in seinem Arbeitsvertrag wirksam auch vereinbart werden, dass zu einer fristgerechten Kündigung die vorherige Zustimmung der Gesellschafterversammlung erforderlich ist. Eine solche Regelung stellt keine unzulässige Beschränkung der Vertretungsbefugnis des GmbH-Geschäftsführers dar (*BAG* 28.4.1994 EzA § 37 GmbH-Gesetz Nr. 1). 128

Zur Passivvertretung (z. B. als Adressat einer Kündigungserklärung) ist auch bei Gesamtvertretung jedes Organmitglied allein berufen (*BAG* 15.11.1976 EzA § 15 BBiG Nr. 3). 129

Sieht der Gesellschaftsvertrag einer GmbH zudem vor, dass der Geschäftsführer zur Vornahme aller Geschäfte und Rechtshandlungen, die der Betrieb der Gesellschaft nicht gewöhnlich mit sich bringt, der **Zustimmung der Gesellschafterversammlung** bedarf, so ist i. d. R. auch die außerordentliche Kündigung des Arbeitsverhältnisses einer im Innenverhältnis mit umfassenden Befugnissen ausgestatteten Mitgesellschafterin und Prokuristin zustimmungsbedürftig. Auf eine entsprechende ge- 130 sellschaftsvertragliche Beschränkung der Befugnisse des Geschäftsführers kann sich die Mitgesellschafterin und Prokuristin auch im Kündigungsschutzprozess berufen; die fehlende Zustimmung der Gesellschafterversammlung ist ggf. ein **sonstiger Unwirksamkeitsgrund** i. S. v. § 13 Abs. 3 KSchG (*BAG* 11.3.1998 EzA § 37 GmbHG Nr. 2).

**130a** Die Kündigungserklärung einer **BGB-Gesellschaft**, die nicht von allen Gesellschaftern unterzeichnet ist und der keine Vollmachtsurkunde des unterzeichnenden (vertretungsberechtigten) Gesellschafters beigefügt ist, kann vom Empfänger gem. § 174 BGB zurückgewiesen werden (*Hess. LAG* 23.5.2011 NZA-RR 2011, 519).

**131** Wird im Übrigen eine Kündigungserklärung für den Arbeitgeber von einem Vertreter mit dem Zusatz »i. A.« unterzeichnet, ergibt sich daraus allein **noch nicht**, dass der Erklärende lediglich als **Bote** gehandelt hat. Es mag zwar im Einzelfall eher dafür sprechen, dass der Unterzeichnete nicht selbst handelnd wie ein Vertreter die Verantwortung für den Inhalt des von ihm unterzeichneten Kündigungsschreibens übernehmen will, während der Zusatz »i. V.« darauf hindeutet, dass der Erklärende selbst für den Vertretenen handelt. Dabei ist auch zu berücksichtigen, dass im allgemeinen nichtjuristischen Sprachgebrauch nicht immer hinreichend zwischen »Auftrag« und »Vertretung« unterschieden wird. Oftmals werden die Zusätze »i. A.« und »i. V.« lediglich verwendet, um **unterschiedliche Hierarchieebenen** auszudrücken. Maßgeblich sind deshalb gem. §§ 133, 157 BGB die Gesamtumstände. Der so ermittelte rechtsgeschäftliche Vertretungswille muss in der Urkunde jedenfalls andeutungsweise Ausdruck gefunden haben (*BAG* 13.12.2007 EzA § 623 BGB 2002 Nr. 9).

**132** Betreibt ein **Rechtsanwalt eine Anwaltskanzlei selbstständig**, ohne dass die anderen im Briefkopf der Kanzlei aufgeführten Anwälte auf die tägliche Arbeit und die Personalentscheidungen erkennbar Einfluss nehmen, kann er einem von ihm angestellten Rechtsanwalt die (Schein-)sozietät wirksam kündigen, ohne nach § 174 BGB eine Vollmacht der anderen Mitglieder der (Schein-)sozietät vorzulegen (*BAG* 6.2.1997 EzA § 174 BGB Nr. 11).

**133** Die **Kündigung gegenüber einem geschäftsunfähigen Minderjährigen** (§ 104 BGB) wird wirksam, wenn sie dem **gesetzlichen Vertreter** zugeht (§ 131 Abs. 2 BGB). Auch im Falle der Partei kraft Amtes (z. B. beim Insolvenzverwalter) muss die Kündigung dieser gegenüber erfolgen.

**133a** Insoweit gilt Folgendes (*BAG* 28.10.2010 EzA § 131 BGB 2002 Nr. 1 = NZA 2011, 340):
– Die gegenüber einem **Geschäftsunfähigen** abgegebene Willenserklärung wird gem. § 131 Abs. 1 BGB nicht wirksam, bevor sie dem gesetzlichen Vertreter zugeht.
– Ein Zugang bei dem gesetzlichen Vertreter i. S. v. § 131 Abs. 1 BGB setzt voraus, dass die Willenserklärung nicht nur – zufällig – in dessen **Herrschaftsbereich** gelangt ist, sondern **auch an ihn gerichtet oder zumindest für ihn bestimmt ist**. Die Willenserklärung muss mit dem erkennbaren Willen abgegeben werden, dass sie den gesetzlichen Vertreter erreicht.
– Eine spätere **bloß faktische Kenntnisnahme** durch den Betreuer als gesetzlichen Vertreter reicht jedenfalls dann nicht aus, wenn dieser im Zeitpunkt der Abgabe der Willenserklärung noch nicht bestellt war und die Erklärung keinerlei Hinweis darauf enthält, dass sie für den gesetzlichen Vertreter des Adressaten bestimmt ist.
– Ein automatisches Wirksamwerden der Willenserklärung mit dem Ende der Geschäftsunfähigkeit ist durch § 131 Abs. 1 BGB ausgeschlossen.
– Die **Bestätigung** einer mangels Zugangs nicht wirksam gewordenen Kündigungserklärung mit der Folge, dass diese gem. § 141 Abs. 1 BGB als erneute Vornahme der Kündigung gilt, kommt **nicht in Betracht**. § 141 Abs. 1 BGB betrifft die Bestätigung eines nichtigen Rechtsgeschäfts. Dies setzt voraus, dass zumindest dem äußeren Tatbestand nach ein Rechtsgeschäft vorliegt. Eine Kündigung, die nicht zugegangen ist, bleibt als einseitiges empfangsbedürftiges Rechtsgeschäft unvollständig und kommt damit schon tatbestandlich nicht zustande.

**133b** Ist der Arbeitnehmer minderjährig und damit nach § 106 BGB nur **beschränkt geschäftsfähig**, wird die Kündigung nach § 131 Abs. 2 BGB erst dann wirksam, wenn sie seinem **gesetzlichen Vertreter** zugeht. Ist eine Kündigungserklärung mit dem erkennbaren Willen abgegeben worden, dass sie den gesetzlichen Vertreter erreicht, und gelangt sie – etwa durch den Einwurf des Kündigungsschreibens in seinen Hausbriefkasten – **tatsächlich in dessen Herrschaftsbereich**, ist der Zugang bewirkt. Deshalb geht ein entsprechendes Kündigungsschreiben, das am Morgen des letzten Tages der Probezeit des Ausbildungsverhältnisses durch Boten in den gemeinsamen Hausbriefkasten des minderjährigen Auszubildenden und seiner ihn gesetzlich vertretenden Eltern geworfen wird, noch an diesem Tag zu. Die Ortsabwesenheit der Eltern steht dem nicht entgegen. Für den Zugang reicht es aus, dass das Schreiben in den Herrschaftsbereich der Eltern gelangt ist und sie es unter normalen Umständen zur Kenntnis nehmen konnten. Wird ein Kündigungsschreiben allerdings an den Auszubildenden, gesetzlich vertreten durch seine Eltern, adressiert, lässt dies den Willen des Ausbildenden, dass das Kündigungsschreiben die Eltern des Minderjährigen als dessen gesetzliche Vertreter erreichen soll, zwar noch hinreichend erkennen. Der Ausbildende trägt allerdings bei einer solchen Adressierung das **Risiko**, dass bei postalischer Übermittlung die Zusteller ein solches Schreiben in einen eventuell vorhandenen eigenen Briefkasten des Minderjährigen einwerfen. Will der Ausbildende dieses Risiko vermeiden, muss er das Kündigungsschreiben **an die Eltern** als gesetzliche Vertreter des Auszubildenden **adressieren**. (*BAG* 8.12.2011 EzA § 174 BGB 2002 Nr. 7).

Ein Minderjähriger kann unter den Voraussetzungen der §§ 112, 113 BGB selbst kündigen, andernfalls benötigt er gem. § 107 BGB die Zustimmung des gesetzlichen Vertreters, da sonst die Kündigung unwirksam ist (§ 111 BGB). **134**

Die Kündigungserklärung eines **Vertreters ohne Vertretungsmacht ist unwirksam**. Eine Heilung durch nachträgliche Genehmigung ist auch unter Berücksichtigung der allgemeinen Regelungen der §§ 189 S. 2 BGB, 177 Abs. 1 BGB nicht möglich (so *LAG Köln* 16.11.2005 – 8 Sa 832/05 – EzA-SD 9/06, S. 12 LS). **135**

Kommen **mehrere Vertretene** in Betracht, in deren Namen der Vertreter eine Kündigungserklärung abgegeben haben kann, so ist in entsprechender Anwendung des § 164 Abs. 1 S. 2 BGB die Erklärung des Vertreters gem. §§ 133, 157 BGB **unter Berücksichtigung aller Umstände auszulegen**. Dabei ist für die Auslegung entscheidend, wie der Gekündigte die Erklärung nach Treu und Glauben und unter Berücksichtigung der Verkehrssitte verstehen musste (*BAG* 19.4.2007 NZA-RR 2007, 571). **136**

### a) Kündigungserklärung durch Bevollmächtigte

#### aa) Zurückweisung der Kündigung

Wird die Kündigung durch einen Bevollmächtigten erklärt, so ist **§ 174 BGB zu** beachten (vgl. ausf. APS/*Preis* Grundlagen D Rn. 90 ff.; *Meyer/Reufels* NZA 2011, 5 ff.; *Schmiegel/Yalcin* ZTR 2011, 395 ff.). Die Zurückweisung eines einseitigen Rechtsgeschäfts nach § 174 S. 1 BGB setzt insoweit voraus, dass die Zurückweisung gerade wegen der nicht vorgelegten Vollmachtsurkunde erfolgt (*BAG* 15.12.2011 EzA § 613a BGB 2002 Nr. 131); diese Regelung findet auch im öffentlichen Dienst Anwendung (*BAG* 20.9.2006 EzA § 174 BGB 2002 Nr. 5; s. Rdn. 151). Zu beachten ist allerdings, dass diese Regelung **nur für rechtsgeschäftlich bevollmächtigte Vertreter** gilt. Beruht die Vertretungsmacht dagegen nicht auf der Erteilung einer Vollmacht durch den Vertretenen, sondern auf **gesetzlicher Grundlage** – z. B. bei der Vertretung einer AOK durch ihren Vorstand oder eines einzelnen Vorstandsmitglieds einer AOK – **scheidet eine Zurückweisung grds. aus** (*BAG* 20.9.2006 EzA § 174 BGB 2002 Nr. 5 = NZA 2007, 377; 10.2.2005 EzA § 174 BGB 2002 Nr. 3). **137**

> Bei rechtsgeschäftlicher Bevollmächtigung ist eine Kündigung, die ein Bevollmächtigter einem anderen gegenüber vornimmt, dagegen unwirksam, wenn der Bevollmächtigte eine Vollmachtsurkunde nicht oder nur in beglaubigter Abschrift, in Fotokopie oder in Faxkopie (*LAG Düsseld.* 22.2.1995 LAGE § 174 BGB Nr. 7 unter Hinweis auf *BGH* NJW 1981, 1210 u. *OLG Hamm* NJW 1991, 1185) vorlegt oder zu den Gerichtsakten reicht und der Kündigungsempfänger die Kündigung aus diesem Grunde unverzüglich (d. h. ohne schuldhaftes Zögern, § 121 Abs. 1 BGB) zurückweist. Andererseits kommt die Unwirksamkeit einer Kündigung nach § 174 S. 1 BGB dann nicht in Betracht, wenn der Gekündigte nur die **Kündigungsbefugnis des Kün- 138**

digenden an sich verneint, **nicht aber deren Nachweis** durch Vorlage einer wirksamen Vollmachtsurkunde fordert (*BAG* 19.4.2007 – 2 AZR 180/06, NZA-RR 2007, 571). Zu beachten ist, dass auch das **Zurückweisungsschreiben** nach § 174 BGB **seinerseits** ein einseitiges Rechtsgeschäft i. S. d. § 174 BGB ist; liegt diesem Schreiben keine Originalvollmacht bei, kann die Zurückweisungserklärung vom Kündigenden nach § 174 S. 1 BGB zurückgewiesen werden (*BAG* 8.12.2011 EzA § 174 BGB 2002 Nr. 7).

139 Nach Auffassung des *BGH* (4.2.1981 AP Nr. 5 zu § 174 BGB) gilt § 174 BGB selbst bei Zustellung der Willenserklärung durch den Gerichtsvollzieher.

140 Unverzüglich ist die Zurückweisung einer Kündigung nach § 174 BGB wegen fehlender Vorlage einer Vollmachtsurkunde nach der Definition in § 121 Abs. 1 BGB, wenn sie »ohne schuldhaftes Zögern« erfolgt ist. Dabei handelt es sich um einen unbestimmten Rechtsbegriff, der unter Berücksichtigung des Kontextes, in dem er jeweils verwendet wird, ausgelegt werden muss. »Unverzüglich« bedeutet nicht »sofort«. Vielmehr hat der Zurückweisende die Erklärung lediglich so rechtzeitig abzugeben, wie ihm dies unter den gegebenen Umständen und unter Berücksichtigung der Interessen des anderen Teils an alsbaldiger Aufklärung möglich und zumutbar ist. Daraus folgt, dass es keine absoluten Grenzen gemessen in Kalendertagen gibt. Vielmehr ist in jedem Einzelfall zu prüfen, ob der Zurückweisungsberechtigte die notwendigen Schritte bis zur Zurückweisung zügig gegangen ist. Die Zurückweisung einer Kündigungserklärung ist allerdings nach einer Zeitspanne von **mehr als einer Woche** ohne das Vorliegen besonderer Umstände des Einzelfalls **nicht mehr unverzüglich** i. S. d. § 174 S. 1 BGB. Die Frist beginnt mit der tatsächlichen Kenntnis des Empfängers von der Kündigung und der fehlenden Vorlegung der Vollmachtsurkunde. Da die Rüge des § 174 BGB **keinerlei Nachforschungen** über die wirklichen Vertretungs- und Vollmachtsverhältnisse und auch keinen schwierigen Abwägungsprozess erfordert, sondern rein formal und routinemäßig lediglich an das Fehlen der Vollmachtsurkunde knüpft, ist eine Zeitspanne von einer Woche unter normalen Umständen ausreichend, um die Entscheidung über die Zurückweisung zu treffen (*BAG* 8.12.2011 EzA § 174 BGB 2002 Nr. 7). Andererseits kann die Zurückweisung z. B. auf Grund der besonderen Umstände des Einzelfalls noch unverzüglich sein, obwohl zwischen dem Zugang der Kündigung beim Arbeitnehmer und dem Zugang der Zurückweisung beim Arbeitgeber zehn Kalendertage liegen (*LAG Mecklenburg-Vorpommern* 24.2.2009 NZA-RR 2009, 528).

141 Die Zurückweisung erfolgt aber jedenfalls i. d. R. dann nicht »unverzüglich«, wenn sie erst **nach Ablauf der Drei-Wochen-Frist** des § 4 KSchG erfolgt (*BAG* 11.3.1999 ZTR 1999, 420); gleiches gilt, wenn sie in einer fristgerechten Kündigungsschutzklage erklärt wird, die erst nach dem Ablauf dem Arbeitgeber zugestellt wird (*LAG Köln* 20.2.1997 LAGE § 174 BGB Nr. 10). Zu beachten ist, dass eine Zurückweisung aber auch nach Maßgabe der Umstände des konkreten Einzelfalls bereits nach **weniger als zwei Wochen** nicht mehr unverzüglich sein kann (*BAG* 5.4.2001 EzA § 626 BGB n. F. Nr. 187). Demgegenüber ist eine Zeitspanne zwischen dem Zugang der Kündigung und dem Zugang des Rügeschreibens nach § 174 S. 1 BGB von **wenigen Tagen bis zu einer Woche** nicht zu beanstanden (*Hess. LAG* 12.3.2001 FA 2001, 207).

142 Die **Zurückweisung** der Kündigung aus diesem Grund braucht zwar **nicht ausdrücklich** zu erfolgen. Sie muss sich aber aus der **Begründung** oder aus **anderen Umständen eindeutig** und für den Kündigenden zweifelsfrei ergeben (*BAG* 18.12.1980 EzA § 174 BGB Nr. 4).

*bb) Kenntnis des Kündigungsgegners*

143 Die **Zurückweisung ist gem. § 174 S. 2 BGB jedoch ausgeschlossen, wenn der Vollmachtgeber** – nicht aber der Vertreter (*ArbG Darmstadt* 5.8.2009 LAGE § 174 BGB 2002 Nr. 1) – **den anderen von der Bevollmächtigung in Kenntnis gesetzt hatte.** Wirksam zurückweisen kann der Empfänger die Kündigung also nur, wenn er keine Gewissheit hat, ob der Erklärende wirklich bevollmächtigt ist und der Vertretene die Erklärung gegen sich gelten lassen muss (*BAG* 3.7.2003 EzA § 1 KSchG Verhaltensbedingte Kündigung Nr. 61; 14.4.2011 EzA § 174 BGB 2002 Nr. 6 = NZA 2011, 683; s. *Schmiegel/Yalcin* ZTR 2011, 395 ff.).

## B. Die Erklärung der Kündigung durch den Arbeitgeber   Kapitel 4

Die Mitteilung der Bevollmächtigung kann schon im Formulararbeitsvertrag enthalten sein. Für ein Inkenntnissetzen i. S. d. § 174 S. 2 BGB reicht allerdings die **bloße Mitteilung** im Arbeitsvertrag, dass der jeweilige Inhaber einer bestimmten Funktion kündigen dürfe, nicht aus. Erforderlich ist vielmehr ein **zusätzliches Handeln** des Vollmachtgebers, aufgrund dessen es dem Empfänger der Kündigungserklärung möglich ist, der ihm **genannten Funktion**, mit der das Kündigungsrecht verbunden ist, die **Person des jeweiligen Stelleninhabers** zuzuordnen. Die bloße Kundgabe der z. B. dem jeweiligen Niederlassungsleiter zur Erklärung von Kündigungen erteilten Innenvollmacht in den Schlussbestimmungen des Arbeitsvertrags reicht nicht aus, um den Arbeitnehmer von dessen Bevollmächtigung in Kenntnis zu setzen. Teilt der Arbeitgeber dem Arbeitnehmer bereits im Arbeitsvertrag mit, dass der (jeweilige) Inhaber einer bestimmten Funktion kündigungsbefugt ist, liegt darin zwar die Kundgabe der Erteilung einer Innenvollmacht. Diese Kundgabe bedarf auch keiner Form und unterliegt auch keiner Inhaltskontrolle nach Maßgabe der §§ 305 ff. BGB, insbes. keiner Kontrolle auf Transparenz und Einhaltung des Überraschungsverbots. Anders als vom Verwender vorformulierte einseitige Erklärungen des Arbeitnehmers sind einseitige Rechtsgeschäfte und **rechtsgeschäftsähnliche Handlungen des Verwenders selbst keine AGB i. S. d. § 305 BGB**. Dabei muss nicht zwingend der Kündigungsberechtigte im Arbeitsvertrag namentlich bezeichnet werden. Ausreichend für ein Inkenntnissetzen ist es auch, wenn der Arbeitgeber im Vertrag oder während des Arbeitsverhältnisses dem Arbeitnehmer **einen Weg aufzeigt**, auf dem dieser vor Zugang der Kündigung immer unschwer erfahren kann, welche Person die Position innehat, mit der nach dem Arbeitsvertrag das Kündigungsrecht verbunden ist. Dabei muss der aufgezeigte Weg dem Arbeitnehmer nach den konkreten Umständen des Arbeitsverhältnisses **zumutbar** sein und den Zugang zu der Information über die bevollmächtigte Person auch tatsächlich gewährleisten, etwa durch einen **Aushang an der Arbeitsstelle**, durch das dem Arbeitnehmer zugängliche Intranet oder durch die Möglichkeit der **Auskunftseinholung** bei einem anwesenden oder zumindest jederzeit leicht erreichbaren Vorgesetzten (s. a. *LAG Nds.* 25.6.2010 NZA-RR 2011, 22). Nicht erforderlich ist, dass der Arbeitnehmer von der ihm aufgezeigten Möglichkeit zur Information vor Zugang der Kündigung tatsächlich Gebrauch macht. Den Anforderungen des § 174 S. 2 BGB ist auch dann genügt, wenn dies nicht oder **erst nach Erhalt** des Kündigungsschreibens geschieht (*BAG* 14.4.2011 EzA § 174 BGB 2002 Nr. 6 = NZA 2011, 683; »nicht ohne weiteres« *LAG Köln* 3.5.2002 NZA-RR 2003, 194; *LAG Bln.* 28.6.2006 NZA-RR 2007, 15).

Grundsätzlich kann zwar auch **schlüssiges Verhalten** dazu führen, dass der Kündigungsempfänger die Bevollmächtigung des Erklärenden kennt; eine Zurückweisung ist dann gem. § 174 S. 2 BGB ausgeschlossen. Die zufällige Kenntniserlangung durch **Dritte genügt** jedoch **nicht**; auch braucht der Kündigungsempfänger **keine eigenen Nachforschungen** zur Bevollmächtigung anzustellen. Insbesondere die **Handlungsvollmacht** bringt nicht generell eine Stellung im Betrieb mit sich, mit der das Kündigungsrecht üblicherweise verbunden zu sein pflegt (*LAG Nds.* 25.6.2010 NZA-RR 2011, 22).

Es genügt auch nicht, wenn der Arbeitsvertrag nicht vom Arbeitgeber selbst, sondern für diesen von dem Bevollmächtigten unterzeichnet ist (*LAG Bln.* 25.7.2002 NZA-RR 2003, 538 LS; a. A. wohl *LAG Köln* 3.5.2002 NZA-RR 2003, 194). Im Übrigen reicht es aus, wenn der Arbeitgeber den Kündigenden in eine **Stelle** berufen hat, **die üblicherweise** mit dem Kündigungsrecht verbunden ist; dies steht der Mitteilung von der Bevollmächtigung gleich (*BAG* 9.9.2010 EzA § 611 BGB 2002 Kirchliche Arbeitnehmer Nr. 16). Das ist z. B. der Fall durch die Bestellung zum Prokuristen, Generalbevollmächtigten oder zum Leiter der Personalabteilung. Beim Personalleiter gilt dies auch dann, wenn es um die **Kündigung eines Abteilungsleiters** geht, der auf derselben Ebene wie der Personalleiter arbeitet (*LAG Nds.* 19.9.2003 NZA-RR 2004, 195).

Das gilt auch dann, wenn der Arbeitgeber selbst den Arbeitnehmer eingestellt hat, während die Kündigung vom Leiter der Personalabteilung ausgesprochen wird, denn es gibt keinen Erfahrungssatz, dass die Befugnis zur Einstellung und die Befugnis zur Entlassung zusammenfallen (*BAG* 30.5.1972 EzA § 174 BGB Nr. 1).

146 Der Grundsatz, dass es bei der Kündigung durch den Leiter der Personalabteilung nicht der Vorlage einer Vollmachtsurkunde bedarf, gilt auch dann, wenn die Vollmacht des Abteilungsleiters im Innenverhältnis, z. B. auf Grund einer internen Geschäftsordnung, eingeschränkt ist (*BAG* 29.10.1992 EzA § 174 BGB Nr. 10).

147 Der **Leiter einer Niederlassung** eines Unternehmens des Transportgewerbes ist regelmäßig nach der Verkehrsanschauung als den gewerblichen Arbeitnehmern gegenüber kündigungsberechtigt anzusehen (*Hess. LAG* 20.6.2000 NZA-RR 2000, 585). Anders ist es aber dann, wenn in einem Unternehmen die Personalabteilung bei einem Konzernunternehmen konzentriert ist. Dann kann von einem Niederlassungsleiter, dem 23 Arbeitnehmer unterstehen, nicht angenommen werden, dass er schon aufgrund seiner Stellung zur Kündigung berechtigt ist (*LAG Bln.* 28.6.2006 NZA-RR 2007, 15; s. a. *ArbG Darmstadt* 5.8.2009 LAGE § 174 BGB 2002 Nr. 1: Bezirksleitung reicht nicht aus). Gleiches gilt für einen **externen Unternehmensberater**, der zur Erstellung einer Sanierungsanalyse und ggf. eines Sanierungskonzepts im Betrieb tätig wird (*LAG Köln* 3.8.1999 ARST 2000, 93 LS).

148 Führt der **Gesamtvollstreckungsverwalter** den Betrieb längere Zeit fort und beschäftigt er den bisherigen Personalleiter in gleicher Funktion weiter, so ist bei einer Kündigung durch den Personalleiter gleichfalls die Vorlage einer Vollmachtsurkunde nicht erforderlich (*BAG* 22.1.1998 EzA § 174 BGB Nr. 13).

149 Wird die Kündigung von einem **Prokuristen** des Arbeitgebers ausgesprochen, dessen Prokura im Handelsregister eingetragen und vom Registergericht gem. § 10 Abs. 1 HGB bekannt gemacht worden ist, so bedarf es gleichfalls für die Wirksamkeit der Kündigung nicht der Vorlage einer Vollmachtsurkunde durch den Prokuristen nach Maßgabe des § 174 S. 1 BGB. Vielmehr hat der Arbeitgeber in einem solchen Fall seine Belegschaft i. S. d. § 174 S. 2 BGB über die von der Prokura umfasste Kündigungsberechtigung in Kenntnis gesetzt. Der Gekündigte muss die Prokuraerteilung gem. § 15 Abs. 2 HGB gegen sich gelten lassen. Das gilt auch dann, wenn der Prokurist entgegen § 51 HGB nicht mit einem die Prokura andeutenden Zusatz (»ppa.«) unterzeichnet (*BAG* 11.7.1991 EzA § 174 BGB Nr. 9; a. A. *Lux* NZA-RR 2008, 393 ff.).

150 Diese Grundsätze gelten jedoch grds. **nicht für einen Sachbearbeiter** der Personalabteilung (*BAG* 30.5.1978 EzA § 174 BGB Nr. 2). Weder die Stellung des **Kaufmännischen Leiters** der Niederlassung eines Automobilherstellers, noch die des **Serviceleiters** ist üblicherweise mit der Vollmacht versehen, Werkstattpersonal zu entlassen (*Hess. LAG* 4.9.1997 NZA-RR 1998, 396). Der Arbeitgeber kann die Mitarbeiter von einer Bevollmächtigung eines Angestellten (Leiter einer Senioreneinrichtung) zum Ausspruch von Kündigungen auch dadurch in Kenntnis setzen, dass er bei der **Amtseinführung**, an der die Belegschaft teilnimmt, auf die **Kündigungsbefugnis hinweist**. Auch Arbeitnehmer, die bei der Amtseinführung nicht anwesend waren, müssen sich dann so behandeln lassen, als hätten sie von der Bevollmächtigung Kenntnis gehabt (*LAG Köln* 7.7.1993 NZA 1994, 419).

*cc) Kündigung im öffentlichen Dienst*

151 § 28 Abs. 2 S. 1 SächsGemO, wonach über die Entlassung von Gemeindebediensteten der Gemeinderat im Einvernehmen mit dem Bürgermeister entscheidet, stellt keine Arbeitnehmerschutzbestimmung dar, deren Verletzung in dem Kündigungsschutzverfahren eines Gemeindebediensteten einem Auflösungsantrag der Gemeinde entgegen steht. Ein Verstoß gegen § 28 Abs. 3 SächsGemO führt auch nicht zur Nichtigkeit einer durch den Bürgermeister allein ausgesprochenen Kündigung (*BAG* 27.9.2001 EzA § 322 ZPO Nr. 13).

152 Auch bei Ausspruch einer Kündigung im Bereich des öffentlichen Dienstes gilt andererseits § 174 BGB, d. h., auch bei der Kündigung eines Arbeitsverhältnisses durch einen Bevollmächtigten des Arbeitgebers im öffentlichen Dienst ist **grds. die Vorlage einer Vollmachtsurkunde erforderlich** (*BAG* 12.1.2006 EzA § 1 KSchG Verhaltensbedingte Kündigung Nr. 68), es sei denn, die Bevollmächtigung beruht auf gesetzlicher Grundlage (*BAG* 20.9.2006 EzA § 174 BGB 2002 Nr. 5; instr. *Schmiegel/Yalcin* ZTR 2011, 395 ff.).

## B. Die Erklärung der Kündigung durch den Arbeitgeber — Kapitel 4

Das Zurückweisungsrecht nach § 174 S. 1 BGB ist nach § 174 S. 2 BGB nur dann ausgeschlossen, wenn der Vollmachtgeber demjenigen, gegenüber dem das einseitige Rechtsgeschäft vorgenommen werden soll, die **Bevollmächtigung vorher mitgeteilt hat**. Eine konkludente Mitteilung genügt, die Erlangung der Kenntnis auf anderem Wege dagegen nicht. Ein »In-Kenntnis-Setzen« kann insbes. nicht durch einen Hinweis des Vertreters auf seine Vertreterstellung wirksam erfolgen (auch bei der Kündigung eines Arbeitsverhältnisses durch einen Bevollmächtigten des Arbeitgebers im öffentlichen Dienst ist grds. die Vorlage einer Vollmachtsurkunde erforderlich (*BAG* 12.1.2006 EzA § 1 KSchG Verhaltensbedingte Kündigung Nr. 68). Es hängt insoweit jeweils von den konkreten Umständen ab, ob mit der Stellung eines **Sachbearbeiters** einer mit Personalangelegenheiten befassten Abteilung einer Behörde das Kündigungsrecht derart verbunden ist, dass die Arbeitnehmer, die mit ihm zu tun haben, von seiner Kündigungsvollmacht i. S. d. § 174 S. 2 BGB in Kenntnis gesetzt sind (*BAG* 29.6.1989 EzA § 174 BGB Nr. 6). Auch der **Referatsleiter** innerhalb der Personalabteilung einer Behörde gehört nicht ohne weiteres zu dem Personenkreis, der nach § 174 S. 2 BGB – wie der Personalabteilungsleiter – als Bevollmächtigter des Arbeitgebers gilt (*BAG* 20.8.1997 EzA § 174 BGB Nr. 12). Gleiches gilt für den **Leiter einer** von einer Kommune, die 17.000 Arbeitnehmer beschäftigt und eine eigene Hauptverwaltung mit Haupt- und Personalabteilung besitzt, betriebenen **Sonderschule**, der das Kündigungsschreiben mit »i. A.« unterzeichnet hat (*LAG Hamm* 11.1.1999 ZTR 1999, 232 LS). Andererseits kann in einer Großstadt die Beendigung eines Arbeitsverhältnisses mit einfachen Büro- bzw. Reinigungskräften jedenfalls durch ordentliche Kündigung ebenso ein **Geschäft der »laufenden Verwaltung« sein**, wie der Abschluss eines Arbeitsvertrages. Von daher kann der **Amtsleiter** in einer Großstadt unter Berücksichtigung der Bestimmungen einer Allgemeinen Dienst- und Geschäftsanweisung für die Stadtverwaltung kündigungsbefugt sein, so dass es einer Vollmachtsvorlage nicht bedarf (*Hess. LAG* 7.12.2000 NZA-RR 2002, 194). § 174 S. 1 BGB ist auch auf eine Kündigungserklärung nicht anwendbar, die ein Vorgesetzter **auf Grund** der ihm durch eine satzungsgemäß erlassene **Geschäftsordnung für eine Körperschaft des öffentlichen Rechts** als Arbeitgeberin ausspricht (*Hess. LAG* 18.7.2006 NZA-RR 2007, 195). Ist in einer größeren Verwaltung die Personalabteilung lediglich für die Sachbearbeitung und für Grundsatzfragen zuständig, während die Federführung in Personalfragen den einzelnen Abteilungsleitern vorbehalten bleibt, so sind gegenüber den Arbeitnehmern ihrer Abteilung die einzelnen Abteilungsleiter, nicht jedoch der Leiter der Personalabteilung kündigungsbefugt. Die Abteilungsleiter können deshalb nach § 174 S. 2 BGB bei entsprechender Kenntnis des Arbeitnehmers ohne Vollmachtsvorlage kündigen (*BAG* 7.11.2002 EzA § 174 BGB 2002 Nr. 1).

Die einem **Landrat** nach Maßgabe einer Landkreisordnung eingeräumte Einzelvertretungsmacht bezieht sich auch auf die Abgabe von Kündigungserklärungen gegenüber den beim Landkreis beschäftigten Arbeitnehmern. Die fehlende Mitwirkung des Kreistages hat keinen Einfluss auf die ihm zustehende Vertretungsmacht, sondern berührt nur die von der Außenvertretung zu trennende interne Pflichtenbindung (*BAG* 14.11.1984 AP Nr. 89 zu § 626 BGB).

Schreibt eine Gemeindeordnung vor, dass eine schriftliche außerordentliche Kündigung gegenüber einem Angestellten nur rechtsverbindlich ist, wenn das Kündigungsschreiben vom **Gemeindedirektor** und dem **Ratsvorsitzenden** schriftlich unterzeichnet und mit dem Dienstsiegel versehen ist, so handelt es sich insoweit nicht um eine gesetzliche Formvorschrift, sondern um eine Vertretungsregelung. Das Dienstsiegel steht in derartigen Fällen als Legitimationszeichen einer Vollmachtsurkunde i. S. d. § 174 S. 1 BGB gleich.

Nach § 3 Abs. 3 Niedersächsische Eigenbetriebsverordnung kann der **Werksleiter** eines kommunalen Eigenbetriebs aufgrund einer wirksamen Übertragung der Entscheidungsbefugnis durch die Satzung und/oder den Oberbürgermeister befugt sein, über die Kündigung eines im Eigenbetrieb beschäftigten Arbeitnehmers selbst zu entscheiden (*BAG* 25.11.2010 EzA § 108 BPersVG Nr. 8).

Unterbleibt die Dokumentation der Vertretungsmacht durch Beifügung des Dienstsiegels bei einer schriftlichen außerordentlichen Kündigung, kann der Arbeitnehmer diese entsprechend § 174 S. 1 BGB unverzüglich aus diesem Grunde zurückweisen (*BAG* 29.6.1988 EzA § 174 BGB Nr. 5). Gleiches gilt für die Vorschrift des § 54 Abs. 3 S. 2 sowie des § 101 Abs. 2 S. 1 GO NW, wonach

Arbeitsverträge und sonstige Erklärungen zur Regelung der Rechtsverhältnisse von Angestellten und Arbeitern neben der Unterschrift des Gemeindedirektors oder seines Stellvertreters noch der Unterzeichnung durch einen weiteren vertretungsberechtigten Beamten oder Angestellten bedürfen bzw. die Bestellung und Abberufung von Prüfern des Rechnungsprüfungsamtes durch den Gemeinderat zu erfolgen hat.

157 Eine Gleichsetzung von Dienstsiegel und Dokumentation der Vertretungsmacht kommt aber dann in Betracht, wenn der Vertreter unter seiner Amtsbezeichnung handelt; im Übrigen neigt das *BAG* (20.8.1997 EzA § 174 BGB Nr. 12) inzwischen zu der Auffassung, dass **eine das Beifügen einer schriftlichen Vollmacht ersetzende Wirkung des Dienstsiegels generell abzulehnen** ist.

158 Für die Kündigung eines Angestellten eines (bayerischen) Zweckverbandes ist gem. § 38 Abs. 2 KommZG der **Verbandsausschuss** zuständig. Dieser kann die Kündigungsbefugnis – jedenfalls ohne eine entsprechende Regelung in der Verbandssatzung – nicht wirksam auf den Verbandsvorsitzenden übertragen (*LAG Nbg.* 15.3.2004 – 9 (5) Sa 841/02, FA 2004, 287 LS).

159 Zu beachten ist, dass es dem Ausschluss der Zurückweisung nach § 174 S. 2 BGB nicht entgegensteht, dass die Person des Vertreters aus dem Kündigungsschreiben, wegen **Unleserlichkeit der Unterschrift** und fehlender Angabe des Namens, in lesbarer Form nicht erkennbar ist (*BAG* 20.9.2006 EzA § 174 BGB 2002 Nr. 5).

160 Die ohne hinreichende Vertretungsmacht erklärte außerordentliche Kündigung kann vom Vertretenen mit rückwirkender Kraft nach § 184 BGB nur innerhalb der 2-wöchigen Ausschlussfrist des § 626 Abs. 2 BGB geheilt werden (*BAG* 26.3.1986 EzA § 626 BGB n. Nr. 99; 4.2.1987 EzA § 626 BGB n. F. Nr. 106; *LAG Nbg.* 15.3.2004 – 9 (5) Sa 841/02, FA 2004, 287 LS).

*dd) Gesamtvertretung*

161 Zwei Geschäftsführer, die nur zusammen zur Vertretung einer GmbH berufen sind, können ihre Gesamtvertretung so ausüben, dass einer den anderen intern **formlos zur Abgabe einer Willenserklärung ermächtigt** und der zweite Geschäftsführer allein die Willenserklärung abgibt.

162 Dafür sind aber §§ 174, 180 BGB entsprechend anzuwenden, sodass ein Arbeitnehmer, dem einer von mehreren Gesamtvertretern einer GmbH kündigt, die Kündigung unverzüglich mit der Begründung zurückweisen kann, eine Ermächtigungsurkunde sei nicht vorgelegt worden (*BAG* 18.12.1980 EzA § 174 BGB Nr. 4; ebenso für zwei andere Personen in Gesamtvertretung *LAG Bln.* 28.6.2006 – 15 Sa 632/06, EzA-SD 19/06, S. 9 LS = NZA-RR 2007, 15).

163 Besitzen zwei Prokuristen **Gesamtprokura**, so können sie die Befugnis, Kündigungserklärungen abzugeben, an Dritte delegieren. Hiervon ist aber dann nicht auszugehen, wenn das Kündigungsschreiben nur von einem der Prokuristen und dem Dritten unterzeichnet ist. Der Empfänger kann eine derartige Kündigungserklärung folglich nach § 174 S. 1 BGB zurückweisen (*LAG RhPf* 10.12.1996 DB 1997, 1723 LS). Nach § 5 Abs. 7 des Bayerischen Sparkassengesetzes (SpKG) sind Urkunden, die von zwei nach Maßgabe des Unterschriftenverzeichnisses der Sparkasse Zeichnungsberechtigten unterschrieben sind, ohne Rücksicht auf die Einhaltung sparkassenrechtlicher Vorschriften rechtsverbindlich. Dies gilt auch für Kündigungen gegenüber Sparkassenmitarbeitern (*BAG* 21.2.2002 EzA § 4 KSchG n. F. Nr. 63).

*ee) Vollmacht des Rechtsanwalts; insbes. die Prozessvollmacht*

164 Bei einer einem Rechtsanwalt erteilten außergerichtlichen Vollmacht hängt es von ihrem Umfang ab, ob er auch zum Ausspruch einer Kündigung berechtigt ist.

165 Im Interesse der Rechtssicherheit und Rechtsklarheit muss die Vollmachtsurkunde für den Erklärungsgegner eindeutig den Umfang der rechtsgeschäftlichen Vertretungsmacht erkennen lassen, d. h. sie muss nach ihrem Inhalt als Ermächtigung zur Vornahme des betreffenden Rechtsgeschäfts geeignet sein (*BAG* 31.8.1979 EzA § 174 BGB Nr. 3).

Eine Prozessvollmacht gem. § 81 ZPO ermächtigt auch zu materiell-rechtlichen Willenserklärungen, wenn sie im Prozess abzugeben waren (z. B. Aufrechnung, Wandlung, Minderung, Anfechtung, Kündigung, Rücktritt).

Auch wenn Erklärungen außerhalb des Prozesses abgegeben werden, können sie Prozesshandlungen sein, sofern sie im Dienst der Rechtsverfolgung oder Rechtsverteidigung des jeweiligen Rechtsstreits stehen.

Die Prozesspartei kann den Umfang der ihrem Prozessbevollmächtigten erteilten Vollmacht über den gesetzlichen Rahmen hinaus auch erweitern. Ob das im Einzelfall geschehen ist, muss durch Auslegung nach § 133 BGB ermittelt werden.

Waren **zwei** auf denselben Grund gestützte **Kündigungen** mit **Formfehlern** behaftet (fehlende Anhörung des Personalrats; unzulässige Bedingung) und deshalb unwirksam, so kann die im Rechtsstreit um die Wirksamkeit der zweiten Kündigung dem Prozessbevollmächtigten des Arbeitgebers erteilte **Prozessvollmacht** auch eine **dritte Kündigung** decken, die der Prozessbevollmächtigte während des Rechtsstreits um die zweite Kündigung erklärt, wenn sie wiederum auf **denselben Kündigungsgrund** gestützt wird. In einem solchen Fall kann der Arbeitnehmer die Kündigung nicht deshalb zurückweisen, weil keine Vollmachtsurkunde vorgelegt worden ist (*BAG* 10.8.1977 EzA § 81 ZPO Nr. 1).

Ein abgemahnter Arbeitnehmer muss während der »**Bewährungszeit**«, in der eine ihm erteilte Abmahnung Gültigkeit hat, mit einer Kündigung rechnen. Die im Abmahnungsprozess vom Arbeitgeber erteilte **Prozessvollmacht** bevollmächtigt den Prozessbevollmächtigten zu einer umfassenden Interessenvertretung und nach Auffassung des *LAG Hamm* (7.12.1999 – 4 Sa 327/99) daher auch zum Ausspruch einer Kündigung.

Eine als bekannt vorauszusetzende Bevollmächtigung i. S. d. § 174 S. 2 BGB liegt dagegen **nicht** vor, wenn der **Insolvenzverwalter** als Partei kraft Amtes einem **soziierten Rechtsanwalt** im Einzelfall die Befugnis zum Ausspruch der Kündigung erteilt. Mangels besonderer Kündigungsvollmacht kann die Kündigung deshalb nach § 174 S. 1 BGB zurückgewiesen werden (*LAG Köln* 31.8.2000 – 6 Sa 862/00).

*ff) Kündigung durch Vereinsvertreter*

Wird die Kündigung durch einen besonderen Vereinsvertreter i. S. d. § 30 BGB erklärt, dem satzungsmäßig Kündigungsbefugnis erteilt ist, dann bedarf es für ihre Wirksamkeit nicht der Vorlage einer Vollmachtsurkunde nach § 174 S. 1 BGB (*BAG* 18.1.1990 EzA § 174 BGB Nr. 7).

*gg) Vorläufiger Insolvenzverwalter*

Die Kündigung eines Arbeitsverhältnisses stellt nach § 21 Abs. 2 Nr. 2 2. Alternative InsO eine Verfügung i. S. d. amtsgerichtlich angeordneten Zustimmungsvorbehalts dar. Ohne die Zustimmung des vorläufigen Insolvenzverwalters vorgenommene Verfügungen sind nach § 24 i. V. m. § 81 Abs. 1 S. 1 InsO absolut unwirksam. Der Arbeitnehmer kann die Kündigung als einseitiges Rechtsgeschäft in entsprechender Anwendung der §§ 182 Abs. 3, 111 S. 2 und 3 BGB mit der Rechtsfolge der Unwirksamkeit zurückweisen, wenn der Arbeitgeber die Einwilligung des vorläufigen Insolvenzverwalters nicht in schriftlicher Form vorgelegt hat (*BAG* 10.10.2002 EzA § 21 InsO Nr. 1). Das Insolvenzgericht darf andererseits nach § 22 Abs. 2 S. 2 InsO den schwachen vorläufigen Insolvenzverwalter zu einzelnen bestimmt bezeichneten Maßnahmen berechtigen und verpflichten. Dazu gehört auch die Ermächtigung zur Kündigung bestimmbarer Arten von Dauerschuldverhältnissen. Ein solcher halbstarker vorläufiger Insolvenzverwalter rückt bereits im Insolvenzeröffnungsverfahren hinsichtlich der Kündigungsberechtigung in die Arbeitgeberstellung ein und ist berechtigt, alle damit verbundenen Entscheidungen vorzubereiten und zu treffen (*BAG* 16.2.2012 EzA § 3 AGG Nr. 7).

### b) Prozessuale Geltendmachung

172　Die Unwirksamkeit der Kündigung gem. § 174 BGB konnte bis zum 31.12.2003 als **sonstiger Mangel i. S. d. § 13 Abs. 3 KSchG** außerhalb des normalen Kündigungsschutzes geltend gemacht werden. Der Einhaltung der Drei-Wochen-Frist gem. §§ 4, 7, 13 KSchG bedurfte es folglich auch bei Anwendbarkeit des KSchG nicht (vgl. KR/*Friedrich* § 13 KSchG Rn. 284 ff.). Seit dem 1.1.2004 ist das auf Grund der gesetzlichen Neufassung der §§ 4, 7, 13 KSchG u. U. nicht mehr der Fall; die Klagefrist gilt möglicherweise auch für die Geltendmachung der Unwirksamkeit der Kündigung nach § 174 BGB (vgl. KR/*Rost* § 7 KSchG Rn. 21 ff. s. Rdn. 1766 m. w. N.).

### c) Empfangsbefugnis dritter Personen

173　Soweit es um den Zugang von kündigungsrelevanten Mitteilungen an den Arbeitgeber geht (wie z. B. die Mitteilung der Schwerbehinderteneigenschaft des Arbeitnehmers), gelten diese Grundsätze entsprechend (*BAG* 5.7.1990 EzA § 15 SchwbG 1986 Nr. 4).

174　Der Anwalt des Gekündigten gilt im Übrigen mit der Erteilung der Vollmacht für den Kündigungsschutzprozess auch als Bevollmächtigter seines Mandanten für die Entgegennahme evtl. weiterer Kündigungserklärungen (*LAG Düsseld.* 13.1.1999 ZInsO 1999, 544).

175　Geht daher im Verlaufe des Prozesses eine weitere Kündigungserklärung seinem Rechtsanwalt zu, dann ist sie dem Arbeitnehmer auch dann zugegangen, wenn er im konkreten Gerichtstermin nicht anwesend war (*BAG* 27.1.1988 EzA § 4 KSchG n. F. Nr. 33).

### 4. »Rücknahme der Kündigung«

#### a) Inhaltsbestimmung

176　Da mit dem Zugang der Kündigung ihre Gestaltungswirkung unmittelbar herbeigeführt wird, kann der Kündigende die einmal erfolgte Kündigung nicht einseitig zurücknehmen (*BAG* 19.8.1982 EzA § 9 KSchG a. F. Nr. 14; vgl. ausf. APS/*Preis* Grundlagen D Rn. 138 ff.; *Berrisch* FA 2007, 6 ff.; für die Anwendung dieses Grundsatzes auch bei der Abmahnung unzutr. *LAG Bln.* 16.2.2006 LAGE § 611 BGB 2002 Abmahnung Nr. 4).

177　Allerdings handelt es sich bei einer derartigen Erklärung des Kündigenden um ein **Angebot**, entweder ein neues Arbeitsverhältnis einzugehen oder das alte Arbeitsverhältnis zu verlängern, bei bereits abgelaufener Kündigungsfrist mit rückwirkender Kraft.

178　Nimmt der Kündigungsadressat das Angebot an (z. B. durch ausdrückliche Erklärung, stillschweigendes oder schlüssiges Handeln, insbes. durch Wiederaufnahme der Arbeit mit Wissen und ohne Widerspruch des Arbeitgebers), so liegt darin entweder der **Abschluss eines neuen Arbeitsvertrages oder die einverständliche Fortsetzung des alten Arbeitsverhältnisses** (vgl. *Thüsing* AuR 1996, 245 ff.).

179　Demgegenüber kann nach Auffassung des *LAG Hamm* (14.3.1995 LAGE § 615 BGB Nr. 43) eine gem. § 9 Abs. 1 S. 1 MuSchG unwirksame Kündigung aus den Gründen des § 134 BGB vom Arbeitgeber zurückgenommen werden, da sie von Anfang an zur Rechtsgestaltung nicht geeignet ist.

#### b) Erklärung im Kündigungsschutzprozess

180　Erklärt der Arbeitgeber die »Rücknahme« im Kündigungsschutzprozess, so handelt es sich grds. nicht um ein Anerkenntnis des Arbeitgebers i. S. d. § 307 ZPO, sondern um das Angebot, das Arbeitsverhältnis zu unveränderten Bedingungen fortzusetzen.

181　In der Erhebung der Kündigungsschutzklage liegt jedenfalls keine antizipierte Zustimmung des Arbeitnehmers zur Rücknahme der Kündigung durch den Arbeitgeber (*BAG* 19.8.1982 EzA § 9 KSchG a. F. Nr. 14).

Denn der Arbeitnehmer kann auch die Absicht haben, nicht bei diesem Arbeitgeber weiterzuarbeiten und seine Rechte aus §§ 9, 12 KSchG geltend zu machen. **182**

### c) Verhalten des Arbeitnehmers; Rechtswirkungen

Durch die »Rücknahme der Kündigung« durch den Arbeitgeber entfällt nicht das Rechtsschutzinteresse für die anhängige Kündigungsschutzklage, ebenso wenig die Befugnis, gem. § 9 KSchG die Auflösung des Arbeitsverhältnisses zu beantragen (*BAG* 19.8.1982 EzA § 9 KSchG a. F. Nr. 14). In der Stellung des Auflösungsantrags gem. § 9 KSchG liegt dann i. d. R. die Ablehnung des Arbeitgeberangebots, die Wirkung der Kündigung einverständlich rückgängig zu machen und das Arbeitsverhältnis fortzusetzen. **183**

Nimmt der Arbeitnehmer das Angebot dagegen an, so ist der Rechtsstreit in der Hauptsache erledigt; das Rechtsschutzinteresse des Arbeitnehmers für die Kündigungsschutzklage entfällt (*LAG Frankf./M.* 24.5.1991 NZA 1992, 747). **184**

Voraussetzung ist dafür allerdings nach Auffassung von *Friedrich* (KR § 4 KSchG Rn. 64), dass der Arbeitgeber die Kündigung gerade wegen ihrer Unwirksamkeit zurücknimmt. Andernfalls hat der Arbeitnehmer trotz formeller Rücknahme der Kündigung ein Interesse an der Klärung, ob sie rechtswirksam war, weil er sonst befürchten muss, dass ihm später die zurückgenommene Kündigung vorgehalten und zur Stützung einer späteren, weiteren Kündigung herangezogen wird. **185**

Trotz Vorliegens eines förmlichen Anerkenntnisses i. S. d. § 307 Abs. 1 ZPO und trotz Vertragsangebots kann der Arbeitnehmer gem. § 12 KSchG die Fortsetzung des Arbeitsverhältnisses durch Erklärung gegenüber dem alten Arbeitgeber verweigern (KR/*Friedrich* § 4 KSchG Rn. 73). **186**

Nimmt der Arbeitgeber eine unwirksame Kündigungserklärung zurück und erhebt der Arbeitnehmer im Hinblick darauf keine Kündigungsschutzklage, so wird die eigentlich unwirksame Kündigung nach §§ 4, 7 KSchG wirksam. **187**

In der Berufung des Arbeitgebers auf §§ 4, 7 KSchG liegt jedoch ein widersprüchliches Verhalten, die Kündigung entfaltet daher gem. § 242 BGB keine Rechtswirkung. **188**

### 5. »Annahme der Kündigung«

Die aus freien Stücken abgegebene und nicht vom Arbeitnehmer vorformulierte Erklärung des Arbeitnehmers, eine vom Arbeitgeber ausgesprochene Kündigung zu »akzeptieren«, kann auszulegen sein als Erklärung, eine eventuelle Unwirksamkeit der Kündigung nicht geltend machen zu wollen (**Vergleich oder Klageverzichtsvertrag**). Das gilt jedenfalls dann, wenn eine Kündigung ausdrücklich als fristlose nicht, wohl aber als ordentliche akzeptiert wird, verbunden mit der Aufforderung an den Arbeitgeber, das Arbeitsverhältnis zur Vermeidung einer arbeitsgerichtlichen Klage abzuwickeln. Mangels entgegenstehender Anhaltspunkte erstreckt sich dieser Verzicht auf alle Unwirksamkeitsgründe einschließlich der bei Abgabe der Erklärung noch nicht bekannten (z. B. Schwangerschaft, *LAG Köln* 7.11.1997 NZA 1998, 824). **189**

## II. Kündigungsfristen

### 1. Entwicklungslinien

§ 622 BGB a. F. sah unterschiedliche Grundkündigungsfristen für Arbeiter und Angestellte vor. Für länger beschäftigte Arbeitnehmer waren ebenfalls unterschiedlich verlängerte Kündigungsfristen vorgesehen; dies war mit Art. 3 Abs. 1 GG unvereinbar, soweit danach die Kündigungsfristen für Arbeiter kürzer waren als für Angestellte (*BVerfG* 30.5.1990 EzA § 622 BGB a. F. Nr. 27) **190**

(derzeit unbesetzt) **191**

# Kapitel 4

Die Beendigung des Arbeitsverhältnisses

192 Seit dem 15.10.1993 sind deshalb sämtliche Kündigungsfristen von Arbeitern und Angestellten durch Änderung des § 622 BGB **vereinheitlicht**. Enthalten ist zudem eine **Übergangsvorschrift** (Art. 222 EGBGB).

## 2. Überblick über die gesetzliche Regelung

### a) Grundkündigungsfrist

193 § 622 Abs. 1 BGB sieht eine Grundkündigungsfrist von vier Wochen (= 28 Tage; vgl. *Hromadka* BB 1993, 2373) einheitlich für das Arbeitsverhältnis eines Arbeiters oder eines Angestellten in den ersten beiden Beschäftigungsjahren vor. Sie ist verbunden mit zwei Kündigungsterminen zum 15. oder zum Ende eines Kalendermonats.

Bei Arbeitgebern mit i. d. R. nicht mehr als 20 Arbeitnehmern kann davon abweichend eine Kündigungsfrist von vier Wochen ohne festen Kündigungstermin vereinbart werden (§ 622 Abs. 5 S. 1 Nr. 2).

### b) Verlängerte Kündigungsfristen; Wartezeit

194 Bei den **verlängerten Kündigungsfristen** nach § 622 Abs. 2 BGB wird am Kündigungstermin zum Ende eines Kalendermonats festgehalten. Geregelt ist insoweit (nur) die **vom Arbeitgeber einzuhaltende Kündigungsfrist** gegenüber länger beschäftigten Arbeitnehmern. Die Neuregelung sieht einen allmählichen stufenweisen Übergang von kürzeren Fristen zu Beginn des Arbeitsverhältnisses zu längeren Fristen in Abhängigkeit von der Dauer der Betriebs- bzw. Unternehmenszugehörigkeit (Wartezeiten) vor.

195 Die verlängerten Kündigungsfristen beginnen bereits nach 2-jähriger Betriebszugehörigkeit mit einer Frist von einem Monat zum Ende eines Kalendermonats. Über insgesamt sieben Stufen wird nach 20-jähriger Betriebszugehörigkeit die Höchstdauer von sieben Monaten zum Ende eines Kalendermonats erreicht (vgl. APS/*Linck* § 622 BGB Rn. 51 ff.).

196 Zu beachten ist, dass der gesetzlich vorgegebene Kündigungstermin (z. B. in § 622 Abs. 2 S. 1 Nr. 5 BGB) **nicht zur Disposition der Arbeitsvertragsparteien steht**. Eine Kündigung kann deshalb nicht zu einem anderen Zeitpunkt als dem Monatsende ausgesprochen werden. Das gilt auch dann, wenn der Arbeitgeber mit längerer als der gesetzlichen Frist kündigt und das Arbeitsverhältnis hätte zu einem früheren Monatsende kündigen können (*BAG* 12.7.2007 – 2 AZR 492/05, EzA-SD 5/2008 S. 5 LS). **Allerdings** kann das Recht des Arbeitnehmers, sich auf die **Nichtbeachtung** des Kündigungstermins durch den Arbeitgeber **zu berufen, verwirken** (*BAG* 21.8.2008 EzA § 613a BGB 2002 Nr. 95).

### c) Berechnung der Wartezeit

197 Bei der Berechnung der Betriebszugehörigkeit wurden – jedenfalls bis zum 17.8.2006 – nur die Zeiten **nach der Vollendung des 25. Lebensjahres** des Arbeitnehmers berücksichtigt. **Ob das nach Inkrafttreten des AGG aufrechterhalten werden kann – war wegen des Verbots der Diskriminierung wegen des Alters – zweifelhaft** (s. Kap. 3 Rdn. 4871 ff.; dagegen z. B. *LAG Bln.-Bra.* 24.7.2007 LAGE § 622 BGB 2002 Nr. 2; *LAG SchlH* 28.5.2008 – 3 Sa 31/08, LAG-SD 17/2008 S. 8 LS; **a. A.** *LAG RhPf* 31.7.2008 – 10 Sa 295/08, EzA-SD 19/2008 S. 5 LS). Der *EuGH* (19.1.2010 EzA EG-Vertrag 1999 Richtlinie 1000/78/EG; s. a. *Krois* DB 2010, 1704 ff.; *Mörsdorf* NJW 2010, 1046 ff.) hat aufgrund eines Vorlagebeschlusses des *LAG Düsseld.* (21.11.2007 LAGE § 622 BGB 2002 Nr. 3) insoweit festgestellt:

– Das Verbot der Diskriminierung wegen des Alters RL2000/78/EG steht einer Regelung entgegen, nach der vor Vollendung des 25. Lebensjahrs liegende Beschäftigungszeiten des Arbeitnehmers bei der Berechnung der Kündigungsfrist nicht berücksichtigt werden.

– Es obliegt dem nationalen Gericht, in einem Rechtsstreit zwischen Privaten die Beachtung des Verbots der Diskriminierung wegen des Alters in seiner Konkretisierung durch die RL 2000/78

## B. Die Erklärung der Kündigung durch den Arbeitgeber   Kapitel 4

sicherzustellen, indem es erforderlichenfalls entgegenstehende Vorschriften des innerstaatlichen Rechts unangewendet lässt, unabhängig davon, ob es von seiner Befugnis Gebrauch macht, in den Fällen des Art. 267 Abs. 2 AEUV den EuGH im Wege der Vorabentscheidung um Auslegung dieses Verbots zu ersuchen.

Folglich darf die nationale Vorschrift wegen des Anwendungsvorrangs des Unionsrechts auf Kündigungen, die nach dem 2.12.2006 erfolgt sind, nicht mehr angewendet werden (*BAG* 1.9.2010 EzA § 4 KSchG n. F. Nr. 90 = NZA 2010, 1409; 9.9.2010 EzA § 622 BGB 2002 Nr. 8 = NZA 2011, 343); damit sind auch vor Vollendung des 25. Lebensjahres liegende Beschäftigungszeiten des Arbeitnehmers bei der Berechnung der Kündigungsfrist zu berücksichtigen. Dies gilt auch für Kündigungen, die vor der Entscheidung des *EuGH* (19.1.2010 EzA EG-Vertrag 1999 Richtlinie 1000/78/EG) ausgesprochen worden sind, denn dieser hat den Tenor seiner Entscheidung zeitlich nicht begrenzt und damit keinen Vertrauensschutz gewährt. Die Entscheidung ist deshalb für alle Kündigungen maßgeblich, die **nach Ablauf der Umsetzungsfrist** für das Merkmal Alter der RL 2000/78/EG (2.12.2006) ausgesprochen wurden (*BAG* 1.9.2010 EzA § 4 KSchG n. F. Nr. 90; **a. A.** *LAG Düsseld*. 17.2.2010 NZA-RR 2010, 240). Dabei macht es **keinen Unterschied**, ob die Zeiten in einem Arbeitsverhältnis oder (teilweise) in einem **Ausbildungsverhältnis** verbracht wurden (*BAG* 9.9.2010 EzA § 622 BGB 2002 Nr. 8 = NZA 2011, 343), denn für die Verlängerung der Kündigungsfrist kommt es gem. § 622 Abs. 2 S. 1 BGB ausschließlich auf die Dauer der Betriebszugehörigkeit an.

198

Die Wartezeiten bestimmen sich jedenfalls nach der **rechtlichen Dauer** des Arbeitsverhältnisses. Tatsächliche Unterbrechungen der Beschäftigung (z. B. durch Erkrankung, unbezahlten Urlaub) wirken sich folglich auf die Dauer des Arbeitsverhältnisses nicht aus. Rechtliche Unterbrechungen sind jedenfalls dann unerheblich, wenn das ursprünglich begründete Arbeitsverhältnis zwar rechtlich beendet wird, sich daran ohne zeitliche Unterbrechung aber ein weiteres Arbeitsverhältnis mit demselben Arbeitgeber anschließt (*BAG* 23.9.1976 EzA § 1 KSchG Nr. 35).

199

▶ **Beispiele:**
- Wird ein Arbeitsverhältnis z. B. nach 20 Jahren beendet, damit der Arbeitnehmer einen Meisterlehrgang absolviert, und wird er nach erfolgreichem Abschluss der Prüfung auf Grund einer entsprechenden Zusage des Arbeitgebers als Meister wieder eingestellt, können die verlängerten Kündigungsfristen anzuwenden sein, wenn dem Arbeitnehmer nach zwei weiteren Beschäftigungsjahren in seiner neuen Funktion wegen Streichung einer Meisterstelle betriebsbedingt gekündigt wird. Die vorherigen Beschäftigungszeiten als Geselle sind für die Berechnung der Kündigungsfristen zu berücksichtigen, wenn zwischen den Arbeitsverhältnissen ein enger sachlicher und zeitlicher Zusammenhang besteht und/oder wenn die Parteien bei der Neubegründung des Arbeitsverhältnisses eine konkludente Anrechnungsvereinbarung getroffen haben (*LAG Nds.* 25.11.2002 NZA-RR 2003, 531).
- Schließt der Insolvenzverwalter eines insolventen Betriebs **mit sämtlichen Arbeitnehmern Aufhebungsverträge** mit geringen Abfindungen (z. B. 20 % eines Monatsgehalts) und werden die Arbeitnehmer unmittelbar im Anschluss an den vereinbarten Ausscheidenszeitpunkt von einem Betriebsübernehmer **wieder eingestellt**, so ist die **bisherige Betriebszugehörigkeit** trotz des Aufhebungsvertrages im neuen Beschäftigungsverhältnis **anzurechnen** (*LAG Nbg.* 19.4.2005 LAGE § 622 BGB 2002 Nr. 1).

200

Im Übrigen bestimmt sich die Auswirkung rechtlicher Unterbrechungen des Arbeitsverhältnisses für die Berechnung der Dauer nach § 622 Abs. 2 S. 1 BGB nach den für die Berechnung der Wartezeit nach § 1 KSchG entwickelten Grundsätzen (s. Rdn. 1881 ff.; *BAG* 22.5.2003 EzA § 242 BGB 2002 Kündigung Nr. 2; 7.7.2011 – 2 AZR 12/10 EzA-SD 2/2012 S. 3 = NZA 2012, 148). Beschäftigungszeiten bei demselben Arbeitgeber sind folglich nur dann zu berücksichtigen, wenn zwischen den einzelnen Arbeitsverhältnissen ein **enger zeitlicher und sachlicher Zusammenhang** gegeben ist (*LAG RhPf* 12.10.2005 NZA-RR 2006, 186). Die Tätigkeit als **Geschäftsführer** ist bei einem nahtlos sich anschließenden Arbeitsverhältnis jedenfalls **dann** bei der Berechnung der Kündigungsfrist mit zu berücksichtigen, wenn der Geschäftsführer seine **ganze Arbeitskraft** in den Dienst der Gesell-

201

schaft stellen musste und **keinen beherrschenden Einfluss** auf die Gesellschaft hatte (*LAG RhPf* 17.11.2007 – 9 Sa 684/07, DB 2008, 1632 LS).

202 (derzeit unbesetzt)

### 3. Geltungsbereich

203 Anwendungsvoraussetzung des § 622 BGB ist das Vorliegen eines Arbeitsverhältnisses. Die Regelung gilt auch für **Teilzeitbeschäftigte** und für **geringfügig Beschäftigte**. In **Kleinunternehmen** (wenn der Arbeitgeber i. d. R. nicht mehr als 20 Arbeitnehmer ausschließlich der zu ihrer Berufsausbildung Beschäftigten, das sind auch Umschüler, Anlernlinge, Volontäre und Praktikanten beschäftigt) kann gem. § 622 Abs. 5 S. 1 Nr. 2 BGB eine **kürzere Grundkündigungsfrist** vereinbart werden. Sie darf allerdings vier Wochen nicht unterschreiten.

204 Gem. § 622 Abs. 5 S. 2 BGB sind teilzeitbeschäftigte Arbeitnehmer mit einer regelmäßigen wöchentlichen Arbeitszeit von nicht mehr als 20 Stunden insoweit mit 0,5 und nicht mehr als 30 Stunden mit 0,75 zu berücksichtigen.

205 **§ 622 BGB gilt** unmittelbar nur für Arbeitnehmer, **nicht** dagegen **für arbeitnehmerähnliche Personen**. Eine analoge Anwendung ist für Geschäftsführer einer GmbH nur dann geboten, wenn sie am Kapital der GmbH nicht beteiligt sind (*BGH* 29.1.1981 AP Nr. 14 zu § 622 BGB; a. A. *Hümmerich* NJW 1995, 1178), bzw. die ihre **ganze Arbeitskraft in den Dienst der Gesellschaft stellen** müssen und **keinen beherrschenden Einfluss** auf die GmbH haben (*LAG Köln* 18.11.1998 NZA-RR 1999, 300).

206 Sachlich enthält § 622 BGB eine Einschränkung des Grundsatzes der Vertragsbeendigungsfreiheit durch sofort mögliche ordentliche Kündigung durch die Bindung der Kündigung an Kündigungsfristen und Kündigungstermine; damit wird beiden Vertragspartnern ein zeitlich begrenzter Kündigungsschutz gewährt (*BAG* 18.4.1985 EzA § 622 BGB a. F. Nr. 21). § 622 BGB **gilt auch für ordentliche Änderungskündigungen** (*BAG* 12.1.1994 EzA § 622 BGB a. F. Nr. 47).

207, 208 (derzeit unbesetzt)

### 4. Berechnung der Kündigungsfristen

*a) Anwendbarkeit der §§ 186 ff. BGB*

209 Für die Berechnung der in § 622 BGB geregelten Fristen und Termine gelten §§ 186–193 BGB (vgl. APS/*Linck* § 622 BGB Rn. 37 ff.). Gem. § 187 Abs. 1 BGB ist der Tag, an dem die Kündigung zugeht, nicht in die Berechnung der Kündigungsfrist mit einzubeziehen. Folglich muss eine Kündigung bereits einen Tag vor Beginn der Kündigungsfrist zugegangen sein, wenn sie zum nächstmöglichen Kündigungstermin wirken soll.

210 Ist der jeweils letzte Tag vor Beginn der Kündigungsfrist ein Samstag, Sonntag oder Feiertag, dann führt das nicht dazu, dass die Kündigung analog § 193 BGB auch noch am nächsten Werktag erklärt werden kann (*BAG* 28.9.1972 AP Nr. 2 zu § 193 BGB).

211 Das Fristende bestimmt sich nach § 188 BGB. Insoweit ist es unerheblich, ob der letzte Tag auf einen Samstag, Sonntag oder Feiertag fällt, weil sich § 193 BGB nicht auf das Ende der Kündigungsfrist bezieht (KR/*Spilger* § 622 BGB Rn. 139).

212 Ist die Kündigungsfrist nicht eingehalten, so wirkt die Kündigung im Zweifel zu dem nächsten zulässigen Termin (*BAG* 18.4.1985 EzA § 622 BGB a. F. Nr. 21), denn eine ordentliche Kündigung ist in aller Regel dahin auszulegen, dass sie das Arbeitsverhältnis **zum zutreffenden Termin beenden** soll. Das gilt auch dann, wenn sie ihrem Wortlaut nach zu einem **früheren Termin** gelten soll. Nur dann, wenn sich auch aus der Kündigung und den im Rahmen der Auslegung zu berücksichtigenden Umständen des Einzelfalles ein Wille des Arbeitgebers ergibt, die Kündigung nur zum erklärten Zeitpunkt gegen sich gelten zu lassen, scheidet eine Auslegung aus. Der Kündigungs-

termin ist dann ausnahmsweise integraler Bestandteil der Willenserklärung und muss innerhalb der Klagefrist des § 4 S. 1 KSchG angegriffen werden (s. Rdn. 1766). Dann scheidet aber auch eine Umdeutung aus, da ein derart klar artikulierter Wille des Arbeitgebers nicht den Schluss auf einen mutmaßlichen Willen, wie ihn § 140 BGB erfordert, zulässt (*BAG* 15.12.2005 EzA § 4 KSchG n. F. Nr. 72).

### b) Vorzeitige Kündigung

Der Kündigende ist nicht verpflichtet, mit dem Ausspruch der Kündigung bis zum letzten Tage vor Beginn der Frist zum nächstmöglichen Termin zu warten; er kann auch vor diesem Zeitpunkt oder mit einer längeren als der einschlägigen Frist kündigen (sog. vorzeitige Kündigung; vgl. APS/ *Linck* § 622 BGB Rn. 67 f.). 213

Bedenklich ist eine derartige verfrühte Kündigung aber dann, wenn die Kündigung an dem letztmöglichen Zeitpunkt für die Einhaltung der Kündigungsfrist erschwert oder gar ausgeschlossen wäre. Wenn der Arbeitgeber nur deswegen vorzeitig gekündigt hat, um die Kündigung noch vor Ablauf der Wartezeit des § 1 KSchG auszusprechen, ist er nach dem Rechtsgedanken des § 162 BGB u. U. gehindert, sich auf den fehlenden Kündigungsschutz zu berufen (s. Rdn. 1822 ff.). 214

### 5. Einzelvertragliche Regelungen

#### a) Verkürzung der Kündigungsfristen und Änderung der Kündigungstermine

##### aa) Grundlagen

Die gesetzliche Grundkündigungsfrist von vier Wochen ist eine grds. nicht abdingbare Mindestkündigungsfrist (vgl. § 622 Abs. 5 S. 2 BGB). Gleiches gilt für die vom Arbeitgeber einzuhaltenden verlängerten Kündigungsfristen. Auch dürfen einzelvertraglich keine zusätzlichen, über das Gesetz hinausgehenden Kündigungstermine vereinbart werden (vgl. ausf. APS/*Linck* § 622 BGB Rn. 145 ff.). Andererseits ist die **einzelvertragliche Vereinbarung von Kündigungsfrist und -termin** mangels anderer Anhaltspunkte **regelmäßig als Einheit** zu betrachten. Für den erforderlichen Günstigkeitsvergleich zwischen der vertraglichen und der gesetzlichen Regelung ist daher ein Gesamtvergleich vorzunehmen (*BAG* 4.7.2001 EzA § 622 BGB n. F. Nr. 63). 215

**Ausnahmen** sehen insoweit aber § 622 Abs. 3–5 BGB vor für die Sonderfälle einer vereinbarten Probezeit, einer vorübergehenden Einstellung zur Aushilfe, einer Beschäftigung in Kleinunternehmen oder einer Vereinbarung der Anwendung entsprechender tarifvertraglicher Bestimmungen. Nach § 622 Abs. 4 BGB kann durch Tarifvertrag von den gesetzlichen Regelungen der Kündigungsfristen in § 622 Abs. 2 BGB **abgewichen werden**. Damit sind auch Regelungen zugelassen, die von der in § 622 Abs. 2 BGB vorgesehenen Staffelung nach der Dauer der Betriebszugehörigkeit abweichen. Die Tarifvertragsparteien sind danach **nicht verpflichtet**, für Arbeitnehmer mit längerer Beschäftigungsdauer **verlängerte Kündigungsfristen vorzusehen**; sie dürfen jedenfalls für Arbeitnehmer in Kleinbetrieben einheitliche Kündigungsfristen von 6 Wochen zum Ende eines Kalendermonats vereinbaren. Es besteht weder gem. Art. 3 GG noch gem. Art. 12 GG ein Differenzierungsgebot zugunsten älterer Arbeitnehmer (*BAG* 23.4.2008 EzA § 622 BGB 2002 Nr. 5). 216

Soweit § 622 Abs. 5 S. 1 Nr. 2 BGB eine Verkürzung der Kündigungsfrist durch einzelvertragliche Vereinbarung zulässt, bezieht sich das nur auf die Grundkündigungsfrist des § 622 Abs. 1 BGB. Von den verlängerten Kündigungsfristen des § 622 Abs. 2 BGB darf dagegen nicht durch einzelvertragliche Vereinbarung abgewichen werden (*Hess. LAG* 14.6.2010 LAGE § 622 BGB 2002 Nr. 7). 217

**§ 622 Abs. 6 BGB** enthält schließlich den allgemeinen Grundsatz, dass die ordentliche Kündigung durch den Arbeitnehmer gegenüber der des Arbeitgebers nicht erschwert werden darf. Deshalb darf für die Kündigung des Arbeitsverhältnisses durch den Arbeitnehmer einzelvertraglich keine längere Frist vereinbart werden als für die Kündigung durch den Arbeitgeber; bei der Prüfung, ob eine Kün- 218 digungsfrist zu Ungunsten des Arbeitnehmers länger ist, sind auch die vereinbarten Kündigungstermine zu berücksichtigen.

219 Ein Verstoß gegen § 622 Abs. 6 BGB ist nach Sinn und Zweck dieser Vorschrift dann anzunehmen, wenn im Falle einer ausnahmsweise an sich statthaften Vereinbarung der Arbeitgeber jederzeit, der Arbeitnehmer dagegen nur zu bestimmten Terminen oder nicht vor einem bestimmten Termin kündigen darf (*BAG* 9.3.1972 EzA § 622 BGB a. F. Nr. 6).

220 Werden unzulässig kurze Kündigungsfristen oder unzulässig viele Kündigungstermine – für den Arbeitgeber – vereinbart, so tritt an die Stelle dieser unwirksamen Vereinbarung nicht die gesetzliche Regelung (a. A. *Preis/Kramer* DB 1993, 2126). Vielmehr muss dann auch der Arbeitgeber **analog § 89 Abs. 2 HGB die längere Frist** für den Arbeitnehmer bei einer längeren Frist für ihn **einhalten**, kann also nicht mit der für ihn, den Arbeitgeber, vorgesehenen vertraglich kürzeren Kündigungsfrist kündigen (*BAG* 2.6.2005 EzA § 622 BGB 2002 Nr. 3).

### bb) Vereinbarte Probezeit (§ 622 Abs. 3 BGB)

221 Die Kündigungsfrist während einer vereinbarten **Probezeit**, soweit diese sechs Monate nicht übersteigt (*BAG* 24.1.2008 EzA § 622 BGB 2002 Nr. 4), beträgt **(unverkürzbar) zwei Wochen ohne Bindung an einen Termin**. Hinsichtlich der Einhaltung der Frist von sechs Monaten ist auf den Zeitpunkt der Kündigungserklärung abzustellen, auch wenn das Ende der Kündigungsfrist erst nach Ablauf von sechs Monaten eintritt (vgl. APS/*Linck* § 622 BGB Rn. 79 ff.). Die Vereinbarung einer Probezeit ist auch im Rahmen eines befristeten Arbeitsverhältnisses nach dem TzBfG möglich (*BAG* 4.7.2001 EzA § 620 BGB Kündigung Nr. 4; 24.1.2008 EzA § 622 BGB 2002 Nr. 4). Möglich ist eine Probezeitvereinbarung nach § 622 Abs. 3 BGB, allerdings nur zu Beginn einer Vertragsbeziehung, denn die Dauer eines Vertragsverhältnisses, an das sich ein neu vereinbartes Vertragsverhältnis anschließt, steht der Vereinbarung einer Probezeit mit der Wirkung des § 622 Abs. 3 BGB entgegen (*LAG BW* 28.2.2002 LAGE § 622 BGB Nr. 42).

222 Die Wirksamkeit einer Probezeitvereinbarung nach § 622 Abs. 3 BGB hängt vorbehaltlich abweichender tarifvertraglicher Bestimmungen nach § 622 Abs. 4 BGB **allein davon ab**, dass die Probezeitdauer **sechs Monate nicht übersteigt**. Daran hat sich auch durch die **Schuldrechtsreform nichts geändert**: Die in einem Formulararbeitsvertrag vereinbarte Probezeit von dieser Dauer unterliegt gem. § 307 Abs. 3 S. 1 BGB nicht der Inhaltskontrolle nach § 307 Abs. 1 BGB, denn durch die formularmäßige Vereinbarung einer für beide Vertragsteile gleichermaßen geltenden sechsmonatigen Probezeit nutzen die Parteien lediglich die gesetzlich zur Verfügung gestellten Möglichkeiten und weichen davon nicht ab; eine einzelfallbezogene Angemessenheitsprüfung der vereinbarten Dauer findet nicht statt (*BAG* 24.1.2008 EzA § 622 BGB 2002 Nr. 4).

223 Vereinbart sein kann die Probezeit zudem durch Tarifvertrag oder Betriebsvereinbarung. Die Frist von zwei Wochen bedarf keiner besonderen Vereinbarung; sie tritt als Folge einer vereinbarten Probezeit automatisch ein. Die verkürzte Kündigungsfrist gilt für beide Teile, nicht nur für den Arbeitgeber.

224 Vereinbaren die Parteien im Arbeitsvertrag eine Probezeit und – ohne weiteren Zusatz – eine Kündigungsfrist von sechs Wochen zum Quartalsende, so kann das Arbeitsverhältnis innerhalb der vereinbarten Probezeit i. d. R. mit einer kürzeren tariflichen oder gesetzlichen Kündigungsfrist gekündigt werden. Das folgt nach Auffassung des *LAG Düsseld*. (20.10.1995 NZA 1996, 1156) aus der Rechtsprechung des *BAG* (NZA 1998, 58; s. Kap. 2 Rdn. 509 ff.), wonach die Vereinbarung eines Probearbeitsverhältnisses i. d. R. auch die stillschweigende Vereinbarung der gesetzlichen zulässigen Mindestkündigungsfrist enthält.

225 Umgekehrt kann die Unwirksamkeit einer arbeitsvertraglichen Regelung über die unzulässig kurze Kündigungsfrist während der Probezeit die Wirksamkeit der Probezeitvereinbarung unberührt lassen (»**blue-pencil-Test**«; *LAG RhPf* 30.4.2010 LAGE § 307 BGB 2002 Nr. 22; *Hess. LAG* 31.5.2011 NZA-RR 2011, 571).

Die Vereinbarung einer Frist von zwei Wochen (ohne festen Endtermin) für die Dauer von bis zu sechs Monaten nach Beginn eines unbefristeten Arbeitsverhältnisses kann im Zweifel zugleich als die stillschweigende Vereinbarung einer Probezeit i. S. d. § 622 Abs. 3 BGB auszulegen sein (KR/*Spilger* § 622 BGB Rn. 155). 226

### cc) Vorübergehende Einstellung zur Aushilfe (§ 622 Abs. 5 S. 1 Nr. 1 BGB)

#### (1) Allgemeine Voraussetzungen

Die gesetzliche Grundkündigungsfrist nach § 622 Abs. 1 BGB kann vertraglich dann abgekürzt werden, wenn ein Arbeitnehmer zur vorübergehenden Aushilfe eingestellt wird und das Arbeitsverhältnis nicht über die Zeit von drei Monaten hinaus fortgesetzt wird (vgl. APS/*Linck* § 622 BGB Rn. 146 ff.). 227

Dies gilt nach § 11 Abs. 4 AÜG nicht für Arbeitnehmerüberlassung i. S. d. AÜG. 228

#### (2) Aushilfsarbeitsverhältnis; vorübergehender Bedarf

Ein Aushilfsarbeitsverhältnis will der Arbeitgeber ausdrücklich von vornherein nicht auf Dauer eingehen, sondern nur, um einen vorübergehenden Bedarf an Arbeitskräften zu decken, der nicht durch den normalen Betriebsablauf, sondern durch den Ausfall von Stammkräften oder einen zeitlich begrenzten zusätzlichen Arbeitsanfall begründet ist (*BAG* 22.5.1986 EzA § 622 BGB a. F. Nr. 24; 19.6.1988 EzA § 1 BeschFG Nr. 5). 229

Der Tatbestand des vorübergehenden Bedarfs muss **objektiv** gegeben sein. Es müssen objektiv erkennbare Umstände vorliegen, die deutlich machen, dass nur eine vorübergehende Tätigkeit in Betracht kommt, oder die zumindest geeignet sind, die erkennbare Annahme des Arbeitgebers zu rechtfertigen, es sei nur mit einem vorübergehenden Bedürfnis für die Tätigkeit zu rechnen (*BAG* 22.5.1986 EzA § 622 BGB a. F. Nr. 24). 230

§ 622 Abs. 5 S. 1 Nr. 1 BGB setzt nicht voraus, dass die Parteien zunächst damit gerechnet haben, das Arbeitsverhältnis werde nicht länger als drei Monate dauern. Es kann vielmehr bei jedem Aushilfsarbeitsverhältnis die Frist für die Kündigung in den ersten drei Monaten verkürzt werden (KR/*Spilger* § 622 BGB Rn. 161). 231

#### (3) Darlegungs- und Beweislast

Das Vorliegen der Voraussetzungen für die Annahme eines Aushilfsarbeitsverhältnisses muss der **Arbeitgeber** im Prozess darlegen und beweisen (KR/*Spilger* § 622 BGB Rn. 160). 232

#### (4) Verkürzung der Kündigungsfrist

**Für die ersten drei Monate kann die Kündigungsfrist unter den Voraussetzungen des § 622 Abs. 5 S. 1 Nr. 1 BGB unbeschränkt verkürzt werden.** Es kann auch eine entfristete sofortige ordentliche Kündigung vereinbart werden (*BAG* 22.5.1986 EzA § 622 BGB a. F. Nr. 24; vgl. APS/*Linck* § 622 BGB Rn. 153 ff.). Diese Verkürzungsmöglichkeit bezieht sich allerdings nur auf die Grundkündigungsfrist des § 622 Abs. 1 BGB. 233

Die Kündigungsfristen für ältere Arbeitnehmer (§ 622 Abs. 2 BGB) sind auch in einem Aushilfsverhältnis nicht durch Vertrag, sondern nur durch Tarifverträge abdingbar. 234

#### (5) Fehlen einer ausdrücklichen Vereinbarung

Ist ein Arbeitnehmer zur vorübergehenden Aushilfe eingestellt worden und haben die Parteien über die Kündigungsfrist keine ausdrückliche Vereinbarung getroffen, so kann bei einer nicht eindeutigen Auslegung der vertraglichen Vereinbarung nicht davon ausgegangen werden, dass die Parteien bereits 235 durch den Vorbehalt der vorübergehenden Beschäftigung die Kündigungsfrist im Zweifel abkürzen wollten.

236 Denn es ist zwar Sinn und Zweck der gesetzlichen Bestimmung, ihnen die Möglichkeit zu geben, die gesetzlichen Mindestfristen abzukürzen. Allein daraus, dass die Aushilfsklausel den Parteien deutlich macht, dass keine Beschäftigung auf Dauer beabsichtigt ist, kann aber nicht auf die Vorstellung und den Willen geschlossen werden, eine entfristete Kündigung zu vereinbaren (KR/*Spilger* § 622 BGB Rn. 164 ff.). **Im Zweifel bleibt es folglich bei der gesetzlichen Grundkündigungsfrist von vier Wochen.**

*(6) Abweichende Kündigungstermine*

237 Zulässig ist unter den Voraussetzungen des § 622 Abs. 5 S. 1 Nr. 1 BGB auch eine Vereinbarung über **abweichende Kündigungstermine**. Zwar sieht diese Regelung nur eine Verkürzung der Kündigungsfristen vor; dies beruht jedoch auf einem Redaktionsversehen (ebenso zur gleichen Problemlage nach altem Recht *BAG* 22.5.1986 EzA § 622 BGB a. F. Nr. 24).

*(7) Beendigung des Arbeitsverhältnisses nach Ablauf von drei Monaten*

238 Die vereinbarte Frist bzw. der abweichende Kündigungstermin gilt auch dann, wenn das Arbeitsverhältnis durch die Kündigung erst nach Ablauf von drei Monaten beendet wird. **Entscheidend ist allein der Zeitpunkt des Zugangs der Kündigung** (KR/*Spilger* § 622 BGB Rn. 167).

*dd) Kleinunternehmen (§ 622 Abs. 5 S. 1 Nr. 2 BGB)*

239 **In Kleinunternehmen** (mit i. d. R. nicht mehr als 20 Arbeitnehmern) kann eine vierwöchige Kündigungsfrist ohne festen Endtermin vereinbart werden. Dies gilt jedoch nur für die Grundkündigungsfrist in § 622 Abs. 1 BGB, nicht aber für die verlängerten Fristen des § 622 Abs. 2 BGB (*Hess. LAG* 14.6.2010 NZA-RR 2010, 465; *Adomeit/Thau* NZA 1994, 14; APS/*Linck* § 622 BGB Rn. 159 ff.). Gem. § 622 Abs. 5 S. 2 BGB sind teilzeitbeschäftigte Arbeitnehmer mit einer regelmäßigen wöchentlichen Arbeitszeit von nicht mehr als 20 Stunden mit 0,5 und nicht mehr als 30 Stunden mit 0,75 zu berücksichtigen.

240, (derzeit unbesetzt)
241

*b) Verlängerung der Kündigungsfristen und Änderung der Kündigungstermine (§ 622 Abs. 5 S. 2 BGB)*

242 Nach dem Grundsatz der Vertragsfreiheit ist es zulässig, vertraglich längere Kündigungsfristen und weiterreichende Kündigungstermine zu vereinbaren. Allerdings darf die Frist für den Arbeitnehmer nicht länger sein als für die Kündigung durch den Arbeitgeber (**§ 622 Abs. 6 BGB**; vgl. APS/*Linck* § 622 BGB Rn. 171 ff.).

243 **§ 624 BGB** setzt für den zeitlichen Ausschluss des Kündigungsrechts des Arbeitnehmers eine **Höchstgrenze von fünf Jahren**, nach deren Ablauf er das Arbeitsverhältnis mit einer Frist von sechs Monaten kündigen kann.

244 Bei einer Kündigungsfrist, die zwar die nach § 624 BGB gesetzten Grenzen einhält, aber wesentlich länger als die gesetzliche Regelung (§ 622 BGB) ist, hängt es von einer Abwägung aller Umstände ab, ob sie das Grundrecht des Arbeitnehmers aus Art. 12 Abs. 1 GG verletzt oder sonst eine unangemessene Beschränkung seiner beruflichen und wirtschaftlichen Bewegungsfreiheit darstellt (*BAG* 17.10.1969 EzA § 60 HGB Nr. 2).

*c) Vereinbarung der Anwendung abweichender tarifvertraglicher Bestimmungen (§ 622 Abs. 4 S. 2 BGB)*

Siehe auch Rdn. 268.

### aa) Allgemeine Voraussetzungen

Zweck der einzelvertraglichen Inbezugnahme eines Tarifvertrages ist es, eine dem einschlägigen Tarifvertrag entsprechende einheitliche Gestaltung der Kündigungsvorschriften zu gewährleisten. 245

Die erwünschte einheitliche betriebliche Ordnung kann aber nur dann erreicht werden, wenn die zulässige Bezugnahme auf den für den Arbeitnehmer und Arbeitgeber im Falle der (gerade nicht gegebenen) beiderseitigen Tarifbindung geltenden Tarifvertrag beschränkt ist (vgl. APS/*Linck* § 622 BGB Rn. 135 ff.). 246

§ 622 Abs. 4 S. 2 BGB stellt das dadurch sicher, indem er sachlich die Vereinbarung des einschlägigen Tarifvertrages fordert. Durch die Bezugnahme auf den Tarifvertrag wird nur die fehlende Tarifunterworfenheit der Parteien des Arbeitsvertrages ersetzt. Der Tarifvertrag, auf den verwiesen wird, muss deshalb im Übrigen alle für den (zeitlichen, persönlichen, räumlichen, fachlichen und persönlichen) Geltungsbereich wesentlichen Kriterien erfüllen, d. h. bei einer beiderseitigen Tarifgebundenheit einschlägig und anwendbar sein. 247

Deshalb kann die Anwendung »fremder Tarifverträge« nicht vereinbart werden, auch wenn sie günstiger sind als der einschlägige Tarifvertrag (vgl. KR/*Spilger* § 622 BGB Rn. 180 ff.). 248

### bb) Umfang der vereinbarten Inbezugnahme

Nach Auffassung von *Spilger* (KR § 622 BGB Rn. 185 f. m. w. N.) muss die tarifliche Regelung der ordentlichen Kündigung insgesamt vereinbart, d. h. der **»Regelungskomplex Kündigung«** in Bezug genommen werden. Demgegenüber kann nach Auffassung von *Staudinger/Preis* (§ 622 BGB Rn. 45) auch eine **bestimmte Frist** ausgewählt werden. 249

Für die Notwendigkeit der Inbezugnahme eines vollständigen Regelungskomplexes Kündigung spricht, dass Tarifverträge einen tatsächlichen Machtausgleich schaffen und deshalb eine materielle Richtigkeitsgewähr bieten. Diese Vermutung ist bei einer einzelvertraglich übernommenen Tarifregelung aber nicht gerechtfertigt, wenn nur einzelne Kündigungsbestimmungen übernommen werden. 250

Andererseits ist es **nicht erforderlich, dass der Tarifvertrag insgesamt übernommen wird**. 251

Möglich ist auch die Verweisung auf einen nachwirkenden Tarifvertrag. Eine derartige Bezugnahme muss jedoch deutlich auf einen nachwirkenden Tarifvertrag hinweisen. Dazu reicht die Verweisung auf einen »den Arbeitgeber bindenden« Tarifvertrag nicht aus (*BAG* 18.8.1982 – 5 AZR 281/80, n. v.).

### cc) Form

Die Vereinbarung bedarf keiner besonderen Form. 252

### d) Rechtsfolgen unwirksamer oder lückenhafter Vereinbarungen

Verstoßen Vereinbarungen über Kündigungsfristen oder -termine gegen §§ 622, 624 BGB, so berührt das die Wirksamkeit des Arbeitsvertrages im Übrigen nicht. 253

Gleiches gilt, wenn die Parteien eine von der gesetzlichen Regelung abweichende Vereinbarung angestrebt, sich aber doch darüber nicht geeinigt haben, sofern sie sich trotz der lückenhaften Vereinbarung sofort binden wollten (*BAG* 16.11.1979 EzA § 154 BGB Nr. 1). 254

An die Stelle der nichtigen oder lückenhaften Vereinbarung treten diejenigen gesetzlich zulässigen Termine und Vereinbarungen, die dem Willen der Parteien am meisten entsprechen. 255

Sachlich gesehen geht es bei einer unwirksamen Vereinbarung um eine beschränkte Umdeutung nach § 140 BGB, bei der unter Berücksichtigung des ursprünglichen Willens der Parteien (Zweck der getroffenen Regelung) und ihrem mutmaßlichen Willen (Vereinbarung bei Kenntnis der Un- 256 wirksamkeit) eine den Interessen beider Parteien entsprechende Bestimmung des Vertragsinhalts vorzunehmen ist. An diesem Zweck ist auch die bei einem Einigungsmangel über die Kündigungsfrist erforderliche ergänzende Vertragsauslegung nach § 157 BGB auszurichten (*BAG* 16.11.1979 EzA § 154 BGB Nr. 1).

257 Haben die Parteien die Kündigungsfrist für beide Teile unzulässig verkürzt, so kommt die Grundkündigungsfrist von vier Wochen ihren Vorstellungen am nächsten.

258 Bei ungleichen, gegenüber den gesetzlichen Fristen verlängerten Kündigungsfristen ist, obwohl § 622 Abs. 6 BGB nur noch zu Gunsten des Arbeitnehmers gilt, daran festzuhalten, dass im Zweifel die längere Kündigungsfrist für beide Parteien maßgebend ist (KR/*Spilger* § 622 BGB Rn. 202).

259 Haben die Parteien vereinbart, der Arbeitgeber könne zu jedem Monatsende, der Arbeitnehmer aber nur zum Schluss eines jeden zweiten Monats, zum Quartalsschluss usw. kündigen, ist im Zweifel anzunehmen, dass beide Parteien jeweils nur zu dem vereinbarten späteren Termin kündigen dürfen (KR/*Spilger* § 622 BGB Rn. 205).

### 6. Tarifvertragliche Regelungen (§ 622 Abs. 4 S. 1, Abs. 6 BGB)

*a) Grundlagen*

260 Nach **§ 622 Abs. 4 S. 1 BGB** können von § 622 Abs. 1–3 BGB abweichende Regelungen durch **Tarifvertrag** vereinbart werden. Die Tarifvertragsparteien sind gem. § 622 Abs. 6 BGB allerdings auch an das Benachteiligungsverbot zu Lasten der Arbeitnehmer gebunden (vgl. APS/*Linck* § 622 BGB Rn. 101 ff.; für eine analoge Anwendung auf kirchliche Arbeitsvertragsrichtlinien *LAG Bln.* 23.2.2007 LAGE § 18 KSchG Nr. 1).

261 Maßgeblich für die Tarifdispositivität ist die Überlegung, die Kündigungsfristen könnten für gewisse Bereiche (z. B. für die Bauwirtschaft) zu starr sein. Das Schutzbedürfnis der Arbeitnehmer bei tarifvertraglichen Regelungen wird als hinreichend gewahrt angesehen, weil sich aus der tariflichen Praxis ergebe, dass kürzere Fristen vereinbart werden, wenn die Besonderheiten des Wirtschaftszweiges oder der Beschäftigungsart dies notwendig macht. Entscheidend sind also praktische Bedürfnisse, verbunden mit der Erwartung, dass die Tarifvertragsparteien (wie bisher) von der Möglichkeit abweichender tariflicher Regelungen nur unter ausreichender Berücksichtigung der Schutzinteressen der Arbeitnehmer Gebrauch machen (BT-Drs. 12/4902, S. 9). Diese Überlegungen sind nachvollziehbar, ob allerdings ernsthaft Kündigungsfristen von einem Tag in der Probezeit sachlich gefordert sind (z. B. § 20 BMT-Fernverkehr; vgl. dazu *LAG Bln.* 28.10.2005 – 13 Sa 1555/05, EzA-SD 8/06, S. 9 LS) darf bezweifelt werden.

262 Im Übrigen sind auch die Tarifvertragsparteien an Art. 3 Abs. 1 GG gebunden. Sie dürfen deswegen hinsichtlich der Fristen keine Differenzierung zwischen Arbeitern und Angestellten vornehmen, die nicht durch sachliche Merkmale gerechtfertigt sind (*BAG* 21.3.1991 EzA § 622 BGB a. F. Nr. 31; 16.9.1993 EzA § 622 BGB a. F. Nr. 45).

*b) Abgrenzung zwischen konstitutiven und deklaratorischen tarifvertraglichen Regelungen*

263 Der Vorrang des § 622 Abs. 4 S. 1 BGB gilt nur für Tarifnormen i. S. d. § 4 TVG.

264 Bei tarifvertraglichen Bestimmungen, die inhaltlich mit außertariflichen Normen, insbes. den gesetzlichen Vorschriften über Kündigungsfristen, übereinstimmen oder auf sie verweisen, ist durch Auslegung zu ermitteln, ob die Tarifvertragsparteien hierdurch eine selbstständige, d. h. in ihrer normativen Wirkung von der außertariflichen Norm unabhängige konstitutive Regelung treffen wollten oder ob die Übernahme gesetzlicher Vorschriften nur rein deklaratorischen Charakter in Gestalt einer sog. neutralen Klausel hat (vgl. *BAG* 21.3.1991 EzA § 622 BGB a. F. Nr. 31; 5.10.1995 EzA § 622 BGB a. F. Nr. 52).

## B. Die Erklärung der Kündigung durch den Arbeitgeber    Kapitel 4

Bei einer neutralen Klausel bestimmt sich die Zulässigkeit einer abweichenden einzelvertraglichen Vereinbarung nicht nach § 4 Abs. 3 TVG, sondern danach, ob die außertarifliche Norm zwingenden Charakter hat. **265**

> Eine selbstständige Regelung ist regelmäßig dann anzunehmen, wenn die Tarifvertragsparteien eine im Gesetz nicht oder anders enthaltene Regelung übernehmen, die sonst nicht für die betroffenen Arbeitnehmer gelten würde (*BAG* 16.9.1993 EzA § 622 BGB a. F. Nr. 45). Für einen rein deklaratorischen Charakter der Übernahme spricht dagegen, wenn einschlägige gesetzliche Vorschriften wörtlich oder inhaltlich übernommen werden. **266**

Bei fehlenden gegenteiligen Anhaltspunkten ist dann davon auszugehen, dass es den Tarifvertragsparteien darum gegangen ist, im Tarifvertrag eine unvollständige Darstellung der Rechtslage zu vermeiden. Sie haben dann die unveränderte gesetzliche Regelung im Interesse der Klarheit und Übersichtlichkeit in den Tarifvertrag aufgenommen, um die Tarifgebundenen möglichst umfassend über die zu beachtenden Rechtsvorschriften zu unterrichten (*BAG* 16.9.1993 EzA § 622 BGB a. F. Nr. 45). **267**

▶ **Beispiele:** **268**
- § 12.1.2 BRTV Bau i. d. F. vom 10. September 1992 stellt keine eigenständige tarifliche Regelung der verlängerten Kündigungsfristen für ältere gewerbliche Arbeitnehmer mit längerer Betriebszugehörigkeit dar, sondern verweist nur auf den jeweiligen Gesetzeswortlaut des § 622 Abs. 2 BGB. Vereinbaren die Tarifpartner lediglich eine eigenständige tarifliche Grundkündigungsfrist und verweisen hinsichtlich der verlängerten Kündigungsfristen auf das Gesetz, so spricht dies im Zweifel dafür, dass sie auch die Entscheidung darüber, ab welcher Beschäftigungszeit verlängerte Kündigungsfristen eingreifen sollen, dem Gesetzgeber überlassen wollten (*BAG* 14.2.1996 EzA § 622 BGB Nr. 53).
- Vereinbaren die Tarifpartner kürzere als die gesetzlichen Kündigungsfristen des § 622 BGB, so bleibt es ihrer tarifautonomen Entscheidung überlassen, in Teilbereichen die jeweiligen gesetzlichen Kündigungsfristen als Mindestschutz für die Arbeitnehmer bestehen zu lassen. Soweit § 17 Nr. 2 MTV Arbeiter der baden-württembergischen Textilindustrie auf die verlängerten gesetzlichen Kündigungsfristen Bezug nimmt, handelt es sich um eine deklaratorische Verweisung auf die jeweilige Fassung des § 622 Abs. 2 BGB (*BAG* 14.2.1996 NZA 1997, 97).
- Die Tarifregelung des § 2 MTV-Angestellte südbay. Textilindustrie enthält keine konstitutive Regelung der Kündigungsfristen für ältere Angestellte, denn die im Wesentlichen inhaltsgleiche Übernahme der verlängerten Kündigungsfristen nach § 2 Abs. 1 Angestelltenkündigungsschutzgesetz durch § 2 MTV-Angestellte südbay. Textilindustrie spricht gegen einen eigenen Normsetzungswillen der Tarifvertragsparteien. Ein bloßes Beibehalten der bisherigen tariflichen Regelung der Kündigungsfristen nach dem Inkrafttreten des Kündigungsfristengesetzes (1993) führt nicht – ohne Bestätigung des Regelungswillens der Tarifvertragsparteien – automatisch zu einer konstitutiven Weitergeltung (*BAG* 7.3.2002 EzA § 622 BGB Tarifvertrag Nr. 3).

Verweist eine tarifvertragliche Regelung, die Bestimmungen zu Kündigungsfristen und Kündigungsterminen enthält, hinsichtlich der Berechnung der Kündigungsfrist **rein deklaratorisch** auf die gesetzliche Anrechnungsvorschrift des § 622 Abs. 2 S. 2 BGB, geht dieser Verweis für Kündigungen, die nach dem 2.12.2006 erklärt wurden, ins Leere. Die Regelung des § 622 Abs. 2 S. 2 BGB ist mit Unionsrecht unvereinbar und in dessen Geltungsbereich unanwendbar. Gem. § 14 Nr. 1 MTV werden bei der Berechnung der für die Kündigungsfrist maßgebenden Betriebszugehörigkeit »entsprechend § 622 Abs. 2 S. 2 BGB Beschäftigungszeiten, die vor der Vollendung des 25. Lebensjahres liegen, nicht berücksichtigt«. Es liegt nahe, die tarifliche Bestimmung als rein deklaratorischen Verweis auf die gesetzliche Anrechnungsvorschrift zu verstehen. Sollte es sich um eine **eigenständige Tarifnorm** handeln, wäre die Regelung wegen Verstoßes gegen das durch § 7 Abs. 1, § 1 AGG konkretisierte Verbot der Altersdiskriminierung **unwirksam** (§ 7 Abs. 2 AGG). In die Berechnung der tariflichen Kündigungsfristen sind demnach auch solche Beschäftigungszeiten einzubeziehen, die der **268a**

Arbeitnehmer vor Vollendung des 25. Lebensjahres zurückgelegt hat (*BAG* 29.9.2011 EzA § 4 TVG Gaststättengewerbe Nr. 4).

268b Bei **arbeitsvertraglicher Inbezugnahme** der tariflichen Kündigungsfristenregelungen gilt im Ergebnis **nichts anderes**. Die Möglichkeit, bezüglich der Kündigungsfrist individualrechtlich hinter dem Gesetz zurückbleiben besteht – abgesehen von den Fällen des § 622 Abs. 5 BGB – nur im Rahmen einzelvertraglicher Übernahme einschlägiger tarifvertraglicher Regelungen (§ 622 Abs. 4 S. 2 BGB). Sind in Bezug genommene Tarifvorschriften wegen Verstoßes gegen höherrangiges Recht unwirksam, schlägt dies auf die vertragliche Vereinbarung durch (*BAG* 29.9.2011 EzA § 4 TVG Gaststättengewerbe Nr. 4).

### c) Inhalt und Grenzen der Regelungsbefugnis

#### aa) Verkürzung der Grundkündigungsfrist

269 Die Regelungsbefugnis der Tarifvertragsparteien enthält keine Einschränkung für bestimmte Gruppen von Arbeitnehmern oder Arten von Arbeitsverhältnissen. Sie gewährleistet auch keine verkürzten Mindestfristen, sodass die Kündigungsfrist auf Stunden oder auf jede andere Frist verkürzt werden kann. **Es kann sogar eine entfristete Kündigung (sofortige ordentliche Kündigung) vereinbart werden** (*BAG* 4.6.1987 EzA § 1 KSchG Soziale Auswahl Nr. 25; 28.4.1988 EzA § 622 BGB Nr. 25).

270 Voraussetzung für eine entfristete ordentliche Kündigung ist nicht, dass Gründe vorliegen, die denen eines wichtigen Grundes gem. § 622 Abs. 1 BGB entsprechen. Voraussetzung ist allerdings, dass in den Tarifverträgen eindeutig entfristete ordentliche Kündigungen und keine wichtigen Gründe i. S. d. § 626 BGB geregelt werden (KR/*Spilger* § 622 BGB Rn. 212).

271 Vereinbaren die Tarifpartner kürzere als die gesetzlichen Kündigungsfristen des § 622 BGB, so können sie auch in Teilbereichen die jeweiligen gesetzlichen Kündigungsfristen als Mindestschutz für die Arbeitnehmer bestehen lassen (*BAG* 14.2.1996 EzA § 622 BGB a. F. Nr. 54).

#### bb) Tarifdispositivität der verlängerten Kündigungsfristen

272 Fraglich ist, ob auch die verlängerten Kündigungsfristen für ältere Arbeitnehmer gem. § 622 Abs. 2 BGB uneingeschränkt der Regelung durch die Tarifpartner unterliegen.

273 Da § 622 Abs. 4 S. 1 BGB keine Einschränkungen enthält, liegt keine Regelungslücke vor, sodass sich die **Tariföffnungsklausel grds. auch auf die verlängerten Fristen für ältere Arbeitnehmer** erstreckt.

274 Teilweise (*Richardi* ZfA 1971, 88; APS/*Linck* § 622 BGB Rn. 113) wird wegen des damit eindeutigen Gesetzeswortlauts deshalb angenommen, dass auch die Kündigung für ältere Arbeitnehmer entfristet werden kann oder die für sie geltenden Fristen denen der übrigen Arbeitnehmer voll angeglichen werden können.

275 Demgegenüber ist nach Auffassung von *Spilger* (KR § 622 BGB Rn. 214) die Zielsetzung des Gesetzgebers zu beachten, ältere Arbeitnehmer durch längere Fristen stärker zu schützen. Deshalb können die Tarifvertragsparteien zwar auch die längeren Fristen älterer Arbeitnehmer verkürzen, sie müssen ihnen aber gegenüber der Grundkündigungsfrist verlängerte Fristen zubilligen.

#### cc) Kündigungstermine

276 Nicht nur die Kündigungsfristen, sondern auch die Kündigungstermine sind tarifdispositiv.

### d) Geltung tariflicher Kündigungsvorschriften

277 Insoweit ist nach den allgemeinen Grundsätzen davon auszugehen, dass Voraussetzung für die Anwendung tariflicher Kündigungsvorschriften in einem konkreten Arbeitsverhältnis entweder die bei-

derseitige Tarifgebundenheit (§§ 3, 4 TVG), die Allgemeinverbindlichkeit der tariflichen Regelung (§ 5 TVG) oder deren einzelvertragliche Vereinbarung zwischen den Arbeitsvertragsparteien ist.

Gem. § 622 Abs. 4 S. 2 BGB gelten abweichende tarifvertragliche Bestimmungen zwischen nicht tarifgebundenen Arbeitgebern und Arbeitnehmern, wenn ihre Anwendung zwischen ihnen vereinbart ist, allerdings nur im Geltungsbereich eines solchen Tarifvertrages (s. Rdn. 247). 278

Nehmen die Parteien eines schriftlichen Arbeitsvertrages darin im Übrigen **hinsichtlich einzelner Punkte** (u. a. Vereinbarung von tariflichem Lohn) **auf eine insgesamt auf den Tarifvertrag verweisende Arbeitsordnung Bezug**, so wird damit **weder** die **Arbeitsordnung** insgesamt, noch der **Tarifvertrag** und insbes. auch nicht die darin geregelte Kündigungsfrist in der Probezeit **zum Inhalt** des Vertrages (*LAG Köln* 19.8.1999 ZTR 2000, 274). 279

(derzeit unbesetzt) 280

### e) Tarifvertrag und günstigere Individualabsprache

### aa) Grundlagen

Gem. **§ 4 Abs. 3 TVG** sind vom Tarifvertrag abweichende vertragliche Abreden zulässig, wenn sie eine Änderung zu Gunsten des Arbeitnehmers enthalten (**Günstigkeitsprinzip**). 281

Für die insoweit erforderliche Prüfung müssen nach einem individuellen Maßstab unter objektiver Würdigung die Kündigungsvorschriften (Kündigungsfrist, Kündigungstermin) des Tarifvertrages und die vertragliche Regelung insgesamt miteinander verglichen werden (sog. Gruppenvergleich; KR/*Spilger* § 622 BGB Rn. 42; a. A. *Preis/Kramer* DB 1993, 2129: Vergleich nur der Kündigungsfrist, nicht auch der durch den Kündigungstermin mitbestimmten Gesamtbindungsdauer). Das *LAG Nds.* (8.2.2000 NZA-RR 2000, 428) hat eine einzelvertragliche Vereinbarung einer Kündigungsfrist von **drei Monaten zum Monatsende** in einem Fall für unwirksam erachtet, in dem der kraft beiderseitiger Tarifbindung geltende Tarifvertrag lediglich eine Kündigungsfrist von einem Monat zum 15. des Monats oder zum Monatsende vorgesehen hat, denn der **Vorteil der verlängerten Kündigungsfrist traf den 32-jährigen Kläger, der ledig und ungebunden war**, während eines Lebensabschnitts, in dem die Bereitschaft des Arbeitsplatzwechsels höher lag und die Chance, verhältnismäßig schnell eine neue Stelle zu finden, größer war. Zudem wurde die dennoch unter Umständen drohende vorübergehende Arbeitslosigkeit durch die nur geringfügige Verlängerung der Kündigungsfrist nicht nennenswert abgemildert. Finanziell wäre der Differenzzeitraum unter Berücksichtigung des Anspruchs auf Arbeitslosengeld nicht signifikant gewesen. 282

Ziff. 13 MTV für die holz- und kunststoffverarbeitende Industrie im nordwestdeutschen Raum der BRD v. 24.1.1997 ändert § 622 Abs. 1 BGB ab, indem die Grundkündigungsfrist abweichend geregelt wird; im Übrigen wird auf das Gesetz verwiesen. Eine im Arbeitsvertrag vereinbarte beiderseitige längere Kündigungsfrist ist einzuhalten; sie verstößt nicht gegen das Günstigkeitsprinzip des § 4 Abs. 3 TVG, denn dieses ist bei einer beiderseitigen längeren vertraglichen Kündigungsfrist nicht anwendbar, wenn die tarifliche Regelung lediglich die Grundkündigungsfrist des § 622 Abs. 1 BGB abändert und es im Übrigen – auch hinsichtlich der konkret einzuhaltenden Frist im Einzelfall – bei der gesetzlichen Regelung belässt. Längere Kündigungsfristen können vertraglich auch auf die Kündigung des Arbeitsverhältnisses durch den Arbeitnehmer erstreckt werden. Das ist mit § 622 Abs. 6 BGB vereinbar, weil diese Regelung den Arbeitnehmer vor einer Schlechterstellung, nicht aber vor einer Gleichstellung mit den für den Arbeitgeber geltenden Kündigungsfristen schützt (*BAG* 29.8.2001 EzA § 622 BGB Tarifvertrag Nr. 2). 283

### bb) Nachwirkungszeitraum

Tariflichen Kündigungsfristenbestimmungen bleibt der Vorrang vor den gesetzlichen Bestimmungen auch im Nachwirkungszeitraum (§ 4 Abs. 5 TVG) erhalten. Die Nachwirkung erstreckt sich allerdings nicht auf solche Arbeitsverhältnisse, die erst in diesem Zeitraum begründet werden (*BAG* 29.1.1975 EzA § 4 TVG Nachwirkung Nr. 3). 284

### Kapitel 4 — Die Beendigung des Arbeitsverhältnisses

*f) Verfassungswidrigkeit unterschiedlicher tariflicher Kündigungsfristen und Wartezeiten für Arbeiter und Angestellte*

**285** Das *BVerfG* (30.5.1990 EzA § 622 BGB a. F. Nr. 27) hat nicht entschieden, ob und inwieweit Tarifverträge, die eine § 622 Abs. 2 BGB a. F. entsprechende Regelung enthalten, von Verfassungs wegen im Hinblick auf Art. 3 Abs. 1 GG Beschränkungen unterliegen können.

**286** Es hat lediglich darauf hingewiesen, dass der von tarifvertraglichen Regelungen erfasste Personenkreis mit den Großgruppen der Angestellten und Arbeiter nicht identisch ist. Tarifverträge betreffen jeweils nur einen bestimmten Ausschnitt aus dem Gesamtspektrum der Arbeitnehmerschaft.

*aa) Bindung der Tarifpartner an Art. 3 GG*

**287** Wenn in Tarifverträgen Kündigungsfristen eigenständig (also konstitutiv, nicht lediglich deklaratorisch durch Übernahme der gesetzlichen Regelung) geregelt sind, haben die Arbeitsgerichte in eigener Kompetenz zu prüfen, ob die Kündigungsregelung im Vergleich zu den für Angestellte geltenden Bestimmungen mit dem Gleichheitssatz des Art. 3 GG zu vereinbaren sind (*BAG* 21.3.1991 EzA § 622 BGB a. F. Nr. 31; 21.3.1991 EzA § 622 BGB a. F. Nr. 32; 21.3.1991 EzA § 622 BGB a. F. Nr. 33; 16.9.1993 EzA § 622 BGB a. F. Nr. 45).

**288** Die Tarifvertragsparteien sind durch § 622 Abs. 4 S. 1 BGB nicht zu Regelungen ermächtigt, die dem Gesetzgeber selbst durch die Verfassung verboten sind und den Art. 3 GG verletzen. Andererseits verlangt der Gleichheitssatz keine völlige Gleichstellung für Arbeiter mit den Angestellten. Verlangt wird lediglich, dass **Ungleichbehandlung und rechtfertigender Grund in einem angemessenen Verhältnis zueinander stehen** (*BAG* 23.1.1992 EzA § 622 BGB a. F. Nr. 40; 23.1.1992 EzA § 622 BGB a. F. Nr. 41; 23.1.1992 EzA § 622 BGB a. F. Nr. 42).

*bb) Prüfungsmaßstab*

**289** Nach der Rechtsprechung des *BAG* (21.3.1991 EzA § 622 BGB a. F. Nr. 31; 21.3.1991 EzA § 622 BGB a. F. Nr. 32; 21.3.1991 EzA § 622 BGB a. F. Nr. 33; 23.1.1992 EzA § 622 BGB a. F. Nr. 40; 23.1.1992 EzA § 622 BGB a. F. Nr. 41; 23.1.1992 EzA § 622 BGB a. F. Nr. 42; 4.3.1993 EzA § 622 BGB a. F. Nr. 44; 16.9.1993 EzA § 622 BGB a. F. Nr. 45) gilt für die Überprüfung der Frage, ob sachliche Differenzierungsgründe für die Ungleichbehandlung zwischen Arbeitern und Angestellten vorliegen, folgender Maßstab:

*(1) Gruppenspezifisch ausgestaltete unterschiedliche Regelungen*

**290** An sachlichen Gründen für unterschiedliche Regelungen fehlt es, wenn eine schlechtere Rechtsstellung der Arbeiter auf einer pauschalen Differenzierung zwischen den Gruppen der Angestellten und der Arbeiter beruht.

**291** Sachlich gerechtfertigt sind nur hinreichend gruppenspezifisch ausgestaltete unterschiedliche Regelungen, die z. B. entweder nur eine verhältnismäßig kleine Gruppe nicht intensiv benachteiligen oder funktions-, branchen- und betriebsspezifischen Interessen beider Seiten oder zumindest der Arbeitgeber im Geltungsbereich eines Tarifvertrages durch die Einführung verkürzter Kündigungsfristen für Arbeiter entsprechen (z. B. die überwiegende [etwa 75 % der Beschäftigten] Beschäftigung von Arbeitern in der Produktion).

**292** Durch diese Beispiele werden andere sachliche Differenzierungsgründe jedoch nicht ausgeschlossen.

Dieser Prüfungsmaßstab gilt sowohl für unterschiedliche Grundfristen als auch für ungleich verlängerte Fristen für Arbeiter und Angestellte mit längerer Betriebszugehörigkeit und höherem Lebensalter. Er ist insbes. auch auf unterschiedliche Wartezeiten für die verlängerten Fristen zu erstrecken.

Zunächst möglicherweise erhebliche Unterschiede zwischen Angestellten und Arbeitern hinsichtlich ihrer Schutzbedürftigkeit oder einem betrieblichen Interesse an einer flexiblen Personalplanung und -anpassung verlieren bei längerer Betriebszugehörigkeit erheblich an Gewicht.

*(2) Gestaltungsspielraum der Tarifvertragsparteien; nur beschränkte Bedeutung der Richtigkeitsgewähr tariflicher Kündigungsregelungen*

Die Tarifvertragsparteien haben auf Grund der Öffnungsklauseln eine sachlich begrenzte, insbes. auch an Art. 3 GG zu messende Gestaltungsfreiheit. Dabei ist es jedoch nicht Sache der Gerichte, zu prüfen, ob sie jeweils die »gerechteste und zweckmäßigste Regelung« vereinbart haben. **Die gerichtliche Kontrolle beschränkt sich vielmehr darauf, ob die tarifliche Regelung die Grenzen des Gestaltungsspielraums der Tarifpartner überschreitet,** was nur dann der Fall ist, wenn die Differenzierungen festgelegt werden, für die sachlich einleuchtende Gründe nicht ersichtlich sind (*BAG* 1.6.1983 AP Nr. 5 zu § 611 BGB Deputat).

Ergeben sich weder aus dem Wortlaut noch aus der Systematik der einschlägigen tariflichen Regelung noch aus dem Sachvortrag insbes. des Arbeitgebers konkrete Anhaltspunkte für sachliche Differenzierungen, so kann allerdings die Verfassungsmäßigkeit unterschiedlicher Regelungen zu Lasten der Arbeiter **nicht** allein mit dem **Grundsatz einer Richtigkeitsgewähr** begründet werden (*BAG* 16.9.1993 EzA § 622 BGB a. F. Nr. 45), denn diesem Grundsatz kommt im Bereich unterschiedlicher Kündigungsregelungen zwischen Arbeitern und Angestellten nur eine beschränkte Bedeutung zu. Die Auffassung der betroffenen Kreise allein kann nämlich nach der Würdigung des *BVerfG* (30.5.1990 EzA § 622 BGB a. F. Nr. 27) sachwidrige Differenzierungen gerade nicht rechtfertigen. Erforderlich sind vielmehr **konkrete Anhaltspunkte für sachgerechte Differenzierungen und eine »nähere Einsicht«** in die Gründe für das Zustandekommen von Tarifverträgen (*BVerfG* 30.5.1990 EzA § 622 BGB a. F. Nr. 27).

*cc) Darlegungs- und Beweislast; Amtsermittlung*

Zwar ist bei der Prüfung der Verfassungsmäßigkeit eines Tarifvertrages durch die Arbeitsgerichte nicht auf die Darlegungs- und Beweislast der Parteien im engeren Sinne abzustellen. Dennoch trifft sie schon im eigenen Interesse eine Prozessförderungspflicht, indem der Arbeitgeber aus dem Tarifvertrag nicht ersichtliche sachliche Differenzierungsgründe für die verschlechterte Rechtsstellung der Arbeiter vorzutragen und der Arbeitnehmer, soweit ihm das möglich ist (vgl. § 138 Abs. 4 ZPO), dazu sachlich Stellung zu nehmen hat.

Wird die Verfassungswidrigkeit tariflicher Vorschriften von einer Partei angesprochen oder vom Gericht bezweifelt, dann haben die ArbG nach den Grundsätzen des § 293 ZPO von Amts wegen die näheren für unterschiedliche Fristen maßgeblichen Umstände, die für oder gegen die Verfassungswidrigkeit sprechen, zu ermitteln, und zwar insbes. durch Einholung von Auskünften der Tarifpartner (*BAG* 16.9.1993 EzA § 622 BGB a. F. Nr. 45).

Kommt als Differenzierungsgrund u. a. die personalwirtschaftliche Flexibilität im produktiven Bereich in Betracht, so ist jedenfalls zu klären, wie hoch in der Produktion bzw. im Verwaltungsbereich jeweils prozentual der Anteil der beschäftigten Arbeiter und der der Angestellten ist und ob dieses Verhältnis im Falle eines Tarifvertrages im Geltungsbereich verschiedener Industriezweige (Unterbranchen) im Wesentlichen einheitlich ist (*BAG* 16.9.1993 EzA § 622 BGB a. F. Nr. 45).

*g) Beispiele aus der Rechtsprechung*

*aa) Verfassungsmäßige Regelungen*

Für verfassungsmäßig erachtet hat das BAG insbes. folgende unterschiedliche Kündigungsfristenregelungen für Arbeiter und Angestellte:
– Grundfrist von **sieben Tagen** bei einer Betriebszugehörigkeit von bis zu sechs Monaten für Arbeiter im Verhältnis zu sechs Wochen zum Quartalsende für Angestellte gem. § 12 Nr. 3b RTV für

Arbeiter der Gartenbaubetriebe in SchlH vom 3.4.1990 (Bedürfnis an einer witterungs- und saisonbedingten flexiblen Personalplanung im produktiven Bereich, in dem überwiegend Arbeiter tätig sind, *BAG* 23.1.1992 EzA § 622 BGB a. F. Nr. 40; a. A. *Goergens* AiB 1992, 658 ff.).

301 – Grundkündigungsfrist von **zwei Wochen zum Wochenende** gem. § 2 Nr. 6 MTV Nordrheinische Textilindustrie (Bedürfnis nach flexibler Personalplanung im produktiven Bereich wegen produkt-, mode- und saisonbedingter Auftragsschwankungen bei Arbeitern, die im Gegensatz zu den Angestellten überwiegend nur in der Produktion tätig sind, *BAG* 23.1.1992 EzA § 622 BGB n.F Nr. 41; ebenso für die gleiche Frist gem. § 22 Nr. 1 MTV gewerbliche Arbeitnehmer Bekleidungsindustrie *LAG Hamm* 3.5.1996 NZA-RR 1997, 143).

302 – Aus den gleichen Gründen verstößt die verlängerte Kündigungsfrist nach 5-jähriger Betriebszugehörigkeit von **einem Monat zum Monatsende** gem. § 17 Nr. 2 MTV Arbeiter der baden-württembergischen Textilindustrie, gemessen an der für Angestellte geltenden Kündigungsfrist von drei Monaten zum Quartalsende nicht gegen Art. 3 GG; gleiches gilt für die verlängerte Frist des § 2 Nr. 6 MTV Arbeiter Nordrheinische Textilindustrie vom 10.3.1978 (*BAG* 19.3.1992 – 2 AZR 529/91, n. v.; zit. nach KR/*Spilger* § 622 BGB Rn. 256).

303 – Zu beachten ist, dass dies nicht ohne weiteres auch für die **verlängerten Kündigungsfristen** desselben Tarifvertrages gilt, denn die im gleichen Maße erbrachte Betriebstreue der Arbeiter erfordert dann zumindest gleiche Stufen der Wartezeiten auf Grund abgeleisteter Betriebszugehörigkeit wie bei den Angestellten (*BAG* 11.8.1994 EzA § 622 BGB a. F. Nr. 51).

304 – Die Grundkündigungsfrist von **zwölf Werktagen** gem. § 12 Nr. 1.1 BRTV-Bau (ausschließliche Beschäftigung der Arbeiter im Produktionsbereich) rechtfertigt sich durch ein besonderes Interesse der Arbeitgeberseite, auf Konjunktureinbrüche und Auftragsrückgänge unmittelbar und ohne erhebliche Verzögerung reagieren zu können, *BAG* 2.4.1992 EzA § 622 BGB a. F. Nr. 43).

305 – Die tarifliche Grundkündigungsfrist für Chemiearbeiter von **vierzehn Tagen** (§ 11a MTV Chemische Industrie). Das Bedürfnis nach erhöhter personalwirtschaftlicher Flexibilität stellt bei einem ganz überwiegenden Anteil von Arbeitern in der Produktion der chemischen Industrie einen sachlichen Grund für die kürzeren Kündigungsfristen innerhalb der ersten 2 Jahre des Arbeitsverhältnisses dar. Das Flexibilitätsargument trägt auch die Verkürzung der Frist nicht nur für betriebs-, sondern auch für personen- und verhaltensbedingten Kündigungen, weil es den Tarifpartnern um eine einheitliche Regelung der Frist geht (*BAG* 4.3.1993 EzA § 622 BGB a. F. Nr. 44; 16.9.1993 EzA § 622 BGB a. F. Nr. 45).

306 – Grundkündigungsfrist von **vierzehn Tagen** für Arbeiter nach § 20 Nr. 1a) MTV Eisen-, Metall-, Elektro- und Zentralheizungsindustrie Nordrhein-Westfalen (objektiv vorliegendes anerkennenswertes Bedürfnis nach personalwirtschaftlicher Flexibilität in der Produktion, wenn die Arbeiter auch angesichts neuartiger Fertigungsverfahren (z. B. Einsatz elektronischer Technologien, just-in-time-Fertigung) überwiegend in der Produktion und die Angestellten im Verwaltungsbereich tätig sind, *BAG* 10.3.1994 EzA § 622 BGB a. F. Nr. 50).

307 – Grundkündigungsfrist von **vierzehn Tagen** gem. § 4 Nr. 4.1 MTV Hotel- und Gaststättengewerbe für gewerbliche Arbeitnehmer wegen des in weiten Teilen der Branche bestehenden Flexibilitätsbedürfnisses (*LAG Köln* 10.3.1995 LAGE § 622 BGB Nr. 30).

308 – Grundkündigungsfrist von **drei Tagen in der Probezeit** für Arbeiter, dagegen von **vier Wochen bei Angestellten** nach dem MTV Systemgastronomie, weil nach Auskunft der tarifschließenden Gewerkschaft gegen einen zufriedenstellenden Entgeltabschluss den Wünschen der Arbeitgeberseite bei der Kündigungsfrist nachgegeben worden ist (*BAG* 29.10.1998 EzA Art. 3 GG Nr. 80).

*bb) Verfassungswidrige Regelungen*

309 – **§ 13 Nr. 9a MTV 1980 für Arbeiter, Angestellte und Auszubildende in der Eisen-, Metall-, Elektro- und Zentralheizungsindustrie** Nordrhein-Westfalen sowie § 8 MTV Gewerbliche Bayerische Metallindustrie vom 9.5.1982 (Die Wartefristen für die verlängerten Fristen älterer Arbeitnehmer wurden gegenüber denen der Angestellten ohne sachlichen Grund deutlich verkürzt, wobei bereits Zweifel bestehen, ob sich die Tariföffnung überhaupt auf die Wartezeiten bezieht; *BAG*

## B. Die Erklärung der Kündigung durch den Arbeitgeber — Kapitel 4

21.3.1991 EzA § 622 BGB a. F. Nr. 33; 29.8.1991 EzA § 622 BGB a. F. Nr. 35; 10.3.1994 EzA § 622 BGB a. F. Nr. 48).

– Verlängerte Kündigungsfrist für ältere Arbeitnehmer nach **§ 21 MTV Brauereien** Nordrhein-Westfalen (*BAG* 7.4.1993 – 2 AZR 408/92 (A), n. v.). 310

(derzeit unbesetzt) 311

### h) Auswirkungen des KündFG auf die Beurteilung der Verfassungsmäßigkeit tariflicher Kündigungsregelungen

In der Literatur (KR/*Spilger* § 622 BGB Rn. 260) wird die Rechtsprechung des BAG (s. Rdn. 299 ff.) grds. dahingehend bewertet, dass **sachliche Differenzierungsgründe nach Zweck und Auswirkungen tariflicher Regelungen bei unterschiedlichen Grundfristen eher anzuerkennen sind als bei verlängerten Kündigungsfristen**. 312

Im Hinblick auf *BAG* 11.8.1994 EzA § 622 BGB a. F. Nr. 51 lässt sich aber auch die Auffassung vertreten, dass eine Abkehr von der bisher geübten Zurückhaltung bei der Beurteilung ungleicher tariflicher Grundkündigungsfristen nahe liegt. 313

Denn das *BAG* (11.8.1994 EzA § 622 BGB a. F. Nr. 51) hat ausdrücklich offen gelassen, ob auch bei Vorliegen eines Flexibilitätsbedürfnisses in Zukunft angesichts des KündFG noch der im Streitfall große Unterschied der Kündigungsfrist von zwei Wochen ohne Termin für Arbeiter im Vergleich zu sechs Wochen zum Quartal für Angestellte sachlich zu rechtfertigen ist. 314

### i) Auswirkungen verfassungswidriger Kündigungsregelungen

Wenn eine tarifliche Kündigungsregelung wegen Verstoßes gegen Art. 3 GG nichtig ist, dann liegt eine **unbewusste Regelungslücke** vor, die von den Gerichten durch ergänzende **Auslegung** zu schließen ist (vgl. APS/*Linck* § 622 BGB Rn. 128). 315

Anzuwenden sind dann die gesetzlichen Kündigungsfristen der Neufassung des § 622 BGB (*BAG* 10.3.1994 EzA § 622 BGB a. F. Nr. 48; 11.8.1994 EzA § 622 BGB a. F. Nr. 51; s. a. *LAG RhPf* 27.3.2008 – 10 Sa 669/07, EzA-SD 25/2008 S. 3 LS). 316

## 7. Auswirkungen des KündFG auf Altkündigungen und auf Altregelungen

### a) Altkündigungen (Art. 222 EGBGB)

Bei einer vor dem 15.10.1993 zugegangenen Kündigung gilt Art. 222 EGBGB. 317

### b) Altregelungen für weiterhin bestehende Arbeitsverhältnisse

#### aa) Fehlen einer gesetzlichen Regelung

Für einzelvertragliche und tarifvertragliche Regelungen der Kündigungsfristen in weiter bestehenden Arbeitsverhältnissen fehlt eine gesetzliche Regelung des Verhältnisses zu der Neufassung des § 622 BGB. 318

#### bb) Vertraglich vereinbarte Kündigungsfristen

Verweist eine Klausel im Arbeitsvertrag auf die »gesetzlichen Kündigungsfristen«, so gelten, auch wenn der Arbeitsvertrag vor In-Kraft-Treten des KündFG abgeschlossen worden ist, für diesen Arbeitsvertrag die neuen gesetzlichen Kündigungsfristen (*Preis/Kramer* DB 1993, 2130). Gleiches gilt für die Klausel »die Kündigungsfrist ist die gesetzliche, d. h. die Kündigung muss sechs Wochen vor dem Ende eines Quartals erfolgen« (*LAG Düsseld.* 26.9.2000 – 8 Sa 1223/00; *ArbG Krefeld* 13.7.2000 EzA § 622 BGB n. F. Nr. 60). 319

Benennt die Klausel dagegen konkret die Fristdauer von »**sechs Wochen zum Schluss des Kalendervierteljahres**«, so kommt dieser Altregelung i. d. R. **konstitutive Bedeutung** zu (*Diller* NZA 320

2000, 297 ff.). Gleiches gilt für die Formulierung »gesetzliche Kündigungsfrist von sechs Wochen zum Quartalsende« (*LAG Düsseld.* 26.9.2000 – 8 Sa 1223/00; *ArbG Krefeld* 13.7.2000 EzA § 622 BGB n. F. Nr. 60).

**321** Derartige konstitutive Regelungen bleiben von der Neufassung des § 622 BGB unberührt, denn weil in der Vereinbarung das Wort »Gesetz« nicht vorkommt, sondern ausschließlich eine konkrete Frist benannt wird, muss aus der Sicht eines Durchschnittsarbeitnehmers auch eben diese Frist gelten, selbst wenn die nunmehr zwischenzeitlich geänderte gesetzliche Frist kürzer ist. Dasselbe gilt jedoch auch für die Formulierung »gesetzliche Kündigungsfrist von sechs Wochen zum Quartalsende«, weil die konkrete Festlegung der Frist die Bezugnahme auf das Gesetz überwiegt *(Preis/Kramer* DB 1993, 2130). Ist die nunmehrige Frist dagegen länger, bedarf es bei einer konstitutiven Quartalskündigungsfrist eines **Günstigkeitsvergleichs i. S. einer Gesamtbetrachtung** von Kündigungsfristen und -terminen (vgl. *Diller* NZA 2000, 295 ff.).

**322** Wurde vertraglich eine Kündigungsfrist von sechs Wochen zum Quartalsende vereinbart, beträgt aber die gesetzliche Kündigungsfrist sieben Monate zum Monatsende, ist Letztere günstiger, so dass allein die gesetzliche Frist gilt (*LAG Nbg.* 13.4.1999 NZA-RR 2000, 80).

### cc) Tarifnormen

**323** Bei **tariflichen Normen**, die inhaltlich mit gesetzlichen Normen übereinstimmen oder auf sie verweisen, ist ebenfalls jeweils durch Auslegung zu ermitteln, ob die Tarifvertragsparteien eine selbstständige, d. h. in ihrer normativen Wirkung von der außertariflichen Norm unabhängige **eigenständige Regelung** treffen wollten. Diese Regelung muss im Tarifvertrag einen hinreichend erkennbaren Ausdruck gefunden haben.

**324** Das ist regelmäßig dann anzunehmen, wenn die Tarifvertragsparteien eine im Gesetz nicht oder anders enthaltene Regelung vereinbaren oder eine gesetzliche Regelung übernehmen, die sonst nicht für die betroffenen Arbeitsverhältnisse gelten würde.

**325** Für einen rein deklaratorischen Charakter der Übernahme spricht dagegen, wenn einschlägige gesetzliche Vorschriften wörtlich oder inhaltlich übernommen werden oder nur auf sie verwiesen wird (*BAG* 4.3.1993 EzA § 622 BGB a. F. Nr. 44; 16.9.1993 EzA § 622 BGB a. F. Nr. 45).

**326** Tarifvertragliche Regelungen hinsichtlich der Kündigungsfristen können auch in einen konstitutiven und in einen deklaratorischen Teil aufgespalten werden (*BAG* 4.3.1993 EzA § 622 BGB a. F. Nr. 44). Deshalb sind die Grundkündigungsfristen sowie die verlängerten Kündigungsfristen sowie die noch fortbestehenden Kündigungsfristen von Arbeitern und Angestellten jeweils gesondert daraufhin zu überprüfen, ob und inwieweit eine konstitutive oder deklaratorische Regelung vorliegt. Die Abweichung der Regelung vom Gesetz bei einer Gruppe macht die Regelung der anderen nicht notwendigerweise konstitutiv.

**327** Liegt eine deklaratorische Regelung vor, gilt die Neufassung des § 622 BGB (*BAG* 5.10.1995 NZA 1996, 325; 14.2.1996 EzA § 622 BGB a. F. Nr. 53).

Liegt eine wirksame konstitutive Regelung vor, so gilt diese und nicht die Neufassung des § 622 BGB. Ist die konstitutive Regelung unwirksam, gilt i. d. R. die gesetzliche Neufassung.

Liegt eine Mischform vor, gilt für die Arbeitnehmergruppe mit der deklaratorischen Teilregelung die Neufassung. Die konstitutive Teilregelung ist nur im Falle ihrer Wirksamkeit weiterhin anwendbar, andernfalls gilt auch insoweit die Neuregelung (KR/*Spilger* § 622 BGB Rn. 285).

**328** § 12 Nr. 1, 2 BRTV Bau enthält z. B. keine eigenständige tarifliche Regelung der verlängerten Kündigungsfristen für ältere gewerbliche Arbeitnehmer mit längerer Betriebszugehörigkeit, sondern verweist nur auf den (jeweiligen) Gesetzeswortlaut, in der derzeitigen Fassung des Tariftextes vom 10.9.1992 vom Wortlaut her noch auf § 622 Abs. 2 BGB a. F. Vereinbaren die Tarifpartner lediglich eine eigenständige tarifliche Grundkündigungsfrist und verweisen sie hinsichtlich der verlängerten

Fristen auf das Gesetz durch dessen wörtliche Wiedergabe, so spricht dies im Zweifel dafür, dass sie auch die Entscheidung darüber, ab welcher Beschäftigungszeit (erstmals nach zwei Jahren nach § 622 Abs. 2 BGB a. F. statt nach fünf Jahren nach § 622 Abs. 2 BGB a. F.) verlängerte Kündigungsfristen eingreifen sollen, dem Gesetzgeber überlassen wollten, dass auch insoweit nur eine deklaratorische Regelung gegeben ist (*BAG* 14.2.1996 EzA § 622 BGB a. F. Nr. 53).

### III. Beschränkung des Rechts zur Erklärung einer Kündigung

#### 1. Tarifnormen, Betriebsvereinbarungen

**Durch Tarifnormen kann das Recht zur ordentlichen Kündigung des Arbeitgebers eingeschränkt werden.** Derzeit bestehen vor allem Kündigungsbeschränkungen zum Schutz älterer Arbeitnehmer, **Rationalisierungsschutzabkommen** sowie Normen zum Schutz **gewerkschaftlicher Vertrauensleute** (vgl. §§ 53, 55 BAT, 58 MTB II, 58 MTL II, SchutzTV; Anh. B zum Manteltarifvertrag für die holz- und kunststoffverarbeitende Industrie Rheinland-Pfalz). 329

Zum Schutz älterer Arbeitnehmer werden in Tarifverträgen entweder die Kündigungsfristen über die gesetzlichen hinaus verlängert oder nach Erreichen eines bestimmten Lebensalters und einer bestimmten Betriebszugehörigkeit das Recht des Arbeitgebers, ordentlich zu kündigen, ausgeschlossen (vgl. z. B. § 53 Abs. 3 BAT). 330

Die tarifliche Beschränkung betriebsbedingter Kündigungen gilt im Zweifel **unabhängig davon**, ob der Arbeitnehmer den **allgemeinen Kündigungsschutz** nach dem KSchG genießt (*BAG* 13.6.1996 EzA § 4 TVG Luftfahrt Nr. 2). 331

▶ **Beispiel:** 332

Der TV Schutzabkommen Bordpersonal der Deutschen Lufthansa AG und der Condor Flugdienst GmbH beschränkt auch für Fluglehrer in den ersten sechs Monaten des Arbeitsverhältnisses die Möglichkeit von Kündigungen auf Grund von Betriebsänderungen i. S. v. § 94 TV Personalvertretung und von entsprechenden Änderungen für nicht erhebliche Teile der Belegschaft (*BAG* 13.6.1996 EzA § 4 TVG Luftfahrt Nr. 2).

Zum Teil wird allerdings ausnahmsweise die ordentliche Kündigung dann zugelassen, wenn der betroffene Arbeitnehmer unter den Geltungsbereich eines Sozialplans fällt (vgl. *BAG* 9.5.1985 EzA § 4 TVG Metallindustrie Nr. 25; 8.8.1985 EzA § 1 KSchG Soziale Auswahl Nr. 21). 333

Verfassungsrechtliche Bedenken bestehen dagegen nicht; unzulässig ist lediglich der tarifliche Ausschluss der außerordentlichen Kündigung. 334

Insbesondere liegt keine unzulässige Differenzierung zwischen organisierten und nicht organisierten Arbeitnehmern vor, weil es dem Arbeitgeber nicht verwehrt ist, die Vergünstigung auch nicht organisierten Arbeitnehmern zu gewähren. Im öffentlichen Dienst ist dies durch die einzelvertragliche Vereinbarung der Anwendung von Tarifnormen üblich (vgl. KR/*Spilger* § 622 BGB Rn. 111). 335

Nach Auffassung des *LAG SA* (6.3.1997 NZA 1998, 684) soll aber die Klausel in einem tarifvertraglichen Maßregelungsverbot nach Beendigung eines Arbeitskampfes wirksam sein, wonach die außerordentlichen Kündigungen gegenüber den Arbeitnehmern, die aus betriebswirtschaftlicher Sicht nicht wieder eingestellt werden können, in **ordentliche betriebsbedingte Kündigungen** umgewandelt werden. 336

In einem **Firmen-Tarifvertrag** kann gewerkschaftlichen Vertrauensleuten grds. ein besonderer Kündigungsschutz eingeräumt werden. Die Grenzen normativer Tarifmacht werden nicht überschritten, wenn die ordentliche Kündigung ausgeschlossen wird. Ob gleichwohl bei anstehenden betriebsbedingten Kündigungen Vertrauensleute in die soziale Auswahl einzubeziehen sind, ist eine Frage, die die generelle Wirksamkeit einer solchen Tarifnorm nicht berührt. Dem Arbeitgeber wird auch die außerordentliche Kündigung nicht unzulässig erschwert, wenn der Tarifvertrag entsprechend 337

§ 102 Abs. 6 BetrVG die Zustimmung des Betriebsrats voraussetzt (*LAG Düsseld.* 25.8.1995 LAGE Art. 9 GG Nr. 11).

338 Durch **Betriebsvereinbarung** – nicht einzelvertraglich zwischen Arbeitgeber und Arbeitnehmer (*BAG* 23.4.2009 EzA § 102 BetrVG 2001 Nr. 24) – kann die Wirksamkeit einer Kündigung des Arbeitgebers von der ausdrücklichen Zustimmung des Betriebsrats abhängig gemacht werden (§ 102 Abs. 6 BetrVG; s. a. *Lerch/Weinbrenner* NZA 2011, 664 ff.). Ferner können durch Betriebsvereinbarung Kündigungsfristen verlängert werden; soweit diese allerdings durch Tarifvertrag geregelt sind, ist § 77 Abs. 3 BetrVG zu beachten. Dagegen ist eine Verkürzung der vom Arbeitgeber einzuhaltenden Kündigungsfristen durch Betriebsvereinbarung nicht möglich, weil § 622 BGB die Sonderregelung dem Tarifvertrag vorbehält.

### 2. Gesetzliche Vorschriften

339 Einen **gesetzlichen Ausschluss** des Rechts des Arbeitgebers zur ordentlichen Kündigung enthalten § 15 KSchG, § 22 BBiG nach Ablauf der Probezeit.

340 §§ 85, 91 SGB IX, § 9 MuSchG, § 18 BEEG enthalten den **grundsätzlichen Ausschluss** sowohl einer ordentlichen als auch einer außerordentlichen Kündigung, vorbehaltlich einer vor Ausspruch der Kündigung einzuholenden Zustimmung einer Verwaltungsbehörde.

341 Daneben enthalten vor allem **§ 626 BGB, § 1 KSchG Einschränkungen** des Kündigungsrechts des Arbeitgebers.

### 3. Einzelvertraglicher Kündigungsschutz

342 Inwieweit durch Individualarbeitsvertrag gegenüber dem Gesetz abweichende Regelungen möglich sind, ergibt sich teilweise aus dem Gesetz selbst (vgl. § 622 Abs. 3, Abs. 5, Abs. 6 BGB).

343 Im Übrigen gilt das Arbeitnehmerschutzprinzip. Grds. sind Abweichungen gegenüber der gesetzlichen Regelung, die für den Arbeitnehmer günstig sind, zulässig, während Einschränkungen des gesetzlichen Kündigungsschutzes unzulässig sind.

344 Ausgeschlossen ist die ordentliche Kündigung z. B. dann, wenn das Arbeitsverhältnis zeitlich oder durch seine Zweckbestimmung **befristet** ist und die Parteien sich nicht ausdrücklich die Möglichkeit der ordentlichen Kündigung vorbehalten haben (*BAG* 19.6.1980 EzA § 620 BGB Nr. 47).

345 **Die Zusage einer Lebensstellung** enthält i. d. R. noch nicht den Ausschluss der ordentlichen Kündigung. Darauf kann es aber hindeuten, wenn ein Arbeitnehmer langfristig als Betriebsleiter beschäftigt und ihm eine Sicherstellung im Alter durch die Zusage eines Ruhegeldes gewährt wird (*BAG* 12.10.1954 AP Nr. 1 zu § 52 Regelungsgesetz).

346 Der Hinweis, der Arbeitnehmer werde für eine Dauer- oder Lebensstellung eingestellt, kann auch die schwächere Wirkung haben, dass die ordentliche Kündigung nur für eine angemessene Zeit ausgeschlossen sein soll (*BAG* 7.11.1968 EzA § 66 HGB Nr. 2).

347 Die ordentliche Kündigung kann auch dadurch eingeschränkt werden, dass sie nur bei **bestimmten Kündigungsgründen** zulässig sein soll. Derartige Regelungen dürfen aber nicht den sozialen Schutz anderer Arbeitnehmer beseitigen, weil der Kündigungsschutz einschließlich der Grundsätze für die soziale Auswahl nicht abdingbar ist (KR/*Spilger* § 622 BGB Rn. 118).

### C. Die Rechtswirksamkeit der außerordentlichen Arbeitgeberkündigung

348 Hat der Arbeitgeber eine ordnungsgemäß zugegangene außerordentliche Kündigung erklärt, so kann diese insbes. unwirksam sein, wenn sie an sog. **sonstigen Unwirksamkeitsgründen**, die vorab zu prüfen sind, leidet, z. B.:
– weil ein bestehender Betriebsrat vor Ausspruch der Kündigung nicht gem. **§ 102 BetrVG** ordnungsgemäß angehört worden ist oder

## C. Die Rechtswirksamkeit der außerordentlichen Arbeitgeberkündigung  Kapitel 4

- im Falle des § 103 BetrVG der Kündigung nicht ausdrücklich zugestimmt hat (vgl. auch § 15 KSchG),
- die gem. § 9 MuSchG, § 18 BEEG, § 91 SGB IX erforderliche vorherige Zustimmung einer Behörde (z. B. des Integrationsamtes) nicht eingeholt worden ist oder
- die Voraussetzungen der §§ 613a Abs. 4 S. 1 BGB, 612a BGB, § 2 Abs. 1, 2 ArbPlSchG, Art. 48 Abs. 2 GG, § 26 ArbGG, § 20 SGG, § 9 Abs. 2 des Gesetzes über die Erweiterung des Katastrophenschutzes, § 9 Abs. 2 Zivilschutzgesetz, § 13 Abs. 2 TzBfG gegeben sind bzw.
- gem. § 11 der Bergmannsversorgungsscheingesetze die Zustimmung der Zentralstelle fehlt.

Die außerordentliche Kündigung des Arbeitgebers ist ferner dann unwirksam, wenn entweder die Voraussetzungen des § 626 Abs. 2 BGB oder des § 626 Abs. 1 BGB nicht gegeben sind und sich der Arbeitnehmer ggf. **fristgerecht darauf beruft** (§§ 13, 4, 7 KSchG). 349

### I. Sonstige Unwirksamkeitsgründe

### 1. Beteiligung des Betriebsrats/Personalrats

*a) Rechtsgrundlagen*

Die Beteiligung des Betriebsrats/Personalrats bestimmt sich nach den §§ 102, 103 BetrVG, §§ 69 ff., 79 BPersVG sowie der vergleichbaren Vorschriften der jeweiligen Bundesländer, z. B. §§ 73 ff., 82 LPersVG Rheinland-Pfalz. 350

Bei der Geltendmachung der Unwirksamkeit der Beteiligung des Betriebsrats/Personalrats handelt es sich um einen **sonstigen Unwirksamkeitsgrund** i. S. d. § 13 Abs. 3 KSchG, der innerhalb der 3-Wochenfrist gem. § 13 Abs. 1, 4, 7 KSchG geltend gemacht werden muss. 351

Gem. § 102 BetrVG ist der Betriebsrat vor jeder Kündigung, auch der zwischen Arbeitgeber und Arbeitnehmer in einem Personalgespräch verabredeten (*BAG* 28.6.2005 EzA § 102 BetrVG 2001 Nr. 14), durch den Arbeitgeber anzuhören. Gem. § 103 BetrVG bedarf die außerordentliche Kündigung in besonderen Fällen der Zustimmung des Betriebsrats (vgl. auch § 15 KSchG). Dabei muss der Arbeitgeber den Betriebsrat desjenigen Betriebes anhören, zu dessen Belegschaft der zu kündigende Arbeitnehmer gehört (*BAG* 12.5.2005 EzA § 102 BetrVG 2001 Nr. 13 zur betriebsverfassungsrechtlichen Zuordnung von zur Berufsausbildung beschäftigten Personen). 352

Wird ein Arbeitnehmer eines öffentlichen Arbeitgebers von diesem einer in der Rechtsform einer GmbH gebildeten **Arbeitsgemeinschaft zugewiesen**, ist grds. vor der Kündigung des Arbeitnehmers nicht der bei der Arbeitsgemeinschaft gebildete Betriebsrat (§ 102 Abs. 1 BetrVG), sondern der beim **Arbeitgeber** errichtete **Personalrat** zu beteiligen (*BAG* 9.6.2011 – 6 AZR 132/10, EzA-SD 16/2011 S. 12 LS).

Eine Zuständigkeit des **Gesamtbetriebsrats** gem. § 50 BetrVG kommt grds. **nicht** in Betracht, denn das BetrVG geht von der **primären Zuständigkeit der Einzelbetriebsräte** aus (*BAG* 16.12.2010 EzA § 2 KSchG Nr. 81). Das gilt selbst dann, wenn ein Arbeitnehmer dem Übergang seines Arbeitsverhältnisses auf einen neuen Betriebsinhaber widerspricht und daraufhin der bisherige Betriebsinhaber mit der Begründung kündigt, dass keine Weiterbeschäftigungsmöglichkeit besteht, ohne den Arbeitnehmer zuvor einem anderen Betrieb seines Unternehmens zuzuordnen. Ebenso verhält es sich dann, wenn der Widerspruch des Arbeitnehmers dazu führt, dass zu der Kündigung **keiner der im Unternehmen des bisherigen Betriebsinhabers gebildeten Einzelbetriebsräte anzuhören ist** (*BAG* 21.3.1996 EzA § 102 BetrVG 1972 Nr. 91). Eine Zuständigkeit des Gesamtbetriebsrats für die Anhörung nach § 102 BetrVG kann **allenfalls dann** in Betracht kommen, wenn das Arbeitsverhältnis **mehreren Betrieben gleichzeitig zugeordnet** ist. Das ist nicht schon dann der Fall, wenn der Arbeitnehmer von seinem Arbeitsplatz aus Aufgaben auch für andere Betriebe des Arbeitgebers erledigt. Ebenso wenig wird eine Zuständigkeit des Gesamtbetriebsrats allein dadurch begründet, dass der Arbeitgeber aufgrund seines Weisungsrechts die Möglichkeit hat, den Arbeitnehmer in unterschiedlichen Betrieben seines Unternehmens einzusetzen (*BAG* 16.12.2010 EzA § 2 KSchG Nr. 81). 353

354  Gem. § 79 Abs. 1 S. 1 BPersVG wirkt der Personalrat bei der ordentlichen Kündigung des Arbeitnehmers mit.

355  Insoweit ist nach Mitteilung der Kündigungsgründe durch den Arbeitgeber eine eingehende Erörterung der Kündigung mit dem Personalrat vorgesehen. Die Anforderungen an die zwar nicht ausdrücklich vorgesehene, aber aus der notwendigen Erörterung mit dem Personalrat folgende Unterrichtung entsprechen denen des § 102 Abs. 1 BetrVG (KR/*Etzel* §§ 72, 79, 108 BPersVG Rn. 15).

356  Unterbleibt die Erörterung der beabsichtigten Maßnahme (Kündigung) mit dem Dienststellenleiter, so berührt dies die Wirksamkeit der Maßnahme jedenfalls dann nicht, wenn der Personalrat eine Erörterung nicht wünscht (*BAG* 3.2.1982 AP Nr. 1 zu § 72 BPersVG). Wird das Verfahren zur Beteiligung des Personalrats nicht durch den Dienststellenleiter, sondern durch einen **personalvertretungsrechtlich nicht zuständigen Vertreter des Dienststellenleiters eingeleitet**, so führt dies nicht zur Unwirksamkeit der Kündigung, wenn der Personalrat den Fehler nicht gerügt, sondern zu der beabsichtigten Kündigung – nur aus anderen Gründen – abschließend Stellung genommen hat (*BAG* 25.2.1998 – 2 AZR 226/97), denn er **verliert dann sein Rügerecht** und kann den Vertretungsmangel nicht mehr nachträglich beanstanden. Ein möglicher Vertretungsmangel ist dann auch im Außenverhältnis unbeachtlich, und zwar nicht nur in den Fällen der Mitbestimmung, sondern auch in denen der Mitwirkung des Personalrats (*BAG* 19.4.2007 – 2 AZR 180/06, NZA-RR 2007, 571).

357  Unwirksam ist die Kündigung aber dann, wenn der Personalrat wegen nicht ordnungsgemäßer Vertretung der Dienststelle **widerspricht** (*BAG* 29.10.1998 EzA § 79 BPersVG Nr. 1).

358  Vor fristlosen Entlassungen und außerordentlichen Kündigungen ist der Personalrat dagegen gem. § 79 Abs. 3 BPersVG zur anzuhören, diese Regelung entspricht § 102 Abs. 1 BetrVG.

359  Bei der Kündigung von **im Ausland beschäftigten Ortskräften** braucht der Personalrat des Auswärtigen Amtes dagegen nicht beteiligt zu werden (§§ 91, 79 Abs. 3 BPersVG; *BAG* 21.11.1996 NZA 1997, 493).

359a  Nach Maßgabe landesrechtlicher Vorschriften bedarf die Kündigung eines Arbeitnehmers u. U. aber der **vorherigen Zustimmung des Personalrats** (s. §§ 79 Abs. 1, 87 Nr. 8 LPersVG Berlin). Kommt eine Einigung nicht zustande, kann die Einigungsstelle angerufen werden; deren Beschluss bindet die Beteiligten (§ 83 Abs. 3 S. 3 LPersVG Berlin). Diese Normen sind verfassungskonform dahingehend auszulegen, dass die **Einigungsstelle** über die Zustimmungsersetzung nicht nach einem Ermessensmaßstab, sondern **strikt rechtsgebunden** zu entscheiden hat und ihr Beschluss der vollen Überprüfung durch die Verwaltungsgerichte unterliegt. (Nur) in dieser Auslegung genügt das Zustimmungserfordernis den verfassungsrechtlichen Anforderungen des Demokratieprinzips (*BVerfG* 27.1.2011 EzA § 108 BPersVG Nr. 6).

### b) Begriffsbestimmungen

360  Anhörung bedeutet mehr als bloße Information, jedoch weniger als Beratung. Der Arbeitgeber ist verpflichtet, etwaige Bedenken des Betriebsrats, die dieser rechtzeitig vorträgt, zur Kenntnis zu nehmen, auf sie einzugehen, sie zu erwägen, auf ihre Begründetheit zu überprüfen und ernsthaft in seine Kündigungsüberlegungen einzubeziehen.

361  Dem steht allerdings nicht entgegen, dass der Arbeitgeber bereits vor der Entgegennahme der Reaktion des Betriebsrats seinen Kündigungsentschluss abschließend gefasst hat (*BAG* 28.9.1978 EzA § 102 BetrVG 1972 Nr. 39).

362  Dem Betriebsrat sind gem. § 102 Abs. 1 BetrVG die Gründe für die Kündigung mitzuteilen. Dazu gehört im Allgemeinen nicht die Vorlage von Beweismaterial. Etwas anderes ergibt sich auch nicht aus § 80 Abs. 2 BetrVG (*BAG* 26.1.1995 EzA § 102 BetrVG 1972 Nr. 87). Die Anhörung bedarf nicht der Schriftform bzw. der Übergabe vorhandener schriftlicher Unterlagen, auch dann nicht,

wenn der Kündigungssachverhalt ungewöhnlich komplex ist (*BAG* 6.2.1997 EzA § 102 BetrVG 1972 Nr. 96).

### c) Auslandseinsatz

§ 102 BetrVG gilt auch bei der Kündigung der nicht nur vorübergehend im Ausland eingesetzten Arbeitnehmerin (Reiseleiterin), jedenfalls dann, wenn sie nach wie vor dem Inlandsbetrieb zuzuordnen ist. 363

Ob der Inlandsbezug eines solchen Arbeitsverhältnisses erhalten geblieben ist, hängt von den **Umständen des Einzelfalles** ab. Maßgeblich ist insbes. die Dauer des Auslandseinsatzes, die Eingliederung in den Auslandsbetrieb, das Bestehen und die Voraussetzungen eines Rückrufrechts zum Inlandseinsatz sowie der sonstige Inhalt der Weisungsbefugnis des Arbeitgebers (*BAG* 7.12.1989 EzA § 102 BetrVG 1972 Nr. 74). 364

### d) Rechtsfolgen fehlerhafter Beteiligung

Gem. § 102 Abs. 1 S. 3 BetrVG, § 79 Abs. 4 BPersVG ist die ohne Beteiligung des Betriebs- oder Personalrats erfolgte Kündigung unwirksam (vgl. *BAG* 16.3.2000 EzA § 108 BPersVG Nr. 2). Das gilt auf Grund einer ausdehnenden Auslegung dieser Vorschrift auch dann, wenn das Anhörungsverfahren nicht wirksam eingeleitet oder durchgeführt und abgeschlossen worden ist (*BAG* 4.6.2003 EzA § 209 InsO Nr. 1; 6.10.2005 EzA § 102 BetrVG 2001 Nr. 16; *LAG BW* 11.8.2006 LAGE § 102 BetrVG 2001 Nr. 5; s. aber Rdn. 455 ff.). 365

Wegen der einschneidenden Bedeutung der Kündigung sieht das BetrVG eine verstärkte Rechtsstellung des Betriebsrats und damit seiner kollektiven Schutzfunktion vor und verknüpft zugleich den kollektiven Schutz mit dem individualrechtlichen Schutz (vgl. § 1 Abs. 2 S. 2 KSchG). **Der Arbeitgeber kann folglich die Kündigung erst dann aussprechen, wenn das Mitbestimmungsverfahren abgeschlossen ist** (s. Rdn. 384 ff.). 366

### e) Funktionsfähigkeit des Betriebsrats; Betriebsstilllegung

Damit der Arbeitgeber vor einer beabsichtigten Kündigung das Anhörungsverfahren nach § 102 BetrVG durchführen kann, ist jedoch nicht nur das Vorhandensein eines Betriebsrats erforderlich, sondern **der Betriebsrat muss auch funktionsfähig sein**. 367

Ein funktionsunfähiger Betriebsrat kann keine Mitwirkungsrechte ausüben; der Arbeitgeber kann hier grds. ohne Anhörung des Betriebsrats die Kündigung aussprechen (vgl. aber *LAG SchlH* 21.12.2004 NZA-RR 2005, 309: Auch wenn der dreiköpfige Betriebsrat wegen Rücktritts zweier Mitglieder handlungsunfähig ist, bedarf eine Änderungskündigung gegenüber dem verbliebenen Betriebsratsmitglied der Zustimmung des Betriebsrats bzw. der Ersetzung durch das ArbG). 368

Der Betriebsrat ist **funktionsunfähig**, wenn alle Betriebsrats- und Ersatzmitglieder gleichzeitig nicht nur kurzfristig an der Ausübung ihres Amtes verhindert sind, d. h. nicht in der Lage sind, Betriebsratsaufgaben wahrzunehmen (z. B. wegen Krankheit, Urlaub oder Dienstreisen). 369

Für den neu gewählten Betriebsrat besteht nach Beginn der Amtszeit bis zur Wahl des Betriebsratsvorsitzenden und seines Stellvertreters in der konstituierenden Sitzung Funktionsunfähigkeit (*BAG* 23.8.1984 EzA § 102 BetrVG 1972 Nr. 59). 370

Der Arbeitgeber ist dann, wenn die Amtszeit des neu gewählten Betriebsrats bereits begonnen, sich dieser aber noch nicht konstituiert hat, auch **nicht verpflichtet**, mit dem Ausspruch der Kündigung eines Arbeitnehmers **zu warten**, bis er sich konstituiert hat (*BAG* 23.8.1984 EzA § 102 BetrVG 1972 Nr. 59). 371

Demgegenüber ist es dem Arbeitgeber nach Auffassung von *Etzel* (KR § 102 BetrVG Rn. 24b) nach dem Grundsatz der vertrauensvollen Zusammenarbeit im Allgemeinen zuzumuten, dann, wenn da- 372 mit zu rechnen ist, dass die Funktionsfähigkeit des Betriebsrats alsbald wieder hergestellt ist; dies abzuwarten und das Anhörungsverfahren z. B. erst nach der Konstituierung des Betriebsrats einzuleiten. Dem ist zuzustimmen, da auch die Amtszeit des Betriebsrats von seiner Konstituierung unabhängig ist. Allerdings kann der Arbeitgeber vor der Wahl des Vorsitzenden und seines Stellvertreters jedes Betriebsratsmitglied über seine Kündigungsabsicht unterrichten. Mit dem Zugang der Mitteilung hat er dann das Beteiligungsverfahren eingeleitet. Aufgabe der neu gewählten Betriebsratsmitglieder bzw. des Wahlvorstands ist es, innerhalb der Äußerungsfristen des § 102 Abs. 2 BetrVG die Handlungs- bzw. Beschlussfähigkeit herbeizuführen. Bis zum Ablauf der Äußerungsfrist muss der Arbeitgeber mit dem Kündigungsausspruch warten (APS/*Koch* § 102 BetrVG 1972 Rn. 45).

373 Ist nur ein Teil der Mitglieder und Ersatzmitglieder verhindert, der Betriebsrat aber nicht beschlussfähig (§ 33 Abs. 2 BetrVG), so nimmt der Restbetriebsrat analog § 22 BetrVG die Mitbestimmungsrechte wahr (*BAG* 18.8.1982 EzA § 102 BetrVG 1972 Nr. 48).

374 Ist das einzige Betriebsratsmitglied erkrankt (Betriebsobmann), so ist der Arbeitgeber verpflichtet, dieses auch außerhalb des Betriebes vor einer beabsichtigten Kündigung anzuhören, wenn er es nur wenige Tage zuvor an einer Personalangelegenheit beteiligt hat, die denselben Arbeitnehmer betraf (*BAG* 15.11.1984 EzA § 102 BetrVG 1972 Nr. 58).

375 Auch nach der **Stilllegung des Betriebs** durch den Insolvenzverwalter und der damit verbundenen Beendigung der Amtszeit des Betriebsrats ist der Betriebsrat nach § 102 BetrVG zu beteiligen, wenn der **Insolvenzverwalter** einem **Arbeitnehmer kündigen will**, den er über den Zeitpunkt der Betriebsstilllegung hinaus für **Abwicklungsarbeiten** beschäftigt hat; insoweit besteht ein **Restmandat** des Betriebsrats (*BAG* 26.7.2007 NZA 2008, 112).

*f) Personalausschüsse*

376 Der Betriebsrat kann gem. § 28 Abs. 1 BetrVG seine Mitwirkungsrechte bei Kündigungen nach § 102 BetrVG auch auf einen von ihm gebildeten **Personalausschuss** übertragen (*BAG* 12.7.1984 EzA § 102 BetrVG 1972 Nr. 57).

377 Daneben können Betriebsrat und Arbeitgeber gem. § 28 Abs. 3 BetrVG auch paritätische Personalausschüsse für Arbeiter und Angestellte bilden.

378 Der Betriebsrat kann seinen Mitgliedern in diesen paritätischen Ausschüssen ebenfalls seine Mitwirkungsrechte nach § 102 BetrVG zur selbstständigen Wahrnehmung übertragen, wenn er ausschließlich – und zwar alle – Mitglieder in die paritätischen Ausschüsse entsendet, die auch dem Personalausschuss angehören. Hört der Arbeitgeber nur den paritätischen Ausschuss zu einer beabsichtigten Kündigung an, so ist diese jedenfalls dann nicht wegen Verletzung von § 102 BetrVG unwirksam, wenn sämtliche Mitglieder des Betriebsrats im paritätischen Ausschuss der Kündigung zugestimmt haben (*BAG* 12.7.1984 EzA § 102 BetrVG 1972 Nr. 57).

*g) Verfahrensgang*

*aa) Unterrichtung des Betriebsrats; Adressat*

379 Die Unterrichtung durch den Arbeitgeber über die beabsichtigte Kündigung, d. h. der Kündigungsentschluss muss gefasst sein (s. *ArbG Hmb*. 8.1.2008 – 19 Ca 281/07, AuR 2008, 276 LS) hat gegenüber dem **Vorsitzenden des Betriebsrats**, im Verhinderungsfall gegenüber dessen Stellvertreter – grds. während der Arbeitszeit – zu erfolgen (*BAG* 6.10.2005 EzA § 102 BetrVG 2001 Nr. 16; 7.7.2011 EzA § 26 BetrVG 2001 Nr. 3 = NZA 2011, 1108).

380 Der Betriebsratsvorsitzende oder (bei seiner Verhinderung) der Stellvertreter sind berechtigt, aber grds. nicht verpflichtet, eine Mitteilung des Arbeitgebers nach § 102 Abs. 1 BetrVG außerhalb der Arbeitszeit und außerhalb der Betriebsräume entgegenzunehmen (*BAG* 7.7.2011 EzA § 26 BetrVG 2001 Nr. 3 = NZA 2011, 1108).

Die widerspruchslose Entgegennahme einer derartigen Mitteilung des Arbeitgebers setzt aber auch 381
dann die Wochenfrist des § 102 Abs. 2 S. 1 BetrVG in Lauf, wenn sie außerhalb der Arbeitszeit und
außerhalb der Betriebsräume erfolgt (*BAG* 27.8.1982 EzA § 102 BetrVG 1972 Nr. 49).

Hat der Betriebsrat bzw. sein Vorsitzender die vom Arbeitgeber **angekündigte Übergabe** eines Anhö- 381a
rungsschreibens **außerhalb des Betriebes** nicht abgelehnt, ist sein Stellvertreter gem. § 26 Abs. 2
S. 2 BetrVG zur Entgegennahme berechtigt, wenn das Anhörungsschreiben dem Betriebsratsvorsitzenden infolge **tatsächlicher Ortsabwesenheit** nicht ausgehändigt werden kann (*BAG* 7.7.2011 EzA
§ 26 BetrVG 2001 Nr. 3 = NZA 2011, 1108).

Hat der Betriebsrat einen Personalausschuss gebildet, so kann – neben dem Betriebsratsvorsitzenden 382
– die Unterrichtung durch den Arbeitgeber auch gegenüber dem **Vorsitzenden des Personalausschusses** erfolgen.

Unterrichtet der Arbeitgeber sonstige Betriebsratsmitglieder, so liegt keine ordnungsgemäße Un- 383
terrichtung vor. Ein solches Betriebsratsmitglied gilt lediglich als Erklärungsbote im Verhältnis
zum Vorsitzenden des Betriebsrats. Der Arbeitgeber trägt folglich das Risiko, dass seine entsprechenden Mitteilungen nicht fristgemäß und inhaltlich zutreffend an den Vorsitzenden weitergeleitet werden (*BAG* 27.6.1985 EzA § 102 BetrVG 1972 Nr. 60).

### bb) Abschluss des Anhörungsverfahrens

Der Arbeitgeber darf erst nach Abschluss des Anhörungsverfahrens und ggf. erteilter Zustim- 384
mung durch den Betriebsrat (s. *LAG Düsseld.* 15.4.2011 LAGE § 13 BetrVG 2001 Nr. 1) die
Kündigung des Arbeitsverhältnisses aussprechen (*BAG* 13.11.1975 EzA § 102 BetrVG 1972
Nr. 20). Die Äußerungsfristen für den Betriebsrat sind nach §§ 187 Abs. 1, 188 Abs. 1,
2 BGB zu berechnen (*BAG* 8.4.2003 EzA § 102 BetrVG 2001 Nr. 3). **Die Frist beginnt also
mit Ablauf des Tages, an dem die Anhörung beim Betriebsrat eingeht. Sie endet mit dem Ablauf
des letzten Tages der Frist** (*ArbG Hmb.* 12.12.2008 – 27 Ca 344/08, AuR 2009, 144 LS).

### (1) Begriffsbestimmung

Das Anhörungsverfahren ist dann abgeschlossen, wenn die Äußerungsfrist gem. § 102 Abs. 2 385
BetrVG (eine Woche für die ordentliche, drei Tage für die außerordentliche Kündigung) abgelaufen ist oder der Betriebsrat bereits vorher eine sachlich-inhaltliche Stellungnahme abgegeben hat
(vgl. *LAG Bln.* 12.7.1999 NZA-RR 1999, 485). Der Arbeitgeber kann nach einer abschließenden
Stellungnahme die Kündigung auch dann vor Ablauf der Frist des § 102 BetrVG aussprechen,
wenn die Stellungnahme **fehlerhaft zustande** gekommen ist (*BAG* 24.6.2004 EzA § 102 BetrVG
2001 Nr. 9; s. aber Rdn. 455 ff.).

Hat der Arbeitgeber angesichts der besonderen Umstände des Einzelfalles – z. B. wegen eines
schwerwiegenden tätlichen Angriffs auf einen Vorgesetzten als Kündigungsgrund – Bedenken
oder gar einen Widerspruch des Betriebsrats nicht zu erwarten, ist bereits mit der mündlich erteilten Zustimmung, ungeachtet der Ankündigung einer schriftlichen Stellungnahme das Verfahren zur Anhörung des Betriebsrats abgeschlossen, weil die schriftliche Stellungnahme die mündlich erteilte Zustimmung nur noch fixieren sollte (*LAG Nds.* 27.9.2002 NZA-RR 2003, 76).

Erklärt der Betriebsrat die **Zustimmung zu** einer ordentlichen Kündigung eines Arbeitnehmers,
so ist das Verfahren gem. § 102 Abs. 1, 2 BetrVG abgeschlossen. Des Abwartens der Wochenfrist
des § 102 Abs. 2 S. 1 BetrVG bedarf es in diesem Fall selbst dann nicht, wenn der die Zustimmung beinhaltende Beschluss des Betriebsrats im Beisein des Arbeitgebers unter **irrtümlicher Beteiligung eines Arbeitnehmers** erfolgt ist, der bereits aus dem Betriebsrat ausgeschieden war (*LAG
Düsseld.* 15.4.2011 NZA-RR 2011, 531 LS).

Das Anhörungsverfahren kann sogar **ausnahmsweise bereits vor Fristablauf** und ohne sachliche Stel- 386
lungnahme abgeschlossen sein, wenn der Betriebsrat eine mündliche oder schriftliche Erklärung des
Inhalts abgegeben hat, dass er **eine weitere Erörterung des Falles nicht wünscht**, keine weitere Er-

klärung mehr abgeben will und darin eine abschließende Stellungnahme liegt (*BAG* 24.6.2004 EzA § 102 BetrVG 2001 Nr. 9; s. a. *Hunold* NZA 2010, 797 ff.). Das ist z. B. dann der Fall, wenn er dem Arbeitgeber mitteilt, dass er **beschlossen** hat, **die Anhörungsfrist verstreichen zu lassen** (*Hess. LAG* 18.6.1997 LAGE § 626 BGB Nr. 14).

387 Erklärt der Betriebsrat dies allerdings nicht ausdrücklich, so ist durch Auslegung zu ermitteln, ob eine bestimmte Äußerung oder ein bestimmtes Verhalten diesen Erklärungswert hat. Dabei kann insbes. die Übung des Betriebsrats von maßgeblicher Bedeutung sein.

388 Diese Voraussetzungen können z. B. erfüllt sein, wenn der Betriebsrat am letzten Tag der gesetzlichen Anhörungsfrist das Anhörungsschreiben des Arbeitgebers, versehen mit einem handschriftlichen Eingangsvermerk, ohne weitere Bemerkung zurückgibt (*BAG* 12.3.1987 EzA § 102 BetrVG 1972 Nr. 71).

389 Zu beachten ist aber jedenfalls im Grundsatz, dass von einer »abschließenden Stellungnahme« des Betriebsrats nur dann ausgegangen werden kann, wenn seine nach §§ 133, 157 BGB unter Berücksichtigung der Betriebsüblichkeiten auszulegende Erklärung beinhaltet, dass er »mit dieser Erklärung« das Verfahren – endgültig – abschließen will. Erklärungen, in denen der Betriebsrat in unterschiedlicher Weise auf den »Fristablauf« hinweist, sind daher nicht ohne weiteres als derartige »abschließende Erklärungen« anzusehen (*LAG Bln.-Bra.* 22.10.2009 LAGE § 102 BetrVG 2001 Nr. 9).

390 **Besonderheiten** können sich zudem nach **personalvertretungsrechtlichen Bestimmungen** ergeben: Verweigert z. B. der Personalrat die nach § 79, § 87 Nr. 8 PersVG Berlin auch vor Erklärung einer Kündigung des Ausbildungsverhältnisses in der Probezeit (§§ 20, 22 BBiG) erforderliche Zustimmung ohne Angabe rechtlich beachtlicher Gründe, kann die Kündigung erst nach Verstreichen der in § 79 Abs. 2 PersVG Berlin vorgesehenen Äußerungsfrist wirksam erfolgen. Die erforderliche Zustimmung des Personalrats gilt vor Ablauf dieser Frist auch dann nicht als erteilt, wenn die Zustimmungsverweigerung abschließend erklärt ist. Die Rechtsprechung des Bundesarbeitsgerichts, wonach das Anhörungsverfahren nach § 102 BetrVG abgeschlossen ist, wenn der Betriebsrat abschließend Stellung genommen hat, und die Kündigung deshalb bereits vor Ablauf der Wochenfrist des § 102 Abs. 2 S. 1 BetrVG erfolgen kann, kann auf das Mitbestimmungsverfahren nach dem Vertretungsrecht des Landes Berlin jedenfalls für den Fall der Zustimmungsverweigerung des Personalrats nicht übertragen werden (*BAG* 19.11.2009 EzA § 108 BPersVG Nr. 3). Für §§ 108 Abs. 2 BPersVG, 74 Abs. 3, 72 Abs. 4 PersVG Brandenburg bedeutet das andererseits aber nicht, dass der Arbeitgeber die Zustellung der schriftlichen Begründung des die Zustimmung ersetzenden **Beschlusses der Einigungsstelle** nicht abwarten muss (*BAG* 2.2.2006 EzA § 1 KSchG Betriebsbedingte Kündigung Nr. 144).

391 Nichts anderes gilt wegen der Unterschiedlichkeit der Beteiligungsrechte für das Mitbestimmungsverfahren bei einer ordentlichen Kündigung nach § 68 Abs. 2 NPersVG; wenn der Personalrat erklärt, er werde zum Antrag auf Zustimmung zur Kündigung des Arbeitnehmers **keine Stellung nehmen**, bewirkt diese Erklärung des Personalrats folglich **nicht den vorzeitigen Eintritt** der Zustimmungsfiktion nach § 68 Abs. 2 NPersVG. (*BAG* 28.1.2010 EzA § 108 BPersVG Nr. 4).

392 Die Anhörungsfrist wird aber dann gewahrt, wenn die Arbeitgeberin am letzten Tag der Frist vor Fristablauf ein Kündigungsschreiben an einen Kurierdienst zur Zustellung am folgenden Tag übergibt, denn das Kündigungsschreiben hat den Machtbereich der Arbeitgeberin durch die Übergabe an den Kurierdienst noch nicht verlassen, wenn dieser telefonisch erreichbar und die Zustellung der Sendung noch verhinderbar ist (*LAG Düsseld.* 19.7.2002 – 18 Sa 451/02, EzA-SD 23/02, S. 8 LS), wenn der Betriebsrat wider Erwarten doch zu der Kündigungsabsicht Stellung nimmt (*BAG* 8.4.2003 EzA § 102 BetrVG 2001 Nr. 3; krit. *Reiter* NZA 2003, 954).

## C. Die Rechtswirksamkeit der außerordentlichen Arbeitgeberkündigung — Kapitel 4

*(2) Rechtsfolge verfrühter Kündigung*

**393** Eine vor Abschluss des Anhörungsverfahrens ausgesprochene Kündigung ist unheilbar nichtig (§ 102 Abs. 1 S. 3 BetrVG). Auch eine nachträgliche Anhörung oder gar die nachträgliche und ausdrückliche Zustimmung des Betriebsrats vermögen daran nichts zu ändern (*BAG* 28.2.1974 EzA § 102 BetrVG 1972 Nr. 8).

*(3) Kombination von außerordentlicher und ordentlicher Kündigung*

**394** Erklärt der Arbeitgeber gleichzeitig eine außerordentliche und hilfsweise eine ordentliche Kündigung, so muss zum einen dem Betriebsrat gegenüber **eindeutig klargestellt** werden, dass es um die Anhörung zu **zwei Kündigungserklärungen** geht.

**395** Zum anderen muss sowohl für die außerordentliche Kündigung die 3-Tagefrist als auch für die ordentliche Kündigung die Ein-Wochen-Frist eingehalten werden, wenn der Betriebsrat vor Fristablauf keine Stellungnahme abgibt.

*(4) Besonderheiten bei Massenentlassungen*

**396** Die einwöchige Anhörungsfrist für die ordentliche Kündigung gem. § 102 Abs. 2 S. 1 BetrVG verlängert sich trotz der damit i. d. R. verbundenen erheblichen Mehrbelastung des Betriebsrats auch bei **Massenentlassungen** nicht automatisch um einen bestimmten Zeitraum.

**397** Sie kann allerdings, ohne dass ein entsprechender Anspruch des Betriebsrats bestünde, durch **Vereinbarung mit dem Arbeitgeber verlängert** werden (*BAG* 14.8.1986 EzA § 102 BetrVG 1972 Nr. 69).

**398** Kommt eine derartige Vereinbarung nicht zustande, so kann die Berufung des Arbeitgebers auf die Einhaltung der Anhörungsfrist aber bei Massenentlassungen **rechtsmissbräuchlich** (§ 242 BGB) sein. Hierfür reichen objektive Umstände wie die Zahl der Kündigungen und die sich hieraus für die Bearbeitung im Betriebsrat ergebenden Schwierigkeiten jedoch nicht aus.

**399** Wesentlich ist, ob der Betriebsrat innerhalb der Wochenfrist vom Arbeitgeber eine Fristverlängerung für einen bestimmten Zeitraum verlangt hat und wie sich beide Betriebspartner bis zur formellen Einleitung des Anhörungsverfahrens verhalten haben. Das Verhalten des Arbeitgebers ist z. B. dann nicht rechtsmissbräuchlich, wenn das Verhalten des Betriebsrats die Annahme rechtfertigt, dass die Verlängerung der Frist deshalb begehrt wird, um den Ausspruch der Kündigungen zu verzögern und dadurch für die betroffenen Arbeitnehmer eine gewisse Verlängerung des Arbeitsverhältnisses zu erreichen.

*cc) Ausspruch der Kündigung; erneute Anhörung bei weiterer Kündigung*

**400** Die Kündigung muss nach Abschluss des Anhörungsverfahrens nicht unbedingt in engem zeitlichen Zusammenhang mit der Anhörung erfolgen.

**401** Es genügt, wenn trotz Zeitablaufs zwischen Anhörung und Kündigung der Kündigungssachverhalt **unverändert** geblieben ist, insbes. keine weiteren Gründe eingetreten sind (*BAG* 26.5.1977 EzA § 102 BetrVG 1972 Nr. 30).

**402** Scheitert eine Kündigung, zu der der Betriebsrat ordnungsgemäß angehört worden ist und der er ausdrücklich und vorbehaltlos zugestimmt hat, am fehlenden Zugang an den Kündigungsgegner, so ist vor einer »erneuten« Kündigung die erneute Anhörung des Betriebsrats dann entbehrlich, wenn sie in engem zeitlichen Zusammenhang (17 Tage) ausgesprochen und auf **denselben Sachverhalt** gestützt wird (*BAG* 11.10.1989 EzA § 102 BetrVG 1972 Nr. 78; 6.2.1997 EzA § 102 BetrVG 1972 Nr. 95).

**403** Hat der Arbeitgeber vor Einschaltung des Integrationsamtes den Personalrat zur fristlosen Kündigung eines schwer behinderten Arbeitnehmers angehört, so ist bei unverändertem Sachverhalt eine erneute Personalratsanhörung auch dann nicht erforderlich, wenn die **Zustimmung des Integra-**

tionsamtes erst nach einem jahrelangen verwaltungsgerichtlichen Verfahren erteilt wird (*BAG* 18.5.1994 EzA § 611 BGB Abmahnung Nr. 31).

404 Allerdings kann das vom Arbeitgeber eingeleitete Anhörungsverfahren grds. **nur für diejenige Kündigung** Wirksamkeit entfalten kann, für die es eingeleitet worden ist (*BAG* 10.11.2005 EzA § 626 BGB 2002 Nr. 11), denn nach § 102 Abs. 1 BetrVG besteht eine **Anhörungspflicht** des Arbeitgebers **vor jeder Kündigung**. Nach Sinn und Zweck der Vorschrift, dem Betriebsrat Gelegenheit zu geben, auf den Kündigungsentschluss des Arbeitgebers Einfluss zu nehmen, ist dann, wenn die Kündigung ausgesprochen und dem Arbeitnehmer zugegangen ist, das **Anhörungsverfahren verbraucht** (*BAG* 3.4.2008 EzA § 102 BetrVG 2001 Nr. 16; 10.11.2005 EzA § 626 BGB 2002 Nr. 11); das gilt **insbes.** dann, wenn der Arbeitgeber wegen Bedenken gegen die Wirksamkeit der ersten Kündigung **vorsorglich erneut kündigt** (*BAG* 3.4.2008 EzA § 102 BetrVG 2001 Nr. 16 = NZA 2008, 807). Der Betriebsrat muss deshalb nochmals angehört werden, wenn der Arbeitgeber eine erneute Kündigung aussprechen will, **auch wenn er sie auf den gleichen Sachverhalt stützen will** (*BAG* 10.11.2005 EzA § 626 BGB 2002 Nr. 11; ebenso *LAG Köln* 18.3.2004 AuR 2004, 396 LS; *LAG BW* 6.9.2004 LAGE § 91 SGB IX Nr. 2; s. a. *BAG* 12.1.2006 EzA § 1 KSchG Verhaltensbedingte Kündigung Nr. 68 zu Art. 77 BayPersVG); entscheidend ist, dass der Betriebsrat bei jeder vom Arbeitgeber beabsichtigten Kündigung seine ihm gesetzlich eingeräumten Rechte unter Ausschöpfung der dafür vorgesehenen Fristen wahrzunehmen in der Lage sein muss. Dem ist Genüge getan, wenn sich eine Anhörung für den Betriebsrat erkennbar auf eine noch auszusprechende Kündigung bezieht. Das gilt auch dann, wenn der Arbeitgeber ein Anhörungsformular benutzt, das sich ursprünglich auf eine bereits ausgesprochene Kündigung bezog (*BAG* 3.4.2008 EzA § 102 BetrVG 2001 Nr. 16).

405 Wird eine **nach § 174 BGB zurückgewiesene Kündigung** vom Vertreter des Arbeitgebers anschließend unter Verwendung des gleichen Schreibens – jedoch unter Beifügung der erforderlichen Vollmacht – **erneut ausgesprochen**, so ist auch nach Auffassung des *LAG Köln* (30.3.2004 ZTR 2004, 606 LS) vor Ausspruch der zweiten Kündigung eine **erneute Anhörung** des Betriebsrats erforderlich (s. a. *BAG* 12.1.2006 EzA § 1 KSchG Verhaltensbedingte Kündigung Nr. 68).

406 Jedenfalls ist dann eine erneute Anhörung des Betriebsrats ohnehin erforderlich, wenn die erstmalige Anhörung des Betriebsrats nicht ordnungsgemäß erfolgt ist, z. B. weil dem Betriebsrat weder die Personalien des betroffenen Arbeitnehmers noch die einzuhaltende Kündigungsfrist mitgeteilt worden sind (*BAG* 16.9.1993 EzA § 102 BetrVG 1972 Nr. 84; abl. *Rink* NZA 1998, 80).

407 Kündigt auf Seiten des Arbeitgebers ein Bevollmächtigter, so ist die Kündigung regelmäßig dem Arbeitgeber zuzurechnen, auch wenn bei Ausspruch der Kündigung auf das Vertretungsverhältnis nicht ausdrücklich hingewiesen wird. Tauchen in einem derartigen Fall beim Arbeitgeber nachträglich **Zweifel** auf, ob ihm die Kündigung durch den Bevollmächtigten zugerechnet werden kann und wiederholt er daraufhin selbst die Kündigung, so leitet er damit einen **neuen Kündigungsvorgang** ein und hat deshalb den Betriebsrat **erneut anzuhören** (*BAG* 31.1.1996 EzA § 102 BetrVG 1972 Nr. 90; ebenso *Sächs. LAG* 26.7.2001 ZTR 2001, 526 für § 78 Sächs. PersVG).

408 (derzeit unbesetzt)

409 Leitet der Arbeitgeber die Anhörung des Betriebsrats zur (ordentlichen) Kündigung mit dem Hinweis ein, die Kündigung solle erst nach Abschluss eines Interessenausgleichs und Sozialplans erfolgen, so ist eine zwar nach Abschluss des Interessenausgleichs, aber vor dem Abschluss des Sozialplans ausgesprochene Kündigung nicht mehr von dieser Anhörung gedeckt (*BAG* 27.11.2003 EzA § 102 BetrVG 2001 Nr. 6).

410 Kommt es andererseits bei einer fristlosen, hilfsweise fristgemäß ausgesprochenen Kündigung, die an einem **Formmangel** scheitert, zu einer **einheitlichen Anhörung** des Betriebsrats, kann in diesem Fall eine weitere ordentliche Kündigung ohne nochmalige Anhörung des Betriebsrats ausgesprochen werden, wenn dem Betriebsrat eindeutig mitgeteilt wurde, dass seine Anhörung zu einer hilfsweisen or-

dentlichen Kündigung erfolgt, die »erst nach Zustimmung der Zentralstelle für den Bergmannsversorgungsschein NRW erfolgen soll« (*LAG Hamm* 4.9.2007 LAGE § 102 BetrVG 2001 Nr. 7).

*dd) Ausscheidendes Betriebsratsmitglied*

Scheidet ein Betriebsratsmitglied **während eines Zustimmungsersetzungsverfahrens** nach § 103 BetrVG auf Grund einer Neuwahl des Betriebsrats aus diesem Gremium aus, ist für die außerordentliche Kündigung durch den Arbeitgeber eine **erneute Anhörung** des Betriebsrats **nicht erforderlich** (*BAG* 8.6.2000 EzA § 103 BetrVG 1972 Nr. 106). 411

*ee) Beendigungstatbestände ohne Anhörung des Betriebsrats*

§ 102 BetrVG gilt – ebenso wie die Parallelvorschriften des BPersVG oder der LPersVG – nicht bei der Beendigung des Arbeitsverhältnisses wegen Zeitablaufs (§ 620 Abs. 1 BGB), durch Aufhebungsvertrag, Arbeitnehmerkündigung, Anfechtung und der Geltendmachung der Nichtigkeit des Arbeitsvertrages. 412

Gleiches gilt für die **Teilkündigung**, die an sich nur die Ausübung eines Widerrufsvorbehaltes darstellt (vgl. *BAG* 4.2.1958 AP Nr. 1 zu § 620 BGB Teilkündigung), nicht aber auf die Beendigung des Arbeitsverhältnisses zielt (s. Rdn. 2943 ff.). 413

Nicht erfasst ist i. d. R. auch die mit der **Befristung** des Arbeitsverhältnisses begründete Ablehnung der Weiterbeschäftigung durch den Arbeitgeber und eine dahingehende Mitteilung an den Arbeitnehmer. 414

Denn die Mitteilung, ein befristet abgeschlossener Arbeitsvertrag solle nicht verlängert werden, oder eine mit der Befristung begründete Ablehnung der Weiterbeschäftigung ist i. d. R. dann keine vorsorgliche Kündigung, wenn die Wirksamkeit der Befristung zwischen den Parteien noch nicht streitig ist (*BAG* 26.4.1979 EzA § 620 BGB Nr. 39). Nach – **abzulehnender** – Auffassung des *LAG Nds.* (17.2.2004 LAG Report 2004, 189) soll § 102 BetrVG auch dann nicht anwendbar sein, wenn die Vertragsparteien die **Beendigung des Arbeitsverhältnisses vereinbaren** und diese Vereinbarung durch **Kündigung und Abwicklungsvertrag** umgesetzt wird, weil es sich dann in der Sache um nichts anderes handeln soll als um einen Aufhebungsvertrag. 415

Anwendbar ist § 102 BetrVG dagegen jedenfalls auf die **Änderungskündigung**, weil es sich (auch) um eine echte Beendigungskündigung handelt. 416

*ff) Kündigung von Heimarbeitern*

§ 102 BetrVG ist anwendbar bei der Kündigung des Rechtsverhältnisses eines **Heimarbeiters, der hauptsächlich für den Betrieb arbeitet**. 417

Verletzt der Arbeitgeber seine Pflicht zur ordnungsgemäßen Anhörung des Betriebsrats, ist die Kündigung des Heimarbeitsverhältnisses nach § 102 Abs. 1 S. 3 BetrVG unwirksam. 418

Berücksichtigt der Arbeitgeber bei der Auswahl der zu kündigenden Heimarbeiter soziale Gesichtspunkte, so hat er dem Betriebsrat die entsprechenden Daten aller Heimarbeiter mitzuteilen, die er in die Auswahlentscheidung einbezogen hat (*BAG* 7.11.1995 EzA § 102 BetrVG 1972 Nr. 88). 419

*h) Inhaltliche Anforderungen*

*aa) Mitteilung der persönlichen Angaben*

Der Arbeitgeber muss die **Person** des zu kündigenden Arbeitnehmers, seine **wesentlichen Sozialdaten** (Dauer der Betriebszugehörigkeit, Familienstand, Unterhaltspflichten; s. *BAG* 24.11.2005 EzA § 1 KSchG Krankheit Nr. 51), ggf. ob der Ehepartner in einem Arbeitsverhältnis steht, **besonderen Kündigungsschutz begründende Umstände** (z. B. Schwangerschaft, Schwerbehinderteneigenschaft; vgl. *BAG* 16.9.1993 EzA § 102 BetrVG 1972 Nr. 84) angeben (*BAG* 6.10.2005 EzA § 1 420

KSchG Verhaltensbedingte Kündigung Nr. 66; *Hess. LAG* 29.8.2003 AuR 2004, 476 LS; krit. *Oppertshäuser* NZA 1997, 920 ff.; s. Rdn. 439). Eine Mitteilung der sozialen Daten ist aber **entbehrlich**, wenn sie dem Betriebsrat **bereits bekannt** sind. Der Arbeitgeber muss nur die **ihm bekannten persönlichen Daten** des Arbeitnehmers mitteilen, diese allerdings auch dann, wenn der Arbeitnehmer diesbezüglich einer **arbeitsvertraglichen Meldepflicht** nicht nachgekommen ist (*Hess. LAG* 29.8.2003 AuR 2004, 476 LS). Er ist jedoch **nicht verpflichtet**, insoweit **Nachforschungen** anzustellen (*LAG SchlH* 1.4.1999 LAGE § 1 KSchG Soziale Auswahl Nr. 30), denn insbes. die Steuerkarte ist ein **amtliches Dokument**, sodass sich der Arbeitgeber grds. im Rahmen der Betriebsratsanhörung auf die Richtigkeit der darin vermerkten persönlichen Daten des Arbeitnehmers verlassen darf, sofern er keine gegenteilige Kenntnis hat (*BAG* 24.11.2005 EzA § 1 KSchG Krankheit Nr. 51). Den Arbeitnehmer trifft die Obliegenheit, seine persönlichen Daten wie Anschrift, Familienstand und Anzahl unterhaltsberechtigter Personen dem Arbeitgeber mitzuteilen (*LAG SchlH* 10.8.2004 NZA-RR 2004, 582; *Kleinebrink* DB 2005, 2522 ff.).

**421** Teilt der Arbeitgeber deshalb im Rahmen der Anhörung mit, der Arbeitnehmer habe »laut Steuerkarte« keine unterhaltsberechtigten Kinder und entspricht dies seinem Kenntnisstand, so ist die Anhörung auch dann nicht fehlerhaft, wenn der Arbeitnehmer in Wahrheit unterhaltsberechtigte Kinder hat (*BAG* 24.11.2005 EzA § 1 KSchG Krankheit Nr. 51).

**422** Eine ordnungsgemäße Anhörung des Personalrats erfordert i. d. R. auch dann, wenn es um die **Annahme von Schmiergeldern** als Kündigungsgrund geht, die Mitteilung der Personaldaten des Arbeitnehmers, soweit der Personalrat diese nicht bereits kennt; dies gilt insbes. bei tariflicher Unkündbarkeit (*BAG* 21.6.2001 EzA § 626 BGB Unkündbarkeit Nr. 7).

**423** Der Wirksamkeit einer außerordentlichen Kündigung steht die fehlende Mitteilung der genauen Sozialdaten des zu kündigenden Arbeitnehmers an den Betriebsrat aber andererseits jedenfalls dann nicht entgegen, wenn es dem Arbeitgeber wegen der Schwere der Kündigungsvorwürfe (Annahme von Schmiergeldern in Höhe von 1,4 Mio DM zuzüglich weiterer Sachleistungen durch den Arbeitnehmer) auf die genauen Daten ersichtlich nicht ankommt, der Betriebsrat zudem die ungefähren Daten kennt und er daher die Kündigungsabsicht des Arbeitgebers ausreichend beurteilen kann (*BAG* 15.11.1995 EzA § 102 BetrVG 1972 Nr. 89). Andererseits kann der Arbeitgeber bei einer beabsichtigten personenbedingten Kündigung die Mitteilung der Sozialdaten **nicht kraft seiner subjektiven Determination** (s. Rdn. 439 ff.), auf alle Fälle kündigen zu wollen, für entbehrlich erklären. Die Mitteilung der Sozialdaten ist **nur dann entbehrlich**, wenn der Arbeitgeber dem Betriebsrat mitteilt, er habe sich entschlossen, **überhaupt keine Interessenabwägung durchzuführen** (*Hess. LAG* 29.8.2003 AuR 2004, 476 LS).

*bb) Art der Kündigung*

**424** Mitzuteilen ist auch die **Art der Kündigung** (außerordentliche, ordentliche Kündigung, außerordentliche oder ordentliche Änderungskündigung).

**425** Das gilt auch im Falle der beabsichtigten Kündigung eines »unkündbaren« Arbeitnehmers, wenn der Arbeitgeber ohne jede Erläuterung eine nach der objektiven Rechtslage nur außerordentlich mögliche Kündigung unter Einhaltung einer Auslauffrist aussprechen will (*BAG* 29.8.1991 EzA § 102 BetrVG 1972 Nr. 82, abl. *Rink* NZA 1998, 79; vgl. APS/*Koch* § 102 BetrVG Rn. 99 f.).

*cc) Kündigungsfrist, -termin*

**426** Das *BAG* (29.1.1986, 16.9.1993 EzA § 102 BetrVG 1972 Nr. 64, 84) geht davon aus, dass zwar die **Angabe der Kündigungsfrist, nicht** aber **die Angabe ihres Endtermins** verlangt werden kann, denn es ist nicht sicher, zu welchem Zeitpunkt die beabsichtigte Kündigung zugehen wird, sodass häufig der Endtermin der Kündigungsfrist noch nicht feststeht.

Auch ist die Unterrichtung des Betriebs- bzw. Personalrats **nicht allein deshalb fehlerhaft, weil der** 427
**Arbeitgeber eine unrichtige Kündigungsfrist oder einen unrichtigen Endtermin angegeben hat**, zu
dem die Kündigung wirksam werden kann (*BAG* 24.10.1996 EzA § 102 BetrVG 1972 Nr. 92).

Die Angabe der Kündigungsfrist ist im Übrigen **entbehrlich**, wenn sie dem Betriebsrat bekannt ist 428
oder er über die tatsächlichen Umstände für die Berechnung der maßgeblichen Kündigungsfristen
**unterrichtet ist** (*BAG* 29.3.1990 EzA § 102 BetrVG 1972 Nr. 79). Davon ist im Allgemeinen auszugehen, z. B. wenn der Arbeitgeber erklärt, er wolle ordentlich kündigen, und dem Betriebsrat bekannt ist, dass im Betrieb die tariflichen Kündigungsfristen angewendet werden (vgl. *BAG*
24.10.1996 EzA § 102 BetrVG 1972 Nr. 92).

Mit Urteil vom 27.4.2006 (EzA § 1 KSchG Personenbedingte Kündigung Nr. 19) ist das BAG 429
davon ausgegangen, dass die Beteiligung des Personalrats grds. **auch dann fehlerhaft ist, wenn
dem Personalrat nicht in ausreichendem Maße offen gelegt worden ist, zu welchem Zeitpunkt
die Kündigung wirken soll**. Dazu soll es jedoch nicht stets erforderlich sein, dass der konkrete Kündigungstermin genannt wird, denn der Personalrat ist i. d. R. ausreichend informiert, wenn die für
den zu kündigenden Arbeitnehmer geltende Kündigungsfrist feststeht und der Arbeitgeber außerdem klarstellt, dass die Kündigung in naher Zukunft ausgesprochen werden soll.

Zur ordnungsgemäßen Anhörung des Betriebsrats im Falle der betriebsbedingten Änderungskündi- 430
gung gehört aber jedenfalls dann die Angabe der Kündigungsfristen der betroffenen Arbeitnehmer,
wenn sich **erst daraus die Tragweite** der geplanten personellen Maßnahme (z. B. Reduzierung des
Weihnachtsgeldes), bezogen auf das laufende oder das nachfolgende Kalenderjahr, **ermitteln lässt**
(*BAG* 29.3.1990 EzA § 102 BetrVG 1972 Nr. 79; abl. *Rink* NZA 1998, 79 f.).

Nach Auffassung des *LAG Hamm* (14.3.1995 LAGE § 102 BetrVG 1972 Nr. 51) ist die Mitteilung 431
einer gegenüber der gesetzlichen Regelung einzelvertraglich verlängerten Kündigungsfrist nicht erforderlich.

*dd) Kündigungsgründe*

*(1) Allgemeine Anforderungen*

Der Arbeitgeber muss dem Betriebsrat die **Gründe für die Kündigung** mitteilen (§ 102 Abs. 1 432
S. 2 BetrVG). Dabei ist zu beachten, dass die Substantiierungspflicht im Kündigungsschutzprozess
nicht das Maß für die Unterrichtungspflicht des Arbeitgebers nach § 102 BetrVG ist (*LAG Hamm*
20.10.2005 – 8 Sa 205/05, FA 2006, 189 LS). Der Umfang der Unterrichtungspflicht orientiert sich
an dem vom Zweck des Kündigungsschutzprozesses zu unterscheidenden Zweck des Anhörungsverfahrens. Es zielt nicht darauf ab, die selbstständige Überprüfung der Wirksamkeit der Kündigung zu
gewähren. Der Betriebsrat ist kein »Gericht«, das über Anträge des Arbeitgebers entscheidet, sondern
er soll Partner des Arbeitgebers in einem zwar institutionalisierten, aber vertrauensvoll zu führenden
betrieblichen Gespräch sein (*BAG* 28.8.2003 EzA § 102 BetrVG 2001 Nr. 4).

> Mit Kündigungsgründen sind folglich nicht nur die wichtigsten Kündigungsgründe gemeint, 433
> vielmehr hat der Arbeitgeber den Betriebsrat über **alle Tatsachen und subjektiven Vorstellungen**
> zu unterrichten, die **ihn zu der Kündigung veranlassen** (*BAG* 24.11.1983 EzA § 102 BetrVG
> 1972 Nr. 54). Bei einer beabsichtigten außerordentlichen Kündigung gegenüber einem angestellten Arzt wegen sexuellen Missbrauchs von Patientinnen gehören zur notwendigen ausreichenden
> Information über die Tatvorwürfe z. B. Angaben über die **äußeren Umstände der Untersuchungen**, über die **konkreten Beschwerden der Patientinnen** sowie über die Art und Weise der dem
> Arbeitnehmer vorgeworfenen Untersuchungshandlungen (*LAG Köln* 29.11.2005 NZA-RR
> 2006, 443).
>
> Denn § 102 BetrVG soll dem Betriebsrat die Möglichkeit geben, durch seine Stellungnahme auf
> den Willen des Arbeitgebers einzuwirken und ihn durch Darlegung von Gegengründen u. U. von
> seiner Planung, den Arbeitnehmer zu entlassen, abzubringen (vgl. *BAG* 28.2.1974 EzA § 102

## Kapitel 4
### Die Beendigung des Arbeitsverhältnisses

BetrVG 1972 Nr. 8). Andererseits muss der Arbeitgeber dem Betriebsrat nur diejenigen Gründe mitteilen, **die nach seiner subjektiven Sicht die Kündigung rechtfertigen und für seinen Kündigungsentschluss maßgebend sind** (*BAG* 13.5.2004 EzA § 102 BetrVG 2001 Nr. 7; 15.7.2004 EzA § 1 KSchG Soziale Auswahl Nr. 54; 16.9.2004 EzA § 102 BetrVG 2001 Nr. 10; s. Rdn. 439 ff.). Das ist auch dann der Fall, wenn er kündigungsrechtlich **objektiv erhebliche Tatsachen nicht mitteilt, weil er darauf die Kündigung zunächst nicht stützen will**, denn eine nur bei objektiver Würdigung unvollständige Mitteilung führt nicht zur Unwirksamkeit der Kündigung nach § 102 BetrVG (*BAG* 11.12.2003 EzA § 102 BetrVG 2001 Nr. 5). Demgegenüber genügt die **Mitteilung von Scheingründen oder die unvollständige Mitteilung von Kündigungsgründen** – insbes. unter bewusster Verschweigung der wahren Kündigungsgründe – nicht (*BAG* 13.5.2004 EzA § 102 BetrVG 2001 Nr. 7; *LAG Köln* 27.1.2010 LAGE § 102 BetrVG 2001 Nr. 9). Kommen andererseits aus der Sicht des Arbeitgebers mehrere Kündigungssachverhalte und Kündigungsgründe in Betracht, so führt ein bewusstes Verschweigen eines – von mehreren – Sachverhalten nicht zur Unwirksamkeit der Anhörung (*BAG* 16.9.2004 EzA § 102 BetrVG 2001 Nr. 10; *LAG BW* 11.8.2006 LAGE § 102 BetrVG 2001 Nr. 5; s.a. *LAG Hamm* 20.10.2005 – 8 Sa 205/05, FA 2006, 189 LS).

**434** Wenn dem Betriebsrat insoweit Gelegenheit gegeben werden soll, sich zu der beabsichtigten Kündigung zu äußern, dann muss er die Wirksamkeit dieser Kündigung auch beurteilen können. Das ist aber nur möglich, wenn er alle Tatsachen kennt, auf die der Arbeitgeber seine Kündigung stützt. Dazu gehören auch dem Arbeitgeber bekannte, **seinen Kündigungsgründen widerstreitende Umstände** (*LAG SA* 5.11.1996 NZA-RR 1997, 325; vgl. ausf. KR/*Etzel* § 102 BetrVG Rn. 62), z.B. **Entlastungszeugen** für Fehlverhalten des Arbeitnehmers (*LAG Köln* 30.9.1993 LAGE § 102 BetrVG 1972 Nr. 36), allgemein entlastende, bekannte Umstände (*LAG Nbg.* 22.6.2010 – 5 Sa 820/08, AuR 2010, 443: Verdachtskündigung; *ArbG Düsseld.* 6.4.2011 – 14 Ca 8029/10, AuR 2011, 314 LS: MAVO Kath. Kirche) oder eine **Gegendarstellung** des Arbeitnehmers (*BAG* 31.8.1989 EzA § 102 BetrVG 1972 Nr. 75; vgl. dazu *LAG Köln* 5.6.2000 NZA-RR 2001, 168 LS zu § 72a NWPersVG). Andererseits ist der Umstand, dass der Arbeitgeber **zeitgleich mit dem Personalrat** den **Arbeitnehmer anhört**, dessen Stellungnahme aber dem Personalrat nicht mitgeteilt hat, dann unerheblich, wenn das LAG von der Revision nicht angegriffen festgestellt hat, der Arbeitgeber sei zur Kündigung schon vor der Anhörung fest entschlossen gewesen, es habe sich unmissverständlich nicht um eine nur vorläufige bzw. vorsorgliche Anhörung des Personalrats gehandelt (*BAG* 21.7.2005 EzA § 102 BetrVG 2001 Nr. 15).

**435** Äußert der Arbeitgeber bei einer geplanten Kündigung andererseits wegen unentschuldigten Fehlens eine Vermutung zu dem Beweggrund des Arbeitnehmers für das Fehlen, so ist er auch verpflichtet, dem Betriebsrat ihm bekannte, gegen diese Vermutung sprechende und ein anderes Gesamtbild zeichnende Umstände mitzuteilen. Der Arbeitgeber kann den Mangel unzureichender Unterrichtung des Betriebsrats aber dadurch beheben, dass er aus eigener Initiative oder auf Grund einer Rückfrage des Betriebsrats die **vollständige Unterrichtung nachholt**; die Frist des § 102 BetrVG läuft dann erst ab dem Zeitpunkt der vollständigen Unterrichtung (*LAG SchlH* 15.4.1997 NZA-RR 1997, 483; s.a. *LAG Hamm* 20.10.2005 – 8 Sa 205/05, FA 2006, 189 LS). Entlastende Umstände muss er auch dann dem Betriebsrat mitteilen, wenn er von ihnen erst **nach Beginn des Anhörungsverfahrens**, aber vor Ausspruch der Kündigung erfährt; dies muss innerhalb der Anhörungsfrist erfolgen, oder, wenn dies nicht möglich ist, muss ein neues Anhörungsverfahren durchgeführt werden (*LAG BW* 11.8.2006 – 2 Sa 10/06, AuR 2006, 411 LS).

**436** Die maßgeblichen Tatsachen muss der Arbeitgeber dem Betriebsrat **substantiiert** mitteilen. **Die pauschale Angabe von Kündigungsgründen oder die Angabe eines Werturteils allein genügen nicht** (vgl. *BAG* 27.6.1985 EzA § 102 BetrVG 1972 Nr. 60). Angaben wie »Arbeitsverweigerung«, »hohe Krankheitszeiten«, »ungenügende Arbeitsleistung«, »fehlende Führungsqualitäten« sind folglich nicht ausreichend (*LAG SchlH* 30.10.2002 NZA-RR 2003, 310).

Folglich muss der Arbeitgeber die aus seiner Sicht die Kündigung begründenden Umstände (*BAG* 15.7.2004 EzA § 1 KSchG Soziale Auswahl Nr. 54; 16.9.2004 EzA § 102 BetrVG 2001 Nr. 10) so genau und umfassend darlegen, dass der Betriebsrat ohne zusätzliche eigene Nachforschungen in der Lage ist, selbst die Stichhaltigkeit der Kündigungsgründe zu prüfen und sich über seine Stellungnahme schlüssig zu werden (vgl. *BAG* 13.7.1978 EzA § 102 BetrVG 1972 Nr. 35; *LAG Hamm* 11.1.2006 – 3 Sa 9/05 – FA 2006, 189 LS). 437

Nicht möglich ist eine wirksame Anhörung des Betriebsrats zu einem vom Arbeitnehmer zwar angekündigten, aber noch nicht eingetretenen Verhalten, wenn nicht die Ankündigung selbst, sondern nur das zu erwartende Verhalten vom Arbeitgeber als Kündigungsgrund genannt wird (*BAG* 19.1.1983 EzA § 102 BetrVG 1972 Nr. 50). 438

*(2) Subjektive Determinierung der Mitteilungspflicht des Arbeitgebers*

Zu berücksichtigen ist aber, dass der Arbeitgeber im Rahmen des § 102 BetrVG nur die **aus seiner Sicht** tragenden Umstände mitteilen muss (*BAG* 15.7.2004 EzA § 1 KSchG Soziale Auswahl Nr. 54; 16.9.2004 EzA § 102 BetrVG 2001 Nr. 10; 3.11.2011 EzA § 1 KSchG Verhaltensbedingte Kündigung Nr. 79). Erst eine bewusst unrichtige oder unvollständige und damit irreführende Darstellung führt zu einer fehlerhaften Anhörung. Zu einer vollständigen und wahrheitsgemäßen Information des Betriebsrats gehört auch die Unterrichtung über dem Arbeitgeber bekannte und für eine Stellungnahme des Betriebsrats möglicherweise bedeutsame Tatsachen, die den Arbeitnehmer entlasten und deshalb gegen den Ausspruch einer Kündigung sprechen können (*BAG* 3.11.2011 EzA § 1 KSchG Verhaltensbedingte Kündigung Nr. 79). 439

Eine Verletzung der Mitteilungspflicht liegt deshalb nur dann vor, wenn er dem Betriebsrat bewusst ihm bekannte und seinen Kündigungsentschluss (mit)bestimmende Tatsachen vorenthält, die nicht nur eine Ergänzung oder Konkretisierung des mitgeteilten Sachverhalts darstellen, sondern diesem erst das Gewicht eines Kündigungsgrundes geben oder weitere eigenständige Kündigungsgründe beinhalten (APS/*Koch* § 102 BetrVG Rn. 88 ff.). Das ist nicht der Fall, wenn er **kündigungsrechtlich objektiv erhebliche Tatsachen nicht mitteilt, weil er darauf die Kündigung zunächst nicht stützen will**, denn eine nur bei objektiver Würdigung unvollständige Mitteilung führt nicht zur Unwirksamkeit der Kündigung nach § 102 BetrVG (*BAG* 11.12.2003 EzA § 102 BetrVG 2001 Nr. 5). Demgegenüber genügt die Mitteilung von Scheingründen oder die unvollständige Mitteilung von Kündigungsgründen – insbes. unter bewusster Verschweigung der wahren Kündigungsgründe – nicht. Kommen andererseits aus der Sicht des Arbeitgebers mehrere Kündigungssachverhalte und Kündigungsgründe in Betracht, so führt ein bewusstes Verschweigen einer – von mehreren – Sachverhalten nicht zur Unwirksamkeit der Anhörung (*BAG* 16.9.2004 EzA § 102 BetrVG 2001 Nr. 10). Allerdings führt die subjektive Determination nicht dazu, dass der Arbeitgeber auf eine Mitteilung persönlicher Gründe ganz verzichten darf, auch wenn er sie nicht berücksichtigt. Der Arbeitgeber muss deshalb **im Allgemeinen das Lebensalter und die Dauer** der **Betriebszugehörigkeit sowie einen eventuellen Sonderkündigungsschutz als unverzichtbare Daten für die Beurteilung der Kündigung dem Betriebsrat mitteilen**. Das gilt auch für einen verhaltensbedingten Kündigungsgrund, da dem Betriebsrat keine persönlichen Umstände vorenthalten werden dürfen, die sich im Rahmen der Interessenabwägung zu Gunsten des Arbeitnehmers auswirken können (*BAG* 6.10.2005 EzA § 1 KSchG Verhaltensbedingte Kündigung Nr. 66). 440

Gleiches gilt, wenn der Arbeitgeber aus seiner Sicht **unrichtige oder unvollständige Sachdarstellungen** unterbreitet (*BAG* 18.5.1994, 22.9.1994 EzA § 102 BetrVG 1972 Nr. 85, 86). Damit wird es dem Arbeitgeber insbes. verwehrt, dem Betriebsrat den Sachverhalt irreführend zu schildern, »damit sich die Kündigungsgründe als möglichst überzeugend darstellen« (*ArbG Bln.* 25.1.2002 NZA-RR 2003, 85). Beabsichtigt ein Arbeitgeber, ein Arbeitsverhältnis wegen Diebstahls oder des Verdachts des Diebstahls zu kündigen, hat er nach z. T. vertretener Auffassung den in seinem Betrieb gebildeten Betriebsrat auch über den **Verlauf des Arbeitsverhältnisses** und die von ihm vor- 441

# Kapitel 4

## Die Beendigung des Arbeitsverhältnisses

genommene **Interessenabwägung** zu unterrichten (*LAG SchlH* 10.1.2012 LAGE § 102 BetrVG 2001 Nr. 15).

442 ▶ **Beispiele:**
- Teilt der Arbeitgeber als Kündigungsgrund mit, der Arbeitnehmer habe während seiner attestierten Arbeitsunfähigkeit vom 4.-17.3.1996 täglich in einer Gaststätte gearbeitet, dann ist dies eine bewusst unrichtige oder unvollständige Darstellung dann, wenn der Kläger lediglich an fünf Tagen observiert worden war und nur an drei Tagen zeitweise bei Arbeiten in einer Gaststätte gesehen wurde (*LAG BW* 24.6.1997 DB 1997, 1825). Andererseits ist der Betriebsrat dann ordnungsgemäß angehört, wenn die Beweisaufnahme ergibt, dass die Vertragspflichtverletzung nicht an dem im Anhörungsverfahren mitgeteilten Datum, sondern früher erfolgt ist (*LAG Nds.* 25.5.2004 LAG Report 2005, 207).
- Stellt der Arbeitgeber bei einer Kündigung wegen **eigenmächtiger Urlaubsnahme** in der Betriebsratsanhörung eine vorherige Meldepflichtverletzung bei unstreitiger Arbeitsunfähigkeit als vorheriges unentschuldigtes Fehlen dar, und legt er der Anhörung die zwischenzeitlich durch Vorlage der Arbeitsunfähigkeitsbescheinigung überholte Abmahnung wegen unentschuldigtem Fehlen bei, so stellt er den Kündigungssachverhalt in wesentlicher Weise falsch gegenüber dem Betriebsrat dar; dies führt zur Unwirksamkeit der Kündigung wegen fehlerhafter Betriebsratsanhörung (*LAG Köln* 21.2.2011 – 2 Sa 1345/10, AuR 2011, 312 LS).
- Hat der Arbeitnehmer sich nach begangener **Sachbeschädigung** beim Arbeitgeber entschuldigt und den Ausgleich des Schadens angeboten, ist dies im Rahmen der Anhörung der MAV mitzuteilen (*LAG Köln* 26.10.2010 – 12 Sa 936/10, ZTR 2011, 318 LS).
- Teilt der Arbeitgeber **objektiv kündigungsrechtlich erhebliche Tatsachen** dem Betriebsrat deswegen nicht mit, weil er sie bei seinem Kündigungsentschluss für **unerheblich oder entbehrlich** hält, dann ist zwar die **Anhörung des Betriebsrats ordnungsgemäß** erfolgt (*BAG* 18.12.1980 EzA § 102 BetrVG 1972 Nr. 44).

443 Die objektiv unvollständige Unterrichtung verwehrt es dem Arbeitgeber aber, im Kündigungsschutzprozess Gründe nachzuschieben, die über die Erläuterung des dem Betriebsrat mitgeteilten Sachverhalts hinausgehen (*BAG* 22.4.2010 – 6 AZR 828/08, EzA-SD 12/2010 S. 3 = NZA 2010, 1199 LS; *LAG SchlH* 1.9.2004 LAGE § 102 BetrVG 2001 Nr. 4; *ArbG Emden* 28.10.2011 – 3 Ca 122/11 Ö, AuR 2012, 43 LS).

444 Dies führt mittelbar zur Unwirksamkeit der Kündigung, wenn der verwertbare Sachverhalt die Kündigung nicht trägt, d. h. wenn es der sachlichen Rechtfertigung der Kündigung nach § 1 KSchG oder § 626 BGB bedarf und dazu der (zuvor dem Betriebsrat) mitgeteilte Kündigungssachverhalt nicht ausreicht (sog. »**subjektive Determinierung der Mitteilungspflicht des Arbeitgebers**«; vgl. BAG 22.9.1994 EzA § 102 BetrVG 1972 Nr. 86; 11.12.2003 EzA § 102 BetrVG 2001 Nr. 5; 22.4.2010 – 6 AZR 828/08, EzA-SD 12/2010 S. 3; *LAG SchlH* 30.10.2002 NZA-RR 2003, 310). Der Arbeitgeber kann sich auch nicht auf den Kündigungsgrund der **dauernden Unmöglichkeit** der Erbringung der Arbeitsleistung berufen, wenn er der MAV nur Gründe aus dem Bereich häufiger Kurzerkrankungen mitgeteilt hat (*LAG Bln.-Bra.* 3.11.2010 – 15 Sa 1738/10, ZTR 2011, 181 LS).

445 Unterrichtet der Arbeitgeber deshalb z. B. den Betriebsrat von einer beabsichtigten betriebsbedingten Änderungskündigung mit dem Ziel, eine unselbstständige Betriebsabteilung wegen hoher Kostenbelastung zu sanieren, nur über die wirtschaftlichen Verhältnisse des unselbstständigen Betriebsteils, nicht aber zugleich über die Ertragslage des gesamten Betriebes, dann kann er sich im Kündigungsschutzprozess jedenfalls nicht auf ein dringendes Sanierungsbedürfnis des Betriebes berufen (*BAG* 11.10.1989 EzA § 1 KSchG Betriebsbedingte Kündigung Nr. 64).

446 Informiert der Arbeitgeber gem. § 102 BetrVG **nicht auch über Begleitumstände**, die dem an sich eine Kündigung tragenden Sachverhalt ein besonderes Gewicht verleihen und für die Interessenabwägung erhebliche Bedeutung haben (können), so sind diese Begleitumstände bei der Prüfung der Berechtigung der Kündigung nicht verwertbar. Ohne wenigstens einen Hinweis auf das Vorliegen solcher Begleitumstände ist der **Betriebsrat mit diesen nicht befasst** und braucht insbes. nicht

## C. Die Rechtswirksamkeit der außerordentlichen Arbeitgeberkündigung    Kapitel 4

von sich aus solche Umstände zu ermitteln, indem er die ihm übergebenen Unterlagen auf solche Umstände hin prüft und auswertet (*Hess. LAG* 15.9.1998 NZA 1999, 269 LS).

Im Kündigungsschutzprozess sind jedenfalls auch solche Tatsachen verwertbar, die der Arbeitgeber dem Betriebsrat im Anhörungsverfahren erst **auf Nachfrage** mitteilt. Dies gilt zumindest dann, wenn der Arbeitgeber vor der Kündigung nochmals die Frist des § 102 Abs. 2 BetrVG bzw. die abschließende Stellungnahme des Betriebsrats abwartet (*BAG* 6.2.1997 EzA § 102 BetrVG 1972 Nr. 96).    447

### (3) Vorkenntnis des Betriebsrats

**Andere Anforderungen** an den Umfang der Mitteilungspflicht sind dann geboten, wenn der **Betriebsrat bereits vor der erfolgten Anhörung über den erforderlichen Kenntnisstand verfügt**, um sich über die Stichhaltigkeit der Kündigungsgründe ein Bild zu machen und um eine Stellungnahme dazu abgeben zu können (*LAG SchlH* 27.4.2010 LAGE § 102 BetrVG 2001 Nr. 12) und dies der Arbeitgeber weiß oder nach den gegebenen Umständen jedenfalls als sicher ansehen kann. Entscheidend ist insoweit, dass für den Betriebsrat der »**Kündigungsgrund**« i. S. eines aus mehreren Tatsachen und einer groben rechtlichen Einordnung gebildeten Begründungszusammenhangs **erkennbar wird, auf den der Arbeitgeber** sich **stützen will** (*BAG* 11.12.2003 EzA § 102 BetrVG 2001 Nr. 5).    448

Denn dann wird es den Grundsätzen der vertrauensvollen Zusammenarbeit gem. § 2 Abs. 1 BetrVG widersprechen, wenn vom Arbeitgeber gleichwohl nochmals eine detaillierte Begründung verlangt würde (*BAG* 28.8.2003 EzA § 102 BetrVG 2001 Nr. 4). Dies gilt zumindest dann, wenn es sich um den aktuellen, d. h. um den mit der konkret beabsichtigten Kündigung sachlich und zeitlich im Zusammenhang stehenden Kenntnisstand handelt.    449

Im Rahmen des Anhörungsverfahrens muss sich der Betriebsrat allerdings grds. nur das Wissen eines zur Entgegennahme von Erklärungen gem. § 26 Abs. 3 S. 2 BetrVG berechtigten (insbes. des Vorsitzenden oder seines Stellvertreters im Falle der Verhinderung des Vorsitzenden) oder hierzu ausdrücklich ermächtigten Betriebsratsmitglieds zurechnen lassen (*BAG* 27.6.1985 EzA § 102 BetrVG 1972 Nr. 60). Gleiches gilt dann, wenn der Arbeitgeber nach den gegebenen Umständen es als **sicher annehmen kann, dass dem Betriebsratsvorsitzenden die kündigungsrelevanten Umstände bei Einleitung des Anhörungsverfahrens bereits bekannt sind** (*LAG RhPf* 30.6.2005 NZA-RR 2005, 629), z. B. durch Verhandlungen über einen Interessenausgleich oder eine Anhörung vor Ausspruch einer Verdachtskündigung (*LAG SchlH* 27.4.2010 LAGE § 102 BetrVG 2001 Nr. 12).    450

### (4) Bedeutung der Reaktion des Betriebsrats

Für die Wirksamkeit der Anhörung ist es im Übrigen **unerheblich, ob der Betriebsrat der beabsichtigten Kündigung widerspricht**, ob ein erhobener Widerspruch des Betriebsrats erheblich i. S. d. § 102 Abs. 3 BetrVG ist oder nicht und ob der Betriebsrat, wenn er die gegebenen Informationen nicht für ausreichend gehalten hat, keine weiteren Angaben ausdrücklich angefordert hat.    451

Denn der Arbeitgeber ist verpflichtet, den maßgeblichen Sachverhalt näher so zu umschreiben, dass der Betriebsrat ohne eigene Nachforschungen oder Rückfragen die Stichhaltigkeit der Kündigungsgründe überprüfen kann.    452

Unterlässt es der Arbeitgeber aber, den Betriebsrat über die Gründe der Kündigung zu unterrichten, z. B. in der irrigen oder vermeintlichen Annahme, dass dieser bereits über den erforderlichen und aktuellen Kenntnisstand verfügt, so liegt keine ordnungsgemäße Einleitung des Anhörungsverfahrens vor (*BAG* 27.6.1985 EzA § 102 BetrVG 1972 Nr. 60).    453

Andererseits geht das *LAG Köln* (7.8.1998 NZA-RR 2000, 32) davon aus, dass dann, wenn der Betriebsrat der beabsichtigten Kündigung ausdrücklich **zugestimmt** hat, die Ordnungsgemäßheit der Anhörung nicht mit der Begründung in Frage gestellt werden kann, die zutreffenden Mitteilungen an den Betriebsrat seien **nicht substantiiert** gewesen, solange durch weggelassene Einzelheiten **kein verfälschendes Bild** vom Kündigungstatbestand entsteht.    454

i) *Fehler im Verantwortungsbereich des Betriebsrats*

aa) *Grundlagen; Abgrenzung der Verantwortungsbereiche von Betriebsrat und Arbeitgeber*

**455** Ist die Anhörung des Betriebsrats aus Gründen fehlerhaft, die in seinem Verantwortungsbereich liegen, so ist das für die Wirksamkeit der Anhörung und damit die Kündigung grds. ohne Bedeutung (*BAG* 24.6.2004 EzA § 102 BetrVG 2001 Nr. 9; 6.10.2005 EzA § 102 BetrVG 2001 Nr. 16; 12.3.2009 EzA § 626 BGB 2002 Nr. 26; *LAG Köln* 9.12.2004 – 5 (7) Sa 925/04, EzA-SD 7/05, S. 13 LS), selbst wenn sie dem Arbeitgeber bekannt sind, es sei denn, dass er sie selbst veranlasst bzw. beeinflusst hat (*BAG* 24.6.2004 EzA § 102 BetrVG 2001 Nr. 9; 6.10.2005 EzA § 102 BetrVG 2001 Nr. 16; s. aber Rdn. 469 zum Personalrat).

Das gilt auch dann, wenn der Arbeitgeber nach den Umständen weiß, **erkennen oder zumindest vermuten** kann, dass die Behandlung der Angelegenheit durch den Betriebsrat nicht ordnungsgemäß erfolgt ist (*BAG* 16.1.2003 EzA § 102 BetrVG 2001 Nr. 1; 24.6.2004 EzA § 102 BetrVG 2001 Nr. 9; 6.10.2005 EzA § 102 BetrVG 2001 Nr. 16; *LAG Düsseld.* 15.4.2011 LAGE § 13 BetrVG 2001 Nr. 1). Teilt z. B. der Betriebsratsvorsitzende, obwohl vom Arbeitgeber umfassend informiert, dem Betriebsratsgremium vor der Beschlussfassung nicht mit, dass der Arbeitnehmer vor einer verhaltensbedingten Kündigung mehrfach ordnungsgemäß abgemahnt worden ist, ist die Kündigung nicht unwirksam, denn der Arbeitgeber hat seiner Unterrichtungspflicht durch die Information des Betriebsratsvorsitzenden genügt (*LAG SchlH* 26.9.2002 ARST 2003, 190 LS).

**456** Zu den Fehlern im Verantwortungsbereich des Betriebsrats gehören auch die fehlerhafte Besetzung des Betriebsrats (*BAG* 24.6.2004 EzA § 102 BetrVG 2001 Nr. 9; *LAG Köln* 1.7.2004 LAGE § 102 BetrVG 2001 Nr. 1), die Entscheidung im Umlaufverfahren (*LAG Düsseld.* 22.11.2001 NZA-RR 2003, 280; s. aber Rdn. 458) statt in einer ordnungsgemäß einberufenen Sitzung, die Befassung des nicht zuständigen Betriebsausschusses statt des Betriebsrats mit der Sache (*LAG Köln* 1.7.2004 LAGE § 102 BetrVG 2001 Nr. 1) oder die Teilnahme des Arbeitgebers an der Betriebsratssitzung.

**457** Ist der Arbeitgeber während der auf sein Verlangen einberufenen Sitzung des Betriebsrats, in der die beabsichtigte Kündigung des Arbeitnehmers behandelt wird, auch bei der Beschlussfassung anwesend, dann führt dies nicht zur Unwirksamkeit der Kündigung nach § 102 Abs. 1 BetrVG. Das gilt jedenfalls dann, wenn er den Betriebsrat weder veranlasst hat, sofort eine abschließende Stellungnahme abzugeben, noch davon abgehalten hat, eine weitere Sitzung ohne seine Anwesenheit durchzuführen (*BAG* 24.3.1977 EzA § 102 BetrVG 1972 Nr. 28).

**458** Zum Verantwortungsbereich des Arbeitgebers gehört es allerdings, wenn der Betriebsratsvorsitzende oder ein sonstiges Betriebsratsmitglied fristgemäß Stellung nimmt, der Arbeitgeber aber weiß, dass eine Betriebsratssitzung nicht stattgefunden hat (*BAG* 28.3.1974 EzA § 102 BetrVG 1972 Nr. 9; 6.10.2005 EzA § 102 BetrVG 2001 Nr. 16).

Der vorgeschriebenen Anhörung ist auch dann nicht genügt, wenn der Arbeitgeber trotz erkennbar nicht ordnungsgemäßen Zustandekommens der Beteiligung des Personalrats vor Ablauf der gesetzlichen Äußerungsfrist die Kündigung ausspricht. Eine telefonische Unterrichtung im Umlaufverfahren ist keine ordnungsgemäße Unterrichtung. Der Arbeitgeber trägt das Risiko eines Verfahrensfehlers, wenn er die Äußerungsfristen nicht einhält und kündigt, solange nicht zumindest nach außen der Anschein einer ordnungsgemäß zu Stande gekommenen Stellungnahme des Personalrats auf Grund wirksamer Beschlussfassung gegeben ist (*LAG Düsseld.* 22.11.2001 NZA-RR 2003, 280). Gleiches gilt dann, wenn in Wahrheit keine Stellungnahme des Betriebsratsgremiums, sondern nur eine persönliche Äußerung des Betriebsratsvorsitzenden vorliegt oder der Arbeitgeber den Fehler des Betriebsrats durch unsachgemäßes Verhalten selbst veranlasst hat. Der Arbeitgeber muss andererseits aber nicht allein auf Grund des Umstandes, dass bereits kurz (hier: zwölf Minuten) nach Übermittlung des Anhörungsschreibens per Telefax an den Betriebsrat eine Antwort gleichfalls per Telefax erfolgt, davon ausgehen, es liege nur eine persönliche

Äußerung des Betriebsratsvorsitzenden vor (*BAG* 16.1.2003 EzA § 102 BetrVG 2001 Nr. 1).

Nach Auffassung des *LAG Brem.* (26.10.1982 AP Nr. 26 zu § 102 BetrVG 1972) ist das auch dann der Fall, wenn der Betriebsrat einen Personalausschuss bildet, obwohl die gesetzlichen Voraussetzungen dafür (§§ 27, 28 BetrVG) nicht gegeben sind, denn der Arbeitgeber muss diese Normen kennen und den Betriebsrat ggf. auf sie hinweisen. 459

Unterlässt es dagegen der Personalrat, dem Beschäftigten im Beteiligungsverfahren Gelegenheit zur Äußerung zu geben, so wirkt sich dies nicht zu Lasten des Arbeitgebers aus, denn dieser Mangel fällt in den Zuständigkeits- und Verantwortungsbereich des Personalrats (*BAG* 3.2.1982 AP Nr. 1 zu § 72 BPersVG). 460

Ist die abschließende Stellungnahme des anzuhörenden Personalrats entgegen zwingender gesetzlicher Regelung (z. B. § 31 Abs. 2 S. 2 SachsAnhPersVG) lediglich durch ein **gruppenfremdes Personalratsmitglied** unterzeichnet, so ist dies allein der Sphäre des Personalrats zuzurechnen und macht die Anhörung nicht unwirksam (*BAG* 13.6.1996 NZA 1997, 545). 461

Nach Auffassung des *LAG Köln* (14.12.1995 NZA-RR 1976, 376) ist die Betriebsratsanhörung dann nicht fehlerhaft, wenn der Arbeitgeber, der **von Fehlern** im Verantwortungsbereich des Betriebsrats (Beschlussfassung ohne Unterrichtung sämtlicher Mitglieder des Betriebsrats) **Kenntnis hat**, mit dem Ausspruch einer fristlosen Kündigung **wartet, bis die Frist von drei Tagen gem. § 102 Abs. 2 S. 3 BetrVG verstrichen ist.** 462

*bb) Verhältnis zum Zustimmungsersetzungsverfahren (§ 103 BetrVG)*

Diese Grundsätze sind auf das Zustimmungsersetzungsverfahren gem. § 103 BetrVG nicht übertragbar, denn die erforderliche Zustimmung zur Kündigung (vgl. auch § 15 KSchG) setzt einen an sich wirksamen Beschluss voraus. 463

Zwar darf der Arbeitgeber nach den Grundsätzen des Vertrauensschutzes grds. auf die Wirksamkeit eines Zustimmungsbeschlusses vertrauen, wenn der Betriebsratsvorsitzende oder sein Stellvertreter ihm die Zustimmung mitteilen. Das gilt aber dann nicht, wenn der Arbeitgeber die Tatsachen kennt oder kennen muss, aus denen sich die Unwirksamkeit des Beschlusses ergibt. 464

Eine Erkundigungspflicht des Arbeitgebers besteht allerdings nicht (*BAG* 23.8.1984 EzA § 103 BetrVG 1972 Nr. 30). 465

> Der Arbeitgeber genügt im Übrigen seinen Mitteilungspflichten nach § 102 BetrVG, wenn er zunächst – zutreffend oder irrtümlich – ein Verfahren nach § 103 BetrVG einleitet und den Betriebsrat entsprechend unterrichtet, im Kündigungszeitpunkt aber zweifelsfrei feststeht, dass ein Schutz nach § 103 BetrVG nicht besteht und deshalb für eine außerordentliche Kündigung nur eine Anhörung nach § 102 BetrVG erforderlich ist. Umgekehrt kann eine Anhörung nach § 102 BetrVG die Einleitung des Zustimmungsersetzungsverfahrens grds. nicht ersetzen, es sei denn, der Betriebsrat hat in Kenntnis des Vorliegens der Voraussetzungen des Sonderkündigungsschutzes von sich aus die Zustimmung nach § 103 BetrVG erteilt. In diesem Fall muss aber die Information des Arbeitgebers über den Kündigungsgrund nach § 102 BetrVG auch den inhaltlichen Anforderungen an eine inhaltliche Unterrichtung des Betriebsrats nach § 103 BetrVG entsprechen und die Interessenvertretung um den besonderen Kündigungsschutz des zu kündigenden Arbeitnehmers wissen (*BAG* 17.3.2005 EzA § 28 BetrVG 2001 Nr. 1). 466

*cc) Verzicht auf das Anhörungsverfahren*

Weder der Betriebsrat noch der Arbeitnehmer können auf die Durchführung des Anhörungsverfahrens verzichten, noch können Tarifverträge oder Betriebsvereinbarungen entsprechendes vorsehen. 467

Etwas anderes gilt aber dann, wenn der gekündigte Arbeitnehmer die Nichtanhörung des Betriebsrats ausdrücklich gefordert hat, denn dann liegt ein Verstoß gegen das Verbot widersprüchlichen Ver- 468 haltens gem. § 242 BGB (venire contra facium proprium) vor, wenn er sodann die Kündigung wegen fehlender Anhörung des Betriebsrats angreift (GK-BetrVG/*Raab* § 102 Rn. 84 ff.)

*j) Personalvertretungsrechtliche Vorschriften*

469 Auch die Unwirksamkeit gem. **§ 79 Abs. 4 BPersVG** bzw. vergleichbarer landesrechtlicher Vorschriften tritt nicht nur dann ein, wenn eine Mitbestimmung überhaupt nicht stattgefunden hat, sondern auch dann, **wenn der Personalrat nur mangelhaft beteiligt worden ist**, z. B. wenn die Verfahrensvorschriften des BPersVG nicht eingehalten worden sind. So liegt z. B. eine ordnungsgemäße Anhörung des Personalrats nach § 28 Abs. 2 NdsPersVG dann nicht vor, wenn **lediglich der Vorsitzende** des Personalrats die Stellungnahme unterschrieben hat, denn danach muss **auch das der Gruppe angehörende Mitglied** diese unterschreiben. Dieser Mangel berührt zwar den Verantwortungsbereich des Personalrats, ist aber für den **Arbeitgeber offensichtlich** und geht damit zu seinen Lasten (*LAG Nds.* 28.4.2008 NZA-RR 2008, 615).

470 Erforderlich ist, dass der Personalrat rechtzeitig und umfassend von der beabsichtigten Maßnahme unterrichtet wird und ihm unaufgefordert die erforderlichen Unterlagen vorgelegt werden. Die ausgesprochene Kündigung ist deshalb auch dann unwirksam, wenn der Personalrat zwar der Maßnahme zugestimmt hat, er aber zuvor nur unvollständig unterrichtet worden ist (vgl. KR/*Etzel* §§ 72, 79, 108 BPersVG Rn. 53 ff.); **insoweit gelten die gleichen Grundsätze wie im Rahmen des § 102 BetrVG** (*BAG* 22.4.2010 NZA 2010, 1199 LS; s. Rdn. 432 ff.).

471 Der Personalrat kann im Rahmen des Mitwirkungsverfahrens bei einer ordentlichen Kündigung des Arbeitgebers nach §§ 72, 79 Abs. 1 BPersVG Einwendungen gegen die beabsichtigte Kündigung nicht nur auf die in § 79 Abs. 1 S. 3 BPersVG aufgeführten Tatbestände stützen, sondern auch andere Gründe hierfür vortragen und bei Ablehnung durch die Dienststelle gem. § 72 Abs. 4 BPersVG die Entscheidung der übergeordneten Dienststelle beantragen (*BAG* 29.9.1983 AP Nr. 1 zu § 79 BPersVG).

472 Zu beachten ist, dass z. B. das Hessische PersVG (§§ 69, 77) das Erfordernis der Zustimmung des Personalrats als **Wirksamkeitsvoraussetzung der ordentlichen Kündigung** eines Angestellten bei einer Körperschaft des öffentlichen Rechts vorsieht. Das *Hess. LAG* (6.5.2003 ZTR 2004, 271) hat insoweit die Auffassung vertreten, dass diese Regelungen gegen das Demokratieprinzip (Art. 20, 28 GG) verstoßen und deshalb unwirksam sind. In Mecklenburg-Vorpommern unterliegen ordentliche Kündigungen gleichfalls der Mitbestimmung gem. § 68 Abs. 1 Nr. 1 PersVG M-V. Das *BAG* (23.6.2009 = NZA-RR 2009, 622) hat seine gleichfalls dagegen geäußerten Bedenken im Hinblick auf die Unstimmigkeiten aber inzwischen ausdrücklich aufgegeben, »nachdem der Gesetzgeber zu erkennen gegeben hat, dass er die Inkohärenzen der gesetzlichen Regelung in Kauf nimmt«.

472a Eine Beteiligung des **Gesamtpersonalrats** nach § 80 Abs. 1 NPersVG kommt in Betracht, wenn eine Angelegenheit sowohl Beschäftigte der (Stamm-)Dienststelle als auch die eines personalvertretungsrechtlich verselbständigten Teils einer Dienststelle oder wenn sie Beschäftigte in zwei Dienststellen betrifft. Darüber hinaus kann der Gesamtpersonalrat zu beteiligen sein, wenn es um eine Angelegenheit geht, in der nicht der Leiter der Einsatzdienststelle oder der betreffenden gemeindlichen Dienststelle, sondern der Leiter der Gesamtdienststelle bzw. die Behördenleitung über eine personelle Maßnahme zu entscheiden hat (*BAG* 25.11.2010 EzA § 108 BPersVG Nr. 8).

473 Für die zivilen Beschäftigten bei den **alliierten Streitkräften** gilt gem. Art. 56 Abs. 9 ZA-NTS das BPersVG grds. entsprechend. Insoweit ist Arbeitgeber der bei den Stationierungsstreitkräften beschäftigten Arbeitnehmer der jeweilige Entsendestaat. Das Hauptquartier als oberste Dienstbehörde ist verpflichtet, mit der Hauptbetriebsvertretung zu verhandeln, wenn die Bezirksbetriebsvertretung gegen beabsichtigte Kündigungen in einer Dienststelle eingewandt hat, es müsse vor Ausspruch der Kündigungen geprüft werden, ob nicht in einer anderen Dienststelle eine Möglichkeit zur Weiterbeschäftigung bestehe (*BAG* 9.2.1993 AP Nr. 17 zu Art. 56 ZA-NTS).

### k) Darlegungs- und Beweislast

#### aa) Grundlagen

Ist streitig, ob die Anhörung des Betriebsrats vor Ausspruch der Kündigung ordnungsgemäß erfolgt ist, so trägt der **Arbeitgeber** dafür die Darlegungs- und Beweislast (*BAG* 19.8.1975 EzA § 102 BetrVG 1972 Nr. 15; 6.10.2005 EzA § 102 BetrVG 2001 Nr. 16; KR/*Etzel* § 102 BetrVG Rn. 192; a. A. *BAG* 16.1.1987 EzA § 1 KSchG Betriebsbedingte Kündigung Nr. 48; *Spitzweg/Lücke* NZA 1995, 408 f.). Zu beachten ist aber insoweit, dass der Arbeitgeber im Prozess **nicht von sich aus – gleichsam vorauseilend – sämtliche Schritte des von ihm befolgten Anhörungsverfahrens darlegen** und möglichen Einwänden mit ausführlichen Gegeneinwänden und entsprechenden Beweisantritten zuvorkommen muss (*BAG* 6.10.2005 EzA § 102 BetrVG 2001 Nr. 16 = NZA 2006, 990). 474

#### bb) Überprüfung von Amts wegen?

Die ordnungsgemäße Anhörung des Betriebsrats wird **nicht von Amts wegen** geprüft (*BAG* 23.6.1983 EzA § 1 KSchG Krankheit Nr. 12; 23.6.2005 EzA § 102 BetrVG 2001 Nr. 12; *Busemann* NZA 1987, 582; a. A. *Spitzweg/Lücke* NZA 1995, 406). **Deshalb muss der Arbeitnehmer zunächst die ordnungsgemäße Anhörung des Betriebsrats bestreiten, damit die entsprechende Darlegungslast des Arbeitgebers ausgelöst wird.** Er muss ferner darlegen, dass überhaupt ein funktionsfähiger Betriebsrat existiert (*BAG* 23.6.2005 EzA § 102 BetrVG 2001 Nr. 12; s. a. *Griebeling* NZA 2007, 540 ff.), was nach Auffassung von *Busemann* (NZA 1987, 581) allerdings i. d. R. konkludent durch das übliche pauschale Bestreiten der Betriebsratsanhörung (meist mit Nichtwissen, *BAG* 9.10.1986 – 2 AZR 649/85, n. v., zitiert nach KR/*Etzel* § 102 BetrVG Rn. 192; a. A. KR/*Etzel* § 102 BetrVG Rn. 192; krit. auch *Mühlhausen* NZA 2006, 967 ff.) erfolgt. 475

**Danach hat der Arbeitgeber die Darlegungslast dafür, dass er die ihm gem. § 102 BetrVG obliegenden Pflichten ordnungsgemäß erfüllt**, insbes. auch den Betriebsrat nicht bewusst irreführend informiert hat (*BAG* 22.9.1994 EzA § 102 BetrVG 1972 Nr. 86; 23.6.2005 EzA § 102 BetrVG 2001 Nr. 12 = NZA 2005, 1233; a. A. für den Fall eines Interessenausgleichs mit Namensliste [§ 1 Abs. 5 KSchG analog]: *Gelhaar* DB 2008, 1496 ff.), bzw. dass die Anhörung ausnahmsweise unterbleiben konnte (§ 105 BetrVG). 476

#### cc) Inhaltliche Anforderungen

> Der Arbeitgeber erfüllt seine Darlegungspflicht nur dann, wenn er konkrete Tatsachen vorträgt, aus denen das ArbG auf eine ordnungsgemäße Betriebsratsanhörung schließen kann. 477

Gegenstand des Beweises ist nicht der Rechtsbegriff »Anhörung«, sondern die ihn ausfüllenden Tatsachen. **Deshalb ist der pauschale Sachvortrag, der Betriebsrat wurde ordnungsgemäß angehört, Beweis: Zeugen X, Y, ungenügend, weil nicht hinreichend bestimmt, sodass eine Beweisaufnahme nicht in Betracht kommt.** 478

> Zwar richtet sich im Einzelfall der Umfang der Darlegungslast des Arbeitgebers auch nach der Einlassung des Arbeitnehmers. Gleichwohl muss der Arbeitgeber i. d. R. darlegen, wann genau, durch wen, wem gegenüber und mit welchem genauen Inhalt dem Betriebsrat die Kündigungsabsicht mitgeteilt wurde. Des Weiteren ist darzulegen, ob die Fristen des § 102 Abs. 1 S. 1, 3 BetrVG eingehalten wurden oder eine fristverkürzende abschließende Stellungnahme des Betriebsrats vorlag. 479

**Unterlässt der Arbeitgeber ausreichenden Sachvortrag in tatsächlicher Hinsicht, dann ist die Kündigung als unwirksam anzusehen**, da eine Wirksamkeitsvoraussetzung nicht dargelegt ist. Den hier zu stellenden Anforderungen genügt der Arbeitgeber allerdings zunächst dann, wenn er auf im Schriftsatz an das Arbeitsgericht im einzelnen dargestellte Umstände Bezug nimmt und pauschal vorträgt, dies alles habe er dem Betriebsrat mitgeteilt (*LAG Nbg.* 4.2.2003 LAGE § 626 BGB Nr. 148). 480

*dd) Einlassung des Arbeitnehmers*

481 Hat der Arbeitgeber dagegen die betriebsverfassungsrechtliche Wirksamkeitsvoraussetzung des § 102 Abs. 1 BetrVG hinreichend dargelegt, dann muss sich der **Arbeitnehmer** zu dem diesbezüglichen Tatsachenvortrag des Arbeitgebers erklären (§ 138 Abs. 2 ZPO; *BAG* 23.6.2005 EzA § 102 BetrVG 2001 Nr. 12).

482 Er muss nach den **Grundsätzen der abgestuften Darlegungslast** deutlich machen, welche der detaillierten Angaben des Arbeitgebers er aus welchem Grund weiterhin bestreiten will. Nur soweit es um Tatsachen außerhalb seiner eigenen Wahrnehmung geht, kann der Arbeitnehmer sich dabei gem. § **138 Abs. 4 ZPO** auf Nichtwissen berufen; ein **pauschales Bestreiten** des Arbeitnehmers ohne jede Begründung **genügt dagegen nicht** (*BAG* 16.3.2000 EzA § 626 BGB n. F. Nr. 179; 23.6.2005 EzA § 102 BetrVG 2001 Nr. 12; krit. *Mühlhausen* NZA 2002, 644 ff.), denn gegenüber der prozessualen Mitwirkungspflicht des § 138 Abs. 2 ZPO stellt § 138 Abs. 4 ZPO eine **Ausnahmeregelung dar, die in ihren Voraussetzungen eng auszulegen ist.** Der Arbeitnehmer muss deshalb i. E. bezeichnen, ob er rügen will, der Betriebsrat sei entgegen der Behauptung des Arbeitgebers überhaupt nicht angehört worden oder in welchen Punkten er die tatsächlichen Erklärungen des Arbeitgebers über die Betriebsratsanhörung für falsch oder die dem Betriebsrat mitgeteilten Tatsachen für unvollständig hält (*BAG* 23.6.2005 EzA § 102 BetrVG 2001 Nr. 12). Das *LAG Köln* (7.8.1998 NZA-RR 2000, 32; ähnlich *Mühlhausen* NZA 2002, 650) hat demgegenüber angenommen, dass ein Bestreiten mit Nichtwissen nicht zulässig ist, wenn sich die Partei das fehlende Wissen in zumutbarer Weise selbst verschaffen kann, z. B. durch Nachfrage beim Betriebsrat.

483 Je nachdem, wie substantiiert der Arbeitnehmer diesen Sachvortrag bestreitet, muss der Arbeitgeber seine Darstellung noch um weitere Einzelheiten ergänzen. Dies ermöglicht dann eine Beweisaufnahme durch das Gericht über die tatsächlich streitigen Tatsachen (*BAG* 23.6.2005 EzA § 102 BetrVG 2001 Nr. 12). Führt der Arbeitnehmer insbes. detailliert aus, bestimmte konkret genannte Punkte seien nicht mitgeteilt worden, muss der Arbeitgeber darauf eingehen. Macht er dies nicht, geht dies zu seinen Lasten (zutr. *LAG Nbg.* 4.2.2003 LAGE § 626 BGB Nr. 148).

*ee) Vorkenntnis des Betriebsrats*

484 Auch soweit der Arbeitgeber im Prozess geltend macht, der Betriebsrat habe die maßgeblichen Kündigungsgründe **bereits gekannt, darf er sich nicht mit pauschalem Sachvortrag begnügen.**

485 Er muss vielmehr darlegen, wann dem Betriebsratsvorsitzenden oder einer sonstigen Person, deren Wissen sich der Betriebsrat zurechnen lassen muss, jeweils welche konkreten Sachverhalte mitgeteilt bzw. sonst bekannt geworden sind (z. B. im Rahmen von Verhandlungen über einen Interessenausgleich oder einer Anhörung des Arbeitnehmers vor Ausspruch einer Verdachtskündigung), die in ihrer Zusammenfassung die Kündigungsgründe bilden (s. *LAG SchlH* 27.4.2010 LAGE § 102 BetrVG 2001 Nr. 12; vgl. *Busemann* NZA 1987, 581). Dem genügt der vom Arbeitgeber gebrachte Sachvortrag »All diese Tatsachen sind dem Betriebsrat bereits bei Anhörung bekannt gewesen oder aber ihm von Fr. S im Zusammenhang mit der Anhörung mündlich mitgeteilt worden«, nicht (*LAG Köln* 11.1.2002 ARST 2002, 233 LS).

Wichtig ist in diesem Zusammenhang auch, dass der Arbeitgeber aus der **Zustimmung des Betriebsrats** zur Kündigung **nichts für die Ordnungsgemäßheit der Anhörung** ableiten kann; das gilt insbes. für die vor der Beschlussfassung des Betriebsrats erforderliche substantiierte Mitteilung der für den Arbeitgeber maßgeblichen Kündigungsgründe (*ArbG Köln* 15.7.2011 – 16 Ca 1772/11, AuR 2012, 84 LS).

## C. Die Rechtswirksamkeit der außerordentlichen Arbeitgeberkündigung Kapitel 4

### l) Zustimmungsbedürftige Kündigungen auf Grund Betriebsvereinbarung (§ 102 Abs. 6 BetrVG) oder Tarifvertrag

Gem. § 102 Abs. 6 BetrVG können Arbeitgeber und Betriebsrat vereinbaren, dass Kündigungen der Zustimmung des Betriebsrats bedürfen, um wirksam zu sein (freiwillige Betriebsvereinbarung; vgl. dazu *Mauer/Schüßler* BB 2000, 2518 ff.). Eine derartige Vereinbarung ist auch dann einzuhalten, wenn Massenkündigungen (z. B. insgesamt 355 betriebsbedingte Kündigungen) ausgesprochen werden (LAG Köln 29.7.2004 LAGE § 1 KSchG Soziale Auswahl Nr. 45a). 486

Gegen eine die Zustimmung verweigernde Entscheidung des Betriebsrats kann der Arbeitgeber dann grds. die Einigungsstelle anrufen, auch wenn die Betriebsvereinbarung dies nicht ausdrücklich vorsieht (KR/*Etzel* § 102 BetrVG Rn. 252 ff.); die Entscheidung der Einigungsstelle ist durch das ArbG überprüfbar. Schließt die Betriebsvereinbarung die Anrufung der Einigungsstelle ausdrücklich aus, so kann der Arbeitgeber gegen die Ablehnung des Betriebsrats zur Überprüfung dieser Entscheidung das ArbG anrufen. 487

Das ArbG hat die Entscheidung des Betriebsrats oder der Einigungsstelle voll nachzuprüfen und die Zustimmung zu ersetzen, wenn die Kündigung sachlich gerechtfertigt ist (KR/*Etzel* § 102 BetrVG Rn. 258). 488

Soll das Verfahren zur Anhörung des Betriebsrats bei Kündigungen gem. § 102 Abs. 6 BetrVG z. B. durch **Beratung** im Falle eines Widerspruchs des Betriebsrats erweitert werden, so muss eine dem § 102 Abs. 1 S. 3 BetrVG entsprechende **Sanktion** bei Verstoß gegen eine solche Beratungspflicht in der betreffenden Betriebsvereinbarung deutlich geregelt werden (BAG 6.2.1997 EzA § 102 BetrVG 1972 Nr. 97). 489

§ 102 Abs. 6 BetrVG sieht Erweiterungen der Beteiligungsrechte des Betriebsrats bei Kündigungen nur durch Betriebsvereinbarung vor. Aus dem einseitig zwingenden Charakter der Mitbestimmungsregelungen des Betriebsverfassungsgesetzes folgt nicht, dass eine Verbesserung der Mitbestimmungsrechte des Betriebsrats durch Arbeitsvertrag möglich ist. Eine solche Befugnis der Arbeitsvertragsparteien widerspräche dem System der Betriebsverfassung. Vereinbaren die Arbeitsvertragsparteien eine Erweiterung der Beteiligungsrechte des Betriebsrats bei Kündigungen als Gegenleistung für den Verzicht des Arbeitnehmers auf ihm zustehende Sonderzahlungen, so spricht aber viel dafür, dass die Vereinbarung ohne die Stärkung der Beteiligungsrechte des Betriebsrats nicht geschlossen worden wäre und deshalb die Vereinbarung insgesamt nichtig ist (BAG 23.4.2009 EzA § 102 BetrVG 2001 Nr. 24). 490

Andererseits können auch **Tarifnormen** den Ausspruch einer Kündigung von der Zustimmung des Betriebsrats abhängig machen (BAG 24.2.2011 NZA 2011, 708). Dies gilt z. B. gem. § 15 Nr. 5 MTV Einzelhandel RhPf jedenfalls für den Ausspruch einer ordentlichen Arbeitgeberkündigung. Diese Regelung und der tariflich für den Konfliktfall vorgesehene direkte Zugang zu den Arbeitsgerichten unter Umgehung der Einigungsstelle sind zulässig und verstoßen weder gegen Art. 12 Abs. 1 GG noch gegen Art. 14 Abs. 1 GG (BAG 21.6.2000 NZA 2001, 271; zust. *Gutzeit* SAE 2001, 172 ff.). 491

Liegt eine Regelung vor, wonach Kündigungen der Zustimmung des Betriebsrats bedürfen und dass bei Meinungsverschiedenheiten die **Einigungsstelle** entscheidet, kann der Arbeitgeber seine Mitteilungen zu den Kündigungsgründen auch noch im Verfahren vor der Einigungsstelle vervollständigen (BAG 7.12.2000 EzA § 1 KSchG Betriebsbedingte Kündigung Nr. 108). 492

### m) Der Sonderfall: die außerordentliche Kündigung eines ordentlich unkündbaren Arbeitnehmers

Das BAG (5.2.1998 EzA § 626 BGB Unkündbarkeit Nr. 2; abl. Hess. LAG 8.3.2001 ZTR 2001, 532 LS) geht davon aus, dass sich Betriebs- und Personalratsbeteiligung bei einer außerordentlichen Kündigung gegenüber einem tariflich unkündbaren Arbeitnehmer **weitgehend an den etwas schärferen Regeln über die Beteiligung bei ordentlichen Kündigungen** zu orientieren hat, denn andernfalls würde sich im Ergebnis der tarifliche Ausschluss der ordentlichen Kündigung gegen den betref- 493 fenden Arbeitnehmer auswirken, würde man die Mitwirkung des Betriebs- und Personalrats nur an den erleichterten Voraussetzungen bei einer außerordentlichen Kündigung messen. Der darin liegende **Wertungswiderspruch** lässt sich nur durch eine entsprechende Anwendung der Vorschriften über die Mitwirkung bei ordentlichen Kündigungen vermeiden. Folglich hat der Betriebsrat ein **Widerspruchsrecht**, auf das § 102 Abs. 2–5 BetrVG anzuwenden ist. Zudem gilt für die Stellungnahme nicht die Drei-Tage-Frist nach § 102 Abs. 2 S. 3 BetrVG, sondern die **Wochenfrist** nach § 102 Abs. 2 S. 3 BetrVG.

*n) Überprüfung durch das Revisionsgericht*

494 Bei der Mitteilung des Arbeitgebers an den Betriebsrat über eine in Aussicht genommene Kündigung handelt es sich um eine **atypische Willenserklärung**. Das Revisionsgericht kann deshalb ihre Auslegung durch das Berufungsgericht nur eingeschränkt daraufhin überprüfen, ob das Berufungsgericht Auslegungsregeln, Erfahrungssätze oder Denkgesetze verletzt oder wesentliche Umstände unberücksichtigt gelassen hat (*BAG* 22.9.2005 EzA § 1 KSchG Nr. 58).

## 2. Mitwirkung des Betriebsrats bei der Kündigung von Mandatsträgern (§ 103 BetrVG, § 15 KSchG)

*a) Grundsätze*

*aa) Zweck der gesetzlichen Regelung*

495 Die in § 15 KSchG näher bezeichneten Personengruppen (Mitglieder der betriebsverfassungs- und personalvertretungsrechtlichen Vertretungen der Arbeitnehmerschaft sowie der an ihrer Wahl beteiligten Organe) genießen einen über den allgemeinen Kündigungsschutz hinausgehenden, **besonderen Kündigungsschutz**. Dieser soll gewährleisten, dass die **Funktion der betriebsverfassungsrechtlichen/personalvertretungsrechtlichen Organe vor sachwidrigen Eingriffen des Arbeitgebers – insbes. durch Entlassung der beteiligten Personenkreise – geschützt** wird:

496 – Zum einen sollen die Funktionsträger ihre Aufgabe, die Belange der Belegschaft gegenüber dem Arbeitgeber zu vertreten, ohne Beeinflussung durch ihn und **ohne Furcht vor Maßregelungen** erfüllen können.

497 – Darüber hinaus soll die Funktion dieser Organe auch dadurch geschützt werden, dass an sich sozial gerechtfertigte **Kündigungen verhindert werden**.

498 – Der weitgehende Ausschluss des Kündigungsrechts des Arbeitgebers soll auch die **Kontinuität der Arbeit der Arbeitnehmervertretung** für die gesamte Amtszeit sichern. Dem dient es insbes., dass eine grds. zulässige außerordentliche Kündigung der Zustimmung des Betriebsrats bzw. Personalrats bedarf. Damit wird sichergestellt, dass Funktionsträger nicht durch unbegründete Kündigungen zumindest zeitweise aus dem Betrieb herausgedrängt werden können.

499 – Soweit der Kündigungsschutz schließlich über den Ablauf der Amtszeit hinausreicht, soll eine **Abkühlung eventuell aufgetretener Kontroversen** mit dem Arbeitgeber erreicht werden. Zudem soll der nachwirkende Kündigungsschutz bewirken, dass die ehemaligen Organmitglieder ohne Sorge um ihren Arbeitsplatz den **beruflichen Anschluss** wiedererlangen können (vgl. BT-Drs. VI/1786 S. 60).

499a Gemäß § 96 Abs. 3 SGB IX besitzen die **Vertrauensmänner** und Vertrauensfrauen den gleichen Kündigungsschutz wie Mitglieder des Betriebs- oder Personalrats. Damit gilt für sie auch § 15 KSchG (s. *BAG* 23.8.1993 AP ArbGG 1979 § 83a Nr. 2; 11.5.2000 EzA § 103 BetrVG 1972 Nr. 41). Auch die Mitglieder von Gesamt-, Haupt- und Bezirksschwerbehindertenvertretungen unterliegen gem. § 97 Abs. 7 SGB IX dem Schutz des § 15 KSchG. Soweit die Mitglieder einer **Schwerbehindertenvertretung** selbst schwerbehinderte Menschen sind, ist für ihre außerordentliche Kündigung neben der Zustimmung des Betriebs-, Personalrats **zusätzlich** die Zustimmung des **Integrationsamts** nach § 91 SGB IX einzuholen (vgl. *BAG* 11.5.2000 EzA § 103 BetrVG 1972 Nr. 41).

Da nach § 94 Abs. 6 S. 2 SGB IX für die Wahl der Schwerbehindertenvertretung die Vorschriften **499b** über den Wahlschutz bei der Wahl des Betriebsrats oder Personalrats sinngemäß anzuwenden sind, genießen auch Mitglieder des **Wahlvorstands** und **Wahlbewerber** den Schutz des § 15 Abs. 3 KSchG. Damit bedarf deren außerordentliche Kündigung ebenfalls der Zustimmung des Betriebs- bzw. Personalrats (APS/*Linck* § 15 KSchG Rn. 60; KR/*Etzel* § 103 BetrVG Rn. 14; GK-BetrVG/ *Raab* § 103 BetrVG Rn. 7; a. A. HSWGNR/*Schlochauer* § 103 BetrVG Rn. 8, die die Zustimmung des Integrationsamts genügen lassen, wenn der Wahlbewerber oder das Mitglied des Wahlvorstands schwerbehindert ist). Die Zustimmung des Integrationsamts ist zusätzlich dann erforderlich, wenn das Mitglied des Wahlvorstands oder der Wahlbewerber selbst schwerbehinderter Mensch ist (APS/ *Linck* § 15 KSchG Rn. 60).

**Demgegenüber** hat das *LAG Hamm* (21.1.2011 – 13 TaBV 72/10, AuR 2012, 78 m. krit. Anm. **499c** *Müller-Wenner*) angenommen, dass die außerordentliche Kündigung eines Mitglieds der **Schwerbehindertenvertretung** deren Zustimmung und nicht der des Betriebsrats bedarf. Der vom Arbeitgeber allein an den Betriebsrat gerichtete Antrag geht folglich ins Leere. Dafür soll sprechen, dass das in § 103 Abs. 1 BetrVG aufgestellte Zustimmungserfordernis auch verhindern soll, dass ein demokratisch gewähltes Gremium in seiner Funktionsfähigkeit und in der Kontinuität der Amtsführung beeinträchtigt wird.

*bb) Rechtsfolgen fehlender Zustimmung*

Eine Kündigung, zu der die – ordnungsgemäß zustande gekommene – Zustimmung des Betriebs- **500** rats nicht eingeholt worden und die auch nicht gerichtlich rechtskräftig ersetzt worden ist, ist nichtig.

Der Arbeitnehmer muss diese Nichtigkeit unabhängig vom Geltungsbereich des KSchG innerhalb der Klagefrist des § 4 KSchG geltend machen (§ 13 Abs. 1, 3 KSchG).

Zu beachten ist allerdings die Verlängerungsmöglichkeit des § 6 KSchG, denn § 4 KSchG findet auch Anwendung auf Arbeitnehmer, die vom betrieblichen Geltungsbereich des KSchG (§ 23) nicht erfasst werden oder auf solche, deren Arbeitsverhältnis noch keine sechs Monate bestanden hat. Gleiches gilt für den Fall, dass der Arbeitnehmer die Unwirksamkeit einer außerordentlichen Kündigung geltend machen will.

*cc) Inhaltliche Ausgestaltung des Schutzes der Mandatsträger*

*(1) Grundsätze*

Die Kündigung eines Betriebs-, Personalratsmitglieds bzw. des Mitglieds eines Wahlvorstandes ist, **501** soweit das KSchG überhaupt anwendbar ist (§§ 1, 23 KSchG), gem. § 15 Abs. 1 bis 3 KSchG beginnend mit der Bekanntgabe des Wahlergebnisses (APS/*Linck* § 15 KSchG Rn. 61) für die Dauer der Mitgliedschaft in diesen Gremien grds. (vgl. auch § 15 Abs. 4, 5 KSchG) nur als außerordentliche Kündigung überhaupt zulässig und auch dann nur mit Zustimmung des Betriebsrats möglich. § 15 KSchG schließt z. B. eine ordentliche verhaltensbedingte Kündigung eines Betriebsratsmitgliedes generell aus (*ArbG Duisburg* 30.7.2008 NZA-RR 2009, 252).

Ein Betriebsratsmitglied genießt den besonderen Kündigungsschutz des § 15 Abs. 1 S. 1 KSchG **502** auch dann, wenn zwar bereits vor Ausspruch der Kündigung durch Beschluss des ArbG seine Nichtwählbarkeit (wegen seines Status als leitender Angestellter) festgestellt worden war, diese gerichtliche Entscheidung aber erst später rechtskräftig geworden ist (*BAG* 29.9.1983 EzA § 15 KSchG n. F. Nr. 32).

Gem. **§ 103 BetrVG** bedarf die außerordentliche Kündigung von Mitgliedern dieser Gremien stets **503** der **Zustimmung des Betriebsrats**. Dieser besondere Kündigungsschutz erstreckt sich auch auf Ersatzmitglieder, die wegen einer zeitweiligen Verhinderung eines regulären Betriebsratsmitglieds gem. § 25 Abs. 1 S. 2 BetrVG tätig waren. Das Zustimmungserfordernis gem. § 103 BetrVG besteht dann allerdings nur, wenn das Ersatzmitglied entweder endgültig für ein ausgeschiedenes Mitglied eingerückt ist (§ 25 Abs. 1 S. 1 BetrVG) oder wenn und solange es ein zeitweilig verhindertes Mitglied vertritt (§ 25 Abs. 1 S. 2 BetrVG). Ersatzmitglieder dagegen, die nach Beendigung der Vertretungszeit wieder aus dem Betriebsrat ausgeschieden sind, haben nur noch nachwirkenden Kündigungsschutz gem. § 15 Abs. 1 S. 2 KSchG (*BAG* 5.11.2009 EzA § 15 KSchG n. F. Nr. 64; s. Rdn. 536 ff.).

504 Vor der außerordentlichen Kündigung eines **Betriebsobmannes** muss der Arbeitgeber dann, wenn ein gewähltes Ersatzmitglied für den Betriebsrat fehlt, analog § 103 Abs. 2 BetrVG im Beschlussverfahren die Zustimmung beim ArbG einholen (*BAG* 16.12.1982 EzA § 103 BetrVG 1972 Nr. 29). Das *ArbG Hmb.* (24.1.1997 EzA § 40 BetrVG 1972 Nr. 78) ist davon ausgegangen, dass in einem derartigen Fall für den Arbeitgeber **keine Kostentragungspflicht** für erstinstanzlich angefallene Anwaltskosten des am Beschlussverfahren beteiligten und obsiegenden Betriebsobmannes besteht.

505 Nach Auffassung des *BAG* (11.7.2000 EzA § 103 BetrVG 1972 Nr. 42 gegen *BAG* 21.9.1989 EzA § 99 BetrVG 1972 Nr. 76; vgl. dazu *Franzen* SAE 2001, 269 ff.) war eine analoge Anwendung des § 103 BetrVG auch für **auf Dauer gedachte Versetzungen** von Betriebsratsmitgliedern gegen ihren Willen von einem Betrieb des Unternehmens in einen anderen nicht möglich (s. aber jetzt § 103 Abs. 3 BetrVG; s. Kap. 13 Rdn. 821).

506 Es soll durch § 103 BetrVG unmöglich gemacht werden, dass betriebsverfassungsrechtliche Amtsträger durch außerordentliche Kündigung willkürlich aus dem Betrieb entfernt und durch Verfahrensverschleppung, durch Rechtsmittel usw. dem Betrieb entfremdet werden und keine Aussicht auf Wiederwahl haben (vgl. anschaulich *Diller* NZA 1998, 1163 f. u. NZA 2004, 579 ff.).

507 Dieser besondere Kündigungsschutz endet mit der Mitgliedschaft in der jeweiligen Arbeitnehmervertretung.

508 Darüber hinaus ist nach Beendigung der Amtszeit – je nach dem bekleideten Amt – bis zu 12 bzw. 6 Monaten nur eine außerordentliche Kündigung zulässig, ohne dass es allerdings der Zustimmung des Betriebsrats bedarf. Dann bedarf es nur des Verfahrens gem. § 102, nicht des Verfahrens gem. § 103 BetrVG (vgl. *BAG* 29.3.1977 EzA § 102 BetrVG 1972 Nr. 27).

*(2) Besonderheiten bei sog. Massenänderungskündigungen?*

509 Nach der Rechtsprechung des *BAG* (7.10.2004 EzA § 15 KSchG n. F. Nr. 57) gilt der Kündigungsschutz nach § 15 KSchG uneingeschränkt für sog. Massenänderungskündigungen.

Im Einzelnen gilt danach folgendes:
– Auch wenn der Arbeitgeber aus betriebsbedingten Gründen allen oder der Mehrzahl der Arbeitnehmer des Betriebes kündigt und ihnen eine Weiterarbeit zu schlechteren Arbeitsbedingungen anbietet, rechtfertigt ein solcher Massentatbestand nicht ausnahmsweise eine ordentliche Kündigung gegenüber Betriebsratsmitgliedern und den anderen durch § 15 KSchG geschützten Amtsträgern.
– § 15 KSchG schließt abgesehen von den Sonderfällen der Betriebsstilllegung und der Stilllegung einer Betriebsabteilung (§ 15 Abs. 4, 5 KSchG) eine ordentliche Kündigung gegenüber diesem Personenkreis völlig aus und lässt nur eine außerordentliche Kündigung aus wichtigem Grund zu.
– Eine außerordentliche Kündigung ist während der Amtszeit des Betreffenden nach § 103 BetrVG nur mit Zustimmung des Betriebsrats bzw. deren Ersetzung durch die Arbeitsgerichte zulässig. Diese im Interesse des (Betriebsrats-)Amts und der ungestörten Amtsführung geschaffene generelle Regelung lässt keine Einschränkung für sog. Massenänderungskündigungen zu.
– Eine außerordentliche mit notwendiger Auslauffrist zu erklärende Änderungskündigung gegenüber einem Betriebsratsmitglied kommt etwa dann in Betracht, wenn ohne die Änderung der Arbeitsbedingungen ein sinnlos gewordenes Arbeitsverhältnis über einen erheblichen Zeitraum nur durch Gehaltszahlungen fortgesetzt werden müsste und der Arbeitgeber möglicher-

weise sogar eine unternehmerische Entscheidung, bestimmte Arbeitsplätze einzusparen, wegen des Beschäftigungsanspruchs des Mandatsträgers nicht vollständig umsetzen könnte.

### (3) Rechtsnatur der Zustimmungserklärung des Betriebsrats

Die Zustimmung des Betriebsrats zur außerordentlichen Kündigung eines Betriebsratsmitglieds nach § 103 BetrVG ist **keine Zustimmung i. S. d. §§ 182 ff. BGB**. Das Betriebsratsmitglied kann daher die Kündigung nicht nach § 182 Abs. 3 BGB i. V. m. § 111 S. 2, 3 BGB zurückweisen, weil ihm der Arbeitgeber die vom Betriebsrat erteilte Zustimmung nicht in schriftlicher Form vorlegt, denn § 103 BetrVG enthält eine die Anwendbarkeit von § 182 ff. BGB, § 111 BGB **ausschließende Sonderregelung** (*BAG* 4.3.2004 EzA § 103 BetrVG 2001 Nr. 3). 510

(derzeit unbesetzt) 511

### dd) Wahlbewerber; Wahlvorstand

#### (1) Grundlagen; Beginn und Ende des besonderen Kündigungsschutzes

Der besondere Kündigungsschutz für **Wahlvorstände beginnt jedenfalls im Zeitpunkt ihrer Bestellung, für Wahlbewerber im Zeitpunkt der Aufstellung des Wahlvorschlags**. Für gerichtlich bestellte Mitglieder des Wahlvorstands zur Durchführung einer Betriebsratswahl beginnt er im Falle ihrer Bestellung durch die Arbeitsgerichte mit der Verkündung des Einsetzungsbeschlusses; auf die formelle Rechtskraft des Beschlusses kommt es nicht an. Insbesondere der durch § 15 Abs. 3 KSchG beabsichtigte Schutz der Mitglieder des Wahlvorstands vor möglichen Repressalien des Arbeitgebers erfordert es, von einer »Bestellung« des Wahlvorstands in dem Zeitpunkt auszugehen, zu dem erstmals eine **nach außen verlautbarte**, nach geltendem Verfahrensrecht wirksam zustande gekommene **gerichtliche Entscheidung** vorliegt, der zufolge der Arbeitnehmer als Mitglied des Wahlvorstands eingesetzt wird (*BAG* 26.11.2009 EzA § 15 KSchG n. F. Nr. 65). 512

Ein Wahlvorstand in diesem Sinne liegt vor, wenn die Wahl eingeleitet ist und der Wahlvorschlag den Formerfordernissen einer gültigen Wahl entspricht oder allenfalls Mängel vorliegen, die zu beheben sind; der besondere Kündigungsschutz nach § 15 Abs. 3 KSchG besteht also schon dann, wenn der Wahlvorschlag lediglich behebbare Mängel aufweist (*BAG* 17.3.2005 EzA § 28 BetrVG 2001 Nr. 1). Das *ArbG Weiden* (19.7.2006 – 4 Ca 49/06, AuR 2007, 59 LS) hat angenommen, dass der Kündigungsschutz nicht deswegen entfällt, weil bereits die Einladung zur Wahlversammlung die gesetzlich geforderten Angaben nicht erfüllt, der Aushang der Einladung unterbleibt oder der Wahlvorschlag aus zwei losen Blättern besteht, sofern dem Wahlbewerber die Verstöße gegen die Wahlgrundsätze nicht angelastet werden können. 513

Ist ein Wahlvorstand für die Betriebsratswahl bestellt und liegt für den Wahlbewerber ein Wahlvorschlag mit der erforderlichen Zahl von Stützunterschriften vor (§ 14 Abs. 5 BetrVG), so hat er von da an den besonderen Kündigungsschutz des § 15 Abs. 3 KSchG (*BAG* 7.7.2011 EzA § 15 KSchG n. F. Nr. 68 = NZA 2012, 107). Dieser entfällt nicht dadurch, dass die Vorschlagsliste durch spätere Streichung von Stützunterschriften (§ 8 Abs. 2 Nr. 3 WahlO) ungültig wird (*BAG* 5.12.1980 EzA § 15 KSchG n. F. Nr. 25); Gleiches gilt dann, wenn im Zeitpunkt der Anbringung der **letzten** – erforderlichen – **Stützunterschrift** die Frist zur Einreichung von Wahlvorschlägen noch nicht abgelaufen war (*BAG* 7.7.2011 EzA § 15 KSchG n. F. Nr. 68 = NZA 2012, 107). Der besondere gesetzliche Schutz – mit der Folge u. a. eines notwendigen Zustimmungsersetzungsverfahrens – greift **auch dann** ein, **wenn der Arbeitgeber keine Kenntnis von der Bewerbung hat** (*LAG Bln.-Bra.* 2.3.2007 LAGE § 15 KSchG Nr. 18). 514

Der besondere Kündigungsschutz des Wahlbewerbers setzt im Übrigen zumindest dessen **Wählbarkeit** voraus (§ 8 BetrVG; *BAG* 7.7.2011 EzA § 15 KSchG n. F. Nr. 68 = NZA 2012, 107). Ob es auf die Wählbarkeit im Zeitpunkt der Aufstellung des Wahlvorschlags oder im Zeitpunkt der Wahl ankommt, bleibt offen (*BAG* 26.9.1996 EzA § 15 KSchG n. F. Nr. 45); es reicht aber jedenfalls aus, 515 dass die Voraussetzungen des § 8 BetrVG **im Zeitpunkt der Wahl** vorliegen. Der Arbeitnehmer kann sich nur dann nicht auf den besonderen Kündigungsschutz als Wahlbewerber berufen, wenn bei Zugang der Kündigung keinerlei Aussicht bestanden hat, dass er bei der durchzuführenden Wahl wählbar sein würde (*BAG* 7.7.2011 EzA § 15 KSchG n. F. Nr. 68 = NZA 2012, 107).

516 Ein unheilbar nichtiger Wahlvorschlag erfüllt diese Voraussetzungen dagegen nicht.

516a Will der Arbeitgeber die Nichtigkeit der Bestellung des Wahlvorstandes geltend machen, weil die zur Betriebsversammlung zwecks Wahl des Wahlvorstandes einladende Gewerkschaft (§ 17 Abs. 2 S. 1 BetrVG) die Einladung nicht so bekannt gemacht hat, dass alle Arbeitnehmer des Betriebes davon Kenntnis nehmen konnten, und könnte durch das Fernbleiben nicht informierter Arbeitnehmer das Wahlergebnis beeinflusst werden, kann dies nur in einem **gerichtlichen Bestellungsverfahren**, nicht aber in einem späteren Kündigungsschutzverfahren des Wahlvorstandsmitglieds geschehen (*LAG Düsseld.* 17.2.2011 – 11 Sa 1229/10, AuR 2011, 314 LS).

517 **Der besondere Kündigungsschutz gem. § 15 Abs. 3 S. 1 KSchG (Kündigung nur aus wichtigem Grund sowie Notwendigkeit der Zustimmung des Betriebsrats) endet jeweils mit der Bekanntgabe des Wahlergebnisses.** Vor seiner Bekanntgabe endet er dann, wenn der Wahlvorschlag wegfällt, wenn etwa ein Wahlbewerber zurücktritt bzw. die Kandidatur zurücknimmt (*BAG* 17.3.2005 EzA § 28 BetrVG 2001 Nr. 1), ein Mangel nicht innerhalb der Frist von § 8 Abs. 2 WO geheilt wird oder der Wahlvorschlag nicht fristgerecht beim Wahlvorstand eingereicht wird. Ist die **förmliche Bekanntgabe** des Wahlergebnisses **unterblieben**, der Betriebsrat jedoch zu seiner konstituierenden Sitzung zusammengetreten, so endet der Schutz nach § 15 Abs. 3 S. 1 KSchG **mit diesem Zeitpunkt** (*BAG* 5.11.2009 EzA § 15 KSchG n. F. Nr. 64). **Danach greift der befristete Kündigungsschutz im Nachwirkungszeitraum gem. § 15 Abs. 3 S. 2 KSchG ein** (Kündigung nur aus wichtigem Grund möglich, ohne Notwendigkeit der Zustimmung des Betriebsrats).

518 Nach Beendigung des nachwirkenden Kündigungsschutzes kann der Arbeitgeber dem erfolglosen Wahlbewerber/Wahlvorstandsmitglied dagegen wieder wie jedem anderen Arbeitnehmer kündigen (*BAG* 14.2.2002 EzA § 611 BGB Arbeitgeberhaftung Nr. 10). Er ist insbes. **nicht gehindert, die Kündigung auf Pflichtverletzungen** (z. B. verbale und tätliche Auseinandersetzungen mit Arbeitskollegen) des Arbeitnehmers zu stützen, die dieser **während der Schutzfrist** begangen hat und die **erkennbar nicht im Zusammenhang mit der Wahlbewerbung** stehen (*BAG* 13.6.1996 EzA § 15 KSchG Nr. 44). Erfolgt unter diesen Umständen eine wirksame Kündigung, kann der Funktionsträger einen Schadensersatzanspruch nicht auf eine frühere Verletzung der Übernahmeverpflichtung des § 15 Abs. 5 S. 1 KSchG stützen, denn auch dieses Übernahmegebot ist zeitlich befristet (*BAG* 14.2.2002 EzA § 611 BGB Arbeitgeberhaftung Nr. 10).

*(2) Amtsniederlegung von Mitgliedern des Wahlvorstandes*

519 Nach Auffassung des *BAG* (9.10.1986 EzA § 15 KSchG n. F. Nr. 35) erwerben sogar Mitglieder des Wahlvorstandes, die vor Durchführung der Betriebsratswahl ihr Amt niederlegen, **vom Zeitpunkt der Amtsniederlegung an** den 6-monatigen nachwirkenden Kündigungsschutz des § 15 Abs. 3 S. 2 KSchG.

520 Dafür spricht der Zweck der gesetzlichen Regelung, denn der Gesetzgeber ist davon ausgegangen, dass auch der Wahlvorstand bei der Ausübung seines Amtes in Konflikt mit dem Arbeitgeber geraten kann. Deshalb bedürfen seine Mitglieder ebenfalls wie die Betriebsratsmitglieder nach Beendigung des Amtes noch eines Schutzes gegen ordentliche Kündigungen.

*(3) Besonderer Kündigungsschutz für Wahlbewerber für den Wahlvorstand?*

521 Wird der Wahlvorstand von einer Betriebsversammlung gewählt, so ist ein Wahlbewerber zur Wahl eines Wahlvorstandes aufgestellt, sobald ein Arbeitnehmer den betreffenden (wählbaren) Arbeitnehmer als Kandidaten zur Wahl vorschlägt. Bestellt das Arbeitsgericht den Wahlvorstand, so ist ein Wahlbewerber zur Wahl eines Wahlvorstandes aufgestellt, sobald ein Antragsberechtigter einen an

das ArbG gerichteten Vorschlag für die Zusammensetzung des Wahlvorstandes unterzeichnet. Ein Arbeitnehmer, der zwar zu seiner Wahl vorgeschlagen wird, eine Kandidatur jedoch ablehnt, gilt keinesfalls als Wahlbewerber i. S. v. § 15 KSchG. Besonderer Kündigungsschutz gilt für ihn folglich nicht.

**Fraglich ist aber, ob im Übrigen der Kündigungsschutz für Wahlbewerber auch für Bewerber für das Amt des Wahlvorstandes gilt.** 522

Nach Auffassung von *Berkowsky* (MünchArbR § 135 Rn. 9) wird der Begriff des Wahlbewerbers von § 15 Abs. 3 KSchG im Hinblick auf den Wahlvorschlag gebraucht, den es bei der Wahl zum Wahlvorstand nicht gibt. Auch besteht sachlich kein Schutzbedürfnis, denn eine Kündigung wegen der Kandidatur wäre offensichtlich sozial- und betriebsverfassungswidrig (§ 20 Abs. 2 BetrVG). Auch besteht nicht die Gefahr, mit dem Arbeitgeber in inhaltliche Interessenkollisionen zu geraten. 523

Demgegenüber gilt der Grund für den besonderen Kündigungsschutz für Wahlbewerber, nicht aus Furcht vor Entlassung vor einer Bewerbung zurückzuschrecken, nach Auffassung von *Etzel* (KR § 103 BetrVG Rn. 13) auch hier. Deshalb besteht kein sachlicher Grund dafür, den umfassenden Begriff »Wahlbewerber« nicht auch auf Wahlbewerber für das Amt des Wahlvorstandes zu erstrecken. 524

*(4) Gewerkschaftsbeauftragte als Wahlvorstandsmitglieder*

**Fraglich ist, ob § 15 Abs. 3 KSchG, § 103 BetrVG auch für ein gem. § 16 Abs. 1 S. 6 BetrVG von einer im Betrieb vertretenen Gewerkschaft beauftragtes betriebsangehöriges und nicht stimmberechtigtes Mitglied des Wahlvorstandes gilt.** 525

Dafür spricht nach Auffassung von *Kreutz* (GK-BetrVG § 16 Rn. 51; a. A. *Engels/Natter* BB 1989, Beil. Nr. 8, S. 21) entscheidend, dass die entsandten Gewerkschaftsbeauftragten vom Zeitpunkt des Wirksamwerdens ihrer Entsendung an Mitglieder des Wahlvorstandes sind. 526

*(5) Nichtigkeit der Wahl zum Wahlvorstand sowie zum Betriebsrat*

Jedenfalls genießen die in einer **nichtigen Wahl** gewählten Wahlvorstandsmitglieder **nicht den besonderen Kündigungsschutz** des § 15 Abs. 3 KSchG, **ebenso wenig die in einer nichtigen Wahl gewählten Betriebsratsmitglieder** (*BAG* 7.5.1986 EzA § 103 BetrVG 1972 Nr. 31; 27.4.1976 EzA § 19 BetrVG 1972 Nr. 8). 527

*(6) Begrenzung des Nachwirkungszeitraums*

Den Umstand, dass die Ausübung des Amtes des Wahlvorstandes im Hinblick auf seine Funktionen und die zeitlich begrenzte Dauer der Amtszeit weniger Konfliktstoff in sich birgt als das Amt des gewählten Betriebsrats, hat der Gesetzgeber durch die Begrenzung des Nachwirkungszeitraums auf **sechs Monate** berücksichtigt (vgl. *BAG* 14.2.2002 EzA § 611 BGB Arbeitgeberhaftung Nr. 10). 528

Die Mitglieder des Wahlvorstandes befinden sich zur Zeit der Niederlegung ihres Amtes ebenfalls in einer Lage, die sie nach der Wertung des Gesetzgebers in Konflikt mit dem Arbeitgeber bringen kann und deshalb eine »**Abkühlungsphase**« erforderlich macht. 529

Sie haben sich bis zu diesem Zeitpunkt für die Einleitung und Durchführung der Wahl ohne Rücksicht darauf einsetzen müssen, ob dem Arbeitgeber die getroffenen Entscheidungen, z. B. die Zulassung bestimmter Wahlbewerber oder Wählerlisten, genehm gewesen sind. 530

Für das zurückgetretene Wahlvorstandsmitglied setzt jedoch der nachwirkende Kündigungsschutz des § 15 Abs. 3 S. 2 KSchG bereits vom Zeitpunkt des Rücktritts ein und nicht erst mit der Bekanntgabe des Wahlergebnisses. 531

Insoweit ist diese Vorschrift nach Sinn und Zweck der gesetzlichen Gesamtregelung entgegen ihrem Wortlaut einschränkend auszulegen (sog. teleologische Reduktion, *BAG* 9.10.1986 EzA § 15 KSchG n. F. Nr. 35). 532

*ee) Nachwirkender Kündigungsschutz für Betriebsratsmitglieder*

533 Der nachwirkende Kündigungsschutz für Betriebsratsmitglieder gem. § 15 Abs. 1 S. 2 KSchG ist nicht auf die Fälle der Beendigung der Amtszeit als Kollegialorgan (§§ 21, 24 Abs. 1 Nr. 1 BetrVG) beschränkt, sondern **gilt auch** in den Fällen des § 24 Abs. 1 Nr. 2 bis 4 BetrVG, insbes. also **bei der Niederlegung des Betriebsratsamtes** durch das gewählte Betriebsratsmitglied (*BAG* 5.7.1979 EzA § 15 KSchG n. F. Nr. 22).

534 Im Hinblick auf die einheitliche gesetzliche Regelung ist davon auszugehen, dass auch während des nachwirkenden Kündigungsschutzes ordentliche Gruppen- und Massenänderungskündigungen ausgeschlossen sind (*BAG* 29.1.1981, 9.4.1987 EzA § 15 KSchG n. F. Nr. 26, 37).

535 Demgegenüber geht *Etzel* (KR § 15 KSchG Rn. 18a) davon aus, dass im Nachwirkungszeitraum eine Besserstellung der ehemaligen Amtsträger gegenüber den Arbeitskollegen sachlich nicht gerechtfertigt und vom Gesetzeszweck nicht gedeckt ist. Auch nach der Rechtsprechung des *BAG* (6.3.1986 EzA § 15 KSchG n. F. Nr. 34) kann jedenfalls dann, wenn der Arbeitgeber dadurch die Arbeitsbedingungen eines Amtsträgers denen einer Gruppe von Arbeitnehmern anpassen will, zu der auch der Amtsträger gehört, eine außerordentliche Änderungskündigung gerechtfertigt sein.

*ff) Ersatzmitglieder des Betriebsrats*

536 Der nachwirkende Kündigungsschutz steht auch dem Ersatzmitglied zu, das für ein vorübergehend verhindertes Mitglied in das Gremium einrückt, also als Vertreter zur Betriebsratsarbeit herangezogen wird (*BAG* 12.2.2004 EzA § 15 KSchG n. F. Nr. 56) und nach Beendigung des Vertretungsfalles wieder aus dem Gremium ausscheidet (*BAG* 5.11.2009 EzA § 15 KSchG n. F. Nr. 64).

537 Eine zeitweilige Verhinderung eines Personalratsmitglieds an der Ausübung seines Amtes liegt i. d. R. vor, wenn es sich krankgemeldet hat und dem Dienst fernbleibt. In diesem Falle tritt das nächstberufene Ersatzmitglied anstelle des abwesenden Personalratsmitglieds in den Personalrat ein und erwirbt damit den besonderen Kündigungsschutz des § 15 Abs. 1 KSchG. Der Sonderkündigungsschutz des § 15 Abs. 1 S. 1 KSchG setzt bei **urlaubsbedingter Verhinderung** eines Betriebsratsmitglieds mit Beginn des Arbeitstages ein, an dem dem ordentlichen Betriebsratsmitglied Erholungsurlaub bewilligt ist, ohne dass es erforderlich ist, dass das Ersatzmitglied zu konkreter Betriebsratstätigkeit herangezogen wird. Wird einem ordentlichen Betriebsratsmitglied Erholungsurlaub bewilligt, führt dies nicht nur zum **Ruhen seiner Verpflichtung** zur Arbeitsleistung, sondern zugleich zur Suspendierung seiner Amtspflichten. Dem Betriebsratsmitglied wird während seines Erholungsurlaubs die Verrichtung seiner Amtspflichten zwar nicht ohne weiteres objektiv unmöglich, grds. aber **unzumutbar**. Es gilt im Fall des Erholungsurlaubs jedenfalls so lange als **zeitweilig verhindert** i. S. v. § 25 Abs. 1 S. 2 BetrVG, **wie es nicht seine Bereitschaft**, während des Urlaubs Betriebsratstätigkeiten zu verrichten, **positiv anzeigt** (*BAG* 8.9.2011 EzA § 25 BetrVG 2001 Nr. 3; *LAG Düsseld.* 26.4.2010 NZA-RR 2010, 419). Eine **einseitige Freistellung** des Ersatzmitglieds durch den **Arbeitgeber** betrifft nur das Arbeitsverhältnis und führt nicht zu einer Verhinderung des nachrückenden Ersatzmitglieds (*LAG Düsseld.* 26.4.2010 NZA-RR 2010, 419).

538 Ersatzmitglieder vertreten ordentliche Mitglieder des Betriebsrats **nicht nur in einzelnen Amtsgeschäften**. Sie rücken gem. § 25 Abs. 1 S. 2 BetrVG für die Dauer der Verhinderung eines Betriebsratsmitglieds in den Betriebsrat nach. Der Eintritt des Ersatzmitglieds vollzieht sich **automatisch** mit Beginn des Verhinderungsfalls. Er hängt nicht davon ab, dass die Verhinderung des ordentlichen Mitglieds dem Ersatzmitglied bekannt ist. Während der Vertretungszeit und für deren Dauer steht dem Ersatzmitglied der – volle – Sonderkündigungsschutz aus § 15 Abs. 1 S. 1 KSchG zu. Dieser Schutz ist regelmäßig **nicht auf Zeiten beschränkt**, in denen Betriebsratstätigkeit tatsächlich anfällt. Er scheitert jedenfalls dann auch nicht an der Kurzzeitigkeit einer Verhinderung, wenn dem ordentlichen Betriebsratsmitglied für die **Dauer eines Arbeitstags** Erholungsurlaub bewilligt worden ist und dieses nicht von vornherein seine Bereitschaft erklärt hatte, trotz des Urlaubs Betriebsratsaufgaben wahrzunehmen (*BAG* 8.9.2011 EzA § 25 BetrVG 2001 Nr. 3). Das gilt selbst dann, wenn sich

später herausstellt, dass das ordentliche Personalratsmitglied **nicht arbeitsunfähig krank war** und deshalb unberechtigt dem Dienst ferngeblieben ist (*BAG* 5.9.1986 EzA § 15 KSchG n. F. Nr. 36), **also ein Vertretungsfall in Wahrheit nicht vorgelegen hat** (*BAG* 12.2.2004 EzA § 15 KSchG n. F. Nr. 56; *LAG Köln* 14.7.2004 AuR 2005, 236 LS; *ArbG Dresden* 30.10.2008 – 12 Ca 1241/08, AuR 2009, 145 LS). **Ausgeschlossen** ist der Schutz des § 15 KSchG aber dann, wenn der Vertretungsfall **durch kollusive Absprachen zum Schein herbeigeführt wird** (*BAG* 5.9.1986 EzA § 15 KSchG n. F. Nr. 36) oder das Ersatzmitglied weiß bzw. sich ihm **aufdrängen muss, dass kein Vertretungsfall vorliegt** (*BAG* 12.2.2004 EzA § 15 KSchG n. F. Nr. 56; *LAG Köln* 14.7.2004 AuR 2005, 236 LS; *ArbG Dresden* 30.10.2008 – 12 Ca 1241/08, AuR 2009, 145 LS). Insgesamt kann der sich daraus ergebenden **Gefahr eines Rechtsmissbrauchs** zugunsten des Ersatzmitglieds deshalb mit Hilfe von § 242 BGB begegnet werden. Danach kann die Berufung auf den besonderen Kündigungsschutz im Einzelfall ausgeschlossen sein. Davon ist etwa auszugehen, wenn ein Verhinderungsfall im **kollusiven Zusammenwirken** mit einem ordentlichen Betriebsratsmitglied zu dem Zweck herbeigeführt wurde, dem Ersatzmitglied den besonderen Kündigungsschutz zu verschaffen (*BAG* 8.9.2011 EzA § 25 BetrVG 2001 Nr. 3).

Nichts anderes gilt auch dann, wenn das **Ersatzmitglied** während dieser Zeit **selbst vorübergehend verhindert ist**, wenn die Zeit der Verhinderung im Verhältnis zu der Dauer des Vertretungsfalles nicht erheblich ist (*BAG* 9.11.1977, 6.9.1979 EzA § 15 KSchG n. F. Nr. 13, 23; **a. A.** KR/*Etzel* § 103 BetrVG Rn. 49: Dauer ist unerheblich; stets voller Kündigungsschutz; vgl. dazu ausf. *Uhmann* NZA 2000, 581 ff.), denn das Ersatzmitglied steht während des Vertretungsfalles einem Vollmitglied gleich. Es kann wie jedes andere Betriebsratsmitglied in Konflikte mit dem Arbeitgeber geraten und verdient zusätzlich auch den nachwirkenden Kündigungsschutz, wenn es nach Beendigung des Vertretungsfalles aus seinem Amt ausscheidet. Seine »Amtszeit« ist damit i. S. d. § 15 KSchG – zumindest vorläufig – beendet. **Auf die Dauer der Vertretungstätigkeit kommt es nicht an.** Das bedeutet praktisch, dass das Ersatzmitglied nach Beendigung eines auch nur kurzfristigen Vertretungsfalles für die Dauer von einem Jahr bzw. bei Mitgliedern des Wahlvorstandes von sechs Monaten nachwirkenden Kündigungsschutz genießt. Tritt während dieses Zeitraums wieder ein Vertretungsfall ein, so erlangt das Ersatzmitglied nach Beendigung des Vertretungsfalles wiederum für die Dauer von einem Jahr bzw. sechs Monaten – vom Ende des letzten Vertretungsfalles an gerechnet – nachwirkenden Kündigungsschutz (KR/*Etzel* § 15 KSchG Rn. 65). 539

§ 15 Abs. 1 KSchG ist sogar bereits **vor Beginn des Nachrückens** anwendbar, wenn sich das Ersatzmitglied auf eine Betriebsratssitzung bereits vor dem Eintritt des (eigenen) Verhinderungsfalles **vorbereiten muss**. Dies ist die Zeit ab der Ladung; i. d. R. sind jedoch drei Arbeitstage als Vorbereitungszeit ausreichend (*BAG* 17.1.1979 EzA § 15 KSchG n. F. Nr. 21). 540

Etwas anderes gilt allerdings dann, wenn das nachgerückte Ersatzmitglied während der gesamten Dauer des Vertretungsfalles selbst an der Amtsausübung verhindert war oder aus sonstigen Gründen keine Betriebsratstätigkeit wahrnahm, z. B. weil keine Aufgaben angefallen sind. Übt das Ersatzmitglied keine Betriebsratstätigkeit aus, erlangt es zwar während der Dauer des Vertretungsfalles den Kündigungsschutz eines Vollmitglieds (§ 103 BetrVG; s. dazu Rdn. 495 ff.; s. aber auch Rdn. 539). Nach Beendigung des Vertretungsfalles entfällt aber ein nachwirkender Kündigungsschutz, denn infolge fehlender Betriebsratstätigkeit des Ersatzmitglieds konnte es dann zu keinen Konflikten mit dem Arbeitgeber kommen; auch ist das Ersatzmitglied nicht durch eine Amtsausübung in seiner beruflichen Entwicklung zurückgeworfen worden. Damit ist kein sachlicher Grund ersichtlich, diesem Ersatzmitglied nachwirkenden Kündigungsschutz zu gewähren (*BAG* 6.9.1979 EzA § 15 KSchG n. F. Nr. 23; KR/*Etzel* § 15 KSchG Rn. 65a). 541

(derzeit unbesetzt) 542

Behauptet der Arbeitnehmer, er habe **als Ersatzmitglied** an einer Sitzung des Betriebsrats teilgenommen und wird diese Tatsache vom Arbeitgeber **substantiiert bestritten**, muss der Kläger im Einzelnen darlegen, dass er gem. § 25 BetrVG als Ersatzmitglied des Betriebsrats zu Recht herangezogen wurde. Dies gilt insbes. dann, wenn nach eigenem Vortrag des Klägers an der Sitzung mehr als die 543 erforderliche Anzahl von Ersatzmitgliedern teilgenommen haben (*LAG Brem.* 5.9.2008 – 4 Sa 110/08, Prozesskostenhilfeverfahren).

### gg) Weitere Gremien der Betriebsverfassung

**544** Der besondere betriebsverfassungsrechtliche Kündigungsschutz gilt entsprechend für in **Heimarbeit** beschäftigte Mitglieder des Betriebsrats bzw. der **Jugend- und Auszubildendenvertretung** sowie für Mitglieder des Wahlvorstandes (§ 29a HAG). Vertrauensmänner und -frauen der **Schwerbehinderten** besitzen kraft gesetzlicher Verweisung den gleichen Kündigungsschutz wie Mitglieder des Betriebs- bzw. Personalrats (§ 96 Abs. 3 SGB IX). Dies gilt auch für Wahlbewerber und Mitglieder des Wahlvorstandes.

### hh) Ausnahmen vom nachwirkenden Kündigungsschutz

**545** Vom nachwirkenden Kündigungsschutz ausgenommen sind Amtsträger nach § 15 KSchG, deren Mitgliedschaft durch eine gerichtliche Entscheidung beendet worden ist.

**546** Der nachwirkende Kündigungsschutz entfällt also, wenn die Betriebsratswahl erfolgreich **angefochten** worden ist, die Arbeitnehmervertretung durch rechtskräftige gerichtliche Entscheidung **aufgelöst** oder das betreffende Mitglied durch gerichtliche Entscheidung ausgeschlossen worden ist.

**548** Allerdings bleibt der nachwirkende Kündigungsschutz Wahlvorstandsmitgliedern und -bewerbern dann erhalten, wenn zwar die Betriebsratswahl nichtig, die Bestellung zu Mitgliedern des Wahlvorstandes bzw. die Wahlbewerbung als solche aber ordnungsgemäß erfolgt.

### ii) Kündigungsschutz bei der Einladung zur Betriebsversammlung bzw. wegen des Antrags auf Bestellung eines Wahlvorstandes

**549** Auf Grund der Regelung des § 15 Abs. 3a KSchG haben auch Arbeitnehmer, die insbes. zu einer Betriebsversammlung gem. § 17 Abs. 3 BetrVG bzw. zu einer Wahlversammlung gem. § 17a Abs. 3 S. 2 BetrVG einladen oder die Bestellung eines Wahlvorstandes (insbes. gem. §§ 16 Abs. 2, 17 Abs. 4, 17a Abs. 4 BetrVG) beantragen, einen besonderen Kündigungsschutz. Ihnen kann in der Zeit von der Einladung oder Antragstellung bis zur Bekanntgabe des Wahlergebnisses nur aus wichtigem Grund gekündigt werden. Der besondere Schutz gilt allerdings nur für die ersten drei in der Einladung oder Antragstellung aufgeführten Arbeitnehmer. Wird das betriebsverfassungsrechtliche Gremium nicht gewählt, besteht der Kündigungsschutz vom Zeitpunkt der Einladung der Antragstellung an für drei Monate (vgl. dazu *Nägele/Nestel* BB 2002, 354 ff.).

## b) Wichtiger Grund beim Betriebsratsmitglied

### aa) Abgrenzung zwischen arbeitsvertraglichen und betriebsverfassungsrechtlichen Pflichten

**550** Der wichtige Grund i. S. d. § 626 Abs. 1 BGB kann nur in einem Verstoß gegen die arbeitsvertraglichen Pflichten, auch Nebenpflichten (s. § 241 Abs. 2 BGB; *BAG* 27.1.2011 EzA § 626 BGB 2002 Verdacht strafbarer Handlung Nr. 10 = NZA 2011, 798; 24.3.2011 – 2 AZR 282/10, EzA-SD 16/2011 S. 3 LS = NZA 2011, 1029; 9.6.2011 EzA § 626 BGB 2002 Nr. 35) liegen. Bei Verstößen gegen Amtspflichten kommt dagegen § 23 Abs. 1 BetrVG in Betracht (*BAG* 22.8.1974 EzA § 103 BetrVG 1972 Nr. 6).

**551** Stellt eine Handlung zugleich eine Amtspflichtverletzung und eine Verletzung arbeitsvertraglicher Pflichten dar, so ist eine außerordentliche Kündigung nur möglich, wenn die **Vertragsverletzung für sich betrachtet einen wichtigen Grund** i. S. v. § 626 Abs. 1 BGB **darstellt**. Ein bestimmtes Verhalten ist ausschließlich eine Amtspflichtverletzung, wenn das Betriebsratsmitglied lediglich kollektivrechtliche Pflichten verletzt hat. Verstößt das Betriebsratsmitglied stattdessen gegen eine für alle Arbeitnehmer gleichermaßen geltende vertragliche Pflicht, liegt – zumindest auch – eine Vertragspflichtverletzung vor. In solchen Fällen ist an die Berechtigung der fristlosen Entlassung allerdings ein »**strengerer**« **Maßstab** anzulegen als bei einem Arbeitnehmer, der dem Betriebsrat nicht angehört (*BAG* 12.5.2010 EzA § 15 KSchG n. F. Nr. 67; 5.11.2009 EzA § 15 KSchG n. F. Nr. 64).

Die **vorsätzliche Falschaussage** eines Betriebsratsmitglieds in einem den eigenen Arbeitgeber betreffenden Beschlussverfahren stellt z. B. insoweit nicht nur eine Verletzung von Amtspflichten, sondern auch eine Vertragspflichtverletzung dar (*BAG* 5.11.2009 EzA § 15 KSchG n. F. Nr. 64 = NZA-RR 2010, 236). Gleiches gilt für die **heimliche Übertragung einer Betriebsratssitzung** durch ein Betriebsratsmitglied an Dritte (*LAG BW* 9.9.2011 LAGE § 15 KSchG Nr. 23). 552

*bb) Prüfungsmaßstab für die Unzumutbarkeit*

*(1) Ordentliche Kündigungsfrist*

Im Rahmen des wichtigen Grundes ist an sich zu prüfen, ob dem Arbeitgeber die Fortsetzung des Arbeitsverhältnisses bis zum Ablauf der Kündigungsfrist zugemutet werden kann (s. Rdn. 1104 ff.). 553

Da die ordentliche Kündigung des Arbeitsverhältnisses aber ausgeschlossen ist, solange der besondere Kündigungsschutz besteht, ist dieser Prüfung an sich die Fortsetzung des Arbeitsverhältnisses i. d. R. bis zum 65. Lebensjahr (bei Männern) bei Bestehen einer entsprechenden, meist tariflichen Altersgrenze zugrunde zu legen. Dennoch ist nach der bisherigen Rechtsprechung des *BAG* (6.3.1986 EzA § 15 KSchG n. F. Nr. 34; 18.2.1993 EzA § 15 KSchG n. F. Nr. 40) **diejenige Kündigungsfrist (fiktiv) zugrunde zu legen, die ohne den besonderen Kündigungsschutz für den betroffenen Arbeitnehmer gelten würde.** 554

Denn die Tatsache, dass die ordentliche Kündigung ausgeschlossen ist, darf nicht zum Nachteil des betroffenen Arbeitnehmers berücksichtigt werden. 555

Ob das BAG an dieser Rechtsauffassung festhalten wird, ist fraglich. Denn inzwischen hat es sie **ausdrücklich** (*BAG* 21.6.1995 EzA § 15 KSchG n. F. Nr. 43; vgl. dazu APS/*Dörner/Vossen* § 626 BGB Rn. 42 ff.; *Hilbrandt* NZA 1998, 1258 ff.; *Weber/Lohr* BB 1999, 2350 ff.) **jedenfalls für die außerordentliche betriebsbedingte Änderungskündigung aufgegeben**; s. ausf. Rdn. 1131 ff. 556

Zur Begründung hat das *BAG* (21.6.1995 EzA § 15 KSchG n. F. Nr. 43) darauf verwiesen, dass die Einhaltung einer derartigen hypothetisch zu veranschlagenden Kündigungsfrist vom eingeschränkten Schutzzweck der Normen der §§ 2, 15 KSchG her gesehen nicht zu fordern ist. Dafür spricht der generelle Effekt der beabsichtigten Umstrukturierungsmaßnahme sowie die erstrebte Gleichbehandlung der Arbeitnehmer. Dem besonderen Kündigungsschutz des § 15 KSchG ist Rechnung getragen, weil der Fortbestand und die Stetigkeit der jeweiligen Arbeitnehmervertretung gesichert ist. Da es nicht um die Beendigung des Arbeitsverhältnisses, sondern »nur« um seine inhaltliche Umgestaltung geht, relativiert sich folglich die Zumutbarkeitsprüfung. Erforderlich ist, dass die vorgesehene Änderung der Arbeitsbedingungen für den Arbeitgeber unabweisbar und dem Arbeitnehmer zumutbar ist. 557

Nach Auffassung von *Hilbrandt* (NZA 1997, 465 ff.) belegt die Begründung der Entscheidung, dass sie sich **allein auf betriebsbedingte Massenänderungskündigungen** bezieht. Die Einzeländerungskündigung muss danach – nach wie vor – strengeren Anforderungen unterworfen werden (s. Rdn. 2965 ff.). 558

*(2) »Strengerer Maßstab«*

Nach Auffassung des *BAG* (12.5.2010 EzA § 15 KSchG n. F. Nr. 67; 5.11.2009 EzA § 15 KSchG n. F. Nr. 64; 16.10.1986 EzA § 626 BGB n. F. Nr. 105; abl. *LAG Köln* 28.11.1996 NZA 1997, 1166 LS; *Leutze* DB 1993, 2590 ff.) ist im Übrigen an die Berechtigung der fristlosen Entlassung ein »strengerer Maßstab« anzulegen als bei einem Arbeitnehmer, der dem Betriebsrat nicht angehört. 559

Dadurch soll die freie Betätigung des Betriebsratsmitglieds in seinem Amt gewährleistet werden. 560

561 Denn eine Verletzung der Pflichten aus dem Arbeitsvertrag, die im Rahmen der Amtstätigkeit begangen wird, kann aus einer Konfliktsituation heraus entstanden sein, der der Arbeitnehmer, der nicht Betriebsratsmitglied ist, nicht ausgesetzt ist. Das gilt z. B. für Beleidigungen im Verlauf schwieriger und erregter Auseinandersetzungen. Die damit ermöglichte Tat- und Situationsgerechtigkeit ist keine verbotene Besserstellung des Betriebsratsmitglieds, sondern nur die Folge der Beachtung der besonderen Sachlage (*BAG* 16.10.1986 EzA § 626 BGB n. F. Nr. 105).

562 Dafür spricht, dass dann, wenn das Verhalten des Betriebsratsmitglieds sowohl gegen Amts- wie auch gegen Arbeitsvertragspflichten verstößt, die durch § 23 Abs. 1 BetrVG bezweckte Absicherung, die Konsequenzen für das Betriebsratsamt nur bei groben Pflichtverletzungen zulässt, nicht mittelbar dadurch beseitigt werden darf, dass die außerordentliche Kündigung zugelassen wird, obwohl eine grobe Amtspflichtverletzung zu verneinen ist (so unter Hinweis auf § 24 Abs. 1 Nr. 3 BetrVG, GK-BetrVG/*Wiese* § 23 Rn. 23).

*cc) Beispiele*

563 Selbst bei Anlegung eines besonders strengen Prüfungsmaßstabes ist die **Bereitschaft** eines Arbeitnehmers, der Betriebsratsmitglied ist, in einem Rechtsstreit gegen seinen Arbeitgeber **vorsätzlich falsch auszusagen**, an sich geeignet, eine außerordentliche Kündigung zu rechtfertigen. Auch im Rahmen der Interessenabwägung nach § 626 BGB ist dieses Verhalten nicht allein wegen des Betriebsratsamtes zu beurteilen als das entsprechende Verhalten eines nicht durch § 15 KSchG geschützten Arbeitnehmers (*BAG* 16.10.1986 EzA § 626 BGB n. F. Nr. 105).

564 Informiert ein Betriebsratsmitglied mit Billigung des Gremiums die **Aufsichtsbehörde** über einen tatsächlichen oder vermeintlichen **Arbeitszeitverstoß** des Arbeitgebers – z. B. unzulässige Sonntagsarbeit –, so stellt dieses Verhalten jedenfalls dann keinen Grund für die fristlose Kündigung dar, wenn der Arbeitgeber zuvor in rechtswidriger Weise ohne Zustimmung des Betriebsrats den Schichtbeginn am Sonntagabend vorverlegt hat (*ArbG Marburg* 12.11.2010 LAGE § 23 BetrVG 2001 Nr. 6). Auch der **dringende Verdacht** einer erheblichen arbeitsvertraglichen Pflichtverletzung kann ein wichtiger Grund zur Kündigung i. S. v. § 626 Abs. 1 BGB sein. Voraussetzung ist, dass gewichtige, auf objektive Tatsachen gestützte Verdachtsmomente vorliegen und diese geeignet sind, das für die Fortsetzung des Arbeitsverhältnisses erforderliche Vertrauen bei einem verständigen und gerecht abwägenden Arbeitgeber zu zerstören. Ein dringender, zur Kündigung berechtigender Verdacht liegt nur vor, wenn bei kritischer Prüfung eine auf Indizien gestützte **große Wahrscheinlichkeit** für eine erhebliche Pflichtverletzung gerade des gekündigten Arbeitnehmers besteht (*BAG* 12.5.2010 EzA § 15 KSchG n. F. Nr. 67).

565 Verzehrt andererseits ein **Betriebsratsmitglied Speisen**, die nicht mehr an Restaurantgäste veräußert werden können, sondern entweder in den Müll geworfen werden oder zum Verzehr durch die Belegschaft freigegeben werden, ohne ausdrückliche Zustimmung aber in Anwesenheit eines zur Freigabe berechtigten Managers, so kann in der Einzelfallabwägung auch der **Fortbestand** des Arbeitsverhältnisses **zumutbar** sein. Das kann insbes. dann der Fall sein, wenn eine unklare Weisungslage besteht, das ungenehmigte Verzehren in der Vergangenheit folgenlos geblieben ist und wegen der Öffentlichkeit der Tat keinerlei Unrechtsbewusstsein bestand (*LAG Köln* 15.10.2007 – 2 TaBV 33/07, AuR 2008, 229 LS).

566 Auch kann das Arbeitsverhältnis eines Betriebsratsmitglieds in aller Regel nach § 15 Abs. 1 S. 1 KSchG, § 626 BGB **nicht wegen häufiger krankheitsbedingter Fehlzeiten** außerordentlich gekündigt werden (*BAG* 18.2.1993 EzA § 15 KSchG n. F. Nr. 40).

567 Die **fortgesetzte Störung des Betriebsfriedens**, bei der zusätzlich das Gebot der vertrauensvollen Zusammenarbeit der Betriebsratsmitglieder untereinander verletzt wird, kann einen wichtigen Grund darstellen (*LAG Köln* 28.11.1996 NZA 1997, 1166 LS).

568 Nimmt ein (bisher freigestelltes) Betriebsratsmitglied ein auf mehrere Jahre befristetes Wahlamt als gewerkschaftlicher Landesvorsitzender an, ohne dass ihn der Arbeitgeber von seinen arbeitsvertrag-

lichen Pflichten freistellt, kann dieser Umstand eine außerordentliche Kündigung rechtfertigen (*LAG Bln.* 16.10.1995 LAGE § 15 KSchG Nr. 13).

Bei einer durch vielfache Prozesse **gestörten Vertrauenssituation** kann die Ablehnung, auf das arbeitgeberseitige Verlangen an einem sofortigen Personalgespräch, ohne Bekanntgabe des Gesprächsthemas und ohne die Möglichkeit eine Vertrauensperson hinzuzuziehen, teilzunehmen im Einzelfall die fristlose Kündigung eines Betriebsratsmitglieds nicht begründen (*LAG Köln* 30.3.2009 – 2 Sa 1322/08, ZTR 2009, 662). 569

### c) Ordentliche Kündigung bei Betriebsstilllegung oder Stilllegung einer Betriebsabteilung

#### aa) Inhalt und Zweck der gesetzlichen Regelung

In Ausnahme vom grundsätzlichen Kündigungsverbot während des besonderen Kündigungsschutzes ist die ordentliche Kündigung dann zulässig, wenn ihr eine Betriebsstilllegung oder die Stilllegung einer Betriebsabteilung zugrunde liegt und eine anderweitige Beschäftigung des Funktionsträgers nicht in Betracht kommt (§ 15 Abs. 4, 5 KSchG). 570

Zwar spricht das Gesetz in diesem Zusammenhang nur davon, dass die »Kündigung« zulässig ist. Damit ist aber ausschließlich die ordentliche Kündigung gemeint (*BAG* 29.3.1977 EzA § 102 BetrVG 1972 Nr. 27). 571

Ziel ist es, sicherzustellen, dass auch unter dem besonderen Kündigungsschutz eine kündigungsrechtliche Gleichbehandlung gegenüber den anderen Arbeitnehmern möglich ist, zumal **auch die Funktionsträger in einem stillgelegten Betrieb keine Funktion mehr auszuüben hätten** (APS/*Linck* § 15 KSchG Rn. 157). 572

Diese Regelung gilt auch für die durch § 15 Abs. 3a KSchG geschützten Initiatoren einer Betriebsratswahl; auch ihnen kann also im Fall der Betriebsstilllegung unter den Voraussetzungen des § 15 Abs. 4 KSchG ordentlich gekündigt werden. Denn die Nichterwähnung von § 15 Abs. 3a KSchG in § 15 Abs. 4 KSchG beruht auf einem Redaktionsversehen, steht dem also nicht entgegen (*BAG* 4.11.2004 EzA § 15 KSchG n. F. Nr. 58; *LAG Nbg.* 29.1.2004 – 5 Sa 607/03, EzA-SD 7/04, S. 11 LS). 573

#### bb) Betriebsbegriff

Zugrunde gelegt wird der **allgemeine Betriebsbegriff**. Deshalb gelten auch die Grundsätze über das Vorliegen eines gemeinsamen Betriebes mehrerer Unternehmen für die Kündigung von Mitgliedern der Betriebsverfassungsorgane wegen Stilllegung des Betriebes oder einer Betriebsabteilung nach § 15 Abs. 4, 5 KSchG (*BAG* 5.3.1987 EzA § 15 KSchG n. F. Nr. 38). 574

#### cc) Betriebsstilllegung

##### (1) Begriffsbestimmung

Eine Betriebsstilllegung setzt voraus, dass die Einstellung der betrieblichen Arbeit und die Auflösung der Produktionsgemeinschaft für unabsehbare oder für eine im Voraus festgelegte, aber relativ lange Zeit erfolgt (*BAG* 14.10.1982 EzA § 15 KSchG n. F. Nr. 29). 575

Werden nach Einstellung der Produktion die Arbeitsverhältnisse der im Betrieb beschäftigten Arbeitnehmer gekündigt, so liegt i. d. R. eine Auflösung der zwischen Arbeitgeber und Arbeitnehmer bestehenden Betriebs- und Produktionsgemeinschaft vor, wenn im Kündigungszeitpunkt davon auszugehen ist, dass eine eventuelle Wiederaufnahme der Produktion erst nach einem längeren, wirtschaftlich nicht unerheblichen Zeitraum erfolgen kann, dessen Überbrückung mit weiteren Vergütungszahlungen dem Arbeitgeber nicht zugemutet werden kann (*BAG* 21.6.2001 NZA 2002, 212).

576 Die bloße Verlegung des Betriebes ist nicht ohne weiteres mit einer Betriebsstilllegung verbunden. Maßgeblich ist, ob wesentliche Teile der Belegschaft am neuen Standort erhalten bleiben oder nicht.

*(2) Weiterbeschäftigung in einem anderen Betrieb des Unternehmens*

577 Fraglich ist, ob der von einer Betriebsstilllegung betroffene Funktionsträger einwenden kann, er könne in einem anderen Betrieb des Unternehmens weiterbeschäftigt werden. Denn § 1 KSchG ist insoweit neben § 15 KSchG nicht anwendbar.

578 Da aber kein Grund ersichtlich ist, den Funktionsträger nach § 15 KSchG gegenüber Arbeitnehmern, auf die § 1 KSchG anwendbar ist, schlechter zu stellen, ist im Wege der ergänzenden Gesetzesauslegung davon auszugehen, dass **auch eine Kündigung nach § 15 Abs. 4 KSchG nicht möglich ist, wenn für diesen Arbeitnehmer eine Weiterbeschäftigungsmöglichkeit in einem anderen Betrieb des Unternehmens besteht** (*BAG* 13.8.1992 EzA § 15 KSchG n. F. Nr. 39: »Auslegung über den Wortlaut der Bestimmung hinaus«).

579 Kann nur ein Teil der nach § 15 KSchG geschützten Funktionsträger in anderen Betrieben des Unternehmens weiterbeschäftigt werden, so sind für die Auswahl der zu übernehmenden Arbeitnehmer die Grundsätze der Sozialauswahl bei betriebsbedingten Kündigungen anzuwenden.

*(3) Kündigung frühestens zum Zeitpunkt der Betriebsschließung*

580 Die ordentliche Kündigung kann grds. unter Einhaltung der Kündigungsfrist zum Zeitpunkt der Betriebsschließung erfolgen; allerdings ist eine ggf. anwendbare längere Kündigungsfrist einzuhalten (*BAG* 23.4.1980 EzA § 15 KSchG n. F. Nr. 24).

581 Erfolgt die Betriebsschließung sukzessive, so dürfen die nach § 15 KSchG geschützten Personen grds. erst zum letztmöglichen Zeitpunkt entlassen werden (*BAG* 26.10.1967 AP Nr. 17 zu § 13 KSchG).

582 Zu einem **früheren Zeitpunkt** können dem besonderen Kündigungsschutz unterliegende Personen aber dann gekündigt werden, wenn dies durch **zwingende betriebliche Erfordernisse** bedingt ist. Das ist nur dann der Fall, wenn für den betroffenen Arbeitnehmer **überhaupt keine Beschäftigungsmöglichkeit** mehr vorhanden ist, weder im bisherigen Arbeitsbereich noch in einem anderen. Ein besetzter Arbeitsplatz, den der geschützte Arbeitnehmer einnehmen könnte, muss für ihn freigekündigt werden.

583 Fraglich ist allerdings, ob der geschützte Arbeitnehmer insoweit absoluten Vorrang genießt (dafür *Matthes* DB 1980, 169 f.) oder ob in diesen Fällen die sozialen Belange des anderen Arbeitnehmers und die berechtigten betrieblichen Interessen an seiner Weiterbeschäftigung gegen die Interessen der Belegschaft und des geschützten Arbeitnehmers an seiner Weiterbeschäftigung gegeneinander abzuwägen sind (dafür KR/*Etzel* § 15 KSchG Rn. 126).

*(4) Beteiligung des Betriebsrats*

584 Bei einer ordentlichen Kündigung nach § 15 Abs. 4, 5 KSchG ist eine Zustimmung des Betriebsrats nach § 103 BetrVG i. V. m. § 15 Abs. 1 bis 3 KSchG nicht erforderlich.

Der Betriebsrat ist allerdings gem. § 102 Abs. 1 BetrVG anzuhören (*BAG* 20.1.1984 EzA § 15 KSchG n. F. Nr. 33).

*dd) Stilllegung einer Betriebsabteilung*

*(1) Begriffsbestimmung*

585 Eine *Betriebsabteilung* i. S. v. § 15 Abs. 5 KSchG ist ein organisatorisch abgegrenzter Teil eines Betriebes, der eine personelle Einheit erfordert, dem eigene technische Betriebsmittel zur Ver-

## C. Die Rechtswirksamkeit der außerordentlichen Arbeitgeberkündigung Kapitel 4

fügung stehen und der einen eigenen Betriebszweck verfolgt, der auch in einem bloßen Hilfszweck bestehen kann (APS/*Linck* § 15 KSchG Rn. 182).

Besteht ein Betrieb aus mehreren räumlich nahe beieinander liegenden Betriebsteilen und befinden sich in diesen Betriebsteilen organisatorisch abgrenzbare Arbeitseinheiten, die jeweils denselben Betriebszweck verfolgen, so bilden diese Arbeitseinheiten jeweils eine Betriebsabteilung i. S. d. § 15 Abs. 5 KSchG (*BAG* 20.1.1984 EzA § 15 KSchG n. F. Nr. 33). In einem **überbetrieblichen Ausbildungszentrum** stellt der einzelne Ausbildungsbereich (Gewerk) keine Betriebsabteilung in diesem Sinne dar, da ein gemeinsamer arbeitstechnischer Zweck – die Aus- und Fortbildung der Teilnehmerinnen und Teilnehmer der Maßnahmen – verfolgt wird. Es fehlt auch an einer organisatorischen Einheit des Bereichs, wenn Ausbilder und Arbeitsmittel bereichsübergreifend eingesetzt werden, auch wenn dies nur im Rahmen der jeweiligen Grundausbildung erfolgt (*LAG Bra.* 12.10.2001 NZA-RR 2002, 520). 586

Fraglich ist, was dann gilt, wenn eine **Betriebsabteilung** nicht stillgelegt, sondern **veräußert wird.** *Etzel* (KR § 15 KSchG Rn. 125a) nimmt an, dass das Arbeitsverhältnis gem. § 613a BGB auf den Erwerber übergeht und das **Betriebsratsamt** im alten Betrieb erlischt. Widerspricht das Betriebsratsmitglied dem Übergang des Arbeitsverhältnisses, kann der Veräußerer die mit den widersprechenden Arbeitnehmern verbleibende Rumpfbetriebsabteilung stilllegen und damit die Voraussetzungen für eine Anwendung des § 15 Abs. 5 KSchG schaffen. Das *LAG Düsseld.* (25.11.1997 LAGE § 15 KSchG Nr. 16) hält demgegenüber § **15 Abs. 5 KSchG** für **analog** anwendbar. Danach stellt die Weiterführung des Betriebsratsamtes einen sachlichen Grund für einen Widerspruch gegen einen Übergang des Arbeitsverhältnisses dar mit der Folge, dass der Arbeitgeber ggf. sogar einen geringwertigen Arbeitsplatz für das Betriebsratsmitglied frei kündigen muss. Etwas anderes gilt danach nur dann, wenn im Rahmen einer Interessenabwägung festzustellen ist, dass die sozialen Belange des hiervon betroffenen Arbeitnehmers in erheblichem Maße die des durch § 15 KSchG geschützten Arbeitnehmers überwiegen. 587

### (2) Betriebsteil

Fehlt es bei einem aus mehreren räumlich nahe beieinander liegenden Betriebsteilen bestehenden Betrieb an der Verfolgung eines betriebsteilübergreifenden Betriebszwecks, so können **auch organisatorisch abgrenzbare Teile eines Betriebsteils, sofern sie jeweils eine personelle Einheit darstellen, über eigene technische Betriebsmittel verfügen und einen eigenen Betriebszweck verfolgen, eine Betriebsabteilung i. S. d. § 15 Abs. 5 KSchG darstellen** (*BAG* 20.1.1984 EzA § 15 KSchG n. F. Nr. 33). 588

Gelten Betriebsteile dagegen nach § 4 S. 1 BetrVG als selbstständiger Betrieb und besteht bei ihnen ein Betriebsrat, ist bei einer Stilllegung nicht § 15 Abs. 5, sondern § 15 Abs. 4 KSchG anzuwenden. Besteht in einem solchen Betriebsteil kein Betriebsrat, obwohl ein solcher hätte gewählt werden können, so ist er als Teil des Gesamtbetriebes anzusehen, sodass insoweit § 15 Abs. 5 KSchG Anwendung findet (KR/*Etzel* § 15 KSchG Rn. 122). 589

### (3) Fehlende Weiterbeschäftigungsmöglichkeit des Arbeitnehmers

Eine ordentliche Kündigung des dem besonderen Kündigungsschutz unterliegenden Arbeitnehmers ist bei **Stilllegung einer Betriebsabteilung** nur möglich, wenn der betreffende Arbeitnehmer in dieser Abteilung beschäftigt wird und es aus betrieblichen Gründen nicht möglich ist, den Arbeitnehmer in eine andere Betriebsabteilung zu übernehmen (§ 15 Abs. 5 KSchG). Er muss dem Arbeitnehmer **grds. eine gleichwertige Stelle** anbieten (*BAG* 23.2.2010 NZA 2010, 1288; *LAG Hamm* 13.6.2008 – 13 Sa 244/08, EzA-SD 17/2008 S. 6 LS; **a. A.** *LAG RhPf* 13.11.2007 LAGE § 15 KSchG Nr. 20; *Houben* NZA 2008, 851: u. U. auch ein höherwertiger Arbeitsplatz). Durch das Angebot eines geringerwertigen Arbeitsplatzes mit geringerer Entlohnung genügt er jedenfalls regelmäßig noch nicht seinen gesetzlichen Verpflichtungen (*BAG* 2.3.2006 EzA § 1 KSchG Betriebsbedingte Kündigung Nr. 145; *Leuchten* NZA 2007, 585 ff.; s. aber Rdn. 593). I. d. R. schuldet er aber **nicht** die Beschäf- 590 tigung auf einem **höherwertigen Arbeitsplatz** in einer anderen Betriebsabteilung (*BAG* 23.2.2010 EzA § 15 KSchG n. F. Nr. 66; a. A. *LAG RhPf* 13.11.2007 LAGE § 15 KSchG Nr. 20; *Houben* NZA 2008, 851). Das gilt selbst dann, wenn das Betriebsratsmitglied das Anforderungsprofil einer solchen Beförderungsstelle erfüllt. **Gegen eine derartige Verpflichtung des Arbeitgebers sprechen der Rechtscharakter des § 15 KSchG als nur bestandssichernde Bestimmung (»übernehmen«) und das Verbot, Betriebsratsmitglieder wegen ihres Amtes zu begünstigen** (*BAG* 23.2.2010 EzA § 15 KSchG n. F. Nr. 66).

591 Um eine geschuldete Weiterbeschäftigung zu ermöglichen, muss der Arbeitgeber vorrangig andere, nicht durch § 15 KSchG geschützte Arbeitnehmer kündigen und/oder die vorhandene Arbeit unter den verbleibenden Arbeitnehmern nach Maßgabe des Direktionsrechts so verteilen, dass der geschützte Arbeitnehmer in wirtschaftlich vertretbarer Weise eingesetzt werden kann (*BAG* 25.11.1981 EzA § 15 KSchG n. F. Nr. 27; 2.3.2006 EzA § 1 KSchG Betriebsbedingte Kündigung Nr. 145; krit. dazu *Schleusener* DB 1998, 2368 ff.); der gleichwertige Arbeitsplatz in einer anderen Abteilung **muss also nicht frei sein** (*BAG* 2.3.2006 EzA § 1 KSchG Betriebsbedingte Kündigung Nr. 145; *LAG RhPf* 13.11.2007 LAGE § 15 KSchG Nr. 20). Ob dabei die Interessen des durch die erforderliche Freikündigung betroffenen Arbeitnehmers gegen die Interessen des Betriebsratsmitglieds und die Interessen der Belegschaft an der **Kontinuität der Besetzung des Betriebsrats** abzuwägen sind, hat das *BAG* (18.10.2000 EzA § 15 KSchG n. F. Nr. 51; s. dazu *Horcher* NZA-RR 2006, 393 ff.; *Leuchten* NZA 2007, 585 ff.; dafür *LAG RhPf* 13.11.2007 LAGE § 15 KSchG Nr. 20) offen gelassen.

592 Dabei ist der Arbeitnehmer primär auf einem gleich gearteten und gleichwertigen Arbeitsplatz weiterzubeschäftigen. Ist ein solcher Arbeitsplatz vorhanden, genügt das Angebot eines geringer entlohnten Arbeitsplatzes nicht (*BAG* 1.2.1957 AP Nr. 5 zu § 13 KSchG).

*(4) Angebot einer geringerwertigen Tätigkeit*

593 Ist allerdings ein gleichwertiger Arbeitsplatz nicht vorhanden, so muss der Arbeitgeber dem geschützten Arbeitnehmer eine Änderung der Arbeitsbedingungen anbieten, wenn nur ein geringerwertiger Arbeitsplatz zur Verfügung steht (*BAG* 25.11.1981 EzA § 15 KSchG n. F. Nr. 27). Der Arbeitgeber muss dann ggf. dem Mandatsträger eine Änderungskündigung aussprechen (*BAG* 2.3.2006 EzA § 1 KSchG Betriebsbedingte Kündigung Nr. 145). Insoweit genießt der Mandatsträger nach dem Sinn und Zweck des § 15 KSchG grds. einen **Vorrang bei der Weiterbeschäftigung vor anderen – auch sonderkündigungsgeschützten – Arbeitnehmern**. Deshalb genießen die **aktiven Mandatsträger** einen **Vorrang vor den Ersatzmitgliedern** im Nachwirkungszeitraum bei der Weiterbeschäftigung auf einer anderen Stelle in einer anderen Abteilung. Eine innerbetriebliche Weiterbeschäftigungspflicht des Arbeitgebers entfällt nur, wenn dem Arbeitgeber die Übernahme in eine andere Abteilung »aus betrieblichen Gründen« ausnahmsweise nicht möglich ist (*BAG* 2.3.2006 EzA § 1 KSchG Betriebsbedingte Kündigung Nr. 145 = NZA 2006, 988).

594 Nimmt der geschützte Arbeitnehmer das Angebot nicht an und kündigt der Arbeitgeber daraufhin nach § 15 Abs. 5 KSchG ordentlich, so kann der Arbeitnehmer die Unwirksamkeit dieser Kündigung nicht mehr mit der Behauptung geltend machen, er hätte auf dem angebotenen, aber von ihm abgelehnten Arbeitsplatz weiterbeschäftigt werden können.

595 Er kann jedoch vortragen, der Arbeitgeber hätte ihm einen anderen, mit einer weniger einschneidenden Änderung der Arbeitsbedingungen verbundenen Arbeitsplatz anbieten können.

596 Für **Wahlbewerber** gilt insoweit Folgendes (*BAG* 12.3.2009 § 15 KSchG n. F. Nr. 63):
 – Die in § 15 Abs. 5 S. 1 KSchG angeordnete Übernahmepflicht gilt **ohne Einschränkung** auch für Wahlbewerber.
 – Die Verpflichtung nach § 15 Abs. 5 S. 1 KSchG verlangt vom Arbeitgeber, mit allen zur Verfügung stehenden Mitteln, für die Weiterbeschäftigung des Arbeitnehmers zu **möglichst gleichwertigen Bedingungen** zu sorgen.
 – Der Arbeitgeber muss dem Mandatsträger grds. eine **möglichst gleichwertige Stellung** anbieten.

## C. Die Rechtswirksamkeit der außerordentlichen Arbeitgeberkündigung  Kapitel 4

– Ist die Ausübung des Direktionsrechts zur Übernahme auf einen anderen Arbeitsplatz nicht ausreichend und ist es auch nicht zu einer einvernehmlichen Regelung gekommen, so muss der Arbeitgeber die nach den Maßstäben des § 15 Abs. 5 S. 1 KSchG mögliche Weiterbeschäftigung in einer **anderen Betriebsabteilung** im Rahmen einer Änderungskündigung anbieten.
– Der gleichwertige Arbeitsplatz in einer anderen Abteilung muss – anders als im Falle des § 1 Abs. 2 S. 2 KSchG – **nicht frei sein**. Ist ein gleichwertiger Arbeitsplatz in einer anderen Abteilung vorhanden und mit einem nicht durch § 15 KSchG geschützten Arbeitnehmer besetzt, muss der Arbeitgeber versuchen, den Arbeitsplatz durch Umverteilung der Arbeit, Ausübung seines Direktionsrechts oder ggf. auch durch den Ausspruch einer Kündigung für den Mandatsträger **freizumachen**.

*(5) Darlegungs- und Beweislast*

**Der Arbeitgeber trägt die volle Darlegungs- und Beweislast** (*BAG* 25.11.1981 EzA § 15 KSchG n. F. Nr. 27; *LAG RhPf* 13.11.2007 LAGE § 15 KSchG Nr. 20). 597

Denn das Gesetz bestimmt insoweit als Grundsatz eine Pflicht des Arbeitgebers zur Übernahme des Betriebsratsmitglieds in eine andere Betriebsabteilung. Nur für den weiteren Ausnahmefall, dass dies nicht möglich ist, erlaubt es die Kündigung. Bei diesem engen Ausnahmetatbestand ist der Arbeitgeber verpflichtet, materiell alle denkbaren Übernahmemöglichkeiten besonders eingehend zu prüfen und prozessual den Umfang der von ihm angestellten Überlegungen und ihr Ergebnis so substantiiert darzulegen, dass das Gericht zu der notwendigen Überzeugung gelangen kann, der Ausnahmetatbestand der Unmöglichkeit der Übernahme liege tatsächlich vor (*BAG* 25.11.1981 EzA § 15 KSchG n. F. Nr. 27; *LAG RhPf* 13.11.2007 LAGE § 15 KSchG Nr. 20). 598

**Jedoch ist die Intensität seiner Darlegungslast davon abhängig, wie substantiiert der Arbeitnehmer die Möglichkeit seiner Weiterbeschäftigung konkretisiert** (§ 138 Abs. 2 ZPO). 599

Will der Arbeitgeber unter Berufung auf § 15 Abs. 5 KSchG wegen Schließung einer Abteilung kündigen, muss er darlegen, dass der Betrieb **überhaupt aus mehreren voneinander abgrenzbaren Abteilungen besteht**. Ist zudem streitig, ob der Arbeitnehmer zuvor in die zu schließende Abteilung versetzt worden ist, muss der Arbeitgeber auch die Voraussetzungen für die Rechtswirksamkeit der Versetzung darlegen (*LAG Köln* 26.6.2006 NZA-RR 2006, 575). Darüber hinaus muss er darlegen, **welche Arbeiten** in den übrigen Betriebsabteilungen **noch anfallen** und dass es auch bei Kündigung anderer – nicht durch § 15 KSchG geschützter – Arbeitnehmer und Umverteilung der Arbeit unter den verbleibenden Arbeitnehmern nicht möglich gewesen wäre, den gekündigten Arbeitnehmer in **wirtschaftlich vertretbarer** Weise einzusetzen. Eine Bevorzugung ist insoweit ausgeschlossen, weil die Mandatsträger nicht begünstigt werden, sondern ihre ursprünglichen Arbeitsbedingungen behalten (*LAG Hmb.* 26.3.2008 – 5 Sa 91/06, EzA-SD 26/2008 S. 3 LS). 600

Hinsichtlich des Ausmaßes der vom Arbeitgeber in die Betrachtung einzubeziehenden Arbeitsplätze ist zu beachten, dass dann, wenn er dem Betriebsrat und seinen Mitgliedern gegenüber so auftritt, als betreibe er mit anderen Unternehmen zusammen einen **Gemeinschaftsbetrieb**, er sich im Hinblick auf den Sonderkündigungsschutz der Betriebsratsmitglieder (§ 15 KSchG) **so behandeln lassen muss, als bestehe ein Gemeinschaftsbetrieb** (*BAG* 18.10.2000 EzA § 15 KSchG n. F. Nr. 51; s. a. *BAG* 13.8.2008 NZA-RR 2009, 255). 601

*(6) Schutz der Funktionsträger bei Teilbetriebsübergang und gleichzeitiger Stilllegung des Restbetriebes*

Beschließt ein Arbeitgeber, Betriebsabteilungen auf einen Erwerber zu übertragen und gleichzeitig die verbleibenden Abteilungen stillzulegen, so hat er gem. § 15 Abs. 5 KSchG geschützte Funktionsträger im Rahmen des betrieblich Möglichen **in die zu übertragenden Abteilungen zu übernehmen** mit der Folge, dass deren Arbeitsverhältnisse auf den Erwerber übergehen (*LAG SA* 16.3.1999 NZA-RR 1999, 574). Kommt der Veräußerer dieser Verpflichtung bis zum Zeitpunkt des Betriebsübergangs **nicht nach**, geht das Arbeitsverhältnis des geschützten Funktionsträgers nach Auffassung 602 des *LAG SA* (16.3.1999 NZA-RR 1999, 574) in erweiternder Auslegung von § 613a BGB **gleichwohl auf den Erwerber über**, sofern der Funktionsträger nicht widerspricht.

### d) Das Zustimmungsersetzungsverfahren

#### aa) Verfahrensfragen hinsichtlich der Entscheidung des Betriebsrats, Betriebsausschusses

603 Im Rahmen des Zustimmungsverfahrens gem. § 103 Abs. 1 BetrVG ist das selbst betroffene Betriebsratsmitglied nicht nur von der Abstimmung im Betriebsrat ausgeschlossen, sondern auch von der dieser vorausgehenden Beratung (*BAG* 26.8.1981 EzA § 103 BetrVG 1972 Nr. 27).

604 Für das somit rechtlich verhinderte Betriebsratsmitglied ist ein **Ersatzmitglied** gem. § 25 Abs. 1 S. 2 BetrVG zu laden.

605 Ist kein Ersatzmitglied für das betroffene Betriebsratsmitglied eingeladen worden, nimmt dieses vielmehr an der Beratung über die eigene Kündigung teil, so ist der Betriebsratsbeschluss über die Kündigung nichtig.

606 Unschädlich ist es dagegen, wenn bei Teilnahme des Ersatzmitglieds das betroffene Betriebsratsmitglied Gelegenheit erhält, zu den Vorwürfen des Arbeitgebers Stellung zu nehmen (*BAG* 23.8.1984 EzA § 103 BetrVG 1972 Nr. 30).

607 Der Betriebsrat darf seine Zustimmungsbefugnis gem. § 103 BetrVG nach z. T. vertretener Auffassung wegen der Bedeutung des Verfahrens **nicht** auf einen **Personalausschuss** übertragen; die Kündigung eines Betriebsratsmitglieds nur mit Zustimmung des Personalausschusses ist folglich unwirksam (*LAG Köln* 28.8.2001 – 13 Sa 19/01, ZTR 2002, 46 LS).

608 Das *BAG* (17.3.2005 EzA § 28 BetrVG 2001 Nr. 1) ist dem nicht gefolgt. Die Übertragung ist sowohl auf einen Betriebsausschuss nach § 27 Abs. 2 BetrVG als auch auf einen besonderen Ausschuss nach § 28 BetrVG grds. zulässig. Allerdings muss das Zustimmungsrecht dem Ausschuss ausdrücklich übertragen worden sein. Im schriftlichen Übertragungsbeschluss müssen die übertragenen Befugnisse so genau umschrieben werden, dass der Zuständigkeitsbereich des Ausschusses eindeutig feststeht.

#### bb) Rechtsfolgen von Verfahrensfehlern

609 Wenn der Arbeitgeber das Zustimmungsverfahren beim Betriebsrat bzw. Personalrat nicht ordnungsgemäß abgewickelt hat, so ist die Kündigung unheilbar nichtig, selbst wenn der Betriebsrat der Kündigung zugestimmt hatte.

610 **Das schließt auch Verfahrensfehler des Betriebsrats ein**. Denn die Grundsätze, die für die Berücksichtigung der Mängel beim Anhörungsverfahren nach § 102 BetrVG entwickelt worden sind (sog. Sphärentheorie), sind auf das Zustimmungsverfahren nach § 103 Abs. 1 BetrVG nicht übertragbar, weil die erforderliche Zustimmung zur Kündigung (§ 15 KSchG) an sich einen wirksamen Beschluss voraussetzt (*BAG* 23.8.1984 EzA § 103 BetrVG 1972 Nr. 30).

611 Nach den Grundsätzen des Vertrauensschutzes darf der Arbeitgeber zwar grds. auf die Wirksamkeit eines Zustimmungsbeschlusses nach § 103 BetrVG vertrauen, wenn ihm der Betriebsratsvorsitzende oder sein Vertreter mitteilt, der Betriebsrat habe die beantragte Zustimmung erteilt. Das gilt aber dann nicht, wenn der Arbeitgeber die Tatsachen kennt oder kennen muss, aus denen die Unwirksamkeit des Beschlusses folgt.

612 ▶ **Beispiel:**

Der Arbeitgeber kann sich bei Kenntnis davon, dass nicht der Betriebsrat, sondern nur der Personalausschuss der Kündigung zugestimmt hat, **nicht auf Vertrauensschutz** berufen (*LAG Köln* 28.8.2001 – 13 Sa 19/01, ZTR 2002, 46 LS).

## C. Die Rechtswirksamkeit der außerordentlichen Arbeitgeberkündigung — Kapitel 4

Hat der Arbeitgeber einen Zustimmungsantrag nach § 103 Abs. 1 BetrVG gestellt und auf die spontane Zustimmungserklärung des Betriebsratsvorsitzenden hin vor Ablauf von drei Tagen gekündigt, so muss er erneut die Zustimmung des Betriebsrats beantragen, wenn er wegen Bedenken gegen die Wirksamkeit der ersten Kündigung eine weitere Kündigung aussprechen will. Ein stattdessen gestellter Zustimmungsersetzungsantrag ist unzulässig (*BAG* 24.10.1996 EzA § 103 BetrVG 1972 Nr. 37). 613

Eine besondere Erkundigungspflicht des Arbeitgebers im Hinblick auf Verfahrensfehler besteht andererseits nicht (*BAG* 23.8.1984 EzA § 103 BetrVG 1972 Nr. 30). 614

Die Nichtigkeit der Kündigung ist gem. §§ 4, 13 KSchG unabhängig vom Geltungsbereich des KSchG, allerdings mit der Verlängerungsmöglichkeit des § 6 KSchG, geltend zu machen. 615

### cc) Analoge Anwendung des § 103 Abs. 2 BetrVG

Vor der außerordentlichen Kündigung des **einzigen Betriebsratsmitglieds** muss der Arbeitgeber dann, wenn ein gewähltes Ersatzmitglied fehlt, **analog § 103 Abs. 2 BetrVG** im Beschlussverfahren die Zustimmung durch das ArbG ersetzen lassen (*BAG* 14.9.1994 EzA § 102 BetrVG 1972 Nr. 36). 616

### dd) Einleitung des Beschlussverfahrens

Lehnt der Betriebsrat die Zustimmung zur außerordentlichen Kündigung ab, so kann der Arbeitgeber im Beschlussverfahren (§ 2a ArbGG) gem. § 103 Abs. 2 BetrVG, § 15 KSchG die gerichtliche Ersetzung der Zustimmung geltend machen (vgl. dazu *Fischermeier* ZTR 1998, 433 ff.). 617

Der Arbeitnehmer ist an dem Verfahren zu beteiligen (§ 103 Abs. 2 BetrVG). Der Arbeitgeber muss es innerhalb der **2-Wochenfrist des § 626 Abs. 2 BGB** einleiten, um sein Kündigungsrecht nicht zu verlieren (*BAG* 18.8.1977 EzA § 103 BetrVG 1972 Nr. 20). 618

Verweigert der Betriebsrat bei einem schwer behinderten Menschen, der zugleich Betriebsratsmitglied ist, die Zustimmung zu einer außerordentlichen Kündigung, ist das Beschlussverfahren auf Ersetzung der Zustimmung nach § 103 Abs. 2 BetrVG analog § 91 Abs. 5 SGB IX **unverzüglich nach Erteilung der Zustimmung durch das Integrationsamt** oder nach Eintritt der Zustimmungsfiktion (§ 91 Abs. 3 S. 2 SGB IX) einzuleiten (*BAG* 22.1.1987 EzA § 103 BetrVG 1972 Nr. 32; *LAG RhPf* 5.10.2005 NZA-RR 2006, 245). 619

Der Zustimmungsantrag nach § 103 Abs. 2 BetrVG ist unheilbar nichtig, wenn er unter der Bedingung gestellt wird, dass der Betriebsrat die Zustimmung zu der beabsichtigten außerordentlichen Kündigung verweigert (*BAG* 7.5.1986 EzA § 103 BetrVG 1972 Nr. 31). 620

Auch ein vor der Entscheidung des Betriebsrats gestellter unbedingter (vorsorglicher) Ersetzungsantrag ist unzulässig und wird nicht mit der Zustimmungsersetzung zulässig. Durch einen solchen Antrag wird deshalb insbes. die Ausschlussfrist des § 626 Abs. 2 BGB nicht gewahrt (*BAG* 7.5.1986 EzA § 103 BetrVG 1972 Nr. 31). 621

### ee) Prüfungsmaßstab für das ArbG

Das ArbG hat in vollem Umfang das Vorliegen der Voraussetzungen des § 626 Abs. 1 BGB zu überprüfen und im Rahmen der notwendigen umfassenden Interessenabwägung auch die möglichen kollektiven Interessen der Belegschaft an diesem Arbeitnehmer mit seiner betriebsverfassungsrechtlichen Funktion in die Betrachtung mit einzubeziehen (*BAG* 22.8.1974 EzA § 103 BetrVG 1972 Nr. 6). 622

### ff) Kündigung nach Rechtskraft der Entscheidung

**Die Erklärung der Kündigung ist erst nach Rechtskraft der Entscheidung zulässig** (*BAG* 11.11.1976 EzA § 103 BetrVG 1972 Nr. 17). 623

624 Ausnahmsweise kann die Kündigung jedoch auch schon vor Eintritt der Rechtskraft der gerichtlichen Entscheidung ausgesprochen werden, wenn das LAG in seinem die Zustimmung ersetzenden Beschluss die Rechtsbeschwerde nicht zugelassen hat und sich aus den Gründen der zugestellten Entscheidung ergibt, dass die allein in Betracht kommende Nichtzulassungsbeschwerde wegen Divergenz offensichtlich unstatthaft ist (*BAG* 25.1.1979 EzA § 103 BetrVG 1972 Nr. 22; s. ausf. Rdn. 1078 f.).

624a Auch dann, wenn der Personalrat die z. B. nach § 48 Abs. 1 SächsPersVG erforderliche Zustimmung zur außerordentlichen Kündigung eines Mitglieds der Personalvertretung verweigert und das VG einem Antrag des Arbeitgebers auf Ersetzung der Zustimmung stattgegeben hat, kann die Kündigung grds. erst dann wirksam erfolgen, wenn die gerichtliche Entscheidung formell rechtskräftig ist (*BAG* 24.11.2011 EzA § 15 KSchG n. F. Nr. 70).

625 Ist, wie i. d. R., die **Frist gem. § 626 Abs. 2 BGB inzwischen abgelaufen, muss die Erklärung der Kündigung unverzüglich (§ 121 BGB) analog § 91 Abs. 5 SGB IX erfolgen** (*BAG* 24.4.1975 EzA § 103 BetrVG 1972 Nr. 8).

626 Hat der Betriebsrat die Zustimmung zunächst verweigert, sie sodann nach Einleitung des Beschlussverfahrens nach § 103 Abs. 2 BetrVG aber doch noch erteilt, so muss der Arbeitgeber die Kündigung unverzüglich aussprechen, nachdem er von der nachträglichen Zustimmung Kenntnis erlangt hat (*BAG* 17.9.1981 EzA § 103 BetrVG 1972 Nr. 28).

*gg) Verfahrensfragen des Beschlussverfahrens*

627 Im Beschlussverfahren sind zwar wegen des nach § 83 Abs. 1 ArbGG geltenden Untersuchungsgrundsatzes die Vorschriften über Geständnis und Nichtbestreiten einer Behauptung (§§ 138 Abs. 3, 288 ZPO) nicht unmittelbar anzuwenden (vgl. auch *LAG Düsseld.* 7.1.2004 LAG Report 2004, 137: nur beschränkte Anwendbarkeit des Untersuchungsgrundsatzes). Es bedarf aber gleichwohl i. d. R. dann keiner Beweisaufnahme, wenn die Beteiligten einen Sachverhalt übereinstimmend vortragen oder das substantiierte Vorbringen eines Beteiligten von dem anderen nicht abgestritten wird oder sich an dessen Richtigkeit keine Zweifel aufdrängen (*BAG* 10.12.1992 EzA § 103 BetrVG 1972 Nr. 33). Der Arbeitgeber kann unbeschränkt **neue Kündigungsgründe** in das Zustimmungsersetzungsverfahren einführen, sofern er vorher die neuen Kündigungsgründe dem **Betriebsrat** mitgeteilt und ihm Gelegenheit zur Stellungnahme gegeben hat (*BAG* 23.4.2008 EzA § 103 BetrVG 2001 Nr. 6). Das gilt auch, wenn die neuen Gründe erst im **Beschwerdeverfahren** nachgeschoben werden (*LAG Nbg.* 12.3.1999 NZA-RR 1999, 413; anders *LAG Nbg.* 2.8.2007 – 5 TaBV 67/06, AuR 2007, 364 LS: Nachschieben nur, wenn die Gründe nachträglich entstanden oder bekannt geworden sind und zuvor der Betriebsrat um Zustimmung ersucht wurde). Ob für das Nachschieben die Zwei-Wochen-Frist des § 626 Abs. 2 BGB gilt, hat das *LAG Nbg.* (12.3.1999 NZA-RR 1999, 413) offen gelassen.

628 Der Betriebsrat kann die von ihm zunächst verweigerte oder nicht erteilte Zustimmung auch nach Einleitung des Verfahrens nach § 103 Abs. 2 BetrVG jedenfalls dann noch nachträglich erteilen, wenn die Voraussetzungen des § 626 Abs. 1 BGB erfüllt sind (*BAG* 17.9.1981 EzA § 103 BetrVG 1972 Nr. 28).

629 Das Zustimmungsersetzungsverfahren ist **nicht nach § 148 ZPO wegen eines anderweitigen Kündigungsschutzverfahrens auszusetzen**, das eine nach vorheriger Zustimmung des Betriebsrats ausgesprochene Kündigung wegen eines späteren Fehlverhaltens des Betriebsratsmitglieds zum Gegenstand hat (zutr. *LAG Köln* 7.2.2007 LAGE § 103 BetrVG 2001 Nr. 5).

630 Erklärt der **Arbeitgeber** im Verfahren nach § 103 Abs. 2 BetrVG die Hauptsache für **erledigt**, nachdem der Betriebsrat die zunächst verweigerte Zustimmung später erteilt hat, während der beteiligte Funktionsträger, dessen Kündigung beabsichtigt ist, der Erledigung widerspricht, dann ist vom Gericht auf Grund einer Anhörung der Beteiligten nur darüber zu entscheiden, ob ein erledigendes Ereignis – die Zustimmung des Betriebsrats – eingetreten ist. Denn das Beschlussverfahren nach § 103

Abs. 2 BetrVG wird durch die nachträgliche Zustimmung durch den Betriebsrat erledigt (*BAG* 17.9.1981 EzA § 103 BetrVG 1972 Nr. 28; 23.6.1993 EzA § 103 BetrVG 1972 Nr. 34).

> Ersetzt das Gericht gem. § 103 Abs. 2 BetrVG die vom Betriebsrat verweigerte Zustimmung zur außerordentlichen Kündigung, so kann das betroffene Betriebsratsmitglied das hiergegen statthafte Rechtsmittel (Beschwerde bzw. zugelassene Rechtsbeschwerde, §§ 87 Abs. 1, 92, 92a ArbGG) auch dann einlegen, wenn der Betriebsrat die gerichtliche Entscheidung hinnimmt (*BAG* 10.12.1992 EzA § 103 BetrVG 1972 Nr. 33).

**631**

Der Antrag des Arbeitgebers auf Ersetzung der Zustimmung des Betriebsrats wird **unzulässig**, wenn während des laufenden Beschlussverfahrens das Arbeitsverhältnis mit dem Betriebsratsmitglied beendet wird (*BAG* 27.6.2002 EzA § 103 BetrVG 1972 Nr. 43; 24.11.2005 EzA § 103 BetrVG 2001 Nr. 5); nichts anderes gilt, wenn das Betriebsratsmitglied seinen Sonderkündigungsschutz in dieser Zeit verliert und ggf. später wieder neu erwirbt, z. B. als nachgerücktes Ersatzmitglied nach einer Neuwahl (*LAG München* 14.9.2005 – 10 TaBV 11/04 – EzA-SD 2/06 S. 15 LS). Soll die außerordentliche Kündigung, für die der Arbeitgeber die Zustimmung des Betriebsrats benötigt, lediglich vorsorglich für den Fall ausgesprochen werden, dass das Arbeitsverhältnis nicht durch eine vorausgegangene Kündigung bereits beendet ist, so besteht das Rechtsschutzinteresse allerdings so lange fort, wie über die vorausgegangene Kündigung noch nicht rechtskräftig entschieden ist (*BAG* 24.11.2005 EzA § 103 BetrVG 2001 Nr. 5).

**632**

Spricht der Arbeitgeber während eines von ihm **weiter betriebenen Verfahrens** nach § 103 BetrVG eine Kündigung gegenüber dem betreffenden Arbeitnehmer aus, so geschieht dies regelmäßig **vorsorglich** für den Fall, dass die Kündigung nicht (mehr) der Zustimmung des Betriebsrats bedarf. Eine in diesem Sinne vorsorgliche Kündigung ist nicht als Rücknahme des Zustimmungsersuchens oder als Abbruch des Verfahrens nach § 103 BetrVG zu verstehen. Sie »**verbraucht**« auch **nicht** die bis dahin erfolgte **Unterrichtung des Betriebsrats** (*BAG* 27.1.2011 EzA § 103 BetrVG 2001 Nr. 8).

**632a**

### hh) Verhältnis zum Kündigungsschutzverfahren; Rechtskraft

> Die Rechtskraft der Entscheidung im Beschlussverfahren steht der Kündigungsschutzklage nicht als negative Prozessvoraussetzung entgegen.

**633**

Sie hat aber **präjudizielle Wirkung** im anschließenden Kündigungsschutzprozess. **Der Arbeitnehmer kann deshalb keine Gesichtspunkte mehr vorbringen, die er im Beschlussverfahren bereits geltend gemacht hat oder hätte geltend machen können** (*BAG* 24.4.1975 EzA § 103 BetrVG 1972 Nr. 8; vgl. *Weber/Lohr* BB 1999, 2350 ff.). Er kann sich also grds. nicht mehr auf Kündigungshindernisse berufen, die er schon im Zustimmungsersetzungsverfahren hätte einwenden können (*BAG* 15.8.2002 EzA § 103 BetrVG 1972 Nr. 44). Diese Bindungswirkung gilt jedoch nicht in einem Kündigungsschutzprozess über eine auf denselben Sachverhalt gestützte ordentliche Kündigung, die der Arbeitgeber nach Beendigung des Sonderkündigungsschutzes ausgesprochen hat (*BAG* 15.8.2002 EzA § 103 BetrVG 1972 Nr. 44). Sie gilt auch **nicht** für solche **Kündigungshindernisse, die** – wie die fehlende Zustimmung des Integrationsamtes zur Kündigung eines schwerbehinderten Menschen – **noch nach Abschluss** des betriebsverfassungs- bzw. personalvertretungsrechtlichen **Zustimmungsersetzungsverfahrens beseitigt werden können**. Auch die erst später mit Rückwirkung festgestellte Schwerbehinderung ist als neue Tatsache im Kündigungsschutzprozess berücksichtigungsfähig (*BAG* 11.5.2000 EzA § 21 SchwbG 1986 Nr. 11).

**634**

> Demgegenüber hat das *ArbG Trier* (9.4.2003 NZA-RR 2003, 535) angenommen, dass es dem schwer behinderten Betriebsratsmitglied im Rahmen einer Kündigungsschutzklage gegen eine fristlose Kündigung gem. § 242 BGB verwehrt ist, sich auf den ihm gem. §§ 85, 91 SGB IX zustehenden Sonderkündigungsschutz zu berufen, wenn er trotz sicherer Kenntnis seiner Schwerbehinderteneigenschaft im Zustimmungsersetzungsverfahren keine Mitteilung an den Arbeitgeber macht.

**635**

636 Die nicht rechtskräftige **Verurteilung eines Betriebsratsmitglieds** ist im Übrigen **keine neue Tatsache**, die eine Ersetzung der Zustimmung des Betriebsrats zur außerordentlichen Kündigung des Betriebsratsmitglieds zulassen würde, wenn bereits in einem früheren Verfahren die Zustimmungsersetzung rechtskräftig mit der Begründung versagt wurde, die Tatvorwürfe **seien nicht erwiesen**. Dagegen kann die Zustimmungsersetzung in einem neuerlichen arbeitsgerichtlichen Beschlussverfahren dann geboten sein, wenn das Betriebsratsmitglied wegen der Tatvorwürfe inzwischen **rechtskräftig strafrechtlich verurteilt** wurde (*BAG* 16.9.1999 EzA § 103 BetrVG 1972 Nr. 40; vgl. auch *LAG Düsseld.* 8.12.1999 AuR 2000, 191).

*ii) Betriebsbedingte Kündigungen nach § 15 Abs. 4, 5 KSchG bei tariflicher Unkündbarkeit*

637 Im Falle der sog. tariflichen Unkündbarkeit (Ausschluss der ordentlichen Kündigung) eines Betriebsratsmitglieds bedarf es für dessen (außerordentlichen) betriebsbedingten Kündigung nach § 15 Abs. 4, 5 KSchG nicht der Zustimmung des Betriebsrats. Dies ist im Verfahren nach § 103 Abs. 2 BetrVG auch ohne dahingehenden ausdrücklichen Antrag des Arbeitgebers in der den Ersetzungsantrag abweisenden Entscheidung – ggf. nach Hinweis gem. § 139 ZPO – festzustellen. Diese Entscheidung präjudiziert auch für ein nachfolgendes Kündigungsschutzverfahren, dass es einer Zustimmung des Betriebsrats zur Kündigung nicht bedurfte (*BAG* 18.9.1997 EzA § 15 KSchG n. F. Nr. 46; vgl. dazu *Hilbrandt* NZA 1998, 1259 ff.).

*e) Besonderheiten bei Tendenzträgern*

638 § 103 Abs. 1 BetrVG gilt auch dann, wenn ein **Tendenzträger** (s. dazu *BAG* 14.9.2010 NZA 2011, 225) zugleich Mandatsträger ist, aber **aus nicht tendenzbezogenen** (z. B. wegen Leistungsmängeln) **Gründen** gekündigt werden soll (*BAG* 3.11.1982 EzA § 15 KSchG n. F. Nr. 78).

639 Kündigungsrechtlich erhebliche tendenzbezogene Leistungsstörungen liegen insoweit nur dann vor, wenn die von einem Tendenzträger erbrachte Arbeitsleistung als solche dem Tendenzzweck zuwiderläuft. Um nicht tendenzbezogene und damit tendenzneutrale Leistungsstörungen handelt es sich dann, wenn bei einem Tendenzträger Leistungsmängel auftreten, die **keinen unmittelbaren Bezug zu dem verfolgten Tendenzzweck** haben. Das ist z. B. dann der Fall, wenn ein Solo- und Erster Hornist in einem Symphonieorchester Töne weggelassen und falsche Töne insbes. im hohen Tonbereich gespielt hat (*BAG* 3.11.1982 EzA § 15 KSchG n. F. Nr. 78).

640 Fraglich ist aber, wie zu verfahren ist, wenn der Tendenz-Mandatsträger aus **tendenzbezogenen Gründen** gekündigt werden soll.

641 Nach der Rechtsprechung des *BAG* (28.8.2003 EzA § 118 BetrVG 2001 Nr. 3; krit. *Dzida/Hohenstatt* NZA 2004, 1084 ff.) kommt bei einer Kündigung aus tendenzbezogenen Gründen weder ein Zustimmungsrecht des Betriebsrats noch das Gebot der Zustimmungsersetzung durch das ArbG in Betracht. Allerdings muss der Arbeitgeber dann den Betriebsrat gem. § 102 Abs. 1 BetrVG anhören. Nach Auffassung von *Richter* (DB 1991, 2667) kann der Betriebsrat einer solchen Kündigung auch analog § 102 Abs. 3 BetrVG aus tendenzfreien Gründen widersprechen. Zu beachten ist in diesem Zusammenhang, dass die **Kündigung** eines Tendenzträgers **als solche noch keine tendenzbezogene Maßnahme ist**. Es spricht auch keine tatsächliche Vermutung dafür, dass die Kündigung eines Tendenzträgers stets aus tendenzbezogenen Gründen erfolgt. Bei »Mischtatbeständen«, d. h. bei einem Kündigungsgrund, der sowohl tendenz- als auch nicht tendenzbezogene Aspekte aufweist, wird regelmäßig das Zustimmungserfordernis des Betriebsrats nicht zu verlangen sein. Ansonsten könnte die Tendenzverwirklichung erheblich beeinträchtigt werden (*BAG* 28.8.2003 EzA § 118 BetrVG 2001 Nr. 3).

*f) Verhältnis zu sonstigen Kündigungsschutzvorschriften*

642 Neben § 15 Abs. 4, 5 KSchG sind die allgemeinen Kündigungsschutzvorschriften des KSchG, insbes. also § 1 KSchG, nicht anwendbar.

Deshalb scheidet auch eine **Auflösung** des Arbeitsverhältnisses gegen Zahlung einer Abfindung **nach §§ 9, 10 KSchG** aus. 643

Der Arbeitnehmer, der die Unwirksamkeit der Kündigung nach § 15 Abs. 4, 5 KSchG geltend macht, muss die **Klagefrist nach § 4 KSchG einhalten.** 644

Das gilt unabhängig vom Geltungsbereich des KSchG, allerdings mit der Verlängerungsmöglichkeit des § 6 KSchG. 645

Auch §§ 13, 4, 9, 10 KSchG **sind** für den Fall einer außerordentlichen Kündigung des geschützten Personenkreises nach § 15 Abs. 1, 2, 3 KSchG **anwendbar. Sonstige Kündigungsschutzvorschriften** (§§ 18–22 KSchG, §§ 85 ff. SGB IX, § 9 MuSchG, § 18 BEEG, § 2 ArbPlSchG) **gelten ohne Einschränkungen.** 646

### 3. Der besondere Kündigungsschutz schwangerer Frauen (§ 9 MuSchG)

*a) Struktur der gesetzlichen Regelung; Schriftform*

Gem. § 9 Abs. 1 S. 1 MuSchG ist die Kündigung gegenüber einer Frau während der Schwangerschaft und bis zum Ablauf von vier Monaten nach der Entbindung unzulässig (vgl. APS/*Rolfs* § 9 MuSchG Rn. 43 ff.). Der nachwirkende Kündigungsschutz ist insoweit nur dann gegeben, wenn eine **Entbindung,** und sei es auch eine Totgeburt, auch **tatsächlich vorliegt**; eine erlittene Fehlgeburt löst nicht den nachwirkenden Kündigungsschutz aus (*BAG* 16.2.1973 NJW 1973, 1431; 18.1.2000 NZA 2000, 1157; *LAG Hmb.* 26.11.2003 NZA-RR 2005, 72; KR/*Bader* § 9 MuSchG Rn. 31; **a. A.** *Kittner/Däubler/Zwanziger* § 9 MuSchG Rn. 15; krit. APS/*Rolfs* § 9 MuSchG Rn. 24 ff.). Keine Entbindung stellt nach z. T. vertretener Auffassung aber jedenfalls ein Schwangerschaftsabbruch dar (*LAG München* 14.7.2004 – 5 Sa 241/04, FA 2005, 220 LS). Dem ist das *BAG* (15.12.2005 EzA § 9 MuSchG n. F. Nr. 41) in dieser Allgemeinheit jedoch nicht gefolgt. Es geht davon aus, dass eine Entbindung i. S. d. § 9 Abs. 1 S. 1 MuSchG u. a. in Anlehnung an entsprechende personenstandsrechtliche Bestimmungen (§ 21 Abs. 2 PStG i. V. m. § 29 Abs. 2 PStV) dann anzunehmen ist, wenn die Leibesfrucht ein Gewicht von mindestens 500 Gramm hat. Dabei spielt es auch weiterhin keine Rolle, ob das Kind lebend oder tot geboren wird. Das gilt auch bei einer medizinisch indizierten vorzeitigen Beendigung der Schwangerschaft. Denn dies entspricht dem Sinn und Zweck von § 9 Abs. 1 MuSchG, u. a. einen Schutz für die durch die Schwangerschaft und den Geburtsvorgang entstehenden Belastungen der Frau zu gewähren (*BAG* 15.12.2005 EzA § 9 MuSchG n. F. Nr. 41). 647

Voraussetzung für den besonderen Kündigungsschutz ist des Weiteren, dass dem Arbeitgeber zur Zeit der Kündigung die Schwangerschaft oder Entbindung **bekannt war** oder **innerhalb zweier Wochen nach Zugang der Kündigung mitgeteilt wird.** § 9 MuSchG enthält insoweit ein **absolutes Kündigungsverbot.** Voraussetzung ist aber ferner, dass die Frau bei Zugang der Kündigung auch **tatsächlich schwanger** gewesen ist; steht fest, dass dies nicht der Fall war, kann die Kündigung nicht gem. § 9 Abs. 1 MuSchG unzulässig sein (*LAG Nds.* 12.5.1997 NZA-RR 1997, 460). 648

Die Kündigung kann auch nicht während der Verbotszeit zu deren Ende ausgesprochen werden. Der Arbeitgeber muss vielmehr ihren Ablauf abwarten. 649

Gem. **§ 9 Abs. 3 MuSchG** kann allerdings die zuständige oberste Landesbehörde oder die von ihr bestimmte Stelle (i. d. R. das Gewerbeaufsichtsamt) die außerordentliche ebenso wie die ordentliche Kündigung **ausnahmsweise für zulässig erklären.** 650

§ 9 MuSchG gilt auch dann, wenn der Arbeitgeber das Arbeitsverhältnis einer Schwangeren vor dessen Aktualisierung durch die Arbeitsaufnahme fristgemäß kündigt (*LAG Düsseld.* 30.9.1992 NZA 1993, 1041). 651

Liegt die behördliche Zustimmung vor, so kann der Arbeitgeber das Arbeitsverhältnis kündigen; nach der gesetzlichen Neuregelung des § 9 MuSchG muss die Kündigung aber schriftlich unter Angabe des zulässigen Kündigungsgrundes erfolgen. Damit statuiert § 9 Abs. 3 S. 2 MuSchG ein ge- 652 setzliches konstitutives Schriftformerfordernis i. S. d. § 126 BGB, das gegenüber § 623 BGB den Vorrang genießt. Die Kündigungserklärung selbst ist schriftlich abzufassen und vom Arbeitgeber oder einer vertretungsberechtigten Person eigenhändig mit Namen zu unterzeichnen. Eine Verletzung dieses Schriftformerfordernisses führt zur Unwirksamkeit der Kündigung, § 125 BGB (s. *BAG* 27.3.2003 EzA § 125 BGB 2002 Nr. 1). Die Kündigung bedarf zudem der Begründung. Dieses **Begründungserfordernis** dient der **Information der Arbeitnehmerin**, die erfahren soll, auf Grund welchen Sachverhalts und welcher Erwägungen des Arbeitgebers ihr gekündigt worden ist. Der Kündigende muss in dem Schreiben die Tatsachen mitteilen, die für die Kündigung maßgebend sind. Es ist zwar **keine volle Substantiierung** wie im Prozess zu verlangen, die Kündigungsgründe müssen aber **so genau** bezeichnet sein, dass die Arbeitnehmerin erkennen kann, um **welche konkreten Umstände** es sich handelt (vgl. *BAG* 27.3.2003 EzA § 125 BGB 2002 Nr. 1). Sie muss sich darüber klar werden können, ob sie die Kündigung akzeptieren oder gegen sie vorgehen will (vgl. *BAG* 25.11.1976 EzA § 15 BBiG Nr. 3). Die bloße Bezeichnung der Kündigung als »betriebsbedingt« genügt diesen Anforderungen nicht (*BAG* 10.2.1999 EzA § 125 BGB Nr. 13).

652a Die Begründung hat gleichfalls **schriftlich** zu erfolgen. Es genügt also nicht, dass der Arbeitgeber der Arbeitnehmerin bei Übergabe des Kündigungsschreibens erläutert, welche Gründe ihn zur Beendigung des Arbeitsverhältnisses veranlasst haben, oder im Kündigungsschreiben lediglich auf ein inhaltlich nicht näher umschriebenes Gespräch Bezug genommen wird (vgl. *BAG* 10.2.1999 EzA § 125 BGB Nr. 13). Vielmehr müssen auch die Gründe schriftlich festgehalten und vom Arbeitgeber oder einem Vertreter unterzeichnet sein. Insoweit finden – jedenfalls auf Grund des Gebots effektiver Sanktionierung der Verletzung unionsrechtlich statuierter Pflichten (Art. 4 Abs. 3 AEUV; s. APS/*Rolfs* § 9 MuSchG Rn. 89, 92) – §§ 125, 126 BGB analoge Anwendung. Eine ohne schriftliche Begründung erklärte Kündigung ist also gleichfalls **unwirksam** (ebenso für § 22 Abs. 3 BBiG *BAG* 22.2.1972 EzA § 15 BBiG Nr. 1; APS/*Rolfs* § 9 MuSchG Rn. 89, 92).

652b Kündigung und Begründung müssen **gleichzeitig erfolgen**. § 9 Abs. 3 S. 2 MuSchG verlangt, dass schon »die Kündigung«, also die auf die Beendigung des Arbeitsverhältnisses gerichtete Willenserklärung selbst, den Kündigungsgrund angibt. Fallen Kündigung und Begründung zeitlich auseinander, ist die Kündigung unwirksam. Die Nichtigkeit **wird** auch nicht durch die spätere Mitteilung der Kündigungsgründe **geheilt** (vgl. *BAG* 22.2.1972 § 15 BBiG Nr. 1; 25.11.1976 § 15 BBiG Nr. 3; APS/*Rolfs* § 9 MuSchG Rn. 93).

652c Die Kündigung muss den »**zulässigen**« (Art. 10 RL 92/85/EWG: »berechtigten«) **Kündigungsgrund anführen**. Dies sind regelmäßig diejenigen Gründe, die der Zulässigerklärung der Kündigung durch die zuständige Behörde zugrunde liegen. Allerdings ist der Arbeitgeber nicht gehindert, die Kündigung auch auf **weitere Gründe** zu stützen, die er im Verwaltungsverfahren nicht vorgebracht hat oder noch nicht vorbringen konnte, weil sie sich erst im Verlauf des Verfahrens oder sogar erst nach Zustellung des Verwaltungsaktes ergeben haben. Die Benennung der korrekten Gründe ist allerdings **keine Wirksamkeitsvoraussetzung** der Kündigung. Da die Begründungspflicht jedoch (auch) den Zweck hat, der gekündigten Arbeitnehmerin eine Abschätzung ihrer Prozesschancen zu ermöglichen, ist es dem Arbeitgeber **verwehrt**, **nicht genannte Kündigungsgründe im Prozess nachzuschieben** (so zu § 22 BBiG: *LAG Köln* 21.8.1987 LAGE § 15 BBiG Nr. 5; *LAG Hmb.* 30.9.1994 LAGE § 15 BBiG Nr. 9; 29.8.1997 LAGE § 15 BBiG Nr. 11; APS/*Rolfs* § 9 MuSchG Rn. 94; s. a. Rdn. 884 ff.).

653 **Die Erklärung der Kündigung in elektronischer Form** (s. Rdn. 9) ist **ausgeschlossen**, ebenso die Begründung der Kündigung. Denn auch wenn das Formerfordernis des § 623 BGB den Kündigungsgrund nicht erfasst, gilt der Ausschluss der elektronischen Form gleichwohl auch insoweit, weil die Begründung der Kündigung in § 9 MuSchG Teil des Formerfordernisses für die Kündigung ist (zutr. *Gotthardt/Beck* NZA 2002, 876 ff.).

654 Die Zulässigkeitserklärung der zuständigen Behörde muss **zum Kündigungszeitpunkt vorliegen**, aber noch nicht bestandskräftig sein. Der Widerspruch der schwangeren Arbeitnehmerin dagegen hat zwar aufschiebende Wirkung (§ 80 Abs. 1 VwGO). Er führt aber nicht zur Unwirksamkeit

der Kündigung. Denn durch den Suspensiveffekt des Widerspruchs entfallen die Rechtswirkungen der Zulässigkeitserklärung nur vorläufig; sie ist für den Fall des Widerspruchs »schwebend wirksam« (*BAG* 17.6.2003 EzA § 9 MuSchG n. F. Nr. 39; 17.6.2003 – 2 AZR 404/02, EzA-SD 1/04, S. 6).

*b) Fristberechnung für den Beginn des Kündigungsschutzes; Darlegungs- und Beweislast*

Zur Feststellung des Beginns der Schwangerschaft und damit auch für die Geltung des absoluten Kündigungsverbotes des § 9 Abs. 1 S. 1 MuSchG ist von dem Zeugnis eines Arztes oder einer Hebamme auszugehen und von dem darin angegebenen voraussichtlichen Tag der Niederkunft um 280 Tage zurückzurechnen (*BVerfG* 27.10.1983 EzA § 9 MuSchG n. F. Nr. 25). 655

Dabei ist der voraussichtliche Entbindungstag nicht mitzuzählen (*BAG* 12.12.1985 EzA § 9 MuSchG n. F. Nr. 26). 656

**Die ärztliche Bescheinigung über den mutmaßlichen Tag der Entbindung hat einen hohen Beweiswert.** Die Schwangere genügt ihrer Darlegungslast für das Bestehen einer Schwangerschaft im Kündigungszeitpunkt zunächst durch Vorlage einer solchen Bescheinigung, wenn der Zugang der Kündigung innerhalb von 280 Tagen vor diesem Termin liegt. **Der Arbeitgeber kann jedoch den Beweiswert der Bescheinigung erschüttern und Umstände darlegen und beweisen, auf Grund derer es der gesicherten wissenschaftlichen Erkenntnis widersprechen würde, von einer Schwangerschaft der Arbeitnehmerin bei Kündigungszugang auszugehen.** Die Arbeitnehmerin muss dann **weiteren Beweis** führen und ist ggf. gehalten, ihre Ärzte von der Schweigepflicht zu entbinden (*BAG* 7.5.1998 EzA § 9 MuSchG n. F. Nr. 35; vgl. auch *LAG Köln* 21.1.2000 NZA-RR 2001, 303; *ArbG Köln* 13.8.2003 NZA-RR 2004, 633). 657

*c) Ausschluss der Anwendbarkeit*

§ 9 MuSchG n. F. gilt auch für in Familienhaushalten mit häuslichen Arbeiten beschäftigte Frauen (vgl. *Zmarzlik* DB 1997, 476). Modifizierte Regelungen gelten für in Heimarbeit beschäftigte Frauen (§ 9 Abs. 1 S. 2, 3 MuSchG). 658

§ 9 MuSchG gilt nicht, auch nicht entsprechend, für die Mitteilung des Arbeitgebers, das Arbeitsverhältnis nicht verlängern zu wollen, wenn auf das Arbeitsverhältnis zwischen den Parteien ein Tarifvertrag Anwendung findet, wonach sich das befristete Arbeitsverhältnis um jeweils ein Jahr (eine Spielzeit) verlängert, wenn der Arbeitgeber nicht rechtzeitig eine Nichtverlängerungsmitteilung ausspricht (*BAG* 30.11.1990 NZA 1992, 925). 659

*d) Kenntnis des Arbeitgebers*

*aa) Nichteinhaltung der Zweiwochenfrist*

Gem. § 9 Abs. 1 S. 1 2. Alt. MuSchG ist das Überschreiten der Frist von zwei Wochen nach Zugang der Kündigung (*LAG Nds.* 22.1.2007 LAGE § 4 KSchG Nr. 53) dann unschädlich, wenn es auf einem **von der Frau nicht zu vertretenden Grund** beruht und die Mitteilung **unverzüglich nachgeholt** wird (Entwicklungslinien: *BVerfG* 13.11.1979 EzA § 9 MuSchG n. F. Nr. 17; 22.10.1980 AP Nr. 7, 8 zu § 9 MuSchG 1968). 660

*bb) Verschulden der Arbeitnehmerin*

Schuldhaftes Verhalten der Arbeitnehmerin liegt insoweit nur dann vor, wenn es auf einen gröblichen Verstoß gegen das von einem verständigen Menschen im eigenen Interesse billigerweise zu erwartende Verhalten zurückzuführen ist (Verschulden gegen sich selbst; *BAG* 16.5.2002 EzA § 9 MuSchG n. F. Nr. 37; 26.9.2002 EzA § 9 MuSchG n. F. Nr. 38). 661

Das ist z. B. nicht der Fall, wenn die Schwangere **erst nach Ablauf der Zweiwochenfrist von der Schwangerschaft erfährt.** Auch die Unkenntnis vom Beginn der Schwangerschaft ist deshalb an 662 sich geeignet, eine schuldhafte Verzögerung der nachgeholten Mitteilung auszuschließen (*BAG* 20.5.1988 EzA § 9 MuSchG n. F. Nr. 27).

663 Beruht die Unkenntnis allerdings darauf, dass die Schwangere zwingende Anhaltspunkte für eine Schwangerschaft nicht beachtet und sich nicht untersuchen lässt, so ist i. d. R. ein den Kündigungsschutz ausschließendes Verschulden gegen sich selbst anzunehmen. Dieses ist jedoch nicht bei jeder Zyklusstörung der Fall (*BAG* 6.10.1983 EzA § 9 MuSchG n. F. Nr. 23). Eine unverschuldete Versäumung der Zwei-Wochen-Frist kann nicht nur vorliegen, wenn die Frau während dieser Frist keine Kenntnis von ihrer Schwangerschaft hat, sondern auch dann, wenn sie ihre Schwangerschaft beim Zugang der Kündigung kennt oder während des Laufs der Zwei-Wochen-Frist von ihr erfährt und durch sonstige Umstände an der rechtzeitigen Mitteilung unverschuldet gehindert ist (*BAG* 26.9.2002 EzA § 9 MuSchG n. F. Nr. 38).

664 Einen solchen gröblichen Verstoß stellt es auch nicht dar, wenn die Schwangere die Bescheinigung über die Schwangerschaft mit normaler Post an den Arbeitgeber versendet und der Brief dann aus ungeklärter Ursache verloren geht. Denn mit einem Verlust des Briefes auf dem Beförderungswege muss die Schwangere nicht von vornherein rechnen (*BAG* 16.5.2002 EzA § 9 MuSchG n. F. Nr. 37).

665 Eine schwangere Frau handelt nach Auffassung des *LAG Nbg.* (17.3.1993 NZA 1993, 946 LS) nicht schuldhaft, wenn sie trotz Kenntnis des Bestehens einer Schwangerschaft mit der entsprechenden Mitteilung an den Arbeitgeber zuwartet, bis sie vom Arzt eine Schwangerschaftsbestätigung erhält, aus der sie deren Beginn entnehmen kann.

666 § 9 Abs. 1 S. 1 2. Hs. MuSchG gilt **unabhängig davon**, ob die Arbeitnehmerin bei Kündigungszugang **Kenntnis von ihrer Schwangerschaft** hatte.

667 Geht einer schwangeren Arbeitnehmerin während ihres Urlaubs eine Kündigung zu und teilt sie dem Arbeitgeber unverzüglich nach Rückkehr aus dem Urlaub ihre Schwangerschaft mit, so ist die Überschreitung der Zweiwochenfrist des § 9 Abs. 1 S. 1 2. Hs. MuSchG nicht allein deshalb als verschuldet anzusehen, weil die Arbeitnehmerin es unterlassen hat, dem Arbeitgeber ihre Schwangerschaft vor Urlaubsantritt anzuzeigen (*BAG* 13.6.1996 EzA § 9 MuSchG n. F. Nr. 34).

### cc) Unverzügliche Nachholung der Mitteilung; inhaltliche Anforderungen

668 Erfährt die schwangere Arbeitnehmerin während des Laufs der gesetzlichen Mitteilungspflicht von ihrer Schwangerschaft, kann sie – sofern die Unkenntnis von der Schwangerschaft nicht von ihr zu vertreten ist – von der Möglichkeit nach § 9 Abs. 1 S. 1 2. Hs. MuSchG Gebrauch machen. Die Einräumung einer – kurzen – Überlegungsfrist ist wegen Art. 6 Abs. 4 GG angezeigt. Eine unverzügliche Nachholung der Mitteilung gegenüber dem Arbeitgeber kann gegeben sein, wenn sie innerhalb einer Woche ab Kenntniserlangung von der Schwangerschaft erfolgt (*BAG* 26.9.2002 EzA § 9 MuSchG n. F. Nr. 38).

669 Dabei kann im Übrigen aber weder auf eine Mindestfrist (in der die Verzögerung der Mitteilung regelmäßig als unverschuldet anzusehen ist) noch auf eine Höchstfrist (bei deren Ablauf stets von einem schuldhaften Zögern auszugehen ist) abgestellt werden. Entscheidend sind vielmehr die besonderen Umstände des konkreten Falles (*BAG* 20.5.1988 EzA § 9 MuSchG n. F. Nr. 27). Deshalb kann es u. U. noch als unverzüglich anzusehen sein, wenn zwischen Kenntniserlangung der Arbeitnehmerin und der nachgeholten Mitteilung an den Arbeitgeber **13 Kalendertage** liegen (*LAG Hamm* 17.10.2006 LAGE § 9 MuSchG Nr. 26).

670 Die nachträgliche Mitteilung der Schwangerschaft muss das Bestehen einer Schwangerschaft im Zeitpunkt des Zugangs der Kündigung oder die Vermutung einer solchen zum Inhalt haben.

671 Die Mitteilung der Schwangerschaft ohne Rücksicht darauf, ob der Erklärungsempfänger ihr auch das Bestehen dieses Zustandes zum Zeitpunkt des Zugangs der Kündigung entnehmen kann, genügt nicht.

Teilt die Arbeitnehmerin ausdrücklich nur das Bestehen einer Schwangerschaft mit, so hängt es von 672
den **Umständen des Einzelfalles** ab, ob die Mitteilung dahin verstanden werden musste, dass die
Schwangerschaft bereits bei Zugang der Kündigung bestanden habe (*BAG* 15.11.1990 EzA § 9
MuSchG n. F. Nr. 28).

Vor der Änderung des § 9 MuSchG am 30.6.1989 ist das *BAG* (27.10.1983 EzA § 9 MuSchG n. F. 673
Nr. 24; zust. *Griebeling* NZA 2002, 844 f.) davon ausgegangen, dass eine schuldhafte Verzögerung
der Mitteilung nicht bereits darin liegt, dass die Arbeitnehmerin alsbald nach Kenntnis von der
Schwangerschaft einen Prozessbevollmächtigten mit der Klageschrift gegen die bis dahin nicht angegriffene Kündigung des Arbeitgebers beauftragt und die Schwangerschaft nur in der Klageschrift mitteilt. Die Arbeitnehmerin hat danach auch weder für Hindernisse bei der Übermittlung der Mitteilung, an denen sie kein Verschulden trifft, noch für ein zur Verzögerung der Mitteilung führendes
**Verschulden eines von ihr beauftragten geeigneten Bevollmächtigten** einzustehen.

### dd) Darlegungs- und Beweislast

Eine schwangere Arbeitnehmerin ist darlegungs- und beweispflichtig dafür, dass sie ohne Ver- 674
schulden die zweiwöchige Mitteilungsfrist des § 9 Abs. 1 S. 1 MuSchG versäumt hat. Entsprechendes gilt für die unverzügliche Nachholung der Mitteilung (*BAG* 13.1.1982 EzA § 9
MuSchG n. F. Nr. 20).

### e) Zustimmung der obersten Landesbehörde

### aa) Rechtsfolgen fehlender Zustimmung

Eine Kündigung ohne die vorherige Zustimmung der zuständigen obersten Landesbehörde oder 675
der von ihr bestimmten Stelle (i. d. R. das Gewerbeaufsichtsamt) ist unheilbar nichtig (*BAG* [GS]
26.4.1956 AP Nr. 5 zu § 9 MuSchG). Es handelt sich um einen sonstigen Unwirksamkeitsgrund
i. S. d. § 13 Abs. 3 KSchG, der innerhalb der Drei-Wochen-Frist (§ 4 KSchG) geltend gemacht
werden muss (vgl. KR/*Friedrich* § 13 KSchG Rn. 212).

### bb) Prüfungsmaßstab

#### (1) »Besonderer Fall«

Ein »besonderer« Grund i. S. d. § 9 Abs. 3 MuSchG a. F. für die ausnahmsweise Zulässigkeit einer 676
Kündigung liegt nur dann vor, wenn außergewöhnliche Umstände es rechtfertigen, die vom
MuSchG grds. als vorrangig angesehenen Interessen der werdenden Mutter hinter die des Arbeitgebers an einer außerordentlichen, einer ordentlichen oder einer Änderungskündigung zurücktreten zu lassen (*BVerwG* 18.8.1977 AP Nr. 5 zu § 9 MuSchG 1968; vgl. APS/*Rolfs* § 9 MuSchG
Rn. 74 ff.).

Insoweit müssen zu dem arbeitsrechtlichen Kündigungsgrund weitere Umstände hinzutreten, sodass 677
z. B. allein das Fernbleiben von der Arbeit ohne entsprechende Urlaubsbewilligung nicht ausreicht,
obwohl es sich arbeitsrechtlich um einen Kündigungsgrund handelt (*OVG Lüneburg* 5.12.1990 AP
Nr. 18 zu § 9 MuSchG 1968).

Aufgrund der Neufassung des § 9 Abs. 3 MuSchG kommt es seit dem 1.1.1997 darauf an, ob ein 678
besonderer Fall, der nicht mit dem Zustand der Frau während der Schwangerschaft oder ihrer
Lage bis zum Ablauf von vier Monaten nach der Entbindung nicht in Zusammenhang steht, vorliegt.
Eine wesentliche sachliche Änderung der Rechtslage ist damit aber wohl nicht verbunden (vgl.
*Zmarzlik* DB 1997, 476).

#### (2) Kriterien der notwendigen Interessenabwägung

Die zuständige Verwaltungsbehörde hat daher stets eine **Interessenabwägung** zu treffen, die aller- 679
dings nicht unter spezifisch arbeitsvertraglichen, sondern unter Zugrundelegung von **mutterschutz-**

rechtlichen Erwägungen zu erfolgen hat. Maßgebliches Beurteilungskriterium ist dementsprechend – anders als bei § 626 BGB – nicht die Zumutbarkeit der Weiterbeschäftigung für den Arbeitgeber.

680 Vielmehr hat die Arbeitsbehörde sich insbes. an dem mit dem Kündigungsverbot verfolgten gesetzgeberischen Zweck zu orientieren, der Arbeitnehmerin während der Schutzfristen des § 9 Abs. 1 MuSchG möglichst die materielle Existenzgrundlage zu erhalten und die mit einer Kündigung in dieser Zeitspanne verbundenen besonderen psychischen Belastungen zu vermeiden.

681 Entscheidend ist daher, ob ein **Ausnahme-Sachverhalt** vorliegt, **auf Grund dessen der Schwangeren die materiellen und immateriellen Belastungen der Kündigung in der Schutzfrist zugemutet werden können**. Das ist dann der Fall, wenn das Interesse des Arbeitgebers an der Auflösung des Arbeitsverhältnisses innerhalb der Schutzfristen wesentlich überwiegt. Diese Voraussetzungen sind dann erfüllt, wenn es **trotz des besonderen Zustandes** der Frau nicht vertretbar erscheint, den Arbeitgeber **darauf zu verweisen**, er möge das **Verstreichen der Kündigungsschutzzeit abwarten und dann erst kündigen** (vgl. APS/*Rolfs* § 9 MuSchG Rn. 80 f.; *Kittner* NZA 2010, 198 ff.).

682 Ein »besonderer Fall« i. S. d. § 9 Abs. 3 MuSchG liegt dann vor, wenn der Betrieb stillgelegt wird, da den Interessen des Arbeitgebers an der Auflösung des Arbeitsverhältnisses während der Schutzfrist des § 9 MuSchG der Vorrang vor dem Interesse der Arbeitnehmerin an der Erhaltung ihres Arbeitsplatzes gebührt (*VG Hannover* 12.12.2000 NZA-RR 2002, 136); die gesetzlichen Voraussetzungen können demgegenüber bei einem bloßen Verdacht einer Straftat i. d. R. nicht bejaht werden (*VG Frankf.* 16.11.2001 NZA-RR 2002, 638).

683 Im Falle einer türkischen Arbeitnehmerin, die vom 25.4. bis 30.6.1988 wegen Schwangerschaftsbeschwerden krankgeschrieben war, danach die Arbeit nicht wieder aufgenommen hatte, sondern in die Türkei gefahren war, von wo sie erst Anfang August 1988 zurückkehrte, war zwischen Arbeitgeber und Arbeitnehmerin streitig, ob für diese Zeit Urlaub gewährt worden war oder nicht.

684 Zu berücksichtigen war u. a., inwieweit der Arbeitgeber möglicherweise den (unzutreffenden) Eindruck erweckt hat, als würde ein etwa beantragter Urlaub bewilligt werden. Ferner wurde das Bestreben der Arbeitnehmerin, vor ihrer Niederkunft nochmals in die Türkei zu fahren, um sich dort evtl. Ratschläge bei ihrer Mutter zu holen, **als in ihrer Situation verständlich** angesehen. Beachtlich ist auch, dass es sich offenbar um den letzten Termin handelte, um den Jahresurlaub noch vor dem generellen Beschäftigungsverbot nach dem MuSchG zu nehmen.

685 Andererseits hat das *OVG Lüneburg* (5.12.1990 AP Nr. 18 zu § 9 MuSchG 1968) berücksichtigt, dass nicht erkennbar war, dass die **Interessen des Arbeitgebers** durch das Fernbleiben von der Arbeit gravierend beeinträchtigt worden wären. Denn die Arbeitnehmerin war im entschiedenen Einzelfall ohnehin seit Wochen krank und konnte daher langfristig nicht in den Arbeitsprozess eingeplant werden. Zwar können danach im Sommer in der Hauptferienzeit (Juli, August) sicherlich leicht Engpässe eintreten, aber ernsthafte Schwierigkeiten waren vom Arbeitgeber nicht substantiiert behauptet worden. Nicht außer Betracht bleiben konnte in diesem Zusammenhang nach Auffassung des *OVG Lüneburg* (5.12.1990 AP Nr. 18 zu § 9 MuSchG 1968), dass die Arbeitnehmerin immerhin **seit sechs Jahren** beim Arbeitgeber **beschäftigt** war, ohne dass irgendwelche Schwierigkeiten aufgetreten wären.

686 Einige Bundesländer haben zur Sicherstellung einer einheitlichen Verwaltungspraxis bei der Erteilung der Ausnahmegenehmigung nach § 9 Abs. 3 MuSchG **allgemeine Verwaltungsvorschriften** erlassen. Inhaltlich stimmen sie weitgehend überein; der Erlass zum Kündigungsschutz des Ministers für Arbeit, Gesundheit und Soziales von Nordrhein-Westfalen vom 11.2.1981 – III A-8413 (III Nr. 8/81) ist z. B. abgedruckt bei APS/*Rolfs* § 9 MuSchG Rn. 101.

*(3) Gegenstand der Zustimmung; ordentliche Kündigung*

687 Als »besonderer« Fall können im Übrigen nicht nur solche Kündigungssachverhalte angesehen werden, die den Arbeitgeber gem. § 626 BGB zum Ausspruch einer außerordentlichen Kündigung berechtigen.

## C. Die Rechtswirksamkeit der außerordentlichen Arbeitgeberkündigung  Kapitel 4

Die zuständige Behörde kann vielmehr auch eine vom Arbeitgeber beabsichtigte ordentliche Kündigung für zulässig erklären. Auch eine beabsichtigte außerordentliche oder ordentliche Änderungskündigung kann Gegenstand einer Zulässigerklärung sein. **688**

### cc) Wirkung der Zustimmung

Die Wirkung der behördlichen Zulässigerklärung besteht in der Aufhebung der für den Arbeitgeber geltenden Kündigungssperre. Der Bescheid besagt im Übrigen aber nichts darüber, ob die beabsichtigte Kündigung mit den sonstigen Vorschriften des individuellen oder kollektiven Kündigungsschutzrechts in Einklang steht. **689**

Dies zu prüfen ist allein Sache der ArbG, die andererseits aber nicht befugt sind, eine fehlende Zulässigerklärung zu ersetzen oder zu prüfen, ob sie zu Recht erfolgt oder abgelehnt worden ist. **690**

Das ArbG hat nur festzustellen, ob der Verwaltungsakt vor Ausspruch der Kündigung erlassen und nicht aufgehoben oder nicht erlassen, nichtig oder aufgehoben ist. **691**

Auch ein noch nicht bestandskräftiger Zulassungsbescheid befreit nach z. T. vertretener Auffassung von dem Kündigungsverbot (*LAG RhPf* 14.2.1996 LAGE § 9 MuSchG Nr. 21), denn Widerspruch und Anfechtungsklage gegen den Bescheid haben danach keine aufschiebende Wirkung (a. A. *BAG* 17.6.2003 EzA § 9 MuSchG Nr. 39); der Arbeitgeber ist deshalb auch nicht gehalten, vor Ausspruch der Kündigung die sofortige Vollziehbarkeit des angegriffenen Verwaltungsakts zu erwirken (*LAG Hamm* 27.11.2002 NZA-RR 2003, 529). Zwar fehlt im MuSchG eine § 88 Abs. 4 SGB IX entsprechende Regelung, der einen interessenmäßig gleichgelagerten Fall regelt. Es kann aber nicht davon ausgegangen werden, dass der Gesetzgeber völlig unterschiedliche Lösungen wollte, sondern eher davon, dass eine § 88 Abs. 4 SGB IX nachempfundene Regelung im MuSchG übersehen wurde. Nach Auffassung von *Bader* (KR § 9 MuSchG Rn. 127; ebenso APS/*Rolfs* § 9 MuSchG Rn. 84) kommt dies wegen §§ 80, 80a VwGO jedoch **nur dann** in Betracht, wenn die Behörde **die sofortige Vollziehbarkeit des Bescheides angeordnet hat**, da Widerspruch und Anfechtungsklage der Arbeitnehmerin vor dem VG nach Maßgabe dieser Normen doch eine aufschiebende Wirkung zukommt. **692**

Das *BAG* (17.6.2003 EzA § 9 MuSchG Nr. 39; vgl. dazu *Schäfer* NZA 2004, 833 ff.) geht insoweit davon aus, dass zwar aufschiebende Wirkung eintritt. Diese führt aber nicht zur Unwirksamkeit der Kündigung. Denn durch den Suspensiveffekt des Widerspruchs entfallen die Rechtswirkungen der Zulässigkeitserklärung nur vorläufig. **Bis zur Bestands- bzw. Rechtskraft ist die ausgesprochene Kündigung dann allerdings nur schwebend wirksam** (*BAG* 17.6.2003 EzA § 9 MuSchG Nr. 39; vgl. dazu *Schäfer* NZA 2004, 833 ff.), denn mit der Zulässigerklärung nach § 9 Abs. 3 MuSchG liegt zunächst ein ausreichender Bescheid vor, auf Grund dessen der Arbeitgeber die Kündigung erklären kann. Die ausgesprochene Kündigung kann allerdings erst rechtswirksam werden, wenn der Bescheid auch seine »innere Wirksamkeit« entfaltet und bestandskräftig ist (*BAG* 25.3.2004 EzA § 9 MuSchG n. F. Nr. 40; *LAG Hamm* 4.3.2005 LAG Report 2005, 351 LS). **693**

### dd) Verfahrensfragen; Klagefrist

Gegen den **Bescheid der Verwaltungsbehörde** ist je nach dem Inhalt der Entscheidung entweder für den Arbeitgeber oder für den Arbeitnehmer der **Verwaltungsrechtsweg** (§ 40 Abs. 1 VwGO) nach Durchführung eines ggf. vorher vorgesehenen Widerspruchsverfahrens gegeben. Das *OVG Münster* (8.8.1997 NZA-RR 1998, 195) hat allerdings angenommen, dass der Rechtsbehelf der Schwangeren gegen die Zustimmung zur Kündigung wegen Widerspruchs zum früheren Verhalten eine **unzulässige Rechtsübung** darstellen kann. Das ist danach jedenfalls dann der Fall, wenn die Schwangere weiß, dass der Betrieb endgültig stillgelegt wird, eine weitere Beschäftigungsmöglichkeit nicht besteht und sie in Kenntnis des Kündigungsschutzes eine Abfindung in Höhe des im Sozialplan vorgesehenen Betrages annimmt, wenn die Abfindung ausdrücklich mit »für den Verlust des Arbeitsplatzes« bezeichnet ist. **694**

## Kapitel 4
Die Beendigung des Arbeitsverhältnisses

695 Die ArbG sind gem. § 148 ZPO **nicht verpflichtet**, ein von der Arbeitnehmerin eingeleitetes Kündigungsschutzverfahren bis zum Ablauf des Verwaltungsstreitverfahrens **auszusetzen** (*BAG* 26.9.1991 EzA § 1 KSchG Personenbedingte Kündigung Nr. 10 gegen *BAG* 25.11.1980 EzA § 580 ZPO Nr. 1).

696 Wird im verwaltungsgerichtlichen Verfahren rechtskräftig nachträglich die Zustimmung versagt, so bedeutet dies für den zwischenzeitlich zu Ungunsten der Arbeitnehmerin rechtskräftig abgeschlossenen arbeitsgerichtlichen Prozess einen **Restitutionsgrund** i. S. d. § 580 ZPO (*BAG* 25.11.1980 EzA § 580 ZPO Nr. 1; 26.9.1991 EzA § 1 KSchG Personenbedingte Kündigung Nr. 10).

697 Eine schwangere Arbeitnehmerin muss die Unwirksamkeit einer Kündigung nach § 9 Abs. 1 MuSchG grds. innerhalb der dreiwöchigen Klagefrist gerichtlich geltend machen (s. a. *EuGH* 29.10.2009 NZA 2009, 1327). Die Klagefrist des § 4 S. 1 KSchG läuft auch an, wenn die den Sonderkündigungsschutz auslösenden Voraussetzungen (Schwangerschaft) erst nach Zugang der Kündigung der Arbeitnehmerin bekannt werden. Sie wird durch die Mitteilung der Arbeitnehmerin an den Arbeitgeber nach Kündigungsausspruch, sie sei schwanger, nicht gehemmt oder unterbrochen. Erhebt die schwangere Arbeitnehmerin keine Kündigungsschutzklage, obwohl sie den Arbeitgeber nach Ausspruch der Kündigung und noch innerhalb der Zweiwochenfrist des § 9 Abs. 1 S. 1 MuSchG von ihrer Schwangerschaft in Kenntnis gesetzt hat, wird die Kündigung nach Ablauf der dreiwöchigen Klagefrist des § 4 S. 1 KSchG als von Anfang an rechtswirksam fingiert (§ 7 KSchG; *BAG* 19.2.2009 EzA § 4 KSchG n. F. Nr. 88).

698 Denn gem. § 5 Abs. 1 S. 2 KSchG ist dann, wenn eine Frau von ihrer Schwangerschaft aus einem von ihr nicht zu vertretenden Grund erst nach Ablauf der Frist des § 4 S. 1 KSchG Kenntnis erlangt, die Kündigungsschutzklage nachträglich zuzulassen (vgl. *LAG Düsseld.* 10.2.2005 NZA-RR 2005, 382; *LAG Nds.* 22.1.2007 LAGE § 4 KSchG Nr. 53). Diese Regelung ist erforderlich, weil gem. §§ 4, 13 KSchG auch die Unwirksamkeit einer Kündigung gem. § 9 MuSchG und auch außerhalb des Anwendungsbereichs des KSchG nunmehr im Gegensatz zum alten Recht innerhalb der Klagefrist (mit der Verlängerungsmöglichkeit nach § 6 KSchG) geltend gemacht werden muss (*LAG Düsseld.* 10.2.2005 NZA-RR 2005, 382; *Sächs. LAG* 11.1.2006 – 2 Ta 340/05, EzA-SD 14/06, S. 12 LS). Zu beachten ist dann allerdings **§ 4 S. 4 KSchG**: Soweit die Kündigung der Zustimmung einer Behörde bedarf, läuft die Klagefrist erst ab dem Zeitpunkt, zu dem die Entscheidung dem Arbeitnehmer bekannt gegeben ist; sie wird nicht in Lauf gesetzt, wenn der Arbeitgeber nicht vor Ausspruch der Kündigung die behördliche Zustimmung beantragt hat, obgleich ihm der den besonderen Kündigungsschutz begründende Umstand bekannt war (*LAG Hamm* 22.9.2005 – 8 Sa 974/05, FA 2006, 190; a. A. *LAG Nbg.* NZA-RR 2007, 194: § 4 S. 4 KSchG nicht einschlägig). Fehlt es im Fall des § 9 Abs. 3 MuSchG zur Zeit der Kündigung an dieser Kenntnis und führt der Arbeitnehmer erst durch entsprechende Mitteilung die Unwirksamkeit der Kündigung herbei, ist § 4 S. 4 KSchG dagegen nicht einschlägig (*BAG* 19.2.2009 EzA § 4 KSchG n. F. Nr. 88; *LAG Düsseld.* 10.2.2005 NZA-RR 2005, 382; *LAG Nds.* 22.1.2007 EzA § 4 KSchG Nr. 53); die Klagefrist läuft dann ab Zugang der Kündigung (*BAG* 19.2.2009 EzA § 4 KSchG n. F. Nr. 88; vgl. dazu *Schmidt* NZA 2004, 79 ff.; *Zeising/Kröpelin* DB 2005, 1626 ff.).

§ 4 S. 4 KSchG **gilt** auch dann – erst recht – **nicht**, wenn die Arbeitnehmerin zunächst selbst **keine Kenntnis** von der Schwangerschaft hatte, sondern diese erst nach Kündigungsausspruch erlangt. Geschieht dies ohne von der Arbeitnehmerin zu vertretendem Grund erst **kurz vor Ablauf der Klagefrist**, muss ihr nach Auffassung des *LAG SchlH* (13.5.2008 – 3 Ta 56/08 – EzA-SD 16/2008 S. 3 LS) eine **Überlegungsfrist** von 3 Werktagen zugebilligt werden, um abzuwägen, ob sie angesichts der für sie neuen Situation und des nun entstandenen Sonderkündigungsschutzes Kündigungsschutzklage erheben will. Sie ist danach dann nicht verpflichtet, innerhalb der verbleibenden Restzeit der noch laufenden Klagefrist sich ihre neue rechtliche Situation zu vergegenwärtigen und die Klage – ggf. auch nur vorsorglich zur Wahrung der Klagefrist – einzureichen. Versäumt sie durch die Inanspruchnahme der Überlegungszeit die Klagefrist, so ist die Klage auf ihren Antrag hin im Regelfall nachträglich zuzulassen, soweit Klage und Zulassungsantrag nach Ablauf von drei Werktagen eingereicht werden.

### f) Auswirkungen des unionsrechtlichen Arbeitnehmerbegriffs bei Organmitgliedern

Fraglich ist, inwieweit der **unionsrechtliche Arbeitnehmerbegriff** (s. Art. 45 AEUV) zur Anwendbarkeit des MuSchG auf Organmitglieder führen kann. 698a

Der Unterschied zum nationalen Arbeitnehmerbegriff zeigt sich insbes. bei der Einordnung von Organmitgliedern, vor allem bei Fremdgeschäftsführern. Die Eigenschaft einer Mitarbeiterin als Mitglied der Unternehmensleitung – Fremdgeschäftsführerin – einer Kapitalgesellschaft schließt, so der *EuGH* (11.11.2010 NZA 2011, 143), es nicht per se aus, dass sie in einem für das Arbeitsverhältnis **typischen Unterordnungsverhältnis** zur Gesellschaft steht. Für die Zwecke der RL 92/85/EWG ist die Arbeitnehmereigenschaft eines Mitglieds der Unternehmensleitung einer Kapitalgesellschaft zu bejahen, »wenn es seine Tätigkeit für eine bestimmte Zeit nach der Weisung oder unter der Aufsicht eines anderen Organs dieser Gesellschaft ausübt und als Gegenleistung für die Tätigkeit ein Entgelt erhält«. Selbst wenn sie über einen Ermessensspielraum bei der Wahrnehmung ihrer Aufgaben verfügte, musste sie gegenüber dem Aufsichtsrat Rechenschaft über ihre Geschäftsführung ablegen und mit diesem zusammenarbeiten, also einem Organ, das von ihr jedenfalls nicht kontrolliert wurde und das jederzeit gegen ihren Willen entscheiden konnte (*EuGH* 11.11.2010 NZA 2011, 143). Diese Formulierungen sind so weit, dass schwer zu erkennen ist, wie der Sachverhalt beschaffen sein muss, damit eine Geschäftsführerin nicht unter den Arbeitnehmerbegriff fällt; damit kann eine rein gesellschaftsrechtlich begründete Weisungsunterworfenheit den Arbeitnehmerstatus begründen (instr. *Junker* NZA 2011, 950 ff.). 698b

Fraglich ist deshalb, ob § 1 Nr. 1 MuSchG **richtlinienkonform** so ausgelegt werden kann, dass mit »Frauen, die in einem Arbeitsverhältnis stehen« auch Arbeitnehmerinnen im weiten, unionsrechtlichen Sinn gemeint sind. Das ist nach Auffassung von *Junker* (NZA 2011, 950 ff.; s. a. *Oberthür* NZA 2011, 254) zu bejahen, da das Gesetz auch der Umsetzung der Mutterschutzrichtlinie dient. 698c

Obwohl das der Entscheidung des *EuGH* (11.11.2010 NZA 2011, 143) zugrunde liegende lettische Recht (ebenso wie das deutsche) zwischen der Organstellung der Geschäftsführerin und dem Anstellungsvertrag unterscheidet, bezieht sich der *EuGH* (11.11.2010 NZA 2011, 143) undifferenziert auf die »Abberufung« der Klägerin. Daraus wird gefolgert, das Kündigungsverbot erfasse nicht nur das zivilrechtliche Anstellungsverhältnis, sondern auch den **gesellschaftsrechtlichen Bestellungsakt** (*Oberthür* NZA 2011, 256). Folgt man dem, ist **auch der Widerruf der Bestellung einer Arbeitnehmer-Geschäftsführerin auf Grund ihrer Schwangerschaft unwirksam**, so dass die EuGH-Rechtsprechung (*EuGH* 11.11.2010 NZA 2011, 143) auch das organschaftliche Abberufungsrecht nach § 38 Abs. 1 GmbHG einschränken würde. Es ist jedoch **zweifelhaft**, ob eine solche »richtlinienkonforme Auslegung« des § 38 Abs. 1 GmbHG möglich ist: Die Ausnahmebestimmung des § 9 Abs. 3 MuSchG, der die Kündigung des Arbeitsverhältnisses einer schwangeren Frau unter bestimmten Voraussetzungen erlaubt, lässt sich schon **mangels Behördenzuständigkeit** nicht auf die Abberufung übertragen, so dass der Abberufungsschutz stärker wäre als der Kündigungsschutz (instr. *Junker* NZA 2011, 950 ff.). 698d

## 4. Besonderer Kündigungsschutz von Arbeitnehmern in der Elternzeit (§ 18 BEEG)

### a) Grundlagen

Gem. § 18 Abs. 1 S. 1 BEEG darf der Arbeitgeber das Arbeitsverhältnis ab dem Zeitpunkt, von dem an Elternzeit verlangt worden ist, höchstens jedoch acht Wochen vor Beginn und während der Elternzeit nicht kündigen. Endtermin der achtwöchigen Vorfrist des § 18 Abs. 1 BEEG ist der **Tag der prognostizierten Geburt**, auch wenn dieser vor dem Tag der tatsächlichen Geburt liegt. Bestimmt der Gesetzgeber eine Vorfrist und räumt er dem Arbeitnehmer ein innerhalb dieser Vorfrist auszuübendes Recht – Inanspruchnahme von Elternzeit – ein, so muss die Vorfrist 699 schon vor dem Tag, an dem sie endet, sicher berechnet werden können. Das setzt voraus, dass es nicht auf den tatsächlichen, sondern auf den voraussichtlichen Tag der Entbindung ankommt (*BAG* 12.5.2011 EzA § 18 BEEG Nr. 1 = NZA 2012, 208). Auch insoweit handelt es sich um einen sonstigen Unwirksamkeitsgrund i. S. d. § 13 Abs. 3 KSchG, innerhalb der Dreiwochenfrist geltend gemacht werden muss.

Der besondere Kündigungsschutz besteht auch für ein in der Elternzeit begründetes Teilzeitarbeitsverhältnis mit demselben Arbeitgeber (vgl. *Stichler* BB 1995, 355), **nicht aber für Arbeitsverhältnisse mit einem anderen Arbeitgeber** i. S. d. § 15 Abs. 4 S. 2 BEEG (*BAG* 2.2.2006 EzA § 18 BErzGG Nr. 8). Die Kündigung ist auch dann mangels Genehmigung der für den Arbeitsschutz zuständigen Behörde gem. § 18 BEEG, § 134 BGB nichtig, wenn die oder der Elternzeitberechtigte in einem zweiten Arbeitsverhältnis den Rest der beim früheren Arbeitgeber noch nicht vollständig genommenen Elternzeit gem. §§ 15, 16 BEEG geltend gemacht hat (*BAG* 11.3.1999 EzA § 18 BErzGG Nr. 4; vgl. dazu *Weber* SAE 2000, 76 ff.). § 18 Abs. 1 BEEG gilt auch für solche Arbeitsverhältnisse, die nach der Geburt des Kindes begründet werden, wenn der Arbeitnehmer Elternzeit in Anspruch nimmt (*BAG* 27.3.2003 EzA § 18 BErzGG Nr. 6). Das gilt auch für Teilzeitbeschäftigte, die zwar keinen Elternzeit in Anspruch nehmen, aber Anspruch auf Elterngeld nach dem BEEG haben oder nur wegen Überschreitens der Verdienstgrenzen gem. §§ 5, 6 BEEG nicht haben. Offen gelassen hat das *BAG* (27.3.2003 EzA § 18 BErzGG Nr. 6 = NZA 2004, 155 m. Anm.; s. a. *Brors* SAE 2004, 43 ff.) die Beantwortung der Frage, ob der Sonderkündigungsschutz nach § 18 BEEG auch ein Arbeitsverhältnis erfasst, das neben einem bei der Geburt des Kindes bestehenden Arbeitsverhältnis später begründet wird.

700 Gem. **§ 18 Abs. 1 S. 2 BEEG** kann die zuständige Behörde allerdings in besonderen Fällen die Kündigung während der Elternzeit **ausnahmsweise für zulässig erklären** (s. *Wiebauer* NZA 2011, 177 ff.).

701 Hinsichtlich der Voraussetzungen und des Verfahrens kann auf die Ausführungen zu § 9 MuSchG verwiesen werden. Die Wirksamkeit der Zulässigerklärung durch die zuständige Behörde kann, wenn eine Nichtigkeit des Bescheids nicht in Betracht kommt, **nur im Widerspruchsverfahren** und ggf. im Verfahren vor den Arbeitsgerichten nachgeprüft werden. An den bestandskräftigen Verwaltungsakt sind die Arbeitsgerichte gebunden (*BAG* 20.1.2005 EzA § 18 BErzGG Nr. 7). Wird die Zustimmung ordnungsgemäß erteilt und ist eine zunächst vom Prozessbevollmächtigten des Arbeitgebers ausgesprochene Kündigung mangels Vorlage einer Originalvollmacht gem. **§ 174 BGB unwirksam**, so muss der Arbeitgeber für eine sodann folgende Kündigung, der der gleiche Sachverhalt zugrunde liegt, **nicht noch einmal bei der Behörde die Zulässigerklärung beantragen**. Denn nach Auffassung des *LAG Köln* (21.4.2006 NZA-RR 2006, 469 LS) ist das behördliche Verfahren insofern nicht vergleichbar mit der Anhörung des Betriebsrats nach § 102 BetrVG (»vor jeder Kündigung«).

702 Zur Sicherstellung einer **einheitlichen Verwaltungspraxis** ermächtigt § 18 Abs. 1 S. 3 BEEG die Bundesregierung mit Zustimmung des Bundesrates dazu, allgemeine Verwaltungsvorschriften zur Durchführung von § 18 Abs. 1 S. 2 BEEG zu erlassen. Davon hat die Bundesregierung Gebrauch gemacht und am 3.1.2007 (BAnz. Nr. 5 v. 9.1.2007, S. 7) die »Allgemeinen Verwaltungsvorschriften zum Kündigungsschutz bei Elternzeit (...)« erlassen (abgedr. bei KR/*Bader* § 18 BEEG u. APS/*Rolfs* § 18 BEEG Rn. 35).

703 Danach liegt ein »besonderer Fall« insbes. bei einer dauerhaften Betriebsstilllegung vor (s. a. *BAG* 20.1.2005 EzA § 18 BErzGG Nr. 7; vgl. *OVG Münster* 21.3.2000 NZA-RR 2000, 406), der Schließung von Betriebsabteilungen, einer Existenzgefährdung des Betriebes durch den Fortbestand des Arbeitsverhältnisses sowie besonders schweren Verstößen des Arbeitnehmers gegen seine arbeitsvertraglichen Pflichten, die zur Unzumutbarkeit der Fortsetzung des Arbeitsverhältnisses führen (s. *VGH BW* 20.2.2007 LAGE § 18 BErzGG Nr. 5).

Wird die Kündigung behördlich zugelassen, muss sie **nicht innerhalb einer bestimmten Frist** ab Zustellung der Zulässigerklärung ausgesprochen werden. § 18 BEEG sieht, anders als § 88 Abs. 3 SGB IX, der bei der Zustimmung des Integrationsamtes zur Kündigung eines schwerbehinderten Menschen eine Frist von einem Monat bestimmt, keine entsprechende Frist vor; die Regelung ist auch **nicht entsprechend** anzuwenden (*BAG* 22.6.2011 EzA § 613a BGB 2002 Nr. 126). 704a

Kündigt der Insolvenzverwalter einem in Elternzeit befindlichen Arbeitnehmer, so kann dieser das Fehlen der gesetzlichen Zulässigkeitserklärung nicht mehr bis zur Grenze der Verwirkung jederzeit geltend machen, wenn ihm die entsprechende Entscheidung der zuständigen Behörde nicht bekannt gegeben worden ist (so noch *BAG* 3.7.2003 EzA § 113 InsO Nr. 14); seit dem 1.1.2004 ist nämlich, die Klagefrist zu beachten (§§ 13, 6, 4 KSchG). Zu beachten ist allerdings auch § 4 S. 4 KSchG: Soweit die Kündigung der Zustimmung einer Behörde bedarf, läuft die Klagefrist erst ab dem Zeitpunkt, zu dem die Entscheidung dem Arbeitnehmer bekannt gegeben ist; sie wird nicht in Lauf gesetzt, wenn der Arbeitgeber nicht vor Ausspruch der Kündigung die behördliche Zustimmung beantragt hat, obgleich ihm der den besonderen Kündigungsschutz begründende Umstand bekannt war (vgl. dazu *Schmidt* NZA 2004, 79 ff.; *Bauer/Powietzka* NZA-RR 2004, 513 f.). 705

Für den Fall einer vom Arbeitgeber behaupteten dauerhaften **Betriebsstilllegung** ist zu beachten, dass nur die **Arbeitsgerichte** verbindlich feststellen können, ob ein Betrieb stillgelegt oder auf einen anderen Inhaber gem. § 613a BGB übergegangen ist. Ist streitig, ob ein Betrieb stillgelegt worden oder auf einen anderen Inhaber übergegangen ist, darf die **zuständige Behörde** die Zulässigerklärung gem. § 18 BEEG **nicht** mit der Begründung **verweigern**, der Betrieb sei von einem anderen Inhaber übernommen worden. Wie zu entscheiden ist, wenn die betriebliche Änderung erst bevorsteht, hat das *OVG Münster* (21.3.2000 NZA-RR 2000, 406) offen gelassen. 706

Zu beachten ist, dass die Verwaltungsvorschriften **nicht den Kündigungsschutz der betreffenden Arbeitnehmer erweitern**. Sie begründen nicht die Pflicht des Arbeitgebers, bei Ausspruch einer Kündigung wegen Betriebsstilllegung eine soziale Auslauffrist bis zum Ende der Elternzeit einzuräumen (*BAG* 20.1.2005 EzA § 18 BErzGG Nr. 7). 707

**b) Zeitlicher Geltungsbereich des besonderen Kündigungsschutzes; Geltendmachung durch den Arbeitnehmer; Rechtsmissbrauch**

Maßgeblich für den Beginn des besonderen Kündigungsschutzes gem. § 18 BEEG ist der Tag der Geltendmachung, frühestens jedoch ein Zeitpunkt acht Wochen vor Beginn der Elternzeit (*BAG* 17.2.1994 EzA § 611 BGB Abmahnung Nr. 30; s. *LAG Nds.* 12.9.2005 NZA-RR 2006, 346: Adoption). Diese Frist ist – bei einem Elternzeitverlangen des Vaters – nicht vom tatsächlichen Geburtstermin, sondern nach dem zur Zeit des Verlangens vom Arzt prognostizierten Entbindungstermins an zu berechnen (*BAG* 12.5.2011 EzA § 18 BEEG Nr. 1 = NZA 2012, 208; *LAG Köln* 29.1.2010 – 4 Sa 943/08, AuR 2010, 482 LS; s. Rdn. 699). 708

Zu beachten ist aber, dass die Geltendmachung nur dann zur Begründung des Kündigungsschutzes führt, wenn sie **nach § 16 BEEG wirksam erfolgt** ist; insbes. ist der Anspruch nach § 16 Abs. 1 BEEG spätestens vier Wochen vor Beginn der Elternzeit unter konkreter Nennung der Zeiträume der Inanspruchnahme zu erheben. Das **schriftliche Verlangen** nach Elternzeit ist **Wirksamkeitsvoraussetzung** für die Inanspruchnahme von Elternzeit (*BAG* 26.6.2008 EzA § 18 BErzGG Nr. 9). Nach Auffassung des *LAG Köln* (29.8.1996 NZA-RR 1997, 418) kann die Erklärung, es werde Elternzeit für die Dauer der Zahlung des Erziehungsgeldes in Anspruch genommen, als Erklärung über den beanspruchten Zeitraum jedenfalls dann ausreichen, wenn sich der **Beginn der Elternzeit** um eine wegen Frühgeburt verlängerte Schutzfrist **hinausschiebt** und dies dem Arbeitgeber bekannt ist. Im konkret entschiedenen Einzelfall wurde die Elternzeit durch den Vater aus diesem Grund erst zwölf Wochen nach der Niederkunft angetreten. 709

Wird Elternzeit nur unter der **Bedingung** beansprucht, dass der Arbeitgeber auch Teilzeit gewährt, und lehnt der Arbeitgeber das Teilzeitbegehren vor dem prognostizierten Geburtstermin wirksam ab, so sind die Voraussetzungen des Sonderkündigungsschutzes nach § 18 Abs. 1 S. 1 BEEG nicht ge- 709a geben, denn das setzt voraus, dass Elternzeit genommen wird. Für den Schwebezeitraum zwischen Stellung und Ablehnung des bedingten Antrags sieht das Gesetz keinen Sonderkündigungsschutz vor (*BAG* 22.6.2011 EzA § 613a BGB 2002 Nr. 126).

710 Im Übrigen führt eine verspätete Geltendmachung nicht zum Erlöschen des Elternzeitanspruchs, sondern nur zu einer Verschiebung des Urlaubsbeginns (*BAG* 17.2.1994 EzA § 611 BGB Abmahnung Nr. 30). Das *LAG Bln.* (15.12.2004 NZA-RR 2005, 474) hat zudem angenommen, dass der Arbeitnehmer nicht unverzüglich nach Eintritt der Voraussetzungen für den Anspruch auf Elternzeit sich auf einen besonderen Kündigungsschutz berufen muss; er hat danach insoweit allenfalls eine **Frist von zwei Wochen** nach Zugang der Kündigung einzuhalten (analog § 9 Abs. 1 MuSchG).

711 **Versäumt** es der Arbeitnehmer, die Elternzeit in der gesetzlich vorgeschriebenen Form zu beantragen, besteht grds. **kein gesetzlicher Sonderkündigungsschutz** nach § 18 BEEG. **Allerdings** kann ein Berufen des Arbeitgebers auf die fehlende Schriftform im Einzelfall ein **rechtsmissbräuchliches Verhalten** i. S. v. § 242 BGB sein (*BAG* 26.6.2008 EzA § 18 BErzGG Nr. 9).

712 Da § 18 BEEG hinsichtlich des Kündigungsschutzes zwischen dem Kündigungsschutz vor Beginn und während der Elternzeit unterscheidet, muss angenommen werden, dass die Kündigungsschutzwirkung des § 18 BEEG selbst dann nicht nachträglich ex tunc, sondern lediglich ex nunc wegfällt, wenn die Elternzeit (z. B. wegen einer Abrede gem. § 16 Abs. 3 BEEG) gar nicht in Anspruch genommen wird. Wegen dieser weit reichenden Wirkung der Geltendmachung kommt ihr eine Bindungswirkung zu mit der Folge, dass sie nicht mehr einseitig widerrufen werden kann. Spätestens tritt eine solche Bindungswirkung mit dem Erreichen der 4-wöchigen Vorfrist des § 16 Abs. 1 BEEG ein (KR/*Bader* § 18 BEEG Rn. 23). Andererseits führt ein **Antrag auf Verlängerung** der bereits festgelegten Elternzeit **nicht zu einer Vorverlagerung** des Kündigungsschutzes nach § 18 Abs. 1 BEEG (*LAG Bln.* 15.12.2004 NZA-RR 2005, 474).

713 Besteht zwischen der Mitteilung an den Arbeitnehmer, dass sein Arbeitsplatz künftig wegfalle, und dem Antrag des Arbeitnehmers auf Durchführung von Elternzeit ein **enger sachlicher und zeitlicher Zusammenhang** und sprechen die Umstände aus der Sicht des Arbeitgebers dafür, dass der Antrag nicht zuletzt wegen des besonderen Kündigungsschutzes erfolgt, so rechtfertigt dies gleichwohl nicht den Schluss, dass der Arbeitnehmer in Wirklichkeit nur dieses Ziel verfolgt; Rechtsmissbrauch liegt nicht vor (*LAG Nds.* 2.7.2004 NZA-RR 2005, 250).

714 **Zum Antritt der Elternzeit bedarf es keiner Zustimmungserklärung des Arbeitgebers.** Bei Vorliegen der Anspruchsvoraussetzungen (§ 15 BEEG) sowie bei rechtzeitiger Geltendmachung (§ 16 BEEG) kann der Arbeitnehmer zu dem beantragten Zeitpunkt der Arbeit fernbleiben.

715 Bleibt der Arbeitnehmer unzulässigerweise schon zuvor der Arbeit fern, so liegt darin eine Verletzung des Arbeitsvertrages. Soweit der Arbeitgeber darauf erst nach Beginn des Kündigungsschutzes nach § 18 BEEG mit einer Kündigung reagiert, ist § 18 BEEG gleichwohl anwendbar (*BAG* 17.2.1994 EzA § 611 BGB Abmahnung Nr. 30).

### c) Verhältnis zum Mutterschutz gem. § 9 MuSchG

716 Die Kündigungsverbote nach § 9 Abs. 1 MuSchG und § 18 BEEG bestehen nebeneinander, sodass der Arbeitgeber bei Vorliegen von Mutterschaft und zusätzlich Elternzeit für eine Kündigung der Zulässigerklärung der Arbeitsschutzbehörde nach beiden Vorschriften bedarf.

717 Zwar stimmt der Wortlaut der beiden Ausnahmevorschriften überein. Für das Erfordernis einer ausdrücklichen Zustimmungserklärung (u. U. derselben Behörde) spricht insbes. die unterschiedliche Zwecksetzung der beiden Kündigungsverbote: § 18 BEEG soll die Intention des Gesetzgebers umsetzen, einerseits eine wirtschaftliche Existenzgefährdung des Arbeitgebers zu verhindern, andererseits es einem Elternteil – sowohl Vater wie Mutter – zu ermöglichen, sich in der ersten Lebensphase des Kindes dessen Betreuung und Erziehung zu widmen. Das Gesetz gewährt unter bestimmten Voraussetzungen dem betreuenden Elternteil, der vor der Geburt des Kindes in einem Arbeitsverhältnis steht, einen Anspruch auf Erziehungsgeld und räumt ihm einen Anspruch auf Elternzeit ein.

Demgegenüber besteht das Anliegen des mutterschutzrechtlichen Kündigungsschutzes darin, der werdenden Mutter und der Wöchnerin trotz ihrer etwa mutterschaftsbedingten Leistungsminderung oder Arbeitsunfähigkeit den Arbeitsplatz als wirtschaftliche Existenzgrundlage zu erhalten. Dem mutterschutzrechtlichen Kündigungsschutz kommt allerdings insoweit eine Doppelfunktion zu, als er neben den aufgezeigten wirtschaftlichen Schutzbelangen der Arbeitnehmerin diese zugleich vor den psychischen Belastungen eines Kündigungsschutzprozesses schützen will (*BAG* 31.3.1993 EzA § 9 MuSchG Nr. 32).  718

### d) Verwirkung

Das Recht, sich auf das Fehlen der nach § 18 BEEG erforderlichen Zulässigkeitserklärung zu berufen, unterliegt der Verwirkung. Je nach den Umständen ist es dem Arbeitgeber nicht zumutbar, sich auf die nach mehrjähriger Prozessdauer in der letzten mündlichen Verhandlung erhobene Rüge, § 18 Abs. 1 S. 2 BEEG sei verletzt, einzulassen (*BAG* 25.3.3004 EzA § 9 MuSchG n. F. Nr. 40).  719

## 5. Besonderer Kündigungsschutz in der Pflegezeit

### a) PflegeZG

Gem. §§ 2, 3, 4 PflegeZG (seit dem 1.7.2008) besteht u. a. das Recht von Arbeitnehmern und arbeitnehmerähnlichen Personen (§ 7 PflegeZG), zu einer kurzzeitigen Sicherung der Organisation der Pflege (§ 2 PflegeZG; s. Kap. 3 Rdn. 1656 ff.) oder zu einer eigenen, längeren Pflege naher Angehöriger (§§ 3, 4 PflegeZG; s. Kap. 3 Rdn. 278 ff.) in häuslicher Umgebung, bis zu sechs Monaten Pflegezeit in Anspruch zu nehmen (§ 4 PflegeZG). Dabei können Arbeitnehmer zwischen einer vollständigen und einer teilweisen Freistellung von der Arbeit wählen.  720

Der Arbeitgeber darf dann in beiden Fällen das Arbeitsverhältnis bzw. das Rechtsverhältnis der arbeitnehmerähnlichen Person (§ 7 PflegeZG) **vom ersten Tag seines Bestandes** an (krit. dazu *Preis/Weber* NZA 2008, 82 ff.) von der Ankündigung bis zur Beendigung der Arbeitsverhinderung (s. dazu oben Kap. 3 Rdn. 278, 1656) oder der Pflegezeit nicht kündigen; der Schutz gilt für alle Arten von Kündigungen (*Joussen* NZA 2009, 72; *Glatzel* NJW 2009, 1377 ff.). Allerdings kann die für den Arbeitsschutz zuständige oberste Landesbehörde in besonderen Fällen – z. B. einer beabsichtigte Betriebsstilllegung – ausnahmsweise eine Kündigung für zulässig erklären. Dabei ist eine Beschränkung dieses besonderen Kündigungsschutzes auf die Zeit nach Ablauf der Wartezeit des § 1 KSchG nicht vorgesehen (s. i. E. *Schwerdle* ZTR 2007, 655 ff.; *Preis/Weber* NZA 2008, 82 ff.; *Preis/Nehring* NZA 2008, 729 ff.; *Linck* BB 2008, 2738 ff.; *Düwell* FA 2008, 108 ff.; für eine teleologische Reduktion – gegen den ausdrücklichen Willen des Gesetzgebers – *Rose/Dörstling* DB 2008, 2137 ff.; instr. *Joussen* NZA 2009, 69 ff.).

### b) Familienpflegezeit (FPfZG)

Für den Arbeitgeber gilt ein **generelles Kündigungsverbot**. Er darf das Beschäftigungsverhältnis während der Inanspruchnahme der Familienpflegezeit und der Nachpflegephase nicht kündigen (§ 9 Abs. 3 S. 1 FPfZG). Da das Gesetz insoweit nicht von der Kündigung des Arbeitsverhältnisses ausgeht, werden offensichtlich die Begriffe verwechselt (krit. *Göttling/Neumann* NZA 2012, 119 ff.; *Schwerdle* ZTR 2012, 11 ff.).  720a

720b Eine Ausnahme vom Kündigungsverbot sieht § 9 Abs. 3 S. 2 FPfZG für besondere Fälle vor und übernimmt die Regelungen der §§ 5 Abs. 2 S. 1 PflegeZG, 9 Abs. 3 MuSchG, 18 Abs. 1 S. 2, 3 BEEG. Die Zulässigkeitserklärung erfolgt durch die für den Arbeitsschutz zuständige oberste Landesbehörde oder die von ihr bestimmten Stelle (§ 9 Abs. 3 S. 3 FPfZG).

Ein solcher besonderer Fall i. S. dieser Normen liegt dann vor, wenn es **gerechtfertigt erscheint**, dass das als vorrangig angesehene Interesse des Beschäftigten am Fortbestand des Arbeitsverhältnisses wegen ungewöhnlicher Umstände hinter die Interessen des Arbeitgebers **zurücktritt**, z. B. dann wenn  720c der Betrieb oder die Betriebsabteilung, in der der Beschäftigte tätig ist, stillgelegt wird und er nicht anderweitig im Unternehmen weiter beschäftigt werden kann, bzw. eine zumutbare Weiterbeschäftigung auf einem anderen Arbeitsplatz ablehnt. Besonders schwere Verstöße des Beschäftigten gegen arbeitsvertragliche Pflichten sowie vorsätzliche strafbare Handlungen können ebenfalls die Aufrechterhaltung des Arbeitsverhältnisses für den Arbeitgeber unzumutbar machen. Auf jeden Fall hat die Behörde für Arbeitsschutz im Rahmen einer **Ermessensausübung** zu prüfen, ob die Interessen des Arbeitgebers an einer Kündigung während der Familienpflegezeit oder in der Nachpflegephase so erheblich überwiegen, dass ausnahmsweise die von ihm beabsichtigte Kündigung für zulässig zu erklären ist (*Göttling/Neumann* NZA 2012, 119 ff.).

720d Kündigt der Arbeitgeber ausnahmsweise, erlischt sein Ausgleichsanspruch gegenüber dem Beschäftigten auf Auffüllung des (restlichen) negativen Wertguthabens (§ 9 Abs. 2 S. 3 FPfZG). Damit machen betriebs- oder personenbedingte Kündigungen des Beschäftigten nur Sinn, wenn ein Versicherungsfall vorliegt, der die Familienpflegezeitversicherung eintreten lässt, z. B. mehr als 180 Tage ununterbrochene Arbeitsunfähigkeit (fingierte Berufsunfähigkeit nach § 4 Abs. 2 S. 2 FPfZG; s. Göttling/Neumann NZA 2012, 119 ff.).

### 6. Besonderer Kündigungsschutz von schwer behinderten Arbeitnehmern (§§ 85, 91 SGB IX); Prävention (§ 84 SGB IX)

#### a) Anwendungsbereich; Ausgestaltung

721 Gem. § 85 SGB IX bedarf die Kündigung des schwer behinderten Menschen (vgl. §§ 68 ff. SGB IX) der vorherigen Zustimmung des Integrationsamtes. Gem. § 91 SGB IX gilt dies auch für außerordentliche Kündigungen. § 91 SGB IX gilt auch für eine außerordentliche Kündigung mit notwendiger Auslauffrist gegenüber einem ordentlich unkündbaren Arbeitnehmer (*BAG* 15.5.2005 EzA § 91 SGB IX Nr. 1).

722 (derzeit unbesetzt)

723 Zu beachten ist insoweit allerdings, dass §§ 85, 91 SGB IX nicht anwendbar sind, sofern das Arbeitsverhältnis zum Zeitpunkt des Zugangs der Kündigungserklärung ohne Unterbrechung **noch nicht länger als sechs Monate bestanden hat** (§ 90 Abs. 1 Nr. 1 SGB IX; *BAG* 22.9.2005 EzA § 130 BGB 2002 Nr. 5); das gilt auch dann, wenn der Arbeitnehmer gem. § 242 BGB wegen Zugangsvereitelung so zu behandeln ist, als sei ihm die Kündigung innerhalb der ersten sechs Monate des Arbeitsverhältnisses zugegangen (*BAG* 22.9.2005 EzA § 130 BGB 2002 Nr. 5 = NZA 2006, 204). Auf diese Wartezeit sind allerdings Zeiten eines vorangegangenen Arbeitsverhältnisses mit demselben Arbeitgeber trotz einer sechswöchigen Unterbrechung anzurechnen, wenn ein **enger sachlicher Zusammenhang** besteht. Ein solcher Zusammenhang ist z. B. bei einer Lehrerin für Sonderpädagogik selbst dann zu bejahen, wenn der Unterricht zwar an unterschiedlichen Schultypen, ohne Beschäftigung in den Schulferien, aber an Schulen der Schulform Sonderschule erteilt wird (*LAG Düsseld.* 16.11.2005 LAGE § 90 SGB IX Nr. 2; bestätigt durch *BAG* 19.6.2007 EzA § 90 SGB IX Nr. 2).

724 Die fehlende vorherige Zustimmung des Integrationsamtes stellt einen **sonstigen Unwirksamkeitsgrund** i. S. d. § 13 Abs. 3 KSchG dar.

Seit dem 1.1.2004 gilt gem. §§ 13, 4, 6 KSchG die Klagefrist auch für die Geltendmachung der Unwirksamkeit der Kündigung wegen fehlender Zustimmung des Integrationsamtes (vgl. *Griebeling* NZA 2005, 501 f.). Zu beachten ist dann allerdings § 4 S. 4 KSchG: Soweit die Kündigung der Zustimmung einer Behörde bedarf, läuft die Klagefrist erst ab dem Zeitpunkt, zu dem die Entscheidung dem Arbeitnehmer bekannt gegeben ist; sie wird nicht in Lauf gesetzt, wenn der Arbeitgeber nicht vor Ausspruch der Kündigung die behördliche Zustimmung beantragt hat, obgleich ihm der den besonderen Kündigungsschutz begründende Umstand bekannt war (*BAG* 13.2.2008 EzA § 4 KSchG n. F. Nr. 83). Der Arbeitnehmer kann die Unwirksamkeit der Kündigung dann **bis zur Grenze der Verwirkung gerichtlich geltend machen** (*BAG* 13.2.2008 EzA § 4 KSchG n. F. Nr. 83 = NZA 2008, 1055). Der Arbeitnehmer ist für das Vorliegen dieser Kenntnis darlegungs- und beweispflichtig (*LAG Köln* 2.12.2009 – 3 Sa 500/09 – AuR 2010, 272 LS).

Fehlt es dagegen zur Zeit der Kündigung an dieser Kenntnis, und führt der Arbeitnehmer erst durch entsprechende Mitteilung die Unwirksamkeit der Kündigung herbei, ist § 4 S. 4 KSchG demgegenüber nicht einschlägig; die Klagefrist läuft ab Zugang der Kündigung. Denn eine Entscheidung des Integrationsamtes war **nicht erforderlich** und konnte dem Arbeitnehmer deshalb auch nicht bekannt gegeben werden (*BAG* 13.2.2008 EzA § 4 KSchG n. F. Nr. 83; vgl. dazu; *Schmidt* NZA 2004, 79 ff.; *Griebeling* NZA 2005, 501 f.). Der Arbeitnehmer muss sich dann zur Erhaltung seines Sonderkündigungsschutzes innerhalb von **drei Wochen nach Zugang** der Kündigung auf diesen Sonderkündigungsschutz berufen; kommt er dem nach, verwirkt das Recht, die Unwirksamkeit der Kündigung gem. § 85 SGB IX geltend zu machen, i. d. R. nicht (*BAG* 23.2.2010 EzA § 85 SGB IX Nr. 6; krit. *Gelhaar* NZA 2011, 673 ff.). Tut er dies nicht, so kann er sich darauf nach Fristablauf nicht mehr berufen und damit ist der eigentlich gegebene Nichtigkeitsgrund nach § 134 BGB i. V. m. § 85 SGB IX geheilt (*BAG* 13.2.2008 EzA § 4 KSchG n. F. Nr. 83 = NZA 2008, 1055; 11.12.2008 EzA § 90 SGB IX Nr. 5; *LAG Köln* 11.2.2011 NZA-RR 2011, 459; **a. A.** *LAG München* 23.7.2009 NZA-RR 2010, 19: geringfügige Fristüberschreitung unschädlich).

**Teilt der Arbeitnehmer** dem Arbeitgeber seinen Schwerbehindertenstatus bzw. seine Gleichstellung innerhalb der Drei-Wochen-Frist **mit**, dann kann er sich zwar auf den **Sonderkündigungsschutz** berufen. **Allerdings** muss er zugleich auch die **Klagefrist** des § 4 S. 1 KSchG **einhalten**, denn zum Zeitpunkt des Zugangs der Kündigung war dem Arbeitgeber der Sonderkündigungsschutz nicht bekannt und er konnte eine Zustimmung nicht beantragen; § 4 S. 4 KSchG gilt also auch insoweit nicht (*BAG* 13.2.2008 EzA § 4 KSchG n. F. Nr. 83).

### b) Auslandsbezug

Einer Zustimmung bedarf es jedoch nicht bei einem reinen Auslandsarbeitsverhältnis eines schwer behinderten Menschen, das nach Vertrag und Abwicklung auf ausländische Baustellen beschränkt ist und keinerlei Ausstrahlung auf den inländischen Betrieb hat, selbst wenn die Anwendbarkeit deutschen Rechts vereinbart ist und die Kündigung im Bundesgebiet ausgesprochen wird (*BAG* 30.4.1987 EzA § 12 SchwbG Nr. 15). **725**

### c) Verfahren

Gem. § 91 Abs. 2 SGB IX kann die Zustimmung zur außerordentlichen Kündigung nur innerhalb von **zwei Wochen nach Kenntnis** des Arbeitgebers von den für die Kündigung maßgeblichen Tatsachen beantragt werden; maßgebend ist der Antragseingang bei des Integrationsamtes. **726**

Diese Frist gilt auch dann, wenn **die ordentliche Kündigung tarifvertraglich ausgeschlossen** ist. Für einen mit einem zurückgenommenen Zustimmungsantrag inhaltsgleichen Zweitantrag läuft keine neue Antragsfrist. Den Arbeitgeber trifft zudem die Obliegenheit, die für ihn maßgeblichen Kündigungsgründe innerhalb der Antragsfrist zu benennen. Ein Nachschieben von Kündigungsgründen ist grds. nicht zulässig (*VGH BW* 5.8.1996 NZA-RR 1997, 90 LS). **727**

Ist der Arbeitnehmer vor Kenntnis von dessen Schwerbehinderung bei einer beabsichtigten Verdachtskündigung bereits zum Verdacht (im konkret entschiedenen Einzelfall des Betruges) angehört worden, beginnt die Frist zur Antragstellung nach § 91 Abs. 2 SGB IX **mit Kenntnis des Arbeitgebers von der Schwerbehinderung**. Eine erneute Stellungnahme des Arbeitnehmers ist nicht erforderlich, insbes. dann nicht, wenn er bei seiner ersten Anhörung bereits jede Tatbeteiligung abgestritten hat (*LAG Köln* 4.8.2003 AuR 2004, 37 LS = ZTR 2004, 212 LS). **728** *aa) Prüfungsmaßstab; Verhältnis zum Präventionsverfahren (§ 84 SGB IX)*

**729** Bei der außerordentlichen Kündigung soll das Integrationsamt gem. § 91 Abs. 4 SGB IX die Zustimmung zur Kündigung erteilen, wenn ein wichtiger Grund gegeben ist, der nicht im Zusammenhang mit der Behinderung steht (vgl. *VGH Mannheim* 24.11.2005 NZA-RR 2006, 183; *LAG Köln* 4.8.2003 ZTR 2004, 212 LS; *OVG Hmb.* 14.11.1986 NZA 1987, 566; zum Verfahren S: *Seidel* DB 1996, 1409 ff.).

**730** Steht der Grund nicht im Zusammenhang mit der Schwerbehinderung, so soll das Integrationsamt im Regelfall die **Zustimmung erteilen** (§ 91 Abs. 4 SGB IX).

**731** Das ist z. B. dann der Fall, wenn ein dauerhafter Wegfall der Beschäftigungsmöglichkeit für den Arbeitnehmer vorliegt, ein Dauerstörtatbestand, der dadurch gekennzeichnet ist, dass der Arbeitgeber zu Gehaltszahlungen verpflichtet bleibt, ohne den Arbeitnehmer einsetzen zu können, so dass mit jeder weiteren Gehaltszahlung, der keine Gegenleistung des Arbeitnehmers gegenübersteht, eine weitere Störung des Arbeitsverhältnisses eintritt und das Maß der Unzumutbarkeit für den Arbeitgeber wächst (*VG Frankf. a. M.* 17.8.2001 NZA-RR 2002, 469).

**732** Für einen Zusammenhang zwischen der Behinderung und dem Kündigungsgrund reicht nicht jedweder Einfluss der Behinderung auf das Verhalten des Behinderten. Voraussetzung dafür ist vielmehr, dass die jeweilige Behinderung unmittelbar oder **mittelbar zu Defiziten in der Einsichtsfähigkeit und/oder Verhaltenssteuerung des schwerbehinderten Arbeitnehmers geführt** hat, denen behinderungsbedingt nicht entgegengewirkt werden konnte, und wenn das einer Kündigung aus wichtigem Grund zugrunde liegende Verhalten des schwerbehinderten Arbeitnehmers gerade auf diese behinderungsbedingte mangelhafte Verhaltenssteuerung zurückzuführen ist (*OVG Münster* 22.1.2009 – 12 A 2094/08, AuR 2010, 271).

**733** Sind diese Voraussetzungen erfüllt, reicht **nicht jedes** als Kündigungsgrund geltend gemachte Verhalten des Schwerbehinderten aus, um die Zumutbarkeitsgrenze für den Arbeitgeber, an die in einem derartigen Fall besonders hohe Anforderungen zu stellen sind, zu überschreiten. Vielmehr bedingen die auf der einen Seite zu Lasten des Arbeitgebers bestehenden **besonders hohen Anforderungen** an dessen Zumutbarkeitsgrenze, dass auf der anderen Seite der Schwerbehinderte durch sein Verhalten, das den Kündigungsgrund bildet, seine **arbeitsvertraglichen Pflichten in besonders schwerem Maße verletzt** haben muss. In einem Fall, in dem die Kündigung mit einem konkreten Fehlverhalten begründet wird, das im Rahmen der Ermessensbetätigung zu gewichten ist, sind die Feststellung dieses Fehlverhaltens und die Feststellung der für die Bewertung der Schwere dessen einschließlich etwaiger Verantwortungsanteile des Arbeitgebers oder von Kollegen erforderlich (*OVG Münster* 20.4.2009 – 12 A 2431/08, AuR 2010, 271 LS).

**734** Nur bei Vorliegen von Umständen, die den Fall als atypisch erscheinen lassen, darf das Integrationsamt nach pflichtgemäßem Ermessen entscheiden (*VGH Mannheim* 24.11.2005 NZA-RR 2006, 183).

**735** Ein atypischer Fall liegt dann vor, wenn die außerordentliche Kündigung den schwer behinderten Menschen in einer die Schutzzwecke des SGB IX berührenden Weise besonders hart trifft, ihm im Vergleich zu der Gruppe der schwer behinderten Menschen im Falle einer außerordentlichen Kündigung mit der ihm dadurch zugemuteten Belastung ein Sonderopfer abverlangt wird. Das ist z. B. dann nicht der Fall, wenn der Kündigungsgrund nur in einem **mittelbaren Zusammenhang mit der Behinderung** steht (Beschaffungskriminalität eines suchtkranken Arbeitnehmers); das Ermessen des Integrationsamtes ist dann nicht eingeschränkt. Auch bei Bestehen eines derartigen mittelbaren Zusammenhangs kann das Integrationsamt auf Grund der Besonderheiten des Einzelfalles zur Erteilung der Zustimmung verpflichtet sein (*BVerwG* 23.5.2000 NZA-RR 2000, 587).

**736** Ob ein atypischer Fall vorliegt, ist als Rechtsvoraussetzung im Rechtsstreit von den Verwaltungsgerichten zu überprüfen und zu entscheiden (*BVerwG* 10.9.1992 EzA § 21 SchwbG 1986 Nr. 4).

Dagegen hat das Integrationsamt nicht über das Vorliegen eines wichtigen Grundes i. S. d. § 626 Abs. 1 BGB zu urteilen (*VGH Mannheim* 24.11.2005 NZA-RR 2006, 183). 737

Das *BVerwG* (2.7.1992 NZA 1993, 123) hat allerdings offen gelassen, ob dann etwas anderes gilt, wenn die vom Arbeitgeber geltend gemachten Gründe eine außerordentliche Kündigung ohne jeden vernünftigen Zweifel in rechtlicher und tatsächlicher Hinsicht offensichtlich nicht zu rechtfertigen vermögen. Der *VGH Mannheim* (24.11.2005 NZA-RR 2006, 183) hat dies für den Fall bejaht, dass sich die Unwirksamkeit der Kündigung jedem Kundigen **geradezu aufdrängt**. 738

> Wichtig ist, dass die Zustimmung des Integrationsamtes zur Kündigung eines schwerbehinderten Arbeitnehmers nicht voraussetzt, dass der Arbeitgeber das **Präventionsverfahren** nach § 84 SGB IX **durchgeführt** hat (*BayVGH* 14.11.2006 – 9 V 06.1431, ZTR 2008, 173; zust. *BVerwG* 29.8.2007 – 5 B 77.07, ZTR 2008, 175). 739

### bb) Ablauf des Verwaltungsverfahrens

#### (1) Zweiwochenfrist

Gem. § 91 Abs. 3 SGB IX hat das Integrationsamt die Entscheidung über die Zustimmung zur außerordentlichen Kündigung **innerhalb von zwei Wochen** nach Antragseingang zu treffen. Zuvor sind gem. §§ 91 Abs. 1, 87 Abs. 2 SGB IX – neben der **Anhörung** des schwer behinderten Menschen – **Stellungnahmen** des zuständigen Arbeitsamtes, des Betriebs- oder Personalrates und der Schwerbehindertenvertretung einzuholen. Die Einholung der Stellungnahme des Arbeitsamtes kann durch das Integrationsamt auch im Widerspruchsverfahren mit heilender Wirkung **nachgeholt** werden. Das Integrationsamt kann allerdings, wenn die vom Arbeitsamt angeforderte Stellungnahme innerhalb einer gesetzten oder angemessenen Frist nicht eingeht, auch ohne sie über den Antrag des Arbeitgebers auf Zustimmung entscheiden (*BVerwG* 11.11.1999 NZA 2000, 146). 740

Wird innerhalb dieser Frist eine Entscheidung nicht getroffen, so gilt die Zustimmung als erteilt. 741

Diese Voraussetzungen sind dann nicht erfüllt, wenn die ablehnende Entscheidung innerhalb der Frist gem. § 91 Abs. 3 S. 2 SGB IX den Machtbereich des Integrationsamtes verlassen hat (*BAG* 16.3.1983 EzA § 18 SchwbG Nr. 6). Die Zustimmungsfiktion greift insbes. auch dann nicht ein, wenn das Integrationsamt die ablehnende Entscheidung über den Antrag des Arbeitgebers auf Zustimmung zur fristlosen Kündigung des schwer behinderten Arbeitnehmers innerhalb der Frist des § 91 Abs. 3 S. 1 SGB IX zur Post gegeben hat (*BAG* 9.2.1994 EzA § 21 SchwbG 1986 Nr. 5). 742

Fingierte Zustimmungen gem. § 91 Abs. 3 S. 2 SGB IX sind ebenso wie tatsächlich erteilte Zustimmungen privatrechtsgestaltende Verwaltungsakte, die mit Widerspruch und Anfechtungsklage (§§ 42, 68 ff. VwGO) vor den **Verwaltungsgerichten** anfechtbar sind (*BVerwG* 10.9.1992 EzA § 21 SchwbG 1986 Nr. 4). 743

#### (2) Umdeutung

Hat das Integrationsamt lediglich die Zustimmung zur außerordentlichen Kündigung erteilt, dann enthält diese **weder konkludent** eine **Zustimmung** auch zur ordentlichen Kündigung, **noch** kann seine Entscheidung nach § 43 Abs. 1 SGB IX in eine Zustimmung zur ordentlichen Kündigung **umgedeutet** werden (*BAG* 7.7.2011 EzA § 626 BGB 2002 Nr. 38 = NZA 2011, 1413; *LAG SchlH* 8.9.1998 LAGE § 21 SchwbG Nr. 2; *LAG Köln* 12.8.1998 LAGE § 626 BGB Nr. 121). 744

#### (3) Auszubildende

Für die außerordentliche Kündigung eines **schwer behinderten Auszubildenden** gelten §§ 85, 91 SGB IX ebenfalls (*BAG* 10.12.1987 EzA § 18 SchwbG Nr. 8). 745

*(4) Vorsorglicher Verwaltungsakt*

746 Das Integrationsamt ist berechtigt, bei noch ungewisser, weil zwar beantragter, aber noch nicht festgestellter Schwerbehinderteneigenschaft des Arbeitnehmers über Anträge des Arbeitgebers auf Zustimmung zur außerordentlichen Kündigung zu entscheiden (sog. vorsorglicher Verwaltungsakt, *BVerwG* 15.12.1988 EzA § 15 SchwbG 1986 Nr. 6).

747 Zum Verfahren im Übrigen kann auf die Ausführungen zu § 9 MuSchG verwiesen werden.

*cc) Verfahren nach Zustimmung bzw. Ablehnung des Integrationsamtes*

748 Bei der Entscheidung über den Widerspruch gegen die Zustimmung zur Kündigung eines schwer behinderten Arbeitnehmers ist der der Kündigung zu Grunde liegende historische Sachverhalt maßgebend (*BVerwG* 7.3.1991 EzA § 15 SchwbG 1986 Nr. 4).

749 Stimmt das Integrationsamt der außerordentlichen Kündigung eines schwer behinderten Arbeitnehmers zu, **so kann die Kündigung wirksam an sich erst nach Zustellung des Zustimmungsbescheides an den Arbeitgeber erklärt werden, wenn die gleichen Grundsätze wie bei der ordentlichen Kündigung gelten würden** (vgl. *BAG* 16.10.1991 EzA § 18 SchwbG 1986 Nr. 2; *LAG BW* 6.9.2004 LAGE § 91 SGB IX Nr. 2). Die Wirksamkeit der Kündigung scheitert aber jedenfalls schon nicht daran, dass das Kündigungsschreiben vor der Zustellung des Zustimmungsbescheides abgesandt wurde, wenn es dem schwer behinderten Menschen erst nach der Zustellung des Bescheides zuging (*BAG* 15.5.1997 EzA § 123 BGB Nr. 48).

750 Er kann im Übrigen jedenfalls dann bereits die Kündigung nach § 91 Abs. 5 SGB IX erklären, wenn das Integrationsamt ihre Entscheidung innerhalb der 2-Wochenfrist des § 91 Abs. 3 SGB IX tatsächlich getroffen und mündlich oder fernmündlich bekannt gegeben hat (*BAG* 15.11.1990 EzA § 21 SchwbG 1986 Nr. 3; 15.5.2005 EzA § 91 SGB IX Nr. 1; 19.6.2007 EzA § 91 SGB IX Nr. 4; **a. A.** *LAG Hamm* 9.11.2000 – 8 Sa 1016/00); einer **vorherigen Zustellung der Entscheidung** des Integrationsamtes **bedarf es nicht**. Denn anders als bei einer ordentlichen Kündigung bedarf es der Zustellung der schriftlichen Entscheidung des Integrationsamtes vor dem Zugang der Kündigungserklärung nicht. § 91 SGB IX enthält eine von § 88 SGB IX abweichende speziellere Regelung (*BAG* 15.5.2005 EzA § 91 SGB IX Nr. 1). Dies gilt auch im Fall einer außerordentlichen Kündigung unter Gewährung einer Auslauffrist gegenüber einem ordentlich unkündbaren schwer behinderten Arbeitnehmer (*BAG* 12.8.1999 EzA § 21 SchwbG 1986 Nr. 9; 15.5.2005 EzA § 91 SGB IX Nr. 1). Voraussetzung ist allerdings, dass das Integrationsamt die **förmliche schriftliche Entscheidung getroffen hat, die nur noch zugestellt werden muss**; die mündliche Weitergabe einer noch nicht schriftlich vorliegenden Entscheidung reicht nicht aus (*LAG Düsseld.* 29.1.2004 NZA-RR 2004, 406). Erklärt also der Arbeitgeber, dem seitens des Integrationsamtes auf telefonische Anfrage mitgeteilt worden ist, die Zustimmung **werde voraussichtlich** erteilt, der Bescheid sei aber noch nicht unterschrieben, die Kündigung vor Zugang des Zustimmungsbescheides unter Hinweis darauf, die Zustimmung gelte als erteilt, so ist diese Kündigung unwirksam (*LAG BW* 6.9.2004 LAGE § 91 SGB IX Nr. 2). Erklärt der Sachbearbeiter des Integrationsamtes innerhalb der Frist des § 91 Abs. 3 SGB IX **telefonisch** dem Arbeitgeber, das Integrationsamt wolle die Sache verfristen lassen, ist eine vor Ablauf der Zweiwochenfrist dem Arbeitnehmer zugegangene außerordentliche Kündigung nach §§ 91, 85 SGB IX, 134 BGB nichtig; das bloße **Verstreichenlassen** der Frist führt lediglich – allerdings erst **nach Fristablauf** – dazu, dass eine tatsächlich nicht getroffene **Zustimmungsentscheidung fingiert wird** (*BAG* 19.6.2007 EzA § 91 SGB IX Nr. 4; *LAG München* 9.11.2005 – 10 Sa 532/05 – AuR 2006, 171 LS).

751 Hat das Integrationsamt zugestimmt, so muss der Arbeitgeber den **Betriebsrat und die Schwerbehindertenvertretung (§ 95 Abs. 2 SGB IX) hören**. Kündigt der Arbeitgeber das Arbeitsverhältnis **nach Zugang** des Zustimmungsbescheides **erneut**, nachdem er es bereits vorher rechtsunwirksam gekündigt hatte, so ist diese weitere Kündigung dann nach z. T. vertretener Auffassung unwirksam, wenn der Betriebsrat nicht erneut angehört worden ist. Denn die vor der ersten Kündigung erfolgte Anhörung des Betriebsrats ist durch den Ausspruch dieser Kündigung verbraucht. In einem solchen

Fall der Wiederholungskündigung ist der Betriebsrat erneut anzuhören (*LAG BW* 6.9.2004 LAGE § 91 SGB IX Nr. 2; a. A. *BAG* 18.5.1994 EzA § 611 BGB Abmahnung Nr. 31; s. Rdn. 401 ff.).

Anders als bei fehlerhafter Beteiligung des Betriebsrats ist die Kündigung eines schwer behinderten 752 Menschen jedoch ohne vorherige Unterrichtung oder Anhörung der Schwerbehindertenvertretung (§§ 95 Abs. 2, 96 SGB IX) **weder wegen Fehlens einer Wirksamkeitsvoraussetzung noch wegen Verstoßes gegen ein gesetzliches Verbot (§ 134 BGB i. V. m. § 156 Abs. 1 Nr. 9 SGB IX) unwirksam.**

Denn die Anhörung der Schwerbehindertenvertretung hat sachlich nur die Bedeutung der Vorprü- 753 fung, weil die Rechte des schwer behinderten Arbeitnehmers voll durch das Integrationsamt und den Widerspruchsausschuss gewährleistet werden (*BAG* 28.7.1983 EzA § 22 SchwbG Nr. 1; 28.6.2007 EzA § 307 BGB 2002 Nr. 5; s. *Düwell* BB 2011, 2485 ff.).

Die außerordentliche Kündigung kann auch noch nach Ablauf der Zweiwochenfrist gem. § 626 754 Abs. 2 BGB erfolgen. **Nach Erteilung der Zustimmung muss sie aber unverzüglich ausgesprochen werden (§ 91 Abs. 5 SGB IX**; zum Verhältnis zu § 626 Abs. 2 BGB s. ausf. Rdn. 1082 u. *BAG* 21.4.2005 EzA § 91 SGB IX Nr. 1).

> Wird die Zustimmung abgelehnt, kommt eine Kündigung nur dann in Betracht, wenn im Wider- 755
> spruchsverfahren (vgl. § 119 SGB IX) der ablehnende Bescheid aufgehoben und die Zustimmung
> erteilt wird. Geschieht dies nicht und wird das Integrationsamt auf eine Verpflichtungsklage des
> Arbeitgebers gem. §§ 42, 113 VwGO zur Erteilung der Zustimmung verpflichtet, so ersetzt das
> Verpflichtungsurteil nach Auffassung des *LAG Saarl.* (14.4.1997 LAGE § 15 SchwbG Nr. 8)
> nicht die erforderliche Zustimmung. Vielmehr ist auch dann ein förmlicher Zustimmungs-
> bescheid erforderlich, damit die Kündigungssperre entfällt. Die Zustimmung wird danach
> auch nicht analog § 894 ZPO mit Eintritt der Rechtskraft des verwaltungsgerichtlichen Urteils
> fingiert.

Hat das Integrationsamt die Zustimmung zur außerordentlichen Kündigung gegenüber einem Ar- 756 beitnehmer, der seine Anerkennung als Schwerbehinderter betreibt, **trotz Versäumung der Zweiwochenfrist** des § 91 Abs. 2 SGB IX erteilt, so ist dieser Mangel nach Auffassung des *LAG Hamm* (4.11.2004 – 8 Sa 292/04, EzA-SD 7/05, S. 16 LS; a. A. *LAG Köln* 4.8.2003 AuR 2004, 37 LS) – von der Nichtigkeit des Bescheides abgesehen – nicht von den Arbeitsgerichten, sondern **allein im Widerrufs- und Klageverfahren** vor den Verwaltungsgerichten geltend zu machen. Die Anwendung des § 626 Abs. 2 BGB wird insoweit von den Regeln des § 91 Abs. 2, 5 SGB IX allerdings nicht verdrängt (s. Rdn. 1034), erst recht entgegen *LAG Hamm* (4.11.2004 – 8 Sa 292/04, EzA-SD 7/05, S. 16 LS) bleibt sie auch dann erhalten, wenn der Arbeitnehmer nach Ausspruch der Kündigung seinen Anerkennungsantrag und die verwaltungsgerichtliche Klage gegen den Zustimmungsbescheid des Integrationsamtes zurücknimmt.

*dd) Kündigung nach Ablehnung des Antrags auf Anerkennung der Schwerbehinderteneigenschaft*

> War dem Arbeitgeber bei Kündigungsausspruch nicht bekannt, dass der schwer behinderte Arbeit- 757
> nehmer einen Antrag auf Anerkennung als schwer behinderter Mensch gestellt hat, so muss das Ver-
> fahren gem. § 102 Abs. 1 BetrVG nicht wiederholt werden. Hat die zuständige Behörde den Antrag
> abgelehnt, so kann der Arbeitgeber ohne Zustimmung des Integrationsamtes eine Kündigung erklä-
> ren, **auch wenn die Entscheidung angefochten worden ist** (*LAG Bln.* 24.6.1991 NZA 1992, 79).

*ee) Gesetz zur Förderung der Ausbildung und Beschäftigung schwer behinderter Menschen (ab 1.5.2004)*

> Durch das Gesetz zur Förderung der Ausbildung und Beschäftigung schwer behinderter Men- 758
> schen ergeben sich ab dem 1.5.2004 folgende Neuerungen:

Gem. § 89 Abs. 1 S. 1 i. V. m. § 89 Abs. 5 S. 1 SGB IX ist die Zustimmung des Integrationsamtes bei Kündigungen in Betrieben und Dienststellen, die nicht nur vorübergehend eingestellt oder aufgelöst werden, innerhalb eines Monats vom Tage des Eingangs des Antrags an zu treffen, wenn zwischen dem Tag der Kündigung und dem Tag, bis zu dem Gehalt oder Lohn gezahlt wird, mindestens drei Monate liegen. Wird innerhalb dieser Frist eine Entscheidung nicht getroffen, gilt die Zustimmung als erteilt. Nach § 88 Abs. 5 SGB IX i. V. m. § 88 Abs. 3 SGB IX kann der Arbeitgeber die Kündigung nur innerhalb eines Monats nach dem Zeitpunkt, zu dem die Zustimmung als erteilt gilt, erklären. Das kann bei unverändertem Kündigungsgrund, z. B. bei Zweifeln an der formellen Wirksamkeit der Kündigung aus anderen Gründen – innerhalb der Frist – auch mehrfach geschehen; **ein »Verbrauch« der Zustimmung des Integrationsamtes kommt in derartigen Fällen nicht in Betracht** (*BAG* 8.11.2007 EzA § 88 SGB IX Nr. 1).

Für die Einhaltung der Monatsfrist des § 88 Abs. 3 SGB IX ist nicht die Absendung, sondern der **Zugang der Kündigung** maßgeblich. Hat das Arbeitsgericht keinen Hinweis darauf erteilt, dass die Gründe für die Unwirksamkeit der Kündigung nur bis zum Schluss der mündlichen Verhandlung in der ersten Instanz geltend gemacht werden können (§ 6 S. 2 KSchG; s. *BAG* 18.1.2012 EzA § 6 KSchG Nr. 4), so ist die Geltendmachung weiterer Unwirksamkeitsgründe auch im Berufungsverfahren möglich. Ein Hinweis des Arbeitsgerichts auf die mögliche Nichteinhaltung der Kündigungserklärungsfrist des § 88 Abs. 3 SGB IX ist auch dann erforderlich, wenn der anwaltlich vertretene Arbeitnehmer bereits einen **anderen Aspekt** des Sonderkündigungsschutzes aufgegriffen hat; das ist z. B. dann der Fall, wenn der schwerbehinderte Arbeitnehmer im Kündigungsschutzprozess bereits erstinstanzlich vorgetragen hat, die vom Arbeitgeber eingeholte Zustimmung des Integrationsamtes sei nicht bestandskräftig geworden. Damit hat er sich i. S. d. § 6 S. 1 KSchG auf die Unwirksamkeit der Kündigung aus Gründen des Schwerbehindertenschutzes nach §§ 85 ff. SGB IX umfassend berufen und ist damit nicht gehindert, erstmals im zweiten Rechtszug ergänzend die Unwirksamkeit der Kündigung wegen Versäumung der Kündigungserklärungsfrist des § 88 Abs. 3 SGB IX geltend zu machen (*LAG Hamm* 19.11.2009 LAGE § 88 SGB IX Nr. 1).

Widerspruch und Anfechtungsklage gegen die als erteilt geltende Zustimmung haben keine aufschiebende Wirkung (§ 88 Abs. 5 S. 2, Abs. 4 SGB IX).

Entsprechendes gilt, wenn das Insolvenzverfahren über das Vermögen des Arbeitgebers eröffnet ist und die Voraussetzungen nach § 89 Abs. 3 Nr. 1–4 SGB IX vorliegen (§ 88 Abs. 5 SGB IX).

Nach § 90 Abs. 2a SGB IX finden die Vorschriften des Kapitel 4 zum Kündigungsschutz keine Anwendung, wenn im Zeitpunkt der Kündigung die Eigenschaft als schwer behinderter Mensch (das gilt auch für die gem. § 68 SGB IX gleichgestellten behinderten Menschen; *BAG* 1.3.2007 EzA § 90 SGB IX Nr. 1; s. *Götting/Neumann* NZA-RR 2007, 281 ff.) nicht nachgewiesen ist (*BAG* 6.9.2007 EzA § 90 SGB IX Nr. 4; *LAG SchlH* 21.4.2009 LAGE § 90 SGB IX Nr. 5), was i. d. R. durch Vorlage eines **entsprechenden** – deklaratorischen – **Bescheides** erfolgt (*BAG* 13.2.2008 EzA § 4 KSchG n. F. Nr. 83), wozu die objektive Existenz eines geeigneten Bescheides genügt (*BAG* 11.12.2008 EzA § 90 SGB IX Nr. 5; s. a. *LAG SchlH* 21.4.2009 LAGE § 90 SGB IX Nr. 5) oder das Versorgungsamt nach Ablauf der Frist von § 69 Abs. 1 S. 2 SGB IX eine Feststellung wegen fehlender Mitwirkung nicht treffen konnte. Nachgewiesen ist eine Schwerbehinderung in diesem Sinne auch dann, wenn die Behinderung offenkundig ist (*BAG* 13.2.2008 EzA § 4 KSchG n. F. Nr. 83; *LAG SchlH* 21.4.2009 LAGE § 90 SGB IX Nr. 5). Diese Änderungen richten sich gegen den Missbrauch des besonderen Kündigungsschutzes nach § 85 SGB IX durch Beantragung der Feststellung der Behinderung erst anlässlich einer unmittelbar bevorstehenden Kündigung (vgl. dazu *Rolfs/Barg* BB 2005, 1678 ff.; *Griebeling* NZA 2005, 494 ff.; *Düwell* BB 2004, 2811 ff.).

Der besondere Kündigungsschutz findet damit **nur dann Anwendung**, wenn die in § 69 Abs. 1 S. 2 SGB IX bestimmte **Drei-Wochen-Frist bei Kündigungszugang** verstrichen ist, d. h. der Arbeitnehmer muss zunächst den Antrag auf Anerkennung der Schwerbehinderteneigenschaft drei

## C. Die Rechtswirksamkeit der außerordentlichen Arbeitgeberkündigung  Kapitel 4

Wochen vor Zugang der Kündigung gestellt haben (*BAG* 29.11.2007 EzA § 90 SGB IX Nr. 3; 6.9.2007 EzA § 90 SGB IX Nr. 4; *LAG Hamm* 31.7.2008 LAGE § 90 SGB IX Nr. 4).

Ein auf einen form- und fristgerecht eingereichten Antrag des Arbeitgebers ergehendes **Negativattest** beseitigt, jedenfalls wenn es **bestandskräftig** ist, ebenso wie die Zustimmung des Integrationsamtes die zunächst bestehende Kündigungssperre. Es muss dann aber vor dem Ausspruch der Kündigung bestandskräftig vorliegen (*BAG* 6.9.2007 EzA § 90 SGB IX Nr. 4; *LAG Köln* 16.7.2008 – 3 Sa 190/08, AuR 2008, 361 LS). Zu beachten ist, dass die **Zustimmung** des Integrationsamtes **nicht bereits** dann nach § 90 Abs. 2a SGB IX **entbehrlich** ist, wenn im Zeitpunkt der Kündigung eine – nicht rechtskräftige und später aufgehobene – Entscheidung des Versorgungsamtes vorliegt, mit der ein **unter 50 GdB liegender Grad** der Behinderung festgestellt wird. Denn das Gesetz ordnet den Verlust des Sonderkündigungsschutzes in solchen Fällen nicht an. Eine **so weitgehende Folge** wie die faktische Entziehung des Rechtsschutzes gegen unrichtige Feststellungen des Versorgungsamtes hätte das Gesetz **unmissverständlich und klar regeln müssen** (*BAG* 6.9.2007 EzA § 90 SGB IX Nr. 4; *LAG Hamm* 31.7.2008 LAGE § 90 SGB IX Nr. 4; s. a. *LAG SchlH* 11.12.2007 NZA-RR 2008, 408).

*ff) Aussetzung des Kündigungsschutzverfahrens?*

Es steht im pflichtgemäßen Ermessen des Gerichts, ob es den von einem schwer behinderten Arbeitnehmer anhängig gemachten Kündigungsschutzprozess gem. § 148 ZPO aussetzt, solange über die Anfechtung der Zustimmung des Integrationsamtes zu der Kündigung noch nicht rechtskräftig entschieden ist, wenn es die Kündigung für sozial gerechtfertigt hält (*BAG* 26.9.1991 EzA § 1 KSchG Personenbedingte Kündigung Nr. 10 gegen *BAG* 25.11.1980 EzA § 580 ZPO Nr. 1; ebenso *LAG SchlH* 6.4.2004 NZA-RR 2004, 614). 759

Zu beachten ist allerdings, dass im Gegensatz zu personenbedingten Kündigungen ein ursächlicher Zusammenhang zwischen einer Schwerbehinderung und einer betriebsbedingten Kündigung wegen Wegfall des Arbeitsplatzes auf Grund einer Teilbetriebsstilllegung oder widersprochenen Teilbetriebsübergangs eher unwahrscheinlich ist, so dass in diesen Fällen dem arbeitsgerichtlichen Beschleunigungsgrundsatz i. d. R. der Vorrang vor einer Aussetzung zu geben ist (zutr. *LAG SchlH* 6.4.2004 NZA-RR 2004, 614). 760

Zu beachten ist in diesem Zusammenhang im Übrigen, dass der nach Rechtskraft eines klageabweisenden Kündigungsschutzurteils erlassene Feststellungsbescheid des Versorgungsamtes, in dem eine zum Zeitpunkt der Kündigung bereits bestandene Schwerbehinderteneigenschaft festgestellt wird, einen Restitutionsgrund analog § 580 Nr. 7b ZPO darstellt (*BAG* 15.8.1984 EzA § 580 ZPO Nr. 2). Nichts anderes gilt, wenn die Anerkennung **nachträglich rückwirkend** auf einen Zeitpunkt vor Ausspruch der streitigen Kündigung erst durch die Widerspruchsbehörde oder im Zuge eines sozialgerichtlichen Verfahrens erfolgt (*LAG Köln* 19.9.2007 – 7 Sa 506/07, AuR 2008, 276 LS). 761

*d) Kenntnis des Arbeitgebers; Rechtslage ab dem 1.5.2004*

*aa) Grundlagen*

Zweifelhaft ist, ob der besondere Kündigungsschutz des schwer behinderten Arbeitnehmers von der **Kenntnis des Arbeitgebers** von der Schwerbehinderteneigenschaft (§ 68 Abs. 1 SGB IX) oder der Gleichstellung (§ 68 Abs. 2 SGB IX) abhängt; letztere ist ein konstitutiver Verwaltungsakt (§ 69 SGB IX), der seine Wirkung mit dem Eingang des entsprechenden Antrags entfaltet. Die Voraussetzungen einer Gleichstellung können für den Arbeitgeber nicht »offenkundig« sein, mit der Folge, dass sie auch ohne Feststellung nach § 69 SGB IX den Sonderkündigungsschutz entsprechend § 85 SGB IX auslösen. 762

Gem. § 68 Abs. 1 SGB IX folgt einerseits zwar unmittelbar aus dem Gesetz, wer zum Personenkreis der schwer behinderten Menschen gehört. Andererseits ist im Gegensatz zum früheren Schwerbeschädigtengesetz auch das Anerkennungs- und Feststellungsverfahren im SGB IX geregelt. Daraus 763

hat das *BAG* (z. B. 19.1.1983 EzA § 12 SchwbG Nr. 11; 30.6.1983 EzA § 12 SchwbG Nr. 13; 5.7.1990 EzA § 15 SchwbG 1986 Nr. 3) zunächst abgeleitet, dass
- der besondere Kündigungsschutz grds. nicht eingreift, wenn die Schwerbehinderteneigenschaft zur Zeit der Kündigung weder gem. § 69 SGB IX festgestellt ist, noch der Arbeitnehmer einen Antrag auf Erteilung des entsprechenden Bescheides gestellt hat (*BAG* 22.1.1987 NZA 1987, 563; 7.3.2002 EzA § 85 SGB IX Nr. 1);
- wird später die Schwerbehinderteneigenschaft festgestellt, so wird sie nur im Rahmen von § 1 KSchG bzw. § 626 Abs. 1 BGB bei der Beurteilung der sozialen Rechtfertigung der ordentlichen Kündigung bzw. der Unzumutbarkeit der Fortsetzung des Arbeitsverhältnisses berücksichtigt (*BAG* 23.2.1978 EzA § 12 SchwbG Nr. 5).

**764, 765** (derzeit unbesetzt)

**766** Daran kann nach dem 1.1.2004 nicht mehr festgehalten werden, denn ab diesem Zeitpunkt gilt eine einheitliche Klagefrist gem. §§ 13, 4, 6 KSchG. auch für die Geltendmachung der Unwirksamkeit einer Kündigung wegen fehlender Zustimmung durch das Integrationsamt (s. Rdn. 722). Damit ist die Monatsfrist zur Mitteilung der Voraussetzungen des § 85 SGB IX nicht mehr vereinbar (*BAG* 12.1.2006 EzA § 85 SGB IX Nr. 5; *Schmidt* NZA 2004, 81 f.; s. Rdn. 783).

*bb) Offenkundigkeit der Schwerbehinderung; Mitteilung über die beabsichtigte Antragstellung*

**767** Eine **Ausnahme** von diesen Grundsätzen gilt ohnehin dann, wenn die Schwerbehinderung wegen der Schwere der Behinderung (Verlust von Gliedmaßen, Blindheit) **offenkundig** ist (*BAG* 7.3.2002 EzA § 85 SGB IX Nr. 1; 20.1.2005 EzA § 85 SGB IX Nr. 3; 13.2.2008 EzA § 4 KSchG n. F. Nr. 83). Gleichgestellt ist zudem der Fall, dass der Arbeitnehmer bereits vor Ausspruch der Kündigung den Arbeitgeber über seine körperlichen Beeinträchtigungen und über seine beabsichtigte Antragstellung beim Versorgungsamt informiert hat (*BAG* 7.3.2002 EzA § 85 SGB IX Nr. 1).

*cc) Feststellung der Schwerbehinderung bzw. Vorliegen eines entsprechenden Antrags*

**768** War im Zeitpunkt der Kündigung die Schwerbehinderung festgestellt oder ein entsprechender Antrag auf Feststellung beim Versorgungsamt gestellt, dann steht dem schwer behinderten Menschen der volle Sonderkündigungsschutz zu, auch wenn der Arbeitgeber von der Schwerbehinderung nichts weiß (*BAG* 19.4.1979 EzA § 12 SchwbG Nr. 6; 12.1.2006 EzA § 85 SGB IX Nr. 5).

**769** Der Arbeitnehmer kann aber die Schwerbehinderteneigenschaft gem. § 85 SGB IX dann nicht in Anspruch nehmen, wenn er zwar den Arbeitgeber von der Stellung eines Antrags unterrichtet, das Versorgungsamt aber nach Ablauf der Regelfrist zunächst durch bestandskräftigen Bescheid nur einen Grad der Behinderung von 40 und erst längere Zeit danach (1 1/2 Jahre) in zwei neueren Bescheiden schließlich einen bereits vor Ausspruch der Kündigung bestehenden Grad der Behinderung von 50 feststellt (*BAG* 16.8.1991 EzA § 15 SchwbG 1986 Nr. 5).

*dd) Mitteilungspflicht des Arbeitnehmers*

**770** Der Arbeitnehmer (ausreichend ist auch die Mitteilung des Betriebsrats im Rahmen des § 102 BetrVG; *BAG* 20.1.2005 EzA § 85 SGB IX Nr. 3; *LAG Hamm* 10.9.2003 FA 2004, 92 LS) muss in den Fällen, in denen der Arbeitgeber **keine Kenntnis** hat (verborgene oder geringfügige Behinderung), nach Zugang der Kündigung innerhalb angemessener Frist gegenüber dem Arbeitgeber die festgestellte oder zur Feststellung beantragte Schwerbehinderteneigenschaft **geltend machen**. Adressat einer danach erforderlichen Mitteilung der festgestellten oder beantragten Schwerbehinderteneigenschaft kann auch ein Vertreter des Arbeitgebers sein, der kündigungsberechtigt ist oder eine ähnlich selbstständige Stellung bekleidet, nicht dagegen ein untergeordneter Vorgesetzter mit rein arbeitstechnischen Befugnissen (*BAG* 5.7.1990 EzA § 15 SchwbG 1986 Nr. 3; 9.6.2011 – 2 AZR 703/09, EzA-SD 17/2011 S. 13 LS).

Sowohl für eine ordentliche wie für eine außerordentliche Kündigung war eine Frist von **einem Monat** angemessen (s. *BAG* 20.1.2005 EzA § 85 SGB IX Nr. 3; 12.1.2006 EzA § 85 SGB IX Nr. 5; 1.3.2007 EzA § 1 KSchG Betriebsbedingte Kündigung Nr. 153). Inzwischen ist aber wegen der **Neufassung des § 4 KSchG** von einer **Drei-Wochen-Frist** nach Zugang der Kündigung auszugehen (*BAG* 13.2.2008 EzA § 4 KSchG n. F. Nr. 83; 11.12.2008 EzA § 90 SGB IX Nr. 5; 9.6.2011 – 2 AZR 703/09, EzA-SD 17/2011 S. 13 LS; s. a. Rdn. 765 u. Rdn. 783 m. w. N.). Diese Anforderung trägt dem **Verwirkungsgedanken** (§ 242 BGB) Rechnung und ist aus **Vertrauensschutzgesichtspunkten** gerechtfertigt (*BAG* 9.6.2011 – 2 AZR 703/09, EzA-SD 17/2011 S. 13 LS). 771

Die Frist darf der Arbeitnehmer **voll ausnutzen**; verstreicht sie ungenutzt, ist der Sonderkündigungsschutz allerdings verwirkt (*BAG* 1.3.2007 EzA § 1 KSchG Betriebsbedingte Kündigung Nr. 153; a. A. *LAG Düsseld.* 8.9.2011 – 5 Sa 672/11, EzA-SD 23/2011 S. 17 LS: kurze Überschreitung der Frist ist unschädlich). **Es ist in diesem Zusammenhang nicht ausreichend, wenn der Arbeitgeber innerhalb der Frist zufällig von dritter Seite von der Schwerbehinderung erfährt** (*BAG* 1.3.2007 EzA § 1 KSchG Betriebsbedingte Kündigung Nr. 153. Eine Einschränkung der Möglichkeit des Arbeitnehmers, sich auf den Kündigungsschutz als schwerbehinderter Mensch zu berufen, ist unter dem Gesichtspunkt der Verwirkung aber nur gerechtfertigt, wenn der **Arbeitgeber tatsächlich schutzbedürftig** ist. Hat der Arbeitnehmer dem Arbeitgeber vor Zugang der Kündigung mitgeteilt, er habe bei einem bestimmten Versorgungsamt einen **Antrag** auf »Feststellung über das Vorliegen einer Behinderung« gestellt, muss der Arbeitgeber mit der Möglichkeit rechnen, dass die Kündigung der Zustimmung des Integrationsamtes bedarf. Mit einem vor Zugang der Kündigung erfolgten Hinweis auf einen derartigen Antrag ist der Arbeitgeber hinreichend in die Lage versetzt, sich auf einen möglichen Schutztatbestand einzurichten, insbes. im Fall der beabsichtigten Kündigung **vorsorglich die Zustimmung** des Integrationsamtes einzuholen. Näherer Angaben wie etwa der Mitteilung, wann der Antrag beim Versorgungsamt eingegangen ist, oder das Aktenzeichen des dortigen Vorgangs bedarf es dazu grds. nicht (*BAG* 9.6.2011 – 2 AZR 703/09, EzA-SD 17/2011 S. 13 LS). Aus der Mitteilung muss der Arbeitgeber allerdings **erkennen** können, dass sich der Arbeitnehmer **auf den Sonderkündigungsschutz** des § 85 SGB IX **beruft** (*LAG Düsseld.* 8.9.2011 – 5 Sa 672/11, EzA-SD 23/2011 S. 17 LS). 772

Zu einem früheren Zeitpunkt braucht er den Arbeitgeber nur zu unterrichten, wenn er auf Grund besonderer Umstände damit rechnen muss, während des restlichen Laufs der Regelzeit hierzu nicht mehr in der Lage zu sein. 773

(derzeit unbesetzt) 774, 775

*ee) Einzelfragen*

(derzeit unbesetzt) 776, 777

Beruft sich der Arbeitnehmer auf den Schwerbehindertenschutz, kann aber der Nachweis noch nicht nach § 69 SGB IX geführt werden, so wird bei einem entsprechenden Antrag des Arbeitgebers auf Zustimmung zur Kündigung i. d. R. ein Negativattest erteilt werden. 778

> Das dem Arbeitgeber auf form- und fristgerecht gestellten Antrag erteilte Negativattest beseitigt die Kündigungssperre. 779

Analog § 91 Abs. 5 SGB IX muss die außerordentliche Kündigung dann aber auch unverzüglich nach Erteilen des Negativattestes erklärt werden (*BAG* 27.5.1983 EzA § 12 SchwbG Nr. 12). 780

Nach Auffassung des *BAG* (31.8.1989 EzA § 15 SchwbG 1986 Nr. 1) kann es i. d. R. nicht als rechtsmissbräuchlich angesehen werden, wenn der Arbeitnehmer erst kurze Zeit vor Zugang der Kündigung einen Antrag auf Feststellung der Schwerbehinderteneigenschaft stellt. 781

> Demgegenüber handelt ein Betriebsratsmitglied treuwidrig, das im laufenden Verfahren wegen Zustimmung zur außerordentlichen Kündigung einen Bescheid über die Schwerbehinderteneigenschaft erhält, mit der Bekanntgabe an den Arbeitgeber aber zuwartet, bis nach Verwerfung 782

der Nichtzulassungsbeschwerde die Zustimmung des Betriebsrats rechtskräftig ersetzt wird und der Arbeitgeber die Kündigung ausspricht, wenn dies in der Absicht erfolgt, erneut den Arbeitgeber in das Zustimmungsverfahren nach § 103 BetrVG zu zwingen. Er kann sich dann nicht auf die festgestellte Eigenschaft als schwer behinderter Mensch berufen mit der Folge, dass die außerordentliche Kündigung auch ohne Zustimmung des Integrationsamtes wirksam ist (*LAG RhPf* 9.10.2003 ZTR 2004, 268 LS).

*ff) Das neue Recht ab dem 1.5.2004*

783 Nach § 90 Abs. 2a SGB IX finden die Vorschriften des Kapitel 4 zum Kündigungsschutz keine Anwendung, wenn im Zeitpunkt der Kündigung die Eigenschaft als schwer behinderter Mensch nicht nachgewiesen ist (s. *BAG* 1.3.2007 EzA § 90 SGB IX Nr. 1) oder das Versorgungsamt nach Ablauf der Frist von § 69 Abs. 1 S. 2 SGB IX eine **Feststellung wegen fehlender Mitwirkung nicht treffen konnte**. Diese Änderungen richten sich **gegen den Missbrauch des besonderen Kündigungsschutzes** nach § 85 SGB IX durch – die häufig aussichtslose – Beantragung der Feststellung der Behinderung erst anlässlich einer unmittelbar bevorstehenden Kündigung (s. a. Rdn. 758 und Rdn. 1765). Der besondere Kündigungsschutz findet damit nur dann Anwendung, wenn die in § 69 Abs. 1 S. 2 SGB IX bestimmte **Drei-Wochen-Frist** bei Kündigungszugang **verstrichen** ist, d. h. der Arbeitnehmer muss **zunächst** den **Antrag auf Anerkennung** der Schwerbehinderteneigenschaft drei Wochen vor **Zugang** der Kündigung gestellt haben (*BAG* 29.11.2007 EzA § 90 SGB IX Nr. 3).

784 Der Arbeitgeber bedarf zur Kündigung gegenüber einem schwer behinderten Menschen folglich nicht der Zustimmung des Integrationsamtes (s. *LAG Düsseld.* 29.3.2006 – 17 Sa 1321/05 – FA 2006, 283 LS; vgl. *Düwell* FA 2004, 202 u. BB 2004, 2811 ff.; *Griebeling* NZA 2005, 494 ff.), wenn:
– zum Zeitpunkt der beabsichtigten Kündigung die Eigenschaft als schwer behinderter Mensch nicht durch einen Schwerbehindertenausweis nachgewiesen ist,
– und auch nicht offenkundig ist, so dass es eines durch ein Feststellungsverfahren zu führenden Nachweises nicht bedarf,
– und der Nachweis über die Eigenschaft als schwer behinderter Mensch weder durch einen Feststellungsbescheid nach § 69 Abs. 1 SGB IX noch durch diesem Bescheid gleichstehende Feststellungen nach § 69 Abs. 2 SGB IX erbracht werden kann.

785 Ein auf einen form- und fristgerecht eingereichten Antrag des Arbeitgebers ergehendes **Negativattest** beseitigt, jedenfalls wenn es bestandskräftig ist, ebenso wie die Zustimmung des Integrationsamtes die zunächst bestehende Kündigungssperre. Es muss dann aber vor dem Ausspruch der Kündigung bestandskräftig vorliegen (*BAG* 6.9.2007 EzA § 90 SGB IX Nr. 4). Zu beachten ist, dass die Zustimmung des Integrationsamtes nicht bereits dann nach § 90 Abs. 2a SGB IX entbehrlich ist, wenn im Zeitpunkt der Kündigung eine – nicht rechtskräftige und später aufgehobene – Entscheidung des Versorgungsamtes vorliegt, mit der ein unter 50 GdB liegender Grad der Behinderung festgestellt wird, denn das Gesetz ordnet den Verlust des Sonderkündigungsschutzes in solchen Fällen nicht an. Eine so weitgehende Folge wie die faktische Entziehung des Rechtsschutzes gegen unrichtige Feststellungen des Versorgungsamtes hätte das Gesetz **unmissverständlich und klar regeln müssen** (*BAG* 6.9.2007 EzA § 90 SGB IX Nr. 4 = NZA 2008, 407).

786 Hat der Arbeitnehmer bereits so **rechtzeitig vor Zugang der Kündigung einen Antrag** gestellt und hat das Versorgungsamt, ohne dass den Antragsteller ein Verschulden trifft (zu den Mitwirkungspflichten des Arbeitnehmers insoweit s. *LAG SchlH* 11.12.2007 NZA-RR 2008, 408), entgegen der Fristenregelung des § 69 Abs. 1 SGB IX (s. Rdn. 1765) **noch keine Feststellung** getroffen, dann hat der Arbeitgeber allerdings auch ohne festgestellte Schwerbehinderung das Zustimmungsverfahren einzuhalten; ein schwer behinderter Arbeitnehmer kann sich nur dann nicht auf den besonderen Kündigungsschutz berufen, wenn der **fehlende Nachweis** der Schwerbehinderung bei Zugang der Kündigung auf einer **fehlenden Mitwirkung im Anerkennungsverfahren beruht** (*LAG SchlH* 11.12.2007 NZA-RR 2008, 408; *ArbG Düsseld.* 29.10.2004 NZA-RR 2005, 138; *Schulze*

## C. Die Rechtswirksamkeit der außerordentlichen Arbeitgeberkündigung  Kapitel 4

AuR 2005, 252 ff.; dort finden sich auch Hinweise zur teilweise abweichenden Handhabung der Integrationsämter). Für den Arbeitgeber **entfällt damit das Risiko**, dass der Arbeitnehmer geltend machen kann, **er habe den besonderen Kündigungsschutz**, z. B. weil der Betriebsrat ihn im Rahmen der Anhörung nach § 102 BetrVG oder sonst im Vorfeld einer beabsichtigten Kündigung auf die Möglichkeit hingewiesen hat, einen Feststellungsantrag beim zuständigen Versorgungsamt zu stellen (vgl. *Düwell* FA 2004, 202). Trotz fehlenden Nachweises bleibt der Sonderkündigungsschutz dann nach § 90 Abs. 2a 2. Alt SGB IX bestehen, wenn es nicht auf fehlender Mitwirkung des Arbeitnehmers beruht. Das ist allerdings jedenfalls dann der Fall, **wenn der Arbeitnehmer den Antrag auf Anerkennung oder Gleichstellung nicht mindestens drei Wochen vor der Kündigung gestellt hat; § 90 Abs. 2a 2. Alt SGB IX enthält insoweit die Bestimmung einer Vorfrist** (§ 90 Abs. 2a 2. Alt SGB IX). Der Sonderkündigungsschutz gilt im Übrigen auch dann, wenn das Integrationsamt die Schwerbehinderung nach einem zunächst verneinenden Bescheid erst **nach Widerspruch und Klageerhebung** nach Zugang der Kündigung **rückwirkend** auf den Zeitpunkt der Antragstellung, der vor Zugang der Kündigung liegt, feststellt (*LAG Düsseld.* 17.1.2006 – 8 Sa 1052/05, EzA-SD 9/06 S. 15 LS; *Bitzer* NZA 2006, 1082; *LAG Köln* 16.6.2006 NZA-RR 2007, 133; *LAG SchlH* 11.12.2007 NZA-RR 2008, 408; a. A. *OVG Koblenz* 7.3.2006 NZA 2006, 1108).

Der Sonderkündigungsschutz beginnt nach Auffassung des *LAG BW* (14.6.2006 LAGE § 85 SGB IX Nr. 2 = AuR 2006, 412 LS) vor der Anerkennung eines Arbeitnehmers als **Gleichgestellter** frühestens nach Ablauf der kürzesten Frist des § 14 Abs. 2 SGB IX, d. h. frühestens drei Wochen nach Antragstellung. 787

Fraglich ist, ob aus § 90 Abs. 2a SGB IX **eine Verpflichtung des Arbeitnehmers entsteht, dem Arbeitgeber Kenntnis** von der **Schwerbehinderung oder der Gleichstellung zu verschaffen** (dagegen *ArbG Bonn* 25.11.2004 NZA-RR 2005, 193; *Schulze* AuR 2005, 252 ff.). 788

Das *BAG* (13.2.2008 EzA § 4 KSchG n. F. Nr. 83; 11.12.2008 EzA § 90 SGB IX Nr. 5; 9.6.2011 – 2 AZR 703/09, EzA-SD 17/2011 S. 13 LS; s. Rdn. 772) nimmt insoweit nach der Neufassung des SGB IX an, dass der Arbeitnehmer nach Zugang der Kündigung dem Arbeitgeber seine Schwerbehinderung oder den entsprechenden Feststellungsantrag in Angleichung an die entsprechenden gesetzlichen Fristen (§§ 4, 13 KSchG) **regelmäßig innerhalb von drei Wochen** mitteilen muss. 789

### (1) Prävention und Eingliederungsmanagement (§ 84 SGB IX)

Zu beachten ist im Zusammenhang mit der Gefährdung von Arbeitsverhältnissen und insbes. bei der **Gesundheitsprognose** bei schwer behinderten (und auch bei nicht schwer behinderten) Arbeitnehmern seit dem 1.5.2004 § **84 SGB X**. Unter Mitwirkung u. a. des Integrationsamtes bei schwer behinderten Arbeitnehmern sollen alle am Arbeitsverhältnis Beteiligten verpflichtet sein, **geeignete Maßnahmen** zu treffen, **um eine Kündigung zu vermeiden** (vgl. dazu *Balders/Lepping* NZA 2005, 854 ff.; *Deinert* NZA 2010, 969 ff.). 790

### (2) Gefährdung des Arbeitsverhältnisses schwer behinderter Arbeitnehmer (§ 84 Abs. 1 SGB IX)

Gem. § 84 Abs. 1 SGB IX schaltet der Arbeitgeber bei Eintreten von personen-, verhaltens- oder betriebsbedingten Schwierigkeiten im Arbeits- oder sonstigen Beschäftigungsverhältnis, die zur Gefährdung dieses Verhältnisses führen können, möglichst frühzeitig die Schwerbehindertenvertretung sowie die betriebliche Interessenvertretung, das Integrationsamt, die Gemeinsame Servicestelle sowie die Werks- oder Betriebsärzte ein. Danach soll – nicht nur bei gesundheitlichen Störungen – mit Zustimmung des betroffenen behinderten Arbeitnehmers eine gemeinsame Klärung möglicher Maßnahmen durch alle Beteiligten (und den Arbeitgeber) erfolgen; es sollen alle Möglichkeiten und alle zur Verfügung stehenden Hilfen zur Beratung und mögliche finanzielle Leistungen erörtert werden, mit denen die Schwierigkeiten beseitigt werden können und das Arbeits- oder sonstige Beschäftigungsverhältnis möglichst dauerhaft fortgesetzt werden kann. Damit werden dem Arbeitgeber Maßnahmen abverlangt, die gerade dazu führen sollen, dass z. B. 791

keine negative Gesundheitsprognose in Betracht kommt, die eine krankheitsbedingte Kündigung rechtfertigen könnte. Eine solche kommt erst dann in Betracht, wenn alle gesetzlichen Möglichkeiten ausgeschöpft sind und zu keinem anderen Ergebnis geführt haben.

Kündigt der Arbeitgeber, **ohne zuvor dieses Präventionsverfahren** durchzuführen, so führt dies für sich genommen nicht zur Unwirksamkeit der Kündigung; die Einhaltung des Verfahrens gem. § 84 Abs. 1 SGB IX ist **keine formelle Wirksamkeitsvoraussetzung** für Kündigungen gegenüber Schwerbehinderten. Die Vorschrift stellt lediglich eine **Konkretisierung des dem gesamten Kündigungsschutzrecht innewohnenden Verhältnismäßigkeitsgrundsatzes** dar, ist andererseits aber nicht nur Ordnungsvorschrift mit bloßem Appellativcharakter, deren Missachtung in jedem Fall folgenlos bliebe. Ziel der gesetzlichen Prävention ist die frühzeitige Klärung, ob und welche Maßnahmen zu ergreifen sind, um eine möglichst dauerhafte Fortsetzung des Beschäftigungsverhältnisses zu erreichen; es geht letztlich um die Vermeidung eines Kündigungsausspruchs zur Verhinderung der Arbeitslosigkeit schwerbehinderter Menschen. Die Kündigung kann damit wegen Verstoßes gegen das Verhältnismäßigkeitsprinzip als sozial ungerechtfertigt zu beurteilen sein, wenn bei gehöriger Durchführung des Präventionsverfahrens Möglichkeiten bestanden hätten, eine Kündigung zu vermeiden. Im Umkehrschluss steht das Unterbleiben des Präventionsverfahrens einer Kündigung dann nicht entgegen, wenn die Kündigung auch durch dieses Verfahren nicht hätte verhindert werden können (*BAG* 7.12.2006 EzA § 84 SGB IX Nr. 1).

Ist das Integrationsamt nach eingehender Prüfung zu dem Ergebnis gelangt, dass die Zustimmung zur Kündigung zu erteilen ist, kann nur bei Vorliegen besonderer Anhaltspunkte davon ausgegangen werden, ein Präventionsverfahren hätte die Kündigung verhindern können. Handelt es sich z. B. um **Pflichtverletzungen**, stehen diese in keinem Zusammenhang zur Behinderung und verspricht das Verfahren von vornherein keinen Erfolg, so braucht es nicht durchgeführt zu werden. Kann es dagegen im Arbeitsverhältnis auftretende Schwierigkeiten beseitigen, so kann die Unterlassung des Verfahrens zu Lasten des Arbeitgebers bei der Bewertung des Kündigungsgrundes Berücksichtigung finden. »Schwierigkeiten« in diesem Sinne können im Hinblick auf den Sinn des Präventionsverfahrens nur dann vorliegen, wenn es sich um **Unzuträglichkeiten** handelt, **die noch nicht den Charakter von Kündigungsgründen haben**. Denn nach dem Gesetz sollen die präventiven Maßnahmen eine Gefährdung des Arbeitsverhältnisses verhindern, also der Gefährdung und damit dem Entstehen von Kündigungsgründen zuvorkommen. Sind solche Gründe aber bereits entstanden, so können sie nicht mehr verhindert werden (*BAG* 7.12.2006 EzA § 84 SGB IX Nr. 1; s. dazu *Arnold/Fischinger* BB 2007, 1894 ff.; *Powietzka* BB 2007, 2184 ff.).

*(3) Prävention für alle Arbeitnehmer (Eingliederungsmanagment, BEM; § 84 Abs. 2 SGB IX)*

792 Für **alle Arbeitnehmer** gilt § 84 Abs. 2 SGB IX (*BAG* 24.3.2011 EzA § 84 SGB IX Nr. 8; vgl. *LAG Nds.* 25.10.2006 BB 2007, 719 m. Anm. *Hunold* BB 2007, 724; *Düwell* FA 2004, 201; *Braun* ZTR 2005, 630 ff.; krit. *Balders/Lepping* NZA 2005, 854 ff.; a. A. *Brose* DB 2005, 390 ff.).

793 Damit sieht das Gesetz einen frühen Beginn der Präventionspflicht des Arbeitgebers bei Krankheit vor. Sind Beschäftigte länger als sechs Wochen oder wiederholt arbeitsunfähig, klärt der Arbeitgeber mit der zuständigen Interessenvertretung, insbes. dem Betriebsrat, bei schwer behinderten Menschen außerdem mit der Schwerbehindertenvertretung, ggf. unter Hinzuziehung von Betriebs- oder Werksarzt, den örtlichen gemeinsamen Servicestellen und des Integrationsamtes mit Zustimmung und Beteiligung der betroffenen Personen die Möglichkeiten, wie die Arbeitsunfähigkeit überwunden werden und mit welchen Leistungen oder Hilfen erneuter Arbeitsunfähigkeit vorgebeugt und der Arbeitsplatz erhalten werden kann (betriebliches Eingliederungsmanagement). Dafür genügt es, dass die krankheitsbedingten **Fehlzeiten insgesamt**, ggf. in mehreren Abschnitten, **mehr als sechs Wochen** betragen haben. Nicht erforderlich ist, dass es eine einzelne Krankheitsperiode von durchgängig mehr als sechs Wochen gab (*BAG* 24.3.2011 EzA § 84 SGB IX Nr. 8 = NZA 2011, 992). Für die Bemessung des Sechswochenzeitraums

des § 84 Abs. 2 S. 1 SGB IX sind die dem Arbeitgeber vom Arbeitnehmer nach § 5 Abs. 1 EFZG angezeigten Arbeitsunfähigkeitszeiten maßgeblich (*BAG* 13.3.2012 – 1 ABR 78/10, EzA-SD 12/2012 S. 19 LS).

Das BEM ist bei Vorliegen der sonstigen Voraussetzungen auch dann durchzuführen, wenn **keine betriebliche Interessenvertretung** i. S. v. § 93 SGB IX gebildet ist (*BAG* 30.9.2010 EzA § 84 SGB IX Nr. 7 = NZA 2011,39).

Den gesetzlichen Anforderungen entspricht jedes Eingliederungsmanagement, das die zu beteiligenden Personen und Stellen unterrichtet und sie – ggf. abhängig von ihrer Zustimmung – einbezieht, das ferner **kein vernünftigerweise in Betracht zu ziehendes Ergebnis ausschließt** und in dem die von diesen Personen und Stellen eingebrachten Vorschläge erörtert werden. Das Gesetz schreibt für ein BEM weder bestimmte Mittel vor, die auf jeden – oder auf gar keinen – Fall in Erwägung zu ziehen sind, noch beschreibt es bestimmte Ergebnisse, die es haben muss oder nicht haben darf. Es besteht auch keine Verpflichtung, eine Verfahrensordnung aufzustellen. Es wird vielmehr darauf vertraut, dass die Einbeziehung von Arbeitgeber, Arbeitnehmer, Betriebsrat und externen Stellen sowie die abstrakte Beschreibung des Ziels ausreichen, um die Vorstellungen der Betroffenen sowie internen und externen Sachverstand in ein **faires und sachorientiertes Gespräch** einzubringen, dessen näherer Verlauf und dessen Ergebnis sich nach den – einer allgemeinen Beschreibung nicht zugänglichen – Erfordernissen des jeweiligen Einzelfalls zu richten haben. Das BEM verlangt vom Arbeitgeber auch nicht, bestimmte Vorschläge zu unterbreiten. Vielmehr hat es jeder am BEM Beteiligte – auch der **Arbeitnehmer** – **selbst in der Hand**, alle ihm sinnvoll erscheinenden Gesichtspunkte und Lösungsmöglichkeiten **in das Gespräch einzubringen** (*BAG* 10.12.2009 EzA § 1 KSchG Krankheit Nr. 57; s. a. *ArbG Bln.* 4.11.2011 LAGE § 84 SGB IX Nr. 5).

Auch insoweit werden nach z. T. vertretener Auffassung dem Arbeitgeber Maßnahmen abverlangt, die gerade dazu führen sollen, dass **keine negative Gesundheitsprognose in Betracht** kommt, die eine krankheitsbedingte Kündigung rechtfertigen könnte. Eine solche kommt erst dann in Betracht, wenn alle gesetzlichen Möglichkeiten ausgeschöpft sind und zu keinem anderen Ergebnis geführt haben; vor dem 1.5.2004 gab es einen derartigen Anspruch nicht (*LAG Nds.* 29.3.2005 NZA-RR 2005, 523; **a. A.** *Namendorf/Natzel* DB 2005, 1794 ff.); die Nichteinhaltung der gesetzlichen Voraussetzungen bedeutet danach einen zusätzlichen Unwirksamkeitsgrund für eine Arbeitgeberkündigung (*Brose* DB 2005, 390 ff.; *Braun* ZTR 2005, 630 ff.).

**Demgegenüber** wird auch die Auffassung vertreten, dass diese Norm **keine Auswirkungen auf das kündigungsrechtliche Ultima-Ratio-Prinzip** hat (SPV-*Preis* Rn. 1230a; *LAG Nbg.* 31.5.2006 – 4 (9) Sa 933/05, ZTR 2007, 108; unklar *LAG Bln.* 27.10.2005 LAGE § 1 KSchG Krankheit Nr. 36a: »verstärkende Konkretisierung«; ähnlich *LAG Nds.* 25.10.2006 BB 2007, 719 m. Anm. *Hunold* BB 2007, 724). Zwar können sozialrechtliche Normen u. U. kündigungsrechtliche Grundsätze bestätigen (vgl. § 2 Abs. 2 SGB III). Andererseits kann nicht jede Vorschrift ohne eine konkrete Rechtsfolgenanordnung arbeitsrechtliche Konsequenzen nach sich ziehen. Im Zweifel ist die Geltung und Wirkung einer Norm auf das jeweilige Gesetz beschränkt. Das gilt umso mehr, als dem Gesetzgeber sich die Verbindung zum Kündigungsschutz hätte aufdrängen müssen. Er hat aber gleichwohl keine Klarstellung der Rechtsfolgen vorgenommen. Auch die systematische Auslegung spricht gegen eine kündigungsschutzrechtliche Bedeutung der Norm. Denn mit § 85 SGB IX beginnt das »Kap: 4. Kündigungsschutz«. In den dort niedergelegten Normen sind die Auswirkungen des Schwerbehindertenschutzes auf das Kündigungsrecht des Arbeitgebers im Einzelnen geregelt. Da nicht davon ausgegangen werden kann, dass der Gesetzgeber bei der Einführung des § 84 Abs. 2 SGB IX das nachfolgende Kapitel schlicht übersehen hat, ist daraus der Umkehrschluss zu ziehen, dass § 84 Abs. 2 SGB IX eben keine kündigungsrechtliche Bedeutung hat und letztlich eine sanktionslose Verpflichtung des Arbeitgebers mit nur appellativem Charakter darstellt.

Nach Auffassung des *BAG* (12.7.2007 EzA § 84 SGB IX Nr. 3; 23.4.2008 EzA § 1 KSchG Krankheit Nr. 55; 24.3.2011 EzA § 84 SGB IX Nr. 8 = NZA 2011, 992; *LAG Düsseld.* 30.1.2009 LAGE § 1 KSchG Krankheit Nr. 1; s. dazu *Arnold/Fischinger* BB 2007, 1894 ff.; *Kohte* DB 2008, 582 ff.; *Joussen* DB 2009, 286 ff.) gilt insoweit Folgendes: Kündigt der Arbeitgeber, **ohne zuvor dieses Präventionsverfahren** durchzuführen, so führt dies **für sich genommen nicht zur Unwirksamkeit der Kündigung**; die Einhaltung des Verfahrens gem. § 84 Abs. 2 SGB IX ist **keine formelle Wirksamkeitsvoraussetzung** für Kündigungen gegenüber Schwerbehinderten (ebenso *LAG Nbg.* 21.6.2006 NZA-RR 2007, 75 = ZTR 2007, 108) und begründet auch **keine Vermutung** einer Benachteiligung wegen einer Behinderung (*BAG* 28.4.2011 EzA § 22 AGG Nr. 4). Die Vorschrift stellt lediglich eine **Konkretisierung des** dem gesamten Kündigungsschutzrecht innewohnenden **Verhältnismäßigkeitsgrundsatzes** dar; danach ist eine Kündigung unverhältnismäßig und damit rechtsunwirksam, wenn sie durch **andere mildere Mittel vermieden werden kann**, d. h. wenn die Kündigung nicht zur Beseitigung der betrieblichen Beeinträchtigungen bzw. der eingetretenen Vertragsstörung geeignet oder nicht erforderlich ist (*BAG* 23.4.2008 EzA § 1 KSchG Krankheit Nr. 55). Es handelt sich damit also **keineswegs** nur um eine **bloße Ordnungsvorschrift** mit Appellativcharakter, deren Missachtung in jedem Fall folgenlos bliebe. Das betriebliche Eingliederungsmanagement ist zwar **für sich gesehen kein milderes Mittel** i. S. d. Verhältnismäßigkeitsgrundsatzes. Durch es können aber solche milderen Mittel, z. B. die Umgestaltung des Arbeitsplatzes oder eine Weiterbeschäftigung zu geänderten Arbeitsbedingungen auf einem anderen – ggf. durch Umsetzungen »freizumachenden« – Arbeitsplatz erkannt und entwickelt werden (*BAG* 23.4.2008 EzA § 1 KSchG Krankheit Nr. 55 = NZA-RR 2008, 515; 24.3.2011 EzA § 84 SGB IX Nr. 8 = NZA 2011, 992; *LAG Düsseld.* 30.1.2009 LAGE § 1 KSchG Krankheit Nr. 1).

Führt der Arbeitgeber kein betriebliches Eingliederungsmanagement durch, so hat dies Folgen für die Darlegungs- und Beweislast im Rahmen der Prüfung der betrieblichen Auswirkungen von erheblichen Fehlzeiten. Der Arbeitgeber hat dann von sich aus darzulegen, weshalb denkbare oder **vom Arbeitnehmer aufgezeigte Alternativen** zu den bestehenden Beschäftigungsbedingungen mit der Aussicht auf eine Reduzierung der Ausfallzeiten **nicht in Betracht kommen**. Das Gleiche gilt, wenn ein Verfahren durchgeführt wurde, das nicht den gesetzlichen Mindestanforderungen an ein BEM genügt (*BAG* 10.12.2009 EzA § 1 KSchG Krankheit Nr. 56; s. *Rose/Ghorai* BB 2011, 949 ff.; s. a. *ArbG Hmb.* 26.2.2009 – 29 Ca 422/08, AuR 2009, 224). Zwar enthält § 84 Abs. 2 SGB IX **keine nähere gesetzliche Ausgestaltung** des BEM (s. *Joussen* DB 2009, 286 ff.). Dieses ist ein rechtlich **regulierter »Suchprozess«**, der individuell angepasste Lösungen zur Vermeidung zukünftiger Arbeitsunfähigkeit (*Kohte* DB 2008, 582 ff.). Gleichwohl lassen sich aus dem Gesetz gewisse **Mindeststandards** ableiten. Zu diesen gehört es, die gesetzlich dafür vorgesehenen Stellen, Ämter und Personen zu beteiligen und zusammen mit ihnen eine an den gesetzlichen Zielen des BEM orientierte Klärung ernsthaft zu versuchen. Ziel des BEM ist es festzustellen, aufgrund welcher gesundheitlichen Einschränkungen es zu den bisherigen Ausfallzeiten gekommen ist und ob **Möglichkeiten** bestehen, sie durch bestimmte Veränderungen künftig zu verringern, um so eine Kündigung zu vermeiden. Danach entspricht jedes Verfahren den gesetzlichen Anforderungen, das die zu beteiligenden Stellen, Ämter und Personen einbezieht, das keine vernünftigerweise in Betracht zu ziehende Anpassungs- und Änderungsmöglichkeit ausschließt und in dem die von den Teilnehmern eingebrachten Vorschläge sachlich erörtert werden. Wird das durchgeführte Verfahren nicht einmal diesen Mindestanforderungen gerecht, kann das zur Unbeachtlichkeit des Verfahrens insgesamt führen (*BAG* 10.12.2009 EzA § 1 KSchG Krankheit Nr. 56).

Der Arbeitgeber kann sich ohne BEM nicht pauschal darauf berufen, ihm seien keine alternativen, der Erkrankung angemessenen Einsatzmöglichkeiten bekannt. Denn der Arbeitgeber darf aus seiner dem Gesetz widersprechenden **Untätigkeit keine darlegungs- und beweisrechtlichen Vorteile ziehen**. Es bedarf vielmehr eines umfassenden konkreten Sachvortrags des Arbeitgebers zu einem nicht mehr möglichen Einsatz des Arbeitnehmers auf dem bisher innegehabten Arbeitsplatz und einer nicht durchführbaren leidensgerechten Anpassung und Veränderung des Arbeitsplatzes bzw. eines alternativen Einsatzes auf einem anderen Arbeitsplatz (*BAG* 12.7.2007 EzA § 84 SGB IX Nr. 3; *LAG Hmb.* 22.9.2011 – 1 Sa 34/11, AuR 2012, 137 LS).

Allerdings kann eine Kündigung nicht allein deshalb wegen Verstoßes gegen das Verhältnismäßigkeitsprinzip als sozial ungerechtfertigt qualifiziert werden, weil das betriebliche Eingliederungsmanagement nicht durchgeführt wurde. Es müssen vielmehr **auch bei gehöriger Durchführung** des BEM überhaupt **Möglichkeiten einer** alternativen **(Weiter-)Beschäftigung bestanden** haben, die eine Kündigung vermieden hätten. Folglich steht ein unterlassenes BEM einer Kündigung dann nicht entgegen, wenn sie auch durch das BEM nicht hätte verhindert werden können (*BAG* 23.4.2008 EzA § 1 KSchG Krankheit Nr. 55; 24.3.2011 EzA § 84 SGB IX Nr. 8 = NZA 2011, 992; *LAG Düsseld.* 30.1.2009 LAGE § 1 KSchG Krankheit Nr. 1; s. a. *LAG Hamm* 29.3.2006 LAGE § 1 KSchG Krankheit Nr. 39).

Hat das ordnungsgemäß durchgeführte BEM zu einem **negativen Ergebnis** geführt, genügt der Arbeitgeber seiner Darlegungslast, wenn er auf diesen Umstand hinweist und vorträgt, es bestünden keine anderen Beschäftigungsmöglichkeiten. Es ist dann Sache des Arbeitnehmers, im Einzelnen darzutun, dass es entgegen dem Ergebnis des BEM weitere Alternativen gebe, die entweder dort trotz ihrer Erwähnung nicht behandelt worden seien oder sich erst nach dessen Abschluss ergeben hätten (*BAG* 10.12.2009 EzA § 1 KSchG Krankheit Nr. 56).

Hat ein BEM stattgefunden und zu einem **positiven Ergebnis** geführt, ist der Arbeitgeber grds. verpflichtet, die betreffende Empfehlung **umzusetzen**. Kündigt er das Arbeitsverhältnis, ohne dies zumindest versucht zu haben, muss er von sich aus darlegen, warum die Maßnahme entweder undurchführbar war oder selbst bei einer Umsetzung nicht zu einer Reduzierung der Ausfallzeiten geführt hätte (*BAG* 10.12.2009 EzA § 1 KSchG Krankheit Nr. 56). Wenn ein Arbeitgeber eine Weiterbeschäftigungsmöglichkeit für die Re-Integration eines arbeitsunfähigen Arbeitnehmers kennt oder bei ordnungsgemäßer Durchführung des BEM kennen muss, muss er sich eine dennoch besetzte Stelle grds. als im Zeitpunkt der Kündigung »frei« entgegenhalten lassen (*LAG Bln.-Bra.* 17.8.2009 – 10 Sa 592/09, ZTR 2010, 267 LS). Auch wenn die Möglichkeit besteht, dass der Umfang häufiger Kurzerkrankungen durch ein erfolgreiches BEM zurückgeht, ist eine ohne BEM ausgesprochene personenbedingte Kündigung unwirksam (*LAG Köln* 8.9.2008 – 5 Sa 618/08, AuR 2009, 103 LS).

Zwingende Voraussetzung für die Durchführung eines BEM ist das **Einverständnis des Betroffenen**. Dabei gehört zu einem **regelkonformen Ersuchen** des Arbeitgebers um Zustimmung des Arbeitnehmers die Belehrung nach § 84 Abs. 2 S. 3 SGB IX über die Ziele des BEM sowie über Art und Umfang der dafür erhobenen und verwendeten Daten. Sie soll dem Arbeitnehmer die Entscheidung ermöglichen, ob er ihm zustimmt oder nicht. Stimmt der Arbeitnehmer trotz ordnungsgemäßer Aufklärung nicht zu, so ist das Unterlassen des BEM »kündigungsneutral« (*BAG* 24.3.2011 EzA § 84 SGB IX Nr. 8 = NZA 2011, 992). Dem Arbeitnehmer bleibt nach der gesetzlichen Regelung auch die Wahl, dem BEM (nur) **ohne Beteiligung der Personalvertretung** zuzustimmen (*BVerwG* 23.6.2010 ZTR 2011, 183).

Auch dann, wenn es zur **Umsetzung** einer **Empfehlung** im Rahmen eines BEM der **Einwilligung oder Initiative des Arbeitnehmers** bedarf, kann der Arbeitgeber dafür eine **angemessene Frist** setzen. Bei ergebnislosem Fristablauf ist eine Kündigung nicht wegen Missachtung der Empfehlung unverhältnismäßig, wenn der Arbeitgeber für diesen Fall die Kündigung angedroht hat (*BAG* 10.12.2009 EzA § 1 KSchG Krankheit Nr. 56).

Die **Darlegungs- und Beweislast** dafür, dass ein BEM durchgeführt worden ist, liegt beim **Arbeitgeber**. Daher muss er z. B. den Zugang eines Schreibens, mit dem der Arbeitnehmer zu einem Wiedereingliederungsgespräch eingeladen worden ist, beweisen (*LAG Köln* 8.9.2008 – 5 Sa 618/08, AuR 2009, 103 LS). Bestand eine Verpflichtung zur Durchführung eines BEM, darf der Arbeitgeber sich im Kündigungsschutzprozess **nicht** darauf beschränken, **pauschal vorzutragen**, es gebe keine leidensgerechten Arbeitsplätze, die der erkrankte Arbeitnehmer trotz seiner Erkrankung ausfüllen könne. Er hat vielmehr von sich aus denkbare oder vom Arbeitnehmer (außergerichtlich) bereits genannte Alternativen zu würdigen und im Einzelnen darzulegen, aus welchen Gründen sowohl eine Anpassung des bisherigen Arbeitsplatzes an dem Arbeitnehmer zuträgliche Arbeitsbedingungen als auch die Beschäftigung auf einem anderen – leidensgerechten – Arbeitsplatz ausscheidet. Die Darlegungs- und Beweislast dafür, dass ein **BEM** deswegen **entbehrlich** war, weil es wegen der gesundheitlichen Beeinträchtigungen des Arbeitnehmers unter keinen Umständen ein positives Ergebnis hätte bringen können, trägt der Arbeitgeber (*BAG* 30.9.2010 EzA § 84 SGB IX Nr. 77 = NZA 2011, 39).

Bei der Ausgestaltung des betrieblichen Eingliederungsmanagements haben die Betriebsparteien für jede einzelne Regelung zu prüfen, ob ein Mitbestimmungsrecht des Betriebsrats besteht. Ein solches kann sich bei allgemeinen Verfahrensfragen aus § 87 Abs. 1 Nr. 1 BetrVG, in Bezug auf die Nutzung und Verarbeitung von Gesundheitsdaten aus § 87 Abs. 1 Nr. 6 BetrVG und hinsichtlich der Ausgestaltung des Gesundheitsschutzes aus § 87 Abs. 1 Nr. 7 BetrVG ergeben. Das Mitbestimmungsrecht des Betriebsrats setzt hierbei ein, wenn für den Arbeitgeber eine gesetzliche Handlungspflicht besteht und wegen des Fehlens zwingender Vorgaben betriebliche Regelungen erforderlich sind, um das von § 84 Abs. 2 SGB IX vorgegebene Ziel des Arbeits- und Gesundheitsschutzes zu erreichen (*BAG* 13.3.2012 – 1 ABR 78/10, EzA-SD 12/2012 S. 19 LS).

### 7. Kündigungsschutz Wehr- und Zivildienstleistender

#### a) Zweck der gesetzlichen Regelung

794 Das ArbPlSchG bezweckt, den Arbeitnehmer im Zusammenhang mit der allgemeinen Wehrpflicht sozial abzusichern. Ein wesentlicher Bestandteil dieses Schutzes ist das **Kündigungsverbot** nach § 2 ArbPlSchG für **Wehrpflichtige** (§ 1 WehrpflG) und **Zivildienstleistende** (§ 78 Abs. 1 Nr. 1 ZDG; vgl. APS/*Dörner/Linck* § 2 ArbPlSchG Rn. 1).

#### b) Tatbestandsvoraussetzungen

##### aa) Dienst in der Bundeswehr; Zivildienst; EU-Ausländer

795 Der Kündigungsschutz greift ein, wenn der Arbeitnehmer zum Dienst in der Bundeswehr der BRD herangezogen wird. Das ArbPlSchG gilt jedoch **grds. nicht für ausländische Arbeitnehmer in der BRD**, wenn sie zum Wehrdienst in ihrem Heimatland herangezogen werden (*BAG* 22.12.1982 EzA § 123 BGB Nr. 20).

796 Das ArbPlSchG ist aber **analog** auf Angehörige der übrigen **EG-Staaten** anzuwenden (*EuGH* 5.2.1969 AP Nr. 2 zu Art. 177 EWG-Vertrag; *BAG* 5.12.1969 EzA § 6 ArbPlSchG Nr. 1; vgl. APS/*Dörner/Linck* § 2 ArbPlSchG Rn. 2 ff.).

797 Den Kündigungsschutz des ArbPlSchG kann auch derjenige in Anspruch nehmen, der Zivildienst leistet.

798 Dies gilt nicht für Arbeitnehmer, die auch den Zivildienst aus Gewissensgründen verweigern und stattdessen eine Tätigkeit nach § 15a ZDG übernehmen (§ 78 Abs. 1 ZDG).

##### bb) Persönlicher und räumlicher Geltungsbereich

799 Erfasst werden Arbeitnehmer der privaten Wirtschaft sowie Arbeitnehmer des öffentlichen Dienstes, ferner Heimarbeiter, Beamte und Richter (§§ 8, 9 ArbPlSchG) sowie zivile Arbeitskräfte bei einer Truppe der drei alliierten Mächte.

800 Demgegenüber sind **Rundfunkmoderatoren**, die als freie Mitarbeiter von einer öffentlich-rechtlichen Rundfunkanstalt beschäftigt werden, auch soweit sie als arbeitnehmerähnliche Personen behandelt werden, keine Arbeitnehmer i. S. d. ArbPlSchG (*BVerwG* 22.4.1998 NZA-RR 1999, 63).

Nicht erfasst werden auch Arbeitnehmer bei öffentlich-rechtlichen Religionsgemeinschaften und ihren Verbänden (§ 15 Abs. 1, 3 ArbPlSchG).

**Das ArbPlSchG gilt für den Bereich des Grundgesetzes der BRD**, nicht aber für Arbeitnehmer deutscher Staatsangehörigkeit, die bei einem ausländischen Arbeitgeber im Ausland beschäftigt sind (MünchArbR/*Berkowsky* § 158 Rn. 17; APS/*Dörner/Linck* § 2 ArbPlSchG Rn. 8 ff.). 801

*cc) Zeitlicher Anwendungsbereich*

Der besondere Kündigungsschutz gilt von der **Zustellung des Einberufungsbescheides bis zur Beendigung des Grundwehrdienstes**, ferner für **Pflichtwehrübungen** sowie für **freiwillige Wehrübungen** (nicht länger als sechs Wochen pro Kalenderjahr, § 10 ArbPlSchG). 802

Soldaten auf Zeit werden in der zunächst auf sechs Monate festgesetzten Dienstzeit sowie für die endgültig auf insgesamt nicht mehr als zwei Jahre festgesetzte Dienstzeit erfasst (§ 16a ArbPlSchG). Berufssoldaten werden nicht erfasst (vgl. APS/*Dörne/Linck* § 2 ArbPlSchG Rn. 9). 803

*c) Rechtsfolgen*

*aa) Ruhen des Arbeitsverhältnisses*

**Während der Einberufung zum Wehrdienst oder zu Wehrübungen ruht das Arbeitsverhältnis** (§§ 1, 11 ArbPlSchG). Es wird wieder aktiviert, sobald der Wehrdienst endet. Der Arbeitgeber hat den Arbeitnehmer dann wieder vertragsgemäß zu beschäftigen. 804

Das ArbPlSchG hat allerdings keinen Einfluss auf befristete Arbeitsverhältnisse, insbes. hindert es den Ablauf einer vereinbarten Befristung auch während des Wehrdienstes nicht (MünchArbR/*Berkowsky* § 158 Rn. 19; APS/*Dörner/Linck* § 2 ArbPlSchG Rn. 11). 805

*bb) Verbot der ordentlichen Kündigung*

Sind die Tatbestandsvoraussetzungen (s. Rdn. 795) erfüllt, ist eine ordentliche Kündigung des Arbeitsverhältnisses unzulässig (§ 2 Abs. 1 ArbPlSchG). 806

Eine dennoch ausgesprochene Kündigung ist **nichtig**. Auch eine Betriebsstilllegung kann eine ordentliche Kündigung des Arbeitsverhältnisses nicht rechtfertigen. Der Arbeitgeber kann jedoch das Ende des Grundwehrdienstes abwarten und dann aus betriebsbedingten Gründen kündigen (APS/*Dörner/Linck* § 2 ArbPlSchG Rn. 12 f.). 807

*cc) Verbot der Anlasskündigung; Kündigung aus sonstigen Gründen*

Darüber hinaus darf der Arbeitgeber auch außerhalb dieses Zeitraums das Arbeitsverhältnis **nicht aus Anlass des Wehrdienstes** kündigen. 808

Die Kündigung gilt z. B. als aus Anlass des Wehrdienstes ausgesprochen, wenn sie im zeitlichen Zusammenhang mit diesem erfolgt und der Arbeitgeber keinen sonstigen hinreichenden Grund für die Kündigung darlegen kann (*LAG Frankf./M.* 7.3.1969 AP Nr. 1 zu § 2 ArbPlSchG). Dabei genügt es schon, wenn der Wehrdienst mitbestimmendes Motiv des Arbeitgebers ist (vgl. APS/*Dörner/Linck* § 2 ArbPlSchG Rn. 17). 809

Dagegen bleibt das Recht des Arbeitgebers zur Kündigung aus sonstigen Gründen unberührt. 810

Muss der Arbeitgeber allerdings betriebsbedingt Arbeitnehmer entlassen, so darf er den Wehrdienst eines Arbeitnehmers im Rahmen der Sozialauswahl jedenfalls nicht zu dessen Ungunsten berücksichtigen (§ 2 Abs. 2 S. 2 ArbPlSchG). 811

*dd) Außerordentliche Kündigung*

812 Das Recht zur **außerordentlichen Kündigung** aus wichtigem Grund wird an sich **nicht eingeschränkt** (§ 2 Abs. 3 ArbPlSchG).

813 Die Einberufung des Arbeitnehmers zum Wehrdienst selbst ist jedoch kein wichtiger Grund zur Kündigung (§ 2 Abs. 3 S. 2 ArbPlSchG).

814 Ist der Arbeitnehmer allerdings unverheiratet und in einem **Kleinbetrieb** mit fünf oder weniger Arbeitnehmern ausschließlich der zu ihrer Berufsausbildung Beschäftigten angestellt, so kann die Einberufung nach dieser Norm ausnahmsweise einen wichtigen Grund abgeben, wenn dem Arbeitgeber infolge der Einstellung einer Ersatzkraft die Weiterbeschäftigung des Arbeitnehmers nach seiner Entlassung aus dem Wehrdienst nicht zugemutet werden kann (vgl. APS/*Dörner/Linck* § 2 ArbPlSchG Rn. 14 ff.).

815 Bei der Feststellung der maßgeblichen Zahl der Beschäftigten für die Anwendung dieser Norm sind gem. § 2 Abs. 3 S. 3 ArbPlSchG teilzeitbeschäftigte Arbeitnehmer mit einer regelmäßigen wöchentlichen Arbeitszeit von nicht mehr als 20 Stunden mit 0,5 und nicht mehr als 30 Stunden mit 0,75 zu berücksichtigen.

*ee) Übernahme eines Auszubildenden*

816 Nach § 2 Abs. 5 ArbPlSchG darf der Ausbildende die **Übernahme eines Auszubildenden** in ein Arbeitsverhältnis auf unbestimmte Zeit nach Beendigung des Berufsausbildungsverhältnisses nicht aus Anlass des Wehrdienstes ablehnen.

817 Der Auszubildende hat insoweit über § 249 BGB einen Anspruch auf Abschluss eines unbefristeten Arbeitsvertrages, wenn der Arbeitgeber nicht gem. § 2 Abs. 2 S. 3 ArbPlSchG nachweisen kann, dass er den Auszubildenden nicht aus anderen Gründen nicht übernimmt (KR/*Weigand* § 2 ArbPlSchG Rn. 38; APS/*Dörner/Linck* § 2 ArbPlSchG Rn. 20).

*d) Klagefrist*

818 Gem. § 2 Abs. 4 ArbPlSchG beginnt die dreiwöchige **Klagefrist** gem. § 4 KSchG erst zwei Wochen nach dem **Ende des Wehrdienstes** zu laufen, wenn dem Arbeitnehmer die Kündigung nach der Zustellung des Einberufungsbescheides oder während des Wehrdienstes zugeht.

819 Zu beachten ist allerdings, dass dann, wenn der Arbeitnehmer die Unwirksamkeit der Kündigung geltend machen will, weil sie gegen den besonderen Kündigungsschutz des § 2 Abs. 1 ArbPlSchG verstößt, er die Klagefrist der §§ 4, 13 KSchG einhalten muss, unabhängig vom Geltungsbereich des KSchG, allerdings mit der Verlängerungsmöglichkeit des § 6 KSchG. Denn § 4 KSchG findet auch Anwendung auf Arbeitnehmer, die vom betrieblichen Geltungsbereich des KSchG (§ 23) nicht erfasst werden oder auf solche, deren Arbeitsverhältnis noch keine sechs Monate bestanden hat. Gleiches gilt für den Fall, dass der Arbeitnehmer die Unwirksamkeit einer außerordentlichen Kündigung geltend machen will.

### 8. Kündigungsschutz für Abgeordnete

*a) Behinderungsverbot*

820 Die »Abgeordnetenfreiheit« (aktives, passives Wahlrecht, Freiheit und Unabhängigkeit des gewählten Abgeordneten) ist ein konstitutives Grundprinzip der parlamentarischen Demokratie. Der Zugang zum Mandat und seine unbehinderte Ausübung ist deshalb geschützt; jegliche Beeinträchtigung der Mandatsausübung ist verfassungswidrig (vgl. Art. 48 GG).

821 Das verfassungsrechtliche Behinderungsverbot betrifft nicht nur den Staat, sondern unmittelbar auch privatrechtliche Beziehungen der Staatsbürger untereinander. Sowohl die einschlägigen Vorschriften des Grundgesetzes, die der Länderverfassungen als auch die einfach-gesetzlichen Regelun-

gen sind dabei stets im Licht des verfassungsrechtlichen Behinderungsverbots zu Gunsten des Wahlbewerbers oder des Mandatsträgers extensiv auszulegen (MünchArbR/*Berkowsky* § 138 Rn. 1).

### b) Normative Regelungen

#### aa) Bundestag

Nach § 2 AbgG sind sowohl Benachteiligungen am Arbeitsplatz als auch die ordentliche Kündigung unzulässig. Darüber hinaus regelt das AbgG den Kündigungsschutz des Wahlbewerbers und einen nachwirkenden Kündigungsschutz für die Zeit nach Beendigung des Mandats. 822

*(1) Persönlicher Geltungsbereich*

Art. 48 GG und das AbgG gelten nur für die **Abgeordneten des Bundestages und die Wahlbewerber** für dieses Gremium. Erfasst werden insoweit auch arbeitnehmerähnliche Personen wie Heimarbeiter, Hausgewerbetreibende nach § 2 HAG, arbeitnehmerähnliche Handelsvertreter sowie freie Mitarbeiter nach § 12a TVG (APS/*Greiner* § 2 AbgG Rn. 3 ff.). 823

*(2) Zeitlicher Geltungsbereich*

Der besondere Kündigungsschutz beginnt mit der Aufstellung des Bewerbers durch das dafür zuständige Organ der Partei oder mit der Einreichung des Wahlvorschlages. Wird der Bewerber nicht gewählt, so endet der besondere Kündigungsschutz, sobald seine Nichtwahl festgestellt ist. Der Kündigungsschutz gewählter Abgeordneter endet allerdings nicht bereits mit der Beendigung des Mandats, sondern erst ein Jahr nach dessen Beendigung (§ 2 Abs. 3 S. 4 AbgG). 824

*(3) Kündigungsverbot*

Nach Art. 48 Abs. 2 GG, § 2 Abs. 3 AbgG ist eine Kündigung oder Entlassung wegen der Annahme oder Ausübung des Mandats unzulässig. 825

Eine Kündigung ist wegen der Annahme oder Ausübung des Mandats ausgesprochen, wenn dieser Umstand das **Motiv** des Kündigenden war. Da es sich hier um eine innere Tatsache handelt, ist eine Kündigung dann als wegen des Mandats ausgesprochen anzusehen, wenn sie in einem **zeitlichen Zusammenhang mit der Kandidatur oder der Mandatsausübung** steht und der Arbeitgeber andere hinreichende Gründe für die Kündigung nicht nachweisen kann. Wegen eines Mandats ist eine Kündigung auch dann ausgesprochen, wenn sie vordergründig nicht auf das Mandat gestützt wird, sondern auf Umstände, die kausal mit der Bewerbung oder der Ausübung des Mandats in Beziehung stehen. Das betrifft insbes. das erforderliche Fernbleiben vom Dienst oder die Äußerung von Meinungen und Ansichten, soweit diese mit der Bewerbung oder der Mandatsausübung im Zusammenhang stehen. **Ausgeschlossen sind sowohl die ordentliche wie die außerordentliche Kündigung.** 826

Darüber hinaus ist jede ordentliche Kündigung ausgeschlossen, solange der besondere Kündigungsschutz besteht, unabhängig von ihrem Grund. 827

Das Recht des Arbeitgebers, aus wichtigem Grund außerordentlich zu kündigen, bleibt allerdings unberührt (APS/*Greiner* § 2 AbgG Rn. 10 ff.). 828

*(4) Rechtsfolgen bei Verstößen gegen Art. 48 Abs. 2 GG, § 2 AbgG*

**Kündigungen, die gegen Art. 48 Abs. 2 GG, § 2 AbgG verstoßen, sind nichtig.** Der gekündigte Arbeitnehmer muss diese Nichtigkeit innerhalb der Klagefrist von § 4 KSchG geltend machen; es handelt sich um einen **sonstigen Unwirksamkeitsgrund i. S. d. § 13 Abs. 3 KSchG**. Die Frist gilt unabhängig vom Geltungsbereich des KSchG, allerdings mit der Verlängerungsmöglichkeit des § 6 KSchG. Denn § 4 KSchG findet auch Anwendung auf Arbeitnehmer, die vom betrieblichen Geltungsbereich des KSchG (§ 23) nicht erfasst werden oder auf solche, deren Arbeitsverhältnis noch 829

### bb) Landtage

830  Der besondere Kündigungsschutz für Landtagsabgeordnete ist in den einzelnen Bundesländern in **Landes-Abgeordnetengesetzen** geregelt. Die dortigen Regelungen entsprechen im Wesentlichen, insbes. im Hinblick auf den besonderen Kündigungsschutz, der Regelung von § 2 Abs. 3 AbgG.

### cc) Kommunale Mandatsträger

831  Der Kündigungsschutz im Bereich der Kommunalvertretung ist gesetzlich durchweg weniger ausgebildet als derjenige für Bundes- und Landesparlamentarier. Jedoch sind die Grundsätze der jeweiligen Landes-Abgeordnetengesetze auch auf Mitglieder und Bewerber für **Kommunalparlamente entsprechend anwendbar**, da auch das Mandat auf kommunaler Ebene über Art. 28 Abs. 2 GG institutionellen grundgesetzlichen Schutz genießt (vgl. MünchArbR/*Berkowsky* § 138 Rn. 21 mit einer Übersicht über die in den einzelnen Bundesländern geltenden gesetzlichen Regelungen). So können auch **Mitglieder des Ortsbeirates** einer Gemeinde in Rheinland-Pfalz bspw. gem. § 75 Abs. 8 S. 4 i. V. m. § 18a Abs. 4 GO Rheinland-Pfalz nur außerordentlich gekündigt werden. Erklärt der Arbeitgeber gleichwohl eine ordentliche Kündigung, ist diese unwirksam, ohne dass eine Überprüfung der Kündigungsgründe erfolgt (*LAG RhPf* 28.8.2000 ZTR 2001, 188 LS).

### dd) Europa-Parlament

832  In § 3 Abs. 3 des Europaabgeordnetengesetzes ist der Kündigungsschutz für Wahlbewerber und Mitglieder des Europaparlaments entsprechend § 2 Abs. 3 AbgG geregelt worden. Ihre kündigungsschutzrechtliche Stellung ist derjenigen für Bundesabgeordnete inhaltsgleich.

### 9. Besonderer Kündigungsschutz für Betriebsärzte, Fachärzte für Arbeitssicherheit, Datenschutz-, Immissionsschutzbeauftragte

#### a) Betriebsärzte, Fachkräfte für Arbeitssicherheit

##### aa) Kündigungsverbot

833  Gem. § 8 Abs. 1 ASiG dürfen Betriebsärzte und Fachkräfte für Arbeitssicherheit **wegen der Erfüllung der ihnen übertragenen Aufgaben nicht benachteiligt** werden. Dabei handelt es sich um ein einfaches personenbezogenes **Benachteiligungsverbot** mit Anknüpfungspunkt an einem betrieblichen Schutzauftrag, somit um ein **Kündigungsverbot**. Die Regelung bezweckt wegen der wirtschaftlichen Abhängigkeit des Betriebsarztes und der Fachkräfte für Arbeitssicherheit die Sicherstellung ihrer fachlichen Unabhängigkeit. Versuche einer sachwidrigen Einflussnahme sollen von Anfang an unterbunden werden (APS/*Greiner* §§ 8, 9 ASiG Rn. 1).

834  Die Regelung hat allerdings nur eine **geringe praktische Bedeutung**. Denn erforderlich ist vor allem eine kausale Verknüpfung zwischen der fachlichen Tätigkeit des Beauftragten und der Kündigung. Dies ist i. d. R. mit erheblichen Beweisschwierigkeiten für den betroffenen Arbeitnehmer verbunden (APS/*Greiner* §§ 8, 9 ASiG Rn. 5 ff.).

835  Daneben kommt sowohl dem Betriebsarzt als auch der Fachkraft für Arbeitssicherheit innerhalb gewisser Grenzen ein **amtsbezogener Kündigungsschutz** zugute (s. Rdn. 836 ff.).

##### bb) Amtsbezogener Kündigungsschutz

836  Betriebsärzte und Fachkräfte für Arbeitssicherheit können nach § 9 Abs. 3 ASiG nur mit Zustimmung des Betriebsrats bestellt und abberufen werden, wobei die verweigerte Zustimmung nur durch die betriebliche Einigungsstelle ersetzt werden kann. Insoweit handelt es sich jedoch nur um die Bestellung und Abberufung im Hinblick auf die besondere Funktion eines Betriebsbeauftragten. Das

Arbeitsverhältnis braucht davon nicht berührt zu werden. Der abberufene Betriebsarzt kann u. U. in einer anderen ärztlichen Funktion weiterbeschäftigt werden. Bei den Fachkräften für Arbeitssicherheit ist dies ohnehin leicht möglich.

Soll auch das Arbeitsverhältnis gekündigt werden, so richtet sich dies nach den allgemeinen Grundsätzen. 837

Nach der Rechtsprechung des *BAG* (24.3.1988 EzA § 9 ASiG Nr. 1; vgl. auch *LAG Brem.* 7.11.1997 838 NZA-RR 1998, 250 zum Verhältnis der Abberufung zu § 613a BGB; abl. *Bloesinger* NZA 2004, 467 ff.) ist davon auszugehen, dass dann, wenn das Arbeitsverhältnis eines Betriebsarztes aus Gründen gekündigt wird, die bei ganzheitlicher Betrachtung sachlich untrennbar mit der betriebsärztlichen Tätigkeit verbunden sind, die Kündigung nur Wirksamkeit erlangt, wenn der Betriebsrat der Abberufung nach § 9 Abs. 3 ASiG zugestimmt hat oder die fehlende Zustimmung im Einigungsstellenverfahren ersetzt worden ist; im Übrigen führt dagegen die fehlende Zustimmung weder nach dem Wortlaut noch nach dem Sinn und Zweck des § 9 Abs. 3 ASiG zur Unwirksamkeit einer – insbes. z. B. – betriebsbedingten Kündigung (*LAG Hamm* 14.6.2005 NZA-RR 2005, 640).

Dieser Grundsatz ist nach der Gesetzeslage auch auf die Arbeitsverhältnisse der Fachkräfte für Arbeitssicherheit i. S. d. § 5 ASiG (Sicherheitsingenieure, -techniker und -meister) anzuwenden. 839

Das Mitbestimmungsrecht des Betriebsrats gem. § 9 Abs. 3 ASiG wirkt sich somit als Bestandsschutz für das Arbeitsverhältnis des Betriebsarztes und der Fachkraft für Arbeitssicherheit aus, wenn der Arbeitgeber davon absieht, die Zustimmung des Betriebsrats zur Abberufung einzuholen und ersetzen zu lassen, und die Abberufung als bloße Folge einer Kündigung durchsetzen will. 840

Ein solches Vorgehen muss zur Unwirksamkeit der Beendigungskündigung führen, weil sonst der Zweck des Mitbestimmungsrechts gesetzwidrig eingeschränkt würde. Das gilt jedenfalls dann, wenn die Kündigungsgründe ihre Ursachen in der Tätigkeit des Betriebsarztes oder der Fachkraft für Arbeitssicherheit haben oder doch von der damit verbundenen Pflichtenkollision sachlich nicht getrennt werden können. 841

**Stimmt der Betriebsrat dagegen dem Antrag auf Abberufung der Betriebsärztin zu, so ist eine vom Arbeitgeber daraufhin ausgesprochene betriebsbedingte Kündigung sozial gerechtfertigt, wenn für die Betriebsärztin kein anderer Arbeitsplatz zur Verfügung steht.** Eine Interessenabwägung findet nicht statt, wenn festgestellt wird, dass eine von den Gerichten zu akzeptierende Unternehmensentscheidung vorliegt, die zum Wegfall des Arbeitsplatzes und damit zu einer Kündigung führt und die auch nicht offensichtlich unsachlich oder willkürlich ist (*LAG Brem.* 9.1.1998 NZA-RR 1998, 250; vgl. auch *LAG Bln.* 17.12.1999 ZTR 2000, 274 LS). 842

### b) Sicherheitsbeauftragte

Gem. § 22 Abs. 2 SGB VII dürfen die Sicherheitsbeauftragten wegen der Erfüllung der ihnen übertragenen Aufgaben **nicht benachteiligt werden**. Zweck der Regelung ist es, den Sicherheitsbeauftragten vor **wirtschaftlichen Nachteilen** oder **sonstigen Sanktionen zu schützen**; dazu gehört auch und insbes. die Tätigkeit als Sicherheitsbeauftragter. Es soll verhindert werden, dass er aus Furcht vor Entlassung oder sonstigen Nachteilen an einer wirksamen Wahrnehmung seiner Aufgaben gehindert wird. Es handelt sich um ein **einfaches, statusbezogenes Benachteiligungsverbot** mit Anknüpfungspunkt an einen betrieblichen Schutzauftrag. Es beinhaltet einen gewissen Abberufungs- und Kündigungsschutz, dessen Grenze nicht das Schikaneverbot, sondern das Fehlen eines sachlichen Grundes für die Abberufung bzw. Kündigung ist (APS/*Greiner* § 22 SGB VII Rn. 1 f.). 843

Erfasst sind bestellte Sicherheitsbeauftragte, denen die Aufgabe obliegt, den Arbeitgeber bei der **Durchführung der Maßnahmen zur Verhütung von Arbeitsunfällen und Berufskrankheiten zu unterstützen** und auf Risiken im Betrieb aufmerksam zu machen. Aufgrund des von der gesetzlichen Regelung geforderten Kausalzusammenhangs zwischen der arbeitgeberseitigen Benachteiligung sind die Beweisschwierigkeiten erheblich; der Sicherheitsbeauftragte trägt insoweit die Darlegungs- und 844

Beweislast. In engen Grenzen ist allerdings eine Beweiserleichterung durch Anscheinsbeweis zu Gunsten des Arbeitnehmers denkbar (APS/*Greiner* § 22 SGB VII Rn. 4 ff.; vgl. dazu *Becker/Kniep* NZA 1999, 243 ff.).

### c) Immissionsschutzbeauftragte

845 Gem. § 58 Abs. 2 S. 1 BImSchG ist die Kündigung eines Immissionsschutzbeauftragten, der Arbeitnehmer des zur Bestellung eines Beauftragten verpflichteten Betreibers einer Anlage i. S. d. BImSchG ist, unzulässig, es sei denn, dass Tatsachen vorliegen, die den Betreiber zur Kündigung aus wichtigem Grund ohne Einhaltung einer Kündigungsfrist berechtigen.

846 Gem. § 58 Abs. 2 S. 2 BImSchG ist die Kündigung nach Abberufung als Immissionsschutzbeauftragter innerhalb eines Jahres, vom Zeitpunkt der Beendigung der Bestellung an gerechnet, unzulässig, es sei denn, dass Tatsachen vorliegen, die den Betreiber zur Kündigung aus wichtigem Grund ohne Einhaltung einer Kündigungsfrist berechtigen (vgl. APS/*Greiner* § 58 BImSchG Rn. 14 ff.; *Schaub* DB 1993, 481 ff.; *Becker/Kniep* NZA 1999, 243 ff.).

847 Ein zum Immissionsschutzbeauftragten vom Arbeitgeber und Anlagenbetreiber bestellter Arbeitnehmer kann dieses Amt durch einseitige Erklärung jederzeit ohne Zustimmung des Arbeitgebers und ohne Rücksicht darauf niederlegen, ob er nach dem zugrunde liegenden Arbeitsverhältnis zur Fortführung des Amtes verpflichtet ist (*BAG* 22.7.1992 EzA § 58 BImSchG Nr. 1).

848 Eine solche Amtsniederlegung hat aber jedenfalls dann nicht den nachwirkenden Kündigungsschutz des § 58 Abs. 2 S. 2 BImSchG zur Folge, wenn sie nicht durch ein Verhalten des Arbeitgebers, etwa durch Kritik an der Amtsführung oder Behinderung in der Wahrnehmung seiner Amtspflichten, veranlasst worden, sondern allein von dem Arbeitnehmer selbst ausgegangen ist (*BAG* 22.7.1992 EzA § 58 BImSchG Nr. 1).

849 Vgl. auch zur Rechtsstellung des Störfall- und Gefahrschutzbeauftragten *Becker/Kniep* NZA 1999, 243 ff.

### d) Abfallbeauftragte; Gewässerschutzbeauftragte

850 Gem. § 55 Abs. 3 des Kreislaufwirtschafts- und Abfallgesetzes gilt § 58 Abs. 2 BImSchG (s. Rdn. 845) auch für den Abfallbeauftragten, soweit er betriebsangehöriger Arbeitnehmer ist (vgl. *Ehrich* DB 1996, 1468 ff.). Hat der Arbeitgeber folglich einen Arbeitnehmer zum Betriebsbeauftragten für Abfall bestellt, so ist die ordentliche Kündigung des Arbeitsverhältnisses unzulässig; das Arbeitsverhältnis kann nur noch aus wichtigem Grund gekündigt werden. Der besondere Kündigungsschutz nach § 55 Abs. 3 KrW-/AbfG i. V. m. § 58 Abs. 2 BImSchG setzt allerdings die **rechtswirksame Bestellung** des Arbeitnehmers zum Betriebsbeauftragten für Abfall (Abfallbeauftragten) voraus. Bestellung i. S. v. § 55 Abs. 3 KrW-/AbfG i. V. m. § 55 Abs. 1 S. 1 BImSchG ist die **konkrete Zuweisung der Aufgaben** eines Abfallbeauftragten. Die Bestellung bedarf zu ihrer Wirksamkeit der Schriftform. Sie kann im Einzelfall auch im schriftlichen Arbeitsvertrag enthalten sein.

851 Das Fehlen einer genauen Bezeichnung der Aufgaben des Abfallbeauftragten führt jedoch nicht zur Unwirksamkeit der Bestellung und steht dem Eingreifen des besonderen Kündigungsschutzes nicht entgegen. Entsprechendes gilt im Fall einer unterbliebenen Anzeige der erfolgten Bestellung gegenüber der zuständigen Behörde oder einer unterlassenen Aushändigung einer Abschrift der Anzeige an den Arbeitnehmer (*BAG* 26.3.2009 EzA § 58 BImSchG Nr. 2 = NZA 2011, 166).

852 § 21 f. Abs. 2 Wasserhaushaltsgesetz sieht auch einen besonderen Kündigungsschutz für den Gewässerschutzbeauftragten vor. Danach ist die Kündigung eines als Arbeitnehmer tätigen Gewässerschutzbeauftragten unzulässig, es sei denn, dass Tatsachen vorliegen, die den Benutzer zur Kündigung aus wichtigem Grund berechtigen. Nach der Abberufung von dieser Funktion ist die Kündigung innerhalb eines Jahres, vom Zeitpunkt der Beendigung an gerechnet, unzulässig, es sei denn, dass Tatsachen vorliegen, die den Benutzer zur Kündigung aus wichtigem Grund ohne Einhaltung einer Kündigungsfrist berechtigten (vgl. *Ehrich* DB 1996, 2625).

### e) Datenschutzbeauftragte

Da die Tätigkeit des Datenschutzbeauftragten (§ 4f BDSG) die Sicherstellung der Vorschriften des Datenschutzes und nicht die Wahrnehmung betrieblicher Interessen bezweckt, lassen sich viele Situationen vorstellen, in denen die Ziele des Unternehmens mit denen des Datenschutzes in Konflikt geraten und die Geschäftsleitung mit der Tätigkeit des Datenschutzbeauftragten nicht einverstanden ist. Sinn und Zweck des § 4f Abs. 3 BDSG ist deshalb die **unabhängige Amtsführung** des Datenschutzbeauftragten. 853

Die **Bestellung** des Beauftragten für den Datenschutz (Amtsverhältnis) ist vom zugrunde liegenden Arbeitsverhältnis **zu trennen** (ErfK/*Wank* § 4f BDSG Rn. 4). Kündigt ein Arbeitgeber das Arbeitsverhältnis des Datenschutzbeauftragten, so liegt darin aber i. d. R. – ohne dass dies einer ausdrücklichen Regelung bedarf – der Widerruf der Bestellung (vgl. BR-Drs. 618/88 S. 137). Umgekehrt kann die datenschutzrechtliche Bestellung jedoch widerrufen werden, ohne dass zugleich das Arbeitsverhältnis beendet wird (s. § 4f Abs. 3 S. 5, 6 BDSG; APS/*Greiner* § 4f BDSG Rn. 4). 853a

Der Arbeitnehmer kann arbeitsrechtlich einen **Anspruch auf Beschäftigung** als Datenschutzbeauftragter haben, z. B. bei einer entsprechenden ausdrücklichen Tätigkeitsbeschreibung im Arbeitsvertrag oder auch infolge konkludenter Vertragsänderung durch Bestellung zum Datenschutzbeauftragten. Da das **Direktionsrecht** des Arbeitgebers regelmäßig nicht als hinreichende Grundlage für die Bestellung zum Datenschutzbeauftragten angesehen werden kann (*BAG* 13.3.2007 EzA § 4f BDSG Nr. 1; zust. *Natzel* SAE 2008, 64; abl. *Liedtke* NZA-RR 2008, 505; s. a. *LAG Sachsen* 19.6.2009 NZA-RR 2010, 332 LS), ist bei Bestellung zum »internen« Datenschutzbeauftragten häufig von einer **entsprechenden Vertragsänderung** auszugehen (*BAG* 29.9.2010 EzA § 4f BDSG Nr. 2 = NZA 2011, 151). Vielfach wird die Auslegung ergeben, dass die Vertragsänderung **nur befristet** für die Amtszeit des Datenschutzbeauftragten erfolgt (*BAG* 29.9.2010 EzA § 4f BDSG Nr. 2 = NZA 2011, 151; *Natzel* SAE 2008, 64). 853b

Umgekehrt muss auch der **Widerruf** der Bestellung **arbeitsrechtlich umgesetzt** werden, um wirksam zu sein (*BAG* 13.3.2007 EzA § 4f BDSG Nr. 1). Ein vorfristiger Widerruf der Bestellung ist zwar nicht nur wirksam bei gleichzeitiger – in diesem Sonderfall zulässiger – **Teilkündigung** der arbeitsvertraglichen Aufgabe als Datenschutzbeauftragter (*BAG* 23.3.2011 – 10 AZR 262/09, EzA-SD 16/2011 S. 10 LS = NZA 2011, 1036; offen gelassen in *BAG* 29.9.2010 EzA § 4f BDSG Nr. 2 = NZA 2011, 151). Das schuldrechtliche Grundverhältnis und die Bestellung nach dem BDSG sind aber trotz grds. getrennter Betrachtung **miteinander verknüpft**. Liegen die Voraussetzungen für einen wirksamen Widerruf vor, werden i. d. R. auch die materiellen Voraussetzungen für eine Teilkündigung der arbeitsvertraglichen Aufgabe erfüllt sein. Allerdings ist § 623 BGB zusätzlich zu beachten. Mit dem wichtigen Grund zum Widerruf der Bestellung liegt folglich zugleich ein wichtiger Grund zur außerordentlichen Teilkündigung des Arbeitsverhältnisses vor (APS/*Greiner* § 4f BDSG Rn. 6). 853c

Die Bestellung zum Datenschutzbeauftragten kann unter den Voraussetzungen des § 4f Abs. 3 S. 4 BDSG **widerrufen** werden. Zwar sieht das Gesetz ausdrücklich nur für die Bestellung Schriftform vor, diese gilt aber auch für den Widerruf (APS/*Greiner* § 4f BDSG Rn. 7). Erforderlich ist analog § 626 BGB das Vorliegen eines wichtigen Grundes. Das Verlangen der Aufsichtsbehörde (§ 38 Abs. 5 S. 3 BDSG) erfasst den Fall, dass es an den persönlichen Bestellungsvoraussetzungen fehlt, der Beauftragte also die zur Erfüllung seiner Aufgaben erforderliche Fachkunde und Zuverlässigkeit nicht besitzt; insoweit handelt es sich um einen typisierten Unterfall des »wichtigen Grundes«. Als wichtiger Grund kommen im Übrigen insbes. **grobe Pflichtverletzungen** in der Amtsführung als Datenschutzbeauftragter in Betracht, die eine Fortsetzung der Amtsstellung für den Arbeitgeber unzumutbar machen (z. B. Verstoß gegen Vertraulichkeit, Untätigkeit). Nicht ausreichend sind sonstige Pflichtverletzungen im Arbeitsverhältnis ohne Zusammenhang zur Amtsstellung (APS/*Greiner* § 4f BDSG Rn. 7). 853d

Ein betriebsbedingter wichtiger Grund liegt vor bei **Betriebsschließung** (*LAG Bln.-Bra.* 28.5.2009 LAGE § 4f BDSG 2003 Nr. 1), sowie dann, wenn die gesetzlichen Voraussetzungen für die ver- 853e pflichtende Bestellung eines Datenschutzbeauftragten, z. B. durch **Unterschreiten der Schwellenwerte**, entfallen sind (*LAG Bln.-Bra.* 28.5.2009 LAGE § 4f BDSG 2003 Nr. 1). Bei der **Fusion von Unternehmen** endet die Funktion des Datenschutzbeauftragten (mit Blick auf die »Funktionsfähigkeit des Datenschutzes«) automatisch (*BAG* 29.9.2010 EzA § 4f BDSG Nr. 2 = NZA 2011, 151; a. A. APS/*Greiner* § 4f BDSG Rn. 8).

853f  Kein wichtiger Grund für die Abberufung des »internen« Datenschutzbeauftragten liegt in der **Unternehmerentscheidung**, die Datenschutzaufgaben aus **Kostengründen** künftig durch einen externen Beauftragten ausführen zu lassen (*BAG* 23.3.2011 NZA 2011, 1036). Andernfalls könnte der Arbeitgeber einen missliebigen internen jederzeit durch einen externen Datenschutzbeauftragten ersetzen; der gesetzliche Schutz liefe leer (APS/*Greiner* § 4f BDSG Rn. 8).

853g  Fraglich ist, ob durch den Verweis auf § 626 BGB auch **§ 626 Abs. 2 BGB** entsprechend anwendbar ist. Dagegen spricht, dass die Bestellung zum Datenschutzbeauftragten öffentlichen Interessen dient, so dass es ein kaum tragbarer Zustand wäre, einen Datenschutzbeauftragten trotz schwerster Pflichtverletzungen nur aufgrund Versäumung der Erklärungsfrist im Amt belassen zu müssen (APS/*Greiner* § 4f BDSG Rn. 9).

853h  Liegen die gesetzlichen Voraussetzungen allerdings nicht vor, ist eine gleichwohl vorgenommene Abberufung gem. § 4f Abs. 3 S. 4 BDSG i. V. m. § 134 BGB nichtig und damit unwirksam (*Ehrich* DB 1991, 1981; APS/*Greiner* § 4f BDSG Rn. 9).

853i  Die Bestellung nach § 4f BDSG unterliegt als solche **nicht** der **Mitbestimmung** des Betriebsrats. § 4f Abs. 2 BDSG kommt aber als gesetzliche Vorschrift i. S. d. § 99 Abs. 2 Nr. 1 BetrVG in Betracht, so dass der Betriebsrat die Zustimmung mit der Begründung verweigern kann, dem Datenschutzbeauftragten fehle die erforderliche Eignung (*BAG* 22.3.1994 EzA § 99 BetrVG 1972 Nr. 121; APS/*Greiner* § 4f BDSG Rn. 10).

854–857  (derzeit unbesetzt)

858  Gem. § 4f Abs. 3 S. 5 BDSG ist (ab dem 1.9.2009) zudem die Kündigung des Arbeitsverhältnisses, dann, wenn eine gesetzliche Pflicht zur Bestellung eines Datenschutzbeauftragten (§ 4f Abs. 1 BDSG) besteht, **unzulässig**, es sei denn, dass Tatsachen vorliegen, die die verantwortliche Stelle zur **Kündigung aus wichtigem Grund** ohne Einhaltung einer Kündigungsfrist berechtigen. Gleiches gilt nach der Abberufung als Datenschutzbeauftragter für die Dauer eines Jahres nach der Beendigung der Bestellung; auch insoweit ist also eine ordentliche Kündigung kraft Gesetzes ausgeschlossen (§ 4f Abs. 3 S. 6 BDSG; s. *Gehlhaar* NZA 2010, 373 ff.; *Dzida/Kröpelin* BB 2010, 1026 ff.). Ein solcher wichtiger Grund kann sich dabei sowohl aus amts- als auch arbeitsvertragsbezogenen Umständen ergeben. Rein wirtschaftliche Gründe kommen dagegen i. d. R. nicht in Betracht (*Gehlhaar* NZA 2010, 373 ff.; *Dzida/Kröpelin* BB 2010, 1026 ff.).

859  (derzeit unbesetzt)

860  Obsolet ist die bisherige Rechtsprechung des *BAG* (13.3.2007 EzA § 4f BDSG Nr. 1; s. dazu *Liedtke* NZA-RR 2008, 505 ff.), wonach der Widerruf der Bestellung nur bei gleichzeitiger Teilkündigung des Arbeitsvertrages wirksam war. Beides ist nunmehr auch unabhängig voneinander möglich und statthaft (zu Zweifelsfragen s. *Gehlhaar* NZA 2010, 373 ff.). Wird also die Bestellung wirksam **widerrufen**, ist diese Tätigkeit **nicht mehr Bestandteil der vertraglich geschuldeten Leistung**; es bedarf dann keiner Teilkündigung mehr (*BAG* 23.3.2011 – 10 AZR 262/09, EzA-SD 16/2011 S. 10 LS = NZA 2011, 1036).

861  (derzeit unbesetzt)

862  **Wirtschaftliche oder betriebsorganisatorische Gründe** konnten schon nach altem Recht nur im Ausnahmefall die Teilkündigung und den Widerruf der Bestellung gem. § 4f Abs. 3 S. 4 BDSG a. F. begründen; *die Absicht einer konzernweit einheitlichen Betreuung des Datenschutzes durch einen externen Beauftragten ist kein wichtiger Grund i. S. dieser Vorschrift für einen Widerruf der Bestellung* (*BAG* 23.3.2011 – 10 AZR 262/09, EzA-SD 16/2011 S. 10 LS = NZA 2011, 1036; *LAG Bln.-*

*Bra.* 28.5.2009 LAGE § 4f BDSG Nr. 1). Als Gründe, die eine Abberufung entsprechend § 626 BGB rechtfertigen sind z. B. vorstellbar der **bewusste Verstoß gegen datenschutzrechtliche Vorschriften** oder gegen die **Verschwiegenheitsverpflichtung**. Gleiches gilt insbes. dann, wenn die weitere Ausübung dieser Funktion und Tätigkeit unmöglich ist oder sie zumindest erheblich gefährdet erscheint, z. B. weil der betriebliche Datenschutzbeauftragte die erforderliche **Fachkenntnis** und **Zuverlässigkeit** nicht (mehr) besitzt (s. Rdn. 853). Allein aus der **Mitgliedschaft im Betriebsrat** folgt keine – generelle – Unzuverlässigkeit des Arbeitnehmers für die Ausübung des Amtes (*BAG* 23.3.2011 – 10 AZR 262/09, EzA-SD 16/2011 S. 10 LS = NZA 2011, 1036; s. a. *Dzida/Kröpelin* NZA 2011, 1018 ff.).

Zu beachten ist allerdings Folgendes: Die Übertragung des Amtes eines Beauftragten für den Datenschutz und der damit verbundenen Aufgaben bedarf der Vereinbarung der Arbeitsvertragsparteien. Soll ein Arbeitnehmer im bestehenden Arbeitsverhältnis zum Beauftragten für den Datenschutz bestellt werden, liegt darin regelmäßig das Angebot des Arbeitgebers, den Arbeitsvertrag nach Maßgabe der gesetzlichen Bestimmungen um die mit dem Amt verbundenen Aufgaben zu erweitern. Nimmt der Arbeitnehmer dieses Angebot durch sein Einverständnis mit der Bestellung an, wird der Arbeitsvertrag für die Zeitspanne der Übertragung des Amtes geändert. Wird bei einer solchen Vertragslage die Bestellung nach § 4f Abs. 3 S. 4 BDSG widerrufen oder entfällt das Amt auf andere Weise, ist die Tätigkeit nicht mehr Bestandteil der vertraglich geschuldeten Leistung. Es bedarf dann keiner Änderungs- oder Teilkündigung. Bei einer Fusion gesetzlicher Krankenkassen erlischt das Amt des Datenschutzbeauftragten bei den geschlossenen Krankenkassen. Das Amt geht nicht nach § 144 Abs. 4 S. 2 SGB V auf die neu gebildete Krankenkasse über (*BAG* 29.9.2010 EzA § 4f BDSG Nr. 2 = NZA 2011,151; s. Rn 853). **862a**

### 10. Kündigungsschutz im Berufsausbildungsverhältnis

*a) Kündigung in der Probezeit*

Das Berufsausbildungsverhältnis beginnt gem. § 20 BBiG mit einer Probezeit, die mindestens einen Monat und höchstens vier Monate beträgt. Die Vereinbarung einer **Probezeit von vier Monaten** im Berufsausbildungsvertrag ist auch dann zulässig, wenn sich das Ausbildungsverhältnis **an ein Arbeitsverhältnis anschließt**. Die in dem vorangegangenen Arbeitsverhältnis zurückgelegte Zeit ist nicht auf die Probezeit anzurechnen, soweit die gesetzliche Mindestfrist von einem Monat überschritten wird (*BAG* 16.12.2004 EzA § 15 BBiG Nr. 14). Nach Auffassung des *LAG RhPf* (19.4.2001 – 9 Sa 1507/00; ebenso *LAG Bln.* 30.4.2004 – 13 Sa 350/04, EzA-SD 15/04 S. 8 LS) ist die Vereinbarung einer **neuen Probezeit** rechtlich zulässig, wenn ein Auszubildender **während der Lehrzeit den Arbeitgeber wechselt**. Denn der neue Betrieb muss sich ein eigenes Bild über die fachlichen und persönlichen Fähigkeiten des Auszubildenden machen können. Deshalb ist es danach konsequent, dem neuen Arbeitgeber ebenfalls die Möglichkeit zu geben, dem Auszubildenden ohne Angabe von Gründen jeder Zeit kündigen zu können. Dies ist aber nur während der Probezeit möglich. Die Verlängerung der Probezeit wurde für erforderlich erachtet, weil zu Beginn der Ausbildung Zeiten überbetrieblicher Ausbildung oder Berufsschulblockunterricht festgelegt werden könnten. **863**

Während der **Probezeit** kann das Berufsausbildungsverhältnis **von beiden Seiten ohne Einhaltung einer Kündigungsfrist** gekündigt werden (§ 22 Abs. 1 BBiG). Dabei kann die Kündigung auch am letzten Tag der Probezeit zugehen (*LAG Bln.* 30.4.2004 – 13 Sa 350/04 – EzA-SD 15/04 S. 8 LS); dies muss aber jedenfalls noch während der Probezeit geschehen (*BAG* 8.12.2011 EzA § 174 BGB 2002 Nr. 7). § 22 Abs. 1 BBiG verstößt nicht gegen den Gleichheitssatz des Art. 3 Abs. 1 GG, obwohl eine Probezeitkündigung eines Arbeitsverhältnisses nur unter Einhaltung einer Kündigungsfrist von zwei Wochen (§ 622 Abs. 3 BGB) möglich ist (*BAG* 16.12.2004 EzA § 15 BBiG Nr. 14; s. a. *Hirdina* NZA-RR 2010, 65 ff.). **864**

Einer Begründung bedarf die Kündigung nicht, sie muss allerdings schriftlich erklärt werden (§ 22 Abs. 3 BBiG). Insoweit handelt es sich um eine entfristete ordentliche Kündigung (vgl. *Große* BB 1993, 2081 ff.). **865**

**Kapitel 4**                        Die Beendigung des Arbeitsverhältnisses

866 Ein Berufsausbildungsverhältnis kann während der Probezeit auch unter Zubilligung einer **Auslauffrist** nach § 22 Abs. 1 BBiG wirksam ordentlich gekündigt werden. Die Auslauffrist muss dann allerdings so bemessen sein, dass sie nicht zu einer unangemessen langen Fortsetzung des Berufsausbildungsvertrages führt, der nach dem endgültigen Entschluss des Kündigenden nicht bis zur Beendigung der Ausbildung durchgeführt werden soll (*BAG* 10.11.1988 EzA § 15 BBiG Nr. 7).

867 Zulässig ist daher z. B. eine Kündigung am 24.10. zum 30.11. des gleichen Jahres (*BAG* 10.11.1988 EzA § 15 BBiG Nr. 7).

867a Die Kündigung eines mit einem Minderjährigen bestehenden Ausbildungsverhältnisses während der Probezeit ist nicht schon deshalb wegen eines Verstoßes gegen Treu und Glauben unwirksam, weil der Ausbildende zuvor **kein klärendes Gespräch** mit den erziehungsberechtigten Eltern geführt hat (*BAG* 8.12.2011 EzA § 174 BGB 2002 Nr. 7).

867b Ein Ausbildungsverhältnis kann bereits **vor Beginn der Probezeit** gem. § 22 BBiG gekündigt werden, sofern nicht ausnahmsweise etwas anderes vereinbart worden ist. Die Kündigung verstößt dann nicht gegen den Grundsatz von Treu und Glauben gem. § 242 BGB, sofern sie erfolgt ist, weil der Ausbildende (eine Sparkasse) auf Grund bestehender Verbindlichkeiten der Auszubildenden Zweifel an deren Geeignetheit für den Beruf der Bankkauffrau hat (*LAG Düsseld.* 16.9.2011 NZA-RR 2012, 127).

### b) Kündigung nach Ablauf der Probezeit

868 Nach dem Ablauf der Probezeit ist nur noch eine außerordentliche Kündigung aus wichtigem Grund möglich. Die ordentliche Kündigung ist ausgeschlossen (§ 22 Abs. 2 Nr. 1 BBiG).

869 Allerdings können die Parteien jederzeit einen **Aufhebungsvertrag** schließen (vgl. *Große* BB 1993, 2081 ff.).

870 **In der Insolvenz** des Arbeitgebers dagegen kann das Ausbildungsverhältnis nach Ablauf der Probezeit i. d. R. nicht außerordentlich, sondern nur unter Einhaltung einer ordentlichen Kündigungsfrist vom Insolvenzverwalter aufgekündigt werden (*BAG* 27.5.1993 EzA § 22 KO Nr. 5).

### aa) Wichtiger Grund für den Ausbildenden

### (1) Prüfungsmaßstab

871 Dabei ist der wichtige Grund im Lichte des Zwecks des Berufsausbildungsverhältnisses, der Ausbildung des Auszubildenden, festzustellen. **Die zu § 626 BGB für allgemeine Arbeitsverhältnisse mit erwachsenen Arbeitnehmern geltenden Grundsätze können auf das Berufsausbildungsverhältnis nicht ohne weiteres übertragen werden.**

872 Nicht jeder Vorfall, der zur Kündigung eines Arbeitnehmers berechtigt, kann als wichtiger Grund zur fristlosen Entlassung eines Auszubildenden dienen. Denn die Nachteile, die den fristlos gekündigten Auszubildenden treffen, wiegen oft unverhältnismäßig schwerer als diejenigen, die der fristlos gekündigte Arbeitnehmer zu erwarten hat (zutr. *ArbG Essen* 27.9.2005 NZA-RR 2006, 246). Deshalb sollte nach Auffassung von *Weigand* (KR, §§ 21, 22 BBiG Rn. 45 unter Hinweis auf *BAG* 22.6.1972 EzA § 611 BGB Ausbildungsverhältnis Nr. 1) vornehmlich darauf abgestellt werden, **inwieweit eine Verfehlung einer der Parteien die Fortsetzung des Berufsausbildungsvertrages von dessen Sinn und Zweck her unzumutbar macht.**

873 Dabei sind die Interessen der beiden Vertragspartner gegenüberzustellen und gegeneinander abzuwägen.

874 Bei der danach erforderlichen Interessenabwägung ist insbes. zu berücksichtigen, wie lange das Ausbildungsverhältnis bereits bestanden hat. Je länger dies der Fall ist, umso strengere Anforderungen sind an den wichtigen Grund für die Kündigung durch den Ausbildenden zu stellen. Von daher ist eine fristlose Kündigung kurz vor Abschluss der Ausbildung kaum noch möglich (zutr. *ArbG Essen* 27.9.2005 NZA-RR 2006, 246; KR/*Weigand* §§ 21, 22 BBiG Rn. 45 f.).

Nach Auffassung des *LAG Köln* (26.6.1987 EzB § 15 Abs. 2 Nr. 1 BBiG Nr. 63) ist das Vorliegen 875
eines wichtigen Grundes i. d. R. nur auf solche Umstände zu beschränken, die bei objektivierender
Vorausschau ergeben, dass das Ausbildungsziel ernstlich gefährdet oder nicht mehr zu erreichen ist.
Deshalb kommen **schlechte Leistungen** des Auszubildenden, der fast zwei Drittel der Ausbildungszeit absolviert hat, beim Absolvieren der Zwischenprüfung als wichtiger Grund nur dann in Frage,
wenn **feststeht**, dass aufgrund der im Rahmen der Zwischenprüfung aufgetretenen Ausbildungslücken **das Bestehen der Abschlussprüfung ausgeschlossen ist** (zutr. *ArbG Essen* 27.9.2005
NZA-RR 2006, 246).

*(2) Strengere Anforderungen*

Daneben sind an das Vorliegen eines wichtigen Grundes **strengere Anforderungen** zu stellen, weil es 876
sich beim Auszubildenden i. d. R. um einen in der geistigen, charakterlichen und körperlichen Entwicklung befindlichen Jugendlichen handelt (*LAG Köln* 8.1.2003 LAGE § 15 BBiG Nr. 15; *ArbG
Essen* 27.9.2005NZA-RR 2006, 246). Bei der Beurteilung fehlerhaften Verhaltens ist zu berücksichtigen, dass es gerade auch zu den Pflichten des Ausbildenden gehört, den Auszubildenden auch charakterlich zu fördern und ihn von sittlichen und körperlichen Gefährdungen fern zu halten (§ 14
Abs. 1 Nr. 5 BBiG; vgl. *Große* BB 1993, 2081 ff.).

> Demnach können Pflichtverletzungen und Fehlverhalten nicht zur fristlosen Kündigung berech- 877
> tigen, solange der Ausbildende unter Berücksichtigung des Grades der geistigen, charakterlichen
> und körperlichen Reife des Auszubildenden nicht alle ihm zur Verfügung stehenden und zumutbaren Erziehungsmittel in zumutbaren Grenzen erschöpfend, aber erfolglos angewandt hat (*LAG
> BW* 21.3.1966 DB 1966, 747; 31.10.1996 NZA-RR 1997, 288).

Bei der Wahl der pädagogischen Maßnahmen sowie der erfolglosen Einschaltung des gesetzlichen 878
Vertreters kann von dem Ausbildenden verlangt werden, dass er **nicht sofort zu den schärfsten Maßnahmen** greift. Eine Grenze der gebotenen Nachsicht besteht aber da, wo der Ausbildende vom Auszubildenden eine stark abwertende Geringschätzung erfährt (KR/*Weigand* §§ 21, 22 BBiG Rn. 46).

Diese strengen Anforderungen an das Vorliegen eines wichtigen Grundes sind nach Auffassung des 879
*LAG Köln* (26.6.1987 EzB § 15 Abs. 2 Nr. 1 BBiG Nr. 63) wegen der **geänderten gesellschaftlichen
Stellung der Jugendlichen** und des oft fortgeschrittenen Lebensalters der Auszubildenden nur noch
**zurückhaltend** anzuwenden.

Erforderlich ist jedenfalls vor Ausspruch einer Kündigung bei Leistungs- und Verhaltensmängeln 880
eine einschlägige **Abmahnung** (zutr. *ArbG Essen* 27.9.2005 NZA-RR 2006, 246). Das ist aber **ausnahmsweise** auch im Ausbildungsverhältnis dann **nicht geboten**, wenn es sich um **besonders schwerwiegende Pflichtverletzungen handelt**, deren Rechtswidrigkeit dem Auszubildenden ohne weiteres
erkennbar und bei denen eine Hinnahme durch den Ausbildenden offensichtlich ausgeschlossen ist
(*BAG* 1.7.1999 EzA § 15 BBiG Nr. 13).

▶ **Beispiele:** 881
  - Es kann ein Grund zur fristlosen Kündigung auch eines bereits weitgehend fortgeschrittenen
    Berufsausbildungsverhältnisses (1 3/4 Jahre) sein, wenn ein bei einer Großforschungsanstalt
    mit internationaler Verflechtung beschäftigter Auszubildender wiederholt neonazistische Thesen (z. B. durch Infragestellen der Anzahl der in deutschen KZs ermordeten Juden) über das
    USENET-NEWS-System, zu dem er zu Ausbildungszwecken Zugang haben muss, verbreitet.
  - Einer vorherigen Abmahnung bedarf es nicht, wenn der Auszubildende bei einem vor Ausspruch der Kündigung geführten Personalgespräch, zu dessen Beginn ihm die Gefährdung
    des Ausbildungsverhältnisses klargemacht wird, jede Einsicht in die Tragweite seiner Aussage
    und seines Verhaltens vermissen lässt (*LAG Köln* 11.8.1995 LAGE § 15 BBiG Nr. 10).
  - Das Stanzen eines Blechschildes mit der Inschrift »ARBEIT MACHT FREI – TÜRKEI
    SCHÖNES LAND« und das Anbringen dieses Schildes an der Werkbank eines türkischen Auszubildenden rechtfertigt, nachdem in Gegenwart des entlassenen Auszubildenden von einer
    Gruppe Auszubildender im Betrieb Lieder mit überaus massiven und rassistischen Tendenzen,

wie u. a., das sog. Auschwitzlied, das von dem Konzentrationslager Auschwitz und den dorthin verbrachten Juden handelt, gesungen worden ist, ohne weiteres die außerordentliche Kündigung des Ausbildungsverhältnisses. Einer vorherigen Abmahnung bedarf es unter diesen Umständen nicht (*LAG Bln.* 22.10.1997 LAGE § 626 BGB Nr. 118; zw. von *BAG* 1.7.1999 EzA § 15 BBiG Nr. 13 aufgehoben und zurückverwiesen; s. a. *Korinth* AuR 2000, 74 f.; *Schmitz-Scholemann* BB 2000, 926 ff.).

– Auch das Vorliegen einer Kette von Pflichtwidrigkeiten, die für sich allein noch keinen wichtigen Grund darstellen müssen, aber den Schluss rechtfertigen, dass der Auszubildende das Ausbildungsziel nicht erreichen wird und Sinn und Zweck der Ausbildung in Frage stellen (z. B. beim wiederholt verspäteten Abliefern des Berichtsheftes) kann eine fristlose Kündigung rechtfertigen (*ArbG Wesel* 14.11.1996 NZA-RR 1997, 291).

– Gleiches gilt bei einem volljährigen Auszubildenden für eine sich über elf volle Kalendertage erstreckende und voraussichtlich fortdauernde **Abwesenheit im Berufsschulunterricht** ohne Information zum Abwesenheitsgrund und ohne arbeitsunfähig zu sein (*ArbG Magdeburg* 7.9.2011 LAGE § 22 BBiG 2005 Nr. 3).

882 Zu beachten ist, dass strafbare Handlungen eines Auszubildenden nicht schlechthin kündigungsrelevant sind. Sie müssen nicht nur einen **Bezug zum Ausbildungsverhältnis** haben, sondern sind nur dann geeignet für einen wichtigen Grund, wenn sich die Straftat auf das Ausbildungsverhältnis in der Weise auswirkt, dass das **wechselseitige Vertrauensverhältnis** durch die Straftat **erschüttert** ist. Außerhalb des Ausbildungsverhältnisses begangene Straftaten bedeuten zwar die Verletzung staatsbürgerlicher Pflichten, nicht in jedem Fall aber auch die Verletzung arbeitsrechtlicher Pflichten (*LAG Bln.-Bra.* 13.11.2009 LAGE § 22 BBiG Nr. 2).

*bb) Kündigung durch den Auszubildenden*

883 Nach Ablauf der Probezeit kann auch der Auszubildende nur noch aus **wichtigem Grund** kündigen, zusätzlich jedoch dann, wenn er die **Berufsausbildung aufgeben** oder sich für eine **andere Berufstätigkeit** ausbilden lassen will. In diesem Fall hat er allerdings eine Kündigungsfrist von vier Wochen einzuhalten (§ 22 Abs. 2 Nr. 2 BBiG).

*cc) Form der Kündigung*

*(1) Inhaltliche Anforderungen*

884 Die Kündigung aus wichtigem Grund für beide Seiten sowie die Kündigung des Auszubildenden wegen Beendigung oder Wechsels der Ausbildung ist nur wirksam, wenn sie **schriftlich und unter konkreter Angabe der Kündigungsgründe im Kündigungsschreiben erfolgt** (§§ 125, 126 BGB).

885 Der obligatorische Begründungszwang erfasst **beide Vertragspartner** und dient auch den Interessen beider Vertragsteile. Dem Kündigungsempfänger soll deutlich erkennbar sein, worin der Grund für die Kündigung liegt, um ihm dadurch eine Überprüfung der Rechtswirksamkeit der Kündigung zu ermöglichen (*BAG* 22.2.1972 EzA § 15 BBiG Nr. 1).

886 Die gesetzliche Regelung verlangt, dass das **Kündigungsschreiben selbst oder zumindest ihm beigefügte Anlagen konkret und nachvollziehbar Tatsachen darstellen, auf die der Kündigende seinen Beendigungswillen stützt** (*LAG Köln* 8.1.2003 ZTR 2004, 164). Zwar ist keine volle Substantiierung zu verlangen, doch müssen die entsprechenden tatsächlichen Vorfälle so eindeutig geschildert sein, dass der Kündigungsempfänger sich darüber schlüssig werden kann, ob er die Kündigung anerkennen will oder nicht (*BAG* 22.2.1972 EzA § 15 BBiG Nr. 1). Der pauschale Hinweis auf Vorfälle in der Vergangenheit oder die Störung des Betriebsfriedens reicht zur Begründung der Kündigung nicht aus (*BAG* 25.11.1976 EzA § 15 BBiG Nr. 3; APS/*Biebl* § 22 BBiG Rn. 25 ff.). Das Kündigungsschreiben selbst oder ihm beigefügte Anlagen müssen konkret und nachvollziehbar Tatsachen darstellen, auf die der Kündigende seinen Beendigungswillen stützt (*LAG Köln* 8.1.2003 LAGE § 15 BBiG Nr. 15). Deshalb genügt auch die **bloße Bezug-**

nahme im Kündigungsschreiben auf eine im Ausbildungsvertrag benannte Pflicht des Auszubildenden – die Pflicht zur unverzüglichen Benachrichtigung bei Fernbleiben von der Praxisausbildung, vom Berufsschulunterricht oder von sonstigen Ausbildungsveranstaltungen sowie Pflicht zur Übersendung einer ärztlichen Arbeitsunfähigkeitsbescheinigung am darauf folgenden Arbeitstag bei einer Arbeitsunfähigkeit von mehr als drei Kalendertagen – **nicht** dem Formerfordernis des § 22 Abs. 3 BBiG. Erforderlich ist vielmehr die Benennung eines konkreten Fehlverhaltens des Auszubildenden unter kurzer, aber nachvollziehbarer Angabe des tatsächlichen Kündigungssachverhalts (*LAG Köln* 18.2.2004 ZTR 2004, 606 LS = AuR 2004, 355 LS).

Nicht ausreichend ist auch die Bezugnahme im Kündigungsschreiben auf Erklärungen des Kündigenden gegenüber Dritten, wie z. B. eine Anzeige bei der Polizei (*LAG Nbg.* 21.6.1994 LAGE § 15 BBiG Nr. 8). Ebenso genügt es nicht, wenn in dem Kündigungsschreiben lediglich auf bereits mündlich mitgeteilte Kündigungsgründe Bezug genommen wird oder nur Werturteile mitgeteilt werden, denn damit ist der Formvorschrift des § 22 Abs. 3 BBiG nicht Genüge getan (*LAG Köln* 26.1.1982 EzA § 15 BBiG Nr. 5; KR/*Weigand* §§ 21, 22 BBiG Rn. 95). 887

Wenn der Arbeitnehmer im Kündigungsschreiben zwar einen Kündigungsgrund oder mehrere Kündigungsgründe schriftlich niedergelegt hat, die Begründung aber unvollständig ist, weil er von der Wiedergabe weiterer subjektiv erheblicher Kündigungsgründe oder -tatsachen eines im Kündigungsschreiben konkret angegebenen Kündigungsgrundes abgesehen hat, führt dies nicht gem. § 22 Abs. 3 BBiG zur Nichtigkeit der Kündigung. Denn dem Normzweck der Rechtsklarheit und Beweissicherung kann in diesem Fall dadurch Genüge getan werden, dass der Arbeitgeber nur solche Kündigungsgründe im Rechtsstreit geltend machen kann, die er im Kündigungsschreiben angegeben hat (*LAG Hmb.* 29.8.1997 LAGE § 15 BBiG Nr. 11; s. Rdn. 889 ff.). 888

*(2) Ausschluss weiteren Sachvortrags*

Der Kündigende kann im Übrigen kündigungsbegründende Umstände, die er im Kündigungsschreiben nicht selbst aufgeführt hat, im Kündigungsschutzprozess nicht wirksam geltend machen. Er kann lediglich die im Kündigungsschreiben enthaltenen Umstände erläutern und präzisieren. 889

Das gilt selbst dann, wenn diese Umstände bereits vor Ausspruch der Kündigung entstanden, dem Kündigenden aber erst nach Ausspruch der Kündigung bekannt geworden sind (*LAG BW* 5.1.1990 DB 1990, 588); nach Sinn und Zweck des § 22 Abs. 3 BBiG ist ein Nachschieben derartiger weiterer Kündigungsgründe aber jedenfalls nur dann zuzulassen, wenn der Kündigende sie dem Gekündigten unverzüglich schriftlich mitgeteilt hat, nachdem er von ihnen Kenntnis erlangt hat (*LAG Hmb.* 29.8.1997 LAGE § 15 BBiG Nr. 11). 890

Die Erklärung der Kündigung in elektronischer Form (s. Rdn. 9) ist ausgeschlossen, ebenso die Begründung der Kündigung. Denn auch wenn das Formerfordernis des § 623 BGB den Kündigungsgrund nicht erfasst, gilt der Ausschluss der elektronischen Form gleichwohl auch insoweit, weil die Begründung der Kündigung in § 22 Abs. 3 BBiG Teil des Formerfordernisses für die Kündigung ist (zutr. *Gotthardt/Beck* NZA 2002, 876 ff.). 891

*c) Klagefrist?*

Besteht für das konkrete Berufsausbildungsverhältnis ein **Schlichtungsausschuss** (§ 111 Abs. 2 ArbGG), vor dem eine Verhandlung stattfinden muss, so findet die Klagefrist nach §§ 4, 13 KSchG keine Anwendung (*BAG* 5.7.1990 EzA § 4 KSchG n. F. Nr. 39; 26.1.1999 EzA § 4 KSchG n. F. Nr. 58; *LAG Köln* 10.3.2006 LAGE § 5 KSchG Nr. 113). Das gilt selbst dann, wenn der Auszubildende die Unwirksamkeit der Kündigung wegen Fehlens eines wichtigen Grundes rechtlich geltend machen will (*BAG* 5.7.1990 EzA § 4 KSchG n. F. Nr. 39). 892

Im Übrigen ist die Klagefrist der §§ 4, 13 KSchG dann, wenn kein Schlichtungsausschuss besteht, generell einzuhalten (*LAG Köln* 10.3.2006 LAGE § 5 KSchG Nr. 113 = NZA-RR 2006, 893

319), unabhängig vom Geltungsbereich des KSchG, allerdings mit der Verlängerungsmöglichkeit des § 6 KSchG (vgl. APS/*Biebl* § 22 BBiG Rn. 33).

#### d) Kündigung vor Beginn der Berufsausbildung

894 Ein Berufsausbildungsvertrag kann entsprechend § 22 Abs. 1 BBiG bereits vor Beginn der Berufsausbildung von beiden Vertragsparteien **ordentlich entfristet** gekündigt werden, wenn die Parteien keine abweichende Regelung vereinbart haben und sich der Ausschluss der Kündigung vor Beginn der Ausbildung für den Ausbilder auch nicht aus den konkreten Umständen ergibt, z. B. der Abrede oder dem ersichtlichen gemeinsamen Interesse, die Ausbildung jedenfalls für einen bestimmten Teil der Probezeit tatsächlich durchzuführen (*BAG* 17.9.1987 EzA § 15 BBiG Nr. 6).

### 11. § 613a Abs. 4 BGB

#### a) Grundlagen

895 S. zunächst Kap. 3 Rdn. 4080 ff.

896 Soll ein Betrieb oder Betriebsteil übertragen werden, so ist es bei der Kalkulation ein oft erheblicher Posten in der Rechnung, inwieweit im Hinblick auf das Personal des Betriebes mit Anpassungskosten zu rechnen ist.

897 Daraus entspringt das Interesse des Veräußerers, den Personalbestand vor dem Betriebsübergang zu senken und das Interesse des Erwerbers, einen Betrieb möglichst ohne Personalübergang, bei einer geplanten Betriebsfusion sogar mit einer Personalreduzierung, zu übernehmen.

898 Der Gesetzgeber hat in § 613a Abs. 4 BGB das Interesse an der Erhöhung der Verkäuflichkeit eines Betriebes nicht allgemein missbilligt, sondern nur für den Fall, dass es dem in § 613a Abs. 1 BGB festgelegten Bestandsschutz bei einem Betriebsübergang zuwiderläuft.

899 Deshalb ist zwar eine Kündigung wegen des Betriebsübergangs unwirksam (*BAG* 27.10.2005 EzA § 613a BGB 2002 Nr. 42). Soweit die Kündigung aber unabhängig davon – aus anderen Gründen – ohnehin zulässig ist, wird sie nicht durch den Betriebsübergang erschwert.

Zur Rechtslage bei Funktionsübertragungen s. Kap. 3 Rdn. 4147 ff.; s. a. Rdn. 2411 f.

#### b) Eigenständiges Kündigungsverbot, Klagefrist

900 Nach der Rechtsprechung des *BAG* (31.1.1985 EzA § 613a BGB Nr. 42) stellt die Regelung des § 613a Abs. 4 BGB zwar ein **eigenständiges Kündigungsverbot** sowohl für die außerordentliche, die ordentliche als auch für die Änderungskündigung (auch des Ausbildungsverhältnisses, s. *BAG* 13.7.2006 EzA § 613a BGB 2002 Nr. 57) dar. Dagegen handelt es sich nicht nur um eine Regelung der Sozialwidrigkeit einer ordentlichen Kündigung, die nach dem Maßstab des § 1 KSchG zu beurteilen ist.

901 Gleichwohl sind **§§ 13 Abs. 1, 4, 7 KSchG anwendbar**, unabhängig vom Geltungsbereich des KSchG, allerdings mit der Verlängerungsmöglichkeit des § 6 KSchG. Denn § 4 KSchG findet auch Anwendung auf Arbeitnehmer, die vom betrieblichen Geltungsbereich des KSchG (§ 23) nicht erfasst werden oder auf solche, deren Arbeitsverhältnis noch keine sechs Monate bestanden hat. Gleiches gilt für den Fall, dass der Arbeitnehmer die Unwirksamkeit einer außerordentlichen Kündigung geltend machen will.

## c) Voraussetzungen

### aa) Beschränkung auf die Kündigung des Arbeitsverhältnisses; Widerrufsmöglichkeit oder Vertragsanpassung bei einvernehmlicher Regelung?

§ 613a Abs. 4 BGB erfasst nur die Kündigung des Arbeitsverhältnisses durch den Arbeitgeber, nicht aber andere Beendigungstatbestände, z. B. Aufhebungsvertrag, Eigenkündigung des Arbeitnehmers.

Fraglich ist aber, inwieweit dann, wenn Aufhebungsvertrag, Eigenkündigung oder auch die Zustimmung zu einer Vertragsänderung (Befristung, Wegfall von Leistungen) von bestimmten Voraussetzungen und Annahmen hinsichtlich des weiteren Fortbestandes des Betriebes ausgehen, diese sich nachträglich aber anders darstellen, unter Anwendung der Grundsätze über den Wegfall der Geschäftsgrundlage (§ 313 BGB) eine Vertragsanpassung oder eine Widerrufsmöglichkeit dem Arbeitnehmer diejenige Entscheidungsfreiheit zurückgeben kann, die ihm vorher genommen worden ist.

Das kommt z. B. dann in Betracht, wenn sich der neue Arbeitgeber weigert, die alten Arbeitnehmer einzustellen, den Betrieb dann aber doch nicht stilllegt, sondern veräußert.

### bb) Kündigung wegen des Betriebsübergangs

#### (1) Begriffsbestimmung

Die (ordentliche oder außerordentliche) Kündigung durch den alten oder neuen Arbeitgeber ist i. S. d. § 613a Abs. 4 S. 1 BGB dann wegen des Betriebsübergangs erfolgt, wenn dieser der alleinige oder zumindest tragende Beweggrund oder die wesentliche Bedingung für die Kündigung und nicht nur der äußere Anlass ist und andere sachliche Gründe, die aus sich heraus die Kündigung zu rechtfertigen vermögen, nicht vorgebracht sind (*BAG* 27.10.2005 EzA § 613a BGB 2002 Nr. 42).

Insoweit kommt es nicht maßgeblich auf die Bezeichnung des Kündigungsgrundes durch den Arbeitgeber an, sondern darauf, **ob tatsächlich der Betriebsübergang der tragende Grund für die Kündigung gewesen ist** (*BAG* 19.5.1988 EzA § 613a BGB Nr. 82; 20.3.2003 EzA § 613a BGB 2002 Nr. 9; 27.10.2005 EzA § 613a BGB 2002 Nr. 42; *Sächs. LAG* 14.12.2005 LAGE § 125 InsO Nr. 9).

§ 613a Abs. 4 BGB besagt auch nicht zwingend, dass ein Betriebsübergang im nahen zeitlichen Zusammenhang mit dem Ausspruch der Kündigung stattfinden muss. Das Kündigungsverbot kann unter den oben dargestellten Voraussetzungen vielmehr auch dann eingreifen, wenn die Kündigung nach dem Betriebsübergang ausgesprochen wird (*BAG* 27.10.2005 EzA § 613a BGB 2002 Nr. 42).

#### (2) Keine Ausnahme bei alternativer Betriebsstilllegung

Eine Ausnahme vom Anwendungsbereich dieser Vorschrift besteht auch dann nicht, wenn ohne den Betriebsübergang nur die Alternative der Betriebsstilllegung besteht. Dafür würde zwar sprechen, dass dem Arbeitnehmer durch den Bestandsschutz des § 613a Abs. 4 BGB dann mehr verschafft würde, als ihm im weiter bestehenden Arbeitsverhältnis zustünde. Deshalb wäre zu überlegen, ob dem Arbeitgeber oder auch dem Insolvenzverwalter dann die Möglichkeit offen steht, zum Zwecke der Herstellung der Verkäuflichkeit einige Arbeitnehmer zu kündigen, um dadurch die Kündigung aller anderen zu vermeiden.

Das *BAG* (26.5.1983 EzA § 613a BGB Nr. 34; 20.3.2003 EzA § 613a BGB 2002 Nr. 9) geht gleichwohl davon aus, dass § 613a Abs. 4 BGB auch bei einer Betriebsveräußerung durch den Insolvenzverwalter eingreift.

Andererseits hat das *BAG* (18.7.1996 EzA § 613a BGB Nr. 142; vgl. dazu *Sandmann* SAE 1997, 157 ff.) angenommen, dass eine **Kündigung wegen des Betriebsübergangs** (§ 613a Abs. 4

S. 1 BGB) **nicht vorliegt, wenn sie der Rationalisierung (Verkleinerung) des Betriebs zur Verbesserung der Verkaufschancen dient**. Ein Rationalisierungsgrund liegt vor, wenn der Betrieb ohne die Rationalisierung stillgelegt werden müsste. Die Rationalisierung ist auch während einer Betriebspause möglich. Der Betriebsinhaber muss nicht beabsichtigen, den Betrieb selbst fortzuführen. Es hat seine Entscheidung damit begründet, dass der Betriebsinhaber, auch wenn er seinen Betrieb veräußern will, zuvor ein **eigenes Sanierungskonzept** verwirklichen kann.

*(3) Ablehnung der Übernahme wegen der Kosten oder der Person bestimmter Arbeitnehmer*

911 Eine Kündigung durch den bisherigen Arbeitgeber wegen des Betriebsübergangs i. S. d. § 613a Abs. 4 BGB liegt auch dann vor, wenn sie damit begründet wird, der neue Betriebsinhaber habe die Übernahme eines bestimmten Arbeitnehmers, dessen Arbeitsplatz erhalten bleibt, deswegen abgelehnt, weil er »**ihm zu teuer sei**« (*BAG* 26.5.1983 EzA § 613a BGB Nr. 34; 20.3.2003 EzA § 613a BGB 2002 Nr. 9), denn § 613a Abs. 4 BGB verbietet generell alle Kündigungen, die nur erfolgen, um das Unternehmen verkäuflich(er) zu machen.

912 Gleiches gilt, wenn der Erwerber sich weigert, die Betriebsübernahme zu akzeptieren, weil er von vornherein **bestimmte, namentlich benannte Arbeitnehmer nicht übernehmen** will (z. B. die Sekretärin des früheren Geschäftsführers).

913 Ist der Druck auf den Veräußerer manifest geworden, so liegt insoweit entweder eine unzulässige Vereinbarung zu Lasten Dritter oder eine vorsätzliche sittenwidrige Schädigung der Arbeitnehmerin vor, wenn der Erwerber etwas verlangt, was der Veräußerer nicht ohnehin selbst vollziehen könnte. Insoweit ist davon auszugehen, dass § 613a Abs. 4 S. 1 BGB ein **partielles Verbot der Druckkündigung** enthält (*BAG* 26.5.1983 EzA § 613a BGB Nr. 34).

914 Die **formularmäßige Verpflichtung eines Tankstellenpächters**, bei Beendigung des Tankstellenvertrages die mit Familienmitgliedern eingegangenen Arbeitsverhältnisse »auf seine Kosten zu beenden«, andernfalls den Verpächter oder den Nachfolgebetreiber »von allen daraus entstehenden Kosten freizuhalten bzw. entstandene Kosten zu erstatten«, ist unangemessen benachteiligend und daher gem. § 307 Abs. 1 S. 1 BGB unwirksam. Soweit damit die Kündigung der Arbeitsverhältnisse verlangt wird, ist die Verpflichtung zudem mit § 613a Abs. 1 i. V. m. § 613a Abs. 4 BGB unwirksam (*BGH* 23.3.2006 NZA 2006, 551).

*(4) Kündigung vor dem Betriebsübergang; »greifbare Formen« der geplanten Maßnahme*

915 Zumeist erfolgt die betriebsbedingte Kündigung vor Betriebsübergang.

916 Nach der Rechtsprechung des *BAG* (28.4.1988 EzA § 613a BGB Nr. 80) ist der Arbeitgeber, der seinen Betrieb endgültig stilllegen will, nicht verpflichtet, mit dem Ausspruch der Kündigung abzuwarten, bis er die Produktion tatsächlich stillgelegt hat.

Er kann die notwendigen Entlassungen vielmehr entsprechend der Einschränkung der Produktion oder der sonstigen betrieblichen Tätigkeit gestalten.

Es kommt nur darauf an, dass nach seiner Planung zum Zeitpunkt des Auslaufens der Kündigungsfrist kein Beschäftigungsbedarf für den gekündigten Arbeitnehmer mehr besteht.

917 Weil insoweit kündigungsrechtlich maßgeblich auf die Planung des Arbeitgebers und seine Entschlüsse zur Zeit des Ausspruchs der Kündigung abgestellt wird, ist die **spätere tatsächliche Entwicklung für die Beurteilung der Rechtslage grds. irrelevant**. Das gilt auch zu Gunsten des Arbeitgebers bei geplanter Betriebsstilllegung und zu seinen Lasten bei geplantem Betriebsübergang. Bei dieser Fallgestaltung wirkt sich ein späteres Scheitern des erwarteten und eingeleiteten Betriebsübergangs ebenso wenig auf den Kündigungsgrund aus wie eine unerwartete spätere Betriebsfortführung, die einer vom Arbeitgeber endgültig geplanten und schon eingeleiteten oder bereits durchgeführten Betriebsstilllegung nach Ausspruch der Kündigung folgt (*BAG* 19.5.1988 EzA § 613a BGB Nr. 82; *Sächs. LAG* 14.12.2005 LAGE § 125 InsO Nr. 9). Erforderlich ist allerdings, dass die **geplante Be-**

triebsstilllegung zum Zeitpunkt des Ausspruchs der Kündigung »greifbare Formen« angenommen haben muss (*Sächs. LAG* 14.12.2005 LAGE § 125 InsO Nr. 9; vgl. APS/*Steffan* § 613a BGB Rn. 190 ff.).

### (5) Kündigung des Veräußerers auf Grund eines Rationalisierungskonzepts des Erwerbers; Insolvenz

Zulässig ist insoweit eine Kündigung auf Grund eines Rationalisierungskonzepts, das vom Erwerber stammt, wenn dieses Konzept ebenfalls vom bisherigen Betriebsinhaber selbst entwickelt worden sein könnte (*BAG* 26.5.1983 EzA § 613a BGB Nr. 34) und die Durchführung im Zeitpunkt des Zugangs der Kündigung bereits greifbare Formen angenommen hat (*BAG* 20.3.2003 EzA § 613a BGB 2002 Nr. 9 m. Anm. *Meyer* SAE 2004, 176 ff.). — **918**

Fraglich ist, ob dem Betriebsveräußerer auch die Berufung auf das Rationalisierungskonzept eines Betriebserwerbers gestattet ist, welches nur nach dem Betriebsübergang sinnvoll durchgeführt werden kann (dafür *BAG* 26.5.1983 EzA § 613a BGB Nr. 34; KR/*Griebeling* § 1 KSchG Rn. 534; *Meyer* NZA 2003, 244 ff.; dagegen *Hillebrecht* NZA 1989, Beil. Nr. 4, S. 14 f.; krit. *LAG Köln* 17.6.2003 – 9 Sa 443/03 – EzA-SD 22/03, S. 8 LS). Der Schutzgedanke des § 613a Abs. 1 S. 1, Abs. 4 BGB steht einer solchen Kündigung des Betriebsveräußerers auf Grund eines Erwerberkonzepts nicht entgegen. Denn diese Vorschriften sollen den Erwerber daran hindern, bei der Übernahme der Belegschaft eine freie Auslese zu treffen. Dafür spricht, dass es **nicht Sinn und Zweck der gesetzlichen Regelung** sein kann, **den Erwerber** auch bei einer auf Grund betriebswirtschaftlicher Gesichtspunkte voraussehbar fehlenden Beschäftigungsmöglichkeit **zu verpflichten**, das Arbeitsverhältnis mit einem Arbeitnehmer **noch einmal künstlich zu verlängern**, bis er selbst die Kündigung aussprechen kann (*BAG* 26.5.1983 EzA § 613a BGB Nr. 34; 20.3.2003 EzA § 613a BGB 2002 Nr. 9). Allerdings bedarf es dann tatsächlich eines **Konzepts** oder **Sanierungsplans**, weil allein die Forderung des Erwerbers, die Belegschaft vor dem Betriebsübergang zu verkleinern, keinen Kündigungsgrund i. S. d. § 1 Abs. 2 KSchG darstellt (*Schumacher-Mohr* NZA 2004, 629 ff.; krit. *Meyer* NZA 2003, 244 ff.). — **919**

Für die Wirksamkeit einer betriebsbedingten Kündigung des Veräußerers nach dem Sanierungskonzept des Erwerbers kommt es im übrigen aber – jedenfalls in der Insolvenz – nicht darauf an, ob das Konzept auch bei dem Veräußerer hätte durchgeführt werden können. Denn bei Sanierungsfällen ist der Betrieb häufig nicht mehr aus sich heraus sanierungsfähig (*BAG* 20.3.2003 EzA § 613a BGB 2002 Nr. 9; insoweit zust. *Annuß/Stamer* NZA 2003, 1247 ff.).

**Jedenfalls verstößt die Kündigung aufgrund eines eigenen Sanierungskonzepts des Veräußerers – Insolvenzverwalters – nicht gegen § 613a Abs. 4 BGB** (*BAG* 20.9.2006 EzA § 613a BGB 2002 Nr. 62). Anders ist es aber dann, wenn der Insolvenzverwalter mit einem Arbeitnehmer **im zeitlichen Zusammenhang** mit einem Betriebsübergang einen **Aufhebungsvertrag** abschließt; dieser ist als unzulässige Umgehung des Kündigungsverbots des § 613a BGB unwirksam, wenn er nicht dem endgültigen Ausscheiden des Arbeitnehmers dient, sondern dazu, dass der neue Betriebsinhaber mit dem bisherigen Arbeitnehmer der Insolvenzschuldnerin einen neuen Arbeitsvertrag schließen kann (*BAG* 25.10.2007 EzA § 613a BGB 2002 Nr. 82). — **920**

### d) Kündigung aus anderen Gründen

Da das Recht zur Kündigung aus anderen Gründen gem. **§ 613a Abs. 4 S. 2 BGB** unberührt bleibt, kann sich der Arbeitgeber auf alle personen-, verhaltens- oder betriebsbedingten Gründe berufen, die ihren Ursprung in anderen betrieblichen Erfordernissen als denen des Betriebsübergangs haben. — **921**

So wird z. B. der Betriebserwerber bei Überbesetzung des fusionierten Betriebes eher die ihm unbekannten »erworbenen« Arbeitnehmer entlassen wollen, als seine Stammbelegschaft. — **922**

923 Fraglich ist deshalb, ob § 613a Abs. 4 BGB bereits dann anzuwenden ist, wenn die Kündigung unmittelbare Folge des Betriebsübergangs ist und der Arbeitgeber sich zur Begründung der Kündigung gerade auf den durchgeführten Betriebsübergang bezieht.

924 Nach Auffassung von *Wank* (MünchArbR 2. Aufl. § 125 Rn. 29) besteht der Zweck des § 613a Abs. 4 BGB lediglich darin, zu verhindern, dass der Arbeitnehmer **durch den Betriebsübergang** deshalb seinen Arbeitsplatz verliert, weil der Erwerber seine Beschäftigung ablehnt. Erfolgt die Kündigung dagegen **infolge des Betriebsüberganges**, so ist der Arbeitnehmer auf den allgemeinen Kündigungsschutz zu verweisen.

*e) Rechtslage außerhalb des Geltungsbereichs des KSchG*

925 Auch außerhalb des Geltungsbereichs der §§ 1 ff. KSchG (§ 1, 23 Abs. 1 KSchG) kann sich der Arbeitgeber nicht damit begnügen, auf seine Kündigungsfreiheit zu verweisen. Er muss vielmehr seine Motivation zur Kündigung darlegen, die eben nicht in dem Betriebsübergang liegen darf (*BAG* 8.9.1988 EzA § 102 BetrVG 1972 Nr. 73). Es genügt dann **jeder nachvollziehbare, nicht willkürlich erscheinende, sachliche Grund**, der den Verdacht einer bloßen Umgehung von § 613a Abs. 4 S. 1 BGB auszuschließen vermag (APS/*Steffan* § 613a BGB Rn. 179). Soweit der Arbeitgeber dabei auf sonstige tatsächliche Umstände verweist, hat der Arbeitnehmer darzulegen, diese Umstände seien tatsächlich nicht gegeben.

*f) Betriebsübergang an ausländische Erwerber*

926 Beim Betriebsübergang an ausländische Erwerber ist es unerheblich, ob das dem Betriebsübergang zugrunde liegende Rechtsgeschäft nach deutschem oder ausländischem Recht zu beurteilen ist.

927 § 613a BGB gilt jedenfalls dann, wenn der Betrieb im Inland verbleibt, da dann die verbleibenden Anknüpfungspunkte (Arbeitsvertrag und Betriebsort) zur Anwendung des deutschen Rechts führen.

928 Fraglich ist die Rechtslage dann, wenn der Betriebsübergang mit einer **Betriebsverlagerung ins Ausland** gekoppelt ist.

929 Widerspricht der Arbeitnehmer dem Betriebsübergang oder verweigert er von vornherein und endgültig eine Arbeitsaufnahme im Ausland, so kann der inländische Veräußerer nach den allgemeinen Grundsätzen betriebsbedingt kündigen, wenn er keine Weiterbeschäftigungsmöglichkeit mehr hat.

930 Ist der Arbeitnehmer dagegen zur Arbeitsaufnahme im Ausland bereit, so ist unklar, ob der ausländische Erwerber an § 613a BGB gebunden ist. Davon ist für den Bereich der EG auf Grund der EG-Richtlinie, der die gesetzliche Regelung des § 613a BGB in der BRD zugrunde liegt, auszugehen.

*g) Wiedereinstellungsanspruch*

931 Kommt es nach Zugang der – wirksamen betriebsbedingten – Kündigung zu einem Betriebsübergang i. S. d. Rechtsprechung des EuGH, haben die gekündigten Arbeitnehmer, die in der Einheit beschäftigt waren, einen Anspruch gegen den neuen Auftragnehmer, zu unveränderten Arbeitsbedingungen unter Wahrung ihres Besitzstandes eingestellt zu werden (*BAG* 13.11.1997 EzA § 613a BGB Nr. 154). Geht der Betrieb oder Betriebsteil dadurch auf den Erwerber über, dass er die Identität der wirtschaftlichen Einheit durch die Einstellung der **organisierten Hauptbelegschaft und deren Einsatz auf ihren alten Arbeitsplätzen** mit unveränderten Aufgaben vornimmt, hat der Arbeitnehmer den Anspruch auf Fortsetzung des Arbeitsverhältnisses noch während des Bestehens oder zumindest unverzüglich **nach Kenntniserlangung** von den den Betriebsübergang ausmachenden tatsächlichen Umständen geltend zu machen. Das Fortsetzungsverlangen ist gegenüber dem Betriebserwerber zu erklären. Es darf nicht von Bedingungen abhängig gemacht werden, deren Eintritt vom Betriebserwerber nicht beeinflusst werden kann (*BAG* 12.11.1998 EzA § 613a BGB Nr. 171).

932 Ein Wiedereinstellungsanspruch besteht allerdings dann nicht, wenn berechtigte Interessen des neuen Betriebsinhabers entgegenstehen, z. B. wenn er den frei gewordenen Arbeitsplatz schon

wieder besetzt hat. Die Berufung auf diesen – erneuten Wegfall des Arbeitsplatzes – ist dem Arbeitgeber aber gem. § 162 BGB dann verwehrt, wenn er den Arbeitsplatz in Kenntnis des Wiedereinstellungsverlangens treuwidrig besetzt und nicht eine den §§ 242, 315 BGB genügende Auswahlentscheidung getroffen hat. Dem Anspruch kann auch entgegenstehen, dass Merkmale eines Anforderungsprofils einen nachvollziehbaren Bezug zur Organisation und zum Inhalt der auszuführenden Arbeiten haben; ein Betriebsübernehmer kann dann ein geändertes Anforderungsprofil gegenüber einem Wiedereinstellungsanspruch einwenden (*BAG* 4.5.2006 EzA § 613a BGB 2002 Nr. 51).

Ein derartiger Anspruch besteht zudem **dann nicht**, wenn es **nach Ablauf der Kündigungsfrist** z. B. bei einer insolvenzbedingten Kündigung **zu einem Betriebsübergang kommt** (*BAG* 13.5.2004 EzA § 613a BGB 2002 Nr. 2; 28.10.2004 EzA § 613a BGB 2002 Nr. 30). Etwas anderes kann aber dann gelten, wenn der Betriebsübergang zwar erst **am Tage nach Ablauf der Kündigungsfrist** stattgefunden hat, die **Weiterbeschäftigungsmöglichkeit** jedoch schon **während des Laufs der Kündigungsfrist** entstanden ist. Denn dann ist die ursprünglich bei Ausspruch der Kündigung anzustellende Prognose bereits während des Laufs der Kündigungsfrist unzutreffend geworden. Der dann gegebene Fortsetzungsanspruch ist als Anspruch auf Wiedereinstellung durch den neuen Betriebsinhaber zu erfüllen. Der Arbeitnehmer muss ihn innerhalb eines Monats ab dem Zeitpunkt, in dem er von den, den Betriebsübergang ausmachenden, tatsächlichen Umständen Kenntnis erlangt, gegenüber dem bisherigen Arbeitgeber bzw. nach erfolgtem Betriebsübergang gegenüber dem Betriebserwerber geltend machen (*BAG* 21.8.2008 EzA § 613a BGB 2002 Nr. 95; 25.9.2008 NZA-RR 2009, 469).

Wer im Zusammenhang mit einem Betriebsübergang aus dem Arbeitsverhältnis auf Grund eines **Aufhebungsvertrags ausgeschieden** ist, hat **keinen Fortsetzungsanspruch** gegen den Betriebsübernehmer, solange die Wirksamkeit des Aufhebungsvertrags nicht wegen Anfechtung, Wegfalls der Geschäftsgrundlage (jetzt § 313 BGB n. F.) oder aus einem anderen Grund beseitigt worden ist (*BAG* 10.12.1998 EzA § 613a BGB Nr. 175).

*h) Darlegungs- und Beweislast*

*aa) Grundsätzliche Verteilung der Darlegungslast zwischen Arbeitgeber und Arbeitnehmer*

Die für den Betriebsübergang maßgeblichen Tatsachen sind grds. von demjenigen vorzutragen und zu beweisen, der sich auf den Betriebsübergang beruft (*LAG Hmb.* 26.11.1984 BB 1985, 1667), also regelmäßig vom Arbeitnehmer.

Hierfür reicht es aus, Tatsachen vorzutragen, aus deren Gesamtheit geschlossen werden kann, dass der Erwerber den Betrieb mit den übernommenen Mitteln fortsetzt. Als solche Indiztatsachen sind anzusehen ein **enger zeitlicher Zusammenhang zwischen Betriebsübergang und Kündigung**, der **weiter bestehende enge räumliche Bezug** sowie das weiterhin bestehende **Ineinandergreifen von Arbeitsvorgängen** beim Betriebsveräußerer und Betriebsübernehmer, die Tatsache, dass der Geschäftsführer des Betriebsübernehmers gleichzeitig Prokurist des Betriebsveräußerers ist und die Tatsache, dass der Betrieb des Betriebsübernehmers nur aus den Mitarbeitern einer ehemaligen »Abteilung« des Betriebsveräußerers besteht und nicht dem KSchG unterliegt (*LAG Brem.* 12.7.2007 LAGE § 613a BGB 2002 Nr. 14).

Der Arbeitgeber kann diesen Schluss widerlegen, indem er Tatsachen vorträgt und ggf. beweist, aus denen sich ergibt, dass er lediglich unter Einsatz erheblicher eigener Mittel tätig werden konnte. Der Darlegungslast ist insoweit nicht genügt, wenn vorgetragen wird, die Kündigung sei deshalb ausgesprochen worden, weil der Betriebsveräußerer als der Hauptauftragnehmer des Betriebserwerbers, bei dem der Kläger zuvor 17 Jahre in gleicher Position tätig war, mit den Leistungen des Klägers nicht zufrieden sei (*LAG Brem.* 12.7.2007 LAGE § 613a BGB 2002 Nr. 14).

Auch ist es Sache des Arbeitgebers, Tatsachen vorzutragen, aus denen sich ergibt, dass eine Ausnahme vom Tatbestand des Betriebsübergangs (z. B. eine Stilllegung) vorliegt.

939 Sind die Regelvoraussetzungen des Betriebsübergangs dargelegt und bewiesen, so muss **Ausnahmen vom Betriebsübergang**, z. B. eine Stilllegung, **darlegen und beweisen, wer sich darauf beruft** (vgl. *BAG* 3.7.1986 EzA § 613a BGB Nr. 53).

### bb) Beweis des ersten Anscheins

940 Nach Auffassung des *BAG* (15.5.1985 EzA § 613a BGB Nr. 43; s. a. *LAG Brem.* 12.7.2007 LAGE § 613a BGB 2002 Nr. 14) spricht zudem dann, wenn der Arbeitnehmer, der einen Übergang des Arbeitsverhältnisses nach § 613a BGB bzw. die Unwirksamkeit einer Kündigung gem. § 613a Abs. 4 S. 1 BGB geltend macht, darlegt, dass der Betriebserwerber die wesentlichen Betriebsmittel nach Einstellung des Geschäftsbetriebes des bisherigen Geschäftsinhabers verwendet, um einen gleichartigen Geschäftsbetrieb zu führen, der Beweis des ersten Anscheins dafür, dass dies auf Grund eines Rechtsgeschäfts i. S. v. § 613a BGB geschieht.

941 Bei Vorliegen eines Anscheinsbeweises greift allerdings keine Beweislastumkehr ein, vielmehr ist nur die ernsthafte Möglichkeit eines atypischen Geschehensablaufs zu beweisen.

942 Nach Auffassung des *LAG Brem.* (2.2.1982 AP Nr. 30 zu § 613a BGB) hat der Arbeitnehmer seiner Darlegungslast allerdings bereits dann genügt, wenn er eine Reihe von Tatsachen vorträgt, aus deren Gesamtheit geschlossen werden muss, dass der Nachfolger den Betrieb mit den übernommenen Mitteln fortsetzen kann.

### cc) Auswirkungen der konkreten prozessualen Situation; Bedeutung des Streitgegenstandes für die Darlegungs- und Beweislast

943 Darüber hinaus trägt an sich der **Arbeitnehmer die Darlegungs- und Beweislast hinsichtlich der notwendigen Kausalität zwischen Betriebsübergang und Kündigung** wenn er die Unwirksamkeit der Kündigung geltend macht (*BAG* 5.12.1985 EzA § 613a BGB Nr. 50).

944 Dies gilt aber nur, wenn sich der Arbeitnehmer mit der **Feststellungsklage nach § 256 ZPO** allein auf den Unwirksamkeitsgrund nach § 613a Abs. 4 S. 1 BGB stützt.

945 Macht er dagegen die **Sozialwidrigkeit der Kündigung** nach §§ 1, 4 KSchG geltend, so muss der Arbeitgeber nach § 1 Abs. 2 S. 4 KSchG die soziale Rechtfertigung beweisen. Der Arbeitnehmer muss deshalb im Verfahren nach §§ 1, 4 KSchG nicht gem. § 613a Abs. 4 S. 1 BGB darlegen und beweisen, dass die Kündigung nur wegen des Betriebsübergangs erfolgt ist, da, solange hieran Zweifel bleiben, dem Arbeitgeber der Nachweis der sozialen Rechtfertigung nicht gelungen ist (*BAG* 9.2.1994 EzA § 613a BGB Nr. 116; 26.5.2011 EzA § 613a BGB 2002 Nr. 125; *LAG Köln* 21.1.2005 LAG Report 2005, 334 m. Anm. *Henssler/Heiden*; vgl. auch *LAG Hamm* 28.5.1998 NZA-RR 1999, 71).

### dd) Indizielle Bedeutung des zeitlichen Zusammenhangs zwischen Kündigung und Betriebsübergang

946 Hat der Arbeitnehmer die Unwirksamkeit nach § 613a Abs. 4 BGB darzulegen und zu beweisen, so genügt als erstes Indiz der Hinweis auf den **zeitlichen Zusammenhang mit dem Betriebsübergang**.

947 Zur Widerlegung dieses Indizes reicht jede nachvollziehbare Begründung des Arbeitgebers aus, die einen sachlichen Grund dafür enthält, dass die Kündigung nur äußerlich formal mit dem Betriebsübergang verbunden, nicht aber materiell wegen des Betriebsübergangs erfolgt ist (*BAG* 5.12.1985 EzA § 613a BGB Nr. 50). Als sachlicher Grund kommt etwa eine ernsthafte und endgültige Stilllegungsabsicht in Betracht, wenn sie bereits durchgeführt wird.

948 Damit kann der Verdacht einer Kündigung wegen des Betriebsübergangs ausgeschlossen werden (*BAG* 31.1.1985 EzA § 613a BGB Nr. 42).

949 Der Arbeitnehmer kann den Vortrag des Arbeitgebers aber auch durch neuen Sachvortrag erschüttern.

### ee) Betriebsübergang in der Kündigungsfrist; Wiedereröffnung des Betriebes

Kommt es jedoch bei einer zunächst geplanten Betriebsstilllegung noch innerhalb der Kündigungsfrist zu einem Betriebsübergang i. S. d. § 613a Abs. 1 S. 1 BGB, dann spricht, wie bei einer alsbaldigen Wiedereröffnung des Betriebs, eine **tatsächliche Vermutung gegen eine ernsthafte und endgültige Stilllegungsabsicht des veräußernden Betriebsinhabers zum Zeitpunkt der Kündigung** (*BAG* 27.9.1984 EzA § 613a BGB Nr. 40; 5.12.1985 EzA § 613a BGB Nr. 50). 950

In diesem Falle ist die Kündigung bereits nach § 1 Abs. 2 S. 1 KSchG sozial ungerechtfertigt, sodass es auf die zeitlich später eingreifende Norm des § 613a Abs. 4 S. 1 BGB nicht mehr ankommt. 951

### 12. Bergmannsversorgungsschein

In Nordrhein-Westfalen und im Saarland bedarf die ordentliche Kündigung eines Arbeitnehmers, der einen Bergmannsversorgungsschein besitzt, der Zustimmung durch die Zentralstelle für den Bergmannsversorgungsschein (§ 11 Gesetz NW v. 14.4.1971, GVBl. NW S. 125; § 11 Gesetz Saarland v. 11.7.1962, ABl. Saarland S. 605); zu beachten ist zur Geltendmachung der Unwirksamkeit der Kündigung die Klagefrist gem. **§ 4 KSchG**. 952

In Nds. war zur Kündigung des Inhabers eines Bergmannsversorgungsscheins die Zustimmung des Integrationsamtes einzuholen, weil er den Schwerbehinderten gleichgestellt war (Gesetz Nds. v. 6.1.1949, GVBl. S. 15; vgl. APS/*Vossen* BergmannsVSG); dieses Gesetz ist jedoch am 11.12.2003 aufgehoben worden. 953

## II. Klagefrist (§§ 13 Abs. 1, 4, 7 KSchG)

### 1. Regelungsbereich des KSchG (§§ 1, 23 KSchG)

#### a) Grundsätze

##### aa) Materiell-rechtliche Ausschlussfrist

> Die gesetzlichen Regelungen des KSchG zur Klagefrist dienen dem **Zweck**, den Arbeitsvertragsparteien **frühzeitig** über die Wirksamkeit bzw. Unwirksamkeit einer Kündigung Klarheit und Rechtssicherheit zu verschaffen. Allerdings will **§ 6 KSchG** den – häufig rechtsunkundigen – Arbeitnehmer vor einem **unnötigen Verlust seines Kündigungsschutzes aus formalen Gründen** schützen (*BAG* 23.4.2008 EzA § 4 KSchG n. F. Nr. 84). §§ 13 Abs. 1, 4, 7 KSchG enthalten nach überwiegend vertretener Auffassung eine materiell-rechtliche Ausschlussfrist für die Geltendmachung der Rechtsunwirksamkeit einer Arbeitgeberkündigung (vgl. KR/*Friedrich* § 4 KSchG Rn. 136), deren Versäumung dazu führt, dass die Klage als unbegründet abzuweisen ist. Der Zweck der Klagefrist besteht darin, den Arbeitsvertragsparteien frühzeitig über die Wirksamkeit bzw. Unwirksamkeit einer Kündigung Klarheit und Rechtssicherheit zu verschaffen (*BAG* 23.4.2008 EzA § 4 KSchG n. F. Nr. 84). Für die Anwendung des § 4 S. 1 KSchG ist **kein Raum**, wenn **keine Kündigungserklärung** vorliegt, sondern die Parteien um die Änderung des Inhalts des Arbeitsverhältnisses oder seine Beendigung in anderer Weise als durch Kündigung streiten. Es fehlt an der für eine Analogie erforderlichen, positiv festzustellenden Gesetzeslücke, weil der Gesetzgeber eine einheitliche Klagefrist nur in den Fällen anordnen wollte, in denen der Arbeitnehmer die Rechtsunwirksamkeit einer Arbeitgeberkündigung geltend machen will (*BAG* 5.2.2009 EzA § 4 KSchG n. F. Nr. 87). 954

Gleichwohl ist § 167 ZPO anwendbar, sodass die Klagefrist auch dann gewahrt ist, wenn die Klage innerhalb von drei Wochen beim ArbG eingegangen ist und demnächst dem Arbeitgeber zugestellt wird. Allerdings kann auch danach nicht jede noch so lange Verzögerung bei der Zustellung der Klage zur Rückwirkung auf den Zeitpunkt des Klageeingangs führen. Andernfalls würde die Anordnung des Gesetzgebers, die Zustellung müsse »demnächst« erfolgt sein, missachtet. Mit der Verwendung des Wortes »demnächst« ist eine zwar nicht absolut bestimmte, aber doch vorhandene zeitliche Grenze vorausgesetzt, bei deren Überschreitung der beklagten Partei die Verzögerung bei der Zustel- 955 lung nicht zugemutet werden kann. Bei der Bestimmung der maßgeblichen Grenze darf nicht auf eine rein zeitliche Betrachtungsweise abgestellt werden. Vielmehr sollen, da die Zustellung von Amts wegen geschieht, die Parteien vor Nachteilen durch Verzögerungen innerhalb des gerichtlichen Geschäftsbetriebs bewahrt werden (*BAG* 15.2.2012 EzA EG-Vertrag 1999 Verordnung 44/2001 Nr. 6).

956 Wenn das KSchG anwendbar ist, d. h. das Arbeitsverhältnis ununterbrochen mehr als 6 Monate zwischen den Parteien besteht und es sich nicht um einen Kleinbetrieb i. S. d. § 23 KSchG handelt (s. Rdn. 1867 ff.), dann muss der Arbeitnehmer die Unwirksamkeit der außerordentlichen Kündigung während der dreiwöchigen Ausschlussfrist des § 4 S. 1 KSchG oder innerhalb gem. §§ 5, 6 KSchG verlängerter Fristen geltend machen, da sonst die Unwirksamkeit der Kündigung geheilt wird (§ 13 Abs. 1 i. V. m. § 7 KSchG).

957 Gem. § 13 Abs. 1 S. 2 i. V. m. **§ 6 KSchG** (s. *Eylert* NZA 2012, 9 ff.) kann der Arbeitnehmer dann, wenn er innerhalb der Drei-Wochen-Frist die Unwirksamkeit der Kündigung aus anderen als den in § 626 BGB bezeichneten Gründen, z. B. wegen nicht ordnungsgemäßer Anhörung des Betriebsrats, geltend gemacht hat, bis zum Schluss der mündlichen Verhandlung erster Instanz auch die Unwirksamkeit gem. § 626 BGB geltend machen. Das ArbG soll ihn auf diese Möglichkeit hinweisen. Diese Regelung will den – häufig Rechtsunkundigen – Arbeitnehmer vor einem **unnötigen Verlust seines Kündigungsschutzes aus formalen Gründen schützen** (*BAG* 23.4.2008 EzA § 4 KSchG n. F. Nr. 84).

958 Nach Auffassung des *LAG Köln* (17.2.2004 – 5 Sa 1049/03, NZA-RR 2005, 136) gilt **§ 6 KSchG analog** dann, wenn ein Arbeitnehmer innerhalb von drei Wochen nach Zugang der Kündigung eine **Klage auf Weiterbeschäftigung** anhängig macht; er kann danach bis zum Schluss der mündlichen Verhandlung beim ArbG auch die Unwirksamkeit der Kündigung nach § 1 Abs. 2 KSchG geltend machen.

959 Insoweit kann der Wille des Arbeitnehmers, eine Beendigung des Arbeitsverhältnisses durch Kündigung nicht zu akzeptieren und sein Arbeitsverhältnis fortführen zu wollen, während der dreiwöchigen Klagefrist des § 4 S. 1 KSchG auch **ohne einen ausdrücklichen Hinweis** auf eine **ganz bestimmte Kündigungserklärung** für den Kündigenden hinreichend klar zum Ausdruck kommen, z. B. indem der Arbeitnehmer eine Leistungsklage erhoben hat, deren Anspruch zwingend die Unwirksamkeit der ausgesprochenen Kündigung voraussetzt (*BAG* 23.4.2008 EzA § 4 KSchG n. F. Nr. 84; *LAG Bln.-Bra.* 5.8.2010 NZA-RR 2011, 246 LS). Erhebt der Arbeitnehmer gegen eine erste Kündigung zu einem bestimmten Termin Kündigungsschutzklage, verbunden mit einem – vorläufigen – Weiterbeschäftigungsantrag, so wird eine auf dieselben Gründe gestützte zweite spätere, aber zum selben oder sogar einem früheren Beendigungstermin ausgesprochene Kündigung nicht nach § 7 KSchG wirksam, weil der Kläger diese nicht innerhalb der dreiwöchigen Klagefrist – sondern erst später – ausdrücklich angegriffen hat (*BAG* 23.4.2008 EzA § 4 KSchG n. F. Nr. 84).

960 Hat sich ein Arbeitnehmer allerdings für den Fall der Unwirksamkeit der außerordentlichen Kündigung damit einverstanden erklärt, dass das Arbeitsverhältnis mit Ablauf der bei einer ordentlichen Kündigung einzuhaltenden Kündigungsfrist endet, bleibt bei der Umdeutung der außerordentlichen in eine ordentliche Kündigung für die Verlängerung der Anrufungsfrist nach § 6 S. 1 KSchG kein Raum (*BAG* 13.8.1987 EzA § 140 BGB Nr. 12).

### bb) Einzelfragen; wirksame Kündigungsschutzklage

961 An die Form einer Kündigungsschutzklage dürfen keine zu strengen Anforderungen gestellt werden; es ist ein großzügiger Maßstab anzulegen. Es gilt § 253 Abs. 1 S. 2 ZPO i. V. m. § 4 S. 1 KSchG; es genügt, dass aus der Klage ersichtlich ist, gegen wen sie sich richtet, wo der Kläger tätig war und dass er seine Kündigung nicht als berechtigt anerkennt (*BAG* 21.5.1981 23.4.2008 EzA § 4 KSchG n. F. Nr. 84). Ein ausdrücklich formulierter Antrag kann dann entbehrlich sein (*BAG* 13.12.2007 EzA § 4 KSchG n. F. Nr. 82).

Für die **Parteibezeichnung der Beklagten – des Arbeitgebers –** gelten insoweit folgende Grundsätze (*BAG* 12.2.2004 EzA § 4 KSchG n. F. Nr. 66; s. a. *BAG* 21.9.2006 EzA § 4 KSchG n. F. Nr. 75; 1.3.2007 EzA § 4 KSchG n. F. Nr. 76; 28.8.2008 EzA § 4 KSchG n. F. Nr. 85):
- Die Parteien eines Prozesses werden vom Kläger in der Klageschrift bezeichnet. Ist die Bezeichnung nicht eindeutig, so ist die Partei durch Auslegung zu ermitteln. Selbst bei äußerlich eindeutiger, aber offenkundig unrichtiger Bezeichnung ist grds. diejenige Person als Partei angesprochen, die erkennbar durch die Parteibezeichnung betroffen werden soll; eine ungenaue oder erkennbar falsche Parteibezeichnung ist unschädlich und kann jederzeit von Amts wegen richtig gestellt werden (*BAG* 21.9.2006 EzA § 4 KSchG n. F. Nr. 75; 28.8.2008 EzA § 4 KSchG n. F. Nr. 85);
- Ergibt sich in einem Kündigungsschutzprozess etwa aus dem der Klageschrift beigefügten Kündigungsschreiben, wer als beklagte Partei gemeint ist, so liegt eine nach § 4 S. 1 KSchG rechtzeitige Klage auch dann vor, wenn bei Zugrundelegung des bloßen Wortlauts der Klageschrift eine andere Person als Partei in Betracht zu ziehen wäre; die Berichtigung des Rubrums ist dann jederzeit möglich (*BAG* 28.8.2008 EzA § 4 KSchG n. F. Nr. 85).
- Die durch das Grundgesetz gewährleisteten Verfassungsgarantien verbieten es, den Zugang zu den Gerichten in einer aus Sachgründen nicht mehr zu rechtfertigenden Weise zu erschweren. Deshalb darf die Klageerhebung nicht an unvollständigen oder fehlerhaften Bezeichnungen der Parteien scheitern, wenn diese Mängel in Anbetracht der jeweiligen Umstände letztlich keine vernünftigen Zweifel an dem wirklich Gewollten aufkommen lassen.
- Das gilt auch dann, wenn statt der richtigen Bezeichnung irrtümlich die Bezeichnung einer tatsächlich existierenden (juristischen oder natürlichen) Person gewählt wird, solange nur aus dem Inhalt der Klageschrift und etwaigen Anlagen unzweifelhaft deutlich wird, welche Partei tatsächlich gemeint ist (*BAG* 28.8.2008 EzA § 4 KSchG n. F. Nr. 85; **a. A.** insoweit zutr. *LAG RhPf* 17.6.2002 – 7 Sa 167/02).
- Für eine Auslegung, der Arbeitnehmer wolle nicht gegen seinen Arbeitgeber, sondern gegen eine andere Einrichtung mit einer Kündigungsschutzklage vorgehen, bedarf es **besonderer Anhaltspunkte** (*BAG* 28.8.2008 EzA § 4 KSchG n. F. Nr. 85).

Wird allerdings innerhalb der Frist des § 4 KSchG ein **tatsächlich existierendes Unternehmen** verklagt, das nicht Arbeitgeber des Klägers ist, und werden Unterlagen (Arbeitsvertrag, Kündigungsschreiben), aus denen der wahre Arbeitgeber zu ersehen ist, erst nach Fristablauf nachgereicht, führt eine später vorgenommene Parteiberichtigung nicht zur Rechtzeitigkeit der Klage (*LAG Düsseld.* 15.2.2005 LAGE § 4 KSchG Nr. 51).

Es ist unschädlich, wenn sich eine Kündigungsschutzklage unrichtigerweise gegen eine vermeintliche fristlose Kündigung anstatt gegen eine tatsächlich ausgesprochene ordentliche Kündigung wendet, sofern der Arbeitgeber nur eine Kündigung zu dem vom Kläger beanstandeten Beendigungszeitpunkt erklärt hat (*BAG* 21.5.1981 EzA § 4 KSchG n. F. Nr. 19).

Den gesetzlichen Anforderungen genügt der Arbeitnehmer z. B. auch dann, wenn er innerhalb der Frist eine **Leistungsklage** erhebt und zugleich zum Ausdruck bringt, dass er die Unwirksamkeit der Kündigung geltend machen und den Feststellungsantrag noch in der ersten Instanz, wenn auch nach Ablauf der Drei-Wochen-Frist nachholt. Insoweit wird **§ 6 KSchG analog** angewendet (*BAG* 28.6.1973 EzA § 13 KSchG n. F. Nr. 1). Geht innerhalb der Frist des § 4 KSchG beim ArbG ein nicht unterzeichneter, jedoch im Übrigen den Erfordernissen einer Klageschrift entsprechender Schriftsatz ein, so kann der Mangel der Nichtunterzeichnung fristwahrend gem. § 295 ZPO geheilt werden (*BAG* 26.6.1986 EzA § 4 KSchG n. F. Nr. 25 gegen *BAG* 26.1.1976 EzA § 4 KSchG n. F. Nr. 9).

Eine ordnungsgemäße Klage liegt trotz **fehlender Unterschrift** zudem dann vor, wenn sich aus einem dem Klageentwurf beiliegenden Schriftstück ergibt, dass die Klage mit Wissen und Wollen des Verfassers bei Gericht eingegangen ist. Eine dem Klageentwurf beigefügte, vom Kläger eigenhändig unterschriebene Prozessvollmacht reicht hierfür nicht aus (*BAG* 26.1.1976 EzA § 4 KSchG n. F. Nr. 9).

Demgegenüber genügt es, wenn die beiliegenden Doppel einen Beglaubigungsvermerk enthalten und dieser vom Verfasser eigenhändig unterzeichnet ist.

965 Auch ein **Rechtsbeistand** kann wirksam Klage zum Arbeitsgericht erheben; dessen Ausschluss gem. § 11 Abs. 3 ArbGG betrifft nur das Auftreten in der mündlichen Verhandlung, nicht dagegen Prozesshandlungen außerhalb der mündlichen Verhandlung (*BAG* 26.9.1996 EzA § 11 ArbGG 1979 Nr. 13 gegen *BAG* 21.4.1988 EzA § 11 ArbGG 1979 Nr. 5).

966 Kündigt der Arbeitgeber dem Arbeitnehmer **schriftlich**, so wahrt dessen Klage auf Feststellung, das Arbeitsverhältnis sei durch die an diesem Tage ausgesprochene Kündigung nicht aufgelöst worden, die Klagefrist des § 4 KSchG regelmäßig auch für eine **mündliche Kündigung**, die der Arbeitgeber am selben Tag zuvor wegen desselben Sachverhalts bereits ausgesprochen hatte (*BAG* 14.9.1994 EzA § 4 KSchG n. F. Nr. 50; s. jetzt aber zu § 623 BGB Rdn. 7 ff.).

967 (derzeit unbesetzt)

968 Die Frist kann auch durch eine hilfsweise gegen den richtigen Arbeitgeber erhobene Kündigungsschutzklage gewahrt werden, obwohl eine eventuelle subjektive Klagehäufung unzulässig ist (*BAG* 31.3.1993 EzA § 4 KSchG n. F. Nr. 46).

969 Gleiches gilt, wenn die Klage bei **einem örtlich unzuständigen ArbG** eingeht und an das zuständige ArbG verwiesen oder formlos abgegeben wird (*LAG Köln* 10.7.1998 NZA-RR 1998, 561). Dabei ist es unerheblich, wenn die Verweisung/Abgabe erst nach Fristablauf erfolgt; allerdings muss **alsbald** nach Klageeinreichung die Zustellung an den Arbeitgeber stattgefunden haben (*LAG Bln.* 2.1.1984 EzA § 4 KSchG n. F. Nr. 24; *LAG Hamm* 13.10.1988 LAGE § 2 KSchG Nr. 7; *Hilbrandt* NJW 1999, 3594 ff.). Ausreichend ist es auch, wenn der Kläger lediglich ausdrücklich darum bittet, die Klage an das örtlich zuständige ArbG weiterzuleiten (*BAG* 15.9.1977 – 2 AZR 33/76, n. v.; zit. nach KR/*Friedrich* § 4 KSchG Rn. 181 ff.).

970 Die Frist wird auch durch die **Klageeinreichung vor dem ordentlichen Gericht** gewahrt, wenn die Klage an das ArbG verwiesen wird; die Erhebung der Kündigungsschutzklage vor dem ordentlichen Gericht wahrt die Drei-Wochen-Frist (*Kissel* NZA 1995, 349; KR/*Friedrich* § 4 KSchG Rn. 186). Entsprechendes gilt für die formlose Abgabe, wenn die Klage fristgerecht eingereicht war und vom ArbG demnächst (§ 167 ZPO) zugestellt wird (*LAG SA* 23.2.1995 LAGE § 4 KSchG Nr. 26; s. *BAG* 15.2.2012 EzA EG-Vertrag 1999 Verordnung 44/2001 Nr. 6), ebenso für Klageerhebung vor einem **Sozial- oder Verwaltungsgericht** (KR/*Friedrich* § 4 KSchG Rn. 187). Eine Klagezustellung ist aber jedenfalls dann nicht mehr als nach § 167 ZPO demnächst als erfolgt anzusehen, wenn durch ein der Partei nach § 85 Abs. 2 ZPO zuzurechnendes Verschulden ihres Prozessbevollmächtigten (schuldhaft falsche Adressierung) die Klagezustellung erheblich länger als zwei Wochen verzögert worden ist (*BAG* 17.1.2002 EzA § 4 KSchG n. F. Nr. 62; s. a. *BAG* 15.2.2012 EzA EG-Vertrag 1999 Verordnung 44/2001 Nr. 6).

971 Ist zum Zeitpunkt der Klageerhebung ein Insolvenzverwalter bestellt, ist die Kündigungsschutzklage folglich gegen diesen in seiner Eigenschaft als Partei kraft Amtes zu erheben; eine Klage gegen die Schuldnerin wahrt nicht die Klagefrist des § 4 KSchG. Enthält die Klageschrift keinen Hinweis auf ein eröffnetes Insolvenzverfahren und die Bestellung des Insolvenzverwalters und wird vielmehr die Schuldnerin eindeutig als Beklagte bezeichnet, kann die Klageschrift nur dahin aufgefasst und ausgelegt werden, dass sich die Klage allein gegen die Schuldnerin richten soll (*BAG* 21.9.2006 EzA § 4 KSchG n. F. Nr. 75).

*cc) Sonderregelungen für Besatzungsmitglieder in Schifffahrts- und Luftverkehrsbetrieben (§ 24 KSchG)*

972 Für Besatzungsmitglieder von Betrieben der Schifffahrt und des Luftverkehrs sieht § 24 Abs. 3 KSchG vor, dass die Klage nach § 4 KSchG binnen drei Wochen, nachdem das Besatzungsmitglied zum Betriebssitz zurückgekehrt ist, zu erheben ist, **spätestens jedoch binnen sechs Wochen nach Zugang der Kündigung**.

## C. Die Rechtswirksamkeit der außerordentlichen Arbeitgeberkündigung    Kapitel 4

Wird die Kündigung während der Fahrt ausgesprochen, so beginnt die sechswöchige Frist nicht vor dem Tag, an dem das Schiff oder das Luftfahrzeug einen deutschen Hafen oder Liegeplatz erreicht.

973

Das *BAG* (9.1.1986 AP Nr. 1 zu § 24 KSchG 1969) hat offen gelassen, ob die sechswöchige Klagefrist grds. bereits mit der Ankunft des Besatzungsmitglieds eines Seeschiffes in Deutschland beginnt, wenn ihm während der Fahrt gekündigt wird und er zurückkehrt, bevor das Schiff einen deutschen Hafen oder Liegeplatz erreicht. Denn auch bei einer restriktiven Auslegung des Gesetzes kann die Klagefrist in jedem Fall frühestens an dem Tag der tatsächlichen Ankunft des Seemanns beginnen. Das gilt auch dann, wenn er aus privaten Gründen (z. B. wegen Urlaubs) später nach Deutschland zurückkehrt, als es ihm möglich gewesen wäre.

974

### b) Regelungsgehalt des § 13 Abs. 1 KSchG

#### aa) Keine Beschränkung auf § 626 Abs. 1, 2 BGB

Gem. der §§ 4, 13 KSchG müssen grds. alle Gründe für die Unwirksamkeit der Kündigung (§ 626 Abs. 1, 2 BGB), Mängel der Kündigungserklärung sowie die sog. sonstigen Unwirksamkeitsgründe, unabhängig vom Geltungsbereich des KSchG (*LAG Köln* 23.6.2005 NZA-RR 2005, 19; s. aber ausf. Rdn. 1766 ff. und *Fornasier/Werner* NJW 2007, 2729 ff.), also auch dann, wenn der Arbeitnehmer die sechsmonatige **Wartezeit** des § 1 Abs. 1 KSchG **nicht erfüllt hat** (*LAG Hamm* 11.5.2006 – 16 Sa 2151/05, EzA-SD 20/06 S. 10 LS), allerdings mit der Verlängerungsmöglichkeit des § 6 KSchG (s. dazu *BAG* 8.11.2007 EzA § 4 KSchG n. F. Nr. 81) innerhalb der gesetzlichen Frist geltend gemacht werden. Denn § 4 KSchG findet auch Anwendung auf Arbeitnehmer, die vom betrieblichen Geltungsbereich des KSchG (§ 23) nicht erfasst werden oder auf solche, deren Arbeitsverhältnis noch keine sechs Monate bestanden hat (*BAG* 9.2.2006 EzA § 4 KSchG n. F. Nr. 73). Gleiches gilt für den Fall, dass der Arbeitnehmer die Unwirksamkeit einer außerordentlichen Kündigung geltend machen will.

975

Wird dem Arbeitnehmer außerordentlich, hilfsweise ordentlich, gekündigt liegt nach *LAG Düsseld.* (27.4.2011 – 7 Sa 1418/10, AuR 2011, 366 LS) nur **eine Kündigungserklärung** vor. Ein gegen die fristlose Kündigung gerichteter Feststellungsantrag wahrt daher die Klagefrist auch dann für die ordentliche Kündigung, wenn der Arbeitnehmer bis zum Ende der mündlichen Verhandlung erklärt, auch sie angreifen zu wollen.

#### bb) Bedeutung der Rechtskraft

Zu beachten ist auch § 322 ZPO (Rechtskraft). Mit der Rechtskraft des der Kündigungsschutzklage nach § 4 KSchG stattgebenden Urteils **steht fest**, dass das Arbeitsverhältnis durch die angegriffene Kündigung **nicht aufgelöst** worden ist. Damit ist grds. **zugleich** entschieden, dass bei einer außerordentlichen Kündigung zum **Zeitpunkt des Zugangs** der Kündigung zwischen den Parteien ein **Arbeitsverhältnis bestanden hat**; dies verstößt weder gegen Art. 20 Abs. 3 noch gegen Art. 19 Abs. 4 GG (*BAG* 26.6.2008 EzA § 4 KSchG n. F. Nr. 85; s. dazu *Berkowsky* NZA 2008, 1112 ff.). Danach kann die im Kündigungsschutzprozess rechtskräftig unterlegene Partei (z. B. weil ein wichtiger Grund i. S. d. § 626 Abs. 1 BGB gegeben war) ein für sie günstigeres Ergebnis nicht mehr dadurch erreichen, dass sie in einem späteren Verfahren andere Tatsachen vorträgt, z. B. im Hinblick auf dieselbe Kündigung nunmehr behauptet, der Betriebsrat sei nicht ordnungsgemäß angehört worden (Präklusionsprinzip).

976

**Deshalb müssen die Parteien bei einem Streit über eine Kündigung alles vortragen, was geeignet ist, mit ihrem Rechtstandpunkt durchzudringen** (*BAG* 13.11.1958 AP Nr. 17 zu § 3 KSchG).

977

Ist danach die Kündigungsschutzklage rechtskräftig abgewiesen, so ist der unterlegene Arbeitnehmer daran gehindert, die Unwirksamkeit der Kündigung nunmehr aus anderen als den im Kündigungsschutzrechtsstreit vorgebrachten Gründen geltend zu machen.

978

Mit der Abweisung der Klage, also mit der Entscheidung, dass das Arbeitsverhältnis durch eine bestimmte außerordentliche Kündigung nicht aufgelöst wurde, ist nicht nur die Rechtswidrigkeit der

979

Kündigung i. S. v. § 626 Abs. 1, 2 BGB verneint, sondern auch ihre Unwirksamkeit aus anderen Gründen.

980 Denn über die Frage, ob das Arbeitsverhältnis zu einem bestimmten Zeitpunkt bestanden hat oder nicht, ist nur einheitlich zu urteilen.

980a Einer Kündigungsschutzklage nach § 4 KSchG kann andererseits folglich **nur stattgegeben** werden, wenn das **Arbeitsverhältnis zum Zeitpunkt des Zugangs** der Kündigung **nicht bereits** auf Grund anderer Beendigungstatbestände **aufgelöst ist**. Die Rechtskraft eines Urteils, mit dem die Klage gegen eine zu einem früheren Zeitpunkt wirkende Kündigung abgewiesen wurde, schließt gem. § 322 ZPO im Verhältnis der Parteien zueinander den Erfolg einer Klage gegen eine danach zugegangene Kündigung aus (*BAG* 27.1.2011 NZA 2011, 804).

981 Kündigt der Arbeitgeber das Arbeitsverhältnis **wiederholt fristlos** und legt er gegen ein klagestattgebendes Urteil des LAG Nichtzulassungsbeschwerde ein, so wird diese Beschwerde **unbegründet**, wenn nach Verkündung des Urteils des LAG das ArbG der gegen die **zweite Kündigung** gerichteten Klage **stattgibt** und diese Entscheidung **rechtskräftig** wird. Die möglichen Zulassungsgründe des § 72 Abs. 2 ArbGG sind dann nicht mehr entscheidungserheblich, weil durch die Entscheidung des ArbG rechtskräftig feststeht, dass zum Kündigungstermin ein Arbeitsverhältnis bestanden hat. Der Arbeitgeber kann den Eintritt dieser Rechtsfolgen verhindern, indem er die Aussetzung des Kündigungsrechtsstreits über die spätere Kündigung beantragt (§ 148 ZPO); einem derartigen Antrag ist regelmäßig stattzugeben. Gegen die Ablehnung der Aussetzung des Verfahrens besteht die Möglichkeit der sofortigen Beschwerde nach § 252 ZPO. Des Weiteren kann der Arbeitgeber die zur Begründung der ersten Kündigung verfassten Schriftsätze in den Rechtsstreit über die Wirksamkeit der zweiten Kündigung einführen und unter Bezugnahme darauf geltend machen, zum Termin der zweiten Kündigung habe kein Arbeitsverhältnis mehr bestanden. Gegen ein der Kündigungsschutzklage stattgebendes Urteil kann der Arbeitgeber Berufung einlegen (*BAG* 26.6.2008 § 4 KSchG n. F. Nr. 85; s. *Berkowsky* NZA 2008, 1112 ff.).

c) *Nachträgliche Zulassung der Kündigungsschutzklage (§§ 13 Abs. 1, 5 KSchG)*

aa) *Fristversäumnis; Verfahren*

982 Gem. § 5 Abs. 1 KSchG ist dann, wenn der Arbeitnehmer nach erfolgter Kündigung trotz Anwendung aller ihm nach Lage der Umstände zuzumutenden Sorgfalt verhindert war, die Klage innerhalb von drei Wochen nach Zugang der Kündigung zu erheben, seine Klage nachträglich zuzulassen. An den Grad der geforderten Sorgfaltsbemühungen ist ein **strenger Maßstab** zu richten. Das gilt insbes. auch im Hinblick darauf, gegen wen die Kündigungsschutzklage zu richten ist, d. h. bei der Festlegung des richtigen und zu verklagenden Arbeitgebers (vgl. ausf. *LAG SchlH* 11.1.2006 LAGE § 5 KSchG Nr. 112 zur Divergenz zwischen Briefbogen, Firmenstempel und unterzeichnender Firma; s. a. Rdn. 997).

Gleiches gilt gem. § 5 Abs. 1 S. 2 KSchG dann, wenn eine Frau von ihrer Schwangerschaft aus einem von ihr nicht zu vertretenden Grund erst nach Ablauf der Frist des § 4 S. 1 KSchG Kenntnis erlangt.

983 Im Antrag auf nachträgliche Zulassung der Kündigungsschutzklage müssen auch die Tatsachen für die Wahrung der Antragsfrist von zwei Wochen glaubhaft gemacht werden (*LAG Frankf./M.* 10.5.1991 NZA 1992, 619).

984 Auch wenn eine anwaltlich verfasste Kündigungsschutzklage nicht unterzeichnet worden ist, genügt nach Auffassung des *LAG Hamm* (21.12.1995 LAGE § 5 KSchG Nr. 73) für die Zulässigkeit des Antrags gem. § 5 Abs. 2 S. 1 2. Hs. KSchG auf nachträgliche Zulassung die Bezugnahme auf die betreffende Klageschrift.

*bb) Fehlendes Verschulden*

Nur wenn ein Arbeitnehmer nach erfolgter Kündigung **trotz Anwendung aller ihm nach Lage der Umstände zuzumutenden Sorgfalt** verhindert war, die Klage fristgerecht innerhalb von drei Wochen zu erheben, ist die Klage nachträglich zuzulassen. In diesem Zusammenhang ist es anerkannt, dass einem Arbeitnehmer bei der Verfolgung einer für ihn so wichtigen Angelegenheit – wird das Arbeitsverhältnis durch eine Arbeitgeberkündigung beendet oder nicht? – eine **gesteigerte Sorgfalt** abverlangt werden kann. Grundsätzlich muss von dem Arbeitnehmer erwartet werden, dass er **alle Vorkehrungen** trifft, die in seiner Lage nach Empfang der Kündigung getroffen werden können (*LAG RhPf* 5.6.2008 – 3 Ta 77/08, EzA-SD 17/2008 S. 6 LS). 985

Ein fehlendes Verschulden und damit ein Grund für die nachträgliche **Zulassung der Kündigungsschutzklage** ist z. B. dann gegeben, wenn ein Arbeitnehmer die Klage zunächst deshalb **falsch adressiert hat, weil er die falsche Anschrift des Arbeitsgerichts dem örtlichen Stadt- und Brancheninfo »Gewusst wo«, das die falsche Adresse enthielt, entnommen hat** (*LAG Köln* 12.4.2006 NZA-RR 2006, 492). 986

Einem gekündigten Arbeitnehmer, der eine Kündigung nicht akzeptieren will, ist bei fehlenden Rechtskenntnissen im Übrigen i. d. R. zuzumuten, sich rechtzeitig um Beratung bei einer zuverlässigen Stelle zu kümmern, um die Frist zur Anrufung des ArbG nach § 4 KSchG wahren zu können (zutr. *LAG München* 26.4.2005 – 11 Ta 427/04, EzA-SD 14/05 S. 9 LS). 987

Auch die **Vorstellung des Arbeitnehmers**, es finde ein Betriebsübergang statt, führt nicht zum Ausschluss der Verpflichtung, gegenüber dem bisherigen kündigenden Arbeitgeber rechtzeitig eine Kündigungsschutzklage zu erheben (*LAG RhPf* 21.10.2004 LAG Report 2005, 275). Wird die Klagefrist allerdings wegen **urlaubsbedingter Ortsabwesenheit** des Arbeitnehmers versäumt, ist die nachträgliche Zulassung **i. d. R. geboten** (*LAG Nbg.* 23.8.2005 – 6 Ta 136/05, FA 2006, 126 LS; s. Rdn. 108 ff.). Denn der Arbeitnehmer ist grds. nicht verpflichtet, für die Zeit der Urlaubsreise in seiner ständigen Wohnung besondere Vorkehrungen für den möglichen Zugang einer schriftlichen Kündigungserklärung und die Einhaltung der Klagefrist zu treffen. Das gilt bei Zugang der Kündigung während eines dreiwöchigen Urlaubs **auch dann, wenn Streit besteht, ob für den Zeitraum danach unbezahlter Urlaub gewährt worden ist oder nicht**. Auch falls die Behauptung des Arbeitgebers zutreffen sollte, es sei der Arbeitnehmerin erklärt worden, für den Fall des Nichterhalts des Reinigungsauftrags müssten die Arbeitsverhältnisse beendet werden, liegt kein Sonderfall vor, in dem die Arbeitnehmerin ausnahmsweise dafür Sorge tragen müsste, dass sie auf ein in ihrer Abwesenheit in den Briefkasten eingeworfenes Kündigungsschreiben reagieren kann (*LAG Nbg.* 23.8.2005 – 6 Ta 136/05, FA 2006, 126 LS). Nach Auffassung des *LAG Köln* (9.2.2004 NZA-RR 2005, 215) sind insoweit zudem die Ortsabwesenheit wegen Urlaubs und die **Abwesenheit wegen unentschuldigten Fehlens grds. gleich zu behandeln**. Etwas anderes gilt nur dann, wenn er durch sonstiges Verschulden die rechtzeitige Kenntnisnahme oder gar den **Zugang der Kündigung vorsätzlich verhindert hatte** (*LAG Köln* 4.3.1996 LAGE § 5 KSchG Nr. 74; tw. a. A. *LAG Hamm* 28.3.1996 NZA-RR 1996, 454 bei vorübergehender Nichtbenutzung der Wohnung, wenn der Arbeitnehmer Anlass hatte, mit dem Zugang einer Kündigung während seiner Abwesenheit zu rechnen). Kündigt der Arbeitgeber einem Arbeitnehmer, der während eines im Ausland verbrachten Erholungsurlaubs erkrankt, durch ein an **die inländische Anschrift gerichtetes Schreiben**, so ist dem Arbeitnehmer, der aufgrund seiner Erkrankung erst nach Ablauf der Klagefrist zurückkehrt, jedenfalls dann nachträgliche Klagezulassung zu gewähren, **wenn er dem Arbeitgeber seine Faxanschrift und Postanschrift im Ausland mitgeteilt hatte** und der Arbeitgeber ihm dennoch keine Mitteilung über die Kündigung im Ausland hatte zukommen lassen (*LAG Köln* 30.5.2007 LAGE § 5 KSchG Nr. 116). Kehrt der Arbeitnehmer allerdings noch innerhalb der Drei-Wochen-Frist aus dem Urlaub zurück und erlangt er Kenntnis von der Kündigung, muss er in der noch **verbleibenden Zeit** Klage erheben; dies gilt jedenfalls dann, wenn ihm noch **eine Woche** bis zum Ablauf der Frist als Überlegungsfrist bleibt (*LAG Köln* 14.7.1997 NZA-RR 1998, 14). Nicht ausreichend ist es dagegen, wenn nur noch drei Tage verbleiben (*LAG München* NZA 1993, 266), ebenso wenig die Zeit von Samstag (Urlaubsrückkehr) bis Montag (Fristablauf; *LAG Thüringen* 19.4.2001 – 7 Ta 159/00). 988

Ein Arbeitnehmer, der während einer urlaubsbedingten Ortsabwesenheit erkrankt und deshalb nicht rechtzeitig an seinen Wohnort zurückkehrt, hat jedenfalls grds. sicherzustellen, dass ihn rechtsgeschäftliche Erklärungen erreichen, die ihm nach Urlaubsende an seinem Wohnort zugehen. Die Versäumung der Klagefrist ist in diesem Fall nur dann unverschuldet, wenn ihm entsprechende Vorkehrungen tatsächlich oder persönlich nicht möglich oder nicht zumutbar waren (*LAG Nds.* 8.11.2002 LAGE § 4 KSchG Nr. 46; großzügiger *LAG Köln* 14.3.2003 LAGE § 5 KSchG Nr. 106a: Ortsabwesenheit wegen Arbeitsunfähigkeit reicht aus; ebenso *LAG Bln.* 23.8.2001 LAGE § 4 KSchG Nr. 46; *LAG Brem.* 30.6.2005 NZA-RR 2005, 633). Der Arbeitnehmer jedenfalls, **der einem Freund den Auftrag gibt**, seinen Briefkasten während seiner krankheitsbedingten Abwesenheit vom Wohnort zu leeren, aber **nur Behördenpost zu öffnen** und ihm deren Inhalt am Telefon vorzulesen, alle andere Briefe aber ungeöffnet in der Wohnung zu sammeln, **verletzt seine** nach § 5 KSchG zuzumutende **Sorgfaltspflicht**. Den Arbeitnehmer trifft also ein Verschulden an der verspäteten Klageerhebung, wenn während seiner Abwesenheit ein Kündigungsschreiben per Einwurfeinschreiben zugeht, dieses dem Briefkasten von einem Beauftragten entnommen, aber nicht geöffnet wird und erst nach seiner Rückkehr nach Fristablauf Klage erhoben wird (*LAG Brem.* 30.6.2005 – 3 Ta 22/05, EzA-SD 15/05 S. 8 LS). Insgesamt rechtfertigt ein **Klinikaufenthalt** allein noch keine nachträgliche Klagezulassung. Entscheidend ist allein, ob der Arbeitnehmer durch die Krankheit objektiv daran gehindert war, eine Klage zu formulieren oder sein Recht auf eine andere Weise wahrzunehmen. Maßgeblich ist zudem, ob die Behandlungssituation Außenkontakte – auch telefonischer Art – ausschloss oder jedenfalls in unzumutbarer Weise erschwert hat (*LAG SchlH* 5.2.2008 LAGE § 5 KSchG Nr. 118). Auch bei Vorliegen einer **psychischen Erkrankung** muss der Arbeitnehmer glaubhaft machen, während welcher Zeit und in welchem Umfang eine erhebliche Einschränkung des Urteilsvermögens bestanden hat (*LAG Köln* 28.12.2007 – 3 Ta 305/07, AuR 2008, 232 LS).

**989** Umgekehrt muss sich der Arbeitnehmer das **Verschulden** der während seiner Ortsabwesenheit mit der Empfangnahme der Post betrauten **Empfangsboten** bei nicht rechtzeitiger Weiterleitung entgegen einer von ihm erteilten Weisung **nicht zurechnen lassen**. § 85 Abs. 2 ZPO ist nicht anwendbar, ebenso wenig § 278 BGB (zutr. *LAG Köln* 28.12.2004 NZA-RR 2005, 384).

**990** Hat sich der gekündigte Arbeitnehmer zur Einleitung eines Kündigungsschutzverfahrens an ein **freigestelltes Betriebsratsmitglied** gewandt, das als ehrenamtlicher Gewerkschaftsfunktionär der Rechtsschutz gewährenden Gewerkschaft dafür zuständig ist, als Anlaufstelle Rechtsschutzanträge zu bearbeiten und an die Fachgewerkschaft weiterzuleiten, trifft ihn kein Eigenverschulden, wenn die Unterlagen durch ein einmaliges Versehen verspätet weitergegeben wurden und dadurch die Klagefrist versäumt ist. Dieses **Fremdverschulden** muss sich der Arbeitnehmer **nicht** nach § 85 Abs. 2 ZPO **anrechnen lassen**. Denn eine Tätigkeit im Rahmen der Abwicklung von Rechtsschutzanträgen reicht für eine Verschuldenszurechnung nicht aus (*LAG Köln* 15.4.2005 – 10 Ta 309/04, AuR 2005, 387 LS).

**991** Die **Erkrankung eines Arbeitnehmers** allein – ohne Ortsabwesenheit – rechtfertigt nicht ohne weiteres die nachträgliche Zulassung der Kündigungsschutzklage (*LAG Bln.* 14.4.1999 – 9 Ta 498/99; ebenso für eine psychische Erkrankung *LAG Köln* 9.3.2006 – 14 Ta 21/06, FA 2006, 189 LS). Erforderlich ist vielmehr, dass der Arbeitnehmer aufgrund der Krankheit außer Stande war, selbst Klage einzureichen und **keine andere Person** (Ehegatte, Lebenspartner, Verwandte, Freunde) **damit beauftragen konnte**. Von einem Arbeitnehmer, der trotz einer depressiven Angststörung in der Lage ist, sein privates Umfeld neu zu ordnen, kann verlangt werden, anwaltlichen Rat wegen einer Kündigung einzuholen oder sich an eine geeignete Stelle zu wenden (*LAG Nds.* 6.9.2005 NZA-RR 2007, 219).

**992** Auch eine Erkrankung nach Zugang der Kündigung führt nur dann zu einer nachträglichen Zulassung der verspätet erhobenen Kündigungsschutzklage, wenn sie den Arbeitnehmer tatsächlich objektiv an der rechtzeitigen Klageerhebung gehindert hat. Solange Krankheitsverlauf und Behandlungsmethode nicht entgegenstehen, besteht kein durchschlagender Grund, den Krankenhauspatienten von der Anforderung freizustellen, sich möglichst telefonisch beraten zu lassen (*LAG Düsseld.* 19.9.2002 NZA-RR 2003, 78; *LAG Köln* 1.3.2006 LAGE § 5 KSchG Nr. 112).

## C. Die Rechtswirksamkeit der außerordentlichen Arbeitgeberkündigung    Kapitel 4

Eine Kündigungsschutzklage ist aber dann nachträglich zuzulassen, wenn die Partei zwar schuldhaft **vergessen hat**, die innerhalb der Klagefrist eingereichte Klage zu unterschreiben, dies jedoch hätte rechtzeitig nachholen können, wenn sie vom Gericht einen im Rahmen des normalen Geschäftsgangs ohne weiteres noch vor Ablauf der Klagefrist möglichen **Hinweis erhalten** hätte. Die Pflicht zur Neutralität verbietet es dem Gericht danach nicht, schon vor Ablauf der Klagefrist einen Hinweis auf das Fehlen der Unterschrift zu geben (*LAG MV* 27.7.1999 LAGE § 5 KSchG Nr. 95).   993

Die Klage ist nach Auffassung des *LAG Saarl.* (27.6.2002 NZA-RR 2002, 488) auch dann nachträglich zuzulassen, wenn ein Nichtkündigungsberechtigter auf die Frage des Arbeitnehmers, ob es zutreffend sei, dass »interne Rationalisierungsarbeiten« Gründe für die Kündigung darstellen, die »Schulter zuckt« und dadurch der Arbeitnehmer veranlasst wird, keine Klage einzureichen.   994

Auch ein **unverschuldeter Rechtsirrtum** des gekündigten Arbeitnehmers über den Beginn der Drei-Wochen-Frist rechtfertigt die nachträgliche Zulassung. Unverschuldet ist der Rechtsirrtum jedoch nur dann, wenn aus Laiensicht eine abweichende Bewertung der Rechtslage ernsthaft nicht in Betracht kam und es deshalb vernünftigerweise auch nicht notwendig erschien, einen rechtskundigen Dritten um Rat zu fragen (*LAG SA* 22.6.1999 NZA 2000, 377 LS).   995

Die verspätete Klageerhebung ist zudem dann verschuldet, wenn die Partei die Rechtbehelfsbelehrung des Integrationsamtes dahin versteht, zur Wahrung der Rechte gegenüber einer Kündigung sei der Widerspruch beim Integrationsamt ausreichend. Auch wenn das Integrationsamt zusätzlich noch auf die Notwendigkeit der rechtzeitigen Meldung bei der Agentur für Arbeit hinweist, wird nicht der Anschein erweckt, die Belehrung erfasse alle denkbaren Rechtsgebiete (*LAG Köln* 14.3.2005 AuR 2005, 237 LS).   996

Heißt es im Kündigungsschreiben, der Arbeitgeber »**behalte sich vor**«, die Kündigung bei bestimmtem Arbeitnehmerverhalten (z.B. der Durchführung einer stationären Entziehungskur) **zurückzunehmen**, so rechtfertigt es keine nachträgliche Zulassung der Kündigungsschutzklage, wenn der Arbeitnehmer auf rechtzeitige Klageerhebung verzichtet und sich stattdessen um die Erfüllung der Bedingung bemüht (*LAG Köln* 26.11.1999 ZTR 2000, 233). Gleiches gilt dann, wenn der Betriebsleiter des Arbeitgebers dem Arbeitnehmer erklärt haben soll: »Warte mal ab, vielleicht erledigt sich dies und **wir machen die Kündigung rückgängig**« (*LAG Köln* 19.4.2004 – 5 Ta 63/04, EzA-SD 16/04 S. 12 LS). Versäumt der Arbeitnehmer andererseits die Klagefrist **wegen laufender Vergleichsverhandlungen**, kann dies die nachträgliche Klagezulassung rechtfertigen, wenn der Arbeitgeber dabei den Eindruck erweckt hat, dass eine Kündigung noch nicht »verbindlich« und eine Anfechtung zunächst nicht veranlasst sei. Ist dieser Eindruck u.a. auch deshalb entstanden, weil dem Arbeitnehmer Kenntnisse über die Rechtsnatur einer einseitigen rechtsgeschäftlichen Willenserklärung oder die positive Kenntnis der Dreiwochenfrist fehlen, kann dies nicht allein dem Arbeitnehmer angelastet werden (zutr. *LAG München* 26.4.2005 – 11 Ta 427/04, EzA-SD 14/05 S. 9 LS). Nichts anderes gilt dann, wenn der Arbeitnehmer die Klageerhebung versäumt, weil ihm der Betriebsleiter erklärt hat, **er könne die bereits erfolgte Kündigung zurückgeben**, sie werde zurückgenommen und er bekomme später eine neue Kündigung; das gilt auch, wenn die Kündigung zwar vom Insolvenzverwalter erklärt worden ist, dieser aber duldet, dass der Betriebsleiter die Erstellung eines neu gefassten Kündigungsschreibens ankündigt (*LAG Köln* 1.12.2006 – 9 Ta 415/06, EzA-SD 3/2007 S. 3 LS).   997

Ist ein **Kündigungsschreiben**, dass in Kopf- und Schlusszeile verschiedene Rechtspersonen ausweist, auch im übrigen so **verwirrend gestaltet**, dass nicht klar ist, wer der Erklärende ist, so kann allein schon deshalb ein Grund zur **nachträglichen Klagezulassung** gegeben sein, wenn der Arbeitnehmer gegen den falschen Arbeitgeber die Kündigungsschutzklage erhebt (*LAG Köln* 20.12.2001 ARST 2002, 188 LS; deutlich strenger *LAG SchlH* 11.1.2006 LAGE § 5 KSchG Nr. 112).   998

Das *LAG Nbg.* (23.10.2003 LAGE § 5 KSchG Nr. 108) hat angenommen, dass dann, wenn eine Klagepartei **gleichzeitig einen PKH-Antrag und einen** für den Fall der Bewilligung **bedingten Kündigungsschutzantrag** stellt, der PKH-Bewilligung **keine Rückwirkung** zukommt. Wird über den PKH-Antrag erst nach Fristablauf entschieden, steht die fehlende Erfolgsaussicht der Kündigungs-   999 schutzklage fest. Auch die enttäuschte Hoffnung auf eine zeitnahe positive Entscheidung des ArbG stellt danach keinen Zulassungsgrund dar.

**1000** **Kennt der Arbeitnehmer die Klagefrist des § 4 KSchG nicht**, so ist eine verspätet erhobene Kündigungsschutzklage trotz der strengen gesetzlichen Voraussetzungen, nach denen den Arbeitnehmer keinerlei Verschulden an der Nichteinhaltung der Frist treffen darf, dann nachträglich zuzulassen, wenn er eine **zur Rechtsauskunft geeignete und zuverlässige Stelle um Auskunft ersucht und dort eine falsche Rechtsberatung erfahren hat.**

**1001** Geeignet und zuverlässig in diesen Fällen ist z. B. ein Rechtsanwalt (nicht aber dessen Büroangestellte, *LAG Düsseld.* 21.10.1997 NZA 1998, 728 LS), die Rechtsberatungsstelle einer Gewerkschaft oder die Rechtsantragsstelle eines Arbeitsgerichts, nicht dagegen der Betriebsrat oder der Betriebsratsvorsitzende (a. A. *LAG BW* 3.4.1998 LAGE § 5 KSchG Nr. 94; ebenso für den Personalrat und die Frist des § 1 Abs. 5 BeschFG *LAG Sachsen* 27.7.1998 NZA-RR 1999, 266). Das gilt hinsichtlich des Betriebsrats unabhängig davon, ob es sich um einen Groß- oder Kleinbetrieb handelt, das um Auskunft ersuchte Betriebsratsmitglied von seiner beruflichen Tätigkeit freigestellt ist (vgl. § 38 BetrVG) oder auf Grund langjähriger Betriebsratstätigkeit über einschlägige Erfahrungen in individualrechtlichen Angelegenheiten verfügt (*LAG RhPf* 10.9.1984 NZA 1985, 430; *LAG Bln.* 17.6.1991 LAGE § 5 KSchG Nr. 52; *Ascheid* Rn. 729). Ebenso wenig kommt die Rechtsschutzversicherung des Arbeitnehmers in Betracht (*LAG Sachsen* 23.7.1998 NZA 1999, 112 LS).

**1002** Diese Auffassung dient insbes. dem praktischen Bedürfnis nach Rechtssicherheit, da sie schwierige und insbes. auch für den betroffenen Arbeitnehmer kaum nachvollziehbare Abgrenzungsfragen vermeidet.

**1003** Demgegenüber ist nach Auffassung von *Friedrich* (KR § 5 KSchG Rn. 33) auf den jeweiligen Einzelfall abzustellen. Die nachträgliche Zulassung ist danach i. d. R. dann gerechtfertigt, wenn sich der Arbeitnehmer Rat suchend an den Betriebsrat gewandt und eine falsche Auskunft erhalten hat. Ein/e **Richter/in am Landgericht** ist jedenfalls grds. nicht als zuverlässige Stelle für die Erteilung von Auskünften in arbeitsrechtlichen Fragen anzusehen (*LAG Düsseld.* 25.7.2002 NZA-RR 2003, 101).

**1004** Das *LAG Brem.* (31.10.2001 NZA 2002, 580) hat angenommen, dass für einen bei einem **deutschen Arbeitgeber in einem süd-osteuropäischen Land** (Rumänien) beschäftigten Arbeitnehmer, der dort eine fristlose Kündigung erhält, die deutsche Botschaft in diesem Land eine »zuverlässige Stelle« ist. Gibt der Mitarbeiter der Botschaft die Auskunft, die Kündigungsschutzklage müsse innerhalb von vier Wochen nach Zugang erhoben werden, trifft den Arbeitnehmer danach an der Versäumung der Dreiwochenfrist kein Verschulden, wenn er die Klage nach Ablauf der Drei-, aber vor Ablauf der Vierwochenfrist erhebt. Das gilt danach auch dann, wenn der Botschaftsmitarbeiter im Übrigen erklärt, er sei für die Anliegen des Arbeitnehmers nicht zuständig, da dieser US-Amerikaner ist.

**1005** Beruft sich der Arbeitnehmer im Verfahren auf nachträgliche Zulassung einer Kündigungsschutzklage darauf, dass er vom Zugang der Kündigung keine Kenntnis gehabt habe, bedarf es der Darlegung und Glaubhaftmachung besonderer Umstände. Das ist etwa der Fall, wenn ein Familienmitglied die Kündigungserklärung in der Absicht bewusst zurückhält, den erkrankten Empfänger vor einer die Krankheit verschlimmernden Aufregung einige Zeit zu bewahren (*LAG Bln.* 4.1.1982 AP Nr. 3 zu § 5 KSchG 1969). Zu der üblichen Sorgfaltspflicht des Prozessbevollmächtigten (nicht des Arbeitnehmers bei rechtzeitiger Beauftragung: *LAG Köln* 13.6.2006 – 4 Ta 159/06, NZA-RR 2007, 33) bei Kündigungsschutzklagen gehört es mit Rücksicht auf Sinn und Zweck der §§ 4, 5 KSchG, dass er sich innerhalb **angemessener Frist** nach Übersendung der Klageschrift an das Gericht (z. B. nach vier bis fünf Wochen) davon überzeugt, dass die Klageschrift dort **eingegangen** ist.

**1006** Das *Hess. LAG* (1.10.1996 NZA-RR 1997, 211) ist davon ausgegangen, dass sich unabhängig von diesem Prüfungsmaßstab aus dem Anspruch auf ein faires Verfahren (Art. 2 i. V. m. dem Rechtsstaatsprinzip) die Notwendigkeit zur nachträglichen Klagezulassung ergeben kann, wenn die Klage versehentlich an ein unzuständiges Gericht (AG unter der Adresse des allein unter dieser Adresse ansässigen ArbG) adressiert ist und von diesem verzögert an das zuständige ArbG weitergeleitet wird.

Die **Aufgabe eines Briefs in Taschkent** (Usbekistan) an den Rechtsanwalt des Arbeitnehmers in Deutschland mit dem Auftrag, gegen eine am Vortag zugegangene Kündigung Klage zu erheben, genügt, ausgehend von einer normalen Postlaufzeit von sieben Tagen, den Sorgfaltsanforderungen des § 5 KSchG. Eine Erkundigungspflicht beim Rechtsanwalt bestand jedenfalls 1999 mangels Zweifeln an der Zuverlässigkeit der Postbeförderung nicht (*Hess. LAG* 24.5.2000 ARST 2000, 282 LS). 1007

Beruft sich der Arbeitnehmer auf den Verlust des Klageschriftsatzes bei der Postbeförderung, so erfordert der Antrag auf nachträgliche Klagezulassung die Darlegung, dass die Klageschrift bereits der Post übergeben worden ist; der Absendevorgang muss dabei lückenlos dargestellt werden (*LAG Nbg.* 2.6.2003 – 5 Ta 78/03, NZA-RR 2003, 661). 1008

Legt der Prozessvertreter das **Mandat nieder**, weil die Vergütung nicht gesichert ist, handelt es sich um Parteiverschulden, wenn dadurch die Kündigungsschutzklage zu spät eingereicht wird (*LAG Köln* 3.5.2001 NZA-RR 2002, 438). 1009

### cc) Zurechnung des Verschuldens des Prozessbevollmächtigten

Fraglich ist, ob sich der Arbeitnehmer gem. § 85 Abs. 2 ZPO ein Verschulden seines Prozessbevollmächtigten, das zur Nichteinhaltung der Frist geführt hat, anrechnen lassen muss. 1010

Wegen der Wertung des § 7 KSchG, der für die Wahrung des Kündigungsschutzes auf »rechtzeitiges Geltendmachen« und damit maßgeblich auf den Formalakt (Prozesshandlung) der (fristgerechten) Klageerhebung abstellt, ist davon auszugehen, dass das Verschulden eines Prozessbevollmächtigten einer Versäumung der Klagefrist dem vertretenen Arbeitnehmer gem. § 85 Abs. 2 ZPO zugerechnet werden muss. Denn § 85 Abs. 2 ZPO ist nicht auf bestimmte Typen prozessualer Fristen (bspw. Rechtsmittel-/Rechtsbehelfsfristen) beschränkt. Die Regelung erfasst vielmehr auch solche Fristen, die **erstmalig den Zugang zum Gericht eröffnen** (*BAG* 11.12.2008 EzA § 5 KSchG Nr. 35; 24.11.2011 EzA § 5 KSchG Nr. 40; 21.1.1999 NZA-RR 1999, 664; s. dazu *Dresen* NZA 2009, 769 ff.; *Griebeling* NZA 2002, 838; *Lingemann/Ludwig* NJW 2009, 2787 f.; **a. A.** *Hess. LAG* 10.9.2002 – 15 Ta 98/02, EzA-SD 2/03, S. 21 LS). Das gilt auch für einen **Auszubildenden**, der sich gegen die fristlose Kündigung seines Ausbildungsverhältnisses bei fehlendem Schlichtungsausschuss (§ 111 Abs. 2 ArbGG) zur Wehr setzen möchte (*LAG Köln* 10.3.2006 – 3 Ta 47/06, NZA-RR 2006, 319). 1011

Ein solches Verschulden ist z. B. dann gegeben, wenn die klägerischen Prozessbevollmächtigten trotz eines innerhalb der Klagefrist erhaltenen Hinweises der zuständigen Landwirtschaftskammer über das Nichtbestehen eines derartigen Ausschusses keine Klage erheben, sondern zusätzliche Auskünfte der örtlichen Industrie- und Handelskammer einholen (*LAG Köln* 10.3.2006 LAGE § 5 KSchG Nr. 113). Auch darf der mit der Erhebung einer Kündigungsschutzklage beauftragte Anwalt die Ermittlung des Ablaufs der Drei-Wochen-Frist nicht seinem Büropersonal überlassen. Hat er diese Aufgabe dennoch delegiert und wird ihm die Handakte noch während des Laufs der Frist vorgelegt, weil sich der Gegner nicht innerhalb eines diesem vorgegebenen Zeitraums zu einem Vergleichsangebot geäußert hat, so muss der Anwalt spätestens jetzt nochmals eigenverantwortlich den Fristablauf überprüfen. Das gilt erst recht dann, wenn die Handakte vorgelegt wird, um die Klageschrift zu erstellen (*LAG Köln* 3.11.2005 NZA-RR 2006, 325). 1012

Gleiches gilt bei einem **Verschulden im Rahmen des Verfahrens** auf **nachträgliche Zulassung der Kündigungsschutzklage** gem § 5 KSchG (*LAG Nds.* 13.7.2005 LAGE § 78 ArbGG 1979 Nr. 1; *LAG Köln* 3.11.2005 NZA-RR 2006, 325). 1013

Das gilt bei einem gewerkschaftlich vertretenen Arbeitnehmer auch bei einem **Verschulden seiner Einzel- bzw. Fachgewerkschaft**, auch wenn nur der DGB-Rechtsschutz GmbH Prozessmandat erteilt wurde. Auch ein zur Klageerhebung aufgesuchter und den Arbeitnehmer zunächst betreuender 1014

Einzelgewerkschaftssekretär ist – einem Korrespondenzanwalt vergleichbar – seinerseits als insoweit mandatierter Bevollmächtigter i. S. d. § 85 Abs. 2 ZPO anzusehen (*LAG Düsseld.* 30.7.2002 NZA-RR 2003, 80; **a. A.** *LAG SchlH* 29.11.2007 NZA-RR 2008, 139; und wohl für das Zulassungsverfahren *LAG Brem.* 26.5.2003 – 2 Ta 4/03, NZA 2004, 228). Daher kann grds. auch eine Zurechnung eines der Fachgewerkschaft zur Last zu legenden Verschuldens in Betracht kommen (*LAG Düsseld.* 20.12.2002 NZA-RR 2003, 323; vgl. auch *LAG BW* 12.7.2004 AuR 2004, 479; **a. A.** *LAG Köln* 13.6.2006 NZA-RR 2007, 33; *LAG BW* 7.5.2008 NZA 2009, 636).

> Das BAG (28.5.2009 EzA § 5 KSchG Nr. 36) geht insoweit von Folgendem aus:
> – Bevollmächtigter i. S. d. § 85 Abs. 2 ZPO ist derjenige, dem durch Rechtsgeschäft die Befugnis zur eigenverantwortlichen Vertretung der Partei erteilt wurde.
> – Auch wer von der Partei nur mit einzelnen Handlungen beauftragt wurde, ist insoweit Prozessbevollmächtigter i. S. v. § 85 Abs. 2 ZPO.
> – Das gilt auch für die von einem Rechtsschutz suchenden Arbeitnehmer beauftragte Einzelgewerkschaft. Sie wird nicht nur als – vom Arbeitnehmer zu überwachender – Bote tätig.
> – Ein Grund, für die Rechtsschutzgewährung durch die im Arbeitsgerichtsverfahren mit einer besonderen Stellung ausgestatteten Verbände eine Ausnahme zu machen, besteht nicht.
> – Als geeignete Vorkehrung gegen Fristversäumnisse ist es nicht ausreichend, wenn in der Geschäftsstelle der beauftragten Einzelgewerkschaft die Frist allein in der angelegten Klageakte notiert wird. Es muss sichergestellt werden, dass die Sache auch dann fristgerecht bearbeitet wird, wenn die Akte dem Bearbeiter nicht ohnehin vorliegt.

Hat der Prozessbevollmächtigte die **Fehlleistung eines Dritten** (z. B. seines Kanzleiangestellten) seinerseits **mit verursacht**, weil dieser **nicht hinreichend sorgfältig ausgewählt, angewiesen oder überwacht** worden ist, so liegt in einem solchen Verhalten ein eigenes Verschulden des Bevollmächtigten. Wenn z. B. zur Fristwahrung die Übersendung durch Fax erforderlich ist, muss der Prozessbevollmächtigte – entweder allgemein oder im Einzelfall – die von ihm beauftragte Hilfskraft anweisen, nach der Übersendung per Telefax einen **Einzelnachweis** auszudrucken und anhand dessen die Vollständigkeit der Übermittlung, nämlich die Übereinstimmung der **Zahl der übermittelten Seiten** mit derjenigen des Originalschriftsatzes, zu überprüfen (*BAG* 24.11.2011 EzA § 5 KSchG Nr. 40). Folglich ist das Verschulden des Büropersonals dem Prozessbevollmächtigten andererseits dann nicht anzulasten ist, wenn er es ordnungsgemäß ausgewählt und überwacht – anderenfalls wäre ein wiederum anzurechnendes Organisationsverschulden anzunehmen (vgl. *Zöller/Vollkommer* § 85 ZPO Rn. 20 ff. m. w. N.). Der verspätete Eingang einer Kündigungsschutzklage beruht deshalb weder auf einem Verschulden der Partei noch ihres Prozessbevollmächtigten, wenn sie durch einen dem Büropersonal zuzurechnenden Versehen (»Zahlendreher« bei der Postleitzahl) verursacht worden ist (*LAG Köln* 21.4.1997 NZA-RR 1998, 13; vgl. auch *ArbG Kiel* 7.11.1997 NZA-RR 1998, 211; *LAG RhPf* 26.10.2000 NZA-RR 2001, 214). Gleiches gilt nach Auffassung des *Thüringer LAG* (10.12.2004 LAGE § 5 KSchG Nr. 110) dann, wenn der **rechtzeitige Klageauftrag** der Rechtsschutz gewährenden Einzelgewerkschaft bei der DGB Rechtsschutz GmbH deshalb erst nach Ablauf der Klagefrist des § 4 KSchG eingeht, weil er vom beauftragten **Kurierdienst in den falschen Briefkasten abgelegt** wurde. Die unterlassene Kontrolle des Eingangs begründet dann kein Organisationsverschulden. Bei dem Einwurf einer Klageschrift in den Nachtbriefkasten des Arbeitsgerichts zur Fristwahrung handelt es sich zudem um eine sehr **einfach strukturierte Tätigkeit, die ein Rechtsanwalt nicht selbst verrichten muss**, sondern einem erwachsenen Mitarbeiter ohne Darlegung einer besonderen Qualifikation übertragen darf. Deshalb stellt es kein Anwaltsverschulden dar, wenn ein Rechtsanwalt glaubhaft macht, dass er eine Büroangestellte mit dem rechtzeitigen Einwurf der Kündigungsschutzklage beauftragt hat, die Klage jedoch aus nicht aufzuklärenden Gründen nicht beim Arbeitsgericht eingegangen ist. Denn mit der Beauftragung hat der Rechtsanwalt alles Erforderliche getan, um die Frist zu wahren, so dass er auf den rechtzeitigen Eingang der Klageschrift beim Arbeitsgericht vertrauen durfte (*LAG RhPf* 5.5.2003 NZA-RR 2004, 495).

Von einem Rechtsanwalt, der sich und seine organisatorischen Vorkehrungen darauf eingerichtet hat, einen Schriftsatz weder selbst noch durch Boten oder per Post, sondern per Telefax zu übermitteln, kann beim Scheitern der gewählten Übermittlung – am letzten Tag der Frist und dem ersten erfolglosen Übermittlungsversuch um 14.14 Uhr – infolge eines **Defekts des Empfangsgeräts** oder wegen Leitungsstörungen zudem jedenfalls **nicht verlangt werden**, dass er innerhalb kürzester Zeit eine **andere** als die gewählte, vom Gericht offiziell eröffnete **Zugangsart sicherstellt** (*BVerfG* 25.2.2000 EzA § 5 KSchG Nr. 32; 1.8.1996 EzA § 233 ZPO Nr. 37 gegen *BAG* 14.9.1994 EzA § 233 ZPO Nr 25).

Es stellt auch kein Verschulden des Anwalts dar, wenn er sich bei der Berufungseinlegung oder -begründung durch Telefax auf die von der Deutschen Telekom über Tonband angegebene (**falsche**) **Faxnummer des LAG** verlässt (*BAG* 25.1.2001 EzA § 233 ZPO Nr. 49). Andererseits endet die Pflicht des Rechtsanwalts zur Ausgangskontrolle fristwahrender Schriftsätze per Telefax **erst dann, wenn feststeht, dass der Schriftsatz wirklich übermittelt worden ist**. Mit Rücksicht auf die Risiken beim Einsatz eines Telefaxgeräts kommt der Rechtsanwalt seiner Verpflichtung zu einer wirksamen Ausgangskontrolle nur dann nach, wenn er seinen dafür zuständigen **Mitarbeitern die Weisung** erteilt, sich einen **Einzelnachweis ausdrucken zu lassen**, auf dieser Grundlage die **Vollständigkeit der Übermittlung zu prüfen** und die Notfrist im elektronischen Fristenkalender erst nach Kontrolle des Sendeberichts zu löschen (*Sächs. LAG* 23.2.2007 LAGE § 5 KSchG Nr. 115; s. a. *LAG Brem.* 20.6.2007 LAGE § 5 KSchG Nr. 116 bei fehlerhafter Faxnummer im Sendebericht trotz OK-Vermerk und richtig gewählter Nummer des ArbG).

Sofern im Hinblick auf die Bewilligung von Rechtsschutz in arbeitsrechtlichen Angelegenheiten einerseits und der Prozessführung andererseits eine **arbeitsteilig verabredete Organisation** zwischen einer Einzelgewerkschaft und der DGB Rechtsschutz GmbH besteht, kann sich Letztere als Prozessvertreter nicht ohne weiteres dadurch entlasten, dass Mängel bei Erhebung einer Kündigungsschutzklage in der Sphäre der Einzelgewerkschaft aufgetreten sind (*Sächs. LAG* 9.5.2000 FA 2001, 216).

#### dd) Treuwidrige Berufung des Arbeitgebers auf die Versäumung der Klagefrist

Gem. § 242 BGB kann die Berufung des Arbeitgebers auf die Fristversäumnis treuwidrig sein, wenn er sie mit verursacht hat. So kommt z. B. der Leiter einer Schule zwar nicht als geeignete Stelle i. S. d. § 5 KSchG (s. Rdn. 1001) in Betracht, weil er im Lager des Arbeitgebers steht. Rät er aber einem Lehrer in Unkenntnis der Klagefrist ab, den Klageweg zu beschreiten, wäre es treuwidrig, wenn sich das Land als Arbeitgeber auf die Versäumung der Klagefrist berufen könnte (*LAG BW* 3.4.1998 LAGE § 5 KSchG Nr. 94).

#### ee) Formelle Voraussetzungen; Verfahrensfragen; Rechtskraftwirkung

Formelle Voraussetzungen für einen ordnungsgemäßen Antrag sind (vgl. APS/*Hesse* § 5 KSchG Rn. 64 ff.):
– Der Antrag ist nur innerhalb von zwei Wochen, nachdem der die Klage hindernde Umstand weggefallen ist, zulässig (§ 5 Abs. 3 S. 1 KSchG). Diese Frist beginnt nicht erst bei positiver Kenntnis des Arbeitnehmers von der Fristversäumung, sondern bereits dann, wenn er bei zumutbarer Sorgfalt Kenntnis von ihr hätte erlangen können. Dabei muss sich der Arbeitnehmer etwaige Versäumnisse seines Anwalts nach § 85 Abs. 2 ZPO zurechnen lassen (*LAG Hamm* 4.11.1996 NZA-RR 1997, 209; **a. A.** hinsichtlich der Anwendung des § 85 Abs. 2 ZPO KR/*Friedrich* § 5 KSchG Rn. 104a ff.). Es kommt also auf den **Kenntnisstand des Prozessbevollmächtigten des Klägers an, d. h. auf dessen Kennen oder Kennenmüssen**. Das Hindernis ist damit bereits dann behoben, wenn dem Prozessbevollmächtigten des Klägers mit der Ladung zum Gütetermin eine gerichtliche Mitteilung hinsichtlich des Datums des (verspäteten) Klageeingangs zugeht (*Hess. LAG* 11.3.2005 NZA-RR 2005, 322). Die Antragsfrist fängt auch dann zu laufen an, wenn ein Anwalt bei einer Wiedervorlage erkennen kann, dass nach

mehr als zwei Monaten noch keine Reaktion des Gerichts, erst recht keine Ladung zum Gütetermin, erfolgt ist. Nicht maßgeblich ist, wann über den Nichteingang der Klageschrift positive Kenntnis gegeben war. Angesichts der **engen Zeitvorgabe, innerhalb der nach dem gesetzgeberischen Willen die Güteverhandlung durchzuführen ist**, führt eine Wiedervorlagefrist zur Überprüfung des Klageeingangs von mehr als 2,5 Monaten zur verschuldeten Unkenntnis vom fehlenden Klageeingang. Spätestens nach drei Wochen ohne Ladungseingang muss sich der Verlust der Klageschrift aufdrängen (*LAG Köln* 11.8.2004 LAG Report 2005, 29). Allerdings werden nur solche Fehlleistungen zugerechnet, die in der Zeit zwischen Annahme des Mandats bis zu dessen Beendigung stattgefunden haben (*LAG Brem.* 26.5.2003 LAGE § 85 ZPO 2002 Nr. 1).

- Wird ein Antrag an ein **unzuständiges Gericht** gefaxt und leitet dieses den Antrag mit normaler Post an das ArbG weiter, so dass es dort **außerhalb der Frist** eingeht, so kann der Antrag nicht als rechtzeitig beim ArbG eingegangen behandelt werden. Eine Wiedereinsetzung wegen der Versäumung der Zwei-Wochen-Frist des § 5 Abs. 3 KSchG ist nicht statthaft (*LAG Köln* 14.3.2003 LAGE § 5 KSchG Nr. 106a).
- Nach Ablauf von sechs Monaten, vom Ende der versäumten Frist an gerechnet, kann der Antrag nicht mehr gestellt werden (§ 5 Abs. 3 S. 2 KSchG). Diese Regelung ist **verfassungsgemäß**; eine Wiedereinsetzung in die abgelaufene Sechsmonatsfrist ist ausgeschlossen, denn diese Frist ist weder eine Not- noch eine Rechtsmittelfrist. Eine unmittelbare oder analoge Anwendung des § 233 ZPO kommt folglich nicht in Betracht (*BAG* 28.1.2010 EzA § 5 KSchG Nr. 38 = NZA 2010, 1373).
- Mit dem Antrag ist die Klageerhebung zu verbinden, wenn dies nicht schon geschehen ist (§ 5 Abs. 2 S. 1 KSchG).
- Der Antrag muss sowohl die Angabe der die nachträgliche Zulassung begründenden Tatsachen, als auch die Mittel der Glaubhaftmachung enthalten. Soll der Antrag auf eine arbeitsunfähigkeitsbedingte längere Ortsabwesenheit gestützt werden, so müssen neben den zuvor dargestellten Angaben auch die Gründe dafür genannt werden, warum die Ortsabwesenheit unverschuldet war (*LAG Köln* 14.3.2003 LAGE § 5 KSchG Nr. 106a). Die den Antrag begründenden Tatsachen sind dann allerdings nicht glaubhaft zu machen, wenn sie der **Arbeitgeber nicht bestreitet**. Ein Antrag ohne Angabe der Mittel für die Glaubhaftmachung binnen der gesetzlichen Zweiwochenfrist ist deshalb nicht endgültig unzulässig, sondern wird zulässig, wenn der Arbeitgeber die die nachträgliche Zulassung begründenden Tatsachen bis zum Zeitpunkt der Entscheidung nicht bestreitet (*LAG Nbg.* 4.12.2006 – 7 Ta 207/06, NZA-RR 2007, 194).

**1018** Das Verfahren über den Antrag auf nachträgliche Zulassung der Kündigungsschutzklage dient allein der Klärung der Frage, ob die verspätete Klageerhebung verschuldet ist. Daraus ergibt sich, dass allein die Feststellungen über die Verspätung und das Verschulden im Zwischenurteil über die nachträgliche Zulassung der inneren Rechtskraft fähig sind, nicht aber andere Vorfragen – z. B. die des Zugangs der Kündigung (*LAG Köln* 30.5.2007 – 9 Ta 51/07, NZA-RR 2007, 521 LS), mit denen sich das Gericht im Rahmen des Verfahrens über den Antrag auf nachträgliche Zulassung befasst (*BAG* 5.4.1984 EzA § 5 KSchG n. F. Nr. 21; a. A. *LAG Hamm* 7.11.1985 AP Nr. 8 zu § 5 KSchG 1969; *LAG Köln* 17.8.2001 – 7 Ta 47/01).

**1019** Seit dem 1.4.2008 gelten neben den weiteren Änderungen des ArbGG für das einzuhaltende Verfahren die Neufassung von § 5 Abs. 4 KSchG sowie der neu eingeführte § 5 Abs. 5 KSchG (s. *Schrader* NJW 2009, 1541 ff.). Das praktisch bedeutsame Verfahren über die nachträgliche Zulassung soll in der Regel mit dem Hauptsacheverfahren verbunden und gemeinsam entschieden werden. Erfolgt dies nicht, soll vorab ein Zwischenurteil ergehen, das – systemwidrig – gleich einem Endurteil angefochten werden kann. Ob damit eine Beschleunigung derartiger Verfahren erreicht werden kann, muss bezweifelt werden; allerdings ist zu befürworten, dass nunmehr erstmals ein Rechtsmittel (Revision oder Nichtzulassungsbeschwerde) zum BAG eröffnet ist (s. dazu instr. u. krit. *Schwab* FA 2008, 135; *Francken/Natter/Rieker* NZA 2008, 377 ff.).

## C. Die Rechtswirksamkeit der außerordentlichen Arbeitgeberkündigung Kapitel 4

Die Neuregelung des § 5 KSchG hat das sog. **Verbundverfahren** als Regelfall eingeführt. Eine Vorabentscheidung über den Antrag auf nachträgliche Klagezulassung gem. § 5 Abs. 1 S. 1 und 2 KSchG setzt voraus, dass die Klagefrist tatsächlich versäumt ist. Sind Zugang oder Zugangszeitpunkt der Kündigung streitig, darf das Gericht über einen hilfsweise gestellten Antrag auf nachträgliche Klagezulassung vorab nur entscheiden, wenn es die Überzeugung gewonnen hat, die Klagefrist sei versäumt. Denn der Antrag auf nachträgliche Zulassung der Kündigungsschutzklage ist stets ein **Hilfsantrag für den Fall, dass die Klage verspätet ist** (*BAG* 28.5.2009 EzA § 5 KSchG Nr. 37). 1020

Im Zulassungsverfahren ist nicht zu prüfen, ob eine **Kündigung** vorliegt (*LAG Bln.* 4.11.2004 NZA-RR 2005, 437), ob der Arbeitnehmer unter das KSchG fällt, oder ob er durch Unterzeichnung einer Ausgleichsquittung auf seinen Kündigungsschutz verzichtet hat (vgl. *Berkowsky* NZA 1997, 356). Ebenso wenig ist im Falle des § 9 MuSchG zu prüfen, ab wann genau der Eintritt einer Schwangerschaft anzunehmen ist (*LAG Düsseld.* 10.2.2005 NZA-RR 2005, 382). 1021

**Mangels Übergangsregelung** war die verfahrensrechtliche Handhabung in den Fällen zweifelhaft, in denen das ArbG vor dem 1.4.2008 zutreffend durch Beschluss entschieden hatte und dagegen Beschwerde eingelegt wurde, über die nach dem 1.4.2008 zu entscheiden war. **Richtig** erscheint es, in diesen Fällen mangels Vorhandensein einer Übergangsregelung auch in zweiter Instanz nach altem Recht – durch Beschluss – zu entscheiden (zutr. *Bader* NZA 2008, 620 ff.; a. A. *BAG* 11.12.2008 EzA § 5 KSchG Nr. 35; *LAG BW* 7.5.2008 NZA 2009, 636; *Francken/Natter/Rieker* NZA 2008, 377 ff.; s. a. *Roloff* NZA 2009, 761 ff.). 1022

### 2. Berufsausbildungsverhältnis

Siehe hierzu die Ausführungen unter Rdn. 863 ff. 1023

### 3. Verwirkung des Klagerechts außerhalb des Anwendungsbereichs der §§ 1, 23 KSchG

**Auch außerhalb des Regelungsbereichs der §§ 1, 23 KSchG** muss der Arbeitnehmer bei einer außerordentlichen Kündigung **die Klagefrist und -form des § 4 KSchG einhalten**, denn §§ 4, 13 KSchG gelten unabhängig vom Geltungsbereich des KSchG (*BAG* 28.6.2007 EzA § 4 KSchG n. F. Nr. 77), allerdings mit der Verlängerungsmöglichkeit des § 6 KSchG. Gleiches gilt für den Fall, dass der Arbeitnehmer die Unwirksamkeit einer außerordentlichen Kündigung geltend machen will. Für eine Verwirkung des Klagerechts ist daneben – trotz Einhaltung der Klagefrist – i. d. R. kein Raum. 1024

### III. Ausschlussfrist (§ 626 Abs. 2 BGB)

#### 1. Grundsätze

*a) Kenntnis des Arbeitgebers*

*aa) Zweck der gesetzlichen Regelung*

**Die außerordentliche Kündigung kann gem. § 626 Abs. 2 BGB nur innerhalb einer zweiwöchigen Frist erfolgen.** 1025

Zweck dieser Regelung ist es, den Kündigenden möglichst schnell zur Entscheidung über die Kündigung aus einem bestimmten Grund zu veranlassen. Denn ansonsten könnte die Unzumutbarkeit der Weiterbeschäftigung fraglich sein. 1026

Zudem soll der Kündigungsgegner frühzeitig die Konsequenzen des Vorliegens eines wichtigen Grundes für sein Arbeitsverhältnis erfahren (APS/*Dörner/Vossen* § 626 BGB Rn. 116 f.); dem betroffenen Arbeitnehmer soll **rasch Klarheit** darüber verschafft werden, ob **der Kündigungsberechtigte einen Sachverhalt zum Anlass für eine außerordentliche Kündigung nimmt** (*BAG* 1.2.2007 EzA § 626 BGB 2002 Verdacht strafbarer Handlung Nr. 3; 17.3.2005 EzA § 626 BGB 2002 Nr. 9). 1027

**1028** Die Ausschlussfrist ist gewahrt, wenn dem Kündigungsempfänger die Kündigungserklärung **innerhalb der Frist zugegangen ist.**

**1029** Allerdings können Besonderheiten dann gelten, wenn gegenüber den Arbeitnehmern einer Kommune Kündigungsberechtigter der Gemeinderat bzw. ein nach Maßgabe einer Gemeindeordnung eingerichteter Personalausschuss ist. Tagt nämlich ein derartiger Ausschuss im Monatsrhythmus, so wird die Ausschlussfrist der § 54 Abs. 2 BAT, § 626 Abs. 2 BGB regelmäßig auch dann gewahrt, wenn die fristlose Kündigung eines Arbeitnehmers der Gemeinde in der nächsten ordentlichen Ausschusssitzung beschlossen wird, nachdem der Erste Bürgermeister von dem Kündigungssachverhalt Kenntnis erlangt hat (*BAG* 18.5.1994 EzA § 626 BGB Ausschlussfrist Nr. 6).

*bb) Rechtsnatur der Ausschlussfrist; Einzelfragen; Verhältnis zu § 91 Abs. 2 S. 1 SGB IX*

**1030** Die Regelung des **§ 626 Abs. 2 BGB ist zwingendes Recht**, sie kann weder durch Parteivereinbarung noch durch Tarifverträge abgeändert werden (*BAG* 12.4.1978 EzA § 626 BGB n. F. Nr. 64); sie gilt auch für die außerordentliche Kündigung aus wichtigem Grund von selbstständigen Dienstverhältnissen (*BGH* 19.11.1998 EzA § 626 BGB Ausschlussfrist Nr. 13).

**1031** Nicht anwendbar ist § 626 Abs. 2 BGB allerdings auf die fristlose Kündigung eines Handelsvertretervertrages aus wichtigem Grund nach § 89a HGB (*BAG* 3.5.1986 AP § 626 BGB Ausschlussfrist Nr. 23).

**1032** Ist dem Kündigungsgegner mit Ablauf der Zweiwochenfrist keine Kündigung zugegangen, so wird unwiderleglich vermutet, dass dem Kündigungsberechtigten die Fortsetzung des Arbeitsverhältnisses zumutbar ist. Die Ausschlussfrist kann daher als gesetzliche (bzw. tarifliche, vgl. z. B. § 54 Abs. 2 BAT) Konkretisierung der Verwirkung des Kündigungsgrundes angesehen werden (*BAG* 1.2.2007 EzA § 626 BGB 2002 Verdacht strafbarer Handlung Nr. 3; 17.3.2005 EzA § 626 BGB 2002 Nr. 9; 2.2.2006 EzA § 626 BGB 2002 Ausschlussfrist Nr. 1). Ohne Kenntnis des Kündigungsberechtigten vom Kündigungssachverhalt kann das Kündigungsrecht folglich nicht verwirken (*BAG* 1.2.2007 EzA § 626 BGB 2002 Verdacht strafbarer Handlung Nr. 3).

**1033** Sie ist eine materiell-rechtliche Ausschlussfrist, ihre Versäumung führt zur Unwirksamkeit der außerordentlichen Kündigung (*BAG* 6.7.1972 EzA § 626 BGB n. F. Nr. 15). Eine Wiedereinsetzung in den vorigen Stand ist ausgeschlossen (*BAG* 28.10.1971 EzA § 626 BGB Nr. 8).

**1034–1035** (derzeit unbesetzt)

**1036** Das *BAG* (2.3.2006 EzA § 91 SGB IX Nr. 3 m. Anm. *Sandmann* SAE 2007, 215 ff.; 1.2.2007 EzA § 626 BGB 2002 Verdacht strafbarer Handlung Nr. 3) hat zum Verhältnis von § 91 Abs. 2 SGB IX und § 626 BGB folgende Grundsätze aufgestellt:
- Mit der eigenständigen Prüfung der Ausschlussfrist des § 626 Abs. 2 BGB durch die Arbeitsgerichte ist keine Aussage über die verwaltungsrechtliche Frage verbunden, ob § 91 Abs. 2 SGB IX als Voraussetzung einer wirksamen Zustimmung des Integrationsamtes eingehalten ist.
- Eine bereits eingetretene Versäumung der Frist des § 626 Abs. 2 BGB kann nicht allein dadurch »geheilt« werden, dass der Arbeitnehmer erst danach das Vorliegen einer Schwerbehinderung bzw. eine entsprechende Antragstellung mitteilt und sodann das Integrationsamt auf einen entsprechenden Antrag des Arbeitgebers hin die Zustimmung zu einer beabsichtigten außerordentlichen Kündigung erteilt.
- Durch die Zustimmung des Integrationsamtes steht also nicht zugleich fest, dass die Zweiwochenfrist gewahrt ist (§ 626 Abs. 2 BGB). Denn die Fristen der §§ 626 Abs. 2 BGB, 91 Abs. 2 SGB IX stehen selbständig nebeneinander und verdrängen einander nicht (*BAG* 1.2.2007 EzA § 626 BGB 2002 Verdacht strafbarer Handlung Nr. 3).

## C. Die Rechtswirksamkeit der außerordentlichen Arbeitgeberkündigung Kapitel 4

### cc) Beginn der Frist

### (1) Kenntnis der Kündigungstatsachen

Die Frist gem. § 626 Abs. 2 BGB beginnt mit dem Zeitpunkt, in dem der Kündigungsberechtigte von den für die Kündigung maßgebenden Tatsachen **Kenntnis erlangt**. 1037

Erforderlich ist eine zuverlässige und möglichst vollständige positive Kenntnis der für die Kündigung maßgebenden Tatsachen (*BAG* 27.1.2011 EzA § 626 BGB 2002 Verdacht strafbarer Handlung Nr. 10 = NZA 2011, 798; 26.6.2008 EzA § 626 BGB 2002 Nr. 21; 5.6.2008 – 2 AZR 25/07 NZA-RR 2009, 69; 1.2.2007 EzA § 626 BGB 2002 Verdacht strafbarer Handlung Nr. 3; 2.2.2006 EzA § 626 BGB 2002 Ausschlussfrist Nr. 1), die ihm die fundierte Entscheidung ermöglicht, ob die Fortsetzung des Arbeitsverhältnisses zumutbar ist oder nicht (*BAG* 25.11.2010 EzA § 108 BPersVG Nr. 5; 23.10.2008 EzA § 626 BGB 2002 Nr. 21; 26.6.2008 EzA § 626 BGB 2002 Nr. 21; 2.3.2006 EzA § 91 SGB IX Nr. 3). 1038

Dazu gehören sowohl die **für als auch gegen die Kündigung sprechenden Umstände** sowie die Beschaffung und Sicherung möglicher Beweismittel für die ermittelte Pflichtverletzung (*BAG* 17.3.2005 EzA § 626 BGB 2002 Nr. 9; *LAG SchlH* 17.12.2008 NZA-RR 2009, 397); Aspekte, die für den Arbeitnehmer sprechen, lassen sich regelmäßig nicht ohne eine **Anhörung des Arbeitnehmers** erfassen (*BAG* 25.11.2010 EzA § 108 BPersVG Nr. 5). Die Kenntnisnahme von **ersten Anhaltspunkten** für das Vorliegen eines Kündigungsgrundes **genügt nicht** (*BAG* 25.11.2010 EzA § 108 BPersVG Nr. 5); selbst grob fahrlässige Unkenntnis schadet nicht (*BAG* 5.12.2002 EzA § 123 BGB 2002 Nr. 1; vgl. auch *LAG Bln.-Bra.* 18.11.2009 LAGE § 626 BGB 2002 Nr. 25; *OLG Karlsruhe* 28.4.2004 NZA 2005, 301); **ohne die umfassende Kenntnis des Kündigungsberechtigten vom Kündigungssachverhalt kann sein Kündigungsrecht nicht verwirken** (*BAG* 1.2.2007 EzA § 626 BGB 2002 Verdacht strafbarer Handlung Nr. 3; s. Rdn. 1030). 1039

Stützt der Arbeitgeber z. B. die Kündigung nicht auf die Verantwortung des Arbeitnehmers im öffentlichen Dienst für die Verbreitung ausländerfeindlicher Pamphlete, sondern auf seine erstmalige, nicht rechtskräftige Verurteilung wegen Volksverhetzung, so beginnt die Frist ab Kenntniserlangung des Arbeitgebers von der Verurteilung zu laufen (*BAG* 14.2.1996 EzA § 626 BGB n. F. Nr. 160; vgl. dazu APS/*Dörner/Vossen* § 626 BGB Rn. 125). 1040

Informationen über eine **zulässige Vorbereitungshandlung** für einen später beabsichtigten **Wettbewerb** können nicht diejenigen Tatsachen sein, nach deren Kenntnis der Arbeitgeber zuverlässig beurteilen kann, ob ihm die Fortsetzung des Arbeitsverhältnisses mit dem Gekündigten zumutbar ist oder nicht. Maßgeblich ist vielmehr derjenige Sachverhalt, der den Arbeitgeber **zur Kündigung veranlasst hat** und aus seiner Sicht den Kündigungsgrund bildet (*BAG* 26.6.2008 EzA § 626 BGB 2002 Nr. 21). 1041

### (2) Hemmung der Frist bei Ermittlungen

Der Kündigungsberechtigte, der bislang nur Anhaltspunkte für einen Sachverhalt hat, der zur außerordentlichen Kündigung berechtigen könnte, kann nach pflichtgemäßem Ermessen **weitere Ermittlungen** anstellen und den **Betroffenen anhören**, ohne dass die Frist des § 626 Abs. 2 BGB zu laufen beginnt. Im Regelfall darf der Arbeitgeber den Arbeitnehmer deshalb noch zu dem **Ermittlungsbericht einer Detektei** befragen (*BAG* 25.11.2010 EzA § 108 BPersVG Nr. 5). Ist die Frist bereits angelaufen, kann sie **gleichwohl gehemmt werden** (*BAG* 5.6.2008 – 2 AZR 25/07, NZA-RR 2009, 69). Denn zur Erlangung dieser Kenntnis kann der Kündigungsberechtigte zunächst **Ermittlungen** anstellen, insbes. den Betroffenen anhören (*BAG* 2.2.2006 EzA § 626 BGB 2002 Ausschlussfrist Nr. 1; 2.3.2006 EzA § 91 SGB IX Nr. 3). Da das Ziel der gesetzlichen Regelung auch darin besteht, eine **hektische Eile** bei der Kündigung und insbes. eine **vorschnelle außerordentliche Kündigung zu verhindern**, ist der Arbeitgeber verpflichtet, den Sachverhalt und die Beweismittel zu überprüfen und sich angesichts der Schwere der gegen den Arbeitnehmer erhobenen Vorwürfe auch 1042 einen persönlichen Eindruck von Belastungszeugen zu verschaffen (*BAG* 1.2.2007 EzA § 626 BGB 2002 Verdacht strafbarer Handlung Nr. 3; 17.3.2005 EzA § 626 BGB 2002 Nr. 9).

**1043** Solange der Arbeitgeber die zur Sachverhaltsaufklärung nach pflichtgemäßem Ermessen notwendig erscheinenden Maßnahmen, z. B. in einem Fall von umfangreichen und über lange Zeit fortgesetzten Veruntreuungen Untersuchungen durchführt, insbes. Unterlagen oder Abrechnungen überprüft, um das Ausmaß des Schadens zu ermitteln kann die Ausschlussfrist nicht beginnen bzw. ist sie gehemmt (*BAG* 1.2.2007 EzA § 626 BGB 2002 Verdacht strafbarer Handlung Nr. 3; *LAG Köln* 18.1.2002 ZTR 2002, 395).

Die Hemmung des Fristablaufs setzt aber voraus, dass die vom Arbeitgeber ergriffenen Maßnahmen vom Standpunkt eines verständigen Vertragspartners her zur genaueren Sachverhaltsermittlung erforderlich waren (APS/*Dörner/Vossen* § 626 BGB Rn. 127 ff.); die Ermittlungen sind zudem **unverzüglich und zeitnah mit der gebotenen Eile anzustellen**, andernfalls ist die außerordentliche Kündigung ausgeschlossen. Denn der Arbeitgeber weiß nunmehr, dass – aus seiner Sicht – ein Kündigungsgrund vorliegt und dass er kündigen kann. Innerhalb der Frist muss er dann entscheiden, ob er kündigen will und die Kündigung gegenüber dem Arbeitnehmer erklären (*BAG* 5.6.2008 – 2 AZR 25/07, EzA-SD 21/2008 S. 10 LS = NZA-RR 2009, 69; 2.2.2006 EzA § 626 BGB 2002 Ausschlussfrist Nr. 1; 2.3.2006 EzA § 91 SGB IX Nr. 3; *LAG RhPf* 27.5.2004 LAG Report 2005, 40). Eine Hemmung tritt z. B. dann nicht ein, wenn **von vornherein** damit zu rechnen ist, dass die Ermittlungen **keine zusätzlichen Erkenntnisse** bringen. Allein der Umstand, dass der Arbeitnehmer nach seiner telefonischen Anhörung angeregt hatte, sich noch einmal im Betrieb zusammenzusetzen, führt dann zudem auch nicht dazu, dass er rechtsmissbräuchlich handelt, wenn er sich auf die Nichteinhaltung der Frist nach § 626 Abs. 2 BGB beruft (*LAG Köln* 12.8.2008 – 9 Sa 480/08, ZTR 2009, 225 LS).

Es spielt andererseits insoweit **keine Rolle**, ob die – zunächst nicht aussichtslos erscheinenden – Ermittlungsmaßnahmen **tatsächlich etwas zur Aufklärung des Sachverhalts beigetragen haben** oder im Ergebnis letztlich überflüssig waren. Kein Anlass für Ermittlungen besteht andererseits dann nicht (mehr), wenn der Sachverhalt geklärt oder vom Arbeitnehmer sogar zugestanden worden ist (*BAG* 1.2.2007 EzA § 626 BGB 2002 Verdacht strafbarer Handlung Nr. 3; 5.12.2002 EzA § 123 BGB 2002 Nr. 1). Allerdings ist die Ausschlussfrist nur solange gehemmt, wie der Kündigungsberechtigte die notwendig erscheinenden Aufklärungsmaßnahmen **mit der gebotenen Eile** auch **tatsächlich durchführt** (*BAG* 31.3.1993 EzA § 626 BGB Ausschlussfrist Nr. 5; 5.12.2002 EzA § 123 BGB 2002 Nr. 1). Ein Zeitraum von **über zwei Monaten** ist insoweit regelmäßig zu lang, soweit nicht besondere Umstände vorliegen (*LAG Nds.* 16.9.2005 LAGE § 626 BGB 2002 Ausschlussfrist Nr. 1a). Hat der Kündigungsberechtigte dagegen dennoch weitere Ermittlungen durchgeführt, muss er darlegen, **welche Tatsachenbehauptungen unklar** und daher ermittlungsbedürftig waren und **welche weiteren Ermittlungen** – zumindest aus damaliger Sicht – zur Klärung von Zweifeln angestellt worden sind; der Vortrag des Arbeitgebers, es seien insgesamt mehr als 12.000 Rechnungen und Sammelrechnungen mit mehreren Lieferscheinen zu prüfen gewesen, lässt insoweit ausnahmsweise bereits aufgrund des Umfangs der Unterlagen einen Überprüfungszeitraum von **gut zwei Monaten plausibel** erscheinen (*BAG* 1.2.2007 EzA § 626 BGB 2002 Verdacht strafbarer Handlung Nr. 3).

**1044** Sützt der Arbeitgeber die Kündigung auf die Äußerung des Arbeitnehmers, eine **Bombe mit sich zu führen**, stellt es grds. keinen willkürlichen Zeitpunkt für den Beginn der Zweiwochenfrist dar, wenn der Arbeitgeber zunächst von einem polizeilichen Ermittlungsbericht Kenntnis haben will. Auch dieser kann geeignet sein, neue und weitere Erkenntnisse für den Arbeitgeber zu liefern. Dies ist dann nicht der Fall, wenn der Polizeibericht bezüglich der Zeugenbefragung offensichtlich lückenhaft ist und dem Arbeitgeber wegen seiner eindeutig erkennbaren Unvollständigkeit keine neuen Erkenntnisse liefern kann (*LAG RhPf* 26.5.2009 NZA-RR 2010, 134).

**1045** Der Arbeitgeber darf aber auch z. B. die Beendigung eines Strafermittlungs- bzw. Strafverfahrens abwarten (*BAG* 17.3.2005 EzA § 626 BGB 2002 Nr. 9; *LAG Hamm* 3.4.2008 – 3 Sa 207/07, EzA-SD

15/2008 S. 5 LS), wenn er selbst die Schuld des Arbeitnehmers nicht abschließend feststellen kann (*BAG* 11.3.1976 EzA § 626 BGB n. F. Nr. 46); insbes. kann er die Kündigung auf die **rechtskräftige Verurteilung** des Arbeitnehmers stützen (*BAG* 5.6.2008 – 2 AZR 25/07, NZA-RR 2009, 69). Dies ist zwar ein rechtsstaatlich **nicht gebotenes**, in jedem Fall **aber** gerade im Interesse des Arbeitnehmers **angemessenes Vorgehen**. Der Arbeitgeber gibt damit zu erkennen, dass er die Kündigung nur auf einen zur rechtskräftigen Verurteilung im Strafverfahren ausreichenden Tatsachenstand stützen will und die rechtskräftige Verurteilung aus seiner Sicht ein eigenes Gewicht hat, das sie zu einem Element des Kündigungsgrundes macht (*BAG* 5.6.2008 – 2 AZR 25/07, EzA-SD 21/2008 S. 10 LS = NZA-RR 2009, 69).

Der Arbeitgeber kann aber schließlich auch berechtigt sein, nach Einsicht in die staatsanwaltschaftlichen Akten eines größeren Korruptions-Komplexes das Ermittlungsverfahren und die evtl. Anklageerhebung im Einzelfall abzuwarten, ohne dass eine spätere Kündigung verfristet wäre (*Hess. LAG* 25.8.1994 LAGE § 626 BGB Ausschlussfrist Nr. 6; *LAG Hamm* 3.4.2008 – 3 Sa 207/07, FA 2008, 285). Andererseits muss er nach **Einsicht in die Ermittlungsakten** mit der Kündigung nicht zuwarten (*LAG Hamm* 3.4.2008 – 3 Sa 207/07, EzA-SD 15/2008 S. 5 LS = FA 2008, 285). 1046

Entschließt sich der Arbeitgeber dazu, den Aus- oder Fortgang eines Strafermittlungs- bzw. Strafverfahrens abzuwarten, so kann er dann aber nicht zu einem beliebigen, willkürlich gewählten Zeitpunkt außerordentlich kündigen. Will er vor Abschluss des Strafverfahrens kündigen, muss ein sachlicher Grund – z. B. die Kenntnis von neuen Tatsachen oder Beweismitteln – vorliegen (*BAG* 17.3.2005 EzA § 626 BGB 2002 Nr. 9). 1047

Eine Hemmung der Frist tritt im Übrigen nicht dadurch ein, dass der Kündigungsberechtigte bei einem Rechtsanwalt **Rechtsrat zwecks Beurteilung** einholt, ob die bislang ermittelten **Indiztatsachen die beabsichtigte Kündigung tragen** oder weitere Aufklärungsmaßnahmen unternommen werden sollten (*LAG Hamm* 1.10.1998 LAGE § 626 BGB Ausschlussfrist Nr. 10). 1048

Für die Vorermittlungen gilt, anders als für die Anhörung des Arbeitnehmers (s. Rdn. 1051), keine Regelfrist (*BAG* 10.6.1988 EzA § 626 BGB Ausschlussfrist Nr. 1). 1049

Keine Hemmung tritt auch dann ein, wenn der Informant des Kündigungsberechtigten mit der Verwertung der Informationen nicht einverstanden ist, sofern nicht aus bestimmten Rechtsgründen ein Verwertungsverbot besteht. Dies gilt auch für ein Ersuchen der Staatsanwaltschaft, durch die Einsicht in eine Ermittlungsakte gewonnene Erkenntnisse zunächst nicht zu verwerten (*Hess. LAG* 4.4.2003 NZA 2004, 1160). 1050

### (3) Anhörung des Arbeitnehmers

Auch die sachdienliche **Anhörung des Arbeitnehmers** hemmt den Fristablauf, möglicherweise ist auch eine Mehrfachanhörung erforderlich. Denn die Anhörung ist zwar keine Wirksamkeitsvoraussetzung für die Tatkündigung (s. Rdn. 1391), sie gehört aber regelmäßig zu den erforderlichen Aufklärungsmaßnahmen, damit der Arbeitnehmer Gelegenheit erhält, entlastende Umstände vorzutragen (*LAG Hamm* 7.6.2005 LAG Report 2005, 384 LS; *LAG Sachsen* 23.4.2007 – 3 Sa 301/06, FA 2007, 358 LS). 1051

Um den Schutz des Kündigungsgegners durch die Ausschlusswirkung nicht mittels einer Hinauszögerung der Anhörung umgehen zu können, muss sie **innerhalb einer kurzen Frist erfolgen, die regelmäßig nicht länger als 1 Woche sein darf** (*BAG* 2.3.2006 EzA § 91 SGB IX Nr. 3), berechnet ab dem Zeitpunkt, in dem der Kündigungsberechtigte von den für die Kündigung maßgebenden Tatsachen Kenntnis erlangt (APS/*Dörner/Vossen* § 626 BGB Rn. 130). Allerdings kann die Frist bei **Vorliegen besonderer Umstände** auch überschritten werden (*BAG* 2.3.2006 EzA § 91 SGB IX Nr. 3 = NZA 2006, 1211). 1052

*(4) Kenntnis des Kündigungsberechtigten*

1053 **Entscheidend ist die Kenntnis des zur Kündigung Berechtigten**, das ist jeder, der zur Kündigung des konkreten Arbeitnehmers befugt ist. Nach hessischem Gemeinderecht kommt es für den Beginn des Laufs der Ausschlussfrist auf die **Kenntnis des Gemeindevorstands** als Gremium an. Kenntnisse eines nicht kündigungsbefugten Personalamtes sind der Gemeinde nur zuzurechnen, wenn deren Nichtweitergabe an den Gemeindevorstand auf einem Organisationsmangel beruhte (*Hess. LAG* 4.4.2003 NZA 2004, 1160).

1054 Bei Minderjährigkeit des Arbeitgebers ist die Kenntnis des gesetzlichen Vertreters entscheidend.

1055 Im Falle der Gesamtvertretung ist die Kenntnis eines Vertreters ausreichend (*BAG* 20.9.1984 EzA § 626 BGB n. F. Nr. 92); demgegenüber geht der *BGH* [15.6.1998 II ZR 318/96 gegen *BGH* 2.6.1997 DStR 1997, 1338 f.] für die außerordentliche Kündigung des Anstellungsvertrages eines GmbH-Geschäftsführers von der Notwendigkeit der **Kenntnis der Mitglieder der Gesellschaftsversammlung** aus, die nach deren Zusammentritt erlangt sein muss, oder des Vorstandes (*BGH* 10.9.2001 EzA § 611 BGB Abmahnung Nr. 43) aus.

1056 Grds. reicht die Kenntnis dritter Personen ohne Entlassungsbefugnis für den Beginn der Ausschlussfrist nicht aus (*BAG* 28.10.1971 AP Nr. 1 zu § 626 BGB Ausschlussfrist).

1057 Hat der Dritte im Betrieb allerdings eine Stellung, die nach den Umständen des Einzelfalles erwarten lässt, dass er den Kündigungsberechtigten von dem Kündigungssachverhalt unterrichtet, so ist trotz unterlassener oder verzögerter Unterrichtung dem Kündigungsberechtigten die Kenntnis nach **Treu und Glauben** zuzurechnen, wenn die Information des Arbeitgebers durch eine **mangelhafte Organisation** des Betriebes verhindert wurde, obwohl eine andere Organisation sachgemäß gewesen wäre und dem Arbeitgeber zumutbar war (*BAG* 5.5.1977 EzA § 626 BGB n. F. Nr. 57; APS/*Dörner/Vossen* § 626 BGB Rn. 131 f.).

> Im Einzelnen gilt insoweit Folgendes (*BAG* 23.10.2008 EzA § 626 BGB 2002 Nr. 23):
>
> Nur der Arbeitgeber ist nach der gesetzlichen Regelung zur Kündigung berechtigt. Zu den Kündigungsberechtigten gehören aber auch die Mitarbeiter, denen der Arbeitgeber das Recht zur außerordentlichen Kündigung übertragen hat. Die **Kenntnis anderer Personen** ist für die Zwei-Wochen-Frist grds. **unbeachtlich**. Dies gilt selbst dann, wenn den Mitarbeitern Aufsichtsfunktionen übertragen worden sind. Nur ausnahmsweise muss sich der Arbeitgeber die Kenntnis anderer Personen nach Treu und Glauben zurechnen lassen. Diese Personen müssen allerdings eine herausgehobene Position und Funktion im Betrieb oder der Verwaltung haben und tatsächlich sowie rechtlich in der Lage sein, einen Sachverhalt – der Anhaltspunkte für eine außerordentliche Kündigung bietet – so umfassend klären zu können, dass mit ihrer Meldung der Kündigungsberechtigte ohne weitere Erhebungen und Ermittlungen seine (Kündigungs-)Entscheidung treffen kann. Dementsprechend muss der Mitarbeiter zum einen in einer ähnlich selbständigen Stellung sein, wie ein gesetzlicher oder rechtsgeschäftlicher Stellvertreter des Arbeitgebers. Zum anderen muss die verspätet erlangte Kenntnis des Kündigungsberechtigten in diesen Fällen auf einer unsachgemäßen Organisation des Betriebs oder der Verwaltung beruhen, obwohl eine andere betriebliche Organisation sachgemäß und zumutbar gewesen wäre. Beide Voraussetzungen – ähnlich selbständige Stellung und schuldhafter Organisationsmangel – müssen kumulativ vorliegen.
>
> Ein Schulleiter eines nordrhein-westfälischen Gymnasiums erfüllt regelmäßig diese Voraussetzungen nicht.

*b) Dauergründe*

*aa) Begriffsbestimmung*

1058 Problematisch ist die Frage des Fristbeginns bei sog. Dauergründen. § 626 Abs. 2 BGB gilt zwar auch dann (*BAG* 18.5.2006 EzA § 2 KSchG Nr. 60), bedarf aber besonderer Auslegung.

Bei **Dauergründen** handelt es sich z. B. um Pflichtverletzungen, die zu einem Gesamtverhalten zusammengefasst werden können. Hier beginnt die Ausschlussfrist mit dem letzten Vorfall, der ein weiteres und letztes Glied der Kette der Ereignisse bildet, die zum Anlass für eine Kündigung genommen werden.

Das frühere Verhalten, das länger als zwei Wochen zurückliegt, ist aber ebenfalls zu berücksichtigen und zwar, anders als ein verfristeter Vorfall, nicht nur unterstützend (APS/*Dörner*/Vossen § 626 BGB Rn. 133 ff.). Der Umstand allerdings, dass das **Vertrauensverhältnis** zwischen den Parteien möglicherweise »auf Dauer« zerstört ist, führt **nicht zu einem Dauertatbestand** im hier maßgeblichen Sinne. Denn es kommt nicht auf die Dauer des Vertrauensverlusts, sondern auf die Dauer der Tatsachen an, die den Vertrauensverlust hervorrufen (*BAG* 2.3.2006 EzA § 91 SGB IX Nr. 3).

*bb) Eigenmächtiger Urlaubsantritt; unentschuldigtes Fehlen*

Nimmt der Arbeitnehmer z. B. **eigenmächtig Urlaub**, so beginnt die Ausschlussfrist des § 626 Abs. 2 BGB für eine hierauf gestützte außerordentliche Kündigung des Arbeitgebers aus wichtigem Grund mit der **Rückkehr des Arbeitnehmers** (*BAG* 25.2.1983 EzA § 626 BGB n. F. Nr. 83). Denn dann, wenn der Arbeitnehmer längere Zeit unbefugt der Arbeit fernbleibt, begeht er jeden Tag von neuem eine Vertragsverletzung.

Erklärt der Arbeitgeber erst wenige Tage nach dem Urlaubsantritt, jedoch vor der Rückkehr des Arbeitnehmers die Kündigung, so muss nicht bereits der Antritt des Urlaubs ohne Rücksicht auf die Dauer des Fernbleibens der maßgebliche Grund für die Kündigung gewesen sein. Der Arbeitgeber kann aus verschiedenen Erwägungen eine Weile zugewartet haben, bevor er zu dem äußersten Mittel der fristlosen Entlassung griff.

Fehlt der Arbeitnehmer unentschuldigt, z. B. im Falle einer rechtswidrigen **Selbstbeurlaubung**, so beginnt die Frist frühestens mit **dem Ende der unentschuldigten Fehlzeit** (*BAG* 22.1.1998 EzA § 626 BGB Ausschlussfrist Nr. 11; s. a. *BAG* 13.3.2008 EzA § 1 KSchG Verhaltensbedingte Kündigung Nr. 73).

Das lässt sich dahin **zusammenfassen, dass die Ausschlussfrist grds. nicht vor Beendigung des pflichtwidrigen Dauerverhaltens beginnt** (so *BGH* 20.6.2005 NZA 2005, 1415; s. aber Rdn. 1065 ff.).

*cc) Nicht abgeschlossener Dauerzustand*

Bei **nicht abgeschlossenen Dauerzuständen** (z. B. einer längerfristigen Erkrankung) kann der entscheidende Sachverhalt andererseits bereits abgeschlossen sein, sobald der Arbeitgeber weiß, dass der Arbeitnehmer nicht nur vorübergehend ausfällt und er sich darauf in seiner Personalplanung einstellen muss (KR/*Fischermeier* § 626 BGB Rn. 323 ff.).

Allerdings geht das *BAG* (21.3.1996 EzA § 626 BGB Ausschlussfrist Nr. 10) davon aus, dass dann, wenn die **dauernde Unfähigkeit**, die vertraglichen Dienste zu erbringen, den Kündigungsgrund für eine außerordentliche Kündigung eines ordentlich unkündbaren Arbeitnehmers bildet, es sich um einen Dauerzustand handelt, bei dem es für die Einhaltung der Zweiwochenfrist **ausreicht**, dass er in den **letzten zwei Wochen vor Ausspruch der Kündigung angehalten hat** (*BAG* 25.3.2004 EzA § 626 BGB 2002 Unkündbarkeit Nr. 4). Ist jedoch ein **ordentlich unkündbarer Arbeitnehmer** in der Vergangenheit wegen unterschiedlicher Erkrankungen arbeitsunfähig gewesen und führt der Arbeitgeber nach dessen Arbeitsfähigkeit ein Krankengespräch mit ihm, nach dessen Inhalt er nach seiner Behauptung davon ausgehen muss, dass der Arbeitnehmer **auch in Zukunft** arbeitsunfähig krank sein werde, muss er die außerordentliche Kündigung mit Auslauffrist jedenfalls innerhalb von **zwei Wochen nach Kenntnis** von diesem Kündigungssachverhalt aussprechen; in diesem Fall ist kein sog. Dauertatbestand gegeben (zutr. *LAG Bln.* 7.4.2006 LAGE § 626 BGB 2002 Nr. 9).

### dd) Wegfall der Beschäftigungsmöglichkeit

**1067** Ist bei einem tariflich unkündbaren Arbeitnehmer ausnahmsweise eine außerordentliche Kündigung unter Einhaltung der ordentlichen Kündigungsfrist zulässig, weil sein Arbeitsplatz weggefallen ist und der Arbeitgeber ihn auch unter Einsatz aller zumutbaren Mittel, ggf. durch Umorganisation seines Betriebes nicht weiter beschäftigen kann, so ist § 626 Abs. 2 BGB nicht verletzt, da der Wegfall der Beschäftigungsmöglichkeit einen Dauertatbestand darstellt (*BAG* 5.2.1998 EzA § 626 BGB Unkündbarkeit Nr. 2; zust. *Schleusener* SAE 1998, 218 ff.). Bei einer auf **betriebliche Gründe** gestützten außerordentlichen Änderungskündigung wird zusammengefasst **nahezu immer ein Dauerzustand gegeben** sein, was in aller Regel zu der Beurteilung führt, dass die Frist eingehalten ist (*BAG* 18.5.2006 EzA § 2 KSchG Nr. 60).

## 2. Einzelfragen

### a) § 102 BetrVG, § 79 BPersVG

**1068** Die gem. § 102 BetrVG, § 79 BPersVG erforderliche Anhörung des Betriebs- bzw. Personalrats muss rechtzeitig vor Ablauf der Ausschlussfrist eingeleitet werden, da sie nicht um die Anhörungsfrist von drei Tagen verlängert wird.

**1069** Der Arbeitgeber muss deshalb **spätestens am zehnten Tag** nach Kenntnis der für die Kündigung maßgebenden Tatsachen die Anhörung des Betriebsrats einleiten, um nach Ablauf der Anhörungsfrist von drei Tagen dann noch am folgenden letzten Tag der Ausschlussfrist die Kündigung aussprechen zu können.

**1070** Muss ein personalvertretungsrechtliches **Mitbestimmungsverfahren** (einschließlich einer Erörterung und eines Einigungsversuchs zwischen Arbeitgeber und Personalrat) vor Ausspruch der Kündigung durchgeführt werden, so gilt **§ 91 Abs. 5 SGB IX analog.** Der Arbeitgeber muss also unverzüglich (§ 121 BGB, d. h. ohne schuldhaftes Zögern) die Kündigung nach Abschluss des personalvertretungsrechtlichen Mitbestimmungsverfahrens erklären (*BAG* 21.10.1983 AP Nr. 16 zu § 626 BGB Ausschlussfrist; 2.2.2006 EzA § 626 BGB 2002 Ausschlussfrist Nr. 1). Hat der Arbeitgeber innerhalb der Frist des § 626 Abs. 2 BGB sowohl die erforderliche **Zustimmung** des Personalrats **beantragt**, als auch bei verweigerter Zustimmung das **weitere Mitbestimmungsverfahren eingeleitet**, so kann demgemäß die Kündigung auch nach Ablauf der Frist des § 626 Abs. 2 BGB erfolgen, wenn sie **unverzüglich nach Erteilung der Zustimmung** erklärt wird (*BAG* 2.2.2006 EzA § 626 BGB 2002 Ausschlussfrist Nr. 1 = NZA-RR 2006, 440; *LAG SchlH* 17.12.2008 NZA-RR 2009, 397). Es reicht dagegen nicht aus, dass der Arbeitgeber lediglich kurz vor Ablauf der Zweiwochenfrist beim Personalrat die Zustimmung zur Kündigung beantragt und nach Ablauf der Frist bei verweigerter Zustimmung das weitere Mitbestimmungsverfahren einleitet (*BAG* 8.6.2000 EzA § 626 BGB Ausschlussfrist Nr. 15). **Erforderlich ist jedenfalls die Kenntnis vom Abschluss des Mitbestimmungsverfahrens.** Der Arbeitgeber ist i. d. R. nicht verpflichtet, von sich aus Erkundigungen über Zeitpunkt und Inhalt der Entscheidung des Hauptpersonalrats einzuholen; insoweit ist § 91 Abs. 3 SGB IX nicht analog anzuwenden (*BAG* 2.2.2006 EzA § 626 BGB 2002 Ausschlussfrist Nr. 1).

### b) § 15 KSchG, § 103 BetrVG

**1071** Soweit die außerordentliche Kündigung eines gem. § 15 Abs. 1–3 KSchG geschützten Amtsträgers erst zulässig ist, nachdem der Betriebs- oder Personalrat seine Zustimmung erteilt hat oder die verweigerte Zustimmung rechtskräftig ersetzt worden ist, ist § 626 Abs. 2 BGB anwendbar.

**1072** Der Arbeitgeber muss deshalb noch **innerhalb der Ausschlussfrist ggf. das gerichtliche Verfahren auf Ersetzung der Zustimmung einleiten** (*BAG* 7.5.1986 EzA § 103 BetrVG 1972 Nr. 31).

**1073** An die Stelle der gem. § 626 Abs. 2 BGB an sich maßgeblichen Kündigung tritt der Antrag auf gerichtliche Ersetzung der Zustimmung, für den auch § 167 ZPO gilt (s. *BAG* 15.2.2012 EzA EG-Vertrag 1999 Verordnung 44/2001 Nr. 6).

Zu beachten ist aber, dass **nur ein zulässiger Zustimmungsersetzungsantrag** nach § 103 Abs. 2 BetrVG die Ausschlussfrist des § 626 Abs. 2 BGB wahrt. Ein vor der Zustimmungsverweigerung des Betriebsrats gestellter Zustimmungsersetzungsantrag ist unzulässig und wird auch nicht dadurch zulässig, dass nachträglich die Zustimmung des Betriebsrats zu der beabsichtigten Kündigung beantragt wird (*BAG* 24.10.1996 EzA § 103 BetrVG 1972 Nr. 37). **1074**

Wird die Zustimmung rechtskräftig ersetzt, dann muss der Arbeitgeber analog § 91 Abs. 5 SGB IX unverzüglich die außerordentliche Kündigung aussprechen (*BAG* 18.8.1977 EzA § 103 BetrVG 1972 Nr. 20). **1075**

Das Erfordernis der Rechtskraft folgt aus den für das Beschlussverfahren geltenden allgemeinen und **zwingenden Verfahrensgrundsätzen** über die Vollstreckbarkeit der im Beschlussverfahren ergehenden Entscheidungen und über den Eintritt ihrer Wirksamkeit. Die Zustimmungsersetzung beruht auf der Gestaltungs- oder Vollstreckungswirkung des gerichtlichen Beschlusses, die nicht vor einer rechtskräftigen Entscheidung eintreten kann (*BAG* 25.1.1979 EzA § 103 BetrVG 1972 Nr. 22). **1076**

Fraglich ist aber, wann der Arbeitgeber kündigen darf bzw. muss, wenn der Arbeitnehmer gegen den Zustimmungsersetzungsbeschluss des LAG **Nichtzulassungsbeschwerde** zum BAG erhebt. **1077**

Das *BAG* (25.1.1979 EzA § 103 BetrVG 1972 Nr. 22; 25.10.1989 RzK II 3 Nr. 17; **a. A.** *LAG Nds.* 22.1.2010 LAGE § 103 BetrVG 2001 Nr. 9; s. a. Rdn. 623 ff.) geht insoweit davon aus, dass einerseits aus Gründen der **Rechtssicherheit** und -klarheit auf die Rechtskraft der Ersetzungsentscheidung als Kündigungsvoraussetzung nicht verzichtet werden kann. Andererseits soll aber dem betroffenen Arbeitnehmer die Möglichkeit verwehrt werden, durch eine aussichtslose Nichtzulassungsbeschwerde den Ausspruch der Kündigung **über Gebühr hinauszuzögern**. Verlangt wird deshalb in diesen Fällen lediglich die »Unanfechtbarkeit« des Beschlusses, die bereits vor Eintritt der formellen Rechtskraft dann gegeben ist, wenn die Zustimmungsersetzung für die Beteiligten infolge **offensichtlicher Aussichtslosigkeit** des eingelegten Rechtsmittels bindend war. Dem hat das *LAG Nds.* (22.1.2010 LAGE § 103 BetrVG 2001 Nr. 9) entgegengehalten, das seit dem 1.1.2005 die Beschwerde gegen die Nichtzulassung der Rechtsbeschwerde auch darauf gestützt werden kann, dass die Rechtssache **grundsätzliche Bedeutung** hat. Es kann daher grds. nicht mehr die sichere Prognose gestellt werden, dass eine Nichtzulassungsbeschwerde unzulässig oder zumindest offensichtlich aussichtslos wäre. **1078**

Ob der Arbeitgeber – folgt man der Auffassung des *BAG* (25.1.1979 EzA § 103 BetrVG 1972 Nr. 22) – nicht nur berechtigt, sondern andererseits auch **verpflichtet** ist, nach Zustellung des Beschlusses des LAG **unverzüglich die Kündigung zu erklären**, hat das *BAG* (25.1.1979 EzA § 103 BetrVG 1972 Nr. 22; 25.10.1989 RzK II 3 Nr. 17) zunächst offen gelassen, inzwischen aber (*BAG* 9.7.1998 EzA § 103 BetrVG 1972 Nr. 39) verneint. Denn eine solche Auffassung stünde im **Widerspruch zu der Ausgestaltung des arbeitsgerichtlichen Beschlussverfahrens**, wonach grds. in Betriebsverfassungssachen dauernde Auswirkungen erst an **formell rechtskräftige Beschlüsse** geknüpft werden; sie würde außerdem zu einer erheblichen Rechtsunsicherheit führen, weil der Arbeitgeber die **Aussichten eines gegnerischen Rechtsmittels zu prüfen hätte**, wofür in der Sache und außerdem rein zeitlich keine zuverlässigen Maßstäbe zur Prüfung aufgestellt werden können.

### c) § 9 MuSchG, § 18 BEEG

Nach diesen Vorschriften ist es ausreichend, aber auch erforderlich, dass der Arbeitgeber binnen 2 Wochen nach Kenntnis der Kündigungsgründe bei der zuständigen Behörde beantragt, die beabsichtigte außerordentliche Kündigung für zulässig zu erklären. **1079**

Wird die Kündigung für zulässig erklärt, so muss sie der Arbeitgeber **analog § 91 Abs. 5 SGB IX** unverzüglich aussprechen (vgl. *LAG Hamm* 3.10.1986 DB 1987, 544). Der Erteilung der Zustimmung steht der Wegfall des Zustimmungserfordernisses gleich: **Ab Kenntnis** der zum Wegfall des **1080**

Zustimmungserfordernisses führenden Ereignisse ist die Kündigung **unverzüglich** auszusprechen (*LAG Köln* 21.1.2000 NZA-RR 2001, 303).

**1081** ▶ Beispiel:

Mangels entgegenstehender Informationen muss der Arbeitgeber davon ausgehen, dass der vom Arzt gem. § 5 Abs. 1 MuSchG attestierte »mutmaßliche Tag der Entbindung« auch der tatsächliche ist, so dass er damit rechnen muss, dass nach Ablauf von vier Monaten von diesem Tag an gerechnet das Kündigungsverbot des § 9 Abs. 1 MuSchG ausläuft und die Kündigung nicht mehr zustimmungspflichtig ist (*LAG Köln* 21.1.2000 NZA-RR 2001, 303).

### d) §§ 85, 91 SGB IX; Verhältnis zu § 102 BetrVG

**1082** Gem. § 91 Abs. 2 SGB IX kann die Zustimmung zur außerordentlichen Kündigung im Anwendungsbereich des SGB IX nur binnen zwei Wochen beim Integrationsamt beantragt werden. Nach Erteilung der Zustimmung muss sie grds. Unverzüglich – d. h. ohne schuldhaftes Zögern, § 121 BGB – ausgesprochen werden (**§ 91 Abs. 5 SGB IX**; vgl. dazu *Fenski* BB 2001, 570 ff.). Dem Arbeitgeber, der seinem rechtlich relevanten Verhalten eine dem Arbeitnehmer **günstige, nachvollziehbare Rechtsauffassung** in einer höchstrichterlich nicht entschiedenen Frage **zu Grunde legt**, kann in diesem Zusammenhang **kein Schuldvorwurf** gemacht werden (*BAG* 21.4.2005 EzA § 91 SGB IX Nr. 1). Im Übrigen kann der Arbeitgeber allerdings die Kündigungserklärungsfrist voll ausschöpfen. Liegt die Zustimmung also vor Ablauf der Frist gem. § 626 Abs. 2 BGB vor, muss der Arbeitgeber nicht unverzüglich kündigen. Denn § 91 Abs. 2 SGB IX ergänzt als speziellere Regelung § 626 Abs. 2 BGB nur nach Ablauf der Kündigungserklärungsfrist und führt nicht zu deren Verkürzung (*BAG* 15.11.2001 EzA § 21 SchwbG 1986 Nr. 12 m. Anm. *Joussen* SAE 2002, 316; 7.11.2002 EzA § 130 BGB 2002 Nr. 1; *LAG Hamm* 4.11.2004 – 8 Sa 292/04, EzA-SD 7/05, S. 16 LS).

**1083** Ist die Frist des § 626 Abs. 2 BGB bereits abgelaufen, stellt § 91 Abs. 5 SGB IX sicher, dass der Arbeitgeber die Kündigung auch noch nach Ablauf der Frist des § 626 Abs. 2 BGB aussprechen kann. § 91 Abs. 5 SGB IX will dem Umstand Rechnung tragen, dass es dem Arbeitgeber eines zu kündigenden schwer behinderten Arbeitnehmers regelmäßig nicht möglich ist, bis zum Ablauf der zweiwöchigen Ausschlussfrist des § 626 Abs. 2 S. 1 BGB die Zustimmung des Integrationsamtes einzuholen. Die Vorschrift dient also dem Schutz des Arbeitgebers (*BAG* 21.4.2005 EzA § 91 SGB IX Nr. 1).

**1084** »Erklärt« i. S. d. § 91 Abs. 5 SGB IX ist eine Kündigung dann, wenn sie dem Arbeitnehmer gem. § 130 BGB **zugegangen ist**; die Absendung der Kündigungserklärung genügt nicht (*LAG RhPf* 31.3.2004 NZA-RR 2005, 71).

**1085** Der Arbeitgeber kann das Anhörungsverfahren gem. § 102 BetrVG nach dem Ende des Zustimmungsverfahrens oder nach dem Eintritt der Zustimmungsfiktion **einleiten**. In diesem Fall muss der Arbeitgeber jedoch, soweit keine besonderen Hinderungsgründe entgegenstehen, sofort nach Bekanntgabe der Zustimmungsentscheidung oder nach Eintritt der Zustimmungsfiktion das Anhörungsverfahren einleiten und **sofort nach Eingang der Stellungnahme** des Betriebsrats oder des Ablaufs der Drei-Tage-Frist des § 102 Abs. 2 S. 3 BetrVG die Kündigung erklären (*LAG RhPf* 31.3.2004 NZA-RR 2005, 71).

**1086** Erfolgt die notwendige Zustimmung des Integrationsamtes erst im Widerspruchsverfahren, ist für die Wahrung der Frist des § 626 Abs. 2 BGB nicht erst auf das Datum der Zustellung des schriftlichen Widerspruchsbescheides abzustellen. Denn der Arbeitgeber kann die außerordentliche Kündigung erklären, sobald die Entscheidung des Integrationsamtes »getroffen« ist. Das ist bereits dann der Fall, wenn das Integrationsamt dem Arbeitgeber die Entscheidung mündlich oder fernmündlich bekannt gegeben hat. Denn dann hat der Arbeitgeber sichere Kenntnis davon, dass das Integrationsamt in seinem Sinne entscheiden hat. Er braucht dann nicht mehr mit der Kündigung zu warten und darf es auch nicht, weil er ansonsten nicht unverzüglich kündigen würde. Zwar regelt § 91 Abs. 5 SGB IX nur die Zustimmung durch das Integrationsamt. Die weit-

C. Die Rechtswirksamkeit der außerordentlichen Arbeitgeberkündigung **Kapitel 4**

gehende Übereinstimmung der Interessenlagen und Verfahrenskonstellationen rechtfertigt jedoch die Anwendung des in § 91 Abs. 5 SGB IX zum Ausdruck kommenden Rechtsgedankens auch dann, wenn die Zustimmung erst im Widerspruchsausschuss erteilt wird. Der Arbeitgeber kann – und muss – auch in diesem Fall bereits dann unverzüglich kündigen, wenn er sichere Kenntnis davon hat, dass der Widerspruchsausschuss die Zustimmung erteilt (*BAG* 21.4.2005 EzA § 91 SGB IX Nr. 1; a. A. *LAG BW* 16.3.2004 LAG Report 2005, 38).

## IV. Materielle Voraussetzungen für eine außerordentliche Kündigung (§ 626 Abs. 1 BGB)

### 1. Grundsätze

*a) Geltungsbereich des § 626 BGB; sonstige Regelungen einer außerordentlichen Kündigung*

Der Geltungsbereich des § 626 BGB erstreckt sich auf alle Arten von Dienstverhältnissen einschließlich der Arbeitsverhältnisse. **1087**

Er findet gleichermaßen Anwendung auf **unbefristete und befristete Dienstverhältnisse und Arbeitsverhältnisse**. **1088**

Neben § 626 BGB bestehen nur noch wenige sonstige Regelungen: §§ 64 bis 69, 78 SeemG (für Schiffsbesatzungen und Kapitäne; § 67 SeemG enthält z. B. einen absoluten Kündigungsgrund: *BAG* 16.1.2003 EzA § 242 BGB 2002 Kündigung Nr. 3) sowie § 22 BBiG (für Berufsausbildungsverhältnisse; vgl. APS/*Dörner/Vossen* § 626 BGB Rn. 2 ff.). **1089**

*b) Zwingendes Recht*

§ 626 Abs. 1 BGB ist für beide Vertragsteile **zwingendes Recht**. Er kann weder ausgeschlossen noch beschränkt werden (*BAG* 8.8.1963 AP Nr. 2 zu § 626 BGB Kündigungserschwerung; s. a. *ArbG Bln.* 16.12.2011 – 28 Ca 16216/11, EzA-SD 2/2012 S. 7 LS). **1090**

Im Kern ist die Möglichkeit zur außerordentlichen Kündigung verfassungsrechtlich geschützt (*BVerfG* 13.11.1979 EzA § 9 MuSchG n. F. Nr. 17). Insoweit ist jede einzel- und kollektivvertragliche Ausschließung und Beschränkung des außerordentlichen Kündigungsrechts nichtig. Das *ArbG Hamm* (19.6.2001 NZA-RR 2001, 612) hat deshalb angenommen, dass der **völlige Ausschluss der außerordentlichen Beendigungskündigung aus betriebsbedingten Gründen** durch einen Tarifvertrag im Lichte von Art. 12 Abs. 1 GG **verfassungswidrig** ist. Es hat den Arbeitgeber jedoch für verpflichtet angesehen, einen gleichwertigen Arbeitsplatz zu Gunsten des tariflich unkündbaren Arbeitnehmers freizukündigen, wenn dieser von einem weniger schutzwürdigen Arbeitnehmer besetzt ist. **1091**

*aa) Verbot der unzumutbaren Erschwerung der Kündigung*

Unzulässig ist auch die unzumutbare Erschwerung des Kündigungsrechts für den bei Vorliegen der Voraussetzungen des § 626 BGB Kündigenden, z. B. durch Vertragsstrafenvereinbarungen, Verpflichtungen zur Zahlung von Abfindungssummen (*BGH* 3.7.2000 EzA § 626 BGB n. F. Nr. 181), zur Fortzahlung des Gehalts oder zur Rückzahlung von Urlaubsentgelt. **1092**

Eine Beschränkung des § 626 Abs. 1 BGB ist auch nicht in der Weise möglich, dass vertraglich abschließend Gründe festgelegt werden, die alleine zur außerordentlichen Kündigung berechtigen sollen (vgl. APS/*Dörner/Vossen* § 626 BGB Rn. 7 ff.). **1093**

*bb) Konkretisierung einzelner Kündigungsgründe*

Möglich ist es allerdings, einzelne Kündigungsgründe im Rahmen des § 626 Abs. 1 BGB zu konkretisieren, doch kommt einer solchen Konkretisierung rechtlich keine § 626 Abs. 1 BGB ausschließende oder beschränkende Bedeutung zu. **1094**

Sie kann dann allerdings in der Praxis eine Art **vorbeugende Warnfunktion** erfüllen. **1095**

**Kapitel 4**          Die Beendigung des Arbeitsverhältnisses

**1096** Auch im Übrigen sind einzel- und tarifvertragliche Regelungen, die das Recht einer Partei zur außerordentlichen Kündigung ausschließen oder einschränken, nicht völlig bedeutungslos.

**1097** Sie können die **Schwerpunkte einer im Rahmen des § 626 Abs. 1 BGB immer vorzunehmenden Interessenabwägung durchaus verlagern**, weil sie deutlich machen, welche Aspekte die Tarifvertragsparteien z. B. als für den Bestand des Arbeitsverhältnisses besonders bedeutsam ansehen (*BAG* 22.11.1973 EzA § 626 BGB n. F. Nr. 33; APS/*Dörner/Vossen* § 626 BGB Rn. 15).

*cc) Verbot der Erweiterung des § 626 Abs. 1 BGB*

**1098** **Auch eine einzel- oder kollektivvertragliche Erweiterung des § 626 Abs. 1 BGB ist unzulässig.**

**1099** Einer einzelvertraglichen Erweiterung stehen die zwingend festgelegten gesetzlichen Kündigungsfristen entgegen, die durch die bloße Festlegung eines Sachverhalts als wichtiger Grund umgangen werden können. Deshalb ist eine von den Arbeitsvertragsparteien getroffene Regelung, wonach der Arbeitgeber berechtigt ist, den Arbeitnehmer nach Erreichen eines bestimmten Alters »**vorzeitig zu pensionieren**« und so das aktive Arbeitsverhältnis zu beenden, wegen Gesetzesverstoßes (§§ 134, 626, 622 BGB) **nichtig** (*Hess. LAG* 20.9.1999 NZA-RR 2000, 413). Gleiches gilt generell für die **Vereinbarung eines Grundes als wichtiger Grund** i. S. d. § 626 BGB (*LAG Nbg.* 26.4.2001 ZTR 2001, 477 LS). Nichts anderes gilt für einen **vertraglich vereinbarten Ablösungsvorbehalt**, der ein einseitiges Gestaltungsrecht bedeutet, das der Arbeitgeber für den Fall ausüben können soll, dass ein bestimmter vertraglich vereinbarter Grund vorliegt, nämlich der Verlust des Vertrauens zu dem Arbeitnehmer. Die Abbestellung beschränkt sich dann anders als ein Widerrufsvorbehalt nicht auf die partielle Änderung einzelner Arbeitsbedingungen, sondern soll das Anstellungsverhältnis mit Wirkung ex nunc insgesamt beenden. **Damit rückt sie in die Nähe einer außerordentlichen Kündigung, ohne dass ein wichtiger Grund i. S. d. § 626 BGB vorliegen muss**; dies widerspricht dem Schutzzweck des § 626 BGB (*BAG* 9.2.2006 EzA § 308 BGB 2002 Nr. 9).

**1100** Im Gegensatz zu § 622 BGB sieht § 626 Abs. 1 BGB auch keine Tariföffnungsklausel vor.

**1101** Der Kündigungsberechtigte kann allerdings nach Entstehen des Kündigungsgrundes auf sein Kündigungsrecht verzichten oder den Kündigungsgrund verzeihen.

**1102** Der Verzicht kann ausdrücklich oder konkludent durch eine empfangsbedürftige Willenserklärung des Kündigungsberechtigten erfolgen (*BAG* 6.3.2003 EzA § 626 BGB 2002 Nr. 3). In Betracht kommt insbes. auch der Verzicht durch Ausspruch einer Abmahnung (s. Rdn. 2333 ff.). Ob dies mangels Warnfunktion auch für eine nicht mit einem ausdrücklichen Hinweis auf die Gefährdung des künftigen Bestandes des Arbeitsverhältnisses versehene bloße »Ermahnung« bzw. eine bloße Vertragsrüge anzunehmen ist, hat das *BAG* (6.3.2003 EzA § 626 BGB 2002 Nr. 3) offen gelassen. Ein Verzicht kann jedenfalls nur dann angenommen werden, wenn die Vertragsrüge deutlich und unzweifelhaft zu erkennen gibt, dass der Arbeitgeber den vertraglichen Pflichtenverstoß hiermit als ausreichend sanktioniert ansieht. Lässt der Arbeitgeber dagegen in seinem Schreiben selbst an keiner Stelle erkennen, dass er darin bereits eine in irgendeiner Weise abschließende Sanktion auf einen vom Arbeitnehmer begangenen Diebstahl sieht, kann allein aus der Überschrift »Abmahnung« nicht mit der notwendigen Eindeutigkeit gefolgert werden, dass der Arbeitgeber auf ein Kündigungsrecht verzichten wollte (*BAG* 6.3.2003 EzA § 626 BGB 2002 Nr. 3).

*dd) Verzicht auf den Kündigungsschutz*

**1103** Siehe Rdn. 1913 ff.

## C. Die Rechtswirksamkeit der außerordentlichen Arbeitgeberkündigung  Kapitel 4

### c) Wichtiger Grund

#### aa) Begriffsbestimmung

Ein wichtiger Grund i. S. d. Generalklausel des § 626 Abs. 1 BGB für eine außerordentliche Kündigung liegt dann vor, wenn Tatsachen gegeben sind, auf Grund derer dem Kündigenden unter Berücksichtigung aller Umstände des Einzelfalles und unter Abwägung der Interessen beider Vertragsteile die Fortsetzung des Arbeitsverhältnisses bis zum Ablauf der Frist für eine ordentliche Kündigung oder bis zum Ablauf einer vereinbarten Befristung des Arbeitsverhältnisses nicht zugemutet werden kann (vgl. z. B. *BAG* 27.1.2011 EzA § 626 BGB 2002 Verdacht strafbarer Handlung Nr. 10; 9.6.2011 EzA § 626 BGB 2002 Nr. 35; 7.7.2011 EzA § 626 BGB 2002 Nr. 38). Ein wichtiger Grund in diesem Sinne kann auch dann vorliegen, wenn dem Arbeitgeber zwar zunächst die Weiterbeschäftigung des Arbeitnehmers für einen **bestimmten Zeitraum, nicht jedoch bis zum Ablauf der Kündigungsfrist** oder bis zur vereinbarten Beendigung des Arbeitsverhältnisses **zumutbar ist** (*BAG* 13.4.2000 EzA § 626 BGB n. F. Nr. 180). 1104

Damit wird der wichtige Grund zunächst durch die objektiv vorliegenden Tatsachen bestimmt, die an sich geeignet sind, die Fortsetzung des Arbeitsverhältnisses unzumutbar zu machen (vgl. APS/*Dörner/Vossen* § 626 BGB Rn. 21 ff.). 1105

#### bb) Objektive Belastung des Arbeitsverhältnisses

Kündigungsgrund i. S. d. § 626 Abs. 1 BGB ist deshalb jeder Sachverhalt, der objektiv das Arbeitsverhältnis mit dem Gewicht eines wichtigen Grundes belastet (*BAG* 23.3.1972 EzA § 626 BGB n. F. Nr. 11; 27.1.2011 EzA § 626 BGB 2002 Verdacht strafbarer Handlung Nr. 10; 9.6.2011 EzA § 626 BGB 2002 Nr. 35; 7.7.2011 EzA § 626 BGB 2002 Nr. 38; vgl. ausf. KR/*Fischermeier* § 626 BGB Rn. 103 ff.). 1106

Entscheidend ist nicht der subjektive Kenntnisstand des Kündigenden, sondern der **objektiv vorliegende Sachverhalt**, der objektive Anlass. 1107

Berücksichtigt werden können nur die bis zum Ausspruch der Kündigung eingetretenen Umstände bei der Überprüfung der Frage, ob sie als Kündigungsgrund an sich geeignet sind. Umstände, die erst danach entstanden sind, können die bereits erklärte Kündigung nicht rechtfertigen. Sie können allenfalls als Grundlage für eine **weitere Kündigung** oder einen **Auflösungsantrag** nach §§ 9, 10 KSchG dienen. Nachträglich eingetretene Umstände können für die gerichtliche Beurteilung allerdings insoweit von Bedeutung sein, wie sie die Vorgänge, die zur Kündigung geführt haben, in einem neuen Licht erscheinen lassen. Dazu müssen zwischen den neuen Vorgängen und den alten Gründen so enge innere Beziehungen bestehen, dass jene nicht außer Acht gelassen werden können, ohne dass ein einheitlicher Lebensvorgang zerrissen würde. Es darf aber nicht etwa eine ursprünglich unbegründete Kündigung durch eine Berücksichtigung späteren Verhaltens rückwirkend zu einer begründeten werden. Außerdem ist genau zu prüfen, welche konkreten Rückschlüsse auf den Kündigungsgrund späteres Verhalten wirklich erlaubt. Im Hinblick auf prozessuales Vorbringen gilt nichts anderes (*BAG* 15.12.1955 NJW 1956, 807; 28.10.1971 EzA § 626 BGB n. F. Nr. 9; 3.7.2003 EzA § 626 BGB 2002 Verdacht strafbarer Handlung Nr. 2; 24.11.2005 EzA § 626 BGB 2002 Nr. 12, 484; 10.6.2010 EzA § 626 BGB 2002 Nr. 32). Anderseits können auch **vor dem Beginn des Arbeitsverhältnisses liegende**, dem Arbeitgeber bei der Einstellung nicht bekannte **Umstände oder Ereignisse** (z. B. Bilanzmanipulationen des nach einer Fusion als Arbeitnehmer übernommenen Vorstands einer der fusionierten Betriebskrankenkassen) das Vertrauen des Arbeitgebers in die Zuverlässigkeit und Redlichkeit des Arbeitnehmers zerstören und deshalb einen wichtigen Grund zur außerordentlichen Kündigung darstellen (*BAG* 5.4.2001 EzA § 626 BGB n. F. Nr. 187). 1108

### cc) Objektive Unzumutbarkeit der Fortsetzung des Arbeitsverhältnisses

**1109** Die danach zu berücksichtigenden Umstände müssen nach verständigem Ermessen die Fortsetzung des Arbeitsverhältnisses auch nicht für die Dauer der vorgesehenen Kündigungsfrist zumutbar erscheinen lassen (*BAG* 3.11.1955 AP Nr. 4 zu § 626 BGB).

**1110** Bei der Bewertung des Kündigungsgrundes und bei der nachfolgenden Interessenabwägung ist ein **objektiver Maßstab** anzulegen, sodass subjektive Umstände, die sich aus den Verhältnissen der Beteiligten ergeben, nur auf Grund einer objektiven Betrachtung zu berücksichtigen sind. Dabei ist insbes. nicht auf die subjektive Befindlichkeit des Arbeitgebers abzustellen; vielmehr ist ein objektiver Maßstab (»**verständiger Arbeitgeber**«) entscheidend, also ob der Arbeitgeber aus der Sicht eines objektiven Betrachters weiterhin hinreichendes Vertrauen in den Arbeitnehmer haben müsste, nicht aber, ob er es tatsächlich hat (*BAG* 10.6.2010 EzA § 626 BGB 2002 Nr. 32).

### dd) Zukunftsbezogenheit der Kündigung (Prognoseprinzip)

**1111** Die danach maßgeblichen Umstände müssen sich konkret nachteilig auf das Arbeitsverhältnis auswirken. Da der Kündigungsgrund zukunftsbezogen ist und die Kündigung keine Sanktion für das Verhalten in der Vergangenheit darstellt, sondern der **Vermeidung des Risikos weiterer erheblicher Pflichtverletzungen** dient, kommt es auf seine Auswirkungen auf die Zukunft an; die vergangene Pflichtverletzung muss sich noch **in Zukunft belastend** auswirken (*BAG* 9.6.2011 EzA § 626 BGB 2002 Nr. 35; 23.10.2008 EzA § 626 BGB 2002 Nr. 25; 12.1.2006 EzA § 1 KSchG Verhaltensbedingte Kündigung Nr. 67; 12.1.2006 EzA § 1 KSchG Verhaltensbedingte Kündigung Nr. 68; *LAG BW* 25.3.2009 LAGE § 626 BGB 2002 Nr. 20; *LAG RhPf* 26.2.2010 – 6 Sa 682/09, NZA-RR 2010, 297).

**1112** Deshalb muss die Fortsetzung des Arbeitsverhältnisses durch objektive Umstände oder die Einstellung oder das Verhalten des Gekündigten im Leistungsbereich, im Bereich der betrieblichen Verbundenheit aller Mitarbeiter, im persönlichen Vertrauensbereich (der Vertragspartner) oder im Unternehmensbereich **konkret beeinträchtigt** sein (*BAG* 12.1.2006 EzA § 1 KSchG Verhaltensbedingte Kündigung Nr. 67; 12.1.2006 EzA § 1 KSchG Verhaltensbedingte Kündigung Nr. 68; *LAG RhPf* 26.2.2010 – 6 Sa 682/09, NZA-RR 2010, 297; krit. *Enderlein* RdA 2000, 325 ff.). Das kann dann der Fall sein, wenn auch **zukünftige Vertragsverstöße** zu besorgen sind, d. h. wenn davon ausgegangen werden muss, der Arbeitnehmer werde auch künftig den Arbeitsvertrag nach einer Kündigungsandrohung erneut in gleicher oder ähnlicher Weise verletzen oder sonst von einer fortwirkenden Belastung des Arbeitsverhältnisses ausgegangen werden muss (*LAG BW* 25.3.2009 LAGE § 626 BGB 2002 Nr. 20; *LAG RhPf* 26.2.2010 – 6 Sa 682/09, NZA-RR 2010, 297).

**1113** Die negative Zukunftsprognose lässt sich aus **der Beharrlichkeit vergangener Pflichtverletzungen** und dem Ausmaß des Verschuldens des Arbeitnehmers ableiten (*LAG Hamm* 30.5.1996 NZA 1997, 1056 LS; krit. *Adam* NZA 1998, 284 ff.)

**1114** Daraus folgt aber nicht, dass eine außerordentliche Kündigung nur bei Wiederholungsgefahr zulässig ist. Auch ein abgeschlossener Tatbestand ohne Wiederholungsgefahr kann u. U. wegen der Erschütterung des Vertrauensverhältnisses zur außerordentlichen Kündigung berechtigen (abl. zum Prognoseprinzip *Rüthers* NJW 1998, 1433 ff. u. 1895 f.; vgl. demgegenüber *Preis* NJW 1998, 1889 ff.).

### ee) Zweistufigkeit der Überprüfung

**1115** Die erforderliche Überprüfung gem. § 626 Abs. 1 BGB vollzieht sich zweistufig (vgl. z. B. *BAG* 24.3.2011 – 2 AZR 282/10, EzA-SD 16/2011 S. 3 LS = NZA 2011, 1029; 9.6.2011 EzA § 626 BGB 2002 Nr. 35): Zum einen muss ein Grund vorliegen, der unter Berücksichtigung der oben skizzierten Kriterien – aber ohne Berücksichtigung der besonderen Umstände des Einzelfalles (abl. deshalb SPV/*Preis* Rn. 552) – überhaupt an sich geeignet ist, eine außerordentliche Kündigung zu rechtfertigen.

## C. Die Rechtswirksamkeit der außerordentlichen Arbeitgeberkündigung — Kapitel 4

Insoweit handelt es sich um einen Negativfilter, d. h., dass bestimmte Kündigungsgründe eine außerordentliche Kündigung nicht rechtfertigen können.

Zum anderen muss dieser Grund im Rahmen einer Interessenabwägung unter besonderer Berücksichtigung aller Umstände des Einzelfalles, insbes. auch des Verhältnismäßigkeitsprinzips, zum Überwiegen der berechtigten Interessen des Kündigenden an der (i. d. R.) vorzeitigen Beendigung des Arbeitsverhältnisses führen (*BAG* 27.4.2006 EzA § 626 BGB 2002 Nr. 17; *LAG Bln.* 5.1.2005 – 17 Sa 1308/04, EzA-SD 8/05, S. 12 LS; vgl. KR/*Fischermeier* § 626 BGB Rn. 87 ff., 235 ff.). In einer **Gesamtwürdigung** ist das Interesse des Arbeitgebers an der sofortigen Beendigung des Arbeitsverhältnisses gegen das Interesse des Arbeitnehmers an dessen Fortbestand abzuwägen. Es hat eine **Bewertung des Einzelfalls** unter Beachtung des **Verhältnismäßigkeitsgrundsatzes** zu erfolgen (*BAG* 24.3.2011 – 2 AZR 282/10, EzA-SD 16/2011 S. 3 LS = NZA 2011, 1029).

Demgegenüber wird in der Literatur z. T. (*SPV*/*Preis* Rn. 552) angenommen, dass die Grundgedanken des § 1 KSchG zur Auslegung des § 626 BGB herangezogen werden sollten, um zu einer dem § 1 KSchG entsprechenden Fallgruppenbildung nach personen-, verhaltens- und betriebsbedingten Gründen zu gelangen. Damit könnte anstelle einer spezifischen Interessenabwägung die Konkretisierung der Fallgruppen durch jeweils an deren Besonderheiten orientierten Rechtmäßigkeitsvoraussetzungen vorgenommen werden. 1116

### 2. Prüfungsmaßstab

#### a) Der Regelfall

Entscheidend ist die Unzumutbarkeit der Fortsetzung des Arbeitsverhältnisses bis zum Ablauf der Frist für eine ordentliche Kündigung bzw. bis zum Ende der vereinbarten Befristung (*BAG* 9.6.2011 EzA § 626 BGB 2002 Nr. 35 = NZA 2011, 1027; *LAG Bln.* 5.1.2005 – 17 Sa 1308/04, EzA-SD 8/05, S. 12 LS; APS/*Dörner*/*Vossen* § 626 BGB Rn. 34). 1117

Nach dem Verhältnismäßigkeitsprinzip ist die außerordentliche Kündigung »Ultima Ratio«, sodass sie dann nicht gerechtfertigt ist, wenn die Fortsetzung des Arbeitsverhältnisses bis zum Ablauf der ordentlichen Kündigungsfrist zumutbar ist, weil dann die ordentliche Kündigung ein milderes Mittel als die außerordentliche Kündigung darstellt (*BAG* 9.6.2011 EzA § 626 BGB 2002 Nr. 35 = NZA 2011, 1027; krit. *Stückmann*/*Kohlepp* RdA 2000, 331 ff.). 1118

#### b) Ausschluss der ordentlichen Kündigung

Besonderheiten bestehen allerdings in den Fällen, in denen – zumeist auf Grund einer Tarifnorm, aber auch kirchlicher Arbeitsvertragsrichtlinien (s. *BAG* 22.4.2010 EzA § 611 BGB 2002 Kirchliche Arbeitnehmer Nr. 14) – eine ordentliche Kündigung ausgeschlossen ist (krit. *Adam* NZA 1999, 846 ff. u. ZTR 2008, 479 ff.); insoweit sind grds. **strenge Maßstäbe anzulegen** (*BAG* 18.3.2010 EzA § 626 BGB 2002 Unkündbarkeit Nr. 17; 11.3.1999 EzA § 626 BGB n. F. Nr. 177; *LAG Köln* 30.10.2006 – 14 Sa 158/06, EzA-SD 1/2007 S. 5 LS). Eine derartige außerordentliche Kündigung ist zum einen nur mit notwendiger – der ordentlichen Kündigungsfrist entsprechender – Auslauffrist möglich. Zum anderen ist der Arbeitgeber **in besonderem Maße verpflichtet**, die Kündigung durch **geeignete andere Maßnahmen** zu verhindern (*BAG* 18.3.2010 EzA § 626 BGB 2002 Unkündbarkeit Nr. 17). 1119

▶ Beispiele: 1120
- Eine solche außerordentliche Kündigung kommt z. B. dann in Betracht, wenn eine Patientenbetreuerin in einer Vielzahl von Fällen unter Gefährdung der Gesundheitsinteressen der Patienten ihre Arbeit nicht oder nachlässig verrichtet und insgesamt vier Abmahnungen zu keiner Besserung führen (*LAG Köln* 30.10.2006 – 14 Sa 158/06, EzA-SD 1/2007 S. 5 LS).
- Bei der Interessenabwägung ist dann nicht auf die fiktive Frist für die ordentliche Kündigung, sondern auf die **tatsächliche künftige Vertragsbindung** abzustellen (*BAG* 14.11.1984 EzA

§ 626 BGB n. F. Nr. 93; 13.4.2000 EzA § 626 BGB n. F. Nr. 180; 21.6.2001 EzA § 626 BGB Unkündbarkeit Nr. 7).
– Möglich ist auch eine tarifliche Regelung, die ab einer bestimmten Betriebszugehörigkeit die Möglichkeit der ordentlichen Kündigung zwar grds. aber nicht ausnahmslos ausschließt. Ist die ordentliche Kündigung z. B. für den Fall nicht ausgeschlossen, dass ein wichtiger Grund vorliegt, so liegt ein solcher dann nicht vor, wenn die Möglichkeit besteht, den Arbeitnehmer auf einem **freien Arbeitsplatz** – ggf. zu geänderten Arbeitsbedingungen – **weiterzubeschäftigen**. Die Weiterbeschäftigungsmöglichkeiten hat der Arbeitgeber von sich aus anzubieten, z. B. die Weiterbeschäftigung auf einem freien Arbeitsplatz zu vergleichbaren Bedingungen oder zu geänderten Bedingungen, jeweils an anderen Standorten. Dieses Angebot kann lediglich in Extremfällen unterbleiben (*BAG* 26.3.2009 – 2 AZR 879/07, NZA 2009, 679).

*aa) Verhältnis von wichtigem Grund und Bindungsdauer*

1121 Es ist davon auszugehen, dass das Gewicht des wichtigen Grundes **in umgekehrtem Verhältnis zur Bindungsdauer** steht (*BAG* 8.10.1957 AP Nr. 16 zu § 626 BGB).

1122 Daraus folgt andererseits aber nicht als feste Regel, dass eine außerordentliche Kündigung bei einer langfristigen Bindung (längere Dauer der Kündigungsfrist oder der Befristung oder Ausschluss der ordentlichen Kündigung) stets erleichtert ist, während dann, wenn eine kurzfristige Beendigung durch eine ordentliche Kündigung möglich ist oder infolge der Befristung demnächst eintritt, an eine außerordentliche Kündigung besonders strenge Anforderungen zu stellen sind.

1123 Ob sich die Länge der Kündigungsfrist oder die Dauer eines befristeten Vertrages erleichternd oder erschwerend für die Anerkennung eines wichtigen Grundes auswirkt, kann sachgerecht nur unter Berücksichtigung der Umstände des **jeweiligen Einzelfalles** entschieden werden (KR/*Fischermeier* § 626 BGB Rn. 298).

1124 Der tarifliche Ausschluss der ordentlichen Kündigung und die dadurch bedingte langfristige Vertragsbindung stellen aber jedenfalls Umstände dar, die bei einer außerordentlichen Kündigung des Arbeitgebers im Rahmen der einzelfallbezogenen Interessenabwägung entweder zu Gunsten oder zu Ungunsten des Arbeitnehmers zu berücksichtigen sind.

1125 Welche Betrachtungsweise im Einzelfall den Vorrang verdient, ist insbes. unter Beachtung von Sinn und Zweck des tariflichen Ausschlusses der ordentlichen Kündigung sowie unter Berücksichtigung der Art des Kündigungsgrundes zu entscheiden (*BAG* 14.11.1984, 28.3.1985 EzA § 626 BGB n. F. Nr. 93, 96).

*bb) Differenzierung im Einzelfall*

1126 Dabei ist danach zu differenzieren, ob die Kündigung auf Grund eines einmaligen Vorfalles oder aus einem sich ständig neu aktualisierenden Grund erfolgen soll.

1127 Handelt es sich um einen **einmaligen Vorfall**, dann ist zu Gunsten des Arbeitnehmers zu berücksichtigen, dass er durch die Entlassung eine besonders gesicherte Rechtsposition verlieren würde, sodass ein **besonders strenger Maßstab** anzulegen ist (*BAG* 3.11.1955 AP Nr. 4 zu § 626 BGB).

1128 Bei einer **dauerhaft geminderten oder entfallenden Leistungsfähigkeit** (oder bei einer Betriebsstilllegung) kann sich die lange Dauer der weiteren künftigen Belastung des Arbeitgebers hingegen dahin auswirken, dass die **lange Bindung die Fortsetzung des Arbeitsverhältnisses unzumutbar macht** (*BAG* 28.3.1985 EzA § 626 BGB n. F. Nr. 96).

*cc) Auslauffrist; ordentliche Kündigungsfrist*

1129 Erweist sich danach die Dauer der Vertragsbindung für den Arbeitnehmer als nachteilig, so gebietet es der Zweck der besonderen Sicherung des Arbeitsplatzes, dem Arbeitnehmer auch bei außerordentlicher Kündigung einen Anspruch auf Einhaltung der gesetzlichen oder tariflichen ordentlichen Kündigungsfrist einzuräumen. Denn es würde einen **Wertungswiderspruch** darstellen, den Arbeitnehmer mit besonderem tariflichen Kündigungsschutz durch eine fristlose Kündigung schlechter zu stellen als den Arbeitnehmer, dem gegenüber eine ordentliche Kündigung zulässig ist und dem aus demselben Kündigungsgrund (z. B. Betriebsstilllegung) nur ordentlich gekündigt werden könnte. Mit einer **sozialen Auslauffrist**, von der das *BAG* (28.3.1985 EzA § 626 BGB n. F. Nr. 96) zunächst ausgegangen ist, also einem besonderen sozialen Entgegenkommen des Arbeitgebers, hat dies (*BAG* 5.2.1998 EzA § 626 BGB Unkündbarkeit Nr. 2; 10.2.1999 EzA § 15 KSchG n. F. Nr. 47; 12.8.1999 EzA § 626 BGB Verdacht strafbarer Handlung Nr. 8; 18.3.2010 EzA § 626 BGB 2002 Unkündbarkeit Nr. 17) freilich **nichts zu tun**.

Daraus folgt (vgl. *BAG* 12.8.1999 EzA § 626 BGB Verdacht strafbarer Handlung Nr. 8; 18.10.2000 EzA § 626 BGB Krankheit Nr. 3; 18.1.2001 EzA § 626 BGB Krankheit Nr. 35): 1130
- Fristlos kann einem tariflich unkündbaren Arbeitnehmer nach § 626 BGB nur gekündigt werden, wenn dem Arbeitgeber bei einem vergleichbaren kündbaren Arbeitnehmer dessen Weiterbeschäftigung bis zum Ablauf der einschlägigen ordentlichen Kündigungsfrist unzumutbar wäre.
- Ist danach eine fristlose Kündigung gegenüber einem tariflich unkündbaren Arbeitnehmer ausgeschlossen, so ist in den Fällen, in denen bei einem kündbaren Arbeitnehmer nur eine ordentliche Kündigung in Betracht käme, bei dem tariflich unkündbaren Arbeitnehmer nur eine außerordentliche Kündigung unter Gewährung einer Auslauffrist, die der fiktiven ordentlichen Kündigungsfrist entspricht, möglich (*BAG* 21.6.2001 EzA § 626 BGB Unkündbarkeit Nr. 7).

*dd) Besonderheiten bei der Kündigung von betriebsverfassungsrechtlichen Amtsträgern*

Im Unterschied dazu ist im Rahmen des **§ 15 KSchG** auf die **fiktive Frist für eine ordentliche** 1131 **Kündigung** abzustellen. Bei der außerordentlichen fristlosen Kündigung eines gem. § 15 KSchG ordentlich unkündbaren Arbeitnehmers ist ebenso wie bei einem aus einem anderen Grund ordentlich unkündbaren Arbeitnehmer entscheidend, ob dem Arbeitgeber die Weiterbeschäftigung bis zum Ablauf der – fiktiven – ordentlichen Kündigungsfrist zugemutet werden kann. Denn zwar ist nach § 626 Abs. 1 BGB eine reale und nicht fiktive Zumutbarkeitsprüfung die Regel. Eine Ausnahme ist aber in den Fällen des § 15 KSchG notwendig (*BAG* 17.1.2008 EzA § 15 KSchG n. F. Nr. 62).

Denn der Arbeitgeber könnte sich sonst durch eine außerordentliche Kündigung leichter von einem 1132 nach § 15 KSchG geschützten Arbeitnehmer als von einem anderen Arbeitnehmer trennen, was dem Sinn des besonderen Kündigungsschutzes gem. § 15 KSchG widersprechen würde (*BAG* 6.3.1986 EzA § 15 KSchG n. F. Nr. 34); eine § 78 BetrVG widersprechende **Benachteiligung des geschützten Personenkreises wäre die Folge** (*BAG* 17.1.2008 EzA § 15 KSchG n. F. Nr. 62 = NZA 2008, 777).

Um eine Schlechterstellung gegenüber ordentlich unkündbaren Arbeitnehmern zu vermeiden, wird 1133 in der Literatur z. T. die Auffassung vertreten, dass dem Betriebsratsmitglied jedoch die Kündigungsfrist, die ohne den besonderen Kündigungsschutz für ihn gelten würde, als soziale Auslauffrist einzuräumen ist, wenn dem Arbeitgeber die Weiterbeschäftigung **bis zum Ablauf dieser Kündigungsfrist zuzumuten** ist (KR/*Etzel* § 15 KSchG Rn. 22; a. A. APS/*Dörner/Vossen* § 626 BGB Rn. 47 ff.).

Demgegenüber geht das *BAG* (17.1.2008 EzA § 15 KSchG n. F. Nr. 62 = NZA 2008, 777) da- 1134 von aus, dass eine verhaltensbedingte außerordentliche Kündigung **mit notwendiger Auslauffrist** gegenüber dem nach § 15 KSchG geschützten Personenkreis **unzulässig ist**. Denn die Zulassung einer derartigen Kündigung mit Auslauffrist würde genau die **Benachteiligungsgefahr realisieren**, die der Gesetzgeber durch Schaffung des § 15 KSchG ausschalten wollte.

Für die außerordentliche Kündigung gegenüber einem ehemaligen Betriebsratsmitglied wegen 1135 dauernder Arbeitsunfähigkeit bzw. aus personenbedingten Gründen hat das *BAG* (15.3.2001, 27.9.2001 EzA § 15 KSchG n. F. Nr. 52, 54) folgende Grundsätze aufgestellt:
- Dem Arbeitgeber ist es regelmäßig zumutbar, das Ende des nachwirkenden Kündigungsschutzes gem. § 15 Abs. 1 S. 2 KSchG abzuwarten und sodann ordentlich zu kündigen, wenn er das

Arbeitsverhältnis mit einem ehemaligen Betriebsratsmitglied wegen dauernder krankheitsbedingter Arbeitsunfähigkeit beenden will.
- Ob § 15 KSchG die Möglichkeit einer außerordentlichen Kündigung mit notwendiger Auslauffrist generell ausschließt, bleibt offen (*BAG* 15.3.2001 EzA § 15 KSchG n. F. Nr. 52).
- Im Übrigen kann einem Betriebsratsmitglied fristlos nur gekündigt werden, wenn dem Arbeitgeber bei einem vergleichbaren Nichtbetriebsratsmitglied dessen **Weiterbeschäftigung bis zum Ablauf der einschlägigen ordentlichen Kündigungsfrist unzumutbar wäre** (*BAG* 27.9.2001 EzA § 15 KSchG n. F. Nr. 54).

**1136** Zur betriebsbedingten außerordentlichen Änderungskündigung s. Rdn. 3076 ff. m. w. N.

*ee) Umdeutung*

**1137** Die Umdeutung einer außerordentlichen fristlosen Kündigung in eine außerordentliche Kündigung mit notwendiger Auslauffrist setzt grds. eine Beteiligung des Betriebs- bzw. Personalrats nach den für eine ordentliche Kündigung geltenden Bestimmungen voraus (*BAG* 18.10.2000 EzA § 626 BGB Krankheit Nr. 3).

*ff) Änderungen der einschlägigen Tarifnormen*

**1138** Zu beachten ist, dass tarifvertragliche Regelungen – auch solche über einen Sonderkündigungsschutz – stets den **immanenten Vorbehalt ihrer nachträglichen Änderung durch Tarifvertrag in sich tragen.** Die Gestaltungsfreiheit der Tarifvertragsparteien ist dann allerdings durch den Grundsatz des Vertrauensschutzes der Normunterworfenen begrenzt; es gelten insoweit die gleichen Regelungen wie bei der Rückwirkung von Gesetzen. Deshalb kann z. B. der Gesichtspunkt des Vertrauensschutzes ausnahmsweise dann gegenüber einer tariflichen Neuregelung durchschlagen, wenn ein bereits erlangter Unkündbarkeitsstatus durch eine tarifliche Neuregelung nachträglich ganz wegfallen sollte. Ist demgegenüber bisher z. B. tarifvertraglich die ordentliche Kündigung nach entsprechender Beschäftigungszeit und ab einem bestimmten Lebensalter nicht ausnahmslos ausgeschlossen, sondern bleibt bei bestimmten Betriebsänderungen eine ordentliche Kündigung zulässig, so sind die Tarifvertragsparteien grds. nicht gehindert, die Ausnahmevorschrift über die Zulässigkeit betriebsbedingter Kündigungen an geänderte Verhältnisse anzupassen. Das Vertrauen des Arbeitnehmers, der die tariflichen Voraussetzungen für den Sonderkündigungsschutz (Betriebszugehörigkeit, Lebensalter) bereits erreicht hat, in die Aufrechterhaltung seines Sonderkündigungsschutzes im bisherigen Umfang steht einer solchen Modifizierung der tariflichen Regelung nicht entgegen (*BAG* 2.2.2006 EzA § 1 TVG Rückwirkung Nr. 7).

*gg) Ausschluss der ordentlichen Kündigung durch Betriebsvereinbarung*

**1139** Auch eine **freiwillige Betriebsvereinbarung** i. S. v. § 88 BetrVG kann einen besonderen Kündigungsschutz für langjährig beschäftigte Arbeitnehmer begründen. Voraussetzung dafür ist aber gem. § 77 Abs. 3 BetrVG, dass solche Kündigungsbeschränkungen nicht in einem Tarifvertrag geregelt sind oder üblicherweise geregelt werden (*BAG* 18.3.2010 EzA § 626 BGB 2002 Unkündbarkeit Nr. 17).

*hh) Einzelvertraglich vereinbarter Ausschluss der ordentlichen Kündigung*

**1140** Für einen einzelvertraglich vereinbarten Ausschluss der ordentlichen Kündigung gilt Folgendes (*BAG* 25.3.2004 EzA § 626 BGB 2002 Unkündbarkeit Nr. 3):
- Der einzelvertraglich vereinbarte Ausschluss der ordentlichen Kündigung auch für einen längeren Zeitraum, ggf. bis zum Lebensende des Arbeitgebers, ist nicht wegen sittenwidriger Knebelung des Arbeitgebers nach § 138 BGB von vornherein unwirksam.
- Arbeitsverträge für die Lebenszeit einer Person oder für länger als fünf Jahre ohne Kündigungsmöglichkeit für den Arbeitgeber werden vom Gesetzgeber ausdrücklich als zulässige Vertragsgestaltung angesehen (§ 15 Abs. 4 TzBfG).

## C. Die Rechtswirksamkeit der außerordentlichen Arbeitgeberkündigung Kapitel 4

– Wird die Weiterbeschäftigung auf Lebenszeit dem Arbeitgeber unzumutbar, so sind die Voraussetzungen einer außerordentlichen Kündigung nach § 626 BGB, ggf. unter Gewährung einer notwendigen Auslauffrist, zu prüfen.
– Die Rechtsprechungsgrundsätze zum tariflichen Ausschluss der ordentlichen Kündigung sind nicht ohne weiteres auf einen vertraglichen Kündigungsausschluss für einen längeren Zeitraum bzw. auf eine entsprechende Befristung zu übertragen. An einer solchen individualvertraglichen Vereinbarung muss sich der Arbeitgeber eher festhalten lassen als an einer pauschalen, für alle Arbeitsverhältnisse einer Branche geltenden Tarifregelung, die dem Altersschutz dient und im extremen Ausnahmefall im einzelnen Arbeitsverhältnis zu einem unzumutbaren Ergebnis führen kann.

### 3. »An sich« zur außerordentlichen Kündigung geeigneter Kündigungsgrund

*a) Maßgeblicher Beurteilungszeitpunkt; Sachverhaltsaufklärung?*

Entscheidender Zeitpunkt für die Beurteilung ist grds. (ebenso wie bei der ordentlichen Kündigung) der **Zeitpunkt des Ausspruchs bzw. Zugangs der Kündigung**. Die Wirksamkeit einer Kündigung ist grds. nach den **objektiven Verhältnissen im Zeitpunkt ihres Zugangs** zu beurteilen. Dieser Zeitpunkt ist im Rahmen von § 626 Abs. 1 BGB sowohl für die Prüfung des Kündigungsgrundes als auch für die Interessenabwägung maßgebend. Umstände, die erst **danach entstanden** sind, können die bereits erklärte Kündigung nicht rechtfertigen. Sie können allenfalls als Grundlage für eine **weitere Kündigung** oder einen **Auflösungsantrag** nach §§ 9, 10 KSchG dienen (*BAG* 10.6.2010 EzA § 626 BGB 2002 Nr. 32 = NZA 2010, 1227; 28.10.1971 EzA § 626 BGB n. F. Nr. 9; 15.12.1955 BAGE 2, 245). 1141

Nachträglich eingetretene Umstände können für die gerichtliche Beurteilung **allerdings** insoweit von Bedeutung sein, wie sie die **Vorgänge**, die zur Kündigung geführt haben, in einem **neuen Licht erscheinen** lassen (*BAG* 10.6.2010 EzA § 626 BGB 2002 Nr. 32 = NZA 2010, 1227; 28.10.1971 EzA § 626 BGB n. F. Nr. 9). Dazu müssen zwischen den neuen Vorgängen und den alten Gründen jedoch so **enge innere Beziehungen** bestehen, dass jene nicht außer Acht gelassen werden können, ohne dass ein einheitlicher Lebensvorgang zerrissen würde (*BAG* 10.6.2010 EzA § 626 BGB 2002 Nr. 32 = NZA 2010, 1227; 15.12.1955 BAGE 2, 245). Es darf aber nicht etwa eine ursprünglich unbegründete Kündigung durch die Berücksichtigung späteren Verhaltens rückwirkend zu einer begründeten werden (*BAG* 15.12.1955 BAGE 2, 245). Außerdem ist genau zu prüfen, welche **konkreten Rückschlüsse** auf den Kündigungsgrund späteres Verhalten wirklich erlaubt. Im Hinblick auf prozessuales Vorbringen (*BAG* 10.6.2010 EzA § 626 BGB 2002 Nr. 32 = NZA 2010, 1227; 24.11.2005 EzA § 626 BGB 2002 Nr. 12; 3.7.2003 EzA § 1 KSchG Verdachtskündigung Nr. 2) gilt nichts anderes. 1141a

Das *BAG* (10.6.2010 EzA § 626 BGB 2002 Nr. 32 = NZA 2010, 1227) hat insoweit ausgeführt: 1141b

»*Danach kommt dem Prozessverhalten der Klägerin keine ihre Pflichtverletzung verstärkende Bedeutung zu. Es ist nicht geeignet, den Kündigungssachverhalt als solchen zu erhellen. Der besteht darin, dass die Klägerin unberechtigterweise ihr nicht gehörende Leergutbons zweier Kunden zum eigenen Vorteil eingelöst hat. ... Dieser Vorgang erscheint insbes. im Hinblick auf eine Wiederholungsgefahr nicht dadurch in einem anderen, für die Klägerin ungünstigeren Licht, dass diese zunächst die Identität der von ihr eingelösten und der im Kassenbüro aufbewahrten Bons bestritten hat. Das Gleiche gilt im Hinblick darauf, dass die Klägerin auch noch im Prozessverlauf die Möglichkeit bestimmter Geschehensabläufe ins Spiel gebracht hat, die erklären könnten, weshalb sie – wie sie stets behauptet hat – selbst bei Identität der Bons nicht wusste, dass sie ihr nicht gehörende Bons einlöste. Die von der Klägerin aufgezeigten Möglichkeiten einschließlich der einer gegen sie geführten Intrige mögen sich wegen der erforderlich gewordenen Befragungen der betroffenen Arbeitnehmer nachteilig auf den Betriebsfrieden ausgewirkt haben. Dies war aber nicht Kündigungsgrund. Unabhängig davon zielte das Verteidigungsvorbringen der Klägerin erkennbar nicht darauf, Dritte einer konkreten Pflichtverletzung zu bezichtigen. Der Kündigungsgrund wird auch nicht dadurch klarer, dass die Klägerin die Rechtsauffassung vertreten hat, erstmalige Vermögensdelikte zulasten des Arbeitgebers könnten bei geringem wirtschaftlichem Schaden eine außerordentliche Kündigung ohne vorausgegangene Abmahnung nicht rechtfertigen. Damit hat sie lediglich in einer rechtlich umstrittenen Frage einen für sie günstigen Standpunkt eingenommen. Daraus kann nicht abgeleitet werden, sie werde sich künftig bei Gelegenheit in gleicher Weise vertragswidrig verhalten. ... Anders als die Beklagte meint, wird dadurch nicht Verstößen gegen die prozessuale Wahrheitspflicht »Tür und Tor geöffnet«. Im Fall eines bewusst wahrheitswidrigen Vorbringens besteht die Möglichkeit, eine weitere Kündigung auszusprechen oder einen Auflösungsantrag nach §§ 9, 10 KSchG anzubringen. Dabei kann nicht jeder unzutreffende Parteivortrag als »Lüge« bezeichnet werden. Die Wahrnehmung eines Geschehens ist generell nicht unbeeinflusst vom äußeren und inneren Standpunkt des Wahrnehmenden. Gleiches gilt für Erinnerung und Wiedergabe, zumal in einem von starker Polarität geprägten Verhältnis, wie es zwischen Prozessparteien häufig besteht. Wenn sich das Gericht nach den Regeln des Prozessrechts in §§ 138, 286 ZPO die – rechtlich bindende, aber um deswillen nicht der Gefahr des Irrtums enthobene – Überzeugung bildet, ein bestimmter Sachverhalt habe sich so und nicht anders zugetragen, ist damit die frühere, möglicherweise abweichende Darstellung einer Partei nicht zugleich als gezielte Irreführung des Gerichts oder der Gegenpartei ausgewiesen. Es bedarf vielmehr besonderer Anhaltspunkte, um einen solchen – schweren – Vorwurf zu begründen.«*

1142 Der Arbeitgeber ist vor Ausspruch einer außerordentlichen Kündigung, z. B. wegen angeblich geschäftsschädigender Äußerungen, nicht verpflichtet, dem betroffenen Arbeitnehmer ihn belastende Zeugen **gegenüberzustellen** (*BAG* 18.9.1997 EzA § 626 BGB n. F. Nr. 169). Denn entscheidend ist allein das **objektive Vorliegen entsprechender Tatsachen**, ohne dass es auf den subjektiven Kenntnisstand des Kündigenden ankommt.

*b) Keine »absoluten« Kündigungsgründe*

1143 Die in den früher bestehenden, inzwischen aufgehobenen gesetzlichen Vorschriften der §§ 123, 124 GewO, §§ 71, 72 HGB genannten Beispiele für wechselseitige wichtige Gründe (z. B. Anstellungsbetrug, Arbeitsvertragsbruch, beharrliche Arbeitsverweigerung, dauernde oder anhaltende Unfähigkeit zur Arbeitsleistung, grobe Verletzung der Treuepflicht als Kündigungsgrund für beide Parteien, Verstöße gegen das Wettbewerbsverbot, erhebliche Ehrverletzungen gegen den Arbeitgeber und Dienstverhinderung durch eine längere Freiheitsstrafe des Arbeitnehmers, fehlende Zahlung des Arbeitsentgelts, erhebliche Ehrverletzungen und Tätlichkeiten des Arbeitgebers gegen den Arbeitnehmer) sind als wichtige Hinweise für typische Sachverhalte anzuerkennen, die an sich geeignet sind, einen wichtigen Grund zur außerordentlichen Kündigung zu bilden.

1144 Sie begründen aber **keine** vom Gekündigten auszuräumende **tatsächliche Vermutung** für die Unzumutbarkeit der Fortsetzung des Arbeitsverhältnisses. Auch wenn ein bestimmter Kündigungssachverhalt einem in der früheren Kündigungsbestimmung als wichtiger Grund genannten Tatbestand entspricht, kann sich der Kündigende nicht darauf beschränken, auf die regelmäßigen Auswirkungen des typischen Sachverhalts zu verweisen, wenn der Gekündigte eine konkrete Beeinträchtigung des Arbeitsverhältnisses bestreitet.

1145 »**Absolute Kündigungsgründe**«, die ohne eine besondere Interessenabwägung eine außerordentliche Kündigung rechtfertigen könnten, **bestehen im Rahmen des § 626 Abs. 1 BGB folglich nicht** (*BAG* 15.11.1984 EzA § 626 BGB n. F. Nr. 95; 10.6.2010 EzA § 626 BGB 2002 Nr. 32); anders dagegen z. B. § 67 SeemG: *BAG* 16.1.2003 EzA § 242 BGB 2002 Kündigung Nr. 3); **dahingehende Vereinbarungen sind unwirksam** (*LAG SchlH* 9.9.2009 LAGE § 1 KSchG Krankheit Nr. 45). Das gilt auch bei rechtswidrigen und vorsätzlichen Handlungen des Arbeitnehmers, die sich unmittelbar gegen das Vermögen des Arbeitgebers richten, selbst wenn die Pflichtverletzung Sachen von nur geringem Wert betrifft oder nur zu einem geringfügigen, möglicherweise gar keinem Schaden führt (*BAG* 10.6.2010 EzA § 626 BGB 2002 Nr. 32 = NZA 2010, 1227).

## c) Systematisierung der Kündigungsgründe

Systematisch kann nach Störungen im Leistungsbereich, im betrieblichen Bereich der Verbundenheit aller Mitarbeiter, im persönlichen Vertrauensbereich der Vertragspartner und im Unternehmensbereich unterschieden werden (KR/*Fischermeier* § 626 BGB Rn. 166 ff.; abl. *SPV/Preis* Rn. 552; APS/*Dörne/Vossen* § 626 BGB Rn. 61 f.). 1146

## d) Dringende betriebliche Gründe

**Dringende betriebliche Gründe**, zu denen der Fortfall des Arbeitsplatzes auf Grund einer Betriebsstilllegung gehört, **rechtfertigen**, wie sich aus § 1 Abs. 1 KSchG, dem Ultima-ratio-Prinzip sowie dem Grundsatz ergibt, dass der Arbeitgeber das Wirtschaftsrisiko nicht auf den Arbeitnehmer abwälzen darf, **grds. nur eine ordentliche Kündigung** (*BAG* 7.3.2002 EzA § 626 BGB n. F. Nr. 196; 21.4.2005 EzA § 626 BGB 2002 Nr. 8). 1147

Von daher stellt es keinen wichtigen Grund i. S. d. § 626 Abs. 1 BGB dar, wenn eine Dienststelle geschlossen oder der Dienstbetrieb wesentlich eingeschränkt wird (*LAG Köln* 31.1.2001 NZA-RR 2002, 146), ebenso wenig der bloße Hinweis des öffentlichen Arbeitgebers auf eine »angespannte Haushaltslage« (*BAG* 21.4.2005 EzA § 626 BGB 2002 Nr. 8). Gleiches gilt, wenn sich ein Motorradrennsportunternehmen kurzfristig entschließt, in der nächsten Rennsportsaison in einer anderen Rennklasse anzutreten und deshalb die auf ein Jahr befristet angestellte Motorradrennfahrerin mit sofortiger Wirkung entlassen will (*BAG* 7.3.2002 EzA § 626 BGB n. F. Nr. 196). 1148

Etwas anderes gilt aber dann, wenn die ordentliche Kündigung (insbes. auf Grund tarifvertraglicher Normen) ausgeschlossen und eine Versetzung des Arbeitnehmers in einen anderen Betrieb des Unternehmens nicht möglich ist. Denn dann könnte der Ausschluss der außerordentlichen Kündigung zur **unzumutbaren Belastung** des Arbeitgebers werden, wenn er die Arbeit nicht mehr in Anspruch nehmen kann, andererseits aber über Jahre hinweg zur Entgeltfortzahlung verpflichtet bleibt (*BAG* 10.5.2007 EzA § 626 BGB 2002 Unkündbarkeit Nr. 15; vgl. auch *LAG Nds.* 27.4.2001 NZA-RR 2002, 555; *LAG Bln.-Bra.* 5.7.2007 LAGE § 2 KSchG Nr. 59). Ein Arbeitgeber, der mit seinen Arbeitnehmern die Geltung eines Regelwerkes vereinbart, das die ordentliche Unkündbarkeit eintreten lässt, übernimmt andererseits **freiwillig ein erhöhtes Betriebsrisiko**, von dem er sich nicht bereits aus dringenden betrieblichen Erfordernissen heraus, wie sie in § 1 Abs. 2 KSchG angesprochen sind, lösen kann (*LAG Köln* 4.9.2009 – 7 Sa 208/08, AuR 2009, 369 LS). 1149

Insoweit gelten zusammengefasst folgende Grundsätze (*BAG* 13.6.2002 EzA § 615 BGB Nr. 110; 27.6.2002 EzA § 626 BGB Unkündbarkeit Nr. 8; 8.4.2003 EzA § 626 BGB 2002 Unkündbarkeit Nr. 2; 24.6.2004 EzA § 626 BGB 2002 Unkündbarkeit Nr. 5; 24.6.2004 EzA § 626 BGB 2002 Unkündbarkeit Nr. 7; 21.4.2005 EzA § 626 BGB 2002 Nr. 8; 6.10.2005 EzA § 626 BGB 2002 Nr. 14; 10.5.2007 EzA § 626 BGB 2002 Unkündbarkeit Nr. 15; *LAG Düsseld.* 5.1.2007 LAGE § 626 BGB 2002 Unkündbarkeit Nr. 2): 1150
- Eine außerordentliche betriebsbedingte Kündigung mit Auslauffrist, die die tariflich ausgeschlossene ordentliche Kündigung ersetzt, kommt nur in extremen Ausnahmefällen in Betracht. In derartigen Fällen ist es dem Arbeitgeber **in erheblich weiterem Umfang als bei einer ordentlichen Kündigung zumutbar, die Kündigung durch geeignete andere Maßnahmen zu vermeiden** (s. *BAG* 10.5.2007 EzA § 626 BGB 2002 Unkündbarkeit Nr. 15; s. a. *BAG* 18.3.2010 EzA § 626 BGB 2002 Unkündbarkeit Nr. 17).
- Es geht im Wesentlichen darum zu vermeiden, dass der tarifliche Ausschluss der ordentlichen Kündigung dem Arbeitgeber Unmögliches oder evident Unzumutbares aufbürdet.
- Dies kann vor allem dann der Fall sein, wenn der Arbeitgeber ohne außerordentliche Kündigungsmöglichkeit gezwungen wäre, ein sinnloses Arbeitsverhältnis über viele Jahre hinweg (notfalls bis zur Pensionsgrenze) allein durch Gehaltszahlungen, denen keine entsprechende Arbeitsleistung gegenübersteht, aufrechtzuerhalten. Es genügt insoweit allerdings nicht, darauf zu verweisen, der Arbeitsplatz werde »wegrationalisiert«. Der Arbeitgeber muss in einer solchen

Situation vielmehr auch solche Umstände darlegen, die es als billigenswert erscheinen lassen, dass er entgegen der eingegangenen Vertragspflicht eine unternehmerische Umstrukturierung vornimmt (*LAG Bln.-Bra.* 5.7.2007 LAGE § 2 KSchG Nr. 59).
- Nicht jede Umorganisation oder Schließung einer Teileinrichtung mit dem Wegfall von Arbeitsplätzen im öffentlichen Dienst kann zu einer außerordentlichen Kündigung führen.
- Besteht noch irgendeine Möglichkeit, die Fortsetzung eines völlig sinnentleerten Arbeitsverhältnisses (»Heizer auf der E-Lok«) etwa durch eine anderweitige Weiterbeschäftigung ggf. nach entsprechender Umschulung zu vermeiden, ist es dem Arbeitgeber regelmäßig zumutbar, diese andere Möglichkeit zu wählen. Ein dauerhaft unzumutbares Arbeitsverhältnis liegt auch dann noch nicht vor, wenn die bisherige Tätigkeit des Chefarztes einer pathologischen Abteilung einer Klinik durch **Übertragung dieser Aufgaben** (pathologische Untersuchungen) **auf Dritte entfallen ist** und der Zeitraum bis zum endgültigen Ausscheiden des Arbeitnehmers aufgrund der tariflichen Altersgrenze (§ 60 Abs. 1 BAT) deutlich unter fünf Jahren liegt (*BAG* 6.10.2005 EzA § 626 BGB 2002 Nr. 14).
- Hat der Arbeitgeber vor Ausspruch der Kündigung nicht alle Möglichkeiten ausgeschöpft, eine Weiterbeschäftigung des betroffenen Arbeitnehmers in der eigenen oder (Grundsatz der Einheit des öffentlichen Dienstes) auch in einer fremden Verwaltung zu versuchen, so ist eine Kündigung jedenfalls ausgeschlossen. Dies gilt erst recht, wenn der Arbeitgeber nicht einmal die Maßnahmen zur Vermeidung einer Beendigungskündigung ergriffen hat, zu denen er in dem vergleichbaren Fall von Rationalisierungsmaßnahmen tarifvertraglich verpflichtet ist. Der Arbeitgeber kann auch zur Freikündigung eines Arbeitnehmers verpflichtet sein, wenn nur so ein gleichwertiger Arbeitsplatz für den unkündbaren Arbeitnehmer angeboten werden kann (zutr. *LAG Nds.* 9.9.2005 – 16 Sa 37/05, EzA-SD 23/05 S. 8 LS; s. a. *LAG München* 15.11.2007 – 3 Sa 303/07, EzA-SD 6/2008 S. 7 LS); das gilt insbes. dann, wenn auf der **Qualifikationsstufe des betroffenen Arbeitnehmers noch Arbeitsplätze vorhanden sind** (*LAG Nds.* 1.9.2006 NZA-RR 2007, 131).
- Bei der Abgrenzung, unter welchen Voraussetzungen eine außerordentliche Kündigung mit notwendiger Auslauffrist aus betriebsbedingten Gründen gegenüber einem tariflich ordentlich unkündbaren Arbeitnehmer zulässig ist, ist stets die besondere Ausgestaltung des tariflichen Sonderkündigungsschutzes zu berücksichtigen. Regeln die Tarifpartner im Einzelnen, unter welchen Voraussetzungen gegenüber einem sonst tariflich ordentlich unkündbaren Arbeitnehmer eine Beendigungs- oder Änderungskündigung aus betriebsbedingten Gründen zulässig ist, so lässt dies regelmäßig erkennen, dass nach dem Willen der Tarifpartner in erster Linie diese Kündigungsmöglichkeiten in Betracht kommen sollen, wenn aus betriebsbedingten Gründen eine Weiterbeschäftigung des Arbeitnehmers in seiner bisherigen Tätigkeit nicht mehr möglich ist.
- Diese Grundsätze gelten auch im Anwendungsbereich des § 55 BAT. Das bedeutet jedoch nicht, dass jede Umorganisation oder Schließung einer Teileinrichtung mit dem Wegfall von Arbeitsplätzen im öffentlichen Dienst entgegen § 55 Abs. 2 BAT zu einer außerordentlichen Kündigung führen kann. Entsprechend dem Sinn und Zweck der Tarifnorm, das Arbeitsverhältnis an ein Beamtenverhältnis anzunähern, sind als Mindestvoraussetzungen für die Wirksamkeit einer derartigen Kündigung die Grundsätze heranzuziehen, die die Tarifpartner im Tarifvertrag über den Rationalisierungsschutz für Angestellte vom 9.1.1987 (TV Rat) für einen Wegfall des Arbeitsplatzes infolge von Rationalisierungsmaßnahmen ausdrücklich vereinbart haben. Der öffentliche Arbeitgeber muss also mindestens die Bemühungen aufgebracht und umgesetzt haben, die die Tarifpartner im TV-Rat für Angestellte über den Wegfall von Arbeitsplätzen vorgesehen haben (*BAG* 6.10.2005 EzA § 626 BGB 2002 Nr. 14).
- Den Arbeitgeber trifft die Darlegungslast für die Unmöglichkeit der Weiterbeschäftigung und die mindestens den Anforderungen des TV Rat entsprechenden Bemühungen (*BAG* 6.10.2005 EzA § 626 BGB 2002 Nr. 14 = NZA 2006, 879 LS).
- *Den Arbeitgeber trifft die Pflicht*, mit allen zumutbaren Mitteln, ggf. auch durch eine entsprechende Umorganisation und das Freimachen geeigneter gleichwertiger Arbeitsplätze, eine Wei-

terbeschäftigung auch bei anderen Arbeitgebern des öffentlichen Dienstes zu versuchen. Er muss deshalb, wenn der ordentlich unkündbare Arbeitnehmer entsprechende Vorstellungen für seine Weiterbeschäftigung entwickelt, substantiiert darlegen, weshalb trotz der gegenüber dem Unkündbaren bestehenden besonderen Pflichten eine Weiterbeschäftigung nicht möglich oder nicht zumutbar gewesen ist (*BAG* 6.10.2005 EzA § 626 BGB 2002 Nr. 14).- Der Wegfall eines Arbeitsplatzes auf Grund der Schließung einer Zweigstelle – des Goethe-Instituts – rechtfertigt regelmäßig keine außerordentliche Kündigung i. S. d. § 626 Abs. 1 BGB (*BAG* 24.6.2004 EzA § 626 BGB 2002 Unkündbarkeit Nr. 7).

- Bestehen **mehrere Möglichkeiten zur Änderung der Arbeitsbedingungen** nach Maßgabe anwendbarer tariflicher Rationalisierungsschutznormen, muss der Arbeitgeber nach dem Verhältnismäßigkeitsgrundsatz dem Arbeitnehmer diejenige Änderung anbieten, die den Gekündigten **am wenigsten belastet** (*LAG Düsseld.* 5.1.2007 LAGE § 626 BGB 2002 Unkündbarkeit Nr. 2).

- Ist der Arbeitgeber tariflich verpflichtet, dem Arbeitnehmer bei Wegfall seines Arbeitsplatzes die Weiterbeschäftigung auf einem **anderen freien Arbeitsplatz im Konzern zu verschaffen**, so ist die Kündigung eines ordentlich unkündbaren Arbeitnehmers, dessen bisherige Tätigkeit entfallen ist, regelmäßig unzulässig, wenn seine Weiterbeschäftigung unter geänderten angemessenen Vertragsbedingungen auf einem anderen zumutbaren Arbeitsplatz im Konzern möglich ist und der Arbeitnehmer dazu sein Einverständnis erklärt hat (s. *BAG* 10.5.2007 EzA § 626 BGB 2002 Unkündbarkeit Nr. 15).

Das *BAG* (5.2.1998 EzA § 626 BGB Unkündbarkeit Nr. 2; 24.6.2004 EzA § 626 BGB 2002 Unkündbarkeit Nr. 5) geht also davon aus, dass die außerordentliche Kündigung gegenüber einem tariflich unkündbaren Arbeitnehmer dann aus betriebsbedingten Gründen ausnahmsweise unter Einhaltung der ordentlichen Kündigungsfrist zulässig sein kann, wenn der Arbeitsplatz des Arbeitnehmers weggefallen ist und der Arbeitgeber den Arbeitnehmer auch unter Einsatz aller zumutbaren Mittel, ggf. durch Umorganisation seines Betriebes nicht weiter beschäftigen kann. Dabei kann eine längere Einarbeitung in ein völlig neues Sachgebiet für den Arbeitgeber unzumutbar sein, wenn sich die Arbeitnehmerin noch nicht entschieden hat, ob sie schon in absehbarer Zeit oder erst in einigen Jahren altersbedingt aus dem Arbeitsverhältnis ausscheiden will. **1151**

Nach *LAG Hamm* (18.11.2010 LAGE § 2 KSchG Nr. 67) trifft den Arbeitgeber im Falle der Auslagerung der bislang vom »unkündbaren« Arbeitnehmer erledigten Tätigkeiten auch die Verpflichtung, im Zuge der **Auftragsvergabe an das Fremdunternehmen** für eine **Weiterbeschäftigung** des Arbeitnehmers im Wege der Personalgestellung zu sorgen, auch wenn damit **erhöhte Personalkosten** verbunden sind.

Diese Grundsätze zum tariflichen Ausschluss der ordentlichen Kündigung sind nicht ohne weiteres auf einen vertraglichen Kündigungsausschluss für einen überschaubaren Zeitraum bzw. auf eine entsprechende Befristung zu übertragen. An einer vereinbarten Bindung für jeweils ein Jahr, die auch dem Interesse des Arbeitgebers dient, muss sich dieser eher festhalten lassen als an einer pauschalen, für alle Arbeitsverhältnisse einer Branche geltenden Tarifregelung (*BAG* 7.3.2002 EzA § 626 BGB n. F. Nr. 196).

Das gilt auch dann, wenn der Arbeitnehmer einem Übergang seines Arbeitsverhältnisses auf einen Betriebserwerber widersprochen hat (*BAG* 17.9.1998 EzA § 626 BGB Unkündbarkeit Nr. 3). Auch dann muss der Arbeitgeber vor einer außerordentlichen Kündigung **alle zumutbaren, eine Weiterbeschäftigung ermöglichenden Mittel ausschöpfen**, selbst dann, wenn es um die Kündigung eines ordentlich nicht mehr kündbaren Arbeitnehmers geht, dessen Beschäftigung schon seit Jahren im Wege der Personalgestellung für eine andere Konzerngesellschaft erfolgte. In diesem Fall trifft den Arbeitgeber die Darlegungs- und Beweislast dafür, dass diese Beschäftigungsmöglichkeit, die unabhängig von dem eigenen Betrieb bestand, weggefallen ist. **Dies gilt umso mehr bei einem arbeitsvertraglich besonders ausgestalteten Sonderkündigungsschutz, der vor Ausspruch einer Kündigung wegen Wegfall der Beschäftigungsmöglichkeit vorsieht, dass die** **1152**

Versetzung in den einstweiligen Ruhestand entsprechend beamtenrechtlicher Vorschriften in Betracht gezogen wird (*BAG* 29.3.2007 EzA § 626 BGB 2002 Unkündbarkeit Nr. 14). Legt der »unkündbare« Arbeitnehmer im Übrigen dar, wie er sich eine anderweitige Beschäftigung vorstellt, so genügt es nicht, dass der Arbeitgeber das Bestehen entsprechender freier Arbeitsplätze in Abrede stellt. Er muss vielmehr ggf. unter Vorlegung der Stellenpläne substantiiert darlegen, weshalb das Freimachen eines geeigneten Arbeitsplatzes oder dessen Schaffung durch eine entsprechende Umorganisation nicht möglich oder nicht zumutbar gewesen sein soll. Auch das zu erwartende Freiwerden eines geeigneten Arbeitsplatzes auf Grund üblicher Fluktuation ist zu berücksichtigen (*BAG* 17.9.1998 EzA § 626 BGB Unkündbarkeit Nr. 3).

**1153** Im Übrigen sind dagegen Gründe, die in den Bereich des **Unternehmerrisikos** fallen, grds. als Grund zur außerordentlichen Kündigung ungeeignet. Das gilt sowohl für die Eröffnung des Vergleichs- als auch des Insolvenzverfahrens (*BAG* 25.10.1968 AP Nr. 1 zu § 22 KO). Auch die Betriebsstilllegung ist nicht als wichtiger Grund geeignet, wenn ein Arbeitsvertrag – Engagement eines namhaften Regisseurs – auch auf Wunsch des Arbeitgebers noch wenige Monate vor der Schließung des Theaters für die Dauer von fünf Jahren ohne Kündigungsmöglichkeit befristet abgeschlossen worden ist (*LAG Köln* 12.6.1997 NZA-RR 1998, 255). Nichts anderes gilt für die Auflösung einer Dienststelle oder eine wesentliche Einschränkung des Dienstbetriebes (*LAG Köln* 31.1.2001 ZTR 2001, 474).

**1154** Auch ein vom Erblasser begründetes – ordentlich nicht kündbares – befristetes Arbeitsverhältnis kann von dem Erben nicht aus wirtschaftlichen Gründen vorzeitig außerordentlich gekündigt werden, solange das Resterbe es erlaubt, die Nachlassverbindlichkeiten zu erfüllen (*LAG Nbg.* 12.1.2004 NZA-RR 2004, 400).

### e) Gründe im Verhalten des Arbeitnehmers

**1155** Siehe zunächst Rdn. 2187–2190.

**1156** Ein wichtiger Grund zur Kündigung kann insbes. in einer **erheblichen Verletzung der vertraglichen Hauptleistungspflichten liegen**; auch eine schuldhafte **erhebliche Verletzung von Nebenpflichten** kann aber u. U. eine außerordentliche Kündigung rechtfertigen (s. *Schulte-Westenberg* NZA-RR 2012, 169 ff.), denn gem. § 241 Abs. 2 BGB ist jede Partei des Arbeitsvertrages zur Rücksichtnahme auf die Rechte, Rechtsgüter und Interessen ihres Vertragspartners verpflichtet (*BAG* 27.1.2011 EzA § 626 BGB 2002 Verdacht strafbarer Handlung Nr. 10; 9.6.2011 EzA § 626 BGB 2002 Nr. 35; 7.7.2011 EzA § 626 BGB 2002 Nr. 38). Da die ordentliche Kündigung jedoch die übliche und regelmäßig ausreichende Reaktion auf die Verletzung einer Nebenpflicht ist, kommt eine außerordentliche Kündigung nur in Betracht, wenn das Gewicht einer solchen Pflichtverletzung durch erschwerende Gründe verstärkt wird (*BAG* 12.5.2010 EzA § 626 BGB 2002 Nr. 31). Der **konkrete Inhalt** der Rücksichtnahmepflicht ergibt sich aus dem jeweiligen **Arbeitsvertrag** und seinen **spezifischen Anforderungen**; einer besonderen Vereinbarung bedarf es insoweit nicht (*BAG* 24.3.2011 – 2 AZR 282/10, EzA-SD 16/2011 S. 3 LS = NZA 2011, 1029).

### aa) Straftaten; Tätlichkeiten; Drohung mit Gewalt; Beleidigungen; Strafanzeige

#### (1) Zweistufigkeit der Überprüfung auch bei Bagatelldelikten

##### aaa) »An sich« zur außerordentlichen Kündigung geeigneter Umstand (erste Stufe)

**1157** Als Grund im Verhalten des Arbeitnehmers kommt z. B. auch die Entwendung einer **geringwertigen Sache**, die im Eigentum des Arbeitgebers steht (»**erste Stufe**«; *BAG* 17.5.1984 EzA § 626 BGB n. F. Nr. 90; 12.8.1999 EzA § 626 BGB Verdacht strafbarer Handlung Nr. 8; 13.12.2007 EzA § 626 BGB 2002 Nr. 20; 10.6.2010 EzA § 626 BGB 2002 Nr. 32; *LAG BaWü* 30.9.2010 NZA-RR 2011, 76; *Hess. LAG* 11.12.2008 LAGE § 626 BGB 2002 Nr. 18; *LAG MV* 2.6.2009 LAGE § 626 BGB 2002 Nr. 21; *LAG Nds.* 12.2.2010 – 10 Sa 1977/08 – EzA-SD 8/2010 S. 6 LS; a. A. *LAG Düsseld.* 11.5.2005 NZA-RR 2005, 585) in Betracht (APS/*Dörner/Vossen* § 626

BGB Rn. 181 ff.; *Mittag/Wroblewski* AuR 2011, 72 ff.; *Hunold* DB 2009, 2657 ff.; *Reuter* NZA 2009, 594 ff.; *Walker* NZA 2009, 921 ff.; a. A. *Klueß* NZA 2009, 337 ff. u. AuR 2010, 192 ff.; krit. *Preis* AuR 2010, 186 ff. u. 242 ff.).

Das gilt insgesamt bei **rechtswidrigen und vorsätzlichen Handlungen** des Arbeitnehmers, die sich unmittelbar gegen das Vermögen des Arbeitgebers richten, selbst wenn die Pflichtverletzung Sachen von nur geringem Wert betrifft oder nur zu einem geringfügigen, möglicherweise gar keinem Schaden führt (s. *LAG Hamm* 2.9.2010 LAGE § 626 BGB 2002 Nr. 28a: Aufladen eines Elektrorollers mit einem Schaden von 1,8 Cent). Denn auch dann verletzt der Arbeitnehmer in schwerwiegender Weise seine schuldrechtliche Pflicht zur Rücksichtnahme (§ 241 Abs. 2 BGB; s. a. *BAG* 24.3.2011 – 2 AZR 282/10, EzA-SD 16/2011 S. 3 LS = NZA 2011, 1029) und missbraucht das in ihn gesetzte Vertrauen. Ein Arbeitnehmer, der die Integrität von Eigentum und Vermögen seines Arbeitgebers derart verletzt, zeigt ein Verhalten, das geeignet ist, die Zumutbarkeit seiner Weiterbeschäftigung in Frage zu stellen. Deshalb ist die Festlegung einer nach dem Wert bestimmten Relevanzschwelle mit dem offen gestalteten Tatbestand des § 626 Abs. 1 BGB nicht zu vereinbaren. Sie würde im Übrigen zu Folgeproblemen führen, z. B. bei der exakten Wertberechnung, der Folgen mehrfacher, für sich genommen »irrelevanter« Verstöße sowie das der Behandlung nur marginaler Grenzüberschreitungen, und kann deshalb nicht zu einem angemessenen Interessenausgleich führen (*BAG* 10.6.2010 EzA § 626 BGB 2002 Nr. 32; s. *Hunold* NZA-RR 2011, 561 ff.; *Stoffels* NJW 2011, 118 ff.). **1157a**

Dies steht **nicht in Widerspruch zur gesetzlichen Wertung des § 248a StGB**. Denn dieser Norm liegt eine Einschätzung des Gesetzgebers darüber zugrunde, ab welcher Grenze staatliche Sanktionen für Rechtsverstöße in diesem Bereich zwingend geboten sind. Dieser Ansatz ist dem Schuldrecht fremd, denn dort geht es um störungsfreien Leistungsaustausch. Die Berechtigung einer verhaltensbedingten Kündigung ist nicht daran zu messen, ob sie – vergleichbar einer staatlichen Maßnahme – als Sanktion für den fraglichen Vertragsverstoß angemessen ist. Statt des Sanktions- gilt das Prognoseprinzip. Entscheidend ist, ob eine störungsfreie Vertragserfüllung in Zukunft (nicht mehr) zu erwarten ist, künftigen Pflichtverstößen also nur durch die Beendigung der Vertragsbeziehung begegnet werden kann (*BAG* 26.11.2009 EzA § 611 BGB 2002 Abmahnung Nr. 5; 10.6.2010 EzA § 626 BGB 2002 Nr. 32 = NZA 2010, 1227). **1157b**

Darin liegt auch **kein Wertungswiderspruch zur Rechtsprechung des *BVerwG*** (13.2.2008 DÖV 2008, 1056; 11.11.2003 – 1 D 5/03, BeckRS 2006, 26067; 24.11.1992 NJW 1994, 210; a. A. *Klueß* AuR 2010, 57 ff. u. 192 ff.). Denn danach wird zwar bei der disziplinarrechtlichen Beurteilung vergleichbarer Dienstvergehen eines Beamten die Geringwertigkeit der betroffenen Vermögensobjekte als Milderungsgrund anerkannt. Dies erfolgt aber vor dem Hintergrund einer abgestuften Reihe von disziplinarischen Reaktionsmöglichkeiten des Dienstherrn. Diese reichen von der Anordnung einer Geldbuße über die Kürzung von Dienstbezügen und die Zurückstufung bis zur Entfernung aus dem Dienst. Eine solche Reaktionsbreite kennt das Arbeitsrecht nicht. Der Arbeitgeber könnte nicht auf die »Entfernung aus dem Dienst« zu Gunsten einer Kürzung der Vergütung verzichten. Wertungen, wie sie für das i. d. R. auf Lebenszeit angelegte, durch besondere Treue- und Fürsorgepflichten geprägte Dienstverhältnis der Beamten und Soldaten getroffen werden, lassen sich deshalb auf eine privatrechtliche Leistungsbeziehung regelmäßig nicht übertragen (*BAG* 10.6.2010 EzA § 626 BGB 2002 Nr. 32; *Reuter* NZA 2009, 594 ff.). **1157c**

*bbb) Umfassende Interessenabwägung (zweite Stufe)*

Erst die Würdigung, ob dem Arbeitgeber deshalb die Fortsetzung des Arbeitsverhältnisses bis zum Ablauf der ordentlichen Kündigungsfrist zuzumuten ist, kann dann zur Feststellung der Unwirksamkeit der außerordentlichen Kündigung führen (»**zweite Stufe**«; *BAG* 11.12.2003 EzA § 626 BGB 2002 Nr. 5; 16.12.2004 EzA § 626 BGB 2002 Nr. 7; 10.6.2010 EzA § 626 BGB 2002 Nr. 32; *LAG RhPf* 27.5.2004 LAG Report 2005, 40; *Schlachter* NZA 2005, 433 ff.; APS/*Dörner/Vossen* § 626 BGB Rn. 181 ff.; s. a. *LAG Bln.-Bra.* 16.9.2010 LAGE § 626 BGB 2002 Nr. 29), denn das Gesetz kennt auch im Zusammenhang mit strafbaren Handlungen des Arbeitnehmers **keine absoluten Kündigungsgründe**. Es bedarf folglich stets einer umfassenden, auf den konkreten Einzelfall **1157d** bezogenen Prüfung und Interessenabwägung mit dem zuvor skizzierten Prüfungsmaßstab (*BAG* 10.6.2010 EzA § 626 BGB 2002 Nr. 32).

*(2) Beispiele*

*aaa) Vermögensdelikte*

1157e – Auch ein **Spesenbetrug** und ein **Arbeitszeitbetrug** (s. *ArbG Göttingen* 7.10.2009 LAGE § 626 BGB 2002 Nr. 24; *ArbG Dresden* 1.4.2009 – 10 Ca 3137/08, AuR 2009, 434 LS) können folglich selbst dann als Grund zur fristlosen Entlassung ausreichen, wenn es sich um einen einmaligen Vorfall mit **geringen finanziellen Auswirkungen** handelt (*BAG* 6.9.2007 EzA § 626 BGB 2002 Nr. 18; 13.12.2007 EzA § 626 BGB 2002 Nr. 20; 10.6.2010 EzA § 626 BGB 2002 Nr. 32; *LAG Bln.-Bra.* 18.11.2009 LAGE § 626 BGB 2002 Nr. 25; *LAG RhPf* 6.5.2010 BB 2010, 2248: exzessive Raucherpausen ohne Betätigung der Stechuhr; s. Rdn. 1187 ff.). Die Verletzung des Eigentums oder Vermögens des Arbeitgebers ist dann nicht nur »unter Umständen«, sondern stets, regelmäßig als an sich zur außerordentlichen Kündigung geeigneter Umstand anzusehen (erste Stufe). Auf Grund der durch den Arbeitsvertrag begründeten Nebenpflicht zur Loyalität hat der Arbeitnehmer auf die berechtigten Interessen des Arbeitgebers Rücksicht zu nehmen. **Diese Verpflichtung beinhaltet das Verbot, den Arbeitgeber rechtswidrig und vorsätzlich durch eine Straftat zu schädigen. Der Arbeitnehmer bricht durch die Eigentumsverletzung unabhängig vom Wert des Schadens in erheblicher Weise das Vertrauen des Arbeitgebers.**

1157f – Gleiches gilt für **versuchte Eigentumsdelikte**; dabei kommt es nicht darauf an, ob alle strafrechtlichen Voraussetzungen erfüllt sind (zutr. *BAG* 25.11.2010 EzA § 626 BGB 2002 Verdacht strafbarer Handlung Nr. 9; *LAG RhPf* 27.5.2004 LAG Report 2005, 40). Denn entscheidend ist nicht die strafrechtliche Würdigung, sondern der mit der Vertragsverletzung, dem Verstoß gegen vertragliche Haupt- oder Nebenpflichten verbundene **schwere Vertrauensbruch** (*BAG* 25.11.2010 EzA § 626 BGB 2002 Verdacht strafbarer Handlung Nr. 9; 10.6.2010 EzA § 626 BGB 2002 Nr. 32; 2.3.2006 EzA § 626 BGB 2002 Nr. 26; 21.4.2005 EzA § 91 SGB IX Nr. 1; *LAG SchlH* 17.8.2011 LAGE § 626 BGB 2002 Nr. 36; *LAG Köln* 26.10.2010 – 12 Sa 936/10, ZTR 2011, 318 LS: Sachbeschädigung). Auch eine nicht strafbare, gleichwohl erhebliche Verletzung der sich aus dem Arbeitsverhältnis ergebenden Pflichten kann deshalb ein wichtiger Grund i. S. v. § 626 Abs. 1 BGB sein. Das gilt insbes. in Fällen, in denen die Pflichtverletzung mit einem **vorsätzlichen Verstoß** gegen eine den unmittelbaren Vermögensinteressen des Arbeitgebers dienende **Weisung** einhergeht (*BAG* 10.6.2010 EzA § 626 BGB 2002 Nr. 32; KR/*Fischermeier* § 626 BGB Rn. 459).

1158 – Folglich reicht es zur Rechtfertigung einer Kündigung **nicht automatisch** aus, dass die Mitnahme eines im Betrieb ausgesonderten Gegenstandes (des **Teiles einer Werkbank**) nicht erlaubt war. Im konkreten Einzelfall kann sich ein Eingriff in das Eigentum des Arbeitgebers auch als nur abzumahnende Eigenmächtigkeit erweisen. Nicht aus jedem unkorrekten, eigentumsrechtlich relevanten Verhalten eines Arbeitnehmers kann nämlich darauf geschlossen werden, dass ihm eine an Korrektheit und Ehrlichkeit ausgerichtete Grundhaltung fehlt (*LAG SchlH* 13.1.2010 – 3 Sa 324/09, AuR 2010, 224 LS).

Andererseits muss z. B.:

1159 – Ein Arbeitnehmer in einem Warenhausbetrieb normalerweise davon ausgehen, dass er mit einem **Diebstahl oder einer Unterschlagung auch geringwertiger Sachen** im Betrieb seines Arbeitgebers – auch ohne Abmahnung – seinen Arbeitsplatz aufs Spiel setzt (*BAG* 11.12.2003 EzA § 626 BGB 2002 Nr. 5; 13.12.2007 EzA § 626 BGB 2002 Nr. 20: Lippenstift; s. a. *LAG Nds.* 12.2.2010 – 10 Sa 1977/08 – EzA-SD 8/2010 S. 6 LS; *LAG RhPf* 30.1.2009 NZA-RR 2009, 303). Das ist z. B. beim Diebstahl von Bargeld in drei Fällen (3 €, 4 € u. 6 €) durch den Arbeitnehmer der Fall. Dass es sich um kleine Beträge gehandelt hat, rechtfertigt keine andere Bewertung, wenn der Arbeitnehmer den Diebstahl nur ausführen konnte, weil er sich mit dem ihm anvertrauten Generalschlüssel Zugang zu dem Raum verschafft hat, in dem das Bargeld aufbewahrt war und in dem er keine dienstlichen Verrichtungen zu erledigen hatte. Unerheblich ist dann auch, dass nicht der

## C. Die Rechtswirksamkeit der außerordentlichen Arbeitgeberkündigung      Kapitel 4

- Arbeitgeber geschädigt wurde, sondern die Pächterin der Kantine bzw. der Tierschutzverein, zu dessen Gunsten in der Kantine ein Spendenkörbchen aufgestellt war, aus dem das Bargeld entwendet wurde (*LAG MV* 2.6.2009 LAGE § 626 BGB 2002 Nr. 21).
- Gleiches gilt für eine strafrechtlich bewehrte **Pfandkehr gegen den Arbeitgeber** (*BAG* 16.12.2004 EzA § 626 BGB 2002 Nr. 7).    **1160**
- Nichts anderes gilt für die Verwendung von ihr nicht gehörenden **Leergutbons** im Wert von 1,30 € durch eine Kassiererin (*LAG Bln.-Bra.* 24.2.2009 LAGE § 626 BGB 2002 Verdacht strafbarer Handlung Nr. 5; Zulassung der Revision durch *BAG* 28.7.2009 NZA 2009, 859; s. dazu *Walker* NZA 2009, 921 ff.; *Buschmann* AuR 2009, 220 f.). Allerdings ist nicht jede unmittelbar gegen die Vermögensinteressen des Arbeitgebers gerichtete Vertragspflichtverletzung ohne weiteres ein Kündigungsgrund. Maßgeblich ist § 626 Abs. 1 BGB; das *BAG* (10.6.2010 EzA § 626 BGB 2002 Nr. 32; abl. *Bengelsdorf* FA 2011, 194 ff.) hat deshalb der Kündigungsschutzklage stattgegeben. Denn im konkret entschiedenen Einzelfall hätte eine **Abmahnung** bei Würdigung aller Gesamtumstände als milderes Mittel zur Wiederherstellung des für die Fortsetzung des Vertrags notwendigen Vertrauens in die Redlichkeit des Arbeitnehmers ausgereicht (ebenso *LAG Bln.-Bra.* 16.9.2010 LAGE § 626 BGB 2002 Nr. 29 bei einer Betrugshandlung in einer besonderen Ausnahmesituation außerhalb des Kernbereichs der geschuldeten Tätigkeit mit einem Schaden von ca. 150 € bei einem seit 40 Jahren bestehenden Arbeitsverhältnis). Auch dann, wenn eine im Mensabetrieb langjährig beschäftigte Hilfskraft, die tariflich nur noch aus wichtigem Grund kündbar ist, gegen den ausdrücklichen Protest des Vorgesetzten zwei unbezahlte **verkaufsfähige Frikadellen** verzehrt, rechtfertigt weder die darin liegende Eigentumsverletzung noch das offen gezeigte Weigerungsverhalten des Arbeitnehmers eine fristlose Kündigung ohne vorangehende Abmahnung (*LAG Hamm* 4.11.2010 LAGE § 626 BGB 2002 Nr. 30).    **1161**
- In Betracht kommt auch ein zu Lasten des Arbeitgebers **versuchter Prozessbetrug**. Denn ein Arbeitnehmer verletzt vertragliche Nebenpflichten, nämlich die dem Vertragspartner geschuldete Rücksichtnahme auf dessen Interessen (§ 241 Abs. 2 BGB), wenn er im Rechtsstreit um eine Kündigung bewusst wahrheitswidrig vorträgt, weil er befürchtet, mit wahrheitsgemäßen Angaben den Prozess nicht gewinnen zu können (*BAG* 8.11.2007 EzA § 626 BGB 2002 Nr. 19).    **1162**
- Die **Mitnahme von zwei Stücken gebratenen Fisch** im Wert von ca. DM 10,–, die vom Mittagessen übrig geblieben sind, durch die in einer Kantine als Küchenhilfe beschäftigte Mitarbeiterin zum Eigengebrauch und ohne die im Betrieb vorgesehene Genehmigung des Küchenleiters (*LAG Köln* 24.8.1995 LAGE § 626 BGB Nr. 86).    **1163**
- Die **Entwendung eines Fladenbrotes** (*ArbG Paderborn* 17.12.1998 EzA § 626 BGB n. F. Nr. 175; ebenso für den Diebstahl eines Brotes im Wert von 2,50 € durch einen Angestellten einer Bäckerei *LAG Düsseld.* 16.8.2005 NZA-RR 2006, 576).    **1164**
- Die **mehrfache Entwendung von Lebensmitteln** zum sofortigen Verzehr aus dem Lager eines Lebensmittelhändlers durch einen Lagerarbeiter (*LAG Köln* 6.8.1999 NZA-RR 2000, 24); auch der Diebstahl von **sechs Maultaschen** aus übrig gebliebener Bewohnerverpflegung durch eine Altenpflegerin kann eine außerordentliche Kündigung rechtfertigen, wenn ein ausdrückliches und der Arbeitnehmerin auch bekanntes Verbot der Verwertung von Resten durch das Personal besteht (*ArbG Lörrach* 16.10.2009 LAGE § 626 BGB 2002 Nr. 24; abl. *Walter* AuR 2010, 59 ff.; s. aber den Vergleich beim *LAG BW* 30.3.2010 – 9 Sa 75/09 – EzA-SD 7/2010 S. 7). Isst ein Arbeitnehmer eine abgerissene Ecke eines Stücks einer **Patientenpizza** und/oder verzehrt er einen in der Küche abgestellten Teil eines Restes einer Patientenportion **Gulasch**, rechtfertigt dies aber in aller Regel keine Kündigung eines langjährig beschäftigten Arbeitnehmers. Das gilt jedenfalls dann, wenn das Beschäftigungsverhältnis bisher ungestört verlaufen ist. In einem solchen Fall ist als angemessene Reaktion regelmäßig lediglich eine Abmahnung gerechtfertigt, um durch Androhung von Folgen für den Bestand des Arbeitsverhältnisses das künftige Verhalten des Arbeitnehmers positiv zu beeinflussen (*LAG SchlH* 29.9.2010 NZA-RR 2011, 126).    **1165**
- Der Verzehr eines **Brotaufstrichs** mit einem Wert unter 0,10 €; im Rahmen der Interessenabwägung überwog aber das Interesse des Arbeitnehmers an der Fortsetzung des Arbeitsverhältnisses (ordentliche Unkündbarkeit als Betriebsratsmitglied, geringer Wert; *LAG Hamm* 18.9.2009 –    **1166**

13 Sa 640/09, EzA-SD 20/2009 S. 3 PM: Einhaltung der ordentlichen Kündigungsfrist u. Abfindung in Höhe von 42.500 €, berechnet nach § 1a KSchG).

1167 – Die **Entwendung einer Flasche Weinbrand** durch einen Auslieferungsfahrer bei einem Kunden des Arbeitgebers (*LAG Köln* 11.8.1998 NZA-RR 1999, 415).

1168 – **Diebstahl von Heizöl** durch einen Hausmeister (*VGH BW* 11.12.2001 NZA-RR 2002, 390).

1169 – Die **Entwendung von Pkw-Ersatzteilen** aus dem Eigentum des Arbeitgebers bzw. der Versuch der Entwendung (*Hess. LAG* 29.10.2003 NZA-RR 2004, 131). Dagegen rechtfertigt der Diebstahl eines zur Entsorgung bestimmten **Kinderreisebetts** aus dem firmeneigenen Abfallcontainer weder eine außer- noch eine ordentliche Kündigung, wenn das Bestandsinteresse das Beendigungsinteresse überwiegt bzw. die Kündigung unverhältnismäßig ist. Das ist z. B. dann der Fall, wenn sich der Arbeitnehmer aufgrund einer nicht eindeutigen betrieblichen Regelung bei der Entnahme des Kinderreisebettes in einem schuldmindernden Verbotsirrtum befindet. Dafür spricht auch eine Begehung der Tat vor den Augen der Kollegen und in dem Bewusstsein, dass alles mit einer firmeneigenen Kamera aufgezeichnet wird (*ArbG Mannheim* 30.7.2009 LAGE § 626 BGB 2002 Nr. 22). Das *LAG BW* (10.2.2010 LAGE § 626 BGB 2002 Nr. 27) hat insoweit mit Nachdruck darauf hingewiesen, dass gerade bei der weisungswidrigen Aneignung wirtschaftlich geringwertiger oder wertloser Sachen im Rahmen der abschließenden Interessenabwägung bei Würdigung aller Umstände des Einzelfalls zu prüfen ist, ob das Beendigungsinteresse des Arbeitgebers gegenüber dem Bestandsschutzinteresse des Arbeitnehmers ein überwiegendes Gewicht hat.

1170 – Ein **Ladendiebstahl** bzw. der Verdacht eines Ladendiebstahls im Beschäftigungsbetrieb, wenn sich das Altersteilzeitverhältnis in der Freistellungsphase befindet; ein Hausverbot wird auch dann der Interessenlage im Allgemeinen nicht gerecht (*LAG SchlH* 18.1.2005 NZA-RR 2005, 367).

– Begeht der Arbeitnehmer anlässlich eines privaten Einkaufs außerhalb der Arbeitszeit eine strafbare Handlung zu Lasten des Vermögens seines Arbeitgebers oder schädigt er ihn in ähnlich schwerwiegender Weise vorsätzlich, z. B. durch die missbräuchliche Verwendung von **Gutscheinen für Personaleinkauf**, kann dies eine Kündigung aus wichtigem Grund rechtfertigen. Ob es einer Abmahnung bedurfte, ist eine Frage des Einzelfalls. War für den Arbeitnehmer die Schwere der Pflichtverletzung ohne weiteres erkennbar und hat er zur Tatbegehung bewusst **geringe Überwachungsmöglichkeiten** des Arbeitgebers ausgenutzt, kann dies für die Entbehrlichkeit einer Abmahnung sprechen (*BAG* 16.12.2010 EzA § 626 BGB 2002 Nr. 33 = NZA 2011, 571).

1171 – Das gilt auch bei einem Diebstahl in einem räumlich entfernten **anderen Betrieb** des Arbeitgebers, auch außerhalb der Arbeitszeit (*BAG* 20.9.1984 EzA § 626 BGB n. F. Nr. 91). Steht die Tat nicht in innerem Zusammenhang mit der im Beschäftigungsbetrieb auszuübenden vertraglich geschuldeten Tätigkeit, so ist dies nicht für die Eignung als an sich zur außerordentlichen Kündigung geeigneter Umstand, sondern nur für den Grad ihrer Auswirkung auf das Arbeitsverhältnis von Bedeutung (*BAG* 20.9.1984 EzA § 626 BGB n. F. Nr. 91).

1172 – Handelt es sich dagegen um eine **Konzernschwester**, so muss das Arbeitsverhältnis durch das Delikt konkret beeinträchtigt sein (*BAG* 20.9.1984 EzA § 1 KSchG Verhaltensbedingte Kündigung Nr. 14; vgl. auch zur Berücksichtigung verhaltensbedingter Kündigungsgründe beim Vorarbeitgeber im Konzern *LAG Köln* 28.3.2001 NZA-RR 2002, 85). Das ist z. B. dann zu bejahen, wenn dem Arbeitnehmer ein Personalrabatt eingeräumt worden ist, der auch für das Kaufhaus der Konzernschwester gilt. Denn damit wird eine Verpflichtung des Arbeitnehmers begründet, das Eigentum an den Waren in diesen Kaufhäusern so zu achten, als wenn es solche des Arbeitgebers wären (*BAG* 20.9.1984 EzA § 626 BGB n. F. Nr. 91; s. a. *BAG* 27.11.2008 – 2 AZR 193/07, NZA 2009, 671 zur Missachtung von Kompetenzregeln).

1173 – Haben allerdings **mehrere Arbeitnehmer Zugriff auf eine Kasse**, so können Fehlbeträge in der Kasse nicht ohne weiteres einem bestimmten Arbeitnehmer zugeordnet werden. Der Kündigungsgrund des Einbehaltens von Geld kann damit nicht hinreichend sicher festgestellt werden (*LAG Bln.-Bra.* 24.7.2007 LAGE § 622 BGB 2002 Nr. 2).

1174 – Bezieht der Arbeitgeber die in Betracht kommenden Arbeitnehmer (Kassierer/Innen) **nicht im gleichen Umfang in seine Kontrolle ein**, so fehlt es von vornherein an einer tragfähigen Grundlage zur Ermittlung einer »durchschnittlichen« Fehlerquote im Testkaufwesen des Hauses. Daher kann der Arbeitgeber in einem solchen Fall wegen festgestellter Verstöße bei Testkäufen gegenüber einer

bestimmten Kassiererin keine vertragsrechtlichen Sanktionen herleiten und damit im Ergebnis zu Lasten der betroffenen Arbeitnehmer »mit zweierlei Maß« messen (*ArbG Bln.* 3.8.2007 – 28 Ca 6745/07, AuR 2007, 364 LS)
– Lässt eine **Kundin versehentlich ihre Tüte mit Backwaren an der Kasse liegen**, so ist die Ware nach Auffassung des *ArbG Regensburg* (11.7.2006 – 1 Ca 519/05 L, AuR 2007, 59 LS) ein »herrenloser« Gegenstand, dessen »Entsorgung« weder eine Unterschlagung gegenüber der Kundin noch gegenüber dem Arbeitgeber darstellen kann. Wenn also eine Kassiererin das Brot weggeworfen oder gar selbst verzehrt haben sollte, hat sie damit keine eine Kündigung rechtfertigende Straftat begangen. 1175
– Auch die **Veruntreuung von Firmengeldern** ist grds. geeignet, eine außerordentliche Kündigung zu rechtfertigen (*LAG SchlH* 26.11.2002 – 5 Sa 285e/02, EzA-SD 1/03, S. 7; ebenso *LAG Köln* 18.1.2002 ZTR 2002, 395 für Veruntreuungen durch eine Kindergartenleiterin). 1176
– Gleiches gilt für die **versuchte Erschleichung einer unentgeltlichen Paketbeförderung** im Wert von 2, 50 €. Im konkret entschiedenen Einzelfall hat das *LAG SA* (6.12.2005 NZA-RR 2006, 411) aber sowohl die Tat als auch die Verdachtskündigung weder als außerordentliche noch als ordentliche für wirksam angesehen, weil das Weiterbeschäftigungsinteresse des seit 15 Jahren beschäftigten Arbeitnehmers, der einer Ehefrau und fünf minderjährigen Kindern zum Unterhalt verpflichtet ist, das Lösungsinteresse des Arbeitgebers überwog. 1177
– Eine **Steuerhinterziehung** in erheblicher Höhe (ca. 67.000,– DM) ist bei einem Angestellten einer Finanzbehörde als wichtiger Grund zur fristlosen Kündigung an sich geeignet. Das gilt auch dann, wenn der Angestellte die Hinterziehung gem. § 371 AO selbst angezeigt hat; dieser Umstand ist allerdings bei der Interessenabwägung zu berücksichtigen (*BAG* 21.6.2001 EzA § 626 BGB n. F. Nr. 189; s. a. *LAG Köln* 13.2.2006 – 14 (12) Sa 1338/05, EzA-SD 12/06 S. 11 LS). Der wegen einer vorsätzlichen und im Zusammenhang mit dem Arbeitsverhältnis begangenen **Zoll- und Steuerstraftat** außerordentlich gekündigte Arbeitnehmer kann sich zudem grds. nicht darauf berufen, er habe nur ein entsprechendes Verhalten seines Arbeitgebers kopiert (*ArbG Brem.* 28.10.1998 NZA-RR 2003, 137). 1178
– Die vorsätzliche Zuwiderhandlung des Arbeitnehmers gegen die Regelungen zur Inanspruchnahme eines **Sachbezugs** mit dem Ziel, anstelle von Waren oder Dienstleistungen aus dem Sortiment des Arbeitgebers Bargeld zu erhalten, ist an sich geeignet, eine Kündigung aus wichtigem Grund i. S. d. § 626 Abs. 1 BGB zu rechtfertigen. Wird dem Arbeitnehmer ein tariflich geregelter Sachbezug durch eine Geldgutschrift auf einem Mitarbeiterkonto zur Verfügung gestellt, die er nur zum Wareneinkauf beim Arbeitgeber benutzen darf, und ist laut einer die Tarifregelung ergänzenden Gesamtbetriebsvereinbarung eine Barauszahlung der Geldgutschrift ausdrücklich ausgeschlossen, ist dem Arbeitnehmer nach Inhalt und Zweck der Sachbezugsregelung auch jede andere Disposition über die Geldgutschrift untersagt, die denselben Erfolg wie eine direkte Barauszahlung herbeiführen soll. Die bewusste und gewollte Umgehung der Verwendungsbestimmungen eines Sachbezugs stellt regelmäßig eine erhebliche Pflichtverletzung des Arbeitnehmers dar; dennoch kann u. U. vor Ausspruch einer Kündigung wegen einer solchen Pflichtverletzung eine Abmahnung erforderlich sein (*BAG* 23.6.2009 – 2 AZR 103/08, NZA 2009, 1198). 1179
– Die **mehrfache Entwendung und Benutzung** von im Betrieb des Arbeitgebers verwendetem Versandmaterial von geringem Wert (drei Briefumschläge im Wert von 0,03 DM) durch den Arbeitnehmer rechtfertigt dagegen i. d. R. nicht eine Kündigung ohne vorherige Abmahnung (*LAG Köln* 30.9.1999 ZTR 2000, 427; vgl. aber auch *ArbG Frankf./M.* 31.1.2001 NZA-RR 2001, 368: Diebstahl geringwertiger Sachen rechtfertigt ohne Abmahnung eine ordentliche Kündigung, wenn der betroffene Arbeitnehmer bei seiner Arbeit eine Vorbildfunktion auszuüben hat). Das *ArbG Hmb.* (2.10.2000 NZA-RR 2001, 416) hat angenommen, dass der Diebstahl einer geringwertigen Sache zum Nachteil des Arbeitgebers zwar an sich geeignet ist, einen wichtigen Grund für eine außerordentliche Kündigung darzustellen. Es hat aber sowohl eine außerordentliche als auch eine ordentliche Kündigung als **unverhältnismäßig** erachtet, weil es im konkret entschiedenen Einzelfall seitens des Arbeitnehmers an einem Vertragsverstoß von einem erforderlichen Gewicht gefehlt hat, der finanzielle Schaden des Arbeitgebers gering war (Verkaufspreis des entwendeten Salats 7,50 DM) und es nicht zu einer Betriebsablaufstörung gekommen ist. 1180

1181 – Verstößt der Arbeitnehmer gegen eine Formalbestimmung für die **Entnahme von Verbrauchsmaterialien** des Arbeitgebers (Auffüllen von Scheibenwaschkonzentrat in den Vorratsbehälter des Privatfahrzeugs eines Kfz-Mechanikers), ohne zum Zweck der Abrechnung einen Auftrag zu eröffnen und ohne den entsprechenden Gegenwert zu bezahlen, soll nach – nicht zutreffender – Auffassung des *ArbG Hmb.* (3.8.2004 NZA-RR 2005, 75) unter dem Gesichtspunkt der Tatkündigung kein wichtiger Grund gegeben sein, der eine außerordentliche Kündigung rechtfertigen würde. Der Verstoß gegen diese Anweisung soll danach die Kündigung erst nach Ausspruch einer Abmahnung rechtfertigen. Dass der Arbeitnehmer die Zahlung bis zum Mittag des übernächsten Tages noch nicht vorgenommen hat, spricht danach nicht in ausreichendem Maße dafür, dass der Arbeitnehmer die Zahlung tatsächlich nicht mehr vorgehabt hat.

1182 – Sofern einer Verkäuferin, die **den Preis einer Ware vor dem Verkauf pflichtwidrig herabgezeichnet hat**, der Vorwurf bewusster Preismanipulation nicht nachzuweisen ist, rechtfertigt dagegen eine solche Pflichtverletzung ohne Hinzutreten weiterer dringender Verdachtsmomente und ohne vorherige Abmahnung i. d. R. weder eine außerordentliche noch eine ordentliche Kündigung (*LAG SchlH* 10.1.2006 NZA-RR 2006, 240).

1183 – **Entfernt ein Filialleiter** – entgegen einer Anweisung – **abgeschriebene Waren vom Ladengrundstück** in der Absicht, sie einige Stunden später bei Arbeitsantritt zu bezahlen und zahlt er den regulären Kaufpreis vor Aufdeckung der Entfernung, so rechtfertigt auch dieses Verhalten regelmäßig weder eine außerordentliche noch eine ordentliche Kündigung noch eine Auflösung nach § 9 KSchG (*LAG Nbg.* 15.8.2006 7 Sa 857/05 FA 2007, 61).

1184 – Nimmt eine an der Fleischbedienungstheke eines Warenhauses beschäftigte Arbeitnehmerin aus der Verkaufsauslage in einer anderen Abteilung **zwei Haarspangen** im Wert von 1,99 € ohne Bezahlung an sich, um die dienstlich vorgeschriebene Kopfbedeckung (Haube) zu befestigen, so rechtfertigt dies nicht den Ausspruch einer Kündigung, und zwar auch dann nicht, wenn die Dienstkleidung nicht von vornherein vom Arbeitgeber zu stellen ist (*LAG Köln* 16.12.2008 – 9 Ta 474/08, AuR 2009, 104 LS).

– Ein Verstoß eines Kellners gegen eine **betriebliche Trinkgeldregelung** rechtfertigt keine außerordentliche Kündigung, wenn sie – unberechtigterweise – einseitig bestimmt, dass das Trinkgeld von der Geschäftsleitung zu kassieren und anschließend unter dem Personal zu verteilen ist, denn wenn das Bedienungspersonal vom Gast neben dem Rechnungsbetrag freiwillig ein Trinkgeld erhält, so steht ihm dieses unmittelbar zu (*LAG RhPf* 9.12.2010 LAGE § 107 GewO Nr. 1).

1185 – Das ein Flugzeugführer sich über einen längeren Zeitraum hinweg mehrfach und in erheblichem Umfang **falsche Arbeitszeiten aufschreibt**, ist andererseits geeignet, einen wichtigen Grund i. S. d. § 626 Abs. 1 BGB darzustellen (*ArbG Frankf./M.* 6.8.1999 NZA-RR 2000, 307; s. Rdn. 1157). Auch ein Arbeitszeitbetrug verbunden mit dem dringenden **Verdacht langfristiger Gleizeitmanipulationen** rechtfertigt die außerordentliche Kündigung (*LAG Köln* 22.5.2003 LAGE § 626 BGB Nr. 151; *Schulte-Westenberg* NZA-RR 2005, 617 ff.; zum inkorrekten Ausfüllen eines Zeit- und Arbeitsberichts *ArbG Frankf. a. M.* 24.7.2001 NZA-RR 2002, 133). **Vereinbaren allerdings die Betriebsparteien ausdrücklich** in einer Betriebsvereinbarung zur Einführung eines Zeiterfassungssystems, dass die **erhobenen Daten nur zur Lohnabrechnung, nicht aber zur Verhaltenskontrolle verwendet werden dürfen**, so kann sich der Arbeitgeber zur Begründung einer fristlosen Kündigung nicht auf die erhobenen Daten berufen (*LAG Köln* 4.11.2005 LAGE § 626 BGB 2002 Nr. 8). Erhält das vertragswidrige Verhalten des Arbeitnehmers – Verstöße gegen eine Gleitzeitregelung durch **Nichtbuchen von Raucherpausen** – kündigungsrechtliche Relevanz erst durch seine mehrfache Wiederholung und die Summierung der wirtschaftlichen Folgen für den Arbeitgeber (11 Fälle in 6 Wochen = unberechtigter Bezug von Arbeitsentgelt für 267 Min.), so beurteilt sich die Frage der Entbehrlichkeit einer Abmahnung jedenfalls dann nicht nach dem Unrechtsgehalt und dem Gesamtschaden, wenn der Arbeitgeber aufgrund von Verdachtsmomenten eine **Beobachtung des Arbeitnehmers veranlasst** hat und jeden Einzelverstoß dokumentieren lässt, jedoch von einem **frühzeitigen Eingreifen und einer Abmahnung** absieht, ohne dass dies durch Art und Umstände der Pflichtverletzung begründet ist. Kann davon ausgegangen werden, dass bei frühzeitigem Einschreiten weitere Verstöße gegen die Gleitzeitregelung unterblieben wären, scheitert die Wirksamkeit einer fristlosen und fristgerechten Kündigung an der unterbliebenen Abmahnung, die trotz Eindeutigkeit der Rechtslage und abstrakter Kündigungsandrohung in einem **Aushang** nicht entbehrlich ist (*LAG Hamm* 17.3.2011 LAGE § 626 BGB 2002 Nr. 32; s. a. *LAG Hmb.* 30.12.2011 – 7 TaBV 12/10, AuR 2012, 81 LS). Andererseits ist der vorsätzliche Verstoß eines Arbeitnehmers gegen seine Verpflichtung, die abgeleistete **Arbeitszeit korrekt zu dokumentieren**, an sich geeignet, einen wichtigen Grund i. S. v. § 626 Abs. 1 BGB darzustellen, denn der Arbeitnehmer verletzt damit in erheblicher Weise seine ihm gegenüber dem Arbeitgeber bestehende Pflicht zur Rücksichtnahme gem. § 241 Abs. 2 BGB (*BAG* 9.6.2011 EzA § 626 BGB 2002 Nr. 35 = NZA 2011, 1027).

- Verbringt ein Arbeitnehmer eine Viertelstunde seiner Arbeitszeit mit geschlossenen Augen auf dem zurückgeklappten Fahrersitz des Lkw seines Arbeitgebers, so handelt es sich lediglich um eine »**Arbeitsbummelei**«. Eine solche »Arbeitsbummelei« stellt weder einen wichtigen Grund für eine außerordentliche Kündigung dar noch rechtfertigt sie eine ordentliche Kündigung aus verhaltensbedingten Gründen. Ist der Arbeitnehmer dazu verpflichtet, seine Arbeitszeiten in eine Stechkarte einzutragen, so begeht er dennoch keinen Arbeitszeitbetrug gegenüber seinem Arbeitgeber, wenn er eine entsprechende Unterbrechung seiner Arbeitszeit nicht angibt (*LAG BW* 19.5.2010 NZA-RR 2010, 637). **1186**

- Auch der Verstoß eines Arbeitnehmers gegen seine Verpflichtung, die abgeleistete, vom Arbeitgeber sonst kaum sinnvoll kontrollierbare Arbeitszeit **korrekt zu stempeln**, ist an sich geeignet, einen wichtigen Grund zur außerordentlichen Kündigung i. S. v. § 626 Abs. 1 BGB darzustellen. Das gilt erst recht, wenn der Arbeitnehmer den Arbeitgeber vorsätzlich dadurch täuscht, dass er **einen anderen Arbeitnehmer veranlasst, an seiner Stelle die Stempeluhr zu betätigen** (*BAG* 24.11.2005 EzA § 626 BGB 2002 Nr. 12). Dabei kommt es auch insoweit nicht entscheidend auf die strafrechtliche Würdigung, sondern auf den mit der Pflichtverletzung verbundenen schweren Vertrauensbruch an (*BAG* 25.11.2010 EzA § 626 BGB 2002 Verdacht strafbarer Handlung Nr. 9). Nichts anderes gilt für die systematische **Manipulation von Zeiterfassungsdaten**. Ist die Manipulation dagegen so geringfügig, dass sie kaum ins Gewicht fällt, kann eine Abmahnung ausreichend sein. Allein das Eintreten eines »Abschreckungseffekts« bezogen auf andere Mitarbeiter des Betriebes ist keine ausreichende Begründung für eine verhaltensbedingte Kündigung (*LAG SchlH* 29.3.2011 – 2 Sa 553/10, AuR 2011, 502 LS). Überträgt der Arbeitgeber den Nachweis der täglich bzw. monatlich geleisteten Arbeitszeit den Arbeitnehmern selbst (Selbstaufzeichnung) und füllt der Arbeitnehmer die dafür zur Verfügung gestellten Formulare wissentlich und vorsätzlich falsch aus, so stellt dies i. d. R. einen schweren Vertrauensbruch dar (*BAG* 21.4.2005 EzA § 91 SGB IX Nr. 1). Gleiches gilt dann, wenn ein **Außendienstmitarbeiter** während der Arbeitszeit seine **Privatwohnung** aufsucht, ohne, wie für Arbeitsunterbrechungen vorgesehen, in der Arbeitszeiterfassung eine entsprechende Korrektur vorzunehmen (*LAG Hamm* 30.5.2005 NZA-RR 2006, 353). **1187**

- Eine fristlose Kündigung kann berechtigt sein, wenn ein Fluglotse seine **Pausen** mehrfach erheblich **überschreitet**, dadurch ein Lotsenplatz vorschriftswidrig unbesetzt bleibt und der Arbeitsplatznachweis falsch ausgefüllt wird. Es bedarf insbes. dann keiner Abmahnung, wenn trotz Belehrung über einen ähnlichen Vorfall das Fehlverhalten – anders als von anderen Kollegen – fortgesetzt wird (*Hess. LAG* 24.11.2010 NZA-RR 2011, 294).

- Der Umstand, dass eine für die Straßenerhaltung in einem Stadtbezirk zuständige **Zwei-Mann-Kolonne** die Arbeit morgens für eine halbstündige Pause an einer Kaffeebude »eigenmächtig« unterbricht, gibt bei fehlender vorheriger Abmahnung nicht ohne weiteres einen an sich zur außerordentlichen Kündigung geeigneten Umstand ab. Die Tatsache, dass die Kolonne in den von ihr zu erstellenden Arbeitsberichten die Kaffeepause nicht ausweist, sondern arbeitszeitmäßig dem unterbrochenen bzw. nachfolgenden Arbeitsauftrag zuordnet, rechtfertigt keine außerordentliche Kündigung eines seit ca. 30 Jahren beim Arbeitgeber beschäftigten Arbeiters, wenn die Zeitangaben in den Arbeitsberichten weder für die Vergütungsberechnung noch für die Leistungsabrechnung gegenüber dem Auftraggeber eine Rolle spielen oder der Arbeits(zeit)kontrolle dienen sollen (*LAG Düsseld.* 24.6.2009 LAGE § 626 BGB 2002 Nr. 21). **1188**

- Gilt im Betrieb die Regelung, dass die Beschäftigten bei **Raucherpausen** abzustempeln haben, ist eine fristlose Kündigung gerechtfertigt, wenn eine Arbeitnehmerin trotz Abmahnung wiederholt **1189**

Pausen im Raucherraum verbringt, ohne die vorgeschriebene Zeiterfassung zu bedienen (*ArbG Duisburg* 14.9.2009 LAGE § 626 BGB 2002 Nr. 23; s. aber auch *LAG Hamm* 17.3.2011 LAGE § 626 BGB 2002 Nr. 32).

1190 – **Manipuliert ein Monteur** in dem überlassenen Dienstfahrzeug anlässlich der Fahrten zu Kunden **den Fahrtenschreiber**, indem er den Aufschreibevorgang unterbricht und zeitliche Verstellungen vornimmt, erfüllt dieses Verhalten den Straftatbestand der Fälschung einer technischen Aufzeichnung gem. § 268 StGB und stellt einen wichtigen Grund i. S. d. § 626 Abs. 1 BGB dar (*LAG RhPf* 27.1.2004 NZA-RR 2004, 473).

1191 – Erklärt ein **Außendienstmitarbeiter** seinem Arbeitgeber, er habe **widersprüchliche Km-Angaben** in Reisekostenabrechnungen, Besuchsberichten und Tankbelegen auf Anraten seines Steuerberaters bewusst vorgenommen, damit eine Kontrolle nicht möglich sei, zerstört er die für eine Fortsetzung des Arbeitsverhältnisses auf Dauer notwendige Vertrauensbasis. Liegen andererseits keine Anhaltspunkte dafür vor, dass der im konkret entschiedenen Einzelfall 54 Jahre alte, seit 14 Jahren beschäftigte Mitarbeiter vorhatte, sich auf Kosten des Arbeitgebers zu bereichern, kann diesem die Einhaltung der ordentlichen Kündigungsfrist zugemutet werden (*LAG Köln* 2.3.1999 ARST 2000, 45).

1192 – Täuscht der Arbeitnehmer **fiktive Reisezeiten** als tatsächlich geleistet vor, verletzt er ebenso rechtswidrig und schuldhaft seine Vertragspflichten, wenn die Reisekostenregelung vorsieht, dass nur tatsächlich geleistete Reisezeiten als Arbeitszeiten geltend gemacht werden können und eine Zusage der Vergütung fiktiver Reisekosten nicht erfolgt ist. Eine derartige Pflichtverletzung ist schwerwiegend und an sich geeignet, eine außerordentliche Kündigung zu rechtfertigen. Liegt andererseits keine vorsätzliche, sondern nur eine fahrlässige Pflichtverletzung vor, kann auf ein Abmahnerfordernis vor Ausspruch der Kündigung nicht verzichtet werden (*LAG Nds.* 15.6.2004 NZA-RR 2004, 574).

– Eine außerordentliche Kündigung ist dann – auch ohne Wiederholungsgefahr – wirksam, wenn ein städtischer Friedhofsleiter die Pflege einer **privaten Grabstätte** durch untergebene Mitarbeiter während der Arbeitszeit veranlasst und dafür persönlich ein »**Trinkgeld**« i. H. v. 155 € jährlich durch die Hinterbliebenen entgegennimmt (*LAG Düsseld.* 23.2.2011 LAGE § 626 BGB 2002 Nr. 31).

1193　Dennoch rechtfertigt eine vom Arbeitnehmer zu seinen Gunsten erstellte fehlerhafte Spesenabrechnung auch dann den Vorwurf unredlichen Verhaltens bzw. eine außerordentliche Kündigung, wenn der Arbeitnehmer Spesen nicht hätte abrechnen wollen, eine Abrechnung jedoch auf Aufforderung durch seinen Arbeitgeber aus dem Gedächtnis erstellt und den Arbeitgeber nicht auf eine solche Unsicherheit der Richtigkeit der Abrechnung hinweist. Der wichtige Grund entfällt auch nicht dadurch, dass der Arbeitgeber eine Detektei nur zu dem Zweck beauftragt hatte, um dem Arbeitnehmer ggf. ein Spesenvergehen vorhalten zu können. Solches kann auch nicht zu Gunsten des Arbeitnehmers in der Interessenabwägung berücksichtigt werden (*LAG Nbg.* 28.3.2003 LAGE § 626 BGB Nr. 149; **a. A.** bei einem Versuch des Arbeitgebers, mit »geradezu detektivischen Mitteln« einen Abrechnungsbetrug nachzuweisen *OLG Köln* 4.11.2002 LAGE § 626 BGB Nr. 145; abl. dazu *Diller* NZA 2006, 569 ff.).

Erstellt der Arbeitnehmer andererseits Reisekostenabrechnungen, die **unzutreffende Kilometerangaben** enthalten, und legt er diese dem Arbeitgeber zur Erstattung der Reisekosten vor, obwohl er weiß, dass seine Angaben jederzeit leicht nachprüfbar sind und er zumindest mit stichprobenartigen Kontrollen rechnen muss, so lässt dies einen Rückschluss auf das vorsätzliche Erstellen falscher Abrechnungen nicht zu. Vielmehr lässt sich aus einer derartigen Vorgehensweise nur schlussfolgern, dass der Arbeitnehmer nachlässig gehandelt hat. Eine derartige Nachlässigkeit rechtfertigt bei einem langjährig beschäftigten Arbeitnehmer in einem unbelasteten Arbeitsverhältnis, der regelmäßig beruflich veranlasste Fahrten unternehmen muss, nur eine Abmahnung und keine außerordentliche Kündigung, wenn die falschen Abrechnungen nur einen Bruchteil der insgesamt geleisteten beruflichen Fahrten betreffen (*LAG Nds.* 4.6.2004 LAG Report 2005, 103).

## C. Die Rechtswirksamkeit der außerordentlichen Arbeitgeberkündigung | Kapitel 4

- Andererseits ist auch die **bewusst falsche Angabe des Arbeitnehmers über den Zugang eines Kündigungsschreibens** in einem Kündigungsschutzprozess geeignet, einen wichtigen Grund i. S. d. § 626 Abs. 1 BGB darzustellen, wenn sich der Arbeitnehmer daraus einen ungerechtfertigten rechtlichen Vorteil erschleichen will (*Hess.* LAG 10.5.2004 LAG Report 2005, 120); Gleiches gilt für die Abgabe einer **vorsätzlich falschen eidesstattlichen Versicherung** in einem Rechtsstreit mit dem Arbeitgeber (*BAG* 24.11.2005 EzA § 103 BetrVG 2001 Nr. 5; s. a. auch *LAG Bln.* 5.3.2007 – 10 Sa 2109/06, EzA-SD 12/2007 S. 8 LS). — **1194**
- Gleiches gilt für die Verletzung der **journalistischen Unabhängigkeit** durch einen Redakteur einer öffentlich-rechtlichen Rundfunkanstalt ebenso wie für die Abgabe einer **falschen Ehrenerklärung** des Redakteurs gegenüber dem Intendanten (*LAG Köln* 14.12.2011 – 3 Sa 347/11, EzA-SD 2/2012 S. 6 LS). — **1194a**
- Ein wichtiger Grund kann auch dann gegeben sein, wenn ein **Tischchef in einer Spielbank** einem Stammkunden ein Darlehen in nicht unerheblicher Höhe gewährt; allerdings muss dann im Rahmen der Interessenabwägung u. a. das Fehlen jeglicher konkreter Schädigung des Arbeitgebers berücksichtigt werden (*BAG* 26.3.2009 – 2 AZR 953/07, NZA-RR 2010, 516). — **1195**
- Hat ein im öffentlichen Dienst beschäftigter Arbeiter einen **versuchten Zigarettenautomatenaufbruch** zwar nicht bei seinem öffentlichen Arbeitgeber, sondern außerhalb dessen Bereichs begangen, dabei aber vorsätzlich Werkzeug des Arbeitgebers (Metallsäge, Bolzenschneider, Brecheisen), dessen Mitnahme ihm seitens seiner Vorgesetzten nur auf Grund seiner Angabe, er benötige das Werkzeug ausschließlich für private Zwecke, gestattet worden war, so gibt dieser versuchte Diebstahl in einem schweren Fall gem. § 243 Abs. 1 Nr. 2 StGB i. d. R. einen wichtigen Grund i. S. d. § 626 Abs. 1 BGB, § 53 Abs. 1 BMT-G II ab (*LAG Hamm* 7.12.2000 – 17 Sa 1447/00). — **1196**
- **Rechtswidrige Manipulationen** einer in einer Personalabteilung tätigen Arbeitnehmerin zum Zweck der **Hinterziehung von Steuern und Sozialversicherungsabgaben**, auch wenn dies ggf. auf Weisung ihres unmittelbaren Vorgesetzten geschehen sind, stellen einen Verstoß gegen ihre arbeitsvertraglichen Pflichten und damit einen wichtigen Grund für eine verhaltensbedingte Kündigung dar (*LAG Hamm* 20.4.1998 NZA-RR 1999, 24). — **1197**
- Die Tatsache, dass ein Arbeitnehmer den **Schreibdienst seiner Dienststelle für freiberufliche**, nicht genehmigte **Nebentätigkeiten** in Anspruch genommen hat und dass er darüber hinaus Kopien sowie Lichtpausen für seine Nebentätigkeiten hatte fertigen lassen, kommt als an sich zur außerordentlichen Kündigung geeigneter Umstand in Betracht (*LAG Hamm* 5.6.1998 NZA-RR 1999, 126). — **1198**
- Auch die Verantwortung eines **Angestellten des öffentlichen Dienstes** für die **Verbreitung ausländerfeindlicher Pamphlete** ist an sich geeignet, eine außerordentliche Kündigung zu begründen (*BAG* 14.2.1996 EzA § 626 BGB n. F. Nr. 160; s. aber Rdn. 1275 f.); Gleiches gilt für die erstmalige, nicht rechtskräftige Verurteilung des Arbeitnehmers wegen Volksverhetzung. — **1199**
- Zur Beurteilung einer fristlosen Kündigung auf Grund von **Urkundenfälschungen** vgl. *BAG* 29.1.1997 EzA § 626 BGB n. F. Nr. 163; *LAG SchlH* 28.10.2009 LAGE § 626 BGB 2002 Verdacht einer Straftat Nr. 8). — **1200**
- Es stellt einen wichtigen Grund i. S. d. § 626 Abs. 1 BGB (§ 54 BAT) dar, wenn ein Angestellter der Bundeswehr eine sog. »**Witzesammlung**«, die zu einem erheblichen Teil Judenwitze, Ausländerwitze und sexistische Frauenwitze von eklatant die Menschenwürde verachtendem Charakter enthält, über ein dienstliches Memo-System, in Kenntnis ihres Inhalts weiterverbreitet (*LAG Köln* 10.8.1999 ARST 2000, 162 LS). — **1201**
- Ein **Missbrauch von Zugriffsrechten** durch einen EDV-Administrator kann eine fristlose Kündigung rechtfertigen. Denn es ist regelmäßig nicht Aufgabe eines Revisors, die gesetzlichen Vertreter des Arbeitgebers zu kontrollieren (*LAG Köln* 14.5.2010 NZA-RR 2010, 579). — **1202**
- Gleiches gilt, wenn ein Arbeitnehmer einem Arbeitgeber **Unterlagen entzieht**, die dieser benötigt, um offene Vergütungsansprüche zwischen den Arbeitsvertragsparteien zu klären. Dies kann eine derart schwerwiegende Pflichtverletzung darstellen, dass der dadurch eingetretene Vertrauensverlust einer Fortsetzung des Arbeitsverhältnisses entgegensteht (*LAG Hamm* 9.12.2011 LAGE § 626 BGB 2002 Nr. 37). — **1202a**

*bbb) Privatnutzung betrieblicher Kommunikationsmittel*

1203 – Auch **umfangreiche unerlaubt und heimlich geführte Privattelefonate** auf Kosten des Arbeitgebers kommen als wichtiger Grund in Betracht (*BAG* 4.3.2004 EzA § 103 BetrVG 2001 Nr. 3; *Hess. LAG* 25.11.2004 LAGE § 1 KSchG Verhaltensbedingte Kündigung Nr. 85; *LAG Bln.-Bra.* 18.11.2009 LAGE § 626 BGB 2002 Nr. 25; *Schulte-Westenberg* NZA-RR 2005, 617 ff.). **Denn dem Arbeitnehmer** steht ohne besondere Erlaubnis **kein Anspruch auf die private Nutzung der betrieblichen Telefonanlage** zu. Insoweit entscheidet der Arbeitgeber alleine über die Einräumung der Privatnutzung an seinen Betriebsmitteln (*LAG RhPf* 9.7.2008 – 3 Ta 99/08 – EzA-SD 17/2008 S. 6 LS; s. a. *Koch* NZA 2008, 911 ff.). Auch wer im Urlaub mit seinem **Diensthandy** ausgiebig **privat telefoniert**, muss selbst bei langjähriger Anstellung mit einer fristlosen Kündigung rechnen (*Hess. LAG* 25.7.2011 NZA-RR 2012, 76). Das gilt aber **nicht ohne weiteres bei einem einzelnen privaten Telefonat**. Es muss dann entweder das kritikwürdige Verhalten auch in Zukunft zu erwarten oder so schwerwiegend gewesen sein, dass es sich selbst ohne Wiederholung auch künftig weiter belastend auf das Arbeitsverhältnis auswirkt (*LAG RhPf* 16.12.2005 LAGE § 1 KSchG Verhaltensbedingte Kündigung Nr. 90a; ebenso für die kurzfristige Verrichtung privater Angelegenheiten während der Arbeitszeit *LAG RhPf* 10.7.2008 – 10 Sa 209/08, EzA-SD 18/2008 S. 3 LS: Abmahnung erforderlich). Ist das Führen von Privattelefonaten während der Arbeitszeit **erlaubt oder geduldet**, so ist eine Kündigung wegen »**übermäßiger Privattelefonate**« sowohl unter dem Gesichtspunkt der anfallenden Telefongebühren als auch wegen der Arbeitszeitversäumnis zudem regelmäßig nur nach vorangehender Abmahnung gerechtfertigt; allein bei kostenträchtigen Auslandsgesprächen oder 0190er-Anwahlen ist eine vorangehende **Abmahnung** entbehrlich (*LAG Hamm* 30.5.2005 NZA-RR 2006, 353).

1204 – Der rechtswidrigen und schuldhaften Entwendung einer Sache steht nach Auffassung des *Sächs. LAG* (14.7.1999 – 2 Sa 34/99) das **arbeitsvertragswidrige und schuldhafte Kopieren von Daten** aus dem Bestand des Arbeitgebers auf einen privaten Datenträger gleich. Auch das **Speichern von »Hacker«-Dateien** kann einen Grund zur fristlosen Kündigung darstellen (*LAG Hamm* 4.2.2004 LAG Report 2004, 300; s. a. *OLG Celle* 27.1.2010 NZA-RR 2010, 299). Gleiches gilt für die unerlaubte – durch entsprechende Dienstvereinbarung und Dienstanweisung verbotene – Installation einer Anonymisierungssoftware; damit verletzt der Arbeitnehmer seine arbeitsvertragliche Rücksichtnahmepflicht erheblich (*BAG* 12.1.2006 EzA § 1 KSchG Verhaltensbedingte Kündigung Nr. 68).

1205 – Die **Speicherung privater Dateien auf einem Firmen-Laptop** kann – muss aber nicht – eine so schwerwiegende Nebenpflichtverletzung (§ 241 Abs. 2 BGB) sein, dass eine Hinnahme durch den Arbeitgeber offensichtlich ausgeschlossen ist; auch durch die unerlaubte Speicherung unternehmensbezogener Daten auf einer privaten Festplatte ohne Sicherung gegen unbefugten Zugriff kann dies der Fall sein. Soweit personenbezogene Daten i. S. v. § 3 Abs. 1 BDSG betroffen sind, kommt zudem ein Verstoß gegen § 5 S. 1 BDSG in Betracht. Dagegen sind Daten oder in Dateien gespeicherte Datenbestände für sich genommen keine urheberrechtlich nach §§ 69a ff. UrhG geschützte Computerprogramme oder Schriftwerke i. S. v. § 2 Abs. 1 Nr. 1 UrhG (*BAG* 24.3.2011 – 2 AZR 282/10, EzA-SD 16/2011 S. 3 LS = NZA 2011, 1029).

Ob und in welcher Weise die **Benutzung betrieblicher Kommunikationseinrichtungen zu privaten Zwecken** arbeitsvertragswidrig ist, richtet sich primär nach den arbeitsvertraglichen Regelungen (*LAG Köln* 11.2.2005 – 4 Sa 1018/04, NZA 2006, 106 LS). Nutzt der Arbeitnehmer das **Internet** entgegen einem ausdrücklichen Verbot des Arbeitgebers **für private Zwecke**, so stellt dies eine Pflichtverletzung dar, die eine Kündigung rechtfertigen kann (*LAG München* 14.4.2005 – 4 Sa 1203/04, EzA-SD 25/05 S. 14 LS; instr. *Ernst* NZA 2002, 585 ff.; *Kramer* NZA 2004, 457 ff.). Ohne ausdrückliche Regelung kann der Arbeitnehmer nach z. T. vertretener Auffassung (*LAG Köln* 11.2.2005 – 4 Sa 1018/04, EzA-SD 16/05 S. 6 LS = LAG Report 2005, 229 = NZA 2006, 106 LS; *ArbG Frankf. a.M.* 2.1.2002 NZA 2002, 1093) davon ausgehen, dass er zur privaten Nutzung betrieblicher elektronischer Kommunikationsanlagen in angemessenem Umfang berechtigt ist, so lange diese nicht größere Teile der Arbeitszeit in Anspruch nimmt und keine spürbare Kostenbelastung für den Arbeitgeber auslöst. Folglich kommt eine auf die Privatnutzung derartiger Anlagen gestützte Kündigung erst in Betracht, wenn der Arbeitgeber vorher den Arbeitnehmer einschlägig abgemahnt (vgl. auch *LAG Köln* 17.2.2004 NZA-RR 2005, 136) oder zumindest ein ausdrückliches Verbot ausgesprochen hat (vgl. ausf. *LAG RhPf* 12.7.2004 NZA-RR 2005, 303; *Mengel* NZA 2005, 752 ff.; a. A. *Koch* NZA 2008, 911 ff.). Wurde jedoch die private Nutzung vom Arbeitgeber genehmigt (vgl. *Dickmann* NZA 2003, 1009 ff.), kommt eine Kündigung nur in Betracht, wenn die Nutzung in einem Ausmaß erfolgt, von dem der Arbeitnehmer nicht annehmen durfte, sie sei noch von dem Einverständnis des Arbeitgebers gedeckt. Einer Abmahnung bedarf es in solchen Fällen nur dann nicht, wenn ein solches Ausmaß erreicht ist, dass von einer groben Pflichtverletzung auszugehen ist (*ArbG Wesel* 21.3.2001 NZA 2001, 786; noch weitergehend *LAG Köln* 15.12.2003 LAGE § 1 KSchG Verhaltensbedingte Kündigung Nr. 84: **einer Abmahnung bedarf es auch dann, wenn während der Arbeitszeit in nicht unwesentlichem Umfang E-Mails geschrieben werden, wenn es an einer klaren betrieblichen Regelung fehlt** (vgl. ausf. *LAG RhPf* 12.7.2004 NZA-RR 2005, 303; ähnlich *LAG Nbg.* 26.10.2004 FA 2005, 191 LS für private Internetnutzung, wenn diese »**grds. nicht gestattet ist**«; vgl. dazu *Mengel* NZA 2005, 752 ff.).

Andererseits kann die außerordentliche Kündigung eines langjährig beschäftigten Arbeitnehmers auch ohne vorherige Abmahnung dann gerechtfertigt sein, wenn er – trotz grundsätzlicher Gestattung der Privatnutzung durch den Arbeitgeber – über einen Zeitraum von mehr als sieben Wochen arbeitstäglich **mehrere Stunden mit dem Schreiben und Beantworten privater E-Mails verbringt,** an mehreren Tagen sogar in einem zeitlichen Umfang, der gar keinen Raum für die Erledigung von Dienstaufgaben mehr lässt (»**exzessive**« **Privatnutzung des Dienst-PC**; *LAG Nds.* 31.5.2010 LAGE § 626 BGB 2002 Nr. 28). Dürfen die E-Mails im Posteingang oder -ausgang belassen werden, unterliegt der Zugriff des Arbeitgebers nicht dem Fernmeldegeheimnis (*LAG Bln,-Bra.* 16.2.2011 – 4 Sa 2132/10, BB 2011, 2298). Der Arbeitgeber darf den privaten E-Mail-Verkehr des Arbeitnehmers zur Wahrnehmung eigener Rechte in den Kündigungsschutzprozess einführen, wenn eine Interessenabwägung ergibt, dass die Interessen des Arbeitgebers den Vorrang verdienen. Die mit der im Prozess vorgenommenen Auswertung der E-Mails verbundene Persönlichkeitsrechtsverletzung muss der Arbeitnehmer dann mit Rücksicht auf die berechtigten Belange des Arbeitgebers hinnehmen (*LAG Nds.* 31.5.2010 LAGE § 626 BGB 2002 Nr. 28; s. a. *Beckschulze* DB 2009, 2097 ff.). 1206

Selbst wenn aber z. B. von einer verbotenen privaten Internetnutzung in gewissem Umfang ausgegangen werden kann, überwiegen im Rahmen des § 626 Abs. 1 BGB doch die Interessen des langjährig beschäftigten Arbeitnehmers am Bestand des Arbeitsverhältnisses, insbes. dann, wenn der Arbeitgeber **erhebliche Beeinträchtigungen dienstlicher Interessen nicht vortragen und belegen kann** (*LAG Nbg.* 26.10.2004 FA 2005, 191 LS). Liegt dagegen eine **ausdrückliche entgegenstehende Vereinbarung** vor, so ist der Arbeitgeber ohne vorherige Abmahnung bei einer Nutzung des Internets zu privaten Zwecken zur außerordentlichen Kündigung berechtigt (*ArbG Düsseld.* 1.8.2001 NZA 2001, 1386); etwas anderes kann sich aber aus der Interessenabwägung dann ergeben, **wenn dem Arbeitnehmer keine Schlechtleistung vorgeworfen wird und er länger als 30 Jahre beanstandungsfrei beschäftigt worden ist und zudem die ordentliche Kündigung tariflich ausgeschlossen ist. Ein – abstrakter – Ansehensverlust des Arbeitgebers** auf Grund des Abrufs pornografischer Seiten im Internet **rechtfertigt keine abweichende Beurteilung, solange kein strafrechtlich relevantes Verhalten gegeben** ist (*LAG RhPf* 9.5.2005 NZA-RR 2005, 634). Demgegenüber kann aber jedenfalls ein Arbeitnehmer, der trotz ausdrücklichen Verbots der Internetnutzung sich über seine Kollegen Zugang zum Internet verschafft und unter Verwendung seiner dienstlichen E-Mail-Adresse durch das Herunterladen und Speichern von **kinderpornografischen Dateien** strafrechtlich relevante Handlungen i. S. d. § 184 f.(184b) StGB begeht, fristlos gekündigt werden (*LAG München* 14.4.2005 LAGE § 626 BGB 2002 Nr. 56). 1207

Das *BAG* (7.7.2005 EzA § 626 BGB 2002 Nr. 10 = NZA 2006, 98; zust. *Kramer* NZA 2006, 194 ff. u. NZA 2007, 1338 ff.; krit. *Fischer* AuR 2006, 207 f. und AuR 2007, 109 f.; *Besgen* SAE 2006, 117 ff.; s. a. *BAG* 12.1.2006 EzA § 1 KSchG Verhaltensbedingte Kündigung Nr. 68; 31.5.2007 EzA § 1 KSchG Verhaltensbedingte Kündigung Nr. 71; s. a. *LAG RhPf* 26.2.2010 1208

NZA-RR 2010, 297; zu Beweisverwertungsverboten s. *Kratz/Gubbels* NZA 2009, 652 ff.; s. a. *Dzida/Grau* NZA 2010, 1201 ff.; zum Zugriff auf privaten E-Mail-Verkehr am Arbeitsplatz instr. *HessVGH* 19.5.2009 – 6 A 2672/08.Z, EzA-SD 17/2009 S. 9 LS u. *LAG Bln.-Bra.* 9.12.2009 LAGE § 626 BGB 2002 Nr. 26) hat insoweit zusammenfassend folgende Grundsätze aufgestellt:

– Ein an sich zur außerordentlichen Kündigung geeigneter Umstand kann vorliegen, wenn der Arbeitnehmer das Internet während der Arbeitszeit zu privaten Zwecken in erheblichem zeitlichem Umfang nutzt und damit seine arbeitsvertraglichen Pflichten verletzt.
– Eine Verletzung der arbeitsvertraglichen Leistungspflicht sowie anderer vertraglicher Nebenpflichten kann sich insoweit aus verschiedenen Umständen ergeben, so insbes.
– durch eine Nutzung entgegen einem ausdrücklichen Verbot der Arbeitgebers,
– durch das Nichterbringen der arbeitsvertraglich geschuldeten Arbeitsleistung während des »Surfens« im Internet zu privaten Zwecken,
– durch das Herunterladen erheblicher Datenmengen aus dem Internet auf betriebliche Datensysteme (unbefugter download),
– durch die mit der privaten Nutzung entstehenden zusätzlichen Kosten,
– wegen einer Rufschädigung des Arbeitgebers, weil strafbare oder pornographische Darstellungen herunter geladen werden.
– Bei einer vom Arbeitgeber nicht gestatteten privaten Internetnutzung während der Arbeitszeit verletzt der Arbeitnehmer grds. seine (Hauptleistungs-) Pflicht zur Arbeit. Dabei wiegt eine Pflichtverletzung umso schwerer, je mehr der Arbeitnehmer bei der privaten Nutzung des Internets seine Arbeitspflicht in zeitlicher und inhaltlicher Hinsicht vernachlässigt.
– Nutzt der Arbeitnehmer während seiner Arbeitszeit das Internet in erheblichem zeitlichen Umfang (»ausschweifend«) zu privaten Zwecken, so kann er auch bei Fehlen eines ausdrücklichen Verbots grds. nicht darauf vertrauen, der Arbeitgeber werde dies tolerieren.

Für die ausdrücklich verbotene private Internetnutzung während der Arbeitszeit im öffentlichen Dienst gilt Folgendes (*BAG* 27.4.2006 EzA § 626 BGB 2002 Unkündbarkeit Nr. 11):

– Ein Arbeitnehmer verstößt ganz erheblich gegen seine arbeitsvertraglichen Pflichten, wenn er ein ausdrückliches und fortlaufend wiederholtes Verbot des Arbeitgebers missachtet, das Internet privat zu nutzen und innerhalb von zwei Monaten fast täglich, insgesamt in erheblichem Umfang privat im Internet surft.
– Damit verletzt er grds. seine Hauptleistungspflicht. Die Pflichtverletzung wiegt dabei um so schwerer, je mehr der Arbeitnehmer bei der privaten Internetnutzung seine Arbeitspflicht in zeitlicher und inhaltlicher Hinsicht vernachlässigt.
– Die Gefahr einer Rufschädigung durch den Abruf pornografischer Seiten ist insbes. bei einem Arbeitnehmer im öffentlichen Dienst nicht nur unter Umständen, sondern stets ohne das Hinzutreten weiterer Umstände konkret gegeben und zu beachten; Angestellte im öffentlichen Dienst unterliegen insoweit allerdings inzwischen nicht mehr nach § 8 Abs. 1 BAT gegenüber Angestellten in der Privatwirtschaft gesteigerten Verhaltenspflichten; für alle Arbeitnehmer gilt allerdings § 241 Abs. 2 BGB.
– Bei der Prüfung der Frage, ob ein wichtiger Grund zur Kündigung eines ordentlich unkündbaren Arbeitnehmers vorliegt, geht es allein um die Abwägung, ob dem Arbeitgeber die Fortsetzung des Arbeitsverhältnisses bis zum Ablauf der »fiktiven« Kündigungsfrist noch zugemutet werden kann. Insoweit besteht insbes. kein Anlass, neben dem Alter und der Beschäftigungsdauer die ordentliche Unkündbarkeit des Arbeitnehmers erneut zu seinen Gunsten zu berücksichtigen und damit den ordentlich unkündbaren Arbeitnehmer besser zu stellen als einen Arbeitnehmer ohne diesen Sonderkündigungsschutz bei entsprechenden Einzelfallumständen und beiderseitigen Interessen.

1209 ▶ – Eine Kündigung wegen **Weiterversendens einer privaten E-Mail** im Betrieb des Arbeitgebers ist wegen *Fehlens* einer vorherigen Abmahnung unwirksam, auch wenn zuvor in einer generellen internen Arbeitsanweisung das Versenden privater E-Mails verboten und eine außerordentliche Kündigung für den Fall des Zuwiderhandelns angedroht worden war (*Hess. LAG* 13.12.2001 LAGE § 626 BGB Nr. 136).

▶ – Auch schon vor der Entscheidung des *BAG* (7.7.2005 EzA § 626 BGB 2002 Nr. 10 = NZA 2006, 98) wurde die Auffassung vertreten, dass dann, wenn ein Arbeitnehmer während der Arbeitszeit **pornografisches Bildmaterial** aus dem **Internet** lädt, das er auf Datenträgern des Arbeitgebers speichert und er den Internet-Zugang zum Einrichten einer Web-Page sexuellen Inhalts nutzt, dies eine außerordentliche Kündigung rechtfertigen soll. Bei der Beurteilung der Schwere des Vertragsverstoßes ist danach zu berücksichtigen, dass ein derartiges Verhalten des Arbeitnehmers geeignet ist, das Ansehen des Arbeitgebers in der Öffentlichkeit zu beschädigen. Es bedarf dann nach Auffassung des *ArbG Hannover* (1.12.2000 NZA 2001, 1022; ebenso bei »ausschweifendem, systematischem Vorgehen über einen längeren Zeitraum« *ArbG Frankf. a. M.* 2.1.2002 NZA 2002, 1093; ebenso bei Weiterleitung von Dateien mit pornographischem Inhalt an Dritte *ArbG Hannover* 28.4.2005 NZA-RR 2005, 420) weder einer Abmahnung noch einer vorherigen ausdrücklichen Regelung. **Worin ein möglicher Ansehensverlust des Arbeitgebers bestehen soll, bleibt freilich offen.** Notwendig ist vielmehr eine differenzierte Betrachtung des konkreten Einzelfalls, also der genauen Beantwortung der Frage der Arbeitspflichtverletzung, deren Ausmaß, die Höhe des tatsächlich entstandenen Schadens in Relation gesetzt zu den Sozialdaten des Arbeitnehmers, insbes. der beanstandungsfreien Betriebszugehörigkeit, eines besonderen Kündigungsschutzes usw. Pauschale Lösungen verbieten sich wie stets im Kündigungsschutzrecht. 1210

*ccc) Tätlichkeiten, Bedrohungen, Beleidigungen; Stalking*

▶ – Jedenfalls stellt es keinen Kündigungsgrund dar, wenn ein Arbeitnehmer, dessen Arbeitgeber einen Personalabbau durch Aufhebungsverträge erreichen will, denen sog. »Trennungsgespräche« vorangehen, versucht, durch eine Internetanimation, die insbes. den Arbeitskollegen zugänglich ist, den Betrachter durch **Furcht und Schrecken erregende Bilder** (Atompilz, »Arbeit macht frei«, Aussonderung, Leichenberge, Guillotine, Blitzschlag, Teddybär, Krokodil) in Aufregung zu versetzen und diese Aufregung auf das Thema »Trennungsgespräche« zu lenken; es handelt sich nicht um eine arbeitsvertragliche Pflichtverletzung (*BAG* 24.11.2005 AuR 2006, 171 LS). 1211

▶ – Auch die strafbare Äußerung des Arbeitnehmers, eines Zivilbeschäftigten bei den US-Streitkräften, **eine Bombe mit sich zu führen**, kann ein an sich zur außerordentlichen Kündigung geeigneter Umstand sein. Die Festlegung von Art und Umfang der Durchführung von Sicherheitsüberprüfungen beim Betreten einer Kaserne der US-Army ist insoweit zwar allein Sache der US-Streitkräfte und von den Gerichten für Arbeitssachen grds. hinzunehmen. Dies muss auch ein Zivilbediensteter der US-Streitkräfte respektieren und sich sicherheitsgemäß verhalten. Nicht jede Verfehlung eines Arbeitnehmers der US-Streitkräfte in diesem sensiblen Bereich rechtfertigt aber im Rahmen der Interessenabwägung auch den Ausspruch einer fristlosen Kündigung. Der von den US-Streitkräften vorgegebene Level für Anlass und Intensität von Sicherheitsüberprüfungen ist nicht völlig kongruent auf den Ausspruch einer fristlosen Kündigung übertragbar (*LAG RhPf* 26.5.2009 NZA-RR 2010, 134). 1212

▶ – Der Verstoß gegen interne Verbote hinsichtlich der **Medikamentenvergabe** durch einen Rettungsassistenten ist kein Kündigungsgrund i. S. d. § 626 Abs. 1 BGB; denn der Rettungsassistent hat nicht nur lebensrettende Maßnahmen bei Notfallpatienten durchzuführen, sondern auch deren Transportfähigkeit herzustellen und die lebenswichtigen Körperfunktionen während des Transports zum Krankenhaus aufrechtzuerhalten. Die Garantenstellung aus § 13 StGB geht insoweit vor und dem handelnden Rettungsassistenten steht ein echtes Ermessen zur Beurteilung der gebotenen Maßnahmen ex ante zu (*ArbG Koblenz* 7.11.2008 NZA-RR 2009, 419; zust. *Heuchemer/Bolsinger* NZA-RR 2009, 408 ff.). 1213

**1214** – Der **tätliche Angriff** auf einen Vorgesetzten ist eine schwerwiegende Verletzung der arbeitsvertraglichen Nebenpflichten des Arbeitnehmers. Im Rahmen der Interessenabwägung ist dann vor allem zu beachten, dass der Arbeitnehmer den Vorgesetzten angegriffen, dadurch seine Missachtung gegenüber der Vorgesetzteneigenschaft gezeigt und ein hohes Maß an Aggressivität bewiesen hat (noch weitergehender *LAG Nds.* 27.9.2002 NZA-RR 2003, 76: allein entscheidend); gleiches gilt für Tätlichkeiten gegenüber Arbeitskollegen (*LAG Nds.* 25.5.2004 LAG Report 2005, 207; *LAG Köln* 27.10.2005 LAGE § 15 KSchG Nr. 19 = ZTR 2006, 243 LS; vgl. dazu *Schulte-Westenberg* NZA-RR 2005, 617 ff.). Das gilt auch außerhalb der Arbeitszeit und des Betriebes (*LAG SchlH* 16.1.2009 – 5 Sa 313/08, DB 2009, 967 LS). Denn ein tätlicher Angriff auf einen Arbeitskollegen stellt eine **schwere Verletzung der arbeitsvertraglichen Pflicht zur Rücksichtnahme** auf die Rechte und Interessen des anderen Arbeitnehmers dar; einer Abmahnung bedarf es dann regelmäßig nicht (*BAG* 6.10.2005 EzA § 1 KSchG Verhaltensbedingte Kündigung Nr. 66). Eine ganz erhebliche Verletzung der vertraglichen Pflichten liegt auch vor, wenn der Angriff mit einem gefährlichen Werkzeug, z. B. einem Messer, durchgeführt wird. Eine solche Auseinandersetzung führt regelmäßig zu einer erheblichen Störung des Betriebsfriedens, die es dem Arbeitgeber unzumutbar macht, das Arbeitsverhältnis mit dem Angreifer fortzusetzen (*LAG Hamm* 20.9.1995 NZA-RR 1996, 291 LS); zum tätlichen Angriff auf einen Arbeitskollegen vgl. auch *BAG* 24.10.1996 ZTR 1997, 139.

**1215** – Das dreimalige **Schlagen mit dem Handballen** auf die Stirn eines Fußballspielers rechtfertigt die fristlose Kündigung des Arbeitsverhältnisses eines Fußballtrainers, wenn dies mit einiger Heftigkeit ausgeführt wird; auf äußere Verletzungen des Spielers kommt es dann nicht an (*ArbG Kiel* 21.1.2010 – 5 Ca 1958d/09, EzA-SD 8/2010 S. 6 LS).

**1216** – **Gießt** ein Müllwerker im Verlauf einer Auseinandersetzung über seinem Kollegen **eine Tasse heißen Tees aus**, liegt darin eine schwere Tätlichkeit, die zu erheblichen Verletzungen, insbes. in Form von Verbrennungen, führen kann. Das ist selbst dann ein an sich zur außerordentlichen Kündigung geeigneter Umstand, wenn der angegriffene Kollege den Streit provoziert hat und zuvor seinerseits dem anderen Arbeitnehmer warmen Kaffee ins Gesicht geschüttet hat. Denn jeder Arbeitnehmer, der sich mit Angriffswillen an einer tätlichen Auseinandersetzung unter Kollegen beteiligt, ohne dass eine eindeutige Notwehrlage bestanden hat, bewirkt oder fördert eine ernstliche Störung des Betriebsfriedens und der betrieblichen Ordnung. Das gilt auch dann, wenn der Umgangston z. B. unter Müllwerkern als »etwas rauer« beschrieben wird. Unter Berücksichtigung sämtlicher Umstände, insbes. den Ursachen des Streits und der Gefährlichkeit des Angriffs sowie seiner tatsächlichen Folgen, kann jedoch im Einzelfall ausnahmsweise eine Abmahnung als ausreichend angesehen werden, wenn Tatsachen eine störungsfreie Fortsetzung des Arbeitsverhältnisses und die Wiederherstellung des Betriebsfriedens prognostizieren lassen. Das setzt allerdings neben einem störungsfreien Arbeitsverhältnis in der Vergangenheit u. a. die gegenseitige Entschuldigung der beteiligten Arbeitnehmer voraus (*LAG Nds.* 5.8.2002 LAGE § 626 BGB Nr. 142). Ähnlich kann es in einem vergleichbaren Fall aber sein, wenn der Arbeitgeber und auch der Betriebsrat die **Verhaltenseigenarten eines Arbeitnehmers** über ein Jahrzehnt lang reaktionslos hinnehmen, der von sich selbst sagt, er sei bei seinen Arbeitskollegen dafür bekannt, dass er schon mal lautstark schimpfe und notfalls auch einmal Schläge androhe; dies spricht tendenziell dafür, dass bei Überschreiten der Schwelle zur Tätlichkeit auch die Einhaltung einer ordentlichen Kündigungsfrist noch zumutbar sein kann (*LAG Köln* 11.12.2002 NZA-RR 2003, 470).

**1217** – Eine außerordentliche Kündigung ist aber jedenfalls – ohne vorherige Abmahnung – gerechtfertigt, wenn ein Arbeitnehmer einen Arbeitskollegen **nach einem Wortwechsel geohrfeigt** und, nachdem sich dieser zum Gehen von ihm abgewandt hatte, **in den Hintern getreten hat** (*Hess. LAG* 2.7.2003 AuR 2004, 356 LS; ebenso für eine Ohrfeige gegenüber einer Arbeitskollegin *LAG Nds.* 25.5.2004 LAG Report 2005, 207).

## C. Die Rechtswirksamkeit der außerordentlichen Arbeitgeberkündigung    Kapitel 4

▸ – Insgesamt sind Tätlichkeiten unter Arbeitnehmern grds. geeignet, einen wichtigen Grund zur Kündigung zu bilden. Bei schweren Tätlichkeiten unter Arbeitskollegen bedarf es regelmäßig keiner Abmahnung. Auch ein einmaliger Vorfall kann dann schon ein wichtiger Grund zur Kündigung sein, ohne dass der Arbeitgeber noch eine Wiederholungsgefahr begründen und den Arbeitnehmer zuvor abmahnen müsste. Im Falle einer **Schlägerei** liegt zwar nicht in jeder auch unfreiwilligen Verwicklung eines Arbeitnehmers eine Pflichtverletzung. Jedoch kann wegen des beträchtlichen Gefährdungspotentials eine erhebliche, aktive Beteiligung des Arbeitnehmers an der tätlichen Auseinandersetzung einen wichtigen Grund zur fristlosen Kündigung darstellen (BAG 18.9.2008 – 2 AZR 1039/06, FA 2009, 221 LS).    **1218**

Liegen objektive Anhaltspunkte für eine erhebliche aktive Beteiligung des Arbeitnehmers insoweit vor, so darf sich der Arbeitgeber, der keine eigene Sachverhaltskenntnis hat, zur Begründung einer Tatkündigung zunächst darauf stützen. Beruft sich der Arbeitnehmer darauf, lediglich Opfer der Auseinandersetzung gewesen zu sein oder in Notwehr gehandelt zu haben, ist es ihm regelmäßig im Rahmen der abgestuften Darlegungs- und Beweislast zumutbar, seine dahingehende Behauptung durch entsprechenden Tatsachenvortrag zu verdeutlichen, insbes. sich zu Anlass und Verlauf der tätlichen Auseinandersetzung zu äußern. Kommt der Arbeitnehmer seiner dahingehenden prozessualen Erklärungspflicht nach, ist es Sache des Arbeitgebers, die erhebliche aktive Beteiligung des Arbeitnehmers an der tätlichen Auseinandersetzung nachzuweisen. Lässt sich der Sachverhalt nicht abschließend aufklären, geht dies zu Lasten des Arbeitgebers (BAG 18.9.2008 – 2 AZR 1039/06, FA 2009, 21 LS).    **1219**

▸ – Wenn eine Altenpflegerin einen Heimbewohner in einer »**Notwehrsituation**« ohrfeigt, ist eine (fristlose oder ordentliche) Kündigung demgegenüber nicht gerechtfertigt (LAG Köln 20.12.2000 ARST 2001, 187). So gesehen ist also **nicht jede vorsätzlich oder fahrlässig begangene Körperverletzung** zum Nachteil einer zu betreuenden Person bei bisher mehrjähriger beanstandungsfreier Tätigkeit als Pflegekraft dazu geeignet, die Unzumutbarkeit der Fortsetzung des Arbeitsverhältnisses zu begründen; vielmehr ist eine Handlung im »Affekt« schuldmindernd zu berücksichtigen (LAG Nbg. 20.8.2004 ZTR 2005, 220 LS). Gleiches gilt je nach den Umständen des Einzelfalles, wenn eine **Kinderpflegerin**, die bei einer Kindertagesstätte in öffentlicher Trägerschaft angestellt ist, einem 1-jährigen Kleinkind im Abstand von einem Monat zweimal offen ins Gesicht schlägt; im konkret entschiedenen Einzelfall hat das LAG SchlH (14.1.2004 LAGE § 626 BGB 2002 Nr. 3; vgl. dazu Schulte-Westenberg NZA-RR 2005, 617 ff.) jedenfalls die fristlose Kündigung im Rahmen der Interessenabwägung für unwirksam erachtet. Auch die Bedrohung eines Vorgesetzten mit Tätlichkeiten und dem Tod durch den Arbeitnehmer stellen einen gravierenden arbeitsvertraglichen Pflichtverstoß dar, der eine außerordentliche Kündigung rechtfertigt (LAG Hamm 10.1.2006 LAGE § 626 BGB 2002 Nr. 10; zur Bedrohung eines Vorgesetzten mit einer Schusswaffe durch einen stark alkoholisierten Arbeitnehmer LAG Düsseld. 15.12.1997 LAGE § 626 BGB Nr. 116). Deshalb kann die Bedrohung des Arbeitgebers durch den Arbeitnehmer, »**ihm die Schnauze einzuschlagen**«, »ihn kaputt zu schlagen«, einen wichtigen Grund abgeben (LAG Düsseld. 16.7.2003 LAGE § 626 BGB Nr. 150). Auch dann, wenn eine Produktionsmitarbeiterin ihrer im achten Monat hochschwangeren Vorgesetzten im Rahmen eines Disputes **droht**, sie solle sie in Ruhe lassen, sonst werde **sie ihr in den Bauch treten**, dann sei ihr Kind weg, ist ein wichtiger Grund i. S. d. § 626 Abs. 1 BGB gegeben, der auch im Rahmen der vorzunehmenden Interessenabwägung i. d. R. eine fristlose Kündigung rechtfertigt (LAG RhPf 5.7.2005 – 2 Sa 1054/04, LAG Report 2005, 350 LS). Einem tariflich nicht mehr ordentlich kündbaren Busfahrer im öffentlichen Personennahverkehr, der an einer Kundendienstschulung teilgenommen hat, kann ohne Abmahnung fristlos gekündigt werden, wenn er ohne rechtfertigenden Grund einen Fahrgast als »Armleuchter« beschimpft und diesem zudem Schläge angedroht hat (LAG Hamm 22.11.2001 ZTR 2002, 240 LS). Gleiches gilt dann, wenn ein schwer behinderter, ordentlich nicht mehr kündbarer Mitarbeiter, **mit einem fünfzehn Zentimeter langen Messer vor einem Auszubildenden fuchtelt**, unabhängig davon, ob der Mitarbei-    **1220** ter dabei eine Drohung gegen den Auszubildenden oder suizidal gegen sich selbst ausgesprochen hat (*ArbG Bln.* 4.3.2004NZA-RR 2004, 581; s. a. *LAG Nbg.* 21.2.2008 – 5 Sa 403/06, u. *BAG* 28.5.2009 – 2 AZR 223/08 – PM Nr. 56/09 zu Schüssen mit einer Soft-Air- und einer Gaspistole).

1221 ▶ – Wirksam kann eine fristlose Kündigung auch dann sein, wenn eine **Führungskraft** (Filialdirektor) erklärt, er werde die Versicherungsagenturen in seinem Bereich »**vor die Wand laufen lassen**«, sofern nicht eine »Einkommenserhöhung« erfolge. Denn die Forderung nach einem Geldbetrag stellt sich dann als eine durch nichts gerechtfertigte Nötigung gegenüber dem Arbeitgeber dar (*LAG SchlH* 27.5.2008 NZA-RR 2008, 573).

1222 ▶ – Eine fristlose Kündigung kommt zudem dann in Betracht, wenn der Arbeitnehmer seine Pflichtverletzung nicht zu vertreten hat, z. B. den Messerangriff eines geistesgestörten Arbeitnehmers auf einen arglosen Arbeitskollegen (*LAG Köln* 17.4.2002 ZTR 2002, 446 LS).

1223  Beleidigt ein Arbeitnehmer seinen Arbeitgeber, seinen Vertreter, einen Vorgesetzten oder seine Arbeitskollegen grob, d. h. wenn die Beleidigung nach Form und Inhalt eine **erhebliche Ehrverletzung** für den Betreffenden bedeutet, stellt dies einen **erheblichen Verstoß** gegen seine **vertragliche Pflicht zur Rücksichtnahme** (§ 241 Abs. 2 BGB) aus dem Arbeitsverhältnis dar und kann einen wichtigen Grund für eine außerordentliche Kündigung an sich bilden (*BAG* 17.7.2011 EzA § 626 BGB 2002 Nr. 38 = NZA 2011, 1413; 10.12.2009 EzA § 626 BGB 2002 Nr. 29; 10.10.2002 EzA § 626 BGB 2002 Unkündbarkeit Nr. 1; 6.11.2003 EzA § 1 KSchG Verhaltensbedingte Kündigung Nr. 60; *LAG RhPf* 18.8.2011 NZA-RR 2012, 16; *LAG SchlH* 21.10.2009 LAGE § 626 BGB 2002 Nr. 25; *LAG Nds.* 12.2.2010 LAGE § 626 BGB 2002 Nr. 28); Entsprechendes gilt für **bewusst wahrheitswidrig** aufgestellte Tatsachenbehauptungen, etwa wenn sie den Tatbestand der üblen Nachrede erfüllen (*BAG* 10.12.2009 EzA § 626 BGB 2002 Nr. 29 = NZA 2010, 698). Allerdings ist bei der kündigungsrechtlichen Bewertung derartiger Entgleisungen stets Art. 5 Abs. 1, 2 GG, also das Grundrecht auf freie Meinungsäußerung zu beachten (*BAG* 6.11.2003 EzA § 1 KSchG Verhaltensbedingte Kündigung Nr. 60; s. a. *LAG BW* 10.2.2010 LAGE Art. 5 GG Nr. 8 zu einem Internetbeitrag); »grob« ist insoweit eine **besonders schwere, den Betroffenen kränkende Beleidigung**, das heißt eine bewusste und gewollte Ehrkränkung aus gehässigen Motiven. Die strafrechtliche Beurteilung ist kündigungsrechtlich nicht ausschlaggebend (*BAG* 25.11.2010 EzA § 626 BGB 2002 Verdacht strafbarer Handlung Nr. 9; *LAG Nds.* 12.2.2010 LAGE § 626 BGB 2002 Nr. 28).

Bei der rechtlichen Würdigung sind jedoch die **Umstände zu berücksichtigen**, unter denen die betreffenden Äußerungen (»Wichser«, »Arschlöcher«) gefallen sind. Geschah dies im Rahmen einer **emotional geprägten Auseinandersetzung**, vermögen sie eine Kündigung des Arbeitsverhältnisses nicht ohne weiteres zu begründen (*LAG RhPf* 18.8.2011 NZA-RR 2012, 16). Hat der Arbeitgeber Beleidigungen ausgesprochen, so ist es eine zulässige und **nicht zu beanstandende Reaktion** des Arbeitnehmers, wenn er antwortet: »Pass auf, was Du sagst, Junge!« (*LAG Köln* 30.12.2010 – 5 Sa 825/10, AuR 2011, 265 LS).

Diese Grundsätze gelten auch für Äußerungen in einem Rechtsstreit und zur Rechtsverfolgung; allerdings kann die Prozesssituation im Rahmen der Interessenabwägung berücksichtigt werden (*LAG Köln* 8.5.2009 AuR 2009, 434 LS).

Das *BAG* (24.11.2005 EzA § 626 BGB 2002 Nr. 13; 7.7.2011 EzA § 626 BGB 2002 Nr. 38 = NZA 2011, 1413) hat insoweit **folgende Grundsätze** aufgestellt:
– Vergleicht ein Arbeitnehmer die betrieblichen Verhältnisse und Vorgehensweisen des Arbeitgebers durch einen Arbeitnehmer (Betriebsratsmitglied) mit dem nationalsozialistischen Terrorsystem (s. *BAG* 7.7.2011 EzA § 626 BGB 2002 Nr. 38 = NZA 2011, 1413) oder gar mit den in Konzentrationslagern begangenen Verbrechen ist dies an sich geeignet, einen wichtigen Grund i. S. d. § 626 Abs. 1 BGB zu bilden (ebenso *LAG SchlH* 29.8.2006 – 6 Sa 72/06 – EzA-SD 23/06 S. 8 LS). Gleiches gilt, wenn die Zustände im Betrieb als »schlimmer als in

## C. Die Rechtswirksamkeit der außerordentlichen Arbeitgeberkündigung  Kapitel 4

einem KZ« bezeichnet werden (*LAG Köln* 1.8.2008 LAGE § 1 KSchG Verhaltensbedingte Kündigung Nr. 101a; *Hess. LAG* 27.3.2009 – 8 TaBV 10/08 – AuR 2009, 184 LS; die Interessenabwägung endete aber zugunsten des 55jährigen, schwer behinderten Arbeitnehmers mit einer 35jährigen Betriebszugehörigkeit, der sich glaubhaft entschuldigt hatte).
- Denn die Gleichsetzung noch so umstrittener betrieblicher Vorgänge und der Vergleich des Arbeitgebers oder der für ihn handelnden Personen mit den vom Nationalsozialismus geförderten Verbrechen und den Menschen, die diese Verbrechen begingen, stellt eine grobe Beleidigung der damit Angesprochenen und zugleich eine Verharmlosung des begangenen Unrechts und eine Verhöhnung seiner Opfer dar.
- Ob eine Meinungsäußerung allerdings tatsächlich einen derartigen Vergleich enthält, ist durch eine sorgfältige, den Wertgehalt des Art. 5 Abs. 1 GG berücksichtigende Sinnermittlung zu klären, die durch das Revisionsgericht in vollem Umfang nachprüfbar ist.
- Insoweit darf einer Äußerung kein Sinn beigelegt werden, den sie nicht besitzt. Bei mehrdeutigen Äußerungen muss eine ebenfalls mögliche Deutung mit überzeugenden Gründen ausgeschlossen werden. Bei Aussagen, die bildlich eingekleidet sind, müssen sowohl die Aussage der Einkleidung selbst als auch die Kernaussage je für sich dahin überprüft werden, ob sie die gesetzlichen Grenzen überschreiten.

Die Grenze zwischen einer lediglich **überspitzten oder polemischen Kritik** und einer nicht mehr vom Grundrecht auf freie Meinungsäußerung (Art. 5 Abs. 1 GG) gedeckten **Schmähung** ist überschritten, wenn bei der Äußerung nicht mehr die Auseinandersetzung in der Sache, sondern die **Diffamierung der Person** im Vordergrund steht (*BAG* 7.7.2011 EzA § 626 BGB 2002 Nr. 38 = NZA 2011, 1413). Die Äußerung »beweg selber deinen Arsch, du faules Schwein« eines Hausarbeiters/Hilfspflegers in einem evangelischen Krankenhaus gegenüber einem Gruppenleiter rechtfertigt nach *LAG Düsseld.* (10.12.2008 – 12 Sa 1190/08, AuR 2009, 144 LS) keine Kündigung, wenn dem Arbeitgeber dadurch **keine wesentlichen Nachteile** entstanden sind. Aus den von der evangelischen Kirche anerkannten Maßstäben lassen sich danach keine Loyalitätsobliegenheiten entwickeln, wonach eine Beleidigung zwischen den in der christlichen Dienstgemeinschaft Mitarbeitenden stets gegen tragende Grundsätze der kirchlichen Glaubens- und Sittenlehre verstößt. **1224**

▶ – Grobe Beleidigungen und Tätlichkeiten können **auch dann ein wichtiger Grund** für eine fristlose Kündigung sein, wenn sie **unter Betriebsratsmitgliedern im Betriebsratsbüro** stattfinden. Bei der einzelfallorientierten Interessenabwägung sind dann allerdings u. a. der **betriebsbezogene Hintergrund** der Auseinandersetzung und die fehlende »Betriebsöffentlichkeit« zu berücksichtigen (*LAG Köln* 27.10.2005 LAGE § 15 KSchG Nr. 19 = ZTR 2006, 243 LS). **1225**

▶ – Die **mehrfache Verweigerung des Grußes** gegenüber dem Arbeitgeber nach dessen vorherigem Gruß stellt insoweit keine grobe Beleidigung dar, die zum Ausspruch einer Kündigung berechtigen könnte (*LAG Köln* 29.11.2005 – 9 (7) Sa 657/05 – EzA-SD 9/06 S. 12 LS). Auch die **Titulierung eines Vorgesetzten als »Krücke«** genügt nicht; zu beachten ist der allgemein herrschende Umgangston im jeweiligen Belegschaftsteil. Gibt es hinreichende Anhaltspunkte dafür, dass ein herzlicher, aber rauer Umgangston herrscht, kann eine Abmahnung ausreichen (*ArbG Leipzig* 14.4.2005 AuR 2006, 127). Nach Auffassung des *LAG Hamm* (26.5.2006 – (19) Sa 195/06 – AuR 2006, 331 LS) rechtfertigt die **Beleidigung einer Arbeitskollegin** mit den Worten »Du dumme Sau« keine fristlose Kündigung, selbst dann nicht, wenn es sich um die Mitarbeiterin eines Firmenkunden handelt, wenn die Situation einer Meinungsverschiedenheit und Beleidigung unter Arbeitskollegen entspricht. Eine entsprechende Bemerkung soll nach *LAG Hamm* (28.2.2007 – 3 Sa 1944/06, AuR 2007, 283) in einem **milderen Licht erscheinen**, wenn es sich bei den Gesprächspartnern um Personen handelt, die sich duzen. Das ist in dieser Form viel zu allgemein und abzulehnen; entscheidend können stets nur der betriebs- bzw. branchenübliche Umgangston sowie die konkrete Gesprächssituation sein (zutr. *LAG SchlH* 21.10.2009 LAGE § 626 BGB 2002 Nr. 25). **1226**

**1227** ▶ – Die Bezeichnung von Manager und Trainer eines Fußballvereins der 1. Bundesliga als »Diktatoren« durch einen Lizenzspieler in einem Fernsehinterview rechtfertigt dagegen nach Auffassung des *ArbG Bielefeld* (9.12.1997 EzA § 626 BGB n. F. Nr. 171) grds. ohne vorherige Abmahnung eine außerordentliche Kündigung. Gleiches gilt wegen der amtsbezogenen Loyalitäts- und Mäßigungspflicht auch für den Pressesprecher einer Stadt, der in einem Flugblatt den Bürgermeister dieser Stadt als »selbstherrlich und weinerlich« hinstellt und ihn zum Rücktritt auffordert (*LAG Bra.* 26.6.1997 ZTR 1998, 281 LS). Unterstellt ein Arbeitnehmer seinem Arbeitgeber »Machenschaften«, ist eine fristlose Kündigung geboten (*ArbG Frankf. a. M.* 8.8.2001 NZA-RR 2002, 245). Auch die **grobe Beleidigung** des Arbeitgebers mit dem Satz »Sie haben doch nur Bumsen im Kopf« kann ein Grund zur fristlosen Kündigung sein (*LAG Köln* 30.1.1998 ARST 1998, 163 LS). Gleiches gilt für die Beleidigung eines Vorgesetzten mit den Worten »du bist ein Arschloch« (*LAG RhPf* 8.11.2000 – 9 Sa 826/00; ebenso *LAG Nds.* 25.10.2004 NZA-RR 2005, 530 bei einem Betriebsratsvorsitzenden; *LAG SchlH* 8.4.2010 – 4 Sa 474/09, EzA-SD 13/2010 S. 4 LS gegenüber einem Kunden des Arbeitgebers; ebenso *LAG Köln* 18.4.2006 – 9 Sa 1623/05, EzA-SD 23/06, S. 8 LS für die wiederholte Erklärung eines Arbeitnehmers gegenüber dem Arbeitgeber, er sei »als Chef ein Ass, aber als Mensch ein Arschloch«); einer Abmahnung bedarf es in diesem Fall nicht (*ArbG Frankf.* 10.8.1998 NZA-RR 1999, 85). Nichts anderes kann u. U. für die Bemerkung eines Sachbearbeiters für Bauleitplanung zu seinem Vorgesetzten gelten »Sie lügen, wie Sie das immer machen«; im Rahmen der Interessenabwägung ist dann insbes. – wie stets – zu berücksichtigen, **dass die Äußerung überlegt erfolgte und nicht im Rahmen einer emotional geprägten Auseinandersetzung** (*Hess. LAG* 1.9.2006 NZA-RR 2007, 245; s. a. *ArbG Mönchengladbach* 16.3.2007 NZA-RR 2007, 411 LS).

**1228** ▶ – Demgegenüber kann die Äußerung **gegenüber einem Qualitätsbeauftragten, dieser sei ein A...loch** den Arbeitgeber aufgrund der Fürsorgepflicht auch dazu zwingen, vor Ausspruch der Kündigung einen Schlichtungsversuch zu unternehmen (*ArbG Halberstadt* 20.4.2005 AuR 2006, 127).

**1229** ▶ – Verfasst ein Arbeitnehmer unmittelbar nach einem Personalgespräch, bei dem ihm Unregelmäßigkeiten bei der Arbeitszeiterfassung im Zusammenhang mit der Teilnahme an einer betrieblichen Karnevalsfeier vorgehalten werden, einen **erkennbar impulsiv gehaltenen Beschwerdebrief** an seinen Arbeitgeber und bezeichnet darin seinen Personalvorgesetzten als »**infantile Type**«, der »mit Vehemenz gegen ihn interveniere und ihn zum Ermittlungssubjekt herabwürdige, in der Absicht, ihn bei Kollegen verächtlich zu machen«, so ist bei der Gewichtung des Kündigungsgrundes das Vorgeschehen mit zu berücksichtigen. Stellt dies einen **einmaligen Vorfall in einem 35 Jahre bestehenden Arbeitsverhältnis** dar, so ist nach dem Ultima-Ratio-Prinzip regelmäßig von der Erforderlichkeit einer vorherigen Abmahnung auszugehen (*LAG Köln* 7.2.2007 LAGE § 103 BetrVG 2001 Nr. 5). Auch ein **offener Brief mit kritischen Äußerungen** des Arbeitnehmers im Rahmen eines betrieblichen Streits entzieht einer Äußerung noch nicht den Schutz der bei der Konkretisierung der arbeitsvertraglichen Rücksichtnahmepflicht (§ 241 Abs. 2 BGB) und ihrer möglichen Verletzung zu beachtenden Meinungsfreiheit. Bei der gebotenen Abwägung zwischen den wechselseitig betroffenen Rechtsgütern spielt es eine Rolle, ob die Meinungsäußerung im Rahmen einer öffentlichen Auseinandersetzung erfolgt ist und ob sie eine noch vertretbare Reaktion auf eine für den Arbeitnehmer nicht deutlich erkennbare Vorgehensweise der Arbeitgeberseite bzw. seines Organs enthält (*LAG RhPf* 25.8.2006 – 8 Sa 245/06, AuR 2007, 104 LS).

**1230** ▶ – Spricht ein Arbeitnehmer andererseits über einen in der ehemaligen DDR geborenen und dort lebenden Vorgesetzten von einer »**Scheiß-Stasimentalität**«, so sind diese Worte an sich geeignet, eine fristlose Kündigung zu rechtfertigen. Denn mit dem Hinweis auf eine »Scheiß-Stasimentalität« wird eine nicht hinnehmbare Verbindung zu den menschenverachtenden Methoden des Staatssicherheitsdienstes der ehemaligen DDR hergestellt; der betroffene Vorgesetzte wird damit ganz erheblich in seiner Ehre verletzt (*LAG Düsseld.* 5.3.2007 LAGE § 626 BGB 2002 Nr. 11).

Die wahrheitswidrige Behauptung eines Arbeitnehmers, eine verheiratete Arbeitnehmerin und ihr Vorgesetzter hätten ein Verhältnis miteinander, stellt nicht nur eine Beleidigung der zu Unrecht Verdächtigten dar, sondern kann auch die Autorität des Vorgesetzten beschädigen und je nach den betrieblichen Gegebenheiten zu einer empfindlichen Störung des Betriebsfriedens führen, die im Einzelfall allein durch eine fristlose Beendigung des Arbeitsverhältnisses zu beseitigen ist (*ArbG Frankf. a. M.* 6.3.2001 NZA-RR 2002, 301; ebenso für die wahrheitswidrige Behauptung eines Verhältnisses mit dem Geschäftsführer *LAG SchlH* 20.9.2007 – 4 Sa 192/07, NZA-RR 2008, 71 LS). Eine fristlose Kündigung kann auch dann gerechtfertigt sein, wenn eine Mitarbeiterin gegenüber einem Kollegen wahrheitswidrig erklärt, sie habe ein **Verhältnis mit dem Geschäftsführer** ihres Arbeitgebers gehabt (*LAG SchlH* 20.9.2007 LAGE § 626 BGB 2002 Nr. 13). Ein städtischer Angestellter, der ohne ausreichenden Grund den ihm vorgesetzten Bürgermeister der Stadt, bei der er angestellt ist, des Verbrechens der Rechtsbeugung bezichtigt, verletzt gravierend seine arbeitsvertraglichen Pflichten, so dass ein an sich zur außerordentlichen Kündigung geeigneter Umstand gegeben sein kann (*BAG* 6.11.2003 EzA § 1 KSchG Verhaltensbedingte Kündigung Nr. 60). Unterstellt der Arbeitnehmer dem Geschäftsführer **ausländerfeindliche und rechtsradikale Äußerungen**, ohne dass dieser solche tatsächlich getätigt hat, ist ein wichtiger Grund gegeben (*ArbG Mönchengladbach* 16.3.2007 NZA-RR 2007, 411 LS).

1231

Anders kann es aber dann sein, wenn der Geschäftsführer an der Zuspitzung der mentalen Belastungslage des Arbeitnehmers als Auslöser der beleidigenden Äußerung beteiligt war, z. B. auf Grund eines mehrmonatigen Zahlungsrückstandes, und der Arbeitnehmer seiner Bedrängnis durch die beleidigende Äußerung Ausdruck verschafft; das *ArbG Bln.* (11.5.2001 NZA-RR 2002, 129) hat zudem angenommen, dass es an einem Kündigungsgrund i. S. d. § 1 Abs. 2 S. 1 KSchG fehlte, da sich der Arbeitgeber analog § 162 Abs. 2 BGB nicht auf die Beleidigung durch den Arbeitnehmer berufen durfte.

▶ – Auch **juden- und türkenfeindliche Wandschmierereien** in einer betriebsöffentlich stark frequentierten Herrentoilette vor der Kantine eines Betriebes mit mehreren tausend Arbeitnehmern, die die objektiven Tatbestandsmerkmale des § 130 Abs. 1 Nr. 2 StGB (Volksverhetzung) erfüllen, sind geeignet, den (betriebs-)öffentlichen Frieden zu stören und stellen einen Angriff auf die Menschenwürde anderer dar. Eine derartige Straftat ist folglich an sich geeignet, eine außerordentliche Kündigung zu rechtfertigen (*LAG BW* 25.3.2009 LAGE § 626 BGB 2002 Nr. 20).

1232

▶ – Das *LAG Köln* (4.7.1996 NZA-RR 1997, 171) hat angenommen, dass die objektiv nicht besonders schwerwiegende Beleidigung eines Kollegen, der in einer kleinen Gruppe von Sozialarbeitern auch Leitungsfunktion hat, selbst dann, wenn sie für den Arbeitgeber erstmals persönliche, den Arbeitsablauf störende Spannungen deutlich macht, regelmäßig erst nach vergeblicher Abmahnung oder einem vergeblichen Vermittlungsversuch als wichtiger Grund geeignet ist. Danach ist auch eine schwere verbale Entgleisung (»du altes Arschloch«) nicht ohne weiteres eine grobe Beleidigung und ein ohne Abmahnung ausreichender Kündigungsgrund; entscheidend ist die Verhältnismäßigkeit und Zumutbarkeit der Maßnahme im konkreten Fall. Eine grobe Beleidigung des Arbeitgebers, die eine Kündigung ohne vorausgegangene Abmahnung rechtfertigen soll, erfordert danach eine **erhebliche Ehrverletzung** des Betroffenen. Eine solche scheidet aus, wenn **sich der Adressat selbst nicht nennenswert gekränkt gefühlt hat** (»Mittelfinger«; *LAG Köln* 21.8.1998 NZA-RR 1999, 186).

1233

Werden diffamierende und ehrverletzende Äußerungen über Vorgesetzte und Kollegen nur in vertraulichen Gesprächen unter Arbeitskollegen abgegeben, so kann unter Umständen die außerordentliche Kündigung des Arbeitsverhältnisses nicht gerechtfertigt sein. Denn **vertrauliche Äußerungen unterfallen dem Schutzbereich des allgemeinen Persönlichkeitsrechts**. Die vertrauliche Kommunikation in der Privatsphäre ist Ausdruck der Persönlichkeit und grundrechtlich ge-

1234

währleistet (*BAG* 10.12.2009 EzA § 626 BGB 2002 Nr. 29). Der Arbeitnehmer darf regelmäßig darauf vertrauen, seine Äußerungen werden nicht nach außen getragen und der Betriebsfrieden nicht gestört bzw. das Vertrauensverhältnis nicht zerstört. Hebt der Gesprächspartner später die Vertraulichkeit auf, geht dies rechtlich nicht zu Lasten des Arbeitnehmers (*BAG* 10.12.2009 EzA § 626 BGB 2002 Nr. 29 = NZA 2010, 698). Diesen Schutz der Privatsphäre und der Meinungsfreiheit kann aber der Arbeitnehmer nicht in Anspruch nehmen, der selbst die Vertraulichkeit aufhebt, so dass die Gelegenheit für Dritte, seine Äußerungen zur Kenntnis zu nehmen, ihm zurechenbar wird. Das gilt beispielsweise in dem Fall, in dem er eine Mitteilung an eine – vermeintliche – Vertrauensperson richtet, um einen Dritten »zu treffen« (*BAG* 10.10.2002 EzA § 626 BGB 2002 Unkündbarkeit Nr. 1; 10.12.2009 EzA § 626 BGB 2002 Nr. 29 = NZA 2010, 698).

1235 ▶ – Zu beachten ist zudem, dass **Vorgesetzte** während eines **Arbeitskampfes** unter Umständen auch **leichte Beleidigungen** ihrer Mitarbeiter hinnehmen müssen (*Hess. LAG* 24.10.2000 NZA-RR 2001 300). Nichts anderes gilt für die **Aufforderung an einen auswärtigen Streikbrecher**, Streikbrecherarbeit zu unterlassen, verbunden mit den Worten, »wenn es wieder zu einem Streik kommt, dann könnt ihr was erleben, wenn ihr trotz Streik wieder arbeitet. Wir wissen schon, in welchem Hotel ihr wohnt«; dies rechtfertigt weder den Ausspruch einer außerordentlichen noch einer ordentlichen Kündigung (*ArbG Mannheim* 21.10.2005 AuR 2006, 131 LS). Auch kurz vor dem aus anderen Gründen **unmittelbar bevorstehenden Ende eines Arbeitsverhältnisses** sind grobe Verunglimpfungen aller Beschäftigten einschließlich des Vorstands über das interne E-Mail-System geeignet, eine fristlose Kündigung zu rechtfertigen; dies gilt auch dann, wenn die Verunglimpfungen in **metaphorisch verschlüsselter Form** erfolgen (*ArbG Wiesbaden* 2.5.2001 NZA-RR 2001, 639).

1236 ▶ – Äußert sich eine Verkäuferin gegenüber einer Kundin im Rahmen eines Reklamationsgesprächs mit den Worten »Nun werden Sie aber nicht so pissig«, rechtfertigt das grds. auch ohne vorherige Abmahnung die fristlose Kündigung des Arbeitsverhältnisses, es sei denn, die Äußerung ist durch ein beleidigendes Verhalten der Kundin **provoziert** worden (*LAG SchlH* 5.10.1998 LAGE § 626 BGB Nr. 122). Gleiches gilt für die Äußerung einer Verkäuferin gegenüber einer Kundin, sie werde dieser »eine aufs Maul hauen« (*ArbG Nbg.* 10.10.2000 – 12 Ca 2365/00). Zur Beleidigung durch sog. »**vertrauliche Äußerungen**« s. Rdn. 2235 ff.

1237 ▶ – Das bewusste und wiederholte Beobachten von Badegästen beim Umkleiden durch einen Angestellten eines Hallenbades rechtfertigt eine fristlose Kündigung, ohne dass es einer vorherigen Abmahnung bedarf (*LAG Nds.* 15.3.2002 NZA-RR 2003, 20).

1238 ▶ – Einem Arbeitnehmer kann im Übrigen nicht schon deshalb gekündigt werden, weil er **fachlich anderer Auffassung** war als sein Vorgesetzter und darüber eine **kritische Aktennotiz** angefertigt hat. Denn Arbeitnehmer sind grds. befugt, eine von Ansichten der Vorgesetzten abweichende fachliche Meinung zu äußern, ohne gleich Sanktionen befürchten zu müssen (*ArbG Frankf./M.* 16.8.2001 – 7 Ca 3875/01). Ein Arbeitnehmer allerdings, der Führungskraft auf zweiter Führungsebene ist und den Arbeitgeber nach außen repräsentiert, kann einen wichtigen Grund ohne vorherige Abmahnung setzen, wenn er – und sei es auch im (vermeintlichen) Interesse der Belegschaft – unter Verstoß gegen eine ausdrückliche Weisung gezielt und verheimlicht die Geschäftspolitik des Arbeitgebers konterkariert, ihm dabei nennenswerten Schaden zufügt und sein Vorgehen auf ausdrückliches Befragen wahrheitswidrig abstreitet (*LAG Köln* 3.8.2001 ZTR 2002, 292).

1239 ▶ – Die fristlose Kündigung eines Arbeitnehmers – Taxifahrers – ist auch ohne vorherige Abmahnung gerechtfertigt, wenn der Arbeitnehmer über den Taxinotruf die Polizei ruft mit der unzutreffenden Behauptung, **er werde von seinem Arbeitgeber**, der gerade in das Auto des Arbeitnehmers gestiegen ist, **bedroht**, nach Eintreffen der Polizei diese Behauptung wiederholt und sich im Anschluss daran über den Taxifunk unter Namensnennung seines Arbeitgebers brüstet, er habe den »Chef« verhaften lassen (*LAG Brem.* 17.7.2003 NZA-RR 2004, 128).

▶ – Auch ein schwerwiegender Verstoß eines Arbeitnehmers gegen seine vertragliche Nebenpflicht **1239a**
(§ 241 Abs. 2 BGB), die Privatsphäre und den deutlichen Wunsch einer Arbeitskollegin zu respektieren, nicht-dienstliche Kontaktaufnahmen mit ihr zu unterlassen (»Stalking«), kann die außerordentliche Kündigung des Arbeitsverhältnisses rechtfertigen. Ob es zuvor einer einschlägigen Abmahnung bedarf, hängt von den Umständen des Einzelfalls ab (*BAG* 19.4.2012 – 2 AZR 258/11).

*ddd) Strafanzeigen; Anzeigen bei Behörden*

▶ – Eine **Strafanzeige** (s. *BAG* 3.7.2003 EzA § 1 KSchG Verhaltensbedingte Kündigung Nr. 61; **1240**
vgl. *Deiseroth* AuR 2002, 161 ff. u. AuR 2007, 198; *Mahnhold* NZA 2008, 737 ff.; *Döse* AuR 2009, 189 ff.) gegen den Arbeitgeber berechtigt jedenfalls dann zur fristlosen Kündigung, wenn sie aus der alleinigen Motivation heraus erstattet wird, den Arbeitgeber zu schädigen (*LAG Köln* 7.1.2000 ZTR 2000, 278 LS; zur Drohung mit einer Strafanzeige s. *ArbG Essen* 15.5.2009 NZA-RR 2010, 75 LS). Gleiches gilt dann, wenn in einer **Strafanzeige gegen einen Geschäftsführer leichtfertig falsche Angaben gemacht werden, die durch nichts zu rechtfertigen sind.** Die bloße Möglichkeit, dass die Äußerungen des Geschäftsführers auch als Mordauftrag verstanden werden könnten, soll nach Auffassung des *LAG Hamm* (28.11.2003 NZA-RR 2004, 475) ein Betriebsratsmitglied nicht berechtigen, eine Strafanzeige zu erstatten. Auch wenn ein Arbeitnehmer leichtfertig und wahrheitswidrig Strafanzeige gegen den Arbeitgeber erstattet, ist dies eine schwere Pflichtverletzung, die die außerordentliche Kündigung des Arbeitsverhältnisses ohne vorherige Abmahnung rechtfertigen kann (*LAG Hamm* 28.11.2003 LAG Report 2004, 184). Insgesamt ist stets auf Grund der konkreten Umstände des Einzelfalls zu prüfen, aus welcher **Motivation** heraus die Anzeige erfolgt ist und ob darin eine **verhältnismäßige Reaktion** des Dienstnehmers auf das Verhalten des Dienstgebers liegt (*KGH-EKD Hannover* 18.7.2011 NZA-RR 2012, 81).

– Die **Drohung** eines Arbeitnehmers **mit einer Strafanzeige** wegen Bestechung, Betrug, Beihilfe zur Steuerhinterziehung, um die Befriedigung eigener, streitiger Vergütungsforderungen ohne arbeitsgerichtlichen Rechtsstreit, als Abfindung deklariert, zu erreichen, stellt eine gravierende Verletzung der arbeitsvertraglichen Rücksichtnahmepflicht dar und ist an sich geeignet, einen wichtigen Grund i. S. v. § 626 Abs. 1 BGB abzugeben (*LAG SchlH* 17.8.2011 LAGE § 626 BGB 2002 Nr. 36; s. a. *LAG Sachsen* 21.1.2011 NZA-RR 2011, 290).

Etwas anderes gilt aber für eine Strafanzeige gegen den Arbeitgeber oder einen Vorgesetzten ohne **1241**
diese Motivation, wenn in der Strafanzeige nicht wissentlich unwahre oder leichtfertig falsche Angaben enthalten sind (*Hess. LAG* 27.11.2001 NZA-RR 2002, 637; *LAG Düsseld.* 17.1.2002 NZA-RR 2002, 585; *LAG Bln.* 28.3.2006 – 7 Sa 1884/05, AuR 2006, 411 LS m. Anm. *Deiseroth* AuR 2007, 34; *LAG SchlH* 17.8.2011 LAGE § 626 BGB 2002 Nr. 36; s. a. *EGMR* 21.7.2011 EzA § 626 BGB 2002 Anzeige gegen Arbeitgeber Nr. 1 = NZA 2011, 1269; s. *Forst* NJW 2011, 3477 ff.; *Simon/Schilling* BB 2011, 2421 ff.). Gleiches gilt für eine Anzeige beim Amt für Arbeitsschutz, die nicht auf der alleinigen Schädigungsabsicht beruht, wenn der Arbeitnehmer zuvor vergeblich versucht hat, den Arbeitgeber zur Einhaltung der gesetzlichen Bestimmungen zu veranlassen (*LAG Köln* 10.7.2003 LAGE § 626 BGB 2002 Nr. 1; s. a. *EGMR* (21.7.2011 EzA § 626 BGB 2002 Anzeige gegen Arbeitgeber Nr. 1 = NZA 2011, 1269). Selbst wenn z. B. eine Anfrage an die **zuständige Aufsichtsbehörde** mit der Bitte um Auskunft über gesetzliche Grundlagen unter gleichzeitiger Schilderung von Gegebenheiten ohne Nennung des Namens der Dienststelle eine gegen die Dienststelle gerichtete Anzeige darstellt, liegt kein Grund für eine außerordentliche Kündigung »als solche« vor, wenn ein leitender Physiotherapeut damit bei einer **Meinungsverschiedenheit** mit der Dienststelle die **Klärung von Ausbildungserfordernissen** erreichen möchte (*KGH-EKD Hannover* 18.7.2011 NZA-RR 2012, 81).

Allerdings kann sich eine kündigungsrelevante erhebliche Verletzung arbeitsvertraglicher Nebenpflichten (s. dazu *Sächs. LAG* 17.1.2007 LAGE § 1 KSchG Verhaltensbedingte Kündigung Nr. 95 zur Kündigung wegen Löschens eines Programms auf dem Notebook des Arbeitgebers) im Zusammenhang mit der Erstattung einer Strafanzeige im Einzelfall auch aus anderen Umständen ergeben (*BAG* 3.7.2003 EzA § 1 KSchG Verhaltensbedingte Kündigung Nr. 61; vgl. dazu *Herbert/Oberrath* NZA 2005, 193 ff.; *Stein* BB 2004, 1961 ff.; s.a. *EGMR* 21.7.2011 – 28274/08, EzA-SD 16/2011 S. 3 LS = NZA 2011, 1269; s. *Forst* NJW 2011, 3477 ff.). Denn der Arbeitgeber hat als Ausfluss der verfassungsrechtlich geschützten Unternehmerfreiheit ein rechtlich geschütztes Interesse daran, nur mit solchen Arbeitnehmern zusammenzuarbeiten, die die Ziele des Unternehmens fördern und das Unternehmen vor Schäden bewahren. Regelmäßig wird ein Unternehmen nur dann im Wettbewerb bestehen können, wenn insbes. betriebliche Abläufe und Strategien nicht in die Öffentlichkeit gelangen und der Konkurrenz bekannt werden. Von daher sind die vertraglichen Rücksichtnahmepflichten dahin zu konkretisieren, dass sich die Anzeige des Arbeitnehmers nicht als eine unverhältnismäßige Reaktion (*LAG SchlH* 17.8.2011 LAGE § 626 BGB 2002 Nr. 36) auf ein Verhalten des Arbeitgebers oder seines Repräsentanten darstellen darf. Dabei können als Indizien für eine unverhältnismäßige Reaktion des anzeigenden Arbeitnehmers sowohl die Berechtigung der Anzeige als auch die Motivation des Anzeigenden oder ein fehlender innerbetrieblicher Hinweis auf die angezeigten Missstände sprechen. Dies gilt umso mehr, als auch die vertragliche Verpflichtung des Arbeitnehmers im Raum steht, den Arbeitgeber vor drohenden Schäden durch andere Arbeitnehmer zu bewahren. Dabei haben die Gründe, die den Arbeitnehmer zur Anzeige bewogen haben, eine besondere Bedeutung. Erfolgt die Erstattung der Anzeige ausschließlich, um den Arbeitgeber zu schädigen bzw. »fertig zu machen«, kann unter Berücksichtigung des der Anzeige zugrunde liegenden Vorwurfs eine unverhältnismäßige Reaktion vorliegen. Durch ein derart pflichtwidriges Verhalten nimmt der Arbeitnehmer keine verfassungsrechtlichen Rechte wahr, sondern verhält sich jedenfalls dem Arbeitgeber gegenüber rechtsmissbräuchlich (*BAG* 3.7.2003 EzA § 1 KSchG Verhaltensbedingte Kündigung Nr. 61; vgl. Peter AuR 2004, 429 ff.).

Zu beachten ist, dass dabei **der innerbetrieblichen Klärung nicht generell der Vorrang gebührt** (*BAG* 7.12.2006 EzA § 1 KSchG Verhaltensbedingte Kündigung Nr. 70; s. a. *EGMR* 21.7.2011 EzA § 626 BGB 2002 Anzeige gegen Arbeitgeber Nr. 1 = NZA 2011, 1269; s. *Forst* NJW 2011, 3477 ff.). Es muss vielmehr im Einzelfall bestimmt werden, wann dem Arbeitnehmer eine vorherige innerbetriebliche Anzeige ohne weiteres zumutbar ist und ein Unterlassen ein pflichtwidriges Verhalten darstellt. Eine vorherige Meldung und Klärung ist dem Arbeitnehmer insbes. dann unzumutbar, wenn er Kenntnis von Straftaten erhält, durch deren Nichtanzeige er sich selbst einer Strafverfolgung aussetzen würde. Entsprechendes gilt auch bei schweren Straftaten oder vom Arbeitgeber selbst begangenen Straftaten. Hier muss regelmäßig die Pflicht des Arbeitnehmers zur Rücksichtnahme auf die Interessen des Arbeitgebers zurücktreten. Gleiches gilt dann, wenn Abhilfe berechtigter Weise nicht zu erwarten ist; das ist insbes. dann der Fall, wenn es sich bei den dem Arbeitgeber zur Last gelegten Vorfällen um **schwerwiegende Vorwürfe handelt und die Straftaten vom Arbeitgeber selbst begangen worden sind**. Dem kann auch nicht mit Erfolg entgegengehalten werden, bestimmte Vorgänge gingen den Arbeitnehmer aufgrund seiner Stellung im Unternehmen (»schlichter Kraftfahrer«) nichts an. Denn das staatsbürgerliche Recht zur Erstattung von Strafanzeigen besteht unabhängig von der beruflichen oder sonstigen Stellung und ihrer sozialen Bewertung durch den Arbeitgeber oder Dritte. Unerheblich ist zudem in diesem Zusammenhang, ob die Strafanzeige zu einer Verurteilung führt oder nicht (*BAG* 7.12.2006 EzA § 1 KSchG Verhaltensbedingte Kündigung Nr. 70; *LAG SchlH* 17.8.2011 LAGE § 626 BGB 2002 Nr. 36). Einen Arbeitnehmer in einer solchen Konstellation auf die innerbetriebliche Abhilfe zu verweisen, wäre unverhältnismäßig. Hat der Arbeitnehmer den Arbeitgeber auf die gesetzeswidrige Praxis in seinem Unternehmen hingewiesen, sorgt dieser jedoch nicht für Abhilfe, besteht auch keine weitere vertragliche Rücksichtnahmepflicht mehr. Etwas anderes wird aber dann gelten, wenn nicht der Arbeitgeber oder sein gesetzlicher Vertreter, sondern ein Mitarbeiter seine Pflichten verletzt oder strafbar handelt. Dann erscheint es eher zumutbar, vom Arbeitnehmer – auch wenn ein Vorgesetzter betroffen ist – vor einer Anzeigenerstattung einen Hinweis an den Arbeitgeber zu verlangen. Dies gilt insbes. dann, wenn es sich um Pflichtwidrigkeiten handelt, die – auch – den Arbeitgeber selbst schädigen. Im konkret entschiedenen Einzelfall hat das

## C. Die Rechtswirksamkeit der außerordentlichen Arbeitgeberkündigung  Kapitel 4

*BAG* (3.7.2003 EzA § 1 KSchG Verhaltensbedingte Kündigung Nr. 61; *Herbert/Oberrath* NZA 2005, 193 ff.; s. a. *EGMR* 21.7.2011 EzA § 626 BGB 2002 Anzeige gegen Arbeitgeber Nr. 1 = NZA 2011, 1269) die Sache zur weiteren Aufklärung der Motivation des Klägers an das LAG zurückverwiesen.

Weitergehend ist das *LAG RhPf* (13.12.2002 AuR 2004, 431 m. zust. Anm. *Buschmann* AuR 2004, 431 f.; s. jetzt auch *BAG* 7.12.2006 EzA § 1 KSchG Verhaltensbedingte Kündigung Nr. 70) davon ausgegangen, dass der **Arbeitnehmer nicht verpflichtet ist, sich zum Komplizen des Arbeitgebers bei Ordnungswidrigkeiten, strafbaren oder auch nur rechtswidrigen Verhaltensweisen machen zu lassen**. Er kann deshalb ein Verhalten des Arbeitgebers, das gegen gesetzliche Vorschriften – gleich welcher Art – verstößt, den zuständigen Behörden zur Kenntnis bringen. Dies gilt auch dann, wenn objektiv ein Gesetzesverstoß nicht vorliegt, der Arbeitnehmer aber aus guten Gründen von einem rechtswidrigen Verhalten seines Arbeitgebers ausgehen kann. Das *LAG Nds.* (13.6.2005 LAG Report 2005, 301) hat – zutreffend – angenommen, dass dann, wenn ein Arbeitnehmer, der als Krankenwagenfahrer bei einem gemeinnützigen, Wohlfahrtszwecke verfolgenden Verein, beschäftigt ist, deren Vorsitzende und einen weiteren leitenden Mitarbeiter **wegen Veruntreuung und weiterer Vermögensdelikte zum Nachteil des Vereins anzeigt, jedenfalls dann nicht pflichtwidrig handelt, wenn sich die Vorwürfe als berechtigt erweisen**. Dies gilt selbst dann, wenn

- der Arbeitnehmer von den Vorwürfen nur aus »zuverlässiger Quelle« vom Hörensagen erfahren hat (z. B. durch die Kassenwartin des Vereins),
- er in seiner beruflichen Funktion weder Kenntnisse noch Einfluss auf Vermögensdispositionen hat und für finanzielle Unregelmäßigkeiten nicht zur Verantwortung gezogen werden kann und
- er sich nicht vor der Anzeige um Aufklärung des Sachverhalts bemüht hat, weil er diese als nicht Erfolg versprechend angesehen hat.

▶ – Auch die nachhaltige Verfolgung seiner nächsten Vorgesetzten mit einem unbegründeten **Klageerzwingungsverfahren** – mit dem Ziel der Strafverfolgung – kann im Einzelfall, wenn sie der Durchsetzung nicht gegebener arbeitsrechtlicher Ansprüche dient und angesichts der Zeugenaussagen erkennbar nicht erweisliche Straftaten zur Grundlage hat, eine außerordentliche Kündigung rechtfertigen (*LAG Köln* 27.10.2008 – 2 Sa 681/08, ZTR 2009, 224). 1242

▶ – Auch ein **fahrlässiges Verhalten** kann eine fristlose verhaltensbedingte Kündigung rechtfertigen, ggf. auch ohne dass vorher eine Abmahnung erforderlich ist (*LAG SchlH* 24.7.2001 – 1 Sa 78e/01). 1243

▶ – Zu beachten ist, dass auch schwerwiegende Verfehlungen des Arbeitnehmers – z. B. ein Diebstahl – kündigungsrechtlich dann ohne Belang sind, wenn sie **das Arbeitsverhältnis im Zeitpunkt der Kündigung nicht mehr hinreichend beeinträchtigen**. Eine Kündigung kann daher ausgeschlossen sein, wenn der Arbeitgeber zunächst das Arbeitsverhältnis in Kenntnis des Kündigungssachverhalts längere Zeit (1/2 Jahre) unverändert fortsetzt (*LAG Bln.* 11.7.2001 – 17 Sa 293/01). 1244

▶ – Eine außerordentliche Kündigung ist auch dann unwirksam, wenn sich der Arbeitnehmer, der den Alltag mit Arbeitskollegen und Vorgesetzten zu einem Roman mit dem Titel »Wer die Hölle fürchtet, kennt das Büro nicht!« verarbeitet hat, auf die durch Art. 5 Abs. 3 GG geschützte Kunstfreiheit berufen kann (*LAG Hamm* 15.7.2011 LAGE § 626 BGB 2002 Nr. 35). 1244a

Zu beachten ist, dass eine fristlose Kündigung nach Maßgabe dieser Grundsätze u. U. einen **Verstoß gegen Art. 10 EMRK** (Freiheit der Meinungsäußerung) darstellen kann. Das hat der *EGMR* (21.7.2011 EzA § 626 BGB 2002 Anzeige gegen Arbeitgeber Nr. 1 = NZA 2011, 1269; s. a. *Ulber* NZA 2011, 962 ff.) z. B. im Fall der fristlosen Kündigung einer **Altenpflegerin** angenommen, die **Strafanzeige** gegen ihren Arbeitgeber erstattet hatte mit der Begründung, Pflegebedürftige und ihre Angehörigen erhielten wegen Personalmangels keine angemessene Gegenleistung für 1244b die von ihnen getragenen Kosten. Zwar hatten die von der Altenpflegerin geäußerten Vorwürfe danach zweifellos eine schädigende Wirkung auf den Ruf und die Geschäftsinteressen der Arbeitgeberin. Der *EGMR* (21.7.2011 EzA § 626 BGB 2002 Anzeige gegen Arbeitgeber Nr. 1 = NZA 2011, 1269) ist aber davon ausgegangen, dass in einer demokratischen Gesellschaft das öffentliche Interesse an Informationen über Mängel in der institutionellen Altenpflege in einem staatlichen Unternehmen so wichtig ist, dass es gegenüber dem Interesse dieses Unternehmens am Schutz seines Rufes und seiner Geschäftsinteressen überwiegt. Der Gerichtshof hat der Altenpflegerin deshalb gem. Art. 41 EMRK eine »gerechte Entschädigung« in Höhe von 10.000 € für den erlittenen immateriellen Schaden und 5.000 € für die entstandenen Kosten zugesprochen.

**1244c** Zu beachten ist letztlich, dass ein Urteil, das die Kündigungsschutzklage eines Arbeitnehmers mit der Begründung abweist, die der Kündigung zugrunde liegende Strafanzeige entbehre einer Berechtigung, und das sich insoweit maßgeblich auf eine Einstellungsverfügung der Staatsanwaltschaft nach § 170 Abs. 2 StPO stützt, nicht deshalb der Wiederaufnahme nach § 580 Nr. 6 ZPO unterliegt, weil die staatsanwaltschaftlichen Ermittlungen nach rechtskräftigem Abschluss des Kündigungsrechtsstreits wieder aufgenommen wurden und zu einer – rechtskräftigen – strafgerichtlichen Verurteilung geführt haben. Ein Strafurteil, das nach rechtskräftiger Beendigung eines Kündigungsrechtsstreits ergangen ist, zählt auch nicht zu den Urkunden, die nach § 580 Nr. 7 Buchst. b ZPO eine Restitutionsklage begründen könnten (*BAG* 29.9.2011 EzA § 580 ZPO 2002 Nr. 2).

### bb) Pflichten bei Arbeitsunfähigkeit

**1245** Auch die Verletzung der Anzeige- und/oder Nachweispflicht des Arbeitnehmers bei Arbeitsunfähigkeit gem. § 5 EFZG kann unter besonderen Umständen ein wichtiger Grund zur außerordentlichen Kündigung sein (vgl. *Hess. LAG* 13.7.1999 AuR 2000, 75).

**1246** Wegen des **regelmäßig geringen Gewichts** bedarf es jedoch – auch bei Vorliegen einer einschlägigen Abmahnung – der Feststellung erschwerender Umstände des Einzelfalles, die ausnahmsweise die Würdigung rechtfertigen, dem Arbeitgeber sei die Fortsetzung des Arbeitsverhältnisses bis zum Ablauf der Kündigungsfrist nicht zumutbar (*BAG* 15.1.1986 EzA § 626 BGB n. F. Nr. 100; *LAG Köln* 7.1.2008 – 14 Sa 1311/07, AuR 2008, 276 LS). **Anders kann es dann sein**, wenn der Arbeitnehmer die Arbeitsunfähigkeit nur deshalb nicht rechtzeitig anzeigt, weil er sich für die durch Zahlungssäumnis von Kunden des Arbeitgebers zustande gekommene **Verzögerung der Lohnzahlung rächen will**; dies kann unwiederbringlich das Vertrauen des Arbeitgebers in eine weitere gedeihliche Zusammenarbeit zerstören (*Thüringer LAG* 2.8.2005 – 5 Sa 319/04, EzA-SD 21/05, S. 10 LS). Auch eine **hartnäckige**, trotz dreimaliger Abmahnung über längere Zeit fortgesetzte **Verletzung der Anzeigepflicht** bei erstmaliger oder fortgesetzter Erkrankung, die zu einem völligen Ausfall der Planbarkeit des Einsatzes des Arbeitnehmers führt, kann an sich geeignet sein, eine außerordentliche Kündigung zu rechtfertigen (*LAG Köln* 9.2.2009 LAGE § 626 BGB 2002 Nr. 18). In der Interessenabwägung ist zu Gunsten des Arbeitnehmers andererseits zu berücksichtigen, dass er sich wenigstens **bemüht hat, seinen Pflichten nachzukommen**. Die Anzeige der Arbeitsunfähigkeit per Fax ist ausreichend. Jedenfalls dann, wenn der Arbeitgeber dazu auffordert, ist jedoch unverzüglich das Original der Arbeitsunfähigkeitsbescheinigung vorzulegen (*Hess. LAG* 13.7.1999 AuR 2000, 75; vgl. dazu *Dübbers* AuR 2000, 76). Auch ein mehrfacher Verstoß gegen die Pflicht, **am ersten Tag nach der Erkrankung** eine Arbeitsunfähigkeitsbescheinigung vorzulegen, rechtfertigt nicht stets eine außerordentliche Kündigung (*LAG Köln* 17.11.2000 NZA-RR 2001, 367).

**1247** Ist ein Arbeitnehmer während einer ärztlich attestierten Arbeitsunfähigkeit schichtweise einer **Nebenbeschäftigung** bei einem anderen Arbeitgeber nachgegangen, so kann je nach den Umständen auch eine fristlose Kündigung ohne vorherige Abmahnung gerechtfertigt sein (s. *BAG* 3.4.2008 EzA § 102 BetrVG 2001 Nr. 21). Wesentlich kann dafür z. B. sein, dass die Nebentätigkeit **dem Wettbewerbsinteresse des Arbeitgebers zuwiderläuft**, der Arbeitnehmer statt der Nebentätigkeit auch *seine Leistungspflichten* aus dem Arbeitsverhältnis hätte erfüllen können oder die Nebentätigkeit den Heilungsprozess verzögert (*LAG SchlH* 19.12.2006 NZA-RR 2007, 240). Die anderweitige

Tätigkeit kann ein Hinweis darauf sein, dass der **Arbeitnehmer die Krankheit nur vorgespiegelt hat**; auch kann in solchen Fällen eine pflichtwidrige **Verzögerung des Heilungsverlaufs** gegeben sein (*BAG* 3.4.2008 EzA § 102 BetrVG 2001 Nr. 21). Ist in derartigen Fällen der **Beweiswert des ärztlichen Attests erschüttert bzw. entkräftet**, so hat der Arbeitnehmer konkret darzulegen, weshalb er krankheitsbedingt gefehlt hat und trotzdem der Nebenbeschäftigung nachgehen konnte (*BAG* 26.8.1993 EzA § 626 BGB n. F. Nr. 148; s. a. *LAG München* 3.11.2000 LAGE § 626 BGB Nr. 131: Andernorts erbrachte Arbeitsleistung steht der Annahme der Arbeitsunfähigkeit nicht entgegen). Nach Auffassung des *LAG Köln* (9.10.1998 NZA-RR 1999, 188) reicht die **gefälligkeitshalber geleistete Unterstützung** eines Freundes bei der Wohnungsrenovierung an wenigen Tagen während einer bescheinigten Arbeitsunfähigkeit nicht aus, um den Beweiswert zu erschüttern.

Verrichtet demgegenüber ein im Bauhof mit ähnlichen Arbeiten beschäftigter Arbeitnehmer während bestätigter Arbeitsunfähigkeit **umfangreiche Garten- und Baumfällarbeiten**, dann stellt dies auch dann einen wichtigen Grund für die außerordentliche Kündigung dar, wenn er sich damit verteidigt, er habe sich nicht genesungswidrig verhalten, weil seine Arbeitsunfähigkeit auf psychische Probleme zurückzuführen gewesen sei, die auf Mobbing seiner Kollegen beruhten. Das gilt zumindest dann, wenn der Arbeitnehmer bereits einschlägig abgemahnt ist; der Einwand, es habe sich um »Nachbarschaftshilfe« gehandelt, ist zumindest dann unbeachtlich, wenn der Kläger derartige Tätigkeiten in einem eigens dafür angemeldeten Gewerbe auch gegen Entgelt anbietet (*LAG Nbg.* 7.9.2004 LAGE § 626 BGB 2002 Unkündbarkeit Nr. 1). 1248

Das gilt auch für das außerdienstliche Verhalten eines ordentlich nicht kündbaren Arbeitnehmers, wenn dadurch z. B. das Ansehen eines öffentlichen Arbeitgebers nachhaltig geschädigt wird und das Vertrauen in die Person des Arbeitnehmers zerstört ist (s. *BAG* 27.1.2011 EzA § 626 BGB 2002 Verdacht strafbarer Handlung Nr. 10 = NZA 2011, 798). So hat sich ein arbeitsunfähig erkrankter Arbeitnehmer so zu verhalten, dass er bald wieder gesund wird und an seinen Arbeitsplatz zurückkehren kann. Er hat alles zu unterlassen, was seine Genesung verzögern könnte. Er hat insoweit auf die schützenswerten Interessen des Arbeitgebers, die sich aus der Verpflichtung zur Entgeltfortzahlung ergeben, Rücksicht zu nehmen. Eine schwerwiegende Verletzung dieser Rücksichtnahmepflicht kann eine außerordentliche Kündigung rechtfertigen. Insoweit kann ein pflichtwidriges Verhalten des Arbeitnehmers vorliegen, wenn er bei bescheinigter Arbeitsunfähigkeit den Heilungserfolg durch genesungswidriges Verhalten gefährdet (s. *BAG* 3.4.2008 EzA § 102 BetrVG 2001 Nr. 21). Dies ist nicht nur der Fall, wenn er nebenher bei einem anderen Arbeitgeber arbeitet, sondern auch bei Freizeitaktivitäten, die mit der Arbeitsunfähigkeit nur schwer in Einklang zu bringen sind (z. B. Skireise nach Zermatt während einer Arbeitsunfähigkeit). Die Verletzung der Rücksichtnahmepflicht kann umso schwerer wiegen, als der Arbeitnehmer aufgrund seiner beruflichen Tätigkeit in besonderem Maße dazu verpflichtet ist, das Vertrauen Außenstehender in die von ihm zu erbringende Arbeitsleistung und die korrekte Aufgabenerledigung seines Arbeitgebers nicht zu erschüttern (z. B. bei einem ärztlichen Gutachter des Medizinischen Dienstes der Krankenkassen für Arbeitsunfähigkeitsbescheinigungen; *LAG RhPf* 7.10.2004 ZTR 2006, 154; bestätigt durch *BAG* 2.3.2006 EzA § 626 BGB 2002 Nr. 18). 1249

### cc) Entzug der Fahrerlaubnis; Fahren ohne (verlängerte) Fahrerlaubnis

Die außerordentliche Kündigung eines Außendienstmitarbeiters, dem wegen alkoholbedingter Fahruntüchtigkeit die Fahrerlaubnis entzogen wurde, ist nur dann gerechtfertigt, wenn eine Fortsetzung des Arbeitsverhältnisses zu geänderten Bedingungen unmöglich oder unzumutbar geworden ist, insbes. dann, wenn eine anderweitige Beschäftigung auf einem **freien Arbeitsplatz** – auch zu verschlechterten Bedingungen – **nicht möglich ist** (*LAG MV* 4.7.2007 – 2 TaBV 5/07, AuR 2007, 444 LS). 1250

Im Einzelfall kann es dem Arbeitgeber zugemutet werden, das Angebot des Arbeitnehmers, durch persönliche Maßnahmen auf eigene Kosten (Einsatz eines privaten Chauffeurs) seine Mobilität zu sichern, zu akzeptieren (*LAG RhPf* 11.8.1989 NZA 1990, 28). 1251

**1252** Wird die in einem öffentlichen Personennahverkehrsunternehmen **zusätzlich** zum Führerschein erteilte **betriebliche Fahrerlaubnis** durch den Betriebsleiter entzogen, rechtfertigt dies für sich weder eine außerordentliche noch eine ordentliche Kündigung aus personenbedingten Gründen. Denn der Entzug dieser Erlaubnis steht dem der gesetzlichen Fahrerlaubnis nicht gleich, da ihre Erteilung und ihr Entzug nach vom Arbeitgeber selbst erstellten Regeln erfolgt. Ansonsten hätte es der Arbeitgeber in der Hand, sich selbst Kündigungsgründe zu schaffen und die Regelungen zur verhaltensbedingten Kündigung bei Arbeitsvertragspflichtverletzungen zu umgehen (*BAG* 5.6.2008 EzA § 1 KSchG Personenbedingte Kündigung Nr. 22).

**1253** Legt ein Arbeitgeber zudem in einer Dienstanweisung im Einzelnen fest, wie er auf bestimmte Pflichtverstöße des Arbeitnehmers zu reagieren beabsichtigt (z. B. bei Entzug der betrieblichen Fahrerlaubnis durch Nachschulung vor deren Wiedererteilung), so bindet er sich damit selbst und muss sich im konkreten Fall **an das in der Dienstanweisung festgelegte Verhalten halten**, sodass eine Kündigung des Arbeitsverhältnisses vor Durchführung einer Nachschulung nicht in Betracht kommt (*BAG* 25.4.1996 EzA § 1 KSchG Personenbedingte Kündigung Nr. 14; ebenso *BAG* 16.9.1999 EzA § 611 BGB Kirchliche Arbeitnehmer Nr. 45 für ein »klärendes Gespräch« nach der Grundordnung der Katholischen Kirche).

**1254** Wird die Fahrerlaubnis zum Führen eines Omnibus im öffentlichen Straßenverkehr **nur befristet** erteilt, kann es einen wichtigen Grund i. S. d. § 626 Abs. 1 BGB darstellen, wenn der Busfahrer im öffentlichen Personennahverkehr – einige Tage – weiterfährt, obwohl die Erlaubnis abgelaufen ist. Allerdings kann die Interessenabwägung dann zu führen, dass nach dem Grundsatz der **Verhältnismäßigkeit** eine Abmahnung angemessen und ausreichend gewesen wäre (*LAG RhPf* 20.5.2010 ZTR 2010, 486).

*dd) Unentschuldigtes Fehlen; wiederholte Unpünktlichkeit des Arbeitnehmers*

**1255** Das unentschuldigte Fehlen des Arbeitnehmers für die **Dauer eines ganzen Arbeitstages** ohne ausreichende Information des Arbeitgebers ist im Wiederholungsfall nach einschlägiger Abmahnung je nach den Umständen an sich geeignet, eine außerordentliche Kündigung zu begründen. Dabei obliegt es dem Arbeitgeber nicht, Betriebsablaufstörungen infolge des unentschuldigten Fehlens und der nicht erfolgten Benachrichtigung konkret darzulegen (*BAG* 15.3.2001 EzA § 626 BGB n. F. Nr. 185; s. a. *BAG* 13.3.2008 EzA § 1 KSchG Verhaltensbedingte Kündigung Nr. 73).

**1256** **Wiederholte Unpünktlichkeiten** eines Arbeitnehmers sind dann an sich geeignet, eine außerordentliche Kündigung zu rechtfertigen, wenn sie den Grad einer **beharrlichen Verweigerung der Arbeitspflicht** erreicht haben (*BAG* 17.3.1988 EzA § 626 BGB n. F. Nr. 116; *LAG RhPf* 23.4.2009 – 10 Sa 52/09 – ZTR 2009, 443); wiederholtes Zuspätkommen berechtigt nach erfolgloser Abmahnung im Übrigen jedenfalls dann zu einer (ordentlichen) Kündigung, wenn die einzelnen Verspätungen zwar eher gering sind, aber zu **Betriebsablaufstörungen** führen (*LAG SchlH* 28.11.2006 NZA-RR 2007, 129). Andererseits kann eine fristlose Kündigung wegen mehrmaligen Verlassens des Arbeitsplatzes **wenige Minuten vor Dienstschluss** unwirksam sein (*LAG Köln* 25.3.2011 NZA-RR 2011, 638: Pförtner; abl. *Hunold* NZA-RR 2011, 638).

**1257** Notwendig ist jedenfalls, **dass sich das Fehlverhalten auch betrieblich auswirkt**.

**1258** Bei verspäteter Arbeitsaufnahme besteht z. B. das Fehlverhalten in der Verletzung der arbeitsvertraglichen Leistungspflicht. Denn zur ordnungsgemäßen Erfüllung gehört auch die Einhaltung der vereinbarten Leistungszeit gem. § 271 BGB.

**1259** In diesem Fall ist es nicht für die Eignung als wichtiger Grund, sondern nur für die Interessenabwägung erheblich, ob es neben einer Störung im Leistungsbereich nebst dadurch verursachten betrieblichen Auswirkungen auch noch zu nachteiligen Auswirkungen im Bereich der betrieblichen Verbundenheit (Betriebsordnung, Betriebsfrieden) gekommen ist (*BAG* 17.1.1991 EzA § 1 KSchG Verhaltensbedingte Kündigung Nr. 37; s. a. *LAG SchlH* 28.11.2006 NZA-RR 2007, 129).

Auch in diesem Bereich liegt eine konkrete Beeinträchtigung des Arbeitsverhältnisses allerdings nicht schon dann vor, wenn der Arbeitsablauf oder der Betriebsfrieden »abstrakt« oder »konkret gefährdet« ist, sondern nur, wenn insoweit eine **konkrete Störung** eingetreten ist (*BAG* 17.3.1988 EzA § 626 BGB n. F. Nr. 116; s. *LAG Köln* 25.3.2011 NZA-RR 2011, 638). 1260

(derzeit unbesetzt) 1261–1264

Es liegt allerdings dann kein unentschuldigtes Fehlen des Arbeitnehmers vor, wenn er berechtigterweise von einem Zurückbehaltungsrecht Gebrauch macht (§ 273 Abs. 1 BGB; s. a. *BAG* 12.5.2010 EzA § 626 BGB 2002 Nr. 31). Das ist insbes. dann der Fall, wenn der **Arbeitgeber** seine aus dem Arbeitsverhältnis resultierenden **Haupt- oder Nebenpflichten** verletzt. Zu diesen Pflichten gehört es auch, den Arbeitnehmer **vor Beleidigungen** durch Vorgesetzte, Mitarbeiter oder Dritte, auf die er Einfluss hat, **zu schützen** (*BAG* 13.3.2008 EzA § 1 KSchG Verhaltensbedingte Kündigung Nr. 73). 1265

Allerdings steht die Ausübung des Zurückbehaltungsrechts für den Arbeitnehmer unter dem **Gebot von Treu und Glauben** nach § 242 BGB und unterliegt dem Grundsatz der **Verhältnismäßigkeit**. Daher muss der Arbeitnehmer vor der Ausübung des Zurückbehaltungsrechts an seiner Arbeitsleistung dem Arbeitgeber unter Angabe des Grundes klar und eindeutig mitteilen, dass er dieses Recht aufgrund einer ganz bestimmten, konkret bezeichneten Gegenforderung ausübt. Nur dann kann der Arbeitgeber hinreichend den behaupteten (Gegen-)Anspruch prüfen und ihn ggf. erfüllen. So reicht ein pauschales Berufen auf einen »Mobbingsachverhalt« mangels hinreichender Konkretisierung der behaupteten Pflichtverletzung und des (Gegen-)Anspruchs dafür nicht aus (*BAG* 13.3.2008 EzA § 1 KSchG Verhaltensbedingte Kündigung Nr. 73). 1266

Da die Ausübung des Zurückbehaltungsrechts ein Anwendungsfall des Verbots der unzulässigen Rechtsausübung (§ 242 BGB) ist und der Sicherung eigener Ansprüche dient, **darf sie auch nicht zur praktischen Vereitelung der anderen (Gegen-)Forderung führen**. Eine unzulässige Rechtsausübung liegt deshalb vor, wenn die Erfüllung der – unbestrittenen – Gegenforderung im Hinblick auf eine Eigenforderung verweigert wird, deren Klärung derart schwierig und zeitraubend ist, dass die Durchsetzung der Gegenforderung auf unabsehbare Zeit verhindert werden würde. Das ist z. B. dann der Fall, wenn die Durchsetzung der unstreitigen Forderung auf vertragsgemäße Arbeitsleistung mit einem »Strauß« von unspezifischen Mobbingvorwürfen dauerhaft blockiert würde (*BAG* 13.3.2008 EzA § 1 KSchG Verhaltensbedingte Kündigung Nr. 73). 1267

*ee) Angekündigte Arbeitsunfähigkeit; vorgetäuschte Arbeitsunfähigkeit*

Die bewusste **Vortäuschung einer Arbeitsunfähigkeit** wegen Erkrankung unter Vorlage eines Attests mit der weiteren Folge der Entgeltfortzahlung **ist eine schwere Pflichtverletzung des Arbeitsvertrages und an sich als Grund zur außerordentlichen Kündigung geeignet** (*BAG* 23.6.2009 EzA § 1 KSchG Verhaltensbedingte Kündigung Nr. 76 u. *LAG MV* 30.5.2008 LAGE § 1 KSchG Verhaltensbedingte Kündigung Nr. 101; *Hess. LAG* 8.2.2010 LAGE § 626 BGB 2002 Nr. 26a; *LAG Bln.* 1.11.2000 NZA-RR 2001, 470). 1268

In einem derartigen Fall ist der **Beweiswert** der vorgelegten Arbeitsunfähigkeitsbescheinigung **erschüttert**, wenn der Arbeitnehmer sich gegenüber seinem Vorgesetzten als »psychisch und physisch topfit, aber nicht für das St.V« bezeichnet. Es ist dann Sache des Arbeitnehmers, im Einzelnen vorzutragen, welche gesundheitlichen Einschränkungen bestanden haben und welche Verhaltensmaßregeln der Arzt gegeben hat. Dafür reicht es nicht aus, wenn der Arbeitnehmer vorträgt, der Arzt habe das Weiterbestehen der Arbeitsunfähigkeit fachgerecht indiziert und attestiert (*Hess. LAG* 8.2.2010 LAGE § 626 BGB 2002 Nr. 26a). Gleiches gilt dann, wenn **feststeht, dass der Arbeitnehmer gegenüber einem Dritten erklärt hat, er könne eine angebotene Schwarzarbeit** ausführen (*Hess. LAG* 1.4.2009 – 6 Sa 1593/08, AuR 2010, 131 LS).

Erklärt der Arbeitnehmer, er werde krank, wenn der Arbeitgeber ihm den im bisherigen Umfang bewilligten Urlaub nicht verlängert, obwohl er im Zeitpunkt der Ankündigung nicht krank war und sich auf Grund bestimmter Beschwerden auch noch nicht krank fühlen konnte, so ist ein solches Verhalten ohne Rücksicht darauf, ob der Arbeitnehmer später tatsächlich erkrankt, an sich geeignet, einen wichtigen Grund zur außerordentlichen Kündigung abzugeben (*BAG* 17.6.2003 EzA § 626 BGB 2002 Nr. 4; 12.3.2009 EzA § 626 BGB 2002 Nr. 26; *LAG MV* 13.12.2011 NZA-RR 2012, 185; ebenso für eine gewünschte Freistellung *LAG Köln* 17.4.2002 NZA-RR 2003, 15). Die Pflichtwidrigkeit der Ankündigung einer Krankschreibung bei objektiv nicht bestehender Erkrankung im Zeitpunkt der Ankündigung liegt in erster Linie darin, dass der Arbeitnehmer mit einer solchen Erklärung zum Ausdruck bringt, er sei **notfalls bereit**, seine Rechte aus dem Entgeltfortzahlungsrecht **zu missbrauchen**, um sich einen **unberechtigten Vorteil** zu verschaffen (*LAG MV* 13.12.2011 NZA-RR 2012, 185).

Dabei kann es ausreichend sein, dass die Drohung mit der Erkrankung nicht unmittelbar erfolgt, sondern im Zusammenhang mit dem Urlaubswunsch gestellt wird, und ein verständiger Dritter dies als deutlichen Hinweis werten kann, bei Nichtgewährung des Urlaubs werde eine Krankschreibung erfolgen (*BAG* 17.6.2003 EzA § 626 BGB 2002 Nr. 4 = NZA 2004, 564). Gleiches gilt für die Ankündigung des Arbeitnehmers, bei Nichtgewährung von Urlaub für einen bestimmten Tag notfalls einen »gelben Schein« zu nehmen (*LAG Köln* 12.12.2002 LAGE § 626 BGB Nr. 146a). Dies gilt erst recht, wenn der Arbeitnehmer trotz entsprechender Abmahnung seine Androhung wahr macht. Der Beweiswert einer dann vorgelegten Arbeitsunfähigkeitsbescheinigung ist erschüttert. Er kann allenfalls dadurch wiederhergestellt werden, dass der Arbeitnehmer objektive Tatsachen vorträgt, die geeignet sind, den Verdacht einer Täuschung des krankschreibenden Arztes zu beseitigen (*LAG Köln* 17.4.2002 NZA-RR 2003, 15).

**1269** Denn in diesem Fall wird angedroht, die erstrebte Verlängerung der Arbeitsfreistellung notfalls auch ohne Rücksicht darauf zu erreichen, ob eine Arbeitsunfähigkeit tatsächlich vorliegt. Versucht der Arbeitnehmer auf diesem Wege, einen ihm nicht zustehenden Vorteil, hier eine verlängerte Freistellung von der Arbeit – auch eine unbezahlte – zu erreichen, so verletzt er bereits hierdurch seine arbeitsvertragliche Rücksichtnahmepflicht, die es ihm verbietet, den Arbeitgeber auf diese Weise unter Druck zu setzen (s. *Hess. LAG* 15.4.2011 LAGE § 626 BGB 2002 Nr. 34).

**1270** Ein solches Verhalten **beeinträchtigt das Vertrauensverhältnis zum Arbeitgeber**, weil es in ihm den berechtigten Verdacht aufkommen lassen kann, der Arbeitnehmer missbrauche notfalls seine Rechte aus den Entgeltfortzahlungsbestimmungen, um einen unberechtigten Vorteil zu erreichen.

**1271** In dieser Verletzung der arbeitsvertraglichen Rücksichtnahmepflicht (§ 241 Abs. 2 BGB; s. *Hess. LAG* 15.4.2011 LAGE § 626 BGB 2002 Nr. 34) liegt auch bereits eine konkrete Störung des Arbeitsverhältnisses (*BAG* 5.11.1992 EzA § 626 BGB n. F. Nr. 143). **Das gilt auch dann, wenn der Arbeitgeber nicht zu einem bestimmten Verhalten genötigt werden soll** (*LAG Köln* 14.9.2000 NZA-RR 2001, 246). Allerdings rechtfertigt die bloße, nicht näher konkretisierte **Mutmaßung** des Arbeitgebers, dass die Krankheit vorgetäuscht sei, auch dann **keine fristlose Kündigung**, wenn ein Arbeitnehmer kurz nach einem Streit mit dem Arbeitgeber krankgeschrieben worden ist (*ArbG Frankf./M.* 9.12.1998 NZA-RR 1999, 364). Gleiches gilt dann, wenn der Arbeitnehmer für den Fall der **Zuweisung bestimmter**, vom Arbeitsvertrag gedeckter **Tätigkeiten** eine **Arbeitsunfähigkeit in Aussicht stellt** (*Hess. LAG* 15.4.2011 LAGE § 626 BGB 2002 Nr. 34).

**1272** War der Arbeitnehmer dagegen im Zeitpunkt der Ankündigung **bereits objektiv erkrankt**, ohne dies dem Arbeitgeber zu offenbaren, scheidet eine Pflichtverletzung des Arbeitnehmers zwar nicht von vorneherein aus. Eine mit der Erklärung verbundene Störung des Vertrauensverhältnisses zwischen Arbeitnehmer und Arbeitgeber wiegt dann aber regelmäßig weniger schwer. In einem solchen Fall kann nicht ohne weiteres von einer erheblichen, eine außerordentliche Kündigung rechtfertigenden Pflichtverletzung ausgegangen werden. Beruft sich der Arbeitnehmer gegenüber einer auf die »Androhung« einer Erkrankung gestützten Kündigung darauf, er sei im Zeitpunkt der Ankündigung seiner künftigen Erkrankung bereits objektiv krank gewesen, ist er im Rahmen einer **sekundären Behauptungslast** gehalten vorzutragen, welche konkreten Krankheiten bzw. Krankheitssymptome im Zeitpunkt der Ankündigung vorgelegen haben und weshalb er darauf schließen durfte, auch noch am Tag der begehrten Freistellung arbeitsunfähig zu sein. Erst wenn der Arbeitnehmer insoweit seiner Substantiierungspflicht nachgekommen ist und ggf. seine ihn behandelnden Ärzte von der Schweigepflicht entbunden hat, muss der **Arbeitgeber** aufgrund der ihm obliegenden **Beweislast** für das Vorliegen eines die Kündigung rechtfertigenden wichtigen Grundes den Vortrag des Arbeitnehmers widerlegen. Je nach den Umständen des Falls können aber auch die Indizien, die für eine widerrechtliche Drohung des Arbeitnehmers mit einer künftigen, im Zeitpunkt der Ankündigung nicht bestehenden Erkrankung sprechen, so gewichtig sein, dass es dem Arbeitnehmer obliegt, diese zu entkräften (*BAG* 12.3.2009 EzA § 626 BGB 2002 Nr. 26; s. a. *Hess. LAG* 15.4.2011 LAGE § 626 BGB 2002 Nr. 34).

Nimmt dagegen ein nicht bettlägerig erkrankter Arbeitnehmer während einer längeren Arbeitsunfähigkeit einmal pro Woche für eine 3/4 Stunde an einem sog. »**Kieser-Rückentraining**« teil, begründet dies weder ernsthafte Zweifel an der Arbeitsunfähigkeit des Arbeitnehmers noch »gewisse Verdachtsmomente« hinsichtlich des Vortäuschens einer Arbeitsunfähigkeit (*LAG Bln.* 16.4.2003 LAGE § 626 BGB 2002 Nr. 1). **Auch genesungswidriges Verhalten** – private Bauarbeiten bei Zehenbruch – **bedeutet nicht zwingend, dass die Arbeitsunfähigkeit vorgetäuscht sein muss**. Es ergibt sich daraus nicht der dringende Verdacht einer Täuschung und/oder eines Entgeltfortzahlungsbetruges (*LAG RhPf* 6.7.2004 – 5 TaBV 10/04, AuR 2005, 37 LS; s. aber *BAG* 3.4.2008 EzA § 102 BetrVG 2001 Nr. 21). 1273

*ff) Politische Betätigung im Betrieb*

Siehe dazu ausführlich Kap. 3 Rdn. 423 ff.; Kap. 4 Rdn. 1223 ff.; *Preis/Stoffels* RdA 1996, 210 ff.; *Polzer/Powietzka* NZA 2000, 970 ff. 1274

*gg) Ausländerfeindliche Äußerungen im Betrieb*

Die Abgabe ausländerfeindlicher Äußerungen durch einen Arbeitnehmer im Betrieb ist an sich geeignet, eine außerordentliche Kündigung des Arbeitsverhältnisses zu rechtfertigen (*LAG Hamm* 11.11.1994 LAGE § 626 BGB Nr. 82; vgl. auch *LAG RhPf* 10.6.1997 BB 1998, 163; *ArbG Bln.* 5.9.2006 LAGE § 626 BGB 2002 Nr. 9; *LAG Nbg.* 13.1.2004 LAGE § 626 BGB 2002 Nr. 4). 1275

Ein Kündigungsgrund wird i. d. R. dann vorliegen, wenn der Arbeitnehmer den Straftatbestand der §§ 185, 223, 130, 131, 86, 86a StGB erfüllt. Darüber hinaus bedarf es im Einzelfall einer Abwägung des Grundrechts aus Art. 5 Abs. 1 GG mit den beeinträchtigten Arbeitnehmerinteressen. 1276

Hierbei muss die Meinungsfreiheit hinter einer Verletzung der Ehre des Arbeitgebers oder der Arbeitskollegen des Arbeitnehmers, dem Schutz des eingerichteten und ausgeübten Gewerbebetriebs des Arbeitgebers vor gezielten Angriffen oder Angriffen auf den Ruf des Arbeitgebers in der Öffentlichkeit zurückstehen. Gleiches gilt, wenn es auf Grund der Meinungskundgabe zu Störungen des Betriebsablaufs oder des Betriebsfriedens kommt und Belegschaftsangehörige belästigt oder bei der Erfüllung ihrer Arbeitspflichten beeinträchtigt werden. Dies gilt ebenfalls für den Fall, dass das Verhalten des Arbeitnehmers das für das Arbeitsverhältnis erforderliche Vertrauen des Arbeitgebers in ihn unrettbar zerstört. Einen eigenen Kündigungsgrund »Ausländerfeindlichkeit« oder »Antisemitismus« gibt es nicht; vielmehr ist jeder Einzelfall nach den **allgemeinen Grundsätzen des Kündigungsschutzrechts** zu beurteilen (*Krummel/Küttner* NZA 1996, 67 ff.). 1277

Wird z. B. ein Arbeitskollege regelmäßig über **mehrere Jahre nahezu täglich mit diskriminierenden ausländerfeindlichen Äußerungen** wie Polensau, -fotze, -schwein oder Polacke **herabgewürdigt**, so stellt dies einen an sich zur außerordentlichen Kündigung geeigneten Umstand dar (*ArbG Bln.* 5.9.2006 – 96 Ca 23 147/05, AuR 2007, 183 LS; s. a. *ArbG Hmb.* 19.12.2006 – 20 Ca 157/06, AuR 2007, 183 LS zu antisemitischen Äußerungen). 1278 *hh) Streikteilnahme*

1279 Beteiligen sich Arbeitnehmer an einem von der Gewerkschaft geführten, auf drei Tage befristeten **Streik**, mit dem der Abschluss eines Firmentarifvertrages mit ihrem Arbeitgeber erzwungen werden soll, so rechtfertigt dies auch dann **nicht ohne weiteres eine fristlose oder fristgemäße Kündigung**, wenn die Arbeitnehmer mit der Möglichkeit rechnen mussten, dass die Gewerkschaft für ihren Betrieb nicht zuständig ist und der Streik deswegen rechtswidrig war (*BAG* 29.11.1983 EzA § 626 BGB n. F. Nr. 89).

*ii) Eigenmächtiger Urlaubsantritt*

1280 Tritt der Arbeitnehmer eigenmächtig einen vom Arbeitgeber nicht genehmigten Urlaub an, so verletzt er seine arbeitsvertraglichen Pflichten. Ein solches Verhalten ist an sich geeignet, einen wichtigen Grund zur außerordentlichen Kündigung darzustellen (*BAG* 20.1.1994 EzA § 626 BGB n. F. Nr. 153; *LAG Köln* 16.3.2001 NZA-RR 2001, 533; 6.12.2010 – 2 TaBV 23/10, AuR 2011, 222 LS; *LAG Hamm* 17.10.2007 NZA-RR 2008, 294; *LAG SchlH* 6.1.2011 LAGE § 626 BGB 2002 Nr. 31; s. Kap. 3 Rdn. 2356 ff.). Das gilt nach Auffassung des *ArbG Trier* (16.1.2001 ARST 2001, 164 LS) selbst dann, wenn dem Arbeitnehmer überraschend eine terminsgebundene Urlaubsreise geschenkt wird (*ArbG Trier* 16.1.2001 ARST 2001, 164 LS). Nichts anderes gilt für die **eigenmächtige Verlängerung von Sonderurlaub** (*LAG Nbg.* 17.1.2007 NZA-RR 2007, 404).

1281 Allerdings kann die Kündigung nicht damit begründet werden, dass die Urlaubsgewährung allein durch den Arbeitgeber auf Grund seines Direktionsrechts erfolgt, das er im Rahmen des § 315 BGB auszuüben hat. Denn er hat als Schuldner den Urlaub für den vom Arbeitnehmer angegebenen Termin festzusetzen, jedenfalls dann, wenn die Voraussetzungen des § 7 Abs. 2 2. Hs. BUrlG gegeben sind (*BAG* 31.1.1996 EzA § 1 KSchG Verhaltensbedingte Kündigung Nr. 47; s. Kap. 3 Rdn. 2332 ff.). Der Arbeitgeber hat zudem die Beweislast dafür, dass er nicht, wie vom Kläger substantiiert behauptet, seinem Urlaubsbegehren zugestimmt hatte (*BAG* 31.1.1996 EzA § 1 KSchG Verhaltensbedingte Kündigung Nr. 47).

1282 Erwirkt schließlich ein Arbeitnehmer drei Tage vor Antritt seines bereits acht Monate zuvor schriftlich beantragten, allerdings zu keinem Zeitpunkt ausdrücklich gewährten oder abgelehnten Sommerurlaubs beim Arbeitsgericht ohne mündliche Verhandlung eine **einstweilige Verfügung auf entsprechende Urlaubserteilung**, unterlässt er aber mangels entsprechender Kenntnis und/oder fehlerhafter Auskunft eines Mitarbeiters des Gerichts die von ihm selbst vorzunehmende **Zustellung** der einstweiligen Verfügung an seinen Arbeitgeber, so berechtigt dies diesen nicht zum Ausspruch einer fristlosen Kündigung wegen eigenmächtigen Urlaubsantritts (*LAG Hamm* 13.6.2000 NZA-RR 2001, 134).

1283 Ein eigenmächtiger Urlaubsantritt liegt dann **nicht vor**, wenn der Arbeitnehmer in dem Zeitpunkt, in dem er nach vorheriger Ankündigung einen ungenehmigten Urlaub antreten wollte, infolge **Krankheit arbeitsunfähig** ist (*LAG München* 24.9.2009 LAGE § 307 BGB 2002 Nr. 21).

1284 Das *ArbG Trier* (16.1.2001 ARST 2001, 164 LS) hat andererseits eine fristlose Kündigung auch ohne vorherige Abmahnung für wirksam erachtet, weil der Arbeitnehmer die überraschend geschenkte Urlaubsreise gegen den erkennbaren Willen des Arbeitgebers angetreten hatte, obwohl es nur um eine Urlaubsdauer **von zwei Tagen** ging.

1284a Da § 626 Abs. 1 BGB keine »absoluten« Kündigungsgründe kennt, folgt (auch) aus einer eigenmächtigen Selbstbeurlaubung **nicht automatisch** das Vorliegen eines wichtigen Grundes; erforderlich ist vielmehr eine Interessenabwägung unter Berücksichtigung aller Umstände des Einzelfalls (*LAG Köln* 14.2.2011 NZA-RR 2011, 350).

1285 Im Rahmen der Interessenabwägung kann aber jedenfalls dann das Interesse einer Arbeitnehmerin am Fortbestand des Arbeitsverhältnisses gegenüber dem Beendigungsinteresse des Arbeitgebers überwiegen, wenn die Arbeitnehmerin der grundgesetzlich verankerten Pflicht, sich um die Erziehung der Kinder zu kümmern, nachkommen will (*LAG Nbg.* 17.1.2007 NZA-RR 2007, 404). Zu berücksichtigen ist jedenfalls u. a., wie **rechtzeitig** (z. B. einen Monat vorher) der Arbeitnehmer den Urlaubsantrag für wie viele Tage (z. B. für einen Tag) gestellt hat und ob der Arbeitgeber den Urlaub wegen dringender betrieblicher Gründe **verweigern durfte** (*LAG SchlH* 6.1.2011 LAGE § 626 BGB 2002 Nr. 31). Gleiches gilt dafür, ob der Arbeitgeber den Urlaub **böswillig und diskriminierend verweigert** hat, ob eine **besondere Belastungssituation** für den Betrieb aus dem ungeplanten Urlaub des Arbeitnehmers entsteht, welchem Zweck die Urlaubsabwesenheit diente und ob der Arbeitgeber eine Mitverantwortung dafür trägt, dass eine frühzeitige gerichtliche Klärung durch den Arbeitnehmer unterblieb (*LAG Köln* 6.12.2010 – 2 TaBV 23/10, AuR 2011, 222 LS).

Auch kann eine außerordentliche Kündigung dann in eine ordentliche Kündigung **umzudeuten** sein, wenn der Arbeitnehmer dem **Irrtum** unterliegt, sein **Urlaubsanspruch gehe** wegen bevorstehender Insolvenzeröffnung **unter** (*LAG Hamm* 17.10.2007 NZA-RR 2008, 294). **1286**

*jj) Wettbewerbstätigkeit; Vorbereitungshandlungen; Abwerbung von Arbeitnehmern*

Ein Verstoß gegen das Wettbewerbsverbot (s. Kap. 3 Rdn. 361) kommt als an sich zur außerordentlichen Kündigung geeigneter Umstand in Betracht (*BAG* 26.6.2008 EzA § 626 BGB 2002 Nr. 21; *LAG Köln* 26.6.2006 NZA-RR 2007, 73); **das gilt auch dann, wenn der Einzelvertrag keine ausdrückliche Regelung enthält** (zutr. *LAG RhPf* 12.1.2006 – 11 Sa 476/05, EzA-SD 11/06 S. 11). Das gilt selbst dann, wenn die Konkurrenztätigkeit vom Arbeitnehmer **unentgeltlich** ausgeführt wird (*LAG SchlH* 3.12.2002 LAGE § 60 HGB Nr. 9). **1287**

Während des rechtlichen Bestehens seines Arbeitsverhältnisses ist einem Arbeitnehmer grds. **jede Konkurrenztätigkeit** zum Nachteil seines Arbeitgebers **untersagt**. Der Arbeitnehmer darf im Marktbereich seines Arbeitgebers Dienste und Leistungen nicht Dritten anbieten (*BAG* 28.1.2010 EzA § 626 BGB 2002 Nr. 30). **1288**

Eine verbotene Wettbewerbstätigkeit des Arbeitnehmers liegt jedoch erst dann vor, wenn sie durch den Umfang und die Intensität der Tätigkeit auch grds. geeignet ist, das Interesse des Arbeitgebers, unbeeinflusst von Konkurrenztätigkeiten des Arbeitnehmers in seinem Marktbereich auftreten zu können, spürbar beeinträchtigt ist. Einmalige oder nur ganz sporadische ausgeübte reine Freundschaftsdienste muss der Arbeitgeber dagegen i. d. R. hinnehmen, wenn diese den wert- und arbeitsmäßigen Umfang einer geringfügigen Gefälligkeit nicht übersteigen und unentgeltlich durchgeführt wurden. In solchen Fällen kann mangels spürbarer Beeinträchtigung der Wettbewerbsinteressen des Arbeitgebers nicht von einer verbotswidrigen Wettbewerbstätigkeit ausgegangen werden (*LAG SchlH* 3.12.2002 LAGE § 60 HGB Nr. 9). **1289**

Ob das Wettbewerbsverbot im **gekündigten Arbeitsverhältnis** in jeder Hinsicht gleich weit reicht wie in einem ungekündigten Arbeitsverhältnis, ist zwar unklar, denn es gilt während der **gesamten rechtlichen Dauer des Arbeitsverhältnisses**. Deshalb darf ein Arbeitnehmer grds. auch nach Ausspruch einer von ihm gerichtlich angegriffenen außerordentlichen Kündigung des Arbeitgebers keine Konkurrenztätigkeit ausgeübt haben, wenn die Kündigung sich später als unwirksam herausstellt. Er ist i. d. R. auch während des Kündigungsschutzprozesses an das vertragliche Wettbewerbsverbot gebunden. Dies gilt **unabhängig** davon, ob eine **Karenzentschädigung** angeboten (a. A. *LAG Köln* 4.7.1995 AP HGB § 75 Nr. 9; APS/*Dörner* 3. Aufl. § 1 KSchG Rn. 325) oder er vorläufig weiterbeschäftigt wird (*BAG* 28.1.2010 EzA § 626 BGB 2002 Nr. 30). **Verboten** ist in jedem Fall aber **die Vermittlung von Konkurrenzgeschäften** oder das aktive Abwerben von Kunden. Vor diesem Hintergrund ist die Weitergabe von persönlichen Daten von Patienten des Arbeitgebers an ein Konkurrenzunternehmen eine schuldhafte Vertragsverletzung (*BAG* 28.1.2010 EzA § 626 BGB 2002 Nr. 30; s. a. *Leuchten* NZA 2011, 391 ff.; *Salamon/Fuhlrott* BB 2011, 1018 ff.). **1290**

Haben die Parteien kein nachvertragliches Wettbewerbsverbot (s. Kap. 9 Rdn. 127 ff.) vereinbart, so hindert § 60 HGB den Arbeitnehmer zudem nicht daran, mit den Vorbereitungen für **1291** diesen Wettbewerb schon während des Arbeitsverhältnisses zu beginnen (*BAG* 26.6.2008 EzA § 626 BGB 2002 Nr. 21; s. Kap. 3 Rdn. 380 ff.). Die Grenze des Erlaubten ist erst dann überschritten, wenn das Handeln schon während des Arbeitsverhältnisses unmittelbar die Interessen des Arbeitgebers verletzt oder gefährdet, etwa durch Kontaktaufnahme mit Vertragspartnern des Arbeitgebers (*BAG* 26.6.2008 EzA § 626 BGB 2002 Nr. 21; *LAG Köln* 19.1.1996 LAGE § 626 BGB Nr. 93).

**1292** Abwerbung ist die Einwirkung auf den Arbeitnehmer mit einer gewissen Ernsthaftigkeit und Beharrlichkeit mit dem Ziel, ihn zur Aufgabe des einen zwecks Begründung eines neuen Arbeitsverhältnisses zu bewegen. **Das gemeinsame Pläneschmieden von Arbeitnehmern, von denen sich der eine selbstständig machen will unter Einbeziehung von Kollegen, stellt keine einseitige beharrliche Einwirkung auf den anderen und damit regelmäßig keine Abwerbung dar.** Gem. Art. 12 Abs. 1 GG ist es auch gestattet, Arbeitnehmer auf einen Wechsel in die neu zu gründende Fa. hin anzusprechen und deren Bereitschaft auch durch Gehaltszusagen zu fördern. Das Interesse des Arbeitgebers, seine Arbeitnehmer nicht an einen Konkurrenten zu verlieren, ist dagegen verfassungsrechtlich nicht geschützt. Die bloße Abwerbung greift nicht in gesicherte Rechtspositionen des Arbeitgebers ein. Etwas anderes kann nur gelten, wenn der Abwerbung das Merkmal der **Sittenwidrigkeit** anhaftet, da sich sittenwidrige Handlungen grds. außerhalb der geschützten Freiheitsräume bewegen. Dies kann der Fall sein, wenn sie zugleich eine grobe Verletzung der Treuepflicht darstellt, insbes., wenn die sie begleitenden Handlungen eine besonders verwerfliche Gesinnung offenbaren oder selbst sittenwidrig sind. Solche Umstände können etwa vorliegen, wenn ein Arbeitnehmer Kollegen zu verleiten sucht, unter Vertragsbruch beim bisherigen Arbeitgeber auszuscheiden, wenn er im Auftrag eines Konkurrenzunternehmens gegen Bezahlung diesen Versuch unternimmt oder wenn er insoweit seinen Arbeitgeber **planmäßig zu schädigen** versucht (*BAG* 26.6.2008 EzA § 626 BGB 2002 Nr. 21).

**1293** Eine unerlaubte Konkurrenztätigkeit (Reiseleitung und Reisevermittlung) im selben Wirtschaftsbereich des Arbeitgebers (Reisebüro) rechtfertigt dagegen regelmäßig die fristlose Kündigung eines seit acht Monaten bestehenden Arbeitsverhältnisses einer Reiseverkehrskauffrau, die während des bestehenden Arbeitsverhältnisses unmittelbar auf derselben Zeitungsseite wie der Arbeitgeber per Inserat Reisen anbietet und mit künftigen Kunden korrespondiert. Unerheblich ist, dass die angebotenen Reisen erst nach Beendigung des Arbeitsverhältnisses durchgeführt werden sollten (*LAG RhPf* 1.12.1997 BB 1998, 1318 LS; vgl. auch *Hess. LAG* 23.7.1997 BB 1998, 1899; *Hohmeister* BB 1998, 1899 f.; s. andererseits aber *LAG Brem.* 2.7.1998 ZTR 1998, 423 LS).

kk) Abschluss eines Arbeitsvertrages mit einem weiteren Arbeitgeber

**1294** Allein im Abschluss eines Arbeitsvertrages mit einem weiteren Arbeitgeber liegt **keine kündigungsrelevante Verletzung** der vertraglichen Pflicht zur Rücksichtnahme durch den Arbeitnehmer (*BAG* 5.11.2009 EzA § 626 BGB 2002 Nr. 28).

ll) Drogenkonsum; Doping

**1295** Wirkt ein **Heimerzieher** trotz des im Heim bestehenden generellen Drogenverbots an dem **Cannabisverbrauch** eines ihm anvertrauten Heiminsassen mit, so ist dies als wichtiger Grund zur außerordentlichen Kündigung nach § 626 BGB an sich geeignet (*BAG* 18.10.2000 EzA § 626 BGB n. F. Nr. 183). Nach Auffassung des *LAG BW* (19.10.1993 NZA 1994, 175) vermag allerdings allein der gesetzlich und gesellschaftlich (noch) zu missbilligende Genuss von Haschisch (zur außerdienstlichen Abgabe von Haschisch an Minderjährige durch einen im öffentlichen Dienst beschäftigten Gärtner *LAG Köln* 13.2.2006 – 14 (12) Sa 1338/05, EzA-SD 12/06, S. 11 LS; s. a. *LAG Bln.-Bra.* 25.10.2011 – 19 Sa 1075/11, ZTR 2012, 112 LS: Polizist u. Partydrogen) an sich eine außerordentliche Kündigung nicht zu rechtfertigen, selbst wenn der Grund für diese Missbilligung darin liegt, dass es dem Konsumenten von Haschisch nur um die Herbeiführung des Rauschzustandes selbst geht, während beim Genuss von Alkohol und Nikotin das Genussmoment im Vordergrund

## C. Die Rechtswirksamkeit der außerordentlichen Arbeitgeberkündigung Kapitel 4

steht, insbes. die **fehlende Auswirkung des Haschischkonsums auf das Arbeitsverhältnis** verbietet die außerordentliche Kündigung.

Ein **Schiffsführer** setzt auch dann einen wichtigen Grund für eine außerordentliche Kündigung, wenn er im Bereitschaftsdienst entgegen einer Betriebsvereinbarung, die ein **absolutes Alkoholverbot** festlegt, Alkohol zu sich nimmt und die Führung des Schiffes einem ebenfalls alkoholisierten Kollegen überlässt. Erschwerend können dann der **Umfang des eingetretenen Schadens** und die **Gefährdung der öffentlichen Sicherheit** sowie die Tatsache, dass in dem abgegebenen Havariebericht der Alkoholgenuss verschwiegen wurde, berücksichtigt werden (*LAG Bln.* 18.2.2000 ZTR 2000, 278 LS). Auch ein nach **gewisser Fahrzeit** festgestellter Blutalkoholwert von »nur« 0,46 ‰ kann bei einem Busfahrer, der mit diesem Promillewert Personen im öffentlichen Nahverkehr transportiert, die außerordentliche Kündigung ohne vorausgegangene Abmahnung rechtfertigen (*LAG Nbg.* 17.12.2002 NZA-RR 2003, 301; ebenso für einen Führer eines Gefahrguttransporters bei absolutem Alkoholverbot: *LAG Köln* 19.3.2008 – 7 Sa 1369/07, DB 2009, 69 LS). 1296

Auch dem **Fahrer eines Fahrzeugs** des Rettungsdienstes, das von den Vorschriften der StVO befreit ist, kann außerordentlich gekündigt werden, wenn er seinen Dienst unter **Verstoß gegen ein einschlägiges Alkoholverbot** antritt (*LAG Sachsen* 26.5.2000 NZA-RR 2001, 472). 1297

### mm) Schlechtleistung; Beharrliche Arbeitsverweigerung; Konzernbezug

Siehe auch Rdn. 2225 ff. 1298

Bei Schlechtleistungen oder unzureichender Arbeitsleistung kommt eine außerordentliche Kündigung nur in Ausnahmefällen in Betracht (*BAG* 20.3.1969 EzA § 123 GewO Nr. 11; *LAG Köln* 16.9.2004 – 5 Sa 592/04, EzA-SD 25/04 S. 8 LS). Denn der Arbeitgeber hat durch eine geeignete Organisation sicherzustellen, dass Arbeitsfehler z. B. im sicherheitsrelevanten Bereich frühzeitig erkannt und alsdann auch beseitigt werden (*LAG Düsseld.* 25.7.2003 LAGE § 626 BGB Verdacht strafbarer Handlung Nr. 1). Wie skurril es da gelegentlich im international wettbewerbsfähigen Wirtschaftsstandort Deutschland zugeht, belegt eine Entscheidung des *LAG Hamm* (26.11.2004 – 15 Sa 463/04, NZA-RR 2005, 414; Vorinstanz *ArbG Siegen* 27.1.2004 – 1 Ca 1474/03, AuR 2005, 461): Der 80-jährige Geschäftsführer der Beklagten hatte bei einem Kontrollgang u. a. durch die sanitären Anlagen des Betriebes festgestellt, dass der seit 18 Jahren beanstandungsfrei beschäftigte Arbeitnehmer in einer verschlossenen Toilettenkabine auf der Toilette saß, die Hose dabei jedoch anbehalten hatte. Der Geschäftsführer **hatte unter der Toilettentür in die Kabine hineingesehen**. Er hatte sodann den Kläger über die verschlossene Tür in der Kabine fotografiert. Das *LAG Hamm* (26.11.2004 – 15 Sa 463/04, NZA-RR 2005, 414) hat weder eine außerordentliche noch eine ordentliche Kündigung für gerechtfertigt erachtet, sondern einem Auflösungsantrag des Arbeitnehmers – völlig zu Recht – stattgegeben. Auch ein seit über 20 Jahren beschäftigter Arbeitnehmer kann nicht deshalb fristlos gekündigt werden, weil er für 10 bis 15 Minuten während der Arbeitszeit im Haus eines Freundes **auf der Toilette gesessen** hat. Das Aufsuchen der Toilette stellt keine arbeitsvertragliche Pflichtverletzung dar, die eine Kündigung rechtfertigt (*ArbG Paderborn* 21.7.2010 – 2 Ca 423/10, AuR 2011, 36 LS). 1299

Verletzt andererseits ein **Fleischbeschautierarzt** nachhaltig seine Pflichten im Zusammenhang **mit der fleischhygienischen Untersuchung** von geschlachteten Rindern auf BSE, so ist diese Pflichtverletzung an sich geeignet, eine außerordentliche Kündigung zu rechtfertigen; eine vorherige vergebliche Abmahnung muss einer derartigen Kündigung nicht immer vorangehen (zutr. *LAG RhPf* 10.2.2005 NZA 2006, 273 LS). Auch die **Verarbeitung von Schweinemett vom Vortag** in einem für eine Kundin bestimmten Rollbraten durch den Bereichsleiter/Fleisch in einer Verkaufsfiliale begründet eine außerordentliche Kündigung (*Hess. LAG* 27.4.2006 AuR 2006, 409). Nichts anderes gilt bei einer **Außerachtlassung von elementaren Sicherheitsvorschriften**, die zu erheblichen Gesundheitsrisiken führen können. Es handelt sich regelmäßig um eine erhebliche arbeitsvertragliche Pflichtverletzung, die an sich geeignet ist, eine fristlose Kündigung zu rechtfertigen (*LAG SchlH* 14.8.2007 LAGE § 626 BGB 2002 Nr. 12). Ein in einem Lebensmittelsupermarkt angestellter Metzgermeister macht sich **strafbar**, wenn er von einer Fleischfabrik hergestellte, verpackte und mit einem Mindesthaltbarkeitsdatum versehene Ware bei Ablauf des Mindesthaltbarkeitsdatums auspackt, neu verpackt und mit einem **neuen »verlängerten« Mindesthaltbarkeitsdatum versieht**. Ein solches Verhalten ist auch an sich geeignet, eine fristlose Kündigung zu rechtfertigen. Der Arbeitnehmer kann sich in einem solchen Fall auch nicht damit entschuldigen, er habe nicht gewusst, dass das verboten sei, er habe entsprechende Weisungen seines Arbeitgebers aufgrund Schwerhörigkeit nicht gehört und der Arbeitgeber habe keine ausreichenden Fortbildungen über geänderte gesetzliche Bestimmungen angeboten (*LAG Köln* 19.1.2009 NZA-RR 2009, 368).

**Unterlässt eine Pflegekraft Pflegemaßnahmen** (z. B. Lagerung), ist dies eine Pflichtverletzung. Werden nicht erbrachte Pflegemaßnahmen in die Pflegedokumentation eingetragen, begründet dies eine weitere, erhebliche Pflichtverletzung. Nach zw. Auffassung des *LAG SchlH* (16.5.2007 NZA-RR 2007, 402) kommt dann gleichwohl eine Kündigung erst nach vorheriger Abmahnung in Betracht. Verschafft eine Reisebüroangestellte **Kunden des Reisebüros** zu Lasten von Reiseveranstaltern durch wahrheitswidrige Angaben bei der Buchung **unberechtigte Rabatte**, so kann dies einen wichtigen Grund darstellen. Maßgeblich sind jedoch stets die Umstände des Einzelfalles. Dabei soll es nach Auffassung des *LAG Köln* (10.1.2007 – 7 Sa 663/06, AuR 2007, 323 LS) zu Gunsten der Arbeitnehmerin sprechen, wenn sie subjektiv im vermeintlichen Interesse ihrer Arbeitgeberin handelte, **keinerlei persönlichen Vorteil** aus ihrem Verhalten gezogen hat und dem Arbeitgeber kein Schaden entstanden ist.

Ist ein **Personalreferent** auf Grund einer Konzernbetriebsvereinbarung verpflichtet, für freie Stellen vorrangig **interne Bewerber vorzuschlagen**, können Nachlässigkeiten bei dieser Verpflichtung ohne vorherige erfolglose Abmahnung nicht zu einer außerordentlichen Kündigung führen (*LAG Köln* 15.5.2006 NZA-RR 2007, 77).

Die erhebliche, **beharrliche Verletzung** einer **zulässigerweise vertraglich angeordneten Erstellung von Tätigkeitsberichten** kann einen wichtigen Grund darstellen. Da aber die ordentliche verhaltensbedingte Kündigung die übliche und regelmäßig auch ausreichende Reaktion auf die Verletzung einer Nebenpflicht ist, kommt eine außerordentliche Kündigung nur in Betracht, wenn das regelmäßig geringere Gewicht dieser Pflichtverletzung durch erschwerende Umstände verstärkt wird (*BAG* 19.4.2007 – 2 AZR 78/06, ZTR 2007, 564; *LAG RhPf* 8.9.2009 LAGE § 626 BGB 2002 Nr. 24; s. a. *LAG RhPf* 26.2.2010 NZA-RR 2010, 297).

Auch die beharrliche Weigerung, einer billigem Ermessen entsprechenden Einteilung zu Rufbereitschaftsdiensten Folge zu leisten, kann nach einschlägiger Abmahnung eine außerordentliche Kündigung rechtfertigen (*LAG Köln* 16.4.2008 – 7 Sa 1520/07, ZTR 2009, 77).

Eine Kündigung wegen »beharrlicher Arbeitsverweigerung« (s. Rdn. 1300) scheidet allerdings dann von vornherein aus, wenn der Arbeitnehmer **berechtigt war, Arbeiten abzulehnen**, die der Arbeitgeber ihm unter Überschreitung des Direktionsrechts zugewiesen hat (*BAG* 24.2.2011 EzA § 1 KSchG Personenbedingte Kündigung Nr. 28 = NZA 2011, 1087; s. jetzt auch seit dem 18.8.2006 § 14 AGG; dazu s. Kap. 3 Rdn. 4871 ff.). Denn wenn der Arbeitgeber keinen vertragsgemäßen Arbeitsplatz zur Verfügung stellt, entsteht keine Arbeitspflicht (*LAG Nds.* 8.12.2003 NZA-RR 2005, 22 LS; *LAG Hamm* 11.12.2008 LAGE § 307 BGB 2002 Nr. 16; s. *EuGH* 13.4.2006 NZA 2006, 1401: kein Recht auf Arbeitsbefreiung an religiösen Feiertagen gem. Art. 9 EMRK). Eine außerordentliche Kündigung wegen Arbeitsverweigerung kommt deshalb z. B. dann nicht in Betracht, wenn die Befolgung der Weisungen des Arbeitgebers zu einer gesetzeswidrigen Überschreitung der Arbeitszeit nach dem ArbZG führen würde (*LAG RhPf* 25.5.2007 – 6 Sa 53/07, BB 2008, 59 LS). Bei der Bewertung des Verhaltens eines Arbeitnehmers, der **nach dem Ende der regelmäßigen Arbeitszeit, aber zwei Stunden vor dem Ende angeordneter Überstunden** die Arbeitsstelle verlässt, ist zudem kein so strenger Maßstab anzulegen, wie der, der anzulegen ist, wenn es um die Verletzung der regelmäßigen Arbeitszeit geht; denn bei Überstunden geht es nicht um die Erfüllung der eigentlichen vertraglichen Verpflichtung des Arbeitnehmers, die in der regelmäßigen Arbeitszeit besteht (*LAG RhPf* 10.3.2005 – 6 TaBV 44/04, AuR 2006, 35 LS). Wenn schließlich ein **Oberarzt bereits 6 Stunden ohne Pause gearbeitet hat**, zuckerkrank ist und folglich auf regelmäßige Pausen zur Nahrungsaufnahme angewiesen ist, ist er auch bei Einlieferung eines Notfallpatienten berechtigt, die Aufnahme des Patienten unter Hinweis auf seine Mittagspause abzulehnen. Ist für derartige – gesetzlich vorgesehene und auch im Übrigen notwendige – Pausen keine Vertretung durch einen anderen Oberarzt möglich, dann stellt dies einen Organisationsmangel dar, der zu Lasten des Arbeitgebers geht und aus dem Verhalten des Oberarztes kein schuldhaftes Fehlverhalten macht (*LAG RhPf* 11.4.2005 – 7 Sa 1/05, AuR 2006, 51 LS).

Bei einer sog. beharrlichen Arbeitsverweigerung kommt allerdings grds. eine außerordentliche, fristlose Kündigung (§ 626 BGB) in Betracht; es ist dabei u. a. zu würdigen, ob zu besorgen ist (**Prognoseprinzip**), der Arbeitnehmer werde in Zukunft seiner Arbeitspflicht nicht nachkommen. Nach dem ultima-ratio-Prinzip schließt dies aber im Einzelfall nicht aus, dass nur eine ordentliche Kündigung gerechtfertigt ist (*BAG* 21.11.1996 EzA § 1 KSchG Verhaltensbedingte Kündigung Nr. 50; vgl. auch *BAG* 5.4.2001 EzA § 626 BGB n. F. Nr. 186; 12.1.2006 EzA § 1 KSchG Verhaltensbedingte Kündigung Nr. 68; zur Ankündigung einer Arbeitsverweigerung s. *LAG Nbg.* 16.10.2007 LAGE § 626 BGB 2002 Nr. 12). 1300

Die beharrliche Arbeitsverweigerung setzt in der Person des **Arbeitnehmers im Willen eine Nachhaltigkeit voraus**; er muss die ihm übertragene Arbeit bewusst und nachhaltig nicht leisten wollen, wobei es nicht genügt, dass der Arbeitnehmer eine – rechtmäßige (s. *BAG* 24.2.2011 EzA § 1 KSchG Personenbedingte Kündigung Nr. 28 = NZA 2011, 1087) – Weisung unbeachtet lässt. Voraussetzung ist vielmehr, dass eine **intensive Weigerung** des Arbeitnehmers vorliegt. Allerdings kann das Moment der Beharrlichkeit auch darin zu sehen sein, dass in einem einmaligen Fall eine Anweisung nicht befolgt wird; dies muss dann aber z. B. durch eine vorhergehende erfolglose Abmahnung verdeutlicht werden (*BAG* 21.11.1996 EzA § 1 KSchG Verhaltensbedingte Kündigung Nr. 50; *LAG SchlH* 23.11.2004 LAGE § 611 BGB 2002 Abmahnung Nr. 1; *LAG RhPf* 8.9.2009 LAGE § 626 BGB 2002 Nr. 24; s. a. *LAG SchlH* 14.8.2007 LAGE § 626 BGB 2002 Nr. 12). 1301

▶ Beispiele: 1302
- Die Weigerung des Arbeitnehmers, seine Arbeitsleistung ausschließlich in einem zentralen Schreibbüro zu erledigen, stellt z. B. keine Arbeitsverweigerung in diesem Sinne dar, wenn ihm die Leistung der Arbeit ausschließlich an diesem Ort gar **nicht möglich** ist (*ArbG Duisburg* 29.6.2000 NZA-RR 2001, 304).
- Lehnt es dagegen ein Besatzungsmitglied ab, einen Flug durchzuführen, nachdem der verantwortliche Luftfahrzeugführer den sog. Kommandantenentscheid unmissverständlich getroffen hat, so liegt ein wichtiger Grund für eine fristlose Kündigung wegen beharrlicher Arbeitsverweigerung vor, ohne dass es zuvor einer Abmahnung bedarf (*ArbG Düsseld.* 24.2.1998 NZA-RR 1999, 235).
- Beruft sich der Arbeitnehmer erstmals nach einer erteilten Weisung auf einen unüberwindbaren inneren Glaubenskonflikt, kann der Arbeitgeber verpflichtet sein, **erneut von seinem Direktionsrecht Gebrauch** zu machen und dem Arbeitnehmer – soweit möglich und zumutbar – eine **andere Arbeit zuzuweisen**. Beharrt der Arbeitgeber auf der Arbeitsleistung, kann dies i. S. v. § 106 S. 1 GewO ermessensfehlerhaft sein. Nur in eng begrenzten Fällen hängt die Beantwortung der Frage, ob der Arbeitgeber dem Arbeitnehmer die Arbeitsleistung trotz eines bestehenden Glaubens- oder Gewissenskonflikts verbindlich zuweisen darf, von der Vorhersehbarkeit des Konflikts ab (*BAG* 24.2.2011 EzA § 1 KSchG Personenbedingte Kündigung Nr. 28 = NZA 2011, 1087; s. *Scholl* BB 2012, 53 ff.).
- Will ein Arbeitnehmer geltend machen, dass eine arbeitgeberseitige Weisung seine Glaubensüberzeugung verletzt und deshalb von ihm nicht zu beachten ist (Weisung, bei der Verabschiedung von Telefonkunden auf den Zusatz »**Jesus hat Sie lieb**« zu verzichten), muss er plausibel darlegen, dass seine Haltung auf einer für ihn zwingenden Verhaltensregel beruht, gegen die er

nicht ohne ernste Gewissensnot handeln könnte. Gelingt ihm dies nicht, kommt nach den Grundsätzen der beharrlichen Arbeitsverweigerung eine außerordentliche Kündigung durch den Arbeitgeber in Betracht (*LAG Hamm* 20.4.2011 LAGE § 626 BGB 2002 Nr. 34a).

**1303** Verletzt ein Berufskraftfahrer trotz einschlägiger Abmahnung seine Pflicht zur **täglichen Überprüfung** des verkehrssicheren **Zustandes der Reifen** des ihm zugewiesenen Fahrzeugs, so kann dies je nach den Umständen geeignet sein, eine ordentliche oder auch außerordentliche Kündigung des Arbeitsverhältnisses zu rechtfertigen. Andererseits darf ein Unternehmen, dessen LKWs auf Grund ihrer besonderen Einsatzbedingungen einem ungewöhnlich hohen Reifenverschleiß unterliegen, die daraus entstehenden **Risiken** auch **nicht ausschließlich einseitig den Fahrern aufbürden**. Im konkret entschiedenen Einzelfall hat das *LAG Köln* (2.3.1999 ARST 2000, 45 LS) eine Kündigung trotz einschlägiger Abmahnungen nicht als gerechtfertigt angesehen.

**1304** Eine beharrliche Arbeitsverweigerung kann darin liegen, dass der Arbeitnehmer verhindert, dass der Arbeitgeber eine **Kopie des Inhalts der Festplatte des** PC anfertigt, an dem er für den Auftraggeber Aufträge bearbeitet hat. Die insoweit bestehende Verpflichtung ergibt sich daraus, dass dem Arbeitgeber das Arbeitsergebnis aus dem Arbeitsverhältnis zusteht. Die Verweigerung der Anfertigung einer Kopie des gesamten Inhalts der Festplatte ist aber dann nicht als Arbeitsverweigerung zu bewerten, wenn der PC im Eigentum des Arbeitnehmers steht und er auch persönliche Daten auf der Festplatte gespeichert hat. Denn dann kann der Arbeitgeber nur Kopien der Speichervorgänge verlangen, die die Arbeitsvorgänge aus dem Arbeitsverhältnis betreffen, nicht aber eine Kopie der gesamten Festplatte (*LAG SchlH* 20.1.2000 ARST 2000, 162).

**1305** Nimmt der Arbeitnehmer im Zusammenhang mit einer Änderungskündigung die angebotene Änderung der Arbeitsbedingungen gem. § 2 KSchG unter Vorbehalt an, so wird bis zur gerichtlichen Klärung der Rechtslage die Verpflichtung zur Arbeitsleistung nach Maßgabe der geänderten Arbeitsbedingungen begründet. Bei entsprechender Weigerung kommt eine außerordentliche Kündigung in Betracht; dies gilt auch dann, wenn später im Zuge der Änderungsschutzklage die Sozialwidrigkeit der Änderung festgestellt wird (*LAG Hamm* 12.12.2005 – 8 Sa 1700/05, FA 2006, 189 LS). Nach **Ablauf der Kündigungsfrist** bei einer ordentlichen bzw. bei einer außerordentlichen Beendigungskündigung ab Zugang ist der Arbeitnehmer **nicht verpflichtet**, seine **Arbeitskraft anzubieten**. Denn mit Ausspruch der Kündigung(en) hat der Arbeitgeber konkludent erklärt, dass sie ihrer Mitwirkungspflicht zur Erbringung der Arbeitsleistung des Arbeitnehmers nicht nachkommen wird; eine beharrliche Arbeitsverweigerung liegt folglich dann nicht vor (*LAG Nbg.* 16.10.2007 – 7 Sa 23/07, AuR 2008, 75 LS).

**1306** Ist das **Direktionsrecht** des Arbeitgebers nicht hinsichtlich der Leistung von Überstunden beschränkt, kann er die Lage der Arbeitszeit festlegen. Er muss dabei aber billiges Ermessen wahren. Dies erfordert die Abwägung aller wesentlichen Umstände und die angemessene Berücksichtigung der beiderseitigen Interessen. Die **Verweigerung der Überstunden** allein rechtfertigt daher grds. nicht den Ausspruch einer Kündigung (*ArbG Frankf./M.* 26.11.1998 FA 2000, 53). Auch die **Weigerung**, nach dem **Jahrhunderthochwasser unentgeltlich Überstunden** zur Beseitigung von Schäden zu leisten, rechtfertigt keine fristlose Kündigung des Arbeitsverhältnisses (*ArbG Leipzig* 4.2.2003 NZA-RR 2003, 365). Etwas anderes gilt aber jedenfalls dann, wenn nach dem Arbeitsvertrag die Verpflichtung besteht, bei vermehrtem Arbeitsanfall bis zur tarifüblichen Arbeitszeit über eine vertraglich vereinbarte Mindestarbeitszeit hinaus Überstunden zu leisten und der Arbeitgeber von seinem Direktionsrecht nach billigem Ermessen Gebrauch gemacht hat (*LAG Köln* 14.8.2001 ARST 2002, 138 LS).

**1307** Zur Rechtmäßigkeit einer ordentlichen Kündigung wegen der Weigerung einer Verkäuferin, CD's der »Böhse Onkelz« zu verkaufen *ArbG Hmb.* 22.10.2001 NZA-RR 2002, 87: Die Gewissensfreiheit legitimiert keinen Fundamentalismus (s. a. *BAG* 24.2.2011 EzA § 1 KSchG Personenbedingte Kündigung Nr. 28 = NZA 2011, 1087; *LAG Hamm* 20.4.2011 LAGE § 626 BGB 2002 Nr. 34a).

Auch ein sonstiges erhebliches Fehlverhalten des Arbeitnehmers – Schlechtleistung durch **Missach- 1308 tung von Kompetenzregeln** – gegenüber einem anderen, mit dem Arbeitgeber konzernrechtlich verbundenen Unternehmen, kann eine außerordentliche Kündigung des Arbeitsverhältnisses an sich rechtfertigen, wenn das Arbeitsverhältnis durch das Fehlverhalten konkret und erheblich beeinträchtigt wird. Wird der Arbeitnehmer zu einem anderen Konzernunternehmen entsandt und dort auf der Grundlage eines Geschäftsführerdienstvertrages zum Geschäftsführer bestellt, hängt es in erster Linie von den getroffenen Vereinbarungen ab, ob und inwieweit Pflichtverletzungen im Geschäftsführerdienstverhältnis zugleich als Arbeitsvertragsverletzungen im ruhenden »Stammarbeitsverhältnis« kündigungsrelevant werden können. Die arbeitsvertragliche Rücksichtnahmepflicht (§ 241 Abs. 2 BGB) besteht regelmäßig auch im ruhenden Arbeitsverhältnis fort. Aus ihr folgt vor allem die Verpflichtung des Arbeitnehmers, das Wiederaufleben des Arbeitsverhältnisses nicht zu gefährden und sich weiterhin gegenüber dem Arbeitgeber loyal zu verhalten. Pflichtverletzungen, die den Leistungsbereich des Geschäftsführerdienstverhältnisses betreffen, indizieren wegen der unterschiedlichen Pflichtenstruktur der Rechtsverhältnisse nicht zwingend vergleichbare Vertragsverletzungen in dem fortbestehenden Arbeitsverhältnis. Etwas anderes kann jedoch bei vorsätzlicher Missachtung von Kompetenzregelungen im Geschäftsführerdienstverhältnis gelten. Ein solches Verhalten kann Einfluss auf die Vertrauenswürdigkeit und Zuverlässigkeit des Arbeitnehmers haben und – je nach den Auswirkungen auf die betrieblichen Interessen des Arbeitgebers – als personenbedingter Grund an sich eine außerordentliche Kündigung rechtfertigen (*BAG* 27.11.2008 NZA 2009, 671).

*nn) Sexuelle Belästigung; Missbrauch; wahrheitswidrige Behauptung sexueller Belästigung*

Siehe zunächst Kap. 3 Rdn. 2975. 1309

Bei sexuellen Belästigungen hat der Arbeitgeber die zum Schutz der Mitarbeiter vorgesehenen Maß- 1310 nahmen zu ergreifen. Er hat dabei den Grundsatz der Verhältnismäßigkeit zu beachten (zutr. *ArbG Hmb.* 23.2.2005 NZA-RR 2005, 306; *LAG Nds.* 29.11.2008 – 1 Sa 547/08, EzA-SD 3/2009 S. 4 LS). Sind mehrere Maßnahmen geeignet und möglich, die Benachteiligung infolge sexueller Belästigung für eine Arbeitnehmerin abzustellen, so hat der Arbeitgeber diejenige zu wählen, die den Täter **am wenigsten belastet**. Das gilt umso mehr, wenn in der Dienststelle eine Dienstvereinbarung gilt, die gestufte Gegenmaßnahmen des Arbeitgebers für den Fall sexueller Belästigungen vorsieht (*LAG Nds.* 29.11.2008 NZA-RR 2009, 249).

Reicht eine Abmahnung (vgl. dazu *ArbG Hmb.* 23.2.2005 NZA-RR 2005, 306) nicht aus, um die 1311 Fortsetzung sexueller Belästigungen mit der gebotenen Sicherheit zu unterbinden und kommt eine Umsetzung oder Versetzung des Störers nicht in Betracht, kann der Arbeitgeber mit einer Kündigung auf die sittlichen Verfehlungen reagieren. Eine außerordentliche Kündigung ist allerdings nur angemessen, wenn der Umfang und die Intensität der sexuellen Belästigungen sowie die Abwägung der beiderseitigen Interessen diese Maßnahme rechtfertigen (*LAG Hamm* 22.10.1996 NZA 1997, 769; s. a. *LAG SchlH* 4.3.2009 – 3 Sa 410/08, BB 2009, 1816 zur verbalen sexuellen Belästigung); insbes. die sexuelle Belästigung einer Arbeitnehmerin durch einen Vorgesetzten – die gem. §§ 1 ff. AGG eine Verletzung arbeitsvertraglicher Pflichten darstellt – kann also je nach Intensität und Umfang ein wichtiger Grund zur außerordentlichen Kündigung i. S. v. § 626 Abs. 1 BGB sein (*BAG* 25.3.2004 EzA § 626 BGB 2002 Nr. 6; 9.6.2011 EzA § 626 BGB 2002 Nr. 36 = NZA 2011, 1342; vgl. *Schulte-Westenberg* NZA-RR 2005, 617 ff.). Andererseits macht eine begangene **verbale sexuelle Belästigung** die Weiterbeschäftigung i. S. d. § 626 Abs. 1 BGB nicht per se unzumutbar (*LAG SchlH* 4.3.2009 – 3 Sa 410/08, BB 2009, 1816).

▶ **Beispiele:** 1312
- Zwar stellt das Umlegen des Arms um die Schultern einer Auszubildenden auch dann eine sexuelle Belästigung am Arbeitsplatz i. S. d. § 3 Abs. 4 AGG dar, wenn zwar der Ausbilder mit diesem Verhalten keine sexuellen Absichten verfolgt, die Auszubildende sich aber ihm gegenüber gegen dieses Verhalten ausgesprochen hat. Nach dem Verhältnismäßigkeitsprinzip darf der Arbeitgeber darauf aber nicht bereits mit einer außerordentlichen Kündigung reagieren, sondern zunächst nur mit einer Abmahnung (*LAG Hamm* 13.2.1997 BB 1997, 1485 LS; instr.

auch *ArbG Lübeck* 2.11.2000 NZA-RR 2001, 140; *ArbG Ludwigshafen* 29.11.2000 FA 2001, 146).
- Bei monatelanger sexueller Belästigung durch körperliche Berührungen und Bemerkungen sexuellen Inhalts (§ 3 Abs. 4 AGG kann das Arbeitsverhältnis regelmäßig auch ohne vorherige Abmahnung außerordentlich gekündigt werden (*LAG Frankf./M.* 27.1.2004 – 13 TaBV 113/03, EzA-SD 12/04 S. 11).
- Der bloße Vortrag des Arbeitgebers, **Mitarbeiterinnen hätten** sich durch ein sexuelles Verhalten **belästigt** und **entwürdigt gefühlt**, **reicht nicht aus**. Vielmehr muss dem Vortrag zu entnehmen sein, dass die betroffenen Mitarbeiterinnen die Unerwünschtheit des fraglichen Verhaltens des Arbeitnehmers diesem gegenüber deutlich gemacht haben. Unabhängig davon entspricht die Kündigung nicht der Verhältnismäßigkeit, wenn sich der Arbeitnehmer nur verbal geäußert und keine sexuellen Handlungen vorgenommen hat; dann ist eine Abmahnung u. U. ausreichend (*ArbG Kaiserslautern* 27.3.2008 – 2 Ca 1784/07, AuR 2008, 229 LS).
- U. U. kann auch ein rein **passives Verhalten in der Form eines zögernden, zurückhaltenden Geschehenlassens** gegenüber einem drängenden, durchsetzungsfähigen Belästiger, insbes. einem Vorgesetzten, zur Erkennbarkeit einer ablehnenden Handlung ausreichen. Hat ein Vorgesetzter sexuelle Handlungen gegen den Willen der Arbeitnehmerin vorgenommen, bedarf es keiner Abmahnung, weil es wegen § 3 Abs. 4 AGG dem Vorgesetzten klar sein muss, dass eine intensive sexuelle Belästigung einer Arbeitnehmerin gegen ihren erkennbaren Willen ein Verstoß gegen seine arbeitsvertraglichen Pflichten war (*BAG* 25.3.2004 EzA § 626 BGB 2002 Nr. 6).
- Belästigt ein Störer im Betrieb eine Beschäftigte durch Aufforderungen, mit ihm sexuelle Handlungen vorzunehmen, obwohl die Beschäftigte sich solche Aufforderungen verbeten hat, so sind auch **beleidigende und erpresserische Briefe** mit entsprechenden Aufforderungen, die der Störer in diesem Zusammenhang an die Privatanschrift der Beschäftigten schickt, bei der Feststellung der Schwere der arbeitsvertraglichen Pflichtverletzungen nach§ 3 Abs. 4 AGG mit zu berücksichtigen (*LAG Hamm* 10.3.1999 NZA-RR 1999, 623; vgl. auch *LAG Sachsen* 10.3.2000 NZA-RR 2000, 468).

**1313** Die vom Arbeitgeber gem. § 12 AGG zu treffenden vorbeugenden Schutzmaßnahmen gegen sexuelle Belästigung am Arbeitsplatz **berechtigen ihn nicht**, der sexuellen Belästigung beschuldigte Arbeitnehmer **zu entlassen**, wenn ihnen eine entsprechende Tat nicht nachgewiesen werden kann. Auch § 12 AGG gewährt insoweit kein besonderes Kündigungsrecht; möglich ist aber eine Verdachtskündigung nach den allgemeinen Grundsätzen (*BAG* 8.6.2000 EzA § 15 KSchG n. F. Nr. 50; krit. *Linde* AuR 2001, 272 ff.; s. Rdn. 1436 ff.).

**1314** Der Arbeitgeber hat die im konkreten Einzelfall angemessenen arbeitsrechtlichen Maßnahmen zu ergreifen. Welches der im AGG nicht abschließend genannten Sanktionsmittel im konkreten Fall angemessen ist, ist eine Frage der **Verhältnismäßigkeit**, hängt also von der Schwere des Vorfalls sowie dem Umstand ab, ob es sich um eine erstmalige oder um eine wiederholte Verfehlung handelt. Dabei sind auch die sozialen Gesichtspunkte auf Seiten des Belästigers angemessen in die Bewertung einzubeziehen (*ArbG* Ludwigshafen 29.11.2000 FA 2001, 146). **Sexuelle Übergriffe eines Vorgesetzten** (tätliche Belästigungen) **während der Arbeitszeit** gegenüber weiblichen Mitarbeiterinnen rechtfertigen andererseits regelmäßig eine fristlose Kündigung auch ohne Abmahnung, jedenfalls dann, wenn es sich um eine äußerst massive tätliche Belästigung handelt (*LAG Nds.* 21.1.2003 NZA-RR 2004, 19).

**1314a** Ist der Arbeitnehmer wegen **gleichartiger Pflichtverletzungen** schon einmal abgemahnt worden und verletzt er seine vertraglichen Pflichten gleichwohl erneut, kann regelmäßig davon ausgegangen werden, es werde auch weiterhin zu Vertragsstörungen kommen. Dabei ist **nicht erforderlich**, dass es sich um **identische Pflichtverletzungen** handelt. Es reicht aus, dass die jeweiligen Pflichtwidrigkeiten aus demselben Bereich stammen und somit Abmahnungs- und Kündigungsgründe in einem **inneren Zusammenhang** stehen. Ein solcher innerer Zusammenhang besteht zwischen sexuellen Belästigungen durch Berührung und solchen verbaler Art (*BAG* 9.6.2011 EzA § 626 BGB 2002 Nr. 36 = NZA 2011, 1342).

Ein Krankenpfleger in einer psychiatrischen Klinik begeht eine besonders schwere Pflichtverletzung, wenn er seine Stellung als Pfleger zur **Befriedigung seiner geschlechtlichen Wünsche** ausnutzt (*BAG* 12.3.2009 NZA-RR 2010, 180). 1315

Die **wahrheitswidrige Behauptung der sexuellen Belästigung** durch einen Vorgesetzten ist als beleidigende Äußerung grds. geeignet, eine Kündigung zu rechtfertigen. Erhebt die Arbeitnehmerin im Kündigungsschutzprozess konkrete Vorwürfe der sexuellen Belästigung, so trägt der Arbeitgeber die Darlegungs- und Beweislast für die Wahrheitswidrigkeit dieser Vorwürfe, wenn er die Kündigung darauf stützen will (*LAG RhPf* 16.2.1996 NZA-RR 1997.169). 1316

*oo) Heimliches Mitführen eines Tonbandgerätes; wahrheitswidrige Behauptung eines Tonbandmitschnitts*

Einem Arbeitnehmer ist es grds. verwehrt, zu einem Gespräch mit seinem Arbeitgeber ein aufnahmebereites Tonbandgerät heimlich mit sich zu führen. Die sich darin dokumentierende Bekundung des Misstrauens gegenüber dem Arbeitgeber schließt eine künftige gedeihliche Zusammenarbeit eigentlich aus und kann auch eine außerordentliche fristlose Kündigung rechtfertigen. Die Sicherung dessen, was tatsächlich besprochen wurde, kann der Arbeitnehmer dadurch erreichen, dass er eine Person seiner Wahl hinzuzieht (Betriebsratsmitglied, Anwalt etc.). Hierauf muss sich der Arbeitgeber auch bei innerbetrieblichen Gesprächen einlassen, wenn er selbst eine dritte Person zum Gespräch heranzieht (*LAG RhPf* 18.9.1996 NZA 1997, 826; s.a. *LAG BW* 9.9.2011 LAGE § 15 KSchG Nr. 23: heimliche Übertragung einer Betriebsratssitzung). Eine Abmahnung ist dann entbehrlich, da eine **Hinnahme durch den Arbeitgeber** offensichtlich – auch für den Arbeitnehmer erkennbar – **ausscheidet** (*LAG Köln* LAGE § 626 BGB 2002 Nr. 35). 1317

Versteigt sich ein Mitarbeiter in die unwahre Behauptung, **er habe ein zwei Tage zuvor durchgeführtes Mitarbeiter-Vorgesetzten-Gespräch, dessen Inhalt streitig ist, mitgeschnitten**, um seiner Darstellung Nachdruck zu verleihen und den Vorgesetzten zur Korrektur seiner Aussage zu verleiten, liegt in einer solchen versuchten Nötigung eine gravierende Verletzung der arbeitsvertraglichen Nebenpflicht. Dieses Verhalten stellt eine schwerwiegende Störung des Betriebsfriedens und eine gravierende Verletzung der Pflicht zur vertraglichen Rücksichtnahme im Arbeitsverhältnis dar und ist als Grund zur außerordentlichen Kündigung an sich geeignet. Ob bei der anzustellenden Zukunftsprognose eine Abmahnung als von vornherein ungeeignetes Mittel ausscheidet, hängt von den Umständen des Einzelfalls ab. Dabei sind insbes. die Gesprächssituationen sowie der Umstand zu würdigen, ob der Arbeitnehmer seine Behauptung vor Ausspruch arbeitsrechtlicher Sanktionen von sich aus korrigiert hat (*LAG Nds.* 8.3.2005 LAGE § 1 KSchG Verhaltensbedingte Kündigung Nr. 88). 1318

*pp) Verweigerung einer ärztlichen Untersuchung*

Die beharrliche Weigerung, an einer von der Berufsgenossenschaft durch Unfallverhütungsvorschriften vorgeschriebenen Vorsorgeuntersuchung teilzunehmen, kann – jedenfalls nach vorheriger Abmahnung – eine Kündigung rechtfertigen. Bei einem tariflich altersgesicherten Arbeitnehmer kann auch eine außerordentliche Kündigung erklärt werden, da er ohne die vorgeschriebenen Untersuchungen (z. B. Lärm und Schweißrauche) nicht mehr an seinem Arbeitsplatz beschäftigt werden darf. So ist es jedenfalls dann, wenn ein anderer freier Arbeitsplatz nicht zur Verfügung steht. Die Tatsache, dass der Arbeitgeber 1989 einmal eine entsprechende Weigerung des Arbeitnehmers tatenlos hingenommen hatte, ist kein triftiger Grund für die Ablehnung (*LAG Düsseld.* 31.5.1996 NZA-RR 1997, 88). 1319

Bestehen begründete Zweifel, ob der Arbeitnehmer nur vorübergehend durch Krankheit an der Arbeitsleistung verhindert oder auf Dauer berufs- oder erwerbsunfähig ist, hat er sich, wenn er schuldhaft keinen Rentenantrag stellt, z. B. nach §§ 59, 7 BAT auf Verlangen des Arbeitgebers 1320 einer ärztlichen Untersuchung zu unterziehen. Gefährdet er den Erfolg dieser Untersuchung dadurch, dass er trotz Abmahnung beharrlich sein Einverständnis zur Herbeiziehung der Vorbefunde der behandelnden Ärzte verweigert, so kann dies je nach den Umständen einen wichtigen Grund zur außerordentlichen Kündigung darstellen (*BAG* 6.11.1997 EzA § 626 BGB n. F. Nr. 171; *BAG* 7.11.2002 EzA § 130 BGB 2002 Nr. 1). Die Weigerung stellt eine Verletzung einer Nebenpflicht des Arbeitsvertrages dar, die bei Beharrlichkeit nach einschlägigen Abmahnungen eine Kündigung rechtfertigen kann (*LAG BW* 5.12.2001 – 2 Sa 63/01, EzA-SD 4/02, S. 14 LS).

Gleiches gilt dann, wenn ein Arbeitnehmer nach einer einschlägigen Abmahnung durch die neuerliche Weigerung, sich nach § 7 Abs. 2 BAT amtsärztlich untersuchen zu lassen, die Versuche des Arbeitgebers, Art und Schwere einer von ihm beim Arbeitnehmer vermuteten psychischen Erkrankung und seine Dienstfähigkeit aufzuklären, schuldlos zunichte macht. Der Arbeitgeber kann dann das Arbeitsverhältnis selbst bei tariflichem Ausschluss der ordentlichen Kündigung ausnahmsweise auch dann aus verhaltensbedingten Gründen außerordentlich kündigen, wenn der Arbeitnehmer durch ebenfalls schuldloses Fehlverhalten das Arbeitsverhältnis unzumutbar belastet hat und mit Wiederholungen zu rechnen ist (vgl. *Hess. LAG* 18.2.1999 ARST 1999, 266).

Nichts anderes gilt nach vorheriger einschlägiger Abmahnung – unter Einhaltung einer Auslauffrist – bei der Verweigerung der Mitwirkung an einer zulässigerweise gem. § 3 Abs. 5 TVL angeordneten ärztlichen Untersuchung (*LAG Köln* 11.6.2008 – 3 Sa 1505/07, EzA-SD 16/2008 S. 4 LS); *LAG RhPf* 13.8.2009 – 2 Sa 172/09, AuR 2010, 176 LS).

*qq) Werbung für Scientology; Mitgliedschaft*

1321 Einer gemeinnützigen Einrichtung, die sich u. a. mit der **Betreuung Jugendlicher** befasst, ist es nicht zuzumuten, eine Betreuerin, die der Scientologygemeinschaft angehört und die sich für deren **Veranstaltungen werbend gegenüber den ihr anvertrauten Jugendlichen einsetzt**, bis zum Ablauf der ordentlichen Kündigungsfrist weiterzubeschäftigen (*LAG Bln.* 11.6.1997 DB 1997, 2542; vgl. auch *Bauer/Baeck/Mertens* BB 1997, 2534).

1322 Gleiches gilt für ein Betriebsratsmitglied, dass den **Betriebsfrieden** dadurch **nachhaltig und konkret gestört** hatte, dass es bei zahlreichen Kollegen innerhalb und außerhalb der Arbeitszeit aktiv Werbung für die Organisation betrieben hatte. So hatte er mit Belegschaftsmitgliedern unter Einsatz des Werktelefons über die Organisation diskutiert und ihnen Scientology-Material durch die Werkspost zukommen lassen (*ArbG Ludwigshafen* 12.5.1993 AiB 1995, 754; vgl. auch *LAG RhPf* 12.7.1995 – 9 Sa 890/93, n. v.).

1323 Ob bereits die **bloße Mitgliedschaft** in der Organisation eine außerordentliche Kündigung rechtfertigen kann, hat das *LAG Bln.* (11.6.1997 NZA-RR 1997, 422) zwar offen gelassen. Es hat aber einen **wichtigen Grund jedenfalls dann** angenommen, wenn ein Arbeitnehmer **Personen psychologisch zu betreuen** hat, die zu ihm in einem Abhängigkeitsverhältnis stehen und die Gefahr der einseitigen Beeinflussung mit den Ideen dieser Organisation besteht.

*rr) MfS-Tätigkeit; Fragebogenlüge*

1324 Verschweigt ein im Öffentlichen Dienst Beschäftigter eine MfS-Tätigkeit vor Vollendung des 21. Lebensjahres, so ist es dem öffentlichen Arbeitgeber jedenfalls bei einem **nicht allzu gravierenden Maß** der Verstrickung eher zumutbar, auf die Falschbeantwortung mit milderen Mitteln als mit einer fristlosen Kündigung – etwa mit einer Abmahnung oder einer ordentlichen Kündigung – zu reagieren, als bei einer Tätigkeit für das MfS im Erwachsenenalter. Regelmäßig führt zudem nur eine schuldhafte Falschbeantwortung der Frage zu einem derart gravierenden Vertrauensverlust, dass dem öffentlichen Arbeitgeber auch eine Weiterbeschäftigung des Arbeitnehmers bis zum Ablauf der Kündigungsfrist unzumutbar ist. Je nach dem Grad der Verstrickung und dem daraus resultierenden Gewicht der pflichtwidrigen Falschbeantwortung der Frage kann der längere beanstandungsfreie Fortbestand des Arbeitsverhältnisses bis zur Kündigung **teilweise oder völlig entwertet** worden sein (*BAG* 21.6.2001 EzA § 626 BGB n. F. Nr. 190).

Auch bei einem Arbeitnehmer in der Privatwirtschaft, der unter Anrechnung seiner früheren Beschäftigungszeit nach dem Beitritt übernommen worden ist, kann eine frühere Tätigkeit für das MfS je nach den Umständen und dem Tätigkeitsbereich des Betreffenden einen wichtigen Grund zur außerordentlichen Kündigung darstellen. Dies gilt jedenfalls dann, wenn der Arbeitnehmer zwar bei einem privatrechtlich organisierten Arbeitgeber beschäftigt wird, dort aber Aufgaben zu erledigen hat, die der öffentlichen Verwaltung zuzurechnen sind oder jedenfalls mit öffentlich-rechtlichen Aufgaben eng verbunden sind (*BAG* 25.10.2001 EzA § 626 BGB n. F. Nr. 191). 1325

*ss) Annahme von Belohnungen, Schmiergeld; Korruption*

Der mehrfache Verstoß eines Angestellten im öffentlichen Dienst gegen das Verbot, ohne Zustimmung des Arbeitgebers Belohnungen und Geschenke in Bezug auf seine dienstliche Tätigkeit anzunehmen (§ 10 BAT), ist an sich geeignet, einen wichtigen Grund zur außerordentlichen Kündigung darzustellen (*BAG* 15.11.2001 EzA § 626 BGB n. F. Nr. 192; 17.6.2003 EzA § 1 KSchG Verhaltensbedingte Kündigung Nr. 59; 17.3.2005 EzA § 626 BGB 2002 Nr. 9; *LAG SchlH* 27.10.2004 NZA-RR 2005, 330). Auch die Annahme von Schmiergeldern durch den Arbeitnehmer ist – i. d. R. auch ohne vergebliche vorherige Abmahnung – an sich geeignet, eine außerordentliche Kündigung zu begründen (*BAG* 21.6.2001 EzA § 626 BGB Unkündbarkeit Nr. 7; 17.3.2005 EzA § 626 BGB 2002 Nr. 9; vgl. dazu *Zimmer/Stetter* BB 2006, 1445 ff.). Da es sich um eine erhebliche Pflichtverletzung handelt, wird in derartigen Fällen auch die notwendige umfassende Interessenabwägung nur in besonderen Ausnahmefällen zur Unwirksamkeit der außerordentlichen Kündigung führen (*BAG* 17.3.2005 EzA § 626 BGB 2002 Nr. 9 = NZA 2006, 101; vgl. dazu *Zimmer/Stetter* BB 2006, 1445 ff.). 1326

Zur Beteiligung des Arbeitnehmers an Korruption s. *ArbG München* 2.10.2008 NZA-RR 2009, 134; *ArbG Bln.* 18.2.2010 LAGE § 626 BGB 2002 Verdacht strafbarer Handlung Nr. 10; *Kolbe* NZA 2010, 228 ff. 1327

*tt) Geschäftsschädigende Äußerungen; öffentliche Kritik am Arbeitgeber*

Die Äußerung, der Arbeitgeber sei pleite, stellt eine geschäftsschädigende Behauptung dar, die geeignet ist, das Ansehen des Arbeitgebers bei den Geschäftspartnern zu beeinträchtigen und rechtfertigt eine fristlose Kündigung (*LAG Bln.* 28.8.2002 NZA-RR 2003, 362). 1328

Wendet sich ein Arbeitnehmer einer Behinderteneinrichtung wegen **angeblicher Missstände** mit einem Schreiben, in dem der Leitung der Einrichtung Inkompetenz und Gleichgültigkeit gegenüber den Belangen Behinderter vorgeworfen und die Berechtigung der Anerkennung der Gemeinnützigkeit in Zweifel gezogen wird, **an die Aufsichtsbehörde**, den Kostenträger, den Behindertenbeauftragten der Bundesregierung, sowie an Presse und Rundfunkanstalten, ohne sich zuvor wegen der angeblich untragbaren Verhältnisse an den Arbeitgeber gewandt zu haben, so rechtfertigt dieses Verhalten die fristlose Kündigung (*LAG Köln* 3.5.2000 ZTR 2001, 43). 1329

*uu) Zeugenaussage*

Wer demgegenüber bei der Staatsanwaltschaft oder einem Gericht gegen seinen Arbeitgeber als Zeuge aussagt und auf Aufforderung der Staatsanwaltschaft Unterlagen übergibt, darf **deswegen i. d. R. nicht entlassen** werden. Denn es verstößt gegen das **Rechtsstaatsprinzip**, wenn jemand nur deshalb zivilrechtliche Nachteile erleidet, weil er eine ihm auferlegte staatsbürgerliche Pflicht erfüllt und verletzt sein Grundrecht aus Art. 1 Abs. 1 GG i. V. m. dem Rechtsstaatsprinzip (Art. 20 Abs. 3 GG), wenn er nicht wissentlich unwahre oder leichtfertig falsche Angaben macht. Ein derartiges Verhalten ist folglich grds. nicht geeignet, eine fristlose Kündigung zu rechtfertigen (*BVerfG* 2.7.2001 EzA § 626 BGB n. F. Nr. 188; vgl. *Deiseroth* AuR 2002, 161 ff., AuR 2007, 198; *Sasse* NZA 2008, 990 ff.; *Müller* NZA 2002, 424 ff.; *Bürkle* DB 2004, 2158 ff.; *Döse* AuR 2009, 189 ff. zum »Whist- 1330 leblowing«; zur Strafanzeige s. Rdn. 1240 m. w. N. und *BAG* 3.7.2003 EzA § 1 KSchG Verhaltensbedingte Kündigung Nr. 61; *EGMR* 21.7.2011 – 28274/08, EzA-SD 16/2011 S. 3 LS= NZA 2011, 1269).

*vv) Verweigerung eines Schuldeingeständnisses*

1331 **Die Weigerung eines Arbeitnehmers**, eine begangene, dem Arbeitgeber bereits bekannte, Pflichtverletzung einzugestehen und/oder sich für eine solche zu entschuldigen, rechtfertigt für sich **regelmäßig keine außerordentliche oder ordentliche Kündigung** (*Hess. LAG* 2.5.2003 LAG Report 2004, 207). Macht der Arbeitgeber nach einer Pflichtverletzung des Arbeitnehmers das Absehen vom Ausspruch einer auf diese gestützte Kündigung davon abhängig, dass der Arbeitnehmer die Pflichtverletzung gesteht und/oder sich für sie entschuldigt, bringt er damit zum Ausdruck, dass ihm nach seiner eigenen Auffassung die Fortsetzung des Arbeitsverhältnisses zumutbar ist. Dann fehlt es i. d. R. an einer eine Kündigung rechtfertigenden negativen Zukunftsprognose).

*ww) Verletzung der vertraglichen Rücksichtnahmepflicht (§ 241 Abs. 2 BGB) durch mehrjährige Entgegennahme von Arbeitsentgelt ohne Erbringung einer Arbeitsleistung*

1332 Eine Verletzung der sich aus § 241 Abs. 2 BGB ergebenden Pflicht des Arbeitnehmers zur Rücksichtnahme auf schutzwürdige Interessen des Arbeitgebers kann darin bestehen, dass der Arbeitnehmer eine **laufende Lohnüberzahlung** gegenüber dem Arbeitgeber nicht anzeigt (s. a. *BAG* 24.3.2011 – 2 AZR 282/10, EzA-SD 16/2011 S. 3 LS = NZA 2011, 1029).

1333 Eine die Kündigung rechtfertigende, schuldhafte Pflichtverletzung liegt aber jedenfalls dann nicht vor, wenn der Arbeitnehmer aus vertretbaren Gründen annehmen durfte, die Zahlungen seien nicht irrtümlich oder rechtsgrundlos erfolgt. Von einem derartigen Sachverhalt ist dann auszugehen, wenn der Arbeitnehmer seine Arbeitskraft gegenüber dem auch für die Personaleinsatzplanung zuständigen Personalleiter anbietet, ohne dass dieser ihm Arbeit zuweist. Denn der Arbeitnehmer darf insoweit grds. darauf vertrauen, dass sich der Arbeitgeber das Wissen eines mit umfangreichen Personalbefugnissen ausgestatteten Personalleiters und die von diesem abgegebenen Erklärungen zurechnen lässt. Er hat auch bei ungewöhnlichen Sachverhalten regelmäßig keine Veranlassung, unmittelbar an die Geschäftsführung heranzutreten. Etwas anderes kann jedoch ausnahmsweise dann gelten, wenn aufgrund erheblicher Verdachtsmomente ein evidenter Missbrauch der Vertretungsmacht nahe liegt (*BAG* 28.8.2008 EzA § 626 BGB 2002 Nr. 22).

*xx) Verletzung der Verschwiegenheitspflicht als Mitglied eines Aufsichtsrats*

1334 Verletzt ein Arbeitnehmer, der zugleich Betriebsratsmitglied ist, seine Verschwiegenheitspflicht als Mitglied eines Aufsichtsrats (§ 116 i. V. m. § 93 Abs. 1 S. 3 AktG), so gilt Folgendes (*BAG* 23.10.2008 EzA § 626 BGB 2002 Nr. 25):

1335 – Die organschaftliche Rechtsstellung der Mitglieder eines mitbestimmten Aufsichtsrats richtet sich nach allgemeinen aktienrechtlichen Vorschriften. Die dort geregelten Mandatspflichten (u. a. die Verschwiegenheitspflicht nach § 116 AktG i. V. m. § 93 Abs. 1 S. 3 AktG) werden nicht zugleich Inhalt des Arbeitsverhältnisses.

1336 – Eine Verschwiegenheitspflicht der Arbeitnehmervertreter im Aufsichtsrat besteht (grundsätzlich) auch gegenüber dem Betriebsrat, selbst wenn ein Arbeitnehmervertreter zugleich Mitglied des Betriebsrats ist.

1337 – Verstößt der Arbeitnehmervertreter im Aufsichtsrat gegen seine Pflichten aus dem Aufsichtsratsmandat, kommen zunächst die Sanktionen des Gesellschaftsrechts, vor allem die Abberufung aus dem Aufsichtsrat gem. § 103 Abs. 3 AktG, in Betracht. Eine außerordentliche Kündigung des Arbeitsverhältnisses ist nur zulässig, wenn zugleich eine arbeitsvertragliche Pflichtverletzung vorliegt und die Auswirkungen auf das Arbeitsverhältnis so schwer wiegen, dass jede weitere Beschäftigung des Arbeitnehmers dem Arbeitgeber unzumutbar ist.

1338 – Für eine auf verhaltensbedingte Gründe gestützte außerordentliche Kündigung gilt das Prognoseprinzip. Der Zweck der Kündigung ist nicht Sanktion für die erfolgte Vertragspflichtverletzung,

sondern die Vermeidung des Risikos weiterer Pflichtverletzungen in der Zukunft. Die vergangene Pflichtverletzung muss sich deshalb noch in der Zukunft belastend auswirken.
- Hat der Arbeitnehmervertreter infolge gerichtlicher Abberufung aus dem Aufsichtsrat nach § 103 Abs. 3 AktG wegen Verletzung seiner Verschwiegenheitspflicht keinen Zugang zu entsprechenden Informationen mehr, kann grds. davon ausgegangen werden, dass es an einer Wiederholungsgefahr bezüglich vergleichbarer, mit dem Geheimnisverrat ggf. einhergehender arbeitsvertraglicher Pflichtverletzungen fehlt. Die Weiterbeschäftigung des Arbeitnehmers ist dem Arbeitgeber dann regelmäßig nicht unzumutbar. 1339
- Ob ein Arbeitnehmervertreter im Aufsichtsrat stets auch seine arbeitsvertragliche Geheimhaltungspflicht verletzt, wenn er ein ihm im Aufsichtsrat anvertrautes Geschäfts- oder Betriebsgeheimnis unbefugt Dritten gegenüber offenbart, bleibt offen. 1340

*f) Notwendigkeit der Abmahnung bei Störungen im Leistungs-, Verhaltens- und Vertrauensbereich*

Störungen im Leistungs- und Verhaltensbereich scheiden i. d. R. als an sich zur außerordentlichen Kündigung geeignete Umstände dann aus, wenn es an einer **Abmahnung** (§ 314 Abs. 2 BGB; *BAG* 12.1.2006 EzA § 1 KSchG Verhaltensbedingte Kündigung Nr. 67; 12.1.2006 EzA § 1 KSchG Verhaltensbedingte Kündigung Nr. 68; *LAG BW* 25.3.2009 LAGE § 626 BGB 2002 Nr. 20; s. Rdn. 2287 ff.) fehlt, da diese zum maßgeblichen Kündigungssachverhalt gehört (zum Verhaltensbereich vgl. *BAG* 17.2.1994 EzA § 611 BGB Abmahnung Nr. 30). 1341

Denn vom Arbeitnehmer kann keine Änderung der Vertragserfüllung erwartet werden, solange der Arbeitgeber ihn nicht auf ein Fehlverhalten aufmerksam macht; i. d. R. wird erst nach einer vergeblichen Abmahnung die erforderliche Wahrscheinlichkeit dafür bestehen, dass sich der Arbeitnehmer auch in Zukunft nicht vertragstreu verhalten wird (*BAG* 12.1.2006 EzA § 1 KSchG Verhaltensbedingte Kündigung Nr. 67; 12.1.2006 EzA § 1 KSchG Verhaltensbedingte Kündigung Nr. 68). 1342

So hat z. B. das *LAG Nbg.* (6.8.2002 LAGE § 626 BGB Nr. 143; s. aber auch *Hess. LAG* 25.11.2004 LAGE § 1 KSchG Verhaltensbedingte Kündigung Nr. 85) angenommen, dass das Führen privater Telefonate dann weder eine außerordentliche noch eine ordentliche Kündigung rechtfertigt, wenn in der Arbeitsordnung solche Gespräche in dringenden Fällen erlaubt sind, der Arbeitgeber sie bisher auch geduldet hat und der Arbeitnehmer in vier Monaten 142 Minuten privat telefoniert hat. 1343

Auch insoweit kann aber ausnahmsweise bei **hartnäckiger und uneinsichtiger Pflichtverletzung** u. U. eine Abmahnung entbehrlich sein (*BAG* 18.5.1994 EzA § 611 BGB Abmahnung Nr. 31; *BAG* 12.1.2006 EzA § 1 KSchG Verhaltensbedingte Kündigung Nr. 67; 12.1.2006 EzA § 1 KSchG Verhaltensbedingte Kündigung Nr. 68; *LAG SchlH* 14.8.2007 LAGE § 626 BGB 2002 Nr. 12; s. a. *LAG BW* 25.3.2009 LAGE § 626 BGB 2002 Nr. 20). 1344

Dagegen bedurfte es – jedenfalls nach der früheren Rechtsprechung – bei Vertragsverletzungen, die zu **Störungen im Vertrauensbereich** führen, **grds. keiner Abmahnung** (*BAG* 4.4.1974 EzA § 15 KSchG n. F. Nr. 1; s. aber Rdn. 2295 ff.; *Schlachter* NZA 2005, 435 ff.). Begründet wurde dies damit, dass Vertragsverletzungen im Vertrauensbereich die zwischen den Parteien erforderliche Vertrauensgrundlage beeinträchtigten, insbes. durch Verletzungen der Treuepflicht des Arbeitgebers. 1345

Einer Abmahnung bedarf es demgegenüber bei einem steuerbaren Verhalten des Arbeitnehmers in Ansehung des Verhältnismäßigkeitsgrundsatzes **nur dann nicht**, wenn eine Verhaltensänderung in Zukunft selbst nach Abmahnung **nicht zu erwarten steht** oder es sich um eine so schwere Pflichtverletzung handelt, dass eine Hinnahme durch den Arbeitgeber offensichtlich – auch für den Arbeitnehmer erkennbar – ausgeschlossen ist. Denn dann ist grds. davon auszugehen, dass das künftige Verhalten des Arbeitnehmers schon durch die Androhung von Folgen für den Bestand des Arbeitsverhältnisses positiv beeinflusst werden kann; die Abmahnung dient insoweit der Objektivierung der negativen Prognose. Ist der Arbeitnehmer ordnungsgemäß abgemahnt worden und verletzt er dennoch seine arbeitsvertraglichen Pflichten erneut, kann regelmäßig da- 1346 von ausgegangen werden, es werde auch zukünftig zu weiteren Vertragsstörungen kommen. Das gilt uneingeschränkt selbst bei Störungen des Vertrauensbereichs durch Straftaten gegen Vermögen oder Eigentum des Arbeitgebers. Denn auch in diesem Bereich gibt es keine »absoluten« Kündigungsgründe. Stets ist **konkret zu prüfen**, ob nicht objektiv die **Prognose** berechtigt ist, der Arbeitnehmer werde sich jedenfalls nach einer Abmahnung künftig **wieder vertragstreu verhalten** (*BAG* 10.6.2010 EzA § 626 BGB 2002 Nr. 32; *Preis* AuR 2010, 242; *Schlachter* NZA 2005, 433 ff.). Einer vorhergehenden Abmahnung bedarf es deshalb bei der **Entwendung geringwertiger Sachen** zumindest dann nicht, wenn dem Arbeitnehmer aus schriftlichen und mündlichen Äußerungen des Arbeitgebers, wie etwa durch eine **Betriebsversammlung** zum Thema Diebstahl und Betrug, bekannt war, dass sein Arbeitgeber derartige Verstöße nicht dulden werde und er daher nicht lediglich mit der Erteilung einer Abmahnung rechnen durfte (*LAG BW* 30.9.2010 NZA-RR 2011, 76).

1347 ▶ Beispiel:

Löst ein Arbeitnehmer eine **Essensmarke** des Arbeitgebers (Essenszuschuss) von 0,80 € entgegen den Anweisungen des Arbeitgebers für die Bezahlung des Mittagessens eines Betriebsfremden – z. B. seiner Lebensgefährtin – ein, rechtfertigt dies nicht eine Kündigung ohne vorherige Abmahnung (*ArbG Reutlingen* 11.5.2010 – 2 Ca 601/09, AuR 2010, 344 LS).

1348 Erforderlich ist eine Abmahnung auch dann, wenn der Arbeitnehmer aus vertretbaren Gründen damit rechnen konnte, sein Verhalten sei nicht vertragswidrig oder werde vom Arbeitgeber zumindest nicht als ein erhebliches, den Bestand des Arbeitsverhältnisses gefährdendes Fehlverhalten angesehen (*BAG* 30.6.1983 EzA § 1 KSchG Tendenzbetrieb Nr. 14; *LAG SchlH* 14.8.2007 LAGE § 626 BGB 2002 Nr. 12; *Hess. LAG* 11.12.2008 LAGE § 626 BGB 2002 Nr. 18; *LAG BW* 25.3.2009 LAGE § 626 BGB 2002 Nr. 20; s. ausf. Rdn. 2295 ff.).

1349 Das ist z. B. dann nicht der Fall, wenn der Arbeitnehmer erklärt, er werde krank, wenn der Arbeitgeber ihm den im bisherigen Umfang bewilligten Urlaub nicht verlängere, obwohl er im Zeitpunkt dieser Ankündigung nicht krank war und sich auf Grund bestimmter Beschwerden auch noch nicht krank fühlen konnte, ohne Rücksicht darauf, ob er später tatsächlich arbeitsunfähig erkrankt (*BAG* 5.11.1992 EzA § 626 BGB n. F. Nr. 143; s. Rdn. 1268 f.).

1350 Gleiches gilt bei erheblichen arbeitsvertraglichen Pflichtverletzungen, in deren Folge besonders schwere Schäden an Leib und Leben bei einem in der Verantwortung eines Krankenpflegers in der Intensivstation übergebenen Patienten entstehen können (versehentliches Abstellen eines Beatmungsgeräts, Vergessen der Entfernung einer Klemme von einem Schlauch für die Sauerstoffversorgung). Sie können auch ohne Abmahnung die außerordentliche, fristlose Kündigung eines tariflich ordentlich unkündbaren Angestellten aus wichtigem Grund an sich rechtfertigen (*BAG* 13.11.2001 NZA 2002, 970).

1351 Auch bei besonders schwerwiegenden Verstößen, deren Rechtswidrigkeit dem Arbeitnehmer **ohne weiteres erkennbar** ist und bei denen es offensichtlich **ausgeschlossen** ist, dass sie der Arbeitgeber **hinnimmt**, ist eine Abmahnung nicht erforderlich (*BAG* 12.8.1999 EzA § 626 BGB Verdacht strafbarer Handlung Nr. 8; *BAG* 12.1.2006 EzA § 1 KSchG Verhaltensbedingte Kündigung Nr. 67; 12.1.2006 EzA § 1 KSchG Verhaltensbedingte Kündigung Nr. 68; *LAG SchlH* 14.8.2007 LAGE § 626 BGB 2002 Nr. 12). Das ist z. B. dann der Fall, wenn ein Angestellter des öffentlichen Dienstes ein vorsätzliches Tötungsdelikt begeht. Denn dem Arbeitnehmer muss klar sein, dass dies als massive Rechtsverletzung seine Weiterbeschäftigung im öffentlichen Dienst in Frage stellen kann (*BAG* 8.6.2000 EzA § 626 BGB n. F. Nr. 182; *LAG Köln* 13.2.2006 – 14 (12) Sa 1338/05, EzA-SD 12/06, S. 11 LS). Gleiches gilt bei einem **vorzeitigen Verlassen des Arbeitsplatzes und einem späteren »Ausstempeln« durch einen Arbeitskollegen** (*LAG BW* 16.3.2004 – 18 Sa 41/03, EzA-SD 22/04 S. 8). Der Verstoß eines Arbeitnehmers gegen seine Verpflichtung, die abgeleistete – vom Arbeitgeber sonst kaum sinnvoll kontrollierbare – Arbeitszeit korrekt zu stempeln, ist also an sich geeignet, einen wichtigen Grund zur außerordentlichen Kündigung i. S. v. § 626 Abs. 1 BGB darzustellen. Dabei kommt es auch insoweit nicht entscheidend auf die strafrechtliche Würdigung, sondern auf den mit der Pflichtverletzung verbundenen schweren Vertrauensbruch an (*BAG* 25.11.2010 EzA § 626 BGB 2002 Verdacht strafbarer Handlung Nr. 9; *LAG SchlH* 17.8.2011 LAGE § 626 BGB 2002 Nr. 36). Überträgt der Arbeitgeber den Nachweis der täglich bzw. monatlich geleisteten Arbeitszeit den Arbeitnehmern selbst (Selbstaufzeichnung) und füllt der Arbeitnehmer die dafür zur Verfügung gestellten Formulare wissentlich und vorsätzlich falsch aus, so stellt dies i. d. R. einen schweren Vertrauensbruch dar (*BAG* 21.4.2005 EzA § 91 SGB IX Nr. 1).

Anders ist es aber dann, wenn vom Arbeitgeber erlassene Sicherheitsvorschriften für den konkreten Fall **keine klaren und eindeutigen Verhaltensanweisungen** enthalten. Das Abmahnungserfordernis entfällt dann auch bei einem folgenschweren Verstoß gegen die Sicherheitsvorschriften nicht. Das gilt erst Recht, wenn der Arbeitgeber für den Verstoß gegen Sicherheitsvorschriften eine Abmahnung in Aussicht gestellt hat (*LAG SchlH* 14.8.2007 LAGE § 626 BGB 2002 Nr. 12).

Bei der unrechtmäßigen Einlösung aufgefundener **Leergutbons** einer Kundin durch eine Kassiererin hat das *BAG* (10.6.2010 EzA § 626 BGB 2002 Nr. 32; krit. *Walker* NZA 2011, 1 ff.) angenommen, dass **nicht jede unmittelbar gegen die Vermögensinteressen des Arbeitgebers gerichtete Vertragspflichtverletzung ohne weiteres ein Kündigungsgrund ist.** Im Rahmen der Interessenabwägung ist es davon ausgegangen, dass der Vertragsverstoß zwar schwerwiegend war. Denn er berührte den Kernbereich der Arbeitsaufgaben einer Kassiererin und hat damit trotz des geringen Werts der Pfandbons das Vertrauensverhältnis der Parteien objektiv erheblich belastet. Als Einzelhandelsunternehmen ist die Beklagte besonders anfällig dafür, in der Summe hohe Einbußen durch eine Vielzahl für sich genommen geringfügiger Schädigungen zu erleiden. Dagegen konnte das Prozessverhalten der Klägerin nicht zu ihren Lasten gehen. Es lässt keine Rückschlüsse auf eine vertragsrelevante Unzuverlässigkeit zu. Es erschöpfte sich in einer möglicherweise ungeschickten und widersprüchlichen Verteidigung. Letztlich überwiegen angesichts der mit einer Kündigung verbundenen schwerwiegenden Einbußen die zu Gunsten der Klägerin in die Abwägung einzustellenden Gesichtspunkte (a. A. *LAG Bln.-Bra.* 1.12.2011 – 2 Sa 2015/11, EzA-SD 2/2012 S. 6 LS). Dazu gehört insbes. die über drei Jahrzehnte ohne rechtlich relevante Störungen verlaufene Beschäftigung, durch die sich die Klägerin ein hohes Maß an Vertrauen erwarb (s. *Ritter* NZA 2012, 19 ff.). Dieses Vertrauen konnte durch den in vieler Hinsicht atypischen und einmaligen Kündigungssachverhalt nicht vollständig zerstört werden. Im Rahmen der Abwägung war auch auf die vergleichsweise **geringfügige wirtschaftliche Schädigung** der Beklagten Bedacht zu nehmen, so dass eine Abmahnung als milderes Mittel gegenüber einer Kündigung angemessen und ausreichend gewesen wäre, um einen künftig wieder störungsfreien Verlauf des Arbeitsverhältnisses zu bewirken.

1352

### g) Personenbedingte Gründe

Ein personenbedingter Grund ist nur ausnahmsweise geeignet, eine außerordentliche Kündigung zu rechtfertigen (*BAG* 6.3.2003 EzA § 626 BGB 2002 Nr. 2; 12.1.2006 EzA § 626 BGB 2002 Unkündbarkeit Nr. 9).

1353

Dies gilt bei einem angestellten Studienreferendar umso mehr, als auch die Entlassung eines Beamten auf Widerruf die Einhaltung einer Frist (im konkreten Einzelfall des § 45 Abs. 1 SächsBG) voraussetzt (*BAG* 6.3.2003 EzA § 626 BGB 2002 Nr. 2).

**Anders** ist es aber beim Entzug des **Verschlusssachenzugangs** bei einer Übersetzertätigkeit beim Bundesamt für Verfassungsschutz. Denn wenn das formalisierte Verfahren nach dem Sicherheitsüberprüfungsgesetz (SÜG) eingehalten worden ist und es danach bei Zweifeln an der Zuverlässigkeit bleibt, die zum Entzug der Verschlusssachenermächtigung führen, fehlt es auf unabsehbare Zeit an einer persönlichen Eigenschaft, die zur Arbeitsleistung erforderlich ist, auch wenn es sich um vom Arbeitnehmer nicht zu vertretende Umstände handelt (*LAG Köln* 12.11.2007 – 2 Sa 904/07, ZTR 2008, 401 LS); Voraussetzung ist – bei einem tariflich unkündbaren Arbeitnehmer

## Kapitel 4
### Die Beendigung des Arbeitsverhältnisses

– aber für eine außerordentliche Kündigung mit Auslauffrist, dass im gesamten Zuständigkeitsbereich des – öffentlichen – Arbeitgebers **keine Möglichkeiten zur anderweitigen Beschäftigung** bestehen (*BAG* 26.11.2009 EzA § 626 BGB 2002 Unkündbarkeit Nr. 16; s. dort auch ausf. zur Darlegungspflicht des Arbeitgebers).

#### aa) Krankheitsbedingte Minderung der Leistungsfähigkeit

**1354** Die krankheitsbedingte Minderung der Leistungsfähigkeit des Arbeitnehmers ist i. d. R. nicht geeignet, einen wichtigen Grund für eine außerordentliche Kündigung darzustellen (*BAG* 9.9.1992 EzA § 626 BGB n. F. Nr. 142; *LAG Köln* 4.9.2002 NZA-RR 2003, 360; vgl. *Lepke* Kündigung bei Krankheit Rn. 193 ff.).

**1355** Zwar ist Krankheit nicht grds. als wichtiger Grund i. S. d. § 626 BGB ungeeignet (*BAG* 13.5.2004 EzA § 626 BGB 2002 Krankheit Nr. 2). An eine Kündigung wegen Erkrankung eines Arbeitnehmers ist aber schon bei einer ordentlichen Kündigung ein strenger Maßstab anzulegen. **Zudem soll insbes. die tarifliche Unkündbarkeit älterer Arbeitnehmer gerade auch vor einer außerordentlichen Kündigung mit Auslauffrist wegen krankheitsbedingter Leistungsmängel schützen** (*LAG Hamm* 26.2.2004 LAG Report 2005, 11).

**1356** Das schließt es andererseits nicht aus, dass in **eng zu begrenzenden Ausnahmefällen** die Fortsetzung des Arbeitsverhältnisses dem Arbeitgeber unzumutbar i. S. d. § 626 Abs. 1 BGB sein kann. Da die Einhaltung der Kündigungsfrist eigentlich immer zumutbar sein dürfte, wird dies i. d. R. nur bei einem Ausschluss der ordentlichen Kündigung auf Grund tarifvertraglicher oder einzelvertraglicher Vereinbarung in Betracht kommen (*BAG* 9.9.1992 EzA § 626 BGB n. F. Nr. 142; 18.10.2000 EzA § 626 BGB Krankheit Nr. 3; *LAG Köln* 4.9.2002 NZA-RR 2003, 360; vgl. APS/*Dörner/Vossen* § 626 BGB Rn. 298 ff.), **z. B. bei dauerndem Unvermögen des Arbeitnehmers** zur Erbringung seiner Arbeitsleistung (*BAG* 25.3.2004 EzA § 626 BGB 2002 Unkündbarkeit Nr. 4; *Hess. LAG* 25.1.2010 – 16 Sa 389/09, EzA-SD 8/2010 S. 6 LS), wobei grds. eine der ordentlichen Kündigungsfrist entsprechende Auslauffrist einzuhalten ist (*BAG* 27.11.2003 EzA § 626 BGB 2002 Krankheit Nr. 1; 25.3.2004 EzA § 626 BGB 2002 Unkündbarkeit Nr. 4 = NZA 2004, 1216).

**1357** Eine derartige außerordentliche Kündigung ist wie eine ordentliche krankheitsbedingte Kündigung in 3 Stufen zu prüfen. Der Umstand, dass diese Grundsätze für die ordentliche Kündigung entwickelt worden sind, steht ihrer Übertragung auf die nur im Ausnahmefall in Betracht kommende außerordentliche Kündigung grds. nicht entgegen. Entscheidend ist, dass bei der Interessenabwägung der besondere Maßstab des § 626 BGB zu beachten ist (*BAG* 27.11.2003 EzA § 626 BGB 2002 Krankheit Nr. 1), wonach die Fortsetzung des Arbeitsverhältnisses unter Berücksichtigung aller Umstände des konkreten Einzelfalles bis zum Ablauf der Kündigungsfrist bzw. bis zum sonst maßgeblichen Ende des Arbeitsverhältnisses unzumutbar sein muss (*BAG* 9.9.1992 EzA § 626 BGB n. F. Nr. 142; 18.10.2000 EzA § 626 BGB Krankheit Nr. 3; ebenso zur Kündigung bei Alkoholabhängigkeit *BAG* 9.7.1998 EzA § 626 BGB Krankheit Nr. 1; 16.9.1999 EzA § 626 BGB Krankheit Nr. 2; zur einzuhaltenden Auslauffrist s. Rdn. 1129 m. w. N.).

**1358** Dass die krankheitsbedingte Minderung der Leistungsfähigkeit i. d. R. nicht ein an sich zur außerordentlichen Kündigung geeigneter Umstand ist, folgt auch daraus, dass der Arbeitgeber schon nach dem Ultima-ratio-Prinzip vor Ausspruch einer solchen Kündigung zudem vor allem bei älteren Arbeitnehmern prüfen muss, ob der Minderung ihrer Leistungsfähigkeit nicht durch **organisatorische Maßnahmen** (Änderung des Arbeitsablaufs, Umgestaltung des Arbeitsplatzes, Umverteilung der Aufgaben) begegnet werden kann (*BAG* 12.7.1995 EzA § 626 BGB n. F. Nr. 156; *Hess. LAG* 25.1.2010 – 16 Sa 389/09, EzA-SD 8/2010 S. 6 LS). An die **Bemühungen des Arbeitgebers**, für den zur Kündigung anstehenden ordentlich unkündbaren Arbeitnehmer eine andere Beschäftigungsmöglichkeit zu finden, **sind erhebliche Anforderungen zu stellen**; andererseits trifft den Arbeitnehmer, dessen Arbeitsplatz weggefallen ist, die Obliegenheit, an den Versuchen des Arbeitgebers, für ihn eine anderweitige Beschäftigungsmöglichkeit zu finden, selbst kooperativ mitzuwirken (*BAG*

## C. Die Rechtswirksamkeit der außerordentlichen Arbeitgeberkündigung  Kapitel 4

13.5.2004 EzA § 626 BGB 2002 Krankheit Nr. 2). Das *BAG* (12.7.1995 EzA § 626 BGB n. F. Nr. 156) hat offen gelassen, ob im Ausnahmefall die dem Arbeitgeber obliegenden Schutzpflichten gegenüber seinem Arbeitnehmer es erforderlich machen können, den Arbeitnehmer notfalls durch eine Kündigung vor einer Selbstschädigung zu bewahren.

Der Durchschnittsfall einer krankheitsbedingten Kündigung rechtfertigt folglich keine außerordentliche Kündigung, auch nicht bei Ausschluss der Möglichkeit der ordentlichen Kündigung. Etwas anderes kommt nur in eng zu begrenzenden Ausnahmefällen in Betracht, wenn nach der Gesundheitsprognose das zu erwartende Missverhältnis von Leistung und Gegenleistung so krass ist, dass nur noch von einem »sinnentleerten« Arbeitsverhältnis gesprochen werden kann, weil die wirtschaftlichen Belastungen unter dem Gesichtspunkt einer ganz erheblichen Störung des Austauschverhältnisses von nicht absehbarer Dauer die Aufrechterhaltung des Arbeitsverhältnisses als unzumutbar erscheinen lassen können (*BAG* 27.11.2003 EzA § 626 BGB 2002 Krankheit Nr. 1; *LAG Köln* 4.9.2002 NZA-RR 2003, 360). 1359

Andererseits rechtfertigt nach Auffassung des *LAG Nds.* (24.8.1999 – 13 Sa 2831/98) die Prognose, dass in Zukunft mit einer **Vielzahl von Krankheitszeiten** über kürzere oder längere Dauer zu rechnen ist (ca. 160 bis 180 Arbeitstage im Jahr), die außerordentliche Kündigung einer ordentlich unkündbaren Angestellten. Die betriebliche Belastung, die eine Weiterbeschäftigung unzumutbar macht, folgt aus der fehlenden Einplanbarkeit der Angestellten im Rahmen der Dienstplangestaltung des konkret betroffenen Krankenhauses. 1360

Jedenfalls kann es in diesem Sinne für die Unzumutbarkeit der Fortsetzung des Arbeitsverhältnisses sprechen, wenn der Arbeitgeber bis zur **Pensionierung des Arbeitnehmers keine nennenswerte Arbeitsleistung mehr zu erwarten hat**, aber trotzdem über den üblichen Sechswochenzeitraum hinaus erhebliche Leistungen an Entgeltfortzahlung zu erbringen hat. Im konkret entschiedenen Einzelfall bestand eine Verpflichtung des Arbeitgebers zur unbefristeten Entgeltfortzahlung bis zur Verrentung bzw. Versetzung in den Ruhestand (vgl. *BAG* 12.1.2006 EzA § 626 BGB 2002 Unkündbarkeit Nr. 9). 1361

### bb) Verbüßung einer längeren Strafhaft

S. zunächst Rdn. 2098 ff. u. *BAG* 25.11.2010 EzA § 1 KSchG Personenbedingte Kündigung Nr. 26 = NZA 2011, 686; 24.3.2011 EzA § 9 KSchG n. F. Nr. 62 = NZA 2011, 1084. 1362

Die Verbüßung einer längeren Strafhaft (z. B. von drei Monaten bzw. von 2 1/2 Jahren) ist an sich geeignet, eine außerordentliche Kündigung des Arbeitsverhältnisses zu rechtfertigen, wenn sich die Arbeitsverhinderung konkret nachteilig auf das Arbeitsverhältnis auswirkt und für den Arbeitgeber zumutbare Überbrückungsmöglichkeiten nicht bestehen (*BAG* 15.11.1984 EzA § 626 BGB n. F. Nr. 95; 9.3.1995 EzA § 626 BGB n. F. Nr. 154; *LAG Köln* 21.11.2001 ARST 2002, 234 LS). Fehlt dazu hinreichender Tatsachenvortrag des kündigenden Arbeitgebers, so gilt, dass die bloße Abwesenheit des Arbeitnehmers eine außerordentliche Kündigung nicht rechtfertigen kann (*LAG Köln* 21.11.2001 ARST 2002, 234 LS).

Aufgrund der **Fürsorgepflicht** kann der Arbeitgeber zwar gehalten sein, bei der Erlangung des Freigängerstatus mitzuwirken, um Störungen des Arbeitsverhältnisses zu vermeiden. Das kommt insbes. dann in Betracht, wenn die der Haft zugrunde liegende Straftat keinen Bezug zum Arbeitsverhältnis hatte. Dies setzt allerdings voraus, dass der Arbeitnehmer den Arbeitgeber über die Umstände der Strafhaft, des Strafverfahrens und der Haft nicht täuscht bzw. im Unklaren lässt. 1363

Die Fürsorgepflicht gebietet eine solche Mitwirkung des Arbeitgebers i. d. R. ferner dann nicht, wenn trotz Bewilligung des Freigangs **weitere Störungen des Arbeitsverhältnisses zu befürchten** sind. Das kann z. B. dann der Fall sein, wenn Befürchtungen des Arbeitgebers, die Straftat des Arbeitnehmers (z. B. eine Vergewaltigung) und seine Verurteilung zur Strafhaft könnten bei anderen Mitarbeitern oder bei Geschäftspartnern bekannt werden und zu **dem Arbeitgeber nachteiligen Reaktionen führen**, nicht von der Hand zu weisen sind. Dies ist nur dann ausgeschlossen, wenn eine objektive Prog- 1364

## Kapitel 4 — Die Beendigung des Arbeitsverhältnisses

nose Störungen des Betriebsfriedens oder des Betriebsablaufs als ganz fern liegend bzw. geringfügig erweist (*BAG* 9.3.1995 EzA § 626 BGB n. F. Nr. 154; s. a. *BAG* 25.11.2010 EzA § 1 KSchG Personenbedingte Kündigung Nr. 26 = NZA 2011, 686; 24.3.2011 EzA § 9 KSchG n. F. Nr. 62 = NZA 2011, 1084).

*h) Außerdienstliches Verhalten; unerlaubte Nebentätigkeiten*

1365 Siehe zunächst Kap. 3 Rdn. 499 ff.

1366 Ein **tätlicher Angriff auf einen Arbeitskollegen** oder eine Arbeitskollegin z. B. durch eine Messerattacke ist an sich geeignet, eine außerordentliche Kündigung zu rechtfertigen. Das gilt auch dann, wenn die Tätlichkeit außerhalb der Arbeitszeit und außerhalb des Betriebes erfolgte und ausschließlich familiär bedingt war. Denn eine derartige Tätlichkeit hat immer auch innerbetriebliche Auswirkungen (*LAG SchlH* 16.1.2009 – 5 Sa 313/08, DB 2009, 967 LS).

1367 Einem Leiter einer Bankfiliale (vier Arbeitnehmer) kann nicht allein wegen zahlreicher **Spielbankbesuche** und wegen des dortigen Spielens fristlos gekündigt werden, wenn diese Besuche ohne konkrete Auswirkung auf das Arbeitsverhältnis geblieben sind (*LAG Hamm* 14.1.1998 LAGE § 626 BGB Nr. 119).

1368 Der gesetzgeberischen Wertung des § 53 Abs. 1 Nr. 1 BZRG, wonach sich der Verurteilte als unbestraft bezeichnen darf und den der Verurteilung zugrunde liegenden Sachverhalt nicht zu offenbaren braucht, wenn die Verurteilung nicht in das Führungszeugnis aufzunehmen ist, lässt sich nach Auffassung des *LAG Bln.* (22.3.1996 NZA-RR 1997, 7) entnehmen, dass der Arbeitgeber eine solche **Verurteilung** (wegen des Verkaufs einer kinderpornographischen Videokassette) nicht zum Anlass einer außerordentlichen Kündigung wegen Nichteignung des Arbeitnehmers (für die Tätigkeit in einem Pressesportvertriebszentrum) nehmen darf.

1369 Ein Angestellter des öffentlichen Dienstes musste aufgrund tariflicher Bestimmungen (s. § 8 BAT) sein außerdienstliches Verhalten so einrichten, **dass das Ansehen des öffentlichen Arbeitgebers nicht beeinträchtigt wird**. Beging ein im öffentlichen Dienst Beschäftigter ein vorsätzliches **Tötungsdelikt**, so war es für den öffentlichen Arbeitgeber i. d. R. unzumutbar, ihn weiterzubeschäftigen, ohne dass eine konkret messbare Ansehensschädigung nachgewiesen werden musste (*BAG* 8.6.2000 EzA § 626 BGB n. F. Nr. 182; ebenso *LAG Köln* 13.2.2006 – 14 (12) Sa 1338/05, EzA-SD 12/06, S. 11 LS; krit. *LAG Köln* 7.7.1999 NZA 2001, 1081 LS). Entsprechende tarifliche Regelungen **bestehen inzwischen aber nicht mehr**; sie sind **ersatzlos gestrichen** worden. Deshalb gelten auch für die Arbeitnehmer im öffentlichen Dienst insoweit die **allgemeinen Grundsätze** (s. *BAG* 10.9.2009 EzA § 1 KSchG Verhaltensbedingte Kündigung Nr. 77; s. dazu Rdn. 2276 ff.); insbes. die Regelungen des TVöD stellen für die Beschäftigten des öffentlichen Dienstes **keine** über die in § 41 TVöD-BT-V genannten Pflichten **hinausgehenden Anforderungen** an die private Lebensführung. **Allerdings** gilt die Pflicht aus **§ 241 Abs. 2 BGB**, auf die Interessen der anderen Vertragspartei – auch außerhalb der Arbeitszeit – Rücksicht zu nehmen, auch für die Beschäftigten des öffentlichen Dienstes (*BAG* 28.10.2010 EzA § 1 KSchG Verhaltensbedingte Kündigung Nr. 78; 27.1.2011 EzA § 626 BGB 2002 Verdacht strafbarer Handlung Nr. 10). Ein außerdienstliches Verhalten des Beschäftigten vermag die berechtigten Interessen des öffentlichen Arbeitgebers aber nur dann zu beeinträchtigen, wenn es einen **Bezug zur dienstlichen Tätigkeit** hat. Das ist dann der Fall, wenn es negative Auswirkungen auf den Betrieb oder einen Bezug zum Arbeitsverhältnis hat.

1369a Fehlt ein solcher Zusammenhang, scheidet eine Pflichtverletzung regelmäßig aus (*BAG* 27.1.2011 EzA § 626 BGB 2002 Verdacht strafbarer Handlung Nr. 10).

Der notwendige Bezug zum Arbeitsverhältnis bzw. Arbeitgeber kann etwa dann gegeben sein, wenn ein Arbeitnehmer eine Straftat unter **Nutzung von Betriebsmitteln** oder betrieblichen Einrichtungen begeht, wenn sich der öffentliche Arbeitgeber **staatlichen Ermittlungen** ausgesetzt sieht oder wenn er mit der Straftat durch den Arbeitnehmer selbst in Verbindung gebracht wird (*BAG* 28.10.2010 EzA § 1 KSchG Verhaltensbedingte Kündigung Nr. 78; s. *Mitterer* NZA-RR 2011, 449 ff.).

Bezeichnet ein Arbeitnehmer des öffentlichen Dienstes in einer außerdienstlich verfassten und – u. a. im Internet – verbreiteten Pressemitteilung die **Anschläge des 11.9.2001 u. a. als »längst überfällige Befreiungsaktion«**, so billigt er damit die Terroranschläge. Ein derartiges Verhalten ist als ein Angriff auf die Menschenwürde der Opfer und ihrer Hinterbliebenen zu bewerten und nicht mehr vom Grundrecht der freien Meinungsäußerung gedeckt. Der Arbeitgeber ist daher – jedenfalls nach Auffassung des *LAG SchlH* (6.8.2002 NZA-RR 2004, 351; zurückhaltender zu Recht demgegenüber *LAG Nbg.* 13.1.2004 NZA-RR 2004, 347) berechtigt, das Arbeitsverhältnis ohne vorherige Abmahnung wegen des dadurch entstandenen Vertrauensverlusts – ordentlich – zu kündigen. 1370

Das gilt auch für das außerdienstliche Verhalten eines ordentlich nicht kündbaren Arbeitnehmers, wenn dadurch z. B. das Ansehen eines öffentlichen Arbeitgebers nachhaltig geschädigt wird und das Vertrauen in die Person des Arbeitnehmers zerstört ist. So hat sich ein arbeitsunfähig erkrankter Arbeitnehmer so zu verhalten, dass er bald wieder gesund wird und an seinen Arbeitsplatz zurückkehren kann. Er hat alles zu unterlassen, was seine Genesung verzögern könnte. Er hat insoweit auf die schützenswerten Interessen des Arbeitgebers, die sich aus der Verpflichtung zur Entgeltfortzahlung ergeben, Rücksicht zu nehmen. Eine schwerwiegende Verletzung dieser Rücksichtnahmepflicht kann eine außerordentliche Kündigung rechtfertigen. Insoweit kann ein pflichtwidriges Verhalten des Arbeitnehmers vorliegen, wenn er bei bescheinigter Arbeitsunfähigkeit den Heilungserfolg durch genesungswidriges Verhalten gefährdet (s. *BAG* 3.4.2008 EzA § 102 BetrVG 2001 Nr. 21). Dies ist nicht nur der Fall, wenn er nebenher bei einem anderen Arbeitgeber arbeitet (s. dazu *BAG* 3.4.2008 EzA § 102 BetrVG 2001 Nr. 21), sondern auch bei Freizeitaktivitäten, die mit der Arbeitsunfähigkeit nur schwer in Einklang zu bringen sind (z. B. Skireise nach Zermatt während einer Arbeitsunfähigkeit). Die Verletzung der Rücksichtnahmepflicht kann umso schwerer wiegen, als der Arbeitnehmer aufgrund seiner beruflichen Tätigkeit in besonderem Maße dazu verpflichtet ist, das Vertrauen Außenstehender in die von ihm zu erbringende Arbeitsleistung und die korrekte Aufgabenerledigung seines Arbeitgebers nicht zu erschüttern (z. B. bei einem ärztlichen Gutachter des Medizinischen Dienstes der Krankenkassen für Arbeitsunfähigkeitsbescheinigungen; *LAG RhPf* 7.10.2004 ZTR 2006, 154; bestätigt durch *BAG* 2.3.2006 EzA § 626 BGB 2002 Nr. 18). 1371

Für die außerordentliche Kündigung eines Arbeitnehmers im **öffentlichen Dienst** wegen **nicht genehmigter Nebentätigkeiten** gilt Folgendes (*BAG* 18.9.2008 EzA § 626 BGB 2002 Nr. 24):
– Der schwerwiegende Verstoß eines im öffentlichen Dienst beschäftigten Arbeitnehmers gegen die ihn im Zusammenhang mit der Ausübung von Nebentätigkeiten treffenden Nebenpflichten kann in besonders gelagerten Fällen auch ohne vorausgehende Abmahnung an sich geeignet sein, eine Kündigung aus wichtigem Grund zu rechtfertigen.
– Ein solcher Fall liegt regelmäßig dann vor, wenn der Arbeitnehmer (im Streitfall: Sachbearbeiter in der Bau- und Liegenschaftsverwaltung) über mehrere Jahre hinweg fortgesetzt in Unkenntnis des Arbeitgebers offensichtlich nicht genehmigungsfähige Nebentätigkeiten ausübt und die Einholung der erforderlichen Nebentätigkeitsgenehmigungen deshalb unterlässt, weil ihm nach eigenem Bekunden die mangelnde Genehmigungsfähigkeit bewusst war.
– Eine darin liegende Pflichtverletzung des Arbeitnehmers wiegt besonders schwer, wenn durch die mit der Ausübung der Nebentätigkeiten einhergehenden Umstände das Vertrauen der Allgemeinheit und des Arbeitgebers in eine von den Nebentätigkeiten unbeeinflusste Verrichtung der dem Arbeitnehmer übertragenen Arbeitsaufgaben erheblich verletzt wurde.

### 4. Verhältnismäßigkeitsprinzip

Eine außerordentliche Kündigung ist nur als unausweichlich letzte Maßnahme (Ultima Ratio) zulässig. Deshalb müssen alle anderen, nach den Umständen des konkreten Einzelfalles möglichen und angemessenen milderen Mittel (insbes. Abmahnung, ordentliche Kündigung) aus- 1372 geschöpft werden, die geeignet sind, das in der bisherigen Form nicht mehr tragbare Arbeitsverhältnis fortzusetzen (s. §§ 314 Abs. 2, 323 Abs. 2 BGB; *BAG* 30.5.1978 EzA § 626 BGB n. F. Nr. 66; 28.4.1982 EzA § 2 KSchG Nr. 4; 10.6.2010 EzA § 626 BGB 2002 Nr. 32; 24.3.2011 – 2 AZR 282/10, EzA-SD 16/2011 S. 3 LS = NZA 2011, 1029; 9.6.2011 EzA § 626 BGB 2002 Nr. 35 = NZA 2011, 1027; krit. *Stückmann/Kohlepp* RdA 2000, 331 ff.;). Eine außerordentliche Kündigung kommt nur dann in Betracht, wenn es **keinen anderen angemessenen Weg** gibt, das Arbeitsverhältnis fortzusetzen, weil dem Arbeitgeber sämtliche milderen Reaktionsmöglichkeiten unzumutbar sind. Zu prüfen ist also, ob es alternative mildere Gestaltungsmittel gibt, die auch geeignet sind, den mit der außerordentlichen Kündigung verfolgten Zweck – die Vermeidung des Risikos künftiger Störungen – zu erreichen (*BAG* 19.4.2007 NZA-RR 2007, 571; 10.6.2010 EzA § 626 BGB 2002 Nr. 32; s. a. *BAG* 9.6.2011 EzA § 626 BGB 2002 Nr. 36).

1373  In Betracht kommen also **Abmahnungen** (vgl. *BAG* 10.6.2010 EzA § 626 BGB 2002 Nr. 32; 24.3.2011 – 2 AZR 282/10, EzA-SD 16/2011 S. 3 LS = NZA 2011, 1029; 9.6.2011 EzA § 626 BGB 2002 Nr. 35; *LAG Düsseld.* 11.5.2005 NZA-RR 2005, 585; *LAG BW* 25.3.2009 LAGE § 626 BGB 2002 Nr. 20), **Versetzungen** (*Hess. LAG* 8.3.2010 LAGE § 2 KSchG Nr. 62), **Weiterbeschäftigung zu schlechteren Bedingungen**, auch mit anderen Arbeiten, u. U. nach zumutbaren Umschulungs- und Fortbildungsmaßnahmen, **Änderungskündigung, ordentliche Kündigung** (*BAG* 10.6.2010 EzA § 626 BGB 2002 Nr. 32), **zumutbare Überbrückungsmaßnahmen** bei lang anhaltender Erkrankung des Arbeitnehmers. Deshalb rechtfertigt z. B. die Umsetzung eines Arbeitnehmers in einen anderen Arbeitsbereich nicht dessen außerordentliche Kündigung, wenn der **Arbeitsvertrag eine Umsetzung zulässt** und diese billigem Ermessen (§ 315 BGB) entspricht. Im konkret entschiedenen Einzelfall hat das *LAG Nds.* (12.10.1998 LAGE § 315 BGB Nr. 5) angenommen, dass § 315 BGB auch dann gewahrt ist, wenn der Arbeitnehmer, der zu einem **Konkurrenzunternehmen wechseln** will, auf einem neu geschaffenen Arbeitsplatz beschäftigt werden soll mit der Zielsetzung, Geschäftskontakte im alten Arbeitsbereich zu unterbinden und seine weitere Tätigkeit zu kontrollieren. Eine **Versetzung** ist auch dann vorrangig in Betracht zu ziehen, wenn der Kündigungsgrund arbeitsplatzbezogen ist, d. h. sich bei einer anderweitigen Beschäftigung voraussichtlich nicht wiederholen wird (*Hess. LAG* 8.3.2010 LAGE § 2 KSchG Nr. 62). Gleiches gilt, wenn eine **Betriebsvereinbarung** (»Arbeitsordnung«) bei einem Verstoß gegen Ordnungs- und Sicherheitsvorschriften ein **abgestuftes System von Rügen vorsieht**, nämlich eine Verwarnung u. a. als »Missbilligung eines Verstoßes gegen die Ordnung« und einen Verweis »bei ernsteren Verstößen, wenn der Betroffene bereits eine Verwarnung erhalten hat oder wenn eine Verwarnung nicht der Schwere des Verstoßes entsprechen würde«. In einem derartigen Fall muss nach dem Ausspruch von zwei Verwarnungen wegen eines gleichartigen Pflichtverstoßes dem Arbeitnehmer zunächst bei einem dritten gleichartigen Verstoß ein Verweis erteilt werden, bevor fristlos gekündigt werden darf (*LAG Brem.* 18.11.2004 ZTR 2005, 220 LS). Andererseits ist die außerordentliche Kündigung wegen eines Loyalitätsverstoßes gegenüber einem Angestellten in einer Führungsposition **nicht deshalb unwirksam**, weil für den Arbeitgeber die **Möglichkeit der Freistellung unter Fortzahlung der Bezüge** bis zum Ablauf einer ordentlichen Kündigungsfrist besteht (*BAG* 11.3.1999 EzA § 626 BGB n. F. Nr. 176; a. A. *LAG Düsseld.* 5.6.1998 LAGE § 626 BGB Nr. 120). **Gleiches** gilt für den Fall der außerordentlichen Verdachtskündigung, wenn der Arbeitnehmer zum Zeitpunkt ihres Ausspruchs **bereits unwiderruflich** bis zum Ablauf der Kündigungsfrist **freigestellt ist** (*BAG* 5.4.2001 EzA § 626 BGB Verdacht strafbarer Handlung Nr. 10 m. Anm. *Thau* SAE 2002, 108; a. A. *LAG Düsseld.* 28.10.1999 NZA-RR 2000, 362).

1374  Auch wenn die finanzielle Belastung des Arbeitgebers nach Ausspruch einer fristlosen Kündigung nicht geringer ist, als sie bei Fortsetzung des Arbeitsverhältnisses bis zum (bereits vereinbarten) Ende wäre, weil der Urlaubsabgeltungsanspruch den gleichen Umfang hat, wie der Urlaubsentgeltanspruch, kann die fristlose Kündigung berechtigt sein; die Unzumutbarkeit der Fortsetzung des Arbeitsverhältnisses umfasst nicht nur wirtschaftliche, sondern auch psychologische Aspekte (*LAG Bln.* 10.7.2003 LAGE § 626 BGB 2002 Nr. 1a).

C. Die Rechtswirksamkeit der außerordentlichen Arbeitgeberkündigung　　　　　　　　　　**Kapitel 4**

Die **hilfsweise** neben einer fristlosen Beendigungskündigung ausgesprochene **Änderungskündigung** 1375
führt dann **nicht** zur **Unwirksamkeit der fristlosen Kündigung**, wenn der Arbeitgeber mit ihr lediglich **den Unwägbarkeiten einer gerichtlichen Entscheidung vorbeugen will** (*LAG SchlH* 24.7.2001 § 1 KSchG Verhaltensbedingte Kündigung Nr. 78).

Das *LAG Bln.* (28.11.1997 BB 1998, 2645 LS) hat angenommen, dass auch der **Ausschluss von** 1376
**einer Vergünstigung** (z. B. von verbilligten Flugreisen) ausreichen kann, wenn die Pflichtverletzung gerade im Zusammenhang damit steht. Dagegen kommen insoweit **nicht** in Betracht neben einer Abmahnung in einer Arbeitsordnung geregelte Maßnahmen, insbes. **Betriebsbußen** (*BAG* 17.1.1991 EzA § 1 KSchG Verhaltensbedingte Kündigung Nr. 37 gegen *BAG* 17.3.1988 EzA § 626 BGB n. F. Nr. 116), weil die jeweiligen Voraussetzungen für Betriebsbußen (kollektive Störung) und Kündigungen unterschiedlich sind.

Einer Abmahnung bedarf es bei einem steuerbaren Verhalten des Arbeitnehmers in Ansehung des 1377
Verhältnismäßigkeitsgrundsatzes **nur dann nicht**, wenn eine **Verhaltensänderung in Zukunft** selbst nach Abmahnung **nicht zu erwarten steht** oder es sich um eine so schwere Pflichtverletzung handelt, dass eine Hinnahme durch den Arbeitgeber offensichtlich – auch für den Arbeitnehmer erkennbar – ausgeschlossen ist (*BAG* 24.3.2011 – 2 AZR 282/10, EzA-SD 16/2011 S. 3 LS = NZA 2011, 1029; 9.6.2011 EzA § 626 BGB 2002 Nr. 35; 9.6.2011 EzA § 626 BGB 2002 Nr. 36), denn dann ist grds. davon auszugehen, dass das künftige Verhalten des Arbeitnehmers schon durch die Androhung von Folgen für den Bestand des Arbeitsverhältnisses positiv beeinflusst werden kann; die Abmahnung dient insoweit der Objektivierung der negativen Prognose: Ist der Arbeitnehmer ordnungsgemäß abgemahnt worden und verletzt er dennoch seine arbeitsvertraglichen Pflichten erneut, kann regelmäßig davon ausgegangen werden, es werde auch zukünftig zu weiteren Vertragsstörungen kommen. Das gilt grds. uneingeschränkt selbst bei Störungen des Vertrauensbereichs durch Straftaten gegen Vermögen oder Eigentum des Arbeitgebers (*BAG* 9.6.2011 EzA § 626 BGB 2002 Nr. 35 = NZA 2011, 1027), denn auch in diesem Bereich gibt es keine »absoluten« Kündigungsgründe. Stets ist konkret zu prüfen, ob nicht objektiv die Prognose berechtigt ist, der Arbeitnehmer werde sich jedenfalls nach einer Abmahnung künftig wieder vertragstreu verhalten (*BAG* 10.6.2010 EzA § 626 BGB 2002 Nr. 32; *Preis* AuR 2010, 242; *Schlachter* NZA 2005, 433 ff.; *Schrader* NJW 2012, 342 ff.).

Die Unterbrechung der Fahrt eines mit Fahrgästen besetzten Linienbusses zwecks **Anforderung der Polizei aus einem nichtigen Grund** und die darüber hinaus in rufschädigender Weise geäußerten Bemerkungen gegenüber dem Arbeitgeber stellen z. B. eine derart schwere Pflichtverletzung dar, dass eine Hinnahme durch den Arbeitgeber offensichtlich ausgeschlossen ist (*LAG Bln.-Bra.* 6.5.2011 NZA-RR 2011, 457).

## 5. Interessenabwägung

In jedem Fall, also z. B. auch bei einem Diebstahl zu Lasten des Arbeitgebers (*BAG* 17.5.1984 EzA 1378
§ 626 BGB n. F. Nr. 90; 13.12.1984 EzA § 626 BGB n. F. Nr. 94; 10.6.2010 EzA § 626 BGB 2002 Nr. 32; *LAG Hamm* 2.9.2010 LAGE § 626 BGB 2002 Nr. 28a; abl. *Tschöpe* NZA 1985, 588) ist abschließend eine umfassende Interessenabwägung durchzuführen (*BAG* 16.12.2004 EzA § 626 BGB 2002 Nr. 7; 10.11.2005 EzA § 626 BGB 2002 Nr. 11; 27.4.2006 EzA § 626 BGB 2002 Nr. 17; *LAG Düsseld.* 11.5.2005 NZA-RR 2005, 585), um festzustellen, ob dem Kündigenden die Fortsetzung des Arbeitsverhältnisses trotz der eingetretenen Vertrauensstörung – zumindest bis zum Ablauf der Kündigungsfrist – zumutbar ist oder nicht. Denn das Gesetz kennt auch im Zusammenhang mit strafbaren Handlungen des Arbeitnehmers zum Nachteil des Arbeitgebers **keine absoluten Kündigungsgründe** (*BAG* 10.6.2010 EzA § 626 BGB 2002 Nr. 32). In einer **Gesamtwürdigung** ist das Interesse des Arbeitgebers an der sofortigen Beendigung des Arbeitsverhältnisses gegen das Interesse des Arbeitnehmers an dessen – zumindest vorläufigem – Fortbestand abzuwägen. Es hat eine **Bewertung des Einzelfalls** unter Beachtung des **Verhältnismäßigkeitsgrundsatzes** zu erfolgen (*BAG* 24.3.2011 – 2 AZR 282/10, EzA-SD 16/2011 S. 3 LS =

NZA 2011, 1029; 9.6.2011 EzA § 626 BGB 2002 Nr. 35 = NZA 2011, 1027; 9.6.2011 EzA § 626 BGB 2002 Nr. 36).

*a) Zu berücksichtigende Kriterien*

1379 Die insoweit zu berücksichtigenden Umstände lassen sich nicht abschließend für alle Fälle festlegen (*BAG* 27.4.2006 EzA § 626 BGB 2002 Nr. 17; 10.6.2010 EzA § 626 BGB 2002 Nr. 32; 9.6.2011 EzA § 626 BGB 2002 Nr. 35 = NZA 2011, 1027; *LAG RhPf* 26.5.2009 NZA-RR 2010, 134). Zu berücksichtigen sind aber regelmäßig das **Gewicht und die Auswirkungen einer Vertragspflichtverletzung** – etwa im Hinblick auf das Maß eines durch sie bewirkten Vertrauensverlusts und ihre wirtschaftlichen Folgen –, der **Grad des Verschuldens** des Arbeitnehmers, eine mögliche Wiederholungsgefahr sowie die **Dauer des Arbeitsverhältnisses** und dessen **störungsfreier Verlauf** (*BAG* 9.6.2011 EzA § 626 BGB 2002 Nr. 35 = NZA 2011, 1027; 7.7.2011 EzA § 626 BGB 2002 Nr. 38 = NZA 2011, 1413). Neben dem dargestellten Prüfungsmaßstab und dem Verhältnismäßigkeitsprinzip sind deshalb folgende, im Einzelnen durchaus umstrittene Umstände zu berücksichtigen (vgl. *LAG RhPf* 26.5.2009 NZA-RR 2010, 134; *APS/Dörner/Vossen* § 626 BGB Rn. 96 ff.):

1380 – **Verfristete oder verziehene Gründe** können die unverfristeten Gründe unterstützen, wenn sie in einem engen sachlichen (inneren) Zusammenhang dazu stehen (*LAG Köln* 18.1.2002 – 11 Sa 522/01, ZTR 2002, 395). Länger zurückliegende Ereignisse (Altfälle) können also dann unterstützend mit herangezogen werden, wenn sie **auf der »gleichen Linie« liegen; verneint** hat das *LAG BW* (28.3.2007 LAGE § 626 BGB 2002 Ausschlussfrist Nr. 4) den erforderlichen inneren Zusammenhang allerdings bei der Verletzung von **vertraglichen Nebenpflichten** einerseits und der von **Hauptpflichten** andererseits. Abgemahnte Altfälle sind zudem ohne einschlägigen Wiederholungsfall zwar regelmäßig kündigungsrechtlich »verbraucht«, können aber gleichwohl bei der unerlässlichen Gesamtbetrachtung im Rahmen der umfassenden Interessenabwägung mitberücksichtigt werden. Das Kündigungsrecht des Arbeitgebers kann insoweit aber auch verwirkt sein, wenn er ein Verhalten, das er als potenziellen Kündigungsgrund ansieht, über **einen Zeitraum von mehr als 1 Jahren nicht zum Anlass für eine Kündigung nimmt**, sondern das Arbeitsverhältnis beanstandungsfrei fortsetzt (*LAG Nds.* 8.11.2002 NZA-RR 2004, 326). Der Arbeitgeber kann zudem auch auf das Kündigungsrecht – nicht nur durch Ausspruch einer Abmahnung – verzichten (vgl. *LAG RhPf* 12.2.2004 AuR 2004, 274 LS; ähnlich *Hess. LAG* 2.5.2003 AuR 2004, 275 LS). Handelt es sich um **gleichartige Verfehlungen** (Verspätungen, unentschuldigtes Fehlen), so ist auch hinsichtlich der gem. **§ 626 Abs. 2 BGB** verfristeten Kündigungsgründe zu prüfen, ob sie **unterstützend zur Rechtfertigung der Kündigung herangezogen werden können** (*BAG* 15.3.2001 EzA § 626 BGB n. F. Nr. 185).

1381 – Möglich ist auch eine **Selbstbindung** des Arbeitgebers durch eine bestimmte Behandlung gleich gelagerter Sachverhalte (vgl. z. B. *ArbG Würzburg* Kammer Aschaffenburg 11.11.2003 AuR 2004, 356 LS zu Tätlichkeiten zwischen zwei Arbeitskollegen, von denen einer abgemahnt und einer entlassen wird; s. a. *Hess. LAG* 10.9.2008 – 6 Sa 384/08, AuR 2009, 223 LS); daraus folgt die **Unwirksamkeit einer sog. herausgreifenden Kündigung**, die auf dem Wunsch des Arbeitgebers beruht, gegenüber einem oder mehreren betroffenen Arbeitnehmern ein Exempel statuieren zu wollen. Beim **Aufladen eines Elektrorollers** im Betrieb des Arbeitgebers (Schaden 1,8 Cent) ist zudem zu berücksichtigen, wenn dort der private Verbrauch von Strom gängig ist, d. h. zahlreiche privat mitgeführte elektronische Gegenstände betrieben werden, wie z. B. Kaffeemaschinen, Radios, Mikrowellen und darüber hinaus Handys aufgeladen werden; im konkret entschiedenen Einzelfall endete deshalb die Interessenabwägung zugunsten des Arbeitnehmers (*LAG Hamm* 2.9.2010 LAGE § 626 BGB 2002 Nr. 28a).

1382 – Der Gleichbehandlungsgrundsatz ist allerdings nicht unmittelbar anzuwenden, da er mit dem Erfordernis einer umfassenden Einzelfallabwägung regelmäßig nicht vereinbar ist; er kann aber mittelbare Auswirkungen auf die Interessenabwägung haben (*BAG* 28.4.1982 EzA § 2 KSchG Nr. 4; *APS/Dörner/Vossen* § 626 BGB Rn. 99).

## C. Die Rechtswirksamkeit der außerordentlichen Arbeitgeberkündigung     Kapitel 4

Von Bedeutung können ferner sein: **1383**
- der Gesichtspunkt der Solidarität (bei kollektiver Arbeitsniederlegung);
- die bisherige störungsfreie Dauer des Arbeitsverhältnisses (**Betriebszugehörigkeit**; *BAG* 10.11.2005 EzA § 626 BGB 2002 Nr. 11; 9.6.2011 EzA § 626 BGB 2002 Nr. 35 = NZA 2011, 1027; 7.7.2011 EzA § 626 BGB 2002 Nr. 38 = NZA 2011, 1413) und dessen offenbar beanstandungsfreier Bestand, selbst wenn die Kündigung auf ein Vermögensdelikt zu Lasten des Arbeitgebers gestützt wird (*BAG* 16.12.2004 EzA § 626 BGB 2002 Nr. 7; 10.6.2010 EzA § 626 BGB 2002 Nr. 32), denn wenn das Arbeitsverhältnis über viele Jahre hinweg ungestört bestanden hat, bedarf es einer genauen Prüfung, ob die dadurch verfestigte Vertrauensbeziehung der Vertragspartner durch eine einmalige Enttäuschung des Vertrauens vollständig und unwiederbringlich zerstört werden konnte. Je länger eine Vertragsbeziehung ungestört bestanden hat, desto eher kann die Prognose berechtigt sein, dass der dadurch erarbeitete Vorrat an Vertrauen durch einen erstmaligen Vorfall nicht vollständig aufgezehrt wird. Dabei ist nicht auf die subjektive Befindlichkeit des Arbeitgebers abzustellen; vielmehr ist ein objektiver Maßstab (»verständiger Arbeitgeber«) entscheidend, also ob der Arbeitgeber aus der Sicht eines objektiven Betrachters hinreichendes Vertrauen in den Arbeitnehmer **haben müsste**, **nicht** aber, ob er es **tatsächlich hat** (*BAG* 10.6.2010 EzA § 626 BGB 2002 Nr. 32; s. *Schrader* NJW 2012, 342 ff.).

Das *BAG* (10.6.2010 EzA § 626 BGB 2002 Nr. 32; s. *Kleinebrink* BB 2011, 2617 ff.) hat insoweit ausgeführt: **1383a**

»Der Senat hatte davon auszugehen, dass diese Zeit ohne rechtlich relevante Beanstandungen verlaufen ist. Gegenstand einer der Klägerin erteilten Abmahnung war eine vor Kunden abgegebene, abfällige Äußerung gegenüber einem Arbeitskollegen. Dieses Verhalten steht mit dem Kündigungsvorwurf in keinerlei Zusammenhang; im Übrigen wurde die Abmahnung ein Jahr später aus der Personalakte entfernt. Schon aus tatsächlichen Gründen unbeachtlich ist das Geschehen im Zusammenhang mit der Einlösung eines Sondercoupons im November 2007. Die Klägerin hat im Einzelnen und plausibel dargelegt, weshalb ihr dabei im Ergebnis keine Bonuspunkte zugeschrieben worden seien, die ihr nicht zugestanden hätten. Dem ist die Beklagte nicht hinreichend substantiiert entgegengetreten. ...

Das in dieser Beschäftigungszeit von der Klägerin erworbene Maß an Vertrauen in die Korrektheit ihrer Aufgabenerfüllung und in die Achtung der Vermögensinteressen der Beklagten schlägt hoch zu Buche. Angesichts des Umstands, dass nach zehn Tagen Wartezeit mit einer Nachfrage der in Wahrheit berechtigten Kunden nach dem Verbleib von Leergutbons über Cent-Beträge aller Erfahrung nach nicht mehr zu rechnen war, und der wirtschaftlichen Geringfügigkeit eines der Beklagten entstandenen Nachteils ist es höher zu bewerten als deren Wunsch, nur eine solche Mitarbeiterin weiterzubeschäftigen, die in jeder Hinsicht und ausnahmslos ohne Fehl und Tadel ist. Dieser als solcher berechtigte Wunsch macht der Beklagten die Weiterbeschäftigung der Klägerin trotz ihres Pflichtenverstoßes mit Blick auf die bisherige Zusammenarbeit nicht unzumutbar. Objektiv ist das Vertrauen in die Zuverlässigkeit der Klägerin nicht derart erschüttert, dass dessen vollständige Wiederherstellung und ein künftig erneut störungsfreies Miteinander der Parteien nicht in Frage käme. ...

Das prozessuale Verteidigungsvorbringen der Klägerin steht dieser Würdigung nicht entgegen.

Das Prozessverhalten der Klägerin mindert ebenso wenig das bei der Interessenabwägung zu berücksichtigende Maß des verbliebenen Vertrauens. Auch für dessen Ermittlung ist auf den Zeitpunkt des Kündigungszugangs abzustellen. Aus dieser Perspektive und im Hinblick auf den bis dahin verwirklichten Kündigungssachverhalt ist zu fragen, ob mit der Wiederherstellung des Vertrauens in eine künftig korrekte Vertragserfüllung gerechnet werden kann. In dieser Hinsicht ist das Verteidigungsvorbringen der Klägerin ohne Aussagekraft. Ihr wechselnder Vortrag und beharrliches Leugnen einer vorsätzlichen Pflichtwidrigkeit lassen keine Rückschlüsse auf ihre künftige Zuverlässigkeit als Kassiererin zu. Das gilt gleichermaßen für mögliche, während des Prozesses aufgestellte Behauptungen der Klägerin über eine ihr angeblich von der Kassenleiterin angetragene Manipulation im Zusammenhang mit der Einlösung von Sondercoupons im November 2007 und mögliche Äußerungen gegenüber Pressevertretern. ...

Anders als die Beklagte meint, wird dadurch nicht Verstößen gegen die prozessuale Wahrheitspflicht »Tür und Tor geöffnet«. Im Fall eines bewusst wahrheitswidrigen Vorbringens besteht die Möglichkeit, eine weitere Kündigung auszusprechen oder einen Auflösungsantrag nach §§ 9, 10 KSchG anzubringen. Dabei kann nicht jeder unzutreffende Parteivortrag als »Lüge« bezeichnet werden. Die Wahrnehmung eines Geschehens ist generell nicht unbeeinflusst vom äußeren und inneren Standpunkt des Wahrnehmenden. Gleiches gilt für Erinnerung und Wiedergabe, zumal in einem von starker Polarität geprägten Verhältnis, wie es zwischen Prozessparteien häufig besteht. Wenn sich das Gericht nach den Regeln des Prozessrechts in §§ 138, 286 ZPO die – rechtlich bindende, aber um deswillen nicht der Gefahr des Irrtums enthobene – Überzeugung bildet, ein bestimmter Sachverhalt habe sich so und nicht anders zugetragen, ist damit die frühere, möglicherweise abweichende Darstellung einer Partei nicht zugleich als gezielte Irreführung des Gerichts oder der Gegenpartei ausgewiesen. Es bedarf vielmehr besonderer Anhaltspunkte, um einen solchen – schweren – Vorwurf zu begründen.«

1383b Die Berücksichtigung der **Dauer des Arbeitsverhältnisses** und seines störungsfreien Verlaufs verstößt insoweit **nicht gegen das Gebot der unionsrechtskonformen Auslegung des nationalen Rechts**. Eine darin u. U. liegende mittelbare Benachteiligung jüngerer Arbeitnehmer ist durch ein legitimes Ziel und verhältnismäßige Mittel zu seiner Durchsetzung i. S. v. Art. 2 Abs. 2 RL 2000/78/EG gerechtfertigt (*BAG* 7.7.2011 EzA § 626 BGB 2002 Nr. 38 = NZA 2011, 1413).
- **erworbene Verdienste**;
- **Art, Schwere, Vorgeschichte und konkrete Auswirkungen (Nachteile) der Verfehlung** (vgl. *BAG* 16.12.2004 EzA § 626 BGB 2002 Nr. 7; 10.11.2005 EzA § 626 BGB 2002 Nr. 11; 10.6.2010 EzA § 626 BGB 2002 Nr. 32), also auch fehlende Wiederholungsgefahr (*BAG* 10.11.2005 EzA § 626 BGB 2002 Nr. 11; s. a. *LAG Düsseld.* 23.2.2011 LAGE § 626 BGB 2002 Nr. 31) und fehlende Schädigung des Arbeitgebers (zutr. *LAG Düsseld.* 11.5.2005 LAGE § 626 BGB 2002 Nr. 6);
- **die Schadenshöhe** unter Berücksichtigung der Stellung des Arbeitnehmers im Betrieb, der Art der entwendeten Waren und der besonderen Verhältnisse im Betrieb (vgl. *ArbG Paderborn* 17.12.1998 LAGE § 626 BGB n. F. Nr. 175); umgekehrt aber auch das **Fehlen jeglicher konkreter Schädigung** des Arbeitgebers (*BAG* 26.3.2009 NZA-RR 2010, 516) sowie ein geringer Schaden (*BAG* 10.6.2010 EzA § 626 BGB 2002 Nr. 32).

1384 ▶ Beispiele:
- Bei der Mitnahme von zwei Stücken gebratenen Fisch, die vom Mittagessen in einer Kantine übrig geblieben sind, durch die in einer Kantine als Küchenhilfe beschäftigte Mitarbeiterin im Wert von ca. 10,- DM kann dem Arbeitgeber ausnahmsweise die Einhaltung der Kündigungsfrist zumutbar sein, wenn davon auszugehen ist, dass die Essensreste nicht weiterverwertet werden und damit für ihn wirtschaftlich wertlos sind (*LAG Köln* 24.8.1995 LAGE § 626 BGB Nr. 86).
- **Andererseits rechtfertigt** der Umstand, dass der Arbeitnehmer eine vom Arbeitgeber herausgegebene Verhaltensanordnung – Verbot des Verzehrs von Ware ohne Vorliegen eines Kassenbons – u. U. verbunden **mit ausdrücklicher Kündigungsandrohung** bei Zuwiderhandlung **missachtet**, jedenfalls dann **nicht** »automatisch« **eine Kündigung**, wenn dem hohen Bestandsschutzinteresse des Arbeitnehmers, fehlender Wiederholungsgefahr und fehlender Schädigung des Arbeitgebers im Wesentlichen nur dessen Interesse an einer Generalprävention gegenübersteht (*LAG Düsseld.* 11.5.2005 LAGE § 626 BGB 2002 Nr. 6).

1385 **Verschuldensgrad** (*BAG* 10.11.2005 EzA § 626 BGB 2002 Nr. 11):
- Entschuldbarkeit eines Verbotsirrtums (*BAG* 14.2.1996 EzA § 626 BGB n. F. Nr. 160);

- Wiederholungsgefahr (*BAG* 10.11.2005 EzA § 626 BGB 2002 Nr. 11; *LAG Düsseld.* 11.5.2005 LAGE § 626 BGB 2002 Nr. 6; s. aber auch *LAG Düsseld.* 23.2.2011 LAGE § 626 BGB 2002 Nr. 31);
- die **Folgen der Auflösung** des Arbeitsverhältnisses für den Arbeitnehmer;
- seine **Aussichten, eine andere Anstellung** zu finden (vgl. *BAG* 11.3.1999 EzA § 626 BGB n. F. Nr. 176).
- Bei einem schwer behinderten Arbeitnehmer kann berücksichtigt werden, dass er auf Grund eines Anfallleidens und einer Minderbegabung die Kündigungsfrist zur psychischen und sozialen **Umstellung auf den Verlust des Arbeitsplatzes** benötigt (*LAG Köln* 11.8.1998 LAGE § 626 BGB Nr. 121);
- Versuch des Arbeitgebers, mit »**geradezu detektivischen Mitteln**« einen Abrechnungsbetrug nachzuweisen, weil er sich unter allen Umständen von dem Vorstandsmitglied trennen will (*OLG Köln* 4.11.2002 LAGE § 626 BGB Nr. 145; abl. *Diller* NZA 2006, 569 ff.; **a. A.** zutr. *LAG Nbg.* 28.3.2003 LAGE § 626 BGB Nr. 149).

### b) Berücksichtigung von Unterhaltspflichten und Familienstand?

Dagegen sind bei einer außerordentlichen Kündigung, die auf ein vorsätzliches Vermögensdelikt zum Nachteil des Arbeitgebers gestützt wird, Unterhaltspflichten des Arbeitnehmers im Rahmen der Interessenabwägung – im Gegensatz zur betriebs- und personenbedingten Kündigung – **grds. nicht** zu berücksichtigen. 1386

Etwas anderes gilt aber dann, wenn eine durch eine Unterhaltspflicht bedingte schlechte Vermögenslage das bestimmende Motiv der Tat gewesen ist und den Schuldvorwurf mindern kann (*BAG* 2.3.1989 EzA § 626 BGB n. F. Nr. 118). Andererseits hat es das *BAG* (11.3.1999 EzA § 626 BGB n. F. Nr. 176) nicht beanstandet, dass das Berufungsgericht bei einer außerordentlichen Kündigung wegen eines Loyalitätsverstoßes vorhandene Unterhaltspflichten des Arbeitnehmers in der Interessenabwägung **mit berücksichtigt** hat (ebenso *BAG* 16.12.2004 EzA § 626 BGB 2002 Nr. 7). Unterhaltspflichten und Familienstand dürfen auch bei einer Kündigung wegen im Arbeitsverhältnis begangener Pflichtverletzungen berücksichtigt werden. Danach können auch Unterhaltspflichten und Familienstand – je nach Lage des Falles – an Bedeutung gewinnen, wenn sie auch im Einzelfall in den Hintergrund treten und im Extremfall von der Berücksichtigung ausgeschlossen sein können. Die gegenteilige Auffassung, wonach bestimmte Umstände stets von der Berücksichtigung ausgeschlossen sein sollen, korrespondiert danach nicht ausreichend mit der gesetzlichen Vorgabe, nach der »alle« Umstände des Einzelfalles Bedeutung haben können (*BAG* 27.4.2006 EzA § 626 BGB 2002 Nr. 17). 1387

### c) Verhältnis der Abwägungskriterien zueinander; Amtsaufklärung?

Im Rahmen der Interessenabwägung hat keiner der genannten Umstände einen absoluten Vorrang. Es ist stets auf die Besonderheiten des Einzelfalles abzustellen. 1388

Fraglich ist, ob das ArbG die für die Interessenabwägung **maßgeblichen Umstände selbst aufklären** muss. Auszugehen ist davon, dass in der Abwägung nur solche Umstände Berücksichtigung finden können, die von den Parteien des Kündigungsschutzrechtsstreits auch **konkret vorgetragen worden** sind, denn im Urteilsverfahren vor den Tatsacheninstanzen kommt eine **Amtsaufklärung nicht in Betracht**, so dass das Arbeitsgericht nicht befugt ist, die maßgeblichen Umstände selbst aufzuklären (*BAG* 13.12.2007 EzA § 626 BGB 2002 Nr. 20; 16.12.2010 EzA § 626 BGB 2002 Nr. 33 = NZA-RR 2011, 571). 1389

### d) Kritik

In der Literatur (*Preis* NZA 1997, 1078 f.; *ders.* Prinzipien S. 184 ff.) wird die Auffassung vertreten, dass eine unvermittelte und weite Interessenabwägung unzulässig ist, weil die Gefahr **der Umgehung gesetzlicher Wertungen** besteht. Das schließt es aus, im Rahmen der Abwägung jedes noch so fern 1390 liegende Billigkeitskriterium zu verwenden, weil andernfalls eine prognostizierbare Rechtsfindung unmöglich wäre. Erforderlich ist deshalb eine **normativ-strukturierte Interessenabwägung**. Bei der verhaltensbedingten Kündigung führt das dazu, dass die rechtssatzförmigen Voraussetzungen (Vertragspflichtverletzung, Verschulden, Vorrang milderer Mittel, insbes. Abmahnung) im Kern im Rahmen der Interessenabwägung nur noch die **Gewichtung der Vertragspflichtverletzung** zulässt (*Preis* NZA 1997, 1078). Eine generelle Berücksichtigung von Lebensalter, Unterhaltsverpflichtungen, der Lage auf dem Arbeitsmarkt, der sonstigen sozialen Schutzbedürftigkeit (z. B. Krankheit) kommt danach nicht in Betracht. Denn ein Arbeitnehmer, der z. B. Straftaten gegenüber seinem Arbeitgeber begeht, kann sein Verhalten nicht unter Hinweis auf sein Lebensalter, seine Unterhaltspflichten oder die Lage auf dem Arbeitsmarkt in einem milderen Licht erscheinen lassen.

*e) Interessenabwägung durch das Revisionsgericht*

**1390a** U. U. kann das Revisionsgericht die Abwägung der beiderseitigen Interessen auch selbst vornehmen (*BAG* 10.6.2010 EzA § 626 BGB 2002 Nr. 32; 9.6.2011 EzA § 626 BGB 2002 Nr. 37; krit. *Stoffels* NJW 2011, 118 ff.), denn dem Berufungsgericht kommt im Rahmen des § 626 Abs. 1 BGB insoweit zwar ein Beurteilungsspielraum zu (*BAG* 11.12.2003 EzA § 626 BGB 2002 Nr. 5). Die Würdigung des Berufungsgerichts wird in der Revisionsinstanz (an sich nur) daraufhin überprüft, ob es den anzuwendenden Rechtsbegriff in seiner allgemeinen Bedeutung verkannt hat, ob es bei der Unterordnung des Sachverhalts unter die Rechtsnormen Denkgesetze oder allgemeine Erfahrungssätze verletzt und ob es alle vernünftigerweise in Betracht zu ziehenden Umstände widerspruchsfrei berücksichtigt hat (*BAG* 10.6.2010 EzA § 626 BGB 2002 Nr. 32). Eine **eigene Abwägung** durch das Revisionsgericht ist aber **möglich**, wenn die des Berufungsgerichts anhand der zuvor dargestellten Kriterien **fehlerhaft oder unvollständig ist und sämtliche relevanten Tatsachen feststehen** (*BAG* 9.6.2011 9.6.2011 EzA § 626 BGB 2002 Nr. 37; 10.6.2010 EzA § 626 BGB 2002 Nr. 32; 23.6.2009 – 2 AZR 103/08; 12.1.2006 EzA § 1 KSchG Verhaltensbedingte Kündigung Nr. 68).

### 6. Anhörung des Arbeitnehmers

**1391** Die Anhörung des Arbeitnehmers vor Ausspruch der außerordentlichen Kündigung ist – abgesehen von der Verdachtskündigung (s. Rdn. 1450 ff.) – **keine Wirksamkeitsvoraussetzung** der Kündigung (*BAG* 23.3.1972 EzA § 626 BGB n. F. Nr. 11; a. A. *ArbG Gelsenkirchen* 26.6.1998 EzA § 242 BGB Nr. 41;; 17.3.2010 LAGE § 242 BGB 2002 Kündigung Nr. 7; Verstoß gegen § 242 BGB im betriebsratlosen Betrieb; *Schönfeld* NZA 1999, 302).

**1392** Gleichwohl wird die Anhörung des Arbeitnehmers vor Ausspruch einer Kündigung **regelmäßig sinnvoll** sein. Denn sie ermöglicht es dem Arbeitgeber, den Sachverhalt umfassender kennen zu lernen (*LAG Hamm* 7.6.2005 LAG Report 2005, 384 LS).

**1393** Unterlässt er die Anhörung, so geht er das Risiko ein, dass der Arbeitnehmer im Prozess ihn entlastende Umstände vorträgt, die den wichtigen Grund ausschließen. Insoweit ist die Anhörung eine im Interesse des Arbeitgebers bestehende Obliegenheit.

### 7. Verwertung betriebsverfassungswidrig erlangter Informationen durch den Arbeitgeber

**1394** Beachtet der Arbeitgeber das **Mitbestimmungsrecht des Betriebsrats** nach § 87 Abs. 1 Nr. 1 BetrVG oder die sich aus einer Betriebsvereinbarung z. B. über die Durchführung von Personenkontrollen ergebenden Pflichten **nicht**, so führt dieser Umstand **nicht dazu**, dass der Arbeitgeber die unstreitige Tatsache eines im Besitz der Arbeitnehmerin während einer Personenkontrolle aufgefundenen Gegenstandes – z. B. eines nicht bezahlten Lippenstiftes – in einem Kündigungsschutzprozess **nicht verwerten** kann. Denn ein »**Sachvortragsverwertungsverbot**« kennt das deutsche Zivilprozessrecht **nicht**. Das ArbG ist an ordnungsgemäß in den Prozess eingeführten Sachvortrag der Parteien gebunden. Insbesondere unstreitige Tatsachen muss es berücksichtigen und darf einen Parteivortrag nicht ohne gesetzliche Grundlage unbeachtet und unverwertet lassen (*BAG*

13.12.2007 EzA § 626 BGB 2002 Nr. 20; a. A. *Lerch/Weinbrenner* FA 2008, 229 ff. u. AuR 2008, 400 f.; krit. *Lunk* NZA 2009, 457 ff.).

### 8. Wiederholungs-, Trotzkündigung

Ist in einem Kündigungsrechtsstreit entschieden, dass das Arbeitsverhältnis durch eine bestimmte Kündigung nicht aufgelöst worden ist, so kann der Arbeitgeber eine erneute Kündigung nicht auf Kündigungsgründe stützen, die er schon zur Begründung der ersten Kündigung vorgebracht hat und die in dem ersten Kündigungsschutzprozess materiell geprüft worden sind mit dem Ergebnis, dass sie die Kündigung nicht rechtfertigen können (*BAG* 12.2.2004 EzA § 1 KSchG Betriebsbedingte Kündigung Nr. 129; 18.5.2006 EzA § 2 KSchG Nr. 60; 8.11.2007 EzA § 626 BGB 2002 Nr. 19). 1395

Dies gilt sowohl für eine sog. **Wiederholungskündigung** als auch für eine sog. **Trotzkündigung** nach Rechtskraft des Urteils in dem ersten Prozess (*BAG* 26.8.1993 EzA § 322 ZPO Nr. 9; 7.3.1996 EzA § 1 KSchG Betriebsbedingte Kündigung Nr. 86). Gegen die zweite Kündigung muss der Arbeitnehmer allerdings nach §§ 4, 7, 13 KSchG Klage erheben. Der zweiten rechtzeitig erhobenen Klage ist jedoch aus Gründen der Präjudizialität ohne weiteres stattzugeben (*BAG* 26.8.1993 EzA § 322 ZPO Nr. 9; 7.3.1996 EzA § 1 KSchG Betriebsbedingte Kündigung Nr. 86; 22.5.2003 EzA § 1 KSchG Betriebsbedingte Kündigung Nr. 127;). 1396

Der Arbeitgeber kann allenfalls noch kündigen, wenn er andere Kündigungsgründe geltend macht (und dabei vielleicht den verbrauchten Kündigungsgrund unterstützend heranzieht), wenn sich der Sachverhalt wesentlich geändert hat und damit ein neuer Kündigungstatbestand vorliegt, wenn er nunmehr nicht fristlos, sondern fristgerecht kündigen will oder wenn die Kündigungserklärung aus nicht materiell-rechtlichen Gründen (Formmangel, fehlerhafte Betriebsratsanhörung etc.) unwirksam war (*BAG* 22.5.2003 EzA § 1 KSchG Betriebsbedingte Kündigung Nr. 127 = NZA 2004, 343 LS). 1397

Demgegenüber liegt eine unstatthafte Wiederholungskündigung auch dann vor, wenn im Vorprozess die Unwirksamkeit der Kündigung sowohl auf **fehlerhafte Beteiligung des Personalrats** als auch **selbstständig tragend auf das Fehlen eines Kündigungsgrundes** gestützt worden ist. Denn die Kündigungsgründe sind auch in diesem Fall durch rechtskräftige Gerichtsentscheidung überprüft und als nicht ausreichend zur Rechtfertigung der Kündigung angesehen worden. Eine neue Entscheidung anderen Inhalts würde zu eben den Folgen führen, deren Vermeidung der Sinn des Verbots der Wiederholungskündigung ist (*BAG* 12.2.2004 EzA § 1 KSchG Betriebsbedingte Kündigung Nr. 129).

Etwas **anderes** gilt aber dann, wenn der öffentliche Arbeitgeber, nachdem eine **außerordentliche betriebsbedingte Beendigungskündigung rechtskräftig für unwirksam erklärt** worden ist, eine Änderungskündigung nach § 55 Abs. 2 Unterabs. 2 BAT **ausspricht**. Denn die Tatbestandsmerkmale der außerordentlichen Änderungskündigung nach § 55 BAT weichen von denen der außerordentlichen betriebsbedingten Beendigungskündigung ab; auch die erstrebte Rechtsfolge ist eine andere (*BAG* 18.5.2006 EzA § 2 KSchG Nr. 60). 1398

Eine – unzulässige – Wiederholungskündigung liegt auch dann **nicht** vor, wenn das ArbG die gegenüber einem tariflich unkündbaren Arbeitnehmer erklärte außerordentliche Kündigung rechtskräftig für unwirksam erklärt hat, weil dem Arbeitgeber die Einhaltung einer **Auslauffrist zumutbar** gewesen sei. **Derselbe Lebenssachverhalt kann dann zur Rechtfertigung einer erneuten außerordentlichen Kündigung dienen**, die die erforderliche Auslauffrist einhält (*BAG* 26.11.2009 EzA § 626 BGB 2002 Unkündbarkeit Nr. 16). 1399

## V. Darlegungs- und Beweislast

### 1. Kündigung

1400 Streitgegenstand der Kündigungsschutzklage gem. §§ 13 Abs. 1, 4 KSchG ist die Frage, ob das Arbeitsverhältnis gerade durch die angegriffene Kündigung zu dem in ihr angegebenen Termin aufgelöst worden ist (sog. **punktuelle Streitgegenstandstheorie**). Deshalb ist die vom Kläger behauptete Kündigung eine anspruchsbegründende Tatsache, die von ihm nachzuweisen ist (*Boewer* RdA 2001, 385 ff.).

1401 Voraussetzung ist weiterhin, dass zum Zeitpunkt der Kündigung (noch) ein Arbeitsverhältnis besteht, was bei einem vorhergehenden Betriebsübergang nicht der Fall ist. In einem derartigen Fall ist die Kündigungsschutzklage unbegründet (*BAG* 27.10.2005 EzA § 613a BGB 2002 Nr. 42). Allerdings kann ein Arbeitnehmer, wenn er die Kündigungsschutzklage nicht nur auf die infolge des Betriebsübergangs weggefallene Kündigungsbefugnis stützt, sich das Vorbringen des Beklagten, ein Betriebsübergang habe nicht stattgefunden, hilfsweise zu Eigen machen und seine Klage auch auf andere Unwirksamkeitsgründe stützen. Dann ist die Klage zwar nach dem Hauptvorbringen unschlüssig, nach dem Hilfsvorbringen dagegen schlüssig. Wenn das Arbeitsverhältnis im Zeitpunkt der Kündigung nach den festgestellten Umständen tatsächlich nicht mehr besteht, was aufzuklären ist, ist die Kündigungsschutzklage im Ergebnis unbegründet (*BAG* 15.12.2005 EzA § 613a BGB 2002 Nr. 45).

1402 Etwaige Beweisschwierigkeiten kann der Arbeitnehmer aber dadurch vermeiden, dass er bei Zweifeln zumindest **hilfsweise eine allgemeine Feststellungsklage** gem. § 256 ZPO mit dem Antrag erhebt, festzustellen, dass das Arbeitsverhältnis über den in der außerordentlichen Kündigung genannten Termin hinaus weiter fortbesteht. Denn auch mit einem derartigen Antrag liegt eine der Form des § 4 KSchG entsprechende Kündigungsschutzklage vor.

1403 Mit einem derartigen Antrag obliegt dem Arbeitgeber die Darlegungs- und Beweislast für alle von ihm behaupteten Beendigungstatbestände für das Arbeitsverhältnis, z. B. für eine Eigenkündigung des Arbeitnehmers oder einen Aufhebungsvertrag.

### 2. § 626 Abs. 2 BGB

1404 Der **Kündigende** muss die Einhaltung der **Zweiwochenfrist** gem. § 626 Abs. 2 BGB darlegen und beweisen (*BAG* 17.8.1972 EzA § 626 BGB n. F. Nr. 16); Umstände die zu einer Hemmung der Frist wegen gebotener Ermittlungen geführt haben sollen, sind im Einzelnen substantiiert darzulegen (*BAG* 1.2.2007 EzA § 626 BGB 2002 Verdacht strafbarer Handlung Nr. 3; *LAG Nds.* 16.9.2005 LAGE § 626 BGB 2002 Ausschlussfrist Nr. 1a; s. Rdn. 1042 f.).

1405 Mitzuteilen sind insbes. der Tag ebenso wie die Art der Kenntniserlangung.

1406 Der Kündigungsempfänger kann sich i. d. R. auf das **Bestreiten mit Nichtwissen** (§ 138 Abs. 4 ZPO) beschränken.

1407 Entsprechende ausführlichere Darlegungen des Kündigenden sind allerdings erst dann erforderlich, wenn ein erheblicher Zeitabstand zwischen den Kündigungsgründen und dem Ausspruch der Kündigung besteht oder wenn der Gekündigte die Nichteinhaltung der Frist ausdrücklich rügt (APS/ *Dörner/Vossen* § 626 BGB Rn. 168 ff.).

### 3. § 626 Abs. 1 BGB

1408 **Der Kündigende ist auch darlegungs- und beweispflichtig für die Umstände, die als wichtige Gründe geeignet sein können.** Die Bewertung eines Fehlverhaltens als vorsätzlich liegt insoweit im Wesentlichen auf tatsächlichem Gebiet und ist Gegenstand der **tatrichterlichen Beweiswürdigung** i. S. v. § 286 ZPO. Das Revisionsgericht kann bezüglich der Feststellung innerer Tatsachen nur prüfen, ob das Tatsachengericht von den richtigen Beurteilungsmaßstäben ausgegangen ist,

## C. Die Rechtswirksamkeit der außerordentlichen Arbeitgeberkündigung   Kapitel 4

die wesentlichen Umstände berücksichtigt und keine Denkgesetze, Erfahrungssätze oder Verfahrensvorschriften verletzt hat (*BAG* 9.6.2011 EzA § 626 BGB 2002 Nr. 35 = NZA 2011, 1027).

Zu den die Kündigung begründenden Tatsachen, die der Kündigende vortragen und ggf. beweisen muss, gehören auch diejenigen, die Rechtfertigungs- und Entschuldigungsgründe (z. B. eine vereinbarte Arbeitsbefreiung, die Einwilligung des Arbeitgebers in eine Wettbewerbstätigkeit; eine »Notwehrsituation«, vgl. *LAG Köln* 20.12.2000 ARST 2001, 187) für das Verhalten des gekündigten Arbeitnehmers ausschließen (*BAG* 6.8.1987 EzA § 626 BGB n. F. Nr. 109; 18.9.2008 – 2 AZR 1039/06, EzA-SD 8/2009 S. 8: Notwehr bei tätlicher Auseinandersetzung; 3.11.2011 EzA § 1 KSchG Verhaltensbedingte Kündigung Nr. 79). **1409**

Der **Umfang** der Darlegungs- und Beweislast richtet sich danach, wie **substantiiert** der Gekündigte sich auf die Kündigungsgründe einlässt. Der Kündigende muss daher nicht von vornherein alle nur denkbaren Rechtfertigungsgründe widerlegen. **1410**

Es reicht insoweit nicht aus, dass der Gekündigte pauschal und ohne nachprüfbare Angaben Rechtfertigungsgründe geltend macht. Er muss deshalb unter substantiierter Angabe der Gründe, die ihn gehindert haben, seine Arbeitsleistung, so wie an sich vorgesehen, zu erbringen, den Sachvortrag des Kündigenden nach Inhalt, Ort, Zeitpunkt und beteiligten Personen bestreiten. Gleiches gilt dann, wenn sich der Gekündigte anders als an sich vorgesehen verhalten hat (s. *BAG* 18.9.2008 – 2 AZR 1039/06, FA 2009, 221 LS). **1411**

Nur dann ist es dem Kündigenden möglich, diese Angaben zu überprüfen und ggf. die erforderlichen Beweise anzutreten (*BAG* 6.8.1987 EzA § 626 BGB n. F. Nr. 109). Wenn der gekündigte **Arbeitnehmer** sich allerdings gegen die Kündigung wehrt und i. S. d. § 138 Abs. 2 ZPO **ausführlich Tatsachen vorträgt**, die einen Rechtfertigungsgrund für sein Handeln darstellen oder sonst das Verhalten in einem milderen Licht erscheinen lassen können, muss der Arbeitgeber seinerseits Tatsachen vorbringen und ggf. beweisen, die die vom Arbeitnehmer vorgetragenen Rechtfertigungsgründe erschüttern (*LAG Köln* 21.4.2004 LAG Report 2005, 64 LS). Will der Arbeitgeber bspw. die außerordentliche Kündigung auf die Behauptung stützen, der Arbeitnehmer habe **Beträge aus der Einlösung von Schecks** unterschlagen, muss er im Einzelnen diese Unterschlagung darlegen und unter Beweis stellen. Wenn der Arbeitnehmer nachvollziehbar darlegt, wann und wem er die Beträge abgeliefert hat, kann sich der Arbeitgeber nicht mit Erfolg auf den Standpunkt stellen, der Arbeitnehmer müsse die Ablieferung der Beträge beweisen (*LAG Köln* 26.6.2006 – 14 Sa 21/06, EzA-SD 19/06 S. 10 LS). **1412**

Die dem kündigenden Arbeitgeber obliegende Beweislast geht auch dann nicht auf den gekündigten Arbeitnehmer über, wenn dieser sich auf eine angeblich mit dem Arbeitgeber persönlich vereinbarte Arbeitsbefreiung beruft und er einer Parteivernehmung des Arbeitgebers zu der streitigen Zusage widerspricht. **1413**

In diesem Fall sind allerdings an das Bestreiten einer rechtswidrigen Vertragsverletzung hinsichtlich des Zeitpunkts, des Ortes und des Anlasses der behaupteten Vereinbarung, die das Verhalten des Arbeitnehmers rechtfertigen oder entschuldigen sollen, strenge Anforderungen zu stellen (*BAG* 24.11.1983 EzA § 626 BGB n. F. Nr. 88; APS/*Dörner/Vossen* § 626 BGB Rn. 173 ff.). **1414**

Liegen objektive Anhaltspunkte für eine erhebliche **aktive Beteiligung des Arbeitnehmers an einer tätlichen Auseinandersetzung** zwischen Arbeitskollegen vor, so darf sich der Arbeitgeber, der keine eigene Sachverhaltskenntnis hat, zur Begründung einer Tatkündigung zunächst darauf stützen. Beruft sich der Arbeitnehmer darauf, lediglich Opfer der Auseinandersetzung gewesen zu sein oder in Notwehr gehandelt zu haben, ist es ihm regelmäßig im Rahmen der abgestuften Darlegungs- und Beweislast zumutbar, seine dahingehende Behauptung durch entsprechenden Tatsachenvortrag zu verdeutlichen, insbes. sich zu Anlass und Verlauf der tätlichen Auseinandersetzung zu äußern. Kommt der Arbeitnehmer seiner dahingehenden prozessualen Erklärungspflicht nach, ist es Sache des Arbeitgebers, die erhebliche aktive Beteiligung des Arbeitnehmers an der tätlichen Auseinandersetzung nachzuweisen. Lässt sich der Sachverhalt nicht abschließend aufklären, geht dies zu Lasten des Arbeitgebers (*BAG* 18.9.2008 – 2 AZR 1039/06, EzA-SD 8/2009 S. 8). **1415**

**1415a** Gelingt es dem Arbeitgeber **nicht**, den Kündigungsvorwurf in tatsächlicher Hinsicht zu **beweisen**, ist die streitgegenständliche Kündigung mangels eines wichtigen Grundes i. S. d. § 626 Abs. 1 BGB **unwirksam** (*LAG RhPf* 21.5.2010 NZA-RR 2011, 80).

**1415b** Zu beachten ist insoweit aber Folgendes:

> Gerichte sind bei der Urteilsfindung zwar grds. an das **Nichtbestreiten** einer Partei **gebunden**. Sie dürfen für unbestrittene Tatsachen keinen Beweis erheben oder verlangen. Die Bindung der Gerichte an die Grundrechte zieht jedoch die Verpflichtung zu einer **rechtsstaatlichen Verfahrensgestaltung** nach sich. Sowohl aus dem Rechtsstaatsprinzip als auch aus dem im Privatrechtsverkehr zu beachtenden allgemeinen Persönlichkeitsrecht der Prozessparteien folgen Anforderungen an das gerichtliche Verfahren und an die Grundlagen richterlicher Entscheidungsfindung. Dem **widerspräche** es, **unbestrittenen Sachvortrag**, selbst wenn er unter **Verletzung von Grundrechten** gewonnen wurde, stets und uneingeschränkt prozessual zu verwerten. Der gebotene Schutz des Arbeitnehmers vor einer unzulässigen Informationsgewinnung durch heimliche **Videoüberwachung** kann es erfordern, aus der Überwachung gewonnene Erkenntnisse bei der Entscheidungsfindung **unberücksichtigt** zu lassen, wenn durch die gerichtliche Entscheidung der Verstoß perpetuiert würde. Der Arbeitnehmer ist **nicht gezwungen**, die betreffenden Tatsachen - ggf. bewusst wahrheitswidrig - **zu bestreiten**. Der Schutz des Arbeitnehmers vor einer rechtswidrigen Videoüberwachung verlangt nicht in jedem Fall, auch solche unstreitigen Tatsachen außer Acht zu lassen, die dem Arbeitgeber nicht unmittelbar durch die Videoaufzeichnung, sondern durch **Auswertung** einer ihm unabhängig hiervon zur Verfügung stehenden, ohne Rechtsverstoß gewonnenen Informationsquelle zur Verfügung stehen (*BAG* 16.12.2010 EzA § 626 BGB 2002 Nr. 33 = NZA 2011, 571; s. a. *ArbG Mönchengladbach* 3.5.2011 LAGE Art. 2 GG Persönlichkeitsrecht Nr. 15).
>
> Im konkret entschiedenen Einzelfall hat das *BAG* (16.12.2010 EzA § 626 BGB 2002 Nr. 33 = NZA 2011, 571) angenommen, dass der Sachvortrag des Beklagten sich vornehmlich auf die **Auswertung des Kassenstreifens** und auf Erklärungen der Klägerin in Personalgespräch stützte. Die Zulässigkeit der Erhebung und Verwertung der Kassendaten als solche stand dabei nicht in Frage. Zwar war der Beklagte erst durch die Videoaufzeichnung auf diese zusätzliche Informationsquelle »gestoßen«. Dennoch bedurfte es für sein Vorbringen keines Rückgriffs auf die Videoaufzeichnung selbst.
>
> Die Verwertung heimlicher **Videoaufnahmen** von öffentlich zugänglichen Räumen (hier: Kassenbereich eines Supermarktes) kann auch im Kündigungsschutzprozess in verfassungskonformer Einschränkung des § 6b Abs. 2 BDSG zulässig sein, wenn sich der Arbeitgeber in einer **notwehrähnlichen Lage** befindet und die heimliche Videoüberwachung nicht unverhältnismäßig ist (*LAG Köln* 18.11.2010 NZA-RR 2011, 241).

## VI. Nachschieben von Kündigungsgründen

### 1. Grundsätze

**1416** Die Umstände, anhand derer zu beurteilen ist, ob dem Arbeitgeber die Weiterbeschäftigung des Arbeitnehmers zumindest bis zum Zeitpunkt des Ablaufs der Kündigungsfrist zumutbar ist oder nicht, bestimmen sich nach den **Verhältnissen zum Zeitpunkt des Zugangs der Kündigung** (*BAG* 10.6.2010 EzA § 626 BGB 2002 Nr. 32).

**1417** Zur Zeit des Ausspruchs der Kündigung bereits entstandene, noch nicht verfristete, aber bereits bekannte Kündigungsgründe können grds. ohne materiell-rechtliche Beschränkungen nachgeschoben werden (*BAG* 18.1.1980 EzA § 626 BGB n. F. Nr. 71).

**1418** Nichts anderes gilt, wenn die Kenntnis erst nach Ausspruch der Kündigung eingetreten ist; § 626 **Abs. 2 BGB** findet beim Nachschieben nachträglich bekannt gewordener Gründe für eine außerordentliche Kündigung **keine Anwendung** (*BAG* 6.9.2007 EzA § 626 BGB 2002 Nr. 18; 4.6.1997 EzA § 626 BGB n. F. Nr. 167). Ob ein **Auswechseln der Kündigungsgründe** im Prozess auch dann möglich ist, wenn die Kündigung dadurch einen **völlig anderen Charakter erhält**, hat das *BAG* (6.9.2007 EzA § 626 BGB 2002 Nr. 18 = NZA 2008, 636) allerdings **offen gelassen**.

Später eingetretene Umstände sind allenfalls dann zu berücksichtigen, wenn sie nicht außer Betracht bleiben können, ohne einen einheitlichen Lebenssachverhalt zu zerreißen. In diesem Rahmen kann auch das Prozessverhalten des Arbeitnehmers eine Rolle spielen, soweit es tatsächlich Rückschlüsse auf den Kündigungsgrund erlaubt. Erschöpft sich das Verteidigungsvorbringen des Arbeitnehmers allerdings im Wesentlichen in einem – wenngleich ungeschickten – Bestreiten einer vorsätzlichen Pflichtverletzung, ist dies regelmäßig ungeeignet, den Kündigungsgrund zu »erhellen« (*BAG* 10.6.2010 EzA § 626 BGB 2002 Nr. 32). 1419

### 2. Verhältnis zu § 102 BetrVG

*a) Zur Zeit der Kündigung bereits entstandene und dem Arbeitgeber bekannte Kündigungsgründe*

Nachgeschobene Kündigungsgründe, die bereits vor Ausspruch der Kündigung entstanden und dem Arbeitgeber bekannt gewesen sind, die er aber nicht dem Betriebsrat mitgeteilt hat, weil sie für seinen Kündigungsentschluss nicht wesentlich waren, führen zwar nicht zur Unwirksamkeit der Kündigung gem. § 102 Abs. 1 BetrVG (s. Rdn. 350 ff.). **Mangels Beteiligung des Betriebsrats sind sie im Kündigungsschutzprozess aber nicht zu verwerten.** 1420

Auch eine »**nachträgliche Anhörung**« des Betriebsrats **kommt nicht in Betracht** (*BAG* 3.4.1986 EzA § 102 BetrVG 1972 Nr. 63). Das gilt selbst dann, wenn der Betriebsrat auf Grund der mitgeteilten Kündigungsgründe der außerordentlichen Kündigung zugestimmt hat (*BAG* 2.4.1987 EzA § 1 KSchG Personenbedingte Kündigung Nr. 10; 26.9.1991 EzA § 626 BGB n. F. Nr. 108). 1421

**Zulässig** ist allerdings die **Erläuterung** (Substantiierung oder Konkretisierung) der mitgeteilten Kündigungsgründe. 1422

Nicht nur um erläuternde Tatsachen handelt es sich aber dann, wenn der Arbeitgeber Tatsachen vorträgt, die dem bisherigen Vorwurf erst das Gewicht eines kündigungsrechtlich erheblichen Grundes geben. 1423

Das gilt z. B. auch für den Vortrag des Arbeitgebers im Kündigungsschutzprozess, der Arbeitnehmer sei wegen des gleichen Vertragsverstoßes im Leistungsbereich schon einmal abgemahnt worden, wenn dies dem Betriebsrat nicht mitgeteilt wurde (*BAG* 18.12.1980 EzA § 102 BetrVG 1972 Nr. 44; 11.4.1985 EzA § 102 BetrVG 1972 Nr. 62). 1424

*b) Zur Zeit der Kündigung bereits entstandene, dem Arbeitgeber aber noch unbekannte Kündigungsgründe*

Während zum Zeitpunkt des Ausspruchs der Kündigung noch nicht eingetretene Kündigungsgründe nicht zur Rechtfertigung der bereits erklärten Kündigung nachgeschoben werden können (insoweit kommt lediglich eine erneute Kündigung in Betracht), ist die **Rechtslage bei zur Zeit des Ausspruchs der Kündigung unbekannten, aber bereits entstandenen Kündigungsgründen zweifelhaft.** 1425

Das *BAG* (11.4.1985 EzA § 102 BetrVG 1972 Nr. 62; *Hess. LAG* 20.9.1999 NZA-RR 2000, 413; a. A. *Schwerdtner* NZA 1987, 361) geht insoweit davon aus, dass § 102 BetrVG für die später bekannt gewordenen Kündigungsgründe analog anzuwenden ist. 1426

Deshalb ist eine weitere Anhörung des Betriebsrats (z. B. auch in einem laufenden Kündigungsschutzprozess) erforderlich, aber auch ausreichend. Zu beachten ist, dass dies voraussetzt, dass die vor Ausspruch der Kündigung erfolgte Anhörung den Anforderungen des § 102 BetrVG entsprochen hat (*LAG Düsseld.* 24.5.2007 – 13 Sa 1287/06, AuR 2007, 365 LS). 1427

Dadurch soll dem Sinn und Zweck des § 102 BetrVG hinreichend Rechnung getragen werden. 1428

**Kapitel 4** — Die Beendigung des Arbeitsverhältnisses

1429 Auch ist es aus Gründen der Prozessökonomie geboten, Streitigkeiten über die Wirksamkeit einer Kündigung möglichst in einem Kündigungsschutzprozess zu konzentrieren und mehrere Kündigungen und damit mehrere Rechtsstreitigkeiten zu vermeiden.

1430 (derzeit unbesetzt)

1431 Allerdings hat der Arbeitgeber darzulegen und ggf. zu beweisen, dass er von diesen Gründen erst nach Ausspruch der Kündigung erfahren hat.

1432 Sind vom Arbeitgeber vor Kenntnis neuer Kündigungsgründe **mehrere Kündigungen** aus anderen Gründen bereits ausgesprochen worden, so ist das Nachschieben der neuen Kündigungsgründe zu einer bestimmten Kündigung allerdings betriebsverfassungsrechtlich nur dann nicht zu beanstanden, wenn dem Betriebsrat im Rahmen der nachträglichen Anhörung **auch mitgeteilt worden** ist, **dass die Kündigungsgründe gerade bezüglich dieser Kündigung im Kündigungsschutzprozess nachgeschoben werden sollen** (*Hess. LAG* 20.9.1999 NZA-RR 2000, 413).

### 3. Verhältnis zu § 103 BetrVG

1433 Im Rahmen eines Zustimmungsersetzungsverfahrens gem. § 103 Abs. 2 BetrVG kann der Arbeitgeber (unabhängig vom Zeitpunkt der Kenntniserlangung) neue Gründe vorbringen.

1434 Er muss jedoch vor der Einführung in das Beschlussverfahren dem Betriebsrat unter Beachtung von § 626 Abs. 2 BGB Gelegenheit geben, seine ursprüngliche Entscheidung anhand der neuen Gründe zu überprüfen.

1435 Lehnt der Betriebsrat auch jetzt noch die Zustimmung ab, so kann der Arbeitgeber die Gründe in das Beschlussverfahren einführen, ohne die Zwei-Wochen-Frist gem. § 626 Abs. 2 BGB beachten zu müssen (*BAG* 22.8.1974 EzA § 103 BetrVG 1972 Nr. 6; **a. A.** GK-BetrVG/*Kraft* 7. Aufl. § 103 Rn. 49).

### VII. Die Verdachtskündigung

#### 1. Allgemeine Voraussetzungen

*a) Begriffsbestimmung*

1436 Nach der ständigen Rechtsprechung des *BAG* (4.6.1964 AP Nr. 13 zu § 626 BGB Verdacht strafbarer Handlung; 14.9.1994 EzA § 626 BGB Verdacht strafbarer Handlung Nr. 5; 18.11.1999 EzA § 626 BGB Verdacht strafbarer Handlung Nr. 9; 8.6.2000 EzA § 15 KSchG n. F. Nr. 50; 26.9.2002 EzA § 626 BGB 2002 Verdacht strafbarer Handlung Nr. 1; 27.3.2003 EzA § 611 BGB 2002 Persönlichkeitsrecht Nr. 1; 3.7.2003 EzA § 626 BGB 2002 Verdacht strafbarer Handlung Nr. 2; 6.11.2003 EzA § 626 BGB 2002 Verdacht strafbarer Handlung Nr. 3; 10.2.2005 EzA § 1 KSchG Verdachtskündigung Nr. 3; 29.11.2007 EzA § 626 BGB 2002 Verdacht strafbarer Handlung Nr. 5; 13.3.2008 EzA § 626 BGB 2002 Verdacht strafbarer Handlung Nr. 6; 5.6.2008 EzA § 626 BGB 2002 Verdacht strafbarer Handlung Nr. 7; 23.6.2009 EzA § 626 BGB 2002 Verdacht strafbarer Handlung Nr. 8; 25.11.2010 EzA § 626 BGB 2002 Verdacht strafbarer Handlung Nr. 9; ebenso; *LAG Nds.* 8.6.2004 NZA-RR 2005, 24; *LAG SchlH* 25.2.2004 NZA-RR 2005, 132; *LAG Düsseld.* 25.7.2003 LAGE § 626 BGB 2002 Nr. 2; *Hess. LAG* 20.8.2004 NZA-RR 2005, 301; *LAG Köln* 13.3.2002 NZA-RR 2002; 22.5.2003 LAGE § 626 BGB Nr. 151) kann auch der dringende, schwerwiegende Verdacht einer Straftat mit Bezug zum Arbeitsverhältnis oder eines sonstigen erheblichen Fehlverhaltens, einer Verletzung von erheblichen arbeitsvertraglichen Pflichten – auch gegenüber einem Betriebsratsmitglied (*BAG* 12.5.2010 EzA § 15 KSchG n. F. Nr. 67; *LAG Bln.* 3.8.1998 LAGE § 15 KSchG Nr. 17) – ein an sich zur außerordentlichen Kündigung berechtigender Umstand sein (s. *Lunk* NJW 2010, 2753 ff.).

Auch insoweit ist für die kündigungsrechtliche Beurteilung einer Pflichtverletzung ihre **strafrechtliche Bewertung nicht maßgebend**. Entscheidend sind der Verstoß gegen vertragliche

## C. Die Rechtswirksamkeit der außerordentlichen Arbeitgeberkündigung Kapitel 4

Haupt- oder Nebenpflichten und der mit ihm verbundene Vertrauensbruch (*BAG* 25.11.2010 EzA § 626 BGB 2002 Verdacht strafbarer Handlung Nr. 9).

**Auch dann, wenn im Anstellungsvertrag** eines Lehrers an einer nordrhein-westfälischen Ersatzschule die Anwendung der **beamtenrechtlichen Grundsätze**, soweit diese nicht auf der Eigenart des öffentlichen Dienstes beruhen, vereinbart wird, schließt dies eine außerordentliche Verdachtskündigung nicht aus. Der Ausschluss einer »Verdachtsentlassung« bei Beamten auf Grund des durchzuführenden Disziplinarverfahrens stellt insoweit eine Eigenart des öffentlichen Dienstes dar, die auch aus praktischen Gründen nicht auf die Lehrerverhältnisse an Ersatzschulen übertragbar ist (*BAG* 6.12.2001 EzA § 626 BGB Verdacht strafbarer Handlung Nr. 11).

Allerdings rechtfertigt der Verdacht einer fahrlässigen Schlechtleistung des Arbeitnehmers auch dann keine Verdachtskündigung, wenn es um grobe Arbeitsfehler im sicherheitsrelevanten Bereich geht, z. B. bei der Montage von Rädern an einem Kraftfahrzeug (*LAG Düsseld.* 25.7.2003 LAGE § 626 BGB Verdacht strafbarer Handlung Nr. 1).

### b) Übersicht über die Voraussetzungen der Verdachtskündigung

Eine Verdachtskündigung setzt danach voraus (s. *BAG* 25.11.2010 EzA § 626 BGB 2002 Verdacht strafbarer Handlung Nr. 9; s. a. *LAG RhPf* 8.7.2009 – 8 Sa 203/09, AuR 2010, 176 LS), dass 1437

- die Kündigung gerade auf den Verdacht der strafbaren Handlung bzw. eines vertragswidrigen Verhaltens gestützt wird;
- eine Anhörung des Arbeitnehmers vor Ausspruch der Kündigung erfolgt ist;
- zum Zeitpunkt des Ausspruchs der Kündigung ein dringender Tatverdacht gegen den Arbeitnehmer besteht und
- im Rahmen der Interessenabwägung das Interesse des Arbeitgebers an der sofortigen Beendigung des Arbeitsverhältnisses das Interesse des Arbeitnehmers an dessen Fortsetzung zumindest bis zum Ablauf der ordentlichen Kündigungsfrist überwiegt.

### c) Legitimation der Verdachtskündigung

Begründet hat das *BAG* (4.6.1964 AP Nr. 13 zu § 626 BGB Verdacht strafbarer Handlung) seine Auffassung zunächst damit, dass sich bei **unbefangener Betrachtung** nicht leugnen lässt, dass nicht nur eine erwiesene Tat, die von der Rechtsordnung missbilligt worden ist, einem Arbeitsverhältnis die Vertrauensgrundlage entziehen oder das Arbeitsverhältnis unerträglich belasten kann, sondern auch schon der dringende Verdacht, eine solche Tat begangen zu haben. 1438

Sodann (*BAG* 14.9.1994 EzA § 626 BGB Verdacht strafbarer Handlung Nr. 5) hat es darauf hingewiesen, dass jedes Arbeitsverhältnis als personenbezogenes Dauerschuldverzeichnis ein gewisses **gegenseitiges Vertrauen** der Vertragspartner voraussetzt. Folglich kann auch der Verlust dieses Vertrauens einen wichtigen Grund zur fristlosen Kündigung darstellen (krit. *Enderlein* RdA 2000, 325 ff.). 1439

Dies kann insbes. dann der Fall sein, wenn der betroffene Arbeitnehmer dringend verdächtig ist, Leben und Gesundheit, Eigentum, Besitz oder Vermögen von Arbeitskollegen, des Arbeitgebers oder mit diesem in Geschäftsbeziehung stehender Dritter geschädigt zu haben (Verdacht gegen diese Rechtsgüter gerichteter strafbarer Handlungen). 1440

Das Gleiche gilt auch dann, wenn der Verdacht besteht, wichtige wirtschaftliche Ressourcen des Arbeitgebers durch vertragswidriges Verhalten schwer und nachhaltig geschädigt zu haben (Verdacht schweren vertragswidrigen Verhaltens). 1441

Die Verdachtskündigung ist danach eine Maßnahme des vorbeugenden Selbstschutzes des Arbeitgebers. 1442

## 2. Begründung der Kündigung

**1443** Voraussetzung für eine sog. Verdachtskündigung ist zunächst, dass der Arbeitgeber seine Kündigung ausdrücklich damit begründet, es sei gerade der Verdacht einer strafbaren Handlung des Arbeitnehmers, der das für die Fortsetzung des Arbeitsverhältnisses erforderliche Vertrauensverhältnis zerstört habe (*BAG* 26.3.1992 EzA § 626 BGB Verdacht strafbarer Handlung Nr. 4; *LAG RhPf* 27.1.2004 – 2 Sa 1221/03, NZA-RR 2004, 473), denn der Verdacht einer strafbaren Handlung stellt gegenüber dem Vorwurf, der Arbeitnehmer habe die Tat begangen, **einen eigenständigen Kündigungsgrund dar**, der in dem Tatvorwurf nicht enthalten ist. Bei der Tatkündigung ist für den Kündigungsentschluss maßgebend, dass der Arbeitnehmer nach der Überzeugung des Arbeitgebers die strafbare Handlung bzw. Pflichtverletzung tatsächlich begangen hat und dem Arbeitgeber aus diesem Grund die Fortsetzung des Arbeitsverhältnisses unzumutbar ist. Demgegenüber kann eine Verdachtskündigung gerechtfertigt sein, wenn sich starke Verdachtsmomente auf objektive Tatsachen gründen und die **Verdachtsmomente geeignet sind, das für die Fortsetzung des Arbeitsverhältnisses erforderliche Vertrauen zu erschüttern** (*BAG* 10.2.2005 EzA § 1 KSchG Verdachtskündigung Nr. 3).

**1444** Deshalb liegt eine Verdachtskündigung dann nicht vor, wenn der Arbeitgeber (obwohl er objektiv nur einen Verdacht hat) die Verfehlung des Arbeitnehmers für nachweisbar oder nachgewiesen hält und mit dieser Begründung die Kündigung erklärt (*LAG RhPf* 27.1.2004 – 2 Sa 1221/03, NZA-RR 2004, 473).

**1445** Eine Kündigung wegen behaupteter Pflichtverletzung ist auch dann nicht als Verdachtskündigung zu werten, wenn der Vorwurf, vertragswidrig oder strafbar gehandelt zu haben, auf Schlussfolgerungen des Arbeitgebers beruht, oder wenn der Arbeitgeber nach dem Ergebnis der Beweisaufnahme im Kündigungsschutzprozess nicht den vollen Beweis für seine Behauptungen erbracht hat. Es ist insoweit nicht allein darauf abzustellen, ob der Arbeitgeber bei der Begründung seiner Kündigung u. a. auch auf »Verdachtsmomente« hinweist, sondern es ist zu ermitteln, **wie er seine Kündigung insgesamt (auch im Laufe des Rechtsstreits) begründet hat**.

**1446** Eine Verdachtskündigung liegt auch dann nicht vor, wenn der Arbeitgeber nach seinem eigenen Sachvortrag **den Tatbeweis** durch den ihm bekannten Tatzeugen und Informanten **führen könnte**, diesen aber nur deshalb **verschweigt, weil er einen Kunden nicht in einen Rechtsstreit hineinziehen will**, so dass der Arbeitnehmer durch ihn auch keinen Entlastungsbeweis führen kann (*LAG Köln* 26.11.1999 ARST 2000, 162 LS).

**1447** Kündigt der Arbeitgeber nach rechtskräftiger Verurteilung des Arbeitnehmers mit der Begründung, der Arbeitnehmer habe die ihm vorgeworfene Straftat tatsächlich begangen, dann ist die Wirksamkeit der Kündigung i. d. R. nicht nach den Grundsätzen der Verdachtskündigung zu beurteilen.

**1448** Bestreitet der Arbeitnehmer trotz rechtskräftiger Verurteilung weiterhin die Tatbegehung, so hat das ArbG ohne Bindung an das Strafgerichtsurteil die erforderlichen Feststellungen zu treffen. Die Ergebnisse des Strafverfahrens können dabei nach allgemeinen Beweisregeln verwertet werden (*BAG* 26.3.1992 EzA § 626 BGB Verdacht strafbarer Handlung Nr. 4; 25.4.2007 NZA 2007, 1387; s. *Lunk* NJW 2010, 2753 ff.).

**1449** Andererseits schließt der Umstand, dass der Arbeitgeber eine Kündigung lediglich mit dem dringenden Verdacht einer Pflichtverletzung begründet und im Prozess keinen Tatvorwurf als Kündigungsgrund »nachgeschoben« hat, nicht aus, dass die Gerichte die Pflichtverletzung aufgrund entsprechender Tatsachen als nachgewiesen ansehen (*BAG* 10.6.2010 EzA § 626 BGB 2002 Nr. 32).

## 3. Anhörung des Arbeitnehmers

### a) Wirksamkeitsvoraussetzung

Grds. vertritt das *BAG* (10.2.1977 EzA § 103 BetrVG 1972 Nr. 18; 4.10.1990 EzA § 626 BGB Druckkündigung Nr. 2) die Auffassung, dass es keinen allgemeinen Rechtssatz des Inhalts gibt, dass eine außerordentliche Kündigung stets ausgeschlossen ist, wenn der Arbeitnehmer zu den Kündigungsgründen nicht angehört worden ist. Es richtet sich vielmehr nach den Umständen des konkreten Einzelfalles, ob eine solche Anhörung geboten ist. 1450

Für die Verdachtskündigung ist demgegenüber davon auszugehen (*BAG* 23.6.2009 EzA § 626 BGB 2002 Verdacht strafbarer Handlung Nr. 8; 13.3.2008 EzA § 626 BGB 2002 Verdacht strafbarer Handlung Nr. 6; 28.11.2007 EzA § 626 BGB 2002 Verdacht strafbarer Handlung Nr. 4; 10.2.2005 EzA § 1 KSchG Verdachtskündigung Nr. 3; ebenso *LAG SchlH* 28.10.2009 LAGE § 626 BGB 2002 Verdacht einer Straftat Nr. 8; *LAG München* 19.3.2009 NZA-RR 2009, 530 LS), dass der Arbeitgeber auf Grund der ihm obliegenden Aufklärungspflicht gehalten ist, den Arbeitnehmer vor Ausspruch einer Verdachtskündigung – nicht mehr danach (*LAG Köln* 7.10.2009 – 3 Sa 662/09, AuR 2010, 272) zu den gegen ihn erhobenen Verdachtsmomenten zu hören (s. *Eylert/Friedrichs* DB 2007, 2203 ff.; *Lunk* NJW 2010, 2753 ff.). Die Erfüllung der Aufklärungspflicht ist Wirksamkeitsvoraussetzung für eine Verdachtskündigung (*BAG* 26.9.2002 EzA § 626 BGB 2002 Verdacht strafbarer Handlung Nr. 1; *LAG Nds.* 8.6.2004 NZA-RR 2005, 24; *LAG Bln.-Bra.* 6.11.2009 LAGE § 626 BGB 2002 Verdacht strafbarer Handlung Nr. 8). 1451

Eine Verdachtskündigung als Reaktion auf die Störung des für die Fortsetzung des Arbeitsverhältnisses notwendigen Vertrauens ist unverhältnismäßig, wenn der Arbeitgeber nicht alle zumutbaren Anstrengungen zur Aufklärung des Sachverhalts unternommen hat (*BAG* 13.9.1995 EzA § 626 BGB Verdacht strafbarer Handlung Nr. 6; *LAG Köln* 27.1.2010 LAGE § 102 BetrVG 2001 Nr. 9). 1452

Dies ist auch sachgerecht und geboten. Denn anders als bei einem auf Grund von Tatsachen erwiesenen Sachverhalt besteht bei der Verdachtskündigung immer die Gefahr, dass ein Unschuldiger betroffen ist (*BAG* 29.11.2007 EzA § 626 BGB 2002 Verdacht strafbarer Handlung Nr. 5; *LAG SchlH* 28.10.2009 LAGE § 626 BGB 2002 Verdacht einer Straftat Nr. 8). Deshalb ist es gerechtfertigt, strenge Anforderungen zu stellen und vom Arbeitgeber zu verlangen, alles zu tun, um den Sachverhalt aufzuklären. 1453

Der Arbeitnehmer muss die Möglichkeit erhalten, die Verdachtsgründe bzw. -momente zu beseitigen und zu entkräften und ggf. Entlastungstatsachen geltend zu machen (*BAG* 13.3.2008 EzA § 626 BGB 2002 Verdacht strafbarer Handlung Nr. 6; *LAG SchlH* 28.10.2009 LAGE § 626 BGB 2002 Verdacht einer Straftat Nr. 8). **Verletzt der Arbeitgeber schuldhaft die Aufklärungspflicht**, so kann er sich im Prozess auf den Verdacht einer strafbaren Handlung bzw. eines pflichtwidrigen Verhaltens des Arbeitnehmers nicht berufen, d. h. die hierauf gestützte **Kündigung ist unwirksam** (*BAG* 30.4.1987 EzA § 626 BGB Verdacht strafbarer Handlung Nr. 3; 26.9.2002 EzA § 626 BGB 2002 Verdacht strafbarer Handlung Nr. 1; *LAG SchlH* 25.2.2004 – 3 Sa 491/03, NZA-RR 2005, 132; *LAG Brem.* 1.8.2008 – 4 Sa 53/08, DB 2008, 2090; es bleibt dann nur die Möglichkeit einer neuen fristgemäßen Verdachtskündigung (*LAG Brem.* 1.8.2008 – 4 Sa 53/08, DB 2008, 2090). Die Anhörungspflicht ist z. B. dann verletzt, wenn der Arbeitgeber den bei ihm gebildeten **Personalrat vor der Anhörung des Arbeitnehmers** zu der beabsichtigten Kündigung **anhört**, denn dann sollen erkennbar die Einlassungen des Arbeitnehmers zu den Vorwürfen nicht in den Entscheidungsprozess des Arbeitgebers einfließen (*ArbG Offenbach* 17.12.2003 NZA-RR 2004, 386). 1454

Zur Anhörung gehört es insoweit, dem Arbeitnehmer **deutlich zu machen**, dass der Arbeitgeber aufgrund **konkreter Verdachtsmomente** einen entsprechenden Verdacht hegt und darauf ggf. eine Kündigung zu stützen beabsichtigt und dem Arbeitnehmer Gelegenheit zu geben, entweder einen Rechtsanwalt hinzuzuziehen oder sich über einen Rechtsanwalt innerhalb einer bestimmten Frist schriftlich zu äußern (*LAG Bln.-Bra.* 6.11.2009 LAGE § 626 BGB 2002 Verdacht strafbarer Handlung Nr. 8; 1455

# Kapitel 4
## Die Beendigung des Arbeitsverhältnisses

s. a. *Lange/Vogel* DB 2010, 1066 ff.). Wird ein Arbeitnehmer, der in dem Verdacht steht, eine schwere arbeitsvertragliche Pflichtverletzung begangen zu haben, unter dem Vorwand, mit ihm ein Fachgespräch zu führen, **in die Räume der Geschäftsleitung gelockt**, um ihn zu einer beabsichtigten Verdachtskündigung anzuhören, so handelt es sich nicht um den hinreichenden Versuch des Arbeitgebers, den Sachverhalt umfassend aufzuklären. Der Arbeitnehmer, der in einer derartigen Situation völlig unvorbereitet mehreren Vertretern des Arbeitgebers gegenübersteht, ist berechtigt, die Anhörung solange zu verzögern, bis er sich mit einer Person seines Vertrauens – z. B. dem Betriebsratsvorsitzenden – beraten hat (*LAG Düsseld.* 25.6.2009 LAGE § 103 BetrVG 2001 Nr. 9).

**1456** Die Anhörung muss sich gerade auf diejenigen Verdachtsmomente beziehen, die für den **Kündigungsentschluss des Arbeitgebers ausschlaggebend sind**. Lagen diese bei einer ersten Anhörung aber noch gar nicht vor, ist der Arbeitnehmer **erneut anzuhören** (*LAG Köln* 14.5.2008 – 7 TaBV 6/08, AuR 2009, 104 LS).

**1457** Die an die Anhörung des Arbeitnehmers zu stellenden Anforderungen entsprechen zwar nicht denen für eine ordnungsgemäße Anhörung des Betriebsrats gem. § 102 Abs. 1 BetrVG. Der **Umfang der Anhörung** richtet sich entsprechend dem **Zweck der Aufklärung** nach den **Umständen des Einzelfalles** (*BAG* 13.3.2008 EzA § 626 BGB 2002 Verdacht strafbarer Handlung Nr. 6; 26.9.2002 EzA § 626 BGB 2002 Verdacht strafbarer Handlung Nr. 1); dabei sind **keine überzogenen Anforderungen** zu stellen (*BAG* 13.3.2008 EzA § 626 BGB 2002 Verdacht strafbarer Handlung Nr. 6 = NZA 2008, 809). Sie muss sich allerdings auf einen **greifbaren Sachverhalt** beziehen. Der Arbeitnehmer muss die Möglichkeit erhalten, bestimmte, zeitlich und räumlich eingegrenzte Tatsachen zu bestreiten oder den Verdacht entkräftende Tatsachen zu bezeichnen und so zur Aufhellung der für den Arbeitgeber im Dunkeln liegenden Geschehnisse beizutragen (*BAG* 13.3.2008 EzA § 626 BGB 2002 Verdacht strafbarer Handlung Nr. 6 = NZA 2008, 809).

**1458** **Kennt der Arbeitnehmer** die gegen ihn erhobenen Vorwürfe einschließlich der den Verdacht begründenden **Indiztatsachen** – z. B. aufgrund eines gegen ihn ergangenen Durchsuchungsbefehls (*BAG* 13.3.2008 EzA § 626 BGB 2002 Verdacht strafbarer Handlung Nr. 6) – bedarf es allerdings insoweit **keiner weiteren Vorhaltung** oder Einzelbefragung. Vielmehr genügt es dann, dem Arbeitnehmer Gelegenheit zum Vorbringen der entlastenden Tatsachen und Gesichtspunkte zu geben (*BAG* 28.11.2007 EzA § 626 BGB 2002 Verdacht strafbarer Handlung Nr. 4). Denn die Anhörungspflicht ist **nicht dazu bestimmt**, als verfahrensrechtliche Erschwernis die **Aufklärung zu verzögern** und die Wahrheit zu verdunkeln (*BAG* 13.3.2008 EzA § 626 BGB 2002 Verdacht strafbarer Handlung Nr. 6 = NZA 2008, 809).

**1459** Andererseits kommt insoweit die **Anwendung des zivilrechtlichen Stellvertretungsrechts nicht in Betracht**; kommt es im Rahmen des Anhörungsverfahrens auf die Kenntnis des Arbeitnehmers von bestimmten Tatsachen an, so kann ihm das Wissen eines Bevollmächtigten nicht zugerechnet werden (*BAG* 13.3.2008 EzA § 626 BGB 2002 Verdacht strafbarer Handlung Nr. 6).

**1460** Der Arbeitgeber ist bei Kenntnis des Arbeitnehmers **nicht verpflichtet, so lange abzuwarten**, bis der Arbeitnehmer die **Ermittlungsakten** der Staatsanwaltschaft **eingesehen** hat (*BAG* 13.3.2008 EzA § 626 BGB 2002 Verdacht strafbarer Handlung Nr. 6).

**1461** Es reicht aber andererseits nicht aus, dass der Arbeitgeber den Arbeitnehmer lediglich mit einer unsubstantiierten Wertung konfrontiert. Dem Arbeitnehmer dürfen auch keine **wesentlichen Erkenntnisse vorenthalten** werden, die der Arbeitgeber zum Anhörungszeitpunkt besitzt und auf die er den Verdacht stützt (*BAG* 26.9.2002 EzA § 626 BGB 2002 Verdacht strafbarer Handlung Nr. 1). Deshalb verletzt der Arbeitgeber seine Aufklärungspflicht, wenn er seinen Verdacht aus einem umfangreichen Revisionsbericht herleitet mit zahlreichen Einzelvorfällen aus einem Zeitraum mit mehreren Jahren, dessen Erstellung mehrere Monate gedauert hat, dem Arbeitnehmer in einer Einladung zur Anhörung jedoch nur pauschal mitteilt, er wolle ihn zu dem aus dem Revisionsbericht herrührenden Verdacht strafbarer Handlungen anhören, nachdem dieser zuvor um Übersendung des Revisionsberichtes gebeten hatte. Der Arbeitnehmer hat dann zwar keinen Anspruch auf Übersendung des Revisionsberichtes, aber zumindest auf eine nachvollziehbare Dar-

## C. Die Rechtswirksamkeit der außerordentlichen Arbeitgeberkündigung  Kapitel 4

stellung der Vorfälle, auf die der Arbeitgeber seinen Verdacht stützt, anhand derer er sich auf die Anhörung vorbereiten kann. Solange der Arbeitgeber dem nicht nachkommt, kann er nicht davon ausgehen, der Arbeitnehmer wolle sich zu den konkreten Verdachtsmomenten nicht substantiiert einlassen (*Hess. LAG* 4.9.2003 LAGE § 626 BGB Verdacht strafbarer Handlungen Nr. 16). Deshalb ist auch der **Hinweis auf »Einsicht in die Ermittlungsakten«** **nicht ausreichend**. Es sind dann dem Arbeitnehmer vielmehr die konkreten Zeiten der jeweiligen Straftaten mitzuteilen, damit er sich z. B. durch den Vortrag eines Alibis entlasten kann (*LAG Hmb.* 11.5.2006 – 2 Sa 71/05, AuR 2007, 59 LS).

Der Arbeitgeber muss insoweit auch **prüfen, ob nicht andere Personen als Täter in Frage kommen** (*LAG SchlH* 25.2.2004 – 3 Sa 491/03, NZA-RR 2005, 132); verbleiben nach der Anhörung des Arbeitnehmers Zweifel am Tathergang, muss der Arbeitgeber die Personen befragen, die an dem Vorfall beteiligt waren oder Kenntnisse über ihn haben. Daran ändert sich auch dann nichts, wenn der Arbeitnehmer vorgerichtlich nicht bereit war, an der Sachverhaltsaufklärung mitzuwirken (*Hess. LAG* 17.6.2008 – 3/12 Sa 523/07, AuR 2009, 59 LS). Stützt der Arbeitgeber zudem die Verdachtskündigung im Wesentlichen darauf, der **Kunde** habe die vom Arbeitnehmer mitgenommene **Ware nicht bestellt**, muss im Rahmen der Aufklärungspflicht nicht nur der Kunde, sondern, wenn nach den Angaben des Arbeitnehmers seine Ehefrau die Bestellung entgegengenommen und an ihn weitergeleitet hat, auch die Ehefrau des Arbeitnehmers angehört werden (*LAG Nbg.* 10.1.2006 – 6 Sa 238/05, FA 2006, 282 LS). Der Arbeitgeber ist im Übrigen andererseits **nicht verpflichtet**, dem betroffenen Arbeitnehmer Belastungszeugen **gegenüberzustellen**. Denn die Gegenüberstellung würde in der Mehrzahl der Fälle keine größere Sicherheit für die Begründung des Verdachts ergeben (*BAG* 26.2.1987 RzK I 8c Nr. 13; vgl. auch *BAG* 18.9.1997 EzA § 626 BGB n. F. Nr. 169). 1462

Der dem Arbeitnehmer vorgehaltene Verdacht darf sich also nicht in einer bloßen Wertung erschöpfen; er muss vielmehr zumindest soweit konkretisiert sein, dass sich der Arbeitnehmer darauf substantiiert einlassen kann (*BAG* 13.9.1995 EzA § 626 BGB Verdacht strafbarer Handlung Nr. 6). Das *LAG Köln* (31.10.1997 NZA-RR 1998, 297) hat offen gelassen, ob sich diese Konkretisierungspflicht lediglich auf die vorgeworfene Tat oder auch auf die auf diese deutenden Indizien und Beweismittel bezieht. Unschädlich ist danach auf alle Fälle, wenn die Anhörung dem Arbeitgeber auch zu anderen Zwecken – etwa der Gewinnung weiterer Beweismittel – dient und der Arbeitnehmer aus ihr den Eindruck mitnimmt, den Verdacht zerstreut zu haben. Nur wenn sich der Arbeitnehmer »aus der Sicht des Arbeitgebers« erfolgreich entlastet hat, kann eine **erneute Anhörung** erforderlich werden, wenn weitere Ermittlungen nach Meinung des Arbeitgebers zu einer Widerlegung des Entlastungsvorbringens geführt haben (*BAG* 13.9.1995 EzA § 626 BGB Verdacht strafbarer Handlung Nr. 6). 1463

Die Anhörung des Arbeitnehmers ist nach Auffassung des *LAG Köln* (15.4.1997 NZA 1998, 201) dann unwirksam, wenn sie unter für den Arbeitnehmer **unzumutbaren Umständen** erfolgt. Es ist ihm danach z. B. nicht zuzumuten, sich telefonisch zum Vorwurf einer Kassenmanipulation zu äußern, wenn sich das Telefon im Ladenlokal befindet und unbeteiligte Dritte (Kunden) anwesend sind; u. U. kann der Arbeitnehmer verlangen, dass der Arbeitgeber akzeptiert, dass sich der Arbeitnehmer **von einem Rechtsbeistand begleiten lässt**, insbes. dann, wenn keine innerbetriebliche Vertrauensperson vorhanden ist (*ArbG Bln.* 8.7.2005 – 28 Ca 10 016/05, AuR 2006, 373). Wird der Arbeitnehmer zudem zur Teilnahme an einem Anhörungsgespräch zu einer Verdachtskündigung unter dem **Vorwand** bestimmt, es handele sich um ein Gespräch über die Übernahme **zusätzlicher Schichten**, so ist die Anhörung nicht wirksam erfolgt und die Verdachtskündigung unwirksam; das gilt auch dann, wenn die Anhörung **unter Umständen** (Räumlichkeiten, anwesende Personen usw.) stattfindet, die dem **Charakter der Anhörung** (u. a. Entlastungsmöglichkeit des Arbeitnehmers) **nicht entsprechen** (*LAG Bln.-Bra.* 16.12.2010 LAGE § 626 BGB 2002 Verdacht strafbar Handlung Nr. 10). 1464

Nicht ordnungsgemäß ist die Anhörung auch dann, wenn der Arbeitgeber (eine Polizeibehörde) einer der Geldwäsche im Ausland angeklagten Arbeitnehmerin **nach Kenntnisnahme einer 32-seitigen** 1465

Anklageschrift, die dieser noch nicht vorliegt, lediglich eine **Anhörungs- und Stellungnahmefrist von zwei Tagen einräumt** und zudem die von ihrem Rechtsanwalt beantragte Verlängerung dieser Frist »aus Rechtsgründen« ablehnt (*LAG RhPf* 27.11.2000 ZTR 2001, 431 LS). Die Art und Weise der Anhörung richtet sich nach den **Umständen des Einzelfalls**. Eine dem (in der Justizvollzugsanstalt einsitzenden) Arbeitnehmer gesetzte dreitägige Frist zur Stellungnahme ist andererseits nicht generell zu kurz. Das gilt insbes., wenn ihm die im Anhörungsschreiben konkret mitgeteilten Vorwürfe bereits mehr als zwei Wochen vor Übergabe des Anhörungsschreibens aus dem Haftbefehl bekannt waren und wenn er in der Lage war, am nächsten Tag eine detaillierte handschriftliche Stellungnahme abzufassen. Etwaige – ggf. haftbedingte – Zugangsverzögerungen der Stellungnahme des Arbeitnehmers beim Arbeitgeber fallen grds. nicht in dessen Verantwortungs- und Risikobereich. Wenn der Arbeitgeber sich nach Ablauf der gesetzten Frist zur Stellungnahme bei der Justizvollzugsanstalt und der ermittelnden Staatsanwaltschaft erkundigt hat, ob eine Stellungnahme des Arbeitnehmers vorliege, und dies verneint worden ist, führen Verzögerungen im behördeninternen Postlauf oder Verteilungssystem nicht dazu, dass auf Grund eines Verschuldens des Arbeitgebers keine ordnungsgemäße Anhörung stattgefunden hätte. Eine ordnungsgemäße Anhörung setzt **nicht voraus**, dass der Arbeitnehmer **Einblick in alle Unterlagen** erhält, die im Laufe des staatsanwaltlichen Ermittlungsverfahrens ermittelt worden und der Anklage zu Grunde gelegt sind. Damit würde das Anhörungserfordernis – ggf. trotz Unzumutbarkeit der Fortsetzung des Arbeitsverhältnisses – zu einer verfahrensrechtlichen Erschwernis für den Ausspruch einer Verdachtskündigung werden (*LAG München* 19.3.2009 NZA-RR 2009, 530 LS).

1466 Materiellrechtlich ist der Arbeitgeber trotz unzureichender Anhörung des Arbeitnehmers jedenfalls dann nicht gehindert, erst nach Ausspruch der Kündigung bekannt gewordene Verdachtsmomente nachzuschieben, wenn er die Kündigung zusätzlich und eigenständig wegen tatsächlicher Pflichtverletzungen des Arbeitnehmers ausgesprochen hat. Darauf, ob diese Pflichtverletzungen bewiesen werden können und die Kündigung für sich genommen ausreichend begründen, kommt es insoweit nicht an (*BAG* 13.9.1995 EzA § 626 BGB Verdacht strafbarer Handlung Nr. 6).

1467 Ist der Arbeitnehmer vor Kenntnis von dessen Schwerbehinderung bereits zum Verdacht (im konkret entschiedenen Einzelfall des Betruges) angehört worden, beginnt die Frist zur Antragstellung nach § 91 Abs. 2 SGB IX mit Kenntnis des Arbeitgebers von der Schwerbehinderung. Eine erneute Stellungnahme des Arbeitnehmers ist nicht erforderlich, insbes. dann nicht, wenn er bei seiner ersten Anhörung bereits jede Tatbeteiligung abgestritten hat (*LAG Köln* 4.8.2003 AuR 2004, 37).

b) Mitwirkungspflicht des Arbeitnehmers

1468 Den Arbeitgeber trifft allerdings dann kein Verschulden, wenn der Arbeitnehmer von vornherein nicht bereit ist, sich zu den Verdachtsgründen substantiiert zu äußern (*BAG* 26.9.2002 EzA § 626 BGB 2002 Verdacht strafbarer Handlung Nr. 1; *LAG Hamm* 3.4.2008 – 3 Sa 207/07, EzA-SD 15/2008 S. 5 LS; zur Aufklärungspflicht der Gerichte insoweit *BAG* 18.11.1999 EzA § 626 BGB Verdacht strafbarer Handlung Nr. 9; vgl. *Ricken* RdA 2001, 52 ff.). Von diesem Ausnahmefall darf der Arbeitgeber dann ausgehen, wenn er die fehlende Bereitschaft des Arbeitnehmers zur Mitwirkung verlässlich kennt (*LAG RhPf* 9.10.1997 ZTR 1998, 278 LS). Erklärt der Arbeitnehmer z. B., er werde sich zum Vorwurf nicht äußern und nennt er keine relevanten Gründe dafür, muss der Arbeitgeber ihn über die Verdachtsmomente nicht näher informieren. Eine solche Anhörung des Arbeitnehmers wäre überflüssig (*BAG* 13.3.2008 EzA § 626 BGB 2002 Verdacht strafbarer Handlung Nr. 6; 26.9.2002 EzA § 626 BGB 2002 Verdacht strafbarer Handlung Nr. 1); **anders** kann es aber dann sein, wenn der Arbeitnehmer **zwar zu Beginn** seiner Anhörung **erklärt**, er werde sich zur Sache nicht äußern, sondern alles über seinen Rechtsanwalt regeln, sich dann **aber doch zumindest im Ansatz mit den Vorwürfen auseinandersetzt** und sich daraus weiterer Aufklärungsbedarf ergibt. Das kann zur Notwendigkeit eines – weiteren – Gesprächstermins führen (*LAG Hamm* 3.4.2008 FA 2008, 285 LS).

Diese fehlende Mitwirkungsbereitschaft kann sich auch aus einem späteren Verhalten des Arbeitnehmers ergeben. Auch später (nach Ausspruch der Kündigung oder im Prozess) ermittelte Umstände sind zu berücksichtigen, wenn sie sich als Indiz für die vom Arbeitgeber bezweifelte Aufklärungsbereitschaft des Arbeitnehmers darstellen. Dazu gehört z. B. die Tatsache, dass sich der Arbeitnehmer in dem Strafverfahren, das wegen der erhobenen Vorwürfe eingeleitet wurde, nicht einlässt (*LAG RhPf* 9.10.1997 ZTR 1998, 278 LS). Entzieht sich der Arbeitnehmer einem klärenden Gespräch, muss der Arbeitgeber nach Auffassung des *ArbG Frankf./M.* (13.8.2001 – 1 Ca 778/01) die Vorwürfe **schriftlich unterbreiten und den Arbeitnehmer zur Stellungnahme auffordern.** 1469

**Unerheblich ist dagegen, wie der Arbeitgeber oder später das Gericht die konkrete Einlassung des Arbeitnehmers beurteilt hätten** (*BAG* 30.4.1987 EzA § 626 BGB Verdacht strafbarer Handlung Nr. 3). Denn die Anhörungspflicht würde entwertet, wenn sie grds. vom Ergebnis des Kündigungsschutzprozesses und somit von sich erst nach Ausspruch der Kündigung ergebenden Umständen abhängig gemacht würde. 1470

Der Arbeitgeber soll dem Arbeitnehmer vor Ausspruch der Kündigung mit den sich unbeschadet ihrer Wirksamkeit für ihn ergebenden nachteiligen Folgen Gelegenheit zur Stellungnahme geben, um sie bei seiner Entscheidungsfindung berücksichtigen zu können. Diese Funktion darf nicht zu weitgehend durch eine nachträgliche Festlegung ihres möglichen Ergebnisses ersetzt werden. 1471

Nach unzutr. Auffassung des *LAG Düsseld.* (13.8.1998 BB 1998, 2215 LS; instr. *BVerfG* 4.11.2008 NZA 2009, 53) ist die Anhörung eines Arbeitnehmers dann nicht notwendig, wenn er sich auf Grund eines Haftbefehls, der auch den Schluss auf gegen den Arbeitgeber gerichtete Delikte zulässt, in Untersuchungshaft befindet. Eine Anhörung ist danach auch deshalb obsolet, weil unter den Umständen der Untersuchungshaft nicht damit zu rechnen ist, dass sich unter diesen Voraussetzungen Anhaltspunkte für eine andere Entscheidung des Arbeitgebers ergeben könnten. Demgegenüber ist davon auszugehen, dass der Umstand, dass gegen den wegen des Verdachts erheblicher Vermögensdelikte zu Lasten des Arbeitgebers gekündigten Arbeitnehmer ein **Haftbefehl** erlassen worden ist, in dem die Haftgründe der Flucht- und der Verdunkelungsgefahr bejaht worden sind, zwar ein starkes Indiz für das Vorliegen eines so schwerwiegenden Verdachts darstellt, dass dieser als wichtiger Grund an sich geeignet ist. Dieser Umstand macht aber für sich genommen die Anhörung des Arbeitnehmers vor Ausspruch der Verdachtskündigung nicht generell entbehrlich (*LAG München* 19.3.2009 NZA-RR 2009, 530 LS). 1472

### 4. Beurteilungszeitpunkt

*a) Grundlagen*

Das *BAG* ist zunächst davon ausgegangen (*BAG* 4.6.1964 AP Nr. 13 zu § 626 BGB Verdacht strafbarer Handlung; 20.2.1986 NZA 1988, 94; s. a. *LAG SchlH* 3.11.1988 NZA 1989, 798), dass entscheidender Zeitpunkt für die Beurteilung der Frage, ob ein hinreichender Verdacht eines strafbaren bzw. sonst vertragswidrigen Verhaltens gegen den Arbeitnehmer besteht, ausnahmsweise nicht der Zeitpunkt des Ausspruchs der Kündigung, sondern der der letzten mündlichen Verhandlung in der Tatsacheninstanz ist, denn die Unschuld oder der geringere Verdacht haben dann bereits zur Zeit des Ausspruchs der Kündigung objektiv vorgelegen, wenn der Verdacht später ausgeräumt oder abgeschwächt wird. 1473

Inzwischen (*BAG* 14.9.1994 EzA § 626 BGB Verdacht strafbarer Handlung Nr. 5; ebenso *LAG München* 3.11.2000 EzA § 626 BGB Nr. 131) geht das *BAG* davon aus, dass der Verdacht sich **aus objektiven, im Zeitpunkt der Kündigung vorliegenden Tatsachen** ergeben muss. 1474

Soweit der Arbeitnehmer zu seiner Entlastung Tatsachen vorträgt, die im Zeitpunkt der Kündigung vorlagen, sind diese unabhängig davon zu berücksichtigen, ob sie dem Arbeitgeber im Kündigungszeitpunkt bekannt waren oder bekannt sein konnten. **Maßgeblicher Entscheidungszeitpunkt ist somit auch nach der Rechtsprechung des *BAG*** (14.9.1994 EzA § 626 BGB Verdacht strafbarer Handlung Nr. 5) **nunmehr der des Ausspruchs der Kündigung.** 1475

**1476** Folglich können die den Verdacht stärkenden oder entkräftenden Tatsachen bis zur letzten mündlichen Verhandlung in der Berufungsinstanz vorgetragen werden. Sie sind grds. zu berücksichtigen, sofern sie – wenn auch unerkannt – bereits vor Zugang der Kündigung vorlagen (*BAG* 6.11.2003 EzA § 626 BGB 2002 Verdacht strafbarer Handlung Nr. 2; *LAG Köln* 10.2.2005 – 6 Sa 984/04, EzA-SD 12/05, S. 15 LS; *Lunk* NJW 2010, 2753 ff.; a. A. *LAG Brem.* 1.8.2008 – 4 Sa 53/08, DB 2008, 2090).

### b) Der Sonderfall: Langer Zeitraum zwischen Verdachtsmomenten und Kündigung

**1477** Werden einem Arbeitgeber erstmals 1999 Umstände bekannt, die einen objektiven dringenden Verdacht dahingehend abgeben, dass ein Arbeitnehmer in einem Fall 1991, sowie in einem weiteren Fall 1992 jeweils von einer Firma, die in diesen beiden Jahren Geräte an den Arbeitgeber verkauft hat, gerade deswegen die Zahlung von Schmiergeld gefordert und dieses auch tatsächlich erhalten hat, ist die außerordentliche Verdachtskündigung nicht bereits deswegen gem. § 626 Abs. 1 BGB unwirksam, weil beide Schmiergeldzahlungen zum Kündigungszeitpunkt bereits etliche Jahre zurückgelegen haben (*LAG Hamm* 18.9.2000 ZTR 2001, 137 LS).

## 5. Dringender Tatverdacht

**1478** Eine Verdachtskündigung setzt nicht notwendig voraus, dass gerade der Verdacht der Straftat der einzige Grund für die ausgesprochene außerordentliche Kündigung ist.

**1479** Der Verdacht einer Straftat ist aber nur dann ein an sich zur außerordentlichen Kündigung berechtigender Umstand, wenn er zum einen objektiv durch bestimmte Tatsachen begründet ist – subjektive Wertungen des Arbeitgebers reichen nicht aus – und sich aus Umständen ergibt, die so beschaffen sind, dass sie einen verständigen und gerecht abwägenden Arbeitgeber zum Ausspruch der Kündigung veranlassen können; er muss also **dringend** sein; **es muss bei kritischer Prüfung eine auf Indizien gestützte große Wahrscheinlichkeit für eine erhebliche Pflichtverletzung gerade des gekündigten Arbeitnehmers bestehen** (*BAG* 12.5.2010 EzA § 15 KSchG n. F. Nr. 67; 13.3.2008 EzA § 626 BGB 2002 Verdacht strafbarer Handlung Nr. 6; 29.11.2007 EzA § 626 BGB 2002 Verdacht strafbarer Handlung Nr. 5; 10.2.2005 EzA § 1 KSchG Verdachtskündigung Nr. 3; *LAG SchlH* 25.2.2004 NZA-RR 2005, 132; *LAG Köln* 14.5.2008 – 7 TaBV 6/08, AuR 2009, 104 LS). Aus der Darlegung des Arbeitgebers muss sich ein dringender Verdacht auf eine **in ihren Einzelheiten gekennzeichnete Straftat** oder vergleichbare Pflichtwidrigkeit i. S. eines konkreten Handlungsablaufs **schlüssig ergeben**; sind die insoweit vorgetragenen Tatsachen nicht unstreitig, muss Beweis erhoben werden (*LAG Bln.-Bra.* 16.12.2010 LAGE § 626 BGB 2002 Verdacht strafbarer Handlung Nr. 10).

Ob der **Verdacht, einen Bagatelldiebstahl begangen** zu haben, insoweit ausreicht, ist **fraglich** (dagegen *LAG Köln* 14.9.2007 – 11 Sa 259/07, AuR 2007, 444 LS). Allein aus dem Umstand, dass die dem Arbeitnehmer zur Last gelegte Handlung **nicht mit letzter Sicherheit erwiesen** ist, kann demzufolge nicht gefolgert werden, auch die Verdachtskündigung sei nicht gerechtfertigt. Insgesamt muss aber **nicht nur der Verdacht** als solcher schwerwiegend sein. Vielmehr muss ihm auch ein **erhebliches Fehlverhalten** des Arbeitnehmers – strafbare Handlung oder schwerwiegende Pflichtverletzung (Tat) – zugrunde liegen. Die Verdachtsmomente müssen daher regelmäßig ein solches Gewicht erreichen, dass dem Arbeitgeber die Fortsetzung des Arbeitsverhältnisses überhaupt nicht mehr zugemutet werden kann (*BAG* 27.11.2008 EzA § 1 KSchG Verdachtskündigung Nr. 4). Nach *ArbG Bln.* (28.9.2010 – 1 Ca 5421/10, BB 2011, 382) reicht insoweit der dringende Verdacht aus, ein Kassierer habe **manuell Pfandbons** im Wert von 6,06 € erstellt, ohne dass dem ein tatsächlicher Kassiervorgang gegenübergestanden hätte und den Gegenwert an sich genommen, so dass die Kasse beim Kassenabschluss keinen Plussaldo aufwies.

Nicht zur Kündigung veranlassen kann einen verständigen und gerecht abwägenden Arbeitgeber z. B. der Verdacht einer fahrlässigen Schlechtleistung des Arbeitnehmers, selbst wenn es um **grobe Arbeitsfehler im sicherheitsrelevanten Bereich geht** (*LAG Düsseld.* 25.7.2003 LAGE § 626

BGB Verdacht strafbarer Handlung Nr. 1). Etwas anderes gilt für den gegenüber einer Arbeitnehmerin einer Fluggesellschaft bestehenden Verdacht, in Verletzung ihrer dienstlichen Obliegenheiten für ihren Ehemann unberechtigt Meilengutscheine (Miles and more) gebucht zu haben (*BAG* 3.7.2003 EzA § 626 BGB 2002 Verdacht strafbarer Handlung Nr. 2). Auch der durch objektive Tatsachen und Verdachtsmomente begründete Verdacht der **Vortäuschung einer Erkrankung** durch den Arbeitnehmer ist an sich geeignet, das für die Fortsetzung des Arbeitsverhältnisses erforderliche Vertrauen in die Redlichkeit des Arbeitnehmers zu zerstören (*LAG Hamm* 22.9.2004 LAGE § 1 KSchG Verdachtskündigung Nr. 1: Verdachtskündigung jedenfalls als ordentliche Kündigung). Gleiches gilt für den Verdacht **langfristiger Gleitzeitmanipulation** des Arbeitnehmers, den Verdacht unter Ausnutzung seiner arbeitsvertraglichen Stellung von einem Zulieferunternehmen des Arbeitgebers **Zahlungen zum eigenen Vorteil** in einer Größenordnung von mehreren tausend DM verlangt zu haben (*LAG Köln* 22.5.2003 ARST 2004, 117 LS; 21.5.2003 ARST 2004, 117 LS), sowie den **dringenden Verdacht**, dass ein Arbeitnehmer des öffentlichen Dienstes einen privat erlittenen **Unfallschaden als Dienstunfall abgerechnet hat** (*LAG Köln* 26.3.2007 – 14 Sa 1332/06, ZTR 2007, 513 LS). Nichts anderes gilt dann, wenn der Arbeitnehmer unter dem Verdacht steht, **Urlaubsanträge manipuliert** zu haben, indem er die ursprünglich gestellten Urlaubsanträge aus der Personalakte entfernt und durch neue, inhaltlich zu seinem Vorteil geänderte Anträge ersetzt und so zu einem zusätzlichen, ihm nicht zustehenden Urlaubstag kommt (*Hess. LAG* 20.8.2004 NZA-RR 2005, 301). Warum es allerdings nicht zur Entlastung des Arbeitnehmers führen soll, dass der Geschäftsführer vom Handeln des Arbeitnehmers wusste und es durch Unterzeichnung der ausgetauschten Urlaubsanträge gebilligt hat (so das *Hess. LAG* 20.8.2004 NZA-RR 2005, 301), ist unklar.

Demgegenüber bedeutet **genesungswidriges Verhalten** – private Bauarbeiten bei Zehenbruch – nicht, dass die Arbeitsunfähigkeit vorgetäuscht sein muss. Es ergibt sich daraus nicht der dringende Verdacht einer Täuschung und/oder eines Entgeltfortzahlungsbetruges (*LAG RhPf* 6.7.2004 – 5 TaBV 10/04, AuR 2005, 37 LS).

Der Verdacht muss zudem **dringend** sein, d. h. es muss eine große, **zumindest überwiegende Wahrscheinlichkeit** dafür bestehen, dass der Arbeitnehmer eine Straftat begangen hat, obwohl der Arbeitgeber alle zumutbaren Anstrengungen zur Sachverhaltsaufklärung unternommen hat (*BAG* 30.4.1987 EzA § 626 BGB Verdacht strafbarer Handlung Nr. 3; 6.9.2007 EzA § 307 BGB 2002 Nr. 29: »stark oder dringend«; 13.3.2008 EzA § 626 BGB 2002 Verdacht strafbarer Handlung Nr. 6: »starke Verdachtsmomente«; *LAG Hamm* 22.9.2004 LAGE § 1 KSchG Verdachtskündigung Nr. 1; a. A. *LAG Köln* 10.8.1999 ARST 2000, 161: »so knapp unter der Schwelle der Gewissheit, dass nachhaltigen Zweifeln Schweigen geboten ist«; *LAG Köln* 14.5.2008 – 7 TaBV 6/08, AuR 2009, 104 LS u. 13.8.2009 – 7 Sa 1256/07, AuR 2009, 369 LS: »nur geringfügiges Zurückbleiben hinter der Gewissheit der Tatbegehung«; *LAG SchlH* 25.2.2004 – 3 Sa 491/03, NZA-RR 2005, 132: »große Wahrscheinlichkeit«, »schwerwiegende Verdachtsmomente«; *LAG Nds.* 8.6.2004 NZA-RR 2005, 24: »starke Verdachtsmomente«). 1480

So kann z. B. der **dringende Verdacht** der **vorsätzlichen Begehung von Straftaten**, z. B. nach § 183 StGB (Exhibitionismus im Dienst) während der Dienstzeit unter Nutzung der Diensträume als wichtiger Grund zur außerordentlichen Kündigung an sich geeignet sein (*BAG* 5.6.2008 EzA § 626 BGB 2002 Verdacht strafbarer Handlung Nr. 7). 1481

Gleiches gilt für den dringenden Verdacht, dass ein **Krankenpfleger** in einer psychiatrischen Klinik seine Stellung als Pfleger zur Befriedigung seiner geschlechtlichen Wünsche ausgenutzt hat (*BAG* 12.3.2009 NZA-RR 2010, 180). 1482

Eine Verdachtskündigung scheidet aber dann aus, wenn objektive Indizien die Möglichkeit **offen lassen**, dass die dem Angeschuldigten zur Last gelegte Tat in Wirklichkeit gar nicht begangen wurde oder dafür statt des Angeschuldigten auch andere Personen ernsthaft in Frage kommen (*LAG Köln* 13.8.2009 – 7 Sa 1256/07, AuR 2009, 369 LS). 1483

## Kapitel 4
Die Beendigung des Arbeitsverhältnisses

**1484** Auch bloße auf mehr oder weniger haltbare Vermutungen gestützte **Verdächtigungen** reichen zur Rechtfertigung eines dringenden Tatverdachts **nicht aus** (*BAG* 29.11.2007 EzA § 626 BGB 2002 Verdacht strafbarer Handlung Nr. 5); Gleiches gilt für einen Verdacht, der sich auf eine »Summe« von **in den Einzelheiten nicht abgegrenzten Taten** bezieht (*LAG Bln.-Bra.* 16.12.2010 LAGE § 626 BGB 2002 Verdacht strafbarer Handlung Nr. 10).

**1485** Ein dringender Tatverdacht liegt z. B. dann nicht vor, wenn aus einem **Tresor** die Tageseinnahmen entwendet worden sind und der Arbeitgeber **nicht von der Mittäterschaft der drei Mitarbeiterinnen** ausgeht, die im fraglichen Zeitraum über Zugriffsmöglichkeiten auf den Tresor verfügt hatten, sondern davon, dass eine der drei Mitarbeiterinnen allein für das Entwenden der Tageseinnahmen verantwortlich sei. Damit bestand für die Täterschaft der Klägerin keine ausreichende Wahrscheinlichkeit. Der damit zu begründende Verdachtsgrad war weder ein starker noch ein dringender (*BAG* 28.11.2007 EzA § 307 BGB 2002 Nr. 29).

**1486** Zu beachten ist, dass sich aus dem Umstand, dass die Tat nicht nachgewiesen ist, nicht ergibt, dass keine hinreichenden Anhaltspunkte für den dringenden Verdacht bestehen. Entscheidend ist vielmehr, ob die den Verdacht begründenden Indizien zutreffen, also entweder unstreitig sind oder vom Arbeitgeber bewiesen werden. Es kommt nicht darauf an, ob der Tatvorwurf erwiesen ist, sondern darauf, ob die vom Arbeitgeber zur Begründung des Verdachts vorgetragenen Tatsachen einerseits den Verdacht rechtfertigen (Rechtsfrage, Schlüssigkeit des Vortrags) und wenn ja, ob sie auch tatsächlich zutreffen (Tatsachenfrage, Beweiserhebung und Beweiswürdigung; *BAG* 10.2.2005 EzA § 1 KSchG Verdachtskündigung Nr. 3).

Deshalb genügt z. B. die **Aussage einer Zeugin**, die eine **sexuelle Belästigung** behauptet, nach dem Ergebnis der Beweisaufnahme aber **für unglaubwürdig befunden** wird, nicht nur nicht für eine Tat-, sondern auch nicht für eine Verdachtskündigung (*Thür. LAG* 16.5.2006 LAGE § 616 BGB 2002 Nr. 8).

**1487** Nach unzutr. Auffassung des *LAG Köln* (31.10.1997 LAGE § 626 BGB Verdacht strafbarer Handlung Nr. 7; ebenso *LAG SchlH* 21.4.2004 NZA-RR 2004, 666; offen gelassen für einen Haftbefehl des Ermittlungsrichters gem. § 112 Abs. 1 StPO vom *ArbG Offenbach* 17.12.2003 NZA-RR 2004, 386; instr. dazu *BVerfG* 4.11.2008 NZA 2009, 53) soll dafür bereits allein die Tatsache der **Anklageerhebung** und der **Eröffnung des Hauptverfahrens** ausreichen. Denn in einem Rechtsstaat hat danach das Handeln seiner Behörden die Vermutung der Rechtmäßigkeit für sich; der Arbeitgeber kann nicht verpflichtet sein, in seinen Bewertungen kritischer und zurückhaltender als diese zu sein. Andererseits rechtfertigt **noch nicht allein** die dem Arbeitgeber seitens einer staatlichen Ermittlungsbehörde (Zollfahndungsamt) zugeleitete **Zusammenfassung von Ermittlungsergebnissen**, wonach ein Arbeitnehmer den Arbeitgeber durch Diebstähle/Unterschlagungen nachhaltig geschädigt habe, die Annahme eines dringenden Tatverdachts (*LAG Hamm* 20.7.2000 NZA-RR 2001, 635; unzutr. daher *ArbG Lörrach* 19.8.2009 LAGE § 626 BGB 2002 Verdacht strafbarer Handlung Nr. 7, wonach der Arbeitgeber auf die Objektivität und Richtigkeit polizeilicher Ermittlungsergebnisse vertrauen darf, wenn er keine konkreten abweichenden Erkenntnisse hat). Demgegenüber ist davon auszugehen, dass die Einleitung eines staatsanwaltschaftlichen **Ermittlungsverfahrens** und eine richterliche **Durchsuchungsanordnung alleine noch keinen dringenden Tatverdacht** begründen können (*BAG* 29.11.2007 EzA § 626 BGB 2002 Verdacht strafbarer Handlung Nr. 5).

**1488** Ausreichend ist es demgegenüber aber jedenfalls, wenn ein **Kassierer** in einem Lebensmittelmarkt von einem Kunden Geld kassiert, diesen Vorgang aber weder registriert, noch die Einnahme der Kasse zuführt (*LAG Köln* 19.6.1998 LAGE § 626 BGB Verdacht strafbarer Handlung Nr. 9). Auch die Kassiererin in einem Lebensmittelmarkt, die bei **mehreren Testkäufen die vorgeschriebene Kassenregistrierung der vereinnahmten Beträge unterlässt**, ohne dass der Kassenabschluss die entsprechende Plus-Differenz ergibt, setzt grds. den für eine Verdachtskündigung erforderlichen Verdacht der Unterschlagung. Darauf kann sich der Arbeitgeber selbst dann berufen, wenn er der Kassiererin in einem nach Ausspruch der Kündigung ausgestellten Zeugnis Ehrlichkeit bescheinigt hat (*LAG Köln* 30.7.1999 NZA-RR 2000, 189).

Besteht der dringende Verdacht einer schwerwiegenden Arbeitsvertragsverletzung (Erschleichung eines Arbeitsunfähigkeit bestätigenden ärztlichen Attests) oder/und dass sich der Arbeitnehmer nicht gesundheitsfördernd verhalten hat, ist nach Auffassung des *LAG Bln.* (3.8.1998 LAGE § 15 KSchG Nr. 17) schließlich kündigungsrechtlich eine **Wahlfeststellung** möglich. 1489

Dem **Leiter eines kommunalen Kindergartens** kann ohne vorherige Abmahnung wirksam außerordentlich gekündigt werden, wenn anlässlich staatsanwaltschaftlicher Ermittlungen auf dem privaten PC des Arbeitnehmers sechzig aus dem Internet heruntergeladene **Bilddateien mit pornographischen Darstellungen** des Missbrauches von Kindern sichergestellt werden, die den dringenden Verdacht begründen, der Arbeitnehmer habe auf Grund pädophiler Neigungen gehandelt (*ArbG Braunschweig* 22.1.1999 NZA-RR 1999, 192). 1490

Auch der gegen eine Führungskraft sprechende dringende Verdacht, sich **unbefugt Betriebsgeheimnisse** durch Herstellung und Speicherung einer privaten Datenkopie verschafft und dabei zu Zwecken des Wettbewerbs gehandelt zu haben (§ 17 Abs. 2 Nr. 1 UWG), kann wichtiger Grund für eine fristlose Kündigung (ohne Abmahnung) sein (*LAG Köln* 17.8.2001 – 11(7) Sa 484/00, EzA-SD 4/02, S. 14 LS). 1491

Gleiches gilt für den dringenden Verdacht, mehrfach nach Vornahme technischer Manipulationen von einem Dienstanschluss während der Arbeitszeit mit so genannten Sex-Hotlines telefoniert zu haben (*LAG Köln* 13.3.2002 NZA-RR 2002, 577), sowie für den dringenden Verdacht, die Arbeitnehmerin habe sich gemeinsam mit einer Bekannten den **Lottogewinn** eines Kunden des Arbeitgebers ausbezahlen lassen (*ArbG Lörrach* 19.8.2009 LAGE § 626 BGB 2002 Verdacht strafbarer Handlung Nr. 7). 1492

Demgegenüber besteht ein dringender Tatverdacht im konkreten Einzelfall dann nicht, wenn ein Arbeitnehmer, in dessen Tasche der Arbeitgeber eine **Rolle Paketklebeband der Marke Tesafilm** im Wert von etwa 3 € gefunden hat, zu seiner Entlastung vorträgt, er habe seine Tasche auf den Arbeitstisch gelegt, dann eine Pause gemacht, im Anschluss an die Pause die Tasche zugemacht und danach noch einmal eine Raucherpause im Pausenraum eingelegt und man habe ihm bei einer dieser Gelegenheiten die Kleberolle aus Gehässigkeit, Dummheit oder Unfug in die Tasche gesteckt. Denn dann handelt es sich um eine nachvollziehbare Wahrscheinlichkeit, an der mangels ausreichender Darlegung und ausreichenden Beweises der Arbeitgeberseite, dass tatsächlich ein Diebstahl seitens des Arbeitnehmers vorlag, eine Verdachtskündigung scheitert (*ArbG Kass*el 28.5.2003 AuR 2004, 435 LS). 1493

Zu beachten ist schließlich, dass **strafbare Handlungen** des Arbeitnehmers nicht schlechthin kündigungsrelevant sind. Sie müssen vielmehr in **irgendeiner Form einen Bezug zum Arbeitsverhältnis haben**. Eine Hehlerei des Arbeitnehmers mit gestohlenen Handys eines in Geschäftsbeziehung zum Arbeitgeber stehenden Kunden auf dem **Parkplatz des Betriebs** verletzt aber z. B. das Integritätsinteresse des Arbeitgebers erheblich und führt zu einer kündigungsrechtlich beachtlichen Nebenpflichtverletzung. Der Arbeitgeber braucht nicht zu dulden, dass sein Betriebsgelände von den Mitarbeitern für strafbare Privatgeschäfte genutzt wird (*BAG* 6.11.2003 EzA § 626 BGB 2002 Verdacht strafbarer Handlung Nr. 2). 1494

**Lagert ein Arbeitnehmer** folglich **gestohlene Ware** (Drucker und Monitore) in Kenntnis des Umstandes, dass die Ware aus einer Straftat stammt, **auf dem Betriebsgelände** seines Arbeitgebers, um die Geräte sodann an andere Mitarbeiter zu veräußern, stellt auch dies i. d. R. einen wichtigen Grund i. S. v. § 626 Abs. 1 BGB dar (*LAG Köln* 11.4.2005 – 3 Sa 481/04, AuR 2005, 384 LS). 1495

Lässt sich ein Kundendienstmonteur dahin ein, er habe die von ihm über das Internetauktionshaus »eBay« verkauften Telekommunikationsmittel der gleichen Art, wie er sie bei seiner dienstlichen Tätigkeit zu verwenden hat, von unbekannten Personen auf Flohmärkten erworben und in öffentlichen Müllbehältern gefunden, so handelt es sich um eine in solchen Fällen typische Schutzbehauptung. Das Anpreisen der angebotenen Artikel als »neu« und »originalverpackt«, das Einstellen der Artikel mit sehr niedrigen Startpreisen, die fehlende Vorlage von Verkaufsbele- 1496 gen sowie das Erzielen einer sehr hohen Anzahl von positiven Urteilen in der Bewertungsplattform von »eBay« stellen deutliche Hinweise für einen dringenden Diebstahlsverdacht dar (*LAG Köln* 16.1.2007 LAGE § 626 BGB 2002 Verdacht strafbarer Handlung Nr. 3).

### 6. Interessenabwägung

**1497** Hinsichtlich der auch bei der Verdachtskündigung notwendigen Interessenabwägung muss dann, wenn nach der Sachverhaltsaufklärung ein schwerer Verdacht gegen den Arbeitnehmer bestehen bleibt, überprüft werden, ob dem Arbeitgeber die Fortsetzung des Arbeitsverhältnisses zugemutet werden kann (*BAG* 4.6.1964 AP Nr. 13 zu § 626 BGB Verdacht strafbarer Handlung).

**1498** Dabei sind die **Persönlichkeit und Stellung des Arbeitnehmers im Betrieb** zu berücksichtigen.

**1499** Eine **besondere Vertrauensstellung** oder die Erwartung, dass die Weiterbeschäftigung besondere Gefahren für den Arbeitgeber mit sich bringt, können dabei eine Rolle spielen.

**1500** Stets aber muss sich das Gericht vor Augen halten, dass eine nur auf Verdacht gestützte Kündigung meist **ähnlich diskriminierend wirkt wie eine Strafe** und für den entlassenen Arbeitnehmer nicht nur die augenblickliche Lebensgrundlage beseitigt, sondern auch die Erlangung eines neuen Arbeitsplatzes erschweren kann.

**1501** Nach Auffassung des *Hess. LAG* (24.11.1994 LAGE § 626 BGB Nr. 83) können Aspekte der **Arbeits- und Betriebsdisziplin**, die wirtschaftliche Bedeutung, die das Phänomen des Personaldiebstahls im Einzelhandel angenommen hat, **Wiederholungsgefahr und das Prestige des Arbeitgebers** bei der Belegschaft eine harte und strenge Reaktion auf einen dringenden Diebstahls- oder Unterschlagungsverdacht grds. rechtfertigen. Gleichwohl kann auf Grund einer langen Betriebszugehörigkeit ohne Beanstandungen, Schwerbehinderteneigenschaft etc. eine außerordentliche Kündigung wegen eines derartigen Verdachts unwirksam sein, sodass nur eine ordentliche Kündigung in Betracht kommt. Andererseits kann eine **lange Betriebszugehörigkeit** insoweit auch durchaus **gewichtungsneutral** sein, wenn der Arbeitgeber dem Arbeitnehmer **lange Vertrauen entgegengebracht hat** und damit die Zerstörung des Vertrauens besonders schwer wiegt (*LAG Nbg.* 16.10.2007 LAGE § 626 BGB 2002 Verdacht strafbarer Handlung Nr. 4). Die **Nachahmungsgefahr durch andere Arbeitnehmer** kann das Auflösungsinteresse des Arbeitgebers zudem steigern (*LAG Nbg.* 16.10.2007 LAGE § 626 BGB 2002 Verdacht strafbarer Handlung Nr. 4 = ZTR 2008, 55 LS).

**1501a** Nach *ArbG Bln.* (28.9.2010 – 1 Ca 5421/10, BB 2011, 382) können auch eine 17-jährige beanstandungsfreie Betriebszugehörigkeit und ein in Frage stehender Schaden von nur 6,06 € im Einzelfall angesichts der Tatsache, dass sich der Verdacht auf eine Straftat im **Kernbereich der Tätigkeit als Kassierer** sowie auf eine erst durch eine gezielte Manipulation geschaffene Möglichkeit zur Schädigung des Arbeitgebers – manuelle Erstellung fiktiver Pfandbons – richtet, die Interessenabwägung nicht zugunsten des Arbeitnehmers ausfallen lassen.

### 7. Besonderheiten bei der Zweiwochenfrist (§ 626 Abs. 2 BGB) und die Entwicklung von Strafverfahren

#### a) Kenntnis des Arbeitgebers

**1502** Für den Fristbeginn gem. § 626 Abs. 2 BGB kommt es auf die **sichere und möglichst positive Kenntnis der für die Kündigung maßgeblichen Tatsachen** an (*BAG* 27.1.2011 EzA § 626 BGB 2002 Verdacht strafbarer Handlung Nr. 10 = NZA 2011, 798).

**1503** Unter den Tatsachen, die für die Kündigung maßgeblich sind, sind i. S. v. Zumutbarkeitserwägungen sowohl die für als auch die gegen die Kündigung sprechenden Umstände zu verstehen.

**1504** Es genügt nicht die Kenntnis des konkreten, die Kündigung auslösenden Anlasses, vielmehr muss *dem Arbeitgeber eine Gesamtwürdigung nach Zumutbarkeitsgesichtspunkten möglich sein*. Maßgeblich ist der Zeitpunkt des Bekanntwerdens derjenigen objektiven Tatsachen, die den Arbeitgeber in die Lage versetzen, eine **abschließende Bewertung der Verdachtsgründe** und des dadurch ausgelösten **Vertrauenswegfalls** vorzunehmen (*LAG Bln.* 30.6.1997 NZA-RR 1997, 424 [für die außerordentliche Verdachtskündigung eines Dienstvertrages]; *LAG Köln* 18.2.1997 NZA-RR 1998, 65).

### b) Hemmung des Fristablaufs

Weil auch die für den Arbeitnehmer sprechenden Gesichtspunkte zum Kündigungssachverhalt gehören, die regelmäßig ohne seine Anhörung nicht hinreichend vollständig erfasst werden können, ist die **Anhörung des Arbeitnehmers i. d. R. geeignet, den Fristablauf zu hemmen** (*BAG* 6.7.1972 EzA § 626 BGB n. F. Nr. 15; *Mennemayer/Dreymüller* NZA 2005, 382 ff.). 1505

Allerdings ist sie nur solange gehemmt, wie der Kündigungsberechtigte in der gebotenen Eile noch Ermittlungen anstellt, die ihm eine umfassende und zuverlässige Kenntnis des Kündigungssachverhalts verschaffen sollen. 1506

Deshalb muss der Arbeitnehmer innerhalb einer **Regelfrist von einer Woche angehört** werden, die bei Vorliegen besonderer Umstände auch überschritten werden darf (*BAG* 12.2.1973 EzA § 626 BGB n. F. Nr. 22; *Mennemayer/Dreymüller* NZA 2005, 382 ff.). Erfährt der Arbeitgeber von einem Verdacht auf im dienstlichen Bereich begangene Straftaten des Arbeitnehmers und erhält er anschließend **weder Akteneinsicht** in die Strafakte **noch Auskünfte** des vorübergehend inhaftierten Arbeitnehmers zum Tatvorwurf, so kann die Regelfrist von einer Woche nach Auffassung des *LAG Köln* (8.8.2000 NZA-RR 2001, 185) um **ca. einen Monat überschritten** werden. 1507

Die **Arbeitsunfähigkeit** eines Arbeitnehmers führt **nicht ohne weiteres** zu einer Hemmung der Ausschlussfrist. Denn erforderlich und ausreichend für die Anhörung ist es, dass sich der Arbeitnehmer zu dem gegen ihn erhobenen Vorwurf äußern kann (*LAG Köln* 25.1.2001 ARST 2001, 213). 1508

Für die Durchführung der übrigen Ermittlungen gilt keine Regelfrist (*BAG* 10.6.1988 EzA § 626 BGB Ausschlussfrist Nr. 2). 1509

### c) Abschluss des Ermittlungs- und Strafverfahrens; Verhältnis zur Tatkündigung

#### aa) Allgemeine Grundsätze

Kündigt der Arbeitgeber wegen strafbarer Handlung bzw. eines entsprechenden Verdachts, so führt die **Einstellung** des gegen die Arbeitnehmerin insoweit eingeleiteten staatsanwaltschaftlichen **Ermittlungsverfahrens** (§ 170 Abs. 2 S. 1 StPO) nicht zur Unwirksamkeit der Kündigung (*BAG* 20.8.1997 EzA § 626 BGB Verdacht strafbarer Handlung Nr. 7). 1510

Ggf. darf der Arbeitgeber mit der Kündigung **bis zum Abschluss eines Strafverfahrens warten**, wenn er vorher die Schwere des Verdachts aus eigener Kenntnis nicht beurteilen kann (*BAG* 4.6.1964 AP Nr. 13 zu § 626 BGB Verdacht strafbarer Handlung; 27.1.2011 EzA § 626 BGB 2002 Verdacht strafbarer Handlung Nr. 10 = NZA 2011, 798). Spricht der Arbeitgeber wegen eines bestimmten Sachverhalts eine Verdachtskündigung aus, so ist er andererseits im Kündigungsschutzprozess materiell-rechtlich nicht gehindert, z. B. nach Durchführung einer Beweisaufnahme, sich darauf zu berufen, die den Verdacht begründenden Pflichtverletzungen rechtfertigten eine **Tatkündigung** (*BAG* 6.12.2001 EzA § 626 BGB Verdacht strafbarer Handlung Nr. 11). Steht die Pflichtwidrigkeit der Tat auch zur Überzeugung des Gerichts fest, so ist auch dieses nicht gehindert, die nachgewiesene Pflichtwidrigkeit als Kündigungsgrund anzuerkennen; dies lässt die Wirksamkeit der Kündigung, die zunächst nur mit dem Verdacht eines pflichtwidrigen Handelns begründet worden war, aus materiell-rechtlichen Gründen unberührt. Hat der Arbeitgeber in einem derartigen Fall keine Tatkündigung nachgeschoben, so kann das Gericht sein Urteil trotzdem darauf stützen, dass sich der Verdacht als Kündigungsgrund in seiner schärfsten Form erwiesen hat, dass nämlich das Gericht von der Tatbegehung überzeugt ist (*BAG* 3.7.2003 EzA § 626 BGB 2002 Verdacht strafbarer Handlung Nr. 2). 1511

1512 Ist die Verdachtskündigung rechtskräftig wegen Nichteinhaltung der Zwei-Wochen-Frist gem. § 626 Abs. 2 BGB für unwirksam erachtet worden, so hindert auch die Rechtskraft dieses Urteils den Arbeitgeber nicht, später nach Abschluss des gegen den Arbeitnehmer eingeleiteten Strafverfahrens erneut eine **nunmehr auf die Tatbegehung selbst** gestützte außerordentliche Kündigung auszusprechen.

1513 Das gilt auch dann, wenn das Strafverfahren nicht zu einer Verurteilung des Arbeitnehmers geführt hat, sondern gegen Zahlung eines Geldbetrages nach § 153a StPO eingestellt worden ist; Gleiches gilt bei einer Einstellung des Strafverfahrens gem. § 153 Abs. 2 StPO (*LAG Nds.* 15.3.2002 NZA-RR 2003, 20).

1514 Die Frist beginnt dann jedenfalls nicht vor dem Abschluss des Strafverfahrens zu laufen, wenn der Arbeitgeber zuvor zwar Verdachtsmomente kannte, diese aber noch keine jeden vernünftigen Zweifel ausschließende sichere Kenntnis der Tatbegehung selbst begründeten (*BAG* 12.12.1984 EzA § 626 BGB n. F. Nr. 97).

1515 Der Arbeitgeber ist danach auch nicht gehalten, gleich wegen des Verdachts einer Straftat zu kündigen. Er kann sich entschließen, seinen Arbeitnehmer nur für den Fall zu entlassen, dass sich herausstellen sollte, er habe die strafbare Handlung tatsächlich begangen.

1516 Er kann sogar auch dann den rechtskräftigen Abschluss eines Strafverfahrens abwarten, falls ihm nur die Fortsetzung des Arbeitsverhältnisses mit einem überführten Täter unzumutbar erscheint (*BAG* 3.4.1986 EzA § 102 BetrVG 1972 Nr. 63). Dies ist zwar ein **rechtsstaatlich nicht gebotenes**, in jedem Fall **aber gerade im Interesse des Arbeitnehmers angemessenes Vorgehen**. Der Arbeitgeber gibt damit zu erkennen, dass er die Kündigung nur auf einen zur rechtskräftigen Verurteilung im Strafverfahren ausreichenden Tatsachenstand stützen will und die rechtskräftige Verurteilung aus seiner Sicht ein eigenes Gewicht hat, das sie zu einem Element des Kündigungsgrundes macht (*BAG* 5.6.2008 – 2 AZR 25/07, EzA-SD 21/2008 S. 10 LS = FA 2008, 379 LS).

1517 Wird der Arbeitnehmer im Strafverfahren wegen **mangelnder Beweise freigesprochen**, ist dem Arbeitgeber zwar nicht grds. die Möglichkeit abgeschnitten, gleichwohl wegen Verdachts wirksam zu kündigen. Da der Freispruch mangels Beweises den Verdacht gegen den Arbeitgeber jedoch entkräften kann, ist in diesem Fall besonders sorgfältig zu prüfen, ob die Dringlichkeit des Verdachts und die Erschütterung des Vertrauens des Arbeitgebers noch ausreichen, um eine fristlose Kündigung zu rechtfertigen (*LAG Nds.* 20.3.2009 LAGE § 626 BGB 2002 Verdacht strafbarer Handlung Nr. 6).

*bb) Präzisierung dieser Grundsätze durch das BAG*

1518 Diese allgemeinen Grundsätze hat das *BAG* (29.7.1993 EzA § 626 BGB Ausschlussfrist Nr. 4; 18.11.1999 EzA § 626 BGB Ausschlussfrist Nr. 14; 5.6.2008 EzA § 626 BGB 2002 Verdacht strafbarer Handlung Nr. 7; 27.1.2011 EzA § 626 BGB 2002 Verdacht strafbarer Handlung Nr. 10 = NZA 2011, 798; vgl. auch *LAG Hamm* 20.8.1999 FA 2000, 52 u. 3.4.2008 FA 2008, 285) wie folgt präzisiert:

– Der Kündigungsberechtigte kann sich zwar am Fortgang des Strafverfahrens orientieren (*BAG* 5.6.2008 EzA § 626 BGB 2002 Verdacht strafbarer Handlung Nr. 7; 27.1.2011 EzA § 626 BGB 2002 Verdacht strafbarer Handlung Nr. 10 = NZA 2011, 798). Weder der Verdacht strafbarer Handlungen noch eine Straftat stellen aber Dauerzustände dar, die es dem Arbeitgeber ermöglichen, bis zur strafrechtlichen Verurteilung des Arbeitnehmers zu irgendeinem beliebigen Zeitpunkt eine fristlose Kündigung auszusprechen; für den gewählten **Kündigungszeitpunkt** bedarf es vielmehr eines **sachlichen Grundes** (*BAG* 5.6.2008 EzA § 626 BGB 2002 Verdacht strafbarer Handlung Nr. 7; s. a. *LAG München* 19.3.2009 NZA-RR 2009, 530 LS: Erlass eines Haftbefehls).

– Hält der Arbeitgeber einen bestimmten Kenntnisstand für ausreichend, eine fristlose Kündigung wegen Verdachts einer strafbaren Handlung oder wegen begangener Straftat auszusprechen, so muss er nach § 626 Abs. 2 BGB binnen zwei Wochen kündigen, nachdem er diesen

Kenntnisstand erlangt hat. Hat der Kündigungsberechtigte **neue Tatsachen** erfahren oder neue Beweismittel erlangt und glaubt, nunmehr einen – neuen – **ausreichenden Erkenntnisstand** für seine Kündigung zu haben, so kann er **auch dies zum Anlass** der **Kündigung nehmen** (*BAG* 5.6.2008 EzA § 626 BGB 2002 Verdacht strafbarer Handlung Nr. 7).
– Entscheidet sich der Arbeitgeber, nachdem sich auf Grund konkreter Tatsachen bei ihm ein Anfangsverdacht entwickelt hat, selbst weitere Ermittlungen durchzuführen, so muss er diese zügig durchführen und binnen 2 Wochen nach Abschluss der Ermittlungen, die seinen Kündigungsentschluss stützen, kündigen.
– Es steht dem Kündigenden zwar grds. frei, anstatt eigene Ermittlungen durchzuführen, den Ausgang des Ermittlungs- bzw. Strafverfahrens abzuwarten. Das bedeutet aber nicht, dass der Arbeitgeber trotz eines hinlänglich begründeten Anfangsverdachts zunächst von eigenen weiteren Ermittlungen absehen und den Verlauf des Ermittlungs- bzw. Strafverfahrens abwarten darf, um dann spontan, ohne dass sich neue Tatsachen ergeben hätten, zu einem willkürlich gewählten Zeitpunkt Monate später nach Abschluss dieser Ermittlungen zu kündigen.
– Kündigt der Arbeitgeber nicht schon auf Grund des Verdachts einer strafbaren Handlung, sondern wartet er das Ergebnis des Strafverfahrens ab, so wird die Ausschlussfrist des § 626 Abs. 2 BGB jedenfalls dann gewahrt, wenn er die außerordentliche Kündigung binnen zwei Wochen seit Kenntniserlangung von der Tatsache der Verurteilung ausspricht.

Der Arbeitgeber darf auch den Aus- und Fortgang des Ermittlungs- und Strafverfahrens abwarten und in dessen Verlauf zu einem **nicht willkürlich gewählten Zeitpunkt** kündigen. Das gilt auch für die Überlegung, ob er eine Verdachtskündigung aussprechen soll. Im Verlauf des Ermittlungs- und Strafverfahrens gewonnene Erkenntnisse oder Handlungen der Strafverfolgungsbehörden können die **Annahme verstärken**, der Vertragspartner habe die Pflichtverletzung begangen. Eine solche den Verdacht intensivierende Wirkung kann auch die **Erhebung der öffentlichen Klage** haben, selbst wenn sie nicht auf neuen Erkenntnissen beruht. Der Umstand, dass eine **unbeteiligte Stelle** mit weiterreichenden Ermittlungsmöglichkeiten als sie dem Arbeitgeber zur Verfügung stehen, einen hinreichenden Tatverdacht bejaht, ist geeignet, den gegen den Arbeitnehmer bestehenden Tatverdacht zu bestärken. Die öffentliche Klage kann auch dann Anlass für eine Verdachtskündigung sein, wenn der Arbeitgeber zuvor bereits eine erklärt hatte. Die Frist des § 626 Abs. 2 BGB beginnt mit **ausreichender Kenntnis** von den verdachtsverstärkenden Tatsachen erneut zu laufen. Da die neuerliche Kündigung auf einer weiteren, den Verdacht verstärkenden Tatsache beruht, handelt es sich auch nicht um eine unzulässige Wiederholungskündigung. Es gibt nicht lediglich zwei objektiv genau bestimmbare Zeitpunkte, zu denen die Frist des § 626 Abs. 2 BGB zu laufen beginnt, einen Zeitpunkt für den Ausspruch einer Verdachts-, einen weiteren für den Ausspruch einer Tatkündigung. Im Laufe des **Aufklärungszeitraums** kann es vielmehr **mehrere Zeitpunkte** geben, in denen der Verdacht »dringend« genug ist, um darauf eine Kündigung zu stützen (*BAG* 27.1.2011 EzA § 626 BGB 2002 Verdacht strafbarer Handlung Nr. 10 = NZA 2011, 798).

*cc) Ausspruch von Tat- und Verdachtskündigung*

Führt der Arbeitgeber eine behauptete nachgewiesene Pflichtwidrigkeit und den Verdacht einer entsprechenden Pflichtwidrigkeit nicht innerhalb eines Schreibens, sondern in **zwei getrennten**, vollständig ausformulierten **Schreiben** als Kündigungsgrund an, mit denen er nebeneinander ausdrücklich jeweils eine außerordentliche, hilfsweise ordentliche Kündigung erklärt, muss der Arbeitnehmer dies regelmäßig so verstehen, dass der Arbeitgeber wegen eines jeden der angeführten Gründe eine eigenständige Kündigung aussprechen will. Ist eine Verdachtskündigung als solche mangels Anhörung des Arbeitnehmers unwirksam, hat der Tatsachenrichter stets zu prüfen, ob die vom Arbeitgeber vorgetragenen Verdachtsmomente geeignet sind, die Überzeugung von einer entsprechenden Tat zu gewinnen und damit die Kündigung unter dem Gesichtspunkt einer Tatkündigung zu rechtfertigen. Der auch ohne entsprechende Einlassung des Arbeitgebers vorzunehmenden Beurteilung, ob zur Begründung einer Verdachtskündigung angeführte Umstände hinreichend geeignet sind, die Kündi-

**1519**

gung wegen erwiesener Tat zu rechtfertigen (s. *BAG* 10.6.2010 EzA § 626 BGB 2002 Nr. 32; 27.1.2011 EzA § 626 BGB 2002 Verdacht strafbarer Handlung Nr. 10 = NZA 2011, 798), steht regelmäßig nicht entgegen, dass der Arbeitgeber neben der Verdachtskündigung ausdrücklich eine weitere Kündigung als Tatkündigung erklärt hat. Grundsätzlich ist jede Kündigung eigenständig auf ihre Wirksamkeit zu überprüfen (*BAG* 23.6.2009 EzA § 626 BGB 2002 Verdacht strafbarer Handlung Nr. 8). Auch dann, wenn nur eine Kündigung erklärt und mit dem Verdacht pflichtwidrigen Verhaltens begründet wird, sich nach **tatrichterlicher Würdigung** aber das **tatsächliche Vorliegen der Pflichtwidrigkeit** ergibt, ist das ArbG nicht gehindert, dies seiner Entscheidung zugrunde zu legen. Auch insoweit ist es **nicht erforderlich**, dass der **Arbeitgeber** sich während des Prozesses **darauf berufen hat**, er stütze die Kündigung auch auf die erwiesene Tat. Das gilt auch für die **Revisionsinstanz**, wenn das Berufungsgericht zwar nicht selbst geprüft hat, ob ein wichtiger Grund i. S. d. § 626 Abs. 1 BGB gegeben ist, aber gem. § 559 Abs. 2 ZPO bindend festgestellt hat, dass die Pflichtwidrigkeit tatsächlich begangen wurde (*BAG* 27.1.2011 EzA § 626 BGB 2002 Verdacht strafbarer Handlung Nr. 10 = NZA 2011, 798).

**1520** Prozessual gilt dann Folgendes (*BAG* 23.6.2009 EzA § 626 BGB 2002 Verdacht strafbarer Handlung Nr. 8):

Durch die dreiwöchige Klagefrist soll dem Arbeitgeber alsbald Klarheit darüber verschafft werden, ob der Arbeitnehmer eine Kündigung hinnimmt oder ihre Unwirksamkeit gerichtlich geltend machen will. Erfüllt das prozessuale Vorgehen des Arbeitnehmers diesen Zweck, soll er nicht aus formalen Gründen den Kündigungsschutz verlieren. Dementsprechend sind an Inhalt und Form der Kündigungsschutzklage keine hohen Anforderungen zu stellen.

Hat der Arbeitgeber am selben Tag eine Tatkündigung und mit weiterem Kündigungsschreiben eine Verdachtskündigung – jeweils als außerordentliche, hilfsweise ordentliche Kündigung – erklärt, kann nach den Umständen des Falls eine vom Arbeitnehmer ohne Differenzierung zwischen der Tat- und der Verdachtskündigung erhobene Kündigungsschutzklage gegen »die (nach Datum bezeichnete) Kündigung« ausreichend sein, um für den Arbeitgeber und das Gericht noch innerhalb der Dreiwochenfrist des § 4 S. 1 KSchG deutlich zu machen, dass sich der Arbeitnehmer gegen beide Kündigungen zur Wehr setzen will.

### d) Aussetzung des Kündigungsschutzverfahrens?

**1520a** Es besteht regelmäßig keine Rechtfertigung für die Aussetzung eines Kündigungsschutzprozesses bis zur rechtskräftigen Erledigung eines Strafverfahrens, in dem der Kündigungsvorwurf unter dem Gesichtspunkt des Strafrechts geprüft wird, zumal die Aussetzung zu einer bedenklichen, für die Parteien mit erheblichen wirtschaftlichen Risiken verbundenen Verzögerung des Kündigungsschutzprozesses führen kann, denn auch der Verdacht einer nicht strafbaren, gleichwohl erheblichen Verletzung der sich aus dem Arbeitsverhältnis ergebenden Pflichten kann ein wichtiger Grund i. S. v. § 626 Abs. 1 BGB sein (*BAG* 25.11.2010 EzA § 626 BGB 2002 Verdacht strafbarer Handlung Nr. 9).

### 8. Besonderheiten bei der Anhörung des Betriebsrats

**1521** Teilt der Arbeitgeber dem Betriebsrat mit, er beabsichtige, den Arbeitnehmer wegen einer nach dem geschilderten Sachverhalt für nachgewiesen erachteten Straftat fristlos und vorsorglich ordentlich zu kündigen und stützt er später die Kündigung bei unverändert gebliebenem Sachverhalt auch auf den Verdacht dieser Straftat, so ist der **nachgeschobene Kündigungsgrund der Verdachtskündigung** nach der Rechtsprechung des *BAG* (3.4.1986 EzA § 102 BetrVG 1972 Nr. 63) **wegen fehlender Anhörung des Betriebsrats im Kündigungsschutzprozess nicht zu verwerten**, es sei denn, dass der Arbeitgeber den Betriebsrat zuvor erneut angehört hat (*BAG* 11.4.1985 EzA § 102 BetrVG 1972 Nr. 62; vgl. auch *LAG Köln* 14.9.2007 – 11 Sa 259/07, AuR 2007, 444 LS).

**1522** Denn danach stellt der Verdacht einer strafbaren Handlung auch i. S. d. § 102 BetrVG einen **eigenständigen Kündigungsgrund** dar, der in der dem Betriebsrat mitgeteilten Behauptung, der Arbeitnehmer habe die Tat begangen, nicht enthalten ist (vgl. *ArbG Lübeck* 28.6.2002 NZA-RR 2002, 585).

Die Mitteilung, einem Arbeitnehmer solle wegen des Verdachts einer strafbaren Handlung gekündigt werden, gibt dem Betriebsrat weit stärkeren Anlass für ein umfassendes Tätigwerden im Anhörungsverfahren als eine Anhörung wegen einer als erwiesen behaupteten Handlung. **1523**

Letztere wird den Betriebsrat vielfach veranlassen, von einer eigenen Stellungnahme abzusehen und die Klärung des Vorwurfs dem Kündigungsschutzverfahren zu überlassen. **1524**

Gibt der Arbeitgeber dagegen selbst zu erkennen, dass er lediglich einen Verdacht gegen den Arbeitnehmer hegt und ihm bereits dieser Umstand für eine Entlassung als ausreichend erscheint, so erhebt der Betriebsrat erfahrungsgemäß eher nachdrücklich Gegenvorstellungen (*BAG* 3.4.1986 EzA § 102 BetrVG 1972 Nr. 63). **1525**

> Allein die im Anhörungsschreiben an den Betriebsrat enthaltene Formulierung »Die aus den vorgelegten Unterlagen zu entnehmenden Tatsachen und Vorwürfe sind derart gravierend, die Qualität der bisherigen staatsanwaltschaftlichen Ermittlungen sowie deren Ergebnisse derart eindeutig, dass auch auf Arbeitgeberseite das Vertrauensverhältnis zum Arbeitnehmer nunmehr völlig zerstört und eine vertrauensvolle Zusammenarbeit mit ihm nicht mehr denkbar ist« stellt keine Anhörung des Betriebsrats zu einer Verdachtskündigung dar, sofern im Anhörungsschreiben nicht in sonstiger Weise deutlich wird, dass der Arbeitgeber kündigen will, weil er das arbeitsvertragsbezogene Vertrauensverhältnis gerade (auch) wegen des Verdachts für beeinträchtigt hält (*LAG Köln* 14.9.2007 – 11 Sa 259/07, AuR 2007, 444 LS). **1526**

Unbedenklich ist es demgegenüber, wenn der Arbeitgeber die beabsichtigte Kündigung auf »erwiesene Manipulation« und »zumindest dringenden Verdacht entsprechenden Handelns« stützt und dem Betriebsrat die ihn bestimmenden Gründe für die Kündigung mitteilt. Dazu gehören allerdings nach Auffassung des *LAG Köln* (31.10.1997 LAGE § 626 BGB Verdacht strafbarer Handlung Nr. 7) auch die ihn nur in zweiter Linie leitenden Gründe, will er nicht das Recht verlieren, sich auf solche Gründe in einem späteren Prozess berufen können; dies gilt danach insbes. im Verhältnis von der Tat- zur Verdachtskündigung. Der Arbeitgeber kann dann sowohl eine Tat- als eine Verdachtskündigung erklären (*LAG Köln* 22.5.2003 LAGE § 626 BGB Nr. 151). **1527**

Wartet der Arbeitgeber das Ergebnis des Strafverfahrens ab und kündigt sodann **nach Kenntniserlangung von der Tatsache der Verurteilung**, ohne die schriftlichen Gründe des Strafurteils zu kennen, so genügt eine entsprechende Information gegenüber dem Personalrat jedenfalls dann den Anforderungen gem. § 77 Abs. 3 LPVG BW, wenn der Personalrat die näheren Umstände des Tatvorwurfs bereits kennt (*BAG* 18.11.1999 EzA § 626 BGB Ausschlussfrist Nr. 14). **1528**

Hat der Arbeitgeber den Personalrat über den aus seiner Sicht bestehenden Kündigungssachverhalt ordnungsgemäß unterrichtet, berührt die **spätere Beschränkung des Kündigungssachverhalts** im Kündigungsschutzprozess, etwa weil einzelne Vorwürfe nicht beweisbar sind, die Wirksamkeit der Personalratsbeteiligung nicht. Dem Arbeitgeber ist es dann auch nicht verwehrt, die Kündigung auf den verbliebenen Sachverhalt zu stützen, ohne den Personalrat erneut zu beteiligen, denn dem Sinn und Zweck des Beteiligungsverfahrens, den Personalrat an den subjektiven Überlegungen des Arbeitgebers hinsichtlich der Rechtfertigung der Kündigung zu beteiligen, um auf den Kündigungsentschluss einwirken zu können, ist auch bei nachträglicher Beschränkung des Kündigungssachverhalts auf einzelne, dem Personalrat mitgeteilte Kündigungstatsachen regelmäßig Genüge getan. Der Personalrat hatte dann bereits aufgrund des durchgeführten Mitbestimmungsverfahrens hinreichend Gelegenheit und Veranlassung, sich mit dem vom Arbeitgeber unterbreiteten Kündigungssachverhalt umfassend zu befassen (*BAG* 27.11.2008 EzA § 1 KSchG Verdachtskündigung Nr. 4). **1529**

Hat der Arbeitgeber den Betriebsrat lediglich zu einer **beabsichtigten Verdachtskündigung** angehört, **schließt dies die Anerkennung einer nachgewiesenen Pflichtwidrigkeit als Kündigungsgrund dann nicht aus, wenn dem Betriebsrat alle Tatsachen mitgeteilt worden sind**, die – ggf. auch im **1530**

Rahmen eines zulässigen Nachschiebens von Kündigungsgründen – nicht nur den Verdacht einer Pflichtwidrigkeit, sondern den Tatvorwurf selbst begründen (*BAG* 23.6.2009 EzA § 626 BGB 2002 Verdacht strafbarer Handlung Nr. 8). Das gilt selbst dann, wenn der Arbeitgeber im Prozess den Tatvorwurf selbst gar nicht nachgeschoben hat; das ArbG ist gleichwohl nicht gehindert, die Pflichtverletzung aufgrund – dem Betriebsrat mitgeteilter – entsprechender Tatsachen als nachgewiesen anzusehen. Dem Normzweck des § 102 BetrVG ist auch dann Genüge getan, denn dem Betriebsrat wird dadurch nichts vorenthalten. Im Gegenteil: Die Mitteilung des Arbeitgebers, einem Arbeitnehmer solle schon und allein wegen des Verdachts einer pflichtwidrigen Handlung gekündigt werden, gibt dem Betriebsrat sogar weit stärkeren Anlass für ein umfassendes Tätigwerden als eine Anhörung wegen einer erwiesenen Tat (*BAG* 3.4.1986 EzA § 102 BetrVG 1972 Nr. 63; 10.6.2010 EzA § 626 BGB 2002 Nr. 32).

### 9. Die Verdachtskündigung als ordentliche Kündigung (§ 622 BGB, § 1 KSchG)

**1531** In der **Literatur** (vgl. *Schütte* NZA 1991, Beil. Nr. 2 S. 21) wird die Auffassung vertreten, dass eine Verdachtskündigung **stets eine außerordentliche Kündigung** sein muss, weil sie nur dann in Betracht kommt, wenn infolge besonderer Begleitumstände allein der Verdacht bereits so schwer wiegt, dass dem Arbeitgeber die Fortsetzung des Arbeitsverhältnisses nicht zugemutet werden kann.

**1532** Ist ein wichtiger Grund i. S. d. § 626 Abs. 1 BGB gegeben, so behält er danach seinen Charakter auch, wenn die Kündigung befristet ausgesprochen wird.

**1533** Zwar ist die Einordnung der Verdachtskündigung in die Kategorien des § 1 KSchG tatsächlich problematisch.

**1534** Sie kann als besonderer Kündigungsgrund, als verhaltensbedingte Kündigung (vgl. z. B. *BAG* 10.2.2005 EzA § 1 KSchG Verdachtskündigung Nr. 3), und schließlich auch als personenbedingte Kündigung qualifiziert werden.

**1535** Für die Annahme einer personenbedingten Kündigung spricht, dass der Verdacht, der auf der Person des Arbeitnehmers lastet, so gewichtig sein muss, dass eine gedeihliche Fortsetzung des Arbeitsverhältnisses objektiv nicht möglich erscheint.

**1536** Gegen eine verhaltensbedingte Kündigung spricht, dass das zugrunde liegende Verhalten nicht nachgewiesen ist (*Preis* DB 1988, 1448).

**1537** Insgesamt ist jedenfalls nicht ersichtlich, warum es dem Arbeitgeber aus Rechtsgründen nicht gestattet sein soll, dem Arbeitnehmer insoweit entgegenzukommen, als er trotz Vorliegens der Voraussetzungen des § 626 BGB nur eine ordentliche Kündigung erklärt (*BAG* 4.11.1957 AP Nr. 39 zu § 1 KSchG; 3.7.2003 EzA § 626 BGB 2002 Verdacht strafbarer Handlung Nr. 2; 10.2.2005 EzA § 1 KSchG Verdachtskündigung Nr. 3).

Eine Verdachtskündigung kommt aber – schon wegen der in besonderem Maße bestehenden Gefahr, dass ein Unschuldiger getroffen wird – auch als ordentliche Kündigung **nur in Betracht**, wenn das Arbeitsverhältnis bereits durch den Verdacht **so gravierend beeinträchtigt wird**, dass dem Arbeitgeber die Fortsetzung des Arbeitsverhältnisses nicht mehr zugemutet werden kann. Dies setzt voraus, dass nicht nur der Verdacht als solcher schwerwiegend ist. Vielmehr muss ihm ein erhebliches Fehlverhalten des Arbeitnehmers – strafbare Handlung oder schwerwiegende Pflichtverletzung (Tat) – zugrunde liegen. Die Verdachtsmomente müssen daher auch im Fall einer ordentlichen Kündigung regelmäßig ein solches Gewicht erreichen, dass dem Arbeitgeber die Fortsetzung des Arbeitsverhältnisses überhaupt nicht mehr zugemutet werden kann, hierauf also grds. eine außerordentliche Kündigung gestützt werden könnte (*BAG* 27.11.2008 EzA § 1 KSchG Verdachtskündigung Nr. 4).

Eine ordentliche Verdachtskündigung kommt auch dann in Betracht, wenn eine zunächst erklärte außerordentliche Verdachtskündigung wegen **fehlender Anhörung** des Arbeitnehmers unwirksam ist und deshalb die Frist gem. § 626 Abs. 2 BGB verstrichen ist (*LAG Brem.* 1.8.2008 – 4 Sa 53/08, EzA-SD 19/2008 S. 5 LS).

## 10. Fehlprognose und Wiedereinstellungsanspruch

### a) Wiedereinstellung

Hat sich die Prognose bei der Verdachtskündigung als unzutreffend herausgestellt, dann ist das Vertrauensverhältnis zwischen Arbeitgeber und Arbeitnehmer wiederhergestellt. **1538**

Für diesen Fall hat der (zunächst wirksam) gekündigte Arbeitnehmer einen **Anspruch auf Wiedereinstellung zu den alten Arbeitsbedingungen** (KR/*Fischermeier* § 626 BGB Rn. 219, 234.). **1539**

Dies gilt jedenfalls während des laufenden Kündigungsschutzprozesses, sodass der Arbeitnehmer insoweit zumindest hilfsweise einen entsprechenden Antrag zu stellen hat. Das gilt aber auch dann, wenn der Kündigungsschutzprozess bereits rechtskräftig zu Lasten des Arbeitnehmers entschieden worden ist oder aber der Arbeitnehmer in Anbetracht der gegen ihn sprechenden Verdachtsgründe davon abgesehen hat, Kündigungsschutzklage zu erheben. **1540**

### b) Problemstellung; Anspruchsgrundlagen

Erweist sich die kündigungsbegründende Prognose nach Ausspruch der Kündigung als falsch, so wäre die Kündigung nach Maßgabe dieser Erkenntnisse rechtswidrig. Fraglich ist deshalb, ob der Arbeitgeber das Arbeitsverhältnis trotz der ursprünglich wirksamen Kündigung fortsetzen muss. **1541**

In Betracht kommt ein **Wiedereinstellungsanspruch**, wenn dieser nach **Treu und Glauben** nach der jeweils gegebenen besonderen Sachlage und erschöpfender Berücksichtigung aller in Betracht kommender Umstände dem Arbeitgeber zuzumuten ist (*BGH* 13.7.1956 AP Nr. 2 zu § 611 BGB Fürsorgepflicht). **1542**

Als Anspruchsgrundlage kommt auch die **Fürsorgepflicht** des Arbeitgebers aus einer Nachwirkung der vertraglichen Bindungen in Betracht (*BAG* 14.12.1956 AP Nr. 3 zu § 611 BGB Fürsorgepflicht), ferner kann auf die Grundsätze der **Vertrauenshaftung** abgestellt werden (*BAG* 15.3.1984 EzA § 611 BGB Einstellungsanspruch Nr. 2). **1543**

Diese Frage stellt sich im Übrigen nicht nur im Rahmen einer Verdachtskündigung, sondern auch im Falle einer wirksamen betriebsbedingten Kündigung (s. Rdn. 2693 ff.). Jedenfalls führt die bloße **Einstellung** eines gegen den Arbeitnehmer eingeleiteten staatsanwaltschaftlichen **Ermittlungsverfahren** (§ 170 Abs. 2 S. 1 StPO) nicht zu einem Wiedereinstellungsanspruch (*BAG* 20.8.1997 EzA § 626 BGB Verdacht strafbarer Handlung Nr. 7). **1544**

Vereinbaren **die Parteien** dagegen nach dem Ausspruch einer außerordentlichen Verdachtskündigung in einem **gerichtlichen Vergleich**, dass das Arbeitsverhältnis gegen **eine Vergütung nach einer niedrigeren Vergütungsgruppe fortgesetzt wird, ist dieser Vergleich weder gem. § 779 Abs. 1 BGB noch wegen Wegfalls der Geschäftsgrundlage unwirksam**, wenn sich der zur Zeit seines Abschlusses bestehende Verdacht später als ungerechtfertigt herausstellt (*LAG Düsseld.* 2.10.2003 ZTR 2004, 210). **1545**

### c) Prozessuale Geltendmachung

Fraglich ist auch, wie ein etwa bestehender Wiedereinstellungsanspruch **prozessual realisiert** werden kann. **1546**

Nach Auffassung von *Berkowsky* (MünchArbR 2. Aufl. § 134 Rn. 93 f.) ist insoweit zu differenzieren: Entsteht der Anspruch noch während des bestehenden Arbeitsverhältnisses, so ist das Begehren des Arbeitnehmers darauf zu richten, dass der Arbeitgeber dazu verurteilt wird, das Angebot des Arbeitnehmers auf **einvernehmliche Aufhebung der Kündigung** anzunehmen (§ 894 Abs. 1 ZPO). Denn für den Abschluss eines neuen Arbeitsverhältnisses besteht kein Bedarf. **1547**

1548 Entsteht der Anspruch hingegen erst, nachdem das Arbeitsverhältnis durch Kündigung und Ablauf der Kündigungsfrist rechtlich beendet worden ist, kommt nur der Abschluss eines neuen Arbeitsvertrages in Betracht.

1549 Dementsprechend muss der Arbeitnehmer begehren, den Arbeitgeber zu verurteilen, das Angebot des Arbeitnehmers auf **Abschluss eines (neuen) Arbeitsvertrages** gemäß den Bedingungen des beendeten Arbeitsvertrages anzunehmen.

1550 Die begehrten Willenserklärungen des Arbeitgebers gelten erst mit Rechtskraft der entsprechenden Urteile als abgegeben (§ 894 Abs. 1 ZPO), sodass i. d. R. eine **faktische Unterbrechung** des Beschäftigungsverhältnisses für die Dauer des Prozesses, im Falle des begehrten Abschlusses eines neuen Arbeitsvertrages auch eine **rechtliche Unterbrechung** des Arbeitsverhältnisses eintritt. Insoweit können je nach den Umständen des einzelnen Falles Schadensersatzansprüche des Arbeitnehmers gegen den Arbeitgeber wegen zeitweiliger Nichtbeschäftigung entstehen.

1550a Nach Auffassung des *BAG* (9.2.2011 EzA § 311a BGB 2002 Nr. 1) gilt insoweit Folgendes:

Eine auf Verurteilung zur Abgabe einer Willenserklärung gerichtete Klage (§ 894 Satz 1 ZPO) ist häufig dahin auszulegen, dass mit Rechtskraft des Urteils die Abgabe der Annahmeerklärung und damit der Vertragsschluss erwirkt werden soll. Es kann dem Kläger aber auch um die **Abgabe des Angebots** gehen, weil er sich den Vertragsschluss noch offen halten will. Das gilt insbes. bei der Wiedereinstellungsklage, weil für sie eine Regelung fehlt, die dem einseitigen Lösungsrecht des Arbeitnehmers aus § 12 S. 1 KSchG entspricht. Seit Inkrafttreten des § 311a Abs. 1 BGB kommt auch die Verurteilung zur Abgabe einer Willenserklärung in Betracht, die auf eine Vertragsänderung zu einem **in der Vergangenheit liegenden Zeitpunkt** gerichtet ist.

### d) Restitutionsklage

1551 Ist die Kündigungsschutzklage rechtskräftig abgewiesen worden, so kommt die Erhebung der Restitutionsklage gem. §§ 580 ff. ZPO in Betracht, wenn sich nachträglich Umstände ergeben, die den Verdacht entkräften oder gar beseitigen (s. *BAG* 29.9.2011 EzA § 580 ZPO 2002 Nr. 2). Allerdings zählt ein **Strafurteil**, das nach rechtskräftiger Beendigung eines Kündigungsrechtsstreits ergangen ist, **nicht** zu den **Urkunden**, die nach § 580 Nr. 7 Buchst. b ZPO eine Restitutionsklage begründen könnten. Denn gem. § 580 Nr. 7 Buchst. b ZPO findet die Restitutionsklage statt, wenn die Partei eine »andere« Urkunde auffindet oder zu benutzen in den Stand gesetzt wird, die eine ihr günstigere Entscheidung herbeigeführt haben würde. Dazu muss die Urkunde zu einem Zeitpunkt errichtet sein, in dem sie in dem früheren Verfahren noch hätte geltend gemacht werden können. § 580 Nr. 7 Buchst. b ZPO findet grds. nur auf solche Urkunden Anwendung, die zum Zeitpunkt des früheren Verfahrens bereits existent waren (*BAG* 22.1.1998 EzA ZPO § 580 Nr. 3). Um solche, im Zeitpunkt des früheren Verfahrens bereits existente Urkunden handelt es sich bei nachträglich ergangenen Strafurteilen nicht (*BAG* 29.9.2011 EzA § 580 ZPO 2002 Nr. 2).

1551a Ausnahmsweise sind allerdings auch **nachträglich errichtete Urkunden** als Restitutionsgrund anzuerkennen. Eine solche Ausnahme kommt für nachträglich errichtete Personenstandsurkunden, etwa eine Geburtsurkunde, oder den Bescheid des Versorgungsamts in Betracht, mit dem nach Rechtskraft eines die Kündigungsschutzklage abweisenden Urteils die Schwerbehinderung des Arbeitnehmers zum Kündigungszeitpunkt festgestellt wird (*BAG* 15.8.1984 EzA ZPO § 580 Nr. 2). Die Anerkennung dieser Ausnahmetatbestände beruht darauf, dass es sich bei den bezeichneten Urkunden um solche handelt, die ihrer Natur nach nicht in zeitlichem Zusammenhang mit den durch sie bezeugten Tatsachen errichtet werden können und die deshalb, wenn sie – später – errichtet werden, notwendig Tatsachen beweisen, die einer zurückliegenden Zeit angehören (*BAG* 15.8.1984 EzA ZPO § 580 Nr. 2; *BGH* 6.7.1979 NJW 1980, 1000). Für einen erst nachträglich errichteten **Strafbefehl** oder ein nachträglich ergangenes **Strafurteil** treffen diese Überlegungen **nicht in vergleichbarer Weise zu** (*BAG* 22.1.1998 EzA ZPO § 580 Nr. 3; 29.9.2011 EzA § 580 ZPO 2001 Nr. 2).

Zu den Urkunden, die eine Restitutionsklage gem. § 580 Nr. 2 ZPO gegen ein eine Kündigungsschutzklage abweisendes Urteil begründen können, zählen aber weder ein **Vernehmungsprotokoll** über entlastende Zeugenaussagen nach Rechtskraft noch der nachfolgende Beschluss des Strafgerichts, die **Eröffnung des Hauptverfahrens** abzulehnen (*BAG* 22.1.1998 EzA § 580 ZPO Nr. 3). 1552

## 11. Kritik

Die Annahme einer Verdachtskündigung wird in der **Literatur teilweise** (vgl. *Schütte* NZA 1991, Beil. Nr. 2, S. 17 ff.; *Dörner* NZA 1992, 865, AiB 1993, 147, NZA 1993, 873, AR-*Blattei* Nr. 1010 »Verdachtskündigung« Rn. 1 ff., AiB 1995, 663; APS/*Dörner* 3. Aufl. § 626 BGB Rz 374 ff.; *Naujok* AuR 1998, 398 ff.; *Deinert* AuR 2005, 285 ff.) **abgelehnt**. 1553

Danach lässt sich eine Verdachtskündigung mit den Methoden zur Auslegung von Gesetzen den maßgeblichen Vorschriften der § 626 BGB, §§ 1, 9, 14 Abs. 2 KSchG, § 286 ZPO nicht entnehmen. 1554

Auch der Hinweis auf die Beeinträchtigung des notwendigen Vertrauensverhältnisses durch den Verdacht rechtfertigt eine Verdachtskündigung nicht. Denn der Gesetzgeber hat das Problem des Vertrauensverlusts auch im Arbeitsverhältnis durchaus gesehen, was insbes. die abgestufte Regelung der Beendigungsmöglichkeiten des Arbeitsverhältnisses durch diese Normen belegt. 1555

Die sofortige Beendigung des Arbeitsverhältnisses durch den Arbeitgeber erfordert folglich einen **zur vollen Überzeugung des Gerichts nachgewiesenen wichtigen Grund**. 1556

Diesen Anforderungen genügt nicht: 1557
– eine objektiv gegebene Tatsachenbasis, die für sich genommen den an das Vorliegen eines an sich zur außerordentlichen Kündigung geeigneten Umstands zu stellenden Anforderungen nicht genügt,
– ergänzt durch eine auf einen in der Vergangenheit liegenden abgeschlossenen Lebenssachverhalt bezogene Prognose über die Täterschaft des Arbeitnehmers. Dogmatisch begründbar ist auch weder die Notwendigkeit einer besonderen Begründung der Kündigung noch die Forderung nach einer Anhörung des Arbeitnehmers als Wirksamkeitsvoraussetzung.

Schließlich ist die Annahme einer Verdachtskündigung auch **mit Art. 12 GG unvereinbar**, weil insoweit hinsichtlich des Arbeitgebers und des Arbeitnehmers grds. gleichwertige Grundrechtspositionen betroffen sind. 1558

Deshalb bedarf es einer güterabwägenden Grundrechtsausgleichung zum Zwecke einer auf die Einheit der Verfassung abzielenden **praktischen Konkordanz**. 1559

Das setzt voraus, dass ein legitimer Zweck verfolgt wird und das eingesetzte Mittel geeignet und erforderlich ist, den angestrebten Zweck zu erfüllen und schließlich verhältnismäßig (im engeren Sinne) ist. Diesen Anforderungen genügt die Rechtsprechung des *BAG* (22.1.1998 EzA § 580 ZPO Nr. 3) zur Verdachtskündigung jedoch nicht (vgl. *Dörner* NZA 1992, 865, AiB 1993, 147, NZA 1993, 873, AR-*Blattei* Nr. 1010 »Verdachtskündigung« Rn. 1 ff., AiB 1995, 663; APS/*Dörner* 3. Aufl. § 626 BGB Rz 374 ff.). 1560

## VIII. Druckkündigung

### 1. Begriff

> Die sog. Druckkündigung ist ein **Sonderfall einer außerordentlichen Kündigung**, die sowohl als verhaltens-, personen- als auch betriebsbedingte (vgl. *BAG* 19.6.1986 EzA § 1 KSchG Betriebsbedingte Kündigung Nr. 39) außerordentliche (aber auch als ordentliche; a. A. unzutr. *Insam* DB 2005, 2298 ff.) (Änderungs-)Kündigung erklärt werden kann. Sie ist alternativ als verhaltens-, personen- oder betriebsbedingter Kündigungsgrund zu prüfen (*BAG* 31.1.1996 EzA § 626 BGB Druckkündigung Nr. 3). 1561

1562 Voraussetzung dafür ist, dass von der Belegschaft, einer Gewerkschaft, dem Betriebsrat (§ 104 BetrVG) oder Kunden, Lieferanten des Arbeitgebers oder staatlichen Institutionen unter Androhung von erheblichen Nachteilen für den Arbeitgeber von ihm die Entlassung eines bestimmten Arbeitnehmers gefordert wird.

1563 Als in Aussicht gestellte erhebliche Nachteile kommen in Betracht z. B. die Verweigerung der Zusammenarbeit mit dem betroffenen Arbeitnehmer durch die Vorgesetzten und Kollegen des betroffenen Arbeitnehmers (vgl. *LAG Nbg.* 9.12.2003 NZA-RR 2004, 298), Verweigerung der Arbeit überhaupt, Streik, Ankündigung der Kündigung durch Mitarbeiter, Entzug von Aufträgen, Liefersperren, Ankündigung des Abbruchs der Geschäftsbeziehungen durch Kunden, Konzessionsentzug, Untersagung der Gewerbeausübung oder letztlich auch physische Gewalt (vgl. *BAG* 19.6.1986 EzA § 1 KSchG Betriebsbedingte Kündigung Nr. 39; APS/*Dörner/Vossen* § 626 BGB Rn. 336 ff.; zur Druckkündigung im Sport s. *Breucker* NZA 2008, 1046 ff.).

## 2. Voraussetzungen

### a) Vorliegen eines weiteren Kündigungsgrundes

1564 Kann der Arbeitnehmer Kündigungsschutz beanspruchen, liegt aber ein insbes. personen- oder verhaltensbedingter **Kündigungsgrund** vor (entweder gem. § 626 Abs. 1 BGB oder gem. §§ 1, 2 KSchG) und beruft sich der Arbeitgeber neben dem Hinweis auf den ausgeübten Druck hierauf, **so ist die Kündigung trotz des** (wegen der Nähe zur Nötigung grds. zu missbilligenden) **Drucks der Dritten wirksam** (*BAG* 19.6.1986 EzA § 1 KSchG Betriebsbedingte Kündigung Nr. 39).

1565 So können z. B. **autoritärer Führungsstil und mangelnde Fähigkeit zur Menschenführung** bei einem sog. unkündbaren Arbeitnehmer eine außerordentliche personenbedingte (Änderungs-)Druckkündigung nach § 55 Abs. 1 BAT rechtfertigen (*BAG* 31.1.1996 EzA § 626 BGB Druckkündigung Nr. 3).

1566 Daran vermag ein möglicherweise berechtigtes Unwerturteil über den Druck nichts zu ändern. Dieser berührt zwar das Verhältnis Arbeitgeber – Dritter, nicht aber die kündigungsrechtliche Situation des betroffenen Arbeitnehmers selbst.

### b) Fehlen eines weiteren Kündigungsgrundes

#### aa) Druck als Kündigungsgrund

1567 Liegt dagegen ein **Kündigungsgrund objektiv nicht vor**, so erfüllt allein der auf den Arbeitgeber ausgeübte Druck dann die Voraussetzungen des **§ 626 Abs. 1 BGB** für eine betriebsbedingte Kündigung, wenn ihm die **Vernichtung seiner Existenz** oder zumindest **schwere wirtschaftliche Schäden** für den Fall angedroht werden, dass er den betroffenen Arbeitnehmer auch nur für die Zeit der Kündigungsfrist weiterbeschäftigt.

1568 Der Arbeitgeber darf in diesen Fällen aber nicht ohne weiteres dem Verlangen auf Entlassung des Arbeitnehmers nachgeben. Er muss sich vielmehr **schützend vor diesen stellen** und versuchen, die Belegschaft (vgl. *LAG Nbg.* 9.12.2003 LAGE § 123 BGB Nr. 28) oder diejenige Seite, von der Druck ausgeübt wird, von ihrer Drohung abzubringen (*BAG* 19.6.1986 EzA § 1 KSchG Betriebsbedingte Kündigung Nr. 39); das gilt auch dann, wenn der Arbeitnehmer eine sexuelle Belästigung begangen haben soll (*ArbG Hmb.* 23.2.2005 NZA-RR 2005, 306).

1569 Der Arbeitgeber kann sich zudem nicht auf eine Drucksituation berufen, die er selbst in vorwerfbarer Weise herbeigeführt hat.

1570 Keinesfalls rechtfertigt allein **ein Belegschaftsschreiben an den Arbeitgeber**, aus dem sich der Unmut eines Teils der Belegschaft gegenüber einem Arbeitnehmer ergibt, eine Druckkündigung (*LAG Hmb.* 3.4.2009 – 6 Sa 47/08 – AuR 2009, 319 LS).

#### bb) Vermittlungspflicht des Arbeitgebers; Mitwirkungspflicht des Arbeitnehmers

Anhaltende Bemühungen durch den Arbeitgeber sind insbes. dann erforderlich, wenn die Forderung nach Entlassung sachlich ungerechtfertigt ist oder etwa gegen die Grundsätze der positiven oder negativen Koalitionsfreiheit (Art. 9 GG) verstößt. 1571

Andererseits muss auch der Arbeitnehmer in einer Drucksituation versuchen, unzumutbare Nachteile von seinem Arbeitgeber abzuwenden und u. U. bereit sein, in eine Versetzung einzuwilligen, wenn dadurch die Lage entspannt werden kann (*BAG* 11.2.1960, 16.12.1960 AP Nr. 3, 7 zu § 626 BGB Druckkündigung). 1572

### c) Arbeitsverhältnis mit Auslandsberührung

Der Arbeitgeber muss, wenn er einen Arbeitnehmer im Ausland einsetzt und der ausländische Arbeitgeber objektiv zu Unrecht die Abberufung des Arbeitnehmers verlangt, in geeigneter Form versuchen, diesen von seiner Absicht abzubringen, bevor er den betreffenden Arbeitnehmer kündigt. 1573

Dies gilt selbst dann, wenn der Arbeitgeber sich gegenüber dem Auftraggeber verpflichtet hat, dem Abberufungsverlangen nachzukommen (*BAG* 19.6.1986 EzA § 1 KSchG Betriebsbedingte Kündigung Nr. 39). 1574

### d) Kündigung auf Verlangen des Betriebsrats (§ 104 BetrVG)

#### aa) Inhaltliche Anforderungen

Die zur Druckkündigung entwickelten Kriterien gelten auch dann, wenn der Betriebsrat gem. § 104 BetrVG die Entlassung von Arbeitnehmern (nicht von leitenden Angestellten i. S. v. § 5 Abs. 3 BetrVG, auch wenn sie dazu erst nach Schluss der mündlichen Verhandlung erster Instanz bestellt worden sind; *LAG Nbg.* 22.1.2002 NZA-RR 2002, 524) verlangt, die nach seiner Auffassung durch gesetzwidriges Verhalten oder durch grobe Verletzung der Grundsätze für die Behandlung der Betriebsangehörigen nach § 75 BetrVG den Betriebsfrieden wiederholt ernsthaft gestört haben sollen. 1575

Erforderlich ist eine erhebliche Beunruhigung einer beachtlichen Zahl von Arbeitnehmern, die objektiv, d. h. nach Ansicht vernünftig Denkender, ernst zu nehmen sein muss. Die bloße Gefährdung des Betriebsfriedens reicht nicht aus. Das friedliche Zusammenarbeiten der Arbeitnehmer untereinander und mit dem Arbeitgeber muss gestört und die Störung von einer gewissen Dauer und von nachteiliger Wirkung für eine größere Anzahl von Arbeitnehmern sein (*LAG Köln* 15.10.1993 NZA 1994, 431). 1576

Die Verletzungshandlung ist grds. nicht identisch mit der zusätzlich geforderten Störung des Betriebsfriedens; ein schlüssiger Sachvortrag erfordert daher die Schilderung beider Tatbestandsmerkmale (*LAG Köln* 15.10.1993 NZA 1994, 431). 1577

Bei seinem Verlangen, das einen ordnungsgemäßen Beschluss voraussetzt, hat der Betriebsrat den Grundsatz der **Verhältnismäßigkeit** zu beachten. 1578

Er hat also möglichst die für den Arbeitnehmer weniger einschneidende Maßnahme zu fordern, um die Störung des Betriebsfriedens zu beseitigen, i. d. R. die Versetzung (APS/*Linck* § 104 BetrVG Rn. 7 ff., 16 ff.). 1579

#### bb) Überprüfungspflicht des Arbeitgebers

Der Arbeitgeber muss die gegen den Arbeitnehmer erhobenen Vorwürfe in eigener Verantwortung prüfen und sich für ihn einsetzen, wenn er zu Unrecht angegriffen wird. Dazu gehört auch seine Verpflichtung, den Betriebsrat, der unberechtigt die Entlassung des Arbeitnehmers erzwingen will, auf die Möglichkeit zu verweisen, beim Arbeitsgericht zu beantragen, dem Arbeitgeber aufzugeben, die geforderte Entlassung durchzuführen (§ 104 S. 2 BetrVG) und es ggf. auf eine gerichtliche Entscheidung ankommen zu lassen. 1580

### cc) Verhältnis zum allgemeinen Kündigungsschutzrecht

**1581** § 104 BetrVG schafft insoweit jedoch keinen neuen Kündigungsgrund, sondern setzt einen solchen voraus. Das Mitbestimmungsrecht führt lediglich dazu, dass in den Fällen, in denen ein Kündigungsgrund tatsächlich vorliegt, das Entschließungsermessen des Arbeitgebers auf null reduziert ist (APS/*Linck* § 104 BetrVG Rn. 23).

**1582** Durch die rechtskräftige Entscheidung des ArbG gem. § 104 S. 2 BetrVG ist der Arbeitnehmer zudem nicht gehindert, gem. §§ 1 ff., 13 KSchG Kündigungsschutzklage zu erheben.

**1583** Diese hat aber nur dann Erfolg, wenn er neue Tatsachen vorbringen kann, die im Beschlussverfahren noch nicht berücksichtigt worden sind (Präklusionswirkung; APS/*Linck* § 104 Rn. 37 ff.).

### dd) Verhältnis zu § 99 Abs. 2 Nr. 6 BetrVG

**1584** § 104 S. 1 und § 99 Abs. 2 Nr. 6 BetrVG stellen nicht die gleichen Anforderungen. § 104 S. 1 BetrVG verlangt zum Schutz des schon eingestellten Arbeitnehmers die »wiederholte ernstliche« Störung des Betriebsfriedens. Soll ein nach § 104 S. 1 BetrVG entlassener Arbeitnehmer neu eingestellt werden, kann gleichwohl eine Zustimmungsverweigerung nach § 99 Abs. 2 Nr. 6 BetrVG etwa wegen eines glaubwürdigen Sinneswandels des Betroffenen unberechtigt sein; in diesem Fall kann sich aber die Frage stellen, ob in der beabsichtigten Einstellung wegen Umgehung des § 104 S. 1 BetrVG ein Gesetzesverstoß i. S. v. § 99 Abs. 2 Nr. 1 BetrVG liegt (*BAG* 16.11.2004 EzA § 99 BetrVG 2001 Einstellung Nr. 2).

### e) Kündigung des Arbeitsverhältnisses

**1585** Nur dann, wenn alle Vermittlungsversuche des Arbeitgebers gescheitert sind und ihm nur die Wahl verbleibt, entweder den Arbeitnehmer zu entlassen oder schwere wirtschaftliche Nachteile hinzunehmen, kann ihm entweder ein wichtiger Grund zur außerordentlichen oder ein Grund zur ordentlichen Kündigung zugebilligt werden.

**1586** Die vorherige Anhörung des Arbeitnehmers ist keine Wirksamkeitsvoraussetzung für die Druckkündigung (*BAG* 4.10.1990 EzA § 626 BGB Druckkündigung Nr. 2).

**1587** Eine Druckkündigung kommt auch als **ordentliche betriebsbedingte Kündigung** dann in Betracht, wenn der Druck so stark ist, dass vom Arbeitgeber vernünftigerweise ein Widerstand gegen diesen Druck nicht verlangt und nicht erwartet werden kann, und der Arbeitgeber alles ihm Mögliche unternommen hat, den, den Druck ausübenden Dritten von seinem Entlassungsverlangen abzubringen. Insoweit handelt es sich um eine betriebsbedingte Kündigung, weil die von einem Druck erzwungene Entlassung des Arbeitnehmers als dringendes betriebliches Erfordernis zu qualifizieren ist (*BAG* 19.6.1986 EzA § 1 KSchG Betriebsbedingte Kündigung Nr. 39).

### f) Darlegungs- und Beweislast

**1588** Wird eine Druckkündigung mit Gründen im Verhalten des Arbeitnehmers oder einem in seiner Person liegenden Grund begründet, so sind, wenn der Arbeitnehmer Kündigungsschutz beanspruchen kann, an die Darlegung- und Beweislast keine geringeren Anforderungen zu stellen als an jede andere aus verhaltens- oder personenbedingten Gründen ausgesprochene Kündigung (*LAG Köln* 17.1.1996 NZA 1996, 1100 LS).

## 3. Besonderheiten bei der Beteiligung des Betriebsrats

**1589** Verlangt der Betriebsrat vom Arbeitgeber, einem bestimmten Arbeitnehmer zu kündigen bzw. ihn zu versetzen, und entschließt sich der Arbeitgeber, dem Wunsch des Betriebsrats aus den von ihm angegebenen Gründen zu entsprechen, so ist, auch wenn kein Fall des § 104 BetrVG vorliegt, eine **erneute Beteiligung** des Betriebsrats nach §§ 102, 103, 99 BetrVG **nicht mehr erforderlich**. In dem

Kündigungs- bzw. Versetzungsverlangen des Betriebsrats liegt dann bereits dessen Zustimmung zur Kündigung bzw. Versetzung (*BAG* 15.5.1997 EzA § 102 BetrVG 1972 Nr. 99).

### 4. Rechtsfolgen der Druckkündigung

Spricht der Arbeitgeber eine Druckkündigung aus, die ohne den unabwendbaren Druck eines Dritten sachlich nicht zu rechtfertigen wäre, steht dem gekündigten Arbeitnehmer i. d. R. gegen den Dritten ein **Schadensersatzanspruch** gem. §§ 823, 826 BGB zu (KR/*Fischermeier* § 626 BGB Rn. 209; vgl. *Schleusener* NZA 1999, 1079 ff.). Darüber hinaus ist dem Arbeitnehmer analog § 904 BGB und nach den Grundsätzen über den **Aufopferungsanspruch** auch ein Schadensersatzanspruch gegen den Arbeitgeber zuzubilligen (*Ascheid* Kündigungsschutzrecht Rn. 170). Ob ein »**Recht am Arbeitsplatz**« besteht, das einen Anspruch gem. § 823 Abs. 1 BGB gegen den Arbeitgeber begründet, hat der *BAG* (4.6.1998 EzA § 823 BGB Nr. 9) offen gelassen. Der Arbeitgeber ist im Innenverhältnis zu dem Dritten nicht verpflichtet, gem. § 426 Abs. 1 BGB anteilig Schadensersatz zu leisten; der Dritte muss als Verursacher vielmehr den Schaden allein tragen. Der Arbeitnehmer muss deshalb den Schadensersatzanspruch gegen den Dritten zum Ausgleich an den Arbeitgeber abtreten (KR/*Fischermeier* § 626 BGB Rn. 209). Nach Auffassung von *Schleusener* (NZA 1999, 1081 ff.) kommt auch ein **Unterlassungsanspruch** des Arbeitnehmers gegen den Druckausübenden in Betracht, der aus § 1004 BGB i. V. mit §§ 823, 826 BGB abgeleitet wird und u. U. durch eine **einstweilige Verfügung** durchgesetzt werden kann.

1590

## IX. Besonderheiten der außerordentlichen Kündigung im öffentlichen Dienst der neuen Bundesländer

### 1. Normative Grundlagen

Nach dem **Einigungsvertrag** (Anl. I Kap. XIX Sachgebiet A Abschn. III Nr. 1 [5], [6]) ist für den Bereich des öffentlichen Dienstes in den neuen Bundesländern ein wichtiger Grund für eine außerordentliche Kündigung insbes. dann gegeben:
— wenn der Arbeitnehmer gegen die **Grundsätze der Menschlichkeit oder Rechtsstaatlichkeit** verstoßen hat, oder
— für das frühere **Ministerium für Staatssicherheit/Amt für nationale Sicherheit** tätig war und deshalb ein Festhalten am Arbeitsverhältnis unzumutbar erscheint.

1591

(derzeit unbesetzt)

1592

Das Sonderkündigungsrecht steht den am 1.1.1995 in die Arbeitsverhältnisse der früheren Unternehmen der **Deutschen Bundespost** eingetretenen AGs weiterhin zu (§ 22 Postpersonalvertretungsgesetz; *BAG* 10.12.1998 EzA Art. 20 Einigungsvertrag Nr. 63).

1593

> Der Begriff »**Angehörige des öffentlichen Dienstes**« i. S. v. Art. 20 Einigungsvertrag ist umfassend zu verstehen. Er umfasst auch solche Arbeitnehmer, die in Einrichtungen beschäftigt sind, deren Rechtsträger die öffentliche Verwaltung ist (z. B. Bedienstete eines Landestheaters; *BAG* 18.3.1993 EzA Art. 20 EinigungsV Nr. 21).

1594

### 2. Zweck der Regelung

Damit soll die **Trennung von vorbelastetem Personal** erleichtert und insbes. auch ein politisches Signal gesetzt werden.

1595

Hinsichtlich der Tätigkeit für das frühere Ministerium für Staatssicherheit oder für vergleichbare Einrichtungen ist es **unerheblich**, ob es sich um eine **haupt- oder nebenamtliche Tätigkeit** gehandelt hat (Unterrichtung durch die Bundesregierung BT-Drs. 11/7817, S. 180).

1596

# Kapitel 4
Die Beendigung des Arbeitsverhältnisses

### 3. Eigenständige Regelung neben § 626 BGB; Anwendbarkeit sonstiger Kündigungsschutzbestimmungen

1597 Das *BAG* (11.6.1992, 25.2.1993 EzA Art. 20 EinigungsV Nr. 16, 22; a. A. *Dörner/Widlak* NZA 1991, Beil. Nr. 1, S. 52) geht davon aus, dass es sich um eine eigenständige und abschließende Regelung der Möglichkeit einer außerordentlichen Kündigung im öffentlichen Dienst der neuen Bundesländer handelt, neben der § 626 Abs. 1, 2 BGB nicht anwendbar ist, wohl aber § 13 Abs. 1 S. 2 KSchG, sodass die Klagefrist gem. § 4 KSchG vom Arbeitnehmer einzuhalten ist. Abs. 5 Nr. 2 EV statuiert einen einigungsbedingten, auf den öffentlichen Dienst zugeschnittenen Sondergrund. Die Kündigung kann zwar mit der Gewährung einer Auslauffrist verbunden werden. Ist sie jedoch ausdrücklich als ordentliche Kündigung ausgesprochen worden, kann Art. 5 Nr. 2 EV zu ihrer Rechtfertigung nicht herangezogen werden (*BAG* 27.3.2003 NZA 2004, 232 LS).

1598 Die Regelung schafft jedoch **keinen absoluten Kündigungsgrund**. Die Unzumutbarkeit muss sich vielmehr aus einer Einzelfallprüfung ergeben. Vorrangiger Maßstab sind die in der Vergangenheit liegenden Vorgänge.

1599 (derzeit unbesetzt)

1600 Obwohl § 626 Abs. 2 BGB keine Anwendung findet, kann doch der sich aus der Tätigkeit für das Ministerium für Staatssicherheit ergebende wichtige Grund **durch bloßen Zeitablauf entfallen**, wenn der Kündigungsberechtigte die Kündigung trotz Kenntnis des wichtigen Kündigungsgrundes hinauszögert. Die weitergehenden Voraussetzungen einer Verwirkung müssen allerdings nicht erfüllt sein, um die Unwirksamkeit der Kündigung annehmen zu können (*BAG* 28.4.1994 EzA Art. 20 EinigungsV Nr. 38).

1601 Etwaige Beteiligungsrechte des **Personalrats** bleiben durch diese Regelung unberührt, ebenso der **besondere Kündigungsschutz** gem. §§ 85, 91 SGB IX, § 15 Abs. 2 KSchG, § 47 Abs. 1 BPersVG/PersVG-DDR (*BAG* 16.3.1994 EzA Art. 20 EinigungsV Nr. 34; 28.4.1994 EzA Art. 20 EinigungsV Nr. 36).

1602 (derzeit unbesetzt)

### 4. Tatbestandsvoraussetzungen im Einzelnen

#### a) Verstoß gegen die Grundsätze der Menschlichkeit oder Rechtsstaatlichkeit

1603 Erforderlich ist eine vorsätzliche erhebliche Zuwiderhandlung gegen die Grundsätze der Menschlichkeit oder Rechtsstaatlichkeit. Entscheidend ist der materielle Unrechtscharakter des Verhaltens des Gekündigten. Es kommt nicht darauf an, ob das Verhalten durch geltende Gesetze oder obrigkeitliche Anordnungen erlaubt oder von der Strafverfolgung ausgeschlossen war. Ein Festhalten am Arbeitsverhältnis muss wegen des früheren Verhaltens des Arbeitnehmers im Einzelfall unzumutbar erscheinen.

#### b) Tätigkeit für das frühere Ministerium für Staatssicherheit/Amt für nationale Sicherheit

1604 Wer auf Grund eines freien Willensentschlusses und ohne entschuldigenden Zwang eine Erklärung unterzeichnet hat, künftig für das Ministerium für Staatssicherheit als inoffizieller Mitarbeiter tätig zu werden, begründet erhebliche Zweifel an seiner persönlichen Eignung für eine Tätigkeit im öffentlichen Dienst i. S. d. Abs. 4 der Regelung des Einigungsvertrages. Diese Regelung ist mit dem GG vereinbar (*BVerfG* 8.7.1997 EzA Art. 12 GG Nr. 32; zur Kündigung eines Personalratsmitglieds vgl. ausf. *BVerwG* 28.1.1998 NZA 1999, 92 LS).

1605 Eine außerordentliche Kündigung nach Abs. 5 Nr. 2 setzt aber eine **bewusste, finale Mitarbeit** voraus. Bei der Prüfung, ob dem Arbeitgeber die Weiterbeschäftigung eines Arbeitnehmers trotz einer solchen Tätigkeit zuzumuten ist, sind **die Umstände des Einzelfalles** zu würdigen. Dabei kann neben dem konkreten **Verhalten des Betroffenen** auch die **Herausgehobenheit der** von ihm im Zeitpunkt der Kündigung innegehabten **Stellung** berücksichtigt werden (*BVerfG* 8.7.1997 Art. 20 EinigungsV Nr. 55). Tätigkeiten für das MfS, die vor dem Jahre 1970 abgeschlossen waren, taugen im Übrigen wegen des **erheblichen Zeitablaufs** regelmäßig nicht mehr als Indiz für eine mangelnde Eignung. Ausnahmsweise relevante Fragen nach Vorgängen, die mehr als 20 Jahre vor dem Beitritt abgeschlossen waren, stehen außer Verhältnis zu der Einschränkung des allgemeinen Persönlichkeitsrechts der Befragten. Ein Arbeitnehmer darf daher vor dem Jahre 1970 abgeschlossene Vorgänge für das MfS verschweigen; dem öffentlichen Arbeitgeber ist es verwehrt, arbeitsrechtliche Konsequenzen aus einer unzutreffenden Antwort zu ziehen (*BVerfG* 19.3.1998 NZA 1998, 588; 4.8.1998 NZA 1998, 1329).

### 5. Verfahrensfragen; Darlegungs- und Beweislast

Im Verfahren über die Wirksamkeit einer auf die hier erörterten Vorschriften gestützten Kündigung gilt der **Verhandlungs-/Beibringungsgrundsatz**. 1606

**Der Kündigungsgrund einer Verpflichtungserklärung** (*BAG* 28.5.1998 NZA 1999, 96) und einer nachfolgenden tatsächlichen Tätigkeit für das Ministerium für Staatssicherheit ist vom kündigenden Arbeitgeber darzulegen und ggf. zu beweisen. 1607

Das Gericht darf auch in derartigen Fällen von der Erhebung zulässiger und rechtzeitig angetretener Beweise nur absehen, wenn das Beweismittel völlig ungeeignet oder die Richtigkeit der unter Beweis gestellten Tatsachen bereits erwiesen oder zu Gunsten des Beweisbelasteten zu unterstellen ist (*BAG* 23.9.1993 EzA Art. 20 EinigungsV Nr. 26). 1608

Existiert in noch vorhandenen Unterlagen der Stasi nur eine karteimäßige Erfassung des Angestellten als IMS mit einem Decknamen, kann dies darauf hindeuten, dass der Angestellte eine Verpflichtungserklärung abgegeben hat. Beruft sich der Arbeitgeber unter Hinweis auf diese Erfassung darauf, dass nach den Richtlinien des MfS ein Deckname i. d. R. erst nach Abgabe der Verpflichtungserklärung vergeben worden sei, und benennt er als Beweis für die Behauptung, der Angestellte habe eine Verpflichtungserklärung abgegeben, den Führungsoffizier, dem gegenüber die Verpflichtung erfolgt sein soll, als Zeugen, handelt es sich nicht um einen unzulässigen Ausforschungsbeweis (*BAG* 28.5.1998 NZA 1999, 96). 1609

Insgesamt hat sich die gerichtliche Feststellung und Beurteilung einer mit geheimdienstlichen Methoden durchgeführten Tätigkeit an den Erkenntnismöglichkeiten auszurichten, die dem Arbeitgeber offen stehen. Die zivilprozessualen Möglichkeiten der Tatsachenfeststellungen sind daher auszuschöpfen, wenn die für eine bewusste und finale Zusammenarbeit mit dem MfS vorgetragenen und unter Beweis gestellten Indizien erheblich sind. Die Beweiserhebung darf auch in solchen Fällen nicht mit der Begründung unterbleiben, es handele sich um einen Ausforschungsbeweis. Anders ist es nur dann, wenn die behaupteten Hilfstatsachen ungeeignet sind, eine MfS-Tätigkeit zu indizieren (*BAG* 27.3.2003 NZA 2004, 232 LS). 1610

### X. Vergütung und Schadensersatz (§ 628 BGB)

Ist dem Arbeitnehmer fristlos gekündigt worden, so steht ihm für die bis dahin geleistete Arbeit sein Entgelt zu (§ 628 Abs. 1 S. 1 BGB). 1611

Kündigt er selbst, ohne durch vertragswidriges Verhalten des Arbeitgebers dazu veranlasst zu sein oder veranlasst er durch sein vertragswidriges Verhalten diesen zur außerordentlichen Kündigung, so steht ihm ein Vergütungsanspruch insoweit nicht zu, als seine bisherigen Leistungen infolge der Kündigung für den anderen Teil kein Interesse haben (§ 628 Abs. 1 S. 2 BGB). 1612

Voraussetzung dafür ist aber jedenfalls, dass die bisherigen Leistungen des Arbeitnehmers gerade wegen der Beendigung seiner tatsächlichen Tätigkeit für den Arbeitgeber kein Interesse mehr haben. Ob es darüber hinaus darauf ankommt, ob das Arbeitsverhältnis rechtswirksam beendet wurde bzw. in welcher Weise und aus welchen Gründen dies geschehen ist, hat das *BAG* (21.10.1983 EzA § 628 BGB Nr. 15) offen gelassen. 1613

**1614** Hat der Arbeitnehmer durch sein vertragswidriges Verhalten die Kündigung durch den Arbeitgeber veranlasst, so steht dem Arbeitgeber zudem ein Schadensersatzanspruch hinsichtlich des **gerade durch die Beendigung des Arbeitsverhältnisses eingetretenen Schadens** gegen den Arbeitnehmer zu (§ 628 Abs. 2 BGB; § 113 S. 3 InsO); diese Regelung findet auch für berechtigt außerordentlich kündigende Schiffsbesatzungsmitglieder neben § 70 SeemG Anwendung (*BAG* 16.1.2003 EzA § 242 BGB 2002 Kündigung Nr. 3). Eine vorzeitige Beendigung des Arbeitsverhältnisses liegt allerdings **dann gar nicht vor**, wenn nicht der Arbeitgeber (Insolvenzverwalter) kündigt, sondern die **Parteien einen Aufhebungsvertrag abgeschlossen haben** (*BAG* 25.4.2007 EzA § 113 InsO Nr. 19; *Hess. LAG* 10.4.2006 – 17 Sa 1432/05 – EzA-SD 17/06, S. 13 LS; s. a. Rdn. 1621).

**1615** Schadensersatz kann auch der Arbeitnehmer verlangen, der durch das Verhalten des Arbeitgebers zur Kündigung veranlasst worden ist. Das kann z. B. dann der Fall sein, wenn der Arbeitgeber vor Eröffnung des Insolvenzverfahrens in erheblichem Umfang (z. B. drei Monate) mit der Zahlung der fälligen Löhne in Rückstand kommt; der Anspruch auf Insolvenzgeld (§ 183 InsO) entlastet den Arbeitgeber insoweit nicht (*LAG Köln* 29.3.2006 – 2 Sa 1571/05, EzA-SD 21/06, S. 8 LS). Voraussetzung ist jeweils, dass die schädigenden Folgen in einem **adäquaten Kausalzusammenhang** zu dem Auflösungsverschulden der anderen Vertragspartei stehen. Ein bspw. erst später dem Arbeitnehmer bekannt gewordener, zum Kündigungszeitpunkt bereits objektiv bestehender – wichtiger Grund kann nicht ursächlich für die Kündigungserklärung sein und begründet keinen Schadensersatzanspruch wegen Auflösungsverschuldens (*BAG* 17.1.2002 EzA § 628 BGB Nr. 20; *LAG Köln* 21.7.2006 – 4 Sa 574/06, NZA-RR 2007, 134 LS). Voraussetzung seitens des Arbeitnehmers ist generell, dass der durch den Kündigungsschutz vermittelte **Bestandsschutz verloren geht**. Das ist aber **nur dann** der Fall, wenn das KSchG anwendbar ist und **wenn der Arbeitgeber im Zeitpunkt der Arbeitnehmerkündigung das Arbeitsverhältnis nicht selbst hätte kündigen können**, weil ein Kündigungsgrund i. S. v. § 1 Abs. 2 KSchG nicht bestand (*BAG* 26.7.2007 EzA § 628 BGB 2002 Nr. 6; 21.5.2008 NZA-RR 2009, 75 LS). Dies gilt auch für ein dem Sonderkündigungsschutz des § 15 KSchG unterfallendes Betriebsratsmitglied (*BAG* 21.5.2008 NZA-RR 2009, 75 LS).

**1616** Zudem wird die Ersatzpflicht durch den **Schutzzweck der verletzten Norm** begrenzt (*BAG* 26.3.1981 EzA § 249 BGB Nr. 14). Die Schadensersatzpflicht ist gem. § 628 Abs. 2 BGB auf die **Schäden** beschränkt, **die bei vertragsgemäßer Beendigung nicht entstanden wären** (*BAG* 17.7.1997 EzA § 16 BBiG Nr. 2).

**1617** Der Anspruch kann gerechtfertigt sein bei:
– Leistung von Überstunden durch andere Arbeitnehmer;
– Einstellung einer höher bezahlten Ersatzkraft;
– Kosten für die Abordnung eines anderen Mitarbeiters auf die Stelle des Gekündigten;
– bei Mehrarbeit, die der Arbeitgeber selbst verrichtet.

Zudem kann der Auflösungsschaden auch darin bestehen, dass der Arbeitgeber durch die vorzeitige Vertragsbeendigung den Konkurrenzschutz eines Wettbewerbsverbots (vgl. § 60 HGB) verliert (*BAG* 9.5.1975 EzA § 60 HGB Nr. 9).

**1618** Das für § 628 Abs. 2 BGB erforderliche Auflösungsverschulden muss das Gewicht eines wichtigen Grundes i. S. d. § 626 Abs. 1 BGB haben (*BAG* 20; 8.8.2002 EzA § 628 BGB Nr. 21). Insoweit können auch verhältnismäßig **geringe Lohnrückstände** einen wichtigen Grund i. S. d. § 626 BGB darstellen, z. B. wenn der Arbeitgeber den Lohn willkürlich oder ohne nachvollziehbare Begründung verweigert (*BAG* 26.7.2001 EzA § 628 BGB Nr. 19). Erst recht reicht es aus, wenn sich der Arbeitgeber in nicht unerheblicher Höhe oder für einen längeren Zeitraum in Verzug befindet (*BAG* 17.1.2002 EzA § 628 BGB Nr. 20; s. a. *BAG* 26.7.2007 EzA § 628 BGB 2002 Nr. 6).

**1619** § 628 Abs. 2 BGB gilt sowohl für das Arbeitsverhältnis wie für das **freie Dienstverhältnis**; die vertragswidrige Nichtvornahme einer Bestellung des Dienstnehmers zum Geschäftsführer und einer Gehaltsanhebung kann ein Auflösungsverschulden des Dienstgebers darstellen. § 38 Abs. 1 GmbHG, wonach die Bestellung eines Geschäftsführers jederzeit widerruflich ist, steht einem Schadensersatzanspruch des Dienstnehmers nach § 628 Abs. 2 BGB nicht entgegen (*BAG* 8.8.2002 EzA § 628 BGB Nr. 21).

Wären allerdings beide Vertragspartner zur außerordentlichen Kündigung berechtigt, so entfällt ein Schadensersatzanspruch für beide (*BAG* 12.5.1966 AP Nr. 9 zu § 70 HGB). **1620**

§ 628 Abs. 2 BGB ist auch dann anwendbar, wenn das Arbeitsverhältnis **auf andere Art geendet** hat, wenn nur der Vertragspartner durch sein **vertragswidriges, schuldhaftes Verhalten den Anlass** zur Beendigung des Arbeitsverhältnisses gesetzt hat. Auf die **Form der Vertragsbeendigung** kommt es folglich nicht an (*BAG* 8.8.2002 EzA § 628 BGB Nr. 21). Deshalb kommt § 628 Abs. 2 BGB auch im Falle einer gerichtlichen Auflösung des Arbeitsverhältnisses (§§ 9, 10 KSchG) in Betracht. Der Verlust der Anwartschaft auf betriebliche Altersversorgung ist bei der Abfindung insoweit als Schadensposition zu berücksichtigen. Daher kann daneben kein Schadensersatz gem. § 628 Abs. 2 BGB oder analog §§ 280, 286 BGB verlangt werden. Dabei spielt es auch keine Rolle, ob der Verlust der betrieblichen Altersversorgung tatsächlich bei der Höhe der Abfindung berücksichtigt wurde. Ggf. ist das im Verfahren über die Auflösung des Arbeitsverhältnisses nach § 13 Abs. 1 S. 3 i. V. m. §§ 9, 10 KSchG geltend zu machen (*BAG* 12.6.2003 EzA § 628 BGB 2002 Nr. 1). **1621**

Wer allerdings, ohne außerordentlich gekündigt zu haben, Rechte aus einem Auflösungsverschulden des anderen geltend machen will, muss sich das ausdrücklich vorbehalten. Schließen die Parteien einen Aufhebungsvertrag, so muss ohne diesen Vorbehalt davon ausgegangen werden, dass Rechte aus § 628 Abs. 2 BGB von keiner Seite mehr geltend gemacht werden sollen (*BAG* 10.5.1971 EzA § 74 HGB Nr. 20).

Voraussetzung für den Schadensersatzanspruch aus § 628 BGB ist die Beachtung der Zwei-Wochen-Frist nach § 626 Abs. 2 BGB (vgl. *BAG* 26.7.2001 EzA § 628 BGB Nr. 19; *Hess. LAG* 27.3.2001 NZA-RR 2002, 581). Wird diese gesetzliche Ausschlussfrist versäumt, entfällt das Recht zur außerordentlichen Kündigung. Ein an sich bestehender wichtiger Grund ist nicht mehr geeignet, die Fortsetzung des Arbeitsverhältnisses unzumutbar zu machen. Wenn ein pflichtwidriges Verhalten einer Vertragspartei nicht mehr zum Anlass einer vorzeitigen Beendigung des Arbeitsverhältnisses genommen werden kann, entfällt auch der Schadensersatzanspruch gem. § 628 Abs. 2 BGB wegen dieses Verhaltens. Das gilt selbst dann, wenn das Arbeitsverhältnis anders als durch eine außerordentliche Kündigung beendet wird (*BAG* 22.6.1989 EzA § 628 BGB Nr. 17). **1622**

Zu beachten ist, dass der Schadensersatzanspruch des Arbeitnehmers wegen Auflösungsverschuldens zeitlich begrenzt ist. Nach dem Normzweck beschränkt sich der Anspruch grds. auf den dem kündigenden Arbeitnehmer – bei vereinbarter ordentlicher Unkündbarkeit – bis zum Ablauf der Kündigungsfrist einer fiktiven Kündigung entstehenden Verdienstausfall (*BAG* 16.5.2007 EzA § 113 InsO Nr. 20; *LAG Köln* 29.3.2006 LAGE § 628 BGB 2002 Nr. 1), zu dem allerdings – wenn das KSchG anwendbar ist – eine den Verlust des Bestandsschutzes ausgleichende angemessene Entschädigung entsprechend §§ 9, 10 KSchG hinzutreten kann (*BAG* 26.7.2001 EzA § 628 BGB Nr. 19 m. Anm. *Gamillscheg* SAE 2002, 123) und im Regelfall wird (*BAG* 20.11.2003 EzA § 628 BGB 2002 Nr. 3; 22.4.2004 EzA § 628 BGB 2002 Nr. 4). Das ist z. B. dann der Fall, wenn der Auflösungsantrag des Arbeitnehmers bei unberechtigter fristloser Kündigung des Arbeitgebers zum Kündigungstermin einer (umgedeuteten) ordentlichen Kündigung hätte gestellt werden können. Für einen solchen Ausgleich des durch den Verzicht auf Kündigungsschutz bedingten Schadens spricht, dass der Arbeitgeber es sonst bspw. in der Hand hätte, einen Arbeitnehmer durch gezieltes vertragswidriges Verhalten zum Ausspruch einer außerordentlichen Kündigung zu bewegen, ohne seinerseits weitere Folgen wie etwa die einer Abfindungszahlung bei eigener ungerechtfertigter Kündigung befürchten zu müssen (*BAG* 26.7.2001 EzA § 628 BGB Nr. 19). § 628 Abs. 2 BGB stellt insoweit eine Spezialregelung dar, hinter die andere Anspruchsgrundlagen aus Vertrag oder unerlaubter Handlung zurücktreten (*BAG* 22.4.2004 EzA § 628 BGB 2002 Nr. 4). **1623**

Nach Auffassung des *LAG Köln* (29.3.2006 LAGE § 628 BGB 2002 Nr. 1) gilt dies allerdings nicht bei **Zahlungsunfähigkeit des Arbeitgebers**, alsbaldiger Insolvenzeröffnung und Betriebsstilllegung.

## D. Umdeutung einer unwirksamen außerordentlichen Kündigung in eine ordentliche Kündigung

### I. Abgrenzung zur hilfsweise/vorsorglich erklärten ordentlichen Kündigung

1624 Kein Fall der Umdeutung gem. § 140 BGB liegt dann vor, wenn der Arbeitgeber hilfsweise/vorsorglich bereits ausdrücklich eine ordentliche Kündigung für den Fall der Unwirksamkeit der außerordentlichen Kündigung ausgesprochen hat. Denn eine derartige hilfsweise erklärte Kündigung ist eine unbedingt erklärte ordentliche Kündigung.

#### 1. Gerichtliche Geltendmachung

1625 Folglich muss der Arbeitnehmer grds. auch deren Sozialwidrigkeit (§§ 1 Abs. 2, 3 KSchG) innerhalb von drei Wochen nach Zugang der Kündigung **gerichtlich geltend machen** (§§ 4, 7 KSchG).

1626 Ganz überwiegend (KR/*Friedrich* § 6 KSchG Rn. 14 ff. m. w. N.) wird insoweit allerdings die Auffassung vertreten, dass **analog § 6 S. 1 KSchG** der Arbeitnehmer dann, wenn er innerhalb der 3-Wochenfrist nur die außerordentliche Kündigung angreift, noch bis zum Schluss der mündlichen Verhandlung erster Instanz die Sozialwidrigkeit der hilfsweise erklärten ordentlichen Kündigung geltend machen kann.

#### 2. Umdeutung

1627 Hat der Arbeitgeber dagegen ausschließlich eine außerordentliche Kündigung erklärt, so stellt sich die Frage, ob und unter welchen Voraussetzungen eine derartige (unwirksame) außerordentliche Kündigung gem. § 140 BGB in eine fristgerechte ordentliche Kündigung umgedeutet werden kann.

### II. Voraussetzungen für die Umdeutung

1628 Zum Teil (KR/*Friedrich* § 13 KSchG Rn. 79; *Hager* BB 1989, 693) wird die Auffassung vertreten, dass das Arbeitsgericht die Umdeutung von Amts wegen vorzunehmen hat, auch wenn sich keine der Parteien ausdrücklich darauf beruft.

1629 Weiterhin soll danach regelmäßig jeder außerordentliche Kündigende den Willen besitzen, das Arbeitsverhältnis in jedem Fall zu beenden. Im Zweifel ist deshalb davon auszugehen, dass eine unberechtigte außerordentliche Kündigung als ordentliche Kündigung zum nächst zulässigen Termin gewollt ist.

1630 Auch nach der Rechtsprechung des *BAG* (7.12.1979 EzA § 102 BetrVG 1972 Nr. 42) ist die Umdeutung einer unwirksamen außerordentlichen Kündigung in eine ordentliche Kündigung möglich.

1631 Voraussetzung ist, dass eine Umdeutung nach den vorliegenden Umständen dem mutmaßlichen, für den Arbeitnehmer ersichtlichen Willen des Arbeitgebers entspricht und dieser Wille dem Kündigungsempfänger im Zeitpunkt des Kündigungszugangs erkennbar ist (*BAG* 12.5.2010 EzA § 626 BGB 2002 Nr. 31; 15.11.2001 EzA § 140 BGB Nr. 24), z. B. weil sich aus der Erklärung des Kündigenden als wirtschaftlich gewollte Folge ergibt, das Arbeitsverhältnis auf jeden Fall beenden zu wollen (*LAG Köln* 16.3.1995 LAGE § 140 BGB Nr. 11; zur Umdeutung einer außerordentlichen Kündigung eines Geschäftsführer-Anstellungsvertrages vgl. *BGH* 14.2.2000 NZA 2000, 430). Auch dann, wenn auf das Arbeitsverhältnis das KSchG (noch) keine Anwendung findet, ist regelmäßig davon auszugehen, dass bei Unwirksamkeit der außerordentlichen Kündigung der Arbeitgeber eine Beendigung zum nächst zulässigen Termin gewollt hat (*BAG* 15.11.2001 EzA § 140 BGB Nr. 24). Dafür reicht es aus, dass die maßgeblichen **Tatsachen vorgetragen sind;**

## D. Umdeutung einer unwirksamen außerordentlichen Kündigung — Kapitel 4

nicht erforderlich ist, dass der Kündigende selbst die Umdeutung geltend macht (*LAG SA* 25.1.2000 NZA-RR 2000, 472; vgl. APS/*Biebl* § 13 KSchG Rn. 36 ff.).

Dem steht nicht entgegen, dass der Arbeitgeber wenig später ausdrücklich noch eine fristgerechte Kündigung ausgesprochen hat, die ihrerseits wegen des zu diesem Zeitpunkt eingreifenden Schwerbehindertenschutzes rechtsunwirksam ist (*LAG Köln* 16.3.1995 LAGE § 140 BGB Nr. 11). **1632**

Für eine Berücksichtigung der Umdeutung im Kündigungsschutzprozess ist allerdings erforderlich, dass auch das **Vorbringen des Arbeitgebers** im Prozess ergibt, dass er die Kündigung im Falle ihrer Unwirksamkeit als außerordentliche **zumindest als ordentliche Kündigung zum nächstmöglichen Termin hat aussprechen wollen.** Andererseits ist nach Auffassung des *LAG SA* (25.1.2000 NZA-RR 2000, 472) eine unwirksame außerordentliche Kündigung **während der Probezeit**, die die Voraussetzungen einer ordentlichen Kündigung erfüllt, **regelmäßig** in eine **ordentliche Kündigung umzudeuten**; dies soll auch **bei Säumnis des Arbeitgebers** gelten. **1633**

### III. Prozessuale Fragen

#### 1. Voraussetzungen für die gerichtliche Überprüfung einer durch Umdeutung ermittelten ordentlichen Kündigung

Ergibt sich somit im Wege der Umdeutung das Vorliegen einer ordentlichen Kündigung des Arbeitgebers, so ist ihre Rechtmäßigkeit vom ArbG nur dann zu überprüfen, wenn der Klageantrag des Klägers zumindest unter Berücksichtigung seines schriftsätzlichen Vorbringens im Prozess dahin auszulegen ist, dass er sich auch gegen die umgedeutete ordentliche Kündigung wenden will. Die Arbeitsgerichte müssen dann von sich aus prüfen, ob auf Grund der feststehenden Tatsachen eine Umdeutung der außerordentlichen Kündigungserklärung in Betracht kommt (*BAG* 15.11.2001 EzA § 140 BGB Nr. 24). **1634**

Der auf die Feststellung der außerordentlichen Kündigung gestützte **Klageantrag gem. §§ 13 Abs. 1, 4 KSchG erfasst** (im Gegensatz zum allgemeinen Feststellungsantrag gem. § 256 ZPO, dessen Streitgegenstand der Fortbestand des Arbeitsverhältnisses bis zum Zeitpunkt der letzten mündlichen Verhandlung ist) **nicht ohne weiteres bereits den Antrag auf Feststellung der Unwirksamkeit der ordentlichen Kündigung.** **1635**

Im Zweifel muss durch richterliche Aufklärung im Prozess gem. § 139 ZPO festgestellt werden, was dem Willen des Klägers entspricht. **1636**

Analog § 6 S. 1 KSchG kann bei einem derartigen Antrag die Sozialwidrigkeit der ordentlichen Kündigung noch bis zum Schluss der letzten mündlichen Verhandlung in der ersten Instanz geltend gemacht werden (*BAG* 30.11.1961 AP Nr. 3 zu § 5 KSchG). **1637**

Hat sich der Arbeitnehmer für den Fall der Unwirksamkeit der außerordentlichen Kündigung allerdings damit einverstanden erklärt, dass das Arbeitsverhältnis mit Ablauf der bei einer ordentlichen Kündigung einzuhaltenden Frist endet, so bleibt bei der Umdeutung der außerordentlichen in eine ordentliche Kündigung für die Verlängerung der Anrufungsfrist des § 6 S. 1 KSchG kein Raum (*BAG* 13.8.1987 EzA § 140 BGB Nr. 12). **1638**

#### 2. Hinnahme der ordentlichen Kündigung bei allgemeinem Feststellungsantrag

Wendet sich der Arbeitnehmer gegen die außerordentliche Kündigung mit einem Feststellungsantrag gem. § 256 ZPO und erklärt er im Rechtsstreit, dass er sich gegen eine in der außerordentlichen Kündigung evtl. liegende ordentliche Kündigung nicht wehrt, so beschränkt sich der Streitgegenstand auf die Frage, ob das Arbeitsverhältnis über den Zugang der außerordentlichen Kündigung hinaus bis zum Zeitpunkt der letzten mündlichen Verhandlung über die Feststellungsklage fortbestanden hat (*BAG* 31.5.1979 EzA § 4 KSchG n. F. Nr. 16). **1639**

1640 Ist in diesem Fall die außerordentliche Kündigung unwirksam, so wird, wenn die Kündigungsfrist noch während des Rechtsstreits abläuft, der Feststellungsklage nicht in vollem Umfang, sondern nur teilweise derart entsprochen, dass die Beendigung des Arbeitsverhältnisses nicht mit sofortiger Wirkung, sondern erst mit Ablauf der Kündigungsfrist festgestellt wird.

1641 Denn die ordentliche Kündigung wird ohne Erhebung der Kündigungsschutzklage wirksam bzw. das Klagerecht des Arbeitnehmers ist auf Grund seiner Erklärung verwirkt. Läuft die Kündigungsfrist der ordentlichen Kündigung dagegen erst nach dem Schluss der letzten mündlichen Verhandlung aus, so ist mit der Unwirksamkeit der außerordentlichen Kündigung lediglich festgestellt, dass das Arbeitsverhältnis nicht vor der letzten mündlichen Verhandlung beendet worden ist.

1642 Der Arbeitgeber ist durch die Rechtskraft dieses Urteils dann nicht gehindert, sich in einem nachfolgenden Zahlungsprozess auf die Beendigung des Arbeitsverhältnisses durch Umdeutung der außerordentlichen in eine ordentliche Kündigung zu berufen.

## IV. Anhörung des Betriebsrats

### 1. Gesonderte Beteiligung des Betriebsrats

1643 Hinsichtlich der u. U. erforderlichen Anhörung des Betriebsrats gem. § 102 BetrVG ist im Rahmen einer Umdeutung einer unwirksamen außerordentlichen Kündigung in eine ordentliche Kündigung zu beachten, dass die ordnungsgemäße Anhörung des Betriebsrats u. a. voraussetzt, dass der Arbeitgeber ihm die Art der beabsichtigten Kündigung, insbes. also **mitteilt, ob eine ordentliche oder eine außerordentliche Kündigung ausgesprochen werden soll.**

1644 Will der Arbeitgeber, der eine außerordentliche Kündigung beabsichtigt, sicherstellen, dass im Falle der Unwirksamkeit dieser Kündigung die (von ihm vorsorglich erklärte oder dahin umgedeutete) ordentliche Kündigung nicht an einer fehlenden Anhörung des Betriebsrats scheitert, **so muss er den Betriebsrat deutlich darauf hinweisen, dass die geplante außerordentliche Kündigung hilfsweise als ordentliche Kündigung gelten soll.**

1645 Die Anhörung nur zur außerordentlichen Kündigung ersetzt nicht die Anhörung zu einer ordentlichen Kündigung. Wird nicht deutlich gemacht, dass auch eine ordentliche Kündigung erfolgen soll, so ist diese gem. § 102 Abs. 1 S. 3 BetrVG unwirksam (vgl. dazu *Benecke* AuR 2005, 48 ff.). Auch die Beteiligung der Personalvertretung – bei der Kündigung im öffentlichen Dienst – muss grds. den Voraussetzungen entsprechen, die für eine ordentliche Kündigung in den einzelnen Personalvertretungsgesetzen der Länder oder des Bundes vorgesehen sind (*BAG* 23.10.2008 EzA § 626 BGB 2002 Nr. 23).

1646 Nur so kann der Gefahr begegnet werden, dass der Betriebsrat bei seiner Meinungsbildung sich auf die Gründe für die außerordentliche Kündigung beschränkt und seine Rechte und die Möglichkeiten, die ihm gegenüber der ordentlichen Kündigung zustehen, nicht ausschöpft, weil sie von ihm nicht erkannt werden. Auch wenn der Betriebsrat lediglich Bedenken gegen die außerordentliche Kündigung erhebt, so können die Gründe dafür durchaus verschieden sein von denen, die er u. U. gegenüber einer ordentlichen Kündigung angeführt hätte (*BAG* 16.3.1978 EzA § 102 BetrVG 1972 Nr. 32; APS/*Koch* § 102 BetrVG Rn. 100).

### 2. Ausnahme: Zustimmung des Betriebsrats

1647 Eine **Ausnahme** von diesem Grundsatz ist allerdings dann gegeben, wenn der Betriebsrat/Personalrat, der lediglich zu einer beabsichtigten außerordentlichen Kündigung angehört worden ist, dieser ausdrücklich und vorbehaltlos **zugestimmt** hat (*BAG* 23.10.2008 EzA § 626 BGB 2002 Nr. 23) und auch aus sonstigen Gründen nicht zu ersehen ist, dass er für den Fall der Unwirksamkeit der außerordentlichen Kündigung der dann verbleibenden ordentlichen Kündigung entgegengetreten wäre.

## E. Wirksamkeit einer ordentlichen Arbeitgeberkündigung   Kapitel 4

Denn dann spricht die allgemeine Lebenserfahrung dafür, dass er auch der ordentlichen Kündigung zugestimmt hätte, wenn der Arbeitgeber das Anhörungsverfahren entsprechend den obigen Grundsätzen ordnungsgemäß eingeleitet, also den Betriebsrat gebeten hätte, zu der beabsichtigten außerordentlichen Kündigung und einer etwa vorsorglich auszusprechenden ordentlichen Kündigung Stellung zu nehmen (*BAG* 23.10.2008 EzA § 626 BGB 2002 Nr. 23; *BAG* 16.3.1978 EzA § 102 BetrVG 1972 Nr. 32; krit. *Benecke* AuR 2005, 48 ff.). 1648

### V. Darlegungs- und Beweislast

Der **Arbeitgeber** ist für diejenigen Tatsachen darlegungs- und beweispflichtig, die die Umdeutung begründen können. Dies gilt insbes. für den Umstand, dass der Arbeitnehmer erkennen konnte, dass die außerordentliche Kündigung das Arbeitsverhältnis jedenfalls durch ordentliche Kündigung hat beenden sollen. Schließlich ist der Arbeitgeber darlegungs- und beweispflichtig dafür, dass er den Betriebsrat sowohl zur außerordentlichen als auch zur ordentlichen Kündigung ordnungsgemäß angehört hat. 1649

## E. Wirksamkeit einer ordentlichen Arbeitgeberkündigung (Überblick; sonstige Unwirksamkeitsgründe)

### I. Überblick

Hatte der Arbeitgeber eine ordnungsgemäß zugegangene ordentliche Kündigung erklärt, so kann auch diese insbes. unwirksam sein, weil z. B. ein bestehender Betriebsrat vor Ausspruch der Kündigung nicht ordnungsgemäß angehört worden ist (§ 102 BetrVG), die gem. § 9 MuSchG, § 18 BEEG, § 85 SGB IX erforderliche vorherige Zustimmung der zuständigen Landesbehörde nicht eingeholt worden ist oder die Voraussetzungen des § 613a Abs. 4 S. 1 BGB gegeben sind (**sonstige Unwirksamkeitsgründe**). 1650

Die ordentliche Kündigung ist ferner dann unwirksam, wenn im persönlichen und sachlichen Anwendungsbereich des KSchG (§§ 1, 23 Abs. 1 KSchG) die **Voraussetzungen des § 1 Abs. 1, 2, 3 KSchG nicht gegeben sind** und sich der Arbeitnehmer darauf ggf. fristgerecht beruft (§§ 4, 7 KSchG). 1651

Außerhalb des Anwendungsbereichs des KSchG kommt zudem die Unwirksamkeit der Kündigung gem. **§§ 125, 134, 138, 174, 242 BGB** in Betracht. 1652

### II. Sonstige Unwirksamkeitsgründe

Im Hinblick auf die Ausführungen zur außerordentlichen Kündigung werden nachfolgend nur noch die sonstigen Unwirksamkeitsgründe erörtert, bei denen rechtlich relevante Unterschiede zwischen außerordentlicher und ordentlicher Kündigung auftreten. 1653

#### 1. Beteiligung des Betriebsrats/Personalrats

*a) Grundsätze*

Gem. § 102 BetrVG ist der Betriebsrat auch vor einer ordentlichen Kündigung des Arbeitgebers ohne Einhaltung einer besonderen Form anzuhören. Die Äußerungsfristen für den Betriebsrat – eine Woche bei der ordentlichen Kündigung – sind nach §§ 187 Abs. 1, 188 Abs. 1, 2 BGB zu berechnen. Da das BetrVG keine Sonderregelung für die Fristberechnung trifft, endet die Wochenfrist des § 102 Abs. 2 S. 1 BetrVG gem. § 188 Abs. 2 BGB mit Ablauf des Tages der nächsten Woche, der durch seine Benennung dem Tag entspricht, an dem, dem Betriebsrat die Arbeitgebermitteilung zugegangen ist (*BAG* 8.4.2003 EzA § 102 BetrVG 2001 Nr. 3). 1654

Zu beachten ist, dass es dann, wenn der Betrieb auf Grund des durch den vorläufigen Insolvenzverwalter erstellten Gutachtens stillgelegt werden soll, für die ordnungsgemäße Anhörung des Betriebsrats ausreicht, wenn sie zu der für die Zeit nach der Insolvenzeröffnung vorgesehenen Kün- 1655 digung schon durch den Geschäftsführer der Schuldnerin und den vorläufigen Insolvenzverwalter erfolgt, sofern dieser auch zum endgültigen Insolvenzverwalter bestellt wird (*BAG* 22.9.2005 EzA § 113 InsO Nr. 18).

1656 Gem. § 79 Abs. 1 S. 1 i. V. m. § 69 Abs. 1 BPersVG kann eine ordentliche Kündigung nur mit Zustimmung des Personalrats ausgesprochen werden. Wird die erforderliche Zustimmung verweigert, so kann sie u. U. durch die übergeordnete Dienststelle ersetzt werden (§ 69 Abs. 4 BPersVG).

1657 Gem. § 79 Abs. 3 BPersVG ist der Personalrat vor der Beendigung des Arbeitsverhältnisses eines Arbeiters in der Probezeit dagegen nur anzuhören.

1658 Eine Kündigung ist nach Art. 77 Abs. 4 i. V. m. Art. 72 Abs. 1, 77 Abs. 1 BayPVG auch dann unwirksam, wenn die Kündigung **mit dem Personalrat nicht beraten worden** ist, zumindest dann, wenn der Personalrat der Kündigung widersprochen und darauf hingewiesen hat, dass seiner Auffassung nach eine soziale Auswahl durchzuführen sei und wenn er dem Arbeitgeber mitgeteilt hat, er stehe zur Besprechung der Angelegenheit zur Verfügung (*LAG Nbg.* 4.10.2005 – 6 Sa 263/05, ZTR 2006, 228 LS).

*aa) Mitteilungspflicht bei der ordentlichen personen-, insbes. krankheitsbedingten Kündigung*

1659 Der Arbeitgeber hat gegenüber dem Betriebsrat bei der Anhörung **klar zu stellen**, ob er eine **krankheitsbedingte Kündigung wegen häufiger (Kurz)Erkrankungen, lang andauernder Erkrankung, dauernder krankheitsbedingter Unmöglichkeit der Arbeitsleistung, unabsehbarer Dauer einer Arbeitsunfähigkeit oder krankheitsbedingter Minderung der Leistungsfähigkeit erklären will**; der Betriebsrat ist nicht verpflichtet, den konkreten Kündigungsgrund, soweit er sich nicht aus dem Anhörungsschreiben ergibt, aus den diesem Schreiben ohne konkrete Bezugnahme beigefügten Unterlagen, insbes. aus einer Personalakte zu ermitteln (*LAG Hamm* 20.10.2003 LAG Report 2004, 255). Der Mitteilungspflicht bei einer ordentlichen krankheitsbedingten Kündigung ist zudem nicht durch die bloße Angabe der einzelnen Fehlzeiten Genüge getan. Denn in der Angabe der Fehlzeiten kann zwar implizit die Erklärung des Arbeitgebers liegen, dass auch künftig mit wiederholten krankheitsbedingten Fehlzeiten gerechnet werden muss und diese ihn wirtschaftlich und betrieblich übermäßig belasten (vgl. *Becker-Schaffner* DB 1996, 427 f.; s. *ArbG Emden* 28.10.2011 – 3 Ca 122/11 Ö, AuR 2012, 43 LS: Alkoholismus).

1660 Diese pauschale Begründung ermöglicht es dem Betriebsrat jedoch nicht, die Stichhaltigkeit des Kündigungsgrundes zu prüfen. **Deshalb muss der Arbeitgeber dem Betriebsrat über die einzelnen Fehlzeiten hinaus auch konkrete Tatsachen mitteilen, die die erheblichen bzw. unzumutbaren Störungen des Betriebsablaufs belegen** (*BAG* 24.11.1983 EzA § 102 BetrVG 1972 Nr. 54), insbes. auch die Lohnfortzahlungskosten mitzuteilen, wenn der Arbeitgeber daraus die erforderliche betriebliche Beeinträchtigung herleitet (*BAG* 7.11.2002 EzA § 174 BGB 2002 Nr. 1).

1661 Ferner hat der Arbeitgeber, soweit bekannt, die **Art der jeweiligen Erkrankung** anzugeben, weil daraus ggf. Schlüsse auf künftige Fehlzeiten gezogen werden können (vgl. KR/*Etzel* § 102 BetrVG Rn. 63 f.), sowie welche **wirtschaftlichen Belastungen** und **Betriebsbeeinträchtigungen** konkret entstanden sind und mit welchen derartigen Belastungen noch gerechnet werden muss (vgl. *Lepke* Kündigung bei Krankheit Rn. 212 ff.).

1662 Das ist ausnahmsweise dann entbehrlich, wenn Betriebsratsmitglieder den Arbeitsplatz des Arbeitnehmers und die konkreten Auswirkungen der Fehlzeiten kennen. Steht allerdings fest, dass zusätzlich zu hohen Fehlzeiten des zu kündigenden Arbeitnehmers erhebliche krankheitsbedingte Fehlzeiten anderer Arbeitnehmer in der gleichen Abteilung zu verzeichnen sind, muss der Arbeitgeber im Anhörungsverfahren zumindest grob vortragen, welche Folgen der wiederholten Ausfälle er dem zu kündigenden Arbeitnehmer zuordnet und das bzw. warum er deshalb die Fortsetzung des Arbeitsverhältnisses für unzumutbar hält. Unterlässt er dies, ist er mit diesbezüglichem Vortrag im Kündigungsschutzprozess ausgeschlossen (*LAG SchlH* 1.9.2004 LAGE § 102 BetrVG 2001 Nr. 4).

Dabei sind an die Mitteilungspflicht des Arbeitgebers gegenüber dem Betriebsrat hinsichtlich der wirtschaftlichen und betrieblichen Belastungen bei einer krankheitsbedingten Kündigung allerdings keine so strengen Anforderungen zu stellen, wie an seine Darlegungslast im Kündigungsschutzprozess. Insbes. in Fällen, in denen der Arbeitnehmer seit Beginn des Arbeitsverhältnisses fortlaufend jedes Jahr überdurchschnittliche Krankheitszeiten aufzuweisen hatte und hohe Lohn-/Entgeltfortzahlungskosten verursacht hat, kann es je nach den Umständen allerdings ausreichen, dass der Arbeitgeber lediglich nach Jahren gestaffelt die überdurchschnittliche Krankheitshäufigkeit darlegt und die Entgeltfortzahlungskosten der letzten Jahre in einem Gesamtbetrag mitteilt (*BAG* 7.11.2002 EzA § 174 BGB Nr. 1). 1663

Jedenfalls muss der Arbeitgeber dem Betriebsrat mindestens die durchschnittliche monatliche Vergütung oder die Lohngruppe des Arbeitnehmers nennen; ebenso muss er Angaben zu den aufgelaufenen Entgeltfortzahlungskosten machen. Andernfalls kann er sich auf deren Höhe als wirtschaftlich unzumutbare Belastung nicht im anschließenden Prozess berufen. Der Betriebsrat ist in diesem Zusammenhang auch nicht verpflichtet, die Vergütungshöhe selbst zu ermitteln und sich die Entgeltfortzahlungskosten selbst auszurechnen (*LAG SchlH* 1.9.2004 LAGE § 102 BetrVG 2001 Nr. 4). 1664

Ferner hat der Arbeitgeber die Umstände darzulegen, auf die er die kündigungsbegründende **negative Gesundheitsprognose** stützen will (*BAG* 24.11.1983 EzA § 102 BetrVG 1972 Nr. 54; 7.11.2002 EzA § 174 BGB 2002 Nr. 1). 1665

Unterlässt der Arbeitgeber die Mitteilung von Prognoseelementen z. B. bei der Kündigung wegen lang anhaltender Krankheit, so können im Kündigungsschutzprozess andere oder weitergehende Schlussfolgerungen, als sie dem Betriebsrat genannt worden sind, keine Berücksichtigung finden. In der Mitteilung an den Betriebsrat, auf Grund der bisherigen Krankheitsdauer und der maßgeblichen Krankheitsursachen sei mit einer baldigen Genesung des Arbeitnehmers nicht zu rechnen, kann nach Auffassung des *LAG Hamm* (17.11.1997 LAGE § 102 BetrVG 1972 Nr. 61) nicht zugleich die Erklärung gesehen werden, aus den genannten Tatsachen folge eine dauerhafte Leistungsmöglichkeit. 1666

Eine ordnungsgemäße Anhörung des Betriebsrats über eine zur Berechtigung der Kündigung herangezogene Dauererkrankung liegt **auch dann** vor, **wenn sich im Lauf des Verfahrens herausstellt, dass diese Krankheit nicht gegeben ist** (*LAG RhPf* 18.3.1999 ARST 1999, 220). 1667

Soweit sich der Arbeitnehmer bereits vor der Kündigung zu diesen Umständen, etwa im Rahmen einer Anhörung durch den Arbeitgeber, geäußert hat, muss der Arbeitgeber den Betriebsrat auch von der **Einlassung des Arbeitnehmers** unterrichten. 1668

Teilt der Arbeitgeber dem Betriebsrat **lediglich mit**, der Arbeitnehmer sei auf Grund seiner **hohen Ausfallzeiten** dem Betriebsarzt zur Untersuchung vorgestellt worden, nicht aber, dass der Arbeitnehmer auf Grund der Diagnose des Betriebsarztes **grds. in der Lage** ist, **die Tätigkeiten**, zu denen er vertraglich verpflichtet ist, **zu erfüllen**, so ist die Betriebsratsanhörung nicht ordnungsgemäß und die Kündigung damit unwirksam (*ArbG Hmb.* 12.12.2008 – 27 Ca 344/08, AuR 2009, 144 LS). 1669

Auch bei sonstigen personenbedingten Kündigungen muss der Arbeitgeber den Betriebsrat von allen relevanten Umständen unterrichten. 1670

Soweit er Leistungsmängel geltend macht, gehört hierzu insbes. die Angabe des von ihm herangezogenen Vergleichsmaßstabes sowie der für die Bestimmung des Leistungsdefizits herangezogenen Kriterien (*Tschöpe* BB 2006, 213 ff.). 1671

*bb) Ordentliche verhaltensbedingte Kündigung*

Bei einer verhaltensbedingten Kündigung muss der Arbeitgeber das Verhalten, das ihn zur Kündigung veranlasst, genau bezeichnen, ggf. auch die Tatsachen mitteilen, dass, warum und wie oft 1672 der Arbeitnehmer bereits abgemahnt wurde (*LAG SchlH* 26.9.2002 ARST 2003, 190 LS; *ArbG Hmb.* 7.11.2008 – 27 Ca 253/08, AuR 2009, 104 LS; KR/*Etzel* § 102 BetrVG Rn. 64).

1673 Mitzuteilen ist z. B. auch, dass der einzige in Betracht kommende Tatzeuge den von einem anderen Zeugen vom Hörensagen erhobenen Vorwurf einer schweren Pflichtverletzung nicht bestätigt hat.

1674 Die Nichtunterrichtung des Betriebsrats von diesem wesentlichen Umstand des Kündigungssachverhalts führt jedenfalls dann zur Unwirksamkeit der Kündigung gem. § 102 Abs. 1 S. 3 BetrVG, wenn die angeblichen Pflichtwidrigkeiten so erheblich sind, dass sie sich auf das berufliche Fortkommen des Arbeitnehmers auswirken können (*BAG* 2.11.1983 EzA § 102 BetrVG 1972 Nr. 53).

1675 Wird (dem Personalrat) mitgeteilt, der Kündigungsgrund sei u. a., dass eine Sachbearbeiterin des Ordnungsamtes ein gegen sie laufendes **Bußgeldverfahren eigenmächtig eingestellt** habe, lag der Sachverhalt tatsächlich aber so, dass die Mitarbeiterin einen Kollegen nur darauf hingewiesen hatte, sie selbst sei auf einem Beweisfoto abgebildet, woraufhin dieser – was in der Intention der Mitarbeiterin lag – das Verfahren einstellte, so ist der Personalrat nicht ordnungsgemäß beteiligt (*LAG Köln* 4.3.2005 NZA-RR 2006, 53).

1676 Kündigt der Arbeitgeber wegen wiederholten Zuspätkommens zur Arbeit, so kann er sich im Prozess auf betriebstypische Störungen des Betriebsablaufs aber auch dann berufen, wenn er diese Störungen dem Betriebsrat bei dessen Anhörung nicht ausdrücklich mitgeteilt hatte, weil solche **Verspätungsfolgen** dem Betriebsrat im Allgemeinen **bekannt sind** (*BAG* 27.2.1997 EzA § 102 BetrVG 1972 Nr. 98).

1677 Hat der Arbeitgeber den Betriebsrat **unzutreffend dahin informiert**, der zu kündigende Arbeitnehmer habe für bestimmte Fehlzeiten **keine Arbeitsunfähigkeitsbescheinigung beigebracht**, so kann er die Kündigung im Nachhinein nicht darauf stützen, die in Wirklichkeit doch vorgelegte Arbeitsunfähigkeitsbescheinigung sei erschlichen worden (*LAG Köln* 26.1.2005 – 7 Sa 1249/04, EzA-SD 19/05, S. 16 LS).

cc) *Ordentliche betriebsbedingte Kündigung*

1678 Bei einer ordentlichen betriebsbedingten Kündigung muss der Arbeitgeber neben der konkreten Darlegung außer- wie innerbetrieblicher Gründe insbes. die Auswirkungen auf die betriebliche Beschäftigungslage darlegen. Schlagwortartige Begründungen genügen auch insoweit nicht (*LAG RhPf* 1.4.2004 LAG Report 2005, 47; vgl. *Becker/Schaffner* DB 1996, 429). Zusammengefasst muss der Arbeitgeber den Betriebsrat sowohl darüber informieren, weshalb eine **sinnvolle Beschäftigungsmöglichkeit** für den zu kündigenden Arbeitnehmer **entfällt** als auch darüber, ob und wie eine **Sozialauswahl** durchgeführt wurde. Das gilt auch dann, wenn der Arbeitgeber eine Vielzahl von Kündigungen ausspricht; auch insoweit ist der Betriebsrat über jede beabsichtigte Kündigung konkret zu informieren (*LAG RhPf* 1.4.2004 LAG Report 2005, 47). Mitzuteilen ist – insbes. auf Rüge des Betriebsrats hin auch die konkrete – zutreffende – **Arbeitsaufgabenbeschreibung** des Arbeitnehmers; nichts anderes gilt für die Gründe für die **Herausnahme von Leistungsträgern** aus der Sozialauswahl (*ArbG Marburg* 9.7.2010 – 2 Ca 543/09, AuR 2011, 312 LS).

Wird allerdings nach erstinstanzlich **erfolgreicher Entfristungsklage** (§ 16 TzBfG) das Arbeitsverhältnis »vorsorglich« ordentlich gekündigt, ist die Anhörung ordnungsgemäß, wenn mitgeteilt wird, dass nach **Wegfall des Vertretungsbedarfs** eine weitere Notwendigkeit der Beschäftigung des Arbeitnehmers nicht gesehen wird (*BAG* 22.9.2005 EzA § 1 KSchG Nr. 58).

1679 Die Anhörung des Betriebsrats ist auch nicht deshalb unwirksam, weil der Arbeitgeber **nicht mitgeteilt** hat, dass er **notfalls Subunternehmer** einsetzen will, soweit die gekündigten Arbeitnehmer im Falle einer Betriebsstilllegung die vorhandenen Aufträge innerhalb der jeweiligen Kündigungsfristen nicht vollständig abarbeiten können (*BAG* 18.1.2001 EzA § 1 KSchG Betriebsbedingte Kündigung Nr. 109, 110). Das *LAG Hamm* (17.2.1995 LAGE § 102 BetrVG 1972 Nr. 54; ebenso *LAG*

*Thür.* 16.10.2000 NZA-RR 2001, 643) vertritt für die beabsichtigte Betriebsstilllegung in Etappen die Auffassung, dass der Arbeitgeber dem Betriebsrat gem. § 102 BetrVG nicht die Motive dafür mitteilen muss, wohl aber, in welcher zeitlichen Abfolge welche Bereiche eingeschränkt, welche Arbeitnehmer zunächst weiterbeschäftigt und zu welchem Zeitpunkt welche Arbeitnehmer entlassen werden und wann die vollständige Betriebsschließung beabsichtigt ist.

Ergibt sich aus den dem Betriebsrat vor und bei seiner Anhörung zu den beabsichtigten Kündigungen erteilten Informationen, dass der Arbeitgeber zur **Betriebsstillegung** entschlossen ist, bedarf es im Kündigungsschutzprozess grds. **keiner näheren Darlegungen** des Arbeitgebers **zu Form und Zeitpunkt** der Stilllegungsentscheidung, auch wenn der Arbeitgeber zu einem früheren Zeitpunkt eine bloße Produktionsunterbrechung beabsichtigte (*BAG* 21.6.2001 EzA § 102 BetrVG 1972 Nr. 112). 1680

Stützt der Arbeitgeber eine betriebsbedingte Kündigung darauf, dass durch eine **Kombination von externer Vergabe der** bisherigen Aufgaben des Arbeitnehmers **und einer internen Umverteilung** die bisherige Beschäftigungsmöglichkeit für den Arbeitnehmer entfallen ist, so hat er den Betriebsrat darüber **vollständig zu** unterrichten. Es handelt sich dann nach Auffassung des *LAG Hamm* (30.9.1999 – 16 Sa 2598/98; ähnlich *LAG Köln* 14.5.2004 LAG Report 2005, 30 LS) nicht um einen Fall der subjektiven Determination des Kündigungssachverhalts, wenn der Arbeitgeber dem Betriebsrat zwar seine Motive für die geplante Umorganisation – größtmögliche Kosteneinsparung – ausführlich mitteilt, die geplante organisatorische Maßnahme selbst dem Betriebsrat jedoch **nur vage und ohne die erforderliche Konkretisierung** schildert. Denn die subjektive Determination (s. Rdn. 439 ff.) betrifft den Lebenssachverhalt, den der Arbeitgeber zur Grundlage seiner Kündigung machen will. Wenn er diesen auch auf Grund mangelnder Sorgfalt dem Betriebsrat nicht vollständig mitteilt, wird danach der Zweck des Anhörungsverfahrens verfehlt. 1681

Besteht aus der Sicht des Arbeitgebers **keine Möglichkeit**, den zu kündigenden Arbeitnehmer **auf einem anderen Arbeitsplatz weiterzubeschäftigen**, so genügt der Arbeitgeber seiner Anhörungspflicht gem. § 102 BetrVG i. d. R. schon durch den **ausdrücklichen** oder **konkludenten Hinweis auf fehlende Weiterbeschäftigungsmöglichkeiten**. Hat jedoch der Betriebsrat vor Einleitung des Anhörungsverfahrens **Auskunft** über Weiterbeschäftigungsmöglichkeiten für den zu kündigenden Arbeitnehmer auf einem konkreten, kürzlich frei gewordenen Arbeitsplatz **verlangt**, so muss der Arbeitgeber dem Betriebsrat nach § 102 Abs. 1 S. 2 BetrVG mitteilen, warum aus seiner Sicht eine Weiterbeschäftigung des Arbeitnehmers **auf diesem Arbeitsplatz nicht möglich ist**. Der lediglich pauschale Hinweis auf fehlende Weiterbeschäftigungsmöglichkeiten im Betrieb reicht dann nicht aus (*BAG* 17.2.2000 EzA § 102 BetrVG 1972 Nr. 103). 1682

Hat der Arbeitgeber den Betriebsrat über Weiterbeschäftigungsmöglichkeiten auf dem vom Betriebsrat benannten Arbeitsplatz zunächst **objektiv falsch informiert** und rügt der Betriebsrat dies innerhalb der Frist des § 102 Abs. 2 BetrVG unter Angabe des zutreffenden Sachverhalts, so ist der Arbeitgeber verpflichtet, dem Betriebsrat **ergänzend mitzuteilen**, warum aus seiner Sicht trotzdem eine Weiterbeschäftigung auf diesem Arbeitsplatz nicht in Betracht kommt. Unterlässt er dies und kündigt, so ist die Kündigung nach § 102 BetrVG unwirksam (*BAG* 17.2.2000 EzA § 102 BetrVG 1972 Nr. 103). 1683

Daneben muss er von sich aus ohne vorherige Aufforderung durch den Betriebsrat die Gründe für die soziale Auswahl mitteilen (*BAG* 29.3.1984 EzA § 102 BetrVG 1972 Nr. 55); das gilt auch dann, wenn er zwar eine **Sozialauswahl vorgenommen** hat, diese aber nach der objektiven Rechtslage (§ 15 KSchG) gar **nicht erforderlich** war (so *LAG Bln.* 6.12.2005 LAGE § 102 BetrVG 2001 Nr. 5). Der Arbeitgeber ist insoweit im Rahmen der Betriebsratsanhörung nicht verpflichtet, die Richtigkeit dokumentierter Daten zu überprüfen; er kann deshalb mangels anderweitiger Kenntnisse auch von den Eintragungen der Lohnsteuerkarte ausgehen, hat dies dann aber gegenüber dem Betriebsrat zu kennzeichnen (*BAG* 6.7.2006 EzA § 1 KSchG Soziale Auswahl Nr. 68). 1684

1685 Mitzuteilen sind nach Auffassung des *LAG Bln.* (20.8.1996 LAGE § 102 BetrVG 1972 Nr. 56) auch die Gründe, die nach § 1 Abs. 3 S. 2 KSchG **der Auswahl nach sozialen Gesichtspunkten entgegenstehen**.

1686 Hält der Arbeitgeber eine Sozialauswahl vor Ausspruch einer betriebsbedingten Kündigung wegen des Widerspruchs des Arbeitnehmers gegen den Übergang des Arbeitsverhältnisses für **überflüssig**, so hat er die sozialen Gesichtspunkte vergleichbarer Arbeitnehmer **auch nicht vorsorglich dem Betriebsrat mitzuteilen** (*BAG* 24.2.2000 EzA § 102 BetrVG 1972 Nr. 104; 22.3.2001 EzA Art. 101 GG Nr. 5). Das Unterbleiben einer Sozialauswahl indiziert in diesem Fall nicht die ungenügende Berücksichtigung sozialer Gesichtspunkte, wenn z. B. der gesamte Bereich »Informationssysteme und technische Dienste« ausgegliedert wurde und dem Arbeitnehmer anerkennenswerte Gründe für den Widerspruch nicht zur Seite standen (*BAG* 24.2.2000 EzA § 102 BetrVG 1972 Nr. 104; *Reichold* SAE 2001, 122 ff.). Gleiches gilt, wenn eine **Sozialauswahl** nach der für den Betriebsrat erkennbaren Auffassung des Arbeitgebers wegen der Stilllegung des gesamten Betriebes **nicht vorzunehmen** ist; der Arbeitgeber muss dann den Betriebsrat nicht über Familienstand und Unterhaltpflichten der zu kündigenden Arbeitnehmer unterrichten (*BAG* 13.5.2004 EzA § 102 BetrVG 2001 Nr. 7), sowie dann, wenn eine soziale Auswahl nach Ansicht des Arbeitgebers **mangels Vergleichbarkeit des zu kündigenden Arbeitnehmers mit anderen Arbeitnehmern nicht vorzunehmen ist** (*LAG Hamm* 14.6.2005 NZA-RR 2005, 640).

1687 Auch dann, wenn insgesamt nach Auffassung des Arbeitgebers eine Sozialauswahl nicht vorzunehmen ist, weil **kein** mit dem zu kündigenden Arbeitnehmer **vergleichbarer** Arbeitnehmer vorhanden sei, muss er dem Betriebsrat **keine Auswahlgesichtspunkte mitteilen**, selbst wenn dies **bei objektiver Betrachtung nicht zutrifft** (*LAG SchlH* 1.4.1999 LAGE § 1 KSchG Soziale Auswahl Nr. 30). Das gilt **auch dann**, wenn der Arbeitgeber für seinen Kündigungsentschluss darauf nicht abstellt und für den Betriebsrat erkennbar die sozialen Daten des zu kündigenden Arbeitnehmers den Arbeitgeber **auch nicht zur Rücknahme seiner Kündigungsentscheidung bewegen werden** (z. B. bei einer Massenentlassung; *Hess. LAG* 24.1.2000 NZA-RR 2001, 34). Erscheint andererseits aus der Sicht des Arbeitgebers eine **Sozialauswahl** wegen fehlender Vergleichbarkeit mit anderen Mitarbeitern **entbehrlich**, ist die Kündigung gem. § 102 BetrVG **unwirksam**, wenn der Arbeitgeber **gleichwohl** anlässlich der Anhörung des Betriebsrats den **Anschein erweckt, eine Sozialauswahl sei durchgeführt worden** (*LAG RhPf* 1.4.2004 LAG Report 2005, 47).

1688 Hängt die Beantwortung der Frage, ob der Arbeitgeber eine Änderungs- oder eine Beendigungskündigung aussprechen will, allein davon ab, ob der Arbeitnehmer einem **Betriebsübergang** widerspricht oder nicht, so genügt der Arbeitgeber seiner Unterrichtungspflicht; wenn er dem Betriebsrat mitteilt, er wolle im Falle des Widerspruchs eine Beendigungskündigung und andernfalls eine Änderungskündigung aussprechen; es handelt sich dann **nicht** um eine unzulässige »**Anhörung auf Vorrat**« (*BAG* 22.4.2010 EzA § 102 BetrVG 2001 Nr. 26).

*dd) Einschränkungen bei vorheriger Kenntnis des Betriebsrats*

1689 Eine Mitteilung kann z. B. **entbehrlich** sein, wenn der Betriebsrat oder Betriebsratsvorsitzende die Folgen wiederholter Fehlzeiten **genau kennt** (*BAG* 6.7.1978 EzA § 102 BetrVG 1972 Nr. 37; *LAG RhPf* 1.4.2004 LAG Report 2005, 47; krit. *Rummel* NZA 1984, 78).

*ee) Subjektive Determinierung der Mitteilungspflicht des Arbeitgebers*

1690 Zu beachten ist allerdings, dass der Arbeitgeber nur diejenigen Kündigungsgründe mitteilen muss, auf die er **subjektiv** die Kündigung stützen will, **die seiner Auffassung nach die Kündigung rechtfertigen und für seinen Entschluss maßgebend gewesen sind** (*BAG* 13.5.2004 EzA § 102 BetrVG 2001 Nr. 7; 15.7.2004 EzA § 1 KSchG Soziale Auswahl Nr. 54). Das ist auch dann der Fall, wenn er kündigungsrechtlich **objektiv erhebliche Tatsachen nicht mitteilt**, weil er darauf die Kündigung **zunächst nicht stützen will**. Denn eine nur bei objektiver Würdigung unvollständige Mitteilung führt nicht zur Unwirksamkeit der Kündigung nach § 102 BetrVG (*BAG* 11.12.2003 EzA § 102 BetrVG

2001 Nr. 5). Demgegenüber genügt die Mitteilung von **Scheingründen** oder die unvollständige Mitteilung von Kündigungsgründen – insbes. unter bewusster Verschweigung der wahren Kündigungsgründe – nicht. Kommen andererseits aus der Sicht des Arbeitgebers mehrere Kündigungssachverhalte und Kündigungsgründe in Betracht, so führt ein bewusstes Verschweigen eines – von mehreren – Sachverhalten nicht zur Unwirksamkeit der Anhörung (*BAG* 16.9.2004 EzA § 102 BetrVG 2001 Nr. 10).

Zudem darf der Arbeitgeber im Kündigungsschutzprozess zur Begründung der Rechtfertigung der Kündigung nur solche Tatsachen vortragen oder nachschieben, die, ohne den Kündigungssachverhalt wesentlich zu verändern, nur der Erläuterung oder Konkretisierung der dem Betriebsrat bereits mitgeteilten Kündigungsgründe dienen. **1691**

Eine objektiv unzureichende Information des Betriebsrats führt also nicht zur Unwirksamkeit der Kündigung gem. § 102 Abs. 1 BetrVG, sondern zur Sozialwidrigkeit gem. § 1 KSchG, wenn die dem Betriebsrat mitgeteilten Kündigungsgründe (allein) die Kündigung nicht rechtfertigen (*BAG* 18.12.1980 EzA § 102 BetrVG 1972 Nr. 44; 1.4.1981 EzA § 102 BetrVG 1972 Nr. 45; s. Rdn. 439 ff.). **1692**

Auch bei Zugrundelegung dieses Maßstabes ist der Arbeitgeber dann, wenn er den Betriebsrat nicht darüber unterrichtet hat, dass er **sozial weniger schutzwürdige Arbeitnehmer (auch) nicht für vergleichbar hält**, im Kündigungsschutzprozess **nicht gehindert**, sich auf die Tatsachen zu berufen, die aus seiner Sicht einer Vergleichbarkeit entgegenstehen (*LAG Hamm* 4.11.2004 LAG Report 2005, 210). **1693**

Allerdings führt die subjektive Determination nicht dazu, dass der Arbeitgeber auf eine Mitteilung persönlicher Gründe ganz verzichten darf, auch wenn er sie nicht berücksichtigt. Der Arbeitgeber muss deshalb im Allgemeinen das Lebensalter und die Dauer der Betriebszugehörigkeit sowie einen eventuellen Sonderkündigungsschutz als unverzichtbare Daten für die Beurteilung der Kündigung dem Betriebsrat mitteilen. Das gilt auch für einen verhaltensbedingten Kündigungsgrund, da dem Betriebsrat keine persönlichen Umstände vorenthalten werden dürfen, die sich im Rahmen der Interessenabwägung zu Gunsten des Arbeitnehmers auswirken können (*BAG* 6.10.2005 EzA § 1 KSchG Verhaltensbedingte Kündigung Nr. 66; s. Rdn. 439). **1694**

### b) Besonderheiten vor Ablauf der Sechsmonatsfrist

#### aa) Grundsatz: Gleiche Anforderungen; Sozialdaten

Zwar kann der Arbeitgeber vor Anwendbarkeit des KSchG (vgl. §§ 1, 23 KSchG) grds. ohne Angabe von Gründen unter Einhaltung der ordentlichen Kündigungsfrist kündigen. **1695**

Dennoch gelten nach ständiger Rechtsprechung des *BAG* (28.9.1978 EzA § 102 BetrVG 1972 Nr. 39; 8.9.1988 EzA § 102 BetrVG 1972 Nr. 73; 18.5.1994 EzA § 102 BetrVG 1972 Nr. 85; a. A. *Raab* ZfA 1995, 479 ff.) hinsichtlich der Mitteilungspflicht des Arbeitgebers an den Betriebsrat an sich auch dann **keine geringeren Anforderungen**, wenn die beabsichtigte Kündigung innerhalb der ersten sechs Monate des Arbeitsverhältnisses ausgesprochen werden soll. **1696**

Auch insoweit hat der Arbeitgeber also diejenigen Gründe mitzuteilen, die für seinen Kündigungsentschluss (subjektiv) maßgebend sind, die nach seiner Ansicht die Kündigung rechtfertigen. Ist für den Arbeitgeber folglich bei einer Kündigung in den ersten sechs Monaten des Arbeitsverhältnisses der maßgebliche Kündigungsgrund nicht die eigene Eignungsbeurteilung, sondern die **Tatsache der negativen Beurteilung der Arbeitsbeziehungen zu anderen Mitarbeitern durch den Dienstvorgesetzten**, so reicht eine entsprechende Mitteilung aus (*BAG* 21.7.2005 EzA § 102 BetrVG 2001 Nr. 15). **1697**

Andererseits ist der Arbeitgeber, der die Kündigung auf mehrere Gründe stützen könnte, nicht gehalten, auch solche Gründe mitzuteilen, die er tatsächlich nicht zum Anlass für die Kündigung nehmen will. Voraussetzung für eine ordnungsgemäße Betriebsratsanhörung ist aber auch innerhalb der ers- **1698** ten sechs Monate, dass der Arbeitgeber zusätzlich zum Kündigungsentschluss an sich einen – wenn auch subjektiv determinierten, Argumenten zugänglichen – **Kündigungsgrund für seinen Kündigungsentschluss angibt**. Der rein formale Anlass/Auslöser für den Kündigungsentschluss »die Existenz eines Prozesses mit noch ungewissem Ausgang« ist nicht gleichzusetzen mit einem dem Betriebsrat zu benennenden Kündigungsgrund, denn er ist keinen Argumenten zugänglich (*LAG SchlH* 3.11.2004 NZA-RR 2005, 310).

> Der Arbeitgeber ist bei einer Wartezeitkündigung auch nicht verpflichtet, dem Personalrat Sozialdaten, die bei vernünftiger Betrachtung weder aus seiner Sicht noch aus Sicht der Arbeitnehmervertretung für die Beurteilung der Wirksamkeit der Kündigung eine Rolle spielen können, mitzuteilen. Denn die Wartezeit dient dazu, dem Arbeitgeber Gelegenheit zu geben, sich eine subjektive Meinung über Leistung und Führung des Arbeitnehmers zu bilden, die – von Missbrauchsfällen abgesehen – einer Überprüfung nach objektiven Maßstäben nicht unterliegt. Im Falle eines aus Sicht des Arbeitgebers negativen Ergebnisses dieser Prüfung soll er das Arbeitsverhältnis frei kündigen können, ohne dass es auf entgegenstehende Interessen des Arbeitnehmers ankommt. Daher sind Unterhaltspflichten des Arbeitnehmers ebenso wie dessen Lebensalter für die Wirksamkeit einer Wartezeitkündigung in der Regel ohne Bedeutung. Folglich steht der Wirksamkeit der Kündigung auch nicht entgegen, dass diese Daten dem Personalrat bei seiner Beteiligung nicht mitgeteilt wurden (*BAG* 23.4.2009 EzA § 102 BetrVG 2001 Nr. 25).

### bb) *Schlagwortartige Beschreibungen; Werturteile*

**1699** Von daher genügt es auch vor Ablauf der Sechsmonatsfrist gem. § 1 Abs. 1 KSchG eigentlich nicht, wenn der Arbeitgeber dem Betriebsrat in einem Mitteilungsschreiben lediglich mitteilt, »die bisherige Zusammenarbeit« mit dem Kläger lasse »eine für beide Seiten zufrieden stellende Kooperation für die Zukunft nicht erwarten«. Denn auch vor Anwendbarkeit des KSchG darf sich der Arbeitgeber **nicht mit einer schlagwort- oder stichwortartigen Bezeichnung des Kündigungsgrundes begnügen**.

**1700** Demgegenüber genügt die pauschale Umschreibung des Kündigungsgrundes durch ein Werturteil (z. B. »nicht hinreichende Arbeitsleistungen«) den gesetzlichen Anforderungen ausnahmsweise dann, wenn der Arbeitgeber seine Motivation nicht mit konkreten Tatsachen belegen kann (*BAG* 8.9.1988 EzA § 102 BetrVG 1972 Nr. 73). Hat der Arbeitgeber also keine auf Tatsachen gestützte und dem gemäß durch die Mitteilung dieser Tatsachen konkretisierbaren Kündigungsgründe, so **genügt es**, wenn er dem Betriebsrat seine **subjektiven Wertungen mitteilt**, die ihn zu der Kündigung veranlassen (*BAG* 3.12.1998 EzA § 102 BetrVG 1972 Nr. 100; 22.4.2010 – 6 AZR 828/08, NZA 2010, 1199 LS; *LAG SchlH* 30.10.2002 NZA-RR 2003, 310; *LAG Düsseld.* 29.7.2004 LAGE § 102 BetrVG 2001 Nr. 1a), wenn er **keine auf Tatsachen gestützten** und durch Tatsachen konkretisierbaren Kündigungsgründe **benennen** kann. Dafür reichen dann aber **pauschale, schlagwortartige Begründungen**; der Arbeitgeber ist in diesen Fällen insbes. nicht verpflichtet, sein Werturteil gegenüber der Arbeitnehmervertretung zu substantiieren oder zu begründen (*BAG* 22.4.2010 – 6 AZR 828/08, EzA-SD 12/2010 S. 3 = NZA 2010, 1199 LS). Denn der Arbeitgeber ist **nicht gehalten**, nur für den Betriebsrat »**überwachende Aufzeichnungen« zu führen**, die er dem Arbeitnehmer gegenüber nicht benötigt (*LAG Bln.* 11.12.2003 NZA-RR 2004, 528).

**1701** Es ist gerade eine Konsequenz der subjektiven Determinierung der Mitteilungspflicht nach § 102 Abs. 1 BetrVG, in diesen Fällen die Unterrichtung über die subjektiven Vorstellungen ausreichen zu lassen. Jede andere Lösung wäre systemwidrig und realitätsfremd. Sie würde vom Arbeitgeber geradezu verlangen, tatsächlich nicht vorhandene objektive Gründe für seinen Kündigungsentschluss zu erfinden und vorzuschieben.

**1702** Nach Auffassung des *LAG BW* (23.7.1997 LAGE § 102 BetrVG 1972 Nr. 67) genügt die Mitteilung eines **Werturteils** auch dann, wenn der Arbeitgeber objektive kündigungserhebliche Tatsachen dem Betriebsrat deshalb nicht mitteilt, weil er darauf die Kündigung nicht stützen will oder weil er sie bei seinem Kündigungsentschluss für unerheblich oder entbehrlich hält. Das *LAG Bln.* (22.1.1998

LAGE § 102 BetrVG 1972 Nr. 68) hält es schließlich für ausreichend, wenn der Arbeitgeber bei einer Kündigung vor Ablauf der Wartefrist des § 1 Abs. 1 KSchG dem Betriebsrat lediglich mitteilt, der Arbeitnehmer »**genügt** nach unserer allgemeinen, subjektiven Einschätzung **unseren Anforderungen nicht**«.

Der Arbeitgeber kommt nach diesen Grundsätzen seiner Pflicht zur Unterrichtung des Betriebsrates aber dann nicht nach, wenn er auch aus seiner subjektiven Sicht dem Betriebsrat **bewusst unrichtige oder unvollständige Sachdarstellungen** unterbreitet oder wenn er bewusst ihm bekannte, genau konkretisierbare Kündigungsgründe nur **pauschal** vorträgt, obwohl sein Kündigungsentschluss auf der Würdigung konkreter Kündigungssachverhalte beruht (*BAG* 18.5.1994 EzA § 102 BetrVG 1972 Nr. 85). Dagegen ist die Anhörung dann nicht zu beanstanden, wenn er aus seiner subjektiven Sicht heraus konsequent handelt, indem er trotz konkreter Anhaltspunkte seinen Kündigungsentschluss nur aus subjektiven, pauschalen Werturteilen herleitet (*BAG* 8.9.1988 EzA § 102 BetrVG 1972 Nr. 73).

Will der Arbeitgeber die Kündigung allein auf Minderleistungen des Arbeitnehmers, die Differenzen mit Arbeitskollegen ausgelöst haben, ohne Rücksicht darauf stützen, auf welchen Gründen die Minderleistungen beruhen, so muss er den Betriebsrat nicht zusätzlich davon unterrichten, dass der betroffene Arbeitnehmer schon vor der Kündigung unter Vorlage eines Attests den Grund dafür auf eine angeblich durch die konkreten Arbeitsbedingungen ausgelöste Erkrankung zurückgeführt hat (*BAG* 11.7.1991 EzA § 102 BetrVG 1972 Nr. 81).

Aufgrund der generellen Kündigungsfreiheit während der ersten sechs Beschäftigungsmonate ist der Arbeitgeber im Rahmen des § 102 BetrVG auch nicht verpflichtet, den **Wahrheitsgehalt der an ihn von Dritten herangetragenen Beschwerden** über den Arbeitnehmer zu überprüfen. Vielmehr genügt er seiner Mitteilungspflicht, wenn er dem Betriebsrat das sich daraus für ihn ergebende Werturteil über den Arbeitnehmer mitteilt (*LAG SchlH* 30.10.2002 NZA-RR 2003, 310).

Dagegen genügt es nicht, wenn der Arbeitgeber den Betriebsrat wie folgt informiert: »Die Geschäftsleitung möchte das Arbeitsverhältnis mit C. innerhalb der Probezeit beenden. **Objektive Kündigungsgründe liegen nicht vor**«, denn damit wurde dem Betriebsrat gerade nicht mitgeteilt, aus welchen subjektiven Erwägungen heraus die Beklagte dem Kläger kündigen wollte (*Hess. LAG* 14.3.2011 – 16 Sa 1477/10, FA 2011, 175).

*cc) Vorliegen mehrerer Kündigungsgründe*

Wenn für den Kündigungsentschluss des Arbeitgebers mehrere Gründe maßgebend gewesen sind, dann berührt eine objektiv unrichtige Unterrichtung des Betriebsrats hinsichtlich einzelner Kündigungsgründe nicht die Wirksamkeit des Anhörungsverfahrens insgesamt (*BAG* 8.9.1988 EzA § 102 BetrVG 1972 Nr. 73).

*c) Widerspruch des Betriebsrats*

*aa) Praktische Bedeutung*

Hat der Betriebsrat aus den § 102 Abs. 3 BetrVG aufgezählten Gründen form- und fristgerecht Widerspruch erhoben (s. dazu *Haas* FA 2008, 169 ff.), so kann der Arbeitnehmer die **Kündigungsschutzklage auch darauf stützen** (§ 1 Abs. 2 S. 2 KSchG).

Er kann ferner bei einer ordentlichen Kündigung den **Weiterbeschäftigungsanspruch** gem. § 102 Abs. 5 BetrVG geltend machen.

*bb) Allgemeine Voraussetzungen eines wirksamen Widerspruchs*

Der Widerspruch muss, um wirksam zu sein, **auf einem ordnungsgemäß getroffenem Betriebsratsbeschluss beruhen** (*LAG Bln.* 16.9.2004 LAG Report 2005, 90), **schriftlich** erfolgen und mit schriftlichen **Gründen** versehen sein.

1710 Erforderlich ist die Angabe **konkreter Tatsachen**, aus denen sich das Vorliegen eines der im Gesetz genannten Gründe ergibt.

1711 Weder die formelhafte Bezugnahme auf die Ziffern des Abs. 3 noch die Wiederholung des Gesetzeswortlauts genügt den Anforderungen; **erforderlich ist, dass die Widerspruchsgründe mittels Angabe von Tatsachen konkretisiert werden** (*LAG SchlH* 22.11.1999 ARST 2000, 196; s. a. *BAG* 19.6.2007 – 2 AZR 58/06, EzA-SD 19/2007 S. 10 LS zum PersVG Brandenburg). Deshalb ist z. B. bei einer **krankheitsbedingten Kündigung** ein Widerspruch dann **nicht ordnungsgemäß**, wenn er in der Sache **lediglich einen Appell an die Fürsorgepflicht des Arbeitgebers gegenüber einem langjährig beschäftigten Arbeitnehmer darstellt** (*LAG Köln* 19.10.2000 ARST 2001, 94).

1712 Nicht erforderlich ist jedoch, dass die angegebenen Gründe den Widerspruch auch tatsächlich tragen. Das ergibt sich im Umkehrschluss aus § 102 Abs. 5 S. 2 BetrVG, wonach der Arbeitgeber von der Weiterbeschäftigung nur wegen offensichtlicher Unbegründetheit des Widerspruchs entbunden werden kann (GK-BetrVG/*Raab* § 102 Rn. 107 ff.; s. *LAG München* 2.3.1994 NZA 1994, 1000).

1713 Der vorgetragene Sachverhalt muss es als möglich erscheinen lassen, dass einer der in § 102 Abs. 3 BetrVG abschließend genannten Widerspruchsgründe geltend gemacht wird (*BAG* 12.6.2007 EzA § 1a BetrAVG Nr. 2; *LAG München* 10.2.1994 NZA 1994, 997).

1714 Macht der Betriebsrat der Sache nach einen gem. § 102 Abs. 3 BetrVG nicht gegebenen Widerspruchsgrund geltend (*BAG* 12.6.2007 EzA § 1a BetrAVG Nr. 2), so ist dieser Widerspruch auch dann nicht ordnungsgemäß i. S. v. § 102 Abs. 5 S. 1 BetrVG, wenn er im Gegensatz zu seinem sachlichen Inhalt ausdrücklich auf eine ganz bestimmte Nummer des § 102 Abs. 3 BetrVG Bezug nimmt und formelhaft deren Inhalt wiederholt (*LAG München* 2.3.1994 NZA 1994, 1000).

*cc) Besonderheiten in Tendenzbetrieben*

1715 Bei der Kündigung in Tendenzbetrieben (§ 118 BetrVG) kann der Betriebsrat auch einer aus tendenzbezogenen Gründen ausgesprochenen Kündigung nach § 102 Abs. 3 BetrVG widersprechen, wenn die Widerspruchsgründe ihrerseits tendenzfrei sind (*BAG* 7.11.1975 EzA § 118 BetrVG 1972 Nr. 9). Dagegen ist eine Stellungnahme zu tendenzbezogenen Gründen mit § 118 Abs. 1 S. 1 BetrVG nicht vereinbar (*BVerfG* 6.11.1979 EzA § 118 BetrVG 1972 Nr. 23).

1716 So kann der Betriebsrat der Kündigung eines Tendenzträgers etwa nach § 102 Abs. 3 Nr. 3 bis 5 BetrVG widersprechen mit dem Hinweis, der betroffene Arbeitnehmer könne auf einem anderen Arbeitsplatz ohne Tendenzbezug weiterbeschäftigt werden.

1717 Im Übrigen kann er **uneingeschränkt widersprechen**, wenn die Kündigung eines Tendenzträgers aus tendenzfreien Gründen erfolgen soll. Denn dann ist sowohl die Tätigkeit des Betriebsrats als auch ein möglicherweise entstehender Weiterbeschäftigungsanspruch des Tendenzträgers **tendenzneutral** (MünchArbR/*Berkowsky* § 146 Rn. 38).

*dd) Die Widerspruchstatbestände*

*(1) Rüge nicht ordnungsgemäßer Sozialauswahl (§ 102 Abs. 3 Nr. 1 BetrVG)*

1718 Diese Regelung kommt im Zusammenhang mit betriebsbedingten Kündigungen in Betracht.

1719 Nach Auffassung des *BAG* (9.7.2003 EzA § 102 BetrVG 2001 Beschäftigungspflicht Nr. 1 m. Anm. *Waas* SAE 2004, 147 ff.) ist insoweit darzulegen, welcher oder welche anderen Arbeitnehmer bei ordnungsgemäßer Berücksichtigung sozialer Gesichtspunkte oder bei zutreffender Anwendung der Auswahlrichtlinie hätte(n) gekündigt werden sollen. Zumindest müssen diese Arbeitnehmer anhand abstrakter Merkmale bestimmbar sein (*BAG* 9.7.2003 2003 EzA § 102 BetrVG 2001 Beschäftigungspflicht Nr. 1; vgl. auch *LAG SchlH* 22.11.1999 ARST 2000, 196).

1720 Er hat aufzuzeigen, welche Gründe aus seiner Sicht zu einer anderen Bewertung der sozialen Schutzwürdigkeit führen. Auch bei mehreren zur gleichen Zeit beabsichtigten betriebsbedingten

Kündigungen kann der Betriebsrat nach dieser Bestimmung nur dann widersprechen, wenn er in jedem Einzelfall auf bestimmte oder bestimmbare, seiner Ansicht nach weniger schutzwürdige Arbeitnehmer verweist (*BAG* 9.7.2003 EzA § 102 BetrVG 2001 Beschäftigungspflicht Nr. 1 = NZA 2003, 1191 m. Anm. *Waas* SAE 2004, 147 ff.). Sind im Widerspruch des Betriebsrats die **für sozial stärker gehaltenen Arbeitnehmer nicht konkret benannt,** muss folglich der die Weiterbeschäftigung einklagende Arbeitnehmer im Einzelnen darstellen, warum aus den allgemeinen Angaben für den Arbeitgeber eindeutig ersichtlich ist, welche Arbeitnehmer gemeint sind (*LAG Nbg.* 17.8.2004 NZA-RR 2005, 255). Der Betriebsrat kann zudem nicht für alle oder für mehrere Kündigungen geltend machen, die soziale Auswahl sei fehlerhaft, weil der Arbeitgeber einen oder mehrere schutzwürdige Arbeitnehmer übergangen habe. Auf denselben Berufungsfall kann der Betriebsrat seinen Widerspruch nicht mehrfach stützen (*BAG* 9.7.2003 EzA § 102 BetrVG 2001 Beschäftigungspflicht Nr. 1).

Die Voraussetzungen sind jedenfalls dann **nicht erfüllt,** wenn der Betriebsrat geltend macht, erfahrungsgemäß sei bei einer **Massenentlassung** damit zu rechnen, dass durch **intensive Vermittlungsbemühungen und freiwillige Abfindungsaktionen** freie Arbeitsplätze entstünden, auf denen ggf. einige der zur Entlassung vorgesehenen Arbeitnehmer eingesetzt werden könnten (*LAG Hamm* 14.6.2004 – 8 Sa 956/04, EzA-SD 19/04, S. 13 LS).

*(2) Verstoß gegen eine Auswahlrichtlinie (§ 102 Abs. 3 Nr. 2 BetrVG)*

Insoweit muss der Betriebsrat sowohl die fragliche **Auswahlrichtlinie bezeichnen** (s. Rdn. 1718) als auch die **Tatsachen angeben.** Zu beachten ist, dass die »absolute Sozialwidrigkeit« der Kündigung gem. § 1 Abs. 2 S. 2 KSchG dann nicht eintritt, **aus denen sich der Verstoß dagegen ergibt** (KR/*Etzel* § 102 BetrVG Rn. 156), wenn es sich um eine rechtsunwirksame Auswahlrichtlinie handelt. **1721**

Die Auswahlrichtlinie muss, um wirksam zu sein, jedenfalls die drei sozialen Grunddaten Betriebszugehörigkeit, Lebensalter und Zahl der Unterhaltsverpflichtungen hinreichend berücksichtigen sowie darüber hinaus Spielraum lassen für eine einzelfallbezogene abschließende Bewertung der sozialen Schutzbedürftigkeit der einzelnen Arbeitnehmer (*BAG* 20.10.1983 EzA § 1 KSchG Betriebsbedingte Kündigung Nr. 28). **1722**

*(3) Möglichkeit der Weiterbeschäftigung (§ 102 Abs. 3 Nr. 3 BetrVG)*

Diese Norm kommt insbes. bei betriebsbedingten Kündigungen, u. U. aber auch bei personen- und verhaltensbedingten Kündigungen in Betracht (*BAG* 31.3.1993 NZA 1994, 412). **1723**

Sie greift nicht ein hinsichtlich der Möglichkeit der Weiterbeschäftigung auf demselben Arbeitsplatz (*BAG* 12.9.1985 EzA § 102 BetrVG Nr. 61; *LAG Nbg.* 17.8.2004 NZA-RR 2005, 255; a. A. *LAG RhPf* 25.3.1996 ZTR 1997, 45 LS; KR/*Etzel* § 102 BetrVG Rn. 164), oder der Weiterbeschäftigung in einem Konzernunternehmen (*BAG* 14.10.1982 EzA § 15 KSchG n. F. Nr. 29). **1724**

Demgegenüber ist nach Auffassung von *Etzel* (KR § 102 BetrVG Rn. 164) § 102 Abs. 3 Nr. 3 BetrVG dann jedenfalls entsprechend anwendbar. Denn wenn die Weiterbeschäftigung des Arbeitnehmers auf seinem bisherigen Arbeitsplatz möglich ist, ist die Sozialwidrigkeit der Kündigung noch offensichtlicher als bei der Möglichkeit der Weiterbeschäftigung auf einem anderen Arbeitsplatz. **1725**

Diese Auffassung steht **im Widerspruch zu der Systematik des § 102 Abs. 3 BetrVG.** Ein Weiterbeschäftigungsanspruch nach § 102 Abs. 5 BetrVG soll dann entstehen, wenn entweder die Sozialauswahl fehlerhaft ist oder eine anderweitige Beschäftigungsmöglichkeit besteht. Bei einem Streit um den Wegfall der ursprünglichen Beschäftigungsmöglichkeiten ist sie vom Gesetz gerade nicht vorgesehen (APS/*Koch* § 102 BetrVG Rn. 199). **1726**

**1727** Als andere Arbeitsplätze kommen nur solche in Frage, die **tatsächlich vorhanden sind**. Zur Begründung eines Weiterbeschäftigungsanspruchs nach § 102 Abs. 5 S. 1 BetrVG reicht es nicht aus, wenn der Betriebsrat **nur allgemein** auf eine anderweitige Beschäftigungsmöglichkeit im selben Betrieb oder in einem anderen Betrieb des Unternehmens verweist. Dem Betriebsrat ist vielmehr ein **Mindestmaß an konkreter Argumentation** abzuverlangen, d. h. der Arbeitsplatz, auf dem der zu kündigende Arbeitnehmer eingesetzt werden kann, ist **in bestimmbarer Weise anzugeben** (*BAG* 17.6.1999 EzA § 102 BetrVG 1972 Beschäftigungspflicht Nr. 10; instr. *ArbG Hmb.* 3.4.2008 – 9 Ga 12/08, AuR 2008, 277 LS). Ebenso wenig genügt es, wenn der Betriebsrat auf **Personalengpässe bei Arbeiten** hinweist, die im Betrieb von einem Subunternehmer auf Grund eines Werkvertrages erledigt werden (*BAG* 11.5.2000 NZA 2000, 1055; vgl. dazu *Dedek* SAE 2001, 23 ff.).

**1728** Der Betriebsrat muss jedoch nicht einen bestimmten, konkreten freien Arbeitsplatz benennen (*BAG* 31.8.1978 EzA § 102 BetrVG 1972 Beschäftigungspflicht Nr. 7; APS/*Koch* § 102 BetrVG Rn. 200). Andererseits ist der Arbeitgeber auch nicht verpflichtet, dem Betriebsrat genaue Unterlagen über alle im Unternehmensbereich offenen vergleichbaren Arbeitsplätze anzubieten (GK-BetrVG/*Raab* § 102 Rn. 116; a. A. *Hanau* BB 1971, 489).

*(4) Weiterbeschäftigungsmöglichkeit nach zumutbaren Umschulungs- oder Fortbildungsmaßnahmen (§ 102 Abs. 3 Nr. 4 BetrVG)*

*aaa) Grundlagen*

**1729** Diese Regelung kommt in Betracht bei betriebs- und personenbedingten Kündigungen und einem verfügbaren freien anderen Arbeitsplatz, der dem Arbeitgeber zumutbar ist.

**1730** Eine Prüfung der Zumutbarkeit für den Arbeitnehmer ist nicht erforderlich, da der Widerspruch seine **Zustimmung** voraussetzt. Dieses Einverständnis hat der Betriebsrat einzuholen, bevor er den Widerspruch erhebt. Ohne erklärtes Einverständnis des Arbeitnehmers mit der Umschulung oder Fortbildung besteht kein Grund, den Arbeitgeber von der Kündigung abzuhalten und dem Arbeitnehmer auf Grund des Widerspruchs des Betriebsrats einen Weiterbeschäftigungsanspruch nach § 102 Abs. 5 BetrVG einzuräumen (APS/*Koch* § 102 BetrVG Rn. 202).

**1731** Der Betriebsrat kann allerdings nicht wegen einer anderweitigen Beschäftigungsmöglichkeit widersprechen, die betriebshierarchisch oberhalb des bisherigen Vertragsstatus des betroffenen Arbeitnehmers liegt. Dieser hat **keinen Anspruch auf Beförderung**. Die anderweitige Beschäftigungsmöglichkeit kann sich deshalb auch auf dieser Stufe nur auf **niederrangigere oder höchstens gleichwertige Arbeitsplätze** beziehen. Dies ist von dem Begriff der Umschulung ohne weiteres erfasst.

**1732** Auch die Weiterbeschäftigungsmöglichkeit nach Fortbildungsmaßnahmen darf nicht mit einem Anspruch auf Beförderung verbunden sein. Die Fortbildung kann sich deshalb nur auf Qualifizierungsmaßnahmen erstrecken, die zu einer allenfalls **funktionell gleichwertigen, wenngleich inhaltlich qualifizierten Tätigkeit** führen (MünchArbR/*Berkowsky* 2. Aufl., § 142 Rn. 36).

**1733** Dem Arbeitgeber zumutbar ist die Maßnahme, wenn durch sie hervorgerufene betriebliche Störungen oder die erforderlichen organisatorischen oder finanziellen Aufwendungen nicht außer Verhältnis zur voraussichtlichen weiteren Dauer des Arbeitsverhältnisses stehen. Rein finanzielle Aspekte dürfen jedoch nicht den Ausschlag geben (MünchArbR/*Berkowsky* § 142 Rn. 38).

*bbb) Verhältnis zu § 97 Abs. 2 BetrVG*

**1734** Hat der Arbeitgeber technische Anlagen, Arbeitsverfahren und Arbeitsabläufe oder Arbeitsplätze **geplant**, die dazu führen, dass sich die **Tätigkeit der betroffenen Arbeitnehmer ändern** wird und ihre **beruflichen Kenntnisse** und **Fähigkeiten** zur Erfüllung ihrer Aufgaben **nicht mehr ausreichen**, so hat der Betriebsrat gem. § 97 Abs. 2 BetrVG bei der Einführung von Maßnahmen der *betrieblichen Berufsbildung* mitzubestimmen. Kommt eine Einigung nicht zustande, so entscheidet die Einigungsstelle. Der Spruch der **Einigungsstelle** ersetzt die Einigung zwischen Arbeitgeber und Betriebsrat.

Das nach dieser Regelung dem Betriebsrat eingeräumte Initiativrecht soll ihm die **Möglichkeit** geben, so **rechtzeitig für eine Weiterbildung der** von den geplanten Maßnahmen **betroffenen Arbeitnehmer** zu sorgen, dass eine **Kündigung** entbehrlich wird und der Betriebsrat nicht von seinem Widerspruchsrecht gem. § 102 Abs. 3 Nr. 4 BetrVG Gebrauch machen muss (BT-Drs. 14/5741, 50). Fraglich ist, wie sich das **Verhältnis zwischen § 97 Abs. 2 und § 102 Abs. 3 Nr. 4 BetrVG** darstellt, insbes. ob der Betriebsrat abwarten kann, bis der Arbeitgeber einem Arbeitnehmer wegen mangelnder Qualifikation kündigen will und den Betriebsrat zu der beabsichtigten Kündigung anhört, um sodann nach § 97 Abs. 2 BetrVG die Einführung von Berufsbildungsmaßnahmen zu verlangen und der Kündigung unter Hinweis auf die Fortbildungs- und Umschulungsmöglichkeiten nach § 102 Abs. 3 Nr. 4 BetrVG zu widersprechen.  1735

Ein derartiges Verhalten wäre allerdings zumindest **mit dem Grundsatz der vertrauensvollen Zusammenarbeit gem. § 2 Abs. 1 BetrVG unvereinbar**, wenn der Arbeitgeber den Betriebsrat gem. § 97 Abs. 2 BetrVG rechtzeitig und ordnungsgemäß über die geplanten Maßnahmen unterrichtet und mit ihm die Auswirkungen auf die Arbeitnehmer beraten hat. Denn dann hat der Betriebsrat hinreichend Anlass, darüber nachzudenken, ob er von seinem Initiativrecht Gebrauch machen will. Liegen die Voraussetzungen des § 97 Abs. 2 BetrVG erkennbar vor (vgl. dazu *LAG Hamm* 8.11.2002 NZA-RR 2003, 543) und will der Betriebsrat die Einführung von Bildungsmaßnahmen verlangen, so wird man ihn als verpflichtet ansehen müssen, dies unverzüglich zu tun und damit nicht bis zum Anhörungsverfahren zu warten, da dies zu einer erheblichen Verzögerung führen und den Arbeitgeber mit den Nachteilen des Weiterbeschäftigungsanspruchs belasten würde. Macht der Betriebsrat von seinem Initiativrecht keinen Gebrauch, so kann demnach ein Widerspruch gegen die Kündigung nicht mehr auf § 102 Abs. 3 Nr. 4 BetrVG gestützt werden; der kollektive Schutz wird also durch § 97 Abs. 2 BetrVG vorverlegt (so zutr. GK-BetrVG/*Raab* § 97 Rn. 21).  1736

*(5) Weiterbeschäftigungsmöglichkeit unter veränderten Vertragsbedingungen (§ 102 Abs. 3 Nr. 5 BetrVG)*

Das notwendige Einverständnis des Arbeitnehmers kann unter dem Vorbehalt, dass die Änderung der Arbeitsbedingungen sozial gerechtfertigt ist (§ 2 KSchG) erteilt werden (APS/*Koch* § 102 BetrVG Rn. 204).  1737

*d) Unterrichtung des Arbeitnehmers (§ 102 Abs. 4 BetrVG)*

Liegt ein formell und materiell wirksamer Widerspruch des Betriebsrats vor, so muss der Arbeitgeber dem (dennoch) gekündigten Arbeitnehmer eine **Abschrift des Widerspruchs gegen die ordentliche Kündigung** zuleiten (§ 102 Abs. 3 BetrVG). Das stärkt die kündigungsrechtliche Stellung des Arbeitnehmers, da er häufig erst durch die den Widerspruch begründenden Angaben tatsächlich in die Lage versetzt wird, seinen Prozessvortrag substantiiert zu gestalten. Auch kann er dann beurteilen, ob die Voraussetzungen für einen Weiterbeschäftigungsanspruch gem. § 102 Abs. 5 BetrVG gegeben sind.  1738

Verletzt der Arbeitgeber diese Verpflichtung, so führt dies nach einer Auffassung (APS/*Koch* § 102 BetrVG Rn. 159) nicht zur Unwirksamkeit der Kündigung, sondern allenfalls u. U. zu **Schadensersatzansprüchen des Arbeitnehmers**.  1739

Demgegenüber führt ein Verstoß gegen § 102 Abs. 4 BetrVG nach einer in der Literatur vertretenen Auffassung (*Düwell* NZA 1988, 866; *Schütte* NZA 2011, 263 ff.) zur **Unwirksamkeit der Kündigung**, weil nur dies der Funktion des Widerspruchs (Stärkung der informationellen Position des Arbeitnehmers im Prozess) und seiner Mitteilung an den gekündigten Arbeitnehmer gerecht wird.  1740

Der Anspruch gem. § 102 Abs. 4 BetrVG auf Zuleitung einer Abschrift ist durch den betroffenen Arbeitnehmer jedenfalls solange auf dem Klagewege durchsetzbar, wie noch nicht über seine Kündigungsschutzklage entschieden ist (KR/*Etzel* § 102 BetrVG Rn. 180).  1741

## 2. §§ 85 ff. SGB IX

1742 Siehe zunächst Rdn. 721 ff.

1743 Gem. § 90 Abs. 2 SGB IX entfällt der Kündigungsschutz des SGB IX, wenn die Entlassung aus **Witterungsgründen** erfolgt und die Wiedereinstellung des schwer behinderten Arbeitnehmers bei Wiederaufnahme der Arbeit gewährleistet ist. Auch Arbeitnehmer, die bei Zugang der Kündigung das **58. Lebensjahr vollendet** haben, und denen aus Anlass der Kündigung auf Grund eines Sozialplans ein Abfindungsanspruch zusteht, genießen nicht den Schutz des § 85 SGB IX. § 90 Abs. 1 Nr. 3a SGB IX. Erfasst werden nach Auffassung des *LAG Köln* (4.4.1997 NZA-RR 430) nur solche Sozialpläne, an deren Zustandekommen ein Betriebsrat mitgewirkt hat, der für den schwer behinderten Arbeitnehmer ein betriebsverfassungsrechliches Mandat hat, sodass der schwer behinderte Arbeitnehmer seinen Anspruch auf § 77 Abs. 4 BetrVG stützen kann; die bloße Drittwirkung einer Betriebsvereinbarung zu Gunsten Dritter genügt danach nicht.

### a) Pflichtgemäßes Ermessen des Integrationsamtes; Verhältnis zum Präventionsverfahren (§ 84 SGB IX)

1744 Im Rahmen der §§ 68, 88 SGB IX entscheidet das Integrationsamt nach Maßgabe der §§ 85 ff. SGB IX über die Zustimmung zur ordentlichen Kündigung grds. nach pflichtgemäßem Ermessen durch Verwaltungsakt (vgl. *VGH Kassel* 23.2.1987 NZA 1987, 566; KR/*Etzel* §§ 85–90 SGB IX Rn. 82 ff.). Sie kann vom Gericht nur auf Ermessensfehler überprüft werden (*VG Minden* 27.5.2002 NZA-RR 2003, 248).

1745 Die Behörde hat sich dabei von sachlichen Aspekten leiten zu lassen. Sie hat zu berücksichtigen, dass dem Behinderten der Arbeitsplatz möglichst zu erhalten ist, vor allem dann, wenn die Kündigung im Zusammenhang mit der Behinderung steht (*BVerwG* 21.10.1964, 28.2.1968 AP Nr. 28, 29 zu § 14 SchwBeschG; *VG Darmstadt* 12.3.2002 NZA-RR 2002, 467; *VG Minden* 27.5.2002 NZA-RR 2003, 248).

1746 Das *VG Freiburg* (30.11.2000 NZA-RR 2001, 432) hat z. B. angenommen, dass **Überlastung und Mobbing** unter Arbeitskollegen am Arbeitsplatz dann einer Zustimmung zur Kündigung entgegenstehen, wenn diese Umstände **letztlich ursächlich für die Kündigung** waren.

1747 Wichtig ist, dass die Zustimmung des Integrationsamtes zur Kündigung eines schwerbehinderten Arbeitnehmers **nicht voraussetzt**, dass der Arbeitgeber das **Präventionsverfahren** nach § 84 SGB IX **durchgeführt hat** (*BayVGH* 14.11.2006 – 9 V 06.1431, ZTR 2008, 173; zust. *BVerwG* 29.8.2007 – 5 B 77.07, ZTR 2008, 174).

### b) Abwägung der widerstreitenden Interessen; Aufklärungspflicht

1748 Bei der Beurteilung sind die Interessen des Arbeitgebers an wirtschaftlicher Nutzung der vorhandenen Arbeitsplätze und das Interesse des schwer behinderten Arbeitnehmers an der Erhaltung des Arbeitsplatzes gegeneinander abzuwägen.

1749 In ihre Entscheidungsfindung hat das Integrationsamt alle, aber auch nur diejenigen Umstände einzustellen, die, soweit sie von verwaltungsrechtlicher Relevanz und nicht nur dem ArbG zugänglich sind, bis zum maßgeblichen Zeitpunkt der beabsichtigten oder erfolgten Kündigung von den Beteiligten an sie herangetragen worden sind, oder sich ihr zumindest aufdrängen (vgl. *VGH Mannheim* 4.3.2002 NZA-RR 2002, 417).

1750 Die verwaltungsgerichtliche Kontrolle hat sich ebenfalls auf den Erkenntnisstand zu jenem Zeitpunkt zu beschränken.

1751 Das Integrationsamt hat **von Amts wegen** alles zu ermitteln, was erforderlich ist, um die gegensätzlichen Interessen des Arbeitgebers und des schwer behinderten Arbeitnehmers abwägen zu können. Die Aufklärungspflicht gewinnt ihre Konturen und Reichweite aus dem materiellen Recht; entscheidend ist der Bezug eines Umstandes zur Behinderung und seine an der Zweckrichtung des behindertenrechtlichen Sonderkündigungsschutzes gemessene Bedeutung. Diese Aufklärungspflicht wird verletzt, wenn das Integrationsamt sich damit begnügt, das Vorbringen des Arbeitgebers, soweit es im Rahmen der nach § 85 SGB IX gebotenen Interessenabwägung zu berücksichtigen ist, nur auf seine **Schlüssigkeit** hin zu überprüfen (*BVerwG* 19.10.1995 NZA-RR 1996, 288). Sie hat sich also ein genaues Bild über die gesamten Umstände zu verschaffen, um zu überprüfen, ob die angegebenen Kündigungsumstände und weitere Umstände eine Zustimmung zur Kündigung im Rahmen der Interessenabwägung zulassen (*VG Freiburg* 30.11.2000 NZA-RR 2001, 432). Der Schwerbehindertenschutz gewinnt in diesem Zusammenhang bei der notwendigen Interessenabwägung dann an Gewicht, wenn die Kündigung des Arbeitsverhältnisses auf Gründe gestützt wird, die in der Behinderung selbst ihre Ursache haben, z. B. in Erkrankungen, die einen Ursachenzusammenhang mit der Behinderung haben (*VG Darmstadt* 12.3.2002 NZA-RR 2002, 467; *VG Minden* 27.5.2002 NZA-RR 2003, 248).

In Fällen, in denen für den Sitz des Betriebes und den Wohnort des Arbeitnehmers verschiedene Arbeitsämter zuständig sind, sind von beiden Arbeitsämtern **Stellungnahmen** einzuholen (*BVerwG* 28.9.1995 NZA-RR 1996, 290). 1752

### c) Mitwirkungspflicht des Arbeitnehmers

Dem schwer behinderten Arbeitnehmer obliegt die sozialrechtliche Mitwirkungspflicht, der Zustimmungsbehörde rechtzeitig die **in seiner Sphäre liegenden**, aus seiner Sicht **relevanten Umstände**, wenn sie nicht offen zu Tage liegen, **aufzuzeigen**. Kommt er dem nicht nach, kann er z. B. im verwaltungsgerichtlichen Verfahren im Falle einer vorsorglich beabsichtigten Änderungskündigung mit gesundheitlichen Einwänden gegen die Eignung der angebotenen neuen Tätigkeit nicht mehr durchdringen (*OVG NW* 23.1.1992 NZA 1992, 844). 1753

### d) Auflagen, Bedingungen

Die Zustimmung kann vom Integrationsamt unter Auflagen und Bedingungen erteilt werden, z. B. unter Verlängerung der Kündigungsfrist oder der Fortzahlung der Vergütung für eine bestimmte Zeit. 1754

Hat das Integrationsamt der beabsichtigten Kündigung mit der »Bedingung« zugestimmt, dass zwischen dem Tag der Kündigung und dem Tag, bis zu dem Gehalt oder Lohn gezahlt wird, mindestens drei Monate liegen, so ist durch Auslegung zu ermitteln, ob es sich bei der »Bedingung« sachlich um eine Bedingung oder um eine Auflage i. S. d. § 32 SGB X handelt. 1755

Wenn die Zustimmung nicht unter der aufschiebenden Bedingung der Fortzahlung der Vergütung erteilt worden ist, kann der Arbeitgeber sofort wirksam kündigen, solange die Zustimmung nur nicht nach § 47 SGB X widerrufen worden ist (*BAG* 12.7.1990 EzA § 19 SchwbG 1986 Nr. 1). 1756

### e) Besonderheiten bei betriebsbedingten Kündigungen

**Gem. § 89 SGB IX ist der Ermessensspielraum des Integrationsamtes** (insbes. bei Betriebsstilllegungen) **beschränkt**. 1757

Danach hat das Integrationsamt die Zustimmung zu erteilen bei Kündigungen in Betrieben und Dienststellen, die nicht nur vorübergehend eingestellt oder aufgelöst werden, wenn zwischen dem Tag der Kündigung und dem Tag, bis zu dem Gehalt oder Lohn gezahlt wird, mindestens drei Monate liegen. 1758

Unter der gleichen Voraussetzung soll sie die Zustimmung auch bei Kündigungen in Betrieben und Dienststellen erteilen, die nicht nur vorübergehend wesentlich eingeschränkt werden, wenn die Gesamtzahl der verbleibenden schwer behinderten Arbeitnehmer zur Erfüllung der Verpflichtung nach § 71 SGB IX ausreicht (§ 89 Abs. 1 S. 2 SGB IX). 1759

1760 § 89 Abs. 1 S. 1, 2 SGB IX gilt nicht, wenn eine Weiterbeschäftigung auf einem anderen Arbeitsplatz desselben Betriebes oder derselben Dienststelle oder einem freien Arbeitsplatz in einem anderen Betrieb oder einer anderen Dienststelle desselben Arbeitgebers mit Einverständnis des schwer behinderten Arbeitnehmers möglich und für den Arbeitgeber zumutbar ist (§ 89 Abs. 1 S. 3 SGB IX).

1761 Gem. § 89 Abs. 2 SGB IX soll das Integrationsamt die Zustimmung erteilen, wenn dem schwer behinderten Arbeitnehmer ein anderer angemessener und zumutbarer Arbeitsplatz gesichert ist.

*f) Kündigung nach Zugang des Zustimmungsbescheides; Monatsfrist; Zusammentreffen von Zustimmungserfordernissen*

1762 **Die ordentliche Kündigung kann** – anders als bei der außerordentlichen Kündigung – **erst wirksam nach Zustellung des Zustimmungsbescheides des Integrationsamtes an den Arbeitgeber erklärt werden** (*BAG* 16.10.1991 EzA § 18 SchwbG 1986 Nr. 2; *LAG BW* 22.9.2006 LAGE § 88 SGB IX Nr. 1; s. Rdn. 748).

1763 Die Kündigung muss gem. §§ 88 Abs. 3, 85 SGB IX, 134 BGB nach der Zustimmung dem Arbeitnehmer innerhalb eines Monats zugehen; wird diese Frist nicht eingehalten, ist die Kündigung unwirksam (*BAG* 24.11.2011 EzA § 88 SGB IX Nr. 2; *LAG Köln* 27.1.1997 NZA-RR 1997, 337; *LAG BW* 22.9.2006 LAGE § 88 SGB IX Nr. 1).

1763a Der vom Gesetzgeber in § 88 Abs. 3 SGB IX nicht hinreichend bedachten Möglichkeit, dass die Kündigung des schwerbehinderten Menschen unter einem weiteren behördlichen Erlaubnisvorbehalt als dem des § 85 SGB IX steht, ist durch die Gerichte im Wege eines angemessenen Ausgleichs der – jeweils grundrechtlich geschützten Interessen des schwerbehinderten Arbeitnehmers und des Arbeitgebers Rechnung zu tragen. Dies führt im Fall des Zusammentreffens des Zustimmungserfordernisses nach § 85 SGB IX mit dem Erfordernis einer Zulässigkeitserklärung gem. § 18 Abs. 1 S. 2 BEEG dazu, dass in § 88 Abs. 3 SGB IX an die Stelle des Ausspruchs der Kündigung der Antrag auf Zulässigkeitserklärung durch die hierfür zuständige Stelle tritt. Geht dem Arbeitgeber die Zulässigkeitserklärung nach § 18 Abs. 1 S. 2 BEEG erst nach Ablauf der Monatsfrist des § 88 Abs. 3 SGB IX zu, kann er die Kündigung zumindest dann noch wirksam erklären, wenn er sie unverzüglich nach Erhalt der Zulässigkeitserklärung ausspricht (*BAG* 24.11.2011 EzA § 88 SGB IX Nr. 2).

*g) Änderung des Kündigungssachverhalts*

1764 Der Arbeitgeber, der die Zustimmung des Integrationsamtes zur Kündigung eines schwer behinderten Arbeitnehmers wegen behaupteter betriebsbedingter Gründe erhalten hat, kann die Kündigung im Kündigungsschutzprozess **nicht auf einen anderen Kündigungssachverhalt stützen**, der z. B. etwaige personenbedingte Kündigungsgründe enthält (*ArbG Lüneburg* 18.5.2000 NZA-RR 2000, 530; a. A. *LAG SA* 24.11.1999 ZTR 2000, 383 LS).

*h) Das Gesetz zur Förderung der Ausbildung und Beschäftigung schwer behinderter Menschen (ab 1.5.2004)*

1765 Ab dem 1.5.2004 gelten folgende Neuerungen (s. Rdn. 783 ff.):

Gem. § 89 Abs. 1 S. 1 i. V. m. § 89 Abs. 5 S. 1 SGB IX ist die Zustimmung des Integrationsamtes bei Kündigungen in Betrieben und Dienststellen, die nicht nur vorübergehend eingestellt oder aufgelöst werden, innerhalb eines Monats vom Tage des Eingangs des Antrags an zu treffen, wenn zwischen dem Tag der Kündigung und dem Tag, bis zu dem Gehalt oder Lohn gezahlt wird, mindestens drei Monate liegen. Wird innerhalb dieser Frist eine Entscheidung nicht getroffen, gilt die Zustimmung als erteilt. Nach § 88 Abs. 5 SGB IX i. V. m. § 88 Abs. 3 SGB IX kann der Arbeitgeber die Kündigung nur innerhalb eines Monats nach dem Zeitpunkt, zu dem die Zustimmung als erteilt gilt, erklären. Widerspruch und Anfechtungsklage gegen die als erteilt geltende Zustimmung haben keine aufschiebende Wirkung (§ 88 Abs. 5 S. 2, Abs. 4 SGB IX).

## E. Wirksamkeit einer ordentlichen Arbeitgeberkündigung  Kapitel 4

Entsprechendes gilt, wenn das Insolvenzverfahren über das Vermögen des Arbeitgebers eröffnet ist und die Voraussetzungen nach § 89 Abs. 3 Nr. 1–4 SGB IX vorliegen (§ 88 Abs. 5 SGB IX).

Nach § 90 Abs. 2a SGB IX finden die Vorschriften des Kapitel 4 zum Kündigungsschutz keine Anwendung, wenn im Zeitpunkt der Kündigung die Eigenschaft als schwer behinderter Mensch nicht nachgewiesen ist – das ist auch bei Offenkundigkeit der Behinderung der Fall (*BAG* 13.2.2008 EzA § 4 KSchG n. F. Nr. 83) – oder das Versorgungsamt nach Ablauf der Frist von § 69 Abs. 1 S. 2 SGB IX eine Feststellung wegen fehlender Mitwirkung nicht treffen konnte. Diese Änderungen richten sich gegen den Missbrauch des besonderen Kündigungsschutzes nach § 85 SGB IX durch Beantragung der Feststellung der Behinderung erst anlässlich einer unmittelbar bevorstehenden Kündigung.

**Erhöht das Versorgungsamt** nach einem Widerspruch des Arbeitnehmers den Grad der Behinderung nach oder kurz vor Ausspruch der Kündigung auf 50, so ist die Kündigung mangels Zustimmung des Integrationsamtes nach § 90 Abs. 2a 2. Alt. SGB IX unwirksam, soweit **nicht Umstände vorgetragen oder ersichtlich sind, dass die Festsetzung auf einen Grad von 50 aufgrund eines Verschuldens des Arbeitnehmers** nicht vorher erfolgt ist (*LAG Nbg.* 4.10.2005 – 6 Sa 263/05, ZTR 2006, 228 LS; s. a. *LAG RhPf* 12.10.2005 NZA-RR 2006, 186: Beginn des Sonderkündigungsschutzes vor behördlicher Feststellung frühestens nach Ablauf der kürzesten Frist des § 14 Abs. 2 SGB IX, also drei Wochen nach Antragstellung; ebenso *BAG* 1.3.2007 EzA § 90 SGB IX Nr. 1; s. aber auch *OVG RhPf* 7.3.2006 – 7 A 11 298/05, FA 2006 LS: Feststellung der Schwerbehinderteneigenschaft im Rechtsmittelverfahren nicht ausreichend).

### III. Klagefrist (§§ 4, 7 KSchG)

#### 1. Regelungsbereich des KSchG (§§ 4, 7 KSchG)

*a) Grundlagen*

Gem. § 4 KSchG muss der Arbeitnehmer im sachlichen und persönlichen Geltungsbereich des KSchG (§§ 1, 23 KSchG) ebenso wie unabhängig davon (s. Rdn. 975; *BAG* 8.11.2007 EzA § 4 KSchG n. F. Nr. 81; s. *Fornasier/Werner* NJW 2007, 2729 ff.) gegen eine ordentliche Kündigung des Arbeitgebers innerhalb von **drei Wochen nach Zugang der Kündigungserklärung** beim ArbG Klage erheben, wenn er geltend machen will, dass die Kündigung **sozial ungerechtfertigt i. S. d. § 1 Abs. 2, 3 KSchG** oder aus sonstigen Gründen unwirksam ist. 1766

Wird dem Arbeitnehmer außerordentlich, hilfsweise ordentlich gekündigt, liegt nach *LAG Düsseld.* (27.4.2011 – 7 Sa 1418/10, AuR 2011, 366 LS) nur **eine Kündigungserklärung** vor. Ein gegen die fristlose Kündigung gerichteter Feststellungsantrag wahrt daher die Klagefrist auch dann für die ordentliche Kündigung, wenn der Arbeitnehmer bis zum Ende der mündlichen Verhandlung erklärt, auch sie angreifen zu wollen. 1766a

**Das gilt grds. auch für die sonstigen Unwirksamkeitsgründe.** Die Klagefrist gilt also auch dann, wenn der Arbeitnehmer geltend machen will, dass die Kündigung aus anderen Gründen – z. B. wegen des Ausschlusses einer ordentlichen Kündigung durch Tarifvertrag (*BAG* 8.11.2007 EzA § 4 KSchG n. F. Nr. 81) oder die einzelvertragliche Inbezugnahme von Arbeitsbedingungen der katholischen Kirche (*LAG RhPf* 10.2.2011 – 2 Sa 557/10, ZTR 2011, 632 LS) oder wegen fehlender Massenentlassungsanzeige (*LAG Nds.* 6.4.2009 LAGE § 4 KSchG Nr. 55) – rechtsunwirksam ist. 1767

Gem. § 6 S. 1 KSchG kann sich der Arbeitnehmer aber bis zum **Schluss der mündlichen Verhandlung** erster Instanz zur Begründung der Unwirksamkeit der Kündigung auch auf innerhalb der Frist des § 4 KSchG nicht geltend gemachte Unwirksamkeitsgründe berufen; insoweit handelt es sich um eine **Präklusionsvorschrift** (*BAG* 18.1.2012 EzA § 6 KSchG Nr. 4). § 6 KSchG in der aktuellen Fassung ist eine Folge der Ausdehnung der dreiwöchigen Klagefrist des § 4 S. 1 KSchG auf alle Unwirksamkeitsgründe einer schriftlichen Kündigung (BT-Drs. 15/1204 S. 13; KR-*Friedrich*, § 6 KSchG Rn. 7; *Raab* RdA 2004, 321). § 6 KSchG ermöglicht dem Arbeitnehmer die **Erweiterung der Klage** 1768 auf Feststellung der Sozialwidrigkeit der Kündigung, vorausgesetzt, dass die wegen Unwirksamkeit der Kündigung aus anderen Gründen erhobene Klage innerhalb der Dreiwochenfrist des § 4 KSchG eingereicht wurde. Darüber hinaus umfasst die neue Regelung – wegen der Erstreckung der Klagefrist des § 4 KSchG auf sämtliche Unwirksamkeitsgründe – auch den umgekehrten Fall, dass der Arbeitnehmer form- und fristgerecht Klage gegen die von ihm als sozialwidrig angesehene Kündigung erhoben hat und nach Ablauf der Klagefrist weitere Unwirksamkeitsgründe nachschieben will (*BAG* 8.11.2007 EzA § 4 KSchG n. F. Nr. 81). Hat er also die Unwirksamkeit der Kündigung insoweit rechtzeitig geltend gemacht, so kann er sich auch nach Klageerhebung im beschriebenen zeitlichen Rahmen noch auf andere Gründe (z. B. Verstöße gegen §§ 623 BGB, 17 ff. KSchG, § 102 BetrVG; s. *LAG Bln.-Bra.* 3.6.2010 LAGE § 6 KSchG Nr. 4; *LAG Hmb.* 6.10.2011 – 8 Sa 52/10, AuR 2012, 44 LS) berufen, die er nicht innerhalb der Frist geltend gemacht hat (*BAG* 8.11.2007 EzA § 4 KSchG n. F. Nr. 81), z. B. auf den Ausschluss der ordentlichen Kündigung durch einzelvertragliche Inbezugnahme von Arbeitsbedingungen der katholischen Kirche (*LAG RhPf* 10.2.2011 – 2 Sa 557/10, ZTR 2011, 632 LS). Dabei bedarf es allerdings einer **ausdrücklichen Erklärung**, die Unwirksamkeit der Kündigung gerade aus diesem Grunde geltend zu machen (*BAG* 8.11.2007 EzA § 4 KSchG n. F. Nr. 81; a. A. *LAG Hmb.* 6.10.2011 – 8 Sa 52/10, AuR 2012, 44 LS).

**1769** Gem. § 6 S. 2 KSchG soll ihn das ArbG darauf hinweisen (*BAG* 18.1.2012 EzA § 6 KSchG Nr. 4; s. dazu *LAG Bln.-Bra.* 3.6.2010 LAGE § 6 KSchG Nr. 4); trotz des Wortlauts handelt es sich um eine **zwingende Verfahrensvorschrift** (*BAG* 8.11.2007 EzA § 4 KSchG n. F. Nr. 81; 18.1.2012 EzA § 6 KSchG Nr. 4; *LAG RhPf* 10.2.2011 – 2 Sa 557/10, ZTR 2011, 632 LS). **Voraussetzung ist allerdings entsprechender Tatsachenvortrag des Arbeitnehmers** (z. B. durch Vorlage des Arbeitsvertrages; *LAG RhPf* 10.2.2011 – 2 Sa 557/10, ZTR 2011, 632 LS) und eine ausdrückliche Geltendmachung (s. Rdn. 1768; *BAG* 8.11.2007 EzA § 4 KSchG n. F. Nr. 81). Weist das Arbeitsgericht den klagenden Arbeitnehmer gem. dem Wortlaut des § 6 S. 1 KSchG darauf hin, dass er sich im Verfahren über seine rechtzeitig erhobene Kündigungsschutzklage bis zum Schluss der mündlichen Verhandlung erster Instanz zur Begründung der Unwirksamkeit der Kündigung auch auf innerhalb der Klagefrist nicht geltend gemachte Gründe berufen kann, so hat es seiner Pflicht aus § 6 Satz 2 KSchG genügt. Der **bloße Hinweis** des Arbeitsgerichts auf den **Regelungsgehalt** des § 6 S. 1 KSchG **reicht** zur Wahrung der Hinweispflicht aus § 6 S. 2 KSchG **aus**. Hinweise auf konkrete Unwirksamkeitsgründe sind auch dann unter dem Gesichtspunkt des § 6 S. 2 KSchG nicht geboten, wenn im weiteren Verlauf des erstinstanzlichen Verfahrens deutlich wird, dass Unwirksamkeitsgründe in Betracht kommen, auf die sich der Arbeitnehmer bisher nicht berufen hat. Beruft sich der Arbeitnehmer trotz eines solchen Hinweises erst später auf weitere Unwirksamkeitsgründe, können diese im Rechtsmittelverfahren grds. nicht mehr berücksichtigt werden (*BAG* 18.1.2012 EzA § 6 KSchG Nr. 4). Die Geltendmachung des Ausschlusses einer ordentlichen Kündigung durch Tarifvertrag erstmals in der Revisionsinstanz reicht nicht aus (*BAG* 8.11.2007 EzA § 4 KSchG n. F. Nr. 81 = NZA 2008, 936); nichts anderes gilt für die Rügen eines Verstoßes gegen § 17 KSchG und § 102 Abs. 1 BetrVG erstmals in zweiter Instanz (*BAG* 18.1.2012 EzA § 6 KSchG Nr. 4).

**1769a** Verletzt das erstinstanzliche Gericht die sich aus § 6 S. 2 KSchG ergebende Verpflichtung, ist die Berufungsinstanz **nicht befugt**, den unterlassenen Hinweis **nachzuholen** und danach in der Sache selbst zu entscheiden; vielmehr ist die **Zurückverweisung** an das ArbG erforderlich. § 68 ArbGG steht dem nicht entgegen, weil der Verfahrensfehler des ArbG im Berufungsverfahren nicht geheilt werden kann (*LAG RhPf* 10.2.2011 – 2 Sa 557/10, ZTR 2011, 632 LS: a. A. *LAG Hmb.* 6.10.2011 – 8 Sa 52/10, AuR 2012, 44 LS).

**1770** Neben der Hinweispflicht aus § 6 S. 2 KSchG bestehen **Hinweis- und Fragepflichten des Arbeitsgerichts**, die sich aus der **materiellen Prozessleitungspflicht** des § 139 ZPO ergeben. Außerdem ist der Grundsatz »iura novit curia« zu beachten. In der Gesamtschau dieser Bestimmungen genügt § 6 S. 1 KSchG den verfassungsrechtlichen Anforderungen an eine Präklusion (*BAG* 18.1.2012 EzA § 6 KSchG Nr. 4).

## b) Ausnahmen

Nicht erfasst (s. *Fornasier/Werner* NJW 2007, 2729 ff.) ist gleichwohl der Verstoß gegen das Schriftformerfordernis des § 623 BGB (*BAG* 28.6.2007 EzA § 4 KSchG n. F. Nr. 77; 9.2.2006 EzA § 4 KSchG n. F. Nr. 73; *LAG Düsseld.* 18.4.2007 LAGE § 1 KSchG Soziale Auswahl Nr. 55; *Preis* DB 2004, 70 ff.; *Richardi* DB 2004, 486 ff.), die Geschäftsunfähigkeit des Kündigenden (§§ 104, 105 BGB), ebenso wie die fehlende Kündigungsberechtigung des Arbeitgebers (*Bender/Schmidt* NZA 2004, 362; a. A. *Löwisch* BB 2004, 158; diff. für Mängel in der Vertretungsberechtigung *Ulrici* DB 2004, 250 ff.). Hinsichtlich der Nichteinhaltung des § 623 BGB folgt das daraus, dass § 4 S. 1 KSchG nur für **schriftliche Kündigungen** gilt (*BAG* 28.6.2007 EzA § 4 KSchG n. F. Nr. 77; 9.2.2006 EzA § 4 KSchG n. F. Nr. 73).

**1771**

§ 4 S. 1 KSchG findet zudem nur auf eine **dem Arbeitgeber zurechenbare Kündigung** Anwendung. Kündigt ein vollmachtloser Vertreter oder ein Nichtberechtigter das Arbeitsverhältnis des Arbeitnehmers, liegt keine Kündigung des Arbeitgebers i. S. d. § 4 S. 1 KSchG vor. Eine ohne Billigung (Vollmacht) des Arbeitgebers ausgesprochene Kündigung ist dem Arbeitgeber erst durch eine (nachträglich) erteilte Genehmigung zurechenbar; die Klagefrist kann deshalb frühestens mit Zugang der Genehmigung zu laufen beginnen (*BAG* 26.3.2009 – 2 AZR 403/07, NZA 2009, 1146; krit. *Berkowsky* NZA 2009, 1125 ff. u. BB 2010, 1149 ff.).

Für die Nichtanwendung des § 4 KSchG auch bei einem Streit über die Länge der einzuhaltenden Kündigungsfrist (*BAG* 15.12.2005 EzA § 4 KSchG n. F. Nr. 72 m. Anm. *Kamanabrou* SAE 2007, 141 ff.; 9.2.2006 EzA § 4 KSchG n. F. Nr. 73; 6.7.2006 EzA § 4 KSchG n. F. Nr. 75; *LAG RhPf* 21.4.2005 NZA-RR 2005, 583; *LAG Hamm* 23.6.2005 LAGE § 4 KSchG n. F. Nr. 52; 23.5.2005 NZA-RR 2005, 580; a. A. *LAG RhPf* 18.2.2005 ZTR 2005, 382 LS) spricht, dass die Kündigung durch die Nichteinhaltung der Kündigungsfrist eben gerade nicht unwirksam wird, sondern der Auslegung zugänglich ist. Denn die unzutreffende Berechnung der Kündigungsfrist betrifft lediglich den Zeitpunkt der Wirksamkeit der Kündigung. Der Arbeitnehmer greift insoweit die **Wirksamkeit der Kündigung nicht an**; sein Klageziel ist dann nicht i. S. v. § 4 S. 1 KSchG auf die Feststellung gerichtet, dass das Arbeitsverhältnis nicht aufgelöst ist. Der Arbeitnehmer kann dann die Nichteinhaltung der Kündigungsfrist in den Grenzen der **Verwirkung** (§ 242 BGB) auch außerhalb der Dreiwochenfrist des § 4 S. 1 KSchG geltend machen, sofern sich – ggfs. im Wege der Auslegung – aus dem Kündigungsschreiben ergibt, dass der Arbeitgeber die objektiv einzuhaltende **Kündigungsfrist wahren wollte** (*BAG* 9.9.2010 EzA § 622 BGB 2002 Nr. 8 = NZA 2011, 343; s. *Eisemann* NZA 2011, 601 ff.).

Insoweit ist also Folgendes zu beachten: Eine ordentliche Kündigung ist in aller Regel dahin auszulegen, dass sie das **Arbeitsverhältnis zum zutreffenden Termin beenden soll**. Das gilt auch dann, wenn sie ihrem Wortlaut nach zu einem früheren Termin gelten soll. Nur dann, wenn sich aus der Kündigung und den im Rahmen der Auslegung zu berücksichtigenden Umständen des Einzelfalles ein Wille des Arbeitgebers ergibt, die Kündigung nur zum erklärten Zeitpunkt gegen sich gelten zu lassen, scheidet eine Auslegung aus. Der Kündigungstermin ist dann ausnahmsweise integraler Bestandteil der Willenserklärung und muss innerhalb der Klagefrist des § 4 S. 1 KSchG angegriffen werden (*BAG* 15.12.2005 EzA § 4 KSchG n. F. Nr. 72; 6.7.2006 EzA § 4 KSchG n. F. Nr. 75; 9.9.2010 EzA § 622 BGB 2002 Nr. 8 = NZA 2011, 343). Dann scheidet **aber** auch eine Umdeutung aus, da ein derart **klar artikulierter Wille des Arbeitgebers** nicht den Schluss auf einen mutmaßlichen Willen, wie ihn § 140 BGB erfordert, zulässt (*BAG* 15.12.2005 EzA § 4 KSchG n. F. Nr. 72; 9.9.2010 EzA § 622 BGB 2002 Nr. 8 = NZA 2011, 343).

Das ist aber **nur dann der Fall**, wenn sich durch die **Auslegung** der Kündigung ergibt, dass der Arbeitgeber die Kündigung **ausschließlich zu dem in ihr genannten Termin gelten lassen** und für den Fall, dass dieser Termin nicht der richtige ist, am Arbeitsverhältnis festhalten will (*BAG* 6.7.2006 EzA § 4 KSchG n. F. Nr. 75 = NZA 2006, 1405).

Weitergehend gilt § 4 KSchG auch dann, wenn sich die mit zu kurzer Frist ausgesprochene Kündigung **nicht als eine solche mit der rechtlich gebotenen Frist auslegen lässt** (Berechnungsfehler u. zudem Unanwendbarkeit des § 622 Abs. 2 S. 2 BGB), sondern der Umdeutung in eine Kündigung mit zutreffender Frist bedürfte (*BAG* 1.9.2010 EzA § 4 KSchG n. F. Nr. 90; s. a. *BAG* 6.7.2006 EzA § 4 KSchG n. F. Nr. 75).

Zudem ist die Klagefrist auch dann einzuhalten, wenn die ordentliche Kündigung gegen das **Kündigungsverbot des § 15 Abs. 3 TzBfG** verstößt, weil der befristete Vertrag weder die Möglichkeit vorsieht, das Arbeitsverhältnis ordentlich zu kündigen noch die Anwendbarkeit eines Tarifvertrages vereinbart ist, der ein solches Kündigungsrecht enthält. Diese Konstellation ist mit der Nichteinhaltung der Kündigungsfrist, die auch außerhalb der Klagefrist geltend gemacht werden kann, nicht vergleichbar (*BAG* 22.7.2010 EzA § 4 KSchG n. F. Nr. 89).

In diesen Fällen gilt folglich die mit zu kurzer Frist ausgesprochene Kündigung nach § 7 KSchG als rechtswirksam und beendet das Arbeitsverhältnis zum »falschen« Termin, wenn der Arbeitnehmer die Rechtsunwirksamkeit der Kündigung wegen der zu kurzen Frist nicht binnen drei Wochen nach Zugang der schriftlichen Kündigung im Klagewege geltend gemacht hat (*BAG* 1.9.2010 EzA § 4 KSchG n. F. Nr. 90).

### 2. Rechtslage außerhalb der §§ 1, 23 KSchG

#### a) Eingeschränkte Geltung des Grundsatzes der Kündigungsfreiheit; Art. 30 GRC

1772 Während der 6-monatigen Wartezeit sowie in Kleinbetrieben gilt für alle ordentlichen Kündigungen (allerdings nicht uneingeschränkt) der Grundsatz der Kündigungsfreiheit (*BAG* 12.12.1957 AP Nr. 2 zu § 276 BGB Verschulden bei Vertragsabschluss). **Der Arbeitgeber bedarf keines irgendwie gearteten – verständigen, sinnvollen oder sachlichen – Grundes für die ordentliche Kündigung des Arbeitnehmers** (*LAG München* 14.9.2005 – 9 Sa 406/05, EzA-SD 22/05, S. 14 LS).

1773 Die Vorschriften des KSchG und (vor Ablauf von sechs Monaten) der besondere Kündigungsschutz für schwer behinderte Arbeitnehmer des SGB IX sind zwar nicht anwendbar.

1774 Andererseits kann die ordentliche Kündigung gem. §§ 125, 134, 138, 174, 242 BGB (vgl. dazu *LAG München* 14.9.2005 – 9 Sa 406/05 – EzA-SD 22/05, S. 14 LS), §§ 102, 103 BetrVG, § 9 MuSchG, § 18 BEEG, §§ 1 ff. AGG, §§ 612a, 613a Abs. 4 BGB unwirksam sein (vgl. *LAG Düsseld.* 10.5.1988 NZA 1988, 658; vgl. *Preis* NZA 1997, 1256 ff.; *BVerfG* 27.1.1998 NZA 1998, 470; s. a. *Berkowsky* NJW 2009, 113 ff.; s. Rdn. 1810 f.). Auch der **in Art. 30 GRC** geregelte Schutz von Arbeitnehmern vor ungerechtfertigter Entlassung ist nach nationalem Recht für Arbeitnehmer während der gesetzlichen Wartezeit des § 1 KSchG dadurch gewährleistet, dass von den Gerichten für Arbeitssachen überprüft wird, ob die Kündigung gegen die guten Sitten verstößt (§ 138 Abs. 1 BGB) oder ob sie Treu und Glauben (§ 242 BGB) aus Gründen verletzt, die nicht von § 1 KSchG erfasst sind. Denn im Vergleich zu den Grundrechten des Grundgesetzes **fehlt** der Charta der Grundrechte der EU vom 12.12.2007 (GRC) ein solcher **umfassender und damit auch tendenziell expansiver Charakter** (ErfK/*Wissmann* Vorbem. zum AEUV Rn. 6). Die Charta gilt nach ihrem Art. 51 Abs. 1 »für die Mitgliedstaaten ausschließlich bei der Durchführung des Rechts der Union«. Nach Art. 6 Abs. 1 EUV, der ihr verbindlichen Charakter verleiht, und nach der Erklärung der GRC im Anhang zur Schlussakte der Regierungskonferenz, die den Vertrag von Lissabon angenommen hat, begründet die GRC **keine neuen Zuständigkeiten für die Union** und ändert deren Zuständigkeiten nicht. Art. 51 Abs. 2 GRC, wonach die GRC den Geltungsbereich des Unionsrechts nicht über die Zuständigkeiten der Union hinaus ausdehnt und weder neue Zuständigkeiten noch neue Aufgaben für die Union begründet noch die in den Verträgen festgelegten Zuständigkeiten und Aufgaben ändert, stellt dies nochmals klar. Art. 30 GRC, wonach jede Arbeitnehmerin und jeder Arbeitnehmer nach dem Unionsrecht und den einzelstaatlichen Rechtsvorschriften und Gepflogenheiten Anspruch auf Schutz vor ungerechtfertigter Entlassung hat, ändert somit nichts daran, dass nach dem gegenwärtigen Stand des Unionsrechts die §§ 138, 242 BGB keine Durchführung einer europäischen Richtlinie darstellen (vgl. *Willemsen/Sagan* NZA 2011, 258 f.) und auch **keine** sonstigen **Anknüpfungspunkte an das Unionsrecht** aufweisen (*BAG* 8.12.2011 NZA 2012, 286).

Während der gesetzlichen Wartezeit des § 1 KSchG erfolgt also grds. nur eine Kontrolle darauf, ob die Kündigung **missbräuchlich** ist. Für die Wirksamkeit einer Wartezeitkündigung reicht es aus, wenn für sie irgendein einleuchtender Grund besteht. Konnte z. B. das für eine dauerhafte Zusammenarbeit erforderliche Vertrauensverhältnis nicht aufgebaut werden, kann darauf eine Wartezeitkündigung gestützt werden. Den Nachweis, worauf der als Kündigungsgrund herangezogene Vertrauensverlust basiert, muss der Arbeitgeber nicht führen (*BAG* 22.4.2010 – 6 AZR 828/08, NZA 2010, 1199 LS).

(derzeit unbesetzt) **1775**

### b) Gleichbehandlungsgrundsatz?

Fraglich ist, ob eine Verletzung des Gleichbehandlungsgrundsatzes zur Unwirksamkeit der Kündigung führen kann, z. B. wenn eine große Zahl vergleichbarer Fälle vorliegt oder ein bestimmtes Verhalten des Arbeitgebers bei verhaltens- oder personenbedingten Umständen üblich ist, oder dann, wenn sich mehrere Arbeitnehmer an demselben Verhalten beteiligt haben (z. B. gemeinsam Straftaten begangen haben oder gemeinsam die Arbeit niedergelegt haben). **1776**

Nach Auffassung von *Wank* (MünchArbR 2. Aufl. § 119 Rn. 114), hat der Arbeitgeber zwar einen weiten Ermessensspielraum bei der Wahl seiner Reaktion, er darf aber **nicht willkürlich** verfahren. Auch danach sind aber jedenfalls sachlich begründete herausgreifende Kündigungen zulässig (*Wank* MünchArbR 2. Aufl. § 119 Rn. 114, unter Hinweis auf *BAG* 21.10.1969 AP Nr. 41 Art. 9 GG Arbeitskampf; vgl. auch APS/*Preis* Grundlagen J Rn. 58). Möglich ist jedenfalls eine **Selbstbindung des Arbeitgebers durch eine bestimmte Behandlung gleich gelagerter Sachverhalte** (*BAG* 14.10.1965 AP BetrVG § 66 Nr. 27 = DB 1966, 116). Der **Gleichbehandlungsgrundsatz** ist zwar nicht unmittelbar anzuwenden, da er mit dem Erfordernis einer umfassenden Einzelfallabwägung regelmäßig nicht vereinbar ist; er kann aber mittelbare Auswirkungen auf die Interessenabwägung haben (*BAG* 28.4.1982 AP KSchG 1969 § 2 Nr. 3; s. Rdn. 1379). **1777**

Auch wenn mehrere Kündigungen wegen eines gleichartigen Kündigungsgrundes ausgesprochen werden, hängt es zwar zunächst von den bei jeder Kündigung zu berücksichtigenden Besonderheiten, z. B. der kürzeren oder längeren Betriebszugehörigkeit ab, ob die Kündigung aller Arbeitnehmer berechtigt ist oder nicht (*BAG* 25.3.1976 AP BetrVG 1972 § 103 Nr. 6 = DB 1976, 1337). Gleiches gilt bei »gleicher Ausgangslage«, die bei zeitlich auseinander liegenden Ereignissen i. d. R. nicht vorliegt. Der Arbeitgeber muss bei zeitlich zusammenliegenden Ereignissen dann allerdings die Gründe darlegen, die eine differenzierende Behandlung mehrerer Arbeitnehmer **sachlich rechtfertigen**. Der Arbeitgeber darf z. B. bei einem von mehreren Arbeitnehmern begangenen Prämienbetrug nicht nur zwei Mitglieder des Betriebsrats für eine außerordentliche Kündigung herausgreifen und es bei den anderen, ebenso belasteten Arbeitnehmern, bei einer Verwarnung belassen (*BAG* 22.2.1979 EzA § 103 BetrVG 1972 Nr. 23; KR/*Fischermeier* Rn. 307 ff.; s. *LAG Düsseld.* 4.11.2005 LAGE § 626 BGB 2002 Nr. 7: fahrlässige Fehlleistung einer Assistenzärztin). **1778**

### c) Sittenwidrigkeit

Die Kündigung kann gem. § 138 Abs. 1 BGB sittenwidrig sein, wenn sie nach umfassender Würdigung aller Umstände des Einzelfalles gegen das Anstandsgefühl aller billig und gerecht Denkenden verstößt. **1779**

Das ist aber dann noch nicht der Fall, wenn sie willkürlich ist, auf keinem erkennbaren sinnvollen Grund beruht oder allenfalls »unsozial« ist (*BAG* 23.11.1961 AP Nr. 22 zu § 138 BGB, 25.6.1964 AP Nr. 3 zu § 242 BGB; vgl. *Preis* NZA 1997, 1265 f.). **1780**

1781 Denn wenn der Arbeitgeber von einem ihm **gesetzlich eingeräumten Kündigungsrecht** Gebrauch macht, wird dies regelmäßig nicht gegen das Anstandsgefühl aller billig und gerecht Denkenden verstoßen (*BAG* 24.4.1997 EzA § 611 BGB Kirchliche Arbeitnehmer Nr. 43).

1782 Maßgeblich ist deshalb darauf abzustellen, ob die sie **tragenden Gründe**, die hinter ihr stehenden Motive oder die Umstände, unter denen sie ausgesprochen wird, **den allgemeinen Wertvorstellungen grob widersprechen**. Dies ist anhand einer **Gesamtabwägung** aller Umstände zu ermitteln, wobei bei der Abgrenzung von bloß sozialwidrigen oder willkürlichen Kündigungen ein strenger Maßstab anzulegen ist (*LAG Köln* 9.10.2000 ARST 2001, 165 LS). Eine Kündigung ist insbes. dann sittenwidrig und damit nichtig, wenn ausschließlich das behauptete sittenwidrige Motiv zur Kündigung führt (*LAG RhPf* 30.6.2005 NZA-RR 2005, 629). Diesen Anforderungen genügt es nicht, wenn eine – unterstellte – Täuschungshandlung den Arbeitnehmer von der Erhebung einer Kündigungsschutzklage abgehalten hat; insoweit kommt die Zulassung einer verspätet erhobenen Kündigungsschutzklage in Betracht. Gleiches gilt für einen – unterstellten – mit der Kündigung einhergehenden Subventionsbetrug (§ 264 StGB), denn die Sittenwidrigkeit der Kündigung entspricht nicht dem Schutzzweck der Norm, die die Planungssicherheit und Dispositionsfreiheit der öffentlichen Hand schützt (*LAG Köln* 9.10.2000 ARST 2001, 165 LS). Nichts anderes gilt, wenn die Kündigung auf erlogenen Informationen beruht (*LAG Köln* 14.6.2000 ARST 2001, 43).

1783 Dagegen ist die Kündigung dann sittenwidrig, wenn der Arbeitgeber einen Arbeitsunfall des Arbeitnehmers bedingt vorsätzlich herbeigeführt hat, ferner dann, wenn er unter Missachtung einer gegen ihn getroffenen gerichtlichen Entscheidung eine Kündigung, die für unwirksam erklärt wurde, aus denselben Gründen wiederholt ausspricht (*BAG* 12.10.1954 AP Nr. 5 zu § 3 KSchG).

1784 Auch die ordentliche Kündigung eines Geschäftsführer-Dienstverhältnisses allein wegen der **ethnischen Herkunft** und/oder Nationalität der Person des Geschäftsführers ist sittenwidrig und damit nach § 138 Abs. 1 BGB nichtig (*LG Frankf.* 17.1.2001 EzA § 138 BGB Nr. 26; 7.3.2001 NZA-RR 2001, 298). Eine Kündigung verstößt zudem gegen Art. 6 Abs. 1 GG, wenn sie wegen der **Eheschließung des Arbeitnehmers** mit einer chinesischen Staatsangehörigen ausgesprochen wurde. Sie hält nicht das notwendige »ethische Minimum« ein und ist sittenwidrig, wenn der Arbeitgeber jahrelang die langjährige Beziehung zu einer in China lebenden Chinesin nicht als sicherheitsrelevant einordnet, den Leiharbeitnehmer dann in Kenntnis der Hochzeit abwirbt und ihm kurz darauf kündigt, obwohl sich nichts verändert hat (*LAG SchlH* 22.6.2011 – 3 Sa 95/11, AuR 2011, 374 LS).

### d) Benachteiligungsverbot (§ 612a BGB)

1785 **Ein Verstoß** gegen § 612a BGB liegt dann vor, wenn die **Kündigung als Maßregelung auf die Geltendmachung bestehender oder vermeintlicher Rechte durch den Arbeitnehmer** erfolgt. Das ist z. B. bei einer Kündigung aus Rachsucht oder zur Vergeltung als Reaktion auf Zurückweisung von sexuellen Annäherungsversuchen sowie auf eine Weigerung des Arbeitnehmers, an strafbaren Handlungen mitzuwirken, der Fall (vgl. APS/*Preis* Grundlagen J Rn. 42 ff.).

1786 Gleiches gilt, wenn sie ausgesprochen wurde, weil ein Arbeitnehmer **berechtigte Forderungen gegen den Arbeitgeber geltend macht** (MünchArbR/*Wank* § 119 Rn. 146). Eine auf **Krankheitsgründe gestützte Kündigung während der Probezeit** stellt dagegen dann keine verbotene Maßregelung dar, wenn sie **durch die Krankheit selbst** einschließlich ihrer betrieblichen Auswirkungen **veranlasst** ist. Etwas anderes gilt dann, wenn der Arbeitgeber in Ansehung der Erkrankung eines Arbeitnehmers diesen zur Arbeitsleistung auffordert und ihm kündigt, weil der **Arbeitnehmer sich weigert** (*LAG SA* 27.7.1999 LAGE § 612a BGB Nr. 6). Droht der Arbeitgeber also dem Arbeitnehmer, das Arbeitsverhältnis zu kündigen, wenn der **Arbeitnehmer trotz Arbeitsunfähigkeit nicht zur Arbeit erscheint**, und kündigt der Arbeitgeber unmittelbar nach der Weigerung des Arbeitnehmers, die Arbeit aufzunehmen, das Arbeitsverhältnis, liegt ein Sachverhalt vor, der eine Maßregelung i. S. d. § 612a BGB indiziert. Ist der Kündigungsentschluss des Arbeitgebers nicht nur wesentlich, sondern ausschließlich durch die zulässige Rechtsverfolgung des Arbeitnehmers bestimmt gewesen, deckt sich das Motiv des Arbeitgebers mit dem objektiven Anlass zur Kündigung. Es ist dann unerheblich, ob die Kündigung auf einen anderen Kündigungssachverhalt hätte gestützt werden können, weil sich ein möglicherweise vorliegender anderer Grund auf den Kündigungsentschluss nicht kausal ausgewirkt hat und deshalb als bestimmendes Motiv für die Kündigung ausscheidet. Eine dem Maßregelungsverbot widersprechende Kündigung kann deshalb **auch dann** vorliegen, wenn an sich ein **Sachverhalt** gegeben ist, der eine **Kündigung** des Arbeitgebers **gerechtfertigt hätte** (*BAG* 22.5.2003 EzA § 242 BGB 2002 Kündigung Nr. 2; 23.4.2009 EzA § 611 BGB 2002 Persönlichkeitsrecht Nr. 9; instr. *ArbG Trier* 8.12.2011 – 3 Ca 936/11).

Erfolgt die Kündigung unmittelbar nachdem der Arbeitnehmer sich gegen eine Abmahnung gewehrt hat, spricht nach Auffassung des *ArbG Augsburg* (7.10.1997 NZA-RR 1998, 542) der **Beweis des ersten Anscheins** für eine Maßregelung. Der Arbeitgeber muss dann beweisen, dass die Kündigung aus anderen Gründen erfolgte. 1787

Kein Verstoß gegen § 612a BGB liegt dann vor, wenn der Arbeitgeber nach einem **einseitig aufgestellten Leistungsplan freiwillig Abfindungen an Arbeitnehmer** zahlt, deren Arbeitsverhältnis er betriebsbedingt gekündigt hat. Denn diese Vorschrift lässt sog. **Abwicklungsverträge** zu, nach denen der Arbeitnehmer gegen Zahlung einer Abfindung **unter Verzicht auf sein Klagerecht** ausscheidet. Für einseitig aufgestellte Abfindungsbedingungen, die dem Arbeitnehmer vor oder nach der Kündigung bekannt gemacht werden, gilt nichts anderes (*BAG* 15.2.2005 EzA § 612a BGB 2002 Nr. 2; vgl. auch *BAG* 31.5.2005 EzA § 112 BetrVG 2001 Nr. 14 zu einer derartigen Regelung in einer freiwilligen Betriebsvereinbarung). Erfolgt die ordentliche Kündigung dagegen mit dem tragenden Motiv einer **den Arbeitgeber belastenden, aber wahrheitsgemäßen Zeugenaussage** des Arbeitnehmers im Rahmen eines Strafverfahrens, liegt eine gem. § 612a BGB unwirksame Maßregelung vor (*LAG SA* 14.2.2006 LAGE § 612a BGB 2002 Nr. 1). 1788

Diese Grundsätze gelten auch bei einer Änderungskündigung. 1789

### e) Verstoß gegen Treu und Glauben (§ 242 BGB)

#### aa) Abgrenzung zu § 1 KSchG

§ 242 BGB verkörpert einen allgemeinen Rechtsgedanken, der auch auf Kündigungen Anwendung findet. 1790

Zu beachten ist, dass sich der Regelungsbereich des § 1 KSchG teilweise mit dem des § 242 BGB deckt. 1791

§ 1 KSchG ist eine Konkretisierung des Grundsatzes von Treu und Glauben insoweit, als es um das Bestandsschutzinteresse des Arbeitnehmers geht (*Lettl* NZA-RR 2004, 57 ff.). 1792

**Daraus folgt, dass Umstände, die bereits nach § 1 KSchG zu berücksichtigen sind, nicht noch einmal im Rahmen der Generalklausel beurteilt werden können** (*BAG* 24.4.1997 EzA § 611 BGB Kirchliche Arbeitnehmer Nr. 43). 1793

Ist eine Kündigung sozial gerechtfertigt, so verstößt sie nicht gegen Treu und Glauben. 1794

Außerhalb des von § 1 KSchG gezogenen Rahmens, also bei Gründen, die nicht die soziale Rechtfertigung der Kündigung betreffen, bleibt § 242 BGB allerdings anwendbar (*BAG* 13.7.1978 EzA § 102 BetrVG 1972 Nr. 36). 1795

Welche Anforderungen sich i. E. aus Treu und Glauben ergeben, kann nur unter Berücksichtigung der Umstände des Einzelfalls entschieden werden. Dabei sind insbes. die sozialen Schutzinteressen des Arbeitnehmers in der Wartezeit noch schwach ausgeprägt (*BAG* 6.11.2003 EzA § 14 TzBfG Nr. 7). 1796

Das *BAG* (23.6.1994 EzA § 242 BGB Nr. 39; s.a. *Preis* NZA 1997, 1266 f.; a.A. *Oetker* AuR 1997, 51) geht insoweit davon aus, dass der Grundsatz von Treu und Glauben (§ 242 1797

BGB) eine allen Rechten, Rechtslagen und Rechtsnormen immanente Inhaltsbegrenzung darstellt. Im Rahmen einer solchen, einerseits die Grundrechte der Vertragsfreiheit (Kündigungsfreiheit) und andererseits die Rechte auf Achtung der Menschenwürde sowie auf freie Entfaltung der Persönlichkeit konkretisierenden Generalklausel sind diese Rechte gegeneinander abzuwägen. Insofern ist es z. B. rechtsmissbräuchlich, wenn der Arbeitgeber unter Ausnutzung der Privatautonomie dem Arbeitnehmer nur wegen seines persönlichen (Sexual-)Verhaltens innerhalb der Probezeit kündigt.

1798 Andererseits ist eine Kündigung innerhalb der Wartezeit des § 1 KSchG nicht gem. § 242 BGB unwirksam, wenn ein Arbeitgeber nicht bereit ist, **Einschränkungen in seinem Direktionsrecht** hinzunehmen, die dadurch veranlasst sind, dass ein Arbeitnehmer Tätigkeiten auf Grund seiner Zugehörigkeit zu einer ethnischen Minderheit (Tätigkeit als Bestattungshilfe durch einen Sinti) nicht ausüben kann (*LAG Köln* 29.4.2002 – 2 Sa 1240/01 – EzA-SD 18/02, S. 17 LS).

*bb) Fallgruppen*

1799 In Betracht kommt ein Verstoß gegen § 242 BGB insbes. (vgl.; APS/*Preis* Grundlagen J Rn. 47 ff.):
1800 – bei einem Verstoß gegen früheres Verhalten (**venire contra factum proprium**).

Dazu gehört z. B., dass der Arbeitgeber dem Arbeitnehmer durch sein Verhalten Anlass gegeben hat, zu glauben, dass das Arbeitsverhältnis längere Zeit fortbesteht.

Hat er erklärt, er brauche nicht mit einer Kündigung zu rechnen, so verstößt es gegen Treu und Glauben, wenn er ihm kurz darauf kündigt. Nichts anderes gilt, wenn der Arbeitgeber bei einer Anhörung des Arbeitnehmers zu vermeintlichen Kündigungsgründen erklärt, er erwäge den Ausspruch einer Änderungskündigung. Erklärt er dann ohne Änderung der Sachlage eine Beendigungskündigung, so verstößt diese gegen Treu und Glauben und ist gem. § 242 BGB unwirksam (*LAG Bln.* 15.12.2004 – 17 Sa 1601/04, EzA-SD 6/05, S. 7 LS).

Gleiches gilt, wenn ein Arbeitgeber einen Arbeitnehmer, der eine andere Stelle antreten will, durch Versprechungen zum Bleiben bewegt und ihm, nachdem er die andere Stelle ausgeschlagen hat, grundlos kündigt.

1801 – **Verwirkung des Kündigungsrechts**, wofür es eines gewissen Zeitraums bedarf, innerhalb dessen trotz Kündigungsgrund keine Kündigung erklärt wurde (**Zeitmoment**). Zudem muss der zur Kündigung Berechtigte ein Verhalten an den Tag legen, das den anderen objektiv zur Annahme berechtigt, die Kündigung werde nicht mehr ausgesprochen. Schließlich ist erforderlich, dass derjenige, der eine Kündigung erwarten musste, sich darauf eingerichtet hat, dass sie nicht mehr erfolgt (**Umstandsmoment**; *BAG* 1.8.1958 AP Nr. 10 zu § 242 BGB).
1802 – **Verzeihung** sowie dem **Verzicht** auf das Kündigungsrecht sowie
1803 – der **willkürlichen Kündigung**, wenn sich der Arbeitgeber auf eine bloß formale Rechtsposition bezieht.
Hat ein Arbeitgeber z. B. einen Arbeitnehmer kurz vor Ablauf der 6-Monatsfrist des § 1 KSchG fristlos und hilfsweise fristgemäß gekündigt, so kann er sich nach Auffassung von *Wank* (MünchArbR 2. Aufl., § 119 Rn. 154), dann, wenn sich die fristlose Kündigung als grundlos erwiesen hat, nicht mehr auf die hilfsweise erklärte fristgemäße Kündigung berufen.
1804 – Auch eine **zur Unzeit ausgesprochene Kündigung**, die den Arbeitnehmer **gerade wegen des Kündigungszeitpunkts besonders belastet**, kann treuwidrig und damit rechtsunwirksam sein. Dies setzt jedoch neben der »Unzeit« der Kündigung weitere Umstände voraus, etwa dass der Arbeitgeber absichtlich oder auf Grund einer Missachtung der persönlichen Belange des Arbeitnehmers einen Kündigungszeitpunkt wählt, der den Arbeitnehmer besonders belastet. Dies hat das *BAG* (5.4.2001 EzA § 242 BGB Kündigung Nr. 3; s. a. Rdn. 80) in einem Fall verneint, in dem eine Arbeitgeberkündigung wenige Tage nach dem Tod des Lebensgefährten einer Arbeitnehmerin erfolgte, die noch keinen Kündigungsschutz genoss.

## E. Wirksamkeit einer ordentlichen Arbeitgeberkündigung

- Gleiches gilt dann, wenn im Kleinbetrieb der Arbeitgeber das **Arbeitsverhältnis zu seiner Ehefrau** vor dem Hintergrund eines laufenden Scheidungsverfahrens kündigt (*LAG Bln.-Bra.* 9.5.2008 LAGE § 242 BGB 2002 Nr. 4). **1805**
- Auch eine Kündigung, die dem Arbeitnehmer während eines **stationären Klinikaufenthaltes** wegen einer psychischen Erkrankung in der Klinik persönlich übergeben wird, obwohl die Übergabe an einen Familienangehörigen oder der Einwurf in den Hausbriefkasten alternativ möglich ist, ist keine »ungehörige Kündigung« und verstößt nicht gegen § 242 BGB (*LAG Hamm* 3.2.2004 – 19 Sa 1956/03, EzA-SD 13/04, S. 14 LS; s. a. *LAG Köln* 13.2.2006 LAGE § 242 BGB 2002 Kündigung Nr. 1). **1806**
- Auch allein die Tatsache, dass eine Kündigung kurz vor Ablauf der Probe- bzw. der sechsmonatigen Wartezeit des § 1 Abs. 1 KSchG ausgesprochen wird, führt nicht zur Unwirksamkeit der Kündigung nach § 242 BGB (Kündigung zur Unzeit; *BAG* 16.9.2004 EzA § 242 BGB 2002 Kündigung Nr. 5; *LAG Hamm* 26.8.2003 NZA-RR 2004, 76). **1807**

Sieht der Arbeitgeber eine sechsmonatige Probezeit als nicht bestanden an, so kann er regelmäßig, ohne rechtsmissbräuchlich zu handeln, anstatt das Arbeitsverhältnis innerhalb der Frist des § 1 KSchG mit der kurzen Probezeitkündigungsfrist zu kündigen, dem Arbeitnehmer eine Bewährungschance geben, indem er mit einer überschaubaren, längeren Kündigungsfrist kündigt und dem Arbeitnehmer für den Fall seiner Bewährung die Wiedereinstellung zusagt (*BAG* 7.3.2002 NZA 2002, 1000). **1808**

Andererseits ist eine wegen nicht zufrieden stellender Leistungen während der Probezeit ausgesprochene ordentliche Kündigung nicht allein deshalb unwirksam, weil dem Arbeitnehmer keine ihm ausreichend erscheinende Einarbeitung geboten worden ist. Sie stellt auch nicht allein deswegen ein treuwidriges oder widersprüchliches Verhalten dar, weil der Arbeitgeber in der Probezeit keine Kritik an den Leistungen des Arbeitnehmers geübt hat (*LAG Köln* 16.8.2002 ARST 2004, 20 LS).

- Eine den Arbeitnehmer diskriminierende, treuwidrige Kündigung nach § 242 BGB liegt auch dann noch nicht vor, wenn eine katholische Kirchengemeinde einem **Kirchenmusiker** wegen dessen nachträglich bekannt gewordener **Wiederverheiratung** kurz vor Ablauf der Probe- bzw. der sechsmonatigen Wartezeit kündigt. Denn ein kirchlicher Arbeitgeber kann – anders als säkulare Arbeitgeber – von den Arbeitnehmern, die Funktionsträger in den Kirchen sind, die Einhaltung der wesentlichen kirchlichen Grundsätze verlangen (*BAG* 16.9.2004 EzA § 242 BGB 2002 Kündigung Nr. 5; s. Rdn. 3129 ff.). **1809**
- Die ordentliche Kündigung eines angestellten Hauptschullehrers innerhalb der Probezeit verstößt gegen § 242 BGB, wenn sie damit begründet wird, der Lehrer habe bei der Beantwortung der **Frage** nach **staatsanwaltschaftlichen Ermittlungsverfahren** der letzten drei Jahre mehrere eingestellte Ermittlungsverfahren nicht angegeben (Einstellungen nach §§ 153 Abs. 1, 153a StPO/Einstellung unter Verweisung auf Privatklage; *LAG Hamm* 10.3.2011 – 11 Sa 2266/10, EzA-SD 10/2011 S. 6 LS).

*cc) Die neuere Entwicklung: Mindestkündigungsschutz gem. §§ 138, 242 BGB*

Im Zusammenhang mit der Verfassungsmäßigkeit der sog. Kleinbetriebsklausel hat das *BVerfG* (27.1.1998 NZA 1998, 470; vgl. dazu *Lettl* NZA-RR 2004, 57 ff.; *Stein* DB 2005, 1218 ff.) **materiell-rechtliche Anforderungen** an die Kündigung in Kleinbetrieben entwickelt, die im Wesentlichen auch für die Kündigung in anderen Betrieben **in den ersten sechs Monaten** (also vor Anwendbarkeit des KSchG) gelten (*BVerfG* 21.6.2006 NZA 2006, 913; vgl.; *Gragert* NZA 2000, 961 ff.; a. A. *LAG Nbg.* 24.4.2001 ARST 2001, 236 LS). Ausgangspunkt ist die Feststellung, dass auch **außerhalb des Geltungsbereiches des KSchG der Arbeitnehmer durch die zivilrechtlichen Generalklauseln vor einer sitten- oder treuwidrigen Kündigung des Arbeitgebers geschützt** werden muss, wobei im Rahmen dieser Generalklauseln auch der objektive Gehalt der Grundrechte zu beachten ist (*BVerfG* 21.6.2006 NZA 2006, 913). Damit wird auch Art. 30 GRC (Schutz vor ungerechtfertigter Entlassung) hinreichend Rechnung getragen (s. Rdn. 1786; *BAG* 8.12.2011 NZA 2012, 286). **1810**

**Kapitel 4**            Die Beendigung des Arbeitsverhältnisses

**1811** Im Einzelnen gilt:
- Die Kündigung darf **nicht willkürlich** sein oder auf **sachfremden Erwägungen** beruhen. Der Arbeitgeber muss also einen auf das Arbeitsverhältnis bezogenen sachlichen Grund für dessen Beendigung haben (vgl. *ArbG Limburg* 12.5.2004 AuR 2004, 476: Kündigung nach Verweigerung gesetzeswidriger Arbeitsleistung); der **Grund muss gegenüber dem langjährig beschäftigten Arbeitnehmer** »einleuchten« (*LAG SchlH* 28.12.2005 – 2 Ta 241/05, AuR 2006, 171 LS).
- Soweit unter mehreren Arbeitnehmern eine Auswahl zu treffen ist, hat der Arbeitgeber ein **gewisses Maß an sozialer Rücksichtnahme** walten zu lassen. Er wird zwar nicht an den Maßstäben des § 1 Abs. 3 KSchG gemessen. Seine Begründung muss aber zu erkennen geben, dass soziale Belange eine Rolle gespielt haben.
- Ein durch langjährige Zusammenarbeit erdientes Vertrauen in den Fortbestand des Arbeitsverhältnisses darf nicht unberücksichtigt bleiben. Zwar gilt nicht das ultima-ratio-Prinzip des KSchG; auch eine längere Betriebszugehörigkeit führt gerade nicht zur Anwendung der nach dem KSchG geltenden Maßstäbe (*BAG* 28.8.2003 EzA § 242 BGB 2002 Nr. 4). Es muss aber **besonders begründet** werden, warum ein **langjährig Beschäftigter** seinen Arbeitsplatz verlieren soll; der Grund für Kündigungen gegenüber langjährig beschäftigten Arbeitnehmern muss auch angesichts der Betriebszugehörigkeit »einleuchten«. Es kann deshalb als treuwidrig zu werten sein, wenn der Arbeitgeber die Kündigung auf auch im Kleinbetrieb eindeutig nicht ins Gewicht fallende **einmalige Fehler** eines seit Jahrzehnten beanstandungsfrei beschäftigten Arbeitnehmers stützen will (*BAG* 28.8.2003 EzA § 242 BGB 2002 Nr. 4).

**1812** Gleichwohl vermag der **auf konkreten Umständen beruhende Vertrauensverlust** gegenüber dem Arbeitnehmer eine ordentliche Kündigung durch den Arbeitgeber dann, wenn das KSchG nicht anwendbar ist, zu rechtfertigen, auch wenn die Umstände, auf denen der Vertrauensverlust beruht, **objektiv nicht zu verifizieren sind** (*BAG* 25.4.2001 EzA § 242 BGB Kündigung Nr. 4: **Verursachung von »sehr viel Unruhe« durch den Lebensgefährten der Klägerin** im Unternehmen der Beklagten). Ein Verstoß gegen Treu und Glauben (§ 242 BGB) kann auch nicht daraus hergeleitet werden, dass der Arbeitgeber kündigt, weil er daran **zweifelt**, dass der Arbeitnehmer für die Arbeit **gesundheitlich noch geeignet** ist (*LAG Köln* 13.2.2006 LAGE § 242 BGB 2002 Kündigung Nr. 1).

**1813** Ist unter mehreren Arbeitnehmern eine **Auswahl** zu treffen, muss der Arbeitgeber auch im Kleinbetrieb ein durch **Art. 12 GG** gebotenes Mindestmaß an sozialer Rücksichtnahme wahren und darf ein **durch langjährige Mitarbeit verdientes Vertrauen in den Fortbestand des Arbeitsverhältnisses nicht unberücksichtigt** lassen; dies bedeutet allerdings nicht, dass damit im Kleinbetrieb die Grundsätze zu § 1 KSchG über die Sozialauswahl entsprechend anwendbar wären. Denn die Herausnahme des Kleinbetriebs aus dem Geltungsbereich des KSchG trägt ihrerseits gewichtigen, durch Art. 12 Abs. 1 GG geschützten Belangen des Kleinunternehmers Rechnung, dessen Kündigungsrecht in hohem Maße schutzwürdig ist. Die Auswahlentscheidung kann im Rahmen des § 242 BGB nur darauf überprüft werden, ob sie **unter Berücksichtigung des Interesses des Arbeitnehmers am Erhalt seines Arbeitsplatzes und der schutzwürdigen Interessen des Kleinunternehmers gegen Treu und Glauben verstößt** (zutr. *LAG RhPf* 18.11.2004 – 11 Sa 408/04 – EzA-SD 10/05 S. 7 LS). Das danach zu wahrende Mindestmaß ist unterschritten und die Kündigung damit wegen Rechtsmissbrauchs nach § 242 BGB unwirksam, wenn der Arbeitgeber von mehreren auf den ersten Blick vergleichbaren Arbeitnehmern den evident schutzwürdigeren entlässt, ohne dass dafür Gründe vorlägen. Eine Kündigung, die dieser Anforderung nicht entspricht, verstößt gegen § 242 BGB und ist unwirksam. Demgegenüber begründet eine Beschäftigungsdauer von **nur zwei Jahren** kein – »durch langjährige Mitarbeit verdientes« – Vertrauen in den Fortbestand des Arbeitsverhältnisses (*LAG RhPf* 18.11.2004 LAG Report 2005, 174). Ist bei einem Vergleich der grds. von dem gekündigten Arbeitnehmer vorzutragenden Sozialdaten **evident**, dass dieser erheblich **sozial schutzbedürftiger** ist als ein vergleichbarer weiterbeschäftigter Arbeitnehmer, so spricht dies zunächst dafür, dass der Arbeitgeber das gebotene Mindestmaß an sozialer Rücksichtnahme außer Acht gelassen hat. Setzt der Arbeitgeber dem schlüssigen Sachvortrag des Arbeitnehmers **weitere (betriebliche, persönliche etc.) Gründe entgegen**, die ihn zu der getroffenen Auswahl bewogen haben, so hat unter dem Gesichtspunkt von Treu und Glauben eine **Abwägung** zu erfolgen. Es ist zu prüfen, ob auch unter Einbeziehung der vom Arbeitgeber geltend gemachten Gründe die Kündigung die sozialen Belange des betroffenen Arbeitnehmers **in treuwidriger Weise unberücksichtigt** lässt. Der unternehmerischen Freiheit des Arbeitgebers im Kleinbetrieb kommt bei dieser Abwägung ein **erhebliches Gewicht** zu (*BAG* 21.2.2001 EzA § 242 BGB Kündigung Nr. 1 m. Anm. *Otto* RdA 2002, 103; 6.2.2003 EzA § 242 BGB 2002 Kündigung Nr. 1; zust. *LAG RhPf* 18.11.2004 – 11 Sa 408/04, EzA-SD 10/05 S. 7 LS; *v. Hoyningen-Huene* SAE 2001, 324 ff.; krit. *Annuß* BB 2001, 1898 ff.).

Es gelten sowohl dann, wenn der Arbeitnehmer einen Auswahlfehler des Arbeitgebers geltend macht als auch dann, wenn er die Kündigung aus anderen Gründen für treuwidrig hält, die Grundsätze der abgestuften Darlegungs- und Beweislast (*BAG* 6.2.2003 EzA § 242 BGB 2002 Kündigung Nr. 1; 20.8.2003 EzA § 242 BGB 2002 Kündigung Nr. 4; vgl. dazu *Stein* DB 2005, 1218 ff.):

– Aus dem Vorbringen des in erster Stufe darlegungsbelasteten Klägers muss sich nicht nur seine deutlich höhere soziale Schutzwürdigkeit, sondern auch seine Vergleichbarkeit auf den ersten Blick ergeben. Nicht in diesem Sinne auf den ersten Blick vergleichbar sind Arbeitnehmer, hinsichtlich derer die Reichweite des Direktionsrechts nach dem Vorbringen des Klägers zweifelhaft ist (*BAG* 6.2.2003 EzA § 242 BGB 2002 Kündigung Nr. 1).
– Da den Arbeitnehmer die Beweislast für die von ihm geltend gemachte Treuwidrigkeit der Kündigung trifft, muss, wenn der Arbeitgeber Tatsachen vorträgt, die die Treuwidrigkeit ausschließen, der Arbeitnehmer Gegentatsachen vortragen oder zumindest die vom Arbeitgeber behaupteten Tatsachen substantiiert bestreiten und für die Gegentatsachen und für sein Bestreiten selbst Beweis anbieten. Diese Beweis sind dann zu erheben, nicht aber sind die vom Arbeitgeber benannten Zeugen zu vernehmen (*BAG* 28.8.2003 EzA § 242 BGB 2002 Kündigung Nr. 4; s. a. *LAG SchlH* 28.12.2005 – 2 Ta 241/05, AuR 2006, 171 LS).

Nach Auffassung des *ArbG Reutlingen* (20.10.1998 EzA § 242 BGB Vertrauensschutz Nr. 1) liegt »langjährige Mitarbeit« i. S. d. Entscheidung des *BVerfG* vom 27.1.1998 (EzA § 23 KSchG Nr. 17) in Anlehnung an § 1 BetrAVG dann vor, wenn der Arbeitnehmer mindestens das **35. Lebensjahr vollendet** und **dem Betrieb mindestens zehn Jahre** angehört hat. Zu den auch in Kleinbetrieben besonders schutzwürdigen Arbeitnehmern gehören danach auch die kranken und erst recht die kranken und gleichzeitig auch älteren Arbeitnehmer. Zieht sich ein Arbeitnehmer, der **18 Jahre lang** ohne ernsthafte Erkrankung beim Arbeitgeber beschäftigt war, eine **mehr als dreimonatige Krankheit** zu und erhält der Arbeitgeber die Information, dass mit der Genesung des Arbeitnehmers nicht vor einem Monat zu rechnen ist, so ist die daraufhin erfolgte Kündigung **treuwidrig**. Denn wenn der Arbeitnehmer 2/3 seines gesamten bis dahin verbrachten Berufslebens ohne Beanstandungen bei einem einzigen Arbeitgeber verbracht hat, ergibt sich danach eine erhöhte Treue- und Rücksichtspflicht des Arbeitgebers vor Ausspruch einer krankheitsbedingten Kündigung (*ArbG Reutlingen* 20.10.1998 EzA § 242 BGB Vertrauensschutz Nr. 1). 1814

Eine Kündigung ist aber jedenfalls dann nicht treuwidrig i. S. v. § 242 BGB, **wenn sie bei Eingreifen des KSchG wirksam gewesen wäre** und andere Gründe, die von § 1 KSchG nicht erfasst sind, nicht vorliegen. Dazu gehört im Übrigen nach Auffassung des *LAG Bln.* (10.9.1999 – 19 Sa 737/99) die Prärogative, die Zahl der Arbeitsplätze festzulegen, mit der der Unternehmer ein unternehmerisches Ziel verfolgt. 1815

Deshalb ist auch die bloße Entscheidung, **Arbeitsplätze auf Dauer abzubauen**, um z. B. Kosten zu sparen, grds. **nur auf offenbare Unsachlichkeit, Unvernünftigkeit oder Willkür überprüfbar**. Inwiefern der Arbeitsplatz des zu kündigenden Arbeitnehmers durch diese Maßnahme betroffen ist, hat der Arbeitgeber danach jedenfalls im Rahmen einer Plausibilitätskontrolle darzulegen. 1816

**Art. 33 Abs. 2 GG** schränkt nicht das Recht des **öffentlichen Arbeitgebers** ein, während der 6-monatigen Wartezeit nach § 1 Abs. 1 KSchG die Eignung, Befähigung und fachliche Leistung des neu 1817

**Kapitel 4**  Die Beendigung des Arbeitsverhältnisses

eingestellten Arbeitnehmers zu überprüfen; dies gilt auch bei einer Einstellung nach Durchführung eines Auswahlverfahrens (*BVerfG* 21.6.2006 NZA 2006, 913; *BAG* 1.7.1999 EzA § 242 BGB Nr. 42; a. A. *LAG Nds.* 16.9.1998 NZA-RR 1999, 131).

**1818** Die Wirksamkeit einer Kündigung aus Gründen in dem Verhalten des Arbeitnehmers setzt im Übrigen außerhalb des **Anwendungsbereichs des KSchG** i. d. R. **nicht** voraus, dass dem Arbeitnehmer zuvor eine vergebliche **Abmahnung** erteilt wurde (*BAG* 21.2.2001 EzA § 242 BGB Kündigung Nr. 2; krit. *Annuß* BB 2001, 1898 ff.).

**1819** Eine Kündigung im Kleinbetrieb verstößt nicht allein deshalb gegen Treu und Glauben, weil sie ohne Angabe von Gründen ausgesprochen wird. Nur, wenn sich aus dem Vorbringen des Arbeitnehmers ergibt, dass der Arbeitgeber das Kündigungsrecht missbräuchlich nutzt, kann § 242 BGB verletzt sein. Das hat das *BAG* (16.1.2003 EzA § 23 KSchG Nr. 25) im konkret entschiedenen Einzelfall verneint.

Eine Kündigung ist auch nicht allein deshalb treuwidrig, weil sie im Zusammenhang mit einem **möglichen Arbeitsunfall** ausgesprochen wurde (*LAG SchlH* 7.5.2009 LAGE § 242 BGB 2002 Kündigung Nr. 6).

Andererseits kann eine Kündigung vor Erfüllung der Wartezeit des § 1 KSchG wegen Verstoßes gegen Treu und Glauben unwirksam sein, wenn sie den Arbeitnehmer wegen seiner herkunftsbezogenen kulturellen Überzeugungen diskriminiert. Das ist aber dann nicht der Fall, wenn der Angehörige einer Sinti-Familie eine im Bewerbungsgespräch ausdrücklich zugesagte Tätigkeit (Bestattungen) wenige Wochen später, kurz nach Beginn des Arbeitsverhältnisses, mit Rücksicht auf ein tatsächlich bestehendes und ihn bindendes Tabu verweigert. In diesem Fall verletzt die Kündigung auch nicht das Grundrecht der Gewissensfreiheit (Art. 4 GG) und stellt keine verbotene Maßregelung i. S. d. § 612a BGB dar (*BAG* 22.5.2003 EzA § 242 BGB 2002 Kündigung Nr. 2 m. Anm. *Kort* SAE 2004, 51).

*dd) Sonderfall: HIV-Infektion*

**1820** Kündigt der Arbeitgeber einem mit dem HIV-Virus infizierten Arbeitnehmer, der noch nicht den allgemeinen Kündigungsschutz gem. § 1 Abs. 1 KSchG genießt, fristgerecht, so ist die Kündigung jedenfalls dann nicht unwirksam, wenn der Arbeitnehmer nach Kenntnis von der Infektion einen Selbsttötungsversuch unternommen hat, danach längere Zeit (nahezu drei Monate) arbeitsunfähig krank war, dieser Zustand nach einem vor Ausspruch der Kündigung vorgelegten ärztlichen Attest »bis auf weiteres« fortbestehen sollte und diese Umstände für den Kündigungsentschluss jedenfalls mitbestimmend waren.

**1821** Ein Verstoß gegen §§ 242, 612a BGB, Art. 3 Abs. 3 GG liegt dann nicht vor (*BAG* 16.2.1989 EzA § 138 BGB Nr. 23).

**1821a** Die Kündigung des Arbeitsverhältnisses eines HIV-infizierten Arbeitnehmers in der Probezeit, der als Chemisch-Technischer Assistent für Tätigkeiten im **Reinraumbereich** eines pharmazeutischen Unternehmens eingestellt worden war, verstößt auch nicht gegen das Verbot der Benachteiligung wegen einer Behinderung nach § 7 Abs. 1 AGG. Jedenfalls stellen die Sicherheitsstandards des Arbeitgebers zur Vermeidung einer Infektion der Patienten berufliche Anforderungen i. S. d. § 8 Abs. 1 AGG dar, die eine unterschiedliche Behandlung wegen einer HIV-Infektion gestatten. Damit ist die Kündigung weder gem. § 138 BGB oder § 242 BGB unwirksam, noch besteht ein Entschädigungsanspruch des Arbeitnehmers gem. § 15 Abs. 2 AGG (*LAG Bln.-Bra.* 13.1.2012 NZA-RR 2012, 183).

*ee) Kündigung unmittelbar vor Ablauf der Wartezeit des § 1 Abs. 1 KSchG*

**1822** Fraglich ist, inwieweit sich die Unwirksamkeit der Kündigung aus § 242 BGB i. V. m. § 162 Abs. 1 BGB dann ergeben kann, wenn der Arbeitgeber die Kündigung wenige Tage oder Stunden vor Ablauf der Wartezeit erklärt. Denn die sechsmonatige Wartezeit muss an sich bereits zum Zeitpunkt des Zugangs der Kündigungserklärung abgelaufen sein, damit das KSchG Anwendung findet.

Das *BAG* (16.9.2004 EzA § 242 BGB 2002 Kündigung Nr. 5; 18.8.1982 EzA § 102 BetrVG 1972 Nr. 48) geht davon aus, dass zu berücksichtigen bleibt, dass nach dem Wortlaut sowie nach Sinn und Zweck der gesetzlichen Regelung des § 1 Abs. 1 KSchG der Arbeitgeber während der gesamten Wartefrist frei kündigen kann. Im Interesse der Rechtssicherheit muss aber eine gesetzlich festgelegte Frist genau beachtet werden. Deshalb kann nicht jede kurz vor Erfüllung der Wartezeit ausgesprochene Kündigung schon als treuwidrige Vereitelung des Eintritts des Kündigungsschutzes angesehen werden. **1823**

Der Rechtsgedanke des § 162 BGB kann deshalb nur **ausnahmsweise** dann eingreifen, **wenn durch die Kündigung der Eintritt des allgemeinen Kündigungsschutzes entgegen dem Grundsatz von Treu und Glauben vereitelt werden soll**. Das ist aber nicht schon dann der Fall, wenn der Arbeitgeber bereits während der Wartezeit kündigt, obwohl dies zur Wahrung der nach Gesetz oder Vertrag zu beachtenden Kündigungsfrist nicht erforderlich gewesen wäre. **1824**

Eine analoge Anwendung des § 162 BGB kommt folglich erst dann in Betracht, wenn der Arbeitgeber die Kündigung nur deshalb vor Ablauf der sechsmonatigen Wartefrist erklärt, um den Eintritt des Kündigungsschutzes zu verhindern und dieses Vorgehen unter Berücksichtigung der im Einzelfall gegebenen Umstände gegen Treu und Glauben verstößt (vgl. *LAG SchlH* 14.4.1998 NZA-RR 1999, 191). **1825**

Kündigt er dagegen kurz vor Ablauf der Wartefrist, um z. B. einen Rechtsstreit über die etwaige Sozialwidrigkeit der Kündigung zu vermeiden, so liegt hierin noch kein Verstoß gegen Treu und Glauben, denn der Arbeitgeber übt lediglich die ihm gem. § 1 Abs. 1 KSchG eingeräumte Kündigungsfreiheit aus (*BAG* 16.9.2004 EzA § 242 BGB 2002 Kündigung Nr. 5). **1826**

Um eine kurz vor Ablauf der Wartefrist ausgesprochene Kündigung als treuwidrig erscheinen zu lassen, müssen daher **weitere Umstände** gegeben sein. **1827**

Allein die Tatsache, dass eine Kündigung kurz vor Ablauf der Probe- bzw. der sechsmonatigen Wartezeit des § 1 Abs. 1 KSchG ausgesprochen wird, führt folglich nicht zur Unwirksamkeit der Kündigung nach § 242 BGB (*BAG* 16.9.2004 EzA § 242 BGB 2002 Kündigung Nr. 5). **1828**

*ff) Mobbing*

Mobbinghandlungen begründen zwar keinen Sonderkündigungsschutz für deren Opfer, sie können aber zur Treu- und Sittenwidrigkeit einer Kündigung in der Probezeit führen, wenn der Arbeitgeber sie sich zu Eigen macht und die Kündigung aus willkürlichen oder verwerflichen Motiven ausspricht (*LAG Frankf./M.* 21.2.2003 LAGE § 1 KSchG 1969 Nr. 13). **1829**

*f) Art. 5 Abs. 1 RL 76/207/EWG, Art. 10 RL 92/85 EG*

Art. 5 Abs. 1 RL 76/207/EWG (Gleichbehandlung von Männern und Frauen; s. Kap. 1 Rdn. 769) steht im Hinblick auf das mit dieser RL verfolgte Ziel der Entlassung einer transsexuellen Person aus einem mit der Geschlechtsumwandlung zusammenhängenden Grund entgegen (*EuGH* 30.4.1996 EzA Art. 119 EWG-Vertrag Nr. 39). Zudem läuft es Art. 2 Abs. 1, 5 Abs. 1 dieser RL zuwider, wenn eine Arbeitnehmerin zu irgendeinem Zeitpunkt **während ihrer Schwangerschaft** auf Grund von **Fehlzeiten infolge einer durch** diese **Schwangerschaft verursachten Krankheit entlassen** wird (vgl. auch *EuGH* 4.10.2001 EzA § 611a BGB Nr. 17 zur Nichtverlängerung eines befristeten Vertrages wegen der Schwangerschaft als Verstoß gegen die RL 76/207). Ohne Belang ist insoweit, dass die Arbeitnehmerin gemäß einer Vertragsbestimmung entlassen wurde, nach der der Arbeitgeber berechtigt ist, Arbeitnehmer ungeachtet ihres Geschlechts nach einer vertraglich festgelegten Zahl von Wochen ununterbrochener Fehlzeiten zu entlassen (*EuGH* 30.6.1998 NZA 1998, 871:Großbritannien). Zudem darf auch dann, wenn eine Arbeitnehmerin wegen einer durch die Schwangerschaft oder die Niederkunft bedingten Krankheit fehlt, die im Laufe der Schwangerschaft aufgetreten ist und wäh- **1830** rend des Mutterschaftsurlaubs und danach fortbestanden hat, nicht nur die während des Mutterschaftsurlaubs, sondern auch die bereits **vom Anfang der Schwangerschaft an bis zum Beginn des Mutterschaftsurlaubs eingetretene Fehlzeit nicht bei der Berechnung des Zeitraums berücksichtigt werden, der zu einer Entlassung nach nationalem Recht berechtigt** (*EuGH* 30.6.1998 NZA 1998, 871 ausdrücklich gegen *EuGH* 29.5.1997 NZA 1998, 25). Die nach dem Mutterschaftsurlaub eingetretene Fehlzeit einer Arbeitnehmerin darf demgegenüber unter den gleichen Voraussetzungen berücksichtigt werden, wie die Fehlzeit eines Mannes wegen einer ebenso langen Arbeitsunfähigkeit (*EuGH* 30.6.1998 NZA 1998, 871; s. a. *EuGH* 11.10.2007 NZA 2007, 1271; 11.11.2010 EzA EG-Vertrag 1999 Richtlinie 92/85 Nr. 6).

1831   Inzwischen hat der *EuGH* (4.10.2001 EzA § 611a BGB Nr. 16, 17; vgl. dazu *Schulte-Westerberg* NJW 2003, 490 ff.) folgende Grundsätze aufgestellt:
– Art. 10 RL 92/85/EWG entfaltet unmittelbare Wirkung und ist dahin auszulegen, dass er, wenn ein Mitgliedstaat innerhalb der in dieser Richtlinie vorgeschriebenen Frist keine Umsetzungsmaßnahmen getroffen hat, dem Einzelnen Rechte verleiht, die dieser vor einem nationalen Gericht gegenüber den öffentlichen Stellen dieses Staates geltend machen kann.
– Art. 10 Nr. 1 der RL verpflichtet mit der Zulassung von Ausnahmen vom Verbot der Kündigung von schwangeren Arbeitnehmerinnen usw., in nicht mit ihrem Zustand in Zusammenhang stehenden Ausnahmefällen, die entsprechend den einzelstaatlichen Rechtsvorschriften und/oder Gepflogenheiten zulässig sind, die Mitgliedstaaten nicht, die Gründe für eine Kündigung dieser Arbeitnehmerinnen im Einzelnen aufzuführen.
– Zwar gilt das Kündigungsverbot nach (Art. 10 RL) sowohl für unbefristete als auch für befristete Arbeitsverträge, doch kann die Nichterneuerung eines solchen Vertrages zum Zeitpunkt seiner regulären Beendigung nicht als eine nach dieser Vorschrift verbotene Kündigung angesehen werden. Soweit jedoch die Nichterneuerung eines befristeten Arbeitsvertrags ihren Grund in der Schwangerschaft hat, stellt sie eine unmittelbare Diskriminierung auf Grund des Geschlechts dar, die gegen die Art. 2 Abs. 1, Art. 3 Abs. 1 RL 76/207/EWG verstößt.
– Art. 5 Abs. 1 RL 76/207/EWG und Art. 10 RL 92/85/EWG stehen der Entlassung einer Arbeitnehmerin wegen Schwangerschaft entgegen,
  – wenn diese auf bestimmte Zeit eingestellt wurde,
  – wenn sie den Arbeitgeber nicht über ihre Schwangerschaft unterrichtet hat, obwohl ihr diese bei Abschluss des Arbeitsvertrags bekannt war,
  – und wenn feststand, dass sie auf Grund ihrer Schwangerschaft während eines wesentlichen Teils der Vertragszeit nicht würde arbeiten können.
– Für diese Auslegung ist es unerheblich, dass die Arbeitnehmerin von einem sehr großen Unternehmen eingestellt wurde, das häufig Aushilfspersonal beschäftigt.

### g) Anderweitige Beschäftigungsmöglichkeit; unterbliebenes Präventionsverfahren/betriebliches Eingliederungsmanagement

1832   Eine Kündigung innerhalb der Wartezeit des § 1 Abs. 1 KSchG ist nicht schon deshalb unwirksam, weil zum Kündigungszeitpunkt die Möglichkeit einer anderen zumutbaren Beschäftigung bestand. Denn anderweitige Beschäftigungsmöglichkeiten hat der Arbeitgeber nur im Anwendungsbereich des § 1 Abs. 2 KSchG in Betracht zu ziehen, weil dieses Erfordernis auf der Anwendung des dem gesetzlichen Kündigungsschutz nach § 1 Abs. 2 KSchG zugrunde liegenden Verhältnismäßigkeitsgrundsatzes beruht (*BAG* 28.6.2007 EzA § 307 BGB 2002 Nr. 5).

1833   Auch die unterbliebene Durchführung der in § 84 Abs. 1, 2 SGB IX genannten Verfahren hat im Falle einer Kündigung innerhalb der Wartezeit des § 1 Abs. 1 KSchG **keine kündigungsrechtlichen Folgen**. Art. 5 RL 2000/78/EG fordert zwar angemessene Vorkehrungen zum Schutz behinderter Menschen vor Entlassungen. Im Rahmen der Angemessenheitsprüfung sind aber **auch Belange des Arbeitgebers zu berücksichtigen**. Der Arbeitgeber muss die Möglichkeit zur Erprobung des Mitarbeiters haben; der geltende Sonderkündigungsschutz der §§ 85 ff. SGB IX wird dem gerecht. Die Annahme kündigungsrechtlicher Konsequenzen bei einer unterbliebenen Durchführung des Präventionsverfahrens oder des betrieblichen Eingliederungsmanagements (§ 84 Abs. 1, 2 SGB IX) in den ersten sechs Monaten des Arbeitsverhältnisses würde demgegenüber ein Einstellungshindernis darstellen, weil der Arbeitgeber nicht mehr frei wäre, die konkreten Einsatzmöglichkeiten des Arbeitnehmers in seinem Betrieb zu erproben (*BAG* 28.6.2007 EzA § 307 BGB 2002 Nr. 5).

Dieses Ergebnis folgt auch daraus, dass der **Verhältnismäßigkeitsgrundsatz außerhalb des Geltungsbereichs** des KSchG bei der Prüfung der Wirksamkeit einer Kündigung **keine Anwendung findet** und § 84 Abs. 1, 2 SGB IX gerade diesen Grundsatz konkretisiert (*BAG* 24.1.2008 EzA § 242 BGB 2002 Kündigung Nr. 7).   1834

### h) § 90 Abs. 3 SGB IX

Gem. § 90 Abs. 3 SGB IX hat der Arbeitgeber die Beendigung von Arbeitsverhältnissen schwerbehinderter Menschen in den ersten sechs Monaten des Bestandes des Arbeitsverhältnisses (§ 90 Abs. 1 S. 1 Nr. 1 SGB IX) dem Integrationsamt innerhalb von vier Tagen anzuzeigen. Ein Verstoß des Arbeitgebers gegen diese Informationspflicht führt aber nicht zur Unwirksamkeit der Kündigung, sondern allenfalls zu Schadensersatzforderungen des Arbeitnehmers (*LAG Bln.-Bra.* 27.8.2010 LAGE § 90 SGB IX Nr. 6).   1835

### i) Abmahnung?

Außerhalb des besonderen Bestandsschutzes, den das Kündigungsschutzgesetz gewährt, bedarf es vor einer ordentlichen Kündigung des Arbeitsverhältnisses in der Regel keiner vergeblichen Abmahnung (*BAG* 23.4.2009 EzA § 16 TzBfG Nr. 1).   1836

### j) Darlegungs- und Beweislast

Grds. muss die Partei, die sich auf die für sie günstige Norm beruft, deren tatsächliche Voraussetzungen darlegen und beweisen. Folglich ist es außerhalb des Geltungsbereichs des allgemeinen Kündigungsschutzes nicht Sache des Arbeitgebers, die Kündigung sachlich zu begründen. Vielmehr ist **der Arbeitnehmer darlegungs- und beweispflichtig** dafür, dass die Kündigung auf Grund von Normen unwirksam ist, die außerhalb des KSchG zur Unwirksamkeit der Kündigung führen (SPV/*Preis* Rn. 156).   1837

Der Arbeitgeber ist auch nicht verpflichtet, sämtliche in Betracht kommenden Verbotsbestimmungen durch geeigneten Sachvortrag im Prozess auszuräumen. Eine Aufklärungspflicht der nicht darlegungs- und beweispflichtigen Partei besteht nicht; dies schließt **Erleichterungen in der Beweisführung** jedoch nach Auffassung von *Preis* (NZA 1997, 1269 ff.) nicht aus, die aus der Pflicht des Gegners zum **substantiierten Bestreiten** folgen. Denn sowohl der Schutzcharakter der Norm als auch verfassungsrechtliche Positionen können sachliche Erwägungen für oder gegen eine konkrete Beweisführungslast darstellen. Für einen schlüssigen Sachvortrag des Arbeitnehmers reicht es aber auch danach nicht aus, wenn er schlicht den Umstand einer Diskriminierung oder Benachteiligung behauptet. Andererseits muss ausgeschlossen werden, dass der Nachweis einer diskriminierenden Kündigung dem Arbeitnehmer unzumutbar erschwert wird. Insoweit kommen der **Anscheinsbeweis** beim Feststehen typischer Geschehensabläufe sowie **Beweismaßsenkungen** und die **Erleichterung der konkreten Beweisführungslast** in Betracht (vgl. ausf. *Preis* NZA 1997, 1269 ff.).   1838

> Das *BAG* (23.4.2009 EzA § 16 TzBfG Nr. 1) geht insoweit von Folgendem aus:   1839
>
> Macht der Arbeitnehmer in einem Arbeitsverhältnis, das nicht dem betrieblichen Geltungsbereich des Kündigungsschutzgesetzes unterfällt, die Treuwidrigkeit der Kündigung geltend, muss er, soweit er die Überlegungen des Arbeitgebers nicht kennt, die zu seiner Kündigung geführt haben, im Wege seiner abgestuften Darlegungs- und Beweislast zunächst nur einen Sachverhalt vortragen, der die Treuwidrigkeit der Kündigung nach § 242 BGB indiziert. Sodann muss

sich der Arbeitgeber nach § 138 Abs. 2 ZPO im Einzelnen auf diesen Vortrag einlassen, um ihn zu entkräften. Legt der Arbeitgeber dagegen im Prozess unaufgefordert die von ihm herangezogenen Kündigungsgründe substantiiert dar, muss der Arbeitnehmer, um seiner Darlegungslast für die Treuwidrigkeit der Kündigung zu genügen, im Einzelnen vortragen, dass und aus welchen Gründen die Kündigung treuwidrig sein soll.

1840 ▶ Beispiele:
- Regeln die Tarifpartner, dass **aus Anlass einer Arbeitsunterbrechung wegen Krankheit** nicht gekündigt werden darf, so kann bei einer Kündigung im unmittelbaren Anschluss an vorübergehende Arbeitsunfähigkeitszeiten der Beweis des ersten Anscheins dafür sprechen, dass die Arbeitsunterbrechung wegen Krankheit bestimmendes Motiv des Arbeitgebers für die Kündigung war. Diesen Beweis des ersten Anscheins kann der Arbeitgeber dadurch entkräften, dass er Tatsachen vorträgt und im Bestreitensfalle beweist, aus denen sich ergibt, dass andere Gründe seinen Kündigungsentschluss bestimmt haben (*BAG* 5.2.1998 EzA § 8 EFZG Nr. 1; s. a. Kap. 3 Rdn. 1933 ff.).
- Das *ArbG Kiel* (30.4.1997 NZA-RR 1998, 303) hat angenommen, dass dem Arbeitnehmer im Kündigungsschutzprozess zwar für das Vorliegen der Voraussetzungen des § 612a BGB die Darlegungs- und Beweislast obliegt. Er kann sich aber auf einen Anscheinsbeweis dann berufen, wenn eine Änderungskündigung ohne Einhaltung der Kündigungsfrist und in einem **zeitlich engen Zusammenhang** (acht Tage) mit einem Schreiben erklärt worden ist, in dem der Arbeitnehmer ihm zustehende Rechte geltend gemacht hatte.

## IV. Die Sozialwidrigkeit der ordentlichen Kündigung gem. § 1 KSchG (Überblick)

### 1. Voraussetzungen der Anwendbarkeit des KSchG

1841 Gem. § 1 Abs. 1 KSchG ist die Kündigung des Arbeitsverhältnisses gegenüber einem Arbeitnehmer, dessen Arbeitsverhältnis in demselben Betrieb oder Unternehmen länger als sechs Monate bestanden hat, rechtsunwirksam, wenn sie sozial ungerechtfertigt ist. **Dies gilt nicht für Kleinbetriebe i. S. d. § 23 Abs. 1 KSchG.**

### a) Betriebsbegriff (§ 23 Abs. 1 S. 1 KSchG)

1842 Das KSchG ist **betriebsbezogen, allenfalls unternehmens-, aber nicht konzernbezogen** (*BAG* 24.2.2005 EzA § 1 KSchG Soziale Auswahl Nr. 59; 23.11.2004 EzA § 1 KSchG Betriebsbedingte Kündigung Nr. 135; 26.6.2008 NZA-RR 2009, 205; s. Rdn. 2531 ff., 2848 ff.). Der Betriebsbegriff wird vom Gesetzgeber auch für das KSchG nicht definiert, sondern vorausgesetzt. Folglich gelten insoweit die **allgemeinen Grundsätze**; zu beachten ist, dass ein Betrieb im kündigungsrechtlichen Sinne **keine räumliche Einheit** voraussetzt (*BAG* 7.7.2011 – 2 AZR 12/10, EzA-SD 2/2012 S. 3).

1843 Ist in einem Kündigungsschutzverfahren der Betriebsbegriff i. S. d. §§ 1, 23 KSchG zu klären, so ist das Gericht an eine Entscheidung im Rahmen des § 18 Abs. 2 BetrVG nicht gebunden. Denn insofern wird die Rechtslage nicht durch eine kollektivrechtliche, sondern primär durch eine individualrechtliche Vorfrage (Betriebsbegriff i. S. v. §§ 1, 23 KSchG) geprägt (*BAG* 18.10.2006 EzA § 1 KSchG Betriebsbedingte Kündigung Nr. 151).

1844 Bei einer **Betriebsstätte** kann es sich um einen »Betrieb« i. S. d. § 1 KSchG handeln, wenn die vom Arbeitgeber hergestellte organisatorische Einheit der Erreichung eines einheitlichen arbeitstechnischen Zweckes dient. Notwendig für eine derartige Einheit ist ein **einheitlicher Leitungsapparat**, dem die zentralen mitbestimmungspflichtigen Entscheidungen, insbes. in personellen und sozialen Angelegenheiten obliegen. Dabei ist eine »**wesentliche« Selbstständigkeit der Entscheidungen in personeller und sozialer Hinsicht erforderlich** (*LAG RhPf* 17.2.2005 LAG Report 2005, 271). Auch kann ein gemeinsamer Betrieb auch von mehreren Unternehmen betrieben werden (vgl. *BAG* 7.8.1986 EzA § 4 BetrVG 1972 Nr. 5; 16.2.2006 EzA § 613a BGB 2002 Nr. 47; 9.6.2011 – 6 AZR 132/10, EzA-SD 16/2011 S. 12 LS; vgl. auch *LAG Köln* 22.11.1996 NZA-RR 1997,

429; *BVerwG* 13.6.2001 NZA 2003, 115; s. Kap. 1 Rdn. 250 ff.; *Schmädicke/Glaser/Altmüller* NZA-RR 2005, 397 ff.). Ein derartiger Gemeinschaftsbetrieb setzt den Einsatz der Arbeitnehmer und Betriebsmittel mehrerer Unternehmen durch eine **einheitliche Leitung auf der Grundlage einer wenigstens stillschweigend getroffenen Vereinbarung** voraus. Diese Voraussetzungen sind z. B. dann nicht erfüllt, wenn die Steuerung des Personaleinsatzes und die Nutzung der Betriebsmittel nur durch ein Unternehmen erfolgt (*BAG* 22.6.2005 EzA § 1 BetrVG 2001 Nr. 4; s. dazu *Pauly* ZTR 2006, 578 ff.). Das Vorliegen eines Gemeinschaftsbetriebes hat andererseits insbes. z. B. zur Folge, dass soweit es für die soziale Rechtfertigung der Kündigung auf Versetzungsmöglichkeiten innerhalb des Betriebes oder auf die soziale Auswahl ankommt, die Verhältnisse aller Gesellschaften zu berücksichtigen sind (*BAG* 13.6.1985 EzA § 1 KSchG Nr. 41). Ein gemeinsamer Betrieb liegt dann vor, wenn die in einer Betriebsstätte vorhandenen materiellen und immateriellen Betriebsmittel unter einer gemeinsamen Führung für einen einheitlichen arbeitstechnischen Zweck zusammengefasst, geordnet und gezielt eingesetzt werden und der Einsatz der menschlichen Arbeitskraft von einem einheitlichen Leitungsapparat gesteuert wird. Die einheitliche Leitung muss sich auf die wesentlichen Arbeitgeberfunktionen in personellen und sozialen Angelegenheiten erstrecken (*BAG* 22.10.2003 EzA § 1 BetrVG 2001 Nr. 1; 9.6.2011 – 6 AZR 132/10, EzA-SD 16/2011 S. 12 LS; s. *LAG Düssdorf.* 20.12.2010 – 14 TaBV 24/10, BB 2011, 2428; vgl. *Rieble/Gistel* NZA 2005, 242 ff.). Dabei kann sich die Existenz einer einheitlichen Leitung **allein aus den tatsächlichen Umständen** herleiten. Ein solcher Umstand ist insbes. die **Wahrnehmung der wesentlichen Arbeitgeberfunktionen durch dieselbe institutionelle Leitung** (*BAG* 10.11.2011 – 8 AZR 546/10, EzA-SD 6/2012 S. 9 LS; s. *EuGH* 12.2.2009 EzA EG-Vertrag 1999 Richtlinie 2001/23 Nr. 2). Die Verfolgung unterschiedlicher arbeitstechnischer Zwecke steht der Annahme eines Gemeinschaftsbetriebs nicht entgegen, sofern diese Zwecke im Rahmen einer Organisationseinheit wahrgenommen werden (*LAG SA* 14.11.2001 AuR 2004, 191 m. Anm. *Pauli*). Die Bildung eines gemeinsamen Betriebes **lässt die arbeitsvertragliche Bindung von Arbeitnehmern zu dem jeweiligen Unternehmen i. d. R. unberührt**. An Teilbetriebsübergängen einzelner Unternehmen nehmen daher grds. nur die Arbeitsverhältnisse aus den Unternehmen/Betrieben teil, die tatsächlich übergehen (*Hess. LAG* 20.7.2004 LAG Report 2005, 1).

Die ausnahmsweise mögliche Annahme eines arbeitgeberübergreifenden Kündigungsschutzes ist also vor allem davon abhängig, dass sich zwei oder mehrere Unternehmen zur gemeinsamen Führung eines Betriebes – zumindest konkludent – rechtlich verbunden haben, so dass der Kern der Arbeitgeberfunktionen im sozialen und personellen Bereich von derselben institutionellen Leitung rechtlich abgesichert ausgeübt wird (*BAG* 9.6.2011 – 6 AZR 132/10, EzA-SD 16/2011 S. 12 LS). Diese Grundsätze gelten auch für kirchliche Einrichtungen. Die durch religiöse und glaubensmäßige Verbundenheit motivierte Zusammenarbeit mehrerer rechtlich selbstständiger Einrichtungen führt für sich genommen nicht zum Vorliegen eines gemeinsamen Betriebes dieser Einrichtungen (*BAG* 6.2.2003 EzA § 23 KSchG Nr. 25). Der Gemeinschaftsbetrieb zweier Unternehmen wird **aufgelöst, wenn eines der beiden Unternehmen seine betriebliche Tätigkeit einstellt und die Vereinbarung über die gemeinsame Führung des Betriebs aufgehoben wird** (*BAG* 19.11.2003 NZA 2004, 436; dort auch zu den Konsequenzen im Hinblick auf §§ 22, 102 BetrVG; weiterführend u. insbes. auch zu den **Konsequenzen für die Sozialauswahl** bei einer betriebsbedingten Kündigung s. Rdn. 2559). Gleiches gilt, wenn eines von zweien an einem Gemeinschaftsbetrieb beteiligten Unternehmen seine Liquidation beschließt, allen seinen Arbeitnehmern kündigt und die Liquidation tatsächlich einleitet (*LAG SchlH* 8.5.2003 NZA-RR 2005, 26). Der Gemeinschaftsbetrieb zweier Unternehmen wird regelmäßig auch dadurch aufgelöst, dass über das Vermögen des einen Unternehmens das Insolvenzverfahren eröffnet wird und der Insolvenzverwalter den von ihm nunmehr geführten Betriebsteil stilllegt (*BAG* 17.1.2002 EzA § 4 KSchG n. F. Nr. 62; a. A. *ArbG Bln.* 6.8.2003 LAGE § 113 InsO Nr. 12); die Auflösung kann mit Wirkung für die Sozialauswahl nach Auffassung des *LAG Bln.* (15.11.2002 LAGE § 1 KSchG Soziale Auswahl Nr. 41) auch nach Ausspruch der Kündigung erfolgen, wenn die Aufkündigung des Gemeinschaftsbetriebes zum Zugangszeitpunkt bereits greifbare Formen angenommen hat (zur Sozialauswahl s. ausf. Rdn. 2559 ff. m. w. N.).

1846 Aus dem möglichen Vorliegen eines Gemeinschaftsbetriebes folgt im übrigen **nicht zwingend, dass alle diese Unternehmen Arbeitgeber aller im Gemeinschaftsbetrieb beschäftigten Arbeitnehmer sind** (*BAG* 5.3.1987 EzA § 15 KSchG n. F. Nr. 38; *LAG Düsseld.* 19.6.1998 ARST 1999, 16). Ein einheitliches Arbeitsverhältnis zu zwei Arbeitgebern wird auch vor allem nicht bereits dadurch – konkludent – begründet, dass der ursprüngliche Arbeitgeber später mit einem anderen Unternehmen zusammen einen Gemeinschaftsbetrieb bildet (*BAG* 17.1.2002 EzA § 4 KSchG n. F. Nr. 62; *LAG SchlH* 8.5.2003 NZA-RR 2005, 26: Die Schaffung eines Gemeinschaftsbetriebs führt nicht dazu, dass dem verbleibenden Unternehmen, das nicht Arbeitgeber ist, neue Arbeitnehmer aufgezwungen werden können; *LAG Brem.* 17.10.2002 NZA-RR 2003, 189).

1847 Nach Auffassung des *LAG SchlH* (22.4.1997 DB 1997, 1980) genügt bei **Personenidentität der Geschäftsführer** zweier Gesellschaften für die Annahme eines gemeinsamen Betriebes, dass der Kern der Arbeitgeberfunktion im sozialen und personellen Bereich von derselben institutionellen Leitung ausgeübt wird.

1848 Für den Begriff des Betriebes ist der jeweilige arbeitstechnische Zweck ohne Bedeutung. Hierunter fallen auch Einheiten mit religiöser, politischer, erzieherischer, künstlerischer oder karitativer Zwecksetzung. Auch können die Voraussetzungen eines Gemeinschaftsbetriebes im Allgemeinen angenommen werden, wenn ein Unternehmen sein »**gesamtes Personalwesen**« **auf ein anderes in Personalunion geführtes Unternehmen überträgt**, wenn hierzu unter anderem die Personalsteuerung (z. B. Einsatz, Versetzungen, Ermahnungen), Vergütungsfestsetzungen (z. B. Eingruppierungen) sowie die Führung von Verhandlungen mit dem Betriebsrat gehören (*LAG Köln* 21.7.2000 NZA-RR 2001, 245).

1849 Ein gemeinschaftlicher Betrieb zwischen einer Konzern-Holding und einer Tochtergesellschaft liegt andererseits **nicht bereits** dann vor, wenn die Holding auf Grund ihrer konzernrechtlichen Leitungsmacht gegenüber dem Vorstand der Tochter-AG anordnet, die Tochter solle **bestimmte Arbeiten** (z. B. Schreibarbeiten) für die Holding **mit erledigen**. Besteht kein Gemeinschaftsbetrieb zwischen Holding und Tochter, so genießt ein Arbeitnehmer der Holding nur dann Kündigungsschutz, wenn die Holding ihrerseits dem KSchG unterliegt, insbes. die erforderliche Anzahl von Arbeitnehmern beschäftigt (*BAG* 29.4.1999 EzA § 23 KSchG Nr. 21; vgl. dazu *Franzen* SAE 2000, 106 ff.).

1850 Ein gemeinschaftlicher Betrieb zwischen einer Konzernholding und einer oder mehreren Tochtergesellschaften liegt folglich nicht bereits dann vor, wenn die Holding auf Grund ihrer konzernrechtlichen Leitungsmacht gegenüber den zuständigen Organen der Tochtergesellschaften in bestimmten Bereichen Anordnungen treffen kann. Die Annahme eines Gemeinschaftsbetriebes setzt vielmehr einen einheitlichen, rechtlich gesicherten betriebsbezogenen Leitungsapparat voraus. Ein weitergehender kündigungsschutzrechtlicher »Berechnungsdurchgriff im Konzern« ist auch nicht verfassungsrechtlich geboten. Es reicht für die Anwendbarkeit des KSchG schließlich auch nicht aus, dass der Konzern ausreichende Finanzmittel besitzt, dem Arbeitnehmer eine Abfindung zu zahlen (*BAG* 13.6.2002 EzA § 23 KSchG Nr. 24; s. aber *LAG Köln* 17.12.2007 – 14 Sa 654/07, AuR 2008, 229 LS: konzernbezogener Kündigungsschutz auf der Grundlage einer Betriebsvereinbarung).

Gründen **mehrere juristische Personen** zu einem bestimmten Zweck eine GmbH und weisen dieser zur Erfüllung ihrer Aufgaben Arbeitnehmer zur Dienstleistung zu, ohne ihr gegenüber den Arbeitnehmern über das fachliche Weisungsrecht hinausgehende Kompetenzen in personellen und sozialen Angelegenheiten einzuräumen, liegt zwar ein **Gemeinschaftsunternehmen**, aber kein gemeinsamer Betrieb mehrerer Unternehmen vor (*BAG* 9.6.2011 – 6 AZR 132/10, EzA-SD 16/2011 S. 12 LS).

1851 Soweit **Nebenbetriebe** gem. § 4 BetrVG als eigenständige Betriebe gelten, ist dies auch für die Anwendung des § 1 KSchG maßgeblich (KR/*Griebeling* § 1 KSchG Rn. 139). Besonderheiten gelten für **Betriebsteile**. Soweit sie durch Aufgabenbereiche und Organisation eigenständig sind, maßgebend dafür ist das Bestehen einer Leitung, die Weisungsrechte des Arbeitgebers ausübt (*BAG* 19.2.2002 EzA § 4 BetrVG 1972 Nr. 8; *LAG Hamm* 5.5.2004 LAG Report 2005, 17), sind sie wegen ihrer **organisatorischen Einheit** zwar nach § 4 BetrVG als Betrieb anzusehen. **§ 23 KSchG differenziert aber nicht zwischen Betrieb und Betriebsteil**, der lediglich gem. § 4 BetrVG als selbstständiger Betrieb gilt. Das KSchG stellt entscheidend auf die organisatorische Einheit ab, mit der der Unternehmer allein oder in Gemeinschaft mit seinen Mitarbeitern mit Hilfe von sachlichen oder immateriellen Mitteln bestimmte arbeitstechnische Zwecke fortgesetzt verfolgt. Eine nur **teilweise Verselbstständigung** eines Betriebsteils hat deshalb **nicht zur Konsequenz**, dass nach § 23 KSchG etwa für die dringenden betrieblichen Erfordernisse und die betriebsbezogene Sozialauswahl der entsprechende Betriebsteil als **selbstständiger Betrieb** i. S. d. KSchG anzusehen wäre (*BAG* 20.8.1998 EzA § 2 KSchG Nr. 31; a. A. KR/*Griebeling* § 1 KSchG Rn. 139). Auch soweit ein Betriebsteil nach § 4 BetrVG nur wegen seiner räumlich **weiten Entfernung** vom Hauptbetrieb als selbstständiger Betrieb gilt, ist dies für das KSchG nicht maßgebend, weil der Arbeitgeber in diesem Rahmen sein Direktionsrecht ausübt und die Arbeit organisiert, was insbes. für die soziale Auswahl maßgebend ist (*BAG* 8.8.1985, 15.6.1989 EzA § 1 KSchG Soziale Auswahl Nr. 21, 27; krit. dazu *Kania/Gilberg* NZA 2000, 678 ff.). Die **räumliche Einheit** ist dagegen **kein entscheidendes Kriterium**, sodass auch zentral gelenkte Verkaufsstellen (Filialen) und organisatorisch unselbstständige Betriebsstätten trotz räumlich weiter Entfernung vom Hauptbetrieb mit dem jeweiligen Hauptbetrieb zusammen einen Betrieb bilden (*BAG* 21.6.1995 RzK I 5d Nr. 50; KR/*Griebeling* § 1 KSchG Rn. 139). Eine vom Hauptbetrieb weit entfernt gelegene **kleinere Betriebsstätte** (Tischlerei in einer Werft mit einem Meister und zwei weiteren Arbeitnehmern) ist bei der Berechnung der Betriebsgröße regelmäßig dem **Hauptbetrieb zuzurechnen**, wenn die Kompetenzen des Meisters denen des Leiters einer Betriebsabteilung vergleichbar sind und die wesentlichen Entscheidungen in personellen und sozialen Angelegenheiten im Hauptbetrieb getroffen werden (*BAG* 15.3.2001 EzA § 23 KSchG Nr. 23).

Zu den Betrieben i. S. d. KSchG zählen ferner die sog. Gesamthafenbetriebe (*BAG* 23.7.1970 AP Nr. 3 zu § 1 Gesamthafenbetriebsgesetz) sowie die Arbeitsgemeinschaften des Baugewerbes. **1852**

Die Voraussetzungen des Betriebsbegriffs i. S. d. § 23 Abs. 1 S. 2 KSchG müssen im **Inland** erfüllt werden; etwas anderes ergibt sich auch nicht aus Rechtsgrundsätzen der Europäischen Union (*BAG* 9.10.1997 EzA § 23 KSchG Nr. 16; 3.6.2004 EzA § 23 KSchG Nr. 27; 17.1.2008 EzA § 23 KSchG Nr. 31; 8.10.2009 EzA § 23 KSchG Nr. 35; vgl. *Otto/Mückl* BB 2008, 1231 ff.; *Straube* DB 2009, 1406 ff.; *Horcher* FA 2010, 43 ff.; s. a. *LAG Nds.* 28.9.2007 NZA-RR 2008, 298 LS: Gemeinschaftsbetrieb zwischen einem deutschen und einem ausländischen Unternehmen); **diese gesetzgeberische Entscheidung ist nicht willkürlich** (*BAG* 17.1.2008 EzA § 23 KSchG Nr. 31). Unterhält ein **ausländisches Unternehmen in Deutschland eine Niederlassung, werden die im Ausland tätigen Arbeitnehmer nicht in die maßgebliche Beschäftigtenzahl eingerechnet** (*LAG SchlH* 18.2.2004 NZA-RR 2004, 630). Das gilt jedenfalls für solche im Ausland beschäftigten Arbeitnehmer, deren Arbeitsverhältnisse nicht dem deutschen Recht unterliegen, selbst wenn die ausländische Arbeitsstätte mit einer deutschen einen Gemeinschaftsbetrieb bildet (*BAG* 26.3.2009 – 2 AZR 883/07, EzA-SD 13/2009 S. 5). **1853**

Besteht im Inland lediglich eine **Briefkastenfirma**, die ohne jegliche betriebliche Struktur nur einige Arbeitsverträge hält, so kann die Anwendung des KSchG nicht allein daraus hergeleitet werden, dass an Sachverhalte außerhalb des Geltungsbereichs des KSchG angeknüpft wird und diese inländischen Unternehmen zugerechnet werden (*BAG* 3.6.2004 EzA § 23 KSchG Nr. 27). **1854**

Im Bereich der **öffentlichen Verwaltung** entspricht dem Begriff des Betriebes der der **Dienststelle** (*BAG* 25.9.1956 AP Nr. 18 zu § 1 KSchG). **1855**

Unter Dienststelle sind die einzelnen Behörden, Verwaltungsstellen, Betriebe der öffentlichen Verwaltung und die Gerichte zu verstehen (§ 6 BPersVG). **1856**

Kein Betrieb i. S. d. KSchG ist der Familienhaushalt, sodass Hausangestellte nicht unter seinen Schutz fallen. **1857**

### b) Kleinbetriebsklausel (§ 23 Abs. 1 S. 2 KSchG)

#### aa) Zweck der gesetzlichen Regelung; Verfassungsmäßigkeit

**1858** Gemäß § 23 Abs. 1 S. 2 KSchG gelten die Vorschriften der §§ 1–4 KSchG mit Ausnahme von §§ 4–7 KSchG und des § 13 Abs. 1 KSchG nicht für Betriebe und Verwaltungen, in denen i. d. R. fünf oder weniger Arbeitnehmer ausschließlich der zu ihrer Berufsausbildung Beschäftigten beschäftigt werden. Für Arbeitnehmer, deren Arbeitsverhältnis erst nach dem 31.12.2003 begonnen hat, ist gem. § 23 Abs. 1 S. 3 KSchG insbes. § 1 KSchG dann nicht anwendbar, wenn im maßgebenden Zeitpunkt im Betrieb i. d. R. zehn oder weniger Arbeitnehmer beschäftigt waren; diese Arbeitnehmer sind bei der Feststellung der Zahl der beschäftigten Arbeitnehmer nach S. 2 bis zur Beschäftigung von i. d. R. zehn Arbeitnehmern nicht mit zu berücksichtigen. Der Begriff des Betriebs in § 23 KSchG ist gesetzlich **nicht definiert**.

**1858a** Das *BAG* (17.1.2008 EzA § 23 KSchG Nr. 31; 15.3.2001 EzA § 23 KSchG Nr. 23; 9.9.1982 EzA § 611 BGB Arbeitgeberbegriff Nr. 1) geht davon aus, dass § 23 KSchG der – allerdings im weitesten Sinne zu verstehende – **allgemeine arbeitsrechtliche Betriebsbegriff** zugrunde liegt. Danach ist unter einem Betrieb die organisatorische Einheit zu verstehen, innerhalb derer der Arbeitgeber allein oder in Gemeinschaft mit seinen Mitarbeitern mit Hilfe von sächlichen und immateriellen Mitteln bestimmte arbeitstechnische Zwecke fortgesetzt verfolgt, die sich nicht in der Befriedigung von Eigenbedarf erschöpfen. Ein Betrieb in diesem Sinne setzt einen einheitlichen organisatorischen Einsatz der Sachmittel und Personalressourcen voraus. Die einen Betrieb konstituierende Leitungsmacht wird dadurch bestimmt, dass der Kern der Arbeitgeberfunktionen in personellen und sozialen Angelegenheiten von derselben institutionalisierten Leitung im Wesentlichen selbstständig ausgeübt wird. Entscheidend ist insoweit, wo schwerpunktmäßig über Arbeitsbedingungen und Organisationsfragen entschieden wird und in welcher Weise Einstellungen, Entlassungen und Versetzungen vorgenommen werden (*BAG* 3.6.2004 EzA § 23 KSchG Nr. 27).

Nach § 23 Abs. 1 KSchG genießen folglich Arbeitnehmer in Betrieben, in denen i. d. R. nur zehn oder weniger Arbeitnehmer beschäftigt sind, keinen Kündigungsschutz. Hinter der Kleinbetriebsklausel steht der Gedanke, den Inhaber eines Kleinbetriebes vor bestimmten **personellen und finanziellen Belastungen zu bewahren**. Ihm soll ermöglicht werden, einem Arbeitnehmer, mit dem in einem auf persönliche Zusammenarbeit ausgerichteten Kleinbetrieb **keine gedeihliche Zusammenarbeit mehr** möglich ist und der u. U. das Betriebsklima erheblich stören kann, das Arbeitsverhältnis aufzukündigen (s. *BAG* 28.10.2010 EzA § 23 KSchG Nr. 37).

**1859** Ebenso soll er sich problemlos von einem Arbeitnehmer trennen können, für den keine Beschäftigungsmöglichkeit mehr besteht und dessen Weiterbeschäftigung wirtschaftliche Belastungen bis hin zur **Existenzgefährdung** des Kleinbetriebes nach sich ziehen kann.

**1860** Selbst in den Fällen, in denen dem Arbeitgeber auch nach dem KSchG eine Kündigung möglich wäre, soll er von der Belastung mit einem Kündigungsschutzprozess verschont bleiben (*BAG* 19.4.1990 EzA § 23 KSchG Nr. 8).

**1860a** Bei Anwendung des § 23 Abs. 1 S. 2 und 3 KSchG ist allerdings durch eine an Sinn und Zweck des Gesetzes orientierte, verfassungskonforme Auslegung sicherzustellen, dass die Herausnahme aus dem Anwendungsbereich des Kündigungsschutzgesetzes auf **Einheiten beschränkt** bleibt, für deren Schutz sie allein bestimmt und bei denen die **Schlechterstellung der Arbeitnehmer sachlich begründet ist**. Dies verlangt nicht, den Betriebsbezug des maßgebenden Schwellenwerts stets schon dann zu durchbrechen, wenn sich ein Unternehmen in mehrere Kleinbetriebe gliedert, in denen insgesamt mehr als zehn bzw. fünf Arbeitnehmer beschäftigt werden. Eine solche generalisierende Betrachtung wäre mit der gebotenen Unterscheidung von »Betrieb« und »Unternehmen« nicht zu vereinbaren.

**1860b** Ein Kleinbetrieb i. S. v. § 23 Abs. 1 S. 2, 3 KSchG liegt nicht nur dann vor, wenn er den maßgeblichen Schwellenwert unterschreitet und sämtliche der für Kleinbetriebe typischen Merkmale tatsächlich aufweist. Vielmehr wird der allgemeine Betriebsbegriff erst dann unmaßgeblich, wenn eine alle Umstände des Einzelfalls einbeziehende, **wertende Gesamtbetrachtung** ergibt, dass seine

## E. Wirksamkeit einer ordentlichen Arbeitgeberkündigung  Kapitel 4

Beachtung angesichts der tatsächlichen Verhältnisse vor dem **allgemeinen Gleichheitssatz nicht zu rechtfertigen wäre** (*BAG* 28.10.2010 EzA § 23 KSchG Nr. 37).

Die darin liegende Ungleichbehandlung zwischen Arbeitnehmern größerer und kleinerer Betriebe **verstößt nicht gegen Art. 3 GG**. Sie ist sachlich gerechtfertigt, weil Kleinbetriebe typischerweise durch enge persönliche Zusammenarbeit, geringere Finanzausstattung und einen Mangel an Verwaltungskapazität geprägt sind. Auch wenn ein Unternehmer mehrere Kleinbetriebe unterhält, werden die Zahlen der dort Beschäftigten nicht automatisch zusammengerechnet, wenn es sich tatsächlich um organisatorisch hinreichend verselbständigte Einheiten und deshalb um selbständige Betriebe handelt. Es ist aber sicherzustellen, dass damit aus dem Geltungsbereich des Gesetzes nicht auch Einheiten größerer Unternehmen herausfallen, auf die die typischen Merkmale des Kleinbetriebs (enge persönliche Zusammenarbeit etc.) nicht zutreffen. Das wiederum ist nicht stets schon dann der Fall, wenn dem Betrieb auch nur eines dieser typischen Merkmale fehlt. Maßgebend sind vielmehr die Umstände des Einzelfalls (*BAG* 28.10.2010 – 2 AZR 392/08, ArbR 2011, 29).  1861

Das *BVerfG* (27.1.1998 EzA § 23 KSchG Nr. 17) hat aber festgestellt, dass § 23 Abs. 1 S. 2 KSchG nur bei **verfassungskonformer Auslegung** mit dem GG vereinbar ist, wonach der **Betriebsbegriff auf die Einheiten zu beschränken ist, für deren Schutz die Kleinbetriebsklausel allein bestimmt ist**. Darunter können allerdings im Einzelfall auch Teile größerer Unternehmen fallen.  1862

Daraus folgt nach der Rechtsprechung des *BAG* (12.11.1998 EzA § 23 KSchG Nr. 20; vgl. dazu *Weigand* AuR 1999, 322 ff.), dass für die Feststellung der für die Anwendbarkeit des KSchG notwendigen Arbeitnehmerzahl **von anderen Arbeitgebern beschäftigte Arbeitnehmer grds. nicht zu berücksichtigen sind**. Es ist verfassungsrechtlich unbedenklich, dass eine darüber hinausgreifende Berechnung der Arbeitnehmerzahl – abgesehen von Missbrauchsfällen – **nur dann** in Betracht kommt, wenn auf Grund einer **Führungsvereinbarung** der beteiligten Arbeitgeber (Unternehmen) eine einheitliche institutionelle Leitung hinsichtlich des Kerns der Arbeitgeberfunktionen im sozialen und personellen Bereich besteht. Nach diesen Grundsätzen genießen die Arbeitnehmer einer Kirchengemeinde der evangelischen Kirche im Rheinland i. d. R. keinen Kündigungsschutz, wenn die Kirchengemeinde nicht eine größere als die in § 23 Abs. 1 S. 2 KSchG genannte Zahl von Arbeitnehmern beschäftigt.  1863

Zu beachten ist zudem, dass der **im Verhältnis zu einem Betriebsveräußerer** insoweit **erwachsene Kündigungsschutz nicht gem. § 613a BGB auf den Betriebserwerber übergeht**, wenn dieser mit seinem Betrieb die gesetzlichen Voraussetzungen nicht erfüllt; § 323 Abs. 1 UmwG ist nicht analog anzuwenden (*BAG* 15.2.2007 EzA § 23 KSchG Nr. 30).

Andererseits handelt es sich bei einem Unternehmen mit **nicht mehr als fünf Arbeitnehmern**, das als **herrschende Konzernmuttergesellschaft** die formal selbstständigen, aber **weisungsgebundenen Konzerntöchter führt, nicht** um einen **Kleinbetrieb** i. S. d. § 23 Abs. 1 S. 2 KSchG. Ein derartiges Unternehmen ist nicht unter den Betriebsbegriff einzuordnen, wie er nach der Rechtsprechung des *BVerfG* (27.1.1998 EzA § 23 KSchG Nr. 17) aus Sinn und Zweck der sog. Kleinbetriebsklausel orientiert zu interpretieren ist, sondern ist vielmehr als **Teil-Einheit des größeren Gesamtunternehmens anzusehen**, für die der Schutzgedanke des § 23 Abs. 1 S. 2 KSchG nicht einschlägig ist (*LAG Düsseld.* 3.4.2001 NZA-RR 2001, 476).  1864

### bb) Schwellenwert (ab 1.1.2004)

Nach § 23 Abs. 1 S. 3 2. Hs. KSchG findet der Erste Abschnitt des KSchG nur Anwendung, wenn im Betrieb zum Kündigungszeitpunkt entweder **mehr als zehn Arbeitnehmer** oder mehr als fünf (Alt-)Arbeitnehmer beschäftigt sind, die dem Betrieb bereits am 31.12.2003 angehörten. Dem Gesetzgeber ist es durch Art. 3 Abs. 1 GG nicht verwehrt, zur Regelung bestimmter Lebenssachverhalte Stichtage einzuführen. Voraussetzung ist, dass sich die Einführung des Stichtags überhaupt und die Wahl des Zeitpunkts am gegebenen Sachverhalt orientieren und damit sachlich vertretbar sind. Diese Voraussetzungen sind bei der in § 23 Abs. 1 KSchG enthaltenen Stichtagsregelung erfüllt (*BAG* 27.11.2008 EzA § 23 KSchG Nr. 34).  1865

Gem. § 23 Abs. 1 S. 3 KSchG gelten in Betrieben und Verwaltungen, in denen i. d. R. zehn oder weniger Arbeitnehmer ausschließlich der zu ihrer Berufsausbildung Beschäftigten beschäftigt werden, die Vorschriften des ersten Abschnitts des KSchG (§§ 1–14) mit Ausnahme der §§ 4–7 und des § 13 Abs. 1 S. 1 und 2 folglich nicht für Arbeitnehmer, deren Arbeitsverhältnis nach dem 31.12.2003 begonnen hat; diese Arbeitnehmer sind bei der Feststellung der Zahl der beschäftigten Arbeitnehmer bis zur Beschäftigung von i. d. R. zehn Arbeitnehmern nicht zu berücksichtigen (vgl. *Bender/Schmidt* NZA 2004, 358 ff.).

Das *BAG* (23.10.2008 EzA § 23 KSchG Nr. 33; 17.1.2008 NZA 2008, 944; s. a. *LAG Köln* 18.1.2006 NZA-RR 2006, 580 LS; abw. *LAG Hamm* 9.9.2005 – 7 Sa 959/05, EzA-SD 2/06, S. 13 LS) geht insoweit davon aus, das bei Anwendung des abgesenkten Schwellenwertes nach § 23 Abs. 1 S. 2 KSchG nur diejenigen noch beim Arbeitgeber beschäftigten Arbeitnehmer berücksichtigt werden, die bereits vor dem 1.1.2004 beschäftigt waren. Ersatzeinstellungen für ausgeschiedene »Alt-Arbeitnehmer« sind für die Berechnung unerheblich. Andererseits kommt es für die zu berücksichtigenden »Alt-Arbeitnehmer« nicht darauf an, ob sie am 31.12.2003 bereits die Wartezeit des § 1 Abs. 1 KSchG erfüllt hatten (*BAG* 23.10.2008 EzA § 23 KSchG Nr. 33).

**Zudem ist das KSchG nicht anwendbar in Betrieben mit fünf oder weniger** (*BAG* 21.9.2006 EzA § 23 KSchG Nr. 29; s. *Niklas* NZA 2006, 1395 ff.; *Insam/Zöll* DB 2007, 694 ff.) **Altbeschäftigten** (*BAG* 21.9.2006 EzA § 23 KSchG Nr. 29; s. *Insam/Zöll* DB 2006, 726 ff., 1216 f.; *Fleischer* DB 2006, 1214 ff.).

In diesem Zusammenhang stellt es noch keine rechtsmissbräuchliche Umgehung der gesetzlichen Regelung dar, wenn der Arbeitgeber mehrere vor dem **1.1.2004 begründete befristete Arbeitsverhältnisse** mit Befristungsende nach dem 1.1.2004 auslaufen lässt und stattdessen wenig später in entsprechender Anzahl Neueinstellungen vornimmt (*BAG* 17.1.2008 – 2 AZR 512/06, NZA 2008, 944; *LAG Köln* 18.1.2006 – 7 Sa 844/05, NZA-RR 2006, 580 LS).

**1866** Im öffentlichen Dienst muss der Schwellenwert des § 23 KSchG **in der »Verwaltung«** überschritten werden, in der der Arbeitnehmer beschäftigt ist. Dabei ist jedenfalls eine Einheit, die als Arbeitgeber eine eigene Rechtspersönlichkeit aufweist, als »Verwaltung« anzusehen. Ob die Grundsätze über den Gemeinschaftsbetrieb auf die »Verwaltung« übertragbar sind, hat das *BAG* (5.11.2009 EzA § 23 KSchG Nr. 36) offen gelassen.

### cc) Ermittlung der regelmäßigen Beschäftigtenzahl

#### (1) Kriterien

**1867** Für die Ermittlung der gem. § 23 Abs. 1 S. 2 KSchG den Betrieb im Allgemeinen kennzeichnenden regelmäßigen Beschäftigtenzahl (bezogen auf den Kündigungszeitpunkt; vgl. *BAG* 8.10.2009 EzA § 23 KSchG Nr. 35; *LAG RhPf* 16.2.1996 NZA 1997, 315) bedarf es eines Rückblicks auf die bisherige personelle Situation und einer Einschätzung der zukünftigen Entwicklung (*BAG* 31.1.1991 EzA § 23 KSchG Nr. 11; 22.1.2004 EzA § 23 KSchG Nr. 26; 8.10.2009 EzA § 23 KSchG Nr. 35). Dabei sind **Betriebspraktika**, die nicht im Rahmen eines Arbeitsverhältnisses abgeleistet werden, nicht mit zu berücksichtigen (*BAG* 22.1.2004 EzA § 23 KSchG Nr. 26; *Gragert/Keilich* NZA 2004, 776 ff.).

**1868** Zwar ist in erster Linie auf die Zahl der im Zeitpunkt der Kündigung beschäftigten Arbeitnehmer abzustellen. Dies gilt jedoch **nicht i. S. einer Stichtagsregelung**. Die Zahl der regelmäßig beschäftigten Arbeitnehmer ist vielmehr sowohl unter Berücksichtigung der bisherigen zahlenmäßigen Entwicklung der Belegschaft als auch unter Beachtung der zukünftigen Entwicklung zu bestimmen. **Kennzeichnend ist dabei die Feststellung, mit welcher Anzahl von Arbeitnehmern der vom Unternehmer vorgegebene Betriebszweck erreicht werden kann.** Im Rahmen dieser Feststellung darf das *ArbG* allerdings nicht sein Ermessen an die Stelle dessen des Unternehmens setzen, sondern hat dessen unternehmerische Vorgaben seiner Entscheidung zugrunde zu legen.

Für betriebsbedingte Kündigungen bedeutet dies: Es kommt auf die **Beschäftigungslage** an, die **im** 1869
**Allgemeinen für den Betrieb kennzeichnend** ist. Dies bedeutet, dass etwa der bloße Entschluss des Arbeitgebers, seinen Betrieb künftig auf Dauer mit nicht mehr als fünf bzw. zehn Arbeitnehmern fortzusetzen, für sich genommen nicht zur Unterschreitung des Schwellenwerts führt. Im Rahmen des § 23 Abs. 1 KSchG kann kein anderer Maßstab gelten als bei den Regelungen in § 17 ff. KSchG und § 111 ff. BetrVG. Dort ist anerkannt, dass es zur Berechnung des maßgeblichen Schwellenwerts eines **Rückblicks auf die bisherige Beschäftigtenzahl** bedarf (*BAG* 8.6.1989 EzA § 17 KSchG Nr. 4; 16.11.2004 EzA § 111 BetrVG 2001 Nr. 2). Dabei ist – auch zur Verhinderung von Missbräuchen und zur Vermeidung willkürlicher Ergebnisse – entscheidend, ob ein Personalabbau auf einer **einheitlichen unternehmerischen Planung** beruht (*BAG* 28.3.2006 EzA § 111 BetrVG 2001 Nr. 4). Maßgebender Anknüpfungspunkt ist die unternehmerische Entscheidung, aus der sich ergibt, wie viele Arbeitnehmer voraussichtlich insgesamt entlassen werden. Eine einheitliche Planungsentscheidung kann auch eine stufenweise Durchführung vorsehen. Dabei kann ein enger zeitlicher Zusammenhang zwischen mehreren Entlassungswellen ein wesentliches Indiz für eine von Anfang an einheitliche Planung sein. Eine spätere Entlassungswelle kann aber auch das Ergebnis einer neuen Planung sein (*BAG* 28.3.2006 EzA § 111 BetrVG 2001 Nr. 4). Für § 23 KSchG ist dementsprechend die Beschäftigtenzahl im **Zeitpunkt der unternehmerischen Entscheidung** maßgeblich, die der Kündigung zugrunde liegt (*BAG* 8.10.2009 EzA § 23 KSchG Nr. 35). Wenn **Rückblick und Vorschau** ergeben, dass der bei Zugang der Kündigung tatsächlich gegebene Beschäftigungsstand nicht kennzeichnend für den Betrieb ist, ist aus dieser Perspektive darauf abzustellen, mit **wie vielen Arbeitnehmern der Betrieb regelmäßig auch in Zukunft seine Aufgaben erfüllen wird**. Sinkt auf Grund einer planmäßigen Reduzierung der Beschäftigtenstand auf fünf oder weniger Arbeitnehmer, genießt der zu diesem Zeitpunkt gekündigte Arbeitnehmer keinen Kündigungsschutz. Auf den – höheren – Beschäftigungsstand in der Vergangenheit kommt es nicht an, wenn mit der verringerten Belegschaft der Betrieb auf Dauer fortgeführt werden soll (*LAG RhPf* 16.2.1996 NZA 1997, 316; *LAG Köln* 22.11.2002 LAGE § 23 KSchG Nr. 21). Vom Arbeitgeber **gleichzeitig oder zeitnah gekündigte** Arbeitnehmer sind der Beschäftigtenzahl stets hinzuzurechnen, weil der allgemeine Kündigungsschutz andernfalls umgangen werden könnte.

Ein **ruhendes Arbeitsverhältnis** ist bei der Ermittlung der Beschäftigtenzahl nach § 23 Abs. 1 1870
KSchG nicht immer mitzuzählen. Es kommt auf die Personalstärke an, die den Betrieb im Allgemeinen kennzeichnet. Deshalb bedarf es eines Rückblicks auf die bisherige personelle Situation und einer Einschätzung der zukünftigen Entwicklung. Danach sind in der Regel Arbeitnehmer mitzuzählen, die sich im Elternurlaub befinden oder die vorübergehend, wenn auch längerfristig, erkrankt sind. Ein Arbeitnehmer, der seit langer Zeit so erkrankt ist, dass mit einer Rückkehr an den Arbeitsplatz nicht mehr zu rechnen ist, ist jedoch nicht mitzuzählen, auch wenn das Arbeitsverhältnis formal noch besteht. Eine Ersatzkraft, die für den gekündigten Arbeitnehmer eingestellt wurde, ist neben diesem nicht zusätzlich mitzuzählen (*LAG Köln* 22.5.2009 NZA-RR 2009, 583).

> Der zu kündigende Arbeitnehmer ist auch dann mit zu berücksichtigen, wenn Kündigungsgrund 1871
> gerade die unternehmerische Entscheidung ist, den betreffenden Arbeitsplatz nicht mehr neu zu besetzen. Denn es bedarf zwar grds. eines Rückblicks auf die bisherige personelle Situation und einer Einschätzung der künftigen Entwicklung. Denn es kommt auf die Beschäftigungslage an, die im Allgemeinen für den Betrieb kennzeichnend ist. Die Unternehmerentscheidung, den Betrieb stillzulegen oder durch Abbau von Arbeitsplätzen einzuschränken, führt jedoch nur dazu, dass künftig eine andere, regelmäßige Arbeitnehmerzahl gegeben sein soll. Im Kündigungszeitpunkt ist demgegenüber für den Betrieb noch die bisherige Belegschaftsstärke kennzeichnend (*BAG* 22.1.2004 EzA § 23 KSchG Nr. 26; zu Aushilfen im Saisonbetrieb s. *ArbG Trier* 7.1.2010 LAGE § 14 TzBfG Nr. 54).

Vor diesem Hintergrund ist es wohl unerheblich, ob **Arbeitnehmer** ausscheiden, **die selbst gekündigt** 1872
haben oder durch **Aufhebungsvertrag** und ob bei ihnen im Beurteilungszeitpunkt **feststeht, dass sie nicht ersetzt werden** (a. A. *LAG Nds.* 28.2.2000 NZA-RR 2000, 474). Ebenso wenig kann es überzeugen, wenn angenommen wird, dass ein **als Ersatzkraft** für einen ausscheidenden Mitarbeiter ein-

gestellter Arbeitnehmer bei der Zahl der i. d. R. Beschäftigten **nicht zu berücksichtigen** sein soll (a. A. *LAG Köln* 13.1.2005 – 5 Sa 1237/04, NZA 2005, 1310 LS). Wird folglich eine Mutterschaftsvertretung nicht befristet eingestellt, ist sie bei der Berechnung des Schwellenwertes mitzuzählen (*LAG RhPf* 5.2.2004 LAG Report 2004, 305).

1873 (derzeit unbesetzt)

1874 Beschäftigt eine Verwaltung des öffentlichen Rechts mehr als fünf Arbeitnehmer, sind gem. § 23 Abs. 1 KSchG die Vorschriften des 1. Abschnitts des KSchG auch dann anzuwenden, wenn in **der einzelnen Dienststelle** weniger Arbeitnehmer beschäftigt sind. Das gilt auch für Verwaltungen eines ausländischen Staates, die in Deutschland die Voraussetzungen des § 23 Abs. 1 KSchG erfüllen, wenn nach dem Arbeitsvertrag deutsches Kündigungsrecht anzuwenden ist (*BAG* 23.4.1998 EzA § 23 KSchG Nr. 19).

*(2) Teilzeitbeschäftigte; Altfälle*

1875 Teilzeitbeschäftigte sind nach bislang geltendem Recht nur zu berücksichtigen gewesen, wenn ihre regelmäßige Arbeitszeit **wöchentlich 10 Stunden oder monatlich 45 Stunden** übersteigt. § 23 Abs. 1 S. 3 KSchG a. F. war im Wege der teleologischen Reduktion auf Fälle zu beschränken, bei denen unter Zugrundelegung der Anrechnungsmodalität des S. 3 in der seit dem 1.10.1996 geltenden Fassung des § 23 Abs. 1 KSchG ein Kleinbetrieb vorliegt; diese Auslegung des § 23 Abs. 1 S. 3 KSchG a. F. ist mit Art. 3 Abs. 3 GG vereinbar (*BVerfG* 27.1.1998 EzA § 23 KSchG Nr. 18; vgl. *Gragert* NZA 2000, 965 ff.).

1876 Zu beachten ist, dass die Ausklammerung von Teilzeitbeschäftigten nicht dazu führt, dass nicht berücksichtigte Teilzeitbeschäftigte ihrerseits keinen Kündigungsschutz genießen, wenn nur die Voraussetzungen der §§ 1, 23 KSchG im konkreten Betrieb erfüllt sind.

*(3) Einzelfragen*

1877 **Umschüler** sind, wie Auszubildende, dann nicht zu berücksichtigen, wenn sie wie »Lehrlinge« in einem mehrjährigen Vertragsverhältnis zu einem anerkannten Ausbildungsberuf ausgebildet werden (*BAG* 7.9.1983 EzA § 23 KSchG Nr. 6). Eine Mindestaltersgrenze, ab der der Kündigungsschutz einsetzt, besteht seit 1976 nicht mehr. Eine im Rahmen eines Arbeitsvertrages beschäftigte **Praktikantin**, die die für das Berufsziel Erzieherin erforderliche praktische Ausbildung absolviert, ist nicht zu berücksichtigen (*LAG Köln* 28.9.2000 ZTR 2001, 138 LS).

1878 In **Saisonbetrieben**, deren Beschäftigtenzahl infolge saisonaler Einflüsse Schwankungen unterworfen ist, kommt es auf die Betriebsgröße während der Saison an (KR/*Weigand* § 23 KSchG Rn. 47). Die Arbeitnehmer eines im Ausland befindlichen Betriebes werden bei der Ermittlung der für § 23 KSchG maßgeblichen Beschäftigtenzahl jedenfalls nicht mitgerechnet (*LAG SchlH* 14.11.2007 LAGE § 23 KSchG Nr. 25).

*dd) § 6 Abs. 4 PflegezeitG*

1879 Gem. § 6 Abs. 4 PflegezeitG sind bei der Ermittlung der Zahl der beschäftigten Arbeitnehmer die Arbeitnehmer, die nach § 2 PflegezeitG kurzzeitig an der Arbeitsleistung verhindert oder nach § 3 PflegezeitG freigestellt sind, nicht mitzuzählen, solange für sie auf Grund von § 6 Abs. 1 PflegezeitG ein Vertreter – der allerdings Arbeitnehmer sein muss – eingestellt ist (s. *Schwerdle* ZTR 2007, 655 ff.; *Preis/Weber* NZA 2008, 82 ff.; *Preis/Nehring* NZA 2008, 729 ff.; *Düwell* FA 2008, 108 ff.).

*c) Persönlicher Anwendungsbereich*

*aa) Arbeitnehmerbegriff*

1880 Auch für den Arbeitnehmerbegriff enthält das KSchG keine besondere Definition, sodass auch insoweit die **allgemeinen Grundsätze** gelten (s. Kap. 1 Rdn. 38 ff.; APS/*Preis* Grundlagen C Rn. 1 ff.);

## E. Wirksamkeit einer ordentlichen Arbeitgeberkündigung

berücksichtigt werden die in § 14 Abs. 2 KSchG genannten Personen, nicht aber die in § 14 Abs. 1 KSchG genannten (KR/*Weigand* § 23 KSchG Rn. 42).

### bb) Wartezeit

*(1) Zweck der gesetzlichen Regelung*

Ziel der Sechsmonatsfrist ist die Absicht des Gesetzgebers, eine Art gesetzlicher Probezeit zu gewähren, während der ein Arbeitsverhältnis ohne besondere Voraussetzungen beendet werden kann (APS/*Dörner/Vossen* § 1 KSchG Rn. 22 ff.). **1881**

Eine über die sechsmonatige Wartezeit hinausgehende vereinbarte Probezeit hat keinen Einfluss auf den Eintritt des allgemeinen Kündigungsschutzes (*Wilhelm* NZA 2001, 818). **1882**

*(2) Berechnung der Wartezeit; Unterbrechungen*

Der Gesetzgeber hat die rechtlichen Voraussetzungen der Wartefrist des § 1 Abs. 1 KSchG an formelle und deshalb einfach festzustellende Gegebenheiten geknüpft. Der Gesichtspunkt der Rechtssicherheit ist dabei vom Gesetzgeber erkennbar in den Vordergrund gestellt worden. Arbeitnehmer und Arbeitgeber sollen leicht erkennen können, ob Kündigungsschutz besteht (*BAG* 22.5.2003 EzA § 242 BGB 2002 Kündigung Nr. 2). **1883**

Die Wartezeit **beginnt** mit dem **rechtlichen Beginn** des Arbeitsverhältnisses, nicht erst mit der tatsächlichen Arbeitsaufnahme. **Sie endet mit dem Ablauf desjenigen Tages des letzten Monats, der dem Tag vorhergeht, der durch seine Benennung oder seine Zahl dem Anfangstag der Frist entspricht** (§ 188 Abs. 2 BGB). **1884**

Eine Kündigung, die **am letzten Tag** der Sechs-Monats-Frist des § 1 Abs. 1 KSchG um 16 Uhr in den Wohnungsbriefkasten des Arbeitnehmers eingelegt wird, geht jedenfalls dann noch an diesem Tag zu, wenn der Arbeitnehmer **nach vorangegangenen Verhandlungen** über einen Aufhebungsvertrag **damit rechnen musste, dass der Arbeitgeber ihm das Kündigungsschreiben noch durch Boten überbringen** lässt (*LAG Bln.* 11.12.2003 – 16 Sa 1926/03, ARST 2004, 235 LS). Haben sich die Parteien über die Arbeitsaufnahme für einen bestimmten Arbeitstag vorab verständigt, ist der erste Arbeitstag in die Berechnung des Ablaufs der Frist voll einzubeziehen, auch wenn der schriftliche Arbeitsvertrag erst am Tage der Arbeitsaufnahme nach Arbeitsbeginn unterzeichnet wird (§ 187 Abs. 2 BGB i. V. m. § 188 Abs. 2 BGB; *BAG* 27.6.2002 EzA § 1 KSchG Nr. 55). Arbeitgeber und Arbeitnehmer können vereinbaren, dass der gesetzliche Kündigungsschutz bereits vor Ablauf von sechs Monaten eintritt. So kann z. B. ein vertraglich vereinbarter »Verzicht auf die Probezeit« als Vereinbarung ausgelegt werden, dass auf die Wartezeit gänzlich verzichtet wird (*LAG Köln* 15.2.2002 – 4(2) Sa 575/01, EzA-SD 13/02, S. 20 LS). Allein die Vereinbarung einer kurzen Probezeit führt aber nicht zu dieser Rechtsfolge, denn der Kündigungsschutz beginnt erst nach Ablauf von 6 Monaten. Etwas anderes gilt nur dann, wenn im Arbeitsvertrag ausdrücklich vereinbart worden ist, dass der Kündigungsschutz früher beginnt (*ArbG Frankf./M.* 21.3.2001 – 6 Ca 6950/00). Gleiches kann auch dann angenommen werden, wenn ein Arbeitnehmer **auf besonderen Wunsch eines Kunden des Arbeitgebers eingestellt wird** und die Arbeitsvertragsparteien ausdrücklich auf die Vereinbarung einer Probezeit verzichten, weil der Arbeitgeber den Arbeitnehmer auch aufgrund einer früheren Beschäftigung kennt; darin kann eine stillschweigende Übereinstimmung liegen, dass der Arbeitnehmer auch in den ersten sechs Monaten nur aus solchen Gründen gekündigt werden darf, die i. S. v. § 1 KSchG anzuerkennen sind (*LAG Köln* 15.12.2006 – 9 Ta 476/06, NZA-RR 2007, 293). Ist in einer GmbH & Co KG ein Arbeitnehmer zum Geschäftsführer der persönlich haftenden GmbH aufgestiegen und wird er dann **als Geschäftsführer abberufen**, so lebt das alte **Arbeitsverhältnis i. d. R. nicht wieder auf** (s. Kap. 1 Rdn. 189 ff.). Vereinbaren die Parteien jedoch nach der Kündigung des Geschäftsführervertrages **eine Weiterbeschäftigung des Betreffenden – ohne wesentliche Änderung seiner Arbeitsaufgaben – im Rahmen eines Arbeitsverhältnisses**, so lässt dies mangels abweichender Vereinbarungen regelmäßig auf den Parteiwillen **schließen, die Beschäftigungszeit als Geschäftsfüh- **1884a** rer auf das neu begründete Arbeitsverhältnis anzurechnen. Der abberufene Geschäftsführer hat deshalb regelmäßig in dem neu begründeten Arbeitsverhältnis keine Wartezeit nach § 1 Abs. 1 KSchG zurückzulegen und genießt von Anfang an Kündigungsschutz. Ein abweichender Parteiwille, der dahin zielt, die frühere Beschäftigungszeit als Geschäftsführer unberücksichtigt zu lassen, ist nur dann beachtlich, wenn er in dem neuen Arbeitsvertrag hinreichend deutlich zum Ausdruck kommt (*BAG* 24.11.2005 EzA § 1 KSchG Nr. 59).

**1884b** Die Wartezeit nach § 1 Abs. 1 KSchG kann auch durch Zeiten einer Beschäftigung in demselben Betrieb oder Unternehmen erfüllt werden, während derer auf das Arbeitsverhältnis nicht deutsches, sondern **ausländisches Recht** zur Anwendung gelangte. Für den Lauf der Wartezeit (§ 1 Abs. 1 KSchG) ist es regelmäßig unschädlich, wenn innerhalb des Sechsmonatszeitraums zwei oder mehr Arbeitsverhältnisse liegen, die **ohne zeitliche Unterbrechung** unmittelbar aufeinander folgen.

**1884b** Setzt sich die Beschäftigung des Arbeitnehmers **nahtlos** fort, ist typischerweise von einem »ununterbrochenen« Arbeitsverhältnis i. S. d. Gesetzes auszugehen (*BAG* 7.7.2011 – 2 AZR 12/10, EzA-SD 2/2012 S. 3 = NZA 2012, 148).

**1884c** Setzt sich die Beschäftigung **nicht nahtlos** fort, kann eine rechtliche Unterbrechung gleichwohl unbeachtlich sein, wenn sie **verhältnismäßig kurz** ist und zwischen beiden Arbeitsverhältnissen ein enger sachlicher Zusammenhang besteht; eine Anrechnung von Beschäftigungszeiten aus einem vorangegangenen Arbeitsverhältnis kommt nach **Sinn und Zweck der Wartezeitregelung** auch dann in Betracht, wenn das frühere Vertragsverhältnis nicht deutschem, sondern ausländischem Arbeitsvertragsstatut unterlag (*BAG* 7.7.2011 – 2 AZR 12/10, EzA-SD 2/2012 S. 3 = NZA 2012, 148).

**1885** Aufgrund des Gesetzeszwecks (s. Rdn. 1883) sind aber insgesamt rechtliche Unterbrechungen eines Arbeitsverhältnisses nur ausnahmsweise und nur dann anzurechnen, wenn ein enger sachlicher Zusammenhang besteht (*BAG* 22.5.2003 EzA § 242 BGB 2002 Kündigung Nr. 2 m. Anm. *Kort* SAE 2004, 51). Auf die einzuhaltende Wartezeit ist die Frist eines früheren Arbeitsverhältnisses zu demselben Arbeitgeber bei erneuter Begründung eines Arbeitsverhältnisses folglich nur dann anzurechnen, wenn die **Unterbrechung verhältnismäßig kurz** war und zwischen beiden Arbeitsverhältnissen ein **enger sachlicher Zusammenhang** besteht (*BAG* 10.5.1989 EzA § 1 KSchG Nr. 46; s. a. *ArbG Trier* 7.1.2010 LAGE § 14 TzBfG Nr. 54).

**1886** Das ist bei einer **saisonalen Beschäftigung** z. B. dann nicht der Fall, wenn **die Unterbrechungsdauer mehr als drei Monate beträgt** und die erneute Beschäftigung auf einer eigenständigen Entscheidung des Arbeitgebers über die Abdeckung von saisonalem Mehrbedarf beruht und keinen Annex zu der vorangegangenen Aushilfstätigkeit darstellt (*LAG Düsseld.* 16.1.2008 LAGE § 14 TzBfG Nr. 41).

**1887** Werden zwei Lehrer-Arbeitsverhältnisse **nur durch die Schulferien voneinander getrennt**, so wird ein enger sachlicher Zusammenhang u. a. dadurch indiziert, dass im ersten befristeten Vertrag für die Zeit nach dessen Ablauf eine bevorzugte Berücksichtigung bei der Besetzung von Dauerarbeitsplätzen zugesagt war (*BAG* 20.8.1998 EzA § 1 KSchG Nr. 49). Lagen dagegen zwischen den Arbeitsverhältnissen der Parteien **immer wieder mehrere Monate**, zwischen dem vor Ablauf der Wartezeit des § 1 Abs. 1 KSchG gekündigten Arbeitsverhältnis und dem diesem vorangegangenem mehr als fünf Monate, kommt eine Anrechnung der Dauer des vorausgegangenen Arbeitsverhältnisses auf die Wartezeit **nicht in Betracht**, selbst dann, wenn der Arbeitnehmer im Zuge von Vertretungsbedarf mit annähernd der gleichen Tätigkeit befasst war (*BAG* 22.9.2005 EzA § 1 KSchG Nr. 58). Je länger also die zeitliche Unterbrechung währt, umso gewichtiger müssen andererseits die für einen sachlichen Zusammenhang sprechenden Umstände sein (*BAG* 20.8.1998 EzA § 1 KSchG Nr. 50). Bei der Unterbrechung des rechtlichen Bestandes eines Arbeitsverhältnisses für die Dauer von **acht Monaten** ist ein enger sachlicher Zusammenhang zwischen den Arbeitsverhältnissen schon wegen der Dauer der Unterbrechung **nicht mehr gegeben** (*LAG Hamm* 13.12.1997 NZA-RR 1999, 26).

**1888** Bei einem Betriebsinhaberwechsel sind die beim Betriebsveräußerer erbrachten Beschäftigungszeiten bei der Berechnung der Wartezeit nach § 1 Abs. 1 KSchG für eine vom Betriebsüberneh-

## E. Wirksamkeit einer ordentlichen Arbeitgeberkündigung    Kapitel 4

mer ausgesprochene Kündigung zu berücksichtigen. Dies gilt auch dann, wenn zum Zeitpunkt des Betriebsübergangs das Arbeitsverhältnis kurzfristig rechtlich unterbrochen war (für zwei Tage, Sonnabend und Sonntag), die Arbeitsverhältnisse aber in einem engen sachlichen Zusammenhang stehen (*BAG* 27.6.2002 EzA § 1 KSchG Nr. 56; 18.9.2003 EzA § 622 BGB 2002 Nr. 2).

Dagegen findet eine Zusammenrechnung der Beschäftigungszeiten aus den Arbeitsverhältnissen mit **verschiedenen Arbeitgebern** eines Gemeinschaftsbetriebs **nicht** statt (*LAG Hamm* 25.8.2011 EzA § 1 KSchG Nr. 18).

Mit zu berücksichtigen sind auch die Zeiten der beruflichen **Ausbildung** (*BAG* 23.9.1976 NJW 1977, 1311, 26), denn gem. § 3 Abs. 2 BBiG sind auf den Berufsausbildungsvertrag die für den Arbeitsvertrag geltenden Vorschriften und Rechtsgrundsätze entsprechend anzuwenden. **Nicht anzurechnen** sind die im Rahmen eines **Eingliederungsvertrages** (§§ 229 ff. SGB III) zurückgelegten Beschäftigungszeiten (*BAG* 17.5.2001 EzA § 1 KSchG Nr. 54; *LAG Hamm* 22.10.1999 – 15 Sa 963/99); Zeiten eines **betrieblichen Praktikums**, das der beruflichen Fortbildung (§ 53 BBiG) gedient hat, nur dann, wenn sie **im Rahmen eines Arbeitsverhältnisses** abgeleistet worden sind (*BAG* 18.11.1999 EzA § 1 KSchG Nr. 52; 22.1.2004 EzA § 23 KSchG Nr. 26; *LAG Hamm* 8.7.2003 NZA-RR 2003, 632 vgl. dazu *Gragert/Keilich* NZA 2004, 776 ff.). Gleiches gilt für eine **berufliche Fortbildungsmaßnahme**, die allein auf der Grundlage der vertraglichen Beziehungen zwischen der Bundesanstalt für Arbeit und dem Maßnahmeträger sowie der öffentlich-rechtlichen Beziehung zwischen der Bundesanstalt und dem Teilnehmer der Maßnahme durchgeführt worden ist (*BAG* 8.4.1988 RzK I 4d Nr. 10). Insgesamt sind sozialrechtlich geförderte Beschäftigungsverhältnisse, denen wie den sog. »**1-Euro-Jobs**« (§ 16 Abs. 3 S. 2 SGB II) kein Arbeitsverhältnis zugrunde liegt (*BAG* 8.11.2006 EzA § 2 ArbGG 1979 Nr. 89), auf die Wartezeit **nicht anzurechnen**. Denn sie dienen erst der Hinführung zu einem Arbeitsverhältnis (KR/*Griebeling* § 1 KSchG Rn. 107). Auch die **vorherige Beschäftigungszeit** als **Leiharbeitnehmer** ist im mit dem ehemaligen Entleiher begründeten, Arbeitsverhältnis bei erlaubter gewerbsmäßiger Arbeitnehmerüberlassung nicht auf die Wartezeit anzurechnen (*LAG RhPf* 27.11.2008 – 10 Sa 486/08, ZTR 2009, 225 LS).

Fraglich ist, ob auch Zeiten, in denen das Arbeitsverhältnis rechtlich unterbrochen ist, für die Berechnung der Wartefrist dann jedenfalls mitzählen, wenn beide Arbeitsverhältnisse als solche zusammenzurechnen sind. Das *BAG* (17.6.2003 EzA § 622 BGB 2002 Nr. 1; a. A. KR/*Spilger* § 622 BGB Rn. 60) geht davon aus, dass rechtliche Unterbrechungen des Arbeitsverhältnisses weder bei der Berechnung der Wartezeit nach § 1 KSchG noch bei der Berechnung der gesetzlichen Kündigungsfristen anzurechnen sind.

Allerdings können die Parteien ausdrücklich oder konkludent vereinbaren, dass die Unterbrechungszeit angerechnet werden soll.

Ist im Rahmen des § 1 Abs. 1 KSchG zwischen den Parteien streitig, ob ein unstreitig begründetes, dann tatsächlich unterbrochenes Arbeitsverhältnis auch rechtlich unterbrochen war, so hat der Arbeitgeber darzulegen und zu beweisen, dass auch eine rechtliche Unterbrechung vorlag (*BAG* 16.3.1989 EzA § 1 KSchG Nr. 45).

*(3) Tarifliche Normen*

Eine tarifliche Bestimmung (z. B. § 15 BRTV für gewerbliche Arbeitnehmer im Garten-, Landschafts- und Sportplatzbau), wonach auf die Betriebszugehörigkeitsdauer alle Beschäftigungszeiten im Betrieb anzurechnen sind, sofern die Betriebszugehörigkeit im Einzelfall nicht länger als sechs Monate unterbrochen war, ist auch auf die Berechnung der Wartezeit nach § 1 Abs. 1 KSchG anzuwenden (*BAG* 14.5.1987 EzA § 1 KSchG Nr. 44).

Das gilt dagegen nicht für § 8 TVAL II über die anrechenbare Beschäftigungszeit, weil diese Norm nur die Fälle regelt, in denen die Dauer der Beschäftigungszeit im Tarifvertrag (§ 44 TVAL II) für die Berechnung der Gehaltsstufe oder für die Berechnung der Kündigungsfrist von Bedeutung ist (*BAG* 10.5.1989 EzA § 1 KSchG Nr. 46).

1895 Ebenso wenig ist die Bestimmung der Ziffer 4.3. MTV Bewachungsgewerbe Nds. über die Anrechnung der Betriebszugehörigkeit bei einem anderen Betrieb des Wach- und Sicherheitsgewerbes durch einen neuen Arbeitgeber auf die Berechnung der Wartezeit nach § 1 Abs. 1 KSchG anzuwenden (»Arbeitnehmer, die nachweislich unmittelbar vor ihrer Einstellung bei einem Betrieb des Wach- und Sicherheitsgewerbes beschäftigt waren, wird die dortige Zeit der Betriebszugehörigkeit vom neuen Arbeitgeber voll angerechnet.«). Denn auch dieser Tarifnorm kommt nur tarifimmanente Bedeutung in Bezug auf die Kündigungsfristen, Sozialleistungen bei Sterbefällen und die Urlaubshöhe zu (*BAG* 28.2.1990 EzA § 1 KSchG Nr. 47).

## 2. Darlegungs- und Beweislast

*a) Wartezeit*

1896 **Der Arbeitnehmer trägt die Darlegungs- und Beweislast dafür, dass die Wartezeit erfüllt ist.**

1897 Weist er einen zeitgerechten Beginn des Arbeitsverhältnisses nach, obliegt es dem Arbeitgeber, etwaige relevante Unterbrechungen des Arbeitsverhältnisses darzulegen.

1898 Das gilt auch dann, wenn es unstreitig tatsächlich unterbrochen war (*BAG* 16.3.1989 EzA § 1 KSchG Nr. 45).

1899 In den Fällen einer rechtlichen Unterbrechung des Arbeitsverhältnisses ist der Arbeitnehmer darlegungs- und beweispflichtig dafür, dass ggf. eine ausdrückliche oder stillschweigende Anrechnungsvereinbarung zustande gekommen ist oder die Neueinstellung in einem engen sachlichen Zusammenhang mit dem zunächst beendeten Arbeitsverhältnis gestanden hat.

1900 Für die Vereinbarung eines Ausschlusses oder einer Verkürzung der Wartezeit ist ebenfalls der Arbeitnehmer darlegungs- und beweispflichtig.

*b) Beschäftigtenzahl*

1901 Die Darlegungs- und Beweislast für das Vorliegen der Voraussetzungen des § 23 Abs. 1 S. 2 KSchG trifft nach der Rechtsprechung des *BAG* (23.3.1984 EzA § 23 KSchG Nr. 7; 24.2.2005 EzA § 23 KSchG Nr. 28; 26.6.2008 EzA § 23 KSchG Nr. 32) den Arbeitnehmer, weil es sich um eine Anspruchsvoraussetzung für die Anwendbarkeit des Kündigungsschutzes handelt; das gilt auch für die am 1.1.2004 in Kraft getretene **Neufassung** des § 23 KSchG (*BAG* 26.6.2008 EzA § 23 KSchG Nr. 32; 23.10.2008 EzA § 23 KSchG Nr. 33; krit. *Berkowsky* DB 2009, 1126 ff.).

1902 Demgegenüber wird z. T. (*LAG Hamm* 6.2.2003 LAGE § 23 KSchG Nr. 22; *Bepler* AuR 1997, 54 ff.; *Müller* DB 2005, 2022 ff.) auch die Auffassung vertreten, dass im Hinblick auf die sprachliche Formulierung des § 23 Abs. 1 S. 2 KSchG als Ausnahmetatbestand sowie auf den arbeitsrechtlichen Sphärengedanken die Beweislast dem Arbeitgeber aufzuerlegen ist.

1903 Der Arbeitnehmer muss nach der Rechtsprechung des *BAG* (23.3.1984 EzA § 23 KSchG Nr. 7; 26.6.2008 EzA § 23 KSchG Nr. 32) also an sich im Einzelnen darlegen und bei Bestreiten des Arbeitgebers beweisen, dass er in einem Betrieb tätig ist, in dem i. d. R. mehr als zehn (bzw. fünf) Arbeitnehmer ausschließlich der zu ihrer Berufsausbildung Beschäftigten unter Berücksichtigung der Teilzeitarbeitnehmer mit dem jeweiligen Stundendeputat beschäftigt werden, denn der **Arbeitnehmer** trägt die **Darlegungs- und Beweislast** für das Vorliegen der betrieblichen Voraussetzungen für eine Geltung des KSchG (*BAG* 15.3.2001 EzA § 23 KSchG Nr. 23; zuletzt: 24.2.2005 EzA § 23 KSchG Nr. 28; APS/*Moll* 3. Aufl. § 23 KSchG Rdn. 48). Danach gehört ein solcher Vortrag grds. zur Begründung der Klage.

1904 Allerdings dürfen wegen der Sachnähe des Arbeitgebers an die Darlegungslast des Arbeitnehmers **keine zu strengen Anforderungen** gestellt werden. Denn dem **objektiven Gehalt der Grundrechte** (Art. 12 GG) kommt im Verfahrensrecht eine hohe Bedeutung zu (*BVerfG* 27.1.1998 EzA § 23 KSchG Nr. 17; *BAG* 26.6.2008 EzA § 23 KSchG Nr. 32). Der Stellenwert der Grundrechte muss sich insbes. in der Darlegungs- und Beweislastverteilung widerspiegeln (s. *BAG* 23.3.1984 EzA § 23 KSchG Nr. 7; 15.3.2001 EzA § 23 KSchG Nr. 23). Dies gilt umso mehr, als der Arbeitgeber auf Grund seiner **Sachnähe** ohne weiteres substantiierte Angaben zum Umfang und zur Struktur der Mitarbeiterschaft und ihrer arbeitsvertraglichen Vereinbarungen machen kann. Dementsprechend genügt der Arbeitnehmer regelmäßig seiner Darlegungslast, wenn er die für eine entsprechende Arbeitnehmerzahl sprechenden Tatsachen und ihm bekannten äußeren Umstände **schlüssig** darlegt. Der Arbeitgeber muss dann nach § 138 Abs. 2 ZPO im Einzelnen erklären, welche rechtserheblichen Umstände gegen solche substantiierten Darlegungen des Arbeitnehmers sprechen. Es ist darauf zu achten, dass vom Arbeitnehmer nicht Darlegungen verlangt werden, die er mangels eigener Kenntnismöglichkeiten gar nicht erbringen kann (*BAG* 18.1.1990 EzA § 23 KSchG Nr. 9; 26.6.2008 EzA § 23 KSchG Nr. 32; *LAG Köln* 28.5.2003 – 3 Sa 723/02, EzA-SD 19/03, S. 11 LS).

Wenn auch die Voraussetzungen der Nichtanwendbarkeit des materiellen Kündigungsschutzrechts in ein sprachliches Gewand gekleidet sind, das ein Verständnis der Norm als Einwendungstatbestand nahe zu legen scheint, so lässt sich doch nicht übersehen, dass der Sache nach mit § 23 KSchG eine Anspruchsvoraussetzung beschrieben ist. »Sozial ungerechtfertigt« kann eine Kündigung nur bei Überschreitung des Schwellenwerts sein. Nur dann kann der Arbeitnehmer die fehlende soziale Rechtfertigung mit der in § 4 S. 1 KSchG geregelten Klage geltend machen. Ferner hat der Gesetzgeber den Wortlaut des § 23 KSchG trotz verschiedentlicher Neuregelungen im hier maßgeblichen Punkt unverändert gelassen, obwohl ihm die seit Jahrzehnten bestehende bisherige Rechtsprechung bekannt war. Dies spricht dafür, dass er sie gebilligt hat und auch die Neufassung im bisherigen Sinne verstanden wissen wollte. Nichts anderes folgt aus dem Gesichtspunkt der Sachnähe. Zwar ist der Arbeitgeber nahezu immer derjenige, der von allen denkbaren Personen am besten weiß, wer zu welcher Zeit bei ihm in welcher Weise beschäftigt war. Abgesehen von Sonderfällen **kennt der Arbeitgeber zumindest deutlich besser als jeder Arbeitnehmer die entsprechenden Tatsachen** und kann sie ohne Schwierigkeiten in den Prozess einführen. Diesem Umstand trägt aber schon die bisherige Rechtsprechung Rechnung, weil sie dem Arbeitgeber die – sekundäre – Vortragslast für alle in seine Sphäre fallenden Tatsachen auferlegt. Richtig ist, dass durch die Heraufsetzung des Schwellenwerts die Darlegung für den Arbeitnehmer schwieriger geworden ist. Von den nunmehr aus dem Geltungsbereich herausgenommenen Unternehmen kann nicht generell gesagt werden, es handele sich um kleine und für jeden Arbeitnehmer leicht einsichtige, weil letztlich abzählbare, Verhältnisse. Unter Einbeziehung von Teilzeitbeschäftigten kann es sich bei den Kleinbetrieben nach dem jetzigen Recht um solche handeln, die bis zu 20 Arbeitnehmer beschäftigen. Es kann geschehen, dass ein Arbeitnehmer unter solchen Umständen sogar von der Existenz anderer Arbeitnehmer nichts weiß und nichts wissen kann. Indes gereicht dieser Umstand dem Arbeitnehmer nicht zum Nachteil, da vom Arbeitnehmer nur der Vortrag der ihm bekannten Tatsachen verlangt wird und der Arbeitgeber sich daraufhin vollständig und wahrheitsgemäß erklären muss. Zu berücksichtigen ist weiter folgende Überlegung: Wollte man die Beweislast für die Nichterreichung des Schwellenwerts dem Arbeitgeber auferlegen, so hieße das, von ihm den **Beweis einer negativen Tatsache** zu verlangen. Die Auferlegung der Beweislast für eine negative Tatsache (probatio diabolica) ist zwar nicht schlechthin unzulässig (MünchKomm-ZPO/*Prütting* 3. Aufl., § 286 Rdn. 122). Sie ist meist bei anspruchsbegründenden Tatsachen gerechtfertigt und zwar in Fällen, in denen für die korrespondierende positive Tatsache gewisse oder sogar erhebliche Anhaltspunkte sprechen (vgl. *BGH* 28.2.2007 – XII ZR 95/04, BGHZ 171, 232). Sie wäre aber für den **Arbeitgeber** im Rahmen des § 23 KSchG eine – ebenfalls unter dem Gesichtspunkt des Art. 12 GG – **erhebliche Belastung**: Der Arbeitnehmer könnte mit der bloßen Behauptung, es gebe noch diesen oder jenen weiteren Arbeitnehmer, dessen Nichtvorhandensein nachzuweisen naturgemäß schwierig – wenn nicht unmöglich – sein kann, einen ihm in Wahrheit nicht zustehenden Kündigungsschutz erreichen. In der Wirkung gleicht die Beweislast für eine negative Tatsache (Schwellenwert nicht erreicht) der widerleglichen Vermutung der entsprechenden positiven Tatsache (Schwellenwert erreicht). Angesichts des Umstands, dass etwa 80 % der Betriebe in Deutschland den Schwellenwert nicht erreichen, stünde die Verschiebung der Beweislast auf den Arbeitgeber **in Widerspruch zu den tatsächlichen**

**1905**

Verhältnissen, auf die sie sich bezöge. All dem kann am Besten mit den **Grundsätzen der abgestuften Darlegungs- und Beweislast Rechnung getragen** werden. Dabei ist darauf zu achten, dass vom Arbeitnehmer nicht Darlegungen verlangt werden, die er mangels eigener Kenntnismöglichkeiten nicht erbringen kann (*BAG* 26.6.2008 EzA § 23 KSchG Nr. 32).

Bei dieser Handhabung des Verfahrensrechts ist hinreichend **sichergestellt**, dass der durch die Regelungen des Kündigungsschutzgesetzes gewährleistete **Sozialschutz nicht leer läuft**. Auch Art. 30 GRC, wonach jeder Arbeitnehmer nach dem Gemeinschaftsrecht und den einzelstaatlichen Rechtsvorschriften und Gepflogenheiten Anspruch auf Schutz vor ungerechtfertigten Entlassungen hat – ungeachtet der Frage derzeitigen rechtlichen Wirkungen der Grundrechtecharta –, verlangt keine abweichende Bewertung (*BAG* 23.10.2008 EzA § 23 KSchG Nr. 33).

Der Arbeitnehmer genügt seiner Darlegungslast deshalb bereits dann, wenn er die **ihm bekannten Anhaltspunkte** dafür **vorträgt**, dass kein Kleinbetrieb vorliegt; dazu gehört es z. B. dass er die für eine entsprechende Arbeitnehmerzahl sprechenden Tatsachen und die ihm bekannten äußeren Umstände schlüssig darlegt (*BAG* 26.6.2008 EzA § 23 KSchG Nr. 32). Dazu hat er, soweit bekannt und ggf. unter **konkreter Benennung** der Personen anzugeben, welche Arbeitnehmer zum Kündigungszeitpunkt im Betrieb beschäftigt waren (*LAG SchlH* 18.6.2008 – 6 Sa 4/08, EzA-SD 19/2008 S. 5 LS). Mangels eigener Kenntnismöglichkeit **reicht** es dann sogar **aus**, wenn er lediglich behauptet, der Arbeitgeber **beschäftige mehr als zehn Arbeitnehmer**. Der Arbeitgeber muss sich daraufhin **vollständig** zur Anzahl der Beschäftigten unter Benennung der ihm zur Verfügung stehenden **Beweismittel** erklären; dazu können **Vertragsunterlagen**, Auszüge aus der Lohnbuchhaltung, Zeugen usw. gehören. Dazu muss daraufhin der **Arbeitnehmer Stellung nehmen und Beweis antreten**. Hat er keine eigenen Kenntnisse über die vom Arbeitgeber behaupteten Tatsachen, kann er sich auf die aus dem Vorbringen des Arbeitgebers ergebenden Beweismittel stützen und die ihm bekannten Anhaltspunkte dafür vortragen, dass entgegen den Angaben des Arbeitgebers der Schwellenwert doch erreicht ist. Auf die Möglichkeit, sich der vom Gegner benannten Beweismittel zu bedienen, ist der **primär Darlegungspflichtige** vom ArbG nach § 139 ZPO **hinzuweisen**, wenn er sie erkennbar übersehen hat (*BAG* 26.6.2008 EzA § 23 KSchG Nr. 32; *LAG SchlH* 18.6.2008 – 6 Sa 4/08, EzA-SD 19/2008 S. 5 LS).

Das lässt sich wie folgt verdeutlichen: In verfassungskonformer Auslegung der §§ 138, 139 BGB vor dem Hintergrund des Justizgewährungsanspruchs des Art. 19 Abs. 4 GG darf von keiner Prozesspartei beim Sachvortrag etwas Unmögliches verlangt werden; was sie nicht wissen kann, kann sie nicht darlegen müssen. Das steht im Spannungsfeld mit einer umfassenden Substantiierungspflicht. Gelöst wird dieser Konflikt in jedem Einzelfall nach dem Prinzip der Sachnähe: je näher die Prozesspartei am fraglichen Geschehen selbst unmittelbar beteiligt ist und deshalb Kenntnisse haben kann und muss, desto intensiver und detaillierter muss sie vortragen. Nichts anderes gilt für den daraufhin gebotenen Sachvortrag des Prozessgegners. Dabei muss der Sachvortrag wahrheitsgemäß sein.

Bleibt auch **nach Beweiserhebung** unklar, ob die für den Kündigungsschutz erforderliche Beschäftigtenzahl erreicht ist, geht dieser **Zweifel** allerdings letztlich **zu Lasten des Arbeitnehmers** (*BAG* 26.6.2008 EzA § 23 KSchG Nr. 32).

1906 **Zusammengefasst** gilt nach der Rechtsprechung des *BAG* (24.2.2005 EzA § 23 KSchG Nr. 28 m. Anm. *Mittag* AuR 2005, 419; 26.6.2008 EzA § 23 KSchG Nr. 32; 23.10.2008 EzA § 23 KSchG Nr. 33; krit. *Berkowsky* DB 2009, 1126 ff.; s. a. *Houben* NJW 2010, 125 ff. zur Auslegung bei Betriebsübergang) insoweit insgesamt Folgendes:
– Nach § 23 Abs. 1 KSchG trägt der Arbeitnehmer die Darlegungs- und Beweislast für das Vorliegen der betrieblichen Voraussetzungen für die Geltung des KSchG.
– Im Kündigungsschutzprozess dürfen an die Darlegungs- und Beweislast des Arbeitnehmers für das Vorliegen der betrieblichen Anwendungsvoraussetzungen wegen des Einflusses des Grundrechts aus Art. 12 GG einerseits und der Sachnähe des Arbeitgebers andererseits keine unzumut-

bar strengen Anforderungen gestellt werden; es gilt deshalb eine abgestufte Darlegungs- und Beweislastverteilung.
- Der Arbeitnehmer genügt regelmäßig seiner Darlegungslast, wenn er schlüssig dargelegt hat (z. B. durch konkrete Beschreibung der Personen), dass zum Kündigungszeitpunkt mehr als fünf Arbeitnehmer (Fassung bis 31.12.2003) bzw. mehr als zehn Arbeitnehmer beschäftigt worden sind. Entsprechend der abgestuften Darlegungs- und Beweislast ist es dann an dem sachnäheren Arbeitgeber, die erheblichen Tatsachen und Umstände darzulegen, aus denen sich ergibt, dass diese Beschäftigtenzahl nicht repräsentativ für den Betrieb ist, also zufällig und regelmäßig – bezogen auf die Vergangenheit und vor allem für die Zukunft – weniger Beschäftigte im Betrieb tätig waren bzw. wieder sein werden. Dies gilt umso mehr, als der Arbeitnehmer häufig weder über die vergangenen, länger als sechs Monate zurückliegenden Zeiträume – oft auf Grund einer nur kurzen Beschäftigungsdauer – aus eigener Kenntnis vortragen kann noch über die zukünftige, vom Arbeitgeber beabsichtigte Beschäftigungsentwicklung entsprechende Informationen haben wird.

Hängt die Anwendung des KSchG davon ab, ob ein **mitarbeitendes Familienmitglied** zum Beschäftigtenstand zu zählen ist, hat der Kläger im Einzelnen vorzutragen, dass dieses Familienmitglied auf der Basis eines Arbeitsverhältnisses für den Betrieb tätig wird. Denn die Rechtsordnung stellt verschiedene Rechtsverhältnisse zur Verfügung, in denen Dienstleistungen erbracht werden können. Für das Vorliegen eines Arbeitsverhältnisses – Erbringung fremdbestimmter Leistungen in persönlicher Abhängigkeit – ist der Kläger darlegungs- und beweispflichtig (*LAG RhPf* 16.2.1996 NZA 1997, 316).

Der Arbeitnehmer ist auch darlegungs- und beweispflichtig für das Vorliegen einer arbeitsvertraglichen Vereinbarung, durch die der allgemeine Kündigungsschutz auf einen Kleinbetrieb i. S. d. § 23 Abs. 1 S. 2 KSchG ausgedehnt wird (KR/*Weigand* § 23 KSchG Rn. 54). **1907**

(derzeit unbesetzt) **1908**

### 3. Sozialwidrigkeit der Kündigung

#### a) Relative Unwirksamkeitsgründe

Gem. § 1 Abs. 2 S. 1 KSchG ist die Kündigung sozial ungerechtfertigt, wenn sie nicht durch Gründe, die in der Person oder in dem Verhalten des Arbeitnehmers liegen, oder durch dringende betriebliche Erfordernisse, die einer Weiterbeschäftigung des Arbeitnehmers in diesem Betrieb entgegenstehen, bedingt ist (sog. »relative Unwirksamkeitsgründe«, bei denen zum Kündigungsgrund noch eine für den Arbeitgeber positive Interessenabwägung hinzukommen muss). **1909**

Unwirksam ist eine Kündigung auch dann, wenn der Arbeitgeber im Rahmen einer betriebsbedingten Kündigung eine **fehlerhafte Sozialauswahl** getroffen hat, also einem schutzbedürftigeren vor einem weniger schutzbedürftigen Arbeitnehmer gekündigt hat, ohne dass dessen Weiterbeschäftigung durch **betriebstechnische, wirtschaftliche oder sonstige berechtigte betriebliche Belange bedingt ist** (§ 1 Abs. 3 S. 1, 2 KSchG). **1910**

#### b) Absolute Unwirksamkeitsgründe

Gem. § 1 Abs. 2 S. 2, 3 KSchG ist die Kündigung im Übrigen auch dann sozial ungerechtfertigt (»absolute Unwirksamkeitsgründe«, bei deren Verletzung es keiner Interessenabwägung mehr bedarf), wenn **1911**
- sie gegen eine Auswahlrichtlinie nach § 95 BetrVG verstößt, oder
- der gekündigte Arbeitnehmer an einem anderen Arbeitsplatz in demselben Betrieb oder einem anderen Betrieb des Unternehmens weiterbeschäftigt werden kann (vgl. *BAG* 22.7.1982 EzA § 1 KSchG Verhaltensbedingte Kündigung Nr. 10)

und
- der Betriebsrat (oder der Betriebsausschuss nach § 27 BetrVG) aus einem dieser Gründe fristgemäß (§ 102 Abs. 2 S. 1 BetrVG) schriftlich widersprochen hat.

**Kapitel 4**  Die Beendigung des Arbeitsverhältnisses

1912  Entsprechendes gilt für Betriebe und Verwaltungen des öffentlichen Rechts, wobei an die Stelle des Betriebsrats die zuständige Personalvertretung tritt (§ 1 Abs. 2 S. 1 Nr. 2 KSchG; vgl. *BAG* 6.6.1984 AP Nr. 16 zu § 1 KSchG 1969 Betriebsbedingte Kündigung; s. a. Rdn. 1985 ff.).

### c) Verzicht auf den Kündigungsschutz

#### aa) Zwingendes Recht

1913  Der durch § 1 Abs. 4 KSchG gewährte allgemeine Kündigungsschutz ist – ebenso wie der nach § 626 BGB **zwingendes Recht** (SPV/*Preis* Rn. 1253). Vorherige abweichende Vereinbarungen zum Nachteil des Arbeitnehmers sind unwirksam (*LAG Hamm* 4.3.2005 LAGE § 117 BGB 2002 Nr. 1; KR/*Griebeling* § 1 KSchG Rn. 31; zum nachträglichen Verzicht s. Rdn. 1915). Das Verbot erfasst sowohl einzelvertragliche Vereinbarungen als auch kollektivvertragliche Regelungen in Tarifverträgen und Betriebsvereinbarungen, wie z. B. die Vereinbarung einer längeren Wartefrist oder die Festlegung eines Mindestalters als zusätzlicher Voraussetzung für den Eintritt des Kündigungsschutzes. Unwirksam ist es deshalb auch, bestimmte Tatbestände (z. B. den Verstoß gegen ein Rauchverbot, die Beleidigung von Vorgesetzten) zu absoluten Kündigungsgründen zu erklären. Ebenso unwirksam ist eine Parteivereinbarung, wonach der Arbeitgeber berechtigt ist, den Arbeitnehmer nach Erreichen eines bestimmten Alters vorzeitig zu pensionieren und so das aktive Arbeitsverhältnis zu beenden (*Hess. LAG* 20.9.1999 NZA-RR 2000, 413). **Andererseits sind derartige Absprachen oder Regelungen aber nicht gänzlich bedeutungslos.** Das Gericht hat die in ihnen zum Ausdruck gekommene Wertvorstellungen der Parteien oder der Tarifvertragspartner bei der Interessenabwägung angemessen zu berücksichtigen. Auch Richtlinien über die personelle Auswahl bei Kündigungen (§ 95 BetrVG) dürfen nicht gegen § 1 Abs. 3 S. 1 KSchG verstoßen und etwa allein auf die Dauer der Betriebszugehörigkeit abstellen (vgl. *BAG* 11.3.1976 EzA § 95 BetrVG 1972 Nr. 1).

#### bb) Abweichungen zu Gunsten des Arbeitnehmers

1914  Im Gegensatz zu § 626 BGB ist der allgemeine Kündigungsschutz jedoch nur einseitig – zu Gunsten des Arbeitnehmers – zwingend ausgestaltet. Deshalb **können mit dem Arbeitnehmer günstigere Vereinbarungen abgeschlossen werden**. So kann z. B. der allgemeine Kündigungsschutz auch schon für Arbeitsverhältnisse, die noch nicht 6 Monate bestanden haben, eingeführt werden (*BAG* 8.6.1972 EzA § 1 KSchG Nr. 24; 13.6.1996 EzA § 4 TVG Luftfahrt Nr. 2). Auch können Arbeitnehmer in Kleinbetrieben (§ 23 KSchG) in den allgemeinen Kündigungsschutz einbezogen werden (SPV/*Preis* Rn. 325). Darüber hinaus können z. B. **tarifliche Rationalisierungsschutzabkommen** dem einzelnen Arbeitnehmer eine über den allgemeinen Kündigungsschutz hinausgehende kündigungsrechtliche Positionen einräumen, z. B. durch Ausschluss des ordentlichen Kündigungsrechts bei Erreichen eines bestimmten Lebensalters, die Beschränkung des ordentlichen Kündigungsrechts auf personen- und verhaltensbedingte Gründe sowie die Verpflichtung zur Zahlung von Abfindungen in Fällen von sozial gerechtfertigten betriebsbedingten Kündigungen (SPV/*Preis* Rn. 331 ff.). Zulässig sind auch einzelvertragliche Vereinbarungen gleichen Inhalts (SPV/*Preis* Rn. 325). Schließlich können durch Dienst- oder Betriebsvereinbarungen für einen bestimmten Zeitraum Arbeitgeberkündigungen aus betriebsbedingten Gründen ausgeschlossen werden, soweit derartige Entlassungssperren nicht (tatsächlich oder üblicherweise) durch Tarifvertrag tariflich geregelt werden (§ 77 Abs. 3 BetrVG).

#### cc) Nachträglicher Verzicht

1915  Der einseitig zwingende Charakter des allgemeinen Kündigungsschutzes schließt es andererseits nicht aus, dass der Arbeitnehmer nachträglich (nach Zugang der Kündigung) auf seine Ansprüche aus dem Kündigungsschutzgesetz wirksam verzichtet. Die dahingehende Erklärung des Arbeitnehmers kann je nach Lage des Falles und korrespondierenden Erklärungen des Arbeitgebers einen **Aufhebungsvertrag**, einen **Vergleich**, einen (vertraglichen) **Klageverzicht** oder ein **Klagerücknahmeversprechen** darstellen. Welche der Gestaltungsmöglichkeiten die Parteien gewählt haben, ist durch **Auslegung** zu ermitteln (*BAG* 19.4.2007 EzA § 611 BGB 2002 Aufhebungsvertrag Nr. 7; 6.9.2007 EzA § 307 BGB 2002 Nr. 29; s. *Sibben* DB 2002, 2023).

Die Zulässigkeit eines solchen Verzichts ergibt sich bereits daraus, dass das KSchG im Gegensatz zu anderen Gesetzen, die einen Verzicht auf bestimmte Rechte für unzulässig erklären (vgl. § 4 Abs. 4 TVG; § 13 Abs. 1 S. 3 BUrlG; § 12 EFZG; § 77 Abs. 4 BetrVG), **keine Regelung** getroffen hat, die dem Arbeitnehmer den **Verzicht** auf den Kündigungsschutz **untersagt.** Hinzu kommt, dass der Arbeitnehmer aus Rechtsgründen nicht gehalten ist, eine ihm ausgesprochene Kündigung mit der Kündigungsschutzklage anzugreifen, sondern untätig bleiben und die Kündigung hinnehmen kann mit der Folge, dass diese wirksam wird (§ 7 KSchG). Vor allem aber ist der Arbeitnehmer berechtigt, sein Arbeitsverhältnis jederzeit durch Aufhebungsvertrag zu beenden (*BAG* 19.4.2007 EzA § 611 BGB 2002 Aufhebungsvertrag Nr. 7). Allerdings sind Klageverzichtsvereinbarungen, die im unmittelbaren zeitlichen und sachlichen Zusammenhang mit dem Ausspruch einer Kündigung getroffen werden, Auflösungsverträge i. S. d. § 623 BGB und bedürfen daher der Schriftform (*BAG* 19.4.2007 EzA § 611 BGB 2002 Aufhebungsvertrag Nr. 7).

**1916** Der Arbeitnehmer muss dabei keineswegs die **dreiwöchige Klagefrist** gem. § 4 abwarten. Ihm steht vielmehr bereits innerhalb dieser Frist die **volle Entscheidungsfreiheit** darüber zu, ob er die Kündigung hinnehmen oder dagegen Klage erheben will (*BAG* 3.5.1979 EzA § 4 KSchG n. F. Nr. 15); es gibt **keinen** vom Gesetz angeordneten oder sonst als zwingend anzuerkennenden **Grund**, den Arbeitnehmer durch Beschränkung seiner Entscheidungsfreiheit auch während des Ablaufs der Drei-Wochen-Frist des § 4 KSchG **über das gesetzliche Maß hinaus zu schützen** (*BAG* 19.4.2007 EzA § 611 BGB 2002 Aufhebungsvertrag Nr. 7).

**1917** Gerade im Rahmen des § 12 EFZG ist im Übrigen nach der Rechtsprechung des *BAG* (11.6.1976 EzA § 9 LohnFG Nr. Nr. 4; 20.8.1980 EzA § 9 LohnFG Nr. Nr. 6; vgl. Kap. 3 Rdn. 2079 ff.) trotz des an sich entgegenstehenden Wortlauts der Norm ein Verzicht des Arbeitnehmers auf Entgeltfortzahlungsansprüche, z. B. durch Ausgleichsquittung, dann möglich, wenn der Arbeitnehmer nach der Beendigung des Arbeitsverhältnisses und damit nach dem Wegfall der Abhängigkeit vom Arbeitgeber als dem ausschlaggebenden Grund für die Regelung des § 12 EFZG eine entsprechende Erklärung abgibt, die sich auf bereits entstandene und fällige Ansprüche bezieht. Schließlich würde die, dem Arbeitnehmer grds. eingeräumte, Entscheidungsfreiheit ohne zwingenden Grund eingeschränkt werden; der Arbeitnehmer ist gerade zur Erklärung eines Verzichts weder vor noch nach Ablauf der Klagefrist verpflichtet.

**1918** (derzeit unbesetzt)

**1919** Wegen der weitreichenden Bedeutung eines solchen Verzichts muss seine **Ernsthaftigkeit** aber **eindeutig erkennbar** sein (*LAG Hamm* 9.10.2003 LAG Report 2004, 11). Sowohl an die Ernsthaftigkeit als auch an die Eindeutigkeit einer entsprechenden Verzichtserklärung, die z. B. auch durch eine sog. Ausgleichsquittung möglich ist (*BAG* 3.5.1979 EzA § 4 KSchG n. F. Nr. 15; SPV/*Preis* 9. Aufl. Rn. 1254 f.), sind **strenge Anforderungen** zu stellen.

**1920** Allein die Formulierung, dass keine Ansprüche »aus dem Arbeitsverhältnis« oder »aus dem Arbeitsverhältnis und seiner Beendigung« oder »aus Anlass der Beendigung eines Arbeitsverhältnisses« mehr bestehen, genügt diesen Anforderungen nicht (*BAG* 3.5.1979 EzA § 4 KSchG n. F. Nr. 15; SPV/*Preis* 9. Aufl. Rn. 1254; s. Kap. 3 Rdn. 4818 ff.). Unterschreibt ein entlassener Arbeitnehmer dagegen die Klausel »Ich erhebe gegen die Kündigung keine Einwendungen«, so liegt darin ein wirksamer Verzicht auf den Kündigungsschutz; Gleiches gilt für die Formulierung »Zur Kenntnis genommen und hiermit einverstanden« auf dem Kündigungsschreiben (*LAG Köln* 22.2.2000 NZA-RR 2001, 85). Das gilt auch dann, wenn der Arbeitnehmer bereits Kündigungsschutzklage erhoben hat, dies dem Arbeitgeber jedoch zurzeit der Vorlage der **Ausgleichsquittung** unbekannt ist. Es ist dann nicht erforderlich, dass die Ausgleichsquittung zusätzlich den Vermerk enthält, der Arbeitnehmer nehme seine Klage zurück (SPV/*Preis* 9. Aufl. Rn. 1254).

Der **formularmäßige Verzicht** auf eine Kündigungsschutzklage hält allerdings nach Inkrafttreten des Gesetzes zur Modernisierung des Schuldrechts am 1.1.2002 und der dadurch erfolgten Einbeziehung des Arbeitsrechts in die AGB-Kontrolle einer Inhaltskontrolle nach § 307 Abs. 1 S. 1 BGB nicht ohne weiteres stand. Die Vereinbarung »Kündigung akzeptiert und mit Unterschrift bestätigt, auf Klage gegen die Kündigung wird verzichtet« stellt eine **AGB** i. S. v. § 305 Abs. 1 BGB dar, wenn sich ein vom Arbeitgeber zu widerlegender Anschein dafür ergibt, dass sie zur Mehrfachverwendung formuliert worden ist. »Ausgehandelt« i. S. v. § 305 Abs. 1 S. 3 BGB ist eine Vertragsbedingung nur, wenn der Verwender die betreffende Klausel inhaltlich ernsthaft zur Disposition stellt und dem Verhandlungspartner Gestaltungsfreiheit zur Wahrung eigener Interessen einräumt mit der realen Möglichkeit, die inhaltliche Ausgestaltung der Vertragsbedingungen zu beeinflussen. Das setzt voraus, dass sich der Verwender deutlich und ernsthaft zu gewünschten Änderungen der zu treffenden Vereinbarung bereit erklärt. **Ohne kompensatorische Gegenleistung** des Arbeitgebers stellt ein solcher Klageverzicht durch AGB eine unangemessene Benachteiligung des Arbeitnehmers dar. Die **unangemessene Benachteiligung** des Arbeitnehmers, der formularmäßig auf die Erhebung einer Kündigungsschutzklage verzichtet, liegt aber in dem **Versuch des Arbeitgebers, seine Rechtsposition** ohne Rücksicht auf die Interessen des Arbeitnehmers **zu verbessern**, indem er dem Arbeitnehmer die Möglichkeit einer gerichtlichen Überprüfung der Kündigung entzieht. Die Belange des **Arbeitnehmers** werden **nicht ausreichend berücksichtigt**, da diesem durch den Verzicht ohne jede Gegenleistung das Recht einer gerichtlichen Überprüfung der Kündigung genommen wird. In diesem Zusammenhang kann nicht unberücksichtigt bleiben, dass im Rahmen der arbeitgeberseitig veranlassten Beendigung von Arbeitsverhältnissen auch der Grundrechtsschutz des Arbeitnehmers aus **Art. 12 Abs. 1 GG** nicht leerlaufen darf (*BAG* 6.9.2007 EzA § 307 BGB 2002 Nr. 29);*LAG Hmb.* 29.4.2004 NZA-RR 2005, 151; *LAG Düssel.* 13.4.2005 LAGE § 307 BGB 2002 Nr. 6).

1921 Wird der Anspruchsverzicht allerdings durch eine **kompensatorische Gegenleistung** »abgekauft«, dann kann diese Vereinbarung – gleichgültig, welche Höhe die Gegenleistung hat – eine Hauptabrede sein, die gem. § 307 Abs. 3 S. 1 BGB nur auf Transparenz (§ 307 Abs. 1 S. 2 BGB) kontrollierbar ist (SPV/*Preis* Rn. 1286; *Preis/Bleser/Rauf* DB 2006, 2816 ff.).

1921a Die Erklärung in einer Ausgleichsquittung, »dass sämtliche Ansprüche aus dem Arbeitsverhältnis mit der Firma ... und aus dessen Beendigung, gleich nach welchem Rechtsgrund sie entstanden sein mögen, abgegolten und erledigt sind«, ist als **negatives Schuldanerkenntnis** i. S. v. § 397 Abs. 2 BGB auszulegen; für sie gelten §§ 305 ff. BGB auch dann, wenn das Arbeitsverhältnis vor dem 1.1.2002 begründet worden ist. Eine solche Klausel wird nicht Vertragsinhalt, wenn der Verwender sie in eine Erklärung mit **falscher oder missverständlicher Überschrift** ohne besonderen Hinweis oder drucktechnische Hervorhebung einfügt (§ 305c Abs. 1 BGB; *BAG* 23.2.2005 NZA 2005, 1193).

1921b Auch kann sich der Arbeitgeber auf Grund der **Fürsorgepflicht** dann nicht auf die Wirksamkeit einer von einem ausländischen Arbeitnehmer unterzeichneten Ausgleichsquittung berufen, wenn er weiß oder erkennen muss, dass der Arbeitnehmer den Inhalt der Erklärung wegen **fehlender Sprachkenntnisse** nicht versteht. Jedoch ist ein Arbeitnehmer mit qualifizierter Berufsausbildung (indischer Ingenieur), der sich seit 10 Jahren in Deutschland aufhält und deutsch nicht nur sprechen, sondern auch lesen kann, an die von ihm unterzeichnete Ausgleichsquittung gebunden (*LAG Köln* 24.11.1999 LAGE § 4 KSchG Nr. 4).

1922 In einem **bloßen Schweigen** des Arbeitnehmers gegenüber dem Arbeitgeber kann allerdings noch kein Verzicht gesehen werden, denn der Arbeitnehmer ist nicht verpflichtet, den Arbeitgeber während der Klagefrist des § 4 KSchG über etwaige Klageabsichten zu unterrichten.

1923 Die Erklärung, **auf die Erhebung einer Kündigungsschutzklage zu verzichten**, bedeutet nach Auffassung des *LAG Nds.* (26.1.1999 LAGE § 4 KSchG Verzicht Nr. 4) keinen Verzicht auf die Einhaltung der **ordentlichen Kündigungsfrist**. Ein Klageverzichtsvertrag, in dem auf die Einhaltung einer anwendbaren tariflichen Kündigungsfrist verzichtet wird, wäre zudem wegen Verstoß gegen § 4 Abs. 4 TVG teilnichtig (*LAG Nds.* 26.1.1999 LAGE § 4 KSchG Verzicht Nr. 4).

## F. Die ordentliche personenbedingte Arbeitgeberkündigung

Bei einer auf Wunsch des Arbeitnehmers erklärten Arbeitgeberkündigung verstößt es jedoch gegen **Treu und Glauben**, wenn der Arbeitnehmer sich gleichwohl auf den allgemeinen Kündigungsschutz beruft (*LAG Köln* 11.1.1984 DB 1984, 1150; KR/*Griebeling* § 1 KSchG Rn. 36). 1924

### V. Besonderheiten der ordentlichen Kündigung im öffentlichen Dienst der neuen Bundesländer

**Der Einigungsvertrag** (Anl. I Kap. XIX Sachgeb. A) sah – letztlich bis zum 31.12.1993 – vor, dass für die Dauer von zwei Jahren nach Wirksamwerden des Beitritts die ordentliche Kündigung eines Arbeitsverhältnisses in der öffentlichen Verwaltung auch zulässig war: 1925
- wegen **mangelnder fachlicher Qualifikation** oder **persönlicher Eignung**,
- **mangelnden Bedarfs**
- oder wenn die bisherige oder eine anderweitige **Verwendung nicht mehr möglich war**.

Nach Ablauf der Sonderregelungen gelten auch insoweit für die ordentlichen Kündigungen im öffentlichen Dienst der neuen Bundesländer die **allgemeinen Bestimmungen**, also insbes. § 1 KSchG. 1926

## F. Die ordentliche personenbedingte Arbeitgeberkündigung

### I. Begriffsbestimmung; Abgrenzung zur verhaltensbedingten Kündigung

Das Gesetz enthält keine Definition des personenbedingten Grundes i. S. d. § 1 Abs. 2 S. 1 KSchG. Zur Ausfüllung dieses Rechtsbegriffs nennt das Gesetz auch weder Beispiele noch sieht es einen abschließenden Katalog von möglichen personenbedingten Gründen vor (APS/*Dörner*/*Vossen* § 1 KSchG Rn. 118 ff.). 1927

Als Gründe in der Person des Arbeitnehmers sind insbes. solche anzusehen, die auf den persönlichen Eigenschaften und Fähigkeiten des Arbeitnehmers beruhen. Ein personenbedingter Kündigungsgrund liegt insoweit dann vor, wenn der Arbeitnehmer die erforderliche Eignung oder Fähigkeit nicht (mehr) besitzt, um zukünftig die vertraglich geschuldete Arbeitsleistung – ganz oder teilweise – zu erbringen (*BAG* 18.9.2008 EzA § 1 KSchG Personenbedingte Kündigung Nr. 23; s. a. *BAG* 24.2.2011 EzA § 1 KSchG Personenbedingte Kündigung Nr. 28 = NZA 2011, 1087). 1928

Da sich diese Umstände auch im Verhaltensbereich des Arbeitnehmers niederschlagen können, ist eine eindeutige Abgrenzung gegenüber verhaltensbedingten Gründen problematisch. Entscheidend ist die Frage, ob die primäre »**Störquelle**« für den Bestand des Arbeitsverhältnisses ihre Ursache in den persönlichen Eigenschaften und Fähigkeiten des Arbeitnehmers hat und einer Willenssteuerung nicht zugänglich ist (z. B. Krankheit, konstitutionell bedingtes Nachlassen der Leistungsfähigkeit; s. *LAG SchlH* 27.11.2008 LAGE § 1 KSchG Personenbedingte Kündigung Nr. 23) oder ob sich der Arbeitnehmer willensgesteuert anders verhalten könnte, als er sich tatsächlich verhält (z. B. bei bewusstem und gewolltem Zurückhalten der Arbeitsleistung). Ist z. B. das **Beharren des Arbeitgebers** auf der Vertragserfüllung i. S. v. § 106 S. 1 GewO i. V. m. Art. 4 Abs. 1 GG (Glaubenskonflikt) **ermessensfehlerhaft**, stellt die Weigerung des Arbeitnehmers, der Weisung nachzukommen, zwar **keine vorwerfbare Pflichtverletzung** dar. Sie kann aber geeignet sein, eine Kündigung aus Gründen in der **Person** des Arbeitnehmers zu rechtfertigen, wenn es dem Arbeitgeber nicht ohne größere Schwierigkeiten möglich ist, den Arbeitnehmer anderweitig sinnvoll einzusetzen. Beruft sich der Arbeitnehmer dann auf verbleibende Einsatzmöglichkeiten, hat er im Kündigungsschutzprozess zumindest in Grundzügen aufzuzeigen, wie er sich eine mit seinen Glaubensüberzeugungen in Einklang stehende Beschäftigung im Rahmen der vom Arbeitgeber vorgegebenen Betriebsorganisation vorstellt (*BAG* 24.2.2011 EzA § 1 KSchG Personenbedingte Kündigung Nr. 28 = NZA 2011, 1087). 1929

Das lässt sich wie folgt zusammenfassen: Personenbedingt ist die Kündigung, wenn der Arbeitnehmer will, aber nicht (mehr) kann, verhaltensbedingt ist sie dagegen, wenn er kann, aber nicht will. 1930

**Kapitel 4**  Die Beendigung des Arbeitsverhältnisses

1931 Möglich ist aber auch, dass mehrere, voneinander unabhängige selbstständige Kündigungstatbestände vorliegen (zur Abgrenzung s. Rdn. 2887 ff.).

1932 **Hauptanwendungsfall** der personenbezogenen Kündigung in der Praxis ist die **krankheitsbedingte Kündigung**.

### II. Übersicht über die Voraussetzungen der krankheitsbedingten Kündigung

#### 1. Begriffsbestimmungen

1933 Der Begriff der krankheitsbedingten Kündigung erfasst alle Fallgestaltungen, in denen eine arbeitgeberseitige Kündigung durch eine Erkrankung des Arbeitnehmers motiviert worden ist. Erfasst ist insoweit eine Vielzahl denkbarer Fallgestaltungen.

1934 Doch kann eine Erkrankung des Arbeitnehmers als solche eine Kündigung niemals begründen, d. h. allein mit dem Hinweis auf eine aktuelle oder frühere Krankheit kann der Arbeitgeber eine Kündigung sozial nicht rechtfertigen. Die Erkrankung des Arbeitnehmers spielt lediglich insoweit eine Rolle, als sie Ursache der betriebsstörenden Nichtbesetzung des Arbeitsplatzes ist und ggf. Daten für die notwendige Prognose für die Zukunft liefert. Krankheit (vgl. *Lepke* NZA-RR 1999, 57 ff.) ist andererseits auch **kein Kündigungshindernis:** Eine Kündigung ist deshalb weder allein deswegen unwirksam, weil sie während einer Erkrankung ausgesprochen worden ist, noch hindert eine Erkrankung des Arbeitnehmers den Ablauf der Kündigungsfrist (vgl. *Lepke* Kündigung bei Krankheit Rn. 77 ff.).

1935 Etwas anderes ergibt sich auch nicht aus dem Europarecht (s. Kap. 1 Rdn. 774): Die RL 2000/78/EG (Verbot der Diskriminierung, u. a. wegen einer Behinderung oder des Alters) erfasst nicht eine Person, der von ihrem Arbeitgeber ausschließlich wegen Krankheit gekündigt wird; Krankheit als solche kann nicht als weiterer Grund neben denen angesehen werden, derentwegen Personen zu diskriminieren nach der RL 2000/78/EG verboten ist (*EuGH* 11.7.2006 EzA EG-Vertrag 1999 Richtlinie 2000/78 Nr. 1 m. Anm. Schrader/Müller SAE 2007, 222 ff.; *Domröse* NZA 2006, 1320 ff.).

#### 2. Überblick über die Tatbestandsvoraussetzungen

1936 Nach der Rechtsprechung des *BAG* (16.2.1989 EzA § 1 KSchG Krankheit Nr. 26; 6.9.1989 EzA § 1 KSchG Krankheit Nr. 27; 26.9.1991 EzA § 1 KSchG Personenbedingte Kündigung Nr. 10; 7.11.2002 EzA § 1 KSchG Krankheit Nr. 50; 19.4.2007 EzA § 1 KSchG Krankheit Nr. 53; 8.11.2007 EzA § 1 KSchG Krankheit Nr. 54; s. a. *LAG RhPf* 30.8.2004 NZA-RR 2005, 368) ist eine krankheitsbedingte Kündigung im Rahmen einer dreistufigen Überprüfung nur dann sozial gerechtfertigt, wenn auf Grund:
– objektiver Umstände (insbes. bisheriger Fehlzeiten) bei einer lang anhaltenden Erkrankung mit einer weiteren Arbeitsunfähigkeit auf nicht absehbare Zeit bzw. bei häufigeren Kurzerkrankungen auch weiterhin (»Wiederholungsgefahr«) mit erheblichen krankheitsbedingten Fehlzeiten gerechnet werden muss (negative Gesundheitsprognose);
– die entstandenen und prognostizierten Fehlzeiten zu einer erheblichen Beeinträchtigung der betrieblichen Interessen des Arbeitgebers führen (erhebliche betriebliche Auswirkungen haben) und sich im Rahmen der umfassenden Interessenabwägung im Einzelfall eine unzumutbare betriebliche oder wirtschaftliche Belastung des Arbeitgebers ergibt.

Zu beachten ist schließlich auch das das gesamte Kündigungsrecht beherrschende **Verhältnismäßigkeitsprinzip:** Auch eine aus Gründen in der Person des Arbeitnehmers ausgesprochene Kündigung ist unverhältnismäßig und damit rechtsunwirksam, wenn sie durch mildere Mittel vermieden werden kann (z. B. durch Qualifikation des Arbeitnehmers zur Bedienung neu angeschaffter Maschinen; *LAG Hmb.* 3.4.2009 – 6 Sa 47/08, AuR 2009, 319), d. h. wenn die Kündigung zur Beseitigung der eingetretenen Vertragsstörung nicht geeignet oder nicht erforderlich ist (*BAG* 10.6.2010 EzA § 1 KSchG Personenbedingte Kündigung Nr. 25).

## III. Negative Gesundheitsprognose

### 1. Begriffsbestimmung

Voraussetzung für die soziale Rechtfertigung einer krankheitsbedingten Kündigung ist zunächst eine begründete negative Gesundheitsprognose. Denn eine Kündigung stellt keine Sanktion für vergangenheitsbezogenes Fehlverhalten dar, sondern ist nur ein Instrument, um betriebswirtschaftlich unvertretbaren Besetzungen von Arbeitsplätzen für die Zukunft zu begegnen.  1937

Voraussetzung ist deshalb, dass der Arbeitnehmer Fehlzeiten infolge Krankheit in voraussichtlich so großem Umfang (trotz §§ 3 ff. EFZG kommt es nicht auf eine Überschreitung von 30 Arbeitstagen pro Jahr an; eine Prognose von 12 Arbeitstagen jährlich kann folglich genügen: a. A. unzutr. *ArbG Stuttgart, Kammern Ludwigsburg* 2.3.2004 AuR 2004, 356 LS; s. a. Rdn. 2131 ff.) aufweisen wird, dass diese zu erheblichen und deshalb dem Arbeitgeber letztlich nicht mehr zumutbaren betrieblichen und/oder wirtschaftlichen Störungen führen würden.  1938

Beide Komponenten (Prognose krankheitsbedingter Fehlzeiten und die Prognose erheblicher betrieblicher und/oder wirtschaftlicher Belastungen) bilden den Kündigungsgrund (*BAG* 25.11.1982 EzA § 1 KSchG Krankheit Nr. 10; vgl. APS/*Dörner/Vossen* § 1 KSchG Rn. 139 ff.).

### 2. Gegenstand der Prognose

Eine negative Gesundheitsprognose liegt dann vor, wenn zum Zeitpunkt des Zugangs der Kündigung (*BAG* 25.11.1982 EzA § 1 KSchG Krankheit Nr. 10) auf Grund objektiver Tatsachen damit zu rechnen ist, dass der Arbeitnehmer auch in Zukunft seinem Arbeitsplatz krankheitsbedingt in erheblichem Umfang (auf Grund häufiger Kurzerkrankungen oder auf Grund einer lang anhaltenden Erkrankung) fernbleiben wird; ob die Grenze von 30 Arbeitstagen (§§ 3 ff. EFZG) überschritten wird, ist erst in der zweiten Stufe (s. Rdn. 2131 ff.) von Belang. Die **negative Gesundheitsprognose muss in diesem Sinne eine objektive sein** (zutr. *LAG München* 29.11.2007 LAGE § 1 KSchG Krankheit Nr. 41).  1939

Für diese Prognose spielen die bisherigen, objektiv feststellbaren Krankheitszeiten keine unmittelbare, allerdings eine mittelbare Rolle. Insoweit können auch vergangenheitsbezogene Fehlzeiten eine negative Gesundheitsprognose begründen.  1940

▶ Beispiele:  1941
- Eine negative Gesundheitsprognose ist dann gegeben, wenn in einem Jahr 46 prognosefähige Arbeitsunfähigkeitstage vorliegen, im nächsten 78, im nächsten 73, im nächsten 39 und im nächsten 35 (*ArbG Bln.* 15.8.2006 – 93 Ca 27902/05, AuR 2007, 59 LS).
- Liegen dagegen im Zeitpunkt des Ausspruchs der Kündigung wegen lang andauernder psychischer Erkrankung Umstände dafür vor, dass eine **Wiederherstellung der Arbeitsfähigkeit zumindest als möglich erscheint**, ist eine sichere Prognose nicht gegeben. Solche Umstände können sich auch daraus ergeben, dass ein vom Arbeitgeber eingeschalteter medizinischer Gutachter empfiehlt, zur Klärung der zukünftigen Arbeitsfähigkeit eine praktische Arbeitsbelastungserprobung durchzuführen (*LAG Köln* 11.6.2007 – 14 Sa 1391/06, AuR 2007, 444 LS).
- Ist ein Arbeitnehmer in **zwei aufeinander folgenden Jahren** an insgesamt 70 Arbeitstagen wegen **depressiver Störungen** arbeitsunfähig, kann aber nicht festgestellt werden, dass eine wesentliche depressive Erkrankung vorliegt, und ist darüber hinaus die depressive Stimmungslage qualitativ **gut behandelbar**, so ist die Gesundheitsprognose nicht negativ (*ArbG Kaiserslautern* 3.4.2008 – 2 Ca 1002/07, AuR 2008, 229 LS).
- Gleiches gilt, wenn ein Arbeitnehmer wegen einer **aufgetretenen Depression** mit 140 Ausfalltagen im Kündigungszeitpunkt mehr als ein Jahr wegen dieser Krankheit nicht mehr arbeitsunfähig war. Das gilt **selbst dann**, wenn die Ärzte bescheinigen, die Krankheit sei **nicht ausgeheilt**; auch erhebliche betriebliche Störungen sind dann nicht mehr zu erwarten (*LAG Nbg.* 14.10.2008 LAGE § 1 KSchG Nr. 41).

## Kapitel 4
### Die Beendigung des Arbeitsverhältnisses

- Die gleichen Grundsätze gelten grds. **auch für frühere Fehlzeiten**, die zur Begründung einer früheren krankheitsbedingten Kündigung herangezogen worden sind und die in einem Vorprozess die notwendige negative Gesundheitsprognose noch nicht belegen konnten (*BAG* 10.11.2005 EzA § 1 KSchG Krankheit Nr. 52).
- Auf Betriebsunfällen beruhende krankheitsbedingte Fehlzeiten können eine negative Gesundheitsprognose ebenso wenig rechtfertigen wie auf einmaligen Ursachen beruhende Fehltage (*BAG* 14.1.1993 EzA § 1 KSchG Krankheit Nr. 39).
- Ist der Arbeitnehmer bereits längere Zeit erkrankt, so ist dies regelmäßig ein erstes, wenn auch nicht ausreichendes Indiz dafür, dass diese Erkrankung noch länger andauert. Darüber hinaus müssen im Zeitpunkt der Kündigung aber weitere objektive Anhaltspunkte dafür vorliegen, dass mit einer Wiederherstellung der Arbeitsfähigkeit in absehbarer Zeit nicht zu rechnen ist, weil die Dauer einer Erkrankung in der Vergangenheit objektiv nichts darüber aussagt, inwieweit sie sich auch in Zukunft länger fortsetzen wird (*BAG* 15.8.1984 EzA § 1 KSchG Krankheit Nr. 16).
- Eine »lang anhaltende Krankheit« ist bei einem fünf Jahre bestehenden Arbeitsverhältnis nicht bereits bei einer erst seit **zwei Monaten** andauernden Krankheit gegeben (*LAG Köln* 25.8.1995 NZA-RR 1996, 247); eine **viermonatige Erkrankung** kann dagegen u. U. ausreichend sein (*LAG Köln* 19.12.1995 NZA-RR 1996, 250).

**1942** Allerdings ist es nicht stets erforderlich, die Sechs-Wochen-Frist des EFZG vor dem Ausspruch einer Kündigung abzuwarten. Die negative Gesundheitsprognose ist auch dann begründet, wenn der Arbeitnehmer erst kurze Zeit erkrankt ist, und die konkreten Umstände (etwa unfallbedingte schwere Verletzungen) die Prognose einer lang andauernden Erkrankung dennoch rechtfertigen.

### 3. Einlassung des Arbeitnehmers

**1943** Eine danach begründete negative Gesundheitsprognose des Arbeitgebers kann der **Arbeitnehmer** dadurch entkräften, dass er darlegt, auf Grund **welcher Umstände** (etwa eine bevorstehende Operation, der fortgeschrittene Heilungsprozess, ggf. die Entdeckung eines neuartigen Heilmittels) **mit seiner alsbaldigen Genesung und der Wiederherstellung seiner Arbeitsfähigkeit zu rechnen ist** (*BAG* 6.9.1989 EzA § 1 KSchG Krankheit Nr. 26; *LAG SchlH* 11.3.2008 NZA-RR 2008, 518; zur Darlegungs- und Beweislast s. Rdn. 2030 ff.), oder inwieweit eine **anderweitige Beschäftigungsmöglichkeit besteht, die keine Fehlzeiten erwarten lässt** (s. *BAG* 19.4.2007 EzA § 1 KSchG Krankheit Nr. 53). Dem wird er allerdings **kaum nachkommen können**, wenn er **selbst seinen Gesundheitszustand** und die weitere gesundheitliche Entwicklung **negativ einschätzt** (unklar *LAG München* 29.11.2007 LAGE § 1 KSchG Krankheit Nr. 41).

### 4. Praktische Bedeutung ärztlicher Bescheinigungen über nur noch eingeschränkte Einsatzfähigkeit

**1944** Fraglich ist in diesem Zusammenhang, welche Bedeutung ärztlichen Bescheinigungen zukommt, mit denen dem Arbeitnehmer attestiert wird, z. B. nicht mehr in der Lage zu sein, bestimmte Tätigkeiten auszuführen.

**1945** **Derartige Bescheinigungen sind häufig verbunden mit der Aufforderung an den Arbeitgeber, den Arbeitnehmer mit leichteren Arbeiten zu beschäftigen** (vgl. *Kleinebrink* NZA 2002, 716 ff.).

**1946** Das Problem stellt sich konkret z. B. dann, wenn zur arbeitsvertraglich geschuldeten Tätigkeit einer Küchenhilfskraft »die Erledigung aller anfallenden Küchenarbeiten zur Vor- und Zubereitung sowie Ausgabe der Teilmahlzeitenverpflegung, wobei in einem Umfang von zehn Stunden pro Woche die Körperkräfte außerordentlich beansprucht werden durch den Transport von Geschirr und Speisebehälter« sowie »das Reinigen des Schwarzgeschirrs« gehört und der Arbeitnehmer ein ärztliches Attest vorlegt, das folgenden Wortlaut hat: »Der Patient steht wegen eines WS-Syndroms in ständiger Behandlung bei mir. Tätigkeiten im Laden in Verbindung mit dem Heben schwerer Lasten sowie häu-

## F. Die ordentliche personenbedingte Arbeitgeberkündigung · Kapitel 4

figem Bücken sind dem Patienten nicht zumutbar, da mit einer wesentlichen Verschlimmerung gerechnet werden muss.«

Fraglich ist dann, ob sich nicht bereits aus der – i. d. R. vom Arbeitnehmer selbst vorgelegten – Bescheinigung eine negative Gesundheitsprognose ergibt, sodass der Arbeitgeber nicht nur zur Zuweisung einer anderweitigen »leichteren« Arbeitstätigkeit verpflichtet, sondern zum Ausspruch einer ordentlichen krankheitsbedingten Kündigung berechtigt ist. 1947

Das *BAG* (28.2.1990 EzA § 1 KSchG Personenbedingte Kündigung Nr. 5) hat darin zwar nur eine ärztliche Empfehlung gesehen. Diese kann allerdings, ergänzt durch die vorgetragenen eigenen Beschwerden des Klägers, seine Krankheitszeiten und sein Eingeständnis, die bisherige Tätigkeit längerfristig nicht mehr ausüben zu können, sodass die Leistungsunfähigkeit indiziert ist, allerdings nicht mit der Argumentation relativiert werden, dass auf Grund der beanstandungsfreien Tätigkeit des Klägers seit dem erstinstanzlichen Urteil die behauptete Minderung der Leistungsfähigkeit nicht als erwiesen angesehen werden könne. 1948

Im Übrigen darf der Arbeitgeber selbst dann, wenn der Arbeitnehmer unter Hintanstellung gesundheitlicher Bedenken weitergearbeitet hätte, auf Grund seiner Fürsorgepflicht, wie schon § 618 BGB belegt, nicht tatenlos zusehen, dass möglicherweise auch noch die vom Arzt prognostizierte wesentliche Verschlimmerung eines Krankheitszustandes beim Arbeitnehmer eintreten würde. 1949

Deshalb berechtigt eine dringende ärztliche Empfehlung zum Arbeitsplatzwechsel aus gesundheitlichen Gründen den Arbeitgeber regelmäßig, dem Arbeitnehmer einen anderen Arbeitsbereich zuzuweisen. Die Versetzung ist wirksam, wenn sie von den arbeitsvertraglichen Vereinbarungen gedeckt ist und die nach § 99 BetrVG erforderliche Zustimmung des Betriebsrats vorliegt. Dagegen ist der Arbeitgeber nicht berechtigt, in einem derartigen Fall die Arbeitsleistung des arbeitswilligen und arbeitsfähigen Arbeitnehmers abzulehnen und die Zahlung des Arbeitsentgelts einzustellen (*BAG* 17.2.1998 EzA § 615 BGB Nr. 89). 1950

Nach Auffassung des *Hess. LAG* (11.2.1997 LAGE § 1 KSchG Personenbedingte Kündigung Nr. 14) kommt **die Befürchtung der Verschlimmerung des Gesundheitszustandes** des Arbeitnehmers bei Weiterarbeit als personenbedingter Kündigungsgrund allenfalls dann in Betracht, wenn dies zu einer ganz erheblichen oder wesentlichen Verschlechterung des Gesundheitszustandes des Arbeitnehmers führen würde. 1951

### 5. Tarifliche Regelungen

Sieht ein Tarifvertrag die Verpflichtung des Arbeitgebers vor, Arbeitnehmern mit längerer Unternehmenszugehörigkeit im Krankheitsfall über den gesetzlichen Sechswochenzeitraum hinaus für bestimmte Zeiträume einen Zuschuss zum Krankengeld zu zahlen, so kann daraus allein noch nicht gefolgert werden, auch sechs Wochen im Jahr übersteigende Ausfallzeiten des Arbeitnehmers seien grds. nicht geeignet, eine ordentliche Kündigung sozial zu rechtfertigen (*BAG* 6.9.1989 EzA § 1 KSchG Krankheit Nr. 28; 16.2.1989 EzA § 1 KSchG Krankheit Nr. 25). 1952

### 6. Durch Schwangerschaft verursachte Krankheiten

Zur Bedeutung der RL 76/207/EWG (Gleichbehandlung) s. Rdn. 1830. 1953

### 7. Prävention und Eingliederungsmanagement (§ 84 SGB IX)

Zu beachten ist im Zusammenhang mit der Gesundheitsprognose bei schwer behinderten und auch bei nicht schwer behinderten Arbeitnehmern § 84 SGB IX. 1954

#### a) Gefährdung des Arbeitsverhältnisses schwer behinderter Arbeitnehmer

Gem. § 84 Abs. 1 SGB IX (s. ausf. Rdn. 762 ff.) schaltet der Arbeitgeber bei Eintreten von personen-, verhaltens- oder betriebsbedingten Schwierigkeiten im Arbeits- oder sonstigen Beschäfti- 1955 gungsverhältnis, die zur Gefährdung dieses Verhältnisses führen können, möglichst frühzeitig die Schwerbehindertenvertretung sowie die betriebliche Interessenvertretung, das Integrationsamt, die Gemeinsame Servicestelle sowie die Werks- oder Betriebsärzte ein. Danach soll – nicht nur bei gesundheitlichen Störungen – mit Zustimmung des betroffenen behinderten Arbeitnehmers eine gemeinsame Klärung möglicher Maßnahmen durch alle Beteiligten (Arbeitgeber) erfolgen; es sollen alle Möglichkeiten und alle zur Verfügung stehenden Hilfen zur Beratung und mögliche finanzielle Leistungen erörtert werden, mit denen die Schwierigkeiten beseitigt werden können und das Arbeits- oder sonstige Beschäftigungsverhältnis möglichst dauerhaft fortgesetzt werden kann. Damit werden dem Arbeitgeber Maßnahmen abverlangt, die gerade dazu führen sollen, dass keine negative Gesundheitsprognose in Betracht kommt, die eine krankheitsbedingte Kündigung rechtfertigen könnte. Eine solche kommt erst dann in Betracht, wenn alle gesetzlichen Möglichkeiten ausgeschöpft sind und zu keinem anderen Ergebnis geführt haben.

### b) Prävention für alle Arbeitnehmer (Eingliederungsmanagement)

**1956** Für alle Arbeitnehmer gilt § 84 Abs. 2 SGB IX (s. Rdn. 792 ff.; *Düwell* FA 2004, 201; *Braun* ZTR 2005, 630 ff.). Damit sieht das Gesetz einen frühen Beginn der Präventionspflicht des Arbeitgebers bei Krankheit vor. Sind Beschäftigte länger als sechs Wochen oder wiederholt arbeitsunfähig, klärt der Arbeitgeber mit der zuständigen Interessenvertretung, insbes. dem Betriebsrat, bei schwer behinderten Menschen außerdem mit der Schwerbehindertenvertretung, ggf. unter Hinzuziehung von Betriebs- oder Werksarzt, den örtlichen gemeinsamen Servicestellen und des Integrationsamtes mit Zustimmung und Beteiligung der betroffenen Personen die Möglichkeiten, wie die Arbeitsunfähigkeit überwunden werden und mit welchen Leistungen oder Hilfen erneuter Arbeitsunfähigkeit vorgebeugt und der Arbeitsplatz erhalten werden kann (betriebliches Eingliederungsmanagement). Auch insoweit werden dem Arbeitgeber an sich Maßnahmen abverlangt, die gerade dazu führen sollen, dass keine negative Gesundheitsprognose in Betracht kommt, die eine krankheitsbedingte Kündigung rechtfertigen könnte. Eine solche kommt erst dann in Betracht, wenn alle gesetzlichen Möglichkeiten ausgeschöpft sind und zu keinem anderen Ergebnis geführt haben. Gleichwohl ist die kündigungsrechtliche Relevanz fraglich.

Nach Auffassung des *LAG SchlH* (9.9.2009 LAGE § 1 KSchG Krankheit Nr. 45) ist aber jedenfalls dann, wenn der Arbeitgeber gegenüber der Krankenkasse die Möglichkeit einer **stufenweisen Eingliederung** bejaht, für eine krankheitsbedingte Kündigung keine negative Gesundheitsprognose gegeben.

### 8. Verstoß gegen §§ 1, 7 Abs. 1 AGG

**1957** Es liegt eine ungerechtfertigte **mittelbare Diskriminierung** einer Behinderten gem. § 3 Abs. 2 AGG dann vor, wenn der Arbeitgeber ein **rollierendes Schichtsystem** einführt, ohne die wegen ihrer Behinderung nicht in Nachtschicht tätig werden könnende Mitarbeiterin von der Nachtschicht auszunehmen, obwohl dies möglich gewesen wäre. Denn das Direktionsrecht des Arbeitgebers findet seine Grenzen u. a. in den Bestimmungen des AGG. Die Rechte aus dem Arbeitsvertrag sind von vornherein den Schranken des Antidiskriminierungsrechts unterworfen. Eine auf die Erkrankung der Arbeitnehmerin gestützte Kündigung ist dann unwirksam, weil im Bereich der diskriminierungsfrei übertragbaren Aufgaben keine Einschränkung der Leistungsfähigkeit vorliegt. Eine derartige Kündigung verstößt auch gegen den Verhältnismäßigkeitsgrundsatz, wenn es dem Arbeitgeber ohne weiteres möglich ist, die Mitarbeiterin leidensgerecht einzusetzen (*LAG Bln.-Bra.* 4.12.2008 – 26 Sa 343/08, EzA-SD 3/2009 S. 9 LS).

### IV. Erhebliche Beeinträchtigungen betrieblicher Interessen

#### 1. Begriffsbestimmung

**1958** Eine erhebliche Beeinträchtigung der unternehmerischen oder betrieblichen Interessen des Arbeitgebers liegt dann vor, wenn die häufige Arbeitsunfähigkeit des Arbeitnehmers zu nicht vermeidbaren Störungen des Betriebsablaufs führt, z. B. zu Maschinenstillständen, Produktionsausfall, Materialverlust (etwa bei rasch verderbenden Gütern), Überstunden, um den Produktionsausfall zu verhindern oder sonstige, mit zusätzlichen Kosten verbundene Maßnahmen zur Überbrückung des Produktionsausfalls verursacht werden (vgl. BAG 8.11.2007 EzA § 1 KSchG Krankheit Nr. 54; 16.2.1989 EzA § 1 KSchG Krankheit Nr. 25; 2.11.1983 EzA § 1 KSchG Krankheit Nr. 13; *LAG Hamm* 8.8.2007 – 18 Sa 396/07, AuR 2007, 444 LS; APS/*Dörner*/*Vossen* § 1 KSchG Rn. 154 ff.). Diese Voraussetzungen sind andererseits dann **nicht gegeben**, wenn die Möglichkeit einer Weiterbeschäftigung auf einem anderen Arbeitsplatz – ggf. zu geänderten Arbeitsbedingungen – besteht. Denn **wenn eine Umsetzungsmöglichkeit besteht**, führt die Krankheit nicht zu einer erheblichen Beeinträchtigung der betrieblichen Interessen; in Betracht kommen allerdings nur solche anderweitigen Beschäftigungsmöglichkeiten, die entweder gleichwertig mit der bisherigen Beschäftigung oder geringerwertig sind, denn das KSchG schützt das Vertragsverhältnis in seinem Bestand, verschafft aber keinen Anspruch auf Beförderung (*BAG* 19.4.2007 EzA § 1 KSchG Krankheit Nr. 53).

## 2. Darlegung erheblicher Betriebsstörungen

Zur Darlegung erheblicher Betriebsstörungen bei einer Kündigung wegen Krankheit ist erforderlich, dass der **Arbeitgeber im Einzelnen vorträgt**, in welcher Weise er den Ausfall bisher überwunden hat und warum die bisherigen Maßnahmen nicht fortgesetzt werden können. 1959

Werden im Betrieb abwesende Arbeitnehmer durch Leiharbeitnehmer ersetzt, ist darzulegen, warum der gekündigte Arbeitnehmer nicht oder nicht mehr eingesetzt werden kann (*LAG Köln* 21.2.1989 DB 1989, 1295; s. a. *LAG Hamm* 23.3.2009 LAGE § 1 KSchG Betriebsbedingte Kündigung Nr. 84). 1960

Wird der Arbeitsausfall des erkrankten Arbeitnehmers durch sog. Arbeitsverdichtung, also durch erhöhte Produktivität der übrigen Belegschaft ohne zusätzlichen Kostenaufwand ausgeglichen, so entstehen für den Arbeitgeber allerdings überhaupt keine Aufwendungen. Kostenfaktoren spielen mithin für die Begründung einer krankheitsbedingten Kündigung insoweit keine Rolle. In einem solchen Falle kann die betriebliche Belastung nur darin liegen, dass die Arbeitnehmer, auf die das Arbeitspensum des ausgefallenen Arbeitnehmers verteilt wird, überobligatorisch belastet werden. Dies im Kündigungsschutzprozess nachvollziehbar darzulegen, ist jedoch sehr problematisch (s. *LAG Hamm* 8.8.2007 – 18 Sa 396/07, AuR 2007, 444 LS). 1961

Bei einem **psychisch kranken Arbeitnehmer** mit entsprechenden Verhaltensstörungen ist es nach Auffassung des *LAG Köln* (20.12.2000 ZTR 2001, 329 LS) dem Arbeitgeber zumutbar, seinen Mitarbeitern klarzumachen, dass ihr Kollege psychisch krank ist und es deshalb nicht angebracht ist, alle seine Äußerungen ernst und für bare Münze zu nehmen und auf sie zu hören, sondern die absonderlichen Äußerungen schlicht zu übergehen. 1962

Nach Auffassung des *LAG Bln.* (25.1.2007 LAGE § 1 KSchG Krankheit Nr. 40) kann eine Kündigung dann nicht auf Belastungen durch zu besorgende weitere hohe krankheitsbedingte Fehlzeiten gestützt werden, wenn der Arbeitgeber den Arbeitnehmer **aus betriebsbedingten Gründen ohnehin nicht mehr beschäftigen kann**. 1963

## 3. Entgeltfortzahlungskosten

Fraglich ist deshalb, ob und inwieweit Entgeltfortzahlungsansprüche (§§ 3 ff. EFZG) zu berücksichtigende unternehmerische Interessen in diesem Zusammenhang sind (vgl. *Lepke* Kündigung bei Krankheit Rn. 152 ff.). 1964

### a) Grundlagen

**1965** Zum Teil (*Stein* BB 1985, 605; *Preis* DB 1988, 1444) wird die Auffassung vertreten, dass die Belastung des Arbeitgebers durch die Entgeltfortzahlung im Krankheitsfall bei der Kündigung **nicht berücksichtigt** werden darf.

**1966** Denn die Entgeltfortzahlungspflicht ist eine aus sozialpolitischen Gründen gewollte gesetzliche Ausnahme vom Austauschcharakter des Arbeitsverhältnisses.

**1967** Ihre kündigungsrechtlich nachteilige Berücksichtigung bedeutet deshalb einen Wertungswiderspruch zum Regelungsgehalt des EFZG.

**1968** Demgegenüber vertritt das *BAG* (15.2.1984 EzA § 1 KSchG Krankheit Nr. 15; 16.2.1989 EzA § 1 KSchG Krankheit Nr. 25; 8.11.2007 EzA § 1 KSchG Krankheit Nr. 54) die Auffassung, dass auch die außergewöhnlich hohe Belastung des Arbeitgebers durch Entgeltfortzahlungskosten ein Umstand ist, der als erhebliche Belastung u. U. angesehen werden kann.

Das gilt auch dann, wenn der Arbeitgeber Betriebsablaufstörungen nicht darlegt und keine Personalreserve vorhält (*BAG* 29.7.1993 EzA § 1 KSchG Krankheit Nr. 40; *LAG Köln* 15.10.2009 – 7 Sa 581/09, ZTR 2010, 606 LS).

**1969** Wenn das Arbeitsverhältnis auf Dauer erheblich gestört ist, weil mit immer neuen beträchtlichen Fehlzeiten und entsprechenden Entgeltfortzahlungskosten zu rechnen ist, kann danach eine Kündigung sozial gerechtfertigt sein. Denn dann kann die wirtschaftliche Belastung unter dem Aspekt einer ganz erheblichen **Störung des Austauschverhältnisses** von nicht ganz unerheblicher und nicht absehbarer Dauer die Aufrechterhaltung des Arbeitsverhältnisses unzumutbar erscheinen lassen.

**1970** Auch ein Verstoß gegen § 612a BGB liegt dann nicht vor (*BAG* 29.7.1993 EzA § 1 KSchG Krankheit Nr. 40). Denn der Arbeitgeber benachteiligt mit einer auf die Belastung mit unzumutbaren Entgeltfortzahlungskosten gestützten Kündigung den Arbeitnehmer nicht wegen der zulässigen Ausübung seiner Rechte.

### b) Höhe der kündigungsrechtlich relevanten Entgeltfortzahlungskosten

**1971** Die Höhe der kündigungsrechtlich relevanten Entgeltfortzahlungskosten wird so ermittelt, dass zuerst die für die Fehlzeitenprognose unerheblichen vergangenheitsbezogenen Fehlzeiten ausgeklammert werden. Sodann werden für die prognoserelevanten Fehlzeiten die für sechs Wochen jährlich anfallenden Entgeltfortzahlungskosten berechnet. Dabei ist auch die Ermittlung eines jährlichen Durchschnittswertes zulässig. Die Summe der auf die prognoserelevanten Fehlzeiten (z. B. unter Ausschluss unfallbedingter und ausgeheilter einmaliger Erkrankungen, *LAG Hamm* 8.8.2007 – 18 Sa 396/07, AuR 2007, 444 LS) bis zu sechs Wochen pro Jahr anfallenden Entgeltfortzahlungskosten wird als die vom Arbeitgeber hinzunehmende Mindestgrenze verstanden (s. *LAG Hamm* 8.8.2007 – 18 Sa 396/07, AuR 2007, 444 LS).

Erheblich ist die wirtschaftliche Belastung des Arbeitgebers dann, wenn für den erkrankten Arbeitnehmer jährlich Lohnfortzahlungskosten für einen Zeitraum von mehr als sechs Wochen aufzuwenden sind. Dies gilt auch dann, wenn die Fehlzeiten des Arbeitnehmers zu keinen Betriebsablaufstörungen führen und der Arbeitgeber keine Personalreserve vorhält (*BAG* 29.7.1993 EzA § 1 KSchG Krankheit Nr. 40; 8.11.2007 EzA § 1 KSchG Krankheit Nr. 54). Das gilt **auch dann**, wenn die Entgeltfortzahlungskosten zum Teil **aus einem Tronc** bezahlt werden und damit zugleich die Vergütungsansprüche anderer Arbeitnehmer schmälern. Denn entscheidend ist nicht die wirtschaftliche Gesamtlage des Arbeitgebers, sondern die vertragsrechtlich bestimmte Zuordnung der gegenseitigen Ansprüche (*BAG* 8.11.2007 EzA § 1 KSchG Krankheit Nr. 54 = NZA 2008, 593).

Eine erhebliche Beeinträchtigung ist auch nicht erst dann zu bejahen, wenn die zu erwartenden Lohnfortzahlungskosten einen bestimmten Prozentsatz des für sechs Wochen Lohnfortzahlung aufzuwendenden Betrages überschreiten (*BAG* 13.12.1990 RzK I 5g Nr. 42). Ebenso wenig ist

## F. Die ordentliche personenbedingte Arbeitgeberkündigung Kapitel 4

es erforderlich, dass Lohnfortzahlungskosten – bezogen auf die Gesamtdauer des Arbeitsverhältnisses – für durchschnittlich mehr als sechs Wochen jährlich aufzuwenden wären (*BAG* 13.8.1992 EzA § 1 KSchG Krankheit Nr. 36; s. a. *LAG Nbg.* 14.10.2008 LAGE § 1 KSchG Nr. 41).

Zu beachten ist, dass die durch eine lang anhaltende Krankheit verursachte Kostenbelastung i. d. R. erheblich geringer ist als die durch häufige Kurzerkrankungen, jedenfalls dann, wenn es sich bei letzteren um unterschiedliche Erkrankungen handelt. 1972

### c) Vergleich mit anderen Arbeitnehmern

Erheblich für die Frage, wann Entgeltfortzahlungskosten eine Kündigung sozial rechtfertigen können, ist auch ein **Vergleich mit anderen Arbeitnehmern**, die eine vergleichbare Arbeit unter ähnlichen Bedingungen verrichten. Kündigungsrechtlich **irrelevant** sind deshalb Entgeltfortzahlungskosten, wenn sie zwar über dem nach den Vorschriften des EFZG vom Arbeitgeber hinzunehmenden Betrag liegen und derartige Kosten auch in Zukunft zu erwarten sind, **bei anderen vergleichbaren Arbeitnehmern aber vergleichbar hohe Entgeltfortzahlungskosten anfallen**. Denn dann ist davon auszugehen, dass diese Kosten in erheblichem Umfang betrieblich (mit-)verursacht worden sind, sodass sich der Arbeitgeber darauf zur Begründung einer Kündigung nicht berufen kann. Dabei kann allerdings nicht auf einen Vergleich zur jeweiligen Gesamtbelastung des Betriebes mit Entgeltfortzahlungskosten abgestellt werden. 1973

Entscheidend sind vielmehr die Kosten des Arbeitsverhältnisses des gekündigten Arbeitnehmers, da andernfalls dessen Austauschcharakter weitgehend unbeachtet bleiben würde. 1974

Dies ginge auch über Sinn und Zweck des KSchG hinaus, das in § 1 Abs. 2 KSchG immerhin aus personenbedingten Gründen, also auch u. a. bei dauernder Störung des Austauschverhältnisses, eine Kündigung zulässt (*BAG* 29.7.1993 EzA § 1 KSchG Krankheit Nr. 40). 1975

### d) Erfordernis konkreter Auswirkungen der Entgeltfortzahlungskosten auf den Betrieb?

Fraglich ist, ob sich die Entgeltfortzahlungskosten über die Tatsache ihres Anfalls hinaus **konkret nachteilig auf den Betrieb auswirken müssen** (dafür *LAG Frankf./M.* 8.2.1987 DB 1988, 1704; vgl. auch *LAG Köln* 21.2.1989 DB 1989, 1295). 1976

Nach Auffassung des *BAG* (16.2.1989 EzA § 1 KSchG Krankheit Nr. 25; 6.9.1989 EzA § 1 KSchG Krankheit Nr. 27) ist dagegen davon auszugehen, dass dann, wenn der Arbeitgeber eine Personalreserve in dem betriebswirtschaftlich erforderlichen Umfang vorhält, er also die im Voraus kalkulierbaren Fehlzeiten durch seine Personalreserve abdeckt, dies zu Gunsten des Arbeitgebers zu berücksichtigen ist, wenn kündigungsrelevante Fehlzeiten auftreten. 1977

Eine unzumutbare wirtschaftliche Belastung des Arbeitgebers liegt folglich bereits dann vor, wenn zu den Kosten einer nach anerkannten betriebswirtschaftlichen Erfahrungsregeln bemessenen Personalreserve, die zur Abdeckung erfahrungsgemäß auftretender krankheitsbedingter Kündigungen ausreichend ist, erhebliche Entgeltfortzahlungskosten hinzutreten. 1978

Neben den unzumutbaren Entgeltfortzahlungskosten müssen danach weder weitere Betriebsablaufstörungen noch weitere sonstige belastende Auswirkungen vorliegen.

## V. Interessenabwägung
### 1. Notwendigkeit einer Interessenabwägung?

Für die abschließend durchzuführende Interessenabwägung ist zu beachten, dass § 1 Abs. 3 KSchG eine eigenständige Interessenabwägung an sich nur für die betriebsbedingte Kündigung (Sozialauswahl) vorsieht. 1979

Dennoch ist nach der Rechtsprechung des *BAG* (7.11.1985 EzA § 1 KSchG Krankheit Nr. 17) die krankheitsbedingte Kündigung wie auch die personenbedingte Kündigung im Übrigen nur 1980 dann sozial gerechtfertigt, wenn sich im Einzelfall nach Maßgabe einer umfassenden Interessenabwägung unter Berücksichtigung aller Umstände des Einzelfalls auf Grund der prognostizierten Belastung eine unzumutbare betriebliche oder wirtschaftliche Belastung des Arbeitgebers ergibt (vgl. APS/*Dörner*/*Vossen* § 1 KSchG Rn. 168 ff.).

## 2. Kriterien der Interessenabwägung

### a) Berücksichtigung aller wesentlichen Umstände des Einzelfalles

**1981** Diese Interessenabwägung muss alle wesentlichen Umstände des Einzelfalles berücksichtigen. Sie muss vollständig sein, sie darf keine Widersprüche aufweisen (zur Kritik s. Rdn. 1379 ff.).

**1982** Welche Umstände gegeneinander jeweils abzuwägen sind, richtet sich u. a. nach der Art des Kündigungsgrundes. Es ist daher **nicht möglich, einen Katalog von wesentlichen Umständen aufzustellen**, der in jedem Einzelfall der Interessenabwägung zugrunde zu legen ist (*BAG* 15.1.1970 AP Nr. 7 zu § 1 KSchG Verhaltensbedingte Kündigung, 4.11.1981 EzA § 1 KSchG Verhaltensbedingte Kündigung Nr. 9).

**1983** Von maßgeblicher Bedeutung sind allerdings auch bei der personenbedingten Kündigung jedenfalls die Kriterien Alter, Betriebszugehörigkeit, das Ausmaß der Unterhaltsverpflichtungen sowie die Schwerbehinderung des Arbeitnehmers (*BAG* 20.1.2000 EzA § 1 KSchG Krankheit Nr. 47; vgl. dazu *Lingemann* BB 2000, 1835 ff.; *Lepke* Kündigung bei Krankheit Rn. 144 ff.). Hat ein Arbeitnehmer – im konkret entschiedenen Einzelfall beginnend mit dem 20. Lebensjahr – seine Berufszeit ausschließlich bei demselben Arbeitgeber verbracht, so ist dies im Rahmen der Interessenabwägung in einer Weise zu berücksichtigen, dass dem Arbeitgeber im **fortgeschrittenen Lebensalter** des Arbeitnehmers eine **höhere Belastung mit Fehltagen** und hieraus entstehenden Kosten **zuzumuten ist** (*LAG Bln.* 28.8.2001 LAGE § 1 KSchG Krankheit Nr. 32). Berücksichtigung finden können auch die schlechten Vermittlungschancen eines Ausländers auf dem Arbeitsmarkt (*LAG SchlH* 14.10.2002 ARST 2003, 190 LS).

### b) Entbehrlichkeit der Interessenabwägung

**1984** Einer Interessenabwägung bedarf es lediglich ausnahmsweise dann **nicht, wenn der Betriebsrat bzw. Personalrat aus den in § 1 Abs. 2 S. 2 KSchG genannten Gründen ordnungsgemäß der Kündigung widersprochen hat.** Denn insoweit handelt es sich um **absolute Gründe der Sozialwidrigkeit**, sodass lediglich nachzuprüfen ist, ob der Widerspruch ordnungsgemäß eingelegt und aus einem der in § 1 Abs. 2 S. 2, 3 KSchG genannten Tatbestände begründet ist (s. Rdn. 1909 ff.).

### c) Vorliegen eines der Widerspruchstatbestände ohne (ordnungsgemäßen) Widerspruch des Betriebsrats

**1985** Fraglich ist die Rechtslage dann, wenn zwar die tatbestandlichen Voraussetzungen der in § 1 Abs. 2 S. 2, 3 KSchG geregelten Widerspruchstatbestände gegeben sind, es aber am ordnungsgemäßen Widerspruch des Betriebsrats fehlt.

**1986** Nach der Rechtsprechung des *BAG* (13.9.1973 EzA § 102 BetrVG 1972 Nr. 7; 17.5.1984 EzA § 1 KSchG Betriebsbedingte Kündigung Nr. 32) ist davon auszugehen, dass die in den Widerspruchstatbeständen des § 1 Abs. 2 S. 2, 3 KSchG umschriebenen besonderen Merkmale der Sozialwidrigkeit dann zwar nicht als absolute Gründe der Sozialwidrigkeit zu verstehen sind, bei denen es nicht mehr der sonst erforderlichen Interessenabwägung bedarf, dass sie aber gleichwohl bei der allgemeinen Prüfung der Sozialwidrigkeit nach § 1 Abs. 2 S. 1 KSchG zu berücksichtigen sind.

**1987** Der Arbeitgeber ist deshalb zur Weiterbeschäftigung des Arbeitnehmers an einem freien Arbeitsplatz in einem anderen Betrieb des Unternehmens oder an einer anderen Dienststelle des dem Unternehmen nach § 1 Abs. 2 S. 2 Nr. 2b KSchG – als Konkretisierung des **Verhältnismäßigkeitsgrundsat-**

## F. Die ordentliche personenbedingte Arbeitgeberkündigung

zes für das Kündigungsrecht (*BAG* 12.8.2010 EzA § 2 KSchG Nr. 78) – gleichgestellten Verwaltungszweiges unabhängig von einem Widerspruch des Betriebs- oder Personalrats nach § 1 Abs. 2 S. 1 KSchG verpflichtet. Die insoweit maßgeblichen Umstände können also im Rahmen der Prüfung der Sozialwidrigkeit nach § 1 Abs. 2 S. 1 KSchG als sog. relative Gründe der Sozialwidrigkeit berücksichtigt werden, die eine Kündigung nicht »bedingen« (vgl. APS/*Dörner*/*Vossen* § 1 KSchG Rn. 186 f.). Der **öffentliche Arbeitgeber** ist nach § 1 Abs. 2 S. 2 Nr. 2 Buchst. b KSchG allerdings regelmäßig nicht verpflichtet, den Arbeitnehmer auf einem – freien – Arbeitsplatz in einer Dienststelle eines anderen Verwaltungszweigs weiterzubeschäftigen (*BAG* 12.8.2010 EzA § 2 KSchG Nr. 78).

### d) »Besonders strenge Anforderungen« bei der personenbedingten Kündigung?

Ist eine Interessenabwägung erforderlich, so ist fraglich, ob bei der personenbedingten Kündigung besonders strenge Anforderungen zu stellen sind. **1988**

Richtig ist, dass im Gegensatz zur verhaltensbedingten Kündigung, die auf eine schuldhafte Vertragsverletzung gestützt wird, dem Arbeitnehmer im Allgemeinen kein rechtswidriges Verhalten vorgeworfen werden kann, das sich bei der Interessenabwägung zu seinen Ungunsten auswirkt. Auch sind persönliche, vom Arbeitsverhältnis losgelöste Umstände von besonderer Bedeutung und zu seinen Gunsten zu berücksichtigen, wenn sich aus der Art des Kündigungsgrundes (z. B. Krankheit, Betriebsunfall, krankheits- oder altersbedingte Leistungsschwäche) ein erhöhtes soziales Schutzbedürfnis des Arbeitnehmers ergibt. **1989**

In diesen Fällen sind die sozialen Schutzbelange des Arbeitnehmers folglich besonders sorgfältig gegenüber den (betrieblichen, betriebstechnischen oder wirtschaftlichen) Interessen des Arbeitgebers abzuwägen (*BAG* 25.11.1982 EzA § 1 KSchG Krankheit Nr. 10; KR/*Griebeling* § 1 KSchG Rn. 275). **Ein abstrakt umschreibbarer besonderer Maßstab für die Interessenabwägung bei der personenbedingten Kündigung folgt daraus jedoch nicht.** **1990**

Jedenfalls überwiegt das Interesse einer **langjährig beschäftigten älteren Arbeitnehmerin** mit einem GdB von 60 an der Fortsetzung des Arbeitsverhältnisses das Beendigungsinteresse des Arbeitgebers selbst dann, wenn mit **knapp über sechs Wochen** liegenden Entgeltfortzahlungskosten auch in Zukunft gerechnet werden müsste (*LAG Nbg.* 14.10.2008 LAGE § 1 KSchG Nr. 41). **1991**

### e) Bewertung der Mitursächlichkeit betrieblicher Verhältnisse

Sind **betriebliche Verhältnisse** (z. B. Staubluft) nicht die alleinige oder primäre Ursache für die krankheitsbedingten Fehlzeiten, wirken sich diese vielmehr nur in Verbindung mit einer besonderen Anlage des Arbeitnehmers (z. B. erhöhte Reizbarkeit des Bronchialsystems) aus, so sind sie zwar für die Interessenabwägung nicht unerheblich. **1992**

Es ist aber nach Auffassung des *BAG* (5.7.1990 EzA § 1 KSchG Krankheit Nr. 32; abl. *Pflüger* DB 1995, 1766 f.; ebenso *ArbG Halberstadt* 10.11.2004 AuR 2005, 117 LS für Personalmangel als Ursache für die Fehlzeiten) revisionsrechtlich nicht zu beanstanden, wenn das Berufungsgericht bei einer derartigen Fallgestaltung im Rahmen des tatrichterlichen Beurteilungsspielraums einer möglichen Mitursächlichkeit betrieblicher Umstände kein ausschlaggebendes Gewicht zuerkennt. **1993**

> Auch in diesen Fällen sind jedoch die sozialen Schutzbelange des Arbeitnehmers besonders sorgfältig gegenüber den betrieblichen, betriebstechnischen und wirtschaftlichen Interessen des Arbeitgebers (Vermeidung von Betriebsablaufstörungen und hohen Entgeltfortzahlungskosten) abzuwägen. **1994**

Dabei ist auch der Grundsatz der Verhältnismäßigkeit zu beachten, sodass eine ordentliche personenbedingte Kündigung stets nur als letztes Mittel in Betracht kommt. **1995**

Ist der Arbeitnehmer nach einem **Arbeitsunfall** darauf angewiesen, **blutgerinnungshemmende Mittel einzunehmen**, berechtigt die sich daraus ergebende Blutungsgefahr den Arbeitgeber noch nicht, **1996** eine Kündigung des Arbeitsverhältnisses auszusprechen. Er ist vielmehr zunächst gehalten, ggf. unter Hinzuziehung einer Fachkraft für Arbeitssicherheit und/oder des Betriebsarztes, eine **Überprüfung des Arbeitsplatzes** vorzunehmen (*LAG SchlH* 29.5.2001 ARST 2001, 233). Auch wenn der Arbeitnehmer zur Ausübung der bisherigen Tätigkeit außerstande ist, ist der Arbeitgeber verpflichtet, dem Arbeitnehmer eine **leidensgerechte Tätigkeit** – ggf. nach einer Umschulung – auf einem vorhandenen **freien oder absehbar frei werdenden Arbeitsplatz anzubieten**. Er ist ferner gehalten, einen leidensgerechten Arbeitsplatz durch Ausübung seines Direktionsrechts frei zu machen oder durch organisatorische Maßnahmen dem Arbeitnehmer nur noch bestimmte Aufgaben aus dem bisherigen Gebiet zuzuweisen; ggf. muss er zunächst eine Änderungskündigung aussprechen (*LAG SchlH* 29.5.2001 ARST 2001, 233).

1997  Demgegenüber gebietet es die durch den Arbeitsunfall gesteigerte Fürsorgepflicht des Arbeitgebers **nicht**, dem Arbeitnehmer das Arbeitsverhältnis im Hinblick auf ein nur **zufällig mögliches Freiwerden** eines Arbeitsplatzes – etwa bis zum Abschluss einer Umschulungsmaßnahme – **zu erhalten** (*LAG Hamm* 20.1.2000 NZA-RR 2000, 239). **Auch muss der Arbeitgeber keinen leidensgerechten Arbeitsplatz freikündigen oder durch Änderungskündigung schaffen** (*LAG Hamm* 31.3.2004 LAG Report 2004, 320 LS; s. dazu *Horcher* NZA-RR 2006, 393 ff.). Das *LAG Bln.* (14.1.2000 NZA-RR 2001, 187) hat andererseits angenommen, dass ein Arbeitnehmer, der infolge eines **Arbeitsunfalls** arbeitsunfähig krank ist und dessen Krankschreibung über seine Kündigungsfrist hinaus andauert, **bei Auftragsmangel weder aus betrieblichen noch aus personenbedingten Gründen entlassen werden kann.**

*f) Gesundheitsschädigendes Verhalten des Arbeitnehmers*

1998  Nach Auffassung von *Schäfer* (NZA 1992, 534; krit. dazu *Lepke* Kündigung bei Krankheit Rn. 410 ff.) kann dann, wenn gesundheitsschädigendes Verhalten des Arbeitnehmers zu Erkrankung und Arbeitsunfähigkeit geführt hat, **sowohl bei der Gesundheitsprognose als auch bei der Interessenabwägung dies zu seinen Lasten berücksichtigt werden**. Denn dem Arbeitnehmer, der keine Bereitschaft zu gesundheits- oder genesungsförderndem Verhalten zeigt, wird im Allgemeinen keine günstige Gesundheitsentwicklung prognostiziert werden können.

1999  Seinem Interesse an der Erhaltung des Arbeitsplatzes kommt weniger Gewicht zu, da er durch ihm zurechenbares Verhalten das Arbeitsverhältnis in seinem wirtschaftlichen Wert für den Arbeitgeber mindert oder zerstört, damit dessen Interessen beeinträchtigt und deshalb von ihm keine besondere Rücksichtnahme auf die eigenen Interessen erwarten darf.

*g) Bisheriger Verlauf des Arbeitsverhältnisses*

2000  Ob die finanzielle Belastung des Arbeitgebers – insbes. durch die nach der negativen Gesundheitsprognose in Zukunft aufzuwendenden Entgeltfortzahlungskosten – dem Arbeitgeber noch zumutbar sind, hängt insbes. von der **Dauer des ungestörten Bestandes des Arbeitsverhältnisses** ab.

2001  Je länger das Arbeitsverhältnis ungestört i. S. d. Nichtvorliegens krankheitsbedingter Fehlzeiten bestanden hat, desto mehr Rücksichtnahme ist vom Arbeitgeber zu erwarten (*BAG* 15.2.1984 EzA § 1 KSchG Krankheit Nr. 15) und desto eher sind dem Arbeitgeber die nunmehr durch Fehlzeiten entstehenden betrieblichen Belastungen zuzumuten.

2002  Ein ungestörter Verlauf des Arbeitsverhältnisses liegt allerdings nicht schon dann vor, wenn ein Arbeitnehmer im Jahr nicht länger als 6 Wochen arbeitsunfähig krank gewesen ist (*BAG* 6.9.1989 EzA § 1 KSchG Krankheit Nr. 28; 16.2.1989 EzA § 1 KSchG Krankheit Nr. 25), sondern nur dann, wenn während des bisherigen Bestandes des Arbeitsverhältnisses **keine oder nur unwesentliche Fehlzeiten** aufgetreten sind (*BAG* 7.11.1985 EzA § 1 KSchG Krankheit Nr. 17; 6.9.1989 EzA § 1 KSchG Krankheit Nr. 26).

2003  Hat ein Arbeitnehmer – z. B. beginnend mit dem 20. Lebensjahr – seine Berufszeit ausschließlich bei demselben Arbeitgeber verbracht, so ist dies im Rahmen der Interessenabwägung zudem in einer

F. Die ordentliche personenbedingte Arbeitgeberkündigung  Kapitel 4

Weise zu berücksichtigen, dass dem Arbeitgeber im fortgeschrittenen Lebensalter des Arbeitnehmers eine höhere Belastung mit Fehltagen und daraus entstehenden Kosten zuzumuten ist (*LAG Bln.* 28.8.2001 NZA-RR 2002, 465).

### h) Weitere Überbrückungsmaßnahmen

Im Rahmen der Interessenabwägung ist ferner zu prüfen, ob dem Arbeitgeber (weitere) Maßnahmen zur Überbrückung von Fehlzeiten des erkrankten Arbeitnehmers **zumutbar** sind oder nicht. 2004

Die Möglichkeit der Einstellung von Aushilfskräften ist bei Kurzerkrankungen gegenüber lang anhaltenden Arbeitsunfähigkeitszeiten jedoch eingeschränkt (*BAG* 23.6.1983 EzA § 1 KSchG 1969 Krankheit Nr. 12). Wesentlich ist in diesem Zusammenhang im Übrigen, in welchem Umfang der Arbeitgeber eine betriebliche Personalreserve vorbehält. 2005

Je größer diese Personalreserve ist, umso weniger weitere Überbrückungsmaßnahmen sind dem Arbeitgeber allerdings zuzumuten (*BAG* 16.2.1989 EzA § 1 KSchG Krankheit Nr. 25; 6.9.1989 EzA § 1 KSchG Krankheit Nr. 27). 2006

## VI. Dauernde Arbeitsunfähigkeit

### 1. Besonderheiten bei dauernder Arbeitsunfähigkeit

Besonderheiten gelten dann, wenn feststeht, dass der Arbeitnehmer dauernd unfähig ist, die vertraglich geschuldete Arbeitsleistung zu bringen (s. *BAG* 19.4.2007 EzA § 1 KSchG Krankheit Nr. 53; s. aber auch *LAG Köln* 28.11.2008 – 10 Sa 739/08, EzA-SD 5/2009 S. 3 LS: keine negative Prognose insoweit, wenn im Zeitpunkt der Kündigung aufgrund ärztlicherseits in Aussicht gestellter Behandlungsmaßnahmen die Wiedererlangung der Arbeitsfähigkeit zumindest möglich erscheint). 2007

Denn die krankheitsbedingte dauernde Arbeitsunfähigkeit kann als personenbedingter Kündigungsgrund den Arbeitgeber zur ordentlichen Kündigung berechtigen (*BAG* 28.2.1990 EzA § 1 KSchG Personenbedingte Kündigung Nr. 5; vgl. *Lepke* Kündigung bei Krankheit Rn. 104 ff.). 2008

Fehlt dem ArbG selbst die erforderliche Sachkunde für die Beurteilung der Frage, ob z. B. bei einer Küchenhilfe eine Wirbelsäulenerkrankung auf Dauer zur Leistungsunmöglichkeit führt, so ist zur Klärung dieser Frage i. d. R. das Gutachten eines Arbeitsmediziners einzuholen. War bei einer ordentlichen Kündigung wegen lang anhaltender Erkrankung im Kündigungszeitpunkt bereits ein **Kausalverlauf in Gang gesetzt**, der entgegen der Ansicht des den Arbeitnehmer behandelnden Arztes die **Wiederherstellung der Arbeitsfähigkeit als sicher oder zumindest möglich erscheinen ließ**, ist die Kündigung i. d. R. schon **mangels negativer Prognose sozial ungerechtfertigt** (*BAG* 21.2.2001 EzA § 1 KSchG Krankheit Nr. 48). 2009

Kommt das vom ArbG eingeholte arbeitsmedizinische Gutachten zwar zu dem Schluss, dass Bedenken gegen einen Einsatz des Arbeitnehmers auf seinem arbeitsvertraglich vereinbarten Arbeitsplatz bestehen, führt es jedoch zugleich aus, dass diese **Bedenken nur »befristet«** bestehen, so kann eine Prognose, der Arbeitnehmer werde dauerhaft nicht in der Lage sein, seine arbeitsvertraglichen Pflichten zu erfüllen, nicht gestellt werden (*ArbG Hmb.* 17.12.2008 – 3 Ca 462/07, AuR 2009, 145 LS). 2010

### 2. Modifizierung der Darlegungs- und Beweislast

Nach Auffassung des *BAG* (28.2.1990 EzA § 1 KSchG Personenbedingte Kündigung Nr. 5; 29.4.1999 EzA § 1 KSchG Krankheit Nr. 46; s. *Gitter* SAE 2000, 18 ff.) muss der Arbeitgeber in diesen Fällen nicht noch eine über die nachgewiesene dauernde Arbeitsunfähigkeit hinausgehende erhebliche Betriebsbeeinträchtigung darlegen; von ihrem Vorliegen ist vielmehr i. d. R. ohne weiteres auszugehen (*BAG* 19.4.2007 EzA § 1 KSchG Krankheit Nr. 53). 2011

*Dörner*

2012 Denn wenn feststeht, dass der Arbeitnehmer in Zukunft die geschuldete Arbeitsleistung nicht mehr erbringen kann, dann handelt es sich nicht um eine Kündigung wegen Leistungsminderung infolge Krankheit, sondern um eine **Kündigung wegen dauernder Unmöglichkeit**.

2013 Ein derartiges Arbeitsverhältnis ist schon aus diesem Grund auf Dauer ganz erheblich gestört (*BAG* 12.4.2002 EzA § 1 KSchG Krankheit Nr. 49).

2014 Die auf das jeweilige Arbeitsverhältnis bezogene unzumutbare betriebliche Beeinträchtigung besteht darin, dass der Arbeitgeber damit rechnen muss, dass der Arbeitnehmer auf Dauer außerstande ist, die von ihm geschuldete Arbeitsleistung zu erbringen.

2015 Vom Fehlen einer betrieblichen Beeinträchtigung kann nur dann ausgegangen werden, wenn die Arbeitsleistung für den Arbeitgeber überhaupt keinen Wert hat (abl. *Busemann/Schäfer* Rn. 199d, wonach es sich insoweit um eine reine Fiktion handelt und am Erfordernis einer erheblichen betrieblichen Beeinträchtigung auch in derartigen Fällen festgehalten werden sollte). Für einen derart außergewöhnlichen Ausnahmetatbestand, der die Beschäftigung überflüssiger Arbeitnehmer voraussetzt, trägt der Arbeitnehmer allerdings die Darlegungslast.

### 3. Arbeitsunfähigkeit auf unabsehbare Zeit

2016 Ist der Arbeitnehmer bereits längere Zeit arbeitsunfähig krank (z. B. 21 Monate) und ist im Zeitpunkt der Kündigung die Wiederherstellung der Arbeitsfähigkeit noch völlig ungewiss, so kann diese Ungewissheit wie eine feststehende dauernde Arbeitsunfähigkeit zu einer erheblichen Beeinträchtigung betrieblicher Interessen führen (*BAG* 21.5.1992 EzA § 1 KSchG Krankheit Nr. 38; vgl. *Weber/Hoß* DB 1993, 2429 ff.). Die Wiederherstellung der Arbeitsfähigkeit eines nicht schwer behinderten Arbeitnehmers ist insoweit dann **ungewiss**, wenn er bereits mehrere Monate an einem Wirbelsäulenleiden erkrankt ist und auf Anfrage des Arbeitgebers zum einen mitteilt, bei nicht leidensgerechter Umgestaltung seines Arbeitsplatzes werde er wieder arbeitsunfähig erkranken und zum anderen ausführt, er wolle den bisher ausgeübten Beruf als Dreher zukünftig nicht mehr ausüben, da er dazu körperlich nicht mehr in der Lage sei (*LAG Nds.* 29.3.2005 – 1 Sa 1429/04, NZA-RR 2005, 523). Die Ungewissheit der Wiederherstellung der Arbeitsfähigkeit steht einer krankheitsbedingten dauernden Leistungsunfähigkeit aber **nur dann gleich, wenn in den nächsten 24 Monaten mit einer anderen Prognose nicht gerechnet werden kann** (*BAG* 29.4.1999 EzA § 1 KSchG Krankheit Nr. 46; abl. APS/*Dörner/Vossen* § 1 KSchG Rn. 193 ff.).

Für die Prognose kommt es auf den Zeitpunkt der Kündigung an. Vor der Kündigung liegende Krankheitszeiten können in den Prognosezeitraum (24 Monate) nicht eingerechnet werden (*BAG* 12.4.2002 EzA § 1 KSchG Krankheit Nr. 49). Diese Voraussetzungen sind dann erfüllt, wenn der Arbeitnehmer mehr als elf Monate wegen Krankheit fehlte und dem Arbeitgeber vor Ausspruch der Kündigung die Nachricht der Bewilligung einer Erwerbsunfähigkeitsrente für drei Jahre zuging, so dass er von einer noch über zwei Jahre hinaus andauernden Arbeitsunfähigkeit ausgehen musste (*Hess. LAG* 13.3.2001 NZA-RR 2002, 21).

Auch die Möglichkeit, bei einer lang andauernden Erkrankung eines Arbeitnehmers gem. § 14 Abs. 1 S. 2 Nr. 3 TzBfG **eine Ersatzkraft auch für einen längeren Zeitraum als zwei Jahre befristet** einzustellen, führt nach *LAG Nbg.* (21.6.2006 NZA-RR 2007, 75) **nicht** dazu, bei der Prüfung der negativen Gesundheitsprognose und der betrieblichen Störungen **auf einen längeren als zweijährigen Zeitraum** ab Ausspruch der Kündigung abzustellen, innerhalb dessen nicht mit einer Rückkehr des erkrankten Mitarbeiters gerechnet werden kann.

### 4. Besonderheiten bei der Interessenabwägung

2017 Hinsichtlich der notwendigen Interessenabwägung ist zu berücksichtigen, dass sie **zwar** als letzte Prüfungsstufe systematisch auch bei einer Kündigung wegen dauernder oder diesem Tatbestand gleichstehender Arbeitsunfähigkeit auf unabsehbare Zeit **erforderlich ist**.

## F. Die ordentliche personenbedingte Arbeitgeberkündigung

Sie kann aber nur bei Vorliegen einer besonderen Schutzbedürftigkeit des Arbeitnehmers ausnahmsweise zu dem Ergebnis führen, dass der Arbeitgeber trotz der erheblichen Störung des Arbeitsverhältnisses auf nicht absehbare Zeit dessen Fortsetzung billigerweise weiter hinnehmen muss. 2018

Maßgeblich zu berücksichtigen ist neben **betrieblichen Ursachen** für die Fehlzeiten (vgl. *Pflüger* DB 1995, 1766 f.) das **Alter** des Klägers sowie die **Dauer des ungestörten Bestandes des Arbeitsverhältnisses** (*BAG* 21.5.1992 EzA § 1 KSchG Krankheit Nr. 35). 2019

### 5. Ruhen des Arbeitsverhältnisses wegen Gewährung einer befristeten Erwerbsunfähigkeitsrente

Die nur befristete Gewährung einer Erwerbsunfähigkeitsrente und das aus diesem Grund tariflich (z. B. gem. § 59 Abs. 1 BAT) vorgesehene Ruhen des Arbeitsverhältnisses **schließen eine Kündigung** wegen dauerhafter Arbeitsunfähigkeit des Arbeitnehmers **nicht aus** (*BAG* 3.12.1998 EzA § 1 KSchG Krankheit Nr. 45). 2020

### VII. Maßgeblicher Beurteilungszeitpunkt; Wiedereinstellungsanspruch?

Entscheidender Zeitpunkt für die Beurteilung der danach maßgeblichen Einzelfragen ist der **Zeitpunkt des Zugangs der Kündigungserklärung** (*BAG* 25.11.1982 EzA § 1 KSchG Krankheit Nr. 10; 6.9.1989 EzA § 1 KSchG Krankheit Nr. 27; *LAG Hamm* 19.9.2005 – 8 Sa 2213/03, FA 2006, 156 LS; vgl. APS/*Dörner/Vossen* § 1 KSchG Rn. 198 ff.). 2021

Allerdings konnte nach einer ursprünglich vom *BAG* (10.11.1983 EzA § 1 KSchG Krankheit Nr. 14; 9.4.1987 EzA § 1 KSchG Krankheit Nr. 18; krit. *BAG* 15.8.1984 EzA § 1 KSchG Krankheit Nr. 16) vertretenen Auffassung die **spätere tatsächliche Entwicklung bis zum Ende der letzten mündlichen Verhandlung in der Tatsacheninstanz** zur Bestätigung oder Korrektur von mehr oder weniger unsicheren Prognosen herangezogen werden. 2022

(derzeit unbesetzt) 2023–2027

Inzwischen (29.4.1999 EzA § 1 KSchG Krankheit Nr. 46; vgl. dazu *Gitter* SAE 2000, 18 ff.; s. a. *BAG* 21.2.2001 EzA § 1 KSchG Krankheit Nr. 48) hat das BAG diese Auffassung ausdrücklich aufgegeben. Auch für die Beurteilung einer krankheitsbedingten Kündigung ist **allein auf den Kündigungszeitpunkt abzustellen**. Nach Ausspruch der Kündigung durchgeführte Behandlungen und Ergebnisse können folglich nicht zur Korrektur der Prognose herangezogen werden (*LAG SchlH* 24.7.2001 – 3 Sa 317/01). 2028

Das gilt z. B. für eine zuvor **abgelehnte Operation** oder **stationäre Behandlung** ebenso wie eine bloße **Änderung** der **Lebensführung**, zu der sich der Arbeitnehmer bisher nicht bereit gefunden hat (*BAG* 6.9.1989 EzA § 1 KSchG Krankheit Nr. 27). Gleiches gilt für nachträglich gewonnene Erkenntnisse aus einem gerichtlichen Sachverständigengutachten zur Krankheitsdiagnostik und zu weiteren Therapiemaßnahmen (*LAG Hamm* 19.9.2005 – 8 Sa 2213/03, FA 2006, 156 LS).

Der Arbeitgeber braucht auch die Erfolgsaussichten einer möglichen, aber mit einem erheblichen Risiko behafteten Operation nicht in seine Prognose über die weitere Dauer der Arbeitsunfähigkeit einzubeziehen, wenn der Arbeitnehmer sich auch nach mehrmonatiger Bedenkzeit noch unentschlossen zeigt, ob er sich ihr unterziehen soll (*BAG* 15.8.1984 EzA § 1 KSchG Krankheit Nr. 16).

Ob bei geänderter Sachlage der Arbeitnehmer nach einer personen-, insbes. krankheitsbedingten Kündigung einen **Wiedereinstellungsanspruch** gegen den Arbeitgeber haben kann, hat das *BAG* (17.6.1999 EzA § 1 KSchG Wiedereinstellungsanspruch Nr. 4; 27.6.2001 EzA § 1 KSchG Wiedereinstellungsanspruch Nr. 6; s. *Lepke* NZA-RR 2002, 617 ff.) zwar offen gelassen (dagegen *LAG Bln.* 18.6.2002 – 12 Sa 2413/01, EzA-SD 18/02, S. 11 LS). Voraussetzung dafür wäre aber jedenfalls eine **veränderte, positive Prognose** bezüglich des Gesundheitszustandes **vor Ablauf der Kündigungsfrist**, 2029

d. h. es muss feststehen, dass z. B. die für die wiederholten Erkrankungen ursächlichen Grundleiden ausgeheilt sind (*BAG* 27.6.2001 EzA § 1 KSchG Wiedereinstellungsanspruch Nr. 6) und ferner, dass der Wiedereinstellung entgegenstehende betriebliche Interessen nicht entgegenstehen (*LAG SchlH* 22.10.2002 – 2 Sa 46/02, EzA-SD 24/02, S. 15 LS). Insbes. bei **Alkoholikern** ist dabei zudem zu berücksichtigen, dass nach einer zunächst erfolgreichen Entziehungskur eine **hohe Rückfallquote** besteht (s. Rdn. 2076 ff.). Entfällt bei einer Kündigung wegen lang andauernder Erkrankung die Grundlage für die negative Gesundheitsprognose 14 Monate nach Zugang der Kündigung und **acht Monate nach Ablauf der Kündigungsfrist**, besteht jedenfalls i. d. R. **kein Wiedereinstellungsanspruch** des Arbeitnehmers, sofern der Arbeitgeber keinen besonderen Vertrauenstatbestand geschaffen hat (*LAG Hamm* 28.7.1999 NZA-RR 2000, 134).

## VIII. Darlegungs- und Beweislast

2030 Für die krankheitsbedingte Kündigung ergibt sich folgende **abgestufte Darlegungs- und Beweislast**, die aus der in § 138 Abs. 2 ZPO angeordneten Wechselwirkung des gegenseitigen Parteivortrags folgt (*BAG* 6.9.1989 EzA § 1 KSchG Krankheit Nr. 26, 27; APS/*Dörner/Vossen* § 1 KSchG Rn. 204 ff.).

### 1. Negative Gesundheitsprognose

#### a) Grundsatz

2031 Zunächst muss der Arbeitgeber neben den krankheitsbedingten Fehlzeiten die Tatsachen darlegen, aus denen sich ergeben soll, dass der Arbeitnehmer noch auf nicht absehbare Zeit krank ist oder mit häufigeren Kurzerkrankungen in erheblichem Umfang gerechnet werden muss und durch diese zu erwartende Nichtbesetzung des Arbeitsplatzes betriebliche Störungen bzw. wirtschaftliche Belastungen eintreten, die für den Arbeitgeber unzumutbar sind.

#### b) Prognosetatsachen; Art und Dauer der bisherigen Erkrankungen

2032 Dabei kann sich der Arbeitgeber wegen der erforderlichen Prognose zunächst darauf beschränken, **Art und Dauer der bisherigen Erkrankungen** anzugeben, sofern ihm Tatsachen, die eine genaue Gesundheitsprognose zulassen, unbekannt sind.

2033 Zu berücksichtigen ist, dass der vergangenheitsbezogenen lang andauernden Erkrankung eine gewisse Indizwirkung für die Zukunft zukommt.

2034 Andererseits kann aus der Dauer der Arbeitsunfähigkeit in der Vergangenheit noch nicht unmittelbar auf die Dauer der Fehlzeiten in der Zukunft geschlossen werden.

2035 Auch häufige Kurzerkrankungen in der Vergangenheit begründen eine Indizwirkung für die Prognose entsprechend häufiger Erkrankungen in der Zukunft, insbes. dann z. B., wenn ein 28-jähriger Arbeiter seit 5,5 Jahren in jedem Jahr zu 27,7 % der Arbeitszeit krankheitsbedingt, bei insgesamt rd. 50 verschiedenen Fehlzeiten ausgefallen ist (*LAG SchlH* 14.10.2002 ARST 2003, 190 LS). Das gilt allerdings nicht, wenn die Krankheiten ausgeheilt sind (*BAG* 7.11.2002 EzA § 1 KSchG Krankheit Nr. 50). Nach Auffassung des *LAG Hamm* (4.12.1996 LAGE § 1 KSchG Krankheit Nr. 26) gilt diese Indizwirkung allerdings nur dann, wenn sich der Beobachtungszeitraum auf drei Jahre oder mindestens zwei Jahre erstreckt. Daraus, dass ein Arbeitnehmer in einem Jahr **40 Arbeitstage** gefehlt hat, kann deshalb **ohne Vorliegen weiterer Anhaltspunkte** eine negative Gesundheitsprognose **nicht abgeleitet** werden, weil dieser Beobachtungszeitraum zu kurz ist (*ArbG Würzburg* 23.10.2003 AuR 2004, 436 LS). Diesem Grundsatz steht auch nicht entgegen, dass der gekündigte Arbeitnehmer **im vorletzten Jahr vor Ausspruch der Kündigung ausnahmsweise keine erheblichen Fehlzeiten** aufzuweisen hatte, da er in diesem Jahr wegen eines vorhergehenden Kündigungsschutzprozesses nur einer erheblich verringerten Arbeitsbelastung (dreimonatiger, von Urlauben unterbrochener Arbeitseinsatz) ausgesetzt war (*LAG Düsseld.* 19.11.2004 LAGE § 1 KSchG Krankheit Nr. 35).

F. Die ordentliche personenbedingte Arbeitgeberkündigung **Kapitel 4**

Der Arbeitgeber darf sich dann darauf beschränken, **diese Fehlzeiten im einzelnen darzulegen** (*BAG* 25.11.1982 EzA § 1 KSchG Krankheit Nr. 10; 23.6.1983 EzA § 1 KSchG Krankheit Nr. 12; 6.9.1989 EzA § 1 KSchG Krankheit Nr. 26). 2036

### c) Prognoseschädliche Tatsachen (§ 138 Abs. 2 ZPO)

Daraufhin hat der **Arbeitnehmer** darzulegen, **weshalb mit seiner alsbaldigen Genesung bzw. warum in Zukunft mit weniger häufigen Erkrankungen zu rechnen ist** (z. B. auf Grund einer durchgeführten oder bevorstehenden Operation, eines fortgeschrittenen Heilungsprozesses; vgl. *LAG SchlH* 14.10.2002 ARST 2003, 190 LS; *LAG SchlH* 11.3.2008 NZA-RR 2008, 518). Bei häufigen Kurzerkrankungen ist allerdings zu berücksichtigen, dass bei ihnen gerade regelmäßig eine alsbaldige Genesung eintritt. 2037

Die Indizwirkung vergangenheitsbezogener Krankheitszeiten kann dadurch entkräftet werden, dass sie auf verschiedenen, voneinander unabhängigen Ursachen beruhen und es sich nur um einmalige Erkrankung handelt, deren wiederholtes Auftreten nicht zu besorgen ist. Auch wenn die Erkrankungen aber auf verschiedenen Ursachen beruhen, können sie ausnahmsweise Indizwirkung für künftige Erkrankungen entwickeln. Andererseits kann sich aber bei einer Kündigung wegen häufiger Kurzerkrankungen im Rahmen der Feststellung der Gesundheitsprognose aus der Gesamtheit des Krankheitsbildes auch eine **persönliche konstitutionelle Schwäche** und damit eine **besondere Krankheitsanfälligkeit des konkret betroffenen Arbeitnehmers** ergeben, Deshalb kann u. U. die Kündigung auch auf solche Kurzerkrankungen gestützt werden, die zwar je für sich gesehen als »ausgeheilt« angesehen werden können, in einem ausreichend lang bemessenen Referenzzeitraum aber in **ungewöhnlicher Häufung und Varianz** immer wieder aufgetreten sind (*LAG Köln* 15.10.2009 – 7 Sa 581/09, ZTR 2010, 606 LS). In einem derartigen Fall muss der Arbeitnehmer, um die Gesundheitsprognose zu erschüttern, konkret darlegen, dass und ggf. wann welcher ihn behandelnde Arzt die künftige Entwicklung seiner Erkrankungszeiten vor welchem tatsächlichen Hintergrund positiv beurteilt hat. Es reicht dann nicht aus, die Einzeldiagnosen offen zu legen, die Ärzte von der Schweigepflicht zu entbinden und ohne näheren Vortrag pauschal unter Berufung auf das Zeugnis seiner Ärzte zu behaupten, die Einzelerkrankungen seien jeweils ausgeheilt, um die Indizwirkung der bisherigen Fehlzeiten zu erschüttern (zutr. *LAG SchlH* 3.11.2005 LAGE § 1 KSchG Krankheit Nr. 37; s. a. *LAG Köln* 19.8.2005 – 4 Sa 335/05, EzA-SD 6/06, S. 13 LS u. *LAG Köln* 15.10.2009 – 7 Sa 581/09, ZTR 2010, 606 LS: Fettleibigkeit). 2038

Beruhen die Fehlzeiten im Wesentlichen auf einem chronischen Grundleiden, so kann dessen Indizwirkung dadurch entfallen, dass es nunmehr ausgeheilt ist oder infolge konkret manifestierter Maßnahmen in Kürze ausgeheilt sein wird. 2039

Das *BAG* (6.9.1989 EzA § 1 KSchG Krankheit Nr. 26; 7.11.2002 EzA § 1 KSchG Krankheit Nr. 50) geht davon aus, dass der Arbeitnehmer, dem es an eigener Sachkunde fehlt, seiner Darlegungslast durch das Bestreiten der Behauptung weiterer entsprechender Fehlzeiten in der Zukunft sowie die Entbindung der ihn behandelnden Ärzte von der Schweigepflicht genügt. Voraussetzung ist allerdings, dass darin die Darstellung zu sehen ist, die Ärzte hätten ihm gegenüber die künftige gesundheitliche Entwicklung bereits tatsächlich positiv beurteilt. Weigert sich der erkrankte Arbeitnehmer vorprozessual, die ihn behandelnden Ärzte von der Schweigepflicht zu befreien, so ist es ihm dennoch nicht verwehrt, im Kündigungsschutzprozess die negative Gesundheitsprognose unter Bezugnahme auf ärztliches Zeugnis zu bestreiten (*BAG* 12.4.2002 EzA § 1 KSchG Krankheit Nr. 49; s. *Preis/Greiner* SAE 2004, 12 ff.; krit. *LAG SchlH* 11.3.2008 NZA-RR 2008, 518). 2040

Trägt er dagegen selbst **konkrete Umstände** (z. B. die Krankheitsursache) vor, so müssen diese geeignet sein, die Indizwirkung der bisherigen Fehlzeiten zu erschüttern. Er muss andererseits jedoch nicht den Gegenbeweis führen, dass nicht mit weiteren künftigen Erkrankungen zu rechnen ist (*BAG* 6.9.1989 EzA § 1 KSchG Krankheit Nr. 26). Deshalb muss die Indizwirkung der Krankheitszeiten in der Vergangenheit dann als ausreichend erschüttert angesehen werden, wenn sich aus den Aus- 2041 künften der behandelnden Ärzte jedenfalls Zweifel an der Negativprognose ergeben (*BAG* 7.11.2002 EzA § 1 KSchG Krankheit Nr. 49). Die Indizwirkung der Fehlzeiten kann der Arbeitnehmer aber jedenfalls **nicht mit der Behauptung erschüttern**, die die Fehlzeiten verursachenden **Entzündungsursachen seien** nach Aussage des behandelnden Arztes **nicht chronischer Art**. Nicht chronische Erkrankungen stehen insoweit ausgeheilten Leiden nicht gleich (*LAG Düssel.* 19.11.2004 LAGE § 1 KSchG Krankheit Nr. 35).

**2042** Macht der Arbeitnehmer geltend, er sei wegen einer **Mobbingsituation** im Betrieb erkrankt, kann dies nur berücksichtigt werden, wenn er **im Detail angibt**, auf welche Art und Weise und von wem das Mobbing ausgeht. Das Schlagwort »Mobbing« alleine genügt nicht (*LAG SchlH* 11.3.2008 NZA-RR 2008, 518).

**2043** In der Praxis der Instanzgerichte wird die zuvor dargestellte Rechtsprechung des *BAG* (6.9.1989 EzA § 1 KSchG Krankheit Nr. 26) recht unterschiedlich angewendet: Teilweise wird es als Sachvortrag des Arbeitnehmers bereits als ausreichend erachtet, dass er mit der bloßen Behauptung, bestehende Krankheiten, die nicht näher benannt werden, seien ausgeheilt, ohne dafür Gründe zu nennen, die ihn behandelnden Ärzte von der Schweigepflicht entbindet, seiner Darlegungslast genügt, sodass – ohne nähere Kenntnis des Gerichts von den Ursachen der Erkrankungen – auf entsprechenden Antrag des Arbeitgebers ein Sachverständigengutachten eingeholt wird.

Demgegenüber wird (auch) im Hinblick darauf, dass der Arbeitnehmer von seiner Krankenkasse jederzeit eine Auflistung aller ärztlich attestierten krankheitsbedingten Fehlzeiten einschließlich der jeweiligen Diagnose verlangen kann, teilweise davon ausgegangen, dass er nach Darstellung der krankheitsbedingten Fehlzeiten durch den Arbeitgeber dazu unter Angabe der jeweiligen Diagnose im einzelnen Stellung nehmen und begründen muss, auf Grund welcher Umstände im Einzelnen in Zukunft nicht mit weiteren entsprechenden Fehlzeiten zu rechnen sein wird (vgl. zu den Anforderungen an einen Beweisantritt durch Vernehmung der behandelnden Ärzte als Zeugen *LAG RhPf* 28.8.1997 ZTR 1998, 472 LS). Erst danach kommt die Einholung eines Gutachtens in Betracht.

**2044** Weil die Rechtsauffassung des Gerichts durch allgemein gehaltene Auflagenbeschlüsse im Gütetermin (»Der Kläger soll auf die Darstellung der Kündigungsgründe durch die Beklagte bis zum ... schriftsätzlich erwidern.«) meist nicht deutlich zum Ausdruck kommt, sollte diese Frage zum Gegenstand der Erörterung bereits im Gütetermin gemacht werden, um Klarheit für alle Prozessbeteiligten zu schaffen.

### d) Ursächlichkeit betrieblicher Umstände

**2045** **Der Arbeitgeber trägt die Darlegungs- und Beweislast dafür, dass ein vom Arbeitnehmer behaupteter ursächlicher Zusammenhang zwischen der Krankheit und betrieblichen Gründen nicht besteht.** Dieser genügt er zunächst, wenn er die betriebliche Tätigkeit des Arbeitnehmers schildert und einen ursächlichen Zusammenhang bestreitet (*BAG* 6.9.1989 EzA § 1 KSchG Krankheit Nr. 26).

**2046** Behauptet der **Arbeitnehmer** einen **Zusammenhang** zu betrieblichen Gründen, so muss er ihn **konkret dartun.**

**2047** Da der erkrankte Arbeitnehmer i. d. R. keine ausreichende Sachkenntnis besitzt, um diese Frage schlüssig zu beantworten, genügt es meist, wenn er für seinen Sachvortrag eine **gewisse Plausibilität** in Anspruch nehmen kann und im Übrigen die ihn behandelnden Ärzte nennt und von ihrer ärztlichen Schweigepflicht entbindet (*BAG* 23.6.1983 EzA § 1 KSchG Nr. 12; 6.9.1989 EzA § 1 KSchG Nr. 27).

**2048** Ist die Plausibilität des Sachvortrags dafür, dass nicht mit weiteren erheblichen Fehlzeiten zu rechnen ist bzw. dass ein Zusammenhang mit betrieblichen Ursachen besteht, zu bejahen, und der entsprechende Sachvortrag vom Arbeitgeber unter entsprechendem Beweisantritt für die Prognose weiterer erheblicher Fehlzeiten bzw. für die fehlende Kausalität zwischen Arbeitsbedingungen und Erkran-

… kungen bestritten, so muss die Frage der Gesundheitsprognose auf Grund des Beweisantritts des Arbeitgebers ggf. mit Hilfe eines medizinischen Sachverständigengutachtens geklärt werden.

*e) Beweis der negativen Gesundheitsprognose*

Stehen die in der Vergangenheit angefallenen krankheitsbedingten Fehlzeiten des Arbeitnehmers, ihre jeweilige Dauer und ihre Ursache fest, so hat der Tatrichter nach § 286 ZPO zu entscheiden, ob die Umstände die Annahme entsprechender Ausfälle in Zukunft rechtfertigen. Maßgeblich ist die objektive Sachlage z.Zt. des Zugangs der Kündigung (a. A. *LAG RhPf* 16.11.2001 – 3 Sa 651/01, NZA-RR 2002, 354: Kenntnisstand des Arbeitgebers z. B. auf Grund einer Auskunft des Amtsarztes). 2049

Für die Feststellung der negativen Gesundheitsprognose wird **keine Erleichterung mit Hilfe des Anscheinsbeweises**, beruhend auf Erfahrungssätzen, anerkannt (*BAG* 25.11.1982 EzA § 1 KSchG Krankheit Nr. 10; 24.11.1983 EzA § 1 KSchG Krankheit Nr. 19). 2050

Das Gericht darf auch nicht ohne weitere Aufklärung davon ausgehen, ein möglicher Zusammenhang zwischen den Erkrankungen und den Arbeitsbedingungen sei nicht auszuschließen und deshalb zu Lasten des Arbeitgebers zu berücksichtigen (*BAG* 6.9.1989 EzA § 1 KSchG Krankheit Nr. 27). 2051

Beantragt der Arbeitnehmer die Vernehmung seiner behandelnden Ärzte als sachverständige Zeugen nur für die Krankheitsursachen und nicht auch für die von ihm behauptete positive Gesundheitsprognose, so ist der Tatrichter gem. § 144 ZPO nur dann zur Erhebung des Sachverständigenbeweises verpflichtet, wenn ihm die Sachkunde zur Prüfung fehlt, ob der bisherige Krankheitsverlauf ausreichende Indizien für eine negative Prognose enthält (*BAG* 6.9.1989 EzA § 1 KSchG Krankheit Nr. 27). 2052

Eine Beweiswürdigung, mit der eine Behauptung als – durch ein Sachverständigengutachten – bewiesen angesehen wird, nach deren Richtigkeit der Sachverständige nicht gefragt worden ist und zu der er sich auch nicht geäußert hat, ist i. d. R. rechtsfehlerhaft. Der Umstand, dass der Beweis des Gegenteils nicht geführt ist, ist zwar notwendige, nicht aber hinreichende Bedingung dafür, dass der Hauptbeweis als geführt angesehen werden kann. Möglich ist nämlich, dass weder der Hauptbeweis noch der Beweis des Gegenteils geführt wird und es bei einem non liquet bleibt (*BAG* 7.11.2002 EzA § 1 KSchG Krankheit Nr. 50). 2053

## 2. Betriebliche Störungen

Für die Tatsachen, aus denen sich die erheblichen und unzumutbaren betrieblichen Störungen bzw. Belastungen ergeben sollen, ist der **Arbeitgeber in vollem Umfang darlegungs- und beweispflichtig**, da insoweit von ihm die notwendige volle Sachkenntnis erwartet werden kann. 2054

Zu beachten ist, dass der Arbeitgeber z. B. die aufgetretenen Störungen nach Ort, Datum, Verlauf und Auswirkungen konkret schildern muss. Schlagwortartige Umschreibungen wie »es traten Produktionsstörungen auf« genügen nicht. 2055

Soweit **Entgeltfortzahlungskosten** als erhebliche betriebliche (wirtschaftliche) Belastungen i. S. d. Kündigungsschutzrechts anerkannt werden (s. Rdn. 1968 ff.), muss dies der **Arbeitgeber in vollem Umfang darlegen und beweisen** hinsichtlich Art, Umfang und Dauer der Entgeltfortzahlungskosten sowie deren Prognose, d. h. des Auftretens entsprechender Belastungen in der Zukunft. 2056

Hinzu kommt die Verpflichtung, darzulegen, dass er zur Zahlung in dem vorgetragenen Umfang auch rechtlich verpflichtet war, weil die Entgeltfortzahlungspflicht bei wiederholter Erkrankung wegen derselben Krankheit im Zeitraum von jeweils zwölf Monaten nur für insgesamt sechs Wochen besteht (§ 3 Abs. 1 S. 2 EFZG). 2057

Der Darlegungslast hinsichtlich betrieblicher Störungen genügt der Arbeitgeber nicht durch den bloßen Hinweis auf eine bestimmte Krankheitsquote. Das genügt selbst dann nicht, wenn die des gekün- 2058 digten Arbeitnehmers ganz erheblich von der im Betrieb üblichen Krankheitsquote abweicht (*BAG* 2.11.1983 EzA § 1 KSchG Krankheit Nr. 13).

2059 Diese Anforderungen sind aber dann erfüllt, d. h. es ist eine erhebliche Beeinträchtigung der betrieblichen Interessen gegeben, wenn der Arbeitgeber jahrelang Lohnfortzahlungskosten von regelmäßig mehr als sechs Wochen erbracht hat und wohl auch weiter erbringen wird. Das ist sicher der Fall, wenn der Arbeitgeber im Verlauf von 5,5 Jahren 67.000 DM Entgeltfortzahlung und 13.400 DM Arbeitgeberanteil zur Sozialversicherung geleistet hatte (*LAG SchlH* 14.10.2002 ARST 2003, 190 LS).

### 3. Dauernde Arbeitsunfähigkeit; Arbeitsunfähigkeit auf unabsehbare Zeit

2060 Begründet der **Arbeitgeber** seine Kündigung mit der dauernden Unfähigkeit des Arbeitnehmers, die vertraglich geschuldete Arbeitsleistung zu erbringen, so ist er für alle diese Behauptung begründenden Tatsachen **darlegungs- und beweispflichtig**.

2061 Er muss also darlegen, dass der Arbeitnehmer im Zeitpunkt der Kündigung akut nicht in der Lage ist, seine arbeitsvertraglichen Pflichten zu erfüllen. Sodann muss er darlegen, dass dieser Zustand auf Dauer anhalten wird. Hierfür genügt keine (ungewisse) Prognose, sondern er muss die Gewissheit vermitteln, dass Umstände vorliegen, die die Leistungsfähigkeit des Arbeitnehmers auf Dauer ausschließen (zur Prognose bei einer Fehlbeurteilung des tatsächlichen Zustandes durch den behandelnden Arzt vgl. *LAG Hamm* 24.6.1999 NZA 2000, 320 LS).

2062 Dafür kann allerdings eine bereits seit längerer Zeit (z. B. 21 Monate) andauernde Arbeitsunfähigkeit genügen, wenn im Zeitpunkt der Kündigung die Herstellung der Arbeitsfähigkeit völlig ungewiss ist (*BAG* 21.5.1992 EzA § 1 KSchG Krankheit Nr. 38).

### 4. Verminderte Leistungsfähigkeit

2063 Ist der Arbeitnehmer nicht absolut leistungsunfähig, sondern nur vermindert leistungsfähig (s. Rdn. 2119 ff.), so muss der Arbeitgeber in einer vergleichenden Darstellung darlegen, welches **Anforderungsprofil** der Arbeitnehmer nach dem Arbeitsvertrag erfüllen müsste, und welches tatsächliche **aktuelle Leistungsprofil** dem gegenübersteht.

2064 Kann der Arbeitgeber das Tatbestandsmerkmal der Dauer, des Endgültigen nicht zur Überzeugung des Gerichts darlegen und im Bestreitensfall beweisen, ist die Kündigung unbegründet, es sei denn, er trägt zugleich die nicht weniger strengen, aber anders strukturierten Voraussetzungen der krankheitsbedingten Kündigung vor (MünchArbR/*Berkowsky* 2. Aufl. § 154 Rn. 46).

## IX. Einzelfragen; weitere Gründe einer personenbedingten Kündigung

### 1. Abmahnung

2065 **Ordnungsgemäß entschuldigte Fehlzeiten des Arbeitnehmers können nicht Gegenstand einer Abmahnung als Voraussetzung der Kündigung oder Versetzung oder als Ausübung eines vertraglichen Rügerechts sein**, da dies stets die vorwerfbare Verletzung arbeitsvertraglicher Pflichten voraussetzt (*LAG Düsseld.* 6.3.1986 NZA 1986, 431).

2066 Der Arbeitgeber ist zwar nicht gehindert, den Arbeitnehmer davon in Kenntnis zu setzen, dass bei weiteren Fehlzeiten eine Kündigung ausgesprochen werden soll. Wenn er diesen Hinweis jedoch in die Form einer Abmahnung kleidet, so bringt er damit eine Missbilligung zum Ausdruck, die unangebracht ist, da sie kein vertragswidriges Verhalten zum Gegenstand hat.

2067 Sofern sich der Arbeitgeber darauf beruft, der Arbeitnehmer sei seinen **Führungsaufgaben nicht gewachsen**, so soll der Arbeitnehmer dagegen nach Auffassung des *LAG SchlH* (27.11.2008 LAGE § 1 KSchG Personenbedingte Kündigung Nr. 23) stets i. d. R. abzumahnen sein, weil Führungsmängel die unterschiedlichsten Ursachen haben können.

## 2. Alkohol- und Drogensucht

Die Alkoholabhängigkeit **als solche ist kein Kündigungsgrund**, wenn und soweit betriebliche Interessen nicht beeinträchtigt werden (*LAG RhPf* 20.3.2008 – 2 Sa 612/07, EzA-SD 24/2008 S. 3 LS). Ein Kündigungsgrund ist insoweit folglich **nur und erst dann** gegeben, wenn eine **Beeinträchtigung betrieblicher Interessen** gegeben ist. 2068

### a) Personen-, verhaltensbedingte Kündigung?

Nach **zum Teil** (*LAG Frankf./M.* 27.9.1984 DB 1985, 768; *LAG Bln.* 1.7.1985 DB 1985, 2690) vertretener Auffassung hängt die Beurteilung der Frage, ob es sich bei einer wegen Alkoholsucht – wenn der gewohnheitsmäßige übermäßige Alkoholgenuss trotz besserer Einsicht nicht aufgegeben oder reduziert werden kann, also eine physische oder psychische Abhängigkeit gegeben ist, die sich vor allem im Verlust der Selbstkontrolle äußert – ausgesprochenen Kündigung um eine personen- oder verhaltensbedingte Kündigung handelt, von der **Kündigungsbegründung** ab: 2069

Wird sie auf die Störung des Betriebsablaufs und die infolge Alkoholgenusses nicht ordnungsgemäße Arbeitsleistung gestützt, so kommt auch eine verhaltensbedingte Kündigung in Betracht. 2070

Nach der ständigen Rechtsprechung des *BAG* (9.4.1987 EzA § 1 KSchG Krankheit Nr. 18; ebenso *LAG Köln* 12.3.2002 LAGE § 626 BGB Nr. 140; 17.5.2010 NZA-RR 2010, 518; *LAG RhPf* 27.3.2008 – 10 Sa 669/07, EzA-SD 25/2008 S. 3 LS; *LAG Bl.-Bra.* 17.8.2009 LAGE § 1 KSchG Personenbedingte Kündigung Nr. 24; vgl. *Künzl* BB 1993, 1581 ff., NZA 1998, 122 ff., NZA 1999, 744; *Lepke* DB 2001, 269 ff.; abl. *Gottwald* NZA 1997, 635 ff., NZA 1999, 180 ff.) ist die Kündigung wegen Alkoholsucht dagegen nur nach den für die krankheitsbedingte Kündigung entwickelten Grundsätzen zu beurteilen. Voraussetzung ist allerdings, dass sich der Alkoholsüchtige in einem Stadium befindet, in dem der Trunksucht ein medizinischer Krankheitswert zukommt. Folglich kommt auch eine verhaltensbedingte Kündigung so lange in Betracht, wie der Arbeitnehmer noch nicht alkoholkrank ist. 2071

Dafür spricht, dass dem alkoholabhängigen Arbeitnehmer, der infolge seiner Abhängigkeit gegen seine arbeitsvertraglichen Verpflichtungen verstößt, wegen der Abhängigkeit zur Zeit der Pflichtverletzung **kein Schuldvorwurf** gemacht werden kann. 2072

Eine verhaltensbedingte Kündigung wegen Pflichtverletzungen (z. B. unentschuldigtem Fehlen), die auf Alkoholabhängigkeit beruhen, ist danach i. d. R. mangels Verschulden sozialwidrig. Das gilt dann, wenn z. B. **die unentschuldigten Fehltage ihre Ursache in der krankhaften Alkoholabhängigkeit haben** und der Arbeitnehmer infolge seiner nicht beherrschbaren Alkoholkrankheit sein Verhalten nicht zu kontrollieren vermag. Der Arbeitgeber, der sich im Kündigungsschutzprozess allein auf einen verhaltensbedingten Kündigungsgrund beruft, hat auf Grund der ihm obliegenden Darlegungs- und Beweislast zu **widerlegen**, dass die **Alkoholabhängigkeit ursächlich** für das **Fehlverhalten** des Arbeitnehmers gewesen ist. Dies gilt **auch** dann, wenn ein Arbeitnehmer nach einer Entziehungskur wieder **rückfällig** geworden ist, da die krankhafte Alkoholabhängigkeit auch nach einer Therapie fortbesteht (*LAG Hamm* 15.1.1999 NZA 1999, 1221; vgl. *Graefe* BB 2001, 1251 ff.). 2073

Eine verhaltensbedingte Kündigung kann grds. allenfalls darauf gestützt werden, dass der Arbeitnehmer **schuldhaft seine** (sich negativ auf das Arbeitsverhältnis auswirkende) **Alkoholabhängigkeit herbeigeführt hat** (vgl. *Künzl* BB 1993, 1581 ff.). 2074

Die Darlegung und der Beweis dieser Behauptung wird jedoch dem Arbeitgeber, der insoweit die Darlegungs- und Beweislast trägt, da das Verschulden bei der verhaltensbedingten Kündigung i. d. R. Teil des Kündigungsgrundes ist, grds. erhebliche Schwierigkeiten bereiten, da es keinen dahingehenden Erfahrungssatz gibt, wonach Alkoholabhängigkeit i. d. R. selbst verschuldet ist (*BAG* 1.6.1983 EzA § 1 LohnFG Nr. 69; anders für einen **Rückfall** nach einer zunächst erfolgreichen Entwöhnungskur *LAG München* 13.12.2005 NZA-RR 2006, 350 unter Hinweis auf *BAG* 11.11.1987 EzA § 1 LohnFG Nr. 88). 2075

### b) Krankheitsbedingte Kündigung

#### aa) Bedeutung des Verschuldens

2076 Demgegenüber kommt es bei der krankheitsbedingten Kündigung auf die Frage, wer die Krankheit bzw. die Alkoholabhängigkeit verschuldet hat, grds. nicht an.

2077 Bei der krankheitsbedingten Kündigung ist nur im Rahmen der Interessenabwägung auf die Ursache und auch auf das Verschulden der Krankheit einzugehen.

#### bb) Negative Gesundheitsprognose; erhebliche betriebliche Auswirkungen

2078 Auch bei der Kündigung wegen Alkoholabhängigkeit erfolgt die Überprüfung der Sozialwidrigkeit nach den für die krankheitsbedingte Kündigung entwickelten Grundsätzen.

2079 Aus den Besonderheiten der Alkoholabhängigkeit kann sich jedoch die Notwendigkeit ergeben, an die Prognose im Hinblick auf die weitere Entwicklung der Alkoholabhängigkeit geringere Anforderungen zu stellen (*BAG* 9.4.1987 EzA § 1 KSchG Krankheit Nr. 18; vgl. auch *BAG* 17.6.1999 EzA § 1 KSchG Wiedereinstellungsanspruch Nr. 4: »hohe Rückfallgefahr nach einer zunächst erfolgreichen Entziehungskur«; abl. *Fleck/Körtel* BB 1995, 722; vgl. auch *Raab* RdA 2000, 147 ff.; *Lepke* Kündigung bei Krankheit Rz 232 ff.).

2080 Dabei wird die Prognose wesentlich davon bestimmt, in welchem **Stadium der Sucht** sich der Arbeitnehmer befindet, in welcher Weise sich **frühere Therapien** auf den Zustand des Arbeitnehmers ausgewirkt haben, ob er vor Ausspruch der Kündigung **therapiebereit** war und ob eine solche Therapie aus medizinischer Sicht eine **gewisse Erfolgsaussicht** hat. Der Arbeitgeber muss dem Arbeitnehmer nach dem **Grundsatz der Verhältnismäßigkeit** i. d. R. vor Ausspruch einer Kündigung die **Chance zu einer Entziehungskur geben** (*BAG* 17.6.1999 EzA § 1 KSchG Wiedereinstellungsanspruch Nr. 4; *LAG Hamm* 21.9.2007 – 7 Sa 916/07 – AuR 2008, 75 LS; *ArbG Rosenheim* 15.2.2011 – 4 Ca 224/10, AuR 2011, 502 LS; s. *Nicolai* SAE 2000, 98 ff.); eine **Entziehungskur** ist insoweit **nicht gleichzusetzen mit einer Entgiftung**, selbst wenn sie mehrmals erfolgen sollte. Sie ist auch nicht schon durch eine sechsmalige Teilnahme an Einzel- oder Gruppengesprächen der ambulanten Selbsthilfe abgeschlossen (*LAG Hamm* 21.9.2007 – 7 Sa 916/07, AuR 2008, 75 LS). Andererseits ist eine **negative Prognose** jedenfalls **dann gerechtfertigt**, wenn bei häufigen Fehlzeiten auf Grund einer Alkoholsucht zum Zeitpunkt des Ausspruchs der Kündigung auf Grund **mehrerer fehlgeschlagener Entzugstherapien** auch weiterhin mit einer Rückfallgefahr zu rechnen ist (*LAG SchlH* 24.7.2001 – 3 Sa 317/01; *LAG Köln* 17.5.2010 NZA-RR 2010, 518). Umgekehrt führt aber ein **Rückfall nicht automatisch** zu einer negativen Prognose (*LAG Bln-Bra.* 17.8.2009 LAGE § 1 KSchG Personenbedingte Kündigung Nr. 24).

2081 Ist der Arbeitnehmer zur Zeit der Kündigung nicht therapiebereit, so kann davon ausgegangen werden, dass er von dieser Krankheit in absehbarer Zeit nicht geheilt wird (*LAG RhPf* 27.3.2008 – 10 Sa 669/07, EzA-SD 25/2008 S. 3 LS; vgl. ausf. *Künzl* NZA 1998, 122 ff.). Eine von ihm nach Ausspruch der Kündigung durchgeführte Therapie und ihr Ergebnis können daher nicht zur Korrektur der Prognose herangezogen werden (*BAG* 9.4.1987 EzA § 1 KSchG Krankheit Nr. 18; vgl. auch *LAG Köln* 12.3.2002 LAGE § 626 BGB Nr. 140).

2082 Gelingt es dem Arbeitgeber andererseits **nicht**, den **Nachweis zu führen**, dass die vom Arbeitnehmer im Zeitpunkt der wegen Alkoholabhängigkeit ausgesprochenen Kündigung bereits angesprochene Therapie, der er sich zu keinem Zeitpunkt widersetzt hat und die möglicherweise auch zu einem nachhaltigen Erfolg führen könnte, **keine Heilung** seines Leidens bringen könnte, ist der dem Arbeitgeber zufallende **Beweis** für das Vorliegen einer negativen Gesundheitsprognose als Voraussetzung einer krankheitsbedingten Kündigung **nicht geführt** (*LAG RhPf* 20.3.2008 – 2 Sa 612/07, EzA-SD 24/2008 S. 3 LS).

2083 Neben der alkoholbedingten Nicht- und/oder Schlechtleistung der Arbeit stellt auch die **Selbstgefährdung** und **Gefährdung anderer Personen** infolge einer durch Alkoholkonsum verminderten

Konzentrations- und Leistungsfähigkeit eine erhebliche Beeinträchtigung der betrieblichen Interessen des Arbeitgebers dar (*LAG RhPf* 27.3.2008 – 10 Sa 669/07, EzA-SD 25/2008 S. 3 LS).

### cc) Interessenabwägung

Im Rahmen der Interessenabwägung ist allerdings – stärker als bei sonstigen Erkrankungen – zu berücksichtigen, dass gerade der Süchtige in besonderem Maße eines möglichst **intakten sozialen Umfeldes bedarf**, um überhaupt eine Chance zu haben, sich von seiner Sucht zu befreien. 2084

Ist der betroffene Arbeitnehmer ernsthaft therapiebereit und verspricht eine solche Therapie wenigstens mit einer gewissen Wahrscheinlichkeit Erfolg, so sind dem Arbeitgeber **auch für längere Zeit Überbrückungsmaßnahmen zuzumuten**, um so den Therapieerfolg nicht zu gefährden. 2085

Jedenfalls ist eine ordentliche krankheitsbedingte Kündigung dann sozial gerechtfertigt, wenn sich auch ein anderer **vernünftig denkender Arbeitgeber** unter Berücksichtigung erheblicher krankheitsbedingter Fehlzeiten wegen Alkoholismus auf Grund einer negativen Gesundheitsprognose und einer Störung des Betriebsablaufs von dem Arbeitnehmer getrennt hätte (*ArbG Frankf./M.* 1.10.1999 NZA-RR 2000, 192). 2086

Nach (zw.) Auffassung des *LAG RhPf* (27.3.2008 – 10 Sa 669/07, EzA-SD 25/2008 S. 3 LS) können im Rahmen der Interessenabwägung **private Schicksalsschläge** als mögliche Ursache des Alkoholismus **nicht als Entschuldigung berücksichtigt werden**, da der Arbeitgeber dafür keine Verantwortung trägt. Das soll insbes. dann gelten, wenn der Arbeitgeber vor Ausspruch der Kündigung nach einer Entziehungskur des Arbeitnehmers durch mehrere Abmahnungen klargemacht hat, dass sein Alkoholkonsum nicht länger hingenommen wird und ein weiterer Rückfall zu Konsequenzen führen muss. 2087

### dd) Verhalten nach erfolgreicher Entziehungskur

Die Entscheidung des Arbeitnehmers, nach einer erfolgreichen Entziehungskur die zunächst aufgenommenen Besuche in einer Selbsthilfegruppe von anonymen Alkoholikern abzubrechen, weil er sich hiermit überfordert fühlt, gehört zum privaten Lebensbereich. Hiermit verletzt er keine Haupt- oder Nebenpflicht aus dem Arbeitsverhältnis. Selbst wenn er dem Arbeitgeber, der einen solchen Besuch einer Selbsthilfegruppe verlangt, vortäuscht, er setze diese Besuche fort, rechtfertigt dies keine ordentliche – verhaltensbedingte – Kündigung (*LAG Düsseld.* 25.2.1997 NZA-RR 1997, 381). 2088

### ee) Blutuntersuchungen

Ein Arbeitnehmer ist regelmäßig **nicht verpflichtet**, im laufenden Arbeitsverhältnis routinemäßigen Blutuntersuchungen zur Klärung, ob er alkohol- oder drogenabhängig ist, zuzustimmen (*BAG* 12.8.1999 EzA § 1 KSchG Verhaltensbedingte Kündigung Nr. 55). 2089

## 3. Aids

### a) HIV-Infektion

Die Infektion mit HIV für sich allein **rechtfertigt keine ordentliche Kündigung** gem. § 1 Abs. 2 KSchG, denn der Arbeitnehmer ist weiterhin arbeitsfähig. 2090

Etwas anderes ergibt sich auch nicht aus der Überlegung heraus, dass andere Mitarbeiter durch den infizierten Arbeitnehmer gefährdet sind. Denn die quantitative Gefahr einer Übertragung unter den normalerweise am Arbeitsplatz herrschenden Gegebenheiten tendiert gegen Null (*Eich* NZA 1987 Beil. Nr. 2 S. 10, 13; *Klak* BB 1987, 1382). 2091

### b) Vollbild der Erkrankung

**2092** Soweit der Arbeitnehmer an Aids tatsächlich erkrankt ist, also das sog. Vollbild der Erkrankung ausgebrochen ist, erfolgt die kündigungsrechtliche Beurteilung nach den **allgemeinen Kriterien** der krankheitsbedingten Kündigung.

**2093** Die Erkrankung wegen Aids hat, wie jede sonstige Erkrankung auch, lediglich für die Begründung der negativen Gesundheitsprognose, also für die zukünftige Einsetzbarkeit des Arbeitnehmers Bedeutung. Dabei sind die mit dieser besonderen Form der Erkrankung gewonnenen medizinischen Erfahrungen heranzuziehen (MünchArbR/*Berkowsky* 2. Aufl. § 136 Rn. 79).

### c) Unmöglichkeit der Erbringung der Arbeitsleistung

**2094** Auch vor Ausbruch der Erkrankung im Vollbild kommt eine ordentliche Kündigung aber dann in Betracht, wenn der Arbeitnehmer seine Arbeitsleistung nicht mehr zu erbringen vermag (vgl. *Lichtenberg/Schücking* NZA 1990, 457 f.).

### d) Druckkündigung

**2095** Soweit auf den Arbeitgeber wegen einer bestehenden Aids-Infektion eines Mitarbeiters Druck ausgeübt wird, um dessen Entlassung aus dem Betrieb zu erzwingen (sog. Druckkündigung s. Rdn. 1561 ff.) ist als Besonderheit in diesen Fällen zu beachten, dass die dem Druck zugrunde liegende Aids-Infektion als solche kündigungsrechtlich regelmäßig irrelevant ist, sodass ein objektiv anerkennenswertes Motiv für den Druck z. B. der Belegschaft nicht gegeben ist.

**2096** **Der Arbeitgeber hat deshalb alle geeigneten Mittel zu ergreifen, den Druck zu entschärfen und eine Kündigung zu vermeiden** (z. B. durch intensive **Aufklärung** der Belegschaft über das mangelnde Ansteckungsrisiko sowie die **Umsetzung** oder **Versetzung** des infizierten Arbeitnehmers oder derjenigen Arbeitnehmer, auf die der Druck zurückzuführen ist).

**2097** Der Arbeitgeber, der selbst den Druck dadurch erst erzeugt, dass er seiner Belegschaft die bislang unbekannte Aids-Infektion mitteilt, kann sich zur Begründung einer Kündigung auf die hierdurch geschaffene Drucksituation nicht berufen (*Lepke* DB 1987, 1299).

## 4. Inhaftierung des Arbeitnehmers

### a) Dauer der Strafhaft

**2098** Bei der Kündigung eines Arbeitnehmers wegen Arbeitsverhinderung durch die Verbüßung einer Freiheitsstrafe geht es nicht um einen verhaltensbedingten Kündigungsgrund (*BAG* 25.11.2010 EzA § 1 KSchG Personenbedingte Kündigung Nr. 26 = NZA 2011, 686; 24.3.2011 EzA § 9 KSchG n. F. Nr. 62 = NZA 2011, 1084).

**2099** Die Arbeitsverhinderung des Arbeitnehmers kann in diesem Fall vielmehr ein personenbedingter Grund zur Kündigung des Arbeitsverhältnisses sein. Für die Dauer der Verbüßung einer Strafhaft, die als Kündigungsgrund in Betracht kommt, besteht **keine bestimmte Mindest- oder Regeldauer** (*BAG* 25.11.2010 EzA § 1 KSchG Personenbedingte Kündigung Nr. 26 = NZA 2011, 686; 24.3.2011 EzA § 9 KSchG n. F. Nr. 62 = NZA 2011, 1084).

**2100** Denn eine derartige Mindest- oder Regeldauer für eine kündigungsrechtlich erhebliche Verbüßung einer Strafhaft würde die unzutreffende Annahme eines absoluten Kündigungsgrundes begünstigen, nicht zur erstrebten Rechtssicherheit führen und auch nicht den Interessen des Arbeitgebers bei einer kürzeren Strafhaft des Arbeitnehmers entsprechen.

**2101** Denn bei einer Regelgrenze müssten einerseits Ausnahmen für kürzere Haftstrafen zugelassen werden, wenn der Arbeitnehmer im Betrieb schwer zu ersetzen ist.

**2102** Andererseits wäre die Regeldauer um das Erfordernis zu ergänzen, dass sich die haftbedingte Arbeitsverhinderung auch konkret nachteilig auf das Arbeitsverhältnis auswirkt und zu einer unzumutbaren

## F. Die ordentliche personenbedingte Arbeitgeberkündigung — Kapitel 4

Belastung für den Arbeitgeber führt (*BAG* 22.9.1994 EzA § 1 KSchG Personenbedingte Kündigung Nr. 11; *LAG Köln* 21.11.2001 ZTR 2002, 293).

### b) Betriebliche Auswirkungen

Es hängt deshalb von Art und Ausmaß der betrieblichen Auswirkungen ab, ob eine haftbedingte Nichterfüllung der Arbeitspflicht durch den Arbeitnehmer eine Kündigung überhaupt, eine außerordentliche Kündigung nach § 626 BGB oder eine ordentliche Kündigung nach § 1 KSchG rechtfertigt (*BAG* 15.11.1984 EzA § 626 BGB n. F. Nr. 95; 25.11.2010 EzA § 1 KSchG Personenbedingte Kündigung Nr. 26 = NZA 2011, 686; 24.3.2011 EzA § 9 KSchG n. F. Nr. 62 = NZA 2011, 1084; *LAG Hamm* 19.4.2007 LAGE § 1 KSchG Verhaltensbedingte Kündigung Nr. 97). 2103

In Betracht kommt insbes. die Notwendigkeit des Einsatzes einer Aushilfskraft mit damit verbundener Ausbildung, der Ausfall von Schichten, durch die Ersatzkraft verursachte Schäden. Zu berücksichtigen sind, wie bei der krankheitsbedingten Kündigung, auch in der Zukunft eintretende betriebliche Auswirkungen (*BAG* 22.9.1994 EzA § 1 KSchG Personenbedingte Kündigung Nr. 11). 2104

Zu berücksichtigen ist aber andererseits auch, dass der Arbeitgeber infolge des Fehlens von Vergütungsansprüchen wirtschaftlich nicht belastet wird (*BAG* 25.11.2010 EzA § 1 KSchG Personenbedingte Kündigung Nr. 26; 24.3.2011 EzA § 9 KSchG n. F. Nr. 62), sodass maßgeblich darauf abgestellt werden kann, ob und in welchem Ausmaß es zu Störungen des Betriebsablaufs gekommen ist/kommen wird bzw. inwieweit die Notwendigkeit einer Ersatzeinstellung besteht. 2105

Ferner ist zu überprüfen, welche Maßnahmen für einen Arbeitgeber zumutbar sind um die haftbedingte Arbeitsverhinderung eines Arbeitnehmers zu überbrücken (*BAG* 15.11.1984 EzA § 626 BGB n. F. Nr. 95; 22.9.1994 EzA § 1 KSchG Personenbedingte Kündigung Nr. 11). 2106

Jedenfalls dann, wenn der Arbeitnehmer im Kündigungszeitpunkt noch eine Freiheitsstrafe von **mehr als zwei Jahren** zu verbüßen hat und ein **Freigängerstatus** oder seine vorzeitige Entlassung aus der Haft vor Ablauf von zwei Jahren **nicht sicher** zu erwarten steht, braucht der Arbeitgeber den Arbeitsplatz für ihn nicht frei zu halten. Überbrückungsmaßnahmen sind dem Arbeitgeber angesichts der Dauer der zu erwartenden Fehlzeit und in Anbetracht der vom Arbeitnehmer typischerweise zu vertretenden Arbeitsverhinderung regelmäßig nicht zumutbar (*BAG* 25.11.2010 EzA § 1 KSchG Personenbedingte Kündigung Nr. 26 = NZA 2011, 686). Aus § 241 Abs. 2 BGB kann sich zwar die Verpflichtung des Arbeitgebers ergeben, den Arbeitnehmer bei der Erreichung möglicher Maßnahmen der Vollzugslockerung, insbes. der Erlangung des Freigängerstatus **zu unterstützen**, soweit dies für den Arbeitgeber nicht risikobehaftet ist. Diese Pflicht geht aber **nicht so weit**, dem zu einer mehrjährigen Freiheitsstrafe verurteilten Arbeitnehmer auf die **vage Aussicht** hin, in ferner Zukunft Vollzugslockerungen zu erreichen, den **Arbeitsplatz** bis zu einer Klärung **offen zu halten** (*BAG* 24.3.2011 EzA § 9 KSchG n. F. Nr. 62 = NZA 2011, 1084). 2106a

### c) Untersuchungshaft

Steht z. Zt. des Ausspruchs der Kündigung die Dauer der zu verbüßenden Freiheitsstrafe noch nicht fest, weil der Arbeitnehmer seit 7 1/2 Monaten zwar in Untersuchungshaft sitzt, die Hauptverhandlung aber noch nicht stattgefunden hat, so ist als Kündigungsgrund auf die **Ungewissheit abzustellen, ob der Arbeitnehmer überhaupt je auf seinen Arbeitsplatz zurückkehren und wann dies der Fall sein wird** (*BAG* 22.9.1994 EzA § 1 KSchG Personenbedingte Kündigung Nr. 11). Andererseits rechtfertigt allein die Nichterbringung der Arbeitsleistung aufgrund haftbedingter Abwesenheit dann keine Kündigung, wenn der Arbeitgeber **keine betrieblichen Störungen** durch die Abwesenheit vorträgt (*ArbG Hmb.* 18.11.2009 – 8 Ca 415/09, AuR 2010, 83 LS). 2107

## 5. Mangelnde Eignung des Arbeitnehmers

### a) Begriffsbestimmung

**2108** Die Frage, ob ein bestimmter Arbeitnehmer für die auf einem bestimmten Arbeitsplatz geforderte Aufgabe geeignet ist, beantwortet sich aus einem Vergleich zwischen dem arbeitsplatzbezogenen **Anforderungsprofil** und dem arbeitnehmerbezogenen **Leistungsprofil**.

**2109** Mangelnde Eignung liegt nicht schon bei jeder Differenz vor. Eine solche muss vielmehr so ausgeprägt sein, dass die Leistung des Arbeitnehmers in signifikantem Umfang ihren arbeitsvertraglich geschuldeten Zweck verfehlt (vgl. APS/*Dörner*/*Vossen* § 1 KSchG Rn. 245 ff.).

**2110** Mangelnde Eignung kann vorliegen, wenn entweder objektive (personenbezogene) Voraussetzungen für die geschuldete Tätigkeit (Fahrerlaubnis beim Kraftfahrer; s. dazu bereits Rdn. 1250; Gesundheitszeugnis beim Lebensmittelhändler, Arbeitserlaubnis beim ausländischen Arbeitnehmer) oder subjektive (in der Person des Arbeitnehmers liegende) Eigenschaften fehlen, deren Vorhandensein Voraussetzung für die vertragsgemäße Erfüllung des Anforderungsprofils ist (s. *Hunold* NZA 2000, 802 ff.).

### b) Objektive Eignungsmängel
#### aa) Beschäftigungsverbot

**2111** Fehlt dem Arbeitnehmer eine **objektive Eignungsvoraussetzung** (z. B. Fahrerlaubnis, Gesundheitszeugnis, behördliche Erlaubnisse, z. B. die Fluglizenz eines Verkehrsflugzeugführers [*BAG* 31.1.1996 EzA § 1 KSchG Personenbedingte Kündigung Nr. 13]), so **rechtfertigt dies i. d. R. eine Kündigung, da der Arbeitnehmer seine Arbeitsleistung nicht (mehr) erbringen darf.**

**2112** Besteht allerdings z. B. bei einem **Piloten** die Aussicht, dass er die Erneuerung seiner Erlaubnis zum Führen eines Verkehrsflugzeugs **in absehbarer Zeit** erreichen kann, so hat ihm die Fluggesellschaft i. d. R. dazu die Gelegenheit zu geben, bevor sie das Arbeitsverhältnis kündigt (*BAG* 7.12.2000 EzA § 1 KSchG Personenbedingte Kündigung Nr. 15). Die Entscheidung über die **Rechtmäßigkeit des Verfahrens und der Bewertung bei Überprüfungsflügen**, die für die Verlängerung bzw. Erneuerung der Erlaubnis eines Piloten vorgeschrieben sind, obliegt **nicht den Arbeitsgerichten** im Rahmen eines Kündigungsschutzverfahrens, sondern allein dem Luftfahrtbundesamt als der zuständigen Erlaubnisbehörde bzw. den Verwaltungsgerichten. Diese kann der Pilot anrufen, wenn ihm die Verlängerung bzw. Erneuerung seiner Erlaubnis wegen des Ergebnisses der Überprüfung versagt wird (*BAG* 7.12.2000 EzA § 1 KSchG Personenbedingte Kündigung Nr. 15 gegen *BAG* 31.1.1996 EzA § 1 KSchG Personenbedingte Kündigung Nr. 13).

**2113** Etwas anderes gilt zudem (z. B. bei einem Berufskraftfahrer, dem die Fahrerlaubnis entzogen worden ist) dann, wenn eine Weiterbeschäftigung auf einem freien Arbeitsplatz erfolgen kann; der Arbeitgeber ist allerdings nach Auffassung des *LAG Nds.* (9.9.2003 LAGE § 1 KSchG Personenbedingte Kündigung Nr. 19) weder verpflichtet, noch berechtigt, zur Überbrückung einen Auszubildenden als Fahrer einzusetzen.

#### bb) Arbeitserlaubnis ausländischer Arbeitnehmer

**2114** Handelt es sich um eine allgemeine Beschäftigungsvoraussetzung wie die Arbeitserlaubnis nach § 19 AFG (jetzt §§ 284 ff. SGB III) und gingen die Beteiligten auch **nicht davon aus**, dass eine entsprechende Erlaubnis **demnächst erteilt werde**, so ist der Vertragsschluss wegen Verstoßes gegen ein gesetzliches Verbot schlechthin **nichtig** (*BAG* 19.1.1977 EzA § 19 AFG Nr. 3).

**2115** **Dagegen** wird ein unbefristetes Arbeitsverhältnis eines Ausländers, der nach § 284 SGB III einer Arbeitserlaubnis bedarf und dem diese auch erteilt wurde, **mit Zeitablauf der Arbeitserlaubnis nicht nichtig** (*BAG* 7.2.1990 EzA § 1 KSchG Personenbedingte Kündigung Nr. 8; *LAG Hamm* 9.2.1999 LAGE § 1 KSchG Personenbedingte Kündigung Nr. 16). Denn § 284 SGB III enthält nur ein Beschäftigungsverbot. Folglich ist auch die Vereinbarung einer **auflösenden Bedingung**, nach der das

Arbeitsverhältnis ohne weiteres mit Ablauf der notwendigen Arbeitserlaubnis enden soll, bei einem seit längerem vollzogenen Arbeitsverhältnis unwirksam (*LAG Köln* 18.4.1997 LAGE § 1 KSchG Personenbedingte Kündigung Nr. 15).

Allerdings ist dieses an sich geeignet, einen **personenbedingten Grund** zur ordentlichen Kündigung i. S. d. § 1 Abs. 2 S. 1 KSchG abzugeben, wenn die Arbeitserlaubnis **rechtskräftig versagt worden ist, weil der Arbeitnehmer dann auf Dauer nicht in der Lage ist, die vertraglich geschuldeten Dienste zu erbringen** (*LAG Hamm* 9.2.1999 LAGE § 1 KSchG Personenbedingte Kündigung Nr. 16). Ist über ihre Erteilung noch nicht rechtskräftig entschieden, so ist maßgeblich darauf abzustellen, ob für den Arbeitgeber bei objektiver Beurteilung im Zeitpunkt des Zugangs der Kündigung mit Erteilung der Erlaubnis nicht zu rechnen war und der Arbeitsplatz für den Arbeitnehmer ohne erhebliche betriebliche Beeinträchtigungen nicht offen gehalten werden konnte (*BAG* 7.2.1990 EzA § 1 KSchG Personenbedingte Kündigung Nr. 8; *LAG Hamm* 9.2.1999 LAGE § 1 KSchG Personenbedingte Kündigung Nr. 16; vgl. für den bloßen Ablauf einer notwendigen Arbeitserlaubnis *LAG Köln* 18.4.1997 LAGE § 1 KSchG Personenbedingte Kündigung Nr. 15). Die Nichterteilung der Arbeitserlaubnis darf allerdings nicht darauf beruhen, dass der Arbeitgeber die Erteilung arglistig verhindert. Wirkt er der Erteilung der Arbeitserlaubnis entgegen, weil er den ausländischen Arbeitnehmer nicht mehr weiterbeschäftigen will, so kann er sich im Kündigungsschutzprozess regelmäßig nicht auf das hierdurch herbeigeführte Beschäftigungsverbot berufen (*BAG* 7.2.1990 EzA § 1 KSchG Personenbedingte Kündigung Nr. 8). Andererseits verstößt es nach Auffassung des *LAG Hamm* (9.2.1999 LAGE § 1 KSchG Personenbedingte Kündigung Nr. 16) weder gegen Treu und Glauben noch gegen die Grundsätze des § 162 BGB, wenn der Arbeitgeber in einer derartigen Situation dem Arbeitsamt erklärt, er habe **kein Interesse mehr an dem bisher beschäftigten Arbeitnehmer** und um die Vermittlung einer bevorrechtigt zu berücksichtigenden Person nachsucht.

Ein Arbeitnehmer, der **verschweigt, dass er zur Ausreise aus der BRD aufgefordert wurde** und dass seine Ausreisepflicht für vollziehbar erklärt wurde und deshalb seine Arbeitserlaubnis entfallen ist, begeht eine Ordnungswidrigkeit i. S. d. § 404 Abs. 2 Nr. 3 SGB III und verletzt nach Auffassung des *LAG Nbg.* (21.9.1994 NZA 1995, 228) wegen dieser vorsätzlichen und arglistigen Täuschung seine arbeitsvertragliche Treuepflicht erheblich. Ein solches Verhalten stellt einen wichtigen Grund i. S. d. § 626 Abs. 1 BGB dar. Der Arbeitnehmer kann nicht einwenden, er habe darauf vertrauen dürfen, infolge Rechtsmitteleinlegung die Duldung und damit die Arbeitserlaubnis zu behalten.

Ob der Arbeitgeber nach Ablauf der Arbeitserlaubnis zur **ordentlichen oder außerordentlichen Kündigung** berechtigt ist, hängt von den Umständen des Einzelfalles ab, insbes. davon, ob der Arbeitgeber den Arbeitsplatz sofort neu besetzen muss (*BAG* 13.1.1977 EzA § 19 AFG Nr. 2); zu beachten ist, dass dem Arbeitnehmer ein Anspruch auf Erlass einer Einstweiligen Anordnung, gerichtet auf Erteilung einer Arbeitserlaubnis zustehen kann (vgl. instruktiv *SG Bln.* 18.9.2001 NZA-RR 2002, 484).

2116

2117

2118

### c) Subjektive Eignungsmängel

#### aa) Verminderte Leistungsfähigkeit

Subjektive Eignungsmängel sind Umstände, die unmittelbar in der Person des Arbeitnehmers begründet sind. Dazu gehört insbes. die – z. B. auch krankheitsbedingt – geminderte Leistungsfähigkeit des Arbeitnehmers (vgl. *Leuchten/Zimmer* BB 1999, 1973 ff.).

Subjektive Eignungsmängel sind nicht in jedem Fall kündigungsrechtlich von Bedeutung, weil die Leistungsfähigkeit der Menschen individuell sehr unterschiedlich ist; Fehler sind für jedermann in gewissem Umfang unvermeidlich.

Folglich kann **nicht jeder verminderte Leistungsgrad** im Vergleich zu einem anderen vergleichbaren Arbeitnehmer oder jede Fehlleistung **eine Kündigung rechtfertigen** (*BAG* 26.9.1991 EzA § 1 KSchG Personenbedingte Kündigung Nr. 10). Auch reicht für eine personenbedingte Kündigung **nicht die pauschale Behauptung aus, ein Mitarbeiter sei ungeeignet** (*LAG RhPf* 30.7.2001 – 4 Sa 1275/00).

2119

2120

2121

**2122** Allerdings kann eine Kündigung dann gerechtfertigt sein, wenn dem Arbeitnehmer Eigenschaften fehlen, die für die von ihm vertraglich geschuldete Aufgabe von bestimmender Bedeutung sind.

**2123** Dies ist etwa dann der Fall, wenn sich bei einem Konzertmeister eines Sinfonieorchesters herausstellt, dass er die für diese Stellung erforderlichen Führungseigenschaften nicht besitzt (*BAG* 29.7.1976 EzA § 1 KSchG Nr. 34).

**2124** Es gibt insoweit allerdings keinen allgemeinen Erfahrungssatz des Inhalts, dass das Fehlen sog. Führungseigenschaften bei einem leitenden Mitarbeiter stets auf einer von der Natur mitgegebenen Veranlagung beruht, die nicht an das subjektive Wollen des Arbeitnehmers gebunden ist (*LAG Köln* 23.5.2002 ARST 2003, 65 LS).

Das *LAG Köln* (24.1.2007 – 7 Sa 1024/05, ZTR 2007, 624) hat – zu weitgehend – angenommen, dass ein insulinpflichtiger Diabetiker grds. nicht geeignet ist, als Busfahrer im Personenbeförderungsverkehr tätig zu sein.

**2125** Ist ein Arbeitnehmer nicht in der Lage, **in deutscher Sprache** abgefasste Arbeitsanweisungen zu lesen, so kann eine ordentliche Kündigung gerechtfertigt sein. Es stellt keine nach § 3 Abs. 2 AGG verbotene mittelbare Benachteiligung wegen der ethnischen Herkunft dar, wenn der Arbeitgeber von seinen Arbeitnehmern die Kenntnis der deutschen Schriftsprache verlangt, soweit sie für deren Tätigkeit erforderlich ist. Der Arbeitgeber verfolgt ein i. S. d. Gesetzes legitimes, nicht diskriminierendes Ziel, wenn er – z. B. aus Gründen der Qualitätssicherung – schriftliche Arbeitsanweisungen einführt; vermag der Arbeitnehmer diesen Anforderungen trotz aller Bemühungen nicht zu genügen, kann eine ordentliche personenbedingte Kündigung sozial gerechtfertigt sein (*BAG* 28.1.2010 EzA § 1 KschG Personenbedingte Kündigung Nr. 24).

**2126** Eine Kündigung wegen mangelnder fachlicher Fähigkeiten zur Bedienung neu angeschaffter Maschinen ist dann rechtsunwirksam, wenn der Arbeitgeber nicht zunächst den Versuch unternimmt, den Arbeitnehmer an den **neu angeschafften Maschinen zu schulen**, um ihm die Chance zu geben, seine fachliche Qualifikation zu verbessern (*LAG Hmb.* 3.4.2009 – 6 Sa 47/08, AuR 2009, 319).

**2127** Erforderlich ist jedenfalls stets, dass die Minderung der Leistungsfähigkeit zu einer **erheblichen Beeinträchtigung der betrieblichen Interessen** führt (*BAG* 26.9.1991 EzA § 1 KSchG Personenbedingte Kündigung Nr. 10).

*bb) Graduelles Leistungsdefizit*

*(1) Grundlagen*

**2128** Problematisch ist die Feststellung, wann eine Kündigung sozial gerechtfertigt ist, wenn sie nicht auf das Fehlen konkret abgrenzbarer Eigenschaften, sondern auf ein graduelles Leistungsdefizit gestützt wird. Ein graduelles Leistungsdefizit liegt dann vor, wenn der Arbeitnehmer die vertraglich geschuldete Leistung **zwar an sich erbringen kann, sie vom Umfang her aber erheblich von der vergleichbarer Arbeitnehmer abweicht.**

**2129** Geht man davon aus (*BAG* 11.12.2003 EzA § 1 KSchG Verhaltensbedingte Kündigung Nr. 62; *LAG Hamm* 23.8.2000 NZA-RR 2001, 138; s. a. *Friemel/Walk* NJW 2010, 1557 ff.; *Sasse* ZTR 2009, 186 ff.; s. Kap. 3 Rdn. 20; s. a. Rdn. 2195), dass der Arbeitnehmer im Rahmen der arbeitsvertraglichen Vereinbarung in der Arbeitszeit unter angemessener Anspannung seiner (individuellen) Kräfte und Fähigkeiten ständig zu arbeiten hat, ohne Körper und Gesundheit zu schädigen (s. Kap. 3 Rdn. 20 ff.), so kommt ein graduelles Leistungsdefizit kündigungsrechtlich erst dann in Betracht, wenn er insgesamt **nicht mehr in der Lage ist, seine vertraglich geschuldete Arbeitsleistung zu erbringen.**

**2130** Geht man dagegen davon aus (MünchArbR/*Berkowsky* 2. Aufl., § 136 Rn. 97 f.; vgl. auch *ArbG Celle* 14.5.2001 NZA-RR 2001, 478; dagegen *BAG* 11.12.2003 EzA § 1 KSchG Verhaltensbedingte Kündigung Nr. 62; *Friemel/Walk* NJW 2010, 1557 ff.; *Sasse* ZTR 2009, 186 ff.; s. Kap. 3 Rdn. 20),

## F. Die ordentliche personenbedingte Arbeitgeberkündigung  Kapitel 4

dass der Arbeitnehmer eine durch den Arbeitsvertrag und eventuell in Bezug genommene Arbeitsplatz- oder Leistungsbeschreibung konkretisierte Leistung mittlerer Art und Güte schuldet (§ 243 Abs. 1 BGB), dann kommt ein graduelles Leistungsdefizit als Kündigungsgrund in Betracht, wenn sich sein Leistungsniveau **signifikant vom Leistungsniveau der zwar unter dem Durchschnitt liegenden, aber noch hinreichend leistungsfähigen vergleichbaren Mitarbeiter abhebt.**

Maßstab ist insoweit ein Vergleich zwischen einem insoweit vergleichbaren Mitarbeiter, dessen Leistung kündigungsrechtlich unbedenklich ist, und dem zu kündigenden Arbeitnehmer.  2131

Eine solche Feststellung ist nicht ohne subjektive Wertung zu treffen, sodass dem Arbeitgeber insoweit ein gewisser Beurteilungsspielraum eingeräumt werden muss. Dies entbindet ihn jedoch nicht von der Pflicht, im Kündigungsschutzprozess exakt die Daten und Fakten vorzutragen, aus denen sich der Grad des Leistungsdefizits des gekündigten Arbeitnehmers ergibt (so MünchArbR/*Berkowsky* 2. Aufl., § 136 Rn. 97 f.; s. a. *Tschöpe* BB 2006, 213 ff. zur Bestimmung der sog. »low performer«; instr. *LAG BW* 6.9.2006 BB 2007, 1228 m. Anm. *Winzer* BB 2007, 1231 f.; *LAG SchlH* 27.5.2008 NZA-RR 2008, 573; *Maschmann* Beil. 1/06 zu NZA Heft 10/06 S. 13 ff.).  2132

Das *LAG Köln* (21.12.1995 NZA-RR 1997, 51; vgl. auch *ArbG Celle* 14.5.2001 NZA-RR 2001, 478) hat insoweit folgende Grundsätze aufgestellt:  2133
- Die krankheitsbedingte dauerhafte Leistungsminderung kann nur mit großer Zurückhaltung als ein Kündigungsgrund nach § 1 Abs. 2 KSchG in Betracht gezogen werden;
- Geringe Leistungsminderungen scheiden von vornherein als Kündigungsgrund aus; erste eine erhebliche Beeinträchtigung der Leistungsfähigkeit (objektiv messbarer Leistungsabfall in quantitativer oder qualitativer Hinsicht) kann eine unzumutbare wirtschaftliche Belastung des Arbeitgebers darstellen, weil der gezahlten Vergütung dann keine adäquate Arbeitsleistung mehr gegenübersteht;
- Fehlt die Feststellung objektiver Tatsachen für das dauernde Ungleichgewicht von Leistung und Gegenleistung, dann muss im Regelfall mit der auf Erkrankungen gestützten Kündigung abgewartet werden, bis die Prognose ergibt, dass der Arbeitnehmer tatsächlich aus diesen Gründen regelmäßig fehlen wird. Auch der in einem arbeitsmedizinischen Gutachten enthaltene ärztliche Rat, die Tätigkeit aus gesundheitlichen Gründen nicht mehr auszuüben, berechtigt den Arbeitgeber nicht ohne weiteres zu einer »Kündigung aus Fürsorge«;
- Eine vorsorglich und »aus Fürsorge« in Kenntnis ärztlicher Besorgnis erklärte Kündigung ist insbes. dann nicht sozial gerechtfertigt, wenn sie ausgesprochen wird, nachdem der Arbeitnehmer inzwischen seit Monaten wieder ohne objektiv messbare Leistungsminderung tatsächlich mit seiner vertraglichen Arbeit (z. B. als Abbrucharbeiter) beschäftigt worden ist.

Das *BAG* (11.12.2003 EzA § 1 KSchG Verhaltensbedingte Kündigung Nr. 62; 3.6.2004 EzA § 23 KSchG Nr. 27; ebenso *LAG Hamm* 1.2.2005 LAG Report 2005, 337 m. Anm. *Kock*; vgl. *Depel/Raif* SAE 2005, 88 ff.; *Friemel/Walk* NJW 2005, 3669 ff.; *dies.* NJW 2010, 1557 ff.; *Maschmann* Beil. 1/06 zu NZA Heft 10/06 S. 13 ff.; *Sasse* ZTR 2009, 186 ff.; s. Kap. 3 Rdn. 20; s. a. Rdn. 2195) geht insoweit davon aus,  2134
- dass eine personenbedingte Kündigung dann in Betracht kommt, wenn bei einem über längere Zeit erheblich leistungsschwachen Arbeitnehmer auch für die Zukunft mit einer schweren Störung des Vertragsgleichgewichts zu rechnen ist.
- Voraussetzung dafür ist allerdings, dass ein milderes Mittel zu dessen Wiederherstellung nicht zur Verfügung steht und dem Schutz älterer, langjährig beschäftigter und erkrankter Arbeitnehmer ausreichend Rechnung getragen wird.
- Demgegenüber kommt es – bei der personenbedingten Kündigung – nicht darauf an, dass der Arbeitnehmer gegen die subjektiv zu bestimmende Leistungspflicht verstößt.
- Im Prozess hat der Arbeitgeber dabei im Rahmen der abgestuften Darlegungslast zunächst nur die Minderleistung vorzutragen. Ist dies geschehen, so muss der Arbeitnehmer erläutern, warum er trotz unterdurchschnittlicher Leistungen seine Leistungsfähigkeit ausgeschöpft hat bzw. woran die Störung des Leistungsgleichgewichts liegen könnte und ob in Zukunft eine Bes-

serung zu erwarten ist (*BAG* 3.6.2004 EzA § 23 KSchG Nr. 27; *LAG BW* 6.9.2006 BB 2007, 1228 m. Anm. *Winzer* BB 2007, 1231 f.).

2135 ▶ **Beispiele:**
– Bei einer völligen Erfolglosigkeit eines Arbeitnehmers im Akquisitionsgeschäft ist davon auszugehen, dass in dem Arbeitsverhältnis zwischen den Parteien das Verhältnis von Leistung und Gegenleistung nachhaltig gestört ist. Dies kann eine personenbedingte Kündigung sozial rechtfertigen (*BAG* 3.6.2004 EzA § 23 KSchG Nr. 27; s. a. *Friemel/Walk NJW* 2010, 1557 ff.).
– Aus ungewöhnlichen **Kassendifferenzen** kann auch auf mangelnde Sorgfalt beim Kassiervorgang geschlossen werden. Darin liegt eine qualitative Minderleistung der Kassenkraft. Stützt der Arbeitgeber eine Kündigung auf qualitative Minderleistung, hat er zunächst darzulegen, dass der Arbeitnehmer längerfristig die durchschnittliche Fehlerhäufigkeit aller mit vergleichbaren Arbeiten beschäftigter Arbeitnehmer erheblich überschritten hat (*LAG BW* 3.2.2010 – 8 Sa 9/09, EzA-SD 12/2010 S. 6 LS; *LAG SchlH* 24.2.2010 NZA-RR 2010, 466).

*(2) § 97 Abs. 2 BetrVG*

2136 Hat der Arbeitgeber technische Anlagen, Arbeitsverfahren und Arbeitsabläufe oder Arbeitsplätze geplant, die dazu führen, dass sich die Tätigkeit der betroffenen Arbeitnehmer ändern wird und ihre **beruflichen Kenntnisse und Fähigkeiten** zur Erfüllung ihrer Aufgaben **nicht mehr ausreichen**, so hat der Betriebsrat gem. § 97 Abs. 2 BetrVG bei der Einführung von Maßnahmen der betrieblichen Berufsbildung **mitzubestimmen**. Kommt eine Einigung nicht zustande, so entscheidet die **Einigungsstelle**. Der Spruch der Einigungsstelle ersetzt die Einigung zwischen Arbeitgeber und Betriebsrat.

2137 Fraglich ist, ob und inwieweit diese Regelung die **individualrechtliche Befugnis des Arbeitgebers** beschränkt, das Arbeitsverhältnis wegen mangelnder Qualifikation des Arbeitnehmers zu **kündigen**. Im Grundsatz lässt sich aus § 97 Abs. 2 BetrVG n. F. keine Kündigungssperre in dem Sinne ableiten, dass der Arbeitgeber zunächst das Verfahren nach § 97 Abs. 2 BetrVG n. F. und ggf. den Abschluss der Fortbildungsmaßnahme abwarten muss, bevor er das Arbeitsverhältnis kündigen kann. Denn § 97 Abs. 2 BetrVG n.F, regelt nur das Verhältnis zwischen Arbeitgeber und Betriebsrat. Die Zulässigkeit der Kündigung richtet sich dagegen allein nach § 1 Abs. 2 KSchG. Zumindest wenn sich **Arbeitgeber und Betriebsrat** auf die Einführung von Fortbildungs- und Umschulungsmaßnahmen **verständigt haben** oder wenn die Einigung durch Spruch der Einigungsstelle ersetzt worden ist, dürfte die Kündigung eines Arbeitnehmers, der an der **Bildungsmaßnahme teilnimmt**, aber **regelmäßig wegen Verstoßes** gegen das in § 1 Abs. 2 S. 3 KSchG kodifizierte kündigungsrechtliche **ultima-ratio-Prinzip unwirksam sein** (GK-BetrVG/*Raab* § 97 Rn. 22; *Annuß* NZA 2001, 368).

*cc) Lebensalter*

2138 Das Lebensalter eines Arbeitnehmers **rechtfertigt für sich genommen eine Kündigung grds. nicht.** Bei natürlichem altersbedingten Abbau der Leistungsfähigkeit kann aber eine Kündigung in Betracht kommen, wenn er den vertraglich geschuldeten Leistungspflichten insgesamt **nicht mehr gerecht zu werden vermag** (weitergehend KR/*Etzel* 7. Aufl. § 1 KSchG Rn. 387: Erreichen des 65. Lebensjahres ausreichend, wenn der Arbeitnehmer ausreichend versorgt ist; a. A. APS/*Dörner/Vossen* § 1 KSchG Rn. 252 f.).

2139 Maßstab ist insoweit das Anforderungsprofil des Arbeitsplatzes unter Berücksichtigung der arbeitsvertraglichen Vereinbarung (so MünchArbR/*Berkowsky* 2. Aufl., § 136 Rn. 99). Zum Teil wird auch auf die Leistungsfähigkeit vergleichbarer (gleichaltriger) Arbeitnehmer abgestellt (KR/*Becker* 3. Aufl., § 1 KSchG Rn. 222).

## F. Die ordentliche personenbedingte Arbeitgeberkündigung

### 6. Wirtschaftliche und soziale Absicherung eines nebenberuflich tätigen Arbeitnehmers

Dass ein nebenberuflich tätiger Arbeitnehmer als Beamter auf Lebenszeit weitgehend wirtschaftlich und sozial abgesichert ist, stellt keinen personenbedingten Grund i. S. d. § 1 Abs. 1 KSchG für eine Kündigung eines nebenberuflich ausgeübten Teilzeitarbeitsverhältnisses dar (*BAG* 13.3.1987 EzA § 1 KSchG Betriebsbedingte Kündigung Nr. 44). 2140

### 7. Verfassungspolitische Einstellung; politische Tätigkeit

#### a) Verfassungsfeindliche Betätigung als arbeitsvertragliche Pflichtverletzung

##### aa) Grundsätze

Die politische Gesinnung eines Arbeitnehmers scheidet grds. von vornherein als Kündigungsgrund aus. 2141

Etwas anderes kann sich allenfalls dann ergeben, wenn im konkreten Fall die **Gefahr einer verfassungsfeindlichen Betätigung** des Arbeitnehmers besteht und diese Betätigung gegen den **arbeitsvertraglichen Pflichtenkreis** verstößt. 2142

I. d. R. gehört es aber nicht zum Inhalt eines üblichen privatrechtlichen Arbeitsvertrages, sich verfassungsfeindlicher Aktivitäten grds. zu enthalten oder sich gar aktiv für die Ordnung des GG einzusetzen. 2143

##### bb) Tendenzbetriebe; öffentlicher Dienst

Eine solche Verpflichtung kommt jedoch bei Arbeitnehmern in Betracht, wenn das Arbeitsverhältnis zu einem Arbeitgeber besteht, dessen Betrieb die **Förderung politischer Zielsetzungen** zum Gegenstand hat (z. B. Verlag, Zeitungsredaktion, Rundfunkredaktion, Parteien, insbes. aber auch bei Angestellten des öffentlichen Dienstes). 2144

Dennoch folgt aus § 8 BAT z. B. nicht, dass jeder Angestellte des öffentlichen Dienstes einer gesteigerten politischen Treuepflicht unterliegt. Diese Auslegung würde gegen Art. 5 Abs. 1 GG, Art. 21 Abs. 1 GG verstoßen (*BAG* 28.9.1989 EzA § 1 KSchG Verhaltensbedingte Kündigung Nr. 28); eine § 8 BAT entsprechende Regelung enthält zudem der TVöD ersatzlos nicht mehr, denn auch ein Arbeitnehmer des öffentlichen Dienstes unterliegt nicht in jedem Fall der einem Beamten vergleichbaren – gesteigerten – Treuepflicht. Je nach Stellung und Aufgabenkreis kann von ihm, anders als von einem Beamten, nicht die Bereitschaft verlangt werden, sich mit der Idee des Staates, d. h. seiner freiheitlichen, demokratischen, rechts- und sozialstaatlichen Ordnung zu identifizieren und dafür aktiv einzutreten. **Je nach Funktion** kann ein Arbeitnehmer die ihm nach § 3 Abs. 1 S. 2 TV-L obliegende Pflicht zur Verfassungstreue schon dadurch »wahren«, dass er die freiheitlich-demokratische Grundordnung **nicht aktiv bekämpft**. Nur wenn ein Arbeitnehmer das danach zu bestimmende Maß an Verfassungstreue nicht aufbringt, kommt eine personen- oder verhaltensbedingte Kündigung in Betracht. Allein die **Mitgliedschaft** und das **aktive Eintreten** des Arbeitnehmers für eine **verfassungsfeindliche Organisation** können zwar entsprechende Zweifel erwecken. Sie führen aber nicht ohne weiteres zur sozialen Rechtfertigung einer Kündigung des Arbeitsverhältnisses. Entscheidend ist, inwieweit die außerdienstlichen politischen Aktivitäten in die **Dienststelle hineinwirken** und entweder die allgemeine Aufgabenstellung des öffentlichen Arbeitgebers oder das konkrete Aufgabengebiet des Arbeitnehmers berühren. Das wiederum hängt maßgeblich davon ab, welche staatlichen Aufgaben der Arbeitgeber wahrzunehmen hat, welche Verhaltenspflichten dem Arbeitnehmer obliegen und welches Aufgabengebiet innerhalb der Verwaltung er zu bearbeiten hat (*BAG* 12.5.2011 EzA § 123 BGB 2002 Nr. 10). 2145

Das Ausmaß der politischen Loyalitätsverpflichtung des Arbeitnehmers richtet sich also stets nach den jeweiligen **arbeitsvertraglichen Funktionen** des Arbeitnehmers. 2146

Gerade diese müssen das Maß an Loyalität erfordern, deren Fehlen zum Anlass der Kündigung genommen wird. 2147 *cc) Aktivitäten für die DKP*

2148 Die politische Betätigung eines angestellten Lehrers für die DKP kann folglich als personenbedingter Grund für eine ordentliche Kündigung in Betracht kommen, wenn der Angestellte unter Berücksichtigung der ihm obliegenden Funktion und der staatlichen Aufgabenstellung des öffentlichen Arbeitgebers auf Grund konkreter Umstände nicht (mehr) als geeignet für die Lehrtätigkeit angesehen werden kann.

2149 **Die Mitgliedschaft in der DKP, die Kandidatur für diese Partei bei Wahlen und die Annahme eines Ratsmandates sind zwar Indizien für eine fehlende Bereitschaft zur Verfassungstreue, reichen aber als personenbedingter Kündigungsgrund allein noch nicht aus.**

2150 Zweifel an der Verfassungstreue sind nicht vom Arbeitnehmer zu entkräften, sondern **vom Arbeitgeber durch konkrete Umstände so zu personalisieren und zu verstärken, dass sie die Feststellung der fehlenden Eignung (Verfassungstreue) rechtfertigen** (*BAG* 28.9.1989 EzA § 1 KSchG Verhaltensbedingte Kündigung Nr. 28; s. a. *LAG BW* 2.6.2009 LAGE § 1 KSchG Verhaltensbedingte Kündigung Nr. 103).

*b) Feststellung der fehlenden Eignung*

2151 Konkrete Umstände, die gegen die Eignung sprechen, können sich aus dem bisherigen dienstlichen oder außerdienstlichen Verhalten des Lehrers sowie insbes. aus einem durch Anhörung zu ermittelnden Verfassungsverständnis ergeben.

2152 Wenn nach diesen Grundsätzen eine fehlende Eignung nicht festzustellen ist, kommt eine verhaltensbedingte Kündigung wegen der politischen Aktivitäten nur in Betracht, wenn das Arbeitsverhältnis im Bereich der betrieblichen Verbundenheit konkret beeinträchtigt ist.

2153 Die subjektive Besorgnis des Arbeitgebers, der angestellte Lehrer könne jederzeit die ihm anvertrauten Schüler indoktrinieren, ist noch keine konkrete nachteilige Auswirkung von politischen Aktivitäten, die auf die Verwirklichung verfassungswidriger Ziele gerichtet sind (*BAG* 6.6.1984 EzA § 1 KSchG Verhaltensbedingte Kündigung Nr. 12; 28.9.1989 EzA § 1 KSchG Verhaltensbedingte Kündigung Nr. 28; *LAG BW* 2.6.2009 LAGE § 1 KSchG Verhaltensbedingte Kündigung Nr. 103).

### 8. Ehe; Ehegatten-Arbeitsverhältnis; Lebensgemeinschaft

2154 **Die Eheschließung stellt keinen personenbedingten Kündigungsgrund dar.** Auch einzelvertraglich kann ein solches Kündigungsrecht nicht wirksam vereinbart werden, auch nicht durch eine sog. Zölibatsklausel.

2155 Unter Umständen kann aber im **kirchlichen Bereich** eine Eheschließung, die gegen fundamentale Grundsätze der kirchlichen Gemeinschaft verstößt, eine personenbedingte Kündigung des Arbeitnehmers rechtfertigen (s. Rdn. 3129 ff.).

2156 Die **Lebensgemeinschaft** einer Arbeitnehmerin mit einem Kollegen, der zu einem **Konkurrenzunternehmen in leitender Stellung wechselt**, ist allein noch kein in der Person der verbleibenden Arbeitnehmerin liegender Grund zur Kündigung des Arbeitsverhältnisses (*LAG Hamm* 29.1.1997 NZA 1999, 656).

2157 Auch bei einem sog. Ehegatten-Arbeitsverhältnis ist die Zerrüttung bzw. das Scheitern der Ehe für die Frage der sozialen Rechtfertigung der Kündigung ohne konkrete nachteilige Auswirkungen auf das Arbeitsverhältnis ohne Aussagekraft (*BAG* 9.2.1995 EzA § 1 KSchG Personenbedingte Kündigung Nr. 12).

2158 Die Kündigung ist nur dann sozial gerechtfertigt, wenn sich die ehelichen Auseinandersetzungen so auf das Arbeitsverhältnis auswirken, dass der Arbeitgeber nachvollziehbare Gründe zu der Annahme hat, der Arbeitnehmer werde seine arbeitsvertraglichen Pflichten nicht mit der geschuldeten Sorgfalt und Loyalität ausfüllen bzw. die Fortsetzung der ehelichen Streitigkeiten werde sich auf das Arbeitsverhältnis negativ auswirken und damit zu einer Störung des Betriebsfriedens führen (*BAG* 9.12.1995 EzA § 1 KSchG Personenbedingte Kündigung Nr. 12; *LAG Köln* 28.11.2002 – 5 Sa 566/02, NZA-RR 2003, 416).

Diese Grundsätze gelten entsprechend auch für gleichgeschlechtliche Paare in eingetragenen Lebenspartnerschaften (vgl. dazu *Powietzka* BB 2002, 146 ff.). 2159

## 9. Ehrenämter

Nimmt der Arbeitnehmer Verpflichtungen aus privaten (karitativen, künstlerischen, religiösen oder sportlichen) Ehrenämtern wahr, so kann dies zwar keine personenbedingte, u. U. aber eine **verhaltensbedingte Kündigung** rechtfertigen, wenn diese Tätigkeit zu **unzumutbaren Unzuträglichkeiten im Betrieb führt**. 2160

Funktionen im gewerkschaftlichen Bereich berechtigen den Arbeitgeber nicht zur Kündigung. Vielmehr steht die gewerkschaftliche Betätigung unter dem besonderen Schutz des Art. 9 Abs. 3 GG. 2161

Jedoch ist auch in diesem Bereich eine verhaltensbedingte Kündigung nicht ausgeschlossen, wenn sich der Arbeitnehmer nachhaltig trotz einschlägiger Abmahnungen in betrieblichen Bereichen unzulässigerweise gewerkschaftlich betätigt. 2162

## 10. Ableistung des Wehrdienstes von Nicht-EU-Ausländern

Muss ein Arbeitnehmer aus einem nicht der Europäischen Union angehörigen Land, z. B. der Türkei, in seinem Heimatland eine Wehrpflicht ableisten, so kann er sich nicht auf ein Leistungsverweigerungsrecht gegenüber dem Arbeitgeber berufen; das ArbPlSchG findet auf ihn auch nicht entsprechend Anwendung (s. Rdn. 799 f.). 2163

In diesem Fall kommt eine ordentliche personenbedingte Kündigung in Betracht, wenn der wehrdienstbedingte Ausfall zu einer erheblichen Beeinträchtigung der betrieblichen Interessen führt und nicht durch zumutbare personelle oder organisatorische Maßnahmen zu überbrücken ist. 2164

Zu den zumutbaren Überbrückungsmaßnahmen kann auch eine **Stellenausschreibung** für eine Aushilfskraft über den Bereich des Beschäftigungsbetriebes hinaus gehören, und zwar auch dann, wenn der Arbeitgeber im Unternehmensbereich einen Personalabbau betreibt oder plant (*BAG* 20.5.1988 EzA § 1 KSchG Personenbedingte Kündigung Nr. 3). 2165

## 11. Sicherheitsbedenken

Die finanzielle Belastung durch ratenweise, erst auf längere Sicht zu tilgende Verbindlichkeiten, die teilweise auf mehrere, im Vermögensbereich liegende rechtskräftig verurteilte Straftaten zurückgehen, kann ein konkreter, greifbarer Umstand sein, der wegen Sicherheitsbedenken aus personenbedingten Gründen die Kündigung gegenüber einer Schreibkraft im Bundesministerium der Verteidigung sozial rechtfertigt (*LAG Köln* 9.5.1996 ZTR 1997, 188; s. insges. *Adam* ZTR 2009, 569 ff.). 2166

## 12. Äußeres Erscheinungsbild

Der Arbeitnehmer ist gem. § 242 BGB nach Treu und Glauben mit Rücksicht auf die Verkehrssitte verpflichtet, **sein Äußeres den Gegebenheiten des Arbeitsverhältnisses anzupassen**. Denn auf Grund des Arbeitsvertrages ist der Arbeitnehmer zur Einordnung, d. h. zur Übernahme einer durch den Arbeitsvertrag festgelegten Funktion innerhalb eines fremden Arbeits- oder Lebensbereichs verpflichtet; er schuldet daher ein Gesamtverhalten, das darauf gerichtet ist, nach Maßgabe der von ihm übernommenen Funktion die berechtigten Interessen des Arbeitgebers nicht zu schädigen und im Rahmen des Zumutbaren wahrzunehmen. Dies gilt besonders dann, wenn der Arbeitgeber auf Kunden und deren Vorstellungen Rücksicht zu nehmen hat und unter anderem durch die äußere Erscheinung seines Personals eine Aussage über Image, Stil und Trend des Unternehmens treffen will (vgl. *BAG* 8.8.1989 EzA § 87 BetrVG 1972 Betriebliche Ordnung Nr. 13). 2167

# Kapitel 4

Die Beendigung des Arbeitsverhältnisses

2168   Das *Hess. LAG* (21.6.2001 NZA-RR 2001, 632; a. A. *ArbG Dortmund* 16.1.2003 – 6 Ca 5736/02, EzA-SD 2/03, S. 11 LS für eine Kindergärtnerin) hat deshalb angenommen, dass der Träger eines Kaufhauses, in dem in sehr **ländlicher Umgebung** Modeartikel, Schmuck, Kosmetika, Accessoires und Spielsachen angeboten werden, nicht verpflichtet ist, eine Verkäuferin zu beschäftigen, die darauf besteht, bei ihrer Tätigkeit **aus religiösen Gründen ein Kopftuch zu tragen**, obwohl sie mehrere Jahre zuvor ihrer Tätigkeit in westlicher Kleidung nachgegangen ist und daher die von ihrem Arbeitgeber an das äußere Erscheinungsbild gestellten Anforderungen erfüllt hat. Es hat deshalb eine ordentliche personenbedingte Kündigung des Arbeitgebers als rechtswirksam erachtet.

2169   Das *BAG* (10.10.2002 EzA § 1 KSchG Verhaltensbedingte Kündigung Nr. 58; zust. *Hoevels* NZA 2003, 701 ff.; vgl. auch *Adam* NZA 2003, 1375 ff.) hat demgegenüber zutreffend angenommen, dass das Tragen eines islamischen Kopftuchs allein regelmäßig noch nicht die ordentliche Kündigung in diesem Fall rechtfertigt. Denn mit dem Tragen eines – islamischen – Kopftuchs nimmt eine Arbeitnehmerin Grundrechte in Anspruch. Das Kopftuch stellt ein Symbol für eine bestimmte religiöse Überzeugung dar. Sein Tragen aus religiöser Überzeugung fällt in den Schutzbereich der Glaubens- und Bekenntnisfreiheit (Art. 4 Abs. 1 GG), die durch die Gewährleistung der ungestörten Religionsausübung (Art. 4 Abs. 2 GG) noch verstärkt wird. Das Grundrecht umfasst die Freiheit, nach eigener Glaubensüberzeugung zu leben und zu handeln. Eine Arbeitnehmerin, die ihre Tätigkeit zukünftig nur mit einem – islamischen – Kopftuch ausüben will, ist weiterhin in der Lage, ihre vertraglich geschuldete Arbeitsleistung als Verkäuferin in einem Kaufhaus zu erbringen. Deshalb ist ein personenbedingter Grund zur ordentlichen Kündigung nach § 1 Abs. 2 KSchG nicht gegeben. Ob ein verhaltensbedingter Kündigungsgrund nach § 1 Abs. 2 KSchG vorliegt, ist unter Abwägung der kollidierenden Grundrechtspositionen zu ermitteln; es ist für einen schonenden Ausgleich zu sorgen (*BVerfG* 30.7.2003 NZA 2003, 959). Der Arbeitgeber kann auch unter Berücksichtigung seiner grundrechtlich geschützten Unternehmerfreiheit nicht ohne weiteres von der Arbeitnehmerin die Einhaltung eines im Betrieb allgemein üblichen Bekleidungsstandards verlangen und die Arbeitnehmerin zu einer Arbeitsleistung ohne Kopftuch auffordern. Sowohl bei der Ausübung des Weisungsrechts des Arbeitgebers als auch bei der Ausgestaltung von vertraglichen Rücksichtnahmepflichten ist das durch Art. 4 Abs. 1 und 2 GG grundrechtlich geschützte Anliegen einer Arbeitnehmerin, aus religiösen Gründen ein Kopftuch bei der Arbeit zu tragen, zu beachten. Ob und in welcher Intensität die durch Art. 12 Abs. 1 GG grundrechtlich geschützte Unternehmerfreiheit durch das Tragen eines Kopftuchs von einer Arbeitnehmerin, z. B. in Form von betrieblichen Störungen oder wirtschaftlichen Einbußen, betroffen wird, muss der Arbeitgeber konkret darlegen. Das durch ein Verbot des Tragens unmittelbar betroffene Grundrecht der Arbeitnehmerin darf nicht auf eine bloße Vermutung des Arbeitgebers hin zurückstehen (*BAG* 10.10.2002 EzA § 1 KSchG Verhaltensbedingte Kündigung Nr. 58).

2170   Das *BVerfG* (30.7.2003 NZA 2003, 959) hat die **gegen diese Entscheidung gerichtete Verfassungsbeschwerde nicht zur Entscheidung angenommen.** Denn wenn das Arbeitsgericht beim notwendigen Ausgleich der wechselseitigen Grundrechtspositionen die wirtschaftliche Betätigungsfreiheit hinter die Grundrechte des Arbeitnehmers zurücktreten lässt, weil dieser die betrieblichen Störungen oder die wirtschaftlichen Nachteile, die er auf Grund des religiös motivierten Verhaltens des Arbeitnehmers befürchtet, nicht plausibel darlegt, ist dies verfassungsrechtlich nicht zu beanstanden.

2171   Andererseits verbieten §§ 57 Abs. 4 S. 1, 58 SchulG NW **religiöse Bekundungen in der Schule** durch Lehrer(innen) und Sozialpädagog(inn)en, die geeignet sind, den religiösen Schulfrieden zu gefährden; diese Regelungen sind Ausdruck des staatlichen Neutralitätsgebots. Ob das Tragen eines bestimmten Kleidungsstücks die nach außen gerichtete Kundgabe einer religiösen Überzeugung ist, richtet sich nach den Deutungsmöglichkeiten, die insbes. für Schüler und Eltern objektiv nahe liegen. Dabei muss sich der fragliche Symbolcharakter nicht schon aus dem Kleidungsstück als solchem ergeben. Trägt z. B. eine Sozialpädagogin muslimischen Glaubens in der Schule anstelle des zuvor getragenen islamischen Kopftuchs zu jeder Zeit eine (Woll-)Mütze, die Haare, Haaransatz und Ohren vollständig bedeckt, kann darin die Kundgabe einer religiösen Überzeugung liegen mit der Folge, dass sie abgemahnt werden kann. Denn das Bekundungsverbot knüpft an einen abstrakten Gefährdungstatbestand an. Es erfasst nicht erst Bekundungen, die den religiösen Schulfrieden konkret gefährden; es will abstrakten Gefahren vorbeugen, um damit sicherzustellen, dass konkrete Gefahren für die Neutralität der Schule unterbunden werden. § 57 Abs. 4 SchulG NRW verstößt weder gegen Art. 4 Abs. 1 GG, Art. 3 Abs. 1 GG noch gegen Art. 9 EMRK oder § 7 AGG (*BAG* 20.8.2009 EzA § 611 BGB 2002 Abmahnung Nr. 4; *LAG Düsseld.* 10.4.2008 – 5 Sa 1836/07, EzA-SD 15/2008 S. 9 LS).

Das ausschließlich **muslimische Schüler** unterrichtet werden und diese freiwillig teilnehmen, führt zu keiner anderen Bewertung. Vielmehr gewinnt die religiöse Neutralität gerade dort an Bedeutung, wo ihre Verletzung als religiöse Parteinahme gewertet werden kann (*BAG* 10.12.2009 – 2 AZR 55/09, NZA-RR 2010, 383). 2172

Gleiches gilt für § 7 Abs. 6 S. 1 KiTaG BW; folglich ist die Abmahnung einer Erzieherin im Kindergarten wegen des **Tragens eines islamischen Kopftuchs** gerechtfertigt (*BAG* 12.8.2010 – 2 AZR 593/09, EzA-SD 2/2011 S. 8 LS; *LAG BW* 19.6.2009 LAGE Art. 4 GG Nr. 7). 2173

### 13. Sexualpraktiken

Bekennt sich ein Arbeitnehmer, der als **Krankenpfleger** auf einer geschlossenen psychiatrischen Station arbeitet, in einer Fernsehtalkshow zu **sadomasochistischen Sexualpraktiken**, rechtfertigt dies allein nach Auffassung des *ArbG Bln.* (7.7.1999 NZA-RR 2000, 244) eine personenbedingte Kündigung wegen mangelnder Eignung nicht. Es gibt danach auch keinen Erfahrungssatz des Inhalts, dass ein Arbeitnehmer, der Sexualpraktiken zuneigt bzw. solche privat praktiziert, die von der gesellschaftlichen Mehrheit abgelehnt werden, Distanzverletzungen bei der Erfüllung seiner arbeitsvertraglichen Pflichten befürchten lässt. Ein dem Diakonischen Werk der evangelischen Kirche angehörender Arbeitgeber kann sich schließlich auf eine Unvereinbarkeit eines Verhaltens des Arbeitnehmers jedenfalls dann nicht berufen, wenn er im Vorfeld der Kündigung ernsthaft erwogen hat, den Arbeitnehmer auf einer anderen Station als Krankenpfleger weiterzubeschäftigen. 2174

Auch das *LAG Hamm* (29.1.2001 – 5 Sa 491/00) hat angenommen, dass eine außerhalb des Dienstes ohne besondere Dienstbezogenheit ausgeübte sexuelle Neigung (**Grundschullehrerin als Mitbetreiberin eines Swingerclubs**) trotz der Verpflichtung der Angestellten des öffentlichen Dienstes, sich so zu verhalten, wie es von Angestellten des öffentlichen Dienstes erwartet wird (§ 8 BAT; inzwischen ersatzlos gestrichen, s. Rdn. 2145), i. d. R. keinen Kündigungsgrund darstellt. 2175

### 14. Unmöglichkeit der Gewährung eines Ersatzruhetages

Die dauerhafte Unmöglichkeit der Gewährung eines Ersatzruhetages i. S. d. § 11 Abs. 3 S. 1 ArbZG – wegen einer Hauptbeschäftigung von Montags bis Samstags und einer Nebenbeschäftigung am Sonntag, die streitgegenständlich war – rechtfertigt regelmäßig die personenbedingte Kündigung eines ausschließlich an Sonntagen beschäftigten Zeitungszustellers (*BAG* 24.2.2005 EzA § 1 KSchG Personenbedingte Kündigung Nr. 18; *LAG Nbg.* 15.4.2004 NZA-RR 2004, 575). 2176

### 15. Wegfall der Sozialversicherungsfreiheit eines Studenten; Exmatrikulation

Es stellt keinen personenbedingten Kündigungsgrund dar, wenn ein für eine Tätigkeit im Gepäckdienst eingestellter Werkstudent aufgrund seiner überlangen Studiendauer nach den sozialversicherungsrechtlichen Regelungen nicht mehr als Student sozialversicherungsfrei ist. Denn dieser Umstand stellt für die geschuldete Arbeitsleistung kein notwendiges Eignungsmerkmal dar. Selbst wenn die Vertragspartner in einem derartigen Fall die Studenteneigenschaft eines Arbeitnehmers als wesentliches Vertragskriterium festgelegt haben und bei dessen Wegfall eine Weiterbeschäftigung zu unveränderten Arbeitsbedingungen für den Arbeitgeber unzumutbar wäre, weil sich durch die Sozialversicherungspflicht das Austauschverhältnis von Leistung und Gegenleistung erheblich verändert hat, kann eine erforderliche Vertragsanpassung keine fristgemäße Beendigungs- 2177 kündigung, sondern allenfalls eine Änderungskündigung rechtfertigen (*BAG* 18.1.2007 EzA § 1 KSchG Personenbedingte Kündigung Nr. 20; s. *Hunold* NZA 2009, 476 ff.).

Bei dem vertraglich vorausgesetzten **Studentenstatus** einer studentischen Hilfskraft an einer Forschungseinrichtung i. S. d. § 57d HRG handelt es sich dagegen um eine für diese Tätigkeit notwendige und sachlich gerechtfertigte Anforderung. Dies folgt unter Berücksichtigung der Aufgabenstellung der Forschungseinrichtung aus dem besonderen Zweck dieses Arbeitsverhältnisses. Geht die »studentische Hilfskraft«, beispielsweise aufgrund einer **Exmatrikulation**, keinem Studium mehr nach, entfällt eine wesentliche, mit der Person verbundene Voraussetzung der Beschäftigung. Dies rechtfertigt regelmäßig die personenbedingte Kündigung des Arbeitsverhältnisses. (*BAG* 18.9.2008 EzA § 1 KSchG Personenbedingte Kündigung Nr. 23; s. *Hunold* NZA 2009, 476 ff.).

## G. Die ordentliche verhaltensbedingte Arbeitgeberkündigung

### I. Verhaltensbedingter Kündigungsgrund

#### 1. Begriffsbestimmung; Verknüpfung mit § 626 Abs. 1 BGB

2178  Was als verhaltensbedingter Kündigungsgrund zu verstehen ist, wird im KSchG nicht definiert.

2179  Allerdings kommen verhaltensbedingte Umstände, die grds. dazu geeignet sind, einen wichtigen Grund i. S. d. § 626 Abs. 1 BGB darzustellen, ebenso als verhaltensbedingte Gründe i. S. d. § 1 Abs. 3 S. 1 KSchG in Betracht. Im Übrigen ist eine Kündigung aus verhaltensbedingten Gründen des Arbeitnehmers gem. § 1 Abs. 2 S. 1 Alt. 2 KSchG dann sozial gerechtfertigt, wenn der Arbeitnehmer seine vertraglichen Haupt- oder Nebenpflichten erheblich und i. d. R. schuldhaft verletzt hat, eine dauerhaft störungsfreie Vertragserfüllung in Zukunft nicht mehr zu erwarten steht und die Lösung des Arbeitsverhältnisses in Abwägung der Interessen beider Vertragsteile angemessen erscheint. Ein nachhaltiger Verstoß des Arbeitnehmers gegen berechtigte Weisungen des Arbeitgebers stellt eine Vertragspflichtverletzung dar, die eine Kündigung zu rechtfertigen vermag. Ebenso kann eine erhebliche Verletzung der den Arbeitnehmer gem. § 241 Abs. 2 BGB treffenden Pflicht zur Rücksichtnahme auf die Interessen des Arbeitgebers eine Kündigung rechtfertigen (*BAG* 24.6.2004 EzA § 1 KSchG Verhaltensbedingte Kündigung Nr. 65; 9.6.2011 EzA § 626 BGB 2002 Nr. 37; 3.11.2011 EzA § 1 KSchG Verhaltensbedingte Kündigung Nr. 79; s. a. *BAG* 12.5.2011 EzA § 123 BGB 2002 Nr. 10).

2180  Ob im Einzelfall eine außerordentliche oder eine ordentliche Kündigung berechtigt ist, kann nur auf Grund einer umfassenden Interessenabwägung entschieden werden.

2181  Dabei ist zu beachten, dass ein nach § 626 Abs. 2 BGB »verfristeter« wichtiger Grund grds. noch zum Anlass für eine ordentliche verhaltensbedingte Kündigung genommen werden kann. Denn es gibt keine »Regelausschlussfrist«, innerhalb derer der Arbeitgeber sein ordentliches Kündigungsrecht ausüben muss. Es gelten nur die allgemeinen Grundsätze der Verwirkung. Ein Arbeitgeber kann allerdings andererseits einen Kündigungsgrund nicht über längere Zeit »auf Vorrat« halten, um ihn bei passend erscheinender Gelegenheit geltend zu machen und ein beanstandungsfrei fortgesetztes Arbeitsverhältnis zu einem beliebigen Zeitpunkt kündigen zu können. Ein kündigungsrelevanter Vorfall kann durch Zeitablauf so an Bedeutung verlieren, dass eine ordentliche Kündigung nicht mehr gerechtfertigt wäre. Der insoweit gebotene Schutz des Arbeitnehmers wird dabei prinzipiell aber nicht durch den Grundsatz der Verhältnismäßigkeit, sondern regelmäßig durch die Anwendung der allgemeinen Grundsätze der Verwirkung realisiert (*BAG* 15.8.2002 EzA § 1 KSchG Nr. 57).

Ein verhaltensbedingter Kündigungsgrund liegt demnach dann vor,
- wenn der Arbeitnehmer mit dem ihm vorgeworfenen Verhalten **eine Vertragspflicht verletzt,** das Arbeitsverhältnis dadurch konkret beeinträchtigt wird (*BAG* 12.5.2011 EzA § 123 BGB 2002 Nr. 10),

- eine zumutbare Möglichkeit einer anderen Beschäftigung nicht besteht und
- die Lösung des Arbeitsverhältnisses in Abwägung der Interessen beider Vertragsparteien nach den Einzelfallumständen **billigenswert und angemessen** erscheint (*BAG* 24.6.2004 EzA § 1 KSchG Verhaltensbedingte Kündigung Nr. 65).

**Es gilt das Prognoseprinzip.** Der Zweck der Kündigung ist nicht die Sanktion für eine Vertragspflichtverletzung, sondern eine Vermeidung von weiteren Vertragspflichtverletzungen. Die eingetretene Pflichtverletzung muss sich auch zukünftig noch belastend auswirken. Eine negative Prognose liegt vor, wenn aus der konkreten Vertragspflichtverletzung und der daraus resultierenden Vertragsstörung geschlossen werden kann, **der Arbeitnehmer werde den Arbeitsvertrag auch nach einer Kündigungsandrohung erneut in gleicher oder ähnlicher Weise verletzen** (*BAG* 19.4.2007 NZA-RR 2007, 571; *LAG RhPf* 26.2.2010 NZA-RR 2010, 297).

Deshalb setzt eine Kündigung wegen einer Vertragspflichtverletzung regelmäßig eine Abmahnung voraus; sie dient der Objektivierung der Prognose (*BAG* 12.1.2006 EzA § 1 KSchG Verhaltensbedingte Kündigung Nr. 67; 12.1.2006 EzA § 1 KSchG Verhaltensbedingte Kündigung Nr. 68). Sie ist nur dann entbehrlich, wenn im Einzelfall **besondere Umstände** vorgelegen haben, aufgrund derer eine Abmahnung als nicht Erfolg versprechend angesehen werden kann. Das ist insbes. dann anzunehmen, wenn erkennbar ist, dass der Arbeitnehmer **nicht gewillt ist, sich vertragsgerecht zu verhalten**. Nur besonders schwere Vorwürfe bedürfen keiner Abmahnung, wenn und weil der Arbeitnehmer dann von vornherein nicht mit einer Billigung seines Verhaltens rechnen kann (*LAG RhPf* 26.2.2010 – 6 Sa 682/09, NZA-RR 2010, 297; *LAG Nds.* 12.2.2010 – 10 Sa 1977/08, EzA-SD 8/2010 S. 6 LS).

### 2. Fallgruppen

Die verhaltensbedingten Kündigungsgründe lassen sich im Wesentlichen in folgende Fallgruppen unterteilen (krit. *Preis* DB 1990, 630 [685]): 2182
- **Leistungsbereich** (Schlecht- oder Fehlleistung);
- **Verstöße gegen die betriebliche Ordnung** (z. B. Rauch-, Alkoholverbot);
- **Störungen im personalen Vertrauensbereich** (z. B. Vollmachtsmissbrauch, Annahme von Schmiergeldern);
- **Verletzung von arbeitsvertraglichen Nebenpflichten** (z. B. Verstöße gegen die Gehorsams-, Treue- und Geheimhaltungspflicht; s. *BAG* 12.5.2011 EzA § 123 BGB 2002 Nr. 10).

### 3. Sonderformen

Sonderformen der verhaltensbedingten Kündigung sind u. U. die **ordentliche Verdachts- und die ordentliche Druckkündigung**. 2183

Insoweit kann auf die Ausführungen zur außerordentlichen Verdachts- und Druckkündigung Bezug genommen werden (s. Rdn. 1561 ff., 1436 ff.), da sich im Wesentlichen nur der Prüfungsmaßstab im Vergleich dazu verändert: Sozialwidrigkeit der Beendigung des Arbeitsverhältnisses statt Unzumutbarkeit seiner Fortsetzung bis zum Ablauf der ordentlichen Kündigungsfrist. 2184

### 4. Beurteilungsmaßstab

Maßstab für die Beurteilung der Sozialwidrigkeit einer verhaltensbedingten Kündigung ist der **ruhig und verständig urteilende Arbeitgeber**. Nur ein Verhalten, das einen solchen Arbeitgeber zu einer Kündigung bestimmen könnte, kann einen verhaltensbedingten Kündigungsgrund darstellen (*BAG* 2.11.1961 AP Nr. 3 zu § 1 KSchG Verhaltensbedingte Kündigung; 13.3.1987 EzA § 611 BGB Abmahnung Nr. 5). 2185

## II. Überblick über die Voraussetzungen einer ordentlichen verhaltensbedingten Arbeitgeberkündigung

2186 Eine ordentliche verhaltensbedingte Arbeitgeberkündigung ist grds. nur dann sozial gerechtfertigt (vgl. *BAG* 24.6.2004 EzA § 1 KSchG Verhaltensbedingte Kündigung Nr. 65; 9.6.2011 EzA § 626 BGB 2002 Nr. 37; 3.11.2011 EzA § 1 KSchG Verhaltensbedingte Kündigung Nr. 79; s. a. *BAG* 12.5.2011 EzA § 123 BGB 2002 Nr. 10), wenn
- ein (i. d. R. schuldhaftes) Fehlverhalten des Arbeitnehmers als Abweichung des tatsächlichen Verhaltens oder der tatsächlich erbrachten Arbeitsleistung vom vertraglich geschuldeten Verhalten bzw. der vertraglich geschuldeten Arbeitsleistung gegeben ist, der Arbeitnehmer also seine vertraglichen Haupt- oder Nebenpflichten erheblich und i. d. R. schuldhaft verletzt hat;
- dieses Fehlverhalten auch betriebliche Auswirkungen hat;
- (i. d. R. zumindest) eine einschlägige vorherige Abmahnung gegeben ist;
- danach weiteres einschlägiges schuldhaftes Fehlverhalten mit betrieblichen Auswirkungen vorliegt und
- eine umfassende Interessenabwägung unter besonderer Berücksichtigung der betrieblichen Auswirkungen des Fehlverhaltens oder der Schlechtleistung und des Verhältnismäßigkeitsprinzips das Überwiegen des Interesses des Arbeitgebers an der Beendigung des Arbeitsverhältnisses gegenüber dem Interesse des Arbeitnehmers an der Fortsetzung des Arbeitsverhältnisses ergibt.

## III. (I. d. R.) schuldhaftes Fehlverhalten

### 1. Verschulden

2187 Eine ordentliche Kündigung ist i. d. R. nur dann als verhaltensbedingte Kündigung gerechtfertigt, wenn der Arbeitnehmer nicht nur objektiv und rechtswidrig, sondern auch schuldhaft erheblich gegen die ihm obliegenden Vertragspflichten verstoßen hat (*BAG* 24.6.2004 EzA § 1 KSchG Verhaltensbedingte Kündigung Nr. 65; 9.6.2011 EzA § 626 BGB 2002 Nr. 37; *LAG Köln* 17.4.2002 LAGE § 626 BGB Nr. 141; *LAG SchlH* 9.6.2011 LAGE § 1 KSchG Verhaltensbedingte Kündigung Nr. 108; vgl. APS/*Dörner/Vossen* § 1 KSchG Rn. 275 ff.). Eine Pflichtverletzung ist dem Arbeitnehmer nur dann vorwerfbar, wenn dieser seine ihr zugrunde liegende Handlungsweise steuern konnte. Ein Verhalten ist steuerbar, wenn es vom Willen des Arbeitnehmers beeinflusst werden kann. Dies ist nicht der Fall, wenn dem Arbeitnehmer die Pflichterfüllung aus von ihm nicht zu vertretenden Gründen subjektiv nicht möglich ist. Ist dies vorübergehend nicht der Fall, ist er für diese Zeit von der Pflichterfüllung befreit (*BAG* 3.11.2011 EzA § 1 KSchG Verhaltensbedingte Kündigung Nr. 79).

2188 ▶ Beispiele:
- Wendet ein Arbeitnehmer einen nur ihm und seinen Verwandten zustehenden **Personalrabatt einem Nachbarn zu**, indem er dem Arbeitgeber vorspiegelt, es handle sich um einen Personaleinkauf, so schädigt er vorsätzlich das Vermögen des Arbeitgebers. Erfolgt dies **heimlich**, unter bewusster Unterlaufung der Kontrollvorrichtungen des Arbeitgebers, ist das Vertrauen in die Redlichkeit des Arbeitnehmers erheblich erschüttert (*LAG SchlH* 28.1.1999 ARST 1999, 106). Macht ein **Automobilverkäufer** dagegen ohne die Absicht, sich unrechtmäßige Vermögensvorteile zu verschaffen, an Kunden Rabattzusagen, die sich im Rahmen des Üblichen bewegen, aber nicht vom Vorgesetzten entsprechend der betriebsinternen Richtlinien vorab genehmigt worden sind, so rechtfertigt dies ohne einschlägige Abmahnung keine ordentliche verhaltensbedingte Kündigung (*LAG Köln* 8.5.2006 – 14 (8) Sa 1334/05, NZA-RR 2006, 519).
- Auch ein wiederholtes unentschuldigtes Fehlen des Arbeitnehmers ist an sich geeignet, eine außerordentliche Kündigung zu rechtfertigen (*BAG* 17.1.1991 EzA § 1 KSchG Verhaltensbedingte Kündigung Nr. 37). Dabei ist es **nicht erforderlich**, dass der Arbeitnehmer **vorsätzlich** gegen seine Vertragspflichten verstößt. Es genügt auch fahrlässige Pflichtwidrigkeit (zutr. *LAG Düsseld.* 4.11.2005 LAGE § 626 BGB 2002 Nr. 7).
- **Erhebliche Verkehrsverstöße** eines Lkw-Fahrers rechtfertigen nach erfolgloser Abmahnung die ordentliche Kündigung des Arbeitsverhältnisses durch den Arbeitgeber. Ist ein Lkw-Fahrer be-

reits deshalb ermahnt und abgemahnt worden, weil er eine rot zeigende Ampel missachtet und Beladungsvorschriften für den Gefahrgut-Lkw nicht eingehalten hat, und begeht er anschließend eine erhebliche Geschwindigkeitsüberschreitung, die zu einem einmonatigen Fahrverbot führt, und fährt mit verkehrsunsicherer Bereifung, weil er die vorgeschriebene tägliche Reifenkontrolle unterlassen hat, ist eine darauf beruhende Kündigung gerechtfertigt (*LAG Köln* 4.9.2006 LAGE § 1 KSchG Verhaltensbedingte Kündigung Nr. 93).

– Dagegen reicht allein die **Beeinträchtigung des Betriebsfriedens** ohne konkrete Feststellung einer arbeitsvertraglichen Pflichtverletzung noch nicht aus, um einen verhaltensbedingten Kündigungsgrund anzunehmen. Die nicht durch die Pflichtverletzung des Arbeitnehmers verursachte Störung des Betriebsfriedens ist erst im Rahmen der umfassenden Interessenabwägung zu Gunsten des Arbeitgebers zu berücksichtigen. Als verletzte Vertragspflicht kommt im Arbeitsverhältnis eine Verletzung der Rücksichtnahmepflicht (§ 241 Abs. 2 BGB) in Betracht. Die Vertragspartner sind zur Rücksichtnahme und zum Schutz bzw. Förderung des Vertragszwecks verpflichtet. Bei der Konkretisierung der vertraglichen Rücksichtnahmepflicht sind allerdings die grundrechtlichen Rahmenbedingungen hinreichend zu beachten (*BAG* 24.6.2004 EzA § 1 KSchG Verhaltensbedingte Kündigung Nr. 65).

Zur privaten Telefon- und Internetnutzung während der Arbeitszeit s. Rdn. 1203 ff. **2189**

## 2. Objektive Pflichtwidrigkeit

Liegt dagegen nur ein objektiv pflichtwidriges Verhalten des Arbeitnehmers vor, so kann dies ausnahmsweise dann eine ordentliche Kündigung sozial rechtfertigen, wenn die **Folgen für den Arbeitgeber erheblich waren** (z. B. wegen eines erheblichen Schadens oder erheblicher Störungen des Betriebsfriedens). Eine (sogar fristlose) Kündigung kommt z. B. dann in Betracht, wenn ein Geistesgestörter einen Messerangriff auf einen arglosen Arbeitskollegen verübt hat (*LAG Köln* 17.4.2002 ZTR 2002, 446 LS). Ein nicht schuldhaftes Fehlverhalten kann auch dann genügen, wenn auf Grund objektiver Umstände mit **wiederholten Pflichtwidrigkeiten** des Arbeitnehmers **zu rechnen ist** (*BAG* 4.11.1957 AP zu § 1 KSchG Nr. 39; 21.1.1999 EzA § 626 BGB n. F. Nr. 178; vgl. dazu *Büdenbender* SAE 2000, 88 ff.; krit. *Berkowsky* RdA 2000, 112 ff.; a. A. *Preis* DB 1990, 688). **2190**

Gleiches gilt dann, wenn ein Arbeitnehmer durch sein Verhalten (Messerangriff eines geistesgestörten Arbeitnehmers auf einen arglosen Arbeitskollegen) die betriebliche Ordnung derart nachhaltig stört, dass dem Arbeitgeber eine Aufrechterhaltung dieses Zustandes selbst dann nicht zumutbar ist, wenn der Arbeitnehmer die Pflichtverletzung nicht zu vertreten hat. Im konkret entschiedenen Einzelfall hat das *LAG Köln* (17.4.2002 LAGE § 626 BGB Nr. 141) angenommen, dass diese Voraussetzungen erfüllt waren. Der Arbeitgeber durfte danach fristlos kündigen, um eine weitere Gefährdung der Mitarbeiter durch den Kläger auszuschließen und deutlich zu machen, dass tätliche Angriffe auf Arbeitskollegen nicht geduldet werden. Angesichts der Schwere der Verletzung konnte dem Arbeitgeber die Fortsetzung des Arbeitsverhältnisses auch nur bis zum Ablauf der Kündigungsfrist nicht zugemutet werden. **2191**

Nichts anderes gilt dann, wenn der Arbeitnehmer durch **fortlaufendes Fehlverhalten** die betriebliche Ordnung bzw. die Sicherheitsvorschriften derart **erheblich und nachhaltig** verletzt, dass dem Arbeitgeber die Aufrechterhaltung dieses Zustandes selbst dann nicht mehr zumutbar ist, wenn der Arbeitnehmer schuldlos gehandelt hat (*LAG SchlH* 9.6.2011 LAGE § 1 KSchG Verhaltensbedingte Kündigung Nr. 108).

Zuletzt hat das *BAG* (3.11.2011 EzA § 1 KSchG Verhaltensbedingte Kündigung Nr. 79) offen gelassen, ob eine verhaltensbedingte Kündigung unter besonderen Umständen überhaupt auch dann berechtigt sein kann, wenn das Verhalten dem Arbeitnehmer nicht vorwerfbar ist, denn die Beklagte hatte derartige besondere Umstände nicht behauptet. Sie warf dem Kläger ausschließlich Ordnungsverstöße ohne besondere, schwerwiegende Folgen vor. Es kann zwar eine Verletzung der vertraglichen Pflicht des Klägers zur Rücksichtnahme aus § 241 Abs. 2 BGB darstellen, dem Verlangen der Beklagten nicht nachzukommen, während Abwesenheitszeiten auf-

### 3. Schlecht- oder Minderleistungen des Arbeitnehmers

*a) Feststellung des Inhalts der vertraglich geschuldeten Leistung*

2192 Schlecht- oder Minderleistungen von Arbeitnehmern, die **außerhalb der nach dem Arbeitsvertrag hinzunehmenden Toleranzgrenze** liegen, können, soweit es sich nicht um **einmalige**, jedem einmal passierende **Vorfälle** handelt, eine Verletzung des Arbeitsvertrages darstellen, die je nach den Umständen – aber nur nach vorheriger Abmahnung – zu einer Kündigung des Arbeitsvertrages berechtigen (*Sächs. LAG* 1.10.2008 – 3 Sa 298/08). Das gilt auch dann, wenn der Arbeitnehmer fahrlässig einen größeren Schaden – durch die fehlerhafte Montage von Rädern an einem Kfz – verursacht (*LAG Düsseld.* 25.7.2003 LAGE § 626 BGB Verdacht strafbarer Handlung Nr. 1). So kann z. B. die wiederholte **Verletzung der Arbeitspflicht eines Vorarbeiters im Reinigungsdienst**, die den Vertrauensbereich berührt, eine fristgerechte Kündigung rechtfertigen, wenn wegen vergleichbarer Schlechtleistungen bereits abgemahnt worden war (*LAG Köln* 17.6.2003 NZA-RR 2004, 531). Auch der nach einschlägiger Abmahnung erfolgte **wiederholte Verstoß gegen Sicherheitsvorschriften**, z. B. die unterlassene Verwendung eines Sicherheitsgurtes, kann eine ordentliche verhaltensbedingte Kündigung rechtfertigen (*LAG RhPf* 14.4.2005 NZA-RR 2006, 194).

2192a Hat der Arbeitnehmer die **Erledigung von Arbeitsaufgaben vorgetäuscht**, die nur einen Teil seiner geschuldeten Tätigkeit ausmachen und nur sporadisch anfallen, kann dem kündigungswilligen Arbeitgeber die Einhaltung der Frist für eine ordentliche Kündigung zumutbar sein (*BAG* 9.6.2011 EzA § 626 BGB 2002 Nr. 37).

2193 Die Kündigung wegen Minderleistung kommt aber nur in Betracht, wenn festgestellt werden kann, welche Leistungen gerade von dem konkreten Arbeitnehmer, der verpflichtet ist, die ihm übertragenen Arbeiten **unter Einsatz der ihm möglichen Fähigkeiten ordnungsgemäß zu verrichten**; denn der Arbeitnehmer muss unter angemessener Ausschöpfung seiner persönlichen Leistungsfähigkeit arbeiten (vgl. *BAG* 11.12.2003 EzA § 1 KSchG Verhaltensbedingte Kündigung Nr. 62; 3.6.2004 EzA § 23 KSchG Nr. 27; 17.1.2008 EzA § 1 KSchG Verhaltensbedingte Kündigung Nr. 72; *LAG SchlH* 27.5.2008 NZA-RR 2008, 573; *Wetzling/Habel* BB 2009, 1638 ff.; s. ausf. Kap. 3 Rdn. 20). Eine verhaltensbedingte Kündigung setzt aber voraus, dass dem Arbeitnehmer eine Pflichtverletzung vorzuwerfen ist (*BAG* 3.6.2004 EzA § 23 KSchG Nr. 27). Der Arbeitnehmer verstößt aber gegen seine Arbeitspflicht nicht allein dadurch, dass er eine vom Arbeitgeber gesetzte Norm oder die Durchschnittsleistung aller Arbeitnehmer unterschreitet (*BAG* 17.1.2008 EzA § 1 KSchG Verhaltensbedingte Kündigung Nr. 72). Allerdings kann die längerfristige deutliche Unterschreitung des Durchschnitts ein Anhaltspunkt dafür sein, dass der Arbeitnehmer weniger arbeitet als er könnte, das er also vorwerfbar seine vertraglichen Pflichten verletzt (*BAG* 11.12.2003 EzA § 1 KSchG Verhaltensbedingte Kündigung Nr. 62; 3.6.2004 EzA § 23 KSchG Nr. 27; *LAG SchlH* 27.5.2008 NZA-RR 2008, 573). Legt der Arbeitgeber die längerfristige **deutliche Überschreitung der durchschnittlichen Fehlerquote** je nach tatsächlicher Fehlerzahl, Art, Schwere und Folgen der fehlerhaften Arbeitsleistung dar, so muss der **Arbeitnehmer erläutern, warum er** trotz erheblich unterdurchschnittlicher Leistungen **seine Leistungsfähigkeit ausschöpft** (*BAG* 17.1.2008 EzA § 1 KSchG Verhaltensbedingte Kündigung Nr. 72; *Brötzmann* BB 2008, 1457; *Sasse* ZTR 2009, 186 ff.).

2194 Demgegenüber wird aber auch darauf abgestellt, was allgemein von einem vergleichbaren Arbeitnehmer erwartet werden könne, wenn man davon ausgeht, dass der Arbeitnehmer eine Leistung mittlerer Art und Güte gem. § 243 Abs. 1 BGB schuldet (so MünchArbR/*Berkowsky* § 137 Rn. 75; a. A. ausdrücklich *BAG* 11.12.2003 EzA § 1 KSchG Verhaltensbedingte Kündigung Nr. 62; 17.1.2008 EzA § 1 KSchG Verhaltensbedingte Kündigung Nr. 72; s. Kap. 3 Rdn. 20).

Die von dem gekündigten Arbeitnehmer erbrachte Leistung muss jedenfalls auf Dauer nicht nur unerheblich (etwa 1/3) unter dem von ihm zu erbringenden bzw. dem im Durchschnitt als normal anzusehenden Wert der Leistungen bleiben (vgl. jetzt *BAG* 11.12.2003 EzA § 1 KSchG Verhaltensbedingte Kündigung Nr. 62; 3.6.2004 EzA § 23 KSchG Nr. 27; *LAG BW* 6.9.2006 BB 2007, 1228 m. Anm. *Winzer* BB 2007, 1231 f.). Hinzukommen muss eine **negative Prognose für die Zukunft**; eine solche ist z. B. dann nicht gegeben, wenn eine wegen zu zahlreicher Arbeitsfehler abgemahnte Mitarbeiterin anschließend ihre Fehlquote um ca. 20 % reduziert, wenn in der Abmahnung die Kündigung nur für den Fall angedroht wird, dass sich die Fehlquote bei der Arbeitsausführung nicht verbessert, ohne dass ausgeführt wird, von welcher konkreten Höchstquote von Arbeitsfehlern der Arbeitgeber ausgeht; der Mitarbeiter kann dann davon ausgehen, dass eine Reduzierung der Fehlquote um 20 % den Vorstellungen des Arbeitgebers entspricht und damit ausreichend ist (*Sächs. LAG* 1.10.2008 – 3 Sa 298/08). 2195

Unabhängig von der insoweit vertretenen Auffassung kommt eine Kündigung jedenfalls dann nicht in Betracht, wenn ein **Koch in einem Seniorenwohnheim** eigenmächtig von einem Speiseplan dadurch abweicht, dass Hackfleischbällchen gedünstet statt gebraten worden sind (*LAG Hamm* 16.11.2005 NZA-RR 2006, 128). Andererseits begeht ein **stellvertretender Küchenleiter einer Großküche**, der die Qualität, die hygienische Unbedenklichkeit und die Quantität des angelieferten Gemüses und Obstes zu prüfen und zu dokumentieren hat, eine schwerwiegende Pflichtverletzung, die geeignet sein kann, eine fristlose Kündigung zu rechtfertigen, wenn er zugleich Inhaber des Unternehmens ist, das dieses Obst und Gemüse liefert und diesen Umstand und die damit verbundene Interessenkollision dem Arbeitgeber verheimlicht (*LAG Köln* 25.9.2006 LAGE § 626 BGB 2002 Nr. 10). 2196

Die **in einem Altenheim beschäftigte Altenpflegerin** verstößt auch bei Fehlen spezieller Hygienevorschriften ebenfalls dann gegen ihre arbeitsvertraglichen Pflichten, wenn sie auf dem Weg zur Pflegetätigkeit über den für Bewohner und Besucher zugänglichen Flur ein Brötchen verzehrt. Denn im Dienstleistungsbereich mit Kundenkontakt entspricht ein solches Verhalten schon nach der Verkehrsanschauung auch ohne ausdrückliche vertragliche Regelung oder Anweisung nicht dem erwarteten Erscheinungsbild des Unternehmens. Hält die betroffene Arbeitnehmerin in einem Personalgespräch hartnäckig und uneinsichtig an ihrer Auffassung der Rechtmäßigkeit ihres Verhaltens fest, so ist gleichwohl vor Ausspruch einer Kündigung eine Abmahnung erforderlich. Das gilt jedenfalls dann, wenn eine aktuelle Fortsetzung oder Wiederholung der Pflichtverletzung während der Arbeitsschicht ausscheidet, weil die Arbeitnehmerin das angegessene Brötchen in der Erregung in den Abfall geworfen hat (so jedenfalls *LAG Hamm* 10.8.2006 – 8 Sa 68/06, NZA-RR 2007, 20 LS). 2197

Eine Schlechtleistung kann auch dadurch gegeben sein, dass der Arbeitnehmer infolge Alkoholkonsums seine Arbeitspflicht nur noch mangelhaft erfüllt (*v. Hoyningen-Huene* DB 1995, 142 ff.; *Künzl* BB 1993, 1581 ff.). 2198

Der **angestellte Bildberichterstatter** einer Nachrichtenagentur ist zu höflichem und korrektem Verhalten bei Ausübung seiner Tätigkeit verpflichtet. Kommt er dieser Pflicht nicht nach, so liegt eine Vertragsverletzung vor, die den Arbeitgeber je nach Schwere der Pflichtverletzung im Einzelfall zu einer Abmahnung oder auch einer Kündigung berechtigen kann. Eine Kündigung wegen einer derartigen Vertragspflichtverletzung setzt aber regelmäßig voraus, dass der Arbeitgeber den Arbeitnehmer zuvor wegen einer einschlägigen Pflichtverletzung abgemahnt hat und der Arbeitnehmer damit gewarnt ist (*BAG* 23.6.2009 EzA § 1 KSchG Verhaltensbedingte Kündigung Nr. 75). 2199

*b) Auswirkungen auf die Darlegungslast*

Das *BAG* (22.7.1982 EzA § 1 KSchG Verhaltensbedingte Kündigung Nr. 10) hat insoweit ausgeführt: »Auch dass der Kläger« unterdurchschnittlich »schlecht gearbeitet habe (gemeint ist, der Kläger habe schlechter als der Durchschnitt gearbeitet), vermag für sich eine Kündigung nicht sozial zu rechtfertigen. Einer von mehreren Arbeitnehmern erbringt immer die schlechteste Arbeit, ohne dass damit zum Ausdruck kommen muss, der betreffende Arbeitnehmer arbeite nicht zufriedenstellend. 2200

**Kapitel 4** — Die Beendigung des Arbeitsverhältnisses

2201 In einer sehr guten Gruppe arbeitet schon der gute Arbeitnehmer unter dem Durchschnitt. Im vorliegenden Falle wird dem Kläger bezüglich der Arbeitsleistung vor allem vorgeworfen, er arbeite langsamer als die Kollegen und sogar langsamer als die nur kurz eingearbeiteten Schüler, die als Vertretung in der Urlaubszeit beschäftigt würden. Da aber zur Arbeitsleistung der Schüler keine Feststellungen getroffen worden sind, kann auch der Vergleich der Arbeitsweise des Klägers mit der der Schüler die Kündigung nicht sozial rechtfertigen«.

2202 Daraus folgt, dass es erforderlich ist, jedenfalls den **herangezogenen Vergleichsmaßstab substantiiert vorzutragen**, damit das Gericht in die Lage versetzt wird, selbstständig feststellen zu können, dass eine nicht mehr zu tolerierende Fehlerquelle vorliegt. Die lediglich **allgemeine Beschreibung fehlerhafter Arbeitsleistung genügt** diesen prozessualen Anforderungen nicht.

Gleiches gilt für den alleinigen Hinweis, der als **Niederlassungsleiter** beschäftigte Arbeitnehmer habe mit seiner Niederlassung das schlechteste Ergebnis aller bundesweit tätigen Niederlassungen des Unternehmens erzielt (*LAG Köln* 16.6.2005 – 7 Sa 22/04, AuR 2005, 384 LS).

Der **Verhältnismäßigkeitsgrundsatz** gebietet es zudem, dass der Arbeitgeber vor Ausspruch der Kündigung **alles Zumutbare** unternimmt, um die **Ursache der Minderleistung zu erforschen** und entsprechende **Hilfestellungen zu versuchen**. Daher kann der Arbeitgeber z. B. nicht offen lassen, ob bei einem Fahrer Lade-, Lese- oder Orientierungsprobleme für die regelmäßigen Verspätungen ursächlich sind. Der Arbeitgeber muss insgesamt auch nachvollziehbar darstellen und ggf. beweisen, dass und warum zumutbare Organisations- und Abhilfemaßnahmen nicht versucht worden sind oder erfolglos geblieben wären (*LAG Nbg.* 12.6.2007 NZA-RR 2008, 178).

2203 Legt der Arbeitgeber dar, dass der Arbeitnehmer längerfristig den Durchschnitt deutlich unterschreitet (um ein Drittel), so muss der Arbeitnehmer erläutern, warum er trotz unterdurchschnittlicher Leistungen seine **Leistungsfähigkeit ausschöpft** (*BAG* 11.12.2003 EzA § 1 KSchG Verhaltensbedingte Kündigung Nr. 62; vgl. dazu *Depel/Raif* SAE 2005, 88 ff.) bzw. **woran die Störung des Leistungsgleichgewichts liegen könnte** und ob in Zukunft eine Besserung zu erwarten ist (*BAG* 3.6.2004 EzA § 23 KSchG Nr. 27; *LAG BW* 6.9.2006 BB 2007, 1228). Trägt der Arbeitnehmer derartige Umstände nicht vor, gilt das schlüssige Vorbringen des Arbeitgebers als zugestanden (§ 138 Abs. 3 ZPO). Es ist dann davon auszugehen, dass der Arbeitnehmer seine Leistungsfähigkeit nicht ausschöpft (*BAG* 11.12.2003 EzA § 1 KSchG Verhaltensbedingte Kündigung Nr. 62; *LAG BW* 6.9.2006 BB 2007, 1228 m. Anm. *Winzer* BB 2007, 1231 f.; s. a. *LAG Nbg.* 12.6.2007 NZA-RR 2008, 178). Ist dem Arbeitgeber der **Nachweis einer erheblichen Minderleistung** in diesem Sinne gelungen, und kündigt er nach vorausgegangener Abmahnung wegen bewusster Zurückhaltung der Arbeitskraft, so muss er im Kündigungsschutzprozess nach Auffassung des *LAG Köln* (26.2.1999 ZTR 1999, 382) die nicht ganz **unplausible Entschuldigung des Arbeitnehmers**, die Minderleistungen seien **behinderungsbedingt** und damit nicht vorwerfbar, ausräumen, selbst wenn sich der Arbeitnehmer während des Arbeitsverhältnisses nicht darauf berufen hat.

*c) »Umlernphase« nach Abmahnung*

2204 Zu beachten ist, dass eine mit Leistungsmängeln des Arbeitnehmers begründete ordentliche Kündigung erst in Betracht kommt, wenn ihm nach Ausspruch einer auf eben solche Leistungsmängel gestützten Abmahnung **ausreichend Zeit** gegeben wird, sein Leistungsverhalten umzustellen und **die Minderleistung abzubauen**, ihm dies aber nicht gelingt. Welche zeitliche Länge die Umlernphase haben muss, ist eine Frage des Einzelfalles (*Hess. LAG* 26.4.1999 NZA-RR 1999, 637; *Sächs. LAG* 1.10.2008 – 3 Sa 298/08).

### 4. Arbeitsverweigerung

*a) Leistungspflicht des Arbeitnehmers?*

2205 Als Grund zur verhaltensbedingten Kündigung kommt auch die Arbeitsverweigerung in Betracht. Ob ein Fall der Arbeitsverweigerung vorliegt, kann nur aus einem **Vergleich der vertraglich geschul-**

## G. Die ordentliche verhaltensbedingte Arbeitgeberkündigung Kapitel 4

deten mit der vom Arbeitgeber konkret verlangten und vom Arbeitnehmer verweigerten **Arbeitsleistung** festgestellt werden (vgl. APS/*Dörner/Vossen* § 1 KSchG Rn. 282 ff.; s. Rdn. 1298 ff.). Ein **vorsätzlicher und nachhaltiger Verstoß** des Arbeitnehmers gegen berechtigte Weisungen des Arbeitgebers kommt deshalb als Kündigungsgrund – auch für eine außerordentliche Kündigung – in Betracht (*BAG* 12.5.2010 EzA § 626 BGB 2002 Nr. 31). Weigert sich der Arbeitnehmer dagegen insbes., einer **Anordnung** des Arbeitgebers Folge zu leisten, **die das Direktionsrecht** (s. dazu Kap. 1 Rdn. 559 ff.) **überschreitet**, liegt keine Arbeitsverweigerung vor, die eine Kündigung rechtfertigen könnte (*LAG Köln* 28.1.2004 LAG Report 2004, 270; ebenso *LAG Hamm* 11.12.2008 LAGE § 307 BGB 2002 Nr. 16 zur Ablehnung der Befolgung einer rechtswidrigen Versetzung an einen weit entfernten anderen Arbeitsort. Stützt der Arbeitgeber eine Kündigung darauf, dass der Arbeitnehmer Weisungen nicht befolgt habe, setzt dies voraus, dass die Weisung beim Adressaten keinen Zweifel daran lassen darf, was genau von ihm verlangt wird. Sie muss inhaltlich deshalb so klar gefasst sein, dass nicht nur der Arbeitnehmer weiß, was er zu tun hat, sondern notfalls für Dritte (Gerichte) auch daraufhin überprüfbar sein, ob sein Verhalten in Ansehung der fraglichen Weisung nun vertragsgerecht ist oder nicht (*ArbG Bln.* 3.6.2005 – 28 Ca 9003/03, AuR 2005, 384 LS).

**2206** Passt der Unternehmer seine **Ladenöffnungszeiten** dem neuen Zeitrahmen des Ladenschlussgesetzes an und legt er durch **Betriebsvereinbarung** mit dem Betriebsrat das Ende der Arbeitszeit auf 20 Uhr abends fest, rechtfertigt die endgültige Verweigerung des Arbeitnehmers, an der neuen Abendarbeit teilzunehmen, nach Auffassung des *ArbG Frankf.* (8.10.1997 LAGE § 1 KSchG Verhaltensbedingte Kündigung Nr. 68) die ordentliche Kündigung des Arbeitsverhältnisses.

Eine Kündigung ist auch dann sozial gerechtfertigt, wenn sich ein **Maschinenschlosser**, der gelernter Maschinenschlosser ist, beharrlich **weigert**, eine ihm zugewiesene **monotone Tätigkeit auszuführen**, wenn deren Zuweisung nicht missbräuchlich erfolgte (*LAG Hmb.* 3.11.1999 NZA-RR 2000, 304).

Gleiches gilt, wenn eine in einem Klinikum beschäftigte **Reinigungskraft** sich weigert, in einem Notfall auch andere, im weiteren Sinne der vertraglich geschuldeten Tätigkeit vergleichbare Arbeiten zu verrichten. Fällt z. B. durch **Blitzschlag** die Warentransportanlage des Klinikums aus, so muss sie auf Anweisung auch im Containerdienst arbeiten, durch den die Stationen mit Essen, Medikamenten usw. versorgt werden. Die Weigerung der Arbeitnehmerin stellt eine Arbeitsverweigerung dar, die zur außerordentlichen Kündigung berechtigen kann (*ArbG Marburg* 27.2.1998 ARST 1999, 79).

Nach – abzulehnender – Auffassung des *ArbG Wuppertal* (10.12.2003 LAGE § 626 BGB 2002 Nr. 2a) verstößt eine Anweisung des Arbeitgebers gegenüber einem personalverantwortlichen Arbeitnehmer, bei genügend Bewerbern »**keine Türken einzustellen**«, bis zur Umsetzung der Antidiskriminierungsrichtlinie 2000/43/EG in nationales Recht weder gegen die Verfassung noch gegen Gesetze noch ist sie sittenwidrig.

Weigert sich der Mitarbeiter beharrlich, diese Weisung zu befolgen, soll dies eine verhaltensbedingte Kündigung rechtfertigen können.

**2207** Maßgeblich ist, ob sich die vom Arbeitgeber verlangte Arbeitsleistung im Rahmen der durch den Arbeitsvertrag bestimmten Grenzen hält und, wenn es sich um eine Weisung nach Maßgabe des Direktionsrechts handelt, diese den Anforderungen des § 106 GewO genügt (vgl. z. B. *LAG SchlH* 26.9.2002 ARST 2003, 190 LS;. s. Kap. 1 Rdn. 559 ff.). Lehnt z. B. eine als sog. Zweitkraft in einem Kindergarten tätige **Kinderpflegerin** Anweisungen sowohl ihrer Gruppenleiterin als auch der Kindergartenleiterin mit der Begründung ab, diese entsprächen nicht ihrem persönlichen pädagogischen Konzept, so stellt dieses Verhalten bei Vorliegen einer einschlägigen Abmahnung eine zur Kündigung berechtigende Arbeitsverweigerung dar (*LAG Köln* 8.2.2006 LAGE § 1 KSchG Verhaltensbedingte Kündigung Nr. 92). Weigert sich dagegen ein Arbeitnehmer, einer Anordnung des Arbeitgebers Folge zu leisten, die das Direktionsrecht überschreitet, liegt keine (beharrliche) Arbeitsverweigerung vor, die eine verhaltensbedingte Kündigung rechtfertigen könnte (*LAG Köln* 28.1.2004 AuR 2004, 396 LS; *LAG Nds.* 8.12.2003 NZA-RR 2005, 22 LS). Ein Arbeitsvertragsverstoß liegt auch dann nicht vor, wenn ein Arbeitnehmer bestimmte Aufgaben, die ihm im Rahmen seiner Tätigkeit übertragen worden waren, nicht erfüllt hat, weil er sie **tatsächlich im Rahmen seiner Arbeitszeit nicht ausführen konnte und insoweit eine Vorwerfbarkeit nicht bestanden hat** (*ArbG München* 31.10.2003 AuR 2004, 433 LS). Gleiches gilt dann, wenn der Arbeitgeber den Arbeitnehmer anhält, Arbeitsleistungen zu Arbeitszeiten zu erbringen, die **gegen die gesetzlichen Vorschriften** verstoßen. Die Verweigerung dessen durch den Arbeitnehmer bedeutet keine Arbeitsvertragsverletzung (*ArbG Limburg* 12.5.2004 AuR 2004, 476). Darf der Arbeitnehmer des Weiteren von seinem dienstlichen Fernsprechanschluss grds. auch **private Telefonate** führen, so berechtigt das ausschweifende Gebrauchmachen von dieser Möglichkeit verbunden mit einer durch unzureichende Organisation verzögerten Abrechnung nicht ohne weiteres die Kündigung des Arbeitsverhältnisses (*LAG Köln* 2.7.1998 LAGE § 1 KSchG Verhaltensbedingte Kündigung Nr. 66; vgl. auch *ArbG Frankf./M.* 14.7.1999 NZA-RR 2000, 135).

2208 Deklariert der Arbeitnehmer **Privatgespräche** von seinem Dienstapparat fälschlicherweise als vom Arbeitgeber zu zahlende Dienstgespräche, so liegt darin eine erhebliche Vertragspflichtverletzung, die die Loyalität und Ehrlichkeit des Arbeitnehmers berührt. Inwieweit eine solche Handlung das Vertrauen zwischen Arbeitgeber und Arbeitnehmer zerstört und ob dem Arbeitgeber dadurch die Aufrechterhaltung des Arbeitsverhältnisses auch nur bis zum Ablauf der Kündigungsfrist zumutbar ist, hängt von den Umständen ab. Die Wirksamkeit einer fristlosen Kündigung setzt allerdings voraus, dass der Arbeitgeber mit einer betrieblichen Regelung unmissverständlich zum Ausdruck bringt, dass Privatgespräche zu kennzeichnen und ihre Kosten vom Arbeitnehmer zu tragen sind (*LAG Hamm* 28.11.2008 NZA-RR 2009, 476).

2208a Zum Führen einer Vielzahl von Privattelefonaten während der Arbeitszeit als Grund für eine verhaltensbedingte Kündigung vgl. *LAG SA* 23.11.1999 LAGE § 103 BetrVG 1972 Nr. 15; *Hess. LAG* 25.11.2004 LAGE § 1 KSchG Verhaltensbedingte Kündigung Nr. 85. Nach *ArbG Würzburg* (16.12.1997 BB 1998, 1318) rechtfertigen 153 privat veranlasste und dem Arbeitgeber nicht erstattete Gespräche im **Wert von 227,40 DM** mit einer Gesprächsdauer von mehr als zehn Stunden während der Arbeitszeit eine außerordentliche Kündigung auch nach einer Betriebszugehörigkeit von 18,5 Jahren und ohne vorhergehende Abmahnung (s. a. *BAG* 4.3.2004 EzA § 103 BetrVG 2001 Nr. 3).

2209 Das Weisungsrecht des Arbeitgebers ist nach § 106 S. 1, 2 GewO beschränkt auf »Inhalt, Ort und Zeit der Arbeitsleistung« sowie auf »Ordnung und Verhalten im Betrieb«. In diesem Rahmen kann der Arbeitgeber den Arbeitnehmer zwar auch zur **Teilnahme an Gesprächen** verpflichten, in denen er Weisungen vorbereitet, erteilen oder ihre Nichteinhaltung beanstanden will. Die Teilnahme an Gesprächen, die mit den im Gesetz genannten Zielen nicht im Zusammenhang stehen – z. B. Gespräche mit dem einzigen Ziel einer vom Arbeitnehmer bereits abgelehnten Vertragsänderung –, kann der Arbeitgeber aber nicht durch einseitige Anordnung zur nach § 106 GewO verbindlichen Dienstpflicht erheben. Denn Weisungen des Arbeitgebers müssen stets billiges Ermessen wahren. Das schließt die Achtung grundrechtlich geschützter Interessen, z. B. des Rechts des Arbeitnehmers zur Ablehnung von Vertragsverhandlungen, ein (*BAG* 23.6.2009 EzA § 106 GewO Nr. 3).

### b) Leistungsverweigerungsrecht

2210 Eine vertragswidrige Arbeitsverweigerung liegt dann nicht vor, wenn der Arbeitnehmer die Arbeit nicht aufnimmt, weil ihm ein **Zurückbehaltungsrecht an der Arbeitsleistung gem. § 273 Abs. 1 BGB zusteht** (s. auch § 14 AGG; dazu Kap. 3 Rdn. 4871 ff.) Dieses setzt allerdings einen fälligen Gegenanspruch voraus (*LAG SchlH* 23.11.2004 LAGE § 273 BGB 2002 Nr. 1). Eine Arbeitsverweigerung liegt z. B. dann nicht vor, wenn der Arbeitnehmer zwar die angeordnete Arbeitsleistung an einem anderen Ort nach einer Versetzung nicht erbringt, dazu aber auch nicht verpflichtet ist, weil der Arbeitgeber die erforderliche Zustimmung des Betriebsrats nicht eingeholt hat (*ArbG Regensburg* 26.11.2009 – 5 Ca 2335/09, AuR 2010, 83 u. 131 LS).

## G. Die ordentliche verhaltensbedingte Arbeitgeberkündigung — Kapitel 4

Hat der Arbeitgeber dem Arbeitnehmer eine Arbeitsaufgabe zugewiesen, deren Erfüllung dieser nur teilweise schuldet, kann dem Arbeitnehmer nach § 273 BGB ein Zurückbehaltungsrecht an der gesamten Arbeitsleistung zustehen, wenn die Arbeitsaufgabe nicht teilbar oder ihm die Erbringung einer Teilleistung nicht zuzumuten ist (*LAG Nds.* 8.12.2003 NZA-RR 2005, 22 LS). Nach Auffassung des *LAG Nbg.* (9.1.2007 LAGE § 1 KSchG Verhaltensbedingte Kündigung Nr. 95) können im Rahmen der Prüfung des für eine rechtmäßige Weisung des Arbeitgebers zu beachtenden billigen Ermessens (§ 106 GewO) nur solche Umstände berücksichtigt werden, **auf die sich der Arbeitnehmer bei Erteilung der Weisung auch tatsächlich beruft**; ein Nachschieben solcher persönlicher Umstände ist danach rechtlich unbeachtlich. 2211

Macht der Arbeitnehmer in einer derartigen Situation berechtigterweise ein **Zurückbehaltensrecht** hinsichtlich seiner Arbeitskraft wegen offenstehender Vergütungsansprüche geltend, so ist regelmäßig eine deswegen ausgesprochene außerordentliche und/oder ordentliche Kündigung unwirksam (*BAG* 9.5.1996 EzA § 626 BGB n. F. Nr. 161). Allerdings darf der Arbeitnehmer von einem bestehenden Zurückbehaltungsrecht nur in den **Grenzen von Treu und Glauben Gebrauch machen** (s. ausf. Kap. 3 Rdn. 328 ff.; *LAG Nds.* 8.12.2003 NZA-RR 2005, 22). 2212

Danach darf der Arbeitnehmer u. a. die Arbeit nicht verweigern, wenn 2213
- der Lohnrückstand verhältnismäßig gering ist,
- nur eine kurzfristige Zahlungsverzögerung zu erwarten ist,
- dem Arbeitgeber ein unverhältnismäßig großer Schaden entstehen kann oder
- der Lohnanspruch auf andere Weise gesichert ist (*LAG SchlH* 23.11.2004 LAGE § 273 BGB 2002 Nr. 1).

Eine vertragswidrige Arbeitsverweigerung liegt auch dann nicht vor, wenn die dem Arbeitnehmer erteilte Weisung **schlicht rechtswidrig** ist. Das ist z. B. dann der Fall, wenn der Arbeitnehmer von seinem Arbeitgeber zu rechtswidrigem, gegen die Sozialvorschriften im Straßenverkehr verstoßenden Verhalten aufgefordert wird (*ArbG Würzburg* 3.2.2004 AuR 2004, 354 LS). 2214

Dem Arbeitnehmer kann auch ein Leistungsverweigerungsrecht zustehen, wenn die Weisung des Arbeitgebers zwar rechtmäßig ist, gleichwohl der Arbeitnehmer aber in eine **unverschuldete Pflichtenkollision** gerät oder ihm gegenüber der Arbeitsanweisung ein Zurückbehaltungsrecht (§ 273 Abs. 1 BGB) zusteht (s. Kap. 3 Rdn. 338 ff.). 2215

Allerdings kann sich eine Arbeitnehmerin gegenüber der bestehenden Arbeitspflicht auf eine Pflichtenkollision wegen der Personensorge für ihr Kind (§ 1627 BGB) und damit ein Leistungsverweigerungsrecht (§§ 273, 320 BGB) oder eine Unmöglichkeit bzw. Unzumutbarkeit der Arbeitsleistung nur berufen, wenn unabhängig von der in jedem Fall notwendigen Abwägung der zu berücksichtigenden schutzwürdigen Interessen beider Parteien überhaupt eine unverschuldete Zwangslage vorliegt (*BAG* 21.5.1992 EzA § 1 KSchG Verhaltensbedingte Kündigung Nr. 43; s. a. *LAG Nbg.* 17.1.2007 NZA-RR 2007, 404). 2216

Die **fehlende Zustimmung des Betriebsrats zur (Wieder-)Einstellung** eines Arbeitnehmers kann für diesen grds. nur dann ein Leistungsverweigerungsrecht begründen, wenn der Betriebsrat sich auf die **Verletzung seines Mitbestimmungsrechts beruft** und die Aufhebung der Einstellung verlangt (*BAG* 5.4.2001 EzA § 626 BGB n. F. Nr. 186). 2217

Beruft sich ein Arbeitnehmer zu Unrecht auf ein Zurückbehaltungsrecht an der Arbeitsleistung und bleibt er der Arbeit längere Zeit fern, stellt das regelmäßig eine beharrliche Arbeitsverweigerung und damit eine Vertragsverletzung dar. Das Verschulden daran entfällt nicht dadurch, dass der Arbeitnehmer seine Arbeitsleistung auf anwaltlichen Rat zurückhält. Zumindest gilt das dann, wenn der Arbeitnehmer Zweifel an der Berechtigung der Ausübung des Zurückbehaltungsrechts haben musste. In einem solchen Fall handelt er auf eigenes Risiko und kann sich nicht auf einen Rechtsirrtum berufen (*LAG Köln* 19.5.1999 ARST 2000, 68; vgl. *Kliemt/Vollstädt* NZA 2003, 357 ff.). 2218

## Kapitel 4 — Die Beendigung des Arbeitsverhältnisses

*c) Verweigerung von Mehr-, Überarbeit*

**2219** Lehnt ein Arbeitnehmer **zulässig angeordnete Überstunden ab**, so kann – jedenfalls nach einschlägiger Abmahnung – eine **Kündigung** des Arbeitsverhältnisses **gerechtfertigt sein**. Wendet sich der Arbeitnehmer wenn auch im konkreten Einzelfall zu Unrecht dagegen, wie in der Vergangenheit bereits häufig angefallene Sonderverpflichtungen in Form von Überstunden zu übernehmen, so wiegt eine solche Arbeitsvertragsverletzung vorbehaltlich besonderer Umstände des Einzelfalls allgemein weniger schwer, als wenn er bereits die Erfüllung der arbeitsvertraglich vorgesehenen Regelarbeitsverpflichtung rechtsgrundlos verweigert (*LAG Köln* 27.4.1999 LAGE § 626 BGB Nr. 126).

**2220** Eine Arbeitsverweigerung liegt dann nicht vor, wenn der Arbeitnehmer nach dem ArbZG gesetzlich schlechthin **unzulässige Mehrarbeit** verweigert.

**2221** Soweit **Überarbeit** – d. h. die Überschreitung der vertraglich vereinbarten Arbeitszeit – gesetzlich zulässig ist (s. Kap. 3 Rdn. 79 ff.), ist zu beachten, dass dann, wenn der Arbeitnehmer einzel- oder kollektivvertraglich verpflichtet ist, Überarbeit zu leisten, deren Verweigerung grds. eine Arbeitsverweigerung im kündigungsrechtlichen Sinne darstellt. Allerdings ist auch insoweit § 315 Abs. 1 BGB zu beachten. In diesen Grenzen kann die beharrliche Weigerung des Arbeitnehmers, Arbeit über eine vertraglich vereinbarte Mindestarbeitszeit zu leisten, wenn nach dem **Arbeitsvertrag die Verpflichtung** besteht, bei vermehrtem Arbeitsanfall bis zur tarifüblichen Arbeitszeit zu arbeiten, an sich geeignet sein, eine Kündigung zu rechtfertigen (*LAG Köln* 14.8.2001 – 13 Sa 319/01; vgl. auch *LAG SchlH* 26.9.2002 ARST 2003, 190 LS).

**2222** Die Anordnung von Überarbeit entspricht billigem Ermessen z. B. dann nicht, wenn sie dem Arbeitnehmer in Anbetracht aller Umstände nicht zumutbar ist.

**2223** **Teilzeitarbeitnehmern**, deren Stundenreduzierung auf ihrem eigenen Willen beruht, ist die Ableistung von Überarbeit regelmäßig unzumutbar. Das kann im Einzelfall aber anders sein, wenn die Teilzeitbeschäftigung auf den Wunsch des Arbeitgebers zurückgeht, es sei denn, die angeordnete Überarbeit nimmt einen solchen Umfang an, dass die vertragliche Festschreibung als Teilzeitarbeitsverhältnis rechtsmissbräuchlich erscheint.

**2224** Im Übrigen ist davon auszugehen, dass ohne entsprechende einzel- oder kollektivvertragliche Regelung grds. keine Verpflichtung des Arbeitnehmers besteht, Mehr- oder Überarbeit zu leisten. Etwas anderes gilt allenfalls in **Notfällen**. Lehnt der Arbeitnehmer in einem derartigen Notfall die Leistung von Überstunden ab, verstößt dies gegen die ihm obliegende arbeitsvertragliche Treuepflicht. Nach vorheriger Abmahnung kann dann eine ordentliche Kündigung gerechtfertigt sein (*LAG SchlH* 26.6.2001 – 3 Sa 224/01).

### 5. Unentschuldigtes Fehlen; Verspätungen

**2225** Wiederholtes unentschuldigtes Fehlen eines Arbeitnehmers nach Abmahnung ist an sich geeignet, eine verhaltensbedingte Kündigung sozial zu rechtfertigen (*BAG* 17.1.1991 EzA § 1 KSchG Verhaltensbedingte Kündigung Nr. 37; 13.3.2008 EzA § 1 KSchG Verhaltensbedingte Kündigung Nr. 73). Gleiches gilt für das **ständige Zuspätkommen** des Arbeitnehmers zur Kernarbeitszeit; die Behauptung des Arbeitnehmers, die andauernden Verspätungen seien krankheitsbedingt verursacht gewesen, ist demgegenüber nicht geeignet, die soziale Rechtfertigung der Kündigung in Frage zu stellen (*ArbG Frankf. a. M.* 8.7.1998 NZA-RR 1999, 133). Ebenso ist das erhebliche Zuspätkommen zur Arbeit zu beurteilen, wenn eine Ermahnung und zwei Abmahnungen erfolglos geblieben sind (*LAG Köln* 20.10.2008 – 5 Sa 746/08, ZTR 2009, 154).

### 6. Nichtüberlassung von Arbeitspapieren

**2226** Auch die Verletzung der Pflicht des Arbeitnehmers, dem Arbeitgeber unverzüglich im Zusammenhang mit der Arbeitsaufnahme und darüber hinaus bei periodischer Neuausstellung (z. B. Lohnsteuerkarte) die Arbeitspapiere auszuhändigen, **kann eine Kündigung**, u. U. sogar eine außerordentliche Kündigung **rechtfertigen** (s. Kap. 2 Rdn. 952 ff.).

## 7. Beleidigungen

### a) Grundsätze

Beleidigt der Arbeitnehmer den Arbeitgeber oder dessen Vertreter bzw. Kollegen oder Betriebsratsmitglieder und führt dies zu einer nach Form und Inhalt **erheblichen Ehrverletzung des Betroffenen**, ist eine Kündigung, u. U. auch eine außerordentliche Kündigung, gerechtfertigt (*BAG* 26.5.1977 EzA § 611 BGB Beschäftigungspflicht Nr. 2; 6.11.2003 EzA § 1 KSchG Verhaltensbedingte Kündigung Nr. 60; 24.6.2004 EzA § 1 KSchG Verhaltensbedingte Kündigung Nr. 65; 12.1.2006 EzA § 1 KSchG Verhaltensbedingte Kündigung Nr. 67; 7.7.2011 EzA § 626 BGB 2002 Nr. 38 = NZA 2011, 1413; s. a. Rdn. 1223 ff.). Denn dies kann einen **erheblichen Verstoß des Arbeitnehmers gegen seine vertragliche Pflicht zur Rücksichtnahme** (§ 241 Abs. 2 BGB) darstellen (*BAG* 12.1.2006 EzA § 1 KSchG Verhaltensbedingte Kündigung Nr. 67). Bei der kündigungsrechtlichen Bewertung verbaler Entgleisungen im Arbeitsverhältnis, also bei der Konkretisierung der vertraglichen Rücksichtnahmepflicht ist allerdings stets das **Grundrecht auf freie Meinungsäußerung** (Art. 5 Abs. 1 S. 1, Abs. 2 GG) zu berücksichtigen (*BAG* 6.11.2003 EzA § 1 KSchG Verhaltensbedingte Kündigung Nr. 60; 12.1.2006 EzA § 1 KSchG Verhaltensbedingte Kündigung Nr. 67; 7.7.2011 EzA § 626 BGB 2002 Nr. 38 = NZA 2011, 1413). 2227

Dabei ist **nicht notwendig auf eine Wiederholungsgefahr abzustellen**, wenn deutlich wird, dass das erforderliche Vertrauensverhältnis infolge der Kränkung so belastet ist, dass eine weitere Zusammenarbeit nicht zumutbar erscheint. Allerdings ist im Rahmen der Interessenabwägung auch das Verhalten des Arbeitgebers zu berücksichtigen. 2228

Hat dieser den Arbeitnehmer zu dessen Verhalten herausgefordert oder selbst die Grenzen gebotenen Verhaltens verletzt, kann er sich ggf. selbst auf eine erhebliche Beleidigung durch den Arbeitnehmer nicht berufen. 2229

Erklärt der Arbeitnehmer auf Grund einer Einladung zu einer Weihnachtsfeier gegenüber dem Werkstattmeister, er würde sich mit den Geschäftsführern nicht an einen Tisch setzen, beide wären Verbrecher, so gibt dies nach Auffassung des *LAG Köln* (18.4.1997 BB 1997, 2056) keinen ausreichenden Kündigungsgrund ab, weil es sich nicht um die Verbreitung unwahrer Tatsachen handelt, sondern um den Gebrauch eines Schimpfworts, noch dazu in **Abwesenheit der Gemeinten**. 2230

Wirksam ist demgegenüber die ordentliche Kündigung dann, wenn der Arbeitnehmer einen Vorgesetzten in spanischer Sprache als »Hurensohn« bezeichnet hat (*Hess. LAG* 7.11.1996 NZA-RR 1997, 383). 2231

Verbreitet ein Arbeitnehmer unter der Bezeichnung »News der Woche« **im Internet Nachrichten**, die seinen Arbeitgeber beleidigen und herabsetzen, ist eine ordentliche Kündigung jedenfalls dann sozial gerechtfertigt, wenn der Arbeitnehmer bereits zuvor wegen anderer Vorfälle abgemahnt worden war (*LAG SchlH* 4.11.1998 NZA-RR 1999, 132). 2232

Insgesamt ist Maßstab für die Zulässigkeit einer **ehrkränkenden Äußerung des Arbeitnehmers** gegenüber einem Arbeitgeber (z. B. in einem gerichtlichen Verfahren) die Beantwortung der Frage, inwieweit die aufgestellte Behauptung mit Blick auf die konkrete Prozesssituation zur Rechtswahrung geeignet und erforderlich erscheint und der Rechtsgüter- und Pflichtenlage angemessen ist, denn Gerichtsverfahren dürfen nicht zu einer unverhältnismäßigen Beschneidung der Äußerungsfreiheit der daran Beteiligten führen (*LAG RhPf* 31.7.2008 – 10 Sa 169/08, EzA-SD 2/2009 S. 3 LS). 2233

▶ **Beispiele:** 2234
- Ein städtischer Angestellter, der ohne ausreichenden Grund den ihm vorgesetzten **Bürgermeister der Stadt**, bei der er angestellt ist, **des Verbrechens der Rechtsbeugung bezichtigt**, verletzt gravierend seine arbeitsvertraglichen, u. a. in § 8 Abs. 1 Satz 1 BAT-O niedergelegten Pflichten (*BAG* 6.11.2003 EzA § 1 KSchG Verhaltensbedingte Kündigung Nr. 60).
- Auch die **Bezeichnung als »Nazi«** stellt eine erhebliche Ehrverletzung für den Betroffenen und zugleich eine erhebliche Verletzung der vertraglichen Nebenpflicht zur Rücksichtnahme dar

(§ 241 Abs. 2 BGB) und kann – auch ohne Abmahnung – eine verhaltensbedingte Kündigung i. S. v. § 1 Abs. 2 KSchG sozial rechtfertigen (*BAG* 24.6.2004 EzA § 1 KSchG Verhaltensbedingte Kündigung Nr. 65; s. a. *BAG* 7.7.2011 EzA § 626 BGB 2002 Nr. 38 = NZA 2011, 1413). Da der Kläger im konkret entschiedenen Einzelfall seine **polemische Äußerung** (»brauner Mob«), die keinen konkreten Personenbezug aufwies, lediglich im – nicht allgemein zugänglichen – Intranet seiner Gewerkschaft abgegeben hatte, konnte aber keine Verletzung der arbeitsvertraglichen Rücksichtnahmepflicht festgestellt werden (*BAG* 24.6.2004 EzA § 1 KSchG Verhaltensbedingte Kündigung Nr. 65 = NZA 2005, 158 = BAG Report 2005, 87).

### b) Vertrauliche Äußerungen

**2235** Das *BAG* (30.11.1972 EzA § 626 BGB n. F. Nr. 23; 10.10.2002 EzA § 626 BGB 2002 Unkündbarkeit Nr. 1; vgl. auch *LAG RhPf* 8.9.2009 LAGE § 626 BGB 2002 Nr. 24) geht davon aus, dass ein Kündigungsgrund dann nicht besteht, wenn ein Arbeitnehmer in einer Unterhaltung mit einem Mitarbeiter über Vorstandsmitglieder seines Arbeitgebers und Vorgesetzte unwahre und ehrenrührige Behauptungen aufstellt, aber **davon überzeugt ist, dass der Arbeitskollege die Äußerungen für sich behalten wird**, dieser aber die Vertraulichkeit der Unterhaltung ohne vernünftigen Grund missachtet und ihren Inhalt einem der angesprochenen Vorgesetzten mitteilt (ähnlich *LAG Köln* 18.4.1997 BB 1997, 2056). Denn der Arbeitnehmer darf regelmäßig darauf vertrauen, dass seine Äußerungen nicht nach außen getragen werden und der Betriebsfrieden nicht gestört bzw. das Vertrauensverhältnis nicht zerstört wird (*BAG* 10.10.2002 EzA § 626 BGB 2002 Unkündbarkeit Nr. 1). Das folgt aus dem verfassungsrechtlich geschützten allgemeinen Persönlichkeitsrecht, das auch den **Schutz der vertraulichen Kommunikation** innerhalb der Privatsphäre des Arbeitnehmers als Ausdruck der Persönlichkeit gebietet (*LAG RhPf* 8.9.2009 LAGE § 626 BGB 2002 Nr. 24). Das gilt erst recht für Äußerungen des Arbeitnehmers gegenüber dem **Betriebsrat**, wenn kein Grund zur Annahme besteht, die Vertraulichkeit der Mitteilung werde gebrochen (*LAG Köln* 16.1.1998 LAGE § 1 KSchG Verhaltensbedingte Kündigung Nr. 64). Diesen Schutz der Privatsphäre und der Meinungsfreiheit kann aber der Arbeitnehmer nicht in Anspruch nehmen, der selbst die Vertraulichkeit aufhebt, so dass die Gelegenheit für Dritte, seine Äußerungen zur Kenntnis zu nehmen, ihm zurechenbar wird. Das gilt beispielsweise in dem Fall, in dem er eine Mitteilung an eine – vermeintliche – Vertrauensperson richtet, um einen Dritten »zu treffen« (*BAG* 10.10.2002 EzA § 626 BGB 2002 Unkündbarkeit Nr. 1).

### c) Störung des Betriebsfriedens durch Beleidigungen

**2236** Beleidigungen und sonstige Ehrverletzungen von Arbeitskollegen können eine Kündigung dann rechtfertigen, **wenn sie den Betriebsfrieden unzumutbar belasten.**

**2237** Das ist etwa dann der Fall, wenn sich die Kollegen weigern, weiterhin mit dem Arbeitnehmer zusammenzuarbeiten (*BAG* 13.10.1977 EzA § 74 BetrVG 1972 Nr. 3) und ein weiterer betriebsdienlicher Einsatz des Arbeitnehmers nicht möglich ist.

### 8. Sonstige Störungen des Betriebsfriedens

**2238** Wird der Betriebsfrieden durch Handlungen gestört, die das friedliche Zusammenarbeiten der Arbeitnehmer untereinander und mit dem Arbeitgeber erschüttern oder nachhaltig beeinträchtigen und nachteilige betriebliche Auswirkungen (z. B. Störungen des Arbeitsablaufs) haben, so kann eine ordentliche Kündigung aus verhaltensbedingten Gründen gerechtfertigt sein (vgl. *BAG* 15.12.1977 EzA § 626 BGB n. F. Nr. 61; u. U. kann sie auch eine außerordentliche Kündigung rechtfertigen, so jedenfalls das *OVG Greifswald* 7.1.2004 NZA-RR 2004, 671 für eine degradierte Köchin als Personalratsmitglied).

**2239** Dabei ist allerdings zu beachten, dass allein die Beeinträchtigung des Betriebsfriedens ohne konkrete Feststellung einer arbeitsvertraglichen Pflichtverletzung des Arbeitnehmers noch nicht ausreicht, um einen verhaltensbedingten Kündigungsgrund anzunehmen. Die nicht durch die Pflichtverletzung des Arbeitnehmers verursachte Störung des Betriebsfriedens ist erst im Rahmen der umfassenden Interessenabwägung zu Gunsten des Arbeitgebers zu berücksichtigen (*BAG* 24.6.2004 EzA § 1 KSchG Verhaltensbedingte Kündigung Nr. 65).

*a) Tragen politischer Plaketten*

Nicht ausreichend ist grds. das Tragen einer politischen Plakette, weil das in § 74 Abs. 2 S. 3 BetrVG enthaltene Verbot der parteipolitischen Betätigung im Betrieb nur für den Arbeitgeber und den Betriebsrat gilt, nicht dagegen für die übrigen Arbeitnehmer. 2240

Der Arbeitnehmer ist aber auf Grund arbeitsvertraglicher Nebenpflicht gehalten, solche politischen, insbes. parteipolitischen Betätigungen im Betrieb zu unterlassen, die zu einer konkreten Störung des Betriebsfriedens oder des Arbeitsablaufs führen. 2241

Führt eine politische Betätigung (z. B. das Tragen einer Politplakette) im Einzelfall zu einer **konkreten Störung des Betriebsfriedens**, z. B. zu Beschwerden einer erheblichen Anzahl von Arbeitnehmern, oder des Arbeitsablaufs (z. B. zu zeitlich nicht unerheblichen Arbeitsniederlegungen), **so kann nach vorheriger Abmahnung eine ordentliche Kündigung gerechtfertigt sein.** 2242

Allerdings hat das *BAG* (9.12.1982 EzA § 626 BGB n. F. Nr. 86) demgegenüber das Tragen einer Politplakette (»Stoppt-Strauß-Plakette«) bereits dann als zur außerordentlichen Kündigung berechtigend angesehen, wenn das Verhalten des Arbeitnehmers durch dessen Meister, einen Mitarbeiter und ein Mitglied des Betriebsrats missbilligt wird. (s. Kap. 1 Rdn. 301 ff.; Kap. 3 Rdn. 423 ff.). 2243

Dem steht jedoch entgegen, dass eine außerordentliche Kündigung wegen des Grundsatzes der Verhältnismäßigkeit erst bei schwerwiegenden Störungen des Betriebsfriedens oder des Arbeitsablaufs in Betracht kommt. 2244

*b) Einzelfragen*

Eine ordentliche Kündigung wegen Störung des Betriebsfriedens kommt weiterhin in Betracht: 2245
– bei **ausländerfeindlichem Verhalten** (*ArbG Siegburg* 4.11.1993 NZA 1994, 698; *LAG RhPf* 10.6.1997 NZA-RR 1998, 118: Verhalten, das durch Aussagen und Drohungen gegenüber einem ausländischen Arbeitskollegen dazu geeignet ist, eine ausländerfeindliche Stimmung in einer Betriebsabteilung zu erzeugen oder zu verstärken);
– bei **Erzählen eines menschenverachtenden Witzes** (*BAG* 5.11.1992 RzK I 5i Nr. 81);
– bei **Diskriminierung des Arbeitgebers oder von Mitgliedern des Betriebsrats**, z. B. durch bewusst wahrheitswidrige Behauptungen in betrieblichen Flugblättern (*BAG* 26.5.1977 EzA § 611 BGB Beschäftigungspflicht Nr. 2; 13.10.1977 EzA § 74 BetrVG 1972 Nr. 3) oder **antisemitische Äußerungen** gegenüber ihnen (vgl. *ArbG Brem.* 29.6.1994 BB 1994, 1568);
– ein **tätlicher Angriff auf einen Arbeitskollegen** ist eine schwerwiegende Verletzung der vertraglichen Nebenpflichten und kann zumindest die ordentliche verhaltensbedingte Kündigung rechtfertigen (*BAG* 24.10.1996 ZTR 1997, 139).

Nicht in Betracht kommen demgegenüber nach Auffassung des *LAG Nbg.* (13.1.2004 LAGE § 626 BGB 2002 Nr. 4) die **zustimmenden Äußerungen** eines aus dem Libanon stammenden Arbeitnehmers **zum Terroranschlag vom 11.9.2001** im Aufenthaltsraum zu Kollegen, wenn sie größere Störungen des Betriebsfriedens nicht verursacht haben. Bezeichnet dagegen ein Arbeitnehmer des öffentlichen Dienstes in einer außerdienstlich verfassten und – u. a. im Internet – verbreiteten Pressemitteilung die Anschläge des 11.9.2001 u. a. als »längst überfällige Befreiungsaktion«, so billigt er damit die Terroranschläge. Ein derartiges Verhalten ist als ein Angriff auf die Menschenwürde der Opfer und ihrer Hinterbliebenen zu bewerten und nicht mehr vom Grundrecht der freien Meinungsäußerung gedeckt. Der Arbeitgeber ist daher – nach Auffassung des *LAG SchlH* 6.8.2002 NZA-RR 2004, 351; zurückhaltender zu Recht demgegenüber *LAG Nbg.* 13.1.2004 LAGE § 626 2246

BGB 2002 Nr. 4 = NZA-RR 2004, 347) – berechtigt, das Arbeitsverhältnis ohne vorherige Abmahnung wegen des dadurch entstandenen Vertrauensverlusts **ordentlich** zu kündigen.

### 9. Verstoß gegen die Ordnung des Betriebes (z. B. Rauch-, Alkoholverbot)

2247 Die Fragen der Ordnung des Betriebes werden zumeist durch sog. Arbeitsordnungen (vgl. § 87 Abs. 1 Nr. 1 BetrVG) geregelt.

2248 Der Arbeitnehmer hat aber auch ohne Vorliegen einer derartigen Arbeitsordnung **alles zu unterlassen, was dazu geeignet ist, den reibungslosen Ablauf des betrieblichen Zusammenlebens zu stören** (s. Kap. 3 Rdn. 416 ff.).

2249 Verstößt der Arbeitnehmer gegen die ihm nach der Arbeitsordnung obliegenden Verhaltenspflichten, so kann (nach vorheriger Abmahnung; vgl. *v. Hoyningen-Huene* DB 1995, 142 ff.) eine ordentliche Kündigung gerechtfertigt sein. Das gilt z. B. bei Verstößen gegen ein betriebliches Rauchverbot (s. *LAG Köln* 1.8.2008 LAGE § 1 KSchG Verhaltensbedingte Kündigung Nr. 101a) und der Verletzung eines betrieblichen Alkoholverbots (vgl. *LAG Düsseld.* 17.6.1997 LAGE § 1 KSchG Verhaltensbedingte Kündigung Nr. 58). Der Verstoß gegen ein zwingend gesetzlich vorgeschriebenes **Rauchverbot** im Frischfleischverarbeitungsbetrieb (*LAG Köln* 1.8.2008 LAGE § 1 KSchG Verhaltensbedingte Kündigung Nr. 101a für einen Lebensmittelbetrieb) trotz wiederholter Abmahnungen kann eine Kündigung auch bei langjähriger Betriebszugehörigkeit sozial rechtfertigen (*LAG Köln* 1.8.2008 LAGE § 1 KSchG Verhaltensbedingte Kündigung Nr. 101a; *Künzl* BB 1993, 1581 ff.). Gleiches gilt bei der Verweigerung von Kontrolluntersuchungen bei Verlassen des Betriebes, der Verunreinigung von Toiletten sowie der Nichteinhaltung von Unfallverhütungsvorschriften.

Auch die **Weigerung**, die **persönliche Schutzausrüstung** – Sicherheitsschuhe – **zu tragen**, kann nach vorheriger Abmahnung eine ordentliche verhaltensbedingte Kündigung rechtfertigen, wenn die Anordnung zu deren Tragen billigem Ermessen entsprach (*LAG Köln* 12.12.2008 – 11 Sa 777/08 – AuR 2009, 224 LS).

2250 Ein nicht auf Alkoholabhängigkeit beruhender **Alkoholmissbrauch** im Betrieb ist an sich geeignet, eine verhaltensbedingte Kündigung zu rechtfertigen (vgl. *Bengelsdorf* NZA 2001, 993 ff.). Dabei kann eine mit Zustimmung des Arbeitnehmers durchgeführte Alkomatmessung bei der Feststellung des Alkoholisierungsgrades sowohl zur Be- wie auch Entlastung des Arbeitnehmers beitragen (*BAG* 26.1.1995 EzA § 1 KSchG Verhaltensbedingte Kündigung Nr. 46). Will der Arbeitnehmer sich bei einem auf Grund objektiver Anhaltspunkte bestehenden Verdachts der Alkoholisierung im Dienst mit Hilfe eines **Alkoholtests entlasten**, muss er i. d. R. einen entsprechenden Wunsch **von sich aus** – schon wegen des damit verbundenen Eingriffs in sein Persönlichkeitsrecht – **an den Arbeitgeber herantragen** (*BAG* 16.9.1999 EzA § 626 BGB Krankheit Nr. 2). Auch die Verletzung eines Alkoholverbots aus einer Betriebsvereinbarung nach vorheriger Abmahnung ist grds. geeignet, eine ordentliche Kündigung zu rechtfertigen. Dabei spielt es keine Rolle, ob der Arbeitnehmer alkoholisiert zur Arbeit erscheint oder erst im Betrieb alkoholische Getränke zu sich nimmt; der Arbeitnehmer hat die Pflicht, seine Arbeitsfähigkeit nicht durch privaten Alkoholgenuss zu beeinträchtigen. Die Weigerung des Arbeitnehmers, den Verdacht einer Verletzung des betrieblichen Alkoholverbots durch Einleitung einer Blutalkoholuntersuchung zu widerlegen, stellt nach Auffassung des *LAG Hamm* (11.11.1996 LAGE § 1 KSchG Verhaltensbedingte Kündigung Nr. 56) ein erhebliches Indiz für das Vorliegen der Pflichtverletzung dar; zumindest ist die Weigerung bei der Beweiswürdigung zu berücksichtigen.

### 10. Verstoß gegen Pflichten bei Arbeitsunfähigkeit

#### a) Anzeigepflicht

2251 Auch die Verletzung der Pflicht gem. § 5 Abs. 1 EFZG, dem Arbeitgeber die Arbeitsunfähigkeit unverzüglich anzuzeigen und ihre voraussichtliche Dauer nach seinem subjektiven Kenntnisstand zu schätzen und mitzuteilen, kann ein Grund für die soziale Rechtfertigung einer ordentlichen Kündigung sein (*BAG* 31.8.1989 EzA § 1 KSchG Verhaltensbedingte Kündigung Nr. 27; *Hess. LAG* 18.1.2011 – 12 Sa 522/10, AuR 2011, 415 LS).

**Fraglich ist, ob eine Kündigung dann voraussetzt, dass die Pflichtverletzung zu nachteiligen Folgen für den Arbeitgeber geführt hat.** 2252

> Das *BAG* (16.8.1991 EzA § 1 KSchG Verhaltensbedingte Kündigung Nr. 41 gegen *BAG* 7.12.1988 EzA § 1 KSchG Verhaltensbedingte Kündigung Nr. 26) geht davon aus, dass die schuldhafte, vergeblich abgemahnte Verletzung einer Nebenpflicht (z. B. gem. § 5 Abs. 1 S. 1 EFZG) an sich eine ordentliche Kündigung auch dann sozial rechtfertigen kann, wenn es dadurch nicht zu einer Störung der Arbeitsorganisation oder des Betriebsfriedens gekommen ist. 2253

Wenn derartige nachteilige Auswirkungen eingetreten sind, ist das im Rahmen der Interessenabwägung zu Lasten des Arbeitnehmers zu berücksichtigen (*BAG* 16.8.1991 EzA § 1 KSchG Verhaltensbedingte Kündigung Nr. 41; s. Rdn. 2281 ff.). 2254

### b) Pflicht zu gesundheitsförderndem Verhalten

Der Arbeitnehmer ist im Übrigen verpflichtet, sich während einer Erkrankung gesundheitsfördernd zu verhalten. Verstößt er hiergegen erheblich und nachhaltig und verschlimmert er hierdurch seine Arbeitsunfähigkeit, oder verzögert sich die Genesung, so kommt eine Kündigung grds. in Betracht (*LAG Nds.* 1.10.1983 BB 1984, 1233; vgl. APS/*Dörner/Vossen* § 1 KSchG Rn. 321 f.). 2255

> Andererseits handelt der Arbeitnehmer, der sich den ärztlichen Anweisungen gemäß verhält, nicht arbeitsvertragswidrig. 2256
>
> Ist z. B. weder Bettruhe noch häuslicher Aufenthalt vorgeschrieben, kann sich der Arbeitnehmer auch in der Öffentlichkeit bewegen, ohne damit seinen Anspruch auf Entgeltfortzahlung zu verlieren, oder den Arbeitgeber zu einer Kündigung zu berechtigen. Der arbeitsunfähige Arbeitnehmer braucht sich auch nicht jeglicher Nebentätigkeit zu enthalten, selbst wenn diese gewerblicher Natur ist.

Etwas anderes gilt nur dann, wenn sie den Interessen des Arbeitgebers aus Gründen des **Wettbewerbs zuwiderläuft** und/oder ein solches Ausmaß besitzt, dass der Arbeitnehmer seine Leistungspflicht aus dem Arbeitsverhältnis nicht mehr ordnungsgemäß erfüllen kann oder die Nebentätigkeit den **Heilungsprozess verzögert** (*BAG* 13.11.1979 EzA § 1 KSchG Verhaltensbedingte Kündigung Nr. 6). Ist ein Arbeitnehmer **während einer ärztlich attestierten Arbeitsunfähigkeit schichtweise einer Nebenbeschäftigung** bei einem anderen Arbeitgeber **nachgegangen**, so kann je nach den Umständen auch eine fristlose Kündigung ohne vorherige Abmahnung gerechtfertigt sein. Ist in derartigen Fällen der Beweiswert des ärztlichen Attestes erschüttert bzw. entkräftet, so hat der Arbeitnehmer konkret darzulegen, weshalb er krankheitsbedingt gefehlt hat und trotzdem der Nebenbeschäftigung nachgehen konnte (*BAG* 26.8.1993 EzA § 626 BGB n. F. Nr. 148). 2257

### 11. Wehrdienst von Nicht-EU-Ausländern

Türkische Arbeitnehmer, die den verkürzten Wehrdienst von **zwei Monaten** in der Türkei ableisten müssen, sind verpflichtet, den Arbeitgeber unverzüglich über den Zeitpunkt der Einberufung zu **unterrichten** und auf sein Verlangen hin die Richtigkeit der Angaben durch eine behördliche Bescheinigung des Heimatstaates **nachzuweisen**. 2258

Verletzt der türkische Arbeitnehmer schuldhaft diese arbeitsvertraglichen Nebenpflichten, so kann dies, je nach den Umständen, eine ordentliche Kündigung aus verhaltensbedingten Gründen oder sogar eine außerordentliche Kündigung gem. § 626 Abs. 1 BGB rechtfertigen (*BAG* 7.9.1983 EzA § 626 BGB n. F. Nr. 87). 2259

## 12. Nebenpflichten im Arbeitsverhältnis und nach einer Kündigung; treuwidriges Verhalten; Wettbewerbsverbot

**2260** Der Arbeitnehmer hat im bestehenden Arbeitsverhältnis zahlreiche Nebenpflichten zu beachten, deren Missachtung kündigungsrelevant sein kann. So ist z. B. häufig auf der Basis unterschiedlicher Rechtsgrundlagen die Annahme von Geschenken und Belohnungen ohne Zustimmung des Arbeitgebers verboten. Damit ist jede freiwillige, unentgeltliche Zuwendung gemeint, die einen Vermögenswert hat, also den Empfänger bereichert, ohne dass von ihm eine Gegenleistung erwartet wird (vgl. z. B. § 3 AVR-K, § 10 BAT, § 3 Abs. 2 TVöD). Dieses Verbot gilt auch für die Begünstigung durch letztwillige Verfügungen. Besteht objektiv ein enger sachlicher und zeitlicher Zusammenhang zwischen der dienstlichen Tätigkeit und der Belohnung, so ist anzunehmen, dass die Belohnung »in Bezug auf die dienstliche Tätigkeit« erfolgt. Dabei kommt es nicht darauf an, ob die Zuwendung auch subjektiv aus der Sicht des Zuwendenden und des Begünstigten eine Belohnung für die dienstliche Tätigkeit darstellen sollte. Nur wenn für den Dienstnehmer die genehmigungslose Entgegennahme von Geschenken grds. von vornherein ausscheidet, ist der Regelungszweck zu erreichen, dass bereits der »böse Schein« vermieden wird (*BAG* 17.6.2003 EzA § 1 KSchG Verhaltensbedingte Kündigung Nr. 59; *LAG SchlH* 17.12.2008 NZA-RR 2009, 397).

**2261** Auch **treuwidriges, illoyales Verhalten** des Arbeitnehmers kann ggf. eine Kündigung sozial rechtfertigen. Das gilt z. B. für die **(sechsfache) Nichtanzeige offenkundiger Überzahlungen i. H. von insgesamt 8.475, 88 €** mit anschließendem Hinweis auf den Wegfall der Bereicherung; einer Abmahnung bedarf es dann nicht (*LAG Köln* 9.12.2004 ZTR 2005, 375).

**2262** Hat der Arbeitgeber das Arbeitsverhältnis gekündigt und ist die Rechtswirksamkeit dieser Kündigung zwischen den Parteien streitig, so ist sich der Arbeitnehmer bis zur Rechtskraft der Entscheidung im ungewissen darüber, ob er bestimmte arbeitsvertragliche Nebenpflichten (Verschwiegenheitspflichten, vertragliche Wettbewerbsverbote) weiterhin erfüllen muss, oder ob er hiervon entbunden ist.

**2263** Diese Nebenpflichten **kollidieren häufig mit der gesetzlichen Obliegenheit des Arbeitnehmers aus § 615 S. 2 BGB, eine anderweitige Verdienstmöglichkeit wahrzunehmen**, d. h. ein anderes Arbeitsverhältnis einzugehen oder ggf. jeglichen Vergütungsanspruch für die Zeit der Kündigungsschutzklage zu verlieren.

**2264** Nach Auffassung des *BAG* (25.4.1991 EzA § 626 BGB n. F. Nr. 140; ebenso *BGH* 12.3.2003 EzA § 89a HGB Nr. 2) können Wettbewerbshandlungen, die der Arbeitnehmer im Anschluss an eine unwirksame außerordentliche Kündigung des Arbeitgebers begeht, einen wichtigen Grund für eine weitere außerordentliche Kündigung bilden, wenn dem Arbeitgeber ein Verschulden anzulasten ist. Denn der Arbeitnehmer wird nicht schon dadurch von einem Wettbewerbsverbot befreit, dass er eine Kündigung des Arbeitgebers für unwirksam hält und sie deswegen gerichtlich angreift.

**2265** Zwar verhält sich der Arbeitgeber dann widersprüchlich, wenn er trotz seiner Kündigung die Einhaltung des Wettbewerbsverbots verlangt. Jedoch gilt dies auch für den Arbeitnehmer, der die Unwirksamkeit der Kündigung geltend macht.

**2266** Der Arbeitnehmer handelt nur böswillig i. S. d. § 615 S. 2 BGB, wenn der Arbeitgeber ausdrücklich oder konkludent zu erkennen gibt, mit Wettbewerbshandlungen nach der faktischen Beendigung des Arbeitsverhältnisses einverstanden zu sein. Maßgeblich ist eine **Abwägung der beiderseitigen Interessen**. Sie wird wesentlich durch den Grad des dem Arbeitnehmer anzulastenden Verschuldens geprägt. Dabei ist jeweils auf die besonderen Umstände des Einzelfalles abzustellen.

**2267** Erheblich ist, ob es dem Arbeitnehmer um eine Übergangslösung oder um eine auf Dauer angelegte Konkurrenztätigkeit geht. Zu berücksichtigen ist auch, ob er auf die **wettbewerbswidrige Tätigkeit unbedingt angewiesen ist** oder ob ihm eine Tätigkeit außerhalb des wettbewerbsrelevanten Bereichs möglich oder zumutbar ist. Für den Grad des Verschuldens für die Interessenabwägung ist weiterhin maßgeblich der genaue **Zeitpunkt** der Konkurrenztätigkeit, **ihre Art und ihre Auswirkungen** auf den Geschäftsbereich des Arbeitgebers (s. *LAG Köln* 26.6.2006 NZA-RR 2007, 73).

Demgegenüber hat das *LAG Köln* (14.7.1995 LAGE § 60 HGB Nr. 4; zust. *Hoß* DB 1997, 1818 ff.; zust. *Gravenhorst* Anm. zu *BGH* 12.3.2003 EzA § 89a HGB Nr. 2) die Auffassung vertreten, dass der Arbeitgeber nach Ausspruch einer vom Arbeitnehmer angefochtenen fristlosen Kündigung die Unterlassung von Wettbewerbshandlungen bis zum rechtskräftigen Abschluss des Kündigungsschutzprozesses nur fordern kann, wenn er ihm hierfür gleichzeitig eine **monatliche Entschädigung** mindestens in Höhe einer Karenzentschädigung nach §§ 74 ff. HGB anbietet. 2268

### 13. Gewerkschaftswerbung während der Arbeitszeit

Händigt ein freigestellter Betriebsratsvorsitzender einem Arbeitskollegen während dessen Arbeitszeit eine Druckschrift einer Gewerkschaft aus, die einen Überblick über die gewerkschaftlichen Leistungen und ein Beitrittsformular enthält, so liegt darin **kein schuldhaftes Fehlverhalten** des Betriebsratsvorsitzenden; vielmehr ist sein Verhalten durch Art. 9 Abs. 3 GG gerechtfertigt. Denn der Schutz der Koalitionsfreiheit beschränkt sich nicht auf diejenigen Tätigkeiten, die für die Erhaltung und die Sicherung des Bestandes der Koalition unerlässlich sind, sondern umfasst alle koalitionsspezifischen Verhaltensweisen. Dazu gehört auch die Mitgliederwerbung durch die Koalition und ihre Mitglieder (*BVerfG* 14.11.1995 EzA Art. 9 GG Nr. 60 gegen *BAG* 13.11.1991 EzA § 611 BGB Abmahnung Nr. 21), wobei allerdings im Rahmen der gebotenen Harmonisierung der beiderseits betroffenen und grds. gleichwertigen Grundrechte seitens des Arbeitgebers Art. 2 Abs. 1 GG (wirtschaftliche Betätigungsfreiheit) zu berücksichtigen ist. Diese Regelung ist **insbes. bei einer Störung des Arbeitsablaufs und des Betriebsfriedens betroffen**. 2269

### 14. Löschen von Kundendaten

Ist festzustellen, dass ein Außendienstmitarbeiter bei der Übergabe seines Verkaufsgebiets nach einer ihn betreffenden betriebsbedingten Kündigung (Zusammenlegung von Verkaufsgebieten) an den nunmehr für das Verkaufsgebiet vorgesehenen Außendienstmitarbeiter auf einem Laptop gespeicherte Kundendaten gelöscht hat und begründet der gekündigte Arbeitnehmer dies mit dem Hinweis, nachdem er aus betriebswirtschaftlichen Gründen gekündigt worden sei, habe er die gespeicherten Daten seinerseits aus betriebswirtschaftlichen Gründen gelöscht, so ist dadurch ein verhaltensbedingter Kündigungsgrund gesetzt, der den Vertrauensbereich berührt und grds. geeignet ist, die Kündigung des Arbeitsverhältnisses sozial zu rechtfertigen (*LAG Köln* 24.7.2002 LAGE § 1 KSchG Verhaltensbedingte Kündigung Nr. 80). 2270

### 15. Außerdienstliches Verhalten des Arbeitnehmers

Siehe zunächst Kap. 3 Rdn. 499 ff. 2271

#### a) Politische Betätigung

Eine ordentliche Kündigung aus verhaltensbedingten Gründen setzt insoweit voraus, dass das Arbeitsverhältnis durch die im außerdienstlichen Bereich entfaltete politische Betätigung (z. B. die Kandidatur für die DKP bei einer Kommunalwahl) **konkret beeinträchtigt wird**, sei es im Leistungsbereich, im Bereich der Verbundenheit aller bei der Dienststelle beschäftigten Mitarbeiter, im personalen Vertrauensbereich oder im behördlichen Aufgabenbereich (*BAG* 6.6.1984 EzA § 1 KSchG Verhaltensbedingte Kündigung Nr. 12; s. a. *BAG* 12.5.2011 EzA § 123 BGB 2002 Nr. 10; zu außerdienstlichem fremdenfeindlichen Verhalten vgl. *Lansnicker/Schwirtzek* DB 2001, 865 ff.). 2272

#### b) Lohnpfändungen

Das Vorliegen mehrerer Lohnpfändungen oder -abtretungen rechtfertigt für sich allein noch keine ordentliche Kündigung. Eine ordentliche Kündigung kann aber dann sozial gerechtfertigt sein, wenn im Einzelfall zahlreiche Lohnpfändungen oder -abtretungen einen **derartigen Arbeitsaufwand** 2273 des Arbeitgebers **verursachen**, dass dies – nach objektiver Beurteilung – **zu wesentlichen Störungen im Arbeitsablauf** (etwa in der Lohnbuchhaltung oder in der Rechtsabteilung) oder **in der betrieblichen Organisation** führt (*BAG* 4.11.1981 EzA § 1 KSchG Verhaltensbedingte Kündigung Nr. 9).

### c) »Vermittlungsprovision«

2274 Dagegen ist das außerdienstliche Verhalten eines Arbeitnehmers, das darin besteht, dass er eine »Vermittlungsprovision« für die Einstellung eines Arbeitnehmers fordert und kassiert, das weder zur konkreten Beeinträchtigung des Arbeitsverhältnisses noch zur »konkreten Gefährdung« im Vertrauensbereich führt, nicht geeignet, einen Grund im Verhalten des Arbeitnehmers i. S. d. § 1 Abs. 2 KSchG zu bilden (*BAG* 24.9.1987 EzA § 1 KSchG Verhaltensbedingte Kündigung Nr. 18).

### d) Alkoholmissbrauch im Privatbereich

2275 Die Beurteilung aus Anlass einer Kündigung ob eine hochgradige Alkoholisierung im Privatbereich Rückschlüsse auf die Zuverlässigkeit eines Berufsfahrzeugführers zulässt, liegt weitgehend im Beurteilungsspielraum des Tatsachengerichts. Das *BAG* (4.6.1997 EzA § 626 BGB n. F. Nr. 168; vgl. dazu *Adam* ZTR 1999, 292 ff.) hat in einem Fall, in dem der Arbeitnehmer zwar infolge Alkoholgenusses mit einer BAK von 2,73 Promille einen Verkehrsunfall verursacht hatte, die Auffassung des *LAG Bln.* (11.6.1996 – 7 Sa 14/96) geteilt, dass er dadurch als U-Bahn-Zugführer wegen einer einmaligen alkoholbedingten Pkw-Privatfahrt noch nicht als derart unzuverlässig anzusehen sei, dass er kein Vertrauen mehr verdiene.

### e) Straftaten öffentlich Bediensteter im Privatbereich

2276 Straftaten (z. B. Betrug, Anstiftung zur Falschaussage), die ein öffentlich Bediensteter – wenn auch im Privatbereich – begeht, konnten wegen §§ 6, 8 BAT (s. Kap. 3 Rdn. 499 ff.), also insbes. wegen der Verpflichtung, sich so zu verhalten, wie es von einem Angehörigen des öffentlichen Dienstes erwartet wird, aus verhaltensbedingten Gründen jedenfalls eine ordentliche Kündigung sozial rechtfertigen (*BAG* 20.11.1997 EzA § 1 KSchG Verhaltensbedingte Kündigung Nr. 52; vgl. dazu *Scheuring* ZTR 1999, 337 ff. u. 385 ff.); der TVöD sieht allerdings eine § 8 BAT entsprechende Regelung nicht mehr vor (s. *BAG* 12.5.2011 EzA § 123 BGB 2002 Nr. 10).

2277 Deshalb gilt insoweit nunmehr Folgendes (*BAG* 10.9.2009 EzA § 1 KSchG Verhaltensbedingte Kündigung Nr. 77; 28.10.2010 EzA § 1 KSchG Verhaltensbedingte Kündigung Nr. 78 = NZA 2011, 112; 27.1.2011 EzA § 626 BGB 2002 Verdacht strafbarer Handlung Nr. 10 = NZA 2011, 798):

Eine verhaltensbedingte Kündigung kann zwar auch wegen Verletzung einer vertraglichen Nebenpflicht sozial gerechtfertigt sein. Die Tarifvertragsparteien des öffentlichen Dienstes haben in § 41 S. 1 TVöD-BT-V für die nicht hoheitlich tätigen Arbeitnehmer zwischenzeitlich aber – im Gegensatz zur früheren tariflichen Rechtslage – keine weitergehenden Verhaltenspflichten mehr begründet, als diese auch für die Beschäftigten in der Privatwirtschaft gelten. Darauf hat die Rechtsprechung bei der kündigungsrechtlichen Beurteilung außerdienstlicher Straftaten Bedacht zu nehmen. Auch für nicht hoheitlich tätige Arbeitnehmer des öffentlichen Dienstes gilt die allgemeine Pflicht zur Rücksichtnahme auf die Interessen des Arbeitgebers nach § 241 Abs. 2 BGB. Diese kann auch durch außerdienstliches Verhalten verletzt werden. Eine außerdienstlich begangene Straftat verstößt gegen die Pflicht zur Rücksichtnahme gemäß § 241 Abs. 2 BGB, wenn sie einen Bezug zu den arbeitsvertraglichen Verpflichtungen oder der Tätigkeit des Arbeitnehmers hat und dadurch berechtigte Interessen des Arbeitgebers oder anderer Arbeitnehmer verletzt werden. Das ist insbes. dann der Fall, wenn es **negative Auswirkungen auf den Betrieb** oder einen **Bezug zum Arbeitsverhältnis** hat. Fehlt ein solcher Zusammenhang, scheidet eine Pflichtverletzung regelmäßig aus (*BAG* 27.1.2011 EzA § 626 BGB 2002 Verdacht strafbarer Handlung Nr. 10 = NZA 2011, 798). Ein derartiger Bezug zum Arbeitsverhältnis kann etwa dann gegeben sein, wenn ein Arbeitnehmer eine **Straftat unter Nutzung von Betriebsmitteln oder betrieblichen**

## G. Die ordentliche verhaltensbedingte Arbeitgeberkündigung    Kapitel 4

Einrichtungen begeht, wenn sich der öffentliche Arbeitgeber staatlichen Ermittlungen ausgesetzt sieht oder wenn er mit der Straftat durch den Arbeitnehmer selbst in Verbindung gebracht wird (*BAG* 28.10.2010 EzA § 1 KSchG Verhaltensbedingte Kündigung Nr. 78 = NZA 2011, 112).

Eine außerdienstlich begangene Straftat kann allerdings auch Zweifel an der Zuverlässigkeit und Vertrauenswürdigkeit des Arbeitnehmers begründen und – abhängig von der Funktion des Beschäftigten – geeignet sein, eine personenbedingte Kündigung zu rechtfertigen.

### 16. Falschbeantwortung des Fragebogens wegen einer Zusammenarbeit mit dem ehemaligen MfS

Die Frage, ob eine ordentliche Kündigung von ehemaligen Mitarbeitern im öffentlichen Dienst der neuen Bundesländer wegen fehlender persönlicher Eignung in Betracht kommt, beurteilt sich seit dem 1.1.1994 (zur Rechtslage bis zu diesem Zeitpunkt s. Rdn. 1925 ff.) nach § 1 KSchG.    2278

Die Falschbeantwortung des Fragebogens wegen einer Zusammenarbeit mit dem ehemaligen Ministerium für Staatssicherheit der DDR (Stasi) rechtfertigt nicht ohne weiteres eine verhaltensbedingte Kündigung gem. § 1 Abs. 2 KSchG. Es kommt vielmehr auf die Umstände des jeweiligen Einzelfalles, u. a. auch darauf an, wie lange die Tätigkeit für die Stasi zurückliegt und wie schwerwiegend sie war (*BAG* 4.12.1997 EzA § 1 KSchG Verhaltensbedingte Kündigung Nr. 53). Gleiches gilt bei Fragen des Arbeitgebers nach früheren »Stasi-Kontakten« (*BAG* 13.6.2002 EzA § 1 KSchG Verhaltensbedingte Kündigung Nr. 57).    2279

Verschweigt ein im öffentlichen Dienst Beschäftigter eine MfS-Tätigkeit vor Vollendung des 21. Lebensjahres, so ist es dem öffentlichen Arbeitgeber zudem jedenfalls bei einem nicht allzu gravierenden Maß der Verstrickung eher zumutbar, mit milderen Mitteln als mit einer fristlosen Kündigung – etwa einer Abmahnung oder einer ordentlichen Kündigung – zu reagieren als bei einer Tätigkeit für das MfS im Erwachsenenalter. Auch führt regelmäßig nur eine schuldhafte Falschbeantwortung zu einem derart gravierenden Vertrauensverlust, dass dem öffentlichen Arbeitgeber auch eine Weiterbeschäftigung bis zum Ablauf der Kündigungsfrist unzumutbar ist. Je nach dem Gewicht der Falschbeantwortung und dem Grad der Verstrickung kann schließlich der längere beanstandungsfreie Fortbestand des Arbeitsverhältnisses bis zur Kündigung teilweise oder völlig entwertet worden sein (*BAG* 21.6.2001 NZA 2002, 168).    2280

### 17. Betriebliche Auswirkungen der Pflichtverletzung

**Notwendig ist mithin stets, dass sich das Fehlverhalten auch betrieblich auswirkt.** Insoweit liegt ein die Kündigung rechtfertigender Grund dann vor, wenn es um das Verhalten eines Arbeitnehmers geht, durch das das Arbeitsverhältnis konkret beeinträchtigt wird (*BAG* 12.5.2011 EzA § 123 BGB 2002 Nr. 10). Eine solche Beeinträchtigung kann sich auch auf den Leistungsbereich beziehen.    2281

Die in einem **innerbetrieblichen Gespräch** geäußerte Meinung einer Busfahrerin, bei ihren Fahrgästen handele es sich zum größten Teil um Abschaum, rechtfertigt nach Auffassung des *LAG Düsseld.* (19.12.1995 LAGE § 626 BGB Nr. 91) weder die Kündigung noch einen Auflösungsantrag des Arbeitgebers, solange die innere Einstellung der Arbeitnehmerin sich nicht auf die Arbeitsleistung bzw. auf das Arbeitsverhältnis auswirkt.    2282

Eine konkrete Beeinträchtigung des Arbeitsverhältnisses liegt aber bereits in der Nichterbringung der vertraglich geschuldeten Leistung, z. B. durch Fernbleiben von der Arbeit. Kommt der Arbeitnehmer seiner Arbeitsverpflichtung im vertraglichen Umfang nicht nach oder verletzt er eine vertragliche Nebenpflicht, so wirkt sich das unmittelbar auf die Störung des Arbeitsverhältnisses im Leistungsbereich und als Beeinträchtigung des Verhältnisses von Leistung und Gegenleistung (Äquivalenzstörung) aus.    2283

Ob diese Fehlzeiten sich über diese Störung hinaus auch noch konkret nachteilig auf den Betriebsablauf oder den Betriebsfrieden ausgewirkt haben, ist nicht für die Eignung als Kündigungsgrund,    2284 sondern nur für die im Rahmen der **Interessenabwägung** wesentlichen weiteren Auswirkungen der Pflichtverletzung erheblich.

2285 Solche **konkreten Störungen** sind somit nicht unabdingbare Voraussetzung für die soziale Rechtfertigung der Kündigung, **ihnen kommt vielmehr nur ein neben dem Vertragsverstoß zusätzlich belastendes Gewicht zu** (*BAG* 17.1.1991 EzA § 1 KSchG Verhaltensbedingte Kündigung Nr. 37).

### 18. Der Sonderfall: Arbeitsverhältnisse mit einer reinen Vermittlungsgesellschaft

2286 In dem Sonderfall eines mit einer reinen Vermittlungsgesellschaft (z. B. der DB Vermittlung) begründeten Arbeitsverhältnis **wird die ursprüngliche Arbeitspflicht** des Arbeitnehmers, die wegen des betriebsbedingten Wegfalls der Beschäftigungsmöglichkeit an seinem früheren Arbeitsplatz nicht mehr realisiert werden konnte, **durch die Pflicht ersetzt, ein zumutbares Beschäftigungsangebot** – insbes. in einem Unternehmen des DB Konzerns – **anzunehmen**. Verstößt der Arbeitnehmer gegen diese Verhaltenspflicht, so kann dies je nach den Umständen eine ordentliche Kündigung nach § 1 Abs. 2 KSchG rechtfertigen. Insoweit gilt für § 26 für die Arbeitnehmer der DB Vermittlung GmbH i. d. F. v. 10.9.2002 Folgendes (*BAG* 2.2.2006 – 2 AZR 222/05, EzA-SD 8/06 S. 7 LS; s. a. *LAG SA* 6.12.2005 NZA-RR 2006, 467):
- Die ordentliche Kündigung ist tariflich schon dann möglich, wenn der Arbeitnehmer ein zumutbares Beschäftigungsangebot abgelehnt hat;
- § 26 Abs. 2 TV DB Vermittlung setzt dann, wenn der Arbeitnehmer das erste zumutbare Arbeitsplatzangebot wegen des erforderlichen Wohnungswechsels ablehnt und der Arbeitgeber daraufhin von der an sich zulässigen sofortigen Kündigung absieht, für das **zweite Angebot die tariflichen Zumutbarkeitskriterien herab**;
- Der Arbeitgeber hat bei einem erforderlichen Wohnungswechsel allerdings stets nach dem ultima-ratio-Prinzip zu prüfen, ob nach der ersten Ablehnung anstatt einer sofortigen Kündigung ein zweites Angebot mit entsprechend herabgesetzter Zumutbarkeitsgrenze zu erfolgen hat.

## IV. Abmahnung

### 1. Notwendigkeit einer Abmahnung vor Ausspruch der Kündigung

2287 Von jeher ist nach dem nach der Rechtsprechung des *BAG* (17.3.1987 EzA § 611 BGB Abmahnung Nr. 5; 12.1.2006 EzA § 1 KSchG Verhaltensbedingte Kündigung Nr. 67; 12.1.2006 EzA § 1 KSchG Verhaltensbedingte Kündigung Nr. 68; 23.6.2009 EzA § 1 KSchG Verhaltensbedingte Kündigung Nr. 75; ebenso z. B. *LAG Köln* 16.6.2005 – 7 Sa 22/04, AuR 2005, 384 LS; abl. *Walker* NZA 1995, 602) den Kündigungsschutz beherrschenden Ultima-ratio-Prinzip (s. § 314 Abs. 2 BGB) und aus dem in § 323 Abs. 1 BGB enthaltenen allgemeinen Rechtsgedanken heraus ist der Arbeitnehmer bei einem pflichtwidrigen Verhalten grds. zunächst abzumahnen. Das gilt insbes. für Störungen im Leistungsbereich. Denn eine verhaltensbedingte Kündigung ist dann nicht gerechtfertigt, **wenn es andere geeignete mildere Mittel gibt, um eine zukünftige Vertragsstörung zu beseitigen und zu vermeiden** (*BAG* 9.6.2011 EzA § 626 BGB 2002 Nr. 36 = NZA 2011, 1342; 9.6.2011 EzA § 626 BGB 2002 Nr. 37; 13.12.2007 EzA § 4 KSchG n. F. Nr. 82; 12.1.2006 EzA § 1 KSchG Verhaltensbedingte Kündigung Nr. 68; s. a. *LAG RhPf* 26.2.2010 – 6 Sa 682/09, NZA-RR 2010, 297).

2288 Zwar ist § 323 Abs. 1 BGB auf den Arbeitsvertrag nicht unmittelbar anwendbar. Diese Vorschrift enthält jedoch den allgemeinen Grundgedanken, dass der Gläubiger den Schuldner vor so einschneidenden Maßnahmen wie der einseitigen Vertragsaufhebung auf die Folgen des vertragswidrigen Verhaltens hinweisen muss (vgl. *Becker-Schaffner* BB 1995, 2526).

2289 Das muss auch dann gelten, falls der Arbeitgeber das Arbeitsverhältnis kündigen will, wenn der Arbeitnehmer seine Leistung nicht vertragsgemäß erbringt (z. B. *BAG* 9.8.1984 EzA § 1 KSchG Verhaltensbedingte Kündigung Nr. 11).

G. Die ordentliche verhaltensbedingte Arbeitgeberkündigung **Kapitel 4**

Inzwischen lässt sich das aus § 314 Abs. 2 S. 1 BGB ableiten (*BAG* 12.1.2006 EzA § 1 KSchG  2290
Verhaltensbedingte Kündigung Nr. 67, 68; vgl. *v. Hase* NJW 2002, 2281 ff.), auch wenn der Gesetzgeber im Gegensatz zu dieser Norm das Erfordernis der Abmahnung in § 626 BGB ebenso wenig ausdrücklich aufgenommen hat wie in § 1 KSchG für die ordentliche verhaltensbedingte Kündigung.

## 2. Begriff und Inhalt

### a) Inhaltliche Anforderungen

Eine Abmahnung liegt dann vor, wenn der Arbeitgeber – in einer für den Arbeitnehmer hin-  2291
reichend deutlich erkennbaren Art und Weise – Leistungsmängel beanstandet und damit den eindeutigen Hinweis verbindet, dass im Wiederholungsfall der Inhalt oder der Bestand des Arbeitsverhältnisses gefährdet ist. Nicht erforderlich ist es, bestimmte kündigungsrechtliche Maßnahmen, insbes. die Kündigung, anzudrohen (*BAG* 18.1.1980 EzA § 1 KSchG Verhaltensbedingte Kündigung Nr. 7; *LAG Düsseld.* 24.7.2009 NZA-RR 2010, 52; ausf. *Conze* ZTR 1997, 342 ff.; *Hunold* NZA-RR 2000, 169 ff.). In der Abmahnung **muss der Arbeitgeber den dem Arbeitnehmer vorgeworfenen Vertragsverstoß so genau bezeichnen, dass der Arbeitnehmer den Inhalt der nach Auffassung des Arbeitgebers verletzten Pflicht erkennen kann** (*BAG* 23.6.2009 EzA § 1 KSchG Verhaltensbedingte Kündigung Nr. 75). Einerseits muss der Arbeitgeber also den der Abmahnung zu Grunde liegenden Sachverhalt konkret darlegen. Andererseits muss er konkret erklären, **aus welchem Grund er das Verhalten des Arbeitnehmers für pflichtwidrig hält** (*LAG Düsseld.* 24.7.2009 NZA-RR 2010, 52).

### b) Zweck der Abmahnung

Insoweit hat die Abmahnung einen **dreifachen Zweck** zu erfüllen (*BAG* 10.11.1988 EzA § 611 BGB  2292
Abmahnung Nr. 18; 19.2.2009 EzA § 314 BGB 2002 Nr. 5; 23.6.2009 EzA § 1 KSchG Verhaltensbedingte Kündigung Nr. 75; *LAG Bln.-Bra.* 5.11.2009 LAGE § 611 BGB 2002 Abmahnung Nr. 6):
– sie soll das beanstandete Verhalten tatbestandsmäßig festhalten (**Dokumentationsfunktion**),
– sie soll den Arbeitnehmer darauf hinweisen, dass der Arbeitgeber ein bestimmtes Verhalten als vertragswidrig ansieht (**Hinweisfunktion**),
– sie soll ihn – bei inhaltlicher sachlicher Berechtigung der Vorwürfe (*BAG* 19.2.2009 EzA § 314 BGB 2002 Nr. 5) – davor warnen, dass im Wiederholungsfalle eine Gefährdung des Arbeitsverhältnisses droht (**Warn- bzw. Androhungsfunktion**; vgl. dazu *BAG* 23.6.2009 EzA § 1 KSchG Verhaltensbedingte Kündigung Nr. 75; 19.2.2009 EzA § 314 BGB 2002 Nr. 5 = NZA 2009, 894; *LAG Köln* 6.8.1999 NZA-RR 2000, 24; abl. *Bader* ZTR 1999, 200 ff.).

### c) Genaue Bezeichnung des Fehlverhaltens; Beispiele

Deshalb muss eine Abmahnung das beanstandete Verhalten des Arbeitnehmers möglichst genau  2293
bezeichnen. Allgemeine Wertungen erfüllen weder die Dokumentations- noch die Hinweisfunktion. Eine Abmahnung, die nicht **hinreichend konkret den vermeintlichen Vertragsverstoß bezeichnet**, ist rechtswidrig (*BAG* 23.6.2009 EzA § 1 KSchG Verhaltensbedingte Kündigung Nr. 75; *LAG Düsseld.* 24.7.2009 NZA-RR 2010, 52; *LAG Köln* 15.6.2007 – 11 Sa 243/07, AuR 2007, 323 LS; *LAG Hamm* 25.5.2007 – 13 Sa 1117/06, AuR 2007, 405 LS; *LAG Köln* 16.6.2005 – 7 Sa 22/04, AuR 2005, 384 LS). Dies erfordert zugleich, dass der Arbeitgeber dem Arbeitnehmer deutlich macht, dass er dessen Verhalten als vertragswidrig ansieht (*BAG* 23.6.2009 EzA § 1 KSchG Verhaltensbedingte Kündigung Nr. 75).

Eine Abmahnung ist demzufolge **rechtswidrig** und aus der Personalakte zu entfernen, wenn sie statt eines konkret bezeichneten Fehlverhaltens **nur pauschale Vorwürfe** enthält. Die Anforderungen an die Konkretisierung der in einer Abmahnung enthaltenen Rüge müssen sich an dem orientieren, was der Arbeitgeber wissen kann. Bei der quantitativen Minderleistung z. B. sind dies die

Arbeitsergebnisse und deren erhebliches Zurückbleiben hinter den Leistungen vergleichbarer Arbeitnehmer, verbunden mit der Rüge des Arbeitgebers, dass aus seiner Sicht der Arbeitnehmer seine Leistungsfähigkeit pflichtwidrig nicht ausschöpft. In Zahlen gemessene Arbeitserfolge mehrerer Arbeitnehmer und ein daraus gebildeter Durchschnitt können über die Frage, ob einer dieser Arbeitnehmer seine persönliche Leistungsfähigkeit ausschöpft, dann etwas aussagen, wenn sie unter in etwa gleichen Bedingungen erzielt werden. Jeder Arbeitnehmer, der sich am Durchschnitt messen lassen soll, muss in etwa die gleiche Chance haben, durchschnittliche Erfolge zu erzielen. Gegen die Aussagefähigkeit von Durchschnittswerten kann sprechen, wenn der Höchstwert und der niedrigste Wert weit auseinanderklaffen (Im Streitfall betrug der Höchstwert das 19-fache des niedrigsten Wertes.) und Leistungsunterschiede dies nicht erklären können (*BAG* 27.11.2008 EzA § 314 BGB 2002 Nr. 4; s. dazu *Hunold* NZA 2009, 830 ff.).

Soweit eine Abmahnung **rechtliche Ausführungen** des Arbeitgebers enthält, müssen sie nicht nur im Ergebnis zutreffen. Sie müssen vielmehr auch erkennen lassen, weshalb der Arbeitgeber ein bestimmtes Verhalten des Arbeitnehmers als pflichtwidrig ansieht; sie dürfen daher nicht unklar oder widersprüchlich sein (*LAG Düsseld.* 24.7.2009 NZA-RR 2010, 52).

2294 ▶ **Beispiele:**
- Es ist nicht Sache des Arbeitgebers, (vermeintliches) Fehlverhalten des Arbeitnehmers in einer Abmahnung strafrechtlicher Würdigung zu unterziehen (*BAG* 11.8.1982 EzA § 611 BGB Fürsorgepflicht Nr. 31; *LAG RhPf* 13.4.1989 LAGE § 611 BGB Abmahnung Nr. 18). Tut er dies gleichwohl und erweist sich der Vorwurf nicht im vollen Umfange als berechtigt, so ist das Schriftstück schon deshalb aus der Personalakte des Adressaten zu entfernen (*ArbG Bln.* 4.11.2011 LAGE § 611 BGB 2002 Abmahnung Nr. 8).
- Ein Arbeitnehmer kann wegen einer **bewusst falschen Beschwerde beim Personalrat** über das Vorgehen seines Vorgesetzten abgemahnt werden (*LAG Bln.* 2.4.2004 – 6 Sa 2209/03, ZTR 2004, 325 LS). Anderes gilt dagegen wegen der großen Bedeutung der Meinungsfreiheit für eine Beschwerde einer Arbeitnehmerin beim **Aufsichtsratsvorsitzenden**, seit Monaten durch ihren Vorgesetzten gemobbt zu werden (*LAG BW* 3.8.2011 13 Sa 16/11, AuR 2011, 503 LS).
- Eine Kassendifferenz von 10 Euro bei einer Kassiererin, die sonst i. d. R. lediglich kleinere Differenzen von weniger als 1 Euro aufzuweisen hat, stellt eine objektive Pflichtverletzung dar, die vom Arbeitgeber mit einem zur Personalakte genommenen Schreiben abgemahnt werden kann (*LAG Bln.* 26.3.2004 – 6 Sa 2490/03, ZTR 2004, 548 LS).
- Wirft der Arbeitgeber dem Arbeitnehmer in einer Abmahnung **angebliche vertragswidrige Äußerungen** vor, so hat er diese – unabhängig davon, ob es sich dabei tatsächlich um arbeitsvertragliche Pflichtverletzungen des Arbeitnehmers handelt – in der Abmahnung **deutlich darzustellen**. Der **pauschale Vorwurf**, der Arbeitnehmer habe gegenüber einer dritten Person geäußert, dass für Gerichtsprozesse 65.000 € zurückgestellt worden seien und ein anderer Arbeitnehmer eine Abmahnung erhalten habe, **reicht insoweit nicht aus**. Erforderlich ist vielmehr, dass sich der Abmahnung entnehmen lässt, wann und wo genau der Arbeitnehmer diese Äußerungen getätigt haben soll (*LAG Köln* 15.6.2007 – 11 Sa 243/07, AuR 2007, 323 LS).
- Der Arbeitgeber kann die Teilnahme des Arbeitnehmers an **politischen Demonstrationen** während der Arbeitszeit (z. B. zum Protest gegen die beabsichtigte Abschaffung des Schlechtwettergeldes) verbieten. Eine Teilnahme entgegen einem solchen Verbot kann er rechtswirksam abmahnen. Grundrechte (insbes. Art. 5 Abs. 1, 9 Abs. 3, 2 Abs. 1 GG) stehen dem nicht entgegen (*LAG SchlH* 18.1.1995 AP Nr. 17 zu § 611 BGB Abmahnung).
- Verweigert ein Postzusteller trotz ausdrücklicher Anordnung die **Zustellung einer Postwurfsendung mit ausländerfeindlichem Inhalt**, so kann eine Abmahnung gerechtfertigt sein. Die Abmahnung verstößt aber gegen Treu und Glauben (§ 242 BGB), wenn die Post selbst sich zuvor wiederholt gegen den Inhalt der Sendung ausgesprochen hat (*Hess. LAG* 20.12.1994 AP Nr. 18 zu § 611 BGB Abmahnung).

- Die Abmahnung eines **Nachtwachenpflegehelfers** wegen des Tragens von Schmuck im Gesicht, an Ohren und Händen bei der Ausübung des Pflegedienstes an Geistig- und Mehrfachbehinderten entgegen der Anweisung der Fachklinik ist auf Grund der Unfallverhütungsvorschriften der zuständigen Berufsgenossenschaft über die Gefährdungsmöglichkeiten durch Tragen von Schmuck u. ä. Gegenständen bei der Arbeit und den konkreten Feststellungen des Arbeitsschutzausschusses der Klinik zur Gefährdung der Mitarbeiter gerechtfertigt (*LAG SchlH* 26.10.1995 LAGE § 611 BGB Abmahnung Nr. 44).
- Eine Abmahnung ist auch zu Recht erteilt, wenn eine **Fluggast-Kontrolleurin** während eines Realtests eine **fehlerhafte Durchsuchung durchführt**, indem sie einen Bereich des Rückens bzw. des Gesäßes bei der Durchsuchung eines Fluggastes auslässt und nach der Betriebsanweisung die Pflicht besteht, den Passagier von Kopf bis Fuß durch Abtasten zu durchsuchen (*ArbG Frankf./M.* 2.11.1999 NZA-RR 2000, 464).
- Der Arbeitgeber hat bei einer von ihm für die Mitarbeiter seines Betriebes eingeführten **Lernkontrolle** hinsichtlich der Beantwortung bestimmter Kundenfragen im Einzelhandel nach billigem Ermessen darüber zu befinden, ob diese vom Arbeitnehmer im Einzelfall abverlangt werden kann. Sind diese Voraussetzungen erfüllt, kann der Arbeitgeber bei einer Verweigerung durch den Arbeitnehmer eine Abmahnung erteilen (*LAG Bln.* 4.3.2003 LAGE § 611 BGB Abmahnung Nr. 51).
- Ist ein **Personalreferent** aufgrund einer Konzernbetriebsvereinbarung verpflichtet, **für freie Stellen vorrangig interne Bewerber vorzuschlagen**, rechtfertigen Nachlässigkeiten in diesem Bereich eine Abmahnung; ohne vorherige erfolglose Abmahnung kommt dagegen eine (außerordentliche) Kündigung nicht in Betracht (*LAG Köln* 15.2.2006 – 14 (12) Sa 43/06, AuR 2007, 59 LS). Gleiches gilt u. U. bei einem einmaligen Fehlverhalten selbst dann, wenn es zu einem **hohen Sachschaden** führt (*LAG RhPf* 30.3.2006 – 11 Sa 644/05, ZTR 2007, 52 LS).
- Auch bei einem **leitenden Mitarbeiter** setzt eine auf Leistungsmängel gestützte Kündigung i. d. R. eine vorangegangene Abmahnung voraus. Dies gilt umso mehr, wenn der Arbeitgeber ihm zehn Monate vor der Kündigung in einer Regelbeurteilung noch einen Zielerreichungsgrad von 102,5 % und damit gute, überdurchschnittliche Gesamtleistungen bescheinigt hat (*LAG Köln* 23.5.2002 NZA-RR 2003, 305).
- Ist die **Umgehung einer Betriebsvereinbarung** infolge des Fehlens klarer betrieblicher Anweisungen mit an sich **zulässigen Mitteln möglich**, bedarf es vor Ausspruch einer Kündigung i. d. R. einer einschlägigen **Abmahnung** (*LAG SchlH* 19.12.2007 LAGE § 626 BGb 2002 Nr. 15).
- Der gläubige Arbeitnehmer ist unter Berücksichtigung der betrieblichen Belange wegen Art. 4 Abs. 1, 2 GG grds. berechtigt, seinen Arbeitsplatz zur Abhaltung kurzzeitiger Gebete zu verlassen. Insoweit kann ein Leistungshindernis nach § 616 BGB bestehen. Wegen der aus Art. 2 Abs. 1, 12 Abs. 1 und 14 Abs. 1 GG gleichfalls grundrechtlich geschützten Belange des Arbeitgebers darf der Arbeitnehmer seinen Arbeitsplatz allerdings nicht ohne Rücksprache mit seinem Vorgesetzten verlassen. Die Pflichtgebete des Islam sind nur innerhalb eines Zeitrahmens je nach Sonnenstand abzuhalten. Der Arbeitnehmer ist nicht berechtigt, den genauen Zeitpunkt seiner Arbeitsunterbrechung innerhalb des Zeitrahmens ohne Rücksprache mit seinem Vorgesetzten selbst zu bestimmen; verhält er sich gegenteilig, ist eine Abmahnung berechtigt (*LAG Hamm* 26.2.2002 NZA 2002, 1090; vgl. auch Adam NZA 2003, 1375 ff.).
- § 57 Abs. 4 S. 1 SchulG NW ist Ausdruck des staatlichen **Neutralitätsgebots**. Diese Regelung knüpft an einen abstrakten Gefährdungstatbestand an; sie will abstrakten Gefahren vorbeugen, um damit sicherzustellen, dass konkrete Gefahren für die Neutralität der Schule unterbunden werden. Diese Regelung verstößt weder gegen Art. 3 noch gegen Art. 4 GG und steht auch in Einklang mit Art. 9 EMRK (*LAG Düsseld.* 10.4.2008 LAGE Art. 4 GG Nr. 6). Trägt eine **Sozialpädagogin** anstelle des zuvor getragenen islamischen Kopftuchs eine **Baskenmütze**, die das Haar, den Haaransatz und die Ohren komplett verdeckt, so verstößt sie gegen dieses Neutra-

litätsgebot und kann deswegen abgemahnt werden (*LAG Düsseld.* 10.4.2008 LAGE Art 4 GG Nr. 6).
- Ist ein **Betriebsratsmitglied** der objektiv fehlerhaften Ansicht, eine Betriebsratsaufgabe wahrzunehmen, kommt eine Abmahnung des Arbeitgebers wegen einer dadurch bedingten Versäumnis der Arbeitszeit nicht in Betracht, wenn es sich um eine Verkennung schwieriger oder ungeklärter Rechtsfragen handelt (*BAG* 31.8.1994 EzA § 611 BGB Abmahnung Nr. 33).
- Mit einer Abmahnung kann ein Verhalten **eines Personalratsmitglieds** nur dann gerügt werden, wenn es nicht allein dem Bereich der Personalratstätigkeit zuzuordnen ist (*OVG Bln.-Bra.* 18.5.2010 NZA-RR 2011, 54), sondern zumindest auch eine Verletzung individualrechtlicher Pflichten des Arbeitsvertrages vorliegt. Insoweit hat das *LAG Köln* (26.11.2001 ARST 2002, 212 LS) angenommen, dass ein Verstoß gegen personalvertretungsrechtliche Schweigepflichten nicht bereits deshalb abgemahnt werden kann, weil jeder Verstoß gegen die gesetzliche Schweigepflicht des LPVG zugleich eine individualvertragliche Vertragsverletzung darstellt. Eine Abmahnung kommt danach erst dann in Betracht, wenn zugleich eine strafbare Handlung, insbes. nach § 353b StGB gegeben ist.
- Die Abmahnung streikender Lehrer ist gerechtfertigt, soweit sich der Streik auf **nicht tariffähige Ziele** richtet; eine **Verletzung der Friedenspflicht** durch Streik ist ebenfalls abmahnungsfähig (*ArbG Marburg* 10.12.2010 NZA-RR 2011, 140).
Der Ausspruch einer Abmahnung wegen der Teilnahme eines Arbeitnehmers an einem rechtswidrigen Streik ist nicht dadurch ausgeschlossen, dass der Streik von der zuständigen Gewerkschaft geführt wurde und der Arbeitnehmer rechtsirrigerweise davon ausgegangen ist, der Streik sei rechtmäßig (*LAG Hamm* 24.10.2001 LAGE Art. 9 GG Arbeitskampf Nr. 71).
- Teilzeitbeschäftigte Angestellte bedürfen nach § 11 BAT i. V. m. § 68 LGB NW auch dann einer Genehmigung für eine **Nebentätigkeit**, wenn die zeitliche Beanspruchung durch die Teilzeittätigkeit zusammen mit der zeitlichen Beanspruchung durch die Nebentätigkeit die regelmäßige wöchentliche Arbeitszeit eines vollzeitbeschäftigten Angestellten nicht überschreitet. Wird eine solche Nebentätigkeit ohne Genehmigung ausgeübt, kann die Erteilung einer Abmahnung gerechtfertigt sein (*BAG* 30.5.1996 EzA § 611 BGB Abmahnung Nr. 34).
- Gleiches gilt, wenn ein **vollzeitbeschäftigter Polizeimusiker** ohne die erforderliche Genehmigung eine Nebentätigkeit ausübt (*BAG* 22.2.2001 NZA 2002, 288 LS), sowie dann, wenn das zeitliche Ausmaß der Nebentätigkeit dazu führt, dass die nach dem ArbZG einzuhaltenden Höchstarbeitszeiten regelmäßig überschritten werden (*BAG* 11.12.2001 EzA § 611 BGB Nebentätigkeit Nr. 6).
- Wendet sich ein Arbeitnehmer mit einer sog. »Eidesstattlichen Versicherung«, in der er den Vorgesetzten eines Fehlverhaltens bezichtigt, an den Personalrat, so will er regelmäßig sein Beschwerderecht gegenüber der Personalvertretung ausüben. Unabhängig vom Wahrheitsgehalt der Vorwürfe kann darin regelmäßig nach Auffassung des *ArbG Bln.* (16.9.2003 – 86 Ca 14804/03) weder eine Vertragspflichtverletzung noch eine Störung des Betriebsfriedens gesehen werden. Gleiches gilt, wenn **auf Grund des Inhalts einer Beschwerde dem Beschwerdeführer gegenüber vom Arbeitgeber eine Abmahnung ausgesprochen wird**; denn diese ist wegen Verstoßes gegen das Benachteiligungsverbot aus § 84 Abs. 3 BetrVG unwirksam, auch wenn sich die Beschwerde als unbegründet herausstellt (*LAG Hamm* 11.2.2004 – 18 Sa 1847/03, EzA-SD 7/04, S. 6 LS = AuR 2005, 36). Entgegen der Auffassung des *ArbG Bln.* (16.9.2003 – 86 Ca 14804/03), dass dies offen gelassen hat, gilt ganz sicher etwas anderes, wenn es sich um schwere, völlig haltlose Anschuldigungen gegen den Arbeitgeber oder Vorgesetzte handelt (wie hier jetzt auch *LAG Hamm* 11.2.2004 – 18 Sa 1847/03, EzA-SD 7/04, S. 6 LS). Denn dann überschreiten der Inhalt und die Begleitumstände der Beschwerde die Grenzen des Beschwerderechts.

*d) Störungen im Vertrauensbereich*

2295 **Keiner Abmahnung bedurfte** es im Gegensatz zu Störungen im Leistungs- und Verhaltensbereich nach der früheren Rechtsprechung (vgl. dazu *BAG* 17.2.1994 EzA § 611 BGB Abmahnung Nr. 30)

## G. Die ordentliche verhaltensbedingte Arbeitgeberkündigung       Kapitel 4

grds. bei Störungen **im sog. Vertrauensbereich** (*BAG* 19.6.1967 AP Nr. 1 zu § 124 GewO; **a. A.** *LAG Nds.* 13.1.1998 LAGE § 1 KSchG Verhaltensbedingte Kündigung Nr. 63).

Denn eine Abmahnung kann danach zerstörtes Vertrauen nicht wieder herstellen (*BAG* 10.11.1988 EzA § 611 BGB Abmahnung Nr. 18). **2296**

Demgegenüber wurde stets auch die Auffassung vertreten, dass die Abmahnung ihren Zweck nur dann erfüllen kann, wenn es sich um ein steuerbares Fehlverhalten des Arbeitnehmers handelt und wenn das bisherige vertragswidrige Verhalten keine klare Negativprognose für die weitere Vertragsbeziehung zulässt und deswegen von der Möglichkeit einer künftigen vertragskonformen Erfüllung auszugehen ist (*v. Hoyningen-Huene* RdA 1990, 202). **2297**

Bei der Prüfung dieser für das Erfordernis der Abmahnung wesentlichen Kriterien ist danach von der Regel auszugehen, dass jedes willensbestimmte Verhalten eines Arbeitnehmers für die Zukunft abänderbar und deswegen abmahnungsfähig und -bedürftig ist. **2298**

Dieser Grundsatz kann nicht auf Kündigungsgründe beschränkt werden, die sich als Störungen im Leistungsbereich auswirken. **2299**

Auch bei Störungen im Vertrauens- oder Betriebsbereich ist vielmehr vor Ausspruch einer Kündigung wegen vertragswidrigen Verhaltens zunächst grds. eine Abmahnung erforderlich. Denn der Ausschluss einer Abmahnung bei Störungen im Vertrauensbereich ist verfehlt, **weil es nicht von vornherein ausgeschlossen ist, verlorenes Vertrauen wieder zurückzugewinnen.** **2300**

Es besteht insoweit **nur ein gradueller, nicht aber ein grundsätzlicher Unterschied zur Rückkehr zur Leistungsbereitschaft**, weil jede Schlechtleistung insofern auch zu einer Vertrauensstörung führt, als dadurch die Erwartung des Arbeitgebers enttäuscht wird, der Arbeitnehmer werde seine Arbeit vertragsgemäß erfüllen. **2301**

Bei einer Erschütterung der notwendigen Vertrauensgrundlage wird **allerdings eher als bei einer Störung im Leistungsbereich die abschließende negative Prognose angebracht sein**, die Wiederherstellung des notwendigen Vertrauensverhältnisses sei nicht mehr möglich. **2302**

Inzwischen vertritt auch das *BAG* (4.6.1997 EzA § 626 BGB n. F. Nr. 168; 10.2.1999 EzA § 15 KSchG n. F. Nr. 47; 10.6.2010 EzA § 626 BGB 2002 Nr. 32; 24.3.2011 – 2 AZR 282/10, EzA-SD 16/2011 S. 3 LS; 9.6.2011 EzA § 626 BGB 2002 Nr. 35; 9.6.2011 EzA § 626 BGB 2002 Nr. 37; ebenso; *LAG Köln* 24.7.2002 LAGE § 1 KSchG Verhaltensbedingte Kündigung Nr. 80; *LAG Nds.* 8.3.2005 LAGE § 1 KSchG Verhaltensbedingte Kündigung Nr. 88; *LAG SchlH* 10.1.2006 NZA-RR 2006, 240; vgl. *Künzl* AuR 1998, 129 f.; *Schlachter* NZA 2005, 435 ff.; krit. *Hunold* NZA-RR 2000, 173 ff. u. NZA-RR 2003, 57 ff.) die Auffassung, **dass bei Störungen im Vertrauensbereich dann vor der Kündigung eine Abmahnung erforderlich ist, wenn es sich um ein steuerbares Verhalten des Arbeitnehmers geht und eine Wiederherstellung des Vertrauens erwartet werden kann. Eine Beschränkung auf dienstliches Verhalten** ist damit **nicht vereinbar**. **2303**

Einer Abmahnung bedarf es danach bei einem **steuerbaren Verhalten** des Arbeitnehmers in Ansehung des Verhältnismäßigkeitsgrundsatzes **generell nur dann nicht**, wenn eine Verhaltensänderung in Zukunft selbst nach Abmahnung nicht zu erwarten steht oder es sich um eine so schwere Pflichtverletzung handelt, dass selbst deren erstmalige Hinnahme durch den Arbeitgeber **offensichtlich** – auch für den Arbeitnehmer erkennbar – **ausgeschlossen** und nach **objektiven Maßstäben** auch **unzumutbar** ist (*BAG* 24.3.2011 – 2 AZR 282/10, EzA-SD 16/2011 S. 3 LS; 9.6.2011 EzA § 626 BGB 2002 Nr. 37). Denn dann ist grds. davon auszugehen, dass das künftige Verhalten des Arbeitnehmers schon durch die Androhung von Folgen für den Bestand des Arbeitsverhältnisses positiv beeinflusst werden kann; die Abmahnung dient insoweit der Objektivierung der negativen Prognose: Ist der Arbeitnehmer ordnungsgemäß abgemahnt worden und verletzt er dennoch seine arbeitsvertraglichen Pflichten erneut, kann regelmäßig davon ausgegangen werden, es werde auch zukünftig zu weiteren Vertragsstörungen kommen. Das gilt uneingeschränkt selbst bei Störungen des Vertrauensbereichs durch Straftaten gegen Vermögen oder Eigentum des Ar- **2304** beitgebers. Denn auch in diesem Bereich gibt es keine »absoluten« Kündigungsgründe. Stets ist konkret zu prüfen, ob nicht objektiv die Prognose berechtigt ist, der Arbeitnehmer werde sich jedenfalls nach einer Abmahnung künftig wieder vertragstreu verhalten (*BAG* 10.6.2010 EzA § 626 BGB 2002 Nr. 32; 12.1.2006 EzA § 1 KSchG Verhaltensbedingte Kündigung Nr. 68; *Hess. LAG* 11.12.2008 LAGE § 626 BGB 2002 Nr. 18; *LAG Köln* 18.11.2009 LAGE § 1 KSchG Soziale Auswahl Nr. 60; *Preis* AuR 2010, 242).

So kann z. B. kann bei einer Ersttat eine Abmahnung dann entbehrlich sein, wenn der Arbeitgeber **zuvor einen klaren Hinweis erteilt hatte**, dass er ein bestimmtes Fehlverhalten mit einer Kündigung beantworten werde (*LAG Nbg.* 9.1.2007 LAGE § 1 KSchG Verhaltensbedingte Kündigung Nr. 95; *Hess. LAG* 11.12.2008 LAGE § 626 BGB 2002 Nr. 18).

2305 ▶ Beispiele:
- Eine verhaltensbedingte Kündigung ohne vorherige Abmahnung wegen **unerlaubter Privatnutzung eines Firmenfahrzeugs** kommt dann nicht in Betracht, wenn der Arbeitgeber **zuvor eine solche** Privatnutzung **mehrfach** unbeanstandet **geduldet** hat (*LAG Köln* 2.11.2009 – 5 Sa 625/09, EzA-SD 2/2010 S. 9 LS).
- Die mehrfache **Entwendung und Benutzung** von im Betrieb des Arbeitgebers verwendetem **Versandmaterial** von geringem Wert (3 Briefumschläge im Wert von 0,03 DM) durch den Arbeitnehmer rechtfertigt i. d. R. nicht eine Kündigung ohne vorherige Abmahnung (*LAG Köln* 30.9.1999 ZTR 2000, 427; vgl. aber auch *ArbG Frankf. a. M.* 31.1.2001 NZA-RR 2001, 368: Diebstahl geringwertiger Sachen rechtfertigt ohne Abmahnung eine ordentliche Kündigung, wenn der betroffene Arbeitnehmer bei seiner Arbeit eine Vorbildfunktion auszuüben hat). Gleiches gilt, da es sich um ein steuerbares Verhalten handelt, für den **Verzehr eines entwendeten Brötchens** (*LAG Düssel.* 11.5.2005 – 12 (11) Sa 115/05, NZA-RR 2005, 585). Demgegenüber muss z. B. ein Arbeitnehmer in einem Warenhausbetrieb normalerweise davon ausgehen, dass er mit einem **Diebstahl oder einer Unterschlagung auch geringwertiger Sachen** im Betrieb seines Arbeitgebers seinen Arbeitsplatz – auch ohne Abmahnung – aufs Spiel setzt (*BAG* 11.12.2003 EzA § 626 BGB 2002 Nr. 5).
- Täuscht der Arbeitnehmer **fiktive Reisezeiten als tatsächlich geleistet** vor, verletzt er ebenso rechtswidrig und schuldhaft seine Vertragspflichten, wenn die Reisekostenregelung vorsieht, dass nur tatsächlich geleistete Reisezeiten als Arbeitszeiten geltend gemacht werden können und eine Zusage der Vergütung fiktiver Reisekosten nicht erfolgt ist. Eine derartige Pflichtverletzung ist schwerwiegend und an sich geeignet, eine außerordentliche Kündigung zu rechtfertigen. Liegt andererseits keine vorsätzliche, sondern nur eine fahrlässige Pflichtverletzung vor, kann allerdings auf ein Abmahnerfordernis vor Ausspruch der Kündigung nicht verzichtet werden (*LAG Nds.* 15.6.2004 NZA-RR 2004, 574).
- Entnimmt eine **Kassenführerin** (Postschalterangestellte) der Kasse in mehreren Fällen für die Dauer von ein bis zwei Stunden Beträge in Höhe von 20 bis 30 DM, um **private Auslagen** für Kolleginnen zu tätigen, und führt sie die entnommenen Beträge anschließend wieder der Kasse zu, so macht der durch diese Vertragspflichtverletzung begründete Vertrauensverlust des Arbeitgebers jedenfalls dann eine Abmahnung nicht entbehrlich, wenn auf Grund der Umstände unredliche Absichten der Kassenführerin ausgeschlossen werden können (*LAG SA* 29.9.1998 NZA-RR 1999, 473).
- Andererseits begründet der **dringende Verdacht der Unterschlagung** auch bei einem geringen Geldbetrag von unter 60 DM seitens einer Kassiererin dieser gegenüber einen so erheblichen Vertrauensverlust, dass eine Abmahnung vor Ausspruch der fristlosen Kündigung entbehrlich ist (*LAG MV* 25.11.1999 NZA-RR 2000, 187).
- Eine Abmahnung ist dann entbehrlich, wenn ein Außendienstmitarbeiter wichtigste Informationen für ein Verkaufsgebiet, nämlich Kundendaten, unwiederbringlich gelöscht hat; das gestörte Vertrauen kann dann durch eine Abmahnung nicht wiederhergestellt werden (*LAG Köln* 24.7.2002 LAGE § 1 KSchG Verhaltensbedingte Kündigung Nr. 80).

## G. Die ordentliche verhaltensbedingte Arbeitgeberkündigung   Kapitel 4

- Ist ein Arbeitnehmer **nach zweimaligen Ankündigungen der Arbeitsunfähigkeit** nicht arbeitsunfähig erkrankt, so rechtfertigt dies trotz eingereichter Arbeitsunfähigkeitsbescheinigung eine außerordentliche Kündigung. Einer Abmahnung bedarf es in einem solchen Fall nicht, da das Fernbleiben trotz Arbeitsfähigkeit eine grobe Pflichtverletzung darstellt und eine Wiederherstellung des Vertrauens nicht erwartet werden kann (*LAG Bln.* 1.11.2000 NZA-RR 2001, 470).
- Eine Abmahnung ist **auch dann nicht erforderlich**, wenn es sich um einen besonders groben Pflichtverstoß im Vertrauensbereich handelt, dem Arbeitnehmer sein pflichtwidriges Verhalten ohne weiteres erkennbar ist und er mit der Billigung seines Verhaltens durch den Arbeitgeber nicht rechnen konnte (*LAG BW* 16.3.2004 – 18 Sa 41/03 – EzA-SD 22/04 S. 8; *LAG Köln* 4.3.2005 – 4 Sa 1186/04, NZA-RR 2006, 53); das ist z. B. bei einem nötigenden Verhalten der Fall, wenn der Arbeitnehmer droht, er werde mit unternehmensschädigenden Äußerungen in die Öffentlichkeit gehen, wenn der Arbeitgeber an der Kündigungsabsicht festhalte (*LAG Düsseld.* 5.6.1998 LAGE § 626 BGB Nr. 119). Gleiches gilt bei einem **Diebstahl durch einen Betriebsratsvorsitzenden** zu Lasten des Arbeitgebers (*BAG* 10.2.1999 EzA § 15 KSchG n. F. Nr. 47; vgl. dazu *Zuber* NZA 1999, 1142 ff.) sowie dann, wenn ein leitender Angestellter sich von einem Lieferanten des Verkaufshauses privat beliefern ließ und, ohne eine Rechnung des Lieferanten zu erhalten oder auf einer Rechnung zu bestehen, weitere private Bestellungen aufgab und entgegennahm, er von untergebenen Mitarbeitern während ihrer Arbeitszeit Arbeiten in seiner Privatwohnung und sonstige private Besorgungen durchführen ließ und er schließlich Sachen, die zu betrieblichen bzw. geschäftlichen Zwecken im Verkaufshaus vorgehalten bzw. aufbewahrt wurden, privat nutzte und verwendete (*LAG Düsseld.* 29.1.2003 LAGE § 1 KSchG Verhaltensbedingte Kündigung Nr. 80). Nichts anderes gilt bei einem vorzeitigen Verlassen des Arbeitsplatzes und einem späteren »**Ausstempeln**« **durch einen Arbeitskollegen** (*LAG BW* 16.3.2004 – 18 Sa 41/03, EzA-SD 22/04 S. 8). Sofern einer Verkäuferin, die den Preis einer Ware vor dem Verkauf pflichtwidrig herabgezeichnet hat, der **Vorwurf bewusster Preismanipulation nicht nachzuweisen ist**, rechtfertigt dagegen eine solche Pflichtverletzung ohne Hinzutreten weiterer dringender Verdachtsmomente und ohne vorherige Abmahnung i. d. R. weder eine außerordentliche noch eine ordentliche Kündigung (*LAG SchlH* 10.1.2006 NZA-RR 2006, 240).
- Die fristlose – also erst recht die ordentliche – Kündigung eines Arbeitnehmers (Taxifahrers) ist auch ohne vorherige Abmahnung gerechtfertigt, wenn der Arbeitnehmer über den Taxinotruf die Polizei ruft mit der **unzutreffenden Behauptung**, er **werde von seinem Arbeitgeber**, der gerade in das Auto des Arbeitnehmers gestiegen ist, **bedroht**, nach Eintreffen der Polizei diese Behauptung wiederholt und sich im Anschluss daran über den Taxifunk unter Namensnennung seines Arbeitgebers brüstet, er habe den »Chef« verhaften lassen (*LAG Brem.* 17.7.2003 NZA-RR 2004, 128).

Anders ist es aber dann, **wenn vom Arbeitgeber erlassene Sicherheitsvorschriften für den konkreten Fall keine klaren und eindeutigen Verhaltensanweisungen enthalten**. Das Abmahnungserfordernis entfällt dann auch nicht bei einem folgenschweren Verstoß gegen die Sicherheitsvorschriften. Das gilt erst recht, wenn der Arbeitgeber für den Verstoß gegen Sicherheitsvorschriften eine Abmahnung in Aussicht gestellt hat (*LAG SchlH* 14.8.2007 LAGE § 626 BGB 2002 Nr. 12).   2306

Der *BGH* (14.2.2000, 10.9.2001 EzA § 611 BGB Abmahnung Nr. 42, 43; vgl. dazu *Reiserer* BB 2002, 1199 ff.; zust. *Trappehl/Scheuer* DB 2005, 1276 ff.) vertritt im Übrigen – **unzutreffend** – die Auffassung, dass der Geschäftsführer einer GmbH keiner Hinweise bedarf, dass er die Gesetze und die Satzung der Gesellschaft zu beachten und seine organschaftlichen Pflichten ordnungsgemäß zu erfüllen hat. Die Wirksamkeit der Kündigung seines Dienstvertrages aus wichtigem Grund soll deshalb generell eine vorherige Abmahnung nicht voraussetzen.   2307

Aus dieser Entwicklung der Rechtsprechung wird **teilweise abgeleitet**, dass auch bei Störungen im Vertrauensbereich ein Arbeitsverhältnis regelmäßig verhaltensbedingt nur dann beendet werden kann, wenn das als vertragswidrig empfundene Verhalten vorher konkret unter Hinweis auf die Ge-   2308 fahr für den Bestand des Arbeitsverhältnisses **gerügt wurde und es später zu einem einschlägigen Wiederholungsverhalten kommt**. Dabei ist es Sache des Arbeitgebers, die Wiederholungsgefahr darzulegen, wobei ohne Abmahnung eine endgültige Zerstörung des für das Arbeitsverhältnis erforderlichen Vertrauensverhältnisses nicht spekulativ unterstellt werden darf (*ArbG Hmb.* 2.10.2000 NZA-RR 2001, 416).

### e) Abmahnung als bloße Ausübung des vertraglichen Rügerechts (»Ermahnung«)

**2309** Die Abmahnung kann aber auch die Ausübung des vertraglichen Rügerechts des Arbeitgebers (ohne ausreichende Warnfunktion) darstellen, mit dem ausdrücklich nur eine **Gläubigerfunktion** geltend gemacht werden soll und von dem er Gebrauch macht, um entsprechend dem Grundsatz der Verhältnismäßigkeit eine gebotene **mildere Sanktion** (Sanktionscharakter) gegenüber der Kündigung zu erteilen (*BAG* 10.11.1988 EzA § 611 BGB Abmahnung Nr. 18; vgl. dazu *Kranz* DB 1998, 1464 ff.). Denn der Arbeitgeber hat im Rahmen der ihm zustehenden Meinungsfreiheit zunächst selbst darüber zu entscheiden, ob er ein Fehlverhalten des Arbeitnehmers abmahnen will oder nicht. Insoweit, als Vertragsrüge, dient die Abmahnung (besser »Ermahnung«) – auch ohne Androhung möglicher Konsequenzen – nicht vornehmlich der Vorbereitung einer Kündigung, sondern sie ist eine **Sanktion auf ein vertragswidriges Verhalten** (*BAG* 10.11.1988 EzA § 611 BGB Abmahnung Nr. 18)

**2309a** Wichtig ist also, dass der Arbeitgeber auch eine Rüge oder eine Beanstandung aussprechen kann, ohne dass diese mit einer Warnfunktion verbunden ist, um als Voraussetzung für eine spätere Kündigung zu dienen. Eine solche Rüge, Beanstandung oder Missbilligung ist allerdings etwas anderes und auch weniger als die »echte Abmahnung« mit Warnfunktion. Der verständige Arbeitgeber wird bei Arbeitsbeginn, bei Berufsanfängern, bei relativ geringfügigen Vorkommnissen oder bei relativ seltenen verhaltensbedingten Störungen zunächst einmal hinweisen oder rügen oder – sei es mündlich, sei es schriftlich – eine Beanstandung aussprechen; dabei steht nur das kritikwürdige Verhalten des Arbeitnehmers im Vordergrund. Dies ist eine Art und Weise, auf die sorgsame Erfüllung der vertraglichen Pflichten hinzuweisen, die sowohl im Interesse des Arbeitnehmers wie auch des Arbeitgebers selbst liegt (*Peterek* Anm. zu *BAG* 10.11.1988 EzA § 611 BGB Abmahnung Nr. 18).

**2309b** Derartige Maßnahmen des Arbeitgebers sollten aber zur Klarstellung nicht als Abmahnung bezeichnet werden, sondern als **Ermahnung** (*Hunold/Wetzling* Umgang mit leistungsschwachen Mitarbeitern, 2. Aufl., S. 139). Bei einem noch nicht so schwerwiegenden Verstoß, bei dem auch noch nicht an weitere arbeitsrechtliche Konsequenzen gedacht wird, macht die Ermahnung Sinn; sie wird in die Personalakte aufgenommen und erfolgt i. d. R. durch den nächst höheren Vorgesetzten (*Hunold/Wetzling* Umgang mit leistungsschwachen Mitarbeitern, 2. Aufl., S. 139).

**2309c** Sinnvoll ist diese Art der Reaktion auch insbes. vor dem Hintergrund der Rechtsprechung des *BAG* (10.6.2010 EzA § 626 BGB 2002 Nr. 32; s. *Kleinebrink* BB 2011, 2617 ff.) zum durch langjährige beanstandungsfreie Mitarbeit erworbenen Vertrauenskapital, sind berechtigte Ermahnungen doch geeignet, zu belegen, dass das Arbeitsverhältnis eben nicht beanstandungsfrei in diesem Sinne verlaufen ist. Zu Beweiszwecken liegt es nahe, die Ermahnung schriftlich zu erteilen.

**2309d** Der Arbeitnehmer kann die **Entfernung** der Ermahnung aus der Personalakte verlangen, wenn die dort gegen ihn erhobenen Vorwürfe unberechtigt sind oder es sich sonst um missbilligende Äußerungen handelt, die nach Form und Inhalt geeignet sind, ihn in seiner Rechtsstellung zu beeinträchtigen (*BAG* 22.2.1978 EzA § 611 BGB Fürsorgepflicht Nr. 23: »Verwarnung«; 7.11.1979 EzA § 87 BetrVG 1972 Betriebsbuße Nr. 4; 18.8.1982 – 5 AZR 310/80, n. v.; instr. *ArbG Trier* 20.12.2011 – 3 Ca 1013/11).

### f) Verhältnismäßigkeitsprinzip

**2310** Ob eine Abmahnung sich als unverhältnismäßige Reaktion auf das Fehlverhalten des Arbeitnehmers darstellt, hängt nach der Rechtsprechung (*BAG* 13.11.1991 EzA § 611 BGB Abmahnung Nr. 24; *LAG Frankf./M.* 19.9.1989 LAGE § 611 BGB Abmahnung Nr. 21; *LAG SchlH* 11.5.2004

NZA-RR 2005, 244;; abl. *Walker* NZA 1995, 604; a. A. *ArbG Bln.* 15.8.2003 – 28 Ca 12003/03, NZA-RR 2004, 406 LS: vollständige Verhältnismäßigkeitsprüfung) davon ab, ob ein **vertretbares Verhältnis zwischen der Gefährdung des Arbeitsverhältnisses und dem Fehlverhalten** vorliegt; ob die **Abmahnung als solche eine Überreaktion darstellt**, unterliegt nicht der gerichtlichen Kontrolle (*LAG Köln* 12.5.1995 NZA-RR 1996, 204; *LAG SchlH* 29.11.2005 NZA-RR 2006, 180). Der Arbeitgeber kann **frei darüber entscheiden**, ob er ein Fehlverhalten des Arbeitnehmers abmahnen will oder nicht. Eine Abmahnung ist nicht schon deswegen **unverhältnismäßig**, weil der Arbeitgeber über den erhobenen Vorwurf **auch hinwegsehen könnte**, denn eine Abmahnung setzt nur einen objektiven Pflichtverstoß voraus, nicht aber ein vorwerfbares Verhalten des Arbeitnehmers (*LAG Köln* 15.4.2008 – 11 Sa 74/08, AuR 2009, 59 LS).

Mit dem Hinweis auf die Bestandsgefährdung des Arbeitsverhältnisses greift der Arbeitgeber andererseits bereits in bestehende Rechtspositionen des Arbeitnehmers ein, und eine solche Gefährdung ist nur gerechtfertigt, wenn ein weiteres Fehlverhalten nach Ausspruch einer Abmahnung als Grund für eine Kündigung geeignet sein könnte. 2311

Dafür genügen einmalige und geringfügige Verstöße nicht aus. Wenn die Abmahnung eine Kündigung vorbereiten soll, ist sie auf Pflichtverstöße zu beschränken, die nach einer Abmahnung geeignet sind, die Kündigung zu rechtfertigen.

Das kann zwar nicht vorab abschließend beurteilt werden, aber es **ist zu prüfen, ob ein verständiger Arbeitgeber die Pflichtverstöße ernsthaft für kündigungsrechtlich erheblich halten dürfte** (*BAG* 13.11.1991 EzA § 611 BGB Abmahnung Nr. 24; 16.1.1992 EzA § 123 BGB Nr. 36; KR/*Fischermeier* § 626 BGB Rn. 274 ff.). 2312

Deshalb kommt z. B. eine Abmahnung dann nicht in Betracht – Verstoß gegen das Verhältnismäßigkeitsprinzip – wenn ein Koch in einem Seniorenwohnheim in einer Woche dreimal vom Speiseplan abgewichen ist, indem er Wirsing statt Erbsen- und Möhrengemüse, Kartoffelsalat mit Ei und Gurke statt mit Speck und eine rote statt einer braunen Soße zu einer Haxe gefertigt hat (*LAG Hamm* 16.11.2005 NZA-RR 2006, 128). 2313

Die Abmahnung eines Pflegehelfers wegen des Tragens von Schmuck entgegen bestehender Unfallverhütungsvorschriften ist demgegenüber nicht unverhältnismäßig, wenn er sich bereits mehrfach der Anordnung der Klinik widersetzt hatte, sodass diese wegen beharrlicher Weigerung auch eine Kündigung ernsthaft hätte in Erwägung ziehen dürfen (*LAG SchlH* 26.10.1995 LAGE § 611 BGB Abmahnung Nr. 44). Demgegenüber ist eine Abmahnung wegen kritischer Äußerungen in der Öffentlichkeit dann nicht gerechtfertigt, wenn die Äußerungen vom Schutzbereich des Art. 5 Abs. 1 GG gedeckt sind (*ArbG Bln.* 20.12.1996 NZA-RR 1997, 281). Eine Abmahnung ist auch dann unverhältnismäßig, wenn die Arbeitnehmerin bei einer Terminbesprechung mit ihrer Vorgesetzten und ihren Kollegen nach einer Terminauseinandersetzung mit ihrer Vorgesetzten ein größeres Blatt mit dem Satz »**Frau S ist stolz**« beschreibt (*ArbG Frankf. a. M.* 11.4.2001 NZA-RR 2002, 77). Eine Abmahnung wegen unerlaubter Nebentätigkeit ist aber andererseits jedenfalls dann nicht unverhältnismäßig, wenn das zeitliche Ausmaß der Nebentätigkeit dazu führt, dass die nach dem ArbZG einzuhaltenden Höchstarbeitszeiten regelmäßig überschritten werden (*BAG* 11.12.2001 EzA § 611 BGB Nebentätigkeit Nr. 6). 2314

Ob das abgemahnte Fehlverhalten als Grundlage für eine Kündigung im Wiederholungsfalle tatsächlich ausreicht, kann allerdings nur im Rechtsstreit über die Kündigung selbst und nicht schon vorher abschließend beurteilt werden. 2315

*g) Vorausgegangene Kündigung; sachlich nicht berechtigte Abmahnungen*

Die Funktion der Abmahnung kann ggf. **auch eine vorausgegangene Kündigung erfüllen**, wenn sie auf vergleichbare einschlägige Tatsachen wie die neue Kündigung gestützt war und diese Tatsachen unbestritten oder in einem gerichtlichen Verfahren festgestellt worden sind. 2316

2317 Voraussetzung ist allerdings, dass die vorausgegangene Kündigung nicht deshalb für rechtsunwirksam erklärt worden ist, weil der festgestellte Sachverhalt keinen Kündigungsgrund enthält, die Rechtsunwirksamkeit vielmehr auf **sonstigen, insbes. formellen Umständen** beruht (z. B. einem Verstoß gegen § 102 BetrVG).

2318 Der Arbeitnehmer muss der früheren Kündigung i. V. m. den früheren Umständen entnehmen können, dass der Arbeitgeber sein Verhalten als vertragswidrig ansieht und es zum Anlass einer (weiteren) Kündigung nehmen wird (*BAG* 31.8.1989 EzA § 1 KSchG Verhaltensbedingte Kündigung Nr. 27).

2319 Diese Grundsätze gelten auch bei einer einvernehmlich zurückgenommenen Kündigung, wenn der Sachverhalt feststeht (*Hess. LAG* 11.6.1993 NZA 1994, 886). Nichts anderes soll (zw.) auch dann gelten, wenn eine Kündigungsandrohung für den Wiederholungsfall in einer vorangegangenen **rechtswidrigen Abmahnung** ausgesprochen wurde (*LAG Nbg.* 16.10.2007 LAGE § 626 BGB 2002 Nr. 12). Ob eine Abmahnung ausnahmsweise auch dann die kündigungsrechtliche Warnfunktion erfüllen kann, wenn sie **in der Sache nicht gerechtfertigt ist**, hat das *BAG* (23.6.2009 EzA § 1 KSchG Verhaltensbedingte Kündigung Nr. 75) offen gelassen.

*h) Vorwerfbares Verhalten?*

2320 Fraglich ist, ob eine Abmahnung ein vorwerfbares vertragswidriges Verhalten voraussetzt.

2321 Nach Auffassung von *Berkowsky* (MünchArbR 2. Aufl. § 137 Rn. 23) bedarf es dann, wenn dem Arbeitnehmer die Vertragsverletzung nicht vorzuwerfen ist, weil er sein Verhalten nicht zu steuern vermochte, keiner Abmahnung, weil keine verhaltensbedingte Kündigung in Rede steht (a. A. *Walker* NZA 1995, 605).

2322 Geht man dagegen mit der Rechtsprechung des *BAG* (s. Rdn. 2190) davon aus, dass eine verhaltensbedingte Kündigung u. U. auch bei fehlendem Verschulden in Betracht kommt, so mag eine Abmahnung zwar möglich sein. Schließen die Gründe, die das Verschulden ausschließen, auch die Steuerbarkeit in der Zukunft aus, so bleibt freilich unklar, welchen Sinn eine Abmahnung haben soll. Denn insbes. die notwendige Warnfunktion kann sie dann nicht erfüllen.

2323 Fehlt es allerdings an der Vorwerfbarkeit, weil sich der Arbeitnehmer in einem **Irrtum** hinsichtlich der Vertragswidrigkeit seines Verhaltens befindet, so ist die **Abmahnung das geeignete und auch erforderliche Mittel, den Arbeitnehmer zu künftig vertragstreuem Verhalten anzuhalten**, ihm die Vertragswidrigkeit seines Verhaltens deutlich zu machen und ihm für den Wiederholungsfall das für eine Kündigung notwendige Unrechtsbewusstsein zu vermitteln (vgl. *LAG Hamm* 10.5.2000 NZA-RR 2001, 238: scherzhaft gemeinte Persönlichkeitsrechtsverletzung eines Arbeitskollegen; *Walker* NZA 1995, 605).

*i) Außerdienstliches Verhalten*

2324 Nach der Rechtsprechung des *BAG* (4.11.1981 EzA § 1 KSchG Verhaltensbedingte Kündigung Nr. 9) **bedarf es** im Falle außerdienstlichen Verhaltens **keiner Abmahnung**, wenn dieses zum Anlass einer Kündigung genommen werden soll (*Becker-Schaffner* ZTR 1999, 107 s. aber jetzt Rdn. 2303; abl. APS/*Dörner/Vossen* § 1 KSchG Rn. 402).

2325 Das Fehlen einer vorausgegangenen einschlägigen Abmahnung wirkt danach in diesen Fällen nicht als Kündigungssperre (z. B. bei Vorliegen zahlreicher Pfändungs- und Überweisungsbeschlüsse).

2326 Denn außerdienstliches Verhalten ist einer Abmahnung nicht zugänglich, weil es sich nicht um eine Verletzung vertraglicher Pflichten handelt. Andererseits hat das *BAG* (4.6.1997 EzA § 626 BGB n. F. Nr. 168) die **Notwendigkeit einer vorherigen Abmahnung** für den Fall **bejaht**, dass ein U-Bahnzugführer erstmalig bei einer **außerdienstlichen PKW-Fahrt** alkoholbedingt mit einer Blutalkoholkonzentration von 2,73 Promille einen Verkehrsunfall verursacht hatte.

## G. Die ordentliche verhaltensbedingte Arbeitgeberkündigung

Das *LAG Nbg.* (10.7.2000 ZTR 2000, 515 LS) hat angenommen, dass im Rahmen einer **genehmigten Nebentätigkeit** eines Konzertmeisters in einem Kulturorchester in öffentlich-rechtlicher Trägerschaft **begangene Straftaten** (Untreue, Betrug) das Ansehen des Orchesters schädigen und **Gegenstand einer Abmahnung** sein können. 2327

Ein Arbeitnehmer, der von zu Hause aus einen **elektronischen Rundbrief** an die Arbeitsplätze der Beschäftigten mit Werbung für einen Beitritt zur zuständigen DGB-Gewerkschaft versendet, handelt nicht pflichtwidrig (Art. 9 Abs. 3 GG). Eine deshalb erteilte Abmahnung ist rechtswidrig (*LAG SchlH* 1.12.2000 AuR 2001, 71). 2328

### j) Formell unwirksame Abmahnung; nicht weiter durchgeführtes Zustimmungsersetzungsverfahren gem. § 103 BetrVG

Auch eine wegen Nichtanhörung des Arbeitnehmers nach § 13 Abs. 2 S. 1 BAT formell unwirksame Abmahnung entfaltet nach der Rechtsprechung des *BAG* (21.5.1992 EzA § 1 KSchG Verhaltensbedingte Kündigung Nr. 42; 15.3.2001 EzA § 626 BGB n. F. Nr. 185) die regelmäßig vor einer verhaltensbedingten Kündigung nach § 1 Abs. 2 KSchG erforderliche Warnfunktion. Dies gilt insgesamt für inhaltlich berechtigte, aber formell »unvollkommene« Abmahnungen. Denn aus der **formellen Unwirksamkeit** der Abmahnung kann der Arbeitnehmer **nicht entnehmen, der Arbeitgeber billige das abgemahnte Verhalten** (*BAG* 19.2.2009 EzA § 314 BGB 2002 Nr. 5). 2329

Zudem ist in einer solchen formellen Abmahnung weder die Wahrnehmung eines Gestaltungsrechts, noch eine förmliche Willenserklärung zu sehen, sondern nur eine rechtsgeschäftliche Handlung, nämlich die Ausübung eines Rügerechts, die die rein faktische Warnfunktion unabhängig von rechtlichen Formvorschriften auszufüllen in der Lage ist (weitergehend *Schunck* NZA 1993, 828 ff.; dagegen *Bahntje* AuR 1996, 250 ff.).

Ob deshalb, weil der Arbeitnehmer einen Anspruch auf Entfernung auch einer formell unwirksamen Abmahnung aus der Personalakte hat (s. Rdn. 2365), die Abmahnung in kündigungsrechtlicher Hinsicht vorübergehend einem **Verwertungsverbot** unterliegt, hat das *BAG* (21.5.1992 EzA § 1 KSchG Verhaltensbedingte Kündigung Nr. 42) offen gelassen. Denn im entschiedenen Einzelfall hatte der klagende Arbeitnehmer den an sich bestehenden Entfernungsanspruch verwirkt. 2330

Auch ein später nicht weiter durchgeführtes Zustimmungsersetzungsverfahren wegen häufiger Pflichtverletzungen des Arbeitnehmers gem. § 103 BetrVG kann Abmahnungsfunktion haben (*BAG* 15.11.2001 EzA § 1 KSchG Verhaltensbedingte Kündigung Nr. 56). 2331

### k) Notwendige Anzahl von Abmahnungen; eindringliche »letzte« Abmahnung

Gerade bei nicht besonders schwerwiegenden Pflichtverletzungen kann einerseits zwar eine Abmahnung rechtmäßig erfolgen; andererseits ist klar, dass vor allem bei langjährig beanstandungsfrei bestehenden Arbeitsverhältnissen auch im Wiederholungsfall eine Kündigung nicht wirksam sein wird. Das *BAG* (15.11.2001 EzA § 1 KSchG Verhaltensbedingte Kündigung Nr. 56 m. Anm. *Kammerer* BB 2002, 1747; 16.9.2004 EzA § 1 KSchG Verhaltensbedingte Kündigung Nr. 64; s. a. *LAG Saarland* 23.4.2003 – 2 Sa 134/02 – FA 2004, 25) geht insoweit davon aus, dass 2332
– einerseits bei für sich genommenen geringfügigeren Pflichtverletzungen eines Arbeitnehmers mit hohem sozialen Besitzstand je nach den Umständen eine einmalige Abmahnung nicht ausreichen kann, den Arbeitnehmer hinreichend zu warnen, dass er bei weiteren gleichartigen Pflichtverletzungen seinen Arbeitsplatz aufs Spiel setzt;
– andererseits kann aber auch die Warnfunktion einer Abmahnung erheblich dadurch abgeschwächt werden, dass der Arbeitgeber bei ständig neuen Pflichtverletzungen des Arbeitnehmers stets nur mit einer Kündigung droht, ohne jemals arbeitsrechtliche Konsequenzen folgen zu lassen, so dass der Arbeitnehmer die Drohung nicht ernst nehmen muss; es handelt sich dann um eine »leere« Drohung (so *LAG Bra.* 29.4.2003 AuR 2004, 235 LS für sieben Abmahnungen innerhalb von neun Monaten: Es kann dann nicht mehr ohne weiteres wegen eines erneuten Fehlverhaltens gekündigt werden; *LAG RhPf* 23.4.2009 – 10 Sa 52/09, ZTR 2009, 443;

s. a. *LAG RhPf* 6.5.2010 – 10 Sa 712/09, BB 2010, 2248), die auch beim folgenden Verstoß nicht zur Kündigung berechtigt (*BAG* 16.9.2004 EzA § 1 KSchG Verhaltensbedingte Kündigung Nr. 64).

Hat der Arbeitgeber in einem derartigen Fall durch zahlreiche Abmahnungen wegen gleichartiger Pflichtverletzungen deren Warnfunktion zunächst abgeschwächt, so muss er die letzte Abmahnung sodann vor Ausspruch der Kündigung besonders eindringlich gestalten (»letztmalige Abmahnung«, scharfes Abmahnungsgespräch etc.; *BAG* 15.11.2001 EzA § 1 KSchG Verhaltensbedingte Kündigung Nr. 56; *LAG RhPf* 23.4.2009 – 10 Sa 52/09, ZTR 2009, 443).

- Bei der Frage, ob eine Abmahnung entgegen ihrem Wortlaut der ernsthaft gemeinten Warnung entbehrt, ist insbes. die **Anzahl der vorausgegangenen Abmahnungen** von Bedeutung. Angesichts der im Arbeitsleben verbreiteten Praxis, bei als leichter empfundenen Vertragsverstößen einer Kündigung mehrere – häufig drei – Abmahnungen vorausgehen zu lassen, kann in aller Regel **nicht bereits die dritte Abmahnung** als »entwertet« angesehen werden.
- Wenn die in der Abmahnung enthaltene Warnung beim Arbeitnehmer die Hoffnung offen lässt, der Arbeitgeber werde vielleicht »Gnade vor Recht ergehen lassen«, weil er in der Vergangenheit »Milde walten« ließ, so **entwertet dies die Warnung nicht. Ansonsten wäre gerade der ruhig und verständig abwägende, im Zweifel eher zur Nachsicht neigende Arbeitgeber benachteiligt** (*BAG* 16.9.2004 EzA § 1 KSchG Verhaltensbedingte Kündigung Nr. 64; s. a. *LAG Bra.* 29.4.2003 AuR 2004, 235 LS).

### l) Verzicht auf das Kündigungsrecht

2333  Jedenfalls bei der Erteilung einer Abmahnung verzichtet der Arbeitgeber konkludent auf ein Kündigungsrecht **wegen der Gründe, die Gegenstand der Abmahnung waren** (*BAG* 12.5.2011 EzA § 123 BGB 2002 Nr. 10), wenn sich die für die Kündigung maßgebenden Umstände **nicht später geändert haben** (*BAG* 26.11.2009 EzA § 611 BGB 2002 Abmahnung Nr. 5; 13.12.2007 EzA § 623 BGB 2002 Nr. 9; 6.3.2003 EzA § 626 BGB 2002 Nr. 3; *LAG Bln.* 16.2.2006 LAGE § 611 BGB 2002 Abmahnung Nr. 4; *LAG Bln.-Bra.* 28.4.2011 LAGE § 626 BGB 2002 Nr. 33b); dies gilt auch, wenn der Arbeitgeber dem Arbeitnehmer einen auf steuerbarem Verhalten beruhenden, also behebbaren Eignungsmangel vorhält (*BAG* 12.5.2011 EzA § 123 BGB 2002 Nr. 10).

2333a  ▶ Beispiel:
Einer Justizangestellten, die wegen Verletzung des Dienstgeheimnisses abgemahnt wurde, kann nach ihrer strafgerichtlichen Verurteilung wegen desselben Delikts ohne neue Tatsachen nicht mehr gekündigt werden, da der Arbeitgeber mit seiner Abmahnung auf das Kündigungsrecht verzichtet hat (*LAG Bln.-Bra.* 28.4.2011 LAGE § 626 BGB 2002 Nr. 33b).

2333b  Nichts anderes gilt für eine Abmahnung, **die innerhalb der Wartezeit des § 1 Abs. 1 KSchG erklärt wird** (*BAG* 13.12.2007 EzA § 623 BGB 2002 Nr. 9), denn diese Grundsätze beruhen **nicht auf spezifischen kündigungsschutzrechtlichen Erwägungen**, sondern auf allgemeinen zivilrechtlichen Grundsätzen. Auch wenn das KSchG auf das Arbeitsverhältnis keine Anwendung findet, kann der Arbeitgeber auf eine Kündigung aus einem bestimmten Grund verzichten mit der Folge, dass das Kündigungsrecht erlischt (*BAG* 13.12.2007 EzA § 623 BGB 2002 Nr. 9). Auf das maßgebliche **Motiv des Arbeitgebers** für den Verzicht auf eine Kündigungserklärung **kommt es** dabei **nicht an**; maßgeblich ist das Verständnis des Inhalts der Erklärung aus dem **Empfängerhorizont** des Arbeitnehmers heraus (*LAG Bln.-Bra.* 28.4.2011 LAGE § 626 BGB 2002 Nr. 33b).

2333c  Die Umstände haben sich **dann nicht geändert**, wenn sich nach Ausspruch der Abmahnung **lediglich herausstellt, dass dem Arbeitnehmer nur zahlenmäßig umfangreichere, der Sache nach aber identische Fehlleistungen vorzuhalten sind** und sich dadurch nicht eine neue Qualität der Kündigungsgründe ergibt (*LAG Bln.* 16.2.2006 LAGE § 611 BGB 2002 Abmahnung Nr. 4).

2334  Treten dagegen anschließend **weitere Pflichtverletzungen** zu den abgemahnten hinzu oder werden frühere Pflichtverletzungen dem Arbeitgeber erst nach Ausspruch der Abmahnung bekannt, obwohl sie zum Zeitpunkt der Abmahnung bereits **objektiv vorlagen**, kann er auf diese zur Begründung der Kündigung zurückgreifen und dabei die bereits abgemahnten Verstöße unterstützend heranziehen (*BAG* 26.11.2009 EzA § 611 BGB 2002 Abmahnung Nr. 5; *LAG Bln.-Bra.* 28.4.2011 LAGE § 626 BGB 2002 Nr. 33b).

Sind diese Voraussetzungen erfüllt, kann der Arbeitgeber eine spätere Kündigung deswegen nicht allein auf die abgemahnten Gründe stützen (*BAG* 12.5.2011 EzA § 123 BGB 2002 Nr. 10), sondern hierauf allerdings dann unterstützend zurückgreifen, wenn weitere kündigungsrechtlich erhebliche Umstände eintreten oder ihm nachträglich bekannt werden, insbes. wenn der Arbeitnehmer weitere gleichartige Pflichtverletzungen begeht (*BAG* 10.11.1988 EzA § 611 BGB Abmahnung Nr. 18; 15.3.2001 EzA § 626 BGB n. F. Nr. 185; 2.2.2006 – 2 AZR 222/05, EzA-SD 8/06, S. 7 LS; *LAG Köln* 16.9.2004 – 5 Sa 592/04, EzA-SD 25/04 S. 8 LS; *LAG SchlH* 19.10.2004 LAGE § 1 KSchG Verhaltensbedingte Kündigung Nr. 86; *LAG Bln.* 16.2.2006 LAGE § 611 BGB 2002 Abmahnung Nr. 4; s. a. *Hunold* NZA-RR 2000, 173 ff.; *LAG BW* 28.3.2007 LAGE § 626 BGB 2002 Ausschlussfrist Nr. 4). 2335

Kündigt der Arbeitgeber in **unmittelbarem zeitlichen Zusammenhang mit der Abmahnung**, so spricht dies dafür, dass die Kündigung wegen der abgemahnten Pflichtverletzung erfolgt ist. Es ist dann Sache des Arbeitgebers, darzulegen, dass ihn andere Gründe dazu bewogen haben, den Arbeitnehmer zu kündigen. Erfolgt die Kündigung innerhalb der Wartezeit des § 1 Abs. 1 KSchG, ist es allerdings unerheblich, ob die vom Arbeitgeber behaupteten Gründe die Kündigung sozial rechtfertigen (*BAG* 13.12.2007 EzA § 623 BGB 2002 Nr. 9).

Der Verzicht auf das Kündigungsrecht setzt im Übrigen voraus, dass der Inhalt der Abmahnung erkennen lässt oder sich aus den Gesamtumständen ergibt, dass der Arbeitgeber darin bereits eine in irgendeiner Form abschließende Sanktion auf das Fehlverhalten des Arbeitnehmers sieht, für ihn die Sache also »erledigt« ist (*BAG* 13.12.2007 EzA § 623 BGB 2002 Nr. 9). 2336

Allein aus der Überschrift »Abmahnung« konnte z. B. nicht mit der erforderlichen Eindeutigkeit gefolgt werden, dass der Arbeitgeber auf ein Kündigungsrecht wegen eines vom Arbeitnehmer begangenen Diebstahls verzichten wollte (*BAG* 6.3.2003 EzA § 626 BGB 2002 Nr. 3; 2.2.2006 – 2 AZR 222/05, EzA-SD 8/06 S. 7 LS). Das ist z. B. dann nicht der Fall, wenn in einem Arbeitsverhältnis, das dem TV der DB Vermittlung unterliegt, der Arbeitgeber nach Ablehnung des ersten zumutbaren Arbeitsplatzangebots eine Abmahnung ausspricht und dem Arbeitnehmer gleichzeitig erneut das bereits abgelehnte Arbeitsplatzangebot unterbreitet (*BAG* 2.2.2006 – 2 AZR 222/05, EzA-SD 8/06 S. 7 LS = NZA 2006, 880 LS). 2337

Nach Auffassung des *LAG SchlH* (19.10.2004 LAGE § 1 KSchG Verhaltensbedingte Kündigung Nr. 86) soll etwas anderes aber ausnahmsweise dann gelten, wenn der Abmahnung nach dem **Empfängerhorizont** zu entnehmen ist, dass sich der Kündigungsberechtigte das Recht zur Kündigung wegen des gerügten Fehlverhaltens unter bestimmten Voraussetzungen doch noch vorbehält. 2338

Ob dies mangels Warnfunktion auch für eine nicht mit einem ausdrücklichen Hinweis auf die Gefährdung des künftigen Bestandes des Arbeitsverhältnisses versehene bloße »**Ermahnung**« bzw. eine bloße Vertragsrüge anzunehmen ist, hat das *BAG* (6.3.2003 EzA § 626 BGB 2002 Nr. 3) offen gelassen. Ein Verzicht kann jedenfalls nur dann angenommen werden, wenn die Vertragsrüge deutlich und unzweifelhaft zu erkennen gibt, dass der Arbeitgeber den vertraglichen Pflichtenverstoß hiermit als ausreichend sanktioniert ansieht. Lässt der Arbeitgeber dagegen in seinem Schreiben selbst an keiner Stelle erkennen, dass er darin bereits eine in irgendeiner Weise abschließende Sanktion auf einen vom Arbeitnehmer begangenen Diebstahl sieht, kann allein aus der Überschrift »Abmahnung« nicht mit der notwendigen Eindeutigkeit gefolgert werden, dass der Arbeitgeber auf ein Kündigungsrecht verzichten wollte (*BAG* 6.3.2003 EzA § 626 BGB 2002 Nr. 3). 2339

Nach – **unzutreffender** – Auffassung des *ArbG Bln.* (4.12.2002 – 36 Ca 16241/02, EzA-SD 8/03, S. 13 LS) verzichtet der Arbeitgeber dann nicht nur auf das Kündigungsrecht wegen der Gründe, die Gegenstand der Abmahnung sind, sondern wegen sämtlicher in der Vergangenheit liegender Kündi- 2340 gungssachverhalte, von denen der Arbeitgeber zum Zeitpunkt der Erteilung der Abmahnung Kenntnis hat, es sei denn, er behält sich das Recht zur Kündigung wegen Pflichtverletzungen, die nicht Gegenstand der Abmahnung sind, ausdrücklich vor.

### 3. Zugang der Abmahnung

#### a) Allgemeine Grundsätze

2341 Da in der Abmahnung eine geschäftsähnliche Handlung gesehen wird, reicht es nach § 130 Abs. 1 BGB für ihren Zugang aus, wenn sich der Empfänger unter gewöhnlichen Verhältnissen **Kenntnis von ihrem Inhalt verschaffen konnte.**

2342 Unerheblich ist dann an sich, ob er diese Kenntnis tatsächlich auch erlangt hat (*v. Hoyningen-Huene* RdA 1990, 202).

2343 Dem steht allerdings entgegen, dass dies der Funktion der Abmahnung unangemessen ist. Denn damit sie ihre Warnfunktion erfüllen kann, ist es an sich erforderlich, dass sie der Arbeitnehmer tatsächlich zur Kenntnis nimmt.

#### b) Notwendigkeit der tatsächlichen Kenntnisnahme

2344 Das *BAG* (9.8.1984 EzA § 1 KSchG Verhaltensbedingte Kündigung Nr. 11; APS/*Dörner/Vossen* § 1 KSchG Rn. 406 ff.) wendet zwar einerseits § 130 Abs. 1 BGB ein, verlangt aber andererseits zur Wirksamkeit einer Abmahnung über ihren Zugang hinaus grds. auch die tatsächliche Kenntnis des Empfängers von ihrem Inhalt.

2345 Jedoch muss sich der Empfänger der Abmahnung dann so behandeln lassen, als ob ihm der Inhalt bekannt sei, wenn es ihm nach **Treu und Glauben verwehrt** ist, **sich auf die fehlende Kenntnis zu berufen.**

2346 Dies hat das *BAG* (9.8.1984 EzA § 1 KSchG Verhaltensbedingte Kündigung Nr. 11) angenommen, wenn eine ausländische Arbeitnehmerin trotz fehlender Sprach- und Lesekenntnisse nach dem Fernbleiben von der Arbeit ein Abmahnungsschreiben ohne erkennbaren Widerspruch entgegengenommen hat und auch später keinen weiteren Aufschluss über seinen Inhalt forderte.

2347 Deshalb durfte der Arbeitgeber annehmen, sie habe sich anderweitig Kenntnis von ihrem Inhalt verschafft.

2348 Zwar hätte der Arbeitgeber danach dem Schreiben eine Übersetzung beifügen können. Es wäre ihm ferner zumutbar gewesen, bei der Übergabe des Schreibens den Betriebsdolmetscher einzusetzen.

2349 Dies berechtigte die Arbeitnehmerin jedoch nicht, das widerspruchslos entgegengenommene Schreiben unter Berufung auf ihre fehlenden Sprach- und Lesekenntnisse noch nach Ablauf von über einem Monat im Ergebnis als nicht existent zu betrachten.

2350 Sie muss sich deshalb so behandeln lassen, als ob sie vor ihrem erneuten Fernbleiben tatsächlich Kenntnis von dem Inhalt der Abmahnung erlangt hätte.

2351 Das *LAG Köln* (6.8.1999 NZA-RR 2000, 24; **a. A.** *LAG Hamm* 17.3.2011 LAGE § 626 BGB 2002 Nr. 32) hat angenommen, dass eine Abmahnung **nicht persönlich adressiert** sein muss; sie kann danach auch in einem **betriebsöffentlichen Aushang** enthalten sein (»Abmahnung an den, den es angeht«). Auch soll sich danach ein Arbeitnehmer nicht auf die Unkenntnis von einer erteilten Abmahnung berufen können, wenn er die Kenntnisnahme durch eigenmächtige Selbstbeurlaubung selbst verhindert hat (*LAG Köln* 16.3.2001 NZA-RR 2001, 533). Nach Auffassung des *BAG* (22.5.1980 – 2 AZR 577/78; zit. n. *Gehlhaar* NJW 2012, 342 ff. Fn. 33; **a. A.** *LAG Hamm* 17.3.2011 LAGE § 626 BGB 2002 Nr. 32) erfüllt jedenfalls ein **Anschlag an einem schwarzen Brett** mit einer genauen Verhaltens- und Arbeitsanweisung des Arbeitgebers, arbeitsrechtlich i. V. m. einem Warnhinweis die Funktion einer Abmahnung. Für den Fall, dass der Arbeitnehmer gegen die Pflicht in der Erklärung oder in dem Aushang verstößt, kann eine Kündigung auch ohne vorherige weitere Abmahnung gerechtfertigt sein. Bei solchen Erklärungen oder Aushängen, aber auch bei Pflichten, die in einer Betriebsvereinbarung (z. B. Arbeitszeitordnung) aufgeführt sind und für den Fall des Verstoßes bestimmte arbeitsrechtliche Konsequenzen androhen, handelt es sich letztlich um eine »**Vorratsabmahnung**«, da der konkrete Fall der Pflichtverletzung durch den Arbeitnehmer noch nicht vorliegt und nur aufgezeigt wird, was für den Fall einer konkreten Pflichtverletzung durch den Arbeitgeber erfolgen wird, nämlich eine Kündigung. Hintergrund ist, dass für den Arbeitnehmer damit insgesamt klar ist, ob der Arbeitgeber ein bestimmtes Verhalten toleriert oder nicht. Der Arbeitnehmer kann bei solchen Erklärungen, Aushängen oder Regelungen in einer Betriebsvereinbarung davon ausgehen, dass der Arbeitgeber ein solches Verhalten **gerade nicht hinnimmt** (*Gehlhaar* NJW 2012, 342 ff. Fn. 33).

### 4. Abmahnungsberechtigte Personen

Als abmahnungsberechtigte Personen kommen nicht nur kündigungsberechtigte Personen, sondern alle Mitarbeiter in Betracht, die befugt sind, verbindliche Anweisungen hinsichtlich des Ortes, der Zeit sowie der Art und Weise der arbeitsvertraglich geschuldeten Arbeitsleistung zu erteilen (*BAG* 18.1.1980 EzA § 1 KSchG Verhaltensbedingte Kündigung Nr. 7; *Bader* ZTR 1999, 202 ff.; APS/*Dörner*/*Vossen* § 1 KSchG Rn. 408). 2352

Demgegenüber liegt es nahe (*Adam* DB 1996, 476), die Berechtigung zur Abmahnung auf die kündigungsberechtigten Personen zu beschränken, weil im Rahmen der Überprüfung der Verhältnismäßigkeit der Abmahnung festzustellen ist, ob ein verständiger Arbeitgeber die Pflichtverstöße ernsthaft für kündigungsrechtlich erheblich halten durfte. 2353

### 5. Fristen

#### a) Frist zum Ausspruch der Abmahnung?

Eine »**Regelausschlussfrist**«, innerhalb derer das Rügerecht ausgeübt werden muss, besteht nicht (*BAG* 15.1.1986 EzA § 611 BGB Fürsorgepflicht Nr. 39; *LAG Nbg.* 14.6.2005 LAGE § 611 BGB 2002 Abmahnung Nr. 3; krit. *Hunold* NZA-RR 2000, 174). Insbesondere §§ 121, 123, 626 Abs. 2 BGB können auch nicht entsprechend angewendet werden. 2354

Denn bei der Anfechtung und der außerordentlichen Kündigung handelt es sich um Gestaltungsrechte, deren Ausübung der Gesetzgeber an bestimmte Fristen geknüpft hat. Demgegenüber ist die Abmahnung lediglich die Ausübung des vertraglichen Rügerechts. Eine Abmahnung, die erst geraume Zeit nach dem beanstandeten Vorfall ausgesprochen wird, wird in ihrer Wirkung hinsichtlich der Warnfunktion allerdings abgeschwächt. Denn das Fehlverhalten des Arbeitnehmers wirkt dann durch die Zwischenzeit, in der er sich vertragstreu verhalten hat, u. U. nicht mehr so gravierend, dass es etwa im Falle einer Kündigung überhaupt noch beachtlich wäre. Zudem hat der Arbeitgeber dann **durch sein Zuwarten** (z. B. von fast sechs Monaten) **gezeigt, dass er den behaupteten Vertragsverstoß des Arbeitnehmers nicht als sanktionswürdig ansieht**. Liegen dann keine gleichartigen neuen Verstöße vor, kommt eine Abmahnung nicht mehr in Betracht (*LAG Nbg.* 14.6.2005 LAGE § 611 BGB 2002 Abmahnung Nr. 3). 2355

Das Abmahnungsrecht kann schließlich auch verwirkt werden, wofür allerdings der reine Zeitablauf nicht ausreicht. 2356

#### b) Frist zur gerichtlichen Geltendmachung der Unwirksamkeit?

##### aa) Keine Verpflichtung zur gesonderten gerichtlichen Überprüfung

Der Arbeitnehmer ist zwar **berechtigt**, aber **nicht** durch eine arbeitsvertragliche Nebenpflicht oder eine entsprechende Obliegenheit **verpflichtet, gegen die Unrichtigkeit einer Abmahnung gerichtlich vorzugehen.** 2357

2358　Hat der Arbeitnehmer davon abgesehen, die Berechtigung der Abmahnung gerichtlich gesondert überprüfen zu lassen, so ist er grds. nicht daran gehindert, die Richtigkeit der abgemahnten Pflichtwidrigkeit in einem späteren Kündigungsschutzprozess zu bestreiten (*BAG* 13.3.1987 EzA § 611 BGB Abmahnung Nr. 5).

2359　Denn aus der Befugnis, eine schriftliche Abmahnung außerhalb eines Kündigungsschutzprozesses gerichtlich überprüfen zu lassen, kann weder eine arbeitsvertragliche Nebenpflicht noch eine Obliegenheit des Arbeitnehmers hergeleitet werden, gegen eine Abmahnung gerichtlich vorzugehen.

2360　Dies entspricht auch nicht der Interessenlage der Arbeitsvertragsparteien. Denn abgesehen davon, dass es ungewiss ist, ob eine Abmahnung jemals kündigungsschutzrechtliche Bedeutung erlangen wird, würden bestehende Arbeitsverhältnisse durch dann notwendige (kündigungsschutzrechtlich aber an sich nicht gebotene) gerichtliche Auseinandersetzungen über die Berechtigung von Abmahnungen belastet werden.

2361　Für Arbeitnehmer könnten derartige Prozesse erst dazu führen, dass der Bestand des Arbeitsverhältnisses zumindest faktisch gefährdet wird.

### bb) Auswirkungen auf die Darlegungs- und Beweislast?

2362　Im Hinblick auf § 1 Abs. 2 S. 4 KSchG bedarf es auch nicht eines nur verbalen oder schriftlichen Protests gegen die ausgesprochene Abmahnung, um den Arbeitgeber auf die Risiken hinsichtlich seiner Darlegungs- und Beweislast im Kündigungsschutzprozess aufmerksam zu machen.

2363　Aus dem bloßen Untätigbleiben des Arbeitnehmers kann auch kein rechtlich schützenswertes Vertrauen des Arbeitgebers erwachsen, die für die Kündigung relevanten Umstände würden in einem späteren Kündigungsschutzprozess tatsächlich unstreitig bleiben. **Auch die Beweislast wird dadurch nicht verändert** (*LAG Frankf./M.* 23.12.1986 DB 1987, 1463).

2364　Vielmehr bedarf es für das Eingreifen zivilprozessualer Darlegungs- und Beweislastregeln wegen treuwidrigen vorprozessualen Verhaltens zusätzlicher Umstände, die einen besonderen Vertrauenstatbestand beim Arbeitgeber gesetzt und ihn veranlasst haben, prozessual relevante Dispositionen zu treffen, indem er etwa eine Beweissicherung unterlassen oder präsente Beweismittel vernichtet hat.

### c) Rechte des Arbeitnehmers bei inhaltlich unrichtiger oder formell unwirksamer Abmahnung

### aa) Anspruch auf Entfernung der Abmahnung

2365　Enthält die Abmahnung inhaltlich unrichtige Tatsachenbehauptungen, die den Arbeitnehmer in seiner Rechtsstellung und seinem beruflichen Fortkommen beeinträchtigen können, oder ist sie inhaltlich nicht hinreichend bestimmt (*BAG* 9.8.1984 EzA § 1 KSchG Verhaltensbedingte Kündigung Nr. 11), so ist der Arbeitnehmer nicht auf sein Recht zur Gegendarstellung (§ 83 Abs. 2 BetrVG) oder sein Beschwerderecht (§ 84 Abs. 1 BetrVG) beschränkt. Er kann vielmehr auf Grund der Fürsorgepflicht des Arbeitgebers – auch mittels einer entsprechenden Klage (s. a. *Kleinebrink* FA 2006, 196 ff.) – ihre Entfernung aus der Personalakte verlangen (*BAG* 27.11.1985 EzA § 611 BGB Fürsorgepflicht Nr. 38; vgl. auch *Bader* ZTR 1999, 205 ff.; enger *ArbG Frankf. (Oder)* 20.2.2003 NZA-RR 2003, 527: Entfernungsanspruch nur bei Verletzung des Persönlichkeitsrechts). Das prozessuale Recht des Arbeitnehmers, den Arbeitgeber auf Entfernung einer schriftlich zur Personalakte genommenen Abmahnung gerichtlich in Anspruch zu nehmen, kann auch von der Einhaltung eines vorherigen innerbetrieblichen Schlichtungsversuchs nicht wirksam abhängig gemacht werden (*ArbG Bln.* 4.11.2011 LAGE § 611 BGB 2002 Abmahnung Nr. 8).

2366　Nach Auffassung des *LAG Köln* (24.1.1996 NZA 1997, 1290) ist der Entfernungsanspruch wegen der weiten Formulierung in den Entscheidungen des *BAG* (9.8.1984 EzA § 1 KSchG Verhaltensbedingte Kündigung Nr. 11; 27.11.1985 EzA § 611 BGB Fürsorgepflicht Nr. 38) »wenn diese nach Form oder Inhalt geeignet ist, ihn in seiner Rechtsstellung zu beeinträchtigen« nicht auf Abmahnungen mit unzutreffenden Tatsachenbehauptungen beschränkt, sondern erfasst auch Abmahnungen mit bloß **unzutreffenden Bewertungen**.

In einem Rechtsstreit um die Entfernung einer Abmahnung aus der Personalakte steht dem Rechtsschutzinteresse des Arbeitnehmers nicht entgegen, dass im Rahmen der Prüfung der Berechtigung einer ausgesprochenen Kündigung in einem **parallel anhängigen Kündigungsschutzverfahren** auch darüber zu befinden ist, ob eine Abmahnung wirksam erfolgte oder nicht. Im Kündigungsschutzverfahren wird nur die Berechtigung einer erteilten Abmahnung als **Vorfrage** für die Wirksamkeit der Kündigung überprüft, nicht jedoch darüber entschieden, ob eine zu Unrecht erteilte Abmahnung aus der Personalakte zu entfernen ist oder nicht (*LAG Bln.* 12.3.1999 – 2 Sa 53/98). 2367

**Nach Beendigung des Arbeitsverhältnisses** hat der Arbeitnehmer ohnehin regelmäßig keinen Anspruch mehr auf Entfernung einer zu Unrecht erteilten Abmahnung aus der Personalakte. Ein solcher Anspruch kann aber gegeben sein, wenn objektive Anhaltspunkte dafür bestehen, dass sie ihm auch noch nach Beendigung des Arbeitsverhältnisses schaden kann. Dafür ist der Arbeitnehmer darlegungs- und beweispflichtig (*BAG* 14.9.1994 EzA § 13 BAT Personalakten Nr. 32; *LAG Köln* 29.6.2001 NZA-RR 2002, 356). 2368

§ 78 BetrVG begründet im Übrigen keinen im Beschlussverfahren geltend zu machenden **Anspruch des Betriebsrats** gegen den Arbeitgeber, die Entfernung einer Abmahnung aus der Personalakte eines seiner Mitglieder zu verlangen. Ein solcher Anspruch ist individualrechtlicher Natur und kann allein vom betreffenden Arbeitnehmer im Urteilsverfahren geltend gemacht werden (*LAG BW* 6.7.2011 NZA-RR 2011, 528). 2368a

Die Zwangsvollstreckung des Entfernungsanspruchs bestimmt sich nach § 888 ZPO (*Hess. LAG* 9.6.1993 NZA 1994, 288 LS). 2369

Ob der arbeitsrechtliche Anspruch des Arbeitnehmers auf Entfernung eines Abmahnungsschreibens aus der Personalakte des Arbeitgebers sich **auch auf andere Akten des Arbeitgebers erstreckt** (z. B. die Prozessakte), **ist im Prozess über den Entfernungsanspruch zu entscheiden**; diese Entscheidung kann nicht im Zwangsvollstreckungsverfahren nachgeholt werden (*LAG Köln* 20.3.2000 ARST 2000, 260). 2370

*bb) Anhörungspflicht des Arbeitgebers*

Im Anwendungsbereich des BAT ist der Arbeitgeber gem. § **13 Abs. 2 BAT** verpflichtet, den Arbeitnehmer anzuhören, bevor er die Abmahnung zu den Personalakten nimmt. 2371

Unterlässt er das, so hat der Angestellte wegen Verletzung einer Nebenpflicht einen schuldrechtlichen Anspruch auf Entfernung der Abmahnung aus der Personalakte. Die nachträgliche Anhörung in Form der Übersendung des zu der Akte genommenen Abmahnungsschreibens heilt den Mangel nicht. 2372

Der Angestellte kann auch nicht auf sein Recht zur Gegendarstellung (§ 13 Abs. 2 S. 2 BAT) oder auf sein Recht zur Überprüfung der inhaltlichen Unrichtigkeit der Abmahnung durch das Arbeitsgericht verwiesen werden (*BAG* 31.8.1989 EzA § 53 BAT Beteiligung des Personalrats Nr. 2). Allerdings entfaltet gleichwohl eine wegen Nichtanhörung des Arbeitnehmers gem. § 13 Abs. 2 BAT formell unwirksame Anhörung die regelmäßig vor einer verhaltensbedingten Kündigung nach § 1 Abs. 2 KSchG erforderliche Warnfunktion (s. Rdn. 2329). 2373

**Weitergehend** besteht nach Auffassung des *ArbG Frankf./O.* (7.4.1999 NZA-RR 1999, 467; a. A. *ArbG Frankf./O.* 20.2.2003 NZA-RR 2003, 527; *Becker-Schaffner* ZTR 1999, 110; *Wilhelm* NZA-RR 2002, 449 ff.) **generell eine Verpflichtung des Arbeitgebers** zur Anhörung des Arbeitnehmers vor Erteilung einer Abmahnung auf der Grundlage der arbeitsvertraglichen **Fürsorgepflicht**; unterbleibt die vorherige Anhörung, ist die Abmahnung danach rechtswidrig. Unabhängig davon, ob dies rechtlich zwingend ist, erscheint eine vorherige Anhörung **stets** – ähnlich wie bei der Kündigung – als **sinnvoll**, weil Umstände zu Gunsten des Mitarbeiters bereits vor einer etwaigen Erteilung 2374 der Abmahnung bekannt werden, so dass dann noch entschieden werden kann, ob die Abmahnung überhaupt ausgesprochen werden soll. Das ist besser, als die Abmahnung zunächst auszuhändigen und sie anschließend nach Vortrag neuer Tatsachen durch den Mitarbeiter wieder zurückzunehmen (*Hunold* NZA-RR 2000, 173).

### cc) Teilrechtswidrigkeit der Abmahnung

2375   Wird die Abmahnung auf mehrere Pflichtverletzungen des Arbeitnehmers gestützt, so ist sie i. d. R. bereits dann aus der Personalakte zu entfernen, wenn nur eine der dem Arbeitnehmer zur Last gelegten Pflichtverletzungen nicht zutrifft (*BAG* 13.3.1991 EzA § 611 BGB Abmahnung Nr. 20; *LAG Hamm* 10.1.2006 NZA-RR 2006, 290; *LAG Köln* 19.9.2006 – 9 (4) Sa 173/06, AuR 2007, 142 LS; 15.6.2007 – 11 Sa 243/07, AuR 2007, 323 LS; *LAG Hamm* 25.5.2007 – 13 Sa 1117/06, AuR 2007, 405 LS). Sie kann dann **nicht** nach den zu §§ 139, 140 BGB entwickelten Rechtsgrundsätzen **teilweise aufrechterhalten werden** (*ArbG München* 16.11.2004 AuR 2005, 195 LS).

2376   Gleiches hat das *LAG Düsseld.* (23.2.1996 NZA-RR 1997, 81) für den Fall angenommen, dass der Arbeitgeber Folgen einer behaupteten Pflichtverletzung, wie etwa »ungeheure Beeinträchtigung der kollegialen Zusammenarbeit« im Prozess nicht gesondert schlüssig darlegt und/oder beweisen kann. Denn der Arbeitnehmer wird durch die Vorhaltung solcher angeblicher Folgewirkungen ebenso unzulässig beeinträchtigt wie bei einer unzutreffenden von mehreren behaupteten Pflichtverletzung(en). Nichts anderes gilt, wenn der Arbeitgeber einem **Betriebsratsmitglied aufgibt, ausnahmslos bis spätestens vier Tage vor geplanten Arbeitseinsätzen Mitteilung über die in dieser Zeit anfallenden Betriebsratstätigkeiten zu machen**. Denn dies scheidet schon deshalb aus, weil Amtstätigkeiten eines Betriebsratsmitglieds immer auch unvorhergesehen anfallen können (*LAG Hamm* 25.5.2007 – 13 Sa 1117/06, AuR 2007, 405 LS). Werden in einer Abmahnung wegen **unerlaubter privater Nutzung eines dienstlichen PC** die gerügten Internet-Auftritte mit Datum und Uhrzeit sowie mit Internet-Namen aufgelistet, so ist die Abmahnung zu entfernen, wenn auch nur ein Teil der Angaben nicht zutrifft und durch die unrichtigen Angaben das Fehlverhalten des Arbeitnehmers noch gewichtiger erscheinen kann. Wird gerügt, unter den aufgerufenen Internet-Seiten seien auch solche mit eindeutig pornographischem Inhalt, so müssen diese in der Abmahnung besonders benannt werden (*LAG Köln* 19.9.2006 – 9 (4) Sa 173/06, AuR 2007, 142 LS).

2377   Der Arbeitgeber ist dann allerdings nicht gehindert, eine **erneute Abmahnung** zu erteilen, in der der unberechtigte Vorwurf fehlt.

### dd) Widerruf; Beseitigung der Beeinträchtigung

2378   Darüber hinaus hat der Arbeitnehmer bei einem objektiv rechtswidrigen Eingriff in sein Persönlichkeitsrecht **entsprechend §§ 242, 1004 BGB** Anspruch auf Widerruf bzw. Beseitigung der Beeinträchtigung (*BAG* 27.11.1985 EzA § 611 BGB Fürsorgepflicht Nr. 38; *ArbG Bln.* 4.11.2011 LAGE § 611 BGB 2002 Abmahnung Nr. 8; a. A. *ArbG München* 2.5.2000 NZA-RR 2000, 524). Er ist auch nach der Entfernung der Abmahnung aus der Personalakte **nicht** daran **gehindert**, einen Anspruch auf **Widerruf** der in der Abmahnung abgegebenen Erklärungen ggf. auch gerichtlich geltend zu machen (*BAG* 15.4.1999 EzA § 611 BGB Abmahnung Nr. 41).

## d) Wirkungslosigkeit infolge Zeitablaufs; Entfernungsanspruch

### aa) Regelfrist?

2379   Eine zu Recht ausgesprochene Abmahnung kann durch Zeitablauf – jedenfalls als Vorstufe zur Kündigung (s. *Schrader* NZA 2011, 180 ff.) – wirkungslos werden. Insoweit wird die Auffassung vertreten, dass sie nach zwei bis drei Jahren ihre Wirkung verliert, wobei zwei Jahre bei leichten und drei Jahre bei schweren Vertragswidrigkeiten angemessen erscheinen sollen (*LAG Hamm* 14.5.1986 DB 1986, 1628 [i.d. R. zwei Jahre]; *Brill* NZA 1985, 109; *Hunold* BB 1986, 2052; *Conze* DB 1987, 889 [i.d. R. drei Jahre]).

## G. Die ordentliche verhaltensbedingte Arbeitgeberkündigung　　　　　Kapitel 4

Nach Auffassung des *BAG* (18.11.1986 EzA § 611 BGB Abmahnung Nr. 4) lässt sich dies dem- 2380
gegenüber jedoch **nicht anhand einer bestimmten Regelfrist** (z. B. von zwei Jahren), **sondern nur
auf Grund aller Umstände des Einzelfalls bestimmen.**

Dabei hängt die Wirkungsdauer der Abmahnung insbes. von der Schwere der abgemahnten Vertrags- 2381
verletzung ab, sodass der Arbeitgeber bei schweren Vertragsverletzungen im Wiederholungsfalle
auch nach längerer Zeit eine Kündigung ohne erneute Abmahnung eher aussprechen kann als bei
leichteren Vertragsverletzungen (*v. Hoyningen-Huene* RdA 1990, 210).

Eine Abmahnung verliert jedenfalls allein auf Grund des Zeitablaufs von 3 1/2 Jahren noch nicht 2382
zwingend ihre Wirkung (*BAG* 10.10.2002 EzA § 626 BGB 2002 Unkündbarkeit Nr. 1).

*bb) Entfernungsanspruch?*

Ist die (berechtigte) Abmahnung für die weitere Beurteilung des Arbeitnehmers überflüssig ge- 2383
worden, so ist sie aus der Personalakte zu entfernen (*BAG* 13.4.1988 EzA § 611 BGB Fürsorgepflicht Nr. 47; abl. *Kraft* NZA 1989, 777; *Zirnbauer* FA 2001, 171 f.).

Demgegenüber wird zum Teil (*v. Hoyningen-Huene* RdA 1990, 193; *Kraft* NZA 1989, 781) darauf 2384
hingewiesen, dass auch eine kündigungsrechtlich wirkungslos gewordene Abmahnung etwa für eine
spätere Beurteilung oder Beförderung des Arbeitnehmers von Bedeutung sein kann. Folglich soll der
Arbeitgeber berechtigt sein, sie in der Personalakte zu belassen. Nachdem das *BAG* (10.6.2010 EzA
§ 626 BGB 2002 Nr. 32; s. a. *Schrader* NZA 2011, 180 ff.) für die Frage der Unverhältnismäßigkeit
einer Kündigung wegen des Vorrangs der Abmahnung auch im Vertrauensbereich auf ein durch langjährig beanstandungsfreie Tätigkeit erworbenes **Vertrauenskapital** abstellt, wird es seine Auffassung
zum Entfernungsanspruch nicht aufrechterhalten können. Denn danach sind auch Verfehlungen,
die aufgrund Zeitablaufs nicht mehr als Vorstufe zu einer Kündigung in Betracht kommen, durchaus
u. U. maßgeblich zu berücksichtigen; folglich muss der Arbeitgeber zu deren Nachweis auch als
befugt angesehen werden, entsprechende Informationen aufzubewahren (s. *Novara/Knierim*
NJW 2011, 1175 ff.; *Kleinebrink* BB 2011, 2617 ff.; *Ritter* DB 2011, 175 ff.).

Das *BVerfG* (16.10.1998 NZA 1999, 77) hat schließlich angenommen, dass ein Anspruch auf Ent- 2385
fernung einer Abmahnung jedenfalls **dann nicht mehr besteht**, wenn von ihr – z. B. wegen Zeitablaufs – **keine kündigungsrechtlich negativen Wirkungen mehr ausgehen**. Das gilt selbst dann,
wenn das Arbeitsgericht die Abwägung zwischen den Grundrechten auf Meinungsfreiheit (Art. 5
Abs. 1 GG) des Arbeitnehmers und dem Persönlichkeitsrecht des Arbeitgebers (Art. 2 Abs. 1 i. V. m.
Art. 1 Abs. 1 GG) bei einer kritischen Äußerung eines Angestellten im öffentlichen Dienst falsch
vorgenommen hat. Dies steht wohl ebenfalls nicht in Einklang mit der tradierten Auffassung des
*BAG* (13.4.1988 EzA § 611 BGB Fürsorgepflicht Nr. 47).

## V. Weiteres Fehlverhalten

### 1. Vergleichbarkeit von abgemahntem und neuem Fehlverhalten

Nach Ausspruch der Abmahnung bedarf es eines weiteren »einschlägigen« Fehlverhaltens des Ar- 2386
beitnehmers, um eine ordentliche verhaltensbedingte Kündigung sozial rechtfertigen zu können.
Denn nur dann steht fest, dass die Warnfunktion der Abmahnung, die gerade das zukünftige Verhalten des Arbeitnehmers verändern soll, nicht erfüllt worden ist. Es kann dann davon ausgegangen werden, dass es auch **zukünftig zu weiteren Vertragsstörungen kommen wird** (**Prognoseprinzip**; *BAG* 13.12.2007 EzA § 4 KSchG n. F. Nr. 82; *LAG* Bln.-Bra. 18.12.2009 – 6 Sa
1239/09, ZTR 2010, 163 LS; s. a. *BAG* 9.6.2011 EzA § 626 BGB 2002 Nr. 36). So kann z. B.
**die wiederholte Verletzung der Arbeitspflicht eines Vorarbeiters** im Reinigungsdienst, die den
Vertrauensbereich berührt, eine fristgerechte Kündigung rechtfertigen, wenn wegen vergleichbarer Schlechtleistungen bereits abgemahnt worden war (*LAG Köln* 17.6.2003 NZA-RR 2004,
531). Auch die **trotz zweier Abmahnungen fortgesetzte Schlechtleistung** einer Reinigungskraft
rechtfertigt deren ordentliche verhaltensbedingte Kündigung (*LAG Köln* 13.3.2006 – 14 (8) Sa

4/06, ZTR 2007, 109 LS). Andererseits ist zu beachten, dass auch beim Vorliegen **mehrfacher Abmahnungen nicht jede noch so geringfügige Pflichtverletzung** den Ausspruch einer ordentlichen **Kündigung rechtfertigen kann**. Das gilt z. B. für das Nichtausschalten eines Handys entgegen den Anweisungen des Vorgesetzten (*ArbG Hmb.* 28.5.2008 – 3 Ca 509/07 – AuR 2008, 320 LS).

Erforderlich ist, dass das abgemahnte Fehlverhalten auf der gleichen Ebene gelegen hat wie der Kündigungsvorwurf. Der auf eine Abmahnung folgende Wiederholungsfall muss gleichartig bzw. vergleichbar sein (*BAG* 13.12.2007 EzA § 4 KSchG n. F. Nr. 82; 24.3.1988 RzK I 5i Nr. 35; *LAG Bln.* 16.2.2006 LAGE § 611 BGB 2002 Abmahnung Nr. 4; vgl. dazu *Becker-Schaffner* ZTR 1999, 109; s. a. *LAG Brem.* 18.11.2004 – 3 Sa 170/04, EzA-SD 26/04 S. 11 LS).

Macht ein Arbeitnehmer z. B. bei seiner nicht unverzüglichen Krankmeldung **falsche Angaben** über die voraussichtliche Dauer seiner Arbeitsunfähigkeit und mahnt ihn der Arbeitgeber nur wegen dieser falschen Angaben ab, so ist eine verhaltensbedingte Kündigung wegen erneuter, diesmal aber bloß verspäteter Krankmeldung nicht sozial gerechtfertigt (so jedenfalls *LAG Bln.-Bra.* 18.12.2009 – 6 Sa 1239/09, ZTR 2010, 163 LS). Die Gleichartigkeit der Pflichtverstöße fehlt auch beim Vorwurf der **Arbeitsverweigerung** und dem Vorwurf der **Schlechtleistung** (*LAG Bln.-Bra.* 3.3.2011 NZA-RR 2011, 522).

**2387** Der Begriff der Gleichartigkeit ist in der Rechtsprechung bislang allerdings **wenig präzise** und nur kasuistisch bestimmt worden (krit. daher *Walker* NZA 1995, 606). In der Literatur (*Ascheid* Kündigungsschutzrecht Rn. 83; APS/*Dörner/Vossen* § 1 KSchG Rn. 425 ff.) wird deshalb davon ausgegangen, dass nicht maßgeblich ist, ob das vom Arbeitnehmer gezeigte störende Verhalten die gleiche Störungshandlung wiederholt. Bei der Beurteilung der Gleichartigkeit ist vielmehr kein allzu strenger Maßstab anzulegen. Es genügt eine Gleichartigkeit im weiteren Sinne, die schon dann vorliegt, **wenn die neue Pflichtverletzung denselben Bereich wie das schon abgemahnte Fehlverhalten berührt und somit Abmahnung und Kündigungsgrund in einem inneren Zusammenhang stehen** (*BAG* 13.12.2007 EzA § 4 KSchG n. F. Nr. 82; 9.6.2011 EzA § 626 BGB 2002 Nr. 36 = NZA 2011, 1342).

**2388** Pflichtverletzungen sind dann gleichartig, wenn sie unter einem einheitlichen Kriterium zusammengefasst werden können, wie z. B. die Verletzung der arbeitsvertraglichen Arbeitspflicht in Form von verzögerter, unpünktlicher oder unzuverlässiger Leistungen.

**2389** Das *LAG Bln.* (5.12.1995 ZTR 1996, 521 LS) hat insoweit darauf abgestellt, dass die verschiedenen Pflichtverletzungen zu vergleichbaren Störungen des Arbeitsverhältnisses führen und als übereinstimmender Ausdruck einer spezifischen Unzuverlässigkeit des Arbeitnehmers angesehen werden können. Es hat in diesem Sinne unberechtigtes Fehlen und berechtigtes, aber nicht angezeigtes Fernbleiben von der Arbeit als gleichartige Pflichtverletzungen angenommen. Das *Hess. LAG* (7.7.1997 NZA 1998, 822) hat dies bejaht bei einer abgemahnten Verletzung der Anzeigepflicht bei Krankheit und späterer Weigerung des Arbeitnehmers, während der Arbeitszeit zu einem Gespräch mit dem Vorgesetzten zu erscheinen.

**2390** Ist ein Lkw-Fahrer bereits deshalb ermahnt und abgemahnt worden, weil er eine rot zeigende Ampel missachtet und Beladungsvorschriften für den Gefahrgut-Lkw nicht eingehalten hat, und begeht er anschließend eine **erhebliche Geschwindigkeitsüberschreitung**, die zu einem einmonatigen Fahrverbot führt, und fährt mit verkehrsunsicherer Bereifung, weil er die vorgeschriebene tägliche Reifenkontrolle unterlassen hat, ist eine darauf beruhende Kündigung gerechtfertigt (*LAG Köln* 4.9.2006 EzA § 1 KSchG Verhaltensbedingte Kündigung Nr. 93).

**2391** Eine ausgesprochene Abmahnung des Inhalts, dass der Arbeitnehmer im Rahmen des Zeitmanagements aufgefordert worden ist, dafür zu sorgen, dass die Telefonkosten nicht so hoch sein sollen, ist nach Auffassung des *LAG Nbg.* (6.8.2002 LAGE § 626 BGB Nr. 143) dagegen nicht gleichartig hinsichtlich des Vorwurfs, private Telefonate während der Arbeitszeit geführt zu haben.

Dagegen kann ein Fluggastkontrolleur, der vom Arbeitgeber abgemahnt worden ist, weil er dessen Unternehmen gegenüber Praktikanten eine »Scheißfirma« genannt und von Hungerlohn gesprochen hat, verhaltensbedingt gekündigt werden, wenn er kurze Zeit später zahlreiche Fluggäste auf einen Job anspricht und sich dazu von ihnen Visitenkarten geben lässt (*LAG Bln.* 14.3.2003 LAGE § 1 KSchG Verhaltensbedingte Kündigung Nr. 81).

Gleichartige Pflichtverletzungen liegen z. B. auch dann vor, wenn der Arbeitnehmer eine Arbeitsunfähigkeitsbescheinigung verspätet vorlegt, wenn er zu spät zur Arbeit erscheint und wenn er sich nicht sofort bei seinem Vorgesetzten meldet, nachdem er zu spät zur Arbeit erschienen ist (*LAG Saarland* 23.4.2003 – 2 Sa 134/02 – FA 2004, 25).

Der notwendige innere Zusammenhang besteht zwischen **sexuellen Belästigungen** durch körperliche Berührung und solchen verbaler Art (*BAG* 9.6.2011 EzA § 626 BGB 2002 Nr. 36 = NZA 2011, 1342).

## 2. Verzicht auf eine mögliche Kündigung durch Abmahnung

Nichts anderes gilt dann, wenn der Arbeitgeber **an sich ausreichende Veranlassung zum Ausspruch einer außerordentlichen oder ordentlichen Kündigung gehabt hätte**, entweder weil er bereits zuvor einschlägig abgemahnt hatte oder es des Ausspruchs einer Abmahnung nicht bedurfte, er sich **aber gleichwohl** entschlossen hat, zunächst u. U. nochmals (wie z. B. bei geringfügigen Pflichtverletzungen oder länger zurückliegenden Abmahnungen u. U. erforderlich) **eine Abmahnung** auszusprechen. Denn mit Ausspruch der Abmahnung verzichtet der Arbeitgeber konkludent auf ein u. U. bestehendes Kündigungsrecht wegen der Gründe, die Gegenstand der Abmahnung waren (s. Rdn. 2333). 2392

## VI. Interessenabwägung

### 1. Grundüberlegungen

Im Rahmen der nach der ständigen Rechtsprechung des *BAG* (4.11.1981 EzA § 1 KSchG Verhaltensbedingte Kündigung Nr. 9; 2.3.1989 EzA § 102 BetrVG 1972 Nr. 76; APS/*Dörner/Vossen* § 1 KSchG Rn. 432 ff.) schließlich erforderlichen umfassenden Interessenabwägung ist das Interesse des Arbeitnehmers an der Erhaltung des Arbeitsplatzes dem Interesse des Arbeitgebers an der Beendigung des Arbeitsverhältnisses gegenüberzustellen. 2393

Im Unterschied zur personenbedingten Kündigung sind bei einer verhaltensbedingten Kündigung nicht so strenge Maßstäbe an die Interessenabwägung anzulegen, denn die erhöhte Schutzwürdigkeit z. B. eines von einer Krankheit betroffenen Arbeitnehmers trifft bei einer auf Pflichtwidrigkeiten des Arbeitnehmers beruhenden Kündigung so nicht zu. 2394

### 2. Kriterien im Einzelnen

Berücksichtigt werden können zu Gunsten des Interesses des Arbeitnehmers oder des Arbeitgebers insbes. folgende Umstände (zur Kritik s. Rdn. 1378 ff.): 2395
- Gesichtspunkte der Arbeits- und Betriebsdisziplin, wobei allerdings konkrete Störungen eingetreten sein müssen, sodass eine bloß abstrakte oder konkrete Gefährdung insoweit nicht ausreicht (*BAG* 17.3.1988 EzA § 626 BGB n. F. Nr. 116);
- die Aufrechterhaltung der Funktionsfähigkeit des Betriebes oder des Unternehmens;
- Eintritt eines Vermögensschadens;
- Wiederholungsgefahr;
- Schädigung des Ansehens in der Öffentlichkeit sowie Schutz der übrigen Belegschaft;
- Art, Schwere und Häufigkeit der vorgeworfenen Pflichtwidrigkeiten, z. B. die besondere Bedeutung unwiederbringlich gelöschter Kundendaten durch einen Außendienstmitarbeiter (*LAG Köln* 24.7.2002 LAGE § 1 KSchG Verhaltensbedingte Kündigung Nr. 80);
- früheres Verhalten des Arbeitnehmers;
- Mitverschulden des Arbeitgebers;

- Dauer der Betriebszugehörigkeit;
- Lebensalter;
- Lage auf dem Arbeitsmarkt.

**2396** **Unterhaltspflichten** des Arbeitnehmers sind bei der Interessenabwägung von größerem Gewicht, wenn sie mit dem verhaltensbedingten Kündigungsgrund in Zusammenhang stehen. Dass der Arbeitnehmer mit der Eingehung des Arbeitsverhältnisses i. d. R. für den Arbeitgeber erkennbar auch den Zweck verfolgt, seine Unterhaltspflichten zu erfüllen, tritt dagegen in den Hintergrund, wenn der Arbeitnehmer gewichtige Pflichten aus dem Arbeitsvertrag wiederholt vorsätzlich trotz Abmahnung verletzt; in diesem Fall können die Unterhaltspflichten bei der Interessenabwägung kaum von Gewicht und im Extremfall sogar völlig vernachlässigbar sein (*BAG* 27.2.1997 EzA § 1 KSchG Verhaltensbedingte Kündigung Nr. 51; vgl. dazu *Lingemann* BB 2000, 1835 ff.). Folglich sind sie bei einer auf ein vorsätzliches Vermögensdelikt gestützten (außer-) ordentlichen Kündigung grds. nicht zu berücksichtigen. Sie können allenfalls dann Bedeutung gewinnen, wenn eine durch Unterhaltspflichten bedingte **schlechte Vermögenslage das bestimmende Motiv für die Tat gewesen ist** und den Schuldvorwurf mindern kann (*BAG* 2.3.1989 EzA § 102 BetrVG 1972 Nr. 76).

### 3. Beurteilungsspielraum der Instanzgerichte

**2397** Bei der Bewertung dieser Umstände steht dem ArbG sowie dem LAG ein in der Revisionsinstanz nur in beschränktem Umfang überprüfbarer Beurteilungsspielraum zu.

## VII. Darlegungs- und Beweislast

### 1. Vertragsverletzung; betriebliche Auswirkungen

**2398** Für das Vorliegen einer schuldhaften Vertragsverletzung nebst ihrer betrieblichen Auswirkungen ist der Arbeitgeber darlegungs- und beweispflichtig.

Dies gilt auch für solche Umstände, die einen Rechtfertigungs- oder Entschuldigungsgrund für das Fehlverhalten des Arbeitnehmers ausschließen, sofern dieser einen solchen substantiiert vorgetragen hat (*BAG* 12.8.1976 EzA § 1 KSchG Nr. 33; 6.8.1987 EzA § 626 BGB n. F. Nr. 109; 3.11.2011 EzA § 1 KSchG Verhaltensbedingte Kündigung Nr. 79). Allerdings sind z. B. häufige **Verspätungen** eines Auslieferungsfahrers üblicherweise mit Betriebsablaufstörungen verbunden, so dass der Arbeitgeber diese regelmäßig nicht im Einzelnen darlegen und beweisen muss (*BAG* 15.11.2001 EzA § 1 KSchG Verhaltensbedingte Kündigung Nr. 56). Beruft sich der Arbeitnehmer dagegen darauf, dass die personelle Ausstattung wegen der Urlaubszeit eingeschränkt war und die zu leistenden Arbeiten daher nicht vollumfänglich erbracht werden konnten, hat der Arbeitgeber darzulegen, dass dieser **Entschuldigungsgrund** tatsächlich nicht vorgelegen hat (*ArbG Nbg.* 4.5.2011 – 7 Ca 7670/10, AuR 2012, 42 LS).

Der Arbeitgeber trägt im Kündigungsschutzprozess die Darlegungs- und Beweislast also auch dafür, dass solche Tatsachen nicht vorgelegen haben, die das Verhalten des Arbeitnehmers gerechtfertigt oder entschuldigt erscheinen lassen. Der Umfang der ihm obliegenden Darlegungslast ist allerdings davon abhängig, wie sich der Arbeitnehmer auf einen bestimmten Vortrag einlässt. Nach den Grundsätzen der abgestuften Darlegungs- und Beweislast darf sich der Arbeitgeber zunächst darauf beschränken, den objektiven Tatbestand einer Arbeitspflichtverletzung darzulegen. Er muss nicht jeden erdenklichen Rechtfertigungs- oder Entschuldigungsgrund vorbeugend ausschließen. Will der Arbeitnehmer geltend machen, er sei aus von ihm nicht zu vertretenden Gründen gehindert gewesen, seine Pflichten ordnungsgemäß zu erfüllen, muss er diese Gründe genau angeben. Beruft er sich auf krankheitsbedingte Gründe kann es erforderlich sein, dass er substantiiert darlegt, woran er erkrankt war und weshalb er deshalb seine Pflichten nicht ordnungsgemäß erfüllen konnte (*BAG* 3.11.2011 EzA § 1 KSchG Verhaltensbedingte Kündigung Nr. 79).

## 2. Abmahnung

**Darlegungs- und beweispflichtig für das Vorliegen einer ordnungsgemäßen Abmahnung ist ebenfalls der Arbeitgeber** (vgl. *ArbG München* 31.10.2003 AuR 2004, 433 LS; a. A. *Kopke* NZA 2007, 1211 ff.; s. a. *ArbG Ludwigshafen* 12.12.2005 DB 2006, 675: der Arbeitnehmer trägt die Beweislast für das Vorliegen unrichtiger Tatsachen in der Abmahnung, wenn er deren Entfernung verlangt). Der wegen der Nichtausführung bestimmter Aufgaben eine Abmahnung erteilende Arbeitgeber ist des Weiteren dafür darlegungs- und beweispflichtig, dass der Arbeitnehmer tatsächlich die Tätigkeiten im Rahmen seiner Arbeitszeit ausführen konnte (*ArbG München* 31.10.2003 AuR 2004, 433 LS). 2399

Er genügt im Übrigen (sog. abgestufte Darlegungslast) **zunächst** seiner Darlegungslast, wenn er bei Störungen im Leistungsbereich vorträgt, dass der Arbeitnehmer wegen bestimmter Leistungsmängel unter Hinweis auf die Bestands- oder Inhaltsgefährdung des Arbeitsverhältnisses **abgemahnt worden ist**. 2400

Bestreitet der Arbeitnehmer dies, so hat der Arbeitgeber im einzelnen Tatsachen vorzutragen, aus denen sich eine ordnungsgemäße Abmahnung nach Inhalt, Ort, Zeitpunkt und beteiligten Personen ergibt oder die ausnahmsweise Entbehrlichkeit einer Abmahnung, z. B. weil der Vertrauensbereich betroffen ist oder weil der Arbeitnehmer im konkreten Fall schlechterdings nicht annehmen konnte, dass der Arbeitgeber das vertragswidrige Verhalten hinnehmen würde. 2401

Dabei sind auch die abgemahnten Pflichtwidrigkeiten in zeitlicher und gegenständlicher Hinsicht nebst ihren betrieblichen Auswirkungen im Einzelnen zu schildern. Schlagwortartige Angaben reichen nicht aus (APS/*Dörner/Vossen* § 1 KSchG Rn. 439 f.).

Weigert sich z. B. ein Arbeitnehmer, eine vertraglich geschuldete Arbeit auszuführen, mit dem Bemerken, die Arbeit **schade seiner Gesundheit**, und legt er nachträglich eine noch am selben Tag ausgestellte ärztliche Arbeitsunfähigkeitsbescheinigung vor, kann der Beweiswert des Attestes für den Konfliktzeitpunkt erschüttert sein. Im Streit um die Wirksamkeit der Abmahnung hat aber auch dann der Arbeitgeber die Beweislast für die Arbeitsfähigkeit des Arbeitnehmers. Entbindet der Arbeitnehmer den Arzt von der Schweigepflicht, kann sich der Arbeitgeber auf den Arzt als Zeugen berufen; tut er dies nicht, ist für den Prozess von der vom Arbeitnehmer behaupteten Arbeitsunfähigkeit auszugehen (*LAG Bln.* 14.11.2002 LAGE § 5 EFZG Nr. 6). 2402

Für beide Parteien gilt, dass eine **Behauptung mit Nichtwissen** über Vorgänge **im eigenen Geschäftsbereich unzulässig ist**, wenn die Partei es versäumt hat, sich über den Gegenstand der Behauptung zuvor im eigenen Geschäftsbereich zu erkundigen (*LAG Hamm* 10.1.2006 NZA-RR 2006, 290). 2403

## H. Die ordentliche betriebsbedingte Kündigung

### I. Überblick über die Voraussetzungen der ordentlichen betriebsbedingten Arbeitgeberkündigung

Die ordentliche betriebsbedingte Arbeitgeberkündigung ist dann sozial gerechtfertigt i. S. v. § 1 Abs. 2, 3 KSchG (*BAG* 21.4.2005 EzA § 1 KSchG Soziale Auswahl Nr. 62), wenn 2404
- zum Zeitpunkt ihres Zugangs (vgl. *BAG* 21.4.2005 EzA § 1 KSchG Soziale Auswahl Nr. 62 = NZA 2005, 1307) dringende betriebliche Gründe vorliegen, die auf Grund außerbetrieblicher Umstände oder infolge innerbetrieblicher Maßnahmen zu einem Rückgang des Arbeitsanfalls bis hin zum Wegfall des Bedürfnisses für die Beschäftigung eines oder mehrerer Arbeitnehmer in dem Bereich führen, in dem der betroffene Arbeitnehmer beschäftigt ist;
- der betroffene Arbeitnehmer zum Zeitpunkt ihres Zugangs (vgl. *BAG* 21.4.2005 EzA § 1 KSchG Soziale Auswahl Nr. 62 = NZA 2005, 1307) von allen vergleichbaren Arbeitnehmern der sozial am wenigsten Schutzwürdige ist und
- auch eine umfassende – allerdings nur ausnahmsweise durchzuführende – Interessenabwägung nach ordnungsgemäßer Sozialauswahl nicht ausnahmsweise zu einem Überwiegen des Interes-

ses des Arbeitnehmers an der Fortsetzung des Arbeitsverhältnisses gegenüber dem Interesse des Arbeitgebers an dessen Beendigung führt.

## II. Dringende betriebliche Gründe

### 1. Begriffsbestimmung

2405 **Der Begriff der betrieblichen Erfordernisse ist im Gesetz nicht definiert.**

Betriebliche Erfordernisse liegen dann vor, wenn Umstände aus dem wirtschaftlichen oder betriebstechnischen Bereich dazu führen, dass die betriebliche Arbeitsmenge so zurückgeht, dass der Beschäftigungsbedarf für einen oder mehrere Arbeitnehmer entfällt. Erforderlich ist eine konkrete Auswirkung auf die Einsatzmöglichkeit des gekündigten Arbeitnehmers.

2406 Es muss also zumindest **ein Arbeitsplatz weggefallen** sein, wobei dies **nicht** in der Weise zu verstehen ist, dass es sich dabei gerade **um den konkret fixierten Arbeitsplatz des gekündigten Arbeitnehmers** handeln muss (*BAG* 30.5.1985 EzA § 1 KSchG Betriebsbedingte Kündigung Nr. 36).

2407 Vielmehr ist nach Maßgabe der sozialen Auswahl ggf. einem Arbeitnehmer zu kündigen, dessen Arbeitsplatz noch vorhanden ist, wenn nur die Anzahl der vergleichbaren Arbeitsplätze insgesamt zurückgegangen ist mit der Folge, dass die Zahl der benötigten Arbeitsplätze auf Grund der Entwicklung der Arbeitsmenge kleiner ist als die Zahl der auf diesen Arbeitsplätzen bislang beschäftigten Arbeitnehmer. **Maßgeblicher Beurteilungszeitpunkt** für die soziale Rechtfertigung der Kündigung ist **grds. der Zeitpunkt des Kündigungszugangs**. Grundsätzlich muss dann der Kündigungsgrund – Wegfall der Beschäftigungsmöglichkeit – vorliegen (*LAG Düsseld.* 16.11.2005 – 12 Sa 1150/05, EzA-SD 1/06 S. 8 LS).

2408 Wird eine Kündigung allerdings auf die **künftige Entwicklung der betrieblichen Verhältnisse** gestützt, so kann sie ausgesprochen werden, wenn die betrieblichen Umstände **konkrete und greifbare Formen angenommen haben**. Das ist z. B. dann der Fall, wenn auf Grund einer vernünftigen, betriebswirtschaftlichen Betrachtung bei Ausspruch der Kündigung absehbar ist, zum Zeitpunkt des Vertragsendes eines übernommenen Reinigungsvertrages werde mit einiger Sicherheit der Eintritt eines die Entlassung erfordernden betrieblichen Grundes gegeben sein (*BAG* 3.9.1998 NZA 1999, 147, 27.11.2003 EzA § 1 KSchG Betriebsbedingte Kündigung Nr. 128). Das gilt nicht nur bei Kündigungen aus innerbetrieblichen Umständen, sondern grds. auch bei Kündigungen, die durch außerbetriebliche Umstände veranlasst sind (*BAG* 12.4.2002 EzA § 1 KSchG Betriebsbedingte Kündigung Nr. 118; krit. dazu *Matz* FA 2003, 69 u. FA 2006, 360). In Fällen, in denen zwar **bei Zugang der Kündigung noch die Möglichkeit der Beschäftigung besteht**, aber die für den künftigen Wegfall des Beschäftigungsbedürfnisses maßgeblichen Entscheidungen **bereits getroffen sind**, kommt es für die Betriebsbedingtheit der Kündigung darauf an, ob der Arbeitnehmer **bis zum Kündigungstermin voraussichtlich entbehrt werden kann**. Das ist z. B. dann der Fall, wenn sich ein Reinigungsunternehmen nach Kündigung des Reinigungsauftrags durch ein Krankenhaus nicht an der Neuausschreibung beteiligt; es liegt dann ein hinreichend konkreter Anhaltspunkt für die Annahme vor, dass die betroffenen Arbeitsplätze entfallen. Das gilt auch dann, wenn das Unternehmen zu einem späteren Zeitpunkt auf Grund geänderter Sachlage den Reinigungsauftrag wieder erhält (*BAG* 15.7.2004 EzA § 1 KSchG Soziale Auswahl Nr. 54). Wenn allerdings bei einem Unternehmen des Reinigungsgewerbes ein bestehender Reinigungsauftrag ausläuft und fraglich ist, ob das Unternehmen bei der Neuausschreibung den Zuschlag erhalten wird, das Unternehmen sich aber jedenfalls beworben hat, ist mit dem Wegfall des Beschäftigungsbedarfs für die im Objekt beschäftigten Arbeitnehmer so lange nicht zu rechnen, so lange die Entscheidung über die Neuvergabe noch offen ist. Eine vor der Entscheidung über die Neuvergabe ausgesprochene Kündigung ist als »Vorratskündigung« sozial ungerechtfertigt (*BAG* 12.4.2002 EzA § 1 KSchG Betriebsbedingte Kündigung Nr. 118; a. A. *LAG Nds.* 16.2.2001 – 3 Sa 1493, 74/00; krit. auch *Matz* FA 2003, 69). Weder der Zwang zur Einhaltung längerer Kündigungsfristen noch der Umstand, dass einem vorzeitig gekündigten Arbeitnehmer

u. U. ein Wiedereinstellungsanspruch zustehen kann, vermag an der Unwirksamkeit der »Vorratskündigung« etwas zu ändern (*BAG* 12.4.2002 EzA § 1 KSchG Betriebsbedingte Kündigung Nr. 118).

Auch wer als Arbeitgeber einerseits eine Stellenstreichung plant, andererseits den Fall der **Nachbesetzung derart detailliert** mit ins Auge fasst, dass sogar Festlegungen zum Verfahren getroffen werden, der kann sich in seiner Prognose zur Realisierbarkeit seiner Konzeption gerade nicht sicher gewesen sein (*LAG Bln.-Bra.* 29.9.2010 LAGE § 1 KSchG Betriebsbedingte Kündigung Nr. 88).

### 2. Auswirkungen auf die Darlegungslast

Daraus folgt, dass eine betriebsbedingte Kündigung **allein mit der Darlegung rückläufiger wirtschaftlicher Daten grds. nicht gerechtfertigt werden kann.** 2409

Entscheidend ist stets die Darlegung, dass Arbeitsplätze entsprechend der Zahl der gekündigten Arbeitnehmer weggefallen sind (APS/*Kiel* § 1 KSchG Rn. 483). 2410

### 3. Außer-, innerbetriebliche Gründe

#### a) Begriffsbestimmungen

Betriebliche Erfordernisse für eine Kündigung können sich aus **innerbetrieblichen Umständen** (Unternehmerentscheidungen, z. B. **Rationalisierungsmaßnahmen**, Umstellung oder Einschränkung der Produktion, auch zur Gewinnsteigerung oder Kostensenkung, auch wenn die äußeren Marktbedingungen dies nicht unumgänglich erfordern) oder durch **außerbetriebliche Gründe** (z. B. **Auftragsmangel**) ergeben (vgl. ausf. APS/*Kiel* § 1 KSchG Rz 472 ff.; Gilberg NZA 2003, 817 ff.). 2411

#### b) Fremdvergabe; Grenzen; Austauschkündigung

Es stellt einen betriebsbedingten Kündigungsgrund dar, wenn sich der Arbeitgeber in einem Produktionsbetrieb entschließt, die – auch teilweise – Produktion einzustellen und die noch eingehenden Aufträge nicht mehr durch eigene Arbeitskräfte im Betrieb erledigen zu lassen (*BAG* 18.1.2001 EzA § 1 KSchG Betriebsbedingte Kündigung Nr. 109; 25.3.2004 EzA § 9 MuSchG n. F. Nr. 40; 16.12.2004 EzA § 1 KSchG Betriebsbedingte Kündigung Nr. 136). Es handelt sich grds. um eine die Arbeitsgerichte bindende Organisationsentscheidung, die zum Wegfall von Arbeitsplätzen führen und deshalb ein dringendes betriebliches Erfordernis für eine betriebsbedingte Kündigung darstellen kann (*BAG* 16.12.2004 EzA § 1 KSchG Betriebsbedingte Kündigung Nr. 136; 9.9.2010 EzA § 1 KSchG Betriebsbedingte Kündigung Nr. 164). 2412

Das *BAG* (7.3.1980 EzA § 1 KSchG Betriebsbedingte Kündigung Nr. 14; ebenso *LAG Bln.* 3.4.2001 ARST 2001, 187 LS) geht z. B. davon aus, dass dann, wenn Reinigungsarbeiten (z. B. bei den Stationierungsstreitkräften) an Privatunternehmen übertragen und deswegen Kündigungen ausgesprochen werden, ein **betriebliches Erfordernis** gegeben ist (ebenso *LAG Köln* 3.9.2003 – 3 Sa 516/03, ARST 2004, 188 LS; 1.7.2004 – 5 (9) Sa 427/03, EzA-SD 20/04 S. 13 LS). Gleiches gilt dann, wenn ein **klinikeigenes Labor** in einer psychiatrischen Klinik **aufgelöst** wird und die Laboruntersuchungen fremdvergeben werden, hinsichtlich der Kündigung der Labormitarbeiter. Haben zudem die bisher im klinikeigenen Labor beschäftigten medizinisch-technischen Assistentinnen in ganz geringem Umfang auch fachfremde, nicht ihrer Ausbildung und Vergütung entsprechende Nebenarbeiten verrichtet, so scheitert die Wirksamkeit der Kündigung dieser Mitarbeiterinnen regelmäßig nicht daran, dass der Arbeitgeber die Nebenarbeiten auf andere Mitarbeiter überträgt (*BAG* 27.6.2002 EzA § 1 KSchG Betriebsbedingte Kündigung Nr. 119). Der Arbeitgeber kann auch bei der betriebsbedingten Kündigung eines Berufskraftfahrers nicht darauf verwiesen werden, er könne die Subunternehmern übertragenen Fahraufträge auch dem zur Kündigung vorgesehenen Arbeitnehmer übertragen. Denn der Arbeitgeber ist frei zu entscheiden, ob er zu erledigende Arbeiten durch eigene Arbeitnehmer oder durch Fremdunternehmen erledigen lässt (*LAG München* 2413

13.8.2002 LAGE § 1 KSchG Betriebsbedingte Kündigung Nr. 62a). Die unternehmerische **Entscheidung eines Vereins**, die Arbeitsabläufe dergestalt zu ändern, dass Tätigkeiten, die bislang von Arbeitnehmern ausgeübt wurden, künftig **ehrenamtlichen Kräften** übertragen werden, ist gleichfalls nur darauf überprüfbar, ob sie offenbar unsachlich, unvernünftig oder willkürlich ist (*Hess. LAG* 14.7.2006 NZA-RR 2007, 197).

**2414** Das gilt auch dann, wenn davon **ordentlich unkündbare Arbeitnehmer** betroffen sind, sowie dann, wenn von dem Entschluss des Arbeitgebers nur ein einziger Arbeitnehmer betroffen ist (*BAG* 12.4.2002 EzA § 1 KSchG Betriebsbedingte Kündigung Nr. 117). Ein dadurch bedingter Wegfall der Arbeitsplätze der unkündbaren Arbeitnehmer führt aber nach Auffassung des *LAG Bln.* (3.4.2001 ARST 2001, 187 LS) noch **nicht automatisch dazu**, dass es dem Arbeitgeber **unzumutbar ist, an den Arbeitsverhältnissen** mit den unkündbaren Arbeitnehmern **festzuhalten**. Unterhält der Arbeitgeber vielmehr Einrichtungen, in denen er Reinigungsarbeiten bisher durch eigene Arbeitnehmer durchführt, ist es ihm danach zumutbar, diese Arbeiten **nicht vollständig fremd zu vergeben**, sondern die Fremdvergabe auf die Anzahl der Arbeitsplätze der ordentlich kündbaren Arbeitnehmer zu beschränken, es sei denn, die vollständige Durchführung der unternehmerischen Entscheidung ist zwingend geboten, um eine Schließung des Betriebes zu vermeiden (*LAG Bln.* 3.4.2001 ARST 2001, 187 LS). Weitergehend hat das *LAG Düsseld.* (10.2.2004 LAGE § 1 KSchG Betriebsbedingte Kündigung Nr. 68) angenommen, dass die unternehmerische Entscheidung des Arbeitgebers, Kundenaufträge (im Baubereich) **verstärkt unter Einsatz von Subunternehmern** durchzuführen, dann kein dringendes betriebliches Bedürfnis zur Rechtfertigung von Kündigungen gegenüber den eigenen Arbeitnehmern darstellt, soweit die bisherigen Tätigkeiten bei unveränderten betrieblichen Organisationsstrukturen **nur von den billigeren Arbeitskräften** eines Subunternehmers durchgeführt werden sollen; Gleiches gilt für die **Substituierung von Arbeitnehmern durch Leiharbeitnehmer** (*LAG Hamm* 24.7.2007 – 12 Sa 320/07, NZA-RR 2008, 239; s. a. *LAG Hamm* 23.3.2009 LAGE § 1 KSchG Betriebsbedingte Kündigung Nr. 84).

**2415** Eine **die Arbeitsgerichte bindende** Organisationsentscheidung ist also dann **nicht** mehr gegeben, wenn die bislang von den Arbeitnehmern des Betriebes ausgeführten Tätigkeiten nicht zur selbständigen Erledigung auf den Dritten übertragen werden; das ist z. B. der Fall bei einem Einsatz von sog. »Team-Dispatchern« statt der bisherigen Produktionsleiter. Es handelt sich dann um eine unzulässige sog. Austauschkündigung (*BAG* 16.12.2004 EzA § 1 KSchG Betriebsbedingte Kündigung Nr. 136), ebenso dann, wenn die **verlagerte Tätigkeit** anschließend von einem **neu eingestellten Arbeitnehmer** ausgeführt wird (*LAG Köln* 13.2.2008 – 3 Sa 1238/07, AuR 2008, 276 LS). Gleiches gilt generell, wenn die bislang von den Arbeitnehmern des Betriebs ausgeführten Tätigkeiten nicht zur selbstständigen Erledigung auf einen Dritten übertragen werden. Eine solche organisatorische Gestaltung führt noch nicht zum Wegfall der betrieblichen Arbeitsplätze; es liegt vielmehr auch dann eine unzulässige sog. Austauschkündigung vor (*BAG* 2.6.2005 EzA § 1 KSchG Soziale Auswahl Nr. 61).

**2416** Bietet der Arbeitgeber allen Arbeitnehmern zudem die **Weiterbeschäftigung** zu einer – im konkret entschiedenen Einzelfall 1/3 – **geringeren Vergütung** an und beschäftigt er nur diejenigen Arbeitnehmer weiter, die das Angebot angenommen haben, so umgeht er jedenfalls die ihm obliegende Verpflichtung zum Ausspruch einer Änderungskündigung nach § 2 KSchG, wenn er im Wege einer nachfolgenden unternehmerischen Entscheidung beschließt, einen Teil seiner Arbeiten fremd zu vergeben und den Arbeitnehmern eine Beendigungskündigung ausspricht, die das Angebot abgelehnt haben (*LAG Nds.* 17.4.2009 LAGE § 2 KSchG Nr. 63).

**2417** Zur Bedeutung des § 613a BGB in diesem Zusammenhang s. Kap. 3 Rdn. 4147 ff.

### c) Umgestaltung des Arbeitsablaufs

**2418** Gestaltet der Arbeitgeber den Arbeitsablauf um und verlagert bestimmte Arbeiten in eine andere Betriebsabteilung, so rechtfertigt dies allein nach § 1 Abs. 2 KSchG noch keine betriebsbedingte Kündigung der bisher mit diesen Arbeiten beschäftigten Arbeitnehmer.

Sind nach wie vor im Wesentlichen die gleichen Aufgaben zu verrichten und die derzeitigen Ar- 2419
beitsplatzinhaber zur Erledigung dieser Arbeiten persönlich und fachlich geeignet, so ist eine betriebsbedingte Kündigung selbst dann nicht sozial gerechtfertigt, wenn es sich bei den neu eingerichteten Arbeitsplätzen in der anderen Betriebsabteilung um Beförderungsstellen handelt (*BAG* 10.11.1994 EzA § 1 KSchG Betriebsbedingte Kündigung Nr. 77; s. Rdn. 2574 ff.).

### d) Reorganisation

Eine unternehmerische Entscheidung zur Reorganisation kann auch ein **Gesamtkonzept** beinhalten, 2420
**das sowohl die Umgestaltung aller bisherigen Arbeitsplätze als auch die Reduzierung des bisherigen Arbeitsvolumens zum Gegenstand hat.** Die dadurch notwenig werdenden Änderungs- und Beendigungskündigungen können durch dringende betriebliche Erfordernisse i. S. d. § 1 Abs. 2 KSchG bedingt sein (*BAG* 22.9.2005 EzA § 1 KSchG Betriebsbedingte Kündigung Nr. 142).

## 4. Dringlichkeit der betrieblichen Erfordernisse

Diese betrieblichen Erfordernisse müssen dringend sein und eine Kündigung im Interesse des Betrie- 2421
bes **unvermeidbar** machen (*LAG RhPf* 10.5.1988 NZA 1989, 273).

### a) Begriffsbestimmung

Das Merkmal der Dringlichkeit wird dadurch charakterisiert, dass eine Weiterbeschäftigung der 2422
nunmehr überzähligen Arbeitnehmer nicht, insbes. nicht unter bestimmten organisatorischen Voraussetzungen möglich ist. Die Kündigung muss in Anbetracht der betrieblichen Situation unvermeidbar sein. Der Betrieb muss sich in einer Zwangslage befinden, die nur durch eine Kündigung, nicht aber durch andere Maßnahmen beseitigt werden kann (APS/*Kiel* § 1 KSchG Rn. 561 ff.).

### b) Auftrags-, Umsatzrückgang

Ein Auftrags- oder Umsatzrückgang kann eine betriebsbedingte Kündigung (nur) dann rechtfer- 2423
tigen, **wenn dadurch ohne Hinzutreten weiterer Umstände auch der Arbeitsanfall so zurückgeht, dass das Bedürfnis zur Weiterbeschäftigung für einen oder mehrere Arbeitnehmer entfällt** (*BAG* 15.6.1989 BB 1989, 2190). Insoweit genügt es nicht, den Wegfall eines Arbeitsplatzes nur zu behaupten. Der entsprechende Rückgang der Beschäftigungsmöglichkeit muss anhand überprüfbarer Daten nachvollziehbar objektiviert werden (APS/*Kiel* § 1 KSchG Rn. 484 ff.). **Kurzfristige Auftragslücken** sind jedenfalls **nicht geeignet**, eine betriebsbedingte Kündigung sozial zu rechtfertigen (*LAG Köln* 10.12.1998 NZA 1999, 991 LS). Für die betriebsbedingte Kündigung eines Lkw-Fahrers reicht es auch nicht aus, wenn sich der Arbeitgeber darauf beruft, es seien durch die Transporttätigkeit Dauerverluste entstanden. Denn erforderlich ist der Wegfall des Beschäftigungsbedarfs; daran fehlt es, wenn der vom Arbeitnehmer gefahrene Lkw weiter im Betrieb genutzt wird (*LAG Köln* 12.1.2009 LAGE § 9 KSchG Nr. 41).

Insoweit gelten im Rahmen einer Arbeitnehmerüberlassung folgende Grundsätze (*BAG* 2424
18.5.2006 EzA § 1 KSchG Betriebsbedingte Kündigung Nr. 146; vgl. dazu *Dahl* DB 2006, 2519 ff.; *Brose* DB 2008, 1378 ff.):
– Ein zu einer betriebsbedingten Kündigung führender Überhang an Arbeitskräften kann entstehen, wenn der Einsatz des Leiharbeitnehmers beim Entleiher endet, ohne dass er wieder bei anderen Entleihern oder im Betrieb des Verleihers sofort oder auf absehbare Zeit eingesetzt werden kann;
– Zur Darlegung des dringenden betrieblichen Erfordernisses reicht der bloße Hinweis auf einen auslaufenden Auftrag und einen fehlenden Anschlussauftrag allerdings regelmäßig nicht aus. Der Verleiher muss vielmehr an Hand der Auftrags- und Personalplanung darstellen, warum es sich um einen dauerhaften Auftragsrückgang und nicht nur um eine kurzfristige Auftragsschwankung handelt;

– das Vorliegen von möglicherweise nur kurzfristigen Auftragsschwankungen muss auszuschließen sein. Denn sie gehören zum typischen Wirtschaftsrisiko eines Arbeitnehmerüberlassungsunternehmens und sind nicht geeignet, eine betriebsbedingte Kündigung zu rechtfertigen

**2425** Entschließt sich der Arbeitgeber andererseits wegen eines **Umsatzrückgangs** zu **Personalreduzierungen** und spricht er deshalb betriebsbedingte Kündigungen aus, so ist **nicht stets die Darlegung der konkreten, von den Arbeitnehmern zu erledigenden Arbeitsvorgänge und der dafür benötigten Einsatzzeiten einerseits** sowie der vorgehaltenen **Anzahl von Arbeitsstunden andererseits** erforderlich. Soweit der Arbeitgeber dann, wenn seine unternehmerische Entscheidung nahe an den Kündigungsentschluss heranrückt, seine Entscheidung **hinsichtlich der organisatorischen Durchführbarkeit und Nachhaltigkeit (»Dauer«) verdeutlichen muss, ist diese Vortragslast kein Selbstzweck. Sie soll nur einen Missbrauch des Kündigungsrechts ausschließen** (*BAG* 18.10.2006 EzA § 1 KSchG Betriebsbedingte Kündigung Nr. 151; *Löwisch/Buschbaum* BB 2010, 1789 ff.).

**2425a** Kommt der Arbeitgeber bereits vor Ausspruch der Kündigung über einen **nennenswerten Zeitraum** (hier: neun Monate) mit **geringerem Personal** aus, ist eine Organisationsentscheidung, die in unmittelbarer Nähe zum Kündigungsentschluss gefallen ist, **nicht unsachlich** (*LAG MV* 3.2.2011 NZA-RR 2011, 461).

### c) Unmöglichkeit anderweitiger Beschäftigung

**2426** Auch wenn durch außer- oder innerbetriebliche Gründe die bisherige Einsatzmöglichkeit eines Arbeitnehmers wegfällt, ist eine Kündigung nur dann durch dringende betriebliche Erfordernisse bedingt, wenn dem Arbeitgeber eine **andere Beschäftigung nicht möglich oder nicht zumutbar ist** (*BAG* 1.3.2007 EzA § 1 KSchG Betriebsbedingte Kündigung Nr. 153; 15.8.2002 EzA § 1 KSchG Betriebsbedingte Kündigung Nr. 123). Eine Weiterbeschäftigung muss sowohl dem Arbeitgeber als auch dem Arbeitnehmer objektiv möglich und zumutbar sein (Grundsatz der Verhältnismäßigkeit; *BAG* 25.4.2002 EzA § 1 KSchG Betriebsbedingte Kündigung Nr. 121; 10.10.2002 EzA § 1 KSchG Betriebsbedingte Kündigung Nr. 122). Diese Voraussetzungen können auch dann erfüllt sein, wenn die Möglichkeit der Weiterbeschäftigung auf **demselben Arbeitsplatz** zu einer geringeren Vergütung besteht (*LAG Nds.* 17.4.2009 LAGE § 2 KSchG Nr. 63).

**2427** Die Möglichkeit einer anderweitigen Beschäftigung in demselben Betrieb setzt zunächst das **Vorhandensein eines »freien« Arbeitsplatzes** voraus. Als frei sind solche Arbeitsplätze anzusehen, die zum Zeitpunkt des Zugangs der Kündigung unbesetzt sind; dabei kann es sich um einen frei vergleichbaren (gleichwertigen) Arbeitsplatz oder um einen Arbeitsplatz zu geänderten (schlechteren) Arbeitsbedingungen handeln (*BAG* 1.3.2007 EzA § 1 KSchG Betriebsbedingte Kündigung Nr. 153). Sofern der Arbeitgeber bei Ausspruch der Kündigung mit hinreichender Sicherheit vorhersehen kann, dass ein Arbeitsplatz bis zum Ablauf der Kündigungsfrist z. B. auf Grund des Ausscheidens eines anderen Arbeitnehmers zur Verfügung stehen wird, ist ein derartiger Arbeitsplatz ebenfalls als »frei« anzusehen (*BAG* 25.4.2002 EzA § 1 KSchG Betriebsbedingte Kündigung Nr. 121; *LAG Hamm* 6.8.2007 NZA-RR 2008, 180; weitergehend *LAG Bln.* 24.1.2003 – 2 Sa 1854/02, EzA-SD 7/03, S. 14 LS: »während der Kündigungsfrist oder später«).

**2428** Ob allerdings vorübergehende Abwesenheiten von Arbeitnehmern aufgrund von Krankheit, Urlaub, Sonderurlaub oder Ähnliches dazu führen, dass der entsprechende Arbeitsplatz »frei« im hier maßgeblichen Sinne ist, hängt davon ab, wie der Arbeitsplatz besetzt werden soll. Ob und für wie lange der Arbeitsplatz besetzt werden soll, unterliegt der nur auf Missbrauch und Willkür überprüfbaren unternehmerischen Entscheidung des Arbeitgebers (*BAG* 1.3.2007 EzA § 1 KSchG Betriebsbedingte Kündigung Nr. 153; s. dazu *Feudner* DB 2007, 2034 ff.).

Entfällt die bislang vom Arbeitnehmer ausgeübte Tätigkeit aus betrieblichen Gründen, so muss der Arbeitgeber die Beschäftigung auf einem freien Arbeitsplatz **dann nicht anbieten**, wenn *bereits im Kündigungszeitpunkt* feststeht oder mit hinreichender Wahrscheinlichkeit absehbar ist, dass **auch dieser Arbeitsplatz** bei Ablauf der Kündigungsfrist oder alsbald danach **wegfallen** wird. Allein die **interne Unternehmerentscheidung** zur Anschaffung arbeitsplatzsparender Maschinen sowie die Aufnahme der Planung in einen der Konzernobergesellschaft vorgelegten Investitionsplan genügen allerdings für sich allein genommen **noch nicht als Beleg für** den prognostizierten **Wegfall der Beschäftigungsmöglichkeit**, wenn im Kündigungszeitpunkt die geplante Investition **weder genehmigt noch Konstruktion und Lieferung der Maschinen in Auftrag gegeben sind** (*LAG Hamm* 6.8.2007 NZA-RR 2008, 180).

▶ Beispiele: 2429
- Deckt der Arbeitgeber einen vorhandenen Vertretungsbedarf entsprechend einem von ihm darzulegenden unternehmerischen Konzept durch rechtlich zulässig gestaltete Arbeitsverträge mit Arbeitnehmern ab, denen er durch »Rahmenverträge« verbunden ist, so ist das durch den Vertretungsbedarf beschriebene Beschäftigungsvolumen nicht »frei« (*BAG* 1.3.2007 EzA § 1 KSchG Betriebsbedingte Kündigung Nr. 153).
- Bei der betriebsbedingten Kündigung eines vollzeitig beschäftigten Berufskraftfahrers ist der Arbeitgeber nicht gehalten, dem zur Kündigung vorgesehenen Arbeitnehmer als milderes Mittel die weitere Beschäftigung als Aushilfsfahrer anzubieten, sofern der Arbeitsplatz des Aushilfsfahrers nicht frei ist (*LAG München* 13.8.2002 LAGE § 1 KSchG Betriebsbedingte Kündigung Nr. 62a).
- Die Pflicht zu einem Angebot auf Weiterbeschäftigung besteht erst recht, wenn die Beschäftigungsmöglichkeit nicht auf einem anderen, sondern sogar auf dem bisher innegehabten Arbeitsplatz, wenn auch mit Modifikationen besteht (*BAG* 10.10.2002 EzA § 1 KSchG Betriebsbedingte Kündigung Nr. 122; s. a. *LAG Nds.* 17.4.2009 LAGE § 2 KSchG Nr. 63).

Dabei sind allerdings auch solche Arbeitsplätze in die Beurteilung einzubeziehen, bei denen im 2430 Zeitpunkt der Kündigung bereits feststeht, dass sie in absehbarer Zeit nach Ablauf der Kündigungsfrist frei werden, sofern die Überbrückung dieses Zeitraums dem Arbeitgeber zumutbar ist. Zumutbar ist jedenfalls ein Zeitraum, den ein anderer Stellenbewerber zur Einarbeitung benötigen würde (*BAG* 15.12.1994 EzA § 1 KSchG Betriebsbedingte Kündigung Nr. 75).

Der Arbeitgeber ist ferner im Rahmen des § 1 Abs. 2 S. 1 KSchG zu einer Weiterbeschäftigung des 2431 Arbeitnehmers auf einem anderen **freien vergleichbaren (gleichwertigen) Arbeitsplatz** oder auf einem **freien Arbeitsplatz zu geänderten (schlechteren) Bedingungen** verpflichtet (*BAG* 1.3.2007 EzA § 1 KSchG Betriebsbedingte Kündigung Nr. 153; *LAG Nds.* 17.4.2009 LAGE § 2 KSchG Nr. 63; s. Rdn. 2426).

Voraussetzung ist, dass im Zeitpunkt der Kündigung bereits ein entsprechender Beschäftigungs- 2432 bedarf absehbar ist. Die bloße Möglichkeit oder Wahrscheinlichkeit eines solchen künftigen Beschäftigungsbedarfs ist jedoch nicht ausreichend. Allein die Tatsache, dass der Arbeitgeber weiträumig die Zustimmung des Betriebsrats zum Einsatz von Leiharbeitnehmern einholt, genügt jedenfalls dann nicht für die Prognose einer künftigen Beschäftigungsmöglichkeit, wenn im Betrieb nicht auf Lager, sondern nur auf Grund kurzfristiger Zuweisung von Aufträgen innerhalb des Konzerns produziert wird (*LAG Hamm* 31.7.2003 LAG Report 2004, 178); anders ist es dagegen bei einem nicht nur vertretungsweise – **ständig** – von einem Leiharbeitnehmer besetzten **Arbeitsplatz. Dieser steht einem freien Arbeitsplatz gleich** (*LAG Hamm* 6.8.2007 NZA-RR 2008, 180; s. a. *LAG Hamm* 23.3.2009 LAGE § 1 KSchG Betriebsbedingte Kündigung Nr. 84). Beschäftigt folglich ein Arbeitgeber dauerhaft Leiharbeitnehmer, so hat er zur Vermeidung der Kündigung eines Stammarbeitnehmers **zunächst den Einsatz des Leiharbeitnehmers zu beenden**, soweit dieser auf einem für den Stammarbeitnehmer geeigneten Arbeitsplatz beschäftigt wird. Nichts anderes gilt, wenn der Leiharbeitnehmer zur Krankheitsvertretung beschäftigt wird, sofern der Vertretungsbedarf ständig und ununterbrochen gegeben ist und der Arbeitgeber dafür im Tätigkeitsbereich der zu kündigenden Stammarbeitskraft dauerhaft Personal beschäftigt (*LAG Bln-Bra.* 3.3.2009 LAGE § 1 KSchG Betriebsbedingte Kündigung Nr. 85; s. a. *Gaul/Ludwig* DB 2010, 2334 ff.).

**2433** Vergleichbar ist ein Arbeitsplatz, wenn der Arbeitgeber auf Grund seines Weisungsrechts den Arbeitnehmer ohne Änderung seines Arbeitsvertrages weiterbeschäftigen kann; maßgeblich ist die jeweilige inhaltliche Ausgestaltung des Arbeitsvertrages (*BAG* 29.3.1990 EzA § 1 KSchG Soziale Auswahl Nr. 29). Das gilt auch dann, wenn die **Begrenzung des Direktionsrechts lediglich darauf beruht, dass sich die Arbeitsbedingungen im Laufe der Zeit auf einen bestimmten Arbeitsplatz konkretisiert haben** (*LAG Hamm* 7.12.2000 LAGE § 1 KSchG Soziale Auswahl Nr. 35; a. A. APS/*Kiel* § 1 KSchG Rn. 680; vgl. auch *ArbG Köln* 21.6.1999 NZA-RR 2000, 190 zur Rechtslage bei gesundheitlichen Bedenken hinsichtlich der Übertragung des neuen Arbeitsplatzes). Nach Auffassung des *LAG Hamm* (31.7.2003 LAG Report 2004, 178) steht z. B. der **unterschiedliche Status von Angestellten und gewerblichen Arbeitnehmern** insoweit einer Austauschbarkeit auf Grund des Direktionsrechts bei der Sozialauswahl entgegen. Hat allerdings ein ausländischer Arbeitnehmer eine Beschäftigung in den sog. Neuen Bundesländern unter Hinweis auf seine **Sorge vor ausländerfeindlichen Übergriffen** stets ausdrücklich abgelehnt, so ist der Arbeitgeber bei Schließung seiner Berliner Niederlassung nicht gehalten, ihm eine Weiterbeschäftigung am Betriebssitz in Mecklenburg-Vorpommern anzubieten (*LAG Bln.* 24.1.2003 LAGE § 1 KSchG Betriebsbedingte Kündigung Nr. 65).

**2434** Eine sozialwidrige Kündigung liegt auch dann vor, wenn in dem für die Beurteilung der Wirksamkeit der Kündigung maßgeblichen Kündigungszeitpunkt – Zugang der Kündigung (*BAG* 1.2.2007 EzA § 1 KSchG Betriebsbedingte Kündigung Nr. 152) – zwar keine Weiterbeschäftigungsmöglichkeit für den Arbeitnehmer mehr besteht, dem Arbeitgeber aber die Berufung auf das Fehlen einer Weiterbeschäftigungsmöglichkeit aus dem Rechtsgedanken des § 162 Abs. 1, 2 BGB verwehrt ist, weil er diesen Zustand selbst treuwidrig herbeigeführt hat (*BAG* 6.12.2001 EzA § 1 KSchG Betriebsbedingte Kündigung Nr. 115; 25.4.2002 EzA § 1 KSchG Betriebsbedingte Kündigung Nr. 121; 1.2.2007 EzA § 1 KSchG Betriebsbedingte Kündigung Nr. 152). Besteht also z. B. in dem Zeitpunkt, in dem der Arbeitgeber mit dem Wegfall des bisherigen Beschäftigungsbedürfnisses rechnen muss, eine Weiterbeschäftigungsmöglichkeit zu gleichen oder zumutbaren geänderten Arbeitsbedingungen auf einem anderen Arbeitsplatz, so kann der Arbeitgeber diese nicht dadurch zunichte machen, dass er die freie Stelle zunächst besetzt und erst dann die Kündigung ausspricht. Der Arbeitgeber kann sich nicht auf den von ihm selbst – gewissermaßen uno actu mit der Kündigung – verursachten Wegfall der freien Stelle berufen (§ 162 BGB).

Das bedeutet, dass im Fall eines bevorstehenden Teilbetriebsübergangs der Arbeitgeber einem davon betroffenen Arbeitnehmer die Weiterbeschäftigung auf einem freien Arbeitsplatz anbieten muss, sobald er damit rechnen muss, der Arbeitnehmer werde dem Übergang seines Arbeitsverhältnisses widersprechen. Der Arbeitgeber muss mit dem Widerspruch jedenfalls von dem Zeitpunkt an rechnen, in dem er den Arbeitnehmer vom bevorstehenden Übergang unterrichtet. Unterlässt es der Arbeitgeber, dem Arbeitnehmer einen zu diesem Zeitpunkt freien Arbeitsplatz anzubieten, kann er sich nicht darauf berufen, dieser Arbeitsplatz sei bei Ausspruch der Kündigung besetzt gewesen (*BAG* 15.8.2002 EzA § 1 KSchG Betriebsbedingte Kündigung Nr. 123).

Ein solcher Fall treuwidriger Berufung auf eine selbst herbeigeführte rechtswidrige Lage kann auch dann gegeben sein, wenn der Arbeitgeber einen **Beschäftigungsüberhang dadurch herbeiführt, dass er die Stelle eines Arbeitnehmers neu besetzt, der aufgrund einer später rechtskräftig für unwirksam erklärten Kündigung vorübergehend aus dem Betrieb ausgeschieden ist** (*BAG* 1.2.2007 EzA § 1 KSchG Betriebsbedingte Kündigung Nr. 152).

### d) Überprüfungsbefugnis des Arbeitsgerichts

**2435** Wenn Umfang und Auswirkungen des Umsatzrückgangs streitig sind, hat das Gericht in vollem Umfang zu überprüfen, ob ein dauerhafter Umsatzrückgang vorliegt und in welchem Ausmaß er sich auf die Arbeitsmenge bestimmter Arbeitnehmer auswirkt (*BAG* 15.6.1989 EzA § 1 KSchG Betriebsbedingte Kündigung Nr. 63; s. aber jetzt *BAG* 18.10.2006 EzA § 1 KSchG betriebsbedingte Kündigung Nr. 151; *Löwisch/Buschbaum* BB 2010, 1789 ff.; s. Rdn. 2423).

## H. Die ordentliche betriebsbedingte Kündigung

Beruft sich der Arbeitnehmer gegenüber einer betriebsbedingten Kündigung auf eine anderweitige Beschäftigungsmöglichkeit und bestreitet der Arbeitgeber das Vorhandensein eines freien Arbeitsplatzes, so muss der Arbeitnehmer aufzeigen, wie er sich eine anderweitige Beschäftigung vorstellt (*BAG* 10.1.1994 EzA § 1 KSchG Betriebsbedingte Kündigung Nr. 74).

### e) Politisch motivierte Kündigungsabsichten des Arbeitgebers

2436 Die arbeitsmarkt-, beschäftigungs- oder sozialpolitisch motivierte Absicht des Arbeitgebers, anstelle von nebenberuflich tätigen Teilzeitarbeitnehmern Arbeitslose im Rahmen von Vollzeitarbeitsverhältnissen zu beschäftigen, stellt kein dringendes betriebliches Erfordernis i. S. d. § 1 Abs. 2 S. 1 KSchG dar (*BAG* 13.3.1987 EzA § 1 KSchG Betriebsbedingte Kündigung Nr. 44).

### f) Kosteneinsparung

2437 Fraglich ist, ob eine betriebsbedingte Kündigung allein mit dem Ziel der Kosteneinsparung begründet werden kann oder ob hinzukommen muss, dass der Unternehmer konkret organisatorische Maßnahmen trifft, die ihrerseits zum Wegfall von Beschäftigungsmöglichkeiten allgemein und zum Wegfall der Beschäftigungsmöglichkeit für den kündigungsbetroffenen Arbeitnehmer insbes. führen.

2438 Es muss stets eine **geschlossene Kausalkette von den unternehmerischen Zielvorgaben über bestimmte betriebliche Organisationsmaßnahmen bis hin zum konkreten Wegfall der Beschäftigungsmöglichkeit eines Arbeitnehmers** vorliegen und vom Arbeitgeber im Kündigungsschutzprozess nachgewiesen werden. **Denn regelmäßig bedarf es für die Beendigungskündigung einer unternehmerischen Entscheidung, die sich auf den Arbeitsbedarf auswirkt** (*BAG* 26.1.1995 EzA § 2 KSchG Nr. 22). Das gesetzliche Merkmal der Dringlichkeit erlangt in diesen Fällen besondere Bedeutung. Einerseits braucht der Arbeitgeber im Fall unrentabler Betriebsführung nicht so lange abzuwarten, bis der Zusammenbruch des Betriebes oder Unternehmens droht, andererseits reicht ein schlagwortartiger Verweis auf Rentabilitätsgesichtspunkte nicht aus.

2439 Der bloße Wille, rentabler zu arbeiten, rechtfertigt noch nicht die Kündigung, wenn die unternehmerischen Erwägungen nicht auf die konkreten Beschäftigungsmöglichkeiten durchschlagen. Weder das Streben nach Gewinnmaximierung, noch die Verhinderung weiteren Gewinnverfalls rechtfertigen für sich genommen die betriebsbedingte Kündigung (SPV/*Preis* Rn. 658; s. aber Rdn. 2451 ff.).

2440 Das *LAG Düsseld.* (18.11.1997 LAGE § 1 KSchG Betriebsbedingte Kündigung Nr. 46) verlangt deshalb für den Fall, dass der Arbeitgeber entscheidet, die einem installierten und unverändert fortbestehenden Produktionssektor bislang von vier Arbeitnehmern vollschichtig durchgeführten Arbeiten aus Kostengründen nur noch von zwei Arbeitnehmern wahrnehmen zu lassen, das **nachvollziehbare Aufzeigen eines** diese Maßnahmen tatsächlich ermöglichenden **Konzepts**. Dies kann in Form einer organisatorischen Änderung der Arbeitsabläufe, einer Produktionseinschränkung oder sonstiger tatsächlicher Rationalisierungsmaßnahmen geschehen (s. Rdn. 2451 ff.).

2441 Demgegenüber genügt es nach Auffassung des *LAG Köln* (12.5.1995 LAGE § 1 KSchG Betriebsbedingte Kündigung Nr. 32), wenn bei defizitärem Kostenergebnis unstreitig oder bewiesen ist, dass der gekündigte Arbeitnehmer nicht ersetzt werden sollte und auch nicht ersetzt worden ist, weil dann das Resultat eines Auftrags- oder Umsatzrückgangs feststeht. Weiterer Darlegungen des Arbeitgebers bedarf es dann nicht.

2442 Bietet der Arbeitgeber allen Arbeitnehmern die Weiterbeschäftigung zu einer – im konkret entschiedenen Einzelfall 1/3 – **geringeren Vergütung** an und beschäftigt er nur diejenigen Arbeitnehmer weiter, die das Angebot angenommen haben, so umgeht er jedenfalls die ihm obliegende Verpflichtung zum Ausspruch einer Änderungskündigung nach § 2 KSchG, wenn er im Wege einer nachfolgenden unternehmerischen Entscheidung beschließt, einen Teil seiner Arbeiten fremd zu vergeben und den Arbeitnehmern eine Beendigungskündigung ausspricht, die das Angebot abgelehnt haben (*LAG Nds.* 17.4.2009 LAGE § 2 KSchG Nr. 63).

### g) Unmittelbare Auswirkungen außerbetrieblicher Umstände auf den Arbeitsanfall

**2443** Wirkt sich allerdings ein außerbetrieblicher Umstand, wie etwa ein Rückgang der Auftragsmenge unmittelbar auf die aktuell verfügbare Arbeitsmenge (z. B. im Bereich der Verpackungstätigkeit) aus, und entschließt sich der Arbeitgeber, den Personalbestand dem reduzierten Beschäftigungsbedarf anzupassen, ist eine den betrieblichen Bereich gestaltende Unternehmerentscheidung (vgl. dazu *Gilberg* NZA 2003, 817 ff.) nicht gegeben.

**2444** Insoweit ist ein unmittelbarer Rückschluss von der reduzierten Auftragsmenge auf die kündigungsrelevante Änderung der Beschäftigungsmöglichkeiten zulässig. Der Arbeitgeber hat dann das Vorliegen eines dauerhaften Auftragsrückganges und dessen Auswirkungen auf die Arbeitsmenge bestimmter Arbeitnehmer, also die Proportionalität der hierauf gestützten Entlassung nachzuweisen (*BAG* 15.6.1989 EzA § 1 KSchG Betriebsbedingte Kündigung Nr. 63).

**2445** In Betracht kommt z. B. der Wegfall einer Planstelle durch Einstellung der Drittmittelfinanzierung (*LAG Köln* 7.4.1995 LAGE § 1 KSchG Betriebsbedingte Kündigung Nr. 33). Das *LAG Köln* (20.5.1997 LAGE § 1 KSchG Betriebsbedingte Kündigung Nr. 45) stellt im Übrigen in diesem Zusammenhang auf einen **Größenvergleich zwischen der gegebenen Arbeitskapazität und dem Volumen des Auftragsbestandes** ab; es ist eine Relation zwischen der Auftragsmenge und der zur Verfügung stehenden Arbeitszeit herzustellen. Allein der **Rückgang der Schülerzahl und die fehlende Einrichtung einiger Schulklassen** für das neue Schuljahr rechtfertigen nicht den Schluss, das Beschäftigungsbedürfnis sei für eine Lehrkraft mit einem bestimmten Unterrichtsfach entfallen, Maßgeblich kann nur sein, wie viele Stunden im neuen Schuljahr in dem betreffenden Unterrichtsfach in den verbleibenden Klassen zu unterrichten sind und wie viele Lehrkräfte für diesen Unterricht benötigt werden. Bei der Berechnung der Gesamtarbeitszeit sind neben den Unterrichtsstunden auch Vor- und Nachbereitungsstunden sowie ggf. auch Vertretungsstunden zu berücksichtigen (*LAG Köln* 12.12.2006 NZA-RR 2007, 362). Allerdings ist zu berücksichtigen, dass der Arbeitgeber sich auch dazu entschließen kann, z. B. Unterrichtsausfall in Kauf zu nehmen.

**2445a** Zu beachten ist, dass eine auf **Konzernebene** getroffene Organisationsentscheidung, die den Wegfall eines Arbeitsplatzes in einem Konzernunternehmen zur Folge hat, nicht als außerbetrieblicher betriebsbedingte Kündigungsgrund insoweit zu bewerten ist. Vielmehr handelt es sich um **innerbetriebliche Umstände**, sodass die getroffene Organisationsentscheidung vom Arbeitgeber im Einzelnen darzulegen ist (*LAG Nds.* 25.1.2011 LAGE § 1 KSchG Betriebsbedingte Kündigung Nr. 90).

### h) Überprüfung der organisatorischen Maßnahmen des Arbeitgebers
#### aa) Organisatorische Maßnahmen

**2446** Die organisatorischen Maßnahmen, die der Arbeitgeber trifft, um seinen Betrieb dem Umsatzrückgang oder der verschlechterten Ertragslage anzupassen (wozu weder der Ausspruch der Kündigung selbst [*BAG* 20.2.1986 EzA § 1 KSchG Betriebsbedingte Kündigung Nr. 37] noch der Entschluss zur Senkung von Lohnkosten [*BAG* 20.2.1986 EzA § 1 KSchG Betriebsbedingte Kündigung Nr. 37] gehören), sind vom Arbeitsgericht **nicht auf ihre Notwendigkeit und Zweckmäßigkeit, sondern nur daraufhin zu überprüfen, ob sie offenbar unsachlich, unvernünftig oder willkürlich sind** (*BAG* 30.4.1987 EzA § 1 KSchG Betriebsbedingte Kündigung Nr. 47; 13.3.2008 EzA § 1 KSchG Betriebsbedingte Kündigung Nr. 159; *LAG BW* 12.8.2004 – 22 Sa 99/03, EzA-SD 1/05, S. 7 LS; *LAG Bln.-Bra.* 1.3.2007 – 2 Sa 18/07, EzA-SD 19/2007 S. 5; *Schrader/Schubert* NZA-RR 2004, 393 ff.; *Kaiser* NZA 2005, Beil. 1/2005 zu Heft 10, S. 31 ff.). Für eine beschlossene und **tatsächlich durchgeführte unternehmerische Organisationsentscheidung** spricht die **Vermutung, dass sie aus sachlichen Gründen erfolgt ist** und **nicht auf Rechtsmissbrauch beruht** (*BAG* 23.4.2008 EzA § 1 KSchG Betriebsbedingte Kündigung Nr. 160; 27.1.2011 – 2 AZR 9/10, EzA-SD 13/2011 S. 8 LS). Das gilt z. B. für die Entscheidung des Arbeitgebers, die Arbeitnehmer aus Kostengründen jeweils nur in einem Reinigungsobjekt einzusetzen (*LAG Köln* 16.1.2003 LAGE § 1 KSchG Soziale Auswahl Nr. 42). Auch dann, wenn die Organisationsentscheidung des Arbeitgebers in der **Verkleinerung eines Kulturorchesters** besteht, ist sie nicht bereits deshalb unsachlich oder missbräuchlich, weil sie künstlerische Ansprüche nur in geringem Umfang erfüllt (*BAG* 27.1.2011 – 2 AZR 9/10, EzA-SD 13/2011 S. 8 LS).

Die Ausnahmen, bei denen die innerbetrieblichen Maßnahmen nicht bindend sind, ergeben sich aus dem allgemeinen Verbot des Rechtsmissbrauchs (*BAG* 23.4.2008 EzA § 1 KSchG Betriebsbedingte Kündigung Nr. 160). **2447**

So erfüllen offensichtlich unsachliche oder willkürliche Rationalisierungsmaßnahmen den Tatbestand der unzulässigen Rechtsausübung des betrieblichen Gestaltungsrechts durch den Arbeitgeber. Es ist **missbräuchlich** in diesem Sinne, einen Arbeitnehmer durch die **Bildung separater betrieblicher Organisationsstrukturen** bei unverändertem Beschäftigungsbedarf **aus dem Betrieb zu drängen**, indem die tatsächlichen Arbeitsabläufe und die hierarchischen Weisungswege als solche unangetastet gelassen und nur, gewissermaßen pro forma, in allein zu diesem Zweck erdachte rechtliche Gefüge eingepasst werden (*BAG* 23.4.2008 EzA § 1 KSchG Betriebsbedingte Kündigung Nr. 160 = NZA 2008, 939). **2448**

Eine bei der Prüfung einer betriebsbedingten Kündigung anzunehmende »Missbräuchlichkeit« einer Unternehmerentscheidung kann auch dann vorliegen, wenn sich aus einer Mehrzahl von ineinander greifenden unternehmerischen Einzelentscheidungen, die für sich genommen alle dem Spektrum von möglichen Reorganisationsentscheidungen zuzuordnen sind, ergibt, dass **Ziel der Gesamtheit dieser Maßnahmen** es alleine ist, eine **bestimmte Stelle zum Wegfall zu bringen** und den Stelleninhaber betriebsbedingt zu kündigen, ohne dass dem ein irgendwie gearteter »betriebswirtschaftlicher Erfolg« zur Seite stehen würde (*LAG Bln.-Bra.* 25.11.2010 LAGE § 1 KSchG Betriebsbedingte Kündigung Nr. 89). **2448a**

Auch die unternehmerische Entscheidung, einen **leidensgerechten Arbeitsplatz in Wegfall** zu bringen, erweist sich dann als unsachlich bzw. willkürlich, wenn der Arbeitgeber gem. § 81 Abs. 4 SGB IX gleich wieder verpflichtet wäre, einen solchen zu schaffen (*LAG Bln-Bra.* 30.3.2010 LAGE § 81 SGB IX Nr. 8). **2449**

Rechtsmissbrauch ist jedoch nicht schon dann anzunehmen, wenn eine Maßnahme offensichtlich unzweckmäßig ist (*BAG* 30.4.1987 EzA § 1 KSchG Betriebsbedingte Kündigung Nr. 47). **2450**

> Entschließt sich z. B. der Arbeitgeber, der »gruppendynamische Trainingsprogramme zur zielorientierten Gewichtsabnahme« veranstaltet, sein Programm auf der Basis von sog. Partnerverträgen statt wie bisher durch Arbeitnehmer, nunmehr durch selbstständig tätig werdende Mitarbeiter auf dem Markt anzubieten, so handelt es sich um eine zum Wegfall der Arbeitsplätze führende unternehmerische Entscheidung, die vom ArbG grds. hinzunehmen ist (*BAG* 9.5.1996 EzA § 1 KSchG Betriebsbedingte Kündigung Nr. 85; s. a. Rdn. 2714; abl. *Preis* NZA 1997, 1079). **Nichts anderes** gilt dann, wenn der Arbeitgeber sich entschließt, bisher von Arbeitnehmern ausgeübte Tätigkeiten in Zukunft nicht mehr durch Arbeitnehmer, sondern durch **selbständige Unternehmer** ausführen zu lassen. In diesem Umfang **entfällt dann das Beschäftigungsbedürfnis für Arbeitnehmer**; ein betriebsbedingter Kündigungsgrund liegt vor. Es ist von der Unternehmerfreiheit gedeckt und nicht missbräuchlich, wenn ein Arbeitgeber einen derartigen Entschluss fasst. Denn das Gesetz **zwingt den Marktteilnehmer nicht**, den **Bedarf an Leistungen** ausschließlich durch **Arbeitsverträge** zu decken. Er kann vielmehr auf jeden rechtlich zulässigen Vertragstyp zurückgreifen, muss dann aber auch die jeweiligen – auch nachteiligen – rechtlichen Folgen in Kauf nehmen. So verzichtet er, wenn er keine Arbeitsverträge abschließt, auf das Direktionsrecht. Der Unternehmer begibt sich in Umsetzung seiner unternehmerischen Entscheidung seines gerade durch das persönliche Weisungsrecht geprägten Einflusses auf seine vormaligen Arbeitnehmer. Voraussetzung ist dabei stets, dass es sich bei den neu eingegangenen Vertragsverhältnissen tatsächlich und nicht nur zum Schein um solche einer freien Mitarbeit handelt (*BAG* 13.3.2008 EzA § 1 KSchG Betriebsbedingte Kündigung Nr. 159). **2451**
>
> Macht eine **Gemeinde** von der Möglichkeit Gebrauch, das **Amt der Gleichstellungsbeauftragten** in Zukunft einer **ehrenamtlichen Kraft zu übertragen**, so besteht für die Kündigung des Arbeits-

verhältnisses mit der bisher hauptberuflich im Arbeitsverhältnis beschäftigten Gleichstellungsbeauftragten ein dringendes betriebliches Erfordernis. Denn der Arbeitgeber darf unter den rechtlich zulässigen Gestaltungsmöglichkeiten die ihm am zweckmäßigsten erscheinende auswählen; eine Grenze dieser Befugnis stellt allerdings der Missbrauch dieses Rechts dar, wofür im konkret entschiedenen Einzelfall (*BAG* 18.9.2008 EzA § 1 KSchG Betriebsbedingte Kündigung Nr. 162) keine Anhaltspunkte gegeben waren.

Läuft die unternehmerische Entscheidung dagegen letztlich nur auf den **Abbau einer Hierarchieebene** hinaus, so sind **gesteigerte Anforderungen an die Darlegungslast** zu stellen (*BAG* 13.2.2008 EzA § 1 KSchG Betriebsbedingte Kündigung Nr. 158). Ist die unternehmerische Entscheidung verbunden mit einer **Neuverteilung der dem betroffenen Arbeitnehmer bisher zugewiesenen Aufgaben**, bedarf es der Konkretisierung dieser Entscheidung, damit geprüft werden kann, ob der Arbeitsplatz des betroffenen Arbeitnehmers tatsächlich weggefallen ist und die Entscheidung nicht offensichtlich unsachlich oder willkürlich ist (*BAG* 13.2.2008 EzA § 1 KSchG Betriebsbedingte Kündigung Nr. 158; 10.10.2002 EzA § 1 KSchG Betriebsbedingte Kündigung Nr. 122). Der Arbeitgeber muss insbes. **konkret darlegen, in welchem Umfang und aufgrund welcher Maßnahmen die bisher von dem Arbeitnehmer ausgeübten Tätigkeiten zukünftig im Vergleich zum bisherigen Zustand entfallen**. Er muss aufgrund seiner unternehmerischen Vorgaben und deren Auswirkungen die zukünftige Entwicklung der Arbeitsmenge anhand einer näher konkretisierten, schlüssigen Prognose darstellen und angeben, wie die anfallenden Arbeiten vom verbliebenen Personal ohne überobligatorische Leistungen erbracht werden können (*BAG* 13.2.2008 EzA § 1 KSchG Betriebsbedingte Kündigung Nr. 158; 16.12.2010 EzA § 1 KSchG Betriebsbedingte Kündigung Nr. 165).

Eine **unternehmerische Organisationsentscheidung**, wonach die bisher von einem Arbeitnehmer ausgeübte, aus sieben Arbeitsvorgängen bestehende Tätigkeit auf 15 andere Arbeitnehmer mit Zeitanteilen von i. d. R. 8 Minuten verteilt werden soll, **nicht nachvollziehbar** und von daher selbst unter Anwendung des nur eingeschränkten gerichtlichen Überprüfungsmaßstabes unwirksam (*LAG Köln* 2.2.2005 – 3 Sa 1045/04, EzA-SD 12/05, S. 15 LS).

**Auch die Zusammenführung von zwei bisher voll ausgelasteten Arbeitsplätzen zu einem verbleibenden Arbeitsplatz bedarf einer besonderen substantiierten Begründung**, die den 50 %igen Wegfall des bisherigen Arbeitsplatzes nachvollziehbar erläutert (*LAG Köln* 10.12.2008 – 3 Sa 781/08, AuR 2009, 184 LS).

Zwar unterliegt die Organisationsentscheidung des Arbeitgebers zur Umstrukturierung des gesamten oder von Teilen des Betriebs oder einzelner Arbeitsplätze grds. nur einer Missbrauchskontrolle. Ändert der Arbeitgeber aber durch eine unternehmerische Entscheidung das Anforderungsprofil für Arbeitsplätze, die bereits mit langjährig beschäftigten Arbeitnehmern besetzt sind, hat er hinsichtlich einer zusätzlich geforderten Qualifikation für die nunmehr auszuführenden Tätigkeiten darzulegen, dass es sich nicht nur um »wünschenswerte Voraussetzungen«, sondern um nachvollziehbare, arbeitsplatzbezogene Kriterien für eine Stellenprofilierung handelt. Ungeeignet ist insoweit die Festlegung rein persönlicher Merkmale ohne hinreichenden Bezug zur Arbeitsaufgabe oder solcher Merkmale, die an das Verhalten oder die Leistung des Arbeitnehmers anknüpfen.

Beruft sich der Arbeitgeber zur Rechtfertigung einer betriebsbedingten Kündigung auf eine Neubestimmung des Anforderungsprofils, muss er darlegen, dass für die Änderung ein betrieblicher Anlass besteht. Die Stellenprofilierung muss dann im Zusammenhang mit einer organisatorischen Maßnahme stehen, die nach ihrer Durchführung angesichts eines veränderten Beschäftigungsbedarfs auch die Anforderungen an den Inhaber des Arbeitsplatzes erfasst (*BAG* 10.7.2008 EzA § 1 KSchG Betriebsbedingte Kündigung Nr. 163).

**2452** Das *LAG Köln* 28.6.1996 LAGE § 1 KSchG Betriebsbedingte Kündigung Nr. 40) geht davon aus, dass der Entschluss des Arbeitgebers (Musikschule), **seine sämtlichen Arbeitnehmer** (Musikschul-

## H. Die ordentliche betriebsbedingte Kündigung Kapitel 4

lehrer) **zu entlassen**, um seine bisherigen betrieblichen Aktivitäten künftig und auf Dauer nur noch – in arbeitsrechtlich zulässiger Weise – mit **freien Mitarbeitern** fortzusetzen, eine gerichtlich nur eingeschränkt überprüfbare Unternehmerentscheidung darstellt, die rechtlich dem Entschluss zur Betriebsstilllegung – auch i. S. v. § 15 Abs. 4 KSchG – gleichkommt.

Andererseits hat das *BAG* (26.9.1996 EzA § 1 KSchG Betriebsbedingte Kündigung Nr. 86; **2453** 16.12.2004 NZA 2005, 761; 2.6.2005 EzA § 1 KSchG Soziale Auswahl Nr. 61; vgl. auch *BAG* 7.7.2005 EzA § 1 KSchG Betriebsbedingte Kündigung Nr. 138; 7.7.2005 EzA § 1 KSchG Betriebsbedingte Kündigung Nr. 139; instr. *LAG Hmb.* 17.8.2006 NZA-RR 2007, 630; *LAG Köln* 13.2.2008 – 3 Sa 1238/07, AuR 2008, 276 LS; vgl. dazu insgesamt *Bröhl* BB 2006, 1050 ff.; ebenso für eine Betriebsteilstilllegung *LAG SchlH* 28.5.2002 – 5 Sa 175c/01, EzA-SD 20/02, S. 16 LS) angenommen, dass der Entschluss, die formale Arbeitgeberstellung aufzugeben, keine die Kündigung bedingende Unternehmerentscheidung ist, wenn der Unternehmer gegenüber den Beschäftigten in wesentlichen weiterhin selbst die für die Durchführung der Arbeit erforderlichen Weisungen erteilt. In einem solchen Fall entfällt nicht die Beschäftigungsmöglichkeit im Betrieb, vielmehr sollen nur die eigenen Beschäftigten durch ausgeliehene Arbeitnehmer ersetzt werden. Eine Kündigung aus diesem Grund ist als »Austauschkündigung« gem. § 1 Abs. 1 und 2 KSchG sozial ungerechtfertigt und deshalb unwirksam (s. *Mauer/Holthausen* NZA 2003, 1370 ff.).

Die Absicht des Arbeitgebers, die Lohnkosten zu senken und sich durch eine Beschäftigung von Arbeitnehmern nach ausländischem Recht von den Bindungen des deutschen Arbeits- und Sozialrechts zu lösen, rechtfertigt danach jedenfalls keine Beendigungskündigung.

Auch die Entscheidung des Unternehmers, einen Betriebsteil durch eine noch zu gründende, finanziell, wirtschaftlich und organisatorisch in sein Unternehmen voll eingegliederte Organgesellschaft mit von dieser neu einzustellenden Arbeitnehmern weiter betreiben zu lassen, stellt kein dringendes betriebliches Erfordernis i. S. v. § 1 Abs. 2 KSchG dar, den in diesem Betriebsteil bisher beschäftigten Arbeitnehmern zu kündigen (*BAG* 26.9.2002 EzA § 1 KSchG Betriebsbedingte Kündigung Nr. 124; *LAG Bln.-Bra.* 1.3.2007 – 2 Sa 18/07, EzA-SD 19/2007 S. 4; krit. *Annuß* NZA 2003, 783 ff.; *Schrader/Schubert* NZA-RR 2004, 393 ff.).

Das lässt sich **wie folgt zusammenfassen** (zutr. *BAG* 7.7.2005 EzA KSchG § 1 Betriebsbedingte Kündigung Nr. 138; 16.12.2010 EzA KSchG § 1 Betriebsbedingte Kündigung Nr. 165; *LAG Hamm* 15.4.2011 LAGE § 1 KSchG Betriebsbedingte Kündigung Nr. 92; vgl. auch *BAG* 16.12.2004 NZA 2005, 761; 2.6.2005 EzA § 1 KSchG Soziale Auswahl Nr. 61):

– Der Grundsatz, wonach der Arbeitgeber das Anforderungsprofil seines Arbeitsplatzes autonom festlegen kann (a. A. unzutr. *LAG Köln* 25.5.2005 – 3 Sa 1435/04, EzA-SD 26/05, S. 12 LS) gilt nur für freie Arbeitsplätze, und wird durch den **Grundsatz der Unwirksamkeit einer Austauschkündigung überlagert** und eingeschränkt.

– Sind die **Organisationsentscheidung** des Arbeitgebers und sein **Kündigungsentschluss** ohne nähere Konkretisierung **praktisch deckungsgleich**, greift die ansonsten berechtigte Vermutung, die Entscheidung sei aus sachlichen Gründen erfolgt, **nicht unbesehen** ein. In diesem Fall muss der Arbeitgeber vielmehr **konkrete Angaben** dazu machen, wie sich die Organisationsentscheidung auf die Einsatzmöglichkeiten für den Arbeitnehmer auswirkt und in welchem Umfang ein konkreter Änderungsbedarf besteht. Läuft die unternehmerische Entscheidung letztlich **nur auf den Abbau einer Hierarchieebene hinaus, verbunden** mit einer **Umverteilung** der dem betroffenen Arbeitnehmer bisher zugewiesenen Aufgaben, bedarf es dementsprechend näherer Darlegungen, damit geprüft werden kann, ob der Beschäftigungsbedarf für den betroffenen Arbeitnehmer **tatsächlich entfallen** und die Entscheidung weder offensichtlich unsachlich noch willkürlich ist. Der Arbeitgeber muss konkret erläutern, in welchem Umfang und aufgrund welcher Maßnahmen die bisher von dem betroffenen Arbeitnehmer ausgeübten Tätigkeiten **für diesen zukünftig entfallen**. Er muss die Auswirkungen seiner unternehmerischen Vorgaben auf die zukünftige Arbeitsmenge anhand einer schlüssigen Prognose konkret darstellen und angeben, wie die anfallenden Arbeiten **vom verbliebenen Personal** ohne überobligationsmäßige Leistungen erledigt werden können (*BAG* 10.10.2002 EzA § 1 KSchG Betriebsbedingte Kündigung Nr. 122; 13.2.2008 EzA § 1 KSchG Betriebsbedingte Kündigung Nr. 158; 16.12.2010 EzA KSchG § 1 Betriebsbedingte Kündigung Nr. 165; s. a. *LAG Düsseld.* 2.12.2010 – 11 Sa 649/10, AuR 2011, 179 LS). Erhöhte Anforderungen an die Darlegungslast des Arbeitgebers sind auch insbes. dann zu stellen, wenn der Arbeitgeber durch eine unternehmerische Entscheidung das **Anforderungsprofil für Arbeitsplätze ändert**, die bereits mit langjährig beschäftigten Arbeitnehmern besetzt sind.

Diesen Anforderungen **genügt** der Arbeitgeber **nicht** mit dem Hinweis, die **Stellenprofilierung** führe zur Vermeidung von in der Vergangenheit aufgetretenen Reibungs- und Qualitätsverlusten, weil er damit nicht im erforderlichen Umfang darlegt, warum es gerade einer einschlägigen Ausbildung bedarf, um in der Lage zu sein, die angestrebte unmittelbare Bearbeitung der Kundenanliegen zu erreichen (*LAG Hamm* 15.4.2011 LAGE § 1 KSchG Betriebsbedingte Kündigung Nr. 92).

Weitergehend hatte das *LAG BW* (26.3.2004 LAG Report 2004, 368. als Vorinstanz von *BAG* 7.7.2005 EzA § 1 KSchG Betriebsbedingte Kündigung Nr. 138) Folgendes angenommen:
– Beruht eine unternehmerische Entscheidung alleine darauf, dass der Arbeitgeber den **Arbeitsablauf umgestaltet**, ohne dass die bisher verrichtete Arbeit wegfällt, so ist dies – für sich genommen – **kein betriebliches Erfordernis** dafür, dem Arbeitnehmer zu kündigen.
– Aus dem Grundsatz der **Verhältnismäßigkeit** folgt, dass der Arbeitgeber im Hinblick auf eine Änderung des Qualifikationsprofils eines Arbeitnehmers grds. erst dann eine Beendigungskündigung aussprechen darf, wenn damit auch eine konkrete Änderung des Arbeitsablaufs bzw. des Tätigkeitsbereichs einhergeht und auch nach zumutbaren Umschulungs- und Fortbildungsmaßnahmen eine Fortsetzung des Arbeitsverhältnisses – eventuell auch zu geänderten Arbeitsbedingungen – definitiv nicht in Betracht kommt.

Ist also – zusammengefasst – die **Arbeitskapazität nach wie vor vorhanden**, liegt ein dringendes betriebliches Erfordernis zur Kündigung nur dann vor, wenn der Arbeitnehmer nach seinen Fähigkeiten und seiner Vorbildung **nicht geeignet** ist, den **Anforderungen des umgestalteten Arbeitsplatzes zu entsprechen**. Dabei unterliegt es grds. der freien unternehmerischen Entscheidung, das Anforderungsprofil für einen neu eingerichteten oder veränderten Arbeitsplatz festzulegen. Die Tatsache eines zukünftigen Zwei-Schicht- statt eines bisherigen Ein-Schichtbetriebs steht folglich einer **Weiterbeschäftigung** des Arbeitnehmers grds. **nicht entgegen** (*BAG* 16.12.2004 NZA 2005, 761). Gleiches gilt dann, wenn die bislang von den Arbeitnehmern des Betriebs ausgeführten Tätigkeiten nicht zur selbstständigen Erledigung auf einen Dritten übertragen werden. Eine solche organisatorische Gestaltung führt noch nicht zum Wegfall der betrieblichen Arbeitsplätze; es liegt vielmehr eine **unzulässige sog. Austauschkündigung** vor (*BAG* 2.6.2005 EzA § 1 KSchG Soziale Auswahl Nr. 61).

Auch die unternehmerische Entscheidung eines Unternehmens im Pflegebereich, die **Aufgaben einer Sozialarbeiterin dadurch entfallen zu lassen**, dass diese Aufgaben dem Mehrheitsgesellschafter, einem Rechtsanwalt, zur selbstständigen Ausführung übertragen werden, der dazu in seiner Kanzlei eine Sozialarbeiterin neu einstellt, kann sich als **Austauschkündigung** in der Form eines Umgehungsgeschäftes erweisen; eine darauf gestützte betriebsbedingte Kündigung ist dann rechtsunwirksam (*LAG Bln.-Bra.* 1.3.2007 – 2 Sa 18/07, EzA-SD 14/2007 S. 5 LS).

2454 Das *LAG Köln* (8.5.1996 LAGE § 1 KSchG Betriebsbedingte Kündigung Nr. 38) hat angenommen, dass der Entschluss des Arbeitgebers, **die Belegschaft um eine bestimmte Zahl generell zu verkleinern**, eine unternehmerische Entscheidung im hier erörterten Sinne darstellt. Gleiches soll gelten, wenn sich der Arbeitgeber entschließt, einen **Arbeitsplatz ersatzlos einzusparen**, weil zwar nicht die Kündigung als solche eine unternehmerische Entscheidung darstellt, wohl aber der Einsparungsbeschluss (*LAG Köln* 9.8.1996 LAGE § 1 KSchG Betriebsbedingte Kündigung Nr. 41). Voraussetzung dafür ist aber, dass deutlich wird, wie die verbliebene Arbeit **zukünftig grds. umverteilt werden soll** (*LAG München* 18.2.2004 FA 2005, 191 LS), ohne dass überobligationsmäßige Arbeiten verlangt werden. Diese Entscheidung und ihre Umsetzung müssen für den Fall, dass Arbeiten weggefallen sind, zwar nicht in allen Einzelheiten geplant sein und feststehen. Andererseits muss das **unternehmerische Konzept** zur Umverteilung der Arbeit zum Zeitpunkt der Kündigung bereits **feststehen** und darf nicht erst im Laufe des Kündigungsschutzprozesses entwickelt werden (*LAG BW* 14.1.2004 LAG Report 2004, 370).

Eine nur beschränkt überprüfbare Unternehmerentscheidung (vgl. dazu *Gilberg* NZA 2003, 817 ff.) kann auch in dem Entschluss liegen, **künftig auf Dauer mit weniger Personal zu arbeiten**; eine hierdurch verursachte Leistungsverdichtung bei den verbleibenden Arbeitnehmern ist in gewissem Rahmen hinzunehmen (*BAG* 24.4.1997 EzA § 2 KSchG Nr. 26; *LAG BW* 12.8.2004 – 22 Sa 99/03, EzA-SD 1/05 S. 7 LS; *LAG Köln* 7.11.1997 LAGE § 1 KSchG Betriebsbedingte Kündigung Nr. 50; *LAG Düsseld.* 11.10.2001 LAGE § 2 KSchG Nr. 39; vgl. APS/*Kiel* § 1 KSchG Rn. 539 ff.; abl. *Thüringer LAG* 20.4.1998 NZA-RR 1999, 189; *Preis* NZA 1997, 1080). Dringlichkeit und Erforderlichkeit i. S. v. § 1 Abs. 2 S. 1 KSchG müssen nicht die Unternehmerentscheidung (vgl. dazu *Gilberg* NZA 2003, 817 ff.) bedingen, sondern im Verhältnis zwischen der grds. hinzunehmenden Unternehmerentscheidung und der ausgesprochenen Kündigung vorliegen (*LAG Köln* 15.8.1997 LAGE § 1 KSchG Betriebsbedingte Kündigung Nr. 44). Sie kann also **zum Wegfall von Arbeitsplätzen führen und den entsprechenden Beschäftigungsbedarf entfallen lassen**. Eine solche Unternehmerentscheidung – Reduzierung des Personalbestandes auf Dauer – ist allerdings hinsichtlich ihrer **Durchführbarkeit** und hinsichtlich des Begriffs »**Dauer**« **zu verdeutlichen**, um dem Gericht im Hinblick auf die gesetzlich dem Arbeitgeber auferlegte Darlegungslast eine **Überprüfung zu ermöglichen** (vgl. z. B. *LAG Düsseld.* 11.10.2001 LAGE § 2 KSchG Nr. 39). Notwendig sind **konkrete Angaben zum Vorliegen freier Arbeitskapazitäten** bei den übrigen Mitarbeitern. Die pauschale Angabe, die Arbeit habe sogar ganz ohne Leistungsverdichtung problemlos umverteilt werden können, genügt nicht (*LAG Köln* 8.8.2005 – 3 Sa 1435/04, EzA-SD 26/05, S. 12 LS). **Je näher die eigentliche Organisationsentscheidung zudem an den Kündigungsentschluss rückt, umso mehr muss der Arbeitgeber dann durch Tatsachenvortrag verdeutlichen, dass ein Beschäftigungsbedarf für den Arbeitnehmer entfallen ist** (*BAG* 17.6.1999 EzA § 1 KSchG Betriebsbedingte Kündigung Nr. 102; erl. *Bitter* DB 2000, 1760 ff.; krit. *Quacke* NZA 1999, 1247 ff., DB 2000, 2429 ff.; *Preis* DB 2000, 1122 ff.).

**2455**

Insofern gelten die Grundsätze der abgestuften Darlegungslast: Zunächst hat der Arbeitgeber darzulegen, dass und wie die von ihm getroffene Maßnahme durchgeführt werden soll. Er darf sich dabei **nicht auf schlagwortartige Umschreibungen beschränken**; er muss vielmehr seine tatsächlichen Angaben im Einzelnen substantiieren (*LAG BW* 12.8.2004 – 22 Sa 99/03, EzA-SD 1/05, S. 7 LS). Erscheint das unternehmerische Konzept danach nicht von vornherein gesetzes-, tarif- oder vertragswidrig, ist es als geeignetes Mittel zum rationellen Einsatz der Arbeitnehmer anzusehen. Dann ist es Sache des Arbeitnehmers vorzutragen, warum die getroffene Maßnahme offensichtlich unsachlich, unvernünftig oder willkürlich sein soll. Ihm, der Einblick in die Geschehensabläufe seiner bisherigen Arbeit hat, kann die Darlegung abverlangt werden, warum die bisherigen bzw. (z. B. nach Einschaltung von Subunternehmern) verbleibenden Tätigkeiten nicht plan- und konzeptmäßig durchgeführt werden können. Ein Bestreiten mit Nichtwissen (§ 138 Abs. 4 ZPO) genügt demgegenüber nur, soweit der Arbeitnehmer über keinen Einblick in Tatsachen verfügt, die dem Arbeitgeber bekannt sind, z. B. weil er die Verträge des Arbeitgebers über die Vergabe von Arbeiten an einen Subunternehmer nicht kennt. Gelingt dem Arbeitnehmer danach der Sachvortrag, wonach eine Durchführung der neuen Arbeitsstruktur offenbar unsachlich, unvernünftig oder willkürlich erscheint, dann hat sich der Arbeitgeber hierauf weiter einzulassen. Es ist dann seine Sache, die prognostizierten Auswirkungen für den Beschäftigungsbedarf präzise zu erläutern und ggf. zu beweisen. Dabei bleibt es seiner Einschätzung überlassen, in welcher Zeit ein Auftrag abzuarbeiten ist (*BAG* 17.6.1999 EzA § 1 KSchG Betriebsbedingte Kündigung Nr. 101; 17.6.1999 EzA § 1 KSchG Betriebsbedingte Kündigung Nr. 103).

**2456**

Erschöpft sich dagegen die unternehmerische Entscheidung **allein in der Kündigung eines Arbeitnehmers**, ist im Einzelnen darzulegen, wie die Umverteilung der Arbeit dieses Arbeitnehmers erfolgen soll (*LAG Bln.* 22.8.2003 LAGE § 1 KSchG Betriebsbedingte Kündigung Nr. 67). Falls die Organisationsentscheidung des Arbeitgebers und sein Kündigungsentschluss ohne nähere Konkretisierung sich nicht voneinander trennen lassen, muss der Arbeitgeber darlegen, in welchem Umfang die fraglichen Arbeiten zukünftig im Vergleich zum bisherigen Zustand anfallen, d. h. der Arbeitgeber muss konkrete Angaben machen, wie sich die Neuaufstellung auf die Arbeitsmenge auswirkt und in welchem Umfang sich dadurch ein konkreter Arbeitskräfteüberhang ergibt (zutr. *LAG Düsseld.* 16.11.2005 – 12 Sa 1150/05, EzA-SD 1/06, S. 8 LS).

**2457** Eine unternehmerische Entscheidung zur Reorganisation kann auch ein **Gesamtkonzept beinhalten**, das sowohl die Umgestaltung aller bisherigen Arbeitsplätze als auch die Reduzierung des bisherigen Arbeitsvolumens zum Gegenstand hat. Die dadurch notwenig werdenden Änderungs- und Beendigungskündigungen können durch dringende betriebliche Erfordernisse i. S. d. § 1 Abs. 2 KSchG bedingt sein. Ein derartiges Gesamtkonzept ist als solches grds. nicht zu beanstanden. Es nimmt folglich nur an der auf Missbrauch beschränkten gerichtlichen Kontrolle teil. **Weder kann dem Arbeitgeber vorgehalten werden, er müsse die verbliebene Arbeit auf alle Arbeitnehmer verteilen und deshalb allen Arbeitnehmern gegenüber Änderungskündigungen aussprechen, noch verlangt das Gesetz, dass der Arbeitgeber seine Reorganisation alsdann dem nach sozialen Gesichtspunkten verbleibenden Arbeitskräftepotenzial anpasst.**

**2458** Vielmehr bildet nach dem Gesetz – gerade umgekehrt – das betriebliche Bedürfnis die Grundlage für die Weiterbeschäftigungsmöglichkeit und diese ihrerseits die Grundlage für die vorzunehmende soziale Auswahl. Dabei ist es auch nicht zu beanstanden, wenn der Arbeitgeber diejenigen Arbeitnehmer, denen gegenüber er keine Beendigungskündigung, sondern eine Änderungskündigung ausspricht, nach den Grundsätzen der Sozialauswahl aussucht (*BAG* 22.9.2005 EzA § 1 KSchG Betriebsbedingte Kündigung Nr. 142).

**2459** **Tarifliche quantitative Besetzungsregeln**, wonach Fachkräften eine Hilfskraft »beizustellen« ist, bezwecken zwar keinen unmittelbaren Arbeitsplatzschutz der betreffenden Hilfskraft. Diese kann sich jedoch anlässlich einer betriebsbedingten Kündigung, die auf die unternehmerische Maßnahme zur dauerhaften Stellenreduzierung zurückgeführt wird, im Wege der **Reflexwirkung** darauf berufen, die Unternehmerentscheidung sei offensichtlich unsachlich, unvernünftig oder willkürlich, wenn die Weiterbeschäftigung der Hilfskraft die jeweilige Fachkraft vor einer physischen oder psychischen Überlastung schützt (*BAG* 17.6.1999 EzA § 1 KSchG Betriebsbedingte Kündigung Nr. 103).

**2460** Die über eine beschlossene **Stelleneinsparung in einem Haushaltsplan** des öffentlichen Rechts (zur Betriebsstilllegung durch Landesgesetz s. *BAG* 10.5.2007 EzA § 1 KSchG Betriebsbedingte Kündigung Nr. 155; und Rdn. 2514 ff.) – aus welchen Gründen auch immer – hinausgehende Kündigung betrifft jedenfalls die korrekte Durchführung des Haushaltsbeschlusses und damit den Kündigungsgrund, nicht jedoch die Frage nach der richtigen Sozialauswahl. Deshalb kann sich jeder von einer derartigen »Überhangskündigung« Betroffene auf die fehlerhafte Durchführung berufen; dies soll nach Auffassung des *LAG Sachsen* (12.4.1996 NZA-RR 1997, 9) auch für eine Vollbeschäftigte gelten, wenn der Haushaltsbeschluss lediglich um 0,57 Vollbeschäftigteneinheiten überschritten wird (APS/*Kiel* § 1 KSchG Rn. 533 ff.).

**2461** Auch die Entscheidung des Arbeitgebers, die **Produktion ins Ausland zu verlagern**, stellt eine von den Gerichten nur eingeschränkt überprüfbare Unternehmerentscheidung dar. Dabei ist eine Kongruenz zwischen dem Umfang des Arbeitsausfalls und der Zahl der Entlassenen nicht erforderlich. Es liegt vielmehr im unternehmerischen Ermessen des Arbeitgebers, ob er im Verhältnis zu dem fehlenden Arbeitskräftebedarf Personal abbaut, oder nur einen Teil der überzähligen Arbeitnehmer entlässt und die übrigen zum Beispiel als Personalreserve behält (*BAG* 18.9.1997 EzA § 1 KSchG Betriebsbedingte Kündigung Nr. 53).

**2462** Dagegen kann die Entscheidung des Arbeitgebers, nur mit **Entleiharbeitnehmern** weiterzuarbeiten, nach Auffassung des *LAG Brem.* (30.1.1998 – 4 Sa 114, 117/97; ebenso *LAG Hamm* 24.7.2007 – 12 Sa 320/07, NZA-RR 2008, 239; 23.3.2009 LAGE § 1 KSchG Betriebsbedingte Kündigung

Nr. 84; vgl. auch *LAG Brem.* 2.12.1997 LAGE § 1 KSchG Betriebsbedingte Kündigung Nr. 47; s. a. *Gaul/Ludwig* DB 2010, 2334 ff.) nicht als betriebsbedingter Kündigungsgrund akzeptiert werden, wenn die Leitungskräfte nicht entliehen sind und nach dem eigenen Vortrag des Arbeitgebers die Verleihgesellschaft nicht in der Lage ist, das Unternehmen zu führen.

Hat ein Arbeitgeber sich **vertraglich** gegenüber einem Arbeitnehmer dazu verpflichtet, dessen **Arbeitsplatz** auf Dauer oder für bestimmte Zeit unverändert **aufrechtzuerhalten**, so beschränkt er insoweit seine unternehmerische Freiheit. Aus einer solchen vertraglichen Bindung kann er sich nicht unter Berufung auf die Unternehmerfreiheit lösen. Der Grundsatz der unternehmerischen Freiheit schränkt zwar die gerichtliche Überprüfung unternehmerischer Maßnahmen weitgehend ein. Dies gilt jedoch nicht für die Prüfung, ob sich eine unternehmerische Maßnahme mit vertraglich eingegangenen Bindungen vereinbaren lässt (*LAG RhPf* 19.9.1997 LAGE § 2 KSchG Nr. 51). 2463

Eine unternehmerische Entscheidung wird **nicht dadurch unsachlich oder willkürlich**, dass der Unternehmer auf einen Umsatzrückgang **wartend reagiert** und zunächst ein anderes Konzept ausprobiert (*LAG Nbg.* 13.4.1999 NZA-RR 2000, 80). 2464

### bb) Unternehmerentscheidung

**Überprüft wird aber, ob überhaupt eine Unternehmerentscheidung vorliegt und welchen konkreten Inhalt sie hat** (*BAG* 9.5.1996 EzA § 1 KSchG Betriebsbedingte Kündigung Nr. 85; *LAG BW* 14.1.2004 LAG Report 2004, 370; vgl. auch *Preis* NZA 1997, 625 ff.; *Gilberg* NZA 2003, 817 ff.; *Schiefer* NZA-RR 2005, 1 ff.; zutr. für eine schriftliche Niederlegung der Unternehmerentscheidung deshalb *Kleinbrink* DB 2008, 1858 ff.). Insoweit können Inhalt und Reichweite der Unternehmerentscheidung von entscheidender Bedeutung sein für die Beantwortung der Frage, ob die Entlassung des klagenden Arbeitnehmers von ihr noch umfasst wird oder nicht. 2465

Dringende betriebliche Erfordernisse liegen vor, wenn die Durchführung oder eingeleitete Durchführung einer unternehmerischen Entscheidung zum Wegfall einer Beschäftigungsmöglichkeit führt, d. h. wenn infolge einer unternehmerischen Maßnahme – nicht einer objektiven wirtschaftlichen Gegebenheit – die Anzahl der Arbeitnehmer, die zur Erledigung bestimmter Aufgaben verpflichtet sind, größer ist als die Menge der zu erledigenden Arbeit (APS/*Kiel* § 1 KSchG Rn. 463 ff., 549 f.). 2466

Wenn der Arbeitgeber sich entscheidet, Entlassungen im Umfang eines konkret feststellbaren Auftragsrückgangs vorzunehmen, so fehlt es an einem dringenden betrieblichen Erfordernis, wenn festgestellt wird, dass die hierdurch determinierte Quote ausscheidender Arbeitnehmer im Zeitpunkt der Kündigung, gleichgültig auf welche Weise (Fluktuation, Vorruhestand usw.), bereits erfüllt ist. 2467

In derartigen Fällen führt die Unternehmerentscheidung zu einer Selbstbindung des Arbeitgebers, die der Arbeitnehmer im Kündigungsschutzprozess mit Erfolg gegen seine Kündigung geltend machen kann (*BAG* 30.5.1985 EzA § 1 KSchG Betriebsbedingte Kündigung Nr. 36). 2468

### cc) Tatsächliche Voraussetzungen und Durchführung der Unternehmerentscheidung; Auswirkungen auf den Arbeitsanfall

Uneingeschränkt nachprüfbar ist, ob die für die Unternehmerentscheidung maßgeblichen externen und internen Faktoren (z. B. Auftragsmangel, Rohstoffverknappung, Absatzschwierigkeiten) tatsächlich vorliegen (*BAG* 24.10.1979 EzA § 1 KSchG Betriebsbedingte Kündigung Nr. 13) sowie die tatsächliche Durchführung der beabsichtigten Maßnahme (*LAG Thüringen* 20.4.1998 NZA-RR 1999, 189). Gleiches gilt für ihre Auswirkungen auf den Arbeitsanfall (*LAG BW* 14.1.2004 LAG Report 2004, 370), insbes., ob auf Grund der außer- oder innerbetrieblichen Gründe das Bedürfnis für die Weiterbeschäftigung des gekündigten Arbeitnehmers entfallen ist, d. h. ob unter Respektierung einer etwa bindenden Unternehmerentscheidung mit einem geringeren oder veränderten Arbeitsanfall auch das Bedürfnis zur Weiterbeschäftigung des gekündigten Arbeitnehmers entfallen oder innerhalb einer Gruppe vergleichbarer Arbeitnehmer gesun- 2469 ken ist, sodass ein Überhang an Arbeitskräften entstanden ist (*BAG* 30.5.1985 EzA § 1 KSchG Betriebsbedingte Kündigung Nr. 36; *LAG BW* 20.2.2004 AuR 2004, 356 LS; s. Rdn. 2709).

2470 Das Kündigungsschutzrecht schreibt somit dem Unternehmer nicht vor, in welcher Weise er seinen Betrieb zu organisieren hat. Es geht von der vom Unternehmer gestalteten Betriebsorganisation aus und fragt nur danach, ob auf der Grundlage dieser vorgegebenen Betriebsorganisation die Kündigung des Arbeitnehmers erforderlich ist, weil dessen Weiterbeschäftigung wegen des weggefallenen Arbeitsplatzes nicht, auch nicht in den neuen betrieblichen Verhältnissen angepasster Form, möglich ist.

2471 Hat sich der Arbeitgeber entschlossen, einen **Arbeitsplatz ersatzlos einzusparen** (s. Rdn. 2446 ff.; *LAG BW* 14.1.2004 LAG Report 2004, 370), so kann vom Arbeitgeber demgegenüber nach Auffassung des *LAG Köln* (9.8.1996 LAGE § 1 KSchG Betriebsbedingte Kündigung Nr. 41) dann, wenn er sich auf außerbetriebliche Gründe dafür beruft, nicht verlangt werden, exakt darzustellen, wie sich diese Gründe auf den konkreten Arbeitsplatz des gekündigten Arbeitnehmers auswirken und warum sie gerade die vom Arbeitgeber gewählte Anzahl von Entlassungen bedingen. Denn die mit der Prognose der erwarteten künftigen Entwicklung des Personalbestandes einhergehenden Vermutungen, Erwartungen und Einschätzungen schließen eine auch in quantitativer Hinsicht zwingende Determination des Einsparungsbeschlusses nach dieser Auffassung aus.

2472 Ein dringendes betriebliches Erfordernis zur Kündigung kann auch dann gegeben sein, wenn aufgrund der Entscheidung der Stationierungsstreitkräfte die bisher in einer Dienststelle erbrachten Aufgaben in die USA zurückverlegt werden und das in der Dienststelle verbleibende Personal deswegen auf eine bestimmte Anzahl reduziert wird. Die entsprechende Änderung des für die Dienststelle geltenden Stellenplans ist dann die unternehmerische Entscheidung, die zum Wegfall der überzähligen Arbeitsplätze führt. Der Entsendestaat kann insoweit bei den Stationierungsstreitkräften auch autonom das Verhältnis zwischen den Zivilpersonen und den örtlichen Arbeitskräften i. S. d. NATO-Truppenstatuts auf Grund seiner Hoheitsgewalt bestimmen. Deshalb führt eine Veränderung dieses Verhältnisses durch den Entsendestaat zu Lasten der örtlichen Arbeitskräfte nicht zur Negierung eines dringenden betrieblichen Erfordernisses i. S. v. § 1 Abs. 2 KSchG. Werden bestimmte – freie – Stellen zudem US-amerikanischen Arbeitnehmern vorbehalten, sind diese für eine deutsche Ortskraft auch nicht frei i. S. v. § 1 Abs. 2 S. 2 KSchG (*BAG* 18.5.2006 EzA § 1 KSchG Betriebsbedingte Kündigung Nr. 148).

2473 Andererseits hat der Arbeitgeber vor dem Ausspruch einer betriebsbedingten Kündigung alle im konkreten Fall möglichen und geeigneten Maßnahmen zu ergreifen, die ohne Veränderung der von ihm vorgegebenen betrieblichen Strukturen zu einer Übereinstimmung zwischen dem Bedarf an Arbeitskräften und der vorhandenen Zahl von Arbeitnehmern führt (s. *Preis* NZA 1997, 625 ff.).

2474 In Betracht zu ziehen sind dabei insbes. (vgl. APS/*Kiel* § 1 KSchG Rn. 558 ff.):
 – Abbau von Überstunden (s. *ArbG Chemnitz* 9.10.2008 – 8 Ca 1008/08, AuR 2009, 104 LS);
 – Ersetzung von Leiharbeitnehmern (s. dazu *LAG Hamm* 5.3.2007 – 11 Sa 1338/06, EzA-SD 11/2007 S. 3 LS m. krit. Anm. *Simon/Greßlin* BB 2007, 2454 ff.; 21.12.2007 LAGE § 1 KSchG Betriebsbedingte Kündigung Nr. 81; 23.3.2009 LAGE § 1 KSchG Betriebsbedingte Kündigung Nr. 84; zust. *Düwell/Dahl* DB 2007, 1699 ff.; s. a. *Gaul/Ludwig* DB 2010, 2334 ff.);
 – Kurzarbeit (s. Rdn. 2479 ff.);
 – Arbeitsstreckung;
 – Produktion »auf Halde«;
 – Arbeitszeitverkürzung zur Vermeidung von Kündigungen;
 – vorrangiger Abbau von sog. geringfügigen Beschäftigungsverhältnissen (*LAG Köln* 3.6.2004 NZA-RR 2005, 70).

## H. Die ordentliche betriebsbedingte Kündigung  Kapitel 4

Zu beachten ist, dass der Arbeitgeber insoweit den **dauerhaften Rückgang des Beschäftigungsvolu-** 2475
mens im Kündigungsschutzprozess nachvollziehbar darstellen muss. Dazu reicht bei einer **Arbeitnehmerüberlassung regelmäßig der Hinweis des Verleihers nicht aus**, der bisherige Auftrag, in dessen Rahmen der Leiharbeitnehmer eingesetzt worden ist, sei beendet und es lägen keine Anschlussaufträge vor. Denn kurzfristige Auftragslücken gehören **zum typischen Unternehmerrisiko eines Verleiharbeitgebers** und sind deshalb nicht geeignet, eine betriebsbedingte Kündigung zu rechtfertigen (*BAG* 18.5.2006 EzA § 1 KSchG Betriebsbedingte Kündigung Nr. 146; ebenso *LAG Köln* 22.5.2006 – 14 (11) Sa 18/06, EzA-SD 20/06, S. 11 LS für den Auftragsrückgang bei einem Reinigungsunternehmen). Andererseits genügt der Leiharbeitgeber seiner Darlegungslast dadurch, dass er vorträgt, dass er dauerhaft für eine bestimmte Tätigkeit **keine Arbeitsnachfrage** hat, wenn er in der Vergangenheit seit ca. einem halben Jahr nur einen einzigen Auftraggeber hatte und dieser die Geschäftsbeziehung dauerhaft beendet (*LAG Köln* 12.1.2009 LAGE § 1 KSchG Betriebsbedingte Kündigung Nr. 84).

### dd) Ende des Personalabbaus auf Grund von § 2 Abs. 1 Nr. 2 SGB III?

Gem. § 2 Abs. 2 SGB III haben Arbeitgeber bei ihren Entscheidungen verantwortungsvoll deren 2476
Auswirkungen auf die Beschäftigung der Arbeitnehmer und der Arbeitslosen und damit auf die Inanspruchnahme von Leistungen der Arbeitsförderung einzubeziehen. **Sie sollen dabei insbes. vorrangig durch betriebliche Maßnahmen die Inanspruchnahme von Leistungen der Arbeitsförderung sowie Entlassungen von Arbeitnehmern vermeiden.**

Die nahe liegende Frage, wie sich diese Vorschrift zu den Grundfragen des Rechts der betriebs- 2477
bedingten Kündigung verhält, wird in der Literatur sehr unterschiedlich beantwortet:
- *Schaub* (NZA 1997, 810; vgl. auch *Rolfs* NZA 1998, 18; *Löwisch* NZA 1998, 729 f., der ergänzend auf § 2 Abs. 3 SGB III hinweist) entnimmt der Norm die Notwendigkeit einer **grundlegenden Neubesinnung** über die Handhabung des **ultima-ratio-Prinzips** im Recht der betriebsbedingten Kündigung, die den Teufelskreis beenden will, dass nur die Entlassung von Arbeitnehmern die zutreffende Rationalisierungsmaßnahme darstellt;
- *Kittner* (NZA 1997, 975) folgert aus § 2 SGB III, die Sphäre der rechtlich nicht überprüfbaren unternehmerischen Entscheidungen müsse mit strengeren Maßstäben durchforstet werden;
- *Fischmeier* (NZA 1997, 1091) folgt dem grds., will aber den Vorrang kündigungsverhindernder Maßnahmen von dem jeweiligen **unternehmerischen Konzept** abhängig machen;
- *Preis* (NZA 1998, 449 ff.; zust. *Bepler* AuR 1999, 221 f.) geht davon aus, dass der Gesetzgeber mit § 2 Abs. 1 SGB III einen Kontrapunkt zur problematischen Praxis der betriebsbedingten Kündigung (s. Rdn. 2411 ff.), zu den sozialpolitisch und sozialversicherungsrechtlich verfehlten Folgen der gegenwärtigen Kündigungspraxis setzen wollte. Er hat dem im Kündigungsrecht bereits verankerten ultima-ratio-Grundsatz bestätigt. Die Arbeitsrechtler müssen ihn nur wieder (verständiger) handhaben und sich auf die Grundlagen des Kündigungsschutzrechts besinnen. **Vorrangig vor Ausspruch einer Kündigung sind demnach kündigungsverhindernde betriebliche Maßnahmen** (z. B. Kurzarbeit; s. dazu aber Rdn. 2479 ff.), **die Ausschöpfung der dem Arbeitgeber zur Verfügung stehenden Vertragsinstrumentarien** (z. B. von tarifvertraglichen Flexibilisierungsinstrumenten durch Arbeitszeitkorridore, befristete Arbeitszeitreduzierungen ohne Lohnausgleich, Entgeltkorridore, Ausnahmeregelungen bei Sonderzahlungen und Urlaubsgeldern) sowie u. U. **die Neuverhandlung von Arbeitsverträgen**. Eine striktere Handhabung des ultima-ratio-Prinzips kann danach die Krise in den sozialversicherungspflichtigen Beschäftigungsformen zwar nicht in den Griff bekommen, gleichwohl aber den Prozess des Beschäftigungsabbaus verlangsamen und zu intelligenteren Anpassungsformen anregen;
- *Bauer/Haußmann* (NZA 1997, 1102) **verneinen** demgegenüber **weitergehende Konsequenzen**, da sich das ultima-ratio-Prinzip lediglich auf die Folgen der unternehmerischen Entscheidung, nicht aber auf die Entscheidung selbst beziehe. Es sei nicht anzunehmen, dass der Gesetzgeber »auf dem Schleichweg des § 2 SGB III« die ständige Rechtsprechung des BAG zur Unternehmerentscheidung habe ablösen wollen;

– *Gagel* (BB 2001, 359 ff.) interpretiert § 2 SGB III dahingehend, dass auch die **sozialrechtlichen Möglichkeiten** des SGB III, die geeignet sind, die Entlassung zu vermeiden, vor einer Kündigung genutzt werden müssen.

2478 Der Parlamentarische Staatssekretär im BMAS hat am 6.4.1998 mitgeteilt, dass es sich bei § 2 Abs. 2 SGB III um einen auf das Arbeitsförderungsrecht und die Vermeidung von Leistungen der Bundesagentur für Arbeit zugeschnittenen Appell an die Arbeitgeber zu einem verantwortungsvollen Verhalten handeln soll. Zweck ist danach nicht, den durch arbeitsrechtliche Normen abschließend geregelten Bestandsschutz individueller Arbeitsverhältnisse zu erweitern (DB 1998, 1134).

i) Einführung von Kurzarbeit?

aa) Verpflichtung des Arbeitgebers?

2479 Fraglich ist insoweit, inwieweit der Arbeitgeber verpflichtet ist, Kurzarbeit einzuführen, um die Sanktionierung betriebsbedingter Beendigungskündigungen im Kündigungsschutzprozess als unwirksam zu vermeiden (s. *Wahlig/Jeschke* NZA 2010, 607 ff.). An sich liegt das im Hinblick auf das Verhältnismäßigkeitsprinzip nahe, denn es handelt sich um eine gegenüber dem Ausspruch betriebsbedingter Kündigungen **weniger einschneidende Maßnahme**, wenn der Arbeitgeber einen vorübergehenden Beschäftigungsüberhang auf Grund außerbetrieblicher Gründe (Auftragsmangel) durch Kurzarbeit auffängt. Entscheidet sich der Arbeitgeber aber gegen Kurzarbeit, würde ein Gericht, das Kurzarbeit zur Abwendung von Kündigungen für durchführbar erachtet, andererseits in die **unternehmerische Konzeption eingreifen**. Deshalb ist es seit jeher umstritten, ob der Arbeitgeber bei vorübergehendem Arbeitsmangel verpflichtet ist, Kurzarbeit einzuführen, um dadurch betriebsbedingte Kündigungen abzuwenden (APS/*Kiel* § 1 KSchG Rn. 570). **Auch kann der Arbeitgeber einseitig weder den Arbeitnehmern gegenüber noch bezogen auf den Betriebsrat (kollektiver Tatbestand) Kurzarbeit anordnen; zudem sind gesetzliche Voraussetzungen zu beachten.**

2480 Ist die Einführung von Kurzarbeit rechtlich und tatsächlich möglich, sind also die Voraussetzungen für die Gewährung von Kurzarbeitergeld gem. §§ 169 ff. SGB III gegeben sowie die Bereitschaft des Betriebsrats, gem. § 87 Abs. 1 Nr. 3 BetrVG eine entsprechende Vereinbarung abzuschließen und ist der Arbeitsmangel lediglich vorübergehender Natur (*BAG* 7.2.1985 EzA § 1 KSchG Soziale Auswahl Nr. 20), so ist das *BAG* (25.6.1964 AP Nr. 14 zu § 1 KSchG Betriebsbedingte Kündigung; offen gelassen von *BAG* 7.2.1985 EzA § 1 KSchG Soziale Auswahl Nr. 20) zunächst davon ausgegangen, im Kündigungsschutzprozess sei zu prüfen, ob der Arbeitgeber die Entlassung des Klägers durch Einführung von Kurzarbeit hätte verhindern können.

2481 Allerdings hat es die Darlegungs- und Beweislast dafür, dass die Einführung von Kurzarbeit sinnvoll und möglich gewesen wäre, dem Arbeitnehmer auferlegt.

2482 (derzeit unbesetzt)

2483 Inzwischen (*BAG* 4.3.1986 EzA § 87 BetrVG 1972 Arbeitszeit Nr. 17, 11.9.1986 EzA § 1 KSchG Betriebsbedingte Kündigung Nr. 54; vgl. dazu APS/*Kiel* § 1 KSchG Rn. 570 ff.) wird davon ausgegangen, dass die Frage, ob eine ausgesprochene Kündigung durch Kurzarbeit hätte vermieden werden können, keiner gerichtlichen Kontrolle unterliegt.

2484 Beruft sich der Arbeitnehmer auf die Möglichkeit der Kurzarbeit, muss der Arbeitgeber demgegenüber nach zutr. Auffassung im Kündigungsschutzprozess **nachvollziehbar begründen**, warum er die betriebsbedingte Kündigung nicht durch Einführung von Kurzarbeit vermeiden konnte. Die vorgetragenen Tatsachen sind im Kündigungsschutzprozess **voll** nachprüfbar. Soweit dadurch die Entscheidungsfreiheit des Unternehmens berührt werde, ist dies vertretbar, weil es sich nur um eine **vorübergehende Abweichung** von der regelmäßigen Arbeitszeit handelt (vgl. *Bepler* AuR 1999, 219, 222; *Hillebrecht* ZIP 1985, 257, 260; KR/*Griebeling* § 1 KSchG Rn. 531; ErfK/*Oetker* § 1 KSchG Rn. 288; *Preis* DB 1988, 1387, NZA 1995, 241, NZA 1998, 449, 455; SPV/*Preis* Rdn. 1005; s. a. *ArbG Dessau-Roßlau* 18.6.2009 ArbR 2009, 171). Teilweise wird nur eine »**gewissenhafte Prüfung**«

## H. Die ordentliche betriebsbedingte Kündigung — Kapitel 4

gefordert (*B. Preis* NZA 1997, 625). Daneben wird vertreten, dass die Entscheidung des Arbeitgebers, auf die Einführung von Kurzarbeit zu verzichten, grds. im unternehmerischen Ermessen liege und daher nur auf offenbare Unsachlichkeit, Unvernunft oder **Willkür** zu überprüfen sei. Dabei unterliegt es seiner unternehmerischen Einschätzung, die von den Arbeitsgerichten nur auf Rechtsmissbrauch überprüft werden kann, ob der Arbeitsausfall nur vorübergehend ist (*Stahlhacke* DB 1994, 1361; *Wahlig/Jeschke* NZA 2010, 607, 609; s. a. *Denck* ZfA 1985, 249; *Hofmann* ZfA 1984, 295, 316; *v. Hoyningen-Huene* SAE 1991, 124; *Schwerdtner* ZIP 1984, 10; *Stahlhacke* DB 1994, 1361; *Wank* RdA 1987, 129; instr. APS/*Kiel* § 1 KSchG Rn. 572; s. a. *Wahlig/Jeschke* NZA 2010, 607 ff.).

Ein **vorübergehender Arbeitsmangel** ist aber jedenfalls **indiziert**, wenn die Betriebsparteien die Einführung von Kurzarbeit in einer **Betriebsvereinbarung** geregelt haben (§ 87 Abs. 1 Nr. 3 BetrVG). Befürwortet der Betriebsrat die Einführung der Kurzarbeit und macht er deshalb von seinem **Initiativrecht** Gebrauch, kann er die Einführung von Kurzarbeit über einen Spruch der Einigungsstelle erzwingen (*BAG* 4.3.1986 EzA § 87 BetrVG Arbeitszeit Nr. 17; aber: kein Mitbestimmungsrecht des Personalrats nach § 75 Abs. 3 Nr. 1 BPersVG: *BAG* 10.10.2006 EzA § 75 BPersVG Nr. 3). Haben sich die Betriebsparteien auf die Einführung von Kurzarbeit **geeinigt**, muss der Arbeitgeber für den Fall, dass er dennoch von einem längerfristigen Beschäftigungsmangel ausgeht, dessen Gründe darlegen und beweisen (s. APS/*Kiel* § 1 KSchG Rn. 573). 2485

Wenn ein **vorübergehender erheblicher Arbeitsausfall** i. S. v. § 170 SGB III **feststeht** und die übrigen betrieblichen und persönlichen Voraussetzungen erfüllt sind (§§ 171, 172 SGB III), ist der Arbeitgeber zur Vermeidung betriebsbedingter Kündigungen **verpflichtet**, den Sachverhalt bei der zuständigen Agentur für Arbeit nach § 173 SGB III **anzuzeigen**. Aus den maßgeblichen Bestimmungen zum Kurzarbeitergeld (§§ 170 ff. SGB III) ergibt sich, dass ein Arbeitsmangel arbeitsförderungsrechtlich noch vorübergehend ist, wenn innerhalb der maximalen Bezugsfrist (z.Zt. 12 Monate, bei Kurzarbeit vor dem 31.12.2010 18 Monate, ab 2012 ggf. wieder Regelfrist 6 Monate) mit einem Übergang zur Vollarbeit gerechnet werden kann (vgl. *Wahlig/Jeschke* NZA 2010, 607, 608). Liegt ein positiver Bescheid nach § 173 Abs. 3 SGB III vor, hat der Arbeitgeber nach dem ultima-ratio-Grundsatz Kurzarbeit einzuführen, sofern die weiteren individual- oder kollektivrechtlichen Voraussetzungen gegeben sind. In diesem Fall ist sein unternehmerisches Ermessen gebunden (APS/*Kiel* § 1 KSchG Rn. 573). 2485a

Auch wenn der Arbeitsmangel im Betrieb nur vorübergehend besteht, kann der Arbeitgeber die Arbeitszeitverkürzung jedoch **nicht einseitig** im Wege der Ausübung des Direktionsrechts **anordnen** (vgl. *BAG* 10.10.2006 EzA § 75 BPersVG Nr. 3; 18.10.1994 EzA § 615 BGB Kurzarbeit Nr. 2). In Betrieben ohne Betriebsrat setzt die Einführung von Kurzarbeit und die hiermit verbundene Einkommenseinbuße die Zustimmung aller Arbeitnehmer voraus. Vom Arbeitgeber kann dann nicht verlangt werden, dass er statt der beabsichtigten Beendigungskündigungen eine **Vielzahl von Änderungskündigungen** ausspricht und sich dadurch dem Risiko von Änderungsschutzprozessen mit ungewissem Ausgang aussetzt (*BAG* 7.2.1985 EzA 1 KSchG Soziale Auswahl Nr. 20). 2485b

Bei Zustimmung des Betriebsrats kann Kurzarbeit auch ohne das Einverständnis aller Arbeitnehmer eingeführt werden. Hat der Betriebsrat der Einführung von Kurzarbeit dagegen **widersprochen**, verlangt der ultima-ratio-Grundsatz vom Arbeitgeber **nicht die Durchführung eines Einigungsstellenverfahrens** (KR/*Griebeling* § 1 KSchG Rn. 531; *Löwisch/Spinner* § 1 KSchG Rn. 306; ErfK/*Oetker* § 1 KSchG Rn. 288; diff. SPV/*Preis* Rn. 1005). Unternehmerische Entscheidungen zur Abwendung betriebsbedingter Kündigungen dulden i. d. R. keinen Aufschub. Durch die Verzögerung einer gebotenen Personalanpassung können für den Arbeitgeber **irreparable Schäden** eintreten, die möglicherweise weitere Entlassungen erfordern und damit auf die restliche Belegschaft zurückwirken. Der Arbeitgeber kann deshalb das Votum des Betriebsrats akzeptieren und die erforderlichen Kündigungen aussprechen. **Nur die mitbestimmte Kurzarbeitsregelung ersetzt die individuelle Vereinbarung.** Nicht ausreichend ist der Vortrag, der Betriebsrat würde der Einführung von Kurzarbeit zugestimmt haben, wenn der Arbeitgeber diese beantragt hätte. Dem Betriebsrat bleibt es unbenommen, spätestens im Zeitpunkt des Anhörungsverfahrens nach § 102 Abs. 1 BetrVG von seinem Initiativrecht Gebrauch zu machen (APS/*Kiel* § 1 KSchG Rn. 574 f.). 2485c

### bb) Kündigung nach Einführung von Kurzarbeit

**2486** Die Einführung von Kurzarbeit (§§ 169 ff. SGB III) spricht zunächst indiziell dafür, dass der Arbeitgeber nur von einem vorübergehenden Arbeitsmangel ausgegangen ist, der eine betriebsbedingten Kündigung nicht rechtfertigen kann sowie dagegen, dass eine unternehmerische Entscheidung auf Dauer angelegt ist (*LAG Bln.-Bra.* 10.8.2010 LAGE § 1 KSchG Betriebsbedingte Kündigung Nr. 85). Dieses Indiz kann der gem. § 1 Abs. 2 S. 4 KSchG beweisbelastete Arbeitgeber durch konkreten Sachvortrag entkräften, wonach eine Beschäftigungsmöglichkeit für einzelne von der Kurzarbeit betroffene Arbeitnehmer auf Dauer entfallen ist (*BAG* 26.6.1997 EzA § 1 KSchG Betriebsbedingte Kündigung Nr. 93). Hat der Arbeitgeber vor der Kurzarbeitsperiode z. B. als Rationalisierungsmaßnahme eine Maschine angeschafft, die den Beschäftigungsbedarf für eine bestimmte Gruppe von Arbeitnehmern zu einem späteren Zeitpunkt dauerhaft reduziert, kann er auch während der Kurzarbeitsperiode kündigen (APS/*Kiel* § 1 KSchG Rn. 576).

### j) Mehrarbeit vergleichbarer Arbeitnehmer

**2487** Will der Arbeitgeber betriebsbedingte Kündigungen wegen Rückgangs der Beschäftigungsmöglichkeiten aussprechen, so fehlt es an dem Merkmal der Dringlichkeit, wenn zugleich Arbeitnehmer Mehr- Überarbeit leisten, die Verlagerung dieser Mehr- Überarbeit auf die zur Kündigung anstehenden Arbeitnehmer möglich ist und sie dadurch in vertragsgemäßem Umfang beschäftigt werden können.

### k) Verpflichtung zur Arbeitsstreckung oder zur dauerhaften Verkürzung der Arbeitszeit?; Abbau von Guthabenstunden

**2488** Fällt der Beschäftigungsbedarf für einen vollzeitbeschäftigten Arbeitnehmer teilweise weg, ist der Arbeitgeber nach dem ultima-ratio-Grundsatz verpflichtet, diesem Arbeitnehmer ein **Teilzeitarbeitsverhältnis anzubieten** (*LAG Köln* 1.2.1995 LAGE § 1 KSchG Betriebsbedingte Kündigung Nr. 29; APS/*Kiel* § 1 KSchG Rn. 578). Dagegen **steht es ihm frei**, ob er zur Vermeidung von Beendigungskündigungen eine **Mehrzahl von Änderungskündigungen** aussprechen will, um die Arbeitszeiten aller oder mehrerer Arbeitnehmer zu verkürzen (*BAG* 24.4.1997 EzA § 1 KSchG Betriebsbedingte Kündigung Nr. 73; 19.5.1993 EzA § 2 KSchG Nr. 26; *LAG Hamm* 22.3.1996 LAGE § 2 KSchG Nr. 18; zur Berücksichtigung von befristeten Saisonarbeitsverhältnissen *LAG Köln* 17.8.2007 – 11 Sa 592/07, AuR 2007, 444 LS). Steht deshalb fest, dass die Arbeitsmenge im Umfang der Pensen der gekündigten Arbeitnehmer zurückgegangen ist, so können diese Kündigungen nicht unter Hinweis darauf für unwirksam erklärt werden, dass der Arbeitgeber das fehlende Pensum auf eine größere Anzahl von Arbeitnehmern hätte verteilen (Arbeitsstreckung) und so die Kündigungen vermeiden können.

**2489** Hierzu ist der Arbeitgeber zwar **berechtigt, nicht jedoch verpflichtet**, denn er ist auf Grund des Arbeitsvertrages berechtigt (und dem Arbeitsvertragspartner gegenüber auch verpflichtet), jeden einzelnen Arbeitnehmer mit dem vereinbarten Pensum zu beschäftigen. Demgegenüber kann aus dem KSchG eine Verpflichtung des Arbeitgebers, das vereinbarte Arbeitspensum nur zum Teil abzufordern, nicht abgeleitet werden (APS/*Kiel* § 1 KSchG Rn. 577).

**2490** Der Arbeitgeber ist auch nicht verpflichtet, die Arbeitszeit der Arbeitnehmer auf Dauer und nicht nur vorübergehend zu verkürzen (*LAG Hamm* 15.12.1982 DB 1983, 506; a. A. *ArbG Bocholt* 22.6.1982 DB 1982, 1938; APS/*Kiel* § 1 KSchG Rn. 578).

**2491** Unterliegt jedenfalls in einem Betrieb der Arbeitsanfall je **nach Jahreszeit erheblichen Schwankungen** und haben die Tarifvertragsparteien und die Betriebspartner deshalb eine **flexible Jahresarbeitszeit** festgelegt, die betriebsbedingte – witterungsbedingte – Kündigungen weitgehend vermeiden soll, so ist ein dringendes betriebliches Erfordernis zu einer Beendigungskündigung *regelmäßig erst dann* anzunehmen, wenn der Arbeitgeber die **Möglichkeiten der flexiblen Arbeitszeitgestaltung ausgenutzt hat** und **trotzdem noch ein Beschäftigungsüberhang besteht**. Haben die Arbeitnehmer des Betriebs dagegen bei einem derartigen Jahresarbeitszeitmodell in erheb-

## H. Die ordentliche betriebsbedingte Kündigung Kapitel 4

lichem Umfang **Guthabenstunden angespart**, so muss der Arbeitgeber bei schlechter Beschäftigungslage zunächst die Guthabenstunden aller Arbeitnehmer nach Möglichkeit abbauen, ehe er einzelnen Arbeitnehmern betriebsbedingt kündigt (*BAG* 8.11.2007 EzA § 1 KSchG Betriebsbedingte Kündigung Nr. 157; s. a. *LAG Bln.-Bra.* 11.12.2008 – 26 Sa 1440/08, EzA-SD 3/2009 S. 4 LS).

Er darf sich in diesen Fällen aber nicht unter dem »**Etikett**« einer – tarifvertraglich vorgesehenen – witterungsbedingten Kündigung kurzfristig von den Arbeitnehmern trennen, um eine wegen witterungsunabhängigen Auftragsrückgangs notwendige Personalreduzierung ohne Einhaltung der dafür maßgeblichen längeren Kündigungsfrist durchzuführen oder sich auch nur kurzfristig »**Luft zu verschaffen**« (*LAG Bln.-Bra.* 11.12.2008 – 26 Sa 1440/08, EzA-SD 3/2009 S. 4 LS).

### l) Betriebsstilllegung; Betriebsteilstilllegung; beabsichtigte Betriebsstilllegung

#### aa) Begriffsbestimmungen

**Die Stilllegung des gesamten Betriebes ist ein dringendes betriebliches Erfordernis** i. S. d. § 1 Abs. 2 KSchG, das einen Grund zur sozialen Rechtfertigung einer betriebsbedingten Kündigung abgeben kann (*BAG* 16.2.2012 8 AZR 693/10 EzA-SD 12/2012 S. 9 LS; 12.7.2007 EzA § 551 ZPO 2002 Nr. 6; 10.5.2007 EzA § 1 KSchG Betriebsbedingte Kündigung Nr. 155; 22.9.2005 EzA § 113 InsO Nr. 18; 16.6.2005 EzA § 1 KSchG Betriebsbedingte Kündigung Nr. 137; *LAG RhPf* 25.2.2003 NZA-RR 2004, 303). 2492

Voraussetzung ist der ernstliche und endgültige Entschluss des Unternehmers, die bisherige wirtschaftliche Betätigung, die Produktions- und Betriebsgemeinschaft zwischen Arbeitgeber und Arbeitnehmer für einen seiner Dauer nach noch unbestimmten, wirtschaftlich nicht unerheblichen Zeitraum und damit nicht nur vorübergehend aufzugeben, den Betrieb also tatsächlich stillzulegen (*BAG* 16.2.2012 – 8 AZR 693/10, EzA-SD 12/2012 S. 9 LS; 10.5.2007 EzA § 1 KSchG Betriebsbedingte Kündigung Nr. 155; *LAG RhPf* 25.2.2003 NZA-RR 2004, 303; *LAG Hmb.* 28.10.2005 – 6 Sa 13/05, EzA-SD 25/05, S. 12 LS); **dies findet seine Veranlassung und zugleich den unmittelbaren Ausdruck darin, dass der Unternehmer die bisherige wirtschaftliche Tätigkeit aufgeben möchte**. Diesem Entschluss steht die Sozialbindung des Eigentums (Art. 14 GG) nicht entgegen (zutr. *LAG Bln.* 15.1.2002 LAGE § 1 KSchG Betriebsbedingte Kündigung Nr. 61). 2493

Der **Entschluss** des Arbeitgebers, z. B. **ab sofort keine neuen Aufträge mehr anzunehmen**, allen Arbeitnehmern zum nächstmöglichen Kündigungstermin zu kündigen, zur Abarbeitung der vorhandenen Aufträge eigene Arbeitnehmer nur noch während der jeweiligen Kündigungsfristen einzusetzen und so den Betrieb schnellstmöglich stillzulegen, ist als unternehmerische Entscheidung grds. **geeignet, die entsprechenden Kündigungen sozial zu rechtfertigen** (*BAG* 18.1.2001 EzA § 1 KSchG Betriebsbedingte Kündigung Nr. 109; 18.1.2001 EzA § 1 KSchG Betriebsbedingte Kündigung Nr. 110; 7.3.2002 EzA § 1 KSchG Betriebsbedingte Kündigung Nr. 116; 7.7.2005 EzA § 1 KSchG Betriebsbedingte Kündigung Nr. 139; 8.11.2007 EzA § 1 KSchG Betriebsbedingte Kündigung Nr. 156; *Mummenhoff* SAE 2002, 49); diese Grundsätze gelten auch dann, wenn die unternehmerische Entscheidung nicht eine völlige Betriebsstilllegung – vorbehaltlich der Wahrung der Grundsätze der Sozialauswahl – betrifft, sondern der Arbeitgeber eines Produktionsbetriebs sich entschließt, die Produktion zwar schnellstmöglich stillzulegen, eine **kleinere Betriebsabteilung** zunächst jedoch fortzuführen (*BAG* 7.7.2005 EzA § 1 KSchG Betriebsbedingte Kündigung Nr. 139). Aus einem solchen Stilllegungskonzept **folgt ohne weiteres**, dass der Zeitpunkt, zu dem die **längste Kündigungsfrist** eines betroffenen Arbeitnehmers ausläuft, **gleichzeitig** den Zeitpunkt darstellt, **zu dem der Arbeitgeber (»schnellstmöglich«) seinen Betrieb stilllegen will** (*BAG* 7.7.2005 EzA § 1 KSchG Betriebsbedingte Kündigung Nr. 139). 2494

Den Stilllegungsentschluss muss der Unternehmer **zum Zeitpunkt des Zugangs der Kündigung gefasst** haben. Die Stilllegungsabsicht ist eine **innere Tatsache**, die einer unmittelbaren objekti- 2495 vierten Wahrnehmung nicht zugänglich ist. Äußere Begleitumstände und **tatsächliche Entwicklungen lassen aber Rückschlüsse** darauf zu, ob die behauptete Stilllegungsabsicht zutrifft. Von einem ernsthaften und endgültigen Entschluss zur Betriebsstilllegung kann deshalb z. B. dann nicht ausgegangen werden, wenn **wenige Tage vor Ausspruch der Kündigung eine Auffanggesellschaft gegründet wird**, die später in den ursprünglichen Räumen und mit einem Teil des Personals die betrieblichen Arbeiten fortsetzt (*LAG Köln* 30.1.2006 LAGE § 1 KSchG Betriebsbedingte Kündigung Nr. 76). Gleiches gilt, wenn wenige Tage nach Ausspruch der Kündigung fast die gesamte Werkstatteinrichtung eines Landmaschinenhändlers an einen angeblich nicht mehr interessierten Konkurrenten veräußert wird, der zudem den wesentlichen Teil der gekündigten Arbeitnehmer einstellt und mit deren Verkaufs- und Servicekompetenz wirbt (*LAG Köln* 9.1.2007 – 9 Sa 1072/06, AuR 2007, 224 LS). Dagegen hat der etwaige Vorbehalt des Insolvenzverwalters, die von ihm getroffene Stilllegungsentscheidung im Falle eines anders lautenden Beschlusses der Gläubigerversammlung oder des Gläubigerausschusses zu revidieren, auf die Wirksamkeit der ausgesprochenen Kündigung keinen Einfluss (*LAG Hamm* 7.7.2004 LAG Report 2005, 56). Wird eine Kündigung allerdings andererseits auf die künftige Entwicklung der betrieblichen Verhältnisse gestützt, müssen die betrieblichen Umstände sich **konkret und greifbar abzeichnen**. Das ist dann der Fall, wenn im maßgeblichen Zeitpunkt des Zugangs der Kündigung auf Grund einer **vernünftigen, betriebswirtschaftlichen Betrachtung** davon auszugehen ist, zum Zeitpunkt des Ablaufs der Kündigungsfrist sei mit einiger Sicherheit der Eintritt eines die Beendigung des Arbeitsverhältnisses erforderlich machenden Grundes gegeben (*BAG* 23.2.2010 EzA § 18 KSchG Nr. 2; *LAG Hamm* 5.5.2004 LAG Report 2005, 17; *LAG Hmb.* 28.10.2005 – 6 Sa 13/05, EzA-SD 25/05, S. 12 LS; s. Rdn. 2503 ff.). Bei Vorliegen einer ernsthaft und endgültig beabsichtigten Betriebsstilllegung muss zu diesem Zeitpunkt zwar **nicht bereits** mit deren Verwirklichung **begonnen werden**. Besteht zwar bei Zugang der Kündigung noch eine Möglichkeit der Beschäftigung, sind aber die für den künftigen Wegfall des Beschäftigungsbedürfnisses maßgeblichen Entscheidungen bereits gefallen, kommt es entscheidend darauf an, ob der Arbeitnehmer **bis zum Kündigungstermin** voraussichtlich entbehrt werden kann (*BAG* 23.2.2010 EzA § 18 KSchG Nr. 2). Diese Voraussetzungen sind jedenfalls dann nicht erfüllt, wenn eine **mehr als zweijährige Vorlaufzeit** zwischen der Unternehmerentscheidung, zeitgleich ausgesprochener Kündigung und der geplanten Betriebsstilllegung besteht, denn dann kann der Ausgang geplanter Bemühungen für einen Unternehmensverkauf oder Weiterverpachtung des Betriebes realistisch und bei vernünftiger wirtschaftlicher Betrachtungsweise noch nicht verlässlich prognostiziert werden (*LAG SchlH* 30.11.2010 – 5 Sa 282/10, DB 2011, 424 LS).

Andererseits fehlt es an einer endgültigen Stilllegungsabsicht, wenn zum Kündigungszeitpunkt noch über eine Weiterveräußerung der Gesellschaftsanteile verhandelt wird (*BAG* 10.10.1996 EzA § 1 KSchG Betriebsbedingte Kündigung Nr. 87; s. a. *BAG* 13.2.2008 NZA 2008, 821; *LAG Hamm* 10.3.2010 LAGE § 613a BGB 2002 Nr. 29); **Betriebsstilllegung und -veräußerung schließen sich aus** (*BAG* 16.2.2012 – 8 AZR 693/10, EzA-SD 12/2012 S. 9 LS; *LAG BW* 15.11.2009 – 22 Sa 45/09, BB 2010, 1415; *LAG Düsseld.* 29.4.2009 NZA-RR 2009, 637). Umgekehrt spricht es **nicht gegen eine ernsthafte Absicht** zur endgültigen Betriebsstilllegung, wenn der Insolvenzverwalter keine sofortige Betriebsschließung anordnet, sondern den Betrieb mit **eingeschränkter Mannschaft** bis zum Ende der längsten Kündigungsfristen erklärtermaßen u. a. auch deshalb noch weiterführt, um nicht von vornherein die rein **abstrakte Hoffnung** zu zerstören, dass eine Veränderung der Umstände doch noch zu einer Rettung des (Teil-) Betriebes führen könnte (*LAG Köln* 13.10.2004 LAG Report 2005, 232). Gegen eine endgültige Stilllegungsabsicht spricht es andererseits, wenn der Arbeitgeber **nur einem Teil der Arbeitnehmer kündigt**, etwaige Mietverträge nicht zum nächstmöglichen Zeitpunkt auflöst und die betriebliche Tätigkeit nicht vollständig eingestellt wird. Der Unternehmer hat als Ausfluss seiner unternehmerischen Entscheidungsfreiheit zwar die Wahl, ob er den Betrieb ersatzlos liquidieren oder ihn ganz oder teilweise veräußern will. Eine Kündigung wegen einer beabsichtigten Betriebsstilllegung ist aber erst dann sozial gerechtfertigt, wenn im **Kündigungszeitpunkt** die Bemühungen des Arbeitgebers, **den Betrieb noch als Einheit zu veräußern, als gescheitert angesehen werden** dürfen (*LAG RhPf* 25.2.2003 NZA-RR 2004, 303). Kündigt der Insolvenzverwalter wegen beabsichtigter Betriebsstilllegung, so spricht es **gegen eine endgültige Stilllegungsabsicht**, wenn dem Insolvenzverwalter vor Erklärung der Kündigung ein **Übernahmeangebot eines Interessenten vorliegt**, das wenige Tage später zu konkreten Verhandlungen mit einer teilweisen Betriebsübernahme führt. Das gilt jedenfalls dann, wenn im vorausgegangenen Interessenausgleich dessen Neuverhandlung vereinbart war, falls ein Betriebsübergang auf einen dritten Interessenten erfolgt (*BAG* 29.9.2005 EzA § 1 KSchG Betriebsbedingte Kündigung Nr. 140). Das gilt natürlich erst recht, wenn der Arbeitgeber ernsthafte Verhandlungen über den Verkauf des Betriebs oder von Betriebsteilen führt (*LAG Köln* 17.8.2005 – 3 (8) Sa 486/05, EzA-SD 6/06, S. 8 LS; 28.1.2010 – 7 Sa 801/09, AuR 2010, 483 LS; s. a. *LAG Düsseld.* 18.2.2009 LAGE § 613a BGB Nr. 26).

Kündigt dagegen der Arbeitgeber, der seinen **einzigen Auftrag** endgültig verloren hat und sich nicht erneut darum bewirbt (Bewachungsunternehmen), sämtliche Arbeitsverhältnisse wegen Stilllegung des Betriebs, so sind diese Kündigungen nicht bereits deshalb unwirksam, weil im Zeitpunkt ihres Ausspruchs bereits Anzeichen für die Vergabe des Auftrags an ein ehemaliges Konkurrenzunternehmen bestanden. Hat der ehemalige Auftragnehmer keine Kenntnis von den genauen Vorgängen über die mögliche Weiterführung des Auftrags und seine Modalitäten, so ist von einer Aufhebung oder Nichtdurchführung des Stilllegungsbeschlusses nur dann auszugehen, wenn die für die Kündigung maßgeblichen Personen (Geschäftsführer, Personalleiter) positive Kenntnis vom Vorliegen eines Betriebsübergangs haben (*LAG Nbg.* 1.9.2009 – 6 Sa 109/08, AuR 2009, 434 LS).

Eine Betriebsstilllegung bei einer juristischen Person (z. B. einer GmbH: *LAG Bln.* 13.7.1999 – 12 Sa 890/99) bzw. GmbH & Co. KG bedarf im Übrigen keines Beschlusses des für die Auflösung einer Gesellschaft zuständigen Organs (*BAG* 11.3.1998 EzA § 1 KSchG Betriebsbedingte Kündigung Nr. 99 gegen *LAG Bln.* 10.8.1987 LAGE § 1 KSchG Betriebsbedingte Kündigung Nr. 13). Denn der Beschluss zur Betriebsstilllegung ist eine gerichtlich nur eingeschränkt überprüfbare Unternehmerentscheidung, die grds. an keine bestimmte Form gebunden ist. Ist deshalb auf Grund konkreter Anhaltspunkte im Kündigungszeitpunkt damit zu rechnen, dass die Betriebsstilllegung **bis zum Ablauf der Kündigungsfrist tatsächlich vollzogen sein wird**, so ist die mit der beabsichtigten Betriebsstilllegung begründete Kündigung des Arbeitsverhältnisses **nicht deshalb sozial ungerechtfertigt**, weil die unternehmerische Entscheidung zur Betriebsstilllegung an **gesellschaftsrechtlichen Mängeln** – z. B. der Alleinentscheidung des nur gemeinsam mit einem weiteren Geschäftsführer vertretungsbefugten Geschäftsführers der Alleingesellschafterin – **leidet** (*BAG* 5.4.2001 EzA § 1 KSchG Betriebsbedingte Kündigung Nr. 110; 25.3.2004 EzA § 9 MuSchG n. F. Nr. 40; a. A. *LAG Düsseld.* 18.10.1999 ARST 2000, 174; krit. APS/*Kiel* § 1 KSchG Rn. 492).

**2496** Die Ernsthaftigkeit und Endgültigkeit dieses Entschlusses erfordert nicht, dass er dem eigenen Wunsch des Unternehmers entspricht. Sieht dieser sich zu dem Entschluss durch außerbetriebliche Umstände gezwungen, so ist es unschädlich, wenn er sich vorbehält, seinen Entschluss nicht zu verwirklichen, wenn sich die Verhältnisse wider Erwarten anders als bei vernünftiger Betrachtung vorhersehbar entwickeln (*BAG* 27.2.1987 EzA § 1 KSchG Betriebsbedingte Kündigung Nr. 46).

**2497** An einem ernstlichen und endgültigen Entschluss des Unternehmers fehlt es aber jedenfalls, wenn er zum fraglichen Zeitpunkt noch in ernsthaften Verhandlungen über eine Veräußerung des Betriebes steht (s. dazu *BAG* 13.2.2008 – 2 AZR 543/06, NZA 2008, 821) und deswegen nur vorsorglich mit der Begründung kündigt, der Betrieb solle zu einem späteren Zeitpunkt stillgelegt werden, falls eine Veräußerung scheitere. Gleiches gilt, wenn dem **Insolvenzverwalter** vor Erklärung der Kündigung ein **Übernahmeangebot eines Interessenten** vorliegt, das wenige Tage später zu konkreten Verhandlungen mit einer teilweisen Betriebsübernahme führt. Das gilt jedenfalls dann, wenn im vorausgegangenen Interessenausgleich dessen Neuverhandlung vereinbart war, falls ein Betriebsübergang auf einen dritten Interessenten erfolgt (*BAG* 29.9.2005 EzA § 1 KSchG Betriebsbedingte Kündigung Nr. 140).

Nichts anderes gilt, wenn der Arbeitgeber zum Kündigungszeitpunkt noch über eine Weiterveräußerung der Gesellschaftsanteile verhandelt hat (*BAG* 10.10.1996 EzA § 1 KSchG Betriebsbedingte Kündigung Nr. 87; 13.2.2008 – 2 AZR 543/06, NZA 2008, 821; s. Rdn. 2492). Auch eine in einem Kündigungsschreiben variabel gehaltener Zeitraum einer geplanten Betriebsstilllegung bis zu fünf Monaten begründet keine Stilllegungsabsicht des Arbeitgebers (*LAG Bln.* 22.4.1997 NZA-RR 1997, 471). Noch weitergehend hat das *LAG Bln.* (5.5.2001 ZTR 2001, 375 LS) angenommen, dass, solange **nicht auszuschließen** ist, dass es noch zu einem **Betriebs(teil)übergang kommen wird**, eine um mehrere Monate vorzeitige Kündigung wegen beabsichtigter Betriebsstillegung oder Schließung einer Dienststelle **nicht dringend, sondern unverhältnismäßig** ist, indem es den Arbeitnehmer auf einen Wiedereinstellungsanspruch verweist, auf den § 1 Abs. 3 KSchG keine Anwendung findet. Findet erst **nach Ablauf der Frist** für eine insolvenzbedingte Kündigung ein Betriebsübergang statt, besteht aber jedenfalls **kein Anspruch auf Wiedereinstellung** des Arbeitnehmers (*BAG* 13.5.2004 EzA § 613a BGB 2002 Nr. 2; vgl. *Zwanziger* BB 2005, 1386 ff.).

**2498** Kommt es – nach älterer Rechtsprechung – noch innerhalb der Kündigungsfrist zu einem Betriebsübergang nach § 613a Abs. 1 S. 1 BGB, so spricht eine tatsächliche Vermutung gegen eine ernsthafte und endgültige Stilllegungsabsicht (*BAG* 27.9.1984 EzA § 613a BGB Nr. 40; 18.5.1995 EzA § 613a BGB Nr. 139); die Prognose hat sich dann jedenfalls als falsch erwiesen, so dass ein Fortsetzungsanspruch gegen den Betriebserwerber gegeben sein kann (*LAG Nds.* 2.4.2004 NZA-RR 2004, 567). Inzwischen ist diese Einschränkung auf die Kündigungsfrist aufgegeben worden: Die Fortführung des Betriebes durch einen Betriebserwerber begründet eine gegen die Stilllegungsabsicht sprechende Vermutung, die der Arbeitgeber dadurch widerlegen kann, dass er substantiiert darlegt, die Veräußerung zum Zeitpunkt des Ausspruches der Kündigung war weder voraussehbar noch geplant. Dabei ist es ohne Belang, ob die Betriebsfortführung vor oder nach Ablauf der Kündigungsfrist stattgefunden hat (*BAG* 16.2.2012 – 8 AZR 693/10, EzA-SD 12/2012 S. 9 LS). Das BAG (16.2.2012 – 8 AZR 693/10, EzA-SD 12/2012 S. 9 LS) führt dazu aus: »Die Entscheidung … vom 27.9.1984 (… EzA BGB § 613a Nr. 40) steht dem nicht entgegen. Zwar könnte ein solcher Bezug zur Kündigungsfrist aus dem Leitsatz Nr. 3c hergeleitet werden. Ein solcher ergibt sich aus den Entscheidungsgründen jedoch nicht. Vielmehr heißt es dort, dass bei alsbaldiger Wiedereröffnung eine tatsächliche Vermutung gegen eine ernsthafte Stilllegungsabsicht spricht. Der Entscheidung lässt sich nicht entnehmen, eine tatsächliche Vermutung gegen eine ernsthafte Stilllegungsabsicht sei nur dann gegeben, wenn ein Betriebsübergang noch innerhalb der individuellen Kündigungsfrist stattfindet. Auch in späteren Entscheidungen … findet sich keine Einschränkung auf den Zeitraum der Kündigungsfrist (vgl. *BAG* 21.6.2001 EzA § 15 KSchG n. F. Nr. 53; 12.2.1987 EzA BGB § 613a Nr. 64). Kommt es noch vor dem beabsichtigten oder alsbald nach dem beabsichtigten Stilllegungstermin zu einer Betriebsfortführung durch einen Betriebserwerber, so spricht die Erfahrung dafür, dass die Verhandlungen bzw. der Abschluss der Rechtsgeschäfte hierfür bereits längere Zeit zuvor stattgefunden haben. Dies rechtfertigt es, an die Betriebsfortführung durch den Unternehmer bzw. einen Erwerber die tatsächliche Vermutung zu knüpfen, zum Zeitpunkt der Kündigung der Arbeitsverhältnisse habe keine endgültige Stilllegungsabsicht bestanden. Es ist dann Sache des Arbeitgebers, durch näheren Sachvortrag diese Vermutung zu widerlegen«.

**2499** Eine Betriebsstilllegung im hier maßgeblichen Sinne **kann auch in der durch Gesetz angeordneten Auflösung einer Körperschaft des öffentlichen Rechts** und der damit verbundenen Einstellung jeglicher Tätigkeit liegen; eine solche von einem Gesetzgeber verantwortlich getroffene Entscheidung kann von den Gerichten nicht nachgeprüft werden, sie ist vielmehr als gegeben hinzunehmen (*BAG* 10.5.2007 EzA § 1 KSchG Betriebsbedingte Kündigung Nr. 155; s. Rdn. 2514 ff.).

**2500** Diese Grundsätze gelten entsprechend **auch für eine Betriebsteilstilllegung; auch sie zählt zu den dringenden betrieblichen Erfordernissen**, die einen Grund zur sozialen Rechtfertigung einer Kündigung abgeben können (*BAG* 18.10.2006 EzA § 1 KSchG Soziale Auswahl Nr. 70; *LAG Nds.* 11.8.2005 NZA-RR 2006, 16; *LAG Köln* 22.2.2006 – 7 Sa 1314/05, NZA-RR 2006, 523 LS). Es kommt dann für die Beurteilung der Frage nach dem Wegfall der Beschäftigungsmög-

## H. Die ordentliche betriebsbedingte Kündigung — Kapitel 4

lichkeit maßgeblich auf das Schließungskonzept des Arbeitgebers an. Entschließt er sich zur schnellstmöglichen, dauerhaften Aufhebung der Betriebs- und Produktionsgemeinschaft, so entfällt die Beschäftigungsmöglichkeit mit dem Ablauf der individuellen Kündigungsfrist (*LAG RhPf* 12.10.2005 NZA-RR 2006, 186). So kann z. B. durch eine unternehmerische Organisationsentscheidung, **einen Betriebsteil (Niederlassung Rahden) zu verlegen und diesen in eine andere Betriebsstätte** (Niederlassung Höxter) **einzugliedern, der Arbeitsplatz des Betriebsleiters** des aufgelösten Standorts **weggefallen** sein und ein betriebsbedingter Kündigungsgrund vorliegen (*BAG* 18.10.2006 EzA § 1 KSchG Soziale Auswahl Nr. 70).

▶ **Weitere Beispiele:** 2501
- Der Betriebsstilllegung steht die kurzfristige Weiterbeschäftigung einiger weniger Arbeitnehmer mit Abwicklungs- oder Aufräumarbeiten nicht entgegen (*BAG* 14.10.1982 EzA § 15 KSchG n. F. Nr. 29).
- Ein dringendes betriebliches Erfordernis i. S. d. § 1 Abs. 2 KSchG stellt auch die Stilllegung des verbliebenen Einzelbetriebes nach Aufgabe eines Gemeinschaftsbetriebes jedenfalls im Zusammenhang mit einer Beendigung der früher gemeinsamen Leistungsstruktur (Führungsvereinbarung) dar (*BAG* 13.9.1995 EzA § 1 KSchG Nr. 48; vgl. auch *LAG Brem.* 17.10.2002 – 3 Sa 147/02, NZA-RR 2003, 189). Damit entfällt auch die Notwendigkeit einer auf den früheren Gemeinschaftsbetrieb bezogenen Sozialauswahl.
- Eine von vornherein nur für begrenzte Zeit geplante Betriebsstilllegung rechtfertigt eine betriebsbedingte Kündigung dann, wenn zum Kündigungstermin nicht sicher prognostiziert werden kann, zu welchem Zeitpunkt der Betrieb seine Tätigkeit wieder aufnehmen und Beschäftigungsmöglichkeiten bieten kann. In diesem Fall ist es Sache des Arbeitgebers, eine Prognose darzulegen, nach der der Wegfall der Beschäftigungsmöglichkeit für eine nicht unerhebliche Zeit zu erwarten ist; ein Zeitraum von 6 Monaten kann dabei im Einzelfall erheblich sein (*BAG* 27.4.1995 EzA § 1 KSchG Betriebsbedingte Kündigung Nr. 83; krit. *Busemann/Schäfer* Rn. 226a).
- Eine Betriebs(teil)stilllegung liegt nicht vor, wenn der Arbeitgeber seine Befugnisse als Arbeitgeber nicht vollständig aufgibt, sondern **in wesentlichen Funktionen beibehält**. Der Entschluss, die formale Arbeitgeberstellung aufzugeben (Gründung einer Service-GmbH, um Dienstleistungen für eine Klinik durchzuführen), ist deshalb keine die Kündigung bedingende Unternehmerentscheidung, wenn der Unternehmer gegenüber den Beschäftigten weiterhin selbst die für die Durchführung der Arbeiten erforderlichen Weisungen erteilen kann, zumindest ein faktisches Weisungsrecht besteht (*LAG SchlH* 28.5.2002 – 5 Sa 175c/01, EzA-SD 20/02, S. 16 LS).
- Beschließt ein Arbeitgeber, durch **Stilllegung einzelner Produktionsanlagen** seine Produktionskapazität zu verkleinern, nimmt er aber weiterhin Aufträge in einem Umfang an, bei dem von vornherein feststeht, dass er mit der verkleinerten Kapazität gar nicht bewältigen werden kann und kommt es dementsprechend nur wenige Monate nach der Teilstilllegungsentscheidung wiederum zu einer Ausweitung der Produktionskapazität auf mindestens den vorigen Stand, so spricht eine tatsächliche Vermutung dafür, dass der Teilstilllegungsbeschluss nicht auf Dauer ausgelegt war (*LAG Köln* 22.2.2006 – 7 Sa 1314/05, NZA-RR 2006, 523 LS).

Schon eine **beabsichtigte Betriebs- oder Abteilungsstilllegung** kann sich ausnahmsweise als ein 2502 dringendes betriebliches Erfordernis i. S. v. § 1 Abs. 2 KSchG darstellen, nämlich **wenn die für den künftigen Wegfall der Beschäftigung des Arbeitnehmers maßgeblichen Entwicklungen bereits zum Kündigungszeitpunkt feststehen.** Auch insoweit gilt aber, dass die zur Kündigung führende Organisationsentscheidung bereits **zum Kündigungszeitpunkt** endgültig **getroffen worden sein** und die Schließung des Betriebs oder der Betriebsabteilung aus Sicht der Arbeitsvertragsparteien bereits **Formen angenommen haben.** Deswegen ist eine Kündigung wegen Betriebsschließung nicht sozial gerechtfertigt, solange der Arbeitgeber den Stilllegungsbeschluss lediglich erwogen, aber noch nicht endgültig gefasst hat. Gleiches gilt, wenn der Arbeitgeber im Kündigungszeitpunkt noch in ernsthaften Verhandlungen über die Veräußerung des Betriebs oder

der Betriebsabteilung steht und sich um neue Aufträge bemüht. Denn dann liegt keine unbedingte und endgültige Stilllegungsabsicht vor. Diese Grundsätze gelten auch für gemeinnützige, am Markt teilnehmende Unternehmen (*BAG* 13.2.2008 – 2 AZR 543/06, NZA 2008, 821).

bb) »*Greifbare Formen*«; *Darlegungslast*

2503 Die Kündigung aus Anlass einer geplanten Betriebsstilllegung ist sozial gerechtfertigt, wenn die betrieblichen Umstände bereits greifbare Formen angenommen haben und eine vernünftige, betriebswirtschaftliche Betrachtung die Prognose rechtfertigt, dass bis zum Ablauf der Kündigungsfrist der Arbeitnehmer entbehrt werden kann (*BAG* 5.12.2002 EzA § 1 KSchG Betriebsbedingte Kündigung Nr. 125; 16.6.2005 EzA § 1 KSchG Betriebsbedingte Kündigung Nr. 137; *LAG BW* 15.12.2003 LAG Report 2005, 10; *LAG Hmb.* 28.10.2005 – 6 Sa 13/05, EzA-SD 25/05 S. 12 LS). **Auch die nach dem Zugang der Kündigung plangemäß ausgeführten Schritte zur Umsetzung des Stilllegungsbeschlusses können vom Gericht als Bestätigung der Ernsthaftigkeit der Stilllegungsabsicht berücksichtigt werden** (*BAG* 12.7.2007 EzA § 551 ZPO 2002 Nr. 6).

2504 Die »greifbaren Formen« können je nach Umständen des Einzelfalles die **Gründe für die Stilllegungsabsicht** oder auch **ihre Durchführungsformen** betreffen (*BAG* 19.6.1991 EzA § 1 KSchG Betriebsbedingte Kündigung Nr. 70).

2505 Will der Arbeitgeber als betriebsbedingten Kündigungsgrund seinen Entschluss zur Betriebsstilllegung anführen und ist bestritten, ob dieser im Kündigungszeitpunkt bereits gefasst gewesen sei, muss der Arbeitgeber substantiiert darlegen, dass und zu welchem Zeitpunkt er diejenigen organisatorischen Maßnahmen geplant hat, die sich als Betriebsstilllegung darstellen; außerdem muss er darlegen, dass diese Maßnahmen bereits greifbare Formen angenommen hatten (*BAG* 23.3.1984 AP Nr. 38 zu § 1 KSchG 1969 Betriebsbedingte Kündigung; 16.2.2012 – 8 AZR 693/10, EzA-SD 12/2012 S. 9 LS). Beruft sich der Arbeitgeber auf den betriebsbedingten Kündigungsgrund der Stilllegung, so ist, wenn das Vorliegen eines Stilllegungsentschlusses im Kündigungszeitpunkt bestritten wird, der Arbeitgeber folglich verpflichtet, substantiiert darzulegen, dass und zu welchem Zeitpunkt er diejenigen organisatorischen Maßnahmen, die sich rechtlich als Betriebsstilllegung darstellen, geplant und beschlossen hat. Über diese Entschlussfassung hinaus muss der Arbeitgeber substantiiert vortragen, dass auch die geplanten Maßnahmen selbst im Kündigungszeitpunkt bereits greifbare Formen angenommen hatten. Der Umfang der Darlegungslast hängt dabei auch davon ab, wie sich der gekündigte Arbeitnehmer auf die vom Arbeitgeber gegebene Begründung der Kündigung einlässt. Trägt der gekündigte Arbeitnehmer beispielsweise Anhaltspunkte dafür vor, dass im Zeitpunkt der Kündigung eine Stilllegungsentscheidung nicht ernsthaft getroffen war, weil es Veräußerungsverhandlungen gegeben habe, und kommt es zu einer alsbaldigen Wiedereröffnung bzw. nahtlosen Fortsetzung durch einen Betriebserwerber, so trägt der Arbeitgeber die Darlegungs- und Beweislast dafür, dass die Wiedereröffnung bzw. Veräußerung nicht bereits voraussehbar oder gar geplant war (*BAG* 16.2.2012 – 8 AZR 693/10, EzA-SD 12/2012 S. 9 LS).

2506 Das kann z. B. dann der Fall sein, wenn die Umsetzung des Plans zur Stilllegung bereits in Angriff genommen worden ist und der jeweilige Mitarbeiter **für die Restabwicklung entbehrt werden kann** (*LAG RhPf* 18.1.2002 – 10 Sa 350/01, EzA-SD 3/02, S. 11 LS). Beschließen der vorläufige Insolvenzverwalter und der Geschäftsführer der Gemeinschuldnerin im Insolvenzeröffnungsverfahren die vollständige Betriebsstilllegung, so sind nach Auffassung des *LAG Köln* (22.10.2001 – 2 (4) Sa 208/01, NZA-RR 2002, 248; bestätigt durch *BAG* 8.4.2003 EzA § 55 InsO Nr. 4) die daraufhin ausgesprochenen Kündigungen nicht deshalb unwirksam, weil der Geschäftsführer den geheimen Vorbehalt hegte, unter Entwendung eines Teils der Betriebsmittel eine Betriebsabteilung fortzuführen. Andererseits hat das *LAG Nds.* (24.5.2002 LAGE § 113 InsO Nr. 10; bestätigt durch *BAG* 5.12.2002 EzA § 1 KSchG Betriebsbedingte Kündigung Nr. 125) angenommen, dass eine Kündigung *eines Insolvenzverwalters wegen Betriebsstilllegung während der Freistellungsphase bei einer* **Altersteilzeitvereinbarung im Blockmodell** nicht durch dringende betriebliche Erfordernisse gem.

§ 1 Abs. 2 KSchG gerechtfertigt ist; etwas anderes kann aber grds. dann gelten, wenn der Arbeitnehmer sich noch für einige Zeit in der Arbeitsphase befindet (*BAG* 16.6.2005 EzA § 1 KSchG Betriebsbedingte Kündigung Nr. 137; *LAG Düsseld.* 27.5.2003 NZA-RR 2003, 635). Jedenfalls liegt eine Betriebsstilllegung **dann nicht vor,** wenn drei Altersteilzeitarbeitnehmer während ihrer aktiven Phase noch 9/15/16,5 Monate **über den behaupteten Stilllegungstermin hinaus** mit – behaupteten – Aufräumungs- und Abwicklungsarbeiten **beschäftigt werden.** Auch dann, wenn die Weiterbeschäftigung der Altersteilzeitmitarbeiter schon bei Ausspruch der Kündigung eines Betriebsratsmitglieds beabsichtigt war, ist die Kündigung des Betriebsratsmitglieds unwirksam (*LAG Nbg.* 27.11.2007 LAGE § 15 KSchG Nr. 21).

Werden bei einer geplanten, jedoch noch nicht durchgeführten Betriebsstilllegung während des Laufs der Kündigungsfristen Teile des Betriebs veräußert, beurteilt sich die Wirksamkeit der Kündigung nach den objektiven Verhältnissen im Zeitpunkt des Zugangs der Kündigung (*LAG Köln* 12.6.1997 NZA-RR 1997, 473). 2507

Auf die **Weiterbeschäftigung** eines Arbeitnehmers nach zumutbaren Umschulungs- und Fortbildungsmaßnahmen (§ 1 Abs. 2 S. 2 KSchG; vgl. *Gaul* BB 1995, 2422) kann der Arbeitgeber jedenfalls dann nicht verwiesen werden, wenn bei Ausspruch der Kündigung **kein entsprechender anderweitiger Arbeitsplatz frei ist** und auch nicht mit Sicherheit voraussehbar ist, dass nach Abschluss der Maßnahme eine Beschäftigungsmöglichkeit auf Grund der durch sie erworbenen Qualifikation besteht (*BAG* 7.2.1991 EzA § 1 KSchG Personenbedingte Kündigung Nr. 9). 2508

*m) Abkehrwille des Arbeitnehmers*

Nach Auffassung des *BAG* (22.10.1964 AP Nr. 16 zu § 1 KSchG Betriebsbedingte Kündigung) ist eine betriebsbedingte Kündigung dann sozial gerechtfertigt, wenn ein Arbeitgeber einem Arbeitnehmer in einem Spezial- oder Mangelberuf kündigt, wenn er die Möglichkeit hat, für den abkehrwilligen Arbeitnehmer eine **sonst nur schwer zu findende Ersatzkraft** einzustellen. 2509

*n) Umwandlung einer Teilzeit- in eine Ganztagsstelle*

**Keinen Grund zur Kündigung stellt es dar, wenn der Arbeitgeber die Umwandlung einer Teilzeit- in eine Ganztagsstelle anstrebt** (a. A. *LAG Nbg.* 23.2.2006 NZA-RR 2006, 294). 2510

Lediglich dann, wenn dies aus nachvollziehbaren Gründen technisch, organisatorisch oder wirtschaftlich nicht möglich ist, kommt eine Kündigung der Teilzeitkraft in Betracht. Für derartige Umstände trägt der Arbeitgeber die volle Darlegungs- und Beweislast (*LAG RhPf* 10.5.1988 NZA 1989, 273; *LAG Hmb.* 20.11.1996 LAGE § 2 KSchG Nr. 25; s. a. *LAG Nbg.* 23.2.2006 NZA-RR 2006, 294). 2511

*o) Auswechslung von Arbeitnehmern durch Leiharbeitnehmer*

Unterschreiben von 600 Arbeitnehmern eines Betriebes bis auf sieben alle einen Auflösungsvertrag und verpflichten sich gleichzeitig, in eine Beschäftigungsgesellschaft zu wechseln, die einen Teil von ihnen einer Verleihgesellschaft zur Verfügung stellt, über die sie mit schlechteren Arbeitsbedingungen wieder auf ihren alten Arbeitsplatz eingesetzt werden, ist bei der Prüfung der sozialen Rechtfertigung der Kündigung der sieben Arbeitnehmer darauf abzustellen, ob für jede einzelne Kündigung ein betriebsbedingter Kündigungsgrund gegeben ist. Der Hinweis des Arbeitgebers, die Sanierung werde sonst nicht erreicht, reicht nicht aus, wenn mehrere hundert Arbeitnehmer zu schlechteren Arbeitsbedingungen, durch die das Sanierungsziel nicht gefährdet wird, eingesetzt werden und nur sieben Arbeitnehmer zu den alten Bedingungen weiterbeschäftigt werden müssten (*LAG Brem.* 30.1.1998 – 4 Sa 114, 117/97; s. a. *LAG Brem.* 18.9.1997 LAGE § 1 KSchG Betriebsbedingte Kündigung Nr. 47). 2512

Insgesamt stellt es keine der gerichtlichen Kontrolle nur eingeschränkt zugängliche freie Unternehmerentscheidung dar, einen dauerhaften Arbeitskräftebedarf mit dem Einsatz von Leiharbeit- 2513 nehmern abzudecken (*LAG Hamm* 23.3.2009 LAGE § 1 KSchG Betriebsbedingte Kündigung Nr. 84).

### 5. Öffentlicher Dienst; ausländische diplomatische Vertretungen

#### a) Wegfall von Arbeitsplätzen

2514 Im öffentlichen Dienst ist eine Kündigung betriebsbedingt, wenn im Haushaltsplan bestimmte konkret bezeichnete Stellen gestrichen werden (*BAG* 5.12.2002 EzA § 1 KSchG Soziale Auswahl Nr. 50; s. a. *ArbG Marburg* 13.3.1998 NZA 1999, 1120 LS) oder im Zuge allgemeiner Sparmaßnahmen organisatorische oder technische Veränderungen durchgeführt werden, die den Wegfall bestimmter Arbeitsplätze bewirken (*BAG* 26.6.1975 EzA § 1 KSchG Betriebsbedingte Kündigung Nr. 1; s. *Lingemann/Grothe* NZA 1999, 1072 ff.). Insoweit kann eine, eine betriebsbedingte Kündigung sozial rechtfertigende Organisationsentscheidung darin liegen, dass das zuständige Gremium den Personalbedarf für einen Tätigkeitsbereich so reduziert, dass die Bestimmung der zu kündigenden Arbeitnehmer nur noch eine Frage der sozialen Auswahl ist (*BAG* 22.5.2003 EzA § 1 KSchG Betriebsbedingte Kündigung Nr. 126).

2515 Diese Entscheidung kann durch Stellenstreichungen in einem Haushaltsplan, durch kw-Vermerke oder auch durch einen Stadtratsbeschluss getroffen werden, in dem die Verwaltung beauftragt wird, in einem bestimmten Bereich den Personalstand zu reduzieren (*BAG* 22.5.2003 EzA § 1 KSchG Betriebsbedingte Kündigung Nr. 126). Nicht ausreichend ist es jedenfalls grds. allein, eine Stelle mit einem sog. **»kw-Vermerk«** (»künftig wegfallend«) zu versehen (*ArbG Rostock* 28.3.2006 ZTR 2006, 443; vgl. *Lakies* NZA 1997, 745 ff.). Der kw-Vermerk ist nämlich nur dann ein betriebliches Erfordernis, wenn er den Wegfall der Stelle zu einem bestimmten oder zumindest bestimmbaren Zeitpunkt anordnet, sodass die Behörde ab diesem Zeitpunkt nicht mehr darüber verfügen kann (*BAG* 6.9.1978 EzA § 1 KSchG Betriebsbedingte Kündigung Nr. 9). Es bedarf eines auf den Stellenbedarf der jeweiligen Dienststelle zugeschnittenen **Konzepts der zuständigen Verwaltung** (*BAG* 18.11.1999 EzA § 1 KSchG Betriebsbedingte Kündigung Nr. 104; APS/*Kiel* § 1 KSchG Rn. 533 ff.).

2516 Dann allerdings liegt in der **Streichung einer bestimmten Stelle** oder im Anbringen eines **kw-Vermerks** an einer bestimmten Stelle im Haushaltsplan eines öffentlichen Arbeitgebers ein dringendes betriebliches Bedürfnis für eine betriebsbedingte Kündigung eines Angestellten im öffentlichen Dienst. Wird eine konkrete Stelle im Haushaltsplan gestrichen, braucht der öffentliche Arbeitgeber grds. nicht mehr im Einzelnen zur organisatorischen Umsetzbarkeit, d. h. zur Durchsetzbarkeit und Nachhaltigkeit der Organisationsmaßnahme vorzutragen, es sei denn, es liegen Anhaltspunkte für einen Missbrauch des Kündigungsrechts vor (*BAG* 23.11.2004 EzA § 1 KSchG Betriebsbedingte Kündigung Nr. 134). Die **Zweckmäßigkeit** der Stellenstreichung ist also von den Arbeitsgerichten **nur begrenzt** überprüfbar. Offenbar unsachlich kann die Organisationsentscheidung sein, wenn sie unmittelbar oder mittelbar **gegen Gesetze** oder **Verträge verstößt** oder deren Umgehung dient oder sie sich nur unter Verstoß gegen Gesetzes- oder Tarifrecht realisieren lässt. Die durch die Organisationsentscheidung möglicherweise verletzte Norm muss aber zumindest auch dem arbeitsrechtlichen Bestands- und Inhaltsschutz dienen. Die (Organisations-)Regelungen des Sächsischen Vermessungsgesetzes bezwecken aber z. B. offensichtlich keinen Schutz der Arbeitsplätze von Vermessungshelfern im Vermessungswesen (*BAG* 7.10.2004 EzA § 1 KSchG Betriebsbedingte Kündigung Nr. 133).

2517 Eine Kündigung kommt auch dann nicht ohne weiteres in Betracht, wenn die Verwaltung erst noch zwischen **verschiedenen Möglichkeiten** einer Umsetzung von kw-Vermerken mit unterschiedlichen Auswirkungen auf die Dienststellen entscheiden muss (*BAG* 19.3.1998 EzA Art. 20 EinigungsV Nr. 20 62; s. a. *LAG Sachsen* 11.2.1998 NZA-RR 1999, 363).

2518 Erschöpft sich die Entscheidung des Arbeitgebers im Wesentlichen darin, Personal einzusparen, muss der Arbeitgeber seine Entscheidung hinsichtlich ihrer organisatorischen Durchführbarkeit und hinsichtlich ihrer Nachhaltigkeit (»Dauer«) verdeutlichen, damit das Gericht prüfen kann, ob sie offenbar unsachlich, unvernünftig oder willkürlich, also missbräuchlich ausgesprochen worden ist. Dass der Arbeitgeber zur organisatorischen Durchführbarkeit und Nachhaltigkeit der unternehmerischen Entscheidung vortragen muss, soll einen Missbrauch des Kündigungsrechts ausschließen. Eine rechtswidrige Überforderung oder Benachteiligung des im Betrieb verbleibenden Personals soll vermieden werden. Ausgeschlossen werden soll auch, dass die unternehmerische Entscheidung lediglich als Vorwand benutzt wird, um Arbeitnehmer aus dem Betrieb zu drängen, obwohl Beschäftigungsbedarf und Beschäftigungsmöglichkeit fortbestehen (*BAG* 22.5.2003 EzA § 1 KSchG Betriebsbedingte Kündigung Nr. 126).

Entschließt sich dagegen der **Träger einer Kinderbetreuungseinrichtung**, seinen Personalbestand entsprechend einem **geänderten landesgesetzlichen Mindestpersonalschlüssel** zu senken, bedarf es im Rechtsstreit zur Darstellung des daraus folgenden Personalüberhangs i. d. R. **keiner näheren Darlegung** der organisatorischen Durchführbarkeit und Dauerhaftigkeit der Maßnahme, solange der Arbeitnehmer nicht aufzeigt, warum die Personalreduzierung ausnahmsweise nicht durchführbar ist (*LAG SA* 16.5.2000 ZTR 2001, 282). Das gilt insbes. dann, wenn keine Anhaltspunkte für fortbestehenden Beschäftigungsbedarf oder Überforderung des verbliebenen Personals vorliegen (*BAG* 22.5.2003 EzA § 1 KSchG Betriebsbedingte Kündigung Nr. 126). 2519

### b) Stellenbesetzung mit Beamten, Soldaten, externen Bewerbern

Ist ein stellenplanmäßiger Beamtendienstposten mit einem Angestellten besetzt, so bewirkt die Entscheidung der Behörde, die Stelle mit einem Beamten zu besetzen, einen betriebsbedingten Kündigungsgrund (*BAG* 26.2.1957 AP Nr. 23 zu § 1 KSchG; APS/*Kiel* § 1 KSchG Rn. 536). Gleiches gilt für die **Organisationsentscheidung** des öffentlichen Arbeitgebers, eine **Angestelltenstelle**, auf der hoheitliche Aufgaben erledigt werden, **in eine Beamtenstelle umzuwandeln** und mit einem Beamten zu besetzen, wenn der bisherige angestellte Stelleninhaber die Voraussetzungen für eine Übernahme in ein Beamtenverhältnis nicht erfüllt. Erfüllt der bisherige Stelleninhaber jedoch das Anforderungsprofil der neu geschaffenen Beamtenstelle, besteht kein dringendes betriebliches Bedürfnis zur Kündigung des bisherigen Stelleninhabers. Der öffentliche Arbeitgeber kann sich dann nach dem in **§ 162 Abs. 1, 2 BGB** normierten Rechtsgedanken nicht darauf berufen, dass er die Stelle mit einem – möglicherweise aus seiner Sicht geeigneteren – externen Bewerber besetzt hat. Der Besetzung einer Stelle mit einem externen Bewerber steht es gleich, wenn der öffentliche Arbeitgeber dem bisherigen Stelleninhaber unwirksam gekündigt, dann eine Ersatzkraft eingestellt hat und diese Ersatzkraft nunmehr anstelle des bisherigen Stelleninhabers auf der neu geschaffenen Beamtenstelle zum Beamten ernennt (*BAG* 21.9.2000 EzA § 1 KSchG Betriebsbedingte Kündigung Nr. 106; s. *Mauer/Holthausen* NZA 2003, 1370 ff.). 2520

Auch die Entscheidung, eine bestimmte Stelle im militärischen Dienstbereich anstelle eines Zivilangestellten mit einem Soldaten zu besetzen, stellt ein betriebliches Erfordernis dar (*BAG* 29.1.1986 EzA § 102 BetrVG 1972 Nr. 64). 2521

Gleichermaßen handelt es sich um ein betriebliches Erfordernis, wenn sich der öffentliche Arbeitgeber entschließt, anstelle einer Lehrkraft ohne Lehrbefähigung einen ausgebildeten Lehrer mit Beamtenstatus zu beschäftigen (*BAG* 17.5.1984 EzA § 1 KSchG Betriebsbedingte Kündigung Nr. 32). 2522

Der öffentliche Arbeitgeber darf auch ausgeschriebene Stellen mit externen Bewerbern besetzen. Er kann aber gerade daraus allein eine **fehlende Verwendungsmöglichkeit für einen Bewerber** aus der Beschäftigungsstelle, der dem Anforderungsprofil der Stelle genügt, nicht herleiten. Denn das liefe auf eine unzulässige Austauschkündigung hinaus, die allein dem Zwecke diente, vorhandene geeignete Arbeitnehmer durch etwa noch besser geeignete zu ersetzen (*BAG* 6.12.2001 EzA § 1 KSchG Betriebsbedingte Kündigung Nr. 115). 2523

### c) Drittmittelfinanzierte Arbeitsplätze

**2524** Bei drittmittelfinanzierten Arbeitsplätzen kann eine betriebsbedingte Kündigung jedoch **nicht allein** damit begründet werden, dass der Drittmittelgeber die **Zuwendung kürzt oder einstellt**.

**2525** Hinzukommen muss vielmehr der Entschluss des Drittmittelempfängers, den entsprechenden Tätigkeitsbereich auch tatsächlich einzuschränken oder einzustellen, ihn nicht etwa mit eigenen Mitteln zu finanzieren oder fortzuführen (*BAG* 20.2.1986 EzA § 1 KSchG Betriebsbedingte Kündigung Nr. 37).

**2526** Dies folgt aus dem Grundsatz, dass neben einer inner- oder außerbetrieblichen Ursache für die Kündigung stets auch der Wegfall eines Arbeitsplatzes vorliegen und im Prozess nachgewiesen werden muss.

### d) Ausländische diplomatische Vertretungen

**2527** Eine nach deutschem Recht zu beurteilende Kündigung einer in einer diplomatischen Vertretung eines ausländischen Staates in Deutschland beschäftigten Ortskraft zum Zweck der Befristung eines bisher unbefristeten Arbeitsvertrages ist nicht allein deshalb sozial gerechtfertigt, weil das ausländische Haushaltsrecht des Arbeitgebers nur noch Stellen für eine befristete Beschäftigung vorsieht (*BAG* 20.11.1997 EzA Art. 30 EGBGB Nr. 4).

### e) Betriebsstilllegung durch Landesgesetz

**2528** Eine Betriebsstilllegung im hier maßgeblichen Sinne kann auch in der durch Gesetz angeordneten Auflösung einer Körperschaft des öffentlichen Rechts und der damit verbundenen **Einstellung jeglicher Tätigkeit** liegen; eine solche von einem Gesetzgeber verantwortlich getroffene Entscheidung kann von den Gerichten nicht nachgeprüft werden, sie ist vielmehr als gegeben hinzunehmen (*BAG* 10.5.2007 EzA § 1 KSchG Betriebsbedingte Kündigung Nr. 155; s. Rdn. 2514 ff.).

### 6. Insolvenzverfahren

**2529** Die Eröffnung des Insolvenzverfahrens rechtfertigt **für sich allein keine betriebsbedingte Kündigung**.

**2530** Jedoch sind nach den allgemeinen Grundsätzen Maßnahmen zulässig, die zum Wegfall von Arbeitsplätzen und damit zu betriebsbedingten Kündigungen führen können (z. B. Betriebsstilllegung; *BAG* 16.9.1982 EzA § 1 KSchG Betriebsbedingte Kündigung Nr. 18; s. Rdn. 2492 ff.). Auch im Vergleichs- (jetzt Insolvenz-)verfahren muss der Arbeitgeber aber nach Auffassung des *LAG Brem.* (30.1.1998 – 4 Sa 114, 117/97; vgl. auch *LAG Brem.* 18.9.1997 LAGE § 1 KSchG Betriebsbedingte Kündigung Nr. 47) vor Ausspruch der betriebsbedingten Kündigung versuchen, mit dem Betriebsrat, den Tarifvertragsparteien und ggf. den Arbeitnehmern für ihn günstigere Arbeitsbedingungen zu vereinbaren, um eine zwingend erforderliche Sanierung des Betriebes zu erreichen, bevor er allen Arbeitnehmern kündigt, oder mit ihnen Auflösungsverträge schließt, um einen Teil von ihnen dann als Leiharbeitnehmer zu 20 % günstigeren Tarifen wieder zu beschäftigen und zwei Monate später zu ähnlichen, schlechteren Bedingungen wieder einzustellen.

### 7. Betriebs-, Unternehmensbezogenheit des Kündigungsschutzes; Konzernbezug?

**2531** Der Kündigungsschutz nach dem KSchG ist in **erster Linie betriebsbezogen, allenfalls, insbes. hinsichtlich der Weiterbeschäftigungsmöglichkeit auf einem freien Arbeitsplatz unternehmensbezogen** ausgestaltet (*BAG* 23.11.2004 EzA § 1 KSchG Betriebsbedingte Kündigung Nr. 135; 23.4.2008 EzA § 1 KSchG Betriebsbedingte Kündigung Nr. 160; 26.6.2008 – 2 AZR 1109/06, NZA-RR 2009, 205; s. Rdn. 1842 zum Gemeinschaftsbetrieb mehrerer Unternehmen; s. a. Rdn. 2848 ff.). Daraus folgt z. B. dann, dass, wenn ein Unternehmen A wesentliche Betriebsaufgaben auf ein Unternehmen B überträgt, mit dem es einen Gemeinschaftsbetrieb bildet und unter Berufung darauf einer ihrer, dem übergehenden Betriebsteil zuzurechnenden Arbeitnehmer be-

## H. Die ordentliche betriebsbedingte Kündigung

triebsbedingt wegen Wegfalls des Arbeitsplatzes kündigt, es im Kündigungsschutzprozess darzulegen hat, dass der Arbeitsplatz auch im Unternehmen B nicht fortexistiert und auch in diesem Unternehmen nicht die Möglichkeit anderweitiger Beschäftigung besteht, die einvernehmlich oder durch Änderungskündigung hätte übertragen werden können (*LAG Köln* 21.7.2000 NZA-RR 2001, 245).

Das KSchG ist demgegenüber nicht konzernbezogen. Der Arbeitgeber ist daher vor Ausspruch einer betriebsbedingten Kündigung grds. nicht verpflichtet, eine anderweitige Unterbringung des Arbeitnehmers in einem Konzernbetrieb zu versuchen (*BAG* 18.9.2003 – 2 AZR 139/03, EzA-SD 6/04, S. 12; 23.11.2004 EzA § 1 KSchG Betriebsbedingte Kündigung Nr. 135; 23.4.2008 EzA § 1 KSchG Betriebsbedingte Kündigung Nr. 160; *Bayreuther* NZA 2006, 819 ff.).

**2532** Etwas anderes kann sich allerdings ausnahmsweise z. B. aus dem Arbeitsvertrag, einer vertraglichen Absprache oder einer Selbstbindung des Arbeitgebers, etwa auf Grund einer formlosen Zusage oder eines vorangegangenen Verhaltens ergeben (*BAG* 14.10.1982 EzA § 15 KSchG n. F. Nr. 29; 18.9.2003 – 2 AZR 139/03, EzA-SD 6/04, S. 12; 23.11.2004 EzA § 1 KSchG Betriebsbedingte Kündigung Nr. 135; vgl. dazu *Kamanabrou* SAE 2005, 9).

**2533** Voraussetzung einer konzernweiten Weiterbeschäftigungspflicht ist es demnach, dass sich ein anderes Konzernunternehmen ausdrücklich zur Übernahme des Arbeitnehmers bereit erklärt hat oder sich die Übernahmeverpflichtung unmittelbar aus dem Arbeitsvertrag oder aus anderen vertraglichen Absprachen oder aus einer Zusage des Arbeitgebers ergibt; **Gleiches gilt** beim Vorhandensein einer entsprechenden in der **Vergangenheit geübten Praxis** (*BAG* 23.4.2008 EzA § 1 KSchG Betriebsbedingte Kündigung Nr. 160). Ferner ist Voraussetzung, dass der Beschäftigungsbetrieb bzw. das vertragsschließende Unternehmen auf die »Versetzung« einen bestimmenden Einfluss hat. Die Versetzung darf deshalb grds. nicht dem zur Übernahme bereiten Unternehmen vorbehalten sein (*BAG* 23.11.2004 EzA § 1 KSchG Betriebsbedingte Kündigung Nr. 135; *Bachner* NZA 2006, 1310 ff.).

**2534** ▶ **Beispiele:**
- Ein solcher Ausnahmefall liegt nicht schon dann vor, wenn zwei Unternehmen eines Konzerns Betriebe mit identischem oder gleichartigem Tätigkeitsfeld betreiben und bei sich verschlechternder Auftrags- und Wirtschaftslage einer der beiden Konzernbetriebe stillgelegt wird und in Zukunft nur noch der andere Konzernbetrieb in dem fraglichen Tätigkeitsfeld ohne erhebliche Aufstockung seiner Belegschaft weiterhin am Markt auftritt (*BAG* 18.9.2003 – 2 AZR 139/03, EzA-SD 6/04, S. 12).
- Auch der bloße Umstand, dass ein **Gesellschafter erheblichen Einfluss** auf mehrere oder alle Gesellschaften der Gruppe ausüben kann, **reicht nicht aus**, um eine ausnahmsweise Erstreckung des Kündigungsschutzes auf den Konzern anzunehmen (*BAG* 23.4.2008 EzA § 1 KSchG Betriebsbedingte Kündigung Nr. 160).
- Wenn Arbeitnehmer in einem Konzernunternehmen, ohne versetzt oder abgeordnet zu werden, bestimmten fachlichen Weisungen durch ein anderes Konzernunternehmen unterstellt werden und dadurch noch kein Vertrauenstatbestand begründet wird, der einem vereinbarten oder in der Vertragsabwicklung konkludent durchgeführten Versetzungsvorbehalt gleichgestellt werden kann (*BAG* 27.11.1991 EzA § 1 KSchG Betriebsbedingte Kündigung Nr. 72; s. Rdn. 2571), ist das ebenfalls nicht der Fall.
- Verpflichtet sich ein Arbeitnehmer dagegen in einem dem deutschen Recht unterliegenden Vertrag, seine Arbeitsleistung im Rahmen eines ergänzenden Dienstvertrages mit einem ausländischen, konzernzugehörigen Unternehmen zu erbringen, und behält sich der Vertragspartner vor, dem Arbeitnehmer selbst Weisungen und dienstliche Anordnungen zu erteilen und jederzeit ein neues, zum Konzern gehörendes Unternehmen für den weiteren Auslandseinsatz des Arbeitnehmers zu bestimmen, so ist der Vertragspartner selbst Arbeitgeber und bei der Kündigung des Arbeitsvertrages hat er deutsches Kündigungsschutzrecht zu beachten. Beruft sich in

diesem Fall der Arbeitgeber darauf, für den Arbeitnehmer sei die bisherige Beschäftigungsmöglichkeit bei dem konzernzugehörigen Unternehmen weggefallen, hat er dies nach allgemeinen Grundsätzen im Bestreitensfall substantiiert darzulegen und ggf. zu beweisen. Auch für fehlende Einsatzmöglichkeiten bei anderen zum Konzern gehörenden Unternehmen, bei denen der Arbeitnehmer vereinbarungsgemäß beschäftigt werden könnte, obliegt dem Arbeitgeber eine gesteigerte Darlegungslast (*BAG* 21.1.1999 EzA § 1 KSchG Nr. 51).

### 8. Ultima-ratio-Grundsatz; Leiharbeitnehmer/schwer behinderte Arbeitnehmer; ruhendes Arbeitsverhältnis

2535 Die auf den Ultima-ratio-Grundsatz gestützte Verpflichtung des Arbeitgebers, zur Vermeidung einer betriebsbedingten Kündigung einen bislang durch einen Leiharbeitnehmer besetzten Arbeitsplatz anzubieten, beschränkt sich – wie bei sonstigen freien Arbeitsplätzen – grds. auf solche Tätigkeiten, die **im Vergleich zur bisherigen vertragsgemäßen Beschäftigung als gleich- oder geringerwertig anzusehen sind.** Demgegenüber kommt auf der Grundlage des § 81 Abs. 4 SGB IX im Verhältnis zu einem schwer behinderten Arbeitnehmer auch die Übertragung einer höherwertigen Tätigkeit dann in Betracht, wenn der Arbeitnehmer sie zu einem **früheren Zeitpunkt bereits ausgeübt und aus betriebsbedingten Gründen verloren hat.** Das gilt aber dann nicht, wenn der kündigungsbedrohte schwer behinderte Arbeitnehmer zur Übernahme der bislang von einem Leiharbeitnehmer erledigten Tätigkeit einer mehr als nur kurzen Anlernzeit bedarf, weil sich die Arbeitsplatzanforderungen seit seinem früheren Einsatz wesentlich geändert haben. Insofern wird die Verpflichtung zur behinderungsgerechten Beschäftigung und Förderung durch den Grundsatz der Zumutbarkeit begrenzt (§ 81 Abs. 4 S. 3 SGB IX; *LAG Hamm* 23.3.2009 LAGE § 1 KSchG Betriebsbedingte Kündigung Nr. 84).

2535a Auch ein noch ruhendes Arbeitsverhältnis (z. B. gem. § 33 Abs. 2 S. 6 TVöD) kann gekündigt werden. In der **Vergabe von** bisher im Betrieb durchgeführten **Arbeiten** an ein anderes Unternehmen liegt z. B. eine die Gerichte grds. bindende unternehmerische Organisationsentscheidung, die zum Wegfall von Arbeitsplätzen führen und ein dringendes betriebliches Erfordernis für eine Kündigung bilden kann. Besteht ein solcher Kündigungsgrund, so kann vom Arbeitgeber nicht verlangt werden, seinen Kündigungsentschluss, z. B. weil das Arbeitsverhältnis ruht und ihn kaum »belastet«, so lange zu verschieben, bis das Arbeitsverhältnis nicht mehr ruht, der Kündigungsgrund aber – möglicherweise – wieder entfallen ist, denn es ist nicht Voraussetzung einer betriebsbedingten Kündigung, dass ihr Unterbleiben den Arbeitgeber schädigt. Maßgeblich ist vielmehr, ob bei ihrem Ausspruch die **Beschäftigungsmöglichkeit auf Dauer entfallen** ist (*BAG* 9.9.2010 EzA § 1 KSchG Betriebsbedingte Kündigung Nr. 164).

### III. Sozialauswahl (§ 1 Abs. 3 KSchG)

#### 1. Grundsätze

*a) Maßstab der geringsten sozialen Schutzbedürftigkeit; fehlerhafte Sozialauswahl*

2536 Nach der Entscheidung des Gesetzgebers in § 1 Abs. 3 KSchG ist der Arbeitgeber nicht frei in seiner Entscheidung, welchem der betroffenen Arbeitnehmer gekündigt werden soll.

2537 Seine individuelle Auswahl ist vielmehr in der Weise gesetzlich determiniert, dass sie nach dem Maßstab der geringsten sozialen Schutzbedürftigkeit erfolgen soll. Die Kündigung soll mithin vorrangig denjenigen Arbeitnehmer treffen, der am wenigsten auf seinen Arbeitsplatz angewiesen ist.

Dieses festzustellen dient eine aufzustellende soziale Rangfolge der vom vorausgesetzten Beschäftigungsrückgang betroffenen Arbeitnehmer, die vom Gesetz in der Weise vorgegeben wird, dass sie unter ausreichender Berücksichtigung bestimmter – vier – sozialer Gesichtspunkte zu erfolgen hat.

## H. Die ordentliche betriebsbedingte Kündigung    Kapitel 4

Neben der **Individualisierungsfunktion** der Sozialauswahl, nämlich den infolge dringender betrieblicher Erfordernisse zu kündigenden Arbeitnehmer namhaft zu machen, kommt ihr die weitere Funktion zu, die sozial nachrangigen, weil schutzbedürftigen Arbeitnehmer vor einer betriebsbedingten Kündigung zu schützen. Ihre Kündigung ist nämlich sozial ungerechtfertigt, solange ein vergleichbarer Arbeitnehmer im Betrieb vorhanden ist, der sozial vorrangig, also weniger schutzbedürftig ist als sie selbst es sind (APS/*Kiel* § 1 KSchG Rn. 703 ff.). 2538

Die konkret getroffene Sozialauswahl ist grds. auf die **ausreichende oder grob fehlerhafte Gewichtung** (§ 1 Abs. 3–5 KSchG) der sozialen Kriterien hin zu überprüfen. Es kommt somit auf einen Vergleich zwischen den Sozialdaten des gekündigten Arbeitnehmers und der Arbeitnehmer an, hinsichtlich derer der gekündigte Arbeitnehmer Fehler bei der Sozialauswahl rügt. Allerdings kann eine Fehlbeurteilung nach § 1 Abs. 3 ebenso wie nach § 1 Abs. 4 KSchG durch den Arbeitgeber **nur dann zur Unwirksamkeit der Kündigung führen, wenn sie die getroffene Sozialauswahl tatsächlich entscheidungserheblich beeinflusst hat.** Denn auch eine Sozialauswahl, die von unzutreffenden Bewertungskriterien ausgeht, kann zu einem richtigen Ergebnis gelangen (*BAG* 18.10.2006 EzA § 1 KSchG Soziale Auswahl Nr. 70). 2539

### b) Ausnahme bestimmter Arbeitnehmer von der Sozialauswahl

In die Sozialauswahl sind gem. § 1 Abs. 3 S. 2 KSchG die Arbeitnehmer nicht einzubeziehen, deren Weiterbeschäftigung wegen ihrer Kenntnisse, Fähigkeiten und Leistungen oder zur Sicherung einer ausgewogenen Altersstruktur des Betriebes im berechtigten betrieblichen Interesse liegt (s. Rdn. 2641 ff.). 2540

### c) Darlegungs- und Beweislast

Darlegungs- und beweispflichtig für das Vorliegen der Voraussetzungen der Herausnahme einzelner Arbeitnehmer aus der Sozialauswahl ist der **Arbeitgeber** (*BAG* 25.4.1985 EzA § 1 KSchG Betriebsbedingte Kündigung Nr. 35). 2541

Schlagwortartige Angaben (z. B. die Bezeichnung einer vergleichbaren Arbeitnehmerin als »Spitzenkraft« oder der pauschale Hinweis auf unterschiedliche Krankheitsquoten ohne Darlegung der betriebstechnischen, wirtschaftlichen oder betrieblichen Auswirkungen von zukünftig zu erwartenden Krankheitsfällen) reichen für einen substantiierten Sachvortrag nicht aus. 2542

Bei **Massenkündigungen** (z. B. im Zusammenhang mit der Stilllegung von Betriebsabteilungen) können zwar die mit einer sozialen Auswahl bei einer Massenkündigung verbundenen Schwierigkeiten u. U. die Herausnahme aus der Sozialauswahl i. S. v. § 1 Abs. 3 S. 2 KSchG rechtfertigen. Diese Schwierigkeiten erlauben es dem Arbeitgeber aber nicht, völlig von einer Auswahl nach sozialen Gesichtspunkten abzusehen (*BAG* 5.12.2002 EzA § 1 KSchG Soziale Auswahl Nr. 52; vgl. auch *LAG Köln* 24.3.2005 – 6 Sa 1364/04, NZA-RR 2006, 20). 2543

Er muss vielmehr plausibel darlegen und ggf. unter Beweis stellen, dass der Austausch einer bestimmten Anzahl von Arbeitnehmern zwischen verschiedenen Betriebsabteilungen möglich ist, ohne dass der ordnungsgemäße Betriebsablauf gestört wird. Auf diese Zahl von Arbeitnehmern beschränkt sich dann die soziale Auswahl (*BAG* 25.4.1985 EzA § 1 KSchG Betriebsbedingte Kündigung Nr. 35; 5.12.2002 EzA § 1 KSchG Soziale Auswahl Nr. 52; vgl. APS/*Kiel* § 1 KSchG Rn. 780 ff.; s. a. *LAG Köln* 24.3.2005 – 6 Sa 1364/04, NZA-RR 2006, 20). 2544

## 2. Vergleichbarkeit der Arbeitnehmer

### a) Arbeitsplatzbezogene Merkmale; Austauschbarkeit; öffentlicher Dienst

Die Vergleichbarkeit der in die soziale Auswahl einzubeziehenden Arbeitnehmer richtet sich in erster Linie nach **arbeitsplatzbezogenen Merkmalen und damit nach der ausgeübten Tätigkeit** (*BAG* 7.2.1985 EzA § 1 KSchG Soziale Auswahl Nr. 20; 2.2.2006 EzA § 1 KSchG Betriebsbedingte Kün- 2545 digung Nr. 144; 18.10.2006 EzA § 1 KSchG Soziale Auswahl Nr. 73), also zunächst **nach der konkret erbrachten Arbeitsleistung** (*BAG* 5.6.2008 EzA § 1 KSchG Soziale Auswahl Nr. 81).

**2546** Es ist zu prüfen, ob der Arbeitnehmer, dessen Arbeitsplatz weggefallen ist, die Funktion eines anderen Arbeitnehmers wahrnehmen kann. Daran **fehlt es** z. B. dann, wenn der Arbeitgeber Reinigungskräfte oder andere Arbeitnehmer **nicht einseitig auf den anderen Arbeitsplatz um- oder versetzen kann** (»arbeitsvertragliche Austauschbarkeit«; *BAG* 5.6.2008 EzA § 1 KSchG Soziale Auswahl Nr. 81; 18.10.2006 EzA § 1 KSchG Soziale Auswahl Nr. 73; *LAG Köln* 28.9.2007 LAGE § 1 KSchG Soziale Auswahl Nr. 56). Daher kann es an einer Vergleichbarkeit der sonstigen Reinigungskräfte mit Reinigungskräften im Theaterbereich fehlen, deren Arbeitszeiten einzelvertraglich entsprechend den Aufführungszeiten des Theaterbetriebs vereinbart sind (*BAG* 24.5.2005 EzA § 613a BGB 2002 Nr. 38). Die Vergleichbarkeit kann grds. auch **nicht dadurch herbeigeführt werden**, dass der Arbeitsvertrag eines von einem betrieblichen Ereignis betroffenen Arbeitnehmers erst **anlässlich dieses Ereignisses einvernehmlich oder im Wege der Änderungskündigung entsprechend abgeändert wird** (*BAG* 18.10.2006 EzA § 1 KSchG Soziale Auswahl Nr. 73).

Vergleichbarkeit besteht insoweit auch dann nicht, wenn der Arbeitsvertrag zwar eine entsprechende Versetzungsklausel enthält, diese jedoch gem. **§§ 305 ff. BGB unwirksam ist**. Dem steht insbes. nicht entgegen, dass sich der Verwender von AGB an sich nicht selbst auf deren Unwirksamkeit berufen kann (so aber *Hess. LAG* 31.10.2008 – 10 Sa 2096/06, BB 2009, 1242 für einen Altvertrag). Denn darum geht es in diesem Zusammenhang nicht. Entscheidend ist vielmehr allein, dass auch in diesem Fall eine entsprechende Arbeitszuweisung nur mit Einverständnis des betreffenden Arbeitnehmers, und damit durch Änderung seines Arbeitsvertrags, möglich wäre. Eine solche Arbeitsvertragsänderung würde sich jedoch im Ergebnis als Umfunktionierung der sozialen Auswahl gegenüber den anderen, von dem betrieblichen Erfordernis eigentlich nicht betroffenen Arbeitnehmern und damit als unzulässiger Vertrag zu Lasten Dritter darstellen (*Gehlhaar* NJW 2010, 2550 ff.).

Eine **andere Beurteilung** kommt allenfalls bei Vorliegen **besonderer Umstände** in Betracht, und zwar insbes., wenn sich der Arbeitgeber vor Ausspruch der Kündigung bereits selbst gegenüber dem Arbeitnehmer auf die Versetzungsklausel berufen hat. In diesem Fall widerspräche es den Grundsätzen von Treu und Glauben, wenn der Arbeitgeber im Kündigungsschutzprozess gleichwohl noch die Unwirksamkeit dieser Klausel geltend machen könnte (*Gehlhaar* NJW 2010, 2550 ff.).

**2547** Bei einer betriebsbedingten Kündigung im **öffentlichen Dienst** beschränkt sich die Sozialauswahl grds. auf die Arbeitnehmer **derselben Vergütungsgruppe**. Nur die Arbeitnehmer derselben Vergütungsgruppe sind miteinander vergleichbar, weil der öffentliche Arbeitgeber den Arbeitnehmern im Rahmen seines Direktionsrechts nur solche Tätigkeiten zuweisen kann, die deren Fähigkeiten und Kräften einerseits und den Merkmalen ihrer im Arbeitsvertrag genannten Vergütungsgruppe andererseits entsprechen. Dementsprechend kommt der im Arbeitsvertrag genannten Vergütungsgruppe für die Vergleichsgruppenbildung bei der Sozialauswahl bei einer Kündigung im öffentlichen Dienst entscheidende Bedeutung zu (*BAG* 23.11.2004 EzA § 1 KSchG Betriebsbedingte Kündigung Nr. 134).

**2548** Allerdings gilt dies nur i. S. einer negativen Abgrenzung: Die Vergütungsgruppe schließt, sofern es sich nicht um einen Bewährungsaufstieg handelt, grds. die Vergleichbarkeit zwischen Arbeitnehmern verschiedener Vergütungsgruppen aus. Daraus kann aber nicht zugleich auch i. S. einer positiven Abgrenzung entnommen werden, Arbeitnehmer, die derselben Vergütungsgruppe angehören, seien stets i. S. d. Sozialauswahl miteinander vergleichbar. Insoweit kann die Gruppenbildung zwar von indiziellem Wert sein. Wenn aber ein Arbeitnehmer der betreffenden Vergütungsgruppe nur auf Grund Bewährungsaufstiegs angehört, ist mit der Aussage nur eine stark *eingeschränkte indizielle* Aussage über die Vergleichbarkeit der Tätigkeit verbunden (*BAG* 2.2.2006 EzA § 1 KSchG Betriebsbedingte Kündigung Nr. 144; s. a. *LAG Köln* 18.11.2009

LAGE § 1 KSchG Soziale Auswahl Nr. 60). Auch wenn im öffentlichen Dienst der tariflichen Eingruppierung damit eine besondere Bedeutung zukommen kann, so fehlt es an der geforderten Vergleichbarkeit trotz gleicher Eingruppierung jedenfalls dann, wenn der Arbeitgeber den Arbeitnehmer gar nicht einseitig im Wege des Direktionsrechts auf den anderen Arbeitsplatz um- oder versetzen kann (*BAG* 2.3.2006 EzA § 1 KSchG Soziale Auswahl Nr. 67; s. Kap. 1 Rdn. 552 m. w. N.).

*aa) Horizontale Vergleichbarkeit*

Im Übrigen ist Vergleichbarkeit nicht nur bei Identität des Arbeitsplatzes, sondern auch dann gegeben, wenn der Arbeitnehmer auf Grund seiner Fähigkeiten und Ausbildung eine andersartige, aber gleichwertige Tätigkeit ausführen kann; der Kreis der einzubeziehenden Arbeitnehmer vollzieht sich in erster Linie nach arbeitsplatzbezogenen Merkmalen, also nach der ausgeübten Tätigkeit (*BAG* 5.6.2008 EzA § 1 KSchG Soziale Auswahl Nr. 81 2.3.2006 EzA § 1 KSchG Soziale Auswahl Nr. 67). 2549

Der Vergleich vollzieht sich **auf derselben Ebene der Betriebshierarchie**, auf der der bisher innegehabte Arbeitsplatz seinem Arbeitsvertrag entsprechend angesiedelt war (sog. horizontale Vergleichbarkeit [*BAG* 4.2.1993 RzK I 5d Nr. 31; APS/*Kiel* § 1 KSchG Rn. 672 ff.]; zur Titulierungsvielfalt in der Kommunikationsbranche insoweit *Kerbein* NZA 2002, 889 ff.). Der Arbeitgeber genügt seiner Pflicht zur Sozialauswahl deshalb regelmäßig nicht, wenn er dann, wenn z. B. in einem Reinigungsbetrieb mit zahlreichen Beschäftigten in verschiedenen Objekten ein Reinigungsobjekt durch Nichtverlängerung des Reinigungsauftrags wegfällt, sämtlichen in dem weggefallenen Reinigungsobjekt Beschäftigten kündigt ohne zu prüfen, ob in anderen Reinigungsobjekten vergleichbare Arbeitnehmer beschäftigt werden (*BAG* 17.1.2002 EzA § 1 KSchG Soziale Auswahl Nr. 47). Nach Auffassung des *LAG Hamm* (31.7.2003 LAG Report 2004, 178) steht der unterschiedliche Status von **Angestellten und gewerblichen Arbeitnehmern** insoweit einer Austauschbarkeit auf Grund des Direktionsrechts bei der Sozialauswahl entgegen. 2550

Stellt der Arbeitgeber im Rahmen der Sozialauswahl für ansonsten vergleichbare Arbeitnehmer **ein neues Anforderungsprofil auf und** unterteilt er die Arbeitnehmer in Gruppen, die dieses Anforderungsprofil erfüllen oder nicht, so macht dies eine konkrete Darlegung erforderlich, welche neuen Aufgaben der so gebildeten Gruppe von Arbeitnehmern übertragen werden sollen und warum ein Teil der bisher vergleichbaren Arbeitnehmer diese Kriterien nicht erfüllt. Die unternehmerische Entscheidung allein, nur noch mit qualifizierten Mitarbeitern die Produktion fortführen zu wollen, rechtfertigt es nicht, besser qualifizierte Arbeitnehmer von der Sozialauswahl auszunehmen, sofern sie nicht die Kriterien berechtigter betrieblicher Bedürfnisse i. S. d. § 1 Abs. 3 S. 2 KSchG erfüllen (*Hess. LAG* 18.12.2003 LAG Report 2004, 271). 2551

*bb) (Teil-)Identität der Aufgabenbereiche*

Bei **völliger Identität der Aufgabenbereiche** (z. B. in dem Fall der Stilllegung einer mehrfach im Betrieb vorhandenen Maschine) spielen wegen der uneingeschränkt bestehenden Austauschbarkeit qualifikationsbezogene Merkmale bei der Bestimmung des auswahlrelevanten Personenkreises keine Rolle (*BAG* 5.6.2008 EzA § 1 KSchG Soziale Auswahl Nr. 81). Bei einer nur **partiellen Identität der Aufgabenbereiche**, die durch eine funktionsbezogene Betrachtungsweise festzustellen ist, bedarf es darüber hinaus der Prüfung, ob die unmittelbar von einer betrieblichen Maßnahme oder von außerbetrieblichen Faktoren betroffenen, d. h. freigesetzten Arbeitnehmer mit solchen Arbeitnehmern, die im Betrieb eine vergleichbare Aufgabenstellung innehaben, ausgetauscht werden können (sog. subjektive Ebene). Maßgeblich ist dann, ob der Arbeitnehmer aufgrund seiner Tätigkeit und Ausbildung eine **andersartige, aber gleichwertige Tätigkeit** ausführen kann. Die Notwendigkeit einer kurzen Einarbeitungszeit steht dann einer Vergleichbarkeit nicht entgegen (»**qualifikationsmäßige Austauschbarkeit**«). Die Vergleichbarkeit wird insbes. nicht allein dadurch ausgeschlossen, dass einzelne 2552

Arbeitnehmer bestimmte Tätigkeiten besonders beherrschen, bspw. bestimmte Maschinen bedienen können (**Routinevorsprung**; *BAG* 5.6.2008 EzA § 1 KSchG Soziale Auswahl Nr. 81).

2553 Insoweit kann einem aktuellen Stand von Fertigkeiten und Kenntnissen z. B. dann eine erhebliche Bedeutung zukommen, wenn der betroffene Arbeitnehmer sich die benötigten Kenntnisse nach seiner eigenen Einschätzung erst innerhalb eines Zeitraums von **drei Monaten** aneignen müsste.

2554 Das *BAG* (5.5.1994 EzA § 1 KSchG Soziale Auswahl Nr. 31) geht davon aus, dass eine **alsbaldige Substituierbarkeit** gefordert ist, die bei diesem Zeitraum nicht gegeben ist. Andernfalls würde der aus dem Begriff »Auswahl« abgeleitete Begriff der Austauschbarkeit überdehnt. So nehmen z. B. die aus einer mehrjährigen Tätigkeit gewonnenen Fachkenntnisse und ressortspezifische Kontakte den Redakteuren des Ressorts einer Tageszeitung nicht die Vergleichbarkeit mit einem entlassenen Kollegen, der im Laufe der Jahre bereits in verschiedenen Ressorts tätig war (*LAG Bln.* 9.5.2003 – 6 Sa 42/03, EzA-SD 13/03, S. 8 LS). Auch die Kündigung eines Packers, dessen Arbeitsplatz nicht weggefallen ist, **zu Gunsten eines Maschinenbedieners**, dessen Arbeitsplatz eingespart wurde, kann nicht mit der Begründung gerechtfertigt werden, **dass an Packer-Arbeitsplätzen künftig nur noch Personen beschäftigt werden sollen, die auch in der Lage sind, Maschinen zu bedienen**, wenn der betroffene Packer sozial schutzwürdiger und zudem in der Lage ist, die Qualifikation eines Maschinenbedieners in zumutbarer Zeit zu erlernen (*LAG Köln* 22.2.2006 – 7 Sa 1314/05, NZA-RR 2006, 523 LS).

Arbeitnehmer mit **unterschiedlichen Tarifgruppen** können nach z. T. vertretener Auffassung mangels Vergleichbarkeit selbst dann nicht in eine Sozialauswahl einbezogen werden, wenn dies eine mit dem Betriebsrat vereinbarte Auswahlrichtlinie vorsieht (*LAG Bln.* 7.11.2003 – 6 Sa 1391/03, NZA-RR 2004, 353).

### cc) Wegfall des Aufgabenbereichs

2555 Eine wechselseitige Austauschbarkeit ist in dem zuletzt genannten Fall nicht erforderlich, soweit der Aufgabenbereich des freigesetzten Arbeitnehmers völlig weggefallen ist.

2556 Es kommt dann vielmehr darauf an, ob derjenige Arbeitnehmer, dessen Arbeitsplatz aus betriebsbedingten Gründen ganz oder teilweise zum Fortfall gekommen ist, **auf Grund seiner beruflichen Qualifikation sowie auf Grund seiner seitherigen Tätigkeiten im Betrieb dazu in der Lage ist, die andersartige, aber gleichwertige Arbeit von anderen Arbeitnehmern auszuüben** (*BAG* 29.3.1990 EzA § 1 KSchG Soziale Auswahl Nr. 29). Zu berücksichtigen sind individuelle berufliche Kenntnisse und Fähigkeiten, Leistungsfähigkeiten und -bereitschaft (vgl. *Gaul* NZA 1992, 673).

2557 Dagegen hat der arbeitsplatzbezogene **Routinevorsprung außer Betracht** zu bleiben. Allerdings muss der Arbeitnehmer, dessen Arbeitsplatz weggefallen ist, auf Grund seiner Fähigkeiten und betrieblichen Erfahrungen nach einer **kurzen Einarbeitungszeit** in der Lage sein, die für einen fortbestehenden Arbeitsplatz geforderte Tätigkeit auszuüben. Welcher Zeitraum dem Arbeitnehmer im Rahmen der Vergleichbarkeitsprüfung zuzubilligen ist, hängt von den Umständen des Einzelfalles ab. Als **äußerste Grenze** wird die **Probezeit** angesehen (vgl. *Färber* NZA 1985, 176).

2558 Wurde einem Arbeitnehmer unter Abänderung seines Arbeitsvertrages die Leitung eines konkreten Aufgabenbereichs übertragen und kündigt der Arbeitgeber später betriebsbedingt, weil dieser Aufgabenbereich wegfällt, so sind die ehemals vergleichbaren, ohne Leitungsfunktion in anderen Abteilungsbereichen beschäftigten Arbeitnehmer i. d. R. nicht in die soziale Auswahl einzubeziehen (*BAG* 17.9.1998 EzA § 1 KSchG Soziale Auswahl Nr. 36.; vgl. dazu *Langenbucher* SAE 1999, 170 ff.; *Feudner* DB 1999, 2566 ff.).

Kann ein Arbeitnehmer nach dem Arbeitsvertrag **nur innerhalb eines bestimmten Arbeitsbereichs versetzt werden** (z. B. eine Layouterin/Redakteurin nur innerhalb der Redaktion ihrer Zeitschrift), so ist bei einer wegen Wegfalls dieses Arbeitsbereichs erforderlichen betriebsbedingten Kündigung **keine Sozialauswahl unter Einbeziehung der vom Tätigkeitsfeld vergleichbaren Arbeitnehmer anderer Arbeitsbereiche** (z. B. Redaktionen anderer Zeitschriften des Verlages) vorzunehmen (*BAG* 17.2.2000 EzA § 1 KSchG Soziale Auswahl Nr. 43). Es fehlt also an der Vergleichbarkeit, wenn der Arbeitgeber den Arbeitnehmer nicht einseitig auf einen anderen Arbeitsplatz umsetzen kann (*BAG* 15.8.2002 EzA § 1 KSchG Betriebsbedingte Kündigung Nr. 123). Ob eine konkretisierende Einschränkung des Weisungsrechts, die nicht zu einer vertraglichen Eingrenzung auf eine ausschließlich geschuldete Tätigkeit führt, in diesem Rahmen die Vergleichbarkeit zu Lasten des Arbeitnehmers einschränkt, hat das *BAG* (15.8.2002 EzA § 1 KSchG Betriebsbedingte Kündigung Nr. 123) offen gelassen.

### b) Grundsatz der Betriebs-, Dienststellenbezogenheit der Sozialauswahl; Ausnahmen

Da der konkrete Arbeitsplatz eine Funktion des Betriebes, zu dem er gehört, ist, nicht jedoch eine solche des Unternehmens, bezieht sich die Sozialauswahl auch (nur) auf den Betrieb, der vom Wegfall des Arbeitsplatzes betroffen ist, nicht auf das gesamte Unternehmen. Die Sozialauswahl erfolgt daher **streng betriebsbezogen** (*BAG* 18.10.2006 EzA § 1 KSchG Soziale Auswahl Nr. 73; 15.12.2005 EzA § 1 KSchG Soziale Auswahl Nr. 66; 22.9.2005 EzA § 113 InsO Nr. 18; 28.10.2004 EzA § 1 KSchG Soziale Auswahl Nr. 56; 2.6.2005 EzA § 1 KSchG Soziale Auswahl Nr. 61; *LAG Nbg.* 17.2.2004 – 6 Sa 518/03, FA 2004, 287 LS; *LAG Köln* 17.8.2005 – 7 Sa 520/05, EzA-SD 6/06, S. 12 LS; krit. *Berkowsky* NZA 1996, 290; s. a. *Bröhl* BB 2006, 1050 ff.), insbes. dann, wenn der Arbeitnehmer nach seinem Arbeitsvertrag nach dem **Direktionsrecht einem anderen Betrieb nicht zugewiesen werden kann**; etwas anderes gilt selbst dann nicht, wenn der Arbeitnehmer angesichts einer nunmehr erklärten Kündigung seine Bereitschaft erklärt hat, sich an einem anderen Betriebsort einsetzen zu lassen (*LAG Nbg.* 17.2.2004 – 6 Sa 518/03, FA 2004, 287 LS; s. a. *BAG* 18.10.2006 EzA § 1 KSchG Soziale Auswahl Nr. 73). 2559

Nichts anderes gilt grds. bei einer entsprechenden Ausweitung des Direktionsrechts des Arbeitgebers. Besteht also in einem Betrieb eines Unternehmens ein dringendes betriebliches Erfordernis, etwa die Personalstärke an den gesunkenen Arbeitsanfall anzupassen, so kann dies grds. nur die Kündigung gegenüber Arbeitnehmern dieses Betriebs sozial rechtfertigen. Dafür, im Wege der Sozialauswahl für die zur Kündigung anstehenden Arbeitnehmer Arbeitsplätze in einem anderen Betrieb des Unternehmens freizukündigen, besteht kein dringendes, auf den anderen Betrieb bezogenes Erfordernis. **Dies gilt auch dann, wenn in den Arbeitsverträgen ein unternehmensweites Versetzungsrecht vereinbart ist.** Denn eine Sozialauswahl, die vergleichbare Arbeitnehmer mehrerer, möglicherweise weit auseinander liegender Betriebe des Unternehmens einbezieht, würde die Vorbereitung des Kündigungsentschlusses durch den Arbeitgeber und dessen Nachprüfung durch die Gerichte ohne ausreichende gesetzliche Grundlage über Gebühr erschweren und darüber hinaus zu nur schwer lösbaren Problemen im Rahmen der Beteiligung des Betriebs-/Personalrats bei derartigen Maßnahmen führen (*BAG* 18.10.2006 EzA § 1 KSchG Soziale Auswahl Nr. 73; 15.12.2005 EzA § 1 KSchG Soziale Auswahl Nr. 66; 2.6.2005 EzA § 1 KSchG Soziale Auswahl Nr. 61; s. a. *Bröhl* BB 2006, 1050 ff.; a. A. zutr. *LAG RhPf* 16.3.2005 NZA-RR 2005, 588 für den Fall, dass der Arbeitsvertrag mit der Unternehmensführung eine unternehmensweite Versetzbarkeit vorsieht; s. a. *Gaul/Bonnani* NZA 2006, 289 ff.; *LAG Düsseld.* 18.4.2007 LAGE § 1 KSchG Soziale Auswahl Nr. 55). 2560

In die Sozialauswahl sind also grds. nur die Arbeitnehmer des **Betriebes** oder selbstständigen Betriebsteils (auch wenn er räumlich weit entfernt ist, so *LAG Köln* 8.3.2007 – 6 Sa 1056/06 – AuR 2007, 325 LS), in dem der zu kündigende Arbeitnehmer beschäftigt ist, einzubeziehen. Auch bei einer **Betriebsstätte** kann es sich insoweit um einen »Betrieb« i. S. d. § 1 KSchG handeln, wenn die vom Arbeitgeber hergestellte organisatorische Einheit der Erreichung eines einheitlichen arbeitstechnischen Zweckes dient. Notwendig für eine derartige Einheit ist ein einheitlicher Leitungsapparat, dem die zentralen mitbestimmungspflichtigen Entscheidungen, insbes. in personellen und sozialen Angelegenheiten obliegen. Dabei ist eine »**wesentliche**« **Selbständigkeit der Entscheidungen in personeller und sozialer Hinsicht erforderlich** (*LAG RhPf* 17.2.2005 LAG Report 2005, 271; s. a. *LAG Köln* 17.8.2005 – 7 Sa 520/05, EzA-SD 6/06, S. 12 LS); entscheidend ist insoweit die 2561 tatsächliche Handhabung in der Praxis, nicht die Zuweisung von Funktionen auf dem Papier (zutr. *LAG Köln* 17.8.2005 – 7 Sa 520/05, EzA-SD 6/06, S. 12 LS).

2562 Bilden allerdings mehrere Unternehmen einen **gemeinschaftlichen Betrieb**, so ist die Sozialauswahl bis zu einer etwaigen Auflösung des Gemeinschaftsbetriebes auf den gesamten Betrieb zu erstrecken (*BAG* 29.11.2007 EzA § 1 KSchG Soziale Auswahl Nr. 79; 22.9.2005 EzA § 113 InsO Nr. 18; 24.2.2005 EzA § 1 KSchG Soziale Auswahl Nr. 59; *LAG SchlH* 27.1.2010 – 3 Sa 312/09, EzA-SD 10/10, S. 6 LS; *LAG Bln.-Bra.* 7.9.2010 LAGE § 1 KSchG Soziale Auswahl Nr. 634; *Schmädicke/ Glaser/Altmüller* NZA-RR 2005, 397 ff.). Ist allerdings im Zeitpunkt der Kündigung **einer der Betriebe**, die einen Gemeinschaftsbetrieb gebildet haben, **stillgelegt**, so sind damit i. d. R. die Arbeitgeberfunktionen im Bereich der sozialen und personellen Angelegenheiten sowie die unternehmerischen Funktionen im Bereich der wirtschaftlichen Angelegenheiten dem vormals einheitlichen Leitungsapparat der beteiligten Unternehmen entzogen, der Gemeinschaftsbetrieb aufgelöst. In diesem Fall ist die »gemeinsame Klammer«, die eine unternehmensübergreifende Sozialauswahl veranlasst hat, entfallen (*BAG* 29.11.2007 EzA § 1 KSchG Soziale Auswahl Nr. 79; 24.2.2005 EzA § 1 KSchG Soziale Auswahl Nr. 59; *LAG Hmb.* 28.10.2005 – 6 Sa 13/05, EzA-SD 25/05, S. 12 LS; *LAG SchlH* 27.1.2010 – 3 Sa 312/09, EzA-SD 10/10, S. 6 LS). Gleiches gilt, wenn im Zeitpunkt der Kündigung der eine der Betriebe, die zusammen einen Gemeinschaftsbetrieb gebildet haben, zwar noch nicht stillgelegt ist, auf Grund einer unternehmerischen Entscheidung, die **bereits greifbare Formen** angenommen hat, aber feststeht, dass er bei Ablauf der Kündigungsfrist des Arbeitnehmers stillgelegt sein wird (*BAG* 29.11.2007 EzA § 1 KSchG Soziale Auswahl Nr. 79; *LAG Hmb.* 28.10.2005 – 6 Sa 13/05, EzA-SD 25/05, S. 12 LS; *LAG SchlH* 27.1.2010 – 3 Sa 312/09, EzA-SD 10/10, S. 6 LS). Ist jedoch die **einheitliche personelle Leitung** und damit **die »gemeinsame Klammer«**, durch die die betriebsübergreifende Sozialauswahl ermöglicht wird, **zunächst erhalten geblieben** und war der Arbeitgeber rechtlich in der Lage, ohne Ausspruch einer Änderungskündigung zwischen mehreren Arbeitnehmern eines stillzulegenden Teils denjenigen auszuwählen, der im weitergeführten Teil beschäftigt werden soll, so muss eine Sozialauswahl stattfinden (*BAG* 24.2.2005 EzA § 1 KSchG Soziale Auswahl Nr. 59). Bilden zudem zwei Unternehmen einen Gemeinschaftsbetrieb, so führt **nicht jede Änderung des Betriebszwecks** der verbundenen Unternehmen ohne weiteres **zu einer Auflösung** des Gemeinschaftsbetriebs. Bei einer bloßen Änderung des Betriebszwecks eines der beiden Unternehmen kommt es dann **entscheidend** darauf an, ob die Fortführung der beiden Betriebsteile auch nach der Änderung des Betriebszwecks des einen Unternehmens auf das **Fortbestehen eines Gemeinschaftsbetriebs** schließen lässt (*BAG* 29.11.2007 EzA § 1 KSchG Soziale Auswahl Nr. 79).

2563 ▶ Beispiel:

Haben zwei Unternehmen in der Form eines Gemeinschaftsbetriebs **Bauleistungen** erbracht, so muss nicht notwendigerweise die bisher ausgeübte einheitliche personelle Leitung wegfallen, wenn sich in Zukunft das eine dieser Unternehmen auf **Bauträgerleistungen** konzentriert oder bloße **Bauplanungen** ausführt und die gewerblichen Bauaufgaben dem anderen Unternehmen überlässt (*BAG* 29.11.2007 EzA § 1 KSchG Soziale Auswahl Nr. 79).

2564 Arbeitnehmer eines anderen Betriebes oder eines selbstständigen Betriebsteils bleiben ansonsten folglich grds. im Rahmen der Sozialauswahl außer Betracht (*LAG Hamm* 5.5.2004 LAG Report 2005, 17). Ist ein **selbstständiger Betriebsteil** auf einen **Betriebserwerber übertragen** worden, der diesen identitätswahrend fortführt, sind die dort beschäftigten Arbeitnehmer im Rahmen der Sozialauswahl der im verbliebenen Betriebsteil beschäftigten Arbeitnehmer nicht mehr zu berücksichtigen (*LAG Hamm* 5.5.2004 LAG Report 2005, 17). Eine andere Beurteilung ist auch nicht deshalb geboten, weil der Beklagte zum **Insolvenzverwalter** aller am bisherigen Gemeinschaftsbetrieb beteiligten Unternehmen bestellt worden ist (*LAG Hamm* 27.11.2003 LAG Report 2004, 241). Das gilt auch dann, wenn ein Betriebsteil stillgelegt und der andere Betriebsteil **auf einen Erwerber übertragen werden soll**. Bei der betriebsbedingten Kündigung eines **Arbeitnehmers** des **stillzulegenden Betriebsteils** ist andererseits bei der Sozialauswahl auch ein **vergleichbarer Arbeitnehmer zu berücksichtigen**, der zur Zeit der Kündigung dem später zu übertragenden Betriebsteil angehört. **Dies folgt aus dem Schutzzweck der Sozialauswahl**, den Arbeitsplatz des sozial schwächeren Arbeitnehmers zu

## H. Die ordentliche betriebsbedingte Kündigung Kapitel 4

erhalten. § 613a Abs. 4 BGB steht dem nicht entgegen (*BAG* 28.10.2004 EzA § 1 KSchG Soziale Auswahl Nr. 56; a. A. *LAG Hamm* 18.2.2004 NZA-RR 2005, 189). Ist der Arbeitnehmer des Weiteren nach seinem Arbeitsvertrag **betriebsübergreifend versetzbar**, so ist für die Beurteilung, ob die Sozialauswahl zutreffend erfolgt ist, **nicht auf die zufällige Personalstruktur des letzten Arbeitsplatzes abzustellen**, sondern alle **Arbeitnehmer mit vergleichbaren Tätigkeiten** im Unternehmen einzubeziehen (*BAG* 3.6.2004 EzA § 1 KSchG Soziale Auswahl Nr. 55; *LAG Köln* 9.2.2004 – 2 (10) Sa 982/03, NZA-RR 2005, 26; *Gaul/Bonnani* NZA 2006, 289 ff.).

Werden im Zusammenhang mit der Umstrukturierung und Privatisierung z. B. der Hausmeisterdienste einer Universität zugleich neue Stellen geschaffen, u. a. als Kraftfahrer, so hat der Arbeitgeber durch eine Sozialauswahl nach den Grundsätzen des § 1 Abs. 3 KSchG zu entscheiden, welche von der Organisationsentscheidung betroffenen Arbeitnehmer er auf diesen neuen Stellen weiterbeschäftigt (*BAG* 25.4.2002 EzA § 1 KSchG Betriebsbedingte Kündigung Nr. 121). Der Arbeitgeber muss bei der Planung und der Besetzung der – neu geschaffenen – Stellen insoweit auch damit rechnen, dass sozial schwächere Arbeitnehmer einem Übergang ihres Arbeitsverhältnisses auf einen externen Anbieter widersprechen. Das *BAG* (25.4.2002 EzA § 1 KSchG Betriebsbedingte Kündigung Nr. 121) hat es – auf Grund der besonderen Einzelfallumstände – dahinstehen lassen, ob der öffentliche Arbeitgeber bei der Besetzung neuer Stellen für kündigungsbedrohte Arbeitnehmer nach Durchführung einer – internen – Ausschreibung nur noch diejenigen bei einer Stellenbesetzung berücksichtigen muss, die sich im Vorfeld auch für die entsprechende Stelle beworben haben oder ob er grds. verpflichtet bleibt, einem vom Wegfall seines bisherigen Arbeitsplatzes betroffenen Arbeitnehmer von sich aus eine beiden Parteien zumutbare Weiterbeschäftigung auf einem freien Arbeitsplatz auch zu geänderten Arbeitsbedingungen anzubieten und dabei klarzustellen, dass im Falle einer Ablehnung eines solchen Änderungsangebots möglicherweise eine Kündigung in Betracht kommt. Der Arbeitgeber darf seine Sozialauswahl nicht auf Arbeitnehmer einer Betriebsabteilung oder eines Betriebsteils beschränken (*BAG* 17.8.1998 NZA 1998, 1332; 5.4.1994 NZA 1994, 1023). 2565

**Betriebsteile**, die wegen ihrer räumlich weiten Entfernung vom Hauptbetrieb nach § 4 S. 1 Nr. 1 BetrVG als selbstständige Betriebe gelten und für die ein eigener Betriebsrat besteht, bilden i. S. d. KSchG einen **einheitlichen Betrieb mit dem Hauptbetrieb**, wenn dort **sämtliche Leitungsbefugnisse** in personeller und sozialer Hinsicht liegen. In diesem Fall ist die **Sozialauswahl** auf die Arbeitnehmer **beider Betriebsstätten** zu erstrecken (*LAG SA* 11.1.2000 NZA-RR 2001, 81). Auch bei räumlich weit entfernt liegenden Betriebsteilen ist eine einschränkende Auslegung nicht möglich. Die Sozialauswahl ist vielmehr nur dann ausnahmsweise auf einen Betriebsteil beschränkt, wenn ein Arbeitnehmer nach seinem Arbeitsvertrag nicht im Wege des Direktionsrechts in andere Betriebsteile versetzt werden kann. In diesem Falle fehlt es an einer Vergleichbarkeit i. S. d. § 1 Abs. 3 KSchG (*BAG* 17.9.1998 NZA 1998, 1232; *LAG Köln* 8.10.2003 – 8 Sa 131/03, EzA-SD 5/04, S. 12 LS). Der Arbeitgeber des **öffentlichen Dienstes** muss die Sozialauswahl auf sämtliche Arbeitnehmer der Dienststelle als Einheit der Organisation, die insbes. durch einen **einheitlichen Leitungsapparat** gekennzeichnet wird (z. B. die Oberfinanzdirektion), erstrecken und kann sie **nicht auf einzelne Abteilungen beschränken** (*LAG BW* 30.9.1998 NZA-RR 1999, 302). 2566

Die insoweit wesentlichen Grundsätze lassen sich mit dem *BAG* (3.6.2004 EzA § 1 KSchG Soziale Auswahl Nr. 55; s. a. *LAG Bln.* 6.12.2005 LAGE § 102 BetrVG 2001 Nr. 5) wie folgt zusammenfassen: 2567
- Die Sozialauswahl ist nicht auf Betriebsteile oder Betriebsabteilungen beschränkt. Allein die räumliche Entfernung (70 km zwischen Bremen und Bremerhaven) von Hauptbetrieb und Niederlassung steht einer betriebsbezogenen Sozialauswahl nicht entgegen, es kann gleichwohl ein Betrieb i. S. v. § 23 KSchG gegeben sein.
- Eine mögliche betriebsverfassungsrechtliche Eigenständigkeit einzelner Betriebsteile steht einer betriebsteilübergreifenden Sozialauswahl nicht entgegen.

- Lässt der Arbeitsvertrag des zu kündigenden Arbeitnehmers eine Tätigkeit in mehreren oder allen Betriebsteilen zu oder enthält er keine örtlichen Einsatzbeschränkungen, sind in die Sozialauswahl alle Arbeitnehmer aller Betriebsteile des Betriebes mit einzubeziehen.
- Eine vertraglich beiderseits bindende nachträgliche Beschränkung des Einsatzorts ergibt sich noch nicht allein aus dem Umstand, dass der Arbeitnehmer jahrelang immer am gleichen Arbeitsort eingesetzt worden ist.

Die Sozialauswahl ist im Übrigen jedenfalls dann ausnahmsweise unternehmensbezogen durchzuführen, wenn der Arbeitsvertrag mit der Unternehmensführung geschlossen wurde und eine unternehmensweite Versetzbarkeit vorsieht (*LAG RhPf* 16.3.2005 – 9 Sa 994/04, EzA-SD 17/05 S. 8 LS; s. a. Rdn. 2559).

**2568** Auf die Arbeitsplätze anderer Betriebe des Unternehmens sowie auf Konzernunternehmen finden die Grundsätze der sozialen Auswahl im Übrigen dagegen keine Anwendung. **Das KSchG ist nicht konzernbezogen.** Der Arbeitgeber ist also vor Ausspruch einer betriebsbedingten Kündigung grds. **nicht verpflichtet, den Arbeitnehmer in einem anderen Betrieb eines anderen Unternehmens unterzubringen** (*BAG* 23.3.2006 EzA § 1 KSchG Betriebsbedingte Kündigung Nr. 147). § 1 Abs. 3 KSchG ist daher z. B. nicht anwendbar, wenn **Arbeitnehmer eines stillgelegten Betriebes auf freie Arbeitsplätze anderer Konzernunternehmen vermittelt werden** (*BAG* 14.10.1982 EzA § 15 KSchG n. F. Nr. 29; 22.5.1986 EzA § 1 KSchG Soziale Auswahl Nr. 22; vgl. dazu *Kukat* BB 2000, 1242 ff.). Eine unternehmensübergreifende Weiterbeschäftigungspflicht in einem Konzern besteht **auch dann nicht,** wenn die unternehmerische Entscheidung getroffen worden ist, **den einen Betrieb stillzulegen,** den Betrieb eines anderen Konzernunternehmens aber mit im Wesentlichen gleichem Tätigkeitsfeld ohne erhebliche Aufstockung der Belegschaft weiterzuführen (*LAG Nds.* 11.8.2005 NZA-RR 2006, 16).

**2569** Fallen jedoch in verschiedenen Betrieben eines Unternehmens Arbeitsplätze weg, und ist die Weiterbeschäftigung nur eines Arbeitnehmers bzw. einer entsprechend geringeren Anzahl von Arbeitnehmern auf einem oder mehreren freien Arbeitsplätzen in einem dieser Betriebe möglich, so hat der Arbeitgeber bei der Besetzung dieses freien Arbeitsplatzes die sozialen Belange der betroffenen Arbeitnehmer zumindest nach § 315 BGB mit zu berücksichtigen (*BAG* 22.9.2005 EzA § 1 KSchG Betriebsbedingte Kündigung Nr. 141; 21.9.2000 EzA § 1 KSchG Betriebsbedingte Kündigung Nr. 107; s. *Bachner* NZA 2006, 1310 ff.). Das *BAG* (21.9.2000 EzA § 1 KSchG Betriebsbedingte Kündigung Nr. 107) hatte sich zuletzt auf »§ 315 BGB bzw. § 1 Abs. 3 KSchG« gestützt und geht inzwischen (*BAG* 22.9.2005 EzA § 1 KSchG Betriebsbedingte Kündigung Nr. 141; ebenso *LAG Düsseld.* 9.7.1993 LAGE § 1 KSchG Soziale Auswahl Nr. 12; *Bitter/Kiel* RdA 1994, 351) davon aus, **dass gewichtige Gründe dafür sprechen**, in diesem Fall die Grundsätze der Sozialauswahl nach § 1 Abs. 3 KSchG entsprechend anzuwenden.

**2570** Die Sozialauswahl hat zudem zumindest dann betriebsübergreifend zu erfolgen, wenn mehrere Unternehmen einen Gemeinschaftsbetrieb unterhalten (*BAG* 13.6.1985 EzA § 1 KSchG Nr. 41, 5.5.1994 EzA § 1 KSchG Soziale Auswahl Nr. 31; *LAG Köln* 25.4.2001 NZA-RR 2002, 422). Eine unternehmensübergreifende Sozialauswahl ist aber jedenfalls dann nicht vorzunehmen, wenn der Gemeinschaftsbetrieb **im Zeitpunkt der Kündigung nicht mehr besteht.** Gleiches gilt, wenn im Zeitpunkt der Kündigung der eine der beiden Betriebe, die zusammen einen Gemeinschaftsbetrieb gebildet haben, zwar noch nicht stillgelegt ist, auf Grund einer unternehmerischen Entscheidung, die bereits greifbare Formen angenommen hat, aber feststeht, dass er bei Ablauf der Kündigungsfrist des Arbeitnehmers stillgelegt sein wird (*BAG* 27.11.2003 EzA § 1 KSchG Betriebsbedingte Kündigung Nr. 128). Maßgeblicher Zeitpunkt für die Beurteilung der Rechtmäßigkeit der Kündigung ist der ihres Zugangs; allerdings kann auch u. U. die Entwicklung nach der Kündigung berücksichtigt werden (*BAG* 27.11.2003 EzA § 1 KSchG Betriebsbedingte Kündigung Nr. 128 = NZA 2004, 477; s. Rdn. 2559; s. a. Rdn. 2692 ff.). Wird des Weiteren **ein von mehreren Unternehmen unterhaltener Betrieb** endgültig eingestellt, so erstreckt sich die Sozialauswahl bei einer betriebsbedingten Kündigung von im Gemeinschaftsbetrieb beschäftigten

Arbeitnehmern nicht auf die Arbeitnehmer der beteiligten Unternehmen (*LAG Köln* 26.2.1998 NZA-RR 1999, 27). Das gilt auch, wenn der Gemeinschaftsbetrieb zwar im Kündigungszeitpunkt noch besteht, aber bereits feststeht, dass er spätestens mit Ablauf der Kündigungsfrist aufgelöst sein wird (*LAG Hmb*. 29.8.2002 – 7 Sa 11/02, EzA-SD 1/03, S. 6 LS).

Ein kündigungsrechtlich relevanter **Konzernbezug** ist im Übrigen aber **in Ausnahmefällen denkbar;** 2571 eine konzernbezogene Betrachtung kann dann geboten sein. Davon ist nicht nur auszugehen, wenn sich ein anderes Konzernunternehmen **ausdrücklich zur Übernahme des Arbeitnehmers verpflichtet hat**, sondern auch und vor allem dann, wenn sich eine solche Verpflichtung **aus dem Arbeitsvertrag** oder einer sonstigen vertraglichen Absprache ergibt. Weitere Voraussetzung ist dann allerdings ein **bestimmender Einfluss** des Beschäftigungsbetriebs bzw. des vertragsschließenden Unternehmens auf die »Versetzung«. Die Entscheidung darüber darf grds. nicht dem zur Übernahme bereiten Unternehmen vorbehalten worden sein.

Ein »konzernbezogener Kündigungsschutz« wird zwar ebenfalls für Fallgestaltungen erörtert, in 2572 denen konzerninterne Entscheidungen (z. B. die Verlagerung von Tätigkeiten auf andere Konzernunternehmen, Stilllegung eines Konzernunternehmens oder einer Abteilung bei gleichzeitiger Neugründung eines Konzernunternehmens mit identischen arbeitstechnischen und wirtschaftlichen Zielsetzungen) den Beschäftigungsbedarf für den betreffenden Arbeitnehmer bei konzernbezogener Betrachtungsweise nicht wegfallen lassen. Eine solche Erweiterung des Kündigungsschutzes im Wege der Rechtsfortbildung auf Fälle der bloßen konzerninternen Verlagerung von nach wie vor bestehenden Beschäftigungsmöglichkeiten fordert allerdings – wenn sie überhaupt möglich sein sollte – jedenfalls gesteigerte Anforderungen an die Darlegungslast des Arbeitnehmers. Er muss zumindest hinreichend konkret darlegen, dass der in seinem Konzernunternehmen wegfallende Beschäftigungsbedarf lediglich auf ein anderes Konzernunternehmen verlagert ist, dort nach wie vor besteht und dieses Konzernunternehmen diesen Beschäftigungsbedarf nunmehr z. B. durch auf dem freien Arbeitsmarkt angeworbene oder willkürlich aus dem Mitarbeiterstamm seines Arbeitgebers ausgewählte Arbeitnehmer abdeckt (*BAG* 23.3.2006 EzA § 1 KSchG Betriebsbedingte Kündigung Nr. 147; s. a. *LAG SchlH* 27.1.2010 – 3 Sa 312/09, EzA-SD 10/10, S. 6 Ls).

Diese Voraussetzungen sind auch z. B. dann nicht erfüllt, wenn Arbeitnehmer in einem Konzern- 2573 unternehmen, ohne versetzt oder abgeordnet zu werden, bestimmten fachlichen Weisungen durch ein anderes Konzernunternehmen unterstellt werden und dadurch noch kein Vertrauenstatbestand begründet wird, der einem vereinbarten oder in der Vertragsabwicklung konkludent durchgeführten Versetzungsvorbehalt gleichgestellt werden kann (*BAG* 27.11.1991 EzA § 1 KSchG Betriebsbedingte Kündigung Nr. 72; s. Rdn. 2531 ff.).

### c) Umgestaltung des Arbeitsablaufs i.V.m. verringerten Beschäftigungsmöglichkeiten

Gestaltet der Arbeitgeber den Arbeitsablauf um und verlagert bestimmte Arbeiten in eine andere 2574 Betriebsabteilung unter gleichzeitiger Verringerung der Anzahl der Beschäftigungsmöglichkeiten, so hat er zwischen den betroffenen Arbeitnehmern, die nach der Umgestaltung des Arbeitsablaufs für eine Weiterbeschäftigung persönlich und fachlich geeignet sind, eine Sozialauswahl nach den Grundsätzen des § 1 Abs. 3 KSchG vorzunehmen.

Die danach erforderliche Sozialauswahl kann der Arbeitgeber nicht dadurch umgehen, dass er zuerst 2575 die verbleibenden Arbeitsplätze ohne Beachtung sozialer Gesichtspunkte besetzt und danach den nicht übernommenen Arbeitnehmern kündigt.

**Diese Grundsätze gelten auch bei einer Verlagerung von Arbeiten in einen anderen Betrieb des Un-** 2576 **ternehmens** (§ 1 Abs. 2 Nr. 1b KSchG; *BAG* 10.11.1994 EzA § 1 KSchG Betriebsbedingte Kündigung Nr. 77).

Verlagert der Arbeitgeber Beschäftigungsmöglichkeiten von einem Betrieb des Unternehmens in 2577 einen anderen, so genießt das Arbeitsverhältnis des bisherigen Arbeitsplatzinhabers auch dann Bestandsschutz gem. § 1 Abs. 2, 3 KSchG, wenn die Arbeit höher vergütet wird, sofern sie nur dieselbe oder zumindest ganz überwiegend gleich geblieben ist (*BAG* 5.10.1995 EzA § 1 KSchG Betriebsbedingte Kündigung Nr. 82; s. Rdn. 2418).

### d) Vertikale Vergleichbarkeit?

2578   Der Grundsatz der Vergleichbarkeit auf derselben hierarchischen Ebene gilt jedoch u. U. nicht uneingeschränkt.

2579   Zwar ist der Arbeitgeber nicht verpflichtet, von vornherein und ohne entsprechende Erklärung des Arbeitnehmers auch einen anderen Arbeitnehmer mit geringerwertiger Tätigkeit in die soziale Auswahl mit einzubeziehen.

2580   Fraglich ist aber, ob etwas anderes dann gilt, **wenn der betroffene Arbeitnehmer bereit ist, auch zu schlechteren Bedingungen das Arbeitsverhältnis fortzusetzen** (vgl. *BAG* 7.2.1985 EzA § 1 KSchG Soziale Auswahl Nr. 20).

2581–2583   (derzeit unbesetzt)

2584   Das *BAG* (7.2.1985 EzA § 1 KSchG Soziale Auswahl Nr. 20) hat zunächst offen gelassen, ob der Arbeitgeber im Rahmen der sozialen Auswahl verpflichtet ist, von sich aus einem sozial schlechter gestellten Arbeitnehmer die Weiterbeschäftigung zu geänderten (verschlechterten) Bedingungen anzubieten, um für ihn durch die Kündigung eines sozial weniger schutzwürdigen Arbeitnehmers einen Arbeitsplatz freizumachen, wenn der Arbeitnehmer vor oder unmittelbar nach der Kündigung sich zu einer solchen Weiterbeschäftigung bereit erklärt.

2585–2587   (derzeit unbesetzt)

2588   Inzwischen hat das *BAG* (4.2.1993 RzK I 5d Nr. 31; 29.3.1990 EzA § 1 KSchG Soziale Auswahl Nr. 29) die Frage insgesamt, also auch nach erklärtem Einverständnis des Arbeitnehmers verneint.

Danach scheidet eine Vergleichbarkeit von Arbeitsplätzen in allen Fällen aus, in denen eine anderweitige Beschäftigung nur auf Grund einer Änderung der Arbeitsbedingungen und damit nur durch Vertrag oder Änderungskündigung in Betracht kommt, gleichgültig ob eine Weiterbeschäftigung zu schlechteren oder zu besseren Arbeitsbedingungen möglich ist.

2589   Gegen die Anerkennung einer sog. vertikalen Vergleichbarkeit spricht vor allem, dass sie zur **Bestandsschutzgefährdung von Arbeitsverhältnissen führt, die nicht unmittelbar von außer- oder innerbetrieblichen Gründen betroffen sind.**

2590   Der Arbeitgeber ist deshalb bei Wegfall des bisherigen Aufgabengebietes eines Arbeitnehmers auch nicht gehalten, ihm zur Vermeidung einer Beendigungskündigung eine freie »Beförderungsstelle« anzubieten.

2591   Er ist auch nicht gem. § 1 Abs. 3 S. 1 KSchG verpflichtet, einem sozial schutzwürdigeren Arbeitnehmer eine Weiterbeschäftigung zu geänderten (günstigeren oder ungünstigeren) Arbeitsbedingungen anzubieten, um für ihn durch Kündigung eines anderen sozial besser gestellten Arbeitnehmers, mit dem der Gekündigte erst durch die Vertragsänderung vergleichbar wird, eine Beschäftigungsmöglichkeit zu schaffen (*BAG* 29.3.1990 EzA § 1 KSchG Soziale Auswahl Nr. 29).

### e) Ordentlich »unkündbare« Arbeitnehmer

2592   Fraglich ist, ob trotz an sich bestehender Vergleichbarkeit bei einer Sozialauswahl diejenigen Arbeitnehmer nicht einbezogen werden, **bei denen eine ordentliche Arbeitgeberkündigung** durch Gesetz, Tarifvertrag, Betriebsvereinbarung (vgl. *LAG Köln* 20.12.2004 – 2 Sa 695/04, NZA-RR 2005, 473; *LAG Bln.-Bra.* 20.4.2010 – 3 Sa 2323/09; *Künzel/Fink* NZA 2011, 1385 ff.; a. A. *LAG Bln.-Bra.* 1.6.2010 – 12 Sa 403/10; 10.8.2010 – 7 Sa 903/10; 15.10.2010 – 9 Sa 982/10) oder Einzelarbeitsvertrag (*Lerch/Weinbrenner* NZA 2011, 1388 ff.) **ausgeschlossen ist** (vgl. APS/*Kiel* § 1 KSchG Rn. 691 ff.).

*aa) Gesetzlicher Ausschluss der ordentlichen Kündigung*

Normiert ein **Gesetz** einen besonderen Kündigungsschutz, in dem die ordentliche Kündigung schlechthin ausgeschlossen ist (z. B. § 15 KSchG; *LAG Hamm* 23.9.2004 LAG Report 2005, 179), so ist davon auszugehen dass diese Arbeitnehmer in die Sozialauswahl **von vornherein nicht einzubeziehen** sind (*LAG Hamm* 14.5.2003 LAG Report 2004, 182). 2593

Denn sie sind, da im Ergebnis nicht kündbar, mit kündbaren Arbeitnehmern nicht vergleichbar (*BAG* 8.8.1985 EzA § 1 KSchG Soziale Auswahl Nr. 21); **gesetzliche Kündigungsverbote gehen dem allgemeinen Kündigungsschutz** als spezialgesetzliche Regelungen vor (zum Zeitpunkt ihres Zugangs vgl. *BAG* 21.4.2005 EzA § 1 KSchG Soziale Auswahl Nr. 62). Das gilt **auch** dann, wenn im Zeitpunkt der beabsichtigten Kündigung der **Sonderkündigungsschutz alsbald auslaufen wird** und auf Grund der kurzen Kündigungsfrist das Arbeitsverhältnis des besonders geschützten Arbeitnehmers zu demselben Termin beendet werden könnte, zu dem auch das Arbeitsverhältnis des konkurrierenden, sozial schwächeren Arbeitnehmers gekündigt werden kann. Denn für die Beurteilung der sozialen Rechtfertigung einer Kündigung kommt es auf den Zeitpunkt des Kündigungszugangs an. Der Arbeitgeber ist dann auch **nicht verpflichtet**, mit der Kündigung **zu warten**, bis der Sonderkündigungsschutz ausgelaufen ist (vgl. *BAG* 21.4.2005 EzA § 1 KSchG Soziale Auswahl Nr. 62 = NZA 2005, 1307). 2594

*bb) Zustimmungserfordernis von Behörden*

Fraglich ist die Rechtslage bei Arbeitnehmern, deren Kündbarkeit nicht schlechthin ausgeschlossen ist, sondern von der **Zustimmung eines Dritten**, insbes. einer Behörde, abhängig ist (z. B. § 85 SGB IX, § 9 Abs. 3 MuSchG, § 18 BEEG). 2595

Diese Personen sind von der Sozialauswahl **auszuklammern**, es sei denn, dass die erforderliche Zustimmung vorliegt (a. A. *Linck* Die soziale Auswahl bei betriebsbedingter Kündigung, 1990, S. 37). 2596

*cc) Befristete Arbeitsverhältnisse*

Sind Arbeitnehmer befristet eingestellt, ohne dass die ordentliche Kündigungsmöglichkeit für die Laufzeit der Befristung ausdrücklich vorbehalten ist, sodass das Arbeitsverhältnis während dieser Zeit nicht ordentlich gekündigt werden kann, so sind sie **nicht** in die Sozialauswahl **einzubeziehen** (*BAG* 19.6.1980 EzA § 620 BGB Nr. 47; vgl. APS/*Kiel* § 1 KSchG Rn. 702). 2597

*dd) Tarif-, einzelvertraglicher Ausschluss der ordentlichen Kündigung; Betriebsvereinbarung*

Wohl überwiegend (*LAG Bra.* 29.10.1998 LAGE § 1 KSchG Soziale Auswahl Nr. 29; *Pauly* AuR 1999, 285 f.; s. a. *BAG* 26.6.2008 NZA-RR 2009, 205) wird die Auffassung vertreten, dass auch **tariflich »unkündbare« Arbeitnehmer mit den übrigen Arbeitnehmern des Betriebes nicht vergleichbar sind**. Denn diese Arbeitnehmer sind durch eine zu ihren Gunsten und deshalb zulässige Tarifnorm gegen jede ordentliche und damit auch gegen eine betriebsbedingte Kündigung durch den Arbeitgeber geschützt. Zu beachten ist in diesem Zusammenhang allerdings, dass die **Tarifvertragsparteien** die Regelungen eines von ihnen abgeschlossenen Tarifvertrages während seiner Laufzeit **auch rückwirkend ändern** können; die Rückwirkung ist zwar durch den Grundsatz des **Vertrauensschutzes** für die Normunterworfenen begrenzt. Vertrauensschutzgesichtspunkte hindern die **Einschränkung des tariflichen Sonderkündigungsschutzes** aber **regelmäßig nicht**, wenn der Ausschluss der ordentlichen Kündigung schon bisher Ausnahmetatbestände enthielt und die Neuregelung des Sonderkündigungsschutzes diesen nicht vollständig abschafft, sondern die Ausnahmetatbestände lediglich modifiziert (*BAG* 9.9.2010 – 2 AZR 936/08, EzA-SD 5/2011 S. 6 LS). Auch in einer **öffentlich-rechtlichen Vereinbarung** zwischen dem Arbeitgeber und einem Bundesland im Zusammenhang mit der Ausweitung eines Braunkohlentagebaus und einer bergrechtlichen Genehmigung, 2598 durch die die von der Ausbaggerung betroffenen Arbeitnehmer einen besonderen Kündigungsschutz erhalten, liegt nach Auffassung des *LAG Bra.* (29.10.1998 LAGE § 1 KSchG Soziale Auswahl Nr. 29) eine zulässige und wirksame Beschränkung des auswahlrelevanten Personenkreises nach § 1 Abs. 3 KSchG. Die gleichen Erwägungen gelten danach **auch für die einzelvertraglich vereinbarte ordentliche Unkündbarkeit** (*LAG Bra.* 29.10.1998 LAGE § 1 KSchG Soziale Auswahl Nr. 29).

2599 Darin liegt auch kein Verstoß gegen die zwingende Vorschrift des § 1 Abs. 3 KSchG (einschr. *LAG Düsseld.* 25.8.2004 LAGE § 1 KSchG Soziale Auswahl Nr. 46: wenn die einzelvertragliche Vereinbarung keinen unverhältnismäßigen Eingriff in den Bestandsschutz anderer Arbeitnehmer bedeutet; a. A. *Ehler* BB 1994, 2068 ff.; *ArbG Cottbus* EzA § 1 KSchG Soziale Auswahl Nr. 44), weil sich tarifliche und einzelvertragliche Kündigungsverbote nicht gegen andere Arbeitnehmer richten und deren Kündigungsschutz beschränken wollen.

2600 Erwirbt ein Arbeitnehmer aufgrund einer in einer **Betriebsvereinbarung** enthaltenen Regelung infolge langjähriger Betriebszugehörigkeit den Rechtsstatus der ordentlichen Unkündbarkeit, so kann ihm dieser durch eine Folge-Betriebsvereinbarung allenfalls in den für eine echte, belastende normative Rückwirkung entwickelten Grenzen wieder entzogen werden. Dafür genügt es nicht, wenn die Betriebsvereinbarung, unter deren Geltung der Arbeitnehmer den Unkündbarkeitsstatus erworben hat, lediglich gekündigt wird und ohne Nachfolgeregelung ausläuft (*ArbG Trier* 23.9.2010 LAGE § 1 KSchG Nr. 17).

2601 Sollte im Einzelfall ein einzelvertragliches Kündigungsverbot allerdings mit dem Ziel vereinbart werden, den betreffenden Arbeitnehmer von der Sozialauswahl auszunehmen, z. B. unmittelbar vor einem geplanten Personalabbau, so wäre eine solche Vereinbarung wegen unzulässiger Umgehung des § 1 Abs. 3 KSchG unwirksam (so für eine Beschäftigungsgarantie ausdrücklich *LAG Sachsen* 10.10.2001 NZA 2002, 905).

2602 Davon abgesehen verfolgen tarifliche und einzelvertragliche Kündigungsverbote ausschließlich den Zweck, den Arbeitnehmer vor ordentlichen Kündigungen zu schützen. Dies sind vom Gesetz abweichende, zu Gunsten der Arbeitnehmer geltende Regelungen, die deshalb zulässig sind.

2603 Das *LAG Köln* (20.12.2004 – 2 Sa 695/04, NZA-RR 2005, 473; ebenso *LAG Nds.* 17.4.2009 LAGE § 2 KSchG Nr. 63) hat schließlich angenommen, dass eine **Betriebsvereinbarung**, nach der das Arbeitsverhältnis von Mitarbeitern, die die Arbeitszeit verkürzen, nicht vor dem Ablauf der Geltungsdauer der Betriebsvereinbarung (ein Jahr) endet, den Auswahlbereich der Sozialauswahl bei trotzdem erforderlichen Kündigungen nicht zu Lasten von Mitarbeitern verkürzt, die sich der Arbeitszeitverkürzung nicht anschließen.

*ee) Freigestellte Arbeitnehmer*

2604 Ferner sind Arbeitnehmer, die im Zeitpunkt der Kündigung für längere Zeit von der Arbeit freigestellt sind (z. B. unbezahlter Sonderurlaub für ein Jahr), **nicht** in die soziale Auswahl **einzubeziehen**, da durch ihre Kündigung kein einziger besetzter Arbeitsplatz im Betrieb frei würde. Das gilt auch für Arbeitnehmer, die für eine Arbeitsgemeinschaft (z. B. im Baugewerbe) freigestellt sind (*BAG* 26.2.1987 EzA § 1 KSchG Soziale Auswahl Nr. 24).

*ff) Auswirkungen des AGG (ab 18.8.2006)*

2605 § 2 Abs. 4 AGG enthält eine – europarechtswidrige – Bereichsausnahme u. a. für Kündigungsschutz nach dem KSchG. Andererseits enthielt § 10 Nr. 7 AGG eine den hier dargestellten Grundsätzen weitgehend entsprechende – vernünftige – positive gesetzliche Regelung über die Zulässigkeit der Vereinbarung der ordentlichen Unkündbarkeit, die allerdings systemwidrig war, weil sie ins KSchG gehört hätte. Statt dies zu ändern, hat der Gesetzgeber sie inzwischen ersatzlos gestrichen; welche Konsequenzen dies hat, ist unklar (s. Kap. 3 Rdn. 4871 ff.; *Hein* NZA 2008, 1033 ff.).

Das *BAG* (6.11.2008 EzA § 1 KSchG Soziale Auswahl Nr. 82; 18.3.2010 EzA § 1 KSchG Soziale Auswahl Nr. 83; s. a. *BAG* 15.12.2011 EzA § 1 KSchG Soziale Auswahl Nr. 84; s. a. *Lingemann/Beck* NZA 2009, 577 ff.; *Gaul/Niklas* NZA-RR 2009, 457 ff.; *Benecke* AuR 2009, 326 ff.; krit. *LAG Hamm* 11.11.2009 – 2 Sa 992/09, NZA-RR 2010, 410; 9.11.2010 LAGE § 1 KSchG Soziale Auswahl Nr. 63) hat inzwischen für die Bildung von Altersgruppen folgende Grundsätze aufgestellt: 2606

– Beruht das Zustandekommen einer Namensliste nach § 1 Abs. 5 KSchG auf einem Verstoß gegen Vorschriften des AGG, so kann dies zur groben Fehlerhaftigkeit der Sozialauswahl führen, hat aber nicht die »Unwirksamkeit« der Namensliste und damit den Wegfall der Vermutungswirkung nach § 1 Abs. 5 S. 1 KSchG zur Folge.
– Die Diskriminierungsverbote des AGG (§ 1 AGG bis § 10 AGG) sind im Rahmen der Prüfung der Sozialwidrigkeit von Kündigungen zu beachten. Eine Kündigung kann sozialwidrig sein, wenn sie gegen Diskriminierungsverbote verstößt. Die Regelung des § 2 Abs. 4 AGG steht dem nicht entgegen.
– Die Diskriminierungsverbote des AGG – einschließlich der ebenfalls im AGG vorgesehenen Rechtfertigungen für unterschiedliche Behandlungen – sind bei der Auslegung der unbestimmten Rechtsbegriffe des Kündigungsschutzgesetzes in der Weise zu beachten, als sie Konkretisierungen des Begriffs der Sozialwidrigkeit darstellen.
– Zweck des § 2 Abs. 4 AGG ist es sicherzustellen, dass durch das AGG nicht neben das bisherige ein »zweites Kündigungsrecht«, also eine besondere »Diskriminierungsklage« neben die Kündigungsschutzklage tritt.
– Dagegen sollen die Diskriminierungsverbote nicht als eigene Unwirksamkeitsnormen angewendet werden. Ob und inwieweit mit der Einpassung der Diskriminierungsverbote in das Kündigungsschutzrecht bestimmte Rechte von durch Kündigung diskriminierten Beschäftigten (vgl. § 13 AGG, § 14 AGG, § 15 AGG, § 16 AGG) ausgeschlossen sein sollen, bleibt offen.
– Die in § 1 Abs. 3 S. 1 KSchG vorgesehene Berücksichtigung des Lebensalters führt in der Tendenz zu einer Bevorzugung älterer und damit zugleich zu einer Benachteiligung jüngerer Arbeitnehmer. Die Absicht des Gesetzes besteht darin, ältere Arbeitnehmer, die wegen ihres Alters typischerweise schlechtere Chancen auf dem Arbeitsmarkt haben, etwas besser zu schützen. Darin liegt ein legitimes Ziel.
– Auch die Bildung von Altersgruppen kann nach § 10 S. 1, 2 AGG gerechtfertigt sein.
– Die legitimen Ziele einer Altersgruppenbildung müssen grds. vom Arbeitgeber im Prozess dargelegt werden. Er hat aufzuzeigen, welche konkreten Nachteile – z. B. im Hinblick auf die Verwirklichung des Betriebszwecks – sich ergäben, wenn die Sozialauswahl allein nach Maßgabe von § 1 Abs. 3 S. 1 KSchG vorgenommen würde. Indes ist vom Vorhandensein solcher legitimer Ziele regelmäßig auszugehen, wenn die Altersgruppenbildung bei Massenkündigungen aufgrund einer Betriebsänderung erfolgt. In diesen Fällen ist regelmäßig die Erhaltung einer auch altersmäßig ausgewogenen Personalstruktur gefährdet.
– Die Altersgruppenbildung vermeidet außerdem nicht nur eine Überalterung der Belegschaft, sondern ebnet auch die bei Massenkündigungen etwa überschießenden Tendenzen der Bewertung des Lebensalters als Sozialdatum ein und wirkt so einer übermäßigen Belastung jüngerer Beschäftigter entgegen.

### f) Arbeitnehmer ohne Kündigungsschutz nach § 1 KSchG

Arbeitnehmer mit fehlendem oder eingeschränktem individuellen Kündigungsschutz sind dagegen in den auswahlrelevanten Personenkreis einzubeziehen. 2607

Zu der erstgenannten Gruppe zählen solche, denen mangels Zurücklegung der 6-monatigen Wartezeit des § 1 Abs. 1 KSchG kein allgemeiner Kündigungsschutz zusteht. 2608

Denn aus der gesetzgeberischen Wertung des § 1 Abs. 1 KSchG ergibt sich, dass diese Arbeitnehmer grds. – unabhängig von allen Sozialdaten – vorrangig vor den unter den allgemeinen Kündi- 2609 gungsschutz fallenden Arbeitnehmern zu entlassen sind, es sei denn, es liegen die Voraussetzungen des § 1 Abs. 3 S. 2 KSchG vor (*BAG* 25.4.1985 EzA § 1 KSchG Betriebsbedingte Kündigung Nr. 35).

### g) Leitende Angestellte; Teilzeitbeschäftigte

2610 Die Verpflichtung zur sozialen Auswahl besteht auch gegenüber Leitenden Angestellten i. S. d. § 14 Abs. 2 KSchG sowie gegenüber Teilzeitarbeitnehmern.

2611 Fraglich ist die Rechtslage dann, wenn **sowohl Vollzeitarbeitsplätze als auch Teilzeitarbeitsplätze von den betriebsbedingten Gründen erfasst** werden. Wegen des Diskriminierungsverbots des § 4 Abs. 1 S. 1 TzBfG kann der Arbeitgeber die Teilzeitarbeitnehmer bei der sozialen Auswahl wegen ihrer Teilzeitarbeit gegenüber den vergleichbaren Vollzeitarbeitnehmern benachteiligen, indem er z. B. ausschließlich oder in einem **überproportionalen Verhältnis Teilzeitarbeitnehmer** auswählt. Liegen andererseits lediglich bei Teilzeitarbeitnehmern besondere Umstände vor, die sich auf die sozialen Auswahlkriterien auswirken, verstößt eine Berücksichtigung dieser Merkmale nicht gegen das Diskriminierungsverbot.

2612 (derzeit unbesetzt)

2613 Das *BAG* (3.12.1998 EzA § 1 KSchG Soziale Auswahl Nr. 37; 12.8.1999 EzA § 1 KSchG Soziale Auswahl Nr. 41; 7.12.2006 EzA § 1 KSchG Soziale Auswahl Nr. 74) hält es für entscheidend, **wie sich die betriebliche Organisation gestaltet:**
- Hat der Arbeitgeber eine **Organisationsentscheidung** getroffen, auf Grund derer bestimmte Arbeiten für Vollzeitkräfte vorgesehen sind, kann diese Entscheidung als sog. freie Unternehmerentscheidung nur darauf überprüft werden, ob sie offenbar unsachlich, unvernünftig oder willkürlich ist. Liegt danach eine bindende Unternehmerentscheidung vor, sind bei der Kündigung einer Teilzeitkraft die Vollzeitkräfte nicht in die Sozialauswahl einzubeziehen;
- will der Arbeitgeber in einem **bestimmten Bereich** lediglich die Zahl der insgesamt geleisteten **Arbeitsstunden abbauen**, ohne dass eine Organisationsentscheidung nach den zuvor dargestellten Kriterien vorliegt, sind sämtliche in diesem Bereich beschäftigten Arbeitnehmer ohne Rücksicht auf ihr Arbeitszeitvolumen in die Sozialauswahl einzubeziehen (*BAG* 7.12.2006 EzA § 1 KSchG Soziale Auswahl Nr. 74; *BAG* 3.12.1998 EzA § 1 KSchG Soziale Auswahl Nr. 37; s. a. *Oetker* RdA 1999, 267 f.).
- Liegt hingegen ein **nachvollziehbares unternehmerisches Konzept zur Arbeitszeitgestaltung** vor (vgl. auch § 8 Abs. 4 TzBfG), nach dem bestimmte Tätigkeiten bestimmten Arbeitszeiten zugeordnet sind, ist diese unternehmerische Organisationsentscheidung grds. mit der Folge hinzunehmen, dass Arbeitnehmer, die aufgrund solcher Organisationsentscheidungen **unterschiedliche Arbeitszeiten aufweisen**, die nur durch eine Änderungskündigung angepasst werden können, **nicht miteinander vergleichbar** sind (*BAG* 7.12.2006 EzA § 1 KSchG Soziale Auswahl Nr. 74).
- Diese Grundsätze gelten **auch im öffentlichen Dienst**. Die Streichung einer Halbtagsstelle im öffentlichen Haushalt sagt danach für sich genommen noch nichts dazu aus, ob nicht lediglich eine Überkapazität im Umfang einer Halbtagsstelle abgebaut werden soll, so dass dem durch eine entsprechende Änderungskündigung gegenüber einer sozial weniger schutzbedürftigen Vollzeitkraft Rechnung getragen werden könnte (*BAG* 12.8.1999 EzA § 1 KSchG Soziale Auswahl Nr. 41).

Der Kreis der vergleichbaren Arbeitnehmer kann folglich **nicht** auf die jeweiligen Mitarbeiter **mit gleichem Arbeitszeitvolumen** beschränkt und die Sozialauswahl nur innerhalb der einzelnen Gruppen vorgenommen werden, **wenn sich auf Grund einer arbeitgeberseitigen Organisationsentscheidung lediglich das Arbeitsvolumen bzw. das Stundenkontingent in der Dienststelle reduziert hat**. Wird in einem solchen Fall der auswahlrelevante Personenkreis **allein nach Teilzeit- und Vollzeitbeschäftigten** bestimmt, ohne dass dafür sachliche Gründe vorliegen, so kann darin eine unzulässige **Diskriminierung** i. S. v. **§ 4 Abs. 1 TzBfG** liegen (*BAG* 22.4.2004 EzA § 1 KSchG Soziale Auswahl Nr. 53).

Diese Grundsätze gelten auch für die soziale Auswahl **zwischen Teilzeitbeschäftigten mit unterschiedlichen Arbeitszeiten**. Liegt also ein nachvollziehbares unternehmerisches Konzept zur Arbeitszeitgestaltung vor, demzufolge bestimmte Tätigkeiten bestimmten Arbeitszeiten zugeordnet sind, so ist die dem zugrunde liegende unternehmerische Entscheidung von den Gerichten hinzunehmen, wenn sie nicht offensichtlich unsachlich, d. h. rechtsmissbräuchlich ist. Arbeitnehmer, die auf Grund solcher Organisationsentscheidungen unterschiedliche Arbeitszeiten aufweisen, die nur durch Änderungskündigungen angepasst werden könnten, sind im Rahmen der Sozialauswahl nicht miteinander vergleichbar; dies gilt auch für die Auswahl zwischen Teilzeitbeschäftigten mit unterschiedlichen Arbeitszeiten (*BAG* 15.7.2004 EzA § 1 KSchG Soziale Auswahl Nr. 54).

**Diese Auslegung des § 1 Abs. 3 KSchG verstößt nicht gegen Art. 2 Abs. 1, Art. 5 Abs. 1 RL 76/207/EWG** (*EuGH* 26.9.2000 EzA § 1 KSchG Soziale Auswahl Nr. 45; vgl. dazu *Dübbers* AuR 2001, 23 f.).

Nach Auffassung des *LAG Köln* (18.10.2000 ARST 2001, 114 LS) sind die Reinigungskräfte bei einem Reinigungsunternehmen dann nicht austauschbar i. S. v. § 1 Abs. 3 KSchG, wenn sie mit einem **erheblich unterschiedlichen Arbeitsumfang** beschäftigt werden, z. B. einerseits sechs, andererseits zwei Stunden pro Tag. Die Unklarheit darüber, ob in dem Unternehmen andere Reinigungskräfte mit gleichem Arbeitsumfang tätig sind, geht danach zu Lasten des Arbeitnehmers (*LAG Köln* 18.10.2000 ARST 2001, 114 LS; a. A. *LAG Köln* 21.6.2000 – 3 Sa 68/00 –). Folglich besteht beim **Wegfall eines Reinigungsauftrags** und einer dadurch ausgelösten betriebsbedingten Kündigung gegenüber teilzeitbeschäftigten Arbeitnehmern dann keine Verpflichtung zur objektübergreifenden Sozialauswahl, wenn die in anderen Objekten tätigen Arbeitnehmer ein anderes Arbeitsvolumen haben und die Einführung sog. »geteilter Dienste« zusätzlich Kosten verursacht (*LAG Köln* 16.1.2003 LAGE § 1 KSchG Soziale Auswahl Nr. 42).

2614

### h) Arbeitnehmer im »Weiterbeschäftigungsverhältnis«

Fraglich ist, inwieweit gekündigte Arbeitnehmer, die nach § 102 Abs. 5 BetrVG oder auf Grund des allgemeinen Weiterbeschäftigungsanspruchs oder auf Grund einer Vereinbarung mit dem Arbeitgeber bis zur Beendigung des Kündigungsschutzprozesses tatsächlich weiterbeschäftigt werden, in die Sozialauswahl einzubeziehen sind.

2615

In der Literatur (*Künzl* ZTR 1996, 387; APS/*Kiel* § 1 KSchG Rn. 690) wird davon ausgegangen, dass vorläufig weiterbeschäftigte Arbeitnehmer ebenso »Arbeitskraft« personalisieren wie vertraglich beschäftigte Arbeitnehmer, sodass sie nach den allgemeinen Grundsätzen in die Sozialauswahl **einzubeziehen sind**.

2616

Das hat zur Folge, dass ihre bereits gekündigten, aber faktisch fortgesetzten Arbeitsverhältnisse erneut gekündigt werden können, aber auch – aus der Sicht sozial schutzwürdiger Arbeitnehmer – gekündigt werden müssen.

2617

### i) Widerspruch des Arbeitnehmers bei Betriebsübergang

Auch die Arbeitnehmer, die einem Übergang ihres Arbeitsverhältnisses auf einen Betriebserwerber nach § 613a BGB widersprechen, können sich bei einer nachfolgenden vom Betriebsveräußerer erklärten Kündigung auf eine mangelhafte Sozialauswahl nach § 1 Abs. 3 S. 1 KSchG berufen (*BAG* 31.5.2007 EzA § 1 KSchG Soziale Auswahl Nr. 71; s. dazu *Schumacher-Mohr/Urban* NZA 2008, 513; *Eylert/Spinner* BB 2008, 50 ff.;). Bei der Prüfung der sozialen Auswahlgesichtspunkte sollten dann nach zunächst vertretener Auffassung aber auch die Gründe für einen Widerspruch berücksichtigt werden (*BAG* 22.4.2004 EzA § 1 KSchG Soziale Auswahl Nr. 53; 24.5.2005 EzA § 613a BGB 2002 Nr. 35; s. ausf. Kap. 3 Rdn. 4234 ff.; zur außerordentlichen Kündigung in

2618

derartigen Fällen s. Rdn. 1147 ff. und *BAG* 29.3.2007 EzA § 626 BGB 2002 Unkündbarkeit Nr. 14). Dies hat sich inzwischen aber **geändert: Die Widerspruchsgründe sind seit dem 1.1.2004 bei der Abwägung der sozialen Gesichtspunkte nicht mehr zu berücksichtigen**, weil die Auswahlkriterien (Betriebszugehörigkeit, Alter, Unterhaltspflichten, Schwerbehinderung) vom Gesetzgeber nunmehr abschließend benannt worden sind (*BAG* 31.5.2007 EzA § 1 KSchG Soziale Auswahl Nr. 71; s. a. *Pauly* ZTR 2009, 63 ff.).

### 3. Auswahlkriterien

#### a) Kriterienkatalog in § 1 Abs. 3 KSchG

**2619** Welche Auswahlkriterien gem. § 1 Abs. 3 KSchG zu berücksichtigen sind, war wegen des Fehlens eines Kataloges in dieser Vorschrift sowohl vom Grund als auch von der Wertigkeit der jeweiligen Sozialdaten her zunächst nicht nach festen Maßstäben bestimmbar (vgl. APS/*Kiel* § 1 KSchG Rn. 703 ff.). **Inzwischen beschränkt sich das Gesetz ausdrücklich auf vier soziale Gesichtspunkte.**

#### b) Kriterien der Sozialauswahl

**2620** Die zu berücksichtigenden sozialen Gesichtspunkten sind nach der gesetzlichen Regelung das Lebensalter, die Dauer der Betriebszugehörigkeit, die Zahl der unterhaltsberechtigten Personen sowie eine Schwerbehinderung des Arbeitnehmers.

Es ist dabei weder möglich noch angezeigt, dem Arbeitgeber hinsichtlich der Gewichtung der vier Kriterien untereinander abstrakte Vorgaben zu machen; vielmehr steht ihm insoweit aufgrund des **Gesetzeswortlauts** »ausreichend zu beachten« ein **Wertungsspielraum** zu (*BAG* 5.12.2002 EzA § 1 KSchG Soziale Auswahl Nr. 49; *LAG Hamm* 21.10.2008 LAGE § 1 KSchG Soziale Auswahl Nr. 59; s. Rdn. 2636). Der Betriebszugehörigkeit kommt auch gegenüber den anderen beiden Kriterien keine Priorität zu. Maßgeblich sind vielmehr jeweils die Umstände des Einzelfalls (*BAG* 5.12.2002 EzA § 1 KSchG Soziale Auswahl Nr. 49; a. A. *LAG Düsseld.* 25.8.2004 LAGE § 1 KSchG Soziale Auswahl Nr. 4: Betriebszugehörigkeit ist bevorzugt zu berücksichtigen). Denn die Benennung der maßgeblichen Kriterien in § 1 Abs. 3 KSchG, ihre Aufzählung in alphabetischer Reihenfolge und der Umstand, dass sich weder aus Gesetzeswortlaut noch Entwurfsbegründung ein Vorrang für eines der genannten Kriterien entnehmen lassen, sprechen für deren **Gleichwertigkeit und Gleichrang** (*Fischermeier* NZA 1997, 1095).

**2621** Mit dieser Regelung – Beschränkung auf vier Kriterien der Sozialauswahl – soll eine **bessere Berechenbarkeit** der Zulässigkeit der Kündigung für Arbeitgeber und Arbeitnehmer erreicht werden.

**2622** **Zu entscheiden ist jeweils, welcher der in die Sozialauswahl einzubeziehenden Arbeitnehmer am wenigsten auf die Erhaltung des Arbeitsplatzes angewiesen ist.**

#### aa) Betriebszugehörigkeit

**2623** Unter dem Begriff der Betriebszugehörigkeit ist der **rechtlich ununterbrochene Bestand des Arbeitsverhältnisses** zu verstehen; entscheidend ist die Dauer der arbeitsvertraglichen Bindung zu demselben Unternehmen. Frühere Beschäftigungen in demselben Unternehmen sind nach Maßgabe der Grundsätze für die Anrechnung von Wartezeiten nach § 1 Abs. 1 KSchG zu berücksichtigen (*BAG* 6.2.2003 EzA § 1 KSchG Soziale Auswahl Nr. 51). Deshalb ist z. B. die Beschäftigungszeit i. S. d. § 19 BAT-O nicht mit der Dauer der Betriebszugehörigkeit als Sozialdatum gleichzusetzen (*BAG* 6.2.2003 EzA § 1 KSchG Soziale Auswahl Nr. 51). Unerheblich ist, ob der Arbeitnehmer in unterschiedlichen Betrieben gearbeitet hat. Auch **Berufausbildungszeiten** erhöhen die zu berücksichtigende Betriebsseniorität (APS/*Kiel* § 1 KSchG Rn. 707).

**2624** Der tragende Grund für die besondere Bedeutung dieses Kriteriums besteht darin, dass der vom *Arbeitnehmer selbst erarbeitete Besitzstand* Schutz verdient. Bei einem Dauerschuldverhältnis werden die Rechtsbeziehungen mit der Zeit immer enger. **Der Arbeitnehmer richtet sich zuneh-**

mend auf das Arbeitsverhältnis ein und vertraut auf dessen Fortbestand. Wer in einem Unternehmen längere Zeit tätig war, hat sich einen Besitzstand erarbeitet, an den er die Erwartung knüpft, dass er zu seinen Gunsten Beachtung findet. Aus diesem Gesichtspunkt werden auch die gesetzlichen Kündigungsfristen in § 622 Abs. 2 BGB mit zunehmender Beschäftigungsdauer länger (*BAG* 18.10.1984 EzA § 1 KSchG Soziale Auswahl Nr. 18; SPV/*Preis* Rn. 667b; APS/*Kiel* § 1 KSchG Rn. 709).

Auch nach Maßgabe dieser Grundsätze an sich nicht anrechnungsfähige frühere Beschäftigungszeiten bei demselben Arbeitgeber oder einem anderen Unternehmen, können bei der Dauer der Betriebszugehörigkeit nach § 1 Abs. 3 S. 1 KSchG durch eine **vertragliche Vereinbarung der Arbeitsvertragsparteien** berücksichtigt werden. Allerdings darf eine derartige sich zu Lasten anderer Arbeitnehmer auswirkende Individualvereinbarung nicht rechtsmissbräuchlich sein und nur die Umgehung der Sozialauswahl bezwecken. Für eine Berücksichtigung der vertraglich vereinbarten Betriebszugehörigkeitszeiten muss folglich ein sachlicher Grund vorliegen. Der ist ohne weiteres dann gegeben, wenn der Berücksichtigung früherer Beschäftigungszeiten ein arbeitsgerichtlicher Vergleich wegen eines streitigen Betriebsübergangs zugrunde liegt (*BAG* 2.6.2005 EzA § 1 KSchG Soziale Auswahl Nr. 63; krit. *Dathe* NZA 2007, 1205 ff.). 2625

### bb) Lebensalter

Grds. **steigt mit zunehmendem Lebensalter die Schutzwürdigkeit** des Arbeitnehmers. Denn mit zunehmendem Alter fällt es im Allgemeinen einem Arbeitnehmer schwerer, einen neuen Arbeitsplatz zu finden und sich mit den Bedingungen eines neuen Arbeitsplatzes vertraut zu machen. 2626

Dennoch handelt es sich bei dem Lebensalter um eine **ambivalente Größe, deren sozialer Stellenwert sich weder generell noch im Einzelfall exakt festlegen lässt** (*BAG* 8.8.1985 EzA § 1 KSchG Soziale Auswahl Nr. 21; *LAG Köln* 17.8.2005 – 7 Sa 520/05, EzA-SD 6/06, S. 12 LS; APS/*Kiel* § 1 KSchG Rn. 710; a. A. *LAG Köln* 2.2.2006 LAGE § 1 KSchG Soziale Auswahl Nr. 53). Es kommt insoweit auch auf die Qualifikation, die Berufserfahrung und den Gesundheitszustand des Arbeitnehmers sowie auf die Arbeitsmarktsituation in seiner Branche an (*BAG* 18.1.1990 EzA § 1 KSchG Soziale Auswahl Nr. 28; a. A. APS/*Kiel* § 1 KSchG Rn. 714; *Bitter/Kiel* RdA 1994, 356). Bei der **derzeitigen Arbeitsmarktsituation** ist davon auszugehen, **dass die Bedeutung des Lebensalters zunächst kontinuierlich ansteigt und sodann mit zeitlicher Nähe zum Renteneintritt wieder abnimmt** (*LAG Köln* 17.8.2005 – 7 Sa 520/05, EzA-SD 6/06, S. 12 LS; APS/*Kiel* § 1 KSchG Rn. 713 f.). Deshalb ist es z. B. nicht zu beanstanden, wenn der Arbeitgeber davon ausgeht, dass einer **61 Jahre** alten, seit 40 Jahren beschäftigten ledigen Arbeitnehmerin eine betriebsbedingte Versetzung von Köln nach Frankf./M. **eher zuzumuten** ist als einer **45 Jahre** alten, seit 22 Jahren beschäftigten Mutter von zwei schulpflichtigen Kindern, die mit ihrer Arbeit wesentlich zum Familieneinkommen beiträgt (*LAG Köln* 17.8.2005 – 7 Sa 520/05, EzA-SD 6/06, S. 12 LS). Auch hat das *LAG Düsseld.* (21.1.2004 LAGE § 1 KSchG Soziale Auswahl Nr. 43; a. A. *LAG Düsseld.* 13.7.2005 AuR 2006, 69) angenommen, dass die zu Gunsten eines älteren und länger beschäftigten Arbeitnehmers getroffene Sozialauswahl nicht deshalb als fehlerhaft beanstandet werden kann, weil diesen Arbeitnehmer auf Grund seiner **Rentennähe** eine Arbeitslosigkeit weniger hart träfe als einen Arbeitskollegen, der, weil jünger, vom Erreichen der Altersgrenze noch weiter entfernt ist. 2627

Andererseits begründet die Vergabe von **Sozialpunkten auch für das Lebensalter** z. B. über 55 jedenfalls keinen Auswahlfehler (*LAG Köln* 2.2.2006 LAGE § 1 KSchG Soziale Auswahl Nr. 53).

Das **Verbot der Altersdiskriminierung** (§§ 1, 10 AGG) steht der Berücksichtigung des Lebensalters im Rahmen der Sozialauswahl (§ 1 Abs. 3 S. 1 KSchG) nicht entgegen (*BAG* 5.11.2009 EzA § 1 KSchG Interessenausgleich Nr. 20; 15.12.2011 EzA § 1 KSchG Soziale Auswahl Nr. 84; a. A. *Kaiser/Dahm* NZA 2010, 473 ff.). Auch die **Bildung von Altersgruppen** bei der Sozialauswahl (§ 1 Abs. 3 S. 2 KSchG) ist nach dem AGG zulässig (*BAG* 6.11.2008 – 2 AZR 701/07; 12.3.2009 EzA § 1 KSchG Interessenausgleich Nr. 17; 15.12.2011 – 2 AZR 42/10; s. a. *BAG* 18.3.2010 2628

EzA § 1 KSchG Soziale Auswahl Nr. 83; *LAG Hamm* 9.11.2010 LAGE § 1 KSchG Soziale Auswahl Nr. 63; a. A. *ArbG Siegburg* 27.1.2010 – 2 Ca 2144/09, DB 2010, 1466: Vorlagebschluss zum EuGH; s. a. *EuGH* 5.3.2009 NZA 2009, 305 ff.; *Fahrig* DB 2010, 1460 ff. u. BB 2010, 2569 ff.). Das Lebensalter ist dann nur **im Rahmen der jeweiligen Gruppe** von Bedeutung. Der Altersaufbau der Belegschaft bleibt auf diese Weise weitgehend erhalten. Der gesetzliche Regelungskomplex der Sozialauswahl verstößt **nicht** gegen das unionsrechtliche Verbot der **Altersdiskriminierung** und dessen Ausgestaltung durch die RL 2000/78/EG. Er führt zwar zu einer unterschiedlichen Behandlung wegen des Alters. Diese ist aber durch **rechtmäßige Ziele** aus den Bereichen **Beschäftigungspolitik** und **Arbeitsmarkt** i. S. v. Art. 6 Abs. 1 S. 1, 2 RL gerechtfertigt. Einerseits tragen die Regelungen den mit steigendem Lebensalter regelmäßig sinkenden Chancen auf dem Arbeitsmarkt Rechnung. Andererseits wirken sie durch die Möglichkeit der Bildung von Altersgruppen der ausschließlich linearen Berücksichtigung des ansteigenden Lebensalters und einer mit ihr einhergehenden Benachteiligung jüngerer Arbeitnehmer entgegen. Das Ziel, ältere Arbeitnehmer zu schützen, und das Ziel, die berufliche Eingliederung jüngerer Arbeitnehmer sicherzustellen, werden zu einem angemessenen Ausgleich gebracht. Dies dient zugleich der sozialpolitisch erwünschten Generationengerechtigkeit und der Vielfalt im Bereich der Beschäftigung. Eines Vorabentscheidungsersuchens an den EuGH nach Art. 267 AEUV bedurfte es nicht. Die unionsrechtliche Lage ist durch mehrere Entscheidungen des EuGH hinreichend geklärt (*BAG* 15.12.2011 EzA § 1 KSchG Soziale Auswahl Nr. 84; s. a. *LAG BW* 25.3.2011 NZA-RR 2011, 407).

*cc) Unterhaltspflichten (§§ 1360 ff., 1569 ff., 1601 ff. BGB)*

**2629** Der Umfang der Unterhaltspflichten stellt ein **nicht auszuschließendes Indiz für die soziale und wirtschaftliche Schutzbedürftigkeit des Arbeitnehmers** dar (so bereits *BAG* 18.1.1990 EzA § 1 KSchG Soziale Auswahl Nr. 28; *Preis* RdA 1999, 316). Deshalb ist es nur folgerichtig, dieses Merkmal als entscheidungserheblich im Gesetz vorzusehen. Dieses Kriterium, von dem in erster Linie **jüngere Arbeitnehmer profitieren**, bildet eine **Korrektur zur Betriebsseniorität** und dem Lebensalter, das i. d. R. den Besitzstand älterer Arbeitnehmer sichert (APS/*Kiel* § 1 KSchG Rn. 716). Zu beachten ist, dass Unterhaltspflichten gem. §§ 5, 16 LPartG auch für gleichgeschlechtliche Paare in eingetragenen Lebenspartnerschaften gelten (vgl. *Wellenhofer* NJW 2005, 705 ff.).

**2630** Unterhaltspflichten sind nur beachtlich, wenn sie gesetzlich (s. *BAG* 12.8.2010 EzA § 2 KSchG Nr. 79 = NZA 2011, 460) im Kündigungszeitpunkt und voraussichtlich nicht nur für eine unerhebliche Zeit darüber hinaus **tatsächlich bestehen** werden oder **konkret abzusehen** sind. Das gilt jedenfalls dann, wenn die Ehefrau des gekündigten Klägers zum Zeitpunkt der Kündigung **schwanger** war, der Arbeitgeber davon Kenntnis hatte und die Unterhaltsverpflichtung gegenüber dem Kind noch vor Ablauf der Kündigungsfrist entstanden ist (*ArbG Bln.* 16.2.2005 – 9 Ca 27525/04, EzA-SD 8/05, S. 12 LS). Unerheblich ist, ob der Arbeitnehmer seinen Unterhaltspflichten nachkommt, weil ein gesetzwidriges Verhalten keine Auswirkungen auf die Sozialauswahl haben darf (*Bader* NZA 1996, 1128; *Fischermeier* NZA 1997, 1094). Die im Rahmen des § 1 Abs. 3 KSchG zu berücksichtigenden Unterhaltspflichten verringern sich deshalb nur, wenn andere Personen den geschuldeten Unterhalt ganz oder teilweise mit befreiender Wirkung leisten; die Angabe des Familienstandes und der bloßen Anzahl der Kinder genügen grds. nicht. Kinder mit eigenem Arbeitseinkommen sind nicht auf Unterhalt angewiesen und deshalb nicht zu berücksichtigen. In diesem Zusammenhang ist auch das Arbeitseinkommen von Ehegatten mit einzubeziehen, sofern sie ihren Lebensunterhalt damit selbst bestreiten können. Dadurch vermindert sich die Pflicht des Arbeitnehmers zu Unterhaltsleistungen nach § 1360 BGB (*BAG* 8.8.1985 EzA § 1 KSchG Soziale Auswahl Nr. 21). Der Arbeitgeber muss insoweit die anhand der **Lohnsteuerkarte** für die getroffene Sozialauswahl ermittelte Zahl von Unterhaltspflichten des gekündigten Arbeitnehmers jedenfalls dann korrigieren, wenn der Arbeitnehmer innerhalb der Klagefrist gem. § 4 KSchG geltend gemacht hat, dass weitere Unterhaltspflichten bestehen (*LAG Köln* 29.7.2004 LAGE § 1 KSchG Soziale Auswahl Nr. 45a); **eine weitergehende Erkundigungspflicht besteht demgegenüber nicht** (zutr. *Kleinebrink* DB 2005, 2522 ff.; a. A. *LAG RhPf* 12.7.2006 NZA-RR 2007, 247).

Ansonsten ist zu beachten ist, dass die kinderbezogenen **Eintragungen auf der Lohnsteuerkarte** nur begrenzt etwas über das Bestehen dieser familienrechtlichen Verhältnisse aussagen. Dadurch dürfte sich der Schluss aufdrängen, dass das Gesetz nicht auf die in die Lohnsteuerkarte eingetragenen Kinderfreibeträge abhebt, so dass es auf die tatsächlichen, nicht aber auf die in die Lohnsteuerkarte eingetragenen Daten ankommen dürfte. Den Bedürfnissen der Praxis ist in diesem Zusammenhang ausreichend dadurch Rechnung getragen, dass der Arbeitgeber auf die ihm bekannten Daten **vertrauen kann**, wenn er keinen Anlass zu der Annahme hat, sie könnten nicht zutreffen (*BAG* 17.1.2008 EzA § 1 KSchG Soziale Auswahl Nr. 80). 2631

Dabei sind Unterhaltsleistungen, die auf einer gesetzlichen Unterhaltspflicht beruhen, entgegen der Auffassung des *LAG Köln* (7.4.1995 LAGE § 1 KSchG Betriebsbedingte Kündigung Nr. 33) nicht nur deutlich gewichtiger zu bewerten, als solche, die ohne eine Verpflichtung freiwillig erfolgen, auch wenn sie der Anstand gebietet, z. B. Leistungen an Stiefkinder, denn § 1 Abs. 3 KSchG geht vom Bestehen einer gesetzlichen Unterhaltsverpflichtung aus. Tatsächlich erbrachte, aber **nicht vom Gesetz geforderte Unterhaltsleistungen**, sind folglich **gar nicht zu berücksichtigen** (*BAG* 12.8.2010 EzA § 2 KSchG Nr. 79 = NZA 2011, 460). 2632

Nach Auffassung des *LAG Köln* (3.5.2000 NZA-RR 2001, 247) kann sich ein aus dringenden betrieblichen Gründen gekündigter Arbeitnehmer im Prozess nicht darauf berufen, er habe bei der im Vorfeld der Kündigung vom Arbeitgeber durchgeführten Befragung die **Einkünfte seines Ehepartners versehentlich zu hoch** angegeben. Zukünftiges Arbeitseinkommen von arbeitslosen Ehepartnern vergleichbarer Arbeitnehmer ist jedenfalls dann zu berücksichtigen, wenn die Ehepartner mit hoher Wahrscheinlichkeit alsbald eine neue Arbeit aufnehmen werden. Die Möglichkeit, dass ein Ehepartner alsbald eine Arbeit aufnimmt, bleibt bei der Bewertung der Sozialdaten vergleichbarer Arbeitnehmer außer Betracht (*LAG Köln* 3.5.2000 NZA-RR 2001, 247). 2633

*dd) Schwerbehinderung*

Zusätzlich ist die Schwerbehinderung des Arbeitnehmers zu berücksichtigen (*BAG* 18.1.1990 EzA § 1 KSchG Soziale Auswahl Nr. 28; vgl.; *Däubler* NZA 2004, 181 ff.; *Lunk* NZA 2005, Beil. 1/2005 zu Heft 10, S. 41 ff.). Folgte dies zunächst aus einer **verfassungskonformen Auslegung des § 1 Abs. 3 KSchG unter Berücksichtigung des Art. 3 Abs. 3 S. 2 GG** (*BAG* 24.4.1983 EzA § 1 KSchG Betriebsbedingte Kündigung Nr. 21), ergibt es sich inzwischen ausdrücklich aus dem Gesetzeswortlaut. Damit soll verfassungsrechtlichen Bedenken Rechnung getragen werden. Ob es die Generalklausel des § 1 Abs. 3 S. 1 KSchG a. F. (»ausreichende Berücksichtigung sozialer Gesichtspunkte«) im Übrigen zulässt, nicht nur eine festgestellte Schwerbehinderung, sondern auch **besondere Behinderungen**, die einer weiteren Arbeitsvermittlung erheblich entgegenstehen, in die Prüfung der Sozialauswahl einzubeziehen (so *BAG* 17.3.2005 EzA § 1 KSchG Soziale Auswahl Nr. 58 zum alten Recht), vielleicht auch im Lichte des AGG, das an eine festgestellte Schwerbehinderung nicht anknüpft, ist unklar. 2634

Jedenfalls ist es dem Arbeitgeber **im Vorfeld einer Kündigung** u. U. gestattet, **zu ermitteln**, ob eine **Schwerbehinderung vorliegt**, denn das *BAG* (16.2.2012 – 6 AZR 553/10) geht davon aus, dass im bestehenden Arbeitsverhältnis jedenfalls nach sechs Monaten, also nach dem Erwerb des Sonderkündigungsschutzes für behinderte Menschen, die Frage des Arbeitgebers nach der Schwerbehinderung zulässig ist. Das gilt insbes. zur Vorbereitung von beabsichtigten Kündigungen, denn die Frage steht dann im Zusammenhang mit der Pflichtenbindung des Arbeitgebers durch die Anforderungen des § 1 Abs. 3 KSchG, der die Berücksichtigung der Schwerbehinderung bei der Sozialauswahl verlangt, sowie durch den Sonderkündigungsschutz nach § 85 SGB IX, wonach eine Kündigung der vorherigen Zustimmung des Integrationsamtes bedarf. Sie soll es dem Arbeitgeber **ermöglichen, sich rechtstreu zu verhalten**. Die Frage diskriminiert behinderte Arbeitnehmer nicht gegenüber solchen ohne Behinderung. Auch datenschutzrechtliche Belange stehen der Zulässigkeit der Frage nicht entgegen. Infolge der wahrheitswidrigen Beantwortung der ihm rechtmäßig gestellten Frage nach seiner Schwerbehinderung ist es dem Arbeitnehmer unter dem Gesichtspunkt widersprüchlichen Verhal- 2634a tens dann verwehrt, sich im Kündigungsschutzprozess auf seine Schwerbehinderteneigenschaft zu berufen (*BAG* 16.2.2012 – 6 AZR 553/10).

c) *Ausreichende Berücksichtigung sozialer Gesichtspunkte; Ausschluss einzelner Arbeitnehmer von der Sozialauswahl*

aa) *Grundkonzeption des Gesetzes*

2635 Ausreichend sind soziale Gesichtspunkte vom Arbeitgeber auch dann noch berücksichtigt, wenn der gekündigte Arbeitnehmer ganz geringfügig schlechter gestellt ist als ein vergleichbarer anderer Arbeitnehmer (s. *LAG Hamm* 21.10.2008 LAGE § 1 KSchG Soziale Auswahl Nr. 59).

2636 Insoweit steht dem Arbeitgeber ein gewisser **Beurteilungsspielraum** zu (*BAG* 5.12.2002 EzA § 1 KSchG Soziale Auswahl Nr. 49; 17.1.2008 EzA § 1 KSchG Soziale Auswahl Nr. 80; *LAG Hamm* 21.10.2008 LAGE § 1 KSchG Soziale Auswahl Nr. 59; *Preis* RdA 1999, 317). Denn das Erfordernis der Sozialauswahl will nur verhindern, dass der sozial weniger schutzwürdige Arbeitnehmer vor dem schutzwürdigeren Arbeitnehmer entlassen wird.

2637 Wo aber die Differenzen so gering sind, dass sie z. B. nur mit Hilfe mehrseitiger Frage- und Auswertungsbögen ermittelt werden können, ist von unterschiedlicher sozialer Schutzbedürftigkeit keine Rede mehr.

2638 Eine ausreichende Berücksichtigung liegt deshalb bereits dann vor, wenn sich auf Grund der konkreten Abwägung der Sozialdaten keine erkennbar höhere Schutzbedürftigkeit eines Arbeitnehmers insbes. im Hinblick auf die Frage, ob der Arbeitnehmer auf diesen Arbeitsplatz mehr als andere Arbeitnehmer angewiesen ist, ergibt. Denn es gibt gerade keinen allgemein verbindlichen Bewertungsmaßstab dafür, wie die einzelnen Sozialdaten zueinander im Verhältnis zu setzen sind. **In Grenzfällen können folglich mehrere Entscheidungen rechtmäßig sein.** In jedem Fall aber müssen die Arbeitsgerichte nach § 1 Abs. 3 KSchG eine uneingeschränkte Kontrolle der Sozialauswahl durch den Arbeitgeber vornehmen und dazu die sozialen Belange vergleichbarer Arbeitnehmer selbst bewerten und abwägen (APS/*Kiel* § 1 KSchG Rn. 726 f.). Der gerichtliche Prüfungsrahmen ist nur nach § 1 Abs. 4 KSchG bei kollektiv-rechtlich legitimierten Auswahlrichtlinien auf grobe Fehlerhaftigkeit reduziert. Auch bei einer unvollständigen Erfassung der Bewertungskriterien oder deren unzutreffender Würdigung kann die soziale Auswahl andererseits bei objektiver Würdigung zutreffen (*BAG* 18.10.2006 EzA § 1 KSchG Soziale Auswahl Nr. 70; s. a. *LAG Hamm* 21.10.2008 LAGE § 1 KSchG Soziale Auswahl Nr. 59).

2639 Der Arbeitgeber muss folglich im Rahmen seines Wertungsspielraums die **Dauer der Betriebszugehörigkeit, das Lebensalter, die Schwerbehinderung und die Unterhaltsverpflichtungen vergleichbarer Arbeitnehmer in einem ausgewogenen Verhältnis** berücksichtigen. Diese Kriterien sind **stets zu beachten**. Fehlerhaft wäre die Sozialauswahl nur dann, wenn die ambivalenten Faktoren des Lebensalters und der Unterhaltspflichten generell höher angesetzt würden als die vom Arbeitnehmer selbst erarbeitete Betriebszugehörigkeit. **Die gleiche Bewertung der Faktoren ist nicht zu beanstanden** (*BAG* 18.1.1990 EzA § 1 KSchG Soziale Auswahl Nr. 28; s. a. *LAG Hamm* 21.10.2008 LAGE § 1 KSchG Soziale Auswahl Nr. 59 = NZA-RR 2009, 304 LS). **Geringfügige Unterschiede** bei gegeneinander laufenden Faktoren **fallen nicht ins Gewicht**.

2640 ▶ **Beispiele:**
- Der Arbeitgeber hat dann einen Beurteilungsspielraum, wenn zwei unterhaltspflichtigen Kindern auf der einen Seite ein erheblich höheres Lebensalter (um elf Jahre) entgegensteht (*LAG Köln* 12.5.1995 LAGE § 1 KSchG Betriebsbedingte Kündigung Nr. 32).
- Der Arbeitgeber kann auch bei gleichen Unterhaltspflichten sowohl einem 40-jährigen Mitarbeiter kündigen, der 15 Jahre im Betrieb beschäftigt ist als auch einem 41-jährigen Mitarbeiter, der erst 14 Jahre in einem Arbeitsverhältnis steht (APS/*Kiel* § 1 KSchG Rn. 727).

### bb) Ausschluss einzelner Arbeitnehmer von der Sozialauswahl

Gem. § 1 Abs. 3 S. 2 KSchG sind **solche Arbeitnehmer in die Sozialauswahl nicht einzubeziehen, deren Weiterbeschäftigung insbes. wegen ihrer Kenntnisse, Fähigkeiten und Leistungen oder zur Sicherung einer ausgewogenen Personalstruktur** (*Matthießen* NZA 1998, 1153 ff.), nicht aber zu deren erstmaligen Herstellung (*Bader* NZA 1996, 1129; krit. *Fischermeier* NZA 1997, 1093, denn wenn schon eine ausgewogene Personalstruktur gesichert werden kann, so muss es **erst recht** zulässig sein, eine **weitere Verschlechterung** einer schon unbefriedigenden Personalstruktur **zu verhindern**) des Betriebes im berechtigten betrieblichen Interesse liegt. 2641

▶ Beispiel: 2642

Die Sicherung einer ausgewogenen Altersstruktur der Erzieherinnen stellt bei einer Stadt, die zahlreiche Kindergärten, Kindertagesstätten und Internate unterhält, ein berechtigtes betriebliches Interesse dar, das bei einer erforderlich werdenden Massenkündigung einer Sozialauswahl allein nach den Kriterien des § 1 Abs. 3 S. 1 KSchG entgegenstehen kann (*BAG* 23.11.2000 EzA § 1 KSchG Betriebsbedingte Kündigung Nr. 110).

Damit soll den einer Sozialauswahl entgegenstehenden betrieblichen Notwendigkeiten größeres Gewicht gegeben werden (s. *Ascheid* RdA 1997, 337 f.; *Buschbaum* BB 2011, 309 ff.; *Preis* NZA 1997, 1084 hält den Begriff der ausgewogenen Personalstruktur für nicht justitiabel). 2643

Der Begriff der ausgewogenen Personalstruktur steht zudem in einem **Spannungsverhältnis zu den in § 1 Abs. 3 S. 1 KSchG positivierten Auswahlkriterien**, weil schon bisher die Überbetonung der Kriterien der Betriebszugehörigkeit und des Lebensalters bei Massenentlassungen zu einer unausgewogenen Personalstruktur geführt haben. § 1 Abs. 3 S. 1 KSchG privilegiert die Senioritätskriterien; Satz 2 hebt diese Grundentscheidung durch das Merkmal der ausgewogenen Personalstruktur wieder auf. Dem Wortlaut nach beschränkt der Gesetzgeber das Merkmal der ausgewogenen Personalstruktur auch nicht auf den Bereich der Massenentlassung, obwohl die Thematik bisher nur in diesen Fällen akut geworden ist (*Preis* NZA 1997, 1085). 2644

Der gesetzliche Regelungskomplex der Sozialauswahl verstößt nicht gegen das unionsrechtliche Verbot der Altersdiskriminierung und dessen Ausgestaltung durch die RL 2000/78/EG. Die Berücksichtigung des Lebensalters bei der sozialen Auswahl führt zwar in der Tendenz zu einer Bevorzugung älterer und damit zugleich zu einer Benachteiligung jüngerer Arbeitnehmer. Durch die von § 1 Abs. 3 S. 2 KSchG im Interesse der Sicherung einer ausgewogenen Personalstruktur ermöglichte Bildung von Altersgruppen wird aber die andernfalls linear ansteigende Gewichtung des Lebensalters unterbrochen und zugunsten jüngerer Arbeitnehmer relativiert. Beides ist durch rechtmäßige Ziele aus den Bereichen Beschäftigungspolitik und Arbeitsmarkt i. S. v. Art. 6 Abs. 1 Unterabs. 1, 2 lit. a RL gerechtfertigt. Das Ziel, ältere Arbeitnehmer zu schützen, und das Ziel, die berufliche Eingliederung jüngerer Arbeitnehmer sicherzustellen, werden zu einem angemessenen Ausgleich gebracht. Dies dient zugleich der sozial-politisch erwünschten Generationengerechtigkeit und der Vielfalt im Bereich der Beschäftigung. Außerdem hindert die Altersgruppenbildung sowohl zugunsten einer angemessenen Verteilung der Berufschancen jüngerer und älterer Arbeitnehmer als auch im Interesse der Funktionsfähigkeit der sozialen Sicherungssysteme, dass eine Vielzahl von Personen gleichen Alters zur gleichen Zeit auf den Arbeitsmarkt drängt. Diesem Ergebnis steht nicht entgegen, dass der Gesetzgeber in § 1 Abs. 3 S. 2 KSchG die Bildung von Altersgruppen nicht zwingend vorschreibt, sondern sowohl hinsichtlich des »Ob« als auch des »Wie« der Gruppenbildung dem Arbeitgeber – ggf. gemeinsam mit dem Betriebsrat – einen Beurteilungs- und Gestaltungsspielraum einräumt. Inwieweit Kündigungen Auswirkungen auf die Altersstruktur des Betriebs haben und welche Nachteile sich daraus ergeben, hängt von den betrieblichen Verhältnissen ab und kann nicht abstrakt für alle denkbaren Fälle beschrieben werden (*BAG* 15.12.2011 EzA § 1 KSchG Soziale Auswahl Nr. 84). 2644a

Ein berechtigtes betriebliches Interesse ist z. B. dann zu bejahen, wenn der betreffende Arbeitnehmer über erheblich überdurchschnittliche oder wesentliche spezielle Kenntnisse oder Fähigkeiten verfügt bzw. erheblich überdurchschnittliche Leistungen aufweist oder überaus vielseitig und fle- 2645 xibel einsetzbar ist und es auf diese Kenntnisse und Fähigkeiten auch aktuell ankommt (vgl. *Ascheid* RdA 1997, 338 f.). Der Arbeitgeber muss insoweit das Interesse des sozial schwächeren Arbeitnehmers gegen das betriebliche Interesse an der Herausnahme des Leistungsträgers abwägen; **je schwerer dabei das soziale Interesse wiegt, umso gewichtiger müssen die Gründe für** die **Ausklammerung des Leistungsträgers sein** (*BAG* 13.5.2007 EzA § 1 KSchG Soziale Auswahl Nr. 76; 12.4.2002 EzA § 1 KSchG Soziale Auswahl Nr. 48,; krit. *Lingemann/Rolf* NZA 2005, 264 ff.).

2646  Im Hinblick auf die Unbestimmtheit dieser Begriffe bedarf es **plausiblen Sachvortrags** des Arbeitgebers im Kündigungsschutzprozess (*Preis* NZA 1997, 1084). In betrieblichen Krisensituationen soll nach z. T. vertretener Auffassung auch eine **erheblich geringere Krankheitsanfälligkeit** bestimmter Arbeitnehmer ein berechtigtes Interesse begründen, ohne dass auf die Kriterien der krankheitsbedingten Kündigung zurückgegriffen werden muss (*Bader* NZA 1996, 1129; krit. *Fischermeier* NZA 1997, 1093).

2647  Das *BAG* (13.5.2007 EzA § 1 KSchG Soziale Auswahl Nr. 76) ist dem jedenfalls im Grundsatz nicht gefolgt. Die besonders hohe Krankheitsanfälligkeit eines Arbeitnehmers begründet bei der Sozialauswahl für sich genommen noch kein berechtigtes betriebliches Interesse, einen anderen vergleichbaren und nach § 1 Abs. 3 S. 1 KSchG weniger schutzbedürftigen Arbeitnehmer weiterzubeschäftigen. Etwas anderes kann allenfalls dann gelten, wenn bei besonderen Arbeitsaufgaben oder Tätigkeitsbereichen (z. B. bei Schlüsselpositionen mit Schlüsselqualifikationen) ein kurzfristiger Einsatz anderer Arbeitnehmer nicht oder nur mit sehr großen Schwierigkeiten organisiert werden kann, z. B. weil die zu vertretende Tätigkeit äußerst komplex ist bzw. eine hohe Einarbeitungsintensität erfordert oder auf Grund der Bedeutung des Arbeitsplatzes (z. B. bei einer bestimmten Kundenbindung) ein häufiger Einsatz von Vertretungskräften zur konkreten Gefahr eines Auftragsverlustes führen könnte. Auch kann die Weiterbeschäftigung bestimmter sozial stärkerer Arbeitnehmer erforderlich sein, wenn im Betrieb infolge einer Sozialauswahl nach allein sozialen Kriterien sonst nur noch bzw. im Wesentlichen nur noch Arbeitnehmer mit hohen Fehlzeiten verblieben (*BAG* 13.5.2007 EzA § 1 KSchG Soziale Auswahl Nr. 76).

2648  Weil die Geltendmachung des Ausnahmetatbestandes des § 1 Abs. 3 S. 2 KSchG nur eine **Option für den Arbeitgeber** darstellt, kann sich ein Arbeitnehmer nicht darauf z. B. mit der Begründung, er sei wesentlich leistungsfähiger als ein älterer Arbeitnehmer, berufen (*Bader* NZA 1996, 1129; a. A. *Buschmann* AuR 1996, 288). Die Frage, ob berechtigte Interessen i. S. d. § 1 Ab. 3 S. 2 KSchG gegeben sind, kann insoweit sinnvoll nur dann beantwortet werden, wenn feststeht, welche Arbeitnehmer bei »normaler« Durchführung der Sozialauswahl im Betrieb verbleiben würden. Dem entspricht es, zunächst alle vergleichbaren Arbeitnehmer einzubeziehen und anschließend zu untersuchen, ob dieses Ergebnis geändert werden muss (*BAG* 10.6.2010 EzA § 1 KSchG Interessenausgleich Nr. 22).

2648a  Der Arbeitgeber, der sich auf § 1 Abs. 3 S. 2 KSchG berufen will, muss jedenfalls zu den Auswirkungen der Kündigungen und möglichen Nachteilen konkret vortragen. Jedenfalls wenn die Anzahl der Entlassungen innerhalb einer Gruppe vergleichbarer Arbeitnehmer im Verhältnis zur Anzahl aller Arbeitnehmer des Betriebs die Schwelle des § 17 KSchG erreicht, kommen ihm dabei Erleichterungen zugute; bei einer solchen Sachlage ist ein berechtigtes betriebliches Interesse an der Beibehaltung der Altersstruktur – widerlegbar – indiziert (*BAG* 15.12.2011 EzA § 1 KSchG Soziale Auswahl Nr. 84).

### d) Bedeutung von Auswahlrichtlinien (§ 95 BetrVG)

2649  Gem. § 1 Abs. 4 KSchG kann im Interesse einer Vereinfachung einer Kündigung für den Arbeitgeber und ihrer besseren Berechenbarkeit bei Auswahlrichtlinien gem. § 95 BetrVG, oder bei Richtlinien über die personelle Auswahl bei Kündigungen im öffentlichen Dienst, in denen festgelegt ist, wie die sozialen Gesichtspunkte gem. § 1 Abs. 3 S. 1 KSchG im Verhältnis zueinander zu bewerten sind, die Bewertung seit dem 1.1.2004 **nur auf grobe Fehlerhaftigkeit** überprüft werden (*BAG* 5.6.2008 EzA § 1 KSchG Soziale Auswahl Nr. 81; 9.11.2006 EzA § 1 KSchG Soziale Auswahl

## H. Die ordentliche betriebsbedingte Kündigung — Kapitel 4

Nr. 71; s. a. *Däubler* NZA 2004, 181 ff.; zum Gestaltungsspielraum der Betriebspartner *Gaul/Lunk* NZA 2004, 184 ff.).

§ 1 Abs. 4 KSchG zeigt, dass nach Auffassung des Gesetzgebers ein **vom Arbeitgeber in Abstimmung mit der gewählten Arbeitnehmervertretung** – sei es auch nur in der Form einer Regelungsabrede vereinbartes Punkteschema – eine **größere Gewähr** für eine **sachlich ausgewogene Berücksichtigung der Sozialdaten** darstellt als eine vom Arbeitgeber allein aufgestellte Regelung (*BAG* 5.12.2002 EzA § 1 KSchG Soziale Auswahl Nr. 49; zur Mitbestimmungspflichtigkeit s. *BAG* 26.7.2005 EzA § 95 BetrVG 2001 Nr. 1; 6.7.2006 EzA § 1 KSchG Soziale Auswahl Nr. 69). Regelmäßig soll damit die bloße Umsetzung einer hinreichend differenzierten Richtlinie ausreichend sein, d. h. von dem letztlich entscheidenden Arbeitgeber ist i. d. R. keine zusätzliche Abwägung, keine individuelle Abschlussprüfung (*BAG* 9.11.2006 EzA § 1 KSchG Soziale Auswahl Nr. 71; *Preis* NZA 1997, 1805) mehr gefordert. Der Arbeitgeber braucht neben den im Gesetz vorgesehenen sozialen Gesichtspunkten keine weiteren Gesichtspunkte zu berücksichtigen (*BAG* 9.11.2006 EzA § 1 KSchG Soziale Auswahl Nr. 71; s. a. *LAG Hamm* 21.1.2009 NZA-RR 2009, 587). 2650

Der Arbeitgeber ist lediglich dann berechtigt und zugleich verpflichtet, eine Auswahlentscheidung vorzunehmen, wenn zwei Arbeitnehmer denselben Punktestand aufweisen oder ein krasser Ausnahmefall wie dauerhafte gesundheitliche Beeinträchtigungen eines nach der Auswahlrichtlinie zu kündigenden Arbeitnehmers vorliegt. 2651

Grobe Fehlerhaftigkeit in diesem Sinne liegt dann vor, **wenn die Gewichtung** der Kriterien Alter, Betriebszugehörigkeit und Unterhaltspflichten, inzwischen auch Schwerbehinderung **jede Ausgewogenheit vermissen lässt**, d. h. wenn einzelne Sozialdaten überhaupt nicht, eindeutig, unzureichend oder mit eindeutig überhöhter Bedeutung berücksichtigt werden (*BAG* 5.6.2008 EzA § 1 KSchG Soziale Auswahl Nr. 81; s. a. *BAG* 21.1.1999 EzA § 1 KSchG Soziale Auswahl Nr. 39). 2652

Der vom Gesetzgeber weit gefasste Beurteilungsspielraum der Betriebspartner lässt es zu, bei der Gewichtung der Sozialkriterien das Schwergewicht auf die Unterhaltspflichten der betroffenen Arbeitnehmer zu legen. Der Dauer der Betriebszugehörigkeit kommt unter den Sozialkriterien – im Geltungsbereich des Arbeitsrechtlichen Beschäftigungsförderungsgesetzes – keine Priorität mehr zu (*BAG* 2.12.1999 EzA § 1 KSchG Soziale Auswahl Nr. 41). Werden bei der Betriebszugehörigkeit und beim Lebensalter Zeiten **nach Vollendung des 55. Lebensjahres nicht berücksichtigt**, verstößt dies nicht gegen § 75 Abs. 1 S. 2 BetrVG, auch nicht unter Berücksichtigung der RL 2000/78/EG zur Festlegung eines allgemeinen Rahmens für die Verwirklichung der Gleichbehandlung in Beschäftigung und Beruf. Denn eine solche Bewertung dient dem legitimen Ziel, solchen älteren, **rentennahen Arbeitnehmern** ein verhältnismäßig höheres Kündigungsrisiko zuzumuten, die bei typisierender Betrachtung wegen ihrer sozialversicherungsrechtlichen Absicherung von einer Kündigung weniger hart getroffen werden als jüngere Arbeitnehmer. Eine solche Bewertung der sozialen Gesichtspunkte ist deshalb auch nicht völlig unausgewogen und damit nicht grob fehlerhaft i. S. d. § 1 Abs. 4 KSchG (*LAG Nds.* 28.5.2004 LAG Report 2005, 52). 2653

> **Betriebszugehörigkeit, Lebensalter, Schwerbehinderung und Unterhaltspflichten müssen notwendige Bestandteile der Auswahlrichtlinie sein** (*Bader* NZA 1999, 69 f.; *Däubler* NJW 1999, 603). Berücksichtigt eine Auswahlrichtlinie nur die Betriebszugehörigkeit und das Lebensalter und lässt sie die Unterhaltspflichten außer Acht, fehlt ein tragender Gesichtspunkt. Evident unausgewogen sind die Hauptkriterien z. B. dann, wenn die Gesichtspunkte Lebensalter und Unterhaltspflichten die Betriebszugehörigkeit deutlich in den Hintergrund drängen (APS/*Kiel* § 1 KSchG Rn. 767). Demgegenüber ist die Richtlinie zumindest nicht grob fehlerhaft, wenn darin das Lebensalter ebenso stark oder sogar geringfügig stärker gewichtet ist als die Dauer der Betriebszugehörigkeit. Eine Regelung leidet auch dann nicht an einem groben Fehler, wenn sie vorsieht, dass die Anzahl unterhaltsberechtigter Kinder nach den Angaben auf der Steuerkarte festgelegt und nicht nach den zum Zeitpunkt der beabsichtigten Kündigung tatsächlich zu erbringenden Leistungen bestimmt wird. Ebenso ist es nicht grob fehlerhaft, wenn die gesetzlichen Unterhaltspflichten unter Eheleuten unabhängig davon berücksichtigt werden, ob der andere Ehe- 2654

partner tatsächlich über ein eigenes Einkommen verfügt. Das mit § 1 Abs. 4 KSchG verfolgte Ziel einer rechtssicheren Handhabung der Sozialauswahl vor allem bei Massenentlassungen rechtfertigt es, dass die Betriebsparteien bei den Unterhaltspflichten Sachverhalte pauschalieren. Diese Möglichkeit hat der einzelne Arbeitgeber nicht, der über die soziale Auswahl nach § 1 Abs. 3 KSchG entscheiden muss. Nach § 1 Abs. 4 KSchG können weitere Kriterien in einer Auswahlrichtlinie berücksichtigt werden, sofern dadurch die Hauptkriterien nicht völlig in den Hintergrund treten. Ergeben sich aus den Richtlinien keine weiteren sozialen Gesichtspunkte, sind sie nicht schon aus diesem Grund unwirksam (APS/*Kiel* § 1 KSchG Rn. 768).

2655 Die Nichtbeachtung von **im Ausland zu erfüllenden Unterhaltspflichten** in einer Auswahlrichtlinie widerspricht der Wertentscheidung des Art. 6 GG, die bei der Konkretisierung des in § 75 Abs. 1 BetrVG normierten Gebots zur Wahrung der Grundsätze von Recht und Billigkeit von den Arbeitsgerichten zu beachten ist. Dabei ist der Schutzbereich des Art. 6 Abs. 1 GG nicht auf rein inlandsbezogene Ehen und Familien beschränkt. Er umfasst vielmehr eheliche und familiäre Lebensgemeinschaften unabhängig davon, wo und nach Maßgabe welcher Rechtsordnung sie begründet worden und ob die Rechtswirkung des ehelichen oder familiären Bandes nach deutschem oder ausländischem Recht zu beurteilen sind, solange es sich um Lebensgemeinschaften handelt, die der Vorstellung des Grundgesetzes von Ehe und Familie nicht grundlegend fremd sind wie die Mehrehe. Missbrauchsmöglichkeiten lassen sich durch die Pflicht zum Nachweis des Bestehens und der Erfüllung ausländischer Unterhaltsverpflichtungen beggnen (*LAG Nds.* 12.12.2003 NZA-RR 2005, 524).

Das *BAG* (6.11.2008 EzA § 1 KSchG Soziale Auswahl Nr. 82; 12.3.2009 EzA § 1 KSchG Interessenausgleich Nr. 17) hat z. B. folgende Punktetabellen gebilligt.

*BAG* 6.11.2008 EzA § 1 KSchG Soziale Auswahl Nr. 82:
- »Lebensalter für jedes vollendete Jahr nach dem 18. Lebensjahr 1,0 Punkte je Lebensjahr;
- Dauer der Betriebszugehörigkeit für jedes Beschäftigungsjahr 1,5 Punkte;
- Unterhaltspflichten Ehegatte/eingetragener Lebenspartner 5,0 Punkte je Kind (nachweisbar) 7,0 Punkte;
- Schwerbehinderte 11,0 Punkte oder Gleichgestellte 9,0 Punkte«.

*BAG* 12.3.2009 EzA § 1 KSchG Interessenausgleich Nr. 17:
- »Pro Beschäftigungsjahr erhält der Arbeitnehmer 2 Punkte;
- Für jedes Lebensjahr erhält der Arbeitnehmer 1 Punkt, maximal 59 Punkte;
- Für jedes unterhaltsberechtigte Kind erhält der Arbeitnehmer 10 Punkte, für jede andere unterhaltsberechtigte Person 5 Punkte. Maßgebend ist der Lohnsteuereintrag vom Stichtag (Abschlussdatum), es sei denn, es werden bis zum 5. Mai 2006 durch entsprechende Unterlagen abweichende Verhältnisse nachgewiesen;
- Arbeitnehmer mit einem Schwerbehinderungsgrad $\geq$ 50 % oder Gleichgestellte erhalten 10 Punkte«.

2656 Zu beachten ist, dass Auswahlrichtlinien **die gesetzlichen Anforderungen** für die Vergleichbarkeit von Arbeitnehmern **nicht verdrängen können**. § 1 Abs. 4 KSchG betrifft insoweit nur die Gewichtung der Auswahlkriterien und nicht die Zusammensetzung des auswahlrelevanten Personenkreises oder die Konkretisierung der entgegenstehenden betrieblichen Bedürfnisse i. S. v. § 1 Abs. 3 S. 2 KSchG. Eine Auswahlrichtlinie kann deshalb **nicht die Vergleichbarkeit oder Nichtvergleichbarkeit von Arbeitnehmern vorsehen**, z. B. indem die Auswahlrichtlinie bestimmte Arbeitnehmer bestimmter Abteilungen oder Arbeitsgruppen zu Vergleichsgruppen zusammenfasst (*BAG* 5.6.2008 EzA § 1 KSchG Soziale Auswahl Nr. 81). Beides ist eine logische Fortsetzung des Prinzips der unternehmerischen Entscheidungsfreiheit und des betriebsbedingten Kündigungsgrundes selbst. In diesen Fragen bleibt es bei der vollen gerichtlichen Überprüfbarkeit (*Preis* NZA 1997, 1085; *v. Hoyningen-Huene/Link* DB 1997, 44; a. A. *Löwisch* RdA 1997, 81).

## H. Die ordentliche betriebsbedingte Kündigung                                    Kapitel 4

Ist eine Richtlinie unwirksam, so führt dies im Übrigen nicht zwangsläufig auch zur Fehlerhaftigkeit einer danach vorgenommenen Sozialauswahl. Denn die Auswahlentscheidung ist nach wie vor nur einer Ergebniskontrolle zu unterziehen; auch unrichtige Auswahlüberlegungen können zufällig zu einem zutreffenden Ergebnis führen (*LAG Hamm* 21.1.2009 NZA-RR 2009, 587; *Fischermeier* NZA 1997, 1096). — 2657

Ein Punkteschema stellt insoweit auch dann eine nach § 95 Abs. 1 BetrVG **mitbestimmungspflichtige Auswahlrichtlinie** dar, wenn es der Arbeitgeber **nicht generell** auf alle künftigen, sondern **nur auf konkret bevorstehende betriebsbedingte Kündigungen** anwenden will. Dies führt jedoch mangels einer § 102 Abs. 1 S. 3 BetrVG entsprechenden Norm nicht zur Unwirksamkeit der in Anwendung des – nicht mitbestimmten – Punktesystems ausgesprochenen Kündigung (*BAG* 6.7.2006 EzA § 1 KSchG Soziale Auswahl Nr. 69; 9.11.2006 EzA § 1 KSchG Soziale Auswahl Nr. 71; s. *Rossa/Salamon* NJW 2008, 1991 ff.; *Strybny/Biswas* FA 2006, 165 ff.). Gerade das Fehlen einer solchen Unwirksamkeitsnorm ist andererseits dann aber einer der Gründe dafür, dem Betriebsrat einen Unterlassungsanspruch zu gewähren (*BAG* 9.11.2006 EzA § 1 KSchG Soziale Auswahl Nr. 71). — 2658

### e) Namentliche Bezeichnung der zu kündigenden Arbeitnehmer in einem Interessenausgleich

#### aa) Grundlagen

Sind bei einer Kündigung auf Grund einer Betriebsänderung nach § 111 BetrVG die Arbeitnehmer, denen gekündigt werden soll, in einem Interessenausgleich zwischen Arbeitgeber und Betriebsrat namentlich bezeichnet, **so wird vermutet, dass die Kündigung durch dringende betriebliche Erfordernisse i. S. d. § 1 Abs. 2 KSchG bedingt ist. Die soziale Auswahl der Arbeitnehmer kann dann nur auf grobe Fehlerhaftigkeit überprüft werden** (§ 1 Abs. 5 S. 1, 2 KSchG; *BAG* 24.4.2008 EzA § 613a BGB 2002 Nr. 92; s. a. *Däubler* NZA 2004, 181 ff.). § 1 Abs. 5 KSchG verstößt weder gegen Art. 12 Abs. 1 GG noch gegen das aus Art. 20 Abs. 3 GG abzuleitende Gebot des fairen Verfahrens (*BAG* 6.9.2007 EzA § 1 KSchG Interessenausgleich Nr. 7). — 2659

Durch diese Regelung soll der Kündigungsschutz des einzelnen Arbeitnehmers im Interesse eines **zwischen den Betriebspartnern abgestimmten Gesamtkonzepts** eingeschränkt werden (vgl. ausf. dazu *Kohte* BB 1998, 946 ff.). Die gesetzliche Regelung gilt **auch dann**, wenn sich die **Betriebsänderung in einem bloßen Personalabbau erschöpft** (*LAG Bra.* 13.10.2005 NZA-RR 2006, 69). — 2660

Zu beachten ist, dass § 1 Abs. 5 KSchG auf außerordentliche Kündigungen – seien es Beendigungs-, seien es Änderungskündigungen – keine Anwendung findet. Folglich wird der auf dringenden betrieblichen Erfordernissen beruhende wichtige Grund für eine außerordentliche betriebsbedingte Änderungskündigung nicht gemäß § 1 Abs. 5 S. 1 KSchG vermutet (*BAG* 28.5.2009 EzA § 1 KSchG Interessenausgleich Nr. 19). — 2661

Die an sich gegebene Vermutungsregelung wird bei einer durch sog. Entlassungswellen vorgenommenen Betriebseinschränkung dann nicht beeinträchtigt, wenn **die ersten Entlassungswellen** für die ein Interessenausgleich mit Namensliste abgeschlossen ist, die erforderliche Gesamtzahl betroffener Arbeitnehmer i. S. d. § 111 BetrVG erreichen, auch wenn weitere Entlassungswellen vorgesehen sind, für die noch keine Namensliste vorliegt (*BAG* 22.1.2004 EzA § 1 KSchG Interessenausgleich Nr. 11). — 2662

Fraglich ist, ob § 1 Abs. 5 KSchG auch für eine Namensliste in einem **freiwilligen Interessenausgleich** (dafür *Kappenhagen* NZA 1998, 968 f.; dagegen *Zwanziger* DB 1997, 2175) gilt, sowie ferner, ob rechtswirksam auch eine »**Teil-Namensliste**« vereinbart werden kann (dafür *Piehler* NZA 1998, 970 f.; offen gelassen von *BAG* 26.3.2009 EzA § 1 KSchG Interessenausgleich Nr. 18; s. a. *Richter/Riem* NZA 2011, 1254 ff.). Fraglich ist zudem, ob die gesetzliche Regelung auch dann anwendbar ist, wenn **zweifelhaft** ist, ob die **Tatbestandsvoraussetzungen für einen Interessenausgleich gegeben sind**. Nach zweifelhafter Auffassung von *Thüsing/Wege* (BB 2005, 213 ff.) soll nur eine eingeschränkte Überprüfung des Vorliegens einer Betriebsänderung gerechtfertigt und eine — 2663

Anwendung auch bei Tendenzunternehmen geboten sein; eine Anwendung bei Betrieben mit weniger als 20 Arbeitnehmern ist aber auch danach ausgeschlossen.

2664 Zu beachten ist, dass eine Namensliste dann **keine Vermutungswirkung** entfalten kann, **wenn der zugrunde liegende Interessenausgleich nichtig** ist. Das ist bei einem Interessenausgleich, der ohne sachliche Rechtfertigung die Entfernung von Teilzeitbeschäftigten aus dem Unternehmen zum Gegenstand hat, der Fall, weil dies gegen § 4 TzBfG verstößt (so jedenfalls *LAG Köln* 31.3.2006 – 11 Sa 1637/05, EzA-SD 17/06 S. 8 LS).

2665 Vereinbaren Arbeitgeber und Betriebsrat zudem in Ergänzung des Interessenausgleichs, dass die gerade vereinbarte Namensliste unter dem Vorbehalt der Änderung durch die Betriebsparteien stehen soll, so kommt auch dieser Namensliste nicht die Vermutungswirkung nach § 1 Abs. 5 KSchG zu (*ArbG Stuttgart* 25.2.2010 – 9 Ca 416/09, NZA-RR 2010, 350).

### bb) Formalien

2666 Die Niederschrift des Interessenausgleichs ist eine Gesamturkunde, wenn mehrere Blätter einer Urkunde **so zusammen gefasst** sind, **dass sich ihre Zusammengehörigkeit ergibt**. Die Einheitlichkeit der Urkunde kann durch zusammenheften, nummerieren der Blätter, Bezugnahme oder den eindeutigen Sachzusammenhang des fortlaufenden Textes hergestellt werden. Ist der Interessenausgleich, in der auf eine beigefügte Namensliste Bezug genommen wird, mit einer nicht unterschriebenen Namensliste der zu kündigenden Arbeitnehmer mittels Heftmaschine fest verbunden, so sind die betreffenden Arbeitnehmer in einem Interessenausgleich namentlich bezeichnet; Interessenausgleich und Namensliste bilden dann eine einheitliche Urkunde (*BAG* 7.5.1998 EzA § 1 KSchG Interessenausgleich Nr. 6; 6.12.2001 EzA § 1 KSchG Interessenausgleich Nr. 9). Auch durch eine **Inbezugnahme** wird der deutliche Sinnzusammenhang des fortlaufenden Textes hergestellt, sodass es einer mechanischen Verbindung der Blätter nicht bedarf (*LAG SchlH* 22.4.1998 LAGE § 1 KSchG Interessenausgleich Nr. 5; a. A. *LAG RhPf* 17.10.1997 9 Sa 401/97; zust. *Kohte* BB 1998, 946 ff.: die Verbindung mit einer bloßen Büroklammer genügt nicht).

2667 Für die Förmlichkeiten eines insoweit wirksamen Interessenausgleichs mit Namensliste hat das *BAG* (6.7.2006 EzA § 1 KSchG Soziale Auswahl Nr. 68; 12.5.2010 EzA § 1 KSchG Interessenausgleich Nr. 21 = NZA 2011, 114; 18.1.2012 EzA § 6 KSchG Nr. 4; s. a. *LAG Köln* 14.1.2008 – 14 Sa 1079/07, AuR 2008, 276 LS) zudem folgende Grundsätze aufgestellt:
- Nach § 112 Abs. 1 S. 1 BetrVG ist ein Interessenausgleich über eine geplante Betriebsänderung schriftlich niederzulegen und vom Unternehmer und vom Betriebsrat zu unterschreiben. Auf das gesetzliche Schriftformerfordernis sind die §§ 125, 126 BGB anwendbar.
- Das Schriftformerfordernis ist nicht allein deshalb verletzt, weil die Namensliste nicht im Interessenausgleich selbst, sondern in einer Anlage enthalten ist. § 1 Abs. 5 S. 1 KSchG spricht zwar davon, die namentliche Bezeichnung müsse »in einem Interessenausgleich« erfolgen. Das Erfordernis ist aber erfüllt, wenn Interessenausgleich und Namensliste eine Urkunde bilden.
- Ausreichend ist es jedenfalls, wenn die Haupturkunde unterschrieben, in ihr auf die nicht unterschriebene Anlage ausdrücklich Bezug genommen ist und Haupturkunde und nachfolgende Anlage mittels Heftmaschine körperlich derart zu einer einheitlichen Urkunde verbunden sind, dass eine Lösung nur durch Gewaltanwendung (Lösen der Heftklammer) möglich gewesen wäre.
- Das Erfordernis der Einheit der Urkunde ist jedoch **nicht** bereits dann erfüllt, wenn eine bloß gedankliche Verbindung (Bezugnahme) zur Haupturkunde besteht. Vielmehr muss die Verbindung auch äußerlich durch tatsächliche Beifügung der in Bezug genommenen Urkunde zur Haupturkunde in Erscheinung treten. Deshalb müssen im Augenblick der Unterzeichnung die Schriftstücke als einheitliche Urkunde äußerlich erkennbar werden.
- Eine einheitliche Urkunde von Interessenausgleich und getrennt erstellter Namensliste kann auch dann vorliegen, wenn der von den Betriebsparteien unterschriebene Interessenausgleich auf die zu erstellende Namensliste Bezug nimmt und die von den Betriebsparteien unterzeich-

nete Namensliste ihrerseits eindeutig auf den Interessenausgleich (rück-)verweist (*BAG* 12.5.2010 EzA § 1 KSchG Interessenausgleich Nr. 21).

### cc) Zeitliche Verknüpfung

Ein Interessenausgleich kann zudem, um die Wirkungen des § 1 Abs. 5 KSchG auszulösen, auch noch **nach seinem Abschluss zeitnah** (z. B. 15.10.2007 Interessenausgleich u. 26.10.2007 Namensliste; s. *BAG* 10.6.2010 EzA § 1 KSchG Interessenausgleich Nr. 22) um eine Namensliste ergänzt werden. Bis zu welchem Zeitpunkt eine »zeitnahe« Ergänzung des Interessenausgleichs vorliegt, lässt sich nicht durch eine starre Regelfrist bestimmen. Entscheidend sind die Umstände des Einzelfalls, wie bspw. die fortdauernden Verhandlungen der Betriebsparteien über die Erstellung einer Namensliste. Ein Interessenausgleich mit Namensliste bildet aber nur dann eine ausreichende Vermutungsbasis i. S. d. § 1 Abs. 5 S. 1 KSchG, wenn in der Namensliste ausschließlich Arbeitnehmer bezeichnet sind, die aus der eigenen Sicht der Betriebsparteien aufgrund der dem Interessenausgleich zugrunde liegenden Betriebsänderung zu kündigen sind (*BAG* 26.3.2009 EzA § 1 KSchG Interessenausgleich Nr. 18; 10.6.2010 EzA § 1 KSchG Interessenausgleich Nr. 22; a. A. *LAG Düsseld.* 25.2.1998 LAGE § 1 KSchG Interessenausgleich Nr. 9). Ob eine Namensliste, die nur einen Teil der aufgrund einer Betriebsänderung i. S. d. § 111 BetrVG zu kündigenden Arbeitnehmer umfasst (sog. Teil-Namensliste; s. a. *Richter/Riem* NZA 2011, 1254 ff.), grds. geeignet ist, die Rechtsfolgen des § 1 Abs. 5 KSchG auszulösen, bleibt offen (s. Rdn. 2663).

2668

### dd) Gesamtbetriebsrat

Wird ein Interessenausgleich durch den zuständigen Gesamtbetriebsrat abgeschlossen, kann eine diesen ergänzende Namensliste nach Auffassung des *LAG Bln.-Bra.* (16.7.2010 LAGE § 1 KSchG Interessenausgleich Nr. 17) nicht durch den örtlichen Betriebsrat abgeschlossen werden.

2669

### ee) Grobe Fehlerhaftigkeit

Grob fehlerhaft ist eine soziale Auswahl insoweit dann, aber auch nur dann, wenn ein evidenter, ins Auge springender schwerer Fehler vorliegt und der Interessenausgleich jede Ausgewogenheit vermissen lässt. Denn durch § 1 Abs. 5 KSchG. soll den Betriebspartnern ein weiter Spielraum bei der Sozialauswahl eingeräumt werden. Das Gesetz geht davon aus, dass u. a. durch die Gegensätzlichkeit der von den Betriebspartnern vertretenen Interessen und durch die auf beiden Seiten vorhandene Kenntnis der betrieblichen Verhältnisse gewährleistet ist, dass dieser Spielraum i. d. R. angemessen und vernünftig genutzt wird. Nur wo dies nicht der Fall ist, so dass in der Sache nicht mehr von einer »sozialen Auswahl« die Rede sein kann, darf grobe Fehlerhaftigkeit angenommen werden« (*BAG* 21.9.2006 EzA § 1 KSchG Soziale Auswahl Nr. 72; 17.1.2008 EzA § 1 KSchG Soziale Auswahl Nr. 80; 3.4.2008 EzA § 1 KSchG Interessenausgleich Nr. 15).

2670

Der Arbeitgeber genügt seiner Pflicht, die gesetzlichen Kriterien ausreichend bzw. nicht grob fehlerhaft (§ 1 Abs. 5 S. 2 KSchG) zu berücksichtigen bereits dann, wenn das **Auswahlergebnis objektiv ausreichend bzw. nicht grob fehlerhaft ist** (*BAG* 17.1.2008 EzA § 1 KSchG Soziale Auswahl Nr. 80; abw. *LAG Hamm* 28.6.2010 LAGE § 1 KSchG Soziale Auswahl Nr. 61). Dagegen ist regelmäßig nicht maßgebend, ob das gewählte Auswahlverfahren zu beanstanden ist. Denn auch ein mangelhaftes Auswahlverfahren kann zu einem richtigen – nicht grob fehlerhaften – Auswahlergebnis führen (*BAG* 10.6.2010 EzA § 1 KSchG Interessenausgleich Nr. 22).

2671

Die Würdigung des Gerichts, die soziale Auswahl sei nicht ausreichend bzw. grob fehlerhaft, setzt i. d. R. die Feststellung voraus, dass der vom Arbeitnehmer konkret gerügte Auswahlfehler tatsächlich vorliegt, also ein bestimmter mit dem Gekündigten vergleichbarer Arbeitnehmer in dem nach dem Gesetz erforderlichen Maß weniger schutzwürdig ist (*BAG* 10.6.2010 EzA § 1 KSchG Interessenausgleich Nr. 22).

2672

**Kapitel 4** — Die Beendigung des Arbeitsverhältnisses

2673 Hat der Arbeitgeber entgegen § 1 Abs. 3 KSchG **keine Sozialauswahl** vorgenommen, **so spricht eine vom Arbeitgeber auszuräumende tatsächliche Vermutung dafür**, dass die Auswahl auch im Ergebnis **sozialwidrig** ist. Der Arbeitgeber muss dann darlegen, weshalb trotz der gegen § 1 Abs. 3 KSchG verstoßenden Überlegungen ausnahmsweise im Ergebnis soziale Gesichtspunkte ausreichend berücksichtigt sein sollen (*BAG* 3.4.2008 EzA § 1 KSchG Interessenausgleich Nr. 15; *LAG Hamm* 11.11.2009 NZA-RR 2010, 410).

2674 Eine grob fehlerhafte Sozialwahl liegt z. B. dann vor, wenn die Gewichtung der Kriterien jede Ausgewogenheit vermissen lässt (*BAG* 21.1.1999 EzA § 1 KSchG Soziale Auswahl Nr. 39) und vergleichbare Arbeitnehmer nicht in die Sozialauswahl einbezogen werden (*ArbG Stuttgart* 8.7.1997 NZA-RR 1998, 162). Das ist der Fall, wenn den Gekündigten bei gleich zu gewichtenden Unterhaltspflichten sowohl die erheblich längere Betriebszugehörigkeit als auch das erheblich längere Lebensalter als schutzwürdiger ausweisen (*LAG Düsseld.* 25.2.1998 LAGE § 1 KSchG Interessenausgleich Nr. 9). Es ist auch grob fehlerhaft, wenn die Liste der nach dem Interessenausgleich zu kündigenden Arbeitnehmer von dem Auswahlsystem des Interessenausgleichs **abweicht, ohne dass dafür vertretbare Gründe** vom Arbeitgeber vorgetragen werden. Ein danach vertretbarer Grund liegt insbes. nicht vor, wenn statt des einschlägigen speziellen Interessenausgleichs ein allgemeiner Rahmeninteressenausgleich für die Sozialauswahl angewendet wird (*LAG Bln.* 15.10.2004 AuR 2005, 76 LS).

Die soziale Auswahl ist z. B. nicht grob fehlerhaft nach § 1 Abs. 5 KSchG, wenn die Betriebsparteien eines Unternehmens der Bauindustrie in einem Interessenausgleich einen 62-jährigen verheirateten Arbeitnehmer mit einer Betriebszugehörigkeit von 34 Jahren als weniger sozial schutzwürdig ansehen und deshalb auf die Namensliste der zu kündigenden Arbeitnehmer setzen als einen verheirateten 52-jährigen Arbeitnehmer mit einer Betriebszugehörigkeit von 21 Jahren bzw. als einen 55-jährigen verheirateten Arbeitnehmer mit einer Betriebszugehörigkeit von 27 Jahren. Denn der 62-jährige hat die Möglichkeit, die Zeit bis zum Renteneintritt mit dem Bezug von Arbeitslosengeld wirtschaftlich, wenn auch mit Abschlägen, zu überbrücken, was bei einer Gesamtabwägung zu würdigen ist. Bei einem 52-jährigen bzw. 55-jährigen Arbeitnehmer mit schlechten Aussichten auf dem Arbeitsmarkt zieht eine betriebsbedingte Kündigung bei einer anzustellenden Prognose weit größere wirtschaftliche Probleme nach sich (*LAG Nds.* 23.5.2005 LAGE § 1 KSchG Soziale Auswahl Nr. 51).

Andererseits kann die Sozialauswahl dann grob fehlerhaft in diesem Sinne sein, wenn nach dem vom Arbeitgeber verwendeten **Punktesystem** der gekündigte Arbeitnehmer **62 Punkte** erreicht, während ein nicht gekündigter vergleichbarer Arbeitnehmer nur **52 Punkte** aufweist (*LAG RhPf* 22.2.2006 NZA-RR 2006, 413 LS).

Das gilt erst recht, wenn der Arbeitnehmer bei einem Interessenausgleich mit Namensliste einer falschen Vergleichsgruppe zugeordnet wird, weil er auf einer Planstelle geführt wird, die nicht mehr seiner dauerhaft auszuübenden Tätigkeit entspricht (*LAG Nds.* 13.7.2007 – 16 Sa 292/07, EzA-SD 22/2007 S. 5 LS).

*ff) Altersdiskriminierung*

2675 Ein Verstoß gegen das Verbot der Altersdiskriminierung bei der Aufstellung der Namensliste i. S. d. § 1 Abs. 5 KSchG lässt die Vermutung des Vorliegens dringender betrieblicher Bedürfnisse für die betreffenden Kündigungen zudem nicht entfallen. Der Verstoß kann allenfalls zu einer groben Fehlerhaftigkeit der Sozialauswahl i. S. d. § 1 Abs. 3 KSchG führen. Die Berücksichtigung des Lebensalters bei der Sozialauswahl i. S. d. § 1 Abs. 3 S. 1 KSchG verstößt nicht gegen das Verbot der Altersdiskriminierung gem. §§ 1, 2 Abs. 1 Nr. 2 AGG. Die Betriebspartner können deshalb in einer Auswahlrichtlinie nach § 95 BetrVG und einer Namensliste nach § 1 Abs. 5 S. 1 KSchG das Lebensalter als Auswahlkriterium durchgehend »linear« berücksichtigen und müssen nicht nach Altersgruppen differenzieren (*BAG* 5.11.2009 EzA § 1 KSchG Interessenausgleich Nr. 20; s. a. *BAG* 15.12.2011 EzA § 1 KSchG Soziale Auswahl Nr. 84).

## gg) Erstreckung auf die Bildung der auswahlrelevanten Gruppen

Der Prüfungsmaßstab der groben Fehlerhaftigkeit i. S. d. § 1 Abs. 5 S. 2 KSchG. gilt nicht nur für die Indikatoren **und deren Gewichtung selbst**. Vielmehr wird **auch die Bildung der auswahlrelevanten Gruppen von den Arbeitsgerichten nur auf ihre grobe Fehlerhaftigkeit überprüft**. Das gilt auch dann, wenn es um die Frage insoweit geht, ob **Arbeitnehmer einer anderen Arbeitsstätte** in die Auswahl einzubeziehen sind (*BAG* 3.4.2008 EzA § 1 KSchG Interessenausgleich Nr. 15; *LAG Hamm* 11.11.2009 – 2 Sa 992/09, NZA-RR 2010, 410), sowie für die Frage, ob einzelne Arbeitnehmer zu Recht aus der Sozialauswahl herausgenommen worden sind. Denn die Herausnahme ist Teil der sozialen Auswahl, auf die sich nach dem Wortlaut des § 1 Abs. 5 S. 2 KSchG der Maßstab der groben Fehlerhaftigkeit beziehen soll. Die Frage, ob berechtigte Interessen i. S. d. § 1 Abs. 3 S. 2 KSchG gegeben sind, kann insoweit sinnvoll nur dann beantwortet werden, wenn feststeht, welche Arbeitnehmer bei »normaler« Durchführung der Sozialauswahl im Betrieb verbleiben würden. Dem entspricht es, zunächst alle vergleichbaren Arbeitnehmer einzubeziehen und anschließend zu untersuchen, ob dieses Ergebnis geändert werden muss (*BAG* 10.6.2010 EzA § 1 KSchG Interessenausgleich Nr. 22).

**2676**

## hh) Fehlen einer anderweitigen Beschäftigungsmöglichkeit

Die nach § 1 Abs. 5 KSchG eingreifende Vermutung der Betriebsbedingtheit erfasst nicht nur den Wegfall von Beschäftigungsmöglichkeiten im bisherigen Arbeitsbereich des Arbeitnehmers, sondern auch das Fehlen der Möglichkeit, diesen anderweitig einzusetzen (*BAG* 15.12.2011 EzA § 1 KSchG Soziale Auswahl Nr. 84); Gleiches gilt grds. auch für das Fehlen **einer anderweitigen Beschäftigungsmöglichkeit** in einem anderen Betrieb des Unternehmens (*LAG RhPf* 2.2.2006 NZA-RR 2006, 296). Allerdings ist die damit verbundene Beschneidung der prozessualen Rechte des gekündigten Arbeitnehmers nur so lange gerechtfertigt, als die vom Gesetzgeber vorausgesetzte Mitprüfung der zu Grunde liegenden Gegebenheiten durch den Betriebsrat auch stattgefunden hat. Davon ist **regelmäßig** auch dann **auszugehen**, wenn es im **Interessenausgleich nicht ausdrücklich erwähnt ist**. Bestreitet aber der Arbeitnehmer in erheblicher Weise, dass sich der Betriebsrat im Rahmen der Verhandlungen mit Beschäftigungsmöglichkeiten in anderen Betrieben überhaupt befasst hat und trägt er darüber hinaus konkrete Anhaltspunkte für solche Beschäftigungsmöglichkeiten vor, so ist es am Arbeitgeber, wenn er die weitgehende Vermutungswirkung erhalten will, die Befassung der Betriebsparteien mit der Frage der Beschäftigungsmöglichkeit in anderen Betrieben darzulegen und zu beweisen (*BAG* 6.9.2007 EzA § 1 KSchG Interessenausgleich Nr. 14).

**2677**

## ii) Wesentliche Änderung der Sachlage

§ 1 Abs. 5 S. 1, 2 KSchG gilt des Weiteren dann nicht, wenn und soweit sich die Sachlage nach Zustandekommen des Interessenausgleichs **wesentlich geändert hat** (vgl. dazu *Bader* NZA 1996, 1133). Erforderlich ist insoweit eine **Änderung der Geschäftsgrundlage** (*BAG* 23.10.2008 EzA § 1 KSchG Interessenausgleich Nr. 16; *LAG Köln* 1.8.1997 LAGE § 1 KSchG Interessenausgleich Nr. 1); die Änderung ist nur wesentlich, wenn die Betriebspartner den Interessenausgleich ohne ernsthaften Zweifel nicht oder in einem entscheidungserheblichen Punkt nicht so abgeschlossen hätten. Das ist dann der Fall, wenn die Betriebsänderung nicht wie geplant und im Interessenausgleich zugrunde gelegt, durchgeführt wird oder wesentlich weniger Mitarbeiter entlassen werden, als im Interessenausgleich vorgesehen (*LAG SchlH* 22.4.1998 LAGE § 1 KSchG Interessenausgleich Nr. 5). Davon kann z. B. keine Rede sein, wenn die Streichung eines Arbeitsplatzes von insgesamt 36 Betroffenen nicht wie ursprünglich geplant durch Auslagerung seiner Funktion auf ein Fremdunternehmen, sondern durch Verteilung von dessen Restfunktion auf verbliebene Arbeitnehmer bewerkstelligt wird (*LAG Köln* LAGE § 1 KSchG Interessenausgleich Nr. 1). Für die Annahme einer wesentlichen Änderung der Sachlage i. S. d. § 1 Abs. 5 S. 3 KSchG reicht es auch nicht aus, dass sich lediglich die individuellen Beschäftigungsmöglichkeiten für einen, in der Namensliste aufgeführten Arbeitnehmer geändert haben. Das Freiwerden eines anderen Arbeitsplatzes nach Abschluss des Interessenausgleichs ist grds. kein Anwendungsfall des § 1 Abs. 5 S. 3 KSchG (*BAG* 23.10.2008 EzA § 1 KSchG Interessenausgleich Nr. 16).

**2678**

**2679** Auch dann, wenn das freiwillige Ausscheiden von Arbeitnehmern nach Abschluss eines Interessenausgleichs mit Namensliste dazu führt, dass Kündigungen einzelner, in der Namensliste aufgeführter Arbeitnehmer vermieden werden, liegt darin keine wesentliche Änderung der Sachlage i. S. v. § 1 Abs. 5 S. 3 KSchG. Dies gilt insbes., wenn die Betriebsparteien hierfür bei Abschluss des Interessenausgleichs eine Regelung vorgesehen haben (*BAG* 12.3.2009 EzA § 1 KSchG Interessenausgleich Nr. 17).

**2680** Maßgeblicher Zeitpunkt für die Beurteilung, ob sich die Sachlage nach dem Zustandekommen des Interessenausgleichs wesentlich geändert hat, ist der des **Zugangs der Kündigung**. Bei späteren Änderungen kommt nur ein **Wiedereinstellungsanspruch** in Betracht (*BAG* 21.2.2001 EzA § 1 KSchG Interessenausgleich Nr. 8; vgl. auch *LAG Köln* 20.12.2002 – 11(13) Sa 593/02, EzA-SD 13/03, S. 7 LS; zur Rechtslage in der Insolvenz vgl. *LAG Hamm* 27.3.2003 LAGE § 1 KSchG Wiedereinstellungsanspruch Nr. 5; zu prozessualen Fragen s. *BAG* 9.2.2011 EzA § 311a BGB 2002 Nr. 2).

### jj) Stellungnahme und Anhörung des Betriebsrats

**2681** Der Interessenausgleich ersetzt die Stellungnahme des Betriebsrates gem. § 17 Abs. 3 S. 2 KSchG; durchzuführen ist allerdings die Anhörung des Betriebsrates gem. § 102 BetrVG (*BAG* 20.5.1999 EzA § 102 BetrVG 1972 Nr. 102; 24.2.2000 EzA § 1 KSchG Interessenausgleich Nr. 7; 28.8.2003 EzA § 125 InsO Nr. 1; 23.10.2008 EzA § 1 KSchG Interessenausgleich Nr. 16; *LAG RhPf* 18.10.2007 NZA-RR 2008, 356; *LAG Bln.-Bra.* 3.6.2010 LAGE § 6 KSchG Nr. 4; *Leipold* SAE 2005, 48 ff.). Diese **Anhörung** kann der Arbeitgeber zwar **mit den Verhandlungen über den Interessenausgleich verbinden**. Das ist jedenfalls dann wirksam, wenn dem Betriebsrat zum Zeitpunkt des Abschlusses des Interessenausgleichs sämtliche Sozialdaten sowie die Kündigungsgründe bekannt waren und zwischen der Unterzeichnung des Interessenausgleichs und dem Ausspruch der Kündigung mehr als eine Woche liegt (*LAG Düsseld.* 14.12.2010 LAGE § 1 KSchG Interessenausgleich Nr. 18). Sie unterliegt aber **keinen erleichterten Anforderungen**, selbst wenn ein Interessenausgleich mit Namensliste vorliegt. Soweit der Kündigungssachverhalt dem Betriebsrat allerdings schon aus den Verhandlungen über den Interessenausgleich bekannt ist, braucht er ihm bei der Anhörung nach § 102 BetrVG nicht erneut mitgeteilt werden. Solche Vorkenntnisse des Betriebsrats muss der Arbeitgeber im Prozess hinreichend konkret darlegen und ggf. beweisen (*BAG* 20.5.1999 EzA § 102 BetrVG 1972 Nr. 102; *LAG RhPf* 2.2.2006 NZA-RR 2006, 296; *LAG SchlH* 27.4.2010 LAGE § 102 BetrVG 2001 Nr. 12). Erklärt der Betriebsrat in einem Interessenausgleich mit Namensliste, er sei »infolge der Erörterungen im Rahmen der Interessenausgleich- und Sozialplanverhandlungen und in Zusammenhang mit der Erstellung der Namensliste **umfassend** über die Kündigungsgründe **informiert**, ... so dass es keiner weiteren Informationen im Anhörungsverfahren nach § 102 BetrVG bedarf«, so begründet dies zwar **weder die Vermutung noch den Anschein einer ordnungsgemäßen zeitnah erfolgenden Anhörung**, jedoch ist dies im Rahmen des § 286 ZPO zu berücksichtigen (*ArbG Bln.* 11.8.2004 LAGE § 102 BetrVG 2001 Nr. 3). Erklärt der Betriebsrat im Rahmen eines Interessenausgleichs, rechtzeitig und umfassend über die anzeigepflichtigen Entlassungen unterrichtet worden zu sein, genügt dies zum Nachweis der Erfüllung der Konsultationspflicht aus § 17 Abs. 2 S. 1 KSchG noch nicht. Allerdings **kann der Arbeitgeber** seine Pflichten gegenüber dem Betriebsrat aus § 111 BetrVG, § 17 Abs. 2 S. 1 KSchG und § 102 Abs. 1 BetrVG, **soweit sie übereinstimmen, gleichzeitig erfüllen**. Dabei ist **hinreichend klarzustellen, dass und welche Verfahren gleichzeitig durchgeführt werden sollen** (*BAG* 18.1.2012 EzA § 6 KSchG Nr. 4).

**2682** Die Anhörung des Betriebsrats kann auch bereits vor der Durchführung des Zustimmungsverfahrens beim Integrationsamt nach §§ 85 ff. SGB IX erfolgen (*BAG* 23.10.2008 EzA § 1 KSchG Interessenausgleich Nr. 16).

**2683** Steht im Zeitpunkt der Unterzeichnung eines Interessenausgleichs mit Namensliste zudem **noch nicht endgültig** fest, ob einem in der Namensliste aufgeführten Arbeitnehmer eine Kündigung erklärt wird, weil er noch in eine Transfergesellschaft wechseln kann, und ist im Interessenausgleich weiter festgehalten, dass die Rechte des Betriebsrats gem. § 102 BetrVG unberührt bleiben, ist jedenfalls vor Ausspruch der dann erklärten Kündigung eine förmliche Anhörung des Betriebsrats nach

§ 102 BetrVG zur Wirksamkeit der Kündigung erforderlich (*LAG RhPf* 18.10.2007 NZA-RR 2008, 356).

kk) Beweisrechtliche Wirkung der Vermutung

Damit ist **§ 292 ZPO** zu Gunsten des Arbeitgebers anwendbar (*BAG* 7.5.1998 EzA § 1 KSchG Interessenausgleich Nr. 5; *LAG Köln* 1.8.1997 LAGE § 1 KSchG Interessenausgleich Nr. 1; *LAG Düsseld.* 16.2.1998 BB 1998, 1268 LS; **a. A.** *LAG Düsseld.* 4.3.1998 LAGE § 1 KSchG Interessenausgleich Nr. 3). Der Vorteil der gesetzlichen Vermutungsregelung liegt für den Arbeitgeber darin, dass es nicht ausreicht, die gesetzliche Vermutung zu erschüttern; vielmehr muss der **volle Beweis des Gegenteils** geführt werden (*Preis* NZA 1997, 1086).

Der Arbeitnehmer muss folglich das nicht wirksame Zustandekommen des Interessenausgleichs, in dem er namentlich aufgeführt ist, darlegen und beweisen, z. B. dass sein Arbeitsplatz nicht entfallen ist oder dass für ihn eine anderweitige Weiterbeschäftigung in Betrieb oder Unternehmen möglich war. Erst im Anschluss an einen diesen Anforderungen genügenden Sachvortrag des Arbeitnehmers obliegt es dem Arbeitgeber, seinerseits zur Betriebsbedingtheit Stellung zu nehmen. Der sich gegen die Kündigung wehrende **Kläger** hat danach **Beweis anzubieten für die Behauptung**, die in einem Interessenausgleich vorgesehenen **Stilllegungen** wesentlicher Betriebsteile seien **nicht geplant oder durchgeführt worden** und für die Behauptung, dass die im Interessenausgleich vorgesehenen Stilllegungen **seine Kündigung nicht bedingen** (*BAG* 7.5.1998 EzA § 1 KSchG Interessenausgleich Nr. 5; zust. *Baeck/Schuster* DB 1998, 1771).

Allerdings müssen dem Arbeitnehmer aber die allgemeinen Beweiserleichterungen, insbes. zur sog. sekundären Behauptungslast bei der Führung des Gegenteilsbeweises zuteil werden. Denn es ist anerkannt, dem Prozessgegner im Rahmen seiner Erklärungslast nach § 138 Abs. 2 ZPO ausnahmsweise zuzumuten, dem Beweispflichtigen eine ordnungsgemäße Darlegung durch nähere Angaben über die zu seinem Wahrnehmungsbereich gehörenden Verhältnisse zu ermöglichen (*LAG Hamm* 1.6.2011 LAGE § 1 KSchG Interessenausgleich Nr. 20; *Zöller/Greger* Vorb. § 284 ZPO Rn. 34 u. § 292 ZPO Rn. 2). Dies ist etwa der Fall, wenn eine darlegungspflichtige Partei außerhalb des von ihr darzulegenden Geschehensablauf steht und keine nähere Kenntnis der maßgeblichen Tatsachen besitzt, während der Gegner sie hat und ihm nähere Angaben zumutbar sind. Daraus folgt, dass der Arbeitgeber trotz der gesetzlichen Vermutung auf Bestreiten des Arbeitnehmers die zu seinem Wahrnehmungsbereich gehörenden Tatsachen mitzuteilen hat. Hierzu gehört (*BAG* 10.2.1999 EzA § 1 KSchG Soziale Auswahl Nr. 38; *LAG Düsseld.* 24.3.1998 LAGE § 1 KSchG Interessenausgleich Nr. 6; *LAG Nds.* 30.6.2006 – 10 Sa 1816/05, EzA-SD 21/06, S. 3; instr. *Preis* (NZA 1997, 1086):
– der betriebsbedingte Kündigungsgrund (Unternehmerentscheidung; das unternehmerisches Konzept, dessen Umsetzung und die Auswirkungen auf den Beschäftigungsbedarf; Betriebsänderung; s. *LAG Hamm* 1.6.2011 LAGE § 1 KSchG Interessenausgleich Nr. 20; *ArbG Hmb.* 26.10.2005 NZA-RR 2006, 577),
– der Kreis der in die Sozialauswahl einzubeziehenden Arbeitnehmer ebenso wie die den berechtigten betrieblichen Interessen gem. § 1 Abs. 3 S. 2 KSchG zugrunde liegenden Tatsachen.

Der Arbeitgeber hat die **Vermutungsbasis**, dass eine Betriebsänderung nach § 111 BetrVG vorlag und für die Kündigung des Arbeitnehmers kausal war und dass der Arbeitnehmer ordnungsgemäß in einem Interessenausgleich benannt ist, **substantiiert darzulegen und ggf. zu beweisen** (*BAG* 3.4.2008 EzA § 1 KSchG Interessenausgleich Nr. 15).

Im Rahmen der Widerlegung der Vermutung des § 1 Abs. 5 KSchG muss der Arbeitnehmer auch darstellen, dass unstreitig eingesetzte Leiharbeitnehmer auf Dauerarbeitsplätzen und nicht nur bei Produktionsspitzen oder zur Urlaubs- und Krankheitsvertretung eingesetzt werden. Eine Durchschnittsberechnung ist im Mehrschichtbetrieb nicht geeignet, den Dauerbedarf einer einzelnen natürlichen Person zu begründen (*LAG Köln* 10.8.2009 LAGE § 1 KSchG Interessenausgleich Nr. 15).

Wird ein Interessenausgleich mit Namensliste abgeschlossen, ist auch die **Herausnahme sog. Leistungsträger** aus der sozialen Auswahl nur **auf grobe Fehlerhaftigkeit** zu überprüfen (s. Rdn. 2676). In diesem Fall muss der Arbeitgeber zunächst die Gründe für die fehlende Vergleichbarkeit von Arbeitnehmern und die Ausklammerung von Leistungsträgern nur in »groben Zügen« darlegen (*LAG Köln* 10.5.2005 LAGE § 1 KSchG Soziale Auswahl Nr. 50; s. a. *BAG* 10.6.2010 EzA § 1 KSchG Interessenausgleich Nr. 22).

### 4. Auswirkungen des AGG

2687 Hinsichtlich der Bedeutung und inhaltlichen Ausgestaltung des Merkmals des Alters des Arbeitnehmers ist fraglich, welche Änderungen sich für die Sozialauswahl nach dem KSchG durch das AGG (ab 18.8.2006) ergeben. Einerseits enthält § 2 Abs. 4 AGG eine europarechtswidrige Bereichsausnahme; andererseits enthielt § 10 S. 3 Nr. 6 AGG a. F. eine inhaltlich vernünftige, systematisch aber – weil nicht im KSchG aufgenommene – Regelung insoweit. Statt den Systembruch zu ändern, hat der Gesetzgeber die Vorschrift inzwischen ersatzlos gestrichen. Die Konsequenzen sind unklar (s. Kap. 3 Rdn. 4871 ff.). Nach *BAG* 12.3.2009 (EzA § 1 KSchG Interessenausgleich Nr. 17; ebenso *LAG Nds*. 13.7.2007 LAGE § 2 AGG Nr. 3, m. Anm. *Mohr* SAE 2007, 353 ff.; **a. A**. *ArbG Osnabrück* 5.2.2007 – 8 Sa 245/06, AuR 2007, 104 LS; *Wenkebach* AuR 2008, 70 ff.; *Emmert/Pohlmann* FA 2008, 130 ff.) ist die **Bildung von Altersgruppen in einem Interessenausgleich mit Namensliste grds. auch unter Geltung des AGG** statthaft. Es bedarf allerdings auf den Betrieb bezogener Gründe für die Bildung von Altersgruppen. Andererseits dürfen an den Sachvortrag keine überhöhten Anforderungen gestellt werden. Dem steht (*BAG* (19.6.2007 EzA § 1 KSchG Interessenausgleich Nr. 13; 6.9.2007 EzA § 1 KSchG Soziale Auswahl Nr. 78; 12.3.2009 EzA § 1 KSchG Interessenausgleich Nr. 17; *LAG Bln.-Bra.* 13.4.2007 LAGE § 1 KSchG Soziale Auswahl Nr. 73; s. a. *BAG* 6.11.2008 EzA § 1 KSchG Soziale Auswahl Nr. 82; 18.3.2010 EzA § 1 KSchG Soziale Auswahl Nr. 83) das in der RL 2000/78 EG enthaltene europarechtliche **Verbot der Altersdiskriminierung der Verwendung einer Punktetabelle zur Sozialauswahl, die eine Bildung von Altersgruppen und auch die Zuteilung von Punkten für das Lebensalter** – z. B. bei Grafikdesignern – (so *BAG* 6.9.2007 EzA § 1 KSchG Soziale Auswahl Nr. 78; s. aber den Vorlagebeschluss des *ArbG Siegburg* 27.1.2010 LAGE § 1 KSchG Soziale Auswahl Nr. 61; s. a. *Fahrig* DB 2010, 1460 ff.) **vorsieht, nicht im Wege, wenn sie durch legitime Ziele gerechtfertigt ist.**

2688 Die durch die Gruppenbildung erstrebte Erhaltung der Altersstruktur wirkt nicht nur einer **Überalterung** der Belegschaft **entgegen**, sondern **relativiert auch** die etwa **überschießenden Tendenzen der Bewertung des Lebensalters als Sozialdatum und verhindert eine übermäßige Belastung jüngerer Beschäftigter** (*BAG* 6.9.2007 EzA § 1 KSchG Soziale Auswahl Nr. 78).

2689 Diese Grundsätze hat das *BAG* (6.11.2008 EzA § 1 KSchG Soziale Auswahl Nr. 82; 12.3.2009 EzA § 1 KSchG Interessenausgleich Nr. 17) inzwischen präzisiert:
– Beruht das Zustandekommen einer Namensliste nach § 1 Abs. 5 KSchG auf einem Verstoß gegen Vorschriften des Allgemeinen Gleichbehandlungsgesetzes (AGG), so kann dies zur groben Fehlerhaftigkeit der Sozialauswahl führen, hat aber nicht die »Unwirksamkeit« der Namensliste und damit den Wegfall der Vermutungswirkung nach § 1 Abs. 5 S. 1 KSchG zur Folge.
– Die Diskriminierungsverbote des AGG (§ 1 AGG bis § 10 AGG) sind im Rahmen der Prüfung der Sozialwidrigkeit von Kündigungen zu beachten. Eine Kündigung kann sozialwidrig sein, wenn sie gegen Diskriminierungsverbote verstößt. Die Regelung des § 2 Abs. 4 AGG steht dem nicht entgegen.
– Die Diskriminierungsverbote des AGG – einschließlich der ebenfalls im AGG vorgesehenen Rechtfertigungen für unterschiedliche Behandlungen – sind bei der Auslegung der unbestimmten Rechtsbegriffe des Kündigungsschutzgesetzes in der Weise zu beachten, dass sie Konkretisierungen des Begriffs der Sozialwidrigkeit darstellen.

- Zweck des § 2 Abs. 4 AGG ist es sicherzustellen, dass durch das AGG nicht neben das bisherige ein »zweites Kündigungsrecht«, also eine besondere »Diskriminierungsklage« neben die Kündigungsschutzklage [tritt].
- Dagegen sollen die Diskriminierungsverbote nicht als eigene Unwirksamkeitsnormen angewendet werden. Ob und inwieweit mit der Einpassung der Diskriminierungsverbote in das Kündigungsschutzrecht bestimmte Rechte von durch Kündigung diskriminierten Beschäftigten – vgl. § 13 AGG, § 14 AGG, § 15 AGG, § 16 AGG – ausgeschlossen sein sollen, bleibt offen.
- Die in § 1 Abs. 3 S. 1 KSchG vorgesehene Berücksichtigung des Lebensalters führt in der Tendenz zu einer Bevorzugung älterer und damit zugleich zu einer Benachteiligung jüngerer Arbeitnehmer. Die Absicht des Gesetzes besteht darin, ältere Arbeitnehmer, die wegen ihres Alters typischerweise schlechtere Chancen auf dem Arbeitsmarkt haben, etwas besser zu schützen. Darin liegt ein legitimes Ziel.
- Auch die Bildung von Altersgruppen kann nach § 10 S. 1, 2 AGG gerechtfertigt sein.
- Die legitimen Ziele einer Altersgruppenbildung müssen grds. vom Arbeitgeber im Prozess dargelegt werden. Indes ist vom Vorhandensein solcher legitimer Ziele regelmäßig auszugehen, wenn die Altersgruppenbildung bei Massenkündigungen aufgrund einer Betriebsänderung erfolgt. In diesen Fällen ist regelmäßig die Erhaltung einer auch altersmäßig ausgewogenen Personalstruktur gefährdet.
- Die Altersgruppenbildung vermeidet außerdem nicht nur eine Überalterung der Belegschaft, sondern ebnet auch die bei Massenkündigungen etwa überschießenden Tendenzen der Bewertung des Lebensalters als Sozialdatum ein und wirkt so einer übermäßigen Belastung jüngerer Beschäftigter entgegen.

Eine **Altersgruppenbildung** soll als ein **mögliches Instrument** gem. § 1 Abs. 3 S. 2 KSchG eine ausgewogene Personalstruktur im Betrieb sichern. Dieses sozialpolitische Ziel ist **kein rein dem Arbeitgeberinteresse dienendes Ziel**. Es dient **auch der Gesamtheit der Belegschaft**. Es ist als legitimes Ziel der Arbeitsmarkt- und Sozialpolitik geeignet, eine Ungleichbehandlung zu rechtfertigen gem. Art. 6 Abs. 1 RL 2000/78/EG, bzw. § 10 AGG. Eine Altersgruppenbildung muss **nicht starr in Zehn-Jahres-Schritten** erfolgen. Gefordert wird lediglich ein in der Sache begründetes plausibles proportionales System. Dabei darf sich der Arbeitgeber auch von den **Aussichten** der betroffenen Arbeitnehmer **auf dem Arbeitsmarkt** leiten lassen. Führt eine über die »Leistungsträgerregelung« des § 1 Abs. 3 S. 2 KSchG bedingte Herausnahme eines Arbeitnehmers aus der Sozialauswahl dazu, dass nunmehr ein anderer Arbeitnehmer aus einer anderen Altersgruppe zur Kündigung ansteht, so hat die Schlussabwägung nicht konkret zu erfolgen zwischen dem Interesse des Arbeitgebers an der Herausnahme des konkreten Arbeitnehmers aus der Sozialauswahl gegen die sozialen Interessen des nunmehr zur Kündigung anstehenden Arbeitnehmers. Vielmehr ist die abstrakte Altersgruppenbildung und die (abstrakte) Verschiebung der Altersgruppenbetroffenheit ins Verhältnis zu setzen zu den betrieblichen Interessen an der Weiterbeschäftigung des ausgenommenen Arbeitnehmers und sodann zu untersuchen, ob diese Verschiebung der Altersgruppenbetroffenheit (bei Bestehen eines Interessenausgleichs mit Namensliste) grob fehlerhaft ist (*LAG BW* 25.3.2011 NZA-RR 2011, 407).

2689a

### IV. Interessenabwägung

Das *BAG* (30.4.1987 EzA § 1 KSchG Betriebsbedingte Kündigung Nr. 47) geht davon aus, dass es dann, wenn für die Kündigung ein dringendes betriebliches Erfordernis besteht, unerheblich ist, ob die vom Arbeitgeber auf Grund der Unternehmerentscheidung erwarteten Vorteile in einem »vernünftigen Verhältnis« zu den Nachteilen stehen, die er durch die Kündigungen bewirkt. Unerheblich ist deshalb z. B. auch, ob die Einsparung von Arbeitsplätzen den Arbeitgeber stark entlastet, weil eine so weitgehende Kontrolle der unternehmerischen Entscheidungsfreiheit nicht gerechtfertigt ist.

2690

Danach ist davon auszugehen, dass dann, wenn eine Kündigung wegen einer bindenden Unternehmerentscheidung »an sich« betriebsbedingt und auch die Sozialauswahl nicht zu beanstanden ist, die

2691

stets notwendige umfassende Interessenabwägung sich **nur noch in seltenen Ausnahmefällen zu Gunsten des Arbeitnehmers auswirken kann** (*BAG* 20.1.2005 EzA § 18 BErzGG Nr. 7; 16.6.2005 EzA § 1 KSchG Betriebsbedingte Kündigung Nr. 137). Jedenfalls sind die aufgestellten Voraussetzungen für eine derartige »Härtefallregelung« danach **so hoch** anzusetzen, dass **kaum mehr Raum** für eine **praktische Anwendung** einer Interessenabwägung bleibt (*BAG* 16.6.2005 EzA § 1 KSchG Betriebsbedingte Kündigung Nr. 137; 20.1.2005 EzA § 18 BErzGG Nr. 7). Eine zumeist nur vorübergehende Weiterbeschäftigung kann dem Arbeitgeber allerdings z. B. dann zuzumuten sein, wenn der Arbeitnehmer auf Grund schwerwiegender persönlicher Umstände besonders schutzbedürftig ist (*BAG* 18.1.1990 EzA § 1 KSchG Soziale Auswahl Nr. 28; abl. *Preis* NZA 1997, 1078). Das kann z. B. dann der Fall sein, wenn die betriebsbedingte Kündigung zu unverhältnismäßigen Nachteilen für den Arbeitnehmer führt, während der Vorteil für den kündigenden Arbeitgeber oder für die Insolvenzmasse demgegenüber als gering erscheint (*BAG* 16.6.2005 EzA § 1 KSchG Betriebsbedingte Kündigung Nr. 137). Insofern handelt es sich um eine Prüfung der **Verhältnismäßigkeit im engeren Sinne**, die als drittes Teilprinzip des Verhältnismäßigkeitsgrundsatzes stets zu prüfen ist (*Wank* RdA 1987, 136; abl. APS/*Kiel* § 1 KSchG Rn. 652).

### V. Maßgeblicher Zeitpunkt für die Überprüfung

#### 1. Zeitpunkt des Zugangs der Kündigung

2692 Entscheidender Zeitpunkt für die Überprüfung der betriebsbedingten Kündigung, die auf den Wegfall des bisherigen Arbeitsplatzes gestützt wird, ist grds. der ihres Zugangs (*BAG* 6.6.1984 AP Nr. 16 zu § 1 KSchG 1969 Betriebsbedingte Kündigung; 27.11.2003 EzA § 1 KSchG Betriebsbedingte Kündigung Nr. 128; APS/*Preis* Grundlagen D Rn. 52 ff.). Deshalb ist es grds. **unerheblich**, ob die Umsetzung des der Maßnahme zugrunde liegenden unternehmerischen Konzepts **gelingt oder misslingt**. Allerdings lässt sich, wenn die Umsetzung plangemäß verläuft, an der nachfolgend eingetretenen betrieblichen Lage verifizieren, ob das Konzept von einer betriebswirtschaftlich vernünftigen Prognose getragen und realisierbar gewesen ist (*LAG Düsseld.* 7.5.2003 LAGE § 1 KSchG Betriebsbedingte Kündigung Nr. 66). Das lässt sich damit rechtfertigen, dass dem Kündigungsgrund ein **prognostisches Element** innewohnt. Von daher kann die Entwicklung **nach der Kündigung berücksichtigt werden**, weil der tatsächliche Eintritt der prognostizierten Entwicklung Rückschlüsse auf die Ernsthaftigkeit und Plausibilität der Prognose zulässt (*BAG* 27.11.2003 EzA § 1 KSchG Betriebsbedingte Kündigung Nr. 128 = NZA 2004, 477).

#### 2. Korrektur von Fehlprognosen

2693 Fraglich ist die Rechtslage aber dann, wenn sich nach dem Zugang der Kündigung herausstellt, dass der als langfristig angesehene Arbeitskräfteüberhang sich als doch nur vorübergehend erweist oder ob der Arbeitgeber z. B. verpflichtet ist, im Falle eines **überraschenden Auftragseingangs** von sich aus bereits wirksam ausgeschiedene Arbeitnehmer anzusprechen und ihnen die erneute Einstellung anzubieten und dabei die Grundsätze der Sozialauswahl zu beachten.

2694 Zu beachten ist, dass der Gesetzgeber für derartige Fälle einen Anspruch des Arbeitnehmers auf Wiedereinstellung nicht vorgesehen hat (s. Rdn. 1538 ff.).

2695 Das *BAG* (27.2.1997, 4.12.1997 EzA § 1 KSchG Wiedereinstellungsanspruch Nr. 1, 3; vgl. auch *BAG* 21.2.2002 EzA § 1 KSchG Wiedereinstellungsanspruch Nr. 7; *LAG Köln* 20.12.2002 – 11(13) Sa 593/02, EzA-SD 13/03, S. 7 LS; krit. *LAG Bln.* 18.6.2002 – 12 Sa 2413/01, NZA 2003, 66; s. *Boewer* NZA 1999, 1121 ff. u. 1177 ff.; zust. *Walker* SAE 1998, 103 ff.) geht für den Fall einer beabsichtigten Betriebsstilllegung, bei der es **noch während der laufenden Kündigungsfrist** zu einem **Betriebsübergang** kommt, davon aus, dass **bei nachträglichem Wegfall des betrieblichen Erfordernisses ein Wiedereinstellungsanspruch** gegeben sein kann (zu prozessualen Fragen s. *BAG* 9.2.2011 EzA § 311a BGB 2002 Nr. 2). **Das gilt generell, wenn sich zwischen dem Ausspruch der Kündigung und dem Ablauf der Kündigungsfrist unvorhergesehen eine Weiterbeschäftigungsmöglichkeit ergibt.** Hat der Arbeitgeber dann mit Rücksicht auf die Wirksamkeit der Kündigung

## H. Die ordentliche betriebsbedingte Kündigung Kapitel 4

noch keine Disposition getroffen, so hat der Arbeitnehmer Anspruch auf unveränderte **Fortsetzung des Arbeitsverhältnisses** bzw. **Wiedereinstellung** – die Bezeichnung des Anspruch ist unerheblich –, wenn dies dem Arbeitgeber **zumutbar** ist.

Dem Wiedereinstellungsanspruch können aber auch berechtigte Interessen des Arbeitgebers entgegenstehen, insbes. deshalb, weil er den in Betracht kommenden Arbeitsplatz bereits wieder besetzt hat. Der Arbeitgeber kann sich allerdings auf die **Neubesetzung** des Arbeitsplatzes **dann nicht** berufen, wenn dadurch der Wiedereinstellungsanspruch **treuwidrig vereitelt** wird. Bei der Auswahl des wieder einzustellenden Arbeitnehmers hat der Arbeitgeber gem. § 242 BGB die Umstände des Einzelfalles zu berücksichtigen. Das ist jedenfalls **dann** der Fall, wenn der Arbeitgeber zwischenzeitlich die **Neubesetzung in Kenntnis** der Bewerbung des wieder einzustellenden Arbeitnehmers vorgenommen hat (*BAG* 25.10.2007 EzA § 613a BGB 2002 Nr. 80). 2696

Ob ein Arbeitgeber verpflichtet ist, von sich aus einen Arbeitnehmer über eine sich unvorhergesehen ergebende Beschäftigungsmöglichkeit zu unterrichten, hängt ebenfalls gem. § 242 BGB von den Umständen des Einzelfalles ab. Auch ein Abfindungsvergleich kann dem Wiedereinstellungsanspruch entgegenstehen. Der Arbeitgeber kann ihn auch bei der Auswahl des wieder einzustellenden Arbeitnehmers berücksichtigen (*BAG* 28.6.2000 EzA § 1 KSchG Wiedereinstellungsanspruch Nr. 5; *LAG Köln* 13.10.2004 LAG Report 2005, 232; vgl. *Raab* RdA 2000, 147 ff. u. RdA 2001, 249 ff.).

Da die Kündigung – deren Wirksamkeit sich zum Zeitpunkt ihres Zugangs entscheidet – das Arbeitsverhältnis beendet hat, richtet sich der Wiedereinstellungsanspruch ursprünglich auf Abgabe einer Willenserklärung. Bietet der Arbeitgeber nicht von sich aus den Abschluss eines Vertrages über die Fortsetzung des Arbeitsverhältnisses nach Ablauf der Kündigungsfrist an, so kann in dem Klageantrag des Arbeitnehmers auf »Weiterbeschäftigung« bzw. »Wiedereinstellung« dessen Angebot auf Abschluss eines derartigen Vertrages gesehen werden. Der Arbeitgeber ist dann nach § 242 BGB zur Annahme verpflichtet. Verweigert er die Abgabe der entsprechenden Willenserklärung, so kann er sich nach Treu und Glauben nicht auf das eigene pflichtwidrige Verhalten berufen und den Arbeitnehmer auf den Umweg der Vollstreckung nach § 894 ZPO verweisen. Der Arbeitnehmer kann vielmehr sofort auf Erfüllung der Hauptpflichten, also auf Weiterbeschäftigung klagen (*BAG* 4.12.1997 EzA § 1 KSchG Wiedereinstellungsanspruch Nr. 3; s. a. *BAG* 9.2.2011 EzA § 311a BGB 2002 Nr. 2).

Entscheidet sich der Arbeitgeber, eine **Betriebsabteilung stillzulegen** und kündigt er deshalb die dort beschäftigten Arbeitnehmer, so ist er regelmäßig zur Wiedereinstellung entlassener Arbeitnehmer verpflichtet, wenn er sich noch **während der Kündigungsfrist** entschließt, die Betriebsabteilung mit einer **geringeren Anzahl von Arbeitnehmern doch fortzuführen**. Bei der Auswahl der wieder einzustellenden Arbeitnehmer hat er **soziale Gesichtspunkte** (Alter, Betriebszugehörigkeit, Unterhaltspflichten der Arbeitnehmer) zu berücksichtigen. Haben die Arbeitsvertragsparteien noch während der Kündigungsfrist durch **einen gerichtlichen Vergleich** das Arbeitsverhältnis gegen Zahlung einer Abfindung aufgehoben, so kann dieser Vergleich wegen **Wegfalls der Geschäftsgrundlage** (§ 313 BGB) an die geänderte betriebliche Situation anzupassen sein, u. U. mit dem Ergebnis, dass der Arbeitnehmer wiedereinzustellen ist und die Abfindung zurückzuzahlen hat (*BAG* 4.12.1997 EzA § 1 KSchG Wiedereinstellungsanspruch Nr. 3). **Gleiches** gilt dann, wenn sich noch vor Ablauf der Kündigungsfrist herausstellt, dass entgegen der ursprünglichen Planung ein Betrieb oder Betriebsteil nicht stillgelegt, sondern von einem **neuen Betriebserwerber übernommen** werden soll. Der Wiedereinstellungsanspruch als **notwendiges Korrektiv** zu der auf den Zeitpunkt des Zugangs der Kündigung bezogenen Prüfung ihrer Wirksamkeit geht nach § 613a Abs. 1 S. 1 BGB jedenfalls dann auf den Betriebserwerber über, wenn der Betriebsübergang unmittelbar im Anschluss an den Ablauf der Kündigungsfrist stattfindet. Ein Fortsetzungs- und Wiedereinstellungsverlangen muss der Arbeitnehmer entsprechend der Frist zur Einlegung eines Widerspruchs binnen einer Frist von einem Monat nach Kenntniserlangung von den, den Anspruch begründenden, Tatsachen geltend machen (*BAG* 25.10.2007 EzA § 613a BGB 2002 Nr. 80). 2697

2698 Ändern sich die maßgeblichen Umstände dagegen erst **nach Ablauf der Kündigungsfrist**, so steht dem Arbeitnehmer **kein Wiedereinstellungsanspruch** auf Grund nachwirkender Fürsorgepflicht zu (*BAG* 6.8.1997 EzA § 1 KSchG Wiedereinstellungsanspruch Nr. 2; *Linck* FA 2000, 334 ff.). Inzwischen besteht auch dann, wenn **nach Ablauf der Frist** einer insolvenzbedingten Kündigung ein Betriebsübergang stattfindet, **kein Anspruch auf Wiedereinstellung** bzw. Fortsetzung des Arbeitsverhältnisses (*BAG* 13.5.2004 EzA § 613a BGB 2002 Nr. 25; 28.10.2004 EzA § 613a BGB 2002 Nr. 30; s. *Zwanziger* BB 2005, 1386 ff.).

2699 Zusammengefasst und insbes. auch im Hinblick auf die Schuldrechtsreform gilt nunmehr insoweit Folgendes (*BAG* 9.11.2006 EzA § 311a BGB 2002 Nr. 1; 25.10.2007 EzA § 613a BGB 2002 Nr. 80; 9.2.2011 EzA § 311a BGB 2002 Nr. 2; 19.10.2011 EzA § 1 KSchG Wiedereinstellungsanspruch Nr. 11):
– Macht der Arbeitnehmer klageweise einen Wiedereinstellungsanspruch geltend, so ist eine Auslegung des Klageantrags dahingehend erforderlich, ob die rückwirkende Wiedereinstellung, etwa ab Klageerhebung oder der Abschluss eines neuen Arbeitsvertrags erst ab Rechtskraft einer dem Antrag stattgebenden Entscheidung beantragt wird. Es kann dem Kläger aber auch um die **Abgabe des Angebots** gehen, weil er sich den Vertragsschluss noch offen halten will. Das gilt insbes. bei der Wiedereinstellungsklage, weil für sie eine Regelung fehlt, die dem einseitigen Lösungsrecht des Arbeitnehmers aus § 12 S. 1 KSchG entspricht.
– Einem Antrag auf rückwirkende Wiedereinstellung, d. h. auf Annahme des Vertragsangebots auf rückwirkenden Abschluss eines Arbeitsvertrags, steht nach § 311a Abs. 1 BGB n. F. nicht mehr entgegen, dass der Schuldner nach § 275 Abs. 1 BGB n. F. nicht zu leisten braucht, auch wenn das Leistungshindernis schon bei Vertragsschluss vorliegt.
– Obwohl nach § 894 ZPO eine Willenserklärung erst mit Rechtskraft des Urteils als abgegeben gilt, kann der Arbeitnehmer nach materiellem Recht Wiedereinstellung rückwirkend ab dem Zeitpunkt verlangen, zu dem er berechtigt war, den Abschluss eines neuen Arbeitsvertrages vom Arbeitgeber zu verlangen.
– Hat der Arbeitgeber keinen Grund, dem Arbeitnehmer den Abschluss eines neuen Arbeitsvertrages zu verweigern, so ist er ab diesem Zeitpunkt verpflichtet, das Angebot des Arbeitnehmers anzunehmen und ihm einen funktionsfähigen Arbeitsplatz zur Verfügung zu stellen. Unterlässt er dies, so regeln sich die Rechtsfolgen nach den allgemeinen Vorschriften.

*a) Saisonarbeit*

2700 Das *BAG* (29.1.1987 EzA § 620 BGB Nr. 87) ist, ohne dass es im entschiedenen Einzelfall darauf angekommen wäre, davon ausgegangen, ein Anspruch des betriebsbedingt entlassenen Arbeitnehmers auf Wiedereinstellung könne sich aus einem Vertrauenstatbestand ergeben, wenn der Arbeitgeber durch von ihm veranlasste Umstände gegenüber dem Arbeitnehmer zu erkennen gegeben hat, dass er dessen erneute Einstellung zu Beginn der nächsten Saison erwartet. Anspruchsgrundlage ist insoweit **§ 242 BGB**. Diese Voraussetzungen sind allerdings nicht schon dann erfüllt, wenn ein Arbeitgeber des Baugewerbes in der Vergangenheit die Arbeitnehmer wegen vorübergehenden Auftragsmangels zum Jahresende entlassen und im Frühjahr wieder neu eingestellt hat (*BAG* 26.4.2006 EzA § 611 BGB 2002 Einstellungsanspruch Nr. 2).

*b) Ansichten in der Literatur*

2701 In der Literatur (*Preis* Prinzipien des Kündigungsrechts bei Arbeitsverhältnissen, 1987, S. 355 ff.) wird die Auffassung vertreten, dass ein Anspruch des Arbeitnehmers nicht auf Wiedereinstellung, sondern auf Weiterbeschäftigung dann anzuerkennen ist, wenn sich **noch während des bestehenden Arbeitsverhältnisses** die betrieblichen Umstände so ändern, dass wieder ein Beschäftigungsbedürfnis auch für den (wirksam) gekündigten Arbeitnehmer besteht.

2702 Nach dem Ablauf der Kündigungsfrist, aber noch während des Laufes des Kündigungsschutzprozesses, kann der Arbeitnehmer einen Anspruch auf Wiedereinstellung geltend machen, wenn er das Entstehen eines über die betriebliche Situation zur Zeit der Kündigung hinausgehenden Beschäftigungsbedarfs für Arbeitnehmer seines Leistungsprofils nachweisen kann.

Nach rechtskräftiger Abweisung der Kündigungsschutzklage kommt ein Wiedereinstellungsanspruch dann in Betracht, wenn entgegen der Prognose des Arbeitgebers ein dem Leistungsprofil des ausgeschiedenen Arbeitnehmers entsprechender Arbeitskräftebedarf eingetreten ist und einer Wiedereinstellung keine schutzwürdigen Interessen des Arbeitgebers entgegenstehen. 2703

Solche Interessen stehen aber insbes. dann entgegen, wenn der Arbeitgeber zwischenzeitlich bereits andere Arbeitnehmer für die in Frage kommenden Arbeitsplätze eingestellt hat. Insoweit gilt das **Prioritätsprinzip**. Eine zu Gunsten des gekündigten Arbeitnehmers wirkende Sozialauswahl hat der Arbeitgeber nicht zu beachten, dies verhindert der Grundsatz der Vertragsfreiheit. 2704

**Die Freikündigung eines neu besetzten Arbeitsplatzes zu seinen Gunsten kann der** (zunächst wirksam gekündigte) **Arbeitnehmer nicht verlangen** (a. A. für betriebsbedingte Kündigungen *Preis* a. a. O., S. 356). 2705

Der Arbeitgeber ist auch nicht verpflichtet, nach einer Besserung der Auftragslage von sich aus an die bereits ausgeschiedenen Arbeitnehmer heranzutreten und ihnen die Wiedereinstellung anzubieten. Vielmehr hat der **Arbeitnehmer den Arbeitgeber zu seiner Wiedereinstellung aufzufordern** und dessen Zustimmung ggf. gerichtlich einzuklagen. 2706

## VI. Darlegungs- und Beweislast

### 1. Betriebsbedingtheit; Dringlichkeit

Der **Arbeitgeber** hat die Darlegungs- und Beweislast für die Kündigungstatsachen (§ 1 Abs. 2 S. 1 KSchG). Dazu gehören insbes. die Umstände, die die Dringlichkeit von betriebsbedingten Entlassungen begründen (*BAG* 20.4.2005 EzA § 1 KSchG Soziale Auswahl Nr. 60). 2707

> Er muss also die abstrakte Entwicklung der Beschäftigungsmöglichkeiten bezogen auf einen bestimmten Personenbestand darlegen, aus dem sich eine Differenz zwischen beiden Faktoren ergibt. Der Umfang der konkreten Darlegungslast richtet sich danach, welche Fallgestaltung betrieblicher Erfordernisse vorliegt (APS/*Kiel* § 1 KSchG Rn. 648 ff.). 2708
>
> Generell gilt (vgl. *BAG* 13.6.2002 EzA § 1 KSchG Betriebsbedingte Kündigung Nr. 120):
> – Stellt eine Partei zu einer Frage mehrere einander widersprechende Behauptungen auf, ohne die Widersprüche zu erläutern, so kann von keiner dieser Behauptungen angenommen werden, sie sei richtig. Ein solcher Vortrag ist der Beweisaufnahme nicht zugänglich.
> – Das gilt auch dann, wenn die verschiedenen Behauptungen nicht im Sinne einander ausschließender Einzeltatsachen, sondern im Sinne der Behauptung einer Bandbreite von Möglichkeiten zu verstehen sind.

#### a) Innerbetriebliche Umstände

Ist der Rückgang der Beschäftigungsmöglichkeit **unmittelbar auf einen organisatorischen Entschluss** des Arbeitgebers zurückzuführen (z. B. die Schließung der Abteilung), so muss der Arbeitgeber substantiiert **den Inhalt seines Entschlusses, dessen praktische Umsetzung und dessen zahlenmäßige Auswirkungen auf die Beschäftigungsmöglichkeit darlegen** (s. *Bitter* DB 1999, 1214 ff.). 2709

> Handelt es sich, wie bei der Schließung einer Abteilung, um eine nur beschränkt überprüfbare Unternehmerentscheidung, so ist der Arbeitgeber nicht verpflichtet, die hierfür maßgeblichen Erwägungen offen zu legen. 2710
>
> Andererseits muss der Arbeitgeber im Kündigungsschutzprozess konkrete Angaben dazu machen, wie sich die Verringerung bzw. Veränderung der Produktion auf die Arbeitsmenge auswirkt und in welchem Umfang dadurch ein konkreter Arbeitskräfteüberhang entsteht. Zu dem Entscheidungsspielraum des Arbeitgebers gehört dabei die Befugnis, die Zahl der Arbeitskräfte zu bestim- 2711

men, mit denen eine Arbeitsaufgabe erledigt werden soll. Der Arbeitgeber kann grds. sowohl das Arbeitsvolumen – die Menge der zu erledigenden Arbeit – als auch das diesem zugeordnete Arbeitskraftvolumen – Arbeitnehmerstunden – und damit auch das Verhältnis dieser beiden Größen zueinander festlegen. Zwar muss nicht ein bestimmter Arbeitsplatz entfallen sein, Voraussetzung ist aber, dass die Organisationsentscheidung ursächlich für den vom Arbeitgeber behaupteten Wegfall des Beschäftigungsbedürfnisses ist. Dies ist nur dann der Fall, wenn die Entscheidung sich auf eine nach sachlichen Merkmalen genauer bestimmte Stelle bezieht. Der allgemeine Beschluss, Personalkosten zu senken, erfüllt diese Anforderungen nicht (*LAG BW* 20.2.2004 AuR 2004, 356 LS).

Beruft sich der Arbeitgeber auf die Erhaltung einer ausgewogenen Altersstruktur als berechtigtes betriebliches Bedürfnis, so gehört es zu seinem schlüssigen Sachvortrag, im Einzelnen darzulegen, welche konkreten Nachteile sich ergeben würden, wenn er die zu kündigenden Arbeitnehmer allein nach dem Maßstab des § 1 Abs. 3 S. 1 KSchG auswählen würde. Dazu gehört die Angabe, wie viel Prozent der potenziell zu kündigenden Arbeitnehmer vor Ausspruch der Kündigung den jeweiligen Altersgruppen angehörten und wie die einzelnen Kündigungen auf die einzelnen Altersgruppen verteilt worden sind, damit die bislang bestehende Altersstruktur erhalten bleibt. Eine nicht stringente Durchführung des Konzepts – z. B. durch Verschiebungen zu Lasten einer Altersgruppe – lässt die Kündigung wegen fehlerhafter Sozialauswahl als sozial ungerechtfertigt erscheinen (*BAG* 20.4.2005 EzA § 1 KSchG Soziale Auswahl Nr. 60). Führt dagegen die Altersgruppenbildung zu einer **Verringerung des Altersdurchschnitts** um 2,66 Jahre, liegt eine erhebliche **Verbesserung der Personalstruktur** vor, die nicht mehr nach § 1 Abs. 3 S. 2 KSchG gerechtfertigt ist; wird insoweit die Altersgruppenbildung auf einen bestimmten Betriebsbereich beschränkt, ist der Altersdurchschnitt vor und nach Ausspruch der Kündigung allein in diesem Bereich zu ermitteln und nicht bezogen auf den Gesamtbetrieb (*LAG Hamm* 9.11.2010 LAGE § 1 KSchG Soziale Auswahl Nr. 63).

2712 Hingegen hat der **Arbeitnehmer** darzulegen und zu beweisen, dass die fragliche innerbetriebliche Maßnahme (z. B. eine Rationalisierungsmaßnahme) **offenbar unsachlich, unvernünftig oder willkürlich ist** (*BAG* 9.5.1996 EzA § 1 KSchG Betriebsbedingte Kündigung Nr. 85), wobei aber ggf. die Erleichterung des Anscheinsbeweises in Betracht kommt (*BAG* 24.10.1979 EzA § 1 KSchG Betriebsbedingte Kündigung Nr. 13). Denn insoweit spricht für eine beschlossene und tatsächlich durchgeführte unternehmerische Organisationsentscheidung **die Vermutung, dass sie aus sachlichen Gründen erfolgt ist** (*BAG* 23.4.2008 EzA § 1 KSchG Betriebsbedingte Kündigung Nr. 160). Es ist aber andererseits **missbräuchlich** in diesem Sinne, einen Arbeitnehmer durch die Bildung **separater betrieblicher Organisationsstrukturen** bei unverändertem Beschäftigungsbedarf **aus dem Betrieb zu drängen**, indem die tatsächlichen Arbeitsabläufe und die hierarchischen Weisungswege als solche unangetastet gelassen und nur, gewissermaßen pro forma, in allein zu diesem Zweck erdachte rechtliche Gefüge eingepasst werden (*BAG* 23.4.2008 EzA § 1 KSchG Betriebsbedingte Kündigung Nr. 160).

2713 Läuft also die unternehmerische Entscheidung letztlich nur auf den **Abbau einer Hierarchieebene** hinaus, so sind **gesteigerte Anforderungen an die Darlegungslast** zu stellen (*BAG* 13.2.2008 EzA § 1 KSchG Betriebsbedingte Kündigung Nr. 158). Ist die unternehmerische Entscheidung verbunden mit einer Neuverteilung der dem betroffenen Arbeitnehmer bisher zugewiesenen Aufgaben, bedarf es der Konkretisierung dieser Entscheidung, damit geprüft werden kann, ob der Arbeitsplatz des betroffenen Arbeitnehmers tatsächlich weggefallen ist und die Entscheidung nicht offensichtlich unsachlich oder willkürlich ist (*BAG* 10.10.2002 EzA § 1 KSchG Betriebsbedingte Kündigung Nr. 122; 13.2.2008 EzA § 1 KSchG Betriebsbedingte Kündigung Nr. 158). Der Arbeitgeber muss insbes. **konkret darlegen**, in welchem Umfang die bisher von dem Arbeitnehmer ausgeübten Tätigkeiten zukünftig im Vergleich zum bisherigen Zustand **entfallen**. Er muss aufgrund seiner unternehmerischen Vorgaben die **zukünftige Entwicklung der Arbeitsmenge** anhand einer näher **konkretisierten Prognose** darstellen und angeben, wie die anfallenden Arbeiten vom verbliebenen Per-

## H. Die ordentliche betriebsbedingte Kündigung    Kapitel 4

sonal ohne überobligationsmäßige Leistungen erbracht werden können (*BAG* 13.2.2008 EzA § 1 KSchG Betriebsbedingte Kündigung Nr. 158).

### b) Außerbetriebliche Faktoren

Reagiert der Arbeitgeber auf außerbetriebliche Faktoren, z. B. einen Auftragsrückgang, so muss er die **funktionale Beziehung zwischen dem außerbetrieblichen Faktor und dem Wegfall von Beschäftigungsmöglichkeiten im Betrieb** herstellen. 2714

Er hat auch darzulegen, welcher außerbetriebliche Umstand vorliegt, welche innerbetrieblichen Maßnahmen er im Hinblick auf diesen Umstand getroffen hat und insbes. inwieweit sich diese Maßnahmen auf den Bestand der Beschäftigungsmöglichkeiten auswirken. **Schlagwortartige Formulierungen genügen nicht** (*BAG* 7.12.1978 EzA § 1 KSchG Betriebsbedingte Kündigung Nr. 10; vgl. auch *Bitter* DB 1999, 1214 ff.). 2715

Bestreitet der Arbeitnehmer das Vorliegen dieser den Begriff der betrieblichen Erfordernisse bildenden Tatumstände, so hat sie der Arbeitgeber in vollem Umfang zu beweisen. 2716

Dabei sind an den erforderlichen Substantiierungsgrad des Bestreitens keine hohen Anforderungen zu stellen, da der Arbeitnehmer in diese unternehmerischen Entscheidungsprozesse in aller Regel nicht eingebunden ist und er deshalb aus eigener Kenntnis substantiiert Ausführungen kaum wird machen können. 2717

Der Arbeitgeber muss insoweit also stets eine **geschlossene Kausalkette** von den unternehmerischen Zielvorgaben über bestimmte betriebliche Organisationsmaßnahmen bis hin zum konkreten Wegfall der Beschäftigungsmöglichkeit eines Arbeitnehmers darlegen und ggf. nachweisen. Betrifft der Rückgang eines Auftragsbestandes allerdings unmittelbar den Tätigkeitsbereich des von der Kündigung betroffenen Arbeitnehmers, so dass dieser die betrieblichen Auswirkungen noch während der laufenden Kündigungsfrist wahrnehmen kann, so darf der Arbeitnehmer das Vorliegen eines betrieblichen Erfordernisses nicht mit Nichtwissen bestreiten (*LAG Bln.* 16.8.2002 LAGE § 138 ZPO Nr. 2). 2718

### c) Unmöglichkeit anderweitiger Beschäftigung

Dafür, dass eine anderweitige Beschäftigung im Betrieb oder in einem anderen Betrieb des Unternehmens nicht möglich oder zumutbar ist, trägt der Arbeitgeber die Darlegungs- und Beweislast. 2719

Ihr Umfang hängt davon ab, wie sich der Arbeitnehmer einlässt, ist also letztlich abgestuft (*BAG* 15.8.2002 EzA § 1 KSchG Betriebsbedingte Kündigung Nr. 123).

Bestreitet der Arbeitnehmer nur den Wegfall seines bisherigen Arbeitsplatzes, so genügt die allgemeine Behauptung des Arbeitgebers, wegen der betrieblichen Notwendigkeit sei eine Weiterbeschäftigung zu gleichen Bedingungen nicht möglich (*BAG* 15.8.2002 EzA § 1 KSchG Betriebsbedingte Kündigung Nr. 123). Auf die Möglichkeit einer Weiterbeschäftigung – sei es mit oder ohne Umschulung – zu geänderten Bedingungen ist erst dann einzugehen, wenn sich aus dem Vortrag des Arbeitnehmers ergibt, **an welche Art der anderweitigen Beschäftigung er denkt** (*BAG* 7.2.1991 EzA § 1 KSchG Personenbedingte Kündigung Nr. 9; 15.8.2002 EzA § 1 KSchG Betriebsbedingte Kündigung Nr. 123 = NZA 2003, 430). 2720

▶ **Beispiel:** 2721

> Dies gilt auch für Arbeitnehmer eines Großunternehmens, z. B. mit 167 000 Beschäftigten (*BAG* 25.2.1988 RzK I 5c Nr. 26). Deshalb muss der Arbeitnehmer den Arbeitsplatz, den er als anderweitige Beschäftigungsmöglichkeit ansieht, genau bezeichnen. Anhand des vom Arbeitgeber daraufhin darzulegenden Anforderungsprofils ist dann festzustellen, ob das Leistungsprofil des Arbeitnehmers diesem Anforderungsprofil entspricht oder ob es im Wege zumutbarer Umschulungs- oder Fortbildungsmaßnahmen dem Anforderungsprofil angepasst werden könnte (vgl. *Gaul* BB 1995, 2422).

2722 Dabei hängt die wechselseitige Substantiierungslast davon ab, wie konkret sich die jeweils andere Seite auf den Vortrag der Gegenseite einlässt.

2723 Erst dann, wenn der Arbeitnehmer konkret eine andere Beschäftigungsmöglichkeit geschildert hat, hat der Arbeitgeber eingehend zu schildern, darzulegen und zu beweisen, weshalb diese Vorstellungen nicht zu realisieren sind (*BAG* 15.8.2002 EzA § 1 KSchG Betriebsbedingte Kündigung Nr. 123).

### 2. Sozialauswahl (§ 1 Abs. 3 S. 3 KSchG)

#### a) *Darlegungslast des Arbeitnehmers; Mitteilungspflicht des Arbeitgebers*

2724 Ist im Einzelfall die Durchführung einer Sozialauswahl durch den Arbeitgeber erforderlich, so muss der **Arbeitnehmer** gem. § 1 Abs. 3 S. 3 KSchG **die Tatsachen beweisen, die die Kündigung als sozial ungerechtfertigt** i. S. d. § 1 Abs. 3 S. 1 KSchG (also wegen fehlerhaft erfolgter Sozialauswahl) **erscheinen lassen**. Lässt sich mangels Vorhandenseins eines schriftlichen Arbeitsvertrages z. B. **nicht klären**, ob der Arbeitnehmer ohne sein Einverständnis auch an einen anderen Ort versetzt werden könnte, so geht dies zu seinen Lasten (*LAG Nbg.* 17.2.2004 – 6 Sa 518/03, NZA-RR 2004, 628).

2725 Andererseits ist der **Arbeitgeber** gem. § 1 Abs. 3 S. 1 2. Halbs. KSchG verpflichtet, dem Arbeitnehmer **auf Verlangen die Gründe** anzugeben, **die zu der getroffenen Sozialauswahl geführt haben**.

2726 Daraus folgt, dass dann, wenn der Arbeitnehmer nicht weiß, welche Arbeitskollegen mit ihm vergleichbar sind oder er deren Sozialdaten nicht kennt, ihm die Erfüllung seiner Darlegungslast durch die prozessualen Auswirkungen der Auskunftspflicht des Arbeitgebers erleichtert wird (*BAG* 24.3.1983, 21.12.1983 EzA § 1 KSchG Betriebsbedingte Kündigung Nr. 21, 29):

Der Mitteilungspflicht des Arbeitgebers kommt auf prozessualer Ebene die Funktion einer gesetzlichen Verteilung der Darlegungslast zu.

Die dem Arbeitgeber danach obliegende Darlegungslast stimmt dem Umfang nach mit der ihm nach § 1 Abs. 1 S. 2 2. Hs. KSchG obliegenden Mitteilungspflicht überein.

#### b) *Bestreiten des Arbeitnehmers*

2727 Der Arbeitnehmer genügt daher zunächst seiner Darlegungslast, wenn er (i. d. R. bereits in der Klageschrift) **pauschal die soziale Auswahl beanstandet und zugleich vom Arbeitgeber die Mitteilung der Gründe verlangt**, die diesen zu seiner Entscheidung veranlasst haben (*LAG Köln* 8.10.2003 – 8 Sa 131/03, EzA-SD 5/04, S. 12 LS). An das Auskunftsverlangen des Arbeitnehmers sind keine übertriebenen formalen Anforderungen zu stellen. Es genügt jeder Vortrag des Arbeitnehmers, der seine Erwartung erkennen lässt, zunächst möge der Arbeitgeber die von ihm für maßgeblich gehaltenen Gründe für die Auswahl nennen. In der Praxis erfolgt dies zumeist dadurch, dass der Arbeitnehmer die Ordnungsgemäßheit der Sozialauswahl mit Nichtwissen bestreitet (§ 138 Abs. 4 ZPO).

#### c) *Sachvortrag des Arbeitgebers*

2728 Folge des Auskunftsverlangens ist es regelmäßig, dass der **Arbeitgeber sodann die Gründe für die von ihm getroffene Sozialauswahl vorzutragen hat**.

2729 Der Arbeitgeber hat danach insbes. vorzutragen, welche Arbeitnehmer zum auswahlrelevanten Personenkreis gehören, unter Angabe der auswahlrelevanten Sozialdaten (Lebensalter, Dauer der Betriebszugehörigkeit, Zahl der unterhaltsberechtigten Personen), sowie nach welchen Bewertungsmaßstäben er die Sozialauswahl vorgenommen hat, insbes. wie er die Auswahlkriterien gewichtet hat (*BAG* 21.7.1988 EzA § 1 KSchG Soziale Auswahl Nr. 26; vgl. auch *LAG BW* 30.9.1998 NZA-RR 1999, 301; *Preis* DB 1986, 746).

### d) Beschränkung auf für den Arbeitgeber subjektiv maßgebliche Gründe

Der Arbeitgeber ist auf Grund der Auskunftspflicht allerdings nur verpflichtet, die Gründe anzugeben, **die ihn subjektiv zu der getroffenen Auswahl veranlasst haben**. 2730

Er erfüllt diese Pflicht deshalb auch dann, wenn er alle von ihm angestellten Auswahlüberlegungen darlegt, sich aus seiner Auskunft aber ergibt, dass er nicht alle erheblichen Sozialdaten berücksichtigt oder bei seiner Entscheidung auf ungeeignete Kriterien abgestellt hat. 2731

Ebenso wie im Rahmen des § 102 BetrVG gegenüber dem Betriebsrat ist auch bei der Erfüllung der Auskunftspflicht zwischen ihrer subjektiven Verletzung durch den Arbeitgeber und der im Ergebnis unvollständigen oder fehlerhaften Berücksichtigung der objektiv erheblichen Auswahlkriterien und Bewertungsmaßstäbe zu unterscheiden. 2732

Diese Unterscheidung ist auch für die unmittelbaren Rechtsfolgen von Bedeutung, die sich aus der Verletzung der Auskunftspflicht des Arbeitgebers einerseits und aus der Unvollständigkeit oder Fehlerhaftigkeit der mitgeteilten Auswahlüberlegungen andererseits ergeben. 2733

### e) Rechtsfolgen

Wenn der Arbeitgeber die von ihm angestellten Auswahlüberlegungen **nicht oder nicht vollständig darlegt**, z. B. indem er die von ihm als vergleichbar angesehenen Arbeitnehmer nicht namentlich nennt, **dann bleibt der Arbeitnehmer von der** ihm nach § 1 Abs. 3 S. 3 KSchG obliegenden **Darlegungs- und Beweislast insoweit befreit, als er die Rüge der fehlerhaften Auswahl gerade und nur deswegen nicht weiter konkretisieren kann, weil der Arbeitgeber seiner Auskunftspflicht nicht nachgekommen ist**. 2734

Diese beschränkte Befreiung der Darlegungslast ist nach Auffassung des *BAG* (21.12.1983 EzA § 1 KSchG Betriebsbedingte Kündigung Nr. 29; 21.7.1988 EzA § 1 KSchG Soziale Auswahl Nr. 26) gerechtfertigt und geboten, weil es hinsichtlich der Umstände, die der Arbeitnehmer unabhängig von der Auskunft des Arbeitgebers bereits kennt, keiner Abstufung der Darlegungslast bedarf. 2735

Die in § 1 Abs. 3 S. 3 KSchG enthaltene Beweislastregel ist folglich erst dann anwendbar, wenn der Arbeitgeber im einzelnen Gründe angegeben und im Streitfall auch nachgewiesen hat, die zu der getroffenen Sozialauswahl geführt haben. 2736

### f) Sonderfall: Vermutung für eine fehlerhafte Sozialauswahl

Es spricht im Übrigen eine vom Arbeitgeber auszuräumende tatsächliche Vermutung dafür, dass eine Auswahl, bei der keine sozialen Gesichtspunkte, sondern ausschließlich betriebliche Belange berücksichtigt worden sind, auch im Ergebnis sozialwidrig ist (*BAG* 18.10.1984 EzA § 1 KSchG Betriebsbedingte Kündigung Nr. 33). Gleiches gilt dann, wenn sich aus seinem Sachvortrag ergibt, dass er den Kreis vergleichbarer Arbeitnehmer **objektiv zu eng gezogen** hat. Ergänzt er sodann seinen Sachvortrag nicht, so ist die Behauptung des Arbeitnehmers, der Arbeitgeber habe soziale Belange nicht ausreichend gewürdigt, als unstreitig anzusehen (*BAG* 15.6.1989 NZA 1990, 226; *LAG Köln* 8.10.2003 – 8 Sa 131/03, EzA-SD 5/04, S. 12 LS). 2737

### g) Namentliche Benennung sozial weniger schutzwürdiger Arbeitnehmer

Hat der Arbeitnehmer dagegen auf Grund der Auskunft Kenntnis der Namen vergleichbarer Kollegen sowie die Kenntnis von deren Sozialdaten, so muss er unter namentlicher Benennung seiner Meinung nach sozial weniger schutzbedürftiger Arbeitnehmer, dem oder denen an seiner Stelle hätte gekündigt werden müssen, substantiiert unter Angabe ihrer individuellen Sozialdaten (Alter, Betriebszugehörigkeit, Unterhaltsverpflichtungen) die Fehlerhaftigkeit der Sozialauswahl geltend machen (*BAG* 8.8.1985 EzA § 1 KSchG Soziale Auswahl Nr. 21; 18.10.2006 EzA § 1 KSchG Soziale Auswahl Nr. 70; **a. A.** KR/*Griebeling* § 1 KSchG Rn. 688; APS/*Kiel* § 1 KSchG Rn. 784). 2738

2739 Die genaue und individuelle Bezeichnung weniger schutzwürdiger Arbeitnehmer ist nach Auffassung des *BAG* (8.8.1985 EzA § 1 KSchG Soziale Auswahl Nr. 21; 18.10.2006 EzA § 1 KSchG Soziale Auswahl Nr. 70 = NZA 2007, 504) deshalb erforderlich, weil das Gericht nicht von Amts wegen eine Auswahl treffen darf, die sonst gerade auf den Arbeitnehmer fallen könnte, den der gekündigte Arbeitnehmer keinesfalls verdrängen will.

2740 Auch wenn er die Zahl und die Namen der vergleichbaren Arbeitnehmer kennt sowie deren Sozialdaten, genügt es nicht, dass er seine Rüge nicht ordnungsgemäßer Sozialauswahl allein damit begründet, die Mehrzahl der vergleichbaren Arbeitnehmer sei hinsichtlich des Alters oder der Dauer der Betriebszugehörigkeit weniger schutzwürdig.

2741 Allerdings ist die Berufung einer Klägerin auf eine fehlerhafte Sozialauswahl nach Auffassung des *LAG Nds.* (23.2.2001 – 16 Sa 1427/00) dann mit dem **Grundsatz von Treu und Glauben nicht vereinbar**, wenn sich diese auf eine andere Mitarbeiterin beruft, mit der sie meint, vergleichbar zu sein, wenn auch diese Mitarbeiterin im Rahmen der Sozialauswahl zu kündigen gewesen wäre.

2742 Legt der Arbeitnehmer in Befolgung dieser Grundsätze im Kündigungsschutzprozess dar, er sei mit bestimmten namentlich bezeichneten Arbeitskollegen vergleichbar und benennt er die von ihnen ausgeübten Tätigkeiten, dann genügt ein bloßes Bestreiten der Vergleichbarkeit durch den Arbeitgeber nicht. Er ist im Rahmen einer abgestuften Darlegungs- und Beweislast vielmehr gehalten, im Einzelnen darzulegen, welche Tätigkeiten dieser Arbeitskollegen der gekündigte Arbeitnehmer aus welchem Grund nicht verrichten kann (*LAG Nbg.* 27.8.2002 NZA-RR 2003, 243).

### VII. Betriebsbedingte Kündigung mit Abfindungsangebot (§ 1a KSchG)

#### 1. Beendigungskündigung

2743 Gem. § 1a KSchG ist **erstmals** für einen wegen dringender betrieblicher Erfordernisse gekündigten Arbeitnehmer ab dem 1.1.2004 **ein gesetzlicher Abfindungsanspruch** vorgesehen (instr. *Preis* DB 2004, 70 ff.; *Düwell* ZTR 2004, 130 ff.; *Däubler* NZA 2004, 177 ff.; *Raab* RdA 2005, 1 ff.).

Voraussetzung für die Anwendung des § 1a KSchG ist, dass:
- das KSchG anwendbar ist;
- der Arbeitgeber eine ordentliche Kündigung erklärt (für eine entsprechende Anwendung auf außerordentliche Kündigungen mit der Kündigungsfrist entsprechender Auslauffrist *Raab* RdA 2005, 5);
- der Arbeitnehmer innerhalb der Klagefrist keine Kündigungsschutzklage erhebt; die Rücknahme der erhobenen Kündigungsschutzklage reicht nicht aus, § 269 Abs. 3 S. 1 ZPO 2002, § 7 KSchG (*LAG SA* 28.9.2005 LAGE § 1a KSchG Nr. 2). Denn der **Zweck der gesetzlichen Regelung** besteht darin, eine **außergerichtliche Streiterledigung zu fördern**, um eine gerichtliche Auseinandersetzung über die Rechtswirksamkeit einer Kündigung im Rahmen eines Kündigungsschutzprozesses zu vermeiden. Die Erhebung einer Kündigungsschutzklage schließt ebenso wie eine nachträgliche Klagezulassung den Abfindungsanspruch aus. Dies muss auch bei Rücknahme der Klage oder des Antrags auf nachträgliche Klagezulassung gelten. Denn ansonsten würde der Arbeitgeber doch mit einer gerichtlichen Auseinandersetzung über die Beendigung des Arbeitsverhältnisses konfrontiert, die er gerade mit dem Angebot der Abfindungszahlung vermeiden wollte. Die **Rücknahmefiktion** des § 269 Abs. 3 S. 1 ZPO würde das gesetzgeberische Ziel konterkarieren, einen Abfindungsanspruch bei einer betriebsbedingten Kündigung nur im Falle der **Vermeidung einer gerichtlichen Auseinandersetzung** zu begründen (*BAG* 13.12.2007 EzA § 1a KSchG Nr. 5).
- Hinzukommen muss, dass in der Kündigungserklärung des Arbeitgebers der Hinweis enthalten ist, dass die Kündigung auf dringende betriebliche Erfordernisse gestützt ist und der Arbeitnehmer bei Verstreichenlassen der Klagefrist die Abfindung beanspruchen kann (*LAG BW* 26.6.2006 LAGE § 1a KSchG Nr. 4); fehlt der Hinweis, besteht der Anspruch nicht (*LAG SA* 28.9.2005 LAGE § 1a KSchG Nr. 2). Ein ausreichender Hinweis ist dann nicht gegeben, wenn der Arbeitgeber im Kündigungsschreiben darauf hinweist, der Arbeitnehmer habe bei

Rechtskraft der Kündigung einen Abfindungsanspruch, dessen Höhe sich nach dem Sozialplan richte, weil der Begriff der Rechtskraft der Kündigung weitergehender ist als der des Verstreichenlassens der Klagefrist (*LAG Hamm* 7.6.2005 LAGE § 1a KSchG Nr. 1).
- Auch eine **nach Ablauf der Frist** des § 4 S. 1 KSchG **erhobene Kündigungsschutzklage** hindert die Entstehung des Abfindungsanspruchs nach § 1a KSchG. Es kommt nicht darauf an, ob die Klage mit einem Antrag auf nachträgliche Zulassung verbunden ist; offen gelassen hat das *BAG* (20.8.2009 EzA § 1a KSchG Nr. 7), welche Folgen eine erst nach Ablauf der Kündigungsfrist erhobene Klage insoweit hätte.
- Andererseits entsteht der Anspruch auch dann in der gesetzlichen Höhe, wenn der Arbeitgeber dem Arbeitnehmer **informatorisch einen niedrigeren Abfindungsbetrag genannt hat.** Das gilt unabhängig davon, ob der Anspruch durch zweiseitiges oder einseitiges Rechtsgeschäft zustande kommt. Ob die Angabe nur der Information dient oder rechtsgeschäftlichen Charakter hat, ist durch Auslegung zu ermitteln (*BAG* 19.6.2007 EzA § 1a KSchG Nr. 2; 13.12.2007 EzA § 1a KSchG Nr. 4; s. a. *LAG Sachsen* 30.5.2008 LAGE § 1a KSchG Nr. 5: Ausschluss der Anwendbarkeit der gesetzlichen Regelung bei höherem oder niedrigerem Angebot des Arbeitgebers).
- Die für die Berechnung des Anspruchs maßgebliche Vorschrift des **§ 1a KSchG muss nicht ausdrücklich erwähnt werden** (*BAG* 13.12.2007 EzA § 1a KSchG Nr. 4; *LAG Hmb.* 12.10.2009 – 7 Sa 104/08, AuR 2010, 82 LS).

Die Höhe der Abfindung beträgt 0,5 Monatsverdienst (dessen Ermittlung erfolgt nach § 10 Abs. 3 KSchG) pro Beschäftigungsjahr; Zeiten von mehr als sechs Monaten sind auf ein volles Jahr aufzurunden. Diese Regelung setzt **keinen generellen unabdingbaren Mindestabfindungsanspruch** bei Ausspruch betriebsbedingter Kündigungen fest. Die Arbeitsvertragsparteien bleiben auch bei betriebsbedingten Kündigungen frei, eine geringere oder höhere als die vom Gesetz vorgesehene Abfindung zu vereinbaren (*BAG* 13.12.2007 EzA § 1a KSchG Nr. 4; 10.7.2008 EzA § 1a KSchG Nr. 6). Durch die gesetzliche Regelung wird der Arbeitgeber also **nicht gehindert**, dem Arbeitnehmer **bewusst eine geringere Abfindung anzubieten und zu vereinbaren**. Ob der Arbeitgeber den Hinweis nach § 1a KSchG erteilen, oder ein davon abweichendes Angebot unterbreiten will, ist durch **Auslegung des Kündigungsschreibens zu ermitteln** (*BAG* 10.7.2008 EzA § 1a KSchG Nr. 6). Will er allerdings Letzteres tun, so muss er unmissverständlich erklären, dass sein Angebot kein solches nach § 1a KSchG sein soll; ist dies nicht der Fall, wird eine Abfindung in der gesetzlichen Höhe geschuldet (*BAG* 13.12.2007 EzA § 1a KSchG Nr. 4). **Weicht die im Kündigungsschreiben angebotene Abfindung** andererseits in der Höhe **deutlich** von dem gesetzlich vorgesehenen Betrag – handelt es sich z. B. nur um rund die Hälfte der in § 1a KSchG genannten Summe – ab, so **spricht vieles** dafür, dass der Arbeitgeber ein **vom Gesetz abweichendes**, individuelles (Auflösungs-)**Angebot** abgegeben hat (*BAG* 10.7.2008 EzA § 1a KSchG Nr. 6).

Kollektivrechtliche Regelungen zum Ausgleich wirtschaftlicher Nachteile aus einer Betriebsänderung können die Anrechenbarkeit von Leistungen nach § 1a KSchG vorsehen (*BAG* 19.6.2007 EzA § 1a KSchG Nr. 2). Auch kann eine **tarifliche Regelung,** wonach u. a. kein Anspruch auf die Abfindung wegen der Beendigung des Beschäftigungsverhältnisses besteht, wenn dem Arbeitnehmer nach einem Vergleich eine Abfindung zusteht, **ergänzend** dahin **auszulegen** sein, dass auch eine Abfindung nach § 1a KSchG den **tariflichen Abfindungsanspruch ausschließt** (*BAG* 16.12.2010 – 6 AZR 423/09, EzA-SD 5/2011, S. 7 = NZA-RR 2011, 421).

Der Abfindungsanspruch entsteht erst **mit Ablauf der Kündigungsfrist,** weil erst dann das Arbeitsverhältnis durch die betriebsbedingte Kündigung beendet worden ist, was Anspruchsvoraussetzung ist. Endet das Arbeitsverhältnis eines gekündigten Arbeitnehmers also vorher durch dessen Tod, geht der Anspruch nicht auf dessen Erben über (*BAG* 10.5.2007 EzA § 1a KSchG Nr. 1; *LAG Hamm* 8.11.2005 LAGE § 1a KSchG Nr. 3).

**Unklar** ist, ob auf diesen Abfindungsanspruch **im Voraus verzichtet werden kann** (dagegen auf Grund des Schutzzwecks der Regelung *Altenburg/Reufels/Leister* NZA 2006, 71 ff.). Trotz erfolgloser Kündigungsschutzklage kann ein Abfindungsanspruch jedenfalls nicht gegeben sein (*BAG* 13.12.2007 EzA § 1a KSchG Nr. 5; s. a. *Ulrici/Mohnke* NZA 2006, 77 ff.).

## 2. Änderungskündigung

2744 § 1a KSchG ist auch auf eine aus dringenden betrieblichen Gründen ausgesprochene **Änderungskündigung anwendbar**, soweit diese wegen Nichtannahme oder vorbehaltloser Ablehnung des Änderungsangebots zur Beendigung des Arbeitsverhältnisses führt. Denn eine Änderungskündigung enthält immer **auch eine Beendigungskündigung**. Ab Zugang der Kündigung hat es ausschließlich der Arbeitnehmer in der Hand, diese Änderungskündigung durch Nichtannahme der geänderten Arbeitsbedingungen zu einer Beendigungskündigung werden zu lassen und durch das Verstreichenlassen der Frist des § 4 S. 1 KSchG die Voraussetzungen für das Entstehen des Abfindungsanspruchs zu schaffen (Diese Regelung setzt keinen generellen unabdingbaren Mindestabfindungsanspruch bei Ausspruch betriebsbedingter Kündigungen fest. Die Arbeitsvertragsparteien bleiben auch bei betriebsbedingten Kündigungen frei, eine geringere oder höhere als die vom Gesetz vorgesehene Abfindung zu vereinbaren (*BAG* 13.12.2007 EzA § 1a KSchG Nr. 3).

2745 **Kein Fall** des § 1a KSchG ist es dagegen, wenn der Arbeitnehmer die **vorbehaltlose Annahme** der geänderten Vertragsbedingungen erklärt. Denn in diesem Fall kommt es nicht zu einer Beendigung des Arbeitsverhältnisses (*BAG* 13.12.2007 EzA § 1a KSchG Nr. 3).

## J. Kündigung in der Insolvenz

### I. Altes Recht (bis 31.12.1998)

2746 Siehe hierzu ausführlich die Ausführungen in der 2. Auflage unter Rn. 1245 ff., 2149 f.

2747, (derzeit unbesetzt)
2748

### II. Insolvenzordnung (ab 1.1.1999)

2749 Mit Wirkung zum 1.1.1999 sind VglO, KO und GesVVO aufgehoben und durch die InsO ersetzt worden. **Neben den §§ 113 ff. InsO gelten die allgemeinen Bestimmungen, z. B. § 102 BetrVG.** Zu beachten ist insoweit, dass es dann, wenn der Betrieb auf Grund des durch den vorläufigen Insolvenzverwalter erstellten Gutachtens stillgelegt werden soll, für die ordnungsgemäße Anhörung des Betriebsrats ausreicht, wenn sie zu der für die Zeit nach der Insolvenzeröffnung vorgesehenen Kündigung schon durch den Geschäftsführer der Schuldnerin und den vorläufigen Insolvenzverwalter erfolgt, sofern dieser auch zum endgültigen Insolvenzverwalter bestellt wird (*BAG* 22.9.2005 EzA § 113 InsO Nr. 18).

2750 **Anwendbar ist auch § 1 KSchG** (modifiziert durch § 125 InsO, *BAG* 17.11.2005 EzA § 1 KSchG Soziale Auswahl Nr. 63), § 15 KSchG, so dass Betriebsratsmitglieder z. B. nicht in die Sozialauswahl einzubeziehen sind (*BAG* 17.11.2005 EzA § 1 KSchG Soziale Auswahl Nr. 63; *Leuchten* NZA 2007, 585 ff.). Kündigt ein **vorläufiger Insolvenzverwalter** mit Verwaltungs- und Verfügungsbefugnis (sog. starker Insolvenzverwalter) die Arbeitsverhältnisse der bei der Insolvenzschuldnerin beschäftigten Arbeitnehmer wegen der geplanten Unternehmensstilllegung, so sind die Kündigungen nicht deshalb unwirksam, weil die Zustimmung des Insolvenzgerichts zur Unternehmensstilllegung (§ 22 Abs. 1 S. 2 Nr. 2 InsO) im Zeitpunkt des Zugangs der Kündigungen nicht vorliegt. Zwar hat der Insolvenzverwalter damit seine Befugnisse überschritten; die Kündigungen verstoßen aber nicht offensichtlich gegen den Insolvenzzweck oder gegen den Zweck der vorläufigen Insolvenzverwaltung; ggf. haftet der vorläufige »starke« Insolvenzverwalter wegen Verletzung seiner Pflichten gem. § 60 InsO (*BAG* 27.10.2005 EzA § 22 InsO Nr. 1).

## J. Kündigung in der Insolvenz                                            Kapitel 4

### 1. Kündigungsfrist

Gem. § 113 InsO kann ein Arbeiterverhältnis vom Insolvenzverwalter (nicht dagegen vom vorläu- 2751
figen Insolvenzverwalter mit Verwaltungs- und Verfügungsbefugnis gem. § 22 Abs. 1 InsO: *BAG*
20.1.2005 EzA § 113 InsO Nr. 15) und vom Arbeitnehmer ohne Rücksicht auf die verbleibende
Vertragsdauer oder einen vereinbarten Ausschluss des Rechts zur ordentlichen Kündigung gekündigt werden. Die Kündigungsfrist beträgt drei Monate zum Monatsende, wenn nicht eine kürzere
Frist maßgeblich ist. Kündigt der Verwalter, so kann der andere Teil wegen der vorzeitigen Beendigung des Dienstverhältnisses als Insolvenzgläubiger Schadensersatz verlangen. Damit ist die Frage, inwiefern verlängerte tarifliche Kündigungsfristen und Unkündbarkeitsvereinbarungen im
Konkurs nach der aufgehobenen KO Bestand haben, erledigt; die **Dreimonatsfrist** gilt – auch
für die Änderungskündigung – **als Spezialregelung für den Insolvenzfall**. Tarifvertragliche, gesetzliche oder einzelvertragliche Kündigungsfristen gelten nur, wenn sie kürzer als die Dreimonatsfrist sind (*BAG* 19.1.2000 EzA § 113 InsO Nr. 10 für den Ausschluss der ordentlichen
Kündigung).

§ 22 KO ist vollständig durch § 113 InsO ersetzt worden ist. Im Verhältnis zwischen den Par- 2752
teien gilt die vertraglich vereinbarte Frist bis zur Höchstfrist des § 113 InsO. Diese Frist verdrängt
auch eine **längere tarifvertragliche Kündigungsfrist** (*BAG* 3.12.1998 EzA § 113 InsO Nr. 6;
16.6.1999 EzA § 113 InsO Nr. 9; *LAG SchlH* 28.4.2004 NZA-RR 2004, 546), ebenso **Unkündbarkeitsklauseln in Betriebsvereinbarungen** (*BAG* 22.9.2005 EzA § 113 InsO Nr. 18) oder **Tarifverträgen** (*BAG* 16.6.2005 EzA § 1 KSchG Betriebsbedingte Kündigung Nr. 137). Auch
§ 323 UmwG steht der Kündigung wegen insolvenzbedingter Stilllegung eines abgespaltenen Unternehmens nicht entgegen (*BAG* 22.9.2005 EzA § 113 InsO Nr. 18). Auch für ein **befristetes
Arbeitsverhältnis** gilt nichts anderes; der Insolvenzverwalter kann es gem. § 113 InsO wirksam
kündigen, selbst wenn eine Kündigungsmöglichkeit (Arbeitsphase eines Altersteilzeitarbeitnehmers) weder vertraglich noch tarifvertraglich vorgesehen ist (*BAG* 16.6.2005 EzA § 1 KSchG Betriebsbedingte Kündigung Nr. 137). Ist ein Arbeitsverhältnis im Zeitpunkt der Kündigung durch
den Insolvenzverwalter ohne ordentliche Kündigungsmöglichkeit noch für zumindest weitere
drei Monate befristet, so gilt die gesetzliche Höchst-Kündigungsfrist von drei Monaten. Sie
wird durch eine kürzere gesetzliche Kündigungsfrist verdrängt, die für das Arbeitsverhältnis
auch vor Eröffnung des Insolvenzverfahrens nicht maßgeblich ist (*BAG* 6.7.2000 EzA § 113
InsO Nr. 11). Der Insolvenzverwalter kann ein Arbeitsverhältnis auch dann mit der kurzen Kündigungsfrist des § 113 Abs. 1 S. 2 InsO kündigen, wenn er zuvor als **vorläufiger Insolvenzverwalter** unter Einhaltung der ordentlichen Kündigungsfrist zu einem **späteren Zeitpunkt gekündigt**
hat. Eine unzulässige Wiederholung der ersten Kündigung ist darin nicht zu sehen (*BAG*
13.5.2004 EzA § 102 BetrVG 2001 Nr. 7). Denn der Insolvenzverwalter stützt die neue Kündigung vielmehr auf die Insolvenzeröffnung und das dadurch ausgelöste Sonderkündigungsrecht
und damit auf weitere, neue Tatsachen, die den bisherigen Kündigungssachverhalt verändert haben (*BAG* 22.5.2003 EzA § 113 InsO Nr. 12).

§ 113 InsO enthält nur Regelungen zur Kündigung an sich und der dabei zu wahrenden Kündi- 2753
gungsfrist für das Insolvenzverfahren. Der allgemeine Kündigungsschutz und sonderkündigungsschutzrechtliche Bestimmungen bleiben davon unberührt (*LAG BW* 9.11.1998 LAGE § 113 InsO
Nr. 6). Andererseits erfasst § 113 InsO auch tarifliche Kündigungserschwerungen, die die Zulässigkeit einer ordentlichen Kündigung gegenüber ansonsten »unkündbaren« Arbeitnehmern an die Zahlung einer Sozialplanabfindung knüpfen (*LAG Hamm* 26.11.1998 BB 1999, 1333 LS).

### 2. Klagefrist; Insolvenzverwalter als Partei

Will ein Arbeitnehmer geltend machen, dass die Kündigung seines Arbeitsverhältnisses durch den 2754
Insolvenzverwalter unwirksam ist, so muss er **auch dann** innerhalb von drei Wochen nach Zugang
der Kündigung Klage beim Arbeitsgericht erheben, **wenn er sich für die Unwirksamkeit der Kündigung auf andere als die in § 1 Abs. 2 und 3 KSchG bezeichneten Gründe** – insbes. die sog. sons-

tigen Unwirksamkeitsgründe (Verstoß gegen § 102 BetrVG, § 613a Abs. 4 BGB usw.; *LAG Düsseld.* 29.6.2000 NZA-RR 2001, 413) – beruft. § 4 und § 5 KSchG gelten entsprechend.

**2755** Eine Kündigungsschutzklage nach der Insolvenzeröffnung gegen eine Kündigung des Insolvenzverwalters ist gegen diesen als Partei kraft Amtes zu richten. Eine Klage gegen die Schuldnerin macht den Insolvenzverwalter dann nicht zur Partei und wahrt deshalb nicht die Klagefrist nach § 4 KSchG (*BAG* 21.9.2006 EzA § 4 KSchG n. F. Nr. 75; *LAG Köln* 17.8.2005 – 3 (8) Sa 486/05, EzA-SD 6/06 S. 16 LS). Ist ausweislich des Rubrums der Klageschrift anstatt des Insolvenzverwalters die Schuldnerin verklagt, ist jedoch stets zu prüfen, ob eine Berichtigung des Rubrums möglich ist. Ergibt sich aus dem Inhalt der Klageschrift, etwa dem beigefügten Schreiben des Insolvenzverwalters, dass sich die Klage in Wahrheit gegen den Insolvenzverwalter richten soll, so ist die irrtümlich falsche Parteibezeichnung zu berichtigen (*BAG* 17.1.2002 EzA § 4 KSchG n. F. Nr. 62; 27.3.2003 EzA § 113 InsO Nr. 13; a. A. *ArbG Bln.* 6.8.2003 NZA-RR 2004, 366). Enthält die Klageschrift dagegen **keinen Hinweis auf ein eröffnetes Insolvenzverfahren** und die Bestellung des Insolvenzverwalters und wird vielmehr die Schuldnerin eindeutig als Beklagte bezeichnet, kann die Klageschrift nur dahin aufgefasst und ausgelegt werden, dass sich die Klage allein gegen die Schuldnerin richten soll (*BAG* 21.9.2006 EzA § 4 KSchG n. F. Nr. 75).

### 3. Interessenausgleich mit namentlicher Bezeichnung der zu kündigenden Arbeitnehmer

**2756** Ist eine Betriebsänderung (§ 111 BetrVG) geplant und kommt zwischen Insolvenzverwalter (nicht aber dem Schuldner, vgl. *LAG Hamm* 22.5.2002 NZA-RR 2003, 378) und Betriebsrat ein Interessenausgleich zustande, in dem die Arbeitnehmer, denen gekündigt werden soll, namentlich bezeichnet sind, so gelten Besonderheiten. Zu beachten ist, dass den Insolvenzverwalter **keine Pflicht trifft, mit dem Betriebsrat einen Interessenausgleich mit Namensliste abzuschließen**. Kommt ein solcher Interessenausgleich nicht zustande, dann verbleibt es für die Überprüfbarkeit ausgesprochener Kündigungen des Insolvenzverwalters bei den allgemeinen Regelungen und Grundsätzen des KSchG, insbes. bei der Darlegungs- und Beweislast (*LAG Hamm* 1.4.2004 LAG Report 2005, 21).

**2757** Da § 125 Abs. 1 S. 1 InsO voraussetzt, dass es sich um eine Betriebsänderung i. S. d. § 111 BetrVG handelt, kommt es zunächst darauf an, inwieweit eine Stilllegung des Betriebs oder eine Betriebsveräußerung geplant waren (*BAG* 16.5.2002 EzA § 613a BGB Nr. 210; 26.4.2007 EzA § 125 InsO Nr. 6). Für den insoweit vom Insolvenzverwalter zu erbringenden Nachweis einer geplanten Betriebsstilllegung reichen u. U. die Kündigung aller Arbeitnehmer und der Entschluss zu einer sog. Ausproduktion nicht aus, wenn es kurze Zeit – z. B. ca. einen Monat – nach dem Abbruch von Verhandlungen über eine Betriebsveräußerung mit demselben Interessenten doch noch zu einem Betriebsübergang nach § 613a Abs. 1 S. 1 BGB kommt (*LAG Düsseld.* 23.1.2003 LAGE § 125 InsO Nr. 3; a. A. *Sächs. LAG* 14.12.2005 LAGE § 125 InsO Nr. 9). Als Besonderheit ist, wenn die gesetzlichen Anwendungsvoraussetzungen gegeben sind, dann insbes. § 125 InsO, der als speziellere Norm dem allgemeinen Kündigungsschutzrecht nach § 1 Abs. 5 KSchG vorgeht (*BAG* 15.12.2011 EzA § 613a BGB 2002 Nr. 132) – dies gilt auch bei Änderungskündigungen – wie folgt anzuwenden (*LAG Hamm* 4.6.2002 NZA-RR 2003, 293; *LAG Nds.* 12.4.2002 NZA-RR 2002, 517):

1. es wird vermutet, dass die Kündigung der Arbeitsverhältnisse der bezeichneten Arbeitnehmer durch dringende betriebliche Erfordernisse, die einer Weiterbeschäftigung in diesem Betrieb oder einer Weiterbeschäftigung zu unveränderten Arbeitsbedingungen entgegenstehen, bedingt ist (*BAG* 26.4.2007 – 8 AZR 695/05, FA 2007, 189 LS);
2. die soziale Auswahl der Arbeitnehmer kann nur im Hinblick auf die Dauer der Betriebszugehörigkeit, das Lebensalter und die Unterhaltspflichten und auch insoweit nur auf grobe Fehlerhaftigkeit nachgeprüft werden (*BAG* 22.9.2005 EzA § 113 InsO Nr. 18); dazu gehört auch die Bestimmung des auswahlrelevanten Personenkreises **und die Bildung der auswahlrelevanten Gruppen** (*BAG* 28.8.2003 EzA § 125 InsO Nr. 1; *LAG Köln* 25.2.2005 NZA-RR 2005, 470; 2.5.2005 LAGE § 1 KSchG Soziale Auswahl Nr. 49);

## J. Kündigung in der Insolvenz  Kapitel 4

3. Ist dagegen ein **Betriebsübergang nicht festzustellen**, wird der Betrieb auch nicht fortgeführt, so ist die daraufhin erfolgte Kündigung wegen einer Betriebsstilllegung **sozial gerechtfertigt** (*BAG* 26.4.2007 – 8 AZR 695/05, NZA 2008, 72 LS).

Hinsichtlich der Sozialauswahl ist bei der Stilllegung eines abgespalteten Unternehmens in der Insolvenz **nicht auf die Verhältnisse vor Wirksamwerden der Spaltung** abzustellen; von einer im abgespaltenen Unternehmen getroffenen Unternehmerentscheidung werden die Arbeitnehmer in den übrigen Unternehmen nicht erfasst, wenn im Zeitpunkt der Kündigung **kein Gemeinschaftsbetrieb mehr besteht**. Es bedarf dann keiner unternehmensübergreifenden Sozialauswahl (*BAG* 22.9.2005 EzA § 113 InsO Nr. 18). Auch für die Herausnahme von Arbeitnehmern aus einer Vergleichsgruppe erfolgt nur eine eingeschränkte Überprüfung jedenfalls insoweit, als dies gem. § 125 Abs. 1 S. 1 InsO dem Erhalt oder der Schaffung einer ausgewogenen Personalstruktur dient (*BAG* 28.8.2003 EzA § 125 InsO Nr. 1); die Sozialauswahl ist nicht als grob fehlerhaft anzusetzen, wenn eine ausgewogene Personalstruktur erhalten oder geschaffen wird. Der Begriff der Personalstruktur i. S. d. § 125 InsO ist nicht mit dem der Altersstruktur gleichzusetzen; er ist in einem umfassenderen Sinn zu verstehen (*BAG* 28.8.2003 EzA § 125 InsO Nr. 1). Der Wortlaut der gesetzlichen Regelung spricht dafür, dass die **Überprüfung des Rechtsbegriffs der »ausgewogenen Personalstruktur«** sich nicht auf grobe Fehlerhaftigkeit beschränkt, sondern **in vollem Umfang** zu erfolgen hat. Deshalb hat der Insolvenzverwalter bei einer Kündigung in der Insolvenz, die nach Abschluss eines Interessenausgleichs mit Namensliste ausgesprochen wird, wenn er sich auf die Erhaltung oder Herstellung einer ausgewogenen Personalstruktur beruft, darzulegen, **wie die Personalstruktur beschaffen** ist und **welche Struktur erreicht werden soll**. Es reicht nicht aus, sich auf den Interessenausgleich zu berufen, denn dieser begründet insoweit keine Vermutung der Richtigkeit (*LAG SchlH* 9.11.2004 NZA-RR 2005, 545). 2758

(derzeit unbesetzt) 2759

§ 125 InsO dient der Sanierung insolventer Unternehmen. Gerade im Insolvenzfall besteht oft ein Bedürfnis nach einer zügigen Durchführung einer Betriebsänderung und eines größeren Personalabbaus. Die Regelungen des § 125 InsO wollen eine erfolgreiche Sanierung insolventer Unternehmen fördern und im Insolvenzfall zusätzliche Kündigungserleichterungen schaffen. Deshalb gebieten Sinn und Zweck der gesetzlichen Regelung eine weite Anwendung des eingeschränkten Prüfungsmaßstabs bei der Sozialauswahl (*BAG* 28.8.2003 EzA § 125 InsO Nr. 1). 2760

Um die Vermutungswirkung des § 125 Abs. 1 S. 1 InsO zu widerlegen, muss ein **substantiierter Tatsachenvortrag** erfolgen, der den gesetzlich vermuteten Umstand ausschließt und nicht nur in Zweifel zieht (*BAG* 26.4.2007 EzA § 125 InsO Nr. 6). 2761

Grobe Fehlerhaftigkeit einer Sozialauswahl i. S. d. § 125 InsO liegt dann vor, wenn einem Arbeitnehmer gekündigt wird, der ein dreißig Jahre höheres Lebensalter und eine zwanzig Jahre längere Betriebszugehörigkeit aufweist als ein Mitarbeiter, der einem minderjährigen Lind gegenüber zum Unterhalt verpflichtet ist (*BAG* 21.7.2005 EzA § 125 InsO Nr. 2). Es ist dagegen nicht als grob fehlerhaft anzusehen, wenn Betriebsrat und Insolvenzverwalter bei einem Interessenausgleich, in dem die zu kündigenden Arbeitnehmer namentlich bezeichnet sind, ein sozial weniger schutzwürdiges Betriebsratsmitglied nicht in den auswahlrelevanten Personenkreis einbezogen haben. Gleiches gilt, wenn Insolvenzverwalter und Betriebsrat die Sozialauswahl bei einem Einzelhandelsunternehmen für Arbeitnehmer ohne einschlägige kaufmännische Ausbildung auf Grund einer generalisierenden Betrachtungsweise auf die Beschäftigten in der jeweiligen Abteilung beschränken, während bei Arbeitnehmern mit einschlägiger kaufmännischer Ausbildung alle Arbeitnehmer des Betriebs mit einer vergleichbaren Tätigkeit einbezogen werden (*LAG Nds.* 12.4.2002 NZA-RR 2002, 517). Denn gerade der Qualifikation der Mitarbeiter kommt für ihre Tätigkeit eine wesentliche Bedeutung zu. Zwar ist die soziale Auswahl grds. betriebsbezogen, d. h. abteilungsübergreifend, durchzuführen. Dennoch muss die Beschränkung auf nicht einschlägig kaufmännisch ausgebildete Mitarbeiter auf »ihre Abteilung« nicht grob fehlerhaft sein, wenn sie – wie im konkret entschiedenen Einzelfall – der Erhaltung und Schaffung einer ausgewogenen Per- 2762 sonalstruktur i. S. d. § 125 InsO dient (*BAG* 28.8.2003 EzA § 125 InsO Nr. 1; s. dazu *Pakirnus* DB 2006, 2742 ff.). Auch die **Gruppenbildung bei Qualifikationsunterschieden** auf Grund interner Schulungen und vielseitigerer Verwendbarkeit, das sind sachliche und nachvollziehbare Gründe, ist nicht grob fehlerhaft (*LAG Hamm* 12.11.2003 LAG Report 2004, 243). Gleiches gilt, wenn die vorgenommene Gruppenbildung beabsichtigt, dass eine **Umsetzung, Neuschulung und Neueinarbeitung weitgehend vermieden** wird. Folglich sind z. B. Mitarbeiter, die in der Vergangenheit eine Maschine nie bedient haben, nicht mit Mitarbeitern vergleichbar, die schon an dieser Maschine gearbeitet haben (*LAG Köln* 2.5.2005 LAGE § 1 KSchG Soziale Auswahl Nr. 49). Nicht grob fehlerhaft ist es auch, wenn die Betriebsparteien die Sozialauswahl auf **einen der Geschäftsbereiche beschränken, weil dort die Arbeitnehmer anderer Geschäftsbereiche nicht ohne Einarbeitungszeit beschäftigt werden können** (*BAG* 17.11.2005 EzA § 125 InsO Nr. 3 m. Anm. *Adam* SAE 2006, 240). Allerdings hat das *BAG* (17.11.2005 EzA § 125 InsO Nr. 3) **offen gelassen**, ob an diesem Grundsatz auch für einen Interessenausgleich mit Namensliste festzuhalten ist, der erst nach der Veröffentlichung des Urteils des BAG vom 8.10.2004 (EzA § 1 KSchG Soziale Auswahl Nr. 56) vereinbart wurde; nach dieser Entscheidung hat **auch in der Insolvenz grds. eine auf den gesamten Betrieb bezogene Sozialauswahl zu erfolgen**.

Ebenso wenig ist es als grob fehlerhaft anzusehen, wenn ein sozial weniger schutzwürdiges **Betriebsratsmitglied** nicht in den auswahlrelevanten Personenkreis einbezogen worden ist. Denn dagegen spricht bereits die gesetzliche Übernahmeverpflichtung gem. § 15 Abs. 5 S. 1 KSchG (*LAG Hamm* 23.9.2004 – 4 Sa 1600/03, EzA-SD 9/05, S. 13 LS).

Demgegenüber ist es als **grob fehlerhaft** anzusehen, wenn die Betriebsparteien
- den auswahlrelevanten Personenkreis der austauschbaren und damit vergleichbaren Arbeitnehmer **willkürlich bestimmt** oder nach unsachlichen Gesichtspunkten eingegrenzt haben,
- **unsystematische Altersgruppen** mit wechselnden Zeitsprüngen (bspw. in 12er, 8er und 10 Jahresschritten) gebildet haben,
- eines der drei sozialen **Grundkriterien überhaupt nicht berücksichtigt** oder zusätzlichen Auswahlkriterien eine überhöhte Bedeutung beigemessen haben,
- die der Auswahl nach sozialen Gesichtspunkten entgegenstehenden Gründe nicht nach sachlichen Gesichtspunkten konkretisiert haben (*LAG Hamm* 5.6.2003 LAGE § 125 InsO Nr. 4). Jedenfalls enthält § 125 Abs. 1 Nr. 2 2. Hs. InsO keine Fiktion oder unwiderlegliche Vermutung, sondern erweitert allenfalls den Kreis der Berechtigten betrieblichen Belange i. S. d. § 1 Abs. 3 S. 2 KSchG. Dementsprechend genügt der Arbeitgeber der auch im Insolvenzfall geltenden Verpflichtung gem. § 1 Abs. 3 S. 1 2. Hs. KSchG, dem Arbeitnehmer auf Verlangen die von ihm getroffene Sozialauswahl mitzuteilen, nicht schon dadurch, dass er im Kündigungsschutzprozess die Bildung von Altersgruppen und die Anzahl der in den einzelnen Altersgruppen vor und nach der Betriebsänderung erfassten Arbeitnehmer gegenüberstellt. Allein die objektive Ausgewogenheit der vorgetragenen Altersstruktur macht den Vortrag nicht entbehrlich, nach welchen Gesichtspunkten die Auswahl innerhalb der gebildeten Altersgruppen erfolgt ist. Ohne entsprechende Angaben ist eine Überprüfung auf »grobe Fehlerhaftigkeit« nicht möglich (*LAG Hamm* 28.5.1998 LAGE § 125 InsO Nr. 1, 2). Insoweit ist es nicht als grob fehlerhaft anzusehen, wenn eine **ausgewogene Personalstruktur** nicht nur erhalten, sondern auch wenn sie **erst geschaffen wurde**. Dabei geht es nicht um den Ausschluss oder um die Herausnahme einzelner Arbeitnehmer aus der Sozialauswahl, sondern darum, dass die soziale Auswahl von vornherein nur innerhalb von abstrakten Altersgruppen vorgenommen wird. Bei der Bildung von Altersgruppen wird eine bestimmte Staffelung durch das Gesetz nicht vorgeschrieben. Die Betriebsparteien sind daher hinsichtlich der Anzahl der zu bildenden Altersgruppen frei (Dreier-, Vierer- oder Fünfereinteilung). Für die einzelnen auswahlrelevanten Personenkreise können unterschiedliche Altersgruppeneinteilungen vorgenommen werden (*LAG Hamm* 5.6.2003 LAGE § 125 InsO Nr. 4).

Grob fehlerhaft ist die Sozialauswahl auch dann, wenn von **Auswahlrichtlinien** nach § 95 Abs. 1 S. 1 BetrVG **vorsätzlich abgewichen** wird, auch wenn die Abweichung nur »marginal« ist (*LAG Hamm* 6.4.2011 LAGE § 102 BetrVG 2001 Nr. 13; 4.5.2011 LAGE § 125 InsO Nr. 14). 2762a

§ 125 Abs. 1 S. 1 InsO gilt nicht, soweit sich die Sachlage nach Zustandekommen des Interessenausgleichs **wesentlich geändert** hat (vgl. dazu *LAG Hamm* 25.11.2004 LAGE § 125 InsO Nr. 5). Gemeint ist damit eine Änderung der Geschäftsgrundlage. »Wesentlich« ist eine Änderung der Sachlage dann, **wenn nicht ernsthaft bezweifelt werden kann, dass beide Betriebsparteien oder eine von ihnen den Interessenausgleich in Kenntnis der späteren Änderung nicht oder mit anderem Inhalt geschlossen hätten** (*LAG Hamm* 25.11.2004 LAGE § 125 InsO Nr. 5). Das kann z. B. dann der Fall sein, wenn ein Interessenausgleich im Hinblick auf eine Betriebsstilllegung vereinbart wurde, nach Ausspruch der Kündigung aber ein Erwerber den Betrieb übernimmt (*Schrader* NZA 1997, 75). Eine wesentliche Änderung in diesem Sinne ist nur dann gegeben, wenn die maßgeblichen Umstände **zwischen dem Abschluss des Interessenausgleichs und dem Zugang der auf dem Interessenausgleich beruhenden Kündigungserklärungen eintreten** (*LAG Hamm* 25.11.2004 LAGE § 125 InsO Nr. 5). 2763

Der Interessenausgleich nach Abs. 1 ersetzt gem. § 125 Abs. 2 InsO die Stellungnahme des Betriebsrat nach § 17 Abs. 3 S. 2 KSchG. Ein Interessenausgleich mit Namensliste ist i. S. d. § 125 Abs. 2 InsO bereits **zustande gekommen**, wenn sich die Betriebsparteien lediglich **geeinigt haben** und der Betriebsrat dies durch die Unterschrift eines vertretungsberechtigten Mitglieds unter den Interessenausgleich dokumentiert hat. Dass der Interessenausgleich bereits der gesetzlichen Schriftform des § 112 Abs. 1 S. 1 BetrVG genügt, ist für die Ersetzungswirkung des § 125 Abs. 2 InsO nicht erforderlich (*BAG* 18.1.2012 EzA § 6 KSchG Nr. 4). Die Anhörung gem. § 102 BetrVG wird dadurch aber nicht entbehrlich; sie unterliegt auch grds. **keinen erleichterten Anforderungen** (*BAG* 21.7.2005 EzA § 125 InsO Nr. 2; 28.8.2003 EzA § 102 BetrVG 2001 Nr. 4; *LAG Hamm* 6.4.2011 LAGE § 102 BetrVG 2001 Nr. 13). Eines gesonderten Anhörungsverfahrens bedarf es allerdings dann nicht, wenn in dem Interessenausgleich mit Namensliste zum Ausdruck gebracht ist, dass der Insolvenzverwalter gleichzeitig das Anhörungsverfahren bezüglich der in der Namensliste aufgeführten Arbeitnehmer eingeleitet und der Betriebsrat bezüglich dieser Arbeitnehmer eine abschließende Stellungnahme abgegeben hat (*LAG Düsseld.* 23.1.2003 LAGE § 125 InsO Nr. 3; *LAG Hamm* 1.4.2004 – 4 Sa 1340/03, EzA-SD 12/04 S. 16 LS); möglich ist folglich auch eine Verbindung der Anhörung nach § 102 BetrVG mit den Verhandlungen über den Interessenausgleich (*BAG* 21.7.2005 EzA § 125 InsO Nr. 2). **Erklärt der Betriebsrat** im Rahmen eines Interessenausgleichs, **rechtzeitig und umfassend über die anzeigepflichtigen Entlassungen** unterrichtet worden zu sein, genügt dies zum Nachweis der Erfüllung der Konsultationspflicht aus § 17 Abs. 2 S. 1 KSchG noch nicht. Allerdings kann der Arbeitgeber seine Pflichten gegenüber dem Betriebsrat aus § 111 BetrVG, § 17 Abs. 2 S. 1 KSchG und § 102 Abs. 1 BetrVG, soweit sie übereinstimmen, **gleichzeitig erfüllen**. Dabei ist hinreichend klarzustellen, **dass und welche Verfahren gleichzeitig durchgeführt werden sollen**. Soweit die Vorlage des Interessenausgleichs mit Namensliste nach § 125 Abs. 2 InsO die Stellungnahme des Betriebsrats gegenüber der Agentur für Arbeit ersetzt, macht sie die schriftliche Unterrichtung des Betriebsrats nach § 17 Abs. 2 S. 1 KSchG allerdings nicht entbehrlich (*BAG* 18.1.2012 EzA § 6 KSchG Nr. 4). 2764

(derzeit unbesetzt) 2765

Der Arbeitnehmer trägt im Kündigungsschutzprozess bei Vorhandensein eines Interessenausgleichs mit Namensliste nach § 1 Abs. 5 KSchG die Darlegungs- und Beweislast dafür, dass der Betriebsratsvorsitzende ohne einen entsprechenden Betriebsratsbeschluss die Betriebsvereinbarung nach § 112 Abs. 1 S. 1 BetrVG vereinbart und unterzeichnet hat (*BAG* 21.2.2002 EzA § 1 KSchG Interessenausgleich Nr. 10). 2766

Wird die Namensliste getrennt vom Interessenausgleich erstellt, reicht es aus, wenn sie von den Betriebsparteien unterzeichnet und in ihr auf den Interessenausgleich oder im Interessenausgleich auf sie Bezug genommen worden ist (*BAG* 21.2.2002 EzA § 1 KSchG Interessenausgleich Nr. 10). 2767

## 4. Vorabverfahren zur Kündigung von Arbeitnehmern

### a) Grundlagen

**2768** Hat der Betrieb keinen Betriebsrat oder kommt aus anderen Gründen innerhalb von drei Wochen nach Verhandlungsbeginn oder schriftlicher Aufforderung zur Aufnahme von Verhandlungen ein Interessenausgleich nach § 125 Abs. 1 InsO nicht zustande, obwohl der Verwalter den Betriebsrat rechtzeitig und umfassend unterrichtet hat, so kann der Insolvenzverwalter gem. § 126 InsO (s. dazu *Rieble* NZA 2007, 1393 ff.) beim Arbeitsgericht beantragen festzustellen, dass die Kündigung der Arbeitsverhältnisse bestimmter, im Antrag bezeichneter Arbeitnehmer durch dringende betriebliche Erfordernisse bedingt und sozial gerechtfertigt ist. Die soziale Auswahl der Arbeitnehmer kann nur im Hinblick auf die Dauer der Betriebszugehörigkeit, das Lebensalter und die Unterhaltspflichten nachgeprüft werden (vgl. dazu *Müller* NZA 1998, 1316 ff.). Haben die Betriebspartner einen Interessenausgleich nach § 125 InsO abgeschlossen, so ist ein **späteres Beschlussverfahren** zum Kündigungsschutz nach § 126 InsO **gleichwohl zulässig**, wenn wegen einer weiteren Betriebsänderung ein Interessenausgleich nicht zustande kommt (*BAG* 20.1.2000 EzA § 126 InsO Nr. 1). Gleiches gilt, wenn die Kündigung der im Antrag bezeichneten Arbeitnehmer schon vor Einleitung des Verfahrens erfolgt ist (*BAG* 29.6.2000 EzA § 126 InsO Nr. 2 m. Anm. *Bittner* SAE 2002, 64).

### b) Verfahrensvorschriften

**2769** Die Vorschriften des Arbeitsgerichtsgesetzes über das Beschlussverfahren gelten entsprechend; Beteiligte sind der Insolvenzverwalter, der Betriebsrat und die bezeichneten Arbeitnehmer, soweit sie nicht mit der Beendigung des Arbeitsverhältnisses oder mit den geänderten Arbeitsbedingungen einverstanden sind. Die gerichtliche Prüfung im Beschwerdeverfahren erstreckt sich auch auf die **Kündigungsbefugnis** des vorläufigen Insolvenzverwalters (*BAG* 29.6.2000 EzA § 126 InsO Nr. 2). Kündigt folglich ein vorläufiger Insolvenzverwalter mit Verwaltungs- und Verfügungsbefugnis wegen geplanter Betriebsstilllegung, ist die Kündigung unwirksam, wenn die Zustimmung des Insolvenzgerichts zur Betriebsstilllegung gem. § 22 Abs. 2 Nr. 2 InsO nicht im Zeitpunkt des Kündigungszugangs vorliegt (*Hess. LAG* 1.11.2004 LAGE § 22 InsO Nr. 2; *LAG Düsseld.* 8.5.2003 LAGE § 22 InsO Nr. 1). § 122 Abs. 2 S. 3, Abs. 3 InsO gilt entsprechend (zum Verfahren vgl. *Lakies* RdA 1997, 152 ff.; *Müller* NZA 1998, 1316 ff.), d. h. dass insbes. kein Beschwerdeverfahren zum LAG vorgesehen ist, ebenso wenig eine Nichtzulassungsbeschwerde (*BAG* 24.8.2001 – 2 ABN 20/01). Das BAG kann entsprechend § 565 Abs. 1 S. 2 ZPO an eine andere Kammer des Arbeitsgerichts zurückverweisen; eine Zurückverweisung an das LAG ist ausgeschlossen (*BAG* 20.1.2000 EzA § 126 InsO Nr. 1).

### c) Kosten

**2770** Für die Kosten, die den Beteiligten im Verfahren des ersten Rechtszugs entstehen, gilt § 12a Abs. 1 S. 1 und 2 ArbGG entsprechend. Im Verfahren vor dem Bundesarbeitsgericht gelten die Vorschriften der Zivilprozessordnung über die Erstattung der Kosten des Rechtsstreits entsprechend.

### d) Bindungswirkung der Entscheidung

**2771** Kündigt der Insolvenzverwalter einem Arbeitnehmer, der in dem Antrag nach § 126 Abs. 1 InsO bezeichnet ist, und erhebt der Arbeitnehmer Klage auf Feststellung, dass das Arbeitsverhältnis durch die Kündigung nicht aufgelöst oder die Änderung der Arbeitsbedingungen sozial ungerechtfertigt ist, so ist die rechtskräftige Entscheidung im Verfahren nach § 126 InsO für die Parteien gem. § 127 InsO bindend. Dies gilt nicht, soweit sich die Sachlage nach dem Schluss der letzten mündlichen Verhandlung wesentlich geändert hat.

**2772–2774** (derzeit unbesetzt)

## K. Besonderheiten bei Massenentlassungen

### I. Allgemeines

Bei »Massenentlassungen« bzw. »Anzeigepflichtigen Entlassungen« sind Besonderheiten zu berücksichtigen. Neben den allgemeinen kündigungs- und betriebsverfassungsrechtlichen Vorschriften, die bei Massenentlassungen uneingeschränkt anwendbar bleiben, sind insbes. die gesetzlichen Vorgaben der §§ 17–22 KSchG zu beachten. Regelungsziel der §§ 17 ff. KSchG ist, den Dienststellen der Bundesagentur für Arbeit zu ermöglichen, rechtzeitig Maßnahmen zur Vermeidung oder Verzögerung umfangreicher Arbeitslosigkeit einzuleiten und für eine anderweitige Beschäftigung der entlassenen Arbeitnehmer zu sorgen (ErfK/*Kiel* § 17 KSchG Rn. 2).   2775

Trotz dieser primär arbeitsmarktbezogenen Zielsetzung haben die gesetzlichen Vorgaben zur Durchführung von Massenentlassungen vor allem auch kündigungsschutzrechtliche Auswirkungen, da ihre Nichtbeachtung zur Unwirksamkeit der Kündigungen führen kann. Die §§ 17–22 KSchG begründen für den Arbeitgeber Pflichten, die er für die erfolgreiche Durchführung der Entlassungen einhalten muss. Von besonderer praktischer Bedeutung sind dabei die Melde- und Anzeigepflichten gegenüber der Agentur für Arbeit und die besonderen Beteiligungs- bzw. Konsultationspflichten des Arbeitgebers gegenüber dem Betriebsrat.   2776

### II. Formelle Besonderheiten der Massenentlassungen (§§ 17 bis 22 KSchG)

#### 1. Anzeigepflicht (§ 17 KSchG)

Der Arbeitgeber muss der Agentur für Arbeit Entlassungen anzeigen, die er in Betrieben mit einer bestimmten Größe durchführen möchte, wenn die Entlassungen innerhalb eines bestimmten Zeitraums bestimmte Grenzwerte übersteigen (§ 17 Abs. 1 S. 1 KSchG). Anzeige ist zu erstatten, bevor der Arbeitgeber:   2777

– in Betrieben mit in der Regel mehr als 20 und weniger als 60 Arbeitnehmern mehr als fünf Arbeitnehmer,
– in Betrieben mit in der Regel mindestens 60 und weniger als 500 Arbeitnehmer 10 von Hundert der im Betrieb regelmäßig beschäftigten Arbeitnehmer oder aber mehr als 25 Arbeitnehmer,
– in Betrieben mit in der Regel mindestens 500 Arbeitnehmern mindestens 30 Arbeitnehmer

innerhalb von 30 Kalendertagen entlässt.

##### a) Betrieb

Voraussetzung für die Anzeigepflicht ist zunächst, dass die gesetzlich bestimmten Grenzwerte zu entlassender Arbeitnehmer innerhalb der Frist von 30 Kalendertagen in **demselben Betrieb** erreicht werden. Die anzeigepflichtigen Kündigungen müssen einen Betrieb betreffen, nicht das (gesamte) Unternehmen. Entlassungen in verschiedenen selbständigen Betrieben sind gesondert zu behandeln (ErfK/*Kiel* § 17 KSchG Rn. 8).   2778

##### aa) Betriebsbegriff

Nach Rechtsprechung und Literatur stimmt der Betriebsbegriff des § 17 KSchG mit dem Betriebsbegriff der §§ 1, 4 BetrVG überein (APS/*Moll* § 17 KSchG Rn. 3). Allerdings ist der Betriebsbegriff des Betriebsverfassungsgesetzes im Hinblick auf die Richtlinie 98/59 EG vom 20.7.1998 (ABl. Nr. L 225, S. 16) richtlinienkonform i. S. d. Rechtsprechung des EuGH auszulegen (ErfK/*Kiel* § 17 KSchG Rn. 8). Nach der Richtlinie 98/59 EG ist ein Betrieb eine unterscheidbare Einheit von einer gewissen Dauerhaftigkeit und Stabilität, die zur Erledigung einer oder mehrerer Aufgaben bestimmt ist und über eine Gesamtheit von Arbeitnehmern sowie über technische Mittel und eine organisatorische Struktur zur Erfüllung dieser Aufgaben verfügt (*EuGH* 15.2.2007 – Rs. C-270/05, NZA 2007, 319). Ob die fragliche Einheit eine Leitung hat, die selbstständig Massenentlassungen vornehmen kann, ist für die Definition des Begriffs »Betrieb« nicht entscheidend (*EuGH* 7.12.1995 – Rs. C-449/93, NZA 1996, 471). Ebenso wenig bedarf es für die Qualifizierung als Betrieb einer räum-   2779 lichen Trennung von anderen Einheiten und Einrichtungen des Unternehmens oder einer rechtlichen, wirtschaftlichen, finanziellen, verwaltungsmäßigen oder technologischen Autonomie (*EuGH* 15.2.2007 – Rs. C-270/05, NZA 2007, 319).

#### bb) Ausnahmen

2780 Ausgenommen von der Anzeigepflicht sind Saison- und Kampagnebetriebe, wenn die Entlassungen durch diese Eigenart der Betriebe bedingt sind (§ 22 Abs. 1 KSchG) sowie Seeschiffe und ihre Besatzungen (§ 23 Abs. 2 KSchG). Demgegenüber unterliegen Binnenschiffe den Vorschriften der § 17 ff. KSchG.

### b) Beschäftigtenzahl

2781 Die Anzeigepflicht setzt voraus, dass die in § 17 Abs. 1 S. 1 Nr. 1–3 KSchG genannten Betriebsgrößen erreicht werden. Die Betriebsgröße ist danach zu bestimmen, wie viele Arbeitnehmer der jeweilige Betrieb i. d. R. hat. Der Betrieb (s. *EuGH* 15.2.2007 EzA EG-Vertrag 1999 Richtlinie 98/59 Nr. 1 = NZA 2007, 319: »Produktionseinheit«) muss i. d. R. **mindestens 21 Arbeitnehmer** beschäftigen. Wird diese Mindestzahl nicht erreicht, finden die §§ 17 ff. KSchG keine Anwendung, selbst wenn in einem solchen Kleinbetrieb mehr als fünf Arbeitnehmer entlassen werden.

#### aa) Arbeitnehmer i. S. v. § 17 KSchG

2782 Bei der Bestimmung der Arbeitnehmerzahl sind alle Mitarbeiter zu berücksichtigen, die als Arbeitnehmer i. S. v. § 1 KSchG anzusehen sind. Es gilt der allgemeine Arbeitnehmerbegriff. Die Dauer der Betriebszugehörigkeit ist unerheblich (ErfK/*Kiel* § 17 KSchG Rn. 9). Es kommt auch nicht darauf an, ob die Arbeitnehmer in Vollzeit oder Teilzeit tätig ist.

2783 Nicht mitzuzählen sind freie Mitarbeiter, arbeitnehmerähnliche Personen, Heimarbeiter i. S. d. Heimarbeitergesetzes oder Handelsvertreter i. S. v. § 92a HGB. Nicht als Arbeitnehmer anzusehen sind zudem Personen, die nach § 17 Abs. 5 KSchG nicht als Arbeitnehmer gelten. Für vertretungsberechtigte Organmitglieder in Betrieben einer juristischen Person (§ 17 Abs. 5 Nr. 1 KSchG) ist dies ebenso unproblematisch wie für Personen, die in Betrieben einer Personengesellschaft kraft Gesetzes, Satzung oder Gesellschaftsvertrags zur Vertretung der Personengesamtheit berufen sind (§ 17 Abs. 5 Nr. 2 KSchG). Dahingegen ist fraglich, ob leitende Angestellte nicht mitzurechnen sind, die zur selbstständigen Einstellung oder Entlassung von Arbeitnehmern berechtigt sind. Insoweit steht § 17 Abs. 5 Nr. 3 KSchG im Widerspruch zur Richtlinie 98/59 EG, die leitende Angestellte i. S. v. § 17 Abs. 5 Nr. 3 KSchG nicht ausklammert (ErfK/*Kiel* § 17 KSchG Rn. 10). Da die EG-Richtlinie jedoch keine unmittelbare Anwendung findet, gilt § 17 Abs. 5 Nr. 3 KSchG vorerst weiter. Danach sind leitende Angestellte i. S. v. § 17 Abs. 5 Nr. 3 KSchG weiterhin nicht zu berücksichtigen (KR/*Weigand* § 17 KSchG Rn. 30; *v. Hoyningen-Huene/Linck* KSchG, § 17 Rn. 10; a. A. ErfK/*Kiel* § 17 KSchG Rn. 10). In der Praxis sind Arbeitgeber aber gut beraten, die leitenden Angestellten zu berücksichtigen, solange diese Frage nicht höchstrichterlich geklärt ist.

#### bb) Beschäftigtenzahl des Betriebs

2784 Bei der Ermittlung der Anzahl der »in der Regel« beschäftigten Arbeitnehmer (§ 17 Abs. 1 S. 1 Nr. 1 bis 3 KSchG) ist auf den Zeitpunkt der Entlassung abzustellen. Unter »Entlassung« i. S. d. Richtlinie 98/59 EG ist seit der sog. Junk-Entscheidung des *EuGH* (27.1.2005 – C-188/03, NZA 2005, 213) die Kündigungserklärung des Arbeitgebers zu verstehen. Das BAG hat sich dieser Auffassung angeschlossen und legt den Entlassungsbegriff in § 17 Abs. 1 S. 1 KSchG seit seinem Urteil vom 23.3.2006 (NZA 2006, 971) in ständiger Rechtsprechung entsprechend richtlinienkonform aus. Das BAG hat damit seine frühere Rechtsprechung aufgegeben, wonach mit der anzeigepflichtigen Entlassung nicht schon die Kündigungserklärung, sondern erst die tatsächliche Beendigung des Arbeitsverhältnisses (d. h. in der Regel der Ablauf der Kündigungsfrist) gemeint war (z. B. *BAG* 14.4.2000 BB 2000, 2264). Auf Basis der Rechtsprechung des *EuGH* vom 27.1.2005 (– C-188/03,

NZA 2005, 213) und der Rechtsprechung des *BAG* (23.3.2006 NZA 2006, 971) ist für die Ermittlung der Beschäftigtenzahlen deshalb nunmehr allein der Zeitpunkt des Kündigungsausspruchs (= Entlassung) maßgebend (ErfK/*Kiel* § 17 KSchG Rn. 11).

Es kommt für den Schwellenwert nicht auf die Anzahl der im konkreten Zeitpunkt des Kündigungsausspruchs beschäftigten Arbeitnehmer an; es ist vielmehr auf die Regelanzahl abzustellen. Dies ist nicht die durchschnittliche Beschäftigtenzahl in einem bestimmten Zeitraum, sondern die normale Beschäftigtenzahl des Betriebes, d. h. diejenige Personalstärke, die für den Betrieb im allgemeinen, also bei regelmäßigem Gang des Betriebs kennzeichnend ist (*BAG* 24.2.2005 EzA § 17 KSchG Nr. 14 = NZA 2005, 766 = BAG Report 2005, 324; vgl. dazu *Nicolai* SAE 2006, 72 ff.). Beschäftigungsspitzen bleiben ebenso außer Betracht wie Zeiten außergewöhnlich schwacher Beschäftigungslagen (*BAG* 31.7.1986 EzA § 17 KSchG Nr. 3).

**Erforderlich ist grds. ein Rückblick auf die bisherige personelle Stärke des Betriebs und eine Einschätzung der künftigen Entwicklung.** Im Fall der Betriebsstilllegung kommt jedoch nur ein Rückblick auf die bisherige Belegschaftsstärke in Frage. Maßgebend ist grds. der Zeitpunkt der Beschlussfassung über die Stilllegung (*BAG* 24.2.2005 NZA 2005, 766). Probleme bereitet die Feststellung der Anzahl der »in der Regel« beschäftigten Arbeitnehmer in der Praxis erfahrungsgemäß, wenn der Arbeitgeber stufenweise Entlassungen durchführt. In diesem Fall ist der Inhalt des unternehmerischen Konzepts des Arbeitgebers entscheidend. Plant der Arbeitgeber von vorneherein eine Betriebsstilllegung und will er das Personal lediglich bis zum Stilllegungstermin stufenweise entlassen, ist für die Ermittlung der Beschäftigtenzahl weiterhin der Zeitpunkt des Stilllegungsbeschlusses entscheidend. In diesem Fall repräsentiert der im Zeitpunkt der Beschlussfassung vorhandene und nicht der spätere verringerte Personalbestand die normale Betriebsstärke (*BAG* 8.6.1989 NZA 1990, 224). Das gilt auch dann, wenn der Arbeitgeber zunächst allen Arbeitnehmern zu dem vorgesehenen Stilllegungstermin kündigt und er später zum selben Termin vorsorglich nochmals kündigt (*BAG* 8.6.1989 NZA 1990, 224). 2785

Anders ist es, wenn der Personalabbau nicht auf einem einheitlichen Stilllegungsbeschluss beruht. Gehen der endgültigen Stilllegung des Betriebs zunächst eine oder mehrere (selbstständig geplante) Betriebseinschränkungen voraus, etwa weil der Arbeitgeber den Betrieb mit verminderter Belegschaftsstärke sanieren will, und wird der Betrieb zunächst mit verminderter Belegschaftsstärke fortgeführt, wird diese verminderte Belegschaft zur regelmäßigen Beschäftigtenzahl i. S. v. § 17 Abs. 1 S. 1 Nr. 1 bis 3 KSchG (*BAG* 8.6.1989 NZA 1990, 224). 2786

### c) Zahl der beabsichtigten Entlassungen innerhalb des Entlassungszeitraums des § 17 Abs. 1 KSchG

Die Anzeigepflicht wird ausgelöst, wenn die beabsichtigten Entlassungen die in § 17 Abs. 1 S. 1 Nr. 1 bis 3 KSchG festgelegten Grenzwerte innerhalb des Entlassungszeitraums von 30 Kalendertagen überschreiten. Neueinstellungen innerhalb des Entlassungszeitraums sind dabei ohne Bedeutung (*BAG* 13.3.1969 DB 1969, 1298). 2787

#### aa) Grenzwerte

Die Zahl der Entlassungen muss in einem bestimmten Verhältnis zur Gesamtbelegschaft des Betriebs stehen. Die Anzeigepflicht besteht dann, wenn: 2788
– in Betrieben mit (in der Regel) mehr als 20 und weniger als 60 Arbeitnehmer mindestens 6 Arbeitnehmer,
– in Betrieben mit (in der Regel) 60 bis 499 Arbeitnehmer 10 Prozent der Arbeitnehmer oder mindestens 26 Arbeitnehmer,
– in Betrieben mit (in der Regel) 500 und mehr Arbeitnehmern mindestens 30 Arbeitnehmer
entlassen werden.

### bb) Zu berücksichtigende Entlassungs- bzw. Beendigungstatbestände

**2789** Entlassungen i. S. d. § 17 Abs. 1 S. 1 KSchG sind bei richtlinienkonformer Auslegung zunächst alle ordentlichen Arbeitgeberkündigungen. Auf den Kündigungsgrund kommt es nicht an. Personen- und verhaltensbedingte ordentliche Kündigungen sind ebenso erfasst wie betriebsbedingte ordentliche Arbeitgeberkündigungen. Maßgeblich ist die Zahl der tatsächlich gekündigten Arbeitnehmer. In Teilzeit beschäftigte Arbeitnehmer werden voll und nicht nur zeitanteilig berücksichtigt. Arbeitnehmer, die zwar entlassen bzw. gekündigt, dann aber nach **§ 102 Abs. 5 BetrVG** weiterbeschäftigt werden, sind mitzurechnen, da ihre Weiterbeschäftigung nur vorläufig ist (KR/*Weigand* § 17 KSchG Rn. 43d; vgl. auch APS/*Moll* § 17 KSchG Rn. 27 ff.).

**2790** **Fristlose Entlassungen** durch den Arbeitgeber werden **nicht mitgerechnet** (§ 17 Abs. 4 S. 2 KSchG). Dies betrifft die außerordentlichen Arbeitgeberkündigungen aus wichtigem Grund i. S. v. § 626 BGB. Nicht mitzuzählen sind deshalb auch außerordentliche Kündigungen unter Gewährung einer sog. Auslauffrist (MünchArbR/*Berkowsky* § 134 Rn. 18). Es besteht kein Grund, den Arbeitgeber wegen seines Entgegenkommens zu benachteiligen. Anderes gilt bei tarif- oder arbeitsvertraglich ordentlich unkündbaren Arbeitnehmern, denen mit Auslauffrist außerordentlich zu kündigen ist. Solche Kündigungen sind bei der Ermittlung der Anzahl der Entlassungen zu berücksichtigen (ErfK/*Kiel* § 17 KSchG Rn. 16). Kündigt ein Arbeitgeber außerordentlich hilfsweise ordentlich, sollten Arbeitgeber die bedingte fristgerechte Kündigung des Arbeitsverhältnisses ebenfalls mitzählen, da bei Kündigungsausspruch nicht klar ist, ob die außerordentliche Kündigung wirksam ist.

**2791** **Änderungskündigungen** fielen nach früherer herrschender Ansicht unter § 17 KSchG, wenn Arbeitnehmer das **Änderungsangebot nicht annahmen**, es also tatsächlich zur Beendigung der Arbeitsverhältnisse kam (*BAG* 10.3.1982 EzA § 2 KSchG Nr. 3). Nachdem unter dem Begriff der Entlassung nunmehr die Kündigungserklärung zu verstehen ist, ist diese Auffassung nicht mehr praktikabel. Zum Zeitpunkt des Kündigungsausspruchs steht regelmäßig nicht fest, ob die Änderungskündigung zur Beendigung des Arbeitsverhältnisses oder nur zur Änderung der Arbeitsbedingungen führen wird. Aus diesem Grund sollten Arbeitgeber Änderungskündigungen in die Berechnung der Zahl der Entlassungen (= Kündigungen) einbeziehen sowie bei Überschreiten der Grenzwerte Anzeige erstatten (APS/*Moll* § 17 KSchG Rn. 26a). Nehmen die Arbeitnehmer die Änderung der Arbeitsbedingungen später an oder erklären sie jedenfalls die Annahme unter Vorbehalt (§ 2 KSchG), wird eine erstattete Anzeige gegenstandslos oder kann zurückgenommen werden (KR/*Weigand* § 17 KSchG Rn. 42). Lehnen die Arbeitnehmer die Annahme des Änderungsangebots hingegen vorbehaltlos ab, liegt ein voll gültiger Beendigungstatbestand i. S. v. § 17 Abs. 1 KSchG vor, der anzeigepflichtig ist.

**2792** Den Entlassungen bzw. Kündigungen stehen **andere Beendigungen des Arbeitsverhältnisses** gleich, **wenn sie vom Arbeitgeber veranlasst werden** (§ 17 Abs. 1 S. 2 KSchG). Hieraus folgt, dass Eigenkündigungen von Arbeitnehmern, die unter dem Druck einer hinreichend deutlich in Aussicht gestellten Arbeitgeberkündigung ausgesprochen werden, oder Aufhebungsverträge, die die Vertragsparteien zur Vermeidung betriebsbedingter Kündigungen schließen (*BAG* 11.3.1999 EzA § 17 KSchG Nr. 8), als Entlassungen i. S. v. § 17 Abs. 1 KSchG zu werten sind. Kündigt der Arbeitnehmer hingegen ohne den Druck einer in Aussicht gestellten Arbeitgeberkündigung oder schließen die Arbeitsvertragsparteien einen Aufhebungsvertrag, ohne dass dies vom Arbeitgeber veranlasst wurde, beeinflussen diese Beendigungstatbestände die gesetzlichen Quoten des § 17 Abs. 1 S. 1 Nr. 1 bis 3 KSchG nicht. Gleiches gilt, wenn das Arbeitsverhältnis wirksam angefochten wird oder es aufgrund einer wirksamen Befristung bzw. auflösenden Bedingung endet (ErfK/*Kiel* § 17 KSchG Rn. 14).

### cc) Entlassungszeitraum (30 Kalendertage)

**2793** Die Anzeigepflicht wird ausgelöst, wenn die erforderliche Mindestzahl von Kündigungen und gleichstehenden Maßnahmen innerhalb von 30 Kalendertagen erreicht wird. Anzeigepflichtig sind nicht

## K. Besonderheiten bei Massenentlassungen  Kapitel 4

nur die über den Grenzwerten liegenden Entlassungen, sondern alle innerhalb des Entlassungszeitraums von 30 Kalendertagen liegende Tatbestände. Diese sind zusammenzurechnen.

Die 30-Tage-Frist ist nach § 187 Abs. 2 i. V. m. § 188 BGB zu berechnen. Maßgeblich für den Fristbeginn ist seit der Änderung der Rechtsprechung zur Auslegung des Entlassungsbegriffs nicht mehr der jeweilige tatsächliche Beendigungszeitpunkt des Arbeitsverhältnisses, sondern der Zeitpunkt des Kündigungsausspruchs (nicht: Kündigungszugang). Es kommt damit entscheidend darauf an, wann die Kündigung den Machtbereich des Arbeitgebers verlassen hat (*Bauer/Krieger/Powietzka* BB 2006, 2023, 2025). Die 30-Tage-Frist des § 17 Abs. 1 KSchG wird an jedem Tag, an dem eine berücksichtigungspflichtige Kündigung ausgesprochen wird, neu ausgelöst (ErfK/*Kiel* § 17 KSchG Rn. 17). Es genügt, wenn die erforderliche Anzahl von Entlassungen objektiv innerhalb eines beliebig gelegenen 30-Tage-Zeitraums erreicht wird (*BAG* 29.1.1981 EzA § 15 KSchG n. F. Nr. 26). Läuft die Frist an einem Feiertag, Samstag oder Sonntag ab, wird die Frist nicht verlängert. § 193 BGB ist nicht anwendbar (APS/*Moll* § 17 KSchG Rn. 50).  **2794**

Dass sich die Anzeigepflicht von Massenentlassungen nach dem Zeitpunkt des Kündigungsausspruchs richtet, eröffnet dem Arbeitgeber einen gewissen Gestaltungsspielraum. So besteht beispielsweise bei einer Betriebsstilllegung keine Anzeigepflicht, wenn der Arbeitgeber sämtliche Arbeitsverhältnisse zu demselben Beendigungstermin kündigt, die Kündigungen selbst aber unter Berücksichtigung der jeweiligen Kündigungsfristen derart staffelt, dass innerhalb von 30 Kalendertagen die nach § 17 Abs. 1 S. 1 KSchG maßgeblichen Grenzwerte nicht überschritten werden. Ein solches Strecken der Kündigungen ist zulässig (APS/*Moll* § 17 KSchG Rn. 49). Die Berechnung der Grenzwerte nach der Anzahl der ausgesprochenen Kündigungen birgt für den Arbeitgeber in der Praxis aber auch Folgerisiken. Dies gilt insbes. für Fälle, in denen die Anzahl der vom Arbeitgeber ausgesprochenen Kündigungen bzw. abgeschlossenen Aufhebungsverträge nur knapp unterhalb der Grenzwerte des § 17 Abs. 1 KSchG liegen. Beschäftigt ein Arbeitgeber in einem Betrieb etwa 50 Arbeitnehmer und beabsichtigt er, fünf Arbeitnehmern zu kündigen, sind diese Kündigungen zunächst nicht anzeigepflichtig. Stellt der Arbeitgeber anschließend fest, dass er noch einen weiteren Arbeitnehmer kündigen muss, und spricht er diese Kündigung innerhalb von 30 Kalendertagen seit Ausspruch der ersten fünf Kündigungen aus, sind alle sechs Kündigungen anzeigepflichtig. Unterbleibt die Anzeige, sind alle sechs Kündigungen unwirksam (KR/*Weigand* § 17 KSchG Rn. 54). Arbeitgebern ist deshalb zu raten, vorsorglich auch dann eine Massenentlassungsanzeige zu erstatten, wenn die Zahl der beabsichtigten Kündigungen nur unwesentlich unterhalb der Grenzwerte des § 17 Abs. 1 S. 1 KSchG liegt (*Bauer/Krieger/Powietzka* BB 2006, 2023, 2025).  **2795**

### 2. Beteiligung des Betriebsrats an anzeigepflichtigen Entlassungen

Der Arbeitgeber hat bei anzeigepflichtigen Entlassungen zudem die besonderen Beteiligungsrechte des Betriebsrats zu beachten. Insbesondere hat der Arbeitgeber vor Erstattung der Massenentlassungsanzeige und Ausspruch der Kündigungen das Konsultationsverfahren nach § 17 Abs. 2 KSchG durchzuführen, sofern ein Betriebsrat besteht. Zuständig für die Beteiligung des Betriebsrats ist der Arbeitgeber. Dies ist der Inhaber des Betriebs, d. h. insbes. der Einzelkaufmann oder die GmbH bzw. AG, vertreten durch den Geschäftsführer bzw. den Vorstand oder einen anderen Bevollmächtigten (*v. Hoyningen-Huene/Linck* KSchG, § 17 Rn. 53).  **2796**

#### a) Unterrichtung des Betriebsrats

Beabsichtigt der Arbeitgeber anzeigepflichtige Entlassungen vorzunehmen, hat er den Betriebsrat gem. **§ 17 Abs. 2 S. 1 KSchG** schriftlich (§ 126 BGB) zu unterrichten (vgl. dazu *Kleinebrink* FA 2000, 366 ff.; APS/*Moll* § 17 KSchG Rn. 60 ff.) über:  **2797**
– die Gründe für die geplanten Entlassungen, d. h. den Entlassungssachverhalt einschließlich des wirtschaftlichen Hintergrunds. Es bedarf keiner prozessualen Anforderungen genügenden Substantiierung. Reine Pauschalangaben (z. B. »betriebliche Gründe«) genügen aber nicht.
– die Zahl und die Berufsgruppen der jeweils zu entlassenden Arbeitnehmer und der »in der Regel« beschäftigten Arbeitnehmer; Arbeitgeber können sich bei den Angaben zu Berufsgruppen an der

Einteilung des Formblattes der Bundesagentur für Arbeit »Anlage zur Anzeige von Entlassungen« orientieren, das im Internet (www.arbeitsagentur.de unter: Formulare – Formulare für Unternehmen – Entlassungen, Streik – Anlage zur Anzeige von Entlassungen) abrufbar ist.
- den Zeitraum, in dem die Entlassungen vorgenommen werden sollen; entsprechend der Junk-Entscheidung des EuGH (*EuGH* 27.1.2005 – C-188/03, NZA 2005, 213) ist auch hier der Zeitpunkt des Kündigungsausspruchs anzugeben. Es genügt die Angabe des Monats, in dem die Kündigungen nach der Planung des Arbeitgebers ausgesprochen werden sollen (*BAG* 28.5.2009 NZA 2009, 1267). Der Kündigungstermin (Ablauf der Kündigungsfrist) muss nicht angegeben werden.
- die vorgesehenen Kriterien der Auswahl der zu entlassenden Arbeitnehmer; handelt es sich – wie es bei Massenentlassungen regelmäßig der Fall ist – um betriebsbedingte Kündigungen, sind die gesetzlichen Auswahlkriterien der Sozialauswahl nach § 1 Abs. 3 KSchG zu nennen. Die Angabe der Kriterien erübrigt sich, wenn allen Mitarbeitern gekündigt werden soll (*BAG* 28.5.2009 NZA 2009, 1267).
- die für die Berechnung etwaiger Abfindungen vorgesehenen Kriterien; bei Massenentlassungen im Rahmen einer Betriebsänderung i. S. v. § 111 f. BetrVG genügt der Verweis auf einen geschlossenen oder noch abzuschließenden Sozialplan. Im Übrigen ist die Angabe der Berechnungskriterien einer freiwilligen Abfindung ausreichend. Ebenso ist anzugeben, wenn keine Abfindungszahlungen beabsichtigt sind (*Krieger/Ludwig* NZA 2010, 919, 922).
- Unterrichtet der Arbeitgeber den Betriebsrat mindestens zwei Wochen vor der Erstattung der Massenentlassungsanzeige ist dies regelmäßig ausreichend (KR/*Weigand*, § 17 KSchG Rn. 57). Arbeitgeber sollten sich auf einer Durchschrift der Mitteilung eine schriftliche Eingangsbestätigung des Betriebsratsvorsitzenden geben lassen. Mit dieser kann die Unterrichtung gegenüber der Agentur für Arbeit nach § 17 Abs. 3 S. 3 KSchG glaubhaft gemacht werden.

#### b) Einbindung der Agentur für Arbeit vor Erstattung der Massenentlassungsanzeige

**2798** Der Arbeitgeber hat der zuständigen Agentur für Arbeit gleichzeitig mit der Betriebsratsunterrichtung, d. h. grds. noch am selben Tag, eine Abschrift der Unterrichtung zuzuleiten (§ 17 Abs. 3 S. 1 KSchG). Die zuständige Agentur für Arbeit ist damit schon im Vorfeld der Erstattung der Massenentlassungsanzeige einzubinden. Sie soll frühzeitig über die zu erwartenden Änderungen auf dem Arbeitsmarkt unterrichtet und dadurch in die Lage versetzt werden, ggf. sozialrechtliche Maßnahmen zur Milderung der Folgen der Massenentlassung vorzubereiten (KR/*Weigand* § 17 KSchG Rn. 59).

#### c) Beratung mit dem Betriebsrat

**2799** Nach der Unterrichtung hat der Arbeitgeber mit dem Betriebsrat insbes. die Möglichkeiten zu beraten, die beabsichtigten Entlassungen zu vermeiden oder einzuschränken und ihre Folgen zu mildern (§ 17 Abs. 2 S. 2 KSchG). Arbeitgeber erfüllen ihre Beratungspflicht i. S. v. § 17 Abs. 2 S. 2 KSchG bereits dann, wenn sie mit ernsthaftem Einigungswillen die Beratungs- bzw. Verhandlungsgegenstände des § 17 Abs. 2 S. 2 KSchG bzw. Art. 2 Abs. 2 S. 1 RL 98/59/EG mit dem Betriebsrat erörtern (KR/*Weigand* § 17 KSchG Rn. 62). Die Dauer der Beratungen ist weder im KSchG noch in der Richtlinie 98/59/EG vorgeschrieben. In der Praxis ist für die Beratung ausreichend Zeit einzuplanen, so dass von einem ernsthaften Beratungsangebot des Arbeitgebers ausgegangen werden kann. Angesichts der Vorgabe des § 17 Abs. 3 S. 3 KSchG genügt ein Zeitfenster von zwei Wochen, wenn in diesem Zeitraum Beratungen tatsächlich möglich sind (*Krieger/Ludwig* NZA 2010, 919, 923). Zudem hat der Arbeitgeber dem Betriebsrat im Rahmen der Beratungen die »zweckdienlichen« Auskünfte zu erteilen, d. h. Fragen des Betriebsrats im Zusammenhang mit der beabsichtigten Massenentlassung sowie deren wirtschaftliche Hintergründe sind wahrheitsgemäß und vollständig zu beantworten (*Krieger/Ludwig* NZA 2010, 919, 922).

**2800** Ein Zwang, vor Durchführung der Massenentlassungen eine Einigung mit dem Betriebsrat zu erzielen, besteht nicht (*BAG* 13.7.2006, 6 AZR 198/06, EzA § 17 KSchG Nr. 17 = NZA 2007, 25; a. A. *ArbG Bln.* 21.2.2006 NZA 2006, 739). Zwar ist die Rechtsprechung des EuGH zum notwendigen

## K. Besonderheiten bei Massenentlassungen  Kapitel 4

Inhalt der Beratungen zwischen Arbeitgeber und Betriebsrat nach Art. 2 der Richtlinie 98/59/EG noch unvollständig (*BVerfG* 25.2.2010 NZA 2010, 439). Der EuGH hat bisher lediglich entschieden, dass der Arbeitgeber gem. der Richtlinie 98/59/EG Kündigungen erst »nach dem Ende des Konsultationsverfahrens« aussprechen dürfe (*EuGH* 27.1.2005 NZA 2005, 213). Seitdem ist strittig, wann das Konsultationsverfahren beendet ist (*Bauer/Krieger/Powietzka* BB 2006, 2023, 2025). Nach zutreffender Auffassung des BAG setzt die Beendigung des Konsultationsverfahrens auch bei richtlinienkonformer Auslegung des § 17 Abs. 2 S. 2 KSchG jedenfalls nicht voraus, dass Interessenausgleichs- und Sozialplanverhandlungen abgeschlossen sein müssen. Das BVerfG hat diese Rechtsprechung mit Urteil vom 25.2.2010 (NZA 2010, 439, 442) als verfassungsrechtlich unbedenklich qualifiziert. Danach ist der Abschluss eines Interessenausgleichs zur Erfüllung der Beratungspflicht des § 17 Abs. 2 S. 2 KSchG sowie zur Beendigung des Konsultationsverfahrens des § 17 Abs. 2 KSchG ausreichend, aber nicht erforderlich (*BAG* 21.5.2008 NZA 2008, S. 753). Wird das Konsultationsverfahren im Rahmen von Verhandlungen über einen Interessenausgleich/Sozialplan durchgeführt, muss der Arbeitgeber bei einem Scheitern der Verhandlungen zum Interessenausgleich/Sozialplan vor der Massenentlassungsanzeige nicht die Einigungsstelle anrufen.

(derzeit unbesetzt) 2801

### d) Schriftliche Stellungnahme des Betriebsrats

Im Anschluss an die Unterrichtung und die Beratung mit dem Arbeitgeber hat der Betriebsrat eine schriftliche Stellungnahme zu den Ergebnissen der Beratungen mit dem Arbeitgeber abzugeben. Der Betriebsrat kann gegenüber der Agentur für Arbeit weitere Stellungnahmen abgeben (§ 17 Abs. 3 S. 8 KSchG). Er hat dem Arbeitgeber hiervon eine Kopie zuzuleiten (§ 17 Abs. 3 S. 8 KSchG). 2802

### e) Zuständige Arbeitnehmervertretung

§ 17 ff. KSchG regelt nicht ausdrücklich, welche Arbeitnehmervertretung für die Konsultation zuständig ist. Es gelten die allgemeinen Grundsätze. Nach der gesetzlichen Konzeption ist von einer Primärzuständigkeit der Einzelbetriebsräte auszugehen (*Niklas/Koehler* NZA 2010, 913, 916). Betreffen die geplanten Kündigungen mehr als einen Betrieb und besteht ein Gesamtbetriebsrat, ist fraglich, welches Betriebsratsgremium für das Konsultationsverfahren zuständig ist. Für den Fall der Insolvenz hat das BAG nun entschieden, dass bei einer betriebsübergreifenden Betriebsänderung ein vom Insolvenzverwalter mit dem Gesamtbetriebsrat abgeschlossener Interessenausgleich mit Namensliste die Stellungnahme der örtlichen Betriebsräte nach § 17 Abs. 3 S. 2 KSchG zu den Insolvenzverwalter beabsichtigten Massenentlassungen ersetzt (*BAG* 7.7.2011 – 6 AZR 248/10, FA 2011, 278 = NZA 2011, 1108). Zur Risikominimierung sollten Arbeitgeber bei betriebsübergreifenden Massenentlassungen vorsorglich sowohl den Gesamtbetriebsrat als auch den jeweiligen örtlichen Betriebsrat konsultieren (*Krieger/Ludwig* NZA 2010, 919, 923). Gleiches gilt im Ergebnis für die Konsultierung des Konzernbetriebsrats, wenn die Massenentlassung auf Grund eines konzerneinheitlichen Konzepts durchgeführt werden soll (*Niklas/Koehler* NZA 2010, 914, 916). 2803

Gerichtlich bisher nicht geklärt ist, ob bei anzeigepflichtigen Entlassungen von leitenden Angestellten i. S. v. § 5 Abs. 3 BetrVG, die nicht von § 17 Abs. 5 Nr. 3 KSchG erfasst sind, der Betriebsrat oder der Sprecherausschuss zu konsultieren ist. Die überzeugenderen Gründe sprechen für die Konsultation des Sprecherausschusses analog § 17 Abs. 2 KSchG. Der nationale Gesetzgeber hat bei Schaffung des SprAuG offenbar vergessen, eine entsprechende Regelung für die leitenden Angestellten zu treffen. Darüber hinaus ist eine Analogie auch im Hinblick auf die Richtlinie 98/59/EG geboten (ErfK/*Kiel* § 17 KSchG Rn. 19; KR/*Weigand* § 17 KSchG Rn. 55b; a. A. für Beteiligung des Betriebsrats: APS/*Moll* § 17 KSchG Rn. 57). Zur Vermeidung unnötiger Risiken sollten Arbeitgeber in der Praxis aber bis zu einer höchstrichterlichen Klärung – soweit vorhanden – beide Gremien nach § 17 Abs. 2 KSchG konsultieren. Der Betriebsrat sollte vorsorglich für die Gruppe der leitenden Angestellten i. S. v. § 5 Abs. 3 BetrVG einerseits und die sonstigen Arbeitnehmer andererseits getrennt unterrichtet werden (*Krieger/Ludwig* NZA 2010, 919, 923). 2804

### f) Massenentlassung im Konzern

**2805** Gem. § 17 Abs. 3a KSchG gelten die Auskunfts-, Beratungs- und Anzeigepflichten nach § 17 Abs. 1 bis 3 KSchG auch dann, wenn die Entscheidung über die Entlassungen von einem den Arbeitgeber beherrschenden Unternehmen getroffen wurde. Nach der für die Praxis maßgeblichen Auffassung des EuGH entstehen die Konsultationspflichten des Arbeitgebers zu dem Zeitpunkt, zu dem innerhalb des Konzerns eine strategische oder betriebswirtschaftliche Entscheidung getroffen wurde, die den Arbeitgeber zwingt, Massenentlassungen ins Auge zu fassen. Nicht erforderlich ist, dass der Arbeitgeber zu diesem frühen Zeitpunkt schon alle erforderlichen Angaben machen kann (*EuGH* 10.9.2009 NZA 2009, 1083). Die Auskunfts-, Beratungs- und Anzeigepflichten entstehen bereits dann, wenn die Tochtergesellschaft, bei der es zu Massenentlassungen kommen könnte, durch das herrschende Unternehmen benannt worden ist (*EuGH* 10.9.2009 NZA 2009, 1083). Der Arbeitgeber kann sich seiner Pflichten demnach nicht dadurch entziehen, dass nicht er selbst, sondern das ihn beherrschende Unternehmen die Entlassungsentscheidungen trifft. Bezüglich des Begriffs des beherrschenden Unternehmens ist an die Regelungen der §§ 17, 18 AktG anzuknüpfen (KR/*Weigand* § 17 KSchG Rn. 98b).

### g) Verhältnis zu anderen Beteiligungsrechten

**2806** Neben der Beteiligung gem. § 17 Abs. 2 KSchG hat der Arbeitgeber zusätzlich die sich aus anderen Vorschriften ergebenden Beteiligungsrechte des Betriebsrats zu wahren (§§ 92 Abs. 1, 102, 111 ff. BetrVG). Da Massenentlassungen zu den wirtschaftlichen Angelegenheiten i. S. d. § 106 Abs. 3 Nr. 6 BetrVG zählen können, kommt auch eine Beteiligung des Wirtschaftsausschusses in Betracht (§ 106 Abs. 2 BetrVG). In der Praxis stellt die Massenentlassung im Regelfall gleichzeitig eine interessenausgleichspflichtige Betriebsänderung dar. Der Interessenausgleich nach § 111 BetrVG und das Konsultationsverfahren nach § 17 Abs. 2 KSchG beziehen sich zwar auf die selbe mitbestimmungspflichtige Angelegenheit und sind eng miteinander verbunden. Es handelt sich jedoch nicht um ein einheitliches Verfahren. Auch bei Vorliegen eines Interessenausgleichs ist der Arbeitgeber deshalb nicht von der Konsultationspflicht des § 17 Abs. 2 S. 1 KSchG entbunden, die Unterrichtung des Betriebsrats unterliegt keinen erleichterten Anforderungen. Insoweit gilt nichts anderes als für die Anhörung des Betriebsrats nach § 102 BetrVG im Rahmen eines Interessenausgleichsverfahrens (*BAG* 18.1.2012 – 6 AZR 407/10, FA 2012, 155). Soweit allerdings die gegenüber dem Betriebsrat bestehenden Pflichten aus § 111 BetrVG mit denen aus § 17 Abs. 2 S. 1 KSchG und § 102 BetrVG übereinstimmen, kann der Arbeitgeber sie gleichzeitig erfüllen. Dass und welche Verfahren gleichzeitig durchgeführt werden sollen, muss dabei jedoch hinreichend klar gestellt werden (*BAG* 18.1.2012 – 6 AZR 407/10, FA 2012, 155).

**2806a** Um unnötige Zeitverluste zu vermeiden, sollten Interessenausgleichs- und Konsultationsverfahren miteinander verbunden werden, wenn die anzeigepflichtigen Entlassungen im Zusammenhang mit einer Betriebsänderung nach § 111 f. BetrVG stehen. Arbeitgeber sollten deshalb schon während der Interessenausgleichsverhandlungen nach schriftlicher Mitteilung der in § 17 Abs. 2 KSchG genannten Informationen dem Betriebrat die Beratung anbieten und ihn auffordern, zu den beabsichtigten Massenentlassungen Stellung zu nehmen (*Krieger/Ludwig* NZA 2010, 919, 921). Die Arbeitgeber sollten dabei, um die Voraussetzung der Rechtsprechung zu erfüllen, klarstellen, dass es sich insoweit um das Konsultationsverfahren nach § 17 Abs. 2 KSchG handelt.

**2806b** In der Praxis gibt der Betriebsrat, wenn ein Interessenaugleich abgeschlossen wird, nicht selten keine gesonderte Stellungnahme ab. Die Stellungnahme erfolgt in diesen Fällen meist im Rahmen des Interessenausgleichs. Der Betriebsrat erklärt im Rahmen des Interessenausgleichsverfahrens, rechtzeitig und umfassend über die anzeigepflichtigen Entlassungen unterrichtet worden zu sein und dass statt einer gesonderten Erklärung der Interessenausgleich der Agentur für Arbeit vorgelegt werden soll. Letzteres ist möglich. Der Betriebsrat ist nicht verpflichtet, eine gesonderte Erklärung abzugeben. Ersteres genügt zum Nachweis der Erfüllung der Konsultationspflicht aus § 17 Abs. 2 S. 1 KSchG noch nicht (*BAG* 18.1.2012 – 6 AZR 407/10, FA 2012, 155). Die Unterrichtung muss also auch im Falle einer solchen Erklärung ordnungsgemäß durchgeführt worden sein.

## K. Besonderheiten bei Massenentlassungen — Kapitel 4

### 3. Anzeige an die Agentur für Arbeit

Liegen die Voraussetzungen anzeigepflichtiger Entlassungen vor und ist der Betriebsrat entsprechend beteiligt/konsultiert worden, sind die beabsichtigten Entlassungen der zuständigen Agentur für Arbeit anzuzeigen. **2807**

#### a) Zuständigkeit und Form

Anzeigepflichtig ist der Arbeitgeber. Bei natürlichen Personen ist dies der Betriebsinhaber oder ein von ihm bevollmächtigter Vertreter. Bei juristischen Personen sind die gesetzlichen, satzungsmäßigen bzw. gesellschaftsvertraglich bestimmten Vertreter zur Erstattung der Anzeige verpflichtet (KR/*Weigand* § 17 KSchG Rn. 72). Im Fall der Insolvenz ist der Insolvenzverwalter zuständig (§§ 80 Abs. 1, 113 InsO). **2808**

Die Anzeige ist schriftlich zu erstatten, d. h. sie muss vom Arbeitgeber oder seinem Bevollmächtigten eigenhändig durch Namensunterschrift unterzeichnet sein (§§ 17 Abs. 3 S. 2 KSchG, 126 Abs. 1 BGB). Eine mündliche oder telefonische Anzeige genügt nicht. Ausreichend ist dahingegen die Anzeige per Telefax (ErfK/*Kiel* § 17 Rn. 28). Rechtlich besteht keine Pflicht, die von der Bundesagentur für Arbeit bereitgestellten Formulare zu verwenden. In der Praxis ist dies aber zu empfehlen (*Niklas/Koehler* NZA 2010, 913, 917). Viele Agenturen verlangen die Verwendung dieser Formulare. Zur Vermeidung unnötiger Streitigkeiten sollten Arbeitgeber sich hieran halten. **2809**

Die Anzeige ist gegenüber der Agentur für Arbeit zu erstatten, in deren Bezirk der betreffende Betrieb liegt. Nicht maßgebend ist der Sitz des Unternehmens. Die Zuständigkeit der Agentur für Arbeit ergibt sich aus den Festlegungen des Verwaltungsrats der Bundesagentur. Hat der Arbeitgeber die Anzeige bei der unzuständigen Agentur für Arbeit erstattet, hat diese die Anzeige unverzüglich an die zuständige Agentur weiterzuleiten. In diesem Fall wird die Anzeige erst mit Zugang bei der zuständigen Agentur wirksam (Durchführungsanweisung KSchG, Erg.-Lfg. [07/2005, 17.4]). **2810**

Bei anzeigepflichtigen Entlassungen von mehr als 500 Arbeitnehmern in Betrieben, die zum Geschäftsbereich der Bundesminister für Verkehr, Post und Telekommunikation gehören, ist die Massenentlassungsanzeige bei der Zentrale der Bundesagentur für Arbeit zu erstatten (§ 21 S. 3 KSchG).

#### b) Inhalt

##### aa) Mussinhalte

Die Massenentlassungsanzeige muss folgende Mindestangaben enthalten (»Mussinhalte«, § 17 Abs. 3 S. 4 KSchG): **2811**
– Name des Arbeitgebers,
– Sitz und Art des betroffenen Betriebs,
– Gründe für die geplanten Entlassungen,
– Zahl und Berufsgruppen der zu entlassenden Arbeitnehmer,
– Zahl und Berufsgruppen der in der Regel beschäftigten Arbeitnehmer,
– Zeitraum, in dem die Entlassungen vorgenommen werden sollen,
– vorgesehene Kriterien für die Auswahl der zu entlassenden Arbeitnehmer.

##### bb) Sollinhalte

Neben den zwingenden Mussangaben soll die Anzeige im Einvernehmen mit dem Betriebrat zusätzlich folgende Angaben über die zu entlassenden Arbeitnehmer enthalten (»Sollinhalte«, § 17 Abs. 3 S. 5 KSchG), die der Agentur für Arbeit die Arbeitsvermittlung erleichtern sollen: **2812**
– Geschlecht,
– Alter,
– Beruf,
– Staatsangehörigkeit.

## Kapitel 4
Die Beendigung des Arbeitsverhältnisses

### c) Stellungnahme des Betriebsrats

2813 Der Anzeige ist die Stellungnahme des Betriebsrats beizufügen (s. *BAG* 21.5.2008 – 8 AZR 84/07, EzA-SD 13/2008 S. 7 LS = NZA 2008, 753). Die Stellungnahme ist Teil der Anzeige und damit **Wirksamkeitsvoraussetzung** (MünchArbR/*Berkowsky* § 156 Rn. 23).

2814 Liegt keine Stellungnahme des Betriebsrats vor, etwa weil der Betriebsrat eine solche verweigert oder keine Antwort binnen angemessener Frist (i. d. R. 2 Wochen) gibt, ist die Anzeige gleichwohl wirksam, wenn der Arbeitgeber gegenüber der Agentur für Arbeit glaubhaft macht, dass er den Betriebsrat mindestens 2 Wochen vor Erstatten der Anzeige nach § 17 Abs. 2 S. 1 KSchG **unterrichtet** hat, und er den Stand der Beratungen darlegt (§ 17 Abs. 3 S. 3 KSchG). Daraus folgt zunächst, dass die **Stellungnahme des Betriebsrats auch nachgereicht werden kann** bspw. vom Arbeitgeber, wenn der Betriebsrat die Stellungnahme ihm gegenüber noch abgegeben hat. Der Betriebrat kann aber auch direkt gegenüber der Agentur für Arbeit Stellung nehmen (*BAG* 21.5.2008 NZA 2008, 753). In beiden Fällen wird die Anzeige aber erst mit Eingang der Stellungnahme des Betriebsrats bei der Agentur für Arbeit vollständig und wirksam. Das Nachreichen der Stellungnahme führt damit im Ergebnis zu der Fiktion, der Arbeitgeber habe die Massenentlassungsanzeige später (d. h. mit Eingang der nachgereichten Stellungnahme) erstattet als tatsächlich geschehen. Nach der bisherigen Rechtsprechung des BAG war das Nachreichen der Stellungnahme immer schon dann zulässig, wenn der Betriebrat mindestens zwei Wochen vor Eingang der nachgereichten Stellungnahme bei der Agentur, unterrichtet worden war (*BAG* 21.5.2008 NZA 2008, 753). Seit der Entscheidung des BVerfG vom 25.2.2010 (*BVerfG* 25.2.2010 NZA 2010, 439) ist dies nicht mehr uneingeschränkt haltbar. Das BVerfG hat in dieser Entscheidung das Urteil des BAG vom 21.5.2008 (NZA 2008, 753) aufgehoben und Vorlage der Rechtsfrage an den EuGH verlangt. Nach Auffassung des BVerfG hat der EuGH insbes. die bisher offene Grundsatzfrage zu klären, ob die Richtlinie 98/59/EG zwingend einen Abschluss des Konsultationsverfahrens mit dem Betriebsrat verlangt, bevor eine Anzeige wirksam erstattet werden kann, oder ob – wie das BAG meint – eine verfrühte (d. h. ohne Stellungnahme des Betriebsrats erstattete) Anzeige noch nachträglich durch den Abschluss des Konsultationsverfahrens und das Nachreichen der Stellungnahme geheilt werden kann (hierzu: *Krieger/Ludwig* NZA 2010, 919, 924).

2815 Bis zu einer endgültigen Klärung durch den EuGH ist auf Basis der Rechtsprechung des BVerfG (*BVerfG* 25.2.2010 NZA 2010, 439) davon auszugehen, dass das Nachreichen der Stellungnahme nur noch dann ohne weiteres zulässig ist, wenn die Konsultationen mit dem Betriebsrat zum Zeitpunkt der Massenentlassungsanzeige tatsächlich beendet waren. In diesem Fall kann die Stellungnahme weiterhin nachgereicht werden, wenn der Betriebsrat mindestens zwei Wochen vor Eingang der nachgereichten Stellungnahme bei der Agentur für Arbeit unterrichtet worden ist (*BAG* 21.5.2008 NZA 2008, 753). Trotz dieser verbleibenden Option ist Arbeitgebern in der Praxis generell zu raten, die Anzeige erst zu erstatten, wenn die Stellungnahme des Betriebsrats vorliegt. Gibt der Betriebsrat eine solche nicht bzw. nicht innerhalb gesetzter Frist ab, sollte der Arbeitgeber unbedingt die 2-Wochen-Frist des § 17 Abs. 3 S. 3 KSchG verstreichen lassen und erst anschließend die Anzeige erstatten (*Krieger/Ludwig* NZA 2010, 919, 924).

2816 Ein Interessenausgleich mit Namensliste (§ 1 Abs. 5 S. 1 KSchG) ersetzt die Stellungnahme des Betriebsrats (§ 17 Abs. 3 S. 2 KSchG). Ebenfalls kann im Insolvenzfall die Stellungnahme des Betriebsrats durch Beifügen des Interessenausgleichs mit Namensliste ersetzt werden (§ 125 Abs. 2 InsO).

### d) Beifügen der Mitteilung an den Betriebsrat

2817 Schließlich hat der Arbeitgeber der Anzeige eine Abschrift der nach § 17 Abs. 2 S. 1 KSchG vorgeschriebenen Mitteilung (Unterrichtung) des Betriebsrats beizufügen. Sofern der Sprecherausschuss zu beteiligen ist, ist der Anzeige eine Abschrift der entsprechenden Mitteilung an den Sprecherausschuss beizufügen (*v. Hoyningen-Huene/Linck* KSchG, § 17 Rn. 96).

### e) Zeitpunkt der Anzeige

Die Anzeige ist vor der Entlassung zu erstatten. Unter Entlassung ist auch hier entsprechend der Entscheidung des *EuGH* vom 27.1.2005 (– C-188/03, NZA 2005, 213) und der Rechtsprechung des *BAG* (23.3.2006 NZA 2006, 971) der Ausspruch der Kündigung bzw. der Abschluss der Aufhebungsverträge zu verstehen. Da nach der Entscheidung des *BVerfG* vom 25.2.2010 (NZA 2010, 439) offen ist, ob die Richtlinie 98/59/EG eine zeitliche Reihenfolge von Abschluss des Konsultationsverfahrens und erst anschließender Erstattung der Massenentlassungsanzeige verlangt, sollten Arbeitgeber bis zur Klärung dieser Rechtsfrage durch den EuGH die Anzeige erst nach dem Ende des Konsultationsverfahrens bei der zuständigen Agentur für Arbeit erstatten. **2818**

### 4. Folgen einer ordnungsgemäßen Massenentlassungsanzeige

#### a) Sperrfrist

Die ordnungsgemäße Massenentlassungsanzeige hat grds. eine einmonatige Entlassungssperre (§ 18 Abs. 1 KSchG) zur Folge, d. h. während dieser Sperrfrist werden Entlassungen nur mit (zu beantragender) Zustimmung der zuständigen Agentur für Arbeit wirksam. Durch die Sperrfrist soll der Agentur für Arbeit Gelegenheit gegeben werden, rechtzeitig Maßnahmen zur anderweitigen Vermittlung der »frei werdenden« Arbeitskräfte zu treffen (ErfK/*Kiel* § 18 KSchG Rn. 1). **2819**

Im Einzelfall kann die Agentur für Arbeit eine Verlängerung der Sperrfrist auf bis zu zwei Monaten festsetzen (§ 18 Abs. 2 KSchG). Ob die Voraussetzungen für eine Verlängerung der Sperrfrist vorliegen, hat der zuständige Entscheidungsträger (§ 20 KSchG) unter sorgfältiger Abwägung aller Umstände des Einzelfalls nach pflichtgemäßem Ermessen zu entscheiden. Die Verlängerungsentscheidung darf ausschließlich aus arbeitsmarktpolitischen Gründen getroffen werden. Eine Verlängerung der Sperrfrist, nur um die Arbeitslosenversicherung zu entlasten, ist rechtsunwirksam (*LSG München* 4.11.1976 NJW 1977, 555; vgl. APS/*Moll* § 18 KSchG Rn. 31). **2820**

Die Entlassungssperre des § 18 Abs. 1 KSchG führt nicht dazu, dass der Arbeitgeber mit dem Ausspruch der Kündigungen **bis zum Ablauf der einmonatigen Regelsperrfrist des § 18 Abs. 1 KSchG warten muss.** Das *BAG* hat mit Urteil vom 6.11.2008 (NZA 2009, 1013) klargestellt, dass es sich bei der Sperrfrist »nur« um einen »Mindestzeitraum« handelt, der zwischen der Anzeigenerstattung und der tatsächlichen Beendigung des Arbeitsverhältnisses liegen muss (*Niklas/Koehler* NZA 2010, 913, 917). Die Sperrfrist ist damit lediglich eine öffentlich-rechtliche Mindestkündigungsfrist (ErfK/*Kiel* § 18 KSchG Rn. 2). Die Kündigungen können unmittelbar nach Erstatten der Massenentlassungsanzeige (= Eingang bei der zuständigen Agentur für Arbeit) ausgesprochen werden. Arbeitgeber müssen lediglich darauf achten, dass zwischen dem Eingang der Anzeige und der Beendigung des Arbeitsverhältnisses die – ggf. auf bis zu zwei Monaten verlängerte – Frist des § 18 Abs. 1 KSchG eingehalten wird. **2821**

#### b) Freifrist

Ist die einmonatige oder verlängerte Sperrfrist abgelaufen, hat der Arbeitgeber nach § 18 Abs. 4 KSchG 90 Tage Zeit, die beabsichtigten Entlassungen durchzuführen. Die durch die ordnungsgemäße Massenentlassungsanzeige eröffnete Kündigungsmöglichkeit wird mit dem Erklären der Kündigungen verbraucht (*BAG* 22.4.2010 EzA § 17 KSchG Nr. 22 = NZA 2010, 1057). Die sog. Freifrist beginnt mit dem Tag des Ablaufs der Sperrfrist bzw. bei rückwirkender Bewilligung (§ 18 Abs. 1 KSchG) mit dem Tag, auf den die Rückwirkung festgesetzt wurde (ErfK/*Kiel* § 18 KSchG Rn. 12). Werden die Entlassungen nicht innerhalb der Freifrist durchgeführt, bedarf es nach § 18 Abs. 4 KSchG unter den Voraussetzungen des § 17 Abs. 1 KSchG einer erneuten Anzeige. Nach wie vor ist nicht abschließend geklärt, was unter einer »Durchführung der Entlassung« i. S. v. § 18 Abs. 4 KSchG zu verstehen ist. Die Bundesagentur für Arbeit hat in einer Verwaltungsanweisung festgestellt, die Regelung in § 18 Abs. 4 KSchG zur Freifrist habe keinen Anwendungsbereich mehr (Verwaltungsanweisung vom 15.4.2005, AuR 2005, 224). In der Praxis ist Arbeitgebern zu empfehlen, sich nicht auf diese Verwaltungsanweisung zu verlassen, sondern die Freifrist **2822** möglichst zu beachten. Nach unserer Auffassung ist § 18 Abs. 4 KSchG in dem Sinne auszulegen, dass der Arbeitgeber – nach Anzeige der beabsichtigten Entlassungen bei der Agentur für Arbeit – verpflichtet ist, die Kündigungen spätestens innerhalb der 90-Tage-Frist »in die Tat umzusetzen«, d. h. die Kündigungen zu erklären. Bei diesem Verständnis behielte § 18 Abs. 4 KSchG einen hinreichenden, wenn auch beschränkten Anwendungsbereich. Die Freifrist würde sog. »Vorratsmeldungen« verhindern helfen und der Agentur für Arbeit eine entsprechende Planbarkeit garantieren. Diesen (möglichen) Anwendungsfall hat auch das BAG mit Urteil vom 6.11.2008 (– 2 AZR 924/07, NZA 2009, 1013, 1016) anerkannt. Eine erneute Anzeige i. S. v. § 18 Abs. 4 KSchG ist erforderlich, wenn Kündigungen nach Ablauf der Freifrist ausgesprochen werden sollen (*BAG* 23.2.2010 – 2 AZR 268/08, DB 2010, 1647).

### c) Kurzarbeit, § 19 KSchG

2823 Kann der Arbeitgeber die Arbeitnehmer eines von Massenentlassungen betroffenen Betriebs wegen Arbeitsmangel nicht für den Zeitraum nach § 18 Abs. 1 und § 18 Abs. 2 KSchG beschäftigen, kann die Bundesagentur für Arbeit für diese Zeiträume die Einführung von Kurzarbeit erlauben (§ 19 Abs. 1 KSchG).

2824 Die Bundesagentur für Arbeit kann den Umfang der Kurzarbeit angemessen modifizieren, und zwar hinsichtlich deren Dauer (höchstens bis zum Ablauf der Sperrfrist) sowie hinsichtlich des Kreises der hiervon betroffenen Arbeitnehmer und der Zahl der Wochenarbeitsstunden.

2825 Lässt die Bundesagentur für Arbeit Kurzarbeit zu, liegt es im Ermessen des Arbeitgebers, ob und wann er (im Rahmen der Ermächtigung) die Kurzarbeit tatsächlich einführt.

2826 Ist der Arbeitgeber nicht auf Grund des Arbeitsvertrags, einer Betriebsvereinbarung oder eines Tarifvertrags berechtigt, die dem Arbeitnehmer zustehende Vergütung der Kurzarbeit entsprechend zu kürzen, so darf er die Vergütung erst zu dem Zeitpunkt herabsetzen, zu dem das Arbeitsverhältnis geendet hätte, wenn er es gekündigt hätte (§ 19 Abs. 2 KSchG).

2827 Diese fiktive Kündigungsfrist beginnt, wenn der Arbeitgeber das Arbeitsverhältnis tatsächlich gekündigt hat, die Kündigung nach Ablauf der Kündigungsfrist aber wegen der Sperrfrist nicht zur tatsächlichen Beendigung führen kann. Andernfalls beginnt sie mit der Ankündigung der Kurzarbeit.

2828 Der fiktive Beendigungszeitpunkt richtet sich nach den allgemeinen Bestimmungen, insbes. der Kündigungsfrist des BGB, während besondere Bestimmungen etwa nach dem SGB IX oder dem MuSchG keine Anwendung finden. Jedoch geht eine einzelvertraglich verlängerte Kündigungsfrist den gesetzlichen Bestimmungen vor (MünchArbR/*Berkowsky* § 134 Rn. 43 f.; APS/*Moll* § 19 KSchG Rn. 3 ff.).

### d) Rechtsschutz gegen Entscheidungen der Agentur für Arbeit bzw. der Entscheidungsträger

2829 Die Entscheidungen der Agentur für Arbeit bzw. der zuständigen Entscheidungsträger (§ 20 KSchG) nach §§ 17–19 KSchG sind Verwaltungsakte. Gegen sie kann Widerspruch und sodann Klage zu den Sozialgerichten (§ 51 ff. SGB X) erhoben werden. Klagebefugt ist jedoch nur der Arbeitgeber, weil die formellen Bestimmungen über Massenentlassungen primär keinen individuellen Kündigungsschutz bezwecken, sondern arbeitsmarktpolitischen Charakter haben (KR/*Weigand* § 20 KSchG Rn. 71).

## 5. Folgen einer fehlenden oder fehlerhaften Massenentlassungsanzeige

### a) Fehlende Anzeige bei Kündigungsausspruch

2830 Nach früherer Rechtsprechung des BAG führte ein Verstoß des Arbeitgebers gegen die Massenentlassungsanzeigepflicht nicht zur Unwirksamkeit der Kündigung, sondern hinderte nur deren Vollzug (*BAG* 18.9.2003 EzA § 17 KSchG Nr. 11 = NZA 2004, 375; ebenso *ArbG Lörrach* 24.3.2005 NZA 2005, 584; *ArbG Krefeld* 14.4.2005 DB 2005, 892 = NZA 2005, 582). Für die Praxis war diese Dif-

## K. Besonderheiten bei Massenentlassungen

Kapitel 4

ferenzierung weitgehend ohne Bedeutung (*Bauer/Göpfert/Haußmann/Krieger* S. 208 Rn. 107). Die Kündigung konnte auch aufgrund der vom BAG angenommenen »Entlassungssperre« das gekündigte Arbeitsverhältnis nicht wirksam beenden.

Die frühere Rechtsprechung des BAG ist angesichts der erforderlichen richtlinienkonformen Auslegung des § 17 Abs. 1 KSchG überholt. Spricht ein Arbeitgeber Kündigungen aus, ohne überhaupt eine nach § 17 KSchG erforderliche Massenentlassungsanzeige vorzunehmen, sind sämtliche Kündigungen und nicht nur diejenigen, die den Umfang des § 17 KSchG überschreiten, unwirksam (§ 134 BGB; statt vieler: ErfK/*Kiel* § 17 KSchG Rn. 36; *Röder/Baeck* S. 44; offen gelassen: BAG 13.7.2006 EzA § 17 KSchG Nr. 17 = NZA 2007, 25). Ein »Nachholen« der Anzeige nach Ausspruch der Kündigungen ist nicht möglich. Vielmehr muss der Arbeitgeber die Kündigungen nach ordnungsgemäßer Durchführung des »Verfahrens« erneut aussprechen (*Niklas/Koehler* NZA 2010, 913, 918). **2831**

Will der Arbeitnehmer die Unwirksamkeit der Kündigung mangels ordnungsgemäßer Massenentlassungsanzeige geltend machen, muss er innerhalb von drei Wochen nach Zugang der Kündigung Klage erheben (§ 4 KSchG; *Bauer/Göpfert/Haußmann/Krieger* S. 208 Rn. 107; ErfK/*Kiel* § 17 KSchG Rn. 36, LAG Nds. 6.4.2009 BB 2009, 1981, 1983). **2832**

Im Rahmen eines Kündigungsschutzprozesses ist der Arbeitnehmer darlegungs- und ggf. beweispflichtig für die tatsächlichen Voraussetzungen der **Anzeigepflicht nach § 17 KSchG**. Er muss also sowohl die Zahl der beschäftigten Arbeitnehmer als auch die Zahl der entlassenen Arbeitnehmer im Streitfall beweisen. Allerdings dürfen insoweit keine überspannten Anforderungen gestellt werden. Der Arbeitnehmer genügt deshalb im Rahmen des § 17 Abs. 1 KSchG i. d. R. seiner Darlegungslast, wenn er die äußeren Umstände schlüssig darlegt, dass die betreffenden Schwellenwerte erreicht werden. Hat der Arbeitnehmer schlüssig derartige äußere Umstände vorgetragen, muss der Arbeitgeber darauf gem. § 138 Abs. 2 ZPO im Einzelnen erklären, aus welchen rechtserheblichen Umständen folgen soll, dass der Schwellenwert nicht erreicht wird. Hierauf muss dann der Arbeitnehmer erwidern und ggf. Beweis antreten (BAG 24.2.2005 EzA § 17 KSchG Nr. 14 = NZA 2005, 766; vgl. dazu *Nicolai* SAE 2006, 72 ff.). **2833**

In sog. »Altfällen« sind Kündigungen auch dann wirksam, wenn die Massenentlassungen erst nach Ausspruch der Kündigungen angezeigt wurden und der Arbeitgeber dabei die Vorgaben der bis zu diesem Zeitpunkt maßgeblichen BAG-Rechtsprechung befolgt hat. Vor Bekanntwerden der Junk-Entscheidung des *EuGH* (27.1.2005 – C-188/03, NZA 2005, 213) durften sich Arbeitgeber auf die ständige Rechtsprechung des BAG und die durchgängige Verwaltungspraxis der Agentur für Arbeit verlassen, dass die Massenentlassungsanzeige erst nach Ausspruch der Kündigung angezeigt werden konnte und in der Regel musste bzw. eine Anzeige vor der tatsächlichen Beendigung des Arbeitsverhältnisses ausreichend war (*Bauer/Krieger/Powietzka* BB 2006, 2023, 2024). Dieser Vertrauensschutz in die »alte Rechtslage« hat nicht bereits mit der Verkündung der Entscheidung des EuGH vom 27.1.2005 geendet (bis zu diesem Zeitpunkt gilt er in jedem Fall: BAG 22.3.2007 EzA § 17 KSchG Nr. 19 = NZA 2007, 1101). Das Vertrauen **ist erst dann nicht mehr schutzwürdig**, wenn die für die Anwendung und Ausführung der §§ 17 ff. KSchG zuständige **Arbeitsverwaltung** ihre frühere Rechtsauffassung geändert hat und **dies dem Arbeitgeber auch bekannt sein musste**, d. h. derart bekannt gegeben war, dass von einem Arbeitgeber oder von seinem mit gehöriger Sorgfalt beratenden Anwalt die Kenntnisnahme erwartet werden musste (BAG 13.7.2006 EzA § 17 KSchG Nr. 17 = NZA 2007, 25). **2834**

### b) Fehlerhafte Massenentlassungsanzeige

Hat der Arbeitgeber die Massenentlassungsanzeige zwar erstattet, ist die Anzeige aber inhaltlich fehlerhaft, ist danach zu differenzieren, ob der Mangel die sog. Mussangaben (§ 17 Abs. 3 S. 1 2. Hs., § 17 Abs. 2 S. 1 Nr. 1–5 KSchG) oder die sog. Soll-Angaben (§ 17 Abs. 3 S. 5 KSchG) betrifft. Unterlässt der Arbeitgeber lediglich eine oder mehrere Soll-Angaben, hat dies keinen Einfluss auf die Wirksamkeit der Anzeige (*v. Hoyningen-Huene/Linck* KSchG, § 17 Rn. 87). Die Agentur für Ar- **2835** beit kann aber bei der Anhörung nach § 20 Abs. 3 S. 1 KSchG die unterlassenen Soll-Angaben erfragen und ggf. die Sperrfrist verlängern (*Niklas/Koehler* NZA 2010, 913, 918). Unterlässt der Arbeitgeber demgegenüber die zwingenden Muss-Angaben oder ist eine solche unvollständig, ist die Anzeige grds. unwirksam (ErfK/*Kiel* § 17 KSchG Rn. 29). Lediglich die falsche Angabe eines Arbeitgebers über die Anzahl der i. d. R. Beschäftigten kann dann folgenlos sein, wenn die Agentur für Arbeit dadurch nicht bei ihrer sachlichen Prüfung beeinflusst wurde (BAG 22.3.2001 EzA Art. 101 GG Nr. 5). Unabhängig davon, sollten Arbeitgeber bei der Mitteilung der Muss-Angaben sehr sorgfältig sein, da derartige inhaltliche Fehler nach herrschender Auffassung zur Nichtigkeit der Kündigungen führen (KR-*Weigand* § 17 KSchG, Rn. 101). Arbeitgeber können die Angaben zwar nachholen, solange die Kündigungen noch nicht ausgesprochen wurden. Die Sperrfrist beginnt in diesem Fall aber erst mit der Vervollständigung der Anzeige. Wird die Anzeige erst nach Kündigungsausspruch vervollständigt, sind die Kündigungen wegen fehlender (ordnungsgemäßer) Massenentlassungsanzeige nach § 134 BGB nichtig und müssen nach ordnungsgemäßer Anzeige erneut ausgesprochen werden (*Niklas/Koehler* NZA 2010 913, 918; APS/*Moll* § 17 KSchG Rn. 100; v. *Hoyningen-Huene/Linck* KSchG, § 17 Rn. 84).

**2836** Demgegenüber führt die fehlende Mitteilung über den Stand der Beratungen (§ 17 Abs. 3 S. 3 KSchG) nicht zur Unwirksamkeit der Kündigungen, wenn die Agentur für Arbeit gleichwohl in der Lage ist, die erforderlichen Maßnahmen zu ergreifen (BAG 28.5.2009 NZA 2009, 1267).

### c) Folgen mangelhafter oder fehlender Konsultation mit dem Betriebsrat

**2837** Die Folgen mangelhafter oder fehlender Konsultation des Betriebsrats sind gesetzlich nicht geregelt. Auch die Rechtsprechung hat bisher nicht abschließend geklärt, welche Rechtsfolgen es auslöst, wenn der Arbeitgeber den Betriebsrat nicht, nicht rechtzeitig oder fehlerhaft beteiligt. In seiner früheren Rechtsprechung ging das BAG zwar davon aus, dass die Nichtigkeit einer Kündigung in § 17 Abs. 2 KSchG nicht gesetzlich vorgesehen sei (anders als etwa in § 102 Abs. 1 S. 3 BetrVG) und eine Nichtigkeit sich auch nicht aus einer richtlinienkonformen Auslegung des deutschen Rechts herleiten lasse (BAG 18.9.2003 EzA § 17 KschG Nr. 11 = BB 2004, 1223; zust. *Bauer/Krieger/Powietzka* BB 2023, 2026). Eine Anpassung dieser Rechtsprechung ist aber nicht auszuschließen (für Nichtigkeit/Unwirksamkeit z. B. ErfK/*Kiel* § 17 Rn. 36). Arbeitgeber sollten angesichts der bestehenden Rechtsunklarheiten auf die ordnungsgemäße Durchführung des Konsultationsverfahrens achten.

### d) Mängelheilung

**2838** Nach der bisherigen Rechtsprechung des BAG sind etwaige Mängel der Massenentlassungsanzeige durch die Agentur für Arbeit heilbar. Stimmt die Arbeitsagentur einer nach § 17 KSchG anzeigepflichtigen Entlassung zu einem bestimmten Zeitpunkt durch bestandskräftigen Verwaltungsakt zu und stellt es damit inzident fest, dass eine wirksame Massenentlassungsanzeige vorlag, sollen Arbeitsgerichte durch die **Bestandskraft des Verwaltungsaktes** gehindert sein, im Kündigungsschutzprozess die Entscheidung der Arbeitsverwaltung nachzuprüfen (BAG 13.7.2000 NZA 2001, 144, 147). Allerdings hat das BAG bereits im Urteil vom 18.9.2003 (NZA 2004, 375) offen gelassen, ob es an dieser Rechtsprechung festhält. Problematisch ist, dass die betreffenden Arbeitnehmer in diesem Fall keine Möglichkeit hätten, die Nichteinhaltung der Vorschriften der § 17 ff. KSchG zu rügen. Weder könnten sie die (heilende) Entscheidung der Behörde anfechten, noch könnten sie etwaige Verstöße gegen § 17 ff. KSchG im Arbeitsgerichtsverfahren rügen. Vor diesem Hintergrund ist zweifelhaft, ob die bisherige Rechtsprechung des BAG mit Art. 6 der Richtlinie 98/59 EG vereinbar ist. Art. 6 der Richtlinie 98/59 EG verpflichtet die Mitgliedstaaten sicherzustellen, dass den Arbeitnehmervertretern und/oder den Arbeitnehmern administrative und/oder gerichtliche Verfahren zur Durchsetzung der Verpflichtungen der Richtlinie 98/59 EG zur Verfügung stehen. Mangels effektiven Rechtsschutzes der Arbeitnehmer sollten sich Arbeitgeber deshalb nicht darauf verlassen, dass die Agentur für Arbeit durch ihren Bescheid etwaige Mängel der Massenentlassungsanzeige heilen und damit über die Zulässigkeit der Kündigungen entscheiden kann (*Niklas/Koehler* NZA 2010, 913, 918).

## 6. Zeitplan/Empfohlenes Vorgehen

Für die Durchführung des Konsultationsverfahrens sowie der Massenentlassungsanzeige ergibt 2839
sich für Arbeitgeber, die anzeigepflichtige Entlassungen i. S. v. § 17 KSchG beabsichtigen, folgende Handlungsempfehlung (vgl.: hierzu: *Bauer/Göpfert/Haußmann/Krieger* S. 209; *Krieger/ Ludwig* NZA 2010, 919, 925):

- Planung der Betriebsänderung.
- Prüfung der Schwellenwerte für die Massenentlassung.
- Unterrichtung des Wirtschaftsausschusses (§ 106 BetrVG).
- Soweit die Massenentlassung im Rahmen einer Betriebsänderung i. S. v. § 111 BetrVG beabsichtigt ist: Interessenausgleichsverhandlungen und Versuch eines Interessenausgleichs vor Beginn der Betriebsänderung. Verbindung von Interessenausgleichsverfahren und Konsultationsverfahren (§ 17 Abs. 2 KSchG) zur Vermeidung unnötiger Zeitverluste.
- Schriftliche Unterrichtung des Betriebsrats und ggf. des Sprecherausschusses nach § 17 Abs. 2 S. 1 KSchG sowie Angebot mit Terminsvorschlägen zur Beratung i. S. v. § 17 Abs. 2 S. 2 KSchG. Zugang des/der Unterrichtungsschreiben(s) (mehr als zwei Wochen vor geplanter Massenentlassungsanzeige) soll durch Empfangsbekenntnis des Betriebsratsvorsitzenden bestätigt werden.
- Gleichzeitig Kopie des/der Unterrichtungsschreiben(s), einschließlich Empfangsbekenntnis des Betriebsratsvorsitzenden, an die Agentur für Arbeit.
- Anhörung des Betriebsrats im Hinblick auf individuelle Kündigungen nach § 102 BetrVG mehr als eine Woche vor geplantem Ausspruch der Kündigungen.
- (Endgültige) Entscheidung über anzeigepflichtige Kündigungen nach Ende der Konsultationen mit dem Betriebsrat und nach Anhörung gem. § 102 BetrVG bzw. jeweiligem Ablauf der Wochenfrist (§ 102 Abs. 2 1 BetrVG).
- Massenentlassungsanzeige einschließlich Stellungnahme des Betriebsrats oder Mitteilung des Stands der Verhandlungen gegenüber zuständiger Agentur für Arbeit (frühestens am fünfzehnten Tag nach vollständiger Unterrichtung des Betriebsrats).
- Ausspruch der Kündigungen (nach Eingang der Massenentlassungsanzeige bei der Agentur für Arbeit, aus Beweisgründen zweckmäßigerweise am Folgetag, und nach Vorliegen einer abschließenden Stellungnahme des Betriebsrats zu den individuellen Kündigungen bzw. nach Ablauf der Wochenfrist (§ 102 Abs. 2 S. 1 BetrVG), innerhalb von 90 Tagen ab Zulässigkeit der Kündigungen (§ 18 Abs. 4 KSchG).

## L. Die anderweitige Beschäftigungsmöglichkeit

### I. Absolute Gründe der Sozialwidrigkeit

#### 1. Allgemeine Voraussetzungen

Gem. § 1 Abs. 2 S. 2, 3 KSchG ist eine Kündigung auch sozial ungerechtfertigt, wenn ihr der Be- 2840
triebsrat aus bestimmten Gründen formell widersprochen hat, weil die Kündigung gegen eine Auswahlrichtlinie nach § 95 BetrVG verstößt oder der Arbeitnehmer an einem anderen Arbeitsplatz desselben Betriebs oder eines anderen Betriebes desselben Unternehmens weiterbeschäftigt werden kann, ggf. nach zumutbaren Umschulungs- oder Fortbildungsmaßnahmen oder zu geänderten Bedingungen, falls der Arbeitnehmer hiermit sein Einverständnis erklärt hat (vgl. *Gaul* BB 1995, 2422).

Liegt ein form- und fristgerecht erhobener Widerspruch des Betriebsrats bzw. form- und fristgerecht 2841
erhobene Einwendungen der zuständigen Personalvertretung vor und ist der Widerspruch auch sachlich begründet, so liegt ein sog. **absoluter Grund der Sozialwidrigkeit vor** (BAG 6.6.1984 NZA 1985, 93; s. Rdn. 1911).

Das bedeutet, dass eine weitergehende Abwägung der beiderseitigen Interessen nicht stattfindet. Das 2842
objektive Vorliegen der genannten Tatbestandsmerkmale führt unmittelbar zur Sozialwidrigkeit der Kündigung (vgl. APS/*Dörner/Vossen* § 1 KSchG Rn. 92 ff.).

## 2. Fehlen eines (ordnungsgemäßen) Widerspruchs des Betriebsrats

**2843** Liegen dagegen zwar Widerspruchs- bzw. Einspruchsgründe vor, aber kein Widerspruch bzw. Einspruch des Betriebs- bzw. Personalrats, z. B. weil ein Betriebs- oder Personalrat nicht besteht oder dieser aus einem der genannten Gründe nicht oder nicht frist- oder formgerecht widersprochen hat, so kann sich der Arbeitnehmer gleichwohl darauf, insbes. auf eine anderweitige Beschäftigungsmöglichkeit auch berufen. Es gelten dann allerdings die **allgemeinen Regeln der relativen Sozialwidrigkeit**. Folglich ist eine ordentliche Beendigungskündigung nach dem Grundsatz der **Verhältnismäßigkeit** ausgeschlossen, wenn die Möglichkeit besteht, den Arbeitnehmer auf einem anderen freien Arbeitsplatz auch zu geänderten (schlechteren) Arbeitsbedingungen weiterzubeschäftigen (*BAG* 21.4.2005 EzA § 2 KSchG Nr. 53; 24.11.2005 EzA § 1 KSchG Krankheit Nr. 51; 2.2.2006 EzA § 1 KSchG Betriebsbedingte Kündigung Nr. 144; 5.6.2008 EzA § 1 KSchG Betriebsbedingte Kündigung Nr. 161; vgl. *Hidalgo/Mauthner* NZA 2007, 1254 ff.). Nichts anderes gilt, wenn der Arbeitgeber den Arbeitnehmer auf einem anderen Arbeitsplatz **zu im Wesentlichen gleichen Arbeitsbedingungen** beschäftigen könnte, die den Arbeitnehmer weniger belasten würden (*LAG Köln* 4.11.2004 LAG Report 2005, 299).

## II. Pflicht zur anderweitigen Beschäftigung auch bei verhaltensbedingter Kündigung?

**2844** Die Pflicht zur anderweitigen Beschäftigung besteht dem Grunde nach bei allen Kündigungskategorien, also bei der betriebsbedingten, der personen- und der verhaltensbedingten Kündigung. Deshalb muss der Arbeitgeber z. B. vor Ausspruch einer krankheitsbedingten Kündigung wegen Unmöglichkeit der Erbringung der Arbeitsleistung prüfen – Grundsatz der Verhältnismäßigkeit –, ob eine Weiterbeschäftigung des **schwer behinderten Arbeitnehmers** auf einem leidensgerechten freien oder leicht frei zu machenden Arbeitsplatz möglich ist (*LAG BW* 19.5.2004 LAG Report 2005, 84).

**2845** Für den Fall der **verhaltensbedingten Kündigung** wird allerdings (*LAG Düsseld.* 21.5.1976 DB 1977, 122; *LAG Bln.* 11.6.1974 BB 1974, 1024) die Auffassung vertreten, dass eine anderweitige Beschäftigung **grds. nicht in Betracht kommt**, weil das Verhalten des Arbeitnehmers das Vertrauensverhältnis zum Arbeitgeber »arbeitsplatzübergreifend« zerstört hat.

**2846** Zutreffend ist insoweit zwar der Hinweis, dass im Bereich der verhaltensbedingten Kündigung eine entsprechende subjektive anderweitige Beschäftigungsmöglichkeit eher selten zu bejahen sein wird, weil die Störung des Vertrauensverhältnisses häufig arbeitsplatzübergreifend sein wird.

**2847** Andererseits ist es aber nicht von vornherein ausgeschlossen, dass die maßgeblichen konkreten Umstände dann an Relevanz verlieren, wenn der Arbeitnehmer auf einen anderen Arbeitsplatz mit anderen Aufgaben, Pflichten oder Kollegen versetzt wird (*BAG* 6.10.2005 EzA § 1 KSchG Verhaltensbedingte Kündigung Nr. 66), insbes. dann, wenn sein Verhalten unmittelbar durch die spezifischen Umstände des bisherigen Arbeitsplatzes hervorgerufen worden ist, solche Umstände aber an einem anderweitig verfügbaren Arbeitsplatz nicht vorhanden sind (*BAG* 30.5.1978 EzA § 626 BGB n. F. Nr. 66; 22.7.1982 EzA § 1 KSchG Verhaltensbedingte Kündigung Nr. 10; APS/*Dörner/Vossen* § 1 KSchG Rn. 96). Andererseits ist davon auszugehen, dass im Falle einer **erheblich verschuldeten Vertragspflichtverletzung** wie z. B. einer Tätlichkeit gegenüber einem Arbeitskollegen eine Versetzung oder Umsetzung dem Arbeitgeber regelmäßig unzumutbar ist (*BAG* 6.10.2005 EzA § 1 KSchG Verhaltensbedingte Kündigung Nr. 66).

## III. Anderweitige Beschäftigungsmöglichkeit

### 1. Vergleichbare Arbeitsplätze; Unternehmensbezug

*a) Grundlagen*

**2848** Die objektive anderweitige Beschäftigungsmöglichkeit erstreckt sich nur auf **verfügbare, d. h. freie Arbeitsplätze** (*BAG* 2.2.2006 EzA § 1 KSchG Betriebsbedingte Kündigung Nr. 144).

L. Die anderweitige Beschäftigungsmöglichkeit					Kapitel 4

Ein Arbeitsplatz kann, solange ein zur Erledigung der dort anfallenden Arbeit dem Arbeitgeber 2849
arbeitsvertraglich verpflichteter Arbeitnehmer vorhanden ist, grds. nicht als frei angesehen werden. Daran ändert sich grds. auch dann nichts, wenn ein Arbeitnehmer erkrankt ist und vorübergehend nicht zur Arbeit herangezogen werden kann. Selbst dann, wenn wahrscheinlich ist oder gar feststeht, dass der erkrankte Arbeitnehmer nicht zurückkehren wird, ist allein dadurch der betreffende Arbeitsplatz nicht als frei anzusehen, solange der Arbeitsvertrag besteht. Denn es ist – bis zur Grenze des Missbrauchs – Sache des Arbeitgebers (unternehmerische Entscheidungsfreiheit), darüber zu bestimmen, ob und ggf. wie lange er eine Krankheitsvakanz auf einem bestimmten Arbeitsplatz hinnimmt und ob und wie er sie überbrückt (*BAG* 2.2.2006 EzA § 1 KSchG Betriebsbedingte Kündigung Nr. 144 = NZA 2007, 352 LS).

Ob die Beschäftigung von Leiharbeitnehmern die Annahme rechtfertigt, im Betrieb oder Unternehmen des Arbeitgebers seien »freie« Arbeitsplätze vorhanden, hängt von den Umständen des Einzelfalls ab. Werden Leiharbeitnehmer lediglich zur Abdeckung von »Auftragsspitzen« eingesetzt, liegt darin keine alternative Beschäftigungsmöglichkeit i. S. v. § 1 Abs. 2 S. 2 KSchG. Der Arbeitgeber kann in einem solchen Fall typischerweise nicht davon ausgehen, dass er für die Auftragsabwicklung dauerhaft Personal benötige. An einem »freien« Arbeitsplatz fehlt es i. d. R. außerdem, wenn der Arbeitgeber Leiharbeitnehmer als »Personalreserve« zur Abdeckung von Vertretungsbedarf beschäftigt (*BAG* 15.12.2011 EzA § 1 KSchG Soziale Auswahl Nr. 84).

Momentan besetzte, aber **vorhersehbar frei werdende Arbeitsplätze** sind jedoch gleichfalls zu berücksichtigen, weil auch sie verfügbar sind. Dies gilt jedenfalls dann, wenn der anderweitige Arbeitsplatz noch während der laufenden Kündigungsfrist frei werden wird, sodass sich dann die anderweitige Beschäftigungsmöglichkeit noch während des bestehenden Arbeitsverhältnisses realisiert (*BAG* 2.2.2006 EzA § 1 KSchG Betriebsbedingte Kündigung Nr. 144; *Gaul/Kühnreich* BB 2003, 254). Auch wenn ein Arbeitgeber eine Weiterbeschäftigungsmöglichkeit für die Re-Integration eines arbeitsunfähigen Arbeitnehmers kennt oder bei ordnungsgemäßer Durchführung des BEM (§ 84 Abs. 2 SGB IX) kennen muss, muss er sich eine dennoch besetzte Stelle grds. als im Zeitpunkt der Kündigung »frei« entgegenhalten lassen (*LAG Bln.-Bra.* 17.8.2009 – 10 Sa 592/09, ZTR 2010, 267 LS). 2850

Wird der anderweitige Arbeitsplatz erst nach dem Ablauf der Kündigungsfrist frei, so kann die Frage, 2851
ob insoweit eine objektiv anderweitige Beschäftigungsmöglichkeit vorliegt, nur bejaht werden, wenn sich der mit der Kündigung verfolgte Zweck auch noch bei späterer Realisierung der anderweitigen Beschäftigung verwirklichen lässt. Keine objektive anderweitige Beschäftigungsmöglichkeit liegt dann vor, wenn lediglich nach den Erfahrungen des Betriebes mit dem Freiwerden einer geeigneten Stelle in absehbarer Zeit gerechnet werden kann (*BAG* 29.3.1990 EzA § 1 KSchG Soziale Auswahl Nr. 29).

Andererseits sind solche Arbeitsplätze in die Beurteilung einzubeziehen, bei denen im Zeitpunkt der 2852
Kündigung bereits feststeht, dass sie in **absehbarer Zeit nach Ablauf der Kündigungsfrist frei werden**, sofern die Überbrückung dieses Zeitraums dem Arbeitgeber zumutbar ist. Zumutbar ist jedenfalls ein Zeitraum, den ein anderer Stellenbewerber zur Einarbeitung benötigen würde (*BAG* 15.12.1994 EzA § 1 KSchG Betriebsbedingte Kündigung Nr. 75; s. a. *BAG* 5.6.2008 EzA § 1 KSchG Betriebsbedingte Kündigung Nr. 161; s. a. *Gelhaar* DB 2008, 2831 ff.). Nicht zumutbar ist aber die Überbrückung von sechs Monaten bei einem noch keine drei Jahre währenden Arbeitsverhältnis, wenn die Einarbeitungszeit eines neu eingestellten Mitarbeiters erheblich kürzer wäre (*LAG Köln* 7.11.1997 LAGE § 1 KSchG Betriebsbedingte Kündigung Nr. 50). Ist im Zeitpunkt des Kündigungszugangs eine Beschäftigungsmöglichkeit nicht (mehr) vorhanden, so kann es dem Arbeitgeber gleichwohl nach dem **Rechtsgedanken des § 162 BGB** verwehrt sein, sich auf den Wegfall von Beschäftigungsmöglichkeiten im Kündigungszeitpunkt zu berufen, wenn dieser Wegfall treuwidrig herbeigeführt wurde (*BAG* 5.6.2008 EzA § 1 KSchG Betriebsbedingte Kündigung Nr. 161 = NZA 2008, 1180). Das ist dann der Fall, wenn für den Arbeitgeber **im Zeitpunkt der Stellenbesetzung ein »Auslaufen«** der Beschäftigungsmöglichkeit für den später gekündigten Arbeit-

**nehmer absehbar war**, Kündigungsentschluss und anderweitige Besetzung der freien Stelle »uno actu« erfolgten (*BAG* 24.11.2005 EzA § 1 KSchG Krankheit Nr. 51).

2853 Ggf. hat der Arbeitgeber einen geeigneten Arbeitsplatz durch Ausübung seines **Direktionsrechts** frei zu machen und sich auch um die evtl. erforderliche Zustimmung des Betriebsrates zu bemühen. Zu einer weitergehenden Umorganisation oder zur Durchführung eines Zustimmungsersetzungsverfahrens gem. § 99 Abs. 4 BetrVG ist der Arbeitgeber dagegen nicht verpflichtet (*BAG* 29.1.1997 EzA § 1 KSchG Krankheit Nr. 42; vgl. dazu *Bernardi* NZA 1999, 683 ff.).

2854 Zu berücksichtigen ist, dass § 1 KSchG hinsichtlich der Weiterbeschäftigungspflicht unternehmensbezogen ist (s. Rdn. 1842 ff., 2531 ff.; *BAG* 23.11.2004 EzA § 1 KSchG Betriebsbedingte Kündigung Nr. 135; 23.4.2008 EzA § 1 KSchG Betriebsbedingte Kündigung Nr. 160; s. a. *LAG Nbg.* 4.11.2008 LAGE § 1 KSchG Betriebsbedingte Kündigung Nr. 82). Deshalb ist auch die Möglichkeit der Weiterbeschäftigung in einem anderen Betrieb des Unternehmens, einer anderen Dienststelle desselben Verwaltungszweiges an demselben Dienstort einschließlich seines Einzugsbereichs zu berücksichtigen (*BAG* 17.5.1984 EzA § 1 KSchG Betriebsbedingte Kündigung Nr. 32). Dem **öffentlichen Arbeitgeber** muss eine **über den Verwaltungszweig hinaus bestehende Weiterbeschäftigungsmöglichkeit** dann kündigungsrechtlich zugerechnet werden, wenn er die **bisherige Verwaltungsaufgabe und Verwaltungsorganisation** einer Dienststelle durch Gesetz oder Erlass **aufgelöst** hat, um – wenn auch nur teilweise – vergleichbare Aufgaben im Rahmen einer neu gebildeten Strukturform und Verwaltungsorganisation in einem anderen Verwaltungsbereich auszuführen. Denn andernfalls könnten Arbeitnehmer allein aufgrund der Verschiebung von Zuständigkeiten aus dem Arbeitsverhältnis gedrängt werden, obwohl sich weder am tatsächlichen Beschäftigungsbedarf noch am Arbeitsinhalt noch in der Person des Arbeitgebers irgendetwas geändert hat oder auch nur ändern soll (*BAG* 10.6.2010 EzA § 1 KSchG Personenbedingte Kündigung Nr. 25).

Eine Weiterbeschäftigungsmöglichkeit außerhalb des Unternehmens des Arbeitgebers kann regelmäßig jedenfalls dann nicht zur Sozialwidrigkeit einer betriebsbedingten Kündigung führen, wenn der Arbeitgeber keine hinreichenden rechtlichen bzw. tatsächlichen Möglichkeiten hat, dem Drittunternehmen gegenüber die Weiterbeschäftigung dieses Arbeitnehmers durchzusetzen (*BAG* 21.2.2002 EzA § 1 KSchG Wiedereinstellungsanspruch Nr. 7).

Eine **konzernbezogene Weiterbeschäftigungspflicht** besteht dagegen nur **ausnahmsweise** (s. Rdn. 1842 ff., 2531 ff.; *BAG* 26.6.2008 NZA-RR 2009, 205).

2855 Fallen in **verschiedenen Betrieben eines Unternehmens Arbeitsplätze weg** und ist die Weiterbeschäftigung nur eines Arbeitnehmers auf einem freien Arbeitsplatz in einem Betrieb möglich, so hat der Arbeitgeber bei der Besetzung des freien Arbeitsplatzes die sozialen Belange der betroffenen Arbeitnehmer zumindest nach **§ 315 BGB** mit zu berücksichtigen. Ob bei einer derartigen **Konkurrenz der Weiterbeschäftigungsansprüche** von Arbeitnehmern verschiedener Betriebe eines Unternehmens eine Sozialauswahl entsprechend § 1 Abs. 3 KSchG durchzuführen ist, hat das *BAG* (15.12.1994 EzA § 1 KSchG Betriebsbedingte Kündigung Nr. 77) offen gelassen; nach *BAG* 21.9.2000 (EzA § 1 KSchG Betriebsbedingte Kündigung Nr. 107; vgl. dazu *Joussen* SAE 2001, 261) sprechen dafür »gewichtige Gründe«.

2856 Für die **analoge Anwendung des § 1 Abs. 3 KSchG** spricht, dass eine planwidrige Regelungslücke gegeben ist. Ohne die Analogie würden sich erhebliche Wertungswidersprüche ergeben. Denn sozial schwächere Arbeitnehmer könnten entlassen erden, obwohl ein freier Arbeitsplatz für sie vorhanden ist (KR/*Griebeling* § 1 KSchG Rn. 719, 613; *Preis* NZA 1997, 1081; *Haas/Salamon* NZA 2006, 1192 ff.).

2857 Die objektive anderweitige Beschäftigungsmöglichkeit bezieht sich grds. auf alle freien Arbeitsplätze, deren Anforderungsprofil zumindest teilweise mit dem Leistungsprofil des Arbeitnehmers übereinstimmt (*Gaul/Kühnreich* BB 2003, 254).

Voraussetzung ist also, dass ein freier vergleichbarer (**gleichwertiger;** a. A. *Houben* NZA 2008, 2858
851 ff.: u. U, auch höherwertiger) **Arbeitsplatz** oder ein freier Arbeitsplatz zu **geänderten (schlechteren) Arbeitsbedingungen** vorhanden ist und der Arbeitnehmer über die dafür erforderlichen Kenntnisse verfügt; eine Beförderung kann der Arbeitnehmer nicht verlangen (*LAG Köln* 14.1.2008 – 14 Sa 1079/07, AuR 2008, 276 LS). Die Weiterbeschäftigungsmöglichkeit ist für den Arbeitnehmer dann geeignet, wenn er unter Berücksichtigung einer angemessenen Einarbeitungszeit den Anforderungen des neuen Arbeitsplatzes entsprechen kann. Dabei unterliegt die Gestaltung des Anforderungsprofils für den freien Arbeitsplatz allerdings der, lediglich auf offenbare Unsachlichkeit zu überprüfenden, Unternehmerdisposition des Arbeitgebers (*BAG* 5.6.2008 EzA § 1 KSchG Betriebsbedingte Kündigung Nr. 161). Die Entscheidung des Arbeitgebers, bestimmte Tätigkeiten nur von Arbeitnehmern mit bestimmten Qualifikationen ausführen zu lassen, ist von den Arbeitsgerichten jedenfalls dann zu respektieren, wenn die Qualifikationsmerkmale einen nachvollziehbaren Bezug zur Organisation der auszuführenden Arbeiten haben. Etwas anderes gilt dagegen bei der Festlegung rein persönlicher Merkmale ohne hinreichenden Bezug zur konkreten Arbeitsaufgabe. Insoweit kann z. B. eine vom Arbeitgeber geforderte »mehrjährige Berufserfahrung« zur sachgerechten Erledigung der Arbeitsaufgabe – hier: im Verkauf – ein nachvollziehbares, sachliches Kriterium für eine Stellenprofilierung sein (*BAG* 24.6.2004 EzA § 1 KSchG Betriebsbedingte Kündigung Nr. 132; *LAG Köln* 4.11.2004 LAGE § 2 KSchG Nr. 48; s. a. *LAG Hamm* 17.7.2008 LAGE § 1 KSchG Nr. 14 zum neuen Anforderungsprofil mit – nicht benötigten – Deutschkenntnissen).

Dies gilt insbes., wenn bei drittfinanzierten Arbeitsverträgen das festgelegte Anforderungsprofil **den** 2859
**Vorgaben des Drittmittelgebers** entspricht (*BAG* 7.11.1996 EzA § 1 KSchG Betriebsbedingte Kündigung Nr. 88; vgl. APS/*Dörner/Vossen* § 1 KSchG Rn. 99 f.).

Hat der Arbeitgeber zudem ein **Organisationskonzept** entworfen, das die Durchführung von Schulungs- und Ausbildungsmaßnahmen davon abhängig macht, dass die Trainer bestimmte Qualifikationskriterien erfüllen, ist er **nicht verpflichtet**, dieses – auch tatsächlich umgesetzte Konzept – **zu ändern**, um die Weiterbeschäftigung eines personenbedingt gekündigten Arbeitnehmers auf einem Arbeitsplatz als Trainer zu ermöglichen; dies gilt auch, wenn der Arbeitnehmer ein schwer behinderter Mensch i. S. d. § 2 Abs. 2 SGB IX ist (*LAG Düsseld.* 7.10.2004 LAGE § 2 KSchG Nr. 47). 2860

Andererseits kann der Arbeitgeber zur Vermeidung einer betriebsbedingten Kündigung verpflichtet 2861
sein, dem Arbeitnehmer einen freien anderen Arbeitsplatz selbst dann anzubieten, wenn die **Vergütung dafür erheblich geringer** ist als die bisherige Vergütung des Arbeitnehmers. Das kommt insbes. dann in Betracht, wenn der Arbeitnehmer nach einer Kündigung voraussichtlich auf dem Arbeitsmarkt langfristig nicht zu vermitteln ist (*LAG Köln* 26.8.2004 NZA-RR 2005, 300; s. a. *ArbG Hmb.* 22.11.2011 – 19 Ca 218/11, AuR 2012, 137 LS).

Vom Gekündigten benannte Weiterbeschäftigungsmöglichkeiten in einem **im Ausland gelegenen** 2861a
**Betrieb** eines ausländischen Unternehmens bleiben bei der Prüfung der sozialen Rechtfertigung einer Kündigung nach Stilllegung des inländischen Betriebs ebenso **unberücksichtigt** wie die Beantwortung der Frage, ob nach Verteilung von im inländischen Betrieb angefallener Arbeit auf den ausländischen Betrieb dort Beschäftigte zu überobligatorischen Leistungen veranlasst werden (*LAG Hmb.* 11.5.2011 LAGE § 23 KSchG Nr. 27).

### b) Verhältnis zu Art. 33 Abs. 2 GG im öffentlichen Dienst

§ 1 Abs. 2 S. 2 Nr. 2 KSchG geht als Konkretisierung des Sozialstaatsgebotes für den öffentlichen 2862
Dienst Art. 33 Abs. 2 GG (gleicher Zugang zum öffentlichen Dienst) nach Auffassung des *LAG BW* (27.5.1993 NZA 1994, 557) vor.

## Kapitel 4 — Die Beendigung des Arbeitsverhältnisses

### 2. Zumutbare Umschulungs- oder Fortbildungsmaßnahmen

2863 Die Kündigung ist auch dann sozial ungerechtfertigt, wenn die Weiterbeschäftigung des Arbeitnehmers nach zumutbaren Umschulungs- oder Fortbildungsmaßnahmen möglich ist, wenn der Arbeitnehmer sein **vorheriges Einverständnis** erklärt hat (vgl. APS/*Dörner/Vossen* § 1 KSchG Rn. 104 ff.).

#### a) Beschränkung auf den ursprünglichen Vertragsinhalt?

2864 Nach dem allgemeinen Sprachgebrauch ist unter **Fortbildung die Weiterbildung in dem bisher ausgeübten Beruf**, unter **Weiterbildung die Ausbildung in einem anderen Beruf** zu verstehen.

2865 Während die Fortbildung somit zu einer graduellen Qualifizierung des Leistungsprofils des Arbeitnehmers im Rahmen des vorgegebenen Berufsbildes führt, hat die Umschulung die Herausbildung eines Leistungsprofils in einem anderen Berufsbild zum Ziel.

2866 Das *BAG* (7.2.1991 EzA § 1 KSchG Personenbedingte Kündigung Nr. 9) hat zwar offen gelassen, ob der Begriff der Umschulung i. S. v. § 1 KSchG abweichend vom allgemeinen Sprachgebrauch i. S. v. Fortbildung zu definieren ist, sodass schon deshalb keine Vertragsänderung die notwendige Folge einer Umschulung sei. Der Gesetzgeber geht danach aber erkennbar bei der Weiterbeschäftigung an einem anderen Arbeitsplatz bzw. unter geänderten Arbeitsbedingungen i. S. v. § 1 Abs. 2 S. 1b KSchG davon aus, dass die Bedingungen auf dem anderen Arbeitsplatz gleichwertig sind und die geänderten Arbeitsbedingungen nicht zu einer Beförderung in der Betriebshierarchie führen. Entsprechendes muss aber auch für die Weiterbeschäftigung nach einer Umschulung des Arbeitnehmers gelten.

#### b) Zumutbarkeit

##### aa) Allgemeine Voraussetzungen

2867 Hinsichtlich der Konkretisierung des Merkmals der Zumutbarkeit ist darauf abzustellen, dass Umschulungs- oder Fortbildungsmaßnahmen des Arbeitnehmers im Unternehmen **umso nachhaltiger geeignet sein müssen, die Weiterbeschäftigung des betroffenen Arbeitnehmers zu sichern, je stärker die Maßnahme in die betrieblichen und wirtschaftlichen Belange des Arbeitgebers eingreift** (MünchArbR/*Berkowsky* 2. Aufl., § 140 Rn. 32; zur Verschaffung von Deutschkenntnissen vgl. Hess. LAG 19.7.1999 ARST 2000, 125).

2868 Danach ist die Zumutbarkeit jedenfalls dann nicht mehr gewahrt, wenn **Dauer und Kosten** der Maßnahme zu der **Restdauer des Arbeitsverhältnisses** außer Verhältnis stehen. Auch spielt der **Grad der Erfolgsaussicht** der Maßnahme eine erhebliche Rolle (vgl. APS/*Dörner/Vossen* § 1 KSchG Rn. 107).

##### bb) Relation zwischen Kosten und Zumutbarkeit

2869 Insoweit ist aber fraglich, ob überhaupt eine Verpflichtung des Arbeitgebers besteht, entsprechende Kosten zu übernehmen. Das *BAG* (7.2.1991 EzA § 1 KSchG Personenbedingte Kündigung Nr. 9) hat offen gelassen, wie sich die zeitliche Dauer und die mit der Fortbildungs- oder Umschulungsmaßnahme verbundenen Aufwendungen des Arbeitgebers auf ihre Zumutbarkeit auswirken.

2870 In der Literatur wird **zum Teil** (GK-BetrVG/*Raab* § 102 Rn. 122) die Auffassung vertreten, dass § 102 Abs. 3 Nr. 4 BetrVG keine Aussage über die Finanzierung von Fortbildung bzw. Umschulung enthält.

2871 **Soweit betriebliche Maßnahmen ausreichend und zumutbar sind, treffen danach die Kosten den Arbeitgeber. Außerbetriebliche Maßnahmen sind jedoch vom Arbeitnehmer bzw. der öffentlichen Hand zu finanzieren.**

2872 Demgegenüber wird **zum Teil** (KR/*Etzel* § 102 BetrVG Rn. 169b; a. A. APS/*Dörner/Vossen* § 1 KSchG Rn. 108) aus dem Sinn und Zweck der gesetzlichen Regelung gefolgert, dass die Kosten **stets vom Arbeitgeber bis zur Grenze der Zumutbarkeit** zu finanzieren sind. Die Frage der Zumutbarkeit

## L. Die anderweitige Beschäftigungsmöglichkeit Kapitel 4

von Umschulungs- oder Fortbildungsmaßnahmen hängt zwar nicht davon ab, ob der Arbeitgeber sie allein finanzieren kann. Es ist aber zu berücksichtigen, ob die zur Verfügung stehenden finanziellen Mittel (zumutbare finanzielle Beteiligung des Arbeitgebers zuzüglich öffentlicher Mittel und evtl. freiwilliger Beiträge des Arbeitnehmers) eine Umschulung oder Fortbildung ermöglichen.

### cc) Freier Arbeitsplatz

Zu beachten ist jedenfalls, dass der Arbeitgeber auf die Weiterbeschäftigung eines Arbeitnehmers nach zumutbaren Umschulungs- und Fortbildungsmaßnahmen dann nicht verwiesen werden kann, wenn bei Ausspruch der Kündigung kein entsprechender anderweitiger Arbeitsplatz frei ist und **auch nicht mit hinreichender Sicherheit voraussehbar** ist, dass **nach Abschluss der Maßnahme eine Beschäftigungsmöglichkeit** auf Grund der durch die Fortbildung oder Umschulung erworbenen Qualifikation **besteht**. 2873

Auch bei einer längeren Berufsbildungsmaßnahme (z. B. von zwei Jahren) muss mit hinreichender Wahrscheinlichkeit zu erwarten sein, dass nach deren Abschluss die Weiterbeschäftigung gewährleistet ist (*BAG* 7.2.1991 EzA § 1 KSchG Personenbedingte Kündigung Nr. 9). 2874

### c) Rechtsnatur der Überprüfungspflicht des Arbeitgebers

Bei der Verpflichtung, vor dem Ausspruch einer Beendigungskündigung stets die Möglichkeit einer anderweitigen Beschäftigung des betroffenen Arbeitnehmers zu prüfen, handelt es sich um eine Obliegenheit des Arbeitgebers. 2875

Ihre Nichtbeachtung führt dazu, dass die Beendigung trotz Vorliegens eines »an sich« geeigneten Kündigungsgrundes sozial ungerechtfertigt ist. 2876

### 3. Darlegungs- und Beweislast

#### a) Anderweitige Beschäftigungsmöglichkeit

Hinsichtlich der Darlegungs- und Beweislast gilt auch im Bereich der anderweitigen Beschäftigungsmöglichkeit, dass ihr grds. dem Arbeitgeber obliegender Umfang wesentlich davon abhängt, wie sich der Arbeitnehmer (s. a. *BAG* 24.2.2011 EzA § 1 KSchG Personenbedingte Kündigung Nr. 28 = NZA 2011, 1087) insoweit im Prozess einlässt (vgl. APS/*Dörner/Vossen* § 1 KSchG Rn. 111 ff.). 2877

Der Arbeitgeber ist nicht verpflichtet, ohne konkreten Anlass alle in seinem Unternehmen im Zeitpunkt der Kündigung freien bzw. bis zum Ablauf der Kündigungsfrist frei werdenden Stellen aufzuzeigen und für jede Stelle darzulegen, warum eine Weiterbeschäftigung des betroffenen Arbeitnehmers auf jeder dieser Stellen nicht möglich war. 2878

Deshalb muss, um eine entsprechende Darlegungslast des Arbeitgebers auszulösen, der **Arbeitnehmer** zunächst behaupten, dass **eine seinem Leistungsprofil entsprechende Stelle** in seinem Betrieb oder in einem anderen Betrieb des Unternehmens **frei gewesen sein soll** (s. *LAG Nbg.* 4.11.2008 LAGE § 1 KSchG Betriebsbedingte Kündigung Nr. 82). Der Arbeitnehmer kann sich insoweit nicht auf den Sachvortrag beschränken, seit Beginn der Elternzeit »müsse es im Hinblick auf die Länge des Zeitraumes Beschäftigungsmöglichkeiten gegeben haben«. Er muss solche Einsatzmöglichkeiten vielmehr **konkret benennen**. Benennt er im Lauf der Kündigungsfrist oder danach freiwerdende Arbeitsplätze, dann steht dies der Wirksamkeit der Kündigung nur entgegen, wenn der Arbeitnehmer behauptet, dass diese Einsatzmöglichkeiten schon im Kündigungszeitpunkt erkennbar gewesen seien; andernfalls kommt lediglich u. U. ein Wiedereinstellungsanspruch des Arbeitnehmers in Betracht (*LAG Nbg.* 4.11.2008 LAGE § 1 KSchG Betriebsbedingte Kündigung Nr. 82). 2879

Genügt der Sachvortrag des Arbeitnehmers diesen Anforderungen, dann muss der **Arbeitgeber** darlegen, dass diese vom Arbeitnehmer konkret aufgezeigten Weiterbeschäftigungsmöglichkeit **tatsächlich nicht bestand** (s. *LAG München* 27.7.2006 – 2 Sa 256/06, AuR 2007, 59 LS). 2880

**2881** Bestreitet der Arbeitnehmer diesen Vortrag lediglich, so ist Beweis nicht zu erheben, weil sich der Arbeitnehmer nicht hinreichend substantiiert auf den Vortrag des Arbeitgebers eingelassen hat (s. *LAG Nbg.* 4.11.2008 LAGE § 1 KSchG Betriebsbedingte Kündigung Nr. 82).

Vielmehr muss der Arbeitnehmer nunmehr mit entsprechendem Substantiierungsgrad konkret darlegen, in welchem Betrieb und in welcher Abteilung die von ihm behauptete Weiterbeschäftigungsmöglichkeit bestehen soll. Dies gilt grds. auch dann, wenn sich der Arbeitnehmer auf einen nur ausnahmsweise anzuerkennenden Kündigungsschutz, also z. B. auf eine Weiterbeschäftigung in einem anderen Tochterunternehmen des Konzerns, beruft (*BAG* 10.1.1994 EzA § 1 KSchG Betriebsbedingte Kündigung Nr. 74).

**2882** Dann allerdings muss der **Arbeitgeber beweisen, dass diese Möglichkeit nicht besteht** (*BAG* 30.5.1985 EzA § 1 KSchG Betriebsbedingte Kündigung Nr. 36). Bleibt nach der Durchführung der Beweisaufnahme offen, ob die anderweitige Beschäftigungsmöglichkeit tatsächlich bestanden hat oder nicht, so ist der Kündigungsschutzklage stattzugeben, weil der Arbeitgeber seiner Beweislast nicht nachgekommen ist.

**2883** Trägt andererseits der Arbeitnehmer vor, dass eine mittels **Direktionsrecht durchführbare Einsatzmöglichkeit** in einer anderen Abteilung besteht, bei der Beeinträchtigungen durch die Krankheit nicht vorliegen, muss der Arbeitgeber sich dazu äußern. Äußert er sich nicht, geht dies nach § 1 Abs. 2 S. 4 KSchG zu seinen Lasten (*LAG Nbg.* 21.1.2003 LAGE § 1 KSchG Krankheit Nr. 34).

**2883a** Zusammengefasst gilt (*BAG* 30.9.2010 EzA § 84 SGB IX Nr. 77 = NZA 2011,39):

Nach § 1 Abs. 2 S. 4 KSchG trägt der Arbeitgeber die Darlegungs- und Beweislast für die Tatsachen, die die Kündigung bedingen. Dazu gehört auch die Darlegung des **Fehlens alternativer Beschäftigungsmöglichkeiten**. Der Arbeitgeber kann – z. B. außerhalb der Verpflichtung zur Durchführung eines BEM (§ 84 Abs. 2 SGB IX) – zunächst pauschal behaupten, es bestehe für den dauerhaft erkrankten Arbeitnehmer keine andere Beschäftigungsmöglichkeit. Der **Arbeitnehmer** muss sodann **konkret darlegen**, wie er sich eine Änderung des bisherigen Arbeitsplatzes oder eine Beschäftigung an einem anderen Arbeitsplatz vorstellt, die er trotz seiner gesundheitlichen Beeinträchtigungen ausüben könne. Diese Verteilung der Darlegungs- und Beweislast für das Bestehen einer alternativen Beschäftigungsmöglichkeit gilt auch dann, wenn der Arbeitnehmer keinen oder nur einen **oberflächlichen Einblick** in die organisatorischen Arbeitsabläufe in anderen betrieblichen Bereichen hat.

### b) Umschulungs- oder Fortbildungsmaßnahmen

**2884** Der Arbeitgeber hat auch die Darlegungs- und Beweislast dafür, dass der Arbeitnehmer für die verlangten Umschulungs- oder Fortbildungsmaßnahmen **nicht geeignet** ist bzw. dass diese Maßnahmen ihm **unzumutbar** sind.

### c) Berufung des Arbeitnehmers auf einen absoluten Unwirksamkeitsgrund

**2885** Beruft sich der **Arbeitnehmer** dagegen auf den Widerspruch des Betriebsrats mit der im Gesetz vorgesehenen Begründung (sog. absoluter Unwirksamkeitsgrund), so hat er neben der **Anwendbarkeit des KSchG** das Vorhandensein eines Betriebsrats sowie dessen Widerspruch mit dem im Gesetz geforderten Inhalt darzulegen, ferner, dass er sein vorheriges Einverständnis mit den erforderlichen rechtlichen und tatsächlichen Konsequenzen der anderweitigen Maßnahme erklärt hat.

**2886** Der **Arbeitgeber** hat sodann darzulegen und zu beweisen, dass die vom Betriebsrat behauptete anderweitige **Beschäftigungsmöglichkeit tatsächlich nicht besteht** bzw. dass sie **übervertragsmäßig** wäre.

# M. Die ordentliche Arbeitgeberkündigung bei mehreren Kündigungsgründen und sog. Mischtatbeständen

§ 1 Abs. 2 S. 1 KSchG geht davon aus, dass der jeweilige Kündigungssachverhalt entweder als betriebs-, personen- oder verhaltensbedingte Kündigung eingeordnet werden kann. 2887

In der Praxis ist eine exakte Klassifizierung jedoch oft nur schwer möglich. Zum einen gibt es zahlreiche Kündigungssachverhalte, die zwei oder alle drei der aufgeführten Bereiche berühren. Zum anderen stützt der Arbeitgeber eine ordentliche Kündigung häufig auf verschiedene Kündigungssachverhalte. 2888

## I. Mischtatbestände

### 1. Begriffsbestimmung

Berührt ein **einheitlicher Kündigungssachverhalt** mehrere der angeführten Bereiche (sog. **Mischtatbestand**), so richtet sich die Abgrenzung in erster Linie danach, aus welchem der im Gesetz genannten Bereiche die sich auf den Bestand des Arbeitsverhältnisses nachteilig auswirkende Störung kommt (sog. **Sphärentheorie**). 2889

Ist z. B. eine Kündigung wegen einer zu Betriebsstörungen führenden längeren Arbeitsunfähigkeit des Arbeitnehmers ausgesprochen worden, so liegt die »Störquelle« in der persönlichen Sphäre des Arbeitnehmers. Der Umstand, dass der krankheitsbedingte Ausfall des Arbeitnehmers auch zu Störungen in der betrieblichen Sphäre führt, ändert nichts an der Qualifikation der Kündigung als personenbedingt (vgl. APS/*Dörner*/*Vossen* § 1 KSchG Rn. 81 ff.). 2890

### 2. Beschränkung der Überprüfung auf die »Störquelle«

Bei einer derartigen Störung wegen eines Mischtatbestandes ist nach Auffassung des *BAG* (21.11.1985 EzA § 1 KSchG Nr. 42) **nur derjenige Kündigungsgrund** überhaupt daraufhin **zu untersuchen**, ob er die Kündigung des Arbeitsverhältnisses rechtfertigt, **der die »Störquelle« bildet**. 2891

> Im angegebenen Beispiel ist deshalb die ausgesprochene ordentliche Kündigung nur daraufhin zu untersuchen, ob sie als krankheitsbedingte Kündigung gerechtfertigt ist, nicht aber auf ihre Rechtfertigung als betriebsbedingte Kündigung (vgl. *Preis* DB 1988, 1449; *Rüthers/Henssler* ZfA 1988, 31; KR/*Hillebrecht* 4. Aufl., § 626 BGB Rn. 121cff., wonach diese Auffassung zu **konturenlosen Billigkeitserwägungen** und zur Auflösung der Dreiteilung der Kündigungsgründe führt; ebenso *Preis* NZA 1997, 1078 f.; KR/*Fischermeier* § 626 BGB Rn. 171 ff.). 2892

Im Urteil vom 20.11.1997 (EzA § 1 KSchG Verhaltensbedingte Kündigung Nr. 52) hat das *BAG* die primäre Störquelle bei einer Angestellten im öffentlichen Dienst darin gesehen, dass die Klägerin über mehrere Jahre hin – etwa seit 1986 bis 1993 – auf Grund ihrer krankhaften Veranlagung, Gegenstände zu kaufen, ohne diese zu bezahlen und bezahlen zu können, im privaten – nicht im dienstlichen – Bereich straffällig (Betrügereien, Diebstähle und in einem Fall Anstiftung zur Falschaussage) geworden war. Folglich war die streitige Kündigung unter dem Gesichtspunkt verhaltensbedingter Gründe i. S. v. § 1 Abs. 2 KSchG zu prüfen, und zwar unter Einbeziehung einer verhängten Haftstrafe und ihrer Folgen. 2893

## II. Mehrere Kündigungssachverhalte

### 1. Begriffsbestimmung

Von dem sog. Mischtatbestand zu unterscheiden sind Kündigungen, die **auf mehrere Kündigungssachverhalte gestützt werden, die ihrerseits verschiedenen Kategorien von Kündigungsgründen angehören**. 2894

2895 Das ist z. B. dann der Fall, wenn der Arbeitgeber eine Kündigung gleichzeitig auf Pflichtwidrigkeiten des Arbeitnehmers, häufigen krankheitsbedingten Arbeitsausfall sowie auf geringeren Arbeitsanfall infolge von Absatzschwierigkeiten stützt.

## 2. Vollständige Überprüfung aller Kündigungstatbestände

2896 Im Unterschied zu den sog. Mischtatbeständen gibt es dann keine primäre »Störquelle«, die der Kündigung das Gepräge gibt.

2897 Eine derartige Kündigung ist daher hinsichtlich der Sozialwidrigkeit sowohl unter personen- und verhaltensbedingten Aspekten als auch unter dem Gesichtspunkt der Betriebsbedingtheit zu prüfen (vgl. APS/*Dörner/Vossen* § 1 KSchG Rn. 84 ff.).

### a) Grundsatz der Einzelprüfung

2898 Bei einer derartigen auf mehrere Kündigungsgründe gestützten Kündigung gilt zunächst der Grundsatz der **Einzelprüfung**.

2899 Das zuständige Gericht hat zu prüfen, ob jeder Kündigungssachverhalt für sich allein an sich und sodann auf Grund einer umfassenden Interessenabwägung insgesamt geeignet ist, die Kündigung sozial zu rechtfertigen (*BAG* 24.3.1983 EzA § 1 KSchG Betriebsbedingte Kündigung Nr. 21).

### b) Gesamtheitliche Betrachtungsweise

2900 Erst dann, wenn nach dieser isolierten Betrachtungsweise sich nicht bereits die soziale Rechtfertigung der Kündigung ergibt, gilt eine **gesamtheitliche Betrachtungsweise** der einzelnen Kündigungsgründe.

2901 Das setzt allerdings voraus, dass alle Kündigungsgründe nicht bereits von vornherein jeweils als an sich zur ordentlichen Kündigung geeigneter Umstand ausscheiden, d. h. dass sich die Unwirksamkeit der Kündigung bei isolierter Betrachtung allein daraus ergibt, dass das Interesse des Arbeitnehmers an der Weiterbeschäftigung das des Arbeitgebers überwiegt.

2902 Der allgemeine Prüfungsmaßstab ist bei der gesamtheitlichen Betrachtungsweise mit der Maßgabe anzuwenden, dass in der Interessenabwägung zu prüfen ist, ob die einzelnen Kündigungssachverhalte in ihrer Gesamtheit Umstände darstellen, die bei verständiger Würdigung in Abwägung der Interessen der Vertragsparteien und des Betriebes die Kündigung als billigenswert und angemessen erscheinen lassen (KR/*Etzel* 7. Aufl., § 1 KSchG Rn. 259; abl. *Preis* NZA 1997, 1078 f.; KR/*Fischermeier* § 626 BGB Rn. 171 ff.: **konturenlose Billigkeitserwägungen**).

## N. Vorrang der Änderungskündigung vor der Beendigungskündigung

### I. Normative Legitimation

2903 Nach der Rechtsprechung des *BAG* (21.9.2006 EzA § 2 KSchG Nr. 62; 21.4.2005 EzA § 2 KSchG Nr. 52; 21.4.2005 EzA § 2 KSchG Nr. 53; 27.9.1984 EzA § 2 KSchG Nr. 5; 22.9.2005 EzA § 81 SGB IX Nr. 10; ebenso *LAG Hamm* 4.2.2003 NZA-RR 2003, 357; *LAG Nds.* 19.4.2004 AuR 2005, 342 LS; *LAG Nbg.* 4.11.2008 LAGE § 1 KSchG Betriebsbedingte Kündigung Nr. 82; vgl. *Annuß/Bartz* NJW 2006, 2153 ff.; *Hidalgo/Mauthner* NZA 2007, 1254 ff.; krit. *Strybny* FA 2006, 362; insg. a. A. *Annuß* NZA 2005, 443 ff.) muss der Arbeitgeber nach dem Grundsatz der Verhältnismäßigkeit vor jeder ordentlichen und außerordentlichen Beendigungskündigung dem Arbeitnehmer eine objektiv mögliche und beiden Parteien zumutbare Weiterbeschäftigung auf einem anderen freien Arbeitsplatz auch zu geänderten Bedingungen anbieten und dementsprechend **statt einer Beendigungs- eine Änderungskündigung aussprechen**; das gilt auch bei einer vertraglichen Einschränkung des Direktionsrechts (*LAG München* 27.7.2006 – 2 Sa 255/06, AuR 2007, 59 LS).

N. Vorrang der Änderungskündigung vor der Beendigungskündigung        Kapitel 4

▶ **Beispiel:** 2904

Zeigt der Arbeitgeber durch ein Angebot zur **Weiterbeschäftigung zu deutlich verringerten Bezügen**, dass eine Beschäftigung möglich wäre, so ist der Ausspruch einer Beendigungskündigung nicht aus betrieblichen Gründen bedingt nach § 1 Abs. 2 KSchG. Lehnt der Arbeitnehmer die Gehaltsreduzierung mit sofortiger Wirkung kategorisch ab, erklärt er sich aber zu Verhandlungen über eine Reduzierung nach Ablauf der Kündigungsfrist bereit, muss der Arbeitgeber eine Änderungskündigung aussprechen; eine Beendigungskündigung ist sozial nicht gerechtfertigt (*LAG Nbg.* 7.9.2004 – 6 Sa 136/04, AuR 2005, 117 LS).

Allerdings ist der Arbeitgeber andererseits **nicht verpflichtet, in jedem Fall** mit dem Arbeitnehmer **eine einvernehmliche Lösung zu suchen** (*BAG* 21.4.2005 EzA § 2 KSchG Nr. 53). Auch ohne vorherige Verhandlungen mit dem Arbeitnehmer kann er vielmehr direkt eine Änderungskündigung aussprechen, indem er Angebot und Kündigung miteinander verbindet (*BAG* 21.4.2005 EzA § 2 KSchG Nr. 52; 21.4.2005 EzA § 2 KSchG Nr. 53; s. *Kock* NJW 2006, 728 ff.; *Berkowsky* NZA 2006, 697 ff.). Eine Änderungskündigung darf nur in Extremfällen unterbleiben, wenn der Arbeitgeber bei vernünftiger Betrachtung nicht mit der Annahme des neuen Vertragsangebots durch den Arbeitnehmer rechnen konnte (z. B. Angebot einer Pförtnerstelle an den bisherigen Personalchef) und ein derartiges Angebot vielmehr beleidigenden Charakter haben würde. Regelmäßig hat nämlich der Arbeitnehmer selbst zu entscheiden, ob er eine Weiterbeschäftigung unter möglicherweise erheblich verschlechterten Arbeitsbedingungen für zumutbar hält oder nicht (*BAG* 21.9.2006 EzA § 2 KSchG Nr. 62; 21.4.2005 EzA § 2 KSchG Nr. 52; 21.4.2005 EzA § 2 KSchG Nr. 53). Deshalb ist eine Beendigungskündigung nur dann zulässig, wenn der Arbeitnehmer unmissverständlich zum Ausdruck gebracht hat, er werde die geänderten Arbeitsbedingungen im Fall des Ausspruchs einer Änderungskündigung nicht, auch nicht unter dem Vorbehalt ihrer sozialen Rechtfertigung annehmen (*BAG* 21.4.2005 EzA § 2 KSchG Nr. 53). Ein Extremfall in diesem Sinne kann dann gegeben sein, wenn der betroffene Arbeitnehmer **so weit in der Personalhierarchie zurückgestuft würde**, dass viele seiner bisherigen Untergebenen ihm nunmehr Weisungen erteilen könnten (*BAG* 21.9.2006 EzA § 2 KSchG Nr. 62). Ein Indiz für eine aus der Sicht beider Arbeitsvertragsparteien vorliegende Extremsituation kann sich auch aus dem **Verhalten des betroffenen Arbeitnehmers nach dem Ausspruch der Beendigungskündigung** und während des Kündigungsschutzprozesses, insbes. einer späteren – und damit nicht mehr widerspruchsfreien – Berufung auf eine unterqualifizierte Weiterbeschäftigungsmöglichkeit ergeben (*BAG* 21.9.2006 EzA § 2 KSchG Nr. 62). 2905

Zu beachten ist, dass der Arbeitgeber dann, wenn er eine einvernehmliche Vertragsänderung herbeiführen will, nicht verpflichtet ist, mit **seinem Änderungsangebot zugleich eine Änderungs- oder Beendigungskündigung auszusprechen**, um dem Arbeitnehmer eine gerichtliche Prüfung der sozialen Rechtfertigung der erstrebten Änderung nach §§ 2, 1 KSchG zu ermöglichen. Einer Beendigung- oder Änderungskündigung bedarf es **insbes. dann nicht, wenn der Arbeitnehmer sein Einverständnis mit den neuen Bedingungen erklärt hat** (*BAG* 13.3.2007 – 9 AZR 588/06, EzA-SD 17/2007 S. 6 LS; krit. *Berkowsky* NZA 2008, 26 ff. u. NZA-RR 2008, 337 ff.).

Der Vorrang der Änderungskündigung gilt nach Auffassung des *LAG Bln.* (10.9.1996 LAGE § 2 KSchG Nr. 2) auch dann, wenn der Arbeitgeber sich entschließt, **statt einer Teilzeitkraft** wegen der Ausdehnung des Beschäftigungsvolumens **eine Vollzeitkraft** einzusetzen; er hat folglich der Teilzeitkraft zunächst eine Vertragsänderung zur Ausdehnung der Arbeitszeit anzubieten. Andererseits entscheidet der Unternehmer **frei**, ob er bei **verringertem Arbeitskräftebedarf statt mehrerer Änderungskündigungen** (Arbeitszeitverkürzung) **eine Beendigungs**kündigung oder statt einer Beendigungskündigung **mehrere Änderungskündigungen aussprechen will** (*BAG* 19.5.1993 EzA § 1 KSchG Betriebsbedingte Kündigung Nr. 73; *Preis* NZA 1998, 457). 2906

Im hier beschriebenen Rahmen ist auch die Pflicht des Arbeitgebers, einem schwerbehinderten Arbeitnehmer gem. § 81 Abs. 4 S. 1 SGB IX einen seinen Fähigkeiten und Kenntnissen entsprechenden Arbeitsplatz zuzuweisen, zu berücksichtigen. Widerspricht jedoch der Betriebsrat der 2907

Versetzung, so ist i. d. R. davon auszugehen, dass eine dem Arbeitgeber zumutbare Beschäftigungsmöglichkeit nicht besteht. Der Arbeitgeber ist dann nur bei Vorliegen besonderer Umstände (offensichtlich unbegründeter Widerspruch, kollusives Zusammenwirken zwischen Arbeitgeber und Betriebsrat) verpflichtet, ein Zustimmungsersetzungsverfahren nach § 99 Abs. 4 BetrVG durchzuführen; im Normalfall ist das unzumutbar, weil eine solch erhebliche Verzögerung des Kündigungsverfahrens nach erteilter Zustimmung des Integrationsamtes mit unverhältnismäßigen Aufwendungen verbunden wäre. Das gilt jedenfalls dann, wenn es sich Weiterbeschäftigungsmöglichkeiten handelt, die in dem Verfahren vor dem Integrationsamt geprüft worden sind mit dem Ergebnis, dass sie keine Lösungsmöglichkeit zur Aufrechterhaltung des Arbeitsverhältnisses darstellen (*BAG* 22.9.2005 EzA § 81 SGB IX Nr. 10).

## II. Verfahrensfragen; Änderung der Rechtsprechung

2908 Der Arbeitgeber muss in einem solchen Fall bereits bei den Verhandlungen mit dem Arbeitnehmer klarstellen, dass bei Ablehnung des Änderungsangebots eine Kündigung beabsichtigt ist und ihm eine Überlegungsfrist von einer Woche einräumen.

Dieses Angebot kann der Arbeitnehmer unter einem § 2 KSchG entsprechenden Vorbehalt annehmen.

Der Arbeitgeber muss dann eine Änderungs- statt einer Beendigungskündigung aussprechen.

Lehnt der Arbeitnehmer dagegen das Änderungsangebot vorbehaltlos und endgültig ab, so kann der Arbeitgeber eine Beendigungskündigung aussprechen (*BAG* 21.4.2005 EzA § 2 KSchG Nr. 53; 21.4.2005 EzA § 2 KSchG Nr. 52; *LAG Bln.* 13.1.2000 NZA-RR 2000, 302; a. A. *LAG Köln* 20.11.2003 NZA-RR 2004, 576; *LAG Hamm* 21.9.2004 AuR 2005, 117 LS; s. a. Rdn. 2903). **Es ist dem Arbeitnehmer dann verwehrt, den Arbeitgeber bei einer ausgesprochenen Beendigungskündigung auf eine mögliche Änderungskündigung mit dem abgelehnten Inhalt zu verweisen** (*BAG* 21.4.2005 EzA § 2 KSchG Nr. 52; vgl. dazu *Kock* NJW 2006, 728 ff.).

2909 Unterlässt es der Arbeitgeber, vor Ausspruch einer Beendigungskündigung ein mögliches und zumutbares Änderungsangebot zu unterbreiten, dann ist die Kündigung **sozial ungerechtfertigt**, wenn der Arbeitnehmer einem vor Ausspruch der Kündigung gemachten Vorschlag zumindest **unter Vorbehalt zugestimmt** hätte (vgl. zuletzt *BAG* 21.4.2005 EzA § 2 KSchG Nr. 52; *LAG Nbg.* 16.11.2004 LAGE § 2 KSchG Nr. 49; *LAG Hamm* 21.9.2004 AuR 2005, 117 LS). Dies muss der Arbeitnehmer im Kündigungsschutzprozess vortragen. Hat er nach Ausspruch der Kündigung ein Änderungsangebot des Arbeitgebers abgelehnt, so bedarf es der tatsächlichen Würdigung, ob angenommen werden kann, dass er ein entsprechendes Angebot vor Ausspruch der Kündigung zumindest unter Vorbehalt angenommen hätte (abl., da sich diese Prüfung im **Bereich der Spekulation** bewegt *Preis* NZA 1997, 1077; APS/*Dörner*/*Vossen* § 1 KSchG Rn. 91; *LAG Hamm* 4.2.2003 NZA-RR 2003, 357).

2910 Inzwischen nimmt das *BAG* (21.4.2005 EzA § 2 KSchG Nr. 53 = NZA 2005, 1294) an, dass dann, wenn der Arbeitgeber ohne vorheriges oder gleichzeitiges Änderungsangebot der geänderten Arbeitsbedingungen sofort eine Beendigungskündigung ausspricht, diese regelmäßig sozialwidrig ist. Es unterliegt danach nunmehr Bedenken, in derartigen Fällen fiktiv zu prüfen, ob der Arbeitnehmer die geänderten Arbeitsbedingungen bei einem entsprechenden Angebot vor oder mit Ausspruch der Kündigung zumindest unter Vorbehalt angenommen hätte.

2911 Die hypothetische Zustimmung des Arbeitnehmers – wenn sie denn für erforderlich angesehen wird – ist im Zweifel z. B. dann nicht anzunehmen, wenn der Arbeitnehmer die **Herabstufung** vom Verkaufsleiter zu einem – einem anderen Verkaufsleiter unterstellen – Außendienstmitarbeiter, einen Einkommensverlust von ca. 1.500 Euro monatlich, sowie einen **weiträumigen Ortswechsel** hätten hinnehmen müssen (*LAG Köln* 7.11.1997 LAGE § 1 KSchG Betriebsbedingte Kündigung Nr. 50).

Lehnt es der Arbeitnehmer andererseits ab, unter Verzicht auf die ihm zustehende Kündigungsfrist sofort in eine Vertragsänderung zu schlechteren Bedingungen (geringere Stundenzahl, Lohnminderung mit nur teilweisem Ausgleich durch eine zeitlich begrenzte Zulage) einzuwilligen, so lässt dies noch nicht ohne weiteres die Schlussfolgerung zu, er hätte auch eine entsprechende Änderungskündigung unter Einhaltung der ordentlichen Kündigungsfrist nicht einmal unter Vorbehalt angenommen (*BAG* 21.4.2005 EzA § 2 KSchG Nr. 52). 2912

Hat der Arbeitnehmer das Angebot unter Vorbehalt angenommen, erklärt der Arbeitgeber aber keine Änderungskündigung, so muss der Arbeitnehmer nach Auffassung des *LAG Köln* (27.2.1998 LAGE § 2 KSchG Nr. 33) dann, wenn der neue Vertrag gleichwohl von beiden Parteien **in Vollzug** gesetzt wird, die neuen Arbeitsbedingungen alsbald mit einer **Feststellungsklage** angreifen. Andernfalls verliert er das Recht, sich gegenüber einer wirksamen Vertragsänderung auf seinen Vorbehalt zu berufen. Ob die Frist des § 4 S. 2 KSchG einzuhalten ist, hat das *LAG Köln* (27.2.1998 LAGE § 2 KSchG Nr. 33) offen gelassen. Jedenfalls kann eine Klage, die erst sechs Monate nach dem Antritt des neuen Arbeitsplatzes erhoben wird, verspätet sein. 2913

Das *LAG Bln.* (10.9.1996 LAGE § 2 KSchG Nr. 2) hat für den **Fall der Umwandlung einer Teilzeit- in eine Vollzeitstelle** darauf abgestellt, dass die Kündigung bei fehlendem Änderungsangebot nur dann nicht sozialwidrig ist, wenn eine hohe Wahrscheinlichkeit dafür besteht, dass die Teilzeitkraft dieses auch unter dem Druck der bevorstehenden Kündigung nicht angenommen hätte. 2914

### III. Möglichkeit und Zumutbarkeit der Weiterbeschäftigung

Danach muss die Weiterbeschäftigung des Arbeitnehmers auf einem anderen Arbeitsplatz zu geänderten Arbeitsbedingungen sowohl dem Arbeitgeber als auch dem Arbeitnehmer **objektiv möglich und zumutbar** sein. 2915

Das setzt auf Seiten des Arbeitnehmers nicht nur voraus, dass er über die hierfür objektiv erforderlichen **Fähigkeiten und Kenntnisse** verfügt. Die neue Tätigkeit muss für ihn auch nach den sonstigen Voraussetzungen für ihre Ausübung sowie nach ihrem sozialen und wirtschaftlichen Status, vom Standpunkt eines objektiv urteilenden Arbeitgebers gesehen, in Betracht kommen. 2916

Unzumutbarkeit kann insbes. dann vorliegen, wenn die neue Tätigkeit eine erheblich **geringere Qualifikation** erfordert und auch entsprechend **niedriger vergütet** wird, als die bisher ausgeübte. 2917

Als Anhaltspunkt für die Zumutbarkeit einer anderweitigen Beschäftigung können nach Auffassung des *BAG* (27.9.1984 EzA § 2 KSchG Nr. 5) die Kriterien dienen, nach denen gem. § 121 SGB III und der dazu erlassenen Anordnung des Verwaltungsrates der Bundesagentur für Arbeit vom 16.3.1982 (Zumutbarkeitsanordnung) die Zumutbarkeit der Weiterbeschäftigung beurteilt wird, zu deren Übernahme ein Arbeitsloser bereit sein muss, um der Arbeitsvermittlung zur Verfügung zu stehen (abl. MünchArbR/*Berkowsky* 2. Aufl., § 140 Rn. 54). 2918

## O. Die Änderungskündigung

### I. Begriff und Anwendungsbereich

#### 1. Zweck der Änderungskündigung

Gem. § 2 S. 1 KSchG kann der Arbeitgeber das Arbeitsverhältnis kündigen und im Zusammenhang mit der Kündigung die unbefristete Fortsetzung des Arbeitsverhältnisses zu geänderten Bedingungen anbieten. 2919

Die Änderungskündigung zielt darauf ab, die arbeitsvertraglichen Bedingungen des Arbeitnehmers zu ändern, ihn grds. jedoch im Betrieb zu belassen. Ihr Zweck ist also nicht die Beendigung des Arbeitsverhältnisses, sondern die Änderung der Arbeitsbedingungen.

Dieser Zweck kann entweder **von der Interessenlage des Arbeitgebers oder von derjenigen des Arbeitnehmers bestimmt sein**. 2920

**2921** Von der Interessenlage des Arbeitgebers ist er dann bestimmt, wenn die Änderungskündigung dazu dienen soll, die neuen Arbeitsbedingungen einer geänderten unternehmerischen Konzeption anzupassen. Dies ist etwa dann der Fall, wenn der Arbeitgeber bezweckt, übertarifliche Leistungen abzubauen, die Arbeitszeit des Arbeitnehmers an veränderte betriebliche Bedürfnisse anzupassen oder die Vergütung zu reduzieren. Dies kann aber auch dann der Fall sein, wenn der Arbeitgeber den Arbeitnehmer aus betriebsorganisatorischen Überlegungen heraus auf einem anderen Arbeitsplatz einsetzen will, weil er der Auffassung ist, ihn dort effektiver einsetzen zu können.

**2922** Von den Interessen des Arbeitnehmers bestimmt ist der Änderungszweck, wenn er dazu dient, ihm die Weiterbeschäftigung im Betrieb zu ermöglichen, obwohl sein arbeitsvertraglicher Beschäftigungsbereich entfallen ist (APS/*Künzl* § 2 KSchG Rn. 3).

### 2. Rechtsnatur; anwendbare Vorschriften

*a) Grundlagen*

**2923** Eine Änderungskündigung ist gem. § 2 S. 1 KSchG ein aus **zwei Willenserklärungen zusammengesetztes Rechtsgeschäft**. Zur Kündigung kommt als zweites Element das Angebot zur Fortsetzung des Arbeitsverhältnisses zu geänderten Bedingungen hinzu. Nach ihrer Rechtsnatur handelt es sich um eine echte Kündigung. Folglich muss das mit der Änderungskündigung unterbreitete Änderungsangebot wie jedes Angebot i. S. v. § 145 BGB eindeutig bestimmt bzw. bestimmbar sein, d. h. dem gekündigten Arbeitnehmer muss aus ihm ersichtlich werden, welche Arbeitsbedingungen künftig gelten sollen und welchen Inhalt das Arbeitsverhältnis künftig haben soll; Unklarheiten gehen zu Lasten des Arbeitgebers (*BAG* 10.9.2009 EzA § 2 KSchG Nr. 74; 29.9.2011 EzA § 2 KSchG Nr. 83). Dabei **genügt aber auch eine »Bestimmbarkeit«** des Angebots (*BAG* 16.9.2004 EzA § 623 BGB 2002 Nr. 2; 15.1.2009 – 2 AZR 641/07, NZA 2009, 957; s. Rdn. 2935). Unterbreitet dagegen der Arbeitgeber bei Ausspruch einer Änderungskündigung zwei Änderungsangebote, ohne diese in ein Stufenverhältnis zu stellen, liegt kein hinreichend bestimmtes Änderungsangebot vor; eine solche Änderungskündigung ist unwirksam (*ArbG Düsseld.* 18.10.2005 NZA-RR 2006, 21). Das Gebot der Eindeutigkeit gilt unter anderem auch für den Zeitpunkt des Wirksamwerdens der in ihm vorgesehenen Änderungen. Stehen das Kündigungsschreiben und der Inhalt eines beigefügten Änderungsvertrags, aus dem sich die angestrebten Änderungen ergeben, in dieser Hinsicht in einem unauflöslichen Widerspruch, führt das zur Unwirksamkeit der Änderungskündigung (*BAG* 29.9.2011 EzA § 2 KSchG Nr. 83). Demgegenüber hat das *LAG Hamm* (7.9.2007 LAGE § 2 KSchG Nr. 60; s. *Wagner* NZA 2008, 1333 ff.) angenommen, dass der Arbeitgeber dem Arbeitnehmer auch **mehrere Änderungsangebote** unterbreiten und diesem **die Wahl überlassen darf**. In einem solchen Fall müssen dann allerdings alle Änderungsangebote hinreichend bestimmt oder jedenfalls bestimmbar sein.

> Das *BAG* (15.1.2009 – 2 AZR 641/07, NZA 2009, 957) hat jedenfalls angenommen, dass für einen Leiharbeitnehmer die angebotene Vertragsänderung unklar und nicht hinreichend bestimmt ist, wenn das Verleihunternehmen sowohl eine Weiterbeschäftigung zu den tariflichen Arbeitsbedingungen der Tarifverträge CGZP als auch der BZA anbietet.

> Ist der Inhalt eines von mehreren Änderungsangeboten weder bestimmt noch bestimmbar, führt dies zur Unwirksamkeit der Änderungskündigung; es kann dann offen bleiben, ob ein betriebsbedingter Kündigungsgrund vorliegt (*BAG* 15.1.2009 – 2 AZR 641/07, NZA 2009, 957). Gleiches gilt dann, wenn der Arbeitgeber gegenüber einem Arbeitnehmer zur selben Zeit **mehrere Änderungskündigungen erklärt**, die je für sich das Angebot zur Fortsetzung des Arbeitsverhältnisses unter Änderung lediglich einer bestimmten – jeweils anderen – Vertragsbedingung und den Hinweis enthalten, der Arbeitnehmer erhalte zugleich weitere Änderungskündigungen; die Angebote sind dann nicht hinreichend bestimmt i. S. v. § 2 S. 1 KSchG, § 145 BGB. Denn wenn der Arbeitgeber eine Änderung der Arbeitsbedingungen in mehreren Punkten erreichen will und zur Durchsetzung einer jeden Änderung eine gesonderte Kündigung erklärt, muss jede der Kündigungen das Änderungsangebot deutlich und zweifelsfrei abbilden. **Ein Angebot, mit dem der Arbeitgeber erklärt, die »sonstigen Arbeitsbedingungen« blieben unverändert und zugleich darauf**

verweist, der Arbeitnehmer werde zeitgleich noch weitere Änderungskündigungen erhalten, ist widersprüchlich und führt zur Unwirksamkeit der Kündigung (*BAG* 10.9.2009 EzA § 2 KSchG Nr. 74). Dies soll selbst dann gelten, wenn der Arbeitnehmer eines der anderen – hinreichend bestimmten – Änderungsangebote unter Vorbehalt annimmt.

Auch eine **vorsorglich für den Fall** der Unwirksamkeit einer mit gleicher Zielrichtung beabsichtigten Versetzungsanordnung ausgesprochene Änderungskündigung ist mangels Bestimmtheit unwirksam, wenn bei Kündigungsausspruch der Inhalt der Versetzungsanordnung noch nicht feststeht, weil darüber noch im betriebsverfassungsrechtlichen Beteiligungsverfahren gestritten wird (*LAG Köln* 4.5.2009 AuR 2010, 44 LS).

Der Arbeitgeber muss auch die Schriftform gem. § 623 BGB (s. Rdn. 11; *BAG* 16.9.2004 EzA § 623 BGB 2002 Nr. 2: Schriftformerfordernis auch für das Änderungsangebot; s. Rdn. 25, ebenso *LAG Köln* 26.9.2003 LAGE § 623 BGB 2002 Nr. 2a), die Kündigungsfristen einhalten, die Beteiligungsrechte des Betriebsrats gem. §§ 102, 103 BetrVG (GK-BetrVG/*Raab* § 102 Rn. 30) und § 613a Abs. 4 BGB beachten. Zugunsten des Arbeitnehmers sind zudem alle Vorschriften über den Sonderkündigungsschutz (z. B. § 9 MuSchG, § 85 SGB IX, §§ 15, 17 ff. KSchG) anwendbar. Deshalb sind Änderungskündigungen z. B. unwirksam, wenn im Zeitpunkt ihres Zugangs ein Kündigungsverbot (z. B. gem. § 17 KSchG) besteht (*BAG* 10.3.1982 EzA § 2 KSchG Nr. 3). Hinsichtlich der einzuhaltenden Schriftform (§ 623 BGB) ist zu beachten, dass es ausreicht, wenn der Inhalt des Änderungsangebots im Kündigungsschreiben hinreichend Anklang gefunden hat (*BAG* 16.9.2004 EzA § 623 BGB 2002 Nr. 2); dabei muss sich das **schriftliche Änderungsangebot nicht auf die bisherigen unverändert weiter geltenden**, sondern nur die zukünftig neu geltenden Vertragsbedingungen beziehen (*BAG* 16.9.2004 EzA § 623 BGB 2002 Nr. 2).

Andererseits muss der Arbeitnehmer zur Geltendmachung der Unwirksamkeit der Änderungskündigung, egal aus welchem Unwirksamkeitsgrund, die Dreiwochenfrist (**§ 4 KSchG**) einhalten (s. dazu Rdn. 954 ff. und Rdn. 1766 ff.).

**§ 6 KSchG ist analog anzuwenden**, wenn innerhalb von drei Wochen nach Zugang der Änderungskündigung Änderungsschutzklage gem. § 4 S. 2 KSchG erhoben wird und der Kläger in diesem Verfahren bis zum Schluss der mündlichen Verhandlung erster Instanz die Unwirksamkeit der Änderungskündigung gem. § 1 Abs. 2, 3 KSchG geltend macht (*BAG* 23.3.1983 EzA § 6 KSchG Nr. 1). Er kann dann auch geltend machen, die Kündigung sei als **Beendigungskündigung sozial ungerechtfertigt** (*BAG* 17.5.2001 EzA § 620 BGB Kündigung Nr. 2).

Hat der Arbeitnehmer im Übrigen das mit einer Änderungskündigung verbundene Angebot unter dem Vorbehalt des § 2 KSchG angenommen, kann er sich auf sonstige Unwirksamkeitsgründe (z. B. § 102 BetrVG) auch dann noch berufen, wenn er die Klage erst nach Ablauf der Frist des § 4 KSchG erhebt (*BAG* 28.5.1998 EzA § 2 KSchG Nr. 29; s. *Berkowsky* BB 1999, 1266 ff.).

### b) Verhältnis von § 102 BetrVG zu § 99 BetrVG

Beinhaltet das vom Arbeitgeber im Zusammenhang mit der Änderungskündigung ausgesprochene Änderungsangebot zudem eine Versetzung oder Umgruppierung, so besteht in Betrieben mit i. d. R. mehr als 20 wahlberechtigten Arbeitnehmern **auch ein Mitbestimmungsrecht nach § 99 BetrVG** (*BAG* 28.1.1986 EzA § 99 BetrVG 1972 Nr. 47; 30.9.1993 EzA § 99 BetrVG 1972 Nr. 118). Allerdings ist es unbedenklich und zumeist sogar **zweckmäßig, beide Mitwirkungsverfahren gleichzeitig durchzuführen und miteinander zu verbinden**.

Erforderlich ist dann aber, dass der Arbeitgeber gegenüber dem Betriebsrat deutlich macht, er höre ihn sowohl wegen der Änderungskündigung als auch wegen der Umgruppierung bzw. Versetzung an.

Führt der Arbeitgeber nur das Mitbestimmungsverfahren nach § 99 BetrVG durch, so liegt in einer Zustimmung des Betriebsrats zur Umgruppierung oder Versetzung noch keine Zustimmung zur Änderungskündigung, die das Anhörungsverfahren nach § 102 BetrVG entbehrlich machen könnte (*BAG* 3.11.1977 AP Nr. 1 zu § 75 BPersVG).

**2929** Denn es ist z. B. durchaus denkbar, dass der Betriebsrat zwar der Umgruppierung oder Versetzung zustimmt, aber einer Änderungskündigung widerspricht, weil er eine Umgruppierung oder Versetzung des Arbeitnehmers nur mit dessen Einverständnis hinnehmen will (APS/*Künzl* § 2 KSchG Rn. 131 f.).

### c) Einzelfragen bei der Versetzung

**2930** Will der Arbeitgeber mit einer fristgerechten Änderungskündigung eine Versetzung des Arbeitnehmers i. S. v. § 95 Abs. 3 BetrVG bewirken, so ist die Zustimmung des Betriebsrats nach § 99 BetrVG Wirksamkeitsvoraussetzung nur für die tatsächliche Zuweisung des neuen Arbeitsbereichs nach Ablauf der Kündigungsfrist.

Ist die Zustimmung des Betriebsrats nach § 99 BetrVG nicht erteilt oder ersetzt, so führt dies nicht zur – schwebenden – Unwirksamkeit der Änderungskündigung.

Der Arbeitgeber kann nur die geänderten Vertragsbedingungen nicht durchsetzen, solange das Verfahren nach § 99 BetrVG nicht ordnungsgemäß durchgeführt ist; der Arbeitnehmer ist dann in dem alten Arbeitsbereich weiterzubeschäftigen, der ihm nicht wirksam entzogen worden ist (*BAG* 30.9.1993 EzA § 99 BetrVG 1972 Nr. 118; 22.4.2010 EzA § 2 KSchG Nr. 77; s. a. *Berkowsky* NZA 2010, 250 ff.).

Selbst durch die **rechtskräftige Abweisung eines Antrags auf Zustimmungsersetzung** gem. § 99 BetrVG wird die Ausführung der mit der Änderungskündigung beabsichtigten Vertragsänderung nicht dauernd unmöglich i. S. d. § 275 Abs. 1 BGB. Zwar hat der Arbeitnehmer dann das Recht, die Arbeit zu den geänderten Bedingungen zu verweigern. Für die Änderungskündigung zum Zwecke der Versetzung ist die Zustimmung des Betriebsrats zur Versetzung oder ihre gerichtliche Ersetzung als solche aber keine Wirksamkeitsvoraussetzung. Das gilt selbst dann, wenn die Zustimmungsersetzung gerichtlich rechtskräftig verweigert worden ist; ob die Änderung der Arbeitsbedingungen sozial gerechtfertigt ist, ist grds. unabhängig davon zu beurteilen, ob und wann der Arbeitgeber von der gewünschten Änderung der Vertragsbedingungen tatsächlich – durch eine dann von diesen gedeckte Ausübung seines Weisungsrechts – Gebrauch machen kann (*BAG* 22.4.2010 EzA § 2 KSchG Nr. 77 = NZA 2010, 1235).

Hat andererseits wegen der Eingruppierung des Arbeitnehmers ein Zustimmungsersetzungsverfahren nach § 99 BetrVG stattgefunden, kann sich der Arbeitgeber im Rechtsstreit über eine Änderungskündigung nicht auf die Maßgeblichkeit einer dem Ergebnis des durchgeführten Beschlussverfahrens **widersprechenden Eingruppierung** berufen; die als gerichtlich zutreffend festgestellte Eingruppierung ist für den Arbeitgeber auch im Verhältnis zu dem betroffenen Arbeitnehmer verbindlich. Ein dem Ergebnis des Beschlussverfahrens entgegenstehendes Änderungsangebot verstößt zudem gegen das Verhältnismäßigkeitsprinzip (*BAG* 28.8.2008 EzA § 2 KSchG Nr. 73).

### d) Abänderung einer vertraglichen Einheitsregelung (§ 87 BetrVG)

**2931** Die allgemeine Abänderung einer auf einer vertraglichen Einheitsregelung beruhenden Auslösung bedarf kollektivrechtlich nach § 87 Abs. 1 Nr. 10 BetrVG der Mitbestimmung des Betriebsrats, sowie individualrechtlich der Änderungsvereinbarungen oder Änderungskündigungen. Weder das kollektivrechtliche noch das individualrechtliche Erfordernis ist vorrangig. **Eine nicht mitbestimmte, aber sozial gerechtfertigte Änderung der Vertragsbedingungen kann der Arbeitgeber lediglich nicht durchsetzen, solange die Mitbestimmung nicht durchgeführt ist** (*BAG* 17.6.1998 EzA § 2 KSchG Nr. 30; s. *Henssler* SAE 2000, 247 ff.).

## O. Die Änderungskündigung                                                                 Kapitel 4

### 3. Verknüpfung von Kündigung und Änderungsangebot

#### a) Verknüpfungsmöglichkeiten

Die Verknüpfung der Kündigung mit dem Änderungsangebot kann verschieden erfolgen (APS/ **2932** *Künzl* § 2 KSchG Rn. 15 ff.):
- Ausspruch einer **unbedingten Kündigung**, neben der die veränderte Fortsetzung des Arbeitsverhältnisses (nach Auffassung des *LAG Bln.* [3.7.1995 LAGE § 2 KSchG Nr. 17] auch einer nur noch befristeten Weiterbeschäftigung) **angeboten wird**;
- Ausspruch einer **bedingten Kündigung, wobei die aufschiebende Bedingung in der Ablehnung des Änderungsangebots durch den Arbeitnehmer liegt** (vgl. KR/*Rost* § 2 KSchG Rn. 8 ff.).

Ob eine Änderungskündigung oder eine Beendigungskündigung (mit dem Inaussichtstellen weiterer **2933** Vertragsverhandlungen) erklärt wurde, ist durch **Auslegung** zu ermitteln. Hat der Arbeitgeber **ersichtlich** keine von einem Änderungsangebot unabhängige **Beendigung des Arbeitsverhältnisses gewollt**, so ist die (Beendigungs-)Kündigung unwirksam, wenn ein wirksames und annahmefähiges Änderungsangebot vor oder mit der Kündigung nicht erklärt wurde (*BAG* 17.5.2001 EzA § 620 BGB Kündigung Nr. 2).

#### b) Zeitlicher Zusammenhang zwischen Kündigung und Änderungsangebot

Zweifelhaft ist, ob das Änderungsangebot der Kündigung zeitlich nachgehen kann. Teilweise **2934** wird insoweit das Nachschieben eines Änderungsangebots bis zum letzten Kündigungstermin, teilweise bis zum Ablauf der Kündigungsfrist für zulässig erachtet (vgl. KR/*Rost* § 2 KSchG Rn. 20 ff.; APS/*Künzl* § 2 KSchG Rn. 23 ff.).

Nach Auffassung des *LAG RhPf* (6.2.1987 DB 1987, 1098) enthält jedenfalls ein mit »Änderungs- **2935** kündigung« überschriebener Bericht des Arbeitgebers, durch den mit ordentlicher Kündigungsfrist eine Herabgruppierung bewirkt werden soll, **keine Änderungskündigung** im Rechtssinne, **wenn die angestrebte neue Vergütungsgruppe nicht angegeben ist**. Daran ändert sich nichts, wenn mehrere Tage später unter Bezugnahme auf die »Änderungskündigung« die neue Vergütungsgruppe mitgeteilt wird, da das Änderungsangebot nach Auffassung des *LAG RhPf* (6.2.1987 DB 1987, 1098) gleichzeitig mit der Kündigung unterbreitet werden muss. Es muss so konkretisiert sein, dass ein durch seine bloße Annahme inhaltlich bestimmter und praktisch durchführbarer Vertrag entsteht. Es genügt nicht, dass die Konkretisierung der Änderung auf einen späteren Zeitpunkt verschoben wird (*LAG RhPf* 15.3.2002 NZA-RR 2002, 670).

Teilt der Arbeitgeber im Nachgang zu der »Änderungskündigung« lediglich mit, dass nach Ablauf der **2936** Kündigungsfrist eine bestimmte Vergütungsgruppe gelte, so enthält auch dies nicht das erforderliche Änderungsangebot (*LAG RhPf* 6.2.1987 DB 1987, 1098).

Denn der Arbeitnehmer muss seine Entscheidung für oder gegen das Änderungsangebot in **2937** Kenntnis aller wesentlichen Vertragsbedingungen treffen können; das Änderungsangebot muss gem. § 145 BGB so beschaffen sein, dass durch seine bloße Annahme ein inhaltlich bestimmt und praktisch durchführbarer Vertrag entsteht (Bestimmtheitsgebot; s. Rdn. 2923; *BAG* 16.9.2004 EzA § 623 BGB 2002 Nr. 2). Es genügt nicht, dass die Konkretisierung auf einen späteren Zeitpunkt verschoben wird (*Busemann/Schäfer* Rn. 193a). Das Änderungsangebot muss deshalb **inhaltlich so eindeutig fixiert** sein, dass der Arbeitnehmer es mit einem einfachen »ja« annehmen kann (*LAG Bln.* 13.1.2000 NZA-RR 2000, 302; *LAG RhPf* 15.3.2002 NZA-RR 2002, 670; a. A. *LAG Nbg.* 13.9.2005 NZA-RR 2006, 133: genaue Tätigkeitsbeschreibung einschließlich der Über- und Unterstellung im Angebot ist nicht erforderlich).

## II. Abgrenzung zur Ausübung des Direktionsrechts und zur Versetzung

### 1. Keine einseitige Zuweisung eines geringerwertigen Arbeitsplatzes

2938 Die Änderungskündigung ist abzugrenzen von der Ausübung des Direktionsrechts (Konkretisierung der Arbeitspflicht) sowie von der Versetzung.

Eine Versetzung gegen den Willen des Arbeitnehmers auf einen anderen Arbeitsplatz mit geringerer Entlohnung nur auf Grund des Direktionsrechts ist, wenn keine entsprechenden einzelvertraglichen oder kollektivvertraglichen Regelungen vorliegen, nicht möglich (vgl. APS/*Künzl* § 2 KSchG Rn. 49 ff.).

2939 Das gilt auch dann, wenn das bisherige Arbeitsentgelt fortgezahlt wird (*BAG* 14.7.1965 AP Nr. 19 zu § 611 BGB Direktionsrecht; s. Kap. 1 Rdn. 559 ff.).

2940 Selbst wenn aber einzelvertraglich ein sog. »**erweitertes Direktionsrecht**« vereinbart worden ist, hat der Arbeitgeber bei einer betriebsbedingten Umsetzung bei der Auswahl unter den betroffenen Arbeitnehmern nach Auffassung des *LAG Hamm* (12.2.1996 LAGE § 611 BGB Direktionsrecht Nr. 25) eine Sozialauswahl durchzuführen, die sich an §§ 2, 1 Abs. 2 S. 2 KSchG zu orientieren hat.

### 2. Weitergehende tarifliche Regelungen

2941 Etwas anderes kann nach der Rechtsprechung des *BAG* (6.9.1990 EzA § 3 TVG Bezugnahme auf Tarifvertrag Nr. 3) dann gelten, wenn dem Arbeitgeber tarifvertraglich eine **weitergehende Versetzungsbefugnis** eingeräumt wird (s. Kap. 3 Rdn. 17 ff.; vgl. APS/*Künzl* § 2 KSchG Rn. 87 ff.). Das gilt selbst dann, wenn die Anwendbarkeit der jeweiligen tariflichen Regelung nur einzelvertraglich vereinbart wird.

2942 Zwar wird im Ergebnis das Arbeitsverhältnis durch das In-Kraft-Treten eines eine derartige Befugnis neu aufnehmenden Tarifvertrages in einem wesentlichen Punkt geändert. Das ist im Individualarbeitsrecht die Wirkung einer Änderungskündigung, die an sich gerichtlich überprüfbar wäre.

Jedoch tritt anstelle des Kündigungsschutzes im kollektivrechtlich geprägten Arbeitsverhältnis der Schutz, der von der Richtigkeitsgewähr des Tarifvertrages und der Gleichgewichtigkeit der Tarifvertragsparteien ausgeht, der anders als der geringere Schutz des § 315 BGB bei einer einseitigen Leistungsbestimmung und bei einem Widerrufsvorbehalt von gleichwertiger Qualität wie der Kündigungsschutz ist (*LAG Düsseld.* 17.3.1995 LAGE § 2 KSchG Nr. 16).

## III. Abgrenzung zur Teilkündigung und zum Widerrufsrecht

### 1. Begriff der Teilkündigung; Abgrenzung zur Beendigungskündigung und zur ergänzenden Vertragsauslegung

2943 Eine Abgrenzung ist auch erforderlich zur sog. Teilkündigung.

2944 Sie bezieht sich nicht auf die Beendigung des Arbeitsverhältnisses insgesamt, sondern nur auf die Kündigung bestimmter Vertragsteile.

2945 Entscheidendes Merkmal der Teilkündigung ist (wie bei jeder Kündigung des Arbeitsverhältnisses) die einseitige Änderung von Vertragsbedingungen gegen den Willen der anderen Vertragspartei.

2946 Von der Kündigung unterscheidet sich die Teilkündigung nur dadurch, dass erstere das Arbeitsverhältnis in seinem ganzen Bestand erfasst, während sich mit letzterer eine Vertragspartei unter Aufrechterhaltung des Arbeitsverhältnisses im Übrigen **nur von einzelnen Rechten und Pflichten aus dem Arbeitsverhältnis lösen will**.

2947 In der Äußerung einer – möglicherweise falschen – Rechtsansicht liegt im Übrigen keine Teilkündigung.

## O. Die Änderungskündigung	Kapitel 4

Übernimmt der Arbeitnehmer eine tariflich niedriger bewertete Tätigkeit und vereinbaren die Parteien, dass dem Arbeitnehmer der Differenzbetrag zwischen den beiden Tarifgruppen in bezifferter Höhe als »nicht aufzehrbare Ausgleichszulage, die auch an Tariflohnerhöhungen teilnimmt« zusteht, so soll er damit regelmäßig so gestellt werden, wie er ohne den Stellenwechsel gestanden hätte. Eine solche Vereinbarung bezweckt i. d. R. nicht, dem Arbeitnehmer das höhere Gehalt auch für den Fall zu sichern, dass die ursprüngliche Tätigkeit tariflich später geringer bewertet wird (*BAG* 22.1.1997 EzA § 622 BGB Teilkündigung Nr. 7). 2948

### 2. Grundsätzliches Verbot der Teilkündigung

Eine solche Teilkündigung ist grds. unzulässig, **weil durch sie das von den Parteien vereinbarte Äquivalenz- und Ordnungsgefüge gestört wird.** Sie nimmt nicht darauf Rücksicht, dass die Rechte und Pflichten der Parteien in vielfachen inneren Beziehungen stehen. 2949

Durch die Teilkündigung entzieht sich somit eine Vertragspartei der Vertragsbindung, ohne gleichzeitig auf ihre Rechte aus der Bindung der anderen Partei zu verzichten (*BAG* 7.10.1982 EzA § 315 BGB Nr. 28). 2950

### 3. Begriff des Widerrufsvorbehaltes

Ist hingegen einer Vertragspartei das Recht eingeräumt, eine Vertragsbedingung einseitig zu ändern, so handelt es sich (unabhängig von der gewählten Bezeichnung) um einen Widerrufsvorbehalt (s. dazu Kap. 3 Rdn. 759 ff., insbes. auch zu den Auswirkungen der Schuldrechtsreform). 2951

Dieser kann seine Rechtsgrundlage im Arbeitsvertrag selbst, aber auch in einer Betriebsvereinbarung oder in einem Tarifvertrag haben. 2952

### 4. Grundsätzliche Zulässigkeit von Widerrufsvorbehalten; Wegfall der Geschäftsgrundlage

Die Vereinbarung eines solchen Widerrufsvorbehaltes, d. h. eines Rechts zur einseitigen Änderung der Vertragsbedingungen, ist **grds. zulässig**; die Ausübung des Widerrufsrechts im konkreten Einzelfall muss gem. § 315 BGB nach billigem Ermessen erfolgen (*BAG* 7.10.1982 EzA § 315 BGB Nr. 28; s. *Sievers* NZA 2002, 1182 ff.; abl. *Leuchten* NZA 1994, 724 ff.). 2953

**Sie ist nur dann gem. § 134 BGB nichtig, wenn sie zur Umgehung des zwingenden Kündigungsschutzes führt.** 2954

Das wird in aller Regel dann der Fall sein, **wenn wesentliche Elemente des Arbeitsvertrages einer einseitigen Änderung unterliegen sollen, durch die das Gleichgewicht zwischen Leistung und Gegenleistung grundlegend gestört wird** (*BAG* 4.2.1958 AP Nr. 1 zu § 620 BGB Teilkündigung; 7.10.1982 EzA § 315 BGB Nr. 28). 2955

Der Bestandsschutz des Arbeitsverhältnisses bleibt aber nach der Rechtsprechung des *BAG* (7.1.1971 AP Nr. 12 zu § 315 BGB) auch nach erklärtem Widerruf gewahrt, wenn **mindestens das Tarifgehalt weitergezahlt wird.** 2956

▶ Beispiele: 2957
- Ist nach dem Arbeitsvertrag mit dem vorbehaltenen Entzug (Versetzung) einer Zusatzaufgabe (z. B. der Check-Purser-Tätigkeit bei einer Luftfahrtgesellschaft) gleichzeitig auch der Wegfall der hierfür gezahlten außertariflichen Zulage verbunden, liegt darin im Regelfall – unabhängig von der gewählten Bezeichnung – auch der Vorbehalt des Widerrufs der außertariflichen Zulage.
- Eine Umgehung des Kündigungsschutzes liegt darin jedenfalls dann nicht, wenn die Zulage nur 15 % der Gesamtbezüge des Arbeitnehmers ausmacht (*BAG* 15.11.1995 EzA § 315 BGB Nr. 46; vgl. auch *BAG* 7.8.2002 EzA § 315 BGB Nr. 51).

- Ein Arbeitgeber, der einem Arbeitnehmer unter dem Vorbehalt der Refinanzierbarkeit bei staatlichen Stellen einzelvertraglich unabhängig z. B. von den Arbeitsvertragsrichtlinien des Diakonischen Werkes Vergütung aus einer höheren Vergütungsgruppe zusagt, kann sich von dieser Zusage lösen, wenn der Drittmittelgeber die Finanzierung verweigert. Der Widerruf kann dann ohne Änderungskündigung erfolgen (*BAG* 6.8.1997 NZA 1998, 263; s. a. Rdn. 3019 ff.).

2958 Eine Befugnis des Arbeitgebers zum vertraglich nicht vorbehaltenen Widerruf einer Zulage kann allerdings **nicht** auf einen **Wegfall der Geschäftsgrundlage** der Vergütungsvereinbarung gestützt werden. Soweit der Wegfall der Geschäftsgrundlage eine Änderung der Arbeitsbedingungen notwendig macht, hat der Arbeitgeber vielmehr eine Änderungskündigung auszusprechen (*BAG* 16.5.2002 EzA § 2 KSchG Nr. 46).

### 5. Übertragung der für den Widerrufsvorbehalt entwickelten Grundsätze auf die vorbehaltene Teilkündigung

2959 Nach Maßgabe dieser für den Widerrufsvorbehalt entwickelten Grundsätze kommt auch eine Teilkündigung dann in Betracht, wenn das von den Parteien im Vertrag festgelegte Ordnungs- und Äquivalenzgefüge nicht gestört wird.

2960 Das ist grds. anzunehmen, wenn für einzelne Vertragsteile eine **Teilkündigung ausdrücklich vorgesehen** ist (*BAG* 23.8.1989 EzA § 565b BGB Nr. 3; 14.11.1990 EzA § 620 BGB Teilkündigung Nr. 5), sowie dann, wenn sich aus den Umständen ergibt, dass es sich um einen **selbstständigen Vertragsteil** handelt, der ohne Störung des Übrigen vertraglichen Äquivalenz- und Ordnungsgefüges aus dem Vertrag herausgelöst werden kann (vgl. *Hromadka* DB 1995, 1609 ff.).

2961 Das *BAG* (7.10.1982 EzA § 315 BGB Nr. 28) geht letztlich davon aus, dass der **Vorbehalt der Teilkündigung als Widerrufsvorbehalt aufzufassen ist**. Auf diesen ist § 315 BGB anwendbar, wonach die Bestimmung der Leistung durch einen der Vertragsschließenden (hier den Arbeitgeber) im Zweifel nach billigem Ermessen zu treffen ist. Das bedeutet, dass die **wesentlichen Umstände des Falles abzuwägen und die beiderseitigen Interessen zu berücksichtigen sind** (*BAG* 13.5.1987 EzA § 315 BGB Nr. 34).

2962 ▶ Beispiele:
- Bei einer **Verkleinerung des Bezirks eines Außendienstmitarbeiters** im Rahmen einer grundlegenden Neuordnung der Bezirke ist das billige Ermessen z. B. dann gewahrt, wenn dies nicht zu einer nachweislichen Verdienstminderung führt (*BAG* 7.10.1982 EzA § 315 BGB Nr. 28).
- Die arbeitsvertragliche Verpflichtung zum Bewohnen einer **Werksdienstwohnung** kann dagegen nicht selbstständig unter Fortbestand des Arbeitsverhältnisses gekündigt werden (*BAG* 23.8.1989 EzA § 565b BGB Nr. 3).
- Ist in einem (**Chefarzt-**)**Vertrag** die Kostenerstattung für die Leistungen des Krankenhauses niedergelegt, die der Chefarzt im Rahmen seiner Privatliquidation in Anspruch nimmt, und enthält ein Zusatzvertrag nur einen Berechnungsmodus für die Kostenerstattung, dann kann der Zusatzvertrag selbstständig durch Kündigung beendet werden, wenn ein entsprechendes Kündigungsrecht vereinbart wurde. Eine – unzulässige – Teilkündigung liegt dann nicht vor, weil die Grundlage der im Dienstvertrag geregelten Kostenerstattung unberührt bleibt (*BAG* 14.11.1990 EzA § 611 BGB Teilkündigung Nr. 5).
- Eine Teilkündigung allein von **Provisionsbedingungen** ist grds. nicht zulässig.

### 6. Verfahrensfragen

2963 Spricht der Arbeitgeber eine ausnahmsweise zulässige Teilkündigung aus, kann der Arbeitnehmer deren Wirksamkeit überprüfen lassen. **§ 4 KSchG findet jedoch keine Anwendung.** Es gelten die zur Überprüfung des Widerrufsvorbehaltes bzw. der auf Grund des Direktionsrechts erteilten Weisungen entwickelten Grundsätze (§ 315 BGB; s. Kap. 1 Rdn. 559 ff.; Kap. 3 Rdn. 759 ff.).

## 7. Umdeutung

Die unwirksame Teilkündigung ist grds. nicht in eine Änderungskündigung umzudeuten (KR/*Rost* § 2 KSchG Rn. 53). 2964

## IV. Gründe für eine sozial gerechtfertigte Änderungskündigung

### 1. Prüfungsmaßstab

Gem. § 2 KSchG muss die Änderung der Arbeitsbedingungen **sozial gerechtfertigt sein**, um wirksam zu werden. 2965

Das bedeutet, dass die **Änderung der Arbeitsbedingungen** aus personen-, verhaltens- oder durch dringende betriebliche Erfordernisse bedingten Gründen **unvermeidbar** sein muss und die **neuen Bedingungen** für den Arbeitnehmer **unter Berücksichtigung des Verhältnismäßigkeitsprinzips annehmbar** sein müssen (*BAG* 3.7.2003 EzA § 2 KSchG Nr. 49; 23.6.2005 EzA § 2 KSchG Nr. 54 m. Anm. *Löwisch* SAE 2007, 49 ff.; 29.9.2011 – 2 AZR 451/10, EzA-SD 2/2012 S. 17 LS = NZA-RR 2012, 158; vgl. *Fischermeier* NZA 2000, 738; *Bröhl* BB 2007, 437 ff.). Der Arbeitgeber muss sich also bei einem **an sich anerkennenswerten Anlass** zur Änderungskündigung darauf beschränken, nur solche **Änderungen** vorzuschlagen, die der Arbeitnehmer **billigerweise hinnehmen muss** (*BAG* 16.5.2002 EzA § 2 KSchG Nr. 46; 27.3.2003 EzA § 2 KSchG Nr. 48; 22.4.2004 EzA § 2 KSchG Nr. 50; 23.6.2005 EzA § 2 KSchG Nr. 54; 29.11.2007 EzA § 2 KSchG Nr. 69; 9.9.2010 – 2 AZR 936/08, EzA-SD 5/2011 S. 6 LS; *LAG SchlH* 13.5.2009 – 6 Sa 358/08, EzA-SD 14/2009 S. 8 LS; *LAG Hamm* 20.5.2011 LAGE § 2 KSchG Nr. 76; s. *Reiserer/Powietzka* BB 2006, 1115 ff.). Eine betriebsbedingte Änderungskündigung ist nur sozial gerechtfertigt, wenn sich die angebotenen Änderungen nicht weiter vom bisherigen Inhalt des Arbeitsverhältnisses entfernen, als dies zur Erreichung des angestrebten Ziels erforderlich ist. Daran fehlt es, wenn der Arbeitgeber dem Arbeitnehmer im Zusammenhang mit einer Änderungskündigung zur Gehaltsabsenkung die Vereinbarung einer sog. »doppelten« Schriftformklausel anträgt, ohne dass hierfür Gründe i. S. v. § 2 S. 1, § 1 Abs. 2 KSchG vorliegen (*BAG* 29.9.2011 EzA § 2 KSchG Nr. 83). 2966

**Maßgeblicher Zeitpunkt** für die Beurteilung der Rechtmäßigkeit einer (Änderungs-)Kündigung ist der des **Kündigungszugangs**. Bei einer betriebsbedingten Änderungskündigung muss z. B. der Bedarf an einer Weiterbeschäftigung zu den bisherigen Bedingungen zu diesem Zeitpunkt voraussichtlich auf Dauer entfallen sein (*BAG* 29.9.2011 – 2 AZR 451/10, EzA-SD 2/2012 S. 17 LS = NZA-RR 2012, 158).

Die soziale Rechtfertigung ist sowohl hinsichtlich der Frage, ob **überhaupt eine Änderung der Arbeitsbedingungen erforderlich ist**, als auch hinsichtlich der Frage, **wie diese Änderung im konkreten Fall zu erfolgen hat**, zu überprüfen. 2967

Denn ob der Arbeitnehmer die vorgeschlagenen Änderungen billigerweise hinnehmen muss, richtet sich nach dem Verhältnismäßigkeitsgrundsatz. Keine der angebotenen Änderungen darf sich weiter vom Inhalt des bisherigen Arbeitsverhältnisses entfernen, als es zur Anpassung an die geänderten Arbeitsbedingungen erforderlich ist (*BAG* 23.6.2005 EzA § 2 KSchG Nr. 54; 23.6.2005 EzA § 2 KSchG Nr. 55; 3.4.2008 EzA § 2 KSchG Nr. 70; 26.6.2008 – 2 AZR 147/07, NZA 2008, 1431 LS; *LAG SchlH* 13.5.2009 – 6 Sa 358/08, EzA-SD 14/2009 S. 8 LS; s. Rdn. 3062). Wenn durch das Änderungsangebot neben der Tätigkeit auch die Gegenleistung – Vergütung – geändert werden soll, sind beide Elemente des Änderungsangebots am Verhältnismäßigkeitsgrundsatz zu messen (*BAG* 3.4.2008 EzA § 2 KSchG Nr. 70). Ergibt sich insoweit die **Höhe der Vergütung** für die geänderte Tätigkeit **nicht automatisch** z. B. **aus einem Tarifvertrag** oder einer vom Arbeitgeber aufgestellten Vergütungsordnung, sondern hat der Arbeitgeber die Gehälter aller vergleichbaren Arbeitnehmer **frei ausgehandelt**, so ist nach den Grundsätzen der abgestuften Darlegungs- und Beweislast zu prüfen, ob die dem Arbeitnehmer konkret **angebotene Vergütung** dessen **Änderungsschutz hinreichend berücksichtigt**. Der Arbeitgeber ist dann nicht 2968 verpflichtet, dem betroffenen Arbeitnehmer im Wege der Änderungskündigung die höchste für vergleichbare Tätigkeiten gezahlte Vergütung anzubieten. Er hat vielmehr lediglich den Arbeitnehmer, dem gegenüber er eine Änderungskündigung ausspricht, unter Berücksichtigung seines Änderungsschutzes in das frei ausgehandelte Vergütungsgefüge einzuordnen (*BAG* 3.4.2008 EzA § 2 KSchG Nr. 70).

Eine gesonderte Rechtfertigung der Vergütungsänderung ist nur dann entbehrlich, wenn sich die geänderte Vergütung aus einem im Betrieb angewandten Vergütungssystem ergibt (»Tarifautomatik«; *BAG* 23.6.2005 EzA § 2 KSchG Nr. 54; 29.11.2007 EzA § 2 KSchG Nr. 69; 12.8.2010 EzA § 2 KSchG Nr. 79 = NZA 2011, 460; 9.9.2010 – 2 AZR 936/08, EzA-SD 5/2011 S. 6 LS). Es sind also grds. alle Einzelheiten des Angebots daraufhin zu überprüfen, ob die Änderungen geeignet und erforderlich sind (*BAG* 29.11.2007 EzA § 2 KSchG Nr. 69; 23.6.2005 EzA § 2 KSchG Nr. 55; zutr. *LAG Nbg.* 26.7.2005 LAGE § 2 KSchG Nr. 52; *LAG Hamm* 20.5.2011 LAGE § 2 KSchG Nr. 76).

2969  Ist die Frage nach dem Ob zu bejahen, ist aber die konkrete Änderung sozial ungerechtfertigt, weil sie etwa einschneidender als erforderlich ist, so kann das Gericht nicht etwa eine Vertragsanpassung an das Erforderliche vornehmen. Insoweit ist vielmehr die Änderungskündigung insgesamt unwirksam mit der Folge, dass das Arbeitsverhältnis zu den ursprünglichen Vertragsbedingungen fortbesteht (*BAG* 21.9.2006 EzA § 2 KSchG Nr. 61; 26.6.2008 – 2 AZR 147/07, NZA 2008, 1431 LS). Die beabsichtigte Änderung der Vertragsbedingungen darf stets nur so weit gehen, wie dies nach dem Zweck der Maßnahme erforderlich ist. Sie muss andererseits zur Erreichung dieses Zweckes geeignet sein (*LAG Köln* 21.1.2002 LAGE § 2 KSchG Nr. 40a). Daraus folgt, dass dann, wenn das Änderungsangebot mehrere Änderungen vorsieht, von denen eine sozial ungerechtfertigt ist, die Änderungskündigung insgesamt unwirksam ist (*BAG* 21.9.2006 EzA § 2 KSchG Nr. 61 = NZA 2007, 435; *LAG Köln* 21.6.2002 LAGE § 2 KSchG Nr. 42; *LAG Nbg.* 26.7.2005 LAGE § 2 KSchG Nr. 52).

2970  Eine betriebsbedingte Änderungskündigung ist folglich z. B. nur dann wirksam, wenn sich der Arbeitgeber bei einem an sich anerkennenswerten Anlass zur Änderungskündigung darauf beschränkt hat, nur solche Änderungen vorzunehmen, die der Arbeitnehmer billigerweise hinnehmen muss (*BAG* 15.3.1991 EzA § 2 KSchG Nr. 16; 23.6.2005 EzA § 2 KSchG Nr. 54; *LAG Hamm* 20.5.2011 LAGE § 2 KSchG Nr. 76). Folglich kann sich die Unwirksamkeit einer z. B. auf die Änderung der Arbeitszeiten gerichteten Änderungskündigung bereits daraus ergeben, dass das Datum der vorgesehenen Vertragsänderung weit vor dem Datum des In-Kraft-Tretens der Kündigung liegt (*LAG Hamm* 26.10.2005 AuR 2006, 211 LS).

2971  Der Arbeitnehmer hat auch insoweit einen **Anspruch auf Gleichbehandlung**. Ein Angebot, das dem Arbeitnehmer weniger zugesteht, als er beanspruchen kann, widerspricht deshalb der Rechtslage und muss folglich auch nicht billigerweise hingenommen werden (*BAG* 3.7.2003 EzA § 2 KSchG Nr. 49; s. a. Rdn. 2984).

2972  Bestehen **mehrere Weiterbeschäftigungsmöglichkeiten**, so hat der Arbeitgeber grds. den Arbeitsplatz anzubieten, dessen Arbeitsbedingungen sich am wenigsten von den bisherigen entfernen. Fallen mehrere Arbeitsplätze weg, hat der Arbeitgeber zunächst eine Reihung der Arbeitnehmer vorzunehmen, um sie sodann den freien Arbeitsplätzen zuzuordnen. Bei der Auswahlentscheidung sind die Grundsätze der Sozialauswahl heranzuziehen. Stets sind aber alle Weiterbeschäftigungsmöglichkeiten in die Prüfung einzubeziehen. Es dürfen folglich nicht vorab Arbeitsplätze besetzt werden mit der Folge, dass sie bei Prüfung und Zuordnung der Weiterbeschäftigungsmöglichkeiten für die von der (Änderungs-)Kündigung bedrohten Arbeitnehmer unberücksichtigt bleiben (*LAG SchlH* 13.5.2009 – 6 Sa 358/08, EzA-SD 14/2009 S. 8 LS).

## 2. Personenbedingte Gründe

Eine personenbedingte Änderungskündigung kommt in Betracht, wenn der Arbeitnehmer seine vertraglich **geschuldete Arbeitsleistung** auf dem bisherigen Arbeitsplatz infolge eines in seiner Person liegenden Umstandes **nicht mehr erbringen kann**, er für einen anderen (freien) Arbeitsplatz jedoch weiterhin geeignet ist (*BAG* 3.11.1977 NJW 1978, 2168; APS/*Künzl* § 2 KSchG Rn. 229 ff.).

2973

▶ **Beispiel: Beweislast**

2974

> Hat der Arbeitgeber einem mit Personenbeförderung beauftragten Kraftfahrer gegenüber eine **personenbedingte Änderungskündigung** (Versetzung in die Hofkolonne) ausgesprochen, weil der TÜV auf Grund einer medizinisch-psychologischen Untersuchung die mangelnde Eignung des Arbeitnehmers festgestellt hatte, so kann das TÜV-Gutachten durch einen **gerichtlich beauftragten Sachverständigen überprüft** werden. Erweist sich dabei, dass das erste Gutachten fehlerhaft und unbrauchbar in dem Sinne war, dass es nicht einmal als Grundlage für ernste, nicht ausräumbare Zweifel an der Eignung des Klägers herangezogen werden kann, so ist die Änderungskündigung unwirksam. Es kommt nicht darauf an, dass das gerichtlich eingeholte Gutachten positiv die Eignung des Klägers feststellt (*LAG Köln* 9.2.2000 NZA 2001, 34).

## 3. Verhaltensbedingte Gründe

### a) Allgemeine Voraussetzungen

Auch aus verhaltensbedingten Gründen kann eine Änderungskündigung angezeigt sein, wenn etwa durch ein bestimmtes Verhalten des Arbeitnehmers **das Vertrauen des Arbeitgebers nur hinsichtlich eines abgrenzbaren Teilbereichs zerstört ist**, wie dies etwa bei Störungen der Beziehung zwischen Arbeitnehmern untereinander denkbar ist (*BAG* 21.11.1985 EzA § 1 KSchG Nr. 42). Auch für die soziale Rechtfertigung einer verhaltensbedingten Änderungskündigung bedarf es aber regelmäßig einer vorherigen einschlägigen **Abmahnung**.

2975

### b) Politische Betätigung; öffentlicher Dienst

Die ordentliche Änderungskündigung eines **Fernmeldehandwerkers bei der Deutschen Bundespost wegen seiner DKP-Zugehörigkeit und damit verbundenen Aktivitäten** ist dann durch Gründe, die im Verhalten des Arbeitnehmers liegen, bedingt, wenn eine konkrete Störung des Arbeitsverhältnisses, sei es im Leistungsbereich, im Bereich der betrieblichen Verbundenheit aller Mitarbeiter, im personalen Vertrauensbereich oder im behördlichen Aufgabenbereich eingetreten ist.

2976

Einen personenbedingten Grund wegen fehlender Eignung auf Grund von Zweifeln an der Erfüllung der einfachen politischen Loyalitätspflicht eines im öffentlichen Dienst tätigen Arbeitnehmers stellt diese politische Betätigung nur dann dar, wenn sie in die öffentliche Dienststelle hineinwirkt und entweder den allgemeinen Aufgabenbereich des öffentlichen Arbeitgebers oder das konkrete Aufgabengebiet des Arbeitnehmers berührt (*BAG* 20.7.1989 EzA § 2 KSchG Nr. 11).

2977

**Sicherheitsbedenken**, die sich aus der vom Arbeitgeber vermuteten fehlenden Verfassungstreue ergeben sollen, sind von diesem unter Berücksichtigung der einem Fernmeldehandwerker obliegenden politischen Treuepflicht bezogen auf sein Tätigkeitsgebiet und den behördlichen Aufgabenbereich konkret unter Angabe greifbarer Tatsachen darzulegen (*BAG* 20.7.1989 EzA § 2 KSchG Nr. 11; s. a. *BAG* 12.5.2011 EzA § 123 BGB 2002 Nr. 10).

2978

## 4. Betriebsbedingte Gründe

Eine betriebsbedingte Änderungskündigung ist sozial gerechtfertigt, wenn sich der Arbeitgeber bei Vorliegen eines **Kündigungsgrunds** darauf beschränkt hat, dem Arbeitnehmer **lediglich solche Änderungen** anzubieten, die der Arbeitnehmer **billigerweise hinnehmen muss**. In Anwendung des Verhältnismäßigkeitsgrundsatzes muss sich die angetragene Vertragsanpassung auf das **unbedingt erforderliche Maß** beschränken (*BAG* 12.8.2010 EzA § 2 KSchG Nr. 79 = NZA 2011, 460).

2978a

*a) Entgeltminderung; Anpassung von Nebenabreden*

2979 Ein anerkennenswerter Anlass für eine betriebsbedingte Änderungskündigung ist insbes. dann gegeben, wenn das **Bedürfnis für die Weiterbeschäftigung des Arbeitnehmers entfallen ist**. Das kann auf einer nur der Missbrauchskontrolle unterliegenden unternehmerischen Entscheidung zur **Umstrukturierung** des Betriebs beruhen (*BAG* 23.6.2005 EzA § 2 KSchG Nr. 54; vgl. dazu *Reiserer/ Powietzka* BB 2006, 1115 ff.). Dabei ist zu beachten, dass eine **betriebsbedingte Änderung der Arbeitsbedingungen** durch eine Änderungskündigung, mit der der Arbeitgeber eine sonst aus wirtschaftlichen Gründen **erforderliche Beendigungskündigung vermeidet**, vom Arbeitnehmer nach dem Verhältnismäßigkeitsgrundsatz **stets billigerweise hinzunehmen** ist. Steht im Kündigungszeitpunkt fest, dass der Arbeitnehmer aufgrund seines Widerspruchs gegen einen Betriebsübergang bei seinem Arbeitgeber nicht mehr beschäftigt werden kann, verstößt das Angebot des Arbeitgebers, den Arbeitnehmer an den Betriebserwerber auszuleihen, regelmäßig nicht gegen den Verhältnismäßigkeitsgrundsatz. Das gilt auch dann, wenn der Arbeitgeber dem Arbeitnehmer die Fortsetzung des Arbeitsverhältnisses nur zu dem geringeren Entgelt anbietet, das der Betriebsübernehmer nach den in seinem Betrieb einschlägigen Tarifverträgen seinen Arbeitnehmern zahlt (*BAG* 29.3.2007 EzA § 2 KSchG Nr. 66).

2980 Im Rahmen betriebsbedingter Gründe für eine Änderungskündigung stellt sich aber darüber hinaus generell insbes. die Frage, inwieweit eine **Entgeltminderung** nach § 2 KSchG sozial gerechtfertigt sein kann (vgl. APS/*Künzl* § 2 KSchG Rn. 244 ff.; *Herbert/Oberrath* NJW 2008, 3177 ff.).

2981 Denn soweit eine arbeitsvertragliche Entgeltregelung ohne Frist und Vorbehalt getroffen wurde oder, weil die Grundlagen des Arbeitsverhältnisses berührend, als getroffen gilt, ist eine Änderung nur einvernehmlich oder durch Änderungskündigung möglich. Nach der Rechtsprechung des *BAG* (20.3.1986 EzA § 2 KSchG Nr. 6; s. a. *LAG Düsseld.* 17.2.1998 NZA-RR 1998, 534) behidarf es einer Interessenabwägung unter Berücksichtigung des Gewichts der für die Vertragsänderung sprechenden Gründe einerseits und des Grades der Schutzwürdigkeit des Arbeitnehmers andererseits. Dabei ist zu beachten, dass der Arbeitgeber nachhaltig in das arbeitsvertraglich vereinbarte Verhältnis von Leistung und Gegenleistung eingreift. Grundsätzlich sind aber einmal geschlossene Verträge einzuhalten. Ein Geldmangel allein kann den Schuldner nicht entlasten. Die Dringlichkeit eines schwerwiegenden Eingriffs in das Leistungs-/Lohngefüge, wie es die Änderungskündigung zur Durchsetzung einer erheblichen Lohnsenkung darstellt, ist deshalb nur dann gerechtfertigt, wenn bei einer Aufrechterhaltung der bisherigen Personalkostenstruktur weitere, betrieblich nicht mehr auffangbare Verluste entstehen, die absehbar zur Stilllegung des Betriebes oder zumindest zur Reduzierung der Belegschaft führt (*BAG* 12.1.2006 EzA § 2 KSchG Nr. 56 m. Anm. *Junker* SAE 2006, 219; s. a. *Schrader/Straube* DB 2006, 1678 ff.); diese Grundsätze gelten auch dann, wenn der Arbeitgeber eine **Erhöhung der Wochenarbeitszeit** ohne Lohnausgleich erreichen will (*LAG Köln* 16.11.2005 AuR 2006, 251 LS). Regelmäßig setzt deshalb eine solche Situation einen umfassenden Sanierungsplan voraus, der alle gegenüber der beabsichtigten Änderungskündigung milderen Mittel ausschöpft (*BAG* 27.9.2001 EzA § 2 KSchG Nr. 44; 16.5.2002 EzA § 2 KSchG Nr. 46). Das lässt sich dahin zusammenfassen, dass dann, wenn sich die bisherige Tätigkeit des Arbeitnehmers nicht verändert, eine – isolierte – Reduzierung der vereinbarten Vergütung durch eine betriebsbedingte Änderungskündigung nur unter besonderen Voraussetzungen zulässig ist (*BAG* 16.5.2002 EzA § 2 KSchG Nr. 46). Das gilt selbst dann, wenn eine neue gesetzliche Regelung (§§ 3 Abs. 1 Nr. 3, 9 Nr. 2, 10 Abs. 4 AÜG – **unterschiedliche Entlohnung von Leiharbeitnehmern durch Bezugnahme auf einen Tarifvertrag**) **die Möglichkeit vorsieht**, durch Parteivereinbarung einen geringeren tariflichen Lohn festzulegen, als er dem Arbeitnehmer bisher gesetzlich oder vertraglich zustand. Diese gesetzliche Neuregelung allein rechtfertigt es noch nicht, im Fall des Verbandsbeitritts des Verleihers nunmehr durch Änderungskündigung das zuvor mit dem Leiharbeitnehmer vereinbarte oder gesetzlich zustehende Entgelt auf das tarifliche Entgelt nach dem für den Arbeitgeber geltenden Tarifvertrag für Zeitarbeitsunternehmen abzusenken. Auch das Interesse des Verleihunternehmers, in seinem Betrieb einheitliche Vertragsbedingungen zu schaffen, reicht allein noch nicht zur sozialen Recht-

## O. Die Änderungskündigung — Kapitel 4

fertigung einer Änderungskündigung zur Entgeltsenkung aus (*BAG* 12.1.2006 EzA § 2 KSchG Nr. 56 m. Anm. *Junker* SAE 2006, 219).

Diese Grundsätze gelten entsprechend auch im öffentlichen Dienst (APS/*Künzl* § 2 KSchG Rn. 264). **2982**

Nach Auffassung des *LAG Köln* (15.6.1988 LAGE § 2 KSchG Nr. 8; a. A. *LAG Bln.* 30.6.1997 NZA-RR 1998, 257) ist es weitergehend ausreichend, wenn durch die Herabsetzung der finanziellen Leistungen des Arbeitgebers eine **Rentabilitätsverbesserung** erreicht werden kann. Es hat deshalb eine Massenänderungskündigung mit dem Ziel der Streichung eines monatlichen Mietkostenzuschusses in Höhe von 19 DM als Teil eines Sanierungskonzeptes für gerechtfertigt erachtet. Allerdings stand das Unternehmen unter einem erheblichen Druck, da es in früheren Jahren erhebliche Verluste erlitten hatte und die Kreditgeber unter Androhung von Kreditkürzungen konkrete Maßnahmen zur Ergebnisverbesserung gefordert hatten. **2983**

Das *LAG BW* (20.3.1997 BB 1997, 1903; vgl auch *LAG Bln.* 11.5.1998 NZA-RR 1998, 498) lässt es genügen, dass **betriebliche Interessen von einigem Gewicht** diese Maßnahme – ggf. im Rahmen eines Pakets weiterer Schritte zur Kostensenkung – erforderlich machen. Andererseits stellt die Einführung einer neuen Lohnfindungsmethode (Umstellung auf leistungsbezogene Vergütung) allein keinen Grund für eine betriebsbedingte Änderungskündigung gegenüber einem Arbeitnehmer dar, dessen Lohn sich aus Grundlohn und widerruflicher Gewinnbeteiligung zusammensetzt. Auch der **Gleichbehandlungsgrundsatz** gibt in einem derartigen Fall keinen betriebsbedingten Grund zur Änderungskündigung, selbst wenn mehr als 90 % der Belegschaft den geänderten Bedingungen einzelvertraglich zugestimmt hatte (*LAG RhPf* 9.1.1997 NZA 1998, 598; *LAG Nds.* 23.5.2007 – 16 Sa 1302/06, AuR 2007, 403 LS; s. a. *BAG* 12.1.2006 EzA § 2 KSchG Nr. 56). Von daher genügt der **Wunsch des Arbeitgebers**, für alle Arbeitsverhältnisse gleiche **Urlaubsansprüche und Ausschlussfristen herzustellen**, nicht als soziale Rechtfertigung für eine Änderung dieser Bedingungen durch Änderungskündigung. Solche Arbeitsbedingungen zählen auch nicht zu den in grds. freier unternehmerischer Entscheidung bestimmbaren Anforderungen an freie Arbeitsplätze durch den Arbeitgeber (*LAG Nbg.* 26.7.2005 LAGE § 2 KSchG Nr. 52). **2984**

Das *BAG* (27.3.2003 EzA § 2 KSchG Nr. 48) hat inzwischen für Änderungskündigungen zur Anpassung derartiger vertraglicher Nebenabreden folgende Grundsätze aufgestellt: **2985**
– Änderungskündigungen zur Anpassung vertraglicher Nebenabreden (z. B. kostenlose Beförderung zum Betriebssitz, Fahrtkostenzuschuss, Mietzuschuss) an geänderte Umstände unterliegen nicht den gleichen strengen Maßstäben wie Änderungskündigungen zur Entgeltabsenkung, also zur Kürzung der vereinbarten Vergütung.
– Ein dringendes betriebliches Bedürfnis kann sich in diesem Zusammenhang daraus ergeben, dass die Parteien eine Nebenabrede vereinbart haben, die an Umstände knüpft, die erkennbar nicht während der gesamten Dauer des Arbeitsverhältnisses gleich bleiben müssen.
– Hat der Arbeitgeber mit seinen Arbeitnehmern anlässlich des Umzugs des Betriebes an einen mit öffentlichen Verkehrsmitteln nicht oder nur schwer erreichbaren Ort vereinbart, einen kostenlosen Werkbusverkehr vom bisherigen Betriebsort an die neue Betriebsstätte einzurichten und zu unterhalten, so kann eine erhebliche Veränderung der bei der Vereinbarung zugrunde gelegten Umstände ein dringendes betriebliches Erfordernis zu einer Änderungskündigung darstellen.
– Es ist jedoch stets zu prüfen, ob sich die der ursprünglichen Vereinbarung zugrunde liegenden Umstände so stark geändert haben, dass sie eine Änderung der Arbeitsbedingungen erforderlich machen und ob sich der Arbeitgeber darauf beschränkt hat, dem Arbeitnehmer nur solche Änderungen vorzuschlagen, die dieser billigerweise hinnehmen muss.

*Löwisch/Bernards* (Anm. zu *BAG* EzA § 2 KSchG Nr. 8) lassen weitergehend bereits **jedes sachliche Interesse** als einen Grund für eine betrieblich bedingte Änderungskündigung ausreichen; für *Stahlhacke* (DB 1994, 1368) genügt, dass das **Unternehmen mit Verlust arbeitet**. Eine Änderungskündigung allein zum Zweck der Entgeltreduzierung ist jedenfalls nicht sozial gerechtfer- **2986** tigt. Die Einführung einer **neuen Lohnfindungsmethode** ist ohne Hinzutreten weiterer Umstände folglich nicht ausreichend (*LAG Bln.* 21.8.1998 LAGE § 2 KSchG Nr. 34).

**2987** Für eine Änderungskündigung, mit der der Arbeitgeber eine Entgeltminderung von 30 % zur Vermeidung betriebsbedingter Beendigungskündigungen erreichen wollte, hat das *BAG* (12.11.1998 EzA § 2 KSchG Nr. 33; vgl. dazu *Fischermeier* NZA 2000, 742) folgende Grundsätze aufgestellt: Bei der Prüfung, ob ein dringendes betriebliches Erfordernis zu einer Änderung der Arbeitsbedingungen einzelner Arbeitnehmer besteht, ist auf die wirtschaftliche Situation des Gesamtbetriebes und nicht nur die eines unselbstständigen Betriebsteils abzustellen. Die Unrentabilität einer unselbstständigen Betriebsabteilung (s. Rdn. 3010) stellt dann ein dringendes betriebliches Erfordernis dar, wenn sie auf das wirtschaftliche Ergebnis des Gesamtbetriebes durchschlägt und ohne Anpassung der Personalkosten Beendigungskündigungen nicht zu vermeiden wären (s. a. *LAG RhPf* 20.7.2006 DB 2007, 1761). Im konkret entschiedenen Einzelfall hat das *BAG* (12.11.1998 EzA § 2 KSchG Nr. 33) angenommen, dass die Beklagte die maßgeblichen Voraussetzungen **nicht schlüssig dargelegt** hatte. Es fehlten hinreichende Angaben zur wirtschaftlichen Situation des Gesamtbetriebes, zur Rentabilität der Anzeigenabteilung bzw. zu der Frage, ob und ggf. in welcher Form und mit welchen Realisierungschancen die Planungen, die Abteilung Anzeigensatz notfalls zu schließen, bereits greifbare Formen angenommen hatten.

Eine betriebsbedingte Änderungskündigung, die eine sonst erforderlich werdende Beendigungskündigung – z. B. wegen Stilllegung des Gesamtbetriebes oder einer Betriebsabteilung – vermeidet, ist zwar grds. möglich (*BAG* 26.6.2008 EzA § 2 KSchG Nr. 71). Die Anforderungen an eine solche Änderungskündigung sind aber nicht geringer anzusetzen als die Anforderungen an eine Beendigungskündigung wegen beabsichtigter (Teil-)Betriebsstilllegung. Der Arbeitgeber muss aber zuvor alle **gegenüber der Änderungskündigung mildernen Mittel ausschöpfen**, der Arbeitnehmer muss die Entgeltabsenkung billigerweise hinnehmen müssen und die Gleichbehandlung der von den Änderungskündigungen betroffenen Arbeitnehmer muss gewahrt sein (s. *LAG SchlH* 30.1.2007 – 5 Sa 357/06, EzA-SD 10/2007 S. 8 LS). Eine Änderungskündigung zur Entgeltsenkung ist also **nur begründet**, wenn bei einer Aufrechterhaltung der **bisherigen Personalkostenstruktur** weitere, betrieblich **nicht mehr auffangbare Verluste entstünden, die absehbar zu einer Reduzierung der Belegschaft** oder sogar zur **Schließung des Betriebs führen**, und ein **Sanierungsplan alle milderen Mittel ausschöpft** und die von den Arbeitnehmern zu tragenden Lasten **gleichmäßig verteilt** (*BAG* 26.6.2008 EzA § 2 KSchG Nr. 71 = NZA 2008, 1182). Dabei ist es **unerheblich**, ob und wie viele der im Betrieb beschäftigten Arbeitnehmer der Entgeltreduzierung im Zeitpunkt des Ausspruchs der Änderungskündigung **bereits freiwillig zugestimmt haben**, solange das Sanierungskonzept noch nicht in Gänze abgeschlossen ist, der Arbeitgeber an der vollständigen Umsetzung des Konzepts nach wie vor festhält und dieses im Zeitpunkt des Ausspruchs der Kündigung folglich noch Bestand hat (*LAG SchlH* 30.1.2007 – 5 Sa 357/06, EzA-SD 10/2007 S. 8 LS; *LAG Köln* 17.7.2007 LAGE § 2 KSchG Nr. 59a; a. A. *LAG Bln.-Bra.* 5.12.2007 – 15 Sa 1546/07, EzA-SD 9/2008 S. 7 LS für das **endgültige Ausscheiden von mindestens 8 von 107 Arbeitnehmern** bei einer Entgeltreduzierung von 15 %: Unverhältnismäßigkeit der Änderungskündigung); haben sich also z. B. 97 % der betroffenen Arbeitnehmer mit der Reduzierung der Vergütung freiwillig einverstanden erklärt, so kann ein Arbeitnehmer, dem gegenüber die Reduzierung der Vergütung durch Änderungskündigung erfolgt, sich **nicht darauf berufen**, die Änderungskündigung sei ihm gegenüber **nicht mehr erforderlich**, weil der Sanierungserfolg schon durch die freiwilligen Gehaltsreduzierungen erreicht sei (*BAG* 26.6.2008 EzA § 2 KSchG Nr. 71).

Insgesamt ist also bei der Bewertung einer betriebsbedingten Änderungskündigung zur Entgeltabsenkung maßgeblich darauf abzustellen, **ob die Änderungskündigung der Umsetzung eines Sanierungskonzepts dient und der jeweilige Einzelsanierungsbeitrag des betroffenen Arbeitnehmers Bestandteil des Gesamtkonzepts ist**. Es kommt insoweit nicht darauf an, ob zum Zeitpunkt des Ausspruchs der Kündigung gerade der Einzelbeitrag des gekündigten Arbeitnehmers geeignet ist, das Unternehmen zu sanieren. Denn das Abstellen auf das Gewicht des verbliebenen

O. Die Änderungskündigung                                                                      Kapitel 4

Einzelsanierungsbeitrags würde dann eine unzulässige Individualisierung des erforderlichen Gesamtsanierungskonzepts darstellen (*LAG SchlH* 21.2.2007 LAGE § 2 KSchG Nr. 27; bestätigt durch *BAG* 26.6.2008 EzA § 2 KSchG Nr. 71; s. a. *LAG RhPf* 20.7.2006 DB 2007, 1761: Überprüfung anhand eines Dreijahreszeitraums; *LAG Köln* 17.7.2007 LAGE § 2 KSchG Nr. 59a).

Ist allerdings nach Maßgabe dieser Grundsätze eine Entgeltkürzung mittels Änderungskündigung   2988
durch dringende betriebliche Erfordernisse gerechtfertigt, so ist der Arbeitgeber **gleichwohl** regelmäßig **nicht berechtigt, einzelne Arbeitnehmer**, auch nicht allein die Arbeitnehmer einer mit Verlust arbeitenden Abteilung, **herauszugreifen** und ihr Entgelt einschneidend zu kürzen, während das Entgelt der überwiegenden Mehrzahl der Belegschaft unangetastet bleibt (*BAG* 20.8.1998 EzA § 2 KSchG Nr. 31; 10.9.2009 EzA § 2 KSchG Nr. 74). Beruft sich der Arbeitgeber für eine Änderungskündigung zur Entgeltreduzierung auf einen **Sanierungsplan**, muss er die dem Sanierungskonzept zu Grunde gelegten wirtschaftlichen Daten folglich so weit konkretisieren, dass dem Arbeitnehmer eine **sachliche Stellungnahme** und den Gerichten ggf. eine Nachprüfung ermöglicht wird (*BAG* 10.9.2009 EzA § 2 KSchG Nr. 74).

Wird zudem eine Entgeltkürzung nur mit **vorübergehenden wirtschaftlichen Verlusten** begründet,   2989
müssen die Arbeitnehmer jedenfalls billigerweise **keine Entgeltsenkung auf Dauer** hinnehmen (*BAG* 20.8.1998 EzA § 2 KSchG Nr. 31). Gleiches gilt für eine Änderungskündigung wegen **aktueller wirtschaftlicher Schwierigkeiten**, die die zukünftige widerrufliche Ausgestaltung von Sondervergütungen rechtfertigen soll, wenn der Widerruf im laufenden Wirtschaftsjahr nicht erforderlich ist, sondern nur »auf Vorrat« vereinbart werden soll. Auch der Wunsch nach einem einheitlichen Vergütungsniveau rechtfertigt den Eingriff in bestehende Verträge nicht, wenn neu eingestellten Mitarbeitern ein überdurchschnittliches Vergütungsniveau geboten wird und die Fluktuation nicht dazu genutzt wird, den Eingriff in die bestehenden Verträge möglichst gering zu halten (*LAG Köln* 21.1.2002 LAGE § 2 KSchG Nr. 40a).

**Angespannte wirtschaftliche Verhältnisse** eines Unternehmens rechtfertigen auch nicht ohne weiteres eine **Urlaubskürzung** für die Mitarbeiter. Eine entsprechende Änderungskündigung ist daher   2990
nur dann sozial gerechtfertigt, wenn es für den Arbeitgeber **keine andere Möglichkeit** gibt, eventuelle finanzielle Engpässe zu überwinden. In jedem Fall müssen die betrieblichen Erfordernisse »dringend« sein (*LAG Köln* 17.7.2007 LAGE § 2 KSchG Nr. 59a).

Eine Änderungskündigung kommt auch dann nicht in Betracht, wenn neben einer Entgeltminderung   2991
– auch Änderungen vorgesehen sind, deren Sanierungseffekt weder vorgetragen, noch sonst ersichtlich ist, wie z. B. die Einführung einer bislang nicht vorgesehenen Vertragsstrafe oder die Unterwerfung unter eine jeweilige »Arbeitsordnung«,
– Abmachungen vorgesehen sind, die gegen zwingendes Recht verstoßen, z. B. gegen §§ 4, 4a EFZG, § 11 BUrlG und
– die Änderungen vor Ablauf der Kündigungsfrist in Kraft treten sollen (*BAG* 21.9.2006 EzA § 2 KSchG Nr. 61; *LAG Düsseld.* 1.3.2007 LAGE § 17 KSchG Nr. 3; *LAG Köln* 23.10.2009 – 4 Sa 842/09, AuR 2010, 271; s. Rdn. 2996). Nach Auffassung des *LAG Köln* (2.11.2007 – 11 Sa 960/07, EzA-SD 4/2008 S. 4 LS) soll das auch dann gelten, wenn der Arbeitgeber dem Arbeitnehmer bereits **wenige Tage nach dem Zugang** der Änderungskündigung schriftlich mitteilt, dass die Änderungskündigung bzw. das in ihr enthaltene Änderungsangebot nicht »vorfristig«, sondern **erst zum Ablauf der ordentlichen Kündigungsfrist** gelten solle.

### b) Entgeltanpassung; Einführung tariflicher Arbeitsbedingungen

Die Berufung des Arbeitgebers auf den Gleichbehandlungsgrundsatz – Beseitigung der Besserstellung   2992
einer Arbeitnehmer-Gruppe oder einzelner Arbeitnehmer bei bestimmten freiwilligen betrieblichen Sozialleistungen – stellt für sich allein kein dringendes betriebliches Erfordernis für eine Änderungskündigung dar (*BAG* 28.4.1982 EzA § 2 KSchG Nr. 4; 12.1.2006 EzA § 2 KSchG Nr. 56; s. a. Rdn. 2989). Eine anderweitige kündigungsrechtliche Betrachtung würde die Funktion des ar-

beitsrechtlichen Gleichbehandlungsgrundsatzes i. S. eines in erster Linie zu Gunsten des ausgeschlossenen Arbeitnehmers wirkenden Gestaltungs- und Ordnungsprinzips in sein Gegenteil verkehren. Deshalb ist es dem Arbeitgeber, der mit einzelnen Arbeitnehmern eine höhere Vergütung vereinbart hat, als sie dem betrieblichen Niveau entspricht, auch verwehrt, unter Berufung auf den Gleichbehandlungsgrundsatz diese Vergütung dem Lohn der übrigen Arbeitnehmer anzupassen, mit denen er eine solche höhere Lohnvereinbarung nicht getroffen hat. Denn der Gleichbehandlungsgrundsatz dient allein zur Begründung von Rechten, nicht aber zu deren Einschränkung (*BAG* 1.7.1999 EzA § 2 KSchG Nr. 35; 16.5.2002 EzA § 2 KSchG Nr. 46; APS/*Künzl* § 2 KSchG Rn. 242; s. a. Rdn. 2989). Auch dass sich der Arbeitgeber auf eine die angestrebte Neuregelung vorgebende Gesamtbetriebsvereinbarung berufen kann, erleichtert die Änderungskündigung nicht (*BAG* 20.1.2000 EzA § 15 KSchG n. F. Nr. 49; s. *v. Hoyningen-Huene* SAE 2000, 331 ff.). Nichts anderes gilt, wenn der Arbeitgeber künftig alle Mitarbeiter nach einem einschlägigen Branchentarifvertrag behandeln will im Verhältnis zu einem Arbeitnehmer, der günstigere Regelungen im Arbeitsvertrag vereinbart hat. Eine darauf gestützte Änderungskündigung ist regelmäßig nicht sozial gerechtfertigt; jedenfalls dann nicht, wenn weder der Arbeitgeber noch der Arbeitnehmer tarifgebunden ist und der Arbeitsvertrag daher vom Tarifvertrag abweichende Regelungen enthält (*LAG RhPf* 6.8.2001 – 6 Sa 973/00). Gleiches gilt, wenn der Arbeitgeber, nachdem er einem **Arbeitgeberverband** beigetreten ist, die **Tarifverträge auf das Arbeitsverhältnis des Leiharbeitnehmers anwenden will**, damit der Arbeitnehmer nicht die im Betrieb des Entleihers für vergleichbare Arbeitnehmer des Entleihers geltenden wesentlichen Arbeitsbedingungen einschließlich des Arbeitsentgelts verlangen kann. Eine im Hinblick darauf erklärte Änderungskündigung muss den zuvor dargestellten Anforderungen genügen. Auch wenn fast alle Arbeitnehmer auf Verlangen des Arbeitgebers die Anwendung der tariflichen Regelungen vereinbart haben, kann sich der Arbeitgeber auf den arbeitsrechtlichen Gleichbehandlungsgrundsatz ebenso wenig berufen wie auf den Wegfall der Geschäftsgrundlage (*LAG Düsseld.* 22.2.2005 – 8 Sa 1756/04, AuR 2005, 235; bestätigt durch *BAG* 12.1.2006 EzA § 2 KSchG Nr. 56; s. a. Rdn. 2989). **Denn das Kündigungsrecht ist gegenüber einer Vertragsanpassung nach § 313 BGB lex specialis**. Tatbestände, die eine Störung oder den Wegfall der Geschäftsgrundlage bewirken könnten, sind kündigungsrechtlich im Rahmen der §§ 2, 1 KSchG zu würdigen. Wird die Tätigkeit eines AT-Angestellten nach der Neuordnung des tariflichen Gehaltssystems von den Merkmalen einer tariflichen Vergütungsgruppe erfasst, ergibt sich allein daraus kein dringendes betriebliches Erfordernis i. S. d. §§ 2, 1 KSchG für eine Anpassung der vertraglichen Gehaltsabreden und sonstiger Arbeitsbedingungen an die Tarifbestimmungen (*BAG* 8.10.2009 EzA § 2 KSchG Nr. 75).

**2993** Das Festhalten eines Angestellten an den vertraglichen Vereinbarungen und die Ablehnung, einen anderen – schlechteren – Tarifvertrag zu akzeptieren, stellt demzufolge erst recht keinen wichtigen Grund für eine – außerordentliche – Änderungskündigung dar.

**2994** Weder aus den besonderen Loyalitätspflichten des kirchlichen Arbeitsverhältnisses noch aus dem Leitbild der christlichen Dienstgemeinschaft folgt regelmäßig eine vertragliche Verpflichtung des kirchlichen Arbeitnehmers, Vergütungsveränderungen zu akzeptieren (*BAG* 25.10.2001 EzA § 626 BGB Änderungskündigung Nr. 2). Zur sozialen Rechtfertigung einer auf den Fortfall von betrieblichen Sozialleistungen gerichteten Änderungskündigung bedarf es des Vorliegens von betrieblichen Umständen, die so beschaffen sein müssen, dass sie als dringendes betriebliches Erfordernis i. S. v. § 1 Abs. 2 KSchG angesehen werden können.

**2995** Als derartige Gründe kommen z. B. die folgenden Umstände in Betracht: Auftragsrückgang, Umsatzminderung, Gewinnverfall, Auslaufen einer Drittmittelfinanzierung, Betriebseinschränkungen infolge schlechter wirtschaftlicher Lage sowie wesentliche Störungen des Betriebsfriedens wegen einer Ungleichbehandlung von Arbeitnehmern (*BAG* 28.4.1982 EzA § 2 KSchG Nr. 4).

*c) Organisationsänderungen; Änderungskündigung nach Betriebsteilübergang und Widerspruch des Arbeitnehmers; Verhältnismäßigkeitsprinzip*

**2996** Die eine ordentliche Änderungskündigung sozial rechtfertigenden dringenden betrieblichen Erfordernisse i. S. v. § 1 Abs. 2 S. 1, § 2 KSchG setzen voraus, dass das Bedürfnis für die Weiterbeschäftigung des Arbeitnehmers im Betrieb überhaupt oder zu den bisherigen Bedingungen (*BAG* 29.11.2007 EzA § 2 KSchG Nr. 69) entfallen ist. Dies kann auf einer unternehmerischen Entscheidung zur Umstrukturierung des gesamten oder von Teilen eines Betriebes oder einzelner Arbeitsplätze beruhen. Eine solche Organisationsentscheidung des Arbeitgebers zur Änderung der Arbeitszeitgestaltung unterliegt nur einer eingeschränkten Kontrolle. Sie ist lediglich dahingehend zu überprüfen, ob sie offenbar unvernünftig oder willkürlich ist und ob sie ursächlich für den vom Arbeitgeber geltend gemachten Änderungsbedarf ist. Ein Missbrauch der unternehmerischen Organisationsfreiheit liegt nicht schon dann vor, wenn der Arbeitgeber die Möglichkeit hätte, auf die Reorganisation zu verzichten (*BAG* 22.4.2004 EzA § 2 KSchG Nr. 50).

Diese Grundsätze gelten auch für eine Organisationsentscheidung des öffentlichen Arbeitgebers, der aufgrund von Verwaltungsanordnungen die verbleibenden Arbeitsplätze umstrukturiert (*BAG* 29.11.2007 EzA § 2 KSchG Nr. 69).

▶ **Beispiele:** 2997

Es liegt eine nicht zu beanstandende organisatorische Entscheidung und damit ein **dringendes betriebliches Erfordernis** vor, wenn ein Land zukünftig den **Vertretungsbedarf an Grundschulen** grds. mit **pädagogischen Mitarbeitern** und **nicht mehr mit Lehrern abdecken** will. Dementsprechend entfällt das Bedürfnis für eine Beschäftigung von Vertretungslehrern (*BAG* 29.11.2007 EzA § 2 KSchG Nr. 69). Insofern ist also die in **Runderlassen** dokumentierte Organisationsentscheidung eines Bundeslandes, bei kurzfristigen Ausfällen von Lehrkräften an Grundschulen **keine Vertretungskräfte mehr einzusetzen** die einen eigenständigen Vertretungsunterricht erteilen, von den Arbeitsgerichten nur eingeschränkt überprüfbar. Allerdings ist zu überprüfen, ob die Organisationsentscheidung tatsächlich überhaupt umgesetzt wurde und ob sie sich dahingehend auswirkt, dass der Beschäftigungsbedarf im Ausmaß der Änderungskündigung bezüglich des betroffenen Arbeitnehmers entfallen ist (*LAG Nds.* 28.9.2006 NZA-RR 2007, 160).

Die **Verlagerung einer Dienststelle** an einen anderen Ort stellt regelmäßig ein betriebliches Erfordernis für eine Änderungskündigung dar, mit der die Versetzung eines Beschäftigten an den neuen Dienstort erreicht werden soll (*BAG* 12.8.2010 EzA § 2 KSchG Nr. 78).

Die Überprüfung organisatorischer Unternehmerentscheidungen ist also auch insoweit auf die **Missbrauchskontrolle** beschränkt, also darauf, ob sie offenbar unsachlich, unvernünftig oder willkürlich ist. 2998

Eine derartige nur beschränkt überprüfbare Entscheidung ist z. B. der Entschluss des Arbeitgebers, die von ihm getragene Musikschule während der allgemeinen Schulferien geschlossen zu halten und außerhalb der Ferien einen gleichmäßigen Unterricht anzubieten (*BAG* 26.1.1995 EzA § 2 KSchG Nr. 22). Gleiches gilt für die Freiheit zur Wahl des betrieblichen Standortes (*BAG* 27.9.2001 EzA § 2 KSchG Nr. 41). 2999

Dagegen ist es gerichtlich zu prüfen, ob die Organisationsänderung eine Beendigungs- oder Änderungskündigung unvermeidbar macht, oder ob das geänderte unternehmerische Konzept nicht durch andere Maßnahmen verwirklicht werden kann (Verhältnismäßigkeitsprinzip; *BAG* 27.9.2001 EzA § 2 KSchG Nr. 41; 21.2.2002 EzA § 2 KSchG Nr. 45; 29.11.2007 EzA § 2 KSchG Nr. 69; *LAG Köln* 20.1.2006 LAGE § 2 KSchG Nr. 54). Dabei sind nur solche Mittel bei der notwendigen Erforderlichkeitsprüfung zu berücksichtigen, die gleich wirksam sind, um das unternehmerische Ziel zu erreichen. Zum Vergleich können deshalb nicht solche Mittel herangezogen werden, die zur beabsichtigten Zweckerreichung weniger oder gar nicht geeignet sind (*BAG* 27.9.2001 EzA § 2 KSchG Nr. 41). 3000

Zu beachten ist, dass eine ordentliche Änderungskündigung, die nach Widerspruch des Arbeitnehmers gegen einen Betriebsteilübergang und einer daraufhin erklärten ordentlichen betriebsbedingten Beendigungskündigung des alten Arbeitgebers auf der Grundlage eines Beschäftigungssicherungstarifvertrages auf eine **vor Ablauf der Kündigungsfrist** des betreffenden Arbeitnehmers **wirksam** 3001 werdende Verschlechterung der Arbeitsbedingungen zielt, nach §§ 1 Abs. 2, 2 KSchG **sozial ungerechtfertigt** ist (*BAG* 21.9.2006 EzA § 2 KSchG Nr. 61; *LAG Düsseld.* 1.3.2007 LAGE § 17 KSchG Nr. 3).

3002 ▶ **Beispiele:**
- Die Bestimmung, ob ein umfangmäßig konkretisierter **Dienstleistungsbedarf** nur mit **Volltags- oder teilweise** auch **mit Halbtagsbeschäftigten** abgedeckt werden soll (Arbeitszeitkonzept), gehört zum Bereich der von den Arbeitsgerichten im Rahmen eines Kündigungsschutzverfahrens nur beschränkt überprüfbaren »Unternehmenspolitik« (*BAG* 22.4.2004 EzA § 2 KSchG Nr. 50).
- Der **Rückgang des Unterrichtsbedarfs** kann ein dringendes betriebliches Erfordernis i. S. v. § 1 Abs. 2, § 2 KSchG für die Reduzierung der vertraglich vereinbarten Arbeitszeit von Lehrern durch eine Änderungskündigung sein, wenn sich der öffentliche Arbeitgeber dazu entschließt, das verbleibende Arbeitsvolumen nicht von weniger Vollzeitkräften, sondern von allen bislang beschäftigten Lehrern mit reduzierter Arbeitszeit erledigen zu lassen. Sieht ein »Lehrerpersonalkonzept« des öffentlichen Arbeitgebers vor, dass alle Lehrkräfte, die freiwillig bereit waren, ihre Arbeitszeit vertraglich auf zwei Drittel oder die Hälfte eines vollen Deputats zu verringern, bei darüber hinausgehendem Bedarf ein jeweils auf ein Schuljahr befristetes Angebot zur Aufstockung erhalten, kann ein dringendes betriebliches Erfordernis zur Reduzierung der Arbeitszeit von Lehrern, die nicht bereit waren, an diesem Konzept teilzunehmen, **nicht darauf** gestützt werden, dass **ein Bedürfnis an ihrer Lehrtätigkeit** im vertraglich vereinbarten Umfang bei Berücksichtigung der Aufstockungsangebote **nicht mehr besteht** (*BAG* 26.11.2009 EzA § 2 KSchG Nr. 76).
- An einem dringenden betrieblichen Erfordernis fehlt es auch dann, wenn der öffentliche Arbeitgeber für das **Unterrichtsfach** des gekündigten Lehrers **Neueinstellungen** vorgenommen hat; eine Änderungskündigung kann dann auch unwirksam sein, weil der öffentliche Arbeitgeber den gekündigten (Vollzeit-)Lehrkräften eine nachträgliche Teilnahme an dem Konzept als milderes Mittel nicht angeboten hat (*BAG* 26.11.2009 EzA § 2 KSchG Nr. 76 = NZA-RR 2010, 448).
- Ein **Missbrauch** der unternehmerischen Organisationsfreiheit liegt aber z. B. dann vor, wenn die Umgestaltung der Arbeitsabläufe sich als **rechtswidrige Maßregelung (§ 612a BGB)** erweist oder die Vorgaben des Beschäftigtenschutzgesetzes umgeht (*BAG* 22.4.2004 EzA § 2 KSchG Nr. 50).
- Dem KSchG ist nicht die Wertung zu entnehmen, der Arbeitgeber müsse auf Grund einer Rationalisierung z. B. im Dienstleistungsbereich ohne Rücksicht auf eine einschlägige Organisationsentscheidung in jedem Falle anstelle mehrerer Änderungskündigungen (z. B. zwei Änderungskündigungen mit dem Ziel von Halbtagsbeschäftigungen) eine geringere Anzahl von Beendigungskündigungen aussprechen (*BAG* 19.5.1993 EzA § 1 KSchG Betriebsbedingte Kündigung Nr. 73).
- Eine Änderungskündigung ist i. S. d. Verhältnismäßigkeitsgrundsatzes erforderlich, wenn es dem Arbeitgeber nicht möglich ist, durch andere **technische, organisatorische oder wirtschaftliche Maßnahmen** zu erreichen, dass ein Vertrieb zukünftig von einem anderen Standort aus betrieben werden kann (*BAG* 27.9.2001 EzA § 2 KSchG Nr. 41).
- Die Entscheidung des Arbeitgebers, die **Führungsstrukturen umzugestalten** und die bisherige Leitung eines Unternehmensbereichs durch einen leitenden Angestellten auf ein Kollegialgremium mit Mitarbeitern einer niedrigeren Funktionsgruppe zu übertragen, ist eine unternehmerische Organisationsmaßnahme, die zum Wegfall des Beschäftigungsbedarfs des bisherigen Leiters führen kann. Allerdings bedarf diese unternehmerische Entscheidung einer Konkretisierung, ob der Arbeitsplatz des betroffenen leitenden Angestellten tatsächlich weggefallen ist. Dazu muss der darlegungspflichtige Arbeitgeber auf Grund seiner unternehmerischen Vorgaben die zukünftige Entwicklung der Arbeitsmenge anhand einer näher konkretisierten Prognose darstellen und angeben, wie die anfallenden Arbeiten vom verbliebenen Personal ohne

## O. Die Änderungskündigung Kapitel 4

überobligatorische Leistungen erledigt werden können (*BAG* 27.9.2001 EzA § 14 KSchG Nr. 6).
- Eine betriebsbedingte Änderungskündigung kann auf einer unternehmerischen Organisationsveränderung beruhen, die dazu führt, dass sich das Anforderungsprofil für die zu beschäftigenden Arbeitnehmer verändert. Diese unternehmerische Entscheidung kann von dem Gericht für Arbeitssachen nur darauf geprüft werden, ob sie auf nachvollziehbaren arbeitsplatzbezogenen Gründen beruht und willkürfrei ist (*LAG Hamm* 15.6.2010 NZA-RR 2010, 578). Das gilt aber dann nicht, wenn zwar aufgrund einer Unternehmerentscheidung ein neuer Aufgabenbereich geschaffen wird, für den aber auf Grund des vom Arbeitgeber angenommenen Anforderungsprofils der betroffene Arbeitnehmer benötigt werden soll, wenn sein bisheriger Tätigkeitsbereich unverändert fortbesteht (*LAG Köln* 11.12.2009 – 10 Sa 328/09, AuR 2010, 271 LS).
- Eine Änderungskündigung ist dann unwirksam, wenn das ursprüngliche Änderungsangebot im nachhinein durch **eine weniger einschneidene Vertragsänderung** ersetzt werden soll, da dann das erste Angebot über das Maß der notwendigen Vertragsänderung hinausging (*LAG Köln* 21.1.2002 LAGE § 2 KSchG Nr. 40a).
- Die Übertragung der Aufgaben von Außendienstmitarbeitern (sog. Field-Koordinatoren) in der klinischen Begleitforschung eines Pharmaunternehmens auf ein Drittunternehmen kann zum Wegfall ihrer Arbeitsplätze und zu einem dringenden betrieblichen Erfordernis für eine ordentliche Änderungskündigung nach § 1 Abs. 2 KSchG führen (*BAG* 21.2.2002 EzA § 2 KSchG Nr. 45).
- Bietet ein Arbeitgeber die Fortsetzung des Arbeitsverhältnisses zu geänderten Arbeitsbedingungen (hier: statt Außen- nunmehr eine Innendiensttätigkeit im weit vom Wohnort der Arbeitnehmerin entfernten Firmensitz) an, so ist ein solches Angebot nicht deshalb unbillig, weil der Arbeitnehmerin eine **freie Mitarbeit im bisherigen Arbeitsgebiet** und vom bisherigen Standort aus hätte angeboten werden können. § 2 S. 1 KSchG stellt die Änderungskündigung in den Zusammenhang mit der Fortsetzung des Arbeitsverhältnisses. Das mögliche Angebot einer freien Mitarbeit ist daher grds. kein »milderes Mittel« gegenüber dem Angebot einer Weiterbeschäftigung zu geänderten Bedingungen als Arbeitnehmer (*BAG* 21.2.2002 EzA § 2 KSchG Nr. 45).
- Die mittels einer Änderungskündigung betriebsbedingt begründete und erfolgte Zuweisung einer neuen Arbeit rechtfertigt nicht die **Absenkung des Gehalts um mehr als 30 %** auf eine nur rechnerisch ermittelte Durchschnittsvergütung einer Abteilung mit vergleichbaren Tätigkeiten, ohne dass eine kollektivrechtliche Regelung der Vergütung existiert. Die neben dem Arbeitsvertrag individuell schriftlich vereinbarte Leistungsvergütung ist auch nicht betriebsvereinbarungsoffen wenn der Arbeitsvertrag eine Klausel enthält, dass Betriebsvereinbarungen auch zu Lasten des Arbeitnehmers abändern können (*LAG Bra.* 16.11.2004 – 2 Sa 298/04, AuR 2005, 384 LS).

Zu beachten ist, dass auch bei derartigen Organisationsänderungen der unterschiedliche Arbeitsumfang **keine arbeitsrechtliche Sonderbehandlung der Teilzeitarbeitnehmer** rechtfertigt, **wenn hierfür keine sachlichen Gründe gegeben sind**. § 4 Abs. 1 TzBfG erfasst alle Arbeitsbedingungen. Das gilt auch für die Möglichkeit der Freizeitgestaltung an Wochenenden, weil die zusammenhängende Freizeit an den Wochentagen Samstag/Sonntag ganz allgemein als erstrebenswert und vorteilhaft angesehen wird. Sachliche Gründe, eine Teilzeitkraft z. B. im Rahmen einer bestimmten Arbeitszeitgestaltung davon – im Gegensatz zu den Vollzeitkräften – generell auszuschließen, sind nicht ersichtlich. Ein hierauf hinzielendes Änderungsangebot verstößt gegen § 4 Abs. 1 TzBfG (*BAG* 24.4.1997 EzA § 2 KSchG Nr. 26). Im konkret entschiedenen Einzelfall hat das *BAG* die Unangemessenheit des Änderungsangebots auch dadurch ergänzend als belegt angesehen, dass die Klägerin statt wie früher an drei Tagen nach dem neuen Konzept nur noch an einem Tag (freitags) pro Woche frei haben soll, während z. B. eine andere Teilzeitkraft nach wie vor zwei freie Tage (montags und freitags) hat. Zudem sollte die Klägerin anders als die anderen Teilzeitkräfte durchgehend von montags bis donnerstags in der Zeit ab 12 Uhr und in den umsatzstärksten Zeiten (einschließlich sams-

3003

tags) eingesetzt werden, während andere Teilzeitbeschäftigte auch vormittags ab 9.30 Uhr, wie früher auch die Klägerin, eingesetzt werden.

3004 Führt ein tarifgebundener Arbeitgeber durch einzelvertragliche Abreden mit nahezu sämtlichen Arbeitnehmern einer Abteilung dort ein vom Tarifvertrag abweichendes Arbeitszeitmodell ein (Sonnabend als Regelarbeitszeit), so ist die Änderungskündigung des einzigen Arbeitnehmers, der – selbst tarifgebunden – diese Abrede nicht akzeptiert und an seiner tariflich vorgesehenen Arbeitszeit (Montag bis Freitag) festhalten möchte, mit der ihn der Arbeitgeber in einem anderen Betrieb des Unternehmens einsetzen möchte, nicht sozial gerechtfertigt. Denn ein tarifgebundener Arbeitnehmer darf seinen – auch konkreten – Arbeitsplatz **nicht deswegen verlieren, weil er eine in seiner Person tarifwidrige Abrede mit dem Arbeitgeber verweigert** (*BAG* 18.12.1997 EzA § 2 KSchG Nr. 28; s. *Hromadka* SAE 1998, 271 ff.; *Fischermeier* NZA 2000, 740).

3005 Entschließt sich dagegen ein **Filialunternehmen** des Einzelhandels aus wirtschaftlichen und strukturellen Gesichtspunkten u. a. zur Vermeidung von Entlassungen, eine **Teilflexibilisierung der Arbeitszeit** ihrer Mitarbeiter/innen mit Zustimmung des Gesamtbetriebsrats und der örtlichen Betriebsräte in ihren Filialen einzuführen, so ist eine in diesem Zusammenhang aus dringenden betrieblichen Gründen ausgesprochene Änderungskündigung rechtswirksam (*LAG Bln.* 8.4.1998 ARST 2000, 17).

### d) Kostensenkung; Reduzierung oder Erweiterung des Arbeitsvolumens

#### aa) Grundsätze

3006 Bezweckt der Arbeitgeber mit Hilfe der Änderungskündigung (nur) bestimmte Arbeitsvertragsbedingungen des Arbeitnehmers, nicht aber seinen Arbeitsbereich zu ändern, insbes. die Kosten des Arbeitsverhältnisses zu senken, so stellt dies ebenso wenig wie die zu diesem Zweck ausgesprochene Änderungskündigung selbst eine unternehmerische Entscheidung dar, deren Überprüfung dem Arbeitsgericht verwehrt ist (*BAG* 20.3.1986 EzA § 256 ZPO Nr. 25).

3007 Das gilt z. B. für den Entschluss des Arbeitgebers, Lohnnebenkosten wie **Fahrgeldzuschüsse** (in Höhe von 1,75 € wöchentlich) im Hinblick auf die eingetretene schlechte wirtschaftliche Lage **einzusparen** (*LAG BW* 24.4.1995 EzA § 2 KSchG Nr. 18):

> Die Änderung der Arbeitsvertragsbedingungen ist deshalb nur sozial gerechtfertigt, wenn sie in der vorgesehenen Art und Weise und in dem vorgesehenen Umfang überhaupt erforderlich und geeignet ist, das vorgegebene Unternehmensziel etwa der Kostensenkung zu erreichen.

3008 Erforderlich ist deshalb, dass das angestrebte Unternehmensziel definiert wird. Sodann ist anhand dieses Zieles festzustellen, inwieweit die angestrebten Änderungen der Arbeitsbedingungen **geeignet, aber auch erforderlich sind**, es zu erreichen. Nach Auffassung des *LAG BW* (24.4.1995 EzA § 2 KSchG Nr. 18) muss der Entschluss des Arbeitgebers in eine **betrieblich-organisatorische Maßnahme** münden.

#### bb) Verhältnis von Unternehmensziel und Kosteneinsparung

3009 So sind (gemessen an dem Unternehmensziel) **marginale Kosteneinsparungen** durch Kürzungen übertariflicher Zulagen nicht geeignet, das insoweit erstrebte Ziel zu erreichen. Kürzungen übertariflicher Zulagen in einem Umfang, die die unternehmerische Zielvorgabe signifikant überschreiten, sind zu deren Erreichen nicht erforderlich.

#### cc) Betriebsbezogenheit des Überprüfungsmaßstabs

3010 Das dringende Bedürfnis, eine unselbstständige Betriebsabteilung (Werkstatt) wegen hoher Kostenbelastung zu sanieren, begründet allein noch kein dringendes betriebliches Bedürfnis für eine Änderungskündigung zum Zwecke der Streichung außertariflicher Zulagen gegenüber in der Werkstatt beschäftigter Arbeitnehmer. Abzustellen ist vielmehr auf die wirtschaftlichen Verhältnisse im Bereich des Betriebes insgesamt (*BAG* 11.10.1989 EzA § 1 KSchG Betriebsbedingte Kündigung Nr. 64; 12.11.1998 EzA § 2 KSchG Nr. 33; *LAG Hamm* 27.10.1999 NZA-RR 2000, 301; s. Rdn. 2987).

*dd) Reduzierung des Arbeitsvolumens*

Verringert sich infolge einer Rationalisierungsmaßnahme das Arbeitsvolumen und entfällt damit das Bedürfnis für die weitere Beschäftigung einzelner Arbeitnehmer, kann der Arbeitgeber entscheiden, ob er die verbleibende Arbeit nur mit **Vollzeitkräften** oder auch ganz oder teilweise mit **Teilzeitkräften** durchführen will (*BAG* 19.5.1993 EzA § 1 KSchG Betriebsbedingte Kündigung Nr. 73; *LAG Chemnitz* 6.4.1993 LAGE § 2 KSchG Nr. 13). Die innerbetriebliche Organisation liegt in seinem Ermessen. Er kann den Personalbestand durch Ausspruch von Kündigungen anpassen oder die Arbeitszeit für alle oder einzelne Arbeitnehmer durch Ausspruch einer Änderungskündigung verringern. Das Gericht kann dem im Rahmen eines Kündigungsschutzverfahrens nicht entgegenhalten, der Ausspruch von Beendigungskündigungen sei zweckmäßiger, so wie es umgekehrt bei Ausspruch von Beendigungskündigungen nicht mit der Möglichkeit einer Änderungskündigung zur Arbeitszeitreduzierung mehrerer Arbeitnehmer argumentieren kann (*BAG* 19.5.1993 EzA § 1 KSchG Betriebsbedingte Kündigung Nr. 73). 3011

Eine Änderung der Arbeitszeit kann durch Einführung eines **neuen Arbeitszeitsystems** bedingt sein. Dadurch ist eine Änderungskündigung gerechtfertigt, wenn die zu erledigende Arbeit nach dem neuen organisatorischen Konzept **nur bei geänderter Arbeitszeit sinnvoll erledigt werden kann** (*BAG* 19.5.1993 EzA § 1 KSchG Betriebsbedingte Kündigung Nr. 73). Eine Änderungskündigung zur Herabsetzung der Arbeitszeit ist aber dann sozialwidrig, wenn **keine Veränderung** hinsichtlich des Bedarfs an einer bestimmten Arbeitsleistung (*LAG RhPf* 26.5.1981 AuR 1982, 91) oder durch organisatorische Veränderungen keine Veränderung von Dauer und/oder Lage der Arbeitszeit eingetreten ist (APS/*Künzl* § 2 KSchG Rn. 239). 3012

Auch eine im Jahresdurchschnitt voraussichtlich eintretende Reduzierung des Arbeitsvolumens um 20 % rechtfertigt es aus betriebsbedingten Gründen nicht, ein »Normalarbeitsverhältnis« in ein sog. »flexibles Teilzeitarbeitsverhältnis« umzuwandeln, bei dem die Verkäuferin eines Filialbetriebes ohne eine vertragliche Bestimmung der monatlichen Durchschnittsleistung – nach einer kurzen Ankündigungsfrist – **monatlich variabel im Umfang von 53 bis zu 169 Stunden** vom Arbeitgeber je nach Arbeitsanfall eingesetzt werden kann. Eine derartige Einräumung eines einseitigen Leistungsbestimmungsrechts stellt sich als eine **objektive Umgehung des Kündigungsschutzrechts** dar und ist gem. § 134 BGB nichtig (*LAG Bra.* 24.10.1996 NZA-RR 1997, 127). Insoweit ist auch der Entschluss des Arbeitgebers, die **Arbeitszeit der Arbeitnehmer in der Form zu flexibilisieren**, dass künftig ein Beschäftigungsanspruch nur in Höhe von 75 % der bisherigen Arbeitszeit besteht und eine darüber hinausgehende Beschäftigung nach Bedarf erfolgt, keine kündigungsrechtlich hinzunehmende Unternehmensentscheidung (*LAG Thüringen* 25.4.2006 LAGE § 2 KSchG Nr. 54). Andererseits kann dann, wenn ein Handelsunternehmen (Drogeriemarkt) einen verminderten Bedarf an **Anwesenheitsstunden des gesamten Verkaufspersonals** um 20 % ermittelt, es gegenüber allen Verkaufskräften – ohne Durchführung einer Sozialauswahl – sozial gerechtfertigt sein, Änderungskündigungen auszusprechen mit dem Ziel, die Arbeitszeit und das Entgelt um 20 % zu kürzen. Das KSchG zwingt insbes. dann nicht dazu, stattdessen eine geringere Anzahl von Beendigungskündigungen auszusprechen (*LAG Bln.* 30.10.2003 – 15 Sa 1052/03, ZTR 2004, 268 LS). 3013

Der **Beschluss des Stadtrats** einer sächsischen Stadt mit ca. 25.000 Einwohnern, die Vollzeitstelle der Gleichstellungsbeauftragten **in eine halbe Stelle umzuwandeln**, verstößt nicht gegen § 64 Sächs-GemO, wonach die entsprechenden Aufgaben hauptamtlich erfüllt werden sollen. Ein solcher Beschluss kann eine Änderungskündigung gegenüber der Gleichstellungsbeauftragten zur entsprechenden Reduzierung ihrer Arbeitszeit sozial rechtfertigen. Waren ihr jedoch noch **andere Aufgaben** übertragen, die ihr im Zusammenhang mit der Änderungskündigung zur Halbierung der Arbeitszeit **entzogen wurden**, so hat die beweisbelastete Arbeitgeberin im Einzelnen **darzulegen, weshalb die Änderung der Arbeitsbedingungen auch insoweit sozial gerechtfertigt sein soll** (*BAG* 23.11.2000 EzA § 1 KSchG Soziale Auswahl Nr. 46). 3014 *ee) Erweiterung des Arbeitszeitvolumens; zwei Teilzeitkräfte statt einer Vollzeitkraft*

3015 Soll wegen **erhöhten Produktionsaufkommens** künftig in mehreren Schichten oder in Wechselschicht gearbeitet werden, stellt dies eine im Ermessen des Arbeitgebers stehende, nur beschränkt überprüfbare Unternehmerentscheidung dar. Sofern das unternehmerische Konzept nicht in anderer Weise erreicht werden kann, ist es möglich, gegenüber denjenigen Arbeitnehmern, die **nicht freiwillig** zu einem Einsatz in Wechselschicht **bereit sind**, eine Änderungskündigung auszusprechen (*BAG* 18.1.1990 EzA § 1 KSchG Betriebsbedingte Kündigung Nr. 65). Dasselbe gilt, wenn im Betrieb künftig auch samstags gearbeitet werden soll und der Arbeitgeber mit der Änderungskündigung die bislang fehlende Bereitschaft der Arbeitnehmer dazu erreichen will; das neue System darf allerdings keine Umgehung des Kündigungsschutzes darstellen (*LAG Bra.* 24.10.1996 NZA-RR 1997, 127).

3016 Jedenfalls ist eine Änderungskündigung, mit der der Arbeitgeber den **Abbau tariflich gesicherter Leistungen** – Erhöhung der tariflichen Arbeitszeit von 35 auf 38,5 Stunden mit einer Lohnerhöhung von 3 % – durchzusetzen versucht, gem. § 134 BGB i. V. m. § 4 TVG rechtsunwirksam (*BAG* 10.2.1999 EzA § 2 KSchG Nr. 34; vgl. dazu *Wendeling-Schröder* AuR 1999, 327).

3017 Eine Änderungskündigung zur Reduzierung der regelmäßigen Arbeitszeit eines bislang vollzeitbeschäftigten Arbeitnehmers kann nach Auffassung des *LAG Köln* (3.7.2008 – 9 Sa 90/07, ZTR 2008, 454 LS) dann sozial gerechtfertigt sein, wenn der Arbeitsanfall in einer Küche **nicht mehr von einer Vollzeitkraft** allein bewältigt werden kann und **stattdessen zwei Teilzeitkräfte** mit 70 % und 60 % der Arbeitszeit einer Vollzeitkraft beschäftigt werden.

*ff) Pauschalierte Mehrarbeitsvergütung*

3018 Entschließt sich der Arbeitgeber, Mehrarbeit **verstärkt durch Freizeitausgleich** abzugelten, so kann dies je nach den Umständen eine Änderungskündigung mit dem Ziel sozial rechtfertigen, von der vereinbarten pauschalierten Mehrarbeitsvergütung zur »Spitzabrechnung« der tatsächlich geleisteten Mehrarbeit überzugehen (*BAG* 23.11.2000 EzA § 2 KSchG Nr. 40).

*e) Korrektur unzutreffender Eingruppierung*

3019 Die irrtümliche Eingruppierung eines einzelnen Arbeitnehmers in eine zu hohe Vergütungsgruppe der für den öffentlichen Dienst geltenden Vergütungsordnung **kann zu einem dringenden betrieblichen Erfordernis** für eine Änderungskündigung zum Zwecke der Rückgruppierung in die tariflich richtige Vergütungsgruppe führen (*BAG* 15.3.1991 EzA § 2 KSchG Nr. 16; krit. *Müller-Uri* ZTR 2004, 176 ff.; abl. *LAG Köln* 8.4.1998 NZA-RR 1999, 108).

3020 Da eine in Verkennung tariflicher Bestimmungen rechtsgrundlos gezahlte Vergütung jedoch ohne weiteres auf Grund einseitiger Entscheidung des Arbeitgebers berichtigt werden kann, sofern nicht zugleich ein einzelvertraglicher Vergütungsanspruch besteht (*BAG* 18.2.1998 NZA 1998, 950; 15.6.2011 ZTR 2012, 26), ist zunächst zu prüfen, ob ein konstitutiver einzelvertraglicher Anspruch insoweit besteht (*BAG* 16.2.2000 EzA § 4 TVG Rückgruppierung Nr. 1), denn wenn eine vertragliche Zusage insoweit gegeben ist, kommt eine korrigierende Rückgruppierung nicht in Betracht (s. *LAG Köln* 12.7.2002 ARST 2003, 65 LS zu entsprechenden Indizien bei der Vertragsauslegung; z. B. bei offenkundig deutlich übertariflicher arbeitsvertraglicher Entlohnung (*LAG Köln* 26.9.2001 ZTR 2002, 181). In der formularmäßigen Verweisung auf eine bestimmte Vergütungsgruppe wird allerdings i. d. R. nur eine deklaratorische Erklärung gesehen, dass der Arbeitgeber dem Arbeitnehmer dasjenige zuweisen will, was ihm tariflich zusteht, hingegen nicht die konstitutive einzelvertragliche Zusage der Vergütung aus einer bestimmten Lohngruppe unabhängig von den tariflichen Voraussetzungen (*BAG* 16.10.2002 NZA 2003, 1112 LS); es handelt sich im Regelfall um eine Wissens- und nicht um eine Willenserklärung (*BAG* 15.6.2011 ZTR 2012, 26). In der Angabe der Vergütungsgruppe im Arbeitsvertrag eines Angestellten liegt i. d. R. jedenfalls auch dann **keine eigenständige arbeitsvertragliche Vereinbarung** einer – übertariflichen – Vergütung, wenn gleichzeitig die für die Eingruppierung nach

§ 22 BAT/AOK-O maßgebliche Tätigkeit bestimmt ist (*BAG* 26.1.2005 – 4 AZR 487/03 – ZTR 2005, 584). Ohne Hinzutreten weiterer Umstände kann ein Arbeitnehmer des öffentlichen Dienstes der Angabe der Vergütungsgruppe insgesamt schon deshalb nicht eine solche Bedeutung entnehmen, **weil der Arbeitgeber des öffentlichen Dienstes grds. keine übertarifliche Vergütung bezahlen will** (*BAG* 30.5.1990 EzA § 99 BetrVG 1972 Nr. 89; 18.2.1998 NZA 1998, 950; *LAG Nds.* 8.4.2002 ZTR 2002, 533). Deshalb hat der **Arbeitnehmer** die Tatsachen **darzulegen** und zu beweisen, aus denen folgen soll, dass eine **Vergütung nach einer tariflich nicht geschuldeten Vergütungsgruppe vereinbart worden ist** (*BAG* 17.5.2000 NZA 2001, 1316). Diese Grundsätze gelten auch für die – selbst wiederholte – **Mitteilung des Arbeitgebers** über die Höhergruppierung in eine bestimmte Vergütungsgruppe (*BAG* 9.12.1999 ZTR 2000, 460). Will der Arbeitgeber in einem derartigen Fall einseitig die nach seiner Auffassung unzutreffende Eingruppierung korrigieren und beruft sich demgegenüber der Arbeitnehmer bei unveränderter Tätigkeit auf die bisherige Eingruppierung, muss er allerdings im Einzelnen vortragen, warum und inwieweit seine bisherige Bewertung der Tätigkeit fehlerhaft war und deshalb die Eingruppierung korrigiert werden muss (*BAG* 11.6.1997 ZTR 1998, 29; 16.10.2002 NZA 2003, 1112 LS, s. a. Rdn. 2957 und ausf. Kap. 3 Rdn. 914 ff.). Der Arbeitgeber genügt seiner Darlegungspflicht dann, wenn er darlegt, bei der ursprünglichen Eingruppierung sei ein Qualifikationsmerkmal als erfüllt angesehen worden, das es in der betreffenden Fallgruppe nicht gibt (*BAG* 18.2.1998 NZA 1998, 950), bzw. dass zumindest **eine tarifliche Voraussetzung der** zuvor dem Arbeitnehmer mitgeteilten Vergütungsgruppe **objektiv nicht gegeben war** (*BAG* 17.5.2000 EzA § 4 TVG Rückgruppierung Nr. 4; 15.6.2011 ZTR 2012, 26). Gleiches gilt auch für den Fall der Verweigerung des Zeit- bzw. Bewährungsaufstiegs, soweit die Mitteilung des Arbeitgebers die für den Zeit- bzw. Bewährungsaufstieg maßgebliche Vergütungs- bzw. Fallgruppe bezeichnet (*BAG* 26.4.2000 NZA 2001, 1391).

Der Vortrag des **Arbeitgebers** bei der korrigierenden Rückgruppierung ist allerdings **dann nicht schlüssig**, wenn nur ein **Fehler bei der der Bewertung der Tätigkeit(en) des Angestellten aufgezeigt wird**; erforderlich ist vielmehr die Darstellung, dass und **warum die mitgeteilte Eingruppierung fehlerhaft ist** und deswegen die Bezahlung nach der mitgeteilten Vergütungsgruppe **nicht tarifgerecht** ist. Der aufgezeigte Fehler muss dazu führen, dass die mitgeteilte Vergütungsgruppe nicht diejenige ist, in der der Angestellte tarifgerecht eingruppiert ist. Aus der Begründung muss sich die Unrichtigkeit der ursprünglichen Bewertung erschließen. Wird z. B. die Verkennung des Begriffs des Arbeitsvorgangs gerügt, so ist aufzuzeigen, warum bei einem anderen Zuschnitt der Arbeitsvorgänge die mitgeteilte Vergütungsgruppe unrichtig und damit nicht tarifgerecht ist. Wird geleugnet, dass ein Merkmal in tariflich beachtlichem Umfang vorliegt, ist nachvollziehbar zu erläutern, warum dies im Gegensatz zu der bisherigen Einschätzung der Fall sein soll (*BAG* 5.11.2003 NZA-RR 2004, 383).

Die Grundsätze zur **Darlegungs- und Beweislast** bei der korrigierenden Rückgruppierung sind auf den Fall der **Verweigerung des Bewährungsaufstiegs grds. übertragbar**. Das gilt aber nur insoweit, wie sich aus der Mitteilung des Arbeitgebers über die Eingruppierung zwingend **eine tarifliche Voraussetzung für den Bewährungsaufstieg ergibt** (*BAG* 26.11.2003 ZTR 2004, 361; 14.1.2004 NZA 2005, 712 LS).

Hat der Arbeitgeber die Voraussetzungen für die korrigierende Rückgruppierung dargelegt und ggf. bewiesen, so ist es Sache des Angestellten, die Tatsachen darzulegen und ggf. zu beweisen, aus denen folgt, dass ihm die begehrte höhere Vergütung zusteht (*BAG* 16.2.2000 NZA-RR 2001, 216).

Zu beachten ist, dass die **wiederholte korrigierende Rückgruppierung** des Arbeitnehmers bei unveränderter Tätigkeit und Tarifrechtslage **regelmäßig unzulässig ist**. Denn der rückgruppierende Arbeitgeber nimmt aus der Sicht des betroffenen Arbeitnehmers insoweit für sich in Anspruch, die bisherige Eingruppierung mit besonderer Sorgfalt überprüft zu haben und dabei zu einem Ergebnis mit höherer Richtigkeitsgewähr gekommen zu sein, als bei seiner ursprünglichen, nun als fehlerhaft erkannten tariflichen Bewertung der vereinbarten Tätigkeit. Der davon betroffene Arbeitnehmer muss nicht damit rechnen, dass der Arbeitgeber diese Korrektur selbst erneut in Frage stellt, ohne dass sich die arbeitsvertragliche Tätigkeit oder die Tarifrechtslage geändert haben (*BAG* 23.8.2006 EzA § 4 TVG Rückgruppierung Nr. 5; s. dazu *Bröhl* BB 2007, 437 ff.).

Aus dem **NachweisG** und der EG-NachweisRL 91/533/EWG ergeben sich im Rahmen des BAT für die korrigierende Rückgruppierung **weder** eine **weitergehende Darlegungs- oder Beweislast des Arbeitgebers, noch weitergehende Erleichterungen der Darlegungs- und Beweislast des Angestellten** (*BAG* 16.2.2000 NZA-RR 2001, 216; s. *Bergwitz* ZTR 2001, 539 ff.).

Das Recht zur korrigierenden Rückgruppierung kann verwirken (*BAG* 15.6.2011 ZTR 2012, 26; *LAG Köln* 23.5.2002 ARST 2003, 65 LS; s. Kap. 3 Rdn. 4600); das hat das *LAG Köln* (29.11.2001 ZTR 2002, 125) z. B. in einem Fall angenommen, in dem ein Arbeitnehmer 17 Jahre lang unbeanstandet Vergütung nach einer bestimmten Vergütungsgruppe bezogen hatte. Andererseits verstößt eine korrigierende Rückgruppierung jedenfalls dann noch nicht gegen Treu und Glauben, wenn seit Beginn der fehlerhaften Eingruppierung etwa fünf Jahre vergangen sind, der **Arbeitgeber nicht zum Ausdruck** gebracht hat, dass **er eine übertarifliche Vergütung gewähren oder beibehalten wollte** und die Verschlechterung des Vergütungsanspruchs durch eine zeitlich begrenzte Zulage jedenfalls teilweise ausgeglichen wird (*BAG* 26.1.2005 ZTR 2005, 584). Auch ein **langer Zeitraum** von vierzehn Jahren allein reicht nicht aus, in einer Art **Wechselwirkung** des Zeit- auf das Umstandsmoment das Erfordernis eines eigenständigen Umstandsmoments gänzlich entfallen zu lassen. Zwar besteht zwischen den ein Vertrauen begründenden Umständen und dem erforderlichen Zeitablauf eine Wechselwirkung insofern, als der Zeitablauf um so kürzer sein kann, je gravierender die sonstigen Umstände sind, und dass umgekehrt an diese Umstände desto geringere Anforderungen zu stellen sind, je länger der abgelaufene Zeitraum ist (*BAG* 15.6.2011 ZTR 2012, 26; *BGH* 19.10.2005 NJW 2006, 219). »**Geringere Anforderungen**« rechtfertigen jedoch nicht den völligen Entfall des Umstandsmoments (*BAG* 15.6.2011 ZTR 2012, 26).

**3021** Liegt dagegen eine **bestandsfeste einzelvertragliche Zusage** vor, so kommt eine **betriebsbedingte Änderungskündigung** in Betracht (*BAG* 15.3.1991 EzA § 2 KSchG Nr. 16). Das gilt auch für eine größere Gruppe betroffener Arbeitnehmer, bei der das Gebot der sparsamen Haushaltsführung die richtige tarifliche Vergütung grds. dringend erforderlich macht (*BAG* 15.3.1991 EzA § 2 KSchG Nr. 16). Denn der Arbeitgeber, der alle seine Arbeitnehmer nach Tarif bezahlt, muss eine Möglichkeit haben, eine unbewusste und zu Unrecht erfolgte Höhergruppierung auf das tarifgerechte Maß zu reduzieren.

**3022** Hat der Arbeitgeber (des öffentlichen Dienstes) dagegen **bewusst** einen Arbeitsvertrag mit **übertariflichen Inhalt** (Anwendung des BAT-West in den neuen Bundesländern) abgeschlossen, so stellt es **kein dringendes betriebliches Erfordernis** zur Änderung dieser Vereinbarung dar, dass nach der Verhandlungssituation vor Vertragsschluss möglicherweise eine günstigere Regelung erzielbar gewesen wäre oder dass interne Haushaltsvorgaben irrtümlich missachtet wurden, die nur eine übertarifliche Besitzstandsregelung zuließen (*LAG SA* 29.10.1996 ZTR 1997, 231). Zu beachten ist, dass die vertragliche **Vereinbarung einer übertariflichen**, i. S. v. tariflich nicht geschuldeten, **Vergütung nicht notwendig die vertragliche Zusicherung eines Bewährungs- bzw. Zeitaufstiegs** aus dieser Vergütungsgruppe beinhaltet (*BAG* 26.4.2000 NZA 2001, 1391).

**3023** Die Darlegungs- und Beweislast dafür, dass bewusst eine übertarifliche Vergütung vereinbart worden ist, liegt bei dem, der daraus für sich Rechte herleitet, also dem Arbeitnehmer (*BAG* 16.2.2000 EzA § 4 TVG Rückgruppierung Nr. 1; 17.5.2000 EzA § 4 TVG Rückgruppierung Nr. 2).

**3024** (derzeit unbesetzt)

*f) Änderungskündigung zur nachträglichen Befristung eines unbefristeten Arbeitsverhältnisses*

Die nachträgliche Befristung eines zunächst auf unbestimmte Zeit eingegangenen Arbeitsverhältnisses kann im Wege der Änderungskündigung erfolgen (*BAG* 16.12.2010 EzA § 2 KSchG Nr. 81; 25.4.1996 EzA § 2 KSchG Nr. 25; abl. *Preis* NZA 1997, 1080). Die Änderung der Arbeitsbedingungen ist allerdings u. a. dann unwirksam, wenn die Befristung nicht aus sachlichen Gründen gerechtfertigt ist (*BAG* 25.4.1996 EzA § 2 KSchG Nr. 25); das Einverständnis des Arbeitnehmers reicht nicht aus (*LAG Bln.* 31.5.2002 ZTR 2002, 444 LS). So kann z. B. die nachträgliche Befristung eines bereits unbefristeten Arbeitsverhältnisses mit einem Betriebsratsmitglied nicht mit der personellen Kontinuität des Betriebsrats begründet werden (*BAG* 23.1.2002 EzA § 620 BGB Nr. 185). 3025

Eine Änderungskündigung ist aber jedenfalls **nicht schon allein** deshalb unwirksam, weil sie auf eine **nachträgliche Befristung** eines auf unbestimmte Zeit eingegangenen Arbeitsverhältnisses **zielt**. Ein Grund zur Änderung der Arbeitsbedingungen kann z. B. dann vorliegen, wenn die Beschäftigungsmöglichkeiten zu den bisherigen Bedingungen entfallen sind und sachliche Gründe für das Angebot einer nur befristeten (Weiter-)Beschäftigung bestehen. Der sachliche Grund kann darin liegen, dass der Arbeitgeber dem Arbeitnehmer aus sozialen Erwägungen eine befristete Beschäftigung i. S. einer Übergangsregelung ermöglichen will. Die sozialen Erwägungen müssen dann das überwiegende Motiv des Arbeitgebers für das Änderungsangebot sein. In Anlehnung an diese Grundsätze kann eine Änderungskündigung auch dann sozial gerechtfertigt sein, wenn sie das Angebot einer befristeten Weiterbeschäftigung im Rahmen eines Altersteilzeitarbeitsverhältnisses enthält. Entschließt sich der Arbeitgeber trotz betriebsbedingten Wegfalls der Beschäftigungsmöglichkeiten aus sozialen Erwägungen, den Arbeitnehmer für eine gewisse Zeit auf diese Weise weiter zu beschäftigen, ist die Änderung der Arbeitsbedingungen nicht nach § 8 Abs. 1 AltTZG unwirksam. Die Vorschrift schließt nicht aus, dem Arbeitnehmer bei eigentlich drohendem Arbeitsplatzverlust einen sozialverträglichen Übergang in den Ruhestand zu ermöglichen (*BAG* 16.12.2010 EzA § 2 KSchG Nr. 81). 3025a

*g) Veränderung der Lage der Arbeitszeit*

Die durch einen Interessenausgleich bzw. eine Betriebsvereinbarung kollektiv-rechtlich legitimierte Einführung eines neuen Arbeitszeitsystems (z. B. **teilflexible Arbeitszeit**) rechtfertigt i. d. R. die Veränderung der vertraglichen Arbeitsbedingungen, die der Einführung des neuen Arbeitszeitsystems entgegenstehen. Eine Änderungskündigung ist bei dieser Konstellation nur dann sozialwidrig, wenn ein **besonderes Schutzbedürfnis** des Arbeitnehmers an der vertraglich vereinbarten Lage der Arbeitszeit besteht (*LAG Bln.* 31.3.1998 NZA 1998, 1061). 3026

*h) Sozialauswahl*

*aa) Anwendbarkeit des § 1 Abs. 3 KSchG*

Im Rahmen der betriebsbedingten Änderungskündigung gilt auch das Gebot der ausreichenden Berücksichtigung sozialer Gesichtspunkte bei der Auswahl der zu kündigenden Arbeitnehmer (§ 1 Abs. 3 KSchG; *BAG* 13.6.1986 EzA § 1 KSchG Soziale Auswahl Nr. 23; 18.1.2007 EzA § 2 KSchG Nr. 64; *LAG BW* 5.1.2007 LAGE § 1 KSchG Soziale Auswahl 52b; s. *Fischermeier* NZA 2000, 738 f.; s. a. *BAG* 12.8.2010 EzA § 2 KSchG Nr. 79 = NZA 2011, 460). Nach Auffassung des *LAG SA* (26.4.2005 ZTR 2005, 434) stellt sich die Frage nach der ordnungsgemäßen Sozialauswahl aber ausnahmsweise dann nicht, wenn der Arbeitgeber auf einen erheblichen Rückgang der nachgefragten Kinderbetreuungszeiten mit einer **nahezu gleichmäßigen Reduzierung der Arbeitszeit** der Erzieherinnen im Wege der Änderungskündigung reagiert. 3027

Liegen aufgrund der Stilllegung eines Betriebsteils an sich Gründe für eine Änderungskündigung vor und stehen für eine **Weiterbeschäftigung** der betroffenen Arbeitnehmer **freie Arbeitsplätze an anderen Orten** zur Verfügung, die vom bisherigen Arbeitsort räumlich unterschiedlich weit entfernt liegen, hat der Arbeitgeber, wenn die Zahl der am näher gelegenen Arbeitsort zur Verfügung stehenden Arbeitsplätze geringer als die Zahl der insgesamt zu versetzenden Arbeitnehmer ist, im Rahmen einer **sozialen Auswahl analog § 1 Abs. 3 KSchG** zu entscheiden, welchem Arbeitnehmer er die Weiterbeschäftigung an dem näher gelegenen Ort anbietet. Diese Grundsätze sind **auch anzuwenden**, wenn der Arbeitgeber Arbeitnehmern **vor Ausspruch** einer Änderungskündigung die einvernehmliche Versetzung auf einen der freien Arbeitsplätze anbietet. Der Arbeitgeber kann eine Auswahlentscheidung nach § 1 Abs. 3 KSchG nicht dadurch vermeiden, dass er zunächst die freien, günstiger gelegenen Arbeitsplätze auf freiwilliger Basis besetzt. Erfolgen Stellenbesetzungen und spätere Änderungskündigungen aufgrund eines einheitlichen Entschlusses, sind bei der Prüfung der Kündigungsvoraussetzungen **beide Erklärungen des Arbeitgebers als Einheit** zu würdigen (*BAG* 12.8.2010 EzA § 2 KSchG Nr. 79 = NZA 2011, 460).

### bb) Maßstab für die Vergleichbarkeit

**3028** Für die Frage der in die Sozialauswahl einzubeziehenden vergleichbaren Arbeitnehmer kam es jedoch bei einer Änderungskündigung nicht nur darauf an, ob sie nach ihren bisherigen Tätigkeiten miteinander verglichen werden können und damit auf ihren innegehabten Arbeitsplätzen gegeneinander austauschbar sind.

**3029** Hinzukommen musste, dass diese Arbeitnehmer für die Tätigkeit, die Gegenstand des Änderungsangebots ist, wenigstens annähernd gleich geeignet sind. Die Austauschbarkeit musste sich also auch auf den mit der Änderungskündigung angebotenen Arbeitsplatz beziehen (*BAG* 18.1.2007 EzA § 2 KSchG Nr. 64). Ferner war zu prüfen, welcher der vergleichbaren Arbeitnehmer durch die angebotenen neuen Arbeitsbedingungen schwerer belastet wird. Insoweit konnten unter anderem Vorbildung und persönliche Eigenschaften wie Wendigkeit, schnelle Auffassungsgabe, Anpassungsfähigkeit und Gesundheitszustand von Bedeutung sein (*BAG* 13.6.1986 EzA § 1 KSchG Soziale Auswahl Nr. 23; *LAG BW* 5.1.2007 NZA-RR 2007, 406). Da bei einer betriebsbedingten Änderungskündigung die **soziale Rechtfertigung des Änderungsangebots im Vordergrund steht**, war also anders als bei einer Beendigungskündigung bei der **Sozialauswahl primär** darauf abzustellen, **wie sich die vorgeschlagene Vertragsänderung auf den sozialen Status vergleichbarer Arbeitnehmer auswirkt**. Deshalb war vor allem zu prüfen, ob der Arbeitgeber, statt die Arbeitsbedingungen des gekündigten Arbeitnehmers zu ändern, diese Änderung einem **anderen Arbeitnehmer** hätte anbieten können, dem sie in sozialer Hinsicht **eher zumutbar** gewesen wäre (*BAG* 18.1.2007 EzA § 2 KSchG Nr. 64). An dieser Auffassung kann aber nicht mehr festgehalten werden.

Seit Inkrafttreten der Neuregelung des § 1 Abs. 3 KSchG durch das Gesetz zu Reformen am Arbeitsmarkt vom 24.12.2003 (BGBl. I, 3002) sind nunmehr allein die Kriterien **Betriebszugehörigkeit, Unterhaltspflichten, Lebensalter** und **Schwerbehinderung** bei der sozialen Auswahl maßgebend. § 1 Abs. 3 KSchG geht insoweit vom Bestehen einer gesetzlichen Unterhaltsverpflichtung aus. Tatsächlich erbrachte, aber nicht vom Gericht geforderte Unterhaltsleistungen, sind nicht zu berücksichtigen. Zwar sind diese für die besondere Situation einer Änderungskündigung oft nicht aussagekräftig genug (vgl. *BAG* 18.1.2007 EzA § 2 KSchG Nr. 64). Auf eine Heranziehung zusätzlicher Faktoren und Kriterien muss aber wegen der klaren gesetzlichen Regelung verzichtet werden. Es kommt allenfalls eine **Ergänzung im Rahmen der Gewichtung der Grunddaten** aus § 1 Abs. 3 KSchG in Betracht, soweit die ergänzenden Faktoren einen unmittelbaren Bezug zu diesen Grunddaten haben (*BAG* 12.8.2010 EzA § 2 KSchG Nr. 79 = NZA 2011, 460; KR-*Rost* § 2 KSchG Rdn. 103b).

**3030** Arbeitnehmer, die nach einem Bewährungsaufstieg **höhergruppiert** sind, bleiben jedenfalls für eine nach § 1 Abs. 3 KSchG vorzunehmende Sozialauswahl mit den **Arbeitnehmern der niedrigeren Vergütungsgruppe vergleichbar** (*LAG Köln* 18.11.2009 LAGE § 1 KSchG Soziale Auswahl Nr. 60).

### i) Anwendbarkeit des § 1 Abs. 5 KSchG bei betriebsbedingten Änderungskündigungen

**3031** Der Gesetzgeber hat es bei den im Rahmen des § 1 KSchG vorgenommenen Änderungen **versäumt, § 2 KSchG anzupassen**. Dadurch werden mit § 1 Abs. 3 KSchG Kriterien für die Sozialauswahl festgeschrieben, die für eine soziale Auswahl bei Änderungskündigungen wenig hergeben (s.

## O. Die Änderungskündigung Kapitel 4

Rdn. 3031 f.). Vergessen wurde zudem, den Verweis auf die Neueinfügungen des § 1 Abs. 4, 5 KSchG in § 2 KSchG vorzunehmen. Angesichts des klaren Wortlauts des § 2 KSchG und der erkennbaren Ausrichtung des § 1 KSchG auf Beendigungskündigungen ist es an sich problematisch, § 1 Abs. 4, 5 KSchG gleichwohl generell auf Änderungskündigungen anzuwenden (abl. *Preis* NZA 1997, 1087).

Das *BAG* (19.6.2007 EzA § 1 KSchG Interessenausgleich Nr. 13) hält insoweit inzwischen § 1 Abs. 5 KSchG auch bei betriebsbedingten Änderungskündigungen im Rahmen des § 2 KSchG für anwendbar. Die Reichweite der danach eingreifenden Vermutung erstreckt sich jedenfalls auf den Wegfall des Beschäftigungsbedürfnisses zu den bisherigen Bedingungen und das Fehlen einer anderweitigen Beschäftigungsmöglichkeit (*BAG* 19.6.2007 EzA § 1 KSchG Interessenausgleich Nr. 13 = NZA 2008, 103). 3032

Anwendbar im Rahmen des § 2 KSchG sind jedenfalls die §§ 125 bis 128 InsO, ebenso § 113 Abs. 1, 2 InsO (*Fischermeier* NZA 1997, 1099 f.). 3033

### V. Ablehnung des Angebots; Annahme unter Vorbehalt

#### 1. Vorbehaltlose Annahme

Nimmt der Arbeitnehmer das Änderungsangebot vorbehaltlos an, so liegt eine **einvernehmliche Änderung** der Vertragsbedingungen vor. Für kündigungsrechtlichen Schutz ist daneben kein Raum. 3034

Das mit einer Änderungskündigung verbundene Angebot des Arbeitgebers, das Arbeitsverhältnis nach Ablauf der Kündigungsfrist zu geänderten Bedingungen fortzusetzen, kann von einem Arbeitnehmer, der keine Kündigungsschutzklage erhoben hat, regelmäßig jedenfalls bis zu dem Tag vorbehaltlos angenommen werden, an dem der Arbeitgeber letztmalig unter Einhaltung der ordentlichen Kündigungsfrist hätte kündigen können. Auf die vorbehaltlose Annahmeerklärung ist die in § 2 S. 2 KSchG vorgesehene Dreiwochenfrist entsprechend anzuwenden (*BAG* 18.5.2006 EzA § 2 KSchG Nr. 58; a. A. *LAG Düsseld.* 20.10.2005 LAGE § 2 KSchG Nr. 50). Nach § 147 Abs. 2 BGB kann das Änderungsangebot bis zu dem Zeitpunkt angenommen werden, in dem der Arbeitgeber den Eingang der Antwort unter regelmäßigen Umständen erwarten darf. Es blieb zunächst offen, ob bei einem in einer Änderungskündigung enthaltenen Änderungsangebot dem Arbeitnehmer regelmäßig mangels Fristsetzung durch den Arbeitgeber (§ 148 BGB) die volle Kündigungsfrist oder eine kürzere Regelfrist als Überlegungsfrist zur Verfügung steht bzw. ob dem Planungsinteresse des Arbeitgebers nicht stets dadurch Rechnung zu tragen ist, dass der Arbeitnehmer seine Entscheidung, ob er zu den neuen Arbeitsbedingungen weiterarbeiten will, eine angemessene Zeit vor Ablauf der Kündigungsfrist mitzuteilen hat (*BAG* 6.2.2003 EzA § 2 KSchG Nr. 47). Eine Annahmeerklärung ist also folglich nach z. T. vertretener Auffassung dann noch rechtzeitig in diesem Sinne, wenn sie dem **Arbeitgeber die Möglichkeit lässt**, bis zum beabsichtigten Beendigungszeitpunkt **anderen Arbeitnehmern zu kündigen** oder sonstige organisatorische Maßnahmen zu ergreifen (*LAG Düsseld.* 20.10.2005 LAGE § 2 KSchG Nr. 53). 3035

Inzwischen geht das *BAG* (18.5.2006 EzA § 2 KSchG Nr. 58) aber davon aus, dass § 2 S. 2 KSchG auch als Mindestfrist auf die vorbehaltlose Annahme des Änderungsangebots anzuwenden ist, obwohl die Norm nach ihrem Wortlaut lediglich die Vorbehaltserklärung betrifft. Denn die Vorbehaltserklärung stellt eine bedingte Annahme dar; sie setzt deshalb ein annahmefähiges Angebot voraus. **Eine danach erklärte Annahme ist verspätet, wenn der Arbeitgeber eine wirksame Annahmefrist gem. § 148 BGB bestimmt hat.** Erweist sich die gesetzte Frist als **zu kurz**, ist sie **entsprechend § 2 S. 2 KSchG an die dreiwöchige gesetzliche Mindestfrist anzupassen** (*BAG* 1.2.2007 EzA § 2 KSchG Nr. 65; s. Rdn. 3036).

#### 2. Annahme unter Vorbehalt; Erklärungsfrist; Rücknahme des Vorbehalts

Gem. **§ 2 S. 1 KSchG** kann der Arbeitnehmer das Änderungsangebot aber auch unter dem Vorbehalt annehmen, dass die Änderung der Arbeitsbedingungen nicht sozial ungerechtfertigt ist. **Dieser Vor-** 3036 behalt muss dem Arbeitgeber gegenüber innerhalb der Kündigungsfrist, wenn sie kürzer als drei Wochen ist, spätestens (d. h. bei längerer Kündigungsfrist als drei Wochen), jedoch innerhalb von drei Wochen nach Zugang der Kündigung erklärt werden (§ 2 S. 2 KSchG; §§ 130 f., 187 f. BGB; *BAG* 18.5.2006 EzA § 2 KSchG Nr. 58).

3037 Diese gesetzliche Frist ist zwingend. Für den Arbeitnehmer nachteilige Abweichungen von den Vorschriften des KSchG können nicht vereinbart, erst recht nicht einseitig durch den Arbeitgeber festgelegt werden. Zwar ist der Arbeitgeber grds. frei, sein Änderungsangebot zu befristen (*BAG* 6.2.2003 EzA § 2 KSchG Nr. 47). Dabei bildet jedoch die gesetzliche Mindestfrist des § 2 S. 2 KSchG die Untergrenze. Die zu kurze Bestimmung der Annahmefrist führt nicht zur Unwirksamkeit der Kündigung; sie setzt vielmehr die gesetzliche Frist des § 2 S. 2 KSchG in Lauf. Denn die Unwirksamkeitsfolge ist nach §§ 1, 2 KSchG eine Reaktion des Rechts auf das Fehlen materieller Kündigungs- oder Änderungsgründe, nicht auf fehlerhafte Fristbestimmungen (*BAG* 1.2.2007 EzA § 2 KSchG Nr. 65; 18.5.2006 EzA § 2 KSchG Nr. 58). § 2 S. 2 KSchG betrifft nur die Annahme unter dem Vorbehalt gerichtlicher Überprüfung, wobei deren Angabe im Kündigungsschreiben wegen der gesetzlichen Regelung nur deklaratorischen Charakter hat (*LAG München* 24.6.2004 LAG Report 2005, 363).

3038 Demgegenüber ging das *LAG Hamm* (22.8.1997 EzA § 2 KSchG Nr. 29) davon aus, dass der Zugang auch noch nach Ablauf von drei Wochen nach Zugang der Änderungskündigung ausreicht, wenn entweder die Kündigungsfrist länger ist als drei Wochen oder sich der Arbeitgeber auf den verspätet erklärten Vorbehalt einlässt.

3039 Zweifelhaft ist, ob der Vorbehalt noch nach Erhebung der Änderungsschutzklage erklärt werden kann (verneinend KR/*Rost* § 2 KSchG Rn. 75).

3040 Nach Erhebung der Kündigungsschutzklage gem. § 4 S. 1 KSchG ist das jedenfalls **nicht möglich**, da in dem Antrag festzustellen, dass das Arbeitsverhältnis durch die Kündigung nicht beendet worden ist, die schlüssige Ablehnung des Änderungsangebots gesehen werden muss (MünchArbR/*Berkowsky* 2. Aufl., § 145 Rn. 22).

3041 In der Weiterarbeit nach Zugang der Änderungskündigung vor Ablauf der Kündigungsfrist allein liegt keine konkludente Annahme des Vertragsangebots. Nimmt der Arbeitnehmer das Angebot nicht vorbehaltlos an und erhebt er auch keine Kündigungsschutzklage, erlischt spätestens mit Ablauf der Klagefrist des § 4 KSchG das Angebot des Arbeitgebers, sodass eine spätere Annahme ausscheidet. Setzen die Vertragsparteien gleichwohl – in Verkennung der Rechtslage – das Arbeitsverhältnis über den Ablauf der Kündigungsfrist hinaus einvernehmlich fort, so kommt hierdurch keine Änderung der Vertragsbedingungen nach Maßgabe des früheren Änderungsangebotes zustande. Vielmehr besteht das Arbeitsverhältnis zu unveränderten Arbeitsbedingungen (§ 625 BGB) fort (*LAG Hamm* 30.1.1997 NZA 1997, 419).

Nimmt der Arbeitnehmer das mit der Änderungskündigung verbundene Angebot des bisher tarifgebundenen Arbeitgebers zur Reduzierung der bisher tariflich gewährleisteten Sonderzahlungen gem. § 2 S. 1 KSchG unter Vorbehalt an, kommt eine die sich an die Nachbindung nach § 3 Abs. 3 TVG anschließende Nachwirkung nach § 4 Abs. 5 TVG beendende einzelvertragliche Abmachung unter der Bedingung zustande, dass sich die Änderung der Arbeitsbedingungen als sozial gerechtfertigt erweist (*BAG* 27.9.2001 EzA § 2 KSchG Nr. 44).

3042 Hat der Arbeitnehmer eine Änderungskündigung unter dem Vorbehalt des § 2 KSchG angenommen und Änderungsschutzklage erhoben, so kann er den Vorbehalt nicht mehr einseitig zurücknehmen und eine Kündigungsschutzklage nach § 4 S. 1 KSchG führen (*LAG Köln* 6.12.2001 – 6 Sa 874/01, NZA-RR 2003, 82; *LAG Hamm* 22.8.1997 EzA § 2 KSchG Nr. 29).

3043 Das Angebot des Arbeitgebers **erlischt regelmäßig dann**, wenn der Arbeitnehmer innerhalb der Frist des § 2 S. 2 KSchG **überhaupt keine Erklärung abgibt** (*LAG Köln* 10.2.2000 NZA-RR 2000, 303).

## 3. Änderungsschutzklage als Annahme unter Vorbehalt?

Die Erhebung der Änderungsschutzklage nach § 2 KSchG kann dann (aber auch nur dann) als Vorbehaltserklärung in diesem Sinne angesehen werden, wenn aus ihr **hinreichend deutlich die Bereitschaft hervorgeht, das Arbeitsverhältnis zunächst zu geänderten Bedingungen fortzusetzen** (vgl. *LAG Hamm* 13.10.1988 DB 1989, 436). 3044

Dabei ist aber zu beachten, dass § 167 ZPO für den Vorbehalt i. S. d. § 2 KSchG **nicht anwendbar ist** (*BAG* 17.6.1998 EzA § 2 KSchG Nr. 30; *LAG Hamm* 22.8.1997 EzA § 2 KSchG Nr. 29; KR/*Rost* § 2 KSchG Rn. 71; *Henssler* SAE 2000, 247 ff.; s. aber *BGH* 17.7.2008 NJW 2009, 765: Geltung des § 167 ZPO auch für materiell-rechtliche Fristen; s. *Nägele/Gertler* NZA 2010, 1377 ff.; *Gehlhaar* NZA-RR 2011, 169 ff.). 3045

## 4. Normative Bedeutung des Vorbehalts

Dem Vorbehalt wird zum Teil nur prozessuale, zum Teil dagegen eine materiell-rechtliche Bedeutung beigemessen (vgl. KR/*Rost* § 2 KSchG Rn. 56 ff). 3046

## 5. Auswirkungen der Annahme unter Vorbehalt; Klageabweisung; Klagerücknahme

Streitgegenstand der Änderungsschutzklage nach Annahme der geänderten Arbeitsbedingungen unter Vorbehalt ist nicht **die Wirksamkeit der ausgesprochenen Kündigung**, d. h. der Bestand des Arbeitsverhältnisses, sondern **nur die Geltung der geänderten Bedingungen**. Die Änderungsschutzklage ist aber dann unbegründet, wenn die betreffenden Arbeitsbedingungen – z. B. durch wirksame Ausübung des Direktionsrechts – im Kündigungszeitpunkt aus anderen Gründen schon gelten (*LAG RhPf* 23.9.2010 LAGE § 2 KSchG Nr. 66). Denn die Begründetheit einer Änderungsschutzklage i. S. v. § 4 S. 2 KSchG setzt voraus, dass das Arbeitsverhältnis in dem Zeitpunkt, zu dem die Änderungskündigung wirksam wird, nicht ohnehin schon – aufgrund einer Betriebs- oder Dienstvereinbarung – zu den Bedingungen besteht, die dem Arbeitnehmer mit der Änderungskündigung angetragen wurden. Zwar war die Änderungskündigung dann überflüssig, eine gegen sie gerichtete Änderungsschutzklage kann gleichwohl keinen Erfolg haben (*BAG* 29.9.2011 EzA § 2 KSchG Nr. 83). 3047

Zu beachten ist, dass im Ausspruch einer »überflüssigen« Änderungskündigung regelmäßig auch für die Dauer der Kündigungsfrist kein Verzicht des Erklärenden auf Rechtspositionen, die er schon unabhängig von der Kündigung besitzt, liegt (*BAG* 26.8.2008 EzA § 2 KSchG Nr. 72). 3048

Hat der Arbeitnehmer das Änderungsangebot unter Vorbehalt angenommen, so ist der Arbeitgeber **nicht** auf Grund des allgemeinen Beschäftigungsanspruchs **verpflichtet, ihn vorläufig zu den bisherigen Bedingungen weiterzubeschäftigen**. Der Arbeitnehmer muss deshalb zunächst – nach Ablauf der ordentlichen Kündigungsfrist – zu den geänderten Bedingungen arbeiten (*LAG Köln* 29.6.2001 NZA-RR 2002, 356). Denn weil bei der Vorbehaltsannahme kein Streit über den Fortbestand, sondern nur über den Inhalt des Arbeitsverhältnisses besteht, stellt sich das Problem eines Weiterbeschäftigungsanspruchs – wie beim umstrittenen Fortbestand des Arbeitsverhältnisses – nicht. Wird der Arbeitnehmer folglich, wenn auch zu anderen Bedingungen, tatsächlich weiter beschäftigt, ist **seinem Beschäftigungsinteresse zunächst gedient**. Der Arbeitnehmer gibt durch die Vorbehaltsannahme selbst zu erkennen, dass ihm zunächst die Weiterbeschäftigung zu geänderten Bedingungen zumutbar erscheint (*BAG* 28.5.2009 EzA § 1 KSchG Interessenausgleich Nr. 19; a. A. *ArbG Hmb.* 17.9.2009 LAGE § 2 KSchG Nr. 64). 3049

Das *BAG* (18.1.1990 EzA § 1 KSchG Betriebsbedingte Kündigung Nr. 65) hat allerdings offen gelassen, ob **analog § 102 Abs. 5 BetrVG** ein Beschäftigungsanspruch dieses Inhalts dann besteht, wenn der Betriebsrat einer mit der Änderung der Arbeitsbedingungen verbundenen Versetzung oder Umgruppierung widersprochen hat, die Zustimmung nicht ersetzt und es dem Arbeitgeber verwehrt ist, die Maßnahme vorläufig durchzuführen. 3050

**3051** Auch bei einer **außerordentlichen Änderungskündigung** besteht bis zum Abschluss des Kündigungsschutzverfahrens einzelvertraglich **kein Anspruch auf Beschäftigung zu den bisherigen Bedingungen**, wenn der Arbeitnehmer die Kündigung unter Vorbehalt angenommen hat (*LAG Nbg.* 13.3.2001 NZA-RR 2001, 366).

**3052** Der Arbeitgeber darf die Annahme des Angebots unter Vorbehalt nicht ablehnen.

Mit der Annahme des Änderungsangebots unter dem Vorbehalt kommt im Übrigen eine Vertragsänderung zustande, die unter der gem. § 8 KSchG rückwirkenden auflösenden Bedingung (§ 158 Abs. 2 BGB) gerichtlich festzustellender Sozialwidrigkeit steht. Auch wenn die Änderungsschutzklage als unzulässig abgewiesen wird, erlischt der Vorbehalt mit der Konsequenz, dass das Arbeitsverhältnis zu den geänderten Bedingungen fortbesteht (*BAG* 24.3.2004 – 5 AZR 355/03 – EzA-SD 12/04, S. 7 f.; s. *Berkowsky* NZA 2004, 1140).

**3053** Nimmt der Arbeitnehmer nach Annahme unter Vorbehalt die rechtzeitig erhobene **Änderungsschutzklage** zurück, so erlischt der zuvor erklärte Vorbehalt; **die Annahme ist nunmehr vorbehaltlos erfolgt**. Der Arbeitnehmer hat zu den geänderten Bedingungen auf Dauer zu arbeiten (*LAG SchlH* 20.1.2005 NZA-RR 2005, 248).

**3054** Ein Arbeitnehmer, der bis zur rechtskräftigen Feststellung der Unwirksamkeit der auf einen Wechsel des Arbeitsortes gerichteten Änderungskündigung diese unter dem Vorbehalt ihrer sozialen Rechtfertigung angenommen hat, und deshalb pro Arbeitstag einen zeitlichen Mehraufwand für die Fahrt zum Arbeitsort und zurück von ca. zwei Stunden hat, kann dafür keinen finanziellen Ausgleich verlangen (*LAG RhPf* 28.8.2000 ZTR 2001, 184).

### 6. Ablehnung der Annahme unter Vorbehalt

**3055** Lehnt der Arbeitnehmer das Angebot überhaupt ab, so kann er die Unwirksamkeit der Kündigung geltend machen.

## VI. Rechtsfolgen der Entscheidung des Arbeitnehmers für die Überprüfung der sozialen Rechtfertigung der Änderungskündigung

### 1. Annahme unter Vorbehalt

#### a) Allgemeiner Prüfungsmaßstab

**3056** Nimmt der Arbeitnehmer das Angebot unter Vorbehalt an, so ist für diesen Fall bei der Prüfung der Sozialwidrigkeit das Änderungsangebot in die Überprüfung nicht nur einzubeziehen, sondern steht in deren Mittelpunkt (*BAG* 7.6.1973 AP Nr. 1 zu § 626 BGB Änderungskündigung, DB 1982, 776).

Unter Berücksichtigung dieser Kriterien ist sodann festzustellen, ob die vorgeschlagene Änderung der Arbeitsbedingungen unter Berücksichtigung von § 1 KSchG sachlich gerechtfertigt und dem Arbeitnehmer zumutbar ist.

**3057** Streiten die Parteien im Rahmen einer Änderungsschutzklage gem. § 4 S. 2 KSchG allerdings **auch um die Wirksamkeit des** vom Arbeitnehmer nach § 2 KSchG erklärten **Vorbehalts, so ist** nicht nur der Inhalt, sondern **auch der Bestand des Arbeitsverhältnisses streitig** (*BAG* 28.3.1985 EzA § 767 ZPO Nr. 1).

#### b) Interessenabwägung

**3058** Dabei ist im Rahmen der Interessenabwägung zu berücksichtigen, dass nicht eine vollständige Beendigung des Arbeitsverhältnisses im Streit steht, sondern eine **Weiterbeschäftigung**, wenn auch zu geänderten Arbeitsbedingungen, **angeboten wurde**.

**3059** Der Prüfungsmaßstab für die soziale Rechtfertigung einer Änderungskündigung ist dem gemäß zwar nicht grds. abgemildert gegenüber dem einer Beendigungskündigung. Im Rahmen der vor-

O. Die Änderungskündigung    Kapitel 4

zunehmenden Interessenabwägung ist allerdings entscheidend zu berücksichtigen, dass die vom Arbeitgeber gewählte Maßnahme einer Änderungskündigung das mildere Mittel gegenüber dem einer Beendigungskündigung darstellt.

Es ist deshalb **abzuwägen, ob für die ordentliche Änderungskündigung Gründe i. S. d. § 1 Abs. 2 KSchG vorliegen und andererseits die neuen Bedingungen für den Arbeitnehmer zumutbar sind.** 3060

Die Gründe müssen unter vernünftiger Abwägung der Interessen des Arbeitgebers gegenüber denen des Arbeitnehmers an der Aufrechterhaltung seiner gegenwärtigen Vertragsbedingungen es als billig und angemessen erscheinen lassen, um der Änderung willen das Mittel der Kündigung zu gebrauchen. 3061

c) Verhältnismäßigkeitsprinzip

Zu beachten ist auch das **Verhältnismäßigkeitsprinzip; bei einer Änderungskündigung sind alle vom Arbeitgeber vorgeschlagenen Vertragsänderungen daran zu messen** (*BAG* 23.6.2005 EzA § 2 KSchG Nr. 55; s. *Schrader/Straube* DB 2006, 1678 ff.). Eine **Änderungskündigung** ist z. B. deshalb **unwirksam, wenn die Weiterbeschäftigung mit weniger einschneidenden Änderungen möglich gewesen wäre.** Eine angebotene Änderung der Arbeitszeit ist z. B. dann unverhältnismäßig, wenn **die Verkürzung über die erforderliche Reduzierung der Arbeitszeit hinausgeht**, eine stärkere Arbeitszeitflexibilisierung ebenso wenig mit dem Mindestbedarf zu rechtfertigen ist wie eine verstärkte Verpflichtung zu Sonn-, Feiertags- und Nachtarbeit (*ArbG Nbg.* 1.8.2006 – 5 Ca 2902/06, AuR 2007, 59 LS). Gibt der Arbeitgeber wenige Wochen vor der Änderungskündigung mit einem weniger einschneidenden Angebot, das der Arbeitnehmer nicht oder nicht in vollem Umfang angenommen hat, zu erkennen, dass eine Weiterbeschäftigung auch zu diesen Bedingungen möglich wäre, muss er sich daran festhalten lassen (*LAG Nbg.* 13.9.2005 NZA-RR 2006, 133). **Folglich muss auch z. B. der Arbeitgeber, der den Wegfall von Arbeitsbefreiungen** und zusätzlichen Urlaubstagen, die Geltung einer **verkürzten Ausschlussfrist** oder die Abgabe einer Erklärung des Arbeitnehmers vorschlägt, nicht der **Scientology-Lehre** anzuhängen, darlegen, warum diese Regelungen geeignet und erforderlich sind, um den Inhalt des Arbeitsvertrags an die geänderte Beschäftigungsmöglichkeit anzupassen (*BAG* 23.6.2005 EzA § 2 KSchG Nr. 55). 3062

Eine **Stundenreduzierung** im Rahmen einer Änderungskündigung ist zudem allein für sich genommen grds. nicht geeignet, den Leistungswillen oder das Leistungsvermögen eines Arbeitnehmers zu verbessern (*LAG MV* 17.6.2009 NZA-RR 2010, 74). 3063

Der Arbeitgeber verstößt gegen das Verhältnismäßigkeitsprinzip auch dann, wenn er bei einer widerruflich gewährten Sozialleistung **nicht von dem Widerrufsvorbehalt Gebrauch macht**, sondern stattdessen eine Änderungskündigung ausspricht (*BAG* 28.4.1982 EzA § 2 KSchG Nr. 4; vgl. *Zirnbauer* NZA 1995, 1074). 3064

Gleiches gilt, wenn der Arbeitgeber eine Änderungskündigung zum Zwecke der Weiterbeschäftigung des Arbeitnehmers zu verschlechterten Arbeitsbedingungen ausspricht, obwohl ihm zulässigerweise durch Tarifvertrag die einseitige Befugnis eingeräumt worden ist, dem Arbeitnehmer eine andere, vom Arbeitsvertrag an sich nicht erfasste (ungünstigere) Arbeitstätigkeit zuzuweisen. Da er dann durch einseitige Weisung unter **Ausübung des Direktionsrechts** im Rahmen des § 315 BGB den verfolgten Zweck erreichen kann, ist die mit der Änderungskündigung stets auch verbundene Gefährdung des Bestandes des Arbeitsverhältnisses insgesamt nicht erforderlich und somit **unverhältnismäßig, wenn der Arbeitnehmer das Änderungsangebot nicht angenommen hat** (*BAG* 24.6.2004 ZTR 2004, 579; 6.9.2007 EzA § 2 KSchG Nr. 68; *LAG Bln.* 29.11.1999 NZA-RR 2000, 131; *LAG Köln* 17.7.2007 LAGE § 2 KSchG Nr. 59a; *Hess. LAG* 8.3.2010 LAGE § 2 KSchG Nr. 62; **a.A.** *LAG Köln* 17.7.2007 LAGE § 2 KSchG Nr. 59a;; krit. *Hromadka* NZA 2008, 1338 ff.), denn dann **streiten die Parteien ausschließlich um die Beendigung des Arbeitsverhältnisses**. Bereits diese Bestandsgefährdung verbietet es, die Kündigung als verhältnismäßig zu betrachten, obwohl es ihrer nicht bedurfte, weil die Änderung der Arbeitsbedingungen bereits auf- 3065 grund der Ausübung des Direktionsrechts eingetreten war. Dem **Arbeitgeber** wird insoweit **nichts Unzumutbares** abverlangt, wenn er darauf verwiesen wird, von seinem Direktionsrecht Gebrauch zu machen. Er kann dem Arbeitnehmer die betreffende **Tätigkeit** ohne weiteres **zuweisen**. Weigert sich der Arbeitnehmer, die Tätigkeit auszuüben, hat er **keinen Vergütungsanspruch**. Ein nicht den wirksamen Weisungen des Arbeitgebers entsprechendes Angebot der Arbeitsleistung setzt den Arbeitgeber nicht in Annahmeverzug. Der Arbeitgeber kann überdies nach Abmahnung verhaltensbedingt **kündigen** (*BAG* 6.9.2007 EzA § 2 KSchG Nr. 68; krit. *Hunold* NZA 2008, 860 ff.). Unverhältnismäßig ist die Änderungskündigung auch dann, wenn es ihrer **nicht bedarf**, weil die angestrebte Änderung der Arbeitsbedingungen **bereits auf Grund anderer Umstände tatsächlich eingetreten ist**. Zu beachten ist, dass dann gleichwohl eine **Änderungsschutzklage** in diesem Fall **keinen Erfolg haben kann**, weil ihre Begründetheit voraussetzt, dass zu dem Termin, zu dem die Änderungskündigung ausgesprochen wurde, das Arbeitsverhältnis noch zu den unveränderten Arbeitsbedingungen bestand (*BAG* 24.8.2004 EzA § 2 KSchG Nr. 51; vgl. dazu *Benecke* NZA 2005, 1092 ff.).

3066 Schließlich verstoßen die von einem kommunalen Arbeitgeber gegenüber den bei ihm (teilzeit-)beschäftigten Musikschullehrern ausgesprochenen Änderungskündigungen, die diese unter dem Vorbehalt ihrer sozialen Rechtfertigung angenommen hatten, und mit denen zum Abbau des »Ferienüberhangs« die vertraglich vereinbarte Arbeitszeit und die entsprechende Vergütung bei außerhalb der Schulferien unveränderter Zahl der Unterrichtsstunden reduziert werden sollen, i. d. R. gegen den Grundsatz der Verhältnismäßigkeit und sind deshalb sozial ungerechtfertigt, **wenn der »Ferienüberhang« auch durch volle Inanspruchnahme der vertraglichen Arbeitsleistung abgebaut werden könnte**. In Betracht kommt z. B. die Verteilung der während der Ferien ausfallenden Unterrichtsstunden auf die Zeit außerhalb der Schulferien nach Maßgabe des Direktionsrechts, weil es dann bei einer erhöhten Inanspruchnahme der Schule durch die Musikschüler auch zu einer entsprechenden Steigerung des Aufkommens der Schulgebühren kommt. Der Ferienüberhang ergibt sich daraus, dass die – gleichfalls bezahlte – unterrichtsfreie Zeit zwölf Wochen, der Urlaubsanspruch aber nur sechs Wochen beträgt (*BAG* 26.1.1995 EzA § 2 KSchG Nr. 21). Das *BAG* (13.12.2001 NZA 2002, 816 LS) geht insoweit davon aus, dass soweit arbeitsvertraglich nichts anderes vereinbart ist, der kommunale Arbeitgeber während der Schulferien von den Musikschullehrkräften die Ableistung einer solchen Gesamtzahl von Unterrichtsstunden einfordern kann, wie sie bei einem während der Schulferien durchgehenden Musikschulunterricht anfallen würde.

3067 Andererseits hat das *BAG* (26.1.1995 EzA § 2 KSchG Nr. 22; abl. *Busemann/Schäfer* Rn. 193c; *Düwell* NZA 1999, 295 ff.; erl. *Fischermeier* NZA 2000, 739) – unzutr. – angenommen, dass, soweit arbeitsvertraglich nichts anderes vereinbart ist, der kommunale Arbeitgeber bei einer während der Schulferien geschlossenen Musikschule in den Grenzen des § 15 Abs. 1 S. 2 BAT auch durch Änderungskündigung von den Musikschullehrern die Ableistung einer solchen Gesamtzahl von Unterrichtsstunden einfordern kann, wie sie bei einem während der Schulferien durchgehenden Musikschulunterricht anfallen würden; bei **Annahme des Änderungsangebots** unter Vorbehalt liegt ein Verstoß gegen das **Verhältnismäßigkeitsprinzip** trotz »überflüssiger« Änderungskündigung folglich **nicht vor** (*Hess. LAG* 24.10.2011 LAGE § 106 GewO 2003 Nr. 12; s. a. *BAG* 29.9.2011 EzA § 2 KSchG Nr. 83).

3068 Zum Verhältnis zwischen Änderungskündigung und Direktionsrecht hat es ausgeführt: »Ob die Beklagte darüber hinaus die nach der arbeitsvertraglichen Vereinbarung für das Kalenderjahr geschuldete Arbeitsleistung ganz bzw. zum größten Teil im Wege der Ausübung ihres Direktionsrechts gleichmäßig verteilt auf die Wochen außerhalb der Ferien einfordern durfte, kann dahinstehen (verneinend *BAG* 13.2.1992 EzA § 15 BAT Nr. 2). Streitgegenstand war hier von vornherein nicht eine mögliche Beendigung des Arbeitsverhältnisses, sondern dessen inhaltliche Ausgestaltung. Bei der Änderungsschutzklage nach § 2 KSchG geht es nicht um den Bestand, sondern nur um den Inhalt des Arbeitsverhältnisses. Die Änderungsschutzklage zielt auf die Feststellung, dass für das Arbeitsverhältnis nicht die Arbeitsbedingungen gelten, die in dem mit der Kündigung verbundenen Änderungsangebot des Arbeitgebers enthalten sind. Die Frage, ob diese Arbeitsbedingungen gerade infolge der mit der Änderungskündigung angebotenen Vertragsänderung gelten, ob es also zu ihrer Herbei-

## O. Die Änderungskündigung	Kapitel 4

führung der Änderungskündigung bedurfte oder ob die angebotenen Arbeitsbedingungen bereits ohnehin Grundlage des Arbeitsverhältnisses sind, ist daher nur ein Element bei der Begründetheitsprüfung der Klage (so *BAG* 21.2.1991 RzK I 7a Nr. 23 m. w. N.). Die unter Vorbehalt angenommene Änderungskündigung stellt die gleichen Arbeitsbedingungen her wie eine entsprechende Weisung auf Grund des Direktionsrechts des Arbeitgebers (abl. *LAG Köln* 1.8.2007 – 3 Sa 906/06, EzA-SD 2/2008 S. 4 LS). Die Möglichkeit, eine Änderung der aktuellen Arbeitsbedingungen durch Ausübung des Direktionsrechts zu bewirken, führt deshalb bei Annahme des mit der Änderungskündigung verbundenen Angebots unter Vorbehalt nicht zur Unwirksamkeit der Änderung der Arbeitsbedingungen aus dem Gesichtspunkt der Verhältnismäßigkeit. Unverhältnismäßig wäre allenfalls das Element der Kündigung, nicht dagegen das mit der Kündigung verbundene Änderungsangebot (ebenso *LAG Chemnitz* 12.5.1993 NJ 1993, 477; a. A. KR/*Rost* § 2 KSchG Rn. 106a). Infolge der seitens der Klägerin erklärten Annahme unter Vorbehalt ist jedoch die Kündigung als solche gegenstandslos. Jedenfalls wäre aber die Änderungskündigung selbst bei Wirksamkeit einer bloßen Weisung hier deshalb nicht unverhältnismäßig, weil sich die Beklagte an der bisherigen gegenteiligen Rechtsprechung des BAG orientieren durfte.«

Schließlich hat es angenommen, dass dann, wenn der Widerruf einer außertariflichen Zulage im Zusammenhang mit einer Änderungskündigung erfolgt und der Arbeitnehmer das darin liegende Änderungsangebot unter Vorbehalt annimmt, auch die Änderungskündigung sozial gerechtfertigt ist, wenn die Ausübung des Widerrufsrechts billigem Ermessen entspricht (*BAG* 15.11.1995 EzA § 315 BGB Nr. 45; abl. im Hinblick auf das Verhältnismäßigkeitsprinzip *Preis* NZA 1997, 1088; *Düwell* NZA 1999, 293 ff.). 3069

Wenn ausgeführt wird, mit der Änderungskündigung sei angesichts der §§ 2, 4 S. 2, 8 KSchG keine ins Gewicht fallende Bestandsgefahr des Arbeitsverhältnisses mehr verbunden, wird **verkannt, dass die Rechtsschutzmöglichkeit die Gefahr für den Bestand des Arbeitsverhältnisses allenfalls verringert, nicht aber ausschließt**. Allein die Notwendigkeit, bei Ausspruch einer Änderungskündigung die Klagefrist des § 4 S. 2 KSchG einhalten zu müssen, stellt einen wesentlichen Unterschied zur Ausübung des Direktionsrechts dar. Versäumt der Arbeitnehmer die Frist, endet das Arbeitsverhältnis; missachtet er dagegen die erteilte Weisung des Arbeitgebers, muss dieser erst weitere arbeitsrechtliche Maßnahmen zu deren Durchsetzung (z. B. Abmahnung und nachfolgende verhaltensbedingte Kündigung) ergreifen, deren Unwirksamkeit oder Unbeachtlichkeit der Arbeitnehmer gerichtlich feststellen lassen kann, ohne an eine feste Frist gebunden zu sein (APS/*Künzl* § 2 KSchG Rn. 106). 3070

Für den Ausschluss der Änderungskündigung bei gegebener einseitiger Gestaltungsmöglichkeit kommt es auch nicht darauf an, ob der Arbeitnehmer das Änderungsangebot ausgeschlagen oder unter Vorbehalt angenommen hat (KR/*Rost* § 2 KSchG Rn. 106a). Das *BAG* (26.1.1995 EzA § 2 KSchG Nr. 22) geht davon aus, nach Annahme des im Rahmen einer Änderungskündigung unterbreiteten Angebots unter Vorbehalt gehe es im nachfolgenden Rechtsstreit nicht mehr um die Beendigung des Arbeitsverhältnisses, sondern nur noch um dessen Inhalt. Es könne daher allenfalls das Kündigungselement unverhältnismäßig sein. Inwieweit die Vertragsbedingungen infolge der angebotenen Vertragsänderungen gelten oder bereits Grundlage des Arbeitsverhältnisses seien, müsse in der Begründetheit geprüft werden. Das trifft insoweit zu, als sich die Streitgegenstände der Kündigungs- und Änderungsschutzklage unterscheiden, wenn der Gekündigte das Änderungsangebot unter Vorbehalt akzeptiert hat. Wenngleich nach erfolgter Annahme unter Vorbehalt nur noch über die inhaltliche Ausgestaltung und nicht um die Beendigung des Arbeitsverhältnisses gestritten wird, führt dies **keineswegs zur Verhältnismäßigkeit einer Änderungskündigung, deren erstrebtes Ziel auch auf einfacherem Weg erreichbar gewesen wäre**. Die Annahme unter Vorbehalt bedeutet allein, dass sich das Arbeitsverhältnis zu veränderten Vertragsbedingungen fortsetzt, wenn die ausgesprochene Kündigung wirksam und die Änderung sozial gerechtfertigt ist. Deren Wirksamkeit beurteilt sich nicht nach den Verhältnissen im Zeitpunkt der Klageerhebung, sondern zum Zeitpunkt des Kündigungszugangs, zu dem Kündigung und Änderungsangebot einheitlich zu betrachten sind. War die Änderungskündigung unverhältnismäßig, weil der Arbeitgeber die Änderung des Vertragsinhalts ohne weiteres im Wege der Aus- 3071 übung des Direktionsrechts oder eines vorbehaltenen Widerrufs hätte erreichen können, verbleibt dies auch nach erfolgter Annahme des Angebots unter Vorbehalt dabei (*Gaul* DB 1998, 1914).

## 2. Ablehnung des Angebots

### a) Streitgegenstand

3072 Lehnt der Arbeitnehmer das Angebot ab, so ist Streitgegenstand nur die **Beendigung des Arbeitsverhältnisses insgesamt.**

### b) Prüfungsmaßstab

3073 Gleichwohl ist als Prüfungsmaßstab nicht auf die Beendigung, sondern auf das Änderungsangebot und seine soziale Rechtfertigung abzustellen (*BAG* 7.6.1973 AP Nr. 1 zu § 626 BGB Änderungskündigung). Wäre das Änderungsangebot sozial gerechtfertigt, so ist das Arbeitsverhältnis insgesamt beendet (APS/*Künzl* § 2 KSchG Rn. 179 ff.)

3074 Denn es wäre nicht gerechtfertigt, unterschiedliche Prüfungsmaßstäbe anzulegen. **Der Arbeitnehmer kann es nicht in der Hand haben, einseitig durch Annahme oder Ablehnung des Änderungsangebots den Prüfungsmaßstab zu bestimmen.**

3075 Wollte man bei Ablehnung des Änderungsangebots an die Kündigung einen anderen, insbes. den für eine Beendigungskündigung gegebenen Maßstab anlegen, so würde das den Arbeitnehmer benachteiligen, der im Interesse der Aufrechterhaltung des Arbeitsverhältnisses den Vorbehalt ausspricht und sich mit der durch § 2 KSchG angezeigten abgewandelten Überprüfung der Änderungen zufrieden gibt. Er liefe Gefahr, dass seine Klage eher abgewiesen würde als die des bedingungslos um den Erhalt des Arbeitsplatzes kämpfenden Arbeitnehmers. Dabei wollen beide letztlich dasselbe: Den Erhalt des Arbeitsverhältnisses zu den ursprünglichen Bedingungen (vgl. KR/*Rost* § 2 KSchG Rn. 95; abl. *Boewer* BB 1996, 2618 ff.).

## VII. § 15 KSchG

### 1. Ausschluss der ordentlichen Änderungskündigung

3076 Nach Auffassung des *BAG* (6.3.1986 EzA § 15 KSchG n. F. Nr. 34) ist eine **ordentliche Änderungskündigung gegenüber einem durch § 15 KSchG geschützten Arbeitnehmer unzulässig.**

3077 Dies gilt auch dann, wenn der Arbeitgeber dadurch die Arbeitsbedingungen des Amtsträgers denen einer Gruppe von Arbeitnehmern anpassen will, zu der auch der Amtsträger gehört.

### 2. Ausnahme bei Massenänderungskündigungen

3078 Das *BAG* (7.10.2004 EzA § 15 KSchG n. F. Nr. 57) geht davon aus, dass der Zweck der Regelung des § 15 KSchG, dem Betriebsratsmitglied eine ungestörte Amtsausübung zu ermöglichen, auch einen besonderen Kündigungsschutz bei Massenänderungskündigungen rechtfertigt, sodass auch dann eine ordentliche Änderungskündigung ausgeschlossen ist (s. Rdn. 553 ff.).

3079 In einem derartigen Fall kann allerdings eine außerordentliche Änderungskündigung aus betriebsbedingten Gründen gerechtfertigt sein (*BAG* 7.10.2004 EzA § 15 KSchG n. F. Nr. 57 = NZA 2005, 156; s. Rdn. 553 ff., 3081 ff.).

3080 Nach der Rechtsprechung des *BAG* (7.10.2004 EzA § 15 KSchG n. F. Nr. 57 = NZA 2005, 156) gilt der Kündigungsschutz nach § 15 KSchG also uneingeschränkt für sog. **Massenänderungskündigungen.**

Im Einzelnen gilt danach folgendes:
– Auch wenn der Arbeitgeber aus betriebsbedingten Gründen allen oder der Mehrzahl der Arbeitnehmer des Betriebes kündigt und ihnen eine Weiterarbeit zu schlechteren Arbeitsbedingun-

## O. Die Änderungskündigung Kapitel 4

gen anbietet, rechtfertigt ein solcher Massentatbestand nicht ausnahmsweise eine ordentliche Kündigung gegenüber Betriebsratsmitgliedern und den anderen durch § 15 KSchG geschützten Amtsträgern.
- § 15 KSchG schließt abgesehen von den Sonderfällen der Betriebsstilllegung und der Stilllegung einer Betriebsabteilung (§ 15 Abs. 4, 5 KSchG) eine ordentliche Kündigung gegenüber diesem Personenkreis völlig aus und lässt nur eine außerordentliche Kündigung aus wichtigem Grund zu.
- Eine außerordentliche Kündigung ist während der Amtszeit des Betreffenden nach § 103 BetrVG nur mit Zustimmung des Betriebsrats bzw. deren Ersetzung durch die Arbeitsgerichte zulässig. Diese im Interesse des (Betriebsrats-)Amts und der ungestörten Amtsführung geschaffene generelle Regelung lässt keine Einschränkung für sog. Massenänderungskündigungen zu.
- Eine außerordentliche mit notwendiger Auslauffrist zu erklärende Änderungskündigung gegenüber einem Betriebsratsmitglied kommt etwa dann in Betracht, wenn ohne die Änderung der Arbeitsbedingungen ein sinnlos gewordenes Arbeitsverhältnis über einen erheblichen Zeitraum nur durch Gehaltszahlungen fortgesetzt werden müsste und der Arbeitgeber möglicherweise sogar eine unternehmerische Entscheidung, bestimmte Arbeitsplätze einzusparen, wegen des Beschäftigungsanspruchs des Mandatsträgers nicht vollständig umsetzen könnte.

### VIII. Außerordentliche Änderungskündigung

#### 1. Anwendungsfälle

Eine außerordentliche Änderungskündigung kommt insbes. dann in Betracht, wenn eine ordentliche Kündigung und damit auch eine ordentliche Änderungskündigung tarifvertraglich (z. B. gem. § 34 Abs. 2 S. 1 TVöD; *BAG* 28.10.2010 EzA § 2 KSchG Nr. 80), durch die Regelungen der AVR Caritas (§ 14 AVR; *BAG* 22.4.2010 NZA-RR 2011, 75) oder gesetzlich (z. B. gem. § 15 KSchG; vgl. *BAG* 17.3.2005 EzA § 15 KSchG n. F. Nr. 59; 2.3.2006 EzA § 2 KSchG Nr. 57; 18.5.2006 EzA § 2 KSchG Nr. 60; 1.3.2007 EzA § 626 BGB 2002 Unkündbarkeit Nr. 13; *LAG Bln.-Bra.* 5.7.2007 NZA-RR 2008, 237) ausgeschlossen ist und der Arbeitgeber dadurch z. B. bei Umstrukturierungsmaßnahmen die Arbeitsbedingungen des Amtsträgers denen einer Gruppe von Arbeitnehmern anpassen will, zu der auch er gehört (abl. *Preis* NZA 1997, 1080). 3081

Ein wichtiger Grund ist insoweit jedenfalls dann gegeben – für eine außerordentliche Änderungskündigung mit notwendiger Auslauffrist – wenn sie eine **Entgeltreduzierung eines ordentlich unkündbaren Arbeitnehmers bezweckt** und diese Änderung der Arbeitsbedingungen das **Ziel hat, der konkreten Gefahr einer Betriebsschließung** wegen Insolvenz **zu begegnen** (*BAG* 1.3.2007 EzA § 626 BGB 2002 Unkündbarkeit Nr. 13). 3082

§ 55 Abs. 2 BAT sah im Übrigen. eine befristete außerordentliche Änderungskündigung aus wichtigem Grund zum Zwecke der Herabgruppierung um eine Vergütungsgruppe für sog. »unkündbare« Angestellte vor. Erforderlich, aber auch ausreichend dafür ist, dass unter Berücksichtigung aller Umstände des Einzelfalls eine Weiterbeschäftigung des ordentlich unkündbaren Angestellten zu **den bisherigen Vertragsbedingungen zwingend ausgeschlossen** ist. § 34 Abs. 2 TVöD sieht eine derartige Einschränkung nicht mehr vor (*BAG* 28.10.2010 EzA § 2 KSchG Nr. 80), so dass bei Vorliegen eines wichtigen Grundes zur außerordentlichen Änderungskündigung aus betrieblichen Gründen auch eine Herabgruppierung um mehrere Gehaltsgruppen zulässig sein kann (*BAG* 27.11.2008 – 2 AZR 757/07, NZA 2009, 481). 3083

Für die außerordentliche betriebsbedingte Änderungskündigung ist maßgeblich, ob die zugrunde liegende Organisationsentscheidung die vorgeschlagene Änderung erzwingt oder ob sie im Wesentlichen auch ohne oder mit weniger einschneidenden Änderungen im Arbeitsvertrag des Gekündigten durchsetzbar bleibt (*BAG* 2.3.2006 EzA § 2 KSchG Nr. 57; 18.5.2006 – 2 AZR 207/05, EzA-SD 17/06 S. 5 LS; *LAG Bln.-Bra.* 5.7.2007 NZA-RR 2008, 237). 3084

Zu beachten ist, dass § 1 Abs. 5 KSchG auf außerordentliche Kündigungen – seien es Beendigungs-, seien es Änderungskündigungen – keine Anwendung findet. Folglich wird der auf dringenden betrieblichen Erfordernissen beruhende wichtige Grund für eine außerordentliche betriebsbedingte Änderungskündigung nicht gemäß § 1 Abs. 5 S. 1 KSchG vermutet (*BAG* 28.5.2009 EzA § 1 KSchG Interessenausgleich Nr. 19).

3085 Der öffentliche Arbeitgeber muss daher vor Ausspruch einer derartigen Änderungskündigung prüfen, ob eine **Versetzung** auf einen freien, für den Unkündbaren geeigneten, gleichwertigen Arbeitsplatz möglich ist, oder das Freiwerden einer solchen Stelle im Rahmen der normalen Fluktuation absehbar ist und die Stelle wieder besetzt werden soll oder ob eine derartige Stelle durch Umsetzung anderer Arbeitnehmer oder andere Arbeitsverteilung freigemacht werden kann. Dabei hat der Arbeitgeber seinen gesamten Geschäftsbereich einzubeziehen (*LAG Nds.* 18.3.2005 – 10 Sa 405/04, FA 2005, 254 LS); der Arbeitgeber des öffentlichen Dienstes ist danach aber **nicht verpflichtet**, zur Vermeidung einer Änderungskündigung nach § 55 Abs. 2 BAT zu versuchen, den ordentlich unkündbaren Arbeitnehmer **bei einem anderen Arbeitgeber unterzubringen** (*BAG* 18.5.2006 – 2 AZR 207/05, NZA-RR 2007, 272). Des Weiteren ist der öffentliche Arbeitgeber u. U., aber nicht generell (*BAG* 18.5.2006 – 2 AZR 207/05, NZA-RR 2007, 272; s. *Breschendorf* BB 2007, 661 ff.) verpflichtet, vor Ausspruch einer Kündigung nach § 55 Abs. 2 BAT einem **kündbaren Arbeitnehmer** eine **Beendigungs- oder eine Änderungskündigung auszusprechen**, wenn nur so ein gleichwertiger Arbeitsplatz freigemacht werden kann. Die Pflicht zur Freikündigung besteht jedoch nicht, wenn zwar ein gleichwertiger Arbeitsplatz vorhanden ist, der mit einem Kündbaren besetzt ist, der Unkündbare diesen Arbeitsplatz aber nur nach langwieriger vorheriger Umschulung oder Fortbildung ausfüllen kann (*BAG* 18.5.2006 EzA § 2 KSchG Nr. 60). Ebenso wenig ist der öffentliche Arbeitgeber danach **nicht verpflichtet**, statt einer Änderungskündigung für den unkündbaren Angestellten geeignete **gleichwertige Stellen zu schaffen** oder von der Streichung einer mit einem kw-Vermerk versehenen Stelle abzusehen. Auch muss er nicht Beschäftigungsmöglichkeiten bei anderen öffentlichen Arbeitgebern, ggf. im Wege der Personalgestellung, prüfen. Deshalb durfte im konkret entschiedenen Einzelfall einem als **Trompetenlehrer** angestellten Arbeitnehmer eine um ca. 150 € niedriger vergütete Stelle im Fremdenverkehrsamt zugewiesen werden, wo er wegen seiner besonderen Sprachkenntnisse vor allem niederländische Touristen beriet; die Beklagte musste die anderweitig besetzte Stelle eines Stadtjugendpflegers nicht freikündigen (*BAG* 18.5.2006 EzA § 2 KSchG Nr. 60).

## 2. Voraussetzungen

### a) Zweiwochenfrist

3086 Auch für die außerordentliche Änderungskündigung gilt die Ausschlussfrist des § 626 Abs. 2 BGB.

3087 Hält der Arbeitgeber auf Grund von ihm selbst herbeigeführter betrieblicher Umstände eine außerordentliche Änderungskündigung für erforderlich, beginnt die Frist dann, wenn für den Arbeitgeber **feststeht**, dass er den **Stelleninhaber nicht mehr auf seinem bisherigen Arbeitsplatz weiterbeschäftigen** kann. Nach Fristablauf ist die außerordentliche Änderungskündigung selbst dann ausgeschlossen, wenn frühere Versuche des Arbeitgebers zur Umsetzung des Arbeitnehmers – die sich auf den Fristablauf nicht auswirken – aus Rechtsgründen gescheitert sind. Es handelt sich in dieser konkreten Situation auch jedenfalls dann nicht um einen Dauertatbestand, wenn keine neuerlichen Umstände hinzutreten, die fortlaufend Störungen in das Arbeitsverhältnis hineintragen. Denn andernfalls läge es in der Hand des Arbeitgebers, durch vertragswidrige und rechtswidrige Maßnahmen die Entscheidungsfrist des § 626 Abs. 2 BGB zu verlängern (*LAG RhPf* 19.9.1997 LAGE § 2 KSchG Nr. 31).

### b) Wichtiger Grund

3088 Ein wichtiger Grund für eine außerordentliche Änderungskündigung setzt dann aber zunächst auf Seiten des Kündigenden voraus, dass für ihn die Fortsetzung derjenigen bisherigen Bedingungen, deren Änderung er anstrebt, jeweils unzumutbar geworden ist, d. h. dass die vorgesehenen Änderungen für ihn unabweisbar sind. Darüber hinaus müssen die neuen Bedingungen dem Gekündigten zumutbar sein. Beide Voraussetzungen müssen kumulativ vorliegen (*BAG* 6.3.1986, 21.6.1995 EzA § 15 KSchG n. F. Nr. 34, 43). Letzteres gilt jedoch nur eingeschränkt, wenn eine Weiterbeschäftigung zu den geänderten Arbeitsbedingungen für den Arbeitgeber die einzige Möglichkeit darstellt, den Arbeitnehmer überhaupt weiterzubeschäftigen (*BAG* 27.9.2001 EzA § 15 KSchG n. F. Nr. 54). Ein wichtiger Grund zur außerordentlichen Änderungskündigung setzt voraus, dass die **alsbaldige Änderung der Arbeitsbedingungen unabweisbar notwendig** ist und die geänderten Bedingungen dem gekündigten Arbeitnehmer **zumutbar** sind. Ein wichtiger Grund kann dann vorliegen, wenn der Arbeitnehmer aufgrund von Umständen, die in seiner Sphäre liegen (hier: körperliche Beschwerden), zu der nach dem Vertrag vorausgesetzten Arbeitsleistung (hier: Schwimmmeister mit Rettungsaufgaben) auf unabsehbare Dauer nicht mehr in der Lage ist. Ist die ordentliche Kündbarkeit tariflich ausgeschlossen, kann eine außerordentliche Kündigung mit einer der ordentlichen Kündigung entsprechenden Auslauffrist berechtigt sein. Besondere Bedeutung kommt im Fall eines tariflich unkündbaren Arbeitnehmers der Verpflichtung des Arbeitgebers zu, die Kündigung – wenn möglich – durch andere Maßnahmen abzuwenden (*BAG* 28.10.2010 EzA § 2 KSchG Nr. 80).

▶ **Beispiel** (*BAG* 17.3.2005 EzA § 15 KSchG n. F. Nr. 59): 3089

Die unternehmerische Entscheidung, eine ganze Führungsebene (Substituten im Einzelhandel) unternehmensweit abzuschaffen, ist an sich geeignet, einen wichtigen Grund zur außerordentlichen Änderungskündigung mit notwendiger Auslauffrist nach § 15 Abs. 1 KSchG gegenüber einem Betriebsratsmitglied darzustellen.

Allerdings gilt im Einzelnen: 3090
- Stehen mehrere Möglichkeiten der Änderung der Arbeitsbedingungen zur Verfügung, so fordert es der Verhältnismäßigkeitsgrundsatz, dass der Arbeitgeber dem Arbeitnehmer die auch ihm zumutbare Änderung anbietet, die den Gekündigten am wenigsten belastet.
- Dem Arbeitgeber ist es in Fällen der sog. Tarifautomatik regelmäßig nicht zumutbar, lediglich die Tätigkeit des betreffenden Funktionsträgers den neuen Gegebenheiten anzupassen und es – übertariflich – bei der bisherigen Bezahlung zu belassen.
- Bezieht sich die unternehmerische Entscheidung, die als dringendes betriebliches Erfordernis die Änderungskündigung begründen soll, nur auf den Wegfall aller Beschäftigungsmöglichkeiten einer bestimmten Gehaltsgruppe, so rechtfertigt dies regelmäßig nur die Herabgruppierung des betreffenden Betriebsratsmitglieds um eine Vergütungsgruppe. Eine Herabgruppierung um zwei Vergütungsgruppen setzt voraus, dass der insoweit darlegungspflichtige Arbeitgeber begründet, warum auch eine Weiterbeschäftigung des Betriebsratsmitglieds in der darunter liegenden Vergütungsgruppe nicht möglich ist.

Eine verhaltensbedingte außerordentliche Änderungskündigung, die mit dem Angebot der Weiterbeschäftigung in einer niedrigeren Entgeltgruppe verbunden ist, verstößt dann gegen den Grundsatz der **Verhältnismäßigkeit**, wenn **zwischen dem Verhalten** (Vertragsstörung) und der **Herabgruppierung kein innerer Zusammenhang besteht** (*LAG Nbg.* 10.3.2009 – 7 Sa 31/08, ZTR 2009, 338). 3091

### 3. § 2 KSchG analog

**§ 2 KSchG** ist nach Auffassung des *BAG* (27.3.1987 EzA § 2 KSchG Nr. 10) auf die außerordentliche Änderungskündigung **analog anwendbar**. Der entsprechenden Anwendung von § 2 KSchG, § 4 S. 2 KSchG auf außerordentliche Änderungskündigungen steht insbes. **nicht entgegen**, dass § 13 Abs. 1 S. 2 KSchG auch in der seit 1.1.2004 geltenden Fassung **keine Verweisung** auf § 2 KSchG enthält (*BAG* 28.10.2010 EzA § 2 KSchG Nr. 80). Dies bedeutet, dass der Arbeitnehmer nach Erhalt des Änderungsangebots unverzüglich erklären muss, ob er es ablehnt oder es mit oder ohne dem in § 2 KSchG bezeichneten Vorbehalt annimmt. 3092

3093 In der **widerspruchs- und vorbehaltlosen Weiterarbeit zu geänderten Arbeitsbedingungen** kann dann eine Annahme des Änderungsangebots (i. d. R. ohne Vorbehalt) gesehen werden, wenn sich die neuen Arbeitsbedingungen alsbald auf das Arbeitsverhältnis auswirken.

3094 Das gilt aber solange nicht, wie der Arbeitnehmer noch rechtzeitig, d. h. ohne schuldhaftes Zögern (§ 121 BGB), einen Vorbehalt entsprechend § 2 KSchG erklären kann. Der Arbeitgeber ist nämlich nicht berechtigt, bei Ausspruch einer fristlosen Änderungskündigung einseitig die sich aus den Wertungen des KSchG ergebende Frist zu verkürzen, innerhalb der sich der Arbeitnehmer auf das Änderungsangebot hin abschließend erklären muss (*BAG* 27.3.1987 EzA § 2 KSchG Nr. 10).

### 4. Änderungsschutzklage

3095 Das *BAG* (17.5.1984 EzA § 1 KSchG Betriebsbedingte Kündigung Nr. 32; 28.10.2010 EzA § 2 KSchG Nr. 80) geht davon aus, dass eine gegen eine außerordentliche Änderungskündigung gerichtete Kündigungsschutzklage zulässig ist.

3096 Zwar enthält § 13 Abs. 1 S. 2 KSchG nur eine Verweisung auf die das Änderungskündigungsschutzverfahren bei ordentlichen Änderungskündigungen regelnde Vorschrift des § 4 S. 2 KSchG. In dieser Norm selbst ist kein besonderes Verfahren für die Klage gegen eine außerordentliche Änderungskündigung vorgesehen. Der Gesetzgeber hat die Änderungsschutzklage in diesen Fällen aber nicht ausschließen wollen, sondern nur übersehen, § 13 Abs. 1 S. 2 KSchG ist daher an die neuen Vorschriften der §§ 2, 4 S. 2 KSchG 1969 anzupassen. Insoweit liegt lediglich ein Redaktionsversehen vor. Deshalb ist nach Auffassung des *BAG* (17.5.1984 EzA § 1 KSchG Betriebsbedingte Kündigung Nr. 32) eine **analoge Anwendung des § 4 S. 2 KSchG auf die außerordentliche Änderungskündigung** zulässig. Dem steht inzwischen auch nicht entgegen, dass § 13 Abs. 1 S. 2 KSchG nunmehr auch in der seit 1.1.2004 geltenden Fassung keine Verweisung auf § 2 KSchG enthält (*BAG* 28.10.2010 EzA § 2 KSchG Nr. 80).

### 5. Prüfungsmaßstab

3097 Für die Beurteilung der Rechtswirksamkeit der außerordentlichen Änderungskündigung ist grds. darauf abzustellen, ob die Fortsetzung des Arbeitsverhältnisses zu den alten Arbeitsbedingungen bis zum Ablauf der Kündigungsfrist für den Arbeitgeber unzumutbar ist (vgl. APS/*Künzl* § 2 KSchG Rn. 184 ff.). Ob der Arbeitnehmer in eine ihm angesonnene Änderung billigerweise **einwilligen muss**, richtet sich nach dem **Verhältnismäßigkeitsgrundsatz**. **Zumutbar** ist eine Weiterbeschäftigung zu geänderten Arbeitsbedingungen insbes. dann, wenn dies die **einzige Möglichkeit** darstellt, den **Arbeitnehmer überhaupt weiterzubeschäftigen** (*BAG* 28.10.2010 EzA § 2 KSchG Nr. 80). Wenn durch das Änderungsangebot neben der **Tätigkeit** auch die **Gegenleistung** (Vergütung) geändert werden soll, sind **beide Elemente** des Änderungsangebots am Verhältnismäßigkeitsgrundsatz zu messen (*BAG* 28.10.2010 EzA § 2 KSchG Nr. 80); eine gesonderte Rechtfertigung der Vergütungsänderung ist nur dann entbehrlich, wenn sie sich aus einem im Betrieb angewandten Vergütungssystem (sog. Tarifautomatik) ergibt (*BAG* 28.10.2010 EzA § 2 KSchG Nr. 80). Ist die Veränderung der Tätigkeit aufgrund der unternehmerischen Entscheidung unabweisbar und daher an sich geeignet, eine außerordentliche Änderungskündigung zu rechtfertigen, so gilt dies bei Vorliegen eines Vergütungssystems auch für die Änderung der Eingruppierung. Dem Arbeitgeber ist es in diesen Fällen regelmäßig nicht zumutbar, lediglich die Tätigkeit des Arbeitnehmers den neuen Gegebenheiten anzupassen und es – übertariflich – bei der bisherigen Bezahlung zu belassen (*BAG* 27.11.2008 – 2 AZR 757/07 – NZA 2009, 481). Auch eine **Herabgruppierung** um mehrere Entgeltgruppen kann dann für den Arbeitnehmer zumutbar sein (*BAG* 28.10.2010 EzA § 2 KSchG Nr. 80).

Die Voraussetzungen einer auf betriebliche Gründe gestützten **außerordentlichen** Änderungskündigung aus wichtigem Grund gehen insoweit über die Anforderungen an eine ordentliche Änderungskündigung **hinaus**. Denn mit dem vereinbarten Ausschluss der ordentlichen Kündbarkeit geht der Arbeitgeber gegenüber dem Arbeitnehmer **eine besondere Verpflichtung** nicht nur hinsichtlich des Bestandes, **sondern auch in Bezug auf den Inhalt des Arbeitsverhältnisses** ein. Nicht jede mit dem Festhalten am Vertragsinhalt verbundene Last kann folglich einen wichtigen Grund zur außerordentlichen Änderungskündigung bilden. Wird sie auf eine Reorganisaionsentscheidung gestützt, so ist entscheidend, ob das geänderte unternehmerische Konzept die vorgeschlagene Änderung erzwingt oder ob es im Wesentlichen auch ohne oder mit weniger einschneidenden Änderungen im Arbeitsvertrag des Gekündigten durchsetzbar bleibt. Außerdem muss der Arbeitgeber bereits **bei Erstellung des unternehmerischen Konzepts** die in Form von vereinbarten Kündigungsausschlüssen **bestehenden arbeitsvertraglich übernommenen Garantien** ebenso wie andere schuldrechtliche Bindungen **berücksichtigen;** im Prozess wirkt sich die übernommene Verpflichtung auch auf die **Darlegungslast** aus. Aus dem Vorbringen des Arbeitgebers muss erkennbar sein, dass er auch unter Berücksichtigung der vertraglich eingegangenen besonderen Verpflichtungen alles Zumutbare unternommen hat, die durch die unternehmerische Entscheidung notwendig gewordenen Anpassungen auf das unbedingt erforderliche Maß zu beschränken (*BAG* 2.3.2006 EzA § 2 KSchG Nr. 57; *LAG Bln.-Bra.* 5.7.2007 LAGE § 2 KSchG Nr. 59).

Ist eine ordentliche Kündigung, und damit auch eine ordentliche Änderungskündigung aber (z. B. gem. § 15 KSchG) ausgeschlossen, so hat das *BAG* (6.3.1986 EzA § 15 KSchG n. F. Nr. 34) zunächst die Auffassung vertreten, dass dann im Rahmen der Prüfung des § 626 BGB auf die **fiktive Kündigungsfrist abzustellen** ist, um den besonders geschützten Amtsträger nicht dadurch zu benachteiligen, dass bei ihm eine außerordentliche Änderungskündigung u. U. leichter möglich ist, als bei einem nicht besonders geschützten Arbeitnehmer. 3098

Inzwischen (*BAG* 21.6.1995 EzA § 15 KSchG n. F. Nr. 43; s. a. *BAG* 26.6.2008 – 2 AZR 147/07, FA 2008, 285) zur außerordentlichen Änderungskündigung mit Auslauffrist) hat es **diese Auffassung jedenfalls für den Fall einer außerordentlichen betriebsbedingten Änderungskündigung aufgegeben,** weil die Festlegung einer hypothetischen Kündigungsfrist für die Dauer der Zumutbarkeit der Weiterbeschäftigung durch den Schutzzweck der §§ 2, 15 KSchG nicht gefordert ist und ohnehin künstlich erscheint (s. Rdn. 553 ff.). Eine außerordentliche Änderungskündigung ist jedenfalls dann unwirksam, wenn das Änderungsangebot unverhältnismäßig und damit unzumutbar ist (*BAG* 26.6.2008 – 2 AZR 147/07, NZA 2008, 1431 LS). 3099

▶ Beispiel: 3100

Unzumutbar kann um des generellen Effekts einer Umstrukturierungsmaßnahme und der Gleichbehandlung willen die Weiterbeschäftigung eines teilzeitbeschäftigten Betriebsratsmitglieds zu den alten Arbeitsbedingungen als Aufsicht in einem Warenhaus mit einem Bruttoentgelt von 3100 DM sein, deren geänderte Arbeitsbedingungen ihr zumutbar sind (Tätigkeit als Kassiererin mit einem Tarifgehalt von 2860 DM brutto zuzüglich 240 DM brutto als übertarifliche Zulage, auf die Tariflohnerhöhungen angerechnet werden können sowie eine Teilabfindung von 6000 DM; *BAG* 21.6.1995 EzA § 15 KSchG n. F. Nr. 43).

Unzumutbar ist auch das Änderungsangebot an den bisher als **Hausmeister** einer Kirchengemeinde beschäftigten, tariflich unkündbaren Arbeitnehmer nach Schließung einer Gemeindeeinrichtung, als **Küster** weiter zu arbeiten und Unterkunft in der Dienstwohnung zu nehmen (*BAG* 26.6.2008 – 2 AZR 147/07, NZA 2008, 1431 LS). 3101

Wird eine **Betriebsabteilung stillgelegt** und kann ein dort beschäftigtes Betriebsratsmitglied nach entsprechender Änderungskündigung zu im Übrigen unveränderten Bedingungen auf einem freien Arbeitsplatz **in einer anderen Betriebsabteilung weiterbeschäftigt werden,** so ist der Arbeitgeber grds. nicht verpflichtet, einen örtlich näher gelegenen und deshalb das Betriebsratsmitglied weniger belastenden Arbeitsplatz frei zu kündigen (*BAG* 28.10.1999 EzA § 15 KSchG n. F. Nr. 48). 3102

Das Festhalten eines Angestellten an den vertraglichen Vereinbarungen und die Ablehnung, einen anderen – schlechteren – Tarifvertrag zu akzeptieren, stellt keinen wichtigen Grund für eine außerordentliche Änderungskündigung dar. Weder aus den besonderen Loyalitätspflichten des kirchlichen Arbeitsverhältnisses noch aus dem Leitbild der christlichen Dienstgemeinschaft folgt 3103 regelmäßig eine vertragliche Verpflichtung des kirchlichen Arbeitnehmers, Vergütungsveränderungen zu akzeptieren (*BAG* 25.10.2001 NZA 2002, 1000 LS).

## IX. Beteiligung des Betriebsrats

### 1. Inhalt der Unterrichtungspflicht gem. § 102 BetrVG

3104 Will der Arbeitgeber im Wege der Änderungskündigung die Arbeitsbedingungen einseitig ändern, so hat er dem Betriebsrat gem. § 102 BetrVG das **Änderungsangebot und die Gründe für die beabsichtigte Änderung mitzuteilen** (*BAG* 10.3.1982 EzA § 2 KSchG Nr. 3; APS/*Künzl* § 2 KSchG Rn. 118 ff.). Dabei muss er nur die Umstände mitteilen, die seinen **Kündigungsentschluss tatsächlich bestimmt haben**. Das gilt – bei einer betriebsbedingten Änderungskündigung – auch für das Erfordernis einer sozialen Auswahl (*BAG* 12.8.2010 EzA § 2 KSchG Nr. 79 = NZA 2011, 460). Hört der Arbeitgeber an, **ohne die geplante Änderung konkret zu bezeichnen**, ist die Änderungskündigung auch wegen nicht ordnungsgemäßer Beteiligung des Betriebs-/Personalrats unwirksam (*LAG RhPf* 15.3.2002 NZA-RR 2002, 670). Will der Arbeitgeber dem Arbeitnehmer eine andere Tätigkeit primär einseitig zuweisen, und nur vorsorglich eine Änderungskündigung erklären, weil der Arbeitnehmer die Auffassung vertritt, seine geschuldete Arbeitsleistung habe sich auf die zuletzt ausgeübte Tätigkeit konkretisiert, so liegt seitens des Arbeitgebers keine unzulässige »Betriebsratsanhörung auf Vorrat« vor, wenn die Kündigungsabsicht des Arbeitgebers bzgl. einer Änderungskündigung außer Frage steht und der Betriebsrat auch entsprechend reagiert (*Hess. LAG* 12.12.2002 NZA-RR 2003, 545).

3105 Will er sich eine Beendigungskündigung vorbehalten und dazu eine erneute Anhörung ersparen, muss er zugleich verdeutlichen, dass er im Falle der Ablehnung des Änderungsangebots durch den Arbeitnehmer die **Beendigungskündigung beabsichtigt**.

3106 Bleibt für den Betriebsrat offen, ob die Ablehnung des Änderungsangebots die Beendigungskündigung zur Folge haben wird, so liegt keine ordnungsgemäße Anhörung i. S. d. § 102 Abs. 1 BetrVG zu der vom Arbeitgeber ausgesprochenen Beendigungskündigung vor (*BAG* 30.11.1989 EzA § 102 BetrVG 1972 Nr. 77).

### 2. Einzelfragen

3107 Unterrichtet der Arbeitgeber den Betriebsrat bei der Änderungskündigung zum Zwecke der Streichung außertariflicher Zulagen gegenüber in einer Werkstatt beschäftigter Arbeitnehmer, die er beabsichtigt, weil die Werkstatt als unselbstständige Betriebsabteilung wegen hoher Kostenbelastung saniert werden soll, nur über die wirtschaftlichen Verhältnisse des unselbstständigen **Betriebsteils**, nicht aber zugleich auch über die Ertragslage des Betriebes, dann kann er sich im Kündigungsschutzprozess jedenfalls **nicht auf ein dringendes Sanierungsbedürfnis im Bereich des Betriebes berufen** (*BAG* 11.10.1989 EzA § 1 KSchG Betriebsbedingte Kündigung Nr. 64).

3108 Beabsichtigt der Arbeitgeber im Rahmen einer Änderungskündigung, die **Arbeitszeiten des Arbeitnehmers erheblich zu verändern**, insbes. Arbeit in den Abendstunden und am Wochenende zu verlangen, muss er dies dem Betriebsrat im Anhörungsverfahren zum Ausspruch der Änderungskündigung mitteilen (*LAG Köln* 19.7.2010 NZA-RR 2010, 642).

3109 Zur ordnungsgemäßen Anhörung des Betriebsrats bei einer betriebsbedingten Änderungskündigung gehört im Übrigen jedenfalls dann die Angabe der **Kündigungsfristen** der betroffenen Arbeitnehmer, wenn sich erst daraus die Tragweite der geplanten personellen Maßnahme (Reduzierung des Weihnachtsgeldes) bezogen auf das laufende oder das nachfolgende Kalenderjahr ermitteln lässt (*BAG* 29.3.1990 EzA § 102 BetrVG 1972 Nr. 79).

3110 Verlangt der Betriebsrat vom Arbeitgeber, einem bestimmten Arbeitnehmer zu kündigen bzw. ihn zu versetzen, und entschließt sich der Arbeitgeber, dem Wunsch des Betriebsrates aus den von ihm angegebenen Gründen zu entsprechen, so ist, auch wenn kein Fall des § 104 BetrVG vorliegt, eine erneute Beteiligung des Betriebsrats nach §§ 102, 103, 99 BetrVG (s. dazu Rdn. 2927) nicht mehr erforderlich. In dem Kündigungs- bzw. Versetzungsverlangen des Betriebsrates liegt dann bereits dessen Zustimmung zur Kündigung bzw. Versetzung (*BAG* 15.5.1997 EzA § 102 BetrVG 1972 Nr. 99; vgl. dazu *Raab* SAE 1999, 16 ff.).

Begründet ein Arbeitgeber des öffentlichen Dienstes eine Änderungskündigung zur Herabgruppierung eines Lehrers mit dem **Absinken der für die höhere Eingruppierung maßgebenden Schülerzahl** und beruht das Absinken der Schülerzahl auf der Umsetzung eines Schulentwicklungsplans, muss er den Personalrat bei der Beteiligung an der Änderungskündigung entsprechend unterrichten. Die Unterrichtung über das Absinken der Schülerzahl allein genügt nicht und führt zur Unwirksamkeit der Kündigung (*BAG* 24.6.2004 ZTR 2004, 579). 3111

Hat der Personalrat **fristgerecht Einwendungen** gegen eine beabsichtigte Änderungskündigung erhoben, so ist diese i. d. R. unwirksam, wenn der Arbeitgeber eine nach dem einschlägigen PersVG vorgeschriebene **Erörterung** mit dem Personalrat **unterlassen hat** (*BAG* 20.1.2000 EzA § 2 KSchG Nr. 39). 3112

Hat der Personalrat einer außerordentlichen Kündigung widersprochen und entschließt sich der Arbeitgeber in einer anschließenden Besprechung mit dem Personalrat entsprechend dessen Wunsch zum Ausspruch einer außerordentlichen Änderungskündigung, stellt es keine abschließende Stellungnahme des Personalrats zur Änderungskündigung dar, wenn der Personalratsvorsitzende in dieser Besprechung lediglich nach Blickkontakt mit den – nicht vollständig anwesenden – Personalratsmitgliedern die Zustimmung des Personalrats signalisiert. Das gilt auch dann, wenn die Zustimmung dem Willen der anwesenden Personalratsmitglieder entspricht (*LAG RhPf* 15.3.2002 NZA-RR 2002, 670). 3113

**Folgt der Arbeitgeber** den **Einwänden des Betriebsrats** zu einer beabsichtigte Änderungskündigung und schränkt er das Arbeitsangebot zugunsten des Arbeitnehmers ein – unbefristete statt wie ursprünglich beabsichtigt befristete Fortsetzung des Arbeitsverhältnisses zu geänderten Arbeitsbedingungen – so ist eine **erneute Anhörung** des Betriebsrats **nicht erforderlich** (*LAG Bln.-Bra.* 15.2.2008 LAGE § 102 BetrVG 2001 Nr. 8). 3114

## X. »Rücknahme« der Änderungskündigung; zwischenzeitliche Vergütung

Nimmt der Arbeitgeber im Änderungsschutzprozess gem. §§ 2, 4 KSchG »die Änderungskündigung zurück« und anschließend der Arbeitnehmer vorbehaltlos die Klage, dann wird das Arbeitsverhältnis über den Kündigungstermin hinaus zu **unveränderten Bedingungen** fortgesetzt (vgl. APS/ *Künzl* § 2 KSchG Rn. 318). Auch wenn die Klage nur die Änderung der Tätigkeit und nicht die angebotene (höhere) Vergütung als sozial ungerechtfertigt gerügt hat, kann es nicht stillschweigend zu einer »auflösend bedingten« vorübergehenden Änderung der Arbeitsbedingungen gekommen sein. Hat der Arbeitnehmer nach Ablauf der Kündigungsfrist die geänderte Tätigkeit ausgeübt, aber die geänderte Vergütung bis zur beiderseitigen Rücknahmeerklärung noch nicht erhalten, fehlt es nach Auffassung des *LAG Köln* (12.6.1997 NZA 1998, 767) an einer ungerechtfertigten Bereicherung des Arbeitgebers, wenn die neue Tätigkeit wegen Wegfalls der ursprünglichen Tätigkeit noch zumutbar gewesen ist. 3115

## P. Besonderheiten der Kündigung in Tendenzbetrieben und in kirchlichen Einrichtungen

### I. Tendenzwidrigkeit als Kündigungsgrund

#### 1. Anwendbarkeit des KSchG auf Tendenzbetriebe

Der sachliche Geltungsbereich des KSchG umfasst auch Tendenzbetriebe, sein persönlicher Geltungsbereich auch Tendenzträger (s. *BAG* 20.4.2010 NZA 2010, 903 zum Anzeigenredakteur). 3116

Lediglich dann, wenn ein Dienstleistender wegen seiner tendenzbezogenen Tätigkeit überhaupt nicht als Arbeitnehmer gilt, wie dies etwa bei Ordensschwestern, Mönchen oder Missionaren aner- 3117 kannt ist (*BAG* 20.2.1986 EzA § 5 BetrVG 1972 Nr. 34), ist das KSchG, das nur für Arbeitnehmer gilt, nicht anwendbar (s. Kap. 1 Rdn. 210).

### 2. Bedeutung des Tendenzbezuges der Tätigkeit; Tendenzgefährdung

3118 Dennoch kann der Tendenzbezug der geschuldeten Tätigkeit des Arbeitnehmers in einem Tendenzbetrieb für die **Konkretisierung der Kündigungsgründe** i. S. v. § 1 Abs. 2 KSchG Bedeutung erlangen. Die Abgrenzung im Einzelfall ist allerdings problematisch.

3119 Grds. ist eine Kündigung nach § 1 Abs. 2 S. KSchG dann wirksam, wenn eine Weiterbeschäftigung des betroffenen Arbeitnehmers auch nach Maßgabe von § 1 Abs. 2, 3 KSchG nicht möglich ist, ohne die Umsetzung der Tendenz des Unternehmens zu gefährden.

3120 Dies kann aus verhaltens-, personen- oder betriebsbedingten Gründen der Fall sein, wenngleich die Tendenzbezogenheit des Kündigungsgrundes ihren Hauptanwendungsbereich bei der personen- oder verhaltensbedingten Kündigung haben wird (APS/*Dörner*/*Vossen* § 1 KSchG Rn. 821 ff.). Dabei ist die **Auslegung der arbeitsrechtlichen Normen im Lichte der jeweiligen Grundrechtsnormen ebenso Sache der dafür zuständigen Arbeitsgerichte wie die Frage ihrer Anwendbarkeit.** Jedoch müssen die Gerichte die betroffenen Grundrechte interpretationsfähig berücksichtigen, damit deren maßstabsetzender Gehalt auch auf der Rechtsanwendungsebene gewahrt bleibt. Dies verlangt regelmäßig eine **einzelfallbezogene Abwägung** (*BVerfG* 18.2.2000 NZA 2000, 653).

Für die außerordentliche, hilfsweise ordentliche Kündigung einer Zeitungsredakteurin wegen **vermeintlicher Nebenpflichtverletzungen** hat das *BAG* (23.10.2008 – 2 AZR 483/07, NZA-RR 2009, 362) folgende Grundsätze aufgestellt:
- Eine Arbeitnehmerin verletzt ihre arbeitsvertragliche Mitteilungs- und Aufklärungspflicht nicht, wenn sie ihrem Arbeitgeber einen Einblick in die Akten eines gegen sie geführten staatsanwaltschaftlichen Ermittlungsverfahrens verweigert; dies gilt auch für eine Tendenzträgerin (Redakteurin) einer Zeitung. In der Weigerung, die Ermittlungsakten offen zu legen, liegt für sich kein tendenzbezogener Pflichtenverstoß.
- Ein Tendenzträger kann seine vertraglichen Rücksichtnahmepflichten verletzen, indem er sich gegen eine Veröffentlichung in der Presse des eigenen Arbeitgebers mit einer Gegendarstellung wendet und sich diese als unverhältnismäßige Reaktion auf einen Pressebericht darstellt.
- Ein Tendenzträger ist verpflichtet, sowohl bei der Arbeitsleistung als auch im außerdienstlichen Bereich nicht gegen die Tendenz des Unternehmens zu verstoßen. Er hat sich auch außerdienstlich solcher Äußerungen und Handlungen zu enthalten, die der Tendenz des Unternehmens nachhaltig zuwiderlaufen und damit betriebliche Interessen des Unternehmens erheblich berühren.

3121 ▶ Beispiele:
- Die gebotene Berücksichtigung der grundrechtlich verbürgten Kunstfreiheit (Art. 5 Abs. 3 S. 1 GG) führt, obwohl sie auch die subjektiv-künstlerischen Vorstellungen des Orchesterträgers bzw. -leiters umfasst, nicht dazu, dass bei einer gegenüber einem künstlerischen Tendenzträger (z. B. einem Orchestermusiker) innerhalb der die Wartefrist des § 1 KSchG übersteigenden Probezeit erklärten ordentlichen Kündigung das Erfordernis der vorherigen Abmahnung entfällt (*BAG* 15.8.1984 EzA § 1 KSchG Nr. 40).
- Auch ein einmaliger, **nicht schwerwiegender Verstoß gegen die Tendenzwahrungspflicht** kann eine verhaltensbedingte Kündigung gegenüber einer Redakteurin einer Tageszeitung nicht rechtfertigen (*BAG* 13.6.2002 EzA § 1 KSchG Verhaltensbedingte Kündigung Nr. 57).
- Der erhebliche Verstoß eines Zeitungsredakteurs gegen das Gebot der Tendenzloyalität kann eine außerordentliche Kündigung zwar grds. rechtfertigen. Eine Abmahnung ist aber dann nicht entbehrlich, wenn bei einem einmaligen Vorfall nicht auszuschließen ist, dass der Tendenzverstoß auf einer zwar eklatanten, aber doch versehentlichen Fehleinschätzung beruht (*LAG SA* 9.7.2002 NZA-RR 2003, 244).

## 3. Außerdienstliches Verhalten

Nach Auffassung des *LAG Bln*. (6.12.1982 EzA § 1 KSchG Tendenzbetrieb Nr. 11; vgl. APS/*Dörner/Vossen* § 1 KSchG Rn. 827 ff.) hat sich der Redakteur einer Tageszeitung als Tendenzträger auch außerhalb seines Dienstes jedenfalls **solcher Äußerungen weitgehend zu enthalten, durch die die publizistische Grundhaltung des Zeitungsunternehmens in Frage gestellt oder wesentlich beeinträchtigt wird.** 3122

Fraglich ist, ob der Arbeitnehmer darüber hinaus verpflichtet ist, im Rahmen seiner Dienstaufgaben die Tendenz seines Arbeitgebers **positiv darzustellen** und zu vertreten. 3123

Dabei wird ein Verhalten dem Tendenzbezug eher entgegenstehen, wenn es von einem Tendenzträger erfolgt. Dasselbe gilt, wenn sich dieses Verhalten innerhalb des arbeitsvertraglichen Aufgabenkreises und nicht außerhalb ereignet, es sei denn, das außerdienstliche Verhalten wirkt auf Grund besonderer Umstände so in den Betriebsablauf hinein, dass diese Einwirkung der Verwirklichung der Tendenz zuwiderläuft. 3124

*Loyalitätsverstöße* von Zeitschriftenredakteuren z. B. sind deshalb nur dann rechtlich bedeutsam, wenn sie zu einer **konkreten Störung des Arbeitsverhältnisses** führen. 3125

## 4. Politische Betätigung

Das *BAG* (6.12.1979 EzA § 1 KSchG Tendenzbetrieb Nr. 5) hat die (personenbedingte) ordentliche Kündigung einer **gewerkschaftlichen Rechtssekretärin** für wirksam erklärt, die dem Kommunistischen Bund Westdeutschlands (KBW) angehörte. Denn durch diese private Entscheidung ist sie in offenen Gegensatz zu der politisch-verfassungsmäßigen Grundüberzeugung des Arbeitgebers getreten; es ist zu erwarten, dass sie sich an dem Vorhaben des KBW beteiligt, den »Kampf zur Eroberung der Gewerkschaften für den Kommunismus« zu führen. 3126

Auch die Zugehörigkeit oder gar die **öffentliche Propaganda** für eine rechts- oder linksradikale Partei seitens eines verantwortlichen Redakteurs kann die Glaubwürdigkeit einer Zeitung mit entgegengesetzter Tendenz nachhaltig in Frage stellen. 3127

## 5. Verhältnismäßigkeitsprinzip

Hat sich ein Arbeitgeber selbst gebunden, **bei bestimmten Verhaltensverstößen** vor Ausspruch einer Kündigung zunächst mit dem Arbeitnehmer ein **klärendes Gespräch** zu führen, so verstößt eine Kündigung, die der Arbeitgeber ausspricht, gegen den Verhältnismäßigkeitsgrundsatz und ist deshalb sozialwidrig. Art. 5 Abs. 1 der Grundordnung der Katholischen Kirche vom 22.9.1993, wonach bei Verstößen gegen Loyalitätsobliegenheiten vor Ausspruch einer Kündigung mit dem kirchlichen Mitarbeiter ein Beratungsgespräch bzw. ein »klärendes Gespräch« zu führen ist, enthält eine solche bindende Verfahrensnorm (*BAG* 16.9.1999 EzA § 611 BGB Kirchliche Arbeitnehmer Nr. 45). 3128

## II. Kündigungsrechtliche Besonderheiten bei Kirchenbediensteten

### 1. Das kirchliche Selbstbestimmungsrecht

Gem. **Art. 137 Abs. 3 WRV i. V. m. Art. 140 GG** ist das Recht der Kirchen und der Religionsgemeinschaften, ihre Angelegenheiten innerhalb der Schranken der für alle geltenden Gesetze selbstständig zu ordnen und zu verwalten, grds. gewährleistet. Dieses kirchliche Selbstbestimmungsrecht umfasst auch das Recht, Form und Inhalt des kirchlichen Dienstes rechtlich autonom zu regeln. **Kirchliche Arbeitsverhältnisse liegen also nicht außerhalb des staatlichen Arbeitsrechts.** 3129

Andererseits kann das Arbeitsrecht nicht ohne Berücksichtigung des kirchlichen Selbstbestimmungsrechts auf kirchliche Arbeitsverhältnisse angewendet werden (vgl. *Klar* NZA 1995, 1184 ff.; APS/*Dörner/Vossen* § 1 KSchG Rn. 831 ff.). Fraglich ist allerdings nunmehr, wie sich die RL 2000/78/EG in diesem Zusammenhang auswirkt und ob diese nicht zu einem veränderten Prüfungsmaßstab zu Gunsten betroffener Arbeitnehmer führen muss (dafür *Budde* AuR 2005, 353 ff.). 3130

**3131** Zu beachten ist jedenfalls die EMRK. Die nationalen Gerichte sind danach zur **Abwägung** zwischen dem Recht der Arbeitnehmer auf Achtung ihres Privat- und Familienlebens nach Art. 8 EMRK einerseits und den Konventionsrechten z. B. der Katholischen Kirche und der Mormonenkirche andererseits bei der Gewährung eines ausreichenden Kündigungsschutzes verpflichtet. Die **Eigenständigkeit von Religionsgemeinschaften** ist auch insoweit gegen unzulässige staatliche Einmischung nach Art. 9 EMRG (Religionsfreiheit) i. V. m. Art. 11 EMRK (Vereinigungsfreiheit) geschützt (*EGMR* 23.9.2010 – 452/03 (Obst)/1620/03 (Schüth) – EzA-SD 20/2010 S. 3 = NZA 2011, 277, 279; s. a. *BAG* 8.9.2011 EzA § 611 BGB 2002 Kirchliche Arbeitnehmer Nr. 21; instr. *Plum* NZA 2011, 1194 ff.; *Hammer* AuR 2011, 278 ff.; s. *LAG Düsseld.* 4.5.2011 – 7 Sa 1427/10, AuR 2011, 265 LS: keine Wiederaufnahme). Die stets notwendige Abwägung der rechtlich geschützten Interessen der Parteien muss bei Kündigungen aus kirchenspezifischen Gründen dem **Selbstverständnis der Kirchen** ein besonderes Gewicht beimessen. Die Arbeitsgerichte haben zwischen dem Recht der Arbeitnehmer auf **Achtung ihres Privat- und Familienlebens** (Art. 8 EMRK) einerseits und den nach Art. 9 EMRK (**Religionsfreiheit**) und Art. 11 EMRK (**Vereinigungsfreiheit**) geschützten Rechten der Religionsgemeinschaft andererseits **abzuwägen** (*BAG* 8.9.2011 EzA § 611 BGB 2002 Kirchliche Arbeitnehmer Nr. 21; *EGMR* 3.2.2011 EzA § 611 BGB 2002 Kirchliche Arbeitnehmer Nr. 17; 23.9.2010 NZA 2011, 277; 23.9.2010 NZA 2011, 279), deren Beachtung verfassungsrechtlich geboten ist (*BVerfG* 14.10.2004 – 2 BvR 1481/04, BVerfGE 111, 307).

### 2. Vertragliche Vereinbarung besonderer Obliegenheiten

**3132** Die Kirchen sind grds. berechtigt, im Arbeitsvertrag ihren Arbeitnehmern besondere Obliegenheiten einer kirchlichen Lebensführung aufzuerlegen. Sie können von ihren Arbeitnehmern verlangen, dass sie jedenfalls die tragenden Grundsätze der kirchlichen Glaubens- und Sittenlehre beachten und nicht gegen deren fundamentale Verpflichtungen verstoßen und diese Anforderungen auch zum Inhalt des Arbeitsvertrages machen.

**3133** Auf diese Weise wird das kirchliche Arbeitsverhältnis zwar nicht gleichsam zu einer Art kirchlichem Statusverhältnis.

**3134** Die Kirche ist jedoch berechtigt, **Inhalt und Umfang der vertraglich begründeten Loyalitätsobliegenheiten der kirchlichen Arbeitnehmer dem kirchlichen Selbstverständnis entsprechend zu konkretisieren** (*BVerfG* 4.6.1985 EzA § 611 BGB Kirchliche Arbeitnehmer Nr. 24; ebenso *BAG* 16.9.2004 EzA § 242 BGB 2002 Kündigung Nr. 5; 8.9.2011 EzA § 611 BGB 2002 Kirchliche Arbeitnehmer Nr. 21; *VGH Mannheim* 26.5.2003 NZA-RR 2003, 629; vgl. dazu *Dütz* NZA 2006, 65 ff.).

### 3. Wahrung des Selbstbestimmungsrechts durch die ArbG

**3135** Damit dieses Selbstbestimmungsrecht gewahrt bleibt, dürfen die staatlichen Gerichte das Arbeitsrecht nur unter Beachtung des grundlegenden kirchlichen Selbstverständnisses anwenden (vgl. *BAG* 16.9.2004 EzA § 242 BGB 2002 Kündigung Nr. 5).

#### a) Prüfungsmaßstab bei Kündigungen

**3136** Deshalb darf auch das KSchG auf kirchliche Arbeitsverhältnisse nur mit der Maßgabe angewandt werden, dass bei der Verletzung spezifisch kirchenrechtlicher Loyalitätsobliegenheiten zu prüfen ist, **ob gerade dem kirchlichen Arbeitgeber die Fortsetzung des Arbeitsverhältnisses noch möglich ist**.

#### b) Maßgeblichkeit kirchlicher Maßstäbe

**3137** Im Streitfall haben die ArbG die vorgegebenen kirchlichen Maßstäbe für die Bewertung vertraglicher Loyalitätspflichten zugrunde zu legen, soweit die Verfassung das Recht der Kirche anerkennt, hierüber selbst zu befinden.

Es bleibt grds. den verfassten Kirchen überlassen, verbindlich zu bestimmen, was »die Glaubwürdigkeit der Kirche und ihrer Verkündigungen erfordert«, was »spezifisch kirchliche Aufgaben« sind, was »Nähe« zu ihnen bedeutet, welches die »wesentlichen Grundsätze der Glaubens- und Sittenlehre« sind und was als »ggf. schwerer Verstoß« gegen diese anzusehen ist (s. *BAG* 8.9.2011 EzA § 611 BGB 2002 Kirchliche Arbeitnehmer Nr. 21).

Auch die Entscheidung darüber, ob und wie innerhalb der im kirchlichen Dienst tätigen Mitarbeiter eine »Abstufung« der Loyalitätspflichten eingreifen soll, ist grds. eine dem kirchlichen Selbstbestimmungsrecht unterliegende Angelegenheit (*BVerfG* 4.6.1985 EzA § 611 BGB Kirchliche Arbeitnehmer Nr. 24; APS/*Dörner/Vossen* § 1 KSchG Rn. 832).

Dagegen kommt es weder auf die Auffassung der einzelnen betroffenen kirchlichen Einrichtungen, bei denen die Meinungsbildung von den verschiedensten Motiven beeinflusst sein kann, noch auf diejenige breiter Kreise unter den Kirchengliedern oder etwa gar einzelner bestimmten Tendenzen verbundener Mitarbeiter an (*BVerfG* 4.6.1985 EzA § 611 BGB Kirchliche Arbeitnehmer Nr. 24). **3138**

### c) Rechtfertigung einer Kündigung

Liegt eine Verletzung von Loyalitätspflichten vor, so ist die weitere Frage, ob sie eine Kündigung des kirchlichen Arbeitsverhältnisses sachlich rechtfertigt, nach den Vorschriften des § 1 KSchG, § 626 BGB zu beantworten. **3139**

Diese unterliegen als für alle geltendes Gesetz i. S. d. Art. 137 Abs. 3 WRV umfassender arbeitsgerichtlicher Anwendungskompetenz (*BVerfG* 4.6.1985 EzA § 611 BGB Kirchliche Arbeitnehmer Nr. 24; das *BAG* [21.10.1982, 23.3.1984, 31.10.1984 EzA § 1 KSchG Tendenzbetrieb Nr. 12, 15, 16] hatte demgegenüber entsprechende Abstufungen der Loyalitätspflicht selbst vorgenommen); der Eingriff in den Schutzbereich des Art. 5 Abs. 1 S. 1 GG kann gem. Art. 5 Abs. 2 GG durch § 1 KSchG als allgemeines Gesetz gerechtfertigt sein (*BVerfG* 31.1.2001 EzA § 611 BGB Kirchliche Arbeitnehmer Nr. 46). **3140**

Als Kündigungsgrund sind vor allem Verstöße gegen das **kirchliche Eherecht** sowie der **Kirchenaustritt** von Bedeutung. **3141**

Zu beachten ist aber stets, dass auch bei Kündigungen wegen **Enttäuschung der berechtigten Loyalitätserwartungen** eines kirchlichen Arbeitgebers die stets erforderliche Interessenabwägung im Einzelfall zu dem Ergebnis führen kann, dass dem Arbeitgeber die Weiterbeschäftigung des Arbeitnehmers zumutbar und die Kündigung deshalb unwirksam ist. Abzuwägen sind das Selbstverständnis der Kirchen einerseits und das Recht des Arbeitnehmers auf Achtung seines Privat- und Familienlebens andererseits (*BAG* 8.9.2011 EzA § 611 BGB 2002 Kirchliche Arbeitnehmer Nr. 21; s. Rdn. 3131). **3141a**

### 4. Kündigungsschutz von Schwerbehinderten

Das SGB IX gilt auch für die Kündigung eines behinderten Arbeitnehmers durch eine kirchliche Einrichtung. Das Integrationsamt hat insoweit die Entscheidung des kirchlichen Arbeitgebers – jedenfalls soweit es leitende Mitarbeiter betrifft – zu respektieren, dass ein Kirchenaustritt als Loyalitätsverstoß zur Kündigung berechtigt, und darf deshalb die Zustimmung zur verhaltensbedingten Kündigung nicht mit der Begründung versagen, die Loyalitätsverletzung wiege nicht besonders schwer. Verfügt die kirchliche Einrichtung über keine Beschäftigungsalternative außerhalb des Bereichs, in dem sie die besondere Loyalitätspflicht einfordert, so hat das Integrationsamt die Zustimmung zur Kündigung zu erteilen (*VGH Mannheim* 26.5.2003 NZA-RR 2003, 629). **3142**

## 5. Beispiele für tendenzrelevante Kündigungsgründe

3143 ▶ **Beispiele:**

Nach der Entscheidung des BVerfG vom 4.6.1985 (EzA § 611 BGB Kirchliche Arbeitnehmer Nr. 24):
- **Die standesamtliche Heirat** einer im Kirchendienst stehenden katholischen Lehrerin mit einem geschiedenen Mann kann die außerordentliche Kündigung des Arbeitsverhältnisses durch den Arbeitgeber rechtfertigen (*BAG* 18.11.1986 EzA § 611 BGB Kirchliche Arbeitnehmer Nr. 26); gleiches gilt für den **Ehebruch** eines Angestellten der Religionsgemeinschaft der Mormonen (*BAG* 24.4.1997 EzA § 611 BGB Kirchliche Arbeitnehmer Nr. 43; s. a. *EGMR* 23.9.2010 – 452/03 (Obst)/1620/03 (Schüth), NZA 2011, 277, 279; *Plum* NZA 2011, 1194 ff.).
- Der Chefarzt eines katholischen Krankenhauses verstößt gegen das Verbot in Art. 5 Abs. 2 GO, eine nach dem Glaubensverständnis und der Rechtsordnung der Kirche **ungültige Ehe** abzuschließen, wenn er nach erfolgter Scheidung eine zweite Ehe eingeht. Zwar haben Religionsgemeinschaften und die ihnen zugeordneten Einrichtungen das verfassungsmäßige Recht, von ihren Beschäftigten ein loyales Verhalten i. S. ihres jeweiligen Selbstverständnisses verlangen zu können. Als Loyalitätsverstoß kommt auch der Abschluss einer nach katholischem Verständnis **ungültigen Ehe** in Betracht (*BAG* 8.9.2011 EzA § 611 BGB 2002 Kirchliche Arbeitnehmer Nr. 21).Gleichwohl kann die Kündigung dann sozial ungerechtfertigt sein, wenn der katholische Arbeitgeber im Zusammenhang mit der Kündigung den arbeitsrechtlichen Gleichbehandlungsgrundsatz verletzt (zw.); auch kann die Kündigung gegen das Verbot widersprüchlichen Verhaltens verstoßen (*LAG Düsseld.* 1.7.2010 LAGE § 611 BGB 2002 Kirchliche Arbeitnehmer Nr. 4). Eine Kündigung ist aber jedenfalls nur dann gerechtfertigt, wenn der Loyalitätsverstoß auch bei **Abwägung der Interessen** beider Vertragsteile im Einzelfall ein **hinreichend schweres Gewicht** hat (*BAG* 8.9.2011 EzA § 611 BGB 2002 Kirchliche Arbeitnehmer Nr. 21). Im konkret entschiedenen Einzelfall war die Kündigung sozial ungerechtfertigt. Zwar hat sich der Kläger einen Loyalitätsverstoß zuschulden kommen lassen, dem mit Rücksicht auf das kirchliche Selbstbestimmungsrecht beträchtliches Gewicht zukommt. Insgesamt überwog jedoch das Interesse des Klägers an der Fortsetzung des Arbeitsverhältnisses. Dabei fällt in die Waagschale, dass die Beklagte selbst sowohl in ihrer Grundordnung als auch in ihrer Praxis auf ein durchgehend und ausnahmslos der katholischen Glaubens- und Sittenlehre verpflichtetes Lebenszeugnis ihrer leitenden Mitarbeiter verzichtet. Das zeigt sich sowohl an der **Beschäftigung nichtkatholischer, wiederverheirateter Ärzte** als auch an der Hinnahme des nach dem Arbeitsvertrag an sich untersagten Lebens in nichtehelicher Gemeinschaft von 2006 bis 2008. Zu berücksichtigen war ferner, dass der Kläger zu den Grundsätzen der katholischen Glaubens- und Sittenlehre nach wie vor steht und an ihren Anforderungen nur aus einem dem innersten Bezirk seines Privatlebens zuzurechnenden Umstand scheiterte. Bei dieser Lage war auch der ebenfalls grundrechtlich geschützte Wunsch des Klägers und seiner jetzigen Ehefrau zu achten, in einer nach den Maßstäben des bürgerlichen Rechts geordneten Ehe zusammenleben zu dürfen (*BAG* 8.9.2011 EzA § 611 BGB 2002 Kirchliche Arbeitnehmer Nr. 21).
- Wird einer kirchlichen Lehrkraft wegen einer nach Kirchenrecht ungültigen Eheschließung die **missio canonica entzogen**, kann der kirchliche Arbeitgeber das Arbeitsverhältnis ordentlich kündigen.
- Eine außerordentliche Kündigung ist dann nicht gerechtfertigt, wenn die Lehrkraft wegen der entzogenen missio canonica von dem Arbeitgeber weder Beschäftigung verlangen noch ihn in Annahmeverzug setzen kann (*BAG* 25.5.1988 EzA § 611 BGB Kirchliche Arbeitnehmer Nr. 27).
- Die Weiterbeschäftigung einer **Lehrerin**, die jahrelang in einer **heimlichen Beziehung** zu **einem Mönch** als dem Leiter ihrer Schule stand, bedeutet für eine kirchliche Einrichtung einen gravierenden Glaubwürdigkeitsverlust, der die Sozialwidrigkeit einer Kündigung ausschließen kann (*BVerfG* 31.1.2001 EzA § 611 BGB Kirchliche Arbeitnehmer Nr. 46; s. a. *EGMR*

23.9.2010 – 452/03 (Obst)/1620/03 (Schüth), EzA-SD 20/2010 S. 3 = NZA 2011, 277, 279; *Plum* NZA 2011, 1194 ff.).
- Es kann einen wichtigen Grund zur fristlosen Kündigung eines Chefarztes in einem katholischen Krankenhaus darstellen, wenn dieser mit seinen Behandlungsmethoden (**homologe Insemination**) gegen tragende Grundsätze des geltenden Kirchenrechts verstößt (*BAG* 7.10.1993 EzA § 611 BGB Kirchliche Arbeitnehmer Nr. 40). Bestehen zwischen dem kirchlichen Krankenhausträger und dem Chefarzt Meinungsverschiedenheiten darüber, welche konkreten Behandlungsmethoden nach den Äußerungen des Lehramts der Kirche zulässig sind und hat der Krankenhausträger dem Chefarzt angekündigt, er werde die umstrittene Frage durch Rücksprache mit der kirchenamtlich zuständigen Stelle klären, so kann auch unter Berücksichtigung des Selbstbestimmungsrechts der Kirche im Einzelfall vor Ausspruch einer Kündigung dann eine Abmahnung erforderlich sein, wenn der Chefarzt eine bestimmte Behandlungsmethode bereits vor der endgültigen Klärung ihrer kirchenrechtlichen Zulässigkeit anwendet (*BAG* 7.10.1993 EzA § 611 BGB Kirchliche Arbeitnehmer Nr. 40).
- Demgegenüber sind die Voraussetzungen des § 626 BGB erfüllt, wenn eine im Bereich der Evangelischen Kirche beschäftigte Sozialpädagogin in einer Beratungsstelle für Erziehungs-, Ehe- und Lebensfragen, die unmittelbar in den Verkündungsauftrag eingebunden ist, **aus der Kirche austritt**. Einer vorherigen Abmahnung bedarf es in diesem Fall nicht (*LAG RhPf* 9.1.1997 ZTR 1997, 475; s. auch *LAG RhPf* 2.7.2008 – 7 Sa 250/08, EzA-SD 17/2008 S. 6 LS: AGG nicht anwendbar; abl. im Hinblick auf die RL 2000/78/EG *Budde* AuR 2005, 353 ff.; umgekehrt sieht die RL der EKD v. 1.7.2005, AuR 2005, 374 ausdrücklich vor, dass ein Arbeitnehmer für eine Tätigkeit in der EKD ungeeignet ist, **der aus der evangelischen Kirche ausgetreten ist**; abl. dazu *Fey* AuR 2005, 349 ff.; *Richter* AuR 2005, 373).
- Spielt bei Abschluss eines Arbeitsverhältnisses bei einem kirchlichen Arbeitgeber die **Religionszugehörigkeit** eines Mitarbeiters **keine Rolle**, kann eine Kündigung nicht auf den Vorwurf des **späteren Kirchenaustritts** gestützt werden; dies gilt jedenfalls dann, wenn es sich um einen Arbeitnehmer im hauswirtschaftlichen Bereich ohne besonderen Verkündungsauftrag handelt und der Arbeitgeber auch Mitarbeiter anderer Religionsgemeinschaften beschäftigt (*LAG RhPf* 30.9.2004 LAG Report 2005, 275).
- Eine Arbeitnehmerin in einem **evangelischen Kindergarten**, die in der Öffentlichkeit **werbend für eine andere Glaubensgemeinschaft** auftritt und deren von den Glaubenssätzen der evangelischen Kirche erheblich abweichende Lehre verbreitet, bietet regelmäßig keine hinreichende Gewähr mehr dafür, dass sie der arbeitsvertraglich übernommenen Verpflichtung zur Loyalität gegenüber der evangelischen Kirche nachkommt. Ein solches Verhalten kann deshalb die außerordentliche Kündigung rechtfertigen (*BAG* 21.2.2001 EzA § 611 BGB Kirchliche Arbeitnehmer Nr. 47; Verfassungsbeschwerde vom *BVerfG* 7.3.2002 NZA 2002, 609 nicht zur Entscheidung angenommen; bestätigt durch *EGMR* 3.2.2011 EzA § 611 BGB 2002 Kirchliche Arbeitnehmer Nr. 17 = NZA 2012, 199).

▶ **Beispiele:** 3144

**Vor der Entscheidung des** *BVerfG* (EzA § 611 BGB Kirchliche Arbeitnehmer Nr. 24):
- Vor der Entscheidung des *BVerfG* (4.6.1985 EzA § 611 BGB Kirchliche Arbeitnehmer Nr. 24) war das BAG davon ausgegangen, dass die ordentliche Kündigung einer katholischen Arbeitnehmerin, die in einer Caritas-Geschäftsstelle zu einem nicht unerheblichen Teil ihrer vertraglichen Tätigkeit unmittelbar karitative Aufgaben wahrnimmt, sozial gerechtfertigt sein kann, wenn sie nach der Scheidung von ihrem ersten Ehemann zu dessen Lebzeiten **standesamtlich eine neue Ehe eingeht** (14.10.1980 EzA § 1 KSchG Tendenzbetrieb Nr. 10; vgl. auch *BAG* 16.9.2004 EzA § 242 BGB 2002 Kündigung Nr. 5: Kein Verstoß gegen § 242 BGB bei Kündigung vor Ablauf der Sechs-Monats-Frist des § 1 KSchG).
- Ein Verstoß eines in einem katholischen Krankenhaus beschäftigten Arztes gegen seine Loyalitätspflicht, sich **öffentlicher Stellungnahmen für den legalen Schwangerschaftsabbruch** zu

enthalten, kann einen Grund zur sozialen Rechtfertigung einer ordentlichen Kündigung abgeben (*BAG* 21.10.1982 EzA § 1 KSchG Tendenzbetrieb Nr. 12).
- Auch die im außerdienstlichen Bereich ausgeübte **homosexuelle Praxis** eines im Dienst des Diakonischen Werks einer evangelischen Landeskirche stehenden und im Bereich der Konfliktberatung eingesetzten Arbeitnehmers stellt eine Vertragspflichtverletzung dar, die jedenfalls dann geeignet ist, einen Kündigungsgrund abzugeben, wenn der Arbeitnehmer vorher erfolglos abgemahnt worden ist (*BAG* 30.6.1983 EzA § 1 KSchG Tendenzbetrieb Nr. 14).
- Das *Verfassungs- und Verwaltungsgericht der Vereinigten Ev.-Luth.-Kirche Deutschlands* (7.9.1984 AP Nr. 23 zu Art. 140 GG) hat angenommen, dass in der Entlassung eines evangelischen Hilfspfarrers deswegen, weil er sich **öffentlich zu einer homosexuellen Lebensgemeinschaft bekannt hat**, keine unzulässige Diskriminierung und keine Verletzung des Gleichheitsgrundsatzes liegt.
- Der **Austritt aus der katholischen Kirche** kann bei einem in einem katholischen Krankenhaus beschäftigten Assistenzarzt einen personenbedingten Kündigungsgrund i. S. d. § 1 Abs. 2 KSchG darstellen (*BAG* 12.12.1984 EzA § 1 KSchG Tendenzbetrieb Nr. 17; s. auch *LAG RhPf* 2.7.2008 – 7 Sa 250/08, EzA-SD 17/2008 S. 6 LS: AGG nicht anwendbar).
- Der Kirchenaustritt eines bei einer kirchlichen Einrichtung beschäftigten Arbeitnehmers (Buchhalter in einem katholischen Jugendheim) ist demgegenüber jedenfalls dann **nicht geeignet**, eine ordentliche Kündigung aus verhaltens- oder personenbedingten Gründen sozial zu rechtfertigen, **wenn die im Einzelfall gebotene Interessenabwägung ergibt, dass die ordentliche Kündigung bei verständiger Würdigung in Abwägung der Interessen der Vertragsparteien nicht als billigenswert und angemessen angesehen werden kann** (*BAG* 23.3.1984 EzA § 1 KSchG Tendenzbetrieb Nr. 15; vgl. aber auch *VGH Mannheim* 26.5.2003 NZA-RR 2003, 629).
- Das BAG (23.3.1984 EzA § 1 KSchG Tendenzbetrieb Nr. 15) hat neben dem Lebensalter und der Beschäftigungsdauer sowie der Funktion des Arbeitnehmers (die Abwicklung von internen kaufmännischen Arbeiten) darauf abgestellt, dass der Kirchenaustritt lediglich aus Verärgerung über das Verhalten der Beklagten in ihrer Eigenschaft als Arbeitgeber erfolgte, die sich durch den Verlauf des vorangegangenen Kündigungsschutzrechtsstreits im Nachhinein als berechtigt erwiesen hatte. Andere Gründe für den Kirchenaustritt (z. B. Abweichung von katholischen Glaubensgrundsätzen) lagen nicht vor. Damit waren Begleitumstände gegeben, die den Kirchenaustritt trotz seiner kirchenrechtlichen Bewertung als schwerwiegendes Vergehen in kündigungsrechtlicher Hinsicht bei der einzelfallbezogenen Interessenabwägung in einem anderen Licht erscheinen lassen.
- Einer bei einem katholischen Missionsgymnasium beschäftigten katholischen Lehrerin kann aus personenbedingten Gründen i. S. d. § 1 Abs. 2 KSchG ordentlich gekündigt werden, wenn sie einen **geschiedenen Mann heiratet**.
- Zur Beurteilung der sozialen Rechtfertigung bedarf es allerdings auch insoweit einer an den Besonderheiten des Einzelfalles orientierten umfassenden Interessenabwägung (*BAG* 31.10.1984 EzA § 1 KSchG Tendenzbetrieb Nr. 16).

## Q. Die Auflösung des Arbeitsverhältnisses durch das ArbG (§§ 9, 10 KSchG)

### I. Auflösung bei sozialwidriger Kündigung auf Antrag des Arbeitnehmers

#### 1. Unzumutbarkeit der Fortsetzung des Arbeitsverhältnisses

3145 Gem. § 9 Abs. 1 S. 1 KSchG hat das ArbG auf Antrag des Arbeitnehmers dann, wenn es festgestellt hat, dass das Arbeitsverhältnis durch die Kündigung des Arbeitgebers nicht aufgelöst, die Fortsetzung des Arbeitsverhältnisses dem Arbeitnehmer jedoch nicht zuzumuten ist, das Arbeitsverhältnis aufzulösen und den Arbeitgeber zur Zahlung einer angemessenen Abfindung zu verurteilen. Der Antrag kann **bis zum Ende der letzten mündlichen Verhandlung in der Tatsacheninstanz** gestellt werden. Allerdings ist die Berufungsinstanz jedenfalls dann **abgeschlossen**, wenn das zunächst angefochtene Urteil durch den in der ersten Instanz unterlegenen Arbeitgeber nicht mehr angefochten, sondern **in**

Rechtskraft erwachsen ist. Nimmt der Arbeitgeber folglich die von ihm eingelegte Berufung wegen der Feststellung der Unwirksamkeit der Kündigung(en) in der Berufungsverhandlung zurück, so wird damit der vom Arbeitnehmer erstmals durch Anschlussberufung nach Ablauf der Berufungsfrist verfolgte Auflösungsantrag **unzulässig**. Die zunächst gegebene Möglichkeit entfiel wieder, nachdem die Beklagte die Berufung zurückgenommen hatte. Der Zustimmung durch die Klägerin bedarf die Rücknahme nicht (§ 516 Abs. 1, 2 ZPO). Wenn bei der Erklärung der Berufungsrücknahme die Berufungsfrist bereits abgelaufen ist, tritt mit Rücknahme der Berufung die Rechtskraft des angefochtenen Urteils ein. Damit ist dann eben die Lage eingetreten, die auch eingetreten wäre, wenn der Arbeitgeber keine Berufung eingelegt hätte. Auch in diesem Fall hätte der Arbeitnehmer **keinen Auflösungsantrag stellen können**. Der Arbeitgeber kann demnach unter den hier gegebenen Voraussetzungen durch Berufungsrücknahme den Auflösungsantrag zu Fall bringen (*BAG* 3.4.2008 EzA § 9 KSchG n. F. Nr. 53). Die Wirkungen der unselbständigen Anschlussberufung entfallen ohne weiteres mit der Rücknahme des Hauptrechtsmittels (*BGH* 30.3.2006 NJW 2006, 2124). **Die Sachanträge sind dann unzulässig** (*BAG* 3.4.2008 EzA § 9 KSchG n. F. Nr. 53).

## 2. Sozialwidrigkeit der Kündigung

Notwendige Voraussetzung ist die Feststellung der Sozialwidrigkeit der Kündigung i. S. d. § 1 Abs. 2 KSchG. 3146

Ist die Kündigung nicht nur sozialwidrig, sondern **auch aus anderen Gründen unwirksam**, so kann vom Arbeitnehmer die Auflösung auch dann beantragt werden, wenn die Behauptung der Unwirksamkeit der Kündigung nicht ausschließlich auf die Sozialwidrigkeit gestützt wird, wenn das ArbG nur die Sozialwidrigkeit feststellt (*BAG* 29.1.1981 EzA § 9 KSchG n. F. Nr. 10; 26.8.1993 NZA 1994, 70; vgl. ausf. *Hertzfeld* NZA 2004, 298 ff.; APS/*Biebl* § 9 KSchG Rdn. 9; s. a. *Sieweke* NZA 2011, 1324 ff.). Dies kann auch durch ein **Anerkenntnisurteil** geschehen. Bei einem Anerkenntnisurteil bspw., das die Unwirksamkeit der Kündigung feststellt, ist, wenn die Unwirksamkeit der Kündigung sowohl auf die fehlende Anhörung des Betriebsrats als auch auf die Sozialwidrigkeit gestützt worden ist, durch Auslegung zu ermitteln, ob der Arbeitgeber auch die Sozialwidrigkeit der Kündigung anerkannt hat. Zur Auslegung sind ergänzend zum Tenor die Anerkenntniserklärung und das Klagevorbringen heranzuziehen (*BAG* 29.1.1981 EzA § 9 KSchG n. F. Nr. 10). 3147

## 3. Anforderungen an die Unzumutbarkeit

### a) Verhältnis zu § 626 BGB

An die Unzumutbarkeit der Fortsetzung des Arbeitsverhältnisses sind geringere Anforderungen zu stellen, als an eine arbeitnehmerseitige fristlose Kündigung (*BAG* 26.11.1981 EzA § 9 KSchG n. F. Nr. 11). 3148

Denn § 626 BGB schützt auch den Arbeitgeber vor einer unberechtigten außerordentlichen Kündigung des Arbeitnehmers. Die in § 9 Abs. 1 S. 1 KSchG vorgesehene Lösungsmöglichkeit dient demgegenüber **allein dem Schutz des Arbeitnehmers vor einer Weiterarbeit unter unzuträglichen Arbeitsbedingungen**. Der allein in seinem Interesse geschaffene Bestandsschutz des Arbeitsverhältnisses soll nur so lange aufrechterhalten werden, als ihm die Fortsetzung des Arbeitsverhältnisses zumutbar ist. Das Merkmal der Unzumutbarkeit bezieht sich daher nicht wie § 626 BGB auf einen zeitlich begrenzten Zeitraum, sondern auf die gesamte zukünftige Dauer des Arbeitsverhältnisses. 3149

### b) Langfristige Prognose; Ausnahmecharakter der Auflösung des Arbeitsverhältnisses

Die Zumutbarkeitserwägungen sind im Rahmen einer langfristigen Prognose anzustellen. Gleichwohl ist stets zu beachten, dass die Auflösungsmöglichkeit durch das ArbG eine Ausnahme darstellt, weil der Zweck des KSchG grds. in der Gewährung von Bestandsschutz besteht. Deshalb kann **in einer sozialwidrigen Kündigung allein noch kein Auflösungsgrund gesehen werden**. 3150

3151 Als Auflösungsgründe kommen nur solche Umstände in Betracht, die in einem inneren Zusammenhang mit der vom Arbeitgeber erklärten sozialwidrigen Kündigung stehen oder die im Laufe des Kündigungsschutzrechtsstreits, z. B. durch Äußerungen des Arbeitgebers im Kündigungsschutzprozess (*LAG RhPf* 14.3.2007 – 8 Sa 901/06, ZTR 2008, 225), entstanden sind (KR/*Spilger* § 9 KSchG Rn. 41 ff.). Zu beachten ist dabei allerdings, dass praktisch **durch jede Kündigung Spannungen zwischen Arbeitgeber und Arbeitnehmer auftreten**. Diese allein vermögen den Auflösungsantrag noch nicht zu rechtfertigen. Die Unzumutbarkeit muss sich vielmehr aus weiteren – vom eigentlichen Kündigungsvorwurf losgelösten – Gründen ergeben, die der Arbeitgeber setzt, wobei die Unzumutbarkeitsgründe noch in einem inneren Zusammenhang mit der Kündigung oder dem Kündigungsschutzprozess stehen müssen (*LAG SchlH* 26.11.2002 – 5 Sa 285e/02, EzA-SD 1/03, S. 7). Folglich liegt ein Auflösungsgrund auch nicht schon darin, dass der Arbeitgeber nach erstinstanzlichem Verlust des Kündigungsschutzprozesses erneut kündigt und grds. entschlossen ist, die unternehmerische Entscheidung, die der ersten, sozialwidrigen Kündigung zugrunde lag, mit allen ihm zur Verfügung stehenden Mitteln, notfalls einer erneuten, nunmehr aus seiner Sicht sozial gerechtfertigten Kündigung durchzusetzen (*BAG* 27.3.2003 EzA § 9 KSchG n. F. Nr. 47).

3152 Andererseits kann auch die durch Tatsachen begründete Befürchtung, dass der Arbeitnehmer im Falle einer Wiederaufnahme der Arbeit durch seine Arbeitskollegen **nicht ordnungsgemäß behandelt werden wird**, u. U. die Unzumutbarkeit der Weiterbeschäftigung begründen.

3153 Dies kann z. B. dann angenommen werden, wenn der Arbeitnehmer den Kündigungsschutzrechtsstreit alleine wegen eines Fehlers bei der sozialen Auswahl gewonnen hat und wenn auf Grund dessen die durch Tatsachen begründete Besorgnis besteht, dass dies im Falle der Rückkehr in den Betrieb zu **Spannungen mit den Arbeitskollegen** führen wird (*LAG Hamm* 23.5.1975 DB 1975, 1514).

3154 Gleiches gilt dann, wenn der Arbeitgeber **leichtfertig und ohne Vorhandensein objektiver Tatsachen einen Arbeitnehmer verdächtigt**, eine Straftat begangen zu haben. Verbreitet der Arbeitgeber zudem, ohne dass dieses zur etwaigen Verteidigung der eigenen Rechtsposition geboten war, diese Behauptung **im Intranet**, so ist dieses Verhalten des Arbeitgebers bei der Bemessung der Abfindung werterhöhend zu berücksichtigen (*LAG SchlH* 25.2.2004 – 3 Sa 491/03, NZA-RR 2005, 132). Ebenso ist es dann, wenn der Arbeitgeber dem Arbeitnehmer zu Unrecht **Spesenbetrug vorwirft**; durch diese unzutreffende ehrverletzende Behauptung ist das Arbeitsverhältnis zerrüttet und deshalb aufzulösen (*LAG Nds.* 4.6.2004 LAG Report 2005, 103), sowie dann, wenn der Arbeitgeber durch Aufstellung völlig **haltloser Kündigungsgründe** einer Pflegekraft jegliches Verantwortungsbewusstsein abspricht (*LAG SchlH* 15.9.2009 AuR 2010, 82 LS).

3155 Andererseits kann der Auflösungsantrag nicht (allein) darauf gestützt werden, dass der Arbeitgeber bei der Beendigung des Arbeitsverhältnisses – zu Unrecht und damit – **rechtswidrig versucht** hat, den **Arbeitnehmer als leitenden Angestellten zu behandeln** (*LAG Nds.* 1.4.2008 LAGE § 611 BGB 2002 Gratifikation Nr. 10).

### 4. Beendigungszeitpunkt

3156 Gem. § 9 Abs. 2 KSchG hat das ArbG für die Auflösung des Arbeitsverhältnisses den Zeitpunkt festzusetzen, **an dem es bei sozial gerechtfertigter Kündigung geendet hätte**.

3157 Obwohl das Arbeitsverhältnis auf Grund der Sozialwidrigkeit an sich bis zur Rechtskraft der Entscheidung über die Auflösung fortbesteht, ist diese Regelung trotz des damit i. d. R. gegebenen wesentlichen früheren Auflösungszeitpunkts im Hinblick auf Art. 3 Abs. 1, 14, 20 Abs. 3 GG **verfassungsgemäß**. Denn es stellt eine durch sachliche Gründe gerechtfertigte Differenzierung dar, wenn der Gesetzgeber in den Fällen, in denen Auflösungstatsachen der Fortsetzung eines Arbeitsverhältnisses entgegenstehen, dem Arbeitnehmer unter Ausschluss von an sich gegebenen Vergütungsansprüchen gem. § 615 BGB einen Anspruch auf angemessene Abfindung innerhalb der in § 10 KSchG festgesetzten Höchstgrenzen gewährt. Der Umstand, dass bei längerer Prozessdauer Auflösungstatsachen erst zu einem sehr späten Zeitpunkt entstehen können mit der Folge, dass der Arbeitnehmer nur eine weit unter dem bei Fortbestand des Arbeitsverhältnisses zu zahlenden Verzugslohn liegende Abfindung erhält, stellt eine vom Gesetzgeber in Kauf genommene Folge einer an vernünftigen Sachgründen (Einheitlichkeit des Auflösungszeitpunktes, Ausschluss von Manipulationsmöglichkeiten der Parteien auf den Auflösungszeitpunkt) orientierte Entscheidung dar (*BAG* 16.5.1984 EzA § 9 KSchG n. F. Nr. 16).

### 5. Beurteilungszeitpunkt; zu berücksichtigende Tatsachen

Maßgeblicher Zeitpunkt für die Beurteilung der Frage, ob dem Arbeitnehmer die Fortsetzung des Arbeitsverhältnisses zuzumuten ist, ist der **Zeitpunkt der Entscheidung über den Auflösungsantrag** (*BAG* 30.9.1976 EzA § 9 KSchG n. F. Nr. 3). 3158

Dabei dürfen nur solche unstreitigen oder erwiesenen Tatsachen berücksichtigt werden, die vom Arbeitnehmer ausdrücklich zur Begründung seines Auflösungsantrages vorgetragen worden sind. Das gilt selbst dann, wenn diese Tatsachen offenkundig sind. Dies folgt aus dem im Verfahren vor dem ArbG geltenden Verhandlungsgrundsatz, wonach das Gericht nur solche Tatsachen berücksichtigen darf, die von der jeweils darlegungspflichtigen Partei vorgebracht worden sind (*BAG* 30.9.1976 EzA § 9 KSchG n. F. Nr. 3). 3159

Zu beachten ist, dass eine Auflösung des Arbeitsverhältnisses dann **nicht mehr in Betracht kommt,** wenn: 3160
- der Arbeitgeber rechtskräftig zur **Weiterbeschäftigung** des Arbeitnehmers **verurteilt** worden ist (*LAG München* 12.4.2005 – 6 Sa 1377/04, AuR 2005, 463 LS);
- die Parteien des Kündigungsschutzprozesses in einem **Teilvergleich** die mit der Kündigungsschutzklage angegriffene Kündigung für gegenstandslos erklärt haben und der Kläger sich nicht vorbehalten hat, dass die Auflösung des Arbeitsverhältnisses nach wie vor im Streit bleiben und gerichtlich entschieden werden soll. Denn der Kläger hat dann der Beseitigung der Kündigung ohne Einschränkung zugestimmt mit der Folge, dass nunmehr über den Auflösungsantrag nicht mehr positiv entschieden werden kann (*LAG München* 21.4.2005 – 3 Sa 1140/04, AuR 2005, 463 LS; a. A. für den Fall der Berufungsrücknahme des Arbeitgebers bei einem erst zweitinstanzlich gestellten Auflösungsantrag *LAG Brem.* 29.6.2006 LAGE § 9 KSchG Nr. 38: keine »Flucht in die Rücknahme der Berufung«).

### 6. Auflösungsantrag nach Betriebsübergang

Hat der Arbeitnehmer gegen den Arbeitgeber, der ihm gekündigt hat, eine Kündigungsschutzklage erhoben und wird nach deren Rechtshängigkeit der Betrieb veräußert, kann der Arbeitnehmer einen bisher nicht gestellten Auflösungsantrag mit Erfolg nur in einem Prozess gegen den ihm bekannten **Betriebserwerber** stellen (*BAG* 20.3.1997 EzA § 613a BGB Nr. 148). 3161

## II. Auflösung des Arbeitsverhältnisses auf Antrag des Arbeitgebers

### 1. Keine weitere gedeihliche Zusammenarbeit

Gem. § 9 Abs. 1 S. 2 KSchG hat das ArbG, wenn es festgestellt hat, dass das Arbeitsverhältnis durch die ordentliche Arbeitgeberkündigung nicht aufgelöst worden ist, auf Antrag des Arbeitgebers das Arbeitsverhältnis aufzulösen, wenn Gründe vorliegen, die eine den Betriebszwecken dienliche weitere Zusammenarbeit zwischen Arbeitgeber und Arbeitnehmer nicht erwarten lassen (s. dazu *Holthausen/Holthausen* NZA-RR 2007, 449 ff.); für die Gewichtung des Interesses des Arbeitgebers an der Auflösung kommt es insbes. auch auf den **Umfang der bei Unterlassen der Beendigung zu befürchtenden schweren Störungen** an (**Prognoseprinzip**; *BAG* 8.10.2009 EzA § 9 KSchG n. F. Nr. 57). Auch bei nur einmaligem vergangenem Fehlverhalten des Arbeitnehmers nach vorheriger Ankündigung des Arbeitgebers, ein derartiges Fehlverhalten mit einer Kündigung zu beantworten, kann die Prognose wiederholter Verhaltensverletzungen in unbestimmt vielen Fällen die Auflösung zulassen (*LAG Nbg.* 9.1.2007 LAGE § 1 KSchG Verhaltensbedingte Kündigung Nr. 95; *Thür. LAG* 3162

26.2.2008 LAGE § 9 KSchG Nr. 39). Allein der Umstand, dass ein Arbeitnehmer bei dem **Versuch, die Wahl eines Betriebsrats zu initiieren**, die ihm gesetzten Grenzen verkannt hat und deshalb vom Arbeitgeber als problematischer Mitarbeiter betrachtet wird, bildet dagegen für sich genommen keinen Grund, das Arbeitsverhältnis aufzulösen (*BAG* 8.10.2009 EzA § 9 KSchG n. F. Nr. 57).

3163 Zu beachten ist, dass ein Arbeitgeber, der eine Kündigung vor einem **Betriebsübergang** ausgesprochen hat, trotz des Verlustes der Arbeitgeberstellung durch einen Betriebsübergang befugt ist, einen Auflösungsantrag zu stellen; dies gilt zumindest dann, wenn der Auflösungszeitpunkt zeitlich vor dem Betriebsübergang liegt (*BAG* 24.5.2005 EzA 613a BGB 2002 Nr. 32; vgl. dazu *Andelewski* DB 2005, 2083 ff.).

3164 Notwendige Voraussetzung ist die **Feststellung der Sozialwidrigkeit** der ausgesprochenen Kündigung (§ 1 Abs. 2 KSchG). Bei **betriebsverfassungsrechtlichen Amtsträgern** (§ 15 KSchG) kommt eine Auflösung folglich nicht in Betracht, weil und soweit sie **ordentlich nicht kündbar** sind (s. *BAG* 26.3.2009 – 2 AZR 879/07, NZA 2009, 679). Das gilt jedenfalls dann, wenn der Auflösungsantrag auf ein Verhalten des Arbeitnehmers nach Erlangung der Funktion als Wahlvorstand für die Betriebsratswahl, Wahlbewerber für die Betriebsratswahl und Betriebsratsmitglied gestützt wird (*LAG Bln.* 27.5.2004 LAGE § 15 KSchG Nr. 19).

## 2. Sonstige Unwirksamkeitsgründe

3165 Anders als beim Auflösungsantrag des Arbeitnehmers ist nach Auffassung des *BAG* (23.2.2010 EzA § 9 KSchG n. F. Nr. 58; 9.10.1979 EzA § 9 KSchG n. F. Nr. 9; vgl. dazu *Hertzfeld* NZA 2004, 298 ff.) der Auflösungsantrag des Arbeitgebers nur statthaft, wenn die Rechtsunwirksamkeit der ordentlichen Kündigung allein auf der Sozialwidrigkeit der Kündigung und nicht auch auf anderen Gründen i. S. d. § 13 Abs. 3 KSchG beruht (*BAG* 24.11.2011 EzA § 88 SGB IX Nr. 2). Er ist dagegen dann unzulässig, wenn die Kündigung auf Grund des **konkret geltend gemachten Kündigungssachverhalts nicht nur sozialwidrig, sondern auch aus anderen Gründen** i. S. d. § 13 Abs. 3 KSchG (z. B. fehlerhafter Anhörung des Betriebs- oder Personalrats; Kündigung ohne Zustimmung gem. § 103 BetrVG – *LAG Bln.* 27.5.2004 LAGE § 15 KSchG Nr. 19 – Verstoß gegen § 623 BGB *LAG Düssseld.* 27.5.2003 LAGE § 623 BGB 2002 Nr. 1) **unwirksam ist** (*BAG* 26.3.2009 – 2 AZR 879/07, NZA 2009, 679); auch nach den zum 1.1.2004 erfolgten Änderungen der §§ 4–7, 13 Abs. 3 KSchG gilt nichts anderes (*BAG* 28.8.2008 EzA § 9 KSchG n. F. Nr. 55; 26.3.2009 – 2 AZR 879/07, NZA 2009, 679; 23.2.2010 EzA § 9 KSchG n. F. Nr. 58). Unschädlich ist es allerdings, wenn der Arbeitgeber zusätzlich weitere Kündigungssachverhalte geltend macht, die aus anderen Gründen die Unwirksamkeit der Kündigung begründen (*BAG* 21.9.2000 EzA § 9 KSchG n. F. Nr. 44).

3166 Denn die Lösungsmöglichkeit des § 9 KSchG ist eine **Vergünstigung für den Arbeitgeber, die nur bei bloßer Sozialwidrigkeit eingreift**. Da das Ziel des KSchG in erster Linie darin besteht, den Arbeitnehmer im Interesse eines wirksamen Bestandsschutzes des Arbeitsverhältnisses vor einem Verlust des Arbeitsplatzes durch sozialwidrige Kündigungen zu bewahren, das KSchG ist vorrangig ein Bestandsschutz- und kein Abfindungsgesetz, ist es auch **gerechtfertigt, an den Auflösungsantrag des Arbeitgebers strenge Anforderungen zu stellen** (*BAG* 16.5.1984 EzA § 9 KSchG n. F. Nr. 16; 7.3.2002 EzA § 9 KSchG n. F. Nr. 45; s. a. *BVerfG* 22.10.2004 NZA 2005, 41; krit. *Gravenhorst* NZA-RR 2007, 57 ff.).

3167 Beruft sich der Arbeitnehmer allerdings gegenüber einem Auflösungsantrag des Arbeitgebers auf eine Unwirksamkeit der Kündigung aus anderen Gründen als der Sozialwidrigkeit, so setzt dies voraus, dass **die Unwirksamkeit die Folge eines Verstoßes gegen eine Schutznorm zu seinen Gunsten ist**.

3168 ▶ **Beispiele:**
- Das ist dann nicht der Fall, wenn sich die Unwirksamkeit der Kündigung aus der fehlenden, nach dem Dienstvertrag aber erforderlichen Zustimmung der Auslandsvertretung zu der Kündigung eines als Schulleiter einer deutschen Schule in Saudi-Arabien eingesetzten Angestellten ergibt. Denn der Zweck dieses Zustimmungserfordernisses bestand nicht darin, dem Arbeit-

nehmer einen zusätzlichen Schutz zu verschaffen, sondern der Auslandsvertretung wegen des Auslandsschuldienstes auf Grund öffentlichen Interesses ein Vetorecht einzuräumen, wenn die Kündigung seitens eines örtlichen Schulträgers der auswärtigen Kulturpolitik entgegenstand (*BAG* 10.11.1994 EzA § 9 KSchG n. F. Nr. 43).
– Auch § 28 Abs. 2 S. 1 SächsGemO, wonach über die **Entlassung von Gemeindebediensteten** der Gemeinderat im Einvernehmen mit dem Bürgermeister entscheidet, stellt keine Arbeitnehmerschutzbestimmung dar, deren Verletzung in dem Kündigungsschutzverfahren eines Gemeindebediensteten einem Auflösungsantrag der Gemeinde entgegen steht (*BAG* 27.9.2001 EzA § 322 ZPO Nr. 13).

Hat das Arbeitsgericht angenommen, eine ordentliche Arbeitgeberkündigung sei sowohl nach § 1 KSchG als auch wegen fehlerhafter Personalratsbeteiligung unwirksam, und deshalb den Auflösungsantrag des Arbeitgebers zurückgewiesen, so kann das Berufungsgericht auch bei einer auf den Auflösungsantrag beschränkten Berufung des Arbeitgebers erneut prüfen, ob eine ordnungsgemäße Personalratsbeteiligung vorliegt (*BAG* 27.9.2001 EzA § 322 ZPO Nr. 13). 3169

### 3. Prüfungsmaßstab; Beurteilungszeitpunkt

Daraus, **dass an den Auflösungsantrag des Arbeitgebers strengere Anforderungen zu stellen** sind, als an den des Arbeitnehmers, folgt andererseits nicht, dass für ihn nur solche Umstände als Auflösungsgründe in Betracht kommen, die dazu geeignet sind, eine außerordentliche Kündigung nach § 626 BGB zu rechtfertigen (*LAG SchlH* 26.11.2002 – 5 Sa 285e/02, EzA-SD 1/03, S. 7; KR/*Spilger* § 9 KSchG Rn. 52). Die Frage der Auflösung des Arbeitverhältnisses ist **zukunftsbezogen** zu beantworten. Das schließt es aus, der Dauer der Betriebszugehörigkeit als solcher ohne nähere Betrachtung der mit ihr verbundenen Einschätzungen des künftigen betriebsdienlichen Zusammenwirkens Bedeutung beizumessen. Die Auflösung des Arbeitverhältnisses auf Antrag des Arbeitgebers setzt die Prognose einer schweren Beeinträchtigung des Austauschverhältnisses voraus (*BAG* 9.9.2010 EzA § 9 KSchG n. F. Nr. 60). Auflösungsgründe können insbes. solche Umstände sein, die das **persönliche Verhältnis zum Arbeitnehmer**, die **Wertung seiner Persönlichkeit**, **seiner Leistung** oder **seiner Eignung** für die ihm gestellten Aufgaben und sein **Verhältnis zu den übrigen Mitarbeitern** betreffen. In diesem Sinne als Auflösungsgrund geeignet sind etwa **Beleidigungen**, sonstige **ehrverletzende Äußerungen** oder **persönliche Angriffe** des Arbeitnehmers gegen den Arbeitgeber, Vorgesetzte oder Kollegen (*BAG* 24.3.2011 EzA § 9 KSchG n. F. Nr. 62). 3170

In einem **Tendenzarbeitsverhältnis** – z. B. einer Redakteurin einer Zeitung – können zudem bestimmte Sachverhalte für eine Auflösung ausreichen, die in einem anderen Arbeitsverhältnis nicht hinreichend wären. Allerdings rechtfertigt allein die Tendenzträgereigenschaft eine Auflösung nicht, weil das KSchG eine § 14 Abs. 2 S. 2 KSchG entsprechende Vorschrift für Tendenzträger nicht kennt (*BAG* 23.10.2008 – 2 AZR 483/07, NZA-RR 2009, 362).

Wenn **kritische Äußerungen des Arbeitnehmers** über den Arbeitgeber in einem Internetbeitrag durch Art. 5 Abs. 1 GG gerechtfertigt sind, verletzen sie keine Rücksichtnahmepflichten; der Auflösungsantrag des Arbeitgebers erfordert dann eine Abwägung der Meinungsfreiheit des Arbeitnehmers mit den Interessen des Arbeitgebers (*LAG BW* 10.2.2010 LAGE Art. 5 GG Nr. 8).

Störungen des Betriebsfriedens, die durch die Weitergabe des Inhalts eines **vertraulichen Kollegengesprächs** eingetreten sind, können zudem regelmäßig nicht zur Rechtfertigung eines Auflösungsantrags des Arbeitgebers dienen. Denn das widerspräche der auf der Vertraulichkeit des Gesprächs beruhenden kündigungsrechtlichen Wertung (*BAG* 10.12.2009 EzA § 626 BGB 2002 Nr. 29).

▶ **Beispiele:** 3171
– Erklärt der **Leiter der internen Revision** eines Konzerns in einem Kündigungsschutzprozess, er habe bei einer Kassenprüfung einer Konzerngesellschaft nur die rechnerische Übereinstim-

mung zwischen Kassenbestand und Kassenbuch festgestellt, dagegen sei es nicht seine Aufgabe gewesen, eine kurz vor der Prüfung ausgestellte Quittung über eine Barauszahlung an den Geschäftsführer der Konzerngesellschaft, auf der kein Verwendungszweck angegeben war, auf ihre Stichhaltigkeit hin zu überprüfen, so kann dies auf eine fehlende Eignung schließen lassen und jedenfalls einen Auflösungsantrag rechtfertigen (*LAG Köln* 19.4.2005 NZA-RR 2005, 637).

– Die bloße **Weigerung von Arbeitskollegen**, mit einer Arbeitnehmerin zusammenzuarbeiten, rechtfertigt eine Auflösung eines Arbeitsverhältnisses allein nicht. Allerdings können die Anlässe, die zur Kündigung geführt haben, eine negative Prognose für eine den Betriebszwecken dienliche weitere Zusammenarbeit begründen oder verstärken. Die Kündigungsgründe können also geeignet sein, Auflösungsgründen ein hinreichendes Gewicht zu verleihen. So kann z. B. die Gegendarstellung einer Redakteurin (Tendenzträgerin) in der eigenen Zeitung Ausdruck und gewichtiges Indiz für eine erheblich gestörte Kommunikation innerhalb des Arbeitsverhältnisses sein (*BAG* 23.10.2008 – 2 AZR 483/07, NZA-RR 2009, 362).

– Nichts anderes gilt für **Kündigungsandrohungen anderer Mitarbeiter** für den Fall, dass der Arbeitnehmer auf seinen Arbeitsplatz zurückkehrt (*LAG Hmb.* 1.9.2009 AuR 2010, 82 LS).

– Der Auflösungsantrag des Arbeitgebers kann gerechtfertigt sein, wenn ein Arbeitnehmer fahrlässig durch einen **Unfall den Firmen-Lkw beschädigt** und den Arbeitgeber entgegen den betrieblichen Anweisungen über den Unfall und seinen Hergang nicht informiert, auf Nachfragen – nachdem der Unfallschaden von anderen Mitarbeitern entdeckt wurde – abweisend und provozierend reagiert und im weiteren Verlauf zunächst wahrheitswidrige und widersprüchliche Angaben zum Unfallhergang macht (*LAG Köln* 12.1.2009 LAGE § 9 KSchG Nr. 41).

**3172** Die Gründe, die eine dem Betriebszweck dienliche weitere Zusammenarbeit zwischen den Vertragsparteien nicht erwarten lassen, können, müssen aber insgesamt **nicht unbedingt** im Verhalten, insbes. nicht im schuldhaften Verhalten des Arbeitnehmers liegen. Vielmehr kommt es darauf an, ob die **objektive Lage** beim Schluss der mündlichen Verhandlung in der Tatsacheninstanz beim Arbeitgeber die Besorgnis aufkommen lassen kann, die weitere Zusammenarbeit mit dem Arbeitnehmer sei gefährdet (*BAG* 23.6.2005 EzA § 9 KSchG n. F. Nr. 52; 10.7.2008 EzA § 1 KSchG Betriebsbedingte Kündigung Nr. 163; s. a. *BAG* 23.2.2010 EzA § 9 KSchG n. F. Nr. 58). Die danach erforderliche **Gesamtabwägung aller Umstände**, die für oder gegen die Prognose sprechen, muss zu dem Ergebnis führen, eine weitere, den Betriebszwecken dienliche Zusammenarbeit zwischen den Parteien sei nicht mehr zu erwarten. Dabei sind z. B. auch Tatsachen zu berücksichtigen, die der Arbeitgeber im Zusammenhang mit Fehlzeiten des Arbeitnehmers vorträgt. Dies gilt insbes., soweit der Arbeitgeber Pflichtverletzungen des Arbeitnehmers im Zusammenhang mit aufgetretenen Krankheitszeiten darlegt und Umstände vorträgt, die für einzelne Zeiträume Zweifel an einer ärztlichen Arbeitsunfähigkeitsbescheinigung aufkommen lassen (*BAG* 23.6.2005 EzA § 9 KSchG n. F. Nr. 52).

Wegen des **maßgeblichen Beurteilungszeitpunkts** – Schluss der letzten mündlichen Verhandlung in der Tatsacheninstanz – kann auch ein zwischenzeitlicher Wandel in den betrieblichen Verhältnissen, z. B. ein Wechsel in der Person des Vorgesetzten, Berücksichtigung finden (*BAG* 10.7.2008 EzA § 1 KSchG Betriebsbedingte Kündigung Nr. 163).

Der gerichtlichen Auflösung des Arbeitsverhältnisses steht **nicht entgegen**, dass das Arbeitsverhältnis zwar erst nach dem gem. § 9 Abs. 2 KSchG festzusetzenden Zeitpunkt, aber **schon vor Erlass des Auflösungsurteils geendet hat**. Dann ist die Begründetheit des Auflösungsantrags nicht – wie sonst – ausgehend von den bei Erlass des Urteils vorliegenden Umständen zu beurteilen, sondern nach denen, die zwischen dem Termin, zu dem die Kündigung gewirkt hätte und dem anderweitigen Beendigungstermin eingetreten sind. Das schließt selbst eine unterstützende Heranziehung von Vorfällen aus, die sich erst nach der anderweitigen Beendigung ereignet haben (*BAG* 23.2.2010 EzA § 9 KSchG n. F. Nr. 58).

## Q. Die Auflösung des Arbeitsverhältnisses durch das ArbG (§§ 9, 10 KSchG)  Kapitel 4

Als Auflösungsgrund kommen, wie dargelegt, insbes. **Beleidigungen, sonstige verletzende Äußerungen oder persönliche Angriffe** des Arbeitnehmers gegen den Arbeitgeber, Vorgesetzten oder Kollegen in Betracht (*BAG* 24.3.2011 EzA § 9 KSchG n. F. Nr. 62; *LAG Köln* 12.12.2008 – 11 Sa 777/08, AuR 2009, 224 LS; *Gravenhorst* NZA-RR 2007, 57 ff.). Ehrverletzende Äußerungen anlässlich einer prozessualen Auseinandersetzung der Arbeitsvertragsparteien können durch die **Wahrnehmung berechtigter Interessen** gedeckt sein. Darüber hinaus ist zu berücksichtigen, dass Prozessparteien schon im Hinblick auf das rechtliche Gehör (Art. 103 Abs. 1 GG) **alles vortragen dürfen**, was als rechts-, einwendungs- oder einredebegründender Umstand prozesserheblich sein kann. Das gilt aber nur in den **Grenzen der Wahrheitspflicht**. Insbesondere dürfen **nicht leichtfertig Tatsachenbehauptungen** aufgestellt werden, deren Unhaltbarkeit ohne weiteres auf der Hand liegt (*BAG* 24.3.2011 EzA § 9 KSchG n. F. Nr. 62).

3173

▶ **Beispiele:**
- Wirft ein Arbeitnehmer dem Arbeitgeber im Kündigungsschutzprozess vor, **er decke Manipulationen des Vorgesetzten** und wolle innerbetriebliche Kritiker mundtot machen, obwohl der Arbeitgeber unstreitig den Vorwürfen sofort und in angemessener Weise nachgegangen ist, so kann dies einen Auflösungsantrag des Arbeitgebers rechtfertigen (*LAG Köln* 22.5.2006 – 14 (12) Sa 8/06, EzA-SD 19/06, S. 10 LS).
  Ein Auflösungsantrag des Arbeitgebers, der auf die im Prozess vom Arbeitnehmer unsubstantiiert vorgetragene **Behauptung** gestützt wird, der Arbeitgeber **drohe anderen Arbeitnehmern mit Entlassung**, falls sie als Zeugen zugunsten des gekündigten Arbeitnehmers vor dem Arbeitsgericht aussagen, ist unbegründet, wenn diese Behauptung nicht wiederholt wird und sich in Würdigung der sonstigen Prozessführung des Arbeitnehmers als einmalige Entgleisung darstellt (*LAG Hamm* 21.12.2007 LAGE § 1 KSchG Betriebsbedingte Kündigung Nr. 81).
  Ein Arbeitnehmer unterliegt mit Rücksicht auf das Arbeitsverhältnis **keiner besonderen Zurückhaltungspflicht**, wenn er als **Minderheitsgesellschafter** des Unternehmens seines Arbeitgebers im Rahmen zulässiger Interessenwahrnehmung gesellschaftsrechtliche Befugnisse wahrnimmt. Der Schutz, den die gesetzlichen Kündigungsvorschriften – auch über § 9 KSchG – gewährleisten, ist nicht deshalb ein geringerer, weil der Arbeitnehmer zugleich Gesellschafter des Unternehmens ist (*BAG* 24.3.2011 EzA § 9 KSchG n. F. Nr. 62).
- Auch ein Verhalten des Prozessbevollmächtigten des Arbeitnehmers im Kündigungsschutzprozess kann einen Grund zur Auflösung des Arbeitsverhältnisses darstellen, sofern es von ihm veranlasst (*BAG* 30.6.1959 AP Nr. 56 zu § 1 KSchG) oder gebilligt worden ist (*BAG* 9.9.2010 EzA § 9 KSchG n. F. Nr. 60; 10.6.2010 EzA § 9 KSchG n. F. Nr. 59; 7.3.2002 EzA § 9 KSchG n. F. Nr. 45; vgl. APS/*Biebl* § 9 KSchG Rn. 67).
  Dies gilt für vom Arbeitnehmer **nicht veranlasste Erklärungen** des Prozessbevollmächtigten jedenfalls dann, wenn der Arbeitnehmer sich diese zu eigen macht und sich auch nachträglich nicht von ihnen distanziert. Denn der Prozessvortrag des Bevollmächtigten gilt von vornherein als Vortrag der Partei. Tatsächliche Erklärungen des Prozessbevollmächtigten in der mündlichen Verhandlung sind für die miterschienene Partei »verpflichtend«, wenn sie die Erklärungen nicht sofort widerruft oder berichtigt (§ 85 Abs. 1 S. 2 ZPO). Diese gesetzliche Regelung steht der Annahme entgegen, Prozessvortrag des Arbeitnehmers könne nur dann als Auflösungsgrund berücksichtigt werden, wenn der Arbeitgeber nachweise, dass ein bestimmter – etwa beleidigender – Teil des Prozessvortrags vom Arbeitnehmer entscheidend veranlasst worden sei (*BAG* 10.6.2010 EzA § 9 KSchG n. F. Nr. 59).
  Ein **untauglicher**, weil ohne entsprechenden Titel vorgenommener **Zwangsvollstreckungsversuch** des Prozessbevollmächtigten reicht dafür i. d. R. nicht aus, weil er regelmäßig keinen Rückschluss auf eine zu erwartende Störung des Leistungsaustauschs im Arbeitsverhältnis zwischen den Parteien zulässt. Auch polemische und unhöfliche Formulierungen einer Partei oder des Bevollmächtigten im Kündigungsschutzprozess sind durch Wahrnehmung berechtigter Interessen gerechtfertigt, solange sie einen sachlichen, nachvollziehbaren Bezug zu den maßgeblichen rechtlichen Fragen haben und die Grenze zu persönlicher Schmähung, Gehässigkeit und

3174

bewusster Wahrheitswidrigkeit nicht übertreten (*BAG* 9.9.2010 EzA § 9 KSchG n. F. Nr. 60; s. a. *BAG* 10.6.2010 EzA § 9 KSchG n. F. Nr. 59).

Dagegen kann die anwaltliche Unterstellung gegenüber einem Vorgesetzten des Arbeitnehmers, er werde aufgrund seiner persönlichen Abhängigkeit vom Arbeitgeber im Prozess als Zeuge die Unwahrheit sagen, einen Auflösungsgrund darstellen (*LAG Köln* 10.12.2008 – 3 Sa 781/08, AuR 2009, 184 LS).

- Ein durch ein Missverständnis begründeter falscher Vortrag des Arbeitnehmers, der im Falle des vorsätzlichen Handelns den Prozess zu seinen Gunsten hätte beeinflussen können, rechtfertigt andererseits keinen Auflösungsantrag des Arbeitgebers (*LAG Hamm* 14.4.2005 – 15 Sa 77/05, EzA-SD 17/05, S. 8 LS). Im Übrigen dürfen **Meinungsäußerungen** des Arbeitnehmers, auf die sich der Arbeitgeber als Auflösungsgrund beruft, nicht isoliert bewertet werden; es kommt vielmehr auf die näheren Umstände an, unter denen die Äußerung gefallen ist (*BAG* 13.6.2002 EzA § 1 KSchG Verhaltensbedingte Kündigung Nr. 57; 10.6.2010 EzA § 9 KSchG n. F. Nr. 59). So rechtfertigt z. B. der gegenüber dem Amtsgericht geäußerte Unwille, möglichst nicht an einem Amtsgerichtstermin, bei dem es um Belange des Arbeitgebers geht, erscheinen zu müssen, keinen Auflösungsantrag (*LAG Nbg.* 6.8.2002 LAGE § 626 BGB Nr. 143). Auch kann der Auflösungsantrag **nicht nur auf abstrakte**, durch die Meinungsäußerung hervorgerufene **Gefahren** gestützt werden (*LAG Nbg.* 13.1.2004 LAGE § 626 BGB 2002 Nr. 4). Andererseits kann die **Kenntnisnahme von Äußerungen gegenüber Dritten**, z. B. durch E-Mails, die den Arbeitgeber als unfähig und dumm kennzeichnen, den Auflösungsantrag rechtfertigen (*LAG Köln* 15.12.2003 LAGE § 1 KSchG Verhaltensbedingte Kündigung Nr. 84).

- Auch das **Verhalten dritter Personen** ist als Grund für den Auflösungsantrag des Arbeitgebers nur dann geeignet, wenn der Arbeitnehmer dieses Verhalten durch eigenes Tun entscheidend veranlasst hat oder es ihm zuzurechnen ist (*BAG* 14.5.1987 EzA § 9 KSchG n. F. Nr. 20). Erst recht lässt sich ein Auflösungsantrag nach einer unwirksamen verhaltensbedingten Kündigung des Arbeitgebers nicht auf **im Kern wirtschaftliche Belastungsumstände**, die sich aus dem Verhalten des Arbeitnehmers ergeben, stützen (*LAG Köln* 28.1.2004 LAG Report 2004, 270). Die Gründe, die eine den Betriebszwecken dienliche weitere Zusammenarbeit i. S. d. § 9 Abs. 1 S. 2 KSchG nicht erwarten lassen, müssen nicht im Verhalten, insbes. auch nicht im verschuldeten Verhalten des Arbeitnehmers liegen. Der Arbeitgeber darf aber auch im Rahmen seines Auflösungsantrages nach § 9 Abs. 1 S. 2 KSchG Spannungen zwischen Arbeitnehmern oder zwischen einem Arbeitnehmer und Vorgesetzten nicht ohne Beachtung der Verantwortungsanteile zu Lasten des gekündigten Arbeitnehmers lösen. Die bloße Weigerung von Arbeitnehmern, mit dem Gekündigten zusammenzuarbeiten, stellt noch keinen Auflösungsgrund nach § 9 Abs. 1 S. 2 KSchG dar. Nach § 9 Abs. 1 S. 2 KSchG ist es dem Arbeitgeber nicht gestattet, sich auf Auflösungsgründe zu berufen, die entweder von ihm selbst oder von Personen, für die er einzustehen hat, provoziert worden sind. Insbesondere wenn die dem **Arbeitgeber zuzurechnenden Anteile** an der Verursachung der Spannungen gegenüber **den Anteilen des Arbeitnehmers überwiegen** und der Arbeitgeber das von ihm jetzt beanstandete Verhalten des Arbeitnehmers geradezu provoziert hat, verstößt es regelmäßig gegen Treu und Glauben, wenn der Arbeitgeber nunmehr geltend macht, eine den Betriebszwecken dienliche weitere Zusammenarbeit sei nicht mehr möglich (*BAG* 2.6.2005 EzA § 9 KSchG n. F. Nr. 49). Ein betriebsverfassungs- oder personalvertretungsrechtliches Verwertungsverbot für nicht mitgeteilte Kündigungsgründe erstreckt sich schließlich nicht auf die Verwendung dieser Gründe im Rahmen eines Auflösungsantrages nach § 9 Abs. 1 S. 2 KSchG (*BAG* 10.10.2002 EzA § 9 KSchG n. F. Nr. 46).

3175 Maßgeblicher Zeitpunkt für die Beurteilung der Frage, ob eine den Betriebszwecken dienliche weitere Zusammenarbeit zwischen Arbeitnehmer und Arbeitgeber zu erwarten ist, ist der Zeitpunkt der letzten mündlichen Verhandlung in der Tatsacheninstanz. Wegen dieses zeitlichen Beurteilungsansatzes ist es denkbar, dass mögliche Auflösungsgründe ihr Gewicht verlieren können, weil die tatsächlichen oder rechtlichen Umstände sich im Zeitpunkt der abschließenden Entscheidung geändert haben. Wegen des zukunftsbezogenen Zwecks der Auflösung eines Arbeitsverhältnisses kann ein zwischenzeitlich eingetretener Wandel in den betrieblichen Verhältnissen – z. B. der Austausch des Vorgesetzten oder eine Veränderung in der Belegschaftsstruktur – Berücksichtigung finden und zur Unbegründetheit des Auflösungsantrags des Arbeitgebers führen (*BAG* 7.3.2002 EzA § 9 KSchG n. F. Nr. 45; 10.7.2008 EzA § 1 KSchG Betriebsbedingte Kündigung Nr. 163).

### 4. Darlegungs- und Beweislast

*a) Grundsätze*

Der **Arbeitgeber** ist darlegungs- und beweispflichtig für das Vorliegen der Gründe, die einer künftigen gedeihlichen Zusammenarbeit entgegenstehen (*BAG* 30.9.1976 EzA § 9 KSchG n. F. Nr. 3). 3176

**Schlagwortartige Formulierungen**, etwa des Inhalts, dass die Vertrauensgrundlage entfallen sei oder keine gemeinsame Basis mehr für eine Zusammenarbeit bestehe, **reichen nicht aus** (*BAG* 16.5.1984 EzA § 9 KSchG n. F. Nr. 16). Die Berücksichtigung von **nicht erwiesenen streitigen Auflösungstatsachen ist dem** Gericht verwehrt. 3177

Nach dem Verhandlungsgrundsatz darf das Gericht zudem seiner Entscheidung nur solche Auflösungstatsachen zugrunde legen, die der darlegungspflichtige Arbeitgeber vorgebracht hat. Selbst offenkundige Tatsachen darf das Gericht nicht verwerten, wenn er sich nicht auf sie zur Begründung seines Auflösungsantrages berufen hat (*BAG* 16.5.1984 EzA § 9 KSchG n. F. Nr. 16). 3178

*b) Berücksichtigung von die Kündigung selbst nicht rechtfertigenden Tatsachen sowie des Anlasses der Kündigung*

Als Auflösungsgründe können zwar auch solche Tatsachen herangezogen werden, die die Kündigung selbst nicht rechtfertigen. Durch eine bloße Bezugnahme auf nicht ausreichende Kündigungsgründe genügt der Arbeitgeber allerdings noch nicht seiner Darlegungslast. Er muss dann vielmehr im Einzelnen vortragen und zusätzlich greifbare Tatsachen dafür vortragen, dass die nicht ausreichenden Kündigungsgründe einer den Betriebszwecken dienlichen weiteren Zusammenarbeit entgegenstehen sollen, dass der Kündigungssachverhalt so beschaffen ist, dass er eine weitere gedeihliche Zusammenarbeit nicht erwarten lässt (*BVerfG* 22.10.2004 EzA § 9 KSchG n. F. Nr. 49). 3179

Nicht notwendig ist, dass es sich um neue, erst nach Ausspruch der Kündigung eingetretene Tatsachen handelt (*BAG* 16.5.1984 EzA § 9 KSchG n. F. Nr. 16; a. A. *LAG SchlH* 10.8.1999 ARST 2000, 10: Identität von Kündigungs- und Auflösungsgründen widerspricht dem System des Kündigungsschutzrechts). 3180

**Der Arbeitgeber muss darlegen, welche der zur Begründung der Kündigung vorgetragenen Tatsachen auch für den Auflösungsantrag herangezogen werden sollen.** 3181

Geringere Anforderungen an die Darlegungslast des Arbeitgebers können allerdings dann gestellt werden, wenn es sich um **Kündigungsgründe mit Dauerwirkung** handelt (KR/*Spilger* § 9 KSchG Rn. 58). 3182

Hat der Arbeitgeber als Auflösungsgründe bestimmte Verhaltensweisen des Arbeitnehmers vorgetragen, die die Befürchtung begründen, eine den Betriebszwecken dienliche weitere Zusammenarbeit zwischen den Parteien sei nicht zu erwarten, so kann **der Anlass**, der zur Kündigung geführt hat, **die schlechte Prognose** für eine den Betriebszwecken dienliche weitere Zusammenarbeit **verstärken. Die Kündigungsgründe sind dann insoweit zu berücksichtigen und können geeignet sein, den sonstigen Auflösungsgründen besonderes Gewicht zu verleihen** (*BAG* 23.6.2005 EzA § 9 KSchG n. F. Nr. 52). 3183

Soweit für den Arbeitgeber hinsichtlich der ihm bei Ausspruch der Kündigung bekannten Kündigungsgründe wegen Nichtbeteiligung des Betriebsrats nach § 102 BetrVG ein Verwertungsver- 3184 bot besteht, erstreckt sich dieses auch auf das Nachschieben von Auflösungstatsachen. Eine andere Betrachtungsweise würde zu einer weitgehenden Aushöhlung des Verwertungsverbotes führen mit der Folge, dass unzulässig nachgeschobene Kündigungsgründe letztlich doch zu einer Auflösung des Arbeitsverhältnisses führen könnten (KR/*Spilger* § 9 KSchG Rn. 58a; a. A. APS/ *Biebl* § 9 KSchG Rn. 52; *Lunk* NZA 2000, 807 ff.; offen gelassen von *BAG* 18.12.1980 EzA § 102 BetrVG 1972 Nr. 44).

### 5. Leitende Angestellte (§ 14 Abs. 2 S. 2 KSchG)

3185 Gem. § 14 Abs. 2 KSchG bedarf der Antrag des Arbeitgebers auf Auflösung eines Arbeitsverhältnisses mit einem Leitenden Angestellten (s. dazu Kap. 1 Rdn. 154 ff. m. w. N.) **keiner Begründung**. Das ArbG hat dann dem Auflösungsantrag stattzugeben, auch wenn keinerlei Auflösungsgründe vorliegen (vgl. APS/*Biebl* § 9 KSchG Rn. 68; zum Konzernbezug *Rinsdorf/Kiedrowski* NZA 2012, 183 ff.). So ist z. B. der **Geschäftsführer der Komplementär-GmbH einer KG** kraft Gesetzes zur Vertretung dieser Personenmehrheit berufen und gilt daher nicht nur nach § 5 Abs. 1 S. 3 ArbGG, sondern auch nach § 14 Abs. 1 Nr. 2 KSchG nicht als Arbeitnehmer (*Hess. LAG* 31.8.2004 LAG Report 2005, 239).

3186 Ein **Chefarzt** ist dann kein »ähnlicher leitender Angestellter« i. S. v. § 14 Abs. 2 S. 1 KSchG, wenn ihm nur intern, nicht aber auch im Außenverhältnis eine selbstständige Entlassungsbefugnis zusteht (*BAG* 18.11.1999 EzA § 14 KSchG Nr. 4; vgl. auch *Thür. LAG* 6.7.2000 LAGE § 5 BetrVG 1972 Nr. 22 zu § 5 Abs. 3 BetrVG). Gleiches gilt, wenn der Arbeitnehmer nicht zur selbstständigen Einstellung oder Entlassung von Arbeitnehmern berechtigt ist oder wenn die Ausübung einer derartigen Befugnis **keinen wesentlichen Teil seiner Tätigkeit ausmacht und somit seine Stellung nicht prägt** (*BAG* 18.10.2000 EzA § 14 KSchG Nr. 5; *LAG Nbg.* 13.10.1998 NZA-RR 1999, 238; vgl. auch *Diringer* NZA 2003, 890 ff.). Die entsprechende Befugnis muss zudem nicht nur im Innenverhältnis, sondern **auch im Außenverhältnis** bestehen; der Angestellte muss die Rechtsmacht haben, **den Arbeitgeber selbstständig zu verpflichten**. Das ist dann nicht der Fall, wenn der Angestellte zwar informellen Einfluss ausüben kann, letztlich aber auf die Befugnis beschränkt ist, Vorschläge zu unterbreiten. Das Gebot der Rechtssicherheit verbietet auch ein über den Wortlaut hinausgehendes Verständnis des § 14 Abs. 2 KSchG, denn die formelle Berechtigung zum Abschluss von Arbeitsverträgen und zum Ausspruch von Kündigungen ist regelmäßig leicht festzustellen, während eine zuverlässige rechtliche Gewichtung informeller Einflüsse auf Personalentscheidungen schwierig sein wird (*BAG* 14.4.2011 EzA § 14 KSchG Nr. 9; s. *Horn* NZA 2012, 186 ff.). Erstreckt sich die Personalhoheit eines Arbeitnehmers über **sechs oder sieben Mitarbeiter**, handelt es sich nicht um eine »bedeutende« Zahl von Mitarbeitern in einem Betrieb, in dem insgesamt über 100 Mitarbeiter beschäftigt sind (*LAG Köln* 3.6.2003 NZA-RR 2004, 578). Das gilt erst recht für einen als Personalleiter bezeichneten Angestellten. Insgesamt muss die Befugnis zur selbstständigen Einstellung und Entlassung **eine bedeutende Zahl von Arbeitnehmern** erfassen; ein nur eng begrenzter Personenkreis genügt nicht (*BAG* 24.3.2011 EzA § 9 KSchG n. F. Nr. 62). Von einer Berechtigung zur »selbstständigen« Einstellung und Entlassung kann auch dann generell nicht gesprochen werden, wenn die **personelle Maßnahme von der Zustimmung einer anderen Person abhängig** ist. Andererseits liegt keine Beschränkung der selbstständigen Einstellungs- und Entlassungsbefugnis dann vor, wenn der Angestellte lediglich interne Richtlinien bzw. interne Beratungspflichten beachten oder Zweitunterschriften lediglich zur Kontrolle einholen muss (*LAG Nds.* 8.1.2004 NZA-RR 2004, 524).

3187 Bei der Bemessung der Abfindungshöhe ist **weder** regelmäßig der **Höchstbetrag** des § 10 KSchG, **noch** regelmäßig eine Abfindung in Höhe **eines Monatsverdienstes** pro Beschäftigungsjahr festzusetzen (*LAG Köln* 20.6.2008 – 4 Sa 242/08, AuR 2009, 185 LS).

### 6. Besonderheiten bei schwerbehinderten Menschen?

3188 Der im Kündigungsschutzverfahren gestellte Auflösungsantrag des Arbeitgebers bedarf **nicht der Zustimmung des Integrationsamtes**, selbst dann nicht, wenn der Arbeitnehmer seinen Antrag auf

Gleichstellung mit einem Schwerbehinderten nach Zugang der Kündigung gestellt hat; eine analoge Anwendung der Sonderkündigungsschutzregelungen des SGB IX auf diese Fälle scheidet aus (*VGH Mannheim* 12.12.2005 NZA-RR 2006, 356; a. A. *OVG Lüneburg* 12.7.1989 NZA 1990, 66 LS).

## III. Beiderseitige Auflösungsanträge

Zweifelhaft ist die Rechtslage dann, wenn sowohl der Arbeitnehmer als auch der Arbeitgeber (hilfsweise für den Fall der Feststellung der Sozialwidrigkeit) einen Auflösungsantrag gem. § 9 KSchG gestellt haben. 3189

### 1. Auflösung ohne weitere Überprüfung

Überwiegend (*LAG Köln* 29.6.2001 NZA-RR 2002, 356; *Leisten* BB 1994, 2138 f.; APS/*Biebl* § 9 KSchG Rn. 70) wird davon ausgegangen, dass dann die **Voraussetzungen für eine gerichtliche Auflösung stets gegeben** sind. 3190

Denn der Umstand, dass der Arbeitgeber durch seinen Auflösungsantrag den Willen zum Ausdruck bringt, sich vom Arbeitnehmer zu lösen, macht diesem die Fortsetzung des Arbeitsverhältnisses unzumutbar. 3191

Umgekehrt steht der Auflösungsantrag des Arbeitnehmers der Erwartung einer weiteren, den Betriebszwecken dienlichen Zusammenarbeit entgegen. 3192

Teilweise (*LAG Bln.* 8.8.1967 BB 1968, 207) wird auch aus dem Verhandlungsgrundsatz eine rechtliche Bindung des Gerichts an gegenseitig gestellte Auflösungsanträge gefolgert. Jede andere Auffassung würde zu dem nicht hinnehmbaren Ergebnis führen, dass das Arbeitsverhältnis entgegen dem Willen von Arbeitgeber und Arbeitnehmer fortzusetzen wäre, wenn weder für den Auflösungsantrag des Arbeitnehmers noch den des Arbeitgebers die gesetzlichen Voraussetzungen vorliegen. 3193

### 2. Getrennte Überprüfung beider Anträge

Demgegenüber entbindet nach z. T. vertretener Auffassung (KR/*Spilger* § 9 KSchG Rn. 66) allein der Umstand, dass beide Parteien die Auflösung des Arbeitsverhältnisses begehren, das Gericht noch nicht von der Prüfung, ob auch die gesetzlichen Voraussetzungen für eine Auflösung vorliegen. 3194

Denn die Prozessmaxime betrifft zum einen nur die Frage, wer dafür zu sorgen hat, dass alles entscheidungserhebliches Tatsachenmaterial in den Prozess eingeführt wird. **Auf die vom Gesetz für den Erlass eines Auflösungsurteils aufgestellten Voraussetzungen kann das Gericht aber selbst dann nicht verzichten, wenn beide Parteien die Auflösung beantragen.** Allein die darin zum Ausdruck gekommene Willensübereinstimmung kann nicht die gesetzlichen Voraussetzungen für den Erlass eines Auflösungsurteils ersetzen. 3195

Schließlich ist auch zu berücksichtigen, dass es für die Bemessung der Abfindung von Bedeutung ist, welche Partei die Auflösungstatsachen herbeigeführt hat. 3196

**Nach der Grundkonzeption des KSchG steht der Bestandsschutz und nicht der Abfindungsschutz im Vordergrund.** Deshalb ist dem ArbG nur dann eine materiell-rechtliche Prüfung verwehrt, wenn eine Partei den Abfindungsanspruch anerkennt und die andere Partei daraufhin den Erlass eines Anerkenntnisurteils gem. § 307 ZPO beantragt. 3197

Schutzwürdige Interessen der Parteien werden dadurch nicht beeinträchtigt, denn sie haben jederzeit die Möglichkeit, sich sowohl gerichtlich als auch außergerichtlich auf die vergleichsweise Auflösung des Arbeitsverhältnisses gegen Zahlung einer Abfindung zu verständigen, ohne dass dafür die vom ArbG zu beachtenden gesetzlichen Voraussetzungen des § 9 KSchG gegeben sein müssen. 3198

### 3. Prozessuale Probleme

3199 Haben beide Parteien einen Auflösungsantrag gestellt und löst das ArbG daraufhin das Arbeitsverhältnis auf, so ist der Arbeitnehmer, der die Höhe der festgesetzten Abfindung nicht angreift, durch dieses Urteil nicht beschwert und seine Berufung damit unzulässig, auch wenn das ArbG das Arbeitsverhältnis auf den Antrag des Arbeitgebers hin auflöst. Der Arbeitnehmer kann in einem derartigen Fall nicht allein mit dem Ziel Berufung einlegen, seinen erstinstanzlich gestellten Auflösungsantrag zurückzunehmen und eine Fortsetzung des Arbeitsverhältnisses zu erreichen (*BAG* 23.6.1993 EzA § 64 ArbGG 1979 Nr. 30).

## IV. Auflösung bei unwirksamer außerordentlicher Kündigung

### 1. Grundlagen

3200 Gem. § 13 Abs. 1 S. 3 1. Hs. KSchG hat das Gericht auf Antrag des Arbeitnehmers im Falle der Unwirksamkeit der außerordentlichen Kündigung des Arbeitgebers das Arbeitsverhältnis aufzulösen und ihn zur Zahlung einer angemessenen Abfindung zu verurteilen, wenn dem Arbeitnehmer die Fortsetzung des Arbeitsverhältnisses nicht zumutbar ist.

3201 **Damit kann nur der Arbeitnehmer, nicht aber der Arbeitgeber im Falle einer von ihm erklärten unwirksamen außerordentlichen Kündigung einen Auflösungsantrag stellen**; dabei handelt es sich um eine **bewusste Entscheidung des Gesetzgebers** (*BAG* 30.9.2010 EzA § 9 KSchG n. F. Nr. 61), denn er sieht die unberechtigte außerordentliche Kündigung als besonders schwerwiegend an und verweigert deshalb dem Arbeitgeber die Möglichkeit, seinerseits den Auflösungsantrag zu stellen; er bleibt an das Arbeitsverhältnis gebunden (*BAG* 26.3.2009 – 2 AZR 879/07, NZA 2009, 679; a. A. *Sieben* NJW 2005, 1095 ff.). Nichts anderes gilt für eine **unwirksame außerordentliche Arbeitgeberkündigung** mit Auslauffrist im Falle einer tariflichen ordentlichen Unkündbarkeit (*BAG* 26.3.2009 – 2 AZR 879/07, NZA 2009, 679); ein Antragsrecht des Arbeitgebers analog § 9 Abs. 1 S. 2 KSchG kommt auch dann **grds. nicht in Betracht** (*BAG* 30.9.2010 EzA § 9 KSchG n. F. Nr. 61).

### 2. Einzelfragen

3202 Nach Auffassung des *LAG Hamm* (24.11.1988 DB 1989, 685) gilt dies auch für die Auflösung des Arbeitsverhältnisses mit einem Leitenden Angestellten.

3203 **Nicht anwendbar** ist § 13 Abs. 1 S. 3 KSchG dagegen bei **Berufsausbildungsverhältnissen**, weil dies mit Wesen und Zweck des Berufsausbildungsverhältnisses nicht zu vereinbaren ist (*BAG* 29.11.1984 EzA § 13 KSchG n. F. Nr. 19).

### 3. Auflösungszeitpunkt

3204 Gem. § 13 Abs. 1 S. 4 KSchG hat das Arbeitsgericht für die Auflösung des Arbeitsverhältnisses den Zeitpunkt festzulegen, zu dem die außerordentliche Kündigung ausgesprochen wurde; §§ 10–12 KSchG gelten entsprechend.

### V. Auflösungsantrag und spätere Kündigung(en)

3205 Erklärt der Arbeitgeber im Anschluss an eine Kündigung, im Hinblick derer ein Auflösungsantrag gestellt wurde später eine **weitere Kündigung**, so gilt Folgendes (*BAG* 28.5.2009 EzA § 9 KSchG n. F. Nr. 56):
 – Es ist regelmäßig ausgeschlossen, über einen Kündigungsschutzantrag gegen eine spätere Kündigung eher zu entscheiden als über einen zeitlich vorgehenden Auflösungsantrag.
 – Bei der Gewichtung der Auflösungsgründe und der Bestimmung der Abfindungshöhe ist zum einen die voraussichtliche Dauer des Arbeitsverhältnisses und zum anderen der wahrscheinliche Ausgang des Rechtsstreits über den nachgehenden Beendigungstatbestand vorausschauend zu würdigen.

## VI. Auflösung bei Änderungskündigung

Bei einer ordentlichen Änderungskündigung ist eine gerichtliche Auflösung des Arbeitsverhältnisses nur dann möglich, wenn der Arbeitnehmer die angebotenen neuen Arbeitsbedingungen nicht innerhalb der Kündigungsfrist, spätestens jedoch innerhalb von drei Wochen nach Zugang der Kündigung unter dem Vorbehalt ihrer sozialen Rechtfertigung angenommen hat (*BAG* 29.1.1981 EzA § 9 KSchG n. F. Nr. 10). 3206

Hat der Arbeitnehmer infolge einer vom Arbeitgeber erklärten Änderungskündigung das Änderungsangebot dagegen rechtzeitig unter Vorbehalt angenommen, so kommt für den Kündigungsschutzrechtsstreit über die soziale Rechtfertigung der Änderung der Arbeitsbedingungen ein Auflösungsantrag gem. § 9 KSchG nicht in Betracht (*LAG München* 29.10.1987 DB 1988, 866). 3207

## VII. Auflösung wegen militärischer Interessen

Für die **zivilen Arbeitnehmer bei den Alliierten Streitkräften** (Art. 56 Abs. 2 Nr. 2a ZA-NTS). 3208

Gilt § 9 Abs. 1 S. 2 KSchG mit der Maßgabe, dass der Antrag des Arbeitgebers auch darauf gestützt werden kann, dass der Fortsetzung des Arbeitsverhältnisses besonders schutzwürdige militärische Interessen entgegenstehen. Die oberste Dienstbehörde kann die besonders schutzwürdigen militärischen Interessen glaubhaft machen; in diesem Falle ist die Verhandlung vor dem erkennenden Gericht nicht öffentlich. Sofern die Offenlegung der Gründe die Gefahr eines schweren Schadens für die Sicherheit des Entsendestaates oder seiner Truppe verursachen könnte, kann die oberste Dienstbehörde der Truppe (das ist die in der BRD gelegene höchste, für die Beschäftigungsdienststelle des gekündigten Arbeitnehmers verwaltungsmäßig zuständige Dienststelle) im Einvernehmen mit dem Chef des Bundeskanzleramtes die Glaubhaftmachung durch eine förmliche Erklärung bewirken. 3210

(derzeit unbesetzt) 3211

## VIII. Begriff, Rechtsnatur und Höhe der Abfindung (§ 10 KSchG)

### 1. Sinn und Zweck der Regelung

§ 10 KSchG regelt die Höhe einer Abfindung für den Fall, dass das Arbeitsverhältnis nach Maßgabe des § 9 KSchG aufzulösen ist. 3212

### 2. Begriff und Rechtsnatur der Abfindung

#### a) Funktionen der Abfindung

Die vom Arbeitgeber gem. §§ 9, 10 KSchG zu leistende Abfindung ist ein **Ausgleich für den Verlust des Arbeitsplatzes trotz Vorliegens einer sozialwidrigen Kündigung** (*BAG* 16.5.1984 EzA § 9 KSchG n. F. Nr. 16). Sie ist ein vermögensrechtliches Äquivalent für die Aufgabe des als »sozialer Besitzstand« anzusehenden Arbeitsplatzes und hat somit **Entschädigungsfunktion**. 3213

Der **Abgeltungscharakter** folgt daraus, dass mit der Gewährung des Abfindungsbetrages alle unmittelbar mit dem Verlust des Arbeitsplatzes verbundenen vermögensrechtlichen und immateriellen Nachteile des Arbeitnehmers abgegolten werden sollen. Die Abfindung kann allerdings teilweise auch **Entgeltcharakter** haben. Das kommt z. B. dann in Betracht, wenn die gerichtliche Auflösung des Arbeitsverhältnisses zu einem früheren Zeitpunkt als zum Ablauf der Kündigungsfrist erfolgt, z. B. in den Fällen einer unwirksamen außerordentlichen Kündigung (vgl. §§ 128 ff. SGB III; s. Kap. 8 Rdn. 88 ff.). 3214

Schließlich kommt der Abfindung insofern eine **Präventivfunktion** zu, als der Arbeitgeber davon abgehalten werden soll, leichtfertig eine ordentliche Kündigung des Arbeitsverhältnisses auszusprechen. 3215

### b) Abtretbarkeit; Pfändbarkeit

**3216** Der Entschädigungscharakter steht einer Abtretung (ab Rechtskraft des Auflösungsurteils, vgl. *BAG* 13.5.1969 AP Nr. 2 zu § 8 KSchG), einer Vorausabtretung sowie einer Aufrechnung mit Gegenansprüchen grds. nicht entgegen. Allerdings greift § 395 BGB dann ein, wenn ein Teil der Abfindung gem. § 850i ZPO vom Vollstreckungsgericht auf Antrag des Arbeitnehmers hin für unpfändbar erklärt worden ist.

**3217** Die Abfindung ist **Arbeitseinkommen i. S. d. § 850 ZPO** (s. Kap. 3 Rdn. 1358), weil sie i. d. R. der Sicherung des Lebensunterhalts des Arbeitnehmers und seiner Familie dient. Ein formularmäßig erlassener Pfändungs- und Überweisungsbeschluss erfasst daher auch die Abfindung (*BAG* 13.11.1991 EzA § 850 ZPO Nr. 4; *LAG SchlH* 13.12.2005 NZA-RR 2006, 371). Die Pfändungsgrenzen des § 850c ZPO gelten nicht, da es sich insoweit nicht um Arbeitseinkommen handelt, das für einen fest umrissenen Zeitraum gezahlt wird. Anwendbar ist allerdings § 850i ZPO (*BAG* 13.11.1991 EzA § 850 ZPO Nr. 4; *LAG SchlH* 13.12.2005 NZA-RR 2006, 371).

### c) Vererblichkeit

**3218** Vererblich ist zwar nicht das Antragsrecht des Arbeitnehmers, wohl aber der sich aus der rechtskräftigen Verurteilung ergebende Abfindungsanspruch. Gleiches gilt, wenn eine Abfindung in einem Vergleich oder in einem Aufhebungsvertrag vereinbart wird (*LAG RhPf* 13.11.1987 BB 1988, 140). Endet das Arbeitsverhältnis allerdings vor dem vereinbarten Ausscheidenstermin, z. B. durch den Tod des Arbeitnehmers, und ist kein früherer Entstehenszeitpunkt für den Abfindungsanspruch vereinbart, so kann der Anspruch nicht entstehen und von den Erben im Wege der Erbfolge auch nicht erworben werden (*BAG* 26.8.1997 EzA § 611 BGB Aufhebungsvertrag Nr. 29).

**3219** Stellt die Abfindung andererseits in erster Linie eine Gegenleistung des Arbeitgebers für die Einwilligung des Mitarbeiters in die vorzeitige Beendigung des Arbeitsverhältnisses dar, so spricht dies eher dafür, dass die Zahlung der Abfindung nach dem Parteiwillen nicht davon abhängig sein sollte, dass der Arbeitnehmer den vereinbarten Beendigungstermin erlebt (*BAG* 22.5.2003 EzA § 611 BGB 2002 Aufhebungsvertrag Nr. 1). Ein in einem Abfindungsvergleich vereinbarter Abfindungsanspruch geht dann folglich, wenn die Parteien nichts anderes vereinbart haben, grds. auf die Erben über, wenn der Arbeitnehmer vor dem im Abfindungsvergleich festgelegten Auflösungszeitpunkt verstirbt (*BAG* 22.5.2003 EzA § 611 BGB 2002 Aufhebungsvertrag Nr. 1).

### d) Fälligkeit

**3220** Der Anspruch wird mit der **Rechtskraft des Auflösungsurteils** fällig; von diesem Zeitpunkt an ist auch eine Verzinsung des Anspruchs möglich.

**3221** Wird eine Abfindung durch gerichtlichen oder außergerichtlichen **Vergleich** vereinbart, so tritt Fälligkeit bzw. Wirksamkeit mit dem **Wirksamwerden** der vergleichsweisen Regelung ein. Ist ein späterer Auslösungszeitpunkt für das Arbeitsverhältnis vorgesehen, so wird die Abfindung erst zu dem **vertraglich vereinbarten Beendigungszeitpunkt** fällig, es sei denn, die Parteien haben einen früheren Fälligkeitszeitpunkt im Vergleich festgelegt (*LAG Nds.* 12.9.2003 NZA-RR 2004, 478; KR/*Spilger* § 10 KSchG Rn. 19a; a. A. *LAG Hamm* 16.5.1991 LAGE § 9 KSchG Nr. 21).

**3222** Der in einem Aufhebungsvertrag vereinbarte Anspruch auf eine Abfindung entsteht jedenfalls dann nicht bereits bei Vertragsabschluss, sondern erst zum vereinbarten Ausscheidenstermin, wenn es sich um eine **Frühpensionierung** handelt und im **Aufhebungsvertrag** kein früherer Entstehenszeitpunkt vereinbart ist (*BAG* 26.8.1997 EzA § 611 BGB Aufhebungsvertrag Nr. 29).

### e) Insolvenz des Arbeitgebers

**3223** Der Arbeitnehmer ist mit seinem Abfindungsanspruch **Insolvenzgläubiger nach §§ 38, 108 Abs. 2 InsO** und **nimmt damit an der** (anteilsmäßigen) Befriedigung aller Insolvenzgläubiger aus der Insolvenzmasse teil. Beruht das Auflösungsurteil auf einer **unwirksamen Kündigung** des Insolvenzverwalters, ist die Abfindung sonstige **Masseverbindlichkeit** nach § 55 Abs. 1 Nr. 1 InsO, die nach § 53 InsO aus der Insolvenzmasse **vorweg zu befriedigen** ist.

Gleiches gilt, wenn der Insolvenzverwalter zur Beendigung eines Kündigungsschutzprozesses mit dem Arbeitnehmer einen Abfindungsvergleich schließt; soll der Abfindungsanspruch demgegenüber nur als einfache Insolvenzforderung begründet werden, bedarf dies der Klarstellung durch eine entsprechende Rangrücktrittsvereinbarung (*BAG* 12.6.2002 EzA § 55 InsO Nr. 2; s. ausf. Kap. 3 Rdn. 1434 f. u. *BAG* 27.9.2007 EzA § 55 InsO Nr. 15). Vor Insolvenzeröffnung aufgestellte Sozialpläne begründen, wenn sie nicht von einem vorläufigen Insolvenzverwalter mit Verfügungsbefugnis abgeschlossen sind, keine Masseverbindlichkeiten i. S. v. § 53 InsO; § 55 InsO (*BAG* 31.7.2002 EzA § 55 InsO Nr. 3). Das der Insolvenzverwalter von seinem Widerrufsrecht gem. § 124 Abs. 1 InsO keinen Gebrauch macht, steht einer Handlung des Insolvenzverwalters i. S. v. § 55 Abs. 1 Nr. 1 InsO nicht gleich (*BAG* 31.7.2002 EzA § 55 InsO Nr. 3). Andererseits hat das *BAG* (27.4.2006 EzA § 55 InsO Nr. 12; s. a. *LAG Köln* 28.4.2005 LAGE § 55 InsO Nr. 9) angenommen, dass **Abfindungsforderungen**, die auf einem vor Insolvenzeröffnung abgeschlossenen Tarifvertrag beruhen und durch eine Kündigung des Insolvenzverwalters ausgelöst werden, **keine Masseforderungen** i. S. v. § 55 Abs. 1 InsO sind. 3224

### f) Tarifvertragliche Ausschlussfristen

Tarifvertragliche Ausschlussfristen, nach denen Ansprüche der Vertragspartner **schriftlich geltend gemacht werden müssen**, erfassen grds. keine in gerichtlichen Vergleichen festgelegten Abfindungen nach §§ 9, 10 KSchG (*BAG* 13.1.1982 EzA § 9 KSchG n. F. Nr. 13); Gleiches gilt für gerichtlich zuerkannte Abfindungen gem. §§ 9, 10 KSchG. Denn mit dem Erlass des Auflösungsurteils ist gerade hinsichtlich der Zahlungsverpflichtung des Arbeitgebers Rechtsklarheit geschaffen worden (*Spilger* § 10 KSchG Rn. 22a). 3225

### 3. Höhe der Abfindung

#### a) Grundsatz der Angemessenheit

Gem. § 9 Abs. 1 S. 1 KSchG hat das ArbG nach pflichtgemäßen Ermessen zu prüfen, welcher Abfindungsbetrag unter Berücksichtigung der jeweiligen Umstände des Einzelfalles angemessen ist, um die dem Arbeitnehmer durch den Verlust des Arbeitsplatzes erwachsenden Nachteile auszugleichen. 3226

Dabei ist das Gericht an die **Höchstgrenzen des § 10 Abs. 1, 2 KSchG** gebunden. Eine schematische Festsetzung der Abfindung nach bestimmten Regelsätzen kommt nicht in Betracht; erforderlich ist vielmehr eine umfassende individuelle Prüfung und Bewertung der einzelnen Bemessungsfaktoren sowie der Umstände des Einzelfalles. Im Interesse einer höchstmöglichen Flexibilität im Einzelfall hat der Gesetzgeber darauf verzichtet, feste Regelsätze für die Bemessung der Abfindung festzulegen. Innerhalb der vom Gesetzgeber festgelegten Höchstgrenzen steht die Abfindung im **richterlichen Ermessen**. 3227

Als **Bemessungsfaktor** sieht das Gesetz neben dem **Monatsverdienst** lediglich das **Lebensalter** des Arbeitnehmers sowie die **Dauer des Arbeitsverhältnisses** vor. Daraus folgt, dass es sich insoweit i. d. R. um die **wichtigsten Bemessungsfaktoren** handelt. Ob und inwieweit weitere Umstände berücksichtigt werden dürfen, legt das Gesetz nicht fest. Gleiches gilt für die Frage der Gewichtung der einzelnen Bemessungsfaktoren untereinander. Hat der Arbeitgeber im Anschluss an eine streitgegenständliche Kündigung, verbunden mit einem Auflösungsantrag eine **weitere Kündigung** erklärt, ist jedenfalls bei der Gewichtung der Auflösungsgründe und der Bestimmung der Abfindungshöhe zum einen **die voraussichtliche Dauer des Arbeitsverhältnisses** und zum anderen der wahrscheinliche Ausgang des Rechtsstreits über den nachgehenden Beendigungstatbestand **vorausschauend zu würdigen** (*BAG* 28.5.2009 EzA § 9 KSchG n. F. Nr. 56). 3228

#### b) Begriff des Monatsverdienstes (§ 10 Abs. 3 KSchG)

**3229** Maßgeblich für die Berechnung ist der **individuelle Bruttomonatsverdienst**. Unregelmäßige Schwankungen der für den Arbeitnehmer maßgeblichen Arbeitszeit (Kurzarbeit, unregelmäßig anfallende Überstunden) sind nicht zu berücksichtigen. Bemessungszeitraum ist derjenige Monat, in dem das Arbeitsverhältnis nach § 9 Abs. 2 KSchG endet.

**3230** Erfasst sind alle Grundvergütungen, Gehalt, Zeitlohn usw., weitere Zuwendungen mit Entgeltcharakter (z. B. 13. Monatsgehalt, Umsatzbeteiligung), die anteilig umzulegen sind, regelmäßig zu zahlende Zulagen (z. B. Schichtzuschläge) sowie Wege- und Fahrgelder, allerdings nur dann, wenn sie unabhängig von notwendigen Aufwendungen gezahlt werden (vgl. APS/*Biebl* § 10 KSchG Rn. 13 ff.).

**3231** Zuwendungen mit **Aufwendungsersatzcharakter** (z. B. Spesen) sind nicht zu berücksichtigen, ebenso wenig Zuwendungen mit **Gratifikationscharakter** (z. B. Jubiläumsgelder; KR/*Spilger* § 10 KSchG Rn. 33). Eine anteilige Umlegung von **Urlaubsgeld** hat nur dann zu erfolgen, wenn es fest in das Vergütungsgefüge (z. B. in Gestalt eines kollektiv- oder einzelvertraglichen Anspruchs) eingebaut ist und damit **Entgeltcharakter** hat; etwas anderes gilt dann, wenn es als Gratifikation gewährt wird.

**3232** Zu berücksichtigen sind auch im Auflösungsmonat dem Arbeitnehmer zustehende **Sachbezüge** (z. B. die unentgeltliche Überlassung von Wohnraum). Ihr Wert bestimmt sich nach den Kosten, die der Arbeitnehmer zur Beschaffung der Naturalien auf dem freien Markt aufwenden müsste (*BAG* 22.9.1960 AP Nr. 27 zu § 616 BGB). Maßgeblich ist folglich der Marktwert, denn § 10 Abs. 3 KSchG nimmt nicht auf die gem. § 17 SGB IV erlassene SachbezugsVO Bezug (KR/*Spilger* § 10 KSchG Rn. 34).

#### c) Höchstgrenzen

##### aa) Allgemeine Voraussetzungen

**3233** Als normale Höchstgrenze für die Abfindung schreibt § 10 Abs. 1 KSchG einen Betrag von **zwölf Monatsverdiensten** vor, wenn der Arbeitnehmer im Auflösungszeitpunkt (*LAG RhPf* 16.12.1994 NZA 1996, 94) noch nicht das 50. Lebensjahr vollendet und sein Arbeitsverhältnis noch nicht mindestens 15 Jahre bestanden hat. Zur Berechnung der Dauer des Arbeitsverhältnisses gelten die zur Bestimmung der sechsmonatigen Wartefrist nach § 1 Abs. 1 KSchG aufgestellten Grundsätze entsprechend.

**3234** Eine Höchstgrenze von **15 Monatsverdiensten** besteht dann, wenn der Arbeitnehmer zum Zeitpunkt der Auflösung des Arbeitsverhältnisses das 50. Lebensjahr vollendet und das Arbeitsverhältnis in diesem Zeitpunkt mindestens 15 Jahre bestanden hat.

**3235** Die absolute Höchstgrenze der Abfindung beträgt **18 Monatsverdienste**, wenn der Arbeitnehmer zum Zeitpunkt der Auflösung des Arbeitsverhältnisses das 55. Lebensjahr vollendet und das Arbeitsverhältnis zu diesem Zeitpunkt mindestens zwanzig Jahre bestanden hat.

##### bb) Richtlinienfunktion der gesetzlichen Staffelung

**3236** Ob das Gericht jeweils den Höchstbetrag oder einen geringeren Betrag als Abfindung festsetzt, ist eine Frage seines **Ermessens**. Erfüllt allerdings der Arbeitnehmer die Voraussetzungen für eine gesteigerte Höchstgrenze von 15 bzw. 18 Monatsverdiensten, so ist eine Unterschreitung der normalen Höchstgrenze von zwölf Monatsverdiensten bzw. der gesteigerten Höchstgrenze von 15 Monatsverdiensten nur ausnahmsweise, d. h. bei Vorliegen besonderer Umstände (z. B. einer besonders schwierigen wirtschaftlichen Lage des Arbeitgebers) möglich. Dies folgt aus der gesetzlichen Staffelung der Höchstgrenze, der eine Richtlinienfunktion zukommt. Das dem Gericht bei der Bemessung der Abfindungshöhe zustehende Ermessen wird dann durch die in dieser Staffelung zum Ausdruck gekommenen gesetzlichen Wertung beschränkt.

### cc) Arbeitnehmer im Rentenalter

Für Arbeitnehmer im Rentenalter gelten die gesteigerten Höchstgrenzen von 15 bzw. 18 Monatsverdiensten nicht (§ 10 Abs. 2 S. 2 KSchG, § 35 Nr. 1 SGB VI). Maßgeblich ist, ob der Arbeitnehmer zum Zeitpunkt der Auflösung des Arbeitsverhältnisses (§ 9 Abs. 2 KSchG) bereits das 65. Lebensjahr vollendet hat. — 3237

Die für die sonstigen Renten wegen Alters (§ 33 Abs. 2 SGB VI) geltenden Altersgrenzen führen dagegen nicht zu einer Begrenzung der Abfindung auf den normalen Höchstbetrag von zwölf Monatsverdiensten. — 3238

Ob dem Arbeitnehmer auf Grund Rentenalters (65 Jahre) im Auflösungszeitpunkt ein Anspruch auf Rente wegen Alters tatsächlich zusteht, ist unbeachtlich. — 3239

### d) Bemessungsfaktoren

#### aa) Lebensalter; Betriebszugehörigkeit

Siehe dazu die Ausführungen Rdn. 3226. — 3240

#### bb) Erweiterter Ermessensspielraum

Daraus folgt aber keine Verpflichtung, ausschließlich auf diese Bemessungsfaktoren abzustellen. Dem Tatsachengericht steht vielmehr ein erweiterter Ermessensspielraum zu, welche Umstände es im konkreten Einzelfall für bedeutsam erachtet, ebenso wie dafür, welcher Stellenwert dem einzelnen Bemessungsfaktor zukommt. Das ArbG hat eine Gesamtwertung aller maßgeblichen Bemessungsfaktoren zum Zeitpunkt der letzten mündlichen Verhandlung in der Tatsacheninstanz vorzunehmen. — 3241

#### cc) Kriterien im Einzelnen

Berücksichtigt werden können folglich: — 3242
- die Dauer des Arbeitsverhältnisses (vgl. *LAG Nds.* 22.8.2001 – 15 Sa 290/01, AuR 2002, 153 LS);
- das Lebensalter des Arbeitnehmers;
- die Höhe des Arbeitsentgelts;
- weitere Sozialdaten des Arbeitnehmers (Familienstand, Zahl der unterhaltspflichtigen Personen, Gesundheitszustand, Vermittlungsfähigkeit auf dem Arbeitsmarkt);
- Lage auf dem Arbeitsmarkt, sofern hiervon Einflüsse auf die Vermittlungsfähigkeit des Arbeitnehmers ausgehen sowie die voraussichtliche Dauer der Arbeitslosigkeit;
- die Begründung eines neuen Arbeitsverhältnisses im unmittelbaren Anschluss an den Ablauf der Kündigungsfrist, auch wenn der Arbeitnehmer dadurch z. B. noch nicht unmittelbar Kündigungsschutz erwirbt;
- das Maß der Sozialwidrigkeit der Kündigung, z. B. dann, wenn die Kündigung auf Gründe gestützt wird, die unabhängig von den Besonderheiten des Einzelfalles nicht dazu geeignet sind, die Kündigung sozial zu rechtfertigen;
- wenn der Arbeitnehmer durch pflichtwidriges Verhalten den Kündigungssachverhalt oder den Auflösungsgrund schuldhaft herbeigeführt hat;
- Verlust einer verfallbaren Versorgungsanwartschaft (*LAG Köln* 20.2.2002 ARST 2003, 90 LS); der Verlust der Anwartschaft ist bei der Abfindung insoweit als Schadensposition zu berücksichtigen. Daher kann daneben kein Schadensersatz gem. § 628 Abs. 2 BGB oder analog §§ 280, 286 BGB verlangt werden. Dabei spielt es auch keine Rolle, ob der Verlust der betrieblichen Altersversorgung tatsächlich bei der Höhe der Abfindung berücksichtigt wurde. Ggf. ist das im Verfahren über die Auflösung des Arbeitsverhältnisses nach § 13 Abs. 1 S. 3 i. V. m. §§ 9, 10 KSchG geltend zu machen (*BAG* 12.6.2003 EzA § 628 BGB 2002 Nr. 1);

- Ausgleich ideeller Nachteile des Arbeitnehmers (z. B. Beeinträchtigung des mit einer bestimmten Position verbundenen gesellschaftlichen Ansehens des Arbeitnehmers, psychische Belastungen, die mit dem Verlust des Arbeitsplatzes verbunden sind);
- die wirtschaftliche Lage des Arbeitgebers (nicht dagegen die Leistungsfähigkeit eines einzelnen Betriebes).

3243 **Nicht zu berücksichtigen ist dagegen die wirtschaftliche Lage des Arbeitnehmers**, weil ansonsten der sparsame Arbeitnehmer bei der Bemessung der Abfindung benachteiligt würde. Auch die vereinbarungsgemäße Freistellung bis zum Ablauf der Kündigungsfrist unter Fortzahlung der Vergütung darf nicht anspruchsmindernd berücksichtigt werden (KR/*Spilger* § 10 KSchG Rn. 53).

3244 Andererseits ist das Gericht nicht daran gehindert, einen etwaigen Verdienstausfall des Arbeitnehmers bei der Festsetzung der Abfindung angemessen zu berücksichtigen.

*dd) Ehegatten-Arbeitsverhältnisse*

3245 Für die Höhe einer angemessenen Abfindung bei Auflösung eines Arbeitsverhältnisses unter Ehegatten gelten nach Auffassung des *LAG Köln* (15.9.1994 LAGE § 10 KSchG Nr. 2) folgende Grundsätze:

3246 Die »Grundregel« von Monatsbezug pro Beschäftigungsjahr, die häufig bei Vergleichsbemühungen herangezogen wird, kann schon aus gesetzlichen Gründen nicht herangezogen werden. Im Rahmen der gesetzlichen Höchstbeträge kann eine höhere Abfindung gerechtfertigt sein, wenn ein verhaltensbedingter Kündigungsgrund schon objektiv nicht gegeben ist, der Arbeitgeber ihn selbst herbeigeführt hat, die Kündigung als Maßregelung nach § 612a BGB wirkt, die Vertragsauflösung den Arbeitnehmer in wirtschaftliche Schwierigkeiten bringt und sowohl die Kündigung als auch die Auflösung als Kränkung des Arbeitnehmers fortwirken.

*ee) Die Abfindung im arbeitsgerichtlichen Vergleich*

3247 Maßgebliche Kriterien für die Bemessung einer in einem gerichtlichen Vergleich vereinbarten Abfindung sind zunächst einmal die **Dauer der Betriebszugehörigkeit** und das **Bruttomonatseinkommen**. Davon ausgehend kann als Ausgangsrechengröße von Bruttomonatsgehalt pro Beschäftigungsjahr ausgegangen werden. Die letztlich maßgebliche Abfindungshöhe hängt dann aber von Faktoren ab wie
- der **Gewichtung des Prozessrisikos** durch die Parteien und das Gericht, wobei die Präzision und Qualität des jeweiligen Tatsachenvortrags mitentscheidend sind;
- der **wirtschaftliche Lage beider Parteien**;
- dem Umstand, ob der Arbeitnehmer zwischenzeitlich eine **neue Stelle** gefunden hat;
- dem **Leidensdruck des Arbeitgebers**, wenn er den Arbeitnehmer unter keinen Umständen weiterbeschäftigen möchte und
- insbes. in der zweiten Instanz verstärkt die Höhe der etwa bei Prozessverlust drohenden Kosten wegen Ansprüchen des Arbeitnehmers aus **Annahmeverzug**.

*e) Besonderheiten bei Abfindungen wegen unwirksamer außerordentlicher Kündigung*

3248 Wird das Arbeitsverhältnis im Falle der Unwirksamkeit einer außerordentlichen Kündigung bereits zum Zeitpunkt des Zugangs der Kündigung aufgelöst, enthält die Abfindung in aller Regel das dem Arbeitnehmer in der Kündigungsfrist entgangene Arbeitsentgelt (vgl. *LAG Hamm* 5.12.1996 LAGE § 64 ArbGG Nr. 32). Dieser Gesichtspunkt scheidet allerdings dann aus, wenn der Arbeitnehmer im unmittelbaren Anschluss an die außerordentliche Kündigung einen anderen gleichwertigen Arbeitsplatz gefunden hat.

3249 Die Höchstgrenzen nach § 10 Abs. 1, 2 KSchG sind jedenfalls auch dann zu beachten, wenn in die Abfindung entgangenes Arbeitsentgelt einbezogen wird. Dies kann im Einzelfall zu Unbilligkeiten führen, etwa wenn die Entgeltansprüche den Höchstbetrag der Abfindung überschreiten,

z. B. in den Fällen einer langen Kündigungsfrist. Wegen des zwingenden Charakters der Höchstgrenzen ist dem Gericht aber die Festlegung eines höheren Betrages verwehrt (KR/*Spilger* § 10 KSchG Rn. 63).

## IX. Verfahrensfragen

Wenn die Festlegung des Abfindungsbetrages durch das Gericht erfolgt, bedarf es keines bezifferten Abfindungsantrages. **Es wird beantragt, »das Arbeitsverhältnis der Parteien zum ... aufzulösen und den Beklagten zur Zahlung einer angemessenen Abfindung zu verurteilen«.** 3250

Wird der Abfindungsantrag dagegen zulässigerweise beziffert, ohne einen Mindestbetrag anzugeben, so kann dies trotz Begründetheit des Auflösungsantrags die Folge haben, dass bei Festsetzung einer niedrigeren Abfindung dem Kläger ein **Teil der Kosten** des Rechtsstreits auferlegt werden (vgl. APS/ *Biebl* § 10 KSchG Rn. 32 ff.). Gleiches gilt dann, wenn das **Urteil hinter der in der Antragsbegründung dargestellten Höhe zurückbleibt**, auch wenn der Antrag selbst nicht zahlenmäßig bestimmt war; insoweit ist der Kläger dann in dieser Höhe beschwert (*LAG Köln* 21.3.2005 LAGE § 10 KSchG Nr. 5). 3251

Auf eine Abfindung ist selbst dann zu erkennen, wenn zwar **ein ausdrücklicher Auflösungs-, nicht aber ein ausdrücklicher Abfindungsantrag** gestellt ist. Eine Abfindung kann dagegen durch das Gericht dann nicht festgesetzt werden, wenn sich die Parteien in Form eines außergerichtlichen Vergleiches über die Unwirksamkeit einer vom Arbeitnehmer klageweise angegriffenen Arbeitgeberkündigung geeinigt haben. 3252

Die Verurteilung zur Abfindungszahlung ist im **Tenor des Auflösungsurteils** zum Ausdruck zu bringen. 3253

Im Hinblick auf die notwendige Zwangsvollstreckung muss das Gericht einen **bezifferten Betrag** als Abfindung festlegen. 3254

Über einen Kündigungsschutzantrag des Arbeitnehmers und einen darauf bezogenen Auflösungsantrag des Arbeitgebers kann grds. **nur einheitlich entschieden** werden. Ergeht gleichwohl ein Teilurteil nur über den Kündigungsschutzantrag, kann ein darin liegender Mangel als geheilt angesehen werden, wenn der Auflösungsantrag des Arbeitgebers im Wege eines Schlussurteils vor endgültiger Entscheidung über den Kündigungsschutzantrag rechtskräftig abgewiesen worden ist (*BAG* 12.5.2010 EzA § 15 KSchG n. F. Nr. 67). 3255

## X. Verhältnis zu anderen Ansprüchen und zu anderen Abfindungen

### 1. Entgelt- und Schadensersatzansprüche

**Bis zum Auflösungszeitpunkt bestehende Entgeltansprüche werden durch die Abfindung nicht berührt.** Eine Karenzentschädigung i. S. d. § 74 Abs. 2 HGB wird z. B. nicht durch eine Abfindung ersetzt (*BAG* 3.5.1994 EzA § 74 HGB Nr. 56). Die dem Arbeitnehmer zuerkannte Abfindung schließt einen Schadensersatzanspruch auf Zahlung des Arbeitsentgelts für eine Zeit nach Beendigung des Arbeitsverhältnisses aus (*BAG* 16.5.1984 EzA § 9 KSchG n. F. Nr. 16). 3256

Das gilt jedoch nur für solche Schadensersatzansprüche, die sich unmittelbar auf den Verlust des Arbeitsplatzes beziehen. Nicht ausgeschlossen sind dagegen Schadensersatzansprüche wegen unrichtiger Erteilung von Auskünften oder unzutreffender Beurteilung in Zeugnissen sowie die verspätete Herausgabe der Arbeitspapiere (s. Rdn. 3242 zum Verhältnis zu § 628 BGB). 3257

### 2. Weitere Abfindungsansprüche

**§§ 9, 10 KSchG gelten nicht für einzelvertragliche vereinbarte Abfindungen** (z. B. in außergerichtlichen oder gerichtlichen Vergleichen). Gleiches gilt für kollektivrechtliche Abfindungsregelungen. Insoweit ist es zudem eine Frage der Auslegung der jeweiligen Regelung, ob und inwieweit z. B. ta- 3258 riflische Übergangsgelder oder sonstige Abfindungen auf die gesetzliche Abfindung nach §§ 9, 10 KSchG anzurechnen sind (*BAG* 20.6.1985 EzA § 4 KSchG n. F. Ausgleichsquittung Nr. 1). Beim Fehlen einer entsprechenden Anrechnungsregel ist i. d. R. dann eine Anrechnung vorzunehmen, wenn die kollektivrechtliche Abfindung allein zum Ausgleich der mit dem Verlust des Arbeitsplatzes verbundenen materiellen und immateriellen Nachteile gewährt wird (KR/*Spilger* § 10 KSchG Rn. 80).

3259 Der Anspruch gem. § 113 BetrVG auf Nachteilsausgleich unterliegt (nur) insoweit den gesetzlichen Höchstgrenzen des § 10 KSchG, als es um den Ausgleich der dem Arbeitnehmer aus dem Verlust des Arbeitsplatzes entstehenden wirtschaftlichen Nachteile geht.

## XI. Steuerrechtliche Fragen

3260 Gem. § 3 Nr. 9 EStG waren Abfindungen wegen einer vom Arbeitgeber veranlassten oder gerichtlich ausgesprochenen Auflösung des Dienstverhältnisses, innerhalb bestimmter Höchstgrenzen (einkommens-)steuerfrei.

3261 Dieser Steuerfreibetrag ist zum 1.1.2006 entfallen.

3262 Ab dem 1.1.2006 galt gem. § 52 Abs. 4a EStG (s. *Giesen* NJW 2006, 721 ff.) § 3 Nr. 9 EStG ist in der bis zum 31.12.2005 geltenden Fassung für die im Gesetz (§ 52 Abs. 4a EStG) bezeichneten Ausnahmefälle einstweilen weiter.

### 1. Steuerermäßigung

3264 Abfindungen sind folglich nunmehr **insgesamt zu versteuern**. Die Berechnung geht jedoch gem. § 34 EStG (»außerordentliche Einkünfte«) von einer fiktiven Verteilung auf fünf Jahre aus. Zu den sonstigen Einkünften in dem Jahr, in dem die Abfindung zufließt, werden 20 % des den Freibetrag übersteigenden Teils der Abfindung hinzugerechnet. Daraus wird die Gesamtsteuer nach der jeweiligen Steuertabelle ermittelt. Der sich dadurch ergebende Steuermehrbetrag, der auf den 20 %igen Anteil der Abfindung entfällt, wird sodann mit fünf multipliziert und ergibt insgesamt den Betrag der Steuer, der auf die Abfindung entfällt. Die Steuer wird also im Jahr des Zuflusses voll bezahlt. Zweck dieser Regelung ist es, die Progression in der Steuertabelle bei Abfindungszahlungen abzumildern (vgl. *LAG Hamm* 21.1.2002 NZA-RR 2003, 38). Zu außerordentlichen Einkünften führen allerdings nur solche Entschädigungen, deren **zusammengeballter Zufluss** zu einer Ausnahmesituation in der Progressionsbelastung des einzelnen Steuerpflichtigen führt (*BFH* 26.1.2011 NZA-RR 2011, 371).

Leistet ein Arbeitgeber zudem seinem (früheren) Arbeitnehmer wegen Auflösung des Arbeitsverhältnisses eine einmalige Abfindung und zur Überbrückung der Arbeitslosigkeit monatliche Ausgleichszahlungen, so sind diese Leistungen insgesamt auch dann im Jahr ihrer Zahlung tarifbegünstigt zu besteuern, wenn die Ausgleichszahlungen in einem späteren Veranlagungszeitraum fortgeführt werden (*BFH* 24.1.2002 EzA § 34 EStG Nr. 2).

Ein bestehendes Arbeitsverhältnis wird i. S. v. § 3 Nr. 9 EStG aufgelöst, selbst wenn der Arbeitnehmer mit dessen Aufhebung zugleich in ein neues (befristetes) Arbeitsverhältnis mit einer **externen Beschäftigungs- und Qualifizierungs-Gesellschaft** eintritt. Sind monatliche Zahlungen nach der Betriebsvereinbarung (Sozialplan) unter Berücksichtigung der maßgebenden Auslegungsgrundsätze allerdings zum Ausgleich der durch Kurzarbeit entstehenden Nachteile und für die Dauer der Kurzarbeit erbracht, stellen die gezahlten Zuschüsse zum Kurzarbeitergeld keine steuerfreie (ratierliche) Abfindung, sondern steuerpflichtigen Arbeitslohn dar (*BFH* 20.7.2010 NZA-RR 2011, 94).

### 2. Lohnsteueranrufungsauskunft

3265 Um steuerliche Nachteile zu vermeiden, kann es im Einzelfall sinnvoll sein, vor oder nach Abschluss eines Vergleichs oder eines Aufhebungsvertrages eine verbindliche Lohnsteueranrufungsauskunft gem. § 42e EStG beim Betriebsstättenfinanzamt einzuholen, um zu erfahren, wie das Finanzamt eine Abfindung bzw. Entschädigung behandelt. Hinsichtlich des Arbeitnehmers beschränkt sich die Bindung allerdings auf das Lohnsteuerabzugsverfahren, gilt also nicht für den Lohnsteuerjahresausgleich und das Einkommensteuer-Veranlagungsverfahren (*BFH* DB 1993, 73; vgl. *Zimmerling* FA 2006, 136 ff.).

Das für den Arbeitnehmer örtlich zuständige Wohnsitzfinanzamt ist **nicht** an eine unrichtige Auskunft des Betriebsstättenfinanzamtes **gebunden.** Der Arbeitnehmer sollte deshalb sein Finanzamt um eine **Auskunft mit Bindungswirkung nach Treu und Glauben** bitten. Wird die Auskunft erteilt, auf die aber grds. kein Rechtsanspruch besteht, so tritt eine Bindungswirkung wie bei der Anrufungsauskunft nach § 42e EStG ein (BMF-Schreiben v. 24.6.1987, DB 1987, 1465; *BFH* DB 1993, 73). **3266**

Gem. § 42e EStG kann aber auch der **Arbeitgeber** im Zweifel **Auskunft darüber verlangen**, wie im einzelnen Fall die Vorschriften über die Lohnsteuer anzuwenden sind. Eine derartige dem Arbeitgeber erteilte Anrufungsauskunft (§ 42e EStG) stellt nicht nur eine Wissenserklärung (unverbindliche Rechtsauskunft) des Betriebsstätten-Finanzamtes darüber dar. Sie ist vielmehr feststellender Verwaltungsakt i. S. d. § 118 S. 1 AO, mit dem sich das Finanzamt selbst bindet. Die Vorschrift des § 42e EStG gibt dem Arbeitgeber nicht nur ein Recht auf förmliche Bescheidung seines Antrags. Die Norm **berechtigt** ihn auch, eine ihm erteilte Anrufungsauskunft erforderlichenfalls im **Klagewege** inhaltlich überprüfen zu lassen (*BFH* 30.4.2009 NZA-RR 2010, 40). **3267**

Die **Aufhebung** (Rücknahme, Widerruf) einer dem Arbeitgeber erteilten Anrufungsauskunft (§ 42e EStG) ist ein **Verwaltungsakt** i. S. v. § 118 S. 1 AO. Die Finanzbehörde kann eine Anrufungsauskunft mit Wirkung für die Zukunft aufheben oder ändern (§ 207 Abs. 2 AO analog; *BFH* 2.9.2010 NZA-RR 2011, 34). **3267a**

### 3. Schadensersatz bei steuerlichen Nachteilen bei vorzeitiger Zahlung?

Vereinbaren die Parteien in einem in einem Kündigungsschutzprozess abgeschlossenen Vergleich die Beendigung des Arbeitsverhältnisses zum 31.12.2004 und die Freistellung von der Arbeit ab Juli 2004 sowie ferner, dass die zu zahlende Abfindungssumme »zum 1.1.2004 fällig« wird, so verstößt der zahlungspflichtige Arbeitgeber nicht gegen seine Vertragspflichten, wenn er die **Überweisung des Abfindungsbetrages so terminiert, dass diese im Dezember** 2003 dem Konto des Arbeitnehmers **gutgeschrieben** wird. Für steuerliche Nachteile, die dadurch entstehen, dass der Abfindungsbetrag nicht – wie vom Arbeitnehmer gewünscht – erst im Jahr 2004 auf seinem Konto eingegangen ist, haftet der Arbeitgeber nicht (*LAG Brem.* 3.11.2005 – 3 Sa 111/05, NZA-RR 2006, 260). **3268**

### XII. Sozialversicherungsrechtliche Fragen

Soweit Abfindungen ausschließlich als Entschädigung für den Verlust des Arbeitsplatzes gezahlt werden, unterliegen sie nicht der Beitragspflicht zur Sozialversicherung. Das gilt für Abfindungen nach §§ 9, 10 KSchG auch dann, wenn für sie Einkommensteuer abzuführen ist. Gegenteiliges ergibt sich weder aus §§ 14, 17 SGB IV noch aus § 3 Nr. 9 EStG i. V. m. den Bestimmungen der Arbeitsentgeltverordnung (*BAG* 9.11.1988 EzA § 9 KSchG n. F. Nr. 24). **3269**

**Allerdings darf in der Abfindung kein Arbeitsentgelt versteckt sein.** Abfindungen, die aus Anlass der Beendigung eines Kündigungsschutzprozesses vereinbart werden, sind Arbeitsentgelte i. S. d. § 14 Abs. 1 SGB IV in der Höhe, in der sie rückständiges Arbeitsentgelt enthalten (s. Kap. 8 Rdn. 55 ff.). **3270**

Die Vereinbarung im Vergleich, die Abfindung werde »für den Verlust des Arbeitsplatzes und des sozialen Besitzstandes« gezahlt, hindert die Annahme eines sozialversicherungspflichtigen Entgelts dann nicht, wenn die Umstände des Falles eine solche Auslegung des Vergleichs nicht rechtfertigen (*BSG* 21.2.1990 EzA § 9 KSchG n. F. Nr. 37). **3271**

Handelt es sich bei der aus Anlass der Beendigung eines Arbeitsverhältnisses gezahlten Abfindung in Wahrheit insgesamt um »eine verdeckte Vergütung«, so ist sie in voller Höhe beitragspflichtig (*BSG* 25.10.1990 § 9 KSchG n. F. Nr. 38). **3272**

**Kapitel 4** — Die Beendigung des Arbeitsverhältnisses

3273 Der Entgeltanteil einer in einem außergerichtlichen oder gerichtlichen Vergleich festgelegten Abfindung ist jeweils im konkreten Einzelfall durch Auslegung zu ermitteln. **Entgegen dem Wortlaut eines Vergleichs handelt es sich dann nicht um beitragsfreie Abfindungen, wenn in Wahrheit Gehaltsansprüche (§§ 611, 615 BGB) in pauschalierter Form (z. B. als runder Gesamtbetrag) vom Arbeitgeber erfüllt werden sollen** (KR/*Spilger* § 10 KSchG Rn. 92).

3274 Zu beachten ist, dass Abfindungen, die bei Fortsetzung des versicherungspflichtigen Beschäftigungsverhältnisses nach einer **Änderungskündigung** oder nach einer **einvernehmlichen Änderung des Arbeitsvertrages** als Gegenleistung für die Verschlechterung von Arbeitsbedingungen (z. B. Rückführung auf die tarifliche Einstufung, Verringerung der Wochenarbeitszeit) gezahlt werden, Arbeitsentgelt i. S. v. § 14 Abs. 1 SGB IV und damit beitragspflichtig sind (*BSG* 28.1.1999 EzA § 14 SGB III Nr. 1).

### R. Die Weiterbeschäftigung des gekündigten Arbeitnehmers

3275 Zwar kann der Arbeitnehmer grds. verlangen, im ungekündigt bestehenden Arbeitsverhältnis auch tatsächlich beschäftigt zu werden (s. Kap. 3 Rdn. 2724 ff.).

3276 Fraglich ist aber, was dann gilt, wenn der Arbeitgeber das Arbeitsverhältnis gekündigt hat und der insoweit vorgesehene **Beendigungszeitpunkt verstrichen**, andererseits aber **(noch) nicht rechtskräftig die Wirksamkeit/Unwirksamkeit dieser Kündigung durch das ArbG festgestellt worden ist**.

#### I. § 102 Abs. 5 BetrVG, § 79 Abs. 2 BPersVG

#### 1. Zweck der gesetzlichen Regelung

3277 § 102 Abs. 5 BetrVG gewährleistet den vorläufigen Bestandsschutz des Arbeitsverhältnisses zwischen Ablauf der Kündigungsfrist und Abschluss des Kündigungsschutzprozesses. **Unter den in dieser Norm enthaltenen Voraussetzungen hat der Arbeitnehmer das Gestaltungsrecht, das Arbeitsverhältnis über den Ablauf der Kündigungsfrist hinaus zu verlängern.** Damit soll eine anderweitige Besetzung des Arbeitsplatzes des gekündigten Arbeitnehmers verhindert werden, solange die Wirksamkeit der Kündigung noch ungewiss ist. Der Arbeitnehmer soll nicht trotz Unwirksamkeit der Kündigung seinen Arbeitsplatz verlieren. § 102 Abs. 5 BetrVG verlagert das Risiko bis zum rechtskräftigen Abschluss des Kündigungsschutzrechtsstreits auf die Arbeitgeberseite.

#### 2. Zwingende Regelung

3278 § 102 Abs. 5 BetrVG kann weder durch Betriebsvereinbarung noch im Voraus durch eine vertragliche Vereinbarung zwischen Arbeitgeber und Arbeitnehmer abbedungen werden.

#### 3. Verhältnis zu § 615 BGB

3279 Der Arbeitnehmer, in dessen Person die Voraussetzungen für eine Weiterbeschäftigung nach § 102 Abs. 5 BetrVG, § 79 Abs. 2 BPersVG erfüllt sind, hat das Wahlrecht, ob er bis zum Abschluss des Kündigungsrechtsstreits eine Weiterbeschäftigung verlangen oder nach erfolgreichem Abschluss des Rechtsstreits Ansprüche auf Entgeltzahlung für die Dauer des Prozesses gem. § 615 BGB geltend machen will.

3280 Zu beachten ist aber, dass der Weiterbeschäftigungsanspruch aus § 102 Abs. 5 BetrVG unabhängig von der Wirksamkeit der Kündigung besteht, der Anspruch aus § 615 BGB dagegen von der Unwirksamkeit der Kündigung abhängt (s. aber Rdn. 3329 für Vergütungsansprüche bis zur Entbindungsentscheidung).

3281 Liegen alle Voraussetzungen des § 102 Abs. 5 BetrVG vor und lehnt der Arbeitgeber gleichwohl das Verlangen des Arbeitnehmers auf vorläufige Weiterbeschäftigung ab, dann steht diesem der Anspruch auf Entgeltzahlung nach § 615 BGB unabhängig vom Ausgang des Kündigungsschutzrechtsstreits für die Prozessdauer zu. Denn dann endet das Arbeitsverhältnis erst mit dem rechtskräftigen Abschluss des Kündigungsschutzrechtsstreits, sodass sich der Arbeitgeber selbst dann im Annahmeverzug befindet, wenn die Kündigung sich als rechtswirksam erweist.

Hat der Arbeitnehmer seinen Weiterbeschäftigungsanspruch dagegen durchgesetzt, der Arbeitgeber sich aber davon mittels einstweiliger Verfügung **entbinden lassen**, so hat der Arbeitnehmer nur dann einen Anspruch aus § 615 BGB, wenn er im Kündigungsschutzrechtsstreit obsiegt. 3282

### 4. Voraussetzungen des Anspruchs

#### a) Überblick

Der Arbeitnehmer hat einen Weiterbeschäftigungsanspruch gem. § 102 Abs. 5 BetrVG, wenn: 3283
- der Arbeitgeber eine ordentliche Kündigung erklärt hat,
- ein ordnungsgemäßer Widerspruch des Betriebsrats vorliegt,
- das KSchG auf das Arbeitsverhältnis anwendbar ist,
- der Arbeitnehmer rechtzeitig Kündigungsschutzklage erhoben hat und
- er vom Arbeitgeber die Weiterbeschäftigung verlangt.

#### b) Ordentliche Arbeitgeberkündigung

Voraussetzung ist zunächst, dass der Arbeitgeber eine ordentliche Kündigung erklärt hat. Ob es auch ausreicht, dass neben einer außerordentlichen Kündigung zugleich (hilfsweise) eine auf den gleichen Sachverhalt gestützte ordentliche Kündigung erklärt wird, ist fraglich, denn einerseits steht dann die **außerordentliche Kündigung im Vordergrund**, sodass die Weiterbeschäftigung als Konsequenz der nur hilfsweise ausgesprochenen ordentlichen Kündigung zurücktreten muss. 3284

Andererseits besteht die Gefahr, dass der Arbeitgeber den **Schutzzweck der Norm umgeht** und sich von der Weiterbeschäftigungspflicht selbst entbindet, indem er stets eine außerordentliche, hilfsweise verbunden mit einer ordentlichen Kündigung ausspricht. Um dem vorzubeugen, wird die Auffassung vertreten, dass der Arbeitgeber, der den gekündigten Arbeitnehmer nicht nach § 102 Abs. 5 BetrVG weiterbeschäftigen will, nur außerordentlich kündigen darf, es sei denn, dass im Falle einer hilfsweise erklärten ordentlichen Kündigung die außerordentliche Kündigung offensichtlich unwirksam ist (KR/*Etzel* § 102 BetrVG Rn. 198). 3285

Demgegenüber kann nach Auffassung von *LAG Hamm* (18.5.1982 DB 1982, 1679; ebenso *LAG Frankf./M.* 28.5.1973 EzA § 102 BetrVG 1972 Beschäftigungspflicht Nr. 1; krit. GK-BetrVG/ *Raab* § 102 Rn. 165 ff.) § 102 Abs. 5 BetrVG **nicht allein wegen der drohenden Missbrauchsgefahr** so ausgelegt werden, sodass ein Anspruch dann nicht gegeben ist. 3286

§ 102 Abs. 5 BetrVG sieht zwar einen Weiterbeschäftigungsantrag des Arbeitnehmers ausdrücklich nur für eine ordentliche Kündigung vor. Ist aber gegenüber einem nach Gesetz, Tarifvertrag oder Einzelarbeitsvertrag **ordentlich unkündbaren Arbeitnehmer** eine außerordentliche Kündigung nur unter Einhaltung einer fiktiven Kündigungsfrist (Auslauffrist) zulässig, die ohne den besonderen Kündigungsschutz gegen ordentliche Kündigungen gelten würde, ist eine **analoge Anwendung der Regelung** geboten. Der Arbeitgeber muss eine fiktive Kündigungsfrist dann einhalten, wenn einem vergleichbaren Arbeitnehmer ohne besonderen Kündigungsschutz bei gleichem Sachverhalt nur fristgerecht gekündigt werden könnte. Es wäre eine nicht gerechtfertigte Schlechterstellung und damit ein **Wertungswiderspruch**, wenn der kündigungsrechtlich besonders geschützte Arbeitnehmer hinsichtlich des Weiterbeschäftigungsanspruchs schlechter gestellt würde als ein vergleichbarer Arbeitnehmer ohne besonderen Kündigungsschutz. Liegt ein ordnungsgemäßer Widerspruch vor und sind die übrigen Voraussetzungen des § 102 Abs. 5 S. 1 BetrVG erfüllt, hat der gekündigte Arbeitnehmer danach auch einen Weiterbeschäftigungsanspruch (*BAG* 5.2.1998 EzA § 626 BGB Unkündbarkeit Nr. 2). 3287

## Kapitel 4 — Die Beendigung des Arbeitsverhältnisses

**3288** Lehnt der Arbeitnehmer das Änderungsangebot einer Änderungskündigung (§ 2 KSchG) ab, ohne sein Vorbehaltsrecht nach § 2 KSchG geltend zu machen, gelten die gleichen Grundsätze wie bei der ordentlichen Beendigungskündigung.

**3289** Nimmt er das Angebot dagegen unter dem Vorbehalt der sozialen Rechtfertigung der Änderung an, so besteht kein Anspruch auf vorläufige Weiterbeschäftigung zu unveränderten Arbeitsbedingungen.

**3290** Das *BAG* (18.1.1990 EzA § 1 KSchG Betriebsbedingte Kündigung Nr. 65) geht davon aus, dass dann der Arbeitgeber nicht auf Grund des allgemeinen Beschäftigungsanspruchs verpflichtet ist, den Arbeitnehmer vorläufig zu den bisherigen Bedingungen weiterzubeschäftigen.

**3291** Es hat allerdings **offen** gelassen, ob **analog § 102 Abs. 5 BetrVG** ein Beschäftigungsanspruch dieses Inhalts dann besteht, wenn der Betriebsrat einer mit der Änderung der Arbeitsbedingungen verbundenen **Versetzung oder Umgruppierung** widersprochen hat, die Zustimmung nicht ersetzt ist und es dem Arbeitgeber auch verwehrt ist, die Maßnahme vorläufig durchzuführen.

**3292** Nimmt der Arbeitnehmer das Änderungsangebot **vorbehaltlos an**, so kommt damit ein Änderungsvertrag zustande, neben dem für eine Anwendung des § 102 Abs. 5 BetrVG kein Raum mehr ist (APS/*Koch* § 102 BetrVG Rn. 27).

### c) Ordnungsgemäßer Widerspruch des Betriebsrats

**3293** Erforderlich ist zudem ein fristgerechter und inhaltlich ordnungsgemäßer Widerspruch des Betriebsrats (s. Rdn. 1709).

**3294** Fraglich ist, ob der Weiterbeschäftigungsanspruch nachträglich dann entfällt, wenn der Betriebsrat seinen zunächst erhobenen **Widerspruch zurücknimmt**. Nach z. T. vertretener Auffassung (*LAG Bln.* 20.3.1978 AuR 1979, 253; APS/*Koch* § 102 BetrVG Rn. 150; GK-BetrVG/*Raab* § 102 BetrVG Rn. 110) hängt der einmal entstandene Anspruch nur noch vom Kündigungsschutzverfahren ab und wird vom Widerspruch des Betriebsrats nur ausgelöst, sodass die Rücknahme des Widerspruchs sich insoweit nicht mehr auswirken kann (a.A. *Hanau* BB 1972, 455). Der Rücknahmebeschluss entfaltet nur **Außenwirkung**, wenn er dem Arbeitgeber oder dem betroffenen Arbeitnehmer mitgeteilt wird. Ist in diesem Zeitpunkt die **Kündigung** bereits dem Arbeitnehmer **zugegangen**, hat die Rücknahme des Widerspruchs **keinen Einfluss** mehr auf die Rechte des Arbeitnehmers nach § 102 Abs. 5 BetrVG und § 1 Abs. 2 KSchG (KR/*Etzel* § 102 BetrVG Rn. 140).

**3295** Wird der Rücknahmebeschluss **nach Absendung des Kündigungsschreibens** und **vor Zugang der Kündigung** nur dem Arbeitgeber mitgeteilt, gilt Folgendes: Hat der Arbeitgeber dem Kündigungsschreiben weder die Stellungnahme des Betriebsrats beigefügt noch die Stellungnahme erwähnt und ist der Arbeitnehmer auch nicht vom Betriebsrat über den Widerspruch unterrichtet worden, wird für den Arbeitnehmer beim Zugang des Kündigungsschreibens kein Vertrauensschutz bezüglich des Widerspruchs des Betriebsrats begründet. Er erlangt keine Rechte aus § 102 Abs. 5 BetrVG. Fügt der Arbeitgeber dagegen gem. § 102 Abs. 4 BetrVG dem Kündigungsschreiben eine Abschrift der Stellungnahme des Betriebsrats bei oder ist der Arbeitnehmer durch den Arbeitgeber oder Betriebsrat auf andere Weise über den Widerspruch unterrichtet, erlangt der Arbeitnehmer mit Zugang der Kündigung einen Vertrauensschutz bezüglich des Widerspruchs des Betriebsrats und damit die Rechte aus § 102 Abs. 5 BetrVG. Diese Rechte können dem Arbeitnehmer durch eine nachträgliche Mitteilung des Rücknahmebeschlusses nicht mehr entzogen werden. Will der Arbeitgeber verhindern, dass der Arbeitnehmer die auf Grund des Widerspruchs des Betriebsrats begründeten Rechte aus § 102 Abs. 5 BetrVG erlangt, muss er dafür sorgen, dass dem Arbeitnehmer spätestens bei Zugang der Kündigung die Mitteilung über den Rücknahmebeschluss zugeht; unter dieser Voraussetzung erwirbt der Arbeitnehmer keinen Vertrauensschutz und keine Rechte aus § 102 Abs. 5 BetrVG (vgl. KR/*Etzel* § 102 BetrVG Rn. 141).

R. Die Weiterbeschäftigung des gekündigten Arbeitnehmers    Kapitel 4

*d) Anwendbarkeit des KSchG*

Ferner muss das KSchG auf das Arbeitsverhältnis Anwendung finden (§§ 1, 23 KSchG). 3296

*e) Rechtzeitige Erhebung der Kündigungsschutzklage*

Der Arbeitnehmer muss zudem rechtzeitig (§§ 4, 7 KSchG) Kündigungsschutzklage erheben. 3297

*aa) Nachträgliche Erhebung der Kündigungsschutzklage*

Ist die Kündigungsschutzklage verspätet erhoben, wird sie aber gem. § 5 KSchG nachträglich zuge- 3298
lassen, so kann der Weiterbeschäftigungsanspruch **erst ab diesem Zeitpunkt** in Betracht kommen,
weil erst mit Rechtskraft des Zulassungsbeschlusses feststeht, dass die Unwirksamkeit der Kündigung nicht verspätet geltend gemacht wurde und die Fiktion des § 7 KSchG nicht eingetreten ist
(GK-BetrVG/*Raab* § 102 Rn. 171).

*bb) Unwirksamkeit der Kündigung aus anderen Gründen*

Wird die Kündigungsschutzklage zwar rechtzeitig erhoben, aber die Unwirksamkeit aus anderen 3299
Gründen als der Sozialwidrigkeit nach § 1 KSchG behauptet, besteht **kein Anspruch** auf Weiterbeschäftigung.

**Es genügt aber, wenn die Sozialwidrigkeit neben anderen Gründen geltend gemacht wird**; gem. § 6 3300
KSchG kann sie bis zum Schluss der erstinstanzlichen mündlichen Verhandlung auch nachträglich
geltend gemacht werden. Erst ab diesem Zeitpunkt besteht dann allerdings der Weiterbeschäftigungsanspruch gem. § 102 Abs. 5 BetrVG.

*cc) Klagerücknahme; Auflösungsantrag*

Nimmt der Arbeitnehmer die Kündigungsschutzklage zurück oder stellt er im Prozess nach § 9 3301
KSchG den Auflösungsantrag, so entfällt ab diesem Zeitpunkt sein Weiterbeschäftigungsanspruch,
weil er so sein Desinteresse am Erhalt des Arbeitsplatzes bekundet.

*f) Verlangen nach Weiterbeschäftigung*

Erforderlich ist schließlich, dass der Arbeitnehmer **deutlich erkennbar** vom Arbeitgeber seine vorläu- 3302
fige Weiterbeschäftigung für die Dauer des Kündigungsschutzprozesses verlangt.

Dieses Verlangen ist zwar an **keine bestimmte Form** gebunden. Dennoch bedarf es im Hinblick auf 3303
den Gesetzeswortlaut eines **aktiven Tuns** des Arbeitnehmers, er muss die Weiterbeschäftigung ausdrücklich verlangen (KR/*Etzel* § 102 BetrVG Rn. 211).

Nicht vorgesehen ist in § 102 Abs. 5 BetrVG eine bestimmte **Frist**, innerhalb der der Arbeitnehmer 3304
seine Weiterbeschäftigung verlangen muss (*BAG* 31.8.1978 EzA § 102 BetrVG 1972 Beschäftigungspflicht Nr. 7). Allerdings trägt der Arbeitnehmer bei später Antragsstellung das **Risiko, dass
der Arbeitsplatz zwischenzeitlich anderweitig besetzt ist und der Arbeitgeber ihn zu diesem Zeitpunkt nicht mehr beschäftigen kann.**

Im Hinblick auf die damit gegebene Rechtsunsicherheit wird in der Literatur (KR/*Etzel* § 102 3305
BetrVG Rn. 209; a. A. GK-BetrVG/*Raab* § 102 Rn. 173) auch die Auffassung vertreten, dass das
Weiterbeschäftigungsverlangen grds. **vor Ablauf der Kündigungsfrist** bzw. dann, wenn die Kündigungsfrist kürzer als die 3-wöchige Klagefrist ist, **spätestens mit der Klageerhebung** geltend gemacht werden muss. Das *BAG* (11.5.2000 EzA § 102 BetrVG 1972 Beschäftigungspflicht Nr. 11; s. a. *BAG*
17.6.1999 EzA § 102 BetrVG 1972 Beschäftigungspflicht Nr. 10; ebenso *LAG München*
17.12.2003 NZA-RR 2005, 312 LS) hält jedenfalls das Weiterbeschäftigungsverlangen des Arbeitnehmers **am ersten Arbeitstag nach Ablauf der Kündigungsfrist für rechtzeitig.**

## 5. Inhalt des Anspruchs

### a) Fortsetzung des gekündigten Arbeitsverhältnisses

3306 Liegen die Tatbestandsvoraussetzungen vor, so ist der Arbeitnehmer in der Zeit nach Ablauf der Kündigungsfrist bis zum rechtskräftigen Abschluss des Kündigungsschutzverfahrens zu unveränderten Arbeitsbedingungen weiterzubeschäftigen.

3307 Der Wortlaut des § 102 Abs. 5 BetrVG spricht für eine nahtlose Fortsetzung des Arbeitsverhältnisses, wie es zwischen Arbeitgeber und Arbeitnehmer unmittelbar vor Ablauf der Kündigungsfrist bestanden hat, allerdings auflösend bedingt durch die rechtskräftige Abweisung der Kündigungsschutzklage (vgl. BT-Drs. VI/1806 S. 9; VI/2729 S. 31, 47; *BAG* 10.3.1987 EzA § 611 BGB Beschäftigungspflicht Nr. 28).

### b) Der Inhalt des Weiterbeschäftigungsverhältnisses

#### aa) Unveränderte Arbeitsbedingungen

3308 Dem Arbeitnehmer stehen dieselben Rechte zu, die ihm im ungekündigten Arbeitsverhältnis zugestanden haben (Vergütung, Sonderzuwendungen, Sozialleistungen, tatsächliche Beschäftigung; vgl. *BAG* 26.5.1977 EzA § 611 BGB Beschäftigungspflicht Nr. 2; *LAG Nbg.* 12.9.2007 – 4 Sa 586/07, ZTR 2008, 108), denn unter unveränderten Arbeitsbedingungen sind **die bei Ablauf der Kündigungsfrist bestehenden Arbeitsbedingungen** zu verstehen (KR/*Etzel* § 102 BetrVG Rn. 218).

3309 Dies bedeutet aber andererseits, dass der Arbeitnehmer z. B. von solchen Leistungen ausgeschlossen werden kann, die Arbeitnehmern im gekündigten Arbeitsverhältnis nicht zustehen, etwa wenn der Arbeitgeber eine freiwillige Weihnachtsgratifikation nur Arbeitnehmern im ungekündigten Arbeitsverhältnis gewährt.

3310 Die **sonstigen Arbeitsbedingungen** einschließlich der Nebenleistungen (Werkdienstwohnung, Werkmietwohnung) bleiben aber **unverändert**. Der weiterbeschäftigte Arbeitnehmer kann im Übrigen nicht mehr Rechte geltend machen als der ungekündigte Arbeitnehmer. Folglich kann er im Rahmen des Direktionsrechts auf einen anderen gleichwertigen Arbeitsplatz umgesetzt werden (KR/*Etzel* § 102 BetrVG Rn. 218).

#### bb) Anrechnung der Dauer der Betriebszugehörigkeit?

3311 Fraglich ist, ob dann, wenn und soweit es für den Grund oder die Höhe eines Anspruchs des Arbeitnehmers auf die Dauer der Betriebszugehörigkeit ankommt (z. B. bei Ruhegeldansprüchen), die gesamte bisherige Beschäftigungszeit einschließlich der Zeit der Weiterbeschäftigung nach § 102 Abs. 5 BetrVG zugrunde zu legen ist.

3312 Dafür spricht nach Auffassung von *Etzel* (KR § 102 BetrVG Rn. 219), dass das im Falle der Rechtswirksamkeit der Kündigung unterbrochene mit dem auf Grund des § 102 Abs. 5 BetrVG fortgesetzten Arbeitsverhältnis in einem **unmittelbaren inneren Zusammenhang** steht.

#### cc) Eintritt besonderen Kündigungsschutzes?

3313 Nach Auffassung von *Etzel* (KR § 102 BetrVG Rn. 221) kann dem Arbeitnehmer während der Weiterbeschäftigung der besondere Kündigungsschutz (z. B. gem. § 9 MuSchG, §§ 85 ff. SGB IX) erwachsen, mit der Folge, dass **weitere Kündigungen** während der Dauer des Weiterbeschäftigungszeitraums **behördlicher Zustimmung** bedürfen.

3314 Das ändert aber nichts daran, dass dann, wenn sich die den Weiterbeschäftigungsanspruch auslösende erste Kündigung als wirksam erweist, das Arbeitsverhältnis automatisch endet (auflösende Bedingung), wenn der Arbeitnehmer im Kündigungsschutzrechtsstreit wegen der ersten Kündigung unterliegt.

## dd) Wahlrecht

Als Arbeitnehmer des Betriebes ist der nach § 102 Abs. 5 BetrVG weiterbeschäftigte Arbeitnehmer nach wie vor bei **Betriebsratswahlen** aktiv und passiv wahlberechtigt (*LAG Bln.* 2.5.1994 BB 1994, 1857; APS/*Koch* § 102 BetrVG Rn. 211). 3315

## 6. Verhältnis zum allgemeinen Weiterbeschäftigungsanspruch; prozessuale Fragen

Der Weiterbeschäftigungsanspruch gem. § 102 Abs. 5 BetrVG, § 79 Abs. 2 BPersVG wird durch den sog. allgemeinen Weiterbeschäftigungsanspruch (s. Rdn. 3331 ff.) nicht berührt (*Dütz* NZA 1986, 210). Die Erfüllung seiner formalen Voraussetzungen ist vor allem unabhängig vom Bestehen eines vertraglichen Beschäftigungsanspruchs sowie von der Feststellung der Unwirksamkeit der Kündigung. 3316

Der Arbeitnehmer kann seine Weiterbeschäftigung klageweise neben dem Kündigungsschutzantrag und dem Vergütungsanspruch geltend machen (§ 260 ZPO). Ebenso ist bei Vorliegen der allgemeinen Voraussetzungen (§§ 935, 940 ZPO) der Erlass einer einstweiligen Verfügung möglich (*LAG München* 17.12.2003 NZA-RR 2005, 312 LS). Das gem. § 935 ZPO erforderliche besondere Sicherungsinteresse ergibt sich schon aus der Rechtsnatur des Anspruchs und dem drohenden endgültigen Rechtsverlust, sodass die Darlegung eines besonderen Verfügungsgrundes nicht erforderlich ist (*LAG München* 16.8.1995 LAGE § 102 BetrVG 1972 Beschäftigungspflicht Nr. 22; *LAG Hmb.* 14.9.1992 NZA 1993, 140 u. 25.1.1994 LAGE § 102 BetrVG 1972 Beschäftigungspflicht Nr. 21; *LAG Hamm* 24.1.1994 AuR 1994, 310; a. A. *LAG Nbg.* 17.8.2004 LAGE § 102 BetrVG 2001 Beschäftigungspflicht Nr. 2; 12.9.2007 – 4 Sa 586/07, ZTR 2008, 108; *Schäfer* Der einstweilige Rechtsschutz im Arbeitsrecht Rn. 80: **besonderer Verfügungsgrund erforderlich**). Zumindest dann, wenn der Arbeitnehmer das Verfügungsverfahren **nicht mit dem nötigen Nachdruck** betreibt, was z. B. durch die Einreichung der Berufungsbegründung erst nach Verlängerung der Berufungsbegründungsfrist zum Ausdruck kommt, wird allerdings deutlich, dass ein **Eilbedürfnis offenbar nicht besteht** (*LAG Nbg.* 17.8.2004 LAGE § 102 BetrVG 2001 Beschäftigungspflicht Nr. 2). Gleiches gilt dann, wenn der Arbeitnehmer **dreieinhalb Monate** lang auf jeglichen Rechtsschutz gegen die Freistellung bis zum Ablauf der Kündigungsfrist **verzichtet** und erst fast zwei Monate nach Ablauf der Kündigungsfrist eine Weiterbeschäftigungsverfügung beantragt (*LAG München* 17.12.2003 NZA-RR 2005, 312 LS), sowie solange, wie der Arbeitnehmer mit dem Arbeitgeber Verhandlungen über eine gütliche Beilegung des Streits führt (so jedenfalls *Hess. LAG* 10.5.2010 – 16SaGa 341/10, FA 2010, 240). 3317

Die **Entbindung** von der Weiterbeschäftigungspflicht aus den Gründen des § 102 Abs. 5 S. 2 BetrVG (s. dazu Rdn. 3319) hat der Arbeitgeber durch **einstweilige Verfügung** zu verfolgen (APS/*Koch* § 102 BetrVG Rn. 225). Hat der Arbeitnehmer seine Weiterbeschäftigung bereits durch Klage und einstweilige Verfügung geltend gemacht, so kann der Arbeitgeber die Gegengründe aus prozessualen Erwägungen im Wege des Einwandes im bereits anhängigen Verfahren einbringen. 3318

## 7. Entbindung des Arbeitgebers von der Weiterbeschäftigungspflicht (§ 102 Abs. 5 S. 2 BetrVG)

### a) Überblick

Nach § 102 Abs. 5 S. 2 BetrVG kann der Arbeitgeber auf Grund einer einstweiligen Verfügung des ArbG von der Verpflichtung zur Weiterbeschäftigung entbunden werden, wenn 3319
– die Klage des Arbeitnehmers keine hinreichende Aussicht auf Erfolg bietet oder mutwillig erscheint, oder
– sie zu einer unzumutbaren wirtschaftlichen Belastung des Arbeitgebers führen würde (s. dazu *ArbG Hmb.* 3.4.2008 – 9 Ga 12/08, AuR 2008, 277 LS), oder

— der Widerspruch des Betriebsrats offensichtlich unbegründet war; dass der Widerspruch nicht ordnungsgemäß i. S. d. gesetzlichen Regelung ist, genügt nicht (*LAG München* 17.12.2003 NZA-RR 2005, 312 LS).

3320 Die enumerative Aufzählung der Entbindungsgründe in § 102 Abs. 5 S. 2 BetrVG ist **abschließend** (KR/*Etzel* § 102 BetrVG Rn. 232); die Berufung auf weitere Gründe ist nicht möglich. Allerdings bedarf es nach Auffassung von *Willemsen/Hohenstatt* (DB 1995, 215 ff.) bei einer **Betriebs(teil)stilllegung keiner Entbindung** des Arbeitgebers gem. § 102 Abs. 2 S. 2 BetrVG, weil dann die Beschäftigung der Arbeitnehmer gem. § 275 BGB unmöglich ist.

### b) Fehlende Erfolgsaussicht

3321 Die Klage bietet dann keine hinreichende Erfolgsaussicht oder erscheint mutwillig, wenn nach **summarischer Prüfung eine verständige Partei in Kenntnis der Sachlage ihr Recht nicht in dieser Weise verfolgen würde** (APS/*Koch* § 102 BetrVG Rn. 220).

### c) Unzumutbare wirtschaftliche Belastung des Arbeitgebers

3322 Die Weiterbeschäftigung des Arbeitnehmers darf nicht zu einer unzumutbaren wirtschaftlichen Belastung des Arbeitgebers betriebs-, nicht unternehmensbezogen (*Rieble* BB 2003, 844 ff.) führen.

3323 Das setzt voraus, dass die wirtschaftliche Belastung des Arbeitgebers – Lohnkostenaufwand – gerade wegen der Weiterbeschäftigung des Arbeitnehmers so gravierend sein muss, dass Auswirkungen für die Liquidität oder Wettbewerbsfähigkeit des Arbeitgebers nicht von der Hand zu weisen sind. Unberücksichtigt bleiben von vornherein Entgeltkosten, die der Arbeitgeber auch ungeachtet seiner Weiterbeschäftigungspflicht zu tragen hätte. Kosten, die nur entstanden sind, weil die rechtmäßigen Kündigungsfristen nicht eingehalten werden, haben ebenfalls außer Betracht zu bleiben (*LAG Hmb.* 16.5.2001 NZA-RR 2002, 25).Es genügt nicht, dass der Arbeitgeber **keine Beschäftigungsmöglichkeit** mehr für den Arbeitnehmer hat. Denn auch bei der betriebsbedingten Kündigung geht das Gesetz von der Weiterbeschäftigung aus (APS/*Koch* § 102 BetrVG Rn. 221 ff.; s. a. *LAG München* 8.9.2011 LAGE § 102 BetrVG 2001 Beschäftigungspflicht Nr. 5).

3324 Erforderlich ist eine **Interessenabwägung** zwischen den berechtigten Belangen des Arbeitnehmers und den wirtschaftlichen Belangen des Arbeitgebers. Entscheidend muss auf eine Gesamtbetrachtung der **finanziellen Verhältnisse des Unternehmens** abgestellt werden und der **Lohnkostenaufwand** einschließlich der Lohnnebenkosten des Gekündigten (zutr. *LAG München* 17.12.2003 NZA-RR 2005, 312 LS) dazu in Verhältnis gesetzt werden. Die wirtschaftliche Belastung muss sich durch die Weiterbeschäftigung als **so gravierend** darstellen, dass dadurch **die Zahlungs- oder Wettbewerbsfähigkeit des Betriebes tangiert** wird.

3325 Werden in einem Betrieb **mehrere Arbeitnehmer nach § 102 Abs. 5 S. 1 BetrVG** weiterbeschäftigt, so ist eine **Gesamtbewertung** der finanziellen Verhältnisse, nicht eine jeweils nur auf einen Arbeitnehmer bezogene Einzelfallbetrachtung erforderlich (*Rieble* BB 2003, 844 ff.). Der Arbeitgeber hat dann **so viele Arbeitnehmer weiterzubeschäftigen**, wie es ihm wirtschaftlich **zumutbar ist**. Die Auswahl erfolgt nach sozialen Gesichtspunkten anhand von § 1 Abs. 3 KSchG. Andererseits kommt es nicht darauf an, ob ein Betrieb oder Betriebsteil insgesamt stillgelegt wird, ob eine Betriebsänderung eine Viel- oder Mehrzahl von Arbeitnehmern erfasst oder ein Sozialplan abgeschlossen wird. Denn der Entbindungsgrund des § 102 Abs. 5 S. 2 Nr. 2 BetrVG stellt **für alle Arten von Kündigungen dieselben Voraussetzungen** für eine Entbindung von der Weiterbeschäftigungspflicht auf (*LAG Hmb.* 16.5.2001 NZA-RR 2002, 25). Er gilt auch dann, wenn das Arbeitsverhältnis gem. § 102 Abs. 5 BetrVG zwar weiter besteht und der Arbeitgeber Arbeitsentgelt schuldet, der Arbeitnehmer aber ausnahmsweise **keinen Anspruch auf tatsächliche Weiterbeschäftigung hat** und deshalb auch tatsächlich nicht weiterbeschäftigt wird (*LAG München* 17.12.2003 NZA-RR 2005, 312 LS).

### d) Offensichtlich unbegründeter Widerspruch des Betriebsrats

Der Arbeitgeber kann auch dann von der Weiterbeschäftigungspflicht entbunden werden, wenn der Widerspruch des Betriebsrats offensichtlich unbegründet ist. Das ist dann der Fall, wenn er zwar ordnungsgemäß erhoben wurde, ein Widerspruchsrecht aber offensichtlich nicht bestand. **3326**

Die **Grundlosigkeit des Widerspruchs muss sich aufdrängen**, die Umstände dürfen nicht erst als Resultat eines schwierigen Beweiserhebungsverfahrens zu Tage treten. **3327**

Der Widerspruch muss zum Erhebungszeitpunkt offensichtlich unbegründet gewesen sein, eine spätere eintretende Unbegründetheit genügt nicht. Ein Widerspruch ist z. B. dann offensichtlich unbegründet, wenn **Auswahlrichtlinien**, gegen die der Arbeitgeber verstoßen haben soll, **gar nicht bestehen** (*LAG Bln.* 5.9.2003 – 13 Sa 1629/03, EzA-SD 22/03, S. 12 LS; KR/*Etzel* § 102 BetrVG Rn. 230 ff.). **3328**

### e) Vergütungsanspruch bis zur Entbindung

Die Entbindung des Arbeitgebers gem. § 102 Abs. 5 S. 2 BetrVG durch das (Rechtsmittel-)Gericht lässt für die Zeit bis zur Entbindungsentscheidung angefallene Vergütungsansprüche des Arbeitnehmers unberührt (*BAG* 7.3.1996 EzA § 102 BetrVG Beschäftigungspflicht Nr. 9). **3329**

### f) Weitere Kündigung

Ist der Arbeitgeber durch einstweilige Verfügung im Anschluss an die erste Kündigung von seiner Weiterbeschäftigungspflicht entbunden worden, so beseitigt dies seine Pflicht zur Weiterbeschäftigung des Arbeitnehmers. Er ist insbes. nicht verpflichtet, erneut ein Verfahren auf Erlass einer einstweiligen Verfügung einzuleiten, wenn der Arbeitgeber eine weitere vorsorgliche Kündigung auf Grund des im Wesentlichen gleichen Kündigungssachverhalts erklärt und der Betriebsrat der zweiten Kündigung erneut widerspricht. Die zweite Kündigung kann also die Rechtsposition des Arbeitnehmers beim Weiterbeschäftigungsanspruch nach § 102 Abs. 5 BetrVG nicht verbessern (*BAG* 18.9.2003 EzA § 102 BetrVG 2001 Beschäftigungspflicht Nr. 2). **3330**

## II. Allgemeiner Weiterbeschäftigungsanspruch (Weiterbeschäftigung außerhalb des § 102 Abs. 5 BetrVG, § 79 Abs. 2 BPersVG)

### 1. Rechtsauffassung des BAG

#### a) Die praktische Ausgangssituation nach Ausspruch der Kündigung

Nach Ablauf der Kündigungsfrist bzw. im Falle der außerordentlichen Kündigung i. d. R. sofort nach Zugang muss der Arbeitnehmer **zunächst einmal den Betrieb verlassen**, auch dann, wenn er eine Kündigungsschutzklage erhoben hat. **3331**

Im Hinblick auf § 615 BGB ist für ihn ungewiss, ob sein Lebensunterhalt zwischenzeitlich gesichert ist, weil Ansprüche aus Annahmeverzug die Unwirksamkeit der Kündigung voraussetzen, hinsichtlich derer aber im laufenden Kündigungsschutzverfahren gerade Ungewissheit besteht. **3332**

Ferner besteht ein berechtigtes Interesse des Arbeitnehmers daran, die **Beeinträchtigung seines Persönlichkeitsrechts** durch die Kündigung und durch das erzwungene Nichtstun abzuwenden. Bei einer personen- oder einer verhaltensbedingten Kündigung kommt hinzu, dass er den in der Kündigung liegenden Makel durch seine Weiterarbeit im Betrieb beseitigen will. **3333**

Auch kann der Arbeitnehmer ein Interesse daran haben, dass seine Fähigkeiten während der Dauer des Kündigungsschutzprozesses nicht brachliegen. Schließlich ist es für eine Bewerbung in einem neuen Betrieb vorteilhafter, wenn er auf eine ununterbrochene Beschäftigung verweisen kann. **3334**

Andererseits möchte sich der Arbeitgeber nicht durch eine zwischenzeitliche Weiterbeschäftigung in Widerspruch zu der von ihm erklärten Kündigung setzen. **3335**

### b) Anerkennung eines allgemeinen Weiterbeschäftigungsanspruchs nach Ausspruch einer Kündigung

**3336** Im Hinblick auf diese wechselseitige Interessenlage vertritt das *BAG* (*GS* 27.2.1985 EzA § 611 BGB Beschäftigungspflicht Nr. 9) die Auffassung, dass der aus §§ 611, 613 BGB i. V. m. § 242 BGB (ausgefüllt durch die Wertentscheidungen der Art. 1, 2 GG) abgeleitete Beschäftigungsanspruch, der für die Dauer des Arbeitsverhältnisses gegeben ist, grds. auch für die Dauer eines Kündigungsschutzprozesses bestehen muss, wenn die umstrittene Kündigung des Arbeitgebers unwirksam ist und das Arbeitsverhältnis deshalb auch während des Kündigungsschutzprozesses fortbesteht.

**3337** Dem stehen weder § 102 Abs. 5 BetrVG, § 79 Abs. 2 BPersVG noch § 615 BGB, § 11 KSchG entgegen. Danach ist zwar nicht zu verkennen, dass bei einer im Widerspruch zur objektiven Rechtslage erfolgten Weiterbeschäftigung des gekündigten Arbeitnehmers später ein die Wirksamkeit der Kündigung ex tunc rechtskräftig feststellendes Urteil im praktischen Ergebnis die Wirkung eines ex nunc wirkenden Gestaltungsurteils hat, weil die einmal erfolgte Beschäftigung Fakten geschaffen hat, die nicht wieder rückgängig gemacht werden können. Diese Frage stellt sich aber letztlich bei der Durchsetzung jedes Leistungsanspruchs auf Grund eines vorläufig vollstreckbaren Urteils (*BAG* 27.2.1985 EzA § 611 BGB Beschäftigungspflicht Nr. 9).

### c) Anspruchsvoraussetzungen

#### aa) Die Interessenlage hinsichtlich der tatsächlichen Beschäftigung

**3338** Wird das Arbeitsverhältnis vom Arbeitgeber gekündigt und wird dadurch dessen Fortbestehen streitig, weil der gekündigte Arbeitnehmer die Kündigung für unwirksam hält und sich dagegen zur Wehr setzt, so besteht bis zur rechtskräftigen Entscheidung über die Wirksamkeit der Kündigung **Ungewissheit über die objektive Rechtslage**. Diese Ungewissheit schließt nach Auffassung des *BAG* (GS 27.2.1985 EzA § 611 BGB Beschäftigungspflicht Nr. 9) zwar den Anspruch auf tatsächliche Beschäftigung nicht aus, **verändert** aber **die maßgebliche Interessenlage**.

**3339** Denn wenn der Arbeitgeber den gekündigten Arbeitnehmer während des Prozesses weiterbeschäftigt, so geht er das Risiko ein, dass er bei von ihm letztlich gewonnenem Prozess den Arbeitnehmer ohne Rechtsgrund beschäftigt und dadurch zu seinem Nachteil Fakten geschaffen hat, die nicht oder jedenfalls nicht vollständig wieder rückgängig gemacht werden können.

**3340** Beschäftigt er demgegenüber den Arbeitnehmer nicht weiter und wird sodann rechtskräftig die Unwirksamkeit der Kündigung festgestellt, so wird umgekehrt für den Arbeitnehmer das nicht wieder rückgängig zu machende Faktum geschaffen, dass er trotz seines Beschäftigungsanspruchs in der Vergangenheit dennoch nicht beschäftigt worden ist und diese Beschäftigung auch nicht mehr nachgeholt werden kann.

#### bb) Eigenständige Interessenabwägung

**3341** Da die Vollstreckungsvorschriften von ArbGG und ZPO keine ausreichende Handhabe bieten, um den beiderseitigen Interessen der Arbeitsvertragsparteien im Hinblick auf die Weiterbeschäftigung gerecht zu werden, hat zur Bestimmung der Grenzen des allgemeinen Beschäftigungsanspruchs eine eigenständige, **nicht an vollstreckungsrechtliche Regelungen gebundene Interessenabwägung stattzufinden**.

##### (1) Offensichtlich unwirksame Kündigung

**3342** Trotz Ausspruchs der Kündigung überwiegt das Interesse des Arbeitnehmers an tatsächlicher Beschäftigung dann, wenn die umstrittene Kündigung offensichtlich unwirksam ist. Das ist dann der Fall, wenn sich schon aus dem eigenen Vortrag des Arbeitgebers ohne Beweiserhebung und ohne dass ein Beurteilungsspielraum besteht, **jedem »Kundigen« die Unwirksamkeit der Kündigung geradezu aufdrängen muss** (vgl. *BAG* 26.5.1977 EzA § 611 BGB Beschäftigungspflicht

Nr. 2). Denn dann besteht objektiv keine Ungewissheit über den Fortbestand des Arbeitsverhältnisses.

*(2) Überwiegen des Arbeitgeberinteresses*

Im Übrigen begründet die Ungewissheit über die Wirksamkeit der Kündigung und damit den Prozessausgang zunächst ein schutzwertes Interesse des Arbeitgebers, den gekündigten Arbeitnehmer für die Dauer des Kündigungsschutzprozesses nicht beschäftigen zu müssen. Denn durch die tatsächliche Weiterbeschäftigung können personen-, verhaltens- und betriebsbedingte Kündigungsgründe an Bedeutung verlieren. 3343

*(3) Obsiegen des Arbeitnehmers in erster Instanz*

Die Interessenlage ändert sich aber, wenn im Kündigungsschutzprozess ein die Instanz abschließendes Urteil ergeht, das die Unwirksamkeit der Kündigung und damit den Fortbestand des Arbeitsverhältnisses feststellt, ohne damit an der objektiven Rechtslage etwas zu ändern, weil es sich nicht um ein Gestaltungsurteil handelt. 3344

Ein derartiges, nicht rechtskräftiges Urteil wirkt sich aber auf die maßgebliche Interessenlage dahin aus, dass nunmehr die Ungewissheit des endgültigen Prozessausgangs für sich allein ein überwiegendes Interesse des Arbeitgebers nicht mehr begründen kann. Es müssen dann vielmehr zusätzliche Umstände für ein überwiegendes Interesse des Arbeitgebers hinzukommen. 3345

In Betracht kommen z. B. Umstände, die auch im unstreitig bestehenden Arbeitsverhältnis den Arbeitgeber zur **vorläufigen Suspendierung** des Arbeitnehmers berechtigen (z. B. der Verdacht des Verrats von Betriebsgeheimnissen oder die Herbeiführung einer unzumutbaren wirtschaftlichen Belastung des Arbeitgebers durch die Weiterbeschäftigung). 3346

Nur dann kann der Arbeitgeber nach einem ergangenen, noch nicht rechtskräftigen gerichtlichen Urteil, das die Unwirksamkeit der Kündigung feststellt, seine Verurteilung zur Weiterbeschäftigung des gekündigten Arbeitnehmers für die Dauer des Rechtsstreits abwenden (*BAG* 27.2.1985 EzA § 611 BGB Beschäftigungspflicht Nr. 9). Diese »zusätzlichen Umstände« sind solche, die **nicht bereits Gegenstand der Prüfung der Rechtmäßigkeit der Kündigung** nach § 626 BGB oder § 1 KSchG **sind**. Maßgeblich sind vielmehr solche Umstände, die neben den für die Voraussetzung zur Rechtfertigung der Kündigung vorzutragenden Tatsachen die Interessenlage der Beteiligten prägen; die wechselseitigen Interessen sind insoweit gegenüberzustellen (*Hess. LAG* 15.12.2006 NZA-RR 2007, 192). 3347

▶ Beispiele: 3348
- Das Interesse des Arbeitgebers an einer Nichtbeschäftigung des Arbeitnehmers während des Kündigungsschutzrechtsstreits überwiegt das Beschäftigungsinteresse des Arbeitnehmers dann, wenn dieser wegen der **Tatvorwürfe** – sexueller Missbrauch von Patientinnen durch einen angestellten Arzt – **rechtskräftig** zu einer **erheblichen Freiheitsstrafe verurteilt** worden ist. Das gilt auch dann, wenn der Arbeitnehmer gegen das rechtskräftige Strafurteil Verfassungsbeschwerde eingelegt hat (*LAG Köln* 29.11.2005 NZA-RR 2006, 443).
- Trotz Vorliegens einer unwirksamen Verdachtskündigung wegen vom Arbeitgeber **behaupteten vorsätzlichen Herbeiführens von Verkehrsunfällen** mit einem Lkw im öffentlichen Straßenverkehr kann dessen Interesse an der Nichtbeschäftigung überwiegen. Denn zu berücksichtigen ist, dass der Arbeitnehmer seine Arbeitsleistung nicht in den Räumen des Arbeitgebers, sondern **außerhalb dessen Einflussbereichs und Kontrolle erbringt**. Zudem besteht bei jeder vorsätzlichen Herbeiführung von Verkehrsunfällen neben der Gefahr für das Vermögen der Beklagten und des kommunalen Versicherungsträgers die Gefahr der Verletzung Unbeteiligter (*Hess. LAG* 15.12.2006 NZA-RR 2007, 192).
- Mangels ausdrücklicher Regelung im Arbeitsvertrag und mangels besonderer Umstände kann sich der im Rahmen eines Kündigungsschutzprozesses zur Weiterbeschäftigung verurteilte Arbeitgeber seiner Beschäftigungspflicht aber **nicht bereits dadurch entziehen**, dass er den Arbeit-

# Kapitel 4

Die Beendigung des Arbeitsverhältnisses

nehmer unter Fortzahlung der Vergütung von der Arbeit freistellt (*LAG Bln.* 13.10.2003 LAGE § 611 BGB Beschäftigungspflicht Nr. 46).

### d) Prozessuale Geltendmachung des Anspruchs; einstweilige Verfügung; Zwangsvollstreckung

3349 Der Arbeitnehmer kann den Antrag, »den Arbeitgeber zu verurteilen, ihn zu unveränderten Arbeitsbedingungen bis zum rechtskräftigen Abschluss des Kündigungsschutzrechtsstreits weiterzubeschäftigen«, als **unbedingten Hauptantrag** im Kündigungsschutzprozess stellen. Da er sich dann aber in jedem Fall – also auch bei Abweisung des Kündigungsschutzantrags – streitwerterhöhend und folglich auch kostenerhöhend auswirkt, empfiehlt es sich, den Antrag als sog. **uneigentlichen Hilfsantrag nur für den Fall zu stellen, dass der Kündigungsschutzklage stattgegeben wird**. Das ist zulässig (*BAG* 8.4.1988 EzA § 611 BGB Beschäftigungspflicht Nr. 30).

3350 Ein derartiger Antrag ist grds. auch inhaltlich hinreichend bestimmt i. S. d. § 253 Abs. 2 Nr. 2 ZPO, wenn die »unveränderten Arbeitsbedingungen« aus der Klagebegründung ersichtlich sind. Eine nähere Präzisierung ist nur dann erforderlich, wenn in dem Rechtsstreit zwischen den Parteien Streit über einzelne Arbeitsbedingungen besteht (*Germelmann/Matthes/Prütting* § 46 Rn. 49; zum Klageantrag und prozesstaktischen Überlegungen vgl. *Growe* NZA 1996, 567 ff.).

3351 Die Zwangsvollstreckung aus einem, einem derartigen Antrag stattgebenden Urteil, bestimmt sich nach § 888 ZPO (*LAG RhPf* 27.11.2007 – 10 Ta 263/07, AuR 2008, 193 LS; s. a. *Leydecker/Heider/Fröhlich* BB 2009, 2703 ff.). Ein in einem Kündigungsschutzverfahren ausgeurteilter Weiterbeschäftigungsanspruch ist insoweit **hinreichend bestimmt**, als die **Art der ausgeurteilten Beschäftigung des Arbeitnehmers aus dem Titel ersichtlich ist**. Das ist z. B. dann gegeben, wenn die Verurteilung zur Beschäftigung als »Angestellter« erfolgt ist und sich aus dem Titel ergibt, mit welcher Art von Tätigkeiten der Arbeitnehmer befasst war. Im Zwangsvollstreckungsverfahren können gegen die Zwangsvollstreckung Gründe, aus denen die Beschäftigung des Vollstreckungsgläubigers unmöglich sein soll, nicht angeführt werden, soweit sie bereits Gegenstand des Erkenntnisverfahrens bis zum Erlass des Titels waren (*BAG* 15.4.2009 EzA § 253 ZPO 2002 Nr. 2).

3352 Wird ein Arbeitgeber durch Urteil verpflichtet, den Arbeitnehmer »als Lagerleiter weiter zu beschäftigen«, dann ist anhand des Urteils oder aus sonstigen im Erkenntnisverfahren vorgelegten Urkunden durch Auslegung zu ermitteln, ob diese Kennzeichnung des Beschäftigungsinhalts so konkret genug ist, um nach § 888 ZPO vollstreckungsfähig zu sein. Allein die Bezeichnung »Lagerleitung« ist aus sich heraus nicht eindeutig und bestimmt genug, wenn die Parteien im Vollstreckungsverfahren kontroverse Ansichten äußern, ob die gegenwärtige Beschäftigung des Gläubigers bereits den potenziellen Inhalt der Lagerleitung erfasst oder ob das noch nicht der Fall ist (*LAG RhPf* 3.2.2005 NZA-RR 2005, 550). Insgesamt können der Vollstreckung insoweit materiell-rechtliche Einwendungen – z. B. weitere Kündigungen – nicht entgegengehalten werden; sie können nur im Wege der Vollstreckungsgegenklage gem. § 767 ZPO geltend gemacht werden (*LAG RhPf* 27.11.2007 – 10 Ta 263/07, AuR 2008, 193 LS).

Der zur Weiterbeschäftigung verurteilte Arbeitgeber kann sich im **Zwangsvollstreckungsverfahren** zur Begründung eines Antrags auf Einstellung der Zwangsvollstreckung im Übrigen **nicht auf die Unmöglichkeit der Weiterbeschäftigung berufen**, weil das Arbeitsverhältnis auf ein Schwesterunternehmen übergegangen sei, wenn beide Unternehmen durch eine gemeinsame und einheitliche Personalleitung gesteuert werden. Denn dann ist davon auszugehen, dass die Holding dem Arbeitnehmer in dem ausgegliederten Unternehmen eine Weiterbeschäftigung verschaffen kann (*LAG Köln* 9.3.2006 NZA-RR 2006, 437). Der Anspruchsteller kann bei einer **deutschlandweit agierenden Warenhauskette** auch nicht darauf verwiesen werden, sein Recht auf vorläufige Weiterbeschäftigung bis zur Erledigung des Kündigungsschutzrechtsstreits statt in ca. 3, 18, 19 oder auch 35 km Entfernung von seiner Wohnung allenfalls an einem Standort des Arbeitgebers **in ca. 237 km Entfernung** wahrzunehmen (*ArbG Bln.* 4.8.2011 LAGE § 611 BGB 2002 Beschäftigungspflicht Nr. 10).

R. Die Weiterbeschäftigung des gekündigten Arbeitnehmers  **Kapitel 4**

Der Zwangsvollstreckung steht **im Insolvenzfall** beim Arbeitgeber im Übrigen weder eine Untersagung von Zwangsvollstreckungsmaßnahmen durch das Insolvenzgericht gem. § 21 Abs. 2 Nr. 3 InsO noch das gesetzliche Einzelzwangsvollstreckungsverbot nach § 89 InsO entgegen (zutr. *Gaumann/Liebermann* NZA 2005, 908 ff.). 3353

Sofern ein »starker« vorläufiger Insolvenzverwalter bestellt oder das Insolvenzverfahren eröffnet worden ist, kann der Schuldner der drohenden Vollstreckung nach § 888 ZPO den Einwand der Unmöglichkeit entgegenhalten. In diesen Fällen ist entsprechend § 727 ZPO eine Titelumschreibung auf den »starken« vorläufigen Insolvenzverwalter bzw. den Insolvenzverwalter zulässig. Diese sind mit der Übernahme der Verwaltungs- und Verfügungsbefugnis in die Arbeitgeberstellung eingerückt und hinsichtlich der Weiterbeschäftigungsverpflichtung als Rechtsnachfolger des Schuldners anzusehen (*Gaumann/Liebermann* NZA 2005, 908 ff.). 3354

Der Weiterbeschäftigungsanspruch kann auch durch eine **einstweilige Verfügung** geltend gemacht werden (vgl. dazu *Reidel* NZA 2000, 454 ff.; APS/*Koch* § 102 BetrVG Rn. 234). Obwohl dieser Anspruch bereits ein überwiegendes Beschäftigungsinteresse des Arbeitnehmers voraussetzt, wird dadurch nicht bereits der Verfügungsgrund indiziert (*Schäfer* Der einstweilige Rechtsschutz im Arbeitsrecht Rn. 74; a. A. LAG *Hmb*. 25.1.2008 – 4 SaGa 2/08, BB 2008, 2636 LS), denn auch ein nach objektiven Kriterien als überwiegend einzustufendes Beschäftigungsinteresse ist im Wege des einstweiligen Rechtsschutzes nur sicherungsfähig, wenn es im Hauptsacheverfahren nicht ausreichend gesichert werden kann. 3355

> Wegen der Möglichkeit, den Weiterbeschäftigungsanspruch im Kündigungsschutzverfahren zu verfolgen und der Abhängigkeit des Anspruchs vom Erfolg im Kündigungsschutzverfahren wird eine einstweilige Verfügung auf Weiterbeschäftigung allerdings i. d. R. nicht in Betracht kommen (*Schäfer* Der einstweilige Rechtsschutz im Arbeitsrecht Rn. 74 m. w. N.; ebenso LAG *Köln* 18.8.2000 NZA-RR 2001, 387; *Reinhard/Kliemt* NZA 2005, 547 f.). Wird die einstweilige Verfügung zudem auf finanzielle Gründe gestützt, kann die erforderliche Dringlichkeit nur zur Abwehr einer sonst eintretenden wirtschaftlichen Notlage bejaht werden (LAG *Hamm* 26.10.2005 – 2 Sa 1682/05, EzA-SD 12/06 S. 14 LS). 3356

Etwas **anderes** kann gelten, wenn der Arbeitnehmer **bei Einreichung der Kündigungsschutzklage aus rechtlichen oder tatsächlichen Gründen gehindert ist, zeitgleich einen Weiterbeschäftigungsantrag anhängig zu machen.** Dies kann der Fall sein, wenn der Beschäftigung Gründe in seiner Person (z. B. Arbeitsunfähigkeit) oder im Betrieb (z. B. zeitweilige Unmöglichkeit der Beschäftigung im Betrieb) entgegenstehen. In diesen Fällen kann sich nach Behebung der Beschäftigungshindernisse ein Verfügungsgrund ergeben. 3357

**Zudem sind Fälle denkbar, in denen das Beschäftigungsinteresse des Arbeitnehmers so gewichtig ist, dass der vorläufige Rechtsschutz auch vor Erlass einer die Unwirksamkeit der Kündigung feststellenden Entscheidung erforderlich erscheint.** 3358

> Es muss dann genügen, dass der Arbeitnehmer den Fortbestand des Arbeitsverhältnisses glaubhaft macht und nach seinen glaubhaft gemachten Angaben die Anordnung der vorläufigen Weiterbeschäftigung zur Abwendung wesentlicher Nachteile notwendig erscheint. Eine derartige atypische Interessenlage kann dann angenommen werden, wenn dem Arbeitnehmer aus der Nichtbeschäftigung schwerwiegende Nachteile drohen und eine überwiegende Wahrscheinlichkeit – auf der Basis der glaubhaft gemachten Angaben des Antragstellers – für die Unwirksamkeit der Kündigung spricht (*Schäfer* Der einstweilige Rechtsschutz im Arbeitsrecht Rn. 75 unter Hinweis auf LAG *Bln*. 24.9.1979 EzA § 611 BGB Beschäftigungspflicht Nr. 4; LAG *Hmb*. 6.8.1985 LAGE § 611 BGB Beschäftigungspflicht Nr. 9). 3359

> Die Zwangsvollstreckung bei einer Weiterbeschäftigungsverfügung richtet sich nach §§ 929 ff., 888 ZPO. Zur **Wahrung der Vollziehungsfrist** des § 929 Abs. 2 ZPO ist nach erlassener Beschäftigungsverfügung die Einreichung eines Zwangsgeldantrags beim Arbeitsgericht innerhalb der Monatsfrist erforderlich. Die wirksame Vollziehung nach §§ 936, 929 Abs. 2 ZPO setzt neben

der Parteizustellung weiter voraus, dass innerhalb der Frist ein Antrag nach § 888 ZPO gestellt wird, denn nur der konkrete Vollstreckungsantrag macht deutlich, dass der Gläubiger den Zustand, den die Handlung des Schuldners beseitigen soll, nicht weiter hinzunehmen bereit ist (*LAG Nds*. 30.12.2010 LAGE § 929 ZPO 2002 Nr. 1).

*e) Entsprechende Anwendung dieser Grundsätze*

3360 Diese Grundsätze gelten entsprechend für die **Änderungsschutzklage**, wenn der Arbeitnehmer das Änderungsangebot auch nicht unter Vorbehalt angenommen hat (*BAG* 28.3.1985 EzA § 767 ZPO Nr. 1).

3361 Gleiches gilt dann, wenn die Parteien über die Rechtswirksamkeit einer vereinbarten **Befristung** oder auflösenden **Bedingung** streiten. In derartigen Fällen genügt es in prozessualer Hinsicht, wenn der Arbeitnehmer auf Weiterbeschäftigung klagt. Dann ist die Unwirksamkeit der Befristung oder der auflösenden Bedingung als Vorfrage zu klären (*BAG* 13.6.1985 EzA § 611 BGB Beschäftigungspflicht Nr. 16; 28.9.1988 EzA § 620 BGB Nr. 104).

3362 Diese Grundsätze gelten auch für den nach einem arbeitgeberseitigen Antrag gem. **§ 9 Abs. 4 S. 1 Nr. 1 BPersVG** betreffend die Ablehnung der Übernahme eines Auszubildenden in ein unbefristetes Arbeitsverhältnis eingetretenen Ungewissheitstatbestand (*BAG* 14.5.1987 EzA § 78a BetrVG 1972 Nr. 18).

3363 Demgegenüber besteht bei einer **Änderungskündigung** dann **kein Anspruch auf Beschäftigung zu den bisherigen Bedingungen** (über den Zugang der Kündigung hinaus bei der außerordentlichen, über den Ablauf der Kündigungsfrist hinaus bis zum rechtskräftigen Abschluss des Kündigungsschutzverfahrens), wenn der Arbeitnehmer die Änderungskündigung **unter Vorbehalt** angenommen hat (*LAG Nbg*. 13.3.2001 – 6 Sa 768/00). Denn weil bei der Vorbehaltsannahme kein Streit mehr über den Fortbestand, sondern nur über den Inhalt des Arbeitsverhältnisses besteht, stellt sich das Problem eines Weiterbeschäftigungsanspruchs – wie beim umstrittenen Fortbestand des Arbeitsverhältnisses – nicht. Wird der Arbeitnehmer folglich, wenn auch zu anderen Bedingungen, tatsächlich weiter beschäftigt, ist seinem Beschäftigungsinteresse zunächst gedient. Der Arbeitnehmer gibt durch die Vorbehaltsannahme selbst zu erkennen, dass ihm zunächst die Weiterbeschäftigung zu geänderten Bedingungen zumutbar erscheint (*BAG* 28.5.2009 EzA § 1 KSchG Interessenausgleich Nr. 19; **a. A.** *ArbG Hmb*. 17.9.2009 LAGE § 2 KSchG Nr. 64).

3364 (derzeit unbesetzt)

### 2. Auswirkung weiterer Kündigungen; Auflösungsantrag

3365 Zweifelhaft ist die Rechtslage dann, wenn der Arbeitgeber durch erstinstanzliches Urteil nach Feststellung der Unwirksamkeit der ausgesprochenen Kündigung zur Weiterbeschäftigung des Arbeitnehmers bis zum rechtskräftigen Abschluss des Rechtsstreits verurteilt worden ist und er weitere Kündigungen erklärt sowie dann, wenn er einen zulässigen Auflösungsantrag gem. § 9 KSchG stellt.

3366 Nach der Rechtsprechung des *BAG* (19.12.1985 EzA § 611 BGB Beschäftigungspflicht Nr. 17, 16.11.1995 EzA Art. 20 EinigungsV Nr. 47) gelten folgende Grundsätze:

*a) Offensichtlich unwirksame Kündigung; Kündigung bei gleichem Lebenssachverhalt*

3367 Hat ein ArbG festgestellt, dass eine bestimmte Kündigung unwirksam ist und hat es deshalb den Arbeitgeber zur Weiterbeschäftigung verurteilt, so hängt die Beantwortung der Frage, ob danach ausgesprochene Kündigungen den Weiterbeschäftigungsanspruch beenden, davon ab, ob sie zu einer **Ungewissheit über den Fortbestand des Arbeitsverhältnisses führen, die derjenigen entspricht, die vor Verkündung des Urteils bestanden hat, das die Unwirksamkeit der ersten Kündigung festgestellt hat.**

Folglich beendet eine weitere offensichtlich unwirksame Kündigung den Weiterbeschäftigungs- 3368
anspruch ebenso wenig wie eine weitere Kündigung, die auf dieselben Gründe gestützt wird, die
nach Auffassung des ArbG schon für die erste Kündigung nicht ausgereicht haben.

*b) Neuer Lebenssachverhalt*

Stützt dagegen der Arbeitgeber eine weitere Kündigung auf einen **neuen Lebenssachverhalt**, der es 3369
möglich erscheinen lässt, dass die erneute Kündigung eine andere rechtliche Beurteilung erfährt,
dann wird damit eine zusätzliche Ungewissheit über den Fortbestand des Arbeitsverhältnisses begründet, die das schutzwürdige Interesse des Arbeitgebers an der Nichtbeschäftigung wieder überwiegen lässt.

Bei der Prüfung der Frage, ob es möglich ist, dass die Kündigung zu einer anderen Beurteilung führt, 3370
sind auch die Umstände zu berücksichtigen, die dafür sprechen, dass der neue Sachverhalt nur vorgeschoben ist (z. B. bei Kettenkündigungen).

*c) Geltendmachung durch den Arbeitgeber*

Geltend zu machen sind die entsprechenden Umstände entweder im Berufungsverfahren gegen das 3371
die Verurteilung zur Weiterbeschäftigung enthaltende arbeitsgerichtliche Urteil oder durch eine gesondert zu erhebende Vollstreckungsgegenklage (vgl. dazu *Schäfer* NZA 1986, 691; s. aber auch *LAG
Köln* 23.8.2001 NZA-RR 2002, 214: Wegfall der Vollstreckbarkeit bei Wegfall des Arbeitsplatzes;
*Hess. LAG* 23.2.2002 ZTR 2002, 294 LS: weitere Kündigung ohne Aufhebung des Titels hindert
nicht die Zwangsvollstreckung).

*d) Auflösungsantrag des Arbeitgebers*

Die durch einen zulässigen Auflösungsantrag des Arbeitgebers nach § 9 KSchG begründete Unge- 3372
wissheit über den Ausgang des Kündigungsschutzprozesses begründet ein schutzwertes Interesse
des Arbeitgebers an der Nichtbeschäftigung des gekündigten Arbeitnehmers für die Prozessdauer
i. S. d. Entscheidung des *BAG* (GS) vom 27.2.1985 (EzA § 611 BGB Beschäftigungspflicht Nr. 9;
*BAG* 16.11.1995 EzA Art. 20 EinigungsV Nr. 47; a. A. *LAG Hessen* 16.3.2010 – 4 Sa 1619/09,
AuR 2011, 128 LS; *ArbG Frankf. a.M.* 4.11.2002 NZA-RR 2003, 196), es sei denn, dass der Antrag
**offensichtlich unzulässig oder unbegründet** ist oder ein besonderes Beschäftigungsinteresse des Arbeitnehmers besteht (zutr. *Müller* BB 2004, 1849 ff.).

### 3. Inhalt des allgemeinen Weiterbeschäftigungsanspruchs und Rechtslage nach rechts-kräftiger Entscheidung über die Wirksamkeit/Unwirksamkeit der Kündigung

*a) Freiwillige Weiterbeschäftigung durch den Arbeitgeber*

*aa) Rechte und Pflichten während der Weiterbeschäftigung*

*(1) Fortsetzung des ursprünglichen Arbeitsverhältnisses*

Fordert der Arbeitgeber einen gekündigten Arbeitnehmer nach Ablauf der Kündigungsfrist auf, 3373
seine Tätigkeit bis zur Entscheidung über die Kündigungsschutzklage fortzusetzen, um das
Risiko hoher Lohnnachzahlungen nach rechtskräftiger Feststellung der Unwirksamkeit der
Kündigung zu vermeiden und ist der Arbeitnehmer mit der Weiterarbeit bis zur rechtskräftigen
Entscheidung einverstanden, so ist nach Auffassung des *BAG* (15.1.1986 EzA § 611 BGB Beschäftigungspflicht Nr. 10) i. d. R. davon auszugehen, dass die Parteien das ursprüngliche Arbeitsverhältnis fortsetzen wollen, bis Klarheit darüber besteht, ob die Kündigung wirksam ist
oder nicht (s. Kap. 3 Rdn. 1555 ff.).

Zwar können die Parteien eines Arbeitsverhältnisses nach Ausspruch einer Kündigung durch den Ar- 3374
beitgeber und nach Ablauf der Kündigungsfrist auch einen neuen, **befristeten Vertrag** abschließen
oder vereinbaren, dass der frühere Vertrag auflösend bedingt bis zum rechtskräftigen Abschluss

des Kündigungsschutzprozesses – mit allen Rechten und Pflichten aus dem Arbeitsvertrag – fortbestehen soll. Eine derartige ausdrückliche Vereinbarung wird **i. d. R. aber nicht** getroffen worden sein. Die Aufforderung des Arbeitgebers an den Arbeitnehmer, seine Tätigkeit nach Ablauf der Kündigungsfrist bis zur Entscheidung über eine laufende Kündigungsschutzklage fortzuführen, wird regelmäßig nicht auf den Vertragswillen der Beteiligten hindeuten, ein neues Arbeitsverhältnis zu begründen. Vielmehr soll das Arbeitsverhältnis, dessen Beendigung der Arbeitgeber durch die Kündigung zu erreichen sucht, fortgesetzt werden, bis endgültige Klarheit darüber besteht, ob und zu welchem Zeitpunkt die Kündigung das ursprünglich begründete Arbeitsverhältnis beendet hat.

*(2) Rechte und Pflichten der Parteien*

3375 In der Zwischenzeit bestimmen sich die Rechte und Pflichten der Parteien grds. nach den Vereinbarungen des gekündigten Vertrages einschließlich der anzuwendenden arbeitsrechtlichen Schutzvorschriften, soweit diese nicht den Bestandsschutz zum Gegenstand haben.

3376 Deshalb stehen dem Arbeitnehmer, der während des fortgesetzten Arbeitsverhältnisses arbeitsunfähig wird, die für diesen Fall unabdingbaren gesetzlichen Ansprüche (z. B. gem. §§ 1, 3 ff. EFZG) zu.

3377 Zu beachten ist, dass dann, wenn der Arbeitgeber einen Arbeitnehmer auf Grund einer entsprechenden Verurteilung bis zum rechtskräftigen Abschluss des Kündigungsschutzrechtsstreits weiterbeschäftigt, diese Grundsätze nicht ohne weiteres gelten, sondern **nur dann, wenn eine entsprechende Vereinbarung** zwischen den Parteien zustande kommt und die Beschäftigung nicht nur infolge oder zur Abwendung der Zwangsvollstreckung erfolgt (s. Rdn. 3382 ff.).

3378 Mangels ausdrücklicher Regelung im Arbeitsvertrag und mangels besonderer Umstände kann sich der im Rahmen eines Kündigungsschutzprozesses zur Weiterbeschäftigung verurteilte Arbeitgeber im Übrigen seiner Beschäftigungspflicht **nicht dadurch entziehen, dass er den Arbeitnehmer unter Fortzahlung der Vergütung freistellt** (*LAG Bln.* 13.10.2003 LAGE § 611 BGB 2002 Beschäftigungspflicht Nr. 2).

*bb) Rückabwicklung*

3379 Stellt sich sodann heraus, dass die **Kündigung** das ursprünglich begründete Arbeitsverhältnis **beendet hat**, so war bei der Abrede über die Weiterbeschäftigung die vertragliche Grundlage des ursprünglichen Arbeitsverhältnisses für die Einigung der Beteiligten bereits weggefallen.

3380 In diesem Fall sind die Rechtsbeziehungen der Parteien nach den Grundsätzen des faktischen Arbeitsverhältnisses abzuwickeln, wonach es sich um ein fehlerhaftes, vollzogenes Arbeitsverhältnis handelt, das primär nach Vertrauensschutzgesichtspunkten zu behandeln ist (z. B. *BAG* 10.3.1987 EzA § 611 BGB Beschäftigungspflicht Nr. 28; 17.1.1991 EzA § 611 BGB Beschäftigungspflicht Nr. 51; 12.2.1992 EzA § 611 BGB Beschäftigungspflicht Nr. 52).

3381 Dem Arbeitnehmer verbleibt dann die für seine Arbeitsleistung gewährte Vergütung einschließlich der Ansprüche auf Krankenbezüge bei Arbeitsunfähigkeit gem. §§ 3 ff. EFZG. Eine Rückabwicklung der erbrachten Leistungen gem. §§ 812 ff. BGB kommt nicht in Betracht; es bestehen nur **Erfüllungsansprüche** (*BAG* 15.1.1986 EzA § 611 BGB Beschäftigungspflicht Nr. 10).

*b) Weiterbeschäftigung infolge oder zur Abwendung der Zwangsvollstreckung auf Grund einer entsprechenden Verurteilung durch das ArbG*

*aa) Rechte und Pflichten während der Weiterbeschäftigung*

3382 Fraglich ist, welche Ansprüche der Arbeitnehmer bis zur rechtskräftigen Entscheidung über die Kündigung geltend machen kann, wenn der Arbeitgeber ihn nur infolge oder zur Abwendung der Zwangsvollstreckung beschäftigt.

3383 Zum Teil (*Berkowsky* BB 1986, 795) wird die Auffassung vertreten, dass der Inhalt der Verpflichtung des Arbeitgebers zur Weiterbeschäftigung nur darin besteht, dem Arbeitnehmer einen (vertragsgerechten) Arbeitsplatz anzubieten und (**vertragsgerechte**) **Arbeit zuzuweisen**. Die Begründetheit aller anderen Ansprüche hänge dagegen allein davon ab, ob das ursprüngliche Arbeitsverhältnis und damit die hierdurch begründeten arbeitsvertraglichen gegenseitigen Rechte und Pflichten trotz Kündigung fortbestehen oder nicht. Entsprechende Leistungsklagen sollten gem. **§ 148 ZPO** ausgesetzt werden. Bei Wirksamkeit der Kündigung solle Rückabwicklung gem. **§§ 812 ff. BGB** erfolgen; das Weiterbeschäftigungsurteil sei kein Rechtsgrund i. S. d. § 812 Abs. 1 BGB, um die vom Arbeitgeber erhaltenen Leistungen behalten zu dürfen.

Zum Teil (*Färber/Kappes* NZA 1986, 215) wird demgegenüber die Auffassung vertreten, dass der Arbeitnehmer **alle**, aber auch nur diejenigen **Rechte** geltend machen könne (Vergütung, Sonderzuwendung, Sozialleistungen), **die einem Arbeitnehmer gem. § 102 Abs. 5 BetrVG** in einem gekündigten Arbeitsverhältnis zustehen. Denn unter »unveränderten Arbeitsbedingungen« seien die bei Ablauf der Kündigungsfrist bestehenden Arbeitsbedingungen zu verstehen. Folglich bestünden sowohl Urlaubs- als auch Entgeltfortzahlungsansprüche. Während der vorläufigen Weiterbeschäftigung könne der Arbeitnehmer aber **keine Rechte erwerben, die an seine Person** (z. B. § 9 MuSchG), **seine Betriebszugehörigkeit oder ein ungekündigtes Arbeitsverhältnis anknüpfen**. Entsprechende Leistungen seien dann, aber auch nur dann zu gewähren, wenn rechtskräftig feststehe, dass das Arbeitsverhältnis durch die Kündigung nicht beendet worden sei. 3384

Demgegenüber soll sich nach *Barton/Hönsch* (NZA 1987, 724), obwohl gerade nicht feststeht, dass die Kündigung wirksam ist, der Inhalt des Rechtsverhältnisses zwischen den Parteien bereits während der Weiterbeschäftigung nach den Regeln bestimmen, die nach der Rechtsprechung des BAG auch für die **Rückabwicklung** (s. Rdn. 3388 ff.) dann anzuwenden sind, wenn rechtskräftig die Wirksamkeit der Kündigung festgestellt wird. Dies entspricht auch der Praxis der Bundesagentur für Arbeit, die insoweit weder Krankenbezüge, vermögenswirksame Leistungen, Beihilfen, Weihnachtsgeld noch Urlaubsgeld zahlt (abl. dazu *Schwerdtner* DB 1989, 878). 3385

### bb) Rückabwicklung

#### (1) Kein faktisches Arbeitsverhältnis

Wird rechtskräftig die Wirksamkeit der Kündigung festgestellt, so sind für die Rückabwicklung dann, wenn der Arbeitnehmer nur infolge oder zur Abwendung der Zwangsvollstreckung weiterbeschäftigt worden ist, die Grundsätze über das faktische Arbeitsverhältnis nicht anwendbar. Das *BAG* ([GS] 27.2.1985 EzA § 611 BGB Beschäftigungspflicht Nr. 9; a.A. *ArbG Hmb*. 16.11.1987 DB 1988, 135) geht insoweit davon aus, dass ein faktisches Arbeitsverhältnis immerhin voraussetzt, dass die Beschäftigung des Arbeitnehmers zwar ohne Rechtsgrund, aber doch regelmäßig **mit Wissen und Willen des Arbeitgebers** erfolgt, während jedem Arbeitgeber auf Grund arbeitsgerichtlicher Verurteilung die Weiterbeschäftigung des Arbeitnehmers gegen seinen Willen aufgezwungen wird, was zugleich die Vertragsfreiheit beeinträchtigt. Daraus folgt nach Auffassung des *BAG* ([GS] 27.2.1985 EzA § 611 BGB Beschäftigungspflicht Nr. 9), dass die beiderseitige Interessenlage bei Durchsetzung des Weiterbeschäftigungsanspruchs mit Zwangsmitteln nicht mit der zu vergleichen ist, die entsteht, wenn der von beiden Parteien gewollte und vollzogene Arbeitsvertrag sich als von Anfang an nichtig erweist. 3386

#### (2) Keine auflösend bedingte Fortsetzung des Arbeitsverhältnisses

Die Verurteilung zur Weiterbeschäftigung durch das ArbG bewirkt auch nicht, dass das ursprüngliche Arbeitsverhältnis auflösend bedingt durch die rechtskräftige Entscheidung über die Kündigungsschutzklage fortbesteht. Zahlt der Arbeitgeber in einem solchen Fall den Akkordlohn, so erfüllt er damit im Zweifel seine bei Unwirksamkeit der Kündigung bestehende Verpflichtung nach § 615 S. 1 BGB. Eine davon abweichende Vereinbarung hat der Arbeitnehmer darzulegen und zu beweisen (*BAG* 17.1.1991 EzA § 611 BGB Beschäftigungspflicht Nr. 51). 3387

*(3) Rückabwicklung gem. §§ 812 ff. BGB*

*aaa) Grundlagen*

3388 Besteht im konkreten Einzelfall auch kein sonstiger Rechtsgrund für die Weiterbeschäftigung, so richten sich die Lohn- und sonstigen Ansprüche des Arbeitnehmers nach den allgemeinen Bestimmungen, insbes. nach den §§ 812 ff. BGB.

3389 Da dem Arbeitgeber in diesen Fällen die Herausgabe der Arbeitsleistung des Arbeitnehmers nicht möglich ist, hat er gem. § 818 Abs. 2 BGB ihren Wert zu ersetzen. Dieser entspricht dem Tariflohn. Er kann aber auch darüber liegen. Dabei kann zunächst davon ausgegangen werden, was die Parteien als angemessen angesehen haben, als sie die Gegenleistung für den Wert der Arbeit vereinbart haben. Demgegenüber hat der Arbeitgeber darzulegen und zu beweisen, dass der Arbeitnehmer im Zeitraum der erzwungenen Weiterbeschäftigung eine niedriger zu bewertende Arbeitsleistung erbracht hat (*BAG* 12.2.1992 EzA § 611 BGB Beschäftigungspflicht Nr. 52).

3390 § 814 BGB (Ausschluss des Anspruchs bei Erbringung der Leistung in Kenntnis der Nichtschuld) steht dem im Zweifel nicht entgegen, weil der Ausgang eines Kündigungsschutzrechtsstreits für den Arbeitnehmer zum Zeitpunkt der Erbringung der Arbeitsleistung ungewiss ist.

*bbb) Einzelfragen*

3391 Zur üblichen Vergütung in diesem Sinne gehört auch eine zeitanteilige **Jahressonderzahlung**, wenn diese nach dem Inhalt der für das beendete Arbeitsverhältnis maßgeblichen Tarifregelung als auf den Weiterbeschäftigungszeitraum entfallender Lohn anzusehen ist (*BAG* 1.3.1990 EzA § 611 BGB Beschäftigungspflicht Nr. 41).

3392 Nicht zu ersetzen ist allerdings **Urlaub** (*BAG* 10.3.1987 EzA § 611 BGB Beschäftigungspflicht Nr. 28), der dem Arbeitnehmer nicht gewährt worden ist. Denn nach der ständigen Rechtsprechung des *BAG* (vgl. 14.5.1986 EzA § 7 BUrlG Nr. 45; s. Kap. 3 Rdn. 2130) ist der Urlaub keine Gegenleistung des Arbeitgebers für erbrachte und noch zu erbringende Arbeitsleistung, sondern eine gesetzlich oder tariflich geregelte – vertraglich bedingte – Verpflichtung des Arbeitgebers, den Arbeitnehmer von dessen Verpflichtung zur Arbeitsleistung für die Dauer des Urlaubs freizustellen.

3393 Gleichfalls entfallen Ansprüche des Arbeitnehmers aus § 616 BGB, weil sich im Falle der Arbeitsverhinderung nicht der Wert der Arbeitsleistung erhöht (*BAG* 10.3.1987 EzA § 611 BGB Beschäftigungspflicht Nr. 28). Gleiches gilt dann, wenn der Arbeitnehmer aus Gründen einer **Erkrankung** oder wegen **Schwangerschaft** tatsächlich keine Arbeitsleistung erbringt.

3394 Wie der Wertausgleich dann zu bestimmen ist, wenn **Urlaub tatsächlich gewährt** worden ist, hat das *BAG* (10.3.1987 EzA § 611 BGB Beschäftigungspflicht Nr. 28) bislang offen gelassen. In der Literatur (*Barton/Hönsch* NZA 1987, 721) wird die Auffassung vertreten, dass der Arbeitnehmer dann, wenn bezahlter Urlaub gewährt worden ist, auf den er unter Berücksichtigung der Wirksamkeit der Kündigung keinen Anspruch hatte, um die entsprechenden Zahlungen bereichert ist. Sie sind daher im Rahmen der Saldierung zu seinen Lasten zu berücksichtigen, da sie vom Arbeitgeber ohne Rechtsgrund i. S. d. § 812 BGB gewährt worden sind.

3395 Daneben ist § 717 **Abs. 2 ZPO** anwendbar (*BAG* 10.3.1987 EzA § 611 BGB Beschäftigungspflicht Nr. 28). Folglich sind vom Arbeitnehmer bei rechtskräftigem Unterliegen die Schäden zu ersetzen, in denen sich das spezifische Risiko verwirklicht, dessen Eintritt der Arbeitgeber mit seiner Kündigung für die Zukunft gerade ausschließen wollte (z. B. bei der Verzögerung oder Verhinderung von Rationalisierungsmaßnahmen wegen der Weiterbeschäftigung; vgl. *Barton/Hönsch* NZA 1987, 721).

## S. Die Kündigung des Arbeitsverhältnisses durch den Arbeitnehmer

### I. Ordentliche Kündigung

Der Arbeitnehmer kann das Arbeitsverhältnis **grds. jederzeit** ordentlich kündigen, sofern er die ordentliche Kündigungsfrist (z. B. gem. § 622 Abs. 1 BGB: vier Wochen zum 15. oder zum Ende eines Kalendermonats) einhält (zur Anfechtung einer Eigenkündigung gem. § 123 BGB vgl. *LAG München* 13.10.2005 – 3 Sa 431/05, EzA-SD 11/06 S. 11 LS; § **4 KSchG gilt** in diesem Zusammenhang für den Arbeitnehmer **nicht**: *Sächs. LAG* 16.11.2007 – 2 Sa 100/07, EzA-SD 6/2008 S. 7 LS). 3396

Wie die Kündigung des Arbeitgebers (s. Rdn. 4 ff.), kann auch die Eigenkündigung des Arbeitnehmers auf Grund der gesetzlichen **Schriftform** des § 623 BGB (zu den Anforderungen insoweit bei einer **Blankounterschrift** des Arbeitnehmers s. *LAG Hamm* 11.6.2008 – 18 Sa 302/08, EzA-SD 17/2008 S. 9 LS) grds. nicht mehr durch konkludentes Verhalten erfolgen. Das ist z. B. insbes. dann nicht der Fall, wenn der Arbeitnehmer unentschuldigt fehlt, weil es sich insoweit um ein bloßes faktisches Geschehen handelt; nichts anderes gilt i. d. R. beim kommentarlosen vorzeitigen Verlassen der Arbeitsstelle nach Streitereien zwischen den Vertragsparteien. 3397

Verlangt der Arbeitnehmer vom Arbeitgeber schriftlich die Herausgabe der ausgefüllten **Arbeitspapiere**, kann diese Erklärung u. U. als Eigenkündigung zu qualifizieren sein (*Frölich* NZA 1997, 1275). Das gilt aber dann nicht, wenn der Arbeitnehmer dieses Verlangen mündlich an den Arbeitgeber richtet, nachdem dieser gekündigt hatte und das Herausgabeverlangen damit begründet wird, dass der Arbeitnehmer eine Arbeit antreten wolle und der bisherige Arbeitgeber eine Beschäftigung ablehnt. Denn der Arbeitnehmer kommt dann neben der Nichteinhaltung der Schriftform allein der Pflicht zur Schadensminderung durch Annahme einer anderen Arbeit nach, wozu er auch die Arbeitspapiere benötigt (*LAG RhPf* 12.12.1996 ZTR 1998, 44). 3398

### II. Außerordentliche Kündigung

#### 1. Allgemeine Voraussetzungen

Für die außerordentliche Kündigung des Arbeitnehmers **gelten die gleichen Maßstäbe und Grundsätze wie für die außerordentliche Kündigung des Arbeitgebers** (*BAG* 12.3.2009 EzA § 242 BGB 2002 Kündigung Nr. 8; 19.10.1967 EzA § 124 GewO Nr. 1; *Hess. LAG* 25.5.2011 LAGE § 626 BGB 2002 Eigenkündigung Nr. 2; APS/*Dörner/Vossen* § 626 BGB Rn. 394 ff.): 3399

Die Kündigung muss gem. § 623 BGB **schriftlich** erfolgen (*BAG* 12.3.2009 EzA § 242 BGB 2002 Kündigung Nr. 8), ihr muss ein **wichtiger Grund** zugrunde liegen (*BAG* 12.3.2009 EzA § 242 BGB 2002 Kündigung Nr. 8; *LAG RhPf* 22.4.2004 NZA-RR 2005, 251), ihr hat i. d. R. eine **Abmahnung** vorauszugehen (*BAG* 12.3.2009 EzA § 242 BGB 2002 Kündigung Nr. 8; 17.1.2002 EzA § 628 BGB Nr. 20; *LAG Köln* 29.3.2006 – 2 Sa 1571/05, EzA-SD 21/06 S. 8 LS; s. a. *BSG* 6.2.2003 – B 7 AL 72/01 R, EzA-SD 4/03, S. 16 LS), die Ausschlussfrist des § **626 Abs. 2 BGB** ist anzuwenden und es hat eine umfassende **Interessenabwägung** stattzufinden. **Für den wichtigen Grund ist der Arbeitnehmer darlegungs- und beweispflichtig.** 3400

Es ist i. d. R. rechtsmissbräuchlich, wenn sich der Arbeitnehmer beim Fehlen eines wichtigen Grundes später selbst auf die Unwirksamkeit der Kündigung beruft (*BAG* (4.12.1997 EzA § 626 BGB Eigenkündigung Nr. 1; 12.3.2009 EzA § 242 BGB 2002 Kündigung Nr. 8; 9.6.2011 – 2 AZR 418/10, EzA-SD 24/2011 S. 3; *Hess. LAG* 25.5.2011 LAGE § 626 BGB 2002 Eigenkündigung Nr. 2). Das gilt jedenfalls i. d. R. für den Fall, dass der Arbeitnehmer selbst **unmissverständlich und definitiv außerordentlich gekündigt** hatte und sich **weder in einer seelischen Zwangslage** befand **noch** sonst in **unzulässiger Weise in seiner Entscheidungsfreiheit beeinträchtigt** wurde (*BAG* 9.6.2011 2 AZR 418/10 EzA-SD 24/2011 S. 3). Dies gilt sowohl hinsichtlich des Fehlens eines wichtigen Grundes, als auch hinsichtlich der Einhaltung einer vereinbarten und der gesetzlichen (§ 623 BGB) Schriftform. Wurde zunächst angenommen, dass lediglich besondere Umstände ein Berufen auf die Unwirksamkeit der Eigenkündigung als rechtsmissbräuchlich erscheinen lassen könnte (*BAG* 16.1.2003 EzA § 242 BGB 2002 Kündigung Nr. 3), geht das 3401

## Kapitel 4 — Die Beendigung des Arbeitsverhältnisses

*BAG* (12.3.2009 EzA § 242 BGB 2002 Kündigung Nr. 8; 9.6.2011 – 2 AZR 418/10, EzA-SD 24/2011 S. 3; *Hess. LAG* 25.5.2011 LAGE § 626 BGB 2002 Eigenkündigung Nr. 2) inzwischen davon aus, dass der Arbeitnehmer, der schriftlich außerordentlich gekündigt hat, dann, wenn der Arbeitgeber die Kündigung trotz Fehlen eines wichtigen Grundes hingenommen hat und die Unwirksamkeit nicht gerichtlich geltend gemacht hat, sich **regelmäßig nicht auf die Unwirksamkeit berufen kann**. Denn andernfalls **verstößt er gegen das Verbot widersprüchlichen Verhaltens**. Wenn das Gesetz die Wirksamkeit der außerordentlichen fristlosen Kündigung an das Vorliegen eines wichtigen Grundes knüpft, so geschieht dies zudem nicht, um dem Kündigenden die Möglichkeit zu eröffnen, seine einmal bekundete Lösungsabsicht rückgängig zu machen. Vielmehr soll – ganz im Gegenteil – der Vertragspartner vor einem ihn plötzlich treffenden Vertragsbruch geschützt werden.

Umstände, die den Vorwurf treuwidrigen Verhaltens begründen, liegen ohnehin dann vor, wenn das unwirksame Rechtsgeschäft **tatsächlich umgesetzt**, der unwirksame Rechtsakt auch **tatsächlich vollzogen** und beim Arbeitgeber das berechtigte Vertrauen erweckt wird, der Arbeitnehmer halte an der Beendigung des Arbeitsverhältnisses fest (*Hess. LAG* 25.5.2011 LAGE § 626 BGB 2002 Eigenkündigung Nr. 2).

3402 ▶ Beispiele:
- Der Umstand allein, dass der Arbeitgeber offensichtlich für sich einen außerordentlichen Kündigungsgrund in Anspruch nimmt und das Arbeitsverhältnis beenden wollte, führt nicht dazu, dass für den Arbeitnehmer seinerseits ein wichtiger Grund für eine außerordentliche Kündigung gegeben ist (*Hess. LAG* 25.5.2011 LAGE § 626 BGB 2002 Eigenkündigung Nr. 2).
- Der Arbeitnehmer ist nicht zur außerordentlichen Kündigung berechtigt, wenn der Arbeitgeber vor Eintritt der Rechtskraft des der Kündigungsschutzklage des Arbeitnehmers stattgebenden Urteils noch nicht zu einer vertragsgemäßen Beschäftigung zurückkehrt, sondern lediglich eine Zwischenbeschäftigung zur Minderung seines Verzugslohnrisikos gem. § 615 S. 2 BGB anbietet (*LAG Bln.* 17.1.2003 – 6 Sa 1735/02, EzA-SD 6/03, S. 10 LS).
- Nur ausnahmsweise kann die außerordentliche Chance eines **besonderen beruflichen Fortkommens** ausreichen. Allein das Angebot wesentlich günstigerer Bedingungen (z. B. Vereinbarung eines unbefristeten an Stelle eines befristeten Arbeitsverhältnisses) reicht nicht aus (*LAG SchlH* 30.1.1991 LAGE § 626 BGB Nr. 59). Gleiches gilt für die Möglichkeit, ein erheblich **höheres Gehalt** zu erzielen (*BAG* 1.10.1970 EzA § 626 BGB n. F. Nr. 6).
- Nach erfolgloser Abmahnung kann der Arbeitnehmer wegen **Nichtzahlung des Entgelts** fristlos kündigen, wenn der Arbeitgeber entweder zeitlich oder dem Betrag nach erheblich in Verzug kommt (*BAG* 17.1.2002 EzA § 628 BGB Nr. 20; 26.7.2007 EzA § 628 BGB 2002 Nr. 6; *LAG Hamm* 29.9.1999 NZA-RR 2000, 242). Auch **verhältnismäßig geringe Lohnrückstände** können dann einen wichtigen Grund i. S. d. § 626 BGB darstellen, wenn der Arbeitgeber den Lohn willkürlich oder ohne nachvollziehbare Begründung verweigert (*BAG* 26.7.2001 EzA § 628 BGB Nr. 19). Dem steht nicht entgegen, dass der Arbeitnehmer als Vorsitzender des Betriebsrats beim Arbeitgeber an einer Vereinbarung mitgewirkt hat, wonach verspätete Zahlungen durch den Betriebsrat ausdrücklich gebilligt werden. Denn ein solches Moratorium kann jederzeit beendet werden (*LAG Nbg.* 4.7.2001 NZA-RR 2002, 128). Gleiches gilt, wenn es der Arbeitgeber über einen längeren Zeitraum hinweg (z. B. länger als ein Jahr) unterlässt, die einbehaltenen **Lohnsteuer- und Sozialversicherungsbeiträge** abzuführen (*LAG BW* 30.5.1968 BB 1968, 874). Die außerordentliche Kündigung des Arbeitnehmers verbunden mit **sofortiger Arbeitsniederlegung** wegen von ihm erwarteter verspäteter Gehaltszahlung ist unwirksam, wenn sie **vor Fälligkeit der Vergütung** erfolgt und keine Anhaltspunkte dafür vorliegen, dass der Arbeitgeber zahlungsunfähig ist (*LAG Hamm* 14.2.2001 – 14 Sa 1829/00). Gleiches gilt für eine außerordentliche Kündigung wegen **wirtschaftlicher Schwierigkeiten** des Arbeitgebers (*ArbG Frankf./M.* 20.4.1999 NZA-RR 2000, 82).
- Wenn ein Verkaufsgebietsleiter ein berechtigtes Interesse daran hat, bis zum Ablauf der Kündigungsfrist beschäftigt zu werden, weil der weit überwiegende Teil seiner Vergütung aus Pro-

visionen besteht, ist er bei einer **unzulässigen Suspendierung** durch den Arbeitgeber zur fristlosen Kündigung berechtigt (*BAG* 19.8.1976 EzA § 611 BGB Beschäftigungspflicht Nr. 1). Gleiches gilt bei einer **unberechtigten Teilsuspendierung**, wenn dem Arbeitnehmer wesentliche Aufgaben entzogen worden sind und die Anordnung des Arbeitgebers für ihn **kränkend** ist (*BAG* 15.6.1972 EzA § 626 BGB n. F. Nr. 14).
– Zur Eigenkündigung wegen Mobbing vgl. *Hess. LAG* 27.3.2001 NZA-RR 2002, 581.
– Die im Anschluss an § 8 Abs. 2 ErsatzschulfinanzG NW arbeitsvertraglich festgelegte **Gleichstellung mit einem beamteten Lehrer** ermöglicht es einem angestellten Lehrer nicht, entgegen der vertraglich ausbedungenen ordentlichen Kündigungsfrist mit sofortiger Wirkung aus dem Arbeitsverhältnis auszuscheiden.
– Das in einem solchen, auf Lebenszeit abgeschlossenen Vertrag aufgestellte Erfordernis der Einhaltung einer Kündigungsfrist von sechs Monaten verstößt nicht gegen Art. 12 GG (*BAG* 24.10.1996 EzA Art. 12 GG Nr. 29).
– Die auf Verlangen erfolgte **ständige und erhebliche Überschreitung der zulässigen Arbeitszeit** kann dem Arbeitnehmer auch dann einen wichtigen Grund zur fristlosen Kündigung geben, wenn er zunächst bereit war, verbotene Mehrarbeit zu leisten. Wenn der Arbeitnehmer aus dem Verhalten des Arbeitgebers schließen darf, dass dieser nicht bereit ist, die Schutzvorschriften der AZO (jetzt des ArbZG) zu beachten, dann muss er vor Ausspruch der Kündigung zunächst nicht versuchen, den Arbeitgeber zur künftigen Einhaltung der zulässigen Arbeitszeit zu bewegen (*BAG* 28.10.1971 EzA § 626 BGB n. F. Nr. 9).
– Von einem Arbeitnehmer, der nach ärztlichem Urteil wegen seines **Gesundheitszustandes** auf Dauer nur noch halbtags leichte Büroarbeit verrichten kann, hat das BAG (2.2.1973 EzA § 626 BGB n. F. Nr. 27) verlangt, dass er, bevor er wegen Krankheit fristlos kündigt, dem Arbeitgeber Gelegenheit gibt, ihn nach Maßgabe seiner verbliebenen Arbeitskraft weiter zu beschäftigen. Ohne ein solches Angebot des Arbeitnehmers ist dessen außerordentliche Kündigung i. d. R. rechtsunwirksam.

### 2. Prozessuale Fragen

Der Arbeitgeber kann u. U. auf Feststellung klagen, eine außerordentliche Kündigung des Arbeitnehmers sei unwirksam. Er besitzt das gem. § 256 ZPO erforderliche **Feststellungsinteresse** jedenfalls dann, wenn er durch die fristlose Kündigung in seinem **Ansehen betroffen** ist (*BAG* 20.3.1986 EzA § 256 ZPO Nr. 25; vgl. auch *BAG* 24.10.1996 EzA Art. 12 GG Nr. 29; APS/*Dörner*/*Vossen* § 626 BGB Rn. 395); in dieser Fallkonstellation sind die Voraussetzungen des § 256 ZPO ohne Einschränkungen gegeben. Das ist z. B. dann der Fall, wenn der Arbeitnehmer schwere Vorwürfe gegen den Arbeitgeber erhebt und damit seine außerordentliche Kündigung begründet, wenn diese geeignet sind, das Ansehen des Arbeitgebers zu beeinträchtigen und es in Zukunft zu erschweren, besonders geeignete und qualifizierte Arbeitnehmer vertraglich an sich zu binden. 3403

Das gilt auch für Arbeitgeber, die im Rechtsverkehr als **juristische Person** auftreten, weil sie heute allgemein als Träger des Rechts auf Ehre (allgemeines Persönlichkeitsrecht) anerkannt sind sowie für nicht rechtsfähige Personengesamtheiten, wie z. B. Gewerkschaften. 3404

(derzeit unbesetzt) 3405

Bei der **Eigenkündigung eines Arbeitnehmers** handelt es sich um eine **nichttypische Willenserklärung** des Arbeitnehmers, deren Auslegung vorrangig den Tatsachengerichten obliegt. Das Revisionsgericht kann die Auslegung nur daraufhin überprüfen, ob die Rechtsvorschriften über die Auslegung von Willenserklärungen (§§ 133, 157 BGB) richtig angewandt sind, ob dabei nicht gegen Denkgesetze und Erfahrungssätze verstoßen und ob das tatsächliche Vorbringen der Parteien vollständig verwertet worden ist oder ob eine gebotene Auslegung völlig unterlassen worden ist (*BAG* 22.10.2009 – 8 AZR 865/08, NZA-RR 2010, 565; 13.7.2006 EzA § 613a BGB 2002 Nr. 57; 17.5.2001 EzA § 620 BGB Kündigung Nr. 3). Dem Revisionsgericht steht die Prüfung nur dahin offen, ob die 3406 vom Berufungsgericht vorgenommene Auslegung der Willenserklärung möglich ist, nicht aber ob sie tatsächlich richtig ist (*BAG* 22.10.2009 – 8 AZR 865/08, NZA-RR 2010, 565).

### III. Umdeutung

3407 Eine Umdeutung einer **unwirksamen außerordentlichen Kündigung in eine ordentliche Kündigung** (§ 140 BGB) kommt in Betracht, wenn der Kündigende Tatsachen vorgetragen hat, die darauf hindeuten, dass sie nach den gegebenen Umständen seinem **mutmaßlichen Willen** entsprach und dieser Wille dem Gekündigten bei Zugang der Kündigung erkennbar geworden ist (*LAG RhPf* 22.4.2004 NZA-RR 2005, 251; *LAG Hamm* 17.2.1995 – 10 Sa 1126/94, n. v.).

3408 Eine unwirksame fristlose Eigenkündigung kann auch **in ein Vertragsangebot zur sofortigen einverständlichen Beendigung des Arbeitsverhältnisses** umgedeutet werden, wenn es dem mutmaßlichen Willen des Arbeitnehmers entspricht, auch beim Fehlen eines wichtigen Grundes gleichwohl unter allen Umständen das Arbeitsverhältnis sofort zu beenden. **Dies setzt aber voraus, dass der Arbeitgeber die Unwirksamkeit der fristlosen Eigenkündigung des Arbeitnehmers erkannt hat, diese als Angebot zur Vertragsaufhebung werten kann und diesem mutmaßlichen Willen zu entsprechen bereit ist** (*LAG Düsseld.* 24.11.1995 LAGE § 140 BGB Nr. 12).

### IV. Anfechtung, Widerruf der Eigenkündigung

3409 Der Arbeitnehmer kann die von ihm erklärte Kündigung nach den allgemeinen Grundsätzen (§§ 119 ff., 123 f. BGB) anfechten. In Betracht kommt dies insbes. dann, wenn er durch seine Kündigung einer angekündigten insbes. fristlosen Arbeitgeberkündigung zuvorkommen will.

3410 Insoweit gelten folgende Grundsätze:

Die Drohung mit einer (außer-) ordentlichen Kündigung ist widerrechtlich i. S. d. § 123 Abs. 1 BGB, wenn ein verständiger Arbeitgeber eine solche Kündigung nicht ernsthaft in Erwägung ziehen durfte (s. *BAG* 9.6.2011 – 2 AZR 418/10, EzA-SD 24/2011 S. 3).

Wenn unter Abwägung aller Umstände des Einzelfalls der Arbeitgeber davon ausgehen muss, die angedrohte Kündigung werde im Falle ihres Ausspruchs einer arbeitsgerichtlichen Überprüfung mit hoher Wahrscheinlichkeit nicht stand halten, weil eine Abmahnung als Reaktion ausreichend ist, darf er die Kündigung nicht in Aussicht stellen, um damit den Arbeitnehmer zu einer Eigenkündigung zu veranlassen (*BAG* 9.3.1995 NZA 1996, 875).

Allein der nachdrückliche Hinweis des Arbeitgebers auf die **eigene wirtschaftlich desolate Lage** verbunden mit dem Angebot, ein Arbeitsverhältnis mit einem auswärtigen Unternehmen zu begründen, ist jedenfalls regelmäßig nicht geeignet, die Anfechtung einer Eigenkündigung des Arbeitnehmers wegen widerrechtlicher Drohung zu begründen (*BAG* 9.6.2011 – 2 AZR 418/10, EzA-SD 24/2011 S. 3).

Für einen Widerruf der Eigenkündigung gilt: Der Arbeitnehmer kann seine außerordentliche Kündigung **nicht wirksam nach § 312 Abs. 1, § 355 BGB widerrufen**, denn die gesetzlichen Voraussetzungen sind nicht erfüllt. Für einseitige Erklärungen wie die Kündigung des Arbeitsverhältnisses ist ein gesetzliches Widerrufsrecht nicht vorgesehen. Abgesehen davon liegt kein Haustürgeschäft vor (*BAG* 9.6.2011 – 2 AZR 418/10, EzA-SD 24/2011 S. 3).

Ein Widerruf kommt – unter Berufung auf § 242 BGB – auch **nicht etwa deshalb** in Betracht, weil der Arbeitgeber dem Arbeitnehmer zur Entscheidung über die Annahme eines Angebots, ein Arbeitsverhältnis mit einem auswärtigen Unternehmen zu begründen vor, **keine Bedenkzeit** eingeräumt hat. § 242 BGB vermag einen derart schwerwiegenden Eingriff in die Privatautonomie, wie ihn die Gewährung eines gesetzlich nicht vorgesehenen Widerrufsrechts darstellen würde, nicht zu begründen (*BAG* 14.2.1996 EzA BGB § 611 Aufhebungsvertrag Nr. 21). Dies gilt umso mehr, als dadurch die gesetzlichen Neuregelungen zum Widerrufsrecht konterkariert würden. Es besteht auch von Verfassungs wegen keine Notwendigkeit, dem Arbeitnehmer über den vom Gesetzgeber in den §§ 312 ff. BGB vorgesehenen Anwendungsbereich hinaus ein solches Recht durch richterliche Rechtsfortbildung zu verschaffen (*BAG* 9.6.2011 – 2 AZR 418/10, EzA-SD 24/2011 S. 3). Das gilt **erst recht** dann, wenn der Arbeitnehmer vom Arbeitgeber **nicht »überrumpelt«** worden ist. Dies würde voraussetzen, dass der Arbeitgeber einen tatsächlich vorhandenen oder sicher zu vermutenden Widerstand des Arbeitnehmers gegen sein Angebot hat brechen wollen. Das ist dann nicht der Fall, wenn der Arbeitgeber mit einem solchen Widerstand nicht rechnen musste, sondern vielmehr der Auffassung sein konnte, dem Arbeitnehmer durch das Angebot eines Arbeitsverhältnisses mit einem auswärtigen Unternehmen **zu beiderseitigem Vorteil** und auf achtbare Weise einen Weg zu einer besseren Beschäftigung aufgezeigt zu haben, als er selbst wegen seiner prekären wirtschaftlichen Situation zu bieten in der Lage war (*BAG* 9.6.2011 – 2 AZR 418/10, EzA-SD 24/2011 S. 3).

## V. Rechtsmissbräuchliche Berufung auf eine Kündigung in einem emotionalen Ausnahmezustand

Erklärt ein Arbeitnehmer **nach langjähriger Betriebszugehörigkeit** auf Grund unberechtigter Vorwürfe des Arbeitgebers in einem Zustand **unverkennbarer emotionaler Erregung** die außerordentliche Kündigung und liegt es für den Arbeitgeber auf der Hand, dass der Arbeitnehmer – zu Ruhe und Besinnung gekommen – voraussichtlich seine übereilte Erklärung bedauern und an dem Arbeitsverhältnis festhalten wird, so ist das Vertrauen des Arbeitgebers auf die Beendigung des Arbeitsverhältnisses nach Auffassung des *LAG Köln* (2.2.2000 NZA-RR 2000, 419) **nicht schutzwürdig.** Beruft er sich auf die Eigenkündigung, handelt er rechtsmissbräuchlich (§ 242 BGB).

3411

# Kapitel 5 Befristete und auflösend bedingte Arbeitsverhältnisse

## Übersicht

| | Rdn. |
|---|---|
| **A. Die Befristung des Arbeitsverhältnisses** | 1 |
| I. Befristungsarten | 4 |
| II. Sachgrundbefristung (§ 14 Abs. 1 TzBfG) | 6 |
|   1. Grundlagen | 6 |
|   2. Prüfungsgegenstand | 11 |
|   3. Prüfungszeitpunkt | 14 |
|   4. Allgemeine Kriterien des Sachgrundes | 15 |
|   5. Die gesetzlichen Sachgründe | 21 |
|     a) Vorübergehender Bestand des betrieblichen Bedarfs an der Arbeitsleistung (§ 14 Abs. 1 S. 2 Nr. 1 TzBfG) | 21 |
|     b) Anschluss an Ausbildung und Studium (§ 14 Abs. 1 S. 2 Nr. 2 TzBfG) | 34 |
|     c) Vertretung (§ 14 Abs. 1 S. 2 Nr. 3 TzBfG; § 6 Abs. 1–3 PflegezeitG) | 36 |
|     d) Eigenart der Arbeitsleistung (§ 14 Abs. 1 S. 2 Nr. 4 TzBfG) | 46 |
|     e) Erprobung (§ 14 Abs. 1 S. 2 Nr. 5 TzBfG) | 50 |
|     f) In der Person des Arbeitnehmers liegender Grund (§ 14 Abs. 1 S. 2 Nr. 6 TzBfG) | 53 |
|     g) Haushaltsmittel (§ 14 Abs. 1 S. 2 Nr. 7 TzBfG) | 56 |
|     h) Gerichtlicher Vergleich (§ 14 Abs. 1 S. 2 Nr. 8 TzBfG) | 60 |
|   6. Verlängerung der Befristung | 64 |
|   7. Befristung einzelner Vertragsbedingungen | 72 |
|     a) Grundlagen; Auswirkungen des TzBfG | 72 |
|     b) Auswirkungen der Schuldrechtsreform | 80 |
|   8. Darlegungs- und Beweislast | 81 |
| III. Erleichterte Befristung (§ 14 Abs. 2 TzBfG) | 82 |
|   1. Grundlagen | 82 |
|   2. Vereinbarkeit der gesetzlichen Regelung mit der RL 99/70/EG | 83 |
|   3. Tatbestandsvoraussetzungen | 85 |
|     a) Persönlicher Geltungsbereich | 85 |
|     b) Zeitliche Limitierung | 86 |
|     c) Verlängerung | 87 |
|     d) Neueinstellung – kein Arbeitsverhältnis innerhalb der letzten drei Jahre | 95 |
|   4. Abweichungen durch Tarifvertrag | 103 |
|   5. Individualrechtliche Vereinbarung der abweichenden tariflichen Regelungen | 105 |
|   6. Darlegungs- und Beweislast | 107 |
|   7. Sachgrundlose Befristung in den ersten vier Jahren nach Unternehmensgründung | 109 |
|   8. Verhältnis zu personalvertretungsrechtlichen Normen | 110 |
| IV. Sachgrundlose Befristung bei älteren Arbeitnehmern (§ 14 Abs. 3 TzBfG); die gesetzliche Neuregelung 2007 | 112 |
|   1. Entwicklungslinien | 112 |
|   2. Die gesetzliche Neuregelung | 119 |
| V. Befristung des Arbeitsverhältnisses bis zur Altersgrenze | 121 |
| VI. Schriftform | 124 |
|   1. Normzweck | 127 |
|   2. Rechtsnatur und Umfang des Schriftformerfordernisses | 129 |
|     a) Grundlagen; elektronische Form | 129 |
|     b) Besonderheiten bei der Zweckbefristung | 134 |
|   3. Rechtsfolgen der Nichtbeachtung der gesetzlichen Form | 135 |
| VII. Ende des befristeten Arbeitsvertrages (§ 15 Abs. 1, 2 TzBfG) | 141 |
| VIII. Ausschluss der ordentlichen Kündigung (§ 15 Abs. 3 TzBfG) | 144 |
| IX. Fiktion eines unbefristeten Arbeitsverhältnisses (§ 15 Abs. 5 TzBfG) | 149 |
|   1. Grundlagen | 149 |
|   2. Abdingbarkeit | 155 |
| X. Rechtsfolgen unwirksamer Befristung (§ 16 TzBfG) | 156 |
| XI. Klagefrist (§ 17 TzBfG) | 159 |
|   1. Grundlagen | 159 |
|   2. Beginn der Klagefrist; Wirkung der Fristversäumnis | 163 |
|   3. Abweichende Vereinbarungen; Unabdingbarkeit des Befristungskontrollschutzes | 169 |
| **B. Besondere gesetzliche Bestimmungen** | 175 |
| I. BeschFG (bis 31.12.2000) | 175 |
| II. Wissenschaftliches Personal und Ärzte | 176 |
|   1. WisszeitVG: für Verträge ab dem 18.4.2007 | 176 |
|   2. §§ 57a ff. HRG: *Rechtslage für Verträge ab dem 23.2.2002 bis zum 27.7.2004 bzw. bis zum 31.12.2004* (BVerfG 27.7.2004 NJW 2004, 2803; § 6 Abs. 1 S. 1, 3 WisszeitVG) | 180 |
|     a) Grundlagen | 180 |
|     b) Systematik der Neuregelung | 183 |

## A. Die Befristung des Arbeitsverhältnisses — Kapitel 5

| | Rdn. | | Rdn. |
|---|---|---|---|
| c) Sachgrundlose Befristung mit Befristungshöchstgrenzen | 186 | D. Auflösende Bedingung | 254 |
| d) Vor Abschluss der Promotion | 188 | I. Grundlagen | 255 |
| e) Nach Abschluss der Promotion | 191 | II. Anforderungen an den Sachgrund | 256 |
| f) Zitiergebot | 194 | 1. Grundsätze | 256 |
| g) Einbeziehung der Forschungseinrichtungen und der Privatdienstverträge | 195 | 2. Die besonderen Sachgründe des § 14 Abs. 1 S. 1 Nr. 1 bis 8 TzBfG | 258 |
| h) Zeitlicher Geltungsbereich; Übergangsprobleme | 197 | III. Beispiele für auflösende Bedingungen vor und nach Einführung des TzBfG | 260 |
| 3. Der Diskurs von BVerfG und Bundesgesetzgeber: Rechtslage ab dem 1.1.2005; Übergangsvorschriften | 200 | IV. Weitere anzuwendende Vorschriften | 261 |
| | | E. Altersgrenzen | 264 |
| | | I. Begriffsbestimmung | 264 |
| 4. §§ 57a ff. HRG a. F.: Rechtslage für Verträge bis zum 22.2.2002 (§ 6 Abs. 1 S. 2 WisszeitVG) | 201 | II. Allgemeine Zulässigkeitsvoraussetzungen; inhaltliche Bestimmtheit | 266 |
| a) Grundlagen | 201 | III. Altersgrenzen in Betriebsvereinbarungen | 271 |
| b) Einzelfragen | 207 | IV. Tarifliche Regelungen und LuftBO | 276 |
| 5. Ärzte in der Weiterbildung | 231 | V. § 41 Abs. 4 SGB VI | 281 |
| III. § 21 BEEG | 238 | F. Besonderer Beendigungsschutz schwer behinderter Arbeitnehmer | 284 |
| IV. §§ 9 Nr. 2, 3 Abs. 1 Nr. 3 AÜG | 246 | G. Auswirkungen des AGG (ab 18.8.2006) | 285 |
| C. Prozessuale Fragen | 249 | H. Die Weiterbeschäftigung des gekündigten Arbeitnehmers | 286 |

## A. Die Befristung des Arbeitsverhältnisses

Die Befristung von Arbeitsverhältnissen ist unter Berücksichtigung des Gesichtspunktes der Vertragsfreiheit seit jeher zulässig gewesen. Das Bundesarbeitsgericht hat allerdings bereits sehr früh (grundlegend: *BAG GS* 12.10.1960 AP Nr. 16 zu § 620 BGB befristeter Arbeitsvertrag = EzA § 620 BGB Nr. 2 LS) dargelegt, dass ein schutzwürdiges Interesse auf Seiten des Arbeitgebers für die Befristung eines Arbeitsvertrages nur dann besteht, wenn die Befristung durch sachliche Gründe gerechtfertigt ist. Die Befristung ist dementsprechend dann unzulässig, wenn sie als rechtliche Gestaltungsmöglichkeit objektiv funktionswidrig verwendet wird. Dies wird immer dann angenommen, wenn – ohne anderweitige gesetzliche Grundlage – der durch die Kündigungsschutzbestimmungen gewährte Bestandsschutz des Arbeitsverhältnisses objektiv vereitelt wird, ohne dass es hierfür einen sachlichen Grund gibt. Im Hinblick auf die Kündigungsschutzbestimmungen kommt es nicht alleine auf die Anwendbarkeit des Kündigungsschutzgesetzes an, sondern es reicht, wenn anderweitige Schutzvorschriften – bspw. § 9 MuSchG, § 18 BEEG, §§ 85, 91 SGB IX, § 15 KSchG etc. umgangen werden. Eine Umgehungsabsicht muss im Übrigen auf Seiten des Arbeitgebers nicht vorhanden sein. Es reicht, dass objektiv eine Umgehung der zwingenden Schutzvorschriften erfolgt, ohne dass es hierfür entweder eine anderweitige gesetzliche Grundlage oder einen sonstigen sachlichen Grund gibt (*BAG* 19.2.2003 NZA 2003, 1360). 1

Der Gesetzgeber hat durch die Einführung des TzBfG deutlich gemacht, dass es nunmehr keiner Prüfung mehr bedarf, ob im Einzelfall eine Umgehung von Bestandschutzvorschriften erfolgt. Diese wird vermutet, wenn die Befristung nicht nach dem TzBfG oder anderer gesetzlicher Regelungen gerechtfertigt ist. 2

Der Gesetzgeber hat seit 1.1.2001 die Befristung im Teilzeit- und Befristungsgesetz geregelt. Im Hinblick auf die Rechtslage bis zum 31.12.2000 kann dementsprechend nunmehr auf die Ausführungen in der Vorauflage (bis zur 8. Auflage, im Kap. 5 Rn. 1–142) verwiesen werden. 3

### I. Befristungsarten

Das Teilzeit- und Befristungsgesetz enthält in § 3 TzBfG eine Definition hinsichtlich des Befristungsbegriffes. Der Gesetzgeber bestimmt insofern, dass eine Befristung nur dann vorliegt, wenn 4 ein Arbeitnehmer mit einem auf bestimmte Zeit geschlossenen Arbeitsvertrag beschäftigt wird. Gemäß der Legaldefinition liegt ein auf bestimmte Zeit geschlossener Arbeitsvertrag dann vor, wenn entweder seine Dauer kalendermäßig bestimmt ist oder sich aus Art, Zweck oder Beschaffenheit der Arbeitsleistung eine entsprechende Begrenzung der Dauer ergibt. Der Gesetzgeber unterscheidet also zwischen der Zeitbefristung und der Zweckbefristung.

5 Im Teilzeit- und Befristungsgesetz (TzBfG) ist des Weiteren auch die auflösende Bedingung geregelt. Der Gesetzgeber hat hier allerdings von einer Definition abgesehen und in § 21 TzBfG lediglich bestimmt, dass dann, wenn der Arbeitsvertrag unter einer auflösenden Bedingung geschlossen wird, die §§ 4 Abs. 2, § 5, § 14 Abs. 1 und 4, § 15 Abs. 2, 3 und 5 sowie die §§ 16 bis 20 TzBfG entsprechend gelten. Dies bedeutet insbes., dass gem. § 14 TzBfG auch eine auflösende Bedingung, die ebenfalls automatisch zur Beendigung des Arbeitsverhältnisses führt, eines Sachgrundes bedarf. Da der Gesetzgeber nicht auf § 14 Abs. 2 TzBfG verwiesen hat, kann sich ein Arbeitgeber in einem auflösungsbedingten Arbeitsverhältnis innerhalb der ersten zwei Jahre nicht darauf berufen, dass es hier keines sachlichen Grundes bedarf. Bei einer Befristung besteht grds. die Möglichkeit, innerhalb der ersten zwei Jahre unter den im Einzelnen in § 14 Abs. 2 TzBfG genannten Bedingungen, das Arbeitsverhältnis auch ohne Sachgrund zu befristen.

5a Ohne weiteres zulässig ist es nach der Rechtsprechung des BAG, ein auflösend bedingtes Arbeitsverhältnis zusätzlich auch mit einer Zeitbefristung zu versehen. Durch diese Kombination kann der Arbeitgeber unabhängig von dem Eintritt der auflösenden Bedingung das Ende des Arbeitsverhältnisses festlegen. Voraussetzung für die Zulässigkeit dieser Kombination ist, dass sowohl ein Sachgrund für die auflösende Bedingung des Arbeitsverhältnisses vorliegt als auch die Zeitbefristung entweder nach § 14 Abs. 1 TzBfG oder nach § 14 Abs. 2 TzBfG gerechtfertigt ist (*BAG* 29.6.2011 – 7 AZR 6/10, NZA 2011, 1346). Wird bei einer derartigen Kombination aus auflösender Bedingung und Zeitbefristung das Arbeitsverhältnis über den Zeitpunkt des Eintritts der auflösenden Bedingung einvernehmlich fortgesetzt, so ist nach Auffassung des 7. Senats die nun an sich eintretende Fiktion des § 15 Abs. 5 TzBfG, wonach ein unbefristetes Arbeitsverhältnis entstanden ist, einschränkend dahingehend auszulegen, dass wegen der zeitgleich vereinbarten Zeitbefristung nun tatsächlich die Fiktionswirkung nur zu einem befristeten Fortbestand des Arbeitsverhältnisses führt (vgl. *BAG* 29.6.2011 – 7 AZR 6/10, NZA 2011, 1346). Im Hinblick auf die Voraussetzungen der sachgrundlosen Befristung kann auf die Ausführungen unter Rdn. 82 ff. und im Hinblick auf die Fiktion der Fortsetzung des Arbeitsverhältnisses auf die Ausführungen unter Rdn. 149 ff. verwiesen werden.

## II. Sachgrundbefristung (§ 14 Abs. 1 TzBfG)

### 1. Grundlagen

6 Die gesetzliche Regelung des § 14 Abs. 1 TzBfG geht davon aus, dass im **Regelfall ein Sachgrund** für die Vereinbarung einer zulässigen Befristung an sich ebenso wie für ihre Dauer (vgl. MünchArbR/*Wank* Ergänzungsband § 116 Rn. 211 ff.) erforderlich ist. **Die Befristung ohne Sachgrund ist die Ausnahme** (*H. J. Dörner* ZTR 2001, 486; KDZ/*Däubler* § 14 TzBfG Rn. 6). Damit ist der Grundgedanke der objektiven Gesetzesumgehung entfallen (vgl. *H. J. Dörner* Sonderbeil. zu NZA Heft 16/2003, S. 33 ff.); das hat zur Folge, dass im Gegensatz zur früheren, d. h., bis 31.12.2000 bestehenden, Rechtslage keine unbegrenzte Ausnahme mehr für die Fälle besteht, in denen keine Umgehung von Kündigungsschutz begründenden Vorschriften in Betracht kam (Arbeitsverhältnisse in Kleinbetrieben, Familienhaushalte, Arbeitsverhältnis vor Ablauf der 6-Monatsfrist des § 1 KSchG; der Arbeitnehmer ist leitender Angestellter i. S. d. § 14 Abs. 2 KSchG). Das war deshalb erforderlich, weil die umzusetzende Richtlinie (RL 99/70/EG; s. Kap. 1 Rdn. 765) derartige Ausnahmen nicht vorsieht (vgl. APS/*Backhaus* § 14 TzBfG Rn. 3, 18 ff.; KR/*Lipke* § 14 TzBfG Rn. 2 ff., 21 ff.; vgl. auch *Bauer* NZA 2000, 1042; *Preis/Gotthardt* DB 2000, 2070; *Richardi/Annuß* DB 2000, 2204; *Backhaus* NZA 2001 Sonderbeil. zu Heft 24, S. 9; zur rückwirkenden Befristung – vor Arbeitsaufnahme – s. *LAG SchlH* 25.7.2006 ZTR 2007, 156).

## A. Die Befristung des Arbeitsverhältnisses — Kapitel 5

Möglich ist – wie auch nach altem Recht – die **nachträgliche Befristung eines unbefristeten Arbeitsverhältnisses**, wenn für die Befristungsabrede ein sachlicher Grund i. S. d. § 14 Abs. 1 TzBfG besteht (*LAG Köln* 24.8.2007 – 11 Sa 250/07, ZTR 2008, 110 LS).

Das Teilzeit- und Befristungsgesetz enthält im Gegensatz zu anderen Gesetzen – beispielsweise Arbeitszeitgesetz – keine Sonderregelung bzw. Herausnahme aus dem Geltungsbereich für leitende Angestellte i. S. d. § 14 Abs. 2 KSchG. Bis zur Einführung des TzBfG wurde in der arbeitsrechtlichen Literatur mehrheitlich angenommen, dass es ausnahmsweise dann für die Befristung des Arbeitsverhältnisses mit einem leitenden Angestellten keines sachlichen Grundes bedarf, wenn bereits im befristeten Arbeitsvertrag eine Abfindung entsprechend der Regelung in §§ 9, 10 KSchG festgeschrieben war (MünchArbR/*Wanck* § 116 Rn. 29 ff.). Diese Sichtweise ist im Rahmen des Geltungsbereiches des TzBfG nicht mehr haltbar. 7

Die Regelungen in § 14 TzBfG gelten auch für leitende Angestellte. Dementsprechend muss es auch für die Befristung mit einem derartigen Arbeitnehmer einen sachlichen Grund geben. Ob man alleine in der Vereinbarung einer Entschädigung, die der möglichen Abfindung nach §§ 9, 10 KSchG entspricht, einen sachlichen Grund sehen kann, ist unseres Erachtens mehr als zweifelhaft. In der Literatur wird teilweise die Auffassung vertreten, dass die Vereinbarung einer derartigen Entschädigung einen sachlichen Grund i. S. v. § 14 KSchG darstellt (so die Vorauflage; MünchArbR/*Wanck* Ergänzungsband § 116 Rn. 67). 8

Unseres Erachtens begegnet diese Rechtsauffassung starken Bedenken, da die Zahlung einer Abfindung als solche keinen Sachgrund bilden kann, um ein Arbeitsverhältnis zu beenden. Es kann auch nicht argumentiert werden, dass der Arbeitgeber das Arbeitsverhältnis auch ohne Befristungsabrede zu dem in der Befristungsabrede vorgesehenen Zeitpunkt hätte beenden können, indem er eine entsprechende Kündigung ausspricht und einen Auflösungsantrag stellt. Eine derartige Beendigung kann herbeigeführt werden, wenn der Arbeitgeber die Kündigung tatsächlich rechtswirksam ausgesprochen hätte. Insofern gibt es auch bei der Kündigung von leitenden Angestellten eine Vielzahl von formalen Hürden und Sonderkündigungsschutzregelungen, die einer derartigen Kündigung entgegengehalten werden könnten. Von daher stellt es weiterhin eine unzulässige Umgehung des Erfordernisses eines sachlichen Befristungsgrundes dar, wenn man alleine in der Vereinbarung einer Abfindung im befristeten Arbeitsvertrag mit einem leitenden Angestellten einen Sachgrund sehen will. Dem Arbeitnehmer wird die Möglichkeit genommen, sich auf eventuelle formale Fehler oder auf Sonderkündigungsschutz im Hinblick auf die Unwirksamkeit der Beendigung des Arbeitsverhältnisses zu berufen. 9

Darüber hinaus bliebe ohnehin auch in diesen Fällen die Diskussion im Rahmen eines möglichen Verfahrens vor dem Arbeitsgericht, ob es sich tatsächlich bei dem Arbeitnehmer um einen leitenden Angestellten i. S. v. § 14 Abs. 2 KSchG handelt. Insofern bleibt es auch im Rahmen des TzBfG dabei, dass stets zu prüfen ist, ob eine Regelung, die die Befristung oder Auflösung des Arbeitsverhältnisses regelt, zur Umgehung anderweitiger zwingender Schutzvorschriften führt. Der Arbeitgeber muss stets – mit Ausnahme der Fälle des § 14 Abs. 2 TzBfG – das Vorliegen eines sachlichen Grundes für die Befristung beweisen. 10

### 2. Prüfungsgegenstand

Auch nach neuem Recht unterliegt bei **mehreren aufeinander folgenden befristeten Arbeitsverträgen** grundsätzlich nur die Befristung des **letzten Vertrags** der gerichtlichen Kontrolle (*BAG* 18.6.2008 EzA § 14 TzBfG Nr. 50). 11

Gegenstand der Überprüfung der Rechtswirksamkeit einer vertraglich vereinbarten Befristung ist aber andererseits **jeder Vertrag, der unter Einhaltung der Klagefrist gem. § 17 TzBfG angegriffen worden ist** (APS/*Backhaus* § 14 TzBfG Rn. 12 f.; KR/*Lipke* § 14 TzBfG Rn. 43 ff.). Zwar wollen die Arbeitsvertragsparteien durch einen ohne Vorbehalt abgeschlossenen Folgevertrag ihre Vertragsbeziehungen regelmäßig auf eine neue Rechtsgrundlage stellen (*BAG* 18.6.2008

EzA § 14 TzBfG Nr. 50; 25.8.2004 EzA § 14 TzBfG Nr. 13 = NZA 2005, 356 = BAG Report 2005, 68; vgl. dazu *Petrovicki* NZA 2006, 411 ff.); sie heben damit zugleich ein etwa befristetes früheres Arbeitsverhältnis auf (*LAG Nds.* 12.1.2004 NZA-RR 2004, 555 = LAG Report 2004, 225). Ein vertraglicher Verzicht, sich insbes. im Rahmen der Überprüfung des Folgevertrages auf die Unwirksamkeit der Befristung des vorangegangenen Vertrages zu berufen, liegt darin aber regelmäßig nicht. Dies gilt umso mehr, als der Gesetzgeber nunmehr für die Geltendmachung der Unwirksamkeit der Befristung die Klagefrist eingeführt hat. Soll gleichwohl bereits vor Ablauf dieser Frist vertraglich auf die Geltendmachung der Unwirksamkeit verzichtet werden, so muss dies in der vertraglichen Vereinbarung unmissverständlich zum Ausdruck kommen (*BAG* 26.7.2000 EzA § 1 BeschFG 1985 Nr. 18; vgl. *H. J. Dörner* Sonderbeil. zu NZA Heft 16/2003, S. 33 ff.; a. A. wohl *LAG Nds.* 12.1.2004 NZA-RR 2004, 555 = LAG Report 2004, 225).

Haben die Parteien also den weiteren befristeten Arbeitsvertrag unter dem **Vorbehalt** abgeschlossen, dass er das Arbeitsverhältnis nur regeln soll, wenn nicht bereits aufgrund des vorangegangenen Vertrags ein unbefristetes Arbeitsverhältnis besteht, ist auch für die in dem vorherigen Vertrag vereinbarte Befristung die gerichtliche Kontrolle eröffnet (*BAG* 18.6.2008 EzA § 14 TzBfG Nr. 50).

12   Etwas anderes gilt aber dann, wenn es sich um einen sog. **bloßen Annexvertrag** handelt (*BAG* 7.11.2007 EzA § 14 TzBfG Nr. 43 = NZA 2008, 467); dieser gilt nicht als letzter Vertrag in diesem Sinne. Er ist dann gegeben, wenn lediglich der **Endzeitpunkt** des befristeten Vertrages **geringfügig korrigiert** wird, wenn sich der Vertrag am selben Sachgrund wie der Verlängerungsvertrag orientiert und wenn es nur um die Anpassung an veränderte Umstände geht. Das ist z. B. dann der Fall, wenn Drittmittel (*BAG* 25.8.2004 EzA § 14 TzBfG Nr. 13 = NZA 2005, 356 = BAG Report 2005, 68) oder die Bewilligung einer ABM-Maßnahme überraschend um einige Monate verlängert werden (KR/*Lipke* 5. Aufl., § 620 BGB Rn. 125b; KDZ/*Däubler* § 14 TzBfG Rn. 32). Diese Voraussetzungen sind aber dann nicht erfüllt, wenn bei einem befristeten Arbeitsvertrag mit einer **Vertragsdauer von zumindest einem Jahr** das Vertragsende um **mehr als ein Drittel** oder sogar um die Hälfte des Ausgangsvertrages **hinausgeschoben wird** (*BAG* 7.11.2007 EzA § 14 TzBfG Nr. 43 = NZA 2008, 467).

13   Etwas anderes gilt dann, wenn sich aus ausdrücklichen oder konkludenten Vereinbarungen ergibt, dass die Parteien ihr Arbeitsverhältnis nicht auf eine neue Grundlage haben stellen wollen (*BAG* 15.8.2001 EzA § 620 BGB Nr. 182; 18.6.2008 EzA § 14 TzBfG Nr. 50), sowie dann, wenn die Parteien bei Abschluss des letzten Vertrages ausdrücklich dem Arbeitnehmer das Recht vorbehalten haben, die Wirksamkeit der im vorangegangenen Arbeitsvertrag vereinbarten Befristung überprüfen zu lassen (*BAG* 18.6.2008 EzA § 14 TzBfG Nr. 50; 7.11.2007 EzA § 14 TzBfG Nr. 43 = NZA 2008, 467; 14.2.2007 EzA § 620 BGB 2002 Nr. 12 = NZA 2007, 803). Voraussetzung dafür ist eine vertragliche Vereinbarung, die sich darauf bezieht, dass zwischen den Parteien nicht bereits ein unbefristetes Arbeitsverhältnis besteht (*BAG* 5.6.2002 EzA § 620 BGB Nr. 195; 4.6.2003 EzA § 620 BGB 2002 Nr. 4 = NZA-RR 2003, 621). **Der Vorbehalt muss allerdings nicht ausdrücklich, sondern kann auch konkludent vereinbart werden** (*BAG* 10.3.2004 EzA § 14 TzBfG Nr. 9 = NZA 2004, 925); ob ein Vorbehalt vereinbart ist, ist **durch Auslegung der von den Parteien bei Vertragsschluss ausdrücklich und konkludent abgegebenen Erklärungen zu ermitteln**. Ein vom Arbeitnehmer einseitig geäußerter Vorbehalt genügt nicht (*BAG* 16.11.2005 – 7 AZR 81/05, EzA-SD 7/06 S. 11 LS = NZA 2006, 785); der Arbeitgeber verstößt auch **nicht gegen § 612a BGB**, wenn er es **ablehnt**, mit einem befristet beschäftigten Arbeitnehmer bei Abschluss eines befristeten Anschlussvertrages einen vom Arbeitnehmer **gewünschten derartigen Vorbehalt zu vereinbaren** (*BAG* 14.2.2007 EzA § 620 BGB 2002 Nr. 12). Ist der Vorbehalt vereinbart, ist die arbeitsgerichtliche Befristungskontrolle auch für den davor liegenden Vertrag eröffnet (*BAG* 10.3.2004 EzA § 14 TzBfG Nr. 9 = NZA 2004, 925; *LAG Hamm* 22.5.2003 – 11 Sa 1735/02, EzA-SD 16/03, S. 10 LS). Haben Arbeitsvertragsparteien nach Rechtshängigkeit einer Klage gem. § 17 TzBfG weitere befristete Verträge ohne ausdrücklichen

A. Die Befristung des Arbeitsverhältnisses					Kapitel 5

Vorbehalt abgeschlossen, so ist regelmäßig anzunehmen, dass die Folgeverträge einen konkludenten Vorbehalt enthalten (*BAG* 18.6.2008 EzA § 14 TzBfG Nr. 50; 10.3.2004 EzA § 14 TzBfG Nr. 9). Das ist aber **nicht der Fall**, wenn der weitere befristete Arbeitsvertrag auf Seiten des Arbeitgebers von einer **anderen Dienststelle** abgeschlossen wird als der vorherige Vertrag und der Arbeitnehmer deshalb davon ausgehen muss, dass die an dem erneuten Vertragsschluss beteiligten Vertreter des Arbeitgebers keine Kenntnis von der Rechtshängigkeit der Befristungskontrollklage haben (*BAG* 18.6.2008 EzA § 14 TzBfG Nr. 50).

Schließen die Parteien nach Einreichung, aber vor Zustellung einer Befristungskontrollklage nach § 17 S. 1 TzBfG einen weiteren befristeten Arbeitsvertrag, so ist dieser nicht ohne weiteres unter dem Vorbehalt vereinbart, dass er nur gelten soll, wenn nicht bereits auf Grund der vorangegangenen unwirksamen Befristung ein unbefristetes Arbeitsverhältnis besteht (*BAG* 13.10.2004 EzA § 17 TzBfG Nr. 6 = NZA 2005, 401 = BAG Report 2005, 69). Das Gegenteil – kein Annexvertrag – gilt dann, wenn die letzte Befristungsabrede auf Grund einer nach Abschluss des vorletzten Vertrages eingetretenen neuen Ursache erfolgt (*BAG* 25.8.2004 EzA § 14 TzBfG Nr. 13 = NZA 2005, 356 = BAG Report 2005, 68).

### 3. Prüfungszeitpunkt

Maßgeblicher Zeitpunkt für die Zulässigkeit der Befristung ist **der des Vertragsabschlusses** (*BAG* 25.8.2004 EzA § 14 TzBfG Nr. 13 = NZA 2005, 356 = BAG Report 2005, 68; vgl. *H. J. Dörner* Sonderbeil. zu NZA Heft 16/2003, S. 33 ff.; *Preis/Gotthardt* DB 2000, 2071; *Bauer* BB 2001, 2526; *Dassau* ZTR 2001, 69; KR/*Lipke* § 14 TzBfG Rn. 35 ff.). Der **spätere Wegfall** des sachlichen Grundes **schadet daher grds. nicht**. Unerheblich ist es nunmehr auch, wenn zwischen Vertragsabschluss und Vertragsbeendigung **Umstände** eintreten, die einen **besonderen Kündigungsschutz** (z. B. gem. § 9 MuSchG) **begründen**. Denn das Sachgrunderfordernis ist nach der neuen gesetzlichen Regelung von der Umgehung des Kündigungsschutzes losgelöst (APS/*Backhaus* § 14 TzBfG Rn. 15; MünchArbR/*Wank* Ergänzungsband § 116 Rn. 71; KDZ/*Däubler* § 14 TzBfG Rn. 14, 21 ff.).

### 4. Allgemeine Kriterien des Sachgrundes

Das TzBfG definiert den Begriff des sachlichen Grundes nicht und nennt auch keine allgemeinen Kriterien; **angeknüpft wird an die frühere Rechtsprechung des BAG**, so dass trotz der Aufgabe des Umgehungsgedankens die insoweit entwickelten allgemeinen Kriterien des sachlichen Grundes, des Verhältnisses von Sachgrund und Dauer, sowie der Steigerung der Anforderungen an den sachlichen Grund bei einer Vielzahl und langen Dauer von Befristungen (vgl. APS/*Backhaus* § 14 TzBfG Rn. 26 ff.; KR/*Lipke* § 14 TzBfG Rn. 30 ff.) weiterhin Anwendung finden. Hinsichtlich der auch zukünftig erforderlichen **Prognose** des Arbeitgebers und der damit verbundenen Auswirkungen auf die **Darlegungslast** gelten die Grundsätze, die das *BAG* (12.1.2000 EzA § 620 BGB Nr. 169; KR/*Lipke* § 14 TzBfG Rn. 47 ff.) zuletzt entwickelt hat: Wenn die spätere Entwicklung die Prognose des Arbeitgebers bestätigt, besteht eine ausreichende Vermutung dafür, dass sie hinreichend fundiert erstellt ist (vgl. MünchArbR/*Wank* Ergänzungsband § 116 Rn. 71 f.). Es ist dann Sache des Arbeitnehmers, Tatsachen vorzutragen, nach denen zumindest im Zeitpunkt des Vertragsabschlusses die Prognose nicht berechtigt war. Hat sich dagegen die Prognose nicht bestätigt, muss der Arbeitgeber Tatsachen vortragen, die ihm jedenfalls zum Zeitpunkt des Vertragsabschlusses den hinreichend sicheren Schluss darauf erlaubten, dass nach Ablauf der Befristung die Weiterbeschäftigung des Arbeitnehmers nicht mehr möglich sein werde.

Die im Gesetz genannten Sachgründe **sollen den Gerichten eine Orientierung geben**; es handelt sich um **Beispiele**, die weder andere von der Rechtsprechung bereits bisher akzeptierte, noch weitere Gründe ausschließen sollen (BT-Drs. 14/4374, S. 18; *BAG* 13.10.2004 EzA § 17 TzBfG Nr. 6 = NZA 2005, 401 = BAG Report 2005, 69; vgl. *Richardi/Annuß* DB 2000, 2205; *H. J. Dörner* Sonderbeil. zu NZA Heft 16/2003, S. 33 ff.), die den Wertungsmaßstäben des § 14 Abs. 1 TzBfG entsprechen (*BAG* 16.3.2005 EzA § 14 TzBfG Nr. 17 = NZA 2005, 923 = BAG Report 2005, 260;

*LAG Köln* 24.8.2007 LAGE § 14 TzBfG Nr. 37a = ZTR 2008, 110 LS). Deshalb ist z. B. die Befristung eines Arbeitsvertrages eines nach § 4 Abs. 3 PostPersRG a. F. **beurlaubten Beamten sachlich gerechtfertigt**, ohne dass es darauf ankommt, ob überhaupt und welchem der gesetzlichen Sachgrundtatbeständen sie sich zuordnen lässt (*BAG* 25.5.2005 NZA 2006, 858).

17 ▶ Beispiele:
- Die vorübergehende Beschäftigung eines Arbeitnehmers auf einem Arbeitsplatz, der zu einem **späteren Zeitpunkt dauerhaft mit einem anderen Arbeitnehmer besetzt werden soll**, kann die Befristung des Arbeitsvertrages nach § 14 Abs. 1 TzBfG sachlich rechtfertigen, wenn im Zeitpunkt des Vertragsschlusses mit dem befristet eingestellten Arbeitnehmer zwischen dem Arbeitgeber und dem anderen Arbeitnehmer bereits eine vertragliche Bindung besteht (*BAG* 13.10.2004 EzA § 17 TzBfG Nr. 6 = NZA 2005, 401 = BAG Report 2005, 69).
- Die **Anhängigkeit einer Konkurrentenklage** um eine dauerhaft zu besetzende Stelle kann die Befristung des Arbeitsvertrages mit einem auf dieser Stelle beschäftigten Arbeitnehmer bis zum Abschluss des Rechtsstreits mit dem Konkurrenten nach § 14 Abs. 1 TzBfG sachlich rechtfertigen (*BAG* 16.3.2005 EzA § 14 TzBfG Nr. 17 = NZA 2005, 923).
- Die Befristung eines Auslandsarbeitsverhältnisses ist wirksam, wenn sie dazu dient, **die deutsche Sozialversicherung** gem. § 4 SGB IV **zu erhalten** (*BAG* 14.7.2005 EzA § 613a BGB 2002 Nr. 36 = NZA 2005, 1411; vgl. dazu instr. Werthebach NZA 2006, 247 ff.).
- Die Befristung des Arbeitsverhältnisses mit einem zuvor wegen Vertragspflichtverletzungen arbeitgeberseitig **gekündigten Arbeitnehmer** kann i. S. v. § 14 Abs. 1 S. 1 TzBfG sachlich gerechtfertigt sein, wenn dem Arbeitnehmer damit eine **Bewährungschance** hinsichtlich eines künftigen vertragsgerechten Verhaltens eingeräumt werden soll (*LAG Köln* 24.8.2007 LAGE § 14 TzBfG Nr. 37a = ZTR 2008, 110 LS).

18 Die Befristung eines Arbeitsvertrages bedarf gem. § 14 Abs. 4 TzBfG der Schriftform (s. hierzu Rdn. 124 ff.). Dieses Formerfordernis bezieht sich allerdings nur auf die Befristung als solche. Handelt es sich um eine Zeitbefristung, so ist nach der Rechtsprechung des BAG nicht erforderlich, dass der Sachgrund i. S. v. § 14 Abs. 1 TzBfG genannt wird (*BAG* 12.8.2009 – 7 AZR 270/08). Hat der Arbeitgeber im Arbeitsvertrag den Sachgrund genannt, kann er sich im Rahmen eines möglichen Verfahrens vor dem Arbeitsgericht hinsichtlich der Wirksamkeit der Befristung trotzdem auch auf einen anderen als den im Vertrag genannten Sachgrund berufen. Entscheidend ist, dass objektiv ein Sachgrund für die Zeitbefristung vorlag (vgl. *BAG* 12.8.2009 – 7 AZR 270/08). Der Arbeitgeber darf sich in diesem Fall – soweit die Voraussetzungen vorliegen – auch auf § 14 Abs. 2 TzBfG berufen und darlegen, dass die Befristung gar keines Sachgrundes bedurfte. Dies gilt im Übrigen auch umgekehrt in den Fällen, in denen der Arbeitsvertrag ausdrücklich auf § 14 Abs. 2 TzBfG Bezug nimmt; sich dann allerdings später herausstellt, dass die Voraussetzungen für eine sachgrundlose Befristung nicht vorlagen. Hat der Arbeitgeber einen objektiv vorliegenden Sachgrund, so kann er auch nachträglich die Befristung noch mit diesem Sachgrund rechtfertigen (*BAG* 12.8.2009 – 7 AZR 270/08).

19 Etwas anderes gilt bei der Zweckbefristung. Da die Vertragsdauer bei der Zweckbefristung von dem Vertragszweck abhängt, muss der Vertragszweck schriftlich im Arbeitsvertrag festgeschrieben werden (*BAG* 21.12.2005 EzA § 14 TzBfG Nr. 25). Ist der Vertragszweck nicht eindeutig im Vertragstext des Arbeitsvertrages festgeschrieben, so kann der Arbeitgeber sich nicht auf das Vorliegen eines Sachgrundes für eine Zweckbefristung berufen. Hat der Arbeitgeber nicht vorsorglich den Vertrag auch zeitlich befristet, so liegt ein unbefristetes Arbeitsverhältnis vor.

20 Die Kombination von Zweckbefristung und Zeitbefristung ist grundsätzlich zulässig (vgl. *BAG* 29.6.2011 – 7 AZR 6/10, NZA 2011, 1346). Hier erweist sich dann für den Arbeitgeber als vorteilhaft, dass nach der Rechtsprechung des BAG die Zeitbefristung nicht voraussetzt, dass der Sachgrund schriftlich im Arbeitsvertrag festgehalten ist. Dementsprechend bietet es sich an, eine Zweckbefristung – soweit im Einzelfall möglich – mit einer Zeitbefristung zu kombinieren.

A. Die Befristung des Arbeitsverhältnisses **Kapitel 5**

## 5. Die gesetzlichen Sachgründe

### a) Vorübergehender Bestand des betrieblichen Bedarfs an der Arbeitsleistung (§ 14 Abs. 1 S. 2 Nr. 1 TzBfG)

Dieser **sehr allgemein gehaltene Oberbegriff** möglicher Sachgründe kann in Form eines vorübergehend erhöhten oder eines zukünftig wegfallenden Arbeitskräftebedarfs bestehen (MünchArbR/ *Wank* Ergänzungsband § 116 Rn. 81 ff.; KDZ/*Däubler* § 14 TzBfG Rn. 43 ff.; *H. J. Dörner* Sonderbeil. zu NZA Heft 16/2003, S. 35 f.). 21

Erforderlich ist, dass zum Zeitpunkt des Vertragsabschlusses der Arbeitgeber auf Grund greifbarer Tatsachen mit hinreichender Sicherheit annehmen konnte, dass der Arbeitskräftebedarf in Zukunft wegfallen wird (Prognose; *BAG* 20.2.2008 – 7 AZR 950/06, EzA-SD 14/2008 S. 12 LS = FA 2008, 280 LS; vgl. KR/*Lipke* § 14 TzBfG Rn. 67 ff.; *Gragert* FA 2004, 194 ff.); dazu sind konkrete Anhaltspunkte erforderlich (*LAG SchlH* 23.3.2005 NZA-RR 2005, 628). Die Prognose, der konkrete Anhaltspunkte zugrunde liegen müssen, ist Teil des Sachgrundes (*BAG* 20.2.2008 – 7 AZR 950/06, EzA-SD 14/2008 S. 12 LS = FA 2008, 280 LS). 22

Das *ArbG Leipzig* (5.8.2004 AuR 2005, 75 LS) hat z. B. angenommen, dass der konkrete **Bedarf an Lehrkräften** frühestens vier Monate vor Beginn des neuen Schuljahres ermittelt werden kann, da erst zu diesem Zeitpunkt die Anmeldezahlen der Schüler vorliegen. Folglich kann eine vor diesem Zeitpunkt vereinbarte Befristung einer Aufstockung der Stundenzahl einer Lehrkraft dann nicht durch einen vorübergehenden schülerzahlbedingten Mehrbedarf gerechtfertigt werden. Denn die bloße Unsicherheit des Arbeitgebers über die künftige Entwicklung kann eine Befristung nicht rechtfertigen; sie gehört auch im öffentlichen Dienst zur Risikosphäre des Arbeitgebers und darf nicht auf den Arbeitnehmer abgewälzt werden. Denn die jeder wirtschaftlichen Tätigkeit innewohnende **Unsicherheit über die zukünftige Entwicklung** und der dadurch hervorgerufene wechselnde Bedarf an Arbeitskräften stellt keinen Sachgrund dar (APS/*Backhaus* § 14 TzBfG Rn. 33; MünchArbR/*Wank* Ergänzungsband § 116 Rn. 90 ff.; KDZ/*Däubler* § 14 TzBfG Rn. 39; *Preis/Gotthardt* DB 2000, 2071; *Hromadka* BB 2001, 622). Auch die Argumentation des öffentlichen Arbeitgebers, auf Grund des kurzfristigen Ausscheidens eines **Lektors** an einer Universität habe bis Semesterbeginn die Stelle nicht mehr ausgeschrieben und besetzt werden können, führt nicht zu einem vorübergehenden Bedarf i. S. d. § 14 Abs. 1 Nr. 1 TzBfG (*ArbG Freiburg* 30.7.2003 NZA-RR 2004, 52). Ebenso wenig kann aus der bevorstehenden und durch Befehle unter Beweis gestellten **Auflösung einer Bundeswehreinheit** sicher auf die Auflösung einer Truppenküche und damit einhergehend auf einen lediglich vorübergehenden Arbeitskräftebedarf geschlossen werden (*ArbG Kiel* 28.10.2004 NZA-RR 2005, 129). 23

Dagegen ist eine Befristung sachlich gerechtfertigt, wenn zum Zeitpunkt des Vertragsschlusses **vorhersehbar** war, dass mit der Übertragung der Instandsetzungsarbeiten in einem **regionalen Instandsetzungszentrum** der Bundeswehr auf einen Dritten, die keinen Betriebsübergang nach § 613a BGB darstellt, kein weiterer Bedarf an der Arbeitsleistung des Klägers – eines Kfz-Mechanikers – mehr bestehen würde (*BAG* 30.10.2008 – 8 AZR 855/07; *LAG Nds.* 13.9.2007 NZA-RR 2008, 235). 24

Bei einer Arbeitnehmerin, die mit Sekretariatsaufgaben betraut ist, setzt der gesetzliche Befristungsgrund voraus, dass anhand konkreter Umstände dargelegt wird, dass **und warum die Sekretariatsaufgaben mit dem Befristungsende weggefallen sein werden** (*LAG Köln* 8.5.2006 – 14 (6) Sa 76/06, AuR 2006, 330 LS u. 18.4.2006 – 9 Sa 1523/05, ZTR 2006, 556 LS). 25

Das *BAG* (11.2.2004 EzA § 620 BGB 2002 Nr. 9 = NZA 2004, 978 = BAG Report 2004, 177; 16.11.2005 – 7 AZR 81/05, EzA-SD 7/06 S. 11 LS = NZA 2006, 785; 20.2.2008 – 7 AZR 950/06, EzA-SD 14/2008 S. 12 LS = FA 2008, 280 LS; 30.10.2008 – 8 AZR 855/07; ebenso *LAG Nds.* 8.3.2004 LAGE § 14 TzBfG Nr. 14 = NZA-RR 2004, 468; *LAG SchlH* 23.3.2005 NZA-RR 2005, 628; zum saisonalen Mehrbedarf s. *LAG Düsseld.* 16.1.2008 EzA § 14 TzBfG Nr. 41) hat insoweit folgende Grundsätze aufgestellt: 26

- Die Befristung eines Arbeitsvertrags wegen des vorübergehenden Mehrbedarfs an Arbeitskräften ist gerechtfertigt, wenn im Zeitpunkt des Vertragsschlusses mit hinreichender Sicherheit zu erwarten ist, dass für die Beschäftigung des befristet eingestellten Arbeitnehmers über das vorgesehene Vertragsende hinaus kein Bedarf besteht. Hierzu muss der Arbeitgeber eine Prognose erstellen, der konkrete Anhaltspunkte zu Grunde liegen. Die Prognose ist Teil des Sachgrunds für die Befristung.
- Der Sachverhalt ist gegeben, wenn ein Unternehmen oder eine Dienststelle für die Bundesagentur für Arbeit (BA) Maßnahmen zur Verbesserung beruflicher Bildungs- und Eingliederungschancen einschließlich des Nachholens des einfachen Hauptschulabschlusses durchführt und bei Vertragsschluss auf Grund konkreter Tatsachen zu prognostizieren ist, dass mit der Durchführung weiterer Maßnahmen nicht zu rechnen ist.
- Der Sachgrund ist auch gegeben, wenn bei Vertragsschluss feststeht, dass etwaige weitere Maßnahmen erst nach einer Unterbrechung von vier Wochen durchgeführt werden können. Auch ein projektbedingter erhöhter Arbeitskräftebedarf kann die Befristung des Arbeitsvertrags mit einem projektbezogen beschäftigten Arbeitnehmer rechtfertigen (ebenso *LAG Bln.* 23.3.2005 – 17 Sa 2532/04, EzA-SD 11/05 S. 9 LS). Die Befristung ist allerdings nur wirksam, wenn im Zeitpunkt des Abschlusses des befristeten Arbeitsvertrags konkrete Anhaltspunkte dafür bestehen, dass nach dem Ende der Vertragslaufzeit keine weiteren Projekte mehr durchzuführen sind, bei denen der Arbeitnehmer eingesetzt werden könnte (*BAG* 7.4.2004 EzA § 620 BGB 2002 Nr. 10 = ZTR 2005, 100), das also für die Beschäftigung des Arbeitnehmers über das vereinbarte Vertragsende hinaus mit hinreichender Sicherheit kein Bedarf mehr besteht (*BAG* 25.8.2004 EzA § 14 TzBfG Nr. 13 = NZA 2005, 356 = BAG Report 2005, 68; vgl. dazu *Traber* FA 2005, 363 ff.; *Petrovicki* NZA 2006, 411 ff.; abl. *LAG Köln* 24.2.2006 – 11 Sa 1190/05, AuR 2006, 250 LS = NZA-RR 2006, 498).
- Die Mitwirkung an einem **zeitlich begrenzten Forschungsprojekt** kann die Befristung mit einem dafür eingestellten Arbeitnehmer auch dann sachlich rechtfertigen, wenn der Arbeitnehmer **nicht ausschließlich projektbezogen eingesetzt wird**. Voraussetzung für die Wirksamkeit der Befristung ist dann, dass bei Abschluss des befristeten Arbeitsvertrages die **Prognose** gerechtfertigt ist, dass der Arbeitnehmer überwiegend **mit projektbezogenen Tätigkeiten** und nicht mit projektfremden Daueraufgaben des Arbeitgebers befasst wird (*BAG* 16.11.2005 – 7 AZR 81/05, EzA-SD 7/06 S. 11 LS = NZA 2006, 785).
- Die Prognose des Arbeitgebers ist nicht deshalb unzutreffend, weil der Arbeitnehmer nach Fristablauf auf Grund seiner Qualifikation auf einem freien Arbeitsplatz in einem anderen Projekt befristet oder unbefristet hätte beschäftigt werden können und der Arbeitgeber dies bei Vertragsschluss erkennen konnte. Denn die Prognose des Arbeitgebers muss sich nur auf das konkrete Projekt beziehen. Dessen hinreichend sicherer künftiger Wegfall begründet den nur vorübergehenden Beschäftigungsbedarf und damit den Sachgrund des § 14 Abs. 1 S. 2 Nr. 1 TzBfG (*BAG* 25.8.2004 EzA § 14 TzBfG Nr. 13 = NZA 2005, 356 = BAG Report 2005, 68; vgl. dazu *Petrovicki* NZA 2006, 411 ff.).
- Die Richtigkeit der Prognose wird auch **nicht** dadurch **in Frage gestellt**, dass der prognostizierte vorübergehende Bedarf an Arbeitsleistung über das Vertragsende des befristet beschäftigten Arbeitnehmers **noch andauert**. Die Prognose muss sich lediglich darauf erstrecken, dass der betriebliche Bedarf an der Arbeitsleistung des befristet beschäftigten Arbeitnehmers nur zeitweise und nicht dauerhaft eröffnet ist. Etwaige Mängel der Prognose hinsichtlich der Befristungsdauer führen nur dann zur Unwirksamkeit der vereinbarten Befristung, wenn sie auf den Sachgrund der Befristung selbst durchschlagen (*BAG* 20.2.2008 – 7 AZR 950/06, EzA-SD 14/2008 S. 12 LS = FA 2008, 280).
- Zwingende Voraussetzung für die Befristung des Arbeitsverhältnisses nach § 14 Abs. 1 S. 2 Nr. 1 TzBfG wegen des vorübergehenden Bedarfs an der Arbeitsleistung ist, dass ein zeitlich begrenzter Mehrbedarf vorliegt. Handelt es sich um eine bisherige Daueraufgabe bzw. wiederkehrende Daueraufgabe, so muss auch deren Erledigung bei Abschluss des befristeten Vertrages zeitlich absehbar sein, um die Befristung zu rechtfertigen (*BAG* 20.2.2008 – 7 AZR 950/06,

## A. Die Befristung des Arbeitsverhältnisses                                               Kapitel 5

FA 2008, 280 LS). Ein Sachgrund für die Befristung wegen eines nur vorübergehenden Bedarfs an der Arbeitsleistung liegt in diesen Fällen nicht vor, wenn dem befristet eingestellten Arbeitnehmer Daueraufgaben übertragen werden, die von den in der Abteilung bereits bisher beschäftigten Mitarbeitern aufgrund der von vornherein unzureichenden Personalausstattung der Abteilung nicht in der regulären Arbeitszeit erledigt werden können (*BAG* 17.3.2010 EzA § 14 TzBfG Nr. 63).

Zu den praktischen Konsequenzen hat das *LAG Nds.* (8.3.2004 LAGE § 14 TzBfG Nr. 14 = NZA-RR 2004, 468; 12.1.2004 LAG Report 2004, 253 LS) ausgeführt:
- Das Gericht muss dazu feststellen können, dass der Arbeitgeber im Zeitpunkt des Vertragsschlusses auf Grund greifbarer Tatsachen mit einiger Sicherheit erwarten durfte, dass für eine Beschäftigung des befristet eingestellten Mitarbeiters über das vorgesehene Vertragsende hinaus kein Bedarf bestand.
- Ein vorübergehender betrieblicher Bedarf an Arbeitskräften kann neben den Fällen zeitweiser Zusatzaufgaben auch dann vorliegen, wenn die vorhandene Arbeitsmenge in absehbarer Zeit abnimmt (z. B. durch Rationalisierungen bzw. [Teil-]Stilllegungen), bis dahin aber noch zusätzliche Arbeitskräfte benötigt werden. Der Umfang deshalb befristeter Arbeitsverhältnisse muss sich im Rahmen des prognostizierten Minderbedarfs halten (hier: Schließung einer Teileinheit der Marine; befristete Beschäftigung eines Festmacherhelfers im Hinblick auf einen nach § 3 TV UmBW unterzubringenden, unbefristet beschäftigten Mechaniker/Kraftfahrer, sowie bei der befristeten Beschäftigung einer Lagermitarbeiterin im Hinblick auf einen tarifvertraglich unterzubringenden Kfz-Mechaniker).
- Steht fest, dass sich bei Ablauf der vorgesehenen Zeit der Minderbedarf nicht in der vertraglich vorgesehenen Weise realisiert (z. B. weil der KfZ-Mechaniker auf einem anderen Dienstposten untergebracht worden ist), muss der Arbeitgeber darlegen, aus welchen Gründen die tatsächliche Entwicklung anders verlaufen ist (*LAG Nds.* 12.1.2004 LAG Report 2004, 253 LS).
- Erweist sich die Prognose dagegen als zutreffend, so ist die Befristung regelmäßig sachlich gerechtfertigt. Ist dies hingegen nicht der Fall, muss der Arbeitgeber schlüssig und widerspruchsfrei darlegen, aus welchen Gründen die tatsächliche Entwicklung hinsichtlich des Arbeitskräftebedarfs anders verlaufen ist als bei Vertragsschluss prognostiziert (hier: Unterbringung des Mechanikers/Kraftfahrers auf einem – anderen – Schonarbeitsplatz nach Vorlage eines ärztlichen Gutachtens).

Danach kann also – zusammengefasst – die Beschäftigung eines Arbeitnehmers in einem **Projekt** einen Sachgrund des nur vorübergehenden betrieblichen Bedarfs darstellen, der die Befristung des Arbeitsvertrags rechtfertigen kann. Der Arbeitgeber kann sich zur sachlichen Rechtfertigung einer Befristung auf eine Tätigkeit in einem zeitlich begrenzten Projekt **aber nur dann berufen**, wenn es sich dabei um eine auf **vorübergehende Dauer** angelegte und gegenüber den sog. Daueraufgaben des Arbeitgebers abgrenzbare **Zusatzaufgabe** handelt (*BAG* 7.5.2008 – 7 AZR 146/07). Das ist nicht der Fall bei Tätigkeiten, die der Arbeitgeber im Rahmen des von ihm verfolgten Betriebszwecks dauerhaft wahrnimmt oder zu deren Durchführung er verpflichtet ist. Andererseits spricht es regelmäßig für das Vorliegen eines Projekts, wenn dem Arbeitgeber für die Durchführung der in dem Projekt verfolgten Tätigkeiten von einem Dritten finanzielle Mittel oder sonstige Sachleistungen zur Verfügung gestellt werden (*BAG* 7.11.2007 EzA § 14 TzBfG Nr. 43 = NZA 2008, 467). **27**

Selbst wenn ein zeitlich begrenztes Projekt vorliegt, bedeutet dies allerdings noch nicht von vornherein, dass der Arbeitgeber sich zur Rechtfertigung der Befristung auf den Sachgrund des vorübergehenden Mehrbedarfs der Arbeitsleistung gem. § 14 Abs. 1 Nr. 1 TzBfG berufen kann. Voraussetzung ist, dass es sich bei dem Projekt tatsächlich um eine Zusatzaufgabe handelt. Arbeitet das Unternehmen in bestimmten Abteilungen permanent auf Projektbasis – beispielsweise IT-Abteilungen –, ohne dass es außerhalb der Projekte nennenswerte Daueraufgaben gibt, die permanent von den Mitarbeitern der Abteilung wahrgenommen werden, so rechtfertigt die Tatsache als solche, dass der Mitarbeiter für ein bestimmtes Projekt angestellt werden soll, noch nicht die Befristung. Bei dieser Fallkonstellation wird deutlich, dass die in der Abteilung zu erledigenden Daueraufgaben lediglich in **28**

Projektform durchgeführt werden und es grds. bereits feststeht, dass sich nach Abschluss des laufenden Projektes ein weiteres Projekt anschließt. Wenn die Qualifikation des Mitarbeiters auch für diese allgemein in der Abteilung anfallenden Projekte besteht, fehlt es an dem Merkmal der »Zusatzaufgabe«, die den Mehrbedarf an Arbeitskräften befristen kann (BAG 7.5.2008 – 7 AZR 146/07; 17.3.2010 EzA § 14 TzBfG Nr. 63). Wenn hingegen in den Projekten verschiedene Qualifikationen bei den Arbeitnehmern benötigt werden und der befristet eingestellte Mitarbeiter gerade für das vorstehende Projekt die erforderliche Qualifikation besitzt, so ist auch dann die Befristung nach § 14 Abs. 1 Nr. 1 TzBfG sachlich gerechtfertigt. Das Gleiche gilt, wenn wegen des bevorstehenden Projektes eine größere Anzahl an Mitarbeitern benötigt wird. Hier wird der Arbeitgeber anhand der Projektkapazitäten aus der Vergangenheit darlegen müssen, dass tatsächlich bei den normalen Projekten die vorhandene Stammbelegschaft ausreicht, um die Arbeiten ordnungsgemäß durchzuführen und es lediglich hinsichtlich eines speziellen, zeitlich begrenzten Projektes einen vorübergehenden Mehrbedarf an Arbeitskräften bedarf.

29 Will der Arbeitgeber ein **längerfristiges Forschungsprojekt** nur bei einer gesicherten **Drittmittelfinanzierung** durchführen, muss sich seine Prognose, das für den Arbeitnehmer zukünftig kein Bedarf mehr besteht, im Übrigen nur auf die drittmittelfinanzierten Teile des Forschungsprojekts beziehen. Ob der Drittmittelgeber das Forschungsprojekt weiter fördern wird ist ohne Belang, sofern eine Anschlussförderung nicht bereits absehbar ist (LAG Bln. 23.3.2005 – 17 Sa 2532/04, EzA-SD 11/05, S. 9 LS).

30 Sind also in einem auf § 14 Abs. 1 Nr. 1 TzBfG gestützten befristeten Arbeitsverhältnis überwiegend Daueraufgaben zu verrichten, so ist die Befristungsabrede nur dann wirksam, wenn die Daueraufgaben lediglich eine dienende, die vorübergehende Aufgabe unterstützende Funktion haben (Sächs. LAG 12.12.2003 ZTR 2004, 323 LS = LAG Report 2004, 194).

31 Ein nur vorübergehender betrieblicher Bedarf liegt jedenfalls dann nicht vor, wenn der Arbeitgeber den Arbeitnehmer **für eine dauerhafte Tätigkeit** (Flugzeugabfertigung) befristet bis zur Aufnahme der Geschäftstätigkeit eines von ihm zur Verbesserung der Rentabilität gegründeten Arbeitnehmerverleihunternehmens beschäftigt mit der Absicht, ihn zu veranlassen, einen unbefristeten Arbeitsvertrag mit dem Arbeitnehmerverleiher abzuschließen, um ihn sodann zu entleihen und unverändert mit der bisherigen Tätigkeit weiterhin zu betrauen (LAG Köln 4.10.2005 NZA-RR 2006, 235; 9.12.2005 LAGE § 14 TzBfG Nr. 24); die für einen **späteren Zeitpunkt geplante Besetzung** eines Arbeitsplatzes mit einem Leiharbeitnehmer ist also **kein Sachgrund** für die Befristung des Arbeitsvertrages mit einem vorübergehend auf diesem Arbeitsplatz eingesetzten Arbeitnehmer. Weder die Voraussetzungen nach § 14 Abs. 1 S. 2 Nr. 1 TzBfG noch die eines im gesetzlichen Kataloges nicht genannten Sachgrundes sind gegeben (BAG 17.1.2007 EzA § 14 TzBfG Nr. 37 = NZA 2007, 566; s. dazu Düwell/Dahl NZA 2007, 891 f.).

32 Die insoweit notwendige Prognose bezieht sich bei einem **öffentlichen Arbeitgeber** nach Auffassung des LAG SchlH 19.12.2006 NZA-RR 2007, 221) **nur auf den vorhersehbaren Beschäftigungsbedarf der Dienststelle**, für die der Arbeitnehmer konkret eingestellt werden soll. Sie ist daher nicht deshalb unzutreffend, weil der Arbeitnehmer auf Grund seiner Qualifikation auf einem freien Arbeitsplatz in einer anderen Dienststelle oder an einem anderen Standort befristet oder unbefristet hätte beschäftigt werden können und der Arbeitgeber dies bei Vertragsschluss hätte erkennen können.

33 Die Wirksamkeit einer Befristung setzt insoweit zudem voraus, dass der Arbeitnehmer **gerade zur Deckung des Mehrbedarfs eingestellt** wird. Es genügt aber, wenn zwischen dem zeitweilig erhöhten Arbeitsanfall und der befristeten Einstellung ein vom Arbeitgeber darzulegender ursächlicher Zusammenhang besteht. Der Arbeitgeber ist also nicht gehindert, die vorhandene Arbeitsmenge zu verteilen, seine Arbeitsorganisation zu ändern oder die zusätzlichen Arbeiten anderen Arbeitnehmern zuzuweisen (BAG 20.2.2008 – 7 AZR 950/06, EzA-SD 14/2008 S. 12 LS).

A. Die Befristung des ArbeitsverhältnissesKapitel 5

*b) Anschluss an Ausbildung und Studium (§ 14 Abs. 1 S. 2 Nr. 2 TzBfG)*

Mit dieser Vorschrift soll vor allem **tariflichen Regelungen** Rechnung getragen werden, wonach der 34
Arbeitgeber verpflichtet ist, den Auszubildenden **für eine Mindestzeit zu übernehmen;** die gesetzliche Regelung setzt allerdings keine derartige Regelung voraus und erfasst zudem auch den Anschluss an ein Studium. Da weder klar ist, was unter Ausbildung, Studium, Anschluss, noch unter Erleichterung des Übergangs gemeint ist, ist offen, ob dieser Befristungsgrund praktische Relevanz erlangen wird (vgl. APS/*Backhaus* § 14 TzBfG Rn. 34 ff.; ähnlich *Preis/Gotthardt* DB 2000, 2071; *Hromadka* BB 2001, 622; MünchArbR/*Wank* Ergänzungsband § 116 Rn. 99; krit. auch *Blanke* AiB 2000, 735; insgesamt krit. Schlachter NZA 2003, 1180 ff.; für eine enge Auslegung KDZ/*Däubler* § 14 TzBfG Rn. 53; optimistischer KR/*Lipke* § 14 TzBfG Rn. 84 ff.).

Jedenfalls ermöglicht die Norm nur den einmaligen Abschluss eines befristeten Arbeitsvertrages nach 35
dem Ende der Ausbildung. Weitere befristete Arbeitsverträge können darauf nicht gestützt werden (*BAG* 10.10.2007 EzA § 14 TzBfG Nr. 41 = NZA 2008, 295).

Voraussetzung für die Befristung eines Arbeitsverhältnisses nach Nr. 2 ist allerdings, dass es sich bei 35a
dem befristeten Arbeitsvertrag um den ersten Arbeitsvertrag handelt, den der Arbeitnehmer nach Abschluss der Ausbildung bzw. des Studiums abschließt (vgl. *BAG* 24.08.2011 – 7 AZR 368/10). Nicht anwendbar ist daher der Sachgrund in Nr. 2, wenn der Arbeitnehmer zunächst eine anderweitige – wenn auch kurzzeitige – Beschäftigung eingegangen ist. Der 7. Senat weist zurecht darauf hin, dass Zweck des Sachgrundes der Nr. 2 ist, dem Arbeitnehmer die Möglichkeit einzuräumen, im Rahmen eines befristeten Arbeitsverhältnisses Berufserfahrung zu sammeln und hierdurch seine Einstellungschancen auf dem Arbeitsmarkt zu verbessern (vgl. *BAG* 24.8.2011 – 7 AZR 368/10). Dieser Zweck ist erreicht, wenn der Mitarbeiter zuvor in einem anderen Arbeitsverhältnis im Anschluss eines Studiums gestanden hat. Dementsprechend interpretiert der 7. Senat das Tatbestandsmerkmal »Anschluss« in § 14 Abs. 1 S. 2 Nr. 2 TzBfG sehr eng und lässt diesen Sachgrund entfallen, sobald eine anderweitige Beschäftigung vorgelegen hat. Offen gelassen hat der 7. Senat, ob der Sachgrund auch dann ausgeschlossen ist, wenn es sich nur um eine wenige Tage dauernde Beschäftigung handelt. In dem vom BAG zu entscheidenden Fall war der Mitarbeiter vor dem befristeten Anstellungsverhältnisses sieben Wochen bei einem anderen Arbeitgeber tätig gewesen.

*c) Vertretung (§ 14 Abs. 1 S. 2 Nr. 3 TzBfG; § 6 Abs. 1–3 PflegezeitG)*

Die Befristung des Arbeitsvertrages zur Vertretung eines anderen Arbeitnehmers ist gem. § 14 Abs. 1 36
S. 2 Nr. 3 TzBfG zulässig. Die Formulierung »Vertretung eines anderen Arbeitnehmers« wird von der Rechtsprechung sehr weit ausgelegt. Voraussetzung für das Vorliegen eines entsprechenden Sachgrundes für die Befristung ist, dass die vorübergehende Abwesenheit eines Arbeitnehmers kausal für den Abschluss des befristeten Vertrages war. Die Rechtsprechung kennt insofern verschiedene Arten der Vertretung, die alle als Sachgrund für die Befristung des vorübergehend eingestellten Mitarbeiters dienen können. In der Rechtsprechung wird insofern unterschieden zwischen:
– unmittelbarer Vertretung,
– mittelbarer Vertretung,
– Organisationsvertretung,
– Zuordnungsvertretung.

Ein Fall der »unmittelbaren Vertretung« liegt beispielsweise dann vor, wenn ein befristeter Arbeits- 37
vertrag zur Vertretung eines zeitweilig beurlaubten anderen Arbeitnehmers abgeschlossen wird und der befristet eingestellte Mitarbeiter die Aufgaben des Vertretenen übernimmt (*BAG* 15.2.2006 EzA § 14 TzBfG Nr. 27 = NZA 2006, 781 m. Anm. *Röger* SAE 2007, 126 ff.; *LAG Köln* 7.5.2007 NZA-RR 2007, 517; *LAG Hamm* 4.7.2007 LAGE § 307 BGB 2002 Nr. 13a: gedankliche und erkennbare Zuordnung der Aufgaben des Vertreters zu einem oder mehreren vorübergehend abwesenden Beschäftigten; *Mennemeyer/Keysers* NZA 2008, 670 ff.) und wenn der Arbeitgeber im **Zeitpunkt des Abschlusses des befristeten Vertrages** (*ArbG Freiburg* 30.7.2003 NZA-RR 2004, 52) mit der Rückkehr der zu vertretenden Stammkraft an ihren Ar-

beitsplatz rechnen durfte. Erforderlich ist also eine **positive Prognose** darüber, dass der zu vertretende Arbeitnehmer **nochmals an seinen Arbeitsplatz zurückkehren wird**. Dabei sind bei sog. Kettenbefristungen mit fortschreitender Zeit und wachsender Anzahl einander ablösender Vertragsbefristungen umso strengere Anforderungen an die Prognose zu stellen (*LAG Köln* 9.3.2005 – 7 (11) Sa 1242/04 – EzA-SD 24/05, S. 11 LS = ZTR 2006, 48 mit dem zutr. Hinweis darauf, dass der beamtenrechtliche Tatbestand der vermuteten Dienstunfähigkeit ein erhebliches Indiz gegen eine positive Rückkehrprognose darstellt). Die vertraglich vereinbarte Befristungsdauer bedarf dann keiner eigenen sachlichen Rechtfertigung. Deshalb steht es dem Sachgrund der Befristung **nicht entgegen**, dass die **Befristungsabrede hinter der Dauer des Vertretungsbedarfs zurückbleibt**. Denn dem Arbeitgeber steht es frei, den Arbeitsausfall überhaupt zu überbrücken (*BAG* 13.10.2004 EzA § 14 TzBfG Nr. 14 = NZA 2005, 469 = ZTR 2005, 268; *ArbG Freiburg* 30.7.2003 NZA-RR 2004, 52; vgl. *H. J. Dörner* Sonderbeil. zu NZA Heft 16/2003, S. 33 ff.).

Ein Fall der »mittelbaren Vertretung« liegt dann vor, wenn die Aufgaben des vorübergehend abwesenden Mitarbeiters ganz oder teilweise anderen Arbeitnehmern im Betrieb übertragen werden und der befristet eingestellte Mitarbeiter wiederum die bisher von diesen Arbeitnehmern erledigten Aufgaben bis zur Rückkehr des vorübergehend abwesenden Mitarbeiters und der Rückkehr zur alten Organisationsstruktur übernimmt (vgl. *BAG* 15.2.2006 EzA § 14 TzBfG Nr. 27 = NZA 2006, 781).

Von einer »Organisationsvertretung« als Unterart der mittelbaren Vertretung spricht das *BAG* (25.4.2006 – 7 AZR 640/05) in den Fällen, in denen der Arbeitgeber wegen des vorübergehenden Ausfalls eines Mitarbeiters der Stammbelegschaft zum einen eine Ersatzkraft befristet einstellt und zum anderen die Arbeitsabläufe in der Abteilung vorübergehend umorganisiert. Die Umorganisation kann darin bestehen, dass bei einer Neuverteilung der Arbeiten innerhalb der Abteilung ein neuer Arbeitsplatz entsteht, der nach der bisherigen Arbeitsorganisation noch nicht vorhanden war und auf dem der befristet zur Vertretung eingestellte Arbeitnehmer nun für die Dauer der Abwesenheit des vorübergehend nicht im Betrieb tätigen Mitarbeiters eingesetzt wird. Die Darlegungslast dafür, wie die Arbeit umorganisiert worden ist, um den vorübergehend abwesenden Mitarbeiter zumindest mittelbar noch als Vertretung des zu vertretenden Arbeitnehmers ansehen zu können, liegt beim Arbeitgeber (*BAG* 13.10.2004 EzA § 17 TzBfG Nr. 6).

Die insoweit notwendige Kausalität ist dann nicht mehr gegeben, wenn nur mit den für den Arbeitsplatz des Vertretenen vorgesehenen Finanzmitteln ein völlig neuer Arbeitsplatz erstellt wird, den der Vertretene aufgrund des Direktionsrechtes nicht hätte einnehmen müssen und zu dem auch keine gesonderte Vertretungskette reicht (*LAG Hamm* 25.11.2003 LAGE § 14 TzBfG Nr. 12a = FA 2004, 155 LS = LAG Report 2004, 259; APS/*Backhaus* § 14 TzBfG Rn. 40 ff.; KR/*Lipke* § 14 TzBfG Rn. 98 ff.; *Hromadka* BB 2001, 623 f.). Gleiches gilt dann, wenn der Arbeitgeber den vorübergehenden Ausfall des Arbeitnehmers zum Anlass nimmt, die dadurch zeitweilig frei werdenden Finanzmittel dafür zu verwenden, andere Aufgaben durch die Aushilfskraft erledigen zu lassen, ohne dass diese in einer mittelbaren Beziehung zu den Arbeitsaufgaben des zeitweilig ausgefallenen Mitarbeiters stehen (*BAG* 13.10.2004 EzA § 17 TzBfG Nr. 6; *LAG Hamm* 31.10.2003 LAG Report 2004, 254 LS).

Die maßgeblichen Voraussetzungen sind auch dann nicht erfüllt, wenn der Arbeitgeber aufgrund weiter auseinander liegender Beschäftigungsorte und unter Beachtung der Grenzen des Weisungsrechts nach § 106 GewO gehindert ist, dem Vertretenen die Aufgaben des Vertreters zuzuweisen (*LAG Köln* 7.5.2007 NZA-RR 2007, 517).

Ebenfalls zu den Unterarten der mittelbaren Vertretung gehört die sog. Zuordnungsvertretung. Von einer Zuordnungsvertretung spricht die Rechtsprechung, wenn der befristet beschäftigte Arbeitnehmer Aufgaben wahrnimmt, die der Arbeitgeber einem vorübergehend abwesenden Mitarbeiter bei dessen unveränderter Weiterarbeit oder nach dessen Rückkehr tatsächlich und rechtlich übertragen könnte (vgl. *BAG* 14.4.2010 EzA § 14 TzBfG Nr. 65). Die Zuordnungsvertretung erleichtert also die Rechtfertigung einer Befristung. Dies gilt umso mehr, als es bei der Zeitbefristung nach Auffassung des BAG nicht erforderlich ist, dass der Sachgrund im befristeten Arbeitsvertrag genannt wird (BAG 12.8.2009 – 7 AZR 270/08). Da also weder der Sachgrund im Arbeitsvertrag genannt werden muss noch es bei der sog. Zuordnungsvertretung i. S. v. § 14 Abs. 1 S. 2 Nr. 3 TzBfG erforderlich ist, dass der befristet eingestellte Arbeitnehmer den tatsächlichen Aufgabenbereich eines vorübergehend abwesenden Mitarbeiters übernimmt, sondern es ausreicht, dass der befristet eingestellte Arbeitnehmer Aufgaben wahrnimmt, die einem vorübergehend abwesenden Mitarbeiter hätten zugeordnet werden können, reicht es aus, wenn der Arbeitgeber im Rahmen eines möglichen Gerichtsverfahrens hinsichtlich der Überprüfung der Wirksamkeit der Befristung angibt, welcher Mitarbeiter vorübergehend abwesend war und darlegt, dass diesem vorübergehend abwesenden Mitarbeiter die Aufgaben hätten zugewiesen werden können, die von dem befristet eingestellten Mitarbeiter tatsächlich ausgeübt wurden.

Konsequenz aus dieser Rechtsprechung des BAG (14.4.2010 EzA § 14 TzBfG Nr. 65) ist letztendlich, dass ein befristet eingestellter Arbeitnehmer unter Umständen viele Jahre auf ein und derselben Stelle mit einer Vielzahl aneinander gekoppelter befristeter Verträge beschäftigt werden kann, wenn es im Unternehmen immer irgendeinen Arbeitnehmer gibt, der vorübergehend abwesend ist und den der im Rahmen der Kettenverträge befristet eingestellte Mitarbeiter hätte vertreten können, weil die von dem befristet eingestellten Arbeitnehmer wahrgenommenen Aufgaben kraft Direktionsrechts dem jeweils vorübergehend abwesenden Mitarbeiter hätten zugewiesen werden können. Wie angesprochen, muss der Sachgrund und somit auch nicht der tatsächlich vertretende Arbeitnehmer nicht im befristeten Arbeitsvertrag genannt werden (BAG 12.8.2009 – 7 AZR 270/08).

Im Hinblick auf die sich aus der vorerwähnten Rechtsprechung ergebende Erleichterung des Abschlusses von Kettenarbeitsverträgen ist des Weiteren auch darauf hinzuweisen, dass das BAG auf dem Standpunkt steht, dass auch eine große Anzahl befristet abgeschlossener Arbeitsverträge nicht dazu führt, dass an die Prüfung, ob der Sachgrund der Vertretung vorliegt, besonders strenge Anforderungen zu stellen sind (BAG 25.3.2009 – 7 AZR 59/08). Dies bedeutet wiederum, dass – theoretisch – der Arbeitgeber tatsächlich mehrere Arbeitnehmer befristet nach § 14 Abs. 1 S. 2 Nr. 3 TzBfG zur Vertretung einstellen kann, auch wenn letztendlich nur im Hinblick auf einen Mitarbeiter tatsächlich ein Sachgrund vorliegt. Der Arbeitgeber muss in den Einzelarbeitsverträgen nicht angeben, wer vertreten wird. Der Arbeitgeber muss darüber hinaus die Zeitverträge nicht zwingend für die Dauer des tatsächlich vertretenden Mitarbeiters abschließen. Die Befristung darf lediglich nicht länger als die vorübergehende Abwesenheit sein (BAG 20.2.2008 EzA § 17 TzBfG Nr. 8). Kommt es nun zur Entfristungsklage eines der befristet eingestellten Mitarbeiter, weil der Arbeitgeber die Befristung mit diesem Mitarbeiter nicht weiter verlängert, so hat der Arbeitgeber die Möglichkeit, sich im Hinblick auf diesen befristet eingestellten Mitarbeiter nach der Rechtsprechung des BAG auf die Zuordnungsvertretung im Hinblick auf einen bestimmten vorübergehend abwesenden Arbeitnehmer aus der Stammbelegschaft zu berufen (BAG 14.4.2010 EzA § 14 TzBfG Nr. 65), ohne dass in diesem Verfahren zu berücksichtigen wäre, dass der Arbeitgeber eine Vielzahl weiterer Mitarbeiter ebenfalls befristet angestellt hat (BAG 25.3.2009 – 7 AZR 59/08). Nur dann, wenn mehrere Arbeitnehmer gleichzeitig Entfristungsklagen einreichen sollten, muss der Arbeitgeber tatsächlich im Hinblick auf jeden Arbeitnehmer darlegen, für welche Mitarbeiter die Vertretung erfolgte. Insofern lässt sich also ggf. auch die Einstellung verschiedener Mitarbeiter über befristete Arbeitsverträge steuern. Dass hierdurch Kettenarbeitsverträge weitgehend legalisiert und befristete Verträge deutlich vereinfacht werden, scheint das BAG billigend in Kauf zu nehmen.

Zu beachten ist in diesem Zusammenhang allerdings die Rechtsprechung des Europäischen Gerichtshofes. Der Europäische Gerichtshof hat entschieden, dass die europäischen Richtlinien über befristete Arbeitsverträge dahingehend auszulegen sind, dass sie eine Anwendung einer nationalen Regelung entgegenstehen, derzufolge die Verlängerung aufeinander folgender befristeter Arbeitsverträge im öffentlichen Sektor alleine deshalb als aus »sachlichen Gründen« i. S. dieser Richtlinien gerechtfertigt angesehen wird, weil die befristeten Verträge auf Rechtsvorschriften gestützt sind, welche die Vertragsverlängerung zur Deckung eines bestimmten zeitweiligen Bedarfs zulassen, während in Wirklichkeit der Bedarf ständig und dauernd ist. Für den Abschluss eines ersten oder einzigen befristeten Arbeitsvertrags oder -verhältnisses gilt der vom EuGH herangezogene § 5 Nr. 1a der Rahmenbetriebsvereinbarung über befristete Arbeitsverträge im Anhang der Richtlinie 1999/70 zu der EGB-UNICE-CEEP-Rahmenvereinbarung nicht (*EuGH* 23.4.2009 – C-378/07 – Angelidaki u. a.). Unter Beachtung dieser Auffassung des Europäischen Gerichtshofes erscheint die Entwicklung in der Rechtsprechung des BAG zur Zuordnungsvertretung bedenklich.

38 Die Befristung eines Arbeitsvertrages ist also nur dann durch den Sachgrund der – mittelbaren – Vertretung gerechtfertigt, wenn es dem Arbeitgeber **rechtlich und tatsächlich möglich ist**, **die ausgefallene Stammarbeitskraft im Falle ihrer Rückkehr in dem vom Vertreter wahrgenommenen Arbeitsbereich umzusetzen** (*LAG Köln* 11.5.2005 NZA-RR 2006, 104 = AuR 2006, 126). Da das Direktionsrecht des Arbeitgebers des öffentlichen Dienstes regelmäßig auf die Zuweisung von Tätigkeiten beschränkt ist, die der mit dem Angestellten vereinbarten Vergütungsgruppe entsprechen, ist eine Befristung zum Zwecke der Vertretung von zwei Stammarbeitskräften bereits dann unwirksam, wenn die vom Vertreter wahrgenommenen Aufgaben wegen der höheren Eingruppierung einer der Stammarbeitskräfte nicht in ihrer Gesamtheit den Stammarbeitskräften zugewiesen werden kann (*LAG Hamm* 22.5.2003 – 11 Sa 1735/02, EzA-SD 16/03, S. 10 LS). Gleiches gilt generell, wenn **nicht ersichtlich** ist, **welche Stammkräfte** auf den von dem befristet eingestellten Arbeitnehmer wahrgenommenen Arbeitsplatz (z. B. dem der Sicherheitskraft im Eingangsbereich eines Behördenhauses) im Wege des Direktionsrechts **hätten umgesetzt werden können** (*ArbG Duisburg* 7.4.2006 ZTR 2006, 555).

39 Der Sachgrund der (mittelbaren) Vertretung liegt folglich auch dann nicht vor, wenn der Arbeitgeber den Ausfall eines Mitarbeiters lediglich zum Anlass nimmt, zeitweilig freiwerdende Mittel dazu zu verwenden, **andere Aufgaben** durch den befristet eingestellten Arbeitnehmer erledigen zu lassen, **ohne dass er diese auch dem Stammarbeitnehmer hätte zuweisen können** (*LAG Hamm* 31.10.2003 LAGE § 14 TzBfG Nr. 13). Gleiches gilt dann, wenn der Vertreter mit Aufgaben betraut wird, die um zwei Vergütungsgruppen höher bewertet sind als die arbeitsvertraglich geschuldeten Tätigkeiten des Vertretenen (*LAG Köln* 11.5.2005 NZA-RR 2006, 104 = AuR 2006, 126).

40 Das *BAG* (10.3.2004 – 7 AZR 397/03, EzA-SD 10/04 S. 9 LS = NZA 2005, 320 LS, 10.3.2004 EzA § 14 TzBfG Nr. 9 = ZTR 2004, 474; 25.8.2004 NZA 2005, 472; 15.2.2006 – 7 AZR 232/05, EzA-SD 13/06 S. 4 = NZA 2006, 781 m. Anm. *Röger* SAE 2007, 126 ff.; *Mennemeyer/Keysers* NZA 2008, 670 ff.; vgl. auch *LAG RhPf* 17.3.2004 LAG Report 2004, 221 LS; *LAG Hamm* 15.5.2003 LAG Report 2004, 221 m. Anm. *Busemann*; 24.2.2005 NZA-RR 2005, 572; *LAG Köln* 9.3.2005 – 7 (11) Sa 1242/04, EzA-SD 24/05 S. 11 LS = ZTR 2006, 48; 14.5.2005 – 7 Sa 1629/04, ZTR 2006, 50 LS) hat die insoweit maßgeblichen Grundsätze wie folgt zusammengefasst:
– Die Befristung des Arbeitsvertrages ist i. d. R. gerechtfertigt, wenn der Arbeitnehmer zur Vertretung eines zeitweilig an der Arbeitsleistung verhinderten Arbeitnehmers eingestellt wird.
– Der Sachgrund der Vertretung erfordert nicht, dass der Vertreter die Tätigkeiten des vorübergehend ausfallenden Mitarbeiters erledigt. Er kann auch mit anderen Tätigkeiten betraut werden (sog. mittelbare Vertretung). Voraussetzung dafür ist aber, dass zwischen der Einstellung der Ersatzkraft und dem zeitweiligen Ausfall der Stammarbeitskraft ein ursächlicher Zusammenhang besteht. Diese Voraussetzung kann bereits dann gegeben sein, wenn der Arbeitgeber rechtlich und tatsächlich die Möglichkeit hatte, den zu vertretenden Arbeitnehmer in den Arbeitsbereich des Vertreters umzusetzen. Dies ist der Fall, wenn der Arbeitgeber die von der Vertretungskraft ausgeübten Tätigkeiten dem Vertretenen im Wege des Direktionsrechts zuweisen konnte. Das ist aber dann nicht der Fall, wenn der Vertreter mit Aufgaben betraut wird, die **um zwei Vergütungsgruppen höher bewertet sind** als die arbeitsvertraglich geschuldeten Tätigkeiten des zu Vertretenden (*BAG* 14.4.2010 EzA § 14 TzBfG Nr. 65; 25.3.2009 – 7 AZR 59/08;

## A. Die Befristung des Arbeitsverhältnisses                                    Kapitel 5

25.4.2006 – 7 AZR 640/05; 15.2.2006 EzA § 14 TzBfG Nr. 27; *LAG Köln* 14.5.2005 – 7 Sa 1629/04, ZTR 2006, 50 LS).

– Der Arbeitgeber muss den **Kausalzusammenhang darlegen**; die Anforderungen richten sich insoweit nach der Form der Vertretung (unmittelbare, mittelbare Vertretung; *BAG* 15.2.2006 – 7 AZR 232/05, EzA-SD 13/06 S. 4 = NZA 2006, 781 m. Anm. *Röger* SAE 2007, 126 ff.; *Mennemeyer/Keysers* NZA 2008, 670 ff.). Im Fall der mittelbaren Vertretung muss der Arbeitgeber den Zusammenhang zwischen der Arbeit des Vertreters (hier: Serviceeinheit einer strafrechtlichen Abteilung eines Amtsgerichts) und der Vakanz an anderer Stelle (hier: im Grundbuchamt des Amtsgerichts) im Einzelnen darlegen; die Darstellung der allgemeinen Personalsituation in einer Dienststelle (hier: Amtsgericht) genügt nicht.

Das erfordert die Darlegung des Arbeitgebers, wie die Arbeit umorganisiert worden ist oder hätte umorganisiert werden können, um den Vertreter zumindest noch mittelbar noch als Vertretung des zu vertretenden Arbeitnehmers ansehen zu können. Dieser ursächliche Zusammenhang besteht dann nicht, wenn der Arbeitgeber den vorübergehenden Ausfall des Mitarbeiters zum Anlass nimmt, die dadurch zeitweilig frei werdenden Mittel dafür zu verwenden, andere Aufgaben durch die Aushilfskraft erledigen zu lassen, ohne dass diese in einer mittelbaren Beziehung zu den Arbeitsaufgaben des zeitweilig ausgefallenen Mitarbeiters stehen.

Die Befristung eines Arbeitsvertrages ist auch dann nicht durch den Sachgrund der Vertretung gerechtfertigt, wenn die befristete Einstellung für 10 $^{1}/_{2}$ Monate zur »Vertretung der 1. Erholungsurlaubsreihe« erfolgt, die aus einer Aneinanderreihung der jährlichen Erholungsurlaubszeiten von 15 Arbeitnehmern gebildet ist. Denn der durch diese »Erholungsurlaubsreihe« dargestellte Beschäftigungsbedarf besteht Jahr für Jahr in gleicher Weise. Ein derartiger Dauerbedarf rechtfertigt folglich nicht den Abschluss eines befristeten Arbeitsvertrages unter dem Gesichtspunkt der Vertretung (*LAG Hamm* 21.10.2004 – 11 Sa 688/04, EzA-SD 7/05, S. 12 LS; ebenso *LAG MV* 14.6.2007 NZA-RR 2008, 177).

Mit zunehmender Dauer der befristeten Beschäftigung des Arbeitnehmers hat der Arbeitgeber die Prognose über den Wegfall des Beschäftigungsbedarfs mit erhöhter Sorgfalt zu erstellen. Diese erstreckt sich allein auf die zu erwartende Rückkehr des vertretenen Mitarbeiters, nicht auf die Dauer des Vertretungsbedarfs (*LAG Nds.* 8.7.2003 LAG Report 2004, 2).

Das *LAG Düsseld.* (28.9.2006 NZA-RR 2007, 238) hat angenommen, dass die **mehrjährige Befristung** der Erhöhung der regelmäßigen Arbeitszeit aus Gründen der Vertretung u. a. einer in Elternzeit befindlichen Arbeitnehmerin durch eine der Inhaltkontrolle nach § 307 Abs. 1 BGB unterliegenden Abrede dann eine **unangemessene Benachteiligung des Arbeitnehmers darstellt, wenn die Arbeitszeiterhöhung jeweils gleichzeitig ohne Ankündigungsfrist (§ 15 Abs. 2 TzBfG analog) zweckbefristet wird.** 41

Zu beachten ist, dass regelmäßig in der Vereinbarung mit einem zur Vertretung eingestellten Arbeitnehmer, dass das Arbeitsverhältnis mit der Wiederaufnahme der Arbeit durch den von ihm vertretenen Mitarbeiter enden soll, nicht zugleich die Vereinbarung liegt, dass das Arbeitsverhältnis auch dann enden soll, wenn der vertretene Mitarbeiter vor Wiederaufnahme seiner Tätigkeit aus dem Arbeitsverhältnis ausscheidet (*LAG SchlH* 12.9.2007 NZA-RR 2008, 137 im Anschluss an *BAG* 26.6.1996 NZA 1997, 200 – zum alten Recht). 42

Eine **Sonderregelung** der Befristung wegen Vertretung enthält nunmehr das **PflegezeitG**. Wenn zur Vertretung eines Arbeitnehmers für die Dauer der kurzzeitigen Arbeitsverhinderung nach § 2 PflegezeitG oder der Pflegezeit nach § 3 PflegezeitG ein Arbeitnehmer eingestellt wird, liegt darin ein sachlicher Grund für die Befristung des Arbeitsvertrages. Über die Dauer der Vertretung hinaus ist die Befristung für notwendige Zeiten der Einarbeitung zulässig (§ 6 Abs. 1, 2 PflegezeitG). Die Befristungsdauer muss kalendermäßig bestimmt oder bestimmbar oder den in § 6 Abs. 1 PflegezeitG genannten Zwecken zu entnehmen sein (§ 6 Abs. 2 PflegezeitG). Der Arbeitgeber kann – sofern diese Regelung nicht vertraglich ausgeschlossen ist (§ 6 Abs. 3 S. 4 PflegezeitG) – den befristeten Arbeits- 43 vertrag gem. § 6 Abs. 3 S. 1 PflegezeitG unter Einhaltung einer Frist von zwei Wochen kündigen, wenn die Pflegezeit gem. § 4 Abs. 2 S. 1 PflegezeitG vorzeitig endet. Das KSchG ist in diesen Fällen nicht anzuwenden (§ 6 Abs. 3 S. 3 PflegezeitG; s. dazu *Schwerdle* ZTR 2007, 655 ff.; *Preis/Weber* NZA 2008, 82 ff.; *Preis/Nehring* NZA 2008, 729 ff.; *Düwell* FA 2008, 108 ff.; *Müller* BB 2008, 1058 ff.; *Freihube/Sasse* DB 2008, 1320 ff.).

44 Bei der befristeten Einstellung eines Arbeitnehmers zur Vertretung eines zeitweise abwesenden Arbeitnehmers ist es nicht erforderlich, dass der befristet eingestellte Arbeitnehmer zeitlich oder fachlich in der Lage ist, die Aufgaben des zu vertretenen Arbeitnehmers in vollem Umfang zu übernehmen. Dementsprechend kann auch eine Teilzeitkraft befristet eingestellt werden, um eine abwesende Vollzeitkraft zumindest in einigen Aufgabenbereichen zu vertreten. Entscheidend ist, dass der zeitliche Umfang des zu vertretenden Stammarbeitnehmers nicht geringer ist als diejenige Arbeitszeit der befristet eingestellten Vertretungskraft (*BAG* 20.1.2010 – 7 AZR 542/08, FA 2010, 277 LS).

45 Unerheblich ist des Weiteren, welche fachliche Qualifikation der befristet eingestellte Arbeitnehmer hat. Entscheidend ist alleine, dass die Vertretungskraft sachlich in der Lage ist, die für ihn vorgesehenen Aufgaben, die bisher von dem nun abwesenden Mitarbeiter wahrgenommen wurden, fachlich zu erledigen. Ob die Vertretungskraft im Übrigen höher qualifiziert ist oder ob der Vertretungskraft für alle von dem zu vertretenden Arbeitnehmer notwendigen Aufgaben die Qualifikation fehlt, spielt keine Rolle (*BAG* 20.1.2010 – 7 AZR 542/08, FA 2010, 277 LS).

### d) Eigenart der Arbeitsleistung (§ 14 Abs. 1 S. 2 Nr. 4 TzBfG)

46 Dieser neue Sachgrund soll sich auf (programmgestaltende Mitarbeiter von) **Rundfunkanstalten** (*BAG* 26.7.2006 EzA § 14 TzBfG Nr. 31 = NZA 2007, 147) und die **Tätigkeit an Bühnen** beziehen; er kommt auch in Betracht in anderen Tendenzbetrieben und im Bereich des Sports (APS/*Backhaus* § 14 TzBfG Rn. 43; KR/*Lipke* § 14 TzBfG Rn. 126 ff.), z. B. bei Trainern im Bundesligasport (vgl. dazu *Stückemann/Flesch* FA 2002, 101 ff.; gegen eine Zulässigkeit der Befristung bei **Sporttrainern** danach instr. *Bruns* NZA 2008, 1269 ff.).

47 Mit der Befristung kann auch der Gefahr entgegengewirkt werden, dass der für eine bestimmte Tätigkeit erforderliche **Aktualitätsbezug** (z. B. bei ausländischen Lektoren; s. aber *BAG* 16.4.2008 – 7 AZR 85/07 – EzA-SD 14/2008 S. 12 LS) nachlässt bzw. im künstlerischen Bereich kann dem **Abwechslungsbedürfnis** und dem **Publikumsgeschmack** Rechnung getragen werden (MünchArbR/*Wank* Ergänzungsband § 116 Rn. 118 ff.; ebenso für einen Rundfunkredakteur, der für eine Auslandsredaktion Beiträge erstellt *LAG* Köln 4.11.2004 NZA-RR 2005, 411 LS).

48 Zu beachten ist, dass dann, wenn die Befristung des Arbeitsvertrags z. B. eines programmgestaltenden Mitarbeiters mit einer Rundfunkanstalt auf ihre Wirksamkeit hin zu überprüfen ist, eine einzelfallbezogene Abwägung zwischen dem Interesse des Arbeitnehmers an einer Dauerbeschäftigung und dem Innovationsinteresse des Arbeitgebers im Sinne einer praktischen Konkordanz vorzunehmen ist, wobei keiner der beiden verfassungsrechtlich geschützten Positionen von vornherein ein Übergewicht zukommt (*BAG* 26.7.2006 EzA § 14 TzBfG Nr. 31 = NZA 2007, 147).

49 Vor diesem Hintergrund stellt die Sicherstellung des **Aktualitätsbezugs des Sprachunterrichts keinen Sachgrund** zur Rechtfertigung einer Befristung mit einem Lektor nach § 14 Abs. 1 S. 2 Nr. 4 TzBfG dar; dies gilt auch für einen aus Taiwan stammenden Lektor, der Kenntnisse der chinesischen Sprache vermittelt (s. aber *BAG* 16.4.2008 – 7 AZR 85/07, EzA-SD 14/2008 S. 12 LS).

### e) Erprobung (§ 14 Abs. 1 S. 2 Nr. 5 TzBfG)

50 Der Gesetzgeber hat in § 14 Abs. 1 S. 2 Nr. 5 TzBfG keine konkreten zeitlichen Vorgaben für die Dauer einer zulässigen Befristung des Arbeitsverhältnisses zur Erprobung gemacht. Die Dauer eines derart befristeten Arbeitsverhältnisses muss sich allerdings am Sachgrund der Befristung, d. h. am Zweck der Erprobung, orientieren und mit ihm in Einklang stehen. Steht die vereinbarte Dauer der Erprobungszeit nicht in einem angemessenen Verhältnis zu der in Aussicht genommenen Tätig-

## A. Die Befristung des Arbeitsverhältnisses                                              Kapitel 5

keit, so kann der Sachgrund der Erprobung nicht zur Rechtfertigung der Befristung herangezogen werden (*BAG* 2.6.2010 EzA § 14 TzBfG Nr. 68).

Insoweit gelten an sich die von der Rechtsprechung entwickelten Grundsätze (s. Rdn. 15 ff.). Von daher ist die Vereinbarung einer **sechsmonatigen Probezeit** im Rahmen eines einjährig befristeten Arbeitsverhältnisses **wirksam**; der Ausschluss der Möglichkeit der ordentlichen Kündigung nach Ablauf der Probezeit ändert daran nichts (*LAG Köln* 21.7.2004 ZTR 2005, 272 LS = LAG Report 2005, 63 LS). Die Erprobung rechtfertigt demgegenüber **nicht** die Befristung des Arbeitsverhältnisses, wenn der Arbeitgeber die **Fähigkeiten** des Arbeitnehmers auf Grund einer Vorbeschäftigung **bereits ausreichend beurteilen konnte** (*BAG* 2.6.2010 EzA § 14 TzBfG Nr. 68); das ist dann nicht der Fall, wenn die zu erprobende Tätigkeit höherwertiger ist (*BAG* 23.6.2004 EzA § 14 TzBfG Nr. 10 = NZA 2004, 1333). Wird das **Arbeitsverhältnis mit einem Lehrer insgesamt fünfmal für jeweils ein Jahr befristet**, unterbrochen nur für die Dauer der Schulferien, so kann der in den letzten beiden Verträgen angeführte Befristungsgrund der Erprobung diese sachlich nicht rechtfertigen (*LAG Köln* 6.2.2004 ZTR 2004, 323). Schließt der Arbeitgeber andererseits **fünf Monate nach dessen unbefristeter Einstellung** einen **Auflösungsvertrag und gleichzeitig einen befristeten Vertrag zur Erprobung** für weitere fünf Monate, weil er erwartet, dass der Arbeitnehmer am Ende dieses Zeitraums wenigstens ausreichende Leistungen zeigen werde, so ist die Befristung sachlich gerechtfertigt, wenn der Arbeitgeber die Eignung wegen der besonderen Anforderungen des Arbeitsplatzes oder aus in der Person des Arbeitnehmers liegenden Gründen früher nicht ausreichend beurteilen kann. Für eine **Lehrkraft mit ausländischer Lehrbefugnis**, die erstmals nach mehr als zehnjähriger Lehrpause an einer deutschen Schule eingesetzt werden soll, ist ein Erprobungszeitraum von einem Schuljahr nicht zu beanstanden (*LAG Bln.-Bra.* 8.5.2007 – 12 Sa 329/07, EzA-SD 19/2007 S. 6 LS).

**51**

Zu beachten ist, dass der Erprobungszweck **nicht als Vertragsinhalt** vereinbart sein muss; der sachliche Grund ist nach neuem Recht nur noch objektive Wirksamkeitsvoraussetzung für die Befristung eines Arbeitsverhältnisses (*BAG* 23.6.2004 EzA § 14 TzBfG Nr. 10 = NZA 2004, 1333 = BAG Report 2005, 3; anders noch nach altem Recht *BAG* 31.8.1994 EzA § 620 BGB Nr. 127; KR/*Lipke* 5. Aufl., § 620 BGB Rn. 161; *Löwisch* § 1 KSchG Rn. 161; KDZ/*Däubler* § 14 TzBfG Rn. 85; MünchArbR/*Wank* Ergänzungsband § 116 Rn. 130; abl. APS/*Backhaus* § 14 TzBfG Rn. 45; *Staudinger/Preis* § 620 BGB Rn. 174). Da – mit Ausnahme der Zweckbefristung (vgl. *LAG RhPf* 19.5.2004 LAG Report 2004, 323) und auflösenden Bedingung – gem. § 14 Abs. 4 TzBfG nur die Befristungsabrede zu treffen, **nicht** aber der **Befristungsgrund** zu benennen ist, lässt sich **nicht mehr erklären, warum an dieser bisherigen Rechtsauffassung festgehalten werden soll**. Denn das Motiv des Arbeitgebers, den Arbeitnehmer für eine in Aussicht genommene Dauerbeschäftigung zu testen, soll zwar für den Arbeitnehmer erkennbar werden (*BAG* 30.9.1981 EzA § 620 BGB Nr. 54). Ist jedoch die Befristung und ihr Sachgrund im Streit, liegt es nunmehr beim Arbeitgeber, den in Anspruch genommenen Sachgrund »Erprobung« darzulegen und zu beweisen. Von daher ist eine Angabe des Befristungsgrundes der Erprobung zu Beweisgründen sinnvoll, aber nicht mehr erforderlich (KR/*Lipke* § 14 TzBfG Rn. 164; ebenso jetzt i. E. *BAG* 23.6.2004 EzA § 14 TzBfG Nr. 10 = NZA 2004, 1333 = BAG Report 2005, 3; s. dazu *Klebeck* SAE 2006, 20 ff.).

**52**

*f) In der Person des Arbeitnehmers liegender Grund (§ 14 Abs. 1 S. 2 Nr. 6 TzBfG)*

Dieser Begriff ist so weit gefasst, dass sich **zahlreiche** in der Rechtsprechung **anerkannte Typen von Sachgründen darunter subsumieren lassen** (z. B. soziale Überbrückung, befristete Aufenthaltserlaubnis, Altersgrenzen, Erwerbsunfähigkeit, Flugtauntauglichkeit, Wunsch des Arbeitnehmers; vgl. APS/*Backhaus* § 14 TzBfG Rn. 47; *Preis/Gotthardt* DB 2000, 2071; KR/*Lipke* § 14 TzBfG Rn. 182 ff.; KDZ/*Zwanziger* § 13 TzBfG Rn. 97 ff.; *H.J. Dörner* Sonderbeil. zu NZA Heft 16/2003, S. 33 ff.). So ist die in einem Tarifvertrag enthaltene Zweckbefristung, wonach das **Altersteilzeitarbeitsverhältnis** mit Beginn des Kalendermonats endet, in dem der Arbeitnehmer eine Regelaltersrente erhält (§ 35 SGB VI), sachlich gerechtfertigt (*BAG* 16.11.2005 EzA § 8 ATG Nr. 1 = NZA 2006, 535).

**53**

54  Der Wunsch des Arbeitnehmers kann die Befristung eines Arbeitsvertrages sachlich dann rechtfertigen, wenn der Arbeitnehmer an einer befristeten Beschäftigung interessiert ist. Das setzt voraus, dass der Arbeitnehmer auch bei einem Angebot auf Abschluss eines unbefristeten Arbeitsvertrags nur ein befristetes Arbeitsverhältnis vereinbart hätte (*BAG* 19.1.2005 EzA § 17 TzBfG Nr. 7 = NZA 2005, 896 LS = BAG Report 2005, 195).

55  Der Sachgrund der sozialen Überbrückung – Erleichterung des Auffindens eines neuen Arbeitsplatzes durch eine weitere Befristung im Anschluss an ein wirksam befristetes Arbeitsverhältnis – setzt insoweit **nicht voraus, dass es dem Arbeitnehmer gerade auf den Abschluss eines befristeten Vertrages ankommt** (*LAG RhPf* 30.6.2005 NZA-RR 2006, 107).

### g) Haushaltsmittel (§ 14 Abs. 1 S. 2 Nr. 7 TzBfG)

56  Diese Regelung entspricht der inzwischen aufgehobenen gesetzlichen Regelung des § 57d Abs. 2 Nr. 2 HRG. Erforderlich ist neben einer haushaltsrechtlichen Bestimmung (Anordnung der Mittelverwendung für befristete Arbeitsverhältnisse durch den Haushaltsgesetzgeber im Haushaltsgesetz) eine bei Vertragsabschluss vereinbarte zwecksprechende Beschäftigung (KDZ/*Däubler* § 14 TzBfG Rn. 112 ff.). Damit wird aus **fiskalischen Gründen ein Sonderbefristungsrecht** für den öffentlichen Dienst **geschaffen** und ein Tatbestand verwendet, der so pauschal formuliert ist, dass **Missbräuche geradezu provoziert werden** (APS/*Backhaus* § 14 TzBfG Rn. 52; ähnlich *Preis/Gotthardt* DB 2001, 2071; MünchArbR/*Wank* Ergänzungsband § 116 Rn. 157; zurückhaltender KR/*Lipke* § 14 TzBfG Rn. 211 ff.; *Meyer* AuR 2006, 86 ff.; für eine einschränkende Auslegung zutr. *LAG Köln* 6.6.2005 ZTR 2005, 655; *Löwisch* NZA 2006, 457 ff. hält die Regelung für europa- und verfassungsrechtlich unbedenklich).

57  Ein sachlicher Grund für die Befristung eines Arbeitsverhältnisses i. S. dieser Vorschrift liegt dann vor, wenn der Arbeitnehmer aus Haushaltsmitteln vergütet wird, die **haushaltsrechtlich für eine befristete Beschäftigung bestimmt sind und er auch tatsächlich entsprechend beschäftigt wird** (*BAG* 7.5.2008 EzA § 14 TzBfG Nr. 47 = NZA 2008, 881). Der Sachgrund erfordert die Vergütung des Arbeitnehmers aus Haushaltsmitteln, die mit einer konkreten Sachregelung auf der Grundlage einer nachvollziehbaren Zwecksetzung für eine nur vorübergehende Beschäftigung (s. dazu auch *LAG Köln* 15.12.2006 – 11 Sa 507/06, AuR 2007, 323 LS) versehen sind (*BAG* 7.5.2008 EzA § 14 TzBfG Nr. 47 = NZA 2008, 881); diese Voraussetzungen sind z. B. nach § 7 Abs. 3 HaushaltsG NRW 2004/2005 für die danach zulässige Beschäftigung von **Aushilfskräften bei vorübergehender Abwesenheit des Planstellen- oder Stelleninhabers erfüllt** (*BAG* 11.2.2007 EzA § 14 TzBfG Nr. 38 = NZA 2007, 871). Die Regelung erfasst allerdings nicht eine als **Körperschaft des öffentlichen Rechts** organisierte Hochschule, die sich selbst einen Haushaltsplan gibt (*LAG Bln.-Bra.* 16.3.2007 LAGE § 14 TzBfG Nr. 35).

Auch die befristete Erhöhung der wöchentlichen Arbeitszeit eines Teilzeitbeschäftigten – die nicht unter diese gesetzliche Regelung fällt – ist sachlich gerechtfertigt, wenn die Erhöhung nur mit Haushaltsmitteln möglich ist, die durch die teilweise Beurlaubung eines anderen Mitarbeiters vorübergehend frei werden (*BAG* 14.1.2004 EzA § 14 TzBfG Nr. 5; ebenso *LAG Düsseld.* 11.8.2006 – 9 Sa 459/06, EzA-SD 25/06 S. 6 LS = ZTR 2007, 98; krit. dazu *Benecke* RdA 2005, 47 ff.). Das *BAG* (14.1.2004 EzA § 14 TzBfG Nr. 5) hat allerdings offen gelassen, ob die Kontrolle befristeter Änderung von Arbeitsbedingungen des Schuldrechtsmodernisierungsgesetzes weiterhin nach den zur Kontrolle von befristeten Verträgen entwickelten Maßstäben vorzunehmen ist oder andere Regeln zu entwickeln und anzuwenden sind.

Erforderlich ist eine **zweckgebundene Zuweisung von Haushaltsmitteln** für die Erledigung von zeitlich begrenzten Tätigkeiten. Die Zuweisung von Haushaltsmitteln für die befristete Beschäftigung von Arbeitnehmern **ohne eine besondere Zweckbestimmung genügt nicht und stellt keinen sachlichen Grund für die Befristung eines Arbeitsverhältnisses dar; erforderlich ist zudem, dass die für eine befristete Beschäftigung bestimmten Haushaltsmittel mit einer Zwecksetzung für die Erledigung von nur vorübergehenden Aufgaben ausgebracht werden** (*BAG* 18.10.2006 –

7 AZR 419/05, EzA § 14 TzBfG Nr. 34 = NZA 2007, 332; s. dazu *Groeger* NJW 2008, 465 ff.; s. a. *LAG Nds.* 17.10.2007 – 15 Sa 535/07, ZTR 2008, 396 zur Haushaltsmittelbefristung der Arbeitsvermittler/innen im Rahmen der sog. Vermittlungsoffensive).

Auch nach *LAG Köln* (14.5.2005 NZA-RR 2006, 104 = ZTR 2006, 50; *LAG Düsseld.* 11.8.2006 – 9 Sa 459/06, EzA-SD 25/06, S. 6 LS = ZTR 2007, 98 u. 21.12.2005 LAGE § 14 TzBfG Nr. 25; a. A. *LAG Düsseld.* 7.4.2006 LAGE § 14 TzBfG Nr. 28) reicht es für § 14 Abs. 1 Nr. 7 TzBfG nicht aus, wenn der befristet eingestellte Arbeitnehmer aus Mitteln vergütet wird, die der Haushaltsgesetzgeber für die befristete Beschäftigung von Aushilfsangestellten bereit gestellt hat. Vielmehr muss der Angestellte auch »**entsprechend beschäftigt**« werden, d. h. es müssen die Voraussetzungen einer Beschäftigung als Aushilfsangestellter – SR 2y Nr. 1c BAT – tatsächlich erfüllt sein. Insgesamt ist erforderlich, dass der Arbeitnehmer »entsprechend« der Bestimmung der Haushaltsmittel für befristete Beschäftigungen beschäftigt wird. Das ist nur dann der Fall, wenn die Befristung zu dem Zeitpunkt endet, zu dem nach der von dem öffentlichen Arbeitgeber zu treffenden Prognose z. B. den Stelleninhabern wieder die Bezüge zu gewähren sind, die sie vor der Beurlaubung oder Teilzeitbeschäftigung erhalten haben (*LAG Düsseld.* 11.8.2006 LAGE § 14 TzBfG Nr. 31 = ZTR 2007, 98). Sind diese Mittel für »Aushilfskräfte« bestimmt, kann eine befristete Beschäftigung nicht für eine Daueraufgabe vorgesehen werden (*ArbG Duisburg* 7.4.2006 ZTR 2006, 555).

Die gesetzlichen Voraussetzungen liegen insoweit also dann **nicht** vor, wenn die Haushaltsmittel lediglich **allgemein für die Beschäftigung von Arbeitnehmern** im Rahmen von befristeten Arbeitsverhältnissen bereitgestellt werden oder dem befristet beschäftigten Arbeitnehmer **überwiegend Daueraufgaben** des öffentlichen Arbeitgebers übertragen werden (*BAG* 7.5.2008 EzA § 14 TzBfG Nr. 47 = NZA 2008, 881). Diesen Anforderungen genügt aber ein Haushaltstitel im Haushaltsplan 2004/2005 von NRW, in dem Mittel für Vergütungen und Löhne für Aushilfen ausgebracht sind, wenn sie nach den **Erläuterungen zu diesem Titel** u. a. zur Bewältigung von Nachfragespitzen im Direktleihverkehr einer Bibliothek bestimmt sind. Aus dieser haushaltsrechtlichen Zweckbestimmung ergibt sich andererseits nicht, dass die befristete Beschäftigung zu Lasten dieses Titels nur möglich ist, wenn ein nur vorübergehender Bedarf an der Arbeitsleistung i. S. v. § 14 Abs. 1 S. 2 Nr. 1 TzBfG besteht (*BAG* 7.5.2008 EzA § 14 TzBfG Nr. 47 = NZA 2008, 881).

Der *EuGH* (4.7.2006 EzA EG-Vertrag 1999 Richtlinie 99/70 Nr. 1 = NZA 2006, 909) hat inzwischen angenommen, dass § 5 Nr. 1a der Rahmenvereinbarung über befristete Arbeitsverträge vom 18.3.1999 im Anhang der RL 1999/70/EG dahin auszulegen ist, dass sie, sofern das innerstaatliche Recht des betreffenden Mitgliedstaates im betreffenden Sektor **keine andere effektive Maßnahme enthält**, um den Missbrauch durch aufeinander folgende befristete Arbeitsverträge zu verhindern und ggf. zu ahnden, der Anwendung einer nationalen Regelung entgegensteht, **die nur im öffentlichen Sektor die Umwandlung aufeinander folgender befristeter Arbeitsverträge, die tatsächlich einen »ständigen und dauernden Bedarf« des Arbeitgebers decken sollten und als rechtsmissbräuchlich anzusehen sind, in einen unbefristeten Vertrag uneingeschränkt verbietet.** 58

Die Finanzierung eines Projekts mit Drittmitteln, die nicht unter Nr. 7 insoweit fällt, rechtfertigt als sonstiger sachlicher Befristungsgrund die Befristung des Arbeitsvertrags eines projektbezogen beschäftigten Arbeitnehmers nur, wenn die drittmittelfinanzierte Arbeitsstelle nur für eine bestimmte Zeitdauer bewilligt ist und sie anschließend wegfallen soll. Gehört die Durchführung des Projekts zu den Daueraufgaben des Arbeitgebers und hat dieser den Arbeitnehmer bereits in der Vergangenheit mehrere Jahre lang im Rahmen vergleichbarer drittmittelfinanzierter Projekte beschäftigt, ist eine weitere Befristung des Arbeitsvertrags wegen der Drittmittelfinanzierung nur sachlich gerechtfertigt, wenn im Zeitpunkt des Vertragsschlusses mit hinreichender Sicherheit zu erwarten ist, dass nach dem Ende der Vertragslaufzeit – anders als in der Vergangenheit – nicht mehr mit weiteren Drittmitteln zur Durchführung von Projekten gerechnet werden kann (*BAG* 7.4.2004 EzA § 620 BGB 2002 Nr. 10 = NZA 2004, 944 LS). 59

*h) Gerichtlicher Vergleich (§ 14 Abs. 1 S. 2 Nr. 8 TzBfG)*

60 Mit dieser Regelung wird bestätigt, dass die Mitwirkung des Gerichts eine ausreichende Gewähr für die Wahrung der Schutzinteressen des Arbeitnehmers bietet (KR/*Lipke* § 14 TzBfG Rn. 234 ff.); ein gerichtlicher Vergleich im schriftlichen Verfahren (§ 278 Abs. 6 ZPO) soll nach Auffassung des *LAG BW* (10.11.2005 LAGE § 278 ZPO 2002 Nr. 3) ausreichen. Nach Auffassung des *LAG BW* (3.5.2005 LAG Report 2005, 303) ist ein gerichtlicher Vergleich i. S. dieser Norm aber andererseits nur ein solcher, der unter, über das Protokollierungsverfahren hinausgehender, Beteiligung des Gerichts zu Stande gekommen ist.

61 Das *BAG* (26.4.2006 EzA § 14 TzBfG Nr. 29 = NZA 2006, 1431 LS; *ArbG Bln.* 15.10.2008 LAGE § 14 TzBfG Nr. 44; s. dazu *Dörner* NZA 2007, 57 ff.; *Gravenhorst* NZA 2008, 803 ff.) verlangt insoweit inzwischen,
- die Mitwirkung des Gerichts beim Zustandekommen eines befristeten Arbeitsverhältnisses und zusätzlich
- das Bestehen eines offenen Streits über die Rechtslage hinsichtlich des zwischen ihnen bestehenden Rechtsverhältnisses zum Zeitpunkt des Vergleichsschlusses.

Die gesetzliche Schriftform (§ 14 Abs. 4 TzBfG) ist dann analog § 127a BGB gewahrt (*BAG* 23.11.2006 – 6 AZR 394/06 – EzA § 278 ZPO 2002 Nr. 1 = NZA 2007, 466); das gilt auch dann, wenn er unter Widerrufsvorbehalt oder der aufschiebenden Bedingung der Zustimmung des Personalrats abgeschlossen wurde (*ArbG Bln.* 15.10.2008 LAGE § 14 TzBfG Nr. 44).

62 Das *LAG Köln* (12.12.2005 – 2 Sa 1054/05, ZTR 2006, 509 LS) hat angenommen, dass dann, wenn in einem gerichtlichen Vergleich ein befristetes Arbeitsverhältnis begründet worden ist, obwohl zu diesem Zeitpunkt die erforderliche **Zustimmung des Personalrats nach dem LPVG NW nicht vorlag**, der Arbeitnehmer trotzdem **gehindert ist, die Unwirksamkeit der Befristung auf diesen Umstand zu stützen**. Der Vergleich enthält danach konkludent auch die Vereinbarung, diese Befristung nicht mehr gerichtlich anzugreifen.

63 Ob mit der neuen gesetzlichen Regelung feststeht, dass ein **außergerichtlicher Vergleich** nicht mehr als Sachgrund in Betracht kommt, ist unklar (dafür APS/*Backhaus* § 14 TzBfG Rn. 53; KR/*Lipke* § 14 TzBfG Rn. 241 ff.; *Preis/Gotthardt* DB 2000, 2072; *Hromadka* BB 2001, 625; *Kliemt* NZA 2001, 298; KDZ/*Däubler* § 14 TzBfG Rn. 123; zum alten Recht ausdrücklich offen gelassen von *BAG* 23.1.2002 – 7 AZR 552/00, EzA-SD 10/02, S. 4; ebenso jetzt zum neuen Recht *BAG* 22.10.2003 EzA § 620 BGB 2002 Nr. 8). Demgegenüber wird aber auch die Auffassung vertreten, dass ein außergerichtlicher Vergleich nach wie vor dann als sachlicher Befristungsgrund in Betracht kommt, wenn zwischen den Beteiligten tatsächlich ein Streit hinsichtlich der Rechtslage des zwischen ihnen bestehenden Rechtsverhältnisses vorgelegen hat (MünchArbR/*Wank* Ergänzungsband § 116 Rn. 173).

### 6. Verlängerung der Befristung

64 Nach dem TzBfG sind auch mehrfache Befristungen zulässig. Dies gilt sowohl gem. § 14 Abs. 2 TzBfG für die sachgrundlose Befristung als auch gem. § 14 Abs. 1 TzBfG für die Befristung mit Sachgrund. Während der Gesetzgeber für die sachgrundlose Befristung in § 14 Abs. 2 TzBfG ausdrücklich geregelt hat, dass bis zu einer Gesamtdauer von zwei Jahren auch die höchstens dreimalige Verlängerung eines kalendermäßig befristeten Arbeitsvertrages zulässig ist, fehlt es bezüglich der Befristung mit Sachgrund an einer gesetzlichen Beschränkung der Höchstdauer für die Befristung bzw. der Höchstanzahl von einzelnen befristeten Verträgen. Insofern steht der Gesetzgeber also der Vereinbarung von »Kettenarbeitsverträgen« offen gegenüber.

65 Für die Überprüfung der Wirksamkeit einer Befristung bei Kettenarbeitsverträgen wird nach ständiger Rechtsprechung des BAG grundsätzlich nur auf den zuletzt abgeschlossenen befristeten Arbeitsvertrag abgestellt (*BAG* 8.5.1985 EzA § 620 BGB Nr. 76; 11.12.1985 EzA § 620 BGB Nr. 78; 4.6.2003 EzA § 620 BGB 2002 Nr. 4 = NZA-RR 2003 621; 10.3.2004 EzA § 14 TzBfG

Nr. 9 = NZA 2004, 925; 7.3.1980 EzA § 4 KSchG n. F. Nr. 17; 26.7.2000 EzA § 1 BeschFG Nr. 18; *LAG RhPf* 19.5.2004 LAG Report 2004, 323; APS/*Backhaus* § 620 BGB Rn. 54 ff.). Hintergrund ist, dass die Parteien mit dem Abschluss eines neuen befristeten Arbeitsvertrages zum Ausdruck bringen, dass der neue Vertrag für die Rechtsbeziehung zwischen ihnen maßgeblich sein soll.

Etwas anderes gilt allerdings dann, wenn sich der letzte Vertrag nur als »unselbstständiger Annex des vorletzten Vertrages darstellt (*BAG* 8.5.1985 EzA § 620 BGB Nr. 76; 11.12.1985 EzA § 620 BGB Nr. 78; 15.8.2001 EzA § 620 BGB Nr. 182; vgl. *Hunold* NZA 1997, 741 ff.; APS/*Backhaus* § 620 BGB Rn. 60 ff.). In diesen Fällen ist anzunehmen, dass die Parteien ihr Arbeitsverhältnis mit dem Abschluss eines weiteren befristeten Arbeitsvertrages nicht auf eine neue rechtliche Grundlage stellen, sondern nur das Auslaufen des bisherigen Vertrages i. S. einer am Sachgrund für dessen Befristung orientierten nachträglichen Korrektur des ursprünglich vereinbarten Endzeitpunkts noch um eine verhältnismäßig nicht erhebliche Zeit hinausschieben wollten (*BAG* 1.12.1999 EzA § 620 BGB Hochschulen Nr. 21). 66

Diese Fallkonstellation kann bspw. dann angenommen werden, wenn ein drittmittelfinanziertes Arbeitsverhältnis, dass für die Dauer der erfolgten Drittmittelbewilligung befristet war, später um einen verhältnismäßig kurzen Zeitraum verlängert wird, um einen noch verbliebenen Drittmittelrest zu verbrauchen (*BAG* 21.1.1987 EzA § 620 BGB Nr. 89). 67

Gleiches gilt dann, wenn sich aus ausdrücklichen oder konkludenten Vereinbarungen ergibt, dass die Parteien ihr Arbeitsverhältnis nicht auf eine neue Grundlage haben stellen wollen (*BAG* 15.8.2001 EzA § 620 BGB Nr. 182), so wie dann, wenn die Parteien ausdrücklich dem Arbeitnehmer das Recht vorbehalten haben, die Wirksamkeit der im vorangegangenen Arbeitsvertrag vereinbarten Befristung überprüfen zu lassen. Voraussetzung dafür ist eine vertragliche Vereinbarung, die sich darauf bezieht, dass zwischen den Parteien nicht bereits ein unbefristetes Arbeitsverhältnis besteht (*BAG* 5.6.2002 EzA § 620 BGB Nr. 195; 4.6.2003 EzA § 620 BGB 2002 Nr. 4 = NZA-RR 2003 621; *LAG RhPf* 19.5.2004 LAG Report 2004, 323). Der Vorbehalt muss allerdings nicht ausdrücklich, sondern kann auch konkludent vereinbart werden (*BAG* 10.3.2004 EzA § 14 TzBfG Nr. 9 = NZA 2004, 925), muss aber jedenfalls Gegenstand der letzten Befristungsvereinbarung sein (*LAG RhPf* 19.5.2004 LAG Report 2004, 323). In diesem Fall ist die arbeitsgerichtliche Befristungskontrolle auch für den davorliegenden Vertrag eröffnet (*BAG* 10.3.2004 EzA § 14 TzBfG Nr. 9 = NZA 2004, 925). Haben die Arbeitsvertragsparteien nach Rechtshängigkeit einer Klage gem. § 17 TzBfG weitere befristete Verträge ohne ausdrücklichen Vorbehalt abgeschlossen, so ist regelmäßig anzunehmen, dass die Folgeverträge einen konkludenten Vorbehalt enthalten (*BAG* 10.3.2004 EzA § 14 TzBfG Nr. 9). 68

Mit zunehmender Dauer der Befristung steigen die Anforderungen an den notwendigen sachlichen Grund. Diese von der früheren Rechtsprechung entwickelte Voraussetzung für Kettenverträge gilt auch im Rahmen von § 14 Abs. 1 TzBfG. Allerdings reicht es für die Wirksamkeit des letzten Vertrages bei Kettenarbeitsverträgen mit sachlichem Grund aus, wenn der Arbeitgeber – unabhängig von der Dauer der vorherigen befristeten Arbeitsverträge – einen von der Rechtsprechung anerkannten Befristungsgrund i. S. v. § 14 Abs. 1 TzBfG oder einen der gesetzlichen Befristungsgründe – bspw. § 21 BEEG – hat. 69

Will der Arbeitgeber einen auslaufenden befristeten Arbeitsvertrag verlängern, so ist für die Wirksamkeit der neuen Befristung entscheidend, dass der neue befristete Vertrag vor Beginn der Verlängerung von beiden Vertragsparteien unterzeichnet wurde. Hat der Arbeitnehmer zunächst nach Ende des bisherigen befristeten Arbeitsverhältnisses weiter gearbeitet und wird der neue befristete Vertrag erst zu einem späteren Zeitpunkt geschlossen, so scheitert diese Befristung daran, dass nunmehr bereits ein unbefristetes Arbeitsverhältnis vorlag. 70

Handelt es sich um eine sachgrundlose Befristung, so ist bei der Verlängerung innerhalb der gesetzlichen Höchstgrenzen des § 14 Abs. 2 bzw. 2a TzBfG ebenfalls zu berücksichtigen, dass Vereinbarungen über die Verlängerung vor Ablauf der aktuellen Befristung erfolgen müssen. Darüber hi- 71

# Kapitel 5 — Befristete und auflösend bedingte Arbeitsverhältnisse

naus darf die neue Vereinbarung über die Verlängerung der Befristung nach § 14 Abs. 2 TzBfG keine weiteren Regelungen bzw. Veränderungen für das befristete Arbeitsverhältnis – mit Ausnahme der Änderung der Laufzeit – enthalten. Im Einzelnen kann hierzu auf die Ausführungen zur sachgrundlosen Befristung unter Rdn. 82 ff. verwiesen werden.

## 7. Befristung einzelner Vertragsbedingungen

### a) Grundlagen; Auswirkungen des TzBfG

72  Zwar enthält das TzBfG insoweit keine ausdrückliche Regelung; auch wird der Sachgrund nunmehr unabhängig von der Umgehung des Kündigungsschutzes gefordert. Gleichwohl ist – wie bisher – eine Übertragung der gesetzlichen Maßstäbe auf die Kontrolle der Befristung einzelner Vertragsbedingungen **erforderlich**, weil sich andernfalls das Sachgrunderfordernis für die Befristung des gesamten Arbeitsvertrages einfach **umgehen ließe** (APS/*Backhaus* § 14 TzBfG Rn. 58 ff.; KDZ/*Däubler* § 14 TzBfG Rn. 139 ff.).

73  Das *BAG* (4.6.2003 NZA 2004, 499; 14.1.2004 EzA § 14 TzBfG Nr. 8 = NZA 2004, 720 = BAG Report 2005, 104 m. Anm. *Benecke* RdA 2005, 47 und *Hergenröder* SAE 2005, 145 ff.; 14.1.2004 – 7 AZR 390/03, EzA-SD 24/04 S. 5; vgl. auch LAG Nds. 17.3.2003 NZA-RR 2004, 161) geht insoweit davon aus, dass nach § 14 Abs. 1 TzBfG die Befristung des Arbeitsvertrages eines Sachgrundes bedarf. Diese Vorschrift gilt nur für die Befristung des gesamten Arbeitsvertrages, nicht aber für die Befristung einzelner Vertragsbedingungen (hier: befristete Erhöhung der wöchentlichen Arbeitszeit; s. LAG RhPf 14.12.2006 – 4 Sa 805/06, ZTR 2007, 513 LS). Die Befristung einzelner Vertragsbedingungen bedarf nach den von der Rechtsprechung entwickelten Grundsätzen der Befristungskontrolle auch nach dem In-Kraft-Treten des TzBfG am 1. Januar 2001 eines Sachgrunds, wenn der Arbeitnehmer durch die Befristung dem gesetzlichen Änderungskündigungsschutz (§ 2 KSchG), z. B. bei einer Erhöhung der Arbeitszeit (*BAG* 4.6.2003 NZA 2004, 498), entzogen werden kann (*BAG* 14.1.2004 EzA § 14 TzBfG Nr. 8; vgl. auch LAG Bra. 17.6.2005: Befristete Arbeitszeiterhöhung ohne sachlichen Grund verstößt gegen § 307 Abs. 1 S. 1 BGB).

74 ▶ Beispiele:
- Die Befristung beruht nur dann auf dem Wunsch des Arbeitnehmers, wenn er auch bei einem Angebot des Arbeitgebers auf Abschluss eines unbefristeten Arbeitsvertrages **nur das befristete Arbeitsverhältnis** vereinbart hätte (*BAG* 4.6.2003 NZA 2004, 498).
- Die Befristung einer Arbeitszeiterhöhung kann auf einen **vorübergehenden Mehrbedarf** an der Arbeitskraft des Arbeitnehmers gestützt werden. Dazu bedarf es einer Prognose des Arbeitgebers, auf Grund derer mit Sicherheit zu erwarten ist, dass für die Beschäftigung des Arbeitnehmers im Umfang der erhöhten Arbeitszeit über den Ablauf der Befristung hinaus kein Bedarf mehr besteht (*BAG* 8.8.2007 EzA § 14 TzBfG Nr. 42). Die Bitte eines Personalrats um personelle Unterstützung durch einen wissenschaftlichen Mitarbeiter für die Durchführung bestimmter projektorientierter Personalratsaufgaben genügt dazu ohne konkrete Angaben über den Inhalt und den Umfang dieser Aufgaben nicht. Die bloße Ungewissheit, ob es nach Ablauf der Amtszeit zur Neuwahl eines Personalrats kommt, rechtfertigt die Befristung der Arbeitszeiterhöhung des wissenschaftlichen Mitarbeiters nicht (*BAG* 4.6.2003 NZA 2004, 498).
- Die befristete Erhöhung der Arbeitszeit kann durch den **Sachgrund der Vertretung** gerechtfertigt sein. Der Sachgrund der Vertretung setzt nicht nur einen zeitlich begrenzten Bedarf an der Arbeitskraft des Vertreters voraus, sondern auch die Möglichkeit, diesen Bedarf durch die befristete Einstellung des Ersatzes für den Vertretenen oder die befristete Änderung seiner Arbeitsbedingungen abzudecken (*BAG* 4.6.2003 NZA 2004, 498). Die sachliche Rechtfertigung einer solchen Befristungsabrede liegt darin, dass der Arbeitgeber bereits zu dem vorübergehend ausfallenden Arbeitnehmer in einem Rechtsverhältnis steht und daher für die Wahrnehmung der diesem Arbeitnehmer obliegenden Arbeitsaufgaben durch eine Vertretungskraft nur ein vo-

## A. Die Befristung des Arbeitsverhältnisses  Kapitel 5

rübergehendes, zeitlich durch die Rückkehr des zu vertretenden Arbeitnehmers begrenztes Beschäftigungsbedürfnis hat (*BAG* 14.1.2004 – 7 AZR 390/03, EzA-SD 24/04, S. 5).
– Vereinbaren die Vertragsparteien eine **unbefristete Beschäftigung** mit 4,14 Zeitstunden wöchentlich und **daneben eine befristete Erhöhung** um 22 Zeitstunden wöchentlich, so ist Letztere nicht an §§ 14 ff. TzBfG zu messen. Eine Inhaltskontrolle einer formularmäßig vereinbarten befristeten Erhöhung der Arbeitszeit führt dann nicht zur Unangemessenheit der Vereinbarung, wenn die Parteien wegen Vertretungsbedarf infolge Krankheit eine befristete Beschäftigung wirksam hätten vereinbaren können (*LAG RhPf* 14.12.2006 – 4 Sa 805/06, ZTR 2007, 513 LS).
– Das *ArbG Leipzig* (5.8.2004 AuR 2005, 75 LS) hat z. B. angenommen, dass der **konkrete Bedarf an Lehrkräften** frühestens vier Monate vor Beginn des neuen Schuljahres ermittelt werden kann, da erst zu diesem Zeitpunkt die Anmeldezahlen der Schüler vorliegen. Folglich kann eine vor diesem Zeitpunkt vereinbarte Befristung einer Aufstockung der Stundenzahl einer Lehrkraft dann nicht durch einen vorübergehenden, schülerzahlbedingten Mehrbedarf gerechtfertigt werden. Denn die bloße Unsicherheit des Arbeitgebers über die künftige Entwicklung kann eine Befristung nicht rechtfertigen; sie gehört auch im öffentlichen Dienst zur Risikosphäre des Arbeitgebers und darf nicht auf den Arbeitnehmer abgewälzt werden.
– Eine **vorformulierte befristete Arbeitszeiterhöhung** hält einer **Inhaltskontrolle stand (§ 307 BGB)**, wenn sie auf der Grundlage des § 7 Abs. 3 HG NW 2004/2005 in dem Umfang erfolgt, in dem Mittel aus vorübergehend nicht in Anspruch genommenen Planstellen oder Stellenanteilen vorhanden sind. Eine finanzielle Kongruenz zwischen dem Zeitraum der vorübergehend freigewordenen Mittel und der Befristungsdauer der Arbeitszeiterhöhung ist zur sachlichen Rechtfertigung der Befristung grundsätzlich nicht erforderlich (*LAG Düsseld.* 20.2.2007 LAGE § 307 BGB 2002 Nr. 11 = NZA-RR 2008, 96).

Diese Grundsätze gelten auch, wenn die vertragliche Vereinbarung über die Befristung auf der **75** Grundlage eines Tarifvertrags oder einer schuldrechtlichen Vereinbarung tariffähiger Koalitionen beruht, die zum Zweck der Beschäftigungssicherung mit Lehrkräften an öffentlichen Schulen abgeschlossen wird. Das *BAG* (14.1.2004 EzA § 14 TzBfG Nr. 8) hat allerdings in dieser Entscheidung offen gelassen, ob dies auch für die Befristung einzelner Vertragsbedingungen gilt, die nach dem Inkrafttreten des Schuldrechtsmodernisierungsgesetzes am 1. Januar 2002 vereinbart werden.

**Demgegenüber** wird aber auch die Auffassung vertreten (KR/*Lipke* § 14 TzBfG Rn. 18 ff.), dass **76** zwar eine Kontrolle der Befristung einzelner Arbeitsbedingungen aus den genannten Gründen geboten ist. Andererseits regelt § 14 Abs. 1 TzBfG danach den zulässigen Abschluss befristeter Arbeitsverträge, d. h. den Beginn und das Ende eines Arbeitsverhältnisses, bestimmt dagegen nicht deren inhaltliche Gestaltung. Deshalb ist eine **Inhalts- und Angemessenheitskontrolle** (§§ 242, 315 BGB) durchzuführen. Notwendig ist nur, den **Schutz des Arbeitnehmers vor einseitiger Interessendurchsetzung und Machtausübung des Arbeitgebers, nicht aber vor frei ausgehandelten Vertragsbedingungen zu gewährleisten.** Voraussetzung für eine solche Prüfung ist, dass die Vertragsparität bei Abschluss der befristeten einzelnen Arbeitsbedingung nicht bestand (**Paritätsstörung**) und deshalb wegen einer fehlenden freien Entscheidung des Arbeitnehmers ein Ausgleich über eine vom Richter vorzunehmende Inhaltskontrolle und Interessenabwägung zu erfolgen hat (KR/*Lipke* § 14 TzBfG Rn. 18). Anhaltspunkte für die anzustellende Angemessenheitskontrolle der Befristung einzelner Vertragsbedingungen sind zum einen der Umstand, dass sich der **unbefristet beschäftigte** Arbeitnehmer in einer vergleichsweise **besseren Rechtsposition** befindet, wenn ihm der Arbeitgeber die befristete Änderung einzelner Vertragsbedingungen anträgt und zum anderen die in § 4 Abs. 2 TzBfG genannten Kriterien, die Diskriminierungsverbote für den Inhalt befristeter Arbeitsverträge festlegen. Bei einer Verkürzung oder Verlängerung der Arbeitszeit sind nunmehr auch die §§ 8, 9 TzBfG zu beachten. Demzufolge ist eine zulässige schlechtere Behandlung bezüglich einzelner befristeter Vertragsbedingungen nur gerechtfertigt, wenn **sachliche Gründe für eine unterschiedliche Behandlung** ins Feld geführt werden können. Zwar zielt das Diskriminierungsverbot des § 4 Abs. 2

TzBfG allein auf befristet beschäftigte Arbeitnehmer. Der Rechtsgedanke, Schlechterstellungen im Zusammenhang mit Befristungen an sachliche Gründe zu binden, lässt sich aber auch auf das unbefristete Arbeitsverhältnis mit befristeten Arbeitsbedingungen übertragen. Die Inhaltsprüfung befristeter Vertragsänderungen ist deshalb von den bisherigen Maßstäben einer funktionswidrigen Umgehung des Änderungskündigungsschutzes abzukoppeln und in eine Angemessenheitskontrolle bei Paritätsstörungen zu überführen (KR/*Lipke* § 14 TzBfG Rn. 19).

77 Zu beachten ist, dass die Überprüfung einer **Erhöhung der Arbeitszeit** bei Fehlen eines Befristungsgrundes nicht zur Unwirksamkeit des zu Grunde liegenden eigentlichen und ebenfalls befristeten Basisarbeitsvertrages führt (*LAG Nds.* 17.3.2003 NZA-RR 2004, 161).

78 Bei der Befristung einzelner Arbeitsbedingungen – insbes. der vorübergehenden Erhöhung der wöchentlichen Arbeitszeit – ist auch die Mitbestimmung des Betriebsrates zu beachten. Wird mit einem in Teilzeit beschäftigten Arbeitnehmer vereinbart, dass dieser befristet für einen bestimmten Zeitraum wegen eines betrieblichen Mehrbedarfs die wöchentliche Arbeitszeit erhöht, so stellt diese befristete Erhöhung der Wochenarbeitszeit eine nach § 87 Abs. 1 Nr. 3 BetrVG mitbestimmungspflichtige Verlängerung der betriebsüblichen Arbeitszeit dar (*BAG* 24.4.2007 EzA § 87 BetrVG 2001 Arbeitszeit Nr. 11). Versäumt der Arbeitgeber es, den Betriebsrat vor Umsetzung der befristeten Arbeitszeiterhöhung zu beteiligen und die Zustimmung einzuholen, wäre die Befristung der Arbeitszeiterhöhung wegen der fehlenden Mitwirkung des Betriebsrates nach § 87 BetrVG und der vom BAG vertretenen Theorie der Unwirksamkeit unzulässig. In diesem Fall wird man davon ausgehen müssen, dass der Mitarbeiter dann unbefristet Anspruch auf die erhöhte Arbeitszeit hat.

79 Neben der Mitbestimmung nach § 87 BetrVG ist des Weiteren auch die Mitbestimmung des Betriebsrates nach § 99 BetrVG bei Einstellungen und Versetzungen zu beachten. Die Rechtsprechung steht auf dem Standpunkt, dass dann, wenn die Arbeitszeiterhöhung in einem Umfang erfolgt, der selbst eine Arbeitsstelle rechtfertigen könnte, eine Einstellung i. S. v. § 99 BetrVG vorliegt (*BAG* 9.12.2008 EzA § 99 BetrVG 2001 Einstellung Nr. 11: Erhöhung der Wochenarbeitszeit um 10 Stunden). Das BAG berücksichtigt hier, dass der Arbeitgeber letztendlich für den insofern bestehenden betrieblichen Mehrbedarf auch einen neuen Arbeitnehmer in Teilzeit befristet hätte einstellen können. Dann hätte unzweifelhaft Mitbestimmung nach § 99 BetrVG vorgelegen, so dass das BAG auch dann, wenn für den betrieblichen Mehrbedarf kein neuer Arbeitnehmer eingestellt wird, sondern eine bereits im Betrieb beschäftigte Teilzeitkraft diesen Mehrbedarf, der für einen Zeitraum von mehr als einen Monat bestehen muss, übernimmt, von einer Einstellung i. S. v. § 99 BetrVG und dem daraus resultierenden Beteiligungsrecht des Betriebsrates ausgeht (*BAG* 9.12.2008 EzA § 99 BetrVG 2001 Einstellung Nr. 11).

### b) Auswirkungen der Schuldrechtsreform

80 Die Auswirkungen der Schuldrechtsreform lassen sich mit *Preis/Bender* (NZA-RR 2005, 337 ff.) wie folgt zusammenfassen:
- Die Kontrolle befristeter Einzelarbeitsbedingungen erfolgt nunmehr nicht mehr nach früherem Richterrecht, sondern auf Grund der Vorschriften des BGB. Für die Inhaltskontrolle gestellter Einzelarbeitsbedingungen sind folglich §§ 305 ff. BGB anwendbar; ausgehandelte befristete Einzelarbeitsbedingungen unterliegen keiner Inhaltskontrolle (§ 305 Abs. 1 S. 3 BGB).
- Soweit der Anwendungsbereich der Inhaltskontrolle eröffnet ist (§§ 310, 305 BGB), scheitert eine Inhaltskontrolle nicht schon an § 307 Abs. 3 BGB. Denn die Befristung ist eine kontrollfähige Nebenabrede.
- Die Befristung einzelner Arbeitsbedingungen unterliegt – wie Widerrufsvorbehalte – dem Transparenzgebot (§ 307 Abs. 1 S. 2 BGB). Es muss also der tragende Grund für die Befristung der Einzelabrede in der gestellten Klausel benannt werden. Dabei sind allerdings keine unzumutbaren Anforderungen zu stellen; es genügt die Beschreibung »wirtschaftliche Gründe«, »Erprobung« (*BAG* 8.8.2007 – 7 AZR 855/06).
- Die erstmalige gestellte befristete Übertragung einer höherwertigen Arbeitsbedingung ist zwar kontrollfähig, aber regelmäßig nicht unangemessen benachteiligend.

## A. Die Befristung des Arbeitsverhältnisses  Kapitel 5

- Ist die Befristung der Einzelarbeitsbedingung objektiv sachlich gerechtfertigt, liegt keine unangemessene Benachteiligung vor.
- Eine unangemessene Benachteiligung liegt aber dann vor, wenn durch mehrfache Befristung von Einzelarbeitsbedingungen das Wirtschafts- und Beschäftigungsrisiko bzw. das Bestandsschutzrisiko auf den Arbeitnehmer verlagert wird.

Für die Überprüfung der Wirksamkeit einer formularmäßig vereinbarten Befristung einzelner Arbeitsbedingungen (Erhöhung der regelmäßigen Arbeitszeit für die Dauer eines Schuljahres) hat das *BAG* (27.7.2005 EzA § 307 BGB 2002 Nr. 5 = NZA 2006, 40; 18.1.2006 EzA § 307 BGB 2002 Nr. 13) inzwischen folgende Grundsätze aufgestellt:

- Die nach dem 31.12.2001 mit einer Vielzahl von Arbeitnehmern formularmäßig vereinbarte Erhöhung der regelmäßigen Arbeitszeit unterliegt als Allgemeine Geschäftsbedingung der Inhaltskontrolle nach § 307 BGB in der ab 1.1.2002 geltenden Fassung. Zur Wirksamkeit der Befristung der Arbeitszeiterhöhung bedarf es seit diesem Zeitpunkt keines sachlichen Grundes mehr i. S. d. bisherigen Rechtsprechung.
- Die Befristung der Arbeitszeiterhöhung ist nach § 307 Abs. 1 S. 1 BGB unwirksam, wenn durch sie die betroffenen Arbeitnehmer entgegen den Geboten von Treu und Glauben unangemessen benachteiligt werden. Das ist anhand einer umfassenden Berücksichtigung und Bewertung rechtlich anzuerkennender Interessen der Vertragspartner festzustellen. Dabei ist ein genereller, typisierender, vom Einzelfall losgelöster Maßstab anzulegen (s. a. *LAG Bra.* 9.2.2006 NZA-RR 2007, 53).
- Allein aus der Ungewissheit des künftigen Arbeitskräftebedarfs ergibt sich kein rechtlich anerkennenswertes Interesse des Arbeitgebers an der befristeten Erhöhung der regelmäßigen Arbeitszeit der bei ihm unbefristet teilzeitbeschäftigten Arbeitnehmer.
- Vereinbart ein neues Bundesland, bei dem auf Grund rückläufiger Schülerzahlen ein Lehrkräfteüberhang besteht, auf der Grundlage einer Koalitionsvereinbarung mit der Gewerkschaft GEW und anderen Pädagogenverbänden mit einer Vielzahl bei ihm teilzeitbeschäftigter Lehrkräfte die befristete Aufstockung des Stundendeputats für die Dauer eines Schuljahres, können die im Schulbereich des Landes bestehenden Besonderheiten dazu führen, dass die Befristung der Arbeitszeiterhöhung für die betroffenen Lehrkräfte keine unangemessene Benachteiligung i. S. v. § 307 Abs. 1 S. 1 BGB darstellt.

### 8. Darlegungs- und Beweislast

Aus § 14 Abs. 1, 2, 3 TzBfG folgt eindeutig das **Regel-Ausnahme-Verhältnis** zwischen befristetem und unbefristetem Arbeitsvertrag: Normalfall ist das unbefristete Arbeitsverhältnis, die Ausnahme das befristete, das eines Sachgrundes bedarf und nur ausnahmsweise ohne einen solchen vereinbart werden darf (vgl. *Preis/Gotthardt* DB 2000, 2069; *Hromadka* BB 2001, 622). Da zudem derjenige, der sich auf das Vertragsende durch Fristablauf beruft, die Voraussetzungen des Vorliegens dieser rechtsvernichtenden Einwendung beweisen muss, muss jetzt im Gegensatz zur bisherigen Rechtslage der Arbeitgeber das Vorliegen eines Sachgrundes darlegen und beweisen (APS/*Backhaus* § 14 TzBfG Rn. 63; *H. J. Dörner* Sonderbeil. zu NZA Heft 16/2003 S. 40 f.). 81

### III. Erleichterte Befristung (§ 14 Abs. 2 TzBfG)

#### 1. Grundlagen

§ 14 Abs. 2 TzBfG übernimmt § 1 Abs. 1 BeschFG fast wörtlich; die weiteren Regelungen in § 14 Abs. 2 TzBfG enthalten aber gegenüber § 1 BeschFG **drei wesentliche Neuerungen** (vgl. APS/*Backhaus* § 14 TzBfG Rn. 66 ff.; KDZ/*Däubler* § 14 TzBfG Rn. 151 ff.; *Osnabrügge* NZA 2003, 639 ff.; *H. J. Dörner* Sonderbeil. zu NZA Heft 16/2003, S. 33 ff.; *Lembke* NJW 2006, 332 ff.): 82
- Die Regelung ist nicht mehr zeitlich begrenzt, sondern als Dauerregelung ausgestaltet;
- Die großzügigen Verknüpfungsmöglichkeiten nach § 1 Abs. 3 BeschFG, der es ermöglichte, die sachgrundlose Befristung nicht nur einer durch einen Sachgrund gerechtfertigten weiteren Befris-

tung vorausgehen zu lassen, sondern sie auch umgekehrt einer solchen nachfolgen zu lassen, sind jetzt erheblich eingeschränkt. Gem. § 14 Abs. 2 S. 2 TzBfG ist die erleichterte, sachgrundlose Befristung gänzlich unzulässig, wenn mit demselben Arbeitgeber (Anknüpfungspunkt ist nicht die vorangegangene Beschäftigung im Betrieb des bisherigen Arbeitgebers oder die tatsächliche Eingliederung in den Betrieb, vgl. *LAG Nds.* 29.1.2003 NZA-RR 2003, 624) zuvor irgendwann einmal ein befristetes, auch sachlich gerechtfertigtes, oder ein unbefristetes Arbeitsverhältnis bestanden hat (vgl. *H. J. Dörner* Sonderbeil. zu NZA Heft 16/2003, S. 33 ff.). Durch das am 15.6.2005 in dritter Lesung beschlossene 5. Gesetz zur Änderung des SGB III (abl. dazu *Perreng* FA 2005, 193) soll § 14 Abs. 2 TzBfG allerdings nunmehr wie folgt neu gefasst werden: »Eine Befristung nach S. 1 ist nicht zulässig, wenn zwischen dem Beginn des befristeten Arbeitsvertrages und dem Ende eines vorherigen unbefristeten oder befristeten Arbeitsvertrages mit demselben Arbeitgeber ein Zeitraum von weniger als zwei Jahren liegt«. Im Hinblick auf das bekannte Ergebnis der Neuwahlen ist aber völlig unklar, ob das Gesetz tatsächlich in Kraft treten wird. Der umgekehrte Fall des Anschlusses eines sachlich gerechtfertigten befristeten Arbeitsvertrages an einen nach § 14 Abs. 2 S. 1 TzBfG befristeten bleibt allerdings weiterhin zulässig (vgl. *Hromadka* BB 2001, 627);

- Gem. § 14 Abs. 3 S. 3, 4 TzBfG kann durch Tarifvertrag nicht nur – wie bisher – zu Gunsten des Arbeitnehmers von der gesetzlichen Regelung abgewichen werden, sondern (vgl. § 22 TzBfG) hinsichtlich der Anzahl der Verlängerungen und der Höchstbefristungsdauer auch zu Lasten des Arbeitnehmers. Im Übrigen ist aber danach unter den gleichen Voraussetzungen wie bisher nach § 1 Abs. 1 BeschFG 1996 es zulässig, einen sachgrundlos befristeten Arbeitsvertrag bis zur Dauer von zwei Jahren dreimal zu verlängern (*BAG* 15.1.2003 EzA § 14 TzBfG Nr. 3 = NZA 2003, 914; 15.1.2003 – 7 AZR 476/02, EzA-SD 17/03, S. 6 LS = NZA 2004, 512 LS);
- § 14 Abs. 2a TzBfG sieht seit dem 1.1.2004 eine Ausdehnung der sachgrundlosen Befristung für die ersten vier Jahre nach der Gründung eines Unternehmens vor (vgl. dazu *Preis* DB 2004, 70 ff.; *Löwisch* BB 2004, 154 ff.; *Lipinski* BB 2004, 1221 ff.).

Die Anwendbarkeit des TzBfG setzt insoweit keine **Vereinbarung der Parteien** voraus, sich auf dieses Gesetz stützen zu wollen (*LAG Nds.* 4.7.2003 NZA-RR 2004, 13).

## 2. Vereinbarkeit der gesetzlichen Regelung mit der RL 99/70/EG

83 § 5 der RL 1999/70/EG vom 10.7.1999 (ABlEG Nr. L 175, S. 43, 44) hat u. a. folgenden Wortlaut:

»Um Missbrauch durch aufeinander folgende befristete Arbeitsverträge oder -verhältnisse zu vermeiden, ergreifen die Mitgliedsstaaten eine ... oder mehrere der folgenden Maßnahmen:
a) sachliche Gründe, die die Verlängerung solcher Verträge oder Verhältnisse rechtfertigen;
b) die insgesamt maximal zulässige Dauer aufeinander folgender Arbeitsverträge oder Arbeitsverhältnisse;
c) die zulässige Zahl der Verlängerungen solcher Verträge oder Verhältnisse ...«.

84 Diesen Anforderungen genügt § 14 Abs. 2 TzBfG. Zudem darf die RL nicht als Rechtfertigung für die Senkung des allgemeinen Niveaus des Arbeitnehmerschutzes in dem von ihr erfassten Bereich dienen. Dieses Niveau bestimmte das BeschFG i. d. F. von 1996, nicht der Beschluss des Großen Senates des *BAG* (12.10.1960 AP Nr. 16 zu § 620 BGB Befristeter Arbeitsvertrag). **Es wird durch § 14 Abs. 2 TzBfG auch nicht gesenkt, sondern wegen § 14 Abs. 2 S. 2 TzBfG zu Gunsten der Arbeitnehmer erheblich verbessert.** Zudem wird mit der sachgrundlosen Befristung eine im Grundsatz bereits seit 15 Jahren bestehende Befristungsmöglichkeit **nur fortgeschrieben** (APS/*Backhaus* § 14 TzBfG Rn. 69; MünchArbR/*Wank* Ergänzungsband § 116 Rn. 201 ff.; *Löwisch* NZA 2000, 756 u. 1044; *Bauer* NZA 2000, 756 u. 1044; *Hanau* NZA 2000, 1045; a.A. *Schmalenberg* NZA 2000, 582 f. u. 1043 ff.; *Franzen* RdA 1999, 361 ff.; *Däubler* ZIP 2000, 1967).

## A. Die Befristung des Arbeitsverhältnisses

### Kapitel 5

### 3. Tatbestandsvoraussetzungen

#### a) Persönlicher Geltungsbereich

Erfasst sind alle **Arbeitnehmer**, ohne dass eine Sonderregelung für Arbeitnehmer mit besonderem Kündigungsschutz besteht (APS/*Backhaus* § 14 TzBfG Rn. 70). 85

#### b) Zeitliche Limitierung

Die Ausnahme vom Sachgrunderfordernis bezieht sich auf **Kalenderbefristungen** mit einer zulässigen **Höchstdauer von zwei Jahren** ab dem **vereinbarten Beginn** des Arbeitsverhältnisses, nicht dem Vertragsabschluss, der nach §§ 187, 188 BGB zu bestimmen ist (APS/*Backhaus* § 14 TzBfG Rn. 71 f.). 86

#### c) Verlängerung

Erforderlich ist, dass sich der Verlängerungsvertrag **nahtlos**, ohne dass auch nur ein Feiertag oder ein Wochenende dazwischen liegen, an den zu verlängernden Vertrag anschließt und vor dessen Ende in der erforderlichen Form (§ 14 Abs. 4 S. 3 TzBfG; *BAG* 16.3.2005 EzA § 14 TzBfG Nr. 17 = NZA 2005, 923 = BAG Report 2005, 260; 23.8.2006 – 7 AZR 12/06, EzA § 14 TzBfG Nr. 33 = NZA 2007, 204 m. krit. Anm. *Sowka* SAE 2007, 172 ff.; *LAG Bra.* 4.2.2004 – 6 Sa 560/03, EzA-SD 18/04, S. 8) **vereinbart sein muss** (*BAG* 26.7.2000, 25.10.2000 EzA § 1 BeschFG 1985 Nr. 19, 22; 18.1.2006 EzA § 14 TzBfG Nr. 26 = NZA 2006, 605; 16.1.2008 EzA § 14 TzBfG Nr. 44 = NZA 2008, 702; *LAG Düsseld.* 7.7.2000 – 9 Sa 525/00, EzA-SD 5/02, S. 10 LS – jeweils zu § 1 BeschFG; APS/*Backhaus* § 14 TzBfG Rn. 73; KR/*Lipke* § 14 TzBfG Rn. 286; MünchArbR/*Wank* Ergänzungsband § 116 Rn. 184; KDZ/*Däubler* § 14 TzBfG Rn. 163; *Richardi/Annuß* DB 2000, 2204; krit. dazu *Sowka* DB 2000, 1916). 87

Voraussetzung ist also, dass die **Vereinbarung über das Hinausschieben des Beendigungszeitpunkts noch vor Abschluss der Laufzeit des bisherigen Vertrages in schriftlicher Form getroffen wird** und der Vertragsinhalt **ansonsten unverändert bleibt**; allerdings können die Parteien anlässlich der Verlängerung **Anpassungen** des Vertragstextes an die zum Zeitpunkt der Verlängerung **geltende Rechtslage** vornehmen. Das ist dann der Fall, wenn bereits zuvor vereinbarte Änderungen der Vertragsbedingungen in der Urkunde festgehalten werden oder die geänderten Vertragsbedingungen von den Parteien vereinbart worden wären, wenn der Arbeitnehmer in einem unbefristeten Arbeitsverhältnis stünde (*BAG* 23.8.2006 EzA § 14 TzBfG Nr. 33 = NZA 2007, 204; 16.1.2008 EzA § 14 TzBfG Nr. 44 = NZA 2008, 702). 88

**Andernfalls handelt es sich um den Neuabschluss** eines befristeten Arbeitsvertrages. Dessen Befristung ist wegen des – unmittelbar – vorangegangenen Arbeitsverhältnisses mit demselben Arbeitgeber ohne Sachgrund nach § 14 Abs. 2 S. 2 TzBfG unwirksam (*BAG* 16.3.2005 EzA § 14 TzBfG Nr. 17 = NZA 2005, 923 = BAG Report 2005, 260; 18.1.2006 EzA § 14 TzBfG Nr. 26 = NZA 2006, 605; 23.8.2006 EzA § 14 TzBfG Nr. 33 = NZA 2007, 204). Auch müssen – abgesehen vom vereinbarten Vertragsende – die **übrigen bisherigen Arbeitsbedingungen unverändert bleiben** (*BAG* 23.8.2006 EzA § 14 TzBfG Nr. 33 = NZA 2007, 204; *BAG* 18.1.2006 EzA § 14 TzBfG Nr. 26 = NZA 2006, 605; *LAG Düsseld.* 7.7.2000 – 9 Sa 525/00 – EzA-SD 5/02, S. 10 LS; *LAG Hamm* 17.2.2005 LAGE § 14 TzBfG Nr. 20a; KR/*Lipke* § 14 TzBfG Rn. 287; KDZ/*Däubler* § 14 TzBfG Rn. 164); dafür sprechen auch Entscheidungen des *BAG* (26.7.2000 EzA § 1 BeschFG 1985 Nr. 19; 25.10.2000 EzA § 1 BeschFG 1985 Nr. 22; vgl. auch *Sächs. LAG* 2.5.2005 – 3 Sa 924/04, EzA-SD 23/05 S. 4 LS = ZTR 2005, 593); es darf also grds. nur die Vertragsdauer geändert werden (*BAG* 23.8.2006 EzA § 14 TzBfG Nr. 33 = NZA 2007, 204). Deshalb ist jedenfalls eine Verlängerung in diesem Sinne dann nicht gegeben, wenn der zweite befristete Vertrag **mehrere neue Vertragsklauseln** enthält, die für den Arbeitnehmer – jedenfalls aus seiner Sicht – günstiger sind als die Regelungen im ersten Vertrag (*BAG* 23.8.2006 EzA § 14 TzBfG Nr. 33 = NZA 2007, 204), es sei denn, es handelt sich um eine arbeitsvertragliche Umsetzung von Ansprüchen, die sich aus Tarifverträgen oder Betriebsvereinbarungen ergeben (*LAG Brem.* 25.8.2005 – 3 Sa 282/04, EzA-SD 19/05, 89

**Kapitel 5** Befristete und auflösend bedingte Arbeitsverhältnisse

S. 13 LS = LAG Report 2005, 292). Das ist z. B. dann der Fall, wenn die Parteien in einem **Folgevertrag** auf die Vereinbarung eines im Ausgangsvertrag enthaltenen ordentlichen Kündigungsrechts nach § 15 Abs. 3 TzBfG absehen (*BAG* 20.2.2008 EzA § 14 TzBfG Nr. 46 = NZA 2008, 883).

90 Ebenso ist an sich keine Vertragsverlängerung im hier maßgeblichen Sinne (gem. § 1 BeschFG) gegeben (gewesen), wenn in dem Verlängerungsvertrag **Teilzeitbeschäftigung** von 34,5 Wochenstunden statt vorheriger Vollzeit vereinbart waren (*BAG* 12.8.2009 – 7 AZR 270/08).

91 Für eine **Verlängerung** eines sachgrundlos befristeten Arbeitsvertrags nach § 14 Abs. 2 S. 1 TzBfG hat das *BAG* (16.1.2008 EzA § 14 TzBfG Nr. 44 = NZA 2008, 702) inzwischen des Weiteren entschieden, dass ihr **nicht entgegen steht**, dass in einem befristeten Anschlussvertrag eine **erhöhte Arbeitszeit** vereinbart wird, wenn der Arbeitgeber mit der Veränderung der Arbeitszeit einem Anspruch des Arbeitnehmers nach § 9 TzBfG Rechnung trägt. Voraussetzung ist dann allerdings, dass der Arbeitnehmer bereits zuvor oder anlässlich der Vereinbarung der Verlängerung ein Erhöhungsverlangen nach § **9 TzBfG** geltend gemacht hat, dem der Arbeitgeber in dem Folgevertrag mit der Veränderung der Arbeitszeit Rechnung trägt (*BAG* 16.1.2008 EzA § 14 TzBfG Nr. 44 = NZA 2008, 702).

Vereinbart der Arbeitgeber im Rahmen der Verlängerung einer sachgrundlosen Befristung gem. § 14 Abs. 2 TzBfG neben der neuen Laufzeit des befristeten Arbeitsverhältnisses auch eine sonstige Änderung der Arbeitsvertragsbedingungen – bspw. eine nicht aufgrund eines Tarifvertrages automatisch vorgegebene Gehaltserhöhung –, so handelt es sich nicht mehr um eine gem. § 14 Abs. 2 TzBfG zulässige Verlängerung sondern um den Neuabschluss eines befristeten Arbeitsvertrages, dessen Befristung ohne Sachgrund nach § 14 Abs. 1 TzBfG unzulässig ist. Auf § 14 Abs. 2 TzBfG kann sich der Arbeitgeber jetzt wegen des als »Neuabschluss« eingestuften befristeten Arbeitsvertrages nicht mehr berufen (*BAG* 12.8.2009 – 7 AZR 270/08).

Das *BAG* hat des Weiteren (19.2.2003 – 7 AZR 648/01, FA 2003, 303; 25.5.2005 EzA § 14 TzBfG Nr. 19; dagegen ausdrücklich *LAG Hamm* 17.2.2005 LAGE § 14 TzBfG Nr. 20a) noch zum alten Recht, aber mit Gültigkeit auch für das TzBfG (zutr. *Worzalla* FA 2003, 303; so jetzt ausdrücklich auch *BAG* 19.10.2005 EzA § 14 TzBfG Nr. 23 = NZA 2006, 154; 18.1.2006 EzA § 14 TzBfG Nr. 26 = NZA 2006, 605; 23.8.2006 – 7 AZR 12/06, EzA § 14 TzBfG Nr. 33 = NZA 2007, 204) festgestellt, dass **die Änderung von Arbeitsbedingungen in einem laufenden befristeten Arbeitsverhältnis ohne Veränderung der Laufzeit des befristeten Arbeitsvertrages nicht der gesetzlichen Befristungskontrolle unterliegt.** Denn die Befristungskontrolle findet nur statt, wenn die Laufzeit des bisherigen Vertrages geändert wird. Vereinbaren die Parteien also **während der Dauer** eines sachgrundlos befristeten Arbeitsvertrags unter Beibehaltung der Vertragslaufzeit eine Änderung der Tätigkeit und der Vergütung des Arbeitnehmers, unterliegt die Änderungsvereinbarung mangels einer neuen Befristungsabrede **nicht der gerichtlichen Kontrolle** nach § 14 Abs. 2 TzBfG. Denn eine während der Laufzeit eines sachgrundlos befristeten Arbeitsvertrages getroffene Vereinbarung über die Änderung der Vertragsbedingungen unter Beibehaltung der Vertragslaufzeit ist für die Wirksamkeit der Befristung nicht von Bedeutung (*BAG* 19.10.2005 EzA § 14 TzBfG Nr. 23 = NZA 2006, 154; 18.1.2006 EzA § 14 TzBfG Nr. 26 = NZA 2006, 605; 23.8.2006 – 7 AZR 12/06, EzA § 14 TzBfG Nr. 33 = NZA 2007, 204). Eine derartige inhaltliche Änderung steht auch einer zu einem späteren Zeitpunkt erfolgenden Vertragsverlängerung nach § 14 Abs. 2 S. 1 TzBfG nicht entgegen, weil diese nicht voraussetzt, dass die Bedingungen des Ausgangsvertrages während der Gesamtdauer der Vertragslaufzeit unverändert beibehalten werden. Die Änderung der Arbeitsbedingungen darf nur nicht im Zusammenhang mit der Vertragsverlängerung erfolgen (*BAG* 18.1.2006 EzA § 14 TzBfG Nr. 26 = NZA 2006, 605).

92 Ein in einem anlässlich des Abschlusses einer Verlängerungsvereinbarung erstellter **Vermerk** angegebener Sachgrund für die Befristung i. S. d. § 14 Abs. 1 TzBfG führt nach Auffassung des *LAG Hamm* (14.2.2008 – 17 Sa 2017/07, EzA-SD 11/2007 S. 3 LS) **nicht dazu**, dass sich die Arbeitgeberin **nicht mehr auf** § 14 Abs. 2 TzBfG zur Rechtfertigung der Befristung **berufen kann**. Soweit ob-

## A. Die Befristung des Arbeitsverhältnisses Kapitel 5

jektiv die Voraussetzungen des § 14 Abs. 2 S. 1, 2 TzBfG vorliegen, kann sich ein Verlängerungsvertrag gem. § 14 Abs. 2 S. 1 2. Hs. TzBfG zeitlich jedenfalls auch an eine Befristung mit sachlichem Grund – z. B. befristetes Probearbeitsverhältnis – gem. § 14 Abs. 1 S. 2 Nr. 5 TzBfG anschließen (*LAG Nbg.* 19.3.2008 – 4 Sa 673/07, ZTR 2008, 397 LS).

Zu beachten ist, dass dann, wenn eine **landesgesetzliche Regelung** (z. B. § 44 Abs. 5 BerlHG) vorsieht, dass u. a. **Frauenbeauftragte**, die in einem zeitlich befristeten Dienstverhältnis mit der Hochschule stehen, auf Antrag die Zeiten, in denen sie ihr Amt als Frauenbeauftragte ausüben, mit dem Faktor 2 nicht auf ihre Dienstzeit angerechnet erhalten, dies bei Antragstellung durch die Arbeitnehmerin keine automatische Verlängerung des befristeten Arbeitsvertrages bewirkt. Dazu ist vielmehr der Abschluss eines weiteren befristeten Arbeitsvertrages erforderlich, dessen Befristung nach § 14 Abs. 4 TzBfG der Schriftform bedarf (*BAG* 26.7.2006 – 7 AZR 494/05, EzA-SD 1/2007 S. 5 LS = NZA 2007, 151). 93

Allein aus dem Grundsatz der **Vertrauenshaftung** kann im Übrigen ebenso wenig ein Anspruch des Arbeitnehmers auf Verlängerung eines wirksam befristeten Arbeitsvertrages hergeleitet werden, wie aus dem arbeitsrechtlichen Gleichbehandlungsgrundsatz (*BAG* 13.8.2008 EzA § 14 TzBfG Nr. 52). 94

### d) Neueinstellung – kein Arbeitsverhältnis innerhalb der letzten drei Jahre

Der 7. Senat des *BAG* hat mit seiner Entscheidung vom 6.4.2011 (– 7 AZR 716/09) den Geltungsbereich der sachgrundlosen Befristung nach § 14 Abs. 2 TzBfG entscheidend erweitert. Während bis zu der vorgenannten Entscheidung die herrschende Meinung in Rechtsprechung und Literatur auf dem Standpunkt stand, dass eine sachgrundlose Befristung dann nicht zulässig ist, wenn mit dem selben Arbeitgeber (KR/*Lipke* § 14 TzBfG Rn. 301 ff.) zu irgendeinem Zeitpunkt in der Vergangenheit bereits ein befristetes oder unbefristetes Arbeitsverhältnis bestanden hat (vgl. *LAG Hamm* 17.2.2005 AuR 2005, 235 LS; *H. J. Dörner* Sonderbeil. zu NZA Heft 16/2003, S. 33 ff.; KR/*Lipke* § 14 TzBfG Rn. 291; *Hromadka* NJW 2001, 404 u. BB 2001, 627; *Preis/Gotthardt* DB 2000, 2072; *Richardi/Annuß* BB 2000, 2204), hat sich der 7. Senat des BAG nunmehr in seiner Entscheidung vom 6.4.2011 (– 7 AZR 716/09) einer bereits zuvor teilweise in der Literatur vertretenen Rechtsauffassung angeschlossen, wonach die Regelung in § 14 Abs. 2 S. 2 TzBfG teleologisch dergestalt reduziert werden muss, dass es nur auf solche Arbeitsverhältnisse ankommt, die innerhalb der letzten drei Jahre zwischen dem nunmehrigen Arbeitgeber und dem befristet eingestellten Arbeitnehmer bestanden hatten. *Löwisch* (BB 2011, 254 f.) hatte ebenso wie *Bauer* (BB 2001, 2475) dafür plädiert, eine sachgrundlose Befristung nur dann auszuschließen, wenn innerhalb der Regelverjährungsfrist gem. § 195 BGB bereits ein Arbeitsverhältnis zwischen den Arbeitsvertragsparteien, die nun einen befristeten Arbeitsvertrag schließen, bestanden hat. Der 7. Senat hat nun in seiner Entscheidung vom 6.4.2011 (– 7 AZR 716/09) entschieden, dass eine Gefahr von rechtsmissbräuchlichen Kettenarbeitsverträgen dann nicht mehr bestehen soll, wenn zwischen dem Ende des früheren Arbeitsverhältnisses und dem nunmehr neu abgeschlossenen sachgrundlosen befristeten Arbeitsverhältnis mehr als drei Jahre liegen. Diese Dreijahresfrist entspricht also der Regelverjährungsfrist des § 195 BGB. Der 7. Senat begründet seine Änderung der Rechtsprechung damit, dass der Wortlaut und die systematische Auslegung des § 14 Abs. 2 S. 2 TzBfG weder für eine Berücksichtigung aller zuvor zwischen den Parteien bestehenden Arbeitsverhältnisse spricht noch dafür spricht, nur Arbeitsverhältnisse zu berücksichtigen, die innerhalb eines bestimmten Zeitraumes vor Abschluss des sachgrundlos befristeten Arbeitsverhältnisses bestanden hatten. Obwohl nach Auffassung des BAG die Gesetzesgeschichte eher auf ein zeitlich unbeschränktes Berücksichtigen von Vorbeschäftigungen hindeutet, hat der 7. Senat unter Berufung auf den Normzweck und aus Gründen der Praktikabilität sich für ein zeitlich beschränktes Berücksichtigen von Vorbeschäftigungen entschieden. 95

Ob man die Entscheidung des 7. Senats für richtig oder falsch hält, lässt sich – wie das BAG selbst betont – nicht alleine mit dem Wortlaut begründen. Ob allerdings die vom BAG gewünschte Rechtssicherheit nun durch diese Entscheidung eintritt, hängt in erster Linie davon ab, inwieweit das BAG auch in Zukunft an seiner Auslegung von § 14 Abs. 2 S. 2 TzBfG festhält. Da es bei Neubesetzung des 7. Senats ohne weiteres möglich ist, dass ein neuer Fall von einem anders besetzten 7. Senats an- 95a

Hoß 1889

ders beurteilt wird, bleibt hier also eine Rechtsunsicherheit, solange der Gesetzgeber nicht die Rechtsauffassung des BAG aufgreift und in § 14 Abs. 2 TzBfG ausdrücklich klarstellt, dass nur solche Vorbeschäftigungen zur Unzulässigkeit einer sachgrundlosen Befristung führen, die innerhalb der letzten drei Jahre vor dem neuen Arbeitsverhältnis zwischen den Parteien bestanden haben. Insofern wäre es also begrüßenswert, wenn der Gesetzgeber im Interesse der Rechtssicherheit hier schnell reagiert und entweder die Rechtsauffassung des BAG durch eine Anpassung von § 14 Abs. 2 TzBfG bestätigt oder aber klarstellt, dass er an der bisherigen Auffassung der Rechtsprechung und Literatur zu § 14 Abs. 2 TzBfG festhalten will, wonach jede Vorbeschäftigung zur Unzulässigkeit der sachgrundlosen Befristung führt.

95b Unabhängig von der Frage, innerhalb welchen Zeitraumes Vorbeschäftigungen mit dem Arbeitgeber, mit dem nun die sachgrundlose Befristung abgeschlossen werden soll, zu berücksichtigen sind, ist im Hinblick auf die Zulässigkeit einer sachgrundlosen Befristung – nach der nunmehrigen Rechtsprechung zumindest bei Vorbeschäftigungen innerhalb der letzten drei Jahre – zu prüfen, ob Personenidentität bei der natürlichen oder juristischen Person des Arbeitgebers, mit dem das frühere Arbeitsverhältnis bestanden hat, zu dem jetzigen »neuen« Arbeitgeber besteht (*BAG* 10.11.2004 EzA § 14 TzBfG Nr. 15 = NZA 2005, 514 = BAG Report 2005, 171; 18.10.2006 EzA § 14 TzBfG Nr. 35 = NZA 2007, 443; 16.7.2008 EzA § 14 TzBfG Nr. 51 = NZA 2008, 1347; s. dazu *Bauer/Fischinger* DB 2007, 1410 ff.; krit. *Haas/Hilgenstock* FA 2005, 200 ff.); das gilt auch bei **konzernverbundenen Arbeitgebern** (*BAG* 18.10.2006 EzA § 14 TzBfG Nr. 35 = NZA 2007, 443). Die mit der Verschmelzung nach § 20 Abs. 1 Nr. 1 UmwG eintretende Gesamtrechtsnachfolge führt nicht dazu, dass übertragender und übernehmender Rechtsträger rechtlich als derselbe Arbeitgeber anzusehen sind (*BAG* 10.11.2004 EzA § 14 TzBfG Nr. 15 = NZA 2005, 514 = BAG Report 2005, 171; krit. *Haas/Hilgenstock* FA 2005, 200 ff.). Die nach § 14 Abs. 2 S. 2 TzBfG vorausgesetzte Personenidentität auf Arbeitgeberseite ist auch im Falle eines Betriebsübergangs nach § 324 UmwG in der bis zum 31.3.2002 geltenden Fassung (§ 613a Abs. 1 BGB) nicht gegeben, wenn das Arbeitsverhältnis bereits vor einem im Zuge der Verschmelzung vollzogenen Betriebsübergang beendet war und daher nicht kraft Gesetzes vom übertragenden auf den übernehmenden Rechtsträger übergegangen ist (*BAG* 10.11.2004 EzA § 14 TzBfG Nr. 15 = NZA 2005, 514 = BAG Report 2005, 171; krit. *Haas/Hilgenstock* FA 2005, 200 ff.; vgl. auch *LAG Bln.* 29.1.2004 ZTR 2004, 267 = LAG Report 2004, 195 zur Verschmelzung der Deutschen Postgewerkschaft zu ver.di). Die gesetzliche Regelung des § 14 Abs. 2 S. 2 TzBfG soll der **Einschränkung von Kettenarbeitsverträgen** dienen.

96 Das *BAG* (6.4.2011 – 7 AZR 716/09, NZA 2011, 905; 6.11.2003 EzA § 14 TzBfG Nr. 7 = NZA 2005, 218 = BAG Report 2004, 138 m. Anm. *Boch* SAE 2004, 217 ff.; 10.11.2004 EzA § 14 TzBfG Nr. 15 = NZA 2005, 514 = BAG Report 2005, 171; s. a. *BAG* 18.10.2006 EzA § 14 TzBfG Nr. 35 = NZA 2007, 443; s. dazu *Bauer/Fischinger* DB 2007, 1410 ff.) hat insoweit folgende Grundsätze aufgestellt:

– Nach § 14 Abs. 2 S. 2 TzBfG ist eine Befristung ohne sachlichen Grund nicht zulässig, wenn mit demselben Arbeitgeber bereits zuvor innerhalb der letzten drei Jahre ein befristetes oder unbefristetes Arbeitsverhältnis bestanden hat.

– Arbeitgeber i. S. dieser Vorschriften ist der Vertragsarbeitgeber, also die natürliche oder juristische Person, die mit dem Arbeitnehmer den Arbeitsvertrag geschlossen hat.

– Dies gilt auch dann, wenn das neue Arbeitsverhältnis nur für die Dauer von maximal sechs Monaten befristet werden soll. Der Gesetzgeber hat nunmehr auch solche Befristungen einer Kontrolle nach den Maßstäben des § 14 TzBfG unterworfen, die bisher wegen fehlender Umgehung des Kündigungsschutzes kontrollfrei waren.

– Mit der gesetzlichen Neuregelung des Befristungsrechts hat der Gesetzgeber die frühere richterlich erfolgte Ankoppelung der Befristungskontrolle an das Kündigungsschutzgesetz abgelöst und einen Paradigmenwechsel eingeleitet. Durch § 14 TzBfG erfasst das Gesetz nunmehr auch solche befristeten Arbeitsverträge, die bisher wegen fehlender Umgehung des Kündigungsschutzes kontrollfrei waren. Auch in Kleinbetrieben und bei Arbeitnehmern in den ersten sechs Beschäftigungsmonaten bedürfen Befristungen daher eines sachlichen Grundes, wenn mit demselben Arbeitgeber bereits zuvor innerhalb der letzten drei Jahre ein befristetes oder unbe-

## A. Die Befristung des Arbeitsverhältnisses  Kapitel 5

fristetes Arbeitsverhältnis bestanden hat und keine Ausnahme nach § 14 Abs. 2 oder 3 TzBfG vorliegt.

Die Darlegungs- und Beweislast für den Verstoß gegen dieses Anschlussverbot liegt beim Arbeitnehmer, der sich auf den Ausnahmetatbestand beruft (*LAG Nds.* 26.7.2004 NZA-RR 2005, 410).

Nach Maßgabe dieser Grundsätze führt die **Überlassung eines Arbeitnehmers an seinen vormaligen Vertragsarbeitgeber**, bei dem er zuvor zwei Jahre lang sachgrundlos befristet beschäftigt war, nicht zur Unwirksamkeit einer anschließend mit dem Verleiher i. S. d. § 1 AÜG nach § 14 Abs. 2 TzBfG vereinbarten sachgrundlosen Befristung, wenn die Beschäftigungsdauer bei dem Entleiher einen Zeitraum von insgesamt vier Jahren nicht überschreitet (*BAG* 18.10.2006 EzA § 14 TzBfG Nr. 35 = NZA 2007, 443; s. dazu *Düwell/Dahl* NZA 2007, 891 f.). 97

Tätigkeiten für **verschiedene Unternehmen desselben Konzerns fallen nicht unter § 14 Abs. 2 S. 2 TzBfG**. Das ist aber dann unbefriedigend, wenn die Personalentscheidungen bei einer Stelle konzentriert sind, da die Regelung dann leicht umgangen werden kann (für eine erweiternde Auslegung deshalb *KDZ/Däubler* § 14 TzBfG Rn. 162). Gleiches gilt dann, wenn der Arbeitnehmer auf Grund einer Konzernversetzungsklausel tatsächlich versetzt wird und das ursprüngliche Arbeitsverhältnis ruhend weiter besteht und/oder dem Arbeitnehmer ein Rückkehrrecht eingeräumt wird (*Bauer* BB 2001, 2476). Eine missbräuchliche, dem **Zweck der gesetzlichen Befristungsregelung widersprechende Gestaltung** kann insoweit vor allem dann vorliegen, **wenn mehrere rechtlich und tatsächlich verbundene Vertragsarbeitgeber** in bewusstem und gewolltem Zusammenwirken abwechselnd mit einem Arbeitnehmer befristete Arbeitsverträge schließen, eine Befristung ohne Sachgrund im Zeitpunkt des Austausches der Arbeitgeber ohne diesen Arbeitgeberwechsel nicht mehr möglich wäre und der Wechsel deshalb ausschließlich deshalb erfolgt, um auf diese Weise über die gesetzlich vorgesehenen Befristungsmöglichkeiten hinaus sachgrundlose Befristungen aneinanderreihen zu können. Dann ist es dem Arbeitgeber verwehrt, sich auf die Wirksamkeit der letzten, gerichtlich zu überprüfenden Befristung zu berufen (*LAG Nds.* 29.1.2003 NZA-RR 2003, 624). 98

Die gesetzliche Beschränkung der Zulässigkeit von Befristungen durch § 14 Abs. 2 S. 2 TzBfG betrifft andererseits **nur die erstmalige Befristung eines Arbeitsvertrages auf der Grundlage des TzBfG**. Wurde dagegen ein Arbeitsvertrag auf der Grundlage des BeschFG wirksam befristet, ist unter der Geltung des TzBfG dessen Verlängerung bis zur Gesamtdauer von zwei Jahren auch dann möglich, wenn mit demselben Arbeitgeber bereits zuvor ein befristetes oder unbefristetes Arbeitsverhältnis bestanden hat; § 14 Abs. 2 S. 2 TzBfG gilt nicht für den Verlängerungsvertrag (*BAG* 25.5.2005 EzA § 14 TzBfG Nr. 19; 15.1.2003 EzA § 14 TzBfG Nr. 2 = NZA 2003, 1092, 3; 15.1.2003 – 7 AZR 476/02, EzA-SD 17/03, S. 6 LS; *LAG RhPf* 12.4.2002 – 3 Sa 1469/01, EzA-SD 14/02, S. 6 LS = NZA 2002, 1037). Der Vertrag kann nach dem Inkrafttreten des TzBfG unter denselben Voraussetzungen wie bisher verlängert werden (*BAG* 15.1.2003 EzA § 14 TzBfG Nr. 3 = NZA 2003, 914; 15.1.2003 – 7 AZR 476/02, EzA-SD 17/03, S. 6 LS). Wird dagegen ein auf ein Jahr befristeter Arbeitsvertrag **während seiner Laufzeit geändert**, z. B. durch die Erhöhung der wöchentlichen Arbeitszeit von 30 auf 39 Stunden, ist eine **sachgrundlose Verlängerung** der Befristung bis zu einer Gesamtdauer von zwei Jahren wegen § 14 Abs. 2 S. 2 TzBfG **nicht mehr möglich** (*LAG Hamm* 17.2.2005 AuR 2005, 235 LS). 99

Sonstige vorangegangene Vertragsverhältnisse (vgl. APS/*Backhaus* § 14 TzBfG Rn. 80 ff.; KR/*Lipke* § 14 TzBfG Rn. 299 f.; KDZ/*Däubler* § 14 TzBfG Rn. 180 ff.), z. B.: 100
– Ausbildungsverhältnis (*LAG BW* 19.10.2008 LAGE § 14 TzBfG Nr. 44; *LAG Nds.* 4.7.2003 NZA-RR 2004, 13; vgl. dazu *Nebeling/Dippel* NZA-RR 2004, 617 ff.),
– sonstige berufsvorbereitende Vertragsverhältnisse, sofern sie keine Arbeitsverhältnisse sind,
– Umschulungsverträge, sofern sie keine Arbeitsverträge sind,
– Eingliederungsvertrag (§ 231 SGB III),
– Tätigkeit als Selbstständiger,
– Tätigkeit als gesetzlicher Vertreter, sofern es sich nicht um ein Arbeitsverhältnis handelte,
sind **demgegenüber** in diesem Zusammenhang **unschädlich**.

# Kapitel 5
Befristete und auflösend bedingte Arbeitsverhältnisse

101 Zu beachten ist, dass dann, wenn eine zweite Befristung gem. § 14 Abs. 2 S. 2 TzBfG unwirksam ist, sich aber über einen **Zeitraum von weniger als sechs Monaten erstreckt**, der Arbeitgeber das Arbeitsverhältnis kündigen kann. Das KSchG findet keine Anwendung; auch das Anschlussverbot des § 14 Abs. 2 S. 2 TzBfG wird nicht umgangen. Denn diese Regelung sperrt eine nachfolgende Kündigung nicht. Sie will nur eine Gleichstellung der zu Unrecht befristet beschäftigten Arbeitnehmer mit den unbefristet beschäftigten erreichen. Unbefristet Beschäftigte genießen aber während der ersten sechs Monate keinen Kündigungsschutz (*BAG* 6.11.2003 EzA § 14 TzBfG Nr. 7 = NZA 2005, 218; krit. *Preis* NZA 2005, 716).

102 Insoweit gelten folgende Grundsätze (*BAG* 6.11.2003 EzA § 14 TzBfG Nr. 7 = NZA 2005, 218):
- Eine Kündigung verstößt dann gegen § 242 BGB und ist nichtig, wenn sie aus Gründen, die von § 1 KSchG nicht erfasst sind, Treu und Glauben verletzt. Dies gilt auch für eine Kündigung, bei der wegen Nichterfüllung der sechsmonatigen Wartezeit nach § 1 Abs. 1 KSchG das Kündigungsschutzgesetz keine Anwendung findet. Welche Anforderungen sich i. E. aus Treu und Glauben ergeben, kann nur unter Berücksichtigung der Umstände des Einzelfalls entschieden werden. Dabei sind die sozialen Schutzinteressen des Arbeitnehmers in der Wartezeit noch schwach ausgeprägt.
- Es liegt kein sachfremdes Motiv i. S. d. § 242 BGB und keine Umgehung des § 14 Abs. 2 S. 2 TzBfG vor, wenn der Arbeitgeber das unwirksam befristete Arbeitsverhältnis nunmehr kündigt. Aus § 14 TzBfG folgt nur, dass das Arbeitsverhältnis nicht auf Grund einer – unwirksamen – Befristung zum vereinbarten Zeitpunkt endet. Da § 14 TzBfG nur die Schlechterstellung des befristet Beschäftigten gegenüber einem unbefristet Beschäftigten verhindern, nicht aber den befristet Beschäftigten besserstellen will, werden die Regelungen des TzBfG durch eine nachfolgende Kündigung nicht umgangen.
- In einer solchen Kündigung liegt auch keine nach § 612a BGB unzulässige Maßregelung.

## 4. Abweichungen durch Tarifvertrag

103 Gem. § 14 Abs. 2 S. 3 TzBfG kann durch Tarifvertrag die **zulässige Anzahl** der Verlängerungen oder (zu verstehen i. S. v. **und/oder**; vgl. APS/*Backhaus* § 14 TzBfG Rn. 91 unter Hinweis auf die Begründung des Gesetzentwurfs BT-Drs. 14/4374, 14, 20) die **Höchstdauer der Befristung** abweichend von § 14 Abs. 2 S. 1 TzBfG festgesetzt werden. Gem. § 22 TzBfG kann sowohl zu Gunsten als auch zu Lasten des Arbeitnehmers abgewichen werden. Damit sollen **branchenspezifische Lösungen** erleichtert werden (BT-Drs. 14/4374, 14). Möglich ist z. B., dass ein Tarifvertrag vorsieht, dass **generell ein Sachgrund erforderlich** ist; dabei ist allerdings stets zu prüfen, ob der jeweilige Tarifvertrag insoweit eine abschließende Regelung enthält, oder ob die gesetzliche Regelung neben der tariflichen Regelung anwendbar ist (vgl. APS/*Backhaus* § 1 BeschFG Rn. 66; KR/*Lipke* § 14 TzBfG Rn. 309 ff.).

104 Im Bereich des **öffentlichen Dienstes** konnte von der **Protokollnotiz Nr. 6 zu SR 2y**, die abweichend von der Protokollnotiz Nr. 1, die stets das Vorliegen eines sachlichen Grundes verlangt und auch keine sachgrundlose Befristung vorgesehen hat, **ab 1.1.2001 kein Gebrauch mehr gemacht werden**. Denn diese Regelung war ausdrücklich auf § 1 BeschFG bezogen; ihre Geltung war zudem wie § 1 BeschFG 1996 bis zum 31.12.2000 befristet. Ohne eine entsprechende Neuregelung durch die Tarifvertragsparteien kamen daher sachgrundlose Befristungen in diesem Bereich nicht in Betracht (APS/*Backhaus* § 14 TzBfG Rn. 95; *Pöltl* NZA 2001, 585 ff.). Diese Regelung ist durch eine Änderung der Protokollnotiz Nr. 6, die auf Grund der 77. Änderungsverfügung zum BAT vom 29.10.2001, die ausdrücklich die Anwendbarkeit des § 14 Abs. 2, 3 BAT vorsieht, inzwischen getroffen worden (EzA-SD 10/02, S. 20 ff.; vgl. *Preis/Hausch* NJW 2002, 930). Allerdings muss dann im Arbeitsvertrag angegeben sein, dass es sich um ein Arbeitsverhältnis nach § 14 Abs. 2 TzBfG handelt. Fehlt diese Angabe, kann die Befristung nicht auf § 14 Abs. 2 TzBfG gestützt werden (*BAG* 10.10.2007 EzA § 14 TzBfG Nr. 41 = NZA 2008, 295; 18.6.2008 EzA § 14 TzBfG Nr. 50).

## A. Die Befristung des Arbeitsverhältnisses  Kapitel 5

### 5. Individualrechtliche Vereinbarung der abweichenden tariflichen Regelungen

Im (insbes. fachlichen und persönlichen) Geltungsbereich eines Tarifvertrages, der abweichende Regelungen i. S. d. § 14 Abs. 2 S. 3 TzBfG enthält, kann zwischen nicht tarifgebundenen Arbeitgebern und Arbeitnehmern die Anwendung der tariflichen Regelungen vereinbart werden, d. h. auch solcher, die zuungunsten des Arbeitnehmers abweichen (§ 14 Abs. 2 S. 4 i. V. m. § 22 Abs. 1 TzBfG). Da eine eindeutige Beantwortung der Frage, ob Voraussetzung dafür ist, dass die gesamten Regelungen des Tarifvertrages vereinbart werden müssen, oder ob es ausreicht, dass nur die von § 14 Abs. 2 S. 1 TzBfG abweichenden Tarifnormen vereinbart werden, nicht möglich ist, erscheint es **sinnvoll, einstweilen das gesamte Tarifwerk zu vereinbaren**, das bei beiderseitiger Tarifbindung für das Arbeitsverhältnis gelten würde (APS/*Backhaus* § 14 TzBfG Rn. 98; KR/*Lipke* § 14 TzBfG Rn. 312 f.). 105

§ 14 Abs. 2 S. 4 TzBfG sieht nicht ausdrücklich die Schriftform der Vereinbarung vor. Wegen der besonderen **Nähe** dieser Vereinbarung zur Vereinbarung der Befristung liegt es aber nahe, das **Schriftformerfordernis** des § 14 Abs. 4 TzBfG auch auf diese Vereinbarung zu erstrecken (APS/*Backhaus* § 14 TzBfG Rn. 99). 106

### 6. Darlegungs- und Beweislast

Der Arbeitgeber hat die Tatbestandsvoraussetzungen der erleichterten Befristungen darzulegen und zu beweisen (vgl. *H. J. Dörner* ZTR 2001, 486; *H. J. Dörner* Sonderbeil. zu NZA Heft 16/2003 S. 40 f.; KR/*Lipke* § 620 BGB Rn. 149 ff.). Das gilt auf Grund des **Ausnahmecharakters der Norm** für: 107
- die Einhaltung der Höchstdauer,
- die Einhaltung der Höchstzahl der Verlängerungen,
- die Wahrung der Voraussetzungen einer Verlängerung,
- das Eingreifen großzügigerer tariflicher Vorschriften und
- die Wirksamkeit einer individualvertraglichen Vereinbarung abweichender tariflicher Regelungen (APS/*Backhaus* § 14 TzBfG Rn. 101).

Nichts anderes gilt wegen der gesetzlichen Systematik der Neuregelung – § 14 Abs. 2 TzBfG steht in einem Ausnahmeverhältnis zu § 14 Abs. 1 TzBfG – für die **negativen Voraussetzungen des § 14 Abs. 2 S. 2 TzBfG** (kein vorheriges Arbeitsverhältnis mit demselben Arbeitgeber). Dafür spricht zudem der Zweck der Regelung – die Verhinderung sozial unerwünschter Kettenverträge. Zu beachten ist allerdings, dass das *BAG* (28.6.2000 EzA § 1 BeschFG 1985 Nr. 15) **für das BeschFG** i. d. F. von 1996 **die gegenteilige Auffassung vertreten hat** (vgl. APS/*Backhaus* § 14 TzBfG Rn. 102; MünchArbR/*Wank* Ergänzungsband § 116 Rn. 295 ff.; ebenso für § 14 TzBfG jetzt LAG Nds. 26.7.2004 NZA-RR 2005, 410). 108

### 7. Sachgrundlose Befristung in den ersten vier Jahren nach Unternehmensgründung

In den ersten vier Jahren nach Unternehmensgründung ist die kalendermäßige Befristung eines Arbeitsvertrages gem. § 14 Abs. 2a TzBfG ohne Vorliegen eines sachlichen Grundes bis zur Dauer von vier Jahren zulässig; bis zu dieser Gesamtdauer von vier Jahren ist auch die mehrfache Verlängerung eines kalendermäßig befristeten Arbeitsvertrages zulässig (vgl. dazu *Preis* DB 2004, 70 ff.; *Löwisch* BB 2004, 154 ff.; *Lipinski* BB 2004, 1221 ff.). Dies gilt nicht für Neugründungen im Zusammenhang mit der rechtlichen Umstrukturierung von Unternehmen und Konzernen. Maßgebend für den Zeitpunkt der Gründung des Unternehmens ist die Aufnahme einer Erwerbstätigkeit, die nach § 138 AO der Gemeinde oder dem Finanzamt mitzuteilen ist. § 14 Abs. 2 S. 2–4 TzBfG sind entsprechend anwendbar. 109

### 8. Verhältnis zu personalvertretungsrechtlichen Normen

Ist in einem LPVG (z. B. in § 72 Abs. 1 S. 1 Nr. 1 LPVG NW in der bis zum 16.10.2007 geltenden Fassung) vorgesehen, dass die Befristung von Arbeitsverhältnissen der **Zustimmung des Personalrats** bedarf, so ist eine ohne vorherige Zustimmung des Personalrats vereinbarte Befristung unwirksam 110

(*BAG* 18.6.2008 EzA § 14 TzBfG Nr. 50). Der Arbeitnehmer kann bei Abschluss des befristeten Arbeitsvertrages weder wirksam auf die Mitbestimmung des Personalrats noch auf die Geltendmachung der Unwirksamkeit der Befristung wegen der bei Vertragsschluss fehlenden Zustimmung des Personalrats verzichten (*BAG* 18.6.2008 EzA § 14 TzBfG Nr. 50).

111 Nach dem Schutzzweck des § 63 Abs. 1 Nr. 4 PersVG Brandenburg ist der Arbeitgeber zudem durch die typologisierende **Bezeichnung des Befristungsgrundes auf diesen festgelegt**. Damit ist gewährleistet, dass der Arbeitgeber den Sachgrund in einer etwaigen Auseinandersetzung mit dem Arbeitnehmer nicht gegen einen Sachgrund austauschen kann, zu dem der Personalrat seine Zustimmung nicht erteilt hat. § 14 Abs. 2 TzBfG ist aber ein andersartiger Rechtfertigungsgrund für eine Befristung als die Geltendmachung eines Sachgrundes nach § 14 Abs. 1 S. 2 Nr. 1 TzBfG. Das Nachschieben dieses Rechtfertigungsgrundes nach § 14 Abs. 2 TzBfG ist dem Arbeitgeber folglich verwehrt (*LAG Bln.-Bra.* 19.9.2008 LAGE § 620 BGB 2002 Personalrat Nr. 2).

### IV. Sachgrundlose Befristung bei älteren Arbeitnehmern (§ 14 Abs. 3 TzBfG); die gesetzliche Neuregelung 2007

#### 1. Entwicklungslinien

112 Gem. § 14 Abs. 3 TzBfG konnten ohne Rücksicht auf die Anzahl und die Höchstdauer der Verträge befristete Arbeitsverhältnisse abgeschlossen werden, ohne dass es eines sachlichen Grundes bedurfte, wenn der Arbeitnehmer das 58. (statt wie zuvor das 60.) Lebensjahr vollendet hatte. Damit sollten diejenigen Altersjahrgänge in die Regelung einbezogen werden, deren **Anteil am Zugang in die Arbeitslosigkeit besonders groß** war (BT-Drs. 14/4374, 20).

113 Ein die Vereinbarung der Befristung ausschließender enger sachlicher Zusammenhang zu einem vorhergehenden unbefristeten – nicht mehr mit einem befristeten – Arbeitsvertrag (§ 14 Abs. 3 TzBfG) liegt unwiderleglich dann vor, wenn zwischen den Arbeitsverträgen ein Zeitraum von **weniger als sechs Monaten** liegt. Das *LAG Hessen* (29.4.2004 LAGE § 14 TzBfG Nr. 16 = AuR 2004, 475 LS = NZA-RR 2005, 183 = LAG Report 2004, 257) hat insoweit angenommen, dass die gebotene **EG-rechtskonforme Auslegung** des Tatbestandsmerkmals des »engen sachlichen Zusammenhangs« die Anlegung eines großzügigen Maßstabes rechtfertigt, der aber die Voraussetzung »eng« nicht aufgeben darf. Bei Überschreitung des im Gesetz genannten Unterbrechungszeitraums um das Vier- bis Sechsfache ist aber auch bei Anlegung eines großzügigen Maßstabes ein enger sachlicher Zusammenhang zu einem vorhergehenden unbefristeten Arbeitsverhältnis danach nicht mehr gegeben.

114 Zur weiteren inhaltlichen Bestimmung können im Übrigen die zum BeschFG entwickelten Grundsätze herangezogen werden. Ein vorhergehender unbefristeter Arbeitsvertrag kann in diesem Zusammenhang auch ein unwirksam befristeter sein (APS/*Backhaus* § 14 TzBfG Rn. 107 unter Hinweis auf *BAG* 22.3.2000 EzA § 1 BeschFG 1985 Nr. 14; 28.6.2000 EzA § 1 BeschFG 1985 Nr. 15).

115 Nach z. T. vertretener Auffassung (APS/*Backhaus* § 14 TzBfG Rn. 104; KR/*Lipke* § 14 TzBfG Rn. 324; KDZ/*Däubler* § 14 TzBfG Rn. 178 f.; *Däubler* ZIP 2000, 1967; *ArbG Bln*. 30.3.2006 – 81 Ca 1543/06, EzA-SD 11/06, S. 9 LS; a.A. *Preis/Gotthardt* DB 2000, 2073; *Bauer* BB 2001, 2477 u. FA 2003, 139 ff.) war dies mit § 5 der RL 99/70 unvereinbar, weil die Regelung keine der in der Richtlinie vorgesehenen Maßnahmen enthielt (vgl. die Vorlagebeschlüsse des *ArbG München* v. 29.10.2003 – 26 Ca 14314/03, AuR 2004, 161 LS = NZA-RR 2005, 43 u. 26.2.2004 – 26 Ca 314/04, EzA-SD 8/04, S. 10 LS – abl. dazu *Bauer* NZA 2005, 800 ff. – und des *ArbG Regensburg* 16.6.2004 AuR 2004, 475 LS; gegen eine unmittelbare Geltung der RL *LAG SchlH* 22.6.2004 NZA-RR 2005, 40). Demgegenüber wurde darauf hingewiesen, dass die RL 99/70 Regelungen zulässt, die für Arbeitnehmer günstiger sind. Grds. ist zwar die Argumentation, ein befristeter Arbeitsvertrag sei besser als gar kein Arbeitsvertrag, nicht zulässig, weil auf diese Weise Bestandsschutzbestimmungen umgangen werden können. Anders verhielt es sich danach aber bei über 58-jährigen. **Denn für sie ist eine gesetzliche Regelung, die, wenn auch ohne Beschränkungen, einen befristeten Arbeitsvertrag erlaubt, günstiger als die sonst allgemein zu befürchtende Arbeitslosigkeit** (*LAG*

A. Die Befristung des Arbeitsverhältnisses						Kapitel 5

*SchlH* 22.6.2004 NZA-RR 2005, 40; MünchArbR/*Wank* Ergänzungsband § 116 Rn. 211; *Koberski* NZA 2005, 79 ff.; vgl. auch *Kerwer* NZA 2002, 1316 ff.).

Diese Bedenken haben den Gesetzgeber zudem nicht davon abgehalten, durch § 14 Abs. 3 **116** S. 4 TzBfG nunmehr vorzusehen, dass diese Regelung vom 1.1.2003 bis zum 31.12.2006 mit der Maßgabe anzuwenden ist, dass an die Stelle des 58. Lebensjahres das 52. Lebensjahr tritt (krit. dazu *Hümmerich/Holthausen/Welslau* NZA 2003, 7 ff.; *Bauer* NZA 2003, 30 ff.; *H. J. Dörner* Sonderbeil. zu NZA Heft 16/2003, S. 33 ff.; *Lembke* NJW 2006, 332 ff.).

Die Schlussanträge des *Generalanwalts des EuGH* v. 30.6.2005 (ABlEG C 144/04; abl. dazu *Bauer* **117** NZA 2005, 800 ff.) zum Vorlagebeschluss des *ArbG München* (26.2.2004 – 26 Ca 314/04, EzA-SD 8/04, S. 10 LS) lauten wie folgt:
– § 8 Nr. 3 RL 1999/70/EG steht § 14 Abs. 3 TzBfG insoweit nicht entgegen, als aus von der Umsetzung der RL 1999/70 unabhängigen gerechtfertigten Gründen der Beschäftigungsförderung das Alter, von dem ab uneingeschränkt befristete Arbeitsverträge geschlossen werden können, von 58 auf 52 Jahre gesenkt wird;
– Allerdings steht Art. 6 RL 2000778/EG § 14 Abs. 3 TzBfG entgegen, soweit der Abschluss von befristeten Arbeitsverträgen mit Arbeitnehmern, die das 52. Lebensjahr vollendet haben, uneingeschränkt gestattet wird;
– Ein nationales Gericht, dem ein Rechtsstreit zur Entscheidung vorliegt, dessen Parteien ausschließlich Privatpersonen sind, darf nicht zu deren Lasten die Vorschriften des innerstaatlichen Rechts unangewendet lassen, die gegen die Richtlinie verstoßen;
– Wegen Art. 10 Abs. 2 EGV, Art. 249 Abs. 3 EGV ist das nationale Gericht aber verpflichtet, diese Vorschriften so weit wie möglich anhand des Wortlauts und des Zieles der Richtlinie auszulegen, um das mit ihr verfolgte Ziel zu erreichen; dies gilt auch für Richtlinien, für die die Frist für die Umsetzung in das nationale Recht noch nicht abgelaufen ist.

Der *EuGH* (22.11.2005 ABlEG C 144/04 EzA-SD 24/05 S. 5 = NZA 2005, 1345; vgl. dazu **118** *Dörner* NZA 2007, 57 ff.; *Preis* NZA 2006, 401 ff.; *Bader* NZA 2007, 713 ff.; *Schiefer/Köster/ Korte* DB 2007, 1081 ff.; *Strybny* BB 2005, 2753 ff.; *Kröner* NZA 2005, 1395 ff.; *Giesen* SAE 2006, 45 ff.; *Schiek* AuR 2006, 145 ff.; *Annuß* BB 2006, 325 ff.; krit. *Bauer/Arnold* NJW 2006, 6 ff.; *Koenigs* DB 2006, 49 ff.; s. a. *Lembke* NJW 2006, 332 ff.; krit. *Heilbronner* NZA 2006, 811 ff.) ist daraufhin davon ausgegangen, dass zwar ein Verstoß gegen § 8 Nr. 3 RL nicht gegeben ist. Andererseits ist aber das Gemeinschaftsrecht und insbes. Art. 6 Abs. 1 RL 2000/78/EG dahin auszulegen, dass diese Normen der deutschen gesetzlichen Regelung, nach der der Abschluss befristeter Arbeitsverträge mit Arbeitnehmern, die das 52. Lebensjahr vollendet haben, uneingeschränkt zulässig ist, sofern nicht zu einem vorübergehenden unbefristeten Arbeitsvertrag mit demselben Arbeitgeber ein enger sachlicher Zusammenhang besteht, entgegenstehen. Es obliegt danach dem nationalen Gericht, die volle Wirksamkeit des allgemeinen Verbots der Diskriminierung wegen des Alters zu gewährleisten, indem es jede entgegenstehende Bestimmung des nationalen Rechts unangewendet lässt, auch wenn die Frist für die Umsetzung der RL noch nicht abgelaufen ist. Zwar verfolgt der bundesdeutsche Gesetzgeber ein legitimes Ziel; die gesetzliche Regelung ist zu dessen Erreichung trotz des weiten Ermessensspielraums nicht angemessen und erforderlich. Mit ihr läuft eine große Gruppe von Arbeitnehmern unterschiedslos – gleichgültig, ob und wie lange sie vor Abschluss des Arbeitsvertrages arbeitslos waren – bis zum Renteneintritt Gefahr, während eines erheblichen Teils ihres Berufslebens von festen Beschäftigungsverhältnissen ausgeschlossen zu sein. Das ist rechtswidrig, weil nicht nachgewiesen ist, dass die Festlegung einer Altersgrenze als solche unabhängig von anderen Erwägungen im Zusammenhang mit der Struktur des jeweiligen Arbeitsmarktes und der persönlichen Situation des Betroffenen zur Erreichung des Zieles der beruflichen Eingliederung arbeitsloser älterer Menschen objektiv erforderlich ist. Die Wahrung des Grundsatzes der Verhältnismäßigkeit bedeutet aber gerade, dass bei Ausnahmen von einem Individualrecht die Erfordernisse des Gleichbehandlungsgrundsatzes so weit wie möglich mit denen des angestrebten Zieles in Einklang gebracht werden müssen.

Das *BAG* (26.4.2006 EzA § 14 TzBfG Nr. 28 = NZA 2006, 1162 m. Anm. *Mohr* SAE 2007, 16 ff.; ebenso *ArbG Hannover* 18.5.2006 DB 2006, 1847; s. dazu *Dörner* NZA 2007, 57 ff.) geht deshalb nunmehr davon aus, dass allein auf § 14 Abs. 3 S. 4 TzBfG gestützte **Befristungen unwirksam sind;** auch einen Vertrauensschutz bis zur Entscheidung des *EuGH* (22.11.2005 AB-IEG C 144/04 EzA-SD 24/05 S. 5 = NZA 2005, 1345) hat das *BAG* (26.4.2006 EzA § 14 TzBfG Nr. 28 m. Anm. *Mohr* SAE 2007, 16 ff.; ebenso *ArbG Bln.* 30.3.2006 NZA-RR 2006, 408; s. dazu *Dörner* NZA 2007, 57 ff.) hat es **verneint,** weil die Entscheidung über den sich aus dem Gemeinschaftsrecht ergebenden Vertrauensschutz dem EuGH vorbehalten ist (s. dazu *Busch* FA 2006, 235 f.); dieser hat den Ausspruch über die Unanwendbarkeit der deutschen gesetzlichen Regelung aber in zeitlicher Hinsicht nicht begrenzt. Daran sind die nationalen Gerichte gebunden. Auch Vertrauensschutz nach nationalem Recht besteht nicht, denn die Vereinbarkeit der Norm war im arbeitsrechtlichen Schrifttum bereits seit ihrem In-Kraft-Treten in Zweifel gezogen worden.

Durch Beschluss vom 16.10.2008 (– 7 AZR 253/07) hat das *BAG* gem. Art. 234 EGV einen Befristungsrechtsstreit (tarifliche **Altersgrenze** von 60 Jahren **für Flugbegleiter**) ausgesetzt und die Sache dem EuGH vorgelegt, damit dieser überprüfen kann, ob auch § 14 Abs. 3 TzBfG a. F. mit Gemeinschaftsrecht unvereinbar war und welche Rechtsfolgen sich bei einem Verstoß der Vorschrift gegen europäisches Recht ergeben.

## 2. Die gesetzliche Neuregelung

119 Der Koalitionsvertrag zwischen CDU/CSU/SPD vom 11.11.2005 sah vor, dass die bundesdeutsche gesetzliche Regelung entfristet und europarechtskonform gestaltet werden sollte. Der **Gesetzentwurf der Bundesregierung vom 28.11.2006** (s. zum Referentenentwurf v. 6.11.2006 *Berger-Delhey* ZTR 2007, 69 ff.) **sah insoweit vor,** durch eine Neufassung des § 14 Abs. 3 TzBfG die Unternehmen zu ermutigen, mehr Ältere einzustellen. Deshalb sollte die erleichterte Befristung als Dauerregelung gestaltet werden, beginnend mit dem 52. Lebensjahr. Die sachgrundlose Befristung sollte danach bis zu 5 Jahren möglich sein, wenn der Arbeitnehmer vor Beginn der Befristung mindestens vier Monate beschäftigungslos war oder als Bezieher von Transferkurzarbeitergeld oder Teilnehmer an einer öffentlich geförderten Beschäftigungsmaßnahme nach dem SGB II oder dem SGB III vergleichbare Schwierigkeiten hatte, auf dem ersten Arbeitsmarkt einen neuen Arbeitsplatz zu erhalten. Flankiert werden sollte die Regelung durch einen Kombilohn für Ältere mit zweijähriger Förderdauer und neu gestalteter Eingliederungszuschüsse.

120 Die **Neufassung ist am 1.5.2007 in Kraft getreten** (BGBl. I S. 538; s. dazu *Bader* NZA 2007, 713 ff.; *Bauer* NZA 2007, 544 f.; *Schiefer/Köster/Korte* DB 2007, 1081 ff.; *Bayreuther* BB 2007, 1113 ff.; *Kast/Herrmann* BB 2007, 1841 ff.; *Rolfs* NZA-Beil. Nr. 1/2008 S. 10).

### V. Befristung des Arbeitsverhältnisses bis zur Altersgrenze

121 Das BAG steht zu Recht auf dem Standpunkt, dass es sich bei einer einzelvertraglich im Arbeitsvertrag vereinbarten Altersgrenze um eine kalendermäßige Befristung des Arbeitsverhältnisses handelt, die zu ihrer Wirksamkeit eines sachlichen Grundes bedarf (*BAG* 19.11.2003 – 7 AZR 29/03). Unter Beachtung der Regelungen im Sozialgesetzbuch VI sieht das BAG eine einzelvertraglich vereinbarte Altersgrenze, bei der das Arbeitsverhältnis automatisch endet, als wirksam an, wenn der Arbeitnehmer nach dem Erreichen der im Vertrag vereinbarten Altersgrenze den Anspruch auf eine gesetzliche Altersrente erworben hat (vgl. *BAG* 27.7.2005 EzA § 620 BGB 2002 Altersgrenze Nr. 6). Dass derartige Klauseln nicht gegen das im AGG geregelte Diskriminierungsverbot wegen des Alters verstoßen, hat der deutsche Gesetzgeber in § 10 Nr. 5 AGG geregelt. Der Europäische Gerichtshof hat zwischenzeitlich in verschiedenen Urteilen sowohl für Altersgrenzenregelungen in Tarifverträgen (*EuGH* 16.10.2007 – C 411/05, Felix Palacios de la Villa) und in Arbeitsverträgen (*EuGH* 12.10.2010 – C 45/09, Rosenbladt) entschieden, dass eine nationale Bestimmung wie § 10 Nr. 5 AGG, wonach Klauseln über die automatische Beendigung des Arbeitsverhältnisses bei Errei-

## A. Die Befristung des Arbeitsverhältnisses

chen des Rentenalters des Beschäftigten zulässig sind, nicht gegen Art. 6 Abs. 1 der Richtlinien 2000/78/EG des Rates vom 27.11.2000 verstoßen, soweit zum einen diese Bestimmung objektiv und angemessen und durch ein legitimes Ziel der Beschäftigungs- und Arbeitsmarktpolitik gerechtfertigt ist und zum anderen die Mittel zur Erreichung dieses Ziels angemessen und erforderlich sind.

Der Europäische Gerichtshof hat allerdings auch dargelegt, dass der Arbeitnehmer, dessen Arbeitsverhältnis automatisch durch die Altersbegrenzung in seinem Arbeitsvertrag bzw. einem auf sein Arbeitsverhältnis anwendbaren Tarifvertrag endet, berechtigt ist, sich neu im Unternehmen zu bewerben, wenn seine Position wiederbesetzt werden soll. Im Rahmen dieser Neubewerbung kann der Arbeitgeber sich nun nicht auf das Alter des Arbeitnehmers berufen und seine Bewerbung aus diesem Grund ablehnen. Macht der Arbeitgeber dies, so verstößt er nun gegen das Diskriminierungsverbot des AGG. 122

Zu der Zulässigkeit und den Konsequenzen aus der Altersgrenzenbildung im Arbeitsvertrag bzw. Tarifvertrag kann unter Rdn. 264 ff. verwiesen werden. Des Weiteren ist auf die Problematik des § 15 Abs. 3 TzBfG hinzuweisen, wonach ein befristetes Arbeitsverhältnis nur dann gekündigt werden kann, wenn das Kündigungsrecht ausdrücklich vorbehalten wurde. Sieht man entsprechend der Rechtsprechung des BAG eine einzelvertraglich vereinbarte Altersgrenze als »kalendermäßige Befristung des Arbeitsverhältnisses« an, so muss in einem derartigen Arbeitsvertrag das Kündigungsrecht ausdrücklich vorbehalten werden. Siehe hierzu die Ausführungen unter Rdn. 144. 123

### VI. Schriftform

Gem. § 14 Abs. 4 TzBfG bedarf die Vereinbarung der Befristung eines Arbeitsvertrages – nicht die Befristung einzelner Arbeitsbedingungen (*Müller-Glöge/von Senden* AuA 2000, 200; *Richardi* NZA 2001, 61; *Däubler* AiB 2000, 189) – zu ihrer **Wirksamkeit** der Schriftform. 124

> Ist durch das Gesetz die schriftliche Form vorgeschrieben, muss die Urkunde nach § 126 Abs. 1 BGB vom Aussteller eigenhändig durch Namensunterschrift unterzeichnet sein. Bei einem Vertrag muss die Unterzeichnung nach § 126 Abs. 2 S. 1 BGB durch beide Parteien auf derselben Urkunde erfolgen. Zur Wahrung der Schriftform genügt es aber, wenn die eine Vertragspartei in einem von ihr unterzeichneten, an die andere Vertragspartei gerichtetes Schreiben den Abschluss eines befristeten Arbeitsvertrages anbietet und die andere Partei dieses Angebot annimmt, indem sie das Schriftstück ebenfalls unterzeichnet (*BAG* 26.7.2006 EzA § 14 TzBfG Nr. 30 = NZA 2006, 1402; *LAG BW* 6.11.2006 LAGE § 14 TzBfG Nr. 31). 125

> Andererseits kann eine Befristung **nicht wirksam** in der Weise vereinbart werden, dass der Arbeitnehmer die **Telefaxkopie eines Vertrages unterzeichnet**, den der Arbeitgeber dem Arbeitnehmer lediglich per Telefax übermittelt hat (*LAG MV* 15.3.2006 – 2 Sa 517/05, AuR 2007, 58 LS).

§ 14 Abs. 4 TzBfG gilt auch für eine arbeitsvertragliche Vereinbarung über die befristete Weiterbeschäftigung des Arbeitnehmers bis zur rechtskräftigen Entscheidung des Kündigungsschutzrechtsstreits (*BAG* 22.10.2003 EzA § 14 TzBfG Nr. 6; ebenso *LAG Nds.* 17.2.2004 NZA-RR 2004, 472 für §§ 21, 14 Abs. 4 TzBfG: auflösende Bedingung; vgl. *H. J. Dörner* Sonderbeil. zu NZA Heft 16/2003, S. 39 ff.; a.A. *Bengelsdorf* NZA 2005, 277 ff. u. SAE 2005, 53 ff.; vgl. aber auch *LAG Köln* 4.3.2004 – 10 Sa 99/03, EzA-SD 15/04, S. 8 LS = NZA-RR 2004, 625: faktisches Arbeitsverhältnis, wenn keine Einigung über die befristete Weiterbeschäftigung erzielt worden ist; s. Rdn. 144). Gleiches gilt dann, wenn die Parteien nach einer weiteren ordentlichen Kündigung das Arbeitsverhältnis fortsetzen, auch wenn in Bezug auf die vorherige ordentliche Kündigung ein Weiterbeschäftigungsverhältnis gem. § 102 Abs. 5 S. 1 BetrVG begründet worden ist. **Denn dieses endet mit dem Entlassungstermin der weiteren Kündigung.** Soll das Arbeitsverhältnis nur bis zum rechtskräftigen Abschluss des Kündigungsschutzrechtsstreits fortgesetzt werden, bedarf eine solche Abrede der Schriftform gem. § 14 Abs. 4 TzBfG (*LAG Nbg.* 25.6.2004 LAGE § 102 BetrVG 2001 Beschäftigungspflicht Nr. 1 = ZTR 2004, 654 LS = NZA-RR 2005, 18 = LAG Report 2004, 341). Eine lediglich mündlich erteilte »Entfristungszusage« ist dann formwidrig, 126 wenn die weitere Befristung zur Ausschöpfung von Fördermitteln lediglich mit Blick auf die Entfristungszusage erfolgt ist (*LAG Sachsen* 4.11.2003 LAG Report 2004, 193).

## 1. Normzweck

127 Der gesetzlichen Neuregelung kommt – wie bereits zuvor in § 623 BGB – eine **Klarstellungs-, Beweis- und Warnfunktion** zu. Denn dem Arbeitnehmer wird verdeutlicht, dass er **nicht den** mit einem unbefristeten Arbeitsverhältnis verbundenen **Bestandsschutz** erhält (APS/*Preis* § 623 BGB Rn. 2 f.; *Schaub* NZA 2000, 344 ff.; zur Wahrung der Schriftform durch ein **blanko unterschriebenes** Vertragsformular s. instr. *LAG BW* 30.3.2007 – 9 Sa 4/07, NZA-RR 2008, 66).

128 Der Gesetzgeber will erreichen, ein größtmögliches Maß an **Rechtssicherheit** zu gewährleisten und gleichzeitig die **Arbeitsgerichte zu entlasten**. Es sollen Rechtsstreitigkeiten darüber vermieden werden, ob überhaupt eine Befristungsabrede vorliegt bzw. die entsprechende Beweiserhebung erheblich erleichtert werden (BT-Drs. 14/626, S. 11).

## 2. Rechtsnatur und Umfang des Schriftformerfordernisses

### a) Grundlagen; elektronische Form

129 Nach dem eindeutigen Wortlaut handelt es sich um ein **konstitutives Wirksamkeitserfordernis**, das weder durch die Arbeitsvertragsparteien noch durch einen Tarifvertrag oder durch eine Betriebsvereinbarung abbedungen werden kann (*Lakies* BB 2000, 667; *Sander/Siebert* AuR 2000, 291).

130 Angeordnet ist die Schriftform (§ 126 BGB) nur für die **Befristung, nicht für den befristeten Arbeitsvertrag** generell, ebenso wenig für den Befristungsgrund (*BAG* 23.6.2004 EzA § 14 TzBfG Nr. 10 = NZA 2004, 1333 = BAG Report 2005, 3; *LAG Düsseld.* 18.9.2003 LAGE § 14 TzBfG Nr. 12 = LAG Report 2004, 35 für den Sachgrund der Erprobung; MünchArbR/*Wank* Ergänzungsband § 116 Rn. 222; KR/*Spilger* § 14 Abs. 4 TzBfG Rn. 71 ff.; *Richardi/Annuß* BB 2001, 2204; *Dassau* ZTR 2001, 70); **auch der Sachgrund der Befristung muss nicht Vertragsinhalt geworden sein** (*BAG* 23.6.2004 EzA § 14 TzBfG Nr. 10 = NZA 2004, 1333 = BAG Report 2005, 3; vgl. dazu *Lembke* BAG Report 2005, 289 ff.; vgl. auch *H. J. Dörner* Sonderbeil. zu NZA Heft 16/2003, S. 33 ff.), noch sonst für die Rechtfertigung der Befristung (*BAG* 26.7.2006 EzA § 14 TzBfG Nr. 32 = NZA 2007, 34). Denn die nach § 14 Abs. 4 TzBfG bezweckte **Klarstellungs-, Beweis- und Warnfunktion** erstreckt sich allein auf **die Befristung**, nicht aber auf deren Grund und den sonstigen Inhalt des Arbeitsvertrages (*BAG* 23.6.2004 EzA § 14 TzBfG Nr. 10 = NZA 2004, 1333 = BAG Report 2005, 3). Auch ein mündlich abgeschlossener Arbeitsvertrag kann also wirksam befristet werden, wenn nur die Befristungsabrede selbst schriftlich vereinbart ist (vgl. *Hromadka* BB 2001, 674). Der sachliche Grund ist nur **objektive Wirksamkeitsvoraussetzung** für die Befristung eines Arbeitsverhältnisses (*BAG* 23.6.2004 EzA § 14 TzBfG Nr. 10 = NZA 2004, 1333 = BAG Report 2005, 3). Es kommt zudem nicht darauf an, in wessen **Besitz die schriftliche Urkunde** nach ihrer Unterzeichnung schließlich verbleibt. Hat der Arbeitnehmer seine Unterschrift unter die Befristungsabrede geleistet, ist der Zugang der schriftlichen Annahmeerklärung des Arbeitgebers beim Arbeitnehmer nicht Voraussetzung für die Wahrung der Schriftform (*LAG Bln.* 7.1.2005 LAGE § 14 TzBfG Nr. 19 = NZA-RR 2005, 464). Allerdings wird ein zweckbefristeter Arbeitsvertrag unter Berücksichtigung von § 14 Abs. 4 TzBfG nur wirksam, wenn der konkrete Zweck schriftlich vereinbart wird (*LAG RhPf* 11.8.2004 ZTR 2005, 166).

131 Seit dem 1.8.2001 gilt das Gesetz zur Anpassung der Formvorschriften des Privatrechts und anderer Vorschriften an den modernen Rechtsverkehr vom 13.7.2001 (BGBl. I 2001, 1542). Damit sind nun auch die Vorschriften des Signaturgesetzes relevant, das am 22.5.2001 in Kraft getreten ist (BGBl. I 2001, 876). Gem. **§ 126 Abs. 3 BGB n. F. kann die schriftliche Form durch eine elektronische Form ersetzt werden**, wenn sich aus dem Gesetz nichts anderes ergibt. Da § 623 BGB für Kündigungen und Aufhebungsverträge die elektronische Form ausdrücklich ausschließt, während dies in § 14 Abs. 4 TzBfG nicht der Fall ist (vgl. *Bauer* BB 2001, 2527), ist davon auszugehen,

# Die Befristung des Arbeitsverhältnisses　　　　　　　　　　　　　　　　　Kapitel 5

dass die Befristungsabrede § 126 Abs. 3 BGB n. F. unterliegt (KR/*Spilger* § 14 Abs. 4 TzBfG Rn. 46 ff.; *Gotthardt/Beck* NZA 2002, 876 ff.).

§ 14 Abs. 4 TzBfG findet **weder unmittelbar noch analog** Anwendung auf die **befristete Erhöhung** **132** **der Arbeitszeit** im Rahmen eines unbefristet bestehenden Arbeitsverhältnisses. Denn diese Regelung betrifft nur die Befristung des Arbeitsvertrages (*BAG* 3.9.2003 EzA § 14 TzBfG Nr. 4 = NZA 2004, 255; 14.1.2004 EzA § 14 TzBfG Nr. 5 = BAG Report 2005, 104; *LAG Bln.* 1.4.2003 LAGE § 14 TzBfG Nr. 10a).

Vereinbaren die Parteien andererseits nach Ausspruch einer Kündigung die **befristete Weiterbe-** **133** **schäftigung des Arbeitnehmers** nach Ablauf der Kündigungsfrist bis zum rechtskräftigen Abschluss des Kündigungsschutzprozesses, bedarf die Befristung nach § 14 Abs. 4 TzBfG zu ihrer Wirksamkeit der Schriftform. Ob allerdings einer tatsächlichen Weiterbeschäftigung während des Kündigungsschutzprozesses eine vertragliche Vereinbarung zu Grunde liegt, ist durch Auslegung der ausdrücklichen und konkludenten Erklärungen der Parteien zu ermitteln (*BAG* 22.10.2003 EzA § 14 TzBfG Nr. 8 = NZA 2004, 1275 = BAG Report 2004, 137; vgl. dazu *Bahnsen* NZA 2005, 676 ff.; *Tschöpe* DB 2004, 434 ff.; s. Kap. 3 Rdn. 1561). Liegt keine vertragliche Absprache vor, weil die Weiterbeschäftigung allein der Abwendung der Zwangsvollstreckung dient, bedarf es nicht der Schriftform (*LAG Hamm* 31.10.2003 LAG Report 2004, 254 LS). Gleiches gilt dann, wenn der Arbeitnehmer nach erstinstanzlicher Verurteilung des Arbeitgebers zur vorläufigen Weiterbeschäftigung unter Hinweis auf die arbeitsgerichtliche Entscheidung verlangt, wieder zu arbeiten. Denn dann liegt eine Prozessbeschäftigung vor, nicht aber ein auflösend bedingtes Arbeitsverhältnis. Die Schriftform des § 14 Abs. 4 TzBfG greift nicht ein; die Weiterbeschäftigung endet mit dem Obsiegen des Arbeitgebers in der zweiten Instanz (*LAG Nds.* 27.9.2005 LAGE § 21 TzBfG Nr. 2 = NZA-RR 2006, 179).

### b) Besonderheiten bei der Zweckbefristung

Vereinbaren die Arbeitsvertragsparteien, dass das Arbeitsverhältnis bei Erreichen eines bestimmten **134** Zwecks enden soll (Zweckbefristung, § 3 Abs. 1 S. 2 2. Alt. TzBfG), muss der Vertragszweck nach § 14 Abs. 4 TzBfG schriftlich vereinbart sein. Denn eine wirksame Zweckbefristung setzt voraus, dass der konkrete Zweck, mit dessen Erreichung das Arbeitsverhältnis enden soll, genau bezeichnet ist. Es muss zweifelsfrei feststellbar sein, bei Eintritt welchen Ereignisses das Arbeitsverhältnis enden soll (*BAG* 21.12.2005 EzA § 14 TzBfG Nr. 25 = NZA 2006, 321; vgl. dazu *Lorenz* FA 2006, 168 ff.).

### 3. Rechtsfolgen der Nichtbeachtung der gesetzlichen Form

Bei kalendermäßig befristeten Arbeitsverträgen ist neben der Befristung grds. deren Dauer schriftlich **135** zu vereinbaren. **Der Endzeitpunkt muss eindeutig bestimmt oder bestimmbar sein** (APS/*Preis* § 623 BGB Rn. 48). Bei zweckbefristeten oder auflösend bedingten Arbeitsverhältnissen ist die Vereinbarung des Zwecks bzw. des beendenden Ereignisses wesentlicher Bestandteil der Befristungsabrede, die für deren Wirksamkeit schriftlich getroffen werden muss. **Aufgrund der Vereinbarung muss das vertragsbeendende Ereignis objektiv bestimmbar sein.**

Der **Befristungsgrund** muss dagegen nicht schriftlich vereinbart werden, denn er ist nicht wesent- **136** licher Bestandteil der Befristungsabrede (vgl. *BAG* 23.6.2004 EzA § 14 TzBfG Nr. 10 = NZA 2004, 1333 = BAG Report 2005, 3; 24.4.1996 AP Nr. 180 zu § 620 BGB Befristeter Arbeitsvertrag; APS/ *Preis* § 623 BGB Rn. 50). Etwas anderes gilt allerdings für zweckbefristete und auflösend bedingte Arbeitsverträge, denn bei derartigen Verträgen sind Sachgrund und Zweck bzw. auflösende Bedingung identisch, so dass das vertragsbeendende Ereignis schriftlich zu vereinbaren ist.

Die Nichtbeachtung der gesetzlichen Form des § 14 Abs. 4 TzBfG hat gem. **§ 125 S. 1 BGB die** **137** **Nichtigkeit der Befristungsabrede** zur Folge (*BAG* 13.6.2007 EzA § 14 TzBfG Nr. 40 = NZA 2008, 108). Die Möglichkeit einer Heilung besteht nicht. Allerdings ist diese Konsequenz durch **§ 242 BGB** eingeschränkt: Die Berufung auf die Nichteinhaltung der Form kann ausnahmsweise eine unzulässige Rechtsausübung darstellen. Deshalb ist es z. B. einem Arbeitgeber verwehrt, sich wegen **widersprüchlichen Verhaltens** auf die Unwirksamkeit der Befristung zu berufen, wenn die Parteien sich einig sind, dass das Arbeitsverhältnis enden soll, der Arbeitnehmer mit Wissen des Arbeitgebers eine neue Stelle sucht, dieser ihn für ein Vorstellungsgespräch freistellt und der Arbeitnehmer dann im Anschluss an das bisherige ein neues Arbeitsverhältnis begründet. Nichts anderes gilt, wenn der Arbeitnehmer **mehrfach zum Ausdruck bringt, er werde mit Fristablauf ausscheiden**, er habe kein Interesse an einer weiteren Beschäftigung und der Arbeitgeber daraufhin mit dessen Wissen einen **Nachfolger einstellt** (APS/*Preis* § 623 BGB Rn. 54; KR/*Spilger* § 14 Abs. 4 TzBfG Rn. 106 ff.). Fraglich ist, was dann gilt, wenn der Arbeitnehmer bereits **vor der schriftlichen Fixierung** des zunächst mündlich geschlossenen befristeten Arbeitsvertrages den Dienst bei dem neuen Arbeitgeber antritt (vgl. dazu *Gaumann* FA 2002, 40 ff.: kein unbefristeter Arbeitsvertrag).

138   Nach der Rechtsprechung des *BAG* (16.3.2005 EzA § 14 TzBfG Nr. 17 = NZA 2005, 923 = BAG Report 2005, 260; s. a. *LAG Bln.-Bra.* 28.3.2007 LAGE § 14 TzBfG Nr. 36) verstößt die Geltendmachung der Formnichtigkeit einer vor Vertragsbeginn nur mündlich vereinbarten Befristung durch den Arbeitnehmer nicht deswegen gegen Treu und Glauben (§ 242 BGB), weil er sich mit der Befristung einverstanden erklärt und nach Vertragsbeginn den die Befristung enthaltenden schriftlichen Arbeitsvertrag unterzeichnet hat.

139   Rechtsfolge einer formnichtigen Befristungsabrede ist nach der gesetzlichen Regelung das **Zustandekommen eines unbefristeten Arbeitsverhältnisses** (*BAG* 1.12.2004 EzA § 623 BGB 2002 Nr. 3 = NZA 2005, 575 = BAG Report 2005, 168; vgl. dazu *Preis* NZA 2005, 716; *Lembke* BAG Report 2005, 289 ff.; *Klebeck* SAE 2006, 20 ff.; *Lorenz* FA 2006, 168 ff.; abl. *Nadler/v. Medern* NZA 2005, 1214 ff.; s. a. *ArbG Bln.* 2.11.2005 – 30 Ca 12599/05, EzA-SD 6/06, S. 8 LS = NZA-RR 2006, 464; *LAG Bln.-Bra.* 28.3.2007 LAGE § 14 TzBfG Nr. 36). Denn der Zweck des Formzwangs besteht darin, dass der Arbeitnehmer in erster Linie von einer Abweichung vom Regelfall des unbefristeten Arbeitsverhältnisses geschützt werden soll (vgl. APS/*Preis* § 623 BGB Rn. 61; *H. J. Dörner* Sonderbeil. zu NZA Heft 16/2003, S. 40 f.; a.A. *Caspers* RdA 2001, 33). Die Formnichtigkeit muss gem. § 17 TzBfG innerhalb einer **materiellen Ausschlussfrist von drei Wochen geltend gemacht werden** (*Appel/Kaiser* AuR 2000, 286; KR/*Spilger* § 14 Abs. 4 TzBfG Rn. 112 ff.; s. Rdn. 159 ff.).

140   Zu beachten ist, dass die nach Vertragsbeginn und nach Aufnahme der Arbeit erfolgte schriftliche Niederlegung einer zunächst mündlich vereinbarten Befristung in einem schriftlichen Arbeitsvertrag nicht dazu führt, dass die Befristung rückwirkend wirksam wird; **es ist also ein unbefristeter Arbeitsvertrag abgeschlossen** (*BAG* 16.4.2008 EzA § 14 TzBfG Nr. 47 = NZA 2008, 1184; 13.6.2007 – 7 AZR 700/06, EzA § 14 TzBfG Nr. 40 = NZA 2008, 103; 16.3.2005 EzA § 14 TzBfG Nr. 17 = NZA 2005, 923 = BAG Report 2005, 260; *LAG BW* 6.11.2006 LAGE § 14 TzBfG Nr. 31; *LAG MV* 15.3.2006 – 2 Sa 517/05, AuR 2007, 58 LS). Eine derartige Rechtsfolge – Wirksamkeit der Abrede – ergibt sich nicht aus § 141 Abs. 2 BGB. Denn diese Vorschrift ist auf die nach Vertragsbeginn vorgenommene schriftliche Fixierung einer zunächst nur mündlich getroffenen Befristungsvereinbarung in einem wirksamen Arbeitsvertrag nicht anwendbar. Wird in einem nach Vertragsbeginn unterzeichneten Arbeitsvertrag eine zuvor mündlich getroffene erstmalige oder erneute Befristungsabrede schriftlich festgehalten, so liegt darin i. d. R. nicht die nachträgliche Befristung des zunächst entstandenen unbefristeten Arbeitsverhältnisses. Denn die Parteien wollen dadurch regelmäßig nur das – befristungsrechtlich bedeutungslose – zuvor mündlich vereinbarte schriftlich festhalten, aber keine Vertragsänderung herbeiführen (*BAG* 13.6.2007 EzA § 14 TzBfG Nr. 40 = NZA 2008, 103; 1.12.2004 EzA § 623 BGB 2002 Nr. 3 = NZA 2005, 575 = BAG Report 2005, 168; 16.3.2005 EzA § 14 TzBfG Nr. 17 = NZA 2005, 923 = BAG Report 2005, 260; *LAG BW* 6.11.2006 LAGE § 14 TzBfG Nr. 31; vgl. dazu *Preis* NZA 2005, 716; *Lembke* BAG Report 2005, 289 ff.; abl. *Nadler/v. Medern* NZA 2005, 1214 ff.). Haben die Parteien dagegen **vor der Unterzeichnung** des schriftlichen Arbeitsvertrages **mündlich keine Befristung vereinbart** oder eine Befristungsabrede getroffen, die inhaltlich mit der in dem schriftlichen Vertrag enthaltenen Befristung **nicht übereinstimmt**, enthält der schrift-

liche Arbeitsvertrag eine eigenständige, dem Schriftformgebot genügende Befristung; ist die Befristung dann daneben sachlich gerechtfertigt, dann ist sie insgesamt rechtswirksam vereinbart (*BAG* 13.6.2007 EzA § 14 TzBfG Nr. 40 = NZA 2008, 103).

Der Arbeitgeber kann zudem **den Abschluss eines befristeten Arbeitsvertrages von der Unterzeichnung einer Vertragsurkunde durch den Arbeitnehmer abhängig machen**. Ein ihm gegenüber bis zur Arbeitsaufnahme abgegebenes schriftliches Vertragsangebot kann der Arbeitnehmer regelmäßig nur durch eine den Anforderungen des § 126 Abs. 2 BGB genügende Annahmeerklärung annehmen. Diese Abhängigkeit in seinem Willen bringt der Arbeitgeber dadurch zum Ausdruck, dass er dem Arbeitnehmer – ohne vorangegangene Absprache – ein von ihm bereits unterschriebenes Vertragsformular mit der Bitte um Unterzeichnung übersendet. Hat der Arbeitgeber auf diese Weise den Abschluss des befristeten Arbeitsvertrages von der Einhaltung des Schriftformerfordernisses abhängig gemacht, so kann der Arbeitnehmer dieses Angebot nicht durch seine Arbeitsaufnahme konkludent, sondern nur durch Unterzeichnung der Vertragsurkunde annehmen (*BAG* 16.4.2008 EzA § 14 TzBfG Nr. 47 = NZA 2008, 1184).

### VII. Ende des befristeten Arbeitsvertrages (§ 15 Abs. 1, 2 TzBfG)

§ 15 Abs. 1, 2 TzBfG regeln die Beendigung des kalenderbefristeten Arbeitsvertrages – wie bisher – mit **Zeitablauf**, des zweckbefristeten Arbeitsvertrages mit objektiver Zweckerreichung, frühestens jedoch unter Einhaltung **einer zweiwöchigen** (bisher der einschlägigen Kündigungsfrist entsprechenden; krit. deshalb KDZ/*Däubler* § 15 TzBfG Rn. 9) **Ankündigungsfrist** nach schriftlicher (§ 126 BGB) Unterrichtung durch den Arbeitgeber über den (bis auf den Tag genauen) Zeitpunkt der Zweckerreichung (*Sächs. LAG* 25.1.2008 – 3 Sa 458/07, EzA-SD 7/2008 S. 8 LS = FA 2008, 151 LS; KR/*Lipke* § 15 TzBfG Rn. 2 ff.). Der Vertrag endet dann nicht, wenn nur ein unbestimmter Zeitraum oder ein falscher Zeitpunkt angegeben wird; eine schuldhaft falsche Unterrichtung führt zudem gem. § 15 Abs. 5 TzBfG zur Fiktion der Verlängerung des Arbeitsverhältnisses auf unbestimmte Zeit, da diese Regelung auch **jede schuldhafte Verzögerung** der Unterrichtung (§ 121 BGB) erfasst (vgl. APS/*Backhaus* § 15 TzBfG Rn. 9 f.); etwas anderes gilt aber dann, wenn eine erneute, diesmal zutreffende Unterrichtung unverzüglich nach Zweckerreichung erfolgt (*Sächs. LAG* 25.1.2008 – 3 Sa 458/07, EzA-SD 7/2008 S. 8 LS = FA 2008, 151 LS) 141

> Der **Arbeitgeber** trägt die **Darlegungs- und Beweislast** für die objektive Zweckerreichung, sowie für den Zugang, den richtigen Inhalt und die Form der Unterrichtung nach § 15 Abs. 2 TzBfG (APS/*Backhaus* § 15 TzBfG Rn. 12; KR/*Lipke* § 15 TzBfG Rn. 17 ff.). 142

Nur **ausnahmsweise** kommt ein Anspruch auf Fortsetzung des Arbeitsverhältnisses trotz Fristablaufs oder Zweckerreichung in Betracht. In Ausnahmefällen kann ein **rechtsmissbräuchliches Verhalten** des Arbeitgebers gegeben sein oder sich ein Anspruch aus **dem Gesichtspunkt des Vertrauensschutzes** ergeben; in Betracht kommt dies insbes. bei Erteilung einer entsprechenden **Zusage durch den Arbeitgeber** (s. *Braun* ZTR 2007, 78 ff.). 143

### VIII. Ausschluss der ordentlichen Kündigung (§ 15 Abs. 3 TzBfG)

Die gesetzliche Regelung des § 15 Abs. 3 TzBfG bestätigt die Rechtsprechung des *BAG* (19.6.1980 EzA § 620 BGB Nr. 47), wonach die ordentliche (nicht aber die stets gem. § 626 BGB mögliche und unabdingbare außerordentliche) Kündigung mangels einer anderweitigen Regelung der Parteien während der Vertragszeit des befristeten Arbeitsvertrages ausgeschlossen ist. Eine **abweichende Vereinbarung** muss eindeutig sein, bedarf allerdings **nicht der Schriftform**. Die Vereinbarung eines **Probearbeitsverhältnisses** reicht als solche **grds. nicht aus** (vgl. APS/*Backhaus* § 15 TzBfG Rn. 15; KR/*Lipke* § 15 TzBfG Rn. 20 ff.; KDZ/*Däubler* § 15 TzBfG Rn. 11 ff.). 144

Wie unter Rdn. 123 bereits angesprochen, sieht das BAG in der Vereinbarung einer Altersgrenze im Arbeitsvertrag, bei deren Erreichen das Arbeitsverhältnis automatisch sein Ende findet, eine kalendermäßige Befristung, so dass jeder Arbeitsvertrag, der eine Klausel enthält, wonach das Arbeitsver- 145 hältnis bspw. bei Erreichen des 67. Lebensjahres sein Ende findet, als befristeter Arbeitsvertrag anzusehen ist. Konsequenz hieraus ist, dass grds. auf derartige Arbeitsverträge nun auch § 15 Abs. 3 TzBfG Anwendung findet. Eine ordentliche Kündigung eines derartigen Arbeitsvertrages, der von den Parteien im Zweifel als »unbefristeter Arbeitsvertrag« angesehen wird, ist dementsprechend nur dann möglich, wenn der Arbeitsvertrag ausdrücklich bestimmt, dass der Vertrag auch vor Erreichen der Altersgrenze ordentlich gekündigt werden kann. Ob man alleine in der Vereinbarung von Kündigungsfristen oder dem Verweis auf gesetzliche Kündigungsfristen eine Regelung sehen kann, die ausreicht, um i. S. v. § 15 Abs. 3 TzBfG als Vereinbarung der ordentlichen Kündigungsmöglichkeit angesehen zu werden, ist zumindest zweifelhaft.

146 Unterstellt man, der Arbeitgeber kannte die Problematik des § 15 Abs. 3 TzBfG bei Abschluss des Arbeitsvertrages, d. h. ihm war bekannt, dass es sich nach der Rechtsprechung des BAG bei der Vereinbarung einer Altersgrenze um einen befristeten Arbeitsvertrag handelt, dann hätte der Arbeitgeber ausdrücklich in den Arbeitsvertrag entsprechend der Forderung in § 15 Abs. 3 TzBfG aufnehmen müssen, dass das Arbeitsverhältnis auch vor Fristablauf von beiden Vertragsparteien ordentlich gekündigt werden durfte. Hat der Arbeitgeber dies nicht deutlich geregelt, gehen Unklarheiten in der Formulierung zu seinen Lasten. Die bloße Aufnahme von Kündigungsfristen stellt insofern im Zweifel keine »eindeutige« Formulierung und somit keine eindeutige Regelung des Kündigungsrechtes dar.

147 Unterstellt man zugunsten des Arbeitgebers, dass dieser sich bei Abschluss des Arbeitsvertrages mit einer Altersgrenzenbefristung nicht bewusst war, dass es sich hierbei um einen befristeten Arbeitsvertrag i. S. v. § 14 TzBfG handelt und dementsprechend nach § 15 Abs. 3 TzBfG eine ausdrückliche Regelung der Zulässigkeit der ordentlichen Kündigung hätte erfolgen müssen, so scheidet wegen des fehlenden Bewusstseins des Arbeitgebers, dass eine derartige Regelung notwendig ist, eine ergänzende Vertragsauslegung aus. Eine ergänzende Vertragsauslegung setzt voraus, dass sich die Parteien des Problems bewusst waren und daher dieser an sich bei den Parteien vorhandene Wille im Wege der ergänzenden Vertragsauslegung nun manifestiert werden kann.

148 Fehlt es im Arbeitsvertrag selbst an einer eindeutigen Regelung hinsichtlich der Zulässigkeit einer ordentlichen Kündigung vor Vertragsablauf, so ist zu prüfen, ob sich ggf. in dem auf das Arbeitsverhältnis anwendbaren Tarifvertrag eine entsprechende Klausel findet, die eine ordentliche Kündigung vor Fristablauf zulässt. § 30 Abs. 5 TVöD regelt insofern beispielsweise, dass bei Befristungen von weniger als zwölf Monaten ordentliche Kündigungen nur in der Probezeit zulässig sind. Im Umkehrschluss folgt hieraus, dass bei Befristungen mit mehr als zwölf Monaten das Kündigungsrecht zulässig ist. Deutlicher ist die Regelung in § 14 Abs. 1 AVR wo ausdrücklich festgeschrieben ist, dass sowohl befristete als auch unbefristete Dienstverhältnisse von beiden Vertragsparteien ordentlich gekündigt werden können.

### IX. Fiktion eines unbefristeten Arbeitsverhältnisses (§ 15 Abs. 5 TzBfG)

#### 1. Grundlagen

149 Gem. § 15 Abs. 5 TzBfG wird ein unbefristetes Arbeitsverhältnis zu den bisherigen Bedingungen fingiert, wenn das befristete oder auflösend bedingte Arbeitsverhältnis (nicht, wie in § 625 BGB: »durch den Verpflichteten«) mit Wissen des Arbeitgebers fortgesetzt wird, wenn der Arbeitgeber nicht unverzüglich widerspricht. Die Vorschrift regelt die **stillschweigende Verlängerung von befristeten Arbeitsverhältnissen unabhängig vom Willen der Parteien**. Der Eintritt der Fiktion setzt voraus, dass der Arbeitnehmer seine Arbeitsleistung **bewusst und in der Bereitschaft fortsetzt, die Pflichten aus dem Arbeitsverhältnis weiter zu erfüllen**. Der Arbeitnehmer muss die vertragsgemäßen Dienste nach Ablauf der Vertragslaufzeit tatsächlich ausführen. **Dabei genügt nicht jede Weiterarbeit des Arbeitnehmers.** Diese muss vielmehr **mit Wissen des Arbeitgebers selbst oder eines zum Abschluss von Arbeitsverträgen berechtigten Vertreters** erfolgen (*BAG* 11.7.2007 EzA § 15 TzBfG Nr. 2 = NZA 2008, 1207 LS; s. a. *LAG Köln* 18.9.2006 LAGE § 15 TzBfG Nr. 4). Möglich ist auch eine Fortsetzung durch den Arbeitgeber, z. B. durch Entgelt-

## A. Die Befristung des Arbeitsverhältnisses Kapitel 5

fortzahlung bei Krankheit des Arbeitnehmers über das Vertragsende hinaus oder bei Urlaubserteilung. Auch das Wissen des Arbeitgebers (zum Arbeitgeberbegriff im Hochschulbereich instr. *BAG* 11.7.2007 EzA § 15 TzBfG Nr. 2 = NZA 2008, 1207 LS) muss sich allerdings auf die Fortsetzungshandlungen beziehen. Kenntnis des Arbeitgebers vom Zeitablauf ist nicht erforderlich, kann aber beim Merkmal »unverzüglich« berücksichtigt werden (vgl. APS/*Backhaus* § 15 TzBfG Rn. 19 ff.). Ein Irrtum des Arbeitgebers über das Fortbestehen des Arbeitsverhältnisses schließt die Rechtsfolgen des § 15 Abs. 5 TzBfG nicht aus (*LAG Düsseld.* 26.9.2002 NZA-RR 2003, 175).

Die Fiktion tritt dann nicht ein, wenn der Arbeitgeber **unverzüglich widerspricht** oder dem Arbeitnehmer die Zweckerreichung unverzüglich mitteilt. Der Widerspruch bedarf nicht der Schriftform, kann also auch **konkludent**, z. B. durch das Angebot eines nur befristeten Arbeitsvertrages, erfolgen (*BAG* 26.7.2000 EzA § 1 BeschFG 1985 Nr. 19; *LAG Köln* 18.9.2006 LAGE § 15 TzBfG Nr. 4; vgl. *Nehls* DB 2001, 2718 ff.). Ein Widerspruch des Arbeitgebers kann auch bereits **vor dem vereinbarten Vertragsende erklärt** werden, z. B. im Zusammenhang mit Verhandlungen über eine Fortsetzung des Arbeitsverhältnisses (*BAG* 11.7.2007 EzA § 15 TzBfG Nr. 2 = NZA 2008, 1207 LS). Das ist dann der Fall, wenn der Arbeitgeber dem Arbeitnehmer kurz vor Ablauf der Vertragslaufzeit einen befristeten Anschlussvertrag anbietet. Dies hindert den Eintritt der Fiktion eines unbefristeten Arbeitsverhältnisses grds. auch dann, wenn der Arbeitnehmer nach dem Ablauf der Vertragslaufzeit zunächst weiterbeschäftigt wird, der angebotene befristete Arbeitsvertrag aber letztlich nicht zustande kommt (*BAG* 5.5.2004 EzA § 15 TzBfG Nr. 1 = NZA 2004, 1347 = BAG Report 2004, 401; *LAG Sachsen* 4.11.2003 LAG Report 2004, 193). Nichts anderes gilt dann, wenn der Arbeitgeber **vor Befristungsende schriftlich auf das Auslaufen des befristeten Arbeitsvertrages hinweist** und zugleich das **Angebot eines weiteren befristeten Arbeitsvertrages** macht (*LAG Köln* 18.9.2006 LAGE § 15 TzBfG Nr. 4), sowie dann, wenn der Arbeitnehmer an den Arbeitgeber wegen einer Vertragsfortsetzung nach Ablauf der vereinbarten Befristung herantritt. Die Ablehnung eines Wunsches auf einvernehmliche Fortsetzung des Vertragsverhältnisses stellt regelmäßig einen Widerspruch im hier maßgeblichen Sinne dar (*BAG* 11.7.2007 EzA § 15 TzBfG Nr. 2 = NZA 2008, 1207 LS). 150

Fraglich ist, was dann gilt, wenn eine Befristungsabrede **formunwirksam verlängert** wird, insbes. ob sich die Rechtsfolge aus **§ 14 Abs. 4 TzBfG** ergibt, so dass ein unbefristetes Arbeitsverhältnis entsteht (§ 16 TzBfG; vgl. *Preis/Gotthardt* NZA 2000, 360 f.), oder ob **§ 15 Abs. 5 TzBfG** anzuwenden ist, so dass wegen des Vorliegens eines konkludenten Widerspruchs das Arbeitsverhältnis beendet ist (vgl. *Müller-Glöge/von Senden* AuA 2000, 203). Liegt ein **einseitiger Antrag** des Arbeitgebers auf befristete Fortsetzung des Arbeitsverhältnisses vor, so ist das Arbeitsverhältnis **beendet**. Liegt dagegen eine **abschließende Einigung** über eine befristete Fortsetzung vor, so kommt es zu einem **unbefristeten Arbeitsverhältnis** (§ 16 TzBfG). Das gilt allerdings nur dann, wenn die formlose Abrede über die befristete Fortsetzung bereits als **endgültige Willenserklärung** und Zustandekommen eines Vertrages **angesehen werden kann**. Soll die Befristungsabrede erst noch in schriftlicher Form abgefasst werden, so gilt entsprechend § 154 Abs. 2 BGB der Vertrag vor der Erfüllung der Form nicht als zustande gekommen. Der formlose Antrag behält dann seine Wirkung als Widerspruch, so dass das Arbeitsverhältnis beendet ist (APS/*Backhaus* § 15 TzBfG Rn. 27). 151

Im Rahmen der **Zweckbefristung** ist § 15 Abs. 5 TzBfG nicht zu entnehmen, ob sich das Wissen des Arbeitgebers nur auf die Fortsetzung des Arbeitsverhältnisses oder auch auf die **objektive Zweckerreichung** beziehen muss. Nach dem Wortlaut der Norm liegt es nahe, das erforderliche Wissen auf die Tatsache der tatsächlichen Fortsetzung zu beschränken, während die fehlende Kenntnis von der Zweckerreichung nur beim Tatbestandsmerkmal »unverzüglich« berücksichtigt werden kann (APS/*Backhaus* § 15 TzBfG Rn. 28 f.). 152

Der Zeitpunkt, von dem an der Arbeitgeber nicht mehr schuldhaft die Unterrichtung über die Zweckerreichung verzögern darf, beginnt erst **mit dem objektiven Eintritt** der Zweckerreichung. Weiß der Arbeitgeber allerdings schon vor diesem Zeitpunkt, wann dies der Fall sein wird, dann kann ihm 153 nur noch eine sehr kurz bemessene Frist eingeräumt werden, die grds. nicht länger zu bemessen ist als die übliche Laufzeit eines Briefs (APS/*Backhaus* § 15 TzBfG Rn. 30 f.).

154 Ein Irrtum des Arbeitgebers über das Fortbestehen des Arbeitsverhältnisses schließt die Rechtsfolgen des § 15 Abs. 5 TzBfG nicht aus (*LAG Düsseld.* 26.9.2002 LAGE § 15 TzBfG Nr. 1).

### 2. Abdingbarkeit

155 Zwar ist § 15 Abs. 5 TzBfG in § 22 Abs. 1 TzBfG nicht genannt, so dass vom Wortlaut her diese Regelung nicht abdingbar ist. **Andererseits entspricht die Abdingbarkeit jedenfalls bei Vertragsende geradezu dem Normzweck.** Denn wenn schon der einseitige Widerspruch die Rechtsfolgen des § 15 Abs. 5 TzBfG beseitigt, dann muss – weil darin zugleich konkludent ein Widerspruch enthalten ist – jedenfalls bei Vertragsende eine Abbedingung möglich sein. Demgegenüber kommt eine Abbedingung im Ursprungsvertrag wegen des an sich eindeutigen Wortlauts des § 22 Abs. 1 TzBfG nicht in Betracht (APS/*Backhaus* § 15 TzBfG Rn. 34 f.).

### X. Rechtsfolgen unwirksamer Befristung (§ 16 TzBfG)

156 § 16 TzBfG erfasst die in § 14 TzBfG geregelten Unwirksamkeitsfälle (Fehlen eines Sachgrundes; Voraussetzungen der erleichterten Befristung, Schriftform). Danach ist nur der Arbeitgeber bei einem Verstoß gegen § 14 TzBfG, nicht aber der Arbeitnehmer an die vereinbarte Mindestdauer gebunden. Der Arbeitnehmer kann also den rechtsunwirksam befristeten Arbeitsvertrag im Gegensatz zum Arbeitgeber, der frühestens zum vereinbarten Ende kündigen kann, auch schon vor dem vereinbarten Ende kündigen, dies auch dann, wenn eine Vereinbarung nach § 15 Abs. 3 TzBfG fehlt. Allerdings ist zu beachten, dass eine Kündigung des Arbeitgebers dann **nicht gegen Treu und Glauben** verstößt, wenn er **nach erfolgreicher Entfristungsklage ordentlich kündigt**, weil § 16 TzBfG eine solche Kündigungsmöglichkeit gerade vorsieht (*BAG* 22.9.2005 EzA § 1 KSchG Nr. 58 = NZA 2006, 429); Gleiches gilt dann, wenn der Arbeitgeber mündlich vor Beschäftigungsantritt eine Befristung vereinbart, diese also unwirksam ist und der Arbeitgeber dann gem. § 16 S. 2 TzBfG ordentlich kündigt (*LAG Köln* 23.6.2005 NZA-RR 2006, 19). Auch ist die Vereinbarung der vorzeitigen ordentlichen Kündigung durch den Arbeitgeber gem. § 15 Abs. 3 TzBfG nicht ausgeschlossen, diese »Sanktion« also abdingbar (APS/*Backhaus* § 15 TzBfG Rn. 2 ff.; MünchArbR/*Wank* Ergänzungsband § 116 Rn. 275 ff.).

157 Der **Arbeitnehmer** kann sich bei Fehlen eines sachlichen Grundes auf den Fristablauf berufen und die Arbeit einstellen, er **muss** also **nicht** seinerseits **das Arbeitsverhältnis kündigen**. Denn die maßgeblichen gesetzlichen Bestimmungen sollen **einseitig den Arbeitnehmer schützen**. Dem entspricht es, dass die Höchstbefristung als von Anfang an wirksam gilt, wenn der Arbeitnehmer nicht innerhalb der dreiwöchigen Klagefrist des § 17 TzBfG Klage erhoben hat. Dann aber braucht der Arbeitnehmer den Vertrag auch nicht zu kündigen, um sich auf sein vereinbartes Ende zu berufen (APS/*Backhaus* § 16 TzBfG Rn. 10; KDZ/*Däubler* § 16 TzBfG Rn. 7; a. A. KR/*Lipke* § 16 TzBfG Rn. 3).

158 **Sonstige Unwirksamkeitsgründe** (unklare Zweckabrede, fehlende objektive Bestimmbarkeit des als auflösend verabredeten Ereignisses, nicht eindeutig bestimmter oder bestimmbarer Beendigungszeitpunkt bei Kalenderbefristungen) **erfasst § 16 TzBfG nicht**. Diese Fälle stehen, da das Vertragsende gerade nicht klar bestimmbar ist, der Nichtabrede einer Befristung oder auflösenden Bedingung gleich. Zwar gilt auch hier der Vertrag als auf unbestimmte Zeit geschlossen. Allerdings kann der Arbeitgeber dann nicht erst zum vereinbarten Ende kündigen, denn dieses steht nicht fest. Diese Fälle müssen daher so behandelt werden, als sei von Anfang an ein unbefristeter Arbeitsvertrag vereinbart worden (APS/*Backhaus* § 16 TzBfG Rn. 11 f.; a. A. KR/*Lipke* § 16 TzBfG Rn. 8) Dagegen ist § 16 S. 1 TzBfG analog anwendbar, wenn bei der Vereinbarung der Befristungsabrede Mitbestimmungsrechte des Betriebsrats nicht beachtet wurden (MünchArbR/*Wank* Ergänzungsband § 116 Rn. 277).

## A. Die Befristung des Arbeitsverhältnisses Kapitel 5

### XI. Klagefrist (§ 17 TzBfG)
### 1. Grundlagen

§ 17 TzBfG enthält insoweit eine Erweiterung seines Anwendungsbereichs, als **erstmals auch für** 159 **auflösende Bedingungen eine Klagefrist** vorgesehen ist. Sie gilt im Übrigen für alle Kalender- und Zweckbefristungen, gleich welcher Rechtsgrundlage; **fraglich ist, ob sie auch für die Befristung einzelner Vertragsbedingungen** gilt (dafür APS/*Backhaus* § 17 TzBfG Rn. 6; dagegen *Vossen* NZA 2000, 705; KR/*Bader* § 17 TzBfG Rn. 10; ebenso jetzt *BAG* 4.6.2003 EzA § 620 BGB 2002 Nr. 3). Sie erfasst **alle Unwirksamkeitsgründe** einschließlich der Unwirksamkeit der Befristung wegen Formverstoßes (*LAG Düsseld.* 26.9.2002 NZA-RR 2003, 175; *Appel/Kaiser* AuR 2000, 287; *Däubler* AiB 2000, 192; *Preis/Gotthardt* NZA 2000, 360; *Richardi/Annuß* NJW 2000, 1235; *Künzl* ZTR 2000, 393; a. A. *Bader* NZA 2000, 635). Fraglich ist aber, ob sie auch dann anwendbar ist, wenn die Befristungsabrede **nicht hinreichend bestimmt** ist; dagegen spricht, dass in derartigen Fällen die gerade an das vereinbarte Ende des Vertragsverhältnisses anknüpfende Klagefrist aus der Natur der Sache heraus nicht zum Zuge kommen kann (APS/*Backhaus* § 17 TzBfG Rn. 9; a. A. KR/*Bader* § 17 TzBfG Rn. 5).

Nichts anderes kann gelten, wenn **Streit** darüber besteht, **ob überhaupt eine Befristungsabrede ge-** 160 **troffen wurde**, weil der Arbeitnehmer z. B. behauptet, der Arbeitgeber habe seine Unterschrift gefälscht. Schon nach dem Wortlaut des § 17 TzBfG ist die Einwendung des Arbeitnehmers, die Befristungsabrede sei überhaupt nicht getroffen worden, nicht der Klagefrist unterworfen, denn diese gilt nur für die Geltendmachung der Unwirksamkeit der Befristung, nicht aber für alle Streitigkeiten über Befristungen (APS/*Backhaus* § 17 TzBfG Rn. 10; KR/*Bader* § 17 TzBfG Rn. 5; a. A. *LAG Hessen* 18.1.2000 MDR 2000, 1019; vgl. auch KDZ/*Däubler* § 17 TzBfG Rn. 3: Ausnahme bei elementaren Verstößen gegen die Rechtsordnung).

Die Klage ist nach § 17 S. 1 TzBfG insoweit nur dann rechtzeitig erhoben, wenn aus dem **Klagean-** 161 **trag**, der Klagebegründung oder sonstigen Umständen bei Klageerhebung zu erkennen ist, dass der Kläger geltend machen will, sein Arbeitsverhältnis habe nicht durch die zu einem bestimmten Zeitpunkt vereinbarte Befristung zu dem in dieser Vereinbarung vorgesehenen Termin geendet (*BAG* 16.4.2003 EzA § 17 TzBfG Nr. 3 = NZA 2004, 283). Der **Bestand eines Arbeitsverhältnisses** im Zeitpunkt des Abschlusses eines befristeten Arbeitsvertrages und darüber hinaus bis zum vereinbarten Befristungsende ist Voraussetzung für die Feststellung nach § 17 S. 1 TzBfG, dass das Arbeitsverhältnis nicht durch die streitbefangene Befristungsabrede beendet worden ist (*LAG Düsseld.* 8.7.2004 ZTR 2004, 647).

Hat ein Arbeitnehmer Klage nach § 17 TzBfG auf Feststellung erhoben, dass sein Arbeitsver- 162 hältnis durch eine Befristungsvereinbarung nicht beendet ist, haben nachfolgende Befristungsvereinbarungen jedenfalls nicht zur Folge, dass der vorangehende Vertrag aufgehoben worden ist. Vielmehr enthalten Folgeverträge in diesem Fall den konkludent vereinbarten Vorbehalt, der nachfolgende Vertrag solle nur dann maßgeblich sein, wenn nicht bereits auf Grund einer vorherigen unwirksamen Befristung ein Arbeitsverhältnis auf unbestimmte Zeit besteht (*BAG* 10.3.2004 EzA § 14 TzBfG Nr. 9; *LAG Hamm* 3.11.2003 LAG Report 2004, 165). Schließen andererseits die Parteien nach Einreichung, aber vor Zustellung einer Befristungskontrollklage nach § 17 S. 1 TzBfG einen weiteren befristeten Arbeitsvertrag, so ist dieser nicht ohne weiteres unter dem Vorbehalt vereinbart, dass er nur gelten soll, wenn nicht bereits auf Grund der vorangegangenen unwirksamen Befristung ein unbefristetes Arbeitsverhältnis besteht (*BAG* 13.10.2004 EzA § 17 TzBfG Nr. 6). Eine Rechtswahrung erfolgt insbes. dann nicht, wenn die Arbeitnehmerin im neuen befristeten Arbeitsvertrag ausdrücklich etwaige Rechte aus dem vorangegangenen befristeten Arbeitsvertrag aufgibt, etwa indem sie die Rücknahme der anhängigen Entfristungsklage verspricht (*LAG Hamm* 3.11.2003 LAG Report 2004, 165).

## 2. Beginn der Klagefrist; Wirkung der Fristversäumnis

**163** Die dreiwöchige Klagefrist (§§ 187 Abs. 1, 188 Abs. 2, 193 BGB) beginnt gem. § 17 S. 1 TzBfG bei der kalendermäßigen Befristung mit dem vereinbarten Ende des befristeten Vertrages (*LAG Düsseld.* 26.9.2002 LAGE § 15 TzBfG Nr. 1 = NZA-RR 2003, 175: auch bei Rechtsunwirksamkeit wegen fehlender Schriftform); dies ist bei der Zweckbefristung und der auflösenden Bedingung im Hinblick auf § 15 Abs. 2 TzBfG die objektive Zweckerreichung, frühestens jedoch der Zugang der schriftlichen Unterrichtung gem. § 15 Abs. 2 TzBfG (APS/*Backhaus* § 17 TzBfG Rn. 12; *Vossen* NZA 2000, 708; *Künzl* NZA 2000, 392; KR/*Bader* § 17 TzBfG Rn. 19 ff.).

**164** Wird das Arbeitsverhältnis nach dem vereinbarten Ende **fortgesetzt**, so beginnt die Klagefrist mit dem Zugang der **schriftlichen Erklärung** des Arbeitgebers, dass das Arbeitsverhältnis auf Grund der Befristung beendet ist. Nach dem Wortlaut der Norm wird nur der Fall erfasst, dass das Arbeitsverhältnis ohne Vereinbarung einer neuen Rechtsgrundlage, nicht aber der, dass es auf Grund eines neuen befristeten Vertrages fortgesetzt wird. Denn § 17 S. 3 TzBfG verlangt, dass das Arbeitsverhältnis fortgesetzt wird, das die Vereinbarung des Endes enthält, auf Grund deren das Arbeitsverhältnis nach der Erklärung des Arbeitgebers beendet sein soll (APS/*Backhaus* § 17 TzBfG Rn. 15 ff.; ebenso *Preis/Gotthardt* DB 2001, 151, allerdings nur für die Zweckbefristung und die auflösende Bedingung; vgl. auch KR/*Bader* § 17 TzBfG Rn. 23 ff.).

**165** Vereinbartes Vertragsende ist die objektive Zweckerreichung bzw. der objektive Eintritt der auflösenden Bedingung. Hat der Arbeitgeber den Arbeitnehmer gem. § 15 Abs. 2 TzBfG zwei Wochen vor Eintritt dieses Umstandes unterrichtet, beginnt die Klagefrist mit der objektiven Zweckerreichung, wenn das Arbeitsverhältnis danach nicht mehr fortgesetzt wird (§ 17 S. 1 TzBfG). Wird es fortgesetzt, gilt § 17 S. 3 TzBfG. Hat der Arbeitgeber die Unterrichtung nach dem Zweckeintritt vorgenommen und wurde das Arbeitsverhältnis bis dahin fortgesetzt, so beginnt die Klagefrist mit dem Zugang der Unterrichtung. Hat der Arbeitgeber den Arbeitnehmer zwar vor der Zweckerreichung unterrichtet, die Zwei-Wochen-Frist aber nicht eingehalten, muss er dem Arbeitnehmer zwar nicht gem. § 17 S. 3 TzBfG schriftlich erklären, dass das Arbeitsverhältnis auf Grund der Befristung beendet sei; er muss es aber über die objektive Zweckerreichung hinaus bis zum Ablauf der Zwei-Wochen-Frist fortsetzen. Die Klagefrist beginnt dann mit der Zweckerreichung; wird das Arbeitsverhältnis über den Ablauf der Zwei-Wochen-Frist hinaus fortgesetzt, greift § 17 S. 3 TzBfG ein (vgl. APS/*Backhaus* § 17 TzBfG Rn. 21 ff.).

**166** Im Gegensatz zu § 15 Abs. 5 TzBfG verlangt § 17 S. 3 TzBfG nicht das Wissen des Arbeitgebers um die Fortsetzungshandlungen; gleichwohl darf sich der Arbeitnehmer **nicht arglistig** die Verlängerung der Klagefrist durch aufgedrängte Fortsetzungshandlungen **erschleichen** (vgl. APS/*Backhaus* § 17 TzBfG Rn. 28). Die erste Fortsetzungshandlung muss wegen der Klagefrist (§ 17 S. 1 TzBfG) innerhalb von drei Wochen nach dem vereinbarten Vertragsende erfolgen.

**167** Dem Arbeitnehmer ist **schriftlich** (hinreichend bestimmt, deutlich, zweifelsfrei) **mitzuteilen**, dass das Arbeitsverhältnis auf Grund der Befristung **beendet** ist. Es gilt das Recht der Stellvertretung bei einseitigen Willenserklärungen entsprechend unter Ausschluss des § 174 BGB. Mit dem notwendigen **Zugang** der Erklärung **beginnt die Klagefrist** gem. § 17 S. 1 TzBfG erneut, wenn das Arbeitsverhältnis nach dem vereinbarten Ende fortgesetzt worden ist und die schriftliche Erklärung des Arbeitgebers zugeht. Ist die mit dem vereinbarten Ende beginnende Frist gem. § 17 S. 1 TzBfG bei Eintritt der ersten Fortsetzungshandlung **noch nicht abgelaufen**, werden mit Eintritt der ersten Fortsetzungshandlung die Wirkungen des Laufs dieser Frist gänzlich beseitigt, so dass mit Zugang der Erklärung die **volle Drei-Wochen-Frist wieder beginnt** (vgl. APS/*Backhaus* § 17 TzBfG Rn. 35 ff.).

**168** Wird auch die Frist des § 17 S. 3 TzBfG versäumt, gilt gem. § 17 S. 2 TzBfG i. V. m. § 7 KSchG die Befristung (bzw. die auflösende Bedingung, § 21 TzBfG) als wirksam (*BAG* 19.1.2005 – 7 AZR 113/04 – BAG Report 2005, 253 LS). Die gleichwohl entstandene Rechtsbeziehung in der Zeit nach der Fortsetzung des befristeten Arbeitsverhältnisses über das vereinbarte Vertragsende hinaus kann sich je nach den Umständen, z. B. bei rechtzeitigem Widerspruch i. S. d. § 15 Abs. 4 TzBfG, als **fak-**

## A. Die Befristung des Arbeitsverhältnisses Kapitel 5

tisches Arbeitsverhältnis, oder – bei nicht rechtzeitigem Widerspruch bzw. nicht rechtzeitiger Mitteilung der Zweckerreichung – als **Beginn eines fingierten Arbeitsverhältnisses** darstellen (vgl. APS/*Backhaus* § 17 TzBfG Rn. 38).

### 3. Abweichende Vereinbarungen; Unabdingbarkeit des Befristungskontrollschutzes

Der Arbeitnehmer kann weder vor noch bei Vereinbarung einer Befristung wirksam auf die spätere Erhebung einer Befristungskontrollklage verzichten (*BAG* 13.6.2007 EzA § 14 TzBfG Nr. 39; ab dem 1.1.2001 §§ 22 Abs. 1, 17 S. 1 TzBfG; für davor vereinbarte Befristungen folgt dies aus den von der Rechtsprechung entwickelten, zu Gunsten des Arbeitnehmers zwingenden Grundsätzen der arbeitsgerichtlichen Befristungskontrolle: *BAG* 19.1.2005 EzA § 17 TzBfG Nr. 7 = NZA 2005, 896 LS = BAG Report 2005, 195). Die Geltendmachung der Unwirksamkeit einer Befristung durch den Arbeitnehmer ist deshalb nicht allein deswegen rechtsmissbräuchlich (§ 242 BGB), weil sich der Arbeitgeber nur auf Grund der Zusicherung des Arbeitnehmers, mit der befristeten Beschäftigung einverstanden zu sein und keine Befristungskontrollklage erheben zu wollen, zum Abschluss des befristeten Vertrages bereit erklärt hat (*BAG* 19.1.2005 EzA § 17 TzBfG Nr. 7 = NZA 2005, 896 LS = BAG Report 2005, 195).

169

Auch dann, wenn die Parteien in einem **gerichtlichen Vergleich zur Beilegung des Streits über die Wirksamkeit einer Befristung** den Abschluss eines weiteren befristeten Arbeitsvertrags vereinbaren, liegt in dem Vergleichsabschluss **nicht gleichzeitig ein Verzicht des Arbeitnehmers, die Unwirksamkeit der** in dem Vergleich vereinbarten **Befristung geltend zu machen** (*BAG* 13.6.2007 EzA § 14 TzBfG Nr. 39).

§ 22 Abs. 1 TzBfG **differenziert im Übrigen nicht** zwischen Abweichungen durch Individualabrede und durch Tarifvertrag; die Regelung ist auch im Übrigen insoweit **unvollständig**, als die Abweichung von § 15 Abs. 3 TzBfG zu Ungunsten des Arbeitnehmers und die Frage, inwiefern zu Gunsten des Arbeitnehmers (vgl. z. B. § 17 TzBfG) abgewichen werden kann, nicht geregelt wird. Bei abweichenden **tariflichen Regelungen** ist zu beachten, dass dann, wenn es sich um Abschlussnormen handelt, die die Zulässigkeit der Befristung regeln, beiderseitige Tarifbindung oder Allgemeinverbindlichkeit bereits bei Vertragsabschluss gegeben sein muss; wird dagegen die Beendigung geregelt, reicht es aus, wenn vor dem nach der jeweiligen Norm maßgeblichen Zeitpunkt dieser Umstand eintritt (vgl. APS/*Backhaus* § 22 TzBfG Rn. 1 ff.; KR/*Bader* § 22 TzBfG Rn. 2 ff.). Bei **individualvertraglicher Verweisung** auf einen Tarifvertrag ist z. B. fraglich, ob mit der schriftlichen Verweisung auf den Tarifvertrag zugleich dem **Schriftformerfordernis** des § 14 Abs. 4 TzBfG genügt wird.

170

Von **§ 14 Abs. 1 TzBfG** kann tariflich **nur zu Gunsten** des Arbeitnehmers abgewichen werden; zu prüfen ist dann, ob einschlägige Tarifnormen abschließenden Charakter haben. Tariflich zugelassene Befristungen haben im Übrigen jedenfalls eine indizielle Wirkung hinsichtlich ihrer Sachgerechtigkeit, so dass der Arbeitnehmer tatsächliche Umstände darlegen und beweisen muss, die dieses Indiz entkräften (APS/*Backhaus* § 22 TzBfG Rn. 12). Zugunsten des Arbeitnehmers kann mit Ausnahme von § 17 TzBfG, weil es sich hierbei um eine prozessrechtsähnliche Ordnungsvorschrift handelt, **grds. von den hier erörterten Vorschriften abgewichen werden** (a. A. wohl KDZ/*Däubler* § 22 TzBfG Rn. 4). Dies gilt für § 17 TzBfG allerdings **nur insoweit**, als es um die Geltendmachung der Rechtsunwirksamkeit der Befristung geht. Sofern die Tarifvertragsparteien z. B. zusätzliche Beendigungsmodalitäten zur Vermeidung eines fingierten Anschlussvertrages regeln, können sie dafür auch besondere Modalitäten der Anrufung der Gerichte vorsehen (vgl. APS/*Backhaus* § 22 TzBfG Rn. 24).

171

**Zu Ungunsten** der Arbeitnehmer kann von §§ **14 Abs. 2, 15 Abs. 3, 15 Abs. 5 TzBfG** (allerdings nur bei einer Vereinbarung bei Ende des Vertrages, das Fehlen der Nennung in § 22 Abs. 1 TzBfG ist ein redaktionelles Versehen: vgl. APS/*Backhaus* § 22 TzBfG Rn. 19), nicht dagegen von §§ 14 Abs. 4, 15 Abs. 2, 15 Abs. 4, 16, 17 TzBfG **abgewichen werden** (vgl. APS/*Backhaus* § 22 TzBfG Rn. 11 ff.).

172

173 § 22 Abs. 2 TzBfG enthält eine **Sonderregelung** insbes. für die in Form einer GmbH organisierten, nicht tarifgebundenen Forschungseinrichtungen, wie die Fraunhofer Gesellschaft und die Max-Planck-Gesellschaft (BT-Drs. 14/4374, 22).

174 Ist in einem LPVG (z. B. in § 72 Abs. 1 S. 1 Nr. 1 LPVG NW in der bis zum 16.10.2007 geltenden Fassung) vorgesehen, dass die Befristung von Arbeitsverhältnissen der **Zustimmung des Personalrats** bedarf, so ist eine **ohne vorherige Zustimmung** des Personalrats vereinbarte Befristung **unwirksam** (*BAG* 18.6.2008 EzA § 14 TzBfG Nr. 50). Der Arbeitnehmer kann bei Abschluss des befristeten Arbeitsvertrages **weder** wirksam auf die Mitbestimmung des Personalrats **noch** auf die Geltendmachung der Unwirksamkeit der Befristung wegen der bei Vertragsschluss fehlenden Zustimmung des Personalrats **verzichten** (*BAG* 18.6.2008 EzA § 14 TzBfG Nr. 50).

## B. Besondere gesetzliche Bestimmungen

### I. BeschFG (bis 31.12.2000)

175 Siehe 7. Aufl. D/Rn. 2253–2269

### II. Wissenschaftliches Personal und Ärzte

#### 1. WisszeitVG: für Verträge ab dem 18.4.2007

176 Am 18.1.2007 hat der Deutsche Bundestag das Gesetz zur Änderung arbeitsrechtlicher Vorschriften in der Wissenschaft verabschiedet. Wesentlicher Teil dieses Artikelgesetzes ist das **Wissenschaftszeitvertragsgesetz (WissZeitVG)**. Mit ihm werden die bisherigen Möglichkeiten für die Befristung von Arbeitsverträgen in der Wissenschaft erweitert. Das WissZeitVG wurde am 12.4.2007 verkündet (BGBl. I S. 506) und ist am 18.4.2007 in Kraft getreten.

177 Die bisher bestehenden Befristungsregelungen des Hochschulrahmengesetzes (HRG) – §§ 57a ff. HRG – wurden der Sache nach beibehalten, allerdings aus dem HRG herausgenommen und in das WissZeitVG übernommen. Diesen Regeln zufolge dürfen Arbeitsverträge mit wissenschaftlichen und künstlerischen Mitarbeitern bzw. Hilfskräften wie bisher ohne Sachgrund für insgesamt zwölf, im Bereich der Medizin bis zu 15 Jahren befristet werden. Der Gesamtzeitraum ist dabei in eine sog. Qualifizierungsphase von bis zu sechs Jahren sowie in eine sog. Post-Doc-Phase von bis zu weiteren sechs bzw. neun Jahren (im Bereich der Medizin) aufgeteilt. Die Qualifizierungsphase dient dem Erwerb einer Qualifikation, vor allem der Fertigung einer Dissertation. In der Post-Doc-Phase soll den promovierten Mitarbeitern die Gelegenheit gegeben werden, durch die fortgesetzte Tätigkeit in Forschung und Lehre weitere Qualifikation, wie die Erlangung einer Professur, zu erreichen.

178 Mit dem WissZeitVG soll nunmehr über die bisherige Regelung hinaus die Befristung von Arbeitsverträgen mit wissenschaftlichen Mitarbeitern **im Rahmen von Drittmittelprojekten** erleichtert werden. Dies bedeutet, dass mit Mitarbeitern, deren Beschäftigung überwiegend durch Drittmittel finanziert werden, über den bisher geltenden Befristungszeitraum von zwölf bzw. 15 Jahren hinaus befristete Arbeitsverträge geschlossen werden können. Bisher fehlte es für den Fall der drittmittelfinanzierten Mitarbeiter an einer entsprechend deutlichen Regelung, so dass dem Gesetzgeber ein eigener Befristungstatbestand hierfür erforderlich schien: Nach bisheriger Rechtslage war nämlich nach dem Ausschöpfen des im HRG geregelten Befristungsrahmens von zwölf bzw. 15 Jahren eine weitere Befristung nur noch nach den allgemeinen Regeln des Arbeitsrechts (§ 14 TzBfG) möglich. Diese Befristungsmöglichkeit setzt das Vorliegen eines entsprechenden Sachgrundes voraus. Als ein solcher sachlicher Grund bot sich gemäß § 14 Abs. 1 Nr. 1 TzBfG der nur vorübergehende Bedarf von Mitarbeitern an; dieser Sachgrund umfasst auch drittmittelfinanzierte Forschungsprojekte. Die Hochschulen und außeruniversitären Forschungseinrichtungen machten von dieser Befristungsmöglichkeit jedoch wegen der fehlenden explizierten Regelung eines »Drittmitteltatbestandes« bzw. wegen der zu hohen Prozessrisiken keinen Gebrauch, was zur Folge hatte, dass nach dem Ende der 12-

bzw. 15-Jahres-Regelung mit den wissenschaftlichen Mitarbeitern, auch wenn deren Beschäftigung durch Drittmittel finanzierbar waren, regelmäßig keine weiteren Verträge geschlossen wurden.

Abweichend vom bisherigen Recht sieht das neue Befristungsrecht auch eine familienfördernde und -unterstützende Regelung vor: Die zulässige Befristungsdauer in der Qualifizierungsphase verlängert sich im Falle der Kinderbetreuung um zwei Jahre je Kind. Dadurch können befristete Arbeitsverträge mit wissenschaftlichen Mitarbeitern über die sechs Jahre in der Qualifizierungsphase hinaus um weitere zwei (1 Kind), vier (2 Kinder) usw. Jahre verlängert werden. Hierdurch soll der hohen Belastung von Wissenschaftlerinnen und Wissenschaftlern mit Kindern Rechnung getragen und die Erlangung einer wissenschaftlichen Qualifizierung neben der Familie ermöglicht werden. 179

Das WissZeitVG enthält in § 2 verschiedene Regelungen, die die Höchstdauer der Befristung mit nichtpromoviertem wissenschaftlichem Personal sowie die Höchstdauer der Befristung mit wissenschaftlichem Personal nach abgeschlossener Promotion, d. h. in der sog. Postdoc-Phase regeln. Der 7. Senat hat nun in einer Entscheidung vom 24.8.2011 (– 7 AZR 228/10) klargestellt, dass sich die zulässige Höchstbefristungsdauer in der Postdoc-Phase von sechs bzw. neun Jahren nicht um die Zeit verkürzt, die der nun befristet eingestellte wissenschaftliche Mitarbeiter vor seiner Promotion als wissenschaftlicher Mitarbeiter länger als sechs Jahre befristet tätig geworden ist. Nach Auffassung des BAG kann § 2 Abs. 1 S. 1 und S. 2 WissZeitVG keine Gesamthöchstbefristungsdauer entnommen werden, sondern die jeweiligen Anrechnungsbestimmungen des § 2 Abs. 3 WissZeitVG sind alleine auf die jeweilige Qualifikationsphase, d. h. hier auf die Postdoc-Phase beschränkt. 179a

## 2. §§ 57a ff. HRG: Rechtslage für Verträge ab dem 23.2.2002 bis zum 27.7.2004 bzw. bis zum 31.12.2004 (BVerfG 27.7.2004 NJW 2004, 2803; § 6 Abs. 1 S. 1, 3 WisszeitVG)

### a) Grundlagen

Grundgedanke der Neuregelung der §§ 57a ff. HRG ist, dass für einen bestimmten, zeitlich eng begrenzten Zeitraum aus dem Gesichtspunkt der Sicherung der Funktions- und Innovationsfähigkeit der Hochschulen und Forschungseinrichtungen sowie insbes. der Förderung des wissenschaftlichen Nachwuchses befristete Arbeitsverträge mit wissenschaftlichen und künstlerischen Mitarbeitern/ Hilfskräften das gebotene vertragliche Gestaltungsmittel darstellen (BT-Drs. 14/6853, S. 20). 180

Bei diesen Personengruppen wird unterstellt, dass zum einen ihre Beschäftigung der eigenen Aus-, Fort- und Weiterbildung dient und zum anderen der regelmäßige Austausch des Personals zur Sicherung der Innovation in Forschung und Lehre an den Hochschulen notwendig ist (BT-Drs. 14/6853, S. 30). 181

Deshalb war es nicht gerechtfertigt, das zuvor erfasste Personal mit ärztlichen Aufgaben (§ 54 HRG a. F.) sowie die Lehrkräfte für besondere Aufgaben (§ 56 HRG) in die Neuregelung einzubeziehen. Sofern das Interesse besteht, diese Personen auch zu ihrer eigenen Qualifizierung (befristet) zu beschäftigen, haben die Dienststellen die Möglichkeit, eine Beschäftigung als wissenschaftlicher Mitarbeiter zu wählen; das HRG gibt insoweit keinen Vertragstypenzwang vor (BT-Drs. 14/6853, S. 31). 182

### b) Systematik der Neuregelung

Gem. § 57a Abs. 1 S. 5 HRG sind die allgemeinen arbeitsrechtlichen Vorschriften über befristete Arbeitsverträge und deren Kündigung anwendbar, soweit sie §§ 57b – e HRG nicht widersprechen. Deshalb sind sowohl § 14 Abs. 4 TzBfG (Schriftform) als auch § 17 TzBfG (Klagefrist) zu beachten. Befristungen können auch auf die strengeren Vorschriften des TzBfG gestützt werden; allerdings werden auch diese Verträge auf die Höchstgrenzen angerechnet (§ 57b Abs. 2 S. 2 HRG). Die Sonderregelungen der SR 2y BAT sind dagegen innerhalb der Fristen des § 57b Abs. 1 HRG nicht anwendbar. Die gesetzliche Neuregelung schließt es nicht aus, dass mit den von ihr erfassten Mitarbeitern unbefristete Arbeitsverträge abgeschlossen werden (vgl. *Preis/Hausch* NJW 2002, 928 [930]; vgl. auch *Lakies* ZTR 2002, 250 ff.). 183

184 §§ 57b ff. HRG sind gem. § 57a Abs. 1 S. 2 HRG zweiseitig zwingendes Recht; allerdings kann gem. § 57a Abs. 1 S. 3 HRG für bestimmte Fachrichtungen und Forschungsbereiche durch Tarifvertrag von den Fristen des § 57b HRG abgewichen und die Anzahl der zulässigen Verlängerungen befristeter Arbeitsverträge festgelegt werden. Diese grundsätzlich gegebene Veränderungssperre erfasst nicht die Befristung mit dem in § 57a Abs. 1 S. 1 HRG genannten Personal, wenn die Befristung nicht auf die §§ 57a ff. HRG, sondern auf außerhalb des HRG liegende Vorschriften gestützt wird (BAG 17.1.2007 – 7 AZR 487/05, NZA 2007, 768 LS).

185 Die Befristungsregelungen in § 57b Abs. 1; 57d, 57f Abs. 2 S. 1 HRG sind mit Gemeinschaftsrecht vereinbar. Sie verstoßen nicht gegen die RL 1999/70/EG und bewirken keine unzulässige Diskriminierung wegen des Alters i. S. d. RL 2000/78/EG (BAG 19.3.2008 EzA § 620 BGB 2002 Hochschulen Nr. 3).

### c) Sachgrundlose Befristung mit Befristungshöchstgrenzen

186 Ein sachlicher Grund für die Befristung ist gem. § 57a ff. HRG in Zukunft nicht mehr erforderlich. Eine Beschränkung der Verwendung befristeter Arbeitsverträge wird allein durch die Festlegung von Höchstfristen bewirkt, die auch durch wiederholte Vertragsabschlüsse nicht überschritten werden können. Bei einem Wechsel der Hochschule werden bisherige Zeiten einer Beschäftigung angerechnet. Die Befristung nach dem HRG ist zukünftig ein personenbezogener Sonderbefristungstatbestand (Preis/Hausch NJW 2002, 928).

187 Innerhalb dieses Zeitraums hat die Hochschule jede Möglichkeit, Drittmittel oder haushaltsmäßig projektgebundene Mittel einzusetzen. Die Sicherstellung der zweckentsprechenden Verwendung der Drittmittel und der zweckgebundenen Haushaltsmittel erfolgt über das Haushaltsrecht und nicht über das Recht der befristeten Arbeitsverträge (Preis/Hausch NJW 2002, 929).

### d) Vor Abschluss der Promotion

188 In der Zeit vor Abschluss der Promotion ist nach § 57 Abs. 1 S. 1 i. V. m. § 57a Abs. 1 S. 1 HRG die Befristung von Arbeitsverträgen mit nicht promovierten Mitarbeitern bis zu einer Dauer von sechs Jahren ohne weiteren Sachgrund zulässig.

189 Das Anstreben des Abschlusses einer Promotion ist dabei keine Voraussetzung (BT-Drs. 14/6853, S. 32). Innerhalb der zulässigen Befristungsdauer sind gem. § 57 Abs. 1 S. 4 HRG Verlängerungen des befristeten Arbeitsvertrages möglich. Auf die Befristungsdauer sind gem. § 57b Abs. 2 HRG alle befristeten Arbeitsverhältnisse mit mehr als einem Viertel der regelmäßigen Arbeitszeit, die mit einer deutschen Hochschule oder einer Forschungseinrichtung i. S. d. § 57d HRG abgeschlossen wurden, sowie entsprechende Verträge gem. § 57c HRG anzurechnen. Bei Beschäftigungsverhältnissen mit einer geringeren Arbeitszeit ist davon auszugehen, dass diese nicht zur Qualifizierung genutzt werden können (BT-Drs. 14/6853, S. 30).

190 Zeiten einer Beschäftigung als studentische Hilfskraft werden gem. § 57e S. 2 HRG nicht auf die zulässige Befristungsdauer nach § 57b Abs. 1 HRG angerechnet. Angerechnet werden andererseits befristete Arbeitsverträge, die nach anderen Rechtsvorschriften als den §§ 57a ff. HRG abgeschlossen wurden (§ 57b Abs. 2 HRG). Mit wenigen Änderungen wurden die bereits bislang vorhandenen Verlängerungsmöglichkeiten der Höchstbefristungsdauer beibehalten (§ 57b Abs. 4 HRG).

### e) Nach Abschluss der Promotion

191 Nach Abschluss einer Promotion ist eine Befristung gem. § 57b Abs. 1 S. 2 HRG ebenfalls bis zu einer Dauer von sechs Jahren, im Bereich der Medizin bis zu neun Jahren möglich. Die Frist verlängert sich in dem Umfang, in dem Zeiten einer befristeten Beschäftigung nach § 57b Abs. 1 S. 1 HRG und Promotionszeiten ohne eine solche bzw. ohne eine anrechenbare Beschäftigung zusammen weniger als sechs Jahre betragen haben (§ 57b Abs. 1 S. 2 HRG). Auch insoweit sind die Anrechnungs- und Verlängerungsvorschriften in § 57b Abs. 2, 4 HRG anzuwenden.

Wann eine Promotion abgeschlossen ist, richtet sich nach den jeweiligen Promotionsordnungen der Fakultäten; maßgeblich ist i. d. R. die Verkündung des Gesamtergebnisses (vgl. *Preis/Hausch* NJW 2002, 929).

Nach Ablauf der Höchstfrist ist eine weitere Befristung nur noch nach Maßgabe des TzBfG möglich (§ 57b Abs. 2 S. 3 HRG); im Anwendungsbereich der SR 2y BAT modifiziert durch die in ihr enthaltenen Regelungen. Die Anwendbarkeit des § 14 Abs. 2, 3 TzBfG ist durch den 77. Änderungstarifvertrag zum BAT vom 29.10.2001 ausdrücklich eröffnet worden. In der Protokollnotiz Nr. 6 der SR 2y BAT heißt es, dass abweichend von der Protokollnotiz Nr. 1 (Erfordernis des Sachgrundes) Arbeitsverträge nach Maßgabe des § 14 Abs. 2, 3 TzBfG begründet werden können.

#### f) Zitiergebot

Gem. § 57b Abs. 3 S. 1 HRG ist im Arbeitsvertrag anzugeben, ob die Befristung auf den Vorschriften des HRG beruht. Andernfalls kann die Befristung darauf nicht gestützt werden (§ 57b Abs. 3 S. 2 HRG). Gem. § 57b Abs. 3 S. 3 HRG muss die Befristung kalendermäßig bestimmt oder bestimmbar sein; Zweckbefristungen und auflösende Bedingungen sind deshalb im Anwendungsbereich der §§ 57a ff. HRG nicht möglich (BT-Drs. 14/6853, S. 34).

#### g) Einbeziehung der Forschungseinrichtungen und der Privatdienstverträge

Auf Privatdienstverträge sind die Befristungsvorschriften gem. § 57c HRG entsprechend anzuwenden. Gleiches gilt nach § 57d HRG für den Abschluss befristeter Arbeitsverträge mit wissenschaftlichem Personal an staatlichen oder überwiegend staatlich finanzierten Forschungseinrichtungen. Das führt dazu, dass auch derartige Verträge in die Höchstgrenzenberechnung einfließen. **Durch Wechsel der Arbeitgeber soll keine mehrfache Ausschöpfung der Befristungshöchstgrenzen möglich sein** (*Preis/Hausch* NJW 2002, 929 f.).

Ein Institut der staatlichen Ressortforschung, in dem im Auftrag des übergeordneten Ministeriums Forschungsprojekte bearbeitet werden, ist eine Forschungseinrichtung i. S. d. § 57d HRG, wenn das Institut über eine Organisation verfügt, die eine freie wissenschaftliche Betätigung i. S. v. Art. 5 Abs. 3 GG ermöglicht. Das ist der Fall, wenn die erteilten Forschungsaufträge mit wissenschaftlichen Methoden und in freier Methodenwahl bearbeitet werden können und für den Regelfall die Publikation der Forschungsergebnisse vorgesehen ist (*BAG* 19.3.2008 EzA § 620 BGB 2002 Hochschulen Nr. 3).

#### h) Zeitlicher Geltungsbereich; Übergangsprobleme

§ 57f HRG beinhaltet die Grundregel, dass ab dem 23.2.2002 geschlossene Verträge nur nach den ab diesem Zeitpunkt geltenden Vorschriften des neuen HRG geschlossen werden können. Ab diesem Zeitpunkt muss bei einem Neuabschluss oder einer Verlängerung eines befristeten Vertrages im Geltungsbereich dieses Gesetzes geprüft werden, ob die neuen – personenbezogenen – Befristungshöchstgrenzen des § 57b HRG ausgeschöpft worden sind. Ist dies nicht der Fall, kann ein Vertrag auch nach dem In-Kraft-Treten des Gesetzes gem. § 57b HRG bis zu den dort geregelten Höchstfristen geschlossen werden.

Ist die Höchstdauer im Zeitpunkt der Verlängerung ausgeschöpft, ist eine weitere Befristung nur noch auf der Basis des allgemeinen Arbeitsrechts (TzBfG) möglich (vgl. *Preis/Hausch* NJW 2002, 927).

Da das HRG keine Übergangsvorschriften für etwaige Problemfälle, die sich aus der Anwendung des neuen Rechts auf »Altfälle« ergeben können, vorsieht, wird vorgeschlagen (*Preis/Hausch* NJW 2002, 934 ff.), zur Vermeidung von Härten, die damit zusammenhängen, dass bereits beschäftigte Mitarbeiter ihren Qualifizierungsweg nicht auf die Neuregelungen einstellen konnten, einige anerkannte Befristungsgründe situationsgerecht anzuwenden.

## 3. Der Diskurs von BVerfG und Bundesgesetzgeber: Rechtslage ab dem 1.1.2005; Übergangsvorschriften

**200** Durch Beschluss vom 27.7.2004 hat das *BVerfG* (NJW 2004, 2803) die gesetzliche Neuregelung insgesamt für verfassungswidrig erklärt (zu den Konsequenzen vgl. kontrovers *Löwisch* NZA 2004, 1065 ff. und *Dieterich/Preis* NZA 2004, 1241 ff.; *Kortstock* ZTR 2004, 558 ff.; *Scheel/Schenk* ZTR 2004, 614 ff.; *Müller* AuR 2004, 401 ff.; *ArbG Düsseld.* 2.11.2004 NZA-RR 2005, 159).

Der Bundesgesetzgeber hat darauf mit dem am 31.12.2004 in Kraft getretenen Gesetz zur Änderung dienst- und arbeitsrechtlicher Vorschriften im Hochschulbereich (HdaV-ÄndG; BGBl. I 2004 S. 3835; vgl. *Löwisch* NZA 2005, 321 ff.) reagiert. Das Gesetz sieht die Wiederinkraftsetzung der §§ 57a ff. HRG i. d. F. vom 16.2.2002 vor. Ohne weiteres gelten diese für alle ab dem 31.12.2004 abgeschlossenen befristeten Arbeitsverträge. Erfasst werden nach der Übergangsvorschrift des § 57f Abs. 1 S. 1 HRG aber auch die seit dem 23.2.2002 abgeschlossenen Verträge; dies ist verfassungsrechtlich nicht zu beanstanden (*BAG* 21.6.2006 EzA § 620 BGB 2002 Hochschulen Nr. 2 = NZA 2007, 209; *LAG Düsseld.* 6.6.2005 LAGE § 620 BGB 2002 Hochschulen Nr. 2; *LAG RhPf* 20.4.2005 ZTR 2005, 654; *LAG Hamm* 24.11.2005 LAGE § 620 BGB Hochschulen Nr. 4; *ArbG Bln.* 11.5.2005 ZTR 2005, 431 LS). Deshalb ist die Befristung der seit dem 23.2.2002 abgeschlossenen Arbeitsverträge z. B. mit studentischen Hilfskräften nach § 57e Abs. 1 HRG i. V. m. § 57f Abs. 1 S. 1 HRG n. F. für die Dauer von vier Jahren zulässig. Befristete Vorbeschäftigungszeiten nach dem HRG a. F. bleiben bei der Berechnung insoweit unberücksichtigt (*BAG* 20.4.2005 – 7 AZR 293/04 – EzA-SD 16/05, S. 5 LS = NZA 2005, 933).

Nach Auffassung des *LAG RhPf* (24.2.2005 NZA-RR 2005, 444) ist § 57f Abs. 2 HRG nicht eingeschränkt dahin auszulegen, dass lediglich Bediensteten eine übergangsweise Verlängerung der befristeten Beschäftigung gestattet sein soll, deren Arbeitsverhältnisse bei einer Fortgeltung des alten HRG auch noch nach dem 23.2.2002 hätten fortbefristet werden können. Die Regelung erfasst vielmehr auch die Verlängerung von befristeten Arbeitsverhältnissen, deren Höchstbefristungsdauer nach vormaligem Recht bereits erschöpft war (*LAG RhPf* 24.2.2005 NZA-RR 2005, 444; s. a. *LAG RhPf* 20.4.2005 ZTR 2005, 654). Ausgenommen sind nach § 57f Abs. 1 S. 2, 3 HRG lediglich die Verträge, die zwischen dem 27.7.2004 (also dem Tag der Verkündung der Entscheidung des BVerfG) und dem 31.12.2004 abgeschlossen worden sind. Für sie gilt ebenso wie für die vor dem 23.2.2002 abgeschlossenen Verträge die alte Fassung der §§ 57a ff. HRG. Da § 57f Abs. 1 S. 3 HRG für das Auslaufen der Anwendung der alten Fassung auf den 31.12.2004 abstellt, werden gem. §§ 186, 188 Abs. 1 BGB auch alle noch an diesem Tage abgeschlossenen Verträge erfasst, obwohl an diesem Tag bereits die neue Fassung der §§ 57a ff. HRG galt. § 57f Abs. 2 HRG enthält des Weiteren eine Übergangsvorschrift für Personen, die bereits vor dem 23.2.2002 zu einer Hochschule, einem Hochschulmitglied oder einer Forschungseinrichtung in einem befristeten Arbeitsverhältnis oder in einem Dienstverhältnis als wissenschaftlicher oder künstlerischer Assistent standen. Der Abschluss eines neuen befristeten Vertrages mit ihnen ist auch nach Ablauf der in § 57b Abs. 1 S. 1, 2 HRG geregelten zulässigen Befristungsdauer von zwei Mal sechs Jahren mit einer Laufzeit bis zum 29.2.2008 zulässig. Die in der für nichtig erklärten Fassung vorgesehene Übergangsfrist (28.2.2005) ist folglich um drei Jahre verlängert worden (vgl. *Löwisch* NZA 2005, 321 ff.).

Zur gesetzlichen Neuregelung der befristeten Anstellung von sog. Juniorprofessoren (§ 48 Abs. 3 HRG) vgl. *Löwisch* NZA 2005, 323.

## 4. §§ 57a ff. HRG a. F.: Rechtslage für Verträge bis zum 22.2.2002 (§ 6 Abs. 1 S. 2 WisszeitVG)

### a) Grundlagen

Auch für befristete Arbeitsverhältnisse, die nach In-Kraft-Treten von Art. 1 des Gesetzes über befristete Arbeitsverträge mit wissenschaftlichem Personal an Hochschulen und Forschungseinrichtungen vom 14.6.1985 (BGBl. I S. 1065; zu dessen Verfassungsmäßigkeit vgl. *BVerfG* 24.4.1996 EzA Art. 9 GG Nr. 61; zust. *Hufen* SAE 1997, 137 ff.) sowie des Gesetzes über befristete Arbeitsverträge mit Ärzten in der Weiterbildung vom 15.5.1986 (BGBl. I S. 742) zustande gekommen sind, gelten von den oben skizzierten Grundsätzen (s. Rdn. 176 ff.) **abweichende Regelungen** (vgl. *Buchner* RdA 1985, 258; *Otto* NZA 1988, 830; *Lakies* NZA 1997, 751 ff.). 201

> Gem. § 57 HRG gelten für den Abschluss von Arbeitsverträgen für eine bestimmte Zeit mit wissenschaftlichen und künstlerischen Mitarbeitern, Personal mit ärztlichen Aufgaben und Lehrkräften für besondere Aufgaben sowie mit wissenschaftlichen Hilfskräften die §§ 57b–f HRG. Die arbeitsrechtlichen Vorschriften und Grundsätze befristeter Arbeitsverhältnisse – einschließlich tarifvertraglicher Regelungen (*BAG* 30.3.1994 EzA § 620 BGB Nr. 124) – sind nur insoweit anzuwenden, als sie den Vorschriften der §§ 57 ff. HRG nicht widersprechen. 202

§§ 57b Abs. 2, 57c, 57d HRG **definieren das Vorhandensein eines sachlichen Grundes**, regeln die **Dauer der Befristung** sowie die **Möglichkeit einer Beendigung bei Wegfall von Mitteln Dritter** (ausf. zu § 57b HRG *Zimmerling* ZTR 1998, 15 ff.). 203

Anzuwenden sind die Vorschriften gem. § 57 f. HRG erstmals auf Arbeitsverträge, die ab dem 20.6.1985 abgeschlossen worden sind. 204

**§§ 57a S. 2, 57b–f HRG gelten entsprechend für den Abschluss von befristeten Arbeitsverträgen mit wissenschaftlichem Personal und mit Personal mit ärztlichen Aufgaben an staatlichen Forschungseinrichtungen sowie an überwiegend staatlich oder auf Grundlage von Art. 91b GG finanzierten Forschungseinrichtungen.** Es handelt sich dabei um Einrichtungen, die sich ausschließlich Forschungsaufgaben widmen und im Gegensatz zur Hochschule keine Lehraufgaben wahrnehmen. Zu den staatlichen Forschungseinrichtungen gehören die Bundes- und Landesforschungsanstalten, einschließlich der Ressortforschungsanstalten. Maßgeblich ist die Trägerschaft bzw. Eigentümerstellung. Überwiegend staatlich finanzierte Einrichtungen können Stiftungen oder staatlich dominierte Einrichtungen ohne Erwerbscharakter sein. Auf der Grundlage von Art. 91b GG finanzierte Einrichtungen sind die auf der Rechtsgrundlage der Rahmenvereinbarung Forschungsförderung zwischen Bund und Ländern vom 28.11.1975 geförderten Einrichtungen (BAnz. Nr. 240 v. 30.12.1975 S. 4; vgl. APS/*Schmidt* Art. 2 HFVG Rn. 1). 205

Eine Befristung gem. § 57b Abs. 5 HRG kann aber nur dann auf einen der in § 57b Abs. 2–4 HRG normierten Tatbestände als sachlichen Befristungsgrund gestützt werden, wenn dieser **im Arbeitsvertrag angegeben** ist. Dazu genügt die Bezeichnung des einschlägigen gesetzlichen Tatbestandes, auf den die Befristung gestützt werden soll. Einer konkreten Angabe des Befristungsgrundes bedarf es nicht (*BAG* 31.1.1990 EzA § 620 BGB Nr. 108; APS/*Schmidt* § 57b HRG Rn. 37 ff.). § 57b Abs. 5 HRG enthält **kein Zitiergebot** des Inhalts, dass die gesetzliche Bestimmung im Arbeitsvertrag ausdrücklich genannt werden muss. Es reicht vielmehr aus, dass dem Arbeitsvertrag zu entnehmen ist, auf welche Gründe die Befristung gestützt wird und welchem Tatbestand des § 57 Abs. 2 HRG die Gründe zuzuordnen sind (*BAG* 19.8.1992 EzA § 620 BGB Nr. 114). 206

### b) Einzelfragen

Ein sachlicher Grund für die Befristung eines Arbeitsverhältnisses mit einem wissenschaftlichen Mitarbeiter liegt nach § 57b Abs. 2 Nr. 2 HRG vor, wenn der Mitarbeiter aus **Haushaltsmitteln** vergütet wird, die haushaltsrechtlich für eine befristete Beschäftigung bestimmt sind, und der Mitarbeiter zu Lasten dieser Mittel eingestellt und entsprechend beschäftigt wird. 207

208 Haushaltsmittel sind i. S. v. § 57b Abs. 2 Nr. 2 HRG für eine befristete Beschäftigung bestimmt, wenn der Haushaltsgesetzgeber eine Mittelverwendung für befristete Arbeitsverhältnisse anordnet und mit einer konkreten Sachregelung verbindet (*BAG* 24.1.1996 EzA § 620 BGB Hochschulen Nr. 2; vgl. APS/*Schmidt* § 57b HRG Rn. 12 ff.).

209 Der für die Anwendbarkeit der §§ 57a ff. HRG maßgebliche Begriff des wissenschaftlichen Mitarbeiters bestimmt sich allein nach §§ 53 ff. HRG. Landesrechtliche Vorschriften können ihn nicht mit Wirkung für die Anwendung der §§ 57a ff. HRG verändern. Der wissenschaftliche Mitarbeiter i. S. d. §§ 53 HRG erbringt Dienstleistungen zur Erfüllung der Aufgaben in Forschung und Lehre. Die für die Organisation einer Hochschule oder einer ihrer Einrichtungen notwendige **Verwaltungsarbeit** gehört nicht dazu, auch wenn sie von einem wissenschaftlich ausgebildeten Mitarbeiter vorgenommen wird (*BAG* 28.1.1998 EzA § 620 BGB Hochschulen Nr. 15). Andererseits können auch **Fachhochschulassistenten** wissenschaftliche Mitarbeiter i. S. d. §§ 53, 57b HRG sein.

210 § 57b Abs. 2 HRG enthält einen **Katalog möglicher Befristungsgründe** für die Arbeitsverhältnisse von wissenschaftlichen Mitarbeitern an Hochschulen; um eine abschließende Regelung handelt es sich dabei allerdings nicht.

211 Nach § 57 Abs. 2 Nr. 1 HRG, der die bisher bestehenden Befristungsmöglichkeiten erweitert hat, ist **kein spezieller Fort- und Weiterbildungszweck erforderlich** (*BAG* 19.8.1992 EzA § 620 BGB Nr. 114; APS/*Schmidt* § 57b HRG Rn. 4 ff.). Ein Arbeitsvertrag kann nach § 57b Abs. 2 Nr. 1 2. Alt. HRG befristet werden, wenn die von dem wissenschaftlichen oder künstlerischen Mitarbeiter zu erbringenden Dienstleistungen **seiner Weiterbildung für eine spätere Berufstätigkeit außerhalb der Hochschule dienen**. Für das Vorliegen eines Sachgrundes für die Befristung ist danach erforderlich, dass die Vertragsparteien bei Vertragsabschluss Vorstellungen über eine nach der Hochschultätigkeit auszuübende berufliche Tätigkeit des Mitarbeiters haben, dass die dafür geplante Weiterbildung für den Vertragsabschluss mitbestimmend war und wenigstens ein Teil der Dienstaufgaben auf diese Weiterbildung abgestimmt wird. Die mit jeder wissenschaftlichen oder künstlerischen Tätigkeit an einer Hochschule verbundene allgemeine Weiterbildung genügt diesen Anforderungen nicht (*BAG* 25.8.1999 EzA § 620 BGB Hochschulen Nr. 26).

212 Der Befristungsgrund des § 57b Abs. 2 Nr. 3 1. Alt. HRG setzt voraus, dass der Arbeitnehmer **besondere Kenntnisse in der Forschungsarbeit** erwerben soll, die einer Tätigkeit außerhalb des bisherigen Arbeitsbereichs dienlich sind.

213 Die Befristung nach § 57b Abs. 2 Nr. 3 2. Alt. HRG setzt voraus, dass der Mitarbeiter bereits außerhalb der jeweiligen Hochschule besondere Kenntnisse gesammelt hat, die er während seiner befristeten Beschäftigung in der Hochschule **einbringen** soll (*BAG* 6.11.1996, 23.2.2000 EzA § 620 BGB Hochschulen Nr. 9, 25).

214 Besondere Kenntnisse und Erfahrungen i. S. d. § 57 Abs. 2 Nr. 3b HRG erwirbt ein wissenschaftlicher Mitarbeiter nicht bereits dann, wenn er seine Kenntnisse und Erfahrungen in seinem allgemeinen Forschungsgebiet fortlaufend erweitert und vertieft. Dieser Befristungsgrund setzt vielmehr voraus, dass er besondere Kenntnisse in der Forschungsarbeit erwerben soll, die einer Tätigkeit **außerhalb des bisherigen Arbeitsbereichs dienlich** sind (*BAG* 4.12.1996 EzA § 620 BGB Hochschulen Nr. 10; APS/*Schmidt* § 57b HRG Rz. 16 ff.).

215 **Mittel Dritter** i. S. d. § 57b Abs. 2 Nr. 4 HRG können auch solche Mittel sein, die der Hochschule von ihrem Unterhaltsträger aus Sondermitteln für bestimmte Forschungsprojekte zugewiesen werden, sofern es sich dabei nicht um die der Hochschule zur Verfügung gestellte laufende Haushaltsmittel handelt (*BAG* 31.1.1990 EzA § 620 BGB Nr. 108). Ausreichend ist es, wenn bei Vertragsabschluss mit hinreichender Sicherheit davon ausgegangen werden konnte, dass seine Vergütung nur für den geringeren Teil der Vertragsdauer aus laufenden Haushaltsmitteln bestritten werden muss (*BAG* 22.11.1995 EzA § 620 BGB Hochschulen Nr. 3; vgl. APS/*Schmidt* § 57b HRG Rn. 19 ff.). Der wissenschaftliche Mitarbeiter wird entsprechend der Zweckbefristung der Drittmittel beschäftigt, wenn sein bei Vertragsabschluss vorgesehener bzw. sein späterer von einem zum Vertragsabschluss Berech-

## B. Besondere gesetzliche Bestimmungen  Kapitel 5

tigten gebilligter Einsatz die Interessen des Drittmittelgebers nicht beeinträchtigt. Eine solche Beeinträchtigung ist i. d. R. nicht bereits darin zu sehen, dass der Mitarbeiter im Austauschwege an einem Projekt eines anderen Drittmittelgebers eingesetzt wird, dass er in geringem Umfang auch allgemeine Hochschulaufgaben wahrnimmt und dass Zeiten, in denen der Mitarbeiter nicht für Drittmittelprojekte eingesetzt werden kann, durch die Zuweisung anderer Arbeiten überbrückt werden (*BAG* 22.11.1995 EzA § 620 BGB Hochschulen Nr. 3). Entscheidend ist dann, wenn der wissenschaftliche Mitarbeiter nicht ausschließlich in dem geförderten Projekt tätig wird, dass dadurch nach den Gesamtumständen die Interessen des Drittmittelgebers nicht beeinträchtigt werden (*BAG* 15.4.1999 EzA § 620 BGB Hochschulen Nr. 17).

Die Zweckbestimmung von Drittmitteln kann auch von der Hochschule vorgenommen werden, wenn es sich um Mittel handelt, die der Hochschule nach Abschluss eines Drittmittelprojekts zur freien Verfügung verblieben sind (*BAG* 15.1.1997 NZA 1998, 29). **216**

Die Befristung des Arbeitsverhältnisses eines wissenschaftlichen Mitarbeiters, der **nicht in einem Forschungsvorhaben eingesetzt wird**, kann nicht auf den in § 57 Abs. 2 Nr. 4 HRG geregelten Sachgrund der Drittmittelfinanzierung gestützt werden (*BAG* 25.8.1999 EzA § 620 BGB Hochschulen Nr. 19). **217**

**ABM-Verträge** sind keine Drittmittelverträge i. S. d. § 57b Abs. 2 Nr. 4 HRG und deshalb auch nicht auf die Höchstdauer der Befristung nach § 57c Abs. 2 HRG anzurechnen (*BAG* 13.4.1994 EzA § 620 BGB Nr. 125). **218**

Art. 48 Abs. 2 EWGV(jetzt Art. 39 Abs. 2 EGV) – nicht dagegen Art. 9 Abs. 3 GG (*BVerfG* 24.4.1996 EzA Art. 9 GG Nr. 61) – steht einer Auslegung von § 57b Abs. 3 HRG a. F. entgegen, nach der die Beschäftigung von **Fremdsprachenlektoren** aus der Europäischen Union stets ein sachlicher Grund für die Befristung des Arbeitsverhältnisses ist. Erforderlich ist vielmehr, dass für die Befristung ein sachlicher Grund vorliegt. Die Sicherung eines aktualitätsbezogenen Unterrichts rechtfertigt die Befristung der Arbeitsverträge mit Fremdsprachenlektoren nicht (*BAG* 15.3.1995 EzA § 620 BGB Nr. 132; 12.2.1997 EzA § 620 BGB Hochschulen Nr. 11; 25.2.1998 EzA § 620 BGB Hochschulen Nr. 14). Die in den Verwaltungsvorschriften über die Beschäftigung von Lektoren in den Hochschulen genannte **Gewährleistung kulturellen Austauschs** und **die Gelegenheit zur Weiterqualifizierung** können Sachgründe für eine Befristung sein, nicht aber die Vermeidung der Entfremdung vom Herkunftsland (*BAG* 25.2.1998 EzA § 620 BGB Hochschulen Nr. 14; *LAG BW* 3.9.1998 NZA-RR 1999, 68; vgl. APS/*Schmidt* § 57b HRG Rn. 29 ff.). **219**

Art. 48 Abs. 2 EWGV (jetzt Art. 39 Abs. 2 EGV) steht der Anwendung der §§ 57a, b, c HRG auch insoweit entgegen, als danach die Stellen von **Fremdsprachenlektoren** mittels befristeter Arbeitsverträge besetzt werden können oder müssen, während der Abschluss derartiger Verträge mit sonstigen Lehrkräften für besondere Aufgaben im Einzelfall durch einen sachlichen Grund gerechtfertigt sein muss (*EuGH* 20.10.1993 NZA 1994, 115). **220**

Unter dem Gesichtspunkt des kulturellen Austausches ist die Befristung eines Lektorenvertrages deshalb nur dann wirksam, wenn die Stelle bei einem tatsächlich praktizierten Austausch von Hochschulabsolventen vorgesehen und hierfür auch gesondert ausgewiesen ist (*BAG* 20.9.1995 EzA § 620 BGB Nr. 135). **221**

§ 57b Abs. 3 HRG wurde inzwischen durch Gesetz vom 20.8.1998 dahin **geändert**, dass Abs. 3 für die Befristung eines Arbeitsvertrages mit einer Lehrkraft für besondere Aufgaben nach § 56 HRG entsprechend gilt. Mit dieser Neufassung werden die für die befristete Beschäftigung von **wissenschaftlichen und künstlerischen Mitarbeitern** geltenden sachlichen Gründe auf die befristete Beschäftigung von Lehrkräften für besondere Aufgaben erstreckt, so dass eine Sonderbehandlung von Fremdsprachenlektoren zukünftig nicht mehr stattfindet (vgl. dazu *Hänlein* NZA 1999, 513 ff.). **222**

§ 57b Abs. 3 HRG a. F. vermochte eine dem Sinn und Zweck der Vorschrift offenkundig widersprechende Befristung nicht zu rechtfertigen. Eine objektiv funktionswidrige Verwendung dieser gesetz- **223** lichen Befristungsmöglichkeit lag insbes. dann vor, wenn der **Fremdsprachenlektor bei Vertragsabschluss** schon **lange Zeit in Deutschland lebte** (*BAG* 1.12.1999 NZA 2000, 374). Zudem stand das **Diskriminierungsverbot** in Art. 10 Abs. 1 des Assoziationsratsbeschlusses EG-Türkei Nr. 1/80 der Anwendung der alten Fassung auf den mit einer **türkischen Lektorin** geschlossenen befristeten Arbeitsvertrag **entgegen** (*BAG* 22.3.2000 NZA 2000, 831).

224 Von § 57b Abs. 2 und 3 HRG unabhängige sachliche Gründe, auf die die Befristung des Arbeitsvertrages eines Lektors gestützt werden soll, brauchen nicht gem. § 57b Abs. 5 HRG im Arbeitsvertrag angegeben zu werden (*BAG* 24.4.1996 EzA § 620 BGB Hochschulen Nr. 7). Art. 37 des **Europa-Assoziierungsabkommens** zwischen der EG und Polen steht der Anwendung einer nationalen Rechtsvorschrift auf polnische Staatsangehörige entgegen, nach der die Stellen von Fremdsprachenlektoren mittels befristeter Arbeitsverträge besetzt werden könne, während der Abschluss derartiger Verträge mit sonstigen Lehrkräften für besondere Aufgaben im Einzelfall durch einen sachlichen Grund gerechtfertigt sein muss (*EuGH* 29.1.2002 NZA 2002, 377).

225 Auf die **Befristungshöchstgrenze** (gem. § 57c Abs. 2 HRG bei einer Befristung gem. § 57b Abs. 2 Nr. 1–4, Abs. 3 HRG 5 Jahre, bei einer Befristung gem. § 57b Abs. 2 Nr. 5 HRG 2 Jahre) sind nach der ursprünglich vom *BAG* (31.1.1990 EzA § 620 BGB Nr. 108) vertretenen Auffassung befristete Arbeitsverträge, die vor dem In-Kraft-Treten der §§ 57a – 57e HRG abgeschlossen worden sind, auch dann nicht anzurechnen, wenn der sachliche Grund für die Befristung eines solchen Arbeitsvertrages mit einem der in § 57b Abs. 2 Nr. 1–4, Abs. 3 HRG normierten sachlichen Befristungsgründe ganz oder teilweise übereinstimmt.

226 Inzwischen geht das *BAG* (14.12.1994 EzA § 620 BGB Nr. 129; 20.10.1999 EzA § 620 BGB Hochschulen Nr. 22) davon aus, dass dann, wenn die Befristung des letzten – allein der Befristungskontrolle unterliegenden – Arbeitsvertrages nur auf die erleichterten Befristungsmöglichkeiten des § 57 Abs. 2, 3 HRG gestützt wird, in die Befristungshöchstdauer nach § 57c Abs. 2 HRG auch solche vorangegangenen, aber nach dem 25.6.1985 (dem In-Kraft-Treten der §§ 57a ff. HRG) abgeschlossenen Arbeitsverträge einzubeziehen sind, deren Befristung zwar nicht ausdrücklich auf einen der Befristungsgründe des § 57b Abs. 2, 3 HRG gestützt worden war, aber hierauf hätte gestützt werden können (*BAG* 4.12.2002 NZA 2003, 991 LS; vgl. APS/*Schmidt* § 57b HRG Rn. 4 ff.). Andererseits ist ein Verstoß gegen § 57c Abs. 2 HRG dann nicht gegeben, wenn der maßgebliche letzte befristete Vertrag nicht auf die erleichterten Befristungsmöglichkeiten des HRG gestützt wird und zu ihrer Wirksamkeit dieser Rechtfertigung nicht bedarf (*BAG* 24.10.2001 EzA § 620 BGB Hochschulen Nr. 31).

227 Ein befristeter Arbeitsvertrag eines wissenschaftlichen Mitarbeiters an einer Hochschule ist nach § 57c Abs. 3 HRG nur dann nicht auf die fünfjährige Befristungshöchstgrenze des § 57c Abs. 2 HRG anzurechnen, wenn der Arbeitsvertrag dem wissenschaftlichen Mitarbeiter die Gelegenheit zur **Vorbereitung seiner Promotion** als **Teil seiner Dienstaufgaben** einräumt (*BAG* 20.9.1995 EzA § 620 BGB Hochschulen Nr. 1; 5.4.2000 EzA § 620 BGB Hochschulen Nr. 28). Dazu ist es nicht erforderlich, dass dem Mitarbeiter 50 % seiner Arbeitszeit zur eigenen wissenschaftlichen Weiterbildung eingeräumt werden (*BAG* 5.6.2002 EzA § 620 BGB Hochschulen Nr. 34). Promoviert der Mitarbeiter im Rahmen eines dazu befristeten Arbeitsvertrages vor Ablauf der Befristung, so werden die verbleibenden Zeiten bei der Berechnung der Fünfjahresgrenze des § 57c Abs. 2 HRG nicht eingerechnet (*BAG* 15.1.1997 NZA 1998, 29). Die Laufzeit eines Vertrages über die Tätigkeit eines Arztes im Praktikum ist auf die Höchstgrenze nicht anzurechnen (*BAG* 14.11.2001 NZA 2002, 1398).

228 Zeiten einer Beschäftigung als **wissenschaftliche Hilfskraft**, d. h. mit weniger als der Hälfte der regelmäßigen tariflichen Arbeitszeit, sind auf die Höchstgrenze jedenfalls nicht anzurechnen (*BAG* 20.9.1995 EzA § 620 BGB Nr. 137; abl. *Sill-Gorny* ZTR 1997, 399 ff.). Auf Zeiten, die **Stipendiaten** ohne einen mit der Universität bzw. deren Träger geschlossenen Arbeitsvertrag an der Universität verbringen, ist § 57 Abs. 2 S. 2 HRG weder unmittelbar noch entsprechend anwendbar (*BAG* 21.2.2001 ZTR 2001, 376 LS). Das gilt auch dann, wenn der wissenschaftliche Mitarbeiter als Be-

amter auf Zeit sich im Ausland aufhält und in denen er als wissenschaftliche Hilfskraft beschäftigt wird (*BAG* 15.1.2003 NZA 2003, 1167 LS). Beruht die Befristung eines Arbeitsvertrages nach dem eindeutigen und übereinstimmenden Willen der Parteien ausschließlich auf der Nichtanrechnung von Zeiten des Erziehungsurlaubs und des Beschäftigungsverbots nach dem MuSchG, entspricht die Dauer der Befristung den nicht anrechenbaren Zeiträumen, auch wenn das Ende der Befristung im Vertrag falsch datiert ist (*BAG* 4.12.2002 NZA 2003, 991 LS).

§ 57c Abs. 6 HRG (vgl. dazu ausf. *Sill-Gorny* ZTR 2000, 103 ff.) enthält eine **abschließende Regelung derjenigen Zeiten**, die auf die Dauer eines nach § 57b Abs. 2 HRG befristeten Arbeitsverhältnisses eines wissenschaftlichen Mitarbeiters **nicht angerechnet werden** (z. B. Wehr-, Zivildienst; Elternzeit), damit sind landesrechtliche Regelungen aus der Zeit vor In-Kraft-Treten des § 57c HRG, die weitere Nichtanrechnungstatbestände regeln, unvereinbar und damit nichtig (*BAG* 14.2.1996 EzA § 620 BGB Hochschulen Nr. 4; vgl. APS/*Schmidt* § 57b HRG Rn. 22 ff.). 229

Der **Arbeitnehmer** hat die Voraussetzungen **darzulegen**, aus denen die Unwirksamkeit einer Befristung wegen Überschreitens der Höchstbefristungsgrenze des § 57c Abs. 2 HRG folgt (*BAG* 20.10.1999 EzA § 620 BGB Hochschulen Nr. 22; APS/*Schmidt* § 57b HRG Rn. 11). 230

## 5. Ärzte in der Weiterbildung

Gem. § 1 Abs. 1 des Gesetzes über befristete Arbeitsverträge mit Ärzten in der Weiterbildung gelten auch dann weniger strenge Anforderungen, wenn die Beschäftigung des Arztes außerhalb des Regelungsbereichs des HRG erfolgt und seiner Weiterbildung zum Gebietsarzt oder dem Erwerb einer Anerkennung für ein Teilgebiet oder einer Zusatzbezeichnung dient (vgl. APS/*Schmidt* ÄArbVtrG Rn. 1 ff.; KR/*Lipke* ÄArbVtrG Rn. 1 ff.; *Künzl* NZA 2008, 1101 ff.; s. zu den Voraussetzungen instr. *BAG* 13.6.2007 EzA § 14 TzBfG Nr. 40 = NZA 2008, 103); uneingeschränkt anwendbar ist allerdings das Schriftformerfordernis des § 14 Abs. 4 TzBfG (*BAG* 13.6.2007 EzA § 14 TzBfG Nr. 40 = NZA 2008, 103). 231

Eine Befristung nach § 1 Abs. 1 ÄArbVtrG setzt nicht voraus, dass der Arzt ausschließlich zu seiner Weiterbildung beschäftigt wird. Es genügt, dass die Beschäftigung diesen **Zweck fördert**. Notwendig ist allerdings, dass es sich um eine inhaltlich und zeitlich strukturierte Weiterbildung handelt; eine nur gelegentliche oder beiläufige Förderung der Weiterbildung genügt nicht (*LAG Hamm* 10.10.2006 LAGE § 620 BGB 2002 Arzt Nr. 1). 232

§ 1 Abs. 4 ÄArbVtrG gewährt einen Anspruch auf Abschluss eines Arbeitsvertrages für die Dauer der nach dieser Vorschrift anrechenbaren Unterbrechungszeiten eines nach § 1 Abs. 3 ÄArbVtrG befristeten Arbeitsverhältnisses. 233

Dieser Anspruch kann auch dann bestehen, wenn der in der Weiterbildung stehende Arzt die nach der jeweiligen Weiterbildungsordnung vorgeschriebenen Beschäftigungszeiten bereits **vor Beginn des Unterbrechungszeitraums** zurückgelegt hat (*BAG* 24.4.1996 EzA § 620 BGB Hochschulen Nr. 8; vgl. APS/*Schmidt* ÄArbVtrG Rn. 22 f.). 234

Das *LAG Nds.* (5.4.2001 ZTR 2001, 428; ebenso *BAG* 14.8.2002 EzA § 620 BGB Ärzte Nr. 1; 13.6.2007 EzA § 14 TzBfG Nr. 40 = NZA 2008, 103) geht davon aus, dass Zweckbefristungen (z. B. »für die Dauer der Weiterbildung bis zur Facharztanerkennung« **im Rahmen von § 1 Abs. 2 ÄAVtrG nicht zulässig sind**. Denn die Zweckbefristung des Arbeitsvertrags ist kalendermäßig weder bestimmt noch bestimmbar i. S. dieser gesetzlichen Regelung. Denn zum maßgeblichen Zeitpunkt des Vertragsschlusses lässt sich das Beendigungsdatum nicht anhand eines Kalenders zweifelsfrei bestimmen, sondern ist von künftigen, ihrem Zeitpunkt nach ungewissen Ereignissen abhängig. Rechtsfolge der Vereinbarung einer Zweckbefristung ist danach das Bestehen eines unbefristeten Arbeitsverhältnisses (*BAG* 14.8.2002 EzA § 620 BGB Ärzte Nr. 1). 235

Nach Auffassung von *Dreher* (DB 1999, 1396 ff.; a. A. APS/*Schmidt* ÄArbVtrG Rn. 8; *LAG Köln* 2.11.2000 ARST 2001, 112 LS) ist das BeschFG (bzw. ab 1.1.2001 das TzBfG) nicht neben dem ÄArbVtrG anwendbar. 236

237 Das Gesetz zur Änderung arbeitsrechtlicher Vorschriften in der Wissenschaft soll – im Rahmen seines Anwendungsbereichs – dem ÄArbVtrG vorgehen.

## III. § 21 BEEG

238 Eine besondere gesetzliche Regelung der Zulässigkeit von Zweckbefristungen anlässlich von Elternzeit enthält § 21 BEEG.

239 Danach liegt ein sachlicher Grund, der die Befristung eines Arbeitsverhältnisses rechtfertigt, vor, wenn ein Arbeitnehmer zur Vertretung eines anderen Arbeitnehmers für Zeiten eines Beschäftigungsverbots nach dem MuSchG, einer Elternzeit (vgl. *LAG Köln* 13.9.1995 LAGE § 620 BGB Nr. 41), einer auf Tarifvertrag, Betriebsvereinbarung oder einzelvertraglicher Vereinbarung beruhenden Arbeitsfreistellung zur Betreuung eines Kindes oder für diese Zeiten zusammen oder für Teile davon eingestellt worden ist (Abs. 1). Durch § 21 Abs. 1 BEEG wird ein ausreichender sachlicher Grund für die Befristungsvereinbarung unwiderleglich vermutet (*LAG Köln* 24.10.1997 NZA-RR 1998, 292). Über die Dauer der Vertretung hinaus ist die Befristung für notwendige Zeiten einer Einarbeitung zulässig (Abs. 2).

240 Der Tatbestand des § 21 Abs. 1 BEEG ist erfüllt, **wenn zwischen der Elternzeit und der befristeten Einstellung eine Kausalität besteht** (vgl. APS/*Backhaus* § 21 BEEG Rn. 18 f.).

241 Die Kausalität wird nach Auffassung des *LAG Köln* (24.10.1997 NZA-RR 1998, 292) vermutet, wenn durch den Ausfall des Arbeitnehmers in der Elternzeit die Gesamtzahl der aktuell eingesetzten Stammbelegschaft gesunken und dieses Defizit durch den Einsatz der Ersatzkraft (teilweise) ausgeglichen wird, die Ersatzkraft entweder auf dem vakant gewordenen Arbeitsplatz oder einem anderen Arbeitsplatz eingesetzt wird, der durch Umsetzung des Arbeitsplatzinhabers auf den vakanten Arbeitsplatz frei geworden ist (mittelbare Vertretung), und auf den vorübergehenden Ausfall des Arbeitnehmers in der Elternzeit als Grund für die Befristung im Arbeitsvertrag hingewiesen wird.

242 Fraglich ist, was dann gilt, wenn der Elternzeitberechtigte die Elternzeit **vorzeitig beendet** und an seinen Arbeitsplatz zurückkehren will. Der zur Vertretung zweckbefristet eingestellte Arbeitnehmer hatte u. U. mit einer wesentlich späteren Rückkehr und einem dementsprechend längeren Arbeitsverhältnis gerechnet. Da aber einer Zweckbefristung stets ein Moment der Unsicherheit innewohnt, ist auch dann die u. U. von beiden Vertragsparteien nicht erwartete frühzeitige Beendigung des Aushilfsvertrages unter Einhaltung einer der ordentlichen Kündigungsfrist entsprechenden Auslauffrist möglich (*Rolfs* NZA 1996, 1140).

243 Der Arbeitgeber ist nach Auffassung des *LAG Köln* (13.9.1995 LAGE § 620 BGB Nr. 41) nicht verpflichtet, eine Prognose darüber anzustellen, ob und in welchem Umfang die Arbeitnehmer seines Betriebes in Zukunft Elternzeit in Anspruch nehmen werden und welcher Vertretungsbedarf sich voraussichtlich daraus ergeben wird. **Auch bei vorhersehbarem zukünftigen Bedarf muss er mit den Vertretungskräften keine unbefristeten Arbeitsverträge abschließen.**

244 Das *BAG* (9.7.1997 EzA § 21 BErzGG Nr. 2) hat offen gelassen, ob § 21 BEEG auch die Einstellung eines Arbeitnehmers zur Vertretung eines **zeitweilig ausfallenden Mitarbeiters** sachlich rechtfertigt. Jedenfalls ist die zeitliche Befristung des Arbeitsverhältnisses eines Lehrers zur Vertretung einer beamteten Lehrerin während deren Elternzeit nach SR 2y BAT sachlich gerechtfertigt. Das gilt auch, wenn die Befristung nicht bis zum Ablauf der Elternzeit vereinbart wird (*BAG* 9.7.1997 ZTR 1998, 41).

245 Gem. **§ 21 Abs. 3 BErzGG** a. F. musste die Dauer der Befristung des Arbeitsvertrages kalendermäßig bestimmt oder bestimmbar sein. Diese Vorschrift **verbot die Zweckbefristung eines Arbeitsvertrages, der für die Dauer der Beschäftigungsverbote nach dem MuSchG und/oder die Dauer einer *Elternzeit*** bis zum ungewissen Ende des Vertretungsfalles mit der Ersatzkraft abgeschlossen wurde (*BAG* 9.11.1994 EzA § 21 BErzGG Nr. 1).

## IV. §§ 9 Nr. 2, 3 Abs. 1 Nr. 3 AÜG

Gem. § 9 Nr. 2 AÜG sind **wiederholte Befristungen** des Arbeitsverhältnisses zwischen Verleiher und Leiharbeitnehmern unwirksam, es sei denn, dass sich für die Befristung aus der Person des Leiharbeitnehmers ein **sachlicher Grund** ergibt, oder die Befristung **für einen Arbeitsvertrag vorgesehen ist, der unmittelbar an einen mit demselben Verleiher geschlossenen Arbeitsvertrag anschließt.** 246

Daraus wird (*Postler* NZA 1999, 179 ff.; *Düwell* BB 1997, 48; ebenso *Feuerhorn/Hamann* BB 1997, 2530; *Groeger* DB 1998, 472; APS/*Biebl* § 9 AÜG Rn. 6) abgeleitet, dass die Vorschriften des **BeschFG daneben nicht anwendbar sind** und dass nach den **arbeitsmarktpolitischen Motiven des Gesetzgebers** im Bereich der Arbeitnehmerüberlassung befristete Verträge zulässig sind, die weder bezüglich der Dauer noch der Anzahl einer Beschränkung unterliegen, sofern sie lückenlos aufeinander folgen. 247

**Fraglich ist** aber, ob daran für das Verhältnis zwischen § 14 Abs. 1, 2 TzBfG zu § 9 Nr. 2 AÜG festgehalten werden kann. Dagegen spricht, dass **§ 9 Nr. 2 AÜG mit der RL 99/70 EG nicht vereinbar ist,** so dass dem **Gebot gemeinschaftskonformer Auslegung** zu folgen ist, das immer dann eingreift, wenn die Frist zur Umsetzung der betreffenden Richtlinie abgelaufen ist. Da weder § 9 AÜG noch § 14 TzBfG ausdrücklich die Frage des Vorrangcharakters einer dieser Normen regeln, ist die **Auslegung möglich,** dass auch für befristete Verträge nach § 9 Nr. 2 AÜG, die sich unmittelbar an einen mit demselben Verleiher abgeschlossenen Vertrag anschließen, die Vorschriften des **§ 14 Abs. 1, 2 TzBfG gelten.** So wird der EG-Richtlinie genügt. Die wiederholte Befristung ist folglich auch nach § 9 Nr. 2 AÜG nur dann zulässig, wenn sie sich im Rahmen zulässiger Verlängerungen nach § 14 Abs. 2 TzBfG hält oder einen Sachgrund hat. Die bloße Unsicherheit, ob der Leiharbeitnehmer im Anschluss an den abzuschließenden befristeten Vertrag erneut verliehen werden kann, kann nach den allgemeinen Grundsätzen die Befristung sachlich nicht rechtfertigen (APS/*Backhaus* § 23 TzBfG Rn. 3). 248

## C. Prozessuale Fragen

Die Klage kann trotz des Wortlauts des § 17 S. 1 TzBfG auch **schon vor dem vereinbarten Vertragsende erhoben werden** (APS/*Backhaus* § 17 TzBfG Rn. 42; ebenso zu § 1 Abs. 5 BeschFG BAG 28.6.2000 EzA § 1 BeschFG 1985 Nr. 15; *Hoß/Lohr* MDR 1998, 323; *Vossen* NZA 2000, 710; *Körfer* FA 2000, 305). 249

Der **Klageantrag** ist durch § 17 S. 1 TzBfG vorgegeben: 250

»Es wird festgestellt, dass die Befristung des zwischen den Parteien abgeschlossenen Arbeitsvertrages vom ... rechtsunwirksam ist.«

Er kann aber auch lauten: »Es wird festgestellt, dass das Arbeitsverhältnis der Parteien nicht durch die Befristungsvereinbarung vom ... zum ... beendet wurde/beendet wird« (vgl. *H. J. Dörner* ZTR 2001, 486; *Bauer* BB 2001, 2528).

Es handelt sich um einen **punktuellen Streitgegenstand** (vgl. KR/*Bader* § 17 TzBfG Rn. 51 ff.). Denn der Gesetzgeber hat durch § 17 S. 1 TzBfG – zuvor schon durch § 1 Abs. 5 BeschFG – eine als materiellrechtliche Ausschlussfrist ausgestaltete Klagefrist eingeführt: Der Arbeitnehmer, der die Rechtsunwirksamkeit der Befristung des Arbeitsvertrages geltend machen will, muss innerhalb von drei Wochen nach dem vereinbarten Ende des befristeten Arbeitsvertrages Klage beim Arbeitsgericht erheben. §§ 5 bis 7 KSchG gelten entsprechend. Wie bei der Kündigungsschutzklage ist deshalb Streitgegenstand der Klage allein die **Wirksamkeit der Beendigung des befristeten Arbeitsvertrages auf Grund der Befristung,** das ist ein punktueller Streitgegenstand (so zu § 1 Abs. 5 BeschFG *LAG Bln.* 14.7.1998 NZA 1998, 1136; APS/*Backhaus* § 1 BeschFG Rn. 86, 100; *von Hoyningen-Huene/Linck* DB 1997, 41, 46; *Wisskirchen* DB 1998, 726). 251

Sofern **neben** diesem punktuellen Streitgegenstand – aber auch nur dann – (vgl. APS/*Backhaus* § 1 BeschFG Rn. 86, 100) **der Bestand eines unbefristeten Arbeitsverhältnisses** z. B. auf Grund der Fik- 252 tion des § 15 Abs. 5 TzBfG **geltend gemacht werden soll** (Streitgegenstand ist dann gem. § 256 ZPO auch der Fortbestand des Arbeitsverhältnisses zum Zeitpunkt der letzten Verhandlung in der Tatsacheninstanz, wofür es eines Feststellungsinteresses bedarf), ist das im **Klageantrag** und den Klagegründen deutlich zu machen (APS/*Backhaus* § 17 TzBfG Rn. 43).

253 Der Klageantrag kann dann z. B. lauten: »... und zwischen den Parteien ein unbefristetes Arbeitsverhältnis besteht/zustande gekommen ist.«

Möglich erscheint dann auch die Formulierung: »... festzustellen, dass das Arbeitsverhältnis zwischen den Parteien über den ... (Zeitpunkt des vereinbarten Endes der Befristung) hinaus fortbesteht.« (MünchArbR/*Wank* Ergänzungsband § 116 Rn. 300).

### D. Auflösende Bedingung

254 Gem. § 158 Abs. 2 BGB ist im Dienstvertragsrecht auch eine auflösende Bedingung zulässig, d. h., dass die rechtsgeschäftliche Regelung zunächst einmal eintritt, ihre Wirkung aber mit dem Eintritt der Bedingung endet. Das Arbeitsverhältnis ist damit von vornherein auf eine begrenzte Dauer angelegt, dieses Zeitmoment ist mit der Ungewissheit des Eintritts eines bestimmten Umstandes verbunden. Ungewiss ist schließlich, ob der Umstand, von dem die Beendigungswirkung abhängt, überhaupt eintritt (vgl. APS/*Backhaus* § 620 BGB Rn. 176 ff.).

### I. Grundlagen

255 Das TzBfG enthält zwar keine Begriffsbestimmung der auflösenden Bedingung; durch § 21 TzBfG hat der Gesetzgeber aber nunmehr entschieden, dass auflösende Bedingungen zwar **nicht generell unzulässig** sind, andererseits aber **zu ihrer** Wirksamkeit eines Sachgrundes bedürfen. Das gilt auch dann, wenn die Umgehung einer Kündigungsschutzbestimmung ausgeschlossen ist, also z. B. bei Eintritt der Bedingung in den ersten sechs Monaten des Arbeitsverhältnisses oder dann, wenn das Arbeitsverhältnis für einen Kleinbetrieb i. S. d. § 23 Abs. 1 KSchG abgeschlossen worden ist (vgl. APS/*Backhaus* § 21 TzBfG Rn. 4; MünchArbR/*Wank* Ergänzungsband § 116 Rn. 311 ff.).

### II. Anforderungen an den Sachgrund

#### 1. Grundsätze

256 Die Anordnung der entsprechenden Anwendung des § 14 Abs. 1 TzBfG kann **nicht so verstanden werden, dass nunmehr jeder Sachgrund, der eine Befristung rechtfertigt, auch eine auflösende Bedingung rechtfertigen kann**. Denn die gesetzliche Regelung soll an die Rechtsprechung des BAG (s. Rdn. 15 ff.) anknüpfen, ihr entsprechen (BT-Drs. 14/4374, 21). Danach muss aber gerade **der höheren Ungewissheit** bei der auflösenden Bedingung bei der Prüfung des sachlichen Grundes **Rechnung getragen** werden (*BAG* 24.9.1997 EzA § 620 BGB Nr. 147; KDZ/*Däubler* § 21 TzBfG Rn. 1 ff.; a. A. für das TzBfG explizit *Hromadka* BB 2001, 625; KR/*Bader* § 21 TzBfG Rn. 17 ff.). Auch wurden auflösende Bedingungen, die an die Erwerbs-, Berufsunfähigkeit oder den Entzug einer besonderen öffentlich-rechtlichen Erlaubnis zur Beschäftigung des Arbeitnehmers anknüpfen, restriktiv dahin ausgelegt, dass sie nicht eingreifen, wenn noch eine anderweitige Beschäftigungsmöglichkeit besteht (*BAG* 9.8.2000 ZTR 2001, 270; 9.8.2000 – 7 AZR 749/98). Zu beachten ist zudem, dass die meisten für befristete Arbeitsverhältnisse anerkannten Sachgründe sich dadurch auszeichnen, dass sie in zeitlicher Hinsicht definiert vorübergehend sind, während gerade finanzielle und wirtschaftliche Ungewissheiten zum Risiko des Arbeitgebers gehören, das er nicht über befristete – und wegen der zusätzlichen Ungewissheit des »Wann« erst recht nicht über auflösend bedingte – Arbeitsverhältnisse auf den Arbeitnehmer abwälzen darf (APS/*Backhaus* § 21 TzBfG Rn. 6; MünchArbR/*Wank* Ergänzungsband § 116 Rn. 311 ff.).

257 Im **Verhaltensbereich** ist des Weiteren zu berücksichtigen, dass bei verhaltensbedingten Kündigungen in besonderem Maße die Umstände des konkreten Einzelfalles zu berücksichtigen sind, die angemessen nur im Rahmen einer umfassenden **Interessenabwägung** gewürdigt werden können. Diese

## D. Auflösende Bedingung — Kapitel 5

wird abgeschnitten, wenn ein bestimmtes Verhalten des Arbeitnehmers als auflösende Bedingung vereinbart wird (APS/*Backhaus* § 21 TzBfG Rn. 8; MünchArbR/*Wank* Ergänzungsband § 116 Rn. 314).

### 2. Die besonderen Sachgründe des § 14 Abs. 1 S. 1 Nr. 1 bis 8 TzBfG

In Betracht kommen insbes. (vgl. APS/*Backhaus* § 21 TzBfG Rn. 9 ff.; KR/*Bader* § 21 TzBfG Rn. 23 ff.): **258**
- Nr. 3: Vertretungsverträge;
- Nr. 4: Eigenart der Arbeitsleistung, wenn die Rolle eines Darstellers, z. B. in einer TV-Serie, aus künstlerischen Gründen entfällt;
- Nr. 5: Erprobung, z. B. Vorspiel einer Geigerin in einem Rundfunkorchester;
- Nr. 6: Gründe in der Person des Arbeitnehmers, z. B. zur sozialen Überbrückung, wenn der Beginn einer in Aussicht genommenen Anschlussbeschäftigung als auflösende Bedingung definiert wird;
- Nr. 8: Vereinbarung im gerichtlichen Vergleich.

Nicht in Betracht kommen dagegen (vgl. APS/*Backhaus* § 21 TzBfG Rn. 9 ff.; a. A. KR/*Bader* § 21 TzBfG Rn. 23 ff.): **259**
- Nr. 1: ungewisser vorübergehender betrieblicher Bedarf, da der Grund aus dem wirtschaftlich-finanziellen Bereich stammt;
- Nr. 2: Übergang in eine Anschlussbeschäftigung, da der Abschluss des Anschlussbeschäftigungsverhältnisses im Willen des Arbeitnehmers steht;
- Nr. 4: Eigenart der Arbeitsleistung, wenn die Rolle eines Darstellers, z. B. in einer TV-Serie, aus wirtschaftlichen oder personenbedingten, nicht-künstlerischen Gründen entfällt;
- Nr. 6: in der Person des Arbeitnehmers liegende Gründe, d. h. dann nicht, wenn es um die Dauer der Aufenthaltserlaubnis unter der Voraussetzung geht, dass hinreichend gewiss ist, dass sie verlängert wird, weil eine auflösende Bedingung sich gerade dadurch auszeichnet, dass ihr Eintritt ungewiss ist;
- Nr. 7: Vergütung aus Haushaltsmitteln, da finanzielle Unsicherheiten keinen sachlichen Grund darstellen.

### III. Beispiele für auflösende Bedingungen vor und nach Einführung des TzBfG

▶ – **Unzulässig** ist eine auflösende Bedingung in einem Arbeitsvertrag mit einem Lizenz-Fußballspieler, nach der das Arbeitsverhältnis beendet sein soll, wenn der den Spieler beschäftigende Verein der 2. Bundesliga vom DFB wegen wirtschaftlicher Leistungsunfähigkeit keine neue Lizenz erhält, weil für diese auflösende Bedingung ein sachlich gerechtfertigter Grund fehlt. Diese Vertragsgestaltung ist objektiv funktionswidrig, weil sie zur Umgehung des § 620 BGB führt und dem Arbeitnehmer einseitig und vollständig das grds. vom Arbeitgeber zu tragende Beschäftigungsrisiko aufbürdet (*BAG* 9.7.1981 EzA § 620 BGB Bedingung Nr. 1). **260**
- Etwas anderes gilt bei einem Fußballtrainer bei einem Verein der ersten oder zweiten Bundesliga, wenn der Eintritt der Bedingung im Interesse des Arbeitnehmers vertraglich vereinbart wird. In diesem Fall liegt ein die Bedingung rechtfertigender Sachgrund vor (*BAG* 4.12.2002 EzA § 620 BGB 2002 Bedingung Nr. 1).
- Eine Vereinbarung, nach der das Arbeitsverhältnis eines beurlaubten Beamten der Deutschen Bundespost mit einer **Selbsthilfeeinrichtung** der Postbediensteten (hier: Versicherungsverein) endet, wenn die bewilligte Beurlaubung beendet und nicht verlängert wird, ist sachlich nicht gerechtfertigt, wenn die weitere Beurlaubung des Beamten jeweils von einer Mitwirkung des Arbeitgebers abhängt, die in dessen Belieben steht (*BAG* 4.12.1991 EzA § 620 BGB Bedingung Nr. 10).
- Gleiches gilt, wenn für den Fall einer **nicht termingerechten Rückkehr** des Arbeitnehmers aus dem Urlaub ohne weiteres das Arbeitsverhältnis beendet wäre (*BAG* 25.6.1987 EzA § 620 BGB Bedingung Nr. 8), den bloßen Ablauf einer notwendigen Arbeitserlaubnis bei einem

seit längerem vollzogenen Arbeitsverhältnis (*LAG Köln* 18.4.1997 LAGE § 1 KSchG Personenbedingte Kündigung Nr. 15), sowie dann, wenn bei einer bestimmten **Zeugnisnote das Berufsausbildungsverhältnis beendet wäre**, ohne dass auf die Gründe eingegangen wird und ohne dass eine Abwägung der widerstreitenden Interessen stattfindet (*BAG* 5.12.1985 EzA § 620 BGB Bedingung Nr. 5).
- Die auflösende Bedingung in § 62 MTV Waldarbeiter, wonach das Arbeitsverhältnis mit dem Eintritt der Unterbrechung endet, wenn infolge **außerordentlicher Witterungseinflüsse** oder anderer nicht vorherzusehender Umstände die Weiterführung der Arbeiten unmöglich wird, ist wirksam (*BAG* 22.8.2001 EzA § 3 EFZG Nr. 3 und 28.8.1987 ZTR 1988, 101).
- Zulässig ist eine auflösende Bedingung auch im Zusammenhang mit Einstellungshindernissen, so wenn noch die **gesundheitliche Eignung** festgestellt werden muss (selbst wenn die Aufnahme der Tätigkeit bereits erfolgt ist *LAG Hessen* 8.12.1994 LAGE § 620 BGB Bedingung Nr. 4; vgl. dazu *Gaul/Laghzaoui* ZTR 1996, 300 ff.), bzw. das zu erstellende **Gesundheitszeugnis Hinderungsgründe** für die vereinbarte Beschäftigung enthält. Liegen mehrere ärztliche Untersuchungen mit unterschiedlichen Ergebnissen vor, so ist für die Frage des Bedingungseintritts das Attest des betriebsärztlichen oder des arbeitsmedizinischen Dienstes entscheidend. Die Arbeitnehmerin kann den Bedingungseintritt nicht durch Vorlage eines abweichenden Privatgutachtens, z. B. eines Klinikarztes, verhindern. Dies gilt insbes. auch für Angestellte des öffentlichen Dienstes, die nach § 7 BAT ihre gesundheitliche Eignung durch das Zeugnis eines vom Arbeitgeber zu bestimmenden Arztes nachzuweisen haben (*ArbG Marburg* 11.5.2000 ZTR 2001, 76).
- Die Vereinbarung einer auflösenden Bedingung – Beendigung des Arbeitsverhältnisses einer Reinigungskraft bei Wegfall des Reinigungsauftrags – ist jedenfalls dann unwirksam und sachlich nicht gerechtfertigt, wenn im Arbeitsvertrag zugleich eine allgemeine Versetzungsklausel vereinbart wird (*LAG Köln* 7.4.2005 LAGE § 21 TzBfG Nr. 1).
- Eine auflösende Bedingung in einem Arbeitsvertrag eines Unternehmens des Wach- und Sicherheitsgewerbes, wonach das Arbeitsverhältnis eines im Wachdienst beschäftigten Arbeitnehmers bei dem Entzug der Einsatzgenehmigung durch die US-Streitkräfte nach einer Auslauffrist endet, ist wirksam, wenn für den Arbeitnehmer keine Beschäftigungsmöglichkeit mehr besteht (*BAG* 19.3.2008 – 7 AZR 1033/06, EzA-SD 15/2008 S. 11 LS = NZA-RR 2008, 570).
- Gleiches gilt, wenn noch die **Zustimmung des Betriebs- oder Personalrats aussteht**, oder im Hinblick auf einen Streit über die Beendigung des Arbeitsvertrages, so im Falle eines gerichtlichen Vergleichs bis zur **Neubesetzung der Planstelle**, aus der der Arbeitnehmer vorübergehend bezahlt wurde (*BAG* 17.2.1983 EzA § 620 BGB Nr. 62; 9.2.1984 EzA § 620 BGB Bedingung Nr. 2).
- Das Arbeitsverhältnis eines **fluguntauglichen Arbeitnehmers** nach § 20 Abs. 1a MTV Nr. 3b für das Bordpersonal der Dt. Lufthansa endet (erst) bei Fehlen eines zumutbaren freien Arbeitsplatzes im Bodendienst. Bei der Besetzung einer freien Stelle unterliegt die Auswahlbefugnis des Arbeitgebers Beschränkungen. Erfüllt der fluguntaugliche Arbeitnehmer die Anforderungen des freien Arbeitsplatzes, ist er bei der Besetzung dieser Stelle vorrangig zu berücksichtigen. Verneint der Arbeitgeber das Vorhandensein einer freien Stelle im Bodendienst, hat der Arbeitnehmer konkret vorzutragen, wie er sich eine Weiterbeschäftigung vorstellt. Auf freie Stellen, die ihm vom Arbeitgeber gezielt zur Kenntnis gegeben worden sind, für die er jedoch kein Interesse bekundet hat, kann er sich im Beendigungsstreit nicht berufen (*BAG* 11.10.1995 EzA § 620 BGB Bedingung Nr. 11).
- Ein ausreichender sachlicher Grund für die Vereinbarung einer auflösenden Bedingung kann für die Darstellerin einer TV-Serie darin liegen, dass ihre Rolle infolge **fehlender Zuschauerakzeptanz** gestrichen wird (*LAG Köln* 22.6.1998 NZA-RR 1999, 512).
- Gleiches gilt dann, wenn mit einer **Schauspielerin**, die eine bestimmte Rolle in einer Fernsehserie *übernehmen soll*, vereinbart wird, dass ihr Arbeitsverhältnis endet, wenn diese Rolle in der Serie nicht mehr enthalten ist, sofern die Entscheidung über den Wegfall der Rolle maßgeblich

auf künstlerischen Erwägungen des Arbeitgebers beruht (*BAG* 2.7.2003 EzA § 620 BGB 2002 Bedingung Nr. 2 = NZA 2004, 311; vgl. dazu *Joch/Klichowski* NZA 2004, 302 ff.; a. A. *ArbG Potsdam* 26.7.2001 NZA-RR 2002, 125; *v. Koppenfels-Spies* AuR 2004, 209 ff.).
- Ein sachlicher Grund für eine auflösende Bedingung in einem Arbeitsverhältnis kann auch in einem **Konkurrentenstreit** um die fragliche Stelle liegen (*OVG Greifswald* 31.7.2002 NZA-RR 2003, 628).

## IV. Weitere anzuwendende Vorschriften

**Daneben gelten gem. § 21 TzBfG entsprechend:** 261
- § 14 Abs. 4 TzBfG (Schriftform). Ist eine Vereinbarung über die Weiterbeschäftigung eines Arbeitnehmers während des Kündigungsschutzprozesses z. B. nicht schriftlich abgeschlossen worden, so ist diese rechtsunwirksam mit der Folge, dass das Arbeitsverhältnis unbedingt fortbesteht (*LAG Hamm* 16.1.2003 EzA § 14 TzBfG Nr. 10 = NZA-RR 2003, 468). Auch die **mündliche Abrede**, der Vertrag sei unter der auflösenden Bedingung abgeschlossen worden, **erst müsse die erforderliche Finanzierung** für den geplanten Unternehmenskauf durch die kreditgebenden Banken **bewilligt sein**, verstößt gegen §§ 21, 14 Abs. 1 S. 4 TzBfG (*LAG Nds.* 4.9.2006 NZA-RR 2007, 67);
- § 15 Abs. 2 TzBfG (schriftliche Unterrichtung über den Zeitpunkt des Eintritts der auflösenden Bedingung);
- § 15 Abs. 3 TzBfG (regelmäßiger Ausschluss der ordentlichen Kündigung);
- § 15 Abs. 5 TzBfG (Fiktion eines unbefristeten Arbeitsvertrages);
- § 16 TzBfG (Folgen unwirksamer auflösender Bedingungen);
- § 17 TzBfG (Klagefrist).

Zu beachten ist, dass § 17 TzBfG dann keine Anwendung findet, wenn die Parteien ausschließlich darüber streiten, ob eine auflösende Bedingung für die Beendigung des Arbeitsverhältnisses tatsächlich eingetreten ist. Denn der Arbeitnehmer macht in diesem Fall nicht die Rechtsunwirksamkeit der auflösenden Bedingung i. S. d. § 21, § 17 S. 1 TzBfG geltend (*BAG* 23.6.2004 EzA § 17 TzBfG Nr. 5 = NZA 2005, 520 = BAG Report 2004, 398). 262

Anwendbar sind nach der Schuldrechtsreform nunmehr auch die §§ 305 ff. BGB. Deshalb kann z. B. eine auflösende Bedingung in einem Altersteilzeitvertrag, wonach das Arbeitsverhältnis nach Ablauf des Kalendermonats endet, in dem der Arbeitnehmer zum Bezug der frühestmöglichen gesetzlichen Altersrente berechtigt ist, nach dem Verlauf der Vertragsverhandlungen als Überraschungsklausel anzusehen sein. Dies kann anders zu beurteilen sein, wenn der Arbeitgeber den Arbeitnehmer vor der Unterzeichnung der Altersteilzeitvereinbarung auf die Bedeutung der auflösenden Bedingung hingewiesen hat. Wird des weiteren in AGB eine Befristungsabrede getroffen, bei der das Arbeitsverhältnis vor Ablauf einer vereinbarten Zeitbefristung vorzeitig durch Eintritt einer oder mehrerer auflösender Bedingungen enden kann, ist die vor Ablauf der Zeitbefristung bestehende Beendigungsmöglichkeit im Vertragstext deutlich erkennbar hervorzuheben (*BAG* 8.8.2007 EzA § 21 TzBfG Nr. 2). 263

## E. Altersgrenzen

### I. Begriffsbestimmung

Als auflösende Bedingung hat das *BAG* (6.3.1986 EzA § 620 BGB Bedingung Nr. 6; 20.11.1987 EzA § 620 BGB Altersgrenze Nr. 1) ursprünglich vor allem in Tarifverträgen (s. dazu *BAG* 18.6.2008 EzA § 14 TzBfG Nr. 49 = NZA 2008, 1302) und Betriebsvereinbarungen zumeist vorgesehene Regelungen, wonach das Arbeitsverhältnis mit der Vollendung z. B. des 65. Lebensjahres endet, ohne dass es einer Kündigung bedarf (Altersgrenzen), angesehen. 264

Inzwischen geht das *BAG* (27.7.2005 EzA § 620 BGB 2002 Altersgrenze Nr. 6; 14.8.2002 EzA § 620 BGB Altersgrenze Nr. 13 = NZA 2003, 1398; 19.11.2003 EzA § 620 BGB 2002 Alters- 265 grenze Nr. 4 = NZA 2004, 1336 = BAG Report 2004, 100) demgegenüber davon aus, dass es sich um eine Befristung handelt (s. dazu *BAG* 18.6.2008 EzA § 14 TzBfG Nr. 49), deren Unwirksamkeit mit der Entfristungsklage nach § 1 Abs. 5 S. 1 BeschFG (in der bis zum 31.12.2000 geltenden Fassung; jetzt: § 17 S. 1 TzBfG) geltend zu machen ist. Denn aus der Sicht der Arbeitsvertragsparteien ist der Eintritt des gesetzlichen Rentenalters ein zukünftiges Ereignis, dessen Eintritt sie als feststehend ansehen. Ob eine Befristung zur Beendigung des Arbeitsverhältnisses führt, hängt immer davon ab, dass das Arbeitsverhältnis nicht bereits vor Fristablauf anderweitig, z. B. durch Kündigung oder Aufhebungsvertrag, endet. Nicht anders verhält es sich bei der Beendigung des Arbeitsverhältnisses auf Grund einer Altersgrenze. Diese wird nicht allein durch die Möglichkeit einer vorherigen anderweitigen Beendigung des Arbeitsverhältnisses zur auflösenden Bedingung. Daraus folgt, dass für die Ermittlung des gesetzlichen Rentenalters i. S. einer solchen Altersgrenzenregelung grds. das Geburtsdatum maßgeblich ist, das der Arbeitnehmer erstmals gegenüber einem Sozialleistungsträger angegeben hat (§ 33a Abs. 1 SGB I). Wird zu einem späteren Zeitpunkt auf Antrag des Arbeitnehmers durch eine Entscheidung eines türkischen Gerichts festgestellt, dass der Arbeitnehmer früher als ursprünglich angegeben geboren wurde, ist dies für die Ermittlung des gesetzlichen Rentenalters und damit auch für das Erreichen der Altersgrenze unbeachtlich (*BAG* 14.8.2002 EzA § 620 BGB Altersgrenze Nr. 13).

Auch die von den Arbeitsvertragsparteien in einer Versorgungszusage getroffene Vereinbarung, das Arbeitsverhältnis gehe mit Ablauf des Monats, in dem der Arbeitnehmer das 65. Lebensjahr vollendet, in das Altersrentenverhältnis über, kann dahingehend ausgelegt werden, dass das Arbeitsverhältnis zu diesem Zeitpunkt endet, stellt also eine – mit Art. 12 Abs. 1 GG vereinbare – Altersgrenze dar (*BAG* 6.8.2003 EzA § 620 BGB 2002 Altersgrenze Nr. 3 = NZA 2004, 96).

## II. Allgemeine Zulässigkeitsvoraussetzungen; inhaltliche Bestimmtheit

**266** Eine derartige Altersgrenze stellte jedenfalls dann keine objektiv funktionswidrige Umgehung des Kündigungsschutzes – darauf kommt es nach § 21 TzBfG bzw. § 14 TzBfG – Altersgrenze als Befristung, nicht mehr als auflösende Bedingung – ab dem 1.1.2001 ohnehin nicht mehr an – und auch keinen Verstoß gegen Art. 12 Abs. 1 GG dar, wenn zum einen eine mehrmalige Verlängerungsmöglichkeit besteht und zum anderen, wenn eine betriebliche Versorgungsregelung nach einem auf generellen Erwägungen beruhenden vorzeitigen Ausscheiden des Arbeitnehmers aus dem Arbeitsverhältnis bei Erreichen einer bestimmten Altersgrenze eine an der Dauer der Betriebszugehörigkeit ausgerichtete Versorgung gewährleistet (*BAG* 6.3.1986 EzA § 620 BGB Bedingung Nr. 6; s. *Bahnsen* NJW 2008, 407 ff.). So kann z. B. die von den Arbeitsvertragsparteien **in einer Versorgungszusage getroffene Vereinbarung**, das Arbeitsverhältnis gehe mit Ablauf des Monats in dem der Arbeitnehmer das 65. Lebensjahr vollendet in das Altersrentenverhältnis über, dahingehend auszulegen sein, dass das Arbeitsverhältnis zu diesem Zeitpunkt endet. Eine derartige Vereinbarung in einer Versorgungszusage ist auch **keine überraschende Klausel** i. S. v. § 3 AGBG, die nicht Vertragsbestandteil wird (*BAG* 6.8.2003 EzA § 620 BGB 2002 Altersgrenze Nr. 3 = ZTR 2004, 95). Insoweit waren auch einzelvertragliche Altersgrenzen, die den Anforderungen der arbeitsgerichtlichen Befristungskontrolle – sachlicher Grund – genügten, mit Art. 12 Abs. 1 GG vereinbar (*BAG* 20.2.2002 EzA § 620 BGB Altersgrenze Nr. 10; 6.8.2003 EzA § 620 BGB 2002 Altersgrenze Nr. 3 = ZTR 2004, 95). Der danach erforderliche sachliche Grund folgt nicht bereits aus § 41 Abs. 4 S. 2 SGB VI a. F. Die Altersgrenze kann jedoch durch das **Bedürfnis des Arbeitgebers an der Sicherung einer ausgewogenen Altersstruktur und einer sachgerechten und berechenbaren Personal- und Nachwuchsplanung sachlich gerechtfertigt sein**, wenn der Arbeitnehmer bei Erreichen dieser Altersgrenze durch den Bezug eines Altersruhegeldes wirtschaftlich abgesichert ist (*BAG* 19.11.2003 EzA § 620 BGB 2002 Altersgrenze Nr. 4 = NZA 2004, 1336). Eine solche Absicherung leistet ein berufsständisches Versorgungswerk an das Beiträge gezahlt worden sind, die denen für die gesetzliche Rentenversicherung entsprechen. Auch aus **§§ 305 ff. BGB** ergibt sich kein anderes Ergebnis. Entscheidend ist, dass der Arbeitnehmer nach dem Vertragsinhalt und der Vertragsdauer eine gesetzliche Altersrente erwerben kann oder bereits erworben hat (*LAG Hmb.* 29.7.2004 NZA-RR 2005, 206; bestätigt durch *BAG* 27.7.2005 EzA § 620 BGB 2002 Altersgrenze Nr. 6 = NZA 2006, 37).

Zwar stellt eine derartige Regelung eine subjektive Zulassungsvoraussetzung der Berufsfreiheit dar, die sich nach dem Verhältnismäßigkeitsprinzip richten muss. Das ist aber nicht verletzt, weil sie keine Zulassungsvoraussetzungen für den gesamten Beruf enthält und zudem Verlängerungsklauseln und die Absicherung in der Altersversorgung sachliche Gründe darstellen, die die Aufstellung der subjektiven Zulassungsvoraussetzung für diesen Teilbereich rechtfertigen. **267**

Zusammengefasst kann also davon ausgegangen werden, dass einzelvertraglich vereinbarte Altersgrenzen die den Zeitpunkt des Erreichens der sozialversicherungsrechtlichen Regelaltersgrenze vorsehen, zulässig sind. Die darin liegende Befristung des Arbeitsverhältnisses ist durch einen sachlichen Grund i. S. d. § 14 Abs. 1 TzBfG gerechtfertigt, wenn der Arbeitnehmer auf Grund der Beschäftigung eine gesetzliche Altersrente erwerben kann. Hat bei Vertragsschluss die Möglichkeit zum Aufbau einer Altersrente bestanden, ist die Befristung auch dann wirksam, wenn der Arbeitnehmer eine andere Versorgungsform wählt (*BAG* 27.7.2005 EzA § 620 BGB 2002 Altersgrenze Nr. 6 = NZA 2006, 37). **268**

Nichts anderes gilt für **tarifliche Altersgrenzen**, die die Beendigung des Arbeitsverhältnisses für den Zeitpunkt des Erreichens der **sozialversicherungsrechtlichen Regelaltersgrenze** vorsehen, wenn der Arbeitnehmer aufgrund der Beschäftigung eine gesetzliche Altersrente erwerben kann. Dem stehen auch das gemeinschaftsrechtliche Verbot der Diskriminierung wegen des Alters und die Vorgaben aus der RL 2000/78/EG nicht entgegen. Die Ungleichbehandlung ist nämlich durch ein **legitimes Ziel** aus der **Arbeitsmarkt- und Beschäftigungspolitik** i. S. d. Art. 6 Abs. 1 RL 2000/78/EG gerechtfertigt (*EuGH* 16.10.2007 – C 4111/05, Felix Palasios de la Villa; 12.10.2010 – C 45/09, Rosenbladt; *BAG* 18.6.2008 EzA § 14 TzBfG Nr. 49 = NZA 2008, 1302; a. A. *ArbG Hmb.* 6.12.2007 – 7 Ca 378/07, AuR 2008, 111).

Eine derartige Regelung enthält **kein Verbot**, einen Arbeitnehmer **über die Altersgrenze hinaus weiterzubeschäftigen**, es sei denn, dass ein solches Verbot in der Betriebsvereinbarung deutlichen Ausdruck findet (*BAG* 10.3.1992 EzA § 99 BetrVG 1972 Nr. 104). **269**

Zu beachten ist des Weiteren, dass zwar der Europäische Gerichtshof die Regelung in § 10 Nr. 5 AGG für wirksam hält, wonach Klauseln über die automatische Beendigung von Arbeitsverhältnissen bei Erreichen des Rentenalters des Arbeitnehmers zulässig sind; allerdings dies nicht bedeutet, dass der Arbeitgeber im Fall der Wiederbesetzung des durch das Ausscheiden des älteren Arbeitnehmers frei gewordenen Arbeitsplatzes die neue Bewerbung des ausgeschiedenen älteren Arbeitnehmers auf Wiedereinstellung auf seinen »alten« Arbeitsplatz mit dem Argument ablehnen kann, dass der Arbeitnehmer zu alt ist bzw. in den Arbeitsverträgen des Unternehmens eine Altersgrenzenregelung enthalten sei. Eine derartige Ablehnung des Arbeitnehmers im Bewerbungsverfahren würde nun eine unzulässige Diskriminierung nach dem AGG darstellen und entsprechende Schadensersatzansprüche des Arbeitgebers auslösen. **270**

### III. Altersgrenzen in Betriebsvereinbarungen

Ist die Bestimmung einer Betriebsvereinbarung, das Arbeitsverhältnis ende durch Eintritt der **Erwerbsunfähigkeit** des Arbeitnehmers, dahin auszulegen, es solle zu dem Zeitpunkt enden, zu dem nach den rentenrechtlichen Vorschriften (§ 1247 Abs. 2 RVO, § 44 SGB VI) die Voraussetzungen einer Erwerbsunfähigkeit vorliegen, so ist diese Beendigungsklausel wegen **nicht hinreichender Bestimmtheit des Auflösungszeitpunkts** unwirksam (*BAG* 27.10.1988 EzA § 620 BGB Bedingung Nr. 9). **271**

Ein Verstoß gegen § 75 Abs. 1 S. 2 **BetrVG** liegt, soweit eine Altersgrenze in einer Betriebsvereinbarung vorgesehen ist, im Übrigen nicht vor, da diese Regelung den Arbeitnehmer vor Benachteiligungen während seines Arbeitslebens schützen, **nicht aber das Erwerbsleben verlängern soll** (*BAG* 20.11.1987 EzA § 620 BGB Altersgrenze Nr. 1). **272**

273 Eine Betriebsvereinbarung, nach der das Arbeitsverhältnis ohne Kündigung mit Ablauf des Monats endet, in dem der Arbeitnehmer das 65. Lebensjahr vollendet, ist dahin auszulegen, dass es bei Erreichen der vorgesehenen Altersgrenze vorbehaltlos nur enden soll, wenn der betroffene Arbeitnehmer zu diesem Zeitpunkt auch ein gesetzliches Altersruhegeld zu beanspruchen hat.

274 Die Wirksamkeit einer Altersgrenze dieses Inhalts ist **nicht davon abhängig, ob zusätzlich eine auf die Altersgrenze abgestellte betriebliche Altersversorgung besteht.** Das *BAG* (20.11.1987 EzA § 620 BGB Altersgrenze Nr. 1) hat allerdings offen gelassen, ob im Wege der Billigkeitskontrolle **Härteklauseln** für Arbeitnehmer einzufügen sind, die durch das gesetzliche Altersruhegeld nicht ausreichend wirtschaftlich versorgt sind.

275 Wird eine Altersgrenze für die Beendigung von Arbeitsverhältnissen erstmals durch eine Betriebsvereinbarung eingeführt, dann wirkt sie auch zu Ungunsten der Arbeitnehmer, die auf unbestimmte Zeit eingestellt worden sind, wenn die Arbeitsverträge unter dem Vorbehalt späterer Betriebsvereinbarungen stehen, also »betriebsvereinbarungsoffen« ausgestaltet worden sind (*BAG* 20.11.1987 EzA § 620 BGB Altersgrenze Nr. 1).

### IV. Tarifliche Regelungen und LuftBO

276 Für tarifliche Regelungen gelten folgende Grundsätze (*BAG* 31.7.2002 EzA Art. 9 GG Nr. 78; 27.11.2002 EzA § 620 BGB 2002 Altersgrenze Nr. 1 = NZA 2003, 812; *ArbG Frankf./M.* 24.3.2007 – 6 Ca 7405/06, BB 2007, 1736 m. Anm. *Hoff* BB 2007, 1739 f.; zur Vereinbarkeit mit der RL 2000/78 EG v. 27.11.2000 s. jetzt *EuGH* 16.10.2007 – C 411/05, EzA-SD 23/2007 S. 11 LS = NZA 2007, 1219 m. krit. Anm. *Temming* NZA 2007, 1193 ff.; s. a. *Wendeling-Schröder* NZA 2007, 1399 ff.; *Bauer/Krieger* NJW 2007, 3672 ff.; *Bayreuther* DB 2007, 2425 ff.; *v. Roetteken* ZTR 2008, 350 ff.):

- Regelungen über die Befristung von Arbeitsverträgen und über auflösende Bedingungen gehören zu den materiellen Arbeitsbedingungen, welche die Tarifvertragsparteien in Tarifverträgen regeln können.
- Die durch Art. 9 Abs. 3 GG garantierte Regelungsbefugnis der Tarifvertragsparteien findet ihre Grenzen an zwingendem Gesetzes- und gesetzesvertretendem Richterrecht. Dieses darf seinerseits nicht gegen Art. 9 Abs. 3 GG verstoßen, sondern muss im Lichte dieses Grundrechts ausgelegt und entwickelt werden.
- Die aus Art. 12 Abs. 1 GG folgende Schutzpflicht verpflichtet die staatlichen Grundrechtsadressaten und damit auch die Gerichte, die Arbeitnehmer vor einer unverhältnismäßigen Beschränkung des Bestandsschutzes durch privatautonome Regelungen zu bewahren.
- Die von der Rechtsprechung entwickelten Grundsätze zur arbeitsgerichtlichen Befristungskontrolle sind nicht tarifdispositiv. Daher bedürfen auch tarifliche Normen über Befristungen und auflösende Bedingungen zu ihrer Wirksamkeit eines sie rechtfertigenden Sachgrunds. Den Tarifvertragsparteien steht allerdings eine Einschätzungsprärogative in Bezug auf die tatsächlichen Gegebenheiten und betroffenen Interessen zu.
- Die Mitglieder der Tarifvertragsparteien unterwerfen sich durch ihren privatautonomen Verbandsbeitritt bestehendem und künftigem Tarifrecht auch hinsichtlich der damit verbundenen Beschränkungen der Berufsfreiheit von Arbeitgebern und Arbeitnehmern. Die Parteien eines Arbeitsverhältnisses verfügen auch dann über ihre Rechte aus Art. 12 Abs. 1 GG im Wege einer privatautonomen Regelung, wenn sie eine tarifliche Altersgrenze einzelvertraglich in Bezug nehmen.
- Die aus Art. 12 Abs. 1 GG folgende Schutzpflicht verpflichtet die staatlichen Grundrechtsadressaten und damit auch die Gerichte, die Arbeitnehmer vor einer unverhältnismäßigen Beschränkung des Bestandsschutzes durch privatautonome Regelungen zu bewahren.
- Die von der Rechtsprechung entwickelten Grundsätze zur arbeitsgerichtlichen Befristungskontrolle schützen die Arbeitnehmer vor einem grundlosen, den staatlichen Kündigungs- und Befristungsschutz umgehenden Verlust des Arbeitsplatzes.

## E. Altersgrenzen

– Genügt ein tarifvertraglich geregelter Sachgrund den Maßstäben der arbeitsgerichtlichen Befristungskontrolle, wird das Grundrecht der Berufsfreiheit aus Art. 12 Abs. 1 GG nicht unangemessen eingeschränkt.

Eine tarifliche Regelung, nach der das Arbeitsverhältnis eines Angehörigen des **Bodenpersonals einer** 277 **Flugverkehrsgesellschaft** nach Vollendung des 55. Lebensjahr endet, ist danach auch bei Fehlen einer betrieblichen Übergangsversorgung jedenfalls nicht wegen Umgehung des zwingenden Bestandsschutzes unwirksam sein, weil sie angesichts der Möglichkeit, das Arbeitsverhältnis zweimal um zwei weitere Jahre zu verlängern, wovon gem. § 315 BGB Gebrauch zu machen ist, keine starre Altersgrenze enthält (*BAG* 6.3.1986 EzA § 620 BGB Bedingung Nr. 6).

Im Hinblick auf die für das Cockpitpersonal eingerichtete Übergangsversorgung ist der bestim- 278 mungsberechtigte Arbeitgeber nicht regelmäßig verpflichtet, das Arbeitsverhältnis nach billigem Ermessen zu verlängern, wenn die tatbestandlichen Voraussetzungen dieser Bestimmung erfüllt sind. Er hat jedoch im Rahmen der bei der Ausübung des Bestimmungsrechts gebotenen Interessenabwägung auf besondere, gerade dem betroffenen Arbeitnehmer durch das vorzeitige Ausscheiden entstehende soziale Härten Rücksicht zu nehmen (*BAG* 6.3.1986 EzA § 620 BGB Bedingung Nr. 6). Bei der Entscheidung über die Verlängerung ist nicht darauf abzustellen, ob es sich um einen betriebsverfassungsrechtlichen Amtsträger handelt, dessen Amtszeit mit Vollendung des 55. Lebensjahres noch nicht abgelaufen ist. Die ursprünglich vertretene Auffassung (*BAG* 12.12.1968 AP Nr. 6 zu § 24 BetrVG 1952), wonach der Arbeitgeber verpflichtet war, bei Betriebsratsmitgliedern von einer bestehenden Verlängerungsmöglichkeit grds. Gebrauch zu machen, hat das *BAG* inzwischen (20.12.1984 EzA § 620 BGB Bedingung Nr. 4) aufgegeben.

Die Tarifvertragsparteien können auch für Angehörige des **Cockpitpersonals** eine Höchstalters- 279 grenze von 60 Jahren festlegen, mit deren Erreichen das Arbeitsverhältnis endet. Dies verstößt nach Auffassung des *BAG* (12.2.1992 EzA § 620 BGB Altersgrenze Nr. 2; 25.2.1998 EzA § 620 BGB Altersgrenze Nr. 9; 27.11.2002 EzA § 620 BGB 2002 Altersgrenze Nr. 1, 2; *LAG Hessen* 4.3.1999 NZA-RR 1999, 429 u. 25.2.2003 NZA-RR 2003, 648; vgl. dazu *Oetker* SAE 1999, 149 ff.; ebenso für eine tarifliche Altersgrenze für Cockpitpersonal von 55 Lebensjahren mit Fortsetzungsanspruch des Flugzeugführers bis zum 60. Lebensjahr bei fortbestehendem körperlichem und beruflichen Leistungsvermögen *BAG* 11.3.1998 EzA § 620 BGB Altersgrenze Nr. 8; vgl. dazu *Oetker* SAE 1999, 149 ff.; vgl. auch *LAG Hessen* 25.5.2000 NZA-RR 2001, 24; ebenso für eine einzelvertragliche Altersgrenze von 60 Jahren für einen Piloten *BAG* 20.2.2002 EzA § 620 BGB Altersgrenze Nr. 10; a. A. *LAG Düsseld*. 31.1.2001 NZA-RR 2001, 259) weder gegen Art. 12 Abs. 1, Art. 3 Abs. 1 GG noch gegen die Empfehlung des Rates der Europäischen Gemeinschaft vom 10.12.1982 für ein gemeinsames Vorgehen betreffend die Altersgrenze (82/817/EWG), sowie gegen § 41 Abs. 4 S. 3 SGB VI (s. dazu Rdn. 281 ff.). Denn diese Altersgrenze ist wegen des Interesses der **Luftfahrtunternehmen** an der Gewährleistung der Sicherheit des Luftverkehrs sachlich gerechtfertigt (*BAG* 27.11.2002 EzA § 620 BGB 2002 Altersgrenze Nr. 2 = NZA 2003, 1056 LS). Demgegenüber ist die in § 27 Abs. 2 S. 1 MTV-Bordpersonal HF für das Kabinenpersonal normierte Altersgrenze von 55 Jahren unwirksam, weil es an einem sie rechtfertigenden Sachgrund fehlt (*BAG* 31.7.2002 EzA Art. 9 GG Nr. 78).

Zu beachten ist, dass die **Sollvorschrift des § 41 Abs. 1 S. 2 LuftBO**, nach der Luftfahrtunterneh- 280 mer Mitglieder der Flugbesatzung mit einem Alter von über 60 Jahren nicht mehr einsetzen soll, ab dem 1.1.1998 nicht mehr auf den Betrieb von Flugzeugen anwendbar ist, deren höchstzulässige *Startmasse* mehr als 10 000 kg oder deren höchstgenehmigte Fluggastsitzanzahl mehr als 19 beträgt und die zur gewerbsmäßigen Beförderung von Personen und Sachen eingesetzt werden (*BAG* 23.1.2002 EzA § 620 BGB Altersgrenze Nr. 10). Daraus folgt aber nicht, dass für die **tarifliche Altersgrenze von 60 Jahren für Flugzeugführer** kein Sachgrund mehr besteht. Jedenfalls solange Empfehlungen internationaler Fachkreise wie der JAR-FCL (Joint Aviation Requirement-Flight Crew Licensing) Beschränkungen beim Einsatz von Flugzeugführern ab Vollendung des 60. Lebensjahres vorsehen, ist die Normierung der Altersgrenze von der Regelungsbefugnis der Tarifvertragsparteien gedeckt (*BAG* 21.7.2004 EzA § 620 BGB 2002 Altersgrenze Nr. 5 = BAG Report 2005, 204).

### V. § 41 Abs. 4 SGB VI

**281** Gem. § 41 Abs. 4 S. 3 SGB VI gilt eine Vereinbarung, die die Beendigung des Arbeitsverhältnisses eines Arbeitnehmers ohne Kündigung zu einem Zeitpunkt vorsieht, in dem er vor Vollendung des 65. Lebensjahres eine Rente wegen Alters beantragen kann, dem Arbeitnehmer gegenüber als auf die Vollendung des 65. Lebensjahres abgeschlossen, es sei denn, dass die Vereinbarung innerhalb der letzten drei Jahre vor diesem Zeitpunkt abgeschlossen oder von dem Arbeitnehmer bestätigt worden ist. Maßgeblich für die Berechnung der Dreijahresfrist ist nicht die Vollendung des 65 Lebensjahres, sondern der mit dem Arbeitnehmer **vereinbarte Zeitpunkt des Ausscheidens** (*BAG* 17.4.2002 EzA § 41 SGB VI Nr. 14). Diese Bestimmung regelt lediglich das für das vereinbarte Ausscheiden aus dem Arbeitsverhältnis maßgebliche Lebensalter. Sie erfasst nicht sonstige an das vorherige Ausscheiden des Arbeitnehmers geknüpfte Vergünstigungen (*BAG* 18.2.2003 EzA § 313 BGB 2002 Nr. 1).

**282** Diese Vorschrift erfasst folglich auch nicht die Vereinbarung der Beendigung des Arbeitsverhältnisses zu dem Zeitpunkt, zu dem der Arbeitnehmer ihm vom Arbeitgeber zugesagte Altersversorgung nach beamtenrechtlichen Grundsätzen beanspruchen kann (*BAG* 26.4.1995 EzA 41 SGB VI Nr. 5). Denn der Gesetzeszweck des Rentenreformgesetzes (RRG) 1992 besteht in der Konsolidierung der Rentenfinanzen. Durch eine Flexibilisierung und Verlängerung der Lebensarbeitszeit soll das zahlenmäßige Verhältnis zwischen Beitragszahlenden und Rentnern verbessert werden, um damit die demographisch bedingten Belastungen zu mindern. Eine Kernvorschrift zur Verwirklichung dieses Vorhabens ist § 41 SGB VI. Diesem Gesetzeszweck widerspricht es, wenn sich kollektivrechtliche Regelungen über die Entscheidung des einzelnen Arbeitnehmers hinwegsetzen und damit in erheblichen Teilbereichen die vom RRG 1992 angestrebte Flexibilisierung der Lebensarbeitszeit verhindern können. Diese Zweckrichtung des Gesetzes betrifft aber ersichtlich nicht den Fall, in dem ein Arbeitnehmer keinen Anspruch auf Sozialversicherungsrente hat. Haben die Arbeitsvertragsparteien die Versorgung nach beamtenrechtlichen Bestimmungen vereinbart, so hat die Beendigung des Arbeitsverhältnisses grds. keinerlei Einfluss auf die Höhe und den Zeitpunkt der Inanspruchnahme einer Sozialversicherungsrente.

**283** Bei einem vorherigen Ausscheiden kommt aber eine Vertragsanpassung nach den Grundsätzen über den Wegfall der Geschäftsgrundlage (§ 313 BGB) in Betracht. Voraussetzung ist eine schwerwiegende Veränderung der einem Vertragsschluss zugrunde liegenden Umstände. Die Anpassung muss aber den veränderten Umständen entsprechen. Ein nicht durch die veränderten Umstände gebotener Eingriff in die Vereinbarung der Parteien ist unzulässig.

Eine Vereinbarung, nach der der Arbeitnehmer berechtigt ist, bei einem Ausscheiden mit dem 63. Lebensjahr die vorangehenden Jahre unter Fortzahlung eines erheblichen Teils seiner Bezüge von der Arbeit freigestellt zu werden, ist lediglich wegen Verschlechterung des Rentenniveaus bei einem Ausscheiden mit dem 63. Lebensjahr nicht so anzupassen, dass dem Arbeitnehmer nunmehr diese Freistellung in den letzten drei Jahren vor dem 65. Lebensjahr zusteht. Dadurch würde – ohne dass dies durch die geänderten Umstände geboten wäre – die dem Arbeitgeber durch die Vereinbarung gewährte erhöhte Flexibilität bei vorzeitigem Ausscheiden des Arbeitnehmers beeinträchtigt (*BAG* 18.2.2003 EzA § 313 BGB 2002 Nr. 1).

### F. Besonderer Beendigungsschutz schwer behinderter Arbeitnehmer

**284** Gem. § 92 SGB IX gelten die Vorschriften über die Zustimmung des Integrationsamtes zur ordentlichen Kündigung (§§ 85 ff. SGB IX) entsprechend für die Beendigung des Arbeitsverhältnisses ohne Kündigung, wenn Berufsunfähigkeit oder Erwerbsunfähigkeit auf Zeit (§§ 43, 44 SGB VI) gegeben ist.

Die zum Erhalt des Sonderkündigungsschutzes schwer behinderter Arbeitnehmer, deren Schwerbehindertenantrag zumindest vor Ausspruch der Kündigung gestellt und dem Arbeitgeber auch innerhalb eines Monats nach Ausspruch der Kündigung bekannt gegeben war, entwickelten Grundsätze (s. Kap. 4 Rdn. 721 ff.), gelten im Rahmen des § 92 SGB IX entsprechend (*BAG* 28.6.1995 EzA § 620 BGB Nr. 134).

### G. Auswirkungen des AGG (ab 18.8.2006)

Gem. § 10 S. 3 Nr. 5 AGG sind auch weiterhin Altersgrenzen in Tarifverträgen und Betriebsvereinbarungen zulässig; andererseits bleibt § 41 SGB VI unberührt; zu den Auswirkungen s. Kap. 3 Rdn. 4871 ff.  285

### H. Die Weiterbeschäftigung des gekündigten Arbeitnehmers

In der Weiterbeschäftigung des Arbeitnehmers nach Ausspruch der Kündigung und nach Ablauf der Kündigungsfrist kann (vgl. *BAG* 19.1.2005 – 7 AZR 113/04 – BAG Report 2005, 253 LS):  286
– der Abschluss eines neuen befristeten Arbeitsvertrages, aber auch
– die Vereinbarung liegen, dass der gekündigte Arbeitsvertrag auflösend bedingt durch die rechtskräftige Abweisung der Kündigungsschutzklage bzw.
– zweckbefristet bis zum rechtskräftigen Abschluss des Kündigungsschutzverfahrens fortgesetzt werden soll.

Insoweit gelten folgende Grundsätze (*BAG* 19.1.2005 – 7 AZR 113/04, BAG Report 2005, 253 LS):  287
– Hat die Vereinbarung die Beschäftigung des Arbeitnehmers bis zum – erstinstanzlichen oder rechtskräftigen – Abschluss des Kündigungsschutzprozesses zum Gegenstand, handelt es sich, anders als bei der vereinbarten Weiterbeschäftigung bis zur rechtskräftigen Abweisung der Kündigungsschutzklage, nicht um eine auflösende Bedingung, sondern um eine Zweckbefristung.
– Nimmt der Arbeitgeber die Arbeitsleistung des gekündigten Arbeitnehmers auf Grund einer Aufforderung zur vorläufigen Fortsetzung der Tätigkeit nach Ablauf der Kündigungsfrist in Anspruch, kann er die Auslegung seines Verhaltens als Ausdruck eines entsprechenden Rechtsfolgewillens nicht dadurch ausschließen, dass er dem Arbeitnehmer gleichzeitig erklärt, er wolle mit der Weiterbeschäftigung kein Arbeitsverhältnis begründen.
– Ein »Widerrufsvorbehalt« ist wegen Umgehung der zwingenden Kündigungsschutzvorschrift des § 626 BGB dann unwirksam, wenn er ein einseitiges Gestaltungsrecht des Arbeitgebers i. S. einer an keine Gründe gebundenen außerordentlichen Kündigungsbefugnis enthält.

# Kapitel 6 Aufhebungsvertrag

## Übersicht

| | | Rdn. |
|---|---|---|
| A. | Allgemeines | 1 |
| B. | Grundsatz der Vertragsfreiheit | 2 |
| C. | Abgrenzung zum Abwicklungsvertrag, zum Prozessvergleich bzw. zu § 1a KSchG | 13 |
| I. | Abwicklungsvertrag | 14 |
| II. | Prozessvergleich | 21 |
| III. | Einvernehmliche Beendigung über § 1a KSchG | 28 |
| D. | **Abschluss des Aufhebungsvertrages** | 35 |
| I. | Form | 36 |
|   | 1. Schriftform | 36 |
|   | 2. Rechtsfolgen der Nichteinhaltung der Schriftform | 47 |
|   | 3. Durchbrechung der Formnichtigkeit in Ausnahmefällen | 48 |
| II. | Zustandekommen des Aufhebungsvertrages | 53 |
| III. | Abschlussberechtigung | 55 |
| IV. | Minderjährige | 56 |
| V. | Umdeutung einer unwirksamen Kündigung in ein Angebot zum Abschluss eines Aufhebungsvertrages | 58 |
|   | 1. Allgemeine Voraussetzungen | 58 |
|   | 2. Bestätigung des Zugangs einer Kündigung | 61 |
|   | 3. Ausgleichsquittung | 63 |
| VI. | Anspruch auf Aufhebungsvertrag | 64 |
| E. | **Bedingte Aufhebungsverträge** | 67 |
| I. | Zuerkennung einer Rente wegen Erwerbsminderung | 68 |
| II. | Altersgrenzen | 72 |
| III. | Beendigung bei Eintritt einer Bedingung | 74 |
| F. | **Abgrenzung zwischen Aufhebungsvertrag und Befristung** | 79 |
| G. | **Inhalt des Aufhebungsvertrages** | 84 |
| I. | Beendigung des Arbeitsverhältnisses | 87 |
| II. | Vorzeitige Beendigung des Arbeitsverhältnisses | 100 |
| III. | Vergütung bis zum Beendigungszeitpunkt | 106 |
| IV. | Freistellung | 113 |
|   | 1. Sozialrechtliche Konsequenzen einer Freistellung | 117 |
|   | 2. Verpflichtung zur Fortzahlung der Vergütung | 122 |
|   |   a) Einseitige Freistellung durch den Arbeitgeber | 123 |
|   |   b) Einvernehmliche Freistellung im Aufhebungsvertrag | 124 |
|   | 3. Gewährung von Sachleistungen während der Freistellung | 128 |
|   | 4. Anrechnung anderweitigen Erwerbs | 130 |
|   | 5. Anrechnung der Freistellung auf den Erholungsurlaub | 139 |
|   | 6. Formulierung der Freistellung im Aufhebungsvertrag | 146 |
| V. | Abfindung | 152 |
|   | 1. Begriff der Abfindung in steuerlicher Hinsicht | 158 |
|   | 2. Auflösung eines Arbeitsverhältnisses | 162 |
|   | 3. Ermäßigte Besteuerung nach § 34 i. V. m. § 24 EStG | 171 |
|   | 4. Nettoabfindung | 180 |
|   | 5. Wegfall der Abfindung | 182 |
| VI. | Einzahlung der Abfindung in eine Direktversicherung | 185 |
| VII. | Zeugnis | 193 |
| VIII. | Sprachregelung | 208 |
| IX. | Betriebliche Altersversorgung | 211 |
| X. | Übertragung einer Direktversicherung | 212 |
| XI. | Nachvertragliches Wettbewerbsverbot | 219 |
|   | 1. Fortbestand eines nachvertraglichen Wettbewerbsverbotes | 220 |
|   | 2. Aufhebung eines nachvertraglichen Wettbewerbsverbotes | 222 |
|   | 3. Vereinbarung eines nachvertraglichen Wettbewerbsverbotes | 226 |
| XII. | Rückgabe des Dienstwagens | 229 |
| XIII. | Arbeitgeberdarlehen | 241 |
| XIV. | Geschäfts- und Betriebsgeheimnisse | 246 |
| XV. | Rückzahlung von Aus- und Fortbildungskosten | 250 |
| XVI. | Rückgabe von Arbeitsmitteln | 254 |
| XVII. | Vererbbarkeit/Beendigung durch Tod | 258 |
| XVIII. | Arbeitspapiere | 263 |
| XIX. | Hinweis auf Arbeitslosmeldung und steuer- und sozialrechtliche Konsequenzen | 267 |
| XX. | Arbeitnehmererfindung | 275 |
| XXI. | Verzicht auf Wiedereinstellungsanspruch | 278 |
| XXII. | Allgemeine Erledigungsklausel | 281 |
| XXIII. | Salvatorische Klausel | 291 |
| H. | **Inhaltskontrolle** | 293 |
| J. | **Rechtsmängel des Aufhebungsvertrages** | 297 |
| I. | Nichtigkeit nach § 134 BGB | 298 |
| II. | Nichtigkeit nach § 105 BGB | 303 |
| III. | Nichtigkeit nach § 138 BGB | 305 |
| IV. | Anfechtung wegen Irrtums | 306 |
| V. | Anfechtung wegen arglistiger Täuschung | 309 |

## A. Allgemeines

| | | Rdn. | | | Rdn. |
|---|---|---|---|---|---|
| VI. | Anfechtung wegen widerrechtlicher Drohung | 313 | IV. | Abdingbarkeit der Hinweis- und Aufklärungspflicht | 382 |
| VII. | Anfechtung wegen Zeitdrucks | 323 | M. | **Rechtsschutzversicherung bei Aufhebungsvertrag** | 387 |
| VIII. | Unzulässige Rechtsausübung | 326 | | | |
| IX. | Anfechtung bei kollusivem Zusammenwirken | 332 | N. | **Anwaltliche Strategien im Kündigungsschutzverfahren** | 398 |
| X. | Rücktritt vom Vertrag wegen Vertretungsmängeln | 333 | I. | Einleitung | 398 |
| XI. | Widerrufsrecht nach § 312 BGB n. F. | 335 | II. | Schwerpunkte prozesstaktischer Überlegungen | 402 |
| XII. | Wegfall der Geschäftsgrundlage (§ 313 BGB n. F.) | 340 | | 1. Arbeitnehmer-Mandant | 402 |
| XIII. | Darlegungs- und Beweislast | 342 | | a) Zurückweisung der Kündigung nach § 174 BGB | 403 |
| K. | **Aufhebungsvertrag und Betriebsänderung** | 344 | | b) Klagefrist, § 4 KSchG | 408 |
| | | | | c) Klageverzichtsvertrag | 416 |
| I. | Beschränkung des Sozialplans auf betriebsbedingte Kündigung | 345 | | d) Zuständiges Gericht | 417 |
| II. | Stichtagsregelung | 347 | | e) Freistellung in der Kündigungsfrist | 420 |
| III. | Ausschluss von Aufhebungsverträgen im Sozialplan | 348 | | f) Vorrang der Änderungskündigung | 421 |
| IV. | Nachbesserungsklausel | 350 | | g) Fortsetzungsanspruch | 426 |
| V. | Ausgleichsklausel und Sozialplananspruch | 352 | | h) Zurückbehaltungsrecht | 427 |
| | | | | i) Annahmeverzug | 428 |
| L. | **Hinweis- und Aufklärungspflichten** | 355 | | j) Rüge der ordnungsgemäßen Anhörung des Betriebsrates | 429 |
| I. | Beendigung auf Initiative des Arbeitnehmers | 356 | | 2. Arbeitgeber-Mandant | 431 |
| II. | Beendigung auf Initiative des Arbeitgebers | 357 | | a) Kündigung | 431 |
| | 1. Hinweis auf sozialrechtliche Nachteile | 360 | | b) Zurückweisung der Kündigung nach § 174 BGB | 433 |
| | 2. Hinweis auf steuerrechtliche Nachteile | 365 | | c) Mitteilungspflichten des Arbeitnehmers | 436 |
| | 3. Hinweis auf besonderen Kündigungsschutz | 369 | | d) Kündigung/Anfechtung | 440 |
| | 4. Hinweis auf tarifliches Widerrufsrecht | 370 | | e) Klageverzichtsvertrag | 442 |
| | 5. Hinweis auf Verlust von Versorgungsanwartschaften | 371 | | f) Annahmeverzug | 444 |
| | 6. Hinweis auf bevorstehenden Sozialplan | 378 | | g) Änderungskündigung | 449 |
| | | | | h) Freistellung und Aufrechterhaltung des vertraglichen Wettbewerbsverbots | 454 |
| III. | Rechtsfolgen bei der Verletzung von Hinweis- und Aufklärungspflichten | 379 | | i) Konkurrenztätigkeit während laufenden Kündigungsschutzprozesses | 455 |
| | | | | j) Prozessbeschäftigung | 456 |
| | | | III. | Güteverhandlung | 458 |

## A. Allgemeines

Der Abbau von Arbeitsplätzen bzw. die gezielte Trennung von einzelnen Mitarbeitern gehört weiterhin zur Praxis in vielen Unternehmen. Zum Erhalt ihrer Wettbewerbsfähigkeit greifen Arbeitgeber nach wie vor zum Mittel der **Verschlankung ihres Personalbestandes**. Die Ungewissheiten eines Kündigungsschutzprozesses und die teilweise unzumutbar langen Terminierungsfristen von sechs bis acht Monaten zwischen Güte- und Kammertermin führen dazu, dass häufig beide Arbeitsvertragsparteien den Weg der Trennung über einen **Aufhebungsvertrag** vorziehen. Trotz der in den letzten Jahren seitens des Gesetzgebers aufgebauten Hürden im Sozial- und Steuerrecht hat der Aufhebungsvertrag in der betrieblichen Praxis nach wie vor eine hohe Bedeutung. Damit allerdings der Aufhebungsvertrag tatsächlich kalkulierbar bleibt, müssen eine Reihe von Formalien beachtet werden. Der zwischen »Tür und Angel« schnell abgeschlossene Aufhebungsvertrag birgt eine Vielzahl von Risiken in sich, die – ähnlich wie beim Kündigungsschutzprozess – die Beendigung des Arbeitsver-

1

## B. Grundsatz der Vertragsfreiheit

2 Nach dem das Zivilrecht und damit auch das Arbeitsrecht beherrschenden Grundsatz der Vertragsfreiheit (§§ 241, 311 BGB, Art. 2 Abs. 1 GG) können die Arbeitsvertragsparteien das Arbeitsverhältnis grds. jederzeit mit Wirkung für die Zukunft einvernehmlich durch Abschluss eines Aufhebungsvertrages beenden (vgl. *BAG* 7.3.2002 EzA § 611 BGB Aufhebungsvertrag Nr. 40 = AP Nr. 22 zu § 620 BGB; 12.1.2000 EzA § 611 BGB Aufhebungsvertrag Nr. 33).

3 Die **Vertragsfreiheit** erlaubt den Arbeitsvertragsparteien allerdings nur die **Beendigung des Arbeitsverhältnisses für die Zukunft**. Eine rückwirkende Beendigung eines bereits vollzogenen Arbeitsverhältnisses ist nicht möglich. In diesem Fall würde bereits erdientes Arbeitsentgelt nachträglich in eine **Abfindung** umgewandelt. Da die Abfindung (s. Rdn. 154) sozialabgabenfrei und in einem gewissen Umfang steuerbegünstigt ist, wäre eine derartige rückwirkende Beendigung des Arbeitsverhältnisses ein Vertrag zulasten der Finanzverwaltung und der Sozialversicherungsträger. Von daher ist eine rückwirkende Umwandlung von erdientem Entgelt unzulässig.

4 Etwas anderes gilt in den Fällen, in denen das Unternehmen das Arbeitsverhältnis zunächst außerordentlich **fristlos gekündigt** hat und die Arbeitsvertragsparteien sich dann im Laufe der nächsten Monate – bspw. im Rahmen eines Kündigungsschutzprozesses – auf die Beendigung zu einem in der Vergangenheit liegenden Zeitpunkt einigen. Solange der nunmehr im Aufhebungsvertrag festgeschriebene Zeitpunkt nicht vor dem Zeitpunkt des Wirksamwerdens der außerordentlichen Kündigung liegt, bestehen gegen diesen Aufhebungsvertrag keine Bedenken, da auf Grund der fristlosen Kündigung keine Gehälter geflossen sind und die Parteien jederzeit vereinbaren können, dass die **fristlose Kündigung** wirksam ist. Zieht der Arbeitnehmer bspw. seine Kündigungsschutzklage gegen die fristlose Kündigung zurück, so würde das Arbeitsverhältnis durch die fristlose Kündigung beendet werden. Da auch in diesem Fall den Sozialversicherungsträger und der Finanzverwaltung keine Beiträge/Einkommensteuern zufließen, bestehen gegen die »rückwirkende Beendigung« im Anschluss an eine fristlose Kündigung keine Bedenken.

5 Aus dem **Grundsatz der Vertragsfreiheit** folgt des Weiteren, dass der Aufhebungsvertrag auch nicht den Restriktionen unterliegt, die bei einer Beendigung eines Arbeitsverhältnisses durch eine Kündigung zu beachten sind. Der Abschluss eines Aufhebungsvertrages bedarf weder bei **schwer behinderten Menschen** der Zustimmung des Integrationsamtes nach §§ 85, 91 SGB IX noch bedarf der Aufhebungsvertrag mit einer **schwangeren Mitarbeiterin** oder mit einem sich in der **Elternzeit** befindenden Arbeitnehmer der Zustimmung der Arbeitsschutzbehörden. § 9 MuSchG (hinsichtlich werdender Mütter) und § 18 BEEG (bzgl. Arbeitnehmern in der Elternzeit) betreffen nur die **Kündigung** und nicht die einvernehmliche Beendigung über einen **Aufhebungsvertrag**.

6 Die Einschaltung einer Behörde ist nur in ganz wenigen Ausnahmefällen notwendig, wobei wiederum auch nur in einem Fall von einer Einschränkung der Vertragsfreiheit gesprochen werden kann. So setzt ein **Aufhebungsvertrag im Verteidigungsfall** gem. §§ 3, 7 ASistG die **Zustimmung der Agentur für Arbeit** voraus. Abgesehen von diesem – hoffentlich – theoretischen Fall, muss die Einschaltung einer Behörde – der Agentur für Arbeit – nur bei größeren Entlassungswellen auch bei Abschlüssen von Aufhebungsverträgen berücksichtigt werden. Gemäß § 17 KSchG zählen auch die Beendigungen von Arbeitsverhältnissen durch Aufhebungsverträge bei der Feststellung der Zahl der entlassenen Mitarbeiter mit. Wird die für die **Massenentlassungsanzeige** notwendige Anzahl von Mitarbeitern unter anderem auch durch den Abschluss von Aufhebungsverträgen erreicht, so kann ohne die notwendige Massenentlassungsanzeige die Beendigung des Arbeitsverhältnisses durch den Aufhebungsvertrag nicht erreicht werden (vgl. *BAG* 11.3.1999 EzA § 17 KSchG Nr. 8). Gerade bei **Betriebsänderungen** muss die rechtzeitige Erstattung der Massenentlassungsanzeige gegenüber der Agentur für Arbeit beachtet werden.

## B. Grundsatz der Vertragsfreiheit                                         Kapitel 6

Nach einem Urteil des *EuGH* vom 27.1.2005 (– RS C-188/03, EzA § 17 KSchG Nr. 13 = NZA 2005, 213) gilt als Massenentlassung nicht mehr die Beendigung einer großen Anzahl von Arbeitsverhältnissen innerhalb von dreißig Tagen, sondern der Ausspruch einer großen Anzahl von Kündigungen bzw. der Abschluss entsprechender Aufhebungsverträge. Die Beendigungsdaten sind danach unerheblich. Der Arbeitgeber muss also sowohl bei Kündigungen als auch bei Aufhebungsverträgen, die eine Massenentlassung begründen können, mindestens sechs Wochen vorher das Konsultationsverfahren nach § 17 Abs. 2 KSchG beim Betriebsrat einleiten und anschließend die Massenentlassungsanzeige bei der Agentur für Arbeit erstatten, bevor der Aufhebungsvertrag unterzeichnet werden darf. Nach dem EuGH-Urteil darf ohne vorherige Anzeige weder eine Kündigung ausgesprochen noch ein Aufhebungsvertrag abgeschlossen werden. 7

Der Grundsatz der Vertragsfreiheit führt außerhalb der Massenentlassung des Weiteren dazu, dass auch keine sonstigen Dritten beim Abschluss eines Aufhebungsvertrages zu beteiligen sind. Die **Beteiligungsrechte des Betriebsrates** beschränken sich nach § 102 BetrVG auf die Beendigung des Arbeitsverhältnisses durch **arbeitgeberseitige Kündigung**. Das Gleiche gilt grds. auch für den Sprecherausschuss, da auch dieser nach § 31 Abs. 2 SprAuG bei der Kündigung eines leitenden Angestellten anzuhören ist. Im Hinblick auf den **Sprecherausschuss** kommt allerdings die Besonderheit hinzu, dass dieser gem. § 31 Abs. 1 SprAuG über das Ausscheiden eines **leitenden Angestellten** – d. h. auch durch Aufhebungsvertrag – rechtzeitig zu informieren ist. 8

Wie die obigen Beispiele von schwer behinderten Arbeitnehmern und schwangeren Arbeitnehmerinnen bereits gezeigt haben, spielt auch die Existenz eines **Sonderkündigungsschutzes** beim Abschluss von **Aufhebungsverträgen** in arbeitsrechtlicher Hinsicht keine Rolle. Von daher können sowohl mit **tarifvertraglich ordentlich unkündbaren Arbeitnehmern** als auch mit **Betriebsratsmitgliedern** Aufhebungsverträge geschlossen werden. § 15 KSchG und § 103 BetrVG bilden nur beim Ausspruch einer arbeitgeberseitigen Kündigung gegenüber einem betriebsverfassungsrechtlichen Mandatsträger eine Hürde. Aufhebungsverträge sind problemlos möglich. 9

Differenzierter ist die Vertragsfreiheit lediglich beim Abschluss von Aufhebungsverträgen im Zusammenhang mit einem **Betriebsübergang nach § 613a BGB** zu beurteilen. Hier ist zwischen Aufhebungsverträgen zu unterscheiden, die der tatsächlichen Beendigung des Vertragsverhältnisses dienen und Aufhebungsverträgen, die lediglich das bisherige Arbeitsverhältnis mit dem früheren Betriebsinhaber beenden sollen und an die sich dann der Abschluss eines neuen Arbeitsvertrages mit dem Betriebserwerber anschließt. Dient der Aufhebungsvertrag nur der **Beseitigung der Kontinuität des Arbeitsverhältnisses** trotz Beibehaltung des Arbeitsplatzes bzw. Abschluss eines neuen Arbeitsvertrages mit dem Betriebserwerber, so ist dieser Aufhebungsvertrag wegen **objektiver Gesetzesumgehung** der zwingenden Rechtsfolgen des § 613a Abs. 1 S. 1 BGB gem. § 134 BGB **nichtig** (vgl. *BAG* 10.12.1998 EzA § 613a BGB Nr. 175). 10

Soll mit dem Aufhebungsvertrag hingegen das Arbeitsverhältnis – mit oder ohne Zusammenhang zum Betriebsübergang – **endgültig beendet** werden, ohne dass eine Fortsetzung des Arbeitsverhältnisses mit dem Betriebserwerber geplant oder in irgendeiner Form in Aussicht gestellt worden ist, so liegt keine Gesetzesumgehung vor. Ein derartiger **Aufhebungsvertrag** ist unter Berücksichtigung des Grundsatzes der Vertragsfreiheit **zulässig** (vgl. *BAG* 18.8.2005 EzA § 613a BGB 2002 Nr. 40 (*Naber*) = DB 2005, 107; 11.12.1997 – 8 AZR 654/95, NZA 1999, 262). 11

Dies gilt im Übrigen auch in den Fällen, in denen der Abschluss von Aufhebungsverträgen nur dazu dient, den Betrieb »mitarbeiterfrei« auf einen Betriebserwerber zu übertragen (vgl. *BAG* 18.8.2005 EzA § 613a BGB 2002 Nr. 40 (*Naber*) = DB 2005, 107). Üblicherweise wechseln die Mitarbeiter, denen kein neues Vertragsangebot unterbreitet werden soll, in eine **Beschäftigungs- und Qualifizierungsgesellschaft bzw. Transfergesellschaft nach §§ 216a SGB III**. Der Betriebserwerber kann dann frei entscheiden, welchen Arbeitnehmern er ein Vertragsangebot zur Fortsetzung des Arbeitsverhältnisses unterbreitet. Nehmen die Mitarbeiter, denen ein Vertragsangebot unterbreitet worden ist, dieses an, so liegt allerdings hinsichtlich dieser Mitarbeiter durch den zuvor erfolgten Abschluss eines Aufhebungsvertrages eine objektive Gesetzesumgehung vor, so dass dieser Aufhebungsvertrag nicht 12 dazu führen kann, dass die durch § 613a BGB gesicherte Kontinuität des Arbeitsverhältnisses beseitigt wird.

## C. Abgrenzung zum Abwicklungsvertrag, zum Prozessvergleich bzw. zu § 1a KSchG

13 Neben dem Aufhebungsvertrag wird in der Praxis die einvernehmliche Beendigung von Arbeitsverhältnissen vor allem durch sog. Abwicklungsverträge oder durch Prozessvergleiche in Kündigungsschutzprozessen herbeigeführt. Darüber hinaus gibt es seit 1.1.2004 zumindest für die betriebsbedingte Beendigung von Arbeitsverhältnissen die Möglichkeit, dem Arbeitnehmer über § 1a KSchG als Gegenleistung für die Nichterhebung einer Kündigungsschutzklage eine im Gesetz festgeschriebene Abfindung anzubieten.

### I. Abwicklungsvertrag

14 Der Abwicklungsvertrag unterscheidet sich vom Aufhebungsvertrag in erster Linie dadurch, dass der **Aufhebungsvertrag das Arbeitsverhältnis selbst beendet**, während der Abwicklungsvertrag einen anderen Beendigungstatbestand – i. d. R. eine arbeitgeberseitige Kündigung – voraussetzt. **Der Abwicklungsvertrag regelt im Anschluss an die Kündigung also nur noch die Modalitäten der Abwicklung**. Er unterliegt deshalb nicht dem für den Aufhebungsvertrag und die Kündigung geltenden **Schriftformerfordernis** des § 623 BGB. Im Abwicklungsvertrag erklärt der Arbeitnehmer somit nur sein Einverständnis mit der Beendigung des Arbeitsverhältnisses infolge der zuvor vom Arbeitgeber ausgesprochenen Kündigung (vgl. *Hümmerich* NZA 2001, 1280 ff.; *ders.* BB 1999, 1868; *ders.* NZA 1994, 200; *ders.* NZA 1994, 833; *Bauer* NZA 1994, 440; *Grunewald* NZA 1994, 441).

15 Da der Abwicklungsvertrag das Arbeitsverhältnis nicht selbst beendet, sondern nur die Abwicklung des durch eine Kündigung beendeten Arbeitsverhältnisses regelt, kommt es für die Wirksamkeit der Beendigung also zunächst darauf an, ob die Kündigung form- und fristgerecht ausgesprochen wurde. Sobald allerdings der Abwicklungsvertrag unterzeichnet ist, spielt es keine Rolle mehr, ob ggf. die Kündigung unwirksam war oder ob bei Ausspruch der arbeitgeberseitigen Kündigung die maßgebende Kündigungsfrist nicht beachtet worden ist (vgl. *LAG Frankf.* 3.6.2004 – 14 Sa 149/04, n. v.). **Mit Unterzeichnung des Abwicklungsvertrages erklärt der Arbeitnehmer sein Einverständnis mit der Beendigung des Arbeitsverhältnisses** zu dem im Abwicklungsvertrag genannten Zeitpunkt, der i. d. R. identisch ist mit dem Zeitpunkt, zu dem das Arbeitsverhältnis auf Grund der Kündigung endet.

16 Keine Rolle spielt in diesem Zusammenhang, ob der Abwicklungsvertrag eine ausdrückliche **Verzichtserklärung hinsichtlich einer Kündigungsschutzklage** enthält oder ob – ähnlich wie beim Aufhebungsvertrag – nur von den Arbeitsvertragsparteien festgestellt wird, dass das Arbeitsverhältnis zu einem bestimmten Zeitpunkt sein Ende findet. Der Abwicklungsvertrag führt in diesem Fall dazu, dass der Arbeitnehmer auf die Geltendmachung von Unwirksamkeitsgründen hinsichtlich der ihm gegenüber ausgesprochenen Kündigung verzichtet (vgl. *LAG Frankf.* 3.6.2004 – 14 Sa 149/04, n. v.). Ist der Arbeitnehmer im Nachhinein mit den in der Abwicklungsvereinbarung getroffenen Regelungen nicht mehr einverstanden, so muss zunächst die **Abwicklungsvereinbarung** durch eine **Anfechtung** (zur Anfechtung von Aufhebungsverträgen s. Rdn. 309 ff.) beseitigt werden. Bei Fortbestehen des Abwicklungsvertrages hilft dem Arbeitnehmer ein **Kündigungsschutzprozess** nicht weiter, da der unterzeichnete Abwicklungsvertrag, wie angegeben, ein Einverständnis mit der Beendigung darstellt.

17 Früher wurde der Abwicklungsvertrag dem Aufhebungsvertrag deswegen vorgezogen, weil er geeignet war, eine Sperrzeit nach § 144 Abs. 1 SGB III zu vermeiden. Während der Aufhebungsvertrag in der Regel zur Sperrzeit führte, wurde beim Abwicklungsvertrag in erster Linie auf die Kündigung abgestellt. War diese nicht offensichtlich rechtswidrig, wurde keine Sperrzeit verhängt. Nachdem allerdings die Bundesagentur für Arbeit feststellte, dass hier zunehmend Missbrauch getrieben wurde, stellte die Bundesagentur für Arbeit den Abwicklungsvertrag dem Aufhebungsvertrag gleich. Bestä-

## C. Abgrenzung zum Abwicklungsvertrag, zum Prozessvergleich bzw. zu § 1a KSchG | Kapitel 6

tigt wurde diese Rechtsauffassung der Bundesagentur für Arbeit zunächst durch das *BSG* mit Urteil vom 18.12.2003 (NZA 2004, 661).

Das BSG hat im ersten Leitsatz der vorerwähnten Entscheidung vom 18.12.2003 zum Abwicklungsvertrag im Hinblick auf das sperrzeitrelevante Mitwirken des Arbeitnehmers an der Beendigung des Arbeitsverhältnisses Folgendes festgehalten: 18

»Der Arbeitnehmer löst das Beschäftigungsverhältnis, wenn er nach Ausspruch einer Kündigung des Arbeitgebers mit diesem innerhalb der Frist für die Erhebung der Kündigungsschutzklage eine Vereinbarung über die Hinnahme der Kündigung (Abwicklungsvertrag) trifft.«

Diese restriktive Auffassung des *BSG*, die in der Literatur zu starker Kritik geführt hatte (vgl. *Bauer/Krieger* NZA 2004, 640; *Kern/Kreutzfeldt* NJW 2004, 3081; *Boecken/Hümmerich* DB 2004, 2046), hat der 11. Senat dann mit Urteil vom 12.7.2006 (– B 11a AL 47/05 R; NZA 2006, 1359) geändert. Das BSG hat in der vorerwähnten Entscheidung angekündigt, in Zukunft »unter Heranziehung der Grundsätze des § 1a KSchG auf eine ausnahmslose Prüfung der Rechtmäßigkeit der Arbeitgeberkündigung zu verzichten«, wenn die Abfindungshöhe im Abwicklungsvertrag die in § 1a Abs. 2 KSchG vorgesehene Höhe nicht überschreitet. Sieht der Abwicklungsvertrag also lediglich 0,25 bis 0,5 Bruttomonatseinkommen je Beschäftigungsjahr vor, so soll nach der nunmehr geänderten Rechtsauffassung des BSG in Zukunft keine Sperrzeit mehr verhängt werden dürfen. Dies gilt allerdings nur für die betriebsbedingte und die personenbedingte Kündigung. Bei einer verhaltensbedingten Kündigung bleibt es bei der Sperrzeitfolge. 19

Die Entscheidung vom 12.7.2006 ist im Rahmen der Prüfung eines Aufhebungsvertrages ergangen; kann allerdings ohne weiteres auch auf den Abwicklungsvertrag übertragen werden. Es spielt also für die Frage der Sperrzeit keine Rolle mehr, ob der Arbeitnehmer einen Aufhebungsvertrag oder einen Abwicklungsvertrag im Anschluss an eine personen- oder betriebsbedingte Kündigung schließt, wenn die Abfindung max. bei einem halben Gehalt je Beschäftigungsjahr liegt. Bei dieser Fallkonstellation wird das BSG in Zukunft auf die Prüfung der Rechtmäßigkeit der arbeitgeberseitigen Kündigung verzichten bzw. nicht prüfen, ob im Fall eines Aufhebungsvertrages eine arbeitgeberseitige Kündigung theoretisch wirksam gewesen wäre. Soll die Abfindung hingegen oberhalb von 0,5 Bruttogehältern je Beschäftigungsjahr liegen, muss der Arbeitnehmer entweder gegenüber der Bundesagentur für Arbeit nachweisen, dass die Kündigung rechtmäßig ist oder der Abwicklungsvertrag darf erst nach Ablauf der dreiwöchigen Klagefrist geschlossen werden. Im Übrigen kann im Hinblick auf die sozialrechtlichen Konsequenzen des Abschlusses eines Abwicklungsvertrages auf die Ausführungen in Kapitel 8 verwiesen werden. 20

### II. Prozessvergleich

Als weitere Möglichkeit, ein Arbeitsverhältnis einvernehmlich zu beenden, kommt der Prozessvergleich in Betracht. Wie der Abwicklungsvertrag setzt auch der **Prozessvergleich** einen anderweitigen Beendigungstatbestand voraus. Der Prozessvergleich knüpft also ebenfalls an eine zuvor **vom Arbeitgeber ausgesprochene Kündigung** an. 21

Ein Prozessvergleich im Rahmen eines Kündigungsschutzprozesses setzt gem. § 160 ZPO voraus, dass der Vergleich entweder in das **Sitzungsprotokoll** oder aber in eine zum Sitzungsprotokoll genommene Anlage aufgenommen wird. Der **Vergleich** muss zu seiner Wirksamkeit den Parteien vorgelesen werden. Ein Verzicht auf das Vorlesen des Vergleiches und die sich hieran anschließende Genehmigung durch die Prozessparteien hätte gem. § 162 ZPO zur Folge, dass der Vergleich unwirksam ist. Sind die Formalien nicht eingehalten, ist der Prozess nicht beendet; womit gleichzeitig auch nicht feststeht, ob das Arbeitsverhältnis auf Grund der Kündigung sein Ende wirksam finden konnte. Das BAG hatte allerdings in der Vergangenheit einen aus prozessrechtlichen Gründen unwirksamen Vergleich unter Umständen in einen **außergerichtlichen Vergleich** umgedeutet, sofern die notwendigen Voraussetzungen für einen derartigen außergerichtlichen Vergleich – insbes. **Schriftform** – erfüllt sind (vgl. *BAG* 22.4.1960 – 5 AZR 494/59, AP Nr. 7 zu § 794 ZPO). Da es an der Unterzeich- 22 nung des Prozessvergleiches fehlt, dürfte ein derartiger Prozessvergleich heute allerdings i. d. R. nicht mehr in einen außergerichtlichen Aufhebungsvertrag umgedeutet werden können.

23 Als Alternative zu einem im Gütetermin oder Kammertermin geschlossenen Prozessvergleich räumt die Zivilprozessordnung seit 1.1.2002 den Prozessparteien die Möglichkeit ein, einen **gerichtlichen Vergleich auch im schriftlichen Verfahren** zu schließen. Gemäß § 278 Abs. 6 S. 1 ZPO kann das Gericht den Parteien einen schriftlichen Vergleichsvorschlag unterbreiten. Die Parteien haben dann die Gelegenheit, innerhalb einer vom Arbeitsgericht zu setzenden Frist diesen Vergleich durch schriftliche Erklärung anzunehmen. Haben beide Prozessparteien den **Vergleichsvorschlag** angenommen, muss das Gericht den beschlossenen Vergleich durch Beschluss nach § 278 Abs. 6 S. 2 ZPO feststellen. In der Praxis wird immer mehr von dieser Möglichkeit des Prozessvergleiches Gebrauch gemacht, wobei i. d. R. allerdings die Prozessparteien dem Gericht zuvor mitteilen, welcher Vergleichsvorschlag von den Prozessparteien akzeptiert werden wird. Letztendlich übernimmt dann also das Gericht den von den Parteien vorbereiteten Vorschlag als gerichtlichen Vergleichsvorschlag.

24 Der Prozessvergleich hat gegenüber dem Abwicklungsvertrag und dem Aufhebungsvertrag eine Reihe von Vorteilen:

(1) Im Anschluss an einem **Prozessvergleich** bzgl. der Beendigung eines Arbeitsverhältnisses wird die Agentur für Arbeit i. d. R. keine **Sperrzeit** nach § 159 SGB III (früher: § 144 SGB III) verhängen. Die Durchführungsanweisungen der Bundesagentur für Arbeit enthalten nach wie vor folgenden Hinweis:

25 »Eine nachträgliche Einigung durch arbeitsgerichtlichen Vergleich löst in aller Regel keine Sperrzeit aus, da der Arbeitslose nach aller Erfahrung nicht mehr die Möglichkeit hat, eine Fortsetzung des Beschäftigungsverhältnisses und damit eine Beendigung seiner Arbeitslosigkeit durchzusetzen.«

26 Lediglich dann, wenn Anhaltspunkte dafür vorliegen, dass der Weg über eine rechtswidrige Arbeitgeberkündigung mit anschließender Klage vor dem Arbeitsgericht zwischen den Arbeitsvertragsparteien mit dem Ziel abgesprochen worden war, durch einen entsprechenden Prozessvergleich den Eintritt einer Sperrzeit zu verhindern, kann die Agentur für Arbeit wegen dieser **vorausgegangenen Absprache** von dem oben dargestellten Grundsatz, dass der Prozessvergleich keine Sperrzeit auslöst, abweichen.

27 (2) Ein weiterer **Vorteil des Prozessvergleiches** gegenüber der außergerichtlichen Auflösung des Arbeitsverhältnisses besteht darin, dass der Prozessvergleich einen **Vollstreckungstitel** darstellt. Der Arbeitnehmer kann also in dem Fall, dass das Unternehmen sich nicht an die vereinbarten Bedingungen für die Auflösung des Arbeitsverhältnisses hält, die vereinbarten Bedingungen im Wege der **Zwangsvollstreckung** durchsetzen.

### III. Einvernehmliche Beendigung über § 1a KSchG

28 Seit 1.1.2004 besteht bei **betriebsbedingten Kündigungen** die Möglichkeit, dem Arbeitnehmer bereits im Kündigungsschreiben eine **Abfindung** für den Fall anzubieten, dass der Arbeitnehmer die Kündigung akzeptiert und keine **Kündigungsschutzklage** erhebt. Diese auf die betriebsbedingte Kündigung beschränkte gesetzliche Regelung führt also in den Fällen, in denen der Mitarbeiter wegen der angebotenen Abfindung die Kündigung akzeptiert, ebenfalls zu einer **einvernehmlichen Beendigung** des Arbeitsverhältnisses.

29 Die Abfindung muss mindestens 0,5 Bruttogehälter je Beschäftigungsjahr betragen. Wird eine geringere Abfindung im Kündigungsschreiben angeboten, so ist diese **Abfindung auf die gesetzliche Höhe anzuheben**, da die Bemessung der Abfindung in § 1a Abs. 2 KSchG geregelt ist. Diese Vorschrift sieht *eine zwingende Mindesthöhe* der Abfindung vor. Dispositiv ist lediglich § 1a Abs. 1 KSchG, wo das Angebot der Abfindung als solche geregelt ist.

## D. Abschluss des Aufhebungsvertrages   Kapitel 6

Die Bundesagentur für Arbeit hat ihre Durchführungsanweisungen zu § 159 SGB III (früher: § 144 SGB III) an die neue Möglichkeit der einvernehmlichen Beendigung von Arbeitsverhältnissen angepasst. 30

Im Hinblick auf die Beendigung eines Arbeitsverhältnisses über § 1a KSchG heißt es wörtlich in den Durchführungsanweisungen zu § 159 SGB III (früher: § 144 SGB III): 31

»Ebenfalls liegt kein Sperrzeittatbestand vor, wenn die nicht offensichtlich rechtswidrige arbeitgeberseitige Kündigung auf betriebsbedingte Gründe gestützt wird und eine Abfindung gem. § 1a KSchG gezahlt wird.«

Eine **offensichtliche rechtswidrige arbeitgeberseitige Kündigung** wird von den Durchführungsanweisungen der Bundesagentur für Arbeit aber nur dann angenommen, wenn: 32
1. die maßgebende Kündigungsfrist nicht eingehalten ist,
2. der Arbeitslose nach tarif- oder einzelvertraglichen Bestimmungen nur noch aus wichtigem Grund (§ 626 BGB) kündbar war, oder
3. der Arbeitslose besonderen Kündigungsschutz genießt und die Kündigung deshalb nichtig ist, z. B. nach
   a) § 9 MuSchG (Kündigung einer Frau während der Schwangerschaft oder bis zum Ablauf von vier Monaten nach der Entbindung),
   b) § 18 BEEG (Kündigung bei Elternzeit ohne Zustimmung der für den Arbeitsschutz zuständigen obersten Landesbehörde),
   c) § 85 SGB IX (Kündigung eines schwer behinderten Menschen ohne Zustimmung des Integrationsamtes),
   d) § 15 KSchG (Kündigung des Mitglieds eines Betriebsrates, einer Jugendvertretung, u. a.).

Ob die **Kündigung sozial gerechtfertigt** ist, d. h. insbes. die **Sozialauswahl** korrekt durchgeführt wurde, ist keine Frage der offensichtlichen Rechtswidrigkeit. Von daher kann ein Arbeitnehmer auch bei fehlerhaft durchgeführter Sozialauswahl nach § 1a KSchG eine **betriebsbedingte Kündigung** akzeptieren, ohne dass dies zur Verhängung einer Sperrzeit nach § 159 SGB III (früher: § 144 SGB III) führt. 33

In Anbetracht der Rechtsprechung des *BSG* (Urteil vom 18.12.2003) zum Abwicklungsvertrag stellt sich die zuvor in der Literatur heftigst angegriffene Regelung des § 1a KSchG nunmehr doch als **echte außergerichtliche Alternative zur Vermeidung einer Sperrzeit** dar. Die Bundesagentur für Arbeit ebenso wie das Bundessozialgericht werden allerdings künftig erklären müssen, aus welchen Gründen bei Abschluss eines **Abwicklungsvertrages** im Anschluss an eine Kündigung eine **Sperrzeit** droht, während bei bloßer Akzeptanz einer Kündigung wegen der **in der Kündigung bereits angebotenen Abfindung** keine Sperrzeit verhängt werden soll. Der unterschiedliche Prüfungsmaßstab, d. h. die vollständige Überprüfung der Rechtmäßigkeit der Kündigung beim Abwicklungsvertrag und die bloße Überprüfung der Kündigung auf ihre **offensichtliche Rechtswidrigkeit bei § 1a KSchG** ist unseres Erachtens sachlich nicht gerechtfertigt. Hier muss es zu einem einheitlichen Maßstab kommen. Gefordert ist hier der Gesetzgeber, da dem Bundessozialgericht am 18.12.2003 auf Grund der vorliegenden Gesetzesentwürfe bereits bekannt war, dass der Gesetzgeber plant, ab 1.1.2004 eine **gesetzliche Regelung des Abwicklungsvertrages** – nichts anderes ist § 1a KSchG – einzuführen. 34

## D. Abschluss des Aufhebungsvertrages

Während Aufhebungsverträge früher formlos zustande kommen konnten, sieht das Gesetz seit 1.5.2000 die **Schriftform für Aufhebungsverträge** vor. Darüber hinaus setzt der Abschluss eines Aufhebungsvertrages wie jeder andere Vertrag voraus, dass eine Arbeitsvertragspartei ein entsprechendes Angebot unterbreitet und dieses Angebot von dem Vertragspartner angenommen wurde. 35

# Kapitel 6

## I. Form

### 1. Schriftform

36 Seit 1.5.2000 setzt ein Aufhebungsvertrag – **im Gegensatz zum Abwicklungsvertrag** – ebenso wie eine Kündigung gem. § 623 BGB zwingend die Einhaltung der **Schriftform** voraus. Da § 623 BGB ein **konstitutives Schriftformerfordernis** enthält (vgl. BT-Drs. 14/626 S. 11), sind insoweit auch die Vorschriften der §§ 125, 126, 127a und 128 BGB anwendbar. Gemäß § 125 BGB ist ein Rechtsgeschäft, welches dem durch Gesetz vorgeschriebenen Form ermangelt, **nichtig**. Für den lediglich **mündlich abgeschlossenen Aufhebungsvertrag** bedeutet dies also, dass er nichtig ist und daher nicht zur Beendigung des Anstellungsverhältnisses führt.

37 Für den Aufhebungsvertrag kommt § 623 BGB eine **Warnfunktion** zu: Arbeitgeber und Arbeitnehmer sollen nicht unüberlegt das Arbeitsverhältnis beenden. Daneben hat § 623 BGB eine **Beweisfunktion** und führt beim Aufhebungsvertrag zur Inhaltsklarheit, da Gewissheit darüber geschaffen wird, mit welchem Inhalt der Vertrag zustande gekommen ist (vgl. APS/*Preis* § 623 BGB Rn. 2 f.; *Richardi/Annuß* NJW 2000, 1231 ff.; KDZ/*Däubler* § 623 BGB Rn. 5 f.; *Rolfs* NJW 2000, 1227 ff.; *Trittin/Backmeister* DB 2000, 621; *Schaub* NZA 2000, 344 ff.).

38 Ziel des Gesetzgebers war es, durch die Neuregelung ein größtmögliches Maß an **Rechtssicherheit** zu gewährleisten und gleichzeitig die Arbeitsgerichte zu entlasten. Es sollen Rechtsstreitigkeiten darüber vermieden werden, ob überhaupt ein Aufhebungsvertrag vorliegt bzw. die entsprechende Beweiserhebung erheblich erleichtert werden (BT-Drs. 14/626 S. 11).

39 Zur Wahrung des Schriftformerfordernisses muss der Aufhebungsvertrag selbst schriftlich abgefasst sein. Besteht der Vertrag aus mehreren Blättern, so ist dafür Sorge zu tragen, dass die **Einheitlichkeit der Urkunde** gewahrt wird. Die Zusammengehörigkeit der einzelnen Schriftstücke muss für den »unbefangenen Betrachter« erkennbar sein (vgl. BGH 24.9.1997 NJW 1998, 58). Dies bedeutet allerdings nicht, dass die einzelnen Blätter der Urkunde körperlich miteinander verbunden sein müssen. Ausreichend ist vielmehr, dass sich die Einheit der Urkunde aus einer **fortlaufenden Nummerierung** oder einer einheitlichen graphischen Gestaltung bzw. dem inhaltlichen Textzusammenhang ohne Zweifel ergibt. Die **Beweislast** hierfür liegt bei demjenigen, der sich auf die Wirksamkeit des Aufhebungsvertrages beruft (vgl. BGH 24.9.1997 NJW 1998, 58).

40 Verweist der Aufhebungsvertrag selbst auf Anlagen, so unterliegen diese nicht dem Schriftformerfordernis, wenn es sich um eine **bloße Orientierungshilfe** ohne eigenen rechtsgeschäftlichen Erklärungswert handelt (vgl. BGH 29.9.1999 NJW 2000, 355; Bsp.: Berechnungsbeispiel zur Altersversorgung auf einem Anlagebogen zu einem Aufhebungsvertrag). Handelt es sich bei den Anlagen hingegen nicht um eine bloße Orientierungshilfe, so unterliegen auch sie dem Formerfordernis des § 125 BGB. Eine körperliche Verbindung mit der Haupturkunde ist nicht erforderlich; es reicht ein Verweis im Aufhebungsvertrag auf die Anlage selbst (vgl. BGH 30.6.1999 NJW 1999, 2592; 21.1.1999 NJW 1999, 1105) oder die **Paraphierung** der jeweiligen Seiten der Anlage aus (vgl. BGH 29.9.1999 NJW 1999, 2592).

41 Gemäß § 623 BGB ist der Abschluss eines Aufhebungsvertrages in **elektronischer Form** (§§ 126 Abs. 3, 126a BGB i.V.m. dem Signaturgesetz) ausgeschlossen. Dies wird damit gerechtfertigt, dass die elektronische Form – jedenfalls nach derzeitiger Auffassung des Gesetzgebers – eine geringere »Warnfunktion« als die traditionelle Schriftform besitzt (vgl. KDZ/*Däubler* § 623 BGB Rn. 4).

42 Auch der Abschluss eines Aufhebungsvertrages per **Telefax** genügt nicht den Anforderungen an die Schriftform. Wird der Aufhebungsvertrag lediglich per Telefax ausgetauscht, so erfüllt dies nicht die Anforderungen an die Schriftform nach § 623 BGB. Hier ist der Austausch von **Originalurkunden** erforderlich. Beim Telefax wird nur eine **Kopie** für den Vertragspartner übermittelt. Zu beachten ist allerdings, dass § 623 BGB auf die Beendigung von Arbeitsverhältnissen abstellt. Wird der Aufhebungsvertrag zur Beendigung des Vertragsverhältnisses eines **Geschäftsführers** geschlossen, so ist dies grds. auch per Telefax möglich, da es sich bei dem Anstellungsverhältnis eines Geschäftsfüh-

rers i. d. R. nicht um ein **Arbeitsverhältnis** handelt. Auch hier sollte allerdings aus Gründen der Rechtssicherheit der Originalvertrag ausgetauscht werden.

Erforderlich im Hinblick auf das gesetzliche Schriftformerfordernis ist des Weiteren, dass der Aufhebungsvertrag **eigenhändig** von beiden Vertragspartnern unterzeichnet wurde, wobei gem. § 126 Abs. 1 BGB auch ein **notariell beglaubigtes Handzeichen** ausreicht. Da der Gesetzgeber von einer »Unterzeichnung« der Urkunde spricht, ist ein Aufhebungsvertrag nur dann wirksam, wenn die **Unterschrift den Vertragstext räumlich abschließt**. Wird die Aufhebungsvereinbarung ergänzt, so müssen auch diese **Nachträge** erneut gesondert unterzeichnet werden. 43

Im Hinblick auf die Unterschrift ist es erforderlich, dass zumindest mit dem Familiennamen so unterschrieben wird, dass eine Zuordnungsmöglichkeit besteht (vgl. *BGH* 18.1.1996 NJW 1996, 997). Während eine bloße Paraphe nicht ausreicht, kommt es umgekehrt auf die **Lesbarkeit der Unterschrift** nicht an. Entscheidend ist, dass die Unterschrift die charakteristischen Merkmale aufweist und somit eine Zuordnung möglich ist (vgl. *BGH* 22.10.1993 NJW 1994, 55). 44

Weitere Voraussetzung ist, dass gem. § 126 Abs. 2 S. 1 BGB **sämtliche Vertragspartner auf derselben Urkunde unterzeichnen**. Daher erfüllt ein Briefwechseln, in dem wechselseitig der Abschluss des Aufhebungsvertrages bestätigt wird, zwar die in § 127 BGB genannten **Voraussetzungen für gewillkürte Schriftform**, nicht jedoch die Voraussetzungen für die **gesetzliche Schriftform** des § 125 BGB. Das gleiche gilt im Übrigen für ein sog. Bestätigungsschreiben. Eine Ausnahme besteht nur dann, wenn es **zwei gleichlautende Schriftstücke** gibt, wovon jede Vertragspartei ein von der jeweils anderen Partei unterschriebenes Exemplar erhält. § 126 Abs. 2 S. 2 BGB sieht in diesen Fällen die Schriftform als gewahrt an. Das gleiche gilt im Übrigen auch für einen gerichtlich protokollierten Vergleich. 45

An der notwendigen Schriftform fehlt es des Weiteren dann, wenn **nicht sämtliche Punkte**, über die die Parteien sich im Rahmen der Aufhebung des Anstellungsverhältnisses geeinigt habe, **schriftlich im Aufhebungsvertrag niedergelegt wurden**. Handelt es sich um wesentliche Punkte – bspw. Übernahme der Rechtsanwaltskosten oder Formulierung des Zeugnisses –, so fehlt es insgesamt an der notwendigen Schriftform, so dass der Aufhebungsvertrag nichtig ist. 46

## 2. Rechtsfolgen der Nichteinhaltung der Schriftform

Genügt der Aufhebungsvertrag nicht dem Schriftformerfordernis des § 623 BGB, so kann der Aufhebungsvertrag nicht zur Beendigung des Arbeitsverhältnisses führen. Das Arbeitsverhältnis besteht in diesem Fall mit allen Rechten und Pflichten fort. Die bereits zur Erfüllung des Aufhebungsvertrages erbrachten Leistungen, bspw. die Zahlung einer Abfindung, sind nach **bereicherungsrechtlichen Grundsätzen (§§ 812 ff. BGB) rückabzuwickeln** (vgl. *Caspers* RdA 2001, 33). 47

## 3. Durchbrechung der Formnichtigkeit in Ausnahmefällen

Die Berufung auf einen Formmangel kann wegen **widersprüchlichem Verhaltens** unzulässig sein, wenn eine Partei über längere Zeit hinweg aus einem nichtigen Vertrag die Vorteile gezogen hat und sich nunmehr grundlos ihren eigenen Verpflichtungen unter Berufung auf den Formmangel entziehen will (vgl. *BGH* 14.6.1996 NJW 1996, 2504). 48

Scheidet der Arbeitnehmer auf Grund eines mündlich abgeschlossenen Aufhebungsvertrages aus, so hat er regelmäßig seine wesentliche Vertragsleistung erbracht. Akzeptiert der Arbeitgeber dies über einen längeren Zeitraum, so kann er sich nicht unter **Berufung auf den Formmangel** weigern, die Abfindung zu zahlen. Diese Fallgestaltung kommt dann in Betracht, wenn ein späterer Fälligkeitstermin oder eine länger gestreckte Ratenzahlung vereinbart ist. Ein Erfüllungszwang ist allerdings dann ausgeschlossen, wenn beide Parteien die Formunwirksamkeit kannten und einvernehmlich handelten (vgl. APS/*Preis* § 623 BGB Rn. 73). 49

Zu beachten ist, dass allein das Erbringen von Leistungen in Erfüllung des formnichtigen Rechtsgeschäfts ohne das Hinzutreten weiterer Umstände nicht dazu führt, dass von der **Nichtigkeitsfolge des Formmangels** nach **Treu und Glauben** (§ 242 BGB) abzusehen ist. Eine Heilung tritt nur in den 50 vom Gesetz vorgesehenen Fällen ein. Selbst die langjährige praktische Durchführung einer formnichtigen Vereinbarung hindert die Parteien nicht, sich später auf die Formnichtigkeit zu berufen (vgl. *BAG* 9.7.1985 AP Nr. 16 zu § 75 BPersVG; 22.6.1973 NJW 1973, 1455).

51 Etwas anderes gilt aber dann, wenn durch die Erfüllung des Vertrages Umstände eingetreten sind, die nicht mehr sachgerecht rückabgewickelt werden können, oder wenn jedenfalls ein Teil unwiederbringlich Vorteile aus dem Rechtsgeschäft gezogen hat (vgl. *BGH* 14.6.1996 NJW 1996, 2503; 30.10.1961 WM 1962, 9). Diese Voraussetzungen können bspw. dann erfüllt sein, wenn der Arbeitgeber die Stelle zwischenzeitlich anderweitig besetzt hat, oder sie infolge einer Umorganisation weggefallen ist, der Arbeitnehmer seinerseits eine andere Stelle angetreten hat oder in eine weit entfernte Stadt umgezogen ist (vgl. APS/*Preis* § 623 BGB Rn. 79). Die Parteien haben sich dann auf die vereinbarte Aufhebung eingestellt und entsprechend disponiert (vgl. *BAG* 11.12.1996 EzA § 242 BGB Rechtsmissbrauch Nr. 1).

52 Das **Berufen auf einen formnichtigen Aufhebungsvertrag** führt des Weiteren dann nicht zur Nichtigkeit des Aufhebungsvertrages und somit zur Fortsetzung des Arbeitsverhältnisses, wenn das Recht, sich auf die Formnichtigkeit zu berufen, verwirkt ist. Nach der Rechtsprechung des BAG kann dann von einer **Verwirkung** ausgegangen werden, wenn die Klage zum einen erst nach Ablauf eines längeren Zeitraums eingereicht wird und in der Zwischenzeit der Vertragspartner ein berechtigtes Vertrauen auf die Geltung des formnichtigen Vertrages erwerben konnte; zumindest hätte der Vertragspartner darauf vertrauen müssen, dass es nicht mehr zu einer gerichtlichen Auseinandersetzung über die Wirksamkeit des Vertrages kommt. Entscheidend ist, dass das Vertrauen des Vertragspartners das Interesse der klagenden Partei an einer Überprüfung des Vertrages derart überwiegt, dass dem auf den Vertrag vertrauenden Vertragspartner eine gerichtliche Auseinandersetzung nicht mehr zuzumuten ist (vgl. *BAG* 2.12.1999 AP Nr. 6 zu § 242 BGB Prozessverwirkung; *LAG Köln* 25.8.1999 DB 1999, 2648; *LAG Frankf.* 20.10.1999 NZA-RR 2000, 458).

## II. Zustandekommen des Aufhebungsvertrages

53 Für den Aufhebungsvertrag gelten im Übrigen die §§ 145 ff. BGB (vgl. APS/*Schmidt* AufhebVtr Rn. 4 ff.). Dies bedeutet, dass ein **rechtsgeschäftlicher Wille** von beiden Vertragsparteien vorliegen muss, das Arbeitsverhältnis zu einem bestimmten Zeitpunkt aufzuheben. Die Annahmefrist nach § 147 Abs. 2 BGB eines einem **Abwesenden** gegenüber gemachten Antrags auf Abschluss eines Aufhebungsvertrages bestimmt sich auch danach, wie der Antragende sich seinerseits hinsichtlich des Angebots verhält. Ergeben sich aus dem Verhandlungsverlauf über den **Aufhebungsvertrag** für eine vom Antragenden geforderte eilige Annahme des Vertrages keine Hinweise, so ist ein sich aus regelmäßigen Umständen ergebender Zeitrahmen, wie etwa eine angemessene Überlegungsfrist unter Einschluss einer **anwaltlichen Beratung**, zugrunde zu legen (vgl. *LAG Bln.* 25.7.1996 NZA-RR 1999, 356).

54 Vor dem Hintergrund, dass auch ein Aufhebungsvertrag zwei korrespondierende Willenserklärungen voraussetzt, ergibt sich des Weiteren, dass der Aufhebungsvertrag erst dann zustande kommt, wenn die **wechselseitigen Willenserklärungen auch zugegangen** sind. Ist der Vertrag unterzeichnet, so muss er im Original dem Vertragspartner übersandt werden. Wie oben angesprochen, reicht die Übersendung per Telefax seit 1.5.2000 auf Grund des gesetzlichen Schriftformerfordernisses nicht mehr aus.

## III. Abschlussberechtigung

55 Der Abschluss eines Aufhebungsvertrages setzt voraus, dass insbes. die Arbeitgeberseite ordnungsgemäß vertreten ist. Da es sich hier i. d. R. um eine juristische Person handelt, ist darauf zu achten, dass eine **bevollmächtigte Person** handelt. **Die Vollmacht selber bedarf im Übrigen gem. § 167 Abs. 2 BGB nicht der Schriftform.** Ohne weiteres zum Abschluss von Aufhebungsverträgen berechtigt ist der Leiter der Personalabteilung. Problematisch sind hingegen die Fälle, in denen ein Prokurist unterzeichnet, ohne auf die **Prokura** hinzuweisen. Während das Bundesarbeitsgericht einen geson-

## D. Abschluss des Aufhebungsvertrages  Kapitel 6

derten Hinweis auf die Prokura nicht für erforderlich hält (vgl. *BAG* 11.7.1991 BB 1992, 436), verlangt der BGH die Hinzufügung eines entsprechenden Vertretungszeichens, d. h. beispielsweise »ppa.« bei einem Prokuristen (vgl. *BGH* 3.3.1966 NJW 1966, 1069).

### IV. Minderjährige

Ist der Arbeitnehmer noch minderjährig, so ist er zur Unterzeichnung eines Aufhebungsvertrages dann als **unbeschränkt geschäftsfähig** anzusehen, wenn er zum Abschluss des Arbeitsverhältnisses nach § 113 Abs. 1 BGB ermächtigt war. Die **Ermächtigung zum Abschluss eines Arbeitsverhältnisses** umfasst auch die Aufhebung des entsprechenden Arbeitsverhältnisses, soweit damit keine weiteren Verpflichtungen für den minderjährigen Arbeitnehmer verbunden sind. **56**

Etwas anderes gilt für **Berufsausbildungsverhältnisse**. Nach allgemeiner Auffassung findet § 113 BGB auf Berufsausbildungsverhältnisse keine Anwendung. Aufhebungsverträge sind insoweit zwar zulässig; der **Minderjährige** bedarf jedoch zum Abschluss des Aufhebungsvertrages gem. § 107 BGB der ausdrücklichen Einwilligung des gesetzlichen Vertreters. **57**

### V. Umdeutung einer unwirksamen Kündigung in ein Angebot zum Abschluss eines Aufhebungsvertrages

#### 1. Allgemeine Voraussetzungen

Grundsätzlich kann eine wegen Fehlens eines Kündigungsgrundes unwirksame außerordentliche oder ordentliche Kündigung in ein Angebot des Arbeitgebers zum Abschluss eines Aufhebungsvertrages umgedeutet werden. Dies setzt zum einen voraus, dass es dem mutmaßlichen – dem Arbeitnehmer erkennbaren – Willen des Kündigenden entspricht, auch bei Fehlen eines (wichtigen) Kündigungsgrundes gleichwohl unter allen Umständen das Arbeitsverhältnis aufzulösen. Ein Aufhebungsvertrag kommt dann zustande, wenn das durch Umdeutung (§ 140 BGB) ermittelte Angebot von dem Arbeitnehmer angenommen wird (vgl. *BAG* 13.4.1972 EzA § 626 BGB Nr. 13). **58**

Beim Arbeitnehmer muss insbes. das Erklärungsbewusstsein vorhanden sein, d. h. ihm muss bewusst sein, dass er noch Einfluss auf die Beendigung des Arbeitsverhältnisses hat. Dieser Erklärungswille muss erkennbar zum Ausdruck kommen; der Arbeitnehmer muss also die Unwirksamkeit der Kündigung erkannt und gleichwohl die Beendigung gewollt haben (vgl. MünchArbR/*Wank* § 115 Rn. 8 m. w. N.). **59**

Wegen der **Schriftform** des § 623 BGB sind derartige Fälle seit dem 1.5.2000 allerdings kaum noch vorstellbar. Die mündliche Akzeptanz einer Kündigung führt nicht dazu, dass nun von einem Aufhebungsvertrag gesprochen werden kann. **60**

#### 2. Bestätigung des Zugangs einer Kündigung

Viele Arbeitgeber lassen sich den Erhalt einer Kündigung vom Mitarbeiter auf dem Kündigungsschreiben ausdrücklich bestätigen. Solange der Arbeitnehmer tatsächlich nur den **Erhalt des Kündigungsschreibens**, d. h. den tatsächlichen Zugang, bestätigt, liegt in dieser Bestätigung keine Akzeptanz der Kündigung. Das Gleiche gilt in den Fällen, in denen der Mitarbeiter die **Kenntnisnahme bestätigt**. **61**

Etwas anderes gilt allerdings in den Fällen, in denen der Mitarbeiter nicht nur die Kenntnisnahme durch seine Unterschrift, sondern ausdrücklich auch sein Einverständnis mit der Kündigung bestätigt. Enthält das Kündigungsschreiben also den Hinweis »einverstanden« und unterzeichnet der Mitarbeiter nunmehr unterhalb dieses Hinweises auf dem Kündigungsschreiben, so kann diese Erklärung nur als Akzeptanz und damit letztendlich als **Verzicht auf die Kündigungsschutzklage** angesehen werden (vgl. *LAG Köln* 22.2.2000 NZA-RR 2001, 85). **62**

### 3. Ausgleichsquittung

63 Im Ausstellen einer Ausgleichsquittung ist nicht gleichzeitig eine einverständliche Aufhebung des Arbeitsverhältnisses zu sehen (zur Ausgleichsquittung s. Kap. 3 Rdn. 4791 ff.). Etwas anderes gilt aber u. a. dann, wenn die Erklärung in der **Ausgleichsquittung** dahin lautet, dass das Arbeitsverhältnis zu einem festen Termin endet, wenn und soweit dieser von dem Termin abweicht, der durch eine ausgesprochene Kündigung als Beendigungstermin bestimmt ist (vgl. *Bauer* Arbeitsrechtliche Aufhebungsverträge, Rn. 15, 16); zu beachten ist, dass die Schriftform des § 623 BGB eingehalten werden muss.

### VI. Anspruch auf Aufhebungsvertrag

64 Ein Anspruch auf Abschluss von Aufhebungsverträgen wird in der Rechtsprechung grundsätzlich abgelehnt. Ein Rechtsanspruch auf Abschluss eines Aufhebungsvertrages kann in Ausnahmefällen unter dem Gesichtspunkt des arbeitsrechtlichen Gleichbehandlungsgrundsatzes anerkannt werden. Dort, wo der Arbeitgeber allgemein – beispielsweise durch einen Aushang – nach einem bestimmten Muster Arbeitnehmern die Möglichkeit einräumt, das Arbeitsverhältnis einvernehmlich durch Abschluss eines Aufhebungsvertrages zu beenden, darf der Arbeitgeber ohne sachlichen Grund nicht bestimmte Arbeitnehmer ausnehmen. Wenn der Arbeitgeber allgemein Arbeitnehmern den Abschluss von Aufhebungsverträgen anbietet, dürfte bereits zweifelhaft sein, ob der Arbeitgeber berechtigt wäre, einem Arbeitnehmer mit dem Argument, dass es sich bei ihm um einen Leistungsträger handelt, den Abschluss des Aufhebungsvertrages zu verweigern. Der Arbeitgeber müsste zumindest in dem Fall berücksichtigen, dass hier die Mitbestimmung nach § 87 Abs. 1 Nr. 10 BetrVG zu beachten wäre, da es sich bei dem Aufhebungsvertrag und der dort i. d. R. vorgesehenen Abfindung um eine freiwillige Leistung handelt. Bei der Gewährung von freiwilligen Leistungen besteht ein erzwingbares Mitbestimmungsrecht des Betriebsrats nach § 87 Abs. 1 Nr. 10 BetrVG sofern es sich nicht um individuelle Regelungen handelt. Werden allgemein Aufhebungsverträge angeboten, so liegt ein kollektiver Tatbestand vor. Will der Arbeitnehmer nun Leistungsträger von dieser Möglichkeit ausschließen, so stellt er einen Entgeltgrundsatz auf, der wiederum der Mitbestimmung des Betriebsrates unterliegt.

65 Von der vorgenannten Fallkonstellation, dass der Arbeitgeber allgemein Aufhebungsverträge im Unternehmen anbietet, ist die Situation zu unterscheiden, in der der Arbeitgeber zeitgleich oder im zeitlichen Zusammenhang mit verschiedenen Arbeitnehmern Aufhebungsverträge abschließt. Selbst wenn der Arbeitgeber sich bei den hier gewährten Abfindungen an einen von ihm aufgestellten Regelungsplan orientiert, scheitert i. d. R. der Anspruch von nicht berücksichtigten Arbeitnehmern auf Abschluss eines Aufhebungsvertrages daran, dass es sich weiterhin um individuelle Verträge handelt. Das Bundesarbeitsgericht lehnt i. d. R. einen Anspruch auf Abschluss eines Aufhebungsvertrages alleine aufgrund des arbeitsrechtlichen Gleichbehandlungsgrundsatzes ab (vgl. *BAG* 25.2.2010 EzA § 10 AGG Nr. 8 = NZA 2010, 561 ff.). Bei diesen Fallkonstellationen beschränkt der Arbeitgeber aus individuellen Gesichtspunkten die Angebote auf einige wenige Arbeitnehmer im Betrieb. Dementsprechend können sich die nicht berücksichtigten Arbeitnehmer, die die Mehrheit darstellen, nicht auf eine »Ungleichbehandlung« berufen.

66 Auch dann, wenn der Arbeitgeber den Abschluss von Aufhebungsverträgen nur Arbeitnehmern einer bestimmten Altersgruppe anbietet, sieht das Bundesarbeitsgericht keine unzulässig Diskriminierung der übrigen Altersgruppen. Der 6. Senat des BAG sieht in der Nichtberücksichtigung von älteren Arbeitnehmern beim Abschluss von Aufhebungsverträgen im Rahmen eines größeren Personalabbaus keine Benachteiligung dieser älteren Mitarbeiter. Das BAG wertet den Verbleib der älteren Arbeitnehmer im Arbeitsverhältnis als Vorteil gegenüber den jüngeren Arbeitnehmern, die über Aufhebungsverträge gegen Zahlung einer Abfindung aus dem Arbeitsverhältnis ausscheiden und sich auf dem Arbeitsmarkt eine neue Beschäftigung suchen müssen (vgl. *BAG* 25.2.2010 EzA § 10 AGG Nr. 8 = NZA 2010, 561).

## E. Bedingte Aufhebungsverträge

Ziel eines Aufhebungsvertrages ist es grds., das Arbeitsverhältnis in absehbarer Zeit zu beenden. Teilweise werden jedoch Aufhebungsverträge abgeschlossen, die zum einen die Beendigung von dem Eintritt einer bestimmten Bedingung abhängig machen. 67

### I. Zuerkennung einer Rente wegen Erwerbsminderung

Wird in einem Arbeitsvertrag eine Klausel aufgenommen, wonach das Arbeitsverhältnis automatisch mit Ablauf des Monats endet, in welchem dem Mitarbeiter ein **Rentenbescheid wegen Zuerkennung eine Rente wegen Erwerbsminderung** zugeht bzw. in dem Monat endet, in welchem dem Mitarbeiter erstmals eine Rente wegen Erwerbsminderung gezahlt wird, so bestehen gegen diese Klausel keine Bedenken. Das BAG steht insofern auf dem Standpunkt, dass derartige Klauseln in Arbeitsverträgen gerechtfertigt sind, da hierfür ein sachlicher Grund – Klarheit des Beendigungsdatums – besteht (vgl. *BAG* 31.7.2002 AP Nr. 19 zu § 620 BGB Altersgrenze). 68

Vor dem Hintergrund, dass der Gesetzgeber früher zwischen **Berufs- und Erwerbsunfähigkeit** differenziert hatte, sind Klauseln in Tarifverträgen oder Arbeitsverträgen, wonach bei Eintritt von Berufsunfähigkeit die automatische Beendigung des Arbeitsverhältnisses eintritt, genau zu prüfen. **Berufsunfähigkeit** bedeutet nicht in jedem Fall Erwerbsminderung. Die neue Rente wegen Erwerbsminderung differenziert vielmehr zwischen der teilweisen und der vollständigen Erwerbsminderung. 69

Von daher muss bei arbeitsvertraglichen und tarifvertraglichen Beendigungsklauseln, die an die Berufsunfähigkeit anknüpfen, stets geprüft werden, ob der Mitarbeiter tatsächlich weder auf seinem bisherigen Arbeitsplatz noch auf einem anderen Arbeitsplatz im Unternehmen **unter zumutbaren Bedingungen weiterbeschäftigt** werden kann (vgl. *BAG* 31.7.2002 AP Nr. 19 zu § 620 BGB Altersgrenze; 9.8.2000 AP Nr. 10 zu § 59 BAT; 11.3.1998 AP Nr. 8 zu § 59 BAT). Ähnlich wie bei der **krankheitsbedingten Kündigung wegen Unmöglichkeit** zur Fortsetzung des Arbeitsverhältnisses auf dem bisherigen Arbeitsplatz muss also auch bei der Überprüfung einer automatischen Beendigungsklausel im Arbeitsvertrag untersucht werden, ob unter Berücksichtigung des Ultima-Ratio-Grundsatzes nicht eine **Änderungskündigung** auf einen anderen freien Arbeitsplatz oder ein Ringtausch auf einen **Schonarbeitsplatz** in Betracht kommt. 70

Ist die auflösende Bedingung nicht im Arbeitsvertrag, sondern in einer **Betriebsvereinbarung** verankert, so stellt das Bundesarbeitsgericht sehr strenge Voraussetzungen für die Wirksamkeit derartiger Betriebsvereinbarungen auf (vgl. *BAG* 27.10.1988 AP Nr. 16 zu § 620 BGB Bedingung). Die Betriebsvereinbarung muss den Beendigungszeitpunkt so deutlich regeln, dass eine Auslegung des Beendigungszeitpunkts bzw. Zweifel über den tatsächlichen Beendigungszeitpunkt bei Eintritt der Erwerbsminderung nicht bestehen können. Ist zweifelhaft, was unter dem Eintritt von Erwerbsminderung zu verstehen ist, so ist die Betriebsvereinbarung im Zweifel unwirksam. 71

### II. Altersgrenzen

Eine weitere Form der bedingten Aufhebung von Arbeitsverhältnissen ist die **Vereinbarung von Altersgrenzen im Arbeitsvertrag**. Gemäß § 41 Abs. 4 S. 3 SGB VI ist eine entsprechende Klausel, die die Beendigung des Arbeitsverhältnisses bei **Vollendung des 65. Lebensjahres** des Arbeitnehmers bzw. der sich schrittweise bis zum 67. Lebensjahr erhöhenden Altersgrenze für die Regelaltersrente vorsieht, als wirksam anzusehen. Unerheblich ist insofern, ob die Klausel im Arbeitsvertrag oder aber in einem Tarifvertrag oder einer Betriebsvereinbarung festgeschrieben ist (vgl. *BAG* 11.11.1997 AP Nr. 7 zu § 48 BAT; 14.10.1997 AP Nr. 10 zu § 41 SGB VI). 72

Vereinbarungen in Arbeitsverträgen oder Zusatzvereinbarungen zum Arbeitsvertrag, die eine Beendigung des Arbeitsverhältnisses zu einem früheren Zeitpunkt vorsehen, sind demgegenüber unwirksam. Gemäß § 41 Abs. 4 S. 3 SGB VI setzt die Vereinbarung eines früheren Beendigungstermins voraus, dass eine derartige Vereinbarung innerhalb der letzten drei Jahre vor dem Beendigungszeit- 73

## Kapitel 6 — Aufhebungsvertrag

punkt abgeschlossen wurde oder alternativ **innerhalb der letzten drei Jahre** vor dem Beendigungszeitpunkt von dem Mitarbeiter bestätigt wird.

### III. Beendigung bei Eintritt einer Bedingung

74 Die häufigste Variante des bedingten Aufhebungsvertrages betrifft die **Absicherung der pünktlichen Rückkehr des Mitarbeiters aus dem Urlaub**. Zur Absicherung der pünktlichen Rückkehr wird mit den Mitarbeitern vereinbart, dass das Arbeitsverhältnis automatisch endet, wenn der Arbeitnehmer nicht zum vorgesehenen Zeitpunkt seine Arbeit wieder aufnimmt. Derartige **auflösend bedingte Arbeitsverhältnisse** sind trotz der Tatsache, dass der Eintritt der Bedingung alleine vom Mitarbeiter beeinflusst werden kann, nach der Rechtsprechung des Bundesarbeitsgerichtes grds. **unwirksam** (vgl. *BAG* 4.12.1991 AP Nr. 17 zu § 620 BGB Bedingung; 19.12.1974 AP Nr. 3 zu § 620 BGB Befristung). Das BAG verlangt zur Rechtfertigung derartiger Aufhebungsverträge das **Vorliegen eines sachlichen Grundes für die auflösende Bedingung**. Fehlt es an einem derartigen sachlichen Grund, liegt eine Umgehung zwingender Kündigungsschutzvorschriften vor, so dass die Klausel bzw. der bedingte Aufhebungsvertrag unwirksam ist. Um derartige Umgehungen zu vermeiden, stellt das BAG daher sehr strenge Anforderungen an auflösende Bedingungen in Aufhebungsverträgen (vgl. *BAG* 15.3.1991 – 2 AZR 516/90, NZA 1992, 452).

75 Vor diesem Hintergrund begegnen auch bedingte Aufhebungsverträge mit **alkoholabhängigen Mitarbeitern** erheblichen Bedenken (vgl. *LAG München* 29.10.1987 DB 1088, 506). Unseres Erachtens ist es weder zulässig, mit einem Mitarbeiter verbindlich festzulegen, dass das Arbeitsverhältnis automatisch endet, wenn er alkoholisiert im Betrieb angetroffen wird, noch ist es zulässig, zu vereinbaren, dass das Arbeitsverhältnis automatisch endet, wenn der Mitarbeiter nicht bis zu einem bestimmten Zeitpunkt eine **Entziehungskur** angetreten hat. In beiden Fällen würde der zwingende Kündigungsschutz nach § 1 KSchG umgangen werden. Ein sachlicher Grund für eine derartige Bedingung ist nicht erkennbar. Nach der Rechtsprechung des Bundesarbeitsgerichtes muss ein Arbeitgeber eine Entziehungskur seines Mitarbeiters abwarten, bevor er bei erneutem Alkoholvorfall das Arbeitsverhältnis krankheitsbedingt kündigen kann. Liegt nicht einmal eine Alkoholerkrankung vor, sondern handelt es sich nur um Alkoholmissbrauch, so sind sogar **Abmahnungen** notwendig, um eine – in diesem Fall verhaltensbedingte – Kündigung rechtfertigen zu können.

76 Umstritten ist, inwieweit im Rahmen eines **Prozessvergleiches** im Hinblick auf eine vom Arbeitgeber zuvor wegen häufiger Kurzerkrankungen oder Alkoholvorfällen ausgesprochene Kündigung nunmehr vereinbart werden kann, dass das Arbeitsverhältnis zwar zunächst fortgesetzt, jedoch dann **automatisch beendet wird**, wenn der Mitarbeiter rückfällig wird, innerhalb eines bestimmten Zeitraums eine bestimmte Anzahl von Fehltagen aufweist oder eine Entziehungskur nicht innerhalb einer bestimmten Zeitspanne durchführt. Während das LAG Baden-Württemberg derartige Vergleiche als wirksam ansieht (vgl. *LAG BW* 15.12.1981 AP Nr. 5 zu § 620 BGB Bedingung), wird in der Literatur teilweise die Auffassung vertreten, dass derartige Vereinbarungen wegen eines fehlenden sachlichen Grundes unwirksam seien.

77 Unseres Erachtens ist eine derartige Vereinbarung im Rahmen eines Prozessvergleiches zulässig, da das Unternehmen hier durch den Ausspruch der Kündigung bereits alles Notwendige zur Beendigung des Arbeitsverhältnisses getan hat. Der Vergleich regelt lediglich die **Ungewissheit über die Beendigung des Arbeitsverhältnisses** dergestalt, dass der Arbeitnehmer es selbst in der Hand hat, die vom Arbeitgeber durch die Kündigung eingeleitete Beendigung doch noch zu verhindern. Eine **Umgehung des zwingenden Kündigungsschutzes** kann hier nicht vorliegen, da den Mitarbeiter im Prozess keiner zwingt, eine derartige Vereinbarung zu akzeptieren. Ist er mit dem Vergleich nicht einverstanden, muss das Arbeitsgericht über die Wirksamkeit der Kündigung entscheiden.

78 Keinen Bedenken unterliegen Aufhebungsverträge, die das Arbeitsverhältnis beenden und eine **bedingte Wiedereinstellungszusage** enthalten (vgl. *BAG* 7.3.2002 AP Nr. 22 zu § 620 BGB Aufhebungsvertrag). Derartige Aufhebungsverträge können das Kündigungsschutzgesetz nicht umgehen, da hier das Arbeitsverhältnis tatsächlich einvernehmlich aufgehoben wird. Dem Arbeitnehmer

wird lediglich eine Chance eingeräumt, das Arbeitsverhältnis zu einem späteren Zeitpunkt wieder fortzusetzen. Es bindet sich hier also einzig und alleine der Arbeitgeber, da dieser dem Mitarbeiter eine Wiedereinstellungszusage macht, die lediglich von der Erfüllung bestimmter Bedingungen abhängig ist. Die Bedingung kann bspw. darin bestehen, dass der Mitarbeiter eine **Entziehungskur** erfolgreich durchführt und dies von der behandelnden Klinik schriftlich bestätigt wird. Der Unterschied zu den oben beschriebenen bedingten Aufhebungsverträgen besteht hier also darin, dass die Beendigung unbedingt erfolgt und lediglich die Fortsetzung des Arbeitsverhältnisses bzw. die Wiedereinstellung unter eine Bedingung gesetzt wird.

## F. Abgrenzung zwischen Aufhebungsvertrag und Befristung

Als problematisch können sich Aufhebungsverträge erweisen, die das Arbeitsverhältnis nicht unter Berücksichtigung der bei einer Kündigung zu beachtenden **Kündigungsfrist**, sondern unter Einräumung einer **längeren Auslauffrist** beenden. Hier muss stets geprüft werden, ob es sich tatsächlich um die **Aufhebung eines Arbeitsverhältnisses** oder vielmehr um die **Umwandlung eines unbefristeten in ein befristetes Arbeitsverhältnis** handelt. 79

Als **Indizien** dafür, ob es sich um einen regulären Aufhebungsvertrag oder um die Umwandlung in ein befristetes Arbeitsverhältnis handelt, zieht das BAG zum einen die **Dauer der Auslauffrist** und die übrigen in der Vereinbarung enthaltenen Klauseln heran. Fehlen in der »Aufhebungsvereinbarung« die **typischen Klauseln eines Aufhebungsvertrages** bzgl. Verschwiegenheit, Abfindung, Urlaub, Zeugnis, etc. und wurde die Kündigungsfrist mehr als vervierfacht, so ist gerade bei längeren Kündigungsfristen und der Wahl einer vierfachen oder noch längeren Frist zur Beendigung des Arbeitsverhältnisses im Zweifel eher von einer Befristung auszugehen (vgl. *BAG* 28.11.2007 – 6 AZR 1108/06; 12.1.2000 AP Nr. 16 zu § 620 BGB Befristeter Aufhebungsvertrag). 80

In diesem Fall unterwirft das BAG den Aufhebungsvertrag den gleichen Anforderungen, die an den Abschluss eines **befristete Arbeitsvertrages** zu stellen sind. Es bedarf also eines **sachlichen Grundes für die Umwandlung eines unbefristeten in ein befristetes Arbeitsverhältnis** (vgl. *BAG* 28.11.2007 – 6 AZR 1108/06, NZA 2008, 348). Die Anforderungen an einen derartigen sachlichen Grund im Falle der Umwandlung eines unbefristeten in ein befristetes Arbeitsverhältnis werden von der Rechtsprechung sehr hoch angesetzt (vgl. *BAG* 3.12.1997 AP Nr. 196 zu § 620 BGB Befristeter Arbeitsvertrag). Die Verbesserung der Konditionen des Arbeitsverhältnisses während des Laufs der Befristung stellt im Übrigen keinen sachlichen Grund für die Umwandlung des unbefristeten Arbeitsverhältnisses dar (vgl. *BAG* 26.8.1998 AP Nr. 203 zu § 620 BGB Befristeter Arbeitsvertrag). 81

Anders beurteilt das BAG lediglich die Situation von Aufhebungsverträgen, die **in den ersten sechs Monaten eines Arbeitsverhältnisses** abgeschlossen werden. Da hier noch kein Kündigungsschutz nach dem Kündigungsschutzgesetz besteht, kann also auch keine Umgehung des zwingenden Kündigungsschutzrechtes vorliegen. Das BAG erlaubt den Abschluss von Aufhebungsverträgen, die eine deutlich oberhalb der ansonsten geltenden **Probezeitkündigungsfrist** liegende Frist enthalten. Nicht beanstandet wurde insofern bspw. eine Auslauffrist von vier Monaten (vgl. *BAG* 7.3.2002 AP Nr. 22 zu § 620 BGB Aufhebungsvertrag). 82

Das BAG begründete seine Auffassung damit, dass dem Arbeitnehmer hier durch die lange Auslauffrist eine zweite Chance, das Arbeitsverhältnis doch noch unbefristet fortzusetzen, eingeräumt wird. Der Mitarbeiter wird also nicht benachteiligt, sondern das Unternehmen verzichtet vielmehr bewusst auf die ihm durch den Gesetzgeber eingeräumte Kündigungsmöglichkeit. Da darüber hinaus auch in diesem Fall der Aufhebungsvertrag auf die Beendigung des Arbeitsverhältnisses abzielt, gäbe es keinen Grund, diesen **Aufhebungsvertrag der Befristungskontrolle** zu unterwerfen. 83

Differenzierter behandelt das BAG darüber hinaus Abwicklungsverträge bzw. gerichtliche Vergleiche, bei denen der Arbeitgeber zunächst das Arbeitsverhältnis unter Beachtung der gesetzlichen, tarifvertraglichen oder einzelvertraglichen Kündigungsfrist ordnungsgemäß gekündigt hat und es dann entweder vor Ablauf der dreiwöchigen Klagefrist zum Abschluss eines Abwicklungsvertrages kommt oder es im Rahmen des Kündigungsschutzverfahrens zu einem Vergleich vor dem Arbeitsgericht 83a kommt. Wenn hier nun die Kündigungsfrist deutlich verlängert wird – beispielsweise um weitere zwölf Monate – und gleichzeitig vorgesehen ist, dass der Arbeitnehmer während der verlängerten Kündigungsfrist eine Arbeitsleistung zu erbringen hat und der Vergleich im Übrigen die für einen Aufhebungsvertrag bzw. gerichtlichen Vergleich typischen Bestandteile wie Abfindung, Zeugnis, Rückgabe von Firmeneigentum etc. enthält, sieht der 6. Senat des BAG auch in diesen Fällen davon ab, einen derartigen Abwicklungsvertrag oder gerichtlichen Vergleich einer Befristungskontrolle zu unterwerfen (vgl. *BAG* 15.2.2007 – 7 AZR 286/06, NZA 2007, 614).

## G. Inhalt des Aufhebungsvertrages

84 Welchen Inhalt ein Aufhebungsvertrag haben muss, hängt letztendlich von den Umständen des jeweiligen Einzelfalls ab. Zwingender Bestandteil eines jeden Aufhebungsvertrages ist lediglich die ausdrückliche Einigung zwischen Arbeitgeber und Arbeitnehmer über die **Beendigung des Arbeitsverhältnisses** und den **Zeitpunkt der Beendigung**.

85 Da der Aufhebungsvertrag nicht nur die Beendigung des Arbeitsverhältnisses, sondern i. d. R. auch die **Abwicklung des Arbeitsverhältnisses** bis zum Beendigungszeitpunkt regelt, muss der Aufhebungsvertrag alle offenen regelungsbedürftigen Fragen enthalten. Wie die obigen Ausführungen zur Schriftform gezeigt haben, führt das Weglassen bestimmter Regelungen, über die zwischen den Parteien Einigkeit erzielt wurde, unter Umständen sogar dazu, dass der Aufhebungsvertrag wegen Formfehlers nichtig ist. Von daher ist vor Abschluss eines Aufhebungsvertrages im Rahmen einer Checkliste festzustellen, welche Punkte regelungsbedürftig sind. Aus den zu regelnden Punkten ergibt sich dann der Inhalt des Aufhebungsvertrages.

86 Als Regelungsbedürftig kommen im Rahmen eines Aufhebungsvertrages insbes. in Betracht:
 – Beendigungszeitpunkt,
 – vorzeitige Beendigung des Anstellungsverhältnisses,
 – Vergütung bis zum Beendigungszeitpunkt,
 – Freistellung,
 – Abfindung,
 – Zeugnis,
 – Sprachregelung,
 – Betriebliche Altersversorgung,
 – Übertragung einer Direktversicherung,
 – Nachvertragliches Wettbewerbsverbot,
 – Dienstwagen,
 – Arbeitgeberdarlehen,
 – Geschäfts- und Betriebsgeheimnisse,
 – Rückzahlung von Aus- und Fortbildungskosten,
 – Rückgabe von Arbeitsmitteln,
 – Vererbbarkeit/Beendigung durch Tod,
 – Arbeitspapiere,
 – Hinweis auf Arbeitslosmeldung und steuer- und sozialrechtliche Konsequenzen,
 – Arbeitnehmererfindung,
 – Verzicht auf Wiedereinstellung,
 – Allgemeine Erledigungsklausel,
 – Salvatorische Klausel.

### I. Beendigung des Arbeitsverhältnisses

87 Der Aufhebungsvertrag muss zunächst regeln, dass das Arbeitsverhältnis mit sofortiger Wirkung oder zu einem im Aufhebungsvertrag definierten Zeitpunkt beenden werden soll. Eine **rückwirkende Auflösung** eines bestehenden Arbeitsverhältnisses ist grds. nicht möglich (vgl. *Hoß/Kohte-Heggemann* MDR 1997, 1077). Eine Ausnahme besteht nur in den Fällen, in denen in der Vergangenheit bereits eine Kündigung ausgesprochen worden war und sich die Parteien nunmehr – bspw. im Laufe

eines Kündigungsschutzprozesses – darauf einigen, dass das Arbeitsverhältnis tatsächlich zum Zeitpunkt des durch die Kündigung vorgesehenen Beendigungstermin sein Ende findet – sog. **Abwicklungsvertrag.**

Früher war es erforderlich, dass der Aufhebungsvertrag ausdrücklich darauf hinwies, dass die Beendigung »auf Veranlassung des Arbeitgebers« erfolgt, um auf diese Weise die Voraussetzungen für die Steuerfreiheit der Abfindung im Rahmen der Freibeträge nach § 3 Ziff. 9 EStG zu sichern. Nachdem allerdings der Gesetzgeber mit Wirkung ab 1.1.2006 für neu abgeschlossene Aufhebungsverträge die Steuerfreibeträge ersatzlos gestrichen hat, ist es nicht mehr zwingend erforderlich, diese Formulierung im Aufhebungsvertrag zu belassen. Im Hinblick auf die Steuerbegünstigung nach den §§ 24, 34 EStG (Fünftelprinzip) schadet es allerdings nicht, nach wie vor an dieser Formulierung festzuhalten (zur steuerlichen Behandlung einer Abfindung s. Rdn. 156 ff.). 88

▶ **Praxistipp:** 89

Im Hinblick auf eine mögliche Arbeitslosigkeit sollte die Beendigungsklausel darauf verweisen, dass das Arbeitsverhältnis »zur Vermeidung einer betriebsbedingten Kündigung unter Einhaltung der ordentlichen Kündigungsfrist« beendet wird. Alternativ kommt in Betracht, dass statt auf die Vermeidung einer »betriebsbedingten« auf die Vermeidung einer »personenbedingten« Kündigung hingewiesen wird. Die derzeitigen Dienstanweisungen der Arbeitsämter verneinen eine Sperrzeit in den Fällen, in denen neben einem personen- oder betriebsbedingten Kündigungsgrund die Kündigungsfrist eingehalten wurde und der Mitarbeiter darlegen kann, dass er durch Abschluss eines Aufhebungsvertrages berufliche Nachteile vermieden hat (s. i. E. zur Sperr- und Ruhenszeit Kap. 8 Rdn. 120 ff. und 81 ff.).

▶ **Formulierungshinweis:**

Ziff. 1 eines Aufhebungsvertrages kann daher bspw. wie folgt formuliert werden:

»Zwischen den Parteien besteht Einigkeit, dass das zwischen ihnen bestehende Arbeitsverhältnis zur Vermeidung einer ansonsten unumgänglichen ordentlichen betriebsbedingten Kündigung auf Veranlassung der Gesellschaft mit dem ... sein Ende finden wird. Hintergrund der Beendigung des Anstellungsverhältnisses ist die teilweise Schließung der Abteilung ... sowie die im Bereich der Verwaltung durchgeführte Restrukturierung, die in vielen Bereichen des Unternehmens zum Abbau von Arbeitsplätzen geführt hat.«

Sofern **verhaltensbedingte Gründe** für die Beendigung des Arbeitsverhältnisses ausschlaggebend waren und ggf. sogar eine ordentliche oder fristlose Kündigung ausgesprochen worden ist, sollte im Rahmen des **Aufhebungsvertrages**, der **Abwicklungsvereinbarung** bzw. eines **gerichtlichen Vergleiches** dafür Sorge getragen werden, dass eine Formulierung gewählt wird, die die Verhängung einer Sperrzeit nach § 159 SGB III (früher: § 144 SGB III) vermeidet. Anerkannt ist insofern, dass eine **Sperrzeit** dann nicht eintritt, wenn die vom Unternehmen ursprünglich erhobenen Vorwürfe nicht mehr aufrechterhalten werden und zwischen den Parteien Einigkeit besteht, dass auf Grund der ursprünglich erhobenen Vorwürfe eine gedeihliche Zusammenarbeit nicht mehr möglich ist. Diese Klausel ist empfehlenswerter, als zu versuchen, nach einer umfänglichen Auseinandersetzung über die vom Unternehmen behaupteten verhaltensbedingten Gründe plötzlich die Beendigung auf betriebsbedingte Gründe zu stützen. 90

Insbesondere dann, wenn entsprechender Schriftverkehr über die Pflichtverletzung vorliegt und der Arbeitgeber ggf. bereits die **Arbeitsbescheinigung** mit dem Hinweis auf verhaltensbedingte Kündigungsgründe an die Agentur für Arbeit gesandt hat, droht beiden Arbeitsvertragsparteien die Gefahr, dass die Agentur für Arbeit eine **Anzeige wegen Betruges** erstattet, wenn nunmehr plötzlich behauptet wird, dass hier betriebsbedingte Gründe zur Beendigung des Arbeitsverhältnisses geführt haben. Wird hingegen durch die Arbeitsvertragsparteien lediglich klargestellt, dass zwar einerseits die Vorwürfe nicht weiter aufrechterhalten werden, andererseits jedoch auf Grund der Auseinandersetzung eine Zusammenarbeit nicht weiter möglich ist, verhängt die Agentur für Arbeit keine Sperrzeit. In diesem Fall ist dem Arbeitnehmer i. d. R. die Fortsetzung des Arbeitsverhältnisses nicht zumutbar. 91

# Kapitel 6 — Aufhebungsvertrag

**92** ▶ **Formulierungshinweis:**

Im Rahmen einer Abwicklungsvereinbarung im Anschluss an eine vom Unternehmen ausgesprochene Kündigung kann Ziff. 1, die die Beendigung des Arbeitsverhältnisses regelt, wie folgt formuliert werden:

»Zwischen den Parteien besteht Einigkeit, dass das zwischen ihnen bestehende Arbeitsverhältnis auf Grund der ordentlichen Kündigung vom ..... mit dem ..... sein Ende finden wird. Die von der Gesellschaft ursprünglich erhobenen Vorwürfe werden nicht aufrechterhalten. Trotz der Rücknahme der Vorwürfe besteht zwischen den Parteien aber Einigkeit, dass auf Grund der Auseinandersetzung eine gedeihliche Zusammenarbeit zwischen ihnen nicht mehr erwartet werden kann. Vor diesem Hintergrund stimmen beide Parteien einer einvernehmlichen Beendigung des Anstellungsverhältnisses zum ..... zu.«

**93** Ist es nicht zum Ausspruch einer Kündigung gekommen; haben die Arbeitsvertragsparteien allerdings intensiv über angebliche **Pflichtverletzungen des Arbeitnehmers** gestritten, so kommt auch hier statt des üblicherweise gewählten Hinweises auf betriebsbedingte Kündigungsgründe das Spiel mit offenen Karten in Betracht. Eine Sperrzeit wird man allerdings nur dann vermeiden können, wenn tatsächlich gegenüber der Agentur für Arbeit zum einen dargelegt werden kann, dass die Vorwürfe unberechtigt waren und zum anderen aus der Art und Weise der vom Arbeitgeber erhobenen Vorwürfe objektiv erkennbar ist, dass eine vernünftige Zusammenarbeit zwischen den Parteien nicht mehr möglich ist.

**94** In diesem Fall kann die Aufhebungsvereinbarung in Ziff. 1 wie folgt formuliert werden:

»Zwischen den Parteien besteht Einigkeit, dass das zwischen ihnen bestehende Arbeitsverhältnis auf Veranlassung der Gesellschaft mit dem ... unter Einhaltung der ordentlichen Kündigungsfrist sein Ende finden wird. Die im Vorfeld von der Gesellschaft gegenüber dem Arbeitnehmer erhobenen Vorwürfe werden nicht weiter aufrechterhalten. Aufgrund dieser Auseinandersetzung besteht zwischen den Parteien Einigkeit, dass eine weitere gedeihliche Zusammenarbeit nicht möglich ist und daher das Anstellungsverhältnis beendet werden muss.«

**95** Weitergehende Angaben sind zum Beendigungsgrund i. d. R. im Rahmen eines Aufhebungsvertrages nicht erforderlich. Sollte es sich allerdings um die Beendigung eines Anstellungsverhältnisses mit einem **schwer behinderten Menschen** i. S. d. Sozialgesetzbuches IX handelt, so sollte im Interesse des schwer behinderten Mitarbeiters zuvor das **Integrationsamt** eingeschaltet werden. Wird der Aufhebungsvertrag dann vor dem Integrationsamt geschlossen, so führt dies auf Grund entsprechender Absprachen zwischen den einzelnen Integrationsämtern und den zuständigen Agenturen für Arbeit i. d. R. nicht dazu, dass dem schwer behinderten Mitarbeiter gegenüber wegen des Abschlusses des Aufhebungsvertrages eine **Sperrzeit** verhängt wird.

**96** Ohne Einschaltung des Integrationsamtes weist die Agentur für Arbeit i. d. R. zurecht darauf hin, dass bei Einhaltung des für die Kündigung eines schwer behinderten Menschen vorgesehenen Verfahrens vor dem Integrationsamt die Beendigung zu einem wesentlich späteren Zeitpunkt eingetreten wäre. Der **Sonderkündigungsschutz** des schwer behinderten Menschen bewirkt, dass das Unternehmen länger die Vergütung für den Mitarbeiter zahlen muss und somit die Allgemeinheit zumindest während der Verfahrensdauer von den Kosten des arbeitslos gewordenen Mitarbeiters verschont bleibt. Vor diesem Hintergrund verlangt die Agentur für Arbeit zur Vermeidung der Sperrzeit zu Recht die Einschaltung des Integrationsamtes bei Abschluss von **Aufhebungsverträgen mit schwer behinderten Menschen**.

**97** ▶ **Formulierungshinweis:**

Nach Einschaltung des Integrationsamtes kann der Aufhebungsvertrag mit einem schwer behinderten Menschen in Ziff. 1 wie folgt formuliert werden:

»Zwischen den Parteien besteht Einigkeit, dass das zwischen ihnen bestehende Arbeitsverhältnis mit Zustimmung des Integrationsamtes zur Vermeidung einer ansonsten unumgänglichen ordentlichen betriebsbedingten Kündigung auf Veranlassung der Gesellschaft mit dem ..... sein Ende finden wird. Wäre es nicht zu dieser einvernehmlichen Regelung gekommen, so hätte das Integrationsamt nunmehr der von der Gesellschaft am ..... beantragten Kündigung zugestimmt. Der Antrag auf Zustimmung zur

## G. Inhalt des Aufhebungsvertrages — Kapitel 6

Kündigung konnte nach Unterzeichnung dieser Aufhebungsvereinbarung unter Beteiligung des Integrationsamtes zurückgenommen werden.«

Eine ähnliche Formulierung bietet sich an, wenn der Mitarbeiter bzw. die Mitarbeiterin besonderen Kündigungsschutz besitzt, weil er/sie sich in **Elternzeit** oder im **Mutterschutz** befindet. Hier ist im Hinblick auf die Vermeidung einer Sperrzeit ebenfalls die Beteiligung der zuständigen Arbeitsschutzbehörde empfehlenswert. Welche Behörde im Falle des Mutterschutzes bzw. der Elternzeit zuständig ist, ist in den einzelnen Bundesländern unterschiedlich geregelt. 98

**Zuständig für den Sonderkündigungsschutz nach § 9 MuSchG bzw. § 18 BEEG sind:** 99

| | |
|---|---|
| Baden-Württemberg: | Gewerbeaufsichtsamt |
| Bayern: | Gewerbeaufsichtsämtern Nürnberg und München Land |
| Berlin: | Landesamt für Arbeitsschutz und technische Sicherheit |
| Brandenburg: | Amt für Arbeitsschutz, technische Sicherheit, Gesundheit, Jugend und Soziales |
| Bremen: | Gewerbeaufsichtsamt |
| Hamburg: | Behörde für Arbeit, Gesundheit, Jugend und Soziales |
| Hessen: | Bezirksregierung |
| Nordrhein-Westfalen: | Bezirksregierung |
| Rheinland-Pfalz: | Landesamt für Umweltschutz und Gewerbeaufsicht, Bergamt |
| Saarland: | Ministerium für Arbeit, Frauen, Gesundheit und Soziales |
| Sachsen: | Gewerbeaufsichtsamt |
| Sachsen-Anhalt: | Gewerbeaufsichtsamt |
| Schleswig-Holstein: | Gewerbeaufsichtsamt |
| Thüringen: | Amt für Arbeitsschutz und Arbeitsmedizin (Landesamt für Soziales und Familie) |

### II. Vorzeitige Beendigung des Arbeitsverhältnisses

Gerade dort, wo ein Arbeitnehmer eine sehr lange gesetzliche oder einzelvertragliche Kündigungsfrist hat, besteht auf Mitarbeiterseite das Interesse, das Arbeitsverhältnis ggf. auch zu einem früheren Zeitpunkt zu beenden. Da auf dem heutigen Arbeitsmarkt Flexibilität gefragt ist, müssen freie Stellen häufig sehr schnell besetzt werden. Müsste der Mitarbeiter die Kündigungsfrist einhalten, wäre ihm ggf. ein nahtloser Übergang in das neue Arbeitsverhältnis nicht möglich. Es besteht die Gefahr, dass die Stelle anderweitig vergeben wird. 100

Um dem Arbeitnehmer hier die erforderliche Flexibilität hinsichtlich des Antritts einer neuen Stelle zu ermöglichen, kann daher in den Aufhebungsvertrag eine Klausel aufgenommen werden, die dem Mitarbeiter das Recht einräumt, das Anstellungsverhältnis mit einer bestimmten **Ankündigungsfrist vorzeitig zu beenden**. Besteht die Möglichkeit der vorzeitigen Beendigung, so ist im Einzelnen noch zwischen den Parteien zu klären, welche Auswirkungen die vorzeitige Beendigung auf die hierdurch seitens des Arbeitgebers ersparten Vergütungsbestandteile hat. Üblicherweise werden diese Vergütungsansprüche in voller oder anteiliger Höhe der Abfindung zugeschlagen. 101

▶ Formulierungshinweis: 102

»Der Arbeitnehmer hat das Recht, das Anstellungsverhältnis mit einer Ankündigungsfrist von sieben Tagen vorzeitig zu beenden. Eine derartige vorzeitige Beendigung entspricht ausdrücklich dem Wunsch der Gesellschaft. Die dem Arbeitnehmer in dieser Vereinbarung zugesagte Abfindung erhöht sich für jeden ›vollen‹ Monat des vorzeitigen Ausscheidens um ..... € brutto.«

Teilweise wird von den Finanzämtern die Auffassung vertreten, dass die Abfindung, die aus einer vorzeitigen Beendigung des Arbeitsverhältnisses durch Aufstockung des eigentlich vereinbarten Abfindungsbetrages resultiert, nicht der **Steuerbegünstigung** nach den §§ 24, 34 EStG unterliegt. Das Finanzamt Köln hat insofern bspw. die Auffassung vertreten, dass **dieser Teil der Abfindung wie reguläres Entgelt mit dem ungeminderten Steuersatz zu versteuern ist**. Das Finanzamt sieht in diesem Teil der Abfindung einen Bezug aus dem bestehenden Arbeitsverhältnis. 103

Um eine derartige – aus unserer Sicht falsche – Behandlung der Abfindung zu vermeiden, bietet es sich an, zunächst mit dem Finanzamt die Rechtslage abzuklären. Sollte das **Betriebsstättenfinanzamt** 104

# Kapitel 6 — Aufhebungsvertrag

ebenfalls die Auffassung des Finanzamtes Köln teilen, so kann mit dem Arbeitnehmer in Ergänzung zum Aufhebungsvertrag eine zusätzliche Vereinbarung geschlossen werden, die beide Vertragsparteien im Fall der vorzeitigen Beendigung zum **Abschluss eines neuen Aufhebungsvertrages** verpflichtet. Im Rahmen des neuen Aufhebungsvertrages ist dann das tatsächlich vom Mitarbeiter gewünschte Beendigungsdatum sowie die sich nunmehr rechnerisch tatsächlich ergebende Abfindungssumme festzuschreiben.

**105** Da beide Vertragsparteien das Arbeitsverhältnis jederzeit einvernehmlich ohne Einhaltung einer Kündigungsfrist beenden können, besteht gegen eine derartige Regelung weder aus steuerlicher noch aus arbeitsrechtlicher Hinsicht Bedenken. In sozialrechtlicher Hinsicht würde nunmehr zwar die Kündigungsfrist erheblich verkürzt und somit eine Ruhenszeit nach § 158 SGB III (früher: § 143a SGB III) ausgelöst. Dies spielt allerdings in den Fällen, in denen der Mitarbeiter das Arbeitsverhältnis wegen des Antritts einer neuen Stelle vorzeitig beendet, ohnehin keine Rolle.

## III. Vergütung bis zum Beendigungszeitpunkt

**106** Vor dem Hintergrund, dass üblicherweise ein Aufhebungsvertrag eine allgemeine Erledigungsklausel enthält, ist darauf zu achten, dass der Aufhebungsvertrag darüber hinaus ausdrücklich regelt, dass und ggf. in welcher Höhe dem Mitarbeiter die **Vergütung** bis zum Beendigungszeitpunkt weiter gezahlt wird. Insbesondere in den Fällen, in denen der Mitarbeiter **von der Arbeitsleistung freigestellt** wird, muss ausdrücklich geregelt werden, dass die Freistellung unter Fortzahlung der vertragsgemäßen Vergütung erfolgt.

**107** Unproblematisch sind die Fälle, in denen dem Mitarbeiter nur zwölf feste Monatsgehälter im Jahr gezahlt werden. Hier reicht ein bloßer Hinweis darauf aus, dass bis zum Beendigungszeitpunkt die Vergütung ordnungsgemäß fortzuzahlen und abzurechnen ist. Erfolgt die Vereinbarung in einem **Prozessvergleich**, so ist allerdings darauf zu achten, dass der bloße Hinweis auf die ordnungsgemäße Abrechnung des Arbeitsverhältnisses **keinen vollstreckbaren Titel hinsichtlich der Vergütung darstellt** (vgl. *BAG* 25.4.2001 EzA § 253 ZPO Nr. 21; *LAG Köln* 2.9.1994 – 6 Ta 139/94 – n. v.).

**108** Steht dem Mitarbeiter eine **Provision** zu, so ist zur Vermeidung von weiteren Auseinandersetzungen bereits im Aufhebungsvertrag festzuschreiben, in welcher Höhe die Provision oder sonstige variable Vergütungen bis zum Beendigungszeitpunkt anfällt. Gerade dann, wenn der Arbeitnehmer von der Arbeitsleistung freigestellt wird, ist es wichtig, hier eine entsprechende Klarstellung zu finden. Hier bietet es sich wiederum an, die **variable Vergütung** zu pauschalieren. Nach der Rechtsprechung des *LAG Köln* (vgl. *LAG Köln* 23.5.2002 – 7 Sa 71/02) hat ein Arbeitnehmer bspw. dann Anspruch auf 100 % der ihm zugesagten variablen Vergütung, wenn das Unternehmen es versäumt hat, eine **Zielvereinbarung** zu schließen. Wird der Mitarbeiter auf Grund einer Freistellung von der Möglichkeit, die Ziele zu erreichen, abgehalten, so bietet es sich an, auch in diesem Fall die **Tantieme** auf Basis von 100 % zu zahlen. Alternativ kommt in Betracht, die Tantieme auf Basis der erreichten Ziele des vergangenen Jahres an den Mitarbeiter auszuschütten.

**109** ▸ **Formulierungshinweis:**

»Die dem Arbeitnehmer für das Jahr 2012 zustehende Tantieme wird in Höhe der für das Jahr 2011 gezahlten Tantieme von ..... € brutto pauschaliert.«

**110** Hat der Arbeitnehmer Anspruch auf eine **Gratifikation**, so ist im Aufhebungsvertrag zu regeln, welchen Einfluss die Beendigung des Arbeitsverhältnisses auf den Gratifikationsanspruch hat. Sieht bspw. der Arbeitsvertrag oder ein Tarifvertrag vor, dass Gratifikationen zurückzuzahlen sind, wenn das Arbeitsverhältnis innerhalb einer bestimmten Frist endet, so muss der Aufhebungsvertrag selber regeln, ob es zur Rückzahlung kommt, ob von vorne herein die Auszahlung der Gratifikation unterbleibt oder ob der Mitarbeiter im Gegensatz zu der Regelung im Tarifvertrag oder Arbeitsvertrag die Gratifikation erhält.

**111** Wird die Gratifikation – bspw. das **Weihnachtsgeld** – nicht als ausdrücklich ausgewiesene Sonderzahlung an den Mitarbeiter ausgezahlt, sondern im Rahmen eines Kompromisses der **Abfindung** zugeschlagen und endet das Arbeitsverhältnis nach dem Auszahlungszeitpunkt, so unterliegt dieser Teil der Abfindung weder der Sozialversicherungsfreiheit noch der Steuerbegünstigung. **Erdientes Entgelt – hier die Weihnachtsgratifikation – darf nicht der Abfindung zugeschlagen werden.**

Dies gilt unseres Erachtens auch in den Fällen, in denen der Mitarbeiter keinen Anspruch auf die Gratifikation hat. Ergibt sich, dass beide Parteien eine entsprechende Zahlung wollten und lediglich zur Optimierung des Nettobetrages diese Gratifikation in Form einer Abfindung gezahlt haben, so liegt kein Abfindungsbetrag sondern nach wie vor ein Gratifikationsbetrag vor, der **sozialversicherungspflichtig** und **steuerpflichtig** ist. 112

## IV. Freistellung

Da das Anstellungsverhältnis bei Abschluss eines Aufhebungsvertrages i. d. R. nicht mit sofortiger Wirkung beendet wird, wird in Aufhebungsverträgen häufig vereinbart, dass der Arbeitnehmer für die Zeit bis zur tatsächlichen Beendigung des Arbeitsverhältnisses von der Arbeitsleistung freigestellt wird. Kommt es nicht zu einer Einigung über die Freistellung, so kann der Arbeitgeber im Fall der feststehenden Beendigung des Arbeitsverhältnisses den Mitarbeiter grds. auch **einseitig gegen den Willen des Mitarbeiters von der Arbeitsleistung freistellen**, um so zu erreichen, dass die Freistellungs- und Urlaubsansprüche des Mitarbeiters in Natura erfüllt werden können. Ein Rechtsanspruch auf tatsächliche Beschäftigung bis zum Beendigungszeitpunkt wird i. d. R. bei kürzeren Kündigungsfristen nicht anerkannt werden können. Insbesondere kann ein Arbeitnehmer seinen Beschäftigungsanspruch bei kürzeren Kündigungsfristen nicht im Wege der einstweiligen Verfügung durchsetzen (vgl. *ArbG Neuss* 2.2.2005 – 5 Ga 3/05, n. v.). 113

Grundsätzlich überwiegt das Interesse des Arbeitgebers, den Mitarbeiter in den letzten Wochen/Monaten des Arbeitsverhältnisses nicht weiterzubeschäftigen gegenüber dem Interesse des Mitarbeiters, bis zum letzten Tag seine Arbeit ausüben zu können. Nur dort, wo bspw. die tatsächliche Ausübung der Arbeit für das weitere berufliche Fortkommen von entscheidender Bedeutung ist, kann der Arbeitnehmer eine einseitige Freistellung durch das Unternehmen mittels einer einstweiligen Verfügung verhindern. Eine derartige **einstweilige Verfügung** kommt bspw. bei Ärzten in Betracht, die zur Erlangung bestimmter Qualifikationsstufen eine bestimmte Tätigkeitszeit nachweisen müssen. Die einseitige Freistellung durch den Arbeitgeber würde hier das berufliche Fortkommen bzw. die berufliche Entwicklung des Mitarbeiters beeinträchtigen. 114

Ein Anspruch auf tatsächliche Beschäftigung bis zum Ablauf der Kündigungsfrist kann darüber hinaus auch dann zu bejahen sein, wenn es sich um eine sehr lange Kündigungsfrist handelt und die Kündigung alleine mit einer Neuverteilung der Aufgaben begründet wird (vgl. *LAG Hamm* 21.12.2007 – 11 SaGa 51/07, n. v.). In Anknüpfung an die Ausführungen des Großen Senates des BAG in der Grundsatzentscheidung zum Weiterbeschäftigungsanspruch gekündigter Arbeitnehmer vom 27.2.1985 (*BAG GS* 27.2.1985 DB 1985, 2197) ist ein Arbeitgeber grundsätzlich verpflichtet seine Mitarbeiter vertragsgemäß zu beschäftigen, wenn dies zum einen von den Arbeitnehmern verlangt wird und wenn diesem Beschäftigungsanspruch keine tatsächlichen Hindernisse, die nicht in der Sphäre des Arbeitgebers liegen, entgegenstehen. Insofern verlangt die Rechtsprechung, dass ein Arbeitgeber unternehmerische Entscheidungen zur Umstrukturierung so fällt, dass die durch diese Entscheidung entfallende Arbeitsplätze trotzdem bis zum Ablauf der Kündigungsfrist erhalten bleiben. Begründet wird dies vom Bundesarbeitsgericht damit, dass das Leben des Arbeitnehmers zu einem ganz wesentlichen Teil durch das Arbeitsverhältnis bestimmt und geprägt wird. Da andererseits das Grundgesetz die Würde des Menschen und das Recht auf freie Entfaltung seiner Persönlichkeit zu zentralen Werten der Verfassung erhoben hat, sieht die Rechtsprechung zumindest bei längeren Kündigungsfristen in der Freistellung des Arbeitnehmers eine gegen § 242 BGB erfolgende Pflichtverletzung des Arbeitgebers (vgl. *LAG Hamm* 21.12.2007 – 11 SaGa 51/07, n. v.). Vor dem Hintergrund, dass der allgemeine Beschäftigungsanspruch aus einer sich aus Treu und Glauben ergebenden Pflicht des Arbeitgebers hergeleitet wird, besteht in der Rechtsprechung allerdings Einigkeit, dass der Arbeitnehmer dort eine Freistellung während der Kündigungsfrist zu akzeptieren hat, wo überwiegende schützenswerte Interessen des Arbeitgebers entgegenstehen. Dort, wo der Arbeit- 115 geber schützenswerte Interessen an der Freistellung des Arbeitnehmers hat, muss eine Interessenabwägung erfolgen. Überwiegt das Interesse des Arbeitgebers an der Nichtbeschäftigung, so ist die Freistellung während der Kündigungsfristen gerechtfertigt und es fehlt am Verfügungsanspruch für eine einstweilige Verfügung. Ein überwiegendes schützenswertes Interesse auf Arbeitgeberseite kann bei Wegfall der Vertrauensgrundlage, bei tatsächlichem Auftragsmangel oder auch bei einer Fallkonstellation vorliegen, wo der gekündigte Arbeitnehmer beabsichtigt, zur Konkurrenz zu wechseln und das Unternehmen ein berechtigtes Interesse daran hat, dem Mitarbeiter nicht die Möglichkeit einzuräumen, aktuelle Kenntnisse über die Betriebsabläufe – insbes. Betriebsgeheimnisse – zu erlangen (vgl. *LAG Hamm* 21.12.2007 – 11 SaGa 51/07, n. v.).

116 Unabhängig davon, ob die **Freistellung** einseitig durch bloße Erklärung des Arbeitgebers oder aber einvernehmlich im Rahmen des **Aufhebungsvertrags** erfolgt, sind eine Reihe von Besonderheiten sowohl auf Arbeitgeber- als auch auf Arbeitnehmerseite zu berücksichtigen, um spätere Auseinandersetzungen bzw. böse Überraschungen zu vermeiden (vgl. *Hoß* ArbRB 2001, 29).

### 1. Sozialrechtliche Konsequenzen einer Freistellung

117 Die Spitzenverbände der Sozialversicherungsträger hatten am 10.8.2005 ein Besprechungsergebnis vom 5./6.7.2005 veröffentlicht, wonach die einvernehmliche, unwiderrufliche Freistellung von der Arbeitsleistung das versicherungspflichtige Beschäftigungsverhältnis mit dem letzten tatsächlichen Arbeitstag und nicht erst mit dem Ablauf der Kündigungsfrist beendet. Zur Begründung haben die Spitzenverbände der Sozialversicherungsträger darauf verwiesen, dass in diesen Fällen auf Seiten des Arbeitgebers das Direktionsrecht mit Beginn der unwiderruflichen Freistellung erloschen ist und korrespondierend auf Arbeitnehmerseite die Weisungsgebundenheit entfällt. Konsequenz aus dieser Rechtsauffassung der Sozialversicherungsträger war, dass auch die Sozialversicherungspflicht mit Beginn der unwiderruflichen Freistellung endet. Es würden keinerlei Sozialversicherungsbeiträge mehr zur Arbeitslosen-, Renten-, Kranken- und Pflegeversicherung geschuldet.

118 Aufgrund dieser Rechtsauffassung der Spitzenverbände der Sozialversicherungsträger war es in der Vergangenheit erforderlich, dass die Freistellung im Aufhebungsvertrag nicht »unwiderruflich« sondern widerruflich vereinbart werden musste. Bei einer lediglich widerruflichen Freistellung bestand nach Auffassung der Spitzenverbände der Sozialversicherungsträger auch das sozialversicherungspflichtige Beschäftigungsverhältnis bis zum Ablauf der Kündigungsfrist fort. Für die Praxis war die Freistellung mit Widerrufsvorbehalt allerdings insofern problematisch, als beispielsweise eine derartige Freistellung nicht geeignet ist, die Urlaubsansprüche des Arbeitnehmers zu erfüllen. Umgekehrt hatte auch der Arbeitnehmer in der Regel kein Interesse daran, lediglich widerruflich freigestellt zu werden, da er bei dieser Regelung seine Zeit nicht sicher verplanen kann.

119 Das *BSG* hat nun im vergangenen Jahr in zwei Urteilen vom 24.9.2008 (– B 12 KR 22/07 R – und – B 12 KR 27/07 R) dieser Rechtsauffassung der Spitzenverbände der Sozialversicherungsträger eine Absage erteilt. Das BSG hat entschieden, dass auch bei einer unwiderruflichen Freistellung weiterhin ein sozialversicherungspflichtiges Beschäftigungsverhältnis besteht, wenn das Arbeitsverhältnis im Übrigen weiterhin ordnungsgemäß abgewickelt wird (vgl. *BSG* 24.9.2008 – B 12 KR 22/07 R). Es wurde in der Entscheidung ausdrücklich betont, dass der notwendige »Vollzug« eines Arbeitsverhältnisses nicht nur bei tatsächlicher Arbeitsleistung sondern auch dann angenommen werden kann, wenn lediglich noch die vertraglich vereinbarte Vergütung weiter gezahlt wird.

120 Das *BSG* hat diese Entscheidung nicht nur für die Freistellung im Rahmen eines Aufhebungsvertrages getroffen, sondern im Rahmen des zweiten Urteils (– B 12 KR 22/07 R) entschieden, dass auch bei Freistellung während der Arbeitsphase einer im Blockmodell ausgeübten Altersteilzeit weiterhin ein sozialversicherungspflichtiges Beschäftigungsverhältnis besteht. Auch hier haben die Richter des BSG der Rechtsauffassung der Spitzenverbände der Sozialversicherungsträger richtigerweise widersprochen.

121 Aufgrund der beiden Urteile vom 24.9.2008 des BSG können in Aufhebungsverträgen, gerichtlichen Vergleichen oder Abwicklungsverträgen nunmehr wieder Freistellungsklauseln aufgenommen wer-

## G. Inhalt des Aufhebungsvertrages

den, die eine unwiderrufliche Freistellung des Arbeitnehmers bis zum Ablauf der ordentlichen Kündigungsfrist vorsehen, ohne dass diese Regelung für den Arbeitnehmer zur Konsequenz hat, dass die Beitragspflicht hinsichtlich der Arbeitslosen-, Renten-, Kranken- und Pflegeversicherung entfällt. Die Spitzenverbände der Sozialversicherungsträger werden ihre Auffassung also der Rechtsprechung des Bundessozialgerichtes anpassen müssen. Der bisher aufgrund des Besprechungsergebnisses der Spitzenverbände der Sozialversicherungsträger vom 5./6.7.2005 bestehende »Vorteil« auf Arbeitnehmerseite, dass während einer Freistellung keine Sozialversicherungsbeiträge mehr abgeführt werden müssen und sich hierdurch letztendlich das Nettoeinkommen des Arbeitnehmers erhöht, entfällt also durch die klarstellenden Entscheidungen des BSG vom 24.9.2008. Der Arbeitgeber muss bis zum letzten Tag des Arbeitsverhältnisses sowohl den Arbeitgeber- als auch den Arbeitnehmeranteil zur Sozialversicherung ordnungsgemäß abführen.

### 2. Verpflichtung zur Fortzahlung der Vergütung

Inwieweit während der Freistellung ein Anspruch auf **Fortzahlung der Vergütung** besteht, hängt davon ab, in welcher Form die Freistellung erfolgt ist und ob es sich bei dem Vergütungsanspruch des Mitarbeiters um einen tarifvertraglichen oder frei ausgehandelten Vergütungsanspruch handelt. 122

#### a) Einseitige Freistellung durch den Arbeitgeber

Die **einseitige Freistellung** befreit den Arbeitgeber nicht von der **Lohnzahlungspflicht**. Eine einseitige Anordnung einer unbezahlten Freistellung im Falle einer Kündigung oder eines zuvor abgeschlossenen Aufhebungsvertrages ist daher unzulässig (vgl. *Hoß/Lohr* BB 1998, 2575 [2577]). Sofern der Arbeitsvertrag selbst die Möglichkeit einer Freistellung ohne Gehaltsfortzahlung vorsieht, ist diese Vereinbarung nach den §§ 138, 242 BGB unwirksam. Dies folgt bereits daraus, dass selbst eine Lohnreduzierung nur unter den strengen Voraussetzungen einer **betriebsbedingten Änderungskündigung** (§ 2 KSchG) zulässig wäre. Eine Vertragsklausel, die dem Arbeitgeber die Möglichkeit der unbezahlten Freistellung gewährt, ist daher mit dem Bestandsschutz, den das Kündigungsschutzgesetz gewährt, unvereinbar. Die einseitig angeordnete unbezahlte Freistellung käme letztendlich einer fristlosen Kündigung i. S. v. § 626 BGB gleich. 123

#### b) Einvernehmliche Freistellung im Aufhebungsvertrag

Wie oben angesprochen, enthalten Aufhebungsverträge vielfach auch eine Klausel, wonach der Arbeitnehmer bis zum Beendigungszeitpunkt von der Arbeitsleistung freigestellt wird. Gegen eine derartige Vereinbarung bestehen in rechtlicher Hinsicht keine Bedenken. Enthält die Freistellungsklausel keinen Hinweis darauf, ob während der Freistellung auch die Vergütung fortzuzahlen ist, so stellt sich die Frage, inwieweit hier ein entsprechender Vergütungsanspruch des Mitarbeiters auch während der Freistellung besteht. 124

Das LAG Schleswig-Holstein vertritt insofern die Auffassung, dass bei einer **Freistellung im Rahmen einer Aufhebungsvereinbarung** grds. davon auszugehen ist, dass diese **unbezahlt** ist (vgl. *LAG SchlH* 20.2.1997 NZA-RR 1997, 286). Demgegenüber ist das *LAG Hmb.* (vgl. Urteil v. 14.3.2001 – 8 Sa 3/01, n. v.) in einem vergleichbaren Fall zu dem Ergebnis gelangt, dass eine **Freistellungserklärung im Aufhebungsvertrag** grds. **nicht** dahingehend ausgelegt werden kann, dass der **Vergütungsanspruch** des Mitarbeiters für die Zeit der Freistellung **entfällt**. 125

Gegen die Rechtsauffassung des LAG Schleswig-Holstein spricht, dass der Begriff der Freistellung sich ausschließlich auf die **Aufhebung der Arbeitspflicht** bezieht. Ohne eine ausdrückliche oder konkludente Erklärung des Arbeitnehmers kann nicht davon ausgegangen werden, dass der Arbeitnehmer gleichzeitig auch auf seinen Lohnanspruch verzichten will. Nicht die unbezahlte, sondern die bezahlte Freistellung ist daher in der Praxis der Regelfall, so dass der Arbeitgeber eine Abweichung von diesem Grundsatz darlegen und beweisen muss (vgl. *Nägele* DB 1998, 518; *Hoß/Lohr* BB 1998, 2575 [2577]). Soll die Verpflichtung zur Vergütungszahlung entfallen, bedarf es daher einer entsprechenden Vereinbarung in dem Aufhebungsvertrag. 126

127 Diese Vereinbarung kann entweder ausdrücklich erfolgen, indem darauf hingewiesen wird, dass die Freistellung ohne Fortzahlung der Vergütung erfolgen soll, oder aber konkludent, indem die Arbeitsvertragsparteien gleichzeitig eine **allgemeine Erledigungsklausel** in die Aufhebungsvereinbarung mit aufnehmen. Aus der allgemeinen Erledigungsklausel folgt grds., dass hier für die Zukunft keine weiteren Vergütungsansprüche mehr bestehen (s. zur Reichweite und Auslegung einer Erledigungsklausel Rdn. 281 ff.). Bereits hier ist allerdings darauf hinzuweisen, dass eine allgemeine Erledigungsklausel nur dann die Vergütungsansprüche für die Zukunft erfassen kann, wenn es sich bei den Vergütungsansprüchen nicht um **tarifvertragliche Entgeltansprüche** handelt. Gemäß § 4 TVG kann ein Arbeitnehmer nicht auf Ansprüche aus einem Tarifvertrag verzichten. Von daher wäre eine entsprechende Verzichtserklärung – auch im Rahmen einer allgemeinen Erledigungsklausel – nichtig.

### 3. Gewährung von Sachleistungen während der Freistellung

128 Der Arbeitgeber ist während der Freistellungsphase nicht nur zur Fortzahlung der Vergütung, sondern auch weiterhin zur Gewährung von Sachbezügen verpflichtet, sofern keine abweichende Vereinbarung getroffen oder eine umfassende Erledigungsklausel vereinbart wurde. Die Gewährung von Sachbezügen betrifft insbes. die Fälle der **Überlassung eines Dienstwagens** zur Privatnutzung, die Teil der arbeitsvertraglichen Vergütung ist (vgl. *BAG* 23.6.1994 BB 1994, 2278; BB 1995, 204 m. Anm. *Nägele*; *LAG Sachsen* 9.4.1997 BB 1997, 1693). Von daher ist der Arbeitgeber grds. verpflichtet, den Dienstwagen bis zur Beendigung des Arbeitsverhältnisses dem freigestellten Mitarbeiter im bisherigen Umfang auch zur privaten Nutzung zur Verfügung zu stellen.

129 Um zu vermeiden, dass dem Arbeitnehmer während der Freistellung der Dienstwagen weiterhin gewährt werden muss, ist es also erforderlich, bereits bei Überlassung des Dienstwagens festzuschreiben, unter welchen Bedingungen der **Dienstwagen zurückgefordert** werden kann. Eine Klausel, wonach der Arbeitgeber jederzeit berechtigt ist, den Dienstwagen zurückzufordern, ist nunmehr gem. § 308 Nr. 4 BGB unwirksam. Der Fünfte Senat des *BAG* hat am 12.1.2005 (EzA § 308 BGB 2002 Nr. 1 = DB 2005, 669) entschieden, dass die Vertragsklausel in einem Formulararbeitsvertrag, nach der dem Arbeitgeber das Recht zustehen soll, übertarifliche Lohnbestandteile jederzeit unbeschränkt zu widerrufen, unwirksam ist. Ist der Formulararbeitsvertrag vor dem 1.1.2002 abgeschlossen worden, bleibt den Gerichten eine ergänzende Vertragsauslegung zur Schließung der nunmehr durch die Anwendung der AGB-Regeln auf Arbeitsverträge entstandenen Lücke vorbehalten. Es gelten dann die Widerrufsgründe, die die Vertragsparteien zugrunde gelegt hätten, wenn ihnen die gesetzlich angeordnete Unwirksamkeit der Widerrufsklausel bei Abschluss des Anstellungsvertrages bekannt gewesen wäre. In diesem Zusammenhang ist dann des Weiteren ausdrücklich zu klären, ob der Entzug des Dienstwagens während der Freistellungsphase unentgeltlich oder nur gegen Gewährung einer entsprechenden Entschädigung erfolgen darf. Es zeigt sich einmal mehr, dass bereits bei Abschluss eines Arbeitsvertrages wichtige Grundsteine für die spätere einseitige oder einvernehmliche Beendigung des Arbeitsverhältnisses gesetzt werden können (vgl. zum Entzug der Privatnutzung des Dienstwagens *Meier* NZA 1997, 298 ff.). Die oben bereits erwähnte Entscheidung des *BAG* vom 12.1.2005 (EzA § 308 BGB 2002 Nr. 1) macht des Weiteren deutlich, dass Arbeitsverträge regelmäßig unter Beachtung der geänderten Rechtsprechung zu überprüfen sind.

### 4. Anrechnung anderweitigen Erwerbs

130 Wird der Mitarbeiter von der Arbeitsleistung freigestellt, so bietet sich ihm grds. die Möglichkeit, auch schon während der Freistellungsphase eine anderweitige Beschäftigung aufzunehmen, sofern nicht ein vertragliches oder gesetzliches (vgl. § 60 HGB) **Wettbewerbsverbot** einer derartigen Tätigkeit entgegensteht. Im Falle der bezahlten Freistellung stellt sich in diesen Fällen dann stets die Frage, inwieweit sich der Arbeitnehmer den anderweitigen Verdienst auf die von seinem Noch-Arbeitgeber geschuldete Vergütung anrechnen lassen muss.

131 Früher wurde in Rechtsprechung und Literatur danach differenziert, ob die Freistellung einseitig oder einvernehmlich erfolgte. Handelt es sich um eine **einseitige Freistellung** des Arbeitgebers, d. h. keine Freistellung im Rahmen einer Aufhebungsvereinbarung, so vertrat die Rechtsprechung die

Auffassung, dass das Unternehmen durch die einseitige Freistellungserklärung in Annahmeverzug nach §§ 615, 293 BGB (a. F.) geriet (vgl. *BAG* 23.6.1994 BB 1994, 2278; 19.4.1990 AP Nr. 45 zu § 615 BGB; *LAG Hamm* 11.10.1996 NZA-RR 1997, 287, 288). Fand § 615 BGB Anwendung, so stand fest, dass der Arbeitnehmer sich gem. § 615 S. 2 BGB den anderweitigen Verdienst anrechnen lassen musste. Der Noch-Arbeitgeber konnte daher die von ihm geschuldete Vergütung entsprechend kürzen.

Wurde die **Freistellung** demgegenüber in einem **Aufhebungsvertrag einvernehmlich** festgeschrieben, so bestand in der Rechtsprechung größtenteils Einigkeit dahingehend, dass § 615 S. 2 BGB keine Anwendung finden kann. Es fehlt am Annahmeverzug. Auf Grund der einvernehmlichen Freistellung ist von einem Konsens der Arbeitsvertragsparteien bzgl. der Suspendierung der Arbeitspflicht auszugehen. Der Arbeitgeber verzichtet insofern auf die vertraglich vom Arbeitnehmer geschuldete Arbeitsleistung und im Gegenzug der Arbeitnehmer auf seinen **Beschäftigungsanspruch**. Damit erlischt gleichzeitig aber die Gläubigerstellung des Arbeitgebers, so dass ein Annahmeverzug i. S. d. § 293 BGB a. F. nicht eintreten konnte. § 615 S. 2 BGB ist in einem solchen Fall daher weder unmittelbar noch analog anwendbar (vgl. *BAG* 30.9.1982 – 6 AZR 802/79, n. v.; *LAG Hamm* 11.10.1996 NZA-RR 1997, 287, 288; *LAG Bra.* 17.3.1998 LAGE § 615 BGB Nr. 56). **132**

Anderer Auffassung war insofern lediglich das *LAG SchlH* (vgl. Urteil v. 20.2.1997 NZA-RR 1997, 286), nach dem die Regelung des § 615 S. 2 BGB anwendbar ist, so dass stets eine Anrechnung erfolgt, sofern die Parteien nicht die Regelung des § 615 S. 2 BGB ausdrücklich abbedungen hatten. **133**

Das BAG hat sich schrittweise zu der Auffassung bewegt, dass im Fall einer Freistellung durch den Arbeitgeber – unabhängig davon, ob es sich um eine einseitige oder um eine einvernehmliche Freistellung handelt – keine automatische Anrechnung anderweitigen Verdienstes erfolgt. **134**

Mit Urteil vom 9.11.1999 (– 9 AZR 922/98) hat der *Neunte Senat des BAG* zunächst die Auffassung vertreten, dass von einer einvernehmlichen Freistellung – und damit nicht von einer automatischen Anrechnungsmöglichkeit – auszugehen ist, wenn der Arbeitnehmer zunächst einseitig durch den Arbeitgeber freigestellt wird; jedoch selbst zuvor eine derartige Freistellung gewünscht hat. Mit Urteil vom 19.3.2002 hat das BAG nunmehr ausdrücklich entschieden, dass es auf die Frage, **in welcher Form die Freistellung erfolgte**, nicht mehr ankommt. Auch dann, wenn der Arbeitgeber den Arbeitnehmer einseitig von der Arbeitsleistung freistellt und der Mitarbeiter diese Freistellung akzeptiert, fehlt es nach der nunmehr vom BAG vertretenen Auffassung an der Möglichkeit, automatisch sog. **Zwischenverdienst des Arbeitnehmers anzurechnen** (vgl. *BAG* 19.3.2002 EzA § 615 BGB Nr. 108). **135**

Konsequenz aus dieser geänderten Rechtsprechung des Bundesarbeitsgerichtes ist nun, dass der Arbeitgeber, der eine Anrechnung anderweitigen Verdienstes des Mitarbeiters während der Freistellungsphase auf die von ihm selbst geschuldete Vergütung wünscht, dies ausdrücklich in der Freistellungserklärung festschreiben muss. **136**

Dies gilt im Übrigen, wie angesprochen, unabhängig davon, ob die Freistellungserklärung einseitig oder einvernehmlich erfolgt. Auch bei der einseitig im Kündigungsschreiben erklärten Freistellung ist der **Arbeitgeber berechtigt**, zu bestimmen, dass der Arbeitnehmer verpflichtet ist, **anderweitigen Verdienst** während der **Freistellungsphase** anzuzeigen und der Mitarbeiter sich diesen anderweitigen Verdienst auf die vom Haupt-/Noch-Arbeitgeber geschuldete Vergütung anrechnen lassen muss. **Handelt es sich um eine einvernehmliche Freistellung, so gehört eine Anrechnungsklausel bzgl. Zwischenverdienst ausdrücklich in die Freistellungserklärung.** **137**

Fehlt es an einer ausdrücklichen Anrechnungsklausel in der Freistellungserklärung, so ist eine **Anrechnung von Zwischenverdienst** heute nicht mehr möglich. Insbesondere kann i. d. R. **nicht** von der Vereinbarung einer **konkludenten Anrechnungsbefugnis des Arbeitgebers** ausgegangen werden. Auch im Wege der ergänzenden Vertragsauslegung kann in die Freistellungserklärung keine Anrechnungsvereinbarung hineininterpretiert werden (vgl. *LAG Köln* 21.8.1991 NZA 1992, 123, 124; *LAG Bra.* 17.3.1998 LAGE § 615 BGB Nr. 56). **138**

## 5. Anrechnung der Freistellung auf den Erholungsurlaub

139 Es steht außer Frage, dass die Arbeitsvertragsparteien in einem Aufhebungsvertrag vereinbaren können, dass der Arbeitnehmer unter **Anrechnung des restlichen Erholungsurlaubs** und sonstiger Arbeitsbefreiungsansprüche – bspw. auf Grund von Gleitzeitguthaben, etc. – von der Arbeitsleistung freigestellt wird (vgl. *LAG Brem.* 24.1.1997 MDR 1997, 753; *BAG* 9.6.1998 EzA § 611 BGB Aufhebungsvertrag Nr. 30). Ebenso ist es im Fall der einseitigen Freistellung anerkannt, dass der Arbeitgeber, der nach Ausspruch einer Kündigung den Arbeitnehmer bis zur Beendigung des Arbeitsverhältnisses freistellt, zugleich anordnen kann, dass die Freistellung auf den Urlaubsanspruch angerechnet wird (vgl. *BAG* 25.1.1994 EzA § 7 BUrlG Nr. 92; 18.12.1986 BB 1987, 1953). Diese Befugnis des Arbeitgebers folgt bereits daraus, dass der Urlaubsanspruch nur noch in der verbleibenden Laufzeit des Vertrages gewährt werden kann und der **Naturalanspruch Vorrang vor dem Abgeltungsanspruch** des § 7 Abs. 4 BUrlG hat.

140 Die Rechtsprechung (vgl. *BAG* 9.6.1998 EzA § 7 BUrlG Nr. 106; 25.1.1994 BB 1994, 1012; 31.5.1990 BB 1991, 837) und der überwiegende Teil der Literatur (vgl. *Hoß/Lohr* BB 1998, 2575, 2579 m. w. N.) gehen davon aus, dass **keine Anrechnung des Resturlaubs** erfolgt, wenn der Arbeitgeber dies weder ausdrücklich erklärt noch besondere Umstände vorliegen, die auf eine konkludente Urlaubsgewährung schließen lassen. Der Urlaubsanspruch ist ein »durch das Bundesurlaubsgesetz bedingter Freistellungsanspruch des Arbeitnehmers gegen den Arbeitgeber, von den nach dem Arbeitsverhältnis entstehenden Arbeitspflichten befreit zu werden, ohne dass die Pflicht zur Zahlung des Arbeitsentgeltes berührt wird« (vgl. *BAG* 25.1.1994 BB 1994, 1012). Die zur Erfüllung dieses Anspruchs erforderliche Erklärung des Arbeitgebers müsste hinreichend deutlich erkennen lassen, dass eine Befreiung von der Arbeitspflicht zur Erfüllung des Urlaubsspruches erklärt wird. Andernfalls sei nicht erkennbar, ob der Arbeitgeber als Schuldner des Urlaubsanspruches diesen Anspruch erfüllt oder als Gläubiger der Arbeitsleistung auf deren Annahme verzichtet.

141 Dementsprechend reicht es nach überwiegender Meinung nicht aus, dass ein Arbeitgeber einen Arbeitnehmer **ohne Hinweis auf die Anrechnung von Urlaubsansprüchen freistellt** und auch aus den sonstigen Umständen nicht hervorgeht, dass gleichzeitig eine Urlaubsgewährung erfolgen soll (vgl. *BAG* 9.6.1998 EzA § 7 BUrlG Nr. 106).

142 Erforderlich ist vielmehr eine ausdrückliche unwiderrufliche Freistellung unter Hinweis auf die Urlaubsgewährung. Fehlt es an der **Unwiderruflichkeit**, so ist ebenfalls keine Anrechnung möglich, weil der Arbeitnehmer jederzeit mit einer Beendigung der Freistellung rechnen muss und somit seinen Urlaub nicht ordnungsgemäß planen kann (vgl. *ArbG Wiesbaden* 16.10.2000 – 4 Ca 2256/00, n. v.). Es zeigt sich also, dass der Arbeitgeber grds. auf eine unwiderrufliche Freistellung des Arbeitnehmers zur Abgeltung der noch offenen Urlaubsansprüche angewiesen ist. Nach den Entscheidungen des *BSG* vom 24.9.2008 (– B 12 KR 22/07 R – und – B 12 KR 27/07 R) ist die unwiderrufliche Freistellung auch für den Arbeitnehmer in sozialversicherungsrechtlicher Hinsicht unproblematisch. In tatsächlicher Hinsicht – soweit der Arbeitnehmer nicht ausnahmsweise ein schützenswertes Interesse an der tatsächlichen Beschäftigung hat – hat die unwiderrufliche Freistellung darüber hinaus den Vorteil, dass der Mitarbeiter seine Zeit frei verplanen kann.

143 Alternativ zu der unwiderruflichen Freistellung kommt in Betracht, den Arbeitnehmer im Rahmen einer widerruflichen Freistellungserklärung aufzufordern, bekannt zu geben, wann er den ihm zustehenden Resturlaub während des Laufs der Kündigungsfrist bzw. Auslauffrist des Arbeitsverhältnisses in Anspruch nimmt. Wird der Urlaub entsprechend dem Wunsch des Mitarbeiters gewährt, so kann es im Übrigen bei einer widerruflichen Freistellung verbleiben.

144 Als weitere Möglichkeit kommt gerade bei längeren Kündigungsfristen oder Auslauffristen in Betracht, dem Mitarbeiter bestimmte **Korridore** mitzuteilen, während derer die **Freistellung widerruflich** ist. Die Anrechnung der Resturlaubsansprüche kann dann im Rahmen der Zeiträume erfolgen, während der der Mitarbeiter unwiderruflich freigestellt ist. Problematisch ist diese Vorgehensweise allerdings dann, wenn der Arbeitnehmer während der Phase der unwiderruflichen Freistellung **arbeitsunfähig erkrankt**. Da Arbeitsunfähigkeit und Erholungsurlaub sich ausschließen, kann der

dem Arbeitnehmer zustehende Resturlaub nicht durch die Tage, während der der Mitarbeiter erkrankt war, aufgebraucht werden. Korrigiert das Unternehmen die Freistellungserklärung in diesem Fall nicht, kann der Arbeitnehmer auch im Fall einer langfristigen Freistellung am Ende des Arbeitsverhältnisses die Urlaubsabgeltung verlangen, wenn die Zeiten der unwiderruflichen Freistellung ohne Arbeitsunfähigkeit nicht ausgereicht hatten, um den Urlaub in Natura zu nehmen.

Trotz lediglich widerruflicher Freistellung – diese liegt immer dann vor, wenn die Unwiderruflichkeit nicht ausdrücklich erklärt wurde – scheidet eine **Abgeltung des Resturlaubsanspruches** dann aus, wenn das Arbeitsverhältnis mit dem 31.12. eines Kalenderjahres sein Ende findet. Zu diesem Zeitpunkt erlischt ohnehin der Urlaubsanspruch. Eine Übertragung des Resturlaubes auf das erste Quartal des Folgejahres ist nach der gesetzlichen Regelung im Bundesurlaubsgesetz nur dann möglich, wenn der Arbeitnehmer auf Grund betriebsbedingter oder persönlicher Gründe gehindert war, den Urlaub rechtzeitig im Urlaubsjahr zu nehmen. War der Mitarbeiter freigestellt – **auch bei der widerruflichen Freistellung** –, können, abgesehen von einer längerfristigen Arbeitsunfähigkeit, keine Hinderungsgründe vorliegen. In diesem Fall kann der Arbeitnehmer also keine Urlaubsabgeltung verlangen. Etwas anderes gilt nur dann, wenn in einer **Betriebsvereinbarung** oder in einem Tarifvertrag abweichend von der gesetzlichen Regelung eine automatische Übertragung des Urlaubs auf das Folgejahr vorgesehen ist. 145

### 6. Formulierung der Freistellung im Aufhebungsvertrag

In Anbetracht der vorstehenden Ausführungen sollte also in einem Aufhebungsvertrag die Freistellung des Mitarbeiters im Interesse beider Arbeitsvertragsparteien sorgfältig formuliert werden. 146

Es bietet sich hier an, in den Fällen, in denen der Wegfall der Sozialversicherungspflicht keine Rolle spielt, bspw. folgende **Formulierung** in den Aufhebungsvertrag aufzunehmen: 147

»Die Gesellschaft stellt den Mitarbeiter bis zur Beendigung des Arbeitsverhältnisses unter Fortzahlung der vertragsgemäßen Vergütung sowie unter Anrechnung etwaiger restlicher Urlaubsansprüche sowie sonstiger Ansprüche auf Arbeitsbefreiung (Altersfreizeit, Abbau von Überstunden, Gleitzeitstunden, etc.) unwiderruflich von der Arbeitsleistung frei. Der Mitarbeiter ist verpflichtet, sich anderweitigen Erwerb auf die von der Gesellschaft geschuldete Vergütung anrechnen zu lassen. Insofern besteht eine Auskunftspflicht des Mitarbeiters über die während der Freistellung erzielten Einkünfte.

Dem Mitarbeiter ist bekannt, dass er verpflichtet ist, sich auch während der Freistellung arbeitsunfähig zu melden, sofern eine entsprechende Erkrankung vorliegt. Auch während der Freistellung bleibt die Entgeltfortzahlung auf den gesetzlich vorgesehenen Sechs-Wochen-Zeitraum begrenzt.«

In den Fällen, in denen die Arbeitsvertragsparteien nur eine widerrufliche Freistellung vereinbaren wollen, ist eine gesonderte Regelung über die Resturlaubsansprüche des Mitarbeiters zu treffen. 148

Es bietet sich an, folgende Formulierung in den Aufhebungsvertrag aufzunehmen: 149

»Die Gesellschaft stellt den Mitarbeiter bis zur Beendigung des Arbeitsverhältnisses bis auf weiteres unter Fortzahlung der vertragsgemäßen Vergütung von der Arbeitsleistung frei. Die Gesellschaft kann die Freistellung jederzeit mit einer Ankündigungsfrist von drei Tagen widerrufen. Im Fall des Widerrufs ist die Gesellschaft verpflichtet, den Mitarbeiter vertragsgerecht als ... in der Abteilung ... im Betrieb in ... zu beschäftigen.

Der Mitarbeiter ist verpflichtet, sich anderweitigen Erwerb auf die von der Gesellschaft geschuldete Vergütung anrechnen zu lassen. Insofern besteht eine Auskunftspflicht des Mitarbeiters über die während der Freistellung erzielten Einkünfte. Dem Mitarbeiter ist insofern bekannt, dass er verpflichtet ist, sich auch während der Freistellung arbeitsunfähig zu melden, sofern eine entsprechende Erkrankung vorliegt. Auch während der Freistellung bleibt die Entgeltfortzahlung auf den gesetzlich vorgesehenen Sechs-Wochen-Zeitraum begrenzt.

> Der Mitarbeiter wird unverzüglich nach Unterzeichnung dieser Aufhebungsvereinbarung seine ihm zustehenden Resturlaubsansprüche und sonstigen Ansprüche auf Arbeitsbefreiung in Natura nehmen. Die Gesellschaft genehmigt diesen Urlaub. Sollte der Mitarbeiter während dieser Urlaubnahme erkranken, verlängert sich automatisch der Urlaub um die Krankheitstage. Während der Urlaubszeit ist weder ein Widerruf des Urlaubs noch ein Widerruf der Freistellung möglich.«

150 Die vorstehende Formulierung sorgt dafür, dass einerseits die Urlaubsansprüche während des Laufs der Kündigungsfrist in Natura genommen werden und verhindert andererseits, dass eine unwiderrufliche Freistellung zum Wegfall der Sozialversicherungspflicht führt. Alternativ zu der vorgenannten Regelung kommt nur in Betracht, eine Klausel in den Vertrag aufzunehmen, wonach zwischen den Parteien Einigkeit besteht, dass die dem Arbeitnehmer zustehenden Urlaubsansprüche sowie sonstigen Ansprüche auf Arbeitsbefreiung (Altersfreizeit, Abbau von Überstunden, Gleitstunden etc.) bereits tatsächlich in Natura genommen worden sind und somit keine Resturlaubsansprüche mehr bestehen.

151 Im Hinblick auf die Art der Beschäftigung im Fall des Widerrufs der Freistellung können die Arbeitsvertragsparteien das Direktionsrecht des Arbeitgebers einengen, so dass zumindest faktisch sichergestellt ist, dass trotz der widerruflichen Freistellung letztendlich eine unwiderrufliche Freistellung vorliegt und der Arbeitgeber nicht die Möglichkeit hat, den Mitarbeiter während des Laufs der Kündigungsfrist doch noch mit Restarbeiten oder anderweitigen Tätigkeiten zu beschäftigen.

## V. Abfindung

152 Da ein Arbeitnehmer i. d. R. keinen Grund hat, der Aufhebung seines Arbeitsverhältnisses ohne weiteres zuzustimmen, wird dieses Einverständnis durch Zahlung einer entsprechenden Abfindung »erkauft«. Die Abfindungshöhe orientiert sich zum einen an dem vom Mitarbeiter erreichten sozialen Besitzstand (Einkommenshöhe und Betriebszugehörigkeit) und zum anderen an den Erfolgsaussichten einer arbeitgeberseitigen Kündigung.

153 ▶ Formulierungshinweis:

»Die Firma verpflichtet sich, dem Mitarbeiter für den Verlust des Arbeitsplatzes und den sozialen Besitzstand eine Abfindung in entsprechender Anwendung der §§ 9, 10 KSchG in Höhe von . . . . . € brutto zu zahlen.«

154 Eine **Abfindung ist** grds. **sozialversicherungsfrei**. Lediglich dann, wenn sich in der Abfindung erdiente Vergütungsansprüche – bspw. eine Jahressonderzahlung – wiederfinden, unterliegt dieser Teil der Abfindung der Sozialversicherungspflicht und in diesem Fall selbstverständlich auch der vollen Versteuerung.

155 Bis zum 31.12.2005 hing die Versteuerung der Abfindung von der Höhe des Abfindungsbetrages ab. Der Gesetzgeber hatte in § 3 Ziff. 9 EStG a. F. Steuerfreibeträge festgeschrieben, deren Höhe vom Alter und der Beschäftigungszeit des Mitarbeiters abhing. Der den Freibetrag übersteigende Teil der Abfindung ist nach den §§ 24, 34 EStG zu versteuern.

156 Seit 1.1.2006 ist der gesamte Betrag einer Abfindung zu versteuern, sofern nicht ausnahmsweise die Steuerfreiheit aufgrund der Übergangsregelung des § 52 Abs. 4a EStG vorliegt. Im Hinblick auf die Übergangsregelung und die hierbei denkbaren Fallkonstellationen kann auf die diesbezüglichen Ausführungen im vorliegenden Kapitel unter Rn. 153 ff. in der 8. Auflage des vorliegenden Handbuchs verwiesen werden.

157 Die folgenden Ausführungen beziehen sich auf die Versteuerung einer Abfindung nach den §§ 24, 34 EStG sowie auf die Definition des Begriffes »Abfindung« entsprechend der bisherigen Rechtsprechung, auf die insofern weiterhin zurückgegriffen werden kann:

## G. Inhalt des Aufhebungsvertrages

## Kapitel 6

### 1. Begriff der Abfindung in steuerlicher Hinsicht

Abfindungen sind nach Auffassung des Bundesfinanzhofes Zahlungen, die der Arbeitnehmer als Ausgleich für die mit der Auflösung des Arbeitsverhältnisses verbundenen Nachteile, insbes. für den Verlust des Arbeitsplatzes, erhält. Zwischen der Zahlung der **Abfindung** durch das Unternehmen und der **Beendigung des Arbeitsverhältnisses** muss demnach ein **ursächlicher Zusammenhang** bestehen (vgl. *BFH* 13.10.1978 BStBl II 1979, 155). Auf einen zeitlichen Zusammenhang stellt § 3 Ziff. 9 EStG a. F. im Gegensatz zur Auffassung vieler Finanzämter nicht ab. Die Abfindung soll folglich einen gewissen Ausgleich für Vermögensverluste durch die Aufgabe des Arbeitsplatzes gewähren und dem Arbeitnehmer den Übergang in ein neues Arbeitsverhältnis oder ggf. den Ruhestand erleichtern. Die arbeitsrechtliche Abfindung hat somit Entschädigungscharakter. 158

**Zu den Abfindungen gehören demnach u. a.:** 159
- Zahlungen, mit denen entgehende bzw. entgangene Verdienstmöglichkeiten für die Zeit nach der Beendigung des Arbeitsverhältnisses abgegolten werden (vgl. *BFH* 13.10.1978 BStBl II 1979, 155);
- Vorruhestandsleistungen (vgl. *BFH* 11.1.1989 BStBl II 1980, 205);
- Übergangsgelder, die auf Grund tarifvertraglicher Regelungen an den Arbeitnehmer gezahlt werden (vgl. *BFH* 18.9.1991 BStBl II 1992, 34).

**Nicht zu den Abfindungen i. S. v. § 3 Ziff. 9 EStG a. F. zählen u. a.:** 160
- Zahlungen zur Abgeltung vertraglicher Ansprüche, die der Arbeitnehmer aus dem Arbeitsverhältnis bis zum Zeitpunkt der Auflösung bereits erlangt hat (vgl. *BFH* 17.5.1997 BStBl II 1997, 735; 13.10.1978 BStBl II 1979, 155; 24.4.1991, BStBl II 1991, 723); hierzu zählen bspw. das Weihnachtsgeld, anteiliges Urlaubsgeld und erdiente Tantiemen (vgl. BMF-Rundschreiben vom 18.12.1998);
- Zuwendungen, die bei einem Wechsel des Arbeitsverhältnisses vom neuen Arbeitgeber (vgl. *BFH* 16.12.1992 BStBl II 1993, 447) oder anlässlich eines Arbeitgeberwechsels im Rahmen eines (Teil-)Betriebsüberganges erbracht werden (vgl. *BFH* 16.7.1997 BStBl II 1997, 666);
- die Abgeltung bereits unverfallbarer Pensionsansprüche (vgl. *BFH* 24.4.1991 BStBl II 1991, 723). Hierbei kann es sich allerdings um eine steuerbegünstigte Entschädigung i. S. v. § 24 EStG handeln.

Keine Rolle für die steuerliche Behandlung spielt die Rechtsgrundlage, auf der die Zahlung der Abfindung beruht. Eine **Abfindung** wird daher von den Finanzämtern auch dann als steuerfreier Betrag anerkannt, wenn sie bereits ursprünglichen im Anstellungsvertrag oder später als ergänzende Vereinbarung für den Fall einer Auflösung des Arbeitsverhältnisses festgelegt worden ist. Derartige Vereinbarungen finden sich bspw. in Verträgen mit Geschäftsführern, die über keinerlei Kündigungsschutz verfügen. Auch bei einer **Entsendung ins Ausland** mit ungewisser Rückkehr kann der Mitarbeiter sich dadurch absichern, dass er bereits im Entsendungsvertrag festlegt, was für den Fall zu zahlen ist, dass es nicht zu einer Fortsetzung des Arbeitsverhältnisses nach Abschluss der Entsendung kommt. Ebenfalls ohne Auswirkung auf die steuerliche Behandlung der Entschädigung ist die Vereinbarung der Abfindung in einem **Sozialplan** oder einer sonstigen generellen Zusage des Arbeitgebers. Wie oben dargelegt, setzt die Steuerfreiheit in den vorgenannten vertraglichen Vereinbarungen allerdings voraus, dass die Auszahlung wegen der Beendigung des Arbeitsverhältnisses bis spätestens zum 31.12.2007 erfolgt. 161

### 2. Auflösung eines Arbeitsverhältnisses

Wesentliche Voraussetzung für die Steuerfreiheit nach § 3 Ziff. 9 EStG war, dass das Arbeitsverhältnis **durch den Arbeitgeber** aufgelöst wird oder aber dass die Auflösung zumindest **durch ein Arbeitsgericht** erfolgt (vgl. *BFH* 10.10.1986 BStBl II 1987, 186). Wie insofern die Übergangsregelung zeigt, muss die Beendigung des Arbeitsverhältnisses darüber hinaus entweder im Jahr 2005 herbeigeführt worden sein, oder es muss zumindest die Kündigungsschutzklage im Jahr 2005 beim Arbeitsgericht eingereicht worden sein. Nicht ausreichend ist – unabhängig vom Zeitpunkt des Abschlusses des 162

Aufhebungsvertrages –, wenn die Beendigung des Arbeitsverhältnisses auf dem Wunsch des Arbeitnehmers beruht.

163 Wichtig für die Anerkennung eines Steuerfreibetrages bei der Abfindung ist des Weiteren, dass das Arbeitsverhältnis tatsächlich beendet wird (vgl. *BFH* 10.10.1986 BStBl II 1987, 186). Hieraus folgt, dass die **Steuerfreiheit für eine Abfindung** nur dann besteht, wenn das Arbeitsverhältnis insgesamt durch Aufhebungsvertrag oder Kündigung einer Vertragspartei endgültig beendet wird. Liegt lediglich eine **Änderungskündigung** i. S. v. § 2 KSchG vor und nimmt der Mitarbeiter das Änderungsangebot an, so fehlt es an der endgültigen Beendigung des Anstellungsverhältnisses. Zahlt das Unternehmen im Fall einer Änderungskündigung dem Mitarbeiter eine Entschädigung zum Ausgleich für die Reduzierung der Vergütung, so kann der Mitarbeiter hier nicht den im Rahmen der Übergangsregelung noch befristet existierenden Steuerfreibetrag nach § 3 Ziff. 9 EStG in Anspruch nehmen (vgl. *BFH* 10.10.1986 BStBl II 1987, 186).

164 Von dem Ausspruch einer Änderungskündigung zu unterscheiden ist die Situation, in der das Arbeitsverhältnis mit allen rechtlichen Konsequenzen aufgelöst und der Arbeitnehmer im Anschluss daran auf Grund **eines neuen Arbeitsvertrages** bei demselben Arbeitgeber zu völlig anderen Bedingungen weiterbeschäftigt wird. Zahlt das Unternehmen wegen der Aufgabe des ersten Arbeitsverhältnisses dem Mitarbeiter eine Abfindung, so wird die **Steuerfreiheit dieser Abfindung** – im Rahmen der Übergangsregelung – nicht durch den Abschluss eines Arbeitsvertrages zu völlig anderen Bedingungen beeinträchtigt (vgl. *BFH* 10.10.1986 BStBl II 1987, 186).

165 Im Hinblick darauf, dass der Unterschied zur Änderungskündigung hier nur marginal ist, ist im Einzelfall stets genau zu prüfen, ob es sich bei der Änderung der Arbeitsbedingungen um den Fall einer Änderungskündigung oder tatsächlich um die Beendigung eines bestehenden Arbeitsverhältnisses und den Abschluss eines neuen Arbeitsverhältnisses handelt. Erkennt das Unternehmen auch im neuen Arbeitsvertrag die **vorangegangene Betriebszugehörigkeit** an, so ist im Zweifel lediglich von einer Änderung des vom Grunde her fortbestehenden Arbeitsverhältnisses auszugehen. In diesem Fall kann auf die bei bis zum 31.12.2005 eingereichten Kündigungsschutzklagen noch für Abfindungen in den Jahren 2006 bis 2007 in Anspruch zu nehmende Steuerfreiheit nicht zurückgegriffen werden.

166 Keine endgültige Auflösung des Arbeitsverhältnisses liegt vor, wenn der Mitarbeiter innerhalb des Unternehmens umgesetzt wird. Die **Versetzung in einen anderen Betrieb** lässt das Arbeitsverhältnis i. d. R. unberührt. Auch bei einer **Umsetzung innerhalb eines Konzerns** ist nicht von vorne herein trotz des Arbeitgeberwechsels von der endgültigen Auflösung des Arbeitsverhältnisses auszugehen. Maßgeblich ist vielmehr, ob die Gesamtumstände für die Fortsetzung eines einheitlichen Arbeitsverhältnisses sprechen. Indizien für ein einheitliches Arbeitsverhältnis können die unbegrenzte oder begrenzte **Rückkehrmöglichkeit zum bisherigen Arbeitgeber**, die Anrechnung der bisherigen Betriebszugehörigkeit oder die Weitergeltung der bisherigen Altersversorgungsregelungen sein (vgl. *BFH* 21.6.1990 BStBl II 1990, 1021).

167 Geht das Arbeitsverhältnis gem. § 613a BGB auf einen neuen Arbeitgeber über, so liegt auch hier keine endgültige Auflösung des Arbeitsverhältnisses vor. § 613a BGB sorgt gerade dafür, dass das Arbeitsverhältnis mit allen Rechten und Pflichten von dem Erwerber übernommen werden muss, so dass eine eventuell gezahlte **Abfindung** des alten Arbeitgebers zum Ausgleich von Nachteilen vom Erwerber **nicht unter die bis zum 31.12.2005 geltende Steuerfreiheit** des § 3 Ziff. 9 EStG a. F. fiel (vgl. *BFH* 16.7.1997 BStBl II 1997, 666).

168 Die von § 3 Ziff. 9 EStG a. F. geforderte Auflösung des Arbeitsverhältnisses liegt nach Auffassung des Bundesfinanzhofes des Weiteren dann nicht vor, wenn ein von vorne herein **befristetes Arbeitsverhältnis durch Zeitablauf endet** (vgl. *BFH* 18.9.1991 BStBl II 1992, 34). Entscheidend ist, dass das gesamte Arbeitsverhältnis befristet war. Wird ein **unbefristetes Arbeitsverhältnis in ein befristetes Arbeitsverhältnis umgewandelt** und enthält der Vertrag nunmehr eine Abfindung, so bleibt es bei der Steuerfreiheit, da hier nicht von vorne herein eine Befristung des Arbeitsverhältnisses vorliegt. Von daher sind bspw. **Abfindungszahlungen im Rahmen von Altersteilzeitarbeitsverhältnissen**

## G. Inhalt des Aufhebungsvertrages  Kapitel 6

**steuerbegünstigt**, wenn die Vereinbarung vor dem 1.1.2006 unterzeichnet wurde und die Auszahlung der Abfindung bis zum 31.12.2007 erfolgt.

Endet das Arbeitsverhältnis mit dem **65. Lebensjahr**, fehlt es ebenfalls an der Voraussetzung für eine  169
steuerfreie Abfindung, wenn dieser Beendigungszeitpunkt von vorne herein im Arbeitsvertrag festgeschrieben worden ist. In diesem Fall setzt die Beendigung ebenfalls keinen weiteren Akt des Arbeitgebers voraus, sondern tritt automatisch ein. Zahlt das Unternehmen in diesem Fall dem Mitarbeiter eine Entschädigung, so ist diese Abfindung unabhängig vom Auszahlungszeitpunkt nicht nach § 3 Ziff. 9 EStG a. F. steuerfrei.

Entscheidende Voraussetzung für die Steuerfreiheit einer Abfindung nach § 3 Ziff. 9 EStG a. F. war  170
also für bis zum 31.12.2005 abgeschlossene Aufhebungsverträge, dass die Auflösung des Arbeitsverhältnisses durch den Arbeitgeber veranlasst wurde. Der Arbeitgeber musste hier die entscheidenden Ursachen für die Beendigung des Arbeitsverhältnisses gesetzt haben. Ausschlaggebend für die Beurteilung ist insofern nicht der formale Auflösungsakt, d. h. beispielsweise der Aufhebungsvertrag, sondern nach der Rechtsprechung des Bundesfinanzhofes der **Hintergrund der Beendigung** (vgl. *BFH* 17.5.1977 BStBl II 1977, 735). Indiz für die Auflösung auf Veranlassung des Arbeitgebers ist insofern allerdings grds. die Zahlung einer Abfindung. Hat nämlich der Arbeitnehmer die Auflösung zu verantworten, so ist es unwahrscheinlich, dass das Unternehmen in diesem Fall überhaupt eine Abfindung zahlt. Wurde eine arbeitgeberseitige Kündigung ausgesprochen, so ist von einer Veranlassung der Beendigung durch den Arbeitgeber auszugehen. Nach der Übergangsregelung muss bei Auszahlung der Abfindung in den Jahren 2006 bis 2007 die Kündigungsschutzklage spätestens am 31.12.2005 beim Arbeitsgericht eingereicht worden sein.

### 3. Ermäßigte Besteuerung nach § 34 i.V. m. § 24 EStG

Übersteigt die Abfindung den nach § 3 Ziff. 9 EStG a. F. steuerfreien Teil bzw. kann sich der Arbeit-  171
nehmer wegen Wegfall des § 3 Ziff. 9 EStG ab 1.1.2006 nicht mehr auf die Steuerfreiheit berufen, so unterliegt der Restbetrag der Abfindung der **ermäßigten Besteuerung** nach den §§ 24, 34 EStG. Die Versteuerung nach den §§ 24, 34 EStG ist im Übrigen unabhängig davon, ob auch die Voraussetzungen des § 3 Ziff. 9 EStG a. F. für eine Steuerfreiheit eines Teils der Abfindung vorliegen bzw. vorlagen. Wird bspw. bei einer **Änderungskündigung** dem Mitarbeiter eine Entschädigung gezahlt, so sind zwar die Voraussetzungen des § 3 Ziff. 9 EStG a. F. nicht erfüllt; jedoch kann diese Entschädigung der ermäßigten Besteuerung nach den §§ 24, 34 EStG unterliegen.

Die ermäßigte Besteuerung nach den §§ 24, 34 EStG setzt voraus, dass die gesamte Entschädigung  172
**innerhalb eines Veranlagungszeitraums** – d. h. eines Kalenderjahres – gezahlt wird. Wir die Abfindung auf zwei Kalenderjahre verteilt, so führt dies zum **Wegfall der Steuerbegünstigung**. Zulässig ist lediglich die Aufteilung der Abfindung in den steuerfreien Teil und den steuerbegünstigten Teil. Dies berührt die Steuerbegünstigung nach den §§ 24, 34 EStG nicht.

Erhält der Arbeitnehmer nach dem Kalenderjahr, in dem die Entschädigung zugeflossen ist, planwid-  173
rig, d. h. nicht vorhersehbar, eine Nachzahlung, so ist diese Nachzahlung auf Antrag des Steuerpflichtigen rechnerisch in den Veranlagungszeitraum zurückzubeziehen, in dem die ermäßigt besteuerte »Hauptentschädigung« zugeflossen ist. Zu den Fällen einer »**planwidrigen Nachzahlung**« zählen bspw. die Fälle, in denen die Entschädigung versehentlich zu niedrig ausgezahlt wurde sowie die Fällen, in denen der Mitarbeiter im Rahmen eines Kündigungsrechtsstreites eine höhere Abfindung erstreitet, als ihm nach dem **Sozialplan** zugestanden hatte. Leistet der Arbeitgeber, nachdem er bereits eine steuerbegünstigte Entlassungsentschädigung für den Verlust des Arbeitsplatzes gezahlt hat, auf *Grund besonderer* **Fürsorgeerwägungen** für den Fall längerer Arbeitslosigkeit und nach Ablauf des Arbeitslosengeldes weitere Zahlungen an den ausgeschiedenen Mitarbeiter, so können diese Zahlungen nach der Rechtsprechung des Bundesfinanzhofes losgelöst von den ursprünglichen Entschädigungen beurteilt werden (vgl. *BFH* 4.2.1998 BFH/NV 1998, 1082).

**Unschädlich** sind auch sog. **Zusatzleistungen aus sozialer Fürsorge** (vgl. *BFH* 14.8.2001 – XI R  174
22/00). Hierbei handelt es sich um Leistungen, die zur Erleichterung des Arbeitsplatz- oder Berufs-

wechsels oder als Anpassung eine dauerhafte Berufsaufgabe bzw. Arbeitslosigkeit gewährt werden. Diese Leistungen sind losgelöst von der eigentlichen Entschädigung im Zeitpunkt ihres Zuflusses regulär zu versteuern. Sie berühren die Steuerermäßigung der eigentlichen Entlassungsentschädigung nicht.

175 Bei der Prüfung, ob die §§ 24, 34 EStG angewandt werden können, ist des Weiteren zu prüfen, ob die Entlassungsentschädigung die bis zum Jahresende bei Fortsetzung des Arbeitsverhältnisses entstandenen Einnahmen übersteigt. Übersteigt die wegen Beendigung des Arbeitsverhältnisses gezahlte Entlassungsentschädigung die Einnahmen, die der Arbeitnehmer bei der Fortsetzung des Arbeitsverhältnisses bis zum Jahresende bezogen hätte, so ist stets von einer **Zusammenballung von Einkünften** auszugehen. Die Anwendung der §§ 24, 34 EStG auf diese Entlassungsentschädigung ist in diesem Fall unproblematisch.

176 Übersteigt hingegen die Abfindung einschließlich des ggf. steuerfreien Teils nicht die dem Arbeitnehmer bis zum Ende des Veranlagungszeitraums, d. h. des Kalenderjahres, entgehenden Einnahmen und bezieht der Mitarbeiter keine weiteren Einnahmen, die er bei Fortsetzung des Arbeitsverhältnisses nicht bezogen hätte, so fehlt es nach Auffassung der Finanzbehörde an dem Merkmal der Zusammenballung.

177 Andere Einkünfte können im Übrigen auch **Kapitalerträge** aus der Anlage der Entschädigung sein. Letztendlich ist also zu prüfen, ob der Steuerpflichtige mehr erhalten hat, als er bei fortgesetztem Arbeitsverhältnis erhalten hätte. Bei der Vergleichsrechnung ist entscheidend, ob es unter Einschluss der Entlassungsentschädigung im Kalenderjahr der Entschädigungszahlung insgesamt zu einer über die normalen Verhältnisse hinausgehenden Zusammenballung von Einkünften kommt. Bei der Berechnung der Einkünfte, die der Steuerpflichtige bei Fortbestand des Arbeitsverhältnisses im Veranlagungszeitraum bezogen hätte, ist auf die **Einkünfte des Vorjahres** abzustellen. Die Finanzämter haben daher stets die Einnahmen aus dem Kalenderjahr, in dem die Abfindung gezahlt wurde mit den Einnahmen zu vergleichen, die der Mitarbeiter im Kalenderjahr zuvor bezogen hat. Für einen Arbeitnehmer kommt alternativ in Betracht, dass nicht auf die Einkünfte insgesamt, sondern nur auf den jeweiligen Bruttoarbeitslohn abgestellt wird.

178 Nach der **Fünftel-Regelung** werden die den Freibetrag der Abfindung übersteigenden Beträge nicht mit den tatsächlich auf diese Einkünfte entfallenden Steuersatzes versteuert, sondern es wird zur Berechnung der Einkommensteuer eine fiktive Verteilung des Betrages auf fünf Jahre vorgenommen. Die für die Entschädigung anzusetzende Einkommensteuer beträgt danach das fünffache des Unterschiedsbetrages zwischen der Einkommensteuer für das um die Entschädigung geminderte zu versteuernde Einkommen und der Einkommensteuer für das reguläre zu versteuernde Einkommen zzgl. eines Fünftels der Entschädigung.

179 Zur Berechnung des auf den steuerpflichtigen Teil der Abfindung entfallenen Einkommensteuerbetrages ist also im ersten Rechenschritt festzustellen, wie viel Einkommenssteuer der Mitarbeiter im Veranlagungszeitraum ohne Berücksichtigung der Abfindung zu zahlen hat. In einem zweiten Rechenschritt ist dann fiktiv zu ermitteln, welche Steuerlast anfällt, wenn der Mitarbeiter neben seinem regulären Einkommen auch noch 20 % der Abfindung zu versteuern hat. Im dritten Schritt nimmt man nunmehr die Differenz aus der Steuerlast mit 20 % der Abfindung und der Steuerlast ohne die Abfindung. Diesen Differenzbetrag multipliziert man dann im vierten Schritt mit fünf und gelangt so zu der Steuerlast, die auf die dem Mitarbeiter zufließende Abfindung entfällt.

### 4. Nettoabfindung

180 Soll die Abfindung ohne jegliche Abzüge an den Mitarbeiter ausgezahlt werden, so muss ausdrücklich eine sog. **Nettoabfindung** vereinbart werden. In diesem Fall sind sämtliche Steuern vom Unternehmen zu tragen.

## G. Inhalt des Aufhebungsvertrages

Widersprüchlich ist insofern allerdings eine Vereinbarung, wonach eine Abfindung »**brutto gleich netto**« gezahlt werden soll und die Abfindungshöhe die bis zum 31.12.2005 bzw. im Rahmen der Übergangsregelung bestehenden Freibeträge des § 3 Ziff. 9 EStG a. F. übersteigt. Nach herrschender Meinung hat bei einer derartigen Formulierung der Arbeitnehmer i. d. R. die anfallende Lohnsteuer selbst zu tragen (vgl. *LAG Nds.* 10.12.1984 LAGE § 10 KSchG Nr. 1; *LAG Frankf.* 7.12.1989 NZA 1989, 850). Von einer **Nettovereinbarung** kann hier ausnahmsweise nur dann ausgegangen werden, wenn der Arbeitnehmer nach dem übereinstimmenden Willen beider Vertragsparteien die gesamte Abfindung steuerfrei erhalten soll. Anderer Ansicht ist insofern das LAG Hamm, wonach die Klausel »brutto gleich netto« nur dann einen Sinn ergäbe, wenn man ihr die Bedeutung beimesse, dass ein an sich geschuldeter Bruttobetrag zum Normalwert netto auszuzahlen sei (vgl. *LAG Hamm* 5.3.1980 DB 1980, 2396).

181

### 5. Wegfall der Abfindung

Probleme können sich im Zusammenhang mit der im Aufhebungsvertrag vereinbarten Abfindung ferner dann ergeben, wenn das Arbeitsverhältnis erst längere Zeit nach Abschluss des Aufhebungsvertrages beendet werden soll und der Arbeitgeber **während der Auslauffrist** des Arbeitsverhältnisses **fristlos kündigt**, weil ihm nunmehr ein wichtiger Grund i. S. v. § 626 BGB bekannt geworden ist. Das BAG steht hier auf dem Standpunkt, dass im Falle einer fristlosen Kündigung, die zu einer vorzeitigen Beendigung führt, keine Abfindung mehr geschuldet wird. Fallen hingegen der Zeitpunkt des Auslaufs der Kündigungsfrist bzw. bei der fristlosen Kündigung der Zeitpunkt des Ausspruchs der Kündigung und der Zeitpunkt der einvernehmlichen Aufhebung zusammen, so bleibt der **Abfindungsanspruch** erhalten, wenn der Aufhebungsvertrag keine gegenteilige Regelung enthält (vgl. BAG 29.1.1997 – 2 AZR 292/96).

182

▶ **Formulierungshinweis:**

183

Gerade bei einer langen Kündigungs- bzw. Auslauffrist sollte daher rein vorsorglich aus Arbeitgebersicht folgende Klausen in den Aufhebungsvertrag aufgenommen werden:

»Ein Anspruch des Arbeitnehmers auf Zahlung der Abfindung besteht nicht, wenn dem Arbeitgeber nach Abschluss dieser Vereinbarung bis zum Beendigungszeitpunkt ein Sachverhalt bekannt wird, der einen wichtigen Grund i. S. v. § 626 BGB darstellt.«

Aufgrund der vorstehend vorgeschlagenen Formulierung entfällt der Abfindungsanspruch auch dann, wenn es dem Unternehmen nicht gelingt, die außerordentliche Kündigung auf Grund des wichtigen Grundes rechtzeitig auszusprechen. Wird die 14-Tage-Frist versäumt, so kann die Kündigung nur noch als ordentliche verhaltensbedingte Kündigung gelten. Ohne die vorstehende Klausel würde dann – je nach Lauf der Kündigungsfrist – das Arbeitsverhältnis erst zu einem späteren als dem im Aufhebungsvertrag vorgesehenen Zeitpunkt enden. **Das Unternehmen wäre verpflichtet, die Abfindung an den Mitarbeiter zu zahlen**. Wird hingegen die Abfindung unter die Bedingung gestellt, dass bis zum Beendigungszeitpunkt kein wichtiger Grund auftritt, so reicht bereits die Kenntniserlangung von einem derartigen wichtigen Grund bis zum Beendigungszeitpunkt, um den Abfindungsanspruch zu beseitigen.

184

### VI. Einzahlung der Abfindung in eine Direktversicherung

Wie die obigen Ausführungen zur Versteuerung von Abfindungen gezeigt haben, ist grundsätzlich zum 31.12.2005 der Steuerfreibetrag nach § 3 Ziff. 9 EStG a. F. entfallen. Da auch die Steuerbegünstigung nach den §§ 24, 34 EStG keinen großen Steuerspareffekt auslöst, bleibt dem Arbeitnehmer nur die Möglichkeit, die Abfindung über den Weg der betrieblichen Altersversorgung zu optimieren. Bis zum 31.12.2004 bestand die Möglichkeit, über § 40b EStG einen Teil der Abfindung in eine wertgleiche Direktversicherung einzuzahlen. Im Rahmen der Optimierung einer Abfindung bot es sich an, dass derjenige Arbeitnehmer, der bisher die Höchstbeträge für eine Entgeltumwandlung (1.752,– € pro Jahr) nicht genutzt hat, nunmehr einen Teil der Abfindung in eine abzuschließende Direktversicherung einzahlt. Der Gesetzgeber erlaubte insofern die Heranziehung des

185

# Kapitel 6

Höchstbeitrages für jedes Kalenderjahr, in dem der Arbeitnehmer – zumindest zeitweise – in einem Arbeitsverhältnis zu seinem jetzigen Arbeitgeber gestanden hat.

186 Hat das Arbeitsverhältnis bspw. am 1.12.1995 begonnen und endet am 31.1.2005, so konnte der Höchstbetrag insgesamt elfmal ausgeschöpft werden, da elf Kalenderjahre durch das Arbeitsverhältnis berührt waren.

187 Die Möglichkeit, über § 40b EStG die Abfindung zu optimieren, gilt allerdings nur noch für Verträge, die spätestens am 31.12.2004 abgeschlossen worden waren. Hat der Mitarbeiter keinen entsprechenden Altvertrag, den er nunmehr durch Nachzahlungen aufstocken kann und für den er auf die Steuerbefreiung nach § 3 Nr. 63 EStG verzichtet hat, scheidet die Optimierung der Abfindung über § 40b EStG aus.

188 Dass § 40b EStG ab 1.1.2005 nicht mehr auf Neuverträge bei Direktversicherungen angewandt werden kann, bedeutet aber nicht, dass eine Optimierung der Abfindung über den Weg der betrieblichen Altersversorgung ausgeschlossen ist. Der Gesetzgeber hat weiterhin die Möglichkeit eingeräumt, einen Teil der Abfindung durch Vereinbarung mit dem Arbeitgeber in die eigene Altersversorgung zu investieren. Die bisher in § 40b EStG enthaltene »Vervielfältigungsregelung« findet sich nunmehr modifiziert in § 3 Nr. 63 EStG. Der Gesetzgeber hat dort geregelt, dass Beiträge des Arbeitgebers in Höhe von 4 % der Beitragsbemessungsgrenze in der Rentenversicherung steuerfrei sind. Für das Jahr 2006 entspricht dies einem Betrag in Höhe von 2.520,– €. Der Freibetrag erhöht sich gem. § 3 Nr. 63 EStG um weitere 1.800,– €, wenn die Beiträge auf Grund einer Versorgungszusage geleistet werden, die nach dem 31.12.2004 erteilt wurde.

189 Hat der Mitarbeiter bisher keinen Gebrauch von den Möglichkeiten der steuerbegünstigten Altersversorgung gemacht, so kann er nunmehr auch nach der Neuregelung des Einkommensteuergesetzes Teile der Abfindung optimieren.

190 In § 3 Nr. 63 EStG heißt es insofern wörtlich:

> »Aus Anlass der Beendigung des Dienstverhältnisses geleistete Beiträge i. S. d. Satzes 1 sind steuerfrei, soweit sie 1.800,– € vervielfältigt mit der Anzahl der Kalenderjahre, in denen das Dienstverhältnis des Arbeitnehmers zu dem Arbeitgeber bestanden hat, nicht übersteigen; der vervielfältigte Betrag vermindert sich um die nach den Sätzen 1 und 3 steuerfreien Beiträge, die der Arbeitgeber in dem Kalenderjahr, in dem das Dienstverhältnis beendet wird, und in den sechs vorangegangenen Kalenderjahren erbracht hat; Kalenderjahre vor 2005 sind dabei jeweils nicht zu berücksichtigen.«

191 Scheidet der Mitarbeiter im Jahr 2006 aus und hat er bisher keine nach § 3 Nr. 63 EStG steuerbegünstigte Direktversicherung etc. abgeschlossen, so kann er nunmehr einen Teilbetrag der Abfindung in Höhe von 3.600,– € steuerfrei in eine Direktversicherung einzahlen. Aufgrund der Begrenzung der Vervielfältigungsregelung auf Kalenderjahre ab 2005, zählen Beschäftigungszeiten vor dem 1.1.2005 bei der Ermittlung der Kalenderjahre, mit denen der Steuerfreibetrag in Höhe von 1.800,– € multipliziert werden kann, nicht mit.

192 Weitere Voraussetzung für die Optimierung der Abfindung ist, dass der Arbeitnehmer einen Direktversicherungsvertrag wählt, der eine spätere Auszahlung in Rentenform vorsieht. Eine Kapitalisierung muss ausgeschlossen sein, da die Kapitalauszahlung nicht steuerbegünstigt ist. Darüber hinaus werden auf Grund der nunmehr gewährten Steuerfreiheit der Beiträge die späteren Rentenzahlungen der vollen, sog. »nachgelagerten Versteuerung« unterworfen. Dies dürfte für den Mitarbeiter letztendlich unproblematisch sein, da im Regelfall die Einkünfte im Alter wesentlich niedriger sind als in der Erwerbsphase und damit voraussichtlich für den Mitarbeiter auch deutlich niedrigere Steuersätze zur Anwendung kommen. Insofern kann die Abfindung also weiterhin unter den Voraussetzungen des § 3 Nr. 63 EStG durch Einzahlung in eine abzuschließende Direktversicherung optimiert werden.

## VII. Zeugnis

Mit Beendigung des Arbeitsverhältnisses hat der Arbeitnehmer gem. § 109 GewO Anspruch auf ein schriftliches Zeugnis. Auf Wunsch des Arbeitnehmers muss sich das Zeugnis nicht nur auf Art und Dauer der Tätigkeit, sondern auch auf Leistung und Verhalten des Arbeitnehmers erstrecken (sog. **qualifiziertes Zeugnis**). Um von vornherein Streitigkeiten über Inhalt und Form des Zeugnisses zu vermeiden, empfiehlt es sich, im Aufhebungsvertrag ausdrücklich zu regeln, welchen Inhalt das Zeugnis hat. Idealerweise wird dem Aufhebungsvertrag bereits ein **Zwischenzeugnis** beigefügt, an dem sich dann das **Schlusszeugnis** zu orientieren hat. Lässt sich dies auf Grund der Kürze der zur Verfügung stehenden Zeit nicht erreichen, sollten zumindest die Eckpunkte eines Zeugnisses, d. h. die Benotung und die Schlussklausel, im Aufhebungsvertrag festgeschrieben werden.

193

Die **Festschreibung der im Zeugnisnote im Aufhebungsvertrag** ist auf Grund der mittlerweile geänderten Rechtsprechung des BAG von besonderer Bedeutung. Während bisher der für Zeugnisse zuständige Fünfte Senat die Darlegungs- und Beweislast für die Grundlagen der Zeugnisbewertung auf Seiten des Arbeitgebers sah (vgl. *BAG* 23.6.1990 AP Nr. 7 zu § 73 HGB), differenziert der jetzt zuständige Neunte Senat hinsichtlich der Darlegungs- und Beweislast danach, ob der Arbeitnehmer eine durchschnittliche oder **überdurchschnittliche Leistungsbewertung** wünscht (vgl. *BAG* 14.10.2003 EzA § 109 GewO Nr. 1 = BAGReport 2004, 225).

194

Das BAG ist darüber hinaus der Auffassung, dass es ausreicht, wenn der Arbeitgeber dem Arbeitnehmer bescheinigt, dass dieser »zur vollen Zufriedenheit« oder »stets zur Zufriedenheit« gearbeitet habe. Dies entspricht der Note »befriedigend«. Will der Arbeitnehmer hingegen eine **gute Leistungsbewertung**, d. h. die Note »stets zu unserer vollen Zufriedenheit«, so trägt er nunmehr die Darlegungs- und Beweislast dafür, dass er durchgehend gute Leistungen erbracht hat (s. im Übrigen zum Zeugnisrecht *Hoß* AuA 2002, 532 ff).

195

Berücksichtigt man, dass das Zeugnis die »Visitenkarte« des Arbeitnehmers bei einer künftigen Bewerbung ist, ergibt sich, dass auch der **Form des Zeugnis** eine besondere Bedeutung zukommt. Ein Zeugnis, welches die Leistungen des Mitarbeiters sehr positiv darstellt, kann dadurch entwertet werden, dass es in einer Form ausgestellt wird, die beim Leser den Eindruck erweckt, dass sich der Aussteller vom Inhalt distanziert.

196

In formaler Hinsicht ist daher zu beachten, dass ein Zeugnis **schriftlich in deutscher Sprache** abgefasst werden muss. Die Erteilung in **elektronischer Form** ist gem. § 109 Abs. 3 GewO unzulässig.

197

Der Aussteller muss identifizierbar sein. Dies bedeutet, dass entweder die Unterschrift lesbar oder aber der **Name sowie die Funktion des Ausstellers** nochmals maschinenschriftlich unter die Unterschrift gesetzt wird (vgl. *LAG Düsseld.* 23.5.1995 NZA-RR 1996, 42). Des Weiteren ist ggf. bereits im Aufhebungsvertrag festzulegen, von wem das Zeugnis zu unterzeichnen ist. Nach der Rechtsprechung ist ein Zeugnis nur dann korrekt erteilt, wenn es eine Person unterzeichnet, die dem Arbeitnehmer gegenüber **weisungsbefugt** war (*BAG* 26.6.2001 EzA § 630 BGB Nr. 24 = AuA 2002, 185).

198

Besondere Bedeutung kommt auch dem **Ausstellungsdatum** zu. Das Ausstellungsdatum muss stets zeitnah zum tatsächlichen Beendigungsdatum des Arbeitsverhältnisses gewählt werden. Selbst dann, wenn über das Zeugnis zwischen den Parteien zunächst gestritten wurde und das endgültige Zeugnis erst mehrere Monate nach Beendigung des Arbeitsverhältnisses ausgestellt wird, ist der Arbeitgeber verpflichtet, das Zeugnis entsprechend zurückzudatieren. Ein großer zeitlicher Abstand zwischen Beendigungsdatum und Ausstellungsdatum lässt beim Leser den Eindruck entstehen, dass über das Zeugnis gestritten wurde.

199

Schließlich ist in formaler Hinsicht des Weiteren zu beachten, dass der Arbeitgeber verpflichtet ist, das Zeugnis auf dem üblichen **Firmenbriefbogen** (vgl. *BAG* 3.3.1993 NZA 1993, 697) auszustellen. Selbstverständlich sollte in diesem Zusammenhang sein, dass das Zeugnis **sauber** und **ohne Schreibfehler** zu verfassen ist. Es darf insbes. keine **Flecken, Radierungen, Verbesserungen, Durchstreichungen** oder ähnliche Korrekturen aufweisen (vgl. *BAG* 3.3.1993 NZA 1993, 697).

200

**Kapitel 6**          Aufhebungsvertrag

201   Je nachdem, wie intensiv die Arbeitsvertragsparteien über die Beendigung des Arbeitsverhältnisses gestritten haben, mag es sogar sinnvoll sein, wenn über die Art der Versendung des Zeugnisses eine Regelung in der Aufhebungsvereinbarung getroffen wird. Auch wenn dieser Punkt eher unter die Rubrik »Kindergarten« fällt, hatte sich auch mit dieser Streitfrage das BAG bereits mehrfach zu beschäftigen. Das BAG hat insofern entschieden, dass das Zeugnis **nur zur Abholung bereitgehalten** werden muss (vgl. *BAG* 8.3.1995 NZA 1995, 671). Ein Anspruch auf Übersendung des Zeugnisses besteht daher nur in den Fällen, in denen ein Abholen des Zeugnisses für den Arbeitnehmer mit einem unverhältnismäßigen Aufwand verbunden wäre. In diesem Zusammenhang ist des Weiteren darauf zu verweisen, dass ein Zeugnis nach der Rechtsprechung des BAG nur dann zur Postversendung gefaltet werden darf, wenn sich die **Knicke beim Kopieren** nicht als Schwärzungen zeigen (vgl. *BAG* 21.9.1999 DB 2000, 282).

202   In inhaltlicher Hinsicht hat das Zeugnis den **Spagat zwischen Wohlwollen und Wahrheit** zu bewältigen. Das Zeugnis muss »wohlwollend« sein, um den Mitarbeiter nicht an seinem beruflichen Fortkommen zu hindern. Andererseits soll es einen künftigen Arbeitgeber über den Arbeitnehmer unterrichten und muss daher »wahr« sein. Der Arbeitgeber darf demnach weder bewusst falsche Angaben im Zeugnis machen noch Punkte auslassen, die ein Leser erwarten würde. Eine Ausnahme von diesem Grundsatz gilt nach der Rechtsprechung für die **Erwähnung einer Betriebsratstätigkeit**; sie ist in Zeugnissen nur dann zu erwähnen, wenn dies der Mitarbeiter verlangt oder der Arbeitnehmer mehrere Jahre freigestelltes Betriebsratsmitglied war (vgl. *BAG* 19.8.1992 AP Nr. 5 zu § 8 BPersVG).

203   Da die Formulierung des Zeugnisses alleine dem Arbeitgeber obliegt, empfiehlt es sich aus Arbeitnehmersicht, den Aufhebungsvertrag erst nach Vorlage des Zeugnisses zu unterzeichnen. Auf diese Weise kann der Mitarbeiter bspw. auch sicherstellen, dass die in vielen Zeugnissen anzutreffende **»Wunschabschiedsformel«** (»Wir wünschen Herrn/Frau ... für die Zukunft alles Gute und weiterhin viel Erfolg.«) ebenso wie der Dank des Unternehmens für die bisher geleistete Tätigkeit und ein Ausdruck des Bedauerns über die Trennung in das Zeugnis aufgenommen wird. Ohne vertragliche Vereinbarung hat der Arbeitnehmer nach Auffassung des BAG keinen Anspruch auf Aufnahme der wichtigen **Bedauerns-, Dankes- und Wunschabschiedsformel** (vgl. *BAG* 20.2.2001 EzA § 630 BGB Nr. 23). Der 9. Senat des BAG hat in seiner aus dem Jahr 2001 stammenden Entscheidung übersehen, dass bei Zeugnissen mit einer guten und erst recht bei Zeugnissen mit einer sehr guten Leistungsbeurteilung eine Schlussklausel, in der der Arbeitgeber sich für die Zusammenarbeit bedankt, das Ausscheiden des Mitarbeiters bedauert und dem Mitarbeiter für den weiteren privaten und beruflichen Lebensweg alles Gute und weiterhin viel Erfolg wünscht, üblich ist. Dementsprechend fällt bei einem guten bzw. sehr guten Zeugnis negativ auf, wenn die »übliche« Schlussklausel fehlt. Von daher hat das *LAG Düsseld.* mit Urteil v. 3.11.2010 (– 12 Sa 974/10) unseres Erachtens zu Recht der Klage eines Arbeitnehmers auf Aufnahme einer derartigen Schlussklausel in das Zeugnis stattgegeben. Das *LAG Düsseldorf* hat das Fehlen der Schlussklausel als eine nach § 109 Abs. 2 S. 2 GewO unzulässige verdeckte Abwertung der Leistungs- und Verhaltensbeurteilung vor dem Hintergrund der Üblichkeit dieser Schlussklausel bei guten und sehr guten Zeugnissen eingestuft. Ob der 9. Senat im Rahmen der dort nun anhängigen Revision seine Rechtsauffassung aus dem Jahr 2001 bestätigt oder sich der – zumindest für gute und sehr gute Zeugnisse richtigen – Auffassung des *LAG Düsseldorf* anschließt, bleibt abzuwarten.

204   Die sich in manchen Zeugnissen wiederfindende Formulierung »Wir haben Herrn ... als ... kennengelernt« wird in großen Teilen der Literatur im Anschluss an zwei Entscheidungen des *LAG Hamm* aus dem Jahr 2000 (vgl. 28.3.2000 – 4 Sa 648/99; 27.4.2000 – 4 Sa 1018/99) als unzulässig angesehen. Nach Auffassung des *LAG Hamm* soll durch den Gebrauch des Wortes »kennengelernt« das Nichtvorhandensein der im Kontext aufgeführten Fähigkeit oder Eigenschaft ausgedrückt werden. Dieser mit dem Wortlaut nicht im Einklang stehenden Auslegung durch das *LAG Hamm* ist nun das *LAG Köln* mit Urteil vom 18.12.2009 – 11 Sa 1092/08, n. v.) entgegengetreten. Insbesondere dann, wenn die Formulierung »kennengelernt« in ein ansonsten ebenfalls positives bzw. gutes Zeugnis eingebettet ist, kommt die vom *LAG Hamm* vertretene Auslegung nicht in Betracht. Die Formulierung »kennengelernt« drückt vielmehr richtigerweise aus, dass der Arbeitgeber seinen subjektiven Ein-

druck von den Eigenschaften oder Fähigkeiten des Mitarbeiters zum Ausdruck bringt. Die Entscheidung des *LAG Köln* wurde vom 9. Senat des *BAG* mit Urteil v. 15.11.2011 (– 9 AZR 386/10, NZA 2012, 448) bestätigt. Damit dürfte die sich nach wie vor in vielen Büchern zur Abfassung von Zeugnissen im Anschluss an die beiden vorerwähnten Urteile des *LAG Hamm* wiedergegebene Rechtsauffassung überholt haben.

Liegt zwischen Abschluss des Aufhebungsvertrages und der rechtlichen Beendigung des Arbeitsverhältnisses ein längerer Zeitraum, bietet es sich an, zunächst ein **Zwischenzeugnis** zu erteilen, das inhaltlich mit dem Schlusszeugnis überein zu stimmen hat, sofern während der Zeit bis zur Beendigung des Arbeitsverhältnisses keine gravierenden Punkte auftreten, die eine Abänderung des Zeugnisses erforderlich machen. Die Rechtsprechung steht insofern auf dem Standpunkt, dass **ein Zwischenzeugnis den Arbeitgeber dann bindet**, wenn es zeitnah zur Beendigung, d. h. innerhalb der letzten zwölf Monate, ausgefertigt wurde (vgl. *LAG Hamm* 1.12.1994 LAGE § 630 BGB Nr. 25). Das Schlusszeugnis soll letztendlich eine Bewertung des gesamten Arbeitsverhältnisses geben. Von daher können Abweichungen – positive wie negative – in den letzten Monaten des Arbeitsverhältnisses nicht dazu führen, dass das Gesamtbild des Arbeitsverhältnisses verschlechtert oder verbessert wird.

▶ **Formulierungshinweis:**

Im Aufhebungsvertrag kann das Zeugnis wie folgt abgesichert werden:

»Der Mitarbeiter erhält das diesem Vertrag in der Anlage beigefügte Zwischenzeugnis. Zum Beendigungszeitpunkt wird ihm ein gleich lautendes Schlusszeugnis auf Firmenbriefbogen überreicht, in dem die Schlussformel ›Wir bedanken uns für die von Herrn . . . . . geleistete Arbeit. Wir bedauern sein Ausscheiden und wünschen ihm für die berufliche und private Zukunft alles Gute und weiterhin viel Erfolg.‹ lautet. Beide Zeugnisse werden von dem kaufmännischen Geschäftsführer unterzeichnet.«

**Alternativ kommt folgende Klausel in Betracht:**

»Der Mitarbeiter erhält unverzüglich nach Unterzeichnung dieser Aufhebungsvereinbarung ein wohlwollendes, qualifiziertes Zwischenzeugnis, in dem seine Leistung mit ›stets zur vollsten Zufriedenheit‹ und sein Verhalten gegenüber Vorgesetzten, Kollegen und Mitarbeitern mit ›jederzeit einwandfrei‹ bewertet wird. Zum Beendigungszeitpunkt wird ihm ein gleich lautendes Schlusszeugnis auf Firmenbriefbogen überreicht, in dem die Schlussformel ›Wir bedanken uns für die von Herrn . . . geleistete Arbeit. Wir bedauern sein Ausscheiden und wünschen ihm für die berufliche und private Zukunft alles Gute und weiterhin viel Erfolg.‹ lautet. Beide Zeugnisse werden von dem kaufmännischen Geschäftsführer unterzeichnet.«

## VIII. Sprachregelung

Gerade bei Führungskräften ist es nicht ungewöhnlich, dass sich ein neuer Arbeitgeber bei dem früheren Unternehmen über den ausgeschiedenen Mitarbeiter informiert. Da der alte Arbeitgeber diese Auskünfte grds. auch ohne Einverständnis des Arbeitnehmers erteilen kann, sollte eine Sprachregelung zwischen den Parteien erarbeitet werden, mit der das **Ausscheiden nach Außen** (potentieller neuer Arbeitgeber, Presse, etc.) bekannt gegeben wird. Insbesondere dann, wenn der ausscheidende Mitarbeiter eine Position bekleidet hatte, die eine Veröffentlichung der Trennung vom Unternehmen zumindest in Fachorganen der Branche vermuten lässt, ist es wichtig, eine gemeinsame **Presseerklärung** zu erarbeiten. Dort, wo das Ausscheiden im Wege von sog. adhoc-Mitteilung veröffentlicht wird, sollte die Presseerklärung und **adhoc-Mitteilung** ohnehin zwischen den Parteien im Vorfeld der Unterzeichnung der Aufhebungsvereinbarung abgestimmt werden.

Alternativ zur Fertigung einer eigenständigen Sprachregelung kommt in Betracht, dass zwischen den Arbeitsvertragsparteien vereinbart wird, dass der Arbeitgeber **Auskünfte gegenüber Dritten** nur i. S. d. Zeugnisses erteilen darf. Um hier eine gewisse Absicherung auf Arbeitnehmerseite zu haben, empfiehlt es sich, diese Vereinbarung mit einer Vertragsstrafenregelung für den Fall der Zuwiderhandlung zu verknüpfen.

**Kapitel 6** — Aufhebungsvertrag

210 ▸ **Formulierungshinweis:**

In den Aufhebungsvertrag kann dementsprechend folgende Klausel aufgenommen werden:
»Der Presse und sonstigen Dritten gegenüber wird das Ausscheiden des Mitarbeiters mit der in der Anlage zu diesem Vertrag beigefügten Sprachregelung bekannt gegeben werden. Die Gesellschaft verpflichtet sich, Auskünfte über den Mitarbeiter nur i. S. d. Zwischenzeugnisses und der Sprachregelung zu erteilen. Bei Zuwiderhandlungen wird eine Vertragsstrafe in Höhe von 5.000,– € für jeden Einzelfall fällig.«

### IX. Betriebliche Altersversorgung

211 Wurde dem Arbeitnehmer eine Zusage auf betriebliche Altersversorgung erteilt, so sollte im Rahmen des Aufhebungsvertrages geregelt werden, wie sich die Beendigung des Arbeitsverhältnisses auf die betriebliche Altersversorgung auswirkt. Dabei ist zwischen **verfallbarer und unverfallbarer Versorgungsanwartschaft** zu unterscheiden. Insbesondere dann, wenn die betriebliche Altersversorgungszusage noch nicht nach dem Betriebsrentengesetz unverfallbar ist, ist es wichtig, dass der Aufhebungsvertrag klarstellt, ob der Mitarbeiter ggf. auf **vertraglicher Grundlage eine Unverfallbarkeitszusage** erhalten soll. Ebenfalls klargestellt werden kann im Rahmen der Aufhebungsvereinbarung, welche Parameter bei der Berechnung der Altersversorgung zugrunde zu legen sind. Hier ist es durchaus möglich, zusätzliche Dienstzeiten anzurechnen oder aber das Berechnungseinkommen einvernehmlich festzulegen (s. i. E. zur betrieblichen Altersversorgung Kap. 3 Rdn. 3326 ff.).

### X. Übertragung einer Direktversicherung

212 Viele Arbeitnehmer haben zur Aufstockung ihrer späteren Rente eine sog. Direktversicherung abgeschlossen. In der Regel erfolgt der Abschluss einer **Direktversicherung** im Wege der **Gehaltsumwandlung**. Der Arbeitgeber zahlt dann bspw. einen Teil des 13. Monatsgehaltes/Weihnachtsgeldes nicht an den Mitarbeiter aus, sondern begleicht hiervon die Jahresprämie für die Direktversicherung. Für den Mitarbeiter hat dies den Vorteil, dass die Gehaltsumwandlung/Zahlung an die Direktversicherung bis zu einem Jahresbeitrag in Höhe von 1.752,– € steuerbegünstigt ist. Dieser Betrag wird lediglich pauschal mit 20 % durch den Arbeitgeber (!) versteuert, sofern die Beiträge auf Grund einer Versorgungszusage geleistet werden, die vor dem 1.1.2005 erteilt wurde.

213 Im Hinblick auf Direktversicherungen ist insofern zu berücksichtigen, dass die Lohnsteuerpauschalierung des § 40b EStG ab 1.1.2005 neu geregelt wurde. Man unterscheidet insofern also Altzusagen, d. h. Erteilung der Versorgungszusage vor dem 1.1.2005, und Neuzusagen, d. h. Erteilung der Versorgungszusage nach dem 31.12.2004. § 40b Abs. 1 und 2 EStG a. F. kann auf Beiträge zu Gunsten einer kapitalgedeckten betrieblichen Altersversorgung, d. h. bspw. eine Direktversicherung, für Altfälle weiter angewandt werden. Bezüglich Beiträge für eine Direktversicherung, die die Voraussetzungen des § 3 Nr. 63 EStG erfüllen, können allerdings nur dann nach § 40b Abs. 1 und 2 EStG a. F. pauschal besteuert werden, wenn der Arbeitnehmer zuvor gegenüber dem Arbeitgeber für diese Beiträge auf die Anwendung des § 3 Nr. 63 EStG verzichtet hat. Der Mitarbeiter muss sich also entscheiden, ob er weiter die Pauschalversteuerung wünscht oder ob die Beiträge nach § 3 Nr. 63 EStG steuerfrei verbleiben sollen. Diese Beträge würden dann erst bei Auszahlung versteuert werden.

214 Im Rahmen eines Aufhebungsvertrages ist eine Direktversicherung insofern zu beachten, als **Versicherungsnehmer bei der Direktversicherung** nicht der Arbeitnehmer ist, sondern stets der Arbeitgeber. Die Direktversicherung ist daher im Beendigungszeitpunkt ausdrücklich auf den Mitarbeiter zu übertragen. Je nachdem, wie lange die Auslauffrist läuft und wer bisher die Beiträge zur Direktversicherung erbracht hat, muss darüber hinaus ausdrücklich geregelt werden, dass die für das laufende Kalenderjahr anfallende **Prämie** auch noch vom Unternehmen getragen wird, sofern dies bisher zwischen den Parteien üblich war.

## G. Inhalt des Aufhebungsvertrages

▶ **Formulierungshinweis:**

»Die Gesellschaft überträgt die zu Gunsten des Mitarbeiters bei der ..... Versicherung AG unter der Versicherungsnummer ..... abgeschlossene Direktversicherung zum in Ziffer 1 genannten Beendigungsdatum auf den Mitarbeiter. Der Mitarbeiter ist berechtigt, die bei der ..... Versicherung AG unter der Versicherungsnummer ..... abgeschlossene Direktversicherung im eigenen Namen und auf eigene Rechnung nach seinem Ausscheiden fortzuführen.

Die für das Kalenderjahr 2011 fällige Jahresprämie wird von der Gesellschaft an die ..... Versicherung AG zum 30.11.2011 gezahlt.«

Wurden die Leistungen, d. h. die Prämien zur Direktversicherung, nicht im Wege der Gehaltsumwandlung, sondern als betriebliche Altersversorgung alleine durch das Unternehmen finanziert, so ist das Unternehmen nach § 1b Abs. 2 S. 1 BetrAVG verpflichtet, wegen der Beendigung des Arbeitsverhältnisses nach Erfüllung der in § 1b Abs. 1 S. 1 und 2 BetrAVG genannten Voraussetzungen **das Bezugsrecht nicht mehr zu widerrufen**, sofern zuvor dem Arbeitnehmer oder seinen Hinterbliebenen ein Bezugsrecht eingeräumt wurde. Eine Klausel im Rahmen der Versorgungszusage, wonach das Bezugsrecht durch die Beendigung des Arbeitsverhältnisses nach Erfüllung der in § 1b Abs. 1 S. 1 und 2 BetrAVG genannten Voraussetzungen auflösend bedingt ist, ist gem. § 1b Abs. 2 S. 2 BetrAVG unwirksam.

Auch ein **Beleihen oder eine Abtretung der Ansprüche aus dem Versicherungsvertrag** durch das Unternehmen ist nach Beendigung des Arbeitsverhältnisses **unzulässig**. Das Unternehmen ist in diesem Fall verpflichtet, sicherzustellen, dass im Fall des Eintritts des Versorgungsfalles der Mitarbeiter die volle Leistung aus dem Versicherungsvertrag erhält. Um hier rechtzeitig – in Anbetracht einer ggf. drohenden **Insolvenz** – dafür Sorge zu tragen, dass das Unternehmen eine in der Vergangenheit erfolgte Abtretung rückgängig macht, sollte daher der Aufhebungsvertrag in derartigen Fällen eine entsprechende unverzügliche Verpflichtung des Unternehmens vorsehen. In diesem Fall kann folgende Klausel in die Aufhebungsvereinbarung aufgenommen werden:

▶ **Formulierungshinweis:**

»Die Gesellschaft verpflichtet sich, die zu Gunsten der ..... Bank erklärte Abtretung der Leistungen aus der zu Gunsten des Mitarbeiters bestehenden Direktversicherung bis zum ..... rückgängig zu machen. Die Gesellschaft wird darüber hinaus die ..... Versicherung AG darüber informieren, dass der Mitarbeiter ausgeschieden ist und daher eine Abtretung oder Beleihung dieser Versicherung nicht mehr erfolgen wird.«

### XI. Nachvertragliches Wettbewerbsverbot

Um zu verhindern, dass ein Mitarbeiter nach der Auflösung des Arbeitsverhältnisses unmittelbar zur Konkurrenz wechselt, muss mit dem Arbeitnehmer ein nachvertragliches Wettbewerbsverbot entsprechend den § 74 ff. HGB abgeschlossen werden. Die Verpflichtung zur **Wahrung von Geschäfts- und Betriebsgeheimnissen reicht** für sich genommen nicht aus, um eine irgendwie geartete spätere Wettbewerbstätigkeit zu unterbinden.

### 1. Fortbestand eines nachvertraglichen Wettbewerbsverbotes

Enthält der Anstellungsvertrag oder eine gesonderte Vereinbarung bereits ein rechtswirksam vereinbartes nachvertragliches Wettbewerbsverbot, so sollte im **Aufhebungsvertrag** rein vorsorglich eine ausdrückliche Bezugnahme auf die Fortgeltung dieses nachvertraglichen Wettbewerbsverbotes aufgenommen werden, wenn das **nachvertragliche Wettbewerbsverbot aufrechterhalten** werden soll (vgl. *Hoß* DB 1997, 1818). Eine derartige ausdrückliche Erwähnung des nachvertraglichen Wettbewerbsverbotes einschließlich des Hinweises, dass das nachvertragliche Wettbewerbsverbot durch die Aufhebungsvereinbarung nicht berührt sein soll, ist insbes. dann erforderlich, wenn der Aufhebungsvertrag die übliche **allgemeine Erledigungsklausel** enthält. Nach der Rechtsprechung des Bundesarbeitsgerichtes führt die Vereinbarung einer allgemeinen Erledigungsklausel dazu, dass auch ein nachvertragliches Wettbewerbsverbot einschließlich der Verpflichtung zur **Karenzentschä-**

# Kapitel 6 — Aufhebungsvertrag

**digung** erlischt, sofern sich nicht Anhaltspunkte für einen gegenteiligen Willen beider Parteien finden lassen (vgl. *BAG* 31.7.2002 EzA § 74 HGB Nr. 63; 19.11.2008 – 10 AZR 671/07).

**221** ▶ **Formulierungshinweis:**

Die Klarstellung, dass das nachvertragliche Wettbewerbsverbot nicht durch die Aufhebungsvereinbarung untergehen soll, kann wie folgt formuliert werden:

»Das zwischen den Parteien in § 13 des Arbeitsvertrages vom 1.10.1999 geregelte nachvertragliche Wettbewerbsverbot bleibt von dieser Aufhebungsvereinbarung unberührt.«

## 2. Aufhebung eines nachvertraglichen Wettbewerbsverbotes

**222** Das Bundesarbeitsgericht vertritt seit dem Jahr 2002 in ständiger Rechtsprechung die Auffassung, dass die Vereinbarung einer umfassenden Erledigungsklausel in einem Aufhebungsvertrag dazu führt, dass auch ein zwischen den Parteien im Arbeitsvertrag vereinbartes nachvertragliches Wettbewerbsverbot erlischt, sofern keine gegenteiligen Anhaltspunkte ersichtlich sind (vgl. *BAG* 31.7.2002 EzA § 74 HGB Nr. 63; 19.11.2003 EzA § 611 BGB 2002 Aufhebungsvertrag Nr. 2 = NZA 2004, 554; 7.9.2004 EzA § 74 HGB Nr. 66 = NZA 2005, 1376; 19.11.2008 – 10 AZR 761/07). Diese Rechtsauffassung des BAG führt dazu, dass bei Vereinbarung einer allgemeinen Erledigungsklausel zunächst davon auszugehen ist, dass das im Arbeitsvertrag festgeschriebene nachvertragliche Wettbewerbsverbot einschließlich der Absprache über die Karenzentschädigung keine Wirkung mehr entfalten kann. Der Arbeitnehmer ist also berechtigt, einerseits zur Konkurrenz zu wechseln und hat andererseits keinen Anspruch auf die vereinbarte Karenzentschädigung. Will sich eine Partei trotz allgemeiner Erledigungsklausel weiterhin auf das nachvertragliche Wettbewerbsverbot berufen, so muss konkret vorgetragen werden, wann im Zusammenhang mit dem Abschluss des Aufhebungsvertrages mit der Gegenpartei darüber gesprochen worden ist, dass das nachvertragliche Wettbewerbsverbot weiterhin Gültigkeit haben soll. Beweislast dafür, dass das Wettbewerbsverbot nicht von der Erledigungsklausel umfasst ist, weil die Parteien die weitere Gültigkeit wollten, trägt derjenige, der sich auf den Fortbestand des nachvertraglichen Wettbewerbsverbotes beruft (vgl. *BAG* 19.11.2008 – 10 AZR 671/07).

**223** In Anbetracht dieser Rechtsprechung sollte die Arbeitsvertragspartei, die an der Aufhebung des nachvertraglichen Wettbewerbsverbotes interessiert ist, dafür Sorge tragen, dass die Beseitigung des nachvertraglichen Wettbewerbsverbotes ausdrücklich im Aufhebungsvertrag geregelt wird. Letztendlich bleibt es sonst dabei, dass anhand der Formulierung der Erledigungsklausel geprüft werden muss, ob diese Klausel tatsächlich auch ein nachvertragliches Wettbewerbsverbot erfassen sollte. Wird die Erledigungsklausel bspw. nur dahingehend formuliert, dass alle bis zum Beendigungszeitpunkt entstehenden Ansprüche endgültig erledigt sind, soweit in der Aufhebungsvereinbarung nichts gegenteiliges geregelt ist, so bedeutet dies unseres Erachtens, dass Ansprüche, die über das Ende hinausgehen – wozu neben der betrieblichen Altersversorgung, der Wahrung von Geschäfts- und Betriebsgeheimnissen auch ein eventuell vereinbartes nachvertragliches Wettbewerbsverbot gehört –, nicht von der Erledigungsklausel umfasst sind. In diesem Fall müsste also die Aufhebung ausdrücklich erfolgen.

**224** Eine Klausel, wonach die Gesellschaft mit sofortiger Wirkung auf das nachvertragliche Wettbewerbsverbot verzichtet, beseitigt zwar das Wettbewerbsverbot, nicht jedoch die Pflicht des Arbeitgebers zur Zahlung der **Karenzentschädigung**. Gemäß § 75a HGB kann das Unternehmen jederzeit vor Beendigung des Arbeitsverhältnisses einseitig auf das nachvertragliche Wettbewerbsverbot verzichten. Gesetzliche Folge eines derartigen einseitigen Verzichtes ist allerdings, dass der Arbeitgeber noch für ein Jahr ab Zugang der **Verzichtserklärung** zur Zahlung der Karenzentschädigung verpflichtet ist.

**225** ▶ **Formulierungshinweis:**

Zur vollständigen Beseitigung eines nachvertraglichen Wettbewerbsverbotes bietet sich insofern folgende Formulierung an:

## G. Inhalt des Aufhebungsvertrages  Kapitel 6

»Das in § 13 des Arbeitsvertrages vom 1.10.1999 vereinbarte nachvertragliche Wettbewerbsverbot wird einvernehmlich aufgehoben. Eine Verpflichtung zur Zahlung einer Karenzentschädigung besteht nicht mehr.«

### 3. Vereinbarung eines nachvertraglichen Wettbewerbsverbotes

Auch im Rahmen eines **Aufhebungsvertrages** ist es den Arbeitsvertragsparteien möglich, ein nachvertragliches Wettbewerbsverbot zu vereinbaren. Die Vorschriften der §§ 74 ff. HGB finden in diesem Fall ebenfalls Anwendung, solange das Wettbewerbsverbot noch im Zusammenhang mit dem Arbeitsverhältnis und seiner Abwicklung abgeschlossen wird (vgl. *BAG* 3.5.1994 EzA § 74 HGB Nr. 56). Demnach ist ein nachvertragliches Wettbewerbsverbot, das mehrere Monate vor Beendigung des Arbeitsverhältnisses im Rahmen eines Aufhebungsvertrages vereinbart wird, nichtig, wenn es keine **Karenzentschädigung** vorsieht. 226

Die nach § 74 Abs. 2 HGB erforderliche Karenzentschädigung kann nicht durch eine für den Verlust des Arbeitsplatzes zugesagte Abfindung kompensiert werden (vgl. *BAG* 3.5.1994 EzA § 74 HGB Nr. 56). Von daher muss neben der **Abfindung** auch eine Karenzentschädigung ausdrücklich im **Aufhebungsvertrag** ausgewiesen werden. 227

In steuerrechtlicher Hinsicht wirkt sich die Aufspaltung der Entschädigungszahlung in eine Abfindung und eine Karenzentschädigung dann nicht aus, wenn die Karenzentschädigung in Form einer Einmalzahlung geleistet wird. In diesem Fall unterliegt die Karenzentschädigung ebenfalls der **Versteuerung** mit dem **ermäßigten Steuersatz** nach § 34 EStG (vgl. *BFH* 12.6.1996 – XI R 43/94). 228

### XII. Rückgabe des Dienstwagens

Die Rückgabe eines dem Mitarbeiter zur privaten Nutzung überlassenen Dienstwagens stellt im Zusammenhang mit der Beendigung eines Anstellungsverhältnisses oftmals mehr ein emotionales als ein rechtliches Problem dar. Gerade bei Führungskräften hat sich der Dienstwagen zu einem wichtigen Statussymbol entwickelt. 229

Grundsätzlich gilt: War der Dienstwagen dem Mitarbeiter ausschließlich zu **dienstlichen Zwecken** überlassen, so darf das Unternehmen den Dienstwagen jederzeit herausverlangen. Dies kann zum Beendigungsdatum oder zu Beginn der Freistellung erfolgen. Ist der Arbeitnehmer dagegen berechtigt gewesen, den **Dienstwagen auch privat zu nutzen**, so darf der Arbeitgeber den Dienstwagen auch im Fall einer Freistellung des Arbeitnehmers nicht ohne weiteres herausverlangen. 230

Entzieht der Arbeitgeber dem Arbeitnehmer rechtswidrig, d. h. ohne entsprechende Vereinbarung, das Fahrzeug, so ist er zum **Schadensersatz** verpflichtet. Der Schadensersatz kann konkret oder abstrakt/pauschal berechnet werden. Bei der konkreten Schadensersatzberechnung hat der Arbeitnehmer die Kosten aufzulisten, die ihm tatsächlich durch den Entzug der privaten Nutzungsmöglichkeit entstanden sind. Die **Anmietung eines Fahrzeuges** über einen mehrmonatigen Zeitraum ist insofern allerdings unzulässig, da der Arbeitnehmer zur Schadensminderung verpflichtet ist. Von daher kommen bei der konkreten Zahlungsberechnung nur die **Fahrtkosten mit öffentlichen Verkehrsmitteln** oder aber die **Leasingraten** und sonstigen Fahrzeugkosten bei Ersatzbeschaffung in Betracht. 231

Verzichtet der Mitarbeiter auf eine konkrete Berechnung des ihm durch die Entziehung der privaten Nutzung des Dienstwagens entstehenden Schäden, so kann Schadensersatz auch abstrakt verlangt werden. Während früher streitig war, wonach sich der Schadensersatz in diesen Fällen berechnet, hat das BAG im Jahre 1999 entschieden, dass bei der abstrakten **Berechnung des Schadensersatzes** nicht mehr auf die ADAC-Tabellen oder die Tabellen von Sanden-Danner abgestellt werden darf, sondern dass hier vielmehr nur der Wert heranzuziehen ist, der auch vom Mitarbeiter für die Gewährung der Privatnutzung zu versteuern ist. Es handelt sich hierbei um die sog. **1 %-Regelung zzgl. der Wegekosten** (vgl. *BAG* 27.5.1999 EzA § 249 BGB Nr. 24). 232

Wird die Nutzungsmöglichkeit des Dienstwagens im Anstellungsvertrag geregelt, so bestehen keine Bedenken gegen eine sog. **Ersetzungsklausel**, die den Arbeitgeber dazu ermächtigt, den Pkw zurück- 233

# Kapitel 6 — Aufhebungsvertrag

zufordern und gleichzeitig den Nutzwert für die Zeit der Freistellung zu vergüten (vgl. *BAG* 23.6.1994 BB 1994, 2278; BB 1995, 204 m. Anm. *Nägele*; *Meier* NZA 1997, 298 [299]). Eine derartige Ersetzungsklausel kann im Übrigen auch auf die Überlassung eines anderen Fahrzeuges gerichtet sein. Nach einer Entscheidung des *LAG Sachsen* setzt die Wirksamkeit einer solchen Vereinbarung nicht voraus, dass das angebotene **Ersatzfahrzeug mindestens gleichwertig ist** (vgl. *LAG Sachsen* 9.4.1997 BB 1997, 1693). Lehnt der Arbeitnehmer das Angebot des Arbeitgebers unter Hinweis auf die Vorzüge des bisher gewährten Fahrzeuges ab, kann er nach Auffassung des *LAG Sachsen* nunmehr keinen Schadensersatzanspruch geltend machen. Ein Wahlrecht steht dem Arbeitnehmer in einem solchen Fall nicht zu.

234 Ohne eine entsprechende Ersetzungsklausel kann der Arbeitnehmer weder auf die Nutzung eines anderen Fahrzeuges noch auf die Zahlung eines Ausgleichsanspruches verwiesen werden, da eine Ersetzungsbefugnis des Schuldners einer entsprechenden Vereinbarung bedarf.

235 Ob auch die **Vereinbarung einer entschädigungslosen Rücknahmemöglichkeit** zulässig ist, hat das BAG bisher offen gelassen (vgl. *BAG* 23.6.1994 BB 1994, 2278). Eine solche Klausel wird als wirksam zu betrachten sein, da hierdurch die Voraussetzungen, die die Rechtsprechung an die Wirksamkeit einer **Änderungskündigung** zur Herabsetzung der Vergütung stellt, nicht unterlaufen werden. Anerkannt ist insofern, dass der Arbeitgeber auch Vergütungsbestandteile einem **Widerrufsvorbehalt** unterwerfen kann, sofern nicht der Kernbereich des kündigungsrechtlichen Änderungsschutzes beeinträchtigt wird (vgl. *BAG* 13.6.1986 AP Nr. 19 zu § 2 KSchG; *Hoß* MDR 2000, 562). Dieser Kernbereich ist im Fall der entschädigungslosen Rückforderung des Dienstwagens nicht verletzt, da die Gewährung des Dienstwagens trotz des Vermögensvorteils lediglich eine zusätzliche Leistung des Arbeitgebers darstellt, die im Vergleich zu der dem Mitarbeiter i. d. R. gezahlten Vergütung nur einen geringen Bruchteil ausmacht.

236 An der unseres Erachtens zulässigen Vereinbarung einer entschädigungslosen Rückforderung des Dienstwagens im Rahmen einer Freistellung ändert unseres Erachtens auch die **Schuldrechtsreform** nichts. Im Rahmen der Schuldrechtsreform wurde vom Gesetzgeber festgeschrieben, dass die bisher nur für allgemeine Geschäftsbedingungen geltenden Regelungen nunmehr auch auf Arbeitsverträge Anwendung finden, sofern nicht die Besonderheiten des Arbeitsrechtes eine andere Regelung gebieten. Im Hinblick auf **Widerrufsklauseln** wird mittlerweile teilweise in der Literatur und Rechtsprechung vertreten, dass derartige Widerrufsklauseln heutzutage unwirksam seien. Diese Auffassung übersieht, dass nach dem Willen des Gesetzgebers die AGB-Vorschriften nur dann auf Arbeitsverträge Anwendung finden sollen, wenn nicht die Besonderheiten des Arbeitsverhältnisses eigenständige Regelungen erfordern. Da die Vereinbarung von Widerrufsklauseln im Arbeitsvertragsrecht dafür sorgen, dass der Arbeitgeber die notwendige Flexibilität erhält, um auf veränderte Rahmenbedingungen ohne den Ausspruch einer Änderungskündigung reagieren zu können, kann auch in Zukunft nicht auf die Vereinbarung derartiger Widerrufsklauseln im Zusammenhang mit Vergütungsbestandteilen verzichtet werden. Da hinzukommt, dass die Ausübung des Widerrufsrechtes an das Vorliegen von sachlichen Gründen gekoppelt ist, zeigt sich, dass hier die Arbeitnehmer nicht unbillig benachteiligt werden. Im Hinblick auf den Widerruf einer Dienstwagenüberlassung kann die Freistellung im Rahmen der Kündigungsfrist als sachlicher Grund angesehen werden.

237 Enthält der Arbeitsvertrag oder die Dienstwagenrichtlinie keine besonderen Regelungen über die Herausgabepflichten, so kann der Arbeitgeber die Rückführung des Dienstwagens nur in den Fällen verlangen, in denen auch der Entgeltanspruch des Mitarbeiters ruht. Wird der Mitarbeiter **über den gesetzlichen Entgeltfortzahlungszeitraum hinaus arbeitsunfähig**, so steht nach richtiger Auffassung dem Arbeitgeber in diesem Fall auch ohne Vereinbarung ausdrücklicher **Herausgabepflichten** ein Recht zu, den Dienstwagen zurück zu verlangen. Da die private Nutzungsmöglichkeit des Dienstwagens als Sachbezug einen Teil der Vergütung darstellt, erlischt der Anspruch auf diesen Teil der Vergütung, d. h. den Sachbezug, zusammen mit dem übrigen Entgeltanspruch (vgl. *LAG Köln* 22.6.2001 NZA-RR 2001, 523).

## G. Inhalt des Aufhebungsvertrages

### Kapitel 6

▶ **Formulierungshinweis:** 238

Zur Vermeidung einer Auseinandersetzung über die Rückgabepflicht sollte im Aufhebungsvertrag der Übergabetermin in örtlicher und zeitlicher Hinsicht genau festgelegt werden. Unterbleibt eine diesbezügliche Regelung, so ist Erfüllungsort für die Rückgabeverpflichtung nach Beendigung des Arbeitsverhältnisses grds. die Betriebsstätte des Arbeitgebers. Die Rückgabeverpflichtung kann wie folgt formuliert werden:

»Der Mitarbeiter verpflichtet sich, den ihm überlassenen Dienstwagen der Marke ...... mit den polizeilichen Kennzeichen ..... einschließlich der Wagenpapiere und sämtlicher Wagenschlüssel am ...... an die Gesellschaft zurückzugeben. Der Wagen ist auf dem Betriebsgelände in ..... abzugeben. Während der Freistellungsphase ist der Mitarbeiter berechtigt, den Dienstwagen im bisherigen Umfange auch für private Zwecke zu nutzen. Die durchschnittliche Kilometerleistung pro Monat darf danach ..... km betragen. Überschreitet der Mitarbeiter diese durchschnittliche Kilometerleistung, so hat er die zusätzlich gefahrenen Kilometer mit ..... € je Kilometer gegenüber der Gesellschaft zu vergüten.«

Unter **steuerlichen Gesichtspunkten** sollte darauf geachtet werden, dass die Rückgabe des Dienstwagens spätestens zum Beendigungszeitpunkt erfolgt. Wird dem ausgeschiedenen Mitarbeiter der Dienstwagen auf Grund des Aufhebungsvertrages für einen längeren Zeitraum nach Beendigung des Arbeitsverhältnisses weiterhin zur privaten Nutzung überlassen, so stellt dies neben der Barabfindung einen weiteren Teil der Entschädigung für die Aufgabe des Arbeitsplatzes dar. Erstreckt sich die private Nutzung nach der Beendigung auf zwei Kalenderjahre, so kann dies zum **Verlust der Steuerbegünstigung der Barabfindung** (Fünftel-Regelung) führen, weil es nunmehr an der für die §§ 24, 34 EStG notwendigen Zusammenballung fehlt (zur steuerrechtlichen Behandlung einer Abfindung/Entschädigung s. Rdn. 171 ff.). 239

Soll der **Dienstwagen** im Zusammenhang mit der Beendigung des Arbeitsverhältnisses an den Mitarbeiter **veräußert werden**, so ist zu beachten, dass es sich hierbei um einen normalen Verkauf i. S. v. §§ 433 ff. BGB handelt. Von daher gelten hier bspw. auch die **Gewährleistungsregeln**. Wie beim Gebrauchtwagenkauf üblich, sollte die Gewährleistung daher seitens des Arbeitgebers ausdrücklich ausgeschlossen werden. Dies entspricht im Übrigen auch der Billigkeit, da i. d. R. der Arbeitgeber im Gegensatz zum Mitarbeiter das Fahrzeug und eventuelle Mängel überhaupt nicht kennt. 240

### XIII. Arbeitgeberdarlehen

Hat der Arbeitgeber dem Arbeitnehmer während des laufenden Arbeitsverhältnisses ein Darlehen eingeräumt und ist dieses Darlehen im Zeitpunkt der Unterzeichnung der Aufhebungsvereinbarung noch nicht vollständig zurückgezahlt, so muss dieses **Darlehen** ebenfalls im Rahmen des **Aufhebungsvertrages** angesprochen werden. Dies gilt auch dann, wenn der Vertrag über das Arbeitgeberdarlehen selbst Regelungen für den Fall der Beendigung des Arbeitsverhältnisses enthält. Aufgrund der üblicherweise in einem Aufhebungsvertrag enthaltenen Erledigungsklausel besteht ansonsten die Gefahr, dass der Arbeitnehmer **die Rückzahlung mit Hinweis auf die Erledigungsklausel verweigert**. 241

In der Rechtsprechung der Instanzgerichte wird insofern kontrovers diskutiert, ob eine allgemeine Erledigungsklausel ein Arbeitgeberdarlehen erfasst (s. Rdn. 281 ff.). Das BAG hatte sich mit dieser Frage bisher noch nicht ausdrücklich zu beschäftigen. Das BAG hat allerdings entschieden, dass **tarifliche Ausschlussfristen auch die Rückzahlung eines Arbeitgeberdarlehens umfassen** (vgl. *BAG* 20.2.2001 ArbRB 2001, 44) und dass eine allgemeine Erledigungsklausel zum Wegfall eines nachvertraglichen Wettbewerbsverbotes führt (vgl. *BAG* 31.7.2002 EzA § 74 HGB Nr. 63). Von daher muss unseres Erachtens davon ausgegangen werden, dass auch ein Arbeitgeberdarlehen – soweit keine gegenteiligen Anhaltspunkte vorhanden sind – durch eine allgemeine Erledigungsklausel grds. erlischt. 242

Um die hier bestehenden Unsicherheiten zu beseitigen, sollte daher in der Aufhebungsvereinbarung ausdrücklich geregelt werden, ob das Arbeitgeberdarlehen unabhängig von der Aufhebung des Arbeitsverhältnisses fortbesteht oder ob – ggf. als Teil der Entschädigung für die Aufgabe des Arbeitsplatzes – das Arbeitgeberdarlehen durch die Erledigungsklausel erfasst werden soll. 243

**244** ▶ Formulierungshinweis:

»Der zwischen der Gesellschaft und dem Mitarbeiter am ..... geschlossene Darlehensvertrag wird von der vorliegenden Aufhebungsvereinbarung nicht berührt. Derzeit ist noch ein Darlehensbetrag in Höhe von ..... € offen. Das Darlehen wird zu den im Darlehensvertrag vereinbarten Konditionen über das Beendigungsdatum hinaus abgewickelt.«

**245** Alternativ kommt in dem Fall, dass das **Arbeitgeberdarlehen** tatsächlich aufgehoben werden soll, folgende Formulierung in Betracht, die zur Klarstellung in die Aufhebungsvereinbarung trotz der allgemeinen Erledigungsklausel aufgenommen werden sollte:

»Zwischen den Arbeitsvertragsparteien besteht Einigkeit, dass das dem Mitarbeiter auf Grund des Darlehensvertrages vom ... gewährte Darlehen in Höhe von 10.000,– € einschließlich der hierauf entfallenden Zinsen mittlerweile vollständig getilgt ist.«

## XIV. Geschäfts- und Betriebsgeheimnisse

**246** Ebenso wie während des Arbeitsverhältnisses ist der Arbeitnehmer auch nach dessen Beendigung verpflichtet, Verschwiegenheit über Geschäfts- und Betriebsgeheimnisse seines bisherigen Arbeitgebers zu bewahren (vgl. *BAG* 15.12.1987 EzA § 611 BGB Betriebsgeheimnis Nr. 1).

**247** Unter Geschäfts- und Betriebsgeheimnissen werden solche Tatsachen verstanden, die im Zusammenhang mit dem Geschäftsbetrieb stehen, nur einem eng begrenzten Personenkreis bekannt sind, nicht offenkundig sind und nach dem Willen des Arbeitgebers auf Grund eines berechtigten wirtschaftlichen Interesses geheim gehalten werden sollen (vgl. *BAG* 16.3.1982 AP Nr. 1 zu § 611 BGB Betriebsgeheimnis; 15.12.1987 EzA § 611 BGB Betriebsgeheimnis Nr. 1).

**248** Diese Verschwiegenheitpflicht verbietet dem Arbeitnehmer allerdings nicht, Kunden seines ehemaligen Arbeitgebers nach Beendigung des Arbeitsverhältnisses zu Gunsten eines eigenen Betriebes oder zu Gunsten seines neuen Arbeitgebers zu umwerben (vgl. *BAG* 15.12.1987 EzA § 611 BGB Betriebsgeheimnis Nr. 1).

**249** ▶ Formulierungshinweis:

Obwohl meistens bereits im Arbeitsvertrag eine Geheimhaltungsklausel enthalten ist, sollte auch im **Aufhebungsvertrag** nochmals auf diese **Verschwiegenheitspflicht hingewiesen werden**. Dies kann bspw. mit folgender Klausel erfolgen:

»Der Mitarbeiter verpflichtet sich, alle ihm während seiner Tätigkeit für die Gesellschaft zur Kenntnis gelangten betriebsinternen Vorgänge – insbes. Geschäfts- und Betriebsgeheimnisse – auch nach dem Ausscheiden geheim zu halten.«

## XV. Rückzahlung von Aus- und Fortbildungskosten

**250** In der Praxis ist es üblich, dass Mitarbeiter sich zur Rückzahlung von Aus- und Fortbildungskosten verpflichten, wenn sie innerhalb eines bestimmten Zeitraums aus dem Arbeitsverhältnis ausscheiden. Da die Aufhebungsvereinbarung die abschließende Regelung des Arbeitsverhältnisses bezweckt, muss dieser Punkt dann angesprochen werden, wenn es entsprechende Vereinbarungen gibt.

**251** Da auch die **Verpflichtung zur Rückzahlung von Aus- und Fortbildungskosten von einer allgemeinen Erledigungsklausel umfasst wird**, muss auch dieser Punkt im **Aufhebungsvertrag** gesondert erwähnt werden. Zu beachten ist insofern, dass die nochmalige Erwähnung der Rückzahlungsverpflichtung im Aufhebungsvertrag nichts daran ändert, dass eine Rückzahlungsklausel nur dann zulässig ist, wenn die von der Rechtsprechung aufgestellten Bedingungen beachtet wurden. Dies bedeutet, dass die durchgeführte **Fortbildungsmaßnahme** dem Arbeitnehmer **berufliche Vorteile** gebracht haben muss und dass die Bindungsdauer im Hinblick auf die Dauer der Fortbildung und die aufgewandten Kosten angemessen gewählt wurde (vgl. *BAG* 5.12.2002 NZA 2003, 559; *Hoß* ArbRB 2002, 216; *ders.* MDR 2000, 1115 ff.; sowie Kap. 9 Rdn. 202 ff.).

## G. Inhalt des Aufhebungsvertrages

Im Aufhebungsvertrag kann die Aufrechterhaltung der Rückzahlungsverpflichtung wie folgt formuliert werden: 252

▶ **Formulierungshinweis:**

»Der Mitarbeiter verpflichtet sich, der Gesellschaft die im Rahmen der Fortbildung zum Betriebswirt entstandenen Kosten anteilig auf Basis der Fortbildungsvereinbarung vom 8.8.2011 zu erstatten. Zwischen den Parteien besteht Einigkeit, dass sich ein Erstattungsbetrag in Höhe von 3.000,– € ergibt. Die Gesellschaft ist insofern berechtigt, diesen Betrag mit dem sich aus der Abfindung ergebenden Nettobetrag zu verrechnen.«

Soll die Verpflichtung aus der Fortbildungsvereinbarung ebenfalls aufgehoben werden, empfiehlt sich folgende Klausel: 253

▶ **Formulierungshinweis:**

»Zwischen den Parteien besteht Einigkeit, dass aus der Fortbildungsvereinbarung vom 8.8.2002 keinerlei Ansprüche mehr hergeleitet werden können.«

### XVI. Rückgabe von Arbeitsmitteln

Nach der Beendigung ist des Arbeitsverhältnisses ist der Arbeitnehmer gem. §§ 861, 985 BGB verpflichtet, die ihm zur Verfügung gestellten Geschäftsunterlagen und Arbeitsmittel, wie bspw. Geschäftspapiere, Akten, Werkzeuge, Schutzkleidung sowie sonstiges Firmeneigentum (z. B. Betriebsausweis) an die Gesellschaft herauszugeben. Ein **Zurückbehaltungsrecht** nach § 273 BGB an den Geschäftsunterlagen und Arbeitsmitteln steht dem Arbeitnehmer regelmäßig nicht zu. In der Aufhebungsvereinbarung sollte daher festgeschrieben werden, zu welchem Zeitpunkt die sich im Besitz des Arbeitnehmers befindlichen und im Eigentum der Gesellschaft stehenden Unterlagen und Gegenstände zurückzugeben sind. 254

▶ **Formulierungshinweis:** 255

»Der Mitarbeiter gibt innerhalb von zwei Wochen nach Unterzeichnung dieses Vertrages sämtliche in seinem Besitz befindliche, jedoch im Eigentum der Gesellschaft stehenden Unterlagen und Gegenstände an die Gesellschaft zurück. Dies gilt auch für eventuell angefertigte Kopien derartiger Unterlagen.«

Da mittlerweile die meisten **Geschäftsunterlagen** nicht mehr oder zumindest nicht nur in Papierform vorhanden sind, sondern **elektronisch gespeichert** sind, empfiehlt es sich, die vorstehende Klausel um einen weiteren Absatz zu erweitern. Der Mitarbeiter sollte, sofern er Kontakt zu derartigen Unterlagen haben konnte, gleichzeitig bestätigen, dass er auch keine Daten des Unternehmens in sonstiger Form privat gespeichert oder in seinem Besitz behalten hat. 256

▶ **Formulierungshinweis:** 257

»Der Mitarbeiter verpflichtet sich, eventuell privat gespeicherte Daten oder Schriftstücke der Gesellschaft zu löschen. Der Mitarbeiter bestätigt mit seiner Unterschrift unter diese Aufhebungsvereinbarung, dass er nach Erfüllung der Rückgabeverpflichtung keinerlei Daten – auch nicht in elektronisch gespeicherter Form – der Gesellschaft in seinem Besitz haben wird. Auf das Verbot der Weitergabe von derartigen Daten an Dritte wird nochmals ausdrücklich hingewiesen.«

### XVII. Vererbbarkeit/Beendigung durch Tod

Auf Grund langer Kündigungsfristen liegen zwischen Unterzeichnung des Aufhebungsvertrages und tatsächlicher Beendigung des Arbeitsverhältnisses oftmals viele Monate. Unabhängig vom Alter des Arbeitnehmers besteht hier die Gefahr, dass er in der Zeit zwischen Unterzeichnung des Vertrages und tatsächlicher Beendigung des Arbeitsverhältnisses verstirbt. In diesem Fall stellt sich die Frage, ob das Unternehmen trotzdem zur Zahlung der im Aufhebungsvertrag vereinbarten **Abfindung** verpflichtet ist. 258

Resultiert die **Abfindung** alleine aus einem **Sozialplan**, so besteht für die **Erben** kein Anspruch auf Auszahlung der Abfindung (vgl. *BAG* 25.9.1996 EzA § 112 BetrVG Nr. 89). Zur Begründung ver- 259

# Kapitel 6 — Aufhebungsvertrag

weist der Zehnte Senat des BAG in seiner Entscheidung vom 25.9.1996 darauf, dass die Abfindung kraft Definition im Sozialplan an die Beendigung des Arbeitsverhältnisses auf Grund betriebsbedingter Kündigung anknüpft. Fehlt es an einer Regelung im Sozialplan für den **Todesfall**, so liegen die Voraussetzungen für die Zahlung der Abfindung nicht vor, da die Beendigung des Arbeitsverhältnisses durch Tod des Arbeitnehmers und nicht durch betriebsbedingte Kündigung des Arbeitgebers eingetreten ist. Es bleibt daher den Betriebspartnern überlassen, diesen Fall ausdrücklich im Sozialplan zu regeln.

260 Auch eine aus einem **Aufhebungsvertrag resultierende Abfindung** geht nach der Rechtsprechung des BAG nicht auf die Erben über, wenn der Arbeitnehmer vor dem im Aufhebungsvertrag vorgesehenen Beendigungszeitpunkt verstirbt. Das BAG sieht beim Aufhebungsvertrag – ähnlich wie bei einem Sozialplan – die Beendigung des Arbeitsverhältnisses durch den Aufhebungsvertrag als zwingende Voraussetzung für die Auszahlung der Abfindung an (vgl. *BAG* 26.8.1997 EzA § 611 BGB Aufhebungsvertrag Nr. 29).

261 Tritt der **Tod erst nach dem Beendigungszeitpunkt**, aber vor Auszahlung der Abfindung ein, so steht die Abfindung den Erben zu. Hier ist die Beendigung des Arbeitsverhältnisses, wie vorgesehen, durch den Aufhebungsvertrag eingetreten. Dass das Arbeitsverhältnis bspw. wenige Tage später auf Grund des Todes des Mitarbeiters ohnehin geendet hätte, ist insofern unerheblich.

262 ▶ **Formulierungshinweis:**

Aus Arbeitnehmersicht empfiehlt sich, zur Absicherung der Angehörigen folgende Klausel in den Aufhebungsvertrag aufzunehmen:

»Sollte der Mitarbeiter vor dem in Ziffer 1 vorgesehenen Beendigungszeitpunkt versterben, so stehen die aus diesem Vertrag resultierenden Leistungen – insbes. die Abfindung – den Erben zu.«

## XVIII. Arbeitspapiere

263 Zu den Pflichten im Zusammenhang mit der Beendigung eines Arbeitsverhältnisses gehört die ordnungsgemäße Erstellung der Arbeitspapiere. Diese sind im Zeitpunkt der Beendigung des Arbeitsverhältnisses an den Mitarbeiter herauszugeben. **Ein Zurückbehaltungsrecht wegen eventueller Schadensersatzansprüche oder anderweitiger Rückgabeansprüche gegenüber dem Arbeitnehmer steht dem Arbeitgeber nicht zu.**

264 Welche Arbeitspapiere im Einzelnen dem Mitarbeiter auszuhändigen sind, kann – sofern eine der beiden Arbeitsvertragsparteien hier eine spätere Auseinandersetzung befürchtet – im Aufhebungsvertrag festgeschrieben werden. Zu den insofern zu übergebenden Arbeitspapieren zählt die **Arbeitsbescheinigung nach § 312 SGB III, der Sozialversicherungsausweis, das Versicherungsnachweisheft, die Lohnsteuerkarte sowie die Urlaubsbescheinigung** nach § 6 Abs. 2 BUrlG.

265 Ähnlich wie beim Zeugnis handelt es sich auch bei den Arbeitspapieren um eine sog. **Holschuld**. Dies bedeutet, dass der Arbeitnehmer die Arbeitspapiere selbst beim Arbeitgeber abholen muss. Das Unternehmen ist nicht verpflichtet, die Papiere auf eigene Kosten an den Mitarbeiter zu übersenden. Lediglich dann, wenn dem Arbeitnehmer auf Grund der großen Entfernung (bspw. Gebietsverkaufsleiter im Außendienst) ein persönliches Abholen der Papiere unzumutbar ist, ist das Unternehmen verpflichtet, auf eigene Kosten die Übersendung der Arbeitspapiere vorzunehmen.

266 ▶ **Formulierungshinweis:**

»Die Firma verpflichtet sich, dem Mitarbeiter die Arbeitspapiere ordnungsgemäß ausgefüllt zum Beendigungszeitpunkt zu übersenden. Zu den Arbeitspapieren gehören die Arbeitsbescheinigung nach § 312 SGB III, der Sozialversicherungsausweis, das Versicherungsnachweisheft, die Lohnsteuerkarte sowie die Urlaubsbescheinigung nach § 6 Abs. 2 BUrlG.«

## XIX. Hinweis auf Arbeitslosmeldung und steuer- und sozialrechtliche Konsequenzen

Der Abschluss eines Aufhebungsvertrages kann über die bloße Beendigung des Arbeitsverhältnisses hinaus weit reichende Folgen für den Mitarbeiter entfalten. Hier spielen Fragen der Versteuerung der Abfindung, der Anspruch auf Arbeitslosengeld und die betriebliche Altersversorgung eine erhebliche Rolle. Da sich gerade im Bereich der Versteuerung einer Abfindung ebenso wie beim Anspruch auf Arbeitslosengeld immer wieder das Gesetz ändert und die **betriebliche Altersversorgung** auf Grund der vorzunehmenden **ratierlichen Kürzung** und der eventuell auf den Arbeitnehmer zukommenden **versicherungsmathematischen Abschläge** ebenfalls schwer durchschaubar ist, muss im Einzelfall stets geprüft werden, inwieweit der Arbeitgeber **im Vorfeld des Aufhebungsvertrages** verpflichtet ist, den Arbeitnehmer über die Konsequenzen aus der Aufhebungsvereinbarung auf den Gebieten des Steuerrechts, Sozialversicherungsrechts und der betrieblichen Altersversorgung **aufzuklären**. Zum Umfang der vom Arbeitgeber zu leistenden Aufklärung des Arbeitnehmers kann auf die Ausführungen unter Rdn. 355 ff. verwiesen werden. 267

Streitig ist, inwieweit die eventuell bestehenden **Hinweis- und Aufklärungspflichten abdingbar** sind. Während in der Literatur teilweise die Auffassung vertreten wird, dass die Hinweis- und Aufklärungspflicht als Nebenpflicht aus dem Arbeitsvertrag grds. abdingbar ist (vgl. *Reufels* ArbRB 2001, 27; *Hoß/Ehrich* DB 1997, 625), weist das Bundesarbeitsgericht darauf hin, dass der Arbeitgeber zumindest verpflichtet ist, beim Arbeitnehmer das **Problembewusstsein** für die neben der Beendigung des Arbeitsverhältnisses des Weiteren eintretenden Rechtsfolgen zu wecken, wenn die Initiative zur Beendigung vom Unternehmen ausgeht (vgl. *BAG* 17.10.2000 NZA 2001, 206). 268

Berücksichtigt man nunmehr diese Rechtsprechung des Bundesarbeitsgerichtes, so dürfte eine Klausel, mit der der Arbeitnehmer erklärt, dass er auf Hinweise des Arbeitgebers über mögliche Konsequenzen aus der Aufhebungsvereinbarung und der Beendigung des Arbeitsverhältnisses verzichtet, nicht ausreichen, um die von der Rechtsprechung ggf. angenommenen Hinweis- und Aufklärungspflichten auszuschließen. Man wird verlangen müssen, dass die **Konsequenzen** zumindest **stichwortartig** angesprochen sind, um das vom BAG gewünschte »Problembewusstsein« zu wecken. 269

▶ **Formulierungshinweis:** 270

Von daher sollte der Arbeitgeber im eigenen Interesse stichwortartig seiner Aufklärungspflicht nachkommen. Im Aufhebungsvertrag kann dies wie folgt dokumentiert werden:

»Der Mitarbeiter wurde auf ein mögliches Ruhen des Anspruchs auf Arbeitslosengeld und die Möglichkeit des Eintritts einer Sperrzeit sowie über die Tatsache, dass sein Betriebsrentenanspruch wegen der vorzeitigen Beendigung des Anstellungsverhältnisses entsprechend dem Verhältnis von tatsächlicher Beschäftigungszeit zu insgesamt möglicher Beschäftigungszeit bis zum Ruhestand gekürzt wird. Darüber hinaus hatte der Mitarbeiter Gelegenheit, sich bei der Agentur für Arbeit, dem Finanzamt und beim Versorgungswerk der Gesellschaft über die Konsequenzen dieser Aufhebungsvereinbarung zu informieren.«

Ist der Mitarbeiter im Rahmen der Verhandlungen über den Aufhebungsvertrag durch einen **Rechtsanwalt** oder einen **Gewerkschaftssekretär** beraten worden, so bietet sich aus Arbeitgebersicht an, in den **Aufhebungsvertrag** eine Klausel aufzunehmen, die festhält, dass die notwendige Aufklärung über die Rechtsfolgen des Aufhebungsvertrages durch den Rechtsanwalt bzw. Gewerkschaftssekretär erfolgt war. Nach der Rechtsprechung kann ein Arbeitnehmer, der selbst rechtlich beraten war, nicht verlangen, dass er vom Arbeitgeber über die Konsequenzen aufgeklärt wird. Hier kann das Unternehmen davon ausgehen, dass die notwendigen Hinweise über die Konsequenzen der einvernehmlichen Beendigung des Arbeitsverhältnisses durch den Rechtsanwalt/Gewerkschaftssekretär gegeben wurden. 271

▶ **Formulierungshinweis:** 272

»Der Mitarbeiter ist durch seinen Rechtsanwalt, Herrn ...../durch die ihn vertretene Gewerkschaft umfassend über die aus dieser Aufhebungsvereinbarung resultierenden steuer- und sozialversicherungsrechtlichen Konsequenzen informiert worden. Das gleiche gilt für die Auswirkungen der Beendigung auf den Betriebsrentenanspruch des Mitarbeiters und alle sonstigen Rechtsfolgen, die aus der einvernehmlichen Aufhebung des Arbeitsverhältnisses resultieren.«

273 Neben den Aufklärungspflichten über mögliche sozialrechtlichen Konsequenzen aus der Beendigung des Arbeitsverhältnisses trifft den Arbeitgeber seit 1.7.2003 auch die Verpflichtung, den Arbeitnehmer darauf hinzuweisen, dass dieser verpflichtet ist, **sich nach Unterzeichnung der Aufhebungsvereinbarung bei der für ihn zuständigen Agentur für Arbeit arbeitsuchend zu melden**. Die Meldung bei der Agentur für Arbeit hat spätestens 3 Monate vor Beendigung des Arbeitsverhältnisses zu erfolgen. Ist die Kündigungsfrist bzw. Auslauffrist kürzer, so muss der Arbeitnehmer sich unverzüglich bei der Agentur für Arbeit arbeitsuchend melden. Im Hinblick auf die diesbezüglichen Anforderungen und die Konsequenzen bei verspäteter Meldung kann an dieser Stelle auf die Ausführungen unten im Kapitel E verwiesen werden. Des Weiteren muss der Arbeitnehmer darauf hingewiesen werden, dass er zur Vermeidung von Nachteilen beim Bezug von Arbeitslosengeld auch verpflichtet ist, sich selbst nach einer neuen Anstellung umzusehen.

274 ▶ Formulierungshinweis:

»Die Firma hat den Mitarbeiter ausdrücklich darauf hingewiesen, dass dieser verpflichtet ist, sich unverzüglich nach Unterzeichnung dieser Aufhebungsvereinbarung bei der für ihn zuständigen Agentur für Arbeit arbeitsuchend zu melden. Gleichzeitig wurde der Mitarbeiter darauf hingewiesen, dass er sich auch selbst zu Vermeidung von Nachteilen beim Bezug von Arbeitslosengeld nach einer neuen Anstellung umsehen muss.«

## XX. Arbeitnehmererfindung

275 Hat der Mitarbeiter während des Arbeitsverhältnisses eine Erfindung i. S. d. Arbeitnehmererfindungsgesetzes gemacht, so werden seine ihm nach dem Arbeitnehmererfindungsgesetz zustehenden Rechte gem. § 26 ArbNErfG durch die Aufhebung des Arbeitsverhältnisses nicht berührt. Unabhängig von der gesetzlichen Regelung sollte allerdings im **Aufhebungsvertrag** nochmals klargestellt werden, welche Ansprüche dem Mitarbeiter aus **Arbeitnehmererfindungen** zustehen.

276 Zu beachten ist, dass von den Vorschriften des Arbeitnehmererfindungsgesetzes grds. **nicht zu Ungunsten des Mitarbeiters abgewichen werden darf**. Ist die Erfindung bereits angemeldet, besteht allerdings die Möglichkeit, nunmehr eine einvernehmliche Regelung über die Behandlung und Vergütung dieser Erfindung zu treffen. Die Vereinbarung muss **billigem Ermessens** entsprechen, da ansonsten die Regelung vor dem Arbeitsgericht angegriffen werden kann.

277 Um Streitigkeiten im Anschluss an die Beendigung des Arbeitsverhältnisses über die Höhe der dem Arbeitnehmer zustehenden Arbeitnehmererfindervergütung zu vermeiden, empfiehlt es sich also, in der Aufhebungsvereinbarung oder in einer Nebenabsprache zur Aufhebungsvereinbarung detailliert zu regeln, auf welche Erfindungen der Mitarbeiter einen Vergütungsanspruch hat und in welcher Höhe die Vergütung für diese Erfindungen festzuschreiben ist. Wird im Einzelfall eine Erfindung vergessen, so befreit die **allgemeine Erledigungsklausel** allerdings das Unternehmen in diesem Fall nicht davon, auch für diese Erfindung die aus dem Gesetz dem Mitarbeiter zustehende Vergütung zu bezahlen. Aufgrund der Regelung in § 26 ArbNErfG kann die Erledigungsklausel nicht Ansprüche aus dem Arbeitnehmererfindungsgesetz erfassen.

## XXI. Verzicht auf Wiedereinstellungsanspruch

278 Vor dem Hintergrund, dass nach der Rechtsprechung des Zweiten Senats des BAG die Voraussetzungen insbes. einer betriebsbedingten Kündigung im Zeitpunkt des Zugangs der Kündigung zu prüfen sind, hat die Rechtsprechung als Korrektiv den **Wiedereinstellungsanspruch** entwickelt. Besteht zwar im Zeitpunkt des Zugangs einer betriebsbedingten Kündigung keine Weiterbeschäftigungsmöglichkeit, wird allerdings bis zum Ablauf der Kündigungsfrist ein adäquater Arbeitsplatz frei, so ändert dies nichts an der Wirksamkeit der betriebsbedingten Kündigung. Dem Mitarbeiter wird allerdings vom BAG in diesem Fall ein Wiedereinstellungsanspruch zugebilligt. Dies gilt unab-

## G. Inhalt des Aufhebungsvertrages   Kapitel 6

hängig davon, ob die Beendigung des Arbeitsverhältnisses durch **Kündigung** oder durch **Aufhebungsvertrag** erfolgt ist.

Um in den Fällen, in denen zwar betriebsbedingte Gründe im Aufhebungsvertrag behauptet werden, diese jedoch tatsächlich nicht vorliegen, zu vermeiden, dass der Mitarbeiter am Ende der Auslauffrist sich auf den höchstrichterlichen Wiedereinstellungsanspruch beruft, ist es empfehlenswert, in den Aufhebungsvertrag eine Klausel aufzunehmen, wonach der Mitarbeiter **auf die Geltendmachung eines entsprechenden Wiedereinstellungsanspruches verzichtet**. Eine derartige Klausel begegnet arbeitsrechtlich keinen Bedenken. In sozialversicherungsrechtlicher Hinsicht dürfte die Agentur für Arbeit allerdings alleine wegen dieser Klausel bereits eine **Sperrzeit** verhängen, da der Mitarbeiter zu erkennen gibt, dass er nicht bereit ist, jede freie Stelle anzunehmen. Von daher ist aus Mitarbeitersicht eine derartige Klausel nur dann zu akzeptieren, wenn die Abfindung oder der Aufhebungsvertrag in sonstiger Weise eine angemessene Kompensation für die zu erwartende Sperrzeit nach § 144 SGB III enthält. 279

▶ **Formulierungshinweis:** 280

»Zwischen den Parteien besteht Einigkeit, dass der Mitarbeiter auf die Geltendmachung eines eventuellen Wiedereinstellungsanspruches für den Fall, dass wider Erwarten bis zum Ablauf der Auslauffrist eine adäquate Anschlussbeschäftigung möglich wird, verzichtet.«

## XXII. Allgemeine Erledigungsklausel

Sinn und Zweck eines Aufhebungsvertrages ist die abschließende Regelung der Beendigung des Arbeitsverhältnisses. Um zu vermeiden, dass es zwischen den Arbeitsvertragsparteien zu einem späteren Zeitpunkt doch noch zu einer gerichtlichen Auseinandersetzung über mögliche Ansprüche aus dem beendeten Arbeitsverhältnis kommt, wird in den Aufhebungsvertrag i. d. R. eine allgemeine Erledigungsklausel aufgenommen. 281

▶ **Formulierungshinweis:** 282

»Mit Erfüllung der Ansprüche aus dieser Vereinbarung sind sämtliche Ansprüche der Parteien aus dem Arbeitsverhältnis und seiner Beendigung – gleich aus welchem Rechtsgrund, bekannt oder unbekannt – erledigt.«

Bei Aufnahme einer allgemeinen Erledigungsklausel sollten die Vertragsparteien zum einen genau prüfen, ob sie sämtliche offenen Ansprüche im Aufhebungsvertrag ausdrücklich geregelt haben und zum anderen, welche Ansprüche im Einzelnen überhaupt von einer derartigen Klausel erfasst werden können. Streitig ist insofern bspw., ob ein **Arbeitgeberdarlehen von einer Erledigungsklausel erfasst wird** (bejahend: *LAG München* 24.4.1997 BB 1998, 269; abl. *LAG Hamm* 28.4.1995 LAGE § 794 ZPO Ausgleichsklausel). Das BAG hat sich – soweit ersichtlich – bisher noch nicht ausdrücklich mit dieser Fragestellung befassen müssen. Das BAG hat allerdings entschieden, dass ein Arbeitgeberdarlehen von tarifvertraglichen Ausschlussfristen erfasst wird (*BAG* 20.2.2001 ArbRB 2001, 44). Da das BAG darüber hinaus der Auffassung ist, dass eine allgemeine Erledigungsklausel grds. auch ein nachvertragliches Wettbewerbsverbot erfasst, ist unseres Erachtens davon auszugehen, dass auch ein Arbeitgeberdarlehen i. d. R. von der Erledigungsklausel erfasst wird. 283

Gestützt wird diese Auffassung auch durch eine Entscheidung des *Neunten Senats des BAG* vom 9.6.1998 (EzA § 611 BGB Aufhebungsvertrag Nr. 30), in der das BAG zur Reichweite einer Erledigungsklausel wörtlich Folgendes ausführte: 284

»Mit der vereinbarten Erledigung aller gegenseitigen Forderungen hat der Kläger nach § 397 Abs. 2 BGB anerkannt, dass aus dem Arbeitsverhältnis keine Ansprüche mehr bestehen. Ein derartiges negatives Schuldanerkenntnis bringt alle Ansprüche, die den Erklärenden bekannt waren oder mit deren Bestehen zu rechnen war, zum Erlöschen (...). Das schließt auch den Erlass von Urlaubsansprüchen im bestehenden Arbeitsverhältnis ein, soweit sie den gesetzlichen Mindesturlaub nach §§ 1, 3 BUrlG übersteigen. Der gesetzliche Mindesturlaub ist demgegenüber nach § 13 Abs. 1 BUrlG unabdingbar (...).«

# Kapitel 6 — Aufhebungsvertrag

285 Wie der Neunte Senat in seiner vorerwähnten Entscheidung ausführte, erfasst eine allgemeine Erledigungsklausel solche Ansprüche nicht, auf die der Arbeitnehmer nicht verzichten kann.

286 Zu diesen Ansprüchen, die daher nicht unter eine Erledigungsklausel fallen, zählen insbes.:
- der Anspruch auf Erteilung eines Zeugnisses;
- der Anspruch auf Herausgabe der Arbeitspapiere;
- der Anspruch auf betriebliche Altersversorgung (vgl. *BAG* 17.10.2000 NZA 2001, 203);
- der Anspruch auf Arbeitnehmererfindervergütung;
- der Anspruch aus einem Tarifvertrag (§ 4 TVG);
- der Anspruch aus einer Betriebsvereinbarung (§ 77 Abs. 4 BetrVG);
- der Anspruch auf den gesetzlichen Mindesturlaub (§ 13 Abs. 1 BUrlG).

287 Stellt sich nach Abschluss eines Aufhebungsvertrages, der eine allgemeine Erledigungsklausel beinhaltet, heraus, dass zum Zeitpunkt des Vertragsschlusses noch Forderungen bestanden, die von zumindest einer Partei übersehen wurden, so können diese nun nicht mehr durchgesetzt werden, sofern es sich nicht um **unverzichtbare Ansprüche** handelt. Eine **Anfechtung der allgemeinen Erledigungsklausel** ist in diesem Fall i. d. R. **nicht möglich**, weil insoweit die Voraussetzungen der §§ 119, 123 BGB nicht gegeben sein werden (zur Anfechtung die Ausführungen s. Rdn. 306 ff.).

288 Die Einordnung einer **Ausgleichsklausel als negatives Schuldanerkenntnis** i. S. v. § 297 Abs. 2 BGB setzt voraus, dass die Parteien bei Unterzeichnung des Aufhebungsvertrages tatsächlich den Willen hatten, auf alle bekannten oder unbekannten Forderungen zu verzichten (vgl. *LAG Hamm* 7.12.2000 NZA-RR 2002, 15). An die Feststellung eines entsprechenden Willens sind strenge Anforderungen zu stellen, da nicht vermutet werden kann, dass eine Partei insbes. auf bekannte Ansprüche verzichtet (vgl. *BGH* 16.11.1993 NJW 1994, 379). Von daher ist die **Auslegung einer Erledigungsklausel anhand des erklärten Parteiwillens unter Berücksichtigung des Vertragszwecks, der beiderseitigen Interessenlage, der Verkehrsauffassung und aller Umstände des Vertragsschlusses** durchzuführen (vgl. *BAG* 15.12.1999 – 10 AZR 881/98, n. v.; 31.7.2002 EzA § 74 HGB Nr. 63).

289 Alternativ zur Erledigungsklausel bietet sich gerade bei den Sachverhalten bzw. Anspruchsgrundlagen, bei denen ein **Verzicht des Arbeitnehmers unzulässig** wäre, an, einen sog. **Tatsachenvergleich** zu schließen (vgl. *Hoß* ArbRB 2001, 123, 125). Nach Ansicht des BAG umfasst bspw. § 4 Abs. 4 TVG nur die eigentliche Verzichtserklärung (vgl. *BAG* 20.8.1980 EzA § 9 LohnFG Nr. 6). Wird daher – wahrheitswidrig – im Aufhebungsvertrag vereinbart, dass bestimmte tatsächliche Umstände vorliegen oder gerade nicht vorliegen, so kann auf diese Weise bspw. der **Urlaubsabgeltungsanspruch** ausgeschlossen werden.

290 ▶ **Formulierungshinweis:**

Soll der gesetzlich nicht abdingbare Urlaubsabgeltungsanspruch ausgeschlossen werden, so bietet sich bspw. folgender **Tatsachenvergleich** an:

»Zwischen den Parteien besteht Einigkeit, dass der dem Mitarbeiter zustehende Urlaubsanspruch in vollem Umfange in Natura gewährt und genommen wurde.«

## XXIII. Salvatorische Klausel

291 Zum Abschluss eines Aufhebungsvertrages sollte stets eine sog. Salvatorische Klausel aufgenommen werden, wonach die Unwirksamkeit eines Teils des Aufhebungsvertrages die Wirksamkeit der sonstigen Abreden nicht berührt. Die Parteien dokumentieren durch diese Klausel ihren Willen, dass eine Teilnichtigkeit des Aufhebungsvertrages nicht gem. § 139 BGB zur Nichtigkeit der gesamten Aufhebungsvereinbarung führen soll. Eine Salvatorische Klausel kann allerdings dann einen Vertrag nicht retten, wenn ein **wesentlicher Bestandteil des Aufhebungsvertrages nichtig** ist. Zur Vermeidung der Nachteile, die sich aus der Unwirksamkeit einer Regelung des Aufhebungsvertrages für eine der beiden Vertragsparteien ergeben können, sollte in der **Salvatorischen Klausel** gleichzeitig festgelegt werden, dass sich die Vertragsparteien verpflichten, anstelle der unwirksamen Bestimmung eine dieser Bestimmung möglichst nahe kommende wirksame Regelung zu treffen.

## H. Inhaltskontrolle

▶ **Formulierungshinweis:**

»Sollte eine Bestimmung dieser Vereinbarung unwirksam sein oder werden, so wird dadurch die Wirksamkeit der anderen Bestimmungen dieser Vereinbarung nicht berührt. An die Stelle der unwirksamen Bestimmung tritt eine rechtlich zulässige, die Sinn und Zweck der unwirksamen Bestimmung so nahe wie möglich kommt.«

### H. Inhaltskontrolle

Seit 1.1.2002 haben auch Arbeitsgerichte die Möglichkeit, **Inhaltskontrollen** von Verträgen durchzuführen. Der Gesetzgeber hat die bisher im AGB-Gesetz geregelten Vorschriften im Rahmen der **Schuldrechtsreform** in das Bürgerliche Gesetzbuch integriert. Die bisher im AGB-Gesetz enthaltenen Vorschriften sind nunmehr in den §§ 305 ff. BGB enthalten. Während § 23 Abs. 1 AGBG ausdrücklich vorsah, dass die Vorschriften für allgemeine Geschäftsbedingungen keine Anwendung auf Verträge auf dem Gebiet des Arbeitsrechtes fanden, ist diese Bereichsausnahme nunmehr entfallen. Nach der Schuldrechtsreform finden die für die Gestaltung von allgemeinen Geschäftsbedingungen geschaffenen Vorschriften auch auf Arbeitsverträge Anwendung. Ausgenommen sind lediglich **Tarifverträge** und **Betriebsvereinbarungen** (§ 310 Abs. 4 S. 1 BGB).

In der Literatur besteht trotz der Einbeziehung des Arbeitsrechtes in den Geltungsbereich der Vorschriften über allgemeine Geschäftsbedingungen Einigkeit, dass eine **Inhaltskontrolle von Aufhebungsverträgen** auch in Zukunft **nicht möglich** ist. Zum einen sind gem. § 310 Abs. 4 S. 2 BGB die im Arbeitsrecht geltenden Besonderheiten bei der Anwendung der §§ 305 ff. BGB zu berücksichtigen und zum anderen dürfte es sich i. d. R. bei Aufhebungsverträgen nicht um »für eine Vielzahl von Verträgen vorformulierte Vertragsbedingungen« i. S. v. § 305 Abs. 1 S. 1 BGB handeln. Aufhebungsverträge werden – auch wenn sie auf Basis eines Musters entwickelt werden – i. d. R. individuell zwischen Arbeitgeber und Arbeitnehmer ausgehandelt (vgl. *Bauer* NZA 2002, 169 ff.).

Der Zweite Senat des BAG hatte sich mit der Frage, inwieweit eine Inhaltskontrolle von Aufhebungsverträgen zulässig ist, in einer Entscheidung vom 27.11.2003 unter Berücksichtigung der §§ 305 ff BGB auseinander zu setzen. Die damalige Klägerin hatte die Auffassung vertreten, dass die Beendigungsvereinbarung wegen einer unangemessenen Benachteiligung gem. §§ 307, 310 Abs. 4 BGB unwirksam sei. Das BAG ließ die Frage, ob tatsächlich eine unangemessene Benachteiligung vorlag, offen. Nach Ansicht des Zweiten Senates sind nach § 307 Abs. 3 BGB nur solche allgemeinen Geschäftsbedingungen kontrollfähig, die von Rechtsvorschriften abweichen oder die ergänzende Regelungen enthalten. Vereinbarungen über den unmittelbaren Gegenstand der Hauptleistung hingegen unterliegen unter Beachtung des Grundsatzes der Vertragsfreiheit regelmäßig keiner Inhaltskontrolle (vgl. *BAG* 27.11.2003 BAGReport 2004, 220). Da die **Aufhebungsvereinbarung ein selbstständiges Rechtsgeschäft ist,** bei dem die Hauptleistung die Beendigung des Arbeitsverhältnisses bzw. der Verzicht auf die zukünftigen Gehaltsansprüche ist, kann somit die Aufhebung des Arbeitsverhältnisses als solche keiner Inhaltskontrolle und damit keiner Billigkeitsprüfung unterzogen werden.

Auch ohne Anknüpfung an die §§ 305 ff. BGB kommt eine **richterliche Inhaltskontrolle eines Aufhebungsvertrages** nicht in Betracht. Es obliegt nicht den Arbeitsgerichten, zu entscheiden, ob ein Aufhebungsvertrag billigem Ermessen entspricht. Der Zweite Senat des BAG betonte insofern auch für die Rechtslage vor der Schuldrechtsreform zurecht, dass eine Inhaltskontrolle so lange nicht möglich ist, wie der Arbeitnehmer durch ein schlichtes »Nein« den Abschluss eines Aufhebungsvertrages verhindern kann (vgl. *BAG* 14.2.1996 NZA 1996, 811). Von daher sind Aufhebungsverträge auch dann gültig, wenn sie **keine Abfindung** vorsehen oder wenn der Aufhebungsvertrag ohne entsprechende Kompensation die **Kündigungsfrist** verkürzt (vgl. *LAG Frankf.* 3.6.2004 – 14 Sa 149/04, n. v.).

## J. Rechtsmängel des Aufhebungsvertrages

**297** Ein Aufhebungsvertrag kann sein Ziel, die einvernehmliche Beendigung und Abwicklung eines Anstellungsverhältnisses, nur dann erreichen, wenn er rechtswirksam abgeschlossen wurde. Insofern unterliegt der Aufhebungsvertrag also ähnlich wie jeder andere Vertrag auch den allgemeinen gesetzlichen Bestimmungen über den Abschluss von Verträgen. Ein **Aufhebungsvertrag** kann daher wegen **Sittenwidrigkeit nichtig** sein, er kann wegen Irrtums, Täuschung oder Drohung **anfechtbar** sein oder nachträglich durch die Geltendmachung von Rücktritts- oder Widerrufsrechten beseitigt werden, sofern entsprechende Rechte bestehen bzw. anzuerkennen sind.

### I. Nichtigkeit nach § 134 BGB

**298** Gemäß § 134 BGB ist ein Aufhebungsvertrag nichtig, wenn er **gegen ein gesetzliches Verbot verstößt** oder zwingende gesetzliche Vorschriften umgeht.

**299** Unwirksam ist insofern ein Aufhebungsvertrag:
- wenn ein bestimmter Grund, z. B. die nicht fristgerechte Rückkehr aus dem Urlaub, als aufschiebende Bedingung für einen Aufhebungsvertrag festgelegt und damit der Nachprüfung entzogen wird, ob er auch als wichtiger Grund für eine außerordentliche Kündigung ausreicht (vgl. *BAG* 19.12.1974 EzA § 305 BGB Nr. 6);
- durch den das Arbeitsverhältnis zum Urlaubsende aufgelöst wird, wenn dem Arbeitnehmer gleichzeitig die Wiedereinstellung bei Wahrung des Besitzstandes zugesagt und dafür nicht nur die termingerechte Rückkehr, sondern auch die Zustimmung des Betriebsrates und eine günstige Beschäftigungslage als Bedingung vereinbart wird; der Arbeitgeber aber bei Vertragsabschluss die Beschäftigung des Arbeitnehmers nach Urlaubsende aus betrieblichen Gründen für notwendig erachtet und ihm deswegen einen zusätzlichen unbezahlten Urlaub verweigert (vgl. *BAG* 13.12.1984 EzA § 620 BGB Bedingung Nr. 3);
- wenn eine einzelvertragliche Vereinbarung vorsieht, dass ein Berufsausbildungsverhältnis ohne weiteres endet, wenn das Zeugnis des Auszubildenden für das nächste Berufsschulhalbjahr in einem von bestimmten in der Vereinbarung aufgeführten Fächern die Note »mangelhaft« aufweist (vgl. *BAG* 5.12.1985 EzA § 620 BGB Bedingung Nr. 5);
- wenn eine einzelvertragliche Vereinbarung vorsieht, dass das Arbeitsverhältnis eines alkoholgefährdeten Arbeitnehmers beim Genuss von Alkohol endet (vgl. *LAG München* 29.10.1987 DB 1988, 348);
- wenn eine einzelvertragliche Vereinbarung vorsieht, dass das Arbeitsverhältnis bei Erreichen einer bestimmten Fehlzeitenhöhe enden soll (vgl. MünchArbR/*Wank* § 112 Rn. 10).

**300** Zulässig ist es hingegen, in einem Arbeitsvertrag eine Klausel aufzunehmen, dass das Arbeitsverhältnis nur für den Fall gilt, dass der Arbeitnehmer für die vereinbarte Arbeitsleistung nach einem **amtsärztlichen Attest** tauglich ist (vgl. *LAG Bln.* 16.7.1990 LAGE § 620 BGB Bedingung Nr. 2).

**301** Wird im Rahmen eines **Betriebsüberganges** vom alten Arbeitgeber mit allen Mitarbeitern ein Aufhebungsvertrag geschlossen, um dann gleichzeitig mit dem Erwerber neue Arbeitsverträge zu schlechteren Konditionen abzuschließen, so liegt hierin eine **Umgehung des § 613a Abs. 4 BGB** und damit ein Verstoß gegen ein gesetzliches Verbot i. S. v. § 134 BGB (vgl. *BAG* 28.4.1987 AP Nr. 5 zu § 1 BetrAVG Betriebsveräußerung).

**302** Kein Verstoß gegen ein gesetzliches Verbot stellt der Abschluss eines **Aufhebungsvertrages ohne Vorliegen eines Kündigungsgrundes** i. S. v. § 1 KSchG dar. Aufgrund der allgemeinen Vertragsfreiheit sind die Arbeitsvertragsparteien jederzeit berechtigt, ein Arbeitsverhältnis auch ohne Vorliegen eines Kündigungsgrundes einvernehmlich aufzuheben.

### II. Nichtigkeit nach § 105 BGB

**303** Befand sich der Mitarbeiter bei Unterzeichnung der Aufhebungsvereinbarung im Zustande der Bewusstlosigkeit oder vorübergehenden Störung der Geistestätigkeit, so ist der Aufhebungsvertrag nach § 105 Abs. 2 BGB nichtig. Die Darlegungs- und Beweislast dafür, dass die **freie Willensbestimmung** nicht nur geschwächt oder gemindert, sondern **völlig ausgeschlossen war**, liegt beim Arbeitnehmer (vgl. *BAG* 14.2.1996 EzA § 611 BGB Aufhebungsvertrag Nr. 21). **Hochgradige alkoholbedingte Störungen** reichen insofern nicht ohne weiteres aus (vgl. *BAG* 14.2.1996 EzA § 611 BGB Aufhebungsvertrag Nr. 21). Das BAG verlangt hinreichend genaue Angaben zur Menge des genossenen Alkohols sowie zu der Menge, bei der der Mitarbeiter üblicherweise »nicht mehr konnte« (vgl. *BAG* 14.2.1996 EzA § 611 BGB Aufhebungsvertrag Nr. 21).

Die Nichtigkeit eines Aufhebungsvertrages nach § 105 BGB kann im Übrigen auch nicht damit begründet werden, dass der Mitarbeiter angibt, dass er bei Abschluss des Aufhebungsvertrages »vollkommen oder erheblich verwirrt« gewesen sei (vgl. *BAG* 30.1.1986 NZA 1987, 91, 93). Erforderlich ist vielmehr, dass der Mitarbeiter **objektive Tatsachen** angibt, aus denen sich die **Geschäftsunfähigkeit** nach § 105 BGB ergibt. 304

### III. Nichtigkeit nach § 138 BGB

Verstößt ein Aufhebungsvertrag gegen die guten Sitten, weil ein besonders grobes Missverhältnis zwischen Leistung und Gegenleistung den Schluss auf eine verwerfliche Gesinnung des Begünstigten rechtfertigt, so ist der Aufhebungsvertrag nach § 138 Abs. 1 BGB nichtig. Die Sittenwidrigkeit ergibt sich jedoch weder von vornherein aus der Tatsache, dass der Aufhebungsvertrag **keine Abfindung** enthält, noch aus der Tatsache, dass der Arbeitgeber dem Mitarbeiter weder eine **Bedenkzeit** noch ein **Widerrufsrecht** eingeräumt hat (vgl. *BAG* 30.9.1993 AP Nr. 37 zu § 123 BGB; 30.7.1985 AP Nr. 39 zu § 138 BGB). 305

### IV. Anfechtung wegen Irrtums

Eine Anfechtung nach § 119 BGB scheidet im Hinblick auf einen Aufhebungsvertrag i. d. R. aus. Voraussetzung für eine Anfechtung nach § 119 BGB ist, dass entweder eine der beiden Parteien eine Willenserklärung zur Beendigung des Arbeitsverhältnisses gar nicht abgeben wollte oder sich über den Inhalt einer Erklärung geirrt hat. Unerheblich ist der sog. **Motivirrtum** oder der **Rechtsfolgenirrtum** (vgl. *LAG Frankf.* 3.6.2004 – 14 Sa 149/04, n. v.). 306

Nur in sehr eng begrenzten Ausnahmefällen kann ein Irrtum über die Rechtsfolge einer Willenserklärung einen **Inhaltsirrtum** i. S. v. § 119 BGB darstellen. Voraussetzung hierfür wäre, dass die Rechtsfolge selbst Inhalt der Willenserklärung bzw. des durch sie geschlossenen Vertrages geworden ist und der Irrtum des Erklärenden sich hierauf bezieht (vgl. *BAG* 30.10.1987 AP Nr. 8 zu § 119 BGB; 6.2.1992 AP Nr. 13 zu § 119 BGB; *LAG Thüringen* 17.4.2002 – 4 Sa 251/01, n. v.). In der Regel wird es aber an diesen Voraussetzungen fehlen, da die Rechtsfolge, über die der Irrtum ggf. bestand, nicht Gegenstand des Aufhebungsvertrages oder Vergleiches der Parteien war. 307

Übersieht der Mitarbeiter bspw. das Bestehen eines **besonderen Kündigungsschutzes**, so stellt dies einen **unbeachtlichen Rechtsfolgeirrtum** dar (vgl. *BAG* 16.2.1983 AP Nr. 22 zu § 123 BGB). Da bspw. eine Schwangerschaft wegen ihres vorübergehenden Charakters auch keine Eigenschaft i. S. v. § 119 Abs. 2 BGB ist, scheidet insofern auch eine Irrtumsanfechtung aus (vgl. *BAG* 8.9.1988 AP Nr. 1 zu § 8 MuSchG). Etwas anderes gilt nur in den Fällen, in denen die Aufhebung des Anstellungsverhältnisses erkennbar vor dem Hintergrund erfolgte, dass der Arbeitnehmer davon ausging, dass eine Schwangerschaft bzw. die **Schwerbehinderteneigenschaft** nicht vorliegt (vgl. *BAG* 6.2.1992 AP Nr. 13 zu § 119 BGB). 308

### V. Anfechtung wegen arglistiger Täuschung

Wurde eine der beiden Vertragsparteien bei Abschluss des Aufhebungsvertrages durch die Gegenpartei arglistig getäuscht, so ist eine Anfechtung nach § 123 BGB möglich. Voraussetzung ist, dass der Täuschende **falsche Tatsachen vorgespiegelt** oder Tatsachen so entstellt hat, dass dadurch bei seinem Vertragspartner ein Irrtum erregt wurde und dieser Irrtum maßgeblich für die Zustimmung zum Aufhebungsvertrag war. Keine Rolle spielt, ob die Täuschung durch das Behaupten oder Unterdrü- 309 cken von Tatsachen erfolgt. Ein Verschweigen von Tatsachen ist dann ausreichend, wenn eine entsprechende **Offenbarungspflicht** bestanden hat (vgl. *BAG* 29.1.1997 NZA 1997, 485).

310 Eine zur **Anfechtung** berechtigende Täuschung liegt vor, wenn eine der Parteien im Prozess bewusst wahrheitswidrig vorträgt und somit die andere Partei zum Vergleichsabschluss veranlasst (vgl. *BAG* 15.5.1997 NZA 1998, 33). Ebenfalls zur Anfechtung wegen arglistiger Täuschung berechtigt die Behauptung eines Arbeitgebers, der Betrieb müsse alsbald stillgelegt werden bzw. der Arbeitsplatz würde zu einem bestimmten Zeitpunkt entfallen, obwohl bereits zu diesem Zeitpunkt ein Nachfolger gesucht wird.

311 Zweifelhaft ist, ob die Behauptung eines Arbeitnehmers im Rahmen von Vergleichsverhandlungen, er habe noch **keine Anschlussbeschäftigung** gefunden, das Unternehmen zur Anfechtung des Vergleiches berechtigt, wenn tatsächlich der Mitarbeiter bereits einen neuen Arbeitgeber hat. Da die Täuschung des Arbeitnehmers zumindest für die **Höhe der Abfindung** von Bedeutung gewesen sein dürfte, wird in der Literatur teilweise vertreten, dass der Arbeitgeber zur Anfechtung nach § 123 BGB berechtigt sei (*Bauer* Handbuch der arbeitsrechtlichen Aufhebungsverträge, Rn. 112 f.; *Liebscher* Anm. zu ArbG Rheine vom 25.6.1993, BB 1993, 110). Während das *LAG Hamm* eine Anfechtung wegen arglistiger Täuschung ablehnte (vgl. *LAG Hamm* 19.5.1994 BB 1994, 2072) wird man richtigerweise wohl danach differenzieren müssen, ob der Arbeitgeber im Rahmen der Aufhebungsverhandlungen konkret nach einer Anschlussbeschäftigung gefragt hat (so: *Hoß/Kohte-Heggemann* MDR 1997, 1077, 1084).

312 Da eine Täuschung nur dann zur Anfechtung berechtigt, wenn sie **arglistig** ist, muss der täuschende die Unrichtigkeit seiner Angaben gekannt haben. Hierfür reicht zumindest **bedingter Vorsatz** aus.

### VI. Anfechtung wegen widerrechtlicher Drohung

313 In der Praxis die wichtigste Rolle aus Anfechtungsgrund spielt die Anfechtung wegen widerrechtlicher Drohung. Unstreitig ist insofern, dass das Inaussichtstellen einer fristlosen Kündigung des Arbeitsverhältnisses eine **Drohung** i. S. v. § 123 Abs. 1 BGB darstellt, weil es objektiv die Ankündigung eines **empfindlichen Übels** bedeutet, dessen Zufügung in irgendeiner Weise von der Macht des Ankündigenden, d. h. des Arbeitgebers, abhängt und das einen besonnenen Menschen zu dem mit der Drohung bezweckten Verhalten veranlassen kann. Ausreichend ist insofern auch eine verdeckte Drohung (vgl. *BAG* 22.12.1982 EzA Nr. 20 zu § 123 BGB).

314 Hat das Unternehmen hingegen **bereits eine Kündigung ausgesprochen** und bietet dem Mitarbeiter **im unmittelbaren Anschluss einen Aufhebungsvertrag** an, den dieser zunächst akzeptiert, so kommt eine Anfechtung nach § 123 Abs. 1 BGB nun nicht mehr in Betracht. Zum Zeitpunkt der Gespräche über den Aufhebungsvertrag hat für den Arbeitnehmer nicht mehr das Risiko bestanden, dass der Arbeitgeber die Beendigung einseitig herbeiführen wird, wenn der Mitarbeiter den Aufhebungsvertrag nicht unterzeichnet. Die Kündigung war bereits ausgesprochen, so dass sich die allein als Drohung in Betracht kommende Situation bereits manifestiert hat. Das Risiko der fristlosen Kündigung ist bereits eingetreten. Der **Aufhebungsvertrag** kann also **nur noch das Arbeitsverhältnis abwickeln** und nicht mehr den Ausspruch der Kündigung verhindern (vgl. *LAG Bra.* 16.10.1997 NZA-RR 1998, 248).

315 Um im Fall der Androhung einer Kündigung einen Aufhebungsvertrag anfechten zu können, muss die Drohung **widerrechtlich** gewesen sein. Nach der Rechtsprechung des *BAG* (vgl. 14.2.1996 EzA § 611 BGB Aufhebungsvertrag Nr. 21; 21.3.1996 EzA § 123 BGB Nr. 42; 23.9.1993 AP Nr. 37 zu § 123 BGB; 6.11.1997 AP Nr. 45 zu § 242 BGB Verwirkung) ist die Androhung einer fristlosen Kündigung dann **nicht widerrechtlich** i. S. v. § 123 BGB, wenn ein **verständiger** – nicht ein »idealer« mit ganz hervorragenden Arbeitsrechtskenntnissen und einem hohen sozialen Engagement – **Arbeitgeber** eine außerordentliche Kündigung ernsthaft in Erwägung gezogen hätte; unerheblich ist demgegenüber, ob eine fristlose Kündigung letztendlich wirksam gewesen wäre.

## J. Rechtsmängel des Aufhebungsvertrages  Kapitel 6

In der Entscheidung vom 15.12.2005 (NZA 2006, 841) hat der 6. Senat zur Frage der Widerrechtlichkeit Folgendes ausgeführt: **316**

»Die Widerrechtlichkeit der Kündigungsandrohung kann sich regelmäßig nur aus der Inadäquanz von Mittel und Zweck ergeben. Hat der Drohende an der Erreichung des verfolgten Zwecks kein berechtigtes Interesse oder ist die Drohung nach Treu und Glauben nicht mehr als angemessenes Mittel zur Erreichung dieses Zwecks anzusehen, so ist die Drohung widerrechtlich (...). Dabei ist es nicht erforderlich, dass die angedrohte Kündigung, wenn sie ausgesprochen worden wäre, sich in einem Kündigungsschutzprozess als rechtsbeständig erwiesen hätte (...). Von dem Arbeitgeber kann nicht verlangt werden, dass er bei seiner Abwägung generell die Beurteilung des Tatsachengerichtes ›trifft‹. Nur wenn der Arbeitgeber unter Abwägung aller Umstände des Einzelfalls davon ausgehen muss, die angedrohte Kündigung werde im Fall ihres Ausspruchs einer arbeitsgerichtlichen Überprüfung mit hoher Wahrscheinlichkeit nicht standhalten, darf er die außerordentliche Kündigungserklärung nicht in Aussicht stellen, um damit den Arbeitnehmer zum Abschluss einer Beendigungsvereinbarung zu veranlassen (...).«

Obwohl das *BAG* in seinen Entscheidungen zur Anfechtung wegen widerrechtlicher Drohung (vgl. 15.12.2005 NZA 2006, 841; 27.11.2003 NZA 2004, 597; 9.3.1995 NZA 1996, 875; 21.3.1996 NZA § 123 BGB Nr. 42) stets betont, dass der Anfechtungsprozess nicht zu einem fiktiven Kündigungsschutzprozess verkommen darf, sieht die Praxis der Instanzgerichte vielfach anders aus. Selbst das BAG hat in seinen Entscheidungen vom 9.3.1995 und 21.3.1996 jeweils deutlich gemacht, dass letztendlich der Arbeitgeber im Rahmen des Anfechtungsprozesses nachweisen muss, dass ein Kündigungsgrund vorgelegen hat. Zu berücksichtigen sind nicht nur die dem Arbeitgeber im Zeitpunkt der Drohung bekannten, sondern auch die bspw. erst im Prozess gewonnenen Ergebnisse weiterer Ermittlungen, die ein verständiger Arbeitgeber – aus Sicht des Bundesarbeitsgerichtes – zur Aufklärung des Sachverhaltes angestellt hätte. Maßgebend ist also der objektiv mögliche und damit hypothetische Wissensstand des Arbeitgebers. Dies bedeutet, dass das Arbeitsgericht frei entscheiden darf, ob die angedrohte Kündigung gegebenenfalls daran scheitert, dass zunächst eine Abmahnung ausreichend gewesen wäre (vgl. *BAG* 9.3.1997 NZA 1996, 875). Erfolgt im Rahmen des Anfechtungsprozesses eine weitere Aufklärung des Sachverhaltes, die auch dem Arbeitgeber im Zeitpunkt der Androhung der Kündigung zumutbar gewesen wäre, so spricht alleine die Möglichkeit der weiteren Sachaufklärung – unabhängig vom Ergebnis der Sachaufklärung – für die Widerrechtlichkeit der Drohung (vgl. *BAG* 21.3.1996 EzA § 123 BGB Nr. 22). Auch wenn das BAG also entsprechend der Entscheidung vom 15.12.2005 (NZA 2006, 841) die Widerrechtlichkeit der Drohung nur dann annimmt, wenn »mit hoher Wahrscheinlichkeit« feststeht, dass eine Kündigung unwirksam gewesen wäre, beurteilt sich dieser Wahrscheinlichkeitsgrad doch danach, wie ein Kündigungsrechtsstreit ausgehen würde. Es bleibt also dabei, dass in der Praxis der Arbeitgeber den Kündigungsgrund beweisen muss. Erweist sich der Kündigungsgrund als stichhaltig oder bestehen lediglich Zweifel, ob das Fehlverhalten zur Kündigung ausreicht, muss die Drohung als rechtmäßig angesehen werden. Die Anfechtung ist dann erfolglos. **317**

Vor dem Hintergrund der oben dargestellten Rechtsprechung kommt die Androhung einer fristlosen Kündigung bspw. in folgenden Fällen in Betracht: **318**
– Vortäuschen einer Arbeitsunfähigkeit (vgl. *BAG* 21.3.1996 EzA § 123 BGB Nr. 22);
– Arbeit einer Gabelstaplerfahrers während der Arbeitsunfähigkeit im eigenen Lokal als Kellern (vgl. *LAG Frankf.* 2.6.1997 LAGE § 611 BGB Aufhebungsvertrag Nr. 21);
– Spesenbetrug (vgl. *BAG* 30.3.1960 AP Nr. 8 zu § 123 BGB; *LAG Düsseld*. 30.4.1991 LAGE § 123 BGB Nr. 14);
– dringender Tatverdacht der Unterschlagung von Ware des Arbeitgebers (vgl. *BAG* 16.11.1979 AP Nr. 21 zu § 123 BGB).

Keine Bedeutung für die Frage der Widerrechtlichkeit der Drohung hat die Tatsache, dass der Arbeitgeber im Zeitpunkt der Drohung mit einer fristlosen Kündigung noch nicht den **Betriebsrat, das Integrationsamt** oder eine sonstige Behörde, deren Zustimmung für die Kündigung erforderlich **319** ist, angehört hat. Entscheidend ist alleine, dass das Unternehmen den Sachverhalt soweit aufgeklärt hat, dass ein **verständiger Arbeitgeber** einen fristlosen Kündigungsgrund annehmen konnte.

320 Droht das Unternehmen mit einer **Strafanzeige** und führt letztendlich diese Drohung zum Abschluss des Aufhebungsvertrages, so kann auch dies zur Anfechtung wegen widerrechtlicher Drohung berechtigen. Voraussetzung für die Anfechtung ist allerdings, dass ein verständiger Arbeitgeber hier eine Strafanzeige nicht ernsthaft in Erwägung gezogen hätte (vgl. *LAG BW* 29.12.1966 BB 1967, 1421; *BAG* 30.1.1986 NZA 1987, 91, 92; *LAG Frankf.* 2.6.1997 LAGE § 611 BGB Aufhebungsvertrag Nr. 21).

321 **Nicht zur Anfechtung** berechtigt die Drohung des Arbeitgebers, den **Betriebsrat anzurufen**, um diesen zu einer eventuellen Kündigung anzuhören. In dieser Handlung mag zwar aus Arbeitnehmersicht eine Drohung liegen; jedoch kann diese nicht als widerrechtlich bezeichnet werden, da die Anhörung des Betriebsrates noch nicht den Ausspruch einer Kündigung darstellt und es gerade Aufgabe des Betriebsrates ist, zu prüfen ob eine Kündigung ausgesprochen werden kann (vgl. *LAG BW* 6.12.1973 DB 1974, 195).

322 Unerheblich für die Frage, ob eine widerrechtliche Drohung vorliegt, ist nach Auffassung des *BAG* (15.12.2005 NZA 2006, 841), ob die Drohung mit der Kündigung durch eine kündigungsberechtigte Person oder durch einen Vorgesetzten, der ersichtlich nicht selbst kündigungsberechtigt ist, erfolgte. Auch dann, wenn also ein offensichtlich nicht kündigungsberechtigter Vorgesetzter dem Arbeitnehmer mit der Kündigung des Arbeitsverhältnisses droht und diese Drohung dann zum Abschluss eines Aufhebungsvertrages führt, ist der Arbeitnehmer berechtigt, diesen Aufhebungsvertrag wegen widerrechtlicher Drohung anzufechten (vgl. *BAG* 15.12.2005 NZA 2006, 841).

## VII. Anfechtung wegen Zeitdrucks

323 Eine Anfechtung wegen Zeitdrucks kommt grds. nicht in Betracht. Fehlt es an tariflichen Bestimmungen, die dem Arbeitnehmer eine **Überlegungsfrist** oder **Widerrufsfrist** einräumen, so ist der Arbeitgeber nicht verpflichtet, dem Arbeitnehmer eine Überlegungsfrist einzuräumen. Der Arbeitgeber kann sein Angebot auf Aufhebung des Arbeitsverhältnisses gegen Zahlung einer bestimmten Abfindung davon abhängig machen, dass der Arbeitnehmer dieses Angebot sofort akzeptiert. Wünscht der Arbeitnehmer eine Überlegungsfrist, so ist der Arbeitgeber nicht gezwungen, dem Arbeitnehmer diese Frist einzuräumen bzw. in diesem Fall das Aufhebungsvertragsangebot aufrechtzuerhalten.

324 Selbst dann, wenn der Arbeitnehmer vom Arbeitgeber aufgefordert wird, den Aufhebungsvertrag ohne Bedenkzeit abzuschließen und der Arbeitgeber sogar eine vom Arbeitnehmer gewünschte **Bedenkzeit ablehnt**, kann in dem nunmehr aufgebauten Zeitdruck keine Drohung i. S. d. § 123 Abs. 1 BGB gesehen werden (vgl. *BAG* 16.2.1983 EzA § 123 BGB Nr. 21). Gleiches gilt, wenn dem Arbeitnehmer kein Rücktritts- oder Widerrufsrecht eingeräumt worden ist (vgl. *BAG* 14.2.1996 EzA § 611 BGB Aufhebungsvertrag Nr. 21).

325 Auch eine **analoge Anwendung der Anfechtungsmöglichkeit** nach § 123 BGB im Hinblick auf den Normzweck, die freie Selbstbestimmung des Erklärenden im Rechtsverkehr zu schützen, ist grds. abzulehnen, weil nach der gesetzlichen Regelung die rechtsgeschäftliche Entscheidungsfreiheit des einzelnen nicht allgemein gegen jede Art von Beeinträchtigung, sondern nur gegen bestimmte schwere Störungen geschützt wird. Das BAG steht daher zu Recht auf dem Standpunkt, dass der Arbeitnehmer nicht schützenswert ist, solange er dem Aufhebungsbegehren des Arbeitgebers ein schlichtes »Nein« entgegenhalten kann (vgl. *BAG* 14.2.1996 EzA § 611 BGB Aufhebungsvertrag Nr. 21). Nach der gesetzlichen Regelung soll die rechtsgeschäftliche Entscheidungsfreiheit des einzelnen nicht allgemein gegen jede Art von Beeinträchtigung, sondern nur gegen bestimmte schwere Störungen geschützt werden. Eine Analogie ist daher allenfalls dann zu bejahen, wenn der Eingriff in die rechtsgeschäftliche Entscheidungsfrist an Intensität mit einer **arglistigen Täuschung** oder **widerrechtlichen Drohung** vergleichbar ist. Allein das Drängen auf unverzügliche Abgabe der Willenserklärung kann dagegen nicht mit den gesetzlich normierten Anfechtungstatbeständen, durch die

## J. Rechtsmängel des Aufhebungsvertrages　　　　　　　　　　　　　　　　　Kapitel 6

die rechtsgeschäftliche Entscheidungsfreiheit wesentlich gravierender beeinträchtigt wird, gleichgesetzt werden.

### VIII. Unzulässige Rechtsausübung

Nach Auffassung des *LAG Hmb.* (3.7.1991 NZA 1992, 309; a. A. *Ehrich* DB 1992, 2293, NZA 1994, 438; *Boemke* NZA 1993, 532) liegt eine **unzulässige Rechtsausübung** seitens des Arbeitgebers vor, wenn sich der Arbeitgeber gegen den unverzüglich im Anschluss an den Vertragsabschluss erklärten Willen des Arbeitnehmers auf eine Aufhebungsvereinbarung beruft, wenn diese so zustande gekommen war, dass der Arbeitgeber den Arbeitnehmer zu einem Gespräch bittet, das Thema dieses Gespräches jedoch zuvor nicht mitteilt, in diesem Gespräch den Arbeitnehmer zu einer Vereinbarung über die einvernehmliche Auflösung des Arbeitsverhältnisses veranlasst und ihm weder eine angemessene **Bedenkzeit** noch ein **Rücktrittsrecht** einräumt. Das LAG Hamburg vertritt insofern die Auffassung, dass ein derartiger Vertrag bzw. ein derartiges Vorgehen gegen **Treu und Glauben** verstößt und daher nach § 242 BGB dieser Vertrag unwirksam ist. Andere Stimmen in der Literatur sehen ein derartiges Verhalten eines Arbeitgebers als sittenwidrig i. S. v. § 138 Abs. 1 BGB an (vgl. *Zwanziger* BB 1994, 982 ff.; *ders.* BB 1996, 903; a. A. insofern *Bengelsdorf* BB 1995, 978 ff.; *ders.* BB 1996, 904 f.). 326

Das Bundesarbeitsgericht hat die vom LAG Hamburg und von Teilen der Literatur vertretene Auffassung, wonach ein derartiges Vorgehen unzulässig sei, nicht geteilt (*BAG* 30.9.1993 EzA § 611 BGB Aufhebungsvertrag Nr. 13; zust. *Ehrich* NZA 1994, 438). Zwar kann nicht verkannt werden, dass immer häufiger die rechtspolitische Forderung erhoben wird, der Gesetzgeber möge ein **Widerrufsrecht des Arbeitnehmers bei Aufhebungsverträgen** einführen. Aus dem geltenden Recht lässt sich ein solches Widerrufsrecht jedoch nicht herleiten. Dies hat die Rechtsprechung mittlerweile auch nach Übertragung der Vorschriften über das Haustürwiderrufsgesetz in das BGB zu § 312 BGB n. F. entschieden (vgl. *BAG* 27.11.2003 BAGReport 2004, 220). Denn unmittelbarer Ausdruck der privatautonomen Vertragsbeendigungsfreiheit der Arbeitsvertragsparteien ist auch die Freiheit zum Abschluss eines Aufhebungsvertrages. Solange der Gesetzgeber hier nicht **ausdrücklich** – wie es in manchen Tarifverträgen geregelt wurde – ein **Rücktritts- oder Widerrufsrecht normiert**, obliegt es alleine den Vertragsparteien entweder ein derartiges Rücktrittsrecht in den Vertrag aufzunehmen oder mit der Vertragsunterzeichnung so lange zu warten, bis jede Seite sich endgültig für den Vertrag entschieden hat. 327

Es obliegt insofern grds. der freien Entscheidung eines Arbeitnehmers, ob er an seinem Arbeitsvertrag festhalten will und deshalb den angebotenen Aufhebungsvertrag ablehnt oder ob er sich durch gute Worte oder ein lukratives Abfindungsangebot zum Abschluss des Aufhebungsvertrages bewegen lässt. Welche Entscheidung er trifft, hat er grds. selbst zu bestimmen und selbst zu verantworten. An den wirksam abgeschlossenen Aufhebungsvertrag muss er sich dann auch nach § 145 ff. BGB festhalten lassen. 328

Eine abweichende Rechtsfortbildung für den Fall, dass dem Arbeitnehmer weder eine Bedenkzeit noch ein Rücktritts- oder Widerrufsrecht eingeräumt worden ist, ist auch nicht mit dem Argument geboten, der Arbeitnehmer sei beim Abschluss von Aufhebungsverträgen in einer Verhandlungsposition »struktureller Unterlegenheit« im Sinne der Rechtsprechung des Bundesverfassungsgerichtes (vgl. *BVerfG* 19.10.1993 BVerfGE 98, 214; s. Kap. 1 Rdn. 280 ff.) gewesen, die zu einem angemessenen Ausgleich durch den Gesetzgeber oder die Rechtsprechung zwinge. Denn dem Arbeitnehmer, der dem Ansinnen des Arbeitgebers ggf. nur ein schlichtes »Nein« entgegenzusetzen braucht, kann nicht die zur Durchsetzung seiner berechtigten Interessen erforderliche Verhandlungsmacht abgesprochen werden (vgl. *BAG* 14.2.1996 EzA § 611 BGB Aufhebungsvertrag Nr. 21). **Vielmehr hat er die Möglichkeit, sowohl das Ob als auch das Wie und Wann der Vertragsbeendigung von seinem vollen Konsens abhängig zu machen.** Es fehlt daher bereits an einer strukturell ungleichen Verhandlungsstärke als Voraussetzung der vom Bundesverfassungsgericht geforderten **Inhaltskontrolle** (vgl. *BAG* 14.2.1996 EzA § 611 BGB Aufhebungsvertrag Nr. 21; ebenso *LAG Köln* 6.6.1997 ARST 1998, 161; *Germelmann* NZA 1997, 237 ff.; *Bengelsdorf* ZfA 1995, 229 ff.; a. A. *LAG Hamm* 329

24.2.1995 LAGE § 611 BGB Inhaltskontrolle Nr. 2, wonach eine Inhaltskontrolle im Hinblick auf eine »strukturell ungleiche Verhandlungsstärke« möglich ist, für die allerdings der Arbeitnehmer die Darlegungs- und Beweislast trägt; *LAG Hamm* 5.6.1998 NZA-RR 1999, 126; schließlich plädiert *Dieterich* RdA 1995, 129 ff., *ders.* DB 1995, 1813 für eine stärkere Überprüfung von Aufhebungsverträgen im Hinblick auf die oben erwähnte Entscheidung des Bundesverfassungsgerichtes zur strukturellen Unterlegenheit.

330  Nach Auffassung des *LAG MV* (6.7.1995 LAGE § 611 BGB Aufhebungsvertrag Nr. 18) kommt ein korrigierender Eingriff in die Freiheit der Vertragsgestaltung nur dann in Betracht, wenn nicht nur eine objektive Ungleichgewichtigkeit von Leistung und Gegenleistung besteht, sondern darüber hinaus die eine Partei die andere Vertragspartei mit **unlauteren Mitteln zum Abschluss des Aufhebungsvertrages** bestimmt hat.

331  Inwieweit dieser Ansatz neben den gesetzlichen Anfechtungsregeln eigenständige Bedeutung hat, ist nicht nachvollziehbar. Zum einen müssen Bedenken angemeldet werden, dass ein Arbeitsgericht überprüft, ob ein Ungleichgewicht zwischen Leistung und Gegenleistung besteht. Dies würde letztendlich darauf hinauslaufen, dass ein Gericht befugt wäre, **die Angemessenheit einer Abfindung zu überprüfen**. Da es an einem gesetzlichen Abfindungsanspruch für die Aufhebung des Arbeitsverhältnisses fehlt, kommt auch die Aufhebung ohne entsprechende Abfindung in Betracht, wenn beide Vertragsparteien der Auffassung sind, dass eine weitere Zusammenarbeit keinen Sinn macht. Ein Automatismus, dass in derartigen Fällen eine Abfindung – ggf. die bei den einzelnen Gerichten bekannte »Regelabfindung« – vereinbart werden muss, gibt es nicht. Zum anderen ist darauf hinzuweisen, dass dann, wenn eine Partei die andere Vertragspartei mit »unlauteren Mitteln« zum Vertragsabschluss des Aufhebungsvertrages bestimmt hat, es nahe liegt, dass eine Anfechtung wegen arglistiger Täuschung möglich ist.

## IX. Anfechtung bei kollusivem Zusammenwirken

332  Handelt der zur Geschäftsführung befugte Gesellschafter einer bürgerlich-rechtlichen Gesellschaft beim Abschluss eines arbeitsrechtlichen Aufhebungsvertrages mit der Vertragspartnerin in **kollusivem Zusammenwirken zu Lasten der Gesellschaft** und konnte oder musste der Vertragspartner dies erkennen, so kann sie sich auf die Wirksamkeit des Vertrages nicht berufen (vgl. *BAG* 29.1.1997 EzA § 123 BGB Nr. 47).

## X. Rücktritt vom Vertrag wegen Vertretungsmängeln

333  Stellt einer der Vertragspartner fest, dass die Gegenseite nicht ordnungsgemäß bei Abschluss des Aufhebungsvertrages vertreten war, so ist der Vertragspartner bis zur Genehmigung des Vertragsabschlusses durch den **vollmachtlosen Vertreter** nach § 178 BGB berechtigt, vom Vertrag zurückzutreten, wenn er den Mangel der Vertretungsmacht bei Vertragsabschluss nicht gekannt hatte. Ein derartiger Widerruf muss allerdings ausdrücklich erfolgen. Die **Anfechtung eines Aufhebungsvertrages** nach § 123 BGB enthält nach Auffassung des BAG insofern nicht ohne weiteres gleichzeitig auch einen **Widerruf** des entsprechenden Vertragsangebotes wegen Vertretungsmängeln auf Seiten des Arbeitgebers.

334  Im zu entscheidenden Fall war der Oberkreisdirektor nur für laufende Geschäfte, nicht jedoch den Abschluss von Aufhebungsverträgen zuständig (*BAG* 31.1.1996 EzA § 178 BGB Nr. 1). Da der Arbeitnehmer in dem vom BAG zu entscheidenden Fall im Rahmen der Anfechtungserklärung anwaltlich vertreten war, legte das BAG die Erklärung eng aus. Das BAG wies darauf hin, dass es im Übrigen keiner besonderen Rechtskenntnis bedarf, um den Willen zu formulieren, man widerrufe ein Rechtsgeschäft, weil auf Seiten des Vertragspartners die Vertretungsmacht zum Abschluss des Vertrages gefehlt habe. Von daher kann grds. erwartet werden, dass der Arbeitnehmer deutlich erklärt, welchen Inhalt die von ihm abgegebene Erklärung haben soll.

## J. Rechtsmängel des Aufhebungsvertrages

## Kapitel 6

### XI. Widerrufsrecht nach § 312 BGB n. F.

Durch das Schuldrechtsmodernisierungsgesetz wurde in § 312 BGB ein Widerrufsrecht für den Fall eingeführt, dass zwischen einem Unternehmer und einem Verbraucher bspw. am Arbeitsplatz ein Vertrag abgeschlossen wird, der eine entgeltliche Leistung zum Gegenstand hat. In diesem Fall ist es dem Arbeitnehmer möglich, das Geschäft nach § 355 BGB zu widerrufen. § 312 BGB ist insofern dem früheren § 1 Abs. 1 HaustürWG nachgebildet. 335

Die Anwendbarkeit des § 312 BGB auf Aufhebungsverträge war zunächst umstritten. Die herrschende Meinung in der Literatur (vgl. *Bauer/Kock* DB 2002, 42, 44; *Mengel* BB 2003, 1278, 1280; *Kienast/Schmiedl* DB 2003, 1440, 1442; *Hoß* ArbRB 2002, 181) **lehnt die Anerkennung eines gesetzlichen Widerrufsrechts nach § 312 BGB bei Aufhebungsverträgen ab** (a. A. *Schleusener* NZA 2002, 949, 950]). Auch die Instanzgerichte sahen die Voraussetzungen für eine Anwendung des § 312 BGB auf Aufhebungsverträge nicht als gegeben an (vgl. *ArbG Kassel* 10.2.2003 NZA-RR 2003, 299; *ArbG Frankf./O.* 29.5.2002 NZA-RR 2003, 412; *LAG Hamm* 1.4.2003 NZA-RR 2003, 401; *LAG Bra.* 30.10.2002 NZA 2003, 503; *LAG Köln* 18.12.2002 NZA-RR 2003, 406). 336

Der Zweite Senat des BAG hat insofern klargestellt, dass **die §§ 312, 355 BGB keine Anwendung auf Aufhebungsverträge entfalten** (vgl. *BAG* 27.11.2003 NZA 2004, 597). Das BAG hat seine frühere Rechtsprechung, wonach bspw. das Haustürwiderrufsgesetz nicht analog auf Aufhebungsverträge angewandt werden konnte (vgl. *BAG* 30.9.1993 AP Nr. 37 zu § 123 BGB) im Hinblick auf § 312 BGB, der letztendlich nur eine Nachfolgevorschrift des § 1 HaustürWG ist, damit bestätigt. Das BAG vertritt weiterhin die Auffassung, dass es sich bei einer Aufhebungsvereinbarung nach wie vor nicht um ein »Haustürgeschäft« handelt. Das Haustürwiderrufsrecht erfasst insofern nur die im Gesetz ausdrücklich genannten besonderen Vertriebsformen, bei denen der Verbraucher Empfänger einer entsprechenden Ware oder Dienstleistung ist. Zu Recht weist der Zweite Senat darauf hin, dass der Arbeitsvertrag ebenso wenig wie ein Aufhebungsvertrag ein entsprechendes Vertriebsgeschäft ist. 337

Als weiteres Argument führt der Zweite Senat in seiner Entscheidung vom 27.11.2003 an, dass der Gesetzgeber die Widerrufsmöglichkeit nicht ausdrücklich auf arbeitsrechtliche Aufhebungsverträge erstreckt hat. Der Gesetzgeber hatte zuvor in § 310 Abs. 4 BGB ausdrücklich erklärt, dass die §§ 305 ff. BGB auch auf Arbeitsverhältnisse Anwendung finden. Wenn der Gesetzgeber in der Lage ist, die Vorschriften über allgemeine Geschäftsbedingungen entgegen der bisherigen Regelung als anwendbar auf Arbeitsverhältnisse zu erklären, so muss unterstellt werden, dass der Gesetzgeber das Gleiche auch für die Vorschrift über Haustürwiderrufsgeschäfte hätte regeln können, wenn er eine entsprechende Anwendung des § 312 BGB gewollt hätte. 338

Letztendlich verweist das BAG darauf, dass es an der **typischen Überrumpelungssituation**, wie sie dem Widerrufsrecht nach § 312 BGB zugrunde liegt, beim Arbeitnehmer fehlt. Ein Aufhebungsvertrag wird üblicherweise im Betrieb angeboten und ausgehandelt. Da sich der Aufhebungsvertrag auf die Beendigung des Arbeitsverhältnisses bezieht, finden die Verhandlungen also an einem für den Arbeitnehmer insofern »typischen« Ort statt. Jeder Arbeitnehmer muss an seinem Arbeitsplatz damit rechnen, dass der Arbeitgeber mit ihm die Aufhebung seines Arbeitsverhältnisses erörtert (vgl. *Hoß* ArbRB 2002, 181). Damit fehlt es bereits an der für § 312 BGB notwendigen Überrumpelungssituation (vgl. *BAG* 27.11.2003 NZA 2004, 597). 339

### XII. Wegfall der Geschäftsgrundlage (§ 313 BGB n. F.)

Die Geschäftsgrundlage eines Aufhebungsvertrages fällt nicht durch die Einführung von Rentenabschlägen bei vorzeitigen Altersrenten weg. Denn auch tiefgreifende Störungen begründen **keinen Anspruch auf Vertragsanpassung**, wenn sich mit ihnen ein Risiko verwirklicht, das allein der benachteiligten Partei zuzuordnen ist. Das gilt auch, wenn die Störung auf einer Gesetzesänderung beruht. Wer die Folgen einer Änderung des Gesetzes zu tragen hat, bestimmt sich unter Berücksichtigung des Vertragsinhalts, nach dem mit dem Vertrag verfolgten Zweck und der gesetzlichen Risikoverteilung. Bei einer Änderung des gesetzlichen Rentenrechts hat der Arbeitnehmer diese Folgen zu tragen, auch 340 wenn der Arbeitgeber das Ausscheiden aus dem Arbeitsverhältnis veranlasst hat (vgl. *BAG* 14.3.2000 ZTR 2001, 278; APS/*Schmidt* AufhebVtr Rn. 83 f.).

341 Auch dann, wenn die Vertragsparteien eine **Frühpensionierung** beabsichtigen und hierzu einen bestimmten Abfindungsbetrag, der sich aus der Differenz zwischen erwartetem Arbeitslosengeld und beabsichtigter Nettoabsicherung ergibt, in der Aufhebungsvereinbarung festschreiben, kann der Arbeitnehmer sich nicht auf den Wegfall der Geschäftsgrundlage berufen und Nachzahlung verlangen, wenn sich durch eine Absenkung des Arbeitslosengeldes für ihn eine Lücke ergibt (vgl. *LAG Düsseld.* 15.3.1995 DB 1995, 1240). Durch die Tatsache, dass die Vertragsparteien die Abfindungssumme in der Frühpensionierungsvereinbarung festgeschrieben haben, steht fest, dass sie weitere Veränderungen, auf die sie ohnehin keinen Einfluss haben, derjenigen Partei anlasten wollten, die von der Veränderung positiv oder negativ beeinflusst ist. Dies gilt erst recht vor dem Hintergrund, dass beide Parteien bei Ermittlung des **Vorruhestandsbetrages** mit einer von ihnen in Zukunft nicht beeinflussbaren Größe, d. h. des vom Gesetzgeber festgelegten **Arbeitslosengeldes**, gerechnet haben. Beiden Vertragsparteien war also bekannt, dass sie hiermit einer letztendlich unbekannten Variablen gearbeitet haben. Sollen negative Veränderungen vom Arbeitgeber ausgeglichen werden, so hätte dies ausdrücklich im Vertrag festgeschrieben werden müssen. Hier hätte sich angeboten, dass entweder das Vorruhestandsgeld laufend gezahlt wird und eine entsprechende Anpassungsklausel im Vertrag enthalten ist oder aber dass dem Mitarbeiter in der Aufhebungsvereinbarung lediglich ein bestimmter Prozentsatz seines bisherigen Nettoeinkommens bis zum endgültigen Eintritt in den Ruhestand garantiert wird. Letzteres setzt allerdings auch wieder laufende Leistungen des Vorruhestandsgeldes voraus.

### XIII. Darlegungs- und Beweislast

342 Darlegungs- und beweispflichtig für die tatsächlichen Umstände, die zur Beseitigung des Aufhebungsvertrages führen sollen, insbes. für die Voraussetzungen der **Anfechtungsgründe** im Sinne der §§ 119, 123 BGB, ist grds. der Arbeitnehmer. Er muss die tatsächlichen Umstände im Anfechtungsprozess vortragen und ggf. beweisen, woraus sich ein **Irrtum** i. S. d. § 119 Abs. 1, 2 BGB bzw. eine **arglistige Täuschung** oder eine **widerrechtliche Drohung** i. S. v. § 123 Abs. 1 BGB ergeben soll. Er hat also auch die Tatsachen darzulegen und zu beweisen, die die angedrohte **Kündigung als widerrechtlich** erscheinen lassen (vgl. *BAG* 12.8.1999 EzA § 123 BGB Nr. 53; *Adam* SAE 2000, 204 ff.).

343 Daraus lässt sich für die Praxis der Hinweis ableiten, dass der Arbeitnehmer zu Gesprächen mit dem Arbeitgeber über eine einvernehmliche Beendigung des Arbeitsverhältnisses stets einen Zeugen hinzuziehen sollte. Vielfach herrscht insofern der Irrglaube, dass bei einem **Vier-Augen-Gespräch** mit dem Vorgesetzten oder Personalleiter kein Zeugenbeweis möglich ist, weil »Aussage gegen Aussage« steht. Übersehen wird hier, dass der Arbeitnehmer bei Streit über den Inhalt eines Vier-Augen-Gespräches i. d. R. im Prozess über den Inhalt des Gespräches die Klägerrolle innehat. Beklagter ist in diesem Fall nicht der Vorgesetzte oder Personalleiter, sondern der Arbeitgeber. Von daher bleibt dem Gesprächspartner des Arbeitnehmers, d. h. dem Vorgesetzten oder Personalleiter, die Rolle des Zeugen im Rahmen einer möglichen Beweisaufnahme. Der Arbeitnehmer kann nur auf die Durchführung einer **Parteivernehmung** hoffen. Da der Arbeitgeber einer derartigen Parteivernehmung nicht zustimmen wird, kommt nur die **Parteivernehmung von Amts wegen** in Betracht. Wenn keine greifbaren Bedenken gegen die Aussage des Vorgesetzten des Arbeitnehmers bestehen, gibt es für das Gericht keinen Grund, auf eine Parteivernehmung von Amts wegen zurückzugreifen. Der Sachverhalt wird dann nur durch Zeugenvernehmung des Vorgesetzten oder Personalleiters, d. h. des Gesprächspartners des Mitarbeiters, aufgeklärt.

## K. Aufhebungsvertrag und Betriebsänderung

344 Folge einer *Betriebsänderung* nach § 111 BetrVG ist i. d. R. der Abschluss eines Sozialplans nach § 112 BetrVG. Da auch im Rahmen einer **Betriebsänderung** die Beendigung von Arbeitsverhältnissen sowohl durch betriebsbedingte arbeitgeberseitige Kündigung als auch durch Aufhebungsvertrag

K. Aufhebungsvertrag und Betriebsänderung                                             Kapitel 6

erfolgen kann, können verschiedene Probleme im Verhältnis Aufhebungsvertrag zu **Sozialplan** auftreten.

## I. Beschränkung des Sozialplans auf betriebsbedingte Kündigung

Enthält der Sozialplan im Zusammenhang mit der Gewährung von Abfindungen nur den Hinweis, 345
dass Voraussetzung für die Zahlung einer Abfindung eine betriebsbedingte Kündigung ist, so schließt dies nicht ohne weiteres Mitarbeiter von den Sozialplanleistungen aus, die das Arbeitsverhältnis durch Eigenkündigung oder **Aufhebungsvertrag aus betriebsbedingten Gründen** beendet haben. Wurde die **Eigenkündigung** oder Aufhebungsvertrag auf Veranlassung des Arbeitgebers geschlossen, so steht dieser Aufhebungsvertrag bzw. die Eigenkündigung der betriebsbedingten Kündigung gleich (§ 112a BetrVG).

Eine **Veranlassung zum Abschluss eines Aufhebungsvertrages** oder zum Ausspruch einer Eigenkündigung 346
wird von der Rechtsprechung des BAG dann angenommen, wenn der Arbeitgeber den Arbeitnehmer »im Hinblick auf eine konkret geplante Betriebsänderung bestimmt, selbst zu kündigen oder einen Aufhebungsvertrag zu schließen, um so eine sonst notwendig werdende Kündigung zu vermeiden«. Ein bloßer **Hinweis des Arbeitgebers** auf eine unsichere Lage des Unternehmens, auf notwendig werdende Betriebsänderungen oder der Rat, sich eine neue Stelle zu suchen, genügt nach der Rechtsprechung **nicht**, um von einer »Veranlassung« durch den Arbeitgeber sprechen zu können (vgl. *BAG* 19.7.1995 EzA § 112 BetrVG 1972 Nr. 82). Die Beweislast dafür, dass der Aufhebungsvertrag durch den Arbeitgeber im Zusammenhang mit der geplanten Betriebsänderung veranlasst worden ist, liegt beim Arbeitnehmer.

## II. Stichtagsregelung

Anerkannt ist in der Rechtsprechung des BAG, dass die Betriebspartner berechtigt sind, eine Stichtagsregelung 347
in den Sozialplan aufzunehmen. Zweck einer derartigen **Stichtagsregelung** ist es, Eigenkündigungen und Aufhebungsverträge, die vor dem von den Betriebspartnern einvernehmlich zu bestimmenden Stichtag erfolgt sind, von den Leistungen des Sozialplans auszuschließen (vgl. *BAG* 30.11.1994 EzA § 75 BetrVG 1972 Nr. 4). Der Stichtag darf allerdings nicht willkürlich gewählt werden. Insbesondere darf der Stichtag nicht dazu führen, dass im Vorfeld ausgesprochene betriebsbedingte Kündigungen ebenfalls von dem **Geltungsbereich des Sozialplans** ausgenommen werden. Als Stichtag bietet sich insofern grds. der Beginn der Verhandlungen über einen Interessenausgleich und Sozialplan an.

## III. Ausschluss von Aufhebungsverträgen im Sozialplan

Ein mittelbarer Ausschluss von Mitarbeitern von Leistungen aus dem Sozialplan, die auf Grund Aufhebungsvertrag 348
ausgeschieden sind, durch eine Begrenzung des persönlichen Geltungsbereiches auf betriebsbedingte Kündigungen, stellt nach der Rechtsprechung des BAG grds. einen Verstoß gegen den **betriebsverfassungsrechtlichen Gleichbehandlungsgrundsatz** nach § 75 BetrVG dar (vgl. *BAG* 19.7.1995 EzA § 112 BetrVG 1972 Nr. 82; 20.4.1994 EzA § 112 BetrVG 1972 Nr. 75; 28.4.1993 EzA § 112 BetrVG 1972 Nr. 68). Als zulässig sieht hingegen das BAG Regelungen im Sozialplan an, wonach Mitarbeiter, die ihr Arbeitsverhältnis **vorzeitig** beenden oder durch **Aufhebungsvertrag** ausscheiden, nur Anspruch auf einen bestimmten Teil der sich aus dem **Sozialplan** ergebenden **Abfindung** haben (vgl. *BAG* 24.11.1993 EzA § 112 BetrVG 1972 Nr. 71).

Kann das Unternehmen ein berechtigtes Interesse daran nachweisen, dass sämtliche Arbeitnehmer 349
*bis zu dem geplanten* **Stilllegungstermin** ihrer Tätigkeit in vollem Umfange nachgehen, so kann der Sozialplan Mitarbeiter, die auf Grund Eigenkündigung oder Aufhebungsvertrag im Vorfeld bereits ausscheiden, **vollständig von Abfindungszahlungen des Sozialplans ausnehmen** (vgl. *BAG* 9.11.1994 EzA § 112 BetrVG 1972 Nr. 78). Ein derartiges berechtigtes Interesse liegt insbes. dann vor, wenn die Fortführung des Betriebes bis zu dem geplanten Stilllegungstermin durch das vorzeitige Ausscheiden von Mitarbeitern in Schlüsselpositionen gefährdet wäre. Im Fall der BAG-

Entscheidung vom 9.11.1994 handelte es sich um ein Hotel. Ohne entsprechendes Personal – bspw. Koch – kann das Hotel nicht aufrechterhalten werden, so dass das BAG in diesem Fall das berechtigte Interesse des Arbeitgebers anerkannte.

### IV. Nachbesserungsklausel

350  Schließt ein Arbeitnehmer im Vorfeld eines Sozialplans einen Aufhebungsvertrag, so besteht für den Mitarbeiter die Gefahr, dass der Sozialplan letztendlich höhere Leistungen vorsieht, als der Mitarbeiter im Aufhebungsvertrag aushandelt. Unproblematisch ist dieses Ergebnis, wenn der Geltungsbereich des Sozialplans auch im Vorfeld abgeschlossene Aufhebungsverträge umfasst. In diesem Fall erfolgt dann eine entsprechende Nachzahlung.

351  Leer geht der Mitarbeiter allerdings dann aus, wenn der Sozialplan eine **Stichtagsregelung** enthält oder aber Mitarbeiter mit Aufhebungsvertrag nur eine gekürzte Sozialplanabfindung erhalten. Schutz vor derartigen Nachteilen bieten sog. »**Nachbesserungsklauseln**«. Hierdurch wird dem Mitarbeiter zugesichert, dass eine eventuell höhere Abfindung aus dem Sozialplan auch ihm zusteht. Regelt der Sozialplan später in seinem zeitlichen Geltungsbereich, dass bestimmte Arbeitnehmer nicht unter dem **Sozialplan** fallen, so steht trotz der Einschränkung im Geltungsbereich den betroffenen Arbeitnehmern auf Grund der Nachbesserungsklausel **die höhere Abfindung** zu (vgl. *BAG* 6.8.1997 AP Nr. 160 zu § 112 BetrVG).

### V. Ausgleichsklausel und Sozialplananspruch

352  Sinn und Zweck einer üblicherweise in Aufhebungsverträgen enthaltenen Ausgleichsklausel ist die endgültige Regelung der zwischen den Parteien offenen Ansprüche. Vermieden werden soll, dass nach Unterzeichnung des Aufhebungsvertrages noch Streit über wechselseitige Ansprüche entstehen kann. Nicht geeignet ist die **allgemeine Erledigungsklausel** jedoch, um Sozialplanleistungen auszuschließen. **Gemäß § 112 BetrVG ist der Sozialplan als Betriebsvereinbarung anzusehen**, so dass § 77 Abs. 4 BetrVG Anwendung findet. Danach ist ein **Verzicht** auf Ansprüche aus einer Betriebsvereinbarung nur mit **Zustimmung des Betriebsrates** möglich. Da eine entsprechende Zustimmung zur Unterzeichnung des Aufhebungsvertrages durch den Betriebsrat i. d. R. fehlt, steht daher eine Erledigungsklausel in einem Aufhebungsvertrag der Geltendmachung von späteren **Sozialplananspruchen** nicht entgegen (vgl. *BAG* 20.4.1994 EzA § 112 BetrVG 1972 Nr. 75; 28.4.1993 EzA § 112 BetrVG 1972 Nr. 68).

353  Soll ein Aufhebungsvertrag mit einem Mitarbeiter im Vorfeld des Sozialplans abgeschlossen werden, ist es also zwingend notwendig, entweder im Sozialplan eine Stichtagsregelung aufzunehmen oder aber den Aufhebungsvertrag mit einer Erledigungsklausel zu verbinden und gleichzeitig den Aufhebungsvertrag dem Betriebsrat vorzulegen, damit dieser diesen Aufhebungsvertrag ebenfalls genehmigt.

354  Diese Vorgehensweise kommt im Übrigen auch dann in Betracht, wenn das Unternehmen sich im Rahmen einer Betriebsänderung von Mitarbeitern trennt, die nach Auffassung des Unternehmens als **leitenden Angestellte** i. S. d. § 5 Abs. 3 BetrVG anzusehen sind. Erhalten diese Mitarbeiter eine niedrigere Abfindung als der Sozialplan hergeben würde, muss zu Vermeidung einer späteren gerichtlichen Auseinandersetzung über den Status des Mitarbeiters und die eventuelle Anwendbarkeit des Sozialplans die Einverständniserklärung des Betriebsrates mit den Aufhebungsvereinbarung in die Aufhebungsvertrag aufgenommen werden. Durch die Anerkennung des Aufhebungsvertrages durch den Betriebsrat wird dem Arbeitnehmer dann die Möglichkeit genommen, in einem Folgeprozess seinen Status als leitender Angestellte überprüfen zu lassen und im Fall der Verneinung dieses Status durch das Arbeitsgericht Ansprüche auf **Sozialplanabfindung** bzw. Differenzzahlung zu seiner im **Aufhebungsvertrag festgeschriebenen Abfindung** zu erheben.

## L. Hinweis- und Aufklärungspflichten

Inwieweit den Arbeitgeber beim Abschluss von Aufhebungsverträgen besondere Aufklärungspflichten über die verschiedenen Konsequenzen der Beendigung des Arbeitsverhältnisses im Hinblick auf **Arbeitslosengeld, Betriebsrente, Versteuerung der Abfindung** etc. treffen, hängt zunächst davon ab, wer die Initiative zur einvernehmlichen Beendigung des Anstellungsverhältnisses ergriffen hat. 355

### I. Beendigung auf Initiative des Arbeitnehmers

Erfolgt die Aufhebung des Arbeitsvertrages auf Initiative des Arbeitnehmers, so ist grds. davon auszugehen, dass **das Unternehmen keine Aufklärungspflicht trifft** (vgl. *LAG Bln.* 13.1.2006 NZA-RR 2006, 327; *BAG* 10.3.1988 AP Nr. 99 zu § 611 BGB Fürsorgepflicht). Der Mitarbeiter muss sich in diesem Fall selbst über die arbeits-, sozial- und steuerrechtlichen Konsequenzen seines Handels informieren (vgl. *BAG* 11.12.2001 EzA § 111 BGB Fürsorgepflicht Nr. 62). Dies gilt erst recht, wenn der Arbeitnehmer anwaltlich vertreten war (vgl. *LAG Bln.* 13.1.2006 NZA-RR 2006, 327). 356

### II. Beendigung auf Initiative des Arbeitgebers

Geht die Initiative zur Beendigung des Arbeitsverhältnisses vom Arbeitgeber aus, so ist in Rechtsprechung und Literatur äußerst umstritten, wieweit die Hinweispflichten des Arbeitgebers in diesem Fall gehen. Vereinzelt wird gefordert, dass der Arbeitgeber alles **dafür tun** müsse, eventuelle Schäden abzuwenden, die dem Arbeitnehmer durch Abschluss eines Aufhebungsvertrages entstehen könnten (vgl. *ArbG Freiburg* 20.6.1991 DB 1991, 2600; ähnlich *ArbG Hmb.* 10.12.1990 BB 1991, 625; *ArbG Wetzlar* 29.8.1995 NZA-RR 1996, 84). 357

Das BAG steht demgegenüber grds. auf dem Standpunkt, dass **ohne besondere Umstände auch hier nicht von einem besonderen Informationsbedürfnis des Arbeitnehmers** auszugehen sei (vgl. *BAG* 11.12.2001 EzA § 111 BGB Fürsorgepflicht Nr. 62). Ausnahmsweise kann jedoch der Arbeitgeber auf Grund der ihm obliegenden **Fürsorgepflicht** bzw. nach **Treu und Glauben** (vgl. *BAG* 13.6.1996 ArbuR 1996, 404 bzgl. Hinweispflicht bei interner Stellenbewerbung) verpflichtet sein, den Arbeitnehmer auf die für diesen nachteiligen Folgen des Aufhebungsvertrages hinzuweisen. Dies ist nach Auffassung des BAG dann erforderlich, wenn die Abwägung der beiderseitigen Interessen unter Billigkeitsgesichtspunkten und unter Berücksichtigung aller Umstände des Einzelfalles ergebe, dass der Arbeitnehmer durch eine sachgerechte und vom Arbeitgeber redlicherweise zu erwartende Aufklärung vor der Auflösung des Arbeitsverhältnisses geschützt werden müsse, weil er sich durch sie aus Unkenntnis selbst schädigen würde (vgl. *BAG* 17.10.2000 NZA 2001, 206; 13.11.1984 AP Nr. 5 zu § 1 BetrAVG Zusatzversorgungskassen; 10.3.1988 AP Nr. 99 zu § 611 BGB Fürsorgepflicht). 358

Der Dritte Senat fasste insofern die Rechtsprechung zu **Hinweis- und Aufklärungspflichten** in einer Entscheidung vom 17.10.2000 wie folgt zusammen (vgl. *BAG* 17.10.2000 NZA 2001, 206): 359

»Voraussetzungen und Umfang der Hinweis- und Aufklärungspflichten ergeben sich aus dem Grundsatz von Treu und Glauben (§ 242 BGB). Der jeder Partei zuzubilligende Eigennutz findet seine Grenze an dem schutzwürdigen Lebensbereich des Vertragspartners (...). Die Interessen des Arbeitgebers und des versorgungsberechtigten Arbeitnehmers sind gegeneinander abzuwägen. Dabei sind alle Umstände des Einzelfalles zu berücksichtigen (...). Die erkennbaren Informationsbedürfnisse des Arbeitnehmers einerseits und die Beratungsmöglichkeiten des Arbeitgebers andererseits sind stets zu beachten (...). Gesteigerte Hinweispflichten können den Arbeitgeber vor allem dann treffen, wenn der Aufhebungsvertrag auf seine Initiative hin und in seinem Interesse zustande kommt (...). **In der Regel muss sich zwar der Arbeitnehmer vor Abschluss eines Aufhebungsvertrages selbst über die Folgen der Beendigung des Arbeitsverhältnisses Klarheit verschaffen.** Durch das Angebot eines Aufhebungsvertrages kann der Arbeitgeber aber den Eindruck erwecken, er werde bei der vorzeitigen Beendigung des Arbeitsverhältnisses auch die Interessen des Arbeitnehmers wahren und ihn nicht ohne ausreichende Aufklärung erheblichen atypischen Versorgungsrisiken aussetzen (vgl. *BAG* 3.7.1990 NZA 1990, 971).«

### 1. Hinweis auf sozialrechtliche Nachteile

**360** Der Arbeitgeber genügt seiner Hinweispflicht nach Auffassung des BAG, wenn er einem Arbeitnehmer, der von sich aus um die Aufhebung des Arbeitsverhältnisses bittet, mitteilt, dass im Hinblick auf den Anspruch auf Arbeitslosengeld mit einer **Sperrfrist** zu rechnen sei, über deren Dauer die Agentur für Arbeit entscheidet. Auf den konkreten Zusammenhang zwischen der vorzeitigen Auflösung des Arbeitsverhältnisses und dem **Ruhen des Arbeitsverhältnisses gem. § 158 SGB III** (früher: § 143a SGB III) muss der Arbeitgeber bspw. nicht ausdrücklich hinweisen (vgl. *BAG* 10.3.1988 AP Nr. 99 zu § 611 BGB Fürsorgepflicht).

**361** Diese Auffassung des BAG wird von einem Teil der Literatur (vgl. *Hoß/Ehrich* DB 1997, 625 m. w. N.) zu Recht abgelehnt. Denn eine Aufklärungspflicht des Arbeitgebers kann nur im Hinblick auf solche Umstände bestehen, die seinem Verantwortungsbereich zuzurechnen sind. Demgegenüber konkretisieren sich die möglichen **sozialrechtlichen Konsequenzen** nach den §§ 158, 159 SGB III (früher: §§ 143a, 144 SGB III) ausschließlich in der Sphäre des Arbeitnehmers, sofern dieser nach Abschluss des **Aufhebungsvertrages** keine Folgebeschäftigung findet. Rechnet der Arbeitnehmer damit, nach der Beendigung des Arbeitsverhältnisses im Wege des Aufhebungsvertrages kein Anschlussarbeitsverhältnis zu finden, hat er sich vor Abschluss des Aufhebungsvertrages selbst über die möglichen Folgen zu unterrichten (so auch *Nägele* BB 1992, 1274, 1278).

**362** Geht die **Initiative** zum Abschluss des Aufhebungsvertrages **vom Arbeitgeber aus**, so hängt es von den konkreten Umständen des Einzelfalls ab, inwieweit der Arbeitgeber auf mögliche nachteilige Folgen beim Arbeitslosengeld hinweisen muss (vgl. *BAG* 14.2.1996 NZA 1996, 811). Die Frage nach einer Aufklärungspflicht dürfte insbes. dann auftreten, wenn bspw. im Rahmen der Abfindungsverhandlungen die **Kündigungsfrist verkürzt** wird, um auf diese Art und Weise die **Abfindung** zu erhöhen. Bei derart »gestalteten« Aufhebungsvereinbarungen, die von der normalen Beendigung, wie sie durch eine arbeitgeberseitige Kündigung eintreten würde, abweichen, ist grds. von einer erhöhten Aufklärungspflicht auszugehen, soweit der **Arbeitgeber über die entsprechenden Kenntnisse verfügt** und der Mitarbeiter sich erkennbar der Konsequenz beim Arbeitslosengeld nicht bewusst ist.

**363** Keinesfalls kann eine Aufklärungspflicht des Arbeitgebers über sozialrechtliche Nachteile bejaht werden, wenn der Arbeitnehmer durch einen **Gewerkschaftssekretär** oder einen **Rechtsanwalt** vertreten wird (vgl. *LAG Bln.* 13.1.2006 NZA-RR 2006, 327). Das Gleiche muss dann gelten, wenn der Aufhebungsvertrag im Rahmen eines **Prozessvergleiches** geschlossen wird, weil hier eine angemessene Aufklärung durch das Arbeitsgericht erfolgen konnte.

**364** Mit der Hinweis- und Aufklärungspflicht bzgl. sozialrechtlicher Konsequenzen darf nicht die früher bestehende Verpflichtung des Arbeitgebers verwechselt werden, den Arbeitnehmer darauf hinzuweisen, dass dieser sich **unverzüglich** nach Unterzeichnung eines Aufhebungsvertrages bei der für ihn zuständigen **Agentur für Arbeit arbeitsuchend melden** muss. Auch der Hinweis an den Mitarbeiter, dass dieser verpflichtet ist, sich neben der Meldung bei der für ihn zuständigen Agentur für Arbeit auch selbst um eine Anschlussstelle bemühen muss, wenn er **Nachteile beim Bezug von Arbeitslosengeld** vermeiden will, zählt nur indirekt zu den vom Arbeitgeber einzuhaltenden Aufklärungspflichten. Liegt eine der oben beschriebenen atypischen Situationen vor, so muss der Arbeitgeber darauf hinweisen, dass ein bestimmtes Verhalten eine **Sperr- oder Ruhenszeit** auslösen kann.

### 2. Hinweis auf steuerrechtliche Nachteile

**365** Abfindungen sind in einem gewissen Umfang steuerlich begünstigt. Während ein Teil der **Abfindung** bis zum 31.12.2005 bzw. im Rahmen der Übergangsregelung ggf. bis zum 31.12.2008 gem. § 3 Ziffer 9 EStG a. F. **steuerfrei** war, unterliegt der Restbetrag gem. §§ 24, 34 EStG der Versteuerung mit einem **ermäßigten Steuersatz** (s. hierzu Rdn. 171). Letzteres ist nach der Rechtsprechung des Bundesfinanzhofes allerdings grds. nur dann der Fall, wenn die Abfindung – einschließlich eventueller Sachleistungen – innerhalb eines Kalenderjahres dem Arbeitnehmer zufließt (vgl. *BFH* 21.3.1996 – XI R 51/95).

Wird die Abfindung auf zwei Kalenderjahre verteilt, so unterliegt der über dem Freibetrag liegende Teil der Abfindung der Versteuerung mit dem vollen Steuersatz. 366

Im Hinblick auf eine eventuell insofern bestehpflicht hat das ArbG Frankfurt bspw. ausgeführt (vgl. *ArbG Frankf.* 21.11.1995 – 4 Ca 3589/95, rkr.): 367

> »Eine Aufklärungspflicht des Arbeitgebers und eine Haftung im Falle falscher Auskunft besteht jedoch dann, wenn der Arbeitgeber auf Grund seiner überlegenen Sachkunde ohne weiteres zu entsprechenden Auskünften und der Arbeitnehmer zur sachgerechten Entscheidung erkennbar nur nach entsprechender Aufklärung im Stande ist (...). Eine Aufklärungspflicht bestünde auch dann, wenn der Arbeitnehmer im Rahmen von Vertragsaufhebungsverhandlungen gegenüber dem Arbeitgeber zum Ausdruck bringt, dass er – der Arbeitnehmer – steuerlichen Rat benötigt und der Arbeitgeber sich bereiterklärt, das aufgeworfene steuerliche Problem durch Einholung von Rechtsrat für den Arbeitnehmer zu lösen.«

Die Entscheidung des ArbG Frankfurt liegt auf einer Linie mit den vorerwähnten Entscheidungen anderer Arbeitsgerichte zur **Aufklärungspflicht des Arbeitgebers** über die sozialrechtlichen Konsequenzen von Aufhebungsverträgen. Auch im Hinblick auf die steuerliche Gestaltung des Aufhebungsvertrages verlangt das ArbG Frankfurt zu Recht, dass der Mitarbeiter sich entweder rechtzeitig vor Vertragsunterzeichnung selbst fachkundigen Rat einholt oder aber zumindest diesen Punkt – wenn er Zweifel über die möglichen steuerrechtlichen Folgen hat – in der Verhandlung mit dem Arbeitgeber ausdrücklich anspricht. 368

### 3. Hinweis auf besonderen Kündigungsschutz

Gegenüber Arbeitnehmern mit besonderem Kündigungsschutz (z. B. **Betriebsratsmitglieder, werdende Mütter, Arbeitnehmer in der Elternzeit** oder **schwer behinderte Menschen**) ist der Arbeitgeber vor Abschluss des Aufhebungsvertrages nicht zum Hinweis auf den Verlust des **Sonderkündigungsschutzes** verpflichtet. Denn von den Arbeitnehmern kann erwartet werden, dass sie sich über den in ihrem Fall bestehenden Sonderkündigungsschutz selbst informieren. 369

### 4. Hinweis auf tarifliches Widerrufsrecht

Sieht ein Tarifvertrag ausnahmsweise die Möglichkeit vor, einen Aufhebungsvertrag innerhalb einer bestimmten Frist zu widerrufen, so bedarf es insofern keines Hinweises des Arbeitgebers auf diese Möglichkeit und auf eventuelle **Formvorschriften des Tarifvertrages** (vgl. *LAG Düsseld.* 22.6.2001 NZA-RR 2002, 12). Lediglich dann, wenn der Tarifvertrag selbst ausdrücklich eine **Belehrung über das Widerrufsrecht** verlangt, muss der Arbeitgeber einen entsprechenden Hinweis geben. Eine Reihe von Tarifverträgen – bspw. Einzelhandel NW – verlangen, dass ausdrücklich in den Aufhebungsvertrag aufgenommen wird, dass der Arbeitnehmer auf das im Tarifvertrag eingeräumte Widerrufsrecht verzichtet. 370

### 5. Hinweis auf Verlust von Versorgungsanwartschaften

Auch im Hinblick auf den drohenden Verlust von Versorgungsanwartschaften aus der **betrieblichen Altersversorgung** ist der Arbeitgeber grds. nicht verpflichtet, den Arbeitnehmer vor Abschluss des Aufhebungsvertrages von sich aus hinzuweisen. Eine Aufklärungspflicht kann ausnahmsweise nur dann angenommen werden, wenn der Arbeitnehmer auf Grund besonderer Umstände darauf vertrauen darf, der Arbeitgeber werde bei der vorzeitigen Beendigung des Arbeitsverhältnisses die Interessen des Arbeitnehmers wahren und ihn redlicherweise vor unbedachten, nachteiligen Folgen des vorzeitigen Ausscheidens – insbes. bei der Altersversorgung – bewahren (vgl. *BAG* 18.9.1984 AP Nr. 6 zu § 1 BetrAVG Zusatzversorgungskassen; 23.5.1989 AP Nr. 28 zu § 1 BetrAVG Zusatzver- 371 sorgungskassen; 3.7.1990 AP Nr. 24 zu § 1 BetrAVG). Ein solcher **Vertrauenstatbestand** kann bspw. dann angenommen werden, wenn der **Arbeitgeber die Initiative** für den Abschluss des Aufhebungsvertrages ergriffen hat oder wenn durch die Auflösung a-typische Versorgungsfälle entstehen (vgl. *BAG* 18.9.1984 AP Nr. 6 zu § 1 BetrAVG Zusatzversorgungskassen; 13.11.1984 AP Nr. 5 zu § 1 BetrAVG Zusatzversorgungskassen).

372 Der Dritte Senat des BAG führte insofern in einer Entscheidung vom 17.10.2000 zu den **Hinweis- und Aufklärungspflichten** im Zusammenhang mit einer **Betriebsrente** bei der beabsichtigten einvernehmlichen Aufhebung des Arbeitsverhältnisses folgendes aus (vgl. *BAG* 17.10.2000 NZA 2001, 206):

»Den Arbeitgeber treffen jedenfalls dann erhöhte Hinweis- und Aufklärungspflichten, wenn er im betrieblichen Interesse den Abschluss eines Aufhebungsvertrag vorschlägt, der Arbeitnehmer offensichtlich mit den Besonderheiten der ihm zugesagten Zusatzversorgung des öffentlichen Dienstes nicht vertraut ist, sich der baldige Eintritt eines Versorgungsfalles (Berufs- und Erwerbsfähigkeit nach längerer Krankheit) bereits abzeichnet und durch die vorzeitigen Beendigung des Arbeitsverhältnisses außergewöhnlich hohe Versorgungseinbußen drohen (Versicherungsrente statt Versorgungsrente).

Unter diesen Umständen reichen der allgemeine Hinweis auf mögliche Versorgungsnachteile und die bloße Verweisung an die Zusatzversorgungskasse unter Einräumung einer Bedenkzeit nicht aus. In einem solchen Fall ist der Arbeitnehmer darauf hinzuweisen, dass sich seine Zusatzversorgung bei Abschluss des Aufhebungsvertrages beträchtlich verringern kann. Auch über die Ursache dieses Risikos (Ausscheiden aus dem Arbeitsverhältnis vor Eintritt eines Versorgungsfalles) hat der Arbeitgeber den Arbeitnehmer in groben Umrissen zu unterrichten.«

373 Was das BAG insofern unter »**Unterrichten in groben Umrissen**« versteht, erläutert der Dritte Senat ebenfalls in den Entscheidungsgründen des vorerwähnten Urteils vom 17.10.2000:

»Die Beklagte musste zwar keine detaillierte Auskunft erteilen, sondern durfte die Klägerin an die Zusatzversorgungskasse verweisen (vgl. *BAG* NVwZ 1985, 942 LS; NZA 1988, 837 [zu II 2a]). Sie musste aber wenigstens das **Problembewusstsein** der Klägerin wecken und sie so beraten, dass sie sich bei der Zusatzversorgungskasse sachgerecht erkundigen und Missverständnisse vermeiden konnte. Die Einräumung einer Bedenkzeit ändert nichts daran, dass die Klägerin auf das Gespräch bei der Zusatzversorgungskasse ausreichend vorbereitet werden musste. Die Beklagte war nicht verpflichtet, die Klägerin über die versorgungsrechtlichen Einzelheiten zu unterrichten und die Einbußen bei der Zusatzversorgung genau zu berechnen. Auch die Abgrenzung von Versorgungs- und Versichertenrente musste die Beklagte nicht näher erläutern. Sie durfte sich jedoch nicht darauf beschränken, die Klägerin ohne weiteren Hinweis an die Zusatzversorgungskasse zu verweisen. Auch die bloße Bemerkung, dass durch eine Auflösung des Arbeitsverhältnisses Nachteile bei der Zusatzrente entstehen könnten, genügte nicht.«

374 Der Dritte Senat erwartet in derartigen Fällen, dass der Arbeitgeber den Mitarbeiter darauf aufmerksam macht, worin die Ursache für die möglichen Nachteile besteht. In dem vorliegenden Fall hätte das Unternehmen der Arbeitnehmerin mitteilen müssen, dass die erheblichen Einbußen bei der Altersversorgung insbes. dann drohen, wenn das Arbeitsverhältnis vor Zuerkennung der damals noch gewährten Erwerbs- oder Berufsunfähigkeitsrente beendet wird. Der Arbeitgeber musste also die Besonderheiten des Betriebsrentenrechtes bei Zusatzversorgungskassen so verständlich erläutern, dass die Mitarbeiterin in der Lage war, bei der Zusatzversorgungskasse die **richtigen Fragen** hinsichtlich ihrer zu erwartenden Betriebsrente zu stellen.

375 Dagegen wurde eine Pflicht des Arbeitgebers zum Hinweis auf den drohenden Verlust einer Anwartschaft vom *BAG* (3.7.1990 AP Nr. 24 zu § 1 BetrAVG) in einem Fall verneint, in dem das Arbeitsverhältnis unter **Abkürzung der Kündigungsfrist** mittels eines Aufhebungsvertrages zum 30.9. einvernehmlich beendet wurde und der Arbeitnehmerin ab 20.10. eine unverfallbare Versorgungsanwartschaft auf Grund Erreichen des damals noch notwendigen 35. Lebensjahres zugestanden hät-

## L. Hinweis- und Aufklärungspflichten

te. Durch die Verkürzung der Kündigungsfrist hatte die Arbeitnehmerin die Versorgungsanwartschaft verloren. Das BAG sah trotzdem **keine Verletzung von Aufklärungspflichten** und stellte auf den Umstand ab, dass der Arbeitnehmerin eine **betriebliche Versorgungsordnung ausgehändigt worden war**, der die Voraussetzungen und näheren Modalitäten der betrieblichen Altersversorgung hätten entnommen werden können. Unerheblich sei dabei die zeitliche Nähe des Aufhebungsvertrages zu dem für die Unverfallbarkeit maßgebenden Zeitpunkt. Denn es sei gerade die Eigenart jeder Stichtags- und Fristenregelung, dass auch kurze Über- und Unterschreitungen zu Rechtsnachteilen führten (vgl. *BAG* 3.7.1990 AP Nr. 24 zu § 1 BetrAVG). Dies gilt jedoch nicht bei **Versorgungsnachteilen**, deren **Kenntnis nicht ohne weiteres** vom Arbeitnehmer erwartet werden kann (vgl. *BAG* 17.10.2000 NZA 2001, 206; 13.11.1984 AP Nr. 5 zu § 1 BetrAVG Zusatzversorgungskassen).

Geht die **Initiative** zur Beendigung des Arbeitsverhältnisses **vom Arbeitnehmer** aus, so obliegt dem Arbeitgeber **keine besondere Hinweispflicht**. Dies gilt auch dann, wenn der Arbeitnehmer auf Grund der von ihm selbst gewünschten Aufhebung des Arbeitsverhältnisses erhebliche Nachteile bei der betrieblichen Altersversorgung erleidet (vgl. *BAG* 11.12.2001 EzA § 111 BGB Fürsorgepflicht Nr. 62). Hier ist es nach Ansicht des BAG nicht erforderlich, dass der Arbeitgeber das oben beschriebene **Problembewusstsein** weckt (vgl. *BAG* EzA § 111 BGB Fürsorgepflicht Nr. 62). 376

Tritt ein Arbeitnehmer an den Arbeitgeber mit der Bitte um Auskunft über eine Versorgungsregelung heran, muss der Arbeitgeber die Auskunft erteilen, soweit er das zuverlässig vermag. Andernfalls muss er den Arbeitnehmer an eine dafür zuständige oder kompetente Stelle verweisen. 377

### 6. Hinweis auf bevorstehenden Sozialplan

Plant der Arbeitgeber einen **größeren Personalabbau** und bietet er in diesem Zusammenhang einem Mitarbeiter den Abschluss eines Aufhebungsvertrages an, so ist er **nicht verpflichtet**, den Arbeitnehmer auf den Umfang des Personalabbaus sowie eine mögliche Sozialplanpflicht aufmerksam zu machen. Der Arbeitnehmer hat in diesem Fall auch **keinen Schadensersatzanspruch** (vgl. *BAG* 13.11.1996 EzA § 112 BetrVG 1972 Nr. 90), wenn er bspw. wegen einer **Stichtagsregelung** nunmehr nicht unter den Sozialplan fällt. 378

### III. Rechtsfolgen bei der Verletzung von Hinweis- und Aufklärungspflichten

Erteilt der Arbeitgeber im Zusammenhang mit der Beendigung des Arbeitsverhältnisses eine Auskunft über die weiteren Rechtsfolgen, muss sie richtig sein. **Falsche** und nur scheinbar vollständige oder sonst **irreführende Auskünfte** verpflichten den Arbeitgeber zum **Schadensersatz** (vgl. *BAG* 13.11.1984 AP Nr. 5 zu § 1 BetrAVG Zusatzversorgungskassen; 3.7.1990 AP Nr. 24 zu § 1 BetrAVG). 379

Der Schadensersatzanspruch ist immer nur auf **Geldersatz** – bspw. für einen Versorgungsschaden in der betrieblichen Altersversorgung – gerichtet. Dagegen kann der Arbeitnehmer nicht gem. § 249 BGB im Wege der sog. **Naturalrestitution** die Beseitigung des Aufhebungsvertrages bzw. die Fortsetzung des Arbeitsverhältnisses verlangen (vgl. *BAG* 14.2.1996 EzA § 111 BGB Aufhebungsvertrag Nr. 21; 10.3.1988 AP Nr. 99 zu § 611 BGB Fürsorgepflicht). Denn insoweit wird es in aller Regel an der erforderlichen Kausalität zwischen der **Fürsorgepflichtverletzung** und dem Schaden fehlen. 380

Vereinbaren der Arbeitgeber und der Arbeitnehmer in einem Aufhebungsvertrag eine Abfindungssumme, die sich u. a. aus dem zum Vertragsschluss maßgeblichen **Nettoeinkommen** des Arbeitnehmers und aus der Höhe des Arbeitslosengeldes bis zum Rentenbezug zusammensetzt, berechtigt eine Minderung des Arbeitslosengeldes in Folge einer späteren Gesetzesänderung den Arbeitnehmer nicht, den Differenzbetrag nach den Grundsätzen des Wegfalls der Geschäftsgrundlage (§ 313 BGB) vom Arbeitgeber ersetzt zu verlangen (vgl. *LAG Düsseld.* 15.3.1995 DB 1995, 1240). 381

## IV. Abdingbarkeit der Hinweis- und Aufklärungspflicht

382 Die Hinweis- und Aufklärungspflicht ist als Nebenpflicht aus dem Arbeitsvertrag in einem gewissen Rahmen abdingbar (vgl. *Reufels* ArbRB 2001, 207; *Hoß/Ehrich* DB 1997, 625). Zur Vermeidung etwaiger Schadensersatzansprüche ist es daher zulässig, **in den Aufhebungsvertrag einen Verzicht des Arbeitnehmers auf Hinweise des Arbeitgebers** bzgl. möglicher Konsequenzen aus der Aufhebungsvereinbarung aufzunehmen.

383 Es kann folgende **Klausel** bspw. verwendet werden:

»Der Mitarbeiter verzichtet auf Hinweise des Arbeitgebers auf mögliche Konsequenzen, die sich aus diesem Aufhebungsvertrag und aus dem Zusammenhang mit der Beendigung des Arbeitsverhältnisses für den Arbeitnehmer ergeben können. Der Mitarbeiter hat insofern Gelegenheit, sich durch seinen Rechtsanwalt beraten zu lassen.«

384 Handelt es sich um atypische Risiken, so ist allerdings in Anbetracht der neueren Rechtsprechung des BAG zweifelhaft, ob eine derartige Klausel ausreicht, um das Unternehmen vor eventuellen Schadensersatzansprüchen des Mitarbeiters wegen fehlender Aufklärung zu schützen. Insbesondere dann, wenn der Mitarbeiter weder anwaltlich noch gewerkschaftlich vertreten war, wird ein Verzicht auf Aufklärungsrechte entsprechende Schadensersatzansprüche des Unternehmens nicht vermeiden können. Es ist gerade Sinn der Aufklärungspflichten, den Mitarbeiter auf Risiken aufmerksam zu machen. Kannte der Arbeitgeber das atypische Risiko – bspw. Wechsel von der Versorgungs- in die Versichertenrente –, so wird man auch weiterhin einen **ausdrücklichen Hinweis des Arbeitgebers** auf dieses atypische Risiko fordern müssen. Die Hinweispflicht soll den Arbeitnehmer gerade vor von ihm nicht bedachten Folgen der vom Unternehmen gewünschten Beendigung des Arbeitsverhältnisses bewahren.

385 Von daher sollte der Arbeitgeber im eigenen Interesse seiner Aufklärungspflicht nachkommen. Im Aufhebungsvertrag kann dies wie folgt dokumentiert werden:

»Der Mitarbeiter wurde auf die Möglichkeit des Eintritts einer Sperrzeit sowie auf die Konsequenzen der Beendigung des Arbeitsverhältnisses hinsichtlich der Versorgungsanwartschaft aus der betrieblichen Altersversorgung ebenso wie auf die Steuerpflicht der Abfindung hingewiesen.«

386 Beruft sich der Arbeitnehmer in einem nachfolgenden Rechtsstreit auf hiervon abweichende Angaben des Arbeitgebers (z. B. die – unrichtige – Auskunft, dass wegen des Aufhebungsvertrages nicht mit dem Eintritt einer Sperrzeit zu rechnen sei), hat dies der Arbeitnehmer zu beweisen. Der Arbeitgeber kann sich auf die vom Mitarbeiter im individuellen Aufhebungsvertrag festgehaltene Erklärung berufen, wonach eine entsprechende Aufklärung erfolgt war.

## M. Rechtsschutzversicherung bei Aufhebungsvertrag

387 In der Praxis kommt es immer wieder zu Streitigkeiten mit Rechtsschutzversicherern, wenn es um die anwaltliche Vertretung eines Arbeitnehmers in Zusammenhang mit dem Abschluss eines Aufhebungsvertrages geht. Die Rechtsschutzversicherer lehnen die Kostenübernahme i. d. R. mit Hinweis auf verschiedene Urteile von Amts- oder Landgerichten unter Hinweis auf den fehlenden Rechtsverstoß ab. Die allg. Versicherungsbedingungen für Rechtsschutzversicherungen sehen vor, dass die Kostenübernahme durch den Rechtsschutzversicherer nur dann zu erfolgen hat, wenn ein Rechtsverstoß vorliegt. Im Angebot des Arbeitgebers auf einvernehmliche Beendigung eines Arbeitsverhältnisses durch Abschluss eines Aufhebungsvertrages soll nach Auffassung der Rechtsschutzversicherer i. d. R. kein Rechtsverstoß zu sehen sein, so dass aus dem Versicherungsvertrag auch keine Leistungen zu erbringen sind.

388 Die von den Rechtsschutzversicherern vertretene Auffassung steht heute nicht mehr in Einklang mit der sich gewandelten Rechtsprechung der Zivilgerichte – einschließlich des *BGH*, wie das Urteil des 4. Zivilsenats vom 19.11.2008 zeigt (NZA 2009, 92).

In neuerer Zeit zeigt sich, dass ein Versicherungsnehmer auch bei Abschluss eines Aufhebungsvertrages durchaus Anspruch auf den Rechtsschutz durch die Rechtsschutzversicherung hat. Das *Amtsgericht Koblenz* hat bspw. mit Urteil vom 20.1.2005 (NZA-RR 7/2006) einen Versicherungsfall bei Abschluss eines Aufhebungsvertrages bejaht. Nach Auffassung des AG Koblenz, der sich in der mündlichen Verhandlung vor dem Berufungsgericht auch die Berufungskammer angeschlossen hatte, ist ein Verstoß i. S. d. Rechtsschutzbedingungen ein Handeln gegen eine gesetzliche oder vertragliche Rechtspflicht oder das Unterlassen eines rechtlich gebotenen Tuns. Für das Vorliegen eines Verstoßes genügt nach Auffassung des Amtsgerichtes ein Verhalten, welches objektiv nicht mit Rechtsvorschriften und Rechtspflichten in Einklang steht. Im Fall des AG Koblenz vom 20.1.2005 lag der Rechtsverstoß darin, dass der ursprünglich angebotene Aufhebungsvertrag das Anstellungsverhältnis unter Außerachtlassung des Sonderkündigungsschutzes nach dem Bundeserziehungsgeldgesetz zum 30.6.2005 beendet hätte. Unter Beachtung des Sonderkündigungsschutzes hätte eine Kündigung frühestens zum 31.12.2005 erreicht werden können. Der endgültig abgeschlossene Aufhebungsvertrag sah genau dieses Beendigungsdatum vor.

Im Rahmen der mündlichen Verhandlung über die Berufung des Rechtsschutzversicherers gegen das Urteil des AG Koblenz wurde in das Protokoll folgender Hinweis des Berufungsgerichtes aufgenommen:

»Die Kammer ist insoweit der Auffassung, dass zwar die bedingte Androhung einer betriebsbedingten Kündigung per se noch nicht in jedem Fall einen Versicherungsfall auslöst. Anders ist dies aber dann anzusehen, wenn dem Arbeitnehmer zur Vermeidung der Kündigung eine Option angeboten wird, die offensichtlich Rechte des Arbeitnehmers verletzt. Da dem Arbeitnehmer nicht abverlangt werden kann, zur Abwendung einer Kündigung auf die ihm im Fall der Kündigung zustehenden Rechte zu verzichten, führt eine Option, die den Verlust solcher Rechte einbezieht, nach Auffassung der Kammer dazu, dass die Androhung der Kündigung den Arbeitnehmer vor die Wahl stellt, sich zwischen dem Verlust eigener Rechte und der Hinnahme der Kündigung zu entscheiden. Darin ist nach Auffassung der Kammer ein Rechtsverstoß des Arbeitgebers zu sehen. Dieser entfällt auch nicht deshalb, weil der Klägerin eine weitere – rechtmäßige – Möglichkeit geboten wurde. Würde man dies nämlich annehmen, räumte man Arbeitgebern die Möglichkeit ein, durch bloßes Angebot einer rechtmäßigen Option die Rechtswidrigkeit aller weiteren Optionen zu heilen.« (vgl. NZA-RR 2006, 372).

Auf der gleichen Linie liegt ein aktuelles Urteil des *Saarl. OLG* vom 19.7.2006 – 5 U 719/05–107 n. v. Das OLG Saarland weist in den Entscheidungsgründen darauf hin, dass es den Begriff des Verstoßes i. S. v. § 4 der allg. Rechtsschutzbedingungen weit auslegt.

Wörtlich heißt es in den Entscheidungen:

»Für den einen Rechtsschutzfall auslösenden Verstoß gegen § 4 Abs. 1c) ARB genügt nämlich jeder tatsächliche, objektiv feststellbare Vorgang, der die Anbahnung eines Rechtskonfliktes in sich trägt; der Rechtsstreit ist dann jedenfalls latent vorhanden und damit gewissermaßen bereits ›vorprogrammiert‹ (*BGH* 28.9.2005 – IV ZR 106/04, VersR 2005, 1684, m. w. N.). Dies ist nicht nur bei der Androhung einer verhaltensbedingten, sondern auch bei der Androhung einer betriebsbedingten Kündigung zweifellos der Fall. Denn damit bringt der Arbeitgeber zum Ausdruck, dass er an den durch den Vertrag begründeten Leistungspflichten, nämlich den Versicherungsnehmer im Rahmen der Beschäftigungspflicht Arbeit bereit zu stellen (...), nicht mehr festhalten, sondern das Vertragsverhältnis auf jeden Fall beenden will. Dies gilt erst recht, wenn – wie hier – die betriebsbedingte Kündigung im Zusammenhang mit der Weigerung des Arbeitnehmers, einem Angebot auf Abschluss eines Aufhebungsvertrages zuzustimmen, erfolgt, und der Arbeitgeber ohnehin entschlossen ist, das Vertragsverhältnis zu beenden.«

Im Hinblick auf die gegenteilige Instanzrechtsprechung stellt das OLG Saarland in der Entscheidung vom 19.7.2006 richtigerweise Folgendes klar:

> »Soweit die Instanzrechtsprechung darauf verweist, dass das Angebot auf Abschluss eines Aufhebungsvertrages in Verbindung mit der Absicht, andernfalls eine Kündigung auszusprechen, Ausdruck der Privatautonomie sei und deshalb einen Rechtsverstoß nicht begründen können, wird verkannt, dass sich für den Versicherungsnehmer in diesem Fall die Beeinträchtigung seiner Rechtsposition bereits verwirklicht hat. Verwirklicht hat sich die Beeinträchtigung der Rechtsposition nämlich bereits dadurch, dass der Arbeitgeber zum Ausdruck gebracht hat, seiner sich aus dem Arbeitsvertrag ergebenden Beschäftigungspflicht nicht mehr nachzukommen. Auch macht es aus der Sicht eines durchschnittlichen Versicherungsnehmers, der nicht über versicherungsrechtliche Spezialkenntnisse verfügt, keinen Unterschied, ob die Kündigung bereits ausgesprochen ist oder ernsthaft droht ohne das Problem der Wirksamkeit der Kündigung durch den Abschluss eines Aufhebungsvertrages umgangen werden soll. Eine Verschlechterung seiner Rechtsposition hat sich für den Kläger als Versicherungsnehmer aus dessen Sicht auf der Grundlage der nach Außen getragenen Willenserklärungen seiner Arbeitgeberin zumindest subjektiv realisiert. Nach der ersichtlich ernst gemeinten und ernst zu nehmenden Erklärung seiner Arbeitgeberin, dass seine Stelle betriebsbedingt wegfalle und auch eine anderweitige Weiterbeschäftigung nicht in Betracht komme, stellte sich die konkrete Vertragsbeendigung nur noch als formale Umsetzung einer bereits getroffenen Entscheidung dar. Ein Rechtsverstoß stand deshalb nicht nur ernstlich bevor, sondern war bereits eingetreten.«

**394** Im Hinblick auf den Umfang der von der Rechtsschutzversicherung zu tragenden Kosten verweist das *OLG Saarland* in der Entscheidung vom 19.7.2006 (– 5 U 719/05–107) darauf, dass der Versicherungsschutz sich nicht nur auf die Kosten beschränkt, die durch die angedrohte Kündigung ausgelöst werden, sondern auch diejenigen eines etwaigen Aufhebungsvertrages mit Abfindung umfassen. Das OLG betont ausdrücklich, dass der Kläger die anwaltliche Beratung auch für die Gestaltung und den Abschluss eines Aufhebungsvertrages vor dem Hintergrund der ihm gegenüber angedrohten Kündigung in Anspruch nehmen dürfte. Die Kosten richten sich in diesem Fall nicht nach dem für Kündigungen beschränkten Streitwert (Vierteljahresbezug), sondern nach dem Wert des auszuhandelnden Aufhebungsvertrages. Ausdrücklich erklärt das OLG Saarland, dass es ohne Belang sei, dass in den geschlossenen Aufhebungsvertrag Positionen eingeflossen sind, die nicht zwischen den Parteien streitig waren.

**395** Abgeschlossen wurde nunmehr die oben dargestellte Entwicklung der Rechtsprechung der Zivilgerichte durch die Entscheidung des *BGH* vom 19.11.2008 (– IV ZR 305/07, NZA 2009, 92). Der 4. Zivilsenat hat unter Aufhebung des Berufungsurteils des Landgerichtes Hannover entschieden, dass die Androhung einer betriebsbedingten Kündigung für den Fall, dass ein vom Arbeitgeber unterbreitetes Angebot auf Abschluss eines Aufhebungsvertrages abgelehnt wird, einen Rechtsschutzfall auslöst, bei dem der Rechtsschutzversicherer zur Erteilung der Deckungszusage verpflichtet ist.

**396** Wörtlich heißt es in den Entscheidungsgründen des Urteils vom 19.11.2008 wie folgt:

> »Aus der maßgeblichen Sicht eines durchschnittlichen, um Verständnis bemühten Versicherungsnehmer ohne versicherungsrechtliche Spezialkenntnisse (...) ist ein Rechtsschutzfall i. S. von § 14 III ARB anzunehmen, wenn das Vorbringen des Versicherungsnehmers (ersten) einen objektiven Tatsachenkern – im Gegensatz zu einem bloßen Werturteil – enthält, mit dem er (zweitens) den Vorwurf eines Rechtsverstoßes verbindet und worauf er dann (drittens) seine Interessenverfolgung stützt (...).
>
> a) Der vorgetragene Tatsachenkern muss dabei die Beurteilung erlauben, ob der damit beschriebene Vorgang dem zwischen den Parteien ausgebrochenen Konflikt jedenfalls mit ausgelöst hat, also geeignet gewesen ist, den Keim für eine (zukünftige) rechtliche Auseinandersetzung zu legen. Weiterer qualifizierender Voraussetzungen bedarf es insofern nicht; ein adäquater Ursachenzusammenhang reicht mithin aus (...).«

Weiter heißt es dann in der Entscheidung des *BGH* vom 19.11.2008:

> »Dieses weite Verständnis des Rechtsschutzfalls trägt den Interessen beider Vertragspartner Rechnung. Den Versicherer bleibt je nach Sachlage der Einwand mangelnder Erfolgsaussicht (§ 17 ARB) unbenommen und der Versicherungsnehmer ist vor einer insoweit sonst drohenden – schleichenden – Aushöhlung des Leistungsversprechens bewahrt. Abgesehen davon kann die Festlegung, wann erstmals ernsthaft ein Pflichtverstoß angelastet und der Versicherungsfall ausgelöst wird, je nach Beginn oder Ablauf der Versicherungszeit zu Gunsten des einen oder anderen Vertragspartners ausschlagen. Eine einseitige Begünstigung einer Vertragsseite bei der Bestimmung, ob der geschilderte Versicherungsfall in versicherter Zeit liegt und deswegen die Eintrittspflicht des Versicherers auszulösen vermag, ist damit nicht verbunden (...).«

Das Urteil des BGH vom 19.11.2008 hat in der Praxis bereits zu einer deutlichen Verbesserung der Versicherungsnehmer geführt. Rechtsschutzversicherer erteilen nunmehr – nach entsprechendem Hinweis auf das Urteil des BGH – auch für die Vertretung des Arbeitnehmers in Verhandlungen über einen Aufhebungsvertrag die Deckungszusage, wenn vorgetragen werden kann, dass der Arbeitgeber mit der Kündigung gedroht hat. Für den Rechtsanwalt hat diese nunmehr vom Rechtsschutzversicherer abgesegnete frühe Beratung des Mandanten den großen Vorteil, dass nunmehr in dem Fall, dass es doch noch zum Ausspruch der Kündigung kommt und ein Kündigungsschutzverfahren notwendig wird, neben den gerichtlichen Gebühren auch die außergerichtliche Interessenwahrnehmung abgerechnet werden kann. Damit wird die zuletzt festzustellende Praxis vieler Rechtsschutzversicherer, wonach verlangt wird, dass sofort nach Ausspruch einer Kündigung Klage eingereicht wird und keine Deckungszusage für einen außergerichtlichen Einigungsversuch erteilt wird, zumindest faktisch Einhalt geboten.  397

## N. Anwaltliche Strategien im Kündigungsschutzverfahren

### I. Einleitung

Das Ziel des Mandanten bestimmt die anwaltliche Strategie, so dass am Beginn aller Überlegungen eine ausführliche Erörterung mit dem Mandanten über das von ihm angestrebte Ziel steht. Aus haftungsrechtlichen Gründen sollte nach dem Beratungsgespräch dem Mandanten eine schriftliche Zusammenfassung übersandt werden.  398

Möchte der **Arbeitnehmer**-Mandant überhaupt das Arbeitsverhältnis fortsetzen oder – gegen möglichst hohe finanzielle Kompensation – aus dem Arbeitsverhältnis ausscheiden? Ist die Fortsetzung/Beendigung des Arbeitsverhältnisses »aus der Sicht eines vernünftigen Dritten« ratsam (Aussichten einen neuen Arbeitsplatz zu finden, bestehende arbeitsplatzbezogene Konfliktsituation, drohende Insolvenz des Arbeitgebers usw.). Sollte das Ziel des Mandanten kritisch hinterfragt werden, insbes. im Hinblick auf sozialversicherungsrechtliche Konsequenzen?  399

**Arbeitgeber**-Mandanten streben zumeist eine zeitnahe Beendigung von Arbeitsverhältnissen an. Nicht selten fehlt jedoch eine hinreichend sichere rechtliche Grundlage für eine Kündigung. Dem Arbeitgeber droht im Prozess der »Würgegriff des Annahmeverzuges«. Andererseits führt ein weiteres Zuwarten zu der Zahlung weiterer Arbeitsvergütung bzw. nicht selten – nach Erhalt einer Abmahnung – zu Entgeltfortzahlungskosten. Dieses Spannungsverhältnis muss mit dem Arbeitgeber-Mandanten sorgsam erörtert werden, um anschließend die anwaltliche Strategie danach auszurichten.  400

»Patentrezepte« für anwaltliche Strategien verbieten sich schon allein deshalb, weil jeder Anwalt seinen eigenen Weg gefunden hat oder im Berufsalltag finden wird; nachfolgend daher Anregungen für die Entwicklung einer eigenen anwaltlichen Strategie, die keinesfalls abschließend sein sollen.  401

### II. Schwerpunkte prozesstaktischer Überlegungen

#### 1. Arbeitnehmer-Mandant

Bereits bei der ersten Kontaktaufnahme durch einen Arbeitnehmer-Mandanten empfiehlt es sich, Fristen, Schriftform, Unterschrift sowie Vertretungsverhältnisse zu prüfen (s. Checklisten Kap. 15  402

Rdn. 86 ff.). Nichtanwaltliche Mitarbeiter sind hiermit regelmäßig überfordert, weshalb ein zeitnaher Rückruf durch einen Rechtsanwalt sichergestellt werden sollte.

### a) Zurückweisung der Kündigung nach § 174 BGB

403 Die Kündigung sollte »routinemäßig« nach § 174 S. 1 BGB zurückgewiesen werden (s. Muster Kap. 15 Rdn. 93). Die Zurückweisung muss unverzüglich erfolgen, d. h. der Zugang der Zurückweisungserklärung, der ihrerseits eine Originalvollmacht beiliegen muss, ist innerhalb einer Woche nach Zugang der Kündigung (s. Kap. 4 Rdn. 141) sicherzustellen. Von der Zurückweisung in der Kündigungsschutzklage ist abzuraten, da deren Zustellung sich verzögern kann und damit nicht der schnellstmögliche Weg gewählt wird, sondern ein mit erkennbarem Verzögerungsrisiko behafteter Weg (*BAG* 19.4.2007 EzA § 611 BGB 2002 Aufhebungsvertrag Nr. 7). Eine Zurückverweisung sollte zum einen per Telefax erfolgen, um die Gegenseite schnellstmöglich nachweislich in Kenntnis zu setzen und, da ein Original sowie eine Originalvollmacht übersandt werden müssen, zusätzlich per Einschreiben oder – sicherer – Zustellung per Bote. Die Zurückweisung muss ausdrücklich wegen fehlender Vorlage einer Vollmacht erfolgen; eine Zurückweisung wegen fehlender Vollmacht wäre fehlerhaft (*BAG* 19.4.2007 – 2 AZR 180/06, FA 2007, 387). Mit der Rüge des § 174 S. 1 BGB wird nämlich nicht das Vorliegen einer wirksamen Bevollmächtigung angezweifelt, sondern es wird der Nachweis der Bevollmächtigung gefordert.

404 Lag der Kündigung lediglich eine Fotokopie einer Vollmachtsurkunde bei, sollte auch in diesem Fall die Kündigung wegen fehlender Vorlage einer Vollmacht unverzüglich zurückgewiesen werden (*LAG RhPf* 4.6.2008 – 7 SaGa 4/08, juris).

405 Hat nur einer von mehreren Geschäftsführern unterzeichnet, sollte sofort Einsicht in das Handelsregister genommen werden. Ist der unterzeichnende Geschäftsführer nicht alleinvertretungsberechtigt, empfiehlt es sich, die Kündigung wegen fehlender Vorlage einer Vollmacht zurückzuweisen. Zwar können weitere Geschäftsführer den unterzeichnenden Geschäftsführer formlos zum Ausspruch der Kündigung ermächtigt haben, jedoch muss dann die Ermächtigungsurkunde der Kündigung beiliegen (s. Kap. 4 Rdn. 161 f.).

406 Ist die Kündigung »i. A.« unterzeichnet, sollte die Kündigung sowohl wegen fehlender Kündigungsbefugnis als auch wegen fehlender Vorlage einer Vollmachtsurkunde zurückgewiesen werden. Die Verwendung des Zusatzes »i. A.« bedeutet nämlich nach der Rechtsprechung nicht zwingend die Erklärung der Kündigung als bloßer Bote, sondern die Umstände des Einzelfalles können auch für eine rechtsgeschäftliche Vertretung sprechen (s. Kap. 4 Rdn. 127 ff.).

407 Zusammenfassend: Der Arbeitnehmer-Anwalt sollte regelmäßig die Kündigung gemäß § 174 BGB zurückzuweisen; hin und wieder führt allein eine derartige »Standard-Rüge« zum Erfolg (Muster s. Kap. 15 Rdn. 93). Zudem kann die Rüge bei Erhebung einer Kündigungsschutzklage als Begründung für die Gefahr weiterer Kündigungen zur Rechtfertigung eines »Schleppnetzantrages« (s. hierzu Kap. 15 Rdn. 90, 271 und Kap. 4 Rdn. 76) herangezogen werden.

### b) Klagefrist, § 4 KSchG

408 Eine Kündigungsschutzklage ist innerhalb von drei Wochen nach Zugang der schriftlichen Kündigung zu erheben (§ 4 S. 1 KSchG). Eine mündliche Kündigung, die nach § 623 i. V. m. § 125 BGB mangels Schriftform nichtig ist (s. Kap. 4 Rdn. 33), löst die Klagefrist nicht aus (s. Kap. 4 Rdn. 177f.); ebenso wenig die Kündigung durch einen vollmachtlosen Vertreter oder Nichtberechtigten (*BAG* 26.3.2009 – 2 AZR 403/07, FA 2010, 29). Beginnt das Mandat erst nach Ablauf der Klagefrist muss der Arbeitnehmer-Anwalt – neben einer nachträglichen Klagezulassung nach § 5 KSchG (s. hierzu Kap. 4 Rdn. 982 f.; zum Wiedereinsetzungsantrag *Liebers/Geck* FB ArbR T Rn. 168 ff.) – in der Klage auch darauf hinweisen, dass die Klagefrist überhaupt nicht zu laufen begonnen hatte, weil eine nicht zur Kündigung berechtigte Person die Kündigung ausspruch. Hierbei ist allerdings zu beachten, dass der Arbeitgeber die Kündigung nachträglich genehmigen kann und ab diesem Zeitpunkt die Klagefrist läuft (*BAG* 26.3.2009 – 2 AZR 403/07, FA 2010, 29).

## N. Anwaltliche Strategien im Kündigungsschutzverfahren

Besondere Vorsicht ist bei der Kündigung durch einen sog. Doppelvertreter, also einen Vertreter, der für mehrere juristische Person handeln darf, geboten. Hier wird die Kündigungserklärung dem Vertretenen zugerechnet, dessen Bereich sie eindeutig zuzurechnen ist (*BAG* 19.4.2007 – 2 AZR 180/06, FA 2007, 387). Dem Arbeitnehmer-Anwalt ist dringend zu empfehlen, bei Kündigungen durch Doppelvertreter die Klagefrist des § 4 S. 1 KSchG zu wahren. 409

Nach § 4 S. 4 KSchG läuft die Klagefrist erst ab der Bekanntgabe der Entscheidung der Behörde an den Arbeitnehmer, wenn die Kündigung der Zustimmung einer Behörde bedarf (z. B. § 9 Abs. 3 S. 1 MuSchG, § 18 Abs. 1 S. 2 und 3 BEEG, §§ 85, 91 SGB IX). Folgende Fallgruppen können auftreten: 410

Die Zustimmung der Behörde wird dem Arbeitnehmer vor Zugang der Kündigung bekannt gegeben. Mit Zugang der Kündigung läuft die Dreiwochenfrist. 411

Die Zustimmung der Behörde wird dem Arbeitnehmer nach Zugang der Kündigung bekannt gegeben. Erst ab Bekanntgabe der Entscheidung der Behörde läuft die Dreiwochenfrist. 412

Bei Kündigung eines schwerbehinderten Arbeitnehmers ist danach zu differenzieren, ob dem Arbeitgeber die Schwerbehinderteneigenschaft bei Ausspruch der Kündigung bekannt war oder nicht (s. Kap. 4 Rdn. 724). 413

Kündigt der Arbeitgeber einem schwerbehinderten Arbeitnehmer in Kenntnis von dessen Schwerbehinderteneigenschaft, so kann der Arbeitnehmer das Fehlen der nach § 85 SGB IX erforderlichen Zustimmung bis zur Grenze der Verwirkung gerichtlich geltend machen, wenn der Arbeitgeber entweder überhaupt keine Zustimmung beim Integrationsamt beantragt hatte oder dem Arbeitnehmer eine Entscheidung der Behörde nicht bekannt gegeben worden ist (*BAG* 13.2.2008 EzA § 4 KSchG n. F. Nr. 83). 414

Ist dem Arbeitgeber bei Ausspruch der Kündigung die Schwerbehinderung des Arbeitnehmers bzw. dessen Gleichstellung nicht bekannt, muss der Arbeitnehmer zur Erhaltung seines Sonderkündigungsschutzes nach § 85 SGB IX dem Arbeitgeber innerhalb von drei Wochen nach Zugang der Kündigung sowohl seinen Schwerbehindertenstatus bzw. seine Gleichstellung mitteilen als auch Klage erheben. Die Mitteilung in der rechtzeitig eingereichten Klageschrift genügt, auch wenn die Zustellung erst nach Ablauf der Dreiwochenfrist erfolgt (*BAG* 23.2.2010 EzA § 85 SGB IX Nr. 6). 415

### c) Klageverzichtsvertrag

Hat der Arbeitnehmer einen Klageverzichtsvertrag geschlossen, so ist dieser nur wirksam, wenn die Schriftform (§§ 623, 125 BGB) gewahrt ist (*BAG* 19.4.2007 EzA § 611 BGB 2002 Aufhebungsvertrag Nr. 7). Darüber hinaus ist ein formularmäßiger Verzicht des Arbeitnehmers auf die Erhebung einer Kündigungsschutzklage ohne kompensatorische Gegenleistung des Arbeitgebers unwirksam, da der Arbeitnehmer gem. § 307 Abs. 1 S. 1 BGB unangemessen benachteiligt wird (*BAG* 6.9.2007 EzA § 4 KSchG n. F. Nr. 79). Eine Anfechtung des Klageverzichtsvertrages wegen Irrtums muss unverzüglich erfolgen. Nach Auffassung des *BAG* (19.4.2007 EzA § 611 BGB 2002 Aufhebungsvertrag Nr. 7) genügt die Mitteilung in der Klageschrift nicht, da der Arbeitnehmer nicht den schnellstmöglichen, sondern einen mit erkennbarem Verzögerungsrisiko behafteten Weg gewählt hat. 416

### d) Zuständiges Gericht

Schon aus eigenem Interesse wird der Anwalt sich mit der Frage des örtlich zuständigen Gerichtes befassen. Der allgemeine Gerichtsstand natürlicher Personen richtet sich nach ihrem Wohnsitz, § 13 ZPO, §§ 7 ff. BGB (s. Kap. 14 Rdn. 338). Der allgemeine Gerichtsstand juristischer Personen des privaten und öffentlichen Rechts bestimmt sich gem. § 17 ZPO nach ihrem Sitz (s. Kap. 14 Rdn. 339). In arbeitsgerichtlichen Auseinandersetzungen kommt dem Gerichtsstand der Niederlassung (§ 21 ZPO), dem Gerichtsstand des Erfüllungsortes (§ 29 ZPO) und des Arbeitsortes (§ 48 Abs. 1a ArbGG) eine erhebliche Bedeutung zu. Der Erfüllungsort richtet sich nach dem Schwer- 417 punkt des Arbeitsverhältnisses. Indizien sind dabei der Ort des Arbeitsvertragsschlusses, der Ort von dem die Einsätze gesteuert und die arbeitsvertraglichen Weisungen erteilt werden sowie die Zahlungsverpflichtungen erfüllt werden (s. Kap. 14 Rdn. 344). Eine Niederlassung muss auf gewisse Dauer angelegt sein, einen gewissen sächlichen Bestand aufweisen, unter einer selbstständigen Leitung stehen und die Klage muss einen Bezug zum Geschäftsbetrieb der Niederlassung haben (s. Kap. 14 Rdn. 347).

418 Der Gerichtstand des Arbeitsortes gem. § 48 Abs. 1a ArbGG eröffnet häufig bei Außendienstmitarbeitern die Möglichkeit eine Klage am Wohnsitz des Arbeitnehmers anhängig zu machen (s. Kap. 14 Rdn. 351), nämlich dann, wenn er von seinem Wohnort aus seine Reisetätigkeit plant oder andere Hilfstätigkeiten ausübt. Allerdings ist der Wohnort kein Arbeitsort, falls ein Montagearbeiter oder Kraftfahrer lediglich aufgrund einer Vielzahl weisungsgebundener Entsendungen unterschiedliche Einsatzorte anfährt.

419 Die Prozessvertreter können durch rügelose Einlassung des Beklagten in der Kammerverhandlung ein an sich örtlich nicht zuständiges Arbeitsgericht mit der Streitigkeit befassen (s. Kap. 14 Rdn. 360).

### e) Freistellung in der Kündigungsfrist

420 Nicht selten wird der Arbeitnehmer in der Kündigungsfrist unter Verrechnung von Urlaubsansprüchen freigestellt. Der Arbeitnehmer-Anwalt muss insoweit mit seinem Mandanten klären, wie hierauf reagiert wird. Der Arbeitnehmer kann die Freistellung hinnehmen und regelmäßig sogar umgehend in Wettbewerb treten, da nach der Rechtsprechung (*BAG* 6.9.2006 EzA § 615 BGB 2002 Nr. 16) das vertragliche Wettbewerbsverbot nach § 60 HGB mit der Freistellungserklärung aufgehoben wird. Der Arbeitnehmer kann jedoch auch die Erteilung von Urlaub ablehnen, indem er der Urlaubsgewährung widerspricht und seine Arbeitskraft ausdrücklich anbietet (*BAG* 14.3.2006 EzA § 7 BUrlG Nr. 117).

### f) Vorrang der Änderungskündigung

421 Erhält der Arbeitnehmer im Vorfeld einer Kündigung von dem Arbeitgeber ein Änderungsangebot, sollte der Arbeitnehmer-Anwalt regelmäßig darauf hinwirken, dass der Arbeitnehmer dieses Angebot nicht unmissverständlich und vorbehaltlos abgelehnt, sondern sein Einverständnis mit den neuen Bedingungen bereits vor Ausspruch der Kündigung unter Vorbehalt erklärt. In einer derartigen Erklärung liegt die Ankündigung einer Änderungsschutzklage für den Fall der nach der Ablehnung unter Vorbehalt notwendigen Änderungskündigung (*BAG* 21.4.2005 EzA § 2 KSchG Nr. 53).

422 Erklärt der Arbeitnehmer keinen derartigen Vorbehalt bei seiner Ablehnung, so kann der Arbeitgeber eine Beendigungskündigung dennoch nur dann aussprechen, wenn der Arbeitnehmer unmissverständlich zum Ausdruck gebracht hat, er werde die geänderten Arbeitsbedingungen im Falle des Ausspruchs einer Änderungskündigung nicht – auch nicht unter dem Vorbehalt ihrer sozialen Rechtfertigung – annehmen. Die Darlegungs- und Beweislast hierfür trägt der Arbeitgeber (*BAG* 21.4.2005 EzA § 2 KSchG Nr. 53).

423 In einem Kündigungsschutzverfahren wegen einer Beendigungskündigung sollte regelmäßig eine Verletzung des Grundsatzes der Verhältnismäßigkeit problematisiert werden, also auf die Möglichkeit einer vorrangigen Änderungskündigung hingewiesen werden. Besteht irgendeine Weiterbeschäftigungsmöglichkeit muss der Arbeitgeber diese, abgesehen von Extremfällen (z. B. Angebot einer Pförtnerstelle an den bisherigen Personalchef), aufgrund des ultima-ratio-Grundsatzes dem Arbeitnehmer anbieten. Über die Zumutbarkeit der neuen Arbeitsbedingungen für den Arbeitnehmer hat sich der Arbeitgeber keine Gedanken zu machen; es ist einzig und allein dem Arbeitnehmer überlassen, ob er ein derartiges Angebot annimmt oder nicht (*BAG* 21.4.2005 EzA § 2 KSchG Nr. 53). Dem Gebot einer fiktiven Überprüfung der Bereitschaft des Arbeitnehmers, zu den neuen Arbeitsbedingungen weiterzuarbeiten, steht der Zweite Senat in seinem Urteil vom 21.4.2005 (EzA § 2

KSchG Nr. 53) kritisch gegenüber. Eine derartige Überprüfung der hypothetischen Bereitschaft des Arbeitnehmers bewege sich im Bereich der Spekulation und sei kaum justiziabel.

Nach Erhalt einer Änderungskündigung muss, sofern der Arbeitnehmer die Änderungskündigung unter Vorbehalt annehmen will, die Annahme innerhalb der Kündigungsfrist, spätestens jedoch innerhalb von drei Wochen nach Zugang der Änderungskündigung zugehen. Eine nachträgliche Zulassung entsprechend § 5 KSchG oder eine Wiedereinsetzung in den vorigen Stand gemäß §§ 233 ff. ZPO kommt nicht in Betracht. Eine Änderungskündigungsschutzklage wahrt die Annahmefrist nur dann, wenn sie innerhalb von drei Wochen dem Arbeitgeber zugestellt wird. Es empfiehlt sich dringend, außerhalb der Klage die Annahme gegenüber dem Arbeitgeber schriftlich zu erklären (Muster *Liebers/Lembke/Fesenmeyer* FB ArbR J Rn. 135). 424

Spricht der Arbeitgeber eine Änderungskündigung aus, obwohl die beabsichtigte Änderung der Arbeitsbedingungen durch Ausübung seines Direktionsrechts herbeigeführt hätte werden können, ist diese »überflüssige« Änderungskündigung unwirksam (*BAG* 6.9.2007 – 2 AZR 368/08). 425

### g) Fortsetzungsanspruch

In Fällen eines Betriebsüberganges muss der Arbeitnehmer-Anwalt einen Fortsetzungsanspruch des Arbeitnehmers bedenken. Ein derartiger Fortsetzungsanspruch des Arbeitnehmers kann entstehen, wenn nach ernsthaft gefasstem Stilllegungsentschluss unerwartet doch ein Betriebsübergang während der Kündigungsfrist (*BAG* 25.9.2008 EzA § 613a BGB 2002 Nr. 98) oder unmittelbar im Anschluss an den Ablauf der Kündigungsfrist erfolgt (*BAG* 25.10.2007 EzA § 613a BGB 2002 Nr. 80). Der Fortsetzungsanspruch ist im Kündigungsschutzantrag nicht enthalten, sondern muss prozessual gesondert geltend gemacht werden. Der Arbeitnehmer muss das Fortsetzungsverlangen unverzüglich nach Kenntnis von dem Betriebsübergang gegen den Betriebserwerber geltend machen, längstens innerhalb eines Monats ab Kenntniserlangung von den maßgeblichen Umständen des Betriebsübergangs (*BAG* 21.8.2008 EzA § 613a BGB 2002 Nr. 95). 426

### h) Zurückbehaltungsrecht

Dem Arbeitnehmer steht ein Zurückbehaltungsrecht an seiner Arbeitsleistung zu, wenn der Arbeitgeber rückständiges Entgelt – insbes. auch für bereits abgelaufene Annahmeverzugszeiträume – nicht nachzahlen will (s. Kap. 3 Rdn. 333). Der Arbeitnehmer sollte frühzeitig schriftlich den Arbeitgeber darauf hinweisen, dass er von seinem Zurückbehaltungsrecht Gebrauch macht, wenn fällige Lohnansprüche nicht gezahlt werden. 427

### i) Annahmeverzug

Der Arbeitnehmer-Anwalt hat bei Mandatsannahme in einem Kündigungsschutzverfahren zu klären, ob und inwieweit eine tarifliche Ausschlussklausel gewahrt werden muss (s. Kap. 3 Rdn. 4687). Bei einer einstufigen Ausschlussfrist kann die Erhebung der Kündigungsschutzklage ausreichen, um den Verfall von Ansprüchen, die während des Kündigungsschutzprozesses fällig werden und von seinem Ausgang abhängen, zu verhindern (s. Kap. 3 Rdn. 4683). Hingegen muss bei einer zweistufigen Ausschlussfrist zur Wahrung der zweiten Stufe eine gesonderte gerichtliche Geltendmachung erfolgen (s. Kap. 3 Rdn. 4688). 428

### j) Rüge der ordnungsgemäßen Anhörung des Betriebsrates

Diese Rüge wird häufig formularmäßig in der Klageschrift erhoben; es kann durchaus sinnvoll sein, diese Rüge zunächst zurückzustellen. Gemäß § 6 S. 1 KSchG kann die Rüge bis zum Schluss der mündlichen Verhandlung 1. Instanz erfolgen. 429

Der Arbeitgeber muss dann substantiiert vortragen, wer, wann, welches Betriebsratsmitglied informiert hat, falls schriftlich, wann das Schriftstück übermittelt worden ist und hierfür Beweis antreten. Sofern der Betriebsrat nicht auf dem Anhörungsschreiben den Eingang bestätigt hat, kann der Ar- 430 beitnehmer-Anwalt bestreiten, dass die Anhörung dem Betriebsrat überhaupt zugegangen ist. Ergänzende mündliche Anhörung des Betriebsrates hat der Arbeitgeber-Anwalt ebenfalls substantiiert darzustellen und der Arbeitnehmer-Anwalt kann mit Nichtwissen bestreiten.

### 2. Arbeitgeber-Mandant

#### a) Kündigung

431 Ein sicherer Weg der Zustellung ist die Überbringung der Kündigung durch einen Boten (s. Kap. 4 Rdn. 125 f.; Muster bei *Liebers/Oberwinter/Hangarter* FB ArbR J Rn. 98 f.). Der Bote sollte das Kündigungsschreiben lesen und ohne Umschlag übergeben. Kann der Bote das Kündigungsschreiben nicht persönlich übergeben können, ist es ratsam, im Zeitalter des »Foto-Handy« den Vorgang des Einwurfs des Kündigungsschreibens in den Briefkasten bildlich festzuhalten, um im Streitfall dokumentieren zu können, wann, was und in welchen Briefkasten eingeworfen wurde. Darüber hinaus sollte der Bote den Zustellungsvorgang nach beteiligten Personen, Datum und Uhrzeit schriftlich festhalten, insbes. wenn bei der Zustellung Schwierigkeiten auftreten.

432 Der Arbeitgeber muss nämlich bei einer Zugangsvereitelung beweisen, dass die gescheiterte Übermittlung der Kündigung auf ein Verhalten des Arbeitnehmers zurückzuführen ist (s. Kap. 4 Rdn. 9). Vorsorglich sollte bei einer Zugangsvereitelung eine erneute Zustellung des Kündigungsschreibens durch den Gerichtsvollzieher bewirkt werden; sie ist die sicherste aller Übermittlungsvarianten (Muster bei *Liebers/Oberwinter/Hangarter* ArbR J Rn. 100 ff.).

#### b) Zurückweisung der Kündigung nach § 174 BGB

433 Der Arbeitgeber-Anwalt sollte regelmäßig das Kündigungsschreiben entwerfen, die Vertretungsverhältnisse prüfen und danach das Kündigungsschreiben von den gesetzlichen Vertretern des Arbeitgebers unterzeichnen lassen; dann besteht keine Möglichkeit einer Zurückweisung wegen fehlender Vorlage einer Vollmacht (*BAG* 20.9.2006 EzA § 174 BGB 2002 Nr. 5).

434 Im Fall einer Zurückweisung hat der Arbeitgeber seinerseits zu prüfen, ob:
- die Zurückweisung zu spät erfolgt ist. Die Zurückweisung in der Klageschrift ist regelmäßig nicht unverzüglich (*BAG* 19.4.2007 EzA § 611 BGB 2002 Aufhebungsvertrag Nr. 7).
- die Zurückweisung ausdrücklich wegen fehlender Vorlage einer Vollmacht erfolgt war (*BAG* 19.4.2007 – 2 AZR 180/06, FA 2007, 387),
- der Arbeitnehmer nachweislich von der Bevollmächtigung in Kenntnis gesetzt war (§ 174 S. 2 BGB) oder ein ins Handelsregister eingetragener Prokurist die Kündigung ausgesprochen hat (*BAG* 21.5.2008 – 8 AZR 84/07, FA 2008, 342),
- die Zurückweisung ihrerseits zurückgewiesen werden kann. Auch dem Schreiben der Zurückweisung muss nämlich eine Originalvollmacht beigefügt sein, ebenso der Zurückweisung der Zurückweisung.

435 Vorsorglich sollte stets – nach erneuter Anhörung des Betriebsrates (s. Kap. 4 Rdn. 405 ff.) – eine weitere Kündigung ausgesprochen werden. Eine nachträgliche Übersendung einer Originalvollmacht heilt nämlich nicht; eine Genehmigung nach § 177 BGB scheidet aus (*BAG* 19.4.2007 – 2 AZR 180/06, FA 2007, 387). Im Fall der Kündigung durch einen vollmachtlosen Vertreter oder einen Nichtberechtigten sollte auch eine Genehmigung der Kündigung erklärt werden (*BAG* 26.3.2009 – 2 AZR 403/07, FA 2010, 29).

#### c) Mitteilungspflichten des Arbeitnehmers

436 Eine dem Arbeitgeber nicht bekannte Schwerbehinderteneigenschaft/Gleichstellung hat der Arbeitnehmer dem Arbeitgeber innerhalb von drei Wochen nach Zugang der Kündigung mitzuteilen. Erhebt der Arbeitnehmer keine Klage, wird mit Ablauf der Klagefrist der eigentlich gegebene Nichtigkeitsgrund wegen § 7 KSchG geheilt (s. Kap. 4 Rdn. 724).

## N. Anwaltliche Strategien im Kündigungsschutzverfahren — Kapitel 6

Kündigt der Arbeitgeber in Unkenntnis der Schwangerschaft der Arbeitnehmerin, muss diese ihm 437
die Schwangerschaft innerhalb von zwei Wochen nach Zugang der Kündigung mitteilen. Ausnahmsweise ist das Überschreiten der Frist von zwei Wochen unschädlich, wenn die Arbeitnehmerin den Grund der Fristversäumnis nicht zu vertreten hat, bspw. bei eigener Unkenntnis der Schwangerschaft zum Zeitpunkt des Zugangs der Kündigung, und die Mitteilung unverzüglich nachholt (s. Kap. 4 Rdn. 660 ff.).

Vor einer Kündigung von Ersatzmitgliedern des Betriebsrates sollte der Arbeitgeber prüfen, ob diese 438
im letzten Jahr vor Zugang der beabsichtigten Kündigung als Verhinderungsvertreter im Betriebsrat tätig waren. Betriebsratsmitglieder müssen sich vor Verlassen des Arbeitsplatzes zum Zweck der Ausübung von Betriebsratstätigkeit abmelden und danach zurückmelden. Unter Umständen kann auch eine Anfrage an den Betriebsrat sinnvoll sein.

In der Praxis wird immer wieder der Sonderkündigungsschutz für kommunale Mandatsträger übersehen (s. Kap. 4 Rdn. 831 f.). Es empfiehlt sich für den Arbeitgeber daher, auch insoweit Erkundigungen einzuziehen und ggf. schriftlich bei dem betroffenen Arbeitnehmer selbst Auskunft einzuholen. 439

### d) Kündigung/Anfechtung

Die Anfechtung des Arbeitsvertrages kann für den Arbeitgeber Vorteile gegenüber einer Kündigung 440
haben. Der Arbeitgeber braucht den Betriebsrat nicht anzuhören (s. Kap. 2 Rdn. 890 f.), Sonderkündigungsschutz entfällt (s. Kap. 2 Rdn. 892) und das faktische Arbeitsverhältnis endet zum Zeitpunkt des Zugangs der Anfechtungserklärung. Vorsorglich – für den Fall, dass die Anfechtung nicht erfolgreich ist – sollte der Arbeitgeber auch außerordentlich, hilfsweise ordentlich, das Arbeitsverhältnis kündigen und klarstellen, dass er auf jede rechtlich zulässige Weise das Arbeitsverhältnis beenden will (*BAG* 16.12.2004 EzA § 123 BGB 2002 Nr. 5).

Vor Erklärung einer Anfechtung sollte mit dem Mandant geklärt werden, ob ein Interesse des Mandanten daran besteht, dass der Arbeitnehmer keinen Wettbewerb ausübt. In diesem Fall sollte von einer Anfechtung abgesehen werden. 441

### e) Klageverzichtsvertrag

Ein Klageverzichtsvertrag muss schriftlich (§§ 623, 125 BGB) erfolgen (*BAG* 19.4.2007 EzA § 611 442
BGB 2002 Aufhebungsvertrag Nr. 7). Das Schriftformerfordernis nach § 126 Abs. 2 BGB verlangt die Unterzeichnung der Parteien auf derselben Urkunde. Nur wenn mehrere gleich lautende Urkunden bestehen, genügt es, wenn jede Partei die für die andere Partei bestimmte Urkunde unterzeichnet.

Ein formularmäßiger Verzicht des Arbeitnehmers auf die Erhebung einer Kündigungsschutzklage ist 443
ohne kompensatorische Gegenleistung des Arbeitgebers wegen unangemessener Benachteiligung nach § 307 Abs. 1 S. 1 BGB unwirksam (*BAG* 6.9.2007 EzA § 307 BGB 2002 Nr. 29). Gegenleistungen sind nicht nur Abfindungszahlungen, sondern beispielsweise auch ein Entgegenkommen des Arbeitgebers hinsichtlich des Beendigungszeitpunktes, der Beendigungsart (ordentlich/außerordentlich) oder der Verzicht auf eigene Ersatzansprüche des Arbeitgebers gegen den Arbeitnehmer.

### f) Annahmeverzug

Annahmeverzugsansprüche sind ein erhebliches Risiko für den Arbeitgeber und damit ein Druckmittel 444
für den Arbeitnehmer. Der Arbeitgeber-Anwalt sollte der Beendigung/Begrenzung des Annahmeverzuges besondere Aufmerksamkeit widmen.

Voraussetzungen für den Annahmeverzug ist unter anderem Leistungsfähigkeit und Leistungswilligkeit 445
des Arbeitnehmers gem. § 297 BGB. Hieran kann es aus verschiedenen Gründen fehlen (s. Kap. 3 Rdn. 1533 ff.):
– bei Entziehung der Fahrerlaubnis, wenn der Fahrer nicht anderweitig eingesetzt werden kann;

- bei Vorliegen eines gesetzlichen Beschäftigungsverbotes;
- bei Verbüßung einer Strafhaft;
- bei Urlaubserteilung bzw. Freizeitausgleich;
- bei einem Hausverbot durch den Auftraggeber des Arbeitgebers, dass der Arbeitnehmer zu vertreten hat.

446 Eine wirksame Beendigung des Annahmeverzuges erfordert die Erklärung des Arbeitgebers, er werde von der Kündigung Abstand nehmen (s. Kap. 3 Rdn. 1562 f.). Dieser Weg ist für den Arbeitgeber zumeist nicht zielführend.

447 Stattdessen sollte geprüft werden, ob ein böswilliges Unterlassen anderweitigen Erwerbs in Betracht kommt. Hat der Arbeitnehmer erstinstanzlich einen Weiterbeschäftigungsantrag gestellt und obsiegt, kann der Arbeitgeber zur Abwendung der Zwangsvollstreckung den Arbeitnehmer auffordern, die Beschäftigung entsprechend dem titulierten Anspruch aufzunehmen (*BAG* 24.9.2003 EzA § 615 BGB 2002 Nr. 4). Ohne ein derartiges Angebot des Arbeitgebers handelt der Arbeitnehmer nicht böswillig, wenn er es unterlässt, die Zwangsvollstreckung zu betreiben (s. Kap. 3 Rdn. 1568).

448 Die Ablehnung einer Tätigkeit im Rahmen einer Änderungskündigung kann ein böswilliges Unterlassen darstellen und damit Annahmeverzugsansprüche verhindern (*BAG* 16.6.2004 EzA § 615 BGB 2002 Nr. 7). Das ist der Fall, wenn der Arbeitnehmer eine angebotene mögliche Arbeit zu zumutbaren Bedingungen nicht aufnimmt oder nicht fortsetzt. Ob die angebotene Arbeit zumutbar ist, richtet sich nach den Umständen des Einzelfalls. Dazu gehören insbes. Person des Arbeitgebers, Art der angebotenen Arbeit sowie die sonstigen Arbeitsbedingungen.

### g) Änderungskündigung

449 Vor Ausspruch einer Änderungskündigung (s. hierzu Kap. 4 Rdn. 2938 ff.) ist stets zu prüfen, ob die angestrebte Änderung der Arbeitsbedingungen durch Ausübung des Direktionsrechts erreicht werden kann. In diesem Fall wäre eine Änderungskündigung überflüssig und unwirksam (*BAG* 6.9.2007 EzA § 2 KSchG Nr. 68). Ebenso ist eine Änderungskündigung überflüssig und unwirksam, wenn die Arbeitsbedingungen bereits aufgrund der normativen Wirkung einer Betriebsvereinbarung geändert sind (*BAG* 26.8.2008 EzA § 2 KSchG Nr. 72).

450 Wird im Vorfeld einer Änderungskündigung außergerichtlich eine einvernehmliche Änderung der Arbeitsbedingungen angestrebt, so muss zum einen ein konkretes Änderungsangebot erfolgen, eine angemessene Überlegungsfrist eingeräumt werden, die sich an der Dreiwochenfrist des § 4 S. 1 KSchG orientieren sollte und zum anderen insbes. ein Hinweis darauf erfolgen, dass im Falle einer vorbehaltlosen Ablehnung eine Beendigungskündigung ausgesprochen wird. Fehlt dieser Hinweis auf die Folgen einer Ablehnung, muss nach der Rechtsprechung grundsätzlich auch nach der Ablehnung eines außergerichtlichen Angebotes eine Änderungskündigung erfolgen (*BAG* 21.4.2005 EzA § 2 KSchG Nr. 53).

451 Bei Erklärung der Änderungskündigung ist darauf zu achten, dass zwei Willenserklärungen abgegeben werden: Ein eindeutiges, zumindest hinreichend bestimmbares, Angebot (*BAG* 10.9.2009 EzA § 2 KSchG Nr. 74) zur Änderung des Arbeitsvertrages sowie eine Beendigungskündigung für den Fall, dass der Arbeitnehmer die Änderung des Arbeitsvertrages abgelehnt (Muster Änderungskündigung *Liebers/Oberwinter/Hangarter/Lembke/Fesenmeyer* FB ArbR J Rn. 108).

452 Bei der Beteiligung des Betriebsrates muss neben einer Anhörung zur Kündigung auch die Zustimmung zu einer Versetzung eingeholt werden, falls bei Umsetzung des Änderungsangebotes eine Versetzung notwendig ist. Allerdings führt die fehlende Zustimmung des Betriebsrates zu der Versetzung nicht zu einer Unwirksamkeit der Änderungskündigung (*BAG* 22.4.2010 – 2 AZR 491/09).

453 Ist durch Tarifvertrag die ordentliche Beendigungskündigung ausgeschlossen, ist regelmäßig auch eine Änderungskündigung nicht möglich (*BAG* 22.4.2010 – 2 AZR 80/09).

## N. Anwaltliche Strategien im Kündigungsschutzverfahren

### h) Freistellung und Aufrechterhaltung des vertraglichen Wettbewerbsverbots

Bevor der Arbeitgeber eine unwiderrufliche Freistellung unter Verrechnung von Urlaub erklärt, um den Urlaubsanspruch zu erfüllen, sollte er prüfen, ob er ein Interesse daran hat, dass der Arbeitnehmer ihm keinen Wettbewerb macht. Nach der Rechtsprechung des *BAG* (6.9.2006 EzA § 615 BGB 2002 Nr. 16) ist nämlich im Fall einer unwiderruflichen Freistellung regelmäßig das vertragliche Wettbewerbsverbot (§ 60 HGB) aufgehoben. Möchte der Arbeitgeber dies verhindern, muss er mit der Freistellung ausdrücklich erklären, dass das vertragliche Wettbewerbsverbot bis zur Beendigung des Arbeitsverhältnisses aufrechterhalten wird.  **454**

### i) Konkurrenztätigkeit während laufenden Kündigungsschutzprozesses

Übt der Arbeitnehmer während eines laufenden Kündigungsschutzprozesses bereits Wettbewerb aus, kann – je nach den Umständen des Einzelfalles – eine außerordentliche Kündigung durch den Arbeitgeber durchaus in Betracht gezogen werden. Wettbewerb während eines laufenden Kündigungsschutzprozesses ist als schwerer Pflichtverstoß »an sich geeignet« einen wichtigen Grund i. S. d. § 626 S. 1 BGB darzustellen (*BAG* 28.1.2010 EzA § 626 BGB 2002 Nr. 30).  **455**

### j) Prozessbeschäftigung

Bei der Prozessbeschäftigung ist zu unterscheiden: die gerichtlich erzwungene Prozessbeschäftigung einerseits und die auf einem freiwilligen Angebot des Arbeitgebers beruhende Prozessbeschäftigung. Erfolgt die Prozessbeschäftigung nur zur Abwendung der Zwangsvollstreckung, kommt kein Vertragsverhältnis zu Stande (*BAG* 24.9.2003 EzA § 615 BGB 2002 Nr. 4). Die »freiwillige« Prozessbeschäftigung bedarf der Schriftform des § 14 Abs. 4 TzBfG. Verweigert der Arbeitnehmer den Abschluss eines schriftlichen Arbeitsvertrages über die Prozessbeschäftigung, kommt ein böswilliges Unterlassen anderweitigen Erwerbs in Betracht. Die Befristung bedarf eines Sachgrundes i. S. v. § 14 Abs. 1 TzBfG. Der sicherste Weg für den Arbeitgeber-Anwalt dürfte ein gerichtlicher Teilvergleich über die Prozessbeschäftigung sein (§ 14 Abs. 1 S. 2 Nr. 8 TzBfG).  **456**

Häufig dürfte eine Prozessbeschäftigung sich als »Bumerang« für den Arbeitgeber auswirken; die Prozessbeschäftigung »signalisiert« eine Weiterbeschäftigungsmöglichkeit und deren Zumutbarkeit.  **457**

### III. Güteverhandlung

Die Bedeutung der Güteverhandlung kann nicht hoch genug eingeschätzt werden. In vielen Fällen kann in der Güteverhandlung bereits eine Beendigung des Rechtsstreits erreicht werden. Deshalb sollte die Güteverhandlung nicht als bloßer »Durchlauftermin« abgetan werden, sondern im Gegenteil ihr besondere Bedeutung zugemessen werden:  **458**
- Regelmäßig sollte die Güteverhandlung durch den sachbearbeitenden Rechtsanwalt wahrgenommen werden.
- Der Rechtsanwalt sollte den Sachverhalt mit dem Mandanten vor der Güteverhandlung ausführlich erörtern und im Gerichtstermin – soweit notwendig – mündlich darstellen können.
- Der Rechtsanwalt muss die Rechtslage vor der Güteverhandlung hinreichend durchdringen.
- Mit dem Mandanten sollten vor der Güteverhandlung denkbare Einigungsvarianten besprochen werden und der Mandant darauf vorbereitet werden, dass ggf. die Güteverhandlung unterbrochen wird, damit auf dem »Gerichtsflur« weitere Einigungsgespräche erfolgen können.

Ob vor einer Güteverhandlung in der Klageschrift oder in der Klageerwiderung umfassender schriftsätzlicher Vortrag erfolgt, sollte stets kritisch geprüft werden. Scheitert die Güteverhandlung, hat in Kündigungsschutzprozessen grundsätzlich zunächst der Arbeitgeber vorzutragen; der Arbeitnehmer-Anwalt kann nach einer »minimalistischen« Klageschrift zunächst diesen Vortrag abwarten, um dann abschließend zu beurteilen, wie und was erwidert wird. Auf Arbeitgeberseite verbietet sich umfassender schriftsätzlicher Vortrag, wenn die Erfolgsaussichten einer Verteidigung gegen die Klage höher erscheinen, falls bestimmte Sachverhaltsumstände zunächst im Unklaren gelassen werden. Andererseits kann es bei komplexem Sachverhalt und günstiger Rechtslage für den Arbeit-  **459** geber durchaus sinnvoll sein, bereits vor der Güteverhandlung schriftlich detailliert vorzutragen, um die »Vergleichskonditionen« für den Arbeitgeber zu optimieren.

460 Die geradezu routinemäßige Anordnung des persönlichen Erscheinens der Parteien gemäß § 141 Abs. 1 S. 1 ZPO führt nicht selten zu Schwierigkeiten für den Arbeitgeber-Anwalt. Der Geschäftsführer/Vorstand des Arbeitgebers zeigt häufig wenig Neigung, persönlich vor Gericht zu erscheinen und wünscht, dass der Anwalt den Termin allein wahrnimmt. Hier ist Vorsicht geboten, da der Rechtsanwalt zumeist nicht mit allen Einzelheiten des Sachverhalts betraut ist, die in der Güteverhandlung angesprochen werden könnten. Manche Arbeitsgerichte beanstanden dann, dass der Rechtsanwalt zur Aufklärung des Tatbestandes nicht in der Lage ist und verhängen ein Ordnungsgeld oder weisen den Prozessbevollmächtigten nach § 51 Abs. 2 ArbGG zurück. Gerade im letzteren Fall drohen bei Titulierung von Zahlungsverpflichtungen erhebliche Nachteile, da ein Versäumnisurteil gem. § 62 Abs. 1 ArbGG vorläufig vollstreckbar ist und die Einstellung der Zwangsvollstreckung nur in Ausnahmefällen erreicht werden kann (s. Kap. 15 Rdn. 311 ff.). Der Rechtsanwalt sollte deshalb anstreben, dass ein gut informierter Mitarbeiter des Unternehmens, mit entsprechender Vollmacht, ihn begleitet. Das eigene Erleben der Güteverhandlung führt in der Praxis nicht selten auf Arbeitgeberseite zu einer besseren Akzeptanz eines in der Güteverhandlung erreichten Vergleiches.

461 Der Arbeitgeberanwalt sollte im Falle des Scheiterns der Güteverhandlung im Regelfall darauf dringen, dass zeitnah ein Kammertermin angesetzt wird, um Annahmeverzugsrisiken zu mindern. Er sollte auch nicht aus Gründen der »Arbeitsüberlastung« weiträumige Kammertermine akzeptieren bzw. einen weiteren Gütetermin. Der Kammertermin sollte in der Güteverhandlung festgelegt werden, um mögliche Terminskollisionen zu erörtern und wechselseitige Terminsverlegungsanträge zu verhindern.

462 Die Überlegungen des Arbeitnehmeranwaltes können insoweit durchaus in eine andere Richtung gehen. Er muss vor allem darauf achten, dass bei einem absprachegemäßen Nichterscheinen beider Parteien wegen Vergleichsgesprächen und der Möglichkeit eines Vergleichsabschlusses gem. § 278 Abs. 6 ZPO die Vorschrift des § 55 Abs. 5 S. 4 ArbGG nicht eingreift: Nach sechs Monaten gilt die Klage als zurückgenommen. Diese Frist muss unbedingt im Fristenkalender nach Eingang des Protokolls mit der Anordnung des Ruhens des Verfahrens eingetragen werden. Hierauf hat der Rechtsanwalt zu achten, da insoweit im Protokoll kein Hinweis zu finden ist.

# Kapitel 7 Altersteilzeit

## Übersicht

| | | Rdn. | | | Rdn. |
|---|---|---|---|---|---|
| A. | Einführung | 1 | I. | Umfang der Leistungen der Agentur für Arbeit | 194 |
| B. | **Anspruch auf Altersteilzeit** | 5 | II. | Zeitpunkt der Förderung durch die Agentur für Arbeit | 200 |
| C. | **Voraussetzungen der Altersteilzeit** | 11 | III. | Erlöschen des Anspruchs auf Zuschüsse | 205 |
| I. | Voraussetzungen bei Beginn der Altersteilzeit vor dem 1.1.2010 | 14 | IV. | Ruhen des Anspruchs auf Förderleistungen bei Nebentätigkeiten | 211 |
| | 1. Berechtigter Personenkreis | 16 | V. | Ruhen des Anspruchs auf Förderleistungen bei Mehrarbeit | 214 |
| | 2. Laufzeit der Altersteilzeitvereinbarung | 21 | E. | **Steuerliche und sozialrechtliche Behandlung der Altersteilzeit** | 215 |
| | 3. Verkürzung der Arbeitszeit | 40 | I. | Steuerliche Behandlung der Aufstockungsbeträge | 216 |
| | a) Halbierung der Arbeitszeit | 41 | II. | Sozialversicherungsrechtliche Behandlung der Aufstockungsbeträge | 220 |
| | b) Begrenzung der verkürzten Arbeitszeit | 49 | III. | Arbeitslosigkeit im Anschluss an die Altersteilzeit | 221 |
| | c) Veränderung der betrieblichen/tarifvertraglichen Arbeitszeit | 53 | IV. | Krankengeldbezug während der Altersteilzeit | 230 |
| | d) Verteilung der reduzierten Arbeitszeit | 58 | V. | Krankengeldbezug nach Abbruch der Altersteilzeit | 233 |
| | 4. Aufstockung der Teilzeitvergütung | 109 | VI. | Krankenversicherungsbeiträge in der Freistellungsphase | 238 |
| | a) Definition »Regelarbeitsentgelt« | 110 | F. | **Arbeitsrechtliche Behandlung des Altersteilzeitvertrages** | 247 |
| | b) Zusätzliche Rentenversicherungsbeiträge | 130 | I. | Laufzeit des Altersteilzeitvertrages | 251 |
| | c) Aufstockung des Altersteilzeitentgeltes/Regelarbeitsentgeltes | 132 | II. | Verteilung der Arbeitszeit | 254 |
| | d) Nichtreduziertes Arbeitsentgelt | 135 | III. | Tätigkeitsbeschreibung | 256 |
| | e) Tariflohnerhöhungen während der Altersteilzeit | 138 | IV. | Vergütung | 258 |
| | 5. Einstellung eines Arbeitslosen oder Übernahme eines Auszubildenden | 143 | V. | Aufstockungsbeträge | 264 |
| | a) Wiederbesetzung des freigemachten Arbeitsplatzes | 145 | VI. | Erkrankung während der Altersteilzeit | 271 |
| | b) Übernahme eines Ausgebildeten | 168 | VII. | Erholungsurlaub | 278 |
| | c) Einstellung eines Arbeitslosen | 174 | VIII. | Nebentätigkeiten | 281 |
| | d) Sonderregelung für Kleinunternehmen | 184 | IX. | Mitwirkungspflichten | 283 |
| II. | Voraussetzungen bei Beginn der Altersteilzeit nach 31.12.2009 | 187 | X. | Insolvenzsicherung | 285 |
| D. | **Leistungen der Bundesagentur für Arbeit** | 193 | XI. | Beendigung des Anstellungsverhältnisses | 289 |
| | | | XII. | Schlussbestimmungen | 294 |
| | | | G. | **Kurzarbeit während der Altersteilzeit** | 296 |
| | | | H. | **Insolvenz des Arbeitgebers** | 302 |

## A. Einführung

Die einvernehmliche Beendigung von Arbeitsverhältnissen mit älteren Arbeitnehmern kann alternativ zum Aufhebungsvertrag auch durch Abschluss eines Altersteilzeitvertrages herbeigeführt werden. Das Altersteilzeitgesetzt ist nach wie vor in Kraft; allerdings werden gem. § 16 ATG Zuschüsse der Bundesagentur für Arbeit (BA) nach § 4 ATG nur noch für die Altersteilzeitverträge erbracht, bei denen der Arbeitnehmer vor dem 1.1.2010 bereits tatsächlich in die Altersteilzeit gewechselt ist, d. h. bereits tatsächlich seine Arbeitszeit entweder im Rahmen des Blockmodells (s. hierzu Rdn. 40 ff.) oder im Wege des Konti-Modells (s. hierzu Rdn. 40 ff.) verkürzt hat. Darüber hinaus müssen zu diesem Zeitpunkt die weiteren Voraussetzungen des § 2 ATG bereits vorgelegt haben. Für Altersteilzeitverträge – unabhängig vom Datum des Abschlusses des Vertrages –, die den Beginn der Altersteilzeit zu einem Zeitpunkt nach dem 31.12.2009 vorsehen, können keine Zuschüsse der Bundesagentur für

# Kapitel 7

Arbeit mehr beantragt werden. Die Förderung der Altersteilzeit durch die BA ist also für Arbeitnehmer, die ab 1.1.2010 oder später in die Altersteilzeit gewechselt sind, entfallen.

2   Nicht entfallen ist die steuerliche Begünstigung der vom Arbeitgeber gem. dem weiterhin gültigen Altersteilzeitgesetz an den Arbeitnehmer zu zahlenden Aufstockungsbeträge. Diese Aufstockungsbeträge sind nach wie vor steuerfrei und unterliegen lediglich dem Progressionsvorbehalt (s. zur steuerlichen und sozialversicherungsrechtlichen Behandlung der Aufstockungsbeträge Rdn. 216 ff.). Auch die weiteren Regelungen des Altersteilzeitgesetzes gelten unverändert fort, so dass der Altersteilzeitvertrag trotz der für neue Verträge ab 1.1.2010 entfallenden Förderung durch die BA weiterhin gerade bei älteren Arbeitnehmern eine echte Alternative zum Aufhebungsvertrag bzw. zur Frühpensionierung über den Weg der Arbeitslosigkeit darstellt.

3   Der Wegfall der Förderung von Altersteilzeitverträgen durch die BA betrifft gem. § 16 ATG nur die Altersteilzeitverträge, die entweder nach dem 31.12.2009 abgeschlossen wurden oder bei denen der Arbeitnehmer tatsächlich erst nach dem 31.12.2009 die Altersteilzeit aufgenommen hat. Liegt der tatsächliche Beginn der Altersteilzeit vor dem 1.1.2010, so spielt es im Hinblick auf die in diesem Fall weiterhin existierende Fördermöglichkeit durch die BA keine Rolle, ob der Arbeitnehmer vor dem 1.1.2010 nur mit der Arbeitsphase im Rahmen des Blockmodells begonnen oder auch bereits die Freistellungsphase begonnen hat und dementsprechend – wie unten noch näher dargelegt werden wird – die tatsächliche Zahlung von Zuschüssen durch die BA möglich ist. Auch wenn im Fall der vor dem 1.1.2010 begonnenen Arbeitsphase beim Blockmodell die Freistellungsphase erst weit nach dem 1.1.2010 beginnt, ist die BA bei Vorliegen der sonstigen Voraussetzungen verpflichtet, Zuschüsse zu dieser Altersteilzeit zu zahlen. Die grundsätzliche Fördermöglichkeit durch die BA hängt also einzig und alleine davon ab, dass die Altersteilzeit tatsächlich – unabhängig ob als Blockmodell mit Arbeitsphase oder als Konti-Modell – spätestens am 31.12.2009 begonnen wurde.

4   Im Unterschied zum Aufhebungsvertrag führt die Altersteilzeit nicht zu einer kurzfristigen Auflösung des Anstellungsverhältnisses, sondern kann die Beendigung des Arbeitsverhältnisses frühestens zu dem Zeitpunkt herbeiführen, in dem der Arbeitnehmer die Voraussetzungen für eine gesetzliche Altersrente erfüllt. Nachdem der Gesetzgeber für Arbeitnehmer, die nach dem 31.12.1951 geboren wurden, die Möglichkeit abgeschafft hat, unmittelbar über eine zweijährige Altersteilzeit in den gesetzlichen Ruhestand zu wechseln, kann die Altersteilzeit nunmehr nur noch an den Zeitpunkt anknüpfen, in dem der Arbeitnehmer entweder das für ihn gültige individuelle Alter für die Regelaltersrente oder die Voraussetzungen für die Rente für langjährige Versicherte erreicht hat. Daneben gibt es dann für schwerbehinderte Arbeitnehmer noch die Möglichkeit, vorzeitig über den Weg der Schwerbehinderung in den gesetzlichen Ruhestand zu wechseln (s. hierzu unten die Ausführungen in Kapitel 8). Ziel des Altersteilzeitgesetzes ist es somit, Arbeitnehmern einen gleitenden Übergang in den Ruhestand zu ermöglichen.

## B. Anspruch auf Altersteilzeit

5   Der Übergang in die Altersteilzeit setzt den **Abschluss eines Änderungsvertrages** zwischen Arbeitgeber und Arbeitnehmer voraus. Einen **durchsetzbaren Anspruch** auf einen Wechsel in die Altersteilzeit hat nach dem Altersteilzeitgesetz weder das Unternehmen noch der Mitarbeiter (vgl. *BAG* 23.1.2007 EzA § 3 ATG Nr. 6). Der Gesetzgeber hat jedoch die Möglichkeit vorgesehen, dass ein Tarifvertrag einen Anspruch auf Abschluss eines Altersteilzeitvertrages gewährt (vgl. *BAG* 23.1.2007 EzA § 3 ATG Nr. 6). Hiervon haben eine Vielzahl von Tarifvertragsparteien bereits Gebrauch gemacht. Für diesen Fall sieht das Altersteilzeitgesetz allerdings eine sog. **Überforderungsklausel** in Form einer prozentualen Begrenzung der berechtigten Arbeitnehmer vor.

6   Gemäß § 3 Abs. 1 Nr. 3 ATG muss gewährleistet sein, dass **nicht mehr als 5 % der Arbeitnehmer eines Betriebes** Anspruch auf einen Wechsel in die Altersteilzeit haben. Da der Gesetzgeber ausdrücklich bei der Überforderungsklausel auf den Betrieb abstellt, kommt es nicht auf das Unternehmen, d. h. die juristische Person, an. Anknüpfungspunkt ist alleine die jeweilige **Betriebsgröße**. Hat der Betrieb weniger als 21 Arbeitnehmer, so führt die Überforderungsklausel dazu, dass der Arbeitgeber

## B. Anspruch auf Altersteilzeit

unabhängig von den Regelungen im Tarifvertrag selbst entscheidet, ob er Anträge auf Altersteilzeit annimmt oder nicht.

Bei der Ermittlung der Anzahl der Arbeitnehmer, die in einem Betrieb in Altersteilzeit sind bzw. bei der Ermittlung der Zahlen, die für die Festlegung der zulässigen Höchstquote zu berücksichtigen sind, müssen sämtliche Arbeitnehmer im Betrieb berücksichtigt werden. Eine Begrenzung der insofern zu berücksichtigenden Arbeitnehmer auf **Gewerkschaftsmitglieder** kommt nicht in Betracht (vgl. *BAG* 18.9.2001 DB 2002, 486). Im Übrigen hat der Gesetzgeber in § 7 ATG selbst festgeschrieben, welche Mitarbeiter wie bei der Berechnung zu berücksichtigen sind. **7**

Gemäß § 7 Abs. 2 ATG ist für die Berechnung der Zahl der Arbeitnehmer nach § 3 Abs. 1 Nr. 3 ATG der Durchschnitt der Arbeitnehmeranzahl der letzten zwölf Kalendermonate vor dem Beginn der Altersteilzeitarbeit des Arbeitnehmers maßgebend. Zu beachten ist insofern, dass der Gesetzgeber in § 7 Abs. 3 und 4 ATG hinsichtlich schwerbehinderter Menschen und Gleichgestellter i. S. d. Sozialgesetzbuches IX Sonderregelungen aufgenommen hat. Dort ist in § 7 Abs. 3 ATG geregelt, dass schwerbehinderte Menschen und Gleichgestellte i. S. d. Sozialgesetzbuch IX ebenso wie Auszubildende bei der Feststellung der im Betrieb beschäftigten Arbeitnehmeranzahl außer Betracht gelassen werden müssen. Bei der Feststellung der Zahl der in der Altersteilzeit beschäftigten Arbeitnehmer nach § 3 Abs. 1 Nr. 3 ATG zählen hingegen gem. § 7 Abs. 4 ATG nun schwerbehinderte Menschen und Gleichgestellte i. S. d. Sozialgesetzbuch IX wieder mit. Der Gesetzgeber differenziert also bei der Feststellung der Arbeitnehmerzahl im Betrieb – hier zählen Schwerbehinderte und Gleichgestellte nicht mit – und hinsichtlich der Feststellung der Anzahl derjenigen Arbeitnehmer, die sich bereits in der Altersteilzeit befinden – hier zählen nunmehr schwerbehinderte Menschen und Gleichgestellte, die Altersteilzeit ausüben, mit. **8**

**Teilzeitkräfte** werden bei der Ermittlung der Anzahl der beschäftigten Arbeitnehmer nur anteilig gezählt. Teilzeitbeschäftigte mit einer regelmäßigen wöchentlichen Arbeitszeit von nicht mehr als 20 Stunden sind mit 0,5 und Teilzeitbeschäftigte mit einer regelmäßigen wöchentlichen Arbeitszeit von nicht mehr als 30 Stunden mit 0,75 zu berücksichtigen. **9**

Ist die 5 %-Quote überschritten, so darf der Arbeitgeber auch in den Fällen, in denen ein Tarifvertrag grds. den Arbeitnehmern einen Anspruch auf Abschluss eines Altersteilzeitvertrages gewährt, frei entscheiden, ob und wenn ja mit wem er künftig Altersteilzeitverträge abschließt. Der 9. Senat des BAG hatte zunächst in den Fällen, in denen der Arbeitgeber trotz Überschreitens der 5 %-Quote Altersteilzeitverträge anbietet, ein Recht auf eine Entscheidung des Arbeitgebers nach billigem Ermessen entsprechend § 315 BGB zugebilligt (vgl. *BAG* 12.12.2000 EzA § 4 TVG Altersteilzeit Nr. 1). Von dieser Rechtsprechung ist das BAG dann allerdings wieder abgerückt und dort, wo der Tarifvertrag selbst keine Entscheidung nach billigem Ermessen vom Arbeitgeber verlangt, es dem Arbeitgeber überlassen in jedem Einzelfall frei zu entscheiden, ob er mit den Mitarbeitern einen Altersteilzeitvertrag abschließen will (vgl. *BAG* 10.2.2004 EzA § 4 TVG Altersteilzeit, 10). Das Altersteilzeitgesetz enthält keine Regelungen darüber, wie die jetzt erforderliche Auswahl durchzuführen ist. Einigkeit besteht insofern lediglich, dass die Auswahl nicht willkürlich getroffen werden darf, sondern sich nach sachlichen Kriterien zu richten hat. Das Bundesarbeitsgericht hatte im Zusammenhang mit der vergleichbaren Regelung aus dem Vorruhestandsgesetz entschieden, dass Lebensalter oder Gesichtspunkte der Sozialauswahl entsprechend § 1 Abs. 3 KSchG als Kriterien zur Auswahl der für die Altersteilzeit in Betracht kommenden Mitarbeiter herangezogen werden können. Als **nicht geeignetes Kriterium** zur Auswahl der Mitarbeiter, die nach Erfüllung der 5 %-Quote berechtigt sind, Altersteilzeit auszuüben, soll das **Eingangsdatum des Antrags auf Altersteilzeit** sein. Würde man alleine nach dem Eingangsdatum gehen, so könnten jüngere Kollegen ältere Arbeitskollegen durch die frühe Einreichung eines entsprechenden Antrags verdrängen. Natürlich darf auch nicht eine Auswahl auch nicht anhand der Gewerkschaftszugehörigkeit vorgenommen werden darf (vgl. *BAG* NZA 1987, 233). **10**

Der 9. Senat des BAG hatte in der Vergangenheit die Auffassung vertreten, dass das Überschreiten der 5 %-Quote alleine nicht ausreicht, um eine Rechtfertigung für die Ablehnung von Altersteil- **10a** ansprüchen von Arbeitnehmern darzustellen. Dies galt zumindest in den Fällen, in denen der Arbeitgeber in anderen Fällen doch noch Verträge mit Mitarbeitern hinsichtlich eines Wechsels in die Altersteilzeit abschloss. Diese Rechtsprechung hat der 9. Senat des BAG nun mit Urteil vom 15.11.2011 (– 9 AZR 387/10) endgültig aufgegeben und klargestellt, dass alleine das Überschreiten der 5 %-Quote einen ansonsten ggf. bestehenden tarifvertraglichen Anspruch eines Arbeitnehmers auf Abschluss eines Altersteilzeitvertrages ausschließt. Weitere Argumente muss der Arbeitgeber nicht vorbringen.

10b In der vorerwähnten Entscheidung hatte sich der 9. Senat des Weiteren mit der Frage auseinanderzusetzen, ob ggf. dann ein Anspruch auf Abschluss eines Altersteilzeitvertrages trotz Überschreitung der Überforderungsgrenze besteht, wenn der Arbeitgeber in der Vergangenheit bei Überschreitung der 5 %-Quote trotzdem noch Altersteilzeitverträge abgeschlossen hat. Das BAG sieht grds. die Möglichkeit, dass ein Arbeitgeber das Recht, sich auf § 3 Abs. 1 Nr. 3 ATG zu berufen, verwirken kann. Die Darlegungs- und Beweislast dafür, dass der Arbeitgeber das Recht verwirkt, d. h. bei allen Arbeitnehmern ein Vertrauenstatbestand dergestalt geschaffen hat, dass die Überlastungsgrenze im Betrieb keine Rolle mehr spielt, liegt beim Arbeitnehmer. Dieser muss im Einzelnen erläutern, woraus sich die Verwirkung ergeben soll. Der bloße Abschluss weiterer Altersteilzeitverträge reicht nicht aus, um von einer Verwirkung auszugehen.

10c Trotz Überschreitens der Überforderungsquote des § 3 Abs. 1 Nr. 3 ATG kann sich unter Umständen der Anspruch auf Abschluss eines Teilzeittarifvertrages allerdings aus dem arbeitsrechtlichen Gleichbehandlungsgrundsatz ergeben. Wenn ein Arbeitgeber freiwillig trotz Erreichens der 5 %-Quote weitere Altersteilzeitverträge abschließt, so können sich hierauf auch andere Mitarbeiter, die grds. die tarifvertraglichen Voraussetzungen für den Abschluss eines Altersteilzeitvertrages erfüllen, darauf berufen, ebenfalls in den Genuss eines entsprechenden Altersteilzeittarifvertrages zu kommen. Will der Arbeitgeber dies verhindern, so ist er nach dem Urteil des 9. Senates des *BAG* v. 15.11.2011 (– 9 AZR 387/10) gut beraten, wenn er durch einen Aushang im Betrieb bekannt gibt, dass wegen Überschreitens der Überlastungsquote von 5 % in Zukunft Anträge auf Altersteilzeit abgelehnt werden. Das BAG steht auf dem Standpunkt, dass eine derartige Stichtagsregelung, d. h. die Ablehnung von Altersteilzeitverträgen für die Zukunft, zulässig ist und dementsprechend geeignet ist, dass ggf. bei den Arbeitnehmern entstandene Vertrauen auf Abschluss weiterer Altersteilzeitverträge rechtswirksam zu beseitigen, weil die Mitarbeiter nach Bekanntgabe dieser Entscheidung des Arbeitgebers nicht mehr darauf vertrauen können, dass auch in Zukunft trotz Überschreitens der 5 %-Quote im Betrieb noch weitere Altersteilzeitverträge auf freiwilliger Basis abgeschlossen werden.

## C. Voraussetzungen der Altersteilzeit

11 Im Hinblick auf die Voraussetzungen der Altersteilzeit ist zu berücksichtigen, dass die Möglichkeit, Zuschüsse von der BA in Höhe der gesetzlichen Aufstockungsbeträge zu erhalten, zum 31.12.2009 entfallen ist. Seither werden nur noch Zuschüsse für die Altersteilzeitverträge von der BA gewährt, die eine Altersteilzeit vorgesehen haben, die bereits vor dem 1.1.2010 – sei es im Blockmodell oder im Konti-Modell – begonnen wurde (s. Rdn. 1 ff.).

12 Für Altersteilzeitverträge, die vor dem 1.1.2010 begonnen wurden gewährt die BA dem Unternehmen (nicht dem Arbeitnehmer!) Zuschüsse zur Altersteilzeit, wenn die entsprechenden Voraussetzungen des Altersteilzeitgesetzes vorliegen. Die im Gesetz vorgeschriebenen Aufstockungsbeträge werden vollumfänglich in der gesetzlichen Höhe von der jeweiligen Agentur für Arbeit übernommen. Zahlt das Unternehmen freiwillig oder aufgrund eines Tarifvertrages höhere Aufstockungsbeträge, so muss der Arbeitgeber den Teil, der oberhalb der gesetzlichen Beträge liegt, selbst tragen.

13 Im Folgenden werden zunächst unter Rdn. 14 bis 186 die Voraussetzungen dargestellt, wie sie für Altersteilzeitverträge vorliegen müssen, die vor dem 1.1.2010 begonnen wurden und dementsprechend grds. der Fördermöglichkeit durch die BA unterliegen (s. Rdn. 194 bis 214). Im Anschluss werden unter Rdn. 187 bis Rdn. 192 dann die Voraussetzungen dargestellt, wie sie für Altersteilzeitverträge vorliegen müssen, die nach dem 31.12.2009 begonnen werden sollen. Letztere Verträge wer-

## C. Voraussetzungen der Altersteilzeit

den nur noch insofern staatlich gefördert, als weiterhin die steuerlichen Begünstigen für diese Verträge hinsichtlich der Aufstockungsbeträge in Anspruch genommen werden können. Insofern sind die Arbeitsvertragsparteien also nur dann an die Regelungen des Altersteilzeitgesetzes gebunden, wenn sie die steuerliche Förderung in Anspruch nehmen wollen. Soll auch die steuerliche Begünstigung nicht in Anspruch genommen werden, können seit 1.1.2010 neu begonnene Altersteilzeitverträge wie sonstige Teilzeitverträge frei ausgestaltet werden.

### I. Voraussetzungen bei Beginn der Altersteilzeit vor dem 1.1.2010

Arbeitnehmer, die vor dem 1.1.2010 mit der Altersteilzeit begonnen haben, haben – je nach Lebensalter – noch die Möglichkeit, über eine zweijährige Altersteilzeit vorzeitig in den gesetzlichen Ruhestand zu wechseln (s. Kap. 8 Rdn. 257 ff.). Arbeitgeber haben bei Altersteilzeitverträgen, die tatsächlich vor dem 1.1.2010 begonnen wurden, die Möglichkeit Zuschüsse der Agentur für Arbeit zu erhalten, wenn die Altersteilzeit den Mindestanforderungen des Altersteilzeitgesetzes entspricht.   14

Voraussetzungen für Zuschüsse der Agentur für Arbeit im Rahmen der Altersteilzeit sind:   15
- Vollendung des 55. Lebensjahres
- Verkürzung der Arbeitszeit um 50 % (Verteilzeitraum: drei Jahre ohne Tarifvertrag bzw. sechs Jahre mit Tarifvertrag)
- Aufstockung der Teilzeitvergütung
- Einstellung eines Arbeitslosen oder Ausgebildeten.

#### 1. Berechtigter Personenkreis

Leistungen nach dem Altersteilzeitgesetz werden von der Agentur für Arbeit im Hinblick auf die vor dem 1.1.2010 tatsächlich begonnenen Altersteilzeit-Arbeitsverhältnisse nur für diejenigen Arbeitnehmer an den jeweiligen Arbeitgeber gewährt, die die Voraussetzungen des § 2 Abs. 1 ATG erfüllen.   16

Gemäß § 2 Abs. 1 ATG zählen nur diejenigen Arbeitnehmer zum begünstigten Personenkreis, die:   17
- das **55. Lebensjahr** vollendet haben,
- nach dem 14.2.1996 auf Grund einer **Vereinbarung** mit dem Arbeitgeber, die sich zumindest **auf die Zeit erstrecken muss, bis eine Rente wegen Alters beansprucht werden kann**, ihre **Arbeitszeit auf die Hälfte der bisherigen wöchentlichen Arbeitszeit vermindert haben** und **versicherungspflichtig beschäftigt** i. S. d. Dritten Buches Sozialgesetzbuch sind und
- **innerhalb der letzten fünf Jahre vor Beginn der Altersteilzeit mindestens 1080 Kalendertage** in einer versicherungspflichtigen Beschäftigung nach dem Dritten Buch Sozialgesetz gestanden haben. Zeiten mit Anspruch auf Arbeitslosengeld oder Arbeitslosenhilfe, Zeiten des Bezuges von Arbeitslosengeld II sowie Zeiten, in denen Versicherungspflicht nach § 26 Abs. 2 SGB III bestand, stehen der versicherungspflichtigen Beschäftigung gleich. § 427 Abs. 3 SGB III gilt entsprechend.
- Alternativ zu den vorgenannten Vorbeschäftigungszeiten kommen auch versicherungspflichtige Beschäftigungsverhältnisse nach den Vorschriften eines **EU-Mitgliedsstaates** in Betracht, in dem die Verordnung Nr. 1408/71 des Rates der Europäischen Union Anwendung findet. War der Mitarbeiter hier in den letzten fünf Jahren mindestens 1.080 Kalendertage versicherungspflichtig beschäftigt bzw. ergibt sich aus der Tätigkeit in Deutschland und der Tätigkeit in einem Mitgliedsstaat der EU die notwendige Beschäftigungszeit von 1.080 Kalendertagen, so sind insofern auch die Voraussetzungen für einen Wechsel in die Altersteilzeit erfüllt.   18
- Von der versicherungspflichtigen Beschäftigung in einem EU-Mitgliedsstaat sind Beschäftigungen im sonstigen Ausland zu unterscheiden. Wird ein deutscher Arbeitnehmer, der in einem Arbeitsverhältnis zu einem deutschen Unternehmen steht, im Ausland beschäftigt, ohne dass eine Entsendung i. S. v. § 4 SGB IV vorliegt, unterliegt diese Beschäftigung nicht der Versicherungspflicht nach dem Sozialgesetzbuch III. Das Gesetz spricht hier von sog. Ortskräften. Die **Auslandsbeschäftigung** in diesem Fall erfüllt also nicht die Anforderungen des § 2 ATG an die notwendigen Vorbeschäftigungszeiten.   19

20 – Nachdem zum 1.1.2005 das sog. **Arbeitslosengeld II** eingeführt wurde, hat der Gesetzgeber in der Neufassung des Altersteilzeitgesetzes klargestellt, dass auch Zeiten des Bezuges von Arbeitslosengeld II einer versicherungspflichtigen Beschäftigung gleichstehen. Der Arbeitnehmer, der in die Altersteilzeit wechseln will und in den letzten fünf Jahren vor Beginn der geplanten Altersteilzeit unter anderem Arbeitslosengeld II bezogen hat, kann also ebenfalls bei Erreichen des 55. Lebensjahres in die Altersteilzeit wechseln.

## 2. Laufzeit der Altersteilzeitvereinbarung

21 Arbeitnehmer, die vor dem 1.1.1952 geboren wurden, haben die Möglichkeit, über eine zweijährige Altersteilzeit gem. § 237 SGB VI in den vorzeitigen Ruhestand zu wechseln. Unabhängig davon, ob tatsächlich der Übergang in die Rente gewollt ist, ist stets Voraussetzung für eine wirksame Altersteilzeitvereinbarung, dass die Altersteilzeit bis zu dem Zeitpunkt läuft, zu dem der Arbeitnehmer die Voraussetzungen für eine Altersrente aus der gesetzlichen Rentenversicherung in Anspruch nehmen kann. Keine Rolle spielt es, ob es sich hierbei um eine geminderte oder um eine ungeminderte Altersrente handelt.

22 Eine Altersteilzeitvereinbarung, nach der der Arbeitnehmer bereits vor Erreichen des für ihn frühest möglichen Zeitpunktes des Rentenbezuges aus dem Arbeitsverhältnis und damit auch aus der Altersteilzeit ausscheiden soll, erfüllt nicht die Voraussetzung des Altersteilzeitgesetzes. Es ist also bspw. nicht möglich, mit einem 55-jährigen Arbeitnehmer zu vereinbaren, dass dieser für drei Jahre in die Altersteilzeit wechselt und dann mit Vollendung des 58. Lebensjahres aus dem Arbeitsverhältnis ausscheidet, um für die restliche Zeit bis zum Bezug einer Altersrente Arbeitslosengeld zu beziehen. Eine derartige Altersteilzeitvereinbarung wäre unwirksam. Die Altersteilzeit würde weder vom Finanzamt durch Steuerbefreiung der Aufstockungsbeträge noch durch die BA gefördert werden können.

23 Im Hinblick auf die Mindestlaufzeit von 24 Monaten (vgl. § 237 SGB VI) ist zu beachten, dass Altersteilzeitvereinbarungen nicht **rückwirkend** abgeschlossen werden können. Die Altersteilzeitvereinbarung ist also vor Eintritt in die Altersteilzeit abzuschließen. Bereits abgelaufene Arbeitszeiten, in denen tatsächlich keine Altersteilzeit ausgeübt worden ist, können nunmehr nicht nachträglich in ein Altersteilzeitarbeitsverhältnis umgewandelt werden. Für die **Ansparung von Wertguthaben**, welche dann im Blockmodell in der **Freistellungsphase** abgebaut wird, ist es gem. § 7 Abs. 1a SGB IV erforderlich, dass im Vorfeld eine entsprechende Altersteilzeitvereinbarung abgeschlossen wurde. **Die Rückdatierung ist also nicht zulässig.**

24 Etwas Anderes gilt allerdings nach der Rechtsprechung des BAG in den Fällen, in denen der Arbeitnehmer zunächst erfolglos einen Antrag auf Altersteilzeit gestellt hat. Steht dem Arbeitnehmer aufgrund eines Tarifvertrages ein Anspruch auf Altersteilzeit zu und setzt er diesen Anspruch im Rahmen eines Arbeitsgerichtsverfahrens gegen seinen Arbeitgeber durch, so wird der Arbeitgeber verurteilt, dem Antrag auf Abschluss eines Altersteilzeitvertrages auch rückwirkend zuzustimmen (*BAG* 23.1.2007 EzA § 3 ATG Nr. 6).

25 Die Mindestlaufzeit von 24 Monaten ist bei der Altersteilzeit allerdings nur erforderlich, wenn der Arbeitnehmer beabsichtigt, über § 237 SGB VI in den gesetzlichen Ruhestand zu wechseln (s. zu der hier erfolgten Anhebung der Altersgrenze Kap. 8 Rdn. 257). Da der Gesetzgeber verschiedene Möglichkeiten eröffnet, um in den Ruhestand zu wechseln, ist daher auch eine wesentlich kürzere Laufzeit der Altersteilzeit möglich. Erfüllt der Mitarbeiter die Voraussetzungen der **Rente für langjährig Versicherte** (§ 36 SGB VI), die Voraussetzungen für die **Altersrente für schwer behinderte Menschen** (§ 37 SGB VI) oder die Voraussetzungen für die **Altersrente für Frauen** (§ 237a SGB VI), so reicht es aus, wenn die Altersteilzeitvereinbarung eine Laufzeit enthält, die einen nahtlosen Übergang in eine der drei vorerwähnten Renten ermöglicht. Während die Altersrente für Frauen (§ 237a SGB VI) nur für die Geburtsjahrgänge bis 1951 in Betracht kommt, da es für die Arbeitnehmerinnen, die nach dem 31.12.1951 geboren sind, keine spezielle »Frauen-Altersrente« mehr gibt, wird die Altersteilzeit in erster Linie an die Rente für langjährig Versicherte, die Altersrente

## C. Voraussetzungen der Altersteilzeit

für schwerbehinderte Menschen und die Regelaltersrente anknüpfen. Bezüglich der drei vorerwähnten Renten ist nun zu beachten, dass der Gesetzgeber plant, die Altersgrenze für die Regelaltersgrenze vom 65. schrittweise auf das 67. Lebensjahr anzuheben. Betroffen von der Altersgrenzenanhebung sind auch die Altersrenten für schwerbehinderte Menschen und die Altersrente für langjährig Versicherte. Letztere wird in Zukunft wieder erst ab dem 63. Lebensjahr unter Inkaufnahme entsprechender Abschläge möglich sein. Nur dort, wo vor dem 31.12.2006 bereits eine Altersteilzeitvereinbarung abgeschlossen war und im Übrigen nach der bisherigen Rechtslage die Möglichkeit bestand, als langjährig Versicherter mit dem 62. Lebensjahr bereits Altersrente zu beantragen, bleibt es aufgrund von Vertrauensschutz bei diesem Renteneintrittsalter. In allen übrigen Fällen wird die Altersgrenze schrittweise angehoben. Im Einzelnen kann hier bzgl. der Anhebung der Altersgrenzen auf Kapitel E und die dortigen Tabellen verwiesen werden.

Im Hinblick auf die Laufzeit der Altersteilzeitvereinbarung bzw. das Enddatum des Altersteilzeitvertrages ist des Weiteren zu beachten, dass der Gesetzgeber durch das so genannte **Rentenversicherungs-Nachhaltigkeitsgesetz** die **Altersgrenze** für die vorzeitige Inspruchnahme der Altersrente nach vorausgegangener Altersteilzeit (§ 237 SGB VI) ebenso wie die Altersgrenze für die Altersrente nach vorausgegangener Arbeitslosigkeit in den Jahren 2006 bis 2008 **schrittweise vom 60. auf das 63. Lebensjahr anhebt** (s. hierzu die Tabelle in Kap. 8 Rdn. 249). Von daher ergeben sich hinsichtlich der Laufzeit von Altersteilzeitvereinbarungen für die verschiedenen Jahrgänge unterschiedliche Regelungen. 26

Allgemein ist zunächst darauf hinzuweisen, dass eine Altersrente nach einer mindestens 24-monatigen Altersteilzeit ohnehin nur Versicherte erhalten können, die vor dem 1.1.1952 geboren sind. Alle übrigen Arbeitnehmer haben gem. § 237 SGB VI keine Möglichkeit mehr, über den Weg der Altersteilzeit in den gesetzlichen Ruhestand zu wechseln. Hier bleiben nur die oben angesprochenen Alternativen über die Altersrente für langjährig Versicherte oder die Altersrente für schwer behinderte Menschen. 27

Arbeitnehmer, die vor dem **1.1.2004 bereits rechtswirksam einen Altersteilzeitvertrag** abgeschlossen haben, können **weiterhin ab Vollendung des 60. Lebensjahres** – unter Beachtung der Abschläge von bis zu 18 % lebenslänglich – in den gesetzlichen Ruhestand nach vorausgegangener Altersteilzeit von mindestens 24 Kalendermonaten wechseln. Die vor dem 1.1.2004 verbindlich abgeschlossene Altersteilzeitvereinbarung muss nicht zwingend dazu geführt haben, dass der Mitarbeiter bereits ab 1.1.2004 in die Altersteilzeit gewechselt ist. Es reicht aus, dass der Mitarbeiter zu diesem Zeitpunkt sich bereits rechtswirksam zu einer Altersteilzeit entschieden hat. 28

Mitarbeiter, die nicht unter den **Vertrauensschutz** fallen, d. h. nicht vor dem 1.1.2004 eine Altersteilzeitvereinbarung abgeschlossen hatten, können nunmehr nicht mehr mit Vollendung des 60. Lebensjahres in die Rente nach Altersteilzeit wechseln. Wie angesprochen, sieht das sog. Rentenversicherungs-Nachhaltigkeitsgesetz vor, dass die Altersgrenze für die vorzeitige Inanspruchnahme dieser Altersrente für alle nach 1945 geborenen Versicherten in der Zeit von **2006 bis 2008 schrittweise vom 60. auf das 63. Lebensjahr angehoben** wird. Dies bedeutet, dass derjenige, der im Januar 1946 geboren wurde, erst mit 60 Jahren und einem Monat in die gesetzliche Rente nach vorausgegangener Altersteilzeit wechseln kann. Derjenige, der im Februar 1946 geboren wurde, kann frühestens im Alter von 60 Jahren und zwei Monaten in die Altersrente nach vorausgegangener Altersteilzeit wechseln. Diese Aufstockung setzt sich dann entsprechend der unten wiedergegebenen Tabelle bis zu denjenigen Arbeitnehmern fort, die im Dezember 1948 oder später geboren sind, die dann erst mit dem 63. Lebensjahr in die Altersrente nach vorausgegangener Altersteilzeit wechseln können. Arbeitnehmer, die nach dem 31.12.1951 geboren sind, können wegen Wegfalls der Altersrente nach vorausgegangener Altersteilzeit nur noch über den Weg der Schwerbehinderung oder der langjährigen Versicherung vorzeitig in den Altersruhestand wechseln. 29

Zwischenzeitlich hat der Gesetzgeber durch eine Änderung des § 8 Abs. 3 ATG dafür Sorge getragen, dass auch die Arbeitnehmer, die zwischen dem 1.1.1952 und dem 31.12.1954 geboren sind, die Möglichkeit haben, ein Altersteilzeitvertrag abzuschließen, der eine Beendigung des Arbeitsverhält- 30 nisses vor dem 65. Lebensjahr vorsieht, weil sie bereits vor dem 65. Lebensjahr die Möglichkeit haben, eine Rente für Schwerbehinderte gem. §§ 37, 236a SGB VI oder für langjährige Versicherte nach §§ 36, 236 SGB VI zu beziehen. Bisher konnte aufgrund der Altfassung des § 8 Abs. 3 ATG mit diesen Mitarbeitern keine wirksame Befristung des Altersteilzeitvertrages vereinbart werden, sofern die Altersteilzeitvereinbarung länger als drei Jahre laufen sollte. § 8 Abs. 3 ATG erlaubte die Befristung von Altersteilzeitverträgen auf einen Zeitpunkt vor Vollendung des 65. Lebensjahres nur für die Fälle, in denen der Mitarbeiter eine Altersrente nach Altersteilzeit i. S. v. § 237 SGB VI bezog. Der Gesetzgeber hat diese Lücke für den Bezug sonstiger Altersrenten und für Mitarbeiter, die nach dem 31.12.1951 geboren sind, nunmehr geschlossen, in dem er in § 8 Abs. 3 ATG nunmehr nur noch verlangt, dass der Arbeitnehmer im Zeitpunkt der Beendigung des Arbeitsverhältnisses »Anspruch auf eine Rente wegen Alters« hat. Welche Art von Altersrente der Mitarbeiter beanspruchen kann, ist nunmehr unerheblich. Insofern stellt § 8 Abs. 3 ATG in der jetzt vorliegenden Fassung eine umfassende Sonderregelung gegenüber § 41 S. 2 SGB VI dar.

31 Ergänzend ist im Übrigen darauf hinzuweisen, dass die **Anhebung der Altersgrenze durch das Rentenversicherungs-Nachhaltigkeitsgesetz nicht die Möglichkeit vorsieht, der Anhebung der Altersgrenze durch Inkaufnahme von Rentenabschlägen zu entgehen**. Es bleibt allerdings dabei, dass derjenige, der zu dem für ihn nunmehr geltenden neuen frühesten Zeitpunkt der Inanspruchnahme von Altersrente in den Ruhestand wechselt, die bereits bisher für diesen vorzeitigen Wechsel in den Ruhestand vorgesehenen Rentenabschläge hinnehmen muss. Die Abschläge betragen also weiterhin 0,3 % für jeden Monat vor Vollendung des 65. Lebensjahres. Nimmt bspw. ein im Jahre 1949 geborener Arbeitnehmer die Altersrente nach Altersteilzeit ab dem 63. Lebensjahr in Anspruch, so beträgt sein **Rentenabschlag lebenslänglich 7,2 %**.

32 Im Einzelnen gelten für die Altersteilzeit derjenigen Mitarbeiter, die **ohne Vertrauensschutz** (d. h. kein Abschluss einer Altersteilzeitvereinbarung vor dem 1.1.2004) in die Rente wechseln wollen, folgende Altersgrenzen:

| Geburtsmonat | Eintrittsalter |
| --- | --- |
| 1946 | |
| Januar | 60 J. + 1 Monat |
| Februar | 60 J. + 2 Monate |
| März | 60 J. + 3 Monate |
| April | 60 J. + 4 Monate |
| Mai | 60 J. + 5 Monate |
| Juni | 60 J. + 6 Monate |
| Juli | 60 J. + 7 Monate |
| August | 60 J. + 8 Monate |
| September | 60 J. + 9 Monate |
| Oktober | 60 J. + 10 Monate |
| November | 60 J. + 11 Monate |
| Dezember | 61 Jahre |
| 1947 | |
| Januar | 61 J. + 1 Monat |
| Februar | 61 J. + 2 Monate |
| März | 61 J. + 3 Monate |

| Geburtsmonat | Eintrittsalter |
|---|---|
| April | 61 J. + 4 Monate |
| Mai | 61 J. + 5 Monate |
| Juni | 61 J. + 6 Monate |
| Juli | 61 J. + 7 Monate |
| August | 61 J. + 8 Monate |
| September | 61 J. + 9 Monate |
| Oktober | 61 J. + 10 Monate |
| November | 61 J. + 11 Monate |
| Dezember | 62 Jahre |
| 1948 | |
| Januar | 62 J. + 1 Monat |
| Februar | 62 J. + 2 Monate |
| März | 62 J. + 3 Monate |
| April | 62 J. + 4 Monate |
| Mai | 62 J. + 5 Monate |
| Juni | 62 J. + 6 Monate |
| Juli | 62 J. + 7 Monate |
| August | 62 J. + 8 Monate |
| September | 62 J. + 9 Monate |
| Oktober | 62 J. + 10 Monate |
| November | 62 J. + 11 Monate |
| Dezember | 63 Jahre |
| **Ab 1949** | 63 Jahre |

Unterliegt der Mitarbeiter, der in die Altersteilzeit wechselt, nicht mehr der gesetzlichen Rentenversicherungspflicht, weil er wegen Abschlusses einer befreienden Lebensversicherung von der Versicherungspflicht in der gesetzlichen Rentenversicherung befreit ist, so stellt sich die Frage, ob mit einem derartigen Arbeitnehmer ebenfalls eine Altersteilzeitvereinbarung nach dem Altersteilzeitgesetz geschlossen werden kann und – soweit diese Frage zu bejahen ist – bis wann diese Altersteilzeitvereinbarung laufen muss. Während die erste Frage unproblematisch zu bejahen ist, d. h. auch mit diesen Mitarbeitern können Altersteilzeitvereinbarungen getroffen werden, ist hinsichtlich der Mindestlaufzeit dieser Altersteilzeitvereinbarung zunächst § 1 ATG zu beachten, der bestimmt, dass durch Altersteilzeitarbeit älteren Arbeitnehmern ein gleitender Übergang vom Erwerbsleben in die Altersrente ermöglicht werden soll. Das Gesetz knüpft also an den Wechsel in die Altersrente an. Wechselt ein Arbeitnehmer nicht in die Altersrente, so lässt sich nach dem Wortlaut von § 1 Abs. 1 ATG zunächst die Auffassung vertreten, dass Arbeitnehmer mit einer befreienden Lebensversicherung, die keinen Anspruch auf Wechsel in die Altersrente erworben haben, auch nicht über den Weg des Altersteilzeitgesetzes aus dem Erwerbsleben ausscheiden können. Diese Auffassung ist allerdings bei näherer Betrachtung nicht haltbar, da Ziel des Altersteilzeitgesetzes nicht die schrittweise Überführung der Mitarbeiter in die gesetzliche Rente, sondern die schrittweise Herausführung der Arbeitnehmer aus dem

Erwerbsleben ist. Dieses Ziel kann also auch bei einem Mitarbeiter mit befreiender Lebensversicherung erreicht werden.

34 Da also auch Arbeitnehmer mit befreiender Lebensversicherung in die Altersteilzeit wechseln können, ist nun nur die Mindestlaufzeit für die Altersteilzeitvereinbarung zu prüfen. Der Gesetzgeber hat in § 2 ATG unmissverständlich klargestellt, dass eine Altersteilzeitvereinbarung mindestens bis zu dem Zeitpunkt geführt werden muss, zu dem der Arbeitnehmer eine Rente wegen Alters beanspruchen kann. § 2 ATG enthält insofern keine Regelung für Arbeitnehmer mit befreiender Lebensversicherung. Hier kann nun allerdings auf § 5 Abs. 1 Nr. 2 ATG zurückgegriffen werden. Dort hat der Gesetzgeber im Hinblick auf das Erlöschen bzw. Ruhen des Anspruchs auf Leistungen der Bundesagentur für Arbeit nach § 4 ATG ausdrücklich festgeschrieben, dass der Anspruch auf Leistungen der Bundesagentur für Arbeit u. a. dann erlischt, wenn der von der Versicherungspflicht in der gesetzlichen Rentenversicherung befreite Arbeitnehmer das 65. Lebensjahr vollendet hat oder eine der Rente vergleichbare Leistung einer Versicherungs- oder Versorgungseinrichtung oder eines Versicherungsunternehmens beanspruchen kann. Ergänzend ist hier vom Gesetzgeber darauf hingewiesen worden, dass dies nicht für Renten gilt, die vor dem für den Versicherten maßgebenden Rentenalter in Anspruch genommen werden können.

35 Konsequenz aus dieser Vorschrift ist also, dass auch bei Arbeitnehmern mit befreiender Lebensversicherung hinsichtlich der Mindestlaufzeit der Altersteilzeitvereinbarung auf die ohne den Austritt aus der gesetzlichen Rentenversicherung geltenden Renteneintrittsalter abzustellen ist. Die Regelungen über den Bezug einer gesetzlichen Rente sind also analog zur Festlegung der Mindestlaufzeit für die Altersteilzeitvereinbarung heranzuziehen. Dies bedeutet, dass auch im Fall eines Arbeitnehmers mit befreiender Lebensversicherung die Altersteilzeit entweder bis zu der Regelaltersgrenze oder in den Fällen, in denen der Arbeitnehmer die Versicherungsleistung auch bereits vorzeitig beziehen kann, bis zu dem im Versicherungsvertrag vorgesehenen Zeitpunkt laufen muss.

36 (derzeit unbesetzt)

37 Im Gegensatz zur **fehlenden Regelung einer Mindestlaufzeit** im Altersteilzeitgesetz hat der Gesetzgeber die **maximale Laufzeit** einer Altersteilzeitvereinbarung in verschiedener Form begrenzt. Soll die Altersteilzeit in Form des **Blockmodells außerhalb eines Tarifvertrages** durchgeführt werden, darf die Altersteilzeitvereinbarung **maximal drei Jahre** laufen.

38 Existiert ein Tarifvertrag bzw. kann ein Tarifvertrag zur Altersteilzeit in Bezug genommen werden, beträgt die **Höchstlaufzeit, während der die BA die Altersteilzeit fördert, sechs Jahre**.

39 Unabhängig von einer Förderung liegt die maximal zulässige Laufzeit einer Altersteilzeit bei zehn Jahren. Voraussetzung für eine **zehnjährige Laufzeit der Altersteilzeit** ist, dass sich während dieser Laufzeit ein sechsjähriger Zeitraum ergibt, in dem die weiteren Voraussetzungen der Altersteilzeit – insbes. die Halbierung der Arbeitszeit – erfüllt sind. Die zehnjährige Laufzeit der Altersteilzeit setzt voraus, dass die Altersteilzeit mit dem **55. Lebensjahr** des Mitarbeiters begonnen wird.

39a Keine ausdrückliche Regelung findet sich im Altersteilzeitgesetz dahingehend, wann die Altersteilzeitvereinbarung spätestens enden muss. Wie angesprochen, gibt es zwar im Gesetz verschiedene Regelungen über die Höchstlaufzeit einer Altersteilzeitvereinbarung; jedoch keine Regelung, die bestimmt, dass die Altersteilzeit – unabhängig davon, ob die Höchstlaufzeit ausgeschöpft ist – beispielsweise mit Erreichen der Regelaltersgrenze endet. Insofern ist also zumindest theoretisch denkbar, dass auch noch mit einem 63-jährigen Arbeitnehmer eine sechsjährige Altersteilzeit vereinbart wird, obwohl der Arbeitnehmer spätestens mit Vollendung des 67. Lebensjahres die Regelaltersrente beanspruchen kann. Das Altersteilzeitgesetz bestimmt nur, dass die Förderung der Altersteilzeit mit Erreichen der Regelaltersrente sein Ende findet. Der Gesetzgeber hat des Weiteren bestimmt, dass Arbeitslosengeld nach Erreichen der Regelaltersgrenze nicht mehr beansprucht werden kann, weil ab diesem Zeitpunkt Leistungen aus der gesetzlichen Rentenversicherung in Form der Altersrente gezahlt werden. Ob der Arbeitnehmer neben der Altersrente aus der gesetzlichen Rentenversicherung

## C. Voraussetzungen der Altersteilzeit  Kapitel 7

auch weiterhin in einem Arbeitsverhältnis in Form der Altersteilzeit – hier ggf. sogar im Rahmen der Freistellungsphase – stehen kann, ist gesetzlich nicht geregelt.

Für die Möglichkeit, über die individuelle Regelaltersgrenze hinaus eine Altersteilzeitvereinbarung im Rahmen der zulässigen Höchstdauer laufen zu lassen, spricht zunächst, dass es auch außerhalb einer Altersteilzeitvereinbarung zulässig ist, dass ein Arbeitnehmer über die persönliche Regelaltersgrenze hinaus in einem Arbeitsverhältnis steht. Der Mitarbeiter erhält dann neben der vertraglich vereinbarten Vergütung auch die Altersrente aus der gesetzlichen Rentenversicherung. Als weiterer Vorteil kommt hinzu, dass nun auf das reguläre Einkommen keine Beiträge mehr zur gesetzlichen Rentenversicherung und zur Arbeitslosenversicherung abzuführen sind. Wenn nun also ein Arbeitnehmer über die Regelaltersgrenze hinaus in einem Arbeitsverhältnis stehen kann, so muss grds. auch eine Altersteilzeitvereinbarung zulässig sein, die über die Regelaltersgrenze hinaus reicht, solange sich die Altersteilzeitvereinbarung innerhalb der gesetzlichen Höchstlaufzeiten hält. 39b

Auch aus steuerlicher Hinsicht spricht nichts gegen eine Überschreitung der Regelaltersgrenze durch die Altersteilzeitvereinbarung. Gemäß § 3 Nr. 28 EStG sind die Aufstockungsbeträge steuerfrei. Eine Begrenzung dieser Steuerbefreiung auf die Zeit bis zur Erreichung der Regelaltersgrenze ist im Einkommensteuergesetz nicht enthalten. 39c

Gegen die Ausdehnung der Altersteilzeit über das 65. Lebensjahr bzw. nunmehr das individuelle Regelalter für den Bezug der Regelaltersgrenze nach dem Sozialgesetzbuch VI spricht nun letztendlich lediglich der Zweck des Altersteilzeitgesetzes. § 1 ATG bestimmt, dass durch die Altersteilzeitarbeit dem älteren Arbeitnehmer ein gleitender Übergang vom Erwerbsleben in die Altersrente ermöglicht werden soll. Dementsprechend knüpft das Altersteilzeitgesetz die Laufzeit grds. an den Bezug der Altersrente an. Ein Überschreiten der Regelaltersgrenze und somit ein paralleles Laufen von Altersteilzeit und Rentenbezug widerspricht daher Sinn und Zweck des Altersteilzeitgesetzes. Unter diesem Aspekt wird man also grds. eine Altersteilzeit über die Regelaltersgrenze ablehnen müssen. Will der Mitarbeiter länger arbeiten, so ist dies dann nur im Rahmen eines neu abzuschließenden regulären Arbeitsverhältnisses möglich. Die Steuerbefreiung nach § 3 Nr. 28 EStG kann der Arbeitnehmer dann – trotz der fehlenden Begrenzung im Einkommensteuergesetz – für die Zeit nach Erreichen der Regelaltersgrenze nicht mehr für sich in Anspruch nehmen. 39d

### 3. Verkürzung der Arbeitszeit

Das Wesen der Altersteilzeit besteht darin, dass der Arbeitnehmer seine bisherige Arbeitszeit halbiert. Unerheblich ist insofern, ob dies täglich durch Wechsel in eine **Halbtagstätigkeit** oder in Form des **Blockmodells** (Arbeitsphase in Vollzeit und Freistellungsphase ohne Arbeit) erfolgt. 40

#### a) Halbierung der Arbeitszeit

Gemäß § 2 Abs. 1 Nr. 2 ATG ist Voraussetzung für die Zahlung von Zuschüssen durch die Agentur für Arbeit für die vor dem 1.1.2010 begonnenen Altersteilzeitverträge, dass die Arbeitszeit des betreffenden Mitarbeiters auf die Hälfte der bisherigen wöchentlichen Arbeitszeit verringert wird. Was unter »bisheriger wöchentlicher Arbeitszeit« zu verstehen ist, hat der Gesetzgeber selbst in § 6 Abs. 2 ATG definiert. Der Gesetzgeber hatte zum 1.7.2004 den Begriff der »bisherigen wöchentlichen Arbeitszeit« für Altersteilzeitverträge neu definiert. Die folgenden Ausführungen beziehen sich auf die aktuelle Definition im ATG. Im Hinblick auf die Definition für Altverträge, d. h. für Altersteilzeitverträge, die vor dem 1.7.2004 begonnen wurden, kann auf die entsprechenden Kommentierungen in den Vorauflagen, d. h. bis zur 9. Auflage dieses Handbuches, verwiesen werden. 41

Der Gesetzgeber hat in § 6 Abs. 2 ATG den Begriff der »bisherigen wöchentlichen Arbeitszeit« wie folgt definiert: 42

> »(2) Als bisherige wöchentliche Arbeitszeit ist die wöchentliche Arbeitszeit zugrunde zu legen, die mit dem Arbeitnehmer vor dem Übergang in die Altersteilzeitarbeit vereinbart war. Zugrunde zu legen ist höchstens die Arbeitszeit, die im Durchschnitt der letzten 24 Monate vor dem Übergang 43

# Kapitel 7

in die Altersteilzeit vereinbart war. Die ermittelte durchschnittliche Arbeitszeit kann auf die nächste volle Stunde gerundet werden.«

**44** Die Definition des Begriffs der »**bisherigen wöchentlichen Arbeitszeit**« stellt nicht auf tarifvertragliche Arbeitszeiten und die entsprechenden tarifvertraglichen Arbeitszeitregelungen ab. Die Berechnung der zu halbierenden Arbeitszeit ist nun einfach gestaltet, da es jetzt nur noch auf die tatsächliche durchschnittliche wöchentliche Arbeitszeit in den letzten 24 Monaten ankommt. Die bis zum 30.6.2004 geltende komplizierte Regelung, die an die gültige tarifvertragliche Arbeitszeitregelung anknüpfte, wurde also für neue Altersteilzeitverträge ab 1.7.2004 abgeändert und i. S. d. Arbeitnehmer gerechter gestaltet.

**45** Zu beachten ist allerdings, dass der Gesetzgeber auch in der Neufassung des § 6 Abs. 2 ATG weiterhin zwei Regeln zur Bestimmung der Arbeitszeit, die in der Altersteilzeit zu halbieren ist, aufstellt. Entscheidend für die Arbeitszeit, die dann in der Altersteilzeit zu halbieren ist, ist die **wöchentliche Arbeitszeit, die mit dem Mitarbeiter unmittelbar vor dem Wechsel in die Altersteilzeit vereinbart war**. In einem zweiten Schritt ist dann zu prüfen, ob diese Arbeitszeit nicht höher liegt als die im **Durchschnitt der letzten 24 Monate** vor dem Übergang in die Altersteilzeit vereinbarte Arbeitszeit. Die durchschnittliche Arbeitszeit der letzten 24 Monate stellt also eine **Höchstgrenze** dar, die im Fall einer Aufstockung der Wochenarbeitszeit kurz vor Beginn der Altersteilzeit verhindert, dass die Durchschnittsarbeitszeit und nicht die zuletzt vereinbarte Arbeitszeit heranzuziehen ist.

**46** ▶ **Beispiel 1:**

Ein Arbeitnehmer beginnt die Altersteilzeit am 1.1.2009. Am 31.12.2008 betrug die wöchentliche Arbeitszeit 35 Stunden. Diese Arbeitszeit existiert allerdings erst seit 19 Monaten, d. h. seit 1.6.2007. In der Zeit vom 1.1.2007 bis 31.5.2007 betrug die vertraglich vereinbarte Arbeitszeit 30 Wochenstunden. Die durchschnittliche Wochenarbeitszeit (5 × 30 Wochenstunden + 19 × 35 Wochenstunden : 24) beläuft sich also auf 33,958 Wochenstunden. Diese durchschnittliche Arbeitszeit kann nun auf die nächste volle Stunde, d. h. auf 34 Wochenstunden, aufgerundet werden. Für den Arbeitnehmer bedeutet dies, dass in der Altersteilzeit nicht die unmittelbar vor dem Wechsel in die Altersteilzeit bestehende wöchentliche Arbeitszeit von 35 Stunden halbiert werden muss, sondern dass lediglich die durchschnittliche Arbeitszeit von 34 Wochenstunden halbiert werden darf, so dass sich in der Altersteilzeit für den Mitarbeiter eine wöchentliche Arbeitszeit von 17 Stunden ergibt.

**47** ▶ **Beispiel 2:**

Der Arbeitnehmer will ab 1.1.2009 in die Altersteilzeit wechseln. Am 31.12.2008 beträgt seine vertraglich vereinbarte wöchentliche Arbeitszeit 30 Wochenstunden. Diese Wochenstundenzahl wurde erstmals am 1.1.2008 mit dem Mitarbeiter vereinbart. In den zwölf Monaten zuvor betrug die vertragliche Wochenstundenzahl 35. Im Durchschnitt der letzten 24 Monate ergibt sich somit eine Wochenarbeitszeit von 32,5 Stunden. Da es für die Feststellung der bisherigen wöchentlichen Arbeitszeit in erster Linie auf die Arbeitszeit ankommt, die unmittelbar vor dem Wechsel in die Altersteilzeit bestanden hatte, spielt die im vorliegenden Fall oberhalb der zuletzt vereinbarten Arbeitszeit von 30 Wochenstunden liegende höhere Durchschnittarbeitszeit von 32,5 Wochenstunden keine Rolle. Für die Altersteilzeit sind alleine die zuletzt vereinbarten 30 Wochenstunden maßgebend. Die Durchschnittsbetrachtung stellt nur eine Höchstgrenze dar, ohne selbst die für die Altersteilzeit maßgebende Arbeitszeit erhöhen zu können.

**48** Wie oben bereits angesprochen, spielen auch **tarifvertragliche Begrenzungen keine Rolle**. Ist ein Arbeitgeber nicht tarifgebunden und vereinbart mit seinen Mitarbeitern bspw. statt der tarifvertraglichen Wochenarbeitszeit von 35 Stunden eine 40-Stunden-Woche, so ist dann, wenn im Durchschnitt der letzten 24 Monate tatsächlich diese 40-Stunden-Woche vereinbart war, von dieser Wochenstundenzahl bei der Halbierung der »bisherigen wöchentlichen Arbeitszeit« auszugehen.

## C. Voraussetzungen der Altersteilzeit

### b) Begrenzung der verkürzten Arbeitszeit

Bezüglich der Halbierung der Arbeitszeit in der Altersteilzeit ist zu beachten, dass nur solche Arbeitnehmer für die Altersteilzeit in Betracht kommen, bei denen sich auch nach Halbierung der bisherigen wöchentlichen Arbeitszeit noch eine **sozialversicherungspflichtige Beschäftigung** ergibt. Liegt nach Halbierung der bisherigen wöchentlichen Arbeitszeit nur noch eine geringfügige Beschäftigung vor, so kommt ein Wechsel in die Altersteilzeit nicht in Betracht. Maßgebend ist insofern also in erster Linie die **Geringfügigkeitsgrenze des § 8 SGB IV**. 49

Im Hinblick auf § 8 SGB IV ist nun zu berücksichtigen, dass der Gesetzgeber hier nicht mehr auf die Wochenstundenzahl sondern nur noch auf die regelmäßig im Monat erzielte Vergütung abstellt. Eine geringfügige Beschäftigung liegt danach vor, wenn das Arbeitsentgelt aus der Beschäftigung **regelmäßig im Monat 400,– €** nicht übersteigt. Von daher kommen nur solche Arbeitnehmer für die Altersteilzeit in Betracht, die vor Beginn der Altersteilzeit eine monatliche Vergütung von mehr als 800,– € bezogen haben, zw. Die nach dem Wechsel in die Altersteilzeit ein monatliches Regelentgelt i. S. v. § 6 ATG von mehr als 400,– € beziehen. 50

Aufgrund der Änderungen im Sozialgesetzbuch III muss bei Prüfung der Personen, die für eine Altersteilzeit in Betracht kommen, stets darauf geachtet werden, dass die Halbierung der Arbeitszeit weiterhin zu einer versicherungspflichtigen Beschäftigung führt. Der Gesetzgeber hat den **Kreis der versicherungspflichtig Beschäftigten in den §§ 24, 25 SGB III** festgeschrieben. Kein versicherungspflichtiges Beschäftigungsverhältnis liegt vor, wenn nach Halbierung der bisherigen wöchentlichen Arbeitszeit die Voraussetzungen für eine versicherungsfreie Beschäftigung i. S. d. §§ 27, 28 SGB III vorliegen. Wie oben bereits angesprochen, zählen Mitarbeiter, die nur eine geringfügige Beschäftigung i. S. d. § 8 SGB IV ausüben, zu den versicherungsfrei Beschäftigten. Laut den Dienstanweisungen der BA zum Altersteilzeitgesetz besteht der Sinn und Zweck dieser Regelung darin, sicherzustellen, dass im Fall der vorzeitigen Beendigung der Altersteilzeitarbeit der Schutz der Arbeitslosenversicherung gewährleistet ist. 51

Obwohl § 8 SGB IV nicht mehr auf die Wochenstundenzahl zur Feststellung einer geringfügigen Beschäftigung abstellt, entfällt die bisherige Grenze für eine geringfügige Beschäftigung noch nicht vollständig. Übt ein Arbeitnehmer eine **Altersteilzeitbeschäftigung von weniger als fünfzehn Stunden wöchentlich** aus und bezieht er neben der Altersteilzeitbeschäftigung **Arbeitslosengeld oder Arbeitslosengeld II**, so liegt auch bei einem Einkommen von mehr als 400,– € gem. § 27 Abs. 5 SGB III eine **versicherungsfreie Beschäftigung** vor, wenn der Arbeitnehmer weniger als fünfzehn Stunden wöchentlich arbeitet. In diesem Fall scheidet also eine Altersteilzeit aus. Der Arbeitgeber hätte keinen Anspruch auf Förderleistungen durch die BA. 52

### c) Veränderung der betrieblichen/tarifvertraglichen Arbeitszeit

Veränderungen der betrieblichen oder tarifvertraglichen Arbeitszeit nach Beginn des Altersteilzeitverhältnisses sind grds. für den in die Altersteilzeit gewechselten Mitarbeiter unerheblich (vgl. *BAG 11.4.2006 EzA § 2 ATG Nr. 2*). Da das Altersteilzeitverhältnis eine Teilzeitbeschäftigung darstellt, ist für diesen Mitarbeiter alleine die im Rahmen des Altersteilzeitvertrages vereinbarte wöchentliche Arbeitszeit maßgebend. Insofern führt also weder die in der Vergangenheit anzutreffende **Verringerung der Wochenarbeitszeit im Rahmen eines Tarifvertrages** noch die derzeit diskutierte **Erhöhung der tariflichen Wochenarbeitszeit** zu Auswirkungen auf die Altersteilzeitvereinbarung. 53

Gemäß Ziff. 2.2 (18) der früheren Dienstanweisungen der BA zu § 2 ATG ist im Fall der Reduzierung der wöchentlichen Arbeitszeit – bspw. durch einen Haustarifvertrag – auch eine Anpassung der Arbeitszeit i. S. v. § 2 Abs. 1 Nr. 2 ATG möglich, wenn das Altersteilzeitverhältnis ebenfalls von der Arbeitszeitreduzierung erfasst wird. Auswirkungen auf den Beginn der Freistellungsphase im Blockmodell hat die Anpassung der Arbeitszeit jedoch nicht. 54

Unterliegt der Arbeitnehmer auch in der Altersteilzeit der Geltung eines Tarifvertrages und wird die tarifvertragliche Arbeitszeit während des Laufs der Altersteilzeit erhöht, so wirkt sich dies nicht auf 55 die in der Altersteilzeitvereinbarung festgesetzte Arbeitszeit aus. Der Umfang der in der Altersteilzeit zu leistenden Arbeitszeit richtet sich alleine nach der Wochenarbeitszeit, die der Arbeitnehmer vor Beginn der Altersteilzeit geleistet hat. Dementsprechend spielen Veränderungen der tarifvertraglichen Wochenarbeitszeit nach Beginn der Altersteilzeit insofern für den Arbeitnehmer keine Rolle.

55a Die Anhebung der tarifvertraglichen Arbeitszeit während der Altersteilzeit im Konti-Modell oder während der Arbeitsphase beim Blockmodell kann allerdings dann zu Problemen in der Altersteilzeit führen, wenn die Anhebung der tarifvertraglichen Arbeitszeit ohne Lohnausgleich erfolgt. In diesem Fall würden die Mitarbeiter in der Altersteilzeit gegenüber den regulär beschäftigten Arbeitnehmern bevorteilt werden, da die Vergütung der in der Altersteilzeit tätigen Mitarbeiter unberührt bleibt, während die Vergütung der regulär tätigen Mitarbeiter – bezogen auf die einzelne Arbeitsstunde – bei der Anhebung der Wochenarbeitszeit ohne Lohnausgleich abnimmt. Von daher steht der 9. Senat des BAG bei diesen Fallkonstellationen auf dem Standpunkt, dass eine Anhebung der tarifvertraglichen Arbeitszeit ohne Lohnausgleich dazu führt, dass im gleichen Umfange nun die Vergütung des sich in der Altersteilzeit befindenden Mitarbeiters gekürzt werden kann (vgl. *BAG* 11.4.2006 EzA § 2 ATG Nr. 2). Diese Kürzung resultiert alleine daraus, dass – bezogen auf die vom Arbeitnehmer zu leistende Arbeitszeit – der Entgeltanspruch sich reduziert, weil die Anhebung der tariflichen Wochenarbeitszeit ohne Lohnausgleich erfolgt. Von daher ist der Arbeitgeber in derartigen Fallkonstellationen berechtigt, die Lohnkürzung auch ohne einen entsprechenden Vorbehalt und ohne Ausspruch einer Änderungskündigung umzusetzen. So wie sich bei einer Tariflohnerhöhung automatisch das Gehalt des Mitarbeiters erhöht, reduziert es sich automatisch, wenn die Tarifvertragsparteien eine Lohnkürzung vereinbaren. Dies gilt auch für die faktische Lohnkürzung im Fall der Anhebung der tarifvertraglichen Wochenarbeitszeit ohne Lohnausgleich.

56 Entscheiden sich die Arbeitsvertragsparteien trotz der vorstehenden Ausführungen dazu, die Arbeitszeit des sich in der Arbeitsphase des Blockmodells befindenden Arbeitnehmers ebenfalls der allgemeinen Arbeitszeiterhöhung im Betrieb anzupassen, so bedeutet die Tatsache, dass der Mitarbeiter nunmehr eine höhere wöchentliche Arbeitszeit erbringt, nicht, dass die Arbeitsphase insgesamt verkürzt wird. Die Anpassung der Arbeitszeit führt in diesem Fall lediglich zu einer unterschiedlichen Verteilung der Arbeitszeit in der Arbeitsphase (Ziff. 2.2 [18] der Dienstanweisungen der BA zu § 2 ATG).

57 Sollte die Arbeitszeit des Mitarbeiters unverändert bleiben; jedoch auf Grund der tarifvertraglichen Regelung wegen der allgemeinen Erhöhung der Wochenarbeitszeit sich die Vergütung entsprechend verringern, so bedeutet dies lediglich, dass der Arbeitnehmer für die restliche Laufzeit der Arbeitsphase und – korrespondierend – für die entsprechende Zeit der Freistellungsphase ein geringeres Teilzeitarbeitsentgelt, d. h. Regelentgelt, beanspruchen kann. Während der Freistellungsphase ist allerdings die Vergütung grds. in gleich bleibender Höhe, d. h. als Durchschnittsbetrag, an den Arbeitnehmer zu zahlen. Die angesprochene Kürzung des Regelentgeltes während der Altersteilzeit wegen der Anhebung der tariflichen Wochenarbeitszeit ohne Lohnausgleich darf allerdings nur in den Fällen erfolgen, in denen der Altersteilzeitvertrag die Vergütung alleine an dem Tarifvertrag orientiert und nicht das Regelentgelt im Altersteilzeitvertrag selbst beziffert. Dort wo die Vergütung festgeschrieben ist, wirkt sich, wie oben angesprochen, eine Veränderung der tariflichen Wochenarbeitszeit nicht aus, weil sich der Arbeitnehmer letztendlich in einem Teilzeitarbeitsverhältnis befindet, in dem sowohl die geschuldete Wochenarbeitszeit als auch die hierfür vorgesehene Vergütung vertraglich festgeschrieben ist.

### d) Verteilung der reduzierten Arbeitszeit

58 Neben der Festlegung der neuen wöchentlichen Arbeitszeit muss der Änderungsvertrag bzw. der neue Altersteilzeitarbeitsvertrag regeln, wie die reduzierte Arbeitszeit künftig verteilt wird. Der Gesetzgeber hat die Verteilung der Arbeitszeit grds. den Arbeitsvertragsparteien selbst überlassen. Es sind hier nur einige wenige Regeln über den Umfang des Referenzzeitraums aufgestellt worden.

### aa) Konti-Modell

Bei Einführung der Altersteilzeit ist der Gesetzgeber zunächst von der klassischen Teilzeittätigkeit ausgegangen. Dies bedeutet, dass die bisherige Vollzeittätigkeit in eine **Halbtagsbeschäftigung** umgewandelt wird. Dieses Modell entspricht in erster Linie dem Leitbild des Gesetzgebers, wonach der ältere Arbeitnehmer **schrittweise in den Ruhestand** wechselt. Durch den Wechsel von der Vollzeittätigkeit in die Halbtagsbeschäftigung reduziert sich die Belastung des Mitarbeiters zunächst auf 50 %. Der nächste Schritt wäre dann der endgültige Wechsel in den Ruhestand nach Ende der Altersteilzeittätigkeit. Da allerdings das **Konti-Modell** in der Praxis wenig Anklang fand, da der Wechsel von der Vollzeit- in die Halbtagstätigkeit das Unternehmen häufig vor organisatorische Probleme stellte, hat der Gesetzgeber bereits im Jahre 1998 mit dem sog. »Flexi-Gesetz« eine sinnvolle Alternative, d. h. das Blockmodell mit dreijährigem Referenzzeitraum, eingeführt.

59

Der Vorteil des »Konti-Modells« besteht darin, dass hier kein Wertguthaben durch die Mitarbeiter aufgebaut wird. Arbeits- und Freistellungsphase werden jeweils an einem Tag zusammengefasst, so dass der Mitarbeiter keine wirtschaftlichen Nachteile im Falle einer vorzeitigen Beendigung des Altersteilzeitverhältnisses erleiden kann.

60

### bb) Blockmodell

In der Praxis wird die Altersteilzeit i. d. R. in Form des sog. Blockmodells ausgeübt. Beim Blockmodell schließt sich an eine **Arbeitsphase**, in der der Mitarbeiter in Vollzeit weiterarbeitet, eine gleich lange **Freistellungsphase** an. Bei Betrachtung des Gesamtzeitraums (sog. Referenzzeitraum) ergibt sich also eine Halbierung der bisherigen wöchentlichen Arbeitszeit des Mitarbeiters. Der Gesetzgeber erlaubt als **höchstzulässigen Verteilzeitraum/Referenzzeitraum ohne tarifvertragliche Grundlage maximal drei Jahre**. Dies bedeutet, dass innerhalb dieses dreijährigen Referenzzeitraums der Mitarbeiter über eine Dauer von eineinhalb Jahren in Vollzeit arbeitet und dann während der nächsten eineinhalb Jahre unter Fortzahlung der bisherigen Vergütung freigestellt wird. Während des maximal dreijährigen Referenzzeitraums darf also im Durchschnitt die wöchentliche Arbeitszeit die Hälfte der bisherigen wöchentlichen Arbeitszeit nicht überschreiten und gleichzeitig – allerdings nur in finanzieller Hinsicht – nicht die Geringfügigkeitsgrenze des § 8 SGB IV unterschreiten.

61

Existiert für das Unternehmen ein **Tarifvertrag zur Altersteilzeit**, so kann der Referenzzeitraum über den vorerwähnten dreijährigen Verteilzeitraum hinaus ausgedehnt werden. Bei Geltung eines Tarifvertrages oder bei Inbezugnahme eines Tarifvertrages ist ein **Verteilzeitraum von bis zu sechs Jahren möglich**, wenn das Unternehmen Förderleistungen der BA erhalten will. Unabhängig von den Förderleistungen der BA, die auf sechs Jahre beschränkt sind, ist im Geltungsbereich eines Tarifvertrages zur Altersteilzeit sogar der **maximale Zeitraum von zehn Jahren** möglich. Wird ein zehnjähriger Verteilzeitraum gewählt, so muss der Förderzeitraum von sechs Jahren innerhalb des Gesamtzeitraums der Altersteilzeitarbeit von bis zu zehn Jahren liegen. Ergibt sich hier ein Zeitraum von maximal sechs Jahren, in dem bei einer Gesamtbetrachtung die Arbeitszeit halbiert wurde, so erbringt unter Berücksichtigung der unten weiter darzustellenden Voraussetzungen die BA die entsprechenden Förderleistungen.

62

### (1) Geltung eines Tarifvertrages

Wie angesprochen, kann dort, wo auf das Unternehmen ein Tarifvertrag zur Altersteilzeit kraft Tarifbindung des Arbeitgebers Anwendung findet, der Verteilzeitraum auf bis zu sechs Jahre ausgedehnt werden. Ausreichend ist insofern, dass der Arbeitgeber tarifgebunden ist. Auf die Mitgliedschaft des Arbeitnehmers in der Gewerkschaft kommt es nicht an. Der Tarifvertrag muss in diesem Fall allerdings **vollständig** auf das Altersteilzeitverhältnis angewandt werden. Der Arbeitgeber kann also nicht lediglich den im Tarifvertrag zugelassenen Referenzzeitraum für die Verteilung der Arbeitszeit im Blockmodell heranziehen, sondern muss auch die im Tarifvertrag vorgeschriebene Höhe der Aufstockungsbeträge und die ggf. weiteren für die Mitarbeiter günstigen Regelungen beachten.

63

# Kapitel 7 — Altersteilzeit

*(2) Existenz eines Tarifvertrages; Arbeitgeber ist nicht tarifgebunden*

64 Existiert für das Unternehmen, in dem ein Arbeitnehmer in die Altersteilzeit im Wege des Blockmodells wechseln will, ein **für die Branche und für den Bezirk** des Unternehmens geltender Altersteilzeittarifvertrag und ist der Arbeitgeber **nicht tarifgebunden**, so kommt gem. § 2 Abs. 2 S. 2 ATG die Übernahme der tarifvertraglichen Regelungen zur Altersteilzeit durch eine **Betriebsvereinbarung** in Betracht. Die **Übernahme eines branchenfremden Tarifvertrages ist allerdings nicht möglich**. Liegt ein entsprechender Tarifvertrag vor, der in räumlicher und fachlicher Hinsicht für das Unternehmen Geltung entfalten könnte, wenn der Arbeitgeber tarifgebunden wäre, so muss die Betriebsvereinbarung wiederum sämtliche Bedingungen des Tarifvertrages übernehmen. Auch hier ist ein Ausschluss einzelner Klauseln nicht möglich.

65 Die Übernahme des gesamten Tarifvertrages zur Altersteilzeit durch eine Betriebsvereinbarung verlangt aber nur, dass die Klauseln, die sich auf die Altersteilzeit beziehen, übernommen werden. Enthält ein **Tarifvertrag zur Altersteilzeit andere Regelungen**, so müssen diese selbstverständlich **nicht** übernommen werden. Entscheidend ist, dass alle Regelungen des Tarifvertrages zur Altersteilzeit – auch eventuelle **Abfindungsregelungen** für die Zeit nach Beendigung der Altersteilzeit – vollständig übernommen werden.

*(3) Tarifvertrag mit Öffnungsklausel*

66 Sieht der für die Branche des Unternehmens geltende Tarifvertrag eine Öffnungsklausel für Regelungen zur Altersteilzeit auf Betriebsebene vor, können entsprechende Regelungen auch in Betrieben **nicht tarifgebundener Arbeitgeber** auf der Grundlage dieses Tarifvertrages durch eine **Betriebsvereinbarung** gem. § 2 Abs. 2 S. 3 ATG getroffen werden.

*(4) Existenz eines Tarifvertrages; kein Betriebsrat; keine Tarifbindung*

67 Existiert ein Branchentarifvertrag zur Altersteilzeit und gibt es in dem Unternehmen des nicht tarifgebundenen Arbeitnehmers keinen Betriebsrat, so besteht die Möglichkeit, die Regelungen des Tarifvertrages in die **individuellen Altersteilzeitarbeitsverträge** zu übernehmen. Die einzelvertragliche Übernahme der Regelungen des Tarifvertrages muss allerdings wiederum den Tarifvertrag **vollständig** erfassen, soweit der Tarifvertrag Regelungen zur Altersteilzeit enthält. Wie angegeben, sind sonstige Bestimmungen des Tarifvertrages, die Gegenstände außerhalb der Altersteilzeit betreffen und keinen Bezug zur Altersteilzeit haben, nicht mit zu übernehmen. Dort, wo allerdings ein **Betriebsrat** besteht, scheidet die einzelvertragliche Übernahme von Tarifverträgen und damit die einzelvertragliche Vereinbarung eines längeren Verteilzeitraums als drei Jahre aus.

*(5) Altersteilzeit mit AT-Angestellten*

68 AT-Angestellte sind, wie die Bezeichnung bereits verdeutlicht, nicht von einem Tarifvertrag umfasst. Um mit diesen Mitarbeitern Verteilzeiträume von mehr als drei Jahren zu vereinbaren, ist es also notwendig, mit dem Betriebsrat eine Betriebsvereinbarung zu schließen. Gibt es keinen Betriebsrat, kann die längere Laufzeit beim Blockmodell einzelvertraglich geregelt werden.

*(6) Leitende Angestellte*

69 Handelt es sich bei dem AT-Angestellten um einen **leitenden Angestellten i. S. v. § 5 Abs. 3 BetrVG**, so kann eine längere Laufzeit als drei Jahre beim Blockmodell nur einzelvertraglich mit diesem Mitarbeiter im Rahmen der Altersteilzeitvereinbarung geregelt werden. Für leitende Angestellte i. S. d. § 5 Abs. 3 BetrVG ist der Betriebsrat nicht zuständig, so dass eine entsprechende Betriebsvereinbarung keine Geltung entfalten kann.

## C. Voraussetzungen der Altersteilzeit

### (7) Kein Tarifvertrag zur Altersteilzeit

Gibt es für eine bestimmte Branche keine tarifvertragliche Regelung zur Altersteilzeit, so können Altersteilzeitvereinbarungen im Blockmodell in Betrieben dieser Branche durch Betriebsvereinbarung oder – falls kein Betriebsrat besteht – durch individuelle Vereinbarungen mit einem Verteilzeitraum von mehr als drei Jahren vereinbart werden.

Nach den Dienstanweisungen der BA zu § 2 ATG gehören bspw. folgende Branchen zu dem Bereich, in dem es üblicherweise keine tarifvertragliche Regelung zur Altersteilzeit gibt:
- Religionsgemeinschaften
- Rechtsanwälte (mittlerweile gibt es allerdings regional begrenzte Tarifverträge)
- Notare
- Steuerberater
- Wirtschaftsprüfer
- Unternehmensberater
- politische Parteien (mit Ausnahme einiger SPD-Landesbezirke)
- Arbeitgeber- und Unternehmerverbände
- Gewerkschaften
- Schaustellergewerbe
- zahntechnische Laboratorien
- Softwareentwicklung (mit Ausnahme einiger Haustarifverträge)

Wird mit einem Arbeitnehmer eine Altersteilzeitvereinbarung im Blockmodell mit einem Verteilzeitraum von mehr als drei Jahren abgeschlossen, ohne dass ein Tarifvertrag unmittelbar auf Grund Tarifbindung des Arbeitgebers auf das Altersteilzeitverhältnis Anwendung findet oder zumindest ein fachlich und örtlich anwendbarer Tarifvertrag in zulässiger Art und Weise in Bezug genommen wurde, ist die **Altersteilzeitvereinbarung unwirksam**. Es fehlt nunmehr an der von § 2 Abs. 2 ATG geforderten Halbierung der Arbeitszeit im Rahmen des gesetzlich heranzuziehenden Verteilzeitraums. Selbst wenn sich also im Rahmen der von den Arbeitsvertragsparteien bspw. gewählten **fünfjährigen Blockzeit** eine **Halbierung der Arbeitszeit** ergibt, wäre diese Altersteilzeitvereinbarung dennoch **unwirksam**, da ohne entsprechenden Tarifvertrag bzw. tarifvertragliche Inbezugnahme nur ein **dreijähriger Verteilzeitraum** zur Überprüfung der Halbierung der Arbeitszeit heranzuziehen ist.

Konsequenz aus der Unwirksamkeit der Altersteilzeitvereinbarung ist, dass weder die **Steuerbegünstigung** durch das Finanzamt gewährt werden kann noch der Mitarbeiter die Möglichkeit hat, über diese Altersteilzeit in die **Altersrente nach § 237 SGB VI** zu wechseln – Letzteres spielt nur insoweit eine Rolle, wenn der Mitarbeiter vor dem 1.1.1952 geboren wurde. Für die Arbeitgeberseite hat der unzulässige Verteilzeitraum zur Folge, dass die BA wegen der nunmehr nicht mehr gegebenen Halbierung der Arbeitszeit im gesetzlichen Verteilzeitraum die **Förderleistungen** versagen wird.

### (8) Verkürzung der Arbeitsphase durch altes Wertguthaben

Im Blockmodell wird die Halbierung der Arbeitszeit grds. dadurch erreicht, dass der Mitarbeiter in der ersten Hälfte während der sog. **Arbeitsphase in Vollzeit** seiner Tätigkeit nachgeht. Die hier herausgearbeitete Arbeitszeit wird dann im Rahmen der gleich langen Freistellungsphase abgearbeitet. Der Mitarbeiter erwirtschaftet also während der Arbeitsphase ein **Wertguthaben**, welches ihm dann kontinuierlich während der Freistellungsphase ausgezahlt wird.

Anerkannt ist in der Literatur ebenso wie in den **Dienstanweisungen der BA** zu § 2 ATG, dass die notwendigen Wertguthaben auch bereits vor Beginn der Altersteilzeit angespart werden können. Dort, wo also im Betrieb **ein Modell der flexiblen Arbeitszeit** existiert, in dem die Mitarbeiter im Wege der **Jahresarbeitszeit** oder **Lebensarbeitszeit** Arbeitsstunden ansparen können, besteht die Möglichkeit, ein derart hohes Arbeitszeitkonto zu erwirtschaften, dass während der Arbeitsphase entweder nur für einen kurzen Zeitraum oder im Extremfall sogar überhaupt nicht gearbeitet werden muss.

# Kapitel 7 — Altersteilzeit

**76** Gemäß Ziff. 2.2 (9) der Dienstanweisungen der BA zu § 2 ATG ist die Verbindung von Wertguthaben, die durch Vorarbeit bereits vor Beginn der Altersteilzeitarbeit angespart wurden, mit Altersteilzeitarbeit aus förderungsrechtlicher Sicht grds. möglich. Die Dienstanweisungen verstehen unter dem Begriff »**Wertguthaben**« **alle Guthaben, die im Rahmen der vertraglich vereinbarten flexiblen Arbeitszeit erzielt wurden**. Dies gilt unabhängig davon, ob die Guthaben als Geldguthaben in Form von sog. **Geldkonten** oder als Zeitguthaben in Form von sog. **Zeitkonten** angespart wurden.

**77** ▶ **Beispiel:**

Ein Arbeitnehmer beabsichtigt, ab 1.1.2009 für einen Zeitraum von drei Jahren in die Altersteilzeit in Form des Blockmodells zu wechseln. Die Arbeitsphase ist in der Zeit vom 1.1.2009 bis 30.6.2010 vorgesehen. In der Zeit vom 1.7.2010 bis 31.12.2011 soll der Mitarbeiter dann im Wege des Abbaus des erwirtschafteten Wertguthabens von der Arbeitsleistung unter Fortzahlung der Vergütung freigestellt werden. Gelingt es dem Mitarbeiter nunmehr, vor Beginn der Altersteilzeit auf einem Zeitkonto ein Wertguthaben in Höhe von sechs Vollzeitmonaten zu erwirtschaften, so würde sich die tatsächliche Altersteilzeit des Mitarbeiters wie folgt darstellen:

Der Mitarbeiter würde in der Zeit vom 1.1.2009 bis 31.12.2009 in Vollzeit während der Arbeitsphase arbeiten. In der Zeit vom 1.1.2010 bis 30.6.2010 würde der Mitarbeiter trotz Arbeitsphase auf Grund des vor Beginn der Altersteilzeit herausgearbeiteten Wertguthabens in zulässiger Weise von der Arbeitsleistung freigestellt werden. Ab 1.7.2010 wechselt der Mitarbeiter dann bis zum 31.12.2011 in die Freistellungsphase. In der Freistellungsphase verbraucht der Mitarbeiter über einen Zeitraum von zwölf Monaten das in der Arbeitsphase erwirtschaftete Wertguthaben und über einen Zeitraum von weiteren sechs Monaten die zweite Hälfte des im Vorfeld der Altersteilzeit erwirtschafteten sechsmonatigen Wertguthabens.

**78** Die Möglichkeit, Wertguthaben im Vorfeld der Altersteilzeit aufzubauen, kann also entweder dazu benutzt werden, die Arbeitsphase in der Altersteilzeit deutlich zu verkürzen oder aber die Altersteilzeit zu verlängern. Im obigen Beispiel kann die Altersteilzeit, die ursprünglich auf drei Jahre angelegt war, auf insgesamt vier Jahre verlängert werden, indem die Arbeitsphase um die sechs Monate, die als Wertguthaben zuvor angespart worden waren, verlängert wird. Im gleichen Umfang verlängert sich dann auch die ursprünglich vorgesehene eineinhalbjährige Freistellungsphase auf zwei Jahre. Gerade im Hinblick auf die nunmehr durch das Rentenversicherungs-Nachhaltigkeitsgesetz vom Gesetzgeber vorgenommene Anhebung des Eintrittsalters in die Rente nach vorausgegangener Altersteilzeit bietet es sich an, die Anhebung der Altersgrenze durch frühzeitige Vorausarbeit zu kompensieren.

**79** Problematisch sind die Fälle, in denen das Wertguthaben nicht durch zusätzliche Arbeitszeit im Vorfeld der Altersteilzeit herausgearbeitet wurde, sondern das Wertguthaben entweder durch den Arbeitgeber geschaffen wird oder der Arbeitnehmer bspw. auf Bonuszahlungen verzichtet und die entsprechenden Bonuszahlungen dann in das Wertguthaben eingestellt werden. Diese Art der Schaffung eines Wertguthabens ist unseres Erachtens allerdings nur in eng begrenzten Ausnahmefällen geeignet, die Arbeitsphase zu verkürzen und gleichzeitig für ein sozialversicherungspflichtiges Beschäftigungsverhältnis während der Freistellungsphase zu sorgen. Im Einzelnen kann hier auf die Ausführungen unten zur Problematik der Freistellung während der Arbeitsphase im Blockmodell verwiesen werden.

*(9) Freistellung während der Arbeitsphase*

**80** Da die Altersteilzeit eine Alternative zum herkömmlichen Vorruhestandsmodell ist, finden sich immer wieder Altersteilzeitarbeitsverhältnisse, die in Form des Blockmodells ausgeübt werden, in denen der Arbeitnehmer auch bereits während der Arbeitsphase von der Arbeitsleistung freigestellt wird. Diese Freistellung erweist sich allerdings insofern als problematisch, als die Freistellungsphase im Blockmodell nur dann gem. § 7 SGB IV als sozialversicherungspflichtige Beschäftigungszeit gilt, wenn die Bezahlung in der Freistellungsphase auf einem zuvor erarbeiteten Wertguthaben basiert.

Die Freistellung in der Arbeitsphase kann verschiedene Grundlagen habe. Wie oben bereits angesprochen, ist es ohne weiteres zulässig, wenn ein Arbeitnehmer im Vorfeld der Altersteilzeit im Rahmen eines flexiblen Arbeitszeitmodells Plusstunden erwirtschaftet und mittels dieser Plusstunden dann die Arbeitsphase im Blockmodell verkürzt. Die insofern vom Arbeitnehmer tatsächlich erwirtschafteten Plusstunden gelten als Arbeitszeit und sind daher in der Lage, sowohl eine Freistellung in der Arbeitsphase zu ermöglichen als auch gleichzeitig – in gleicher Weise wie durch Arbeit in der Arbeitsphase – ein entsprechendes Wertguthaben für die Freistellungsphase aufzubauen. 81

Neben der Freistellung in der Arbeitsphase auf Grund von zuvor durch tatsächliche Arbeit erwirtschafteter Plusstunden kommt in der Praxis auch die Freistellung auf Grund eines vor der Altersteilzeit aufgebauten Wertguthabens, welches aus dem Verzicht auf die Auszahlung von Tantieme- oder Bonusansprüchen resultiert, in Betracht. Dieses Modell war früher als kritisch anzusehen, weil § 7 Abs. 1a SGB IV eine versicherungspflichtige Beschäftigung während einer Freistellungsphase nur dann annimmt, wenn für die Zeiten einer Freistellung von der Arbeitsleistung Arbeitsentgelt fällig wird »das mit einer vor oder nach diesen Zeiten erbrachten Arbeitsleistung erzielt wird (Wertguthaben)«. Insofern kann der Aufbau eines Wertguthabens durch den Verzicht auf Tantieme- oder Bonusansprüche nur dann zu einer versicherungspflichtigen Beschäftigung während der Arbeitsphase und korrespondierend während der Freistellungsphase führen, wenn man die auf diese Art gewonnenen Arbeitsstunden tatsächlich als »durch Arbeitsleistung erzielt« ansieht. 82

Die BA hat in ihren Dienstanweisungen den Aufbau eines Wertguthabens durch bloße finanzielle Zuwendungen und nicht durch tatsächliche Mehrarbeitsstunden für den Fall der Langzeiterkrankung als ausreichend angesehen. Üblicherweise wird für den Störfall der Langzeiterkrankung in der Altersteilzeit geregelt, dass der Arbeitnehmer verpflichtet ist, die Hälfte der durch Arbeitsunfähigkeit außerhalb des gesetzlichen Entgeltfortzahlungszeitraums ausgefallenen Arbeitsstunden zu Beginn der ursprünglich vorgesehenen Freistellungsphase nachzuarbeiten. Hierdurch wird sichergestellt, dass die tatsächliche Arbeitsphase – einschließlich des gesetzlichen Entgeltfortzahlungszeitraums – der Freistellungsphase in zeitlicher Hinsicht entspricht. 83

> Alternativ zur Nacharbeit sehen die Durchführungsanweisungen der BA in Ziff. 2.2 (12) zu § 2 ATG folgende Regelung vor: 84
>
> »(12) Wird für den Fall des Bezugs einer Entgeltersatzleistung Nacharbeit nicht vereinbart, kann dennoch in der Freistellungsphase entsprechend der Dauer des Zeitraums des Bezuges einer Entgeltersatzleistung ein Beschäftigungsverhältnis bestehen. Voraussetzung ist allerdings, dass der Arbeitgeber zur Auffüllung des Wertguthabens Leistungen in der Höhe in das Wertguthaben eingestellt hat, wie sie dem Arbeitnehmer (ohne den die Entgeltersatzleistung begründenden Tatbestand) gutgeschrieben worden wären (vgl. Abs. 11).«

Die BA sieht hier also ausdrücklich vor, dass alleine durch die Aufstockung des Wertguthabens – hier sogar nur durch den Arbeitgeber – und der dann durch die Freistellungsphase erfolgende Abbau des Wertguthabens ein versicherungspflichtiges Beschäftigungsverhältnis auch in der Freistellungsphase besteht. Wenn die finanzielle Aufstockung des Wertguthabens durch bloße Zuzahlung des Arbeitgebers ausreicht, um in der Freistellungsphase ein versicherungspflichtiges Beschäftigungsverhältnis i. S. v. § 7 SGB IV für den Fall einer Langzeiterkrankung in der Arbeitsphase zu begründen, kann letztendlich auch nichts anderes in den Fällen gelten, in denen der Arbeitnehmer sein Zeitkonto durch den zusätzlichen Verzicht auf die Auszahlung von Tantieme- oder Bonusansprüchen und die Umrechnung dieser Ansprüche in Arbeitszeit aufstockt. Eine Differenzierung zwischen den beiden Fallkonstellationen wäre unseres Erachtens nicht gerechtfertigt. 85

Trotz der oben zitierten Auffassung der BA bleiben Bedenken, ob durch finanzielle Zuschüsse zum Arbeitszeitkonto die Freistellungsphase verlängert bzw. in der Freistellungsphase ein versicherungspflichtiges Beschäftigungsverhältnis begründet werden kann. Das Altersteilzeitgesetz verlangt, dass »die bisherige wöchentliche Arbeitszeit« halbiert wird. Wird Arbeitszeit künstlich durch Umwandlung von Tantieme- oder Bonusansprüchen generiert oder Arbeitszeit künftig durch freiwillige 86

## Kapitel 7 — Altersteilzeit

Zuschüsse der Arbeitgeber generiert, kann unseres Erachtens nicht mehr von einer »Halbierung« der Arbeitszeit gesprochen werden.

**87** Dies gilt erst recht vor dem Hintergrund, dass die Spitzenverbände der Sozialversicherungsträger bspw. eine unwiderrufliche Freistellung während des Laufs der Kündigungsfrist als Ende des sozialversicherungspflichtigen Beschäftigungsverhältnisses ansehen. Wird der Mitarbeiter unwiderruflich freigestellt, so liegt während dieser Freistellungsphase kein sozialversicherungspflichtiges Beschäftigungsverhältnis mehr vor, weil es an der von § 7 Abs. 1a SGB IV geforderten Voraus- oder Nacharbeit zur Erzielung dieses Wertguthabens fehlt. Den Spitzenverbänden der Sozialversicherungsträger reicht insofern nicht aus, dass der Arbeitgeber freiwillig das notwendige Wertguthaben, d. h. die Gehälter, für die Dauer der unwiderruflichen Freistellung zur Verfügung stellt. Sieht man diese Rechtsauffassung der Spitzenverbände der Sozialversicherungsträger, die letztendlich auf der Rechtsprechung des Bundessozialgerichtes beruht, als richtig an, so wird man die Möglichkeit des Aufbaus eines Wertguthabens durch Gehaltsverzicht statt durch Mehrarbeitsstunden als unzulässig ansehen müssen.

**88** Als weitere Variante der Freistellung in der Arbeitsphase im Blockmodell existieren in der Praxis die Fälle, in denen ein Arbeitnehmer auf Grund einer Vereinbarung mit dem Arbeitgeber oder durch einseitige Erklärung des Arbeitgebers während der Arbeitsphase unter Fortzahlung seiner Vergütung von der Arbeitsleistung freigestellt wird. Diese Form der Freistellung, die nicht auf einem zuvor »erarbeiteten« Wertguthaben basiert, kann zur Unwirksamkeit der gesamten Altersteilzeitvereinbarung führen (vgl. *BAG* 10.2.2004 EzA § 2 ATG Nr. 1 = NZA 2004, 606). Die Unwirksamkeit der Altersteilzeit beruht darauf, dass in diesem Fall bei einer Gesamtbetrachtung nicht mehr von einer Halbierung der Arbeitszeit gesprochen werden kann. Die BA differenziert ebenso wie die Spitzenorganisationen der Sozialversicherungsträger danach, ob es sich um eine **vorübergehende oder dauerhafte Freistellung des Arbeitnehmers** handelt. Liegt lediglich eine vorübergehende Freistellung vor, so ist dies i. d. R. unproblematisch. Es steht jedem Arbeitgeber frei, vorübergehend auf die Dienste eines Mitarbeiters zu verzichten. Entscheidend ist, dass der Mitarbeiter nicht unwiderruflich und dauerhaft von der Arbeitsleistung freigestellt wird.

**89** Erfolgt eine unwiderrufliche und dauerhafte Freistellung für die gesamte Arbeitsphase, so vertreten die Spitzenverbände der Sozialversicherungsträger gem. ihrem am 10.8.2005 veröffentlichten Besprechungsergebnis vom 5./6.7.2005 die Auffassung, dass aufgrund der Freistellung in der Arbeitsphase nunmehr während der Freistellungsphase kein sozialversicherungspflichtiges Beschäftigungsverhältnis mehr vorliegt. Die Spitzenverbände differenzieren insofern zwischen der vollständigen Freistellung während der Arbeitsphase und einer nur vorübergehenden Freistellung von der Arbeitsleistung während der Arbeitsphase. Bei der nur vorübergehenden Freistellung von der Arbeitsleistung nehmen auch die Spitzenverbände der Sozialversicherungsträger weiterhin ein sozialversicherungspflichtiges Beschäftigungsverhältnis nach § 7 Abs. 1 SGB IV an.

**90** Das *BSG* hat nun mit Urteil vom 24.9.2008 (– B 12 KR 27/07 R) der Rechtsauffassung der Spitzenverbände der Sozialversicherungsträger widersprochen. Der 12. Senat des BSG hatte über einen Fall zu urteilen, in dem die Arbeitsvertragsparteien zum einen eine Altersteilzeitvereinbarung im Blockmodell abgeschlossen hatten und zum anderen zusätzlich vereinbart hatten, dass der Arbeitnehmer nicht nur in der zweiten Hälfte der Altersteilzeit, d. h. in der sog. Freistellungsphase von der Arbeitsleistung befreit ist, sondern auch bereits in der ersten Hälfte, d. h. der sog. Arbeitsphase, unter Fortzahlung der Vergütung freigestellt wird. Das BSG ging hier – entgegen der Auffassung der Spitzenverbände der Sozialversicherungsträger – sowohl in der Arbeits- wie auch in der Freistellungsphase von einem sozialversicherungsrechtlichen Beschäftigungsverhältnis aus. Nach Auffassung des BSG ergibt sich dies für die zweite Phase des Blockmodells, d. h. für die Freistellungsphase, unmittelbar aus § 7 Abs. 1a SGB IV. Es spielt insofern keine Rolle, ob in der ersten Hälfte des Blockmodells während der Altersteilzeit tatsächlich gearbeitet wurde oder ob der Arbeitnehmer hier auf Kosten des Arbeitgebers bezahlt von der Arbeitsleistung freigestellt worden ist. Im Hinblick auf die eigentliche Arbeitsphase und die hier erfolgte Freistellung des Arbeitnehmers sah das BSG ebenfalls ein versicherungspflichtiges Beschäftigungsverhältnis als ge-

## C. Voraussetzungen der Altersteilzeit  Kapitel 7

geben an. Insofern wurde betont, dass ein »Vollzug des Arbeitsverhältnisses« aus sozialversicherungsrechtlicher Sicht auch ohne tatsächliche Arbeitsleistung möglich ist.

Die vorerwähnte Entscheidung des *BSG* vom 24.9.2008 (– B 12 KR 27/07 R) knüpft an die am gleichen Tag ergangene Entscheidung zur fortbestehenden Sozialversicherungspflicht bei unwiderruflicher Freistellung im Arbeitsverhältnis an. Insofern hat das BSG also konsequent die Auffassung vertreten, dass die Freistellung bei Fortzahlung der Vergütung nicht dazu führt, dass nunmehr nicht mehr von einem sozialversicherungsrechtlichen Beschäftigungsverhältnis auszugehen ist. Diese sozialversicherungsrechtliche Entscheidung bedeutet allerdings nicht zwangsläufig, dass eine Freistellung während der Arbeitsphase der Altersteilzeit auch arbeitsrechtlich unproblematisch ist. Hier sind die Voraussetzungen des Altersteilzeitgesetzes stets genau zu prüfen. **91**

Das Bundesarbeitsgericht sieht in der vollständigen Freistellung des Arbeitnehmers während der Arbeitsphase im Blockmodell einen Verstoß gegen das Altersteilzeitgesetz. Nach einem Urteil des *BAG* vom 10.2.2004 (EzA § 2 ATG Nr. 1 = NZA 2004, 606) erfüllt eine Altersteilzeitvereinbarung, die die Freistellung des Mitarbeiters während der Arbeitsphase vorsieht, nicht die Voraussetzungen des § 2 Abs. 1 Nr. 2 ATG. Es liegt keine Halbierung der bisherigen wöchentlichen Arbeitszeit vor. Konsequenz aus diesem Verstoß gegen das Altersteilzeitgesetz ist, dass der Arbeitnehmer Schadensersatzansprüche gegen den Arbeitgeber geltend machen kann. Das BAG ist der Auffassung, dass in dem Angebot eines Arbeitgebers auf Abschluss eines Altersteilzeitarbeitsverhältnisses gleichzeitig die Erklärung gegenüber dem Arbeitnehmer liegt, »er könne bei Annahme dieses Angebotes einen Anspruch auf vorzeitige Altersrente wegen Altersteilzeit erwerben«. Wird der Arbeitnehmer durch die objektive Falscherklärung eines Arbeitgebers über die Möglichkeit der Inanspruchnahme einer vorzeitigen Altersrente nach der Altersteilzeit zum Abschluss einer Altersteilzeitvereinbarung veranlasst, kann der Arbeitnehmer in den Fällen, in denen die Altersteilzeitvereinbarung wegen der Freistellung unwirksam ist, verlangen, so behandelt zu werden, als ob die Altersteilzeitvereinbarung nicht zustande gekommen wäre. **92**

Im Hinblick auf den Schaden des Arbeitnehmers führte der Neunte Senat in der vorerwähnten Entscheidung wörtlich Folgendes aus: **93**

»Ein Vermögensschaden auf Grund falscher Angaben einer Vertragspartei bei Vertragsschluss kann bei wertender Betrachtung nicht alleine so beurteilt werden, dass allein auf die wirtschaftliche Differenz abgestellt wird. Diese Betrachtung muss vielmehr einer normativen Kontrolle unterzogen werden, die sich aus der Haftungsgrundlage, dem sie ausfüllenden haftungsbegründenden Ereignis und der darauf beruhenden Vermögensminderung orientiert, sowie die Verkehrsanschauung berücksichtigt. Auch bei einem Geschäft, das an sich ›werthaltig‹ ist, kann deshalb ein Vermögensschaden entstehen, wenn jemand durch ein haftungsbegründendes Verhalten für den Abschluss eines Vertrages gebracht wird, und die ihm danach zufließende Leistung für seine Zwecke nicht voll brauchbar ist (...).

Hier war die vertragliche Leistung der Beklagten für den Kläger nicht voll brauchbar. Sie gewährte ihm keine Absicherung der Zeit zwischen dem 60. und dem 65. Lebensjahr durch die gesetzliche Rente. Es kann dahingestellt bleiben, ob ihm – z. B. durch späteren Renteneintritt bei dann erhöhter Rente – eine Versorgungszuleistung zukäme, die letztendlich der früheren Inanspruchnahme einer niedrigeren Altersrente nach Altersteilzeit entspräche. Der Kläger ist in seinem Vermögen dadurch geschädigt, dass der dem Vertragsabschluss zugrunde liegende Zweck in einem für den Kläger nicht unbedeutenden Maße nicht erreicht werden kann.«

Das BAG hat den Fall zur weiteren Aufklärung des Sachverhaltes an das Landesarbeitsgericht verwiesen. Das Landesarbeitsgericht muss insbes. aufklären, ob der damalige Kläger ohne die fehlerhafte Aufklärung der Beklagten, d. h. die unterlassene Aufklärung bzgl. der Rechtsfolgen der Freistellung in der Arbeitsphase, überhaupt eine Altersteilzeitvereinbarung oder eine sonstige Aufhebungsvereinbarung abgeschlossen hätte. **94**

**Kapitel 7**           Altersteilzeit

95    Sollte sich ergeben, dass der damalige Kläger keine entsprechende Vereinbarung abgeschlossen hätte, so gilt nach dem Urteil des Neunten Senats vom 10.2.2004 Folgendes:

»aa) Dem Feststellungsantrag ist ohne weiteres stattzugeben. Der Schadensersatzanspruch des Klägers richtete sich darauf, ihn so zu stellen, als bestünde das Arbeitsverhältnis zu den alten Bedingungen fort (...).

bb) Grundsätzlich steht dem Kläger in diesem Fall auch der arbeitsrechtliche Beschäftigungsanspruch zu (§§ 611, 613, 242 BGB in Verbindung mit dem allgemeinen Persönlichkeitsrecht aus Art. 1 und 2 GG). Dieser Anspruch tritt jedoch dort zurück, soweit überwiegende schützenswerte Interessen des Arbeitgebers entgegenstehen (...). Das Landesarbeitsgericht wird ggf. zu prüfen haben, ob solche entgegenstehenden Interessen der Beklagten vorhanden sind.

cc) Es sind jedenfalls die Vorschriften über den Annahmeverzug (§ 615 BGB) anzuwenden. Zu beachten ist, dass sich der Kläger nach § 615 S. 2 BGB u. a. das anrechnen lassen muss, was er infolge des Unterbleibens der Dienstleistung, also seiner Arbeitsleistung, erspart hat ....«

96    Das vorzitierte Urteil des BAG vom 10.2.2004 zeigt also, dass ein Arbeitnehmer bei vergleichbarer Sach- und Interessenlage die Möglichkeit hat, eine Altersteilzeitvereinbarung, die eine Freistellungsregelung für die Arbeitsphase enthält, nachträglich dergestalt anzugreifen, dass er nunmehr die Rückgängigmachung der Altersteilzeit und Fortsetzung des Arbeitsverhältnisses zu den alten Konditionen verlangt. Kein Arbeitgeber wird in der Lage sein, einen Arbeitnehmer, der seit mehreren Jahren – auf Grund der Freistellung in der Arbeitsphase und in der Freistellungsphase – nicht mehr seiner Tätigkeit im Betrieb nachgegangen ist, wieder vertragsgerecht zu beschäftigen. Letztendlich läuft also eine Freistellung in der Arbeitsphase darauf hinaus, dass der Arbeitgeber sich dem Risiko aussetzt, dass der Mitarbeiter am Ende der Altersteilzeit den Arbeitgeber vor die Wahl stellt, entweder eine zusätzliche Abfindung zu bezahlen oder ansonsten den Mitarbeiter wieder beschäftigen zu müssen. Der Arbeitnehmer profitiert insofern doppelt, als er zum einen während der gesamten Altersteilzeit keine Arbeitsleistung erbringen musste und zum anderen nunmehr in einer rechtlichen Position ist, in der er den Arbeitgeber durch vorsichtige Hinweise auf das Urteil vom 10.2.2004 zu einer erhöhten Abfindungszahlung bewegen kann. Der Mitarbeiter wird lediglich insofern Vorsicht walten lassen müssen, als er sich nicht dem Verdacht einer Erpressung aussetzt. Dieser Verdacht sollte sich allerdings bei geschicktem Vorgehen ohne weiteres vermeiden lassen.

97    Festgehalten werden kann also, dass einerseits das BAG in der Entscheidung vom 10.2.2004 deutlich gemacht hat, dass die vollständige Freistellung eines Arbeitnehmers in der Arbeitsphase in arbeitsrechtlicher Hinsicht dazu führen kann, dass die Altersteilzeit unwirksam ist und somit das Arbeitsverhältnis nicht zu dem vorgesehenen Zeitpunkt sein Ende findet. Andererseits zeigt die neue Entscheidung des BSG zur sozialversicherungsrechtlichen Behandlung der Altersteilzeit in den Fällen, in denen der Arbeitnehmer bereits während der Arbeitsphase von der Arbeitsleistung freigestellt wird, dass eine derartige Freistellung für den Arbeitnehmer unproblematisch ist. Er behält seinen sozialversicherungsrechtlichen Schutz. Das Risiko der Freistellung während der Arbeitsphase liegt daher vor dem Hintergrund der oben beschriebenen Entscheidung des BAG vom 10.2.2004 in erster Linie beim Arbeitgeber.

*(10) Unterbrechung der Altersteilzeit*

98    Im Rahmen eines Altersteilzeitverhältnisses können verschiedene **Störfälle** auftreten. Zu den Störfällen gehört insbes. die **Langzeiterkrankung**, auf die unten im Rahmen der Darstellung der arbeitsrechtlichen Behandlung der Altersteilzeit näher eingegangen wird, sowie die Störfälle der vorzeitigen Beendigung der Altersteilzeit durch **Tod des Mitarbeiters**, **Kündigung** des Altersteilzeitvertrages oder durch **Insolvenz des Arbeitgebers**. Neben diesen Störfällen kommt allerdings auch die Situation in der Praxis vor, dass das Altersteilzeitverhältnis bewusst unterbrochen werden soll. Diese Situation tritt immer dann ein, wenn der Mitarbeiter während des Altersteilzeitverhältnisses auf Grund beson-

## C. Voraussetzungen der Altersteilzeit

derer Umstände vorübergehend wieder in Vollzeit benötigt wird. Um dieser Situation gerecht zu werden, muss diese Phase in der Altersteilzeit ausdrücklich vertraglich geregelt werden.

Nach Ziff. 2.2 (19) der Dienstanweisungen der BA zu § 2 ATG ist eine **Unterbrechung der Altersteilzeitarbeit im Blockmodell** grds. möglich. In Betracht kommt eine Unterbrechung nach Auffassung der BA in den Fällen, in denen eine nicht von vornherein geplante Rückkehr zur Beschäftigung mit bisheriger wöchentlicher Arbeitszeit in der Arbeits- oder Freistellungsphase für einen eng begrenzten Zeitraum bei Vorliegen eines **sachlichen Grundes** notwendig ist. **Der sachliche Grund muss betriebsbedingter Natur sein.** Der Grund darf also nicht in der Sphäre des Arbeitnehmers liegen. 99

Eine Unterbrechung der Altersteilzeitarbeit kommt darüber hinaus auch in den Fällen in Betracht, in denen dem Mitarbeiter eine **Rente wegen voller Erwerbsminderung** lediglich auf Zeit gewährt wird. Hier kommt statt der Behandlung dieses Falles als Störfall mit Rückabwicklung der Altersteilzeit auch die Unterbrechung der Altersteilzeit in Betracht. 100

Als dritten Grund für eine Unterbrechung der Altersteilzeit nennt die BA in ihren Dienstanweisungen zu § 2 ATG die **Inanspruchnahme von unbezahltem Urlaub während der Arbeitsphase im Blockmodell.** Hier ist allerdings wiederum die Besonderheit zu berücksichtigen, dass nach dem in der gesetzlichen Rentenversicherung bestehenden Monatsprinzip, wonach ein angebrochener Monat als voller Monat zu berücksichtigen ist, in jedem Monat, in dem mindestens an einem Arbeitstag ein bezahltes Arbeitsverhältnis bestand, ein Altersteilzeitarbeitsverhältnis während des gesamten Monats vorlag. Insofern muss der Arbeitgeber dann auch für den gesamten Monat ein Wertguthaben für eine spätere Freistellung bilden. Zu einer Unterbrechung der Altersteilzeit kommt es im Fall des unbezahlten Urlaubes also nur dann, wenn der unbezahlte Urlaub mindestens einen vollständigen Monat umfasst. 101

Konsequenz aus der Unterbrechung der Altersteilzeitarbeit, die aus Gründen der Rechtssicherheit schriftlich zwischen den Arbeitsvertragsparteien vereinbart werden sollte, ist, dass sich der **Beginn der Freistellungsphase verschiebt.** Ähnlich wie bei der unten noch näher darzustellenden Reaktion auf eine Langzeiterkrankung bietet es sich auch hier an, die Grenze zwischen Arbeitsphase und Freistellungsphase um die Hälfte der Zeit, die das Altersteilzeitverhältnis unterbrochen worden ist, in die Zukunft zu verschieben. Der Mitarbeiter arbeitet nun auch in dieser Zeit wieder in Vollzeit und erwirtschaftet so das notwendige Wertguthaben, damit der Rest der Freistellungsphase als sozialversicherungspflichtige Beschäftigung angesehen werden kann. 102

▶ **Beispiel:** 103

Das Altersteilzeitverhältnis wird im Blockmodell für eine Zeit von vier Jahren abgeschlossen. Die Arbeitsphase beginnt am 1.1.2009 und endet am 31.12.2010. Die Freistellungsphase soll laut Altersteilzeitvertrag am 1.1.2011 beginnen und am 31.12.2012 enden. Wird nunmehr die Altersteilzeit für einen Zeitraum von sechs Monaten in der Zeit vom 1.10.2009 bis zum 31.3.2010 unterbrochen, weil sich bereits absehen lässt, dass der Mitarbeiter in Vollzeit länger benötigt wird und somit während dieser Unterbrechung wieder eine reguläre Vollzeitbeschäftigung erfolgen soll, ohne dass während dieser Phase ein Wertguthaben aufgebaut wird, so steht fest, dass in der ursprünglich geplanten Arbeitsphase lediglich an 18 Monaten ein Wertguthaben aufgebaut wurde.

Während der vorerwähnten Zeit vom 1.10.2009 bis zum 31.3.2010 konnte kein Wertguthaben aufgebaut werden, da diese Phase als Unterbrechung und damit als reguläres Vollzeitarbeitsverhältnis anzusehen ist. Verschiebt man nun den Beginn der ursprünglichen Freistellung vom 1.1.2011 auf den 1.4.2011, so kommen zu den bisher erwirtschafteten 18 Monaten für das Wertguthaben weitere drei Monate hinzu, so dass sich insgesamt eine Arbeitsphase von 21 Monaten ergibt. Die Freistellungsphase, die am 1.4.2011 auf Grund der Verschiebung beginnt und am 31.12.2012 endet, hat dann ebenfalls nur eine Dauer von 21 Monaten, so dass sich Arbeitsphase und Freistellungsphase wieder zeitlich entsprechen. Es ist also das notwendige Wertguthaben vom Mitarbeiter erarbeitet worden, so dass die gesamte Freistellungsphase als sozialversicherungspflichtiges Beschäftigungsverhältnis anzusehen ist.

### (11) Mehrarbeit während der Arbeitsphase

104 Fällt im Betrieb Mehrarbeit an, so kann diese Mehrarbeit auch von einem Arbeitnehmer, der sich in der Arbeitsphase der Altersteilzeit im Blockmodell befindet, ausgeübt werden. Entscheidend ist lediglich, dass der Arbeitnehmer im Durchschnitt der gesamten Dauer der Altersteilzeit die vertraglich geschuldete bisherige wöchentliche Arbeitszeit halbiert hat. Zwischenzeitlich in der Arbeitsphase aufgelaufene Mehrarbeitsstunden müssen also rechtzeitig vor Beendigung der Arbeitsphase abgebaut werden.

105 Zu beachten ist, dass der Abbau der Mehrarbeitsstunden ebenso wie der Abbau von Plusstunden im Rahmen eines Arbeitszeitkontos bei flexibler Arbeitszeit in Natura erfolgt. Der Abbau der geleisteten Mehrarbeit kann entweder durch eine schrittweise Reduzierung der Arbeitszeit in den letzten Monaten der Arbeitsphase oder durch eine Verkürzung der Arbeitsphase auf Grund der herausgearbeiteten Plusstunden erfolgen. Nach den Dienstanweisungen der BA zu § 2 des Altersteilzeitgesetzes sind im Übrigen tarifvertragliche Regelungen unschädlich, die für eine geleistete Mehrarbeitsstunde einen höheren Freizeitausgleich – bspw. 1,25 Stunden je Mehrarbeitsstunde – vorsehen.

106 Scheitert der Abbau von Plusstunden oder Mehrarbeitsstunden am Ende der Arbeitsphase daran, dass der Mitarbeiter erkrankt, so ist grds. zunächst zu prüfen, ob die vorgesehene Altersteilzeit insgesamt verlängert werden kann. In diesem Fall würde sich dann sowohl das Ende der Arbeitsphase durch den zusätzlichen Abbau der aufgelaufenen Plusstunden bzw. Mehrarbeitsstunden verschieben, als auch das Ende der Freistellungsphase. Kommt eine Verlängerung der vertraglich vereinbarten Altersteilzeit nicht in Betracht, so bleibt gem. Ziff. 2.2 (15) der Dienstanweisungen zu § 2 des Altersteilzeitgesetzes der Erstattungsanspruch des Arbeitgebers nach § 4 ATG ausnahmsweise doch bestehen, »wenn der Zeitraum ab dem Eintritt des unvorhergesehenen Ereignisses bis zum Ende der Vollarbeitsphase für einen vollständigen Zeitausgleich ausgereicht hätte«. Der Arbeitgeber ist in diesem Fall allerdings verpflichtet, entsprechende Rücksprache mit der zuständigen Agentur für Arbeit zu halten, um dort zu erörtern, in welcher Form auf diesen Ausnahmetatbestand zu reagieren ist.

107 Mehrarbeit im Rahmen des Konti-Modells, d. h. der täglichen Halbierung der Arbeitszeit, ist nur unter Berücksichtigung der Grenzen des § 5 ATG zulässig. Die Mehrarbeit darf also nicht die Grenze der Geringfügigkeit überschreiten.

108 Eine Mehrarbeit im Rahmen des Blockmodells in der Freistellungsphase, d. h. eine Überschreitung der Arbeitsphase, ist nur in Abstimmung mit der Agentur für Arbeit zulässig. Die Dienstanweisungen sehen eine Überschreitung des Endes der Arbeitsphase dann ausnahmsweise als unproblematisch an, wenn im Rahmen von Projektarbeit der in der Altersteilzeit tätige Mitarbeiter benötigt wird um ein Projekt abzuschließen und durch diese Abschlussarbeiten der Charakter der Altersteilzeit nicht verändert wird. Um die Förderfähigkeit der Altersteilzeit zu erhalten, ist hier allerdings rechtzeitig mit der zuständigen Agentur für Arbeit Kontakt aufzunehmen und abzuklären, in welchem Umfang der Mitarbeiter während der vorgesehenen Freistellungsphase noch Tätigkeiten zur Abwicklung des Projektes erbringen darf (Ziff. 2.2 [17] DA zu § 2 ATG).

### (12) Betriebsübergang und Blockmodell

108a Kommt es während der Dauer des Altersteilzeitverhältnisses zu einem Betriebsübergang nach § 613a BGB, so geht auch das Arbeitsverhältnis des sich in der Altersteilzeit befindenden Arbeitnehmers auf den Betriebserwerber über. Dies gilt unabhängig davon, ob sich der Arbeitnehmer noch in der Arbeitsphase oder bereits in der Freistellungsphase befindet (vgl. *BAG* 31.1.2008 EzA § 613a BGB 2002 Nr. 89). Nach einer weiteren Entscheidung des 8. Senats des BAG soll das Arbeitsverhältnis des sich in der Altersteilzeit befindenden Arbeitnehmers auch dann auf den Betriebserwerber übergehen, wenn der Betriebsübergang im Rahmen eines Insolvenzverfahrens erfolgt (vgl. *BAG*

30.10.2008 EzA § 613a BGB 2002 Nr. 101). In diesem Fall ist die Altersteilzeitvergütung des Arbeitnehmers, der sich im Zeitpunkt des Betriebsüberganges bereits in der Freistellungsphase befunden hat, eine reine Insolvenzforderung, da das Wertguthaben kraft Gesetz gegen Insolvenz schützt, der Arbeitnehmer also insofern abgesichert ist (s. zum Insolvenzschutz die Ausführungen in den Rdn. 302 ff.). Erfolgt der Betriebsübergang im Fall der Insolvenz zu einem Zeitpunkt, zu dem der Arbeitnehmer sich noch in der Arbeitsphase befindet, so haftet der Erwerber nur für das in der Freistellungsphase benötigte Wertguthaben, welches in der noch verbleibenden Arbeitsphase im Erwerber-Betrieb erarbeitet wird. Das Wertguthaben für den ersten Teil der Freistellungsphase, welches spiegelbildlich in der Arbeitsphase des in die Insolvenz gegangenen Betriebes erarbeitet wurde, stellt wiederum eine Insolvenzforderung dar (vgl. BAG 30.10.2008 EzA § 613a BGB 2002 Nr. 101).

### 4. Aufstockung der Teilzeitvergütung

Die Gewährung von Zuschüssen durch die Agentur für Arbeit für Altersteilzeitverträge, die vor dem 1.1.2010 begonnen wurden, ebenso wie die Anerkennung der Altersteilzeit durch die Rentenversicherungsträger setzt gem. § 3 ATG voraus, dass das Unternehmen neben der eigentlichen Teilzeitvergütung zusätzlich zum einen noch einen **Aufstockungsbetrag** und zum anderen einen **zusätzlichen Rentenversicherungsbeitrag** zahlt. Der Gesetzgeber hatte zum 1.7.2004 sowohl hinsichtlich der Aufstockungsbeträge als auch hinsichtlich der zusätzlichen Rentenversicherungsbeiträge Veränderungen im Altersteilzeitgesetz vorgenommen. Die folgenden Ausführungen beziehen sich nun nur noch auf die aktuelle Fassung des Altersteilzeitgesetzes. Hinsichtlich der Regelungen, die für Altersteilzeitverträge gelten, die vor dem 1.7.2004 abgeschlossen wurden, kann an dieser Stelle auf die diesbezüglichen Ausführungen in den Vorauflagen dieses Handbuches bis einschließlich 9. Auflage verwiesen werden. 109

#### a) Definition »Regelarbeitsentgelt«

Für Altersteilzeitverträge, die ab 1.7.2004 begonnen haben, sieht der Gesetzgeber in § 3 Abs. 1 Nr. 1a ATG vor, dass das Regelarbeitsentgelt für die Altersteilzeit um mindestens 20 % aufgestockt wird. Was unter »Regelarbeitsentgelt« zu verstehen ist, definiert der Gesetzgeber in der Neufassung des Altersteilzeitgesetzes in § 6 Abs. 1 ATG. 110

> Dort heißt es wörtlich wie folgt: 111
>
> »(1) Das Regelarbeitsentgelt für die Altersteilzeit i. S. dieses Gesetzes ist das auf einen Monat entfallende vom Arbeitgeber regelmäßig zu zahlende sozialversicherungspflichtige Arbeitsentgelt, soweit es die Beitragsbemessungsgrenze des Dritten Buches Sozialgesetzbuch nicht überschreitet. Entgeltbestandteile, die nicht laufend gezahlt werden, sind nicht berücksichtigungsfähig.«

Nach dem eindeutigen Wortlaut der Neufassung des Altersteilzeitgesetzes ist das **Regelarbeitsentgelt** nach § 3 Abs. 1 Nr. 1a ATG i. V. m. § 6 Abs. 1 ATG nur noch das auf **einen Monat entfallende sozialversicherungspflichtige Arbeitsentgelt**, das der Arbeitnehmer im Rahmen des Altersteilzeitarbeitsverhältnisses regelmäßig erzielt. Damit steht im Umkehrschluss fest, dass es sich bei dem Regelarbeitsentgelt um die Hälfte des vor Beginn der Altersteilzeitarbeit maßgeblichen laufenden Arbeitsentgeltes, dem sog. Vollzeitarbeitsentgelt, gehandelt hat. Nach den Durchführungsanweisungen der BA darf das **Regelarbeitsentgelt die monatliche Beitragsbemessungsgrenze des Sozialgesetzbuches III nicht überschreiten.** Ändert sich die Höhe des Regelarbeitsentgeltes während der Altersteilzeitarbeit – bspw. wegen einer variablen Grundvergütung, variabler Zulagen, Lohnerhöhungen oder einer Höhergruppierung –, muss die Änderung berücksichtigt und das Regelarbeitsentgelt somit neu festgesetzt werden. 112

> Zum sozialversicherungspflichtigen Regelarbeitsentgelt zählen neben dem laufenden monatlichen Entgelt auch folgende Leistungen: 113
> – vermögenswirksame Leistungen
> – Prämien
> – Zulagen

# Kapitel 7

- sozialversicherungspflichtige Zuschläge für Sonntags-, Feiertags- und Nachtarbeit
- Sachbezüge und sonstige geldwerte Vorteile wie Kraftfahrzeugüberlassung zum privaten Gebrauch des Arbeitnehmers.

114 Vergütungsbestandteile, auf die der Arbeitnehmer nicht während der gesamten Altersteilzeit Anspruch hat, sind bei der Berechnung des Regelarbeitsentgeltes außer Betracht zu lassen. Hat der Arbeitnehmer bspw. auf Grund einer arbeitsvertraglichen Regelung keinen Anspruch auf Überlassung des **Dienstwagens** während der Freistellungsphase, so darf der geldwerte Vorteil der privaten Nutzung nicht bei der Bemessung des Regelarbeitsentgeltes berücksichtigt werden (vgl. DA 6.1 (2) zu § 6 ATG).

115 **Rabatte**, die den Mitarbeitern auf Produkte des Unternehmens gewährt werden – insbes. Jahreswagenrabatte bei Automobilherstellern – zählen nicht zum Regelarbeitsentgelt.

116 Ebenfalls nicht zum Regelarbeitsentgelt zählen nach der Definition des Gesetzes Arbeitsentgelte, die einmalig oder nicht regelmäßig gezahlt werden. **Einmalige Zahlungen** sind bspw. das **Urlaubsgeld**, das **Weihnachtsgeld** oder eine sonstige **Jahressondervergütung**. Zu den nicht regelmäßig gezahlten Vergütungen können unregelmäßige Zulagen, die nur an bestimmte Ereignisse anknüpfen, gezählt werden.

117 Auch **Mehrarbeitsvergütungen** zählen nicht zum Regelarbeitsentgelt, da sie nicht für die vereinbarte Arbeitszeit, sondern für die darüber hinausgehende Leistung des Mitarbeiters gewährt werden. Etwas anderes gilt allerdings in dem Fall, in dem der Mitarbeiter bspw. eine **monatliche Pauschale für die Abgeltung von Mehrarbeit** erhält. Nach Ziff. 3.1.1 der Durchführungsanweisungen der BA zu § 3 ATG sind derartige Pauschalen dem Regelarbeitsentgelt hinzuzurechnen.

118 Im Hinblick auf **Einmalzahlungen** ist zu beachten, dass diese ausnahmsweise dann doch beim Regelarbeitsentgelt Berücksichtigung finden können, wenn der Arbeitgeber berechtigt ist, die **Einmalzahlungen zu zwölfteln** und damit in arbeitsrechtlich zulässiger Weise in jedem Kalendermonat an den Mitarbeiter auszuzahlen. Wird hiervon Gebrauch gemacht, verlieren diese Beträge ihren Charakter als Einmalzahlungen. Die Beträge erhöhen damit das laufende Regelarbeitsentgelt.

119 Zulagen zählen, wie oben bereits mitgeteilt, zum Regelarbeitsentgelt. Voraussetzung ist, dass sie für bestimmte Arbeiten oder für laufend anfallende Situationen gewährt werden. Hierzu gehören also bspw. **Schmutzzulagen, Leistungs- und Erschwerniszulagen, Zulagen für Rufbereitschaft, Zulagen für höherwertige Tätigkeiten oder bestimmte Funktionszulagen**.

120 Problematisch sind **Zulagen, die nicht jeden Monat anfallen**. Ob diese Zulagen bei der Berechnung des Regelarbeitsentgeltes zu berücksichtigen sind, hängt nach Auffassung der BA davon ab, ob sich zumindest in einer rückschauenden Betrachtung eine **regelmäßige Zahlung** ergibt. Die BA stellt insofern **jeweils auf die letzten drei Monate** ab. Das Regelarbeitsentgelt ist danach also für jeden Monat gesondert festzustellen, wenn sich die Vergütung auf Grund der arbeitsvertraglichen Gestaltung monatlich unterschiedlich zusammensetzt. Ergibt sich im Rahmen des Referenzzeitraums von drei Monaten, dass in den jeweils vergangenen drei Monaten die Zulage angefallen ist, so zählt sie als versicherungspflichtiger Entgeltbestandteil zum Regelarbeitsentgelt in der Altersteilzeit. Wurde die Zulage in einem **dreimonatigen Referenzzeitraum** hingegen nicht in jedem Monat gezahlt, so entfällt für den Monat, für den das Regelarbeitsentgelt geprüft wurde, die Berücksichtigung dieser nicht regelmäßig anfallenden Zulage.

121 ▶ Beispiel für ein Altersteilzeitmodell in Form der kontinuierlichen Arbeitszeitreduzierung (Halbtagstätigkeit):

Das Altersteilzeitarbeitsverhältnis beginnt im Januar 2009. Die Zulage wurde im Oktober 2008 nicht gezahlt. In den Monaten November 2008 bis einschließlich Februar 2009 ist die Zulage jeweils tatsächlich angefallen. Im März 2009 wurde die Zulage wiederum nicht gezahlt. In den Monaten April bis Juli 2009 fiel die Zulage dann wieder regelmäßig an. Im Hinblick auf die Berücksichtigung der Zulage bei der Berechnung des Regelarbeitsentgeltes und damit bei der Bemessung

## C. Voraussetzungen der Altersteilzeit Kapitel 7

der Grundlage für die Förderung durch die BA ergibt sich nunmehr folgende Prüfung für die einzelnen Monate:

Für den Monat Januar 2009 sind die drei vorangegangenen Monate maßgebend. Da im Oktober 2008 die Zulage nicht gewährt wurde, wurde im dreimonatigen Referenzzeitraum die Zulage also nicht regelmäßig gezahlt. Damit wird die Zulage nicht beim Regelarbeitsentgelt für den Monat Januar 2009 berücksichtigt.

Für die Prüfung des Monats Februar 2009 sind die Monate November 2008 bis Januar 2009 maßgebend. In allen drei Monaten wurde die Zulage gezahlt, so dass hier die Zulage berücksichtigt wird.

Im März 2009 wurde die Zulage nicht gezahlt. Da die Zulage im März 2009 nicht gezahlt wurde, kommt es nicht auf die Betrachtung des Referenzzeitraums an. Da im Monat selber die Zulage nicht gewährt wurde, spielt es keine Rolle, ob in den vorangegangenen drei Monate die Zulage gewährt wurde. Aufgrund der Nichtzahlung im Monat März 2009 steht fest, dass die Zulage hier nicht zum Regelarbeitsentgelt gehören kann.

Im April 2009 wurde die Zulage wieder gezahlt. Da allerdings in den vorangegangenen drei Monaten wegen der Nichtzahlung im März 2009 keine Regelmäßigkeit vorliegt, steht fest, dass die Zulage keine Berücksichtigung finden kann. Das gleiche gilt nunmehr für die Monate Mai und Juni 2009, da in beiden Monate die Nichtzahlung im März 2009 in den Referenzzeitraum hineinfällt.

Im Juli 2009 wird die Zulage dann wieder bei der Bemessung des Regelarbeitsentgeltes berücksichtigt, da nunmehr in dem vorangegangenen dreimonatigen Referenzzeitraum, d. h. April 2009 bis Juni 2009, die Zulage regelmäßig gezahlt worden ist.

**122** Im Hinblick auf Zulagen, die nicht regelmäßig anfallen, ergibt sich also eine mühsame Betrachtung des jeweils vorausgegangenen Drei-Monats-Zeitraums. Fällt die Zulage in dem Monat, für den das Regelarbeitsentgelt berechnet wird, nicht an oder fiel die Zulage in den vorausgegangenen drei Monaten nicht in jedem Monat an, so bleibt die nicht regelmäßig gezahlte Zulage bei der Berechnung des Regelarbeitsentgeltes außer Betracht.

**123** Keine Rolle spielt im Übrigen, ob eine **sozialversicherungspflichtige Zulage stets in gleicher Höhe** gewährt wird. Auch in den Fällen, in denen die Zulage monatlich schwankt, zählt die Zulage in jedem Monat zum Regelarbeitsentgelt. Entscheidend ist alleine, dass überhaupt eine Zulage gewährt wird. Nicht die Höhe, sondern die Gewährung einer Zulage als solche ist Anknüpfungspunkt für die vom Gesetz nunmehr geforderte »Regelmäßigkeit«.

**124** In vielen Arbeitsverhältnissen besteht die Möglichkeit, Teile der Vergütung im Wege der Entgeltumwandlung in eine Direktzusage/Unterstützungskasse bzw. in eine Pensionskasse oder einen Pensionsfonds einzuzahlen. Bis zum 31.12.2008 bestand insofern die bisherige Regelung fort, wonach diese Beiträge bis zu einem Betrag in Höhe von 4 % der jährlichen Beitragsbemessungsgrenze der Rentenversicherung sozialversicherungsfrei sind und daher insofern kein Arbeitsentgelt darstellen. Bei der Ermittlung des Regelarbeitsentgeltes i. S. v. § 6 ATG ist daher nur von dem verminderten Arbeitsentgelt auszugehen.

**125** Bestreitet der Arbeitnehmer seine Altersvorsorge aus Einmalzahlungen des Arbeitgebers und übersteigen die Vorsorgeleistungen des Arbeitnehmers den steuerfreien Betrag in Höhe von 4 % der jährlichen Beitragsbemessungsgrenze, so ist dies über die Altersteilzeit im Rahmen der Neuregelung unerheblich. Da dem Regelarbeitsentgelt Einmalzahlungen nicht zugerechnet werden, wirkt sich die Entgeltumwandlung einer Einmalzahlung zur Verbesserung der betrieblichen Altersversorgung nicht auf die Festsetzung der Aufstockungsleistungen nach dem Altersteilzeitgesetz aus.

**126** Auch im Rahmen von Altersteilzeitverträgen ist zu berücksichtigen, dass der Gesetzgeber die Steuerbegünstigung/Steuerfreiheit von Beiträgen für Direktversicherungen für Versicherungsverträge nach

## Kapitel 7

dem 31.12.2004 neu geregelt hat. Beiträge für Direktversicherungen, die nach dem 31.12.2004 abgeschlossen werden, können nicht mehr pauschal versteuert werden. Sie sind allerdings gem. § 3 Nr. 63 EStG und über § 2 Abs. 2 Nr. 5 ArEV bis zu 4 % der Beitragsbemessungsgrenze in der Rentenversicherung beitragsfrei. Keine Rolle spielt insofern, ob die Beiträge zur Direktversicherung in Form der Entgeltumwandlung aus den laufenden Gehältern oder aus Einmalzahlungen finanziert werden.

127 In der Altersteilzeit ergeben sich im Übrigen keine Besonderheiten, wenn der Arbeitnehmer bisher im Wege der Entgeltumwandlung Teile seiner Gehälter für die Altersversorgung aufgewandt hat. Auch während der Freistellungsphase im Blockmodell besteht weiterhin ein Anspruch auf Entgeltumwandlung zu den jeweils geltenden gesetzlichen Regelungen, so wie sie oben skizziert wurden. Auch beitragsrechtlich ist die Fortsetzung der Entgeltumwandlung während der Freistellungsphase unproblematisch. Der Arbeitgeber hat während der Arbeitsphase die Hälfte des Vollzeitarbeitsentgeltes – vor Durchführung der Entgeltumwandlung – ins Wertguthaben einzustellen. Wünscht der Arbeitnehmer weiterhin die Entgeltumwandlung, so erfolgt diese sowohl in der Arbeitsphase als auch in der Freistellungsphase in jeweils gleicher Form. Während der Arbeitsphase wird aus dem Regelentgelt die Entgeltumwandlung zur Finanzierung der Beiträge der Direktversicherung vorgenommen. In der Freistellungsphase erfolgt eine entsprechende Finanzierung aus dem angesparten Wertguthaben. Das Arbeitsentgelt nach der Entgeltumwandlung ist dann als Regelarbeitsentgelt der Berechnung der zusätzlichen Rentenversicherungsbeiträge etc. zugrunde zu legen. Nach der Auffassung der Spitzenverbände der Sozialversicherungsträger führt diese Form der Entgeltumwandlung zu einer beitragsfreien Verwendung von Wertguthaben. Dies sei zwar nicht ausdrücklich im Gesetz vorgesehen; jedoch sei nach Auffassung der Spitzenverbände der Sozialversicherungsträger eine andere Art der Entgeltumwandlung nicht möglich.

128 Wörtlich heißt es insofern in dem Rundschreiben der Spitzenverbände der Sozialversicherungsträger vom 9.3.2004 unter Ziff. 3.1.3.4 wie folgt:

»Eine Entgeltumwandlung löst dann keinen Störfall aus, wenn der Arbeitgeber während der Arbeitsphase die Hälfte des Vollzeitarbeitsentgelts (vor der Entgeltumwandlung) ins Wertguthaben einstellt und festgelegt wird, dass auch während der Freistellungsphase aus diesem Wertguthaben eine entsprechende Entgeltumwandlung erfolgt. Das Arbeitsentgelt nach der Entgeltumwandlung ist dann als Regelarbeitsentgelt der Berechnung der zusätzlichen Rentenversicherungsbeiträge zugrunde zu legen. Obwohl eine beitragsfreie Verwendung von Wertguthaben für eine Entgeltumwandlung nicht ausdrücklich im Gesetz geregelt wird (vgl. § 23b SGB IV), kann nur auf diesem Wege dem Anspruch auf Entgeltumwandlung unabhängig davon, ob eine kontinuierliche oder eine diskontinuierliche Altersteilzeitarbeit aufgenommen wird, Rechnung getragen werden. Die beitragsrechtlichen Auswirkungen der Entgeltumwandlung in der Freistellungsphase entsprechen somit denjenigen in der Arbeitsphase eines Blockmodells.«

129 Unzulässig wäre eine Entgeltumwandlung aus dem angesparten Wertguthaben, wenn es in der Arbeitsphase an einer entsprechenden Festlegung fehlt.

### b) Zusätzliche Rentenversicherungsbeiträge

130 Vor dem Hintergrund der zum 1.7.2004 neu gefassten Definition des »Regelarbeitsentgeltes« hat der Gesetzgeber in § 3 Abs. 1 Nr. 1b ATG auch die Zahlung zusätzlicher Beiträge zur gesetzlichen Rentenversicherung durch den Arbeitgeber während der Altersteilzeit auch neu geregelt. Die Neuregelung führt allerdings nicht zu einer Änderung des Umfangs der Rentenaufstockung. Es bleibt daher dabei, dass der Arbeitgeber Beiträge zur Rentenversicherung auf Basis von 90 % des bisherigen Bruttoeinkommens – soweit die Beitragsbemessungsgrenze nicht überschritten wird – zu zahlen hat. Dadurch, dass auf das Regelarbeitsentgelt, d. h. das während der Altersteilzeit bezogene Arbeitsentgelt abgestellt wird, konnte der Gesetzgeber in der aktuellen Fassung des Altersteilzeitgesetzes die zusätzlichen Beiträge danach festlegen, dass der Arbeitgeber verpflichtet ist, neben den auf das versicherungspflichtige Altersteilzeitentgelt, d. h. das Regelarbeitsentgelt, entfallenden Beiträgen **nochmals**

## C. Voraussetzungen der Altersteilzeit  Kapitel 7

**Beiträge auf Basis von 80 % des Regelarbeitsentgeltes** für die Altersteilzeit zu zahlen hat. Dies bedeutet, dass zunächst 50 % der ehemaligen Vollzeitbeiträge dadurch entrichtet werden, als diese aus dem sozialversicherungspflichtigen Altersteilzeitentgelt zu entrichten sind. Die weitere Entrichtungspflicht von 80 % auf das Regelarbeitsentgelt (50 %) entspricht damit 40 % vom ehemaligen Vollzeitentgelt (80 % von 50 % = 40 %). Somit ergibt sich **insgesamt, dass Beiträge auf Basis von 90 % des alten Vollzeitentgeltes** gezahlt werden. Es bleibt auch hier wieder bei der Begrenzung auf 90 % der monatlichen Beitragsbemessungsgrenze.

▶ Beispiele:
- Der Arbeitnehmer bezieht in der Altersteilzeit ein Regelarbeitsentgelt in Höhe von 1.500,– € (Vollzeitentgelt 3.000,– €). Zunächst sind auf dieses Regelarbeitsentgelt sowohl die Arbeitgeber- als auch Arbeitnehmeranteil zur Rentenversicherung zu berechnen. Zusätzlich muss der Arbeitgeber dann noch Beiträge auf einen Betrag in Höhe von 1.200,– € entrichten. Dieser Betrag entspricht 80 % des Regelarbeitsentgeltes. In einem Kontrollschritt ist nun zu prüfen, ob diese 80 % nicht die 90 %-Grenze zur Beitragsbemessungsgrenze unter Berücksichtigung des Regelarbeitsentgeltes überschreiten. Die Beitragsbemessungsgrenze liegt im Jahre 2004 in den alten Bundesländern bei 5.150,– €. 90 % betragen also 4.635,– €. Da das Regelarbeitsentgelt im vorliegenden Beispiel bei 1.500,– € liegt, ist hier also noch eine Differenz in Höhe von 3.135,– € möglich. Von daher werden die gesamten 80 % für die zusätzlich vom Arbeitgeber zu erbringenden Beiträge herangezogen.
- Liegt das Regelarbeitsentgelt bei 2.750,– € (Vollzeitentgelt 5.500,– €), so hat der Arbeitgeber diesmal nicht die vollen 80 % für die Entrichtung der Rentenaufstockungsbeiträge heranzuziehen. 80 % des Regelarbeitsentgeltes würden 2.200,– € entsprechen. Berücksichtigt man nun, dass 90 % der Beitragsbemessungsgrenze einem Betrag in Höhe von 4.635,– € im Jahre 2004 entsprechen, so ergibt sich auf Grund des Regelarbeitsentgeltes in Höhe von 2.750,– € nur noch eine Differenz in Höhe von 1.885,– €. Da die 90 %-Grenze nicht überschritten werden darf, ist somit nur dieser Betrag, d. h. 1.885,– €, für die vom Arbeitgeber allein zu tragenden zusätzlichen Rentenversicherungsbeiträge heranzuziehen.

131

### c) Aufstockung des Altersteilzeitentgeltes/Regelarbeitsentgeltes

Seit 1.7.2004 sieht das Altersteilzeitgesetz hinsichtlich der Aufstockung des Altersteilzeitentgeltes nur noch vor, dass der Arbeitgeber verpflichtet ist, das Regelarbeitsentgelt des Arbeitnehmers in der Altersteilzeit um 20 % aufzustocken. Erfüllt der Arbeitgeber diese Mindestvoraussetzungen, so kann er bei Vorliegen der weiteren Voraussetzungen für Altersteilzeitverträge, die vor dem 1.1.2010 begonnen wurden, von der Bundesagentur für Arbeit die Erstattung dieses gesetzlichen Aufstockungsbetrages verlangen. Zahlt der Arbeitgeber höhere Aufstockungsbeträge, so erhält er für die über die gesetzliche Aufstockung hinausgehenden Beträge keine Zuschüsse der Bundesagentur für Arbeit.

132

Ähnlich wie die gesetzliche Regelung bis zum 30.6.2004 enthalten auch heute noch die meisten Tarifverträge zur Altersteilzeit keine festen Aufstockungsbeträge sondern garantieren dem in die Altersteilzeit gewechselten Arbeitnehmer einen bestimmten Prozentsatz seines bisherigen Nettoeinkommens. Üblicherweise wird das bisherige bei Vollzeit bezogene Nettoeinkommen zu 80 % in der Altersteilzeit abgesichert. Die vom Gesetzgeber hinsichtlich der Vereinfachung der Berechnung der Aufstockungsbeträge zum 1.7.2004 geschaffene Neuregelung spielt also in den meisten Altersteilzeitverträgen keine Rolle, da die tarifvertragliche Absicherung deutlich besser ist.

133

Hinsichtlich der Handhabung der Aufstockung des Altersteilzeitentgeltes für Altverträge, d. h. für Verträge die vor dem 1.7.2004 abgeschlossen wurden, kann auf die diesbezüglichen Ausführungen in den Vorauslagen dieses Handbuchs bis zur 9. Auflage verwiesen werden.

134

### d) Nichtreduziertes Arbeitsentgelt

Aus der Halbierung der bisherigen wöchentlichen Arbeitszeit folgt grds., dass auch die dem Mitarbeiter zustehende Vergütung halbiert wird. Dieses dann entstehende Regelarbeitsentgelt wird nach der

135

# Kapitel 7

gesetzlichen Regelung um 20 % aufgestockt. **Verzichtet das Unternehmen im Hinblick auf bestimmte Vergütungsbestandteile** – bspw. vermögenswirksame Leistungen oder Sachbezüge (Dienstwagen) – **auf die Halbierung und gewährt das Unternehmen diese Vergütungsbestandteile sowohl in der Arbeits- wie auch in der Freistellungsphase, so ist eine Aufstockung dieser Vergütungsbestandteile nicht erforderlich.** Würde man diese Vergütungsbestandteile aufstocken, so würde dies den Mitarbeiter ungerechtfertigt besser stellen als die weiterhin in Vollzeit arbeitenden Kollegen. Von daher hat der Gesetzgeber in § 3 Abs. 1a ATG die Möglichkeit eröffnet, derartige Vergütungsbestandteile von der Aufstockung auszunehmen.

136 Diese Herausnahme von Vergütungsbestandteilen aus der Aufstockungspflicht bezieht sich aber nur auf die Aufstockung des Regelarbeitsentgeltes und nicht auf die Abführung von zusätzlichen Beiträgen zur Rentenversicherung. **Bei der Ermittlung der Beiträge zur Rentenversicherung ist zu berücksichtigen, dass § 3 Abs. 1a ATG die Entrichtung der Rentenversicherungsbeiträge aus der zusätzlichen beitragspflichtigen Einnahme nach § 3 Abs. 1 Nr. 1b ATG i. V. m. § 163 Abs. 5 S. 1 SGB VI nicht erfasst.** Dies bedeutet, dass regelmäßige Bestandteile des Regelarbeitsentgeltes, die nicht vermindert werden, trotzdem bei der Ermittlung der zusätzlichen Rentenversicherungsbeiträge zu berücksichtigen sind.

137 ▶ **Beispiel:**

Ein Arbeitnehmer bezieht eine Vollzeitvergütung in Höhe von 3.600,– €. Zusätzlich erbringt der Arbeitgeber monatlich vermögenswirksame Leistungen in Höhe von 40,– €. Als freiwillige Leistung sagt das Unternehmen dem Mitarbeiter während der Altersteilzeit zu, dass die vermögenswirksamen Leistungen sowohl in der Arbeits- wie auch in der Freistellungsphase des Blockmodells in unverminderter Höhe, d. h. mit monatlich 40,– €, weitergewährt werden. Das Regelarbeitsentgelt als solches wird entsprechend der halbierten Arbeitszeit auf 1.800,– € während der Altersteilzeit festgesetzt.

Im Hinblick auf die Entgeltaufstockung ist auf Grund der unverminderten Fortgewährung der vermögenswirksamen Leistungen von einem Regelarbeitsentgelt in Höhe von 1.800,– € auszugehen. Für die zusätzliche Entrichtung von Rentenversicherungsbeiträgen ist hingegen von einem Regelarbeitsentgelt in Höhe von 1.840,– € auszugehen. Da der zusätzliche Beitrag, der vom Arbeitgeber alleine zu tragen ist, auf Basis von 80 % des Regelarbeitsentgeltes zu ermitteln ist, ist hier also zur Abführung der zusätzlichen Rentenversicherungsbeiträge ein weiterer Betrag in Höhe von 1.472,– € als Bemessungsgrundlage heranzuziehen. Es zeigt sich also, dass das Regelarbeitsentgelt bzgl. der Aufstockungsleistungen und bzgl. der Rentenversicherungsbeiträge unterschiedlich sein kann.

### e) Tariflohnerhöhungen während der Altersteilzeit

138 Die Vereinbarung einer Altersteilzeit ändert grds. nichts daran, dass zwischen den Arbeitsvertragsparteien weiterhin ein reguläres Arbeitsverhältnis besteht. Dementsprechend nimmt der Arbeitnehmer während der Altersteilzeit auch an den allgemein im Betrieb umgesetzten Lohnerhöhungen teil. Unproblematisch ist dies, soweit der Mitarbeiter die Altersteilzeit im sog. Konti-Modell durchführt. Hier wird die Arbeitszeit tatsächlich auf die Hälfte reduziert und der Arbeitnehmer arbeitet bis zum Ende des Arbeitsverhältnisses tatsächlich weiter. Ein Wertguthaben wird hier nicht aufgebaut, so dass der Mitarbeiter an Tariflohnerhöhungen im Betrieb weiterhin teilnimmt.

139 Problematischer ist die Frage der Auswirkung von Tariflohnerhöhungen, wenn der Arbeitnehmer – wie in der Regel – die Altersteilzeit in Form eines Blockmodells durchführt. Tariflohnerhöhungen, die während der Arbeitsphase eintreten, stehen auch hier ohne weiteres dem Arbeitnehmer zu. Tritt die Tariflohnerhöhung hingegen erst während der Freistellungsphase in Kraft, so ist umstritten, ob der Arbeitnehmer auch jetzt noch Anspruch auf Anhebung des ihm aus dem angesparten Wertguthaben während der Freistellungsphase zufließenden Entgelts hat. Das Bundesarbeitsgericht steht insofern auf dem Standpunkt, dass das Arbeitsverhältnis zwar auch in der Freistellungsphase formal fortbesteht; sich jedoch der Vergütungsanspruch in der Freistellungsphase nicht anhand des Arbeits-

verhältnisses als solches orientiert, sondern in der Freistellungsphase lediglich dass in der Arbeitsphase angesparte Wertguthaben ausgezahlt wird. Insofern entspricht die Vergütung in der Freistellungsphase spiegelbildlich der Vergütung, die der Arbeitnehmer in der Arbeitsphase bezogen hat (vgl. BAG 4.10.2005 EzA § 4 TVG Altersteilzeit Nr. 18 = NZA 2006, 506 ff.).

Diese Rechtsauffassung übersieht u. E., dass der Arbeitnehmer im Blockmodell nur die Arbeitszeit für die Freistellungsphase »vorgearbeitet« hat. Von daher darf u. E. keine andere Beurteilung wie beim Konti-Modell erfolgen. Auch beim Blockmodell sind daher Gehaltserhöhungen während der Freistellungsphase an den Mitarbeiter weiterzugeben (a. A. BAG 4.10.2005 EzA § 4 TVG Altersteilzeit Nr. 18 = NZA 2006, 506 ff.). Nur so wird bspw. dem Umstand Rechnung getragen, dass inbes. Tariflohnerhöhungen auch das Ziel haben einen Inflationsausgleich zu gewähren. Dies übersieht das BAG. 140

Hat es in der Arbeitsphase Tariflohnerhöhungen oder sonstige einzelvertragliche Lohnerhöhungen gegeben, so führt dies in der Freistellungsphase grds. dazu, dass der Arbeitnehmer nun zu Beginn der Freistellungsphase wieder die geringere Vergütung erhält, die er bis zu der in der Arbeitsphase eingetretenen Lohnerhöhung erhalten hat. Spiegelbildlich erfolgt dann also auch während der Freistellungsphase eine »Lohnerhöhung«, die aus dem insofern angesparten Wertguthaben finanziert wird. Da dies allerdings in der Praxis wenig sinnvoll ist, wird üblicherweise das Wertguthaben vor dem Hintergrund der obigen BAG-Entscheidungen in gleichen Beträgen an den Mitarbeiter während der Freistellungsphase ausgezahlt. Ein Anspruch darauf, dass er das zuletzt bezogene, erhöhte Monatseinkommen auch vollständig während der Freistellungsphase erhält, hat der Arbeitnehmer nach dem BAG nicht, es sei denn es gibt eine entsprechende vertragliche Regelung, die besagt, dass das zuletzt vom Arbeitnehmer in der Arbeitsphase bezogene Entgelt auch während der Freistellungsphase im Blockmodell fortzuzahlen ist. 141

Eine ähnliche Betrachtung stellt das BAG auch bzgl. sonstiger tariflicher Veränderungen hinsichtlich des Entgeltes an. Werden dem Arbeitnehmer bspw. bestimmte Zulagen – z. B. Erschwerniszulage, Ortszuschlag etc. – gezahlt, so knüpfen diese Zulagen an die tatsächliche Tätigkeit an. Das BAG steht insofern auf dem Standpunkt, dass die Zulagen während der Arbeitsphase in ungekürzter Höhe an den Mitarbeiter zu zahlen sind und dann während der Freistellungsphase entfallen (vgl. BAG 4.10.2005 EzA § 4 TVG Altersteilzeit Nr. 18 = NZA 2006, 506 ff.). Sieht der Tarifvertrag nach einer bestimmten Dauer des Arbeitsverhältnisses einen Bewährungsaufstieg in die nächst höhere Vergütungsgruppe vor oder werden Arbeitnehmer aufgrund einer Neubewertung der Tätigkeiten höhergruppiert, so profitiert hiervon grds. auch der sich in der Altersteilzeit befindende Mitarbeiter, sofern diese Umgruppierung während der Arbeitsphase eintritt. Tritt die Umgruppierung erst zu einem Zeitpunkt ein, zu dem sich der Arbeitnehmer bereits in der Freistellungsphase befunden hat, steht das BAG auf dem Standpunkt, dass der Arbeitnehmer nicht mehr umzugruppieren ist. Der Arbeitnehmer hat keinen Anspruch auf die aus der Umgruppierung resultierende höhere Vergütung. Auch hier verweist das BAG wieder darauf, dass für die Bemessung der Altersteilzeitvergütung während der Freistellungsphase die selbe tarifliche Vergütungsgruppe spiegelbildlich zugrunde zu legen ist, nach der die Vergütung während der Arbeitsphase gezahlt wurde (vgl. BAG 4.10.2005 EzA § 4 TVG Altersteilzeit Nr. 18 = NZA 2006, 506 ff.). 142

### 5. Einstellung eines Arbeitslosen oder Übernahme eines Auszubildenden

Vierte und letzte Voraussetzung für die Gewährung von Zuschüssen durch die Agentur für Arbeit bei Altersteilzeitverträgen, die vor dem 1.1.2010 begonnen wurden, ist gem. § 3 Abs. 1 Nr. 2 ATG, dass der Arbeitgeber aus Anlass des Übergangs des Mitarbeiters in die Altersteilzeitarbeit entweder einen Arbeitnehmer nach **Abschluss der Ausbildung** oder einen bei der Agentur für Arbeit **arbeitslos gemeldeten Arbeitnehmer** auf dem frei gemachten oder auf einen in diesem Zusammenhang durch Umsetzung freigewordenen Arbeitsplatz **versicherungspflichtig** i. S. d. Sozialgesetzbuches III beschäftigt. 143

**144** Für **Kleinunternehmen (bis zu 50 Arbeitnehmer)** kommt als weitere Möglichkeit die **Einstellung eines Auszubildenden** in Betracht.

### a) Wiederbesetzung des freigemachten Arbeitsplatzes

**145** Da das Altersteilzeitgesetz eine arbeitsmarktpolitische Zielsetzung hat, kommt es für die Wiederbesetzung des durch die Altersteilzeit frei gewordenen Arbeitsplatzes darauf an, dass der Arbeitsmarkt durch die Wiederbesetzung des im Betrieb frei gewordenen Arbeitsplatzes entlastet wird. Welche Anforderungen an den Arbeitsplatz, der wiederbesetzt wird, zu stellen sind, wird in der Literatur und in den Dienstanweisungen der BA unterschiedlich gesehen. Insbesondere im Hinblick auf das **Arbeitszeitvolumen des wiederbesetzten Arbeitsplatzes** bestehen Differenzen.

**146** Im Einzelnen sind bei der Wiederbesetzung folgende Punkte im Hinblick auf den Arbeitsplatz als solchen zu berücksichtigen:
- zeitlicher Umfang des wiederbesetzten Arbeitsplatzes
- zeitlicher Zusammenhang zwischen Altersteilzeit und Wiederbesetzung
- Dauer der Wiederbesetzung
- Art des wieder zu besetzenden Arbeitsplatzes

**147** Zu den Anforderungen an die wieder zu besetzende Stelle ist i. E. Folgendes unter Berücksichtigung der vier vorgenannten Prüfungspunkte festzuhalten:

### aa) Zeitlicher Umfang des wieder zu besetzenden Arbeitsplatzes

**148** Der Gesetzgeber selber verlangt in § 3 Abs. 1 Nr. 2 ATG lediglich, dass der Arbeitgeber aus Anlass des Übergangs des Arbeitnehmers in die Altersteilzeitarbeit einen bei einer Agentur für Arbeit arbeitslos gemeldeten Arbeitnehmer oder einen Arbeitnehmer nach Abschluss der Ausbildung auf dem frei gemachten oder einem in diesem Zusammenhang durch Umsetzung frei gewordenen Arbeitsplatz versicherungspflichtig i. S. d. Sozialgesetzbuches III beschäftigt. Der Gesetzgeber sagt nicht, ob die Wiederbesetzung anhand einer **Arbeitszeitvolumenbetrachtung** zu erfolgen hat. Es wird vielmehr allgemein davon gesprochen, dass auf dem frei gemachten Arbeitsplatz oder einem durch Umsetzung frei gewordenen Arbeitsplatz ein neu eingestellter Mitarbeiter versicherungspflichtig beschäftigt werden muss. Insofern steht also als Kriterium fest, dass die Einstellung eines geringfügig Beschäftigten nicht ausreicht, um die Anforderungen an eine förderungsfähige Altersteilzeit zu erfüllen.

**149** In der Literatur und den Dienstanweisungen der BA zur Altersteilzeit ist umstritten, in welchem Umfang der neu eingestellte Mitarbeiter beschäftigt werden muss. Während in der Literatur teilweise die Auffassung vertreten wird, dass es ausreicht, wenn die neu eingestellte Person **versicherungspflichtig** auf dem frei gemachten Arbeitsplatz beschäftigt wird (so bspw. *Diller* NZA 1996, 847, 849; *Andresen* Frühpensionierung und Altersteilzeit, 3. Aufl. Rn. 540), vertritt die BA in ihren Dienstanweisungen die Auffassung, dass **das Gesamtvolumen der bisherigen Arbeitszeit durch die Wiederbesetzung grds. erhalten bleiben muss** (vgl. Ziff. 3.1.7 (13) zu § 3 ATG).

**150** Die BA verlangt also – ohne dass eine entsprechende Grundlage im Altersteilzeitgesetz erkennbar ist –, dass das Arbeitszeitvolumen im Wesentlichen erhalten bleibt. **Als geringfügige Abweichung, die auch nach der Auffassung der BA zulässig sein soll, werden lediglich Abweichungen von bis zu 10 % angenommen, wobei die zu übernehmende Stundenzahl auf die nächste volle Stunde abgerundet werden darf.** Als Beispiel führt die Bundesagentur für eine geringfügige Abweichung in ihren Dienstanweisungen die Wiederbesetzung eines Arbeitsplatzes an, der bisher mit einem Mitarbeiter mit einer 35-Stunden-Woche besetzt war. Dieser Arbeitsplatz muss nach Auffassung der BA mit einem Mitarbeiter wiederbesetzt werden, der mindestens 31 Wochenstunden arbeitet. In Ziff. 3.1.7 (16) der Dienstanweisungen sieht die Bundesagentur die Wiederbesetzungspflicht nur noch dann als erfüllt an, wenn beim *Blockmodell* ein freier Arbeitsplatz während der Freistellungsphase durch eine Vollzeitkraft oder zwei Teilzeitkräfte besetzt wird, die das bisherige Arbeitszeitvolumen des älteren Arbeitnehmers übernehmen.

## C. Voraussetzungen der Altersteilzeit

Wie angesprochen, ist eine Grundlage für diese Rechtsauffassung der BA im Gesetz nicht zu erkennen. Die Literatur steht daher zu Recht auf dem Standpunkt, dass es ausreicht, wenn der frei gemachte Arbeitsplatz durch eine versicherungspflichtig beschäftigte Teilzeitkraft besetzt wird. Es spielt dann keine Rolle, dass die Stelle zuvor mit einem in Vollzeit beschäftigten Mitarbeiter besetzt war. Betrachtet man den Gesetzentwurf zum Altersteilzeitgesetz (BR-Drs. 208/96), so findet sich auch dort keine Unterstützung der von der Bundesagentur nunmehr vertretenen Rechtsauffassung. Die Begründung zum Gesetzesentwurf sah durchaus vor, dass ein Mitarbeiter in Vollzeit an die Stelle mehrerer Altersteilzeitarbeitnehmer tritt und so für jeden in Altersteilzeit gewechselten Mitarbeiter die Förderleistungen erhält. Man wird sicherlich nicht die Auffassung vertreten können, dass sich dies nur auf das »Konti-Modell«, d. h. die Halbtagstätigkeit im Rahmen der Altersteilzeit, beschränkt. **151**

Unseres Erachtens muss es auf Grund des Wortlautes des Gesetzes also ausreichen, wenn die Position, die der in Altersteilzeit gewechselte Mitarbeiter in der Freistellungsphase frei gemacht hat, mit einem sozialversicherungspflichtig beschäftigten, neu eingestellten Arbeitnehmer besetzt wird. Darauf, dass dieser Mitarbeiter die gleiche Stundenzahl in der Woche leistet wie der in die Altersteilzeit gewechselte Mitarbeiter vor Beginn der Altersteilzeit geleistet hat, kann es nicht ankommen. Man wird hier sicherlich einen **Missbrauch des Altersteilzeitgesetzes** ausschließen müssen. Die Missbrauchsgrenze muss aber in Anbetracht der arbeitsmarktpolitischen Zielsetzung des Altersteilzeitgesetzes und der von dem Gesetzgeber nunmehr ausdrücklich **geförderten Teilzeittätigkeiten** sehr großzügig gehandhabt werden. Wird die Stelle mit einer Halbtagskraft besetzt, so erfüllt dies unseres Erachtens noch nicht den Missbrauchstatbestand und muss daher trotz der gegenteiligen Dienstanweisungen der BA noch förderfähig bleiben. **152**

### bb) Zeitlicher Zusammenhang zwischen Altersteilzeit und Wiederbesetzung

Die Wiederbesetzung der frei gewordenen Arbeitsstelle muss im zeitlichen Zusammenhang mit dem Freiwerden der Stelle durch die Altersteilzeit erfolgen. Da allerdings die Einstellung eines Arbeitslosen bzw. die Übernahme eines Arbeitnehmers nach Abschluss der Ausbildung nicht immer zeitgenau mit dem Wechsel des Altersteilzeitmitarbeiters im Rahmen des Blockmodells in die Freistellungsphase koordiniert werden kann, besteht Einigkeit, dass die Einstellung auch bereits zu einem früheren Zeitpunkt erfolgen kann. **153**

Die Einstellung eines arbeitslos gemeldeten Arbeitnehmers kann nach Auffassung der BA zum Zwecke der **Einarbeitung** beim **kontinuierlichen Arbeitszeitmodell**, d. h. dem Wechsel des Mitarbeiters in die Halbtagstätigkeit, auch bereits **vor Beginn der eigentlichen Altersteilzeit** und damit vor Freiwerden des für die Wiederbesetzung vorgesehenen Teilzeitarbeitsplatzes erfolgen. Die Einarbeitungszeit muss sich an dem sachlich notwendigen zeitlichen Umfang orientieren. Es muss ein **sachlicher Zusammenhang** mit der geplanten Wiederbesetzung des durch die Altersteilzeit teilweise frei werdenden Arbeitsplatzes gegeben sein. **154**

Beim **Blockmodell** erlauben die Dienstanweisungen der BA mittlerweile die Einstellung unter dem Gesichtspunkt der **Einarbeitung** bereits zu Beginn der Altersteilzeit. Der Mitarbeiter muss allerdings auch hier bereits dem Bereich, in dem der sich in Altersteilzeit befindende Mitarbeiter tätig ist, zugeordnet werden (vgl. DA Ziff. 3.1.7 [17] zu § 3 ATG). **155**

Im Hinblick auf die Einstellung oder Übernahme eines Mitarbeiters nach abgeschlossener Ausbildung liegt eine unmittelbare Wiederbesetzung auch dann vor, wenn zwischen der Einstellung bzw. Übernahme und dem Beginn der Wiederbesetzung ein **Zeitraum von nicht mehr als zwölf Monaten** liegt. Bisher hatte die BA in ihren Durchführungsanweisungen zum Altersteilzeitgesetz einen Zeitrahmen von bis zu sechs Monaten als unproblematisch angesehen und bei einem Zeitraum von bis zu zwölf Monaten eine sachliche Begründung gefordert. Diese Differenzierung ist nunmehr aufgehoben worden. Liegen mehr als zwölf Monate zwischen der Übernahme des Ausgebildeten und dem Freiwerden des Arbeitsplatzes, so ist allerdings nicht mehr davon auszugehen, dass die Altersteilzeit ursächlich für die Übernahme des Mitarbeiters ist. **156**

### cc) Dauer der Wiederbesetzung

**157** Die Wiederbesetzung muss nicht durch einen unbefristet eingestellten Arbeitnehmer erfolgen. Auch die **Befristung von Arbeitsverhältnissen** zur Wiederbesetzung von frei gewordenen Arbeitsplätzen erfüllt die Voraussetzungen des Altersteilzeitgesetzes.

**158** Da der Arbeitgeber nur dann Förderleistungen erhält, wenn der frei gewordene Arbeitsplatz ordnungsgemäß wiederbesetzt wurde, muss grds. während der gesamten Dauer der Freistellungsphase bzw. während der gesamten Dauer des Altersteilzeitverhältnisses im Rahmen des Konti-Modells der frei gewordene Arbeitsplatz wiederbesetzt sein. Das Gesetz macht insofern allerdings Ausnahmen, als **Lücken bis zu drei Monaten** im Hinblick auf die Förderung der Altersteilzeit unerheblich sind. Wird der frei gewordene Arbeitsplatz innerhalb von drei Monaten wieder neu besetzt, so werden auch für die vorausgegangene bis zu dreimonatige Phase der Nichtbesetzung der freien Stelle Förderleistungen durch die BA erbracht.

**159** Hat die Bundesagentur insgesamt für **vier Jahre Leistungen nach § 4 ATG, d. h. Förderleistungen**, erbracht, so ist gem. § 5 Abs. 2 ATG eine erneute Wiederbesetzung des frei gewordenen Arbeitsplatzes nicht erforderlich. Da im Rahmen der Altersteilzeit im Blockmodell während der Freistellungsphase die Förderleistungen durch die BA in doppelter Höhe erbracht werden, um so auch die Zeiten während der Arbeitsphase abzudecken, reicht im **Blockmodell** die Wiederbesetzung über einen **Zeitraum von zwei Jahren** in der Freistellungsphase aus, um anschließend Förderleistungen für die gesamte Dauer des Blockmodells (maximal drei Jahre Arbeitsphase und drei Jahre Freistellungsphase, d. h. insgesamt sechs Jahre) zu erhalten.

### dd) Art des wieder zu besetzenden Arbeitsplatzes

**160** Unproblematisch sind die Fälle, in denen – insbes. im Blockmodell – der im Wege der Altersteilzeit frei gewordene Arbeitsplatz zu Beginn der Freistellungsphase durch einen Arbeitslosen oder einen nach Abschluss der Ausbildung übernommenen Mitarbeiter in unveränderter Form besetzt wird. Hier liegen nunmehr in jeglicher Hinsicht die Voraussetzungen für die Wiederbesetzung und damit die Förderungsfähigkeit vor.

**161** Nach allgemeiner Auffassung in Rechtsprechung und Literatur, die auch von der BA geteilt wird, ist allerdings die Wiederbesetzung des tatsächlich durch die Altersteilzeit frei gewordenen Arbeitsplatzes nicht zwingend erforderlich. Ausreichend ist, wenn sich im Wege einer sog. **Umsetzungskette** ergibt, dass zwar nicht der unmittelbar durch die Altersteilzeit frei gewordene Arbeitsplatz wiederbesetzt wurde, sondern ein anderer Arbeitsplatz, der im Rahmen einer Umsetzungskette, d. h. eines **Ringtausches**, frei geworden ist. Voraussetzung ist allerdings, dass der Arbeitgeber im Einzelnen die Kette der Wiederbesetzung nachweisen kann.

**162** Die Wiederbesetzung über den Weg der Umsetzungskette ist im Übrigen weder auf die **Abteilung, den Funktionsbereich oder den Betrieb** beschränkt. Es ist also ohne weiteres möglich, die Wiederbesetzung eines im Betrieb A frei gewordenen Arbeitsplatzes im Betrieb B vorzunehmen, wenn es dem Unternehmen gelingt, im Rahmen der Umsetzungskette darzulegen, dass ein Mitarbeiter vom Betrieb B in den Betrieb A gewechselt ist und dort den in der Altersteilzeit frei gewordenen Arbeitsplatz übernommen hat. Der hierdurch im Betrieb B frei gewordene Arbeitsplatz kann nunmehr durch einen Arbeitslosen oder durch die Übernahme eines Mitarbeiters nach abgeschlossener Ausbildung besetzt werden. Eine **konzernbezogene Wiederbesetzung** ist hingegen nach Auffassung der BA **unzulässig**.

**163** Als Alternative zur Umsetzungskette kommt die **funktionsbereichsbezogene Betrachtungsweise** in Betracht. In größeren Unternehmen kann durch die Bestimmung von – ggf. sogar betriebsstättenübergreifenden – Funktionsbereichen der Nachweis der Wiederbesetzung erleichtert werden. **Die Funktionsbereiche sind mit der Agentur für Arbeit im Einzelnen im Vorfeld abzustimmen.**

**164** Als **Funktionsbereich** sind Abteilungen oder Unternehmensbereiche anzusehen, die einem bestimmten **internen Betriebszweck** dienen. Als **Beispiel** nennt die BA die Produktion, Forschung, Verwal-

## C. Voraussetzungen der Altersteilzeit

tung, den Elektroanlagenbau, die Lackiererei etc. Welche Funktionsbereiche im Einzelnen in einem Unternehmen bestehen, hängt also von der Art des Unternehmens ab. Je nach Struktur des Unternehmens können hier also eine Vielzahl von Funktionsbereichen bestehen, die dann im Einzelnen mit der Agentur für Arbeit festgelegt werden sollten.

**Die Funktionsbereiche sind nicht auf einen Betrieb beschränkt.** Es ist nach den Durchführungsanweisungen der BA zum Altersteilzeitgesetz ohne weiteres möglich, Funktionsbereiche auch **betriebsstättenübergreifend** festzulegen. Gerade bei Unternehmen, die **überregional** tätig sind, empfiehlt sich eine zentrale Festlegung der Funktionsbereiche. Hierzu ist mit der für den Hauptsitz des Unternehmens zuständigen Agentur für Arbeit Kontakt aufzunehmen und eine Vereinbarung zu treffen, dass nunmehr nur noch diese Agentur für Arbeit für die Festlegung der Funktionsbereiche und für die Prüfung der Altersteilzeitverträge zuständig ist. 165

Der Vorteil der Festlegung von Funktionsbereichen gegenüber dem Nachweis einer Umsetzungskette liegt darin, dass bei der Einigung auf Funktionsbereiche der Nachweis der Wiederbesetzung wesentlich einfacher zu führen ist. **Es reicht aus, wenn der durch die Altersteilzeit in einem Funktionsbereich frei gewordene Arbeitsplatz »funktionsadäquat« wiederbesetzt worden ist.** Von einer funktionsadäquaten Wiederbesetzung ist auszugehen, wenn der durch die Altersteilzeit frei gewordene Arbeitsplatz in der Abteilung nachbesetzt wurde – die BA spricht hier vom »Nachrücker« – und gleichzeitig ein ausgebildeter oder ein arbeitslos gemeldeter Arbeitnehmer in den Funktionsbereich neu eingestellt wird. Es reicht also aus, dass die neu eingestellte Person **dem gleichen Funktionsbereich** angehört wie der in Altersteilzeit arbeitende Mitarbeiter. **Innerhalb des Funktionsbereiches ist dann ein Nachweis einer Umsetzungskette nicht mehr erforderlich** (vgl. DA Ziff. 3.1.7 [5] zu § 3 ATG). 166

Hat das Unternehmen mit der Agentur für Arbeit Funktionsbereiche abgestimmt, so kommt auch eine **funktionsbereichsübergreifende Wiederbesetzung** in Betracht. Wechselt bspw. im Funktionsbereich A ein Mitarbeiter im Blockmodell in die Freistellungsphase und soll im Funktionsbereich B ein Arbeitsloser neu eingestellt oder ein Mitarbeiter nach Abschluss der Ausbildung übernommen werden, so liegen die Voraussetzungen für eine Wiederbesetzung und damit die Förderungsvoraussetzungen vor, wenn das Unternehmen nachweist, dass ein Mitarbeiter aus dem Funktionsbereich B gleichzeitig in den Funktionsbereich A gewechselt ist. Durch diesen Nachweis ist zum einen bewiesen, dass im Funktionsbereich A, wo der Arbeitsplatz durch die Altersteilzeit frei geworden ist, ein Nachrücker auf den frei gewordenen Arbeitsplatz gesetzt wurde und es ist gleichzeitig nachgewiesen, dass in dem Funktionsbereich B, wo durch den Wechsel des Mitarbeiters vom Funktionsbereich B in den Funktionsbereich A im Rahmen der **Umsetzungskette** nunmehr ein Arbeitsplatz frei geworden ist, eine Neueinstellung vorgenommen wurde. Da es sich in beiden Fällen um Funktionsbereiche handelt, ist ein Nachweis bezogen auf den konkreten Arbeitsplatz nicht erforderlich. 167

### b) Übernahme eines Ausgebildeten

Unter dem Begriff »Ausbildung« i. S. d. § 3 Abs. 1 Nr. 2 ATG versteht die BA nur die sog. Erstausbildung. Danach fallen also alle **Absolventen von anerkannten Ausbildungsberufen** i. S. d. Berufsbildungsgesetzes, der Handwerksordnung sowie der Schiffsmechaniker-Ausbildungsverordnung unter dem Begriff des Ausgebildeten. Des Weiteren akzeptiert die BA die Absolventen einer Erstausbildung i. S. d. bundesgesetzlichen und landesrechtlichen Ausbildungsregelungen für Berufe im Gesundheitswesen und die Ausbildungsabschlüsse nach landesrechtlichen Ausbildungsregelungen für sozialpflegerische und sozialpädagogische Berufe als Ausgebildete i. S. d. Altersteilzeitgesetzes. 168

Darüber hinaus werden auch die **Absolventen eines anerkannten Studienganges an einer Hochschule oder Fachhochschule** als Ausgebildete i. S. d. § 3 ATG anerkannt (vgl. Ziff. 3.1.7.2 [1] der Durchführungsanweisungen der BA zu § 3 ATG). Gerade die Erwähnung der Absolventen eines Studienganges belegt, dass es sich bei den Ausgebildeten **nicht um betriebseigene Auszubildende** handeln muss. Es reicht vielmehr aus, wenn das Unternehmen auf einem durch Altersteilzeit freigewordenen Arbeitsplatz einen betriebsfremden Ausgebildeten übernommen hat (vgl. *Diehl* BB 1996, 169

1518; *Diller* NZA 1996, 847). Erforderlich ist lediglich, dass die Übernahme unmittelbar nach Abschluss der Ausbildung erfolgt.

170 Von einer **unmittelbaren Übernahme** des Ausgebildeten kann in besonderen Fällen auch dann gesprochen werden, wenn es sich um einen der folgenden Zwischenzeiträume handelt:
- Zeiten der krankheitsbedingten Arbeitsunfähigkeit;
- Freistellung nach dem Bundeserziehungsgeldgesetz und Zeiten während des Beschäftigungsverbotes nach dem Mutterschutzgesetz;
- Zeiten des Wehr- und Ersatzdienstes auf Grund der Wehrpflicht;
- Zeiten ohne Nachweis bis zur Dauer einer Woche;
- bei Studienabsolventen die Aufnahme eines weiteren Studienganges, auch wenn am Ende die Promotion angestrebt wird, es sei denn, dass die Zeit nach Studienabschluss bis zur Promotion mit einem wissenschaftlichen Angestelltenverhältnis überbrückt wird (vgl. Ziff. 3.1.7.2 [2] der Durchführungsanweisungen der BA zu § 3 ATG).

Bei Studienabgängern wird auch dann noch von einer Übernahme nach abgeschlossener Ausbildung gesprochen, wenn die Einstellung spätestens ein Jahr nach Abschluss des Studiums erfolgt. Die BA trägt durch diesen relativ großzügigen Zeitraum dem Umstand Rechnung, dass auch Studienabgänger in Anbetracht der derzeitigen Arbeitsmarktlage längere Zeit benötigen, bevor sie eine adäquate Beschäftigung finden. Innerhalb dieses einjährigen Suchzeitraums sind im Übrigen befristete ausbildungsadäquate Zwischenbeschäftigungen nach Auffassung der BA unschädlich.

171 Die Dienstanweisungen der BA zur Altersteilzeit lassen im Hinblick auf die Übernahme eines Ausgebildeten auch die in verschiedenen Wirtschaftszwecken übliche Übernahme eines Mitarbeiters aus einem sog. **Volontariat** ausreichen.

172 Volontariate sind dann einer Ausbildung gleichzusetzen, wenn:
- der Abschluss des Volontariats nicht nur bei einem Unternehmen anerkannt wird;
- für eine bestimmte berufliche Tätigkeit kein vorgeschriebener oder allgemein anerkannter Ausbildungsweg existiert;
- das Volontariat – in Abgrenzung zu einem normalen Beschäftigungsverhältnis – planmäßig ausgestaltet ist und sich an einem bestimmten Ausbildungsziel orientiert. Dazu gehört, dass ein sachkundiger, verantwortlicher Ausbilder bestellt ist, der den Volontär anleitet und mit dem Ziel unterweist, ihm die für die erstrebte berufliche Tätigkeit erforderlichen Kenntnisse und Fertigkeiten zu vermitteln;
- eine Dauer von regelmäßig mindestens 18 Monaten vereinbart wird;
- ein schriftlicher Vertrag abgeschlossen wird, der unter anderem die Vergütung regelt und
- das Volontariat mit einer Beurteilung/Bewertung abgeschlossen wird, die Aussagen über die durchlaufenen Ausbildungsabschnitte und deren Erfolg zulässt (vgl. Ziff. 3.1.7.2 [5] der Durchführungsanweisungen der BA zu § 3 ATG).

173 Unerheblich für die Erfüllung der Voraussetzungen des Altersteilzeitgesetzes ist im Übrigen, ob der Ausgebildete bspw. **auf Grund eines Tarifvertrages ohnehin einen Anspruch auf befristete Übernahme in ein Arbeitsverhältnis** hatte. Auch in derartigen Fällen ist von einer Übernahme i. S. d. § 3 ATG auszugehen. Die Motivation des Arbeitgebers zur Einstellung ist insofern unerheblich (vgl. Ziff. 3.1.7.2 [9] der Durchführungsanweisungen der BA zu § 3 ATG).

### c) Einstellung eines Arbeitslosen

174 Alternativ zur Übernahme eines Auszubildenden nach Abschluss der Ausbildung kommt auch die Einstellung eines Arbeitslosen auf der durch den Altersteilzeitvertrag freigewordenen Stelle im Unternehmen bzw. einer durch Umorganisation freigewordenen Stelle in Betracht. Nach dem Wortlaut des Altersteilzeitgesetzes liegt »Arbeitslosigkeit« bereits dann vor, wenn der einzustellende Mitarbeiter im Zeitpunkt der Einstellung bei einer Agentur für Arbeit arbeitslos gemeldet ist. **Es ist insofern nicht erforderlich, dass bereits tatsächlich eine Beschäftigungslosigkeit des einzustellenden Arbeitnehmers vorliegt.** Ausreichend ist vielmehr, wenn die Arbeitslosigkeit erst **innerhalb der nächsten**

## C. Voraussetzungen der Altersteilzeit

**drei Monate** eingetreten wäre, wenn es nicht zum Abschluss des neuen – ggf. auch nur befristeten – Arbeitsvertrages gekommen wäre (vgl. *Nimscholz* Lohn + Gehalt 1999, 2124).

Diese Sichtweise der BA ist für die Praxis insofern von erheblicher Bedeutung, als nach den zum 1.7.2003 geänderten Regelungen des Sozialgesetzbuches III jeder Arbeitnehmer, der einen Aufhebungsvertrag unterzeichnet bzw. demgegenüber eine Kündigung ausgesprochen wurde, verpflichtet ist, sich unverzüglich bei einer Agentur für Arbeit **arbeitsuchend zu melden**. Sobald eine entsprechende Meldung wegen vorausgegangener Kündigung oder Unterzeichnung eines Aufhebungsvertrages erfolgt ist, liegen also bei diesem zukünftigen »Arbeitslosen« die Voraussetzungen für eine Einstellung über das Altersteilzeitgesetz zu Erlangung von Fördermitteln vor. 175

Um **Missbrauch** zu vermeiden, steht die BA in ihren Dienstanweisungen zurecht auf dem Standpunkt, dass **Kündigungen** und **Aufhebungsverträge**, die offensichtlich lediglich der formalen Erfüllung der gesetzlichen Voraussetzungen zur Erlangung von Fördergeldern im Rahmen der Altersteilzeit dienen, nicht berücksichtigt werden. Eine bewusst herbeigeführte Bedrohung mit Arbeitslosigkeit in Kenntnis der Tatsache, dass eine unmittelbare Einstellung erfolgen wird, erfüllt nicht das Kriterium der Einstellung eines »arbeitslos gemeldeten Arbeitnehmers«. Die Beweislast dafür, dass die Eigenkündigung bzw. der Aufhebungsvertrag des für die Wiederbesetzung vorgesehenen Mitarbeiters bewusst im Hinblick auf die Wiederbesetzung ausgesprochen wurde, obliegt allerdings der BA. Solange hier kein direkter zeitlicher Zusammenhang zwischen Aufhebungsvertrag und Eigenkündigung einerseits und Abschluss des neuen Vertrages zur Wiederbesetzung andererseits vorliegt, dürfte dieser Nachweis für die BA nur schwer zu erbringen sein. 176

Die von der BA grds. zurecht vertretene Auffassung, dass **Eigenkündigungen**, die im Hinblick auf die Einstellung zur Wiederbesetzung bei einem anderen Arbeitgeber ausgesprochen werden, nicht ausreichen, um die Fördermittel nach § 4 ATG zu erlangen, gilt im Übrigen nicht in den Fällen, in denen ein **befristet tätiger Mitarbeiter** sein befristetes Arbeitsverhältnis kündigt, **um in ein unbefristetes Arbeitsverhältnis** zu einem anderen Arbeitgeber im Rahmen der dort durch die Altersteilzeit frei werdenden Stelle zu wechseln. Hier liegt nun eine zulässige Wiederbesetzung vor, da der ursprünglich befristet eingestellte Arbeitnehmer bei seinem früheren Arbeitgeber befürchten musste, dass er nach Ablauf der Befristung arbeitslos werden würde. Arbeitsmarktpolitisch macht es daher Sinn, dass dieser Mitarbeiter in das unbefristete Arbeitsverhältnis zu dem neuen Arbeitgeber wechselt. Wird er allerdings im Rahmen der Wiederbesetzung ebenfalls nur befristet beschäftigt, so entfällt die Rechtfertigung für die Eigenkündigung, so dass auch in diesem Fall die Förderung wieder entfallen müsste, wenn die BA den Nachweis erbringen kann, dass die Eigenkündigung alleine zur Erreichung der Fördermittel im Rahmen der Wiederbesetzung ausgesprochen wurde. 177

Kein Kriterium für die Definition des Arbeitslosen i. S. d. Altersteilzeitgesetzes ist nach wie vor der Bezug von **Arbeitslosengeld** (vgl. *v. Einem* BB 1996, 1883). Dies wird bereits daraus deutlich, dass auch während einer Sperrzeit Arbeitslosigkeit besteht und dass gerade Langzeitarbeitslose, die keinen Anspruch auf Arbeitslosengeld mehr haben, die Förderung einer Altersteilzeit auslösen, wenn sie auf einem entsprechend freigewordenen Arbeitsplatz eingestellt werden. 178

**Nicht** erforderlich ist des Weiteren, dass der eingestellte Arbeitslose bei der BA **in Deutschland arbeitslos** gemeldet war. Ausreichend ist, dass der Mitarbeiter in einem **anderen Staat der Europäischen Union** als arbeitslos gemeldeter Arbeitnehmer anerkannt war (vgl. Ziff. 3.1.7.2 [6] der Durchführungsanweisungen der BA zu § 3 ATG). War der Arbeitnehmer allerdings zuvor im Ausland tätig, so muss zumindest das nunmehr neu abgeschlossene Arbeitsverhältnis der Sozialversicherungspflicht in Deutschland unterliegen. 179

**Neben der echten Arbeitslosigkeit stellt die BA in ihren Durchführungsanweisungen zum Altersteilzeitgesetz eine Reihe von Zeiten der Arbeitslosigkeit gleich.** 180

Nach Ziff. 3.1.7.1 der Durchführungsanweisungen zu § 3 ATG gelten als Zeiten der Arbeitslosigkeit i. S. d. § 3 Abs. 1 Nr. 2 ATG auch die
– Beschäftigung in einer Personal-Service-Agentur gem. § 37c SGB III, 181

- Teilnahme an Trainingsmaßnahmen nach §§ 48 ff. SGB III,
- Beschäftigung in einer Arbeitsbeschaffungsmaßnahme nach §§ 260 ff. SGB III; das gilt nicht, wenn der Arbeitnehmer bis zu 24 bzw. 36 Monate in solchen Maßnahmen beschäftigt und für eine Übernahme in eine Dauerbeschäftigung vorgesehen ist (§ 267a Abs. 2 und 3 SGB III),
- Beschäftigung zur Eingliederung älterer Arbeitnehmer nach § 421 f. Abs. 1 und 2 i. V. m. § 218 bzw. 219 SGB III,
- Beschäftigung als Vertreter i. R. d. Förderung der beruflichen Weiterbildung nach §§ 229 ff. SGB III,
- Beschäftigung in einer Maßnahme zur Strukturanpassung nach §§ 272 ff. SGB III (nur noch Übergangsfälle),
- Beschäftigung in einer Maßnahme zur Förderung von Beschäftigung schaffenden Infrastrukturmaßnahmen (§ 279a SGB III),
- Teilnahme an einer beruflichen Weiterbildungsmaßnahme, wenn diese notwendig ist (§ 77 Abs. 1 Nr. 1 SGB III),
- Teilnahme an einer Maßnahme zur Förderung der Teilhabe am Arbeitsleben behinderter Menschen nach §§ 97 ff. SGB III,
- Teilnahme an einem individuell geförderten Deutsch-Sprachlehrgang nach §§ 417 ff. SGB III,
- Zeiten der krankheitsbedingten Arbeitsunfähigkeit (einschließlich der Zeiten der Teilnahme an einer Kur-/Heilmaßnahme),
- Freistellung nach dem Bundeserziehungsgeldgesetz und Zeiten während eines Beschäftigungsverbotes nach dem Mutterschutzgesetz,
- Zeiten des Wehr- und Ersatzdienstes,
- Zeiten kurzzeitig unbezahlter Ortsabwesenheit,

wenn sie sich an Arbeitslosigkeit anschließen oder Arbeitslosigkeit unterbrechen.

182 Die Arbeitslosmeldung bei der Agentur für Arbeit i. S. d. § 3 Abs. 1 Nr. 2a ATG ist auch dann als erfüllt anzusehen, wenn einer der folgenden Tatbestände vorliegt:
- Teilnahme an einer Maßnahme, die nach § 216a SGB III gefördert wird,
- Beschäftigung in einer Struktur-Kug-Maßnahme nach § 175 SGB III (nur noch Übergangsfälle),
- Beschäftigung in einer Transfer-Kug-Maßnahme nach § 216b SGB III.

183 Seit 1.1.2005 sind auf Grund der Einführung von Arbeitslosengeld II auch die Bezieher von **Arbeitslosengeld II** als arbeitslos gemeldete Arbeitnehmer i. S. d. § 3 Abs. 1 Nr. 2a ATG anzusehen, sofern eine Kostenzusage nach § 16 Abs. 2 S. 2 Nr. 8 SGB II erfolgt ist.

### d) Sonderregelung für Kleinunternehmen

184 Seit 1.1.2000 existieren für **Unternehmen mit bis zu 50 Arbeitnehmern** Erleichterungen für den Nachweis der Wiederbesetzung der durch die Altersteilzeit freigewordenen Arbeitsstellen.

#### aa) Vermutungsregelung

185 Bei Kleinunternehmen wird **unwiderleglich vermutet**, dass der neu eingestellte Arbeitslose auf dem frei gemachten oder in diesem Zusammenhang durch Umsetzung freigewordenen Arbeitsplatz beschäftigt wird. Eine Umsetzungskette braucht nicht dargelegt zu werden.

#### bb) Einstellung eines Auszubildenden

186 Alternativ zur Einstellung eines Arbeitslosen oder zur Übernahme eines Ausgebildeten kommt für Kleinunternehmen auch die Einstellung eines Auszubildenden, d. h. der **Abschluss eines Ausbildungsvertrages**, in Betracht.

## II. Voraussetzungen bei Beginn der Altersteilzeit nach 31.12.2009

Einer der Kernpunkte der Altersteilzeit war bis zum 31.12.2009 die Forderung der Altersteilzeit durch die BA. Die Gewährung von Zuschüssen an den Arbeitgeber ist jedoch gem. § 16 ATG auf die Altersteilzeit-Arbeitsverhältnisse beschränkt, die spätestens am 31.12.2009 begonnen wurden. Beginnt die Altersteilzeit später, gibt es keine Zuschüsse mehr seitens der Agentur für Arbeit. 187

Das Altersteilzeitgesetz selbst existiert nach wie vor. In vielen Branchen gibt es weiterhin gültige Tarifverträge die regeln, unter welchen Voraussetzungen ein Arbeitnehmer nach dem einschlägigen Tarifvertrag in die Altersteilzeit wechseln kann. Ebenfalls weiter Gültigkeit hat die steuerliche Begünstigung der Aufstockungsbeträge. Um die steuerliche Begünstigung der Aufstockungsbeträge weiterhin in Anspruch nehmen zu können, müssen allerdings die Voraussetzungen des Altersteilzeitgesetzes eingehalten werden. Insoweit kann auch für Altersteilzeitverträge, die ab 1.1.2010 abgeschlossen wurden, weiter auf die obigen Voraussetzungen für die Altersteilzeit verwiesen werden. 188

Wenn auch bei Verträgen für eine Altersteilzeit nach dem 31.12.2009 die oben genannten Voraussetzungen des Altersteilzeitgesetzes eingehalten sind, ist weiterhin davon auszugehen, dass die Befristung des Arbeitsverhältnisses wirksam ist. Dementsprechend sind auch bei Neuverträgen ab 1.1.2010 insbes. folgende Eckpunkte einzuhalten: 189
– Der Arbeitnehmer muss zum berechtigten Personenkreis i. S. v. § 2 Abs. 1 ATG zählen (s. Rdn. 16);
– Die Altersteilzeit muss bis zu dem Zeitpunkt laufen, zu dem der Arbeitnehmer eine gesetzliche Rente in Anspruch nehmen kann (s. hierzu Rdn. 21);
– Die Altersteilzeit muss die bisherige Arbeitszeit halbieren (s. hierzu Rdn. 41);
– Der Arbeitgeber muss die Vergütung in der Altersteilzeit um mindestens 20 % aufstocken (s. Rdn. 109 ff.);
– Der Arbeitgeber muss zusätzliche Rentenversicherungsbeiträge abführen (s. Rdn. 130).

Nicht mehr erforderlich ist bei Altersteilzeitverträgen, die nach dem 31.12.2009 begonnen wurden, dass die Altersteilzeit mindestens zwei Jahre läuft. Diese Voraussetzung galt ohnehin nur für diejenigen Arbeitnehmer, die über die Altersteilzeit in die gesetzliche Rente wechseln wollten. Da der Wechsel über die Altersteilzeit in den Ruhestand ohnehin nur für Arbeitnehmer, die vor dem 1.1.1952 geboren wurden, möglich ist, spielt diese Regelung für Verträge, die heute neu abgeschlossen werden, kaum noch eine Rolle; sie gilt allerdings weiterhin für Mitarbeiter bis zum Geburtsjahrgang 1951. 190

Die Regelungen zur Berechnungen der Vergütung während der Altersteilzeit – insbes. die Handhabung bei Tariflohnerhöhungen während der Freistellungsphase oder der Umgruppierung während der Altersteilzeit – gelten uneingeschränkt auch für die Altersteilzeitverträge, die erst ab 1.1.2010 begonnen haben. Insofern kann auf die obigen Ausführungen zurückgegriffen werden. 191

Keine Bedeutung für neue Altersteilzeitverträge, die ab 1.1.2010 oder später den Wechsel des Arbeitnehmers in die Altersteilzeit vorsehen, spielen die für die Förderung der Altersteilzeit durch die Bundesagentur für Arbeit gültigen Vorschriften des Altersteilzeitgesetzes. Das Unternehmen muss nun also nicht mehr einen Auszubildenden nach Ende der Ausbildung in ein Arbeitsverhältnis übernehmen bzw. einen bei der Agentur für Arbeit arbeitslos gemeldeten Arbeitnehmer auf dem frei gewordenen Arbeitsplatz einstellen. Auch bisher waren diese Bedingungen nicht Voraussetzung für eine wirksame Altersteilzeit, sondern lediglich Voraussetzung für die spätere Förderungsmöglichkeit der Altersteilzeit durch die Agentur für Arbeit. 192

## D. Leistungen der Bundesagentur für Arbeit

Liegen die oben beschriebenen Voraussetzungen der gesetzlichen Altersteilzeit für Vertragsverhältnisse, die vor dem 1.1.2010 tatsächlich begonnen haben, vor, so gewährt die BA gem. § 4 ATG dem Arbeitgeber (nicht dem Arbeitnehmer) für längstens sechs Jahre Zuschüsse in Höhe des gesetzlichen Aufstockungsbetrages und in Höhe der zusätzlichen vom Altersteilzeitgesetz vorgeschriebenen Aufstockungsbeträge zur Rentenversicherung. In welcher Form bzw. Höhe die Zuschüsse seitens der BA 193

# Kapitel 7

gewährt werden, hängt für Verträge, die vor dem 1.1.2010 begonnen wurden, davon ab, ob es sich um Altersteilzeitverträge handelt, die auf Basis des Altersteilzeitgesetzes bis zum 30.6.2004 oder auf Basis der Neufassung des Altersteilzeitgesetzes ab 1.7.2004 durchgeführt wurden. Hinsichtlich der Erstattungsregelungen für Altersteilzeitverträge nach dem bis zum 30.6.2004 geltenden Altersteilzeitgesetz kann an dieser Stelle auf die Ausführungen in den Vorauflagen dieses Handbuches bis zur 9. Auflage verwiesen werden. Die folgenden Ausführungen beschäftigen sich mit Altersteilzeitverträgen nach der ab 1.7.2004 gültigen Regelung im Altersteilzeitgesetz.

## I. Umfang der Leistungen der Agentur für Arbeit

194 Die Agentur für Arbeit erstattet dem Arbeitgeber bei Vorliegen der oben dargestellten Voraussetzungen nach dem Altersteilzeitgesetz für Verträge, die spätestens am 31.12.2009 begonnen haben, die vom Arbeitgeber dem Arbeitnehmer während der Altersteilzeit gewährten Aufstockungsbeträge in der sich aus § 3 Abs. 1 Nr. 1a ATG ergebenden Höhe. Wenn der Arbeitgeber – bspw. aufgrund eines Tarifvertrages – höhere Aufstockungsbeträge als die gesetzlich vorgeschriebenen 20 % des Regelaltersentgeltes dem Arbeitnehmer gewährt, so unterliegt dieser höhere Teil des Aufstockungsbetrages nicht der Förderung durch die Agentur für Arbeit. Hierfür gibt es keine Erstattungsbeträge.

195 Im Hinblick auf die Höhe der Zuschüsse der Agentur für Arbeit ist darauf hinzuweisen, dass die Zuschüsse auf das Regelarbeitsentgelt bis zur Beitragsbemessungsgrenze des Sozialgesetzbuches III begrenzt sind. Durch die zum 1.7.2004 erfolgte Neufassung hat sich hier bereits eine deutliche Ausweitung der förderungsberechtigten Entgelte ergeben, da seit 1.7.2004 auf das während der Altersteilzeit gezahlte Entgelt abgestellt wird. Hat ein Arbeitnehmer vor Beginn der Altersteilzeit mehr als das doppelte der Beitragsbemessungsgrenze verdient, so liegt der Arbeitnehmer konsequenterweise auch während der Altersteilzeit alleine mit dem Regelarbeitsentgelt oberhalb der Beitragsbemessungsgrenze. Dann erhält der Arbeitgeber von der Agentur für Arbeit nicht die vollen gesetzlichen Zuschüsse erstattet, sondern die Erstattung ist auf die 20 % des Regelarbeitsentgeltes beschränkt.

196 Nicht erstattungsfähig sind des Weiteren eventuelle Aufstockungsbeträge, die der Arbeitgeber aufgrund einer freiwilligen Vereinbarung für nicht laufend gezahlte Entgeltbestandteile dem Arbeitnehmer gewährt. Zum einen sind nach dem Altersteilzeitgesetz derartige nicht laufend gezahlte Entgelte (s. Rdn. 116) nicht zu berücksichtigen und zum anderen würden hierfür von der BA auch keine Zuschüsse gewährt. Dies gilt in gleicher Form für die freiwillige Aufstockung von Einmalzahlungen für Altersteilzeitarbeitsverhältnisse. Gemäß § 6 Abs. 1 ATG zählen Einmalzahlungen nicht zu dem berücksichtigungsfähigen Regelarbeitsentgelt und sind daher weder vom Arbeitgeber aufzustocken noch kann der Arbeitgeber hier für eventuell freiwillig gezahlte Aufstockungsbeträge Zuschüsse verlangen. Einzelvertraglich kann mit dem Arbeitnehmer selbstverständlich eine Aufstockung vereinbart werden.

197 Des Weiteren erstattet die Agentur für Arbeit die gem. § 3 Abs. 1 Nr. 1b ATG vom Unternehmen zusätzlich abzuführenden Beiträge zur gesetzlichen Rentenversicherung. Auch hier ist die Erstattung allerdings auf die im Gesetz vorgeschriebene Beitragshöhe beschränkt. Stockt das Unternehmen die Beiträge nicht nur auf – rechnerisch – 90 % des Vollzeitbeitrages auf, sondern gewährt das Unternehmen freiwillig oder aufgrund eines Tarifvertrages 100 % der bisherigen Beiträge, so unterliegt auch dieser zusätzliche freiwillige Rentenversicherungsbeitrag nicht der Förderung durch die Agentur für Arbeit.

198 Die Förderung durch die Agentur für Arbeit erfolgt für Verträge, die vor dem 1.1.2010 begonnen wurden, maximal für sechs Jahre. Dauert die Altersteilzeitvereinbarung aufgrund einer tarifvertraglichen Regelung oder einer individuellen Vereinbarung auf tarifvertraglicher Basis länger als sechs Jahre, so erhält das Unternehmen auch bei Erfüllung der sonstigen Voraussetzungen für die sechs Jahre überschreitende Zeit keine Zuschüsse der Agentur für Arbeit.

199 In den Fällen, in denen der Arbeitgeber keine zusätzlichen Rentenversicherungsbeiträge für einen in die Altersteilzeit gewechselten Arbeitnehmer abführen muss, weil der Arbeitnehmer von der Versicherungspflicht in der Rentenversicherung befreit ist, erstattet die Agentur für Arbeit dem Unternehmen

die statt dessen vom Unternehmen zu Gunsten des Arbeitnehmers erbrachten vergleichbaren Leistungen für eine private Altersversorgung. Das Unternehmen muss allerdings die entsprechenden Nachweise erbringen, dass beispielsweise Beiträge an eine befreiende Lebensversicherung des Arbeitnehmers abgeführt wurden.

## II. Zeitpunkt der Förderung durch die Agentur für Arbeit

Der Anspruch auf die Zuschüsse durch die Agentur für Arbeit entsteht in dem Zeitpunkt, in dem der Arbeitgeber den durch die Altersteilzeit frei gewordenen Arbeitsplatz wieder besetzt. Erlaubt ein Tarifvertrag beispielsweise die Verteilung der Altersteilzeitarbeit auf sechs Jahre und entscheiden sich die Arbeitsvertragsparteien für Blockarbeit dergestalt, dass zunächst drei Jahre voll gearbeitet und anschließend der Arbeitnehmer freigestellt wird, so bedeutet dies, dass das Unternehmen die Zuschüsse erst nach Ablauf von drei Jahren erhält, wenn es dann einen Arbeitslosen eingestellt oder wenn es einen Ausgebildeten auf dem nunmehr freigewordenen Arbeitsplatz übernommen hat. Die Zuschüsse werden in diesem Fall in doppelter Höhe gezahlt, umso gleichzeitig während der Arbeitsphase gezahlte Aufstockungsbeträge in gesetzlicher Höhe zu erstatten. Da dem in die Altersteilzeit gewechselten Arbeitnehmer die Aufstockungsbeträge unabhängig von den Zuschüssen der Agentur für Arbeit aufgrund des mit dem Arbeitgeber geschossenen Altersteilzeitvertrages zustehen, hat die »verspätete« Zahlung der Zuschüsse durch die Agentur für Arbeit keinen Einfluss auf die Altersteilzeit auf Arbeitnehmerseite. 200

Die BA ermittelt in dem Zeitpunkt, in dem die Voraussetzungen für die Förderung nach dem Altersteilzeitgesetz vorliegen, die Höhe der Zuschüsse. Die von der BA zu Beginn der Förderung ermittelte Höhe der gesetzlichen Aufstockungsbeträge bleibt aufgrund der seit 1.7.2004 bestehenden Fassung des Altersteilzeitgesetzes während der gesamten Dauer der Altersteilzeit grds. unverändert. Lohnerhöhungen, die auch zu einer Anhebung des Regelarbeitsentgeltes und damit zu einer Erhöhung der gesetzlichen Aufstockungsbeträge führen, wirken sich gem. § 12 Abs. 2 ATG nicht auf die von der BA zu Beginn der Förderung festgesetzten monatlichen Festbeträge für die Zuschüsse aus. Die Zuschüsse werden für die gesamte Förderdauer grds. verbindlich festgelegt. Eine Anpassung der monatlichen Festbeträge erfolgt danach nur noch dann, wenn sich das berücksichtigungsfähige Regelarbeitsentgelt um mindestens 10,– € verringert. Die Festbeträge werden jeweils für den Kalendermonat ausgezahlt, in dem die Anspruchsvoraussetzungen für eine Erstattung durch die Agentur für Arbeit auch tatsächlich vorliegen. 201

**Maßgebend für die Förderbeiträge** ist das Regelarbeitsentgelt im **Basismonat zu Beginn der durchzuführenden Wiederbesetzung** des frei gemachten Arbeitsplatzes. Dies bedeutet, dass im Rahmen des Konti-Modells (Halbtagstätigkeit) die Erstattungsleistungen auf Basis des Regelarbeitsentgeltes für den ersten Monat der Altersteilzeit ermittelt werden, wenn bereits zu diesem Zeitpunkt der frei gewordene Arbeitsplatz – hier als Halbtagsstelle – wiederbesetzt wurde. Für das Blockmodell bedeutet dies, dass Basis für die Berechnung der Förderleistungen der erste Monat in der Freistellungsphase ist, wenn der Arbeitgeber bereits ab diesem Zeitpunkt den frei gewordenen Arbeitsplatz mit einem Arbeitslosen oder einem übernommenen Ausgebildeten besetzt hat. 202

Erfolgt die **Wiederbesetzung nicht sofort im ersten Monat** des Freiwerdens des Arbeitsplatzes, sondern erst zu einem späteren Zeitpunkt, so beginnt das Erstattungsverfahren ebenfalls erst später. In diesem Fall verschieben sich die beim Konti-Modell und bei Blockmodell zugrunde zu legenden Basismonate entsprechend. 203

Aus dem Wortlaut der Neufassung des Altersteilzeitgesetzes folgt nun, dass eine **Dynamisierung der Erstattungsbeträge** ausgeschlossen ist. Erhöht sich auf Grund einer **Tariflohnerhöhung** das Regelarbeitsentgelt und damit auch der Anspruch des in die Altersteilzeit gewechselten Arbeitnehmers auf Erhöhung des Aufstockungsbetrages, so führt dies zu dem Ergebnis, dass auch bei einer Altersteilzeit, die alleine auf Basis des Altersteilzeitgesetzes durchgeführt wird, in Zukunft keine vollständige Erstattung der Aufstockungsbeträge nicht mehr erfolgen wird. Während der Gesetzgeber den Arbeitgeber in § 9 ATG auf Grund einer fehlenden gegenteiligen Regelung zur Dynamisierung 204 des Aufstockungsbetrages verpflichtet hat, wurde die Dynamisierung der korrespondierenden Erstattungsbeträge in § 12 Abs. 2 ATG ausdrücklich ausgeschlossen.

### III. Erlöschen des Anspruchs auf Zuschüsse

205 Der Anspruch auf Zuschüsse durch die zuständige Agentur für Arbeit erlischt gem. § 5 Abs. 1 ATG mit Ablauf des Kalendermonats, in dem der Arbeitnehmer die **Altersteilzeitarbeit** entweder **beendet** oder aber das **65. Lebensjahr vollendet** hat.

206 Dies bedeutet, dass der Anspruch auf Zuschüsse der BA insbes. dann entfällt, wenn der Arbeitnehmer die **Regelaltersrente** (ab Vollendung des 65. Lebensjahres) beanspruchen kann. Im Hinblick auf die Regelaltersrente spielt es keine Rolle, ob der Arbeitnehmer tatsächlich Rentenleistungen bezieht.

207 Erfüllt der ältere Arbeitnehmer die Voraussetzungen für eine **vorgezogene Altersrente**, so entfällt der Anspruch auf Zuschüsse nur dann, wenn der ältere Arbeitnehmer diese Rente tatsächlich bezieht. Das Gleiche gilt im Übrigen, wenn der Mitarbeiter von der Versicherungspflicht in der gesetzlichen Rentenversicherung befreit ist und eine vergleichbare Leistung einer Versicherungs- oder Versorgungseinrichtung bzw. eines privatrechtlichen Versicherungsunternehmens bezieht.

208 Der Anspruch auf die Zuschüsse kann auch während der Altersteilzeit entfallen. Gemäß § 5 Abs. 2 ATG entfallen die Ansprüche, wenn der Arbeitgeber keinen Arbeitslosen oder Ausgebildeten auf dem durch die Altersteilzeit freigewordenen Arbeitsplatz beschäftigt. Scheidet der Arbeitslose oder übernommene Ausgebildete während der Altersteilzeit aus, so muss das Unternehmen die freigewordene Stelle **innerhalb von drei Monaten wieder neu besetzen**, wenn es den Anspruch auf die Zuschüsse der BA nicht verlieren will. Keine Rolle spielt insofern, ob der auf dem durch die Altersteilzeit freigewordenen Arbeitsplatz eingestellte Mitarbeiter selbst gekündigt hat oder ob ihm durch das Unternehmen gekündigt worden ist.

209 Gelingt es dem Unternehmen, innerhalb von drei Monaten den durch die Altersteilzeit freigewordenen Arbeitsplatz wieder mit einem ehemals Arbeitslosen oder einem übernommenen Ausgebildeten zu besetzen, so zahlt die BA die Zuschüsse auch für die Zeit, in der der Arbeitsplatz nicht besetzt war. Wird der dreimonatige Zeitraum, der für die Wiederbesetzung verbleibt, überschritten, so besteht kein Anspruch auf Erstattung der Aufstockungsbeträge und zusätzlichen Rentenversicherungsbeiträge für die Zeit, in der die Arbeitsstelle tatsächlich nicht mit einem ehemals Arbeitslosen oder übernommenen Ausgebildeten besetzt war.

210 Hat das Unternehmen für den konkreten Altersteilzeitvertrag bereits für insgesamt **vier Jahre** Leistungen erhalten, so ist eine Neubesetzung des freigewordenen Arbeitsplatzes nicht mehr erforderlich. Die Zuschüsse werden in diesem Fall trotzdem bis zum Ende des Altersteilzeitvertrages (**maximal sechs Jahre**) weitergezahlt. Im Rahmen so genannter Blockzeitmodelle erreicht der Arbeitgeber bereits nach zweijährigem Leistungsbezug den Zeitpunkt, ab dem er keine Ersatzeinstellung mehr vornehmen muss. Wird die Altersteilzeit in Form des **Blockmodells** ausgeübt, so werden die Zuschüsse der Agentur für Arbeit **frühestens ab dem Wechsel des Arbeitnehmers in die Freistellungsphase gezahlt**, da erst jetzt eine **Wiederbesetzung** des freigewordenen Arbeitsplatzes möglich wird. In diesem Fall werden die Leistungen nun gem. § 12 Abs. 3 ATG in doppelter Höhe gezahlt, weil zum einen die laufenden Leistungen und zum anderen auch die Leistungen für die vergangenen drei Jahre erbracht werden müssen. Die Zuschüsse für vier Jahre, wie es § 5 Abs. 2 ATG für die Mindestbesetzung des durch die Altersteilzeit freigewordenen Arbeitsplatzes verlangt, sind somit nach zwei Jahren auf Grund der **doppelten Zuschusshöhe** erreicht (vgl. Ziff. 5.1 (4) der Durchführungsanweisungen der BA zu § 5 ATG).

### IV. Ruhen des Anspruchs auf Förderleistungen bei Nebentätigkeiten

211 Gemäß § 5 Abs. 3 ATG ruhen die Ansprüche auf Zuschüsse der BA während der Zeit, in der der in die Altersteilzeit gewechselte Arbeitnehmer **Nebentätigkeiten** ausübt, die die **Geringfügigkeitsgrenze des § 8 SGB IV** überschreiten. Hat der Erstattungsanspruch des Arbeitgebers wegen Neben-

tätigkeiten des in Altersteilzeit tätigen Mitarbeiters an **mindestens 150 Kalendertagen geruht**, so erlischt er endgültig. Mehrere Ruhenszeiträume sind insofern zusammenzurechnen.

Für den Arbeitgeber stellt diese Regelung im Altersteilzeitgesetz ein erhebliches Risiko dar. Der Mitarbeiter hat es in der Hand, durch die Ausübung einer Nebentätigkeit die Voraussetzungen für Zuschüsse entfallen zu lassen. Im Hinblick auf dieses erhebliche Risiko ist es daher zulässig, wenn der Altersteilzeitvertrag eine Klausel enthält, wonach dem Arbeitnehmer die Aufnahme einer Nebentätigkeit im Hinblick auf § 5 Abs. 3 ATG untersagt wird. Gleichzeitig kann geregelt werden, dass der Arbeitnehmer verpflichtet ist, im Falle der Ausübung einer unzulässigen Nebentätigkeit dem Arbeitgeber die von diesem gezahlten Aufstockungsleistungen zu erstatten, wenn die Agentur für Arbeit wegen der Nebentätigkeit die Zuschüsse einstellt. 212

Die Nebentätigkeit führt nur dann nicht zum Ruhen bzw. Erlöschen des Anspruches auf Zuschüsse der BA, wenn der Arbeitnehmer derartige **Nebentätigkeiten bereits innerhalb der letzten fünf Jahre vor Beginn der Altersteilzeit ständig ausgeübt** hat. Von einer ständigen Ausübung der Nebentätigkeit kann dann gesprochen werden, wenn die Nebentätigkeit während der vergangenen fünf Jahre in einem **vergleichbaren** Umfang ausgeübt wurde, wie während der nunmehr bestehenden Altersteilzeit. 213

## V. Ruhen des Anspruchs auf Förderleistungen bei Mehrarbeit

Der Anspruch auf Zuschüsse der Agentur für Arbeit ruht bzw. entfällt des Weiteren dann, wenn der in der Altersteilzeit tätige Mitarbeiter **Mehrarbeit** leistet, die den Umfang der Geringfügigkeitsgrenze des § 8 SGB IV überschreitet. Auch hier gilt der **150-Kalendertage-Zeitraum** ebenso wie der Hinweis, dass mehrere Zeiträume addiert werden, entsprechend. Mehrarbeit wird insofern der Ausübung einer für die Altersteilzeit unzulässigen Nebentätigkeit gleichgestellt. 214

## E. Steuerliche und sozialrechtliche Behandlung der Altersteilzeit

Der Wegfall der Förderung der Altersteilzeit durch die Gewährung von Zuschüssen an den Arbeitgeber für Altersteilzeitverträge, die nach dem 31.12.2009 beginnen, ist ohne Auswirkung auf die sonstige steuerliche und sozialversicherungsrechtliche Behandlung der Altersteilzeit. Die diesbezüglichen Vorschriften – insbes. die Steuerfreiheit der Aufstockungsbeträge – sind auch für Altersteilzeitverträge, die nach dem 31.12.2009 abgeschlossen wurden unverändert geblieben. 215

## I. Steuerliche Behandlung der Aufstockungsbeträge

Die **Aufstockungsbeträge**, die der Arbeitgeber dem in die Altersteilzeit gewechselten Arbeitnehmer auf Grund des zwischen den Arbeitsvertragsparteien abgeschlossenen Altersteilzeitarbeitsvertrages zahlt, sind gem. § 3 Nr. 28 EStG **steuerfrei**. Die Steuerfreiheit bezieht sich nicht alleine auf die gesetzlichen Aufstockungsbeträge. Zahlt der Arbeitgeber höhere als die gesetzlichen Aufstockungsbeträge, so sind auch diese zusätzlich steuerfrei. 216

Erhält der Arbeitnehmer im Rahmen der Altersteilzeit allerdings derart hohe Aufstockungsbeträge, dass diese zusammen mit dem reduzierten Arbeitsentgelt sein früheres Einkommen übersteigen, so entfällt für den überschießenden Teil der Aufstockungsbeträge die Steuerfreiheit. Bis zur **Höhe des alten Nettoeinkommens** erkennen die Finanzbehörden die Steuerfreiheit der Aufstockungsbeträge allerdings an. 217

Ganz ohne Auswirkung auf die vom Arbeitnehmer zu zahlende Einkommensteuer bleiben aber auch die steuerfreien Aufstockungsbeträge nicht. Gemäß § 32d EStG unterliegen die Aufstockungsbeträge dem **Progressionsvorbehalt**. Dies bedeutet, dass die steuerpflichtigen Einkünfte des Arbeitnehmers dem Steuersatz unterworfen werden, der sich ergäbe, wenn die Aufstockungsbeträge nicht von der Steuerpflicht befreit wären. Diesen kraft Gesetz eintretenden Nachteil kann der Arbeitnehmer nicht gegenüber dem Arbeitgeber als Schaden geltend machen. Das Unternehmen ist nicht verpflichtet, den im Rahmen des Lohnsteuerjahresausgleiches entstehenden Progressionsschaden zu er- 218 setzen (vgl. *BAG* 1.10.2002 EzA § 6 ATG Nr. 1; *Schulte* in: Tschöpe Arbeitsrecht, Teil 7 B Rn. 35). Auch ist der Arbeitgeber nicht verpflichtet, den Arbeitnehmer auf die Folgen dieses Progressionsvorbehaltes hinzuweisen.

219 Das BAG in der Entscheidung vom 1.10.2003:

»Umfang und Grenzen der allgemeinen Hinweispflicht werden in § 19 TV ATZ nicht konkretisiert. Sie bestimmen sich daher nach dem allgemeinen Grundsatz von Treu und Glauben gem. § 242 BGB. Dabei sind unter Berücksichtigung aller Umstände des Einzelfalls die Interessen der Vertragsparteien gegeneinander abzuwägen. Maßgeblich sind die erkennbaren Informationsbedürfnisse des Arbeitnehmers einerseits und die Beratungsmöglichkeiten des Arbeitgebers andererseits. In der Regel muss sich der Arbeitnehmer, bevor er eine Vereinbarung in Bezug auf sein Arbeitsverhältnis abschließt, selbst über die Folgen einer solchen Vereinbarung Klarheit verschaffen. Gesteigerte Informationspflichten des Arbeitgebers können sich nur dann ergeben, wenn der Abschluss einer Vertragsänderung auf seine Initiative zurückgeht, was hier nicht der Fall war. Dann kann der Arbeitgeber den Eindruck erwecken, er werde auch die Interessen des Arbeitnehmers wahren und ihn nicht ohne ausreichende Aufklärung erheblichen, atypischen Risiken aussetzen (*BAG* 25.6.2002 EzA § 3 ATG Nr. 2; 17.10.2000 EzA § 611 BGB Aufhebungsvertrag Nr. 38 = NZA 2001, 206). Die Hinweispflicht des Arbeitgebers umfasst nicht jeden möglichen steuerlichen Nachteil, der sich mittelbar aus einem Altersteilzeitverhältnis ergeben kann, aber je nach den individuellen Besonderheiten des einzelnen Arbeitnehmers nicht zwingend eintreten muss. Dieser betrifft nicht unmittelbar die beiderseitigen Rechte und Pflichten der Parteien. Zudem geht es nicht um außerordentliche Risiken, sondern um vorübergehende verhältnismäßig geringfügige Beeinträchtigungen (vgl. Senat 25.6.2002 EzA § 3 ATG Nr. 2). Eine Aufklärungspflicht der Beklagten folgt daher nicht aus § 19 TV ATZ i. V. m. § 242 BGB.«

## II. Sozialversicherungsrechtliche Behandlung der Aufstockungsbeträge

220 Gemäß § 1 der Arbeitsentgeltverordnung führt die Steuerfreiheit dazu, dass die Aufstockungsbeträge auch **sozialversicherungsfrei** sind.

## III. Arbeitslosigkeit im Anschluss an die Altersteilzeit

221 Sinn und Zweck einer Altersteilzeit besteht grds. darin, dass der Arbeitnehmer in den Ruhestand wechselt. Derzeit ist dies auf Grund verschiedener Übergangsregelungen ab Vollendung des 60. Lebensjahres nur noch für wenige Ausnahmefälle möglich; das Eintrittsalter in den Ruhestand nach vorausgegangener Altersteilzeit steigt auf Grund des Rentenversicherungs-Nachhaltigkeitsgesetzes ab Geburtsjahrgang 1946 in monatlichen Schritten auf das 63. Lebensjahr an. Ab dem Geburtsmonat Dezember 1948 kann dann nur noch mit Vollendung des 63. Lebensjahres nach vorangegangener Altersteilzeit in den Ruhestand gewechselt werden. Lediglich diejenigen Arbeitnehmer, die vor dem 1.1.2004 eine rechtswirksame Altersteilzeitvereinbarung abgeschlossen haben, haben die Möglichkeit, weiterhin ab Vollendung des 60. Lebensjahres in den Ruhestand nach vorausgegangener Altersteilzeit zu gehen. Mitarbeiter, die nach dem 31.12.1951 geboren sind, haben überhaupt keine Möglichkeit mehr, Altersrente alleine über den Weg der Altersteilzeit in Anspruch zu nehmen. Zwar bleibt auch hier Altersteilzeit unter den (s. Rdn. 11 ff.) genannten Voraussetzungen möglich; jedoch kann der Wechsel in die Altersrente nur über den Weg der Altersrente für schwerbehinderte Menschen oder über den Weg der Altersrente für langjährig Versicherte erfolgen. Auch hier wird nunmehr aufgrund des Altersgrenzenanpassungsgesetzes, welches im Jahr 2007 in Kraft getreten ist, das Eintrittsalter angehoben (s. insofern die Ausführungen im Kapitel 8).

222 Da der Wechsel in den Ruhestand gleichzeitig mit lebenslänglichen Abschlägen bei der Rente in Höhe von bis zu 18 % verbunden ist, kommt alternativ zum Wechsel in den Ruhestand auch ein **vorübergehender Wechsel in die Arbeitslosigkeit nach Beendigung der Altersteilzeit in Betracht**. Der Gesetzgeber schließt den Bezug von Arbeitslosengeld im Anschluss an die Altersteilzeit nicht aus. Allerdings bemisst sich das Arbeitslosengeld nach Beendigung der Altersteilzeit nur noch nach

## E. Steuerliche und sozialrechtliche Behandlung der Altersteilzeit — Kapitel 7

dem versicherungspflichtigen Bruttoeinkommen während der Altersteilzeit; d. h. **maßgebend für die Berechnung des Arbeitslosengeldes nach Beendigung der Altersteilzeit ist das halbe frühere Vollzeiteinkommen.**

Eine **Ausnahme** hiervon besteht gem. § 10 ATG nur in den Fällen, in denen die Altersteilzeit zu einem Zeitpunkt endet, zu dem der Arbeitnehmer noch nicht die Voraussetzungen für vorgezogenes Altersruhegeld aus der gesetzlichen Rentenversicherung erfüllt. Ähnlich wie das Arbeitslosengeld II richtet sich in diesem Fall das Arbeitslosengeld nach demjenigen Arbeitsentgelt, dass der Arbeitnehmer erzielt hätte, wenn er seine Arbeitszeit nicht im Rahmen der Altersteilzeit vermindert hätte. 223

Trotz des nach einer Altersteilzeit erheblich verminderten Arbeitslosengeldes wird zur Reduzierung der Rentenabschläge vermehrt die Arbeitslosigkeit dem unmittelbaren Wechsel in die Rente vorgeschaltet. Es wird hier vom sog. »**Kombimodell**« gesprochen. Das Kombimodell basiert darauf, dass die finanzielle Absicherung des Mitarbeiters nicht nur während der Altersteilzeit, sondern auch für die sich anschließende Zeit der Arbeitslosigkeit von vorne herein festgelegt wird. Da der Gesetzgeber keine Verpflichtung in das Altersteilzeitgesetz aufgenommen hat, wonach der Mitarbeiter verpflichtet ist, nach Erfüllung der Voraussetzungen für eine gesetzliche Altersrente diese auch in Anspruch zu nehmen, bleibt es bei der Wahlmöglichkeit des Arbeitnehmers. 224

Um das auch während der Zeit der Arbeitslosigkeit garantierte Nettoeinkommen beim Kombimodell abzusichern, werden die dort notwendigen Beträge entweder bereits während der Altersteilzeit im Rahmen der steuerfreien Aufstockungsbeträge gezahlt oder aber als gesonderte Abfindung nach Beendigung der Altersteilzeit. Sollen die für den finanziellen Ausgleich nach Beendigung der Altersteilzeit notwendigen Beträge bereits während der Altersteilzeit gezahlt werden, so kann dies nicht durch eine besondere Kennzeichnung dieser Beträge erfolgen, sondern nur dergestalt, dass während der Altersteilzeit eine höhere Nettoabsicherung festgeschrieben wird, als tatsächlich beabsichtigt war. Der Mitarbeiter muss in diesem Fall in Eigenregie während der Altersteilzeit die notwendigen Rücklagen bilden. Der Vorteil einer Erhöhung der monatlichen Aufstockungszahlungen – bis maximal 100 % des alten Nettoeinkommens – besteht darin, dass die Aufstockungen, wie oben dargestellt, steuerfrei sind. Von daher lässt sich ein großer Teil der nach Beendigung der Altersteilzeit durch anschließende Arbeitslosigkeit entstehenden finanziellen Nachteile steuerfrei durch Vorauszahlungen während der Altersteilzeit ausgleichen. 225

Alternativ bzw. ergänzend kommt in Betracht, dem Arbeitnehmer eine Abfindung für die Beendigung des Arbeitsverhältnisses zu zahlen. Im Hinblick auf die früher bei Abfindungen bestehende Steuerfreiheit nach § 3 Nr. 9 EStG ist zu beachten, dass diese Steuerfreiheit nur noch für diejenigen Abfindungszahlungen besteht, die vor dem 31.12.2005 mit dem Arbeitgeber im Rahmen eines Altersteilzeitvertrages vereinbart wurden und bei denen die Auszahlung der Abfindung bis spätestens zum 31.12.2007 erfolgt. Liegen diese Voraussetzungen vor, so beträgt der Steuerfreibetrag für Arbeitnehmer, die das 55. Lebensjahr vollendet haben und bei denen das Arbeitsverhältnis 20 Jahre bestanden hat, 11.000,– €. War der Mitarbeiter kürzer beschäftigt, so reduziert sich der Steuerfreibetrag entsprechend auf 9.000,– € bzw. 7.200,– €. Es kann insofern auf die obigen Ausführungen zur Steuerfreiheit von Abfindungen im Rahmen der Darstellung des Aufhebungsvertrages verwiesen werden. Sieht der vor dem 31.12.2005 geschlossene Altersteilzeitvertrag eine Auszahlung der Abfindung erst nach dem 31.12.2007 vor, so bietet es sich an, den Fälligkeitszeitpunkt vorzuverlegen. Eine Vorfälligkeitsstellung ändert nichts an der Privilegierung der vor dem 31.12.2005 vereinbarten Abfindung. Die Steuerfreiheit bleibt also erhalten. 226

Das Kombi-Modell hat darüber hinaus den Vorteil, dass der Zeitpunkt des Renteneintritts nach hinten geschoben wird. Ausgehend von einem Maximalanspruch beim Arbeitslosengeld von 18 Monaten und einer Kürzung dieser Anspruchsdauer wegen einer Sperrzeit um 25 %, ergibt sich eine verbleibende Bezugsdauer von 13,5 Monaten. Unter Berücksichtigung der zu überbrückenden Sperrzeit von drei Monaten kann der Mitarbeiter also 16,5 Monate später als ursprünglich vorgesehen in die Rente wechseln. Da der Rentenabschlag 0,3 % je Monat beträgt, reduziert der Mitarbeiter den lebenslänglich hinzunehmenden Rentenabschlag auf diese Weise um circa 5 %. 227

228 Beim Bezug von Arbeitslosengeld darf allerdings, wie oben dargestellt, nicht außer Acht gelassen werden, dass sich das Arbeitslosengeld nunmehr nur nach dem versicherungspflichtigen Einkommen während der Altersteilzeit richtet. Der Arbeitslosengeldanspruch ist also relativ gering. Um diesen Nachteil auszugleichen, wird üblicherweise bei Anwendung des Kombi-Modells eine entsprechende Abfindungszahlung des Arbeitgebers gezahlt, mit der der Mitarbeiter dann während der Arbeitslosengeldphase sein Einkommen auf das bisherige Altersteilzeitniveau aufstocken kann.

229 Alternativ kommt in Betracht, die Nettoabsicherung während der Altersteilzeit zu erhöhen, so dass der Mitarbeiter während der Dauer der Altersteilzeit Rücklagen für die sich anschließende Arbeitslosengeldphase bilden kann. Letzteres hat den Vorteil, dass der Arbeitgeber hier steuerfreie Leistungen an den Arbeitnehmer erbringen kann, während die Abfindung nunmehr seit 1.1.2006 nach der Neufassung des Einkommensteuergesetzes zu versteuern ist.

### IV. Krankengeldbezug während der Altersteilzeit

230 Erkrankt der Mitarbeiter während der Altersteilzeit im Konti-Modell oder während der Arbeitsphase im Blockmodell über einen längeren Zeitraum, so steht ihm nach Ablauf des sechswöchigen Entgeltfortzahlungszeitraums **Krankengeld** zu. **Bemessungsgrundlage** für das Krankengeld ist in diesem Fall allerdings nur das **Regelarbeitsentgelt**, d. h. das halbierte alte Bruttoeinkommen.

231 Die Aufstockungsbeträge sind während des Krankengeldbezuges vom Arbeitgeber nicht mehr an den Mitarbeiter zu zahlen, sofern es keine gegenteilige Regelung im Tarifvertrag oder Arbeitsvertrag gibt. An die Stelle des Arbeitgebers tritt in diesem Fall gem. § 10 ATG die BA. Dies gilt allerdings nur in dem Fall, dass es an einer vertraglichen Regelung zur Fortzahlung der Aufstockungsbeträge während des Krankengeldbezuges fehlt. Darüber hinaus ist unverändert Voraussetzung für die **Übernahme der Zahlung der Aufstockungsbeträge durch die BA**, dass das Unternehmen für diesen Zeitraum bereits Förderleistungen erhält. Im Konti-Modell der Altersteilzeit wird die BA also nur dann die Aufstockungsbeträge während des Krankengeldbezuges übernehmen, wenn das Unternehmen die frei gewordene Halbtagsstelle bereits wiederbesetzt hatte.

232 Wird die Altersteilzeit im Rahmen eines Blockmodells ausgeübt, kommt eine Übernahme der Aufstockungszahlungen durch die BA während des Krankengeldbezuges überhaupt nicht in Betracht. Da Voraussetzung für die Übernahme der Aufstockungsbeträge durch die BA ist, dass bereits Förderleistungen gegenüber dem Arbeitgeber erbracht wurden, steht fest, dass während der Erkrankung in der Arbeitsphase unter keinen Umständen Zahlungen durch die BA an den Arbeitnehmer erbracht werden können. Es ist dem Arbeitgeber unmöglich, die durch die Altersteilzeit frei werdende Stelle bereits zu diesem Zeitpunkt förderwirksam zu besetzen. Förderleistungen können erst erfolgen, wenn der Arbeitnehmer in die Freistellungsphase gewechselt ist und nunmehr das Unternehmen die Stelle tatsächlich wiederbesetzt. Besetzt ein Unternehmen die Stelle jetzt wieder, **erhält der Arbeitnehmer später die Aufstockungsbeträge** durch die BA nachgezahlt. Wie angesprochen, entfällt dieser Nachzahlungsanspruch allerdings künftig dann, wenn bereits das Unternehmen die Aufstockungsbeträge auf Grund einer vertraglichen Absprache während des Krankengeldbezuges fortgezahlt hat.

### V. Krankengeldbezug nach Abbruch der Altersteilzeit

233 Wird die Altersteilzeit bspw. auf Grund der Langzeiterkrankung des Mitarbeiters vorzeitig beendet, so stellt sich die Frage, welche Auswirkungen die vorzeitige Beendigung der Altersteilzeit auf den fortwährenden Krankengeldbezug des Mitarbeiters hat. Erfüllt der Mitarbeiter nach Beendigung der Altersteilzeit weder die Voraussetzungen für eine **Rente wegen Erwerbsminderung** noch die Voraussetzungen für den Bezug von Arbeitslosengeld, so bleibt dem Mitarbeiter nur der weitere **Krankengeldbezug**.

234 Während es für den Fall, dass der Mitarbeiter nach dem vorzeitigen Ende der Altersteilzeit Arbeitslosengeld bezieht, eine gesetzliche Regelung dahingehend gibt, dass in diesem Fall nicht das versicherungspflichtige Regelarbeitsentgelt als Bemessungsgrundlage heranzuziehen ist, sondern das fiktive

## E. Steuerliche und sozialrechtliche Behandlung der Altersteilzeit

Vollzeiteinkommen, fehlt es an einer vergleichbaren Regelung für die Berechnung des Krankengeldes nach Abbruch einer Altersteilzeit.

**Maßgebend für die Berechnung des Krankengeldes ist § 47 Abs. 2 SGB V.** Im Hinblick auf die Altersteilzeit, die im Fall der vorzeitigen Beendigung rückabgewickelt wird, ist insbes. § 47 Abs. 2 S. 4 SGB V zu berücksichtigen. Nach dieser Vorschrift sind **Wertguthaben, die nicht gem. einer Vereinbarung über flexible Arbeitszeitregelungen verwendet werden, bei der Bemessung des Krankengeldes außer Betracht zu lassen.** Gemäß dem Besprechungsergebnis der Spitzenverbände der Krankenkassen vom 8./9.10.2002 vertreten die Spitzenverbände der Krankenkassen die Auffassung, dass in den Fällen, in denen ein flexibles Arbeitszeitmodell während der Arbeitsphase beendet wird und diese Beendigung zu einer Auszahlung des angesparten Wertguthabens führt, das aufgebrachte Wertguthaben unabhängig vom Anlass der Beendigung des Arbeitszeitmodells nicht seinem ursprünglichen Zweck entsprechend verwendet wird. Es kann daher nach Auffassung der Spitzenverbände nicht für die Krankengeldberechnung in zu diesem Zeitpunkt bestehenden oder aber auch für zurückliegende Arbeitsunfähigkeitszeiten berücksichtigt werden. 235

Die von den Spitzenverbänden vertretene Auffassung, die mit Urteil vom 14.12.2006 (– B1 KR 5/06 R) durch das *BSG* bestätigt wurde, ist unseres Erachtens **nicht verfassungskonform**. Die vorerwähnte Auffassung führt dazu, dass zwar auf das Wertguthaben Krankenversicherungsbeiträge abgeführt werden, andererseits dieses versicherte Einkommen allerdings dann nicht zur Erhöhung des Regelentgeltes, welches für die Berechnung des Krankengeldes maßgebend ist, beiträgt. Hier liegt letztendlich also eine **Ungleichbehandlung** vor. Es tritt die gleiche Situation ein, wie sie das *BVerfG* in seinem Beschluss v. 20.5.2000 (– 1 BVL 1/98) bzgl. § 47 Abs. 2 S. 1 SGB V bemängelt hatte. Dort hat der Gesetzgeber vorgesehen, dass zwar einmalig gezahltes Arbeitsentgelt – bspw. Weihnachtsgeld – sozialversicherungspflichtig ist, jedoch nicht bei der Feststellung des Regelentgeltes herangezogen werden darf. Auch hier hat der Gesetzgeber also eine Regelung geschaffen, die zur Abführung von Sozialversicherungsbeiträgen für bestimmtes Entgelt führt, ohne dass der Arbeitnehmer im Gegenzug von diesen Sozialversicherungsbeiträgen in der Krankenversicherung profitiert. Ist nun die Regelung in § 47 Abs. 2 S. 1 SGB V mit Art. 3 GG nicht vereinbar, so kann unseres Erachtens nichts anderes für § 47 Abs. 2 S. 4 SGB V gelten. 236

Dieses Ergebnis ergibt sich darüber hinaus auch dann, wenn man die Zielrichtung der Rückabwicklung einer Altersteilzeit wegen eines eingetretenen **Störfalls** betrachtet. Ziel ist es, den Mitarbeiter so zu stellen, wie er gestanden hätte, wenn es nicht zu dem Störfall gekommen wäre. Der Gesetzgeber hat im Rahmen des Altersteilzeitgesetzes diesem Umstand insbes. dadurch Rechnung getragen, dass Arbeitslosengeld nicht nach dem reduzierten sozialversicherungspflichtigen Entgelt, wie es der Altersteilzeit zugrunde liegt, gezahlt wird, sondern dass das Arbeitslosengeld auf Basis des alten Vollzeitentgeltes ermittelt wird. Ein sachlicher Grund dafür, Arbeitnehmer, die nach einem **Störfall Arbeitslosengeld** beziehen, anders zu behandeln als Arbeitnehmer, die nach einem **Störfall Krankengeld** beziehen, ist nicht erkennbar. Beide Mitarbeiter führen in gleicher Art und Weise Sozialversicherungsbeiträge ab. In beiden Fällen wird ein Altersteilzeitarbeitsverhältnis rückabgewickelt. Von daher muss, entgegen der Auffassung des BSG und der Spitzenverbände, unter dem Gesichtspunkt der Gleichbehandlung auch § 47 Abs. 2 S. 4 SGB V dahingehend ausgelegt werden, dass die dortige Vorschrift keine Anwendung findet auf die Fälle der Rückabwicklung von Altersteilzeitarbeitsverhältnissen. 237

## VI. Krankenversicherungsbeiträge in der Freistellungsphase

Bislang wurde von den Krankenkassen auch in der Freistellungsphase eines Altersteilzeitarbeitsverhältnisses der allgemeine Beitragssatz erhoben. Das *BSG* hat am 25.8.2004 (– B 12 KR 22/92 R) jedoch entschieden, dass diese Praxis rechtswidrig gewesen ist. 238

Nach § 243 Abs. 1 SGB V ist für Versicherte, die keinen Anspruch auf Krankengeld haben, der Beitragssatz zur gesetzlichen Krankenversicherung zu ermäßigen. Dieser ermäßigte Beitragssatz liegt, bei Unterschieden von Kasse zu Kasse, bis zu einem Prozentpunkt unter dem Regelbeitragssatz. 239

240 Da der Arbeitnehmer in der Freistellungsphase allerdings nicht mehr arbeiten muss, kann er per definitionem auch nicht mehr arbeitsunfähig erkranken, sodass auch kein Anspruch auf Krankengeld in der Freistellungsphase mehr besteht. Dem entsprechend hätte auch bereits in der Vergangenheit während der Freistellungsphase nur ein ermäßigter Beitragssatz erhoben werden dürfen.

241 Da dies aber durchgängig nicht der Fall war, gibt es für bereits laufende Altersteilzeitarbeitsverhältnisse nun einen Rückerstattungsanspruch für die überzahlten Krankenversicherungsbeiträge. Die Erstattung läuft allerdings nicht automatisch, sondern nur auf Antrag. Ansprüche auf Beitragserstattungen für die Zeit bis zum 31.12.2001 sind grds. mit Ablauf des Jahres 2005 verjährt.

242 Das Erstattungsverfahren ist von den Krankenversicherungen recht kompliziert ausgestaltet worden, ein formloser Antrag reicht im Regelfall nicht.

243 Folgende Richtlinien gelten für das Erstattungsverfahren:
- Ist das Altersteilzeitarbeitsverhältnis auch hinsichtlich der Freistellungsphase bereits beendet, muss der ehemalige Altersteilzeitarbeitnehmer zusammen mit seinem alten Arbeitgeber einen Antrag auf Rückerstattung stellen. Hier kommt es dann zu einer »echten« Erstattung im Wege einer Auszahlung an den Krankenversicherten und den Arbeitgeber.
- Dauert das Altersteilzeitarbeitsverhältnis noch an, können Arbeitgeber und Krankenversicherung auch eine Verrechnung vereinbaren. In diesen Fällen wird der in der Vergangenheit zuviel gezahlte Beitrag mit künftigen Beiträgen verrechnet, eine Auszahlung des überzahlten Betrages findet nicht statt.

244 **Zu beachten ist, dass ein Erstattungsanspruch auch Auswirkungen auf die Berechnung des Aufstockungsbetrages haben kann.**

245 Oftmals wird das Altersteilzeitentgelt über die gesetzliche Verpflichtung hinaus auf ein bestimmtes Mindestniveau des letzten Nettogehaltes aufgestockt, zum Beispiel auf 80 % des letzten Nettoeinkommens.

246 In diesen Fällen wirkt sich die Neuberechnung der Beiträge zur gesetzlichen Krankenversicherung auf die Höhe des Aufstockungsbetrages aus. Da das Netto-Altersteilzeitentgelt vor der Aufstockung auf Grund der niedrigeren Krankenversicherungsbeiträge steigt, muss der Arbeitgeber weniger aufwenden, um die Nettoniveaugarantie zu erfüllen.

## F. Arbeitsrechtliche Behandlung des Altersteilzeitvertrages

247 Wie oben bereits dargestellt, setzt der Wechsel in die Altersteilzeit den Abschluss eines Änderungsvertrages voraus. Arbeitnehmer und Arbeitgeber müssen in einem gesonderten Schriftstück die Bedingungen der Altersteilzeit regeln. Da es sich bei der Altersteilzeit um einen befristeten Vertrag handelt, ist **Schriftform** erforderlich.

248 Im Rahmen des Altersteilzeitvertrages sollten folgende Punkte angesprochen werden:
- Beginn und Dauer der Altersteilzeit;
- Inhalt der während der Altersteilzeit geschuldeten Tätigkeit;
- Lage der Arbeitszeit;
- Vergütung während der Altersteilzeit;
- Entgeltfortzahlung im Krankheitsfall;
- Urlaub;
- Verbot von Nebentätigkeiten;
- Betriebliche Altersversorgung;
- Insolvenzsicherung;
- Beendigung des Arbeitsverhältnisses.

249 Die vorbezeichneten Eckpunkte des Altersteilzeitarbeitsvertrages können zwischen den Parteien nur **einvernehmlich** herbeigeführt werden. Gemäß § 8 ATG darf die Möglichkeit zur Inanspruchnahme von Altersteilzeitarbeit weder im Rahmen der Sozialauswahl nach § 1 Abs. 3 KSchG zum Nachteil

## F. Arbeitsrechtliche Behandlung des Altersteilzeitvertrages  Kapitel 7

des Mitarbeiters berücksichtigt werden, noch stellt die **Möglichkeit der Altersteilzeit einen Kündigungsgrund** i. S. d. Kündigungsschutzgesetzes dar. Dies bedeutet, dass das Unternehmen bspw. **keine Änderungskündigung** aussprechen kann, um einen älteren Arbeitnehmer in die Altersteilzeit zu zwingen. Unzulässig ist es, den Altersteilzeitvertrag zurückzudatieren, um so die in den vergangenen Monaten oder sogar Jahren erbrachte Arbeitsleistung nachträglich als Vorausarbeit für die nunmehr gewünschte Freistellungsphase zu deklarieren. Eine derartige **Rückdatierung** würde dazu führen, dass die Sozialversicherungsbeiträge ebenso wie die Einkommensteuer nachträglich neu berechnet werden müsste. Damit ginge die Rückdatierung sowohl zulasten der Sozialversicherungsträger als auch zulasten der Finanzverwaltung.

Die oben angesprochenen regelungsbedürftigen Punkte eines Altersteilzeitvertrages können nun i. E. wie folgt formuliert werden: 250

### I. Laufzeit des Altersteilzeitvertrages

In Ziff. 1 eines Altersteilzeitvertrages ist zunächst die genaue Laufzeit der Altersteilzeit festzulegen. Da es sich insofern um ein befristetes Vertragsverhältnis handelt, das mit Ablauf der vereinbarten Laufzeit enden soll, ist für den Vertrag Schriftform erforderlich. Ziff. 1 kann wie folgt formuliert werden: 251

▶ Formulierungshinweis: 252

»Der zwischen Herrn Müller und der XYZ GmbH bestehende Anstellungsvertrag vom 15.12.1984 wird unter Abänderung und Ergänzung ab dem 1.1.2009 bis zum 31.12.2011 auf der Grundlage von Altersteilzeitarbeit fortgeführt. Sofern im Folgenden nichts Anderweitiges geregelt ist, gelten die Bestimmungen des Arbeitsvertrages vom 15.12.1984.«

Obwohl § 41 S. 2 SGB VI bestimmt, dass Vertragsklauseln, die eine automatische Beendigung des Arbeitsverhältnisses vor Vollendung des 65. Lebensjahres vorsehen, nur dann wirksam sind, wenn sie innerhalb der letzten drei Jahre vor dem Beendigungszeitpunkt vereinbart oder bestätigt werden, ist es zulässig, im Rahmen eines Altersteilzeitvertrages auch den Beendigungstermin für das Arbeitsverhältnis festzulegen. Gemäß § 8 Abs. 3 ATG ist insofern lediglich erforderlich, dass der Arbeitnehmer in dem Zeitpunkt, in dem das Arbeitsverhältnis aufgelöst werden soll, bereits Anspruch auf eine Rente wegen Alters hat. Der Gesetzgeber stellt seit 1.1.2008 durch Änderung des § 8 Abs. 3 ATG nicht mehr darauf ab, dass der Arbeitnehmer die Voraussetzungen für eine Altersrente nach Altersteilzeit gem. § 237 SGB VI erfüllen muss. Es reicht aus, wenn der Mitarbeiter im Zeitpunkt der Beendigung des Altersteilzeitvertrages Anspruch auf irgendeine Altersrente hat. Insofern kommt die Altersrente für Schwerbehinderte oder die Altersrente für langjährig Versicherte in Betracht. Ohne die vom Gesetzgeber zwischenzeitlich vorgenommene Korrektur des § 8 Abs. 3 ATG hätte eine Lücke für die Jahrgänge 1952 bis 1994 bestanden, da diese Jahrgänge nach dem Altersteilzeitgesetz, welches noch bis 31.12.2009 gilt, zwar Altersteilzeitverträge hätten abschließen können; jedoch nicht mehr die Möglichkeit haben, nach § 237 SGB VI »Altersrente nach Altersteilzeit« in Anspruch zu nehmen (vgl. die Ausführungen zum Rentenrecht in Kap. 8 Rdn. 257 ff.). Altersteilzeitverträge mit Mitarbeitern aus den Jahrgängen 1952 und 1954 können nach der Gesetzesänderung nunmehr also auch auf Zeitpunkte vor Vollendung des 65. Lebensjahres wirksam befristet werden, wenn der Mitarbeiter zu diesem Zeitpunkt die Voraussetzungen für eine vorgezogene Altersrente erfüllt. § 8 Abs. 3 ATG stellt also eine vom Gesetzgeber bewusst geschaffene Sonderregelung gegenüber § 41 S. 2 SGB VI dar (vgl. Amtl. Begr. BT-Drs. 13/4877, S. 34). 253

### II. Verteilung der Arbeitszeit

In Ziff. 2 eines Altersteilzeitvertrages können die Arbeitsvertragsparteien nun die Verteilung der reduzierten Arbeitszeit festlegen. Haben sich die Parteien für das Blockmodell entschieden, so ist die Arbeits- und Freistellungsphase genau festzuschreiben. Im Fall des sog. Konti-Modells, d. h. tatsächliche Halbierung der täglichen Arbeitszeit, ist ebenfalls genau zu bestimmen, in welcher Zeit am Tag der Mitarbeiter seine Arbeitsleistung erbringen muss. Alternativ kommt auch eine Teilnahme an der 254

# Kapitel 7 — Altersteilzeit

betrieblichen **Gleitzeit** während der Altersteilzeit in Betracht. In diesem Fall ist dann nur die durchschnittliche tägliche Arbeitsdauer festzuschreiben.

**255** ▸ Formulierungshinweis:

Im Fall der Wahl des Blockmodells bietet sich folgende Vertragsklausel an:

»Die Arbeitszeit von Herrn Müller wird auf die Hälfte der bisherigen wöchentlichen Arbeitszeit von zurzeit ... Wochenstunden reduziert. Danach beträgt die rechnerische wöchentliche Grundarbeitszeit ... Stunden.

Die Arbeitszeit von Herrn Müller verteilt sich im Blockmodell wie folgt:

In der Zeit vom 1.1.2009 bis zum 30.6.2010 arbeitet Herr Müller – wie bisher – in Vollzeit (Arbeitsphase); ab 1.7.2010 bis zum 31.12.2011 wird er von der Arbeitsleistung unter Fortzahlung der Vergütung freigestellt (Freistellungsphase).«

### III. Tätigkeitsbeschreibung

**256** Um Missverständnisse im Rahmen der Altersteilzeit zu vermeiden, sollte der Altersteilzeitvertrag eine kurze Beschreibung der vom Mitarbeiter zu verrichtenden Tätigkeiten enthalten, wenn es hier auf Grund der reduzierten Arbeitszeit zur Veränderungen kommt. Bleibt die Tätigkeit – wie beim Blockmodell üblich – unverändert, so reicht ein diesbezüglicher Hinweis aus.

**257** ▸ Formulierungshinweis:

»Herr Müller wird auch im Rahmen der Altersteilzeit auf seinem bisherigen Arbeitsplatz weiterbeschäftigt. Seine bisherige Tätigkeit bleibt – abgesehen von der Reduzierung der Arbeitszeit – unverändert.«

### IV. Vergütung

**258** Im Hinblick auf die Bezüge des in die Altersteilzeit gewechselten Arbeitnehmers ist zwischen der sich an den vertraglichen Absprachen und der reduzierten Arbeitszeit orientierenden Bruttovergütung und den Aufstockungsbeträgen zu differenzieren. Von daher sollte der Altersteilzeitvertrag zunächst das reguläre Bruttoeinkommen während der Altersteilzeit sowie die dem Arbeitnehmer zustehenden Sonderzahlungen feststellen. Insbesondere vor dem Hintergrund, dass in der seit 1.7.2004 geltenden Fassung des Altersteilzeitgesetzes die Aufstockungsbeträge nur noch auf die regelmäßigen monatlichen Bruttovergütungen zu entrichten sind, ist es also erforderlich, hier im einzelnen festzuschreiben, wie sich die Vergütung während der Altersteilzeit gestaltet.

**259** ▸ Formulierungshinweis:

»Herr Müller erhält für die Dauer der Altersteilzeitarbeit die Vergütung nach Maßgabe der gem. Ziff. 2 dieses Vertrages reduzierten Arbeitszeit. Die Vergütung ist unabhängig von der Verteilung der Arbeitszeit fortlaufend für die gesamte Dauer dieses Vertrages zu zahlen. Berechnungsgrundlage für die monatliche Vergütung ist das Verhältnis der vereinbarten wöchentlichen Grundarbeitszeit zur vertraglichen Vollarbeitszeit. Die monatliche Vollzeitvergütung beträgt zur Zeit ... € brutto.

Die Altersteilzeitvergütung beträgt demnach auf Basis von 50 % ab 1.1.2009 monatlich ... € brutto.

Sonstige Vergütungsbestandteile und Jahressonderzahlungen werden zeitanteilig gekürzt.«

**260** Aus Arbeitnehmersicht ist es des Weiteren erforderlich, in dem Altersteilzeitvertrag zu regeln, wie mit Gehaltserhöhungen – auch mit Tariflohnerhöhungen – während der Laufzeit der Altersteilzeit umzugehen ist. Wie oben (Rdn. 138 ff.) dargestellt, steht das BAG auf dem Standpunkt, dass beim Blockmodell die Vergütung in der Freistellungsphase spiegelbildlich zur Vergütung in der Arbeitsphase gezahlt wird. Dementsprechend wirkt sich eine im Laufe der Arbeitsphase erfolgte Gehaltserhöhung nur teilweise auf die Vergütung in der Freistellungsphase aus. Das Gleiche gilt für eine während der Arbeitsphase erfolgte Höhergruppierung. Erst recht gilt diese Rechtsprechung für Tariflohnerhöhungen oder automatische Höhergruppierungen während der Freistellungsphase. Diese würden bei dem sich in der Altersteilzeit – hier in der Freistellungsphase – befindenen Mitarbeiter nicht mehr berücksichtigt. Will der Arbeitnehmer insofern eine »Gleichbehandlung« zum Konti-

## F. Arbeitsrechtliche Behandlung des Altersteilzeitvertrages     Kapitel 7

Modell herbeiführen – hier wirkt sich für die Zukunft bis zum Ende der Altersteilzeitvereinbarung sowohl die Tariflohnerhöhung als auch eine Umgruppierung aus –, so muss eine entsprechende Klausel in den Altersteilzeit-Arbeitsvertrag aufgenommen werden.

▶ **Formulierungshinweis:**   261

»Tariflohnerhöhungen und Höhergruppierungen während der Arbeitsphase werden in voller Höhe und während der gesamten Laufzeit auch während der Freistellungsphase an Herrn Müller weitergewährt.«

Wie angesprochen, kann dann des Weiteren geregelt werden, dass auch Tariflohnerhöhungen, die während der Freistellungsphase eintreten bzw. eine automatische tarifliche Höhergruppierung, die während der Freistellungsphase aufgrund der Dauer des Arbeitsverhältnisses eintreten würde, an den Mitarbeiter weitergeleitet werden. Hierbei handelt es sich allerdings entsprechend der Rechtsprechung des Bundesarbeitsgerichtes um eine freiwillige Leistung des Arbeitgebers. Unabhängig davon, wie sich die Arbeitsvertragsparteien entscheiden, sollte diesbezüglich eine klarstellende Regelung in den Vertrag aufgenommen werden, so dass entweder aufzunehmen ist, dass die entsprechenden Gehaltserhöhungen gewährt werden oder dass ausdrücklich aufgenommen wird, dass die Gehaltserhöhungen bzw. Umgruppierungen nicht gewährt werden.   262

▶ **Formulierungshinweis:**   263

»Herr Müller nimmt nicht an Tariflohnerhöhungen oder sonstigen Gehaltserhöhungen, die erst während der Freistellungsphase eintreten, teil. Das Gleiche gilt für eine eventuelle allgemeine Höhergruppierung während der Freistellungsphase.«

alternativ:

»Herr Müller nimmt auch während der Freistellungsphase an Tariflohnerhöhungen oder sonstigen allgemeinen Gehaltserhöhungen im Betrieb teil. Das Gleiche gilt für eine tariflich bedingte Höhergruppierung während der Freistellungsphase.«

## V. Aufstockungsbeträge

Wie oben dargestellt, ist der Arbeitgeber nach dem Altersteilzeitgesetz verpflichtet, zusätzlich zum halbierten Bruttoeinkommen weitere Zahlungen an den Arbeitnehmer zu erbringen.   264

Die Höhe der Zuzahlungen des Arbeitgebers ist ausdrücklich im Altersteilzeitvertrag festzuschreiben, da der Arbeitnehmer keinen Anspruch auf Zahlung der Aufstockungsbeträge gegenüber der Agentur für Arbeit hat. **Sein Anspruchsgegner ist alleine der Arbeitgeber.** Dieser hat wiederum – sofern die Förderungsvoraussetzungen erfüllt sind – einen Erstattungsanspruch hinsichtlich der Aufstockungsbeträge in gesetzlicher Höhe gegenüber der Agentur für Arbeit.   265

▶ **Formulierungshinweis:**   266

»**Aufstockungsbeträge**
a) Zusätzlich zur Vergütung nach Ziff. 4 erhält Herr Müller während der Laufzeit der Altersteilzeitarbeit monatliche Aufstockungsleistungen. Hier werden folgende Zahlungen erbracht:
   aa) Die XYZ GmbH verpflichtet sich, zur Zahlung eines Aufstockungsbetrages in Höhe von 20 % des für die Altersteilzeit monatlich bezahlten Festeinkommens. Einmalzahlungen bleiben bei der Aufstockung außer Betracht.
   bb) Die XYZ GmbH verpflichtet sich des Weiteren zur Entrichtung von zusätzlichen Beiträgen zur gesetzlichen Rentenversicherung mindestens in Höhe des Beitrages, der auf 80 % des Regelarbeitsentgelts für die Altersteilzeitarbeit, begrenzt auf den Unterschiedsbetrag zwischen 90 % der monatlichen Beitragsbemessungsgrenze und dem Regelarbeitsentgelt entfällt, höchstens bis zur Beitragsbemessungsgrenze.
b) Die Aufstockungsbeträge beziehen sich nur auf die monatliche Festvergütung. Bei Sonderleistungen, Einmalzahlungen etc. bleiben die Aufstockungsbeträge außer Betracht. Die Aufstockungsbeträge werden bei der betrieblichen Altersversorgung nicht berücksichtigt.
c) Der Anspruch auf Aufstockungsleistungen ruht in der Zeit, in der Herr Müller entgegen dem in diesem Vertrag enthaltenen Nebentätigkeitsverbot eine Beschäftigung oder selbständige Tätigkeit ausübt,

# Kapitel 7 — Altersteilzeit

welche die Geringfügigkeitsgrenze des § 8 SGB IV überschreitet. Die XYZ GmbH behält sich vor, zu viel gezahlte Aufstockungsbeträge zurückzufordern.

d) Der Anspruch auf Aufstockungsleistungen entfällt vollständig, wenn die Gesamtruhenszeit einen Zeitraum von 150 Tagen überschreitet. Mehrere Ruhenszeiträume werden insofern zusammengerechnet.«

267 Die Ergänzung in Ziff. c) der jeweiligen Musterformulierung trägt dem Umstand Rechnung, dass der Mitarbeiter durch die Ausübung einer unzulässigen Nebentätigkeit – insbes. während der Freistellungsphase – verhindern kann, dass der Arbeitgeber die gesetzlichen Aufstockungsbeträge von der BA erstattet erhält. Das Unternehmen ist auf eine derartige Klausel daher angewiesen, da es die Aufstockungsbeträge auf Grund des Altersteilzeitvertrages unabhängig von eventuellen Zuschüssen der Agentur für Arbeit schuldet.

268 Die Ergänzung in Ziff. c) sollte auch bei Altersteilzeitverträgen, die nach dem 31.12.2009 abgeschlossen werden, beibehalten werden. Hier gibt es zwar keine Förderung der Altersteilzeit mehr durch die BA; jedoch hat das Unternehmen auch bei diesen Verträgen ein legitimes Interesse daran, dass der Mitarbeiter die vertraglich vereinbarte Regelung über das Nebentätigkeitsverbot bzw. dem Umfang einer Nebentätigkeit einhält. Schützen kann sich das Unternehmen daher vor entsprechenden unzulässigen Nebentätigkeiten dadurch, dass die Zahlung der Aufstockungsbeträge von der Einhaltung der gesetzlichen Regelung abhängig gemacht wird. Das Altersteilzeitgesetz enthält nach wie vor die entsprechenden Nebentätigkeitsverbote.

269 Die oben vorgeschlagene Klausel verstößt im Übrigen nicht gegen das in § 8 Abs. 2 ATG enthaltene **Koppelungsverbot.** § 8 Abs. 2 ATG enthält insofern lediglich die Regelung, dass die Verpflichtung des Arbeitgebers zur Zahlung von Aufstockungsbeträgen nicht für den Fall ausgeschlossen werden kann, dass die Zuschüsse der BA nicht gezahlt werden, weil das Unternehmen einen Antrag auf Gewährung von Zuschüssen nicht richtig, nicht vollständig oder nicht rechtzeitig gestellt hat. Ebenso wenig kann die Verpflichtung zur Zahlung der Aufstockungsbeträge ausgeschlossen werden, wenn diese alleine deswegen nicht gewährt werden, weil das Unternehmen nicht in der Lage ist, auf dem freigewordenen Arbeitsplatz einen Arbeitslosen oder Ausgebildeten zu beschäftigen.

270 Hieraus lässt sich der Umkehrschluss ziehen, dass in anderen Fällen, die zum Wegfall der Zuschüsse der Agentur für Arbeit führen, bspw. einer unzulässigen Nebentätigkeit des Arbeitnehmers, eine auflösende Bedienung bzgl. der Aufstockungsbeträge wirksam im Anstellungsvertrag vereinbart werden kann (vgl. die amtliche Begr. zum Altersteilzeitgesetz in BT-Drs. 13/4336, S. 19). Von daher ist es zulässig, die Zahlung der Aufstockungsbeträge von der Einhaltung des Nebentätigkeitsverbotes abhängig zu machen.

## VI. Erkrankung während der Altersteilzeit

271 Zu den in der Praxis am häufigsten vorkommenden Problemen bzw. Vertragsstörungen bei der Altersteilzeit gehört die Erkrankung des Arbeitnehmers während der Arbeitsphase im Blockmodell für einen Zeitraum von mehr als sechs Wochen. Während für die Entgeltfortzahlung in der Arbeitsphase die allgemeinen Regelungen über Entgeltfortzahlung im Arbeitsverhältnis gelten, spielt die **Arbeitsfähigkeit des Mitarbeiters in der Freistellungsphase im Blockmodell** für den Vergütungsanspruch keine Rolle mehr (vgl. *LAG Köln* 11.5.2001 DB 2002, 153). Die Vergütungspflicht besteht hier unabhängig von der Arbeitsfähigkeit. Eine **lang andauernde Erkrankung in der Arbeitsphase** löst demgegenüber ohne entsprechende Korrektur sowohl auf Arbeitnehmer- als auch auf Arbeitgeberseite erhebliche Probleme aus, da es nunmehr an der notwendigen Vorarbeit für die spätere Freistellung und damit in der Freistellungsphase teilweise an einem Beschäftigungsverhältnis fehlt. Gemäß § 7 Abs. 1a SGB IV wird die Freistellungsphase im Blockmodell nur dann als Beschäftigungsverhältnis angesehen, wenn während dieser Zeit Arbeitsentgelt fällig wird, das auf Grund einer schriftlichen Vereinbarung in der vorausgegangenen Arbeitsphase erwirtschaftet wurde.

272 Vermieden werden kann dieses Ergebnis dadurch, dass sich die Arbeitsvertragsparteien darauf einigen, dass die **Freistellungsphase verkürzt** wird. Die Verkürzung erfolgt dergestalt, dass der Arbeitneh-

## F. Arbeitsrechtliche Behandlung des Alterszeitvertrages

mer zu Beginn der eigentlichen Freistellungsphase die Hälfte der in der Arbeitsphase auf Grund von Arbeitsunfähigkeit außerhalb des gesetzlichen Entgeltfortzahlungszeitraums ausgefallenen Arbeitszeit in Vollzeitarbeit nacharbeitet. Durch diese Nacharbeit wird für die andere Hälfte (= Freistellungsphase) die notwendige neue Vorausarbeit i. S. v. § 7 Abs. 1a SGB IV geleistet. Eine Verlängerung der Altersteilzeit insgesamt tritt hierdurch nicht ein; es verschiebt sich lediglich der Zeitpunkt des Übergangs von der Arbeits- in die Freistellungsphase nach hinten. Hierdurch entspricht dann aber letztendlich die tatsächliche Arbeitsphase (einschließlich der Zeit einer Arbeitsunfähigkeit mit gesetzlicher Entgeltfortzahlung) wieder genau der Dauer der Freistellungsphase.

▶ **Beispiel:** 273

Arbeitnehmer A und XYZ GmbH vereinbaren ab 1.1.2009 eine sechsjährige Altersteilzeit, wobei A drei Jahre in Vollzeit tätig sein soll. Vom 1.1.2012 bis 31.12.2014 soll sich dann die Freistellungsphase anschließen. Aufgrund eines Unfalls erkrankt A während der Arbeitsphase für 9,5 Monate. Dies bedeutet, dass insgesamt acht Monate außerhalb der gesetzlichen Entgeltfortzahlung liegen.

Entsprechend den obigen Ausführungen haben A und die XYZ GmbH nunmehr vereinbart, dass sich der Beginn der Freistellungsphase um vier Monate verschiebt. Die Freistellungsphase beginnt daher erst am 1.5.2012 und endet wie vorgesehen am 31.12.2014. Die insgesamt 72-monatige Altersteilzeit enthält nun acht Monate mit Krankengeldbezug, 32 Monaten tatsächliche Arbeitsleistung (einschließlich der sechswöchigen Entgeltfortzahlung) und 32 Monate bezahlte Freistellung. Die Freistellungsphase gilt daher gem. § 7 Abs. 1a SGB IV als Beschäftigungsverhältnis.

Im Altersteilzeitvertrag kann die oben vorgeschlagene **Nacharbeitungsverpflichtung** im Rahmen der Regelung der **Entgeltfortzahlung im Krankheitsfall** wie folgt vereinbart werden: 274

▶ **Formulierungshinweis:**

»Wird Herr Müller während der Arbeitsphase vorübergehend arbeitsunfähig und überschreitet diese Arbeitsunfähigkeit den gesetzlichen Entgeltfortzahlungszeitraum, so verschiebt sich der Beginn der Freistellungsphase um die Hälfte der Zeit, die Herr Müller während der Arbeitsphase außerhalb des gesetzlichen Entgeltfortzahlungszeitraums arbeitsunfähig war. Während dieser Zeit arbeitet er nun die Hälfte der in der Arbeitsphase auf Grund von Arbeitsunfähigkeit außerhalb des gesetzlichen Entgeltfortzahlungszeitraums ausgefallenen Arbeitszeit in Vollzeitarbeit nach. Das oben in Ziff. 1 festgelegte Ende der Altersteilzeit bleibt von der Verkürzung der Freistellungsphase unberührt.«

Als weiteres Problem hat sich im Zusammenhang mit einer Langzeiterkrankung eines Arbeitnehmers in der Altersteilzeit die **Fortzahlung der Aufstockungsbeträge während des Bezuges von Krankengeld** herausgestellt. Da der Arbeitgeber im Fall der Arbeitsunfähigkeit des Arbeitnehmers von seiner Zahlungspflicht im Hinblick auf die Vergütung nach Ablauf von sechs Wochen frei wird, entfällt danach auch die Pflicht zur Zahlung der nach § 3 Abs. 1 ATG geschuldeten Aufstockungsbeträge. Zur Absicherung des Arbeitnehmers sieht § 10 Abs. 2 ATG für den Fall des Bezuges von Krankengeld etc. vor, dass die BA die Zahlung der gesetzlichen Aufstockungsbeträge während dieses Zeitraums übernimmt. Durch diese gesetzliche Regelung scheint der Arbeitnehmer zunächst ausreichend geschützt. Bei genauerer Prüfung des § 10 Abs. 2 ATG zeigt sich aber, dass die Übernahme der Aufstockungsbeträge durch die BA davon abhängt, dass der Arbeitgeber tatsächlich Zuschüsse zur Altersteilzeit nach § 4 ATG erhält. Hat der Arbeitgeber den Arbeitsplatz nicht – oder wie im Blockmodell noch nicht – neu besetzt, entfällt die Zahlungsverpflichtung der Agentur für Arbeit bzw. wird im Blockmodell aufgeschoben, bis tatsächlich eine vollständige Wiederbesetzung erfolgt. 275

Tatsächlich bietet die gesetzliche Regelung in § 10 ATG dem Arbeitnehmer also nur einen unzureichenden Schutz. Zum einen hat er keinen Einfluss auf die Wiederbesetzung und zum anderen übernimmt die Agentur für Arbeit nur die Aufstockungsbeträge in gesetzlicher Höhe. Sieht der Altersteilzeitvertrag eine höhere Aufstockung – wie allgemein üblich – vor, so würde der Arbeitnehmer den Differenzbetrag zwischen gesetzlicher und **individualvertraglicher Aufstockung während des Krankengeldbezuges** trotz Übernahme der Aufstockungszahlungen durch die Agentur für Arbeit verlie- 276

# Kapitel 7

ren. Von daher empfiehlt es sich aus Arbeitnehmersicht, eine Klausel in den Altersteilzeitvertrag aufzunehmen, wonach der Arbeitgeber auch während des Bezuges von Krankengeld verpflichtet ist, an den Arbeitnehmer die Aufstockungsbeträge in voller Höhe zu zahlen.

277 Es bietet sich insofern folgende **Formulierung im Altersteilzeitvertrag** als Ergänzung der oben bereits beschriebenen Regelung über die Entgeltfortzahlung bei Arbeitsunfähigkeit an:

▶ **Formulierungshinweis:**

»Im Falle krankheitsbedingter Arbeitsunfähigkeit erhält Herr Müller Entgeltfortzahlung nach den jeweils geltenden gesetzlichen Bestimmungen. Bei der fortzuzahlenden Vergütung werden auch die Aufstockungsbeträge berücksichtigt. Während des Bezuges von Krankengeld, Versorgungskrankengeld, Verletztengeld oder Übergangsgeld nach Ablauf des gesetzlichen Entgeltfortzahlungszeitraums zahlt die XYZ GmbH den Aufstockungsbetrag zum Altersteilzeitentgelt und den Zuschuss zur Rentenversicherung weiter.

Während der Freistellungsphase erhält Herr Müller das Altersteilzeitentgelt einschließlich der Aufstockungsbeträge unabhängig davon, ob Arbeitsfähigkeit besteht.«

## VII. Erholungsurlaub

278 Hinsichtlich des dem Arbeitnehmer selbstverständlich ebenfalls zustehenden Erholungsurlaubes kann entweder eine ausdrückliche Regelung im Altersteilzeitvertrag erfolgen oder insofern auf den alten, fortbestehenden Anstellungsvertrag der durch die Altersteilzeitvereinbarung nur modifiziert wird, verwiesen werden.

279 ▶ **Formulierungshinweis:**

»Herr Müller erhält 30 Tage Erholungsurlaub, wobei von einer Fünf-Tage-Woche ausgegangen wird. Im Übrigen gelten die Bestimmungen des Anstellungsvertrages vom 15.12.1984 sowie das Bundesurlaubsgesetz. Herr Müller wird seinen Urlaub während der Arbeitsphase nehmen.«

280 Da der Arbeitnehmer in der Freistellungsphase im Blockmodell der Altersteilzeit keinerlei Arbeitsleistungen mehr erbringen muss, kommt eine Urlaubsnahme während der Freistellungsphase nicht mehr in Betracht. Der Arbeitnehmer muss also dafür Sorge tragen, dass er seinen ihm zustehenden Urlaub vollständig bis zum Beginn der Freistellungsphase in Natura genommen hat. Konnte er den Urlaub nicht vollständig nehmen, so verfällt der Urlaubsanspruch. Der Neunte Senat des BAG lehnt einen Anspruch auf Urlaubsabgeltung ausdrücklich ab (vgl. *BAG* 15.3.2005 – 9 AZR 143/04, NZA 2005, 994 = FA 2005, 324 LS; 10.5.2005 – 9 AZR 196/04, NZA 2005, 1432 = FA 2006, 64 LS). Es ist weder eine unmittelbare noch eine entsprechende Anwendung des § 7 Abs. 4 BUrlG möglich, da das Arbeitsverhältnis im Zeitpunkt des Wechsels von der Arbeits- in die Freistellungsphase noch fortbesteht. Eine analoge Anwendung des § 7 Abs. 4 BUrlG scheitert im vorliegenden Fall daran, dass es an einer planwidrigen Gesetzeslücke fehlt und darüber hinaus der allgemeine Gleichheitssatz nach Auffassung des Neunten Senats keine entsprechende Anwendung der Urlaubsabgeltung auf die Fälle des Wechsels des Arbeitnehmers von der Arbeits- in die Freistellungsphase gebietet (*BAG* 10.5.2005 – 9 AZR 196/04, NZA 2005, 1432 = FA 2006, 64 LS).

## VIII. Nebentätigkeiten

281 Wie oben bereits angesprochen, ist bei der Altersteilzeit darauf zu achten, dass der Arbeitnehmer keine Nebentätigkeiten ausübt, die dann gem. § 5 Abs. 3 ATG zum **Ruhen** oder sogar zum **Erlöschen des Anspruchs auf Zuschüsse der BA** führen können.

282 ▶ **Formulierungshinweis:**

Die Verpflichtung zur Unterlassung von Nebentätigkeiten ist im Altersteilzeitvertrag in Ergänzung zu der obigen Koppelungsklausel hinsichtlich der Aufstockungsbeträge wie folgt zu formulieren:

»Herr Müller verpflichtet sich, für die Dauer der Altersteilzeit keine abhängige Beschäftigung oder selbständige Tätigkeit auszuüben, die die Geringfügigkeitsgrenze des § 8 SGB IV überschreitet. Dies gilt ausdrücklich nicht für Beschäftigungen und selbständige Tätigkeiten, die Herr Müller bereits innerhalb der letzten fünf Jahre vor Beginn der Altersteilzeit ständig ausgeübt hat. Herr Müller ist insofern verpflichtet, diesen Umstand unverzüglich der XYZ GmbH nachzuweisen.«

## IX. Mitwirkungspflichten

Empfehlenswert ist es, in den Altersteilzeitvertrag eine Klausel aufzunehmen, wonach sich der Arbeitnehmer verpflichtet, Änderungen seiner persönlichen Daten etc., die für die Altersteilzeit von Bedeutung sein könnten, unverzüglich dem Arbeitgeber mitzuteilen. 283

▶ Formulierungshinweis: 284

»Herr Müller hat Änderungen der ihn betreffenden Verhältnisse, die für die Aufstockungsleistungen erheblich sind, der XYZ-GmbH unverzüglich mitzuteilen. Des Weiteren ist Herr Müller verpflichtet, die XYZ-GmbH unverzüglich von einem Antrag auf Alters- oder Erwerbsminderungsrente zu benachrichtigen.«

## X. Insolvenzsicherung

Das Altersteilzeitgesetz sieht ausdrücklich vor, dass der Arbeitgeber verpflichtet ist, Maßnahmen zur Insolvenzsicherung zu ergreifen, sofern das für die Freistellungsphase aufzubauende Wertguthaben im Rahmen des Blockmodells den Betrag des Dreifachen des Regelarbeitsentgeltes nach § 6 Abs. 1 ATG einschließlich des darauf entfallenden Arbeitgeberanteils am Gesamtsozialversicherungsbeitrag übersteigt. Gemäß § 8a Abs. 3 ATG ist der Arbeitgeber verpflichtet, dem Arbeitnehmer mit der ersten Gutschrift, d. h. nach Ablauf des ersten Monats des Altersteilzeitarbeitsverhältnisses, mitzuteilen und nachzuweisen, in welcher Form er die Insolvenzsicherung durchführt (i. E. zu der nunmehr geforderten Insolvenzsicherung s. Rdn. 302 ff.). 285

▶ Formulierungshinweis: 286

»Insolvenzsicherung

Die XYZ-GmbH wird entsprechend der gesetzlichen Regelung in § 8a ATG Herrn Müller am Ende des ersten Monats der Altersteilzeit und dann im Rhythmus von sechs Monaten mitteilen und nachweisen, in welcher Form das von ihm aufgebaute Wertguthaben insolvenzgesichert ist.«

Im Hinblick auf die Insolvenzsicherung und der entsprechenden Regelung im Altersteilzeit-Arbeitsvertrag ist zu beachten, dass die gesetzlich geforderte Insolvenzsicherung nur das vom Arbeitnehmer aufgebaute Wertguthaben betrifft. Die dem Arbeitnehmer vertraglich zustehenden Aufstockungsbeträge unterliegen nicht der gesetzlichen Insolvenzsicherung. Will der Arbeitnehmer sich vollständig gegen eine mögliche Insolvenz seines Arbeitgebers während der Laufzeit der Altersteilzeit absichern, so muss in den Arbeitsvertrag über die Altersteilzeit eine Klausel aufgenommen werden, wonach der Arbeitgeber verpflichtet ist, auch die Aufstockungsbeträge gegen eine mögliche Insolvenz des Unternehmens abzusichern. Die vorgenannte Klausel kann wie folgt ergänzt werden: 287

▶ Formulierungshinweis: 288

»Die XYZ-GmbH wird nicht nur das von Herrn Müller in der Arbeitsphase aufgebaute Wertguthaben sondern auch die nach diesem Vertrag geschuldeten Aufstockungsbeträge gegen eine mögliche Insolvenz zu Gunsten von Herrn Müller versichern.«

## XI. Beendigung des Anstellungsverhältnisses

Regelungsbedürftig ist schließlich noch die Frage, was im Fall einer vorzeitigen Beendigung des Altersteilzeitverhältnisses – bspw. durch **Tod des Arbeitnehmers** – geschieht und inwieweit der Arbeitgeber auch während der Altersteilzeit berechtigt ist, das Anstellungsverhältnis ordentlich zu kündigen. 289

Die vorzeitige Beendigung der Altersteilzeit auf Grund Tod des Arbeitnehmers oder **Kündigung** führt im Blockmodell dazu, dass geleistete Arbeit und gezahlte Vergütung nicht in Einklang stehen, weil der Mitarbeiter in Vorleistung getreten ist. Vor diesem Hintergrund ist eine Neuberechnung und 290

# Kapitel 7

Nachzahlung der Vergütung erforderlich. Der Altersteilzeitvertrag muss also eine Klausel enthalten, wonach der Arbeitnehmer bzw. seine Erben bei der vorzeitigen Beendigung der Altersteilzeit einen Anspruch auf Aufzahlung der Differenz zwischen dem bereits gezahlten Altersteilzeitentgelt und der Vergütung für die Zeit der tatsächlichen Beschäftigung haben, die ohne Eintritt in die Altersteilzeit angefallen wäre.

291 Ausdrücklich zu regeln ist des Weiteren die Frage, inwieweit der Arbeitgeber berechtigt sein soll, das Anstellungsverhältnis auch vor dem vereinbarten Ende zu kündigen. Da es sich um ein **befristetes Anstellungsverhältnis** handelt, steht fest, dass ohne weitergehende Regelung die **ordentliche Kündigung während der Laufzeit der Altersteilzeit ausgeschlossen** ist. Von daher ist hier von Arbeitgeberseite aus eine entsprechende Ergänzung des Anstellungsvertrages für die Zeit der Altersteilzeit notwendig.

292 ▶ **Formulierungshinweis:**

Die Formulierung der Beendigung des Anstellungsverhältnisses und die dann zu erfolgenden Nachzahlungen können wie folgt im Altersteilzeitvertrag geregelt werden:

»Das mit Herrn Müller geschlossene Anstellungsverhältnis endet, ohne dass es des Ausspruchs einer Kündigung bedarf, am 31.12.2010.

Das Recht zur vorzeitigen ordentlichen oder außerordentlichen Kündigung bleibt hiervon unberührt. Während der Freistellungsphase ist allerdings die ordentliche personen- oder betriebsbedingte Kündigung ausgeschlossen.

Wird das Anstellungsverhältnis vorzeitig durch Kündigung oder Tod etc. beendet, so ist das Altersteilzeitverhältnis unter Berücksichtigung der tatsächlich geleisteten Arbeitszeit abzurechnen.«

293 Für die Arbeitgeberseite stellt sich die Frage, inwieweit im Blockmodell bei der vorzeitigen Beendigung durch den Tod des Mitarbeiters oder eine Kündigung noch Leistungen der Agentur für Arbeit nach § 4 ATG beansprucht werden können, da grds. der Anspruch auf Zuschüsse gem. § 5 Abs. 1 Nr. 1 ATG mit Ablauf des Kalendermonats endet, in dem der Arbeitnehmer die Altersteilzeitarbeit beendet. Ausnahmsweise bleibt der Anspruch auf Leistungen der Agentur für Arbeit trotz vorzeitiger Beendigung der Altersteilzeit für zurückliegende Zeiten erhalten, wenn der Arbeitgeber im Blockmodell zum einen die von § 3 Abs. 1 Nr. 2 ATG geforderte Wiederbesetzung noch durchführt und zum anderen ihm tatsächlich entsprechende Aufwendungen verblieben sind. Letzteres hängt davon ab, wann die vorzeitige Beendigung eingetreten ist. Verstirbt der Mitarbeiter bspw. während der Arbeitsphase und sieht der Vertrag eine Neuberechnung anhand der tatsächlichen Arbeitsleistung und entsprechende Nachzahlungen vor, so fehlt es letztendlich an zusätzlichen Aufwendungen des Arbeitgebers. In diesem Fall besteht dann trotz eventueller Wiederbesetzung kein Anspruch des Arbeitgebers auf Leistungen der Agentur für Arbeit.

## XII. Schlussbestimmungen

294 Wie bei Verträgen üblich, sollte dann auch die Altersteilzeitvereinbarung einen Hinweis auf das Schriftformerfordernis bzgl. Änderungen und Ergänzungen sowie eine Salvatorische Klausel enthalten.

295 ▶ **Formulierungshinweis:**

»Mündliche Nebenabreden bestehen nicht. Änderungen und Ergänzungen dieses Vertrages bedürfen der Schriftform.

Sollte eine Vorschrift dieses Vertrages unwirksam sein oder werden, so verpflichten sich die Arbeitsvertragsparteien, den Vertrag so zu ändern, dass die Voraussetzungen des Altersteilzeitgesetzes wieder erfüllt sind. Im Übrigen gilt das Altersteilzeitgesetz in seiner jeweils geltenden Fassung.«

## G. Kurzarbeit während der Altersteilzeit

Die Anordnung von Kurzarbeit kann auch Arbeitnehmer betreffen, die sich in Altersteilzeit befinden. 296
Wird die Altersteilzeit in Form des Blockmodells ausgeübt, so wirkt sich die Anordnung von Kurzarbeit nur während der Arbeitsphase aus. Wie jeder andere Arbeitnehmer hat auch der sich in Altersteilzeit befindende Arbeitnehmer in diesem Fall einen Anspruch auf **Kurzarbeitergeld**, um die finanziellen Nachteile durch die kurzarbeitsbedingte weitere Arbeitszeitverkürzung einzuschränken. Dieser Anspruch ist entsprechend den Vorschriften über Kurzarbeitergeld gegenüber der örtlich zuständigen Agentur für Arbeit geltend zu machen.

Als problematisch erweist sich während der Kurzarbeit allerdings die **Berechnung der Sozialversiche-** 297
**rungsbeiträge**, da nunmehr nicht zweifelsfrei feststeht, von welchem Einkommen die Sozialversicherungsbeiträge und die Zuschüsse der Agentur für Arbeit zur Altersteilzeit zu berechnen sind. Gemäß § 10 Abs. 4 ATG ist insofern für die Berechnung der Zuschüsse ebenso wie für die Aufstockungszahlungen von dem tatsächlich während der Kurzarbeit erzielten sozialversicherungspflichtigen Einkommen auszugehen.

Für die Berechnung der vom Arbeitgeber abzuführenden Sozialversicherungsbeiträge ist hingegen 298
von unterschiedlichen Arbeitsentgelten auszugehen. Erhält der Arbeitnehmer bspw. ein Vollzeitarbeitsentgelt in Höhe von 2.800,– € brutto, so resultiert hieraus ein Altersteilzeitentgelt in Höhe von zunächst 1.400,– € brutto. Fällt nun bei diesem Mitarbeiter eine Kurzarbeit an, die ihrerseits zum Wegfall der Hälfte der tatsächlich während der Altersteilzeit auszuübenden Arbeitszeit führt, so ergeben sich im Blockmodell in der Arbeitsphase folgende beitragspflichtigen Arbeitsentgelte:

- **Beiträge zur Arbeitslosenversicherung** werden vom tatsächlichen Bruttolohn während der Kurz- 299
  arbeit, d. h. im obigen Beispiel bei 50 % Kurzarbeit von 700,– € brutto berechnet.
- **Beiträge zur Kranken- und Pflegeversicherung** sind vom Bruttolohn und weiteren 80 % der Dif- 300
  ferenz zwischen Ist- und Sollentgelt, d. h. hier weiteren 560,– €, zu entrichten; insgesamt ergibt sich also in dem hier gewählten Beispiel eine Bemessungsgrundlage in Höhe von 1.260,– € für die Beiträge zur Kranken- und Pflegeversicherung.
- Bei der **Rentenversicherung** ist in einem ersten Berechnungsschritt ebenfalls zunächst von dem 301
  für die Kranken- und Pflegeversicherung errechneten Betrag in Höhe von 1.260,– € auszugehen. Hier muss nun aber des Weiteren die im Altersteilzeitgesetz enthaltene Sonderregelung berücksichtigt werden, wonach der Arbeitgeber verpflichtet ist, zusätzlich Beiträge von einem Bemessungseinkommen in Höhe von 80 % des Regelentgeltes während der Altersteilzeit zu entrichten. Dies bedeutet in dem vorliegenden Beispiel, dass regulär beide Arbeitsvertragsparteien die Sozialversicherungsbeiträge von einem Betrag in Höhe von 1.400,– € abführen und der Arbeitgeber zusätzlich die Sozialversicherungsbeiträge für einen weiteren Betrag in Höhe von 1.120,– € alleine, d. h. Arbeitgeber- und Arbeitnehmerbeitrag, trägt. Für den Fall der Kurzarbeit in dem oben beschriebenen Beispiel ergibt sich nunmehr ein beitragspflichtiges Arbeitsentgelt in Höhe von 2.380,– € (= 700,– € + 560,– € + 1.120,– €).

## H. Insolvenz des Arbeitgebers

Das Altersteilzeitgesetz sieht in § 8a ATG seit 1.7.2004 vor, dass der Arbeitgeber verpflichtet ist, eine 302
Insolvenzsicherung zu schaffen, wenn das vom Arbeitnehmer in der Altersteilzeit aufzubauende Wertguthaben einen Betrag in Höhe des dreifachen des Regelarbeitsentgeltes nach § 6 Abs. 1 ATG einschließlich des darauf entfallenden Arbeitgeberanteils am Gesamtsozialversicherungsbeitrag übersteigt. Dort, wo also eine Freistellungsphase von mehr als drei Monaten im Rahmen der Altersteilzeit vorgesehen ist, muss bei Durchführung der Altersteilzeit im Blockmodell kraft Gesetz eine Insolvenzsicherung erfolgen.

Hinsichtlich der **Art der Insolvenzsicherung** hat der Gesetzgeber in § 8a Abs. 1 ATG ausdrücklich 303
festgeschrieben, dass bilanzielle Rückstellungen sowie zwischen **Konzernunternehmen** begründete Einstandspflichten, insbes. **Bürgschaften, Patronatserklärungen oder Schuldbeitritte, nicht als geeignete Sicherungsmittel** für die nunmehr gesetzlich geforderte Insolvenzsicherung gelten. Auf-

grund dieses Ausschlusses der früher, d. h. bis 30.6.2004 üblichen Sicherungsmittel bleibt den Unternehmen nur die Möglichkeit, auf die früher wegen der unmittelbaren finanziellen Belastung ungeliebten Möglichkeiten von **Bankbürgschaften** oder **Versicherungsmodellen** zurückzugreifen, sofern die Altersteilzeit im Blockmodell durchgeführt werden soll.

304 Die BA nennt in ihren neuen Dienstanweisungen zu § 8a ATG neben den bereits erwähnten Sicherungsmitteln der Bankbürgschaft und des Versicherungsmodells als weitere geeignete Insolvenzsicherungsmodelle die **Absicherung im Wege der dinglichen Sicherheit** (bspw. Verpfändung von **Wertpapieren**, insbes. Fonds) zu Gunsten der Arbeitnehmer oder das **Modell der doppelseitigen Treuhand**.

305 Ausdrücklich klargestellt hat der Gesetzgeber in § 8a ATG darüber hinaus, dass das Unternehmen die von ihm zusätzlich zum Altersteilzeitentgelt gezahlten **Aufstockungsbeträge**, d. h. insbes. die über den gesetzlichen Aufstockungsbetrag hinausgehenden freiwilligen Aufstockungsbeträge, **ebenso wenig** wie die **zusätzlich zur Rentenversicherung gezahlten Beiträge**, auf die von ihm zu beschaffende Insolvenzsicherung anrechnen darf. Das vom Arbeitnehmer im Blockmodell während der Arbeitsphase zu erarbeitende Wertguthaben muss also durch das Unternehmen in voller Höhe insolvenzgesichert werden. Die Insolvenzsicherung muss insofern vom ersten Tag der Arbeitsphase an sichergestellt sein.

306 Nicht der Insolvenzsicherung unterliegen allerdings die vom Arbeitgeber in der Freistellungsphase zu erbringenden Aufstockungsbeträge. Soll die Altersteilzeit im Blockmodell also effektiv gegen eine Insolvenz des Unternehmens abgesichert werden, ist es zwingend notwendig, dass im Rahmen des Altersteilzeitvertrages vereinbart wird, dass das Unternehmen über die gesetzlich vorgesehene Insolvenzsicherung hinaus auch die vom Arbeitgeber gem. dem Altersteilzeitvertrag geschuldeten Aufstockungsbeträge hinsichtlich des bereits aufgebauten Wertguthabens in die Insolvenzsicherung einbezieht. Hinsichtlich der möglichen Formulierung einer derartigen Klausel kann auf den unter Rdn. 288 abgedruckten Formulierungsvorschlag verwiesen werden.

307 Um zu vermeiden, dass Arbeitgeber die Insolvenzsicherung nicht oder nicht in geeigneter Form durchführen, hat der Gesetzgeber des Weiteren in § 8a Abs. 3 ATG ausdrücklich die Verpflichtung aufgenommen, dass der Arbeitgeber dem Arbeitnehmer die zur Sicherung des Wertguthabens ergriffenen Maßnahmen **schriftlich nachzuweisen** hat. Dieser schriftliche Nachweis hat **nach Ablauf des ersten Monats** der im Blockmodell durchgeführten Altersteilzeit und **anschließend alle sechs Monate** zu erfolgen. Alternativ zu dem vom Gesetzgeber vorgesehenen schriftlichen Nachweis im Sechs-Monats-Rhythmus können sich Arbeitgeber und **Betriebsrat** auf eine **anderweitige Form des Nachweises der Insolvenzsicherung** einigen. Diese anderweitige Form des Nachweises muss allerdings der gesetzlichen Regelung **gleichwertig** sein. In der Praxis dürfte es kaum eine anderweitige geeignete Form des Nachweises geben.

308 Kommt das Unternehmen seinen Pflichten zur Insolvenzsicherung bzw. zum Nachweis einer geeigneten Insolvenzsicherung nicht nach, ist der Arbeitnehmer in Altersteilzeitverhältnissen berechtigt, den Arbeitgeber **schriftlich aufzufordern, innerhalb eines Monats eine geeignete Insolvenzsicherung entsprechend den Vorschriften des § 8a Abs. 3 ATG nachzuweisen**. Kommt der Arbeitgeber dieser Aufforderung nicht nach, kann der Arbeitnehmer nach Ablauf des vorerwähnten Monats Sicherheit in Höhe des bereits erwirtschafteten Wertguthabens durch den Arbeitgeber verlangen. **Diese Sicherheitsleistung kann nunmehr nur noch durch Stellung eines tauglichen Bürgen oder durch Hinterlegung von Geld oder von Wertpapieren**, die nach § 234 Abs. 1 und 3 BGB zur Sicherheitsleistung geeignet sind, erfolgen. Dem Arbeitnehmer steht insofern ein einklagbarer Anspruch gegen das Unternehmen zu. Eine **konzernangehörige Gesellschaft scheidet** auf Grund der eindeutigen Regelung in § 8a ATG als **tauglicher Bürge insofern aus**.

309 Der Hinweis in § 8a ATG, dass die Insolvenzsicherung dann zwingend erforderlich ist, wenn ein Wertguthaben in Höhe des dreifachen Betrages des Regelarbeitsentgeltes aufgebaut wird, bedeutet, dass bei Altersteilzeitmodellen in Form des sog. **Konti-Modells**, d. h. tägliche Verkürzung der Arbeitszeit, keine Insolvenzsicherung notwendig ist. Wird die Arbeitszeit tatsächlich täglich halbiert,

## H. Insolvenz des Arbeitgebers — Kapitel 7

baut der Mitarbeiter kein Wertguthaben auf. Der Arbeitnehmer ist in diesem Fall, wie auch seine übrigen Kollegen, nur hinsichtlich des zukünftigen Bestandes seines Arbeitsverhältnisses dem Insolvenzrisiko des Unternehmens ausgesetzt. Einer gesonderten Absicherung dieses allgemeinen Risikos bedarf es über das im Sozialgesetzbuch III geregelte Insolvenzgeld hinaus nicht.

Ein besonderer Fall der Insolvenzsicherung tritt dann ein, wenn während der Insolvenz der Betrieb nach § 613a BGB auf einen Erwerber übergeht. In diesem Fall geht auch das Arbeitsverhältnis des sich in Altersteilzeit befindenen Mitarbeiters auf den Betriebserwerber über. Dies gilt unabhängig davon, ob sich der Arbeitnehmer im Konti-Modell, in der Arbeitsphase im Blockmodell oder in der Freistellungsphase im Blockmodell befindet (vgl. *BAG* 31.1.2008 EzA § 613a BGB 2002 Nr. 89). Hat der Arbeitnehmer die Arbeitsphase vor Eröffnung des Insolvenzverfahrens beendet, so stellt seine Vergütung während der Freistellungsphase nun trotz Übergang seines Arbeitsverhältnisses auf einen Betriebserwerber eine bloße Insolvenzforderung dar (vgl. *BAG* 30.10.2008 EzA § 613a BGB 2002 Nr. 101). Der Erwerber haftet also in diesem Fall nicht für die Vergütungsansprüche in der Freistellungsphase. Unter Beachtung der oben dargelegten Lückenhaftigkeit der Insolvenzsicherung erleidet dieser Mitarbeiter also trotz Fortbestehens seines Arbeitsverhältnisses bzw. Übergang seines Arbeitsverhältnisses auf den Betriebserwerber einen finanziellen Nachteil. **309a**

Tritt die Insolvenz des bisherigen Betriebsinhabers und Arbeitgebers während der Arbeitsphase des Arbeitnehmers ein und geht das Unternehmen bzw. der Betrieb nun im Rahmen des Insolvenzverfahrens nach § 613a BGB auf einen neuen Erwerber über, so haftet der neue Arbeitgeber in der Freistellungsphase nur für die Vergütungsansprüche des Arbeitnehmers, die spiegelbildlich der Arbeitsphase entsprechen, die der Arbeitnehmer beim Betriebserwerber erbracht hat. Die Vergütungsansprüche in der Freistellungsphase, die spiegelbildlich den Zeiten aus der Arbeitsphase entsprechen, die der Mitarbeiter bei dem früheren Arbeitgeber vor der Insolvenz verbracht hat, unterliegen der Insolvenzsicherung (vgl. *BAG* 30.10.2008 EzA § 613a BGB 2002 Nr. 101). **309b**

# Kapitel 8 Sozialrechtliche Rechtsfolgen der Kündigung/Beendigung von Arbeitsverhältnissen

## Übersicht

| | Rdn. |
|---|---|
| A. **Vorbemerkung** | 1 |
| B. **Bezug von Arbeitslosengeld** | 5 |
| I. Voraussetzungen für den Bezug von Arbeitslosengeld | 6 |
|   1. Begriff der Arbeitslosigkeit | 10 |
|     a) Beschäftigungslosigkeit | 12 |
|     b) Beschäftigungssuche/»Eigenbemühungen« | 25 |
|     c) Verfügbarkeit | 28 |
|   2. Meldung bei der Agentur für Arbeit | 33 |
|   3. Erfüllung der Anwartschaftszeit | 50 |
|     a) Zeiten einer Beschäftigung gegen Arbeitsentgelt oder zur Berufsausbildung | 56 |
|     b) Sonstige Versicherungspflichtige | 61 |
|     c) Versicherungspflicht auf Grund Bezug von bestimmten Sozialleistungen | 62 |
|     d) Versicherungspflicht als Entwicklungshelfer | 65 |
| II. Bezugsdauer | 66 |
|   1. Grundanspruch | 67 |
|   2. Minderung der Anspruchsdauer | 72 |
| III. Höhe des Arbeitslosengeldes | 76 |
| IV. Minderung des Arbeitslosengeldes wegen verspäteter Meldung | 77 |
| V. Keine Anrechnung der Abfindung auf das Arbeitslosengeld | 79 |
| VI. Übersicht über Ruhens- und Sperrzeiten beim Arbeitslosengeld | 81 |
| VII. Ruhenszeit wegen Urlaubsabgeltung | 83 |
| VIII. Ruhenszeit wegen Verkürzung der Kündigungsfrist | 88 |
|   1. Nichteinhaltung der ordentlichen Kündigungsfrist | 89 |
|   2. Abfindung, Entschädigung oder ähnliche Leistung | 96 |
|   3. Dauer des Ruhenszeitraums | 102 |
|   4. Konsequenzen des Ruhenszeitraums nach § 158 SGB III | 113 |
| IX. Sperrzeit wegen verspäteter Arbeitslosmeldung | 115 |
| X. Sperrzeit wegen Beendigung des Arbeitsverhältnisses | 120 |
|   1. Sperrzeitrelevante Beendigungstatbestände | 121 |
|     a) Verhaltensbedingte Arbeitgeberkündigung | 122 |
|     b) Betriebsbedingte Arbeitgeberkündigung | 124 |
|     c) Betriebsbedingte Kündigung mit Abfindungsangebot nach § 1a KSchG | 129 |
|     d) Personenbedingte Arbeitgeberkündigung | 133 |
|     e) Vorausgegangene Absprache über Arbeitgeberkündigung | 134 |
|     f) Abwicklungsvertrag | 136 |
|     g) Arbeitsgerichtlicher Vergleich | 148 |
|     h) Nichterhebung einer Kündigungsschutzklage | 152 |
|     i) Änderungskündigung | 154 |
|     j) Widerspruch nach § 613a BGB | 155 |
|     k) Nichteinhaltung der Kündigungsfrist | 157 |
|     l) Auflösungsantrag nach §§ 9, 10 KSchG | 160 |
|     m) Aufhebungsvertrag | 164 |
|     n) Transfergesellschaft | 165 |
|   2. Wichtiger Grund i. S. v. § 159 SGB III | 167 |
|     a) Beispiele aus der Praxis | 168 |
|     b) Beweislast | 170 |
|     c) Wichtiger Grund bei einvernehmlicher Trennung | 171 |
|   3. Folgen der Sperrzeit | 182 |
|   4. Beginn der Sperrzeit | 185 |
| C. **Erstattung des Arbeitslosengeld nach § 147a SGB III a. F.** | 188 |
| D. **Erstattung des Arbeitslosengeld nach § 148 SGB III a. F. bei nachvertraglichem Wettbewerbsverbot** | 190 |
| E. **Krankenversicherung nach Beendigung des Arbeitsverhältnisses** | 191 |
| I. Pflichtmitgliedschaft während des Bezuges von Arbeitslosengeld | 192 |
|   1. Nachwirkender Krankenversicherungsschutz | 193 |
|   2. Mitgliedschaft in einer Ersatzkasse | 194 |
|   3. Mitglieder einer privaten Krankenversicherung | 195 |
|   4. Krankenversicherungsschutz während eines Ruhenszeitraums nach § 143a SGB III | 196 |
| II. Arbeitsunfähigkeit während des Bezuges von Arbeitslosengeld | 197 |
| III. Arbeitsunfähigkeit zu Beginn der Arbeitslosigkeit | 198 |
| IV. Krankenversicherungsschutz nach Ende der Bezugsdauer des Arbeitslosengeldes | 201 |
| V. Krankengeldbezug nach Abbruch der Altersteilzeit | 202 |
| VI. Übernahme der Krankenversicherungsbeiträge | 207 |
| F. **Leistungen der gesetzlichen Rentenversicherung** | 208 |

## A. Vorbemerkung

| | | Rdn. | | | Rdn. |
|---|---|---|---|---|---|
| I. | Regelaltersrente | 209 | VI. | Altersrente für langjährig unter Tage beschäftigte Bergleute | 265 |
| II. | Altersrente für langjährig Versicherte | 218 | VII. | Altersrente für Frauen | 271 |
| III. | Altersrente für Schwerbehinderte | 232 | VIII. | Rente wegen Erwerbsminderung | 277 |
| IV. | Altersrente wegen Arbeitslosigkeit | 245 | IX. | Hinzuverdienst/Teilrente | 280 |
| V. | Altersrente nach Altersteilzeitarbeit | 257 | | | |

### A. Vorbemerkung

Die Beendigung von Anstellungsverhältnissen löst nicht nur arbeits-, sondern auch sozialrechtliche **1** Fragen aus. Erfolgt nicht ein nahtloser Übergang des Arbeitnehmers in ein neues Arbeitsverhältnis, so tritt die finanzielle Absicherung durch den Bezug von Arbeitslosengeld, der Krankenversicherungsschutz oder aber der Weg in die Altersrente in den Vordergrund.

Der Gesetzgeber hat in den vergangenen Jahren durch die Gesetze für moderne Dienstleistungen am **2** Arbeitsmarkt (Hartz) sowie das Rentenversicherungs-Nachhaltigkeitsgesetz bereits einschneidende Veränderungen vorgenommen. Während die sog. Hartz-Gesetze, die in verschiedenen Stufen das SGB III verändern, die finanzielle Absicherung der Arbeitnehmer im Arbeitsleben erheblich eingeschränkt haben, führen die Veränderungen im Rentenversicherungsrecht dazu, dass eine frühzeitige Inanspruchnahme der Altersrente immer mehr erschwert wird. Verschärft wurde die Möglichkeit der Frühpensionierung durch die im Jahr 2007 vorgenommene Änderung des SGB VI bezüglich der Anhebung der Altersgrenzen in der gesetzlichen Rentenversicherung. Die Anhebung der Altersgrenzen für die Regelaltersrente betrifft alle Arbeitnehmer ab dem Geburtsjahr 1947. Ab dem Geburtsjahr 1947 wird die Regelaltersrente schrittweise vom 65. auf das 67. Lebensjahr angehoben. Arbeitnehmer, die ab 1964 geboren sind, können dann die Regelaltersrente erst im Alter von 67 Jahren in Anspruch nehmen. Im gleichen Zeitrahmen wird auch die Altersrente für langjährig Versicherte angehoben. Konsequenz aus der Anhebung der Altersgrenze ist, dass sich letztendlich die Lebensarbeitszeit für die Arbeitnehmer verlängert und Frühpensionierungen entweder für die Arbeitgeberseite wesentlich teurer werden oder aber zu einem deutlich späteren Zeitpunkt als bisher beginnen können.

Eine Ausnahme von der Tendenz nach der sich die Sozialleistungen für die Arbeitnehmer in den letz- **3** ten Jahren immer weiter verschlechtert haben, hat der Gesetzgeber im Rahmen des 7. Gesetzes zur Änderung des Dritten Buches Sozialgesetzbuch und anderer Gesetze vom 8.4.2008 gemacht. Der Gesetzgeber hatte insofern die ab 1.2.2006 geltende Kürzung der Anspruchsdauer beim Bezug vom Arbeitslosengeld teilweise revidiert und nun gerade für ältere Arbeitnehmer die Bezugsdauer beim Arbeitslosengeld wieder auf bis zu 24 Monate verlängert. Gleichzeitig hatte der Gesetzgeber im Rahmen einer Übergangsvorschrift geregelt, dass von dieser Verbesserung der Bezugsdauer nicht nur die im Zeitpunkt des Erlasses des Gesetzes am 8.4.2008 vor der Arbeitslosigkeit stehenden Arbeitnehmer profitieren, sondern dass auch diejenigen Arbeitslosen von der Verlängerung der Bezugsdauer umfasst sein sollen, die bereits am 31.12.2007 arbeitslos waren und zu diesem Zeitpunkt noch nicht den ihnen bis zu diesem Zeitpunkt zustehenden Anspruch auf Arbeitslosengeld ausgeschöpft hatten. Voraussetzung war selbstverständlich, dass diese Mitarbeiter im Laufe ihrer ursprünglichen Bezugsdauer die Voraussetzungen für die vom Gesetzgeber am 8.4.2008 beschlossene Korrektur erfüllt hatten. Im Hinblick auf die Voraussetzungen der Übergangsregelung siehe die Ausführungen in Kap. 8 Rdn. 67 ff.

Die **früher auf Arbeitgeberseite zu beachtende Erstattungspflicht nach § 147a SGB III a. F. ist zum** **4** **31.1.2006 entfallen**. Seither müssen Arbeitgeber gem. § 434l Abs. 4 SGB III a. F. nicht mehr das Arbeitslosengeld einschließlich der Sozialversicherungsbeiträge für ältere Arbeitnehmer erstatten, soweit die Arbeitslosen das Arbeitslosengeld nach der ab dem 1.2.2006 bzw. der ab dem Jahr 2008 geltenden Fassung des nunmehrigen § 147 SGB III (bis zum 31.12.2011 war dies: § 127 Abs. 2 SGB III) beziehen.

Der Gesetzgeber hat das Sozialgesetzbuch III durch Art. 2 Viertes Gesetz zur Änderung des Sozial- **4a** gesetzbuches und anderer Gesetze v. 22.12.2011 geändert. Die Änderungen beschränkten sich im

# Kapitel 8  Sozialrechtliche Rechtsfolgen der Kündigung/Beendigung von Arbeitsverhältnissen

Wesentlichen auf redaktionelle Änderungen dergestalt, dass es zu einer Neustrukturierung des Sozialgesetzbuches III kam. So wurde beispielsweise das bisher in den §§ 169 ff. SGB III geregelte Kurzarbeitergeld nunmehr im Gesetz vorgezogen und findet sich jetzt in den §§ 95 ff. SGB III wieder. Auch die im Folgenden näher behandelten Vorschriften zum Bezug von Arbeitslosengeld wurden neu nummeriert. Während der Anspruch auf Arbeitslosengeld bisher in § 117 SGB III geregelt war, finden sich die Vorschriften zum Bezug von Arbeitslosengeld nunmehr in den § 136 ff. SGB III. Dementsprechend wird im Folgenden jeweils in Klammern hinter der maßgeblichen Gesetzesvorschrift angegeben, welcher Paragraph diesen Tatbestand bis zum Jahr 2011 geregelt hatte.

## B. Bezug von Arbeitslosengeld

5   Endet das Arbeitsverhältnis, ohne dass der Arbeitnehmer nahtlos in ein neues Beschäftigungsverhältnis wechselt, wird er zunächst auf die Leistungen der Bundesagentur für Arbeit (BA) angewiesen sein. Im Hinblick auf die Leistungen der Bundesagentur für Arbeit bei Beendigung eines Arbeitsverhältnisses ist in erster Linie auf den Bezug von Arbeitslosengeld I abzustellen. Daneben gewährt die Bundesagentur für Arbeit in den Fällen, in denen die Beendigung des Arbeitsverhältnisses im Zusammenhang mit der Insolvenz eines Unternehmens steht, dem Mitarbeiter ab Eintritt der Insolvenz zunächst Insolvenzausfallgeld für einen Zeitraum von drei Monaten. Können die Arbeitnehmer wegen der Insolvenz nicht weiter beschäftigt werden und werden sie vom Insolvenzverwalter freigestellt, so schließt sich i. d. R. an das Insolvenzausfallgeld der Anspruch auf Arbeitslosengeld I an. Nach Ablauf der Bezugsdauer für Arbeitslosengeld I kann der Arbeitnehmer – bei entsprechender Bedürftigkeit – und fortbestehender Arbeitslosigkeit Arbeitslosengeld II beziehen. Die folgenden Ausführungen beschäftigen sich alleine mit dem Bezug von Arbeitslosengeld I.

### I. Voraussetzungen für den Bezug von Arbeitslosengeld

6   Der Gesetzgeber hat den Begriff der Arbeitslosigkeit in § 138 SGB III (früher: § 119 SGB III) definiert (s. Rdn. 10). Seit der Neuregelung des Begriffes der Arbeitslosigkeit und der Voraussetzungen für den Bezug von Arbeitslosengeld seit 1.1.2005 hat der Gesetzgeber bewusst auf die Stellung eines eigenständigen Antrages für den Bezug von Arbeitslosengeld verzichtet. Es reicht seither aus, dass die nunmehr in § 137 SGB III (früher: § 118 SGB III) aufgestellten Voraussetzungen vorliegen, um Arbeitslosengeld beanspruchen zu können.

7   Anspruch auf Arbeitslosengeld bei Arbeitslosigkeit haben danach Arbeitnehmer, die:
   a) arbeitslos sind
   b) sich bei der Agentur für Arbeit arbeitslos gemeldet und
   c) die Anwartschaftszeit erfüllt haben.

8   In § 136 SGB III (früher: § 117 SGB III) ist klargestellt, dass der Arbeitslosigkeit i. S. v. § 137 SGB III (früher: § 118 SGB III) auch die Teilnahme an einer Maßnahme der beruflichen Weiterbildung durch den Arbeitslosen gleichsteht. Auch dies führt bei Vorliegen der übrigen Voraussetzungen zu einem Anspruch auf Arbeitslosengeld. Klargestellt hat der Gesetzgeber darüber hinaus, dass Arbeitnehmer, die die Voraussetzungen für den Bezug der Regelaltersrente – hier wird die Altersgrenze schrittweise vom 65. auf das 67. Lebensjahr angehoben (vgl. Rdn. 209 ff.) – erfüllen, keinen Anspruch mehr auf Arbeitslosengeld haben.

9   Bis zu dem Zeitpunkt, zu dem die Agentur für Arbeit über den Anspruch auf Arbeitslosengeld entschieden hat, hat der Arbeitslose die Möglichkeit, der Agentur für Arbeit mitzuteilen, ob er trotz vorliegender Arbeitslosigkeit **auf Arbeitslosengeld verzichtet** bzw. das Arbeitslosengeld erst **zu einem späteren Zeitpunkt beziehen möchte**. Diese Ergänzung des SGB III war notwendig, da nach der seit 1.1.2005 geltenden Fassung ein **Antrag auf Arbeitslosengeld als solcher nicht erforderlich** ist. Voraussetzung ist, wie angegeben, alleine, dass Arbeitslosigkeit vorliegt, die Anwartschaftszeit erfüllt ist und der Arbeitnehmer sich bei der Agentur für Arbeit arbeitslos gemeldet hat.

## 1. Begriff der Arbeitslosigkeit

Der Begriff der Arbeitslosigkeit war früher in § 118 SGB III a. F. i. V. m. § 119 SGB III a. F. definiert worden. In der seit 1.1.2005 geltenden Fassung des SGB III erfolgt die Definition nunmehr einheitlich in § 138 SGB III (früher: § 119 SGB III). Diese Vorschrift übernimmt im Wesentlichen die früher auf die §§ 118 und 119 SGB III a. F. verteilten Merkmale der **Arbeitslosigkeit**.

> Arbeitslos ist ein Arbeitnehmer, der:
> - nicht in einem Beschäftigungsverhältnis steht (Beschäftigungslosigkeit),
> - sich bemüht, seine Beschäftigungslosigkeit zu beenden (Eigenbemühung) und
> - den Vermittlungsbemühungen der Agentur für Arbeit zur Verfügung steht (Verfügbarkeit).

### a) Beschäftigungslosigkeit

#### aa) Nebentätigkeiten/kurzzeitige Beschäftigung

Beschäftigungslosigkeit bedeutet nicht, dass der Arbeitslose keinerlei Tätigkeit während dieser Zeit nachgehen darf. § 138 Abs. 3 SGB III (früher: § 119 Abs. 3 SGB III) besagt ausdrücklich, dass **Beschäftigungslosigkeit** auch dann vorliegt, wenn der Arbeitslose eine Tätigkeit von weniger als 15 Stunden wöchentlich ausübt. Gelegentliche Abweichungen von geringer Dauer bleiben unberücksichtigt.

Da der Gesetzgeber lediglich auf die Wochenstundenzahl und im Gegensatz zu § 8 SGB IV nicht auf die Höhe des im Rahmen der kurzzeitigen Beschäftigung erzielten Einkommens abstellt, liegt Arbeitslosigkeit i. S. d. SGB III auch dann vor, wenn der »Arbeitslose« im Rahmen einer wöchentlichen Tätigkeit von nicht mehr als 15 Stunden die **Geringfügigkeitsgrenze des § 8 SGB IV** im Hinblick auf den Verdienst überschreitet. In diesem Fall tritt die kuriose Situation ein, dass der »Arbeitslose« einerseits Beiträge zur Arbeitslosenversicherung auf Grund der **sozialversicherungspflichtigen Beschäftigung** abführen muss und andererseits **Arbeitslosengeld** bezieht (vgl. zur Altfassung des SGB III: *Steinmeyer* in Gagel SGB III, § 118 Rn. 66; *BSG* 17.3.1981 – 7 RAr 19/80, SozSich 1981, 281). Gemäß § 155 SGB III (früher: § 141 SGB III) erfolgt allerdings eine teilweise **Anrechnung des Nebenverdienstes auf das Arbeitslosengeld**.

Die Anrechnung von Nebeneinkommen nach § 155 SGB III (früher: § 141 SGB III) wurde vom Gesetzgeber ebenfalls vereinfacht. In der geltenden Fassung des § 155 SGB III (früher: § 141 SGB III) ist vorgesehen, dass in den Fällen, in denen die Arbeitslosigkeit wegen einer maximal fünfzehnstündigen Nebentätigkeit pro Woche fortbesteht, das Nebeneinkommen nach Abzug der Steuern, der Sozialversicherungsbeiträge und der Werbungskosten sowie eines Freibetrages in Höhe von 165,– € auf das Arbeitslosengeld angerechnet wird. Zu beachten ist, dass diese Anrechnung von Nebeneinkommen dann entfällt, wenn der Arbeitnehmer eine wöchentliche Tätigkeit von mehr als fünfzehn Stunden ausübt. Dann endet für die Dauer der Nebentätigkeit die Arbeitslosigkeit. Hier wird also der Arbeitslosengeldbezug unterbrochen, so dass keine Anrechnung des Nebeneinkommens erfolgt, sondern das Nebeneinkommen für diese Zeit an die Stelle des Arbeitslosengeldes tritt.

Wird der Arbeitslose im Rahmen einer Nebentätigkeit als Aushilfe eingesetzt und liegt daher keine regelmäßige Beschäftigung vor, so spielt die gelegentliche Überschreitung der Fünfzehn-Stunden-Grenze keine Rolle. Trotz der Nebentätigkeit gilt der Mitarbeiter auch weiterhin als arbeitslos. Der Gesetzgeber unterstellt auch hier – bei gelegentlichen Überschreitungen der Grenze von fünfzehn Wochenstunden – das Vorliegen einer »kurzzeitigen Beschäftigung«.

§ 138 Abs. 3 SGB III (früher: § 119 Abs. 3 SGB III) will durch diese Regelung ähnlich wie die Vorgängervorschrift in § 118 Abs. 2 S. 1 SGB III a. F. vermeiden, dass es zu häufigen Wechseln zwischen unschädlicher kurzzeitiger Beschäftigung und echter vollwertiger Beschäftigung kommt. Als gelegentliche Abweichung werden aber nur solche Überschreitungen der 15-Wochenstunden-Grenze akzeptiert, die **nicht regelmäßig auftreten** und die **nicht vorhersehbar** sind (vgl. zur Altfassung: *BSG* 14.7.1988 – 11/7 RAr 41/87, SozR 4100 § 115 Nr. 2). Als gelegentliche Abweichungen können insofern **Urlaubs- oder Krankheitsvertretungen** toleriert werden (vgl. zur Altfassung: *Steinmeyer* in Gagel SGB III, § 118 Rn. 101).

17 Bei **schwankenden Arbeitszeiten** ist die durchschnittliche Arbeitszeit zugrunde zu legen (vgl. *BSG* 22.8.1984 – 7 RAr 12/83, SozR 4100 § 102 Nr. 6). Insofern ist es zulässig, die voraussichtliche Arbeitszeit der nächsten zwei Monate heranzuziehen und so den zukünftigen Wochendurchschnitt zu ermitteln (vgl. *Steinmeyer* in Gagel SGB III, § 118 Rn. 75).

18 Mehrere Beschäftigungsverhältnisse mit jeweils weniger als 15 Wochenstunden werden auch nach der Neufassung des SGB III addiert.

### bb) Selbstständigkeit/mithelfender Familienangehöriger

19 Auch eine Selbstständigkeit oder die Tätigkeit als **mithelfender Familienangehöriger** hindert nach § 138 SGB III (früher: § 119 SGB III) nicht die Anerkennung von Beschäftigungslosigkeit, sofern die Arbeitszeit **weniger als 15 Stunden wöchentlich** umfasst. Es gilt hier hinsichtlich des zeitlichen Umfangs und der Feststellung des zeitlichen Umfangs das Gleiche wie bei der Ausübung einer Nebentätigkeit.

20 Als **selbstständige Tätigkeit** wird von den Sozialgerichten jede Tätigkeit angesehen, die nicht in einem abhängigen Beschäftigungsverhältnis ausgeübt wird (vgl. *Steinmeyer* in Gagel SGB III, § 118 Rn. 122). Voraussetzung für die Annahme einer selbstständigen Tätigkeit und damit einer Beschäftigung i. S. d. § 138 SGB III (früher: § 119 SGB III) ist allerdings, dass eine **Gewinnerzielungsabsicht** mit der Ausübung der Tätigkeit verbunden ist. An dieser Gewinnerzielungsabsicht fehlt es, wenn der Arbeitslose lediglich **Aufwendungsersatz** erhält oder wenn er nachweisen kann, dass es sich bei der Tätigkeit um bloße **Liebhaberei** handelt (vgl. *BSG* 5.2.1997 – 12 RK 33/96; 22.4.1986 – 12 RK 53/84, SozR 2200 § 180 Nr. 3).

21 Als mithelfender Familienangehöriger i. S. d. § 138 SGB III (früher: § 119 SGB III) werden angesehen:
 – Verwandte bis zum 3. Grade,
 – Verschwägerte bis zum 2. Grade,
 – Pflegekinder i. S. v. § 56 Abs. 2 Nr. 2 SGB I,
 – Ehegatten,
 – Lebenspartner in gleichgeschlechtlichen Beziehungen gem. Gesetz vom 16.2.2001.

22 Bei der Prüfung, ob Beschäftigungslosigkeit i. S. v. § 138 SGB III (früher: § 119 SGB III) vorliegt, ist daher auch bzgl. selbstständiger Tätigkeiten und der Tätigkeiten als Familienangehöriger zu prüfen, ob durch diese Zeiten weniger als 15 Stunden in der Woche gearbeitet wird. Bei der Feststellung des Begriffs der **Beschäftigungslosigkeit** werden somit sämtliche Tätigkeiten des Arbeitslosen addiert. Erreichen die Tätigkeiten im Rahmen einer Nebentätigkeit, als Selbständiger oder als Familienangehöriger in der Addition mehr als 15 Wochenstunden, so liegt keine Beschäftigungslosigkeit und damit keine Arbeitslosigkeit vor.

23 Die früher in der Altfassung enthaltene Regelung, wonach eine selbstständige Tätigkeit und eine Tätigkeit als **mithelfender Familienangehöriger**, die **mindestens 15 Stunden und weniger als 18 Stunden wöchentlich umfasste**, Beschäftigungslosigkeit dann nicht ausschließt, wenn sie **innerhalb der letzten zwölf Monate mindestens an zehn Monaten ausgeübt** wurde, ist in der geltenden Fassung des § 138 SGB III (früher: § 119 SGB III) nicht mehr enthalten. Dies bedeutet, dass dann, wenn eine Tätigkeit von 15 Stunden oder mehr ausgeübt wird, Beschäftigungslosigkeit nicht mehr vorliegt.

### cc) Ehrenamtliche Tätigkeit

24 Eine ehrenamtliche Tätigkeit des Arbeitslosen schließt gem. § 138 Abs. 2 SGB III (früher: § 119 Abs. 2 SGB III) Beschäftigungslosigkeit und damit auch Arbeitslosigkeit nicht aus, wenn durch

die **ehrenamtliche Tätigkeit** die berufliche Eingliederung des Arbeitslosen in den Arbeitsmarkt nicht beeinträchtigt wird.

### b) Beschäftigungssuche/»Eigenbemühungen«

Weitere Voraussetzung für den Begriff der Arbeitslosigkeit und damit für den Anspruch auf Arbeitslosengeld ist, dass der Arbeitslose sich bemüht, seine Beschäftigungslosigkeit zu beenden. Der Gesetzgeber spricht hier von »Eigenbemühungen«. 25

Im Rahmen der Eigenbemühungen hat der Arbeitslose alle Möglichkeiten zur **beruflichen Eingliederung** zu nutzen. 26

Nach § 138 Abs. 4 SGB III (früher: § 119 Abs. 4 SGB III) gehören hierzu insbes.: 27
- die Wahrnehmung der Verpflichtungen aus der Eingliederungsvereinbarung,
- die Mitwirkung bei der Vermittlung durch Dritte und
- die Inanspruchnahme der Selbstinformationseinrichtungen der Agentur für Arbeit.

### c) Verfügbarkeit

Dritte Voraussetzung für den Betriff der Arbeitslosigkeit ist die **Verfügbarkeit des Arbeitslosen**. Arbeitslosigkeit i. S. d. § 138 SGB III (früher: § 119 SGB III) liegt nur dann vor, wenn der Arbeitnehmer den **Vermittlungsbemühungen der Agentur für Arbeit** zur Verfügung steht. 28

Den Vermittlungsbemühungen steht nach dem Gesetzeswortlaut zur Verfügung, wer: 29
1. eine versicherungspflichtige, mindestens 15 Stunden wöchentlich umfassende zumutbare Beschäftigung unter den üblichen Bedingungen des für ihn in Betracht kommenden Arbeitsmarktes ausüben kann und darf,
2. Vorschläge der Agentur für Arbeit zur beruflichen Eingliederung zeit- und ortsnah Folge leisten kann,
3. bereit ist, jede Beschäftigung i. S. d. Nr. 1 anzunehmen und auszuüben und
4. bereit ist, an Maßnahmen zur beruflichen Eingliederung in das Erwerbsleben teilzunehmen.

Welche Arbeitsplätze für einen Arbeitslosen **zumutbar** sind, regelt § 140 SGB III (früher: § 121 SGB III). Danach sind einem Arbeitslosen alle seiner Arbeitsfähigkeit entsprechenden Beschäftigungen zumutbar, soweit allgemeine oder personenbezogene Gründe dem nicht entgegenstehen. Die **Unzumutbarkeit** kann sich insofern bspw. aus einer **unverhältnismäßig langen Fahrtstrecke** ergeben. Diese liegt bspw. bei täglichen Pendelzeiten von insgesamt mehr als 2,5 Stunden vor, wenn die Arbeitszeit mehr als sechs Stunden beträgt. Liegt die Arbeitszeit unterhalb von sechs Stunden, so sind bereits Pendelzeiten von mehr als zwei Stunden als unzumutbar anzusehen (§ 140 Abs. 4 S. 2 SGB III). Etwas anderes gilt nur dann, wenn in der betreffenden Region längere Pendelzeiten üblich sind. 30

Auch die **Vergütung des neuen Arbeitsplatzes** spielt im Hinblick auf die Zumutbarkeit eine entscheidende Rolle. Der Gesetzgeber hat insofern in § 140 SGB III (früher: § 121 SGB III) eine Abstufung vorgenommen, die sich an der Dauer der Arbeitslosigkeit orientiert. Je länger die Arbeitslosigkeit dauert, je mehr Abschläge muss der Arbeitslose bei seiner Vergütung hinnehmen. Während **in den ersten drei Monaten** der Arbeitslosigkeit eine Beschäftigung nur dann als zumutbar anzusehen ist, wenn die **Gehaltseinbuße** gegenüber dem früheren Verdienst **maximal 20 %** beträgt, wird vom Gesetzgeber in den **nächsten drei Monaten** der Arbeitslosigkeit bereits eine **Gehaltseinbuße von 30 % als zumutbar** angesehen. **Ab dem siebten Monat** der Arbeitslosigkeit hat der Arbeitslose nur noch dann die Möglichkeit, eine Beschäftigung wegen der Vergütung als unzumutbar abzulehnen, wenn das dort **erzielbare Nettoeinkommen** unter Berücksichtigung der mit der Beschäftigung zusammenhängenden Aufwendungen **niedriger ist** als das dem Arbeitslosen zufließende **Arbeitslosengeld**. 31

Im Hinblick auf die Verfügbarkeit bzw. die Arbeitsbereitschaft ist darauf hinzuweisen, dass die vom Gesetzgeber im Jahr 1986 zunächst für vier Jahre eingeführte und dann mehrfach verlängerte sog. 58er-Regelung zum 31.12.2007 ausgelaufen ist. Gemäß § 428 Abs. 2 S. 1 SGB III a. F. erhielten frü- 32 her Arbeitslose bis zum Bezug einer abschlagsfreien Rente Arbeitslosengeld, ohne dass sie noch bereit sein mussten, eine von der Agentur für Arbeit vermittelte Stelle anzunehmen. Für Ansprüche auf Arbeitslosengeld, die nach dem 1.1.2008 entstanden sind, gilt diese Regelung nicht mehr. Hier muss nun weiterhin uneingeschränkte Arbeitsbereitschaft und somit uneingeschränkte Verfügbarkeit für die von der Agentur für Arbeit vermittelten Arbeitsplätze bestehen.

### 2. Meldung bei der Agentur für Arbeit

33  Zweite Voraussetzung neben der nach § 138 SGB III (früher: § 119 SGB III) bestehenden Arbeitslosigkeit ist nach § 137 SGB III (früher: § 118 SGB III), dass der Arbeitnehmer sich bei der Agentur für Arbeit arbeitslos gemeldet hat.

34  Die mit Wirkung ab 1.7.2003 in § 37b SGB III eingeführte Verpflichtung für Arbeitnehmer, sich unverzüglich nach Zugang einer Kündigung bzw. Unterzeichnung eines Aufhebungsvertrages bei der Agentur für Arbeit arbeitsuchend zu melden, wurde mit Wirkung ab 1.1.2006 durch Neufassung von § 37b SGB III geändert und findet sich seit 1.1.2009 in § 38 SGB III. Seither müssen sich Arbeitnehmer, deren Arbeits- oder Ausbildungsverhältnis endet, spätestens drei Monate vor dem Beendigungstermin persönlich bei der Agentur für Arbeit arbeitsuchend melden. Liegt zwischen der Kenntnis von dem Beendigungstermin und der Beendigung des Arbeits- oder Ausbildungsverhältnisses ein Zeitraum von weniger als drei Monaten, so hat die Meldung bei der Agentur für Arbeit nunmehr innerhalb von drei Tagen nach Kenntnis von dem Beendigungszeitpunkt zu erfolgen.

35  Da es sich bei der dreitägigen Meldepflicht um »Kalendertage« handelt, muss der Arbeitnehmer nach Kenntnis von der Beendigung des Arbeitsverhältnisses schnell reagieren. Gemäß § 188 Abs. 1 BGB endet bei einer nach Tagen bemessenen Frist, die Frist mit Ablauf des letzten Tages dieser Frist. Nur dann, wenn der letzte Tag auf einen Sonntag, einen gesetzlichen Feiertag oder einen Samstag fällt, endet die Frist gem. § 26 Abs. 3 SGB X mit dem Ablauf des nächstfolgenden Werktages.

36  ▶ Beispiel:
– Der Arbeitgeber überreicht am 17.3.2011 dem Arbeitnehmer A in dem seit einem Jahr bestehenden Arbeitsverhältnis die fristgerechte Kündigung zum 15.4.2011. In diesem Fall endet für A grds. die dreitägige Meldefrist am 20.3.2011. Da es sich hierbei aber um einen Sonntag gehandelt hat, läuft die Frist nun tatsächlich erst am 21.3.2011 ab.

37  Gemäß § 38 Abs. 1 S. 5 SGB III gilt die Pflicht zur Meldung nicht bei der Beendigung von betrieblichen Ausbildungsverhältnissen, da hier i. d. R. erst nach der Abschlussprüfung feststeht, ob der Auszubildende ggf. in ein Arbeitsverhältnis übernommen wird. Bei außerbetrieblichen Ausbildungsverhältnissen muss die Meldefrist nach § 38 SGB III beachtet werden.

38  Ein Arbeitnehmer ist im Anschluss an eine Kündigung bzw. an die Unterzeichnung eines Aufhebungsvertrages unabhängig davon zur Meldung bei der Agentur für Arbeit verpflichtet, ob der Fortbestand des Arbeitsverhältnisses gerichtlich geltend gemacht werden soll oder der Arbeitnehmer die Beendigung akzeptiert. Ebenso unerheblich ist, ob der Arbeitnehmer bereits bereit ist, sich von der Agentur für Arbeit vermitteln zu lassen. Es geht bei § 38 SGB III alleine um die Tatsachenmitteilung der Beendigung des Arbeitsverhältnisses. Versäumt der Arbeitnehmer diese Meldung bei der Agentur für Arbeit innerhalb der vom Gesetzgeber genannten Fristen, so löst dies gem. § 159 Abs. 1 Nr. 7 SGB III (früher: § 144 SGB III) eine einwöchige Sperrzeit aus (s. Rdn. 115).

39  Die Meldung bei der Agentur für Arbeit muss drei Monate vor Beendigung des Arbeitsverhältnisses erfolgen. Ist die Kündigungsfrist kürzer, so hat die Meldung gem. § 38 SGB III innerhalb von drei Tagen zu erfolgen.

40  Ein Verschulden des Arbeitnehmers im Falle der verspäteten Arbeitslosmeldung muss dann verneint werden, wenn es ihm aus **zeitlichen Gründen** unmöglich war, die Agentur für Arbeit rechtzeitig aufzusuchen. Hat der Arbeitnehmer bspw. die Kündigung am letzten Arbeitstag vor einem seit langer Zeit gebuchten Urlaub ausgehändigt bekommen und erhält er vom Arbeitgeber nicht nach § 629 BGB die Möglichkeit, am letzten Tag noch die Agentur für Arbeit aufzusuchen, so reicht es aus,

## B. Bezug von Arbeitslosengeld	Kapitel 8

wenn der Mitarbeiter unmittelbar nach Rückkehr aus seinem Urlaub die Agentur für Arbeit informiert.

Ein Verschulden des Arbeitnehmers bzw. Arbeitslosen muss im Hinblick auf die aus § 38 SGB III folgende Meldepflicht auch dann in Frage gestellt werden, wenn der Arbeitslose unter Berücksichtigung seiner individuellen Kenntnisse und Fähigkeiten keine Kenntnis von der Meldepflicht hatte (vgl. *BSG* 25.5.2005 – B 11a/11 AL 81/04 R; 18.8.2005 – B 7a/7 AL 94/04 R). Zwar ist der Arbeitgeber verpflichtet den Arbeitnehmer über die Meldepflicht aufzuklären; unterlässt er dies, so löst dies nach der Rechtsprechung des *BAG* (29.9.2005 EzA § 280 BGB 2002 Nr. 1 = NZA 2005, 1406) keinen Schadensersatzanspruch des Mitarbeiters aus. In diesem Fall kann allerdings nicht ohne weiteres davon ausgegangen werden, dass der Arbeitnehmer Kenntnis davon hatte, dass er sich drei Monate vor Ende des Arbeitsverhältnisses bzw. bei kürzeren Fristen unverzüglich bei der Agentur für Arbeit arbeitsuchend melden muss. Hat der Arbeitslose keine Kenntnis von der aus § 38 SGB III resultierenden Pflicht, muss allerdings nach Auffassung des BSG geprüft werden, ob ihm diese Unkenntnis i. S. eines Fahrlässigkeitsvorwurfs vorgehalten werden kann (vgl. *BSG* 2.5.2005 – B 11a/11 AL 81/04 R; 18.8.2005 – B 7a/7 AL 94/04). Ob dem Arbeitnehmer ein entsprechender Fahrlässigkeitsvorwurf gemacht werden kann, hängt von den Umständen des Einzelfalles ab. **41**

Im Hinblick auf den vorstehenden Hinweis, dass dann, wenn ein Arbeitgeber den Hinweis auf die Meldepflicht entgegen von § 2 Abs. 2 S. 2 Nr. 3 SGB III unterlässt dies keine Schadenersatzpflicht auslöst, ist zu beachten, dass dies nur dann gilt, wenn der Arbeitgeber gar nichts macht. Wenn der Arbeitgeber allerdings den Arbeitnehmer im Rahmen des Aufhebungsvertrages oder im Rahmen einer Kündigung fehlerhaft über die Meldepflicht informiert, dann haftet der Arbeitgeber für die daraus dem Arbeitnehmer entstehenden Nachteile. Dementsprechend sollte ein Arbeitgeber, der die entsprechende Belehrung in das Kündigungsschreiben aufnimmt, sehr genau auf die korrekte Wiedergabe des Wortlautes von § 38 SGB III achten. Wenn ein Arbeitgeber weiterhin auf § 37b SGB III – diese Vorschrift existiert nicht mehr – verweist oder wenn der Arbeitgeber in das Kündigungsschreiben hinein nimmt, dass der Arbeitnehmer sich »unverzüglich« bei der Agentur für Arbeit zu melden hat, kann dies Schadensersatzpflichten auslösen, weil beispielsweise »unverzüglich« nicht zwingend bedeuten muss, dass die Meldung innerhalb von drei Kalendertagen zu erfolgen hat. **42**

Hat das Unternehmen keine Beendigungskündigung, sondern lediglich eine **Änderungskündigung** ausgesprochen, so tritt eine **Meldepflicht** nur dann ein, wenn der Arbeitnehmer das Änderungsangebot weder vorbehaltlos noch unter dem Vorbehalt der sozialen Rechtfertigung annimmt. Nur dann, wenn das Änderungsangebot abgelehnt wird, wirkt die Änderungskündigung wie eine **Beendigungskündigung** und kann Arbeitslosigkeit auslösen. Der Arbeitnehmer kann also selbst beurteilen, ob und wann bei einer Änderungskündigung die Meldung erforderlich ist. Die Frist zur Meldung beginnt bei der Änderungskündigung also erst ab dem Zeitpunkt, zu dem der Arbeitnehmer entschieden hat, wie er auf die Änderungskündigung reagiert (vgl. *Hanau* ZIP 2003, 1573). Auch bei der Änderungskündigung gilt wieder, dass der Mitarbeiter die Agentur für Arbeit unabhängig davon, ob er die Kündigung vor Gericht angreift, unverzüglich über die bevorstehende Beendigung des Arbeitsverhältnisses informieren muss. Da es bisher allerdings noch keine höchstrichterliche Entscheidung des BSG zum Zeitpunkt der Meldepflicht bei einer Änderungskündigung gibt, kann aus anwaltlicher Sicht nur der Rat gegeben werden, die Meldefrist vorsorglich ab Zugang der Änderungskündigung – unabhängig davon, wie der Arbeitnehmer sich später entscheidet – zu berechnen. **43**

Auch bei einer Befristung des Arbeitsverhältnisses ist die Meldepflicht nach § 38 SGB III zu beachten. Auch hier gilt, dass der Arbeitnehmer drei Monate vor Ende des befristeten Arbeitsverhältnisses sich nach § 38 Abs. 1 S. 1 SGB III arbeitsuchend melden muss. Diese Verpflichtung besteht unabhängig davon, ob der Arbeitgeber ggf. dem Arbeitnehmer signalisiert hat, dass das Arbeitsverhältnis voraussichtlich verlängert wird. Während früher von einigen Landessozialgerichten die Auffassung vertreten wurde, dass dann, wenn eine Verlängerung in Aussicht gestellt worden war, nicht von einer schuldhaften Verletzung der Meldepflicht ausgegangen werden konnte, hat das Bundessozialgericht zwischenzeitlich klargestellt, das die Meldepflicht in jedem Fall zu beachten ist (*BSG* 25.5.2005 – B **44**

11a/11 AL 81/04 R, BSGE 95, 8; 28.8.2007 – B 7/7a AL 56/06 R; 17.10.2007 – B 11a/7a AL 72/06 R).

45 Wird ein befristetes Arbeitsverhältnis mit einer Laufzeit von weniger als drei Monaten eingegangen, so folgt aus der Gesetzesregelung in § 38 Abs. 1 SGB III, dass der Arbeitnehmer die Meldung bei der Agentur für Arbeit nun innerhalb von drei Tagen nach Abschluss dieses befristeten Arbeitsvertrages abgeben muss (vgl. *BSG* 20.10.2005 – B 7a AL 28/05 R).

46 Handelt es sich nicht um ein zeitlich befristetes Arbeitsverhältnis sondern um eine sog. Zweckbefristung, so beginnt die – in diesem Fall dreitägige – Meldepflicht erst in dem Zeitpunkt, in dem der Arbeitnehmer durch den Arbeitgeber über die Zweckerreichung informiert wird. Erst dann, wenn der Arbeitnehmer sichere Kenntnis davon hat, dass die Zweckbefristung sein Ende finden wird, entsteht für ihn nach § 38 Abs. 1 SGB III die Meldepflicht. Insofern ist zu beachten, dass gem. § 15 Abs. 2 TzBfG ein zweckbefristetes Arbeitsverhältnis zwar mit Erreichen des Zweck; jedoch frühestens zwei Wochen nach Zugang der schriftlichen Unterrichtung des Arbeitnehmers durch den Arbeitgeber über den Zeitpunkt der Zweckerreichung sein Ende finden kann. Das Gleiche gilt gem. § 21 TzBfG bei auflösend bedingten Arbeitsverträgen.

47 Die Meldung nach § 38 SGB III hat grds. persönlich bei der zuständigen Agentur für Arbeit zu erfolgen. Gemäß § 38 Abs. 1 S. 3 SGB III reicht es allerdings aus, die Meldung zunächst per Telefax oder per E-Mail durchzuführen, wenn gleichzeitig ein entsprechender Termin für das persönliche Erscheinen bei der Agentur für Arbeit vereinbart wird.

48 Ist der Arbeitsuchende aufgrund einer Erkrankung an der persönlichen Meldung gehindert, so reicht auch hier zunächst die Information der Agentur für Arbeit per Telefon, per Telefax oder per E-Mail aus. Es sollte allerdings auch hier nun für die Zeit nach Wiedergenesung ein entsprechender persönlicher Termin vereinbart werden.

49 Ergänzend zu den Regelungen in § 38 SGB III ist zu beachten, dass der Gesetzgeber in § 38 Abs. 1 S. 6 SGB III hinsichtlich der Meldepflichten auch auf die allgemeine Meldepflicht in den § 309, 310 SGB III verwiesen hat. Gemäß § 309 SGB III hat ein Arbeitsloser sich während der Zeit, für die er Anspruch auf Arbeitslosengeld geltend macht, auf entsprechende Anforderung der Agentur für Arbeit jederzeit dort persönlich zu melden. Gemäß § 309 Abs. 2 SGB III kann die Agentur für Arbeit den Arbeitslosen zum Zwecke der
- Berufsberatung,
- Vermittlung in Ausbildung oder Arbeit,
- Vorbereitung aktiver Arbeitsförderungsleistung
- Vorbereitung von Entscheidungen in Leistungsverfahren und
- Prüfung des Vorliegen der Voraussetzung für den Leistungsanspruch

zu einem Gespräch in die Dienststelle bitten.

### 3. Erfüllung der Anwartschaftszeit

50 Dritte Voraussetzung für den Bezug von Arbeitslosengeld ist gem. § 137 SGB III (früher: § 118 SGB III), dass der Arbeitnehmer die Anwartschaftszeit (nunmehr § 142 SGB III) erfüllt hat. Die **Anwartschaftszeit** hat insofern erfüllt, wer in der **Rahmenfrist** des § 143 SGB III (früher: § 124 SGB III) **mindestens zwölf Monate in einem Versicherungspflichtverhältnis** gestanden hat. Die Rahmenfrist, die früher drei Jahre betrug, wurde in der seit 1.1.2004 geltenden Neufassung des § 143 SGB III (früher: § 124 SGB III) **auf zwei Jahre verkürzt** und beginnt mit dem Tag vor der Erfüllung aller sonstigen Voraussetzungen für den Anspruch auf Arbeitslosengeld. Die Rahmenfrist spielt nicht nur bei der Feststellung der Anwartschaftszeit eine Rolle, sondern entscheidet auch darüber, welche Bezugsdauer beim Arbeitslosengeld der Arbeitslose besitzt. Insofern sieht § 147 Abs. 1 Nr. 1 SGB III (früher: § 127 Abs. 1 Nr. 1) in der aktuellen Fassung vor, dass die Anspruchsdauer zum einen vom Lebensalter und zum anderen von den versicherungspflichtigen Beschäftigungsmonaten innerhalb der nunmehr um drei Jahre verlängerten Rahmenfrist abhängig ist. Bisher war

die Rahmenfrist lediglich um ein Jahr zur Feststellung der Anzahl der versicherungspflichtigen Beschäftigungsmonate verlängert worden. Nach der Neufassung, die im Zusammenhang mit der Verlängerung der Anspruchsdauer für ältere Arbeitslose steht, werden nunmehr die letzten 60 Monate vor der Erfüllung aller sonstigen Voraussetzungen für den Anspruch auf Arbeitslosengeld als Basis für die Berechnung der versicherungspflichtigen Beschäftigungsmonate herangezogen.

Welche Zeiten die Anwartschaftszeit begründen können, ist in § 142 SGB III (früher: § 123 SGB III) selbst nicht geregelt. Insofern ist auf Grund des Hinweises auf das **Versicherungspflichtverhältnis** auf die §§ 24 ff. SGB III zurückzugreifen. § 142 SGB III (früher: § 123 SGB III) bestimmt lediglich, dass Zeiten, die vor dem Tag liegen, an dem der Anspruch auf Arbeitslosengeld wegen des Eintritts einer **Sperrzeit** erloschen ist, nicht zu Erfüllung der Anwartschaftszeit dienen. 51

Die frühere Änderung des SGB III ab 1.1.2004 hatte des Weiteren dazu geführt, dass die früher im damaligen § 123 Nr. 2 und 3 SGB III a. F. enthaltenen Sonderregelungen für **Wehrdienstleistende, Zivildienstleistende und Saisonarbeitnehmer** entfallen sind. Früher konnte die Anwartschaftszeit durch einen sechsmonatigen Wehrdienst bzw. Zivildienst innerhalb der Rahmenfrist ebenso erfüllt werden wie durch eine **sechsmonatige Tätigkeit als Saisonarbeitnehmer**. Der Gesetzgeber hat diese Privilegierung abgeschafft, um zum einen die BA von den verwaltungsaufwendigen Feststellungen der Versicherungspflicht dieser Personengruppe zu entlasten und zum anderen im Hinblick auf die Saisonarbeitnehmer zu vermeiden, dass Unternehmen mit Hilfe dieses Privilegs den geringem Auftragsbestand dadurch überbrücken, dass sie die betreffenden Mitarbeiter befristet entlassen und die Mitarbeiter die Zeit bis zur Wiedereinstellung mit **Arbeitslosengeld** überbrücken, ohne ernsthaft an der Wiederaufnahme eines anderweitigen Beschäftigungsverhältnisses interessiert zu sein (vgl. BT-Drs. 15/1515 S. 246). 52

Der Gesetzgeber hat allerdings im Rahmen einer Übergangsregelung in § 142 Abs. 2 SGB III (früher: § 123 Abs. 2 SGB III) mit Wirkung ab 1.8.2009 – befristet bis zum 1.8.2012 – folgende Regelung aufgenommen: 53

> »Für Arbeitslose, die die Anwartschaftszeit nach Absatz 1 nicht erfüllen, so wie darlegen und nachweisen, dass
> 1. sich die in der Rahmenfrist (§ 143) zurückgelegten Beschäftigungstage überwiegend aus versicherungspflichtigen Beschäftigungen ergeben, die auf nicht mehr als sechs Wochen im Voraus durch Arbeitsvertragzeit oder -zweck befristet sind, und
> 2. in den letzten 12 Monaten vor der Beschäftigungslosigkeit erzielte Arbeitsentgelt die zum Zeitpunkt der Anspruchsentstehung maßgebliche Bezugsgröße nach § 18 Abs. 1 SGB IV nicht übersteigt,
> 
> gilt bis zum 1.8.2012, dass die Anwartschaftszeit sechs Monate beträgt. § 27 Abs. 3 Nr. 1 bleibt unberührt.«

Sinn dieser bis zum 1.8.2012 befristeten Regelung ist es, den Beschäftigten, die aufgrund der Art ihrer Tätigkeit i. d. R. nur kurzzeitige befristete Vertragsverhältnisse eingehen (z. B. Schauspieler oder sonstige Künstler, Aushilfen etc.), eine soziale Sicherheit zu geben. Entscheidend für die Inanspruchnahme dieser befristeten Privilegierung ist, dass die versicherungspflichtigen Beschäftigungen innerhalb der Rahmenfrist »überwiegend« aus Kurzbeschäftigungen, d. h. Beschäftigungen von nicht mehr als sechs Wochen, bestehen. Da der Gesetzgeber von »überwiegend« spricht, müssen also mehr als 50 % der versicherungspflichtigen Beschäftigungszeiten aus kurzzeitigen Anstellungsverhältnissen resultieren. Selbstverständlich kann darüber hinaus die Anwartschaftszeit von sechs Monaten auch durch Beschäftigungen erfüllt werden, die länger als sechs Wochen bestanden (vgl. BT-Drs. 16/13424, S. 34). 54

Wie oben angesprochen, regeln die § 24 ff. SGB III, welche Zeiten die **Anwartschaftszeit** i. S. d. § 142 SGB III (früher: § 123 SGB III) begründen können. Danach kommen folgende **Versicherungspflichtverhältnisse** in Betracht: 55

# Kapitel 8  Sozialrechtliche Rechtsfolgen der Kündigung/Beendigung von Arbeitsverhältnissen

*a) Zeiten einer Beschäftigung gegen Arbeitsentgelt oder zur Berufsausbildung*

56  Gemäß §§ 24, 25 SGB III stehen Personen, die gegen Arbeitsentgelt oder zu ihrer Berufsausbildung beschäftigt sind, in einem Versicherungspflichtverhältnis. Von daher erfüllt jeder Arbeitnehmer, der innerhalb der **zweijährigen Rahmenfrist mindestens zwölf Monate versicherungspflichtig beschäftigt** war, die insofern bestehende dritte Voraussetzung für den Anspruch auf Arbeitslosengeld.

57  Als **versicherungsfrei** und damit nicht in einem Versicherungspflichtverhältnis stehend sieht § 27 SGB III folgende Personengruppen an:
- **Beamte, Richter**, Soldaten auf Zeit sowie Berufssoldaten der Bundeswehr und als sonstig **Beschäftigte des Bundes, eines Landes**, eines Gemeindeverbandes, einer Gemeinde, einer öffentlich-rechtlichen Körperschaft, Anstalt, Stiftung oder eines Verbandes öffentlich-rechtlicher Körperschaften oder deren Spitzenverbänden, wenn sie nach **beamtenrechtlichen Vorschriften oder Grundsätzen** bei Krankheit Anspruch auf Fortzahlung der Bezüge und auf **Beihilfe** oder Heilfürsorge haben;
- **Geistliche** der als öffentlich-rechtliche Körperschaften anerkannten Religionsgesellschaften, wenn sie nach beamtenrechtlichen Vorschriften oder Grundsätzen bei Krankheit Anspruch auf Fortzahlung der Bezüge und auf Beihilfe haben;
- **Lehrer an privaten genehmigten Ersatzschulen**, wenn sie hauptamtlich beschäftigt sind und nach beamtenrechtlichen Vorschriften oder Grundsätzen bei Krankheit Anspruch auf Fortzahlung der Bezüge und auf Beihilfe haben;
- satzungsmäßige **Mitglieder von geistlichen Genossenschaften, Diakonissen und ähnliche Personen**, wenn sie sich aus überwiegend religiösen oder sittlichen Beweggründen mit Krankenpflege, Unterricht oder anderen gemeinnützigen Tätigkeiten beschäftigen und nicht mehr als freien Unterhalt oder ein geringes Entgelt beziehen, dass nur zur Beschaffung der unmittelbaren Lebensbedürfnisse an Wohnung, Verpflegung, Kleidung und dergleichen ausreicht;
- **Mitglieder des Vorstandes einer Aktiengesellschaft** für das Unternehmen, dessen Vorstand sie angehören. Konzernunternehmen i. S. d. § 18 AktG gelten als ein Unternehmen.

58  Neben den vorerwähnten Berufsgruppen nennt § 27 Abs. 2 bis 4 SGB III weitere Personengruppen, die **versicherungsfrei** beschäftigt werden. Von praktischer Bedeutung ist hierbei in erster Linie § 27 Abs. 2 S. 1 SGB III, da insofern Versicherungsfreiheit für Personen in einer **geringfügigen Beschäftigung** gem. § 8 SGB IV besteht.

59  Gemäß § 28 SGB III sind darüber hinaus Personen,
1. die das Lebensjahr für den Anspruch auf Regelaltersrente i. S. d. SGB VI vollendet haben, mit Ablauf des Monats, in dem sie dieses Lebensjahr vollenden,
2. die wegen einer Minderung ihrer Leistungsfähigkeit dauernd nicht mehr verfügbar sind, von dem Zeitpunkt an, an dem die Agentur für Arbeit diese Minderung der Leistungsfähigkeit und der zuständige Träger der gesetzlichen Rentenversicherung volle Erwerbsminderung i. S. d. gesetzlichen Rentenversicherung festgestellt haben,
3. während der Zeit, für die ihnen eine dem Anspruch auf Rente wegen voller Erwerbsminderung vergleichbarer Leistungen eines ausländischen Leistungsträgers zuerkannt ist,

versicherungsfrei.

60  Dies bedeutet, dass nach Vollendung des Lebensjahres bzw. individuellen Lebensalter, ab dem nach dem Sozialgesetzbuch VI Anspruch auf Regelaltersrente besteht (s. hierzu die Ausführungen unter Rdn. 209 ff.) keine weiteren Anwartschaftszeiten mehr erdient werden können. Für den Anspruch auf Arbeitslosengeld ist dies allerdings unerheblich, da nach Vollendung des für den Bezug der Regelaltersrente nach dem SGB VI maßgeblichen Lebensjahres gem. § 136 Abs. 2 SGB III (früher: § 117 Abs. 2 SGB III) ohnehin **kein Arbeitslosengeld** mehr bezogen werden kann.

## b) Sonstige Versicherungspflichtige

Gemäß § 26 Abs. 1 SGB III sind **versicherungspflichtig**: 61
- Jugendliche, die in Einrichtungen der **beruflichen Rehabilitation** nach § 35 SGB IX Leistungen zur Teilhabe am Arbeitsleben erhalten, die ihnen eine Erwerbstätigkeit auf dem allgemeinen Arbeitsmarkt ermöglichen sollen, sowie Personen, die in Einrichtungen der Jugendhilfe für eine Erwerbstätigkeit befähigt werden sollen;
- Personen, die auf Grund gesetzlicher Pflicht **länger als drei Tage Wehrdienst oder Zivildienst** leisten und während dieser Zeit nicht als Beschäftigte versicherungspflichtig sind, wenn sie entweder unmittelbar vor Dienstantritt versicherungspflichtig waren oder eine Entgeltersatzleistung nach dem SGB III bezogen haben oder eine Beschäftigung i. S. v. § 138 SGB III (früher: § 119 SGB III) gesucht haben;
- Personen, die im Anschluss an den Grundwehrdienst **freiwilligen zusätzlichen Wehrdienst** nach § 6b des Wehrpflichtgesetzes leisten, wenn die Gesamtdauer des Wehrdienstes mindestens 14 Monate umfasst;
- **Gefangene**, die Arbeitsentgelt, Ausbildungsbeihilfe oder Ausfallentschädigung (§§ 43 bis 45, 176 und 177 des Strafvollzugsgesetzes) erhalten oder Ausbildungsbeihilfe nur wegen des Vorrangs von Leistungen zur Förderung der Berufsausbildung nach dem SGB III nicht erhalten. Gefangene im Sinne dieses Buches sind Personen, die im Vollzug von Untersuchungshaft, Freiheitsstrafen und freiheitsentziehenden Maßregeln der Besserung und Sicherung oder einstweilig nach § 126a Abs. 1 StPO untergebracht sind;
- Personen, die **als nicht satzungsmäßige Mitglieder** geistlicher Genossenschaften oder ähnlicher religiöser Gemeinschaften für den Dienst in einer solchen Genossenschaft oder ähnlichen religiösen Gemeinschaft außerschulisch ausgebildet werden.

## c) Versicherungspflicht auf Grund Bezug von bestimmten Sozialleistungen

Die Versicherungspflicht kann gem. § 26 Abs. 2 SGB III auch an den Bezug bestimmter Sozialleistungen anknüpfen. 62

Danach sind Personen in der Zeit, für die sie: 63
- von einem Leistungsträger Mutterschaftsgeld, Krankengeld, Versorgungskrankengeld, Verletztengeld oder von einem Träger der medizinischen Rehabilitation Übergangsgeld beziehen, wenn sie unmittelbar vor Beginn der Leistung versicherungspflichtig waren oder eine laufende Entgeltersatzleistung nach diesem Buch bezogen haben;
- von einem privaten Krankenversicherungsunternehmen Krankentagegeld beziehen, wenn sie unmittelbar vor Beginn der Leistung versicherungspflichtig waren oder eine laufende Entgeltersatzleistung nach diesem Buch bezogen haben;
- von einem Träger der gesetzlichen Rentenversicherung eine Rente wegen voller Erwerbsminderung beziehen, wenn sie unmittelbar vor Beginn der Leistung versicherungspflichtig waren oder eine laufende Entgeltersatzleistung nach dem SGB III bezogen haben

versicherungspflichtig.

Das Gleiche gilt für **Personen** in der Zeit, in der sie ein **Kind, das das dritte Lebensjahr noch nicht vollendet hat, erziehen**, wenn sie unmittelbar vor der Kindererziehung versicherungspflichtig waren oder eine laufende Entgeltersatzleistung nach dem SGB III bezogen haben und sich des Weiteren mit dem Kind im Inland gewöhnlich aufhalten oder bei Aufenthalt im Ausland Anspruch auf Kindergeld nach dem Einkommensteuergesetz oder Bundeskindergeldgesetz haben oder ohne die Anwendung des § 64 oder § 65 des EStG oder des § 3 oder § 4 des Bundeskindergeldgesetzes haben würden. Diese Regelung gilt allerdings nur bzgl. Erziehung solcher Kinder, die Kinder des Erziehenden, seines nicht dauernd getrennt lebenden Ehegatten oder seines nicht dauernd getrennt lebenden Lebenspartners sind. Haben mehrere Personen ein Kind gemeinsam erzogen, besteht die Versicherungspflicht nur für die Person, der nach den Regeln des Rechts der gesetzlichen Rentenversicherung die Erziehungszeit i. S. v. § 56 Abs. 2 SGB IV zuzurechnen ist. 64

**Kapitel 8** Sozialrechtliche Rechtsfolgen der Kündigung/Beendigung von Arbeitsverhältnissen

*d) Versicherungspflicht als Entwicklungshelfer*

65 Außerhalb der §§ 24 ff. SGB III ist die Versicherungspflicht von sog. Entwicklungshelfern geregelt. Gemäß § 13 Abs. 1 EhfG stehen für einen Anspruch auf Leistungen nach dem SGB III die Zeiten des Entwicklungsdienstes einschließlich des Vorbereitungsdienstes den Zeiten eines Versicherungspflichtverhältnisses gleich. Als **Entwicklungshelfer** werden allerdings nur solche Personen angesehen, die in Entwicklungsländern ohne Erwerbsabsicht Dienst leisten, sich zur Leistung des Entwicklungsdienstes gegenüber einem anerkannten Entwicklungsdienstträger für eine ununterbrochene Zeit von mindestens zwei Jahren verpflichtet haben, für den Dienst nur bestimmte, gesetzlich vorgesehene Leistungen erhalten und als Deutsche oder EG-Staatsangehörige das 18. Lebensjahr vollendet haben. Alle vier Voraussetzungen müssen **kumulativ** vorliegen.

## II. Bezugsdauer

66 Die Anspruchsdauer des Arbeitslosengeldes ist nunmehr in den §§ 147, 148 SGB III (früher: §§ 127, 128 SGB III) geregelt. Während § 147 SGB III den **Grundanspruch** enthält, bestimmt § 148 SGB III, inwieweit dieser Anspruch **gemindert** wird.

### 1. Grundanspruch

67 Der Gesetzgeber hat die Anspruchsdauer beim Arbeitslosengeld wiederholt geändert. Nach dem die Anspruchsdauer durch das Dritte Gesetz für moderne Dienstleistung am Arbeitsmarkt (Hartz III) dergestalt reduziert worden war, dass die maximale Anspruchsdauer bei 18 Monaten lag, hat der Gesetzgeber nunmehr mit dem Siebten Gesetz zur Änderung des Dritten Buches Sozialgesetzbuch die Anspruchsdauer für ältere Arbeitnehmer wieder auf bis zu 24 Monate angehoben. Der Gesetzgeber hat damit allerdings nicht wieder die Situation hergestellt, die für Arbeitnehmer bestand, die spätestens am 31.1.2006 arbeitslos waren. Für Arbeitnehmer, die spätestens am 31.1.2006 arbeitslos waren, bestand aufgrund der Übergangsregelung in § 434 Abs. 1 SGB III eine Anspruchsdauer – je nach Lebensalter und je nach versicherungspflichtigen Beschäftigungsmonaten – von bis zu 32 Monaten. Die im Jahr 2008 in Kraft getretene Änderung des § 147 SGB III (früher: § 127 SGB III) führt zu einer Verbesserung der Anspruchsdauer für alle Arbeitnehmer, die das 50. Lebensjahr vollendet haben. Für diese Mitarbeiter erhöht sich die Anspruchsdauer – in Abhängigkeit vom Lebensalter – auf bis zu 24 Monate.

68 Danach beträgt die Dauer des Anspruchs auf Arbeitslosengeld:

| nach Versicherungspflichtverhältnissen mit einer Dauer von insgesamt mindestens ... Monaten | und nach Vollendung des ... Lebensjahres | Monate |
|---|---|---|
| 12 | | 6 |
| 16 | | 8 |
| 20 | | 10 |
| 24 | | 12 |
| 30 | 50. | 15 |
| 36 | 55. | 18 |
| 48 | 58. | 24 |

69 Im Hinblick auf die Feststellung der Monate eines Versicherungspflichtverhältnisses ist im Gegensatz zur früheren Regelung nicht mehr die um ein Jahr verlängerte Rahmenfrist, sondern jetzt die **um drei Jahre verlängerte Rahmenfrist** maßgebend. Die in § 143 SGB III (früher: § 124 SGB III) geregelte Rahmenfrist beträgt zwei Jahre. Damit ist für die Feststellung der sozialversiche-

## B. Bezug von Arbeitslosengeld

rungspflichtigen Beschäftigungsmonate der Zeitraum der letzten fünf Jahre vor Beginn der Arbeitslosigkeit maßgebend.

Die im Jahr 2008 vorgenommene Änderung des § 147 SGB III (früher: § 127 SGB III) gilt gem. der Übergangsregelung in § 434r SGB III a. F. nun nicht nur für diejenigen Arbeitnehmer, die nach Inkrafttreten der Gesetzesänderung arbeitslos geworden sind, sondern der Gesetzgeber hat die Verlängerung der Dauer des Anspruchs auf Arbeitslosengeld in pauschalierter Form auch auf diejenigen älteren Arbeitslosen übertragen, deren Anspruch auf Arbeitslosengeld zum 31.12.2007 noch nicht erschöpft ist. Von dieser Regelung profitieren insofern also alle Arbeitnehmer, die bereits am 31.12.2007 arbeitslos waren, deren Anspruchsdauer am 31.12.2007 noch nicht erschöpft war und die bei Anspruchsbeginn mindestens das 50. Lebensjahr vollendet hatten. Das Lebensalter ist insofern von Bedeutung, als sich die Änderung der Bezugsdauer nur für Arbeitnehmer auswirkt, die das 50. Lebensjahr vollendet hatten. Für diese Arbeitnehmer erhöht sich die Anspruchsdauer von 12 auf 15 Monate, sofern sie innerhalb der letzten fünf Jahre vor Beginn der Arbeitslosigkeit mindestens 30 Monate in einem versicherungspflichtigen Beschäftigungsverhältnis gestanden haben, Arbeitnehmer, die bei Beginn der Arbeitslosigkeit bereits das 55. Lebensjahr vollendet hatten, erhalten unverändert 18 Monate Arbeitslosengeld, sofern sie mindestens 36 Monate in einem versicherungspflichtigen Beschäftigungsverhältnis gestanden haben. Mitarbeiter, die zu Beginn der Arbeitslosengeldzahlungen bereits das 58. Lebensjahr vollendet hatten, erhalten nunmehr statt 18 Monate für 24 Monate Arbeitslosengeld, sofern sie innerhalb der letzten 48 Monate vor Bezug des Arbeitslosengeldes innerhalb der fünfjährigen Rahmenfrist in einem versicherungspflichtigen Beschäftigungsverhältnis gestanden haben.

Neben den bereits am 31.12.2007 arbeitslosen Arbeitnehmern profitieren auch diejenigen von der Verlängerung der Anspruchsdauer, die zwar derzeit kein Arbeitslosengeld beziehen, weil sie zwischenzeitlich eine Beschäftigung aufgenommen haben; jedoch nunmehr kurzfristig wieder arbeitslos werden. In diesem Fall richtet sich die Anspruchsdauer nach der alten Anwartschaft, weil noch keine neue Anwartschaft entstehen konnte. Auch hier werden nun die auf Grund der alten Anwartschaft bestehenden Höchstbezugszeiten beim Arbeitslosengeld nicht nach der bis zur 31.12.2007 geltenden Fassung des früheren § 127 SGB III und nunmehrigen § 147 SGB III sondern nach der oben dargestellten Neufassung berechnet.

### 2. Minderung der Anspruchsdauer

Ob der Arbeitslose tatsächlich den aus den beiden oben stehenden Tabellen ersichtlichen Arbeitslosengeldanspruch hat, hängt letztendlich davon ab, inwieweit eine **Minderung der Anspruchsdauer nach § 148 SGB III (früher: § 128 SGB III)** eintritt. Wichtigster Tatbestand, der eine Minderung auslöst, ist neben der Erfüllung des Arbeitslosengeldanspruchs die Verhängung einer **Sperrzeit**. Die Anspruchsdauer mindert sich insofern gem. § 148 Abs. 1 Nr. 3 und 4 SGB III um die Tage einer Sperrzeit nach § 159 SGB III (früher: § 144 SGB III). Wird – wie üblich – eine zwölfwöchige Sperrzeit nach § 159 Abs. 1 Nr. 1 SGB III festgesetzt, weil der Arbeitslose den Arbeitsplatzverlust entweder verschuldet oder aber daran mitgewirkt hat, so wird die aus § 147 SGB III folgende **Anspruchsdauer um 25 % gekürzt**.

Die vorerwähnte Kürzung der Anspruchsdauer um 25 % kann der Arbeitslose vermeiden, wenn er Arbeitslosengeld nicht unmittelbar nach Eintritt der Beschäftigungslosigkeit in Anspruch nimmt. Wie dargestellt, eröffnet § 137 Abs. 2 SGB III (früher: § 118 Abs. 2 SGB III) dem Arbeitslosen die Möglichkeit, bis zur Entscheidung über den Anspruch auf Arbeitslosengeld zu bestimmen, dass dieser nicht oder zu einem späteren Zeitpunkt entstehen soll. Der Arbeitslose kann insofern also beeinflussen, dass er das Arbeitslosengeld erst später bezieht. Wartet er mehr als ein Jahr auf den Bezug von Arbeitslosengeld, so entfällt gem. § 148 Abs. 2 SGB III die oben erwähnte Viertelkürzung.

In der Vergangenheit hatte § 148 Abs. 2 SGB III (früher: § 128 Abs. 2 SGB III) insbes. bei Vorruhestandsvereinbarungen erhebliche Bedeutung, da hierdurch die Phase, in der der Arbeitgeber den Vorruhestand alleine finanzieren musste, erheblich reduziert werden konnte. Insbesondere bei älteren Arbeitnehmern ließ sich durch die Hinausschiebung des Anspruchs auf Arbeitslosengeld um ein Jahr die Anspruchsdauer von 24 auf 32 Monate erhöhen.

75 Diese Optimierung von Vorruhestandsregelungen ist seit 1.2.2006 leider nicht mehr möglich. Für Arbeitnehmer, die nach dem 31.1.2006 arbeitslos werden, gilt nur noch die verkürzte Anspruchsdauer des § 147 SGB III (früher: § 127 SGB III). Hier wird zur Feststellung der Anspruchsdauer nur noch die Beschäftigungszeit innerhalb der um ein Jahr verlängerten Rahmenfrist berücksichtigt. Da die Rahmenfrist nur noch zwei Jahre beträgt, wird also nur noch ein Zeitraum von drei Jahren herangezogen. Schiebt der Vorruheständler den Anspruch auf Arbeitslosengeld um ein Jahr hinaus, so können sich maximal noch 24 sozialversicherungspflichtige Beschäftigungsmonate innerhalb der um ein Jahr verlängerten Rahmenfrist befinden. Bei 24 sozialversicherungspflichtigen Beschäftigungsmonaten beträgt allerdings die Anspruchsdauer beim Arbeitslosengeld maximal zwölf Monate. Hatte der Mitarbeiter im Zeitpunkt des Ausscheidens bereits das 55. Lebensjahr vollendet, so hätten ihm hier 18 Monate zugestanden. Selbst bei einer sperrzeitbedingten Minderung dieser Anspruchsdauer über § 148 SGB III (früher: § 128 SGB III) verbliebe noch eine Anspruchsdauer von 13,5 Monaten. Es zeigt sich also, dass künftig die oben beschriebene und auch weiterhin in § 148 Abs. 2 SGB III enthaltene Möglichkeit zur Vermeidung der 25 %igen Kürzung der Anspruchsdauer wirtschaftlich keinen Sinn mehr macht.

### III. Höhe des Arbeitslosengeldes

76 Nach § 149 SGB III (früher: § 129 SGB III) beträgt das Arbeitslosengeld grds. 60 % des pauschalierten Nettoentgelts. Ist der Arbeitslose oder sein Ehepartner für mindestens ein Kind i. S. v. § 32 EStG unterhaltspflichtig, so beträgt das **Arbeitslosengeld 67 %**. Berücksichtigung findet allerdings nur das Einkommen bis zur jährlich neu festzulegenden Beitragsbemessungsgrenze. Die genaue Höhe des Arbeitslosengeldes ergibt sich aus der vom Bundesministerium für Arbeit und Technologie herausgegebenen **Leistungsordnung**. Diese wird jährlich überarbeitet.

### IV. Minderung des Arbeitslosengeldes wegen verspäteter Meldung

77 Die früher in § 140 SGB III geregelte Minderung des Arbeitslosengeldes wegen verspäteter Arbeitslosmeldung nach § 37b SGB III ist zum 31.12.2005 entfallen. Der Arbeitnehmer, der sich nicht innerhalb der (s. Rdn. 33 ff.) beschriebenen Fristen des § 38 SGB III bei der für ihn zuständigen Agentur für Arbeit arbeitsuchend meldet, erhält gem. § 159 Abs. 1 Nr. 7, Abs. 6 SGB III eine Sperrzeit von einer Woche.

78 Bei vielen Agenturen für Arbeit sind nach wie vor Widerspruchsverfahren im Hinblick auf die Höhe der Minderung des Arbeitslosengeldes wegen verspäteter Meldung nach dem mittlerweile aufgehobenen § 140 SGB III a. F. anhängig. Das *BSG* hat mit Urteil v. 18.8.2005 (– B 7a/7 AL 94/04 R) festgestellt, dass bei der Minderung des Arbeitslosengeldes nach § 140 SGB III a. F. es nicht auf die Anzahl der Kalendertage, sondern nur auf die Tage ankommt, an denen es dem Arbeitslosen möglich und zumutbar war, sich arbeitsuchend zu melden. Des weiteren wies das BSG ausdrücklich darauf hin, dass bei der Ermittlung der zu berücksichtigenden Tage die Tage außer Acht zu lassen sind, an denen die Agentur für Arbeit aus Kulanzgründen auf eine unverzügliche Meldung verzichtet hat. Diese Tage können nicht bei Überschreitung dieses Kulanzzeitraums – früher eine Woche – nun bei der Berechnung der Minderung des Arbeitslosengeldes wegen verspäteter Meldung mitgezählt werden. Entscheidend für die Frage, ob eine Minderung des Arbeitslosengeldes für die bis zum 31.12.2005 zu beurteilenden Fälle erfolgen darf, ist ohnehin, ob der Arbeitslose die verspätete Meldung zu verschulden hat. Die Verletzung der in § 38 SGB III normierten Obliegenheit setzt nach der Rechtsprechung des BSG ein Verschulden – zumindest Fahrlässigkeit – voraus. Ein Verstoß liegt daher nicht vor, wenn der Arbeitslose unter Berücksichtigung seiner individuellen Kenntnisse und Fähigkeiten ohne schuldhaftes Zögern gehandelt hat (vgl. *BSG* 25.5.2005 – B 11a/11 AL 81/04 R). Ist dem Arbeitslosen die Verpflichtung zur unverzüglichen Arbeitslosmeldung in der bis zum 31.12.2005 geltenden Fassung des SGB III unbekannt gewesen, ist zu prüfen, ob ihm die Unkenntnis

## B. Bezug von Arbeitslosengeld  Kapitel 8

i. S. eines Fahrlässigkeitsvorwurfes zugerechnet werden kann. Hier kommt es auf die Umstände des Einzelfalles an (vgl. BSG 18.8.2005 – B 7a/7 AL 94/04 R).

### V. Keine Anrechnung der Abfindung auf das Arbeitslosengeld

Unabhängig, in welcher Höhe ein Arbeitnehmer von seinem ehemaligen Arbeitgeber im Zusammenhang mit der Beendigung des Arbeitsverhältnisses eine Abfindung bekommt, steht fest, dass **diese Abfindung nicht auf das Arbeitslosengeld angerechnet wird.** Die ursprünglich in § 140 SGB III eingeführte Anrechnung der Abfindung auf das Arbeitslosengeld wurde vom Gesetzgeber im Jahre 1999 abgeschafft. 79

Die Höhe einer Abfindung spielt im Rahmen des Arbeitslosengeldes nur noch dann eine Rolle, wenn der Mitarbeiter das Arbeitsverhältnis unter **Abkürzung der ordentlichen Kündigungsfrist** gegen Zahlung einer Abfindung beendet. In diesem Fall wird zur Berechnung der Ruhenszeit nach § 158 SGB III (früher: § 143a SGB III) die Abfindung herangezogen. Es erfolgt hier allerdings weder eine Kürzung der Anspruchsdauer noch eine Kürzung des Arbeitslosengeldes. **Die Höhe der Abfindung ist lediglich maßgebend für die Dauer der Ruhenszeit** (s. hierzu Rdn. 96 ff.). 80

### VI. Übersicht über Ruhens- und Sperrzeiten beim Arbeitslosengeld

Bei der Betrachtung der Konsequenzen einer Beendigung des Anstellungsverhältnisses für das Arbeitslosengeld sind eine Reihe von Tatbeständen zu berücksichtigen, die Ruhens- und Sperrzeiten auslösen. 81

Im Einzelnen sind hier folgende Konstellationen denkbar: 82
- Urlaubsabgeltung am Ende des Arbeitsverhältnisses: Ruhenszeit nach § 157 SGB III (früher: § 143 SGB III).
- Betriebsbedingte Kündigung unter Einhaltung der ordentlichen Kündigungsfrist: weder Sperr- noch Ruhenszeit.
- Personenbedingte Kündigung unter Einhaltung der ordentlichen Kündigungsfrist: weder Sperr- noch Ruhenszeit.
- Verhaltensbedingte Kündigung unter Einhaltung der ordentlichen Kündigungsfrist: Sperrzeit nach § 159 SGB III (früher: § 144 SGB III).
- Aufhebungsvertrag ohne Kündigungsgrund unter Einhaltung der Kündigungsfrist: Sperrzeit nach § 159 SGB III (früher: § 144 SGB III).
- Aufhebungsvertrag mit Abfindung und Verkürzung der Kündigungsfrist: Sperrzeit nach § 159 SGB III (früher: § 144 SGB III) und Ruhenszeit nach § 158 SGB III (früher: § 143a SGB III).

### VII. Ruhenszeit wegen Urlaubsabgeltung

Hat der Arbeitnehmer den ihm zustehenden **Erholungsurlaub** nicht vor Beendigung des Anstellungsverhältnisses in Natura genommen und hat stattdessen das Unternehmen den Urlaub gem. § 7 Abs. 4 BUrlG abgegolten, so löst dies einen Ruhenszeitraum nach § 157 Abs. 2 SGB III (früher: § 143 Abs. 2 SGB III) aus. Der Gesetzgeber will einen Doppelbezug von Arbeitslosengeld und Arbeitsentgelt vermeiden. Von daher ruht für die Tage, die der Mitarbeiter **Urlaubsabgeltung** erhalten hat, zunächst der Anspruch auf Arbeitslosengeld. 83

Von der Urlaubsabgeltung regulärer Urlaubsansprüche zu unterscheiden ist der **Schadensersatzanspruch eines Arbeitnehmers auf Urlaubserteilung** in den Fällen, in denen der Urlaubsanspruch durch schuldhaftes Verhalten des Arbeitgebers vom Arbeitnehmer nicht genommen werden konnte. Derartige Schadensersatzansprüche kommen immer dann in Betracht, wenn der Arbeitgeber verhindert hat, dass der Arbeitnehmer seinen Urlaubsanspruch im Kalenderjahr bzw. im Übertragungszeitraum bis zum 31.3. des Folgejahres nimmt. In diesen Fällen geht zwar nach dem Gesetzeswortlaut der Urlaubsanspruch unter, wandelt sich jedoch in einen wert-/zeitgleichen Schadensersatzanspruch um. Dieser Schadensersatzanspruch ist in Natura zu erfüllen, so dass dem Arbeitnehmer über den Weg des Schadensersatzes die verloren gegangenen Urlaubstage wieder zustehen. 84

85 Werden nun diese Urlaubstage im Fall der Beendigung des Arbeitsverhältnisses abgegolten, **so lösen diese auf einem Schadensersatzanspruch beruhenden Urlaubstage keine Ruhenszeit nach § 157 SGB III (früher: § 143 SGB III) aus** (vgl. BSG 21.6.2001 – B 7 AL 62/00, SozR 3–4100 § 117 AFG Nr. 24). Während der aus dem Bundesurlaubsgesetz resultierende Urlaubsabgeltungsanspruch als Surrogat des Urlaubes das Schicksal des Urlaubsanspruchs teilt, folgt der Schadensersatzanspruch – auch wenn er bei Erfüllung in Natura dem Urlaubsanspruch gleichstünde – anderen Regelungen. Hier ist insbes. im Fall der bevorstehenden Beendigung des Arbeitsverhältnisses nicht zwingend vorgeschrieben, diesen Anspruch auch in Natura zu erfüllen.

86 Als problematisch kann sich die Urlaubsabgeltung in den Fällen erweisen, in denen der Arbeitnehmer arbeitsunfähig aus dem Arbeitsverhältnis ausscheidet. Bestand die Arbeitsunfähigkeit bereits vor Ende des Arbeitsverhältnisses, so bezieht der Arbeitnehmer auch nach Beendigung des Arbeitsverhältnisses weiterhin Krankengeld (s. hierzu Rdn. 198 ff.). Trotz der Arbeitsunfähigkeit hat der Arbeitnehmer auch bei dieser Fallkonstellation Anspruch darauf, dass der nicht genommene Urlaub vom Arbeitgeber abgegolten wird. Gleichzeitig hat das Unternehmen allerdings auch einen möglichen Anspruchsübergang auf die Agentur für Arbeit nach § 115 SGB X zu beachten. Im Hinblick auf den Anspruchsübergang ist allerdings stets zu prüfen, ob tatsächlich ein Anspruch der Agentur für Arbeit auf Zahlung besteht. Ein derartiger Anspruch wurde vom BAG (17.11.2010 – 10 AZR 649/09) in den oben beschriebenen Fallkonstellationen hinsichtlich der Urlaubsabgeltung verneint. Ist der Arbeitnehmer im Anschluss an die Beendigung des Arbeitsverhältnisses weiterhin arbeitsunfähig und erhält dementsprechend kein Arbeitslosengeld sondern Krankengeld, so wirkt sich ein Ruhen des Arbeitslosengeldanspruches nach § 143 SGB III nicht auf die Leistungen der Agentur für Arbeit aus. Da das Ruhen des Arbeitslosengeldanspruches nach § 143 SGB III nicht zu einer Verkürzung der Anspruchsdauer führt, hat die Agentur für Arbeit in diesem Fall keinen Anspruch darauf, dass die vom Arbeitgeber dem Arbeitnehmer gewährte Urlaubsabgeltung an die Agentur für Arbeit abgeführt wird.

87 Das BAG hat insofern mit Urteil v. 17.11.2010 (– 10 AZR 649/09) ausdrücklich klargestellt, dass der Zeitraum, in dem der Anspruch auf Arbeitslosengeld ruht, stets mit Ende des Arbeitsverhältnisses beginnt. Eine Verschiebung findet auch in den Fällen, in denen der Arbeitnehmer nach Ende des Arbeitsverhältnisses Krankengeld bezieht, nicht statt. Von daher muss der Arbeitgeber bei diesen Fallkonstellationen keinen Anspruchsübergang bzgl. der Urlaubsabgeltung auf die Agentur für Arbeit beachten. Bei diesen Fallkonstellationen kann also ausnahmsweise der Urlaubsabgeltungsanspruch nicht zum Ruhen des Arbeitslosengeldanspruches führen. Der Arbeitslosengeldanspruch setzt nach Übernahme der Arbeitsfähigkeit ein. Lediglich dann, wenn die Arbeitsunfähigkeit nach Beendigung des Arbeitsverhältnisses kürzer war als der dem Arbeitnehmer noch zustehende und nun abgegoltene Urlaub, kommt auch bei dieser Fallkonstellation ein teilweises Ruhen des Arbeitslosengeldanspruches im Anschluss an den Krankengeldbezug in Betracht.

### VIII. Ruhenszeit wegen Verkürzung der Kündigungsfrist

88 Wird das Arbeitsverhältnis **ohne Einhaltung der ordentlichen Kündigungsfrist beendet** und erhält der Mitarbeiter gleichzeitig eine **Abfindung**, Entschädigung oder ähnliche Leistung wegen der Beendigung des Arbeitsverhältnisses, so **ruht der Anspruch auf Arbeitslosengeld** gem. § 158 SGB III (früher: § 143a SGB III) bis zu einem Jahr.

#### 1. Nichteinhaltung der ordentlichen Kündigungsfrist

89 Maßgebend für die Feststellung, ob die ordentliche Kündigungsfrist eingehalten wurde, ist **diejenige Frist, die für den Arbeitgeber gilt**. Dass der Arbeitnehmer ggf. eine kürzere Kündigungsfrist zu beachten hat, ist insofern unerheblich. Welche Frist im Einzelnen für das Unternehmen gilt, ergibt sich aus dem Arbeitsvertrag, dem zuständigen Tarifvertrag oder den gesetzlichen Kündigungsfristen. Befindet sich das Unternehmen in der **Insolvenz**, so sind die insofern verkürzten Kündigungsfristen der Insolvenzordnung zu berücksichtigen.

## B. Bezug von Arbeitslosengeld  Kapitel 8

Sieht ein Tarifvertrag, das Gesetz oder eine arbeitsvertragliche Regelung vor, dass der Ausspruch 90
einer arbeitgeberseitigen Kündigung ausgeschlossen oder zumindest für eine bestimmte Zeit unzulässig ist, so ist § 158 Abs. 1 S. 3 SGB III (früher: § 143a Abs. 1 S. 3 SGB III) zu beachten. Danach gilt **bei zeitlich unbegrenztem Ausschluss eine fiktive Kündigungsfrist von achtzehn Monaten**. Wird also mit einem ordentlich unkündbaren Mitarbeiter eine Aufhebungsvereinbarung geschlossen, so muss zwischen Unterzeichnung der Vereinbarung und dem rechtlichen Ende des Arbeitsverhältnisses ein Zeitraum von achtzehn Monaten liegen. Wird diese Frist nicht eingehalten, so ist die erste Voraussetzung für ein Ruhen des Anspruchs auf Arbeitslosengeld nach § 158 SGB III erfüllt.

Eine Ausnahme von der Verpflichtung zur Einhaltung der fiktiven Kündigungsfrist von achtzehn 91
Monaten wird vom Gesetzgeber lediglich in den Fällen gemacht, in denen der Arbeitgeber das Arbeitsverhältnis außerordentlich unter Einhaltung einer **sozialen Auslauffrist**, die der längsten regulären Kündigungsfrist entsprechen muss, kündigen kann. Eine derartige außerordentliche Kündigung wird vom BAG unter strengen Voraussetzungen in den Fällen der betriebsbedingten Kündigung (vgl. *BAG* 17.9.1998 EzA § 626 BGB Unkündbarkeit Nr. 3; 28.3.1985 DB 1985, 1743) und in Fällen der krankheitsbedingten Kündigung (vgl. *BAG* 9.9.1992 EzA § 626 BGB Nr. 142; 12.7.1995 EzA § 626 BGB Nr. 156) zugelassen, wenn die Fortsetzung des Arbeitsverhältnisses unter Berücksichtigung aller Umstände bis zum sonst maßgeblichen Ende des Arbeitsverhältnisses für das Unternehmen unzumutbar ist (s. i. E. zur außerordentlichen Kündigung gegenüber tariflich unkündbaren Mitarbeitern Kap. 4 Rdn. 1204 ff.).

Schränkt der Tarifvertrag oder der Arbeitsvertrag die Kündigungsmöglichkeit des Arbeitgebers 92
dahin ein, dass eine **ordentliche Beendigung des Arbeitsverhältnisses nur bei Zahlung einer Abfindung** möglich ist, so sieht § 158 Abs. 1 S. 4 SGB III vor, dass in diesem Fall eine **fiktive Kündigungsfrist von einem Jahr** einzuhalten ist. Nach der Rechtsprechung des BSG spielt in sozialversicherungsrechtlicher Hinsicht die fiktive Kündigungsfrist von einem Jahr dann keine Rolle, wenn der Arbeitgeber neben der tarifvertraglichen Möglichkeit der ordentlichen Kündigung mit Abfindungszahlung auch die Möglichkeit gehabt hätte, sich von dem betroffenen Arbeitnehmer außerordentlich mit sozialer Auslauffrist durch Kündigung zu trennen. Für diesen Fall soll nach der Rechtsprechung des BSG im Hinblick auf § 158 SGB III (früher: § 143a SGB III) nur die ordentliche Kündigungsfrist und nicht die fiktive zwölfmonatige Frist maßgeblich sein. Ein Ruhen des Anspruchs auf Arbeitslosengeld kommt dann nicht in Betracht, wenn – unabhängig von der Art der Beendigung – bei dieser Fallkonstellation die ordentliche Kündigungsfrist eingehalten wurde. Es ist also in derartigen Fällen stets zu prüfen, ob neben der vom Tarifvertrag – bspw. bei Betriebsänderung – erlaubten ordentlichen Kündigung mit Abfindungszahlung auch eine außerordentliche Kündigung mit sozialer Auslauffrist theoretisch möglich gewesen wäre.

Zu beachten ist, dass diese im SGB III genannten Kündigungsfristen nur für den Anspruch auf Ar- 93
beitslosengeld Bedeutung haben. Arbeitsrechtlich, d. h. für die Beendigung des Arbeitsverhältnisses selber, sind diese **fiktiven Fristen** irrelevant.

In der Literatur wird § 158 SGB III (früher: § 143a Abs. 1 S. 4 SGB III) als missglückt angesehen 94
(vgl. *Gagel* NZS 2000, 327; *Köster* NZS 2000, 536, 537). Es wird zu Recht bemängelt, dass der Gesetzgeber nur in den Fällen, in denen die Kündigung gegen Zahlung einer Abfindung zulässig ist, auf die Einhaltung einer zwölfmonatigen Kündigungsfrist abstellt, während bei der außerordentlichen Kündigung mit sozialer Auslauffrist nur die reguläre Kündigungsfrist einzuhalten ist. Auch in den Fällen, in denen die **Tarifvertragsparteien die Zustimmung zur ordentlichen Kündigung unabhängig von der Abfindungszahlung** erteilen, muss nur die ordentliche Kündigungsfrist und nicht die fiktive Kündigungsfrist des § 143a Abs. 1 S. 4 SGB III eingehalten werden (vgl. *BSG* 29.1.2001 – B 7 AL 62/99 – SozR 3–4100 § 117 AFG Nr. 22).

Ist die **ordentliche Kündigung nur für einen bestimmten Zeitraum ausgeschlossen** – bspw. Betriebs- 95
ratsmitglieder –, so kann das Anstellungsverhältnis während dieser Schutzfrist trotzdem einvernehmlich unter Einhaltung der ordentlichen Kündigungsfrist aufgelöst werden, ohne dass in diesem Fall ein **Ruhen des Anspruchs auf Arbeitslosengeld** nach § 158 SGB III eintritt. Nach den Dienstanwei-

# Kapitel 8  Sozialrechtliche Rechtsfolgen der Kündigung/Beendigung von Arbeitsverhältnissen

sungen der BA zu § 158 SGB III fallen unter diese Klausel neben den bereits erwähnten Betriebsratsmitgliedern auch Schwerbehinderte sowie Mitarbeiter im Mutterschutz oder in der **Elternzeit**.

## 2. Abfindung, Entschädigung oder ähnliche Leistung

96 Die Nichteinhaltung der Kündigungsfrist löst nur dann eine Ruhenszeit aus, wenn der Mitarbeiter wegen der Beendigung des Anstellungsverhältnisses eine **Abfindung, Entschädigung oder ähnliche Leistung** erhält. Erhält der Mitarbeiter anlässlich der Beendigung des Arbeitsverhältnisses eine vertraglich vorgesehene **Bonuszahlung**, so kann diese nicht zum Ruhen des Anspruchs auf Arbeitslosengeld führen, da diese Bonuszahlung nicht den **Zweck** hatte, **die Beendigung des Arbeitsverhältnisses herbeizuführen**. Es muss also eine finale Verknüpfung zwischen Zahlung der Entschädigung und der Beendigung des Arbeitsverhältnisses bestehen (vgl. *LSG BW* 13.9.1988 – L 5 Ar 1388/86).

97 Auch die Dienstanweisungen der BA zu § 158 SGB III stellen alleine darauf ab, dass Zweck der Zahlung die Förderung der Beendigung des Arbeitsverhältnisses ist. Auf die **Bezeichnung der Zahlung kommt es insofern nicht an**. Unerheblich ist darüber hinaus, ob es sich um die Zahlung einer Abfindung oder um die Gewährung eines sonstigen Vorteils handelt. Auch ein **zinsloses oder zinsgünstiges Darlehen** wird von der BA als »ähnliche Leistung« i. S. v. § 158 SGB III angesehen (vgl. *BSG* 3.3.1993 – 11 RAr 57/92, SozR 3–4100 § 117 AFG Nr. 10). Die **Verbesserung der betrieblichen Altersversorgung** durch Erhöhung der Bezugsgröße oder durch den Verzicht auf die ratierliche Kürzung oder den versicherungsmathematischen Abschlag wird ebenfalls als ähnliche Leistung gewertet, sofern sie im Zusammenhang mit der Beendigung des Anstellungsverhältnisses vom Unternehmen zugesagt wird (vgl. *Gagel* SGB III § 143a Rn. 43).

98 Des Weiteren gehören zu den nach § 158 SGB III zu berücksichtigenden Abfindungen auch **Sozialplanleistungen** (vgl. *BSG* 29.1.2001 – B 7 AL 62/99, SozR 3–4100 § 117 AFG Nr. 22). Keine Rolle spielt insofern, dass der einzelne Arbeitnehmer keinen Einfluss auf die ihm im Fall der Beendigung des Arbeitsverhältnisses zustehende Sozialplanabfindung hat.

99 Erhält der Arbeitnehmer nach § **628 Abs. 2 BGB Schadensersatzansprüche**, weil der Arbeitgeber die Beendigung des Arbeitsverhältnisses schuldhaft herbeigeführt hat, so sind auch diese Schadensersatzansprüche als ähnliche Leistung i. S. d. § 158 SGB III anzusehen (vgl. *BSG* 13.3.1990 – 11 RAr 69/89, SozR 3–4100 § 117 AFG Nr. 2).

100 Umstritten ist, ob sog. **Aufstockungsleistungen**, die der Arbeitgeber auf das Arbeitslosengeld zahlt, ebenfalls bei der Berechnung der Ruhenszeiträume nach § 158 SGB III zu berücksichtigen sind. Der Siebte Senat des BSG hatte in einer Entscheidung vom 4.11.1999 (abgedruckt in: SozR 3–4100 § 117 AFG Nr. 19) die Auffassung vertreten, dass derartige Aufstockungsleistungen **unberücksichtigt** bleiben, weil durch die ausdrückliche Leistungsbestimmung als »Aufstockungsbetrag« durch den Arbeitgeber klargestellt worden sei, dass hier nicht auf die nach § 158 SGB III i. V. m. § 115 SGB X auf die BA übergehenden Abfindungsbeträge geleistet werden sollte, sondern eine hiervon unabhängige Aufstockung des Arbeitslosengeldes gewollt sei. **Anderer Auffassung** ist insofern allerdings offensichtlich der Elfte Senat des BSG, der die gesamte Abfindung bei der Berechnung des Ruhenszeitraums herangezogen hat (vgl. *BSG* 8.2.2001 – B 11 AL 59/00, SozR 3–4100 § 117 AFG Nr. 23). Damit bleibt bei Vorruhestandsvereinbarungen, in denen üblicherweise das Arbeitslosengeld aufgestockt wird, offen, ob die Gesamtabfindung zur Berechnung von eventuellen Ruhenszeiträumen oder nur Teilbeträge zu berücksichtigen sind. Unseres Erachtens muss hier der gesamte Betrag berücksichtigt werden, da die gesamte Abfindung letztendlich dazu dient, den Arbeitnehmer zur Aufgabe des Arbeitsverhältnisses zu dem im Aufhebungsvertrag vorgesehenen Zeitpunkt zu bewegen.

101 Wie oben im Zusammenhang mit den Sozialplanleistungen bereits dargestellt, spielt es im übrigen keine Rolle, ob der Mitarbeiter Anspruch auf die Entschädigung hat, weil diese in einer **Betriebsvereinbarung** oder in einem **Tarifvertrag** geregelt ist oder ob es sich um eine freiwillige, vom Unternehmen im Rahmen einer **Aufhebungsvereinbarung** zugesagte Leistung handelt. Entscheidend ist, dass die Leistung wegen der Beendigung des Arbeitsverhältnisses gezahlt wird.

## 3. Dauer des Ruhenszeitraums

Der Gesetzgeber hat in § 158 SGB III (früher: § 143a SGB III) insgesamt fünf Methoden zur Berechnung des Ruhenszeitraums angegeben. Anwendbar ist jeweils die für den Arbeitslosen **günstigste Berechnungsmethode**.

Dies bedeutet, dass der **Ruhenszeitraum** entweder
- nach Ablauf eines Jahres,
- nach Ablauf der ordentlichen Kündigungsfrist,
- nach Ablauf der vereinbarten Befristung,
- sofort, wenn der Arbeitgeber aus wichtigem Grund hätte kündigen können,
- nach Ablauf des Zeitraums, den der Arbeitnehmer benötigt, um einen bestimmten in § 158 Abs. 2 S. 3 festgelegten Prozentsatz seiner Abfindung zu verdienen,

endet.

Gemäß § 158 Abs. 2 S. 3 SGB III wird die Abfindung nur zur Berechnung des Ruhenszeitraums herangezogen. **Eine Verrechnung der Abfindung mit Arbeitslosengeld findet aber auch hier nicht statt**, sondern es erfolgt lediglich eine hypothetische Berechnung der Zeit, die der Mitarbeiter benötigt, um einen bestimmten Teil der Abfindung zu verdienen. Der Gesetzgeber unterstellt, dass bei Verkürzung der Kündigungsfrist Teile des regulären Arbeitsentgeltes in der Abfindung enthalten sind.

Zur Berechnung der Ruhenszeit nach § 158 Abs. 2 S. 3 SGB III sind folgende Prozentsätze der Abfindung zu berücksichtigen:

**Zu berücksichtigender Teil der Abfindung:**

| Dauer des Arbeitsverhältnisses | Lebensalter | | | | | |
|---|---|---|---|---|---|---|
| | < 40 | ab 40 | ab 45 | ab 50 | ab 55 | ab 60 |
| bis 4 Jahre | 60 | 55 | 50 | 45 | 40 | 35 |
| 5–9 Jahre | 55 | 50 | 45 | 40 | 35 | 30 |
| 10–14 Jahre | 50 | 45 | 40 | 35 | 30 | 25 |
| 15–19 Jahre | 45 | 40 | 35 | 30 | 25 | 25 |
| 20–24 Jahre | 40 | 35 | 30 | 25 | 25 | 25 |
| 25–29 Jahre | 35 | 30 | 25 | 25 | 25 | 25 |
| 30–34 Jahre | | 25 | 25 | 25 | 25 | 25 |
| 35 und mehr Jahre | | | 25 | 25 | 25 | 25 |

Zur Berechnung des durchschnittlichen Arbeitsentgeltes ist auf das **Bruttoeinkommen** der letzten zwölf Monate in dem Arbeitsverhältnis abzustellen, für dessen Beendigung dem Arbeitnehmer eine **Abfindung** gezahlt worden ist. Sind die letzten zwölf Monate im Hinblick auf das Entgelt des Arbeitnehmers nicht repräsentativ, weil in dem Bemessungszeitraum weniger als 150 Tage mit Anspruch auf Vergütung lagen, so ist der Bemessungsrahmen gem. der in Bezug genommenen Vorschrift des § 150 Abs. 2 S. 1 Nr. 1 und Abs. 3 SGB III (früher: § 130 Abs. 3 SGB III) von 12 auf 24 Monate zu erweitern. Hat das Arbeitsverhältnis noch nicht zwölf Monate bestanden, so sind lediglich die tatsächlich vorhandenen Monate zur Berechnung des Durchschnittsentgeltes heranzuziehen (vgl. *Gagel* SGB III, § 143a Rn. 100).

Die ansonsten übliche Begrenzung der Beitrags- und Arbeitslosengeldberechnung auf das Monatseinkommen bis zur **Beitragsbemessungsgrenze** spielt bei der Feststellung des kalendertäglichen Ent-

108 Ist es gar nicht erst zur Aufnahme des Arbeitsverhältnisses gekommen bzw. wurde das Arbeitsverhältnis sofort in den ersten Tagen wieder aufgelöst, ohne dass die vereinbarte Kündigungsfrist eingehalten wurde, so ist im Rahmen des § 158 SGB III das kalendertägliche Entgelt **fiktiv** anhand der arbeits- oder tarifvertraglichen Regelungen zu berechnen (vgl. BSG 14.2.1978 – 7 RAr 57/76, BSGE 46, 20, 31).

geltes im Rahmen des § 158 SGB III keine Rolle. Maßgebend ist 1/30tel der durchschnittlichen Bruttomonatsvergütung.

109 Steht das durchschnittliche Arbeitsentgelt fest, so ist nun anhand des gem. obiger Tabelle zu berücksichtigenden Teils der Bruttoabfindung zu ermitteln, wie viele Kalendertage der Arbeitnehmer fiktiv benötigt hätte, um diesen Teil der Abfindung in seinem bisherigen Arbeitsverhältnis zu verdienen. Diese Zeitspanne ruht dann der Anspruch auf Arbeitslosengeld, wenn dieser Zeitraum gegenüber den vier anderen Varianten für die Berechnung des Ruhenszeitraums (s. Rdn. 103) die für den Arbeitslosen günstigste Variante ist.

110 ▶ **Beispiel:**

Das Arbeitsverhältnis wird gegen Zahlung einer Abfindung in Höhe von 80.000,-€ am 26.9.2012 einvernehmlich zum 30.9.2012 beendet, obwohl eine ordentliche Kündigung frühestens zum 31.3.2013 möglich wäre. Die monatliche Vergütung des 56jährigen Arbeitnehmers beträgt 6.000,-€ brutto. Die Dauer des Arbeitsverhältnisses betrug 15 Jahre.

Nach der obigen Tabelle sind in diesem Beispielsfall für die Errechnung des Ruhenszeitraums nur 25 % der Abfindung zu berücksichtigen, d. h. also 20.000,– €. Bei einem Einkommen von 6.000,– € im Monat beträgt das kalendertägliche Einkommen 200,– €. Um die zu berücksichtigenden 20.000,– € der Abfindung zu verdienen, müsste der Arbeitnehmer im Beispielsfall somit hypothetisch 100 Kalendertage arbeiten. Demzufolge würde in unserem Beispielsfall der Anspruch auf Arbeitslosengeld für einen Zeitraum von 100 Kalendertagen ruhen, da die Berechnung nach der Abfindungssumme für ihn in diesem Fall die günstigste der fünf Berechnungsmethoden ist.

111 Der sich aus § 158 SGB III (früher: § 143a SGB III) ergebende Ruhenszeitraum beginnt grds. mit dem Tag, der auf das Ende des vorzeitig beendeten Anstellungsverhältnisses folgt. Lediglich dann, wenn der Arbeitslose gleichzeitig auch eine **Urlaubsabgeltung** von seinem alten Arbeitgeber erhalten hat, schließt sich der Ruhenszeitraum aus § 143a SGB III an den aus § 143 SGB III resultierenden Ruhenszeitraum an. Es findet insofern eine Addition beider Ruhenszeiträume statt.

112 Die Berechnung der Dauer eines Ruhenszeitraums anhand der **Abfindung** ist in der Praxis i. d. R. die Methode, die für den Mitarbeiter den kürzesten Ruhenszeitraum zur Folge hat. Problematisch ist diese Berechnung jedoch stets in den Fällen, in denen die Gesamtabfindung nicht ohne weiteres feststeht. Die Situation tritt insbes. dann ein, wenn das Unternehmen dem Mitarbeiter **laufende Zahlungen** bis zum Erreichen der Rente zusagt oder aber sogar die **Betriebsrente** aufgestockt hat. Um hier einen Wert zur Ermittlung des Ruhenszeitraums feststellen zu können, sind die Renten bzw. rentenähnlichen Zahlungen nach der Rechtsprechung des BSG zu kapitalisieren. Ist eine Kapitalisierung nicht möglich, weil der genaue Wert der Zahlungen nicht feststeht, so kommt nach den Dienstanweisungen der BA zu § 158 SGB III eine Schätzung unter Berücksichtigung eines normalen Leistungsverlaufs in Betracht.

### 4. Konsequenzen des Ruhenszeitraums nach § 158 SGB III

113 Die nach § 158 SGB III (früher: § 143a SGB III) verhängte Ruhenszeit wirkt sich nicht unmittelbar auf die Gesamtdauer des Anspruchs auf Arbeitslosengeld aus. Wie oben bereits dargestellt, erfolgt eine **Kürzung der Anspruchsdauer** nur nach den in § 148 SGB III (früher: § 128 SGB III) genannten Vorschriften. § 158 SGB III ist hier nicht erwähnt, so dass die **Ruhenszeit nur zu einer Verzögerung des Beginns der Arbeitslosengeldzahlungen und nicht zu einer Reduzierung der Anspruchsdauer führt**.

## B. Bezug von Arbeitslosengeld

Ein Ruhenszeitraum nach § 158 SGB III ist allerdings problematisch im Hinblick auf **Renten- und** 114
**Krankenversicherungsbeiträge**. Während des Ruhenszeitraums werden keine Beiträge von der Agentur für Arbeit abgeführt. Im Hinblick auf die gesetzliche Krankenversicherung bedeutet dies, dass der Arbeitslose nach Ablauf eines eventuell **nachwirkenden Krankenversicherungsschutzes** (vgl. Rdn. 193 selbst für ausreichenden Versicherungsschutz sorgen muss. Wird gleichzeitig eine **Sperrzeit** verhängt, die **parallel zur Ruhenszeit nach § 158 SGB III** laufen würde, so besteht während der Sperrzeit Krankenversicherungsschutz (vgl. Rdn. 192).

### IX. Sperrzeit wegen verspäteter Arbeitslosmeldung

Wie oben (s. Rdn. 34) erwähnt, ist der Arbeitnehmer, dessen Arbeitsverhältnis endet, verpflichtet, 115
sich spätestens drei Monate vor dessen Beendigung gem. § 38 SGB III bei der für ihn zuständigen Agentur für Arbeit arbeitsuchend zu melden. Liegen zwischen der Kenntnis des Beendigungszeitpunktes und der Beendigung des Arbeits- oder Berufsausbildungsverhältnisses weniger als drei Monate, hat die Meldung innerhalb von drei Kalendertagen nach Kenntnis des Beendigungszeitpunktes zu erfolgen. Die früher insofern bestehende Regelung, wonach der Arbeitnehmer unabhängig von der Dauer der Kündigungsfrist sich unverzüglich bei der für ihn zuständigen Agentur für Arbeit arbeitsuchend zu melden hat, ist mit Wirkung ab 1.1.2006 korrigiert worden.

Versäumt der Arbeitnehmer die rechtzeitige Arbeitslosmeldung bei der für ihn zuständigen Agentur 116
für Arbeit, so führt dies zu einer Sperrzeit nach § 159 Abs. 1 Nr. 7 SGB III (früher: § 144 Abs. 1 Nr. 7 SGB III). Die Sperrzeit bei Meldeversäumnis oder bei verspäteter Arbeitslosmeldung beträgt gem. § 159 Abs. 6 SGB III (früher: § 144 Abs. 6 SGB III) insgesamt eine Woche.

Die bis zum 31.12.2005 geltende Regelung, wonach das Arbeitslosengeld bei verspäteter Arbeitslos- 117
meldung nach § 140 SGB III a. F. gemindert wird, ist aufgehoben worden. § 140 SGB III a. F. ist entfallen.

Im Hinblick auf die **Belehrungspflicht des Arbeitgebers in § 2 Abs. 2 S. 2 Nr. 3 SGB III** wird in der 118
Literatur diskutiert, inwieweit der Arbeitgeber sich schadensersatzpflichtig macht, wenn er den Arbeitnehmer nicht ausdrücklich auf die rechtzeitige Meldung bei der Agentur für Arbeit hinweist. Teilweise wird in der Literatur ein **Schadensersatzanspruch** des Arbeitnehmers unter dem Gesichtspunkt einer Schutzgesetzverletzung nach § 823 Abs. 2 BGB bejaht (vgl. *Kreutz* AuR 2003, 201; *Zieglmeier* DB 2004, 1830, 1834). Dieser Auffassung wird man allerdings entgegenhalten müssen, dass die Belehrungspflicht des Arbeitgebers in § 2 Abs. 2 S. 2 Nr. 3 SGB III vom Gesetzgeber nicht als Schutzgesetz zu Gunsten des von Arbeitslosigkeit bedrohten Mitarbeiters konzipiert wurde, sondern dass offensichtlich die Belehrungspflicht alleine im Interesse der Versichertengemeinschaft erfolgt ist (vgl. *Bauer/Krets* NJW 2003, 537, 541; *Küttner/Voelzke* Personalbuch 2005, Arbeitslosengeld Rn. 72). Von daher kann ein Schadensersatzanspruch des Arbeitnehmers aus der fehlenden Belehrung durch den Arbeitgeber nicht über § 2 Abs. 2 S. 2 Nr. 3 SGB III hergeleitet werden (so auch: BAG 29.9.2005 EzA § 37b SGB III Nr. 1 = NZA 2005, 1406).

Inwieweit der Arbeitnehmer eines derartigen Schadensersatzanspruchs gegen den Arbeitgeber im 119
Fall der fehlenden Aufklärung über die Arbeitslosmeldung überhaupt bedarf, hängt letztendlich davon ab, wie man die Unkenntnis des Arbeitnehmers von der Meldepflicht bewertet. Das BSG weist in seinen Entscheidungen ausdrücklich darauf hin, dass ein Verstoß gegen die Meldepflicht dann zu verneinen ist, wenn der Arbeitslose unter Berücksichtigung seiner individuellen Kenntnisse und Fähigkeiten ohne schuldhaftes Zögern gehandelt hat (vgl. *BSG* 25.5.2005 – B 11a/11 AL 81/04 R; 18.8.2005 – B 7a/7 AL 94/04 R). Entgegen der von der Bundesagentur für Arbeit vertretenen Auffassung spielt die Kenntnis bzw. Unkenntnis des Arbeitnehmers über seine Meldepflicht bei der Frage, ob ein Verschulden hinsichtlich des objektiven Verstoßes gegen § 38 SGB III vorliegt, eine nicht unerhebliche Rolle. Hat der Arbeitslose keine Kenntnis von der Meldepflicht, ist allerdings zu prüfen, ob ihm die Unkenntnis i. S. eines Fahrlässigkeitsvorwurf vorgehalten werden kann (vgl. *BSG* 25.5.2005 – B 11a/11 AL 81/04 R; 18.8.2005 – B 7a/7 AL 94/04 R). Ist ein derartiger Fahrlässigkeitsvorwurf im Hinblick auf die Unkenntnis aufgrund der Umstände des Einzelfalles zu verneinen,

so fehlt es an einem Verstoß gegen § 37b SGB III, so dass keine Sperrzeit nach § 144 Abs. 1 Nr. 7 SGB III erfolgen darf.

## X. Sperrzeit wegen Beendigung des Arbeitsverhältnisses

120 In § 159 SGB III (früher: § 144 SGB III) hat der Gesetzgeber sieben Tatbestände normiert, bei denen eine Sperrzeit hinsichtlich des Anspruches auf **Arbeitslosengeld** eintritt, wenn der Arbeitslose für sein Verhalten keinen wichtigen Grund anführen kann. Im Zusammenhang mit der Beendigung von Anstellungsverhältnissen ist insbes. Nr. 1 von Bedeutung, wonach dann eine **Sperrzeit** eintritt, wenn der Arbeitslose **das Beschäftigungsverhältnis selbst gelöst** hat oder durch ein **arbeitsvertragswidriges Verhalten** Anlass für die Lösung des Beschäftigungsverhältnisses gegeben hat.

### 1. Sperrzeitrelevante Beendigungstatbestände

121 Eine Sperrzeit tritt nicht nur im Falle einer **Eigenkündigung** oder einer arbeitgeberseitigen Kündigung ein, sondern auch dann, wenn die Arbeitsvertragsparteien das Anstellungsverhältnis einvernehmlich beenden, ohne dass der Arbeitnehmer hierfür einen **wichtigen Grund** i. S. v. § 159 SGB III (früher: § 144 SGB III) vorweisen kann. Da das Gesetz im Zusammenhang mit der arbeitgeberseitigen Kündigung nur die **verhaltensbedingte Kündigung** als sperrzeitrelevant ansieht, ergibt sich zunächst, dass weder eine **betriebs-** noch eine **personenbedingte Kündigung** eine Sperrzeit auslöst. Die Dienstanweisungen der BA zu § 159 SGB III (früher: § 144 SGB III) bestimmen allerdings auch im Hinblick auf diese beiden Kündigungsgründe, dass hier unter Umständen eine Sperrzeit eintritt.

#### a) Verhaltensbedingte Arbeitgeberkündigung

122 Kündigt der Arbeitgeber das Anstellungsverhältnis wegen eines **Fehlverhaltens** des Mitarbeiters ordentlich oder außerordentlich, so löst dies eine **Sperrzeit von zwölf Wochen** aus (vgl. *BSG* 26.8.1965 – 7 Rar 32/64). Wurde das Anstellungsverhältnis zunächst verhaltensbedingt durch den Arbeitgeber gekündigt und einigen sich die Arbeitsvertragsparteien im Rahmen eines Kündigungsschutzprozesses oder außergerichtlich im Nachgang zur Kündigung, so kann der Eintritt einer Sperrzeit vermieden werden. **Abzuraten ist von der Umwandlung der verhaltensbedingten Kündigung in eine betriebsbedingte Kündigung**, wenn es tatsächlich an entsprechenden betriebsbedingten Kündigungsgründen fehlt.

123 Um eine Sperrzeit zu vermeiden, reicht es bereits aus, wenn in den Vergleich folgende Klausel aufgenommen wird:

> »Der Arbeitgeber hält die im Vorfeld erhobenen Vorwürfe nicht mehr aufrecht. Auf Grund der Auseinandersetzung ist eine gedeihliche Zusammenarbeit zwischen den Parteien nicht mehr zu erwarten, so dass Einigkeit besteht, dass das Anstellungsverhältnis unter Einhaltung der ordentlichen Kündigungsfrist im gegenseitigen Einvernehmen zum ... aufgelöst wird.«

#### b) Betriebsbedingte Arbeitgeberkündigung

124 Der Ausspruch einer betriebsbedingten Kündigung löst, wie oben erwähnt, keine Sperrzeit aus, sofern tatsächlich die Voraussetzungen der betriebsbedingten Kündigung vorlagen (vgl. Kap. 4 Rdn. 1424 ff.). Die BA erwartet allerdings, dass die **Sozialauswahl** korrekt durchgeführt wurde. Eine Verpflichtung des Arbeitnehmers, dies im Einzelnen zu prüfen, sehen die Dienstanweisungen allerdings nicht vor. Nur dann, wenn die Kündigung **offensichtlich rechtswidrig** ist, darf der Arbeitnehmer diese nicht ohne weiteres hinnehmen.

125 Die Dienstanweisungen bestimmen insofern in Ziff. 1.2.2:

> »Eine Kündigung ist offensichtlich rechtswidrig, wenn der Arbeitnehmer ohne weiteres erkennen musste, dass sie gegen arbeitsvertragliche, tarifvertragliche oder gesetzliche Bestimmungen verstößt. Ob die Kündigung sozial gerechtfertigt oder ungerechtfertigt ist, ist für den Arbeitnehmer nicht offensichtlich.

Offensichtlich rechtswidrig ist eine Kündigung nach den Dienstanweisungen insbes. dann, wenn: 126
1. die maßgebende Kündigungsfrist nicht eingehalten ist,
2. der Arbeitslose nach tarif- oder einzelvertraglichen Bestimmungen nur noch aus wichtigem Grund (§ 626 BGB) kündbar war, oder
3. der Arbeitslose besonderen Kündigungsschutz genießt und die Kündigung deshalb nichtig ist, z. B. nach
   a) § 9 MuSchG (Kündigung einer Frau während der Schwangerschaft oder bis zum Ablauf von vier Monaten nach der Entbindung),
   b) § 18 BEEG (Kündigung bei Elternzeit ohne Zustimmung der für den Arbeitsschutz zuständigen obersten Landesbehörde),
   c) § 85 SGB IX (Kündigung eines Schwerbehinderten ohne Zustimmung des Integrationsamtes),
   d) § 15 KSchG (Kündigung des Mitglieds eines Betriebsrates, einer Jugendvertretung, u. a.).«

Vor diesem Hintergrund der Dienstanweisungen der BA ist ein Arbeitnehmer nicht verpflichtet, 127
**Kündigungsschutzklage** gegen eine ihm gegenüber ausgesprochene betriebsbedingte Kündigung zu erheben. Erhält der Arbeitnehmer keine Abfindung, so führt die bloße Hinnahme einer offensichtlich rechtswidrigen arbeitgeberseitigen Kündigung nicht zu einer Sperrzeit. Nach den Dienstanweisungen der BA zu § 144 SGB III liegt ein »Beteiligungssachverhalt« in diesem Fall nicht vor.

Erhält der Arbeitnehmer hingegen eine Abfindung im Zusammenhang mit der vom Arbeitgeber ausgesprochenen Kündigung, so kann die Agentur für Arbeit überprüfen, ob eine Beteiligung des Arbeitnehmers an der Beendigung des Arbeitsverhältnisses vorliegt. Hier ist insbes. zu untersuchen, ob es 128
vorausgegangene Absprachen zwischen den Arbeitsvertragsparteien gegeben hat. Liegt eine derartige Absprache vor, so entfällt die Sperrzeit nur dann, wenn der Arbeitnehmer einen wichtigen Grund für die Beteiligung an der Auflösung des Arbeitsverhältnisses hatte. Ein wichtiger Grund kann dann nicht anerkannt werden, wenn die Kündigung objektiv nicht rechtmäßig war (vgl. *BSG* 18.12.2003 – B 11 AL 35/03 R). Das Institut der Sperrzeit dient dazu, Manipulationen des in der Arbeitslosenversicherung gedeckten Risikos entgegenzuwirken. Die Versichertengemeinschaft soll gegen Risikofälle geschützt werden, deren Eintritt der Versicherte durch die unberechtigte Mitwirkung an der Beendigung des Arbeitsverhältnisses selbst zu vertreten hat. Um diesem Ziel gerecht zu werden, darf es nach Auffassung des BSG nicht auf die subjektiven Rechtsvorstellungen des Arbeitslosen ankommen, sondern entscheidend ist, ob objektiv eine rechtmäßige Kündigung vorlag. War die Kündigung offensichtlich unwirksam, so ist ein wichtiger Grund in jedem Fall zu verneinen (vgl. *BSG* 25.4.2002 – B 11 AL 65/01 R, NZS 2003, 330 ff.).

### c) Betriebsbedingte Kündigung mit Abfindungsangebot nach § 1a KSchG

Im Rahmen der Reform des Kündigungsschutzgesetzes wurde mit Wirkung ab 1.1.2004 § 1a 129
KSchG eingeführt. Nach dieser Vorschrift hat der Arbeitgeber die Möglichkeit, einem Arbeitnehmer im Fall einer **betriebsbedingten Kündigung** bereits im Kündigungsschreiben eine **Abfindung** in Höhe von 0,5 Bruttomonatsgehältern je Beschäftigungsjahr anzubieten, wenn der Arbeitnehmer im Gegenzug auf die **Erhebung einer Kündigungsschutzklage verzichtet**. Ziel des Gesetzgebers war es, Kündigungsschutzverfahren zu vermeiden. Dass es bereits bisher in der Praxis weit verbreitet war, im Anschluss an insbes. betriebsbedingte Kündigungen einen **Abwicklungsvertrag** zur Vermeidung des Kündigungsschutzverfahrens zu schließen, hat den Gesetzgeber nicht abhalten können, eine vergleichbare gesetzliche Regelung einzuführen. Im Gegensatz zu der bisherigen Praxis fehlt es allerdings bei der Regelung in § 1a KSchG an der Flexibilität hinsichtlich der Höhe der Abfindung. **Die Abfindung muss mindestens bei 0,5 Bruttomonatsgehältern je Beschäftigungsjahr liegen.**

Die BA hat den Willen des Gesetzgebers, Kündigungsschutzverfahren durch § 1a KSchG zu vermeiden, akzeptiert und sieht in der Regelung nach § 1a KSchG keinen sperrzeitauslösenden Tatbestand. 130

**Kapitel 8** Sozialrechtliche Rechtsfolgen der Kündigung/Beendigung von Arbeitsverhältnissen

131 Insofern hieß es früher unter Ziff. 2.2.2 (3) der Dienstanweisungen der BA (Stand der Aktualisierung 8/2005) wörtlich:

»Kein Auflösungssachverhalt liegt vor, wenn die arbeitgeberseitige Kündigung auf betriebsbedingte Gründe gestützt wird und mit einer Abfindung gem. § 1a KSchG verbunden ist.«

In der aktuellen Fassung der Dienstanweisungen der BA ist die Regelung nicht mehr ausdrücklich enthalten. Die aktuellen Dienstanweisungen verweisen allerdings in Ziff. 9.1.2 im Zusammenhang mit dem Aufhebungsvertrag auf die Regelung des § 1a KSchG und legen dar, dass bei einer Regelung entsprechend § 1a KSchG keine Sperrzeit verhängt werden darf.

132 Da die soziale Rechtfertigung bzw. die fehlende soziale Rechtfertigung nicht zu den Punkten gehört, bei denen von einer »offensichtlichen« Rechtswidrigkeit auszugehen ist, führt die Hinnahme einer Kündigung über den Weg des § 1a KSchG i. d. R. nicht zu einer Sperrzeit. Nach dem das *BSG* mit Urteil vom 12.7.2006 (– B 11a AL 47/05 R, NZA 2006, 1359) eine Änderung der Rechtsprechung zur Sperrzeit bei Abwicklungsverträgen und Aufhebungsverträgen angekündigt hat, hat nunmehr auch die Bundesagentur für Arbeit ihre Dienstanweisungen dahingehend geändert, dass nicht nur bei einer Kündigung nach § 1a KSchG sondern auch bei Aufhebung- oder Abwicklungsverträgen keine Sperrzeit verhängt wird, sofern der Abwicklungsvertrag/Aufhebungsvertrag maximal eine Abfindung in Höhe von 0,5 Bruttogehältern je Beschäftigungsjahr vorsieht (s. hierzu die Ausführungen unter Rdn. 139 ff. sowie Rdn. 148).

### d) Personenbedingte Arbeitgeberkündigung

133 Der Hauptfall der personenbedingten Kündigung ist die **krankheitsbedingte Kündigung**. Ähnlich wie die betriebsbedingte Kündigung löst auch die krankheitsbedingte Kündigung keine Sperrzeit aus. Gerade bei älteren Mitarbeitern bietet sich im Zusammenhang mit Auflösungsverträgen bzw. Vorruhestandsvereinbarungen die krankheitsbedingte Kündigung als Anhaltspunkt an. Die Agenturen für Arbeit haben insofern spezielle Formulare, auf denen der den Arbeitnehmer behandelnde Arzt bestätigen muss, dass eine Weiterbeschäftigung nicht möglich bzw. zumutbar war. Gerade die Trennung von älteren Mitarbeitern ist i. d. R. eher über den Weg der personenbedingten als über den Weg der betriebsbedingten Kündigung zu rechtfertigen.

### e) Vorausgegangene Absprache über Arbeitgeberkündigung

134 Haben sich die Arbeitsvertragsparteien im Vorfeld einer arbeitgeberseitigen Kündigung bereits über die Beendigung des Anstellungsverhältnisses und die Modalitäten der Beendigung geeinigt, so löst eine im Anschluss ausgesprochene arbeitgeberseitige Kündigung eine **Sperrzeit** aus. Die BA spricht hier von vorausgegangener Absprache bzw. **initiierter Kündigung** (vgl. Ziff. 1.2.2 der Dienstanweisungen der BA zu § 159 SGB III).

135 Die initiierte Kündigung wird i. d. R. dann angenommen, wenn das Unternehmen ein abstraktes Aufhebungsangebot in Form einer **Betriebsvereinbarung**, die finanzielle Vergünstigungen für den Fall des Ausscheidens vorsieht, unterbreitet hat. Existiert bspw. eine **generelle Vorruhestandsregelung** für Mitarbeiter ab Vollendung des 57. Lebensjahres und erklärt ein Arbeitnehmer, dass er mit der Beendigung zu den in der Betriebsvereinbarung genannten Konditionen einverstanden ist, so löst eine vom Arbeitgeber nunmehr ausgesprochene Kündigung eine Sperrzeit aus. Die BA steht hier auf dem Standpunkt, dass letztendlich dieser Sachverhalt einer einvernehmlichen Aufhebung gleichzustellen ist (vgl. Ziff. 1.2.2 der Dienstanweisungen zu § 159 SGB III).

### f) Abwicklungsvertrag

136 Ebenfalls zu den Fällen der initiierten Kündigung und dem Aufhebungsvertrag gleichzustellen sind die Fälle, in denen die Arbeitsvertragsparteien bereits vor Ausspruch der Kündigung abgesprochen haben, unmittelbar im Anschluss an die Kündigung einen sog. **Abwicklungsvertrag** zu schließen. Der Abwicklungsvertrag unterscheidet sich vom Aufhebungsvertrag dadurch, dass der **Aufhebungs-**

vertrag selbst das Anstellungsverhältnis beendet, während der Abwicklungsvertrag eine vorherige Kündigung voraussetzt. Die BA behandelt den Abwicklungsvertrag im Hinblick auf die Verhängung einer Sperrzeit gem. Ziff. 9.1.3 der Dienstanweisungen zu § 159 SGB III genau so wie einen Aufhebungsvertrag.

Im Hinblick auf die Verhängung einer Sperrzeit beim Abwicklungsvertrag differenziert die Bundesagentur für Arbeit ähnlich wie das Bundessozialgericht danach, wann der Ablösungsvertrag abgeschlossen wird. Insofern hatte bereits das BSG mit Urt. v. 18.12.2003 (– B 11 AL 35/03 – NZA 2004, 661) entschieden, dass eine Abwicklungsvereinbarung dann, wenn sie innerhalb der dreiwöchigen Klagefrist nach § 4 KSchG abgeschlossen wird, dem Aufhebungsvertrag gleichzustellen ist. Lediglich eine Abwicklungsvereinbarung, die nach Ablauf der dreiwöchigen Klagefrist unterzeichnet wird, kann keine Sperrzeit mehr auslösen, weil zu diesem Zeitpunkt bereits feststeht, dass das Arbeitsverhältnis aufgrund sozial gerechtfertigter Kündigung sein Ende finden wird. Die BA hat in ihren Dienstanweisungen zu § 159 SGB III (früher: § 144 SGB III) in Ziff. 9.1.3 ausdrücklich festgehalten, dass dann, wenn ein Abwicklungsvertrag innerhalb der Frist zur Erhebung der Kündigungsschutzklage geschlossen wird, ein wichtiger Grund für die Auflösung des Beschäftigungsverhältnisses nur dann vorliegt, wenn die Kündigung rechtmäßig war. Das Bundessozialgericht und die BA standen insofern bisher auf dem Standpunkt, dass der Arbeitnehmer durch den Abschluss eines Abwicklungsvertrages während der dreiwöchigen Klagefrist auf die Geltendmachung seines Kündigungsschutzes verzichtet und dies eine Sperrzeit begründet. 137

Diese restriktive Entscheidung des BSG ist in der Literatur auf heftigste Kritik gestoßen (vgl. *Bauer/ Krieger* NZA 2004, 640; *Kern/Kreutzfeldt* NJW 2004, 3081; *Boecken/Hümmerich* DB 2004, 2046). Bemängelt wurde vor allem, dass die Bundesagentur für Arbeit in ihren alten Dienstanweisungen ebenso wenig wie das Bundessozialgericht in seiner Entscheidung vom 18.12.2003 berücksichtigt, dass der Gesetzgeber zwischenzeitlich § 1a KSchG verabschiedet hat, der zum 1.1.2004 in Kraft getreten war. Die betriebsbedingte Kündigung nach § 1a KSchG stellt letztendlich nichts anderes dar, wie eine einvernehmliche Beendigung des Arbeitsverhältnisses mit vorausgegangener Kündigung. Da die BA entsprechend dem Willen des Gesetzgebers bei § 1a KSchG keinen Sperrzeit relevanten Tatbestand annimmt, solange hier keine offensichtlich rechtswidrige Kündigung vorliegt, war weder die von der BA bezüglich der Abfindungsvereinbarung vertretene Auffassung noch das Urteil des BSG vom 18.12.2003 nachvollziehbar. 138

Das BSG hat mittlerweile erkannt, dass es mit seinem Urteil vom 18.12.2003 über das Ziel hinaus geschossen ist und die Entwicklung in der Gesetzgebung außer Acht gelassen hat. Mit Urteil vom 12.7.2006 (– B 11a AL 47/05 R, NZA 2006, 1359) hat das BSG nunmehr angekündigt, in Zukunft »unter Heranziehung« der Grundsätze des § 1a KSchG auf eine ausnahmslose Prüfung der Rechtmäßigkeit der Arbeitgeberkündigung bei Abwicklungsverträgen zu verzichten, wenn die Abfindungshöhe im Abwicklungsvertrag die in § 1a Abs. 2 KSchG vorgesehene Höhe nicht überschreitet. Sieht der Abwicklungsvertrag also maximal 0,5 Bruttomonatsgehälter je Beschäftigungsjahr vor, soll nach der nunmehr angekündigten Rechtsprechungsänderung des BSG in Zukunft keine Sperrzeit mehr verhängt werden. Dies gilt allerdings nur für die betriebsbedingte und die personenbedingte Kündigung. Bei einer verhaltensbedingten Kündigung bleibt es bei der Sperrzeitfolge. 139

Die BA hat zwischenzeitlich ihre Dienstanweisungen zu § 159 SGB III (früher: § 144 SGB III) aktualisiert und sich der Rechtsauffassung des BSG gem. Urt. v. 12.7.2006 angeschlossen. 140

In Ziff. 9.1.2 der Dienstanweisungen zu § 159 SGB III heißt es nunmehr allgemein zur Frage des wichtigen Grundes bei Abschluss eines Abwicklungsvertrages oder Aufhebungsvertrages (die BA stellt beide Beendigungsverträge gleich) wie folgt: 141

»(1) Hat der Arbeitslose das Beschäftigungsverhältnis beendet, weil ihm andernfalls eine arbeitgeberseitige Kündigung drohte, liegt allein darin kein wichtiger Grund.

(2) Ein wichtiger Grund für den Abschluss eines Aufhebungsvertrages oder für eine Eigenkündigung liegt vor,

- wenn eine Kündigung durch den Arbeitgeber mit Bestimmtheit in Aussicht gestellt worden ist,
- die drohende Arbeitgeberkündigung auf betriebliche Gründe gestützt würde,
- die Arbeitgeberkündigung zu demselben Zeitpunkt, zu dem das Beschäftigungsverhältnis geendet hat, oder früher wirksam geworden wäre,
- im Fall der Arbeitgeberkündigung die Kündigungsfrist eingehalten würde

und

1. eine Abfindung von 0,5 Monatsgehältern, mindestens aber 0,25 (noch wesentlicher wirtschaftlicher Vorteil) pro Beschäftigungsjahr an den Arbeitnehmer gezahlt wird. § 1a KSchG gilt entsprechend. Der Gedanke des § 1a KSchG der für den Fall einer betriebsbedingten Arbeitgeberkündigung eine einfache Klärung der Voraussetzung für die Beendigung des Arbeitsverhältnisses beinhaltet (s. hierzu 1.2.2 Abs. 1b), wird auf die Lösung des Arbeitsverhältnisses durch den Arbeitnehmer übertragen. Im Übrigen kommt es nicht darauf an, ob die drohende Arbeitgeberkündigung rechtmäßig ist. Beträgt die Abfindung unter 0,25 Monatsentgelten oder über 0,5 Monatsentgelte pro Beschäftigungsjahr, liegt nur dann ein wichtiger Grund vor, wenn die drohende Arbeitgeberkündigung sozial gerechtfertigt wäre.

   oder

2. der Arbeitslose

   a) objektive Nachteile aus einer arbeitgeberseitigen Kündigung für sein berufliches Fortkommen vermieden hat; darauf kann sich jedenfalls der Arbeitslose, der das 58. Lebensjahr vollendet und eine Vorruhestandsregelung in Anspruch genommen oder eine nach Höhe und Zuschnitt vergleichbare Abfindung erhalten bzw. zu beanspruchen hat, nur in besonders begründeten Einzelfällen berufen

      oder

   b) sonstige Gründe darlegt, aus denen er objektiv Nachteile aus einer arbeitgeberseitigen Kündigung befürchten musste. Solche Gründe können Vergünstigungen sein, auf die im Falle der Kündigung kein Anspruch bestanden hätte. Dabei sind die Verhältnisse bei einem Aufhebungsvertrag mit denen bei arbeitgeberseitiger Kündigung zu vergleichen. Solche Vergünstigungen sind z. B. Abfindungen, die nicht unter 9.1.2 Abs. 2 Nr. 4 fallen und auf die ohne Abschluss des Aufhebungsvertrages kein Anspruch bestanden hätte (Urt. des *BSG* 12.7.2006 – B 11a AL 47/05); würde auch bei einer Kündigung eine Abfindung gezahlt, muss die Abfindung bei einem Aufhebungsvertrag mindestens 10 % höher sein,

      und

   die Kündigung rechtmäßig wäre. Die Rechtmäßigkeit einer arbeitgeberseitigen Kündigung umfasst nicht nur die Frage, ob die individuelle maßgebende Kündigungsfrist oder ein etwaiger Ausschluss der Kündigung durch den Arbeitgeber beachtet worden ist, sondern – in bestimmten Grenzen – auch die Prüfung der sozialen Rechtfertigung nach § 1 KSchG.«

142 Die neue Rechtsprechung des BSG sowie die geänderte Rechtsauffassung der BA läuft nunmehr darauf hinaus, dass die Verhängung einer Sperrzeit bei Abwicklungsverträgen davon abhängt, wie hoch die Abfindung ist. Nicht geklärt ist insofern, was unter Abfindung im Einzelnen zu verstehen ist. Vielfach enthalten Abwicklungsverträge neben dem eigentlichen Abfindungsbetrag eine Reihe von Nebenleistungen wie die Übernahme von Rechtsanwaltskosten, die Übernahme einer Outplacement-Beratung, die Einigung auf einen höheren Bonusanspruch, die Verlängerung des Arbeitsverhältnisses über die eigentliche Kündigungsfrist hinaus etc. Die Arbeitsvertragsparteien haben also die Möglichkeit, die eigentliche Abfindung in dem von der BA unter Hinweis auf die Rechtsprechung des BSG vorgegebenen Rahmen zu halten und trotzdem eine vom Arbeitnehmer als angemessen empfundene Entschädigung in Form eines Gesamtpaketes in dem Abwicklungsvertrag zu vereinbaren. Hier wird es einer weiteren gerichtlichen Klärung bedürfen, ob sämtliche Leistungen, die dem Arbeitnehmer aus dem Abwicklungsvertrag zufließen, bei der Überprüfung der Abfindungshöhe zu berücksichtigen sind oder ob es entsprechend der Dienstanweisungen nur auf die »eigentliche Abfindung« ankommt.

## B. Bezug von Arbeitslosengeld

## Kapitel 8

Im Hinblick auf die Abhängigkeit der Anordnung einer Sperrzeit von der Höhe der Abfindung ist nochmals auf die Entscheidungen des *BSG* vom 12.7.2006 (– B 11a AL 47/05) sowie vom 17.11.2005 (– B 11a/11 AL 69/04 R) zu verweisen. Dort hatte der 11. Senat des BSG ausdrücklich klargestellt, dass die Zahlung einer Abfindung durch den Abschluss des Aufhebungsvertrages einen wichtigen Grund für den Arbeitnehmer darstellen kann, die Beendigung des Arbeitsverhältnisses zu akzeptieren. 143

Wörtlich heißt es insofern in den Entscheidungsgründen des Urteils v. 12.7.2006: 144

»... jedenfalls steht angesichts der ohnehin nicht zu vermeidenden Beschäftigungslosigkeit seinem Interesse daran, sich durch Abschluss des Aufhebungsvertrages zumindest die ihm zugesagte Abfindung zu sichern, kein gleichwertiges Interesse der Versichertengemeinschaft an einem Abwarten der Arbeitgeberkündigung gegenüber. Ausreichend ist insofern die Feststellung des LSG, dass ohne den Abschluss des Aufhebungsvertrages eine Abfindung nicht zahlbar gewesen wäre. In diesem Zusammenhang bleibt die Höhe der Abfindung unerheblich.«

Mit diesem Urteil, dem sich ebenfalls die BA in ihren Dienstanweisungen (wie das obige Zitat Rdn. 141 zeigt) angeschlossen hat, macht das BSG deutlich, dass die Zahlung einer Abfindung als solche bereits einen wichtigen Grund zum Abschluss eines Abwicklungsvertrages darstellt. Die BA verlangt nun zur Anerkennung des wichtigen Grundes im Fall einer höheren Abfindung, dass der Arbeitnehmer durch den Abwicklungsvertrag die Abfindung um mindestens 10 % gegenüber einem ihm ansonsten ggf. zustehenden Anspruch erhöht hat und dass bei Überschreitung der Grenze von 0,5 Bruttogehältern je Beschäftigungsjahr die Kündigung sich als rechtmäßig erweist. Hier bleibt es also bei der Überprüfung der dem Arbeitnehmer gegenüber ausgesprochenen Kündigung durch die Agentur für Arbeit im Hinblick auf die Frage, ob eine Sperrzeit nach § 159 SGB III im Wege des Abschlusses des Abwicklungsvertrages verhängt wird. 145

Insofern ist zu beachten, dass laut den Dienstanweisungen der BA zu § 159 SGB III die Rechtmäßigkeit der arbeitgeberseitigen Kündigung nicht nur die Frage umfasst, ob die individuell maßgebende Kündigungsfrist oder ein etwaiger Ausschluss der Kündigung durch den Arbeitgeber beachtet worden ist, sondern auch die Prüfung der sozialen Rechtfertigung der Kündigung nach § 1 KSchG. Hier spielt insbes. die bei der betriebsbedingten Kündigung zu beachtende Sozialauswahl eine Rolle. Ist diese nicht eingehalten, gilt die Kündigung als unrechtmäßig. Die Dienstanweisungen sehen allerdings in Ziff. 9.1.2 (5) insofern nur vor, dass die soziale Rechtfertigung einer ausgesprochenen oder hypothetischen Kündigung im Einzelfall pauschaliert mit dem von der jeweiligen Agentur für Arbeit zu versendenden Vordruck zu überprüfen ist. Nur bei begründeten Zweifeln sind individuelle Prüfungen der sozialen Rechtfertigung durch die örtliche Agentur für Arbeit vorzunehmen. 146

Als Fazit kann zum Abwicklungsvertrag festgehalten werden, dass der Abwicklungsvertrag nach der geänderten Rechtsprechung des BSG und den nunmehr dieser Rechtsprechung angepassten Dienstanweisung zu § 159 SGB III dann ein geeignetes Mittel zur Beendigung von Arbeitsverhältnissen ist, wenn die Abfindung – einschließlich eventueller Nebenleistungen – zwischen 0,25 und 0,5 Bruttomonatsgehälter je Beschäftigungsjahr liegt. Dann erfolgt keine weitere Überprüfung der hier mit dem Abwicklungsvertrag in Verbindung stehenden arbeitgeberseitigen Kündigung, soweit die Kündigung als »betriebsbedingte Kündigung« im Abwicklungsvertrag bezeichnet wird. Liegt die Abfindung – ggf. einschließlich weiterer Nebenleistungen – oberhalb von 0,5 Bruttogehältern je Beschäftigungsjahr, so verbleibt es bisher bei der Überprüfung der Kündigung durch die Agentur für Arbeit dahingehend, ob die Kündigung rechtmäßig ist. Bestehen insofern Zweifel, so kann den Arbeitsvertragsparteien nach wie vor nur empfohlen werden, die Beendigung des Arbeitsverhältnisses nicht über den Weg des Abwicklungsvertrages sondern über das Arbeitsgericht durch Protokollierung eines Vergleiches nach § 278 Abs. 6 ZPO im schriftlichen Verfahren durchzuführen. 147

### g) *Arbeitsgerichtlicher Vergleich*

Wie die neuen Dienstanweisungen der Bundesagentur für Arbeit zu § 159 SGB III zum Abwicklungsvertrag zeigen, löst eine nachträgliche Einigung der Arbeitsvertragsparteien, die innerhalb 148

# Kapitel 8 — Sozialrechtliche Rechtsfolgen der Kündigung/Beendigung von Arbeitsverhältnissen

von drei Wochen nach Zugang der Kündigung erfolgt, nur dann keine Sperrzeit aus, wenn die Abfindung nicht höher als 0,5 Bruttogehälter je Beschäftigungsjahr liegt. Soll der Arbeitnehmer eine höhere Abfindung erhalten, so lässt sich eine Sperrzeit nur dann vermeiden, wenn die Arbeitsvertragsparteien die Einigung nicht außergerichtlich in einem Abwicklungsvertrag festschreiben, sondern der Arbeitnehmer Kündigungsschutzklage erhebt und nunmehr ein entsprechender Vergleich vor dem Arbeitsgericht geschlossen wird. Da der Gesetzgeber über § 278 Abs. 6 ZPO den Prozessparteien die Möglichkeit eröffnet hat, einen Vergleich im schriftlichen Verfahren zu schließen, kann der Prozessvergleich auch ohne Durchführung einer mündlichen Verhandlung geschlossen werden. Beide Vertragsparteien übersenden dem Arbeitsgericht einen gleich lautenden Vergleichstext und das Arbeitsgericht stellt dann nach § 278 Abs. 6 ZPO das Zustandekommen dieses Vergleiches fest. Nach den aktuellen Dienstanweisungen der Bundesagentur für Arbeit führt ein arbeitsgerichtlicher Vergleich – unabhängig von der Abfindungshöhe – grds. nicht zu einer Sperrzeit.

**149** Wörtlich heißt es insofern in Ziff. 1.2.2 (4) der Dienstanweisungen der BA zu § 159 SGB III:

> »Ein arbeitsgerichtlicher Vergleich kann eine Sperrzeit nicht auslösen.«
>
> Die früher in den Dienstanweisungen enthaltene Einschränkung, dass eine andere Bewertung des arbeitsgerichtlichen Vergleiches geboten ist, wenn sich ergibt, dass der Weg über eine rechtswidrige Arbeitgeberkündigung mit anschließender Klage vor dem Arbeitsgericht einvernehmlich mit dem Ziel beschritten worden ist, durch einen arbeitsgerichtlichen Vergleich den Eintritt einer Sperrzeit zu verhindern, ist nicht mehr in den Dienstanweisungen enthalten.

**150** Trotz der vorstehenden Regelung in den Dienstanweisungen der BA ist zu beachten, dass das *BSG* seine frühere Rechtsauffassung, die es zuletzt mit Urteil vom 18.12.2003 (– B11 AL 35/00 R – NZS 2004, 661 ff.) vertreten hatte, wonach ein arbeitsgerichtlicher Vergleich nicht als »Lösung« des Arbeitsverhältnisses angesehen werden kann, in seiner Entscheidung vom 17.10.2007 (– B 11a AL 51/06 R, NZA-RR 2008, 383 = NZS 2008, 663) aufgegeben hat. Dass BSG sieht seither auch in einem arbeitsgerichtlichen Vergleich, der selbst zur Beendigung des Arbeitsverhältnisses führt, die Erfüllung des Tatbestandes des »Lösens« des Arbeitsverhältnisses durch den Arbeitnehmer als gegeben an. Allerdings verweist das BSG darauf, dass die Tatsache des Vergleichsabschlusses vor dem Arbeitsgericht bei der Frage zu berücksichtigen ist, ob auf Seiten des Arbeitslosen ein wichtiger Grund für diesen Schritt bestand.

**151** Letztendlich spielt es keine entscheidende Rolle, ob man von vornherein entsprechend den Dienstanweisungen der BA die Auffassung vertritt, dass ein gerichtlicher Vergleich – insbes. dann wenn er im Anschluss einer Kündigung erfolgt – eine Sperrzeit vermeidet oder ob man sich auf den Standpunkt stellt, dass ein gerichtlicher Vergleich, der einen Streit zwischen Arbeitgeber und Arbeitnehmer vor dem Arbeitsgericht beendet, einen ausreichenden wichtigen Grund darstellt, um im Rahmen dieses Vergleiches auch ein Arbeitsverhältnis zu beenden. Entscheidend ist, dass dann, wenn die Beendigung im Rahmen eines gerichtlichen Vergleiches manifestiert wird, gegenüber dem Arbeitnehmer und späteren Arbeitslosen keine Sperrzeit nach § 159 SGB III verhängt werden darf.

### h) Nichterhebung einer Kündigungsschutzklage

**152** Wie bereits angesprochen, ist ein Arbeitnehmer grds. **nicht verpflichtet**, eine **Kündigungsschutzklage** zu erheben (vgl. DA 1.113/3(2)). Lediglich dann, wenn die oben beschriebene **offensichtliche Rechtswidrigkeit** der Kündigung für den Mitarbeiter erkennbar ist, verlangt die Agentur für Arbeit, dass der Mitarbeiter gegen die Kündigung gerichtlich vorgeht. Ohne erkennbare Rechtswidrigkeit liegt in der Nichterhebung der Kündigungsschutzklage insbes. kein »stillschweigender Aufhebungsvertrag« (vgl. DA 1.112(4)).

**153** Dass die Nichterhebung einer Kündigungsschutzklage auch dann keine **Sperrzeit** auslöst, wenn der Arbeitgeber dieses Ziel durch das **Angebot einer Abfindungszahlung** erreicht, zeigt die Regelung des § 1a KSchG in den Dienstanweisungen der BA zu § 144 SGB III. Gemäß Ziff. 2.2.1 der DA löst

## B. Bezug von Arbeitslosengeld

eine Beendigung des Arbeitsverhältnisses über § 1a KSchG dann keine Sperrzeit aus, wenn die betriebsbedingte Kündigung nicht ausnahmsweise offensichtlich rechtswidrig ist (s. Rdn. 124).

### i) Änderungskündigung

Hat das Unternehmen eine **Änderungskündigung** ausgesprochen und **lehnt der Mitarbeiter die Vertragsänderung ab**, so stellt dies keine vom Arbeitnehmer zu vertretene Auflösung des Beschäftigungsverhältnisses dar (vgl. *Winkler* in: Gagel SGB III, § 144 Rn. 60). 154

### j) Widerspruch nach § 613a BGB

Liegt ein Betriebsübergang nach § 613a BGB vor, so ist der Arbeitgeber gem. § 613a Abs. 5 BGB verpflichtet, den Arbeitnehmer über die Rechtsfolgen des **Betriebsüberganges** für das Arbeitsverhältnis des Mitarbeiters zu informieren. Der Arbeitnehmer selber hat gem. § 613a BGB nunmehr ausdrücklich das Recht, **innerhalb von einem Monat nach Zugang der Information** über den Betriebsübergang dem Übergang seines Arbeitsverhältnisses auf den neuen Arbeitgeber zu widersprechen. 155

Macht der Arbeitnehmer von dem ihm nach § 613a Abs. 6 BGB zustehenden **Widerspruchsrecht** Gebrauch und ist der Arbeitgeber nicht in der Lage, den Mitarbeiter im alten Betrieb weiterzubeschäftigen, so wird das Unternehmen i. d. R. das Arbeitsverhältnis **betriebsbedingt kündigen**. Eine derartige betriebsbedingte Kündigung löst **keine Sperrzeit** nach § 159 SGB III aus. Die Kündigung beruht hier nicht auf einem arbeitsvertragswidrigen Verhalten des Mitarbeiters, sondern auf der Geltendmachung des vom Gesetz eingeräumten Widerspruchsrechtes (vgl. *Pottmeyer* NZA 1989, 521 zu der früheren Rechtslage, wo das Widerspruchsrecht lediglich auf der Rechtsprechung des BAG beruhte). 156

### k) Nichteinhaltung der Kündigungsfrist

Wird das Arbeitsverhältnis – i. d. R. im Rahmen eines **Aufhebungsvertrages** – unter **Abkürzung der ordentlichen Kündigungsfrist** beendet, so löst dies zum einen eine **Ruhenszeit** nach § 158 SGB III (früher: § 143a SGB III) und zum anderen eine **Sperrzeit** nach § 159 SGB III (früher: § 144 SGB III) aus. Etwas anderes gilt lediglich dann, wenn der Mitarbeiter auch für die vorzeitige Beendigung des Anstellungsverhältnisses einen wichtigen Grund i. S. v. 159 SGB III (früher: § 144 SGB III) hatte (s. insofern Rdn. 167 ff.). 157

Erfolgte die Beendigung des Anstellungsverhältnisses selbst aus betriebsbedingten oder personenbedingten Gründen bzw. hatte der Mitarbeiter **für die Beendigung einen wichtigen Grund** i. S. v. § 159 SGB III (früher: § 144 SGB III), so kann alleine die Verkürzung der Kündigungsfrist keine zwölfwöchige Sperrzeit rechtfertigen. Das Bundessozialgericht stuft insofern die Dauer der Sperrzeit unter Berücksichtigung der abgekürzten Kündigungsfrist ab (vgl. *BSG* 10.2.1995 – 7 Rar 34/94): 158

> Wird die Kündigungsfrist um bis zu sechs Wochen verkürzt, darf die Sperrzeit maximal drei Wochen betragen; wird die Kündigungsfrist um mehr als sechs Wochen verkürzt, so beträgt die Sperrzeit wegen der Verkürzung der Kündigungsfrist sechs Wochen. 159

### l) Auflösungsantrag nach §§ 9, 10 KSchG

Gemäß §§ 9, 10 KSchG haben beide Arbeitsvertragsparteien die Möglichkeit, im Rahmen eines Kündigungsschutzprozesses das Anstellungsverhältnis auch durch eine Entscheidung des Arbeitsgerichtes aufzulösen. Die **Auflösung** kann einvernehmlich erfolgen, wenn beide Parteien dem Auflösungsantrag zustimmen. Wird der Antrag nur von einer der beiden Arbeitsvertragsparteien gestellt, so setzt der Antrag voraus, dass eine weitere Zusammenarbeit dieser Partei unzumutbar ist. Lediglich dann, wenn es sich um einen **leitenden Angestellten i. S. d. Kündigungsschutzgesetzes** handelt, bedarf der Auflösungsantrag keiner Begründung. 160

Wird der **Auflösungsantrag von der Arbeitgeberseite** gestellt und dadurch das Arbeitsverhältnis durch das Arbeitsgericht aufgelöst, so löst dies **keine Sperrzeit** nach § 159 SGB III (früher: § 144 161

SGB III) aus. Da Voraussetzung des Auflösungsantrags zunächst ist, dass kein Kündigungsgrund vorliegt, steht fest, dass der Arbeitnehmer die Beendigung gerade nicht verschuldet hat.

162 Stellt der **Arbeitnehmer** selbst den **Auflösungsantrag** nach gewonnenem Kündigungsschutzprozess, so löst auch dies **keine Sperrzeit** beim Arbeitslosengeld aus. Da der Auflösungsantrag nur dann erfolgreich ist, wenn tatsächlich dem Mitarbeiter die weitere Tätigkeit im Unternehmen unzumutbar ist, fehlt es auch hier am Verschulden.

163 Problematisch im Hinblick auf den Eintritt einer Sperrzeit ist somit lediglich der **beiderseitige einvernehmliche Auflösungsantrag**. Hier muss der Arbeitslose der Agentur für Arbeit gegenüber darlegen, aus welchen Gründen für ihn eine weitere Zusammenarbeit mit seinem ehemaligen Arbeitgeber unzumutbar war.

*m) Aufhebungsvertrag*

164 Wie oben (Rdn. 136 ff.) bereits ausgeführt, hat sowohl das BSG als auch die BA ihre Rechtsauffassung zur Verhängung einer Sperrzeit bei einvernehmlicher Beendigung des Arbeitsverhältnisses durch Aufhebungsvertrag bzw. Abwicklungsvertrag geändert. Insofern kann an dieser Stelle auf die obigen Ausführungen verwiesen werden. Für den Aufhebungsvertrag gilt allerdings nach wie vor, dass der Aufhebungsvertrag einen Auflösungssachverhalt darstellt, bei dem der Arbeitnehmer an der Beendigung seines Arbeitsverhältnisses mitwirkt und es somit zur Vermeidung einer Sperrzeit nach § 144 SGB III eines wichtigen Grundes bedarf (vgl. Ziff. 1.2.1 sowie Ziff. 9.1.2 der Dienstanweisungen der BA zu § 159 SGB III. Im Hinblick auf die Anforderungen an einen wichtigen Grund für den Abschluss eines Aufhebungsvertrages kann zum einen auf die obigen Ausführungen zum Abschluss eines Abwicklungsvertrages (s. Rdn. 136 ff.) und zum anderen auf die Ausführungen unter Rdn. 167 ff. verwiesen werden.

*n) Transfergesellschaft*

165 Bei den meisten Betriebsänderungen gehört die Vereinbarung einer Transfergesellschaft zu den Maßnahmen, die zwischen Betriebsrat und Arbeitgeber zur Abmilderung der durch den Arbeitsplatzverlust entstehenden Nachteile für die Arbeitnehmer vereinbart werden. Der Wechsel in die Transfergesellschaft erfolgt über einen sog. Dreiseitigen Vertrag. Der Dreiseitige Vertrag sieht einerseits die Aufhebung des bestehenden Arbeitsverhältnisses und gleichzeitig den Abschluss eines befristeten Arbeitsverhältnisses mit der Transfergesellschaft vor. Obwohl hier also eine einvernehmliche Aufhebung des Arbeitsverhältnisses erfolgt, führt dies nach Ende der Zeit in der Transfergesellschaft nicht dazu, dass der Arbeitnehmer nunmehr beim Bezug von Arbeitslosengeld eine Sperrzeit wegen der Beteiligung an der Beendigung des Arbeitsverhältnisses zu befürchten hat.

166 Die Dienstanweisungen der BA zu § 159 SGB III enthalten hierzu in Ziff. 9.1.1.(1)14 folgende Regelung:

> »Arbeitnehmer, die einen Aufhebungsvertrag geschlossen haben, um im Rahmen einer Sozialplanmaßnahme aus einem (unbefristeten) Beschäftigungsverhältnis in ein (befristetes) Beschäftigungsverhältnis bei einer betriebsorganisatorisch eigenständigen Einheit (beE) zu wechseln, haben hierfür grds. einen wichtigen Grund, wenn durch die Folgebeschäftigung die Arbeitslosigkeit, die bei einer anstelle des Aufhebungsvertrages andernfalls ausgesprochenen Kündigung zu einem späteren Zeitpunkt eingetreten wäre, hinausgeschoben wird.«

### 2. Wichtiger Grund i. S. v. § 159 SGB III

167 Gemäß § 159 Abs. 1 SGB (früher: § 144 Abs. 1 SGB III) tritt eine **Sperrzeit** trotz Vorliegen eines der vier sperrzeitrelevanten Tatbestände dann nicht ein, wenn der Mitarbeiter für sein Verhalten einen **wichtigen Grund** i. S. dieser Vorschrift hatte. Von besonderer Bedeutung ist das Vorliegen eines wichtigen Grundes in den Fällen, in denen das Anstellungsverhältnis durch Abschluss eines **Aufhebungsvertrages** beendet wird.

## B. Bezug von Arbeitslosengeld

### Kapitel 8

*a) Beispiele aus der Praxis*

Ein wichtiger Grund i. S. d. § 159 SGB III wird nach den Dienstanweisungen der BA dann angenommen, wenn der Arbeitslose gewichtige objektive Gründe anführen kann, die es ihm unter Berücksichtigung aller Umstände des Einzelfalles und unter Abwägung seiner Interessen mit denen der Gesamtheit der Beitragszahler **unzumutbar** macht, **ein sperrzeitrelevantes Verhalten zu vermeiden**. Keine Rolle spielt, ob der Arbeitslose selbst den tatsächlich vorliegenden wichtigen Grund kannte (vgl. Ziff. 9.0.(1) der DA der BA zu § 144 SGB III). **168**

Im Einzelnen ist bisher **bspw.** in folgenden Fällen ein **wichtiger Grund für die Beendigung des Anstellungsverhältnisses** angenommen worden: **169**

- Die **Versetzung eines Mitarbeiters** auf Dauer an einen entfernten Arbeitsort berechtigt den **berufstätigen Ehepartner** im Interesse einer ordnungsgemäßen Aufrechterhaltung der Ehe, ebenfalls seinen Arbeitsplatz aufzugeben (vgl. *Winkler* in Gagel, SGB III, § 144 Rn. 125 m. w. N.).
- Der **Zuzug zum nichtehelichen Lebenspartner** an einen anderen Ort, der mit der Arbeitsplatzaufgabe am bisherigen Wohnort verbunden ist, berechtigt ohne weiteres dann zur Eigenkündigung, wenn die **Hochzeit** unmittelbar im Anschluss an die Beendigung des Anstellungsverhältnisses erfolgt. In einer älteren Entscheidung vom 25.8.1988 (– 7 Rar 37/87) vertrat das BSG noch die Auffassung, dass bis zur Hochzeit eine **doppelte Haushaltsführung** stets zumutbar ist. Dies bedeutete früher, dass ohne beabsichtigte Heirat der Zuzug zum Lebenspartner in einer **nichtehelichen Lebensgemeinschaft** keinen wichtigen Grund für die Arbeitsplatzaufgabe i. S. v. § 159 SGB III darstellte (vgl. *Bay. LSG* 7.9.1995 – L 8 Al 352/94).
- Diese Rechtsprechung hat das BSG allerdings aufgegeben. Besteht eine **nichteheliche Lebensgemeinschaft** bereits seit **mindestens drei Jahren**, so kann ein Partner seinen Arbeitsplatz aufgeben, um die Lebensgemeinschaft am neuen Arbeitsort des Lebenspartners fortzusetzen, **ohne nunmehr eine Sperrzeit** befürchten zu müssen (vgl. *BSG* 29.4.1998 – B 7 AL 56/97; Winkler in Gagel, SGB III, § 144 Rn. 126). Erforderlich ist allerdings, dass der Arbeitnehmer, der wegen des Wechsels des Arbeitsortes seines Partners seinen Arbeitsplatz aufgibt, dies rechtzeitig der Agentur für Arbeit anzeigt, um so der Agentur die Möglichkeit einzuräumen, dieser Person eine neue Stelle am neuen Wohnort zu vermitteln (vgl. allg. zur Pflicht des Versicherten alles Zumutbare zur Vermeidung des Eintritts eines wichtigen Grundes zu unternehmen: *BSG* 26.3.1998 – B 11 AL 49/97).
- Dies gilt auch für den **Zuzug zu einem gleichgeschlechtlichen Partner** (vgl. *SG Detmold* 17.7.1996 – S 12 Ar 181/95, info also 1997, 9).
- Stimmt das **Integrationsamt** einer Aufhebung des Anstellungsverhältnisses zu bzw. liegen die Voraussetzungen vor, unter denen das Integrationsamt zustimmen müsste, so kann ein Aufhebungsvertrag keine Sperrzeit auslösen (vgl. Ziff. 9.3.1. [2] der DA der BA zu § 159 SGB III). Die Dienstanweisungen der BA sehen einen wichtigen Grund im Fall der Beendigung des Arbeitsverhältnisses mit einem schwerbehinderten Menschen bei folgenden Fallkonstellationen als gegeben an:
  - wenn der Aufhebungsvertrag ohne Einschaltung des Integrationsamtes geschlossen wurde und eine Zustimmung zur Kündigung nach § 89 SGB IX zu erwarten war, sofern durch den Aufhebungsvertrag das Beschäftigungsverhältnis zum Zeitpunkt der voraussichtlichen Wirksamkeit einer arbeitgeberseitigen Kündigung mit Zustimmung des Integrationsamtes beendet wurde (§§ 86, 88 Abs. 1 SGB IX) oder
  - der Aufhebungsvertrag auf Anraten des Integrationsamtes geschlossen wurde (§ 87 Abs. 3 SGB IX), soweit nach der verständigen Bewertung des Arbeitslosen das Bestehen auf Weiterbeschäftigung letztlich doch eine Zustimmung des Integrationsamtes zur Kündigung oder erheblichen psychischen Druck im weiteren Verlauf des Beschäftigungsverhältnisses zur Folge gehabt hätte.
- Wird der Arbeitsplatz wegen **Mobbing** oder sonstigem **psychischem Druck** aufgegeben, so stellt dies ebenfalls einen wichtigen Grund i. S. v. § 159 SGB III dar (vgl. *SG Mannheim* 9.3.1994 – S 5 Ar 1827/93, info also 1994, 212). Nach den Dienstanweisungen der BA muss der Arbeitslose allerdings darlegen, worin konkret die für ihn unzumutbare Situation

beim alten Arbeitgeber bestand (vgl. *BSG* 25.4.1990 DBlR Nr. 3649 AFG § 119; Ziff. 9.1.1.(1) der DA der BA zu § 159 SGB III).
- Ausreichend für eine **sperrzeitfreie Eigenkündigung** ist des Weiteren der Fall, in dem der Mitarbeiter bzw. die Mitarbeiterin das Arbeitsverhältnis wegen **sexueller Belästigung** aufgegeben hat. Auch hier muss die sexuelle Belästigung vom Arbeitslosen nachgewiesen werden.
- Umstritten ist, ob auch fehlender **Nichtraucherschutz** einen Grund für die Aufgabe des Arbeitsplatzes darstellen kann. Auf Grund der zunehmenden Einschränkung der Rauchbefugnisse wird man einen wichtigen Grund dann annehmen können, wenn der Arbeitnehmer zuvor erfolglos beim Arbeitgeber versucht hat, ein **Rauchverbot** durchzusetzen oder alternativ einen nikotinfreien Arbeitsplatz zu erhalten (ebenso bereits *SG Duisburg* 17.5.1993 info also 1994, 130; *SG Hamburg* 14.1.1988 info also 1988, 60).
- Ist der Mitarbeiter **gesundheitlich nicht mehr in der Lage**, seine bisherige Tätigkeit auszuüben und ist dies durch ein **ärztliches Attest** bestätigt, so ist der Mitarbeiter ebenfalls berechtigt, das Anstellungsverhältnis sperrzeitfrei zu beenden (vgl. Ziff. 9.3. [1] der DA der BA zu § 159 SGB III).
- Verhält sich der **Arbeitgeber vertragswidrig**, indem er bspw. nicht die vereinbarte Vergütung trotz **Abmahnung** zahlt, ist der Mitarbeiter ebenfalls berechtigt, das Anstellungsverhältnis selbst zu kündigen, ohne dass dies zu einer Sperrzeit nach § 159 SGB III führt (vgl. Ziff. 9.2. [1] der DA der BA zu § 159 SGB III mit dem Hinweis, dass eine Sperrzeit stets entfällt, wenn der Mitarbeiter einen wichtigen Grund für eine außerordentliche Kündigung oder einen sonstigen Grund für eine ordentliche Kündigung hat).
- **Religiöse Gründe** können ebenfalls einen wichtigen Grund zur Auflösung des Anstellungsverhältnisses darstellen. Das *BSG* hat anerkannt, dass für einen sog. Siebenten-Tag-Adventisten Samstagsarbeit unzumutbar ist (vgl. *BSG* 10.12.1980 – 7 Rar 93/79, SozR 4100 § 119 Nr. 13). Demgegenüber hat das *LSG Rheinland-Pfalz* entschieden, dass **Sonntagsarbeit für einen Katholiken zumutbar** ist und somit keinen wichtigen Grund i. S. v. § 159 SGB III darstellt (vgl. *LSG RhPf* 30.3.1993 – L 1 Ar 48/91).
- Tritt ein **Arbeitnehmer**, der in einer **kirchlichen Einrichtung beschäftigt** ist, **aus der Kirche aus**, so stellt dies bspw. nach den Grundsätzen der katholischen Kirche, die arbeitsrechtlich bspw. in den »Richtlinien für Arbeitsverträge in den Einrichtungen des Deutschen Caritas-Verbandes« niedergelegt sind, ein arbeitsvertragswidriges Verhalten dar, welches zur fristlosen Kündigung führt. Akzeptiert der Arbeitnehmer die Kündigung bzw. einigt er sich im Rahmen eines Kündigungsschutzverfahrens nun mit dem Arbeitgeber darauf, dass das Arbeitsverhältnis aus »personenbedingten« Gründen unter Wahrung der ordentlichen Kündigungsfrist sein Ende findet, so löst dieses Verhalten i. d. R. eine Sperrzeit aus. Nach Auffassung des LSG Rheinland-Pfalz kann sich der Arbeitnehmer nicht auf die negative Religionsfreiheit berufen, wonach es ihm freigestellt ist, Mitglied einer Kirche zu sein oder aus der Kirche auszutreten. Das Landessozialgericht hat eine Güterabwägung zwischen dem Interesse an der Verwirklichung der negativen Religionsfreiheit und der Funktionsfähigkeit der Arbeitslosenversicherung vorgenommen. In dem konkreten Fall kam das Landessozialgericht zu dem Ergebnis, dass die Funktionsfähigkeit der Arbeitslosenversicherung höherwertig anzusehen ist (vgl. *LSG RhPf* 30.3.2006 – L 1 AL 162/05, NZA-RR 2006, 386).

Trotz des vor dem Arbeitsgericht geschlossenen Vergleiches stellte das LSG darauf ab, dass Grund für den Kündigungsrechtsstreit die fristlose, d. h. verhaltensbedingte Kündigung war. Da nach den Richtlinien des Caritasverbandes der Kirchenaustritt eine Vertragsverletzung darstellte, hatte das LSG vom Arbeitnehmer verlangt, dass dieser versuchen müsste, im Rahmen des Arbeitsverhältnisses eine Lösung der Konfliktlage anzustreben. Die Richter muteten dem Arbeitnehmer zu, unter Aufrechterhaltung des bisherigen Arbeitsverhältnisses – und damit auch der Mitgliedschaft in der katholischen Kirche – zunächst die Suche nach einem anderen Arbeitsplatz zu betreiben. Erst wenn der Arbeitnehmer einen neuen Arbeitsplatz gefunden hätte, hätte er nach Auffassung des LSG Rheinland-Pfalz aus dem Arbeitsverhältnis austreten dürfen. Eine Verletzung von Art. 4 Abs. 1 GG, d. h. der Religionsfreiheit, sah das LSG in die-

ser Rechtsprechung nicht und verneinte u. E. zu Unrecht einen wichtigen Grund für die Mitwirkung des Arbeitnehmers an der Beendigung des Arbeitsverhältnisses im Rahmen des Vergleichsabschlusses bzw. bei Auslösung der fristlosen Kündigung.
- **Gewissengründe** können ebenfalls nur in eng begrenzten Ausnahmefällen einen wichtigen Grund i. S. v. § 159 SGB III zur Aufgabe des Arbeitsplatzes darstellen. Bejaht wurde die Unzumutbarkeit in einem Fall, in dem der Arbeitnehmer Waffen herstellen sollte (vgl. *BSG* 18.2.1987 – 7 Rar 72/85, SozR 4100 § 119 Nr. 30). Abgelehnt hingegen für einen Kriegsdienstverweigerer, der es für unzumutbar hielt, einen Katalog über Rüstungsgüter zu drucken (vgl. *BSG* 23.6.1982 – 7 Rar 89/81, SozR 4100 § 119 Nr. 19);
- Gibt ein **älterer Arbeitnehmer** seinen Arbeitsplatz im Rahmen einer Massenentlassung **zu Gunsten eines jüngeren Arbeitnehmers** auf, so kann auch dies u. U. einen wichtigen Grund darstellen, der eine Sperrzeit ausschließt (vgl. *BSG* 13.3.1997 – 11 Rar 17/96). Ein wichtiger Grund liegt beim Ausscheiden eines älteren Arbeitnehmers darüber hinaus auch dann vor, wenn durch Betriebsrat oder Arbeitgeber auf den Mitarbeiter erheblicher psychischer Druck im Hinblick auf das Ausscheiden zu Gunsten eines jüngeren Kollegen ausgeübt wurde und von daher ein Fortsetzen des Arbeitsverhältnisses dem älteren Arbeitnehmer nicht mehr zuzumuten war (vgl. *BSG* 25.4.1990 – 7 RAr 16/89, DBlR Nr. 3649 zu § 119 AFG).

### b) Beweislast

Zu beachten ist, dass die Beweislast dafür, dass der Arbeitnehmer/Arbeitslose keinen wichtigen Grund für die Aufgabe des Arbeitsverhältnisses hatte, nicht den Arbeitslosen, sondern die Agentur für Arbeit trifft (vgl. *BSG* 25.4.2002 – B 11 AL 65/01 R, NZA-RR 2003, 105). Der Arbeitslose ist lediglich zur **Mitwirkung** verpflichtet und muss daher die notwendigen Angaben über einen möglichen wichtigen Grund zeitnah machen. 170

### c) Wichtiger Grund bei einvernehmlicher Trennung

Wird das Arbeitsverhältnis durch Abschluss eines **Aufhebungsvertrages** aufgelöst, so stellt dies grds. einen sperrzeitrelevanten Tatbestand i. S. v. § 159 SGB III dar. Die **Sperrzeit entfällt** hier lediglich dann, wenn der Mitarbeiter einen **wichtigen Grund für die Aufgabe des Anstellungsverhältnisses** besaß. 171

Nach den aktualisierten Dienstanweisungen der BA zu § 159 SGB III liegt ein wichtiger Grund für den Abschluss eines Aufhebungsvertrages auf Arbeitnehmerseite dann vor, wenn: 172
1. »(1) Hat der Arbeitslose das Beschäftigungsverhältnis beendet, weil ihm andernfalls eine arbeitgeberseitige Kündigung drohte, liegt allein darin kein wichtiger Grund.
(2) Ein wichtiger Grund für den Abschluss eines Aufhebungsvertrages oder für eine Eigenkündigung liegt vor, wenn
    - eine Kündigung durch den Arbeitgeber mit Bestimmtheit in Aussicht gestellt worden ist,
    - die drohende Arbeitgeberkündigung auf betriebliche Gründe gestützt würde,
    - die Arbeitgeberkündigung zu dem selben Zeitpunkt, zu dem das Beschäftigungsverhältnis geendet hat, oder früher wirksam geworden wäre,
    - im Fall der Arbeitgeberkündigung die Kündigungsfrist eingehalten würde
    und
1. eine Abfindung von 0,5 Monatsgehältern, mindestens aber 0,25 (noch wesentlicher wirtschaftlicher Vorteil) pro Beschäftigungsjahr an den Arbeitnehmer gezahlt wird. § 1a KSchG gilt entsprechend. Der Gedanke des § 1a KSchG der für den Fall einer betriebsbedingten Arbeitgeberkündigung eine einfache Klärung der Voraussetzung für die Beendigung des Arbeitsverhältnisses beinhaltet (s. hierzu 1.2.2 Abs. 1b), wird auf die Lösung des Arbeitsverhältnisses durch den Arbeitnehmer übertragen. Im Übrigen kommt es nicht darauf an, ob die drohende Arbeitgeberkündigung rechtmäßig ist. Beträgt die Abfindung unter 0,25 Monatsentgelten oder über 0,5 Monatsentgelte pro Beschäftigungsjahr, liegt nur dann ein wichtiger Grund vor, wenn die drohende Arbeitgeberkündigung sozial gerecht-

# Kapitel 8 Sozialrechtliche Rechtsfolgen der Kündigung/Beendigung von Arbeitsverhältnissen

fertigt wäre.
oder
2. der Arbeitslose
   a) objektive Nachteile aus einer arbeitgeberseitigen Kündigung für sein berufliches Fortkommen vermieden hat; darauf kann sich jedenfalls der Arbeitslose, der das 58. Lebensjahr vollendet und eine Vorruhestandsregelung in Anspruch genommen oder eine nach Höhe und Zuschnitt vergleichbare Abfindung erhalten bzw. zu beanspruchen hat, nur in besonders begründeten Einzelfällen berufen
   oder
   b) sonstige Gründe darlegt, aus denen er objektiv Nachteile aus einer arbeitgeberseitigen Kündigung befürchten musste. Solche Gründe können Vergünstigungen sein, auf die im Falle der Kündigung kein Anspruch bestanden hätte. Dabei sind die Verhältnisse bei einem Aufhebungsvertrag mit denen bei arbeitgeberseitiger Kündigung zu vergleichen. Solche Vergünstigungen sind z. B. Abfindungen, die nicht unter 9.1.2 Abs. 2 Nr. 4 fallen und auf die ohne Abschluss des Aufhebungsvertrages kein Anspruch bestanden hätte (Urt. des *BSG* 12.7.2006 – B 11a AL 47/05); würde auch bei einer Kündigung eine Abfindung gezahlt, muss die Abfindung bei einem Aufhebungsvertrag mindestens 10 % höher sein,
   und
   die Kündigung rechtmäßig wäre. Die Rechtmäßigkeit einer arbeitgeberseitigen Kündigung umfasst nicht nur die Frage, ob die individuelle maßgebende Kündigungsfrist oder ein etwaiger Ausschluss der Kündigung durch den Arbeitgeber beachtet worden ist, sondern – in bestimmten Grenzen – auch die Prüfung der sozialen Rechtfertigung nach § 1 KSchG.«

173 Wie oben im Zusammenhang mit dem Abwicklungsvertrag bereits dargestellt, hat die BA ihre Auffassung zum Vorliegen eines wichtigen Grundes bei Abschluss von Abwicklungsverträgen und Aufhebungsverträgen aufgrund der geänderten Rechtsprechung des *BSG* – insbes. aufgrund des Urt. v. 12.7.2006 (– B 11a AL 47/05 R) – geändert. Das BSG hatte in ständiger Rechtsprechung darauf hingewiesen, dass Arbeitnehmer, die weiterhin im Arbeitsleben stehen, durch die einvernehmliche Auflösung des Arbeitsverhältnisses ihre Wiedereingliederungschancen positiv beeinflussen können. Insofern hat die Rechtsprechung anerkannt, dass sich ein Aufhebungsvertrag letztendlich auch positiv für die »Solidargemeinschaft aller Versicherten« auswirken kann (vgl. *BSG* 25.4.2002 – B 11 AL 65/01 R, NZS 203, 330 ff.).

174 Wörtlich heißt es insofern in dem Urteil des BSG vom 25.4.2002:

»Gerade in Fällen einer rechtmäßigen Kündigung, in denen der Arbeitnehmer sich rechtlich nicht gegen die Beendigung seines Beschäftigungsverhältnisses wehren kann, ist der Zweck der Sperrzeit und das verfassungsrechtliche Übermaßverbot, an dem alles staatliche Handeln zu messen ist, (...) zu bedenken. Das Vorgehen der Bundesagentur für Arbeit, die Arbeitnehmern anscheinend grds. zumuten will, die drohende Kündigung des Arbeitgebers abzuwarten, unterliegt danach durchgreifenden Bedenken.«

175 Wie das obige Zitat aus den Dienstanweisungen der Bundesagentur für Arbeit zeigt, hat die Bundesagentur für Arbeit diesen durchgreifenden Bedenken, die dann vom *BSG* im Urt. v. 12.7.2006 (– B 11a AL 47/05 R) präzisiert worden sind, Rechnung getragen. Seither wird anerkannt, dass eine Abfindung zwischen 0,25 und 0,5 Bruttogehältern, die in einem Aufhebungsvertrag vereinbart wird, einen wichtigen Grund für die Beendigung des Arbeitsverhältnisses darstellt und es hier nicht mehr zur Überprüfung kommt, ob eine hypothetische Kündigung wirksam gewesen wäre. Lediglich dann, wenn eine höhere Abfindung vereinbart wird, bleibt es bei der Überprüfung der Rechtmäßigkeit einer hypothetischen Kündigung. Hier kann zur Vermeidung von Wiederholungen auf die Ausführungen in Rdn. 136 ff. verwiesen werden.

176 Um Missverständnisse zu vermeiden, ist allerdings darauf hinzuweisen, dass das BSG bei der Überprüfung einer Sperrzeit durch Abschluss eines Aufhebungsvertrages stets verlangt, dass das Arbeitsverhältnis ansonsten durch eine wirksame arbeitgeberseitige Kündigung, die nicht auf verhaltens-

## B. Bezug von Arbeitslosengeld

bedingten Gründen beruht, hätte beendet werden können. Fehlt es bei einem Aufhebungsvertrag, der eine höhere Abfindung als 0,5 Bruttogehälter je Beschäftigungsjahr vorsieht an dieser Voraussetzung, so bleibt es bei der Anordnung der Sperrzeit.

Wichtig für die Praxis ist, wie den Dienstanweisungen der Bundesagentur für Arbeit entsprechend dem obigen Zitat zu entnehmen ist, dass das BSG der früheren Auffassung der Bundesagentur für Arbeit, wonach bei einem Aufhebungsvertrag neben der Rechtmäßigkeit einer möglichen arbeitsgerichtlichen Kündigung ein »zusätzlicher Nachweis« eines besonderen Interesses des Arbeitnehmers an der Aufhebungsvereinbarung erforderlich sei, eine klare Absage erteilt wurde. Alleine die Möglichkeit, eine Abfindung zu erhalten, reicht bei Vorliegen eines betriebsbedingten oder personenbedingten Kündigungsgrundes nunmehr aus, um von einem wichtigen Grund für den Abschluss eines Aufhebungsvertrages auszugehen; bei der Frage, ob ein wichtiger Grund für den Abschluss des Aufhebungsvertrages vorliegt, ist demnach auch das Eigeninteresse des Arbeitnehmers an einer für ihn günstigen Gestaltung der Modalitäten der ohnehin nicht zu verhindernden Beendigung des Arbeitsverhältnisses zu berücksichtigen. Kann die Beendigung des Arbeitsverhältnisses nicht verhindert werden, weil ein Kündigungsgrund vorliegt, so darf die Art und Weise der Beendigung des Arbeitsverhältnisses keine Rolle spielen. Das Urt. des BSG v. 12.7.2006 führt also dazu, dass der Aufhebungsvertrag wieder für beide Arbeitsvertragsparteien sinnvolles Mittel zur Beendigung von Arbeitsverhältnissen wird, wenn der Arbeitgeber einen betriebsbedingten oder personenbedingten Kündigungsgrund besitzt. **177**

Das *BSG* hat in der Entscheidung vom 12.7.2006 insofern wörtlich ausgeführt: **178**

»Denn wie der Senat bereits in seinem Urteil vom 17.11.2005 – B 11a/11 AL 69/04 R – (...) dargelegt hat, liegt ein wichtiger Grund keineswegs nur dann vor, wenn ein Abwarten der arbeitgeberseitigen Kündigung deshalb unzumutbar ist, weil Nachteile für das berufliche Fortkommen zu befürchten sind; vielmehr handelt es sich hierbei nur um einen der in Betracht zu ziehenden Gesichtspunkte (...). Demgemäß können auch sonstige Umstände zu der Annahme führen, dass ein Abwarten der Arbeitgeberkündigung unzumutbar war.

... jedenfalls steht angesichts der ohnehin nicht zu vermeidenden Beschäftigungslosigkeit seinem Interesse daran, sich durch Abschluss des Aufhebungsvertrages zumindest die ihm zugesagte Abfindung zu sichern kein gleichwertiges Interesse der Versichertengemeinschaft an einem Abwarten der Arbeitgeberkündigung gegenüber. Ausreichend ist insofern die Feststellung des LSG, das ohne den Abschluss des Aufhebungsvertrages eine Abfindung nicht zahlbar gewesen wäre. In diesem Zusammenhang bleibt die Höhe der Abfindung unerheblich.«

Die vorerwähnte Entscheidung des BSG vom 12.7.2006 führt des Weiteren dazu, dass auch Mitarbeiter, die in den Vorruhestand wechseln können, nicht ohne weiteres bei Abschluss eines entsprechenden Aufhebungsvertrages mit einer Sperrzeit rechnen müssen. Die Entscheidung des BSG vom 12.7.2006 selbst betraf einen Mitarbeiter, der im Zeitpunkt der Beendigung des Arbeitsverhältnisses bereits 62 Jahre alt war. Da das BSG von einem wirksamen Kündigungsgrund ausging, spielte weder das Lebensalter noch die Tatsache der Abfindung für das BSG bei der Beurteilung des wichtigen Grundes eine Rolle. Auch die BA verweist in ihren Dienstanweisungen zu § 144 SGB III unter Ziff. 9.1.2 in der aktualisierten Fassung 10/2007 darauf hin, dass sich Arbeitslose, die eine Vorruhestandsregelung oder vergleichbare Regelung abgeschlossen haben nur im begründeten Ausnahmefällen darauf berufen können, dass sie objektive Nachteile einer arbeitgeberseitigen Kündigung durch den Abschluss des Aufhebungsvertrages vermieden haben. Zu den sonstigen Nachteilen kann insbes. die dem Arbeitslosen nur im Fall des Abschlusses eines Aufhebungsvertrages zufließende Abfindung gehören, wie das BSG deutlich gemacht hat. **179**

Auch die Tatsache, dass in dem Fall vom 12.7.2006 die dem Arbeitnehmer gezahlte Abfindung um 1.000,00 € oberhalb der Regelabfindung von 0,5 Gehältern je Beschäftigungsjahr lag, führte nicht zur Verhängung einer Sperrzeit. Es wird also anerkannt, dass auch ältere Arbeitnehmer sich bei Vorliegen eines rechtmäßigen Kündigungsgrundes auf das Interesse einer Abfindungszahlung berufen können. Unabhängig von der Zahlung einer Abfindung muss darüber hinaus gerade bei Führungs- **180** kräften davon ausgegangen werden, dass diesen das Abwarten einer arbeitgeberseitigen Kündigung ohne weiteres unzumutbar ist. Von einer Führungskraft wird Loyalität zum Unternehmen verlangt. Von daher muss man einer Führungskraft zubilligen, dass diese sich im Fall des Wegfalls ihres Arbeitsplatzes einem Aufhebungsvertrag nicht verschließt. Es widerspricht der bisherigen Loyalitätspflicht, wenn die Führungskraft sich bei dieser Fallkonstellation nunmehr auf einen Kündigungsrechtsstreit bzw. bereits auf den Ausspruch einer Kündigung einlassen müsste.

**181** So sehr die geänderte Rechtsprechung des BSG, die an die Abfindungshöhe anknüpft, zu begrüßen ist und so sehr es zu begrüßen ist, dass die BA ihre Dienstanweisungen an diese neue Rechtsprechung angepasst hat, bleibt zu bemängeln, dass die Anknüpfung an die Abfindung weiterhin zu erheblichen Unsicherheiten führt. Wie unter Rdn. 116 ff. bereits ausgeführt, wird sich in der Praxis als problematisch erweisen, dass Aufhebungsverträge vielfach nicht lediglich eine Abfindungssumme enthalten, sondern sich die Entschädigung des Mitarbeiters für die Aufgabe des sozialen Besitzstandes aus einer Vielzahl von unterschiedlichen Regelungen zusammensetzt. Insofern enthalten Aufhebungsverträge neben der Abfindung teilweise die Kostenübernahme für Rechtsanwaltskosten, die Kostenübernahme für Outplacement-Kosten, die Regelung über einen bestimmten Bonus oder auch die Verlängerung des Arbeitsverhältnisses über die übliche Kündigungsfrist hinaus. Letztendlich bildet ein Aufhebungsvertrag stets ein Gesamtpaket. Insofern wird von der Rechtsprechung zu klären sein, wie sich die nunmehr als Maßstab herangezogene Abfindung von 0,25 bis 0,5 Bruttogehältern ermittelt. Man wird hier sicherlich nicht alleine auf die eigentliche Abfindung abstellen können, da ansonsten eine Umgehung der Regelung leicht zu bewerkstelligen ist.

### 3. Folgen der Sperrzeit

**182** Tritt eine Sperrzeit ein, so **ruht der Anspruch auf Arbeitslosengeld** grds. für die Dauer von **zwölf Wochen**. Des Weiteren wird er gem. § 148 SGB III (früher: § 128 SGB III) **um 25 % gemindert**, sofern nicht zwischen dem sperrzeitauslösenden Ereignis und dem Antrag auf Arbeitslosengeld mehr als ein Jahr liegt.

**183** Gemäß § 159 Abs. 3 SGB III (früher: § 144 Abs. 3 SGB III) reduziert sich die Ruhenszeit beim Arbeitslosengeld auf sechs Wochen, wenn die **Sperrzeit eine besondere Härte** für den betroffenen Arbeitslosen darstellt. Entscheidend für die Anerkennung einer besonderen Härte sind alleine die Umstände, die für den Eintritt der Sperrzeit maßgebend waren. Allgemeine Lebensumstände, wie eine ungünstige wirtschaftliche Lage oder unterhaltspflichtige Familienmitglieder sind grds. nicht geeignet, eine Reduzierung der Dauer der Ruhenszeit im Fall der Sperrzeit zu rechtfertigen.

**184** Obwohl während der zwölfwöchigen Sperrzeit der Anspruch auf **Arbeitslosengeld** ruht und der Arbeitslose somit keine unmittelbaren Leistungen der Agentur für Arbeit erhält, ist der **Krankenversicherungsschutz zumindest zwischen der fünften und der zwölften Woche** über die Agentur für Arbeit gem. § 5 Abs. 1 Nr. 2 SGB V gesichert (s. i. E. zum Krankenversicherungsschutz während der Arbeitslosigkeit die Ausführungen in Rdn. 197).

### 4. Beginn der Sperrzeit

**185** Die Sperrzeit schließt sich unmittelbar an die Beendigung des Beschäftigungsverhältnisses an. Gemäß der Entscheidung des *BSG* vom 25.4.2002 (– B 11 AL 65/01 R, NZS 2003, 330) beginnt die Sperrzeit im Fall einer Freistellung eines Arbeitnehmers während der Kündigungsfrist am ersten Tag der Freistellung. Wird der Arbeitnehmer also bspw. drei Monate vor Ende des Arbeitsverhältnisses freigestellt, erhält er nach Ablauf der Kündigungsfrist sofort Arbeitslosengeld, da die Sperrzeit während der Freistellung in der Kündigungsfrist abgelaufen war.

**186** Betrachtet man das am 10.8.2005 veröffentliche Besprechungsergebnis der Spitzenverbände der Sozialversicherungsträger vom 5./6.7.2005 bzgl. der Konsequenzen der Freistellung von der Arbeitsleistung im laufenden bzw. endenden Arbeitsverhältnis, so zeigt sich, dass die Beschäftigungslosigkeit nicht nur bei einer einvernehmlichen unwiderruflichen Freistellung eintritt, sondern dass die Beschäftigungslosigkeit auch bei der einseitigen unwiderruflichen Freistellung erfolgt. Zwar entfällt

# E. Krankenversicherung nach Beendigung des Arbeitsverhältnisses  Kapitel 8

das sozialversicherungspflichtige Beschäftigungsverhältnis nur bei der einvernehmlichen unwiderruflichen Freistellung und nicht bei der einseitigen Freistellung durch den Arbeitgeber. Letzteres hätte ansonsten zur Konsequenz, dass der Arbeitgeber einseitig dem Arbeitnehmer den sozialversicherungsrechtlichen Schutz nehmen könnte. Obwohl also bei der einseitigen unwiderruflichen Freistellung das sozialversicherungspflichtige Beschäftigungsverhältnis grds. aufrechterhalten bleibt, besteht Einigkeit dahingehend, dass die unwiderrufliche Freistellung – unabhängig davon, ob sie einvernehmlich oder einseitig durch den Arbeitgeber erfolgt – dazu führt, dass der Arbeitnehmer ab dem ersten Tag der unwiderruflichen Freistellung beschäftigungslos i. S. d. § 138 SGB III (früher: § 119 Abs. 1 SGB III) ist. Damit beginnt die Sperrzeit bereits ab der Freistellung und läuft somit parallel zur Kündigungsfrist.

Dauert die Kündigungsfrist länger als die Sperrzeit, so erwirbt der Arbeitnehmer nach Ablauf der dreimonatigen Sperrzeit keinen Anspruch, dass ihm neben dem von seinem Arbeitgeber während der Freistellung geschuldeten Entgelt auch Arbeitslosengeld durch die Agentur für Arbeit gezahlt wird. Die Fortzahlung der Vergütung durch den Arbeitgeber führt nach § 157 Abs. 1 SGB III (früher: § 143 Abs. 1 SGB III) zu einem Ruhen des Arbeitslosengeldanspruchs. Das Ruhen nach § 157 Abs. 1 SGB III führt hier dazu, dass der erworbene Anspruch lediglich zeitlich nach hinten verlagert wird, bis der Ruhenstatbestand beseitigt ist, d. h. die Kündigungsfrist abgelaufen ist. 187

## C. Erstattung des Arbeitslosengeld nach § 147a SGB III a. F.

Wie eingangs bereits erwähnt, ist die früher auf Arbeitgeberseite zu beachtende **Erstattungspflicht** hinsichtlich des von älteren Arbeitnehmern bezogenen Arbeitslosengeldes **nach § 147a SGB III a. F. zum 31.1.2006 entfallen**. Ist der Arbeitnehmer **nach dem 31.1.2006** aus dem Arbeitsverhältnis ausgeschieden bzw. ist die Beschäftigungslosigkeit des Arbeitnehmers erst nach dem 31.1.2006 eingetreten, so ist der Arbeitgeber nicht mehr zur Erstattung des Arbeitslosengeldes verpflichtet. **§ 147a SGB III a. F. kann keine Anwendung mehr finden.** 188

Hinsichtlich der Voraussetzungen für die Erstattungspflicht nach § 147a SGB III a. F. für Altfälle kann an dieser Stelle nunmehr auf die diesbezüglichen Ausführungen in der 7. Aufl. dieses Handbuchs verwiesen werden. 189

## D. Erstattung des Arbeitslosengeld nach § 148 SGB III a. F. bei nachvertraglichem Wettbewerbsverbot

Bis zum 31.12.2003 existierte in § 148 SGB III a. F. eine Vorschrift, wonach der Arbeitgeber unabhängig vom Lebensalter des Mitarbeiters in dem Fall zur Erstattung von 30 % des Arbeitslosengeldes verpflichtet war, wenn mit dem arbeitslos gewordenen Mitarbeiter ein **nachvertragliches Wettbewerbsverbot** vereinbart worden war. Diese Vorschrift war zum 31.12.2003 **ersatzlos aufgehoben** worden. 190

## E. Krankenversicherung nach Beendigung des Arbeitsverhältnisses

Mit der Beendigung eines Anstellungsverhältnisses endet grds. auch die **Pflichtversicherung in der gesetzlichen Krankenversicherung**. Von daher spielt die Frage, welcher Krankenversicherungsschutz nach Beendigung des Arbeitsverhältnisses besteht, insbes. bei Abschluss von **Aufhebungsverträgen** eine erhebliche Rolle. Diese Frage betrifft jedoch nicht nur Arbeitnehmer, die unter die gesetzliche Pflichtversicherung in der Krankenversicherung fallen, sondern auch Mitarbeiter, die **freiwillig oder privat versichert** sind. 191

### I. Pflichtmitgliedschaft während des Bezuges von Arbeitslosengeld

Während im laufenden Arbeitsverhältnis eine Pflichtmitgliedschaft in der Krankenversicherung vom Bruttomonatseinkommen des Arbeitnehmers abhängig ist, besteht gem. § 5 Abs. 1 Nr. 2 SGB V während der Zeit des Bezuges von Arbeitslosengeld eine **Pflichtversicherung des Arbeitslosen** in der gesetzlichen Krankenversicherung. Diese Pflichtmitgliedschaft entsteht auch in den Fällen, in 192 denen der Mitarbeiter zuvor **freiwillig** oder sogar **privat versichert** war. Gemäß § 5 Abs. 1 Nr. 2 SGB V setzt die Pflichtversicherung jedoch voraus, dass der Arbeitslose tatsächlich **Arbeitslosengeld bezieht** bzw. der Bezug von Arbeitslosengeld alleine daran scheitert, dass eine Sperrzeit nach § 144 SGB III eingetreten ist. Während der **Sperrzeit** ist der Arbeitslose ab Beginn des zweiten Monats bis zur zwölften Woche ebenfalls pflichtversichert.

### 1. Nachwirkender Krankenversicherungsschutz

193  Nach § 190 Abs. 2 SGB V endet die Mitgliedschaft in der gesetzlichen Krankenversicherung automatisch mit Ablauf des Tages, an dem das Arbeitsverhältnis tatsächlich endet. Trotz Beendigung der Mitgliedschaft in der Krankenversicherung ist diese aber noch **für einen Monat nach Ausscheiden des Arbeitnehmers** gem. § 19 Abs. 2 SGB V verpflichtet, Leistungen zu erbringen.

### 2. Mitgliedschaft in einer Ersatzkasse

194  Arbeitnehmer, die in einer sog. **Ersatzkasse** krankenversichert sind, verlieren diese Mitgliedschaft **nicht automatisch** durch die Beendigung des Arbeitsverhältnisses. Hier endet gem. § 190 Abs. 12 SGB V die Mitgliedschaft erst dann, wenn der Mitarbeiter nach Hinweis durch die Krankenkasse über die Austrittsmöglichkeit innerhalb von zwei Wochen seinen Austritt erklärt hat. Versäumt die Ersatzkasse diesen Hinweis, so kann der Arbeitslose auch noch zu einem späteren Zeitpunkt rückwirkend austreten. Erklärt der in einer Ersatzkasse Versicherte nicht innerhalb der Zwei-Wochen-Frist seinen Austritt, so wandelt sich das Versicherungsverhältnis in eine **freiwillige Mitgliedschaft** um. Der Arbeitslose muss nun den **vollen Versicherungsbeitrag** alleine aufbringen. Allerdings ist diese Verpflichtung im Regelfall nur auf einen Monat begrenzt. Sobald der Arbeitslose Leistungen der Agentur für Arbeit bezieht bzw. die Fiktion des § 5 Abs. 1 Nr. 2 SGB V wegen Festsetzung einer Sperrzeit eingreift, verdrängt die gesetzliche Pflichtversicherung die freiwillige Mitgliedschaft.

### 3. Mitglieder einer privaten Krankenversicherung

195  Von der Versicherungspflicht befreite Arbeitnehmer, die in einer privaten Krankenversicherung versichert sind, müssen während der **ersten vier Wochen einer Sperrzeit** selbst für ihren **Krankenversicherungsschutz** sorgen. Da der Beitragszuschuss des Arbeitgebers mit Beendigung des Arbeitsverhältnisses entfällt, muss der Mitarbeiter in diesem Fall den **gesamten Versicherungsbeitrag alleine tragen**.

### 4. Krankenversicherungsschutz während eines Ruhenszeitraums nach § 143a SGB III

196  Ist wegen Nichteinhaltung der Kündigungsfrist ein Ruhenszeitraum nach § 143a SGB III eingetreten, so ist der Arbeitslose während dieses Zeitraums nicht krankenversichert. Im Gegensatz zur Regelung für die Sperrzeit **wird bei der Ruhenszeit nach § 143a SGB III kein Arbeitslosengeldbezug fingiert**. Der Arbeitslose erhält also während der Ruhenszeit nur während des ersten Monats auf Grund des **nachwirkenden Krankenversicherungsschutzes nach § 19 SGB V** und während der Zeit einer parallel verlaufenden Sperrzeit Krankenversicherungsschutz. Für die übrigen Zeiträume muss der Arbeitslose sich **freiwillig bei einer Krankenkasse** versichern. Da der Arbeitslose weder einen Anspruch auf Beitragszuschuss gegenüber dem alten Arbeitgeber noch gegenüber der Agentur für Arbeit hat, muss er gem. § 250 Abs. 2 SGB V für diese Zeit die Beiträge alleine tragen.

## II. Arbeitsunfähigkeit während des Bezuges von Arbeitslosengeld

197  Wird der Arbeitslose während des Bezuges von Arbeitslosengeld arbeitsunfähig, so wird ihm gem. § 126 SGB III für die Dauer von sechs Wochen das Arbeitslosengeld in unveränderter Höhe fortbezahlt. Überschreitet die Arbeitsunfähigkeit den Zeitraum von sechs Wochen, so erhält der Arbeitslose anschließend **Krankengeld** nach § 44 Abs. 1 SGB V von der gesetzlichen Krankenkasse. Das Krankengeld wird insofern gem. § 47b SGB V in Höhe des zuletzt bezogenen **Arbeitslosengeldes**

## E. Krankenversicherung nach Beendigung des Arbeitsverhältnisses — Kapitel 8

gezahlt. Die Bezugsdauer des Krankengeldes ist auch im Rahmen der Arbeitslosigkeit auf 78 Wochen beschränkt.

### III. Arbeitsunfähigkeit zu Beginn der Arbeitslosigkeit

Ist der Arbeitslose im Zeitpunkt der Beendigung des Arbeitsverhältnisses bzw. zu Beginn der Arbeitslosigkeit arbeitsunfähig erkrankt, so hängt die sozialversicherungsrechtliche Absicherung davon ab, ob die Arbeitsunfähigkeit sich nur auf die zuletzt ausgeübte Tätigkeit bezieht oder ob der Arbeitslose auch an der Ausübung anderweitiger zumutbarer Tätigkeiten durch die Erkrankung gehindert ist. Der Arbeitslose hat im Fall der generellen Arbeitsunfähigkeit **keinen Anspruch auf Arbeitslosengeld**, sondern bleibt gem. § 192 Abs. 1 Nr. 2 SGB V weiterhin Mitglied der gesetzlichen Krankenversicherung und **bezieht nunmehr Krankengeld**. Der Anspruch auf Krankengeld erlischt auch in diesem Fall nach einer Bezugsdauer von 78 Wochen. **198**

War der Arbeitslose nicht in der gesetzlichen Krankenversicherung, sondern bei einem **privaten Versicherungsunternehmen** versichert, so muss er nunmehr bis zur Wiedererlangung einer für die Vermittlung durch die Agentur für Arbeit ausreichenden Arbeitsfähigkeit die **Beiträge** zu seiner privaten Krankenversicherung **in voller Höhe selbst tragen**. **199**

Im Hinblick auf eine **Langzeiterkrankung** im Zeitpunkt der Beendigung des Anstellungsverhältnisses ist § 145 SGB III (früher: § 125 SGB III) zu beachten. Gemäß § 145 SGB III hat ausnahmsweise auch derjenige Arbeitslose **Anspruch auf Arbeitslosengeld**, der nur deswegen nicht als arbeitslos i. S. v. § 138 SGB III (früher: § 119 SGB III) gilt, weil er wegen einer mehr als sechsmonatigen Minderung seiner Leistungsfähigkeit nicht in der Lage ist, eine mindestens 15 Wochenstunden umfassende versicherungspflichtige Beschäftigung zu den marktüblichen Bedingungen auszuüben. Weitere Voraussetzung ist allerdings, dass der Arbeitslose noch nicht die Voraussetzungen für eine **Rente wegen Erwerbsminderung** erfüllt. **200**

### IV. Krankenversicherungsschutz nach Ende der Bezugsdauer des Arbeitslosengeldes

Nach Ablauf der Bezugsdauer des Arbeitslosengeldes endet auch der aus § 5 Abs. 1 Nr. 2 SGB V folgende Krankenversicherungsschutz. Da es sich allerdings um eine Pflichtversicherung gehandelt hat, tritt hier wieder der **einmonatige nachwirkende Krankenversicherungsschutz** ein. Nach Ablauf dieses einen Monats ist der Arbeitslose nur dann weiter krankenversichert, wenn er **Arbeitslosengeld II** bezieht. Erfüllt er allerdings nicht die Voraussetzungen für Arbeitslosengeld II, weil es bspw. an der notwendigen Bedürftigkeit fehlt, so muss er sich selbst **freiwillig krankenversichern**, wenn er den notwendigen Schutz sicherstellen will. **201**

### V. Krankengeldbezug nach Abbruch der Altersteilzeit

Wird der Arbeitnehmer während der Altersteilzeit arbeitsunfähig, so hat er nach Ablauf des sechswöchigen Entgeltfortzahlungszeitraums Anspruch auf Krankengeld. Das Krankengeld wird insofern lediglich von dem **sozialversicherungspflichtigen halbierten alten Vollzeiteinkommen** berechnet. Erweist sich nun die **Langzeiterkrankung** als derart gravierend, dass mit einer Rückkehr des Mitarbeiters nicht zu rechnen ist, wird das Altersteilzeitarbeitsverhältnis wegen des jetzt eingetretenen **Störfalls** i. d. R. aufgelöst und rückabgewickelt. **202**

Nach Auffassung der Spitzenverbände der Sozialversicherungsträger führt die **Rückabwicklung des Altersteilzeitverhältnisses** nun nicht dazu, dass sich die **Berechnungsgrundlage für das Krankengeld** verändert. Obwohl der Arbeitgeber das während der Arbeitsphase aufgebaute **Wertguthaben** an den Mitarbeiter auszahlt und auch die entsprechenden **Sozialversicherungsbeiträge** abführt, sehen die Krankenkassen keine Veranlassung, das Krankengeld nunmehr anhand des sich jetzt rückwirkend ergebenden neuen Bruttoeinkommens zu ermitteln. **203**

Die Krankenkassen berufen sich insofern auf § 47 Abs. 2 S. 4 SGB V. Nach dieser Vorschrift sind Wertguthaben, die nicht gem. einer Vereinbarung über **flexible Arbeitszeitregelungen** verwendet **204**

**Kapitel 8** Sozialrechtliche Rechtsfolgen der Kündigung/Beendigung von Arbeitsverhältnissen

werden, bei der **Bemessung des Krankengeldes** außer Betracht zu lassen. Gemäß dem Besprechungsergebnis der Spitzenverbände der Krankenkassen vom 8./9.10.2002 vertreten die Spitzenverbände der Krankenkassen die Auffassung, dass in den Fällen, in denen ein flexibles Arbeitszeitmodell während der Arbeitsphase beendet wird und diese Beendigung zu einer Auszahlung des angesparten Wertguthabens führt, das aufgebrachte Wertguthaben unabhängig vom Anlass der Beendigung des Arbeitszeitmodells nicht zweckentsprechend verwendet wird. **Von daher kann das Wertguthaben nach Auffassung der Spitzenverbände nicht für die Krankengeldberechnung berücksichtigt werden.**

205 Die von den Spitzenverbänden vertretene Auffassung ist unseres Erachtens **nicht verfassungskonform**. Die vorerwähnte Auffassung führt dazu, dass zwar **auf das Wertguthaben Krankenversicherungsbeiträge** abgeführt werden, andererseits dieses versicherte Einkommen allerdings dann **nicht zur Erhöhung des Regelentgeltes**, welches für die Berechnung des Krankengeldes maßgebend ist, beiträgt. Hier liegt letztendlich also eine **Ungleichbehandlung** vor. Es tritt also die gleiche Situation ein, wie sie das *BVerfG* in seinem Beschluss v. 20.5.2000 (– 1 BVL 1/98) bzgl. § 47 Abs. 2 S. 1 SGB V bemängelt hatte. Dort hatte der Gesetzgeber vorgesehen, dass zwar einmalig gezahltes Arbeitsentgelt – bspw. Weihnachtsgeld – sozialversicherungspflichtig ist; jedoch nicht bei der Feststellung des Regelentgeltes herangezogen werden darf. Auch hier hat der Gesetzgeber also eine Regelung geschaffen, die zur Abführung von Sozialversicherungsbeiträgen für bestimmtes Entgelt führt, ohne dass der Arbeitnehmer im Gegenzug von diesen Sozialversicherungsbeiträgen in der Krankenversicherung profitiert. Ist nun die Regelung in § 47 Abs. 2 S. 1 SGB V mit Art. 3 GG nicht vereinbar gewesen, so kann unseres Erachtens nichts anderes für § 47 Abs. 2 S. 4 SGB V gelten.

206 Anderer Auffassung ist insoweit allerdings das BSG gewesen. Das *BSG* hat mit Urteil vom 14.12.2006 – B1 KR 5/06 R – die Rechtsauffassung der Spitzenverbände der Sozialversicherungsträger zu § 47 Abs. 2 S. 4 SGB V bestätigt. In der Entscheidung wird in erster Linie darauf abgestellt, dass ein Wertguthaben erarbeitet wurde und der Gesetzgeber ausdrücklich festgeschrieben habe, dass derartige Wertguthaben nicht bei der Bemessung des Krankengeldes berücksichtigt werden dürfen. Nicht ausreichend gewürdigt hat das BSG in der Entscheidung, dass es bei den hier relevanten Fallkonstellationen um die Rückabwicklung eines Altersteilzeitverhältnisses geht. Bei der Rückabwicklung gibt es letztendlich kein Wertguthaben sondern es wird aufgrund der tatsächlich gearbeiteten Arbeitszeit abgerechnet. Diese Betrachtungsweise hat der Gesetzgeber im Übrigen auch bei der Bemessung des Arbeitslosengeldes gewählt. Hier wird nicht auf das tatsächliche sozialversicherungspflichtige Einkommen während der abgebrochenen Altersteilzeit abgestellt, sondern im Fall der Rückabwicklung der Altersteilzeit bzw. der sonstigen vorzeitigen Beendigung der Altersteilzeit wird für die Bemessung des Arbeitslosengeldes auf das fiktive Vollzeiteinkommen abgestellt. Während der Gesetzgeber also in das Altersteilzeitgesetz eine Regelung für den Störfall Arbeitslosigkeit nach Abbruch der Altersteilzeit aufgenommen hat, hat der Gesetzgeber es bis heute unterlassen, für den Störfall »Krankengeldbezug« nach Abbruch der Altersteilzeit ebenfalls eine vergleichbare Regelung aufzunehmen. In Anbetracht der oben erwähnten Entscheidung des BSG vom 14.12.2006 gibt es derzeit keinen wirksamen Schutz – mit Ausnahme einer entsprechenden privaten Absicherung – gegen diesen Störfall.

### VI. Übernahme der Krankenversicherungsbeiträge

207 Während der Arbeitslosigkeit werden die Krankenversicherungsbeiträge gem. § 251 Abs. 4a SGB III vollständig von den Agenturen für Arbeit übernommen. Die Agentur für Arbeit kann also **keine Beiträge vom Arbeitslosengeld einbehalten.**

### F. Leistungen der gesetzlichen Rentenversicherung

208 Das Rentenversicherungsrecht gehörte in den vergangenen Jahren zu den »Lieblingsthemen« des Gesetzgebers. Es gab kaum *ein Jahr*, in dem es keine Rentenreform gegeben hat. Die diversen Reformgesetze haben die Möglichkeiten, vorgezogenes Altersruhegeld aus der gesetzlichen Rentenversicherung zu beziehen, immer weiter eingeschränkt. Das Sozialgesetzbuch VI kennt derzeit neben der Re-

## F. Leistungen der gesetzlichen Rentenversicherung

gelaltersrente, die nunmehr schrittweise vom 65. auf das 67. Lebensjahr angehoben wird, noch fünf weitere Tatbestände, bei denen auch ein vorzeitiger Bezug von Leistungen aus der gesetzlichen Rentenversicherung möglich ist. Einige Varianten des vorzeitigen Rentenbezuges existieren aber nur noch in Form von zeitlich begrenzten Übergangsregelungen, so dass die Geltungsdauer der jeweiligen Vorschrift über den vorzeitigen Ruhestand in jedem Einzelfall eines geplanten Vorruhestandes genau zu prüfen ist. Zu beachten ist hierbei, dass sich das RV-Altersgrenzenanpassungsgesetz nicht nur auf die Regelaltersrente durch schrittweise Anhebung des Eintrittalters auf das 67. Lebensjahr auswirkt, sondern dass von dem im Jahr 2007 in Kraft getretenen Gesetz auch die Rente für langjährig Versicherte, die in Zukunft nicht mehr wie bisher ab dem 62. Lebensjahr sondern erst ab dem 63. Lebensjahr mit entsprechenden Abschlägen in Anspruch genommen werden kann, sowie die Altersrente für Schwerbehinderte betroffen ist.

### I. Regelaltersrente

Die Regelaltersrente nach §§ 35, 235 SGB VI kann von einem Versicherten beansprucht werden, wenn er das für ihn maßgebliche Regelalter vollendet und die allgemeine Wartezeit von fünf Jahren erfüllt hat. Liegen diese beiden Voraussetzungen vor, bedarf es nur noch gem. § 99 SGB VI eines Antrages. Keine Rolle spielt es für die Regelaltersrente, ob der Versicherte auch über das für ihn maßgebliche Rentenalter hinaus eine Beschäftigung oder selbstständige Tätigkeit ausübt. Hinzuverdienstgrenzen sind bei der Regelaltersrente nach § 35 SGB VI nicht zu beachten. 209

Für die Feststellung der Wartezeit von fünf Jahren sind neben echten Beitragszeiten auch Zeiten aus einem Versorgungsausgleich und sog. Ersatzzeiten zu berücksichtigen. Nicht berücksichtigt werden können für die allgemeine Wartezeit von fünf Jahren sog. Anrechnungszeiten (s. Rdn. 231). 210

Um die Regelaltersrente zu erhalten, reicht es aus, wenn der Antrag nach § 99 SGB VI innerhalb von drei Monaten nach Erfüllung der Voraussetzungen für die Regelaltersrente gestellt wird. 211

Hat der Arbeitnehmer/Versicherte bis zu der für ihn geltenden Regelaltersgrenze (s. Rdn. 215) eine Rente wegen Erwerbsminderung bezogen, so hält er grds. von Amts wegen mit Erreichung der Regelaltersgrenze die Altersrente (§ 115 Abs. 3 SGB VI). 212

Hat ein Arbeitnehmer zwar das für ihn geltende Rentenregelalter erreicht, jedoch die allgemeine Wartezeit von fünf Jahren nicht erfüllt, so ist er berechtigt, sich die eingezahlten Beiträge erstatten zu lassen. 213

Aufgrund des RV-Altersgrenzenanpassungsgesetzes wird die Altersgrenze für den Bezug der Regelaltersrente schrittweise vom 65. auf das 67. Lebensjahr angehoben. Die Anhebung erfolgt gem. § 235 SGB VI in Monatsschritten ab dem Geburtsjahrgang 1947. Der Geburtsjahrgang 1947 kann nach der Neufassung des SGB VI durch das Altersgrenzenanpassungsgesetz die Regelaltersrente nicht mehr mit Vollendung des 65. Lebensjahres sondern erst im Alter von 65. Jahren und einem Monat in Anspruch nehmen. Für die Geburtsjahrgänge bis einschließlich 1958 erhöht sich das Renteneintrittsalter jeweils um einen weiteren Monat je Jahrgang, so dass der Geburtsjahrgang 1958 die Regelaltersrente erst mit Vollendung des 66. Lebensjahres in Anspruch nehmen kann (siehe Tabelle unten). Ab dem Geburtsjahrgang 1959 erhöht sich dann das Eintrittsalter in Zwei-Monatsschritten. Der Geburtsjahrgang 1959 kann somit die Regelaltersrente erst mit 66. Jahren und zwei Monaten in Anspruch nehmen. Ab dem Geburtsjahrgang 1964 liegt die Altersgrenze zum Bezug der Regelaltersrente dann bei der Vollendung des 67. Lebensjahres. 214

Im Einzelnen ergeben sich für die Geburtsjahrgänge ab 1947 gem. § 235 SGB VI folgende neue Altersgrenzen für den Bezug der Regelaltersrente: 215

| Geburtsjahr | Anhebung um Monate | auf Alter/Jahr | Monat |
|---|---|---|---|
| 1947 | 1 | 65 | 1 |
| 1948 | 2 | 65 | 2 |

# Kapitel 8   Sozialrechtliche Rechtsfolgen der Kündigung/Beendigung von Arbeitsverhältnissen

| Geburtsjahr | Anhebung um Monate | auf Alter/Jahr | Monat |
|---|---|---|---|
| 1949 | 3 | 65 | 3 |
| 1950 | 4 | 65 | 4 |
| 1951 | 5 | 65 | 5 |
| 1952 | 6 | 65 | 6 |
| 1953 | 7 | 65 | 7 |
| 1954 | 8 | 65 | v8 |
| 1955 | 9 | 65 | 9 |
| 1956 | 10 | 65 | 10 |
| 1957 | 11 | 65 | 11 |
| 1958 | 12 | 66 | 0 |
| 1959 | 14 | 66 | 2 |
| 1960 | 16 | 66 | 4 |
| 1961 | 18 | 66 | 6 |
| 1962 | 20 | 66 | 8 |
| 1963 | 22 | 66 | 10 |
| ab 1964 | 24 | 67 | 0 |

216 Der Gesetzgeber hat keine Möglichkeit vorgesehen, die Regelaltersrente auch zukünftig bereits ab dem 65. Lebensjahr zu beziehen und im Gegenzug Rentenkürzungen zu akzeptieren. Will ein Arbeitnehmer/Versicherter vor dem für ihn gem. der obigen Tabelle maßgeblichen Rentenalter in den Ruhestand wechseln, so ist dies nicht über den Weg der Regelaltersrente möglich. Der Arbeitnehmer/Versicherte muss dann prüfen, ob er die Voraussetzungen für eine der anderen Rentenarten erfüllt, die nach wie vor die Möglichkeit vorsehen, vor dem persönlichen Regelrentenalter Leistungen aus der gesetzlichen Rentenversicherung in Anspruch zu nehmen. Dies ist dann allerdings nur mit den unten im Einzelnen dargestellten Abschlägen möglich.

217 Nicht von der Anhebung der Altersgrenze bei der Regelaltersrente betroffen sind diejenigen Arbeitnehmer, die zum Stichtag 31.12.2006 bereits eine Altersteilzeitvereinbarung unterschrieben hatten oder zu diesem Zeitpunkt Anpassungsgeld für entlassene Arbeitnehmer des Bergbaus bezogen haben. Weitere Voraussetzung dafür, dass die Anhebung der Altersgrenzen nicht gilt, ist, dass die beiden vorerwähnten Arbeitnehmergruppen vor dem 1.1.1955 geboren sind. Mitarbeiter, die später geboren wurden, konnten die Anhebung der Altersgrenze weder durch die fristgerechte Unterzeichnung einer Alterteilzeitvereinbarung bis zum 31.12.2006 noch durch den Bezug von Anpassungsgeld für entlassene Arbeitnehmer des Bergbaus verhindern.

## II. Altersrente für langjährig Versicherte

218 Stark verändert wurden in den vergangenen Jahren die Voraussetzungen für den Bezug einer vorgezogenen Altersrente für langjährig Versicherte. Obwohl der Gesetzgeber erst vor wenigen Jahren § 36 SGB VI dahingehend geändert hat, dass eine vorgezogene Altersrente schrittweise bereits ab dem 62. Lebensjahr unter Beachtung der sonstigen Voraussetzungen des § 236 SGB VI bezogen werden kann, sieht das im Jahr 2007 verabschiedete Altersgrenzenanpassungsgesetz eine Rückkehr zum 63. Lebensjahr vor. Dies bedeutet, dass die vorgezogene Altersrente für langjährig Versicherte nunmehr wieder für eine Vielzahl von Jahrgängen unterschiedliche Eintrittsalter vorsieht. Neben § 36 SGB VI ist des Weiteren der insofern ebenfalls neu gefasste § 236 SGB VI zu beachten. Letztere Vorschrift

## F. Leistungen der gesetzlichen Rentenversicherung

bestimmt die Regelungen über die vorzeitige Inanspruchnahme der Altersrente für langjährig Versicherte.

§ 36 SGB VI sieht nach der Neufassung durch das Altersgrenzenanpassungsgesetz vor, dass ein Anspruch auf Altersrente für langjährig Versicherte hat, wer:
- das 67. Lebensjahr vollendet,
- die Wartezeit von 35 Jahren erfüllt und
- eine Beschäftigung oder selbständige Tätigkeit aufgegeben hat bzw. die zulässige Hinzuverdienstgrenze nicht überschreitet.

219

Eine vorzeitige Inanspruchnahme dieser Rente ist ab dem 63. Lebensjahr möglich.

220

Nach dem Altersgrenzenanpassungsgesetz wird zum einen die Altersgrenze für den vorzeitigen Bezug der Altersrente für langjährige Versicherte vom 62. auf das 63. Lebensjahr angepasst und zum anderen das Bemessungsalter für die Rentenabschläge vom 65. auf das 67. Lebensjahr erhöht. § 236 SGB VI in der Fassung nach dem Altersgrenzenanpassungsgesetz sieht nun für verschiedene Geburtsjahrgänge unterschiedliche Eintrittsalter und unterschiedlich hohe Abschläge bei der vorzeitigen Inanspruchnahme der Altersrente für langjährig Versicherte vor.

221

(1) Versicherte, die vor dem 1.1.1949 geboren sind, haben Anspruch auf Altersrente für langjährig Versicherte **ohne Rentenabschlag**, wenn sie:
1. das 65. Lebensjahr vollendet und
2. die Wartezeit von 35 Jahren erfüllt haben.

222

Diese Versicherten können – vorbehaltlich der sonstigen Vertrauensschutzregelungen (s. Rdn. 227 und 228) – gem. § 236 Abs. 1 u. 2 S. 1 SGB VI die Altersrente für langjährig Versicherte auch mit einem lebenslänglichen Rentenabschlag vorzeitig ab dem 63. Lebensjahr in Anspruch nehmen. Der Abschlag wegen der vorzeitigen Inanspruchnahme in Höhe von 0,3 % je Monat berechnet sich in diesem Fall anhand der Monatsanzahl zwischen tatsächlichem Renteneintritt und Vollendung des 65. Lebensjahres. Die Anhebung des Rentenalters für die Altersrente für langjährig Versicherte in der vom Altersgrenzenanpassungsgesetz geänderten Fassung des § 36 SGB VI vom 65. auf das 67. Lebensjahr betrifft diese Geburtsjahrgänge also nicht mehr.

(2) Für Versicherte, die nach dem 31.12.1948 geboren sind, wird die Altersgrenze von 65 Jahren angehoben. Diese Versicherten haben Anspruch auf Altersrente für langjährig Versicherte ohne Rentenabschlag, wenn sie:
1. das sich aus der nachstehenden Tabelle ergebende individuelle Lebensalter vollendet haben und
2. die Wartezeit von 35 Jahren erfüllt haben.

223

Für Versicherte, die nach dem 31.12.1948 geboren sind, gilt nunmehr folgende individuelle Altersgrenze zum Bezug der Altersrente für langjährig Versicherte ohne Rentenabschlag:

224

| Geburtsmonat/Geburtsjahr | Anhebung um Monate | Anspruch ab Alter Jahr/Monat |
|---|---|---|
| Januar 1949 | 1 | 65/1 |
| Februar 1949 | 2 | 65/2 |
| März bis Dez. 1949 | 3 | 65/3 |
| Jan. bis Dez. 1950 | 4 | 65/4 |
| Jan. bis Dez. 1951 | 5 | 65/5 |
| Jan. bis Dez. 1952 | 6 | 65/6 |
| Jan. bis Dez. 1953 | 7 | 65/7 |
| Jan. bis Dez. 1954 | 8 | 65/8 |
| Jan. bis Dez. 1955 | 9 | 65/9 |

# Kapitel 8 Sozialrechtliche Rechtsfolgen der Kündigung/Beendigung von Arbeitsverhältnissen

| Geburtsmonat/Geburtsjahr | Anhebung um Monate | Anspruch ab Alter Jahr/Monat |
|---|---|---|
| Jan. bis Dez. 1956 | 10 | 65/10 |
| Jan. bis Dez. 1957 | 11 | 65/11 |
| Jan. bis Dez. 1958 | 12 | 66/0 |
| Jan. bis Dez. 1959 | 14 | 66/2 |
| Jan. bis Dez. 1960 | 16 | 66/4 |
| Jan. bis Dez. 1961 | 18 | 66/6 |
| Jan. bis Dez. 1962 | 20 | 66/8 |
| Jan. bis Dez. 1963 | 22 | 66/10 |
| Jan. bis Dez. 1964 | 24 | 67/0 |

225 Eine vorzeitige Inanspruchnahme dieser Altersrente ist für Versicherte, die nach dem 31.12.1948 geboren wurden – vorbehaltlich anderweitiger Vertrauensschutzregelungen (s. Rdn. 227, 228) – gem. § 236 Abs. 1 u. 2 S. 2 SGB VI ab dem 63. Lebensjahr möglich. Der lebenslängliche Rentenabschlag in Höhe von 0,3 % je Monat berechnet sich bei diesen Versicherten aus der Differenz zwischen tatsächlichem vorzeitigem Renteneintrittszeitpunkt und dem sich aus der obigen Tabelle ergebenden individuellen Anspruchszeitpunkt, der je nach Geburtsjahr zwischen dem 65. und 67. Lebensjahr liegen kann.

226 ▶ **Beispiel:**
Ein Versicherter, der im November 1958 geboren wurde und mit Vollendung des 63. Lebensjahres die Altersrente für langjährig Versicherte vorzeitig in Anspruch nimmt, muss im Hinblick darauf, dass gem. der obigen Tabelle sein individuelles Eintrittsalter ohne Abschlag bei 66 Jahren läge, einen Rentenabschlag lebenslänglich für 36 Monate, d. h. 10,8 % hinnehmen.

227 (3) Für Versicherte, die vor dem 1.1.1955 geboren sind und vor dem Stichtag 31.12.2006 Altersteilzeitarbeit i. S. d. §§ 2 und 3 Abs. 1 Nr. 1 ATG vereinbart haben oder Anpassungsgeld für entlassene Arbeitnehmer des Bergbaus bezogen haben, können in dem Fall, dass sie die Wartezeit von 35 Jahren erfüllt haben, die Altersrente für langjährig Versicherte weiterhin ab dem 65. Lebensjahr ungekürzt beziehen. Die Abschläge bei einer vorzeitigen Inanspruchnahme ab dem 63. Lebensjahr bzw. ab dem 62. Lebensjahr bei Erfüllung der im Folgenden genannten Vertrauensschutzvoraussetzungen errechnen sich dann aus der Differenz zwischen dem Alter bei vorzeitigen Renteneintritt und dem 65. Lebensjahr.

228 (4) Versicherte, die nach dem 31.12.1947 geboren sind, die Wartezeit von 35 Jahren erfüllt haben und entweder vor dem 1.1.1955 geboren sind und vor dem Stichtag 31.12.2006 Altersteilzeitarbeit i. S. d. §§ 2 und 3 Abs. 1 Nr. 1 ATG vereinbart haben oder Anpassungsgeld für entlassene Arbeitnehmer des Bergbaus bezogen haben, haben die Möglichkeit, die Altersrente für langjährig Versicherte auch vor dem 63. Lebensjahr vorzeitig unter Inkaufnahme von Abschlägen in Höhe von 0,3 % je Monat des vorzeitigen Rentenbezuges in Anspruch zu nehmen. Hier gilt – abhängig vom Geburtsjahr und Geburtsmonat – folgende individuelle Altersgrenze für die vorzeitige Inanspruchnahme der Altersrente für langjährig Versicherte:

| Geburtsmonat/Geburtsjahr | Vorzeitige Inanspruchnahme möglich ab Alter Jahr/Monat |
|---|---|
| Jan. bis Feb. 1948 | 62/11 |
| März bis Apr. 1948 | 62/10 |
| Mai bis Juni 1948 | 62/9 |

## F. Leistungen der gesetzlichen Rentenversicherung

### Kapitel 8

| Geburtsmonat/Geburtsjahr | Vorzeitige Inanspruchnahme möglich ab Alter Jahr/Monat |
|---|---|
| Juli bis Aug. 1948 | 62/8 |
| Sept. bis Okt. 1948 | 62/7 |
| Nov. bis Dez. 1948 | 62/6 |
| Jan. bis Feb. 1949 | 62/5 |
| März bis Apr. 1949 | 62/4 |
| Mai bis Juni 1949 | 62/3 |
| Juli bis Aug. 1949 | 62/2 |
| Sept. bis Okt. 1949 | 62/1 |
| Nov. bis Dez. 1949 | 62/0 |
| 1950 bis 1963 | 62/0 |

Macht ein Versicherter von der Möglichkeit Gebrauch, gem. den oben unter (1) bis (4) geschilderten Voraussetzungen die Altersrente für langjährig Versicherte vor dem für ihn geltenden maßgeblichen Zeitpunkt (s. Tabelle Rdn. 224) vorzeitig in Anspruch zu nehmen, so wird für jeden Monat vor Vollendung des für den einzelnen Versicherten geltenden individuellen Eintrittsalters (s. Tabelle Rdn. 224) lebenslänglich ein Abschlag von 0,3 % erhoben. 229

▶ **Beispiel:** 230

Wechselt ein Arbeitnehmer, der im Januar 1953 geboren wurde, nach einer Wartezeit von 35 Jahren vorzeitig mit Vollendung des 62. Lebensjahres in die Altersrente, so ist ein Abschlag von 10,8 % lebenslänglich vorzunehmen, wenn der Arbeitnehmer vor dem maßgeblichen Stichtag, d. h. 31.12.2006 eine Altersteilzeitvereinbarung abgeschlossen hatte. Für diesen Arbeitnehmer gilt aufgrund von Vertrauensschutz nicht das sich aus der Tabelle (s. Rdn. 224) ergebende individuelle Eintrittsalter von 65 Jahren und 7 Monaten, sondern es verbleibt bei 65 Jahren. Daher liegen zwischen Renteneintritt mit 62 Jahren und individuellem abschlagsfreiem Rentenalter 36 Monate, so dass sich ein lebenslänglicher Rentenabschlag von 10,8 % ergibt.

Hätte der Arbeitnehmer keine Altersteilzeitvereinbarung vor dem Stichtag 31.12.2006 abgeschlossen, so hätte er erst mit Vollendung des 63. Lebensjahres vorzeitig die Altersrente für langjährig Versicherte in Anspruch nehmen können. Sein Rentenabschlag hätte sich dann aufgrund des Geburtsjahres gem. der obigen Tabelle (s. Rdn. 224) anhand der Differenz zwischen tatsächlichem Renteneintritt, d. h. in diesem Beispiel 63 Jahre, und dem individuellen abschlagsfreien Eintrittsalter, d. h. gem. der Tabelle (s. Rdn. 224) mit 65 Jahren und 7 Monaten, errechnet. Es ergäbe sich ein Abschlag für 31 Monate, d. h. also 9,3 % lebenslängliche Rentenkürzung.

Im Hinblick auf die für die Altersrente für langjährig Versicherte notwendige **Wartezeit von 35 Jahren** ist zu beachten, dass hier nicht nur echte Beitragszeiten zählen, sondern auch sog. Anrechnungszeiten. **Anrechnungszeiten** sind Zeiten, in denen keine Beiträge gezahlt wurden, die aber trotzdem bei der Rentenberechnung berücksichtigt werden. Es handelt sich hierbei bspw. um Zeiten, 231
– der Arbeitslosigkeit,
– der Arbeitsunfähigkeit,
– von Rehabilitationsmaßnahmen,
– der Schwangerschaft und des Mutterschaftsurlaubes im Rahmen des Mutterschutzgesetzes (sechs Wochen vor und acht Wochen/bei Mehrfachgeburten zwölf Wochen nach der Geburt),
– der schulischen Ausbildung bis zu acht Jahren und
– Rentenbezugszeiten vor dem 55. Lebensjahr.

## III. Altersrente für Schwerbehinderte

**232** Gemäß §§ 37 SGB VI haben schwerbehinderte Menschen i. S. d. SGB IX die Möglichkeit, vorzeitig in den Ruhestand zu wechseln. Auf diese ungekürzte Altersrente hat Anspruch, wer:
- das 65. Lebensjahr vollendet hat,
- bei Beginn der Altersrente anerkannter Schwerbehinderter i. S. d. SGB IX ist,
- die Wartezeit von 35 Jahren erfüllt und
- eine Beschäftigung oder selbstständige Tätigkeit aufgegeben hat bzw. die zulässigen Hinzuverdienstgrenzen nicht überschreitet.

**233** Als schwerbehinderte Menschen i. S. d. SGB VI gelten Menschen, deren Grad der Behinderung mindestens 50 GdB beträgt. Die Anerkennung als Gleichgestellter im Sinne des Sozialgesetzbuch IX reicht insofern nicht aus, um über § 37 bzw. § 236a SGB VI Altersrente vorzeitig zu beziehen.

**234** Die in § 37 SGB VI angegebene Altersgrenze von 65. Jahren für den Bezug der Altersrente für Schwerbehinderte gilt gem. § 236a SGB VI nur für Versicherte, die nach dem 31. Dezember 1963 geboren sind. Für Versicherte, die vor dem 01. Januar 1964 geboren wurden, hat der Gesetzgeber im Rahmen des Altersgrenzenanpassungsgesetzes das Eintrittsalter für die Altersrente für schwerbehinderte Menschen schrittweise vom 63. auf das 65. Lebensjahr angehoben. Insofern bleibt es dabei, dass für Versicherte, die vor dem 1. Januar 1952 geboren sind und im Übrigen die Voraussetzungen des § 37 SGB VI erfüllen, einen Anspruch auf Altersrente für Schwerbehinderte ohne Kürzung nach Vollendung des 63. Lebensjahres haben, sofern keine Vertrauensschutzregelung (s. Rdn. 240 und 242) eingreift, nach der sie ggf. noch früher abschlagsfrei diese Rente beziehen können.

**235** Für Versicherte, die nach dem 31. Dezember 1951 geboren sind, wird die Altersgrenze von 63 Jahren schrittweise wie folgt angehoben:

| Geburtsmonat/Geburtsjahr | Anhebung um Monate | Anspruch ab Alter Jahr/Monat |
|---|---|---|
| Jan. 1952 | 1 | 63/1 |
| Feb. 1952 | 2 | 63/2 |
| März 1952 | 3 | 63/3 |
| April 1952 | 4 | 63/4 |
| Mai 1952 | 5 | 63/5 |
| Juni bis Dez. 1952 | 6 | 63/6 |
| 1953 | 7 | 63/7 |
| 1954 | 8 | 63/8 |
| 1955 | 9 | 63/9 |
| 1956 | 10 | 63/10 |
| 1957 | 11 | 63/11 |
| 1958 | 12 | 64/0 |
| 1959 | 14 | 64/2 |
| 1960 | 16 | 64/4 |
| 1961 | 18 | 64/6 |
| 1962 | 20 | 64/8 |
| 1963 | 22 | 64/10 |

## F. Leistungen der gesetzlichen Rentenversicherung

### Kapitel 8

| Geburtsmonat/Geburtsjahr | Anhebung um Monate | Anspruch ab Alter Jahr/Monat |
|---|---|---|
| 1964 | 24 | 65/0 |

Eine vorzeitige Inanspruchnahme der Altersrente für Schwerbehinderte unter Inkaufnahme von lebenslänglichen Abschlägen in Höhe von 0,3 % je Monat des vorzeitigen Bezuges im Hinblick auf das individuelle Renteneintrittsalter gem. der obigen Tabelle ist möglich. Die Höhe des lebenslänglichen Rentenabschlages ergibt sich aus der Differenz – gerechnet in Monaten – zwischen dem Zeitpunkt der vorzeitigen Inanspruchnahme und dem sich aus der obigen Tabelle ergebenden individuellen Eintrittsalter für die Altersrente für Schwerbehinderte multipliziert mit 0,3 %. 236

Insofern gilt für schwerbehinderte Versicherte Folgendes: 237

Versicherte, die vor dem 1. Januar 1952 geboren sind, haben weiterhin die Möglichkeit die Altersrente für schwerbehinderte Menschen gem. § 236a Abs. 2 SGB VI nach Vollendung des 60. Lebensjahres in Anspruch zu nehmen. Der lebenslängliche Rentenabschlag für die vorzeitige Inanspruchnahme bemisst sich in diesem Fall nach der Differenz der Monate zwischen der tatsächlichen vorzeitigen Inanspruchnahme der Altersrente für Schwerbehinderte und dem 63. Lebensjahr. Wechselt ein schwerbehinderter Mitarbeiter, der vor dem 1.1.1952 geboren ist und der nicht über Vertrauensschutz (siehe unten) verfügt mit Vollendung des 60. Lebensjahres in den Ruhestand, so hat er lebenslänglich einen Abschlag von 10,8 % (36 Monate zu je 0,3 %) hinzunehmen.

Versicherte, die nach dem 31.12.1951 geboren sind haben ebenfalls die Möglichkeit, vor dem sich für sie aus der obigen Tabelle ergebenden individuellen Eintrittsalter für die Altersrente für Schwerbehinderte diese Rente in Anspruch zu nehmen. Gemäß § 236a Abs. 2 SGB VI wird die Altersgrenze für die vorzeitige Inanspruchnahme für diese Versicherten schrittweise vom 60. auf das 62. Lebensjahr angehoben. 238

Die Anhebung erfolgt entsprechend der nachstehenden Tabelle: 239

| Geburtsmonat/Geburtsjahr | Anhebung um Monate | Vorzeitige Inanspruchnahme Jahr/Monat |
|---|---|---|
| Jan. 1952 | 1 | 60/1 |
| Feb. 1952 | 2 | 60/2 |
| März 1952 | 3 | 60/3 |
| April 1952 | 4 | 60/4 |
| Mai 1952 | 5 | 60/5 |
| Juni bis Dez. 1952 | 6 | 60/6 |
| 1953 | 7 | 60/7 |
| 1954 | 8 | 60/8 |
| 1955 | 9 | 60/9 |
| 1956 | 10 | 60/10 |
| 1957 | 11 | 60/11 |
| 1958 | 12 | 61/0 |
| 1959 | 14 | 61/2 |
| 1960 | 16 | 61/4 |
| 1961 | 18 | 61/6 |
| 1962 | 20 | 61/8 |

# Kapitel 8 Sozialrechtliche Rechtsfolgen der Kündigung/Beendigung von Arbeitsverhältnissen

| Geburtsmonat/Geburtsjahr | Anhebung um Monate | Vorzeitige Inanspruchnahme Jahr/Monat |
|---|---|---|
| 1963 | 22 | 61/10 |
| 1964 | 24 | 62/0 |

240 Ähnlich wie bei den vorangegangenen Rentenreformgesetzen hat der Gesetzgeber auch beim Altersgrenzenanpassungsgesetz eine Vertrauensschutzregelung erlassen. § 236a SGB VI der den Altersrentenbezug von schwerbehinderten Menschen regelt, die vor dem 1. Januar 1964 geboren sind, bestimmt in Absatz 2:
dass für Versicherte, die
1. am 1.1.2007 als schwerbehinderte Menschen i. S. d. § 2 Abs. 2 SGB IX anerkannt waren und
2. entweder vor dem 1.1.1955 geboren sind und vor dem 1.1.2007 Alterteilzeitarbeit i. S. d. §§ 2 und 3 Abs. 1 Nr. 1 ATG vereinbart haben
oder
Anpassungsgeld für entlassene Arbeitnehmer des Bergbaus bezogen haben,
die Altersgrenzen nicht angehoben werden.

241 Für diese Mitarbeiter bleibt es also sowohl bei dem früheren Eintrittsalter, d. h. dem 63. Lebensjahr für die abschlagsfreie Altersrente für Schwerbehinderte, als auch für die Möglichkeit, die Altersrente für Schwerbehinderte mit Abschlägen ab dem 60. Lebensjahr zu beziehen. Der Abschlag beträgt also hier weiterhin maximal 10,8 %.

242 Beibehalten hat der Gesetzgeber auch im Rahmen des Altersgrenzenanpassungsgesetzes und der hieraus resultierenden Neufassung des § 236a SGB VI die Regelung, wonach bestimmte schwerbehinderte Menschen aufgrund einer Vertrauensschutzregelung die Altersrente für schwerbehinderte Menschen auch weiterhin ab dem 60. Lebensjahr abschlagsfrei in Anspruch nehmen können. Voraussetzung hierfür ist gem. § 236a Abs. 4 SGB VI, dass der Versicherte vor dem 17. November 1950 geboren wurde und am 16. November 2000 schwerbehindert, berufsunfähig oder erwerbsunfähig nach dem am 31.12.2000 geltenden Recht war.

243 Berufsunfähigkeit wird danach angenommen, wenn die Leistungsfähigkeit aus gesundheitlichen Gründen auf weniger als die Hälfte der Leistungsfähigkeit eines körperlich, geistig und seelisch gesunden Versicherten mit vergleichbarer Ausbildung, gleichwertigen Kenntnissen und Fähigkeiten, gesunken ist. Erwerbsunfähigkeit liegt hingegen vor, wenn infolge von Krankheit oder anderen Gebrechen oder von Schwäche der körperlichen oder geistigen Kräfte eine dauerhafte und regelmäßige Erwerbstätigkeit nicht mehr ausgeübt oder nur noch ein geringes Arbeitseinkommen erzielt werden kann. Liegen die vorgenannten Voraussetzungen vor, so hat der Versicherte Anspruch auf die Altersrente für schwerbehinderte Menschen ab Vollendung des 60. Lebensjahres, soweit die Wartezeit von 35 Jahren erfüllt ist. Ein Abschlag für die vorzeitige Inanspruchnahme dieser Altersrente ab dem 60. Lebensjahr wird nicht erhoben.

244 Eine weitere Sonderregelung enthält § 236a Abs. 3 SGB VI auch noch für diejenigen Versicherten, die vor dem 1.1.1951 geboren und berufsunfähig oder erwerbsunfähig nach dem am 31.12.2000 geltenden Recht sind. Diese Versicherten können auch bei fehlender Schwerbehinderung ab Vollendung des 63. Lebensjahres und der Erfüllung einer Wartezeit von 35 Jahren die Altersrente für schwerbehinderte Menschen entsprechend § 236a Abs. 1 SGB VI in Anspruch nehmen.

## IV. Altersrente wegen Arbeitslosigkeit

245 Die vorgezogene Altersrente wegen vorausgegangener Arbeitslosigkeit wird vom Gesetzgeber in § 237 SGB VI nur noch für diejenigen Versicherten ermöglicht worden, die vor dem **1.1.1952 geboren sind**. Alle übrigen Arbeitnehmer haben nicht mehr die Möglichkeit, über den Weg der Arbeitslosigkeit in die Rente zu wechseln. Im Rahmen des sog. **Rentenversicherungs-Nachhaltigkeitsgesetz**

## F. Leistungen der gesetzlichen Rentenversicherung

### Kapitel 8

aus dem Jahr 2004 hat der Gesetzgeber allerdings auch für die Arbeitnehmer, die vor dem 1.1.1952 geboren wurden, die Möglichkeit, über vorangegangene Arbeitslosigkeit in die Altersrente zu wechseln, eingeschränkt.

Das Rentenversicherungs-Nachhaltigkeitsgesetz hebt die **Altersgrenze** für die vorzeitige Inanspruchnahme der **Altersrente wegen vorausgegangener Arbeitslosigkeit** für alle nach 1945 geborenen Versicherten in der Zeit von 2006 bis 2008 **schrittweise vom 60. auf das 63. Lebensjahr** an. Dies bedeutet, dass derjenige, der im Januar 1946 geboren wurde, erst mit 60 Jahren und einem Monat in die gesetzliche Rente nach vorausgegangener Arbeitslosigkeit wechseln kann. Derjenige, der im Februar 1946 geboren wurde, kann frühestens im Alter von 60 Jahren und zwei Monaten in die Altersrente nach vorausgegangener Arbeitslosigkeit wechseln. Diese Aufstockung setzt sich dann entsprechend der unten wiedergegebenen Tabelle bis zu denjenigen Arbeitnehmern fort, die im Dezember 1948 oder später geboren sind. Diese Arbeitnehmer können dann erst mit dem 63. Lebensjahr in die Altersrente nach vorausgegangener Arbeitslosigkeit wechseln, sofern sie vor dem 1.1.1952 geboren wurden. **246**

Die Anhebung der Altersgrenzen durch das Rentenversicherungs-Nachhaltigkeitsgesetz sieht **nicht** die Möglichkeit vor, der Anhebung der Altersgrenze durch Inkaufnahme von **Rentenabschlägen** zu entgehen. Es bleibt allerdings dabei, dass derjenige, der zu dem für ihn nunmehr geltenden neuen frühesten Zeitpunkt der Inanspruchnahme von Altersrente in den Ruhestand wechselt, die bereits bisher für diesen vorzeitigen Wechsel in den Ruhestand vorgesehenen Rentenabschläge hinnehmen muss. Die Abschläge betragen also weiterhin 0,3 % für jeden Monat vor Vollendung des 65. Lebensjahres. Nimmt bspw. ein im Jahre 1949 geborener Arbeitnehmer die Altersrente nach vorangegangener Arbeitslosigkeit ab dem 63. Lebensjahr in Anspruch, beträgt sein Rentenabschlag lebenslänglich 7,2 %. **247**

Wie bei Korrekturen des SGB VI üblich, hatte der Gesetzgeber auch hier wieder eine **Vertrauensschutzregelung** getroffen. Arbeitnehmer, die vor dem **1.1.2004** bereits eine **Kündigung** erhalten haben oder die vor diesem Zeitpunkt bereits einen **Aufhebungsvertrag** unterzeichnet hatten, können weiterhin ab Vollendung des 60. Lebensjahres – unter Beachtung der **Abschläge von bis zu 18 % lebenslänglich** – in den gesetzlichen Ruhestand nach vorausgegangener 52-wöchiger Arbeitslosigkeit wechseln. Heute spielt diese Vertrauensschutzregelung keine große Rolle mehr. Aufgrund des Zeitablaufs sind die Arbeitnehmer, die vor dem 1.1.2004 bereits eine Kündigung erhalten hatten bzw. bereits einen Aufhebungsvertrag unterzeichnet hatten und rentennah waren, mittlerweile in den Ruhestand gewechselt. Zum anderen gilt § 237 SGB VI nur für die Arbeitnehmer, die vor dem 1.1.1952 geboren sind. Für diese Arbeitnehmer besteht noch grds. die Möglichkeit, über den Weg der Arbeitslosigkeit in den vorzeitigen Ruhestand unter Inkaufnahme der Abschläge zu wechseln. Welches tatsächliche früheste Eintrittsalter für die vorgezogene Altersrente nach Arbeitslosigkeit für Arbeitnehmer ohne entsprechenden Vertrauensschutz gilt, ist der folgenden Tabelle zu entnehmen. **248**

Im Einzelnen gelten für Arbeitnehmer **ohne Vertrauensschutz** die folgenden Altersgrenzen: **249**

| Geburtsmonat | Eintrittsalter |
|---|---|
| 1946 | |
| Januar | 60 J. + 1 Monat |
| Februar | 60 J. + 2 Monate |
| März | 60 J. + 3 Monate |
| April | 60 J. + 4 Monate |
| Mai | 60 J. + 5 Monate |
| Juni | 60 J. + 6 Monate |
| Juli | 60 J. + 7 Monate |

# Kapitel 8 — Sozialrechtliche Rechtsfolgen der Kündigung/Beendigung von Arbeitsverhältnissen

| Geburtsmonat | Eintrittsalter |
|---|---|
| August | 60 J. + 8 Monate |
| September | 60 J. + 9 Monate |
| Oktober | 60 J. + 10 Monate |
| November | 60 J. + 11 Monate |
| Dezember | 61 Jahre |
| 1947 | |
| Januar | 61 J. + 1 Monat |
| Februar | 61 J. + 2 Monate |
| März | 61 J. + 3 Monate |
| April | 61 J. + 4 Monate |
| Mai | 61 J. + 5 Monate |
| Juni | 61 J. + 6 Monate |
| Juli | 61 J. + 7 Monate |
| August | 61 J. + 8 Monate |
| September | 61 J. + 9 Monate |
| Oktober | 61 J. + 10 Monate |
| November | 61 J. + 11 Monate |
| Dezember | 62 Jahre |
| 1948 | |
| Januar | 62 J. + 1 Monat |
| Februar | 62 J. + 2 Monate |
| März | 62 J. + 3 Monate |
| April | 62 J. + 4 Monate |
| Mai | 62 J. + 5 Monate |
| Juni | 62 J. + 6 Monate |
| Juli | 62 J. + 7 Monate |
| August | 62 J. + 8 Monate |
| September | 62 J. + 9 Monate |
| Oktober | 62 J. + 10 Monate |
| November | 62 J. + 11 Monate |
| Dezember | 63 Jahre |
| **Ab 1949** | 63 Jahre |

## F. Leistungen der gesetzlichen Rentenversicherung    Kapitel 8

Unter Beachtung der durch das Rentenversicherungs-Nachhaltigkeitsgesetz im Jahr 2004 geän- 250
derten Altersgrenze für den Bezug von **Altersruhegeld wegen vorausgegangener Arbeitslosigkeit**
haben gem. § 237 SGB VI Versicherte einen **Anspruch auf Altersruhegeld** aus der gesetzlichen
Rentenversicherung, die:
- vor dem 1.1.1952 geboren sind,
- das 60. Lebensjahr bzw. das sich aus der obigen Tabelle ergebende Lebensjahr vollendet haben,
- arbeitslos sind und nach Vollendung des 58. Lebensjahres insgesamt 52 Wochen arbeitslos waren oder Anpassungsgeld für entlassene Arbeitnehmer des Bergbaus bezogen haben,
- in den letzten zehn Jahren vor Beginn der Rente acht Jahre Pflichtbeiträge für eine versicherte Beschäftigung oder Tätigkeit haben,
- die Wartezeit von 15 Jahren erfüllt haben und
- eine Beschäftigung oder selbstständige Tätigkeit aufgegeben haben bzw. die zulässige Hinzuverdienstgrenze nicht überschreiten.

Arbeitnehmer, die **nach dem 31.12.1951 geboren sind**, können, wie angesprochen, **nicht** mehr auf 251
Grund vorausgegangener Arbeitslosigkeit in Rente gehen. Diese Art des vorgezogenen Altersruhegeldes wurde abgeschafft.

Im Hinblick auf die oben erwähnte vierte Voraussetzung, d. h. **acht Jahre Pflichtbeiträge** in den letz- 252
ten zehn Jahren vor Beginn der Rente, ist darauf hinzuweisen, dass sich dieser Zehn-Jahres-Zeitraum
um den Zeitraum verlängert, in dem sog. Anrechnungszeiten vorliegen. Dies bedeutet insbes., dass
der Zehn-Jahres-Zeitraum um die Zeit verlängert wird, in der der Mitarbeiter **arbeitslos** bei der
Agentur für Arbeit gemeldet ist und eine öffentlich-rechtliche Leistung, d. h. Arbeitslosengeld, Arbeitslosenhilfe oder Sozialhilfe, bezogen hat. Scheitert der Bezug von Arbeitslosenhilfe bzw. Sozialhilfe lediglich daran, dass der Arbeitslose ein zu hohes Vermögen besitzt, so werden diese Zeiten trotzdem als Anrechnungszeiten gewertet.

Vom 1.1.2006 an werden Arbeitslosigkeitszeiten aber nur dann zur Verlängerung des Zehn-Jahres- 253
Zeitraums herangezogen, wenn die Arbeitslosigkeit vor dem 1.1.2006 begonnen hat **und** der Versicherte vor dem 2.1.1948 geboren ist.

Auch wenn § 237 SGB VI nach wie vor davon spricht, dass die Altersrente wegen vorausgegangener 254
Arbeitslosigkeit mit Vollendung des 60. Lebensjahres bzw. nunmehr auf Grund des Rentenversicherungs-Nachhaltigkeitsgesetzes schrittweise erst ab dem 63. Lebensjahr bezogen werden kann, ist bei
der Bemessung der Rente zu berücksichtigen, dass auch diese Art der vorgezogenen Altersrente tatsächlich bereits auf das **65. Lebensjahr** angehoben wurde. Will der Versicherte die Rente vor dem
65. Lebensjahr beziehen, so muss er einen **Abschlag von 0,3 % je Monat** des vorzeitigen Bezuges
lebenslänglich hinnehmen.

Derjenige, der im Dezember 1941 oder später geboren ist, muss also bis zum **65. Lebensjahr** warten, 255
wenn er **über den Weg der Arbeitslosigkeit ungekürzt** Altersruhegeld aus der gesetzlichen Rentenversicherung beziehen will. Wechselt der Mitarbeiter – wie bei vielen Vorruhestandsmodellen üblich
– nach vorausgegangener 52-wöchiger Arbeitslosigkeit mit Vollendung des **60. Lebensjahres** in den
Ruhestand – soweit dies nach dem Rentenversicherungs-Nachhaltigkeitsgesetz überhaupt noch
möglich ist – so hat dies einen **lebenslänglichen Rentenabschlag in Höhe von 18 %** bei der gesetzlichen Rente zur Folge. Jeden Monat, den der Versicherte später die gesetzliche Rente wegen vorausgegangener Arbeitslosigkeit in Anspruch nimmt, reduziert diesen Abschlag um 0,3 Prozentpunkte.

Das Altersgrenzenanpassungsgesetz sah für die Altersrente nach Arbeitslosigkeit keine Veränderun- 256
gen vor. Diese Rentenart steht, wie oben dargestellt, ohnehin nur noch Versicherten zu, die vor dem
1.1.1952 geboren sind, zu. Da dieser Weg für die Verrentung ausläuft, hat der Gesetzgeber darauf
verzichtet, im Rahmen des Altersgrenzenanpassungsgesetzes auch im Hinblick auf diese Rentenart
die obere Altersgrenze anzuheben. Letztendlich wird dies nur zu einer Erhöhung der Rentenabschläge im Fall des vorzeitigen Bezuges führen, da diese Altersrente bisher auf das 65. Lebensjahr
abstellt.

## V. Altersrente nach Altersteilzeitarbeit

257 Da der Gesetzgeber die vorgezogene Altersrente nach Altersteilzeitarbeit gemeinsam mit der Altersrente wegen vorausgegangener Arbeitslosigkeit geregelt hat, führt die im Rahmen des **Rentenversicherungs-Nachhaltigkeitsgesetz** eingeführt Anhebung der Altersgrenze auch zu einer Veränderung der Anspruchsvoraussetzungen für die **Altersrente nach Altersteilzeit**. Wie unter Rdn. 249 angegeben, wird das **Eintrittsalter** für Arbeitnehmer, die nach 1945 geboren wurden, ab dem Jahr 2006 bis zum Jahr 2008 **schrittweise vom 60. auf das 63. Lebensjahr** angehoben. Ein vorzeitiger Rentenbezug ist dann nicht mehr möglich, da der Gesetzgeber hier nicht die Möglichkeit geschaffen hat, das 60. Lebensjahr unter Inkaufnahme von Abschlägen beizubehalten.

258 Eine Ausnahme gilt lediglich für diejenigen Arbeitnehmer, die eine Altersteilzeitvereinbarung wirksam vor dem 1.1.2004 abgeschlossen haben Hier verbleibt es bei der Möglichkeit ab Vollendung des 60. Lebensjahres in die Rente unter Inkaufnahme von lebenslänglichen Abschlägen von bis zu 18 % zu wechseln.

259 Im Einzelnen kann zu der Anhebung der Altersgrenze bei der nach § 237 SGB VI zu beziehenden Altersrente wegen Arbeitslosigkeit oder nach Altersteilzeit auf die Ausführungen unter Rdn. 249 verwiesen werden. Die dortige Tabelle gibt Aufschluss über das für die einzelnen Jahrgänge geltende neue Eintrittsalter.

260 Gemäß § 237 SGB VI hat ein Versicherter Anspruch auf vorgezogenes Altersruhegeld, wenn er:
– vor dem 1.1.1952 geboren ist,
– das 60. Lebensjahr bzw. das sich aus der in Rdn. 249 ersichtlichen Tabelle ergebende Lebensjahr vollendet hat,
– nach dem 55. Lebensjahr mindestens 24 Kalendermonate in Altersteilzeitarbeit i. S. d. §§ 2, 3 Abs. 1 Nr. 1 AtG beschäftigt war,
– in den letzten zehn Jahren vor Beginn der Rente acht Jahre Pflichtbeiträge für eine versicherte Beschäftigung oder Tätigkeit aufweist,
– die Wartezeit von 15 Jahren erfüllt und
– eine Beschäftigung oder selbstständige Tätigkeit aufgegeben hat bzw. die zulässige Hinzuverdienstgrenze nicht überschreitet.

261 Auch diese Form der vorzeitigen Inanspruchnahme einer Altersrente ist für Versicherte, die **nach dem 31.12.1951 geboren sind**, abgeschafft worden.

262 Im Hinblick auf die Voraussetzungen für eine Altersteilzeit nach den §§ 2 und 3 AtG kann auf die Ausführungen unter Kap. 7 Rdn. 11 ff. verwiesen werden.

263 Im Übrigen gelten hier die gleichen Voraussetzungen und Bedingungen wie für die Rente wegen vorausgegangener Arbeitslosigkeit, so dass auch insofern auf die Ausführungen unter Rdn. 245 ff. verwiesen werden kann. Dies bedeutet insbes., dass auch ein **vorzeitiger Rentenbezug ab Vollendung des 60. Lebensjahres** – soweit überhaupt noch möglich – **mit lebenslänglichen Rentenabschlägen in Höhe von 18 % verbunden ist**.

264 Da der Gesetzgeber die Altersrente nach Altersteilzeitarbeit in § 237 SGB VI gemeinsam mit der Altersrente nach Arbeitslosigkeit geregelt hat, ist auch diese Art, in Rente zu wechseln, auf die Jahrgänge bis 1951 begrenzt. Von daher hat der Gesetzgeber auch hier im Rahmen des Altersgrenzenanpassungsgesetzes darauf verzichtet, die Altersrente nach Altersteilzeitarbeit vom 65. auf das 67. Lebensjahr hoch zu setzen. Es bleibt daher dabei, dass ein Versicherter im Alter von 65. Jahren abschlagsfrei eine Altersrente nach vorangegangener Altersteilzeitarbeit beziehen kann. Will er diese Altersrente bereits vorher beziehen, so ist dies entsprechend der durch das Rentenversicherungs-Nachhaltigkeitsgesetz im Jahr 2004 vorgenommenen schrittweisen Anhebung der Altersgrenze von 60 auf 63 im Rahmen des für den Versicherten geltenden individuellen Eintrittsalters möglich. Hier kann auf die oben zur Altersrente nach Arbeitslosigkeit wiedergegebene Tabelle verwiesen werden.

## VI. Altersrente für langjährig unter Tage beschäftigte Bergleute

Für Mitglieder in der knappschaftlichen Rentenversicherung gibt es gem. § 40 SGB VI die Möglichkeit, vorgezogene Altersrente in Anspruch zu nehmen, wenn sie: 265
- das 62. Lebensjahr vollendet haben,
- mindestens 25 Jahre eine Beschäftigung mit ständigen Arbeiten unter Tage ausgeübt haben und
- eine Beschäftigung oder selbstständige Tätigkeit aufgegeben haben bzw. die zulässige Hinzuverdienstgrenze nicht überschritten haben.

(derzeit unbesetzt) 266

Im Rahmen des Altersgrenzenanpassungsgesetzes, wurde die Altersrente für langjährig unter Tage 267 beschäftigte Bergleute schrittweise vom 60. auf das 62. Lebensjahr angehoben. Danach haben Versicherte, die nach dem 31.12.1963 geboren sind, nur noch die Möglichkeit, die Rente für langjährig unter Tage beschäftigte Bergleute ab Vollendung des 62. Lebensjahres in Anspruch zu nehmen.

Für Versicherte, die vor dem 1.1.1964 geboren sind, wird die Altersgrenze für die Altersrente für 268 langjährig unter Tage beschäftigte Bergleute wie folgt angehoben:

| Geburtsmonat/Geburtsjahr | Anhebung um Monate | Anspruch ab Alter Jahr/Monat |
|---|---|---|
| Jan. 1952 | 1 | 60/1 |
| Feb. 1952 | 2 | 60/2 |
| März 1952 | 3 | 60/3 |
| April 1952 | 4 | 60/4 |
| Mai 1952 | 5 | 60/5 |
| Juni bis Dez. 1952 | 6 | 60/6 |
| 1953 | 7 | 60/7 |
| 1954 | 8 | 60/8 |
| 1955 | 9 | 60/9 |
| 1956 | 10 | 60/10 |
| 1957 | 11 | 60/11 |
| 1958 | 12 | 61/0 |
| 1959 | 14 | 61/2 |
| 1960 | 16 | 61/4 |
| 1961 | 18 | 61/6 |
| 1962 | 20 | 61/8 |
| 1963 | 22 | 61/10 |
| 1964 | 24 | 62/0 |

Rentenabschläge für die Inanspruchnahme dieser Rente sind nach wie vor im Gesetz nicht vorgesehen. 269

Für Versicherte, die Anpassungsgeld für entlassene Arbeitnehmer des Bergbaus oder Knappschafts- 270 ausgleichsleistung bezogen haben, wird gem. § 238 Abs. 2 SGB VI in der nach dem Altersgrenzenanpassungsgesetz vorgenommenen Neufassung die Altersgrenze von 60 Jahren nicht angehoben.

# Kapitel 8  Sozialrechtliche Rechtsfolgen der Kündigung/Beendigung von Arbeitsverhältnissen

## VII. Altersrente für Frauen

271  Derzeit sieht das SGB VI in § 237a SGB VI noch die Möglichkeit vor, dass Frauen allein auf Grund ihres Geschlechtes unter bestimmten Bedingungen vorgezogenes Altersruhegeld aus der gesetzlichen Rentenversicherung in Anspruch nehmen können.

272  Von dieser Möglichkeit kann Gebrauch machen, wer:
- vor dem 1.1.1952 geboren ist,
- das 60. Lebensjahr vollendet hat,
- ab Vollendung des 40. Lebensjahres mehr als zehn Jahre Pflichtbeitragszeiten aufweist,
- die Wartezeit von 15 Jahren erfüllt und
- eine Beschäftigung oder selbstständige Tätigkeit aufgegeben hat bzw. die zulässigen Hinzuverdienstgrenzen nicht überschreitet.

273  Frauen, die nach dem 31.12.1951 geboren sind, können von der sich alleine am Geschlecht orientierenden Altersrente für Frauen keinen Gebrauch machen. Diese Art des vorzeitigen Bezuges von Altersruhegeld wurde abgeschafft. Frauen, die nach dem 31.12.1951 geboren sind, können dann nur unter den gleichen Voraussetzungen wie auch Männer vorgezogenes Altersruhegeld in Anspruch nehmen.

274  Ähnlich wie bei den anderen vorgezogenen Altersruhegeldern wurde auch bei der Altersrente für Frauen die **Altersgrenze schrittweise** seit dem 1.1.2000 für Frauen, die nach dem 31.12.1939 geboren wurden, **von der Vollendung des 60. Lebensjahres** in Monatsschritten auf die **Vollendung des 65. Lebensjahres** angehoben. Eine **vorzeitige** Inanspruchnahme ist vor dem für den jeweiligen Geburtsmonat geltenden persönlichen Rentenalter nur noch bei **Inkaufnahme von Rentenabschlägen in Höhe von 0,3 % je Monat** des vorzeitigen Bezuges möglich.

275  Im Einzelnen gelten für Frauen, die nach dem 31.12.1939 geboren sind, folgende Altersgrenzen:

**Anhebung der Altersgrenze für die Altersrente für Frauen ohne Vertrauensschutz**

| Versicherte Geburtsjahr Geburtsmonat | Anhebung um ... Monate | auf Alter | | vorzeitige Inanspruchnahme möglich ab Alter | | Abschlag bei vorzeitiger Rente |
|---|---|---|---|---|---|---|
| | | Jahr, | Monat | Jahr, | Monat | |
| vor 1940 | 0 | 60, | 0 | 60 | 0 | 0 % |
| 1940 | | | | | | |
| Januar | 1 | 60, | 1 | 60 | 0 | 0,3 % |
| Februar | 2 | 60, | 2 | 60 | 0 | 0,6 % |
| März | 3 | 60, | 3 | 60 | 0 | 0,9 % |
| April | 4 | 60, | 4 | 60 | 0 | 1,2 % |
| Mai | 5 | 60, | 5 | 60 | 0 | 1,5 % |
| Juni | 6 | 60, | 6 | 60 | 0 | 1,8 % |
| Juli | 7 | 60, | 7 | 60 | 0 | 2,1 % |
| August | 8 | 60, | 8 | 60 | 0 | 2,4 % |
| September | 9 | 60, | 9 | 60 | 0 | 2,7 % |
| Oktober | 10 | 60, | 10 | 60 | 0 | 3,0 % |
| November | 11 | 60, | 11 | 60 | 0 | 3,3 % |
| Dezember | 12 | 61, | 0 | 60 | 0 | 3,6 % |

## F. Leistungen der gesetzlichen Rentenversicherung

### Kapitel 8

| Versicherte Geburtsjahr Geburtsmonat | Anhebung um ... Monate | auf Alter | | vorzeitige Inanspruchnahme möglich ab Alter | | Abschlag bei vorzeitiger Rente |
|---|---|---|---|---|---|---|
| | | Jahr, | Monat | Jahr, | Monat | |
| **1941** | | | | | | |
| Januar | 13 | 61, | 1 | 60 | 0 | 3,9 % |
| Februar | 14 | 61, | 2 | 60 | 0 | 4,2 % |
| März | 15 | 61, | 3 | 60 | 0 | 4,5 % |
| April | 16 | 61, | 4 | 60 | 0 | 4,8 % |
| Mai | 17 | 61, | 5 | 60 | 0 | 5,1 % |
| Juni | 18 | 61, | 6 | 60 | 0 | 5,4 % |
| Juli | 19 | 61, | 7 | 60 | 0 | 5,7 % |
| August | 20 | 61, | 8 | 60 | 0 | 6,0 % |
| September | 21 | 61, | 9 | 60 | 0 | 6,3 % |
| Oktober | 22 | 61, | 10 | 60 | 0 | 6,6 % |
| November | 23 | 61, | 11 | 60 | 0 | 6,9 % |
| Dezember | 24 | 62, | 0 | 60 | 0 | 7,2 % |
| **1941** | | | | | | |
| Januar | 25 | 62, | 1 | 60 | 0 | 7,5 % |
| Februar | 26 | 62, | 2 | 60 | 0 | 7,8 % |
| März | 27 | 62, | 3 | 60 | 0 | 8,1 % |
| April | 28 | 62, | 4 | 60 | 0 | 8,4 % |
| Mai | 29 | 62, | 5 | 60 | 0 | 8,7 % |
| Juni | 30 | 62, | 6 | 60 | 0 | 9,0 % |
| Juli | 31 | 62, | 7 | 60 | 0 | 9,3 % |
| August | 32 | 62, | 8 | 60 | 0 | 9,6 % |
| September | 33 | 62, | 9 | 60 | 0 | 9,9 % |
| Oktober | 34 | 62, | 10 | 60 | 0 | 10,2 % |
| November | 35 | 62, | 11 | 60 | 0 | 10,5 % |
| Dezember | 36 | 63, | 0 | 60 | 0 | 10,8 % |
| **1943** | | | | | | |
| Januar | 37 | 63, | 1 | 60 | 0 | 11,1 % |
| Februar | 38 | 63, | 2 | 60 | 0 | 11,4 % |
| März | 39 | 63, | 3 | 60 | 0 | 11,7 % |
| April | 40 | 63, | 4 | 60 | 0 | 12,0 % |
| Mai | 41 | 63, | 5 | 60 | 0 | 12,3 % |
| Juni | 42 | 63, | 6 | 60 | 0 | 12,6 % |

# Kapitel 8  Sozialrechtliche Rechtsfolgen der Kündigung/Beendigung von Arbeitsverhältnissen

| Versicherte Geburtsjahr Geburtsmonat | Anhebung um ... Monate | auf Alter | | vorzeitige Inanspruchnahme möglich ab Alter | | Abschlag bei vorzeitiger Rente |
|---|---|---|---|---|---|---|
| | | Jahr, | Monat | Jahr, | Monat | |
| Juli | 43 | 63, | 7 | 60 | 0 | 12,9 % |
| August | 44 | 63, | 8 | 60 | 0 | 13,2 % |
| September | 45 | 63, | 9 | 60 | 0 | 13,5 % |
| Oktober | 46 | 63, | 10 | 60 | 0 | 13,8 % |
| November | 47 | 63, | 11 | 60 | 0 | 14,1 % |
| Dezember | 48 | 64, | 0 | 60 | 0 | 14,4 % |
| 1944 | | | | | | |
| Januar | 49 | 64, | 1 | 60 | 0 | 14,7 % |
| Februar | 50 | 64, | 2 | 60 | 0 | 15,0 % |
| März | 51 | 64, | 3 | 60 | 0 | 15,3 % |
| April | 52 | 64, | 4 | 60 | 0 | 15,6 % |
| Mai | 53 | 64, | 5 | 60 | 0 | 15,9 % |
| Juni | 54 | 64, | 6 | 60 | 0 | 16,2 % |
| Juli | 55 | 64, | 7 | 60 | 0 | 16,5 % |
| August | 56 | 64, | 8 | 60 | 0 | 16,8 % |
| September | 57 | 64, | 9 | 60 | 0 | 17,1 % |
| Oktober | 58 | 64, | 10 | 60 | 0 | 17,4 % |
| November | 59 | 64, | 11 | 60 | 0 | 17,7 % |
| Dezember | 60 | 65, | 0 | 60 | 0 | 18,0 % |
| 1945 bis 1951 | 60 | 65, | 0 | 60 | 0 | 18,0 % |

276 Ähnlich wie die Altersrente nach Arbeitslosigkeit oder Altersteilzeit ist auch die Altersrente für Frauen nach § 237a SGB VI von den Regelungen durch das Altersgrenzenanpassungsgesetz unberührt geblieben. Da die in § 237a SGB VI vorgesehene spezielle Altersrente für Frauen nur noch die Jahrgänge bis einschließlich 1951 betrifft, läuft also diese Rentenart aus. Es gab daher keinen Grund, hier zur Erhöhung der Rentenabschläge das Regelalter von 65 auf 67 Jahre hoch zu setzen.

## VIII. Rente wegen Erwerbsminderung

277 Nachdem die Berufs- und Erwerbsunfähigkeitsrente zum 31.12.2000 abgeschafft wurde, existiert nunmehr nur noch die Rente wegen teilweiser bzw. voller Erwerbsminderung. Diese Rente kann beanspruchen, wer:
— erwerbsgemindert ist,
— in den letzten fünf Jahren vor Eintritt der Erwerbsminderung für mindestens drei Jahre Pflichtbeiträge entrichtet hat und
— die allgemeine Wartezeit von fünf Jahren erfüllt hat.

278 Eine Erwerbsminderung i. S. d. SGB VI wird dann angenommen, wenn die Leistungsfähigkeit des Versicherten aus gesundheitlichen Gründen eingeschränkt ist. Differenziert wird hier zwischen einer **teilweisen und einer vollen Erwerbsminderung**. Ist der Versicherte auf dem allgemeinen Arbeits-

markt nur noch in der Lage, **unter drei Stunden** täglich erwerbstätig zu sein, so hat er Anspruch auf eine **volle Erwerbsminderungsrente**. Ist er hingegen in der Lage, noch **zwischen drei und unter sechs Stunden** erwerbstätig zu sein, steht ihm lediglich eine **halbe Erwerbsminderungsrente** zu. Besteht die Möglichkeit, noch mindestens sechs Stunden unter den üblichen Bedingungen des allgemeinen Arbeitsmarktes erwerbstätig zu sein, so besteht kein Anspruch auf Erwerbsminderungsrente.

Ähnlich wie bei den notwendigen Pflichtbeitragszeiten bei der Altersrente für Frauen und der Altersrente nach Arbeitslosigkeit oder Altersteilzeit verlängert sich der Fünf-Jahres-Zeitraum, in dem **drei Jahre mit Pflichtbeiträgen** liegen müssen, auch um den Zeitraum, in dem der Versicherte während der letzten fünf Jahre **Anrechnungszeiten** wegen Arbeitsunfähigkeit, Arbeitslosigkeit etc. vorweist.

### IX. Hinzuverdienst/Teilrente

Wie oben mehrfach angesprochen, setzen die vorgezogenen Altersrenten stets voraus, dass die Hinzuverdienstgrenzen des SGB VI nicht überschritten werden. Die Hinzuverdienstgrenze liegt gemäß § 34 SGB VI bei einer Vollrente bei 400,– €. Zu beachten ist, dass diese Grenze nur für den Bezug von Altersrenten vor Erreichen der individuellen Regelaltersgrenze gilt. Nach Erreichen der Altersgrenze spielt die Höhe eines möglichen Hinzuverdienstes keine Rolle mehr. Der Versicherte kann trotz Rentenbezug unbegrenzt hinzuverdienen. Überschreitet der Hinzuverdienst vor dem Erreichen der Altersgrenze bei Bezug einer vorgezogenen Altersrente die Grenze von monatlich 400,– €, kann der Pensionär bis zur individuellen Altersgrenze nur noch eine Teilrente beziehen. Der Gesetzgeber hat insofern allerdings in § 34 Abs. 2 SGB VI festgeschrieben, dass ein zweimaliges Überschreiten im Kalenderjahr unerheblich ist. Das Überschreiten darf allerdings nicht dazu führen, dass die Hinzuverdienstgrenze um mehr als das Doppelte überschritten wird.

Bezieht der Versicherte lediglich eine vorzeitige Rente wegen Alters in Form einer Teilrente, so beträgt die Hinzuverdienstgrenze bei einer Teilrente in Höhe von:
– 1/3tel der Vollrente: das 0,25 fache,
– der Hälfte der Vollrente: das 0,19 fache,
– 2/3tel der Vollrente: das 0,13 fache,

der monatlichen Bezugsgröße, vervielfältigt mit der Summe der Entgeltpunkte nach § 66 Abs. 1 Nr. 1 bis 3 SGB III der letzten drei Kalenderjahre vor Beginn der ersten Rente wegen Alters. Bei der Vervielfältigung wird mindestens ein Wert von 1,5 Entgeltpunkten zugrunde gelegt.

# Kapitel 9 Pflichten im Hinblick auf die Beendigung des Arbeitsverhältnisses

## Übersicht

| | Rdn. | | | Rdn. |
|---|---|---|---|---|
| A. | Das Arbeitszeugnis | 1 | IX. Rechtsfolgen der Verletzung der Zeugnispflicht | 97 |
| I. | Anspruchsgrundlagen | 1 | 1. Erfüllungsanspruch; Schadensersatz | 97 |
| | 1. Normative Regelungen; Zweck | 1 | 2. Darlegungs- und Beweislast bei Schadensersatzansprüchen; Inhalt des Anspruchs | 98 |
| | 2. Dauer des Arbeitsverhältnisses | 3 | | |
| | 3. Selbstständige | 5 | | |
| II. | Zeugnisarten; Fälligkeit | 6 | 3. Haftung des Arbeitgebers gegenüber Dritten | 102 |
| | 1. Einfaches Zeugnis | 6 | | |
| | 2. Qualifiziertes Zeugnis | 7 | X. Prozessuale Fragen | 103 |
| | 3. Zwischenzeugnis | 9 | XI. Zwangsvollstreckung | 108 |
| | a) Grundlagen | 9 | XII. Sonstige Auskünfte des Arbeitgebers | 115 |
| | b) Inhaltliche Bindungswirkung | 11 | B. **Aufbewahrungs- und Herausgabepflichten** | 116 |
| | 4. Kündigungsschutzprozess; Weiterbeschäftigung | 15 | I. Herausgabe von Arbeitspapieren; kein Zurückbehaltungsrecht | 116 |
| | 5. Faktisches Arbeitsverhältnis | 17 | II. Darlegungs- und Beweislast | 120 |
| | 6. Bindung an frühere Erfüllungsversuche | 18 | III. Aufbewahrungspflichten | 121 |
| III. | Inhalt des Arbeitszeugnisses | 19 | IV. Sonderregelungen | 122 |
| | 1. Grundlagen | 19 | V. Herausgabepflicht des Arbeitnehmers; keine Übernahmepflicht | 123 |
| | 2. Art und Dauer des Arbeitsverhältnisses; Fehlzeiten; Unterbrechungen | 26 | 1. Grundlagen | 123a |
| | 3. Leistung und Führung | 32 | 2. Zurückbehaltungsrecht (§ 273 BGB) | 125a |
| | a) Grundlagen | 32 | 3. Erfüllung (§ 362 BGB) | 125b |
| | b) Beurteilungsspielraum des Arbeitgebers | 36 | 4. Ausgleichsklausel | 125c |
| | c) Vertragsbruch; Straftaten; Ermittlungsverfahren | 38 | 5. Klageantrag | 125e |
| | d) Prokura | 41 | 6. Übernahme von Arbeitsmitteln | 126 |
| | e) Bewertung der Leistung; Abstufungen | 42 | C. **Nachvertragliches Wettbewerbsverbot** | 127 |
| | | | I. Grundlagen | 127 |
| | f) Bedeutung des Gesamtzusammenhangs | 44 | 1. Normative Regelungen | 127 |
| | | | 2. Abgrenzung zu freien Mitarbeitern | 128 |
| | g) Außerdienstliches Verhalten des Arbeitnehmers | 49 | 3. Vereinbarung vor Beendigung des Arbeitsverhältnisses | 131 |
| | 4. Gewerkschaftliche Betätigung; Betriebsratstätigkeit | 50 | 4. Arbeitnehmer im Ruhestand | 133 |
| | | | 5. Betriebsgeheimnisse; Abgrenzung | 134 |
| | 5. Beendigungsgrund und -modalitäten | 52 | 6. Möglicher Inhalt von Wettbewerbsverboten | 135 |
| | a) Grundlagen | 52 | II. Voraussetzungen | 141 |
| | b) Beendigung des Arbeitsverhältnisses auf Grund Auflösungsantrages des Arbeitnehmers | 57 | 1. Schriftform | 141 |
| | | | 2. Inhaltliche Voraussetzungen | 148 |
| | c) Wettbewerbsabreden | 59 | a) Berechtigtes geschäftliches Interesse des Arbeitgebers (§ 74a Abs. 1 S. 1 HGB) | 148 |
| | 6. Ausstellungsdatum | 60 | | |
| | 7. »Wunschformel« (»Dankes- und Grußformel«) | 63 | b) Keine unbillige Erschwerung des Fortkommens des Arbeitnehmers | 149 |
| | 8. Äußerliche Gestaltung; Unterschrift | 64 | c) Höchstdauer von zwei Jahren | 153 |
| | 9. Beurteilungsbogen als Arbeitszeugnis | 69 | d) Karenzentschädigung | 154 |
| | 10. Darlegungs- und Beweislast | 70 | 3. Bedingtes Wettbewerbsverbot | 173 |
| IV. | Die Zeugnissprache | 75 | 4. Vorvertrag | 179 |
| V. | Wechsel der Zeugnisart | 87 | III. Wegfall der Verpflichtungen | 180 |
| VI. | Holschuld | 89 | 1. Verzicht des Arbeitgebers | 180 |
| VII. | Widerruf | 90 | 2. Einvernehmliche Aufhebung des Wettbewerbsverbots | 182 |
| VIII. | Ausschlussfristen; Verwirkung | 92 | 3. Kündigung vor Arbeitsbeginn; ver- | |

|    | | Rdn. |    | | Rdn. |
|----|---|---|----|---|---|
|    | tragswidrige Nichtaufnahme der Tätigkeit | 183 |    | 6. Kündigung des Arbeitsverhältnisses durch den Arbeitgeber | 216 |
|    | 4. Kündigung des Arbeitsverhältnisses; Nichtigkeit oder Anfechtung des Arbeitsvertrages | 185 | III. | Darlegungs- und Beweislast | 219 |
|    | 5. Aufhebungsvertrag | 189 |    | 1. Überwiegende Wahrscheinlichkeit eines beruflichen Vorteils | 219 |
|    | 6. Betriebsstilllegung; Insolvenz; Gründe in der Person des Arbeitnehmers | 191 |    | 2. Beispiele aus der Praxis | 221 |
| IV. | Unwirksamkeit der Wettbewerbsabrede; Schuldrechtsreform | 193 | IV. | Unwirksamkeit der vereinbarten Bindungsdauer | 222 |
| V. | Rechtsfolgen bei Verletzung der Pflichten aus der Wettbewerbsabrede | 197 | V. | Einzelfälle | 223 |
|    |    |    | VI. | Tarifliche Normen; z. B. Nr. 7 SR 2a BAT | 238 |
| VI. | Verjährung | 201 |    | 1. Grundlagen | 238 |
| D. | **Rückzahlung von Ausbildungskosten** | 202 |    | 2. Auf Veranlassung des Arbeitgebers | 239 |
| I. | Grundlagen | 202 |    | 3. Im Rahmen des Personalbedarfs | 240 |
| II. | Wirksamkeitsvoraussetzungen; Inhaltskontrolle | 204 |    | 4. Vergütungsrelevanz | 241 |
|    | 1. Prüfungsmaßstab | 204 |    | 5. Beruflicher Vorteil des Arbeitnehmers | 243 |
|    | 2. Maßgeblicher Zeitpunkt für die Beurteilung | 207 |    | 6. Darlegungs- und Beweislast | 244 |
|    | 3. Legitimation der Inhaltskontrolle | 209 | VII. | Vereinbarung zur Rückzahlung von Ausbildungskosten in Form einer Darlehensverpflichtung; Schuldumschaffung | 246 |
|    | 4. Höhe der Forderung | 211 |    |    |    |
|    | 5. Rückzahlungsverpflichtung bei Abbruch der Ausbildung | 212 | VIII. | Besonderheiten bei vorformulierten Vereinbarungen (AGB-Kontrolle; §§ 305 ff. BGB) | 249 |
|    |    |    | IX. | Rückzahlung von Fortbildungskosten durch den Arbeitgeber | 258 |

## A. Das Arbeitszeugnis

### I. Anspruchsgrundlagen

#### 1. Normative Regelungen; Zweck

Nach § 109 Abs. 1 GewO hat der Arbeitnehmer bei Beendigung seines Arbeitsverhältnisses Anspruch auf ein einfaches schriftliches Zeugnis über die Art und Dauer seiner Arbeit. Er kann darüber hinaus ein qualifiziertes schriftliches Zeugnis mit Angaben über seine Leistungen und sein Verhalten verlangen (§ 109 Abs. 1 GewO). Gleiches gilt für arbeitnehmerähnliche Personen und Auszubildende hinsichtlich eines Arbeits- oder Ausbildungszeugnisses (§ 109 GewO; § 16 BBiG). Daneben bestehen zahlreiche **tarifvertragliche Regelungen** (z. B. § 61 BAT). Der Arbeitnehmer kann auf Grund der **nachvertraglichen Fürsorgepflicht** des Arbeitgebers auch die **Neuausstellung** eines inhaltlich nicht beanstandeten Zeugnisses verlangen, z. B. weil es beschädigt worden oder **verloren gegangen** ist (*LAG Hamm* 17.12.1998 NZA-RR 1999, 456).

1

Wird ein Arbeitsverhältnis **vor Insolvenzeröffnung beendet**, bleibt der Arbeitgeber grds. Schuldner des Anspruchs. Die Verpflichtung **trifft nicht einen vorläufigen Insolvenzverwalter**, auf den die Verwaltungs- und Verfügungsbefugnis weder gem. § 22 Abs. 1 InsO noch auf Grund einer Einzelermächtigung gem. § 22 Abs. 2 InsO in Bezug auf die Arbeitsverhältnisse übergegangen ist. Erlangt ein vorläufiger Insolvenzverwalter dagegen **in vollem Umfang** die Verfügungsbefugnis über die Arbeitsverhältnisse oder wird das Arbeitsverhältnis erst nach der Insolvenzeröffnung beendet, schuldet der Insolvenzverwalter das Arbeitszeugnis, unabhängig davon, ob und wie lange er den Arbeitnehmer beschäftigt hat oder eigene Kenntnisse über dessen Arbeitsleistung gewinnen konnte (*BAG* 23.6.2004 EzA § 109 GewO Nr. 2 = NZA 2004, 1393; *LAG Hessen* 1.8.2004 – 12 Sa 568/03 – EzA-SD 24/2004 S. 15 LS; vgl. dazu *Stiller* NZA 2005, 330 ff.). Zur Erfüllung dieser Verpflichtung hat der Insolvenzverwalter einen **Auskunftsanspruch** nach § 97 InsO **gegenüber dem Schuldner** (*BAG* 23.6.2004 EzA § 109 GewO Nr. 2; vgl. auch *LAG Köln* 30.7.2001 LAGE § 630 BGB Nr. 37; *LAG Nbg.* 5.12.2002 LAGE § 630 BGB Nr. 39).

2

**Kapitel 9**     Pflichten im Hinblick auf die Beendigung des Arbeitsverhältnisses

> Zweck des Zeugnisses ist es, dem Arbeitnehmer bei seinem beruflichen Fortkommen zu helfen.

### 2. Dauer des Arbeitsverhältnisses

3   Die **Dauer des Arbeitsverhältnisses** ist für das Entstehen des Anspruchs gem. § 109 GewO, § 16 BBiG **unerheblich. Nur** gem. **§ 630 BGB** ist der Anspruch auf Erteilung eines Zeugnisses in einem Dienstverhältnis nach dem Gesetzeswortlaut davon abhängig, ob es sich um ein **dauerndes**, d. h. auf längere Zeit angelegtes **Dienstverhältnis** handelt. **Entgegen dem Wortlaut** besteht der Anspruch jedoch bei jedem Dienstverhältnis unabhängig davon, ob es vertraglich auf eine längere Dauer angelegt war oder tatsächlich angedauert hat (s. *ArbG Frankf./M.* 8.8.2001 NZA-RR 2002, 182). **Allerdings richtet er sich bei tatsächlich kurzer Dauer nur auf ein einfaches, ansonsten auch auf ein qualifiziertes Zeugnis.** Im Übrigen ist es gleichgültig, ob der Beschäftigte in Vollzeit oder in Teilzeit, im Hauptberuf oder im Nebenberuf tätig war (MünchArbR/*Wank* § 105 Rn. 3). Nach einer nur kurzzeitigen Beschäftigung (sechs Monate) haben Arbeitnehmer folglich nur einen Anspruch auf ein Zeugnis, das die wesentlichen Tätigkeiten des Arbeitnehmers ausführt (*ArbG Frankf./M.* 8.8.2001 NZA-RR 2002, 182).

4   § 109 GewO sieht demgegenüber keine bestimmte Mindestdauer des Arbeitsverhältnisses vor: weder für das einfache, noch für das qualifizierte Zeugnis.

### 3. Selbstständige

5   Nach dem Wortlaut umfasst § 630 BGB alle Dienstverhältnisse, also auch Beschäftigungsverhältnisse von Selbstständigen. Dennoch ist bei freien Dienstverhältnissen ein Zeugnis weder üblich noch geschuldet (MünchArbR/*Wank* § 105 Rn. 3; a. A. *Hohmeister* NZA 1998, 571 ff.). Allerdings haben nach der Rechtsprechung des *BGH* (9.11.1967 BGHZ 49, 30) jedenfalls Drittgeschäftsführer einer GmbH einen Zeugnisanspruch. Weitergehend hält *Hohmeister* (NZA 1998, 571 ff.) im Einzelfall die analoge Anwendung des § 630 BGB bei »dauernden« weisungsfreien Subunternehmerverhältnissen nach Maßgabe der konkreten Umstände des Einzelfalles für möglich. Ein Zeugnisanspruch für Werkunternehmer soll aber auch danach die Ausnahme bleiben.

## II. Zeugnisarten; Fälligkeit

### 1. Einfaches Zeugnis

6   Der Arbeitnehmer kann ein Zeugnis über **Art und Dauer** seines Arbeitsverhältnisses (sog. einfaches Zeugnis) verlangen. Zu nennen sind die Person des Arbeitgebers, die des Arbeitnehmers mit Name, Vorname und Beruf sowie Geburtsdatum und Anschrift. Die Art der Beschäftigung muss möglichst genau beschrieben werden. Dazu gehört die detaillierte Angabe des Arbeitsplatzes und der ausgeübten Tätigkeit. Hat der Arbeitnehmer an mehreren Stellen im Betrieb oder im Unternehmen gearbeitet, so sind diese Tätigkeiten in einem einheitlichen Zeugnis zusammenzufassen (*LAG Frankf.* 23.1.1968 AP Nr. 5 zu § 630 BGB). Gem. § 16 Abs. 2 S. 1 BBiG muss in einem einfachen Ausbildungszeugnis angegeben werden, welche **Fähigkeiten der Auszubildende erlangt** hat (vgl. *Taubert* FA 2005, 108).

### 2. Qualifiziertes Zeugnis

7   Nur auf Begehren des Arbeitnehmers ist das Arbeitszeugnis auf die Beurteilung seiner **Führung und Leistung** auszudehnen (sog. qualifiziertes Zeugnis).

Dieser Anspruch besteht auch dann, wenn der Arbeitnehmer nach seinem Ausscheiden aus dem Betrieb einer Straftat zu Lasten seines Arbeitgebers verdächtigt wird (*ArbG Frankf.* 24.5.2002 – 4 Ca 7902/01, EzA-SD 12/2002, S. 12).

8   Der Anspruch richtet sich auf ein Zeugnis, das formell und inhaltlich den gesetzlichen Anforderungen entspricht und die Leistungen des Arbeitnehmers »richtig« beurteilt. Beim qualifizierten

## A. Das Arbeitszeugnis

Arbeitszeugnis werden bestimmte Aspekte von Leistung und Führung einzeln bewertet und in einer **Gesamtbeurteilung** zusammengefasst. Dabei hat sich sowohl für die Leistungs- als auch die Verhaltensbeurteilung ein Notensystem herausgebildet, die im Arbeitsleben weit verbreitete sog. **Zufriedenheitsskala** (BAG 14.10.2003 EzA § 109 GewO Nr. 1). Der Arbeitgeber ist nicht verpflichtet, dieses Notensystem anzuwenden. Er kann die Leistungen und das Verhalten auch durch andere Formulierungen bewerten. Aus dem Gebot der **Zeugnisklarheit** muss sich aber ergeben, wie der Arbeitgeber die Leistung des Arbeitnehmers einschätzt. Benutzt er das Notensystem, so ist das Zeugnis so zu lesen, wie es der Üblichkeit entspricht (s. *Düwell/Dahl* NZA 2011, 985 ff.).

### 3. Zwischenzeugnis

#### a) Grundlagen

Fraglich ist, ob der Arbeitgeber dann, wenn die Beendigung des Arbeitsverhältnisses nicht bevorsteht, ein sog. Zwischenzeugnis erteilen muss. Denn nur zum Teil sehen Tarifverträge (z. B. § 61 Abs. 2 BAT »aus triftigen Gründen«) einen dahingehenden Anspruch ausdrücklich vor. Als triftiger Grund kommen in Betracht (vgl. *BAG* 21.1.1993 EzA § 630 BGB Nr. 18): Bewerbung um eine neue Stelle, Vorlage bei Behörden und Gerichten oder Stellung eines Kreditantrages, strukturelle Änderungen innerhalb des Betriebsgefüges, z. B. Betriebsübernahme durch einen neuen Arbeitgeber oder Insolvenz sowie bevorstehende persönliche Veränderungen des Arbeitnehmers, z. B. Versetzung, Fort- und Weiterbildung oder geplante längere Arbeitsunterbrechungen, etwa ab einem Jahr, oder auch Wehr- oder Zivildienst. Ein triftiger Grund liegt dagegen nicht vor, wenn der Angestellte das Zeugnis allein deshalb verlangt, weil er es in einem Rechtsstreit, in dem er seine Höhergruppierung anstrebt, als **Beweismittel** verwenden will (*BAG* 21.1.1993 EzA § 630 BGB Nr. 18), wohl aber dann, wenn **ein Vorgesetzter**, dem ein Angestellter über mehrere Jahre unmittelbar fachlich unterstellt war, **ausscheidet** (*BAG* 1.10.1998 EzA § 630 BGB Nr. 21). 9

Nach Auffassung von *Neumann* (in: Staudinger § 630 BGB Rn. 8) gelten diese Grundsätze **auch außerhalb des Anwendungsbereichs derartiger tariflicher Regelungen**; dies lässt sich mit der **Fürsorgepflicht** des Arbeitgebers begründen (vgl. *BAG* 21.1.1993 EzA § 630 BGB Nr. 18;), bzw. aus dem Grundsatz von Treu und Glauben (*LAG Hessen* 28.3.2003 ZTR 2004, 380 LS). 10

#### b) Inhaltliche Bindungswirkung

Hat der Arbeitgeber ein Zwischenzeugnis erteilt, ist er **regelmäßig an dessen Inhalt gebunden**, wenn er danach ein Endzeugnis erteilt. Das gilt auch dann, wenn der Betriebsveräußerer das Zwischenzeugnis vor einem Betriebsübergang erteilt hat und der Arbeitnehmer das Endzeugnis vom Betriebserwerber verlangt (*BAG* 16.10.2007 EzA § 109 GewO Nr. 6). Denn der Arbeitgeber kann **bei gleicher Beurteilungsgrundlage** nicht seine im Zwischenzeugnis zum Ausdruck gekommenen Beurteilungen ändern; bei einem fünfjährigen Arbeitsverhältnis spricht eine **Vermutung** dafür, dass die Beurteilungsgrundlage die gleiche geblieben ist, wenn bei Abfassung des Schlusszeugnisses nur zehn Monate seit dem Zwischenzeugnis vergangen sind (*LAG Köln* 22.8.1997 ARST 1998, 117 LS; vgl. *Hunold* NZA-RR 2001, 113 ff.). Auch bei einem qualifizierten Zeugnis nach rund achtjähriger Dauer des Arbeitsverhältnisses ist der Arbeitgeber in aller Regel an einer Leistungsbeurteilung (Zeugnisnote) festzuhalten, die noch in einem **vier Monate zuvor erteilten Zwischenzeugnis** »stets zu unserer vollen Zufriedenheit« gelautet hat (*LAG Köln* 8.7.1993 LAGE § 630 BGB Nr. 18). Deshalb kann der Arbeitgeber dazu verurteilt werden, in das Schlusszeugnis die Formulierungen des Zwischenzeugnisses zu übernehmen, vor allem dann, wenn er **Änderungsvorstellungen** hat, die in Wahrheit **Abweichungen in der Bewertung darstellen** (z. B. nur »volle Zufriedenheit« statt »vollste Zufriedenheit«). Es macht keinen Unterschied, wenn der Autor des Zwischenzeugnisses für das Schlusszeugnis nicht mehr zur Verfügung steht, sofern er im Rahmen seiner Befugnisse gehandelt hat und den Arbeitgeber wirksam vertreten konnte (*LAG Köln* 22.8.1997 NZA 1999, 771 LS). Etwas **anderes** gilt nur dann, wenn die **späteren Leistungen** und das **spätere Verhalten** des Arbeitnehmers eine **abweichende Beur-** 11 teilung rechtfertigen (*BAG* 16.10.2007 EzA § 109 GewO Nr. 6), oder dann, wenn inzwischen **Tatsachen bekannt** geworden sind, die eine **Abänderung verlangen** (*LAG SchlH* 23.10.2007 LAGE § 109 GewO 2003 Nr. 5).

12  Akzeptiert andererseits ein Arbeitnehmer nach einem Betriebsübergang in einem Zwischenzeugnis des Betriebsveräußerers die Formulierung »zu unserer vollen Zufriedenheit«, also die Bescheinigung befriedigender Leistungen, und verlangt er **eineinhalb Jahre** nach dem Betriebsübergang bei Beendigung des Arbeitsverhältnisses mit dem Betriebserwerber ein Zeugnis mit der Leistungsbewertung stets zu unserer vollen Zufriedenheit, also gute Leistungen, so **muss er im Einzelnen darlegen**, in welchen Bereichen und auf welche Weise sich seine Leistungen gegenüber den im Zwischenzeugnis bescheinigten **verbessert haben**. Eine erneute – bessere – Bewertung der Leistungen beim Betriebsveräußerer kann vom Betriebsübernehmer nicht verlangt werden (*LAG Brem.* 9.11.2000 NZA-RR 2001, 287). Weitergehend hat das *LAG Bln.* (14.11.2002 LAGE Art. 2 GG Persönlichkeitsrecht Nr. 7) angenommen, dass die Korrektur eines bereits zweieinhalb Jahre alten Zwischenzeugnisses im Allgemeinen nicht verlangt werden kann.

13  Ein Arbeitnehmer ist aber andererseits nicht daran gehindert, geltend zu machen, das ihm erteilte Zeugnis sei nicht ordnungsgemäß unterzeichnet, weil er ein in gleicher Weise mangelhaftes Zwischenzeugnis widerspruchslos entgegengenommen hat (*BAG* 26.6.2001 EzA § 630 BGB Nr. 24).

14  Fehlen dem **Betriebserwerber** selbst die nötigen Informationen, um die Tätigkeit, die Leistung und das Verhalten des Arbeitnehmers vor dem Betriebsübergang zu beurteilen, steht ihm i. d. R. ein **Auskunftsanspruch** gegenüber dem Betriebsveräußerer zu. Der neue Arbeitgeber kann sich deshalb im Verhältnis zu seinem Arbeitnehmer nicht auf die Unkenntnis der zeugnisrelevanten Tatsachen vor dem Betriebsübergang berufen (*BAG* 16.10.2007 EzA § 109 GewO Nr. 6; s. *Jüchser* NZA 2012, 244 ff.).

### 4. Kündigungsschutzprozess; Weiterbeschäftigung

15  Ein fristgerecht entlassener Arbeitnehmer hat spätestens mit Ablauf der Klagefrist oder bei seinem tatsächlichen Ausscheiden aus dem Betrieb Anspruch auf ein qualifiziertes Zeugnis und nicht lediglich auf ein Zwischenzeugnis, selbst dann, wenn die Parteien in einem Kündigungsschutzprozess noch über die Rechtmäßigkeit der Kündigung streiten (*BAG* 27.2.1987 EzA § 630 BGB Nr. 11). Hat der Arbeitnehmer auf sein Verlangen bereits ein *Endzeugnis erhalten*, so kann er auch während eines noch laufenden Kündigungsschutzprozesses **nicht zusätzlich noch ein Zwischenzeugnis** verlangen; dieses ist subsidiär (*LAG Hamm* 13.2.2007 NZA-RR 2007, 486).

16  Im Falle einer Weiterbeschäftigung des Arbeitnehmers nach **§ 102 Abs. 5 BetrVG** besteht das Arbeitsverhältnis bis zum Ablauf des Kündigungsschutzverfahrens weiter; erst dann braucht ein Zeugnis erteilt zu werden. Wird der Arbeitnehmer auf Grund des allgemeinen Weiterbeschäftigungsanspruchs weiterbeschäftigt, so braucht für den Zwischenzeitraum kein Zeugnis erteilt zu werden, in dem er entweder keinen Weiterbeschäftigungsanspruch hatte oder ihn nicht genutzt hat.

### 5. Faktisches Arbeitsverhältnis

17  Bei einem fehlerhaft begründeten Arbeitsverhältnis besteht ein Anspruch auf ein Zeugnis, wenn tatsächlich gearbeitet wurde, also ein faktisches Arbeitsverhältnis bestanden hat (MünchArbR/*Wank* § 105 Rn. 13).

### 6. Bindung an frühere Erfüllungsversuche

18  Ein Arbeitgeber, der auf das berechtigte Verlangen des Arbeitnehmers nach einer Berichtigung des Zeugnisses dem Arbeitnehmer ein »neues« Zeugnis zu erteilen hat, ist an seine bisherige Verhaltensbeurteilung gebunden, soweit keine neuen, zuvor nicht bekannten Umstände eine schlechtere Beurteilung rechtfertigen (*BAG* 21.6.2005 EzA § 109 GewO Nr. 4; s. auch *BAG* 16.10.2007 EzA § 109 GewO Nr. 6 zur Bindungswirkung eines Zwischenzeugnisses).

## III. Inhalt des Arbeitszeugnisses

### 1. Grundlagen

Insbes. das dem Arbeitnehmer gem. § 109 Abs. 1 S. 3 GewO zu erteilende qualifizierte Zeugnis ist für mögliche künftige Arbeitgeber **Grundlage der Personalauswahl**. Der Inhalt des Zeugnisses muss deshalb wahr sein (Grundsatz der **Zeugniswahrheit**). Daneben darf das Zeugnis gem. § 109 Abs. 2 GewO keine unklaren Formulierungen enthalten, durch die der Arbeitnehmer anders beurteilt werden soll, als dies aus dem Zeugniswortlaut ersichtlich ist (Grundsatz der **Zeugnisklarheit**; *BAG* 15.11.2011 EzA § 109 GewO Nr. 9).

Das Arbeitszeugnis besteht neben der Gesamtbeurteilung aus einer Beschreibung einzelner Leistungen, die der Gesamtnote entsprechen müssen. Der Arbeitgeber entscheidet dabei zwar allein darüber, welche Leistungen er stärker hervorheben will als andere. Er muss aber alle berufsspezifischen Merkmale einbeziehen. Dies folgt aus § 109 Abs. 2 S. 2 GewO wonach es unzulässig ist, ein Zeugnis mit geheimen Merkmalen oder unklaren Formulierungen zu versehen, durch die ein Arbeitnehmer anders beurteilt werden soll, als dies aus dem Zeugniswortlaut für ihn ersichtlich ist. Ein Zeugnis darf dort keine Auslassungen enthalten, wo der verständige Leser eine positive Hervorhebung erwartet. Anspruch auf ausdrückliche Bescheinigung bestimmter Merkmale hat der Arbeitnehmer, wenn in dessen Berufskreis dies üblich ist und das Fehlen einer entsprechenden Aussage im Arbeitszeugnis sein berufliches Fortkommen behindern könnte. Sofern Merkmale in besonderem Maße gefragt sind und deshalb der allgemeine Brauch besteht, diese im Zeugnis zu erwähnen, kann die Nichterwähnung (**beredtes Schweigen**) ein erkennbarer Hinweis für den Zeugnisleser sein. Typisches Beispiel einer derartigen unzulässigen Auslassung ist die fehlende Bescheinigung der Ehrlichkeit bei einer Kassiererin. Gleiches gilt für alle anderen Arbeitnehmer, die mit Geld oder anderen Vermögenswerten umgehen wie z. B. Handlungsgehilfen, Kassierer, Laden- und Fahrverkäufer, Auslieferungsfahrer, Filialleiter, Außendienstmitarbeiter, Hotelpersonal, Hausgehilfinnen (*Düwell/Dahl* NZA 2011, 958 ff.).

Welche Leistungsbewertungen in einem Zeugnis gebräuchlich sind, kann das Tatsachengericht selbst beurteilen, wenn es über ausreichende Sachkunde und Lebenserfahrung verfügt. Andernfalls hat es sich auf Antrag der Hilfe eines Sachverständigen zu bedienen. Da sich bei der IHK wohl schwerlich Sachverständige für Zeugnisgebräuche finden werden, kommen Nachfragen bei Berufs- und Fachverbänden in Betracht (*Düwell/Dahl* NZA 2011, 958 ff.).

Bei **Führungskräften** ist für die Beurteilung der Führungsleistung deren Auswirkung auf die Motivation der Mitarbeiter (Betriebsklima) und auf die Mitarbeiterleistung (Abteilungsergebnis) gebräuchlich und wichtig. Das *LAG Hamm* (27.4.2000 NZA 2002, 624 LS) sieht darüber hinaus auch die Durchsetzungskraft der Führungskraft als gebräuchliches Merkmal der Leistungsbeurteilung. Ob es einen entsprechenden Brauch tatsächlich gibt, kann ohne empirische Untersuchung bezweifelt werden. Im Gegenteil, bei den im Rahmen einer Studie der Universität Erlangen-Nürnberg ausgewerteten Zeugnissen wurde die Durchsetzungsfähigkeit nur in 10 % der Zeugnisse von Führungskräften explizit genannt. Im Vordergrund der Bewertung von Führungskräften standen vielmehr Mitarbeitermotivation und -leistung (*Düwell/Dahl* NZA 2011, 958 ff.).

Wenn der Arbeitnehmer die Aufnahme von Leistungsbewertungen verlangt, die für eine Berufsgruppe nicht gebräuchlich sind, bedarf es einer besonderen Begründung, warum sie aufgenommen werden sollen. So hat ein Kolonnenführer ohne weitere Begründung keinen Anspruch auf Erwähnung der Zuverlässigkeit, da es sich dabei nicht um eine berufsspezifische Eigenschaft handelt (*Düwell/Dahl* NZA 2011, 958 ff.).

Gem. § 109 S. 1 GewO ist ein qualifiziertes Arbeitszeugnis schriftlich zu erteilen. Es muss **klar und verständlich formuliert** sein; es gilt der **Grundsatz der Zeugnisklarheit** (*BAG* 12.8.2008 EzA § 109 GewO Nr. 7). Das Zeugnis darf gem. § 109 Abs. 2 S. 2 GewO keine Formulierungen enthalten, die den Zweck haben, eine andere als aus der äußeren Form oder dem Wortlaut ersichtliche Aussage über den Arbeitnehmer zu treffen (*BAG* 12.8.2008 EzA § 109 GewO Nr. 7; 15.11.2011 EzA § 109 GewO Nr. 9).

▶ **Beispiel:**

Die in dem Absatz »Wir haben den Kläger als sehr interessierten und hochmotivierten Mitarbeiter kennen gelernt, der stets eine sehr hohe Einsatzbereitschaft zeigte. Der Kläger war jederzeit bereit, sich über die normale Arbeitszeit hinaus für die Belange des Unternehmens einzusetzen. Er erledigte seine Aufgaben stets zu unserer vollen Zufriedenheit.« enthaltene Formulierung, »als sehr interessierten und hochmotivierten Mitarbeiter kennen gelernt, der stets eine sehr hohe Einsatzbereitschaft zeigte«, erweckt aus Sicht des objektiven Empfängerhorizonts nicht den Eindruck, die Beklagte attestiere dem Kläger in Wahrheit Desinteresse und fehlende Motivation. Es handelt sich nicht um eine dem Gebot der Zeugnisklarheit widersprechende verschlüsselte Formulierung (Geheimcode). Mit der Wendung »kennen gelernt« bringt der Arbeitgeber nicht zum Ausdruck, dass die im Zusammenhang angeführten Eigenschaften tatsächlich nicht vorliegen (*BAG* 15.11.2011 EzA § 109 GewO Nr. 9).

Das Zeugnis enthält in der Praxis meist neben den vollständigen Angaben zur Person von Arbeitgeber und Arbeitnehmer sowie Ort und Zeitpunkt der Ausstellung Angaben über die Dauer der Unternehmenszugehörigkeit, Funktionsbezeichnung und Aufgabenbeschreibung, die Beurteilung der erbrachten Leistung (*BAG* 12.8.2008 EzA § 109 GewO Nr. 7) nach Qualität, Quantität und Einsatzbereitschaft, die Beurteilung der Führung (Sozialverhalten) gegenüber Vorgesetzten, Mitarbeitern, Kollegen (*BAG* 12.8.2008 EzA § 109 GewO Nr. 7) sowie einen Schlussabsatz mit der Angabe des Grundes des Ausscheidens, einer Dankes-Bedauern-Formel (s. aber Rdn. 63) und Zukunftswünschen (vgl. *Göldner* ZfA 1991, 227 f.; *Hunold* NZA-RR 2001, 115 ff.; ausf. *LAG Hamm* 27.2.1997 NZA-RR 1998, 151).

Der weitere **notwendige Zeugnisinhalt** bestimmt sich nach dem **Zeugnisbrauch**; dieser kann nach Branchen und Berufsgruppen unterschiedlich sein (*BAG* 12.8.2008 EzA § 109 GewO Nr. 7; s. *Düwell/Dahl* NZA 2011, 985 ff.).

20 Gesetzliche Vorschriften über den Inhalt des Zeugnisses bestehen, abgesehen von den im Gesetz genannten Angaben über Art, Dauer, Leistungen und Führung, nicht. Deshalb ist **im Einzelnen** durchaus **streitig, welchen Inhalt ein qualifiziertes Zeugnis haben kann/muss/darf**.

21 Nach § 109 Abs. 2 GewO, der einen allgemeinen Rechtsgedanken enthält, darf es allerdings nicht mit geheimen Zeichen versehen werden, aus denen sich eine **Distanzierung des Arbeitgebers vom Arbeitnehmer** ergibt. **Es ist so zu formulieren, dass es aus sich heraus verständlich ist** (*BAG* 20.2.2001 EzA § 630 BGB Nr. 23); es darf nur Tatsachen, **nicht** dagegen bloße **Verdächtigungen** enthalten (*LAG Düsseld.* 3.5.2005 LAGE § 109 GewO 2003 Nr. 2).

22 Bei der Erteilung des qualifizierten Arbeitszeugnisses hat der Arbeitgeber sowohl das Gebot der **Wahrheitspflicht** (*BAG* 12.8.2008 EzA § 109 GewO Nr. 7; 9.9.2011 EzA § 109 GewO Nr. 8) einerseits als auch andererseits die Verpflichtung zu beachten, das berufliche Fortkommen des Arbeitnehmers nicht unnötig zu erschweren. Folglich gilt insoweit auch der Grundsatz der wohlwollenden Beurteilung nach dem Maßstab eines verständigen Arbeitgebers (*BAG* 29.7.1971 EzA § 630 BGB Nr. 1; vgl. dazu *Preis/Bender* NZA 2005, 1321 ff.). Der Grundsatz der Zeugniswahrheit erstreckt sich auf alle wesentlichen Tatsachen, die für die Gesamtbeurteilung des Arbeitnehmers von Bedeutung sind und an deren Kenntnis ein künftiger Arbeitgeber ein berechtigtes und verständiges Interesse haben kann. Die Tätigkeiten des Arbeitnehmers sind so vollständig und genau zu beschreiben, dass sich ein künftiger Arbeitgeber ein klares Bild machen kann. Das Gebot der Zeugnisklarheit folgt aus § 109 Abs. 2 GewO. Danach muss das Zeugnis klar und verständlich formuliert sein. Es darf keine Formulierungen enthalten, die den Zweck haben, eine andere als aus der äußeren Form oder aus dem Wortlaut ersichtliche Aussage über den Arbeitnehmer zu treffen. Abzustellen ist auf den objektiven Empfängerhorizont des Lesers des Zeugnisses. Es

kommt nicht darauf an, welche Vorstellungen der Zeugnisverfasser mit seiner Wortwahl verbindet (*BAG* 9.9.2011 EzA § 109 GewO Nr. 8; 15.11.2011 EzA § 109 GewO Nr. 9).

Dabei ist die schonungslose, gnadenlose Wahrheit, die den Ausstellenden u. U. zum Schadensersatz verpflichten kann, falls dem Arbeitnehmer mit einem derartigen Zeugnis eine berufliche Chance entgeht, ebenso verfehlt, wie die reine Wohlgefälligkeit, die ebenfalls zum Schadensersatz führen kann, wenn der neue Arbeitgeber durch die bewusste Unrichtigkeit im Zeugnis einen Schaden erleidet. 23

Aus beiden Anforderungen zusammen ergibt sich, dass der Arbeitgeber zwar die **Wahrheit** schreiben darf und muss, dass er sie aber bei ungünstigen Aussagen in einer **schonenden Form** vorbringen muss. **Die Wahrheitspflicht geht** also **dem Wohlwollen vor** (*BAG* 29.7.1971 EzA § 630 BGB Nr. 1). Dem Arbeitgeber steht bei der Abfassung des Zeugnisses ein **weiter Beurteilungsspielraum** zu. Allerdings muss er die Verkehrssitte beachten. Werden also bestimmte Angaben im Zeugnis erwartet, so hat er sie in das Zeugnis aufzunehmen, z. B. bei Kassierern die Ehrlichkeit. In diesem Rahmen ist der Arbeitgeber grds. in der Formulierung frei, solange das Zeugnis nichts Falsches enthält. Der Arbeitgeber entscheidet deshalb auch darüber, welche positiven oder negativen Leistungen er stärker hervorheben will als andere (*BAG* 23.9.1992 EzA BGB § 630 Nr. 16; 9.9.2011 EzA § 109 GewO Nr. 8). 24

Zu berücksichtigen ist, dass der Aussteller wegen des Vertrauen erweckenden Charakters des Zeugnisses eine Mindestgewähr für dessen Richtigkeit und die entsprechende Einstandspflicht übernimmt (*Schleßmann* BB 1988, 1320). 25

## 2. Art und Dauer des Arbeitsverhältnisses; Fehlzeiten; Unterbrechungen

Das Zeugnis muss ein getreues Spiegelbild aller vom Arbeitnehmer ausgeführten Tätigkeiten sein. Es muss deshalb die Tätigkeit, die ein Arbeitnehmer im Laufe des Arbeitsverhältnisses ausgeübt hat, so vollständig und genau beschreiben, dass sich künftige Arbeitgeber ein klares Bild machen können. 26

Unerwähnt dürfen solche Tätigkeiten bleiben, denen bei einer Bewerbung des Arbeitnehmers keine Bedeutung zukommt (*BAG* 12.8.1976 EzA § 847 BGB Nr. 5). 27

Auch **Urlaubs- und krankheitsbedingte Fehlzeiten** werden grds. nicht erwähnt (vgl. *BAG* 12.8.1976 EzA § 847 BGB Nr. 5; a. A. *Göldner* ZfA 1991, 247 f.; s. a. *Mühlhausen* NZA-RR 2006, 337 ff.). Nach Auffassung des *LAG Chemnitz* (30.1.1996 NZA-RR 1997, 47) dürfen krankheitsbedingte Fehlzeiten nur dann im Zeugnis erwähnt werden, wenn sie außer Verhältnis zur tatsächlichen Arbeitsleistung stehen, wenn sie also etwa die Hälfte der gesamten Beschäftigungszeit ausmachen. Der Grundsatz der Zeugniswahrheit erfordert eine Darstellung der **gesamten Tätigkeit** des Arbeitnehmers. Eine zeitliche Beschränkung bedeutet deshalb auch eine sachliche Beschränkung. Folglich ist dem Arbeitgeber auch eine solche Gestaltung des Zeugnisinhalts verboten, bei der eine vorherige Tätigkeit eines Arbeitnehmers als **freier Mitarbeiter** unerwähnt bleibt, wenn er insoweit als arbeitnehmerähnliche Person zu qualifizieren war (*LAG Frankf.* 14.9.1984 DB 1985, 820). 28

Ungewöhnliche, länger andauernde tatsächliche Unterbrechungen des Arbeitsverhältnisses (z. B. die Verbüßung einer Freiheitsstrafe) sind dann (ohne Hinweis auf ihre Gründe) zu vermerken, wenn sie im Zeitpunkt der Zeugniserteilung die gesamte Beschäftigungszeit prägen, insbes. wenn sie etwa die Hälfte der Beschäftigungszeit ausmachen (*Schleßmann* BB 1988, 1320). 29

**Die Elternzeit** eines Arbeitnehmers darf nur dann erwähnt werden, wenn sich die Ausfallzeit als eine **wesentliche tatsächliche Unterbrechung der Beschäftigung** darstellt. Das ist dann der Fall, wenn diese nach Lage und Dauer erheblich ist und wenn bei ihrer Nichterwähnung für Dritte der falsche Eindruck entsteht, die Beurteilung des Arbeitnehmers beruhe auf einer der Dauer des rechtlichen Bestandes des Arbeitsverhältnisses entsprechenden tatsächlichen Arbeitsleistung. Für einen Koch stellt es insoweit eine erhebliche Ausfallzeit dar, wenn der Arbeitnehmer während des 50 Monate bestehenden Arbeitsverhältnisses 33 Monate Elternzeit in Anspruch genommen hat. Die Erwähnung 30

# Kapitel 9 — Pflichten im Hinblick auf die Beendigung des Arbeitsverhältnisses

der Elternzeit im Zeugnis stellt dann auch keinen Verstoß gegen das Benachteiligungsverbot des § 612a BGB dar (*BAG* 10.5.2005 EzA § 109 GewO Nr. 3 = NZA 2005, 1237).

**31** Ein Arbeitnehmer kann auch für die Zeit vor Eröffnung des Insolvenzverfahrens ein qualifiziertes Zeugnis vom **Insolvenzverwalter** verlangen, wenn dieser den Betrieb nach Eröffnung des Insolvenzverfahrens übernimmt (*BAG* 30.1.1991 EzA § 630 BGB Nr. 13; s. Rdn. 1).

### 3. Leistung und Führung

#### a) Grundlagen

**32** Die Leistung ist durch die Beschreibung von Fachkenntnissen, Arbeitsqualität, -bereitschaft (Initiative) und Fleiß, die Führung durch die Beschreibung des Sozialverhaltens (Verhalten gegenüber Vorgesetzten und Mitarbeitern) und bei Führungskräften des Führungsverhaltens konkretisierbar (*Schleßmann* BB 1988, 1320; *Hunold* NZA-RR 2001, 119 f.; *Löw* NJW 2005, 3605 ff.).

**33** Die Feststellung in einem Zeugnis, dass der Arbeitnehmer es **stets verstanden** habe, **seine Interessen im Betrieb durchzusetzen**, besagt z. B., dass der Arbeitnehmer seine Interessen im Betrieb stets rücksichtslos durchgesetzt hat. Eine solche Feststellung darf in ein Zeugnis nur aufgenommen werden, wenn ein derartiges Verhalten für die Führung im Arbeitsverhältnis kennzeichnend war (*LAG Hessen* 16.6.1998 – 9 Sa 132/98).

**34** Im Einzelnen können folgende Abstufungen des Verhaltens unterschieden werden (*Düwell/Dahl* NZA 2011, 958 ff.; krit. *Hunold* NZA-RR 2001, 120):
Sein/Ihr Verhalten zu Vorgesetzten, Arbeitskollegen
war stets vorbildlich = sehr gute Führung
war vorbildlich = gute Führung
war stets einwandfrei/korrekt = vollbefriedigende Führung (vgl. dazu *BAG* 21.6.2005 EzA § 109 GewO Nr. 4; *LAG RhPf* 14.5.2009 NZA-RR 2010, 69; diff. *Düwell/Dahl* NZA 2011, 958 ff.)
war einwandfrei/korrekt = befriedigende Führung (vgl. dazu *BAG* 21.6.2005 EzA § 109 GewO Nr. 4)
war ohne Tadel = ausreichende Führung
gab zu keiner Klage Anlass = mangelhafte Führung (a. A. *ArbG Frankf./M.* 2.5.2001 NZA-RR 2002, 182: »unterdurchschnittliche Bewertung«)
Über ... ist uns Nachteiliges nicht bekannt geworden = unzureichende Führung.

**35** Ein Arbeitszeugnis, das sich nur auf die Leistung, **nicht auf die Führung bezieht**, erfüllt den Anspruch des **§ 630 BGB nicht** (*LAG Köln* 30.3.2001 ARST 2001, 285 LS).

#### b) Beurteilungsspielraum des Arbeitgebers

**36** Die Formulierung des Zeugnisses obliegt dem Arbeitgeber; er ist grds. frei bei seiner Entscheidung, **welche Leistungen und Eigenschaften eines Arbeitnehmers er hervorheben oder zurücktreten** lassen will (vgl. *ArbG Bayreuth* 26.11.1991 NZA 1992, 799 zum Begriff der Pünktlichkeit). Auch muss eine überdurchschnittliche Leistungsbeurteilung »stets zu unserer vollen Zufriedenheit« nicht automatisch zu einer überdurchschnittlichen Verhaltensbeurteilung »stets einwandfrei« führen (*LAG RhPf* 14.5.2009 NZA-RR 2010, 69).

**37** Der Beurteilungsspielraum ist größer als bei der Tätigkeitsbeschreibung; gerichtlich überprüft werden kann an sich nur, ob **sachfremde Erwägungen eingeflossen** sind oder **allgemein gültige Bewertungsmaßstäbe** außer Acht gelassen wurden.

#### c) Vertragsbruch; Straftaten; Ermittlungsverfahren

**38** Nach Auffassung des *LAG Hamm* (24.9.1985 NZA 1986, 99) kann ein Vertragsbruch des Arbeitnehmers bei der Beurteilung seiner Führung Berücksichtigung finden. Demgegenüber darf der Arbeitgeber nach Auffassung des *LAG Köln* (8.11.1989 LAGE § 630 BGB Nr. 8) den Arbeitsvertragsbruch des Arbeitnehmers grds. nicht im Zeugnis ausdrücklich erwähnen.

Straftaten des Arbeitnehmers, die zugleich die Pflichten aus dem Arbeitsverhältnis verletzen können, müssen jedenfalls u. U. erwähnt werden, um eine Haftung gegenüber Dritten auszuschließen (vgl. *Becker-Schaffner* BB 1989, 2105; zur Haftung des Arbeitgebers *Kölsch* NZA 1985, 382). Andererseits hat das *ArbG Düsseld.* (15.12.2003 NZA-RR 2004, 294; ebenso *LAG Düsseld.* 3.5.2005 LAGE § 109 GewO 2003 Nr. 2) die Auffassung vertreten, dass ein **laufendes Ermittlungsverfahren** bei der Staatsanwaltschaft »wegen EDV-technisch unterstützter Vermögensdelikte zu Lasten unseres Unternehmens« **nicht** in einem Arbeitszeugnis aufzuführen ist. Denn das Arbeitszeugnis darf nur Tatsachen, nicht dagegen **bloße Verdächtigungen** enthalten (so *LAG Düsseld.* 3.5.2005 LAGE § 109 GewO 2003 Nr. 2). Andererseits ist der Arbeitgeber **berechtigt**, im Zwischenzeugnis für eine Krankenschwester ein gegen sie bei Zeugniserteilung noch **laufendes Ermittlungsverfahren wegen Mordversuchs** an Patienten zu erwähnen; dies soll aber dann anders sein, wenn die Staatsanwaltschaft das Verfahren unangemessen derart verzögert, dass ein Verstoß gegen Art. 6 Abs. 1 S. 1 MRK vorliegt (so jedenfalls *LAG BW* 29.11.2007 LAGE § 630 BGB 2002 Nr. 4). 39

Hat eine Rechtsanwalts- oder Notargehilfin eine **Handkasse** verwaltet, zu der mehrere andere Personen Zugang hatten, ist die Mitarbeiterin zudem nicht angewiesen worden, auch Monatsanfangs- und -endebestände festzustellen und ist durch den beschäftigenden Rechtsanwalt nie eine Kassenprüfung durchgeführt worden, ist die **Erwähnung eines Kassenfehlbestandes**, der nicht aufgeklärt ist, im Endzeugnis **unzulässig**. Dies gilt insbesondere, wenn die Kassenführung nicht einmal im Zwischenzeugnis erwähnt worden war, sie also einen nicht nennenswerten Zeitanteil der Tätigkeit der Angestellten ausmachte (*BAG* 16.10.2007 EzA § 109 GewO Nr. 6). 40

#### d) Prokura

Bestand eine Prokura nicht während der gesamten Dauer des Arbeitsverhältnisses, so hat der Arbeitnehmer nur Anspruch auf einen Hinweis darauf unter exakter Zeitangabe, also unter Angabe von Beginn und Ende der Prokura (*LAG BW* 19.6.1992 NZA 1993, 127). Da das Arbeitszeugnis die für das Arbeitsverhältnis typischen Verhältnisse nachzeichnen muss, sind andererseits **Modalitäten**, die von den Arbeitsvertragsparteien im Zusammenhang mit der **Beendigung des Arbeitsverhältnisses vereinbart werden**, z. B. der Widerruf der Prokura, **nicht zu erwähnen** (*BAG* 26.6.2001 EzA § 630 BGB Nr. 24). 41

#### e) Bewertung der Leistung; Abstufungen

Der Arbeitnehmer hat einen **Anspruch** darauf, **dass seine persönliche Arbeitsleistung in einem Zeugnis gewürdigt wird**. Deshalb darf nicht irgendein Zeugnis für einen anderen Mitarbeiter genommen und lediglich ein anderer Name eingesetzt werden; dies ist nur statthaft, wenn tatsächlich eine vom Arbeitgeber darzulegende und zu beweisende Leistungsidentität besteht (*ArbG Bln.* 4.11.2003 NZA-RR 2004, 297). Eine Leistung, die vom Arbeitgeber nicht beanstandet worden ist, muss andererseits deshalb in einem qualifizierten Zeugnis noch nicht als sehr gut bewertet werden (*LAG Düsseld.* 26.2.1985 DB 1985, 2692). 42

Die Leistungsbeurteilung wird i. d. R. kurz zusammengefasst wiedergegeben; der Notenskala sehr gut bis mangelhaft entsprechen in etwa folgende Formulierungen (vgl. *Braun* ZTR 2002, 106 ff.; *Löw* NJW 2005, 3605 ff.; *Düwell/Dahl* NZA 2011, 958 ff.): 43
- sehr gut: »Stets/jederzeit zu unserer vollsten Zufriedenheit« (*LAG Hamm* 13.2.1992 LAGE § 630 BGB Nr. 16; *Schleßmann* BB 1988, 1320; *Weuster* BB 1991, 58) oder »in jeder Hinsicht außerordentlich zufriedenstellend« (MünchArbR/*Wank* § 105 Rn. 26);
- gut, überdurchschnittliche Leistungen: »Zur vollsten oder stets/jederzeit zur vollen Zufriedenheit« (*LAG Hamm* 13.2.1992 LAGE § 630 BGB Nr. 16; *LAG Brem.* 9.11.2000 NZA-RR 2001, 287; *LAG RhPf* 14.5.2009 NZA-RR 2010, 69; a. A. [ohne Begründung] *BAG* 23.9.1992 EzA § 630 BGB Nr. 16) »zur vollsten Zufriedenheit« bedeutet eine sehr

gute Leistung; a. A. auch *LAG Hessen* 14.10.2002 – 16 Sa 824/02 -: »zur vollen Zufriedenheit« bedeutet überdurchschnittliche Leistungen) oder »voll und ganz zufriedenstellend« (MünchArbR/*Wank* § 105 Rn. 26);
- befriedigend, durchschnittlich: »Stets zu unserer Zufriedenheit« (*LAG Köln* 2.7.1999 NZA-RR 2000, 235; *Becker-Schaffner* BB 1989, 2105; a. A. *Weuster* BB 1992, 59 (ausreichend) oder »zu unserer vollen Zufriedenheit« (*BAG* 14.10.2003 EzA § 109 GewO Nr. 1; *LAG Hamm* 13.2.1992 LAGE § 630 BGB Nr. 16; *LAG Hamm* 22.5.2002 NZA-RR 2003, 71; »gehobenes Befriedigend«; *LAG Brem.* 9.11.2000 NZA-RR 2001, 287; *ArbG Nbg.* 2.5.2001 ARST 2001, 285 LS);
- unterdurchschnittliche, aber ausreichende Leistungen: »Zu unserer Zufriedenheit« (*LAG Hamm* 13.2.1992 LAGE § 630 BGB Nr. 16; *LAG Köln* 2.7.1999 NZA-RR 2000, 235);
- mangelhaft: »Im großen und ganzen zufriedenstellend«: (MünchArbR/*Wank* § 105 Rn. 26); »insgesamt zu unserer Zufriedenheit« (*LAG Hamm* 13.2.1992 LAGE § 630 BGB Nr. 16);
- ungenügend: »Er war bemüht, die ihm gestellten Anforderungen zu erfüllen« oder »zu unserer Zufriedenheit zu erledigen versucht« (*LAG Hamm* 13.2.1992 LAGE § 630 BGB Nr. 16; *ArbG Neubrandenburg* 12.2.2003 NZA-RR 2003, 465: negative Beurteilung, die nicht dem Erfordernis eines wohlwollenden Zeugnisses entspricht).

### f) Bedeutung des Gesamtzusammenhangs

**44** Zu berücksichtigen ist, dass neben diesen Formulierungen auch der Gesamtzusammenhang des Zeugnisses für die Feststellung der Leistungsbewertung maßgeblich sein kann (vgl. *Löw* NJW 2005, 3605 ff.; s. a. *BAG* 15.11.2011 – 9 AZR 386/10, NZA 2012, 448).

**45** So bedeutet die Formulierung, dass der Arbeitnehmer die ihm übertragenen Aufgaben mit **großem Fleiß und Interesse** durchführte, nach sechsjähriger Tätigkeit eines Physikers in der Forschungsabteilung eines großen Unternehmens neben einer sehr ausführlichen Tätigkeitsbeschreibung die Erklärung des Arbeitgebers, der Arbeitnehmer habe sich bemüht, im Ergebnis aber nichts geleistet (*BAG* 24.3.1977 EzA § 630 BGB Nr. 9).

**46** Bewertet der Arbeitgeber im Zeugnis die **einzelnen Leistungen** des Arbeitnehmers ausnahmslos mit »**sehr gut**« und die Tätigkeit darüber hinaus als »**sehr erfolgreich**«, so ist damit eine Gesamtbeurteilung mit der **Schlussfolgerung**, der Arbeitnehmer habe seine Aufgaben »immer zu unserer **vollen Zufriedenheit** gelöst«, **unvereinbar**. Der sehr guten Leistung entspricht die zusammenfassende Beurteilung »zur vollsten Zufriedenheit« (*BAG* 23.9.1992 EzA § 630 BGB Nr. 16; s. aber Rdn. 42).

**47** Die Formulierung im Arbeitszeugnis, der Arbeitnehmer sei »**ehrlich und pünktlich**«, entwertet die **durchschnittliche Leistungsbeurteilung** »zu unserer vollen Zufriedenheit«. Denn durch die Hervorhebung der an sich selbstverständlichen Pünktlichkeit (= zeitliche Zuverlässigkeit) und dem Weglassen des wichtigen Beurteilungskriteriums »Zuverlässigkeit« wird dem Arbeitnehmer »zwischen den Zeilen« bescheinigt, dass er im Übrigen nicht zuverlässig ist (*ArbG Nbg.* 2.5.2001 ARST 2001, 285 LS).

**48** Generell gilt, dass dann, wenn ein Zeugnis in einer Branche übliche Formulierungen ohne sachlichen Grund weglässt, der Arbeitnehmer einen Anspruch auf Ergänzung hat. Denn die Auslassung eines bestimmten Inhalts, der von einem einstellenden Arbeitgeber in einem Zeugnis erwartet wird, kann ein unzulässiges Geheimzeichen sein (*BAG* 12.8.2008 EzA § 109 GewO Nr. 7).

Das *LAG Düsseld.* (3.11.2010 – 12 Sa 974/10, NZA 2011, 523 LS) hat offen gelassen, ob es der effizienten Ausübung des Rechts auf Elternzeit (Art. 33 GRC) entgegensteht, wenn der Arbeitgeber das Zeugnis ohne höfliche Schlussformel mit dem Satz abschließt, dass die Arbeitnehmerin »nach ihrer dreijährigen Elternzeit im beiderseitigen Einvernehmen aus dem Unternehmen ausscheide«.

## A. Das Arbeitszeugnis                                                                 Kapitel 9

### g) Außerdienstliches Verhalten des Arbeitnehmers

Im Rahmen der Führung des Arbeitnehmers ist grds. nur auf das dienstliche Verhalten und nicht auf das Privatleben abzustellen. Die »dienstliche Führung« ist aber auch dann betroffen, wenn er unbefugt ein Dienstfahrzeug seines Arbeitgebers in fahruntüchtigem Zustand zu einer Privatfahrt benutzt und deswegen strafgerichtlich verurteilt wird (*BAG* 29.1.1986 AP Nr. 2 zu § 48 TVAL II). 49

### 4. Gewerkschaftliche Betätigung; Betriebsratstätigkeit

Die gewerkschaftliche Tätigkeit eines Arbeitnehmers (*LAG Hamm* 26.4.1990 DB 1990, 1527; für Personalratstätigkeit auch *BAG* 19.8.1992 EzA § 630 BGB Nr. 14 [dienstliche Beurteilung]) oder seine Mitarbeit im Betriebsrat (*LAG Frankf.* 10.3.1977 DB 1978, 167; GK-BetrVG/*Weber* § 37 Rn. 14), Personalrat, in der Jugendvertretung oder als Vertrauensmann der Schwerbehinderten darf nur auf seinen **ausdrücklichen Wunsch** hin in ein qualifiziertes Zeugnis aufgenommen werden (*Schäfer* Die Abwicklung des beendeten Arbeitsverhältnisses, Rn. 72). Liegt ein dahingehender Wunsch des Arbeitnehmers nicht vor, haben auch mittelbare Aussagen, welche ein derartiges Engagement nahe legen, zu unterbleiben. 50

Etwas anderes kann aber u. U. dann gelten, wenn ein Arbeitnehmer über einen **längeren Zeitraum** als Betriebsratsmitglied von der Arbeit **freigestellt** war, wenn sonst Schwierigkeiten bestehen, die Art des Arbeitsverhältnisses und die Leistung zu beschreiben (MünchArbR/*Wank* § 105 Rn. 30; s. *Witt* BB 1996, 2194 ff.). 51

### 5. Beendigungsgrund und -modalitäten

#### a) Grundlagen

Fraglich ist, ob der Kündigungsgrund (z. B. Vertragsbruch des Arbeitnehmers) sowie die Modalitäten der Kündigung (wer wie gekündigt hat) vom Arbeitgeber ohne weiteres oder aber nur auf Verlangen des Arbeitnehmers erwähnt werden dürfen. 52

Nach Auffassung des *LAG Hamm* (24.9.1985 NZA 1986, 99; abl. *Hunstel* DB 1993, 227) sind Beendigungsgründe nur **auf Verlangen** des Arbeitnehmers in das Zeugnis aufzunehmen. Beendigungsgrund ist die Tatsache, auf Grund derer das Arbeitsverhältnis aufgelöst wurde. Umstände, »wie« das Arbeitsverhältnis aufgelöst wird, d. h. mit oder ohne Einhaltung der Kündigungsfrist, sind keine Beendigungsgründe in diesem Sinne. Nach Auffassung des *LAG Düsseld.* (22.1.1988 NZA 1988, 399) genügt es dann, wenn dem Arbeitnehmer zu Recht außerordentlich gekündigt wurde, diese Tatsache durch alleinige **Angabe des** (ungewöhnlichen) **Beendigungszeitpunkts** zum Ausdruck zu bringen. 53

Demgegenüber soll es nach Auffassung des *ArbG Düsseld.* (1.10.1987 DB 1988, 508; abl. *Schleßmann* BB 1988, 1320) dem **Vollständigkeitsgebot entsprechen**, in dem Zeugnis auf die zur Kündigung führenden **Gründe hinzuweisen**. Deshalb soll kein Anspruch auf die Streichung der Angabe des Beendigungstatbestandes mit der Formulierung: »Das Arbeitsverhältnis endete durch fristlose arbeitgeberseitige Kündigung« bestehen. 54

*Popp* (NZA 1997, 588 ff.) schließlich hält eine **sorgfältige Abwägung** unter Berücksichtigung aller Umstände des Einzelfalles zur Beurteilung dieser Frage für unerlässlich. 55

> Haben sich Arbeitgeber und Arbeitnehmer im Anschluss an eine verhaltensbedingte Kündigung des Arbeitgebers in einem Prozessvergleich darauf geeinigt, das Arbeitsverhältnis habe aufgrund einer Kündigung des Arbeitgebers geendet, verpflichtet sich dieser aber zugleich zur Zahlung einer Abfindung entsprechend den §§ 9, 10 KSchG, so widerspricht es nach Auffassung des *LAG Bln.* (25.1.2007 LAGE § 109 GewO 2003 Nr. 4; *Düwell/Dahl* NZA 2011, 958 ff.) dem zeugnisrechtlichen Wohlwollensgebot, im Arbeitszeugnis neben einem Hinweis auf das beiderseitige Einvernehmen über die Beendigung des Arbeitsverhältnisses anzugeben, dies sei auf Veranlassung des Arbeitgebers geschehen. 56

### b) Beendigung des Arbeitsverhältnisses auf Grund Auflösungsantrages des Arbeitnehmers

**57** Ist das Arbeitsverhältnis auf den Auflösungsantrag des Arbeitnehmers gem. §§ 9, 10 KSchG durch Urteil aufgelöst worden, dann kann der Arbeitnehmer beanspruchen, dass der Beendigungsgrund mit der Formulierung erwähnt wird, das Arbeitsverhältnis sei »**auf seinen Wunsch beendet**« worden (*LAG Köln* 29.11.1990 LAGE § 630 BGB Nr. 11; s. *Düwell/Dahl* NZA 2011, 958 ff.).

**58** Das vom Arbeitgeber geschuldete Wohlwollen und die Rechtskraftbindung an die festgestellte Sozialwidrigkeit der Kündigung machen es erforderlich, die (unwirksame) Kündigung und den Kündigungsschutzprozess ansonsten unerwähnt zu lassen und – ebenso wie bei einem »echten« beiderseitigen Einvernehmen nachteilige Rückschlüsse des Zeugnislesers durch eine wohlwollende Schlussformel zu vermeiden (z. B.: »Wir wünschen ... für den weiteren Berufs- und Lebensweg alles Gute«; *LAG Köln* 29.11.1990 LAGE § 630 BGB Nr. 11; s. aber Rdn. 63).

### c) Wettbewerbsabreden

**59** Wettbewerbsabreden gehören nicht zum notwendigen Inhalt eines Zeugnisses, weil sie mit der Art der Beschäftigung, Leistung und Führung nicht in Zusammenhang stehen (MünchArbR/*Wank* § 105 Rn. 32).

## 6. Ausstellungsdatum

**60** Auch das Ausstellungsdatum unterliegt der Wahrheitspflicht. Ausstellungsdatum ist deshalb das Datum der tatsächlichen Ausfertigung des Zeugnisses. Folglich ist eine **Rückdatierung nicht zulässig**, auch dann nicht, wenn der Arbeitgeber das Zeugnis verspätet schreibt. Ein **berichtigtes Zeugnis trägt allerdings das Datum des ursprünglich und erstmals erteilten Zeugnisses, wenn die verspätete Ausstellung nicht vom Arbeitnehmer zu vertreten ist** (*BAG* 9.9.1992 EzA § 630 BGB Nr. 15). Das gilt auch dann, wenn das Zeugnis auf Grund eines gerichtlichen Vergleichs zu berichtigen ist (vgl. *ArbG Karlsruhe* 19.9.1985 NZA 1986, 169).

**61** Fraglich ist, welches Datum dann zu verwenden ist, wenn der Arbeitnehmer über den Ablauf der Kündigungsfrist hinaus einstweilen weiterbeschäftigt, danach aber die Rechtswirksamkeit der Kündigung rechtskräftig festgestellt worden ist.

**62** Nach Auffassung von *Wank* (MünchArbR § 105 Rn. 13) ist insoweit weder das Ende der Kündigungsfrist, noch das zufällige Datum der Rechtskraft des Urteils im Kündigungsschutzprozess anzugeben, sondern vielmehr der **nächstliegende vergangene Kündigungstermin**.

## 7. »Wunschformel« (»Dankes- und Grußformel«)

**63** Da das Fehlen einer Schlussformulierung ein (besonders gutes) **Zeugnis entwerten kann**, kann ein Arbeitnehmer unter Umständen **einen Anspruch** darauf haben, dass im Zeugnis die Formel: »Wir wünschen Ihnen für die Zukunft alles Gute und viel Erfolg« enthalten ist (*LAG Hessen* 17.6.1999 ZTR 2000, 88 LS; a. A. *ArbG Brem.* 11.2.1992 NZA 1992, 800; s. a. Rdn. 57). **Grundsätzlich** ist der Arbeitgeber aber nach Auffassung des *BAG* (21.9.1999 EzA § 630 BGB Nr. 22; 20.2.2001 EzA § 630 BGB Nr. 23; ebenso *LAG Bln.* 10.12.1998 FA 1999, 271; *LAG Düsseld.* 21.5.2008 LAGE § 630 BGB 2002 Nr. 5; a. A. *ArbG Bln.* 7.3.2003 – 88 Ca 604/03, EzA-SD 21/2003, S. 6 LS; *LAG Düsseld.* 3.11.2010 – 12 Sa 974/10, NZA 2011, 523 LS) gesetzlich **nicht verpflichtet**, das Arbeitszeugnis **mit derartigen Formulierungen abzuschließen**. Das gilt jedenfalls dann, wenn dem Arbeitnehmer eine nur durchschnittliche Leistungs- und Verhaltensbeurteilung zusteht (*LAG Düsseld.* 21.5.2008 LAGE § 630 BGB 2002 Nr. 5).

**63a** Es gehört zur freien Gestaltungsfreiheit des Arbeitgebers, ob er das Zeugnis mit einem Schlusssatz abschließt. Mit einem etwaigen Schlusssatz gibt der Arbeitgeber eine Erklärung ab, die über den von ihm geschuldeten Zeugnisinhalt hinausgeht. Zudem sind nach dem allgemeinen Sprachverständnis Dank für die gute Zusammenarbeit und gute Wünsche für die Zukunft Aussagen über persönliche Empfindungen des Arbeitgebers. Gleiches gilt für die Erklärung, das Ausscheiden werde bedauert. Ohne gesetzliche Grundlage kann der Arbeitgeber nicht verurteilt werden, das Bestehen solcher Gefühle dem Arbeitnehmer gegenüber schriftlich zu bescheinigen. Daher ist auch die Rechtsprechung zum unzulässigen Auslassen, dem beredten Schweigen, nicht übertragbar. Es ist letztlich nicht erkennbar, dass ein Zeugnis ohne jeden Schlusssatz entwertet ist (*BAG* 21.9.1999 EzA § 630 BGB Nr. 22; 20.2.2001 EzA § 630 BGB Nr. 23; s. a. *Düwell/Dahl* NZA 2011, 958 ff.).

Verpflichtet sich der Arbeitgeber allerdings in einem gerichtlichen Vergleich zur Erteilung eines **63b** wohlwollenden Arbeitszeugnisses, welches »dem beruflichen Fortkommen förderlich ist«, so kann der Arbeitnehmer verlangen, dass in das Zeugnis die Abschlussklausel aufgenommen wird »Für die weitere berufliche und private Zukunft wünschen wir alles Gute« (*LAG Hamm* 8.9.2011 NZA-RR 2012, 71).

### 8. Äußerliche Gestaltung; Unterschrift

Zu den Anforderungen, die ein Schriftstück erfüllen muss, damit es den Merkmalen eines Arbeits- **64** zeugnisses genügt, gehört auch eine äußere Form, die den **Gepflogenheiten des Geschäftslebens** Rechnung trägt; die Verwendung der Schriftgröße »10« trägt dem Rechnung (*LAG Hessen* 13.8.2002 – 16 Ta 255/02, ARST 2004, 137).

Der Arbeitnehmer kann deshalb auch verlangen, dass das Zeugnis auf einem **Firmenbogen** erteilt **65** wird, wenn der Arbeitgeber solche besitzt und im Geschäftsverkehr üblicherweise verwendet (*BAG* 3.3.1993 EzA § 630 BGB Nr. 17; vgl. *Löw* NJW 2005, 3605 ff.). Etwas anderes gilt aber dann, wenn der Arbeitgeber wegen Betriebsaufgabe kein Geschäftspapier mehr besitzt; in diesem Fall genügt auch neutrales Papier (*LAG RhPf* 3.8.2011 – 9 Ta 128/11, AuR 2011, 415 LS). Das Anschriftenfeld ist nicht auszufüllen und das Zeugnis ist nach Auffassung des *LAG Hmb.* (7.9.1993 NZA 1994, 890) in ungefaltetem Zustand auszustellen.

Demgegenüber geht das *BAG* (21.9.1999 EzA § 630 BGB Nr. 22) davon aus, dass der Arbeit- **66** geber den Zeugnisanspruch auch mit einem Zeugnis erfüllt, das er zweimal faltet, um den Zeugnisbogen in einem Geschäftsumschlag üblicher Größe unterzubringen, wenn das Originalzeugnis kopierfähig ist und die Knicke im Zeugnisbogen sich nicht auf den Kopien abzeichnen, z. B. durch Schwärzungen. Ansonsten muss gutes Papier verwendet werden; das Zeugnis muss sauber, ordentlich und fehlerfrei geschrieben sein (*BAG* 3.3.1993 EzA § 630 BGB Nr. 17; *Schäfer* Die Abwicklung des beendeten Arbeitsverhältnisses, Rn. 74). Zu den Mindestanforderungen, die ein Schriftstück erfüllen muss, um als Zeugnis qualifiziert zu werden, gehört im Übrigen die persönliche **Unterschrift** des Ausstellers (*BAG* 21.9.1999 EzA § 630 BGB Nr. 22; *LAG Hessen* 2.9.1997 ZTR 1998, 231 LS), der **nicht notwendig der Geschäftsführer** sein muss (zutr. *ArbG Hannover* 31.7.2003 NZA-RR 2004, 127). Es muss sich um eine Person handeln, die aus der **Sicht eines Dritten** geeignet ist, die **Verantwortung für die Beurteilung** des Arbeitnehmers zu übernehmen. Das gilt insbesondere hinsichtlich der fachlichen Beurteilung. Wird das Zeugnis nicht vom Arbeitgeber selbst, seinem gesetzlichen Vertretungsorgan oder im öffentlichen Dienst vom Dienststellenleiter oder seinem Vertreter unterzeichnet, ist das Zeugnis zumindest von einem **ranghöheren Vorgesetzten** zu unterschreiben. Diese Stellung muss sich aus dem Zeugnis ablesen lassen. Betrifft das Zeugnis den **wissenschaftlichen Mitarbeiter** einer Forschungsanstalt des Bundes, ist das Zeugnis deshalb regelmäßig von einem ihm vorgesetzten Wissenschaftler (mit) zu unterzeichnen. Durch eine behördeninterne Regelung der Zeichnungsbefugnis im öffentlichen Dienst kann davon nicht abgewichen werden (*BAG* 4.10.2005 EzA § 109 GewO Nr. 5). Zur Erfüllung der notwendig einzuhaltenden Schriftform genügen weder ein Faksimile noch eine kopierte Unterschrift, sodass auch eine Zeugniserteilung per eMail oder per Telefax oder durch Übergabe einer Kopie die gesetzliche Schriftform nicht wahrt. Wie unter bestimmenden Schriftsätzen reicht auch unter einem Zeugnis eine Paraphe als Unterschrift nicht aus (*LAG Hmb.* 28.3.2000 NZA 2001, 576 LS). Da die bloße Unterschrift häufig nicht entzifferbar ist und das Zeugnis nicht von einem Anonymus ausgestellt werden soll, bedarf die Unterschrift des Ausstellers nach Auffassung des *LAG Hmb.* (28.3.2000 NZA 2001, 576 LS) des Weiteren der maschinenschriftlichen Namensangabe. Weitergehend hat das *LAG Nbg.* (3.8.2005 LAGE § 109

GewO 2003 Nr. 2) angenommen, dass eine vom Arbeitgeber im Zeugnis verwendete **überdimensionierte**, im Wesentlichen aus bloßen Auf- und Abwärtslinien bestehende **Unterschrift** nicht ordnungsgemäß ist, wenn dadurch der **Verdacht** aufkommen kann, der Arbeitgeber wolle sich von dem Zeugnisinhalt, zu dessen Aufnahme in das Zeugnis er durch rechtskräftiges Urteil verpflichtet worden ist, **distanzieren**. Der Arbeitgeber wird danach durch die Beschränkung der Freiheit, eine Unterschrift beliebig zu gestalten, nicht in unzumutbarer Weise in seinem allgemeinen Persönlichkeitsrecht (Art. 2 Abs. 1 GG) beeinträchtigt. Denn das durch Art. 12 Abs. 1 GG geschützte Interesse des Arbeitnehmers an der – durch Vorlage eines ordnungsgemäßen Zeugnisses erleichterten – Wiedererlangung eines Arbeitsplatzes ist gewichtiger.

**67** Lässt sich ein Arbeitgeber bei der Ausstellung des Zeugnisses durch einen Angestellten **vertreten**, ist im Arbeitszeugnis deutlich zu machen, dass dieser Vertreter dem Arbeitnehmer gegenüber **weisungsbefugt** war. Ist der Arbeitnehmer direkt der Geschäftsleitung unterstellt gewesen, so ist das Zeugnis von einem Mitglied der Geschäftsleitung auszustellen, das auf seine Position als Mitglied der Geschäftsleitung hinweisen muss (*BAG* 26.6.2001 EzA § 630 BGB Nr. 24; s. a. *LAG Nbg.* 5.12.2002 LAGE § 630 BGB Nr. 39: nicht ausnahmslos vom Arbeitgeber oder einem gesetzlichen Vertreter; s. a. Rdn. 66 u. *BAG* 4.10.2005 EzA § 109 GewO Nr. 5).

**68** Gem. § 109 Abs. 3 GewO ist im Übrigen die Erteilung eines Zeugnisses **in elektronischer Form** (§§ 126 Abs. 3, 126a BGB i. V. m. dem SignaturG) **ausgeschlossen**; für Berufsausbildungsverhältnisse folgt dies aus § 16 BBiG.

### 9. Beurteilungsbogen als Arbeitszeugnis

**69** Vor allem für die betriebsinterne Mitarbeiterbeurteilung werden in der Praxis vielfach »Beurteilungsbögen« zu Grunde gelegt. Sie spalten z. B. die Merkmale Leistung und Führung in Einzelmerkmale auf, z. B. bei der Leistung: Arbeitsgüte/Arbeitstempo/Arbeitsökonomie/Arbeitsbereitschaft/Belastbarkeit/Fachkenntnisse/Ausdrucksvermögen/Verhandlungsgeschick, die dann ihrerseits vorformuliert weiter untergliedert werden. Die jeweilige Einzelaussage muss nur noch angekreuzt werden. Für Beurteilungsbögen spricht die Einheitlichkeit und Nachvollziehbarkeit. Derartige Beurteilungsbögen können außerhalb des Unternehmens nach Auffassung von *Wank* (MünchArbR § 105 Rn. 33) auch **neben einem Zeugnis** vorgelegt werden. Sie können auch **an Stelle eines Zeugnisses** verwendet werden, weil der Beurteilungsbogen den gesetzlichen Anforderungen an ein Zeugnis entspricht.

### 10. Darlegungs- und Beweislast

**70** Nach der Rechtsprechung des *BAG* (23.6.1960 AP Nr. 1 zu § 73 HGB) ist der Arbeitgeber für den Zugang des Zeugnisses sowie für die Tatsachen beweispflichtig, die der Zeugniserteilung und der darin enthaltenen Bewertung zu Grunde liegen. Denn die Behauptung, das erteilte Zeugnis sei ordnungsgemäß erstellt worden, bedeutet im Hinblick auf den Anspruch des Arbeitnehmers auf Erteilung eines qualifizierten Zeugnisses, dass der Arbeitgeber den Einwand der Erfüllung erhebt, für den er darlegungs- und beweispflichtig ist (vgl. *BAG* 17.2.1988 EzA § 630 BGB Nr. 12; s. a. *Düwell/Dahl* NZA 2011, 958 ff.). Dies gilt grds. auch für Bewertungen, **die nicht immer objektivierbar** sind. Dem Arbeitgeber wird deshalb insoweit ein **Beurteilungsspielraum** zugestanden, der nur daraufhin gerichtlich überprüft werden kann, ob überzogene oder willkürliche Maßstäbe der Bewertung zu Grunde gelegt worden sind (s. Rdn. 36; *Schäfer* Die Abwicklung des beendeten Arbeitsverhältnisses, Rn. 76).

**71** Selbst wenn man danach aber von der Darlegungs- und Beweislast des Arbeitgebers ausgeht, so muss der **Arbeitnehmer** nach Auffassung des *LAG Düsseld.* (26.2.1985 DB 1985, 2692) zunächst **schlüssig einen Anspruch auf Korrektur z. B. der vom Arbeitgeber getroffenen Leistungsbeurteilung behaupten**. Ist die Tätigkeit vom Arbeitgeber nicht beanstandet worden, beurteilt dieser die Leistung mit der Bewertung »zur vollen Zufriedenheit« und begehrt der Arbeitnehmer stattdessen die Beurteilung mit der Bestnote, so muss er darlegen, warum die von ihm erbrachte Leistung einer solchen,

## A. Das Arbeitszeugnis
### Kapitel 9

nicht mehr steigerungsfähigen Leistungsbeurteilung entsprochen hat, denn eine allein beanstandungsfreie Leistung reicht dafür nicht aus (*LAG Düsseld.* 26.2.1985 DB 1985, 2692; *Schäfer* Die Abwicklung des beendeten Arbeitsverhältnisses, Rn. 76).

Will der Arbeitgeber einem Arbeitnehmer, der insgesamt nur sechs Monate bei ihm beschäftigt gewesen ist, im Zeugnis lediglich durchschnittliche Leistungen bescheinigen, so genügt er seiner Darlegungspflicht, wenn er sich darauf beruft, dass er gekündigt hat. Will er dagegen nur unterdurchschnittliche Leistungen bescheinigen, so muss er darlegen und beweisen, dass der Arbeitnehmer Fehler gemacht und wegen dieser ermahnt oder abgemahnt worden ist. Will andererseits der Arbeitnehmer eine Leistungsbewertung im Zeugnis mit der Note »gut« haben, muss er darlegen und ggf. nachweisen, welche seiner Leistungen diese Anerkennung verdienen (*LAG Hamm* 13.2.1992 LAGE § 630 BGB Nr. 16; *LAG Brem.* 9.11.2000 NZA-RR 2001, 287). **Macht der Arbeitnehmer geltend, der Arbeitgeber habe statt der bescheinigten »vollen Zufriedenheit« zu formulieren, der Arbeitnehmer habe »stets zur vollen Zufriedenheit« gearbeitet, so hat er die Tatsachen vorzutragen und zu beweisen, aus denen sich diese Endbeurteilung ergeben soll** (*BAG* 14.10.2003 EzA § 109 GewO Nr. 1). 72

Ob der **Arbeitnehmer** dann, wenn er zwar ein qualifiziertes Zeugnis erhalten, mit dessen Inhalt aber nicht einverstanden ist (s. Rdn. 103 ff.), die **Darlegungs- und Beweislast für jede von ihm erstrebte Änderung** trägt, hat das *BAG* (23.9.1992 EzA § 630 BGB Nr. 16) offen gelassen, nachdem das *LAG Frankf.* dies zuvor (6.9.1991 LAGE § 630 BGB Nr. 14) angenommen hatte. Demgegenüber ist das *LAG Saarl.* (28.2.1990 LAGE § 630 BGB Nr. 9) davon ausgegangen, dass den Arbeitgeber auch bei einem Zeugnisberechtigungsanspruch die Darlegungs- und Beweislast für die Richtigkeit des erteilten Zeugnisses trifft. 73

Das *LAG Köln* (26.4.1996 NZA-RR 1997, 84; s. *Hunold* NZA-RR 2001, 120) geht insoweit davon aus, dass bei Uneinigkeit der Parteien im beschreibenden Bereich der Arbeitnehmer im Zeugnisstreit die Darlegungs- und Beweislast für seine Wünsche hat, z. B. bei einem Streit darüber, ob er während des Arbeitsverhältnisses eine bestimmte (Teil-) Tätigkeit verrichtet hat. Im bewertenden Teil hat der Arbeitnehmer Anspruch auf eine gute Bewertung, wenn der Arbeitgeber Defizite nicht substantiiert darlegt und ggf. beweist (ähnlich *ArbG Nbg.* 2.5.2001 ARST 2001, 285 LS für die Unzuverlässigkeit des Arbeitnehmers); fordert der Arbeitnehmer dagegen Bewertungen, die weit über das übliche Maß hinausgehen (»hoher Einsatz«, »großes Engagement«), ist der Arbeitnehmer darlegungs- und beweispflichtig. Dies gilt auch für Bewertungen, die von Dritten stammen (»Wertschätzung bei Kunden wegen seiner Fachkenntnisse und freundlichen Art«). 74

### IV. Die Zeugnissprache

Fraglich ist, ob bei der Erstellung von Zeugnissen in der Praxis eine spezifische Sprache Anwendung findet, die als besondere Fachsprache oder als eine **codierte Sprache** verstanden werden kann (vgl. *Schmid* DB 1982, 1111, DB 1988, 2253; s. a. *BAG* 15.11.2011 – 9 AZR 386/10, NZA 2012, 448). Gem. § 109 Abs. 2 GewO muss das Zeugnis klar und verständlich formuliert sein. Es darf keine Merkmale oder Formulierungen enthalten, die den Zweck haben, eine andere als aus der äußeren Form oder dem Wortlaut ersichtliche Aussage über den Arbeitnehmer zu treffen (*Düwell/Dahl* NZA 2011, 958 ff.). Ob sich tatsächlich in der Zeugnissprache ein Geheimcode ausgebildet hat, ist nach dem maßgeblichen objektiven Empfängerhorizont zu beurteilen. Dabei ist das Verständnis eines durchschnittlich Beteiligten oder Angehörigen des vom Zeugnis angesprochenen Personenkreises zugrunde zu legen (*BAG* 15.11.2011 EzA § 109 GewO Nr. 9). 75

Nach Auffassung von *Weuster* (BB 1992, 58; s. a. *Göldner* ZfA 1991, 232; nach *LAG Köln* 26.4.1996 NZA-RR 1997, 84 ist die Zeugnissprache wie jede Sprache teils beschreibend und teils bewertend) werden in der Praxis **jedenfalls spezielle Techniken der Zeugnisgestaltung und -formulierung** verwendet: 76
– Die **Positiv-Skala-Technik**, die vor allem bei der Leistungsbeurteilung (»Zufriedenheitsskala«) Anwendung findet, transformiert das denkbare Beurteilungsspektrum positiver und negativer Aus-

sagen verbal auf den feiner unterteilten Positivbereich. Es kommt also nicht darauf an, dass der Arbeitnehmer im Zeugnis gelobt wird, sondern in welchem Maße er gelobt wird.

77 – Die **Leerstellen-Technik** besteht darin, statt einer negativen Aussage gar keine Aussage zu machen (s. a. *BAG* 12.8.2008 EzA § 109 GewO Nr. 7).

78 – In den **Reihefolgen-Techniken** erfolgt eine Abwertung dadurch, dass unwichtige oder weniger wichtige Aussagen vor wichtige Aussagen gesetzt werden.

79 – Die **Ausweich-Technik** besteht darin, Unwichtiges, weniger Wichtiges oder Selbstverständlichkeiten an Stelle von Wichtigem hervorzuheben.

80 – Die **Einschränkungs-Technik** besteht in einer subtilen Einschränkung der räumlichen oder zeitlichen Geltung von Aussagen.

81 – Bei der **Andeutungs-Technik** (Orakel-Technik) werden dem Leser negative Schlüsse nahe gelegt. Dies geschieht durch beliebig auslegbare Leerformeln und durch die Verwendung von Verben, die schon in der Alltagssprache mehrdeutig gebraucht werden (z. B. »Sie hat ihre Aufgaben mit der ihr eigenen [= geringen] Sorgfalt bearbeitet.«).

82 – Bei der **Knappheits-Technik** erfolgt eine Abwertung durch ein betont knappes Zeugnis oder durch lakonische Aussagen zu einzelnen Zeugniskomponenten.

83 – Bei der **Widerspruchs-Technik** schließlich liegen (häufig als das Ergebnis von Verhandlungen über den Zeugnisinhalt) Widersprüche und inhaltliche Brüche im Zeugnis vor. Das ist vor allem dann der Fall, wenn der Arbeitnehmer verdeckte Kritik aus Unkenntnis übersieht oder wenn er nur einige Verbesserungen durchsetzen kann. In sich widersprüchlich und daher wenig glaubwürdig wirken z. B. Aufgabenbeschreibungen, in denen neben sehr bedeutsamen und verantwortungsvollen Aufgaben einfache Arbeiten und Hilfsarbeiten aufgeführt werden. Das Gleiche gilt, wenn auf eine sehr gute oder gute Leistungs- und Verhaltensbeurteilung im Schlusssatz keine Dankes-Bedauern-Formel folgt.

84 – *Weuster* (BB 1992, 58) schließt aus der faktischen Wirkung der Zeugnissprache, dass es sich um einen Code handelt, der durch verschiedene Techniken das Urteil des Ausstellers gegenüber Unkundigen verschleiert. Der Unkundige, viele Arbeitnehmer, aber auch Arbeitgeber, werten viele Aussagen positiver als sie gemeint sind und vom kundigen Leser verstanden werden.

85 – Nach Auffassung des *LAG Hamm* (28.3.2000, 27.4.2000 BB 2001, 629 LS; a. A. *Weuster* BB 2001, 629 f.) drückt der Gebrauch des Wortes »**kennen gelernt**« stets das **Nichtvorhandensein der im Kontext aufgeführten Fähigkeit oder Eigenschaft** aus.

86 – Ist der Aussteller des Zeugnisses insoweit aber selbst unkundig, entspricht dies nicht einmal seinem wahren Willen, sodass es im Einzelfall schwierig zu beurteilen ist, welches konkrete Ziel mit einer konkreten Aussage in einem Zeugnis verfolgt werden soll. Tatsächlich stellen sich viele Ungereimtheiten bei näherer Betrachtung als fahrlässiger Formulierungsunfall und nicht als vorsätzlicher Geheimcode heraus (zutr. *Düwell/Dahl* NZA 2011, 958 ff.).

## V. Wechsel der Zeugnisart

87 – Grds. hat der Arbeitnehmer ein Wahlrecht hinsichtlich der Art des gewählten Zeugnisses. Verlangt er kein qualifiziertes Zeugnis, so erfüllt der Arbeitgeber seine Pflicht, indem er ein einfaches Zeugnis ausstellt. Umgekehrt braucht sich der Arbeitnehmer ein qualifiziertes Zeugnis nicht aufdrängen zu lassen.

88 – Hat der Arbeitgeber daher ein einfaches Zeugnis ordnungsgemäß erstellt und verlangt dieser erst daraufhin erstmals, es auch auf Führung und Leistung auszudehnen, so ist an sich der Zeugnisanspruch bereits erfüllt (§ 362 Abs. 1 BGB; *LAG Sachsen* 26.3.2003 LAG Report 2004, 187). Gleichwohl ist dann aus der **Fürsorgepflicht** des Arbeitgebers ein Anspruch des Arbeitnehmers auf Erteilung eines qualifizierten Zeugnisses gegeben (*Schleßmann* BB 1988, 1320; *Schäfer* Die Abwicklung des beendeten Arbeitsverhältnisses, Rn. 69; a. A. *LAG Sachsen* 26.3.2003 LAG Report 2004, 187 unter Hinw. auf § 263 Abs. 2 BGB).

## VI. Holschuld

Beim Zeugnis handelt es sich um eine Holschuld (*BAG* 8.3.1995 EzA § 630 BGB Nr. 19). Daraus folgt, dass der Arbeitnehmer das Zeugnis beim Arbeitgeber abzuholen hat (*Hess. LAG* 7.2.2011 LAGE § 109 GewO 2003 Nr. 8). Auch ein einfaches Zeugnis braucht der Arbeitgeber nur auszustellen und bereit zu halten, wenn der Arbeitnehmer überhaupt ein Zeugnis verlangt. Befindet sich der Arbeitgeber mit der Ausstellung in Verzug und würde die Abholung infolge dessen einen **unverhältnismäßigen Aufwand** erfordern, kann allerdings der Arbeitnehmer **ausnahmsweise Zusendung** verlangen (*BAG* 8.3.1995 EzA § 630 BGB Nr. 19). 89

Der Schuldner (Arbeitgeber) darf zudem bei Holschulden – von sich aus – auch bringen oder schicken. In diesem Fall tritt der Leistungserfolg am Ort seiner gewerblichen Niederlassung ein (*Hess. LAG* 7.2.2011 LAGE § 109 GewO 2003 Nr. 8). Ist der Anspruch durch Erfüllung erloschen, geht das Zeugnis verloren oder wird es beschädigt, ist der Arbeitgeber im Rahmen des Möglichen und Zumutbaren verpflichtet, dem Arbeitnehmer eine neue Ausfertigung zu überlassen. Dabei kommt es nicht darauf an, ob der Verlust oder die Beschädigung von dem Arbeitnehmer zu vertreten ist. Entscheidend ist vielmehr allein, ob dem bisherigen Arbeitgeber die Ersatzausstellung zugemutet werden kann (*Hess. LAG* 7.2.2011 LAGE § 109 GewO 2003 Nr. 8). 89a

## VII. Widerruf

Seiner Rechtsnatur nach ist das Zeugnis keine Willenserklärung, sondern eine **Wissenserklärung**. Statt einer Irrtumsanfechtung ist allenfalls ein Widerruf wegen Irrtums möglich. Voraussetzung ist eine erhebliche Unrichtigkeit des Zeugnisses. Hat der Arbeitgeber im Übrigen ein unrichtiges Zeugnis erstellt, so ist er dem Arbeitnehmer aus Gründen der Schlechterfüllung zur Berichtigung, Dritten gegenüber zum Widerruf im Falle einer Sittenwidrigkeit nach § 826 BGB verpflichtet. Hat der Arbeitgeber den Arbeitnehmer im Zeugnis gut beurteilt, kann er gegen ihn keinen Schadensersatzanspruch wegen Schlechtleistung geltend machen (*BGH* 8.2.1972 AP Nr. 7 zu § 630 BGB). 90

Der widerrufende Arbeitgeber kann verlangen, dass ihm das unrichtige Zeugnis Zug um Zug gegen die Erteilung eines neuen Zeugnisses herausgegeben wird. Eine Widerrufsfrist besteht nicht, es kann jedoch Verwirkung eintreten (*Schäfer* Die Abwicklung des beendeten Arbeitsverhältnisses, Rn. 77). 91

## VIII. Ausschlussfristen; Verwirkung

> Ausgleichsklauseln (z. B. in Vergleichen, die einen Kündigungsschutzprozess beenden) können nicht ohne weiteres dahin ausgelegt werden, dass sie auch einen Verzicht auf ein qualifiziertes Zeugnis enthalten. 92

Das *BAG* (16.9.1974 EzA § 630 BGB Nr. 5) hat offen gelassen, ob ein anlässlich oder nach Beendigung des Arbeitsverhältnisses erklärter Verzicht des Arbeitnehmers auf ein qualifiziertes Zeugnis überhaupt rechtswirksam ist. 93

Nach Auffassung des *LAG Köln* (17.6.1994 LAGE § 630 BGB Nr. 22) ist dies bei **hinreichender Klarheit der gewählten Formulierung** in einer Ausgleichsquittung möglich. 94

Das *LAG Nbg.* (18.1.1994 LAGE § 630 BGB Nr. 20) hat angenommen, dass eine bei Abschluss des Arbeitsvertrages vereinbarte einzelvertragliche Ausschlussklausel i. d. R. nicht den bei Beendigung des Arbeitsverhältnisses entstehenden Zeugnisanspruch erfasst. Eine einzelvertraglich vereinbarte **zweistufige Ausschlussklausel**, deren erste Stufe eine 2-Wochenfrist ab Fälligkeit beinhaltet, ist hinsichtlich der Geltendmachung eines Zeugnisanspruchs **unangemessen kurz und damit unwirksam** (*LAG Nbg.* 18.1.1994 LAGE § 630 BGB Nr. 20). 95

> Jedenfalls unterliegt der Anspruch auf Zeugniserteilung sowohl tariflichen Ausschlussfristen (*BAG* 23.2.1983 EzA § 70 BAT Nr. 5; 4.10.2005 EzA § 109 GewO Nr. 5) als auch der Verwirkung (*BAG* 16.10.2007 EzA § 109 GewO Nr. 6; 17.2.1988 EzA § 630 BGB Nr. 12; *Schäfer* Die Abwicklung des beendeten Arbeitsverhältnisses, Rn. 89); gleiches gilt für einen Zeugnisberichti- 96

gungsanspruch (*LAG Hamm* 10.4.2002 NZA-RR 2003, 463). Ob der Anspruch verwirkt ist, hängt im Wesentlichen von den **Umständen des Einzelfalls** ab. Deren Feststellung und Würdigung ist vorrangig Aufgabe des Tatrichters, der den vorgetragenen Sachverhalt eigenständig zu beurteilen hat. Ob Verwirkung eingetreten ist, kann in der Revisionsinstanz nur eingeschränkt überprüft werden (*BAG* 16.10.2007 EzA § 109 GewO Nr. 6).

Das *LAG Bln.* (14.11.2002 LAGE Art. 2 GG Persönlichkeitsrecht Nr. 7) hat insoweit angenommen, dass die Korrektur eines bereits **zweieinhalb Jahre alten (Zwischen-) Zeugnisses im Allgemeinen nicht verlangt werden kann**. Das *LAG Hamm* (3.7.2002 NZA-RR 2003, 73) hat angenommen, dass ein Untätigkeitszeitraum von 15 Monaten ausreicht, um das Zeitmoment zu erfüllen. Hat der Arbeitgeber in unmittelbarer zeitlicher Nähe zu einem gerichtlichen Vergleich ein qualifiziertes Zeugnis erteilt, darf er davon ausgehen, dass der Arbeitnehmer alsbald Einwendungen erheben wird, wenn er mit dem Inhalt des erteilten Zeugnisses nicht einverstanden ist. Wartet der Arbeitnehmer dann über einen Zeitraum von mehr als einem Jahr ab, kann der Arbeitgeber berechtigterweise darauf vertrauen, dass eine Abänderung des Wortlauts nicht mehr begehrt wird (*LAG Hamm* 3.7.2002 NZA-RR 2003, 73).

## IX. Rechtsfolgen der Verletzung der Zeugnispflicht

### 1. Erfüllungsanspruch; Schadensersatz

**97** Ist der Arbeitgeber mit der Erfüllung des Zeugnisses in Verzug, kann der Arbeitnehmer Erfüllung geltend machen und daneben Schadensersatz nach § 286 Abs. 1 BGB verlangen. Wird überhaupt nicht erfüllt, kann er bei Verschulden des Arbeitgebers Schadensersatz aus pFV (§§ 280 ff., 241 Abs. 2 BGB) verlangen. Im Falle der Schlechterfüllung kann er Berichtigung verlangen (s. aber Rdn. 103 ff.). Bei formellen Fehlern ist dem Arbeitnehmer ein berichtigtes Zeugnis auszustellen. Bei inhaltlichen Fehlern kann ebenfalls ein neues, richtiges, ergänztes Zeugnis verlangt werden (*BAG* 21.6.2005 EzA § 109 GewO Nr. 4; 15.11.2011 EzA § 109 GewO Nr. 9). Denn der Anspruch aus § 109 GewO richtet sich auf die **Erteilung eines insgesamt richtigen Zeugnisses**. Solange das erteilte Zeugnis diesen Anforderungen nicht entspricht, ist der Anspruch nicht erfüllt. **Der Zeugnisempfänger macht keine dem Gesetz fremde Berichtigung einzelner Mängel geltend** (s. aber Rdn. 103 ff.), sondern weiterhin den Erfüllungsanspruch (*BAG* 4.10.2005 EzA § 109 GewO Nr. 5; 15.11.2011 EzA § 109 GewO Nr. 9).

### 2. Darlegungs- und Beweislast bei Schadensersatzansprüchen; Inhalt des Anspruchs

**98** Macht der Arbeitnehmer Schadensersatz geltend, so muss er bei pFV (§§ 280 ff., 241 Abs. 2 BGB; vgl. für das Zwischenzeugnis *LAG Düsseld.* 23.7.2003 LAG Report 2004, 14) die Schlechterfüllung, den Schaden und die Kausalität zwischen Schlechterfüllung und Schaden darlegen und beweisen, im Falle des § 286 BGB die Verspätung, den Schaden und die Kausalität zwischen Verspätung und Schaden.

**99** Der Arbeitnehmer kann auch Schadensersatz wegen **entgangener Einkünfte** fordern. Allerdings besteht kein Erfahrungssatz dahin, dass das Fehlen des Zeugnisses die Ursache für den Misserfolg von Bewerbungen um einen anderen Arbeitsplatz gewesen ist.

**100** Der Arbeitnehmer muss in einem derartigen Fall darlegen und im Streitfalle beweisen, dass ein bestimmter Arbeitgeber bereit gewesen ist, ihn einzustellen, sich aber wegen des fehlenden Zeugnisses davon hat abhalten lassen. Die Erleichterung des § 287 ZPO kann sich erst bei der Würdigung des Parteivortrags und etwaiger Beweise auswirken (*BAG* 25.10.1967 AP Nr. 6 zu § 73 HGB für Leitende Angestellte; *Schäfer* Die Abwicklung des beendeten Arbeitsverhältnisses, Rn. 80).

**101** Zudem kommt ihm die Darlegungs- und Beweiserleichterung nach **§ 252 S. 2 BGB** für die Bestimmung der Höhe des zu ersetzenden entgangenen Gewinns zugute, wobei die Gerichte diesen nach

## A. Das Arbeitszeugnis

den Maßstäben des **§ 287 Abs. 1 S. 1 ZPO** schätzen und würdigen können (*BAG* 24.3.1977 EzA § 630 BGB Nr. 9).

### 3. Haftung des Arbeitgebers gegenüber Dritten

Gegenüber Dritten kann der Arbeitgeber aus Quasi-Vertrag oder nach § 826 BGB schadensersatzpflichtig sein. Anspruchsberechtigter ist insbesondere der **neue Arbeitgeber**, der den Arbeitnehmer auf Grund des zu positiven Zeugnisses eingestellt hat (vgl. *Löw* NJW 2005, 3605 ff.). Stellt sich erst nachträglich die Unrichtigkeit des Zeugnisses heraus, ist der Arbeitgeber zur Rückforderung (Widerruf; vgl. *Schäfer* Die Abwicklung des beendeten Arbeitsverhältnisses, Rn. 77) und zur Berichtigung des Zeugnisses verpflichtet. In schwer wiegenden Fällen, z. B. bei einer **nachträglich aufgedeckten Unterschlagung** durch einen Buchhalter, in denen der nachfolgende Arbeitgeber Schaden zu nehmen droht, ist dieser **unverzüglich zu informieren**. Andernfalls haftet der frühere Arbeitgeber für Schäden, die entstehen, weil der Dritte die Anstellung im Vertrauen auf die Richtigkeit des Zeugnisses vorgenommen hat (*BGH* 15.5.1979 EzA § 630 BGB Nr. 10; vgl. *Roth* FA 2002, 9). Lagen bereits zum Zeitpunkt der Zeugnisausstellung derartige Erkenntnisse vor und sind sie in verklausulierter Form in das Zeugnis eingeflossen, muss sich der neue Arbeitgeber ein Mitverschulden nach § 254 Abs. 1 S. 1 BGB anrechnen lassen, wenn er dies auf Grund der Formulierung im Zeugnis hätte erkennen können (*Hunold* NZA-RR 2001, 120). 102

### X. Prozessuale Fragen

Hinsichtlich des Anspruchs auf Erteilung eines Zwischenzeugnisses hat das *LAG Hessen* (28.3.2003 ZTR 2004, 380 LS) – unzutreffend – angenommen, dass dieser gegenüber dem gesetzlichen Anspruch auf Erteilung eines Arbeitszeugnisses **subsidiär** ist. Mit dem Ablauf der Kündigungsfrist einer vom Arbeitgeber ausgesprochenen Kündigung kann der Arbeitnehmer danach die Erteilung eines Zwischenzeugnisses lediglich noch im Kündigungsschutzverfahren für den Fall der Stattgabe der Kündigungsschutzklage, nicht aber in einem selbstständigen Verfahren einklagen. 103

Der Arbeitnehmer kann ansonsten gegen den Arbeitgeber auf Erteilung eines qualifizierten Zeugnisses z. B. mit dem **Klageantrag** klagen, »die Beklagte zu verurteilen, dem Kläger ein qualifiziertes Arbeitszeugnis zu erteilen« (vgl. *Löw* NJW 2005, 3605 ff.). Auch ein Arbeitszeugnis, das sich nur auf die Leistung, nicht auf die Führung bezieht, erfüllt den Anspruch des § 630 BGB nicht. Auch in einem derartigen Fall kann der Arbeitnehmer folglich Leistungsklage erheben mit dem Antrag, ein qualifiziertes Zeugnis zu erteilen. Der gewünschte Inhalt braucht dann nicht in den Antrag aufgenommen zu werden (*LAG Köln* 30.3.2001 ARST 2001, 285 LS). 104

Erteilt der Arbeitgeber daraufhin ein Zeugnis, das z. B. hinsichtlich der Tätigkeitsbeschreibung oder der Führung unvollständig ist oder sonst den insoweit zu stellenden Anforderungen nicht genügt, z. B. weil der Arbeitnehmer die Leistungsbeurteilung für unzutreffend hält, so hat der Arbeitnehmer zwar **keinen sog. Zeugnisberichtigungsanspruch**. Denn ein derartiger Anspruch ist im geltenden Recht nicht vorgesehen (*BAG* 10.5.2005 EzA § 109 GewO Nr. 3). Wer Ergänzung oder Berichtigung eines ihm bereits ausgestellten Zeugnisses verlangt, macht damit einen **Erfüllungsanspruch** geltend, der dahin geht, ihm ein nach Form und Inhalt den gesetzlichen Vorschriften entsprechendes »neues« Zeugnis zu erteilen (*BAG* 17.2.1988 EzA § 630 BGB Nr. 12; 10.5.2005 EzA § 109 GewO Nr. 3; 21.6.2005 EzA § 109 GewO Nr. 4; 4.10.2005 EzA § 109 GewO Nr. 5). 105

> Dennoch muss der Arbeitnehmer dann, wenn er bereits ein Zeugnis erhalten hat, mit dessen Inhalt er nicht einverstanden ist, in der Klageschrift im Einzelnen die von ihm beanstandeten Passagen bezeichnen und im Klageantrag das Zeugnis insoweit formulieren, wie es nach seiner Auffassung bei ordnungsgemäßer Erfüllung der Zeugnispflicht durch den Arbeitgeber lauten müsste (*LAG Düsseld.* 26.2.1985 DB 1985, 2692; *Löw* NJW 2005, 3605 ff.). Soweit prozessrechtlich zulässig, ist der Arbeitnehmer nicht gehindert, den ursprünglich verlangten Zeugnisinhalt **im laufenden Zeugnisrechtsstreit zu ändern oder zu ergänzen** (*BAG* 4.10.2005 EzA § 109 GewO Nr. 5). 106

**107** Da das Zeugnis ein einheitliches Ganzes ist und seine Teile nicht ohne die Gefahr der Sinnentstellung auseinander gerissen werden können, sind die **Gerichte befugt, das gesamte Zeugnis zu überprüfen und u. U. selbst neu zu formulieren** (*BAG* 23.6.1960 AP Nr. 1 zu § 73 HGB; *Schäfer* Die Abwicklung des beendeten Arbeitsverhältnisses, Rn. 86; vgl. auch *ArbG Neubrandenburg* 12.2.2003 NZA-RR 2003, 465). Stellt der Kläger deshalb **hilfsweise den Antrag**, ihm ein Zeugnis nach Maßgabe des gerichtlichen Vergleichsvorschlags zu erteilen, dann ist **das Gericht befugt, eigene Formulierungen vorzunehmen**, die wertungsmäßig zwischen denen der Parteien liegen (*ArbG Bln.* 4.11.2003 NZA-RR 2004, 297).

## XI. Zwangsvollstreckung

**108** Die Zwangsvollstreckung aus dem titulierten Anspruch auf Erteilung eines qualifizierten Zeugnisses überhaupt oder auf Erteilung eines qualifizierten Zeugnisses mit einem bestimmten Inhalt richtet sich nach **§ 888 ZPO**. Für dessen Auslegung ist nicht in erster Linie der übereinstimmende Wille der Parteien maßgebend; vielmehr ist darauf abzustellen, wie das hierzu berufene Vollstreckungsorgan, in erster Linie also das Vollstreckungsgericht oder auch ein Beschwerdegericht, den Inhalt der zu erzwingenden Leistungen verständigerweise versteht und festlegt. Unklarheiten über den Inhalt der Verpflichtung dürfen nicht aus dem Erkenntnisverfahren in das Vollstreckungsverfahren verlagert werden. Dessen Aufgabe ist es zu klären, ob der Vollstreckungsschuldner seiner festgelegten Verpflichtung nachgekommen ist, nicht aber, worin diese besteht (*BAG* 9.9.2011 EzA § 109 GewO Nr. 8).

**109** Ein titulierter Anspruch auf Erteilung eines Arbeitszeugnisses aus einem beendeten Arbeitsverhältnis ist auch im Falle einer nachfolgenden Insolvenzeröffnung weiterhin gegen den bisherigen Arbeitgeber vollstreckbar (*LAG Düsseld.* 7.11.2003 NZA-RR 2004, 206; *LAG Köln* 19.5.2008 LAGE § 109 GewO 2003 Nr. 6). Andererseits ist Voraussetzung für die Zwangsvollstreckung aus einem gerichtlichen Vergleich auch, dass sich die zu vollstreckende Handlung allein aus dem Inhalt des protokollierten Vergleichs ergibt. Deshalb kann aus einem gerichtlichen Vergleich, in dem sich ein Arbeitgeber zur Erteilung eines Arbeitszeugnisses »auf der Basis« eines Zwischenzeugnisses verpflichtet hat, die Zwangsvollstreckung bezüglich eines bestimmten Zeugnisinhalts schon dann nicht betrieben werden, wenn der Inhalt des Zwischenzeugnisses weder im Vergleichstext wiedergegeben noch der Text des Zwischenzeugnisses nach § 160 Abs. 5 ZPO dem Protokoll beigefügt ist (*LAG Hessen* 17.3.2003 ZTR 2004, 164 LS).

**110** Soweit ein Zeugnis **formal unvollständig** ist, weil es gar nicht oder nicht ordnungsgemäß – z. B. Paraphe statt Unterschrift – unterzeichnet ist, ist ein **Berichtigungsantrag** im Erkenntnisverfahren **unzulässig**, weil eine Änderung des Zeugnisses durch Neuausstellung **im Zwangsvollstreckungsverfahren durchgesetzt werden kann**. Insoweit stellt nämlich schon der konkrete Titel klar, wie das Zeugnis formal auszusehen hat. Ist ein Zeugnis nicht unterzeichnet, ist es formal unvollständig; eine nicht gehörige Erfüllung der Zeugniserteilungspflicht durch Ausstellung eines nicht ordnungsgemäßen Zeugnisses ist einer Nichterfüllung i. S. d. § 888 ZPO gleichzustellen (*LAG Hmb.* 28.3.2000 NZA 2001, 576 LS).

**111** Ist der Arbeitgeber zur Erteilung eines qualifizierten Zeugnisses verurteilt worden, oder hat er sich dazu in einem gerichtlichen oder außergerichtlichen Vergleich verpflichtet und erteilt er ein Zeugnis, das den an ein qualifiziertes Zeugnis zu stellenden Anforderungen hinsichtlich Tätigkeitsbeschreibung und Leistungsbeurteilung an sich genügt, mit dessen Inhalt der Arbeitnehmer aber gleichwohl nicht einverstanden ist, weil er die Tätigkeitsbeschreibung für unvollständig und/oder die Leistungsbeurteilung für zu schlecht hält, so kann dies nicht im Zwangsvollstreckungsverfahren, sondern nur in einem **neuen Erkenntnisverfahren** geltend gemacht werden (vgl. *LAG Frankf.* 16.6.1989 LAGE § 630 BGB Nr. 7; *Schäfer* Die Abwicklung des beendeten Arbeitsverhältnisses, Rn. 88).

**112** Verpflichtet sich der Arbeitgeber dagegen in einem gerichtlichen Vergleich, ein Arbeitszeugnis nach einem Formulierungsvorschlag des Arbeitnehmers zu erteilen, von dem er nur aus wichtigem Grund abweichen darf, dann sind zwar Abweichungen nur gestattet, wenn der Vorschlag Schreibfehler oder grammatikalische Fehler oder inhaltlich unrichtige Angaben enthält, für die der Arbeitgeber darlegungs- und beweispflichtig ist. Bei dieser Auslegung ist die titulierte Zeugnisverpflichtung aber hinreichend bestimmt. Ob sie durch das erteilte Zeugnis erfüllt worden ist, hat das Vollstreckungsgericht dann im Zwangsvollstreckungsverfahren zu klären (*LAG Köln* 2.1.2009 LAGE § 888 ZPO 2002 Nr. 1). Auch ein Prozessvergleich, mit dem sich der Arbeitgeber verpflichtet, ein »pflichtgemäßes« qualifiziertes Zeugnis »entsprechend« einem vom Arbeitnehmer noch anzufertigenden Entwurf zu erstellen, hat einen vollstreckbaren Inhalt; der Arbeitgeber kann gem. § 888 ZPO dazu angehalten werden, ein Zeugnis mit den von diesem vorgegebenen Formulierungen – in den Grenzen des Grundsatzes der Zeugniswahrheit – zu erteilen. Trägt der Arbeitgeber dann Umstände dafür vor, dass der vom Arbeitnehmer verlangte Zeugnistext in einzelnen Punkten nicht wahrheitsgemäß ist und erteilt er unter Berücksichtigung dieser Umstände auf der Grundlage des Entwurfs des Arbeitnehmers ein modifiziertes Zeugnis, ist der Zwangsvollstreckungsantrag zurückzuweisen. Denn ein etwaiger Streit über den Inhalt des Zeugnisses ist nicht im Rahmen der Zwangsvollstreckung, sondern ggf. in einem neuen vom Arbeitnehmer anzustrengenden auf Zeugnisberichtigung gerichteten Erkenntnisverfahren auszutragen (*BAG* 9.9.2011 EzA § 109 GewO Nr. 8; *LAG Hamm* 4.8.2010 1 Ta 196/10; a. A. *LAG Düsseld.* 10.6.2011 – 13 Ta 203/11, AuR 2011, 369 LS).

Verpflichtet sich der Arbeitgeber in einem gerichtlichen Vergleich, dem Arbeitnehmer ein Arbeitszeugnis mit der zusammenfassenden Leistungsbeurteilung »zu meiner vollen Zufriedenheit« zu erteilen und stellt er erst danach erhebliche Leistungsmängel des Arbeitnehmers fest, so kann dies den Arbeitgeber zu einer Anfechtung des Vergleichs gem. § 119 Abs. 2 BGB (Irrtum über eine verkehrswesentliche Eigenschaft) berechtigen, mit der Folge, dass der ursprüngliche Rechtsstreit fortzusetzen ist. Dies beseitigt aber bis zur Entscheidung nicht die Vollstreckbarkeit des gerichtlichen Vergleichs nach § 794 Abs. 1 Nr. 1 ZPO (*LAG Köln* 7.5.2008 LAGE § 794 ZPO 2002 Nr. 4). 113

Ein Titel auf Erteilung eines Arbeitszeugnisses ist insoweit **nicht vollstreckbar**, als er auch auf die Erzwingung der Erteilung eines »**wohlwollenden**« **Zeugnisses** gerichtet ist. Denn dann fehlt es an der erforderlichen Vollstreckungsfähigkeit des Titels, da der betreffende Begriff völlig unbestimmt und somit nicht geeignet ist, die vom Arbeitgeber vorzunehmende Handlung in ausreichender Weise näher zu bestimmen (*LAG RhPf* 25.3.2008 – 8 Ta 39/08, EzA-SD 26/2008 S. 16 LS). 114

### XII. Sonstige Auskünfte des Arbeitgebers

Siehe die Ausführungen bei Kap. 2 Rdn. 391 ff. 115

## B. Aufbewahrungs- und Herausgabepflichten

### I. Herausgabe von Arbeitspapieren; kein Zurückbehaltungsrecht

Der Arbeitgeber ist gem. § 312 SGB III verpflichtet, dem Arbeitnehmer zur Vorlage beim Arbeitsamt alle Tatsachen zu bescheinigen, die für die Entscheidung der Arbeitsverwaltung über den Anspruch des ehemaligen Arbeitnehmers auf Arbeitslosengeld erheblich sein können. Insoweit ist der Arbeitgeber zudem verpflichtet, die Arbeitsbescheinigung bei Beendigung des Arbeitsverhältnisses neben anderen Arbeitspapieren (Zeugnis, Urlaubsbescheinigung nach § 6 Abs. 2 BUrlG, die Lohnsteuerkarte, das Sozialversicherungsnachweisheft sowie eine Bescheinigung nach § 19 Abs. 3 BKGG) herauszugeben (vgl. dazu ausf. *Schäfer* Die Abwicklung des beendeten Arbeitsverhältnisses, Rn. 38 ff.). 116

Der Anspruch ist fällig mit der Beendigung des Arbeitsverhältnisses; aus technischen und organisatorischen Gründen ist dem Arbeitgeber aber ein **gewisser zeitlicher Spielraum** einzuräumen. 117

Ein Zurückbehaltungsrecht an den Arbeitspapieren nach § 273 BGB hat der Arbeitgeber nicht (*Becker-Schaffner* DB 1983, 1306). Denn dem Arbeitgeber sollen **keine Zwangsrechte zur Arbeitserfüllung** eingeräumt werden; der Arbeitnehmer benötigt sie zudem wegen der öffentlich-rechtlichen Verpflichtungen und zur Wahrnehmung seiner Grundrechte aus Art. 12 GG. Dieses Ergebnis rechtfertigt sich auch daraus, dass der Arbeitgeber die Leistung der Dienste aus dem Arbeitsverhältnis 118 nicht erzwingen kann (*Schäfer* Die Abwicklung des beendeten Arbeitsverhältnisses, Rn. 14). Verweigert der Arbeitgeber die Herausgabe, kann der Arbeitnehmer im Klagewege vorgehen. Auch der Erlass einer **einstweiligen Verfügung** kommt in Betracht; für das Vorliegen des Verfügungsgrundes muss der Arbeitnehmer aber glaubhaft machen, dass die konkreten Arbeitspapiere für eine konkrete Arbeitsstelle benötigt werden (*LAG Bln.* 3.12.2002 – 19 Ta 2126/01, EzA-SD 3/2002, S. 16 LS).

119 Macht ein Arbeitnehmer gegen den Arbeitgeber neben der Herausgabe der ausgefüllten Lohnsteuerkarte zugleich für den Fall nicht fristgerechter Ausfüllung und Herausgabe uneingeschränkt eine Entschädigung gem. § 61 Abs. 2 ArbGG geltend, sind mit der Entschädigung i. d. R. sämtliche Schadensersatzansprüche wegen der Nichtherausgabe (auch wegen entgangener Lohnsteuererstattung) abgegolten (*BAG* 20.2.1997 EzA § 611 BGB Arbeitgeberhaftung Nr. 5).

## II. Darlegungs- und Beweislast

120 Für die ordnungsgemäße **Erfüllung** durch Herausgabe und Bescheinigung ist der **Arbeitgeber** darlegungs- und beweispflichtig, der **Arbeitnehmer** demgegenüber im Falle von **Schadensersatzansprüchen** bei verspäteter oder unrichtiger Erfüllung (§ 286 Abs. 1 BGB, §§ 280 ff., 241 Abs. 2 BGB; *BAG* 25.10.1967 AP Nr. 6 zu § 73 HGB; *Schäfer* Die Abwicklung des beendeten Arbeitsverhältnisses, Rn. 34).

## III. Aufbewahrungspflichten

121 Darüber hinaus bestehen gegenüber dem Arbeitnehmer Pflichten zur **Aufbewahrung von Unterlagen** als nachwirkende Fürsorgepflicht, allerdings in den zeitlichen Grenzen von tariflichen Verfallklauseln, Verjährungsvorschriften oder § 242 BGB. Nach Auffassung von *Wank* (MünchArbR § 129 Rn. 2) ist die Verjährungsfrist von zum Teil 30 Jahren in Bezug auf den Anspruch allerdings im Hinblick auf eine Aufbewahrung regelmäßig zu lang, sodass sich aus Gründen der Zumutbarkeit nach § 242 BGB engere Grenzen ergeben; zu beachten ist in diesem Zusammenhang allerdings, dass durch §§ 195 ff. BGB die regelmäßige Verjährungsfrist nunmehr auf drei Jahre verkürzt worden ist.

## IV. Sonderregelungen

122 Sonderregelungen enthalten § 257 HGB (Quittungen über Zahlung von Arbeitslohn, die unter bestimmten Voraussetzungen sechs Jahre lang aufbewahrt werden müssen), § 147 AO, § 41 Abs. 1 S. 8 EStG (Lohnkonten).

## V. Herausgabepflicht des Arbeitnehmers; keine Übernahmepflicht

123 Der Arbeitnehmer ist verpflichtet, die **Arbeitsmittel** (Werkzeug, Geschäftsunterlagen) gem. § 667 BGB analog, §§ 861, 985 BGB dem Arbeitgeber **herauszugeben**. Ein Zurückbehaltungsrecht nach § 273 BGB steht dem Arbeitnehmer grds. nicht zu.

Kommt er der Herausgabepflicht **verspätet** nach, weil er sich in den Eigenbesitz der Sachen gesetzt hat, so kommen Ansprüche auf **Schadensersatz** nach §§ 992, 823 BGB sowie auf **Nutzungsentschädigung** nach §§ 990, 989, 987 BGB in Betracht. Liegt keine verbotene Eigenmacht vor, können Ansprüche aus § 286 Abs. 1 BGB (Schadensersatz) und aus §§ 687 Abs. 1, 667 BGB (Nutzungsherausgabe) bestehen. Ist dem Arbeitnehmer der Anspruch auf Herausgabe schuldhaft unmöglich geworden, so ist er nach § 280 BGB dem Arbeitgeber zum Schadensersatz verpflichtet (vgl. *Busemann* Die Haftung des Arbeitnehmers gegenüber dem Arbeitgeber und Dritten, Rn. 89 ff.).

### 1. Grundlagen

123a Der Herausgabeanspruch folgt z. B. aus § 667 BGB analog, denn die auftragsrechtlichen Regelungen enthalten allgemeine Grundsätze, die auch für Arbeitsverhältnisse gelten (*BAG* 11.4.2006 EzA § 667 BGB 2002 Nr. 1). Danach ist der Arbeitnehmer wie ein Beauftragter verpflichtet, dem Arbeitgeber alles, was er zur Ausführung der ihm übertragenen Arbeit erhalten und was er aus dem Arbeits-

## B. Aufbewahrungs- und Herausgabepflichten Kapitel 9

verhältnis erlangt hat, herauszugeben. Hierzu zählen auch **Geschäftsunterlagen** (*BAG* 14.12.2011 EzA § 667 BGB 2002 Nr. 2). Zur Ausführung der übertragenen Arbeit erhalten hat der Arbeitnehmer alles, was ihm zum Zwecke der **Durchführung des Arbeitsverhältnisses vom Arbeitgeber zur Verfügung gestellt** worden ist. Aus dem Arbeitsverhältnis erlangt ist jeder Vorteil, den der Arbeitnehmer aufgrund eines **inneren Zusammenhangs** mit dem Arbeitsverhältnis erhalten hat. Hierzu gehören Unterlagen, die dem Arbeitnehmer vom Arbeitgeber bzw. dessen Repräsentanten zur Verfügung gestellt worden sind (§ 667 Alt. 1 BGB), und die er während des Arbeitsverhältnisses, beispielsweise durch einen Schriftverkehr mit Dritten, erlangt hat (§ 667 Alt. 2 BGB; *BAG* 14.12.2011 EzA § 667 BGB 2002 Nr. 2). Aus der Geschäftstätigkeit i. S. d. § 667 BGB erlangt sind auch die vom Arbeitnehmer im Zusammenhang mit seiner Tätigkeit **selbst angelegten Akten**, sonstige Unterlagen und Dateien – mit Ausnahme von privaten Aufzeichnungen (*BAG* 14.12.2011 EzA § 667 BGB 2002 Nr. 2; vgl. *BGH* 11.3.2004 NJW-RR 2004, 1290).

Der Arbeitnehmer trägt im Übrigen bei Rückgabe der dem Arbeitgeber gehörenden Gegenstände die **Transportgefahr**, weil der Erfüllungsort für diese Rückgabeverpflichtung die Betriebsstätte des Arbeitgebers ist. Der Arbeitnehmer handelt insoweit grob fahrlässig, sodass er Schadensersatz schuldet, wenn er schon benutzte Behältnisse nicht gesondert verschließt und verpackt, sodass der Inhalt ausläuft und die anderen Geräte unbrauchbar macht (*LAG RhPf* 8.5.1996 NZA-RR 1997, 163). 124

Der Arbeitgeber trägt allerdings die Darlegungs- und Beweislast dafür, dass die beschädigten Gegenstände diejenigen sind, die der Arbeitnehmer verschickt hat (*LAG RhPf* 8.5.1996 NZA-RR 1997, 163). 125

### 2. Zurückbehaltungsrecht (§ 273 BGB)

Hinsichtlich eines **Zurückbehaltungsrechts (§ 273 BGB)** an den Geschäftsunterlagen dürfen dem Arbeitnehmer zwar aus rechtsstaatlichen Gründen keine zivil- oder arbeitsrechtlichen Nachteile entstehen, wenn er – jedenfalls soweit er keine wissentlich unwahren oder leichtfertig falschen Angaben macht – **staatsbürgerliche Rechte** im Rahmen eines Straf- oder behördlichen Ermittlungsverfahrens wahrnimmt (*BVerfG* 2.7.2001 EzA BGB § 626 Nr. 188; *EGMR* 21.7.2011 NZA 2011, 1269). Aber auch wenn man davon ausgeht, dass die verfassungsrechtlichen Rechte des Arbeitnehmers (Art. 2 Abs. 1 GG i. V. m. Rechtsstaatsprinzip) in die **Schutz- und Rücksichtnahmepflicht** des Arbeitgebers gem. § 241 Abs. 2 BGB ausstrahlen, folgt daraus noch kein Recht des Arbeitnehmers, Geschäftsunterlagen weiterhin behalten zu können, wenn er z. B. mit einer Anzeigenerstattung bei der Staatsanwaltschaft bereits die von der Rechtsordnung erlaubten und gebilligten Möglichkeiten wahrgenommen hat, die seiner Meinung nach beanstandungswürdigen Vorgänge beim Arbeitgeber aufzuzeigen und sie von den dafür zuständigen staatlichen Stellen prüfen zu lassen (*BAG* 14.12.2011 EzA § 667 BGB 2002 Nr. 2). Durch die Übersendung der Unterlagen an diese Behörden hat er dann seine staatsbürgerlichen Rechte ausgeübt. Seinem Anliegen ist damit hinreichend Rechnung getragen. Für einen weiteren Verbleib der Geschäftsunterlagen in seinem Besitz gibt es keine Grundlage. Der Hinweis, er benötige sie, um sich mit ihrer Hilfe in einem möglichen späteren zivil- oder strafrechtlichen Verfahren verteidigen zu können, rechtfertigt einen weiteren Verbleib nicht. Dies gilt umso mehr, als der Arbeitnehmer dann einen Anspruch auf Gewährung von **Akteneinsicht** hätte, wenn sich in den entsprechenden Akten für ihn entlastendes Material befindet. Damit bestünde eine hinreichende Möglichkeit, die dann noch notwendigen Informationen aus den Unterlagen für seine eigene »Verteidigung« zu erlangen. Eines Zurückbehaltungsrechts an den Geschäftsunterlagen zum Zwecke einer künftigen Verteidigung in einem Zivil- oder Strafverfahren bedarf es demgemäß nicht (*BAG* 14.12.2011 EzA § 667 BGB 2002 Nr. 2). 125a

### 3. Erfüllung (§ 362 BGB)

Der Herausgabeanspruch erlischt wegen Erfüllung (§ 362 Abs. 1 BGB), wenn die geschuldete Leistung an den Gläubiger endgültig bewirkt worden ist. Daran fehlt es, wenn der Schuldner ohne Anerkennung seiner Schuld unter dem Vorbehalt einer Rückforderung ohne Veränderung der den Gläubiger treffenden Beweislast seine Leistung erbringt. Ein solcher Vorbehalt ist regelmäßig anzuneh- 125b men, wenn die Leistung des Schuldners an den Gläubiger aufgrund eines vorläufig vollstreckbaren Urteils und eines anhängigen Berufungsverfahrens nur zur Vermeidung der Zwangsvollstreckung erfolgt (*BAG* 14.12.2011 EzA § 667 BGB 2002 Nr. 2).

### 4. Ausgleichsklausel

125c Der aus § 667 BGB folgende Herausgabeanspruch wird von einer **Ausgleichsklausel**, dass »mit der Erfüllung dieses Vertrages ... alle wechselseitigen Ansprüche der vertragschließenden Parteien aus dem Dienstverhältnis gegenseitig abgegolten« sind, **nicht erfasst**. Dazu gehören zwar grds. alle Ansprüche, die die Arbeitsvertragsparteien gegeneinander haben. Maßgeblich ist der Bereich, in dem der Anspruch entsteht, nicht seine materiell-rechtliche Grundlage (*BAG* 14.12.2011 EzA § 667 BGB 2002 Nr. 2). Hat ein Anspruch seinen Grund in der arbeitsvertraglichen Beziehung der Parteien, ist er ein Anspruch aus dem Arbeits- bzw. Dienstverhältnis (*BAG* 19.1.2011 EzA BGB 2002 § 611 Aufhebungsvertrag Nr. 9). Dementsprechend werden nicht nur die sich unmittelbar aus dem Arbeitsvertrag selbst ergebenden Ansprüche von der Ausgleichsklausel erfasst, sondern beispielsweise auch wechselseitige Ansprüche aus einem nachvertraglichen Wettbewerbsverbot (*BAG* 18.12.1984 EzA TVG § 4 Ausschlussfristen Nr. 61) oder Schadensersatzansprüche aus unerlaubter Handlung (*BAG* 30.10.2008 EzA TVG § 4 Ausschlussfristen Nr. 192).

125d Mit einer Ausgleichsklausel im Rahmen einer detaillierten Aufhebungsvereinbarung wollen die Parteien regelmäßig auch ihr Arbeitsverhältnis abschließend bereinigen und alle Ansprüche erledigen, gleichgültig, ob sie bei Vergleichsschluss an sie gedacht haben oder nicht (*BAG* 19.11.2003 EzA BGB 2002 § 611 Aufhebungsvertrag Nr. 2). Allerdings werden von Ausgleichsklauseln in Aufhebungsvereinbarungen, die vor dem in der Aufhebungsvereinbarung geregelten Beendigungszeitpunkt vereinbart werden, solche Forderungen regelmäßig nicht erfasst, die im **fortbestehenden Arbeitsverhältnis** zeitlich nach Vereinbarung der Ausgleichsklausel entstehen oder zwar bereits entstanden sind, jedoch von den Parteien eines Aufhebungsvertrages **typischerweise nicht bedacht werden (können)**. Gerade bei in die Zukunft gerichteten Aufhebungsvereinbarungen bestehen die arbeitsvertraglichen Haupt- und Nebenpflichten fort. Deshalb bezwecken die Parteien bei einem in der Zukunft liegenden Beendigungstermin regelmäßig nicht, ein noch nicht beendetes Arbeitsverhältnis mit dem Aufhebungsvertrag vollständig zu suspendieren und abzuwickeln; anderes gilt nur, wenn sich hierfür aus der vertraglichen Vereinbarung der Parteien deutliche Anhaltspunkte ergeben (*BAG* 14.12.2011 EzA § 667 BGB 2002 Nr. 2).

### 5. Klageantrag

125e Nach § 253 Abs. 2 Nr. 2 ZPO ist ein Klageantrag **hinreichend bestimmt**, wenn er den erhobenen Anspruch **konkret bezeichnet**. Dadurch werden der Rahmen der gerichtlichen Entscheidungsbefugnis (§ 308 ZPO) abgesteckt und Inhalt und Umfang der materiellen Rechtskraft der begehrten Entscheidung (§ 322 ZPO) festgelegt. Zugleich wird vermieden, dass das Risiko eines Unterliegens des Klägers durch eine vermeidbare Ungenauigkeit auf den Beklagten abgewälzt oder der Streit in ein sich anschließendes Zwangsvollstreckungsverfahren verlagert wird. Maßgeblich für die Bestimmtheit eines Klageantrags sind die Besonderheiten des anzuwendenden materiellen Rechts und die Umstände des Einzelfalls. Hierbei ist das zu **schützende Interesse des Beklagten**, sich gegen die Klage erschöpfend verteidigen zu können, sowie sein **Interesse an der Rechtsklarheit** und Rechtssicherheit hinsichtlich der Entscheidungswirkungen mit dem ebenfalls schutzwürdigen Interesse des **Klägers** an einem **wirksamen Rechtsschutz** abzuwägen. Generalisierende Formulierungen können daher im Einzelfall unvermeidlich sein. Andernfalls würde die Möglichkeit, gerichtlichen Rechtsschutz zu erlangen, durch prozessuale Anforderungen unzumutbar erschwert, wenn nicht gar beseitigt (*BAG* 17.5.2011 NZA 2011, 1169; 22.6.2010 EzA GG Art. 9 Nr. 101).

125f Nach diesen Grundsätzen müssen im Klageantrag genannte **Geschäftsunterlagen** zum einen so konkretisiert sein, dass der Beklagte erkennen kann, welche Unterlagen von ihm verlangt werden; dem steht z. B. nicht entgegen, dass eine Herausgabe der beim Beklagten vorhandenen Unterlagen »im Original und/oder Kopie« verlangt wird. Im Fall einer Zwangsvollstreckung sind sie – zumal wenn ein eindeutiger Bezug zu einem vom Beklagten an die Staatsanwaltschaft übermittelten Ordner besteht – **identifizierbar**. Zum anderen ist die auszulegende Formulierung »und/oder« eindeutig. Der Antrag auf Herausgabe bezieht sich auf die jeweilige Form der Geschäftsunterlage, die der Beklagte in seinem Besitz hat. Die entsprechende Formulierung soll den Beklagten eindeutig zur – vollständigen – Herausgabe der benannten Geschäftsunterlagen unabhängig von ihrer jeweiligen Form verpflichten (*BAG* 14.12.2011 EzA § 667 BGB 2002 Nr. 2).

### 6. Übernahme von Arbeitsmitteln

Der Arbeitnehmer ist nach Beendigung des Arbeitsverhältnisses nicht verpflichtet, ihm zur Verfügung gestellte Arbeitsmittel zu übernehmen (*LAG München* 30.5.2001 FA 2002, 92 LS). 126

## C. Nachvertragliches Wettbewerbsverbot

### I. Grundlagen

### 1. Normative Regelungen

**Nach Beendigung des Arbeitsverhältnisses besteht kein gesetzliches Wettbewerbsverbot** (*BAG* 19.5.1998 EzA § 74 HGB Nr. 61). Dem Arbeitgeber kann aber gleichwohl daran gelegen sein, zu verhindern, dass der Arbeitnehmer die bei ihm erlangten Kenntnisse in einem Konkurrenzunternehmen einsetzt. § 110 GewO gestattet deshalb für alle Arbeitsverhältnisse (mit einer Verweisung auf §§ 74 ff. HGB), **§ 12 BBiG** für Auszubildende die Vereinbarung eines nachvertraglichen Wettbewerbsverbots, binden sie aber an besondere Voraussetzungen. Die wichtigste besteht darin, dass der Arbeitgeber dem Arbeitnehmer eine sog. **Karenzentschädigung** zahlen muss, also einen Ausgleich dafür, dass er gehindert ist, in einem anderen Unternehmen in seinem Beruf seinen Lebensunterhalt zu verdienen. 127

### 2. Abgrenzung zu freien Mitarbeitern

(derzeit unbesetzt) 128

Keine Anwendung finden die Vorschriften dagegen für freie Mitarbeiter, die als Selbstständige tätig sind. Für sie ergibt sich ebenso wie für Organmitglieder juristischer Personen eine Grenze für vertragliche Vereinbarungen nur aus § 138 BGB (*BGH* 26.3.1984 BGHZ 91, 1). 129

§§ 74 ff. HGB sind aber (**analog**) anwendbar für **freiberufliche Tätigkeiten**, die durch Angestellte ausgeübt werden, jedenfalls wenn sie wirtschaftlich abhängig sind (*BAG* 21.1.1997 EzA § 74 HGB Nr. 59), sowie nach Auffassung von *Wank* (MünchArbR § 106 Rn. 6) für angestellte GmbH-Geschäftsführer. Wird allerdings mit einem »freien Mitarbeiter« vereinbart, er dürfe nicht für ein Unternehmen tätig sein, das mit dem Vertragspartner **in Wettbewerb steht**, ist es ihm nicht verwehrt, für ein anderes Unternehmen tätig zu werden, dessen Produktions- und Dienstleistungsangebot sich nicht mit dem des Vertragspartners überschneidet (*BAG* 21.1.1997 EzA § 74 HGB Nr. 59). 130

### 3. Vereinbarung vor Beendigung des Arbeitsverhältnisses

§§ 74 ff. HGB gelten nur, wenn das Wettbewerbsverbot **bei der Begründung oder während des Bestehens des Arbeitsverhältnisses vereinbart wurde**, z. B. auch mehrere Monate vor Beendigung des Arbeitsverhältnisses in einem Aufhebungsvertrag (*BAG* 3.5.1994 EzA § 74 HGB Nr. 56), nicht dagegen für nach der Beendigung getroffene Vereinbarungen. 131

> So kann z. B. eine Regelung in einem Aufhebungsvertrag, mit der dem ausgeschiedenen Arbeitnehmer für die Dauer von sechs Monaten nach Beendigung seines Arbeitsverhältnisses untersagt wird, selbst oder mit Hilfe Dritter, Mitarbeiter seiner früheren Arbeitgeberin für eigene Zwecke abzuwerben, ein nachvertragliches Wettbewerbsverbot analog § 74 HGB darstellen, auch wenn die Parteien gleichzeitig eine früher vereinbarte Kundenschutzklausel aufheben, wenn der ausgeschiedene Arbeitnehmer durch diese Regelung in seinen beruflichen Möglichkeiten mehr als 132

nur unerheblich eingeschränkt wird. Das ist insbesondere dann der Fall, wenn die frühere Arbeitgeberin mit hoch qualifizierten Arbeitnehmern Dienstleistungen für und bei Kunden erbringt und die persönliche Leistungserbringung durch die betreffenden Arbeitnehmer regelmäßig essentieller Bestandteil der Vertragsbeziehungen mit den Kunden ist (*ArbG Bln.* 11.2.2005 – 9 Ca 144/05, EzA-SD 12/2005, S. 13 LS).

### 4. Arbeitnehmer im Ruhestand

133 Ein (nach)vertragliches Wettbewerbsverbot soll im Zweifel nicht mit dem Ruhestand des Arbeitnehmers außer Kraft treten. Diese Auslegungsregel gilt auch dann, wenn der Arbeitnehmer eine Betriebsrente bezieht (*BAG* 30.10.1984 EzA § 74 HGB Nr. 44).

### 5. Betriebsgeheimnisse; Abgrenzung

134 Zu beachten ist, dass der Arbeitnehmer Betriebsgeheimnisse auch ohne Vereinbarung und ohne Karenzentschädigung wahren muss. Der Arbeitgeber kann sich aber nicht durch einseitige Erweiterung des Begriffs Betriebsgeheimnis die Vorteile des kostenlosen Wettbewerbsverbots verschaffen. Wenn also der Arbeitgeber dem Arbeitnehmer als Betriebsgeheimnis, das zu wahren ist, die Verwendung der Kundenlisten untersagt, liegt darin ein Wettbewerbsverbot, das nur unter den Voraussetzungen der §§ 74 ff. HGB beachtlich ist (*BAG* 15.12.1987 EzA § 611 BGB Betriebsgeheimnis Nr. 1).

### 6. Möglicher Inhalt von Wettbewerbsverboten

135 Durch die Wettbewerbsabrede kann dem Arbeitnehmer jede Konkurrenz in einem anderen Unternehmen verboten sein (**allgemeine Konkurrenzklausel**) oder auch nur die Konkurrenztätigkeit in seinem bisherigen Arbeitsgebiet (**partielle Konkurrenzklausel**).

136 Ein **bedingtes Wettbewerbsverbot** liegt vor, wenn sich der Arbeitgeber die Entscheidung vorbehält, ob er das Wettbewerbsverbot in Anspruch nehmen will (s. Rdn. 173 ff.).

137 Zulässig ist jedenfalls die Vereinbarung einer aufschiebenden **Bedingung für das Inkrafttreten eines nachvertraglichen Wettbewerbsverbots** (*BAG* 13.7.2005 – 10 AZR 532/04, EzA-SD 22/2005 S. 6 = FA 2006, 27 LS). Wenn innerhalb einer im Arbeitsvertrag enthaltenen Vereinbarung unter der Überschrift »Wettbewerbsverbot« alle dieses Wettbewerbsverbot konstituierenden und ausgestaltenden Einzelelemente geregelt sind, und keine Regelungen enthalten sind, die damit in keinem Zusammenhang stehen, so ist eine innerhalb dieser Vereinbarung vorgesehene aufschiebende Bedingung für das Inkrafttreten des Wettbewerbsverbots **keine** »**überraschende Klausel**« i. S. v. § 305c Abs. 1 BGB. Es mangelt insoweit an dem dafür vorausgesetzten »Überrumpelungs- oder Übertölpelungseffekt« (*BAG* 13.7.2005 – 10 AZR 532/04, EzA-SD 22/2005 S. 6).

138 Bei einer beschränkten **Mandantenschutzklausel** ist es dem Angestellten, der sich selbstständig machen will, verboten, frühere Kunden seines Arbeitgebers zu umwerben. Allgemeine Mandantenschutzklauseln enthalten ein Verbot, frühere Mandanten auch nur zu betreuen. Bei steuerberatenden Berufen sind Mandantenschutzklauseln zulässig (*BAG* 27.9.1988 EzA § 611 BGB Konkurrenzklausel Nr. 1), bei Rechtsanwälten gem. § 3 BRAO nicht. Selbst wenn sie danach zulässig ist, darf die **Bindungsdauer von zwei Jahren nicht überschritten werden**. Eine längere Bindung beschränkt die Arbeitnehmerin in unzulässiger Weise in ihrer beruflichen Tätigkeit; die geltungserhaltende Reduktion einer solchen Klausel auf eine zweijährige Bindung ist nicht möglich (*BAG* 7.8.2002 EzA § 74 HGB Nr. 62; *LAG Köln* 24.8.2007 NZA-RR 2008, 10). Die arbeitsvertragliche Verpflichtung einer **Steuerassistentin**, im Falle des Ausscheidens für fünf Jahre 20 % des Jahresumsatzes mit solchen Mandanten an ihren ehemaligen Arbeitgeber als Entschädigung abzuführen, die sie von diesem übernommen hat, stellt als verdeckte Mandantenschutzklausel eine Umgehung i. S. v. § 75d S. 2 HGB dar. Der ehemalige Arbeitgeber kann deshalb aus einer solchen Vereinbarung keine Ansprüche herleiten (*BAG* 7.8.2002 EzA § 74 HGB Nr. 62).

## C. Nachvertragliches Wettbewerbsverbot

Eine Kundenschutzklausel, durch die sich ein Mitarbeiter, **der PC-Programmierungen** durchführt, verpflichtet, bis zu zwei Jahre nach Beendigung der jeweiligen Projekte weder direkt noch indirekt für den jeweiligen Kunden seines Auftraggebers tätig zu werden, stellt i. d. R. eine Wettbewerbsabrede i. S. d. §§ 74 ff. HGB dar (*LAG Köln* 2.6.1999 – 2 Sa 138/99). 139

Entsprechend dem Schutzzweck der §§ 74 ff. HGB werden die verschiedensten Formen von Wettbewerbsbeschränkungen, z. B. das Verbot, in einem Konkurrenzunternehmen zu arbeiten, das Gebot der Einhaltung von Schweigepflichten sowie Rückgewährpflichten erfasst. 140

### II. Voraussetzungen

#### 1. Schriftform

Das Wettbewerbsverbot bedarf nach § 74 Abs. 1 HGB der Schriftform (**§§ 125, 126 BGB**); ein unter Verstoß gegen diese Norm vereinbartes Wettbewerbsverbot ist gem. § 125 BGB nichtig (*BAG* 14.7.2010 EzA § 74 HGB Nr. 72 zum Vorvertrag). Der Form ist genügt, wenn zwar die Wettbewerbsabrede nicht unterschrieben ist, sie aber fest mit dem unterschriebenen Arbeitsvertrag verbunden ist. Die Urkunde muss alle die mit der Wettbewerbsabrede getroffenen Einzelheiten enthalten, d. h. sowohl das Wettbewerbsverbot nach Ort, Zeit und Inhalt als auch die Verpflichtung des Arbeitgebers zur Zahlung der Karenzentschädigung und deren Höhe. Für die Einhaltung der Schriftform des § 126 Abs. 2 BGB reicht es aus, wenn sich der wesentliche Inhalt des Rechtsgeschäfts aus einer den gesetzlichen Vorgaben entsprechenden Gesamturkunde ergibt. Bei einer in Bezug genommenen Anlage muss die Zusammengehörigkeit in geeigneter Weise zweifelsfrei kenntlich gemacht worden sein. Die Schriftstücke müssen im Augenblick der Unterzeichnung äußerlich als einheitliche Urkunde erkennbar gewesen sein, also tatsächlich eine Einheit gebildet haben. Dagegen ist eine feste körperliche Verbindung nicht zwingend notwendig (*BAG* 14.7.2010 EzA § 74 HGB Nr. 72). 141

Soll ein nachvertragliches Wettbewerbsverbot für eine KG »nur« durch einen **Prokuristen** unterschrieben werden, so wird das gesetzliche Schriftformerfordernis nur über den Vertretungszusatz der §§ 51, 53 Abs. 2 HGB (»ppa«) gewahrt (*LAG Hamm* 10.1.2005 NZA-RR 2005, 428). Auch die Zusage einer Karenzentschädigung in Allgemeinen Geschäftsbedingungen ist wirksam, wenn lediglich auf § 74 HGB verwiesen wird. Jedenfalls aber kann sich der Verwender der AGB nicht auf die Unwirksamkeit der Zusage berufen, wenn der Arbeitnehmer sich an das Wettbewerbsverbot hält (*LAG Nbg.* 16.6.2005 LAGE § 74 HGB Nr. 21); dies gilt auch bei einer Kündigung des Arbeitsverhältnisses durch den Arbeitgeber in der Probezeit (*BAG* 28.6.2006 EzA § 74 HGB Nr. 68). 142

Haben die Parteien im Arbeitsvertrag ein sechsmonatiges nachvertragliches Wettbewerbsverbot vereinbart und treffen sie während des Arbeitsverhältnisses eine **Vereinbarung über eine Verlängerung** der Laufzeit, die sich jedoch **als formnichtig erweist**, so besteht das Wettbewerbsverbot mit der ursprünglich vereinbarten Laufzeit fort (*LAG Köln* 8.6.2005 – 7 Sa 679/2004, EzA-SD 6/2006 S. 7 LS). Wird dagegen ein schriftlicher befristeter Arbeitsvertrag, der eine Vereinbarung über ein nachvertragliches Wettbewerbsverbot enthält, **nach seinem Ablauf mündlich verlängert**, so ist das Wettbewerbsverbot mangels Einhaltung der Schriftform hinfällig (*LAG Hamm* 14.2.2007 LAGE § 74 HGB Nr. 21). 143

Die Urkunde muss dem Arbeitnehmer (auf Dauer; vgl. *LAG Nbg.* 21.7.1994 NZA 1995, 532 LS) **ausgehändigt werden** (§ 74 Abs. 1 HGB). Die Aushändigung muss nach Auffassung des *LAG Nbg.* (21.7.1994 NZA 1995, 532 LS) im unmittelbaren Zusammenhang mit dem Vertragsabschluss geschehen. Bei einer späteren Aushändigung kann das Wettbewerbsverbot nur dann noch wirksam werden, wenn der Arbeitnehmer ihr ausdrücklich oder stillschweigend zustimmt. 144

Der Arbeitgeber trägt die Beweislast für die Aushändigung der Urkunde. 145

Da die Aushändigung der Urkunde nur den **Informationszwecken des Arbeitnehmers dient**, ist es nach Auffassung des *LAG Hamm* (19.9.2003 – 7 Sa 863/03, EzA-SD 23/2003, S. 7 LS) dem Arbeitgeber verwehrt, sich bei unterbliebener Aushändigung auf eine daraus resultierende Formunwirksamkeit zu berufen. Die Karenzentschädigung ist die Gegenleistung für die Wettbewerbsenthaltung. Aus 146 dem Umkehrschluss zu § 74c Abs. 1 S. 3 HGB folgt danach, dass andere Gründe der objektiven Unmöglichkeit nicht den Wegfall der Karenzentschädigungspflicht bewirken.

**147** Unterbleibt allerdings die gesetzlich vorgesehene Übergabe der Originalurkunde, so hindert dies den Arbeitnehmer nicht daran, sich auf das Wettbewerbsverbot zu berufen, soweit die vorgesehene Schriftform eingehalten ist (*BAG* 23.11.2004 EzA § 74 HGB Nr. 65 m. Anm. *Kort* SAE 2005, 264). Da die Aushändigung nur den Informationszwecken des Arbeitnehmers dient, ist es umgekehrt dem Arbeitgeber verwehrt, sich bei unterbliebener Aushändigung auf eine daraus resultierende Formunwirksamkeit zu berufen. Denn die Karenzentschädigung ist die Gegenleistung für die Wettbewerbsenthaltung. Aus dem Umkehrschluss zu § 74c Abs. 1 S. 3 HGB folgt, dass andere Gründe der objektiven Unmöglichkeit nicht den Wegfall der Karenzentschädigungspflicht bewirken (*LAG Hamm* 19.9.2003 LAG Report 2004, 60).

### 2. Inhaltliche Voraussetzungen

#### a) Berechtigtes geschäftliches Interesse des Arbeitgebers (§ 74a Abs. 1 S. 1 HGB)

**148** Gemäß § 74 Abs. 1 S. 1 HGB ist ein nachvertragliches Wettbewerbsverbot insoweit unverbindlich, als es nicht zum Schutz eines berechtigten geschäftlichen Interesses des Prinzipials dient. § 74a HGB enthält eine rechtshindernde Einwendung, für die grundsätzlich der Arbeitnehmer darlegungs- und beweispflichtig ist (*LAG Nds.* 16.7.2009 NZA-RR 2009, 68). Für das folglich zunächst erforderliche berechtigte geschäftliche Interesse des Arbeitgebers gem. § 74a Abs. 1 S. 1 HGB ist ein konkreter Bezug zwischen der früheren und der vorgesehenen neuen Tätigkeit erforderlich, sodass **zu befürchten ist, dass der Arbeitnehmer Geschäftsgeheimnisse weitergibt oder den Kundenkreis des früheren Arbeitgebers umwirbt** (*BAG* 17.4.1964 AP Nr. 16 zu § 133 f. GewO). Von Leitenden Angestellten abgesehen (*BAG* 16.12.1968 EzA § 133 f. GewO Nr. 11), bei denen durch eine Wettbewerbsklausel die Tätigkeit in einem Konkurrenzunternehmen schlechthin, also auch eine Tätigkeit auf kaufmännischem Gebiet verboten werden kann, hat der Arbeitgeber grds. ein berechtigtes Interesse an der Unterlassung von Arbeiten im neuen Betrieb, die der **früheren Tätigkeit vergleichbar** sind.

#### b) Keine unbillige Erschwerung des Fortkommens des Arbeitnehmers

**149** Gleichwohl darf das Wettbewerbsverbot keine unbillige Erschwerung des Fortkommens des Arbeitnehmers (§ 74a Abs. 1 S. 2 HGB) nach Maßgabe des **Verhältnismäßigkeitsprinzips** bewirken. **Das Verbot muss nach Ort, Zeit und Inhalt angemessen sein.**

**150** So kann bei einem in der gesamten BRD **in mehreren Branchen tätigen Unternehmen** ein berechtigtes Interesse an einem umfassenden Wettbewerbsverbot bestehen. Würde dadurch aber dem Arbeitnehmer jede sinnvolle Verwertung seiner Arbeitskraft unmöglich gemacht, so muss dem Arbeitnehmer jedenfalls für eine bestimmte Gegend und für bestimmte Tätigkeitsbereiche auch eine Konkurrenztätigkeit erlaubt werden. **Im Übrigen kann ein Wettbewerbsverbot umso eher als wirksam anerkannt werden, je höher die zugesagte Karenzentschädigung ist** (*BAG* 2.12.1966 AP Nr. 18 zu § 133 f. GewO). Ein Wettbewerbsverbot, das dem Schutz der geschäftlichen Interessen des Arbeitgebers dient und auf das **Gebiet der alten Bundesländer beschränkt** ist, erschwert das berufliche Fortkommen des Arbeitnehmers nicht unbillig (*LAG Nds.* 8.12.2005 NZA-RR 2006, 426).

**151** Das Wettbewerbsverbot ist unverbindlich, wenn der Arbeitgeber damit das Ziel verfolgt, jede Stärkung der Konkurrenz durch den Arbeitsplatzwechsel zu verhindern, ohne dass die Gefahr der Weitergabe von Geschäftsgeheimnissen oder des Einbruchs in den Kundenstamm zu besorgen ist (*BAG* 1.8.1995 EzA § 74 HGB Nr. 57).

**152** Das Gesetz regelt nicht ausdrücklich den Anspruch auf Karenzentschädigung bei einem teilweise verbindlichen und teilweise unverbindlichen Wettbewerbsverbot. So ist z. B. das Verbot der Vertriebstätigkeit auf einer Handelsstufe, auf der sich der Arbeitgeber nicht betätigt, unwirksam, weil es regelmäßig nicht dem Schutz eines berechtigten geschäftlichen Interesses des Arbeitgebers nach § 74a Abs. 1 S. 1 HGB dient. Das *BAG* (21.4.2010 EzA § 74a HGB Nr. 14) hat insoweit ent-

## C. Nachvertragliches Wettbewerbsverbot

schieden, dass der Anspruch nicht voraussetzt, dass der Arbeitnehmer das Wettbewerbsverbot insgesamt beachtet; es genügt die Einhaltung des verbindlichen Teils.

### c) Höchstdauer von zwei Jahren

Das Wettbewerbsverbot darf nicht für eine längere Zeit als zwei Jahre vereinbart werden (§ 74a Abs. 1 S. 3 HGB). Aber auch bei der Vereinbarung einer kürzeren Frist kann es unwirksam sein, wenn die Voraussetzungen nach § 74a Abs. 1 S. 1, 2 HGB nicht erfüllt sind. Ein für eine längere Zeit als zwei Jahre vereinbartes Wettbewerbsverbot ist hinsichtlich des zwei Jahre überschreitenden Zeitraums unwirksam (BAG 2.12.1966 AP Nr. 18 zu § 133 f. GewO). **153**

### d) Karenzentschädigung

#### aa) Grundlagen

Das Wettbewerbsverbot ist grds. nur wirksam, wenn zugleich eine unbedingte Verpflichtung zur Zahlung einer Karenzentschädigung über mindestens die Hälfte des zuletzt bezogenen Entgelts vereinbart und in die Urkunde über die Wettbewerbsabrede aufgenommen wird. Ein nachvertragliches Wettbewerbsverbot ist deshalb z. B. nicht verbindlich, wenn in einer Vertragsergänzung zum Anstellungsvertrag nicht mehr auf »50 % der zuletzt bezogenen Leistungen« abgestellt wird, sondern auf »die Hälfte der zuletzt bezogenen vertragsmäßigen monatlichen Leistungen« (*LAG Düsseld.* 10.12.2002 NZA-RR 2003, 570). **154**

Der Arbeitgeber muss sich **ausdrücklich** zur Zahlung der Karenzentschädigung verpflichten. Allerdings genügt auch ein Hinweis auf »die gesetzlich vorgesehene« Entschädigung (*BAG* 14.8.1975 EzA § 74 HGB Nr. 34); **im Zweifel liegt darin die Zusage einer Karenzentschädigung in der gesetzlichen Mindesthöhe** (*BAG* 28.6.2006 EzA § 74 HGB Nr. 68). Fraglich ist, ob der allgemeine Hinweis auf die §§ 74 ff. HGB ausreicht. Dagegen spricht nach Auffassung von *Wank* (MünchArbR § 107 Rn. 20), dass der Arbeitnehmer dadurch nicht deutlich genug über seine Rechte aufgeklärt wird. Ein nachvertragliches Wettbewerbsverbot ist für den Arbeitnehmer **jedenfalls unverbindlich, wenn die Wettbewerbstätigkeit von der vorherigen schriftlichen Zustimmung des Arbeitgebers abhängig gemacht wird** (*BAG* 4.6.1986 EzA § 74 HGB Nr. 47). **155**

Die Vereinbarung über ein nachvertragliches Wettbewerbsverbot muss so eindeutig formuliert sein, dass aus der Sicht des Arbeitnehmers kein vernünftiger Zweifel über den Anspruch auf Karenzentschädigung bestehen kann. Das gilt insbesondere dann, wenn sich der Arbeitgeber vorbehält, das Wettbewerbsverbot nachträglich örtlich und sachlich zu beschränken oder die Beschäftigung bei einem bestimmten Arbeitgeber freizugeben (*BAG* 5.9.1995 EzA § 74 HGB Nr. 57; s. a. *Bauer/Diller* DB 1997, 94 ff.). **156**

**Erreicht die zugesagte Entschädigung nicht mindestens die Hälfte des zuletzt bezogenen Entgelts, so ist das Wettbewerbsverbot insgesamt unwirksam.** **157**

Eine für den Verlust des Arbeitsplatzes in einem Aufhebungsvertrag, in dem zugleich ein nachvertragliches Wettbewerbsverbot vereinbart wurde, ohne dass eine Karenzentschädigung vorgesehen war, zugesagte **Abfindung ist keine Karenzentschädigung** i. S. d. § 74 Abs. 2 HGB (*BAG* 3.5.1994 EzA § 74 HGB Nr. 56). **158**

Vereinbaren die Parteien in einem Auflösungsvertrag zunächst die Zahlung einer Abfindung und sodann in einer gesonderten Bestimmung, dass **sie nur unter der Voraussetzung gezahlt wird, dass der Arbeitnehmer keine Tätigkeit bei einem Wettbewerber aufnimmt**, so verstößt letztere Bestimmung gegen § 74 HGB und ist **nichtig**. Sie kann auch nicht gleichzeitig als Geschäftsgrundlage (§ 313 BGB) des Vergleichs angesehen werden, sodass dieser hinsichtlich der Beendigung des Arbeitsverhältnisses und der Abfindungszahlung wirksam bleibt (*LAG Brem.* 25.2.1994 NZA 1994, 889). **159** *bb) Höhe und Berechnung der Karenzentschädigung; Arbeitsunfähigkeit*

160 Im Hinblick auf die Höhe der zu zahlenden Karenzentschädigung enthält § 74 Abs. 2 HGB die Grundsatzregelung, dass sie **mindestens die Hälfte des zuletzt bezogenen Entgelts betragen muss**; § 74b Abs. 2, 3 HGB enthalten Berechnungsvorschriften. **Bei der Berechnung sind alle Einkommensbestandteile zu berücksichtigen (einschließlich Leistungszulagen, Weihnachtsgeld, Urlaubsgeld, Provisionen, Gewinnbeteiligungen und Sachleistungen**; vgl. *BAG* 9.1.1990 EzA § 74 HGB Nr. 52; *LAG Hessen* 10.2.1997 LAGE § 74a HGB Nr. 1; s. dazu *Mückl/Otto* FA 2008, 297 ff.), **es sei denn es handelt sich um Bezüge, die zum Ersatz besonderer Auslagen dienen sollen** (§ 74b Abs. 3 HGB). Eine Sonderregelung für Bezüge in **wechselnder Höhe** enthält § 74 Abs. 2 HGB (maßgeblich ist der Durchschnittsbetrag der letzten drei Jahre); entscheidend ist, welche Beträge in diesem Zeitraum fällig werden, nicht dagegen, ob die Entgeltbestandteile in diesem Zeitraum verdient worden sind (*BAG* 16.11.1973 AP Nr. 34 zu § 74 HGB). Der Anspruch, einen **Dienst-Pkw auch privat nutzen zu dürfen**, ist bei der Berechnung der Karenzentschädigung nach den steuerlichen Regelungen **zu bewerten** (*LAG Hamm* 30.3.2000 – 16 Sa 1684/99).

161 Der Anspruch des Arbeitnehmers **entfällt im Übrigen nicht etwa deshalb, weil er arbeitsunfähig** ist und deshalb der Wettbewerb unterbleibt. Etwas anderes ergibt sich auch nicht aus § 313 Abs. 1 BGB (Wegfall der Geschäftsgrundlage). Denn nach den gesetzlichen Wertungen in § 74c Abs. 1 S. 3 und § 75a HGB liegt das Risiko, dass der Arbeitnehmer die Karenzentschädigung zu erhalten hat, obwohl er keinen Wettbewerb leisten kann, vom Fall der Freiheitsstrafe abgesehen, beim Arbeitgeber. Dieser ist darauf verwiesen, ein vereinbartes Wettbewerbsverbot während des Arbeitsverhältnisses durch einseitige Erklärung (s. Rdn. 180) mit Ablauf eines Jahres seit der Erklärung entfallen zu lassen (*BAG* 23.11.2004 EzA § 74 HGB Nr. 65; *LAG Köln* 17.3.2011 NZA-RR 2011, 513).

162 Die Höhe der Karenzentschädigung richtet sich gem. § 74 Abs. 2 HGB auch dann nach der letzten, vor Beendigung des Arbeitsverhältnisses bezogenen, vertragsgemäßen Vergütung, wenn ein Arbeitnehmer Elternteilzeit gem. § 15 Abs. 6 BErzGG (BEEG) in Anspruch genommen hat und sein Arbeitsverhältnis während der Elternzeit endet. Es ist dann weder auf die letzte vertragsgemäße Vergütung vor Beginn der Elternzeit abzustellen noch auf den dreijährigen Bezugszeitraum gem. § 74b Abs. 2 S. 1 HGB; maßgebend sind vielmehr die von dem Kläger vor seinem Austritt aus dem Arbeitsverhältnis bezogenen vertragsgemäßen Leistungen – auch bezogen auf ein Teilzeitarbeitsverhältnis während der Elternzeit (*BAG* 22.10.2008 EzA § 74 HGB Nr. 71; s. dazu *Hahn* FA 2010, 41 ff.).

163 Die Anrechnung anderweitigen Erwerbs bestimmt sich nach § 74c HGB. Danach ist eine anrechnungsfreie Grenze vorgesehen; die Summe der Karenzentschädigung zuzüglich des anderweitigen Erwerbs oder des böswillig unterlassenen Erwerbs darf 110 % oder im Falle einer notwendigen Wohnsitzverlegung 125 % der Grundbezüge nicht übersteigen

164 Eine **Abfindung**, die der Arbeitnehmer bei der Auflösung des Anschlussarbeitsverhältnisses erhält, ist im Rahmen des § 74c Abs. 1 S. 1 HGB **nicht anrechenbar** (*LAG Hamm* 30.3.2000 – 16 Sa 1684/99). Ein Arbeitnehmer, dessen Arbeitsverhältnis nach dem Arbeitsvertrag mit **Vollendung des 63. Lebensjahres endet**, unterlässt nicht böswillig anderweitigen Erwerb i. S. d. § 74c HGB, wenn er sich nicht mehr um eine weitere Beschäftigung bemüht.

165 Der Arbeitgeber kann auch durch das **Angebot der Weiterbeschäftigung** an den Arbeitnehmer dessen Anspruch auf Karenzentschädigung nicht beseitigen oder mindern. Lehnt er ein solches Weiterbeschäftigungsangebot ab, so unterlässt er nicht böswillig anderweitigen Erwerb i. S. d. § 74c HGB (*BAG* 3.7.1990 EzA § 74c HGB Nr. 29).

166 Ob ein **Studium in der Karenzzeit** ein böswilliges Unterlassen anderweitigen Erwerbs i. S. v. § 74c Abs. 1 S. 1 HGB darstellt, ist nach den gesamten Umständen des einzelnen Falles zu entscheiden. Ein **Erfolg versprechendes Studium** wird regelmäßig kein böswilliges Unterlassen anderweitigen Erwerbs sein; anders ist die Rechtslage, wenn ein schulisch Minderbegabter studiert oder ein Studium generale oder ein sinn- oder planloses Studium betrieben wird (*BAG* 9.8.1974 EzA § 74 HGB Nr. 33). Voraussetzung für böswilliges Unterlassen ist zudem, dass der Arbeitnehmer bei Aufnahme

## C. Nachvertragliches Wettbewerbsverbot   Kapitel 9

des Studiums die **Möglichkeit hatte, eine zumutbare Arbeit** mit dem im Gesetz genannten Mindestverdienst aufzunehmen. Fehlen entsprechende Darlegungen des Arbeitgebers, kommt der Aufnahme auch eines berufsfremden Studiums keine Bedeutung zu (*BAG* 13.2.1996 EzA § 74 HGB Nr. 58; a. A. *LAG Frankf.* 28.2.1994 NZA 1995, 632).

Auf die Karenzentschädigung sind **Renten** der gesetzlichen Rentenversicherung nicht anzurechnen. Ob Gleiches auch für Betriebsrenten gilt, hat das *BAG* (30.10.1984 EzA § 74 HGB Nr. 44) offen gelassen; anrechenbar ist aber jedenfalls das von der Bundesagentur für Arbeit gem. § 57 SGB III geleistete **Überbrückungsgeld** (*BAG* 16.11.2005 EzA § 74c HGB Nr. 35). Gleiches kann für **Arbeitslosengeld** gelten (*BAG* 27.11.1991 EzA § 4 TVG Nachwirkung Nr. 15 unter Hinw. auf den inzwischen aufgehobenen § 128a AFG; ebenso gleichwohl *LAG München* 14.8.2007 – 4 Sa 189/07; s. *Diller* BB 2008, 1680 ff.). Inzwischen begegnet es jedenfalls Bedenken, nach der Aufhebung von § 148 SGB III ohne gesetzliche Neuregelung Arbeitslosengeld auf den Anspruch auf Karenzentschädigung aus einer Wettbewerbsvereinbarung anzurechnen. Auch wenn aber im Wege der Auslegung oder analogen Anwendung von § 74c Abs. 1 S. 1 HGB die Anrechnung von Arbeitslosengeld zulässig ist, kann der Arbeitgeber lediglich den **tatsächlichen Auszahlungsbetrag**, nicht aber einen aus dem Arbeitslosengeld hochgerechneten Bruttobetrag anrechnen (*BAG* 14.9.2011 § 74c HGB Nr. 36). 167

Gem. § 74c Abs. 1 S. 2 HGB gilt eine **erhöhte anrechnungsfreie Grenze (125 %)**, wenn der Arbeitnehmer durch das Wettbewerbsverbot **gezwungen worden ist, seinen Wohnsitz zu verlegen**. Mit der erhöhten **Anrechnungsfreigrenze** werden die **Mehraufwendungen ausgeglichen**, die der Arbeitnehmer durch den **Umzug** erleidet. Außerdem wird ein **Anreiz geschaffen, sich nach einer neuen Arbeit umzusehen** (vgl. *BAG* 23.2.1999 EzA § 74c HGB Nr. 34). Das ist nur dann der Fall, wenn das Wettbewerbsverbot für einen Wohnsitzwechsel des Arbeitnehmers ursächlich war (*BAG* 8.11.1994 EzA § 74c HGB Nr. 33), d. h. wenn er nur außerhalb seines bisherigen Wohnorts eine Tätigkeit ausüben kann, die nach Art, Vergütung und beruflichen Chancen seiner bisherigen Tätigkeit nahe kommt (*BAG* 23.2.1999 EzA § 74c HGB Nr. 34). 168

Für die Annahme der Ursächlichkeit eines Wohnsitzwechsels bedarf es jedoch keiner Darlegung und auch keines Nachweises des Arbeitnehmers, dass er ohne nachvertragliches Wettbewerbsverbot bei den am Ort ansässigen Wettbewerbern tatsächlich eine Anstellung gefunden hätte. Es ist ausreichend, wenn **er darlegt, dass er mit Rücksicht auf das Wettbewerbsverbot eine seiner früheren Tätigkeit vergleichbare Beschäftigung nur bei einem branchenfremden ortsansässigen Arbeitgeber unter dem Vorbehalt der späteren Versetzung aufnehmen konnte** (*BAG* 8.11.1994 EzA § 74c HGB Nr. 33). Ist am **bisherigen Wohnsitz ein Unternehmen ansässig**, bei dem die Aufnahme einer Tätigkeit dem Arbeitnehmer verboten ist, so muss der Arbeitnehmer **nicht nachweisen**, dass er – das nachvertragliche Wettbewerbsverbot hinweggedacht – bei diesem auch tatsächlich eine Anstellung gefunden hätte (*BAG* 23.2.1999 EzA § 74c HGB Nr. 34). 169

> Im Übrigen ist der Arbeitgeber auch dafür darlegungspflichtig, dass sein früherer Mitarbeiter es unterlassen hat, eine mögliche, nach den gesamten Umständen zumutbare anderweitige Tätigkeit aufzunehmen, um den vom Gesetz geforderten Mindestverdienst zu erzielen (*BAG* 13.2.1996 EzA § 74 HGB Nr. 58). 170

### cc) Abweichende Vereinbarungen

Von §§ 74–75c HGB abweichende Vereinbarungen **zum Nachteil** des Arbeitnehmers sind gem. **§ 75d HGB unwirksam**. Sieht eine Wettbewerbsvereinbarung z. B. keine bestimmte Entschädigung für die Karenzzeit vor, sondern nur die laufende Zahlung von Teilbeträgen während des Arbeitsverhältnisses, so ist das Wettbewerbsverbot i. d. R. unwirksam, weil die gesetzlich vorgeschriebene Mindestkarenzentschädigung (§ 74 Abs. 2 HGB) nicht gewährleistet ist (*BAG* 14.7.1981 EzA § 74 HGB Nr. 38). Das gilt auch für die Zusage einer Karenzentschädigung, bei der nach dem Vertragstext zur Berechnung der Höhe auf den Durchschnitt der Vergütungsleistungen innerhalb eines abweichend von §§ 74 Abs. 2, 74b Abs. 2 HGB bestimmten Zeitraums abgestellt und lediglich die 171

Hälfte des Durchschnitts zugesagt wird, selbst dann, wenn im Übrigen die gesetzlichen Bestimmungen der §§ 74 ff. HGB gelten sollen. Handelt es sich zudem um eine Klausel in einem vom Arbeitgeber vorformulierten Arbeitsvertrag, so ist zumindest unklar i. S. d. § 305c Abs. 2 BGB, ob eine gesetzeskonforme Karenzentschädigung zugesagt wird. Dies führt zur Unwirksamkeit des nachvertraglichen Wettbewerbsverbots (*LAG Hamm* 23.3.2010 LAGE § 74 HGB Nr. 23).

172 In einem solchen Fall kann der Arbeitgeber nicht verlangen, dass der Arbeitnehmer die im Laufe des Arbeitsverhältnisses bezogenen Entschädigungsbeträge zurückzahlt, wenn er sich auf die Unverbindlichkeit des Wettbewerbsverbotes beruft und für ein Konkurrenzunternehmen tätig wird (*BAG* 14.7.1981 EzA § 74 HGB Nr. 38).

### 3. Bedingtes Wettbewerbsverbot

173 Vereinbarungen zwischen den Parteien, wonach der Arbeitgeber erst bei Kündigung des Arbeitsverhältnisses dem Arbeitnehmer bekannt gibt, ob er ihn einem Wettbewerbsverbot unterstellt, oder ihn freigibt (sog. bedingte Wettbewerbsverbote) stellen eine unzulässige Umgehung des § 74 Abs. 2 HGB dar und sind für den Arbeitnehmer grds. unverbindlich. Er hat allerdings insoweit entsprechend § 75 HGB ein Wahlrecht. Er kann das Wettbewerbsverbot auch als wirksam betrachten und hat dann einen Anspruch auf die vorgesehene Karenzentschädigung. Betrachtet er es als unwirksam, kann er Konkurrenztätigkeit ausüben, erhält aber andererseits keine Karenzentschädigung. Ebenso unwirksam ist ein nachvertragliches Wettbewerbsverbot mit denselben Rechtsfolgen, das **nur für den Fall** einer vom Arbeitnehmer »**ausgelösten« Beendigung** des Arbeitsverhältnisses gelten soll (*BAG* 7.9.2004 EzA § 74 HGB Nr. 66 m. Anm. *Buchner* SAE 2007, 1 ff.; s. a. Kap. 3 Rdn. 4864 zu den Auswirkungen einer Ausgleichsklausel in einem Aufhebungsvertrag auf dieses Wahlrecht).

174 Der Arbeitnehmer muss dieses Wahlrecht zu Beginn der Verbotszeit ausüben. Für einen Anspruch auf Karenzentschädigung aus einem für den Arbeitnehmer unverbindlichen Wettbewerbsverbot **genügt es, wenn der Arbeitnehmer sich zu Beginn der Karenzzeit endgültig für das Wettbewerbsverbot entscheidet und seiner Unterlassungspflicht nachkommt. Einer darüber hinausgehenden Erklärung gegenüber dem Arbeitgeber bedarf es nicht** (*BAG* 22.5.1990 EzA § 74 HGB Nr. 53).

175 Der Arbeitgeber hat in Anwendung des Rechtsgedankens aus **§ 264 Abs. 2 S. 1 BGB** allerdings das Recht, den wahlberechtigten Arbeitnehmer unter Bestimmung einer angemessenen Frist zur Vornahme der Wahl aufzufordern. Mit Ablauf der Frist geht das Wahlrecht auf den Arbeitgeber über (§ 264 Abs. 2 S. 2 BGB, *BAG* 22.5.1990 EzA § 74 HGB Nr. 53). Führen die Parteien einen **Rechtsstreit** darüber, **ob das Arbeitsverhältnis geendet hat**, so kann der Arbeitnehmer vorläufig Wettbewerb unterlassen und die Wahl nach Beendigung des Rechtsstreits ausüben (*BAG* 13.5.1986 EzA § 74 HGB Nr. 48; 16.12.1986 EzA § 74 HGB Nr. 49).

176 Hat ein ausgeschiedener Arbeitnehmer sich für die Einhaltung eines bedingten und daher unverbindlichen Wettbewerbsverbots entschieden, so kann er sich später nicht auf die Unverbindlichkeit berufen, wenn der Arbeitgeber mit der Zahlung der Karenzentschädigung in Verzug gerät.

177 Der unterlassungspflichtige Arbeitnehmer darf nicht unter Berufung auf die Einrede des nicht erfüllten Vertrages (**§ 320 BGB**) Wettbewerb betreiben, weil der Arbeitgeber sich mit der Zahlung der Karenzentschädigung in Verzug befindet. Vielmehr muss er, wenn er sich von dem Wettbewerbsverbot lösen will, sein Rücktritts- oder Kündigungsrecht ausüben (*BAG* 5.10.1982 EzA § 74 HGB Nr. 42).

178 Unwirksam ist ein nachvertragliches Wettbewerbsverbot auch dann, wenn die Wettbewerbstätigkeit von der vorherigen schriftlichen Zustimmung des Arbeitgebers abhängig gemacht wird (*BAG* 4.6.1985 EzA § 74 HGB Nr. 47).

### 4. Vorvertrag

Vorverträge sind auch bei Wettbewerbsverboten im Grundsatz zulässig. Ein Vorvertrag, durch den sich der Arbeitnehmer zum Abschluss eines nachvertraglichen Wettbewerbsverbots auf Verlangen des Arbeitgebers verpflichtet, ist aber jedenfalls dann unzulässig, wenn die dem Arbeitgeber eingeräumte Option nicht auf den Zeitpunkt bis zum Ausspruch einer Kündigung oder bis zum Abschluss eines Aufhebungsvertrages beschränkt wird. Dem danach unzulässigen Vorvertrag kommen die Wirkungen eines unzulässigen Wettbewerbsverbots zu. Der Arbeitnehmer kann also zwischen Wettbewerbsfreiheit ohne Karenzentschädigung und Wettbewerbsenthaltung zu den Bedingungen des Vorvertrages wählen (*BAG* 14.7.2010 EzA § 74 HGB Nr. 72 = NZA 2011, 414). 179

### III. Wegfall der Verpflichtungen

#### 1. Verzicht des Arbeitgebers

Gem. **§ 75a HGB** kann der Arbeitgeber vor Beendigung des Arbeitsverhältnisses durch einseitige schriftliche Erklärung auf das Wettbewerbsverbot verzichten (gesetzlicher Fall einer Teilkündigung). **Ein nach Ablauf der Kündigungsfrist erklärter Verzicht ist unwirksam.** 180

Mit der Abgabe der Verzichtserklärung wird der Arbeitnehmer sofort von der Einhaltung des Wettbewerbsverbots befreit (*LAG Hamm* 11.7.2003 LAG Report 2004, 187). Der Arbeitgeber bleibt aber gleichwohl bis zum Ablauf eines Jahres nach der Erklärung zur Karenzentschädigung verpflichtet. Diese Verpflichtung realisiert sich allerdings nur dann, wenn das Arbeitsverhältnis innerhalb eines Jahres nach dem Verzicht beendet wird. Tritt die Beendigung später ein, braucht der Arbeitgeber nicht zu zahlen. 181

#### 2. Einvernehmliche Aufhebung des Wettbewerbsverbots

Arbeitgeber und Arbeitnehmer können vor oder nach der Beendigung des Arbeitsverhältnisses das Wettbewerbsverbot einschließlich der Entschädigungsabrede jederzeit vertraglich aufheben; möglich ist dies auch durch einen **gerichtlichen Vergleich** (*BAG* 8.3.2006 EzA § 74 HGB Nr. 67). So kann z. B. eine Klausel, mit der »alle beiderseitigen Ansprüche aus dem Arbeitsverhältnis abgegolten« sein sollen, auch ein nachvertragliches Wettbewerbsverbot und eine Karenzentschädigung umfassen, auch wenn der Zusatz »und seiner Beendigung, seien sie bekannt oder unbekannt« fehlt. Denn Wettbewerbsverbot und Karenzentschädigung sind in den arbeitsvertraglichen Beziehungen begründet und sind deshalb Ansprüche aus dem Arbeitsverhältnis (*BAG* 22.10.2008 EzA § 74 HGB Nr. 70; s. a. *BAG* 19.11.2008 EzA § 448 ZPO 2002 Nr. 2 zur Abwicklungsvereinbarung). Das gilt erst recht dann, wenn die Parteien des Aufhebungsvertrags eine Vielzahl von Ansprüchen aus dem Arbeitsverhältnis von der Ausgleichsklausel ausnehmen und für das nachvertragliche Wettbewerbsverbot und den Anspruch auf Karenzentschädigung von einer solchen Ausnahme absehen (*BAG* 24.6.2009 NZA-RR 2010, 536). Der Einhaltung einer Form bedarf es grds. nicht. Selbst wenn vertragliche Änderungen einem vereinbarten Schriftformerfordernis unterliegen (§ 125 BGB), sind mündlich vereinbarte Änderungen wirksam, wenn die Parteien die Maßgeblichkeit der mündlichen Vereinbarung übereinstimmend gewollt haben (*BAG* 10.1.1989 EzA § 74 HGB Nr. 51). 182

#### 3. Kündigung vor Arbeitsbeginn; vertragswidrige Nichtaufnahme der Tätigkeit

Vereinbaren die Arbeitsvertragsparteien ein tätigkeitsbezogenes Wettbewerbsverbot, so ist im Zweifel davon auszugehen, dass es **nur dann Gültigkeit haben soll, wenn der Arbeitnehmer seine Tätigkeit aufgenommen hat.** Wird das Arbeitsverhältnis vor der Arbeitsaufnahme gekündigt und der Arbeitnehmer für die Dauer der Kündigungsfrist von der Arbeit freigestellt, besteht regelmäßig kein Anspruch auf Karenzentschädigung (*BAG* 26.5.1992 EzA § 74 HGB Nr. 54). 183

Gleiches gilt grds. auch dann, wenn der Arbeitnehmer unter Verletzung des mit seinem neuen Arbeitgeber abgeschlossenen Arbeitsvertrages die vorgesehene Tätigkeit **nicht aufnimmt, weil er sein vorangegangenes Arbeitsverhältnis bei einem Konkurrenzunternehmen fortsetzt.** Etwas anderes gilt 184 aber dann, wenn der Arbeitnehmer bereits vor dem vorgesehenen Arbeitsbeginn **intensiv in seine neuen Aufgaben eingewiesen** wurde und dabei gerade diejenigen Informationen über geschäftliche und betriebliche Angelegenheiten erhielt, die durch das Wettbewerbsverbot geschützt werden sollten. Die Fortsetzung seines bisherigen Arbeitsverhältnisses ist dann eine verbotene Konkurrenztätigkeit (*BAG* 3.2.1987 EzA § 74 HGB Nr. 50).

### 4. Kündigung des Arbeitsverhältnisses; Nichtigkeit oder Anfechtung des Arbeitsvertrages

**185** Bei einer **ordentlichen Kündigung** durch den Arbeitgeber hat der Arbeitnehmer gem. § 75 Abs. 2 1. Hs. HGB ein **Wahlrecht** dahin, ob er am Wettbewerbsverbot mit Karenzentschädigung festhalten oder sich innerhalb eines Monats nach der Kündigung lossagen will mit der Folge des Wegfalls der Entschädigungspflicht. Dies gilt immer im Falle einer betriebsbedingten Kündigung, dagegen bleibt das Wettbewerbsverbot trotz der Kündigung **bestehen, wenn für sie ein erheblicher Anlass in der Person des Arbeitnehmers liegt sowie dann, wenn sich der Arbeitgeber bereit erklärt, nicht nur die vertraglich vereinbarte, sondern die volle zuletzt bezogene Vergütung als Karenzentschädigung zu zahlen.**

**186** Das Wahlrecht besteht auch dann, wenn die **außerordentliche Kündigung** durch den Arbeitgeber nicht auf einem vertragswidrigen Verhalten des Arbeitnehmers beruht, entgegen § 75 Abs. 3 HGB unabhängig davon, ob eine ordentliche oder eine außerordentliche Kündigung erklärt wird (s. a. Kap. 4 Rdn. 2260 ff.). Denn § 75 Abs. 3 HGB ist im Hinblick auf § 75 Abs. 1 HGB, Art. 3 Abs. 1 GG **verfassungswidrig** (*BAG* 23.2.1977 EzA § 75 HGB Nr. 10; 19.5.1998 EzA § 74 HGB Nr. 15); in den neuen Bundesländern ist § 75 Abs. 3 nicht anzuwenden (Einigungsvertrag BGBl. II 1990 S. 889, 1020). Sagt sich der Arbeitgeber demzufolge **vor Ablauf eines Monats** nach Ausspruch der außerordentlichen Kündigung von der Wettbewerbsvereinbarung los, so kann nach Ausspruch einer Wiederholungskündigung **eine erneute Lösungserklärung** entbehrlich sein (*BAG* 19.5.1998 EzA § 74 HGB Nr. 15).

**187** Diese Grundsätze gelten auch dann, wenn der **Arbeitnehmer** das Arbeitsverhältnis außerordentlich wegen eines vertragswidrigen Verhaltens des Arbeitgebers **kündigt** (§ 75 Abs. 1 HGB). Bei einer außerordentlichen Kündigung, die nicht auf einem vertragswidrigen Verhalten des Arbeitgebers beruht sowie bei einer ordentlichen Kündigung durch den Arbeitnehmer bleibt das Wettbewerbsverbot bestehen (MünchArbR/*Wank* § 107 Rn. 31 f.).

**188** Die Nichtigkeit oder rechtswirksame Anfechtung eines Arbeitsvertrages führt nicht schlechthin dazu, dass die Wettbewerbsverbotsvereinbarung einschließlich der Verpflichtung zur Zahlung der Karenzentschädigung nichtig ist. War das Arbeitsverhältnis bereits in Vollzug gesetzt, ist davon auszugehen, dass das Wettbewerbsverbot im Zweifel auch dann gelten soll, wenn der Arbeitsvertrag unwirksam ist (s. instr. *LAG München* 19.12.2007 LAGE § 74 HGB Nr. 22; 3.12.2008 – 11 Sa 538/08, FA 2009, 107).

### 5. Aufhebungsvertrag

**189** Wird das Arbeitsverhältnis durch Aufhebungsvertrag beendet, so kommt es darauf an, ob der Anlass dafür beim Arbeitgeber lag (dann gilt § 75 Abs. 1 HGB analog), oder beim Arbeitnehmer (dann bleibt das Wettbewerbsverbot bestehen). Bei vertragswidrigem Verhalten des Arbeitnehmers hat der Arbeitgeber ein Wahlrecht (*BAG* 18.11.1967 AP Nr. 21 zu § 74 HGB; a. A. *Wertheimer* NZA 1997, 522 ff.; *Hoß* DB 1997, 1818 ff.); es muss aber für den Angestellten erkennbar sein, dass der Arbeitgeber das vertragswidrige Verhalten als wichtigen Grund für die Vertragsbeendigung für sich in Anspruch nimmt (*BAG* 18.11.1967 AP Nr. 21 zu § 74 HGB).

**190** Zutreffend hat *Hoß* (DB 1997, 1818 ff.) darauf hingewiesen, dass die Arbeitsvertragsparteien, um jegliche Unklarheiten auszuschließen, genau und unmissverständlich im Aufhebungsvertrag unter Beachtung der §§ 74 ff. HGB regeln sollten, was gewollt ist.

## 6. Betriebsstilllegung; Insolvenz; Gründe in der Person des Arbeitnehmers

Die Verpflichtung zur Zahlung der Karenzentschädigung entfällt nicht, weil der Arbeitgeber den Betrieb einstellt (§ 324 BGB), der Arbeitnehmer keinen Wettbewerb machen kann, weil er keine neue Stelle findet, ein Studium betreibt oder aus Alters- oder Gesundheitsgründen keinen Wettbewerb machen kann, weil er sich aus dem Arbeitsleben zurückzieht (*BAG* 3.7.1990 EzA § 74c HGB Nr. 29). 191

Eine Ausnahme enthält § 74c Abs. 1 S. 3 HGB für die Dauer der Verbüßung einer **Freiheitsstrafe**. In der Insolvenz des Arbeitgebers entfällt das Wettbewerbsverbot nicht, jedenfalls solange der Betrieb nicht stillgelegt wird. Der Insolvenzverwalter hat hinsichtlich des Wettbewerbsverbots ein Wahlrecht nach § 103 InsO. Lehnt er die Erfüllung ab, so hat der Arbeitnehmer einen Schadensersatzanspruch als einfache Insolvenzforderung. 192

## IV. Unwirksamkeit der Wettbewerbsabrede; Schuldrechtsreform

§§ 74 Abs. 2, 74a Abs. 2 S. 1, 2, 3 HGB, § 133 f. Abs. 2 GewO (bis 31.12.2002) enthalten ausdrückliche Regelungen von Nichtigkeitsgründen. 193

Bei Teilnichtigkeit (z. B. wenn die Wettbewerbsabrede eine unbillige Einschränkung des Fortkommens enthält, § 74a Abs. 1 HGB) ist sie entgegen § 139 BGB auf denjenigen Umfang zu reduzieren, der dem Gesetz entspricht. 194

Zwar enthalten §§ 74 ff. HGB zwingendes Recht (§ 75d S. 1 HGB). **Nach Beendigung des Arbeitsverhältnisses gelten die zwingenden Vorschriften des HGB aber nicht mehr.** Wird das Wettbewerbsverbot allerdings noch im Zusammenhang mit der Beendigung des Arbeitsverhältnisses vereinbart, unterliegt der Arbeitnehmer immer noch einer Abhängigkeit, sodass das zwingende Recht weiterhin gilt. 195

Zu beachten sind auf Grund der Schuldrechtsreform nunmehr auch §§ 305 ff. BGB, wenn ein nachvertragliches Wettbewerbsverbot – was der Regelfall ist – durch einen formularmäßig vorgefertigten Arbeitsvertrag vereinbart wird (vgl. *Bauer/Diller* NJW 2002, 1609 ff.). In Betracht kommt eine Unwirksamkeit **gem. § 305c Abs. 1 BGB** (überraschende Klausel); **fraglich ist das Verhältnis von § 74a Abs. 1 HGB und § 307 BGB.** Denn gem. § 74a Abs. 1 HGB ist das Wettbewerbsverbot unverbindlich, soweit es nicht zum Schutz eines berechtigten geschäftlichen Interesses des Arbeitgebers dient oder unter Berücksichtigung der zugesagten Entschädigung nach Ort, Zeit oder Gegenstand das Fortkommen des Arbeitnehmers unbillig erschwert. Insoweit erfolgt von Gesetzes wegen eine geltungserhaltende Reduktion (vgl. *Diller* NZA 2005, 251). Nach § 307 BGB sind formularmäßig vereinbarte Vertragsklauseln insgesamt unwirksam, wenn sie den Vertragspartner des Verwenders entgegen Treu und Glauben unangemessen benachteiligen. Ein Verstoß gegen das **Transparenzgebot** des § 307 BGB liegt dann **nicht** vor, wenn der Gegenstand eines nachvertraglichen Wettbewerbsverbots mit der Beendigung des Arbeitsverhältnisses **objektiv feststellbar** ist (*LAG* Nds. 8.12.2005 NZA-RR 2006, 426). In Rechtsprechung (*LAG Hamm* 14.4.2003 NZA-RR 2003, 513) und Literatur (*Thüsing/Leder* BB 2004, 46; *Diller* NZA 2005, 251) wird teilweise die Auffassung vertreten, dass § 74a HGB § 307 BGB vorgeht, eine **Inhaltskontrolle also neben § 74a Abs. 1 HGB nicht erfolgt.** Zu beachten ist auch § **305c Abs. 2 BGB** (Unklarheitenregel), die im Einzelfall zur Unwirksamkeit eines Wettbewerbsverbots führen kann, wenn **keine ausreichend klare Zusage** einer Karenzentschädigung gegeben ist (zutr. *Diller* NZA 2005, 252); das gilt vor allem, wenn der Arbeitgeber das **Wettbewerbsverbot selbst vorformuliert** hat (*BAG* 28.6.2006 EzA § 74 HGB Nr. 68). 196

Nach Auffassung des *LAG BW* (30.1.2008 NZA-RR 2008, 508) unterliegt ein nachvertragliches Wettbewerbsverbot gem. §§ 74 ff. HGB hinsichtlich seiner inhaltlichen, örtlichen und zeitlichen Reichweite deshalb **keiner Inhaltskontrolle**, da es jedenfalls bei nachträglicher Vereinbarung einen **gegenseitigen Vertrag** i. S. d. §§ 320 ff. BGB darstellt und die Regelung der vertraglichen Hauptleistungspflichten (»Leistungsbeschreibung«) ebenso wie das Verhältnis zwischen Leistung und Gegenleistung (Höhe der Karenzentschädigung) gem. § 397 Abs. 3 BGB kontrollfrei bleiben; eine Inhaltskontrolle findet insoweit nur nach § 74a HGB statt, der eine geltungserhaltende Reduktion vorsieht. Ein berechtigtes geschäftliches Interesse des Arbeitgebers an einem nachvertraglichen Wettbewerbsverbot (§ 74a HGB) kann auch dann bestehen, wenn sich die Warensortimente nur teilweise überschneiden. Eine feste Grenze dafür, wie groß die Überschneidung der Sortimente mindestens sein muss, gibt es nicht (*LAG BW* 30.1.2008 NZA-RR 2008, 508).

Zur Anwendung von § 309 Nr. 6 BGB auf Vertragsstrafen zur Absicherung eines nachvertraglichen Wettbewerbsverbots s. Kap. 3 Rdn. 591 u. *Diller* NZA 2005, 253 f.

## V. Rechtsfolgen bei Verletzung der Pflichten aus der Wettbewerbsabrede

197 Für die Wettbewerbsabrede gelten **§§ 320 ff. BGB**. Verletzt der Arbeitnehmer seine Unterlassungspflicht, so endet die Pflicht des Arbeitgebers zur Zahlung der Karenzentschädigung. Sie lebt aber wieder auf, wenn sich der Arbeitnehmer nunmehr an das Verbot hält (*BAG* 10.9.1985 EzA § 74 HGB Nr. 46). Bei schuldhaftem Verstoß des Arbeitnehmers geht der Anspruch auf Karenzentschädigung unter. Der Arbeitgeber kann aber auch gem. § 326 BGB von der Abrede zurücktreten, wenn er an der Einhaltung der Wettbewerbsabrede kein Interesse mehr hat, oder Schadensersatz wegen Nichterfüllung verlangen (*BAG* 10.9.1985 EzA § 74 HGB Nr. 46).

198 **Zahlt der Arbeitgeber die Karenzentschädigung nicht**, so darf der Arbeitnehmer **nicht** unter Berufung auf die Einrede des nicht erfüllten Vertrages (§ 320 BGB) **Wettbewerb betreiben**. Vielmehr muss er, wenn er sich von dem Wettbewerbsverbot lösen will, sein **Rücktritts- oder Kündigungsrecht ausüben** (*BAG* 5.10.1982 EzA § 74 HGB Nr. 42).

199 Gibt der Arbeitnehmer Anlass zu der Annahme, er habe das Wettbewerbsverbot verletzt, so hat der Arbeitgeber gegen ihn einen **Auskunftsanspruch** (§ 74c Abs. 2 HGB; *BAG* 22.4.1967 AP Nr. 12 zu § 242 BGB Auskunftspflicht). Es handelt sich um einen **Hilfsanspruch**, der es einem zur Zahlung von Karenzentschädigung verpflichteten Arbeitgeber ermöglichen soll, seine in § 74c Abs. 1 HGB normierten Anrechnungsrechte zu verwirklichen. Der Anspruch wird folglich nur fällig, wenn der Arbeitgeber überhaupt mit einer Forderung auf Zahlung von Karenzentschädigung konfrontiert wird (*LAG Köln* 8.6.2005 – 7 Sa 679/04, EzA-SD 6/2006 S. 7 LS).

200 Möglich ist auch eine einstweilige Verfügung auf Unterlassung von weiterem nachvertraglichem Wettbewerb; aus einem Verstoß gegen das Wettbewerbsverbot folgt dann die erforderliche Wiederholungsgefahr (*LAG Nds.* 8.12.2005 NZA-RR 2006, 426; 16.7.2009 NZA-RR 2010, 68).

## VI. Verjährung

201 Ansprüche auf Karenzentschädigung gem. § 74 HGB verjähren gem. §§ 195 ff. BGB.

## D. Rückzahlung von Ausbildungskosten

### I. Grundlagen

202 Vielfach sehen Arbeitsverträge für den Fall, dass der Arbeitgeber den Arbeitnehmer durch die kostenpflichtige Teilnahme an Lehrgängen und Schulungsveranstaltungen erst in die Lage versetzt, seine vertraglichen Verpflichtungen zu erfüllen oder jedenfalls besser zu erfüllen, die Verpflichtung vor, die angefallenen Kosten ganz oder teilweise dann dem Arbeitgeber zu erstatten, wenn der Arbeitnehmer vor Ablauf eines bestimmten Bindungszeitraums aus dem Arbeitsverhältnis ausscheidet (vgl. ausf. *Schmidt* NZA 2004, 1002 ff.).

**Besonderheiten** gelten dann, wenn die Rückzahlungsverpflichtung nicht individuell ausgehandelt, sondern **in AGB** des Arbeitgebers vorgesehen ist.

## D. Rückzahlung von Ausbildungskosten

Grundsatz ist stets, dass eine derartige Vereinbarung **eindeutig** sein muss. Der Arbeitnehmer muss die Folgen erkennen können, die sich für ihn aus dem Abschluss einer solchen Vereinbarung ergeben (*BAG* 21.11.2002 EzA § 611 BGB Ausbildungsbeihilfe Nr. 2). 203

### II. Wirksamkeitsvoraussetzungen; Inhaltskontrolle

#### 1. Prüfungsmaßstab

Dem Arbeitnehmer ist eine von der Verpflichtung zur Rückzahlung von Ausbildungskosten ausgehende Bindung an das Unternehmen des Arbeitgebers zumutbar, wenn die Rückzahlungspflicht einem begründeten und billigenswerten Interesse des Arbeitgebers entspricht, d. h. wenn er mit der Ausbildungsmaßnahme eine **angemessene Gegenleistung** für die Rückzahlungsverpflichtung erhalten hat (*BAG* 15.5.1985 AP Nr. 9 zu § 611 BGB Ausbildungsbeihilfe; 24.6.2004 EzA § 611 BGB 2002 Ausbildungsbeihilfe Nr. 6; vgl. dazu *Schmidt* NZA 2004, 1002 ff.). 204

Sowohl bei einer Kündigung des Arbeitnehmers als auch bei einer Kündigung des Arbeitgebers ist auf Grund einer Inhaltskontrolle zu ermitteln, **ob die Verpflichtung rechtswirksam vereinbart worden ist** (*BAG* 24.6.2004 EzA § 611 BGB 2002 Ausbildungsbeihilfe Nr. 6). Im Hinblick auf Art. 12 GG kommt es darauf an, dass den möglichen Nachteilen für den Arbeitnehmer (an sich ungewollte weitere Bindung an den Arbeitgeber) ein angemessener Ausgleich gegenübersteht. Bei der für die gerichtliche Inhaltskontrolle von Rückzahlungsklauseln erforderlichen **Interessenabwägung** ist zu prüfen, ob und inwieweit der Arbeitnehmer mit der Aus- und Weiterbildung einen **geldwerten Vorteil** erlangt. Das ist dann der Fall, wenn die Ausbildung auf dem allgemeinen Arbeitsmarkt oder im Bereich des bisherigen Arbeitgebers berufliche Möglichkeiten eröffnet, die dem Arbeitnehmer zuvor verschlossen waren. Dazu zählt auch, dass der Arbeitnehmer durch die Ausbildung überhaupt erst in die Lage versetzt wird, seine vertraglich geschuldete Leistung zu erbringen (*BAG* 19.2.2004 EzA § 611 BGB 2002 Ausbildungsbeihilfe Nr. 5; zur Abgrenzung zur bloßen Einarbeitung s. Rdn. 205 a. E.). Die Rückzahlungspflicht muss vom Standpunkt eines verständigen Beobachters aus einem begründeten und billigenswerten Interesse des Arbeitgebers entsprechen. **Dazu gehört das Interesse, die über die Leistung und Gegenleistung im Arbeitsverhältnis hinausgehenden ausbildungsbedingten Aufwendungen erstattet zu erhalten**, wenn der Arbeitnehmer nach Abschluss der Ausbildung das Arbeitsverhältnis beendet, und deshalb für den Arbeitgeber ein erneuter Ausbildungsaufwand entsteht (*BAG* 16.1.2003 EzA § 611 BGB 2002 Ausbildungsbeihilfe Nr. 7). Insgesamt muss die Erstattungspflicht dem Arbeitnehmer nach Treu und Glauben zumutbar sein; dabei kommt es auf die Dauer der Bindung, die Höhe des Rückzahlungsbetrages und dessen Abwicklung an (*BAG* 11.4.1984 EzA § 611 BGB Ausbildungsbeihilfe Nr. 4; *LAG Nds.* 6.8.2002 – 13 Sa 374/02, EzA-SD 23/2002, S. 7 LS; vgl. *Meier/Schulz* NZA 1996, 742 ff.; vgl. auch *BAG* 21.11.2001 EzA § 611 BGB Inhaltskontrolle Nr. 9 zur Kombination von unbedingter Kostenbeteiligung und Rückzahlungsklausel bei vorzeitigem Ausscheiden). Ein billigenswertes Interesse des Arbeitgebers fehlt i. d. R. bei einarbeitungsbedingten Aufwendungen (*BAG* 16.1.2003 EzA § 611 BGB 2002 Ausbildungsbeihilfe Nr. 7). 205

Besteht die Bildungsmaßnahme aus **mehreren Unterrichtsabschnitten**, so sind die dazwischen liegenden Zeiten bei der Berechnung der Dauer der Maßnahme nicht mit zu berücksichtigen (*BAG* 6.9.1995 EzA § 611 BGB Ausbildungsbeihilfe Nr. 14). 206

#### 2. Maßgeblicher Zeitpunkt für die Beurteilung

Maßgeblich für die Beurteilung dieser Voraussetzungen sind die Umstände im Zeitpunkt des **Vertragsabschlusses**. Die spätere Entwicklung kann dafür nur herangezogen werden, wenn sie bei Vertragsabschluss vorhersehbar war (*BAG* 24.7.1991 EzA § 611 BGB Ausbildungsbeihilfe Nr. 7). 207

Die zulässige Bindungsdauer richtet sich zudem nach Auffassung des *LAG Nds.* (20.2.2001 ZTR 2001, 331) **allein nach den Ausgaben, die der Arbeitgeber getragen hat**. Dies gilt auch dann, wenn die Fortbildung bei einem Vorarbeitgeber begonnen und bei dem Arbeitgeber beendet wurde 208 und der Arbeitgeberwechsel auf Grund der Vertragsgestaltung keine Rückzahlungspflicht ausgelöst hat (z. B. beim Beginn der Fortbildung zum gehobenen Dienst bei einer Innungskrankenkasse und dem Abschluss bei einer anderen Innungskrankenkasse).

### 3. Legitimation der Inhaltskontrolle

209 Die erforderliche richterliche Inhaltskontrolle einzelvertraglicher Klauseln ist nach der Rechtsprechung des *BAG* (16.3.1994 EzA § 611 BGB Ausbildungsbeihilfe Nr. 10) von Verfassung wegen geboten. § 242 BGB begründet die Befugnis zu einer richterlichen Inhaltskontrolle von Verträgen (*BAG* 19.2.2004 EzA § 611 BGB 2002 Ausbildungsbeihilfe Nr. 5). Dabei haben die Gerichte den konkurrierenden Grundrechtspositionen des Arbeitnehmers und des Arbeitgebers ausgewogen Rechnung zu tragen (*Schmidt* NZA 2004, 1002 ff.). Die zulässige Bindungsintensität beurteilt sich anhand der **Fortbildungsdauer und der Qualität der erworbenen Qualifikation**. Die Bemessung der Bindungsfrist nach der Dauer der jeweiligen Bildungsmaßnahme beruht nicht auf rechnerischen Gesetzmäßigkeiten, sondern auf **richterrechtlich entwickelten Regelwerten**, die einzelfallbezogenen Abweichungen zugänglich sind (*BAG* 21.7.2005 EzA § 611 BGB 2002 Ausbildungsbeihilfe Nr. 8). **Bei formularmäßigen arbeitsvertraglichen Regelungen ergibt sich die Legitimation der Inhaltskontrolle aus** § 307 BGB (*BAG* 11.4.2006 EzA § 307 BGB 2002 Nr. 14).

210 ▶ **Beispiele:**

Eine formularmäßige arbeitsvertragliche Regelung, nach der ein Arbeitnehmer über die Vertragskonstruktion eines **Darlehns** uneingeschränkt zur Rückzahlung anteiliger Fortbildungskosten verpflichtet wird, ungeachtet einer etwaigen Betriebstreue und/oder ungeachtet einer Differenzierung bzgl. der Rückzahlungsverpflichtung danach, aus welchem Verantwortungs- und Risikobereich eine Beendigung des Arbeitsverhältnisses entspringt, stellt eine unangemessene Benachteiligung i. S. d. § 307 BGB dar; eine solche Vereinbarung ist folglich unwirksam (*BAG* 11.4.2006 EzA § 307 BGB 2002 Nr. 14; *LAG SchlH* 25.5.2005 – 3 Sa 84/05, EzA-SD 17/2005 S. 6; s. Rdn. 249).

Eine individuell ausgehandelte Vereinbarung über die Rückzahlung von Fortbildungskosten im Fall der vorzeitigen Beendigung des Arbeitsverhältnisses durch den Arbeitnehmer ist nach § 242 BGB jedenfalls unter dem Gesichtspunkt der gestörten Vertragsparität unwirksam, wenn die Dauer der Bindung eine als angemessen anzusehende Bindungsdauer um ein Vielfaches übersteigt und zudem der Ablauf der Bindungsfrist von Entscheidungen Dritter abhängt (*LAG Bln.-Bra.* 12.11.2009 LAGE § 307 BGB 2002 Nr. 22).

### 4. Höhe der Forderung

211 Der Arbeitgeber kann im Übrigen nur den Betrag zurückverlangen, den er **tatsächlich aufgewandt** hat, höchstens jedoch den vereinbarten Betrag. Der Arbeitgeber hat substantiiert vorzutragen, wie sich die Forderung zusammensetzt. Die einverständliche Festlegung eines bestimmten Betrages ändert daran nichts (*BAG* 16.3.1994 EzA § 611 BGB Ausbildungsbeihilfe Nr. 10).

### 5. Rückzahlungsverpflichtung bei Abbruch der Ausbildung

212 Auch Vereinbarungen über die Beteiligung von Arbeitnehmern an Ausbildungskosten für den Fall, dass sie eine länger dauernde Ausbildung vorzeitig abbrechen, sind nur zulässig, wenn sie unter Berücksichtigung aller Umstände des Einzelfalles nach **Treu und Glauben** dem Arbeitnehmer zuzumuten sind und einem begründeten und zu billigenden Interesse des Arbeitgebers entsprechen.

213 Will ein Arbeitgeber eine solche Kostenbeteiligung vereinbaren, muss er dem Arbeitnehmer eine angemessene **Überlegungsfrist** einräumen, innerhalb derer er sich ohne Kostenrisiko entscheiden kann, ob er die Ausbildung fortsetzen oder aufgeben will (*BAG* 20.2.1975 EzA Art. 12 GG Nr. 12; vgl. *Meier/Schulz* NZA 1996, 742 ff.).

Dabei verlangt das *BAG* (12.12.1979 EzA § 611 BGB Ausbildungsbeihilfe Nr. 1) nicht einmal, dass eine Rückzahlungsvereinbarung ausdrücklich für den Fall des Abbruchs der Ausbildung geschlossen wird. Sie kann sich auch aus einer ergänzenden Vertragsauslegung ergeben (*Meier/Schulz* NZA 1996, 742 ff.). 214

▶ **Beispiel:** 215

Finanziert ein Land einem als Aushilfslehrer im Berufsschuldienst beschäftigten Sozialarbeiter eine zur ersten und zweiten Staatsprüfung für das Lehramt an berufsbildenden Schulen führende Ausbildung, so kann es damit die Verpflichtung des Studenten verbinden, die während der Dauer des Studiums gezahlten Vergütungen nach Vergütungsgruppe Vb BAT zurückzuzahlen, wenn er vor Ablauf von fünf Jahren nach Erwerb der Befähigung für das Lehramt an berufsbildenden Schulen aus dem Schuldienst des Landes ausscheidet.

**In einem solchen Fall entsteht die Rückzahlungsverpflichtung auch dann, wenn der Student das Studium aus von ihm zu vertretenden Gründen abbricht.** Ob die für die Dauer des Studiums gezahlte Vergütung in voller Höhe zurückgefordert werden kann, hat das BAG (12.12.1979 EzA § 611 BGB Ausbildungsbeihilfe Nr. 1; vgl. auch *BAG* 5.7.2000 EzA § 611 BGB Ausbildungsbeihilfe Nr. 20 zur Beendigung des Arbeitsverhältnisses auf Veranlassung des Arbeitnehmers) offen gelassen.

### 6. Kündigung des Arbeitsverhältnisses durch den Arbeitgeber

Verpflichtet sich der Arbeitnehmer einzelvertraglich zur Rückzahlung vom Arbeitgeber verauslagter Aus-, Fort- oder Weiterbildungskosten, wenn das Arbeitsverhältnis vor Ablauf einer bestimmten Frist endet, erfasst die Rückzahlungsklausel grds. **auch eine vorzeitige Beendigung des Arbeitsverhältnisses auf Grund einer arbeitgeberseitigen Kündigung** (*BAG* 24.6.2004 EzA § 611 BGB 2002 Ausbildungsbeihilfe Nr. 6; 24.6.2004 EzA § 611 BGB 2002 Ausbildungsbeihilfe Nr. 7). Eine vorzeitige Kündigung des Arbeitgebers aus Gründen, die der Arbeitnehmer nicht beeinflussen kann, löst aber gleichwohl keine Rückzahlungspflicht des Arbeitnehmers aus (*BAG* 24.6.2004 EzA § 611 BGB 2002 Ausbildungsbeihilfe Nr. 6). 216

Einzelvertragliche Abreden über die Rückzahlung von Ausbildungskosten sind deshalb insoweit **unwirksam**, wie sie eine Erstattung auch für den Fall einer betriebsbedingten Kündigung durch den Arbeitgeber vorsehen. Denn es handelt sich nur dann um eine ausgewogene Gesamtregelung, wenn der **Arbeitnehmer es in der Hand hat**, der Rückzahlungspflicht durch eigene Betriebstreue zu entgehen (*BAG* 6.5.1998 EzA § 611 BGB Ausbildungsbeihilfe Nr. 19; vgl. dazu *Zeranski* NJW 2000, 336 ff.). **Gleiches gilt dann, wenn der Arbeitnehmer die für die Kündigung maßgebenden Umstände nicht zu vertreten hat.** Denn in einem solchen Fall kann der Arbeitgeber sein Auswahlrisiko nicht durch die Inanspruchnahme der Rückzahlungsoption auf den Arbeitnehmer abwälzen (*BAG* 24.6.2004 EzA § 611 BGB 2002 Ausbildungsbeihilfe Nr. 7). 217

Wirksam sind sie danach also dann, wenn verhaltensbedingte Kündigungsgründe gegeben sind. In einem solchen Fall ist dem Arbeitnehmer die Rückzahlung von Ausbildungskosten zumutbar, wenn die Beendigung des Arbeitsverhältnisses auf einem **vertragswidrigen Verhalten** beruht, das die Kündigung nach § 1 Abs. 2 KSchG sozial gerechtfertigt hat oder auf Grund dessen dem Arbeitgeber die Fortsetzung des Arbeitsverhältnisses nach § 626 Abs. 1 BGB unzumutbar war. Bedurfte die Kündigung des Arbeitgebers solcher Gründe nicht, kommt es für die Rückzahlungspflicht des Arbeitnehmers darauf an, **ob ein verständiger Arbeitgeber**, dem grds. an dem Erhalt der Bildungsinvestition für seinen Betrieb gelegen ist, das vertragswidrige Verhalten zum Anlass genommen hätte, die arbeitsvertraglichen Beziehungen zu beenden (*BAG* 24.6.2004 EzA § 611 BGB 2002 Ausbildungsbeihilfe Nr. 6). Dafür hat der Arbeitgeber als Gläubiger des Anspruchs auch dann die Darlegungs- und Beweislast, wenn zum Zeitpunkt des Zugangs der Kündigung wegen Nichterfüllung der Wartezeit das KSchG noch keine Anwendung findet (*BAG* 24.6.2004 EzA § 611 BGB 2002 Ausbildungsbeihilfe Nr. 6; *LAG Düsseld.* 8.5.2003 LAGE § 611 BGB 2002 Ausbildungsbeihilfe Nr. 1). 218

## III. Darlegungs- und Beweislast

### 1. Überwiegende Wahrscheinlichkeit eines beruflichen Vorteils

219 Das *BAG* (24.7.1991 EzA § 611 BGB Ausbildungsbeihilfe Nr. 7; 24.7.1991 EzA § 611 BGB Ausbildungsbeihilfe Nr. 8) ist zunächst davon ausgegangen, dass der Arbeitgeber substantiiert darzulegen hat, dass außerhalb des eigenen Betriebes Bedarf an aus- oder fortgebildeten Fachkräften bestanden hat und gerade durch die Bildungsmaßnahme die Berufs- und Verdienstchancen des Arbeitnehmers gesteigert worden sind. Dazu wurden konkrete Angaben über die Lage auf dem Arbeitsmarkt für Arbeitskräfte mit dem Ausbildungsstand des betreffenden Arbeitnehmers verlangt.

220 Inzwischen geht das *BAG* (30.11.1994 EzA § 611 BGB Ausbildungsbeihilfe Nr. 12; vgl. auch *BAG* 19.2.2004 EzA § 611 BGB 2002 Ausbildungsbeihilfe Nr. 5) davon aus, dass es für die Annahme des geldwerten Vorteils des Arbeitnehmers ausreicht, wenn der Arbeitgeber Umstände dargelegt hat, aus denen sich ergibt, dass im Zeitpunkt der Vereinbarung der Rückzahlungsklausel durch die Aus- oder Fortbildung ein beruflicher Vorteil für den Arbeitnehmer mit überwiegender Wahrscheinlichkeit erwartet werden konnte. Dabei kann der Arbeitgeber zum einen darlegen und beweisen, dass außerhalb seines eigenen Betriebes Bedarf nach derart ausgebildeten Arbeitskräften besteht und die beruflichen Entwicklungsmöglichkeiten sowie die Verdienstchancen für diese Arbeitnehmer durch die von ihm finanzierte Aus- oder Fortbildung gesteigert worden sind (*BAG* 24.7.1991 EzA § 611 BGB Ausbildungsbeihilfe Nr. 8). Der Arbeitgeber genügt seiner Darlegungslast aber auch dann, wenn er substantiiert vorträgt, dass der Arbeitnehmer durch die Weiterbildung eine anerkannte Qualifikation erworben und ihm diese innerbetriebliche Vorteile gebracht hat. Dabei kann der Vorteil auch in der Einstellung selbst liegen (*BAG* 16.3.1994 EzA § 611 BGB Ausbildungsbeihilfe Nr. 10). Dem Arbeitnehmer obliegt es dann, dieses Wahrscheinlichkeitsurteil zu entkräften (*BAG* 30.11.1994 EzA § 611 BGB Ausbildungsbeihilfe Nr. 12).

### 2. Beispiele aus der Praxis

221 ▶ – Diese Voraussetzungen waren z. B. bei einer Bürokauffrau, die als Sekretärin beschäftigt war und beim Abschluss der Rückzahlungsvereinbarung über Englischkenntnisse aus ihrer Schulausbildung (Realschulnote, Schlussnote: ausreichend) sowie aus dem Besuch der B.-Schule verfügte, gegeben. Von einem Erfolg der Fortbildungsmaßnahme (ein 6-monatiger Sprachaufenthalt und der Mitarbeit in einem Unternehmen im Ausland) durch den Aufenthalt in ihrem englischen Tochterunternehmen durfte der Arbeitgeber als überwiegend wahrscheinlich ausgehen. Die Klägerin hatte als ersten Teil ihrer Fortbildung in der englischen Sprache über etwa 1 1/2 Jahre die Abendkurse an der B.-Schule besucht. Nach dem von ihr selbst aufgestellten Ausbildungsplan wollte sie ihre Fortbildung etwa sieben bis zehn Monate nach ihrer Rückkehr aus England mit einer Prüfung zur Fremdsprachenkorrespondentin vor der Industrie- und Handelskammer beenden. Damit war ein sinnvoller, zum beruflichen Aufstieg führender Weg vorgezeichnet. Die insoweit eingeholten Auskünfte des Arbeitsamtes und der Industrie- und Handelskammer zeigten, dass die Arbeitsmarktchancen für Sekretärinnen mit derartigen Fremdsprachenkenntnissen im Raum M. im maßgeblichen Zeitpunkt besonders gut waren. Diese Einschätzung wurde letztlich durch die tatsächliche berufliche Entwicklung der Klägerin bestätigt: Schon nach einem halben Jahr hat sie mit einer erheblichen Gehaltssteigerung eine anderweitige Anstellung gesucht und gefunden. Ob diese günstige Entwicklung rein oder überwiegend auf den England-Aufenthalt zurückzuführen ist, wurde zwar im Einzelnen nicht festgestellt. Es erschien jedoch nach Auffassung des BAG (10.11.1994 EzA § 611 BGB Ausbildungsbeihilfe Nr. 12) kaum vorstellbar, dass er sich nicht positiv ausgewirkt habe.
– Die herstellerübergreifend durchgeführte Ausbildung zum **zertifizierten Automobilverkäufer** ist geeignet, den teilnehmenden Arbeitnehmern auf dem Arbeitsmarkt einen zusätzlichen Nutzen zu verschaffen (*LAG Köln* 6.3.2006 NZA-RR 2006, 404).
– Einen beruflichen Vorteil erreicht der Arbeitnehmer dann nicht, wenn **keine allgemein anerkannte Qualifikation** erreicht wird, sondern lediglich ein Zertifikat über die Lehrgangsteilnahme ausgestellt wird und der Arbeitnehmer ansonsten keine über das Normalmaß der beruf-

## D. Rückzahlung von Ausbildungskosten

lichen Fortbildung hinausgehende Qualifikation erlangt (*LAG Nds.* 6.8.2002 – 13 Sa 374/02, EzA-SD 23/2002, S. 7 LS).
- Gleiches gilt dann, wenn der Arbeitgeber Schulungskosten weniger dafür aufwendet, eine Aus- oder Weiterbildung des Arbeitnehmers zu erreichen, sondern **um die Einarbeitung für einen bestimmten Arbeitsplatz** zu erzielen; eine Rückzahlungsklausel ist dann unwirksam (*LAG Düsseld.* 29.3.2001 NZA-RR 2002, 292).
- Erstreckt sich die Ausbildung zur **examinierten Altenpflegerin** über drei Jahre, in denen ca. 24,9 % der gesamten Arbeitszeit für Schulungsmaßnahmen ausfällt und der Arbeitgeber die Vergütung weiterzahlt, kann die lange Ausbildungsdauer unter diesen Umständen eine Bindungsdauer von zwei Jahren rechtfertigen. Denn die Arbeitnehmerin hat durch die Ausbildung zur Altenpflegerin einen geldwerten Vorteil erlangt. Die Berufsfreiheit der Arbeitnehmerin wird aufgrund einer vereinbarten zweijährigen Bindungsfrist nicht unverhältnismäßig beschränkt (*BAG* 21.7.2005 EzA § 611 BGB 2002 Ausbildungsbeihilfe Nr. 8).

### IV. Unwirksamkeit der vereinbarten Bindungsdauer

Ist die vereinbarte Bindungsdauer hinsichtlich ihres Umfangs unzulässig, so ist sie entsprechend der fraglichen Regelung analog § 139 BGB auf ein **angemessenes Maß** zurückzuführen (geltungserhaltende Reduktion; *BAG* 16.3.1994 EzA § 611 BGB Ausbildungsbeihilfe Nr. 10). Die Ermittlung eines darauf gerichteten mutmaßlichen Parteiwillens obliegt den Tatsachengerichten. Deren Entscheidung ist in der Revisionsinstanz nur beschränkt überprüfbar (*BAG* 5.12.2002 EzA § 611 BGB 2002 Ausbildungsbeihilfe Nr. 1 m. Anm. *Krebs* SAE 2004, 66 ff.; s. aber Rdn. 249 ff.). 222

### V. Einzelfälle

- Bei einer Lehrgangsdauer von drei bis vier Monaten (z. B. beim **Verwaltungslehrgang I** der bayerischen Verwaltungsschule) ist eine Bindungsdauer von zwei Jahren jedenfalls nicht zu lang bemessen. Das *BAG* (6.9.1995 EzA § 611 BGB Ausbildungsbeihilfe Nr. 14) neigt allerdings dazu, dass eine längere Bindungsdauer in derartigen Fällen regelmäßig unzulässig ist. Einen Grundsatz, dass die Bindungsdauer höchstens sechsmal so lang sein darf wie die Dauer der Maßnahme, gibt es nicht. 223
- Ein dreiwöchiges **allgemeines Fortbildungsseminar**, das im Wesentlichen nur dazu dient, bereits erworbene und in der praktischen Tätigkeit benötigte Kenntnisse aufzufrischen und zu vertiefen, ohne dem Arbeitnehmer neue berufliche Chancen zu eröffnen oder sonstige Vorteile einzubringen, stellt keine angemessene Gegenleistung des Arbeitgebers für die vereinbarte Rückzahlungsverpflichtung dar. Diese ist dem Arbeitnehmer im konkreten Einzelfall daher nach den Grundsätzen von Treu und Glauben nicht zumutbar (*LAG Frankf.* 7.9.1988 NZA 1989, 392). 224
- Eine **Lehrgangsdauer bis zu zwölf Monaten** rechtfertigt i. d. R. nur dann eine längere Bindung als drei Jahre nach Abschluss der Ausbildung, wenn durch die Teilnahme eine besonders hohe Qualifikation, verbunden mit überdurchschnittlichen Vorteilen für den Arbeitnehmer, entsteht (*BAG* 11.4.1984 EzA § 611 BGB Ausbildungsbeihilfe Nr. 4). 225
- **Musterberechtigungen zum Führen von Flugzeugen** sind allgemein anerkannte Qualifikationsnachweise, da sie auf Grund öffentlich-rechtlicher Regelung (§ 66 LuftPersV a. F.) Voraussetzung für die Tätigkeit als Flugzeugführer auf dem jeweiligen Muster ist (*BAG* 19.2.2004 EzA § 611 BGB 2002 Ausbildungsbeihilfe Nr. 51). Der Inhaber dieser Musterberechtigung kann diese grds. auch bei anderen Arbeitgebern nutzen. Ihr Erwerb kann daher nicht mit einer nur dem Arbeitgeber dienenden Einweisung auf das Arbeitsgerät gleichgesetzt werden (*BAG* 19.2.2004 EzA § 611 BGB 2002 Ausbildungsbeihilfe Nr. 5). Wegen der Besonderheiten der Musterberechtigung (insbesondere der gegenständlichen Begrenzung auf ein bestimmtes Flugzeugmuster) ist unabhängig von deren Art und der vom Arbeitgeber aufgewandten Kosten an sich regelmäßig nur eine Bindung von einem Jahr zulässig (*BAG* 16.3.1994 EzA § 611 BGB 2002 Ausbildungsbeihilfe Nr. 10). Die zulässige Bindungsdauer kann aber dann ein Jahr überschreiten, wenn zusätzlich **eine sog. CCC-Schulung erfolgt**, die das berufsmäßige Fliegen erlaubt (*LAG Köln* 19.9.2002 NZA-RR 2003, 226

# Kapitel 9 — Pflichten im Hinblick auf die Beendigung des Arbeitsverhältnisses

237). Auch das *BAG* (19.2.2004 EzA § 611 BGB 2002 Ausbildungsbeihilfe Nr. 5) hat inzwischen eine Rückzahlungsverpflichtung für die Kosten der Teilnahme an einem zweimonatigen Lehrgang für den Erwerb der Musterberechtigung als rechtswirksam anerkannt, die auf drei Jahre verteilt war, wobei jeweils nach Ablauf eines Beschäftigungsjahres ein Drittel der Ausbildungskosten fällig sein sollte. Es handelte sich um durch den Besuch einer externen Flugschule entstandene, darlehensfinanzierte Kosten in Höhe von 34.000 DM.

227 – Die Teilnahme an **mehreren Wochenendseminaren** mit einer Gesamtdauer von einem Monat rechtfertigt die Bindung eines Arbeitnehmers nicht über ein Jahr hinaus. Im Bereich sich schnell entwickelnder Technologien indizieren Kurzlehrgänge ohne qualifizierten Abschluss Zweifel an der dem Arbeitnehmer verbleibenden, seinen Marktwert erhöhenden Qualifikation und eröffnen ihm i. d. R. keine neuen Berufsfelder, da die erworbenen Kenntnisse schon nach kurzer Zeit überholt sein können (*LAG Frankf.* 20.3.1986 NZA 1986, 753).

228 – Eine **Lehrgangsdauer bis zu zwei Monaten** rechtfertigt i. d. R. nur dann eine längere Bindung als ein Jahr nach Abschluss der Ausbildung, wenn durch die Teilnahme am Lehrgang eine besonders hohe Qualifikation verbunden mit überdurchschnittlichen Vorteilen für den Arbeitnehmer entsteht oder wenn die Fortbildung besonders kostenintensiv ist (*BAG* 15.12.1993 EzA § 611 BGB Ausbildungsbeihilfe Nr. 9).

229 – Bei einer **Lehrgangsdauer von 80 Tagen** ohne Arbeitsverpflichtung ist die zulässige Grenze der Bindungsdauer mit 27 Monaten erreicht (*LAG Köln* 17.7.2003 ARST 2004, 91).

230 ▶ **Beispiel:**
Das ist bei der Weiterbildung zur Substitutin in einem Kaufhausunternehmen nicht der Fall, weil es keine anerkannte Ausbildung zum Substituten gibt. Im konkret entschiedenen Einzelfall ist die Klägerin nach dem Vortrag des Beklagten im Wissensteil in den Fächern Betriebswirtschaftslehre, Recht, integrierte Betriebs-Ergebnis-Planung, Personalplanung und Verkaufsförderung geprüft worden. Auf Grund der verhältnismäßig kurzen Dauer der Seminare können nur Grundkenntnisse vermittelt worden sein. Die Klägerin ist zwar nach den Tarifverträgen für den Einzelhandel des Landes Baden-Württemberg als Substitutin zwei Tarifgruppen höher gruppiert worden, als sie es vorher als Verkäuferin war. Das sind jedoch keine überdurchschnittlichen Vorteile. Schließlich war die Fortbildung nicht besonders kostenaufwändig. Die Beklagte hat für die Teilnahme der Klägerin an den Lehrgängen nach ihrem Vortrag insgesamt 3.974,69 DM aufgewandt. Selbst wenn man die während der Lehrgänge gezahlte Vergütung in der von der Beklagten behaupteten Höhe von 2.500 DM hinzurechnet, ergibt sich ein Betrag von lediglich 6500 DM. Das sind nur wenig mehr als zwei Monatsverdienste der Klägerin als Substitutin (*BAG* 15.12.1993 EzA § 611 BGB Ausbildungsbeihilfe Nr. 9).

231 – Eine **praktische Unterweisung** des Arbeitnehmers ist bei der Berechnung der Lehrgangsdauer nur dann (mit) zu berücksichtigen, wenn sie einen erheblichen Anteil der Arbeitszeit ausmacht und der Arbeitnehmer dadurch keine der Vergütung angemessene Arbeitsleistung erbringt (*BAG* 15.12.1993 EzA § 611 BGB Ausbildungsbeihilfe Nr. 9).

232 – Eine arbeitsvertragliche Klausel, in der sich der Arbeitnehmer verpflichtet, nach gut **zweimonatiger Ausbildung** nicht vor Ablauf von 36 vollen Beschäftigungsmonaten das Arbeitsverhältnis zu kündigen, ist jedenfalls dann rechtswirksam, wenn dabei zugleich eine zeitanteilige Kürzung des Rückzahlungsbetrages, je nach Dauer der Arbeitsleistung, vereinbart ist, der Arbeitnehmer durch die abgeschlossene Ausbildung in die Lage versetzt wird, seine beruflichen Chancen auf dem Arbeitsmarkt generell zu erhöhen und ein schützenswertes Interesse des Arbeitgebers an der vereinbarten Bindung infolge der aufgewandten Ausbildungskosten besteht (*ArbG Düsseld.* 3.11.1988 DB 1989, 1295).

233 – Ein **sechsmonatiger Sprachaufenthalt** unter Mitarbeit in einem Unternehmen im Ausland kann eine Bindung des Arbeitnehmers an den Arbeitgeber bis zu zwei Jahren rechtfertigen (*BAG* 30.11.1994 EzA § 611 BGB Ausbildungsbeihilfe Nr. 12).

234 – Eine mit einem Arbeitnehmer vereinbarte Rückzahlung von Ausbildungskosten für den Besuch einer **Sparkassenschule**, die bei einer Kündigung des Arbeitnehmers vor Ablauf von drei Jahren

## D. Rückzahlung von Ausbildungskosten

erfolgen soll, ist nicht schon deshalb unwirksam, weil sich vertragsgemäß die Erstattungspflicht nur um jeweils 1/3 für jedes Jahr der Betriebszugehörigkeit nach Abschluss des Lehrgangs mindert und nicht für jeden Monat eine entsprechende Herabsetzung vorgesehen ist (*BAG* 23.4.1986 EzA § 611 BGB Ausbildungsbeihilfe Nr. 5).

– Die Teilnahme an einem etwa **halbjährigen Lehrgang** für den gehobenen Sparkassendienst auf Kosten des Arbeitgebers rechtfertigt im Rahmen der Gesamtbetrachtung keine drei Jahre übersteigende Rückzahlungsverpflichtung (*BAG* 23.2.1983 EzA § 611 BGB Ausbildungsbeihilfe Nr. 3). 235

– Eine Bindungsdauer von zwei Jahren nach einer zweijährigen Weiterbildung zum **Arzt für Arbeitsmedizin** mit einer ratierlichen Minderung der Ausbildungskosten von 1/24 je Monat ist angesichts der durch die Ausbildung erlangten beruflichen Vorteile auch dann nicht zu beanstanden, wenn die theoretische Fortbildungsdauer ohne Arbeitsleistung nur drei Monate betragen hat (*LAG Köln* 15.3.1995 NZA 1995, 1201 LS). 236

Dauert die Fortbildung nicht länger als einen Monat, erfordern die Grundsätze der Verhältnismäßigkeit und der Rechtssicherheit eine weitere Abstufung der richterrechtlich entwickelten Regel, dass bei einer Fortbildung von bis zu zwei Monaten ohne Verpflichtung zur Arbeitsleistung höchstens eine einjährige Bindung vereinbart werden kann. Hat der Arbeitnehmer durch die Fortbildung keine besonders hohe Qualifikation erworben oder sind die vom Arbeitgeber aufgewendeten Fortbildungskosten nicht außergewöhnlich hoch, rechtfertigt eine Fortbildungsdauer von bis zu einem Monat nur eine Bindung des Arbeitnehmers bis zu sechs Monaten (*BAG* 5.12.2002 EzA § 611 BGB 2002 Ausbildungsbeihilfe Nr. 1). 237

### VI. Tarifliche Normen; z. B. Nr. 7 SR 2a BAT

#### 1. Grundlagen

Nach Nr. 7 SR 2a BAT wird vom Arbeitgeber dann, wenn ein Angestellter im Pflegedienst, der unter Abschnitt A der Anlage 1b zum BAT fällt, auf Veranlassung und im Rahmen des Personalbedarfs, des Arbeitgebers fort- oder weitergebildet wird, sofern keine Ansprüche gegen andere Kostenträger bestehen, soweit er freigestellt werden muss, für die notwendige Fort- oder Weiterbildungszeit die bisherige Vergütung fortgezahlt; ferner werden die Kosten der Fort- oder Weiterbildung getragen. Der Angestellte ist verpflichtet, dem Arbeitgeber die Aufwendungen dann zu ersetzen, wenn das Arbeitsverhältnis auf Wunsch des Angestellten oder aus einem von ihm zu vertretenden Grunde endet. Vorgesehen ist im Übrigen eine Staffelung der Höhe der Rückzahlung, je nach dem Zeitpunkt der Beendigung des Arbeitsverhältnisses nach Abschluss der Ausbildung (im ersten Jahr sind die vollen Aufwendungen, im zweiten Jahr 2/3 und im dritten Jahr 1/3 der Aufwendungen zurückzuzahlen; zur inhaltlichen Bestimmtheit vgl. *ArbG Passau* 6.3.2001 NZA-RR 2002, 50). 238

#### 2. Auf Veranlassung des Arbeitgebers

Das Tatbestandsmerkmal »auf Veranlassung des Arbeitgebers« bedeutet, dass die Fort- oder Weiterbildung vom Arbeitgeber **erkennbar gewollt** sein muss. Von wem die Initiative dazu ausging, ist unerheblich (*BAG* 14.6.1995 EzA § 611 BGB Ausbildungsbeihilfe Nr. 13). Denn dann, wenn er die Weiterbildung erkennbar befürwortet hat, besteht kein sachlicher Grund dafür, Angestellte, die selbst initiativ werden und eine Weiterbildung beim Arbeitgeber anregen, anders zu behandeln als Arbeitnehmer, die dazu von ihm erst aufgefordert werden mussten. Denn das würde bedeuten, dass weder die aktiven Arbeitnehmer einen tarifvertraglichen Anspruch auf Übernahme der Weiterbildungskosten, noch der Arbeitgeber ihnen gegenüber einen tariflichen Rückzahlungsanspruch hätte. 239

#### 3. Im Rahmen des Personalbedarfs

»Im Rahmen des Personalbedarfs« setzt voraus, dass **im tariflichen Bindungszeitraum wahrscheinlich Stellen zu besetzen sind, für die die zu erwerbende Qualifikation erforderlich ist**. Zwar dürfen 240 insoweit keine zu hohen Anforderungen gestellt werden (*BAG* 14.6.1995 EzA § 611 BGB Ausbildungsbeihilfe Nr. 13; 15.3.2000 NZA 2001, 39). Denn der Personalbedarf eines Arbeitgebers ist, zumal wenn es um längere Zeiträume geht, nicht sicher abschätzbar. Er ist von vielen Unwägbarkeiten abhängig. Für die Personalbedarfsplanung gibt es zudem keine feststehenden Grundsätze. Aktueller Personalbedarf ist daher nicht erforderlich. Andererseits kann die bloße Möglichkeit, dass beim Arbeitgeber irgendwann einmal entsprechende Stellen frei werden, nicht ausreichen. Das Merkmal »im Rahmen des Personalbedarfs des Arbeitgebers« hätte dann keine eigenständige Bedeutung mehr. Die Fort- oder Weiterbildung erfolgt vielmehr dann »im Rahmen des Personalbedarfs«, wenn beim Arbeitgeber in dem 3-jährigen Bindungszeitraum mit einiger Wahrscheinlichkeit Stellen zu besetzen sind, für die eine durch die Weiterbildung zu erwerbende Qualifikation Voraussetzung ist (*BAG* 15.3.2000 NZA 2001, 39). Ausreichend ist es auch, wenn dem Arbeitnehmer die höher gruppierte Stelle im Hinblick darauf übertragen wird, dass er anschließend die Weiterbildung durchführt (*BAG* 23.4.1997 EzA § 611 BGB Ausbildungsbeihilfe Nr. 17). Andererseits ist es dem Arbeitgeber nicht verwehrt, mehr Arbeitnehmern die Weiterbildung zu finanzieren, als Stellen frei werden (*BAG* 14.6.1995 EzA § 611 BGB Ausbildungsbeihilfe Nr. 13). Es reicht aber jedenfalls nicht aus, dass der Arbeitgeber lediglich eine **allgemeine Qualifizierung** seines Fachpersonals erreichen will (*BAG* 6.11.1996 EzA § 611 BGB Ausbildungsbeihilfe Nr. 18).

### 4. Vergütungsrelevanz

241   Die inhaltsgleiche Regelung in Nr. 7 SR 2a Berufsgenossenschafts-AngestelltenTV ist einschränkend dahin auszulegen, dass **nur vergütungsrelevante Bildungsmaßnahmen eine Rückzahlungspflicht des Arbeitnehmers auslösen können**. Die Regelung ist wirksam, obwohl sie erheblich von der Rechtsprechung des BAG (s. Rdn. 204 ff.) zur Zulässigkeit einzelvertraglicher Rückzahlungsklauseln abweicht (*BAG* 6.5.1995 EzA § 611 BGB Ausbildungsbeihilfe Nr. 15). Denn Tarifverträge unterliegen nicht im selben Umfang der gerichtlichen Inhaltskontrolle wie Einzelarbeitsverträge.

242   Gleiches gilt im Rahmen von Nr. 7 SR 2a BAT für die Fortbildung zur Fachkrankenschwester im Operationsdienst (*BAG* 6.9.1995 – 5 AZR 172/94), zum Hygienefachpfleger (*BAG* 6.9.1995 EzA § 611 BGB Ausbildungsbeihilfe Nr. 15 LS), bei einem 3-monatigen Lehrgang »Stationsleitung« (*BAG* 6.9.1995 – 5 AZR 618, 744/94) sowie für § 10a AVR-Caritas (Kosten der Weiterbildung zum Fachkrankenpfleger *BAG* 6.11.1996 EzA § 611 BGB Ausbildungsbeihilfe Nr. 16).

### 5. Beruflicher Vorteil des Arbeitnehmers

243   Liegen die Voraussetzungen für einen Anspruch auf Rückzahlung nach Nr. 7 SR 2a BAT vor, so ist nicht zusätzlich zu prüfen, ob dem Arbeitnehmer ein beruflicher Vorteil erwachsen ist (*BAG* 6.11.1996 EzA § 611 BGB Ausbildungsbeihilfe Nr. 18).

### 6. Darlegungs- und Beweislast

244   Der Arbeitgeber hat diese Voraussetzungen darzulegen. Er muss mindestens vortragen, dass und aus welchen Gründen er innerhalb des Bindungszeitraums wahrscheinlich Arbeitnehmer mit der zu erwerbenden Qualifikation braucht. Bestreitet der Arbeitnehmer den Vortrag, so ist Beweis zu erheben. Dabei kann es ein Indiz für die Richtigkeit der Behauptung des Arbeitgebers sein, wenn während des Bindungszeitraums tatsächlich entsprechende Stellen frei geworden sind. Diesen Anforderungen genügt es nicht, wenn der Arbeitgeber sich mit dem Sachvortrag begnügt, ein entsprechender Personalbedarf sei damals von der Pflegedienstleitung bejaht worden. Auch liege es im Interesse des Arbeitgebers, auf der Station neben der aktuell eingestellten Stationsleitung andere entsprechend qualifizierte Pflegekräfte für Vertretungsfälle zur Verfügung zu haben.

245   Das *BAG* (6.9.1995 EzA § 611 BGB Ausbildungsbeihilfe Nr. 15) hat insoweit angenommen, dass der Arbeitgeber nicht dargelegt hat, dass innerhalb der dreijährigen Bindungsfrist wahrscheinlich mit einem Freiwerden entsprechender Stellen zu rechnen ist. Er habe noch nicht einmal vorgetragen, dass nach dem Ausscheiden der Beklagten bis zur letzten mündlichen Verhandlung in der Berufungs-

instanz einige Stellen zu besetzen gewesen seien. Auf die Frage, ob die Anforderungen an die Darlegungslast der Klägerin infolge des substantiierten Vortrags der Beklagten (Arbeitgeberin) gestiegen seien, komme es daher nicht mehr an.

### VII. Vereinbarung zur Rückzahlung von Ausbildungskosten in Form einer Darlehensverpflichtung; Schuldumschaffung

Die Grundsätze zur Zulässigkeit von Vereinbarungen über die Rückzahlung von Ausbildungskosten gelten regelmäßig auch dann, wenn vereinbart wird, dass der Rückzahlungsbetrag als Darlehen (§ 607 Abs. 2 BGB) geschuldet werden soll (*BAG* 26.10.1994 EzA § 611 BGB Ausbildungsbeihilfe Nr. 11). 246

Ein **Schuldbestätigungsvertrag**, der unabhängig von der arbeitsvertraglichen Rückzahlungsklausel gilt und einer richterlichen Inhaltskontrolle anhand der hier erörterten Kriterien nicht unterliegen soll, kann **nur ausnahmsweise** angenommen werden. Er setzt voraus, dass die Parteien gerade den Streit über die beiderseitige Ungewissheit über die Wirksamkeit der Rückzahlungsklausel beenden wollten. Das *BAG* (26.10.1994 EzA § 611 BGB Ausbildungsbeihilfe Nr. 11) hat dem Abschluss eines Darlehensvertrages über die Rückzahlung von Ausbildungskosten nicht die Bedeutung einer formbedürftigen abstrakten Schuldumschaffung (§§ 780, 781 BGB) beigemessen, weil im Darlehensvertrag von einer Stundung der im Arbeitsvertrag vorgesehenen Rückzahlungsverpflichtung die Rede war, was gegen die Annahme sprach, dass die Parteien die alte Schuld zum Erlöschen bringen und eine neue Schuld begründen wollten. Folglich hätte es zur Annahme einer Schuldumschaffung besonderer, vom Arbeitgeber darzulegender Umstände bedurft, die er jedoch nicht vorgetragen hatte. 247

Auch ein deklaratorisches Schuldanerkenntnis war nicht gegeben, weil es einen Streit über die Forderung dem Grunde und der Höhe nach bei Abschluss des Darlehensvertrages nicht gegeben hatte, insbesondere entsprechende Zweifel an dessen Wirksamkeit nicht bestanden hatten. Folglich hatten die Parteien mit dem Darlehensvertrag die im Arbeitsvertrag vorgesehene Rückzahlungsverpflichtung zwar in Bezug auf Fälligkeit, Verzinsung und Tilgung dem Darlehensrecht unterstellt, den Grund für die Rückzahlungsverpflichtung jedoch unberührt gelassen, sodass die Vereinbarung an den von der Rechtsprechung des *BAG* (26.10.1994 EzA § 611 BGB Ausbildungsbeihilfe Nr. 11) entwickelten Grundsätzen zu messen war. 248

### VIII. Besonderheiten bei vorformulierten Vereinbarungen (AGB-Kontrolle; §§ 305 ff. BGB)

Die Auswirkungen der Schuldrechtsreform auf die Vereinbarung der Rückzahlung von Ausbildungskosten in AGB des Arbeitgebers lassen sich mit *Schmidt* (NZA 2004, 1002 ff.) und der Rechtsprechung (*BAG* 15.9.2009 EzA § 611 BGB 2002 Ausbildungsbeihilfe Nr. 13; 14.1.2009 EzA § 306 BGB 2002 Nr. 4; 18.11.2008 EzA § 307 BGB 2002 Nr. 42; 5.6.2007 EzA § 611 BGB 2002 Ausbildungsbeihilfe Nr. 11; 23.1.2007 EzA § 307 BGB 2002 Nr. 19; 11.4.2006 EzA § 307 BGB 2002 Nr. 13; 17.11.2005 EzA § 611 BGB 2002 Kirchliche Arbeitnehmer Nr. 7; s. *Düwell/Ebeling* DB 2008, 406 ff.; *Schönhöft* NZA-RR 2009, 625 ff.; s. a. *BGH* 17.9.2009 NZA 2010, 37) wie folgt zusammenfassen: 249
– Der übereinstimmende Wille der Vertragsparteien geht nicht nur bei der Auslegung einer Individualvereinbarung, sondern auch bei der Auslegung von AGB selbst einem eindeutigen Wortlaut der Vereinbarung vor. Ein derartiger übereinstimmender Wille der Vertragsparteien führt nicht dazu, dass die vertraglichen Regelungen ausgehandelt sind und es sich deshalb nicht mehr um AGB handelt (*BAG* 15.9.2009 EzA § 611 BGB 2002 Ausbildungsbeihilfe Nr. 13). AGB liegen auch dann vor, wenn der Arbeitgeber von Dritten erstellte Formulare verwendet (*BAG* 15.9.2009 EzA § 611 BGB 2002 Ausbildungsbeihilfe Nr. 13).
– Voraussetzung für eine Rückzahlungsklausel ist, dass die Ausbildung von geldwertem Vorteil für den Arbeitnehmer ist und dieser nicht unangemessen lange an das Arbeitsverhältnis gebunden wird (*BAG* 15.9.2009 EzA § 611 BGB 2002 Ausbildungsbeihilfe Nr. 13 = NZA 2010,

342). Vor diesem Hintergrund ist es nach wie vor grundsätzlich zulässig, in vom Arbeitgeber gestellten Allgemeinen Geschäftsbedingungen die Rückzahlung von Fortbildungskosten zu vereinbaren und die Höhe des Rückzahlungsbetrags davon abhängig zu machen, ob der Arbeitnehmer das Arbeitsverhältnis innerhalb einer bestimmten Bindungsdauer beendet. Die Bindungsdauer darf den Arbeitnehmer nicht entgegen den Geboten von Treu und Glauben benachteiligen. Ob dies der Fall ist, bestimmt sich nach Regelwerten, die jedoch einzelfallbezogenen Abweichungen zugänglich sind (*BAG* 14.1.2009 EzA § 306 BGB 2002 Nr. 4; *LAG SchlH* 23.9.2008 5 – Sa 203/08, AuR 2009, 103 LS).

So ist z. B. eine Vertragsklausel, die ohne Ausnahme dem Arbeitnehmer für jeden Fall der Beendigung des Arbeitsverhältnisses die Rückzahlung von Ausbildungskosten auferlegt, ohne die Möglichkeit einer geltungserhaltenden Reduktion unwirksam, weil sie eine unangemessene Benachteiligung i. S. d. § 307 Abs. 1 BGB darstellt (*LAG Köln* 2.9.2009 LAGE § 307 BGB 2002 Nr. 19; s. a. *BGH* 17.9.2009 NZA 2010, 37).

Im Übrigen gilt Folgendes:
– Durch die Schuldrechtsmodernisierung haben die ursprünglich auf § 242 BGB gestützten Kontrollmaßstäbe eine inhaltsgleiche **spezialgesetzliche Ausgestaltung in § 307 Abs. 1 BGB** erfahren (*BAG* 5.6.2007 EzA § 611 BGB 2002 Ausbildungsbeihilfe Nr. 11; so auch *BAG* 11.4.2006 EzA § 307 BGB 2002 Nr. 13; zur Rückzahlung von Weiterbildungskosten aufgrund kirchlicher Arbeitsvertragsrichtlinien vgl. *BAG* 17.11.2005 EzA § 611 BGB 2002 Kirchliche Arbeitnehmer Nr. 7 u. Kap. 1 Rdn. 717). Für die Inhaltskontrolle für vom Arbeitgeber vorformulierte Rückzahlungsklauseln kann deshalb auf die bisherige Rechtsprechung (s. Rdn. 202 ff.) zurückgegriffen werden (*LAG Köln* 6.3.2006 NZA-RR 2006, 404).
– Rückzahlungsklauseln werden i. d. R. vom Arbeitgeber vorgegeben. Sie unterliegen auch dann der Inhaltskontrolle, wenn der Arbeitgeber sie erstmals verwendet. Auf die **Absicht der Mehrfachverwendung** kommt es wegen § 310 Abs. 3 BGB **nicht** an.
– Bei kollektivrechtlichen Rückzahlungsklauseln scheidet eine Inhaltskontrolle von Gesetzes wegen aus. Das gilt auch dann, wenn ihre Geltung nur einzelvertraglich vereinbart ist. Rückzahlungsklauseln in kirchlichen Arbeitsvertragsrichtlinien sind nur kontrollfrei, wenn sie auf kollektivrechtliche Rückzahlungsklauseln verweisen oder sie vollständig wiedergeben.
– Unwirksam ist eine Klausel, die den Arbeitnehmer mit Ausbildungskosten belastet, obwohl er durch die Ausbildung **keinen beruflichen Vorteil** erlangt. Entsprechendes gilt, wenn die Rückzahlungspflicht wegen der **Beendigung des Arbeitsverhältnisses** vor Ablauf der Bindungsfrist **auf Gründen** beruht, **die dem Arbeitnehmer nicht zuzurechnen sind**. Denn sie **benachteiligt den Arbeitnehmer entgegen den Geboten von Treu und Glauben unangemessen** und ist damit nach § 307 Abs. 1 S. 1 BGB unwirksam (so auch *BAG* 11.4.2006 EzA § 307 BGB 2002 Nr. 13). Der Vertragspraxis ist danach zu empfehlen, die Beendigungsgründe, die eine Erstattungspflicht des Arbeitnehmers zulässigerweise auslösen können, im Vertrag konkret zu benennen. Soweit eine Ausbildung Teil der vereinbarten Arbeitsleistung ist, ist sie zu vergüten. Das ist jedenfalls bei kurzfristigen Schulungen der Fall, in denen Kenntnisse erworben werden, die unmittelbar der im Arbeitsvertrag vereinbarten Tätigkeit dienen (*BAG* 15.9.2009 EzA § 611 BGB 2002 Ausbildungsbeihilfe Nr. 13).
– Für die Bestimmung einer angemessenen Bindungsdauer kann das von der Rechtsprechung (s. Rdn. 219 ff.) entwickelte Modell weiterhin Orientierungshilfe sein. Die Vereinbarung ratierlicher Kürzungen der Erstattungspflicht entsprechend dem tatsächlichen Verbleib verringern das Vertragsrisiko.
– Die Rechtsfolgen einer unwirksamen Rückzahlungsvereinbarung bestimmen sich künftig nach § 306 BGB. Das **schließt die geltungserhaltende Reduktion einer überlangen Bindungsdauer an sich aus**; Gleiches gilt für eine Auslegung dahin, dass sie nur für den Fall gilt, dass das Arbeitsverhältnis durch den Arbeitnehmer selbst oder wegen eines von ihm zu vertretenden Grundes durch den Arbeitgeber beendet wird (so jetzt *BAG* 11.4.2006 EzA § 307 BGB 2002 Nr. 13). Eine darauf zurückzuführende Vertragslücke ist auch nicht im Wege ergänzen-

## D. Rückzahlung von Ausbildungskosten

der Vertragsauslegung zu schließen, weil dies den Regelungszweck des § 307 BGB unterlaufen würde (s. *BAG* 23.1.2007 EzA § 307 BGB 2002 Nr. 19; 15.9.2009 EzA § 611 BGB 2002 Ausbildungsbeihilfe Nr. 13; s. a. *LAG Köln* 2.9.2009 LAGE § 307 BGB 2002 Nr. 19). Gibt der Arbeitgeber eine zu lange Bindungsdauer vor, ist die daran geknüpfte Rückzahlungsklausel grundsätzlich insgesamt unwirksam. Ein Rückzahlungsanspruch besteht nicht. Jedoch kann im Wege der ergänzenden Vertragsauslegung ausnahmsweise die unzulässige Bindungsdauer auf eine zulässige zurückgeführt werden, wenn es wegen der einzelfallbezogenen Betrachtung für den Arbeitgeber objektiv schwierig war, die zulässige Bindungsdauer im Einzelfall zu bestimmen. Verwirklicht sich dieses Prognoserisiko, ist die Bindungsdauer durch ergänzende Vertragsauslegung zu bestimmen (*BAG* 14.1.2009 EzA § 306 BGB 2002 Nr. 4).

Die Vereinbarung in einem Formulararbeitsvertrag, nach der ein Arbeitnehmer vom Arbeitgeber übernommene Kosten für ein **Fachhochschulstudium in jedem Fall (anteilig) zurückzahlen** muss, wenn das Arbeitsverhältnis vor Ablauf einer bestimmten Frist endet, **ist zu weit gefasst**. Sie ist **unwirksam**, weil die Rückzahlungspflicht ohne Rücksicht auf den jeweiligen Grund für die Beendigung des Arbeitsverhältnisses ausgelöst werden soll. Das gilt auch dann, wenn im Formulararbeitsvertrag unter Voranstellung des Wortes »insbesondere« zwei Beispielsfälle genannt sind, für die wirksam eine Rückzahlungsverpflichtung begründet werden könnte (Eigenkündigung des Arbeitnehmers und Kündigung durch den Arbeitgeber aus einem vom Arbeitnehmer zu vertretenden Grund). Weder eine geltungserhaltende Reduktion noch eine ergänzende Vertragsauslegung ändern an diesem Ergebnis etwas (*BAG* 23.1.2007 EzA § 307 BGB 2002 Nr. 19).

Eine Rückzahlungsverpflichtung z. B. für die Kosten eines Hochschulstudiums an einer staatlich anerkannten privaten Hochschule, die auch für den Fall vereinbart ist, dass der potentielle Arbeitgeber dem potentiellen Arbeitnehmer keinen ausbildungsadäquaten Arbeitsplatz anbieten kann oder will, hält regelmäßig einer Inhaltskontrolle anhand des Rechts der Allgemeinen Geschäftsbedingungen nicht stand (*BAG* 18.11.2008 EzA § 307 BGB 2002 Nr. 42).

Eine Bindung des Arbeitnehmers für die Dauer von drei Jahren benachteiligt ihn andererseits **nicht unangemessen**, wenn sich die Fortbildung über **mehr als sechs Monate** erstreckt, er in dieser Zeit freigestellt ist und der Arbeitgeber neben den Unterrichts- und Prüfungsgebühren die Kosten für die auswärtige Unterbringung und wöchentliche Heimfahrten übernimmt (*BAG* 5.6.2007 EzA § 611 BGB 2002 Ausbildungsbeihilfe Nr. 11). 250

Dagegen benachteiligt die vereinbarte Bindungsdauer von drei Jahren bei einer knapp zweimonatigen Fortbildung eines Schweißers zum Auftragsschweißer den Arbeitnehmer unangemessen i. S. v. § 307 Abs. 1 S. 1 BGB und ist deshalb unwirksam (*LAG SchlH* 23.9.2008 – 5 Sa 203/08, AuR 2009, 103 LS). 251

Eine Formularvereinbarung, nach der sich der Arbeitnehmer zur Zurückzahlung von Fortbildungskosten für den Fall verpflichtet, dass er vor Ablauf von drei Jahren nach dem Ende der Fortbildung kündigt, ist gem. § 307 Abs. 1 BGB aber dann unwirksam, **wenn die Bindung unabhängig von der tatsächlichen Fortbildungsdauer gelten soll oder die Möglichkeit der Nutzung des Fortbildungseffektes innerhalb des Arbeitsverhältnisses in diesen drei Jahren nicht angelegt ist** (*LAG Hamm* 7.3.2006 LAGE § 307 BGB 2002 Nr. 9). 252

Eine Rückzahlungsklausel in einem Studien- und Ausbildungsvertrag mit nachvertraglicher betrieblicher Bleibefrist stellt auch dann eine **unangemessene Benachteiligung** des Arbeitnehmers dar, wenn der **Arbeitgeber seinerseits keinerlei Verpflichtung eingeht**, dem Arbeitnehmer die Eingehung eines Arbeitsverhältnisses nach erfolgreichem Abschluss der Ausbildung überhaupt zu ermöglichen. Gleiches gilt dann, wenn die Klausel **keinerlei Angaben über die etwaige Größenordnung der auflaufenden Kosten** sowie den Inhalt, den Ort, den zeitlichen Umfang und die Vergütung der nach der Ausbildung geschuldeten arbeitsvertraglichen Tätigkeit enthält (*LAG SchlH* 23.5.2007 LAGE § 611 BGB 2002 Ausbildungsbeihilfe Nr. 4). 253

254 Eine Rückzahlungsklausel, die den Arbeitnehmer im Unklaren über die tatsächlichen Ausbildungskosten lässt, auf die sich die Rückzahlungspflicht allenfalls beziehen kann, entspricht nicht dem Transparenzgebot des § 307 Abs. 1 S. 2 BGB; im konkret entschiedenen Einzelfall hatte der Arbeitgeber die Kosten mit 15.000 € beziffert, obwohl sie nur 6.540, 30 € betragen hatten (*LAG SchlH* 23.9.2008 – 5 Sa 203/08, AuR 2009, 103 LS).

255 Offen gelassen hat das *BAG* (15.9.2009 EzA § 611 BGB 2002 Ausbildungsbeihilfe Nr. 13), ob eine in Allgemeinen Geschäftsbedingungen enthaltene Rückzahlungsvereinbarung:
– wegen Intransparenz unwirksam ist, wenn in ihr die Größenordnung des zurückzuzahlenden Betrages nicht angegeben ist,
– deswegen unwirksam ist, weil sich im Rahmen der zulässigen Gesamtbindungsdauer der zurückzuzahlende Betrag nicht monatlich anteilig verringert,
– in ihrer Wirksamkeit davon abhängt, dass sie vor Beginn der Schulungsmaßnahme abgeschlossen wurde.

256 Ist der Arbeitgeber jedenfalls zur Fortzahlung des Arbeitsentgelts während der Schulungsmaßnahme verpflichtet, verweigert er aber die Zahlung trotz eindeutiger Rechtslage und kommt daraufhin eine Vereinbarung zustande, nach der der Arbeitgeber die Teilnahme an der Maßnahme zu vergüten und der Arbeitnehmer unter bestimmten Umständen die Kosten zu erstatten hat, ist diese Vereinbarung an den allgemeinen Grundsätzen zu messen Die konkrete Regelung hielt dieser Überprüfung – Fortbildung einer Apothekenhelferin zur »Fachberaterin Demokosmetik« – nicht stand (*BAG* 15.9.2009 EzA § 611 BGB 2002 Ausbildungsbeihilfe Nr. 13).

257 Ähnlich geht das *BAG* (18.3.2008 EzA § 307 BGB 2002 Nr. 36; s. a. *Maier/Mosig* NZA 2008, 1168 ff.; s. Rdn. 254) davon aus, dass eine **Klausel**, die den **ratierlichen Abbau eines Studiendarlehens** für jeden Monat der späteren Tätigkeit vorsieht, dann **unangemessen** ist:
– nach § 307 Abs. 1 S. 1 BGB, wenn sie **keine Verpflichtung des Darlehensgebers enthält**, den Studierenden nach erfolgreichem Abschluss des Studiums zu **beschäftigen** und
– nach § 307 Abs. 1 S. 2 BGB, wenn sie den Studierenden **völlig im Unklaren** lässt, zu welchen Arbeitsbedingungen er nach erfolgreichem Abschluss des Studiums vom Darlehensgeber beschäftigt werden soll.

257a § 307 Abs. 1 S. 2 BGB ist also nur dann Genüge getan, wenn die **Zahlungsverpflichtung** so weit als möglich aus den Angaben der Klausel **selbst errechnet** werden kann (*LAG Hamm* 10.9.2010 LAGE § 12 BBiG 2005 Nr. 1).

257b Ein in einem »Vertrag zum kooperativen **Studium** ... mit integrierter Ausbildung ...« ausbedungener Ausbildungskostenrückzahlungsanspruch, der dann eingreifen soll, wenn der Azubi/Student das ihm nach Abschluss des Studiums angebotene Anschlussarbeitsverhältnis **vorzeitig beendet**, beinhaltet eine unangemessene Benachteiligung, wenn der Azubi/Student verpflichtet wird, das Angebot eines »seinem Studium entsprechenden Arbeitsplatzes« anzunehmen, ohne dass die Konditionen des Angebots näher bestimmt sind, diese also auch **unangemessen niedrig** und **nicht marktgerecht** sein könnten. **Kosten einer Berufsausbildung** i. S. d. BBiG können zudem nicht Gegenstand einer Ausbildungskostenrückzahlungsverpflichtung sein. Werden die zurückzuzahlenden Kosten auf einen bestimmten **Festbetrag** pauschaliert, muss die Zusammensetzung des Betrags **transparent** gemacht und darüber hinaus dem Studenten die Möglichkeit eingeräumt werden, den Nachweis zu führen, dass tatsächlich nur Kosten in niedrigerer Höhe entstanden sind. Sind Ausbildungskosten in einer Höhe von allenfalls 33.147,09 € nachvollziehbar entstanden, kann ein auf 40.000 € festgesetzter Rückzahlungsbetrag nicht mehr mit einer zulässigen Pauschalierung erklärt werden (*LAG Köln* 27.5.2010 NZA-RR 2011, 11).

257c Eine Klausel in einer vorformulierten Vereinbarung, wonach der Arbeitnehmer dem Arbeitgeber die Kosten der Aus- oder Fortbildung zu erstatten hat, wenn er vor dem Abschluss der Ausbildung auf **eigenen Wunsch** oder aus **seinem Verschulden** aus dem Arbeitsverhältnis ausscheidet, benachteiligt den Arbeitnehmer aber jedenfalls regelmäßig **nicht unangemessen** i. S. d. § 307 Abs. 1 BGB. Dem steht nicht entgegen, dass der Arbeitnehmer bereits während der Aus- oder Fortbildung aufgrund der

Rückzahlungsverpflichtung an den Arbeitgeber gebunden ist. Der Arbeitnehmer muss aber mit der Maßnahme eine **angemessene Gegenleistung** für die Rückzahlungsverpflichtung erlangen. Das ist dann der Fall, wenn die Maßnahme für ihn von **geldwertem Vorteil** ist und er nur die bis zum Ausscheiden tatsächlich entstandenen Kosten zurückzuzahlen hat. Eine derartige Klausel ist auch nicht wegen Verstoßes gegen das Transparenzgebot (§ 307 Abs. 1 S. 2 BGB) unwirksam, denn sie lässt mit der gebotenen Eindeutigkeit erkennen, dass der Arbeitnehmer zur Rückzahlung der Kosten nur dann verpflichtet sein soll, wenn das Arbeitsverhältnis aufgrund von Umständen endet, die in seinen **alleinigen Verantwortungs- und Risikobereich** fallen. Eine unangemessene Benachteiligung liegt aber dann vor, wenn der Arbeitnehmer nach Erteilung des Abschlusszeugnisses aus dem Arbeitsverhältnis ausscheiden könnte, ohne mit einer Rückzahlungsverpflichtung belastet zu sein (*BAG* 19.1.2011 EzA § 611 BGB 2002 Ausbildungsbeihilfe Nr. 15 = NZA 2012, 85; s.a. *LAG MV* 23.8.2011 NZA-RR 2012, 181).

Diese Grundsätze gelten grds. auch dann, wenn die Aus- oder Weiterbildung nicht in einem »Block«, sondern in mehreren, zeitlich voneinander **getrennten Abschnitten** erfolgt, sofern nach der Vereinbarung die zeitliche Lage der einzelnen Aus- oder Fortbildungsabschnitte den Vorgaben der Aus- oder Fortbildungseinrichtung entspricht und die vertragliche Vereinbarung dem Arbeitgeber nicht die Möglichkeit einräumt, allein nach seinen Interessen die Teilnahme an den jeweiligen Aus- oder Fortbildungsabschnitten oder deren zeitliche Lage festzulegen (*BAG* 19.1.2011 EzA § 611 BGB 2002 Ausbildungsbeihilfe Nr. 15 = NZA 2012, 85). **257d**

Anderes gilt für eine Klausel in AGB, die die Rückzahlung von Ausbildungskosten **in jedem Fall** einer vom Arbeitnehmer ausgesprochenen **Kündigung** vorsieht, ohne solche Kündigungen des Arbeitnehmers auszunehmen, die aus Gründen erfolgen, die der **Sphäre des Arbeitgebers** zuzurechnen sind; sie benachteiligt den Arbeitnehmer unangemessen und ist nach § 307 Abs. 1 S. 1 BGB unwirksam, denn Kündigungen des Arbeitnehmers, die der Verantwortungssphäre des Arbeitgebers zuzurechnen sind, sind im Arbeitsleben nicht derart fernliegend, als dass sie in einer Rückzahlungsklausel nicht in hinreichend klarer Formulierung gesondert ausgenommen sein müssten (*BAG* 13.12.2011 EzA § 307 BGB 2002 Nr. 55). **257e**

## IX. Rückzahlung von Fortbildungskosten durch den Arbeitgeber

Tritt der **Arbeitnehmer mit der Übernahme von Fortbildungskosten** aufgrund einer Vereinbarung mit dem Arbeitgeber in Vorleistung und vereinbaren die Parteien ausdrücklich die ratenweise Rückzahlung durch den Arbeitgeber nach erfolgreichem Abschluss der Fortbildung, so verstößt nach Auffassung des *ArbG Karlsruhe* (25.4.2006 NZA-RR 2006, 516) der **Ausschluss der Rückerstattungspflicht für den Fall der Betriebsschließung** gegen § 307 Abs. 1 BGB. Im Falle der Beendigung des Arbeitsverhältnisses ist auch eine Klausel, wonach dem Arbeitgeber nachgelassen wird, den vom Arbeitnehmer verauslagten Betrag in monatlichen Raten zu zurückzuzahlen; der zu zahlende Betrag wird vielmehr bei Beendigung des Arbeitsverhältnisses sofort fällig. **258**

# 3. Teil  Kollektives Arbeitsrecht

# Kapitel 10 Arbeitskampfrecht

## Übersicht

| | Rdn. |
|---|---|
| A. Grundbegriffe | 1 |
| B. Die Rechtmäßigkeitsvoraussetzungen des Arbeitskampfes | 3 |
| I. Rechtsgrundlagen des Arbeitskampfrechts | 3 |
|    1. Einfachgesetzliche Grundlagen | 3 |
|    2. § 74 Abs. 2 BetrVG, § 66 Abs. 2 BPersVG | 5 |
|    3. Internationales Recht | 8 |
|    4. Art. 9 Abs. 3 GG | 9 |
| II. Der Streik | 15 |
|    1. Gewerkschaftliche Organisation des Streiks | 15 |
|    2. Beachtung der tarifvertraglichen Friedenspflicht | 18 |
|    3. Tariflich regelbares Kampfziel, Erfüllbarkeit der Tarifforderung durch die Gegenseite | 24 |
|    4. Verhältnismäßigkeitsprinzip | 30 |
|       a) Geeignetheit | 33 |
|       b) Ultima-ratio-Prinzip, Erforderlichkeit | 34 |
|       c) Verhältnismäßigkeit im engeren Sinne; Proportionalität | 40 |
|    5. Erhaltungs- und Notstandsarbeiten | 44 |
|    6. Persönliche Einschränkungen des Streikrechts | 49 |
|    7. Sonstige Streikschranken; Grundsatz der Tarifeinheit als Streikschranke? | 51 |
|    8. Streikexzesse | 55 |
|    9. Rechtmäßigkeitsvermutung gewerkschaftlicher Streik | 60 |
| III. Die Aussperrung | 62 |
|    1. Arten der Aussperrung | 62 |
|    2. Rechtliche Zulässigkeit der Aussperrung | 65 |
|       a) Abwehraussperrung | 65 |
|       b) Angriffsaussperrung | 83 |
| IV. Der Boykottaufruf | 85 |
| V. Massenänderungskündigungen, kollektive Ausübung von Zurückbehaltungsrechten | 89 |
| C. Die Rechtsfolgen des rechtmäßigen Arbeitskampfes | 96 |
| I. Streik | 96 |
|    1. Suspendierung der Hauptleistungspflichten | 96 |
|    2. *Suspendierung und anderweitige Arbeitsbefreiung* | 102 |
|    3. Ausschluss von Kündigungen und Abmahnungen | 109 |
|    4. Grundsätzlicher Ausschluss von Schadensersatz- und Unterlassungsansprüchen | 111 |

| | Rdn. |
|---|---|
|    5. Suspendierung und Fristen | 116 |
|    6. Vergütungsansprüche nicht streikbeteiligter Arbeitnehmer – Arbeitskampfrisiko und suspendierende Betriebs(teil)stilllegung | 119 |
|       a) Arbeitskampfrisikolehre | 119 |
|       b) Suspendierende Betriebs(teil)stilllegung | 122 |
|    7. Arbeitsverweigerungsrecht bei Zuweisung von Streikbrecherarbeiten | 124 |
|    8. Beteiligungsrechte des Betriebsrats | 126 |
|       a) Personelle Angelegenheiten, insbes. §§ 99, 102, 103 BetrVG | 128 |
|       b) Soziale Angelegenheiten, insbesondere Arbeitszeitregelungen | 136 |
|       c) Mitbestimmung in wirtschaftlichen Angelegenheiten | 139 |
|    9. Zahlung von Prämien an nicht streikbeteiligte Arbeitnehmer | 140 |
|    10. Arbeitskampf und schuldrechtliche Leistungspflichten | 145 |
| II. Die suspendierende Aussperrung | 148 |
|    1. Suspendierung der Hauptleistungspflichten | 148 |
|    2. Aussperrung und sonstige Arbeitsbefreiung | 150 |
|    3. Abkehrrecht des Ausgesperrten | 151 |
|    4. Suspendierung und Fristen | 152 |
|    5. Mittelbare Folgen der Aussperrung – Arbeitskampfrisiko | 153 |
|    6. Beteiligungsrechte des Betriebsrats | 154 |
|    7. Leistungsstörungen infolge Aussperrung | 156 |
| III. Lösende Aussperrung | 157 |
|    1. Beendigung des Arbeitsverhältnisses | 157 |
|    2. Wiedereinstellungsanspruch | 159 |
| D. Die Rechtsfolgen des rechtswidrigen Arbeitskampfes | 162 |
| I. Streik | 162 |
|    1. Keine Suspendierung – Verletzung der Arbeitspflicht | 162 |
|    2. Abmahnung | 164 |
|    3. Kündigung | 165 |
|    4. Schadensersatzansprüche | 171 |
|       a) Deliktische Ansprüche | 172 |
|       b) Schuldrechtliche Schadensersatzansprüche | 183 |
|    5. Unterlassungsansprüche | 186 |
|       a) Deliktische Unterlassungsansprüche | 187 |
|       b) Schuldrechtliche Unterlassungsansprüche | 190 |
|    6. Einwirkungspflichten | 193 |
|    7. Fristen und Anwartschaften | 195 |

# Kapitel 10

|  | Rdn. |  | Rdn. |
|---|---|---|---|
| 8. Mittelbare Streikfolgen | 196 | 3. Schadensersatzansprüche | 205 |
| 9. Beteiligungsrechte des Betriebsrats | 198 | 4. Unterlassungsansprüche | 207 |
| 10. Folgen für einen bestehenden Tarifvertrag | 199 | a) Deliktische Unterlassungsansprüche | 207 |
| II. Aussperrung | 201 | b) Schuldrechtliche Unterlassungsansprüche | 209 |
| 1. Keine Suspendierung – Fortbestehen der Vergütungspflicht | 201 | 5. Fristen, Anwartschaften; Folgen für einen bestehenden Tarifvertrag | 211 |
| 2. Kündigung | 204 |  |  |

## A. Grundbegriffe

1   Unter den Begriff des Arbeitskampfes fallen alle kollektiven Maßnahmen, durch die die Arbeitnehmer- oder Arbeitgeberseite auf die jeweilige Gegenseite durch Störung der Arbeitsbeziehungen Druck ausübt, um ein bestimmtes Ziel zu erreichen (*Brox/Rüthers* Rn. 16, 17). Ziel ist die Durchsetzung kollektiver Arbeitsbedingungen für die Zukunft. Aufgabe des Arbeitskampfrechts ist es, Zulässigkeit und Rechtsfolgen derartiger Kampfmaßnahmen zu bestimmen.

2   Ihm fällt weiter die Aufgabe zu, gleiche Verhandlungschancen der kampfbeteiligten Parteien herzustellen (BAG 10.6.1980 EzA Art. 9 GG Arbeitskampf Nr. 37). **Mittel des Arbeitskampfes** sind als kollektive Kampfmittel in erster Linie auf Arbeitnehmerseite der Streik und auf Arbeitgeberseite die Aussperrung. Unter **Streik** wird die Druckausübung einer größeren Anzahl von Arbeitnehmern durch die planmäßige und gemeinschaftliche Vorenthaltung einer nach individualrechtlichen Regeln an sich zu erbringenden Arbeitsleistung verstanden. **Aussperrung** ist die Druckausübung durch einen oder mehrere Arbeitgeber mittels planmäßiger Verweigerung von Beschäftigung und Lohnzahlung gegenüber einem oder mehreren Arbeitnehmern zur Erreichung bestimmter Ziele (*Brox/Rüthers* Rn. 45 ff.). Für den Arbeitskampf relevant ist auch das in der jüngeren Rechtsprechung des BAG (s. Rdn. 122 f.) entwickelte Institut der **suspendierenden Betriebs(teil)stilllegung** durch den Arbeitgeber als Reaktion auf einen Streik. Hierbei handelt es sich aber um kein eigentliches Arbeitskampfmittel, da sich der Arbeitgeber lediglich den gegen ihn gerichteten Streikmaßnahmen beugt (BAG 22.3.1994 EzA Art. 9 GG Arbeitskampf Nr. 115). Weiteres kollektives Mittel des Arbeitskampfes ist der **Boykott** (vgl. BAG 19.10.1976 EzA § 2 TVG Nr. 11). Mit diesem erstrebt die kämpfende Partei, den Kampfgegner gegen rechtsgeschäftliche Kontakte abzusperren (MünchArbR/*Ricken* § 193 Rn. 9), beispielsweise durch die Aufforderung, mit einem bestimmten Arbeitgeber oder mehreren Arbeitgebern keine Arbeitsverträge abzuschließen oder durch den Aufruf, durch ein bestimmtes Verhalten die berufliche oder wirtschaftliche Betätigung des Kampfgegners faktisch einzuschränken. Daneben sind auf beiden Seiten Kampfmittel denkbar, die sich bei erster Betrachtung nicht als primär im kollektiven Arbeitskampfrecht wurzelnde Maßnahmen, sondern als Ausübung individualrechtlicher Rechtspositionen darstellen (*Däubler* Arbeitskampfrecht Rn. 1380 ff.). Hierzu gehören die **Massenänderungskündigung** und die kollektive Ausübung von **Zurückbehaltungsrechten**, sofern diese ihrer rechtlichen Struktur nach zunächst individualrechtlichen Gestaltungsmittel kollektiv, also gebündelt und aufeinander abgestimmt, ausgeübt werden, um auf die Gegenseite zur Erreichung eines gemeinsamen Zieles Druck auszuüben.

## B. Die Rechtmäßigkeitsvoraussetzungen des Arbeitskampfes

### I. Rechtsgrundlagen des Arbeitskampfrechts

#### 1. Einfachgesetzliche Grundlagen

3   Einfachgesetzliche Regelungen des Arbeitskampfrechts fehlen weitgehend. Soweit der Begriff des Arbeitskampfes in einer Reihe von Gesetzen erwähnt wird (z. B. § 2 Abs. 1 Nr. 2 ArbGG, § 74 Abs. 2 BetrVG, § 66 Abs. 2 BPersVG, §§ 146, 174 SGB III, § 11 Abs. 5 AÜG, § 25 KSchG, § 91 Abs. 6 SGB IX) handelt es sich um neutrale Regelungen, die keine Grundsätze des Arbeits-

kampfrechts enthalten (*BAG* 26.4.1988 EzA Art. 9 GG Arbeitskampf Nr. 74; *BAG GS* 21.4.1971 EzA Art. 9 GG Nr. 6).

Es existiert ein Professorenentwurf zur Regelung kollektiver Arbeitskonflikte (*Birk/Konzen/Löwisch/ Raiser/Seiter* Gesetz zur Regelung kollektiver Arbeitskonflikte, 1988). 4

### 2. § 74 Abs. 2 BetrVG, § 66 Abs. 2 BPersVG

§ 74 Abs. 2 BetrVG enthält das Verbot betriebsverfassungswidriger Arbeitskämpfe (§ 66 Abs. 2 5 BPersVG dementsprechend das Verbot personalvertretungswidriger Arbeitskämpfe), d. h. das Verbot von Kampfmaßnahmen, um die betriebsverfassungsrechtliche Gegenseite zu irgendeinem betriebsverfassungsrechtlichen Verhalten oder zum Abschluss einer Betriebsvereinbarung zu zwingen (*BAG* 17.12.1976 EzA Art. 9 GG Arbeitskampf Nr. 20; 7.6.1988 EzA Art. 9 GG Arbeitskampf Nr. 80).

Meinungsverschiedenheiten auf der Ebene des Betriebs sind ausschließlich auf friedlichem Wege unter Inanspruchnahme der im BetrVG vorgesehenen Mittel (Einigungsstelle, Arbeitsgerichtliches Beschlussverfahren) beizulegen. Rechtswidrig und zum Schadensersatz verpflichtend ist daher beispielsweise ein Streik, durch den der Arbeitgeber veranlasst werden soll, seinen Antrag beim Arbeitsgericht auf Ersetzung der Zustimmung des Betriebsrats zur Kündigung eines Betriebsratsmitglieds zurückzunehmen (*BAG* 7.6.1988 EzA Art. 9 GG Arbeitskampf Nr. 80). 6

Da Arbeitskampfmaßnahmen auf dem Gebiet der Betriebsverfassung auf Arbeitnehmerseite regelmäßig eine Mehrzahl von die Arbeit niederlegenden Arbeitnehmern voraussetzen und die Gesamtheit der Arbeitnehmer der Ordnung der Betriebsverfassung unterworfen ist, betrifft die Bestimmung jedenfalls mittelbar auch den einzelnen Arbeitnehmer (*BAG* 17.12.1976 EzA Art. 9 GG Arbeitskampf Nr. 20; str. a. A. *Brox/Rüthers* Rn. 406). Arbeitskämpfe auf dem Gebiet der Betriebsverfassung sind ohne Rücksicht auf die Frage, wer sie organisiert, rechtswidrig. In der Betriebsverfassung scheidet der Arbeitskampf als Rechtsinstitut aus. 7

### 3. Internationales Recht

Zum Teil werden rechtliche Konsequenzen für das geltende Arbeitskampfrecht auch aus bestehenden internationalen Verträgen hergeleitet (vgl. *Däubler* Arbeitskampfrecht Rn. 101 ff.; *Brox/Rüthers* Rn. 123 ff.), so insbes. aus Art. 6 Nr. 4 der Europäischen Sozialcharta (BGBl. 1964 II S. 1251; 1965 II S. 1122), Art. 11 der Europäischen Menschenrechtskonvention (BGBl. 1952 II S. 686) und ILO-Übereinkommen Nr. 87 (BGBl. 1965 II S. 2072 ff.). Das *BAG* (10.6.1980 EzA Art. 9 GG Arbeitskampf Nr. 37) ist der Auffassung, dass den beiden letztgenannten Bestimmungen kein über die ohnedies durch Art. 9 Abs. 3 GG gewährleisteten Grundsätze hinausgehender Regelungsgehalt zukommt. Im Hinblick auf Art. 6 ESC lässt das *BAG* (12.9.1984 EzA Art. 9 GG Arbeitskampf Nr. 54) offen, ob die Sozialcharta geltendes Bundesrecht ist oder der Transformation bedarf, hält aber die Gerichte im Rahmen der Rechtsfortbildung für verpflichtet, diejenige Lösung zu wählen, die auch der Gesetzgeber getroffen hätte. Dieser hätte die bestehenden völkerrechtlichen Verpflichtungen erfüllt. In der bisherigen Entscheidungspraxis hat das BAG allerdings den Regelungen der ESC keinen über Art. 9 Abs. 3 GG hinausgehenden Garantiegehalt zugemessen und insbes. daran festgehalten, dass das Streikrecht grds. nur zur Durchsetzung tariflich regelbarer Ziele besteht (vgl. zum sog. Sympathiestreik *BAG* 5.3.1985 EzA Art. 9 GG Arbeitskampf Nr. 57). Auch die Beschränkung des Streikrechts auf Grund der Friedenspflicht (s. Rdn. 18 ff.) ist mit Teil II Art. 6 Nr. 4 ESC vereinbar (*BAG* 19.6.2007 EzA Art. 9 GG Arbeitskampf Nr. 140; 10.12.2002 EzA Art. 9 GG Arbeitskampf Nr. 134). 8

### 4. Art. 9 Abs. 3 GG

Art. 9 Abs. 3 S. 1 GG gewährleistet für jedermann das Recht, zur Wahrung und Förderung der Arbeits- und Wirtschaftsbedingungen Vereinigungen zu bilden. Neben der individuellen Koalitions- 9 freiheit ist damit auch die kollektive Koalitionsfreiheit gewährleistet. Der sachliche Schutzbereich der kollektiven Koalitionsfreiheit schützt die Koalitionen selber in ihrer Bildung und ihrem Bestand (Existenzgarantie), ihrer organisatorischen Ausgestaltung (Organisationsautonomie) und als Betätigungsgarantie in ihrer Betätigung für die spezifischen Zwecke des Art. 9 Abs. 3 GG (*BVerfG* 26.6.1991 EzA Art. 9 GG Arbeitskampf Nr. 97). Dem persönlichen Schutzbereich unterfallen Arbeitnehmer und Arbeitgeber (*BVerfG* 26.6.1991 EzA Art. 9 GG Arbeitskampf Nr. 97), sowie auch eine Koalition von Koalitionen (vgl. *Rieble* Anm. zu *BVerfG* 26.6.1991 EzA Art. 9 GG Arbeitskampf Nr. 97). Für das Arbeitskampfrecht von Bedeutung ist die Betätigungsgarantie.

10 Zu der geschützten koalitionsmäßigen Betätigung gehört der Abschluss von Tarifverträgen (*BVerfG* 24.5.1977 BVerfGE 44, 322, 340 f.; 20.10.1981 BVerfGE 50, 290, 367). Die Betätigungsgarantie beinhaltet eine Koalitionsmittelgarantie für diejenigen Institute, die die Rechtsordnung dem Verfahren der Koalitionseinigung und des Koalitionskampfes zur Verfügung stellt und deren Verfügbarkeit für die Koalitionen unverzichtbar ist bzw. zu deren funktionstypischem Instrumentarium gehört.

11 Aus der Bindung an die von der Rechtsordnung zur Verfügung gestellten Institute leitet das *BAG* (7.6.1988 EzA Art. 9 GG Arbeitskampf Nr. 80) ab, dass Arbeitskämpfe als Kampfmittel nur in einem Tarifkonflikt zugelassen sind, da eine rechtliche Regelung über die Zulässigkeit von Arbeitskämpfen nur dem die Tarifautonomie des Art. 9 Abs. 3 Satz 1 GG konkretisierenden geltenden Tarifrecht zu entnehmen sei. Soweit die Verfolgung des Vereinigungszwecks des Art. 9 Abs. 3 GG von dem Einsatz bestimmter Mittel abhängt, werden auch diese vom Schutz des Grundrechts umfasst (*BVerfG* 26.6.1991 EzA Art. 9 GG Arbeitskampf Nr. 97).

12 Durch die Koalitionsmittelgarantie ist damit auch die Freiheit des Arbeitskampfes garantiert, die sich in die Freiheit des Kampfeintritts, die Freiheit der Kampfführung, die Freiheit der Wahl des Kampfmittels und die Freiheit der Kampfbeendigung aufgliedern lässt. Die Wahl der Kampfmittel, die die Koalitionen zur Erreichung des von ihnen verfolgten Zwecks einsetzen, überlässt Art. 9 Abs. 3 GG den Koalitionen selbst (*BVerfG* 26.6.1991 EzA Art. 9 GG Arbeitskampf Nr. 97).

13 Ein geschlossenes System allein zulässiger Arbeitskampfmittel gibt es damit nicht. Dem Schutz des Art. 9 Abs. 3 GG unterfällt nicht nur ein historisch gewachsener, abschließender numerus clausus von Arbeitskampfmitteln. Vielmehr gehört es zur verfassungsrechtlich geschützten Freiheit der Koalitionen, ihre Kampfmittel an die sich wandelnden Umstände anzupassen, um dem Gegner gewachsen zu bleiben und ausgewogene Tarifabschlüsse zu erzielen (*BAG* 22.9.2009 EzA Art. 9 GG Arbeitskampf Nr. 143). Zulässig können damit auch sog. »Flashmob-Aktionen« sein (*BAG* 22.9.2009 EzA Art. 9 GG Arbeitskampf Nr. 143). Als verfassungsgarantiert anerkannt ist zunächst auf Seiten der Gewerkschaften das Streikrecht. Inwieweit auch die Aussperrung als Kampfmittel den verfassungsrechtlichen Schutz genießt, wird kontrovers diskutiert (vgl. etwa *Däubler* Arbeitskampfrecht Rn. 871 ff.; *Brox/Rüthers* Rn. 89 ff.). Das *BVerfG* (26.6.1991 EzA Art. 9 GG Arbeitskampf Nr. 97) hat diese Frage bisher nicht abschließend entschieden, unterstellt aber die suspendierende Abwehraussperrung, die zur Wiederherstellung der Verhandlungsparität eingesetzt wird und daher nicht generell geeignet ist, die durch die Anerkennung des Streikrechts angestrebte Herstellung der Verhandlungsparität zu Lasten der Arbeitnehmer zu beeinträchtigen, dem Schutz des Art. 9 Abs. 3 GG. Die verfassungsmäßige Gewährleistung richtet sich damit nach dem Kriterium der Koalitionsparität. Schranken der Koalitionsbetätigungsgarantie ergeben sich ungeachtet der vorbehaltlosen Gewährleistung in Art. 9 Abs. 3 GG aus den Grundrechten Dritter und anderen mit Verfassungsrang ausgestatteten Rechten. Ferner besteht ein gesetzgeberischer Ausgestaltungsvorbehalt i. S. einer Grundrechtsprägung durch den Gesetzgeber.

14 Im Arbeitskampf grundrechtlich gewährleistet sind die Betätigungen beider kämpfender Koalitionen, sodass Beschränkungen, die der Wiederherstellung eines Verhandlungsgleichgewichts bei Tarifauseinandersetzungen dienen, durch Art. 9 Abs. 3 GG selbst gerechtfertigt sind (*BVerfG* 26.6.1991 EzA Art. 9 GG Arbeitskampf Nr. 97). Zentraler Maßstab für die Beurteilung der unterschiedlichen Erscheinungsformen des Arbeitskampfs ist der Grundsatz der Verhältnis-

## B. Die Rechtmäßigkeitsvoraussetzungen des Arbeitskampfes

mäßigkeit im weiten Sinn. Das Abwägungspostulat der Verhältnismäßigkeit erfordert stets eine Würdigung, ob ein Kampfmittel zur Erreichung eines rechtmäßigen Kampfziels geeignet und erforderlich ist und bezogen auf das Kampfziel angemessen *(proportional)* eingesetzt wird (st. Rspr. etwa *BAG* 22.9.2009 EzA Art. 9 GG Arbeitskampf Nr. 143).

### II. Der Streik

#### 1. Gewerkschaftliche Organisation des Streiks

Nach ständiger Rechtsprechung (*BAG* 7.6.1988 EzA Art. 9 GG Arbeitskampf Nr. 80) ist Rechtmäßigkeitsvoraussetzung des Streiks, dass dieser gewerkschaftlich organisiert ist. Der nicht gewerkschaftlich organisierte, sog. wilde Streik ist daher rechtswidrig. 15

Gewerkschaftlich organisiert ist ein Streik zum einen, wenn der Arbeitsniederlegung ein gewerkschaftlicher Streikaufruf zugrunde liegt und der Streikbeschluss der Arbeitgeberseite mitgeteilt wird (*BAG* 17.12.1976 EzA Art. 9 GG Arbeitskampf Nr. 19; 31.10.1995 EzA Art. 9 GG Arbeitskampf Nr. 123). Ohne Bedeutung ist, ob der Streikbeschluss gewerkschaftsintern satzungsmäßig korrekt zustande kam, etwa erst nach einer in der Satzung vorgesehenen Urabstimmung, da dies nur von verbandsinterner Bedeutung ist (*BAG* 17.12.1976 Art. 9 GG Arbeitskampf Nr. 19). Dem von vornherein gewerkschaftlichen Streik weitgehend gleichgesetzt wird der zunächst verbandsfrei geführte, dann aber von der Gewerkschaft übernommene Streik. Durch diese Übernahme wird der Mangel ursprünglich fehlender gewerkschaftlicher Organisation rückwirkend geheilt (*BAG* 20.12.1963 EzA Art. 9 GG Arbeitskampf Nr. 7; 20.12.1963 EzA Art. 9 GG Arbeitskampf Nr. 8; vgl. ausf. *Konzen* Übernahme und Unterstützung wilder Streiks durch Gewerkschaften, ZfA 1970, 159). 16

Das Erfordernis gewerkschaftlicher Organisation des Streiks bedeutet demgegenüber nicht, dass sich an dem Streik nur gewerkschaftsangehörige Arbeitnehmer beteiligen dürfen. Vielmehr können sich an einem gewerkschaftlich getragenen Streik auch die nicht organisierten und ggf. auch die anders organisierten Arbeitnehmer beteiligen, weil das Arbeitskampfsystem ohne Beteiligung der Außenseiter nicht funktionstüchtig wäre (*BAG GS* 21.4.1971 EzA Art. 9 GG Nr. 6). 17

#### 2. Beachtung der tarifvertraglichen Friedenspflicht

Ein Arbeitskampfverbot ergibt sich aus der tarifvertraglichen Friedenspflicht (MünchArbR/*Ricken* § 200 Rn. 31 ff.) als schuldrechtliche Verpflichtung der Tarifvertragsparteien, während der Laufzeit des Tarifvertrags keine Arbeitskämpfe zu führen und die Mitglieder von Kampfaktionen abzuhalten (*BAG* 10.12.2002 EzA Art. 9 GG Arbeitskampf Nr. 134; 21.12.1982 EzA § 1 TVG Friedenspflicht Nr. 1). Unterschieden werden relative und absolute Friedenspflicht. 18

Die relative Friedenspflicht ist eine dem Tarifvertrag immanente gesetzliche Pflicht, die den Tarifvertragsparteien verbietet, einen bestehenden Tarifvertrag inhaltlich dadurch in Frage zu stellen, dass sie Veränderungen oder Verbesserungen der bereits vertraglich geregelten Gegenstände mit Mitteln des Arbeitskampfes erreichen wollen (*BAG* 27.6.1989 EzA Art. 9 GG Arbeitskampf Nr. 94; 21.12.1982 EzA § 1 TVG Friedenspflicht Nr. 1). Die relative Friedenspflicht schützt dabei auch den einzelnen verbandsangehörigen Arbeitgeber, demgegenüber ein Firmentarifvertrag erstreikt werden soll, wenn die Regelungsziele des Firmentarifvertrags im Verbandstarifvertrag geregelt sind (*BAG* 10.12.2002 EzA Art. 9 GG Arbeitskampf Nr. 134). 19

Maßgebend ist der Inhalt und die Geltungsdauer des jeweiligen Tarifvertrags, wobei der Inhalt ggf. durch Auslegung nach den für die Auslegung von Tarifverträgen geltenden Grundsätzen zu ermitteln ist (*BAG* 10.12.2002 EzA Art. 9 GG Arbeitskampf Nr. 134; *Däubler* Arbeitskampfrecht Rn. 212; vgl. *ArbG Düsseld.* 19.11.2008 LAGE Art. 9 GG Arbeitskampf Nr. 83; *Melms/Reinhardt* NZA 2010, 1033). 20

# Kapitel 10
Arbeitskampfrecht

21  Ferner ist es möglich, dass die Tarifvertragsparteien über die Laufzeit des Tarifvertrages hinaus die während der Laufzeit geltende Friedenspflicht vertraglich verlängern, ein gleichwohl geführter Arbeitskampf vor Ablauf der Verlängerung ist dann unzulässig (*BAG* 12.9.1984 EzA Art. 9 GG Arbeitskampf Nr. 54).

22  Die absolute Friedenspflicht verbietet während der Laufzeit eines Tarifvertrags jegliche Maßnahmen des Arbeitskampfes, ungeachtet der Frage, ob die erstrebte Regelung in dem geltenden Tarifvertrag schon angesprochen ist oder nicht, also auch dann, wenn keine im Tarifvertrag geregelten Punkte berührt sind.

23  Die absolute Friedenspflicht bedarf besonderer und ausdrücklicher Vereinbarung (MünchArbR/*Ricken* § 200 Rn. 31).

## 3. Tariflich regelbares Kampfziel, Erfüllbarkeit der Tarifforderung durch die Gegenseite

24  Nach jüngerer Rechtsprechung des *BAG* (7.6.1988 EzA Art. 9 GG Arbeitskampf Nr. 80; 23.10.1984 EzA Art. 9 GG Arbeitskampf Nr. 55; 27.6.1989 EzA Art. 9 GG Arbeitskampf Nr. 94; 10.12.2002 EzA Art. 9 GG Arbeitskampf Nr. 134) muss der Streik zur Erreichung eines tariflich regelbaren Zieles geführt werden, d. h. es müssen Regelungen erstrebt werden, die zulässigerweise Inhalt eines Tarifvertrages sein können. Ein nicht tarifbezogener Streik ist rechtswidrig. Der Umfang tariflich regelbarer Ziele ergibt sich dabei aus § 1 TVG.

25  Unter dem Gesichtspunkt mangelnder Tarifvertragsbezogenheit unzulässig und rechtswidrig dürfte damit zunächst der sog. **politische Streik** sein (*LAG RhPf* 5.3.1986 LAGE Art. 9 Arbeitskampf Nr. 26). Der politische Streik war bisher nicht Gegenstand der *BAG*-Rechtsprechung, allerdings erwähnt das Urteil vom 27.6.1989 (EzA Art. 9 GG Arbeitskampf Nr. 94) diese Streikform als unzulässig. Eine Arbeitsniederlegung, durch die der Gesetzgeber zu einem bestimmten Verhalten veranlasst werden soll, ist folglich unzulässig. Gleiches dürfte für den sog. **Demonstrationsstreik** gelten, der kein unmittelbares Kampfziel hat, sondern Protest gegen ein bestimmtes Verhalten der Arbeitgeber oder gegen politische Entscheidungen und Maßnahmen darstellt. Da nicht auf den Abschluss eines Tarifvertrags bezogen, ist weiter rechtswidrig der **betriebsverfassungswidrige Arbeitskampf**, d. h. die Druckausübung, um den Arbeitgeber zu einem betriebsverfassungsrechtlichen Verhalten oder zum Abschluss einer Betriebsvereinbarung zu zwingen. Rechtmäßig ist aber ein **Streik** mit dem Ziel, einen firmenbezogenen Verbandstarifvertrag **über den Ausgleich der mit einer geplanten Betriebsänderung verbundenen wirtschaftlichen Nachteile** herbeizuführen. Ein solcher Streik ist nicht wegen §§ 111 ff. BetrVG ausgeschlossen. Mit einem entsprechenden Streikaufruf muss weder bis zum Abschluss von Interessenausgleichs- und Sozialplanverhandlungen noch bis zum Abschluss zumindest der Interessenausgleichsverhandlungen auf betrieblicher Ebene gewartet werden. Das Streikziel einer Verlängerung der Fristen für betriebsbedingte Kündigungen auf Grund von Betriebsänderungen auf Zeiten von mehr als einem Jahr ist nicht rechtswidrig; ebenso wenig ist dies das Ziel einer mit der Betriebszugehörigkeit steigenden Dauer der Kündigungsfrist ohne Begrenzung auf eine Höchstlänge. Tariflich regelbar und erstreikbar sind auch Ansprüche auf eine zu vergütende Teilnahme an Qualifizierungsmaßnahmen nach Beendigung des Arbeitsverhältnisses (*BAG* 24.4.2007 EzA Art 9 GG Arbeitskampf Nr. 139). Auch ein solcher Arbeitskampf unterliegt aber der tarifvertraglichen Friedenspflicht (*LAG Bln.-Bra.* 28.9.2007 LAGE Art. 9 GG Arbeitskampf Nr. 78a).

26  Unter dem Gesichtspunkt fehlender unmittelbarer Tarifvertragsbezogenheit und der damit einhergehenden Voraussetzung, dass die erhobenen Forderungen von der Gegenseite auch erfüllbar sein müssen, ist ferner auch die Zulässigkeit des sog. **Sympathie- oder Unterstützungsstreiks** rechtlich problematisch. Darunter wird ein Streik verstanden, mit dem ein anderer Streik, der sog. Hauptstreik, unterstützt werden soll, wobei auf Seiten der Gewerkschaft wie auch auf Seiten der betroffenen Arbeitgeber jeweils andere Parteien beteiligt sind als im Hauptkampf (*BAG* 19.6.2007 EzA Art 9 GG Arbeitskampf Nr. 140; 5.3.1985 EzA Art. 9 GG Arbeitskampf Nr. 57; 12.1.1988 EzA Art. 9 GG Arbeitskampf Nr. 73). Gekennzeichnet ist diese Form des Streiks also dadurch, dass sich die Kampfmaßnahmen gegen einen Arbeitgeber richten, demgegenüber eine tarifliche Regelung nicht erstrebt

wird. Der Druck auf diesen Arbeitgeber soll vielmehr mittelbaren Druck auf eine andere Tarifvertragspartei erzeugen, um diese zum Nachgeben hinsichtlich einer erhobenen Forderung zu bewegen. Den Sympathiearbeitskampf erachtete das *BAG* nach früherer Rechtsprechung (5.3.1985 EzA Art. 9 GG Arbeitskampf Nr. 57; 12.1.1988 EzA Art. 9 GG Arbeitskampf Nr. 73; 9.4.1991 EzA Art. 9 GG Arbeitskampf Nr. 98) als i. d. R. unzulässig: Da der Arbeitskampf nur auf Grund seiner Hilfsfunktion für die Tarifautonomie gewährleistet und zulässig ist, dürfe er nur als Instrument zur Durchsetzung tariflicher Regelungen eingesetzt werden. Der Sympathiestreik diene nicht unmittelbar diesem Zweck. Der davon betroffene Unternehmer könne den Arbeitskampf nicht durch Nachgeben vermeiden oder zwischen Kampf und Nachgeben wählen, da ihm gegenüber überhaupt keine konkreten Forderungen erhoben werden. Hiervon seien Ausnahmen denkbar, etwa dann, wenn der betroffene Arbeitgeber seinerseits seine Neutralität im Hauptarbeitskampf verletzt hat, etwa durch Übernahme der Produktion eines im Hauptarbeitskampf bestreikten Betriebs oder der betroffene Arbeitgeber zwar rechtlich selbstständig ist, aber wirtschaftlich betrachtet auf Grund enger wirtschaftlicher Verflechtung mit einem im Hauptarbeitskampf betroffenen Unternehmen sich sein Betrieb als Betriebsteil dieses Unternehmens darstellt und er insoweit nicht mehr als außenstehender Dritter angesehen werden kann (*BAG* 5.3.1985 EzA Art. 9 GG Arbeitskampf Nr. 57). Nach nunmehriger Auffassung des *BAG* (19.6.2007 EzA Art 9 GG Arbeitskampf Nr. 140) sind sog. Unterstützungsstreiks nicht i. d. R. rechtswidrig, sondern zunächst von der Garantie der Betätigungsfreiheit der Koalitionen gedeckt. Sie sind nur rechtswidrig, wenn sie zur Unterstützung des Hauptarbeitskampfes offensichtlich ungeeignet, offensichtlich nicht erforderlich oder unangemessen sind (zum Unterstützungsstreik auch *LAG BW* 31.3.2009 LAGE Art. 9 GG Arbeitskampf Nr. 84).

Der Sympathiestreik ist abzugrenzen vom **Streik gegen Arbeitgeber-Außenseiter.** Bei diesem wird 27 eine Tarifauseinandersetzung auf Verbandsebene geführt, d. h. der Streik richtet sich gegen die in einem Arbeitgeberverband zusammengeschlossenen Arbeitgeber, wird dann aber auch auf einen nicht verbandszugehörigen Arbeitgeber ausgedehnt, wobei dieser Arbeitgeber-Außenseiter aber die erhobenen Forderungen erfüllen kann, etwa durch Abschluss eines Firmentarifvertrages oder die Erklärung, dass er sich dem Ergebnis anschließt, das bei den Tarifvertragsverhandlungen zwischen Arbeitgeberverband und Gewerkschaft erreicht wird. Ein solcher Streik ist nicht unter dem Gesichtspunkt mangelnder Tarifvertragsbezogenheit oder der Nichterfüllbarkeit der erhobenen Forderungen rechtswidrig. Voraussetzung ist aber auf Grund des im Arbeitskampfrecht geltenden Verhältnismäßigkeitsprinzips, dass auch gegenüber dem Außenseiter-Arbeitgeber von der Gewerkschaft Forderungen für den Inhalt des abzuschließenden Tarifvertrags erhoben und dass i. d. R. über diese Forderungen auch Verhandlungen geführt wurden, was grds. voraussetzt, dass die Gewerkschaft ihre Forderungen gesondert gegenüber dem jeweiligen Außenseiter erhoben hat (*BAG* 9.4.1991 EzA Art. 9 GG Arbeitskampf Nr. 98).

Etwas anderes gilt nach Auffassung des *BAG* (18.2.2003 EzA Art. 9 GG Arbeitskampf Nr. 135) 28 dann, wenn der Arbeitgeber-Außenseiter an dem Ergebnis des Arbeitskampfes partizipiert. Eine solche Partizipation ist insbes. gegeben, wenn arbeitsvertraglich oder in einem Anerkennungs- oder Verweisungstarifvertrag dynamisch auf die Normen des jeweiligen Verbandstarifvertrags verwiesen wird und um diesen gestreikt wird.

Wegen Verstoßes gegen die negative Koalitionsfreiheit rechtswidrig ist eine als Streikziel angestrebte 29 tarifvertragliche Regelung, die den Arbeitgeber zur Aufrechterhaltung seiner Mitgliedschaft im Arbeitgeberverband verpflichten soll (*BAG* 10.12.2002 EzA Art. 9 GG Arbeitskampf Nr. 134).

### 4. Verhältnismäßigkeitsprinzip

Als weitere Grenze der Zulässigkeit von Arbeitskampfmaßnahmen und damit auch von Streiks nennt 30 das BAG wiederholt den Grundsatz der Verhältnismäßigkeit.

In der grundlegenden Entscheidung des *Großen Senats* vom 21.4.1971 (EzA Art. 9 GG Nr. 6) 31 wird insoweit ausgeführt, dass Arbeitskämpfe nur eingeleitet und durchgeführt werden dürfen, wenn sie zur Erreichung rechtmäßiger Kampfziele und des nachfolgenden Arbeitsfriedens geeignet und sachlich erforderlich sind. Jede Arbeitskampfmaßnahme darf ferner nur nach Ausschöpfung aller Verständigungsmöglichkeiten ergriffen werden; der Arbeitskampf muss also das letzte mögliche Mittel (ultima-ratio) sein. Auch bei der Durchführung des Arbeitskampfes selbst ist der Grundsatz der Verhältnismäßigkeit zu beachten, was bedeutet, dass die Mittel des Arbeitskampfes ihrer Art nach nicht über das hinausgehen dürfen, was zur Durchsetzung des erstrebten Zieles erforderlich ist. Ein Arbeitskampf ist nur dann und solange rechtmäßig, wie er nach den Regeln eines fairen Kampfes geführt wird.

32 Für einen Streik ergeben sich dabei insbes. folgende Anforderungen:

### a) Geeignetheit

33 Geeignet ist ein Kampfmittel, wenn durch seinen Einsatz die Durchsetzung des Kampfziels gefördert werden kann. Dabei kommt den einen Arbeitskampf führenden Koalitionen eine Einschätzungsprärogative zu. Sie haben einen Beurteilungsspielraum bei der Frage, ob eine Arbeitskampfmaßnahme geeignet ist, Druck auf den sozialen Gegenspieler auszuüben. Die Einschätzungsprärogative ist Teil der durch Art. 9 Abs. 3 GG geschützten Freiheit in der Wahl der Arbeitskampfmittel (vgl. etwa *BAG* 22.9.2009 EzA Art. 9 GG Arbeitskampf Nr. 143).

### b) Ultima-ratio-Prinzip, Erforderlichkeit

34 Ein Streik ist erst nach Ausschöpfung aller Verständigungsmöglichkeiten zulässig.

35 Erforderlich ist ein Kampfmittel, wenn mildere Mittel zur Erreichung des angestrebten Ziels nach der Beurteilung der den Arbeitskampf führenden Koalition nicht zur Verfügung stehen. Auch insoweit umfasst deren Betätigungsfreiheit grundsätzlich die Einschätzung, ob sie zur Erreichung des verfolgten Ziels das gewählte Mittel für erforderlich oder andere Mittel für ausreichend erachtet. Die Grenze bildet auch hier der Rechtsmissbrauch. Ein solcher liegt vor, wenn es des ergriffenen Kampfmittels zur Erreichung des Ziels offensichtlich nicht bedarf (*BAG* 22.9.2009 EzA Art. 9 GG Arbeitskampf Nr. 143).

36 Der genaue Inhalt dieses Prinzips spielt insbes. bei der Beurteilung sog. **Warnstreiks** eine Rolle. Warnstreiks sind befristete Streiks, die der Arbeitgeberseite die Entschlossenheit der Arbeitnehmerseite zeigen soll, tariflich regelbare Ziele notfalls auch mit einem dauernden Arbeitskampf durchzusetzen (MünchArbR/*Ricken* § 200 Rn. 49). Sie sind durch ihre zeitliche Begrenzung und dadurch gekennzeichnet, dass sie verhandlungsbegleitend geführt werden.

37 Das *BAG* (12.12.1976 EzA Art. 9 GG Arbeitskampf Nr. 19; 12.9.1984 EzA Art. 9 GG Arbeitskampf Nr. 54) hatte zunächst die Zulässigkeit solcher verhandlungsbegleitender Warnstreiks damit begründet, dass das ultima-ratio-Prinzip nicht kurze und zeitlich befristete Streiks verbiete, sondern in der Entscheidung des *Großen Senats* vom 21.4.1971 erkennbar ein Verbot nur für den Regelfall eines längerfristigen oder zeitlich unbegrenzten Arbeitskampfes statuiert worden sei. In der jüngeren Warnstreikentscheidung vom 21.6.1988 (EzA Art. 9 GG Arbeitskampf Nr. 75) wird diese rechtliche Beurteilung aufgegeben und festgestellt, dass sich kurzfristiger Warnstreik und längerfristiger Erzwingungsstreik rechtlich relevant nicht unterscheiden und für beide Streikformen gleichermaßen das ultima-ratio-Prinzip gilt. Gleichwohl sind nach Auffassung des BAG Warnstreiks nicht wegen Verstoßes gegen dieses Prinzip rechtswidrig. Zu diesem Ergebnis gelangt das Gericht durch eine Konkretisierung des Merkmals »nach Ausschöpfung aller Verständigungsmöglichkeiten«. Durch dieses Kriterium werde nur der Zeitpunkt bestimmt, von dem an Arbeitskampfmaßnahmen überhaupt zulässig sind. Zur Bestimmung dieses Zeitpunkts komme es nicht auf eine materielle Betrachtungsweise mit der Fragestellung an, ob tatsächlich alle Verhandlungsmöglichkeiten ausgeschöpft sind oder noch eine Verständigungsmöglichkeit besteht, da dies zu einer Tarifzensur führe. Vielmehr sei der Zeitpunkt des Ausschöpfens aller Verhandlungsmöglichkeiten formell zu bestimmen und dann gegeben, *wenn nach eigener*, inhaltlich nicht nachprüfbarer Entscheidung einer der Tarifvertragsparteien die Verhandlungen gescheitert seien. Es bedarf keiner offiziellen, förmlichen Erklärung

## B. Die Rechtmäßigkeitsvoraussetzungen des Arbeitskampfes

des Scheiterns der Verhandlungen. Diejenige Tarifvertragspartei, die zu Arbeitskampfmaßnahmen greift, bringt damit nämlich zum Ausdruck, dass sie die Verhandlungsmöglichkeiten für ausgeschöpft hält und keine Möglichkeit sieht, ohne den Einsatz von Arbeitskampfmitteln zu einer Einigung zu kommen. Ob diese Einschätzung zutrifft oder nicht, ist unerheblich.

Findet somit eine materielle Prüfung, ob tatsächlich keine Einigungsmöglichkeit mehr ohne Arbeitskampf besteht, nicht statt, beinhaltet das ultima-ratio-Prinzip ein lediglich formales Prinzip, aus dem sich folgende Konsequenzen ergeben (*BAG* 21.6.1988 EzA Art. 9 GG Arbeitskampf Nr. 75; 9.4.1991 EzA Art. 9 GG Arbeitskampf Nr. 98): 38

> Vor Arbeitskampfmaßnahmen müssen Forderungen für den Inhalt des abzuschließenden Tarifvertrags erhoben worden sein. Lehnt die andere Partei Verhandlungen nicht von vornherein ab, müssen vor Arbeitskampfmaßnahmen über diese Forderungen auch Verhandlungen geführt werden (vgl. *ArbG Kiel* 18.5.2009 LAGE Art. 9 GG Arbeitskampf Nr. 83). Hat der Tarifpartner eine Forderung bereits akzeptiert, scheidet ein Arbeitskampf aus. Haben die Tarifvertragsparteien Vereinbarungen getroffen, nach denen vor Aufnahme des Arbeitskampfs bestimmte Verfahrensregeln einzuhalten sind, etwa in Form einer Schlichtungsvereinbarung, ist dieses Verfahren vor Beginn des Arbeitskampfes einzuhalten (*BAG* 21.4.1971 EzA Art. 9 GG Nr. 6; 10.6.1980 EzA Art. 9 GG Arbeitskampf Nr. 37). 39

### c) Verhältnismäßigkeit im engeren Sinne; Proportionalität

Der Grundsatz der Proportionalität als Verhältnismäßigkeit im engeren Sinne betrifft das Verhältnis der eingesetzten Kampfmittel zum Kampfziel und damit die Art der Durchführung des Arbeitskampfes (*Däubler* Arbeitskampfrecht Rn. 204b). Dieser Grundsatz wird vom BAG in erster Linie bei der Beurteilung von Aussperrungen herangezogen (s. Rdn. 69 ff.), neuerdings (*BAG* 19.6.2007 EzA Art. 9 GG Arbeitskampf Nr. 140) auch zur Beurteilung der Rechtmäßigkeit sog. Unterstützungsstreiks. 40

> Dieses Kriterium hat die Funktion, Kampfmaßnahmen auf Exzesse hin zu überprüfen, d. h. daraufhin, ob ein evidentes Missverhältnis von Kampfmaßnahme und Kampfziel besteht. 41

Verhältnismäßig im engeren Sinn (*proportional*) ist ein Arbeitskampfmittel, das sich unter hinreichender Würdigung der grundrechtlich gewährleisteten Betätigungsfreiheit zur Erreichung des angestrebten Kampfziels unter Berücksichtigung der Rechtspositionen der von der Kampfmaßnahme unmittelbar oder mittelbar Betroffenen als angemessen darstellt. Insoweit steht einer Arbeitskampfpartei keine Einschätzungsprärogative zu, geht es doch hierbei nicht um eine tatsächliche Einschätzung, sondern um eine rechtliche Abwägung. Allerdings ist bei dieser stets zu beachten, dass es gerade Wesen einer Arbeitskampfmaßnahme ist, durch Zufügung wirtschaftlicher Nachteile Druck zur Erreichung eines legitimen Ziels auszuüben. Unverhältnismäßig ist ein Arbeitskampfmittel daher erst, wenn es sich auch unter Berücksichtigung dieses Zusammenhangs als unangemessene Beeinträchtigung gegenläufiger, ebenfalls verfassungsrechtlich geschützter Rechtspositionen darstellt (*BAG* 19.6.2007 EzA Art. 9 GG Arbeitskampf Nr. 140; 22.9.2009 EzA Art. 9 GG Arbeitskampf Nr. 143). 42

Als Folgerungen daraus werden genannt: 43

Verbot des ruinösen Arbeitskampfes mit dem Ziel der Vernichtung des Gegners (*BAG GS* 21.4.1971 EzA Art. 9 GG Nr. 6; *Däubler* Arbeitskampfrecht Rn. 204b); Gebot fairer Kampfführung (*BAG GS* 21.4.1971 EzA Art. 9 GG Nr. 6) und damit Verbot unlauterer Kampfmittel (*Däubler* Arbeitskampfrecht Rn. 204e); Regelmäßige Begrenzung des Arbeitskampfgebiets auf das Tarifgebiet (*Däubler* Arbeitskampfrecht Rn. 204c; *BAG* 10.6.1980 EzA Art. 9 GG Arbeitskampf Nr. 37 für die Aussperrung); Verbot eines Unterstützungsstreiks zur Unterstützung eines rechtswidrigen Hauptarbeitskampfes oder über dessen Dauer hinaus (*BAG* 19.6.2007 EzA Art. 9 GG Arbeitskampf Nr. 140).

## 5. Erhaltungs- und Notstandsarbeiten

44 Weitere Schranke des Streikrechts ist nach allgemeiner Ansicht (MünchArbR/*Ricken* § 200 Rn. 42) die Sicherstellung eines Notdienstes während des Streiks.

45 Unter Notdienst fallen zunächst sog. Erhaltungsarbeiten als diejenigen Arbeiten, die erforderlich sind, um die Anlagen und Betriebsmittel während des Arbeitskampfes so zu erhalten, dass nach Beendigung des Kampfes die Arbeit fortgesetzt werden kann, nicht aber Arbeiten, die lediglich sicherstellen sollen, dass arbeitswillige Arbeitnehmer weiterbeschäftigt werden können. Ein Arbeitskampf, der den erforderlichen Notdienst nicht zulässt, ist rechtswidrig.

46 Welche Arbeiten erforderlich sind, ist unter Berücksichtigung der Verhältnisse des Einzelfalles unter Einbeziehung der allgemeinen industriellen und der speziellen betrieblichen Gegebenheiten sowie von Art, Umfang und Dauer des Arbeitskampfes zu ermitteln (*BAG* 30.3.1982 EzA Art. 9 GG Arbeitskampf Nr. 46). Ausdrücklich offen gelassen hat das *BAG* (31.5.1995 EzA Art. 9 GG Arbeitskampf Nr. 119) die Frage, wer Träger dieser Erhaltungsarbeiten ist, diese also bestimmt und leitet. Zum Teil wird diese Befugnis dem Arbeitgeber (z. B. *Schell* BB 1969, 1179 [1180]), zum Teil den Gewerkschaften (*Däubler* Arbeitskampfrecht Rn. 226) zugesprochen. Nach vermittelnder Ansicht ist die Durchführung des Notdienstes eine gemeinsame Aufgabe von Arbeitgeber und Gewerkschaft (*LAG Nds.* 1.2.1980 DB 1980, 2041; *Brox/Rüthers* Rn. 293). Jedenfalls ist es Aufgabe der Arbeitskampfparteien, sich um eine Regelung des Notdienstes zu bemühen. Eine zwischen den Arbeitskampfparteien getroffene Vereinbarung zur Regelung des Notdienstes ist zulässig und dann für dessen Durchführung maßgeblich (*BAG* 31.5.1995 EzA Art. 9 GG Arbeitskampf Nr. 119).

47 Entsprechendes gilt für sog. Notstandsarbeiten, also solche, die notwendig sind, um vorrangige Rechtsgüter Dritter vor den Folgen eines Streiks zu schützen, also insbes. erforderlich sind, um die Versorgung der Bevölkerung mit lebensnotwendigen Gütern und Dienstleistungen (ärztliche Versorgung, Krankenhäuser) sicherzustellen.

48 Strittig ist, ob unter dem Gesichtspunkt der Meinungs- und Informationsfreiheit, Art. 5 Abs. 1 GG, bei der Bestreikung von Presseunternehmen jedenfalls die Herausgabe einer Notzeitung sichergestellt sein muss oder ob dies erst dann erforderlich ist, wenn die Bevölkerung das notwendige Mindestmaß an Information auch nicht auf anderem Wege beziehen kann, etwa bei einem kumulativen Ausfall aller oder der meisten Medien (so *Däubler* Arbeitskampfrecht Rn. 225a).

## 6. Persönliche Einschränkungen des Streikrechts

49 Die Treuepflicht des **Beamten** schließt eine Streikbeteiligung aus. Dies ist hergebrachter Grundsatz des Berufsbeamtentums. Auch für **Soldaten und Richter** gilt ein Arbeitskampfverbot (*Brox/Rüthers* Rn. 499, 542, 544). Für sonstige Arbeitnehmer des öffentlichen Dienstes bestehen keine Einschränkungen. Ein Verbot des Arbeitskampfes gilt auf Grund Art. 140 GG i. V. m. Art. 137 Abs. 3 WRV auch für **kirchliche Amtsträger und Arbeitnehmer im Kirchendienst** (*Brox/Rüthers* Rn. 546).

50 Für **Auszubildende** wird zum Teil mit Rücksicht auf den Ausbildungs- und Erziehungscharakter des Berufsausbildungsverhältnisses ein Streikrecht generell verneint (*Hromadka* DB 1972, 870 ff.), zum Teil mit zeitlichen Einschränkungen bejaht (z. B. MünchArbR/*Ricken* § 200 Rn. 18 ff.). Das *BAG* (12.9.1984 EzA Art. 9 GG Arbeitskampf Nr. 54) hat in diesem Zusammenhang bisher lediglich entschieden, dass die Gewerkschaft Auszubildende zur Teilnahme an einem Warnstreik jedenfalls dann aufrufen darf, wenn über die Ausbildungsvergütung verhandelt wird. Der Arbeitgeber könne nicht erwarten, dass sich Auszubildende beim Streik unsolidarisch verhalten.

## 7. Sonstige Streikschranken; Grundsatz der Tarifeinheit als Streikschranke?

51 Im Zusammenhang mit dem sog. Lokführerstreik des Jahres 2007 bzw. bei sonstigen Arbeitskampfmaßnahmen sog. Spartengewerkschaften ist diskutiert worden, ob ein Streik deshalb ausscheidet bzw. rechtswidrig ist, weil der mit ihm erstrebte Tarifvertrag nach dem Grundsatz der sog. Tarifeinheit (s. Kap. 11 Rdn. 251 »Ein Betrieb – ein Tarifvertrag«) im Betrieb nicht zur Anwendung käme.

B. Die Rechtmäßigkeitsvoraussetzungen des Arbeitskampfes   **Kapitel 10**

Dies ist nicht der Fall (*Sächs. LAG* – 7 SaGa 19/07, NZA 2008, 59; *LAG RhPf* 14.6.2007 LAGE Art. 9 GG Arbeitskampf Nr. 78).

In der Literatur (vgl. *Däubler* Arbeitskampfrecht Rn. 231 ff.) werden teilweise noch weitere Grenzen des Streikrechts genannt, die allerdings in der Praxis bisher kaum eine Rolle gespielt haben. 52

Verbot sittenwidriger Streiks, § 826 BGB: Er soll die äußerste Grenze für Kampfmaßnahmen sein, was aber voraussetzt, dass der Streik gegen das sog. Anstandsgefühl aller billig und gerecht Denkenden verstößt. Hierfür reicht der Aufruf zu einem rechtswidrigen Streik allein nicht aus. Es müssen weitere, besonders verwerfliche Umstände hinzukommen, die sich aus dem Zweck des Streiks, dem angewandten Mittel und der Verknüpfung von Mittel und Zweck ergeben können (*Brox/Rüthers* Rn. 372). In einem solchen Fall dürfte sich die Rechtswidrigkeit des Streiks aber bereits aus anderen Gesichtspunkten ergeben, etwa der Verfolgung tariflich nicht regelbarer Kampfziele oder dem Verstoß gegen das Verhältnismäßigkeitsprinzip, sodass es sich nur um einen Auffangtatbestand handelt. 53

Normen des Strafrechts (*Däubler* Arbeitskampfrecht Rn. 238 ff.): Angesprochen werden die Tatbestände der Nötigung (§ 240 StGB) und Erpressung (§ 253 StGB), wobei allerdings das den Vorschriften gemeinsame Tatbestandsmerkmal der Gewalt bzw. Drohung mit Gewalt durch den Streik an sich in aller Regel nicht erfüllt ist bzw. diese nicht rechtswidrig ist. 54

## 8. Streikexzesse

Ist der Streik an sich rechtmäßig, so sind in seinem Rahmen aber nicht alle Handlungen gedeckt, die zu einer Druckausübung auf den Arbeitgeber führen. 55

> Das Recht zum Streik beinhaltet grds. nur das Recht, die vertraglich geschuldete Arbeitsleistung zu verweigern. Gedeckt ist auch der Versuch und ggf. das Gelingen des Versuchs, Arbeitnehmer des bestreikten Betriebs oder neue, dem bestreikten Betrieb bisher nicht zugehörige Arbeitskräfte mit Mitteln des gütlichen Zuredens und des Appells an die Solidarität von der Arbeitsaufnahme abzuhalten. Handlungen, die darüber hinausgehen und evtl. strafrechtlich geschützte Interessen des Arbeitgebers oder Dritter verletzen, werden durch das Streikrecht nicht gerechtfertigt (*BAG* 21.6.1988 EzA Art. 9 GG Arbeitskampf Nr. 75; 8.11.1988 EzA Art. 9 GG Arbeitskampf Nr. 76). 56

Unzulässig ist danach etwa die Verhinderung des Zu- und Abgangs von Waren und Kunden sowie die Behinderung arbeitswilliger Arbeitnehmer am Betreten des Betriebs durch Maßnahmen, die über das bloße Zureden, sich am Streik zu beteiligen, hinausgehen, sog. Betriebsblockade (*LAG Köln* 2.7.1984 EzA Art. 9 GG Arbeitskampf Nr. 53). In der Entscheidung vom 8.11.1988 (EzA Art. 9 GG Arbeitskampf Nr. 76) hat das *BAG* offen gelassen, ob die sog. Betriebsblockade dann ein zulässiges Arbeitskampfmittel sein kann, wenn ansonsten auf Grund neuer technologischer Entwicklungen das Arbeitskampfmittel des Streiks leerläuft und zu diesem Kampfmittel gewerkschaftlich aufgerufen wurde. 57

> Wird von der streikführenden Gewerkschaft zu solchen unzulässigen Kampfmitteln aufgerufen, so ist der Streik an sich rechtswidrig. Kommt es hingegen nur zu entsprechenden Handlungen einzelner Streikteilnehmer anlässlich des Streiks, sog. Streikexzesse, wird dadurch nicht der Streik als solcher rechtswidrig (*BAG* 8.11.1988 EzA Art. 9 GG Arbeitskampf Nr. 76). 58

Es kommen aber Schadensersatzverpflichtungen der Arbeitnehmer, die Streikexzesse begehen, und u. U. auch solche der Gewerkschaft in Betracht, wenn deren Organmitglieder trotz Kenntnis der rechtswidrigen Handlungen nicht versuchen, die streikenden Arbeitnehmer von rechtswidrigen Handlungen abzuhalten (s. Rdn. 171 ff.). 59

## 9. Rechtmäßigkeitsvermutung gewerkschaftlicher Streiks

Nach einer älteren Entscheidung des *BAG* (19.6.1973 EzA Art. 9 GG Arbeitskampf Nr. 14) besteht bei gewerkschaftlichen Streiks eine doppelte Vermutung: 60

Sofern eine Gewerkschaft einen Streik um die Regelung von Arbeits- und Wirtschaftsbedingungen führt, besteht eine Vermutung dafür, dass dieser Streik rechtmäßig ist. Ferner besteht eine Vermutung dafür, dass ein von einer Gewerkschaft geführter Streik die Regelung von Arbeits- und Wirtschaftsbedingungen zum Gegenstand hat.

61 Diese Aussage ist auf Kritik gestoßen und ist in einer jüngeren Entscheidung (*BAG* 29.11.1983 EzA § 626 BGB n. F. Nr. 89) dahingehend relativiert worden, dass nicht eine Rechts-, sondern nur eine eingeschränkte Tatsachenvermutung gemeint war. Der Arbeitgeber ist danach lediglich dafür beweispflichtig, dass ein unzulässiges Streikziel im Vordergrund stand. Weder Dritte noch gar die Gewerkschaft selbst dürften auf die Rechtmäßigkeit vertrauen.

### III. Die Aussperrung

#### 1. Arten der Aussperrung

62 Aussperrung ist die von einem oder mehreren Arbeitgebern planmäßig erfolgende Arbeitsausschließung mehrerer Arbeitnehmer zur Erreichung eines bestimmten Zieles.

63 Sie ist zu unterscheiden von der vorübergehenden Betriebs- oder Betriebsteilstilllegung im Umfang des Streikaufrufs, die ebenfalls auf die Lohnzahlungspflicht suspendierende Wirkung haben kann (s. Rdn. 122 f.).

64 Nach der Art des Zieles lassen sich zunächst Angriffs- und Abwehraussperrung unterscheiden. Eine Angriffsaussperrung liegt nach der Begriffsbestimmung des *BAG* (10.6.1980 EzA Art. 9 GG Arbeitskampf Nr. 37) nur vor, wenn der oder die Arbeitgeber in einem Tarifgebiet den Arbeitskampf eröffnen und dabei ein eigenes kollektivvertragliches Regelungsziel verfolgen. Angriffsaussperrungen sind der bisherigen Arbeitskampfpraxis der Bundesrepublik fremd. Eine **Abwehraussperrung** liegt vor, wenn diese Reaktion auf Arbeitskampfmaßnahmen der Arbeitnehmerseite ist, also kein eigenständiges Tarifziel verfolgt wird. Nach dem Träger der Aussperrung kann ferner zwischen Verbandsaussperrung und der Aussperrung durch einen einzelnen Arbeitgeber unterschieden werden, da nach § 2 Abs. 1 TVG auch der einzelne Arbeitgeber Tarifvertragspartei sein kann. Nach der Wirkung der Aussperrung lassen sich schließlich suspendierende und lösende Aussperrung von einander abgrenzen: Bei der **suspendierenden Aussperrung** ruhen lediglich die wechselseitigen Pflichten aus dem Arbeitsverhältnis, während bei der **lösenden Aussperrung** das Arbeitsverhältnis zunächst beendet wird, allerdings ggf. verbunden mit einem Wiedereinstellungsanspruch des Arbeitnehmers nach Beendigung des Arbeitskampfes.

#### 2. Rechtliche Zulässigkeit der Aussperrung

##### a) Abwehraussperrung

##### aa) Rechtsgrundlage

65 Nach Auffassung des *BAG* (*GS* 21.4.1971 EzA Art. 9 GG Arbeitskampf Nr. 37; 12.3.1985 EzA Art. 9 GG Arbeitskampf Nr. 58; 26.4.1988 EzA Art. 9 GG Arbeitskampf Nr. 74; 7.6.1988 EzA Art. 9 GG Arbeitskampf Nr. 79) sind Abwehraussperrungen grds. zulässig. Diese Aussperrungsbefugnis folgt aus der im Kern durch Art. 9 Abs. 3 GG gewährleisteten und durch § 1 Abs. 1 und § 2 Abs. 1 TVG näher konkretisierten Tarifautonomie und dem die Funktionsfähigkeit der Tarifautonomie gewährleistenden Grundsatz der Kampfparität (*BAG* 10.6.1980 EzA Art. 9 GG Arbeitskampf Nr. 37; 12.3.1985 EzA Art. 9 GG Arbeitskampf Nr. 58).

66 Das *BAG* (26.4.1988 EzA Art. 9 GG Arbeitskampf Nr. 74; 12.3.1985 EzA Art. 9 GG Arbeitskampf Nr. 58) hat bisher ausdrücklich offen gelassen, ob die Befugnis zur Abwehraussperrung als notwendiger Bestandteil der im Kern durch Art. 9 Abs. 3 GG grundrechtlich geschützten Kampfordnung garantiert ist. Das *BVerfG* (26.6.1991 EzA Art. 9 GG Arbeitskampf Nr. 97) bejaht einen solchen verfassungsrechtlichen Schutz jedenfalls für suspendierende Abwehraussperrungen als Abwehrmaßnahme gegen Teil- oder Schwerpunktstreiks zur Herstellung der Verhandlungsparität. Ob und wie

weit das Arbeitskampfmittel der Aussperrung allgemein verfassungsrechtlich geschützt ist, wird dabei offen gelassen. Zum Teil (vgl. z. B. *Däubler* Arbeitskampfrecht Rn. 917) wird die Aussperrung als verfassungswidrig angesehen, da sie sich typischerweise auf eine Einschränkung der gewerkschaftlichen Koalitions- und Betätigungsfreiheit richte und daher eine rechtswidrige Maßnahme i. S. d. Art. 9 Abs. 3 S. 2 GG sei. Diese Ansicht ist vom BAG (10.6.1980 EzA Art. 9 GG Arbeitskampf Nr. 37; 12.3.1985 EzA Art. 9 GG Arbeitskampf Nr. 58) verworfen worden, da die Koalitionsfreiheit durch Art. 9 Abs. 3 S. 1 GG für jedermann und alle Berufe gewährleistet und nicht als reines Arbeitnehmer-Grundrecht ausgestaltet ist. Eine Interpretation als reines Arbeitnehmer-Grundrecht wird auch vom *BVerfG* (26.6.1991 EzA Art. 9 GG Arbeitskampf Nr. 97) abgelehnt. Das Aussperrungsverbot in Art. 29 Abs. 5 der Verfassung des Landes Hessen ist wegen Verstoßes gegen höherrangiges Bundesrecht nichtig (BAG 26.4.1988 EzA Art. 9 GG Arbeitskampf Nr. 74).

### bb) Voraussetzungen und Grenzen der Aussperrung

#### (1) Verbandsbeschluss und dessen Mitteilung

Sofern der Arbeitskampf dem Abschluss eines Verbandstarifvertrages dient, setzt die Aussperrung einen entsprechenden Beschluss des Arbeitgeberverbandes voraus, der der Arbeitnehmerseite gegenüber hinreichend deutlich zum Ausdruck gebracht werden muss (BAG 31.10.1995 EzA Art. 9 GG Arbeitskampf Nr. 123). Die Aussperrung bedarf einer eindeutigen Erklärung des Arbeitgebers, die fehlt, wenn bei Schließung des Betriebs unklar bleibt, ob der Arbeitgeber nur auf eine streikbedingte Betriebsstörung reagieren oder selbst eine Kampfmaßnahme ergreifen will. 67

Fehlt es an einer solchen Erklärung gegenüber dem arbeitsbereiten Arbeitnehmer, der seine Arbeitsleistung ordnungsgemäß angeboten hat, tritt keine Suspendierung der Lohnzahlungspflicht ein und Annahmeverzugslohnansprüche bleiben bestehen (BAG 1.9.1994 EzA Art. 9 GG Arbeitskampf Nr. 120). 68

#### (2) Verhältnismäßigkeit, Proportionalität, Parität

Aus dem Erfordernis eines tatsächlichen Verhandlungsgleichgewichts zur Erreichung einer ausgewogenen tariflichen Regelung leiten sich die weiteren rechtlichen Grenzen der Abwehraussperrung ab. Nachdem bereits der Große Senat des *BAG* (21.4.1971 EzA Art. 9 GG Nr. 6) den allgemeinen Grundsatz formuliert hatte, dass alle Arbeitskampfmaßnahmen unter dem Gebot der Verhältnismäßigkeit stehen und dass im Rahmen der Verhältnismäßigkeit auch Aussperrungen zulässig sind, hat der Erste Senat das Verhältnismäßigkeitsprinzip in seiner die Zulässigkeit der Abwehraussperrung begrenzenden Funktion mit Hilfe des Grundsatzes der Kampfparität weiter konkretisiert. Die begrenzte Funktion und Legitimation der Abwehraussperrung als Mittel zur Wiederherstellung der Verhandlungsparität und zur Beseitigung eines Verhandlungsübergewichts der streikenden Gewerkschaft bestimmt zugleich den Inhalt des Übermaßverbots. 69

Als geeignet, erforderlich und proportional können nur solche Abwehraussperrungen gelten, die der Herstellung der Verhandlungsparität dienen (BAG 10.6.1980 EzA Art. 9 GG Arbeitskampf Nr. 37; 12.3.1985 EzA Art. 9 GG Arbeitskampf Nr. 58; 7.6.1988 EzA Art. 9 GG Arbeitskampf Nr. 79; 11.8.1992 EzA Art. 9 GG Arbeitskampf Nr. 105). 70

In weiterer Konkretisierung dieses Grundsatzes ergeben sich folgende Einschränkungen der Abwehraussperrung: 71

#### aaa) Begrenzung der Aussperrung auf das Tarifgebiet

Grds. ist nur eine Abwehraussperrung verhältnismäßig, die sich auf das Tarifgebiet beschränkt, also von Arbeitgebern vorgenommen wird, die dem räumlichen und fachlichen Geltungsbereich des von der kampfführenden Gewerkschaft angestrebten Tarifvertrags unterfallen würden. 72

73 Das Tarifgebiet ist angemessene Grenze des Kampfgebiets, da davon ausgegangen werden kann, dass die Tarifvertragsparteien bei Absprache der Tarifgebietsgrenzen die Erfordernisse der Verhandlungsparität beachtet haben (*BAG* 10.6.1980 EzA Art. 9 GG Arbeitskampf Nr. 37). Unzulässig dürfte damit eine sog. Sympathieaussperrung sein.

*bbb) Zahlenmäßige Begrenzung der Aussperrungsbefugnis – Aussperrungsarithmetik*

74 Im Hinblick auf die Frage, nach welchen Kriterien zu beurteilen ist, ob eine Parität der Tarifvertragsparteien gegeben ist oder durch Kampfmaßnahmen der Arbeitgeberseite erst hergestellt werden muss, hat das *BAG* (*GS* 21.4.1971 EzA Art. 9 GG Nr. 6) zunächst auf eine materielle Paritätsbetrachtung abgestellt, die unter Berücksichtigung der konkreten wirtschaftlichen Situation danach fragt, ob eine Kampfmaßnahme nach der tatsächlichen Situation notwendig ist, um sicherzustellen, dass nicht eine Tarifvertragspartei der anderen von vornherein ihren Willen aufzwingen kann und möglichst gleiche Verhandlungschancen bestehen. Der Erste Senat (*BAG* 10.6.1980 EzA Art. 9 GG Arbeitskampf Nr. 36; 10.6.1980 EzA Art. 9 GG Arbeitskampf Nr. 37) hat es abgelehnt, die Paritätsbeurteilung unter Berücksichtigung aller die Verhandlungs- und Kampfkraft beeinflussender Faktoren politischer, wirtschaftlicher und sozialer Art vorzunehmen und damit eine Gesamtparitätsbetrachtung verworfen, da es nur um eine tarifbezogene Parität im Rahmen des Arbeitskampfes, nicht aber um den Ausgleich gesamtwirtschaftlicher Ungleichgewichte gehen könne. Erforderlich ist danach eine typisierende, abstrakt-materielle Betrachtungsweise (*BAG* 11.8.1992 EzA Art. 9 GG Arbeitskampf Nr. 105).

75 Als Kriterium der Paritätsbeurteilung hat das *BAG* (10.6.1980 EzA Art. 9 GG Arbeitskampf Nr. 37) für die suspendierende Abwehraussperrung als Reaktion auf einen eng begrenzten Teilstreik folgende, oft als Arbeitskampfarithmetik bezeichneten Maßstäbe aufgestellt: Wenn durch den Streikbeschluss weniger als 1/4 der Arbeitnehmer eines Tarifgebiets zur Arbeitsniederlegung aufgefordert werden, sog. eng geführter Teilstreik, kann die Arbeitgeberseite den Kampfrahmen erweitern und bis zu 25 % der Arbeitnehmer des Tarifgebiets aussperren. Werden mehr als 1/4 der Arbeitnehmer des Tarifgebiets zum Streik aufgerufen, sei das Bedürfnis der Arbeitgeberseite nach einer Erweiterung des Kampfrahmens entsprechend geringer. Eine Störung der Kampfparität sei nicht zu befürchten, wenn etwa die Hälfte der Arbeitnehmer eines Tarifgebiets zum Streik aufgerufen werden oder von einem Aussperrungsbeschluss betroffen seien. Als denkbar bezeichnet das Gericht die Möglichkeit der Arbeitgeberseite, eine Aussperrungsbefugnis zunächst nicht voll auszunützen, dieses aber im weiteren Verlauf des Arbeitskampfes durch eine befristete Erweiterung der Aussperrung nachzuholen.

76 Diese sog. Aussperrungsarithmetik ist auf vielfältige Kritik gestoßen (vgl. *Otto* RdA 1981, 285, 292). In späteren Urteilen (*BAG* 12.3.1985 EzA Art. 9 GG Arbeitskampf Nr. 58; 7.6.1988 EzA Art. 9 GG Arbeitskampf Nr. 79) hat der Erste Senat die Anwendbarkeit starrer Zahlenverhältnisse zur Beurteilung der Parität relativiert: Ein Missverhältnis zwischen der Zahl der am Streik beteiligten und der ausgesperrten Arbeitnehmer könne ein wichtiges Indiz sein; Störungen der Kampfparität könnten aber auch andere Ursachen haben. Die Grenze sei insgesamt da zu ziehen, wo die legitime Reaktion aufhöre. Im Urteil vom 7.6.1988 (EzA Art. 9 GG Arbeitskampf Nr. 79) wird dann gleichwohl auf das zahlenmäßige Verhältnis abgestellt und bei einer mehrstufigen Aussperrung die Befugnis der Arbeitgeberseite anerkannt, bei nicht vollständiger Ausschöpfung der nach der Aussperrungsarithmetik zulässigen Aussperrungsquote in der ersten Stufe dieses »Aussperrungsguthaben« in der zweiten Stufe einzusetzen.

77 Nicht proportional ist jedenfalls eine zweitägige Aussperrung als Reaktion auf einen für eine halbe Stunde ausgerufenen Streik (*BAG* 11.8.1992 EzA Art. 9 GG Arbeitskampf Nr. 105).

78 Bei Beurteilung der Parität und damit der Verhältnismäßigkeit ist auf den Aussperrungsbeschluss, nicht aber darauf abzustellen, inwieweit dieser befolgt wird und wie viele Arbeitnehmer in Befolgung des Beschlusses tatsächlich ausgesperrt worden sind (*BAG* 10.6.1980 EzA Art. 9 GG Ar-

## B. Die Rechtmäßigkeitsvoraussetzungen des Arbeitskampfes — Kapitel 10

beitskampf Nr. 37; 12.3.1985 EzA Art. 9 GG Arbeitskampf Nr. 58; 7.6.1988 EzA Art. 9 GG Arbeitskampf Nr. 79).

### (3) Beschränkung der Aussperrungsbefugnis bezüglich einzelner Arbeitnehmer

Ausgesperrt werden können auch nicht gewerkschaftlich organisierte und arbeitswillige Arbeitnehmer, da sich an einem gewerkschaftlich getragenen Streik auch nicht organisierte Arbeitnehmer beteiligen können. Im Gegenteil ist eine Aussperrung, die gezielt nur Mitglieder einer streikenden Gewerkschaft erfasst, nichtorganisierte Arbeitnehmer jedoch verschont, rechtswidrig, da eine solche Maßnahme gegen die positive Koalitionsfreiheit gerichtet und daher nach Art. 9 Abs. 3 S. 2 GG rechtswidrig ist (*BAG* 10.6.1980 EzA Art. 9 GG Arbeitskampf Nr. 38). 79

Auch **arbeitsunfähig erkrankte Arbeitnehmer** können ausgesperrt werden (*BAG* 7.6.1988 EzA Art. 9 GG Arbeitskampf Nr. 79). Die infolge der Aussperrung eintretende Suspendierung der arbeitsvertraglichen Pflichten (s. Rdn. 148 f.) erfasst auch die Verpflichtung zur Leistung von Lohnersatzleistungen. Auch für **Schwerbehinderte** ergeben sich keine Einschränkungen (vgl. § 91 Abs. 6 SGB IX; *BAG* 7.6.1988 EzA Art. 9 GG Arbeitskampf Nr. 79). Schließlich können auch **Mitglieder des Betriebsrats** ausgesperrt werden, wobei infolge der Suspendierungswirkung der Aussperrung ein Entgeltanspruch entfällt und zwar auch dann, wenn sie während der Aussperrung Betriebsratsaufgaben wahrgenommen haben, da es sich auch bei dem Anspruch nach § 37 Abs. 2 BetrVG nur um einen über diese Vorschrift vermittelten Anspruch auf Arbeitsvergütung nach § 611 Abs. 1 BGB handelt (*BAG GS* 21.4.1971 AP Art. 9 GG Arbeitskampf Nr. 43; 10.3.1987 EzA Art. 9 GG Arbeitskampf Nr. 89). 80

### cc) Suspendierende und lösende Aussperrung

Aus dem Grundsatz der Verhältnismäßigkeit folgt, dass jede Aussperrung zunächst nur suspendierende Wirkung hat (*BAG GS* 21.4.1971 EzA Art. 9 GG Arbeitskampf Nr. 6) und nur in bestimmten Ausnahmefällen eine lösende Aussperrung in Betracht kommt. Auch in solchen Ausnahmefällen dürfen Betriebsrats- und Personalratsmitglieder, Schwerbehinderte und Schwangere immer nur mit suspendierender Wirkung ausgesperrt werden, da diese Personen unter besonderem gesetzlichen Schutz stehen. 81

**Ausnahmsweise** kann eine lösende Aussperrung nach dem Grundsatz der Verhältnismäßigkeit unter folgenden Voraussetzungen zulässig sein: 82

Stellt sich die Aussperrung als Gegenmaßnahme auf einen rechtmäßigen Streik dar, kann sie im Anfangsstadium des Arbeitskampfes als Warnsignal i. d. R. nur suspendierend erklärt werden. Nur bei Hinzutreten zusätzlicher Umstände im Verlaufe des Arbeitskampfes oder wenn solche Umstände ausnahmsweise schon von Anfang an vorliegen, kann nach dem Gebot der Verhältnismäßigkeit die lösende Aussperrung gerechtfertigt sein. Als solcher Umstand kann etwa die Kampfintensität auf Arbeitnehmerseite in Betracht kommen, etwa in Form eines besonders lang anhaltenden Arbeitskampfes. Liegt ein zweifelsfrei rechtswidriger, nicht nur ganz kurzfristiger Streik vor, kann die Arbeitgeberseite bei Beachtung des Grundsatzes der Verhältnismäßigkeit eher zur lösenden Aussperrung greifen, da einem kollektiven Missbrauch der Tarifautonomie und des Arbeitskampfes auch mit kollektiven Maßnahmen müsse begegnet werden können (*BAG GS* 21.4.1971 EzA Art. 9 GG Arbeitskampf Nr. 6).

### b) Angriffsaussperrung

Die Zulässigkeit einer Angriffsaussperrung ist umstritten. Der *Große Senat* hatte 1955 (AP Art. 9 GG Arbeitskampf Nr. 1) die Aussperrung als grds. zulässig erachtet und dabei nicht zwischen Abwehr- und Angriffsaussperrung differenziert. Der Beschluss des *Großen Senats* vom 21.4.1971 (EzA Art. 9 GG Arbeitskampf Nr. 6) geht im Rahmen der Verhältnismäßigkeit ebenfalls von der grundsätzlichen Zulässigkeit der Angriffsaussperrung aus. Nachfolgende Entscheidungen des 83

*BAG* (10.6.1980 EzA Art. 9 GG Arbeitskampf Nr. 37; 26.4.1988 EzA Art. 9 GG Arbeitskampf Nr. 74) behandeln die Zulässigkeit der Abwehraussperrung nicht mehr, sondern lassen diese Frage ebenso offen, wie die Frage, ob die Aussperrung notwendiger Bestandteil einer im Kern durch Art. 9 Abs. 3 GG geschützten Kampfordnung ist. Auch das *BVerfG* (26.6.1991 EzA Art. 9 GG Arbeitskampf Nr. 97) lässt die Frage, inwieweit die Aussperrung allgemein verfassungsrechtlich geschützt ist, offen.

84 In der Literatur wird zum Teil (*Dütz* DB 1979, Beil. Nr. 14, S. 2; *Däubler* Arbeitskampfrecht Rn. 889i) die Ansicht vertreten, die Arbeitgeberseite benötige kein Angriffskampfmittel, sondern die individualrechtlichen Gestaltungsformen, wie z. B. Änderungskündigungen, reichten aus, um die gewünschten Regelungen in den einzelnen Arbeitsverhältnissen durchzusetzen und die zuständige Gewerkschaft verhandlungsbereit zu machen. Nach anderer Ansicht (*Rüthers/Bakker* Anm. zu *BAG* 26.4.1988 EzA Art. 9 GG Arbeitskampf Nr. 74; *Löwisch* RdA 1980, 1, 4) müsse der Arbeitgeberseite in Zeiten massiver gesamtwirtschaftlicher oder branchenspezifischer Rezession durch Gewährung eines arbeitskampfrechtlichen Initiativrechts die Möglichkeit zum partiellen Abbau tariflicher Leistungen zur Erhaltung der Unternehmen und Arbeitsplätze grds. gewährt werden.

### IV. Der Boykottaufruf

85 Als weiteres kollektives Kampfmittel wird (*BAG* 19.10.1976 EzA § 1 TVG Nr. 7) der Boykott bzw. Boykottaufruf (zum Begriff s. Rdn. 2) genannt und ausgeführt, dieser sei nicht von vornherein eine rechtswidrige Kampfmaßnahme, sondern gehöre neben Streik und Aussperrung zu den geschichtlich überkommenen Arbeitskampfmaßnahmen beider Seiten. Welche Rechtmäßigkeitsvoraussetzungen hierfür gelten, lässt das Gericht offen.

86 Der Boykott hat in der arbeitskampfrechtlichen Praxis der Bundesrepublik bisher keine größere Bedeutung erlangt.

87 Ein Boykottaufruf ist rechtswidrig, wenn er Dritte gezielt zum Vertragsbruch auffordert, es sei denn, der Vertrag wurde gerade deshalb abgeschlossen, um einen Streik (z. B. Übernahme von Streikarbeiten) ins Leere laufen zu lassen. Zulässig ist hingegen die Aufforderung, lediglich von der Vertragsfreiheit Gebrauch zu machen, also etwa von einem Vertragsschluss abzusehen oder von einem Kündigungsrecht Gebrauch zu machen.

88 Sofern die übrigen allgemeinen Arbeitskampfregeln beachtet werden, ist ein solcher Aufruf nur rechtswidrig, wenn ein zweckwidriges oder rücksichtsloses Verhalten, d. h. ein Rechtsmissbrauch i. e. Sinne vorliegt (MünchArbR/*Otto* 2. Aufl., § 286 Rn. 116 ff.).

### V. Massenänderungskündigungen, kollektive Ausübung von Zurückbehaltungsrechten

89 Neben der Arbeitsniederlegung durch Streik kann es zu einer Vorenthaltung der Arbeitsleistung als gebündelte Ausübung von Zurückbehaltungsrechten, §§ 273, 320 BGB (s. Kap. 3 Rdn. 323 ff.), kommen.

90 Erforderlich ist aber, dass die Voraussetzungen des gemeinsam ausgeübten Zurückbehaltungsrechts in der Person jeden Arbeitnehmers vorliegen und der Arbeitgeber in einer jeden Zweifel ausschließenden Weise davon in Kenntnis gesetzt wird, dass es sich um die Ausübung eines Zurückbehaltungsrechts, also um ein Mittel zur Durchsetzung einer individualrechtlichen Position handelt, ihm also insbes. auch die Gründe mitgeteilt werden, wegen derer die Arbeitsleistung zurückgehalten wird.

91 Fehlt es daran, liegt ein (wilder) Streik vor. Liegen diese Voraussetzungen vor, so handelt es sich um eine individualrechtlich zulässige Maßnahme, die nicht dadurch rechtswidrig wird, dass sie kollektiv erfolgt (*BAG* 20.12.1963 EzA Art. 9 GG Arbeitskampf Nr. 7; 14.2.1978 EzA § 273 BGB Nr. 2).

92 Strittig ist die rechtliche Einordnung sog. Massenänderungskündigungen (s. Kap. 4 Rdn. 2919 ff.), also kollektiv ausgesprochener Änderungskündigungen der Arbeitnehmerseite oder gegenüber allen

oder einer Vielzahl von Arbeitnehmern ausgesprochener Änderungskündigungen durch den Arbeitgeber.

Das *BAG* (28.4.1966 EzA § 124a GewO Nr. 5) hat Massenänderungskündigungen der Arbeitnehmerseite als kollektiven Arbeitskampf und Form des Streiks qualifiziert. Dies entspreche natürlicher Auffassung. Massenänderungskündigungen der Arbeitgeberseite sollen demgegenüber keine kollektivrechtlich zu bewertenden Kampfmaßnahmen, sondern ausschließlich nach kündigungsrechtlichen Maßstäben (§ 2 KSchG, § 626 BGB) zu beurteilende individualrechtliche Maßnahmen sein. 93

Eine Befreiung von den Anforderungen des KSchG ergibt sich nicht aus § 25 KSchG (MünchArbR/ *Ricken* § 202 Rn. 2). §§ 17 ff. KSchG finden Anwendung (*BAG* 8.2.1957 AP Nr. 1 zu § 1 TVG Friedenspflicht). Gegenüber dem durch § 15 KSchG geschützten Personenkreis sind ordentliche Massenänderungskündigungen unzulässig (*BAG* 29.1.1981 EzA § 15 KSchG Nr. 26), Beteiligungsrechte des Betriebsrats nach §§ 102 ff. BetrVG sind zu beachten. 94

Diese unterschiedliche Beurteilung von Arbeitnehmer- und Arbeitgebermassenänderungskündigung ist überwiegend auf Kritik gestoßen. Nach wohl überwiegender Auffassung ist auch die arbeitnehmerseitige Massenänderungskündigung ausschließlich nach individualrechtlichen Kriterien des Kündigungsrechts zu beurteilen, da individualrechtlich zulässige Verhaltensweisen nicht dadurch rechtswidrig werden, dass sie gebündelt und kollektiv vorgenommen werden (*Brox/Rüthers* Rn. 550 ff.). 95

## C. Die Rechtsfolgen des rechtmäßigen Arbeitskampfes

### I. Streik

#### 1. Suspendierung der Hauptleistungspflichten

Durch den rechtmäßigen Streik wird die dem Arbeitnehmer aus dem Arbeitsvertrag obliegende Hauptleistungspflicht, also die Arbeitspflicht suspendiert (*BAG GS* 21.4.1971 EzA Art. 9 GG Nr. 6; *BAG* 31.5.1988 EzA Art. 9 GG Arbeitskampf Nr. 81). Ebenso kommt es zu einer Suspendierung der Vergütungspflicht (*BAG* 1.10.1991 EzA Art. 9 GG Arbeitskampf Nr. 99). 96

Auch wenn es nach Abschluss des Arbeitskampfes zum Abschluss eines Tarifvertrages kommt, der allgemein die Maßregelung oder Schlechterstellung von streikbeteiligten Arbeitnehmern verbietet, wird hierdurch kein Anspruch auf Vergütung für Zeiten der Streikteilnahme begründet (*BAG* 17.6.1997 EzA Art. 9 GG Arbeitskampf Nr. 128). 97

Die Suspendierung der Arbeitspflicht greift nicht ein hinsichtlich solcher Arbeitnehmer, die zur Durchführung von Erhaltungs- und Notstandsarbeiten (s. Rdn. 44 ff.) verpflichtet sind (*Däubler* Arbeitskampfrecht Rn. 562a m. w. N.). Bei Gewährung von Sachleistungen, insbes. der Überlassung von Wohnraum, kann nach überwiegender Ansicht für die Dauer des Streiks vom Streikteilnehmer eine entsprechende Nutzungsentschädigung verlangt werden (*Däubler* Arbeitskampfrecht Rn. 567 m. w. N.). 98

Die Suspendierung der Arbeitspflicht tritt nicht schon durch den gewerkschaftlichen Streikaufruf ein, sondern erst dann, wenn der einzelne Arbeitnehmer konkludent oder ausdrücklich durch einseitige, empfangsbedürftige Willenserklärung erklärt, dass er an dem Streik teilnimmt und deshalb die Arbeitspflichten suspendiert werden. Die Erklärung erfolgt zumeist konkludent durch Niederlegung der Arbeit im Anschluss an den gewerkschaftlichen Aufruf zum Streik. 99

Der Arbeitgeber kann i. d. R. davon ausgehen, dass die Arbeitnehmer, die nach einem gewerkschaftlichen Streikaufruf nicht zur Arbeit erscheinen, von ihrem Streikrecht Gebrauch machen und damit ihre Arbeitspflichten suspendieren. 100

Umgekehrt endet die Streikbeteiligung und damit Suspendierung auch erst durch eine Erklärung des Arbeitnehmers, aus dem Streikgeschehen auszuscheiden, was auch vor Beendigung des Arbeitskamp- 101

## Kapitel 10

fes der Fall sein kann (*BAG* 31.5.1988 EzA Art. 9 GG Arbeitskampf Nr. 81; 15.1.1991 EzA Art. 9 GG Arbeitskampf Nr. 96; 1.10.1991 EzA Art. 9 GG Arbeitskampf Nr. 99). Statt einer Erklärung des Streikenden kommt auch eine auf Beendigung des Streiks gerichtete Erklärung der Gewerkschaft gegenüber dem Arbeitgeber oder im Falle des Konflikts über einen Verbandstarifvertrag gegenüber dem Arbeitgeberverband in Betracht, ggf. auch durch öffentliche Verlautbarung in den Medien (*BAG* 23.10.1996 EzA Art. 9 GG Arbeitskampf Nr. 126). Im Falle einer beabsichtigten Streikbeendigung vor einem Feiertag kann eine öffentliche Verlautbarung über die Medien eine unmittelbare Mitteilung aber nur ersetzen, wenn sie vor dem Feiertag zur Kenntnis des betroffenen Arbeitgebers gelangt. Voraussetzung ist ferner, dass die Meldung hinreichend genau darüber informiert, wann, wo und inwieweit der Streik enden soll und klar zum Ausdruck bringt, dass der Beschluss von der streikführenden Gewerkschaft stammt (*BAG* 23.10.1996 EzA Art. 9 GG Arbeitskampf Nr. 126).

### 2. Suspendierung und anderweitige Arbeitsbefreiung

102 Mit Hilfe der Anknüpfung der Suspendierungswirkung und ihrer Beendigung an eine zumindest konkludente Erklärung des Arbeitnehmers ist auch die Frage der Vergütungspflicht in Fällen zu lösen, in denen der Arbeitnehmer während eines Streiks aus anderen Gründen von der Arbeitspflicht befreit ist.

103 Im Falle der **Arbeitsunfähigkeit** besteht grds. ein Anspruch auf Vergütungsfortzahlung nach Maßgabe des EFZG. Ein Fortzahlungsanspruch besteht nach Maßgabe des sog. Lohnausfallprinzips (s. Kap. 3 Rdn. 1872 ff.) nur dann, wenn der Arbeitnehmer, wäre er nicht erkrankt, einen Anspruch auf Vergütung gehabt hätte. Die Arbeitsunfähigkeit muss die einzige Ursache für den Ausfall der Arbeitsleistung sein. Diese Voraussetzung des Bestehens eines Vergütungsanspruchs ist problematisch, da nicht ausgeschlossen werden kann, dass sich der Arbeitnehmer, wäre er nicht erkrankt, am Streik mit der Folge der Suspendierung der Arbeitspflicht beteiligt hätte. Das *BAG* (1.10.1991 EzA Art. 9 GG Arbeitskampf Nr. 99) verneint die Einbeziehung eines hypothetischen Verhaltens des Arbeitnehmers im Falle des Nichtbestehens von Arbeitsunfähigkeit und stellt stattdessen auf die Erklärung der Streikteilnahme durch den Arbeitnehmer ab. Der Arbeitgeber könne jedenfalls bei solchen Arbeitnehmern, die schon **vor** Streikbeginn von der Arbeit befreit waren, nicht davon ausgehen, dass diese auch Streikteilnehmer seien. Es besteht damit hinsichtlich solcher Arbeitnehmer eine Vergütungsfortzahlungspflicht. Eine Vergütungsfortzahlungspflicht entfällt aber für die Tage, in denen streikbedingt im Betrieb überhaupt nicht gearbeitet wird (*BAG* 8.3.1973 EzA § 1 LohnFG Nr. 37). Beteiligt sich ein arbeitsunfähig erkrankter Arbeitnehmer aber an Streikmaßnahmen, entfällt ab diesem Zeitpunkt die Vergütungsfortzahlungspflicht (*Brox/Rüthers* Rn. 659, 650, 663). Höchstrichterlich noch nicht entschieden ist die Frage, ob eine Vergütungsfortzahlungspflicht auch dann besteht, wenn der Arbeitnehmer erst **während** eines laufenden Streiks erkrankt und sich am Streikgeschehen vor Erkrankung beteiligt hatte. Hier wird überwiegend ein Entfall der Fortzahlungspflicht angenommen mit der Maßgabe, dass der erkrankte Arbeitnehmer durch entsprechende Erklärung seine Streikteilnahme beenden könne (*Brox/Rüthers* Rn. 663; *Däubler* Arbeitskampfrecht Rn. 571 f.). Dementsprechend verringert sich auch die Sollarbeitszeit und der Lohnanspruch dann nicht, wenn sich ein Arbeitnehmer im Rahmen einer Gleitzeitregelung in zulässiger Weise aus dem betrieblichen Zeiterfassungssystem abmeldet und anschließend an einer Warnstreikkundgebung teilnimmt (*BAG* 26.7.2005 EzA Art. 9 GG Arbeitskampf Nr. 137).

104 Entsprechendes gilt bei Befreiung von der Arbeitspflicht auf Grund der Vorschriften des **MuSchG**. Mutterschaftslohn (§ 11 MuSchG) und Zuschuss zum Mutterschaftsgeld (§ 14 MuSchG) sind Arbeitsentgelt. Auch hier kommt es auf die Erklärung der Streikteilnahme/tatsächliche Beteiligung am Streikgeschehen und nicht auf eine hypothetische Beteiligung am Streikgeschehen an (*Däubler* Arbeitskampfrecht Rn. 573).

105 Ebenso wird ein bewilligter **Urlaub** nicht dadurch unterbrochen, dass während des Urlaubs der Betrieb bestreikt wird (*BAG* 9.2.1982 EzA § 1 BUrlG Nr. 18). Der Erholungsurlaub verlängert sich nicht automatisch um die Streiktage (*Däubler* Arbeitskampfrecht Rn. 574). Ob sich der Arbeitnehmer am Streikgeschehen beteiligt hätte, wenn er keinen Urlaub gehabt hätte, ist irrelevant. Entschei-

## C. Die Rechtsfolgen des rechtmäßigen Arbeitskampfes

dend ist die tatsächliche Streikteilnahme. Der für die Urlaubszeit begründete Anspruch auf Entgeltfortzahlung wird durch einen Streik im Betrieb solange nicht berührt, als nicht der Arbeitnehmer auch für diese Zeit seine Teilnahme am Arbeitskampf erklärt oder sich am Streikgeschehen beteiligt. Dies gilt auch bei bewilligtem und angetretenem Sonderurlaub (*LAG Bln.* 13.5.1991 LAGE Art. 9 GG Arbeitskampf Nr. 44).

Bei gesetzlichen **Feiertagen** entfällt die Arbeitspflicht. Da auch die Feiertagsvergütung nach § 2 EFZG Arbeitsvergütung ist, steht Streikteilnehmern kein Anspruch auf Feiertagsvergütung für Feiertage zu, die in die Zeit der Streikteilnahme fallen, da konkurrierende Ursachen des Arbeitsausfalls den Anspruch nach § 2 EFZG ausschließen (*BAG* 27.9.1983 EzA § 1 FeiertagslohnzahlungsG Nr. 26; 31.5.1988 EzA Art. 9 GG Arbeitskampf Nr. 77 für die Aussperrung). Etwas anderes gilt, wenn die Gewerkschaft einen Streik am letzten Arbeitstag vor einem gesetzlichen Feiertag für beendet erklärt und die Arbeitnehmer am Tag nach dem Feiertag die Arbeit wieder aufnehmen, selbst dann, wenn die Gewerkschaft einen Tag nach Wiederaufnahme der Arbeit erneut zu einem Streik aufruft (*BAG* 11.5.1993 EzA § 1 FeiertagslohnzahlungsG Nr. 45). Nicht ausreichend ist hingegen die Erklärung der Gewerkschaft, den Streik lediglich für Tage auszusetzen, an denen ohnehin keine Arbeitspflicht besteht, da dann das objektiv unveränderte Streikgeschehen lediglich anders benannt wird, um vertragsrechtliche Folgen herbeizuführen (*BAG* 1.3.1995 EzA Art. 9 GG Arbeitskampf Nr. 118).

106

Auch bei Teilnahme an **Betriebsratsschulungen**, für deren Dauer das Betriebsratsmitglied unter Fortzahlung der Bezüge befreit war, § 37 Abs. 2, 6 BetrVG, verliert das Betriebsratsmitglied seinen Anspruch auf Fortzahlung des Arbeitsentgelts nicht allein dadurch, dass während dieser Zeit der Betrieb bestreikt wird. Unerheblich ist, ob er sich am Streik beteiligt hätte. Erst die Erklärung der Streikteilnahme oder die tatsächliche Beteiligung am Streikgeschehen führt zum Entfall des Vergütungsfortzahlungsanspruchs (*BAG* 15.1.1991 EzA Art. 9 GG Arbeitskampf Nr. 96).

107

Bei den nach §§ 43 Abs. 1, 17 Abs. 2 BetrVG von Gesetzes wegen durchzuführenden und den gem. § 43 Abs. 3 BetrVG auf Wunsch des Arbeitgebers einzuberufenden **Betriebsversammlungen** besteht nach § 44 Abs. 1 BetrVG Arbeitsbefreiung bei bestehender Vergütungspflicht, wobei die Vergütung zu zahlen ist, die der Arbeitnehmer erzielt hätte, wenn die Betriebsversammlung nicht stattgefunden hätte. Der Vergütungsanspruch für an der Versammlung teilnehmende Arbeitnehmer besteht hier unabhängig davon, ob sie sich an dem Streik beteiligen oder nicht (*BAG* 5.5.1987 EzA § 44 BetrVG Nr. 7).

108

### 3. Ausschluss von Kündigungen und Abmahnungen

Die Verweigerung der Arbeitsleistung durch Teilnahme am Streik stellt sich auf Grund der Suspendierung nicht als Verletzung der Arbeitspflicht dar, sodass eine Kündigung des Arbeitsverhältnisses wegen Verletzung der Arbeitspflicht ausscheidet (*BAG* 17.12.1976 EzA Art. 9 GG Arbeitskampf Nr. 19; *KR-Weigand* § 25 KSchG Rn. 18). Gleiches gilt für auf Verletzung der Arbeitspflicht gestützte Abmahnungen (*BAG* 26.4.1988 EzA Art. 9 GG Arbeitskampf Nr. 74).

109

Ausgesprochene Kündigungen sind an den Maßstäben der §§ 626 BGB, 1 KSchG zu messen. § 25 KSchG schließt die Anwendbarkeit des KSchG nicht aus, vielmehr ist diese Bestimmung infolge der Entwicklung der kollektiven Arbeitskampftheorie gegenstandslos geworden.

110

### 4. Grundsätzlicher Ausschluss von Schadensersatz- und Unterlassungsansprüchen

Ist der Streik rechtmäßig, scheiden Unterlassungsansprüche des Arbeitgebers aus §§ 1004, 823 BGB grds. aus, da diese eine rechtswidrige Beeinträchtigung von Rechtsgütern erfordern. Gleiches gilt für Schadensersatzansprüche.

111

Wenn auch einzelne Streikexzesse (s. Rdn. 55 ff.), zu denen seitens der streikführenden Gewerkschaft nicht aufgerufen wurde, grds. nicht den Streik insgesamt rechtswidrig machen, können bei

112

Streikexzessen doch Schadensersatz- und Unterlassungsansprüche bestehen (*BAG* 8.11.1984 EzA Art. 9 GG Arbeitskampf Nr. 91; *LAG Köln* 2.7.1984 EzA Art. 9 GG Arbeitskampf Nr. 53).

113 Schadensersatzansprüche infolge von Streikexzessen kommen unter dem Gesichtspunkt des Eingriffs in den eingerichteten und ausgeübten Gewerbebetrieben in Betracht und richten sich zum einen gegen die daran beteiligten Arbeitnehmer. Zum anderen können sie sich auch gegen die streikführende Gewerkschaft richten, sofern die Voraussetzungen des § 831 oder § 31 BGB gegeben sind.

114 Eine Haftung nach § 831 BGB besteht z. B., wenn sich Streikposten aktiv an Streikexzessen beteiligen (*BAG* 8.11.1988 EzA Art. 9 GG Arbeitskampf Nr. 91). Darüber hinaus kommt eine Haftung nach § 31 BGB analog in Betracht, wenn die von der streikenden Gewerkschaft unmittelbar mit der Durchführung und Beobachtung der jeweiligen Kampfmaßnahme beauftragten Organe und Personen, etwa örtliche Streikleiter, sich entweder selbst an Streikexzessen beteiligen, dazu aufrufen oder zumindest nicht auf die Streikenden einwirken, um diese zur Einhaltung der Grenzen des rechtmäßigen Arbeitskampfes anzuhalten. Denn eine Gewerkschaft, die zum Streik aufruft, ist verpflichtet, das Kampfverhalten der Arbeitnehmer zu beobachten und ggf. auf diese einzuwirken, damit die Grenzen des Arbeitskampfes eingehalten werden (*BAG* 21.6.1988 EzA Art. 9 GG Arbeitskampf Nr. 75; 21.6.1988 EzA Art. 9 GG Arbeitskampf Nr. 76; 8.11.1988 EzA Art. 9 GG Arbeitskampf Nr. 91).

115 Unterlassungsansprüche gegen die streikführende Gewerkschaft scheiden bei einem an sich rechtmäßigen Streik aus. Ruft die Gewerkschaft zu Streikexzessen auf, ist der Streik insgesamt rechtswidrig. Liegt ein solcher Aufruf nicht vor, ist die streikführende Gewerkschaft nicht Störer i. S. d. § 1004 BGB. Für einen vorbeugenden Unterlassungsanspruch fehlt es schon an der erforderlichen Wiederholungsgefahr, da von einer Gewerkschaft, die Streikexzesse weder veranlasst, noch will, nicht zu befürchten ist, dass sie demnächst Streikexzesse veranlasst oder fordert (*BAG* 8.11.1988 EzA Art. 9 GG Arbeitskampf Nr. 91). Schuldner des vorbeugenden Unterlassungsanspruchs kann aber nur derjenige sein, von dem zu befürchten ist, dass er die zu unterlassende Handlung demnächst vornehmen wird. Ein Unterlassungsanspruch, auch gerichtet auf zukünftige Unterlassung entsprechend § 1004 BGB, kann demgegenüber gegen die örtlichen Streikleiter bestehen, wenn diese selbst sich an den unzulässigen Maßnahmen beteiligt haben oder die rechtswidrigen Handlungen anderer Streikteilnehmer kannten, ohne gegen sie einzuschreiten und Wiederholungsgefahr besteht. Auch ein Antrag, der sich gegen die örtliche Streikleitung mit dem Ziel richtet, dass diese entsprechend auf die streikbeteiligten Arbeitnehmer einwirkt, ist zulässig. Ein gegen die streikführende Gewerkschaft gerichteter Antrag auf Einwirkung auf die einzelnen Arbeitnehmer soll hingegen unbegründet sein, da zu einer solchen Einwirkung nur diejenigen verpflichtet und in der Lage seien, die unmittelbar mit der Durchführung und Beobachtung der jeweiligen Kampfmaßnahme beauftragt sind (*BAG* 21.6.1988 EzA Art. 9 GG Arbeitskampf Nr. 75).

### 5. Suspendierung und Fristen

116 Soweit Rechte aus dem Arbeitsverhältnis vom Ablauf bestimmter Fristen abhängen, wird die Zeit der Streikteilnahme angerechnet, soweit die Fristen lediglich auf den Bestand des Arbeitsverhältnisses abstellen, da infolge Streikteilnahme lediglich die Pflichten aus dem Arbeitsverhältnis suspendiert werden, im Übrigen aber das Arbeitsverhältnis fortbesteht (*Däubler* Arbeitskampfrecht Rn. 583).

117 Auf den Bestand des Arbeitsverhältnisses stellen etwa ab: § 1 Abs. 1 KSchG, § 622 Abs. 2 BGB, § 90 Abs. 1 Nr. 1 SGB IX, § 4 BUrlG, § 8 BetrVG, § 1 BetrAVG, § 13 BBiG.

118 Problematisch ist die Wirkung der Suspendierung auf vertragliche oder tarifliche Jahressonderleistungen. Hier stellt sich die Frage, ob auf Grund des Arbeitsausfalls die Jahressonderleistung zeitanteilig für die Zeit der Streikteilnahme gekürzt werden kann. Ob ein Kürzungsrecht besteht, hängt zum einen von der Fassung der tatbestandlichen Voraussetzungen der Jahressonderzahlung im Tarif- oder Arbeitsvertrag (*BAG* 13.2.2007 EzA Art. 9 GG Arbeitskampf Nr. 138; *LAG Frankf./M.* 17.2.1987

## C. Die Rechtsfolgen des rechtmäßigen Arbeitskampfes

LAGE Art. 9 GG Arbeitskampf Nr. 34), zum anderen aber auch davon ab, ob mit der Prämie ausschließlich die Betriebstreue belohnt werden soll oder diese zumindest auch Entgelt für geleistete Arbeit ist (s. Kap. 3 Rdn. 1034 ff.). Bei Sonderleistungen mit reinem Entgeltcharakter besteht ein anteiliges Kürzungsrecht (*BAG* 15.2.1990 EzA § 611 BGB Anwesenheitsprämie Nr. 9). Bei Leistungen mit Mischcharakter, die also sowohl Betriebstreue belohnen, als auch geleistete Arbeit vergüten wollen, führt der streikbedingte Arbeitsausfall i. d. R. nicht zu einem Entfall oder zeitanteiliger Kürzung der Jahressonderleistung, da hier in streikfreien Zeiten i. d. R. Arbeitsleistung erbracht wurde und ohne ausdrückliche Kürzungsregelung die Gewährung einer Sonderzahlung nicht an die zusätzliche, ungeschriebene Voraussetzung gebunden ist, dass im Bezugszeitraum eine nicht ganz unerhebliche Arbeitsleistung erbracht wurde (*BAG* 5.8.1992 EzA § 611 BGB Gratifikation, Prämie Nr. 90). Sofern eine betriebliche Regelung besteht, nach der eine Anwesenheitsprämie nur für Monate gezahlt wird, in denen der Arbeitnehmer keinerlei unbezahlte Ausfallzeiten aufweist, führt die Streikteilnahme zum Prämienverlust. Es handelt sich insoweit nicht um eine nach § 612a BGB verbotene Maßregelung (*BAG* 31.10.1995 EzA Art. 9 GG Arbeitskampf Nr. 123). Ein an sich gegebenes anteiliges Kürzungsrecht kann aber auf Grund einer nach Beendigung des Arbeitskampfes zwischen den Tarifpartnern vereinbarten Maßregelungsklausel, nach der das Arbeitsverhältnis und die Betriebszugehörigkeit durch die Arbeitskampfmaßnahme als nicht unterbrochen gelten, soweit Ansprüche oder Anwartschaften von der ununterbrochenen Dauer des Arbeitsverhältnisses abhängen, ausgeschlossen sein (*BAG* 4.8.1987 EzA Art. 9 GG Arbeitskampf Nr. 71).

### 6. Vergütungsansprüche nicht streikbeteiligter Arbeitnehmer – Arbeitskampfrisiko und suspendierende Betriebs(teil)stilllegung

#### a) Arbeitskampfrisikolehre

Infolge des Streiks, insbes. bei Schwerpunktstreiks kann es zu Beeinträchtigungen auch in solchen Betrieben kommen, die vom Kampfgeschehen nicht unmittelbar selbst betroffen sind, etwa dadurch, dass für die Produktion benötigte Teile nicht geliefert, Zulieferprodukte nicht abgenommen oder betriebsnotwendige Transport- oder Versorgungsunternehmen bestreikt werden. Hierdurch kann es zum Wegfall wirtschaftlich sinnvoller Beschäftigungsmöglichkeiten für die in dem nur mittelbar betroffenen Betrieb beschäftigten Arbeitnehmer kommen, sodass sich die Frage stellt, wie sich die Einschränkung oder der Wegfall der Beschäftigungsmöglichkeit auf die Vergütungsansprüche der Arbeitnehmer des mittelbar betroffenen Betriebs auswirkt. Die gleiche Frage stellt sich für einen unmittelbar vom Kampfgeschehen betroffenen Betrieb- oder Betriebsteil, da bei einem Fortbestand der Vergütungsansprüche arbeitswilliger Arbeitnehmer, die arbeitskampfbedingt nicht beschäftigt werden können, dem Arbeitgeber nicht nur das Risiko des Produktionsstillstandes durch den gegen ihn gerichteten Streik, sondern zusätzlich auch das Risiko der Fortzahlung des Lohnes an die nicht am Streik beteiligten Arbeitnehmer, die infolge der Streikauswirkungen nicht beschäftigt werden können, aufgebürdet würde.

Im Grundsatz trägt der Arbeitgeber sowohl das Betriebs- als auch das Wirtschaftsrisiko (*BAG* 22.12.1980 EzA § 615 BGB Betriebsrisiko Nr. 7, 8; s. Kap. 3 Rdn. 1628 ff., 1342 ff.). Dies gilt aber nach Auffassung des *BAG* (22.12.1980 EzA § 615 BGB Betriebsrisiko Nr. 7; 22.12.1980 EzA § 615 BGB Betriebsrisiko Nr. 8; 14.12.1993 EzA Art. 9 GG Arbeitskampf Nr. 113; 11.7.1995 EzA Art. 9 GG Arbeitskampf Nr. 122) bei arbeitskampfbedingtem Wegfall der Beschäftigungsmöglichkeit in unmittelbar betroffenen Betrieben nicht uneingeschränkt. Unter bestimmten Voraussetzungen greifen vielmehr die Grundsätze des sog. Arbeitskampfrisikos mit der Folge des Entfallens des Vergütungsanspruchs ein: Bei einem unmittelbar streikbetroffenen Betrieb ist zunächst Voraussetzung, dass dem Arbeitgeber die Beschäftigung des Arbeitnehmers unmöglich oder unzumutbar geworden ist (*BAG* 14.12.1993 EzA Art. 9 GG Arbeitskampf Nr. 113). Dies kann etwa bei einem sog. Wellenstreik (kurzzeitiger Streik innerhalb einer Schicht) der Fall sein, wenn sich die Abwehrmaßnahmen des Arbeitgebers z. B. in Form von Produktionskürzungen, Einsatz von Aushilfskräften oder Fremdvergabe von Arbeiten nicht ohne weiteres so begrenzen lassen, dass sie sich nur während der Dauer der einzelnen Kurzstreiks auswirken (*BAG*

12.11.1996 EzA Art. 9 GG Arbeitskampf Nr. 127; 17.2.1997 EzA Art. 9 GG Arbeitskampf Nr. 129; 15.12.1998 EzA Art. 9 GG Arbeitskampf Nr. 132). Bei mittelbar betroffenen Betrieben, stellt das *BAG* (22.12.1980 EzA § 615 BGB Betriebsrisiko Nr. 7) darauf ab, ob die Fernwirkungen eines Streiks bei typisierender Betrachtungsweise das Kräfteverhältnis der kampfführenden Parteien beeinflussen (Kampfparität). Dann tragen beide Seiten das Arbeitskampfrisiko, sodass Beschäftigungs- und Vergütungsansprüche für die Dauer der Störung entfallen. Umgekehrt trägt der Arbeitgeber das Risiko des Schadens infolge Produktionsausfalls. Eine Verlagerung des Lohnrisikos auf die Arbeitnehmer aus arbeitskampfrechtlichen Gründen scheidet aber aus, wenn die Ursache der Produktionseinschränkung auf einer unternehmerischen Fehldisposition beruht. An einer solchen Fehldisposition fehlt es, wenn die Absatzschwierigkeiten schwerwiegend und unvermeidbar waren (*BAG* 22.12.1980 EzA § 615 BGB Betriebsrisiko Nr. 7).

121 Nach Auffassung des *LAG Bln.* (6.8.1985 LAGE Art. 9 GG Arbeitskampf Nr. 22) ist in einem arbeitsgerichtlichen Verfahren nur zu überprüfen, ob offensichtlich eine unternehmerische Fehldisposition vorliegt. Bei typisierender Betrachtungsweise ist die Kampfparität z. B. dann tangiert, wenn die für den mittelbar betroffenen Betrieb zuständigen Verbände mit den unmittelbar kampfführenden Verbänden identisch oder doch organisatorisch eng verbunden sind (*BAG* 22.12.1980 EzA § 615 BGB Betriebsrisiko Nr. 7).

### b) Suspendierende Betriebs(teil)stilllegung

122 Der Arbeitgeber kann einen Vergütungsanspruch nicht streikbeteiligter Arbeitnehmer aber auch dadurch ausschließen, dass er sich als Reaktion auf den Streik und im Umfang des Streikaufrufs entschließt, den bestreikten Betrieb oder Betriebsteil vorübergehend stillzulegen. Einer solchen Stilllegung kommt suspendierende Wirkung zu.

123 Zur Herbeiführung der suspendierenden Wirkung bedarf es neben der Stilllegung einer hinreichend eindeutigen Erklärung gegenüber den betroffenen Arbeitnehmern, nicht aber gegenüber der kampfführenden Gewerkschaft. Eine solche Erklärung kann auch stillschweigend erfolgen, wenn das gesamte Verhalten des Arbeitgebers deutlich macht, dass er sich dem Streik beugen und den Betrieb deshalb nicht weiterführen will. Hierfür reicht die bloße Einstellung der Beschäftigung nicht aus (*BAG* 22.3.1994 EzA Art. 9 GG Arbeitskampf Nr. 115; 31.1.1995 EzA Art. 9 GG Arbeitskampf Nr. 119; 11.7.1995 EzA Art. 9 GG Arbeitskampf Nr. 121; 11.7.1995 EzA Art. 9 GG Arbeitskampf Nr. 122; krit. *Fischer/Rüthers* Anm. zu EzA Art. 9 GG Arbeitskampf Nr. 115; *Thüsing* Anm. zu EzA Art. 9 GG Arbeitskampf Nr. 119). Stellt der Betrieb vorübergehend seine Tätigkeit ein, fehlt es aber an einer solchen Erklärung, kann ein Entfall von Vergütungsansprüchen nur unter dem Gesichtspunkt des Arbeitskampfrisikos in Betracht kommen (s. Rdn. 120).

### 7. Arbeitsverweigerungsrecht bei Zuweisung von Streikbrecherarbeiten

124 Ein nicht streikender Arbeitnehmer kann die Übernahme direkter, nicht aber indirekter Streikarbeiten verweigern (*BAG* 25.7.1957 AP Nr. 3 zu § 615 BGB Betriebsrisiko; 10.9.1985 EzA Art. 9 GG Arbeitskampf Nr. 60). Direkte Streikarbeit liegt vor, wenn von einem Arbeitnehmer Verrichtungen gefordert werden, die bisher von den Streikenden erledigt wurden und die lediglich wegen des Streiks ihm, in dessen bisherigen Arbeitskreis sie an sich nicht fallen, übertragen werden.

125 Eine ausdrückliche Regelung enthält § 11 Abs. 5 AÜG für Leiharbeitnehmer. Diese sind nicht verpflichtet, bei einem Entleiher tätig zu sein, soweit dieser durch einen Arbeitskampf unmittelbar betroffen ist. Hierauf ist der Leiharbeitnehmer hinzuweisen. Macht der Leiharbeitnehmer von diesem Recht Gebrauch, erfüllt er seine Leistungspflicht aus dem Leiharbeitsvertrag durch bloße Arbeitsbereitschaft, soweit ihm der Verleiher keine andere Arbeit zuweist. Der Vergütungsanspruch bleibt dann bestehen, da die Nutzbarkeit der bereitgehaltenen Arbeitskraft zum Wirtschaftsrisiko des Verleihers gehört (*BAG* 1.2.1973 EzA § 615 BGB Betriebsrisiko Nr. 2).

## 8. Beteiligungsrechte des Betriebsrats

Das Betriebsratsamt eines Arbeitnehmers wird durch einen Arbeitskampf nicht berührt. 126

Der Betriebsrat verliert seine Beteiligungs- und Mitbestimmungsrechte bei einem Arbeitskampf 127
nicht generell. Diese unterliegen aber bestimmten arbeitskampfbedingten Einschränkungen
(*BAG GS* 21.4.1971 EzA Art. 9 GG Nr. 6; *BAG* 22.12.1980 EzA § 615 BGB Betriebsrisiko
Nr. 7; 22.12.1980 EzA § 615 BGB Betriebsrisiko Nr. 8). Keinen arbeitskampfbedingten Einschränkungen unterliegt der Unterrichtungsanspruch des Betriebsrats nach § 80 Abs. 2
S. 1 BetrVG (*BAG* 10.12.2002 EzA § 80 BetrVG 2001 Nr. 1).

### a) Personelle Angelegenheiten, insbes. §§ 99, 102, 103 BetrVG

Mitbestimmungsrechte des Betriebsrats bei personellen Einzelmaßnahmen (§ 99 Abs. 1 128
BetrVG) bestehen nicht, soweit sie sich auf arbeitskampfbedingte Maßnahmen beziehen (*BAG*
22.12.1980 EzA § 615 BGB Betriebsrisiko Nr. 7), mit denen der Arbeitgeber kampfbezogen
agiert oder reagiert, die arbeitskampfbedingt und unmittelbar auf das Kampfgeschehen bezogen
sind (*Wiese* NZA 1984, 378, 381).

Hierunter fallen beispielsweise Versetzungen für die Dauer des Arbeitskampfes, um die Arbeitsplätze 129
streikender Arbeitnehmer zu besetzen (dazu *BAG* 13.12.2011 – 1 ABR 2/10), oder Einstellungen, um
streikende Arbeitnehmer zu ersetzen, nicht aber Ein- oder Umgruppierungen, da es sich hierbei nur
um Vollzug tariflicher Normen ohne Arbeitskampfrelevanz handelt. Bei personellen Einzelmaßnahmen, die nur während, nicht aber wegen des Arbeitskampfes vorgenommen werden, bleibt das Mitbestimmungsrecht des Betriebsrats bestehen.

Vom Arbeitskampf unberührt bleibt das Mitbestimmungsrecht des Betriebsrats bei Versetzungen 130
von betriebsverfassungsrechtlichen Funktionsträgern nach § 103 Abs. 3 BetrVG (s. Kap. 12
Rdn. 821 ff.).

Bei einer dauerhaften Versetzung in einen anderen Betrieb i. S. d. § 103 Abs. 3 BetrVG ist kaum 131
denkbar, dass sie zur Abwendung von arbeitskampfbedingten Folgen notwendig ist. Bei Abwägung
der beiderseitigen Interessen gebührt daher dem Schutz der Kontinuität der Amtsführung der Vorrang (GK-BetrVG/*Raab* § 103 Rn. 42).

Das in § 99 Abs. 1 BetrVG vorgesehene Informationsrecht des Betriebsrats ist hingegen arbeits- 132
kampfneutral und besteht deshalb ohne Einschränkungen auch im Arbeitskampf (GK-BetrVG/
*Kraft/Raab* § 99 Rn. 15).

Ist arbeitskampfbedingt eine personelle Einzelmaßnahme i. S. d. § 99 Abs. 1 BetrVG zulässigerweise 133
ohne Mitwirkung des Betriebsrats durchgeführt worden, so lebt das Mitbestimmungsrecht des Betriebsrats nach Beendigung des Arbeitskampfes hinsichtlich dieser Maßnahmen nicht wieder auf,
da es dann an den tatbestandlichen Voraussetzungen des Mitbestimmungsrechts fehlt (str., so GK-BetrVG/*Kraft/Raab* § 99 Rn. 16; a. A. *Kittner* DKK § 99 Rn. 26).

Die Beteiligungsrechte des Betriebsrats nach §§ 102, 103 BetrVG unterliegen im Arbeitskampf 134
ebenfalls Einschränkungen bei arbeitskampfbedingten Kündigungen (*BAG* 14.2.1978 EzA
Art. 9 GG Arbeitskampf Nr. 22; 6.3.1979 EzA § 102 BetrVG 1972 Nr. 40; a. A. KR-*Etzel* § 102
BetrVG Rn. 26). Bei nicht arbeitskampfbedingten Kündigungen bleiben sie dagegen unberührt.
Arbeitskampfbedingt ist eine Kündigung, durch die der Arbeitgeber auf Arbeitskampfmaßnahmen
reagiert, etwa Kündigungen streikender Arbeitnehmer, um deren Arbeitsplatz durch arbeitswillige
Arbeitnehmer zu besetzen oder um einer durch den Arbeitskampf verursachten Einschränkung Rechnung zu tragen, soweit der Betrieb selbst bestreikt wird oder zum umkämpften Tarifgebiet gehört.
Ferner arbeitskampfbedingt sind Kündigungen, die als Reaktion auf Streikexzesse oder auf Arbeitsniederlegungen im Rahmen eines rechtswidrigen Streiks erfolgen. Die Darlegungs- und Beweislast
dafür, dass eine Kündigung arbeitskampfbedingt ist, trägt der Arbeitgeber (GK-BetrVG/*Raab* § 102
Rn. 17).

# Kapitel 10

135　Diese Grundsätze gelten auch für Kündigungen gegenüber Mitgliedern des Betriebsrats, des Wahlvorstandes oder Wahlbewerbern. Sind diese arbeitskampfbedingt, bedürfen sie nicht der Zustimmung des Betriebsrats nach § 103 Abs. 1 BetrVG. Der Arbeitgeber hat aber in entsprechender Anwendung des § 103 Abs. 2 BetrVG alsbald die Erteilung der Zustimmung beim Arbeitsgericht zu beantragen (*BAG* 14.2.1978 EzA § 15 KSchG n. F. Nr. 19).

### b) Soziale Angelegenheiten, insbesondere Arbeitszeitregelungen

136　Während eines Arbeitskampfes besteht in unmittelbar vom Arbeitskampf betroffenen Betrieben kein Mitbestimmungsrecht des Betriebsrats nach § 87 Abs. 1 Nr. 2, 3 BetrVG hinsichtlich solcher Veränderungen der betriebsüblichen Arbeitszeit, die vom Arbeitgeber arbeitskampfbedingt und unmittelbar auf das Kampfgeschehen bezogen angeordnet werden (*BAG* 24.4.1979 EzA Art. 9 GG Arbeitskampf Nr. 34; 22.12.1980 EzA § 615 BGB Betriebsrisiko Nr. 7; 22.12.1980 EzA § 615 BGB Betriebsrisiko Nr. 8).

137　Bei der Anordnung von Kurzarbeit in nur mittelbar von Fernwirkungen des Arbeitskampfes betroffenen Betrieben, etwa infolge von Störungen der Zulieferung oder des Absatzes, unterscheidet das *BAG* (22.12.1980 EzA § 615 BGB Betriebsrisiko Nr. 7; 22.12.1980 EzA § 615 BGB Betriebsrisiko Nr. 8) danach, ob nach den Grundsätzen des Arbeitskampfrisikos (s. Rdn. 119 ff.) beide Seiten, also auch die Arbeitnehmer des mittelbar betroffenen Betriebs, das Arbeitskampfrisiko zu tragen und hinzunehmen haben, dass sie für die Dauer der Störung keine oder nur eingeschränkte Beschäftigungs- und Vergütungsansprüche haben. In diesem Fall ist das »Ob«, d. h. die Voraussetzungen und der Umfang der arbeitskampfbedingten Arbeitszeitverkürzung eine mitbestimmungsfreie Rechtsfrage. Hinsichtlich des »Wie«, d. h. der konkreten Umsetzung bzw. Modalitäten der Arbeitszeitverkürzung (z. B. ab wann, für welche Arbeitnehmer und in welcher Form Kurzarbeit eingeführt werden soll) hat der Betriebsrat nach § 87 Abs. 1 Nr. 2, 3 BetrVG mitzubestimmen. Da der völlige oder teilweise Entfall der Vergütungsansprüche unmittelbare Folge des Arbeitskampfrisikos ist, ist ein Spruch der Einigungsstelle, der über die Regelung der Modalitäten der Arbeitszeitverkürzung hinaus Vergütungsansprüche begründet, rechtswidrig, da es insoweit an einem Mitbestimmungsrecht des Betriebsrats fehlt und daher keine Zuständigkeit der Einigungsstelle besteht (*LAG Hamm* 27.3.1985 LAGE Art. 9 GG Arbeitskampf Nr. 20). Liegt kein Fall vor, in dem die Arbeitnehmer des mittelbar betroffenen Betriebs auch ihrerseits das Arbeitskampfrisiko zu tragen haben, verbleibt es in vollem Umfang bei den Mitbestimmungsrechten des Betriebsrats. Gegebenenfalls muss die Frage im Rahmen einer einstweiligen Verfügung im Beschlussverfahren gerichtlich geklärt werden.

138　Diese Grundsätze gelten auch für sonstige Tatbestände der Mitbestimmung in sozialen Angelegenheiten (vgl. *BAG* 22.12.1980 EzA § 615 BGB Betriebsrisiko Nr. 7; 22.12.1980 EzA § 615 BGB Betriebsrisiko Nr. 8).

### c) Mitbestimmung in wirtschaftlichen Angelegenheiten

139　Nach überwiegender Ansicht (*Brox/Rüthers* Rn. 461–465 m. w. N.) entfallen die Rechte des Betriebsrats nach §§ 111 f. BetrVG, wenn es um arbeitskampfbedingte Betriebsänderungen oder Betriebsstilllegungen geht.

## 9. Zahlung von Prämien an nicht streikbeteiligte Arbeitnehmer

140　Werden an Arbeitnehmer, die sich nicht am Streik beteiligen, während des laufenden Streiks oder nach dessen Beendigung Sonderzahlungen geleistet oder solche zugesagt, muss der Arbeitgeber wie bei jeder freiwilligen Leistung den arbeitsrechtlichen Gleichbehandlungsgrundsatz beachten und die Leistungsvoraussetzungen so abgrenzen, dass Arbeitnehmer des Betriebs nicht aus sachfremden oder willkürlichen Gründen von der Leistung ausgeschlossen werden (*BAG* 4.8.1987 EzA Art. 9 GG Arbeitskampf Nr. 70).

141　Die Zahlung einer Zulage allein dafür, dass Arbeitnehmer sich an einem Streik nicht beteiligen, stellt nach Ansicht des *BAG* (4.8.1987 EzA Art. 9 GG Arbeitskampf Nr. 70; 28.7.1992 EzA

Art. 9 GG Arbeitskampf Nr. 106; 11.8.1992 EzA Art. 9 GG Arbeitskampf Nr. 105; 13.7.1993 EzA Art. 9 GG Arbeitskampf Nr. 112) eine unzulässige Maßregelung dar, wenn die Prämie schon während des Arbeitskampfes zugesagt und gezahlt wurde (*BAG* 4.8.1987 EzA Art. 9 GG Arbeitskampf Nr. 70; 28.7.1992 EzA Art. 9 GG Arbeitskampf Nr. 106; 11.8.1992 EzA Art. 9 GG Arbeitskampf Nr. 105; 13.7.1993 EzA Art. 9 GG Arbeitskampf Nr. 112). Auch die Streikenden haben einen entsprechenden Zahlungsanspruch.

Nach anderer Auffassung (*Belling* NZA 1990, 214; *von Hoyningen-Huene* DB 1989, 1466) ist die Zahlung einer solchen Prämie ein zulässiges Arbeitskampfmittel. Der Arbeitgeber müsse ein Wahlrecht zwischen der Aussperrung und dem Versuch haben, durch Versprechen einer Prämie möglichst viele Arbeitnehmer von der Streikteilnahme abzuhalten. 142

Sachlich gerechtfertigt kann eine unterschiedliche Behandlung dann sein, wenn bei der Zusage der Prämie nicht nach der Streikbeteiligung differenziert wird, sondern diese als Ausgleich für Belastungen zugesagt wurde, denen die Begünstigten während des Streiks infolge einer Erschwerung der Arbeitsbedingungen ausgesetzt waren. 143

Psychische Belastungen und bei einem Streik üblicherweise auftretende Erschwerungen der Arbeit reichen jedoch nicht aus. Es muss sich um Belastungen handeln, die erheblich über das normale Maß hinausgehen, das mit jeder Streikarbeit verbunden ist (*BAG* 28.7.1992 EzA Art. 9 GG Arbeitskampf Nr. 106). Nach Auffassung des *LAG RhPf* (30.5.1996 LAGE Art. 9 GG Arbeitskampf Nr. 62) soll eine besondere Belastung vorliegen, wenn der Arbeitnehmer während eines Arbeitskampfes eine Tätigkeit übernimmt, die er nach dem Arbeitsvertrag nicht schuldet. 144

### 10. Arbeitskampf und schuldrechtliche Leistungspflichten

Infolge des Streiks kann es dazu kommen, dass der Unternehmer vertragliche Leistungspflichten Dritten gegenüber nicht oder nicht rechtzeitig erfüllen kann. 145

Soweit dieses Risiko nicht bereits durch entsprechende AGB beschränkt wird (vgl. dazu mit Beispielen: *Däubler* Arbeitskampfrecht Rn. 834g, h), scheidet nach h. M. (*Richardi* RdA 1986, 146, 154 f.; *Däubler* Arbeitskampfrecht Rn. 837 ff.) eine Haftung des Unternehmers aus Verzug oder Unmöglichkeit aus. 146

Es liegt kein Verschulden i. S. d. § 276 Abs. 1 Satz 1 BGB vor und auch eine Zurechnung nach § 278 BGB scheidet aus, gleich ob der Streik rechtmäßig ist oder nicht, da der Unternehmer zu einem Nachgeben im Arbeitskampf nicht verpflichtet ist. Entsprechendes gilt bei Leistungsstörungen infolge rechtmäßiger Aussperrung (*Richardi* RdA 1986, 155; *Brox/Rüthers* Rn. 384 f.). 147

## II. Die suspendierende Aussperrung

### 1. Suspendierung der Hauptleistungspflichten

Durch die rechtmäßige Abwehraussperrung werden die wechselseitigen Hauptpflichten aus dem Arbeitsvertrag suspendiert (*BAG* GS 21.4.1971 EzA Art. 9 GG Nr. 6; *BAG* 26.4.1988 EzA Art. 9 GG Arbeitskampf Nr. 74), d. h. Arbeits- und Vergütungspflicht entfallen. 148

Annahmeverzug des Arbeitgebers gem. § 615 BGB tritt nicht ein. Schadensersatz- oder Unterlassungsansprüche scheiden aus. Eine Pflicht der Arbeitnehmer zur Durchführung von Erhaltungs- oder Notstandsarbeiten besteht nicht, da es dem Arbeitgeber freisteht, solche Arbeitnehmer von der Aussperrung auszunehmen, deren Tätigkeit er als unabdingbar betrachtet (*Däubler* Arbeitskampfrecht Rn. 1054). 149

### 2. Aussperrung und sonstige Arbeitsbefreiung

Ein bewilligter **Urlaub** wird nicht dadurch widerrufen, dass der Arbeitgeber die Arbeitnehmer des Betriebs für eine Zeit aussperrt, in die der bewilligte Urlaub ganz oder teilweise fällt (*BAG* 31.5.1988 150

EzA Art. 9 GG Arbeitskampf Nr. 78), da der Widerruf eines einmal bewilligten Urlaubs und erst recht eines bereits angetretenen nur in Ausnahmefällen, an deren Vorliegen strenge Anforderungen zu stellen sind, zulässig ist und daher zumindest dem Arbeitnehmer gegenüber eindeutig erklärt werden muss. Unerheblich ist, ob der Urlaub bei Beginn der Aussperrung schon angetreten ist oder erst im Laufe der Aussperrung beginnt. In den Urlaub fallende gesetzliche Feiertage sind nach § 2 EFZG zu bezahlen. Bei gesetzlichen **Feiertagen** entfällt im Übrigen die Vergütungsfortzahlungspflicht nach § 2 EFZG, da im Falle der Aussperrung der Feiertag nicht die alleinige Ursache des Arbeitsausfalls ist (*BAG* 31.5.1988 EzA Art. 9 GG Arbeitskampf Nr. 78). Auch **arbeitsunfähige Arbeitnehmer** können ausgesperrt werden mit der Folge, dass kein Lohnfortzahlungsanspruch besteht, da dann die Arbeitsunfähigkeit nicht alleinige Ursache der Arbeitsverhinderung ist (*BAG* 7.6.1988 EzA Art. 9 GG Arbeitskampf Nr. 78). Sofern **Mitglieder des Betriebsrats** ausgesperrt werden, entfällt ein Entgeltanspruch auch dann, wenn sie während der Aussperrung Betriebsratsaufgaben wahrgenommen haben, da auch der Anspruch nach § 37 Abs. 2 BetrVG nur ein über diese Vorschrift vermittelter Anspruch auf Arbeitsvergütung nach § 611 Abs. 1 BGB ist und daher infolge Suspendierung entfällt (*BAG* 10.3.1987 EzA Art. 9 GG Arbeitskampf Nr. 89).

### 3. Abkehrrecht der Ausgesperrten

151 Der suspendierend ausgesperrte Arbeitnehmer kann durch einseitige, empfangsbedürftige Willenserklärung das Arbeitsverhältnis ohne Einhaltung einer Frist endgültig lösen, um ggf. ein anderes Arbeitsverhältnis einzugehen (*BAG GS* 21.4.1971 EzA Art. 9 GG Nr. 6).

### 4. Suspendierung und Fristen

152 Es gelten die gleichen Grundsätze wie bei einem rechtmäßigen Streik. Insoweit wird auf die dortigen Ausführungen und Nachweise verwiesen (s. Rdn. 116 f.).

### 5. Mittelbare Folgen der Aussperrung – Arbeitskampfrisiko

153 Es gelten die Ausführungen zum Streik entsprechend (s. Rdn. 119 f.).

### 6. Beteiligungsrechte des Betriebsrats

154 Auch hier kann auf die entsprechenden Ausführungen zum Streik verwiesen werden (s. Rdn. 126 ff.).

155 Bei unmittelbar der Durchführung der Aussperrung dienenden Maßnahmen, wie etwa der Änderung von Werksausweisen zur Unterscheidung der nicht ausgesperrten von den ausgesperrten Arbeitnehmern (*BAG* 16.12.1986 EzA Art. 9 GG Arbeitskampf Nr. 64), besteht kein Mitbestimmungsrecht des Betriebsrats.

Gleiches gilt bei sonstigen arbeitskampfrelevanten, arbeitskampfbedingten Maßnahmen.

### 7. Leistungsstörungen infolge Aussperrung

156 Die dargestellten Grundsätze (s. Rdn. 145 f.) gelten auch bei Leistungsstörungen infolge rechtmäßiger Aussperrung (*Richardi* RdA 1986, 146, 155).

## III. Lösende Aussperrung

### 1. Beendigung des Arbeitsverhältnisses

157 Die lösende Aussperrung führt als kollektivrechtlicher Lösungstatbestand eigener Art zur Beendigung des Arbeitsverhältnisses. Allerdings vernichtet nach Auffassung des *BAG* (15.6.1964 AP Nr. 36 zu Art. 9 GG Arbeitskampf) auch die lösende Aussperrung das zwischen Arbeitgeber und Arbeitnehmer bestehende arbeitsvertragliche Band nicht völlig.

158 Im Falle der Wiedereinstellung bestehen erworbene Anwartschaften fort.

## 2. Wiedereinstellungsanspruch

Nach dem Ende einer lösenden Aussperrung ist der Arbeitgeber grds. verpflichtet, sich auf Verhandlungen über die Wiedereinstellung einzulassen. 159

Aus dem Gebot der Verhältnismäßigkeit folgt, dass ungeachtet der lösenden Wirkung der bestehende Bestandsschutz der Arbeitsverhältnisse beachtet wird. Deshalb müssen ausgesperrte Arbeitnehmer grds. wieder eingestellt werden, soweit die Arbeitsplätze noch vorhanden sind. Die Wiedereinstellungsentscheidung ist nach billigem Ermessen (§ 315 BGB) zu treffen, was arbeitsgerichtlich überprüfbar ist. Verboten sind Diskriminierungen. Berücksichtigt werden können Art des Arbeitskampfes, Erkennbarkeit der Rechtswidrigkeit eines Streiks für den Arbeitnehmer und das Ausmaß der Beteiligung sowie die anderweitige Besetzung des Arbeitsplatzes oder der endgültige Wegfall des Arbeitsplatzes während des Arbeitskampfes. 160

Sind von mehreren gleichartigen Arbeitsplätzen nur Einzelne weggefallen, ist auch die Frage sachgerechter Auswahl unter Berücksichtigung der Kriterien des § 1 Abs. 3 KSchG zu prüfen (*BAG GS* 21.4.1971 EzA Art. 9 GG Nr. 6; 15.6.1964 AP Nr. 36 zu Art. 9 GG Arbeitskampf). 161

## D. Die Rechtsfolgen des rechtswidrigen Arbeitskampfes

### I. Streik

#### 1. Keine Suspendierung – Verletzung der Arbeitspflicht

Ist der Streik rechtswidrig, tritt keine Suspendierung der Arbeitspflicht ein (*BAG* 12.1.1988 EzA Art. 9 GG Arbeitskampf Nr. 73) und die Vorenthaltung der Arbeitsleistung ist auf Grund der darin liegenden Verletzung der Arbeitspflicht rechtswidrig. 162

Eine Vergütungspflicht des Arbeitgebers besteht auf Grund der Nichterbringung der geschuldeten Arbeitsleistung nicht, §§ 275 Abs. 1, 326 Abs. 1 BGB. 163

#### 2. Abmahnung

Da keine Suspendierung der Arbeitspflicht eintritt, verletzt der Arbeitnehmer, der sich an einem rechtswidrigen Streik beteiligt, die ihm obliegende Hauptpflicht aus dem Arbeitsvertrag. Diese Pflichtverletzung kann Gegenstand einer Abmahnung sein. 164

#### 3. Kündigung

Die Arbeitspflichtverletzung durch Teilnahme an einem rechtswidrigen Streik kann den Arbeitgeber ggf. zu einer fristlosen oder fristgerechten Kündigung berechtigen. 165

Der Arbeitgeber hat ein Wahlrecht, ob er auf einen rechtswidrigen Streik mit kollektiv-rechtlichen Mitteln, insbes. der suspendierenden Abwehraussperrung, oder mit Kündigungen reagiert (*BAG GS* 21.4.1971 EzA Art. 9 GG Nr. 6; *BAG* 29.11.1983 EzA Art. 9 GG Arbeitskampf Nr. 61). 166

Die Wirksamkeit der außerordentlichen Kündigung ist an § 626 BGB, die Wirksamkeit einer ordentlichen Kündigung im Anwendungsbereich des KSchG an §§ 1, 2 KSchG zu messen. § 25 KSchG führt nicht zur Unanwendbarkeit des KSchG, da der Arbeitgeber gerade nicht mit kollektivrechtlichen Mitteln auf den rechtswidrigen Streik reagiert (*BAG GS* 21.4.1971 Art. 9 GG Nr. 6). Der Sonderkündigungsschutz nach § 15 KSchG für betriebsverfassungsrechtliche Funktionsträger bleibt ebenso bestehen wie der Massenkündigungsschutz nach §§ 17 ff. KSchG (KR/*Weigand* § 25 KSchG Rn. 7 m. w. N.). Beteiligungsrechte des Betriebsrats nach § 102 BetrVG bestehen nicht (*BAG* 14.2.1978 EzA Art. 9 GG Arbeitskampf Nr. 22, 24). Bei Kündigungen gegenüber dem in § 103 Abs. 1 BetrVG genannten Personenkreis ist in entsprechender Anwendung von § 103 Abs. 2 BetrVG alsbald die Erteilung der Zustimmung beim Arbeitsgericht zu beantragen (*BAG* 14.2.1978 EzA § 15 KSchG n. F. Nr. 19). 167

# Kapitel 10

Arbeitskampfrecht

168 Die Teilnahme an einem rechtswidrigen Streik ist Arbeitsvertragsbruch, der nach § 626 BGB ggf. nach vorheriger Abmahnung zur fristlosen Kündigung berechtigen kann (*BAG* 14.2.1978 EzA Art. 9 GG Arbeitskampf Nr. 22; 17.12.1976 EzA Art. 9 GG Arbeitskampf Nr. 20). Bei der im Rahmen der Prüfung des § 626 Abs. 1 BGB vorzunehmenden Interessenabwägung sind alle vernünftigerweise in Betracht kommenden Umstände des Einzelfalles zu beachten und die Interessen der Parteien vollständig gegeneinander abzuwägen (s. Kap. 4 Rdn. 1378 ff.). Hierbei sind insbes. zu berücksichtigen die Erkennbarkeit der Rechtswidrigkeit des Streiks für den einzelnen Arbeitnehmer, der Grad der Beteiligung des Arbeitnehmers am rechtswidrigen Arbeitskampf, der bestehende Solidarisierungsdruck und ein eventuelles rechtswidriges, die Arbeitsniederlegung mit auslösendes Verhalten des Arbeitgebers (*BAG* 14.2.1978 EzA Art. 9 GG Arbeitskampf Nr. 22; 29.11.1983 EzA Art. 9 GG Arbeitskampf Nr. 61). Beurteilen Gewerkschaft und Arbeitgeber die Rechtmäßigkeit des Streiks unterschiedlich, ist zugunsten des Arbeitnehmers zu berücksichtigen, dass er auf die Richtigkeit der Ansicht der Gewerkschaft vertraut hat. Die tatsächliche Vermutung, dass ein gewerkschaftlich getragener Streik rechtmäßig ist, bedeutet hingegen nicht, dass auch Dritte subjektiv auf die Rechtmäßigkeit des Streiks vertrauen konnten. Diese Tatsache kann aber die Annahme rechtfertigen, dass die Rechtswidrigkeit des Streiks für den Arbeitnehmer nicht erkennbar war (*BAG* 29.11.1983 EzA Art. 9 GG Arbeitskampf Nr. 61). Auch bei einer ordentlichen Kündigung bedarf es einer einzelfallbezogenen Interessenabwägung zur Überprüfung der Frage sozialer Rechtfertigung der Kündigung aus verhaltensbedingten Gründen (s. Kap. 4 Rdn. 2393 ff.). In diese Abwägung sind die bei der fristlosen Kündigung genannten Gesichtspunkte ebenfalls mit einzubeziehen (*BAG* 29.11.1983 EzA Art. 9 GG Arbeitskampf Nr. 61).

169 Nach der Rechtsprechung des *BAG* (21.10.1969 EzA § 626 BGB n. F. Nr. 1; 17.12.1976 EzA Art. 9 GG Arbeitskampf Nr. 20) ist der Gleichbehandlungsgrundsatz auf das Gestaltungsrecht der Kündigung nicht anwendbar und daher auch eine sog. herausgreifende Kündigung zulässig.

170 Im Schrifttum ist dies umstritten (vgl. KR/*Weigand* § 25 KSchG Rn. 22 m. w. N.).

### 4. Schadensersatzansprüche

171 Infolge des rechtswidrigen Streiks können sich deliktische und schuldrechtliche Schadensersatzansprüche ergeben, wobei zwischen Ansprüchen gegen die am Streikgeschehen beteiligten Arbeitnehmer und solchen gegen die Gewerkschaft zu unterscheiden ist (vgl. *Wendeling-Schröder* NZA 1993, 49 ff. zu den in Betracht kommenden Schadenspositionen).

#### a) Deliktische Ansprüche

172 Deliktische Schadensersatzansprüche können sich ergeben aus §§ 823 Abs. 1, 823 Abs. 2 und 826 BGB. § 823 Abs. 2 und § 826 BGB haben in der jüngeren Rechtsprechung des BAG angesichts der Ausweitung der Haftung nach § 823 Abs. 1 BGB keine Rolle gespielt. Die Haftungstatbestände der §§ 826, 823 Abs. 2 BGB sind gegenüber einer Haftung nach § 823 Abs. 1 BGB nicht vorrangig zu prüfen (*BAG* 21.6.1988 EzA Art. 9 GG Arbeitskampf Nr. 76).

##### aa) § 823 Abs. 1 BGB

173 Schadensersatzansprüche auf Grund des rechtswidrigen Streiks können sich zunächst aus § 823 Abs. 1 BGB ergeben.

174 Geschütztes Rechtsgut dieser Vorschrift ist auch der eingerichtete und ausgeübte Gewerbebetrieb, wobei eine Schadensersatzpflicht einen unmittelbaren Eingriff in dieses Rechtsgut voraussetzt.

175 Das Kriterium der Unmittelbarkeit ist dabei kein Tatsachenbegriff, sondern Wertungskriterium und wird dahin umschrieben, dass der Eingriff irgendwie gegen den Betrieb als solchen gerichtet, also betriebsbezogen ist und nicht nur vom Gewerbebetrieb ohne weiteres ablösbare Rechte oder Rechtsgüter betrifft. Die Rechtswidrigkeit des Eingriffs wird nicht wie bei einer Verletzung der sonstigen in

## D. Die Rechtsfolgen des rechtswidrigen Arbeitskampfes  Kapitel 10

§ 823 Abs. 1 BGB aufgeführten Rechtsgüter durch den Eingriff selbst indiziert, sondern ist in jedem Einzelfall unter Heranziehung aller Umstände zu prüfen.

Der rechtswidrige Streik stellt grds. einen solchen rechtswidrigen Eingriff in das Recht am eingerichteten und ausgeübten Gewerbebetrieb dar (*BAG* 9.4.1991 EzA Art. 9 GG Arbeitskampf Nr. 98; 7.6.1988 EzA Art. 9 GG Arbeitskampf Nr. 80). Gleiches gilt für anlässlich eines rechtmäßigen Streiks begangene Streikexzesse (s. Rdn. 55 ff.). 176

Der Haftung unterliegen die am Streikgeschehen beteiligten Arbeitnehmer (*BAG* 7.6.1988 EzA Art. 9 GG Arbeitskampf Nr. 80), wobei mehrere Arbeitnehmer nach § 840 BGB als Gesamtschuldner haften. Ferner besteht auch eine Haftung der einen rechtswidrigen Streik führenden Gewerkschaft (*BAG* 21.3.1978 EzA Art. 9 GG Arbeitskampf Nr. 25). An einem Verschulden kann es fehlen, wenn sich die Gewerkschaft zwar in einem vermeidbaren und damit ein Verschulden nicht ausschließenden Rechtsirrtum befand, ihr aber gleichwohl nicht zugemutet werden kann, auf die Durchsetzung einer neuartigen, in ihrer rechtlichen Zulässigkeit jeweils mit beachtlichen Gründen kontrovers diskutierten tariflichen Regelung, hinsichtlich derer noch keine höchstrichterliche Entscheidung vorliegt, zu verzichten, da anders eine endgültige Klärung der Rechtsfrage nicht zu erreichen ist (*BAG* 21.3.1978 EzA Art. 9 GG Arbeitskampf Nr. 25). Im Falle von Streikexzessen kommt eine Haftung der Gewerkschaft unter den Voraussetzungen der §§ 831 bzw. 31 BGB analog in Betracht (s. Rdn. 112 ff.). Das *BAG* (20.12.1963 EzA Art. 9 GG Arbeitskampf Nr. 8) hält weiter eine gesamtschuldnerische Haftung von Gewerkschaft und rechtswidrig streikenden Arbeitnehmern für möglich, wenn die Gewerkschaft zwar den Streik nicht beginnt und auch nicht übernimmt, aber durch finanzielle Zuwendungen die Streikenden in ihrem Streikwillen bestärkt und deshalb Gehilfin i. S. d. § 830 Abs. 2 BGB ist. 177

Vereinbaren die Koalitionen nach Beendigung des Arbeitskampfes im Rahmen sog. Maßregelungsverbote Schadensersatzverzichtklauseln, kann dies nicht mit normativer Wirkung im Hinblick auf Schadensersatzansprüche des einzelnen Arbeitgebers erfolgen. Dem steht § 4 Abs. 1 TVG entgegen (*BAG* 8.11.1988 EzA Art. 9 GG Arbeitskampf Nr. 91). Möglich ist nur ein schuldrechtlicher Verzicht, für den die Koalitionen entsprechende Vertretungsmacht ihrer Mitglieder benötigen, die aber nicht schon durch Verbandsbeitritt begründet wird (*Brox/Rüthers* Rn. 273). 178

Anspruchsinhaber ist der jeweils betroffene Arbeitgeber. U. U. kann auch ein Schadensersatzanspruch des Arbeitgeberverbandes aus § 823 Abs. 1 BGB bestehen, da das aus Art. 9 Abs. 3 GG gewährleistete Recht der Koalitionen auf Dasein und Betätigung Rechtsgutcharakter i. S. d. § 823 Abs. 1 BGB hat (*BAG* 26.4.1988 EzA Art. 9 GG Arbeitskampf Nr. 74). 179

Ein Schadensersatzanspruch des Verbands wird jedoch i. d. R. am Nichteintritt eines Schadens und daran scheitern, dass sich das Verhalten der Gewerkschaft nicht gerade gegen die Existenz oder Betätigung der gegnerischen Koalition richtet (vgl. *Brox/Rüthers* Rn. 369). 180

### bb) § 823 Abs. 2 BGB

Weiter können Schadensersatzansprüche nach § 823 Abs. 2 BGB bestehen, sofern die streikbeteiligten Arbeitnehmer oder die kampfführende Gewerkschaft ein Schutzgesetz i. S. d. Vorschrift verletzen (*Brox/Rüthers* Rn. 371). Erforderlich ist der Verstoß gegen eine Rechtsnorm, die gerade dem Schutz des Geschädigten vor Verletzung seiner Rechte, Rechtsgüter oder rechtlich geschützter Interessen dient. Als solche kommen etwa die Straftatbestände der Nötigung und Erpressung, §§ 240, 253 StGB, in Betracht. Ob das Arbeitskampfverbot des § 74 Abs. 2 S. 1 BetrVG (entsprechend § 66 Abs. 2 BPersVG) Schutzgesetz zugunsten des Arbeitgebers ist, ist streitig, wird aber überwiegend verneint, da die Norm nur betriebsverfassungsrechtliche Verpflichtungen der Betriebspartner, nicht aber individualrechtliche Verhaltenspflichten festlegt (GK-BetrVG/*Kreutz* § 74 Rn. 94 m. w. N.; a. A. *Brox/Rüthers* Rn. 371). 181

### cc) § 826 BGB

182 Grundlage deliktischer Schadensersatzansprüche kann schließlich § 826 BGB sein, was eine vorsätzliche Schadenszufügung durch eine sittenwidrige Handlung voraussetzt. Sittenwidrig ist eine Handlung, wenn sie mit dem allgemeinen Anstands- und Billigkeitsgefühl im Zeitpunkt der Vornahme der Handlung nicht übereinstimmt, wobei die Grenzen flüssig sind und stets eine Prüfung aller Umstände des Einzelfalls erforderlich ist (*Brox/Rüthers* Rn. 372). Die Sittenwidrigkeit kann sich etwa daraus ergeben, dass der Einsatz der gewählten Kampfmittel außer Verhältnis zu dem verfolgten Ziel steht, weil die Kampfmittel beim bestreikten Unternehmen eine Begrenzung der nachteiligen Folgen über das gebotene Maß hinaus erschweren und in ungewöhnlichem Maß Unbeteiligte Nachteile und Belastungen in Kauf nehmen müssen (*BGH* 31.1.1978 AP Nr. 61 zu Art. 9 GG Arbeitskampf). Der Vorsatz muss die gesamten Schadenfolgen umfassen; einen Schaden, den der Täter nicht zumindest eventualiter gewollt hat, ist aus § 826 BGB nicht zu ersetzen.

### b) Schuldrechtliche Schadensersatzansprüche

#### aa) §§ 280, 283 BGB

183 Durch den rechtswidrigen Streik wird die Arbeitspflicht nicht suspendiert, sodass die Verletzung der Arbeitspflicht rechtswidrig ist. Hat der Arbeitnehmer die Nichterbringung der Arbeitsleistung zu vertreten, so besteht ein Schadensersatzanspruch aus §§ 280, 283 BGB. Zu berücksichtigen ist ein eventuelles Mitverschulden (§ 254 BGB) des Arbeitgebers, etwa dann, wenn er es unterlässt, die Arbeitnehmer auf die Unrechtmäßigkeit der Kampfhandlungen hinzuweisen (*Brox/Rüthers* Rn. 332). Überwiegend wird eine gesamtschuldnerische Haftung der streikenden Arbeitnehmer angenommen (*BAG* 17.12.1958 AP Nr. 16 zu Art. 9 GG Arbeitskampf), während nach anderer Auffassung (*Brox/Rüthers* Rn. 333; *Däubler* Arbeitskampfrecht Rn. 1141) nur eine Haftung für den vom jeweiligen Arbeitnehmer selbst verursachten Schaden und bei Fehlen eines begrenzten Teilschadens eine anteilige Haftung befürwortet wird.

#### bb) Positive Forderungsverletzung des Tarifvertrages

184 Eine Haftung der Gewerkschaft kann sich aus dem Rechtsinstitut der positiven Forderungsverletzung ergeben, wenn sie gegen die tarifliche Friedenspflicht durch eigene Streikführung, Unterstützung eines wilden Streiks oder Vernachlässigung ihrer Einwirkungspflicht verstoßen hat (MünchArbR/*Ricken* § 205 Rn. 9 ff.).

185 Ein Verschulden ihrer Erfüllungsgehilfen bzw. Organe muss sich die Gewerkschaft nach § 278 BGB bzw. § 31 BGB zurechnen lassen. Gläubiger des Anspruchs können sowohl die betroffenen Tarifpartner als auch deren Mitglieder sein, da es sich bei der Friedenspflicht um eine Verpflichtung mit Schutzwirkung für Dritte handelt und die einzelnen Arbeitgeber als Verbandsmitglieder in deren Schutzbereich mit einbezogen sind (*Brox/Rüthers* Rn. 367; *ArbG Stuttgart* 22.3.1988 EzA § 1 TVG Friedenspflicht Nr. 5).

### 5. Unterlassungsansprüche

186 Der rechtswidrige Streik begründet neben Schadensersatzansprüchen auch Unterlassungsansprüche gegenüber den streikbeteiligten Arbeitnehmern und der kampfbeteiligten Gewerkschaft. Anspruchsinhaber kann der einzelne Arbeitgeber, in bestimmten Konstellationen auch der Arbeitgeberverband sein. Darüber hinaus bestehen Unterlassungsansprüche bei Exzesshandlungen anlässlich eines rechtmäßigen Streiks (s. Rdn. 112 ff.).

#### a) Deliktische Unterlassungsansprüche

187 Soweit ein Streik rechtswidrig ist, liegt ein Eingriff in den eingerichteten und ausgeübten Gewerbebetrieb vor. Es besteht daher auch ein quasi-negatorischer Unterlassungsanspruch entsprechend § 1004 Abs. 1 BGB.

## D. Die Rechtsfolgen des rechtswidrigen Arbeitskampfes

Dieser kann sich gegen den einzelnen Arbeitnehmer richten, aber auch gegen die Gewerkschaft, die den rechtswidrigen Streik führt, veranlasst oder unterstützt. Anspruchsinhaber ist der betroffene Arbeitgeber. Daneben besteht gegenüber der kampfbeteiligten Gewerkschaft auch ein Unterlassungsanspruch des Arbeitgeberverbandes nach § 1004 BGB i. V. m. § 823 Abs. 1 BGB und Art. 9 GG, da durch rechtswidrige Arbeitskampfmaßnahmen das Recht auf koalitionsmäßige Betätigung des Arbeitgeberverbandes in unzulässiger Weise verletzt wird (*BAG* 8.11.1988 EzA Art. 9 GG Nr. 91; 26.4.1988 EzA Art. 9 GG Arbeitskampf Nr. 74; *LAG Bln.-Bra.* 28.9.2007 LAGE Art. 9 GG Arbeitskampf Nr. 78a). 188

Ein drohender rechtswidriger Streik kann dabei nach überwiegender Ansicht auch im Wege der einstweiligen Verfügung untersagt werden, wobei allerdings strenge Anforderungen zu stellen sind, da durch eine Unterlassungsverfügung in das Kampfgleichgewicht eingegriffen werden kann. Die Rechtswidrigkeit muss positiv festgestellt werden; eine bloße Wahrscheinlichkeit reicht nicht aus (*LAG Köln* 14.6.1996 LAGE Art. 9 GG Arbeitskampf Nr. 63; GMPM-G/*Germelmann* § 62 Rn. 91 ff.). 189

### b) Schuldrechtliche Unterlassungsansprüche

Soweit ein Arbeitskampf gegen die tarifvertragliche Friedenspflicht verstößt, besteht ein Unterlassungsanspruch des Arbeitgeberverbandes gegen die Gewerkschaft als unmittelbarer tarifvertraglicher Erfüllungsanspruch. 190

Ob auch dem einzelnen Arbeitgeber auf Grund seiner Verbandsmitgliedschaft ein Unterlassungsanspruch zusteht, ist streitig (abl. *LAG Frankf.* 23.4.1985 LAGE § 1 TVG Friedenspflicht Nr. 1; MünchArbR/*Ricken* § 205 Rn. 5 ff.; bejahend *ArbG Stuttg.* 22.3.1988 EzA § 1 TVG Friedenspflicht Nr. 5). Die Beantwortung dieser Frage hängt von der rechtlichen Einordnung der Friedenspflicht ab: Qualifiziert man den Tarifvertrag insoweit als Vertrag zugunsten Dritter (so wohl *BAG* 31.10.1958, 14.11.1958 AP Nr. 2, 4 zu § 1 TVG Friedenspflicht; *ArbG Stuttg.* 22.3.1988 EzA § 1 TVG Friedenspflicht Nr. 5), auch also zugunsten der verbandszugehörigen Arbeitgeber, stehen diesen auch unmittelbar Erfüllungsansprüche aus der tarifvertraglichen Friedenspflicht zu. Geht man dagegen nur von einem Vertrag mit Schutzwirkung für Dritte aus, bestehen nur vertragliche Schadensersatzansprüche (*Brox/Rüthers* Rn. 220). 191

Gegenüber dem einzelnen Arbeitnehmer kommt ein vertraglicher Unterlassungsanspruch in Betracht, wenn dieser durch die Teilnahme am Arbeitskampf seine arbeitsvertragliche Nebenpflichten verletzt, etwa durch arbeitsvertragswidrigen Aufruf der Kollegen zum Arbeitskampf oder Unterstützung von rechtswidrigen Kampfhandlungen (*Brox/Rüthers* Rn. 329). 192

### 6. Einwirkungspflichten

Bei einem nicht gewerkschaftlich getragenen Streik kann die Arbeitgeberseite als Folge einer tarifvertraglichen Friedenspflicht von der Gewerkschaft Einwirkung auf die Streikenden verlangen, etwa in Form von Arbeitsaufrufen, Warnungen oder notfalls Verbandsausschluss (*Brox/Rüthers* Rn. 361; *Däubler* Arbeitskampfrecht Rn. 1292). 193

Eine entsprechende Leistungsklage muss kein bestimmtes Einwirkungsmittel angeben (*BAG* 29.4.1992 EzA § 1 TVG Durchführungspflicht Nr. 2). 194

### 7. Fristen und Anwartschaften

Hier kann auf die Ausführungen zu den Rechtsfolgen des rechtmäßigen Streiks verwiesen werden (s. Rdn. 116 f.). Vorbehaltlich einer Kündigung bleibt auch bei einem rechtswidrigen Streik der Bestand des Arbeitsverhältnisses unberührt (*Brox/Rüthers* Rn. 325 ff.). 195

# Kapitel 10

### 8. Mittelbare Streikfolgen

196 Während sich bei Fernwirkungen des rechtmäßigen Streiks das Bestehen eines Vergütungsanspruchs der Arbeitnehmer, deren Beschäftigungsmöglichkeit auf Grund der Fernwirkungen in Wegfall kommt, nach den Grundsätzen des sog. Arbeitskampfrisikos bemisst (s. Rdn. 119 ff.), liegen neuere Entscheidungen des BAG zur Vergütungspflicht bei mittelbaren Auswirkungen des rechtswidrigen Streiks nicht vor. Ob auch hier die Grundsätze des Arbeitskampfrisikos eingreifen, ist streitig (bejahend MünchArbR/*Ricken* § 206 Rn. 5; *Löwisch* BB 1982, 1373 [1377]; abl. *Däubler* Arbeitskampfrecht Rn. 1196) und im Hinblick darauf, dass die auf die Kampfparität bezogenen Erwägungen des BAG angesichts der zugunsten des bestreikten Arbeitgebers bestehenden Unterlassungs- und Schadensersatzansprüche nicht ohne weiteres übertragbar sind, problematisch.

197 Zumindest verlieren arbeitswillige Arbeitnehmer bei einem nicht gewerkschaftlich getragenen (wilden) Teilstreik in dem Betrieb, in dem sie beschäftigt sind, bei Wegfall einer Beschäftigungsmöglichkeit ihre Vergütungsansprüche (*BAG* 25.7.1957 AP Nr. 3 zu § 615 BGB Betriebsrisiko).

### 9. Beteiligungsrechte des Betriebsrats

198 Auch im Falle des rechtswidrigen Streiks bestehen Beteiligungsrechte des Betriebsrats bei arbeitskampfbedingten Maßnahmen nach überwiegender Auffassung nur eingeschränkt (s. Rdn. 126 ff.; MünchArbR/*Matthes* § 331 Rn. 9 ff. m. w. N.).

### 10. Folgen für einen bestehenden Tarifvertrag

199 Verstößt der Streik gegen die tarifvertragliche Friedenspflicht, so kann die andere Tarifvertragspartei die Erfüllung ihrer schuldrechtlichen Pflichten (*Däubler* Arbeitskampfrecht Rn. 1294), also auch der eigenen Friedenspflicht, gem. § 320 BGB solange verweigern, bis die Gewerkschaft sich wieder vertragsgemäß verhält. Der Arbeitgeberverband kann also seine Einwirkung auf das Verhalten seiner Mitglieder im Interesse eines friedlichen Verhaltens beenden und ihnen auch die Vornahme tarifwidriger Kampfhandlungen freistellen (*Brox/Rüthers* Rn. 362).

200 Eine Beteiligung der Gewerkschaft an rechtswidrigen Streikmaßnahmen kann die andere Tarifvertragspartei im Einzelfall berechtigen, den Tarifvertrag fristlos aus wichtigem Grund zu kündigen. Auch schwerwiegende, insbes. grob schuldhafte Verstöße gegen die Friedenspflicht können ein Recht zur fristlosen Kündigung geben (*Däubler* Arbeitskampfrecht Rn. 1294; *Brox/Rüthers* Rn. 363).

## II. Aussperrung

### 1. Keine Suspendierung – Fortbestehen der Vergütungspflicht

201 Die rechtswidrige Aussperrung hat keine Suspendierung der beiderseitigen Hauptleistungspflichten aus dem Arbeitsvertrag zur Folge. Die Beschäftigungspflicht des Arbeitgebers besteht fort.

202 Der Arbeitgeber, der die Arbeitsleistung nicht entgegennimmt, gerät auch ohne tatsächliches oder wörtliches Angebot der Arbeitsleistung in Annahmeverzug (§§ 293 ff. BGB) mit der Folge des § 615 BGB, d. h. er bleibt zur Zahlung der Arbeitsvergütung verpflichtet (*BAG* 11.8.1992 EzA Art. 9 GG Arbeitskampf Nr. 105).

203 Die rechtswidrige lösende Aussperrung beendet das Arbeitsverhältnis nicht (*Brox/Rüthers* Rn. 342).

### 2. Kündigung

204 Im Falle der rechtswidrigen, aber nur mit suspendierender Wirkung erklärten Aussperrung besteht ein Abkehrrecht des Arbeitnehmers, sodass es einer ordentlichen Kündigung des Arbeitnehmers, der sich aus dem Arbeitsverhältnis lösen will, nicht bedarf. Stattdessen kann ggf. auch die fristlose Kündigung erklärt werden (*Brox/Rüthers* Rn. 347). Auch bei Ausübung des Abkehrrechts kommt ein Schadensersatzanspruch des Arbeitnehmers nach § 628 Abs. 2 BGB in Betracht, da bei § 628 Abs. 2 BGB nicht auf die Form der Vertragsbeendigung, sondern auf deren Anlass abzustellen ist

## D. Die Rechtsfolgen des rechtswidrigen Arbeitskampfes    Kapitel 10

und ein Schadensersatzanspruch besteht, sofern der andere Vertragsteil durch ein vertragswidriges schuldhaftes Verhalten den Anlass für die Beendigung gegeben hat (s. Kap. 4 Rdn. 1611 ff.).

### 3. Schadensersatzansprüche

Auch die rechtswidrige Aussperrung kann Schadensersatzansprüche begründen. Soweit es um Ansprüche des einzelnen Arbeitnehmers geht, ist sorgfältig zu prüfen, ob überhaupt ein Schaden eingetreten ist, da der Arbeitgeber nach § 615 BGB zur Fortzahlung der Arbeitsvergütung verpflichtet bleibt. Denkbar ist z. B. ein Schaden in Form von Kreditzinsen. Die schuldhafte Nichtbeschäftigung stellt eine Arbeitsvertragsverletzung dar, die zum Schadensersatz verpflichtet (*Brox/Rüthers* Rn. 345). Deliktische Schadensersatzansprüche können sich aus § 826 und § 823 Abs. 2 ergeben. Im Hinblick auf einen Schadensersatzanspruch des einzelnen Arbeitnehmers nach § 823 Abs. 1 BGB kontrovers beurteilt wird die Frage, ob ein Recht am Arbeitsplatz als durch § 823 Abs. 1 BGB geschütztes Rechtsgut anzuerkennen ist (so *Brox/Rüthers* Rn. 346). Sofern ein solches Recht anerkannt wird, soll hier nur eine Haftung für Eingriffe Dritter, etwa des eine rechtswidrige Aussperrung anordnenden Arbeitgeberverbandes, nicht aber des Arbeitgebers bestehen, da dieser bereits auf Grund der Verletzung der arbeitsvertraglichen Pflichten hafte und die Verletzung vertraglicher Leistungspflichten eine Haftung nach § 823 Abs. 1 BGB nicht begründe (*Brox/Rüthers* Rn. 346 m. w. N.). 205

Ein Schadensersatzanspruch der Gewerkschaft kann sich aus § 823 Abs. 1 BGB ergeben, da das aus Art. 9 Abs. 3 GG gewährleistete Recht der Koalitionen auf Dasein und Betätigung Rechtsgutcharakter i. S. d. § 823 Abs. 1 BGB hat (vgl. im Zusammenhang eines Unterlassungsanspruchs *BAG* 26.4.1988 EzA Art. 9 GG Arbeitskampf Nr. 74). Allerdings muss sich die rechtswidrige Aussperrung gerade gegen Existenz oder Betätigung der Koalition richten, woran es zumeist fehlt (*Brox/Rüthers* Rn. 346). Wegen des durch das tarifvertragswidrige Verhalten des Tarifvertragspartners erlittenen Schadens kann die Gewerkschaft aus positiver Vertragsverletzung Schadensersatz verlangen. Dieses Recht steht auch dem gewerkschaftszugehörigen Arbeitnehmer zu, da es sich insoweit bei dem Tarifvertrag um einen Vertrag zumindest mit Schutzwirkung für Dritte handelt (*Brox/Rüthers* Rn. 377). 206

### 4. Unterlassungsansprüche

#### a) Deliktische Unterlassungsansprüche

> Ein deliktischer Unterlassungsanspruch der Gewerkschaft gegen den kampfbeteiligten Arbeitgeberverband kann sich aus § 1004 Abs. 1 BGB i. V. m. § 823 Abs. 1 BGB und Art. 9 Abs. 3 GG ergeben, da durch rechtswidrige Arbeitskampfmaßnahmen das Recht der Gewerkschaft auf koalitionsmäßige Betätigung in unzulässiger Weise verletzt wird (*BAG* 26.4.1988 EzA Art. 9 GG Arbeitskampf Nr. 74). 207

Ob auch dem einzelnen Arbeitnehmer ein quasi-negatorischer Unterlassungsanspruch entsprechend § 1004 Abs. 1 BGB zusteht, hängt davon ab, ob ein Recht am Arbeitsplatz anerkannt wird. 208

#### b) Schuldrechtliche Unterlassungsansprüche

> Verletzt der Arbeitgeberverband oder der Arbeitgeber als Partei des Tarifvertrages durch eine rechtswidrige Aussperrung die sich aus dem Vertrag ergebende Friedenspflicht, kann die Gewerkschaft als Tarifvertragspartei die Erfüllung des Tarifvertrages, also Unterlassung der Kampfmaßnahme, vom Vertragspartner verlangen. 209

Gegenüber dem Arbeitgeberverband kann auch geltend gemacht werden, dass er es unterlässt, seine Mitglieder zu unterstützen oder er auf seine Mitglieder einwirkt, Kampfmaßnahmen zu unterlassen (*Brox/Rüthers* Rn. 83). 210

# Kapitel 10

## 5. Fristen, Anwartschaften; Folgen für einen bestehenden Tarifvertrag

211 Durch die rechtswidrige Aussperrung bleibt der rechtliche Bestand des Arbeitsverhältnisses unberührt. Auch darf ein rechtswidriges Verhalten des Arbeitgebers nicht dazu führen, dass vom Arbeitnehmer erworbene Anwartschaften beeinträchtigt werden (*Brox/Rüthers* Rn. 344). Die Folgen einer rechtswidrigen Aussperrung für einen bestehenden Tarifvertrag entsprechen denjenigen des rechtswidrigen Streiks (s. Rdn. 199 f.).

# Kapitel 11 Tarifvertragsrecht

## Übersicht

| | Rdn. |
|---|---|
| **A. Grundlagen des Tarifvertragsrechts** | 1 |
| I. Bedeutung und Funktion des Tarifvertrages | 1 |
| II. Rechtsgrundlagen | 5 |
|    1. Tarifvertragsrecht und Grundgesetz | 5 |
|      a) Individuelle Koalitionsfreiheit | 6 |
|      b) Kollektive Koalitionsfreiheit | 10 |
|    2. Tarifvertragsgesetz und Durchführungsverordnung | 11 |
|    3. Recht der Europäischen Union und Tarifrecht | 12a |
| III. Begriffsbestimmung und Rechtsnatur des Tarifvertrages | 13 |
|    1. Definition | 13 |
|    2. Normativer Teil | 15 |
|    3. Schuldrechtlicher Teil | 16 |
| **B. Voraussetzungen für den Abschluss von Tarifverträgen** | 17 |
| I. Tariffähigkeit | 17 |
|    1. Allgemeines | 17 |
|    2. Der Begriff der Koalition | 18 |
|    3. Tariffähigkeit von Gewerkschaften und Vereinigungen von Arbeitgebern | 19 |
|      a) Freie, auf Dauer angelegte Vereinigungen | 20 |
|      b) Die Unabhängigkeit der Vereinigung | 21 |
|      c) Durchsetzungsfähigkeit | 24 |
|      d) Tarifwilligkeit und Anerkennung des Tarifrechts | 27 |
|    4. Tariffähigkeit des einzelnen Arbeitgebers | 28 |
|    5. Tariffähigkeit der Zusammenschlüsse von Gewerkschaften und Arbeitgebervereinigungen | 31 |
|    6. Weitere tariffähige Vereinigungen auf Arbeitgeberseite | 32 |
| II. Beginn und Ende der Tariffähigkeit | 33 |
|    1. Beginn der Tariffähigkeit | 33 |
|    2. Ende der Tariffähigkeit | 35 |
| III. Tarifzuständigkeit | 38 |
|    1. Begriff und Bedeutung | 38 |
|    2. Bestimmung der Tarifzuständigkeit | 40 |
|      a) Verbandstarifvertrag | 40 |
|      b) Firmentarifvertrag | 41 |
| IV. Tarifverträge tarifunzuständiger oder tariffähiger Parteien | 43 |
| V. Gerichtliche Entscheidung über die Tariffähigkeit und die Tarifzuständigkeit einer Vereinigung | 46 |
| **C. Abschluss, Beendigung und Form von Tarifverträgen** | 52 |
| I. Abschluss von Tarifverträgen | 52 |
| II. Beendigung von Tarifverträgen | 56 |

| | Rdn. |
|---|---|
|    1. Befristung | 56 |
|    2. Auflösende Bedingung | 57 |
|    3. Aufhebungsvertrag | 58 |
|    4. Ordentliche Kündigung | 59 |
|    5. Außerordentliche Kündigung | 61 |
|    6. Wegfall der Geschäftsgrundlage | 62 |
| III. Form von Tarifverträgen | 63 |
|    1. Allgemeines | 63 |
|    2. Schriftform und Verweisung auf gesetzliche oder tarifliche Bestimmungen | 65 |
|      a) Verweisung auf tarifliche Regelungen | 65 |
|      b) Verweisung auf gesetzliche Bestimmungen | 67 |
| **D. Inhalt, Auslegung und rechtliche Grenzen von Tarifverträgen** | 69 |
| I. Der Inhalt von Tarifverträgen | 69 |
|    1. Allgemeines | 69 |
|    2. Normativer Teil | 71 |
|      a) Erfasste Rechtsverhältnisse und Personengruppen | 71 |
|      b) Inhaltsnormen | 80 |
|      c) Abschlussnormen | 83 |
|      d) Beendigungsnormen | 88 |
|      e) Betriebsnormen | 91 |
|      f) Betriebsverfassungsrechtliche Normen | 95 |
|      g) Gemeinsame Einrichtungen | 100 |
|      h) Sonstige normative Bestimmungen | 101 |
|    3. Schuldrechtlicher Teil | 109 |
|      a) Friedenspflicht | 110 |
|      b) Durchführungspflicht | 113 |
| II. Auslegung von Tarifverträgen | 119 |
|    1. Der schuldrechtliche Teil | 119 |
|    2. Normativer Teil | 121 |
|    3. Rechtsfolgen lückenhafter tariflicher Regelungen | 124 |
|    4. Prozessuale Fragen | 127 |
| III. Grenzen der Regelungsbefugnis der Tarifvertragsparteien | 130 |
|    1. Tarifvertrag und überstaatliches Recht | 130 |
|    2. Tarifvertrag und Grundgesetz | 134 |
|    3. Tarifverträge und Gesetzesrecht/Gesetzesvertretendes Richterrecht | 139 |
|    4. Tarifvertrag und Betriebsvereinbarungen | 146 |
|    5. Tarifvertrag und Vertragsrecht | 148 |
| IV. Einzelne tarifvertragliche Klauseln | 150 |
|    1. Besetzungsregelungen | 150 |
|    2. Differenzierungs-, Spannensicherungsklauseln | 151 |

|     | Rdn. |
| --- | --- |

|  | | Rdn. |
| --- | --- | --- |
|  | 3. Absicherung übertariflicher Lohnbestandteile durch Tarifverträge | 152 |
|  | a) Allgemeines | 152 |
|  | b) Bestandsklauseln | 161 |
|  | c) Effektivklauseln | 162 |
|  | d) Verrechnungsklauseln | 168 |
|  | e) Verdienstsicherungsklauseln | 169 |
| E. | Geltungsgrund eines Tarifvertrages | 172 |
| I. | Tarifgebundenheit | 172 |
|  | 1. Allgemeines | 172 |
|  | 2. Beginn und Ende der Tarifgebundenheit bei Inhalts-, Abschluss- und Beendigungsnormen | 176 |
|  | a) Beginn | 176 |
|  | b) Ende | 186 |
|  | 3. Betriebsnormen und betriebsverfassungsrechtliche Normen | 190 |
|  | 4. Gemeinsame Einrichtungen | 191 |
| II. | Allgemeinverbindlichkeit | 192 |
|  | 1. Allgemeines | 192 |
|  | 2. Voraussetzungen | 194 |
|  | 3. Verfahrensfragen | 197 |
|  | 4. Rechtsfolgen | 202 |
| III. | Bezugnahme auf Tarifverträge | 208 |
|  | 1. Bezugnahme auf Tarifverträge in Tarifverträgen | 208 |
|  | 2. Bezugnahme in Betriebsvereinbarungen auf Tarifverträge | 211 |
|  | 3. Individualvertragliche Bezugnahme auf Tarifverträge | 213 |
|  | a) Allgemeines | 213 |
|  | b) Voraussetzungen und Gegenstand der Bezugnahme | 214 |
|  | c) Rechtswirkungen | 221 |
|  | 4. Tarifvertragsrecht und Gleichbehandlung | 222 |
|  | 5. Bezugnahme auf Tarifverträge durch betriebliche Übung | 224 |
| F. | Der Geltungsbereich des normativen Teils eines Tarifvertrages | 225 |
| I. | Allgemeines | 225 |
| II. | Der zeitliche Geltungsbereich | 226 |
|  | 1. In-Kraft-Treten des Tarifvertrages | 228 |
|  | a) Regelfall | 228 |
|  | b) Rückwirkung | 230 |
|  | 2. Beendigung des Tarifvertrages | 235 |
|  | a) Zeitkollisionsregel | 235 |
|  | b) Beendigungstatbestände | 236 |
| III. | Räumlicher Geltungsbereich | 238 |
| IV. | Betrieblich-fachlicher Geltungsbereich | 240 |
| V. | Persönlicher Geltungsbereich | 244 |
| VI. | Tarifkonkurrenz und Tarifpluralität | 247 |
|  | 1. Begriffe | 247 |
|  | 2. Der Grundsatz der Tarifeinheit | 251 |
|  | 3. Der Grundsatz der Spezialität | 252 |
| G. | Wirkungsweise des normativen Teils eines Tarifvertrages | 254 |
| I. | Allgemeines | 254 |
| II. | Unmittelbare Wirkung | 255 |
| III. | Zwingende Wirkung | 259 |
| IV. | Günstigkeitsprinzip | 262 |
|  | 1. Grundlagen | 262 |
|  | 2. Günstigkeitsvergleich | 266 |
| V. | Nachwirkung | 271 |
|  | 1. Zweck der Nachwirkung | 271 |
|  | 2. Ablauf des Tarifvertrages | 272 |
|  | 3. Weitergeltung der Rechtsnormen | 273 |
|  | 4. Andere Abmachung | 277 |
|  | 5. Ausschluss der Nachwirkung | 281 |
| H. | Der Verlust tariflicher Rechte | 282 |
| I. | Verzicht | 282 |
| II. | Verwirkung | 287 |
| III. | Verjährung | 288 |
| IV. | Ausschlussfristen | 289 |
|  | 1. Allgemeines | 289 |
|  | 2. Auslegung einer Ausschlussfrist | 296 |
|  | 3. Gegenstand der Ausschlussfristen | 297 |
|  | a) Persönliche Geltung | 297 |
|  | b) Sachliche Geltung | 298 |
|  | 4. Beginn der Ausschlussfrist | 307 |
|  | 5. Geltendmachung | 312 |
|  | 6. Einrede der Arglist und tarifliche Ausschlussfrist | 315 |
| J. | Bekanntgabe des Tarifvertrages | 317 |
| I. | Grundsätzliches | 317 |
| II. | Übersendungs- und Mitteilungspflichten | 318 |
| III. | Tarifregister | 320 |
| IV. | Auslegung der Tarifverträge im Betrieb, Nachweisgesetz | 323 |

## A. Grundlagen des Tarifvertragsrechts

### I. Bedeutung und Funktion des Tarifvertrages

1 Der Tarifvertrag verfolgt im Wesentlichen folgende vier Funktionen (*Kempen/Zachert* TVG Grundlagen Rn. 90 ff.; Schaub/*Treber* ArbRHb § 197 Rn. 3–8):
– **Schutzfunktion:** Der Tarifvertrag soll den einzelnen Arbeitnehmer davor schützen, dass der Arbeitgeber auf Grund seiner wirtschaftlichen Überlegenheit einseitig die Vertragsbedingungen festsetzt.

## A. Grundlagen des Tarifvertragsrechts

- **Ordnungsfunktion:** Die durch die Tarifverträge bewirkte Vereinheitlichung der Arbeitsverträge ermöglicht eine Überschaubarkeit der Personalkosten für die Laufzeit des Tarifvertrages.
- **Friedensfunktion:** Der Tarifvertrag schließt während seiner Laufzeit Arbeitskämpfe hinsichtlich der von ihm erfassten Gegenstände aus.
- **Verteilungsfunktion:** Durch die Tarifverträge nehmen die Arbeitnehmer zum einen an der Entwicklung des Sozialprodukts teil. Zum anderen ermöglichen sie eine sozialpolitische und bedürfnisgerechte Einkommensverteilung durch die Differenzierung in Lohn- und Gehaltsgruppen.

### II. Rechtsgrundlagen

#### 1. Tarifvertragsrecht und Grundgesetz

Nach Art. 9 Abs. 3 GG ist das Recht, zur Wahrung und Förderung der Arbeits- und Wirtschaftsbedingungen Vereinigungen zu bilden, für jedermann und für alle Berufe gewährleistet. Diese grundgesetzliche Gewährleistung beinhaltet die sog. individuelle und die kollektive Koalitionsfreiheit.

#### a) Individuelle Koalitionsfreiheit

Art. 9 Abs. 3 GG garantiert jedem Einzelnen das Recht, eine **Koalition** (Gewerkschaft oder Arbeitgeberverband) zu gründen, sich an der Gründung einer Koalition zu beteiligen, einer bestehenden Koalition beizutreten, beim Beitritt zwischen mehreren Koalitionen zu wählen, in der Koalition zu verbleiben und aus ihr auszutreten (*BVerfG* 1.3.1979 EzA § 7 MitbestG Nr. 1). Diese Berechtigungen werden unter dem Oberbegriff **positive Koalitionsfreiheit** zusammengefasst. Einen Eingriff in die positive Koalitionsfreiheit würde es bedeuten, wenn auf den Einzelnen Zwang ausgeübt würde, einer anderen Koalition beizutreten (vgl. dazu Schaub/*Treber* ArbRHb § 190 Rn. 13 f.).

Daneben ist auch das Recht des Einzelnen verfassungsrechtlich geschützt, keiner Koalition beizutreten (*BVerfG* 15.7.1980 EzA § 5 TVG Nr. 7). Diese sog. **negative Koalitionsfreiheit** ist nur dann verletzt, wenn der Arbeitnehmer zum Eintritt in eine Vereinigung gedrängt und dabei ein über den Rahmen des Sozialadäquaten hinausgehender Druck ausgeübt wird (*BAG* 21.1.1987 EzA Art. 9 GG Nr. 42). Daraus folgt, dass Ansprüche aus nicht für allgemeinverbindlich erklärten Tarifverträgen nur tarifgebundenen Arbeitnehmern zustehen. Nach der Rechtsprechung sind jedoch tarifvertragliche **Differenzierungsklauseln**, die nur organisierten Arbeitnehmern Ansprüche auf tarifliche Leistungen gewähren, unwirksam (*BAG GS* 29.11.1967 EzA Art. 9 GG Nr. 3; 9.5.2007 NZA 2007, 1439 ff.). Das *BAG* hat in seiner Entscheidung vom 9.5.2007 (EzA Art. 9 GG Nr. 91) jedoch offen gelassen, ob dem GS des BAG noch zu folgen ist und ggf. mit welcher Regelungstechnik und in welchem Umfang zusätzliche Leistungen bestimmt werden können, die nur Gewerkschaftsmitglieder erhalten sollen. Jedenfalls für die dem Urteil zu Grunde gelegene atypische Differenzierungsklausel, die nicht allein allgemein auf die Mitgliedschaft in der tarifschließenden Gewerkschaft abstellt, sondern auch noch innerhalb der Mitgliedschaft nach einer Stichtagsregelung differenziert hatte, folgte der Tarifsenat des BAG dem Verdikt des Großen Senats. Nunmehr hat das *BAG* entschieden (18.3.2009 EzA Art. 9 GG Nr. 98), dass eine einfache Differenzierungsklausel, durch die in einem Tarifvertrag die Mitgliedschaft in der tarifschließenden Gewerkschaft zum Tatbestandsmerkmal eines Anspruchs auf eine jährliche Sonderzahlung gemacht wird, keinen grundsätzlichen tarifrechtlichen oder verfassungsrechtlichen Bedenken begegnet. Mit Urteil vom 23.3.2011 (EzA Art. 9 GG Nr. 104) hat das *BAG* seine Rechtsprechung vom 18.3.2009 (EzA Art. 9 GG Nr. 98) bestätigt. Eine tarifvertragliche Klausel, in der eine Sonderleistung für Arbeitnehmer vereinbart ist, die Mitglieder der tarifschließenden Gewerkschaft sind, verstößt nicht gegen höherrangiges Recht und ist wirksam. Wird jedoch die Exklusivität dieses Anspruchs für Gewerkschaftsmitglieder tariflich durch eine sog. Spannensicherungsklausel oder Abstandsklausel abgesichert, überschreitet die Klausel die Tarifmacht der Koalitionen und ist unwirksam (*BAG* 23.3.2011 EzA Art. 9 GG Nr. 104).

Beide Aspekte dieser Koalitionsfreiheit sind allerdings nach der früheren Rechtsprechung des BVerfG (bis zum Aussperrungsbeschluss *BVerfG* 26.6.1991 EzA Art. 9 GG Arbeitskampf Nr. 97) nur in ihrem Kernbereich geschützt (*BVerfG* 18.11.1954 EzA Art. 9 GG Nr. 10). In seiner neueren

Rechtsprechung hat das BVerfG den Schutz auf alle koalitionsspezifischen Verhaltensweisen erstreckt und nur durch das Ziel der Förderung der Arbeits- und Wirtschaftsbedingungen eingegrenzt (*BVerfG* 27.4.1999 NZA 1999, 992; *Wiedemann/Wiedemann* Einl. Rn. 76).

9 Alle Abreden, welche die individuelle Koalitionsfreiheit einschränken oder zu behindern suchen, sind nichtig, Art. 9 Abs. 3 S. 2 GG. An diese Ausübungsfreiheit sind nicht nur Träger öffentlicher Gewalt, sondern auch alle Privatrechtssubjekte sowie auch die Koalitionen selbst gebunden. Art. 9 Abs. 3 S. 2 GG ist ein gesetzliches Verbot i. S. v. § 134 BGB (*BAG* 4.6.2008 – 4 AZR 419/07, EzA-SD 2008 Nr. 25 = FA 2008, 253). Diese Norm ist sowohl anwendbar, wenn der Inhalt eines Rechtsgeschäfts verbotswidrig ist, als auch dann, wenn ein Rechtsgeschäft zwar nicht wegen seines Inhalts, wohl aber wegen der besonderen Umstände der Vornahme gegen ein Gesetz verstößt, das aus diesen Gründen die Existenz des betreffenden Rechtsgeschäfts missbilligt (*BAG* 4.6.2008 – 4 AZR 419/07, EzA-SD 2008 Nr. 25 = FA 2008, 253; 4.6.2008 – 4 AZR 316/07, nv.). Ein in einer Satzung eines Arbeitgeberverbands vorgesehener Wechsel von der Vollmitgliedschaft in eine OT-Mitgliedschaft ist jedenfalls eine Abrede i. S. v. Art. 9 Abs. 3 S. 2 GG. Ein zwar vereinsrechtlich wirksamer Statuswechsel innerhalb eines Arbeitgeberverbandes von der Vollmitgliedschaft in die OT-Mitgliedschaft, ist als Abrede tarifrechtlich unwirksam und damit gem. Art. 9 Abs. 3 S. 2 GG i. V. m. § 134 BGB nichtig, sofern er, ohne die erforderliche Transparenz im Verhältnis zur an der Verhandlung beteiligten Gewerkschaft zu wahren, während laufender Verhandlungen erfolgt (*BAG* 4.6.2008 EzA Art 9 GG Nr. 95; 4.6.2008 – 4 AZR 316/07, nv.). Daneben ist bspw. auch eine Kündigung, die auf die Gewerkschaftszugehörigkeit eines Arbeitnehmers gestützt wird, unwirksam. Jede privatrechtliche Vereinbarung, die einen Arbeitgeber verpflichtet, auf Dauer Mitglied eines Arbeitgeberverbandes zu bleiben, verletzt seine durch Art. 9 Abs. 3 S. 1 GG garantierte negative Koalitionsfreiheit und ist nach Art. 9 Abs. 3 S. 2 GG nichtig (*BAG* 19.9.2006 EzA Art. 9 GG Nr. 88).

### b) Kollektive Koalitionsfreiheit

10 Neben der individuellen Koalitionsfreiheit gewährleistet Art. 9 Abs. 3 GG einen Bestandsschutz der Vereinigung, deren organisatorische Ausgestaltung und ihr Recht, durch spezifisch koalitionsmäßige Betätigung die in Art. 9 Abs. 3 GG genannten Zwecke zu verfolgen (*BVerfG* 4.7.1995 EzA § 116 AFG Nr. 5). Aus dem verfassungsrechtlich geschützten Betätigungsrecht der Koalitionen folgt die Befugnis, die Arbeits- und Wirtschaftsbedingungen durch den selbstverantwortlichen Abschluss von Tarifverträgen zu regeln (**Tarifautonomie**). Seit der Entscheidung des *BVerfG* vom 14.11.1995 (EzA Art. 9 GG Nr. 60) ist klargestellt, dass der Schutzbereich des Art. 9 Abs. 3 GG nicht von vornherein auf den Bereich des Unerlässlichen beschränkt ist, er erstreckt sich vielmehr auf alle Verhaltensweisen, die koalitionsspezifisch sind (zur Ausgestaltung und Einschränkung der Tarifautonomie durch den Gesetzgeber s. *Däubler/Däubler* TVG Einl. Rn. 124 ff.). Zum Schutz der ausgeübten Koalitionsbetätigungsfreiheit – ein sog. betriebliches Bündnis für Arbeit verstieß gegen tarifliche Regelungen – hat das BAG einen gewerkschaftlichen Unterlassungsanspruch gegen den Arbeitgeber gem. § 1004 BGB i. V. m. § 823 BGB und Art. 9 Abs. 3 GG anerkannt (20.4.1999 EzA Art. 9 GG Nr. 65). Die Befugnis einer Koalition zur Festlegung seiner Tarifzuständigkeit ist Ausdruck dieser grundrechtlich geschützten kollektiven Betätigungsfreiheit (*BAG* 18.7.2006 DB 2006, 2185; s. a. Rdn. 40). Die Möglichkeit einer Arbeitgebervereinigung, im Wege eines abgestuften Modells neben einer Vollmitgliedschaft oder einer Gastmitgliedschaft auch eine Mitgliedschaft ohne Tarifbindung (**OT-Mitgliedschaft**) vorzusehen, ist ebenfalls durch die kollektive Koalitionsfreiheit garantiert (*BAG* 4.6.2008 EzA Art. 9 GG Nr. 95; 18.7.2006 DB 2006, 2185; s. a. Rdn. 183). Ebenso ist die **Mitgliederwerbung** Teil der durch Art. 9 Abs. 3 S. 1 GG geschützten Betätigungsfreiheit der Gewerkschaften. Gewerkschaften haben grds. ein **Zutrittsrecht** zu Betrieben, um dort auch durch betriebsfremde Beauftragte um Mitglieder zu werben. Das Zutrittsrecht ist jedoch nicht unbeschränkt. Ihm können die verfassungsrechtlich geschützten Belange des Arbeitgebers, insbesondere dessen Interesse an einem störungsfreien Arbeitsablauf und der Wahrung des Betriebsfriedens entgegenstehen (*BAG* 28.2.2006 EzA Art. 9 GG Nr. 87).

## A. Grundlagen des Tarifvertragsrechts  Kapitel 11

### 2. Tarifvertragsgesetz und Durchführungsverordnung

Die **Reichweite** der verfassungsrechtlich gewährleisteten **Tarifautonomie** wird durch das TVG konkretisiert. Es wird auf der Grundlage seines § 11 durch eine Durchführungsverordnung vom 20.2.1970 (BGBl. I S. 193), modifiziert durch die Änderungsverordnung vom 19.12.1988 (BGBl. I S. 2307), neu bekannt gemacht am 16.1.1989 (BGBl. I S. 76 ff.) in ihrer seit dem 23.12.1988 geltenden Fassung (Tag des Inkrafttretens der Änderungsverordnung vom 19.12.1988, s. Art. 4 der Änderungsverordnung), zuletzt geändert durch Art. 434 Neunte Zuständigkeitsanpassungsverordnung vom 31.10.2006 (BGBl. 2006 I S. 2407), ergänzt, die die Errichtung und Führung des Tarifregisters und des Tarifarchivs sowie das Verfahren bei der Allgemeinverbindlichkeit einschließlich des Tarifausschusses regelt. 11

Das Tarifvertragsgesetz gilt in den neuen Bundesländern seit ihrem Beitritt (Art. 8 Einigungsvertrag i. V. m. Anl. I Kap. VIII Sachgebiet A Abschnitt III Nr. 14). 12

### 3. Recht der Europäischen Union und Tarifrecht

Im Bereich des als Sozialpolitik bezeichneten europäischen Arbeitsrechts (vgl. Art 151 bis Art. 161 AEUV) steht neben dem institutionellen Rechtsetzungsverfahren unter Beteiligung des Europäischen Parlaments das Verfahren zur Rechtsetzung im sog. Sozialen Dialog. Den Sozialpartnern (UNICE, CEEP, EGB) werden mit dem Institut des Sozialen Dialogs autonome Regelungsbefugnisse eingeräumt. Die EU selbst hat keine Kompetenz zur Regelung des Tarifrechts. Das folgt aus Art. 153 Abs. 5 AEUV. Das Recht der EU beinhaltet auch keine Rechtsgrundlage für Europäische Kollektivverträge. Dies obgleich Art. 28 GR-Charta, die primärrechtliche Geltung hat (vgl. Art 6 Abs. 1 EUV), ein Recht auf Koalitionsverhandlungen und Koalitionsmaßnahmen verbrieft (vgl. Schaub/*Treber* ArbRHb § 197 Rn. 13). Jedoch ermöglicht der Soziale Dialog eine Anhörung und Konsultation der Sozialpartner (Art. 154 Abs. 2 und 3 AEUV) und eröffnet darüber hinaus für die Sozialpartner die Möglichkeit, das Verfahren an sich zu ziehen (Art. 154 Abs. 4 AEUV). Sie können dann gem. Art. 155 Abs. 1 AEUV schuldrechtlich wirkende Vereinbarungen treffen (Schaub/*Treber* ArbRHb § 197 Rn. 14). Übernehmen die Sozialpartner das Verfahren, so ist vorbehaltlich einer bestehenden Verlängerungsoption die Dauer der Verhandlungen auf neun Monate begrenzt. Dementsprechend ist die Rechtsetzungskompetenz der EU-Organe gehemmt (*Thüsing/Braun/Reufels* Tarifrecht, 13. Kap. Rn. 80). Diese Vereinbarungen auf EU-Ebene bedürfen der Umsetzung entweder nach Maßgabe des jeweiligen nationalen Tarifsystems oder aber durch einen Beschluss des Rats auf Vorschlag der Kommission. Dem Beschluss (Art. 155 Abs. 2 AEUV) kommt im Anwendungsbereich der Regelungsgegenstände des Art. 153 AEUV die Wirkung einer Richtlinie oder optional einer Verordnung zu (Schaub/*Treber* ArbRHb § 197 Rn. 14). Außerdem können die einzelnen Mitgliedstaaten auch auf übereinstimmenden Antrag der Sozialpartner diesen die Durchführung unionsrechtlicher Richtlinien übertragen (Art. 153 Abs. 2 AEUV). 12a

Auf Grundlage des Sozialen Dialogs sind in Richtlinien umgesetzt worden die Rahmenvereinbarungen über Elternurlaub (RL 96/34/EG), Teilzeitarbeit (RL 97/81/EG) und Befristung (RL 99/70/EG) sowie die branchenspezifischen Arbeitszeitvereinbarungen für Seeleute (RL 1999/63/EG) und Flugpersonal (RL 2000/79/EG) und schließlich die Vereinbarung über Einsatzbedingungen des fahrenden Personals im Eisenbahnsektor (RL 2005/47/EG). 12b

### III. Begriffsbestimmung und Rechtsnatur des Tarifvertrages

#### 1. Definition

> **Tarifvertrag** ist der schriftliche Vertrag zwischen einem oder mehreren Arbeitgebern oder Arbeitgeberverbänden und einer oder mehreren Gewerkschaften zur Regelung von arbeitsrechtlichen Rechten und Pflichten der Tarifvertragsparteien (**schuldrechtlicher Teil**) und zur Festsetzung von Rechtsnormen über Inhalt, Abschluss und Beendigung von Arbeitsverhältnissen sowie über betriebliche und betriebsverfassungsrechtliche Fragen und gemeinsame Einrichtungen der Vertragsparteien (**normativer Teil**; *Hueck/Nipperdey* Bd. II, S. 207). 13

14 Danach kommt dem Tarifvertrag eine rechtliche Doppelfunktion zu.

### 2. Normativer Teil

15 Die Rechtsnormen des Tarifvertrages gelten **unmittelbar und zwingend**, § 4 Abs. 1 TVG. Nach § 1 Abs. 1 TVG haben die Regelungen des Tarifvertrages den Charakter von Rechtsnormen; sie sind Gesetzen gleichgestellt (Art. 2 EGBGB, § 12 EGZPO, § 7 EGStPO). Der Tarifvertrag ist also in seinem normativen Teil ein für Dritte rechtsverbindlicher zweiseitiger kooperativer Normenvertrag. Daraus folgt, dass die Tarifnormen von gesetzlichen Vorschriften erfasst werden (das tarifliche Schriftformgebot z. B. unterfällt § 126 BGB und nicht etwa § 127 BGB). Tarifverträge sind in ihrem normativen Teil kraft ihrer Eigenschaft als Rechtsnormen wie Gesetze auszulegen. Daraus folgt auch weiter, dass der Richter Tarifverträge von Amts wegen anwenden muss (*BAG* 29.3.1957 AP Nr. 4 zu § 4 TVG Tarifkonkurrenz).

### 3. Schuldrechtlicher Teil

16 Der Tarifvertrag regelt die Rechte und Pflichten der Tarifvertragsparteien, § 1 Abs. 1 TVG. Hieraus ergibt sich sein **gegenseitiger schuldrechtlicher Vertragscharakter**. Wie bei sonstigen schuldrechtlichen Verträgen entstehen bereits aus der Anbahnung des Tarifvertrages für die den Vertrag abschließenden Parteien Pflichten. Dementsprechend sind auch nachvertragliche Pflichten zu beachten. Die mit den Tarifnormen im Zusammenhang stehenden Pflichten sind die Friedens- und Durchführungspflicht (*Wiedemann/Thüsing* TVG § 1 Rn. 866 ff., 913 ff.). Der schuldrechtliche Teil des Tarifvertrages unterliegt auch im Übrigen den für Rechtsgeschäfte geltenden Regelungen (z. B. für die Auslegung: §§ 133, 157 BGB).

## B. Voraussetzungen für den Abschluss von Tarifverträgen

### I. Tariffähigkeit

#### 1. Allgemeines

17 **Tariffähigkeit** ist die Fähigkeit, Partei eines Tarifvertrages zu sein (*BAG* 27.11.1964 AP Nr. 1 zu § 2 TVG Tarifzuständigkeit). Nach § 2 TVG können Tarifvertragsparteien Gewerkschaften sein, einzelne Arbeitgeber und die Vereinigung von Arbeitgebern sowie die Zusammenschlüsse von Gewerkschaften und Arbeitgebervereinigungen. Welche inhaltlichen Anforderungen an die Tariffähigkeit zu stellen sind, ist gesetzlich nicht geregelt. Da das TVG eine gesetzliche Konkretisierung der den nach Art. 9 Abs. 3 GG geschützten Koalitionen obliegenden Tarifautonomie ist, sind tariffähig alle Verbände, welche die Merkmale der Koalition erfüllen. Die Tariffähigkeit ist Wirksamkeitsvoraussetzung für einen Tarifvertrag. Ein von einer nicht tariffähigen Vereinigung abgeschlossener Tarifvertrag ist nichtig (*BAG* 15.11.2006 EzA § 4 TVG Bauindustrie Nr. 131). Eine nachträgliche Heilung ist ausgeschlossen.

#### 2. Der Begriff der Koalition

18 **Koalitionen** sind Zusammenschlüsse von Arbeitnehmern oder Arbeitgebern zur Wahrung und Förderung der Arbeits- und Wirtschaftsbedingungen. Es muss sich um freiwillig gebildete, gegnerfreie, unabhängige, auf überbetrieblicher Grundlage organisierte, mit einer gewissen Mächtigkeit und Durchsetzungskraft ausgestattete Vereinigungen handeln, deren satzungsgemäße Aufgabe es ist, unter Anerkennung des geltenden Tarifrechts die Interessen ihrer Mitglieder wahrzunehmen (*BVerfG* 20.10.1981 EzA § 2 TVG Nr. 13; *BAG* 16.1.1990 EzA § 2 TVG Nr. 18; 20.11.1990 EzA § 2 TVG Nr. 20).

#### 3. Tariffähigkeit von Gewerkschaften und Vereinigungen von Arbeitgebern

19 Danach ist die Tariffähigkeit dieser Verbände im Einzelnen wie folgt zu bewerten:

## B. Voraussetzungen für den Abschluss von Tarifverträgen  Kapitel 11

### a) Freie, auf Dauer angelegte Vereinigungen

**Koalitionen** können nur freiwillige Zusammenschlüsse von Arbeitnehmern oder Arbeitgebern sein. Koalitionen sind nur privatrechtliche Vereinigungen. Deshalb scheiden öffentlich-rechtlich organisierte Vereinigungen als Koalitionen aus. Ihre Struktur verträgt sich nicht mit dem Erfordernis der Freiwilligkeit. Eine Ausnahme besteht nur für die Innungen und Landesinnungsverbände, denen kraft Gesetzes die Tariffähigkeit zuerkannt ist (§§ 54 Abs. 3 Nr. 1, 82 Nr. 3, 85 Abs. 2 HwO). Aus der den Koalitionen verliehenen Normsetzungsbefugnis folgt auch, dass die Koalition demokratisch organisiert sein muss (*BVerfG* 6.5.1964 EzA § 2 TVG Nr. 5; *BAG* 9.7.1968 EzA Art. 9 GG Nr. 4). Gerade im Hinblick auf die Normsetzungsbefugnis müssen die Mitglieder an der Willensbildung ihres Verbandes mitwirken können. Auf die Rechtsfähigkeit der Koalition kommt es nicht an. So sind bspw. Gewerkschaften aus historischen Gründen zumeist nicht rechtsfähige Vereinigungen. Eine Koalition i. S. d. Art. 9 Abs. 3 GG muss eine korporative Verfassung haben, da die in Art. 9 GG genannten Vereinigungen am Vereinsgesetz zu messen sind. Eine korporative Gliederung setzt einen Mitgliederbestand, eine vom Wechsel der Mitglieder unabhängige Organisation und nach demokratischen Grundsätzen gegliederte Organe voraus. Diese Kriterien können letztlich nur auf gewisse Dauer angelegte Vereinigungen erfüllen. Sog. ad-hoc-Vereinigungen genügen diesen Anforderungen nicht. 20

### b) Die Unabhängigkeit der Vereinigung

Die **Unabhängigkeit** i. S. einer Freiheit vom koalitionspolitischen Gegner bedeutet, dass in der Vereinigung nur Arbeitnehmer oder nur Arbeitgeber vertreten sind. Dieses Merkmal soll für eindeutige Vertretungsbeziehungen sorgen. »Harmonieverbände« unter Beteiligung beider Lager, wie bspw. der FDGB der früheren DDR, wären nicht tariffähig. Finanzielle und personelle Abhängigkeiten von Gewerkschaft und Arbeitgeberverband dürfen nicht bestehen. Unbedenklich ist es jedoch, wenn eine Gewerkschaft es zulässt, dass der Geschäftsführer einer Bezirksverwaltung als Beisitzer von Einigungsstellen Honorare aus Arbeitgeberhand bezieht (*BAG* 14.12.1988 EzA § 76 BetrVG 1972 Nr. 47). Die Rechtswirklichkeit zeigt, dass die Gegnerfreiheit im Hinblick auf die Verwirklichung des Sozialstaates kein absolutes Kriterium sein kann. So sind gewerkschaftliche Vertreter in Unternehmen der öffentlichen Hand und bei Sozialversicherungsträgern leitend tätig; der Montan-Arbeitsdirektor hat eine Doppelstellung als Repräsentant der Arbeitnehmer und als Chef des Personalbereichs. Periphere Überschneidungen sind hinzunehmen. Entscheidend ist, ob die Leitungsstruktur einer Vereinigung autonom ist. 21

Neben der Unabhängigkeit vom koalitionspolitischen Gegner bedarf es auch einer **Unabhängigkeit von dritter Seite**, insbes. vom Staat, von der Kirche und von einer politischen Partei. Eine Vereinigung, die satzungsgemäß kirchliche Interessen gegen finanzielle Unterstützung vertritt, verliert ohne besonderes Verfahren ihre Tariffähigkeit. 22

Aus dem Erfordernis der Unabhängigkeit folgt auch, dass die Vereinigung grds. **überbetrieblich** organisiert sein muss (*BAG* 16.1.1990 EzA § 2 TVG Nr. 18), da sonst der Bestand der Vereinigung von den Einstellungen und Entlassungen des Arbeitgebers abhängig wäre. Obwohl sich die Eisenbahngewerkschaft und die Postgewerkschaft im DGB vor deren Privatisierungen auf jeweils nur ein Unternehmen beschränkt haben, war ihre Gewerkschaftseigenschaft allgemein anerkannt. Dies ließ sich nur wegen der Größe dieser Unternehmen rechtfertigen. Seit der Postreform stellt sich für die Postgewerkschaft diese Frage nicht mehr. Entsprechendes gilt auch für die Eisenbahngewerkschaft, wenn die Bahnreform vollständig vollzogen ist. Seit dem 2.7.2001 ist die Deutsche Postgewerkschaft in der Vereinten Dienstleistungsgewerkschaft (kurz: ver.di) aufgegangen. 23

### c) Durchsetzungsfähigkeit

Die **grundgesetzlich gewährleistete Tarifautonomie** kann nur dann funktionieren, wenn eine Vereinigung in der Lage ist, auf den koalitionspolitischen Gegner **Druck** auszuüben, um tatsächlich auch die Arbeits- und Wirtschaftsbedingungen regeln zu können (*BAG* 14.12.2004 EzA § 2 TVG 24

Nr. 27). Eine Arbeitnehmervereinigung ist für den von ihr beanspruchten Zuständigkeitsbereich insgesamt oder überhaupt nicht tariffähig (*BAG* 28.3.2006 NZA 2006, 1112).

25 Für die Tariffähigkeit von Arbeitnehmervereinigungen ist daher die Mächtigkeit und **Druckfähigkeit** gegenüber dem sozialen Gegenspieler notwendig (*BAG* 16.1.1990 EzA § 2 TVG Nr. 18), die erwarten lässt, dass sie als Tarifpartner vom sozialen Gegenspieler wahr- und ernst genommen wird (*BAG* 28.3.2006 NZA 2006, 1112). Mit Beschluss vom 6.6.2000 (EzA § 2 TVG Nr. 2) hat der 1. Senat des BAG nochmals bekräftigt, dass für die Tariffähigkeit und damit Gewerkschaftseigenschaft einer Arbeitnehmervereinigung Voraussetzung ist, dass diese ihre Aufgabe als Tarifpartnerin sinnvoll erfüllen kann. Dazu bedarf es einer entsprechenden Durchsetzungskraft gegenüber dem sozialen Gegenspieler und einer ausreichenden Leistungsfähigkeit der Organisation. Soweit eine Arbeitnehmervereinigung in der Vergangenheit bereits Tarifverhandlungen geführt und solche zum Abschluss gebracht hat, liegt die Durchsetzungsfähigkeit auf der Hand. Sofern sie bereits in nennenswertem Umfang Tarifverträge geschlossen hat, belegt dies regelmäßig ihre Durchsetzungskraft (*BAG* 28.3.2006 NZA 2006, 1112: betr. Christliche Gewerkschaft Metall). Dies gilt sowohl für den Abschluss originärer Tarifverträge als auch für den Abschluss von Anschlusstarifverträgen. Demgegenüber ist der Abschluss von Anschlusstarifverträgen (s. Rdn. 54) dann lediglich ein Indiz für die Durchsetzungsfähigkeit (*BAG* 25.11.1986 EzA § 2 TVG Nr. 17), wenn bisher Tarifverträge noch nicht in nennenswertem Umfang abgeschlossen wurden. Die Durchsetzungsfähigkeit und Mächtigkeit lässt sich in diesem Fall nur prognostisch beurteilen. Dazu hat die Arbeitnehmervereinigung, die Tariffähigkeit beansprucht, Tatsachen darzulegen und im Streitfall zu beweisen, die den Schluss rechtfertigen, die Arbeitgeberseite werde sie voraussichtlich nicht ignorieren und sich Tarifverhandlungen auf Dauer nicht entziehen können. Als hierzu geeignete Tatsachen kommen insbes. die Organisationsstärke sowie ggf. die Fähigkeit in Betracht, durch Arbeitnehmer in Schlüsselpositionen Druck auszuüben (*BAG* 28.3.2006 NZA 2006, 1112). Auch eine relativ kleine Arbeitnehmervereinigung (hier: Flugbegleiter) kann die erforderliche Durchsetzungsfähigkeit besitzen, wenn in ihr spezialisierte Arbeitnehmer organisiert sind, die von Arbeitgeberseite im Falle von Arbeitskämpfen kurzfristig nur schwer ersetzbar sind (*BAG* 14.12.2004 EzA § 2 TVG Nr. 27).

26 Für die Tariffähigkeit eines Arbeitgeberverbandes kommt es demgegenüber nicht auf die Durchsetzungsfähigkeit an (*BAG* 20.11.1990 EzA § 2 TVG Nr. 20). Denn dem einzelnen Arbeitgeber ist die Tariffähigkeit kraft Gesetzes verliehen. Würde es auch für einen Arbeitgeberverband auf eine Durchsetzungsfähigkeit ankommen, so könnte sich der einzelne Arbeitgeber einem Tarifvertrag dadurch entziehen, dass er einem Arbeitgeberverband beitritt, dem die Durchsetzungsfähigkeit fehlt. Diese Begründung veranlasste das *BAG* (20.11.1990 EzA § 2 TVG Nr. 20) einer Vereinigung von 41 Berliner Rechtsanwälten die Tariffähigkeit zuzusprechen. Mit der Entscheidung vom 22.3.2000 (EzA § 2 TVG Nr. 22) hat das BAG klargestellt, dass der Umstand, dass einer Vereinigung nach ihrer Satzung auch Einzelmitglieder beitreten können, ihrer Eigenschaft als Spitzenorganisation nicht entgegensteht. In einem solchen Fall kann sie sowohl nach § 2 Abs. 1 TVG tariffähig sein als auch diese Rechtsmacht durch die Eigenschaft nach § 2 Abs. 3 TVG erlangen. Sieht die Satzung einer solchen Spitzenorganisation die Wahrnehmung ihrer Aufgaben als Arbeitgeberverband durch eine in ihr gebildete tarifpolitische Arbeitsgemeinschaft vor, der nur Einzelmitglieder angehören können, gehört der Abschluss von Tarifverträgen nicht i. S. v. § 2 Abs. 3 TVG zu den satzungsgemäßen Aufgaben der Spitzenorganisation.

### d) Tarifwilligkeit und Anerkennung des Tarifrechts

27 Nach der Rechtsprechung des BAG müssen die **Vereinigungen nach § 2 TVG** zum einen willens sein, Tarifverträge abzuschließen (*BAG* 16.1.1990 EzA § 2 TVG Nr. 18). Zum anderen müssen sie das geltende Tarif-, Schlichtungs- und Arbeitskampfrecht anerkennen (*BAG* 25.11.1986 EzA § 2 TVG Nr. 17). Die Frage der Tarifwilligkeit beurteilt sich nach ihrer Satzung.

## B. Voraussetzungen für den Abschluss von Tarifverträgen  Kapitel 11

### 4. Tariffähigkeit des einzelnen Arbeitgebers

Nach § 2 Abs. 1 TVG ist auch jeder **einzelne Arbeitgeber** tariffähig, damit den Gewerkschaften 28 stets ein Tarifvertragspartner zur Verfügung steht. Damit wird letztlich der verfassungsrechtlich garantierten kollektiven Koalitionsfreiheit Rechnung getragen. Welche Rechtsform der Arbeitgeber hat, spielt für die Tariffähigkeit keine Rolle. Tariffähig sind auch Beschäftigungsgesellschaften in den neuen Bundesländern (*LAG Bra.* 24.2.1994 NZA 1995, 905). Ein Konzern als solcher ist nicht tariffähig (*Wiedemann/Oetker* § 2 TVG Rn. 141 ff). Entgegen den Voraussetzungen der Verbandstariffähigkeit ist es auch unerheblich, ob er tarifwillig oder durchsetzungsfähig ist. Gleichfalls muss er keine Mindestzahl von Arbeitnehmern beschäftigen.

Der **Arbeitgeber** verliert seine Tariffähigkeit nicht dadurch, dass er einem Verband beitritt. Un- 29 abhängig von der Mitgliedschaft des Arbeitgebers in einem Arbeitgeberverband kann die Gewerkschaft grds. von einem einzelnen Arbeitgeber den Abschluss eines Tarifvertrages verlangen.

Die Gewerkschaft kann den Abschluss eines Tarifvertrages nur dann nicht verlangen, wenn noch ein 30 Verbandstarifvertrag besteht oder der Arbeitgeber zum Austritt aus dem Arbeitgeberverband gezwungen werden soll. Der von einem einzelnen Arbeitgeber abgeschlossene Tarifvertrag ist der **Firmentarifvertrag**, der oftmals auch als Unternehmens- oder Werkstarifvertrag bezeichnet wird. Nicht selten wird auch die etwas irreführende Bezeichnung Haustarifvertrag verwendet. Irreführend deshalb, weil Firmentarifverträge nach ihrem Inhalt als Anerkennungs- oder Haustarifvertrag ausgestaltet sein können. Mit einem **Anerkennungstarifvertrag** werden die Inhalte des nach dem Geltungsbereich an sich einschlägigen Verbandstarifvertrages, wäre der Arbeitgeber Mitglied des zuständigen Arbeitgeberverbandes, eins zu eins übernommen. Demgegenüber enthält ein Firmentarifvertrag in der Gestalt eines **Haustarifvertrages** speziellere, vom Verbandstarifvertrag nach oben oder nach unten abweichende, Regelungen für ein Unternehmen oder einen Betrieb. Davon ist der sog. **Firmenbezogene Verbandstarifvertrag** zu unterscheiden. Der Unterschied gegenüber einem Firmentarifvertrag, den der einzelne Arbeitgeber mit der zuständigen Gewerkschaft abschließt, besteht darin, dass ein solcher Tarifvertrag von den jeweils zuständigen Arbeitgeberverbänden und den Gewerkschaften für ein bestimmtes Unternehmen abgeschlossen wird. Ein Konzern ist selbst nicht tariffähig, weil dort die Arbeitnehmer regelmäßig Arbeitsverträge nur mit den rechtlich selbstständigen Konzernunternehmen haben. Um innerhalb des Konzerns einheitliche Arbeitsbedingungen sicherzustellen, können bspw. einheitliche Haustarifverträge abgeschlossen werden.

### 5. Tariffähigkeit der Zusammenschlüsse von Gewerkschaften und Arbeitgebervereinigungen

Die **Spitzenorganisationen** der Gewerkschaften und Arbeitgebervereinigungen sind auch tariffähig. 31 Sie können Tarifverträge im eigenen Namen abschließen, wenn der Abschluss zu ihren satzungsgemäßen Aufgaben gehört, § 2 Abs. 3 TVG. Sie können auch im Namen der ihnen angeschlossenen Verbände Tarifverträge abschließen, wenn sie eine entsprechende Vollmacht haben, § 2 Abs. 2 TVG. Eine Spitzenorganisation verfügt weder nach § 2 Abs. 2 TVG noch nach § 2 Abs. 3 TVG über eine originäre Tariffähigkeit. Ihre Tariffähigkeit leitet eine Spitzenorganisation ausschließlich von ihren Mitgliedern ab. Diese können der Spitzenorganisation deren Tariffähigkeit daher nur im Rahmen ihrer eigenen Tariffähigkeit vermitteln (*BAG* 14.12.2010 NZA 2011, 289, 297). Das BAG hat mit Beschluss vom 14.12.2010 festgestellt, dass die Spitzenorganisation der Tarifgemeinschaft Christlicher Gewerkschaften für Zeitarbeit und Personalserviceagenturen (CGZP) nicht tariffähig ist (*BAG* 14.12.2010 NZA 2011, 289). Die den Spitzenverbänden kraft Gesetzes übertragenen Befugnisse führen nicht dazu, dass die sonstigen tariffähigen Organisationen ihre sich aus der Tariffähigkeit ergebenden Rechte verlieren. Deshalb kann eine Gewerkschaft für ihre Mitglieder durchaus Tarifverträge abschließen, auch wenn eine Spitzenorganisation schon für den gleichen Zuständigkeitsbereich durch Abschluss eines Tarifvertrages tätig geworden ist. Bei einer solchen Sachlage ist das Rangverhältnis zwischen beiden Tarifverträgen nach den Grundsätzen der Tarifkonkurrenz zu lösen (*BAG* 22.2.1957 AP Nr. 2 zu § 2 TVG; s. Rdn. 247 ff.). Haben die Spitzenorganisationen einen Tarifvertrag abgeschlossen, so haften sie neben den ihnen angeschlossenen Verbänden für die Erfüllung der gegenseitigen Verpflichtungen, § 2 Abs. 4 TVG.

### 6. Weitere tariffähige Vereinigungen auf Arbeitgeberseite

32 Der Gesetzgeber kann privatrechtlichen oder öffentlich-rechtlichen Verbänden, die nicht die Anforderungen an Berufsverbände i. S. d. § 2 Abs. 1 erfüllen, die **Tariffähigkeit verleihen** (*Wiedemann/ Oetker* TVG § 2 Rn. 287). Nach § 54 Abs. 3 Nr. 1 HwO sind die Handwerksinnungen und Innungsverbände als ohne Beitrittszwang ausgestaltete Körperschaften des öffentlichen Rechts im Gegensatz zu Kreishandwerkerschaften und Handwerkskammern (§§ 80 ff. HwO) tariffähig (s. Rdn. 20). Kreishandwerkerschaften sind also nicht tariffähig (*BAG* 10.12.1960 AP Nr. 12 zu § 11 ArbGG 1953). Die Arbeitnehmerkammern in Bremen und Saarland sind auch nicht tariffähig. Die Bundesrepublik Deutschland ist als Arbeitgeber Tarifvertragspartei für die Festlegung der Arbeits- und Wirtschaftsbedingungen der bei den Alliierten Streitkräften beschäftigten zivilen Arbeitnehmer, Art. 56 Abs. 5a ZA-NTS.

## II. Beginn und Ende der Tariffähigkeit

### 1. Beginn der Tariffähigkeit

33 Die **Tariffähigkeit** von Gewerkschaften und Vereinigungen von Arbeitgebern liegt vor, **sobald** die von der Rechtsprechung entwickelten Voraussetzungen erfüllt sind. Da diese Verbände regelmäßig nicht rechtsfähig sind und auch nicht rechtsfähig sein müssen, kommt es z. B. auf die Eintragung als Verein nach § 21 BGB nicht an. Für den Beginn der Tariffähigkeit des einzelnen Arbeitgebers genügt es bereits, wenn er die Beschäftigung von Arbeitnehmern beabsichtigt. Daraus folgt, dass die Tariffähigkeit nicht erst ab dem Zeitpunkt des Abschlusses des ersten Arbeitsvertrages eintritt.

34 Für den **Beginn der Tariffähigkeit** der Spitzenorganisationen und der weiteren tariffähigen Vereinigungen auf Arbeitgeberseite kommt es allein darauf an, ob die in den einzelnen Bestimmungen aufgestellten Voraussetzungen vorliegen.

### 2. Ende der Tariffähigkeit

35 Die Tariffähigkeit von Gewerkschaften und Vereinigungen von Arbeitgebern **endet**, wenn eine ihrer Voraussetzungen wegfällt oder die Vereinigung selbst nicht mehr existiert, z. B. infolge eines Auflösungsbeschlusses. In der sich anschließenden Liquidation ist die Vereinigung nicht mehr tariffähig (*BAG* 25.9.1990 EzA § 10 ArbGG Nr. 4). Beschließt eine Arbeitgebervereinigung, künftig keine Tarifverträge mehr abzuschließen, so fehlt es an der Tarifwilligkeit mit der Folge, dass auch die Tariffähigkeit endet.

36 **Verliert** der Arbeitgeber seine Arbeitgebereigenschaft, z. B. weil er keine Arbeitnehmer mehr beschäftigt, insbes. also bei der Stilllegung des Unternehmens, so endet damit seine Tariffähigkeit. Ist der Arbeitgeber eine natürliche Person, so fällt die Tariffähigkeit mit seinem Tod nicht ersatzlos weg. An seine Stelle tritt der gesetzliche oder gewillkürte Erbe in den Tarifvertrag ein. Als juristische Person endet die Tariffähigkeit des Arbeitgebers mit ihrer Auflösung. Veränderungen im Gesellschafterbestand lassen die Arbeitgeberstellung der Personengesellschaft unberührt. Im Falle der Betriebsveräußerung endet die Tariffähigkeit des Arbeitgebers. Die Arbeitsverhältnisse gehen jedoch nach § 613a Abs. 1 S. 1 BGB mit dem Betrieb auf den Erwerber über (s. Kap. 3 Rdn. 4080 ff.).

37 Liegen die gesetzlichen Voraussetzungen für die Tariffähigkeit der Spitzenorganisationen und der weiteren tariffähigen Vereinigungen von Arbeitgebern nicht mehr vor, so endet auch deren Tariffähigkeit.

## III. Tarifzuständigkeit

### 1. Begriff und Bedeutung

Die **Tarifzuständigkeit** ist die in der Satzung der Arbeitgeber- oder Arbeitnehmervereinigung festgelegte Befugnis eines tariffähigen Verbandes, Tarifverträge mit einem bestimmten räumlichen, betrieblich-fachlichen und persönlichen Geltungsbereich abzuschließen (*BAG* 24.7.1990 EzA § 2 TVG Tarifzuständigkeit Nr. 2). Sie erfährt durch das Gesetz grds. weder eine Erweiterung noch eine Beschränkung. Eine Beschränkung auf die jeweiligen Verbandsmitglieder ist dagegen rechtlich nicht möglich (*BAG* 18.7.2006 DB 2006, 2185). Keine Frage der Tarifzuständigkeit ist die Zulässigkeit der Mitgliedschaft in einem Arbeitgeberverband ohne Verbandstarifbindung (OT-Mitgliedschaft). Die Tarifzuständigkeit einerseits und die Tarifgebundenheit andererseits sind in Inhalt, Voraussetzungen, verfassungsrechtlicher Grundlagen, materiellrechtlicher Folgen und prozessualer Behandlung völlig unterschiedlich ausgestaltet (*BAG* 18.7.2006 DB 2006, 2185). 38

Die Tarifzuständigkeit ist wie die Tariffähigkeit Voraussetzung für den Tarifvertrag (MünchArbR/ *Löwisch* § 248 Rn. 61). Inhalt, Voraussetzungen und Folgen der Tarifzuständigkeit sind gesetzlich nicht geregelt. Sie wird in § 2a Abs. 1 Nr. 4, § 97 ArbGG vorausgesetzt (*BAG* 18.7.2006 DB 2006, 2185). 39

### 2. Bestimmung der Tarifzuständigkeit

#### a) Verbandstarifvertrag

Die Gewerkschaft bestimmt auf Grund ihrer durch Art. 9 Abs. 3 GG geschützten **Satzungsautonomie** als Ausdruck der kollektiven Betätigungsfreiheit selbst, welche Arbeitnehmer Mitglied werden können, für welche Arbeitnehmer sie ihre Aufgaben als Gewerkschaft – auch durch den Abschluss von Tarifverträgen – wahrnehmen und auf welche Betriebe sie ihre Tarifzuständigkeit erstrecken will (*BAG* 27.9.2005 EzA § 2 TVG Tarifzuständigkeit Nr. 9). Sie hat auch das Recht, den Zuständigkeitsbereich zu ändern. Eine Änderung ist nicht deshalb unzulässig, weil für den neu erfassten Bereich bereits eine andere Gewerkschaft tarifzuständig ist. Dies gilt auch dann, wenn die entsprechende Satzungsbestimmung aus rechtlichen oder tatsächlichen Gründen dazu führen soll, dass von der Tarifzuständigkeitsregelung nur ein Unternehmen eines bestimmten Wirtschaftszweiges erfasst wird, während für die anderen Unternehmen des Wirtschaftszweiges eine andere Gewerkschaft zuständig ist. Es besteht keine Verpflichtung, den eigenen Zuständigkeitsbereich nicht auf Branchen, Gebiete oder bestimmte Arbeitnehmer zu erstrecken, die bereits von anderen Gewerkschaften erfasst werden (*BAG* 19.11.1985 EzA § 2 TVG Nr. 15). Das Industrieverbandsprinzip ist insoweit keine Rechtsnorm, welche die Satzungsautonomie einer Gewerkschaft beschränkt. Es handelt sich vielmehr um einen Organisationsgrundsatz der im DGB zusammengefassten derzeit acht Gewerkschaften (IG Bauen-Agrar-Umwelt; IG BCE, Transnet Gewerkschaft GdED, Gewerkschaft Erziehung und Wissenschaft; IG Metall, Gewerkschaft Nahrung, Genuss, Gaststätten, Gewerkschaft der Polizei und ver.di), der im Interesse einer effektiven Gewerkschaftsarbeit sicherstellen will, dass die Arbeitnehmer eines Industriezweiges durch eine DGB-Gewerkschaft vertreten werden. Die Bestimmung der Grenze des jeweiligen Industriezweiges und damit der Zuständigkeit der jeweiligen Industriegewerkschaft liegt allein in der Satzungsautonomie der einzelnen Gewerkschaften, die lediglich intern durch die freiwillige Bindung an die Satzung des DGB beschränkt wird. Die Zuständigkeit einer DGB-Gewerkschaft für ein Unternehmen ergibt sich jedoch nicht schon daraus, dass sich die anderen in Frage kommenden Gewerkschaften für unzuständig erklären (*BAG* 22.11.1988 EzA § 2 TVG Tarifzuständigkeit Nr. 1). Den Gewerkschaften ist es grds. nicht verwehrt, sich in ihrer Satzungskompetenz zu beschränken und Änderungen der Satzung von der Zustimmung Dritter anhängig zu machen. Ein Verstoß gegen einen derartigen Zustimmungsvorbehalt führt im Außenverhältnis nicht notwendig zur Unwirksamkeit der Satzungsänderung (*BAG* 27.9.2005 EzA § 2 TVG Tarifzuständigkeit Nr. 9). Überschneiden sich die Organisationsbereiche zweier DGB-Gewerkschaften, ist eine Doppelzuständigkeit nach der von den Gewerkschaften durch ihre Mitglied- 40 schaft anerkannten Satzung des DGB im Zweifel auszuschließen. Insoweit gilt der übergeordnete Grundsatz der DGB-Satzung: Ein Betrieb, eine Gewerkschaft. Solange das zur verbindlichen Klärung einer solchen Zuständigkeitsüberschneidung vorgesehene Schiedsverfahren nach § 16 DGB-Satzung noch nicht durchgeführt ist, bleibt es zunächst bei der Alleinzuständigkeit derjenigen Gewerkschaft, die vor Entstehen der Konkurrenzsituation als zuständig angesehen worden war, sodass sich alle Beteiligten (Verbände, Arbeitgeber und Arbeitnehmer) darauf einstellen konnten (*BAG* 12.11.1996 EzA § 2 TVG Tarifzuständigkeit Nr. 6). Die Satzung wird im Falle einer DGB-Gewerkschaft durch einen Schiedsspruch, der im Verfahren gem. §§ 15, 16 der Satzung des DGB ergeht, authentisch und sowohl für die streitenden Gewerkschaften als auch für den Arbeitgeber verbindlich interpretiert oder ergänzt (*BAG* 17.2.1970 AP Nr. 3 zu § 2 TVG Tarifzuständigkeit; 25.9.1996 EzA § 2 TVG Tarifzuständigkeit Nr. 5). Die Schiedsstelle ist allerdings nicht berechtigt, die Satzung der obsiegenden Gewerkschaft i. S. einer Zuständigkeitserweiterung zu ergänzen. Ihr ist aber bei der Satzungsauslegung und bei der Begrenzung der Organisationsbereiche ein Beurteilungsspielraum zuzubilligen (*BAG* 25.9.1996 EzA § 2 TVG Tarifzuständigkeit Nr. 5). Die vorgenannten Grundsätze zur Tarifzuständigkeit gelten entsprechend für eine Arbeitgebervereinigung. Hier wie da richtet sich die Tarifzuständigkeit nach der Verbandssatzung. Gegebenenfalls ist die Verbandssatzung nach dem objektivierten Willen des Satzungsgebers entsprechend den für die Auslegung von Tarifverträgen und Betriebsvereinbarungen geltenden Grundsätzen (*BAG* 18.7.2006 DB 2006, 2185). Die Ausgestaltung des Organisationsbereichs und die damit verbundene Festlegung der Tarifzuständigkeit stehen grds. jedem Verband frei. Dagegen kann eine Arbeitgeber- oder Arbeitnehmervereinigung ihre Tarifzuständigkeit nicht wirksam auf ihre jeweiligen Mitglieder beschränken. Der Umfang der Tarifzuständigkeit des Verbandes wäre dann von der Entscheidung einzelner Mitglieder über ihren Ein- und Austritt abhängig. Bei einer mitgliedschaftsbezogenen Tarifzuständigkeit würde der Verband im Ergebnis seine Tarifzuständigkeit nicht unmittelbar selbst regeln. Eine Satzungsbestimmung, die den Umfang der Tarifzuständigkeit einer Vereinigung vom Ein- und Austritt einzelner Mitglieder abhängig macht, ist mit dem geltenden System des Tarifvertragsrechts nicht vereinbar. Demgegenüber richtet sich die Tarifgebundenheit des einzelnen Arbeitnehmers oder Arbeitgebers grds. (Ausnahme davon die willensunabhängigen Tatbestände der §§ 3 Abs. 3 und 4 Abs. 5 TVG) nach dessen individueller Entscheidung über seine Mitgliedschaft im betreffenden Verband.

### b) Firmentarifvertrag

41 Aus der dem **einzelnen Arbeitgeber** kraft Gesetzes verliehenen Tariffähigkeit folgt, dass er für alle seine Betriebe und Arbeitnehmer tarifzuständig ist. Seine Tarifzuständigkeit ist nicht einschränkbar. Jedoch muss auch die Tarifzuständigkeit seines Tarifvertragspartners gegeben sein; diese richtet sich nach der für die Gewerkschaft maßgebenden Satzung. Der darin bestimmte fachliche Geltungsbereich richtet sich regelmäßig nach dem überwiegenden Unternehmenszweck (*BAG* 22.11.1988 EzA § 2 TVG Tarifzuständigkeit Nr. 1). Wegen der in diesem Zusammenhang statt des Begriffs Firmentarifvertrag verwendeten anderen Bezeichnungen einschließlich ihrer Inhalte s. Rdn. 30.

42 Dem Arbeitgeber ist es unbenommen, bspw. seinen Unternehmenszweck zu verändern oder aber seine Betriebsstätten zu verlegen. Die sich daraus regelmäßig ergebende Tarifunzuständigkeit der Gewerkschaft hat zur Folge, dass der Tarifvertrag seine Geltung verliert (MünchArbR/*Löwisch* § 248 Rn. 75). Nach Auffassung des BAG gilt jedoch im Fall des sog. **Herauswachsens** aus dem Geltungsbereich eines Tarifvertrages in entsprechender Anwendung des § 4 Abs. 5 TVG der Inhalt des Tarifvertrages kraft Nachwirkung weiter (z. B. der Arbeitgeber betreibt zunächst ein Elektro-Handwerk, entschließt sich dann aber, überwiegend Arbeitnehmerüberlassung durchzuführen; *BAG* 10.12.1997 AP Nr. 20 zu § 3 TVG im Anschluss und in Fortführung von *BAG* 18.3.1992 EzA § 4 TVG Nachwirkung Nr. 14).

## IV. Tarifverträge tarifunzuständiger oder tarifunfähiger Parteien

Der Gesetzgeber hat weder geregelt, wie zu verfahren ist, wenn ein Tarifvertrag von einer **unzuständigen Tarifpartei** abgeschlossen und bereits angewandt worden ist, noch was dann gilt, wenn die Tarifzuständigkeit nach Abschluss eines Tarifvertrages, z. B. wegen einer Satzungsänderung, wegfällt.  43

Nach der Rechtsprechung des *BAG* (27.11.1964 AP Nr. 1 zu § 2 TVG Tarifzuständigkeit) ist der Tarifvertrag unwirksam, wenn bei Abschluss des Tarifvertrages einer Partei die Tariffähigkeit oder die Tarifzuständigkeit fehlt. Da ein von einer nicht tariffähigen Vereinigung abgeschlossener Tarifvertrag nichtig ist, kann er deshalb für allgemeinverbindlich erklärte Tarifverträge nicht als spezielleren Tarifvertrag verdrängen (*BAG* 15.11.2006 EzA § 4 TVG Bauindustrie Nr. 131). Sind die Tarifvertragsparteien für den von ihnen abgeschlossenen Tarifvertrag nur teilweise tarifzuständig, ist der von der Tarifzuständigkeit nicht getragene Teil des Tarifvertrages regelmäßig nichtig. Der Tarifvertrag ist jedoch dann im Ganzen nichtig, wenn der von der Tarifzuständigkeit gedeckte Teil keine sinnvolle Regelung mehr darstellt.  44

Fällt die Tariffähigkeit nach Abschluss des Tarifvertrages weg, so ist der Tarifvertrag unwirksam, wenn nicht eine andere Tarifvertragspartei an die Stelle der tarifunfähigen Partei tritt (*BAG* 11.11.1970 AP Nr. 28 zu § 2 TVG den schuldrechtlichen Teil betreffend; *BAG* 15.10.1986 EzA § 2 TVG Nr. 16 den normativen Teil betreffend). Entsprechendes gilt auch für den Wegfall der Tarifzuständigkeit (MünchArbR/*Löwisch* § 248 Rn. 77).  45

## V. Gerichtliche Entscheidung über die Tariffähigkeit und die Tarifzuständigkeit einer Vereinigung

Nach §§ 2a Abs. 1 Nr. 4, 97 ArbGG ist es statthaft, in einem arbeitsgerichtlichen Beschlussverfahren die **Tariffähigkeit und Tarifzuständigkeit** von Koalitionen klären zu lassen. Eine OT-Mitgliedschaft im sog. Stufenmodell betrifft keine Regelung zur personellen Tarifzuständigkeit eines Arbeitgeberverbandes. Sie kann nicht in einem Verfahren nach § 97 ArbGG überprüft werden (*BAG* 18.7.2006 DB 2006, 2185).  46

Bereits vor Abschluss eines Tarifvertrages soll eine solche Feststellung ermöglicht werden, um nicht die Arbeitskämpfe und die Verhandlungen um den Abschluss eines Tarifvertrages mit dem Risiko fehlender Tariffähigkeit und Tarifzuständigkeit zu belasten. Die Vorabklärung führt auch dazu, dass nach § 97 Abs. 5 ArbGG das erkennende Gericht sogar die **Aussetzung anderer Rechtsstreitigkeiten** anzuordnen hat. § 97 Abs. 5 S. 1 ArbGG stellt jedoch nach seinem eindeutigen Wortlaut darauf ab, ob es auf die Frage der Tariffähigkeit oder Tarifzuständigkeit tatsächlich ankommt, nicht darauf, ob es auf die Tariffähigkeit oder Tarifzuständigkeit möglicherweise ankommen könnte (*BAG* 28.1.2008 EzA § 97 ArbGG 1979 Nr. 9 betreffend die Tariffähigkeit). Dies entspricht auch dem besonderen arbeitsgerichtlichen Beschleunigungsgebot, das in § 9 Abs. 1 ArbGG vorgesehen ist. Das Aussetzungsverfahren verstößt nicht gegen Art. 9 Abs. 3 GG (*BAG* 28.1.2008 EzA § 97 ArbGG 1979 Nr. 9).  47

Dieses Verfahren ist nicht zu verwechseln mit der nach § 9 TVG möglichen Verbandsklage. In letzterem Verfahren wird die Gültigkeit eines Tarifvertrages verbindlich festgestellt. Das Verfahren nach § 9 TVG kommt also nur dann in Betracht, wenn bereits ein Tarifvertrag abgeschlossen worden ist. Im Verfahren zur Feststellung der Tariffähigkeit und Tarifzuständigkeit geht es um die Klärung der potenziellen Normsetzungsbefugnis einer Koalition. Die Antragsbefugnis steht neben der sich über ihre eigene Tariffähigkeit oder Tarifzuständigkeit im Unklaren befindlichen Koalition auch dem möglichen tariflichen Gegenspieler und konkurrierenden Koalitionen zu (*BAG* 10.9.1985 EzA § 2 TVG Nr. 14). Darüber hinaus kann auch der einzelne Arbeitgeber im Hinblick auf einen Haustarifvertrag das Verfahren einleiten. Selbst die obersten Bundes- und Landesarbeitsbehörden sind auf Grund ihrer Befugnisse im Verfahren über die Allgemeinverbindlichkeit antragsbefugt (*BAG* 14.12.2010 NZA 2011, 289). Auch die Parteien des nach § 97 Abs. 5 ArbGG ausgesetzten Rechtsstreits sind berechtigt, einen Antrag zu stellen. Die Antragsbefugnis nach § 97 Abs. 5 S. 2 ArbGG beschränkt sich jedoch für diese auf die Vorfrage, wegen derer das Gericht sein Verfahren ausgesetzt  48 hat (*BAG* 24.7.1990 EzA § 2 TVG Tarifzuständigkeit Nr. 2). Die Partei des ausgesetzten Rechtsstreits ist nicht befugt, eine andere als die von dem aussetzenden Gericht für entscheidungserheblich erachtete Frage der Tariffähigkeit oder Tarifzuständigkeit gerichtlich klären zu lassen. Welche Vorfrage das aussetzende Gericht für entscheidungserheblich erachtet hat, ist erforderlichenfalls durch Auslegung des Aussetzungsbeschlusses anhand der Beschlussformel und der Gründe zu ermitteln (*BAG* 29.6.2004 EzA § 97 ArbGG 1979 Nr. 4). Ob der Aussetzungsbeschluss zu Recht ergangen ist, ist unerheblich. Solange der Aussetzungsbeschluss besteht, haben die Parteien des ausgesetzten Rechtsstreits ein rechtliches Interesse an der gerichtlichen Entscheidung der Vorfrage, wegen derer das Verfahren ausgesetzt wurde (*BAG* 24.7.1990 EzA § 2 TVG Tarifzuständigkeit Nr. 2; 29.6.2004 EzA § 97 ArbGG 1979 Nr. 4). Das BAG hat demzufolge in der zuletzt genannten Entscheidung den Hauptantrag des Antragstellers mangels Antragsbefugnis als unzulässig zurückgewiesen, weil das aussetzende Gericht nicht wegen der den Gegenstand des Antrags bildenden Vorfrage den Rechtsstreit ausgesetzt hatte.

49 Die **Entscheidung über Tariffähigkeit und Tarifzuständigkeit** entfaltet gegenüber allen von den Tarifnormen Betroffenen Bindungswirkung (*BAG* 10.5.1989 EzA § 256 ZPO Nr. 32). Ist demnach rechtskräftig festgestellt, dass bspw. eine Gewerkschaft für ein bestimmtes Unternehmen nicht tarifzuständig ist, so steht die Entscheidung einer erneuten Entscheidung darüber nur dann nicht entgegen, wenn sich die Verhältnisse der Gewerkschaft geändert haben, z. B. bei einer Änderung der Satzung (*BAG* 19.11.1985 EzA § 2 TVG Nr. 15; 25.9.1996 EzA § 2 TVG Tarifzuständigkeit Nr. 5).

50 Eine **Feststellungsklage** über den Geltungsbereich eines Tarifvertrages ist gegenüber einem einzelnen Arbeitgeber unzulässig, weil die Tarifzuständigkeit im Verfahren nach § 97 ArbGG zu klären ist (*BAG* 10.5.1989 EzA § 256 ZPO Nr. 32).

51 In einem **Verfahren nach § 97 ArbGG** hat das *BAG* (12.12.1995 EzA § 2 TVG Tarifzuständigkeit Nr. 3) entschieden, dass die ÖTV nach ihrer Satzung i. d. F. vom 21.9.1994 für Unternehmer der Entsorgungswirtschaft tarifzuständig ist. Diese Zuständigkeit erfasst auch Unternehmen, deren betrieblicher Hauptzweck in der Vernichtung von Datenträgern aller Art besteht. Dies gilt auch dann, wenn das datenunkenntlich gemachte und zerstückelte Material Dritten zur Verwertung überlassen wird.

## C. Abschluss, Beendigung und Form von Tarifverträgen

### I. Abschluss von Tarifverträgen

52 Der **Tarifvertrag** ist dem allgemeinen Vertragsrecht zuzuordnen. Daraus folgt, dass er von den nach § 2 TVG tariffähigen Parteien nach den Vorschriften des bürgerlichen Rechts abgeschlossen wird (*BAG* 26.9.1984 EzA § 1 TVG Nr. 18).

53 Beim **Verbandstarifvertrag** erfolgt der Abschluss durch übereinstimmende Willenserklärungen der zur Vertretung befugten Organe (Vorstand, § 26 BGB, oder besonderer Vertreter kraft Satzung, § 30 BGB) der tariffähigen Gewerkschaft und des tariffähigen Arbeitgeberverbandes. **Firmentarifverträge** werden von einer Gewerkschaft mit einem einzelnen Arbeitgeber abgeschlossen. Treten die Spitzenorganisationen beider Koalitionen im eigenen Namen auf, so sind sie selbst Tarifvertragspartei, § 2 Abs. 3 TVG; treten sie dagegen als Stellvertreter nach § 2 Abs. 2 TVG auf, so sind die von ihnen vertretene Gewerkschaft und der vertretene Arbeitgeberverband selbst Partner des Tarifvertrages. § 2 Abs. 2 TVG ist Ausdruck des allgemeinen zivilrechtlichen Grundsatzes, wonach sich eine Tarifvertragspartei beim Abschluss eines Tarifvertrages durch Dritte vertreten lassen kann (*BAG* 12.2.1997 EzA § 2 TVG Nr. 21; 29.6.2004 EzA § 1 TVG Nr. 46). Es gelten auch beim Abschluss von Tarifverträgen neben den Regelungen über die rechtsgeschäftliche Stellvertretung auch die Grundsätze der Duldungs- (*BAG* 29.6.2004 EzA § 1 TVG Nr. 46) und Anscheinsvollmacht. Dass dies in § 2 Abs. 2 TVG besonders hervorgehoben ist, hat Bedeutung in den Fällen, in denen die *Spitzenorganisation* nicht rechtsfähig ist. Gäbe es § 2 Abs. 2 TVG nicht, so könnten nur rechtsfähige Personen dem allgemeinen Recht entsprechend Vollmachtsträger werden (*BAG* 12.2.1997 EzA § 2 TVG Nr. 21). Die Bevollmächtigung kann ausdrücklich oder stillschweigend ohne beson-

dere Form erfolgen. Jedoch muss beim Abschluss des Tarifvertrages klargestellt werden, dass der Vertreter (z. B. Spitzenorganisation) im Namen der vertretenen Tarifvertragspartei handelt. Nach h. M. genügt es, wenn der Vertreter den Tarifvertrag mit seinem Namen unterzeichnet, und wenn sich zweifelsfrei aus dem Inhalt der (Tarifvertrags-) Urkunde ergibt, dass er als Vertreter handelt (*BAG* 12.2.1997 EzA § 2 TVG Nr. 21). Die Bevollmächtigung bedarf nach § 167 Abs. 2 BGB nicht der Schriftform des § 1 Abs. 2 TVG.

Sind auf einer oder auf beiden Seiten mehrere Tarifvertragsparteien beteiligt, so spricht man von einem **mehrgliedrigen Tarifvertrag**. Fraglich ist, ob es sich rechtlich um einen oder entsprechend der Anzahl der Beteiligten auf einer Seite um mehrere selbstständige Tarifverträge handelt. Im Zweifel ist Letzteres anzunehmen, da nicht davon ausgegangen werden kann, dass eine tariffähige Partei sich ihrer Regelungsmacht ohne weiteres entledigen will, insbesondere auf ein autonomes Kündigungsrecht verzichten will (*BAG* 7.5.2008 – 4 AZR 229/07, ZTR 2008, 615–617; 8.9.1976 EzA § 2 TVG Nr. 11). Bei den von einem Bundesverband in Vertretung für die Gliederungen abgeschlossenen Tarifwerken handelt es sich um mehrgliedrige Tarifverträge, weil zumindest auf einer Seite mehrere Tarifvertragsparteien am Tarifabschluss beteiligt sind. Ob dadurch entsprechend der Anzahl der auf einer Seite Beteiligten mehrere voneinander unabhängige und lediglich äußerlich in einer Urkunde zusammengefasste Tarifverträge zustande gekommen sind oder nur ein einziger, alle Beteiligten gemeinsam bindender einheitlicher Tarifvertrag, hängt vom Willen der Tarifvertragsparteien ab. Dieser ist durch Auslegung nach den Regeln der Auslegung von Verträgen gem. §§ 133, 157 BGB zu ermitteln (*BAG* 29.6.2004 EzA § 1 TVG Nr. 46). Nur bei rechtlicher Eigenständigkeit kann der Tarifvertrag von jedem Beteiligten ohne Rücksicht auf den anderen gekündigt werden; andernfalls können die auf einer Seite Beteiligten ihre Rechte gegenüber der Gegenseite nur gemeinsam ausüben, insbesondere steht ihnen das Recht zur Kündigung nur gemeinschaftlich zu (*BAG* 29.6.2004 EzA § 1 TVG Nr. 46). Ein mehrgliedriger Tarifvertrag ist auch ein sog. **Anschlusstarifvertrag**, der dann vorliegt, wenn sich eine weitere Partei nach Vertragsschluss dem Tarifvertrag anschließt.

Den tariffähigen Parteien steht **kein** auf den Abschluss eines Tarifvertrages gerichtlich durchsetzbarer **Verhandlungsanspruch** gegenüber dem koalitionspolitischen Gegner zu (*BAG* 14.2.1989 EzA Art. 9 GG Nr. 44). Etwas anderes wäre mit der Tarifautonomie nicht zu vereinbaren (MünchArbR/*Löwisch* § 249 Rn. 12). Um ihre Forderungen durchsetzen zu können, steht den tariffähigen Koalitionen jedoch das Instrumentarium des Arbeitskampfrechts zur Verfügung.

## II. Beendigung von Tarifverträgen

### 1. Befristung

Der Tarifvertrag kann durch Zeitablauf enden. Gegen eine **Befristung** eines Tarifvertrages bestehen keine Bedenken. Eine Befristungskontrolle durch die Gerichte für Arbeitssachen erfolgt nicht. Es stellt sich lediglich die Frage, ob ein befristeter Tarifvertrag vorab ordentlich gekündigt werden kann. Sofern ein ordentliches Kündigungsrecht im Tarifvertrag nicht vorgesehen ist, ist dies ausgeschlossen.

### 2. Auflösende Bedingung

Der Tarifvertrag kann auch unter einer **auflösenden Bedingung** nach § 158 Abs. 2 BGB stehen. Diese setzt jedoch im Hinblick auf die Rechtssicherheit und den Vertrauensschutz voraus, dass der Bedingungseintritt ohne weiteres bestimmbar ist. In diesem Zusammenhang ist an sog. Indexklauseln zu denken, die eine Beendigung des Tarifvertrages bei Erreichen eines konkret berechenbaren Kaufkraftschwundes vorsehen (*Däubler/Deinert* § 4 Rn. 76). Nach überwiegender Ansicht sind diese zulässig (s. dazu weitergehend *Däubler/Deinert* § 4 Rn. 76). In der Praxis vereinbaren die Tarifvertragsparteien keine automatische Beendigung, sondern Revisions- und Anpassungsklauseln (Schaub/*Treber* ArbRHb § 199 Rn. 37).

## 3. Aufhebungsvertrag

58 Den Tarifvertragsparteien steht es frei, den einmal abgeschlossenen Tarifvertrag auch jederzeit durch **Aufhebungsvertrag** zu beenden. Im Abschluss eines neuen Tarifvertrages über denselben Regelungsgegenstand liegt stillschweigend die Aufhebung des vorherigen Tarifvertrages. Nach Auffassung des *BAG* (8.9.1976 EzA § 2 TVG Nr. 11) unterliegt der Aufhebungsvertrag entgegen anderer Ansicht (*Däubler/Deinert* § 4 TVG Rn. 97; *Wiedemann/Wank* § 4 Rn. 15) nicht der Schriftform nach § 1 Abs. 2 TVG. Die §§ 6,7 TVG sprechen für ein solches Publizitätserfordernis (*Schaub/Treber* ArbRHb § 208 Rn. 5).

## 4. Ordentliche Kündigung

59 In der Praxis endet der Tarifvertrag regelmäßig durch **ordentliche Kündigung** einer Tarifvertragspartei. Die Einzelheiten über Form und Frist der Kündigungserklärung können die Tarifvertragsparteien selbstständig regeln. Ansonsten gelten die für einseitige Willenserklärungen maßgebenden bürgerlich-rechtlichen Kriterien. Sofern die Tarifvertragsparteien keine Kündigungsfrist vereinbart haben, soll nach einer Meinung die Drei-Monats-Frist des § 77 Abs. 5 BetrVG entsprechend angewendet werden (*Löwisch/Rieble* § 1 Rn. 306). Das *BAG* (10.11.1982 EzA § 1 TVG Nr. 16) geht davon aus, dass **allenfalls** und **längstens** die Frist des § 77 Abs. 5 BetrVG zu Grunde gelegt werden kann.

60 Eine **Teilkündigung** ist nur zulässig, soweit im Tarifvertrag die Kündigung einzelner Bestimmungen vorbehalten ist, d. h. ausdrücklich zugelassen ist (*BAG* 3.12.1985 EzA § 1 TVG Nr. 21). Ob die Teilkündigung ohne eine solche Bestimmung aus dem Regelungszusammenhang des Tarifvertrages begründbar und damit zulässig ist, hatte das *BAG* in seinem Urteil vom 3.5.2006 (NZA 2006, 1125) angesichts des klaren verneinenden Wortlauts der Kündigungsregelung nicht zu entscheiden.

## 5. Außerordentliche Kündigung

61 Ein Tarifvertrag, auch ein befristeter, ist **außerordentlich** kündbar. Die Zulässigkeit der Kündigung ergibt sich aus der Rechtsnatur des Tarifvertrages als Dauerrechtsverhältnis. Es gilt der Grundsatz, dass jedes Dauerrechtsverhältnis vorzeitig aus wichtigem Grund beendet werden kann, wenn seine Fortsetzung bis zum vereinbarten Ende oder bis zum Ablauf der ordentlichen Kündigungsfrist einer Seite nicht zugemutet werden kann. Ein wichtiger Grund kann in außerwirtschaftlichen oder wirtschaftlichen Gründen bestehen (*BAG* 18.12.1996 EzA § 1 TVG Fristlose Kündigung Nr. 2). Die Auflösung des Arbeitgeberverbandes ist kein wichtiger Grund für die fristlose Kündigung eines von ihm abgeschlossenen Tarifvertrages (*BAG* 23.1.2008 EzA § 4 TVG Nr. 45). Aus dem Ultima-Ratio-Grundsatz, der die außerordentliche Kündigung von Dauerrechtsverhältnissen prägt, folgt, dass die außerordentliche Kündigung des Tarifvertrages nur wirksam ist, wenn keine andere Möglichkeit besteht, die Unzumutbarkeit zu beseitigen. Die durch den Tarifvertrag unzumutbar belastete Partei muss daher zunächst versuchen, die Möglichkeiten der tarifautonomen Anpassung als milderes Mittel auszuschöpfen (*BAG* 18.12.1996 EzA § 1 TVG Fristlose Kündigung Nr. 2). Dies gilt insbes. wenn der außerordentlich gekündigte Tarifvertrag eine Nachverhandlungs- oder Revisionsklausel enthält (*BAG* 18.6.1997 EzA § 1 TVG Fristlose Kündigung Nr. 3). Aber auch ohne eine im Tarifvertrag ausdrücklich enthaltene Nachverhandlungs- oder Revisionsklausel besteht die Obliegenheit, mit der anderen Seite Verhandlungen zur Anpassung des Tarifvertrages aufzunehmen. Welche Umstände bei der außerordentlichen Kündigung eines Tarifvertrages als wichtiger Grund zu berücksichtigen sind, richtet sich nach dem Vorbringen des Kündigenden. Wird als Kündigungsgrund geltend gemacht, dass eine künftige wirtschaftliche Belastung die außerordentliche und fristlose Kündigung des Tarifvertrages mit dieser belastenden Tarifnorm bedinge, so muss die Unzumutbarkeit der wirtschaftlichen Belastung in dem Zeitpunkt vorliegen, in welchem die Belastung wirksam wird; dies ist vom Kündigenden vorzutragen (*BAG* 18.2.1998 EzA § 1 TVG Fristlose Kündigung Nr. 4). Eine außerordentliche Kündigung eines Tarifvertrages kann mangels eines dahingehenden mutmaßlichen Willens des Kündigenden nicht nach § 140 BGB in eine ordentliche Kündigung umgedeutet werden, wenn dieser die Beendigung des Tarifvertrages ohne Nachwirkung festgestellt wis-

## C. Abschluss, Beendigung und Form von Tarifverträgen — Kapitel 11

sen will (*BAG* 18.6.1997 EzA § 1 TVG Fristlose Kündigung Nr. 3). Mit der außerordentlichen Kündigung von Tarifverträgen für das Baugewerbe in den neuen Bundesländern durch einen regionalen Bauarbeitgeberverband hat sich der 4. Senat im Urteil vom 26.4.2000 (EzA § 1 TVG Nr. 42) befasst. Danach ist zur Kündigung eines Tarifvertrages nur berechtigt, wer Partei des Tarifvertrages ist. Diese Eigenschaft ist danach zu bestimmen, wer im Tarifvertrag als Partei angegeben ist. Lässt sich dem Tarifvertrag auch kein Vertretungsverhältnis entnehmen, so ergibt sich, dass der nur angeblich Vertretene zur Kündigung des Tarifvertrages nicht befugt ist.

### 6. Wegfall der Geschäftsgrundlage

Da eine richterliche Anpassung des Tarifvertrages wegen der Tarifautonomie nicht in Betracht kommt (*BAG* 10.2.1988 AP Nr. 12 zu § 33 BAT), sind die **Grundsätze des Wegfalls der Geschäftsgrundlage** (§ 313 BGB) im Tarifvertragsrecht nicht anzuwenden (*BAG* 15.12.1976 EzA § 36 BAT Nr. 1; unklar jedoch *BAG* 18.6.1997 EzA § 1 TVG Fristlose Kündigung Nr. 3; dagegen z. B. auch *Däubler/Deinert* § 4 TVG Rn. 170; *Oetker* RdA 1995, 82, 98; *Zachert* RdA 1996, 140, 149; *Löwisch/Rieble* § 1 Rn. 523; *Wiedemann/Wank* § 4 Rn. 76, es bestehe kein Bedürfnis dafür; a. A. z. B. *Buchner* NZA 1993, 289, 294 f.; *Hey* ZfA 2002, 275, 294).

62

### III. Form von Tarifverträgen

#### 1. Allgemeines

Nach § 1 Abs. 2 TVG unterliegt der Tarifvertrag der **(konstitutiven) Schriftform**. Ist die Schriftform nicht beachtet, so ist der abgeschlossene Tarifvertrag nichtig, § 125 BGB (*Löwisch/Rieble* § 1 Rn. 380). Der Tarifvertrag muss schriftlich niedergelegt und von den Tarifvertragsparteien unterschrieben werden, § 126 BGB. Die Schriftform hat keine Warnfunktion (*BAG* 10.11.1982 AP Nr. 8 zu § 1 TVG Form). Der Zweck der Schriftform besteht darin, Unklarheiten (Klarstellungs- und Bestimmtheitsfunktion) möglichst zu vermeiden und dem einzelnen Arbeitnehmer oder den Tarifvertragsparteien selbst eine sichere Grundlage für die jeweiligen Ansprüche zu verschaffen (*BAG* 9.7.1980 EzA § 1 TVG Nr. 13). Das gilt auch für Tarifcharakter zukommenden Protokollnotizen (*Däubler/Reim* § 1 TVG Rn. 157 f.). Folglich kann der fehlenden Schriftform auch nicht der Einwand der Arglist entgegengehalten werden (*BAG* 21.3.1973 AP Nr. 12 zu § 4 TVG Geltungsbereich).

63

Das Schriftformgebot bezieht sich sowohl auf den normativen als auch auf den schuldrechtlichen Teil des Tarifvertrages. Ein Vorvertrag, in dem sich Tarifvertragsparteien zum Abschluss eines Tarifvertrages verpflichten, ist grds. formlos möglich, weil er kein Tarifvertrag i. S. d. TVG ist, sondern nur einen allgemeinen schuldrechtlichen Charakter hat (*BAG* 19.10.1976 EzA § 1 TVG Nr. 7; a. A. *Löwisch/Rieble* § 1 TVG Rn. 375). Auch Änderungstarifverträge bedürfen der Schriftform. Ein Aufhebungsvertrag muss nach Auffassung des BAG jedoch nicht schriftlich abgefasst sein (*BAG* 8.9.1976 EzA § 2 TVG Nr. 11; a. A. *Löwisch/Rieble* § 1 Rn. 378). Da nach § 126 Abs. 3 BGB die schriftliche Form durch die elektronische Form ersetzt werden kann, sofern sich aus der jeweiligen gesetzlichen Formvorschrift nichts anderes ergibt, können Tarifverträge durch die gegenseitige Übermittlung von Nachrichten per E-Mail wirksam abgeschlossen werden (*Däubler/Reim* § 1 TVG Rn. 144). Voraussetzung ist jedoch, dass die Tarifvertragsparteien dem jeweils übereinstimmenden elektronischen Text ihren Namen hinzufügen und ihn mit einer qualifizierten elektronischen Signatur nach dem Signaturgesetz versehen, § 126a Abs. 1 und 2 BGB.

64

#### 2. Schriftform und Verweisung auf gesetzliche oder tarifliche Bestimmungen

##### a) Verweisung auf tarifliche Regelungen

Nach der Rechtsprechung des *BAG* (9.7.1980 EzA § 1 TVG Nr. 13) verstößt die **Bezugnahme auf einen anderen Tarifvertrag** dann nicht gegen § 1 Abs. 2 TVG, wenn die in Bezug genommenen tariflichen Regelungen anderweitig schriftlich abgefasst sind und in dem verweisenden Tarifvertrag so genau bezeichnet sind, dass Irrtümer über Art und Ausmaß der in Bezug genom-

65

# Kapitel 11

menen Regelungen ausgeschlossen sind. Im Übrigen allgemein zur Verweisung und Bezugnahme s. Rdn. 208 f.

66 Soll bei einer Verweisung des Manteltarifvertrages für Löhne und Gehälter der Lohn- und Gehaltstarifvertrag in den Manteltarifvertrag **konstitutiv einbezogen** werden, so muss dies deutlich zum Ausdruck kommen. Die bloße Verweisung, dass die Entlohnung aller Arbeitnehmer auf Grund des Lohn- und Gehaltstarifvertrages erfolgt, reicht dazu nicht aus (*BAG* 2.3.1988 EzA § 1 TVG Form Nr. 1).

### b) Verweisung auf gesetzliche Bestimmungen

67 Auch die **Verweisung auf gesetzliche Bestimmungen** (z. B. auf das für Beamte geltende Nebentätigkeitsrecht nach § 11 S. 2 BAT; nach § 3 Abs. 3 des dem BAT nachfolgenden TVöD besteht kein Bezug mehr auf beamtenrechtliche Bestimmungen) genügt dem Schriftformerfordernis (MünchArbR/*Löwisch* § 249 Rn. 42).

68 Die Frage der Verweisung auf andere Bestimmungen bzw. der Delegation der Rechtsetzungsbefugnis betrifft nicht nur das Formproblem nach § 1 Abs. 2 TVG, sondern darüber hinaus auch die weitere Frage, inwieweit solche Verweisungen bzw. Delegationen überhaupt zulässig sind (s. Rdn. 208 f.).

## D. Inhalt, Auslegung und rechtliche Grenzen von Tarifverträgen

### I. Der Inhalt von Tarifverträgen

#### 1. Allgemeines

69 Ein Tarifvertrag besteht regelmäßig aus einem bürgerlich-rechtlichen Vertrag zwischen den Tarifvertragsparteien (**schuldrechtlicher Teil**), sowie einem normativen Teil, der die Arbeitsbedingungen der von ihm erfassten Arbeitnehmer mit unmittelbarer und zwingender Wirkung regelt. Das TVG ermächtigt die Tarifvertragsparteien insoweit, Rechtsnormen zu schaffen, die den Inhalt, den Abschluss und die Beendigung des Arbeitsverhältnisses sowie betriebliche und betriebsverfassungsrechtliche Fragen betreffen, § 1 Abs. 1 TVG.

70 Der **normative Teil** des TVG ist kein Gesetz im formellen Sinne, so dass dem Bundesverfassungsgericht auch kein Verwerfungsmonopol nach Art. 100 GG zusteht.

#### 2. Normativer Teil

##### a) Erfasste Rechtsverhältnisse und Personengruppen

71 Die **Rechtsnormen eines Tarifvertrages** wirken unmittelbar und zwingend auf bestehende Arbeitsverhältnisse ein, § 4 Abs. 1 TVG. Ob ein Arbeitsverhältnis vorliegt oder ob ein Arbeitnehmerstatus besteht, richtet sich nach den allgemeinen von der Rechtsprechung hierzu entwickelten Kriterien. Innerhalb der Gruppe der Arbeitnehmer werden sowohl in Vollzeit beschäftigte als auch in Teilzeit beschäftigte Arbeitnehmer erfasst, soweit nicht der tarifliche Geltungsbereich etwas anderes bestimmt.

72 Nach § 12a TVG können die Rechtsverhältnisse **arbeitnehmerähnlicher Personen** durch Tarifvertrag geregelt werden. Damit trägt das TVG dem Umstand Rechnung, dass diesen Personen eine vergleichbare Schutzbedürftigkeit zukommt. Von dieser erweiterten Tarifmacht ist der Handelsvertreter i. S. d. § 84 HGB jedoch ausgenommen, § 12a Abs. 4 TVG.

73 Für **Heimarbeiter und ihre Auftraggeber** ist § 17 HAG maßgebend. Danach gelten als Tarifverträge auch schriftliche Vereinbarungen zwischen Gewerkschaften und Auftraggebern oder deren Vereinigungen über Inhalt, Abschluss oder Beendigung von Vertragsverhältnissen der in Heimarbeit Beschäftigten oder Gleichgestellten wie deren Auftraggebern. Entgeltregelungen i. S. dieses Gesetzes sind Tarifverträge, bindende Festsetzungen von Entgelten und sonstigen Vertragsbedingungen und von Mindestarbeitsbedingungen für fremde Hilfskräfte.

Über § 10 Abs. 2 BBiG, wonach auf den **Berufsausbildungsvertrag** grds. die für den Arbeitsvertrag geltenden Rechtsvorschriften und Rechtsgrundsätze anzuwenden sind, werden in einem Berufsausbildungsverhältnis stehende Personen auch den Tarifnormen unterstellt. Auch Volontäre und Praktikanten gehören dazu, § 26 BBiG. Nicht erfasst werden in einer Ausbildung stehende Personen, die auf öffentlich-rechtlicher Grundlage ihre Ausbildung erhalten (Schüler, Studenten, Referendare; *BAG* 19.6.1974 AP Nr. 3 zu § 3 BAT). 74

Da der **Beamte** zu seinem Dienstherrn in einem öffentlich-rechtlichen Dienstverhältnis steht, unterliegt er nicht dem Tarifvertrag. 75

Soweit es um bei den **Kirchen** beschäftigte Personen geht, ist danach zu unterscheiden, ob sich das Beschäftigungsverhältnis als öffentlich-rechtliches Dienstverhältnis oder als Arbeitsverhältnis darstellt. Diese Unterscheidung ist durch das den Kirchen in Art. 140 GG i. V. m. Art. 137 WRV garantierte Selbstbestimmungsrecht der Kirchen gerechtfertigt. 76

Wenn Arbeitnehmer mit ihrem Arbeitgeber neben dem Arbeitsverhältnis in einem weiteren Schuldverhältnis stehen (z. B. Darlehen, Mietvertrag), werden auch diese vertraglich begründeten Schuldverhältnisse von den Rechtsnormen eines Tarifvertrages (z. B. Ausschlussfristen) erfasst, wenn sie mit dem Arbeitsverhältnis in einem **engen Zusammenhang** stehen. 77

Davon ist dann auszugehen, wenn das Schuldverhältnis ohne das Arbeitsverhältnis gar nicht oder nicht zu den vereinbarten Konditionen abgeschlossen worden wäre. Ein mit dem Arbeitsverhältnis bestehender Zusammenhang ist anzunehmen bei Werksmietwohnungen, Mitarbeiterdarlehen (*BAG* 18.6.1980 AP Nr. 68 zu § 4 TVG Ausschlussfristen) und Jahreswagen (*BAG* 20.1.1982 EzA § 4 TVG Ausschlussfristen Nr. 48). 78

Unabhängig von der sachlichen Verknüpfung des vertraglichen oder gesetzlichen Schuldverhältnisses mit dem Arbeitsverhältnis ist stets im Wege der Auslegung zu prüfen, ob der Tarifvertrag auch das außerhalb des Arbeitsverhältnis stehende Schuldverhältnis erfassen will (MünchArbR/*Löwisch* § 253 Rn. 27). 79

### b) Inhaltsnormen

**Inhaltsnormen** sind normative Bestimmungen, die den materiellen Gehalt der einzelnen Arbeitsverhältnisse regeln. Insoweit geht es insbes. um Regelungen, die das Austauschverhältnis betreffen. 80

So enthält der Tarifvertrag Regelungen über die Arbeitspflicht des Arbeitnehmers hinsichtlich der Art der geschuldeten Tätigkeit, die Dauer und die Lage der regelmäßigen Arbeitszeit, Fragen der Mehrarbeit und Kurzarbeit. Demgegenüber betrifft die Gegenleistungspflicht des Arbeitgebers insbes. die Höhe und Ermittlung von Lohn und Gehalt, Zuschläge und sonstige Entgelt- und Gratifikationsbestandteile. 81

Als Nebenpflichten werden regelmäßig neben Leistungspflichten (Vorschüsse, Aufwendungsersatz etc.) nicht klagbare Nebenpflichten (z. B. Ansage- und Aufklärungspflicht) und Schutzpflichten geregelt. Auch Fragen des Leistungsstörungsrechts (Sekundärpflichten) sind regelmäßig Bestandteil von Tarifverträgen. So wird z. B. der Haftungsmaßstab für vom Arbeitnehmer verursachte schädigende Handlungen bestimmt. 82

### c) Abschlussnormen

**Abschlussnormen** regeln den Abschluss neuer, die Wiederaufnahme alter oder Durchsetzung unterbrochener Arbeitsverhältnisse. Gegenstand können sowohl Formvorschriften als auch Abschlussverbote und Abschlussgebote sein. 83

**Formvorschriften**, insbes. der Schriftform, kommt insoweit regelmäßig nur deklaratorische Bedeutung zu. Dies folgt aus dem das Arbeitsrecht tragende Arbeitnehmerschutzprinzip, da ansonsten die rechtswirksame Begründung des Arbeitsverhältnisses verhindert wird. Eine Ausnahme ist bspw. in 84

§ 2 Abs. 3 TVöD (vorher wortgleich § 4 Abs. 2 BAT) zu sehen, wonach Nebenabreden nur wirksam sind, wenn sie schriftlich vereinbart werden (*BAG* 9.2.1972 AP Nr. 1 zu § 4 BAT). Abschlussnormen betreffen das **Wie** des Vertragsschlusses, sodass auch Regelungen über die Stellvertretung sowie über ein etwaiges Widerrufsrecht Gegenstand sein können.

85 **Abschlussverbote** betreffen das **Ob** des Vertragsschlusses. Sie untersagen die Beschäftigung bestimmter Arbeitnehmer auf bestimmten Arbeitsplätzen. Sie bezwecken regelmäßig den Gesundheitsschutz des Arbeitnehmers. Wird gegen ein Abschlussverbot verstoßen, so ist der Arbeitsvertrag ganz oder teilweise nichtig. Anders verhält es sich mit sog. **Beschäftigungsverboten**. Diese wollen nicht den Abschluss eines Arbeitsvertrages verhindern. Von daher gehören sie nicht zu den Abschluss-, sondern zu den Inhaltsnormen. Der Arbeitsvertrag ist wirksam, jedoch darf der Arbeitnehmer nicht beschäftigt werden. Abschlussverbote in Form von Organisations- oder Absperrklauseln, welche die Einstellung bei fehlender Mitgliedschaft in der tarifvertragschließenden Gewerkschaft untersagen, sind wegen Verstoßes gegen die negative Koalitionsfreiheit unzulässig (Schaub/*Treber* ArbRHb § 202 Rn. 22).

86 **Abschlussgebote** bezwecken, dem Bewerber einen Arbeitsplatz zu verschaffen. Der Regelungszweck besteht aber grds. nicht darin, dass dem Bewerber ein Anspruch auf Abschluss eines Arbeitsvertrages zukommt. Der Arbeitgeber unterliegt keinem Kontrahierungszwang. Das Abschlussgebot soll lediglich den Kreis der Bewerber bestimmen (*Löwisch/Rieble* § 1 TVG Rn. 71). Sofern jedoch die Interessen des Arbeitgebers bei der Ausgestaltung eines Abschlussgebotes hinreichend berücksichtigt sind, insbes. der Personenkreis auch hinreichend bestimmt bezeichnet ist, bestehen keine Bedenken hinsichtlich der grundgesetzlich verbrieften Berufs- und Vertragsfreiheit des Arbeitgebers. Als Beispiel ist hierfür § 2 Abs. 5 BRTV-Bau zu nennen, wonach ein Arbeitnehmer einen Anspruch auf Wiedereinstellung nach einer Entlassung wegen schlechter Witterung hat.

87 **Abschlussgebote** können jedoch dann einen Anspruch begründen, wenn es sich um die Wiedereinstellung ausgeschiedener Arbeitnehmer geht. Ist bspw. dem Arbeitnehmer gekündigt worden, und fällt der Kündigungsgrund nachträglich weg, kann in einer entsprechenden Klausel des Tarifvertrages ein Anspruch auf Wiedereinstellung gesehen werden.

*d) Beendigungsnormen*

88 **Beendigungsnormen** regeln, ob und auf welche Art und Weise das Arbeitsverhältnis beendigt werden kann.

89 Möglich sind z. B. Regelungen über den Ausschluss oder die Einschränkung der ordentlichen Kündigung durch den Arbeitgeber. So ist in Tarifverträgen häufig eine Unkündbarkeit älterer Arbeitnehmer geregelt. Soweit dagegen durch Tarifvertrag die ordentliche Kündigung des Arbeitnehmers ausgeschlossen oder erschwert wird, die außerordentliche Kündigung für den Arbeitgeber ausgeschlossen wird oder aber der wichtige Grund nach § 626 BGB durch eine Auflistung von Kündigungsgründen abschließend bestimmt wird, handelt es sich um unzulässige Beendigungsnormen.

90 Die Art und Weise der Beendigung betreffen Formvorschriften über Ausspruch und Zugang einer Kündigung sowie über den Abschluss eines Aufhebungsvertrages. Denkbar sind auch Tarifbestimmungen über Befristungen und auflösende Bedingungen.

*e) Betriebsnormen*

91 **Inhalts-, Abschluss- und Beendigungsnormen** wirken unmittelbar und zwingend auf das Arbeitsverhältnis der beiderseits tarifgebundenen Arbeitnehmer und Arbeitgeber ein. Betriebsnormen kommt dagegen bereits dann normative Kraft zu, wenn allein der Arbeitgeber tarifgebunden ist, § 3 Abs. 2 TVG. Betriebsnormen betreffen das betriebliche Rechtsverhältnis zwischen Arbeitgeber und Belegschaft, nicht hingegen das Arbeitsverhältnis zwischen dem Arbeitgeber und dem einzelnen Arbeitnehmer. Daraus folgt, dass es sich um Regelungsgegenstände handelt, die im Betrieb nur einheitlich gelten können.

Den Betriebsnormen unterfallen sog. **Solidar-** und sog. **Ordnungsnormen**. Bei ersteren geht es um kollektive Verpflichtungen des Arbeitgebers gegenüber der Belegschaft, deren Erfüllung der einzelne Arbeitnehmer nicht verlangen kann (Regelungen bspw. über Waschräume, die Einrichtung einer Kantine oder Unterstützungskasse und allgemeine Arbeitsschutzmaßnahmen). Letztere betreffen Fragen der Ordnung des Betriebes, wie Kleiderordnungen, Rauchverbote und Türkontrollen. 92

**Betriebsnorm** i. S. d. § 4 Abs. 1 S. 2, § 3 Abs. 2 TVG kann eine Tarifvertragsbestimmung nur sein, wenn sie eine normative und nicht nur schuldrechtliche Regelung für alle oder bestimmte Arbeitsverhältnisse enthält (*BAG* 1.8.2000 EzA § 1 TVG Betriebsnorm Nr. 2). Nach Auffassung des *BAG* (26.4.1990 EzA § 4 TVG Druckindustrie Nr. 20) liegt immer dann eine Betriebsnorm und keine Inhalts- oder Abschlussnorm vor, wenn eine Regelung nicht Inhalt eines Individualvertrages sein kann. 93

Dabei ist das Nichtkönnen nicht i. S. einer naturwissenschaftlichen Unmöglichkeit zu verstehen, sondern als evident sachlogische Unzweckmäßigkeit. Deshalb hat das *BAG* (26.4.1990 EzA § 4 TVG Druckindustrie Nr. 20) die qualitativen Besetzungsregeln der Anhänge zum Manteltarifvertrag für die gewerblichen Arbeitnehmer der Druckindustrie vom 3.3.1980 als Betriebsnormen qualifiziert. Ebenfalls ist eine Tarifnorm, die dem Arbeitgeber vorschreibt, welcher Prozentsatz der Belegschaft mit einer verlängerten regelmäßigen Arbeitszeit beschäftigt werden darf, eine Betriebsnorm, weil mit dieser Quote nicht unmittelbar die individuelle Arbeitszeit einzelner Arbeitnehmer geregelt wird, sondern sie sich vielmehr auf einen kollektiven Tatbestand, nämlich auf die Verteilung des betrieblichen Arbeitszeitvolumens, bezieht (*BAG* 17.6.1997 EzA § 99 BetrVG 1972 Einstellung Nr. 4). Als Betriebsnorm wurde eine Tarifregelung über die Schließung von Geschäftsstellen an Sylvester (*BAG* 7.11.1995 EzA § 1 TVG Betriebsnorm Nr. 1) und eine über die Ladenöffnungszeiten an einem Samstag (*BAG* 3.4.1990 EzA Art. 9 GG Nr. 49) angesehen. Demgegenüber wurden Senioritätslisten für das Bordpersonal als Inhaltsnormen beurteilt (*BAG* 28.9.1983 AP Nr. 2 zu § 1 TVG Tarifverträge: Seniorität). 94

*f) Betriebsverfassungsrechtliche Normen*

Die Befugnis der Tarifvertragsparteien **betriebsverfassungsrechtliche Fragen** regeln zu können, erstreckt sich sowohl auf die Organisation der Betriebsverfassung, als auch auf die Beteiligungsrechte der Arbeitnehmervertretung (s. Kap. 13 Rdn. 2500 ff.). Die Tarifgebundenheit des Arbeitgebers genügt für eine unmittelbare und zwingende Geltung, Art. 3 Abs. 2 TVG. Ob ein Arbeitnehmer im Betrieb tarifgebunden ist, ist unerheblich. Im Allgemeinen kann jedoch ein Tarifvertrag nicht die Organisation der Betriebsverfassung und die für sie geltenden demokratischen Spielregeln abändern (*BAG* 16.2.1973 EzA § 19 BetrVG 1972 Nr. 1). 95

Die Personalvertretung ist von einer tarifvertraglichen Gestaltung ausgenommen, §§ 3, 97 BPersVG. 96

Nach § 3 Abs. 2 TVG erfassen betriebsverfassungsrechtliche Normen auch nicht tarifgebundene Arbeitnehmer (Außenseiter). Denn nur eine einheitliche Betriebsverfassung wird der von allen Arbeitnehmern des Betriebs getragenen Regelungsmacht des Betriebsrats gerecht. Folglich sind tarifliche Normen stets daraufhin zu überprüfen, ob es sich um Inhaltsnormen handelt, die nur für die tarifgebundenen Arbeitnehmer gelten, oder aber für alle Arbeitnehmer des Betriebs geltende betriebsverfassungsrechtliche Normen vorliegen. Betriebsverfassungsrechtliche Regelungen, die verdeckte Inhaltsnormen sind oder solche enthalten, sind nicht zulässig (*BAG* 10.8.1987 EzA § 77 BetrVG 1972 Nr. 19). 97

Der organisatorische Teil der Betriebsverfassung unterliegt jedoch der Regelungskompetenz der Tarifvertragsparteien grds. nicht (s. Rdn. 95; s. a. Kap. 13 Rdn. 2500 ff.). Jedoch können z. B. nach der gesetzlichen Öffnungsklausel des § 3 BetrVG durch Tarifvertrag besondere Arbeitnehmervertretungen geschaffen werden. 98

# Kapitel 11

99 Nach der Rechtsprechung des *BAG* (18.8.1987 EzA § 77 BetrVG 1972 Nr. 18; 10.2.1988 EzA § 1 TVG Nr. 34) können die Beteiligungsrechte des Betriebsrats durch Tarifvertrag erweitert werden. Eine Einschränkung der betriebsverfassungsrechtlichen Beteiligungsrechte des Betriebsrats ist nicht möglich (s. Kap. 13 Rdn. 2501 f.).

### g) Gemeinsame Einrichtungen

100 Nach § 4 Abs. 2 TVG können die Tarifvertragsparteien in Tarifverträgen **gemeinsame Einrichtungen** (Lohnausgleichskassen, Urlaubskassen etc.) vorsehen und darüber Rechtsnormen setzen. Gegenstand ist zum einen das Innenrecht des Trägers der gemeinsamen Einrichtung, zum anderen aber auch die davon zu unterscheidende Rechtsbeziehung der Arbeitnehmer und des Arbeitgebers zu der gemeinsamen Einrichtung. Letztere betreffen normativ ausgestaltete Beitragspflichten der Arbeitgeber und Leistungsansprüche der Arbeitnehmer (*BAG* 14.12.1977 EzA § 4 TVG Bauindustrie Nr. 26). Insofern wird kraft Gesetzes die Normsetzungsbefugnis der Tarifvertragsparteien erweitert, als sie ansonsten nur unmittelbar und zwingend die tarifgebundenen Mitglieder erfasst.

### h) Sonstige normative Bestimmungen

101 Nach § 48 Abs. 2 ArbGG können die Tarifvertragsparteien im Tarifvertrag die **Zuständigkeit** eines an sich örtlich unzuständigen **Arbeitsgerichts** für bestimmte Rechtsstreitigkeiten festlegen. Hiervon haben sie z. B. in § 32 des Tarifvertrages über das Sozialkassenverfahren im Baugewerbe Gebrauch gemacht. Danach ist für Ansprüche zwischen den Zusatzversorgungskassen und der Urlaubsausgleichskasse der Bauindustrie auf der einen Seite und Arbeitgebern und Arbeitnehmern auf der anderen Seite Gerichtsstand das Arbeitsgericht Wiesbaden. § 48 Abs. 2 ArbGG räumt den Tarifvertragsparteien über § 1 Abs. 1 TVG hinaus zudem die Befugnis ein, prozessuale Fragen zu regeln; auf dieser Grundlage geschaffene Vorschriften gehören zum normativen Teil des Tarifvertrages (*Germelmann u. a.* § 48 ArbGG Rn. 99).

102 Darüber hinaus gestattet § 101 ArbGG die Zuständigkeit von **Schiedsgerichten** zu bestimmen. Gem. § 101 Abs. 1 ArbGG ist die Vereinbarung über die Errichtung eines Schiedsgerichts unter Ausschluss der Arbeitsgerichtsbarkeit zulässig. Eine solche Vereinbarung betrifft den schuldrechtlichen Teil des Tarifvertrages mit der Folge, dass lediglich die Tarifvertragsparteien schuldrechtlich gebunden sind, bei Streitigkeiten aus Tarifverträgen oder über das Bestehen oder Nichtbestehen von Tarifverträgen das Schiedsgericht anzurufen. In einer solchen Vereinbarung kann auch die Abrede zur Bildung einer gemeinsamen Einrichtung der Tarifvertragsparteien i. S. d. § 4 Abs. 2 TVG gesehen werden (*Germelmann u. a.* § 101 Rn. 14).

103 Davon zu unterscheiden ist die **Einzelschiedsvereinbarung** nach § 101 Abs. 2 ArbGG, mit der das Verbot von Schiedsgerichten in den Arbeitssachen des § 4 ArbGG für tarifdispositiv erklärt wird. Eine solche Einzelschiedsvereinbarung hat normative Wirkung i. S. d. § 4 Abs. 1 TVG, sodass für die abschließend aufgeführten Berufsgruppen das Schiedsgericht zuständig ist.

104 Auf eine entsprechende Einrede, die jedoch verzichtbar ist, ist im Anwendungsbereich einer Schiedsabrede eine Klage vor dem Arbeitsgericht als unzulässig abzuweisen (*Germelmann u. a.* § 102 ArbGG Rn. 107).

105 Davon zu unterscheiden ist die den Tarifvertragsparteien nach § 76 Abs. 8 BetrVG eingeräumte Möglichkeit, durch betriebsverfassungsrechtliche Normen eine **tarifliche Schlichtungsstelle** an die Stelle der betriebsverfassungsrechtlichen Einigungsstelle zu setzen.

106 Sonstige normativ wirkende Regelungen in Tarifverträgen können auch Maßregelungsverbote nach Arbeitskämpfen sein, die nicht nur schuldrechtliche Bedeutung im Verhältnis der Tarifvertragsparteien zueinander haben. Ihnen kommt vielmehr eine unmittelbare und zwingende Wirkung i. S. d. § 4 Abs. 1 TVG zu (*BAG* 13.7.1993 EzA Art. 9 GG Arbeitskampf Nr. 112).

107 In Tarifverträgen sind häufig sog. **Protokollnotizen** enthalten. Ihr Rechtscharakter ist nicht einheitlich. Sie können Normcharakter, aber auch erläuternden Charakter haben. Insoweit können

sie als Auslegungshilfe herangezogen werden (*BAG* 27.8.1986 EzA § 1 TVG Nr. 25). Sollen sie Bestandteil des Tarifvertrages sein, bedürfen sie der Schriftform nach § 1 Abs. 2 TVG. Soll ihnen nur der Charakter einer Auslegungshilfe zukommen, ist die Schriftform nicht erforderlich. Sind sie schriftlich abgefasst, kommt ihnen im Zweifel Tarifcharakter zu (*Däubler/Reim* § 1 TVG Rn. 157). Die vorgenannten Rechtssätze hat das *BAG* in seinem Urteil vom 27.5.2008 (– 3 AZR 893/06, nv) ausdrücklich bestätigt.

Letzteres gilt auch für sog. **Ergebnisniederschriften**, die im Zusammenhang mit den Tarifverhandlungen oder sonstiger Zusammenkünfte der Tarifvertragsparteien zustande kommen (*BAG* 3.12.1986 EzA § 1 TVG Nr. 32; vgl. auch *BAG* 5.7.2006 EzA § 1 TVG Rückwirkung Nr. 8, wonach eine Einigung zwischen Tarifvertragsparteien ein zivilrechtlicher Vorvertrag sein kann, der bei hinreichender Bestimmtheit zum Abschluss eines Tarifvertrages verpflichtet). 108

### 3. Schuldrechtlicher Teil

Wesentliche schuldrechtliche Verpflichtungen sind die Friedenspflicht und die Durchführungspflicht. 109

#### a) Friedenspflicht

Jedem Tarifvertrag ist die sog. **relative Friedenspflicht** immanent. Sie verbietet den Tarifvertragsparteien, während der Laufzeit des Tarifvertrages insoweit einen Arbeitskampf zu führen und ihre Mitglieder dazu aufzurufen (*BAG* 8.2.1957 AP Nr. 1 zu § 1 TVG Friedenspflicht). 110

Daraus folgt zum einen eine **Unterlassungspflicht** und zum anderen eine **Einwirkungspflicht**. Letztere bewirkt, dass die Tarifvertragspartei verpflichtet ist, auf die Verbandsmitglieder mit allen satzungsmäßig zulässigen Mitteln einzuwirken, wenn diese den Arbeitsfrieden zu brechen suchen oder gebrochen haben. Die auch ungeschrieben zu beachtende relative Friedenspflicht ist gegenständlich bezogen auf den Inhalt des laufenden Tarifvertrages. Eine außerhalb dieses Regelungsbereichs liegende Forderung darf also erhoben und mit den Mitteln des Arbeitskampfrechts verfolgt werden. Um dies zu verhindern, müssten die Tarifvertragsparteien die sog. **absolute Friedenspflicht** ausdrücklich vereinbaren. Die absolute Friedenspflicht verbietet jede – auch eine auf tariflich nicht geregelte Fragen bezogene – Arbeitsniederlegung. Eine solche Vereinbarung unterliegt jedoch auch Beschränkungen. Ein genereller Verzicht auf das Recht zum Arbeitskampf wäre wohl als Grundrechtsverzicht mit Art. 9 Abs. 3 GG nicht zu vereinbaren (MünchArbR/*Löwisch* § 270 Rn. 11). 111

Die Friedenspflicht endet grds. mit dem Ablauf der zwingenden Wirkung der Tarifnorm eines Tarifvertrages. Die Tarifvertragsparteien können jedoch anderweitige Regelungen treffen. Mit dem Ablauf der Friedenspflicht können die Tarifvertragsparteien Arbeitskampfmaßnahmen einleiten. 112

#### b) Durchführungspflicht

Den Tarifvertragsparteien obliegt eine sog. Durchführungspflicht, die sie auch ohne ausdrückliche Vereinbarung gegenüber der anderen Tarifvertragspartei verpflichtet, auf ihre Mitglieder mit den Mitteln des Verbandsrechts einzuwirken, die Tarifnormen zu erfüllen. 113

Allerdings besteht eine **Einwirkungspflicht** dahin, eine bestimmte Regelung der Arbeitsbedingungen zu unterlassen, nur dann, wenn die Auslegung des Tarifvertrages eindeutig ergibt, dass die Regelung nicht dem Tarifvertrag entspricht oder ein entsprechendes rechtskräftiges Urteil bzw. eine verbindliche Entscheidung einer tariflichen Schlichtungsstelle vorliegt oder die Tarifvertragspartei selbst von der Tarifwidrigkeit der Regelung ausgeht (*BAG* 29.4.1992 EzA § 1 TVG Durchführungspflicht Nr. 2). 114

Ein Verstoß gegen die **Durchführungspflicht** kann ein wichtiger Grund zur fristlosen Kündigung des Tarifvertrages sein. 115

# Kapitel 11

116 Hinsichtlich der gerichtlichen Geltendmachung ist das *BAG* (9.6.1982 EzA § 1 TVG Nr. 14) zunächst davon ausgegangen, dass nur eine Feststellungsklage in Betracht kommt, weil die Gegenpartei keine bestimmten verbandsrechtlichen Maßnahmen vorschreiben und damit auch keine Leistungsklage erheben kann. Später hat es (*BAG* 3.2.1988 EzA § 4 TVG Druckindustrie Nr. 14) angenommen, dass eine Leistungsklage dann zulässig ist, wenn ein bestimmtes Einwirkungsmittel benannt wird. Da es den Verbänden nach der Satzung regelmäßig freisteht, selbst zu entscheiden, wie sie auf ihre Mitglieder einwirken, wird eine derartige Klage aber grds. unbegründet sein. Das führte dazu, Feststellungsklage mit dem Ziel zu erheben, dass der Verband auf das Mitglied einwirkt, den Tarifvertrag tatsächlich anzuwenden (*BAG* 11.9.1991 EzA § 1 TVG Durchführungspflicht Nr. 1).

117 Nunmehr hält das BAG eine **Klage auf Einwirkung** als Leistungsklage auch dann für zulässig, wenn kein bestimmtes Einwirkungsmittel benannt wird (*BAG* 29.4.1992 EzA § 1 TVG Durchführungspflicht Nr. 2).

118 Die Zwangsvollstreckung erfolgt nach § 888 ZPO, so dass der Schuldner bei entsprechender Verurteilung die freie Wahl hat, welches Mittel der Einwirkung er wählt.

## II. Auslegung von Tarifverträgen

### 1. Der schuldrechtliche Teil

119 Der **schuldrechtliche Teil** des Tarifvertrages ist nach den Regelungen des Vertragsrechts auszulegen, §§ 133, 157 BGB (*Wiedemann/Wank* TVG § 1 Rn. 984).

120 Danach ist nicht auf den inneren Willen des Erklärenden, sondern auf die objektive Erklärungsbedeutung abzustellen, wonach das äußere Verhalten so auszulegen ist, wie es der Erklärungsempfänger nach Treu und Glauben unter Berücksichtigung der Verkehrssitte verstehen muss. Neben dem Wortlaut sind auch die Begleitumstände, Entstehungsgeschichte, Äußerung der Parteien, Zweck und bestehende Interessenlage und die Verkehrssitte zu berücksichtigen. Die Grundsätze der ergänzenden Vertragsauslegung sind anzuwenden. Etwas anderes soll gelten, wenn der schuldrechtliche Teil Rechte zugunsten Dritter begründen soll. Dann ist nach Ansicht des *BAG* (5.11.1997 EzA § 1 TVG Nr. 41) auf die Grundsätze zur Auslegung von normativen Tarifregelungen abzustellen.

### 2. Normativer Teil

121 Die Auslegung des **normativen Teils** eines Tarifvertrages folgt nach ständiger Rechtsprechung des *BAG* (12.9.1984 EzA § 1 TVG Auslegung Nr. 14) den für die Auslegung von Gesetzen geltenden Regeln.

122 Die Auslegung von Tarifnormen setzt ihre **Auslegungsfähigkeit** voraus. Ein Verstoß gegen das Gebot der Normenklarheit bzw. der fehlenden Justiziabilität mit der Folge der Nichtanwendbarkeit der Tarifnorm liegt vor, wenn nach Ausschöpfung der anerkannten Auslegungsmethoden nicht behebbare Zweifel am Norminhalt verbleiben (*BAG* 23.8.2006 – 4 AZR 444/05, n. v.; 29.1.1986 BAGE 51, 59 ff.; 26.4.1966 EzA § 242 BGB Nr. 5). Bei der Auslegung ist zunächst vom **Wortlaut** auszugehen. Dabei ist der maßgebliche Sinn der Erklärung zu erforschen, ohne am Buchstaben zu haften. Soweit der Tarifwortlaut nicht eindeutig ist, ist der in den tariflichen Normen zum Ausdruck kommende wirkliche Wille der Tarifvertragsparteien mit zu berücksichtigen. Abzustellen ist ferner auf den tariflichen Gesamtzusammenhang, weil dieser Anhaltspunkte für den wirklichen Willen der Tarifvertragsparteien liefern und nur so der Sinn und Zweck der Tarifnorm zutreffend ermittelt werden kann. Lässt dies zweifelsfreie Auslegungsergebnisse nicht zu, dann können ohne Bindung an eine Reihenfolge weitere Kriterien, wie die Entstehungsgeschichte des Tarifvertrages, ggf. auch die praktische Tarifübung, ergänzend herangezogen werden. Auch die Praktikabilität denkbarer Auslegungsergebnisse ist zu berücksichtigen; im Zweifel gebührt derjenigen Tarifauslegung der Vorzug, die zu einer vernünftigen, sachgerechten, Zweck orientierten und praktisch brauchbaren Regelung führt (*BAG* 12.9.1984 EzA § 1 TVG Auslegung Nr. 14). Wenn die Tarifvertragsparteien ein Wort erwähnen, das in der Rechtsterminologie einen festen Inhalt hat, ist im Zweifel davon auszugehen, dass sie

## D. Inhalt, Auslegung und rechtliche Grenzen von Tarifverträgen

dies in demselben Sinn verstanden wissen wollen (*BAG* 28.1.1977 AP Nr. 1 zu § 1 TVG Tarifverträge: Ziegelindustrie).

Im Rahmen der **Auslegung** können Niederschriftserklärungen, Protokollnotizen, authentische Interpretationen der Tarifvertragsparteien, die nicht die förmlichen Voraussetzungen eines Tarifvertrages erfüllen, als Auslegungshilfe berücksichtigt werden, wenn sie den gemeinsamen Willen der Tarifvertragsparteien wiedergeben und nicht in offensichtlichem Widerspruch zum Wortlaut stehen (*BAG* 24.5.1978 EzA § 4 TVG Metallindustrie Nr. 11). 123

### 3. Rechtsfolgen lückenhafter tariflicher Regelungen

Tarifverträge erheben nicht den Anspruch, die Arbeitsbedingungen vollständig, umfassend und lückenlos zu regeln, auch können die Tarifvertragsparteien bewusst von einer Regelung für den fraglichen Einzelfall abgesehen haben (*BAG* 13.6.1973 AP Nr. 123 zu § 1 TVG Auslegung). 124

Eine die **Tariflücke** schließende Auslegung ist dann nicht möglich, wenn eine derartige Lücke bewusst und gewollt vereinbart ist (bewusste Tariflücke). Ansonsten würde nämlich in die Tarifautonomie (Art. 9 Abs. 3 GG) eingegriffen (*BAG* 23.9.1981 AP Nr. 19 zu § 611 BGB Lehrer, Dozenten). Anderes gilt nur, wenn die Schließung der Tariflücke in einer bestimmten Art und Weise rechtlich zwingend geboten ist (*BAG* 13.11.1985 EzA Art. 3 GG Nr. 18). 125

Dagegen können Lücken, die vorhanden waren, oder entstanden sind, ohne dass die Tarifvertragsparteien dies vorher gesehen haben, nach Treu und Glauben sowie nach dem in Betracht kommenden wirtschaftlichen und sozialen Zweck geschlossen werden (*BAG* 13.6.1973 AP Nr. 123 zu § 1 TVG Auslegung). Etwas anderes gilt, wenn für die Schließung der Regelungslücke verschiedene Möglichkeiten in Betracht kommen. Denn dann bestehen für die Tarifvertragsparteien Gestaltungsmöglichkeiten, über die sie auf Grund der Tarifhoheit selbst entscheiden müssen. Ein Tätigwerden von dritter Seite wäre dann ein verfassungswidriger Eingriff in die Tarifautonomie (*BAG* 10.12.1986 AP Nr. 1 zu § 42 MTB II). 126

### 4. Prozessuale Fragen

Ergibt sich aus dem Parteivortrag, dass tarifliche Normen für die Entscheidung erheblich sein könnten, so haben die Gerichte für Arbeitssachen den Inhalt dieser Rechtsnormen nach den Grundsätzen des § 293 ZPO zu ermitteln (*BAG* 9.8.1995 EzA § 293 ZPO Nr. 1). 127

Zum Inhalt eines Tarifvertrages gehört der Zeitpunkt seines Wirksamwerdens. Eine subjektive Beweislast besteht im Anwendungsbereich des § 293 ZPO nicht. 128

Ein Streit zwischen Arbeitgeber und Betriebsrat über die richtige Auslegung einer Tarifnorm kann grds. nicht in einem Beschlussverfahren ausgetragen werden (*BAG* 24.2.1987 EzA § 80 BetrVG 1972 Nr. 29). 129

### III. Grenzen der Regelungsbefugnis der Tarifvertragsparteien

### 1. Tarifvertrag und überstaatliches Recht

**Tarifverträge** müssen mit dem unmittelbar geltenden überstaatlichen (zwischenstaatlichen) Recht vereinbar sein. Dazu gehört insbes. die Europäische Menschenrechtskonvention, das primäre Unionsrecht, z.B. der EU-Vertrag, der AEUV, die GR-Charta und die Verordnungen und Richtlinien der EU (s. Kap. 1 Rdn. 728 ff.). 130

In der Praxis sehr bedeutsam ist Art. 157 (ex-Art 141 EGV) Abs. 1 AEUV, wonach Männern und Frauen bei gleicher Arbeit das gleiche Entgelt zusteht (s. Kap. 3 Rdn. 779 ff.). Dabei hat das Lohngleichheitsgebot des Art. 157 Abs. 1 AEUV auch Vorrang gegenüber Tarifverträgen, wie sich aus Art. 4 der Richtlinie 75/117/EWG ergibt. Nach dieser Vorschrift haben die Mitgliedstaaten sicherzustellen, dass mit dem Grundsatz des gleichen Entgelts unvereinbare Bestimmungen in Tarifverträ- 131

# Kapitel 11 — Tarifvertragsrecht

gen nichtig sind oder für nichtig erklärt werden können (*EuGH* 27.6.1990 AP Nr. 21 zu Art. 119 EWG-Vertrag).

**132** Verstößt eine tarifliche Bestimmung gegen eine EU-Richtlinie, so muss beachtet werden, dass sich die Richtlinie unmittelbar nur an die Mitgliedstaaten richtet. Daraus folgt, dass die richtlinienwidrige tarifliche Bestimmung nur dann nichtig ist, wenn der Arbeitgeber dem Staat zuzurechnen ist. Anderenfalls ist die der Richtlinie zuwiderlaufende tarifliche Bestimmung unionsrechtskonform auszulegen (*Wissmann* ZTR 1994, 223; a. A. MünchArbR/*Löwisch* § 252 Rn. 87, der die Nichtigkeit der tariflichen Regelung annimmt).

**133** Eine für die Praxis wichtige Rechtsfrage hat der *EuGH* in seinem Urteil vom 15.12.1994 entschieden (EzA Art. 119 EWG-Vertrag Nr. 24). Darin hat er die ihm gestellte Frage verneint, ob tarifvertragliche Regelungen, welche Mehrarbeitszuschläge nur bei Überschreiten der tarifvertraglich für Vollzeitbeschäftigte festgelegten Regelarbeitszeiten vorsehen, im Widerspruch zu ex-Art. 119 Abs. 1 EG-Vertrag (nunmehr Art 157 Abs. 1 AEUV und Art. 1 der Richtlinie 75/117/EWG stehen. Nach der Auslegung des ex-Art. 119 Abs. 1 EG-Vertrag durch den EuGH, der sich das *BAG* anschloss (20.6.1995 EzA § 2 BeschFG 1985 Nr. 41), fehlt es bereits an einer Ungleichbehandlung hinsichtlich des Arbeitsentgelts. Sie liegt nur dann vor, wenn bei gleicher Anzahl Stunden, die auf Grund eines Arbeitsverhältnisses geleistet werden, die den Vollzeitbeschäftigten gezahlte Gesamtvergütung höher ist als die den Teilzeitbeschäftigten gezahlte. In den dem EuGH vorgelegten Fällen erhielten Teilzeitbeschäftigte für die gleiche Anzahl geleisteter Arbeitsstunden die gleiche Gesamtvergütung wie Vollzeitbeschäftigte. Nach den dort anwendbaren Tarifverträgen hat ein Teilzeitbeschäftigter, dessen vertragliche Arbeitszeit 18 Stunden beträgt, wenn er eine 19. Stunde arbeitet, Anspruch auf die gleiche Gesamtvergütung wie ein Vollzeitbeschäftigter für 19 Arbeitsstunden. Überschreitet der Teilzeitbeschäftigte die tarifvertraglich festgelegte Regelarbeitszeit, erhält er ebenfalls die gleiche Gesamtvergütung wie der Vollzeitbeschäftigte, da auch er Anspruch auf Überstundenzuschläge hat.

## 2. Tarifvertrag und Grundgesetz

**134** Die Tarifvertragsparteien sind umfassend an die **Verfassung**, insbes. an die Grundrechte gebunden. Es bestehen jedoch unterschiedliche Ansichten darüber, ob eine sog. unmittelbare oder lediglich eine mittelbare Grundrechtsbindung besteht (offen gelassen *BVerfG* 22.2.1994 EzA Art 3 GG Nr. 42; ebenso *BVerfG* 30.5.1990 BVerfGE 82, 126, 126 154). Nach Auffassung des 4. Senats des BAG unterliegen die Tarifvertragsparteien keiner unmittelbaren Grundrechtsbindung. Sie sind vielmehr wegen ihres insoweit vorrangigen Grundrechts der Koalitionsfreiheit aus Art. 9 Abs. 3 GG bis zur Grenze der Willkür frei, in eigener Selbstbestimmung Tarifregelungen festzulegen (*BAG* 30.8.2000 EzA Art. 9 GG Nr. 7). Demgegenüber vertritt wohl nach wie vor der 10. Senat des BAG eine Grundrechtsbindung (*BAG* 18.10.2000 EzA § 611 BGB Gratifikation, Prämie Nr. 161). Nach Ansicht des 3. Senats des BAG besteht im Gegensatz zu den Freiheitsrechten für die Gleichheitssätze eine unmittelbare Grundrechtsbindung (*BAG* 4.4.2000 EzA § 1 BetrAVG Gleichbehandlung Nr. 19; bestätigt in der Entscheidung des *Dritten Senats* v. 12.10.2004 EzA Art. 3 GG Nr. 102; a. A. *Sechster Senat* 27.5.2004 EzA Art. 3 GG Nr. 101). Eine Vorlage an den Großen Senat unterblieb jeweils, weil die Frage der Grundrechtsbindung nicht entscheidungserheblich war. (unentschieden *BAG* 19.12.2007 ZTR 2008, 379 f.).

**135** Tarifnormen sind jedenfalls Gesetze im materiellen Sinne, weil sie insbes. in ihren Regelungen der Arbeitsbedingungen objektives Recht für die Arbeitsverhältnisse setzen.

**136** Daraus folgt auch, dass die Tarifverträge dem Rechtsstaatsprinzip, dem Sozialstaatsprinzip und dem Demokratieprinzip genügen müssen. Das danach zu beachtende Rechtsstaatsprinzip hat zur Folge, dass die Tarifvertragsparteien dem Gebot der Normenklarheit und auch dem Gebot des Vertrauensschutzes Rechnung tragen müssen.

**137** Die Arbeitsgerichte haben eine vollständige Überprüfungskompetenz darüber, ob und inwieweit tarifliche Normen mit dem Grundgesetz, insbes. mit einzelnen Grundrechten unvereinbar sind, weil sie die Grenzen des Gestaltungsspielraums der Tarifvertragsparteien und damit der Tarifautonomie übersteigen (BAG 16.11.1982 AP Nr. 4 zu § 62 BAT; s. Kap. 1 Rdn. 364 ff.).

▶ **Beispiel:** 138

Mit Urteil vom 25.7.1996 (EzA § 11 BAT Nr. 2) hat das BAG eine Ablieferungspflicht für Nebentätigkeitsvergütung im öffentlichen Dienst als mit Art. 12 Abs. 1 GG vereinbar angesehen. Angestellte werden durch die in § 11 BAT i. V. m. den in Bezug genommenen für Beamte geltenden Nebentätigkeitsregelungen bestimmte Ablieferungspflicht nicht in ihrem Grundrecht auf freie Berufsausübung aus Art. 12 Abs. 1 GG unzulässig beeinträchtigt. Zwar berührt die Ablieferungspflicht den Schutzbereich des Art. 12 Abs. 1 GG, da die Angestellten in ihren Verdienstmöglichkeiten durch Nebentätigkeiten beschränkt werden. Der Eingriff ist jedoch im Hinblick auf den verfolgten Zweck nicht unverhältnismäßig. Die Ablieferungspflicht soll dem Anreiz entgegenwirken, Nebentätigkeiten auszuüben, die wegen ihres zeitlichen Umfangs zur Beeinträchtigung der arbeitsvertraglich geschuldeten Haupttätigkeit führen können. Diese Beschränkung ist zumutbar, da sie sich nur auf Nebentätigkeiten im öffentlichen Dienst bezieht und einen der jeweiligen Vergütungsgruppe angemessenen Freibetrag belässt.

### 3. Tarifverträge und Gesetzesrecht/Gesetzesvertretendes Richterrecht

Aus der **Normenhierarchie** folgt (s. Kap. 1 Rdn. 265 ff.), dass das Gesetzesrecht über den Rechtsnormen des Tarifvertrages steht. Jedoch führt nicht jede tarifvertragliche Abweichung zu einem Gesetzesverstoß. 139

Ob ein solcher vorliegt, hängt vom Charakter des Gesetzes als **zweiseitig-zwingendes, einseitig-zwingendes** oder als **dispositives Gesetz** ab. Welcher Gesetzestypus vorliegt, ist letztlich durch Auslegung zu ermitteln. 140

**Zweiseitig-zwingende Gesetze** (z. B. die Organisation der Personalvertretung und in großen Teilen auch die der Betriebsverfassung, GWB, ZPO) lassen keinerlei tarifvertragliche Abweichungen zu. 141

**Einseitig zwingende Gesetze**, für deren Vorliegen eine Vermutung spricht (BAG 25.9.1987 EzA § 1 BeschFG 1985 Nr. 2), lassen Abweichungen nur zu Gunsten der Arbeitnehmer, nicht aber zu deren Ungunsten zu. So kann z. B. die in § 3 Abs. 1 BUrlG bestimmte Urlaubsdauer ohne weiteres verlängert werden, denn das BUrlG ist ein Schutzgesetz allein zu Gunsten der Arbeitnehmer. Auch die Befristungsregelung des BeschFG (vgl. nun § 22 Abs. 1 TzBfG) war lediglich eine Mindestarbeitsbedingung (BAG 5.9.1987 EzA § 1 BeschFG 1985 Nr. 2). 142

Gesetzliche Bestimmungen können auch **tarifdispositiv** sein, indem sie ein ausdrückliches Abweichen zu Gunsten oder zu Ungunsten sowohl des Arbeitgebers als auch des Arbeitnehmers nur den Tarifvertragsparteien, nicht aber den Parteien von Betriebsvereinbarungen oder Einzelarbeitsvertrag gestatten (vgl. z. B. § 622 Abs. 4 BGB: s. Kap. 4 Rdn. 260 ff.; § 13 BurlG: s. Kap. 3 Rdn. 2372 ff.; § 4 Abs. 4 EFZG: s. Kap. 3 Rdn. 1899 ff.). Entsprechendes gilt für das am 18.8.2006 in Kraft getretene Allgemeine Gleichbehandlungsgesetz (BGBl. I S. 1897), wonach die Tarifvertragsparteien aufgrund der Öffnungsklausel nach § 15 Abs. 4 AGG vom Gesetz abweichende Geltendmachungsfristen bestimmen können (zu Gunsten wie zu Ungunsten der Arbeitnehmer; z. B. *Schrader/Schubert* Rn. 75). Weil der Schutz der Arbeitnehmer insoweit im Vordergrund steht, ist der Umfang der Abdingbarkeit gesetzlicher Schutzvorschriften durch Tarifvertrag nicht extensiv, sondern grds. restriktiv zu bestimmen (BAG 31.1.1979 EzA § 4 TVG Bundesbahn Nr. 1). Nehmen die Tarifvertragsparteien ihre Regelungskompetenz in Anspruch, so müssen sie ihre vom Gesetzesrecht abweichende tarifliche Regelung nicht mit sachlichen und vernünftigen Gründen rechtfertigen (BAG 23.10.1993 AP Nr. 37 zu § 616 BGB). 143

Infolge der gesetzgeberischen Enthaltsamkeit im Arbeitsrecht kommt dem **gesetzesvertretenden Richterrecht** in manchen Bereichen des Arbeitsrechts große Bedeutung zu (Arbeitskampfrecht, Gratifikationsrecht). 144

# Kapitel 11

145  **Gesetzesvertretendes Richterrecht** ist regelmäßig tarifdispositiv (st. Rspr. des *BAG* seit 31.3.1966 EzA § 611 BGB Gratifikation, Prämie Nr. 17).

### 4. Tarifvertrag und Betriebsvereinbarungen

146  Grds. besteht eine umfassende Regelungskompetenz der Betriebspartner (*BAG GS* 7.11.1989 EzA § 77 BetrVG 1972 Nr. 34). Diese haben jedoch den Tarifvorrang des § 77 Abs. 3 BetrVG (s. Kap. 13 Rdn. 1466 ff.) und des § 87 Abs. 1 Einleitungssatz BetrVG zu beachten.

147  Zum Verhältnis beider Schranken hat der **Große Senat** des *BAG* in seiner Entscheidung vom 3.12.1991 nochmals ausführlich Stellung genommen (EzA § 87 BetrVG Betriebliche Lohngestaltung Nr. 30). Danach werden Betriebsvereinbarungen im Rahmen der erzwingbaren Mitbestimmung nach § 87 Abs. 1 BetrVG von der Sperre des § 77 Abs. 3 BetrVG nicht erfasst (sog. Vorrangtheorie im Gegensatz zur sog. Zwei-Schranken-Theorie; s. Kap. 13 Rdn. 1481 ff., 1480 f.). Nach der Entscheidung des *BAG* vom 6.12.2006 (EzA § 112 BetrVG 2001 Nr. 21) sind die Tarifvertragsparteien frei, im Rahmen ihrer Tarifzuständigkeit einen **Tarifvertrag** zu vereinbaren, der die sozialen und wirtschaftlichen Folgen einer **Betriebsteilschließung** für die davon betroffenen Arbeitnehmer ausgleicht oder mildert. Hieran sind sie durch die etwa von Rechts wegen eröffnete Möglichkeit des Betriebsrats oder Personalrats und des Arbeitgebers, einen Sozialplan abzuschließen, nicht gehindert. In einem solchen Tarifvertrag, der seinerseits den Abschluss eines Sozialplans nicht hindert, ist eine Regelung zulässig, welche die Zahlung einer Abfindung an betriebsbedingt gekündigte Arbeitnehmer davon abhängig macht, dass diese gegen die Kündigung keine Kündigungsschutzklage erheben, wenn die schriftliche Kündigung einen entsprechenden Hinweis des Arbeitgebers enthält. Eine solche Regelung verstößt weder gegen den allgemeinen Gleichheitssatz noch gegen das Maßregelungsverbot.

### 5. Tarifvertrag und Vertragsrecht

148  Von den Rechtsnormen eines Tarifvertrages kann im Einzelarbeitsvertrag abgewichen werden, soweit dies durch den Tarifvertrag gestattet ist oder die Regelung eine Änderung zu Gunsten der Arbeitnehmer enthält (§ 4 Abs. 3 TVG).

149  Tarifvertragliche Bestimmungen gehen dem Einzelarbeitsvertrag grds. vor. Da jedoch der Tarifvertrag lediglich Mindestarbeitsbedingungen darstellt, sind günstigere arbeitsvertragliche Regelungen möglich. Dies ergibt sich aus dem in § 4 Abs. 3 TVG bestimmten Günstigkeitsprinzip (s. Rdn. 262 ff.).

## IV. Einzelne tarifvertragliche Klauseln

### 1. Besetzungsregelungen

150  Ein Tarifvertrag kann für eine bestimmte Tätigkeit aus Gründen der Überforderung, der Förderung der Arbeitsqualität oder des Beschäftigtenschutzes für Fachkräfte eine bestimmte Qualifikation verlangen. Das ist nicht zu beanstanden, wenn sie von vernünftigen Gründen getragen ist (*BAG* 26.4.1990 EzA § 4 TVG Druckindustrie Nr. 20), z. B. wie vorstehend, wenn es um den Schutz einzelner Arbeitnehmer vor Überforderung geht. Insoweit handelt es sich um Betriebsnormen.

### 2. Differenzierungs-, Spannensicherungsklauseln

151  Die Tarifvertragsparteien versuchen mit sog. **Differenzierungsklauseln** den tarifgebundenen Arbeitgebern zu verbieten, bestimmte tariflich festgelegte Leistungen und Vergünstigungen auch den nicht bzw. anders organisierten Arbeitnehmern auf einzelvertraglicher Grundlage zu gewähren. Der weiteren Sicherung des dadurch festgelegten Abstandes der Lohnhöhe zu Gunsten tarifgebundener Arbeitnehmer dienen die **Spannensicherungsklauseln**, wonach der Arbeitgeber bei jeder zusätzlichen Leistung an Nichtorganisierte auch die Position der organisierten Arbeitnehmer verbessern muss. Solche Klauseln verstoßen zwar nicht gegen Art. 3 Abs. 1 GG, weil der Arbeitgeber die Arbeitneh-

## D. Inhalt, Auslegung und rechtliche Grenzen von Tarifverträgen

mer je nach Tarifbindung unterschiedlich behandeln darf, sie bedeuten aber nach der Rechtsprechung des *BAG* (*GS* 29.11.1967 AP Nr. 13 zu Art. 9 GG) eine unzulässige Überschreitung der Tarifmacht und sind damit unwirksam. Diese Klauseln sind für den Arbeitgeber unzumutbar, weil ihm die Unterstützung organisationspolitischer Interessen der Gewerkschaft zugemutet wird. Außerdem stellen sie eine Art Gebühr dar, die den Außenseitern für gewerkschaftliche Tätigkeit auferlegt wird und daher ihr Gerechtigkeitsempfinden verletzen muss. Auch die negative Koalitionsfreiheit für nicht tarifgebundene Außenseiter wird verletzt, weil auf sie ein sozial inadäquater Druck ausgeübt wird, bestimmte Leistungen nur durch Gewerkschaftsbeitritt erlangen zu können. Mit Urteil vom 18.3.2009 (EzA Art. 9 GG Nr. 98) hat das *BAG* entschieden, dass sog. einfache Differenzierungsklauseln rechtswirksam sein können. **Einfache Differenzierungsklauseln** sind solche, welche die Gewerkschaftszugehörigkeit des Arbeitnehmers zwar zur Voraussetzung für einen bestimmten materiellen Anspruch machen, die aber keine rechtlichen Schranken dafür aufstellen, dass der Arbeitgeber auf individualvertraglicher Ebene die tariflich vorgesehene Ungleichbehandlung beseitigt. **Qualifizierte Differenzierungsklauseln** (auch als Spannen- oder Abstandsklauseln bezeichnet) wollen insoweit auf die individualrechtlichen Gestaltungsbefugnisse des Arbeitgebers einwirken, als im Ergebnis dem Gewerkschaftsmitglied in jedem Fall mehr zusteht als dem Nichtmitglied. Ob eine solche Klausel wirksam ist, hat der Vierte Senat des BAG in diesem Urteil offen gelassen. Einzelheiten zu den Differenzierungsklauseln s. Rdn. 7. Demgegenüber sind **sog. Außenseiterklauseln** mit dem Inhalt, nicht organisierte Arbeitnehmer und Gewerkschaftsmitglieder gleich zu behandeln, als schuldrechtliche Vereinbarung zwischen den Tarifvertragsparteien zulässig.

### 3. Absicherung übertariflicher Lohnbestandteile durch Tarifverträge

#### a) Allgemeines

Übertarifliche Zulagen kann der Arbeitgeber mit einer Tariflohnerhöhung verrechnen, wenn die Zulagen dem Arbeitnehmer nicht als selbstständiger und anrechnungsfester Entgeltbestandteil neben dem jeweiligen Tarifentgelt zustehen. Die Anrechnungsfestigkeit kann sich aus einer Betriebsvereinbarung (*BAG* 23.3.1993 EzA § 4 TVG Tariflohnerhöhung Nr. 24) oder einer arbeitsvertraglichen Abrede ergeben. Zur Vermeidung von Rechtsstreitigkeiten ist es für die Praxis ratsam, bei Betriebsvereinbarungen über Zulagensysteme den Vorbehalt der Anrechnung künftiger Tariflohnerhöhungen und sonstiger Tarifverbesserungen aufzunehmen. Im Arbeitsvertrag sollte bspw. folgende Klausel enthalten sein: 152

> »Alle außer-/übertariflichen Zulagen können jederzeit mit tariflichen Lohnerhöhungen verrechnet werden.« 153

Eine solcher Anrechnungsvorbehalt bzw. eine solche Anrechnungsklausel führt weder zur Unwirksamkeit nach § 308 Nr. 4 BGB noch verstößt sie gegen das Transparenzgebot des § 307 Abs. 1 S. 2 BGB. Für einen durchschnittlichen Arbeitnehmer ist erkennbar, dass im Fall der Tarifentgelterhöhung eine Zulagenkürzung erfolgen kann (*BAG* 1.3.2006 EzA § 4 TVG Tariflohnerhöhung Nr. 48). 154

Liegt ein ausdrücklicher Anrechnungsvorbehalt nicht vor, ist eine außer-/übertarifliche Zulage noch nicht ohne weiteres anrechnungsfest. Die tatsächliche Zahlung dieser Zulage beinhaltet nicht etwa einen rechtsgeschäftlichen Willen des Arbeitgebers, die Zulage abzusichern. Dies gilt selbst dann, wenn der Arbeitgeber die außer-/übertariflichen Verdienstbestandteile jahrelang vorbehaltlos geleistet und bisher niemals mit Tariflohnerhöhungen verrechnet hat. Die jahrelange Praxis der anrechnungsfreien Weitergabe von Tariflohnerhöhungen begründet keine betriebliche Übung dahingehend, dass der Tariflohn um die Zulage aufzustocken ist (*BAG* 22.9.1992 EzA § 87 BetrVG 1972 Betriebliche Lohngestaltung Nr. 35). 155

Wird im Arbeitsvertrag ein festes Monatsgehalt (Festbetrag) oberhalb des Tarifniveaus vereinbart, so ist dies ein Indiz für die Zulässigkeit der Anrechnung. 156

157 Für das BAG ergibt sich aus der getrennten Aufführung des Tariflohns und der Zulage noch nicht zwingend ein Anrechnungsverbot (*BAG* 22.9.1992 EzA § 87 BetrVG 1972 Betriebliche Lohngestaltung Nr. 35).

158 Ob die außer-/übertariflichen Zulagen anrechnungsfest oder aber anrechnungsfähig sind, hängt entsprechend von der mit der Leistung verfolgten Zweckbestimmung ab. Allgemeine Zulagen sind anrechenbar. Nicht anrechenbar sind demgegenüber Zulagen, die besondere Leistungen oder Erschwernisse abgelten (z. B. Zulage für Betriebstreue, Lärmzulagen, Schmutzzulagen).

159 Ist die außer-/übertarifliche Zulage nicht tarifbeständig, so kommt eine Anrechnung mit jeglicher tariflicher Entgelterhöhung in Betracht. Dies kann sowohl eine Entgelterhöhung auf Grund eines neu abgeschlossenen Tarifvertrages als auch die Erhöhung des Entgelts nach dem Erreichen einer bestimmten Anzahl von Berufsjahren sein. Etwas anderes gilt nur dann, wenn der Arbeitgeber ausdrücklich den Anrechnungsvorbehalt auf Entgelterhöhungen infolge von Neuabschlüssen von Tarifverträgen bezogen hat.

160 Der Arbeitgeber hat jedoch bei der Anrechnung von Zulagen stets den Gleichbehandlungsgrundsatz zu berücksichtigen (*BAG* 16.4.1980 EzA § 4 TVG Effektivklausel Nr. 1; s. Kap. 1 Rdn. 429 ff.), auch z. B. bei der rückwirkenden Erhöhung der außer-/übertariflichen Lohnbestandteile. Ferner ist das Mitbestimmungsrecht des Betriebsrats nach § 87 Abs. 1 Nr. 10 BetrVG zu beachten (s. Kap. 13 Rdn. 1841 ff.).

### b) Bestandsklauseln

161 Bestandsklauseln (auch Besitzstandsklauseln genannt; zur unterschiedlichen Terminologie *Däubler/Deinert* § 4 TVG Rn. 781) bestimmen, dass bisherige, günstigere Arbeitsbedingungen durch das In-Kraft-Treten des Tarifvertrages nicht berührt werden. Sie sprechen lediglich den sich aus § 4 Abs. 3 TVG ergebenden Inhalt aus. Aus ihnen kann also nicht hergeleitet werden, dass der höhere Lohn zum Tariflohn erhoben wird oder der alte Lohn neben dem Tariflohn weiterzuzahlen ist (*BAG* 11.8.1965 AP Nr. 9 zu § 4 TVG Übertariflicher Lohn und Tariflohnerhöhung).

### c) Effektivklauseln

162 Effektivklauseln lauten bspw. wie folgt:

»Die Tariflohnerhöhung ist effektiv zu gewähren.«

oder

»Die Tariflohnerhöhung tritt neben den tatsächlich gezahlten Lohn in jedem Fall hinzu.«

163 Mit einer sog. **Effektivgarantieklausel** soll erreicht werden, dass die bisher gezahlten Effektivlöhne in Zukunft erhöht um den im Tarifvertrag vorgesehenen Betrag und insgesamt einschließlich des zuvor übertariflichen Lohnbestandteils als unabdingbare tarifliche Mindestbedingungen zu leisten sind und nur durch einen neuen Tarifvertrag herabgesetzt werden können. Solche Regelungen sind unzulässig, weil es Aufgabe des Tarifvertrages ist, allgemeine Regelungen zu schaffen, den Mindestlohn festzulegen. Von daher kann nicht auf individuelle Lohnfestsetzungen Bezug genommen werden. Derartige Regelungen entbehren einer Rechtsgrundlage (*BAG* 16.9.1987 EzA § 4 TVG Effektivklausel Nr. 2).

164 Mit der sog. **begrenzten Effektivklausel** bezwecken die Tarifvertragsparteien, dass der Aufsaugungseffekt nicht eintritt, sondern eine Aufstockung erfolgt, ohne dass der übertarifliche Lohnbestandteil dadurch zum Tariflohn würde. Solche Klauseln sind unwirksam, weil es sonst zu unterschiedlichen Mindestlöhnen kommt, während die Rechtsnormen des Tarifvertrages nur eine allgemeine und gleiche Lohnerhöhung vorsehen dürfen (*BAG* 16.9.1987 EzA § 4 TVG Effektivklausel Nr. 2). Darin ist ein Verstoß gegen Art. 3 Abs. 1 GG zu sehen. Außerdem unterliegen dem Tarifvertrag gegenüber günstigere Arbeitsbedingungen der einzelvertraglichen Vereinbarung. Des Weiteren wird das Schriftformerfordernis verletzt, weil sich der Tariflohn nicht aus der schriftlichen Urkunde ermitteln lässt.

Nach Auffassung des Vierten Senats des BAG führen die zum Ausgleich für die Arbeitszeitverkür- 165
zung erfolgten Tariflohnerhöhungen auch nicht zum Zwecke der Erhaltung des Arbeitsentgelts
auf der Grundlage der zuvor geltenden wöchentlichen Arbeitszeit zur Erhöhung des übertariflichen
Stundenlohnanteils (*BAG* 16.9.1987 EzA § 4 TVG Effektivklausel Nr. 2). Im Gegensatz zu Wochen- und Monatslöhnen sieht der Vierte Senat Stundenlöhne, die zum Ausgleich einer gleichzeitig
vorgenommenen Arbeitszeitverkürzung erhöht werden, als vom allgemeinen Anrechnungsvorbehalt
erfasst an (*BAG* 3.6.1987 EzA § 4 TVG Metallindustrie Nr. 31; 16.9.1987 EzA § 4 TVG Effektivklausel Nr. 2). Demgegenüber vertritt der Erste Senat des BAG die Auffassung, dass der bei übertariflichen Zulagen bestehende, sich generell auf Tariflohnerhöhungen beziehende Anrechnungsvorbehalt im Zweifel nicht den Lohnausgleich für eine tarifliche Arbeitszeitverkürzung erfasst. Dieser
Rechtssatz gilt nach dem Ersten Senat sowohl für tarifliche Monatsvergütungen (*BAG* 7.2.1996
EzA § 87 BetrVG 1972 Betriebliche Lohngestaltung Nr. 55) als auch für tarifliche Stundenlöhne
(*BAG* 23.10.1996 – 1 AZR 299/96, n. v., nicht entscheidungserhebliche Divergenz zu *BAG*
3.6.1987 EzA § 4 TVG Metallindustrie Nr. 31).

In diesem Zusammenhang hat das BAG eine Tarifnorm, wonach die Verkürzung der Wochenarbeits- 166
zeit keiner Arbeitsvertragspartei zusätzliche Vor- oder Nachteile bringen soll, als unzulässige Effektivklausel behandelt (*BAG* 16.9.1987 EzA § 4 TVG Effektivklausel Nr. 2).

**Anderer Ansicht** nach ist darin lediglich eine Verdienstsicherungsklausel zu sehen (*LAG RhPf* NZA 167
1987, 393). Tarifliche Verdienstsicherungsklauseln, die arbeitsvertraglich begründete Zulagen umfassen, sind unwirksam. Sie dürfen nicht anders behandelt werden als entsprechende Effektivklauseln (*Brox/Müller* Anm. zu *BAG* 16.9.1987 AP Nr. 15 zu § 4 TVG Effektivklausel).

### d) Verrechnungsklauseln

Die Verrechnungsklauseln bringen zum Ausdruck, dass bisherige außer-/übertarifliche Vergütungen 168
auf die Tariferhöhung angerechnet werden und spiegeln somit lediglich die Rechtslage wider. Sofern
durch sie die sich eventuell aus dem Arbeitsvertrag ergebende Verpflichtung des Arbeitgebers zur
Aufstockung der Tariferhöhung auf den bisherigen Effektivlohn ausgeschlossen werden soll, ist sie
unwirksam (*BAG* 26.2.1986 EzA § 4 TVG Tariflohnerhöhung Nr. 8).

### e) Verdienstsicherungsklauseln

Mit tariflichen Verdienstsicherungsklauseln soll in erster Linie älteren Arbeitnehmern, die wegen ge- 169
sundheitlich bedingter Einschränkung der Leistungsfähigkeit auf dem bisherigen Arbeitsplatz nicht
mehr einsetzbar sind und deshalb auf einen anderen Arbeitsplatz mit geringerer Entlohnung umgesetzt werden, das bisher zustehende Arbeitsentgelt einschließlich über- und/oder außertariflicher Zulagen zumindest für einen bestimmten Zeitraum gesichert werden.

> Solche Klauseln lauten bspw. wie folgt: 170
>
> »Arbeitnehmer nach Vollendung des 53. Lebensjahres haben Anspruch auf Entgeltsicherung,
> wenn ...
>
> Für die Berechnung des bisherigen Durchschnittsverdienstes sind zu Grunde zu legen:
>
> Tariflohn, tarifliche Leistungszulagen, außer ...«

Nach der Rechtsprechung des *BAG* (15.5.1991 EzA § 4 TVG Metallindustrie Nr. 84) liegt insoweit 171
nur eine zulässige Berechnungsgrundlage für den Verdienst gesicherten Durchschnittsverdienst und
keine unzulässige Effektivklausel vor. Die übertariflichen Zulagen werden dadurch nicht mit tarifrechtlicher Wirkung abgesichert, sondern können, wie bei allen Arbeitnehmern, mit späteren Tariflohnerhöhungen nach allgemeinen arbeitsrechtlichen Grundsätzen ganz oder teilweise verrechnet
werden.

## Kapitel 11

### E. Geltungsgrund eines Tarifvertrages

### I. Tarifgebundenheit

#### 1. Allgemeines

172 Da die Tarifvertragsparteien befugt sind, Tarifnormen zu setzen, bedarf es einer Legitimation im Verhältnis zwischen Normgeber und Normunterworfenen. Sie folgt aus der Mitgliedschaft der einzelnen Arbeitgeber und Arbeitnehmer in ihrem jeweiligen Verband und führt zur Bindung an den Tarifvertrag. Deshalb sind auch gem. § 3 Abs. 1 TVG die Mitglieder der Tarifvertragsparteien tarifgebunden und der Arbeitgeber, der selbst Partei des Tarifvertrages ist.

173 Eine Tarifbindung kraft Organisationszugehörigkeit besteht, wenn sowohl der Arbeitgeber als auch der Arbeitnehmer Mitglied derjenigen Organisation sind, die den Tarifvertrag abgeschlossen hat. Rechtsnormen von Tarifverträgen über betriebliche und betriebsverfassungsrechtliche Fragen gelten hingegen in allen Betrieben, in denen nur der Arbeitgeber tarifgebunden ist, § 3 Abs. 2 TVG, weiter sind Arbeitnehmer und Arbeitgeber tarifgebunden, die infolge Allgemeinverbindlicherklärung an den Tarifvertrag gebunden sind, § 5 TVG (s. Rdn. 192 ff.).

174 Außer dem Arbeitgeber, der selbst Partei des Tarifvertrages ist, und den Mitgliedern der Tarifvertragsparteien sind darüber hinaus auch die Mitglieder der Verbände, die Spitzenorganisationen angehören, tarifgebunden, wenn die Spitzenorganisationen den Tarifvertrag im eigenen Namen abgeschlossen haben. Nach § 3 Abs. 3 TVG besteht die Tarifgebundenheit fort, bis der Tarifvertrag endet. Daraus folgt, dass sich Arbeitnehmer und Arbeitgeber durch Austritt aus ihrem Verband einem möglicherweise ungünstigen Tarifvertrag nicht entziehen können. Auch durch eine Insolvenzeröffnung über das Vermögen eines Arbeitgeberverbandes endet nicht ohne weiteres die normative Wirkung eines von dem Verband abgeschlossenen Tarifvertrages (*BAG* 27.6.2000 EzA § 3 TVG Nr. 18). Hierzu bedarf es vielmehr eines Beendigungstatbestandes.

175 Von der Tarifgebundenheit ist der persönliche Geltungsbereich eines bestehenden Tarifvertrages zu unterscheiden. Die Tarifbindung regelt die Frage, welche Personen überhaupt von der Normsetzungsbefugnis der Tarifpartner erfasst werden. Demgegenüber regelt der persönliche Geltungsbereich die tatsächlich von einem bestimmten Tarifvertrag erfassten Rechtsverhältnisse.

#### 2. Beginn und Ende der Tarifgebundenheit bei Inhalts-, Abschluss- und Beendigungsnormen

*a) Beginn*

176 Die **Tarifgebundenheit** nach § 3 Abs. 1 TVG besteht ab dem Zeitpunkt, zu dem die Tarifnormen gelten und beiderseitige Mitgliedschaft vorliegt. Bei einer schon bestehenden Mitgliedschaft und dem Neuabschluss eines Tarifvertrages tritt die Tarifgebundenheit unmittelbar mit dem In-Kraft-Treten des Tarifvertrages ein. Treten Arbeitgeber und Arbeitnehmer während der Laufzeit eines Tarifvertrages in die jeweiligen Verbände ein, so beginnt die Tarifgebundenheit mit der Begründung der Mitgliedschaft (*BAG* 4.8.1993 EzA § 3 TVG Nr. 7). Die Modalitäten der Mitgliedschaft richten sich nach der Verbandssatzung, deren Grundlage wiederum das Vereinsrecht des BGB ist. So kann z. B. in einer Verbandssatzung geregelt sein, dass die Aufnahme von der Zustimmung eines besonderen Vereinsorgans abhängt; eine Tarifgebundenheit gilt dann erst mit der Zustimmung des Organs. Eine Vereinbarung zwischen Mitglied und Verband über einen rückwirkenden Beitritt ist tarifrechtlich ohne Bedeutung. Die Tarifgebundenheit beginnt mit dem Tag des tatsächlichen Beitritts (*BAG* 20.12.1988 EzA § 87 BetrVG 1972 Nr. 12), d. h. mit der satzungsgemäß zu Stande gekommenen Mitgliedschaft. Die Vereinbarung eines rückwirkenden Beginns der Mitgliedschaft führt nicht zu einem rückwirkenden Beginn der Tarifgebundenheit (*BAG* 22.11.2000 EzA § 3 TVG Nr. 20). Die Tarifvertragsparteien können auch die Rückwirkung von Tarifnormen vereinbaren (näher s. Rdn. 230 ff.). Die Tarifgebundenheit beurteilt sich dann danach, ob die Arbeitsvertragsparteien zum Zeitpunkt des In-Kraft-Tretens Mitglieder ihrer Organisationen waren.

## E. Geltungsgrund eines Tarifvertrages     Kapitel 11

Die Tarifgebundenheit kann von den Tarifvertragsparteien über das TVG hinaus weder erweitert noch eingeschränkt werden. **Sog. Außenseiterklauseln** stellen lediglich schuldrechtliche Verpflichtungen der Tarifvertragsparteien dar, die Tarifnormen vertragsrechtlich im Arbeitsverhältnis mit Außenseitern anzuwenden.   177

Ist Tarifvertragspartei ein Spitzenverband, muss die Mitgliedschaft der Tarifgebundenen nicht zu ihm bestehen, sondern nur zu einem Mitgliedsverband. Liegt ein **Firmentarifvertrag** vor, fehlt auf Arbeitgeberseite die mitgliedschaftliche Begründung der Tarifgebundenheit. Der einzelne Arbeitgeber hat eine Doppelfunktion. Er ist zugleich Normgeber wie Normadressat.   178

Arbeitgeber kann eine natürliche und eine juristische Person sein. Da beide rechtsfähig sind, ist auch ihre Mitgliedsfähigkeit in den entsprechenden Organisationen gegeben. Handelt es sich um eine Personengesellschaft des HGB (OHG, KG), genügt ebenfalls die Mitgliedschaft der Gesellschaft (*Löwisch/Rieble* § 3 TVG Rn. 16). Anders verhält es sich bei einer BGB-Gesellschaft. Da Arbeitgeber die Gesellschafter sind, müssen sie gemeinschaftlich Mitglieder des Verbandes sein, um eine Tarifgebundenheit zu begründen. Auf Grund der nunmehr erfolgten Anerkennung der Rechtsfähigkeit der BGB-Gesellschaft (*BGH* 29.1.2001 EzA § 50 ZPO Nr. 4) dürfte die vorstehende Auffassung nicht mehr zutreffen.   179

Eine die Tarifgebundenheit auslösende Mitgliedschaft setzt voraus, dass dem Mitglied auch die zur Verfolgung des Satzungszwecks notwendigen Mitwirkungs- und Stimmrechte zustehen. Die Satzung einer tariffähigen Koalition kann vorsehen, dass sie neben den **Vollmitgliedern** auch den Status einer **Gastmitgliedschaft** beinhaltet. Gastmitgliedern, denen kein Stimmrecht zusteht, sind nicht Mitglieder i. S. d. § 3 Abs. 1 TVG (*BAG* 16.2.1962 AP Nr. 12 zu § 3 TVG Verbandszugehörigkeit).   180

Nichts anderes gilt für die rechtliche Beurteilung der Zulässigkeit einer über den Status einer Gastmitgliedschaft hinausgehenden **tarifbindungsfreien Mitgliedschaft** in **Arbeitgeberverbänden**. Angesichts der gegenwärtigen Wirtschaftslage versuchen insbes. mittelständische Arbeitgeber der hohen Regelungsdichte der Flächentarifverträge zu entgehen, um am jeweiligen Betrieb orientierte Arbeitsbedingungen zu schaffen. Viele Arbeitgeber ziehen daher zumindest in Erwägung, aus dem Arbeitgeberverband auszutreten (»Flucht aus den Tarifverträgen«). Dieser Reaktion bleibt jedoch eine unmittelbare Wirkung versagt, da nach § 3 Abs. 3 TVG die Tarifgebundenheit bestehen bleibt, bis der Tarifvertrag endet. Die Arbeitgeberverbände versuchen nunmehr, Modelle zu entwickeln, nach denen eine Mitgliedschaft im Arbeitgeberverband ohne Bindung an die entsprechenden Tarifverträge möglich wird, z. B. dadurch, dass der Arbeitgeberverband seine Tariffähigkeit aufgibt und nur noch seine Dienstleistungs- und Interessenvertretungsfunktion gegenüber den Mitgliedern wahrnimmt. Parallel dazu sollen sich diejenigen Mitglieder, die weiterhin den Abschluss von Verbandstarifverträgen wünschen, innerhalb des vormaligen Arbeitgeberverbandes zu einer Tarifgemeinschaft zusammenschließen, die die tarifrechtlichen Aufgaben des Arbeitgeberverbandes fortführen.   181

Der Arbeitgeberverband kann auch seine bisherige Funktion beibehalten und parallel dazu einen Verband zur Wahrnehmung der sonstigen sozialpolitischen Interessen gründen (**sog. Aufteilungsmodell** (**Zwei-Verbände-Modell**); vgl. *Wilhelm/Dannhorn* NZA 2006, 466, 467; z. B. Metallverbände Baden-Württemberg, einerseits Südwestmetall als T-Verband, andererseits Unternehmensverband Südwest als OT-Verband).   182

Daneben besteht das Modell einer **abgestuften Mitgliedschaft** (**Stufenmodell = differenzierte Mitgliedschaft**). Neben den Vollmitgliedern und den Gastmitgliedern gibt es auch sog. »**OT-Mitglieder**« (Mitglied ohne Tarifbindung), z. B. im Verband der Mitteldeutschen Bekleidungsindustrie und im Verband der Nordwestdeutschen Textilindustrie. Die durch Satzungsänderung vom 29.6.1990 eingeführte OT-Mitgliedschaft im Verband der Holz- und Kunststoff verarbeitenden Industrie Rheinland-Pfalz führte diesbezüglich erstmals zu einem Rechtsstreit. Das *LAG RhPf* hat mit Urteil vom 17.2.1995 (NZA 1995, 800) die OT-Mitgliedschaft für zulässig gehalten. Die hiergegen eingelegte Revision brachte keine Klärung über die Frage der Zulässigkeit der OT-Mitgliedschaft, da das *BAG* das Verfahren mit Beschluss vom 23.10.1996 (EzA § 97 ArbGG 1979 Nr. 3) gem. § 97 Abs. 5 ArbGG aussetzte (das *LAG Hessen* hält in einem solchen Fall eine Aussetzung des Rechts-   183 streits nach § 97 Abs. 5 ArbGG für nicht geboten; 6.10.1997 LAGE § 97 ArbGG 1997 Nr. 1). Führte man jedoch die vom *BAG* (16.2.1962 AP Nr. 12 zu § 3 TVG Verbandszugehörigkeit) zur Gastmitgliedschaft aufgestellten Grundsätze weiter, so war wohl eine »OT-Mitgliedschaft« von Rechts wegen zulässig; insoweit liegt dann keine Mitgliedschaft i. S. d. § 3 Abs. 1 TVG vor (*LAG Hessen* 6.10.1997 LAGE § 97 ArbGG 1997 Nr. 1). Voraussetzung ist jedoch, dass die »OT-Mitglieder« auf die Tarifpolitik des Verbandes keinen direkten Einfluss nehmen dürfen (Trennungsgrundsatz, Trennungsgebot, d. h. Satzung muss Befugnisse von Mitgliedern mit und ohne Tarifbindung trennen). In diesem Falle begründen die von dem Verband abgeschlossenen Tarifverträge für die tarifbindungsfreien Mitglieder keine Rechte und Pflichten (für zulässig halten eine OT-Mitgliedschaft: z. B. *Buchner* NZA 1995, 761 ff.; *ders.* NZA 2006, 1377 ff.; *Reuter* RdA 1996, 201 ff.; *Thüsing* NZA 1997, 294; *Wilhelm/Dannhorn* NZA 2006, 466 ff.; für unzulässig: z. B. *Däubler* ZTR 1994, 448 ff.; *ders.* NZA 1996, 225 ff.; *Röckl* DB 1993, 2382 ff.). Zu beachten ist jedoch, dass der Wechsel in die »OT-Mitgliedschaft« die Tarifbindung bis zum Ende des Tarifvertrages bestehen lässt, § 3 Abs. 3 TVG (*Buchner* NZA 1994, 2 ff.; *ders.* NZA 1995, 761 ff.; *Otto* NZA 1996, 624 ff.). Nunmehr hat das **BAG am 18.7.2006** (DB 2006, 2185) entschieden, dass grds. keine durchgreifenden rechtlichen Bedenken dagegen bestünden, dass ein Arbeitgeberverband in seiner Satzung die Möglichkeit einer Mitgliedschaft ohne (die Folge der) Tarifgebundenheit (**OT-Mitgliedschaft**) vorsieht. Mitglieder, die von dieser Möglichkeit Gebrauch machten, seien dann keine Mitglieder i. S. v. § 3 Abs. 1 TVG. Die Möglichkeit, im Wege eines abgestuften Modells neben einer Vollmitgliedschaft oder einer reinen Gastmitgliedschaft auch eine Mitgliedschaft ohne Tarifbindung vorzusehen, folge im Grundsatz aus der Verbandsautonomie und der Koalitionsfreiheit. Dieses durch Art. 9 Abs. 3 GG garantierte Freiheitsrecht schütze auch die Selbstbestimmung der Koalitionen über ihre eigene Organisation, das Verfahren ihrer Willensbildung und die Führung der Geschäfte (unter Hinweis auf *BVerfG* 4.7.1995 EzA AFG § 116 Nr. 5). Dementsprechend unterfalle auch die Art und Weise der innerverbandlichen Organisation der Betätigungsfreiheit der Koalition. Die Koalitionen seien daher grds. nicht gehindert, in ihren Satzungen die Rechte und Pflichten ihrer Mitglieder unterschiedlich auszugestalten. Dies schließe die Möglichkeit ein, Mitgliedschaften vorzusehen, welche nicht die Rechtsfolgen des § 3 Abs. 1 TVG auslösten. Eine OT-Mitgliedschaft widerspreche grds. weder einfachem Recht noch Verfassungsrecht. Dadurch werde grds. auch nicht die Verhandlungsparität zwischen Arbeitgeberverband und Gewerkschaft in unzulässiger Weise zu Lasten der einen oder anderen Seite gestört. Da es im Entscheidungsfall nicht darauf ankam, ließ das BAG ausdrücklich offen, ob Verbände in ihrer Satzung eine Mitgliedschaft ohne Tarifbindung einschränkungslos vorsehen können oder ob und ggf. in welchem Umfang die OT-Mitglieder von der tarifpolitischen Willensbildung des Verbandes ausgeschlossen sein müssen und welche Fristen etwa bei einem Statuswechsel zum Schutze der Funktionsfähigkeit der Tarifautonomie einzuhalten sind. Das *LAG BW* hat (19.1.2007 LAGE § 3 TVG Nr. 7) entschieden, dass selbst ein während laufender Tarifvertragsverhandlungen einvernehmlicher, mit sofortiger Wirkung erfolgter Wechsel von der Vollmitgliedschaft in die OT-Mitgliedschaft zulässig sei. Das einer funktionierenden Tarifautonomie zu Grunde liegende Kräftegleichgewicht werde dadurch nicht verschoben, denn es bestehe für die Tarifvertragsparteien weder ein Verhandlungsanspruch geschweige denn ein Anspruch auf Abschluss eines Tarifvertrages. Das tarifverhandlungsakzessorische Arbeitskampfrecht sichere die Funktionalität der Tarifautonomie ab.

**184** Mit Urteilen vom 4.6.2008 (EzA Art. 9 GG Nr. 95; – 4 AZR 316/07, nv.; Stichwort: »**Blitzwechsel**« eines Arbeitgebers von einer Voll- in eine OT-Mitgliedschaft während laufender Tarifvertragsverhandlungen) hat das *BAG* zum einen die in einer Satzung vorgesehene Möglichkeit einer OT-Mitgliedschaft in der Form des sog. Stufenmodells von Rechts wegen nicht beanstandet. Zum anderen hat es als notwendige Voraussetzung einer wirksamen Regelung von OT-Mitgliedschaften angesehen, dass die Satzung für die Mitglieder ohne Tarifbindung nicht lediglich die Rechtsfolge des § 3 Abs. 1 TVG abbedingt, sondern darüber hinaus für Tarifangelegenheiten eine klare und eindeutige Trennung der Befugnisse von Mitgliedern mit und ohne Tarifbindung vorsieht (Trennungsgrundsatz = Ausschluss von Mitwirkungsrechten für OT-Mitglieder bei Verbandsfragen mit originärem Bezug zur Tarifpolitik des Verbandes, z. B. keine Abstimmungsbefugnisse in Bezug auf Tariffragen, keine Vertretungsbefugnisse, keine Entsendung von OT-Mitgliedern in Tarifkommissionen etc.). Drittens hat das BAG in diesen Entscheidungen erkannt, dass ein vereinsrechtlich wirksamer Statuswechsel in eine OT-Mitgliedschaft tarifrechtlich als eine die Funktionsfähigkeit der Tarifautonomie beeinträchtigende (störende) Abrede unwirksam ist, wenn er während laufender Tarifverhandlungen erfolgt und der konkrete Wechsel für die an der Verhandlung beteiligte Gewerkschaft nicht vor dem endgültigen Tarifabschluss erkennbar ist.

Die Gewerkschaft als Verhandlungspartner muss zu einem Zeitpunkt über die eingetretene Veränderung informiert werden, zu dem sie in die Lage versetzt wird, auf den Statuswechsel des Verbandsmitglieds mit Wirkung für den vor dem Abschluss stehenden Tarifvertrag zu reagieren. Die Gewerkschaft darf im Grundsatz bei Aufnahme der Tarifverhandlungen darauf vertrauen, dass diejenigen Arbeitgeber, die bei Verhandlungsbeginn Mitglied des an den Tarifverhandlungen beteiligten Arbeitgeberverbandes sind, an den auszuhandelnden Tarifvertrag gebunden sein werden (Geschäftsgrundlage). Wird die Gewerkschaft von der Arbeitgeberseite vom Wechsel in die OT-Mitgliedschaft nicht in Kenntnis des konkreten Vorgangs gesetzt (BAG spricht von Obliegenheit), ist der Statuswechsel hinsichtlich derjenigen Tarifverträge, die während des Statuswechsels verhandelt wurden, tarifrechtlich gem. Art. 9 Abs. 3 S. 2 GG i. V. m. § 134 BGB unwirksam. An diese Tarifverträge bleibt das OT-Mitglied trotz des vereinsrechtlich wirksamen Wechsels in diese Mitgliedschaft nach § 3 Abs. 1 TVG gebunden. Bereits mit Urteil vom 20.2.2008 (EzA Art. 9 GG Nr. 94) hatte das *BAG* entschieden, dass gegenüber einer nach Vereins- und Satzungsrecht wirksamen Vereinbarung über die Beendigung der Mitgliedschaft in einem Arbeitgeberverband ohne Einhaltung der satzungsmäßig vorgesehenen Austrittsfrist Wirksamkeitsbedenken aus koalitionsrechtlichen Gründen bestehen könnten, wenn durch eine solche Vereinbarung die Funktionsfähigkeit der Tarifautonomie beeinträchtigt würde. Dies komme insbesondere dann in Betracht, wenn durch sie die Grundlagen der Tarifverhandlungen und ihrer Ergebnisse nicht unerheblich verändert würden. Etwas Anderes gelte dann, wenn eine Tarifvertragspartei auf eine kurzfristige, verbandsrechtlich zulässige Beendigung der Mitgliedschaft im gegnerischen Verband auch nach dem Beginn der Tarifverhandlungen reagieren könne. Dem vom BAG aufgestellten Rechtssatz des Bestehens eines (kollektiven) Transparenzgebots während laufender Tarifvertragsverhandlungen kann nicht gefolgt werden. Nach der Rechtsprechung des BAG bleibt unklar, wem es das Transparenzgebot auferlegt. Dogmatisch kann es nur der AG-Verband sein, der im Rahmen der Tarifvertragsverhandlungen im Gegensatz zum einzelnen Arbeitgeber in einem vorvertraglichen Schuldverhältnis mit der Gewerkschaft steht. Handelt es sich um eine Obliegenheit, die bekanntlich weder einen Erfüllungs- noch einen Schadensersatzanspruch begründet, sondern als Gebot des eigenen Interesses bei Nichtbeachtung einen Rechtsverlust begründet, oder aber um eine Rechtspflicht, die dogmatisch aus § 241 Abs. 2 BGB i. V. m. Art 9 Abs. 3 GG begründet werden könnte? Gilt das Transparenzgebot auch in Fällen, in denen der Statuswechsel weit vor Beginn der Tarifvertragsverhandlungen erklärt wird, die Wechselfrist aber erst nach ihrem Beginn abläuft, wie verhält es sich umgekehrt, wenn eine Vielzahl von Arbeitnehmern nach Beginn der Verhandlungen aus der Gewerkschaft austritt (vgl. hierzu auch *Rieble* RdA 2009, 280, 284). Die vom BAG aus Art. 9 Abs. 3 S. 2 GG i. V. m. § 134 BGB angenommene Nichtigkeit des Statuswechsels mit der Folge des Fortbestands der Vollmitgliedschaft in Bezug auf den verhandelten Tarifvertrag (*Rieble* RdA 2009, 280, 282 spricht plastisch von »Vorbindung« wegen der Spiegelbildlichkeit zur Nachbindung gem. § 3 Abs. 3 TVG), überzeugt nicht. Der Statuswechsel ist Ausdruck der realisierten negativen Koalitionsfreiheit des Mitglieds und damit systemkonformes grundrechtlich geschütztes Verhalten. Das Regelungsanliegen des BAG kann konstruktiv nur über eine Pflichtverletzung erklärt werden unter der unterstellten Annahme einer solchen aus der Verhandlungsparität folgenden Rücksichtnahmepflicht kraft Verhältnismäßigkeit und Fairness. Die Rechtsfolge ergibt sich dann aus §§ 280 Abs. 1, 241 Abs. 2, 249 Abs. 1 BGB. Die Gewerkschaft muss so gestellt werden, wie sie stünde, hätte der AG-Verband als allein Verpflichteter rechtzeitig über den Blitzwechsel informiert. Nach dem vom BAG gewählten Konstrukt passen Tatbestand (Verantwortlichkeit) einerseits und Rechtsfolge (Sanktionsadressat) andererseits nicht zusammen.

*b) Ende*

**186** Die **Tarifgebundenheit des Arbeitnehmers** endet selbstverständlich bei Beendigung des Arbeitsverhältnisses und bei Änderungen des persönlichen (z. B. Wechsel vom Arbeiter- in den Angestelltenstatus) und räumlichen (z. B. Wegzug) Geltungsbereichs des Tarifvertrages. Auf Arbeitgeberseite tritt eine Beendigung der Tarifgebundenheit mit dem Wegfall der Tarifzuständigkeit ein. Außerdem kann sich das Gepräge des Betriebs derart verändern, dass der fachliche Geltungsbereich des Tarifvertrages nicht mehr einschlägig ist. Nach Auffassung des BAG wirkt der Tarifvertrag bei einem solchen **Herauswachsen** aus dem Tarifvertrag nicht gem. § 3 Abs. 3 TVG weiter (*BAG* 10.12.1997 EzA § 4 TVG Nachwirkung Nr. 26); der Tarifvertrag wirkt lediglich gem. § 4 Abs. 5 TVG nach. Nach § 3 Abs. 3 TVG bleibt die Tarifgebundenheit bestehen, bis der Tarifvertrag endet. Es kommt allein auf das Ende der Tarifgeltung an. Die Nachbindung (Weitergeltung/Nachgeltung) verstößt nicht gegen die Freiheit des Arbeitgebers, aus dem Arbeitgeberverband auszutreten und/oder einem anderen Arbeitgeberverband beizutreten (negative Koalitionsfreiheit; *BVerfG* 3.7.2000 EzA § 4 TVG Nachwirkung). Mit der Verbandsauflösung endet auch die Tarifbindung nach § 3 Abs. 1 TVG (*BAG* 15.10.1986 EzA § 2 TVG Nr. 16). Der Austritt einer der Arbeitsvertragsparteien aus dem jeweiligen Verband ändert an der unmittelbaren und zwingenden Wirkung des Tarifvertrages nichts (*BAG* 13.12.1995 EzA § 3 TVG Nr. 11). Im Zusammenhang mit einem Verbandsaustritt eines Arbeitgebers hat das *BAG* (1.12.2004 EzA § 3 TVG Verbandsaustritt Nr. 1) entschieden, dass die Wendung in einem Kündigungsschreiben »Hiermit kündigen wir die Mitgliedschaft ... zum nächstmöglichen Termin« regelmäßig als eine satzungsgemäße Beendigung der Mitgliedschaft im Arbeitgeberverband auszulegen ist. Dem Austritt aus dem Verband ist der Verbandsausschluss gleichzustellen. Anderenfalls könnte die Fortdauer der Tarifgebundenheit durch einen provozierten Ausschluss umgangen werden. Auch eine automatische Beendigung der Mitgliedschaft durch auflösende Bedingung unterfällt § 3 Abs. 3 TVG (*Löwisch/Rieble* § 3 TVG Rn. 41). Nach Ablauf der Tarifgebundenheit durch Beendigung des Tarifvertrages muss das ausgetretene Verbandsmitglied die Nachwirkungsregelung des § 4 Abs. 5 TVG beachten (*BAG* 13.12.1995 EzA § 3 TVG Nr. 11). Dies gilt auch dann, wenn der Zeitpunkt der Beendigung der Mitgliedschaft mit demjenigen der Beendigung des Tarifvertrages identisch ist (*BAG* 13.12.1995 EzA § 3 TVG Nr. 11).

**187** Im Falle eines Verbandswechsels kann eine Tarifkonkurrenz eintreten. Diese ist nach den allgemeinen Grundsätzen zu lösen (s. Rdn. 247 ff.).

**188** § 3 Abs. 3 TVG greift im Falle des Todes von Arbeitgeber oder Arbeitnehmer nicht ein. Der Erbe ist also nicht mehr tarifgebunden. Entsprechendes gilt auch für die Umwandlung und Verschmelzung juristischer Personen (*BAG* 4.12.1974 AP Nr. 2 zu § 3 TVG). Im Fall des Betriebsübergangs findet § 3 Abs. 3 TVG im Hinblick auf die in § 613a Abs. 1 S. 2 BGB bestimmte individualrechtliche Fortgeltung keine Anwendung (s. Kap. 3 Rdn. 4264 ff.). Eine Tarifgebundenheit bleibt jedoch dann bestehen, wenn zwischen Betriebserwerber und Veräußerer eine übereinstimmende Verbandsorganisation besteht. Ist der Erwerber Mitglied eines anderen Verbandes, so gelten die Tarifverträge der anderen Arbeitgeberorganisation, sofern der Arbeitnehmer der vertragsschließenden Gewerkschaft angehört, § 613 Abs. 1 S. 3 BGB. Tritt der Arbeitnehmer dieser Gewerkschaft erst später bei, gelten die Tarifverträge vom Tag der Mitgliedschaft an (*BAG* 19.3.1986 EzA § 613a BGB Nr. 51). Das Günstigkeitsprinzip findet Anwendung.

**189** § 3 Abs. 3 TVG regelt lediglich die Fortdauer der Tarifgebundenheit in Bezug auf bestehende Tarifverträge (**sog. Nachbindung**). Nach dem Verbandsaustritt abgeschlossene neue Tarifverträge gelten für den Ausgetretenen nicht. Im Falle des abändernden Tarifvertrages stellt sich die Frage, ob die ungeänderten Tarifregelungen fortbestehen. Nach Auffassung des *BAG* (18.3.1992 EzA § 4 TVG Nachwirkung Nr. 14) spricht aus Gründen der Rechtsklarheit viel dafür, jede Änderung eines Tarifvertrages als Beendigung i. S. d. § 3 Abs. 3 TVG anzusehen. Mit Urteil vom 7.11.2001 (EzA § 3 TVG Nr. 24) hat der für das allgemeine Tarifrecht zuständige 4. Senat des *BAG* entschieden, dass die verlängerte Tarifgebundenheit (Nachgeltung/Nachbindung) nach § 3 Abs. 3 TVG endet, sobald eine Tarifnorm geändert wird.

## 3. Betriebsnormen und betriebsverfassungsrechtliche Normen

Nach § 3 Abs. 2 TVG gelten Rechtsnormen des Tarifvertrages über **betriebliche und betriebsverfassungsrechtliche Fragen** für alle Betriebe, deren Arbeitgeber tarifgebunden ist. Es genügt, dass lediglich der Arbeitgeber Mitglied des Arbeitgeberverbandes ist oder aber der Arbeitgeber selbst Tarifvertragspartei eines sog. Haustarifvertrages ist. Nicht einmal die Mitgliedschaft eines Belegschaftsmitglieds in einer vertragschließenden Gewerkschaft ist erforderlich (*BAG* 20.3.1991 EzA § 4 TVG Tarifkonkurrenz Nr. 7), wenn der Regelungsinhalt solcher Normen eine betriebseinheitliche Geltung erfordert. Dem steht jedoch gegenüber, dass es an einer Legitimation der Gewerkschaft jedenfalls dann fehlt, wenn kein Arbeitnehmer Mitglied der tarifschließenden Gewerkschaft ist. Dementsprechend ist die sich aus § 3 Abs. 2 TVG ergebende Anwendung von Tarifnormen auch auf Nichtorganisierte unter verfassungsrechtlichen Gesichtspunkten vielfach beanstandet worden (*Wiedemann/Oetker* TVG § 3 Rn. 172 ff.). 190

## 4. Gemeinsame Einrichtungen

Nach § 4 Abs. 2 TVG gelten für in einem Tarifvertrag bestimmte **gemeinsame Einrichtungen** der Tarifvertragsparteien (Lohnausgleichskassen, Urlaubskassen usw.) diese Regelungen auch unmittelbar und zwingend für die Satzung dieser Einrichtung und das Verhältnis der Einrichtung zu den tarifgebundenen Arbeitgebern und Arbeitnehmern. Daraus folgt, dass diese Vorschrift die Tarifgebundenheit voraussetzt. Bezweckt die gemeinsame Einrichtung z. B. die Umsetzung von Inhaltsnormen, so müssen Arbeitgeber und Arbeitnehmer Mitglied der entsprechenden Tarifvertragspartei sein. Nur in diesem Falle richtet sich die Beziehung der gemeinsamen Einrichtung zu Arbeitgeber und Arbeitnehmer nach den Tarifnormen. 191

## II. Allgemeinverbindlichkeit

### 1. Allgemeines

Die begrenzte Geltung des Tarifvertrages kann insbes. bei Konjunktureinbrüchen zu Nachteilen für die Tarifgebundenen führen. Den organisierten Arbeitnehmern droht der Verlust des Arbeitsplatzes, weil sie nur zu tariflichen Bedingungen zu beschäftigen sind, während nicht organisierte Arbeitnehmer ihre Arbeitskraft unter den tariflichen Arbeitsbedingungen dem Arbeitgeber anbieten können. Dem wirkt die Allgemeinverbindlichkeit entgegen, die Mindestarbeitsbedingungen schützt und Wettbewerbsverzerrungen verhindert (*BVerfG* 24.5.1977 EzA § 5 TVG Nr. 5). Durch sie werden Rechtswirkungen des Tarifvertrages auch auf Nichttarifgebundene erstreckt. Damit beinhaltet die Allgemeinverbindlichkeit auch eine Ordnungsfunktion wie der Tarifvertrag, denn sie führt dazu, dass in allen Betrieben des Geltungsbereichs des Tarifvertrages dieselben Normen anzuwenden sind. 192

Die **Allgemeinverbindlicherklärung** nach § 5 TVG ist ihrer Rechtsnatur nach weder ein Verwaltungsakt noch eine Rechtsverordnung, sondern ein Rechtssetzungsakt eigener Art zwischen autonomer Regelung und staatlicher Rechtssetzung, der eine eigenständige Grundlage in Art. 9 Abs. 3 GG findet (*BVerfG* 24.5.1977 EzA § 5 TVG Nr. 5). Sie ist verfassungsrechtlich nicht zu beanstanden, sie verletzt die Außenseiter insbes. nicht in ihrem Grundrecht auf positive und negative Koalitionsfreiheit (*BVerfG* 15.7.1980 EzA § 5 TVG Nr. 7). Die allgemeinverbindlichen Tarifnormen sind gegenüber den Außenseitern durch die staatliche Mitwirkung noch ausreichend demokratisch legitimiert (*BVerfG* 24.5.1977 EzA § 5 TVG Nr. 5). 193

### 2. Voraussetzungen

Die **Allgemeinverbindlicherklärung** setzt einen Antrag einer Tarifvertragspartei, die den Tarifvertrag abgeschlossen hat, einen rechtswirksamen Tarifvertrag, die Beschäftigung von mindestens 50 % der unter den Geltungsbereich des Tarifvertrages fallenden Arbeitnehmer durch tarifvertragsgebundene Arbeitgeber und ein öffentliches Interesse an der Allgemeinverbindlicherklärung voraus. Sofern sie zur Behebung eines sozialen Notstandes erforderlich erscheint, kann von dem Vorliegen eines öffentlichen Interesses und der 50 %-Regelung der unter den Geltungsbereich des Tarifvertra- 194 ges fallenden Arbeitnehmer abgesehen werden. Gegenstand der Allgemeinverbindlicherklärung kann nur der normative Teil eines auch nachwirkenden rechtswirksamen Tarifvertrages sein, § 5 Abs. 4 TVG. Nicht nur der gesamte Tarifvertrag, sondern auch einzelne Normen können für allgemeinverbindlich erklärt werden. Die Rechtfertigung dieser Verfahrensweise folgt daraus, weil die zuständige Arbeitsbehörde nicht zur Allgemeinverbindlicherklärung verpflichtet ist.

195 Bei den tarifgebundenen Arbeitgebern müssen **wenigstens 50 %** aller unter den Geltungsbereich des Tarifvertrages fallenden Arbeitnehmer beschäftigt sein. Hierzu zählen sowohl die tarifgebundenen Arbeitnehmer als auch die Außenseiter. Nach Auffassung des *BAG* (24.1.1979 EzA § 5 TVG Nr. 6) genügt es auf der Grundlage des § 287 ZPO, wenn die Tatsachen zur Beschäftigtenzahl von den gerichtlichen Tatsacheninstanzen grob geschätzt sind und die Erfüllung der Voraussetzung mit hinreichender Sicherheit anzunehmen ist.

196 Die Allgemeinverbindlicherklärung muss im **öffentlichen Interesse** geboten sein. Dem Bundesminister für Arbeit und Soziales steht im Rahmen der Bewertung eines öffentlichen Interesses wegen der damit verbundenen Rechtsetzungsqualität ein gerichtlich nur eingeschränkt überprüfbarer Beurteilungsspielraum zu (*BVerfG* 10.9.1991 AP Nr. 27 zu § 5 TVG). Dies erfordert insbes. eine Interessenabwägung mit denjenigen der nicht Tarifgebundenen (*BVerfG* 24.5.1997 AP Nr. 15 zu § 5 TVG; *BAG* 28.3.1990 EzA § 5 TVG Nr. 10). Ein öffentliches Interesse ist dann gegeben, wenn die Allgemeinverbindlicherklärung geeignet ist, drohende wesentliche Nachteile von einer beachtlichen Zahl betroffener Arbeitnehmer abzuwenden (z. B. untertarifliche Bezahlung, Verlust von Anwartschaften etwa auf Urlaub oder zusätzliche Altersversorgung bei Arbeitsstellenwechsel). Ein öffentliches Interesse besteht nicht allein im Wunsch der Tarifpartner, um Lohndrückerei oder Schmutzkonkurrenz zu unterbinden.

### 3. Verfahrensfragen

197 Das **Verfahren der Allgemeinverbindlicherklärung** ist in § 5 TVG und in der DVO i. d. F. der Bekanntmachung vom 16.1.1989 (BGBl. 1989 I S. 76), zuletzt geändert 31.10.2006 (BGBl. 2006 I S. 2047), geregelt (s. Rdn. 11). Ergänzend sind die Verwaltungsverfahrensgesetze des Bundes und der Länder hinzuzuziehen.

198 Für die Allgemeinverbindlicherklärung ist das Bundesministerium für Arbeit und Soziales zuständig. Nach § 5 Abs. 6 TVG kann es der obersten Arbeitsbehörde eines Landes für einzelne Fälle das Recht zur Allgemeinverbindlicherklärung sowie zu deren Aufhebung übertragen. Liegen die Voraussetzungen für die Allgemeinverbindlicherklärung offensichtlich nicht vor, so kann der zuständige Minister den Antrag ablehnen, § 4 Abs. 2 DVO. Anderenfalls ist den Arbeitgebern und Arbeitnehmern, die von der Allgemeinverbindlicherklärung betroffen werden, den am Ausgang des Verfahrens interessierten Gewerkschaften und Vereinigungen der Arbeitgeber sowie den obersten Arbeitsbehörden der Länder, auf deren Bereich sich der Tarifvertrag erstreckt, Gelegenheit zur schriftlichen Stellungnahme sowie zur Äußerung in einer mündlichen und öffentlichen Verhandlung zu geben, § 5 Abs. 2 TVG.

199 Die Allgemeinverbindlicherklärung kann nur im Einvernehmen mit dem Tarifausschuss, der aus je drei Vertretern der Spitzenorganisationen der Arbeitgeber und der Arbeitnehmer besteht, ergehen. Besteht im Tarifausschuss eine Stimmenmehrheit für die Allgemeinverbindlicherklärung, ist der Minister nicht dazu verpflichtet. Er hat vielmehr nach pflichtgemäßem Ermessen zu entscheiden.

200 Die Allgemeinverbindlicherklärung wie ihre Aufhebung bedürfen der öffentlichen Bekanntmachung.

201 Für den Anspruch einer Tarifvertragspartei auf Allgemeinverbindlicherklärung ist der Rechtsweg zu den Verwaltungsgerichten gegeben. Ihr Charakter als Rechtsetzungsakt steht dem nicht entgegen (*BVerwG* 3.11.1988 EzA § 5 TVG Nr. 9).

## 4. Rechtsfolgen

Die **Allgemeinverbindlicherklärung** führt dazu, dass Tarifnormen entgegen § 3 Abs. 1 TVG und auch ohne Vorliegen einer entsprechenden einzelvertraglichen Vereinbarung oder betrieblichen Übung für alle Arbeitnehmer und Arbeitgeber gelten, die unter den räumlichen, betrieblich-fachlichen und persönlichen Geltungsbereich des Tarifvertrages fallen. 202

Dies gilt auch für den Fall der Eröffnung des Insolvenzverfahrens nach Eintritt der Allgemeinverbindlicherklärung, unabhängig davon, ob der Insolvenzverwalter die Arbeitnehmer weiter in der bisher betriebsüblichen Weise oder nur noch mit Abwicklungsarbeiten beschäftigt (*BAG* 28.1.1987 EzA § 3 TVG Nr. 5). 203

Die Erklärung wirkt nach § 7 S. 3 DVO zum TVG regelmäßig nicht vor dem Tag der Bekanntmachung des Antrags, sofern es sich nicht nur um die Erneuerung oder Änderung eines allgemeinverbindlichen Tarifvertrages handelt, weil dann durch eine **Rückwirkung** weder der Grundsatz der Rechtssicherheit noch der des Vertrauensschutzes berührt wird (*BAG* 25.9.1996 EzA § 5 TVG Nr. 12). Im Übrigen müssen bei der Rückwirkung der Erklärung die Grundsätze über die Rückwirkung von Gesetzen entsprechend angewendet werden. Voraussetzung ist deshalb, dass der Außenseiter mit einer Änderung der zuvor bestehenden Regelung rechnen konnte. Wird in einer Berufssparte erstmals ein Tarifvertrag für allgemeinverbindlich erklärt, so ist die Anordnung der Rückwirkung nur möglich, wenn auf diese Möglichkeit bereits bei der Veröffentlichung des Antrags hingewiesen worden ist. Eine Zurückverlegung der Rückwirkung auf einen Zeitpunkt vor der Veröffentlichung der Antragsstellung ist dann zulässig (*BAG* 3.11.1982 EzA § 5 TVG Nr. 8). 204

Bei einer **Änderung** des für allgemeinverbindlich erklärten Tarifvertrages werden die geänderten Vorschriften nur dann ihrerseits allgemeinverbindlich, wenn insoweit ein neues Verfahren durchgeführt wird. Die weiterhin wirksamen Normen bleiben allgemeinverbindlich, wenn dieser Teil des Tarifvertrages auch für sich sinnvoll ist, d. h. vom Sinn und Zweck des § 5 Abs. 1 TVG nach wie vor gedeckte Regelungen enthält (*BAG* 16.11.1965 AP Nr. 30 zu § 4 TVG Ausschlussfristen). 205

Aus der **Normerstreckungswirkung** ergibt sich, dass die Allgemeinverbindlicherklärung in zeitlicher Hinsicht an den Bestand des Tarifvertrages gebunden ist. Folglich endet ihre Wirkung, wenn der Tarifvertrag endet, ohne nach § 4 Abs. 5 TVG nachzuwirken, z. B. dann, wenn der Tarifvertrag durch einen anderen ersetzt wird. Sofern der Tarifvertrag nachwirkt, gilt dies auch für die nicht organisierten Arbeitsvertragsparteien. Endet die Allgemeinverbindlichkeit vor Ablauf des Tarifvertrages, gilt er für die Tarifgebundenen weiterhin. Für die Außenseiter findet der Tarifvertrag dann kraft Nachwirkung Anwendung. Endet der Tarifvertrag und mit ihm zugleich die Allgemeinverbindlichkeit, wirkt er sowohl für die Tarifgebundenen als auch für die Außenseiter entsprechend § 4 Abs. 5 TVG nach. Ein nachfolgender, nicht für allgemeinverbindlich erklärter Tarifvertrag ersetzt für die Organisierten die nachwirkenden Tarifnormen, für die Außenseiter bleibt es hingegen bei der Geltung der bisherigen Tarifnormen kraft Nachwirkung. Der Abschluss eines mehrgliedrigen Tarifvertrages beschränkt regelmäßig nicht das Recht jeder einzelnen Tarifvertragspartei zu dessen Kündigung. Dies gilt auch dann, wenn alle Tarifvertragsparteien einer Seite gemeinsam die Allgemeinverbindlichkeit dieses Tarifvertrages beantragt haben. Die zulässige Kündigung eines allgemeinverbindlichen Tarifvertrages durch eine von mehreren Tarifvertragsparteien auf einer Seite bewirkt den Ablauf des Tarifvertrages i. S. v. § 5 Abs. 5 S. 3 TVG im Geltungsbereich der Kündigung und damit in diesem Umfang die Beendigung der Allgemeinverbindlichkeit des Tarifvertrages (*BAG* 8.11.2006 EzA § 5 TVG Nr. 14). 206

Für allgemeinverbindlich erklärt werden vor allem Tarifverträge des Baugewerbes, des Gerüstbaugewerbes, des Dachdeckerhandwerks, des Maler- und Lackiererhandwerks, des Gebäudereinigerhandwerks, des Einzelhandels, des Frisörhandwerks, des Hotel- und Gaststättengewerbes, des Bewachungsgewerbes und der Bekleidungsindustrie. Dabei ist aber stets zu beachten, dass auch im Rahmen eines Wirtschaftszweiges nicht jeder regional begrenzte Tarifvertrag allgemeinverbindlich ist. Außerdem erstreckt sich die Allgemeinverbindlicherklärung jeweils nur auf einen **konkreten Tarifvertrag**, nicht aber auf alle Tarifverträge des Wirtschaftszweiges. 207

## III. Bezugnahme auf Tarifverträge

### 1. Bezugnahme auf Tarifverträge in Tarifverträgen

208 Die den Tarifvertragsparteien durch Art. 9 Abs. 3 GG übertragene Rechtsetzungskompetenz räumt auch die Möglichkeit ein, zur Regelung der Arbeits- und Wirtschaftsbedingungen auf tarifliche Regelungen zu verweisen. Eine solche Verweisung kann Teile eines Tarifvertrages oder aber den gesamten Tarifvertrag erfassen. Es gibt sog. **hinweisende Verweisungen**, z. B. der Erholungsurlaub richtet sich nach dem Tarifvertrag XY, und **inkorporierende Verweisungen**. Bei letzteren wird der in Bezug genommene Tarifvertrag Bestandteil des verweisenden Tarifvertrages. Wird auf einen bestimmten, bereits abgeschlossenen Tarifvertrag verwiesen, handelt es sich um eine sog. **statische Verweisungsklausel**. Damit wird die Tarifgebundenheit auch für den fremden Tarifvertrag hergestellt. Derartige Verweisungen sind bedenkenfrei zulässig (*BAG* 8.3.1995 EzA § 1 TVG Nr. 40), da der in Bezug genommene Tarifvertrag schriftlich vorliegt, also inhaltlich bestimmt und lesbar ist. Für den Fall einer sog. **dynamischen Verweisungsklausel** (»... in der jeweils geltenden Fassung,...«) gilt dies nicht uneingeschränkt. Hier ist zu berücksichtigen, dass im Zeitpunkt des Tarifabschlusses der dynamisch in Bezug genommene andere Tarifvertrag noch nicht vereinbart ist. Zwar wird durch diese Verweisungsklausel der Schriftform des § 1 Abs. 2 TVG Rechnung getragen, jedoch darf nicht außer Acht gelassen werden, dass die Tarifvertragsparteien eigenverantwortlich ihre Arbeits- und Wirtschaftsbedingungen innerhalb ihres Zuständigkeitsbereiches zu regeln haben.

209 Sog. **dynamische Verweisungen** (auch Blankettverweisungen genannt) sind daher nur ausnahmsweise dann zulässig, wenn der verweisende und der verwiesene Tarifvertrag von denselben Tarifvertragsparteien abgeschlossen worden sind oder wenn zwischen dem Geltungsbereich der verweisenden Vorschriften und dem Geltungsbereich der in Bezug genommenen Tarifregelungen ein enger Zusammenhang besteht.

210 In diesem Fall kann davon ausgegangen werden, dass die sachgerechte Regelung der Arbeitsbedingungen im Geltungsbereich des in Bezug genommenen Tarifvertrages auch für den Geltungsbereich des verweisenden Tarifvertrages sachgerecht ist (*BAG* 10.11.1982 EzA § 1 TVG Nr. 16). Bei einer Verweisung eines Tarifvertrags auf einen anderen Tarifvertrag ist bei Fehlen einer ausdrücklichen Regelung durch Auslegung zu ermitteln, ob die in Bezug genommenen Tarifnormen in ihrem jeweiligen Geltungszustand (z.B Geltung nur kraft Nachwirkung) Anwendung finden sollen oder ob die zwingende Wirkung der in Bezug genommenen Tarifnormen durch deren Kündigung nicht berührt wird, sondern nur durch die Kündigung des Verweisungstarifvertrags beseitigt werden kann. Wenn mit der Verweisung eine Gleichstellung mit der Entwicklung der in Bezug genommenen Tarifnormen gewollt ist, wie z. B. bei einem Anerkennungstarifvertrag, spricht das i. d. R. dafür, dass auch der Geltungszustand der in Bezug genommenen Tarifnormen auf den Verweisungstarifvertrag durchschlagen soll (*BAG* 7.5.2008 – 4 AZR 229/07, ZTR 2008, 615; 29.8.2007 EzA § 4 TVG Nachwirkung Nr. 41 ZTR 2008, 309).

### 2. Bezugnahme in Betriebsvereinbarungen auf Tarifverträge

211 Die Verweisung auf einen bestimmten Tarifvertrag (**statische Verweisung**) oder einzelne tarifliche Bestimmungen in einer Betriebsvereinbarung ist jedenfalls dann zulässig, wenn der Arbeitgeber nicht tarifgebunden ist und ein bestehender Tarifvertrag die Sperrwirkung nach § 77 Abs. 3 BetrVG nicht entfalten kann. Dies ist dann gegeben, wenn der Tarifvertrag abgelaufen ist (*BAG* 23.6.1992 EzA § 611 BGB Direktionsrecht Nr. 12). Andernfalls verstößt die Bezugnahme gegen § 77 Abs. 3 BetrVG, denn die Bezugnahme würde im Ergebnis zu einer betrieblichen Allgemeinverbindlicherklärung von Tarifregelungen führen.

212 Mit der Aufgabenstellung des Betriebsverfassungsrechts sind folglich sog. **dynamische Blankettverweisungen** grds. unvereinbar (*BAG* 23.6.1992 EzA § 611 BGB Direktionsrecht Nr. 12), denn damit entäußern sich die Betriebspartner ihrer gesetzlichen Normsetzungsbefugnis.

## E. Geltungsgrund eines Tarifvertrages

### 3. Individualvertragliche Bezugnahme auf Tarifverträge

*a) Allgemeines*

Um einheitliche Arbeitsbedingungen für alle Arbeitnehmer eines Betriebes herbeizuführen, ist es in der Praxis üblich, die Arbeitsverhältnisse der nicht tarifgebundenen Arbeitnehmer durch Einzelarbeitsvertrag dem Tarifrecht zu unterstellen. Dies kann dadurch geschehen, dass die Tarifnormen entweder im Arbeitsvertrag wiederholt, d. h. ausformuliert werden, oder aber auf sie verwiesen wird. Letzteres erfolgt durch sog. Bezugnahmeklauseln. **Bezugnahmeklauseln** haben jedoch keine Tarifgeltung i. S. d. TVG zur Folge, sondern machen den Tarifvertrag nur zum Bestandteil des Arbeitsvertrages (vgl. *BAG* 22.10.2008 – 4 AZR 784/07, NZA 2009, 151). Bezugnahmeklauseln sind nach der Art ihrer Rechtswirkung und nach ihrem Inhalt zu unterscheiden. Ist der Arbeitnehmer nicht tarifgebunden, entfaltet die Bezugnahmeklausel **konstitutive Wirkung**. Bei Tarifgebundenheit des Arbeitnehmers läge es nahe, von einer **deklaratorischen Bedeutung** der Bezugnahmeklausel auszugehen, gilt doch der Tarifvertrag bereits nach § 3 Abs. 1 TVG. Gleichwohl geht das *BAG* (26.9.2001 EzA § 3 TVG Bezugnahme auf Tarifvertrag Nr. 19) von einer konstitutiven Wirkung aus (*Schliemann* NZA 2003, 3, 6). Nicht nur dass die Frage nach der Gewerkschaftszugehörigkeit unzulässig ist, sondern auch die Rechtsfolge bei einem Verbandsaustritt des Arbeitgebers rechtfertigen diese Beurteilung. Nach Ablauf der Wirkung des § 3 Abs. 3 TVG könnte bei den Gewerkschaftsmitgliedern ansonsten im Rahmen der Nachwirkung gem. § 4 Abs. 5 TVG ein tarifloser Zustand eintreten. Die Annahme einer doppelten Geltung des Tarifvertrages für Gewerkschaftsmitglieder verhindert diesen denkbaren Zustand. Nach dem Inhalt der Bezugnahmeklauseln ist von drei Grundtypen auszugehen: Neben der **statischen** (Verweis auf einen konkreten, bei Vertragsabschluss geltenden Tarifvertrag) und der **kleinen dynamischen Klausel** (Verweis auf einen konkreten Tarifvertrag einer bestimmten Branche in seiner jeweiligen Fassung) gibt es noch die **große dynamische Klausel** (Verweis auf den jeweils **einschlägigen** Tarifvertrag bzw. die jeweils einschlägigen Tarifverträge in ihrer jeweils gültigen Fassung). Bezugnahmen im Arbeitsvertrag auf anderweitige normative Regelungen sind i. d. R. dynamisch zu verstehen (*BAG* 9.11.2005 EzA § 305c BGB 2002 Nr. 3; 13.11.2002 EzA § 3 TVG Bezugnahme auf Tarifvertrag Nr. 23). Mit diesen Klauseln soll eine möglichst große Gleichstellung aller Arbeitnehmer im Betrieb erreicht werden. Somit ist eine vertragliche Bezugnahme als **Gleichstellungsabrede** anzusehen, wenn die für den Betrieb fachlich und räumlich einschlägigen Tarifverträge in Bezug genommen werden (*BAG* 4.9.1996 EzA § 3 TVG Bezugnahme auf Tarifvertrag Nr. 7) und der Arbeitgeber tarifgebunden ist (*BAG* 30.8.2000 EzA § 3 TVG Bezugnahme auf Tarifvertrag Nr. 13; 16.10.2002 EzA § 3 TVG Bezugnahme auf Tarifvertrag Nr. 22). Dieser Zweck ist bei der Auslegung von Bezugnahmeklauseln im **Zweifel anzunehmen** (*BAG* 4.9.1996 EzA § 3 TVG Bezugnahme auf Tarifvertrag Nr. 7). Diese Auslegung rechtfertigt sich daraus, dass der Arbeitgeber bei Vertragsabschluss das Bestehen einer Mitgliedschaft in der zuständigen Gewerkschaft und eine dadurch begründete Tarifgebundenheit des Arbeitnehmers regelmäßig nicht kennt und nicht erfragen darf. Das hat zur Folge, dass der Arbeitgeber, um eine Gleichstellung der bei ihm beschäftigten Arbeitnehmer zu erreichen, in alle Arbeitsverträge die Bezugnahmeklausel aufnimmt. Der Gleichstellungszweck beschränkt sich typischerweise darauf, die möglicherweise fehlende Tarifgebundenheit des Arbeitnehmers zu ersetzen, d. h. ihn einem tarifgebundenen Arbeitnehmer gleichzustellen. Die Auslegung einer dynamischen Bezugnahmeklausel als Gleichstellungsklausel kommt jedoch nicht in Betracht, wenn der Arbeitgeber selbst nicht tarifgebunden ist oder wenn der Arbeitsvertrag auf nach ihrem Geltungsbereich nicht einschlägige Tarifverträge verweist (*BAG* 14.12.2005 EzA § 3 TVG Nr. 32). Stellt eine Bezugnahmeklausel eine Gleichstellungsabrede dar, kann sie nicht als **Tarifwechsel- oder Transformationsklausel** oder sog. große dynamische Verweisungsklausel verstanden werden, nach der das für den jeweiligen Arbeitgeber einschlägige Tarifwerk gelten soll (*BAG* 16.10.2002 EzA § 3 TVG Bezugnahme auf Tarifvertrag Nr. 22). Denn bzgl. des anderen Tarifregimes fehlt es an der Tarifbindung des Arbeitgebers, die jedoch Voraussetzung für die Annahme einer Gleichstellungsabrede ist, die nur im Geltungsbereich des in Bezug genommenen Tarifvertrages wirkt. Es bedarf der Vereinbarung einer »Tarifwechselklausel« im Arbeitsvertrag (s. Rdn. 215), um zu erreichen, dass das Arbeitsverhältnis den Tarifverträgen in jeweils gültiger Fassung unterliegt. Tritt der Arbeitgeber aus dem den Tarifvertrag abschließenden Arbeitgeberverband aus, fehlt die entscheidende Vo-

213

raussetzung für die Annahme einer Gleichstellungsabrede (*BAG* 26.9.2001 EzA § 3 TVG Bezugnahme auf Tarifvertrag Nr. 19). Eine dynamische Bezugnahme auf Tarifverträge, an die der Arbeitgeber an seinem Sitz kraft Verbandszugehörigkeit gebunden ist, ist auch dann eine Gleichstellungsklausel, wenn der Arbeitnehmer außerhalb des räumlichen Geltungsbereiches dieser Tarifverträge beschäftigt wird (*BAG* 21.8.2002 EzA § 3 TVG Bezugnahme auf Tarifvertrag Nr. 21). Wegen der Rechtsfolgen der einzelvertraglichen Bezugnahme auf einen Tarifvertrag im Zusammenhang mit einem Betriebsübergang s. Kap. 3 Rdn. 4289 ff.

### b) Voraussetzungen und Gegenstand der Bezugnahme

**214** Die gem. §§ 311, 241 BGB mögliche Bezugnahme auf einen Tarifvertrag muss insoweit bestimmt sein, dass erkennbar ist, ob überhaupt, auf welchen Tarifvertrag und ggf. auch auf welche Bestimmungen eines Tarifvertrages verwiesen werden soll (*BAG* 8.3.1995 EzA § 1 TVG Nr. 40). Der Zulässigkeit von Bezugnahmeklauseln für vorformulierte Arbeitsverträge steht das Transparenzgebot des § 307 Abs. 1 S. 2 BGB nicht entgegen, da § 2 Abs. 1 S. 2 Nr. 10 NachwG eine Sonderregelung darstellt, die einen allgemeinen Hinweis auf die geltenden Tarifverträge genügen lässt (*Däubler/Lorenz* § 3 TVG Rn. 219 m. w.N; krit. bei der großen dynamischen Verweisung *Wiedemann/Oetker* § 3 TVG Rn. 300f). Bei statischen Verweisungen bestehen deswegen keine Bedenken, weil auf einen bestimmten Tarifvertrag in einer bestimmten Fassung verwiesen wird, so dass Überraschungen nicht denkbar sind. Anders verhält es sich bei dynamischen Verweisungen, da die weitere tarifliche Entwicklung nicht vorhersehbar ist. Das *BAG* (30.11.1973 EzA § 242 BGB Ruhegeld Nr. 30) nimmt wegen der Richtigkeitsgewähr tarifvertraglicher Regelungen nur eine Angemessenheitskontrolle vor. Für Formulararbeitsverträge gehen nach In-Kraft-Treten der Schuldrechtsreform etwaige Zweifel über die Anwendbarkeit des gemeinten Tarifvertrages nach § 305c Abs. 2 BGB zu Lasten des Arbeitgebers. Der Auslegung einer Klausel im vom Arbeitgeber vorformulierten Arbeitsvertrag, wonach auf das Arbeitsverhältnis bestimmte benannte Tarifverträge, an die der Arbeitgeber gebunden ist, Anwendung finden, als Gleichstellungsabrede steht die Unklarheitenregel des § 305c Abs. 2 BGB auch dann nicht entgegen, wenn dem Arbeitnehmer die Tarifgebundenheit des Arbeitgebers unbekannt war (*BAG* 19.3.2003 EzA § 3 TVG Bezugnahme auf Tarifvertrag Nr. 27). In seinem Urteil vom 14.12.2005 (EzA § 3 TVG Nr. 32) hatte das *BAG* in Bezug auf die Auslegungsregel zur Gleichstellungsabrede eine Rechtsprechungsänderung angekündigt. Nach dieser Entscheidung gilt für die Auslegung von arbeitsvertraglichen Bezugnahmeklauseln in bis zum 31.12.2001 abgeschlossenen Arbeitsverträgen (»Altverträge«) weiterhin die Auslegungsregel, wonach die Bezugnahme in einem von einem tarifgebundenen Arbeitgeber vorformulierten Arbeitsvertrag auf die für das Arbeitsverhältnis einschlägigen Tarifverträge regelmäßig als Gleichstellungsabrede auszulegen ist, also nur die Gleichstellung nicht tarifgebundener mit tarifgebundenen Arbeitnehmern bezweckt. Diese Auslegungsregel, so in der Ankündigung, beabsichtige der Vierte Senat des BAG nicht auf die ab dem 1.1.2002 abgeschlossene Arbeitsverträge anzuwenden. Insbesondere müssten auch die Wertungen des Rechts der Allgemeinen Geschäftsbedingungen beachtet werden. Nicht nur die Unklarheitenregel des § 305c Abs. 2 BGB, auch das Transparenzgebot des § 307 Abs. 1 S. 2 BGB und das Verbot der geltungserhaltenden Reduktion in § 306 BGB stritten als allgemeine Rechtsgrundsätze gegen eine wohlwollende Auslegung zu Gunsten des Klauselverwenders und damit auch dagegen, eine durch das Ende einer ursprünglich bestehenden Tarifgebundenheit auflösend bedingte Dynamik in Bezug genommener Tarifverträge, an die der Klauselverwender bei Vertragsschluss gedacht haben möge, als Vertragsinhalt auch dann zu erkennen, wenn sich hierfür weder im Vertragswortlaut noch in den, den Vertragsschluss begleitenden Umständen ein Anhaltspunkt finde. Mit Urteil vom 18.4.2007 (EzA § 3 TVG Bezugnahme auf Tarifvertrag Nr. 35) hat das *BAG* nunmehr seine angekündigte Rechtsprechungsänderung umgesetzt. Danach ist eine einzelvertraglich vereinbarte dynamische Bezugnahme auf einen bestimmten Tarifvertrag jedenfalls dann, wenn eine Tarifgebundenheit des Arbeitgebers an den im Arbeitsvertrag genannten Tarifvertrag nicht in einer für den Arbeitnehmer erkennbaren Weise zur auflösenden Bedingung gemacht worden ist, eine konstitutive Verweisungsklausel, die durch einen Verbandsaustritt des Arbeitgebers oder einen sonstigen Wegfall seiner Tarifgebundenheit **nicht** berührt wird. Mit Urteil vom 22.10.2008 (– 4 AZR 793/07, Pressemitteilung Nr. 79/08 = FA 2008, 374) hat der Vierte Senat des *BAG* seine Rechtsprechung bestätigt. Sofern weder der Vertragswortlaut noch die Umstände bei Vertragsabschluss Anhaltspunkte für einen Willen der Parteien ergäben, es sollte nur eine Gleichstellungsabrede getroffen werden, sei der Arbeitgeber verpflichtet, auch die nach ihrem Verbandsaustritt geschlossenen Änderungstarifverträge gegenüber dem Arbeitnehmer arbeitsvertraglich anzuwenden. Das Ergebnis einer unbedingten zeitdynamischen Bindung des Arbeitsverhältnisses an den in Bezug genommen Tarifvertrag führt jedoch zu einer »konstitutiven Ewigkeitsklausel«. Das BAG weist aber zutreffend u. a. darauf hin, dass die Vertragsklausel der Arbeitgeber regelmäßig selbst formuliert und rechtsgeschäftliche Möglichkeiten bestünden, sich von der unbedingt zeitdynamischen Bindung zu lösen (Änderungsvereinbarung, Änderungskündigung). Ist die Klausel jedoch **vor dem 1.1.2002** vereinbart worden, ist sie aus Gründen des **Vertrauensschutzes wie eine sog. Gleichstellungsabrede** i. S. d. früheren Rechtsprechung des BAG **auszulegen.**

Um für **Neuverträge** gleichwohl den Zweck der Gleichstellung zu erreichen, muss die Klausel diese Intention im Einzelfall hinreichend deutlich zum Ausdruck bringen (*BAG* 18.4.2007 EzA § 3 TVG Bezugnahme auf Tarifvertrag Nr. 35). Folgende Formulierungen bieten sich an (vgl. *Bauer/Günther* NZA 2008, 6, 8):

**Kleine dynamische Bezugnahmeklausel:**

»Im Übrigen gilt der Tarifvertrag XY, an den der Arbeitgeber derzeit gebunden ist, in seiner jeweils gültigen Fassung. Diese Abrede gilt, weil und solange der Arbeitgeber tarifgebunden ist. Sie bezweckt die Gleichstellung nicht organisierter mit organisierten Arbeitnehmern. Endet oder entfällt die Tarifbindung des Arbeitgebers, gelten die in Bezug genommenen Tarifverträge mit dem Inhalt, den sie bei Ende der Tarifbindung des Arbeitgebers hatten; der Arbeitnehmer hat keinen Anspruch auf Weitergabe künftiger Tarifentwicklungen.«

**Große dynamische Bezugnahmeklausel:**

»Im Übrigen gelten unabhängig von der Gewerkschaftszugehörigkeit des Arbeitnehmers die jeweils für den Arbeitgeber kraft eigenen Abschlusses, kraft Mitgliedschaft im Arbeitgeberverband oder kraft Allgemeinverbindlichkeit anwendbaren Tarifverträge in ihrer jeweils gültigen Fassung, so als wäre der Arbeitnehmer Mitglied der tarifschließenden Gewerkschaft. Derzeit sind dies die Tarifverträge der XY-Industrie. Endet die Tarifbindung des Arbeitgebers, so finden in der Folgezeit die Bestimmungen der Tarifverträge in ihrer zum Zeitpunkt des Endes der Tarifbindung geltenden Fassung Anwendung; der Arbeitnehmer hat keinen Anspruch auf Weitergabe zukünftiger Tarifänderungen. Diese Regelung gilt jeweils solange, bis für den Arbeitgeber wieder kraft eigenen Abschlusses, Mitgliedschaft im Arbeitgeberverband oder Allgemeinverbindlichkeit ein Tarifvertrag gemäß Satz 1 Anwendung findet. Dies bedeutet, dass insbesondere im Fall eines Verbandswechsels des Arbeitgebers, eines Betriebsübergangs oder eines Wechsels der Branche der dann für den Arbeitgeber kraft eigenen Abschlusses, Mitgliedschaft im Arbeitgeberverband oder Allgemeinverbindlichkeit anwendbare Tarifvertrag in seiner jeweils gültigen Fassung Anwendung findet.«

Der **Praxis** ist also anzuempfehlen, Bezugnahmeklauseln klar und eindeutig zu formulieren. Bezugnahmeklauseln sind zwar am Verbot überraschender Klauseln (§ 305c Abs. 1 BGB) zu messen. Jedoch greift dieses nicht durch, weil dynamische (kleine und große) Bezugnahmeklauseln im Arbeitsleben verbreitet und üblich sind (*Wiedemann/Oetker* § 3 TVG Rn. 303; *Diehn* NZA 2004, 129, 132). Nach § 310 Abs. 4 S. 1 BGB findet auf Tarifverträge die AGB-Kontrolle keine Anwendung; die Bezugnahmeklausel selbst unterliegt – siehe vorstehend – sehr wohl der AGB-Kontrolle. Wird auf den einschlägigen Tarifvertrag verwiesen, gilt § 310 Abs. 4 S. 1 BGB (*BAG* 28.6.2007 EzA § 310 BGB 2002 Nr. 5). Durch die Bereichsausnahme soll eine mittelbare Tarifzensur vermieden werden; von einem angemessenen Interessenausgleich, dies gilt auch für den Fall der Geltung von Tarifverträgen mittels arbeitsvertraglicher Bezugnahmeklausel (*Bayreuther* RdA 2003, 81, 90 f.; *Löwisch/Rieble* § 3 TVG Rn. 263; *Wiedemann/Oetker* § 3 TVG Rn. 340; *Witt* NZA 2004, 135, 136 f.) ist auszugehen (»Richtigkeitsgewähr«). Ob sich der dabei in Bezug genommene Tarifvertrag im Nachwirkungsstadium befindet, ist aus dem vorgenannten Sinn und Zweck der Bereichsausnahme unerheblich (*Däubler/Dorndorf/Bonin/Deinert* § 310 BGB Rn. 47). Die AGB-Kontrolle bleibt erhalten, sofern im Arbeitsvertrag nur auf eine einzelne Tarifklausel (*Bayreuther* RdA 2003, 81, 91; *Däubler/Lorenz* § 3 TVG Rn. 236; ErfK/*Franzen* § 3 TVG Rn. 34; MünchKomm/*Müller-Glöge* § 611 BGB Rn. 69) oder auf einen Regelungskomplex (abgrenzbare Sachbereiche wie z. B. Arbeitszeit, Entgelt oder Urlaub) verwiesen wird (str. vgl. *Däubler/Dorndorf/Bonin/Deinert* § 310 BGB Rn. 52 m. w. N.; ausdrücklich offen gelassen *BAG* 28.6.2007 EzA § 310 BGB 2002 Nr. 5; dagegen: *Bayreuther* RdA 2003, 81, 91, ErfK/*Preis* §§ 305–310 BGB Rn. 20 ff.; *Wiedemann/Oetker* § 3 TVG Rn. 343; dafür: *Däubler/Dorndorf/Bonin/Deinert* § 305c BGB Rn. 52; *Lakies* AR-Blattei SD 35 Rn. 101 ff.). Wird per Bezugnahmeklausel auf nicht einschlägige Tarifverträge verwiesen, erstreckt sich nach wohl überwiegender Meinung die AGB-Kontrolle auf die in Bezug genommen tariflichen Regelungen. Die Richtigkeitsgewähr bestehe nämlich nur innerhalb des Geltungsbereichs des Tarifvertrages. In anderen Gebieten und Branchen mögen die Verhältnisse so verschieden sein, dass die Tarifparteien dort eine ganz andere Regelung getroffen hätten (*Däubler/Dorndorf/Bonin/Deinert* § 310 BGB Rn. 50; *Diehn* NZA 2004, 129, 131; *Thüsing/Lambrich* NZA 2002, 1361, 1362 f.; *Witt* NZA 2004, 135, 137).

215 In **arbeitsgerichtlichen Verfahren** ist häufig festzustellen, dass konkrete Angaben über die Geltung eines bestimmten Tarifvertrages fehlen. Welcher Tarifvertrag zur Anwendung kommen soll, ist dann im Wege der Vertragsauslegung zu ermitteln, wobei im Zweifelsfall wohl der sog. einschlägige Tarifvertrag gemeint ist (bei Formulararbeitsverträgen s. Rdn. 214). Jedoch ist es den Arbeitsvertragsparteien im Rahmen der Vertragsfreiheit nicht verwehrt, einen branchenfremden Tarifvertrag arbeitsvertraglich zu vereinbaren. Eine arbeitsvertragliche Verweisungsklausel, mit der die Geltung eines bestimmten, dort benannten Tarifvertrages oder Tarifwerkes vereinbart worden ist, kann über ihren Wortlaut hinaus nur dann als Bezugnahme auf den jeweils für den Betrieb fachlich/betrieblich geltenden Tarifvertrag ausgelegt werden, wenn sich dies aus besonderen Umständen ergibt; der bloße Umstand, dass es sich um eine Gleichstellungsabrede handelt, genügt hierfür nicht (*BAG* 30.8.2000 EzA § 3 TVG Bezugnahme auf Tarifvertrag Nr. 13). Das *BAG* hat seine gegenteilige Ansicht in der Entscheidung vom 4.9.1996 (EzA § 3 TVG Bezugnahme auf Tarifvertrag Nr. 7) aufgegeben. Wird ein branchenfremdes Tarifwerk im Arbeitsvertrag in Bezug genommen, ist eine korrigierende Auslegung der Verweisungsklausel dahin, dass eine Verweisung auf das Tarifwerk erfolgt, dem der Arbeitgeber jeweils unterliegt, nicht möglich. Denn der 4. Senat des BAG hat an seiner früheren Entscheidung vom 4.9.1996 (EzA § 3 TVG Bezugnahme auf Tarifvertrag Nr. 7) nicht festgehalten (*BAG* 30.8.2000 EzA § 3 TVG Bezugnahme auf Tarifvertrag Nr. 13). Der Arbeitgeber kann sich mit einer sog. **Tarifwechselklausel** vorbehalten, ein anderes Tarifwerk einzuführen (*BAG* 25.10.2000 EzA § 3 TVG Bezugnahme auf Tarifvertrag Nr. 15). Verweist ein Arbeitsvertrag für den Urlaub auf die Geltung tariflicher Regelungen, ist das regelmäßig als Bezugnahme auf den gesamten tariflichen Regelungskomplex »Urlaub« zu verstehen. Dazu gehört auch ein zusätzliches tarifliches Urlaubsgeld (*BAG* 17.1.2006 EzA § 3 TVG Bezugnahme auf Tarifvertrag Nr. 33). Auf eine solche Bezugnahmeklausel ist die Unklarheitenregel nach § 305c Abs. 2 BGB nicht anzuwenden. Die Regelung ist hinreichend klar. Auf die Unklarheitenregel darf nur zurückgegriffen werden, wenn trotz Ausschöpfung der anerkannten Auslegungsmethoden nicht behebbare Zweifel verbleiben.

216 Eine solche kann wie folgt lauten (*Schliemann* NZA 2003, 3 [8]):

»Das Arbeitsverhältnis unterliegt den jeweils für den Betrieb oder Betriebsteil des Arbeitgebers fachlich/betrieblich anzuwendenden Tarifverträgen in der jeweils gültigen Fassung. Dies sind zurzeit die Tarifverträge der X-Industrie«.

Die Arbeitsvertragsparteien können die Anwendbarkeit auch nur einzelner Tarifbestimmungen vereinbaren. Vielfach sind Verträge vorzufinden, die detaillierte einzelvertragliche Regelungen und die Klausel enthalten, im Übrigen finde ein bestimmter Tarifvertrag Anwendung. 217

In zeitlicher Hinsicht ist eine Bezugnahme nicht notwendig auf den zur Zeit der Vereinbarung bestehenden Tarifvertrag beschränkt (sog. **statische Verweisung**). 218

Wie bereits aufgezeigt, ist auch eine **dynamische Bezugnahme** auf den jeweils geltenden Tarifvertrag möglich, so dass sich Änderungen des Tarifvertrages automatisch auch auf das betroffene Arbeitsverhältnis erstrecken. Wegen der Bedeutung einer derartigen Dynamisierung und des Umfangs der dynamischen Klausel muss sich die **Jeweiligkeitsklausel** aber eindeutig verhalten. Ist die Tragweite der Verweisung auf Tarifnormen in einem Formulararbeitsvertrag zweifelhaft, geht das nach § 305c Abs. 2 BGB zu Lasten des Arbeitgebers (*BAG* 9.11.2005 BB 2006, 386–388). 219

Nennen die Vertragsparteien einen bestimmten Tarifvertrag mit einer Datumsbezeichnung, so ist von einer **statischen Verweisung** auszugehen. Wird jedoch in einem Arbeitsvertrag ohne Datumsangabe auf einen im Übrigen genauer bezeichneten Tarifvertrag verwiesen, so ist im Zweifel anzunehmen, dieser Tarifvertrag solle in seiner jeweiligen Fassung Anwendung finden (dynamische Verweisung). Denn ein solcher Wille der Parteien ergibt sich zum einen aus der beabsichtigten Zukunftswirkung des Arbeitsverhältnisses, zum anderen daraus, dass die Parteien mit einer solchen Vereinbarung den nicht tarifgebundenen Arbeitnehmer ersichtlich einem tarifgebundenen Arbeitnehmer gleichstellen wollen (*BAG* 20.3.1991 EzA § 4 TVG Tarifkonkurrenz Nr. 7; 17.1.2006 EzA § 3 TVG Bezugnahme auf Tarifvertrag Nr. 33). 220

*c) Rechtswirkungen*

Im Hinblick auf die lediglich durch Inbezugnahme vereinbarte Anwendung des Tarifrechts werden auch nur vertragsrechtliche Rechtsfolgen bewirkt. Dies hat zur Folge, dass insbes. in gerichtlichen Verfahren auf die Rechte aus der Inbezugnahme verzichtet werden kann. Demgegenüber kann auf kraft Tarifgebundenheit entstandene tarifliche Rechte nur unter den Voraussetzungen des § 4 Abs. 1 S. 1 TVG verzichtet werden. 221

### 4. Tarifvertragsrecht und Gleichbehandlung

Nach dem **arbeitsrechtlichen Gleichbehandlungsgrundsatz** ist es dem Arbeitgeber verwehrt, bei gleich liegenden Sachverhalten in seinem Betrieb einzelne Arbeitnehmer oder einzelne Gruppen von Arbeitnehmern ohne sachlichen Grund von allgemein begünstigenden Regelungen des Arbeitsverhältnisses auszunehmen und damit schlechter zu stellen (z. B. *BAG* 25.4.1995 EzA § 1 BetrAVG Gleichbehandlung Nr. 8). Daraus folgt, dass der Arbeitgeber gehalten ist, auf die Arbeitsverträge aller nicht tarifgebundenen Arbeitnehmer die Tarifbestimmungen anzuwenden, wenn er das generell vereinbart (s. Kap. 1 Rdn. 429 ff., 459 f.). 222

Gewährt der Arbeitgeber lediglich den tarifgebundenen Arbeitnehmern die sich aus den Tarifnormen ergebenden Leistungen, so liegt hierin gegenüber den nicht tarifgebundenen Arbeitnehmern kein Verstoß gegen den Gleichbehandlungsgrundsatz (*BAG* 20.7.1960 AP Nr. 7 zu § 4 TVG). 223

### 5. Bezugnahme auf Tarifverträge durch betriebliche Übung

Insbesondere in kleineren Betrieben werden die materiellen Arbeitsbedingungen häufig nicht schriftlich vereinbart. Jedoch wendet der Arbeitgeber allein der Einfachheit halber ein tarifliches Regelwerk ganz oder aber teilweise an. Liegt darin eine mehrjährige und regelmäßige Praxis und durfte bei objektivierter Betrachtung der Arbeitnehmer diese Handlungsweise als rechtsgeschäftliche Willenserklärung mit dem Inhalt einer Inbezugnahme verstehen, so gelten die Tarifvorschriften oder der Tarifvertrag als Vertragsrecht kraft betrieblicher Übung (s. Kap. 1 Rdn. 512 f.). Für eine umfassende 224

# Kapitel 11

Inbezugnahme genügt jedoch nicht schon die bloße Zahlung. Erforderlich ist, dass der Arbeitgeber erkennen lässt, dass er das Tarifwerk als Ganzes anwendet (*BAG* 3.11.2004 – 4 AZR 541/03, n. v.).

## F. Der Geltungsbereich des normativen Teils eines Tarifvertrages

### I. Allgemeines

**225** Die Rechtsnormen eines Tarifvertrages gelten unmittelbar und zwingend zwischen den beiderseits Tarifgebundenen, die unter den Geltungsbereich des Tarifvertrages fallen, § 4 Abs. 1 TVG. Dieser wird von den Tarifvertragsparteien auf der Grundlage der Tarifzuständigkeit festgelegt. Dabei wird der zeitliche, räumliche, betrieblich-fachliche und persönliche Geltungsbereich unterschieden.

### II. Der zeitliche Geltungsbereich

**226** Der Tarifvertrag entfaltet seine Rechtswirkungen regelmäßig für eine bestimmte Dauer. Deshalb ist der Zeitpunkt des In-Kraft-Tretens zu bestimmen. In Tarifverträgen ist regelmäßig auch eine Regelung über seine Beendigung enthalten.

**227** So bestimmt z. B. der Manteltarifvertrag des Einzelhandels für Baden-Württemberg vom 28.7.2003 in § 28:

»In-Kraft-Treten und Kündigung des Tarifvertrages
1. Dieser Manteltarifvertrag tritt am 1. April 2003 in Kraft ...
2. Der Manteltarifvertrag kann schriftlich unter Einhaltung einer Frist von 3 Monaten zum Monatsende, erstmals zum 31.12.2005 gekündigt werden.«

#### 1. In-Kraft-Treten des Tarifvertrages

*a) Regelfall*

**228** Die Tarifvertragsparteien bestimmen regelmäßig datumsgenau den Zeitpunkt des In-Kraft-Tretens. Fehlt es insoweit an einer Regelung, so tritt der Tarifvertrag mit Unterzeichnung in Kraft (*Kempen/Zachert* § 4 TVG Rn. 31). Der Tarifvertrag erfasst die zum Zeitpunkt des In-Kraft-Tretens des Tarifvertrages bereits bestehenden Arbeitsverhältnisse.

**229** Dies gilt nicht, soweit es um sog. Abschlussnormen (s. Rdn. 83 ff.) geht, die z. B. eine Schriftform für den Abschluss des bereits mündlich abgeschlossenen Arbeitsvertrages oder ein Beschäftigungsverbot nach Beendigung des 65. Lebensjahres vorsehen (*Kempen/Zachert* § 4 TVG Rn. 32). Würde die Schriftformklausel konstitutive Bedeutung für die Begründung von Arbeitsverhältnissen haben, so würden dadurch bereits mündlich abgeschlossene Arbeitsverträge nichtig. Dies würde dem Schutzprinzip des Tarifvertrages widersprechen. Insoweit kann den Abschlussnormen nur deklaratorische Bedeutung zukommen mit der Folge, dass jeder Arbeitsvertragspartei ein Anspruch auf nachträgliche schriftliche Niederlegung des Arbeitsvertrages zusteht.

*b) Rückwirkung*

**230** Die Tarifvertragsparteien können auch die rückwirkende Geltung des Tarifvertrages vereinbaren (*BAG* 23.11.1994 EzA § 1 TVG Rückwirkung Nr. 3; 11.10.2006 EzA § 1 TVG Rückwirkung Nr. 9). Dabei ist die **echte Rückwirkung** dadurch gekennzeichnet, dass sie nachträglich ändernd in bereits abgewickelte, der Vergangenheit angehörende Tatbestände eingreift. Demgegenüber betrifft die **unechte Rückwirkung** Fälle, in denen eine Norm auf gegenwärtig noch nicht abgeschlossene Sachverhalte für die Zukunft einwirkt und damit die betroffene Rechtsposition nachträglich entwertet (*BVerfG* BVerfGE 64, 87 [104]). Ob und welche Rückwirkung die Tarifvertragsparteien gewollt haben, ist im Wege der Auslegung des Tarifvertrages zu ermitteln. Hierzu bedarf es einer klaren und unmissverständlichen Vereinbarung (*BAG* 21.7.1988 EzA § 4 TVG Bauindustrie Nr. 144).

**231** Da die Tarifnormen Gesetze im materiellen Sinne (s. Rdn. 15) sind, gelten jedenfalls für die echte Rückwirkung von Tarifvertragsnormen die gleichen Grundsätze wie für Gesetze, sodass sie grds. verboten ist, es sei denn, der tarifgebundene Arbeitnehmer ist nicht schutzwürdig, weil er im Zeitpunkt des In-Kraft-Tretens der Rechtsnorm mit einer Regelung rechnen musste (z. B. wegen einer gemeinsamen Erklärung der Tarifvertragsparteien oder der Aufnahme von Tarifvertragsverhandlungen wegen der auffällig schlechten Lage des Arbeitgebers; vgl. *BAG* 15.5.2000 EzA § 1 TVG Rückwirkung Nr. 5) das geltende Recht unklar und verworren war oder zwingende Gründe für eine Rückwirkung bestehen (*BVerfG* BVerfGE 19, 187 [195]).

Bereits entstandene Ansprüche aus einem Arbeitsverhältnis können als sog. wohlerworbene Rechte nicht rückwirkend durch Tarifvertrag beseitigt werden (*BAG* 28.9.1983 EzA § 1 TVG Rückwirkung Nr. 2). Aus Gründen der Rechtsstaatlichkeit und der Rechtsklarheit ist es grds. auch nicht möglich, den Geltungsbereich eines bestehenden und angewendeten Tarifvertrages durch eine spätere Tarifvertragsnorm rückwirkend zu verändern. Dem steht bereits das Vertrauen der Tarifvertragsunterworfenen in die den Geltungsbereich von Tarifverträgen regelnden Tarifvertragsnormen entgegen (*BAG* 23.9.1981 AP Nr. 35 zu § 1 TVG Tarifverträge Bau). 232

**Tarifliche Kündigungsbeschränkungen** sind auf Kündigungen, die vor Beginn des zeitlichen Geltungsbereichs des Tarifvertrages ausgesprochen worden sind, dann nicht anwendbar, wenn sich aus dem Tarifvertrag nicht eindeutig der Wille der Tarifvertragsparteien ergibt, die neue Regelung auch auf in der Vergangenheit liegende Tatbestände zu erstrecken (*BAG* 21.7.1988 EzA § 4 TVG Bauindustrie Nr. 44). Ansonsten ist im Zweifel von den Tarifvertragsparteien gewollt, dass rückwirkende Bestimmungen auch für bereits ausgeschiedene Arbeitnehmer gelten. Dies gilt aber nur dann, wenn zum Zeitpunkt des Tarifabschlusses und des rückdatierten In-Kraft-Tretens Tarifgebundenheit des ausgeschiedenen Arbeitnehmers bestand, weil anderenfalls die Tarifvertragsparteien ihre Regelungszuständigkeit auf nicht Normunterworfene ausdehnen könnten (*BAG* 19.6.1962 AP Nr. 5 zu § 1 TVG Rückwirkung). 233

Die unechte Rückwirkung ist dagegen grds. zulässig. Jedoch unterliegt sie auch gewissen Grenzen, die sich aus dem Vertrauensschutz des Einzelnen auf den Fortbestand einer bestimmten Regelung ergeben. Es ist jeweils eine Abwägung zwischen dem Vertrauensschutz des Einzelnen und dem mit der tarifvertraglichen Regelung verfolgten Anliegen durchzuführen (*BAG* 10.10.1989 EzA § 2 VRG Bauindustrie Nr. 5). 234

### 2. Beendigung des Tarifvertrages

#### a) Zeitkollisionsregel

Das Verhältnis von zwei aufeinander folgenden Tarifverträgen wird durch die sog. Zeitkollisionsregel (**auch vielfach Ordnungsprinzip genannt**) gelöst. Die jüngere Rechtsnorm löst die ältere Bestimmung ab (*BAG* 16.5.1995 EzA § 4 TVG Wasser- und Umwelttechniken Nr. 1). Dabei ist es unerheblich, ob die abändernde Rechtsnorm zu Gunsten oder aber zum Nachteil der tarifgebundenen Arbeitnehmer wirkt. Nachteilige, ablösende Tarifverträge unterliegen nur der Prüfung, ob sie gegen höherrangiges Recht verstoßen. 235

#### b) Beendigungstatbestände

Die Geltung eines Tarifvertrages endet, wenn ein Beendigungstatbestand vorliegt. 236

Der Tarifvertrag wird regelmäßig durch ordentliche Kündigung beendet. Das Ob und Wie der Kündigung unterliegt mangels gesetzlicher Regelungen dem Gestaltungsspielraum der Tarifvertragsparteien. Neben der ordentlichen Kündigung kommen als weitere Beendigungstatbestände die außerordentliche Kündigung, die Befristung und Bedingung sowie der Aufhebungsvertrag in Betracht (s. Rdn. 56 ff.). Unter Umständen ist auch eine Teilkündigung statthaft (s. Rdn. 60). 237

### III. Räumlicher Geltungsbereich

Der räumliche Geltungsbereich bestimmt das geographische Gebiet, für das der Tarifvertrag Geltung beansprucht. Von daher gibt es Orts-, Kreis-, Stadt-, Landes- und Bundestarifverträge. Es kön- 238 nen aber auch einzelne Tarifgebiete innerhalb eines bestimmten geographischen Gebietes ausdrücklich ausgenommen werden (*BAG* 9.11.1956 AP Nr. 1 zu § 3 TVG Verbandszugehörigkeit). Erfolgt eine Neugliederung von Verwaltungseinheiten, so bleibt hiervon der Geltungsbereich des Tarifvertrages unberührt.

239 Für die Erfassung der Arbeitsverhältnisse ist die Lage des Betriebsortes maßgeblich. Sie wird durch Arbeiten von Arbeitnehmern außerhalb des Geltungsbereichs nur in Frage gestellt, wenn an dem auswärtigen Ort eine eigene, dauerhafte Betriebsstätte besteht. Den Tarifvertragsparteien steht es jedoch frei, den maßgebenden Anknüpfungspunkt des Tarifvertrags festzulegen. Das kann der Sitz des Unternehmens, des Betriebs oder der Arbeitsort sein. Andernfalls ist der Schwerpunkt des Arbeitsverhältnisses maßgebend. Der insofern regelmäßig entscheidende Erfüllungsort ist typischer Weise der Betriebsort. Übt der Arbeitnehmer vorübergehend an einem außerhalb des Tarifgebiets liegenden Arbeitsort seine Tätigkeit aus, bleibt über das Institut der sog. Ausstrahlung der Betriebssitz als Anknüpfungspunkt maßgebend (Schaub/*Treber* ArbRHb § 204 Rn. 7). Anders verhält es sich bei einer »dauerhaften Entsendung«. Der räumliche Geltungsbereich bestimmt sich dann wieder nach den allgemeinen Regelungen des Tarifvertrags.

### IV. Betrieblich-fachlicher Geltungsbereich

240 Mit dem **betrieblich-fachlichen Geltungsbereich** wird die branchenmäßige Zugehörigkeit des Betriebs des Arbeitgebers bezeichnet.

Da die Gewerkschaften und Arbeitgeberverbände nach dem Industrieverbandsprinzip gegliedert sind, werden die Tarifverträge regelmäßig für einen bestimmten Wirtschaftszweig abgeschlossen (z. B. für das Baugewerbe, für das Frisörgewerbe usw.). Schwierigkeiten treten aber nicht selten bei der Auslegung des Umfangs des betrieblich-fachlichen Geltungsbereichs auf.

241 In vielen Betrieben werden Tätigkeiten verschiedener Branchen verrichtet. Bei **gemischten Tätigkeiten** in einem Betrieb und der damit einhergehenden möglichen Anwendbarkeit mehrerer Tarifverträge gilt grds. der Tarifvertrag für alle Arbeitnehmer, der die überwiegende Tätigkeit erfasst. Maßgebend ist also der wirtschaftliche und arbeitstechnische Hauptzweck des Betriebes, mithin die ihn prägende Tätigkeit (*BAG* 25.11.1987 EzA § 4 TVG Geltungsbereich Nr. 1).

242 Aus dem gesetzlich nicht verankerten **Prinzip der Tarifeinheit** ergibt sich, dass der Tarifvertrag vorbehaltlich einer ausdrücklichen abweichenden Regelung im Zweifel alle Arbeitsverhältnisse in einem Betrieb und in dazugehörigen Nebenbetrieben erfasst, auch solche, die fachfremde Beschäftigungen zum Gegenstand haben (*BAG* 20.3.1991 EzA § 4 TVG Tarifkonkurrenz Nr. 7). Handelt es sich jedoch um jeweils eigenständige Betriebe, so im Falle eines Unternehmens des Kraftfahrzeuggewerbes, das einen Autohandelsbetrieb und eine Reparaturwerkstatt betreibt, so gelten für jeden Betrieb die entsprechenden Tarifverträge.

243 Der **betrieblich-fachliche Geltungsbereich** darf mit dem Begriff der Tarifkonkurrenz nicht verwechselt werden. Letztere ist nur dann gegeben, wenn der Arbeitgeber für zwei Tarifverträge tarifgebunden ist.

### V. Persönlicher Geltungsbereich

244 Der **persönliche Geltungsbereich** bestimmt, auf welche Arbeitnehmergruppen der Tarifvertrag Anwendung findet. Soweit keine Angaben gemacht werden, gilt der Tarifvertrag grds. für alle Personen, die unter den zeitlichen, räumlichen und betrieblich-fachlichen Geltungsbereich fallen. Angesichts der inzwischen zumindest als fragwürdig erkannten Unterscheidung zwischen Arbeitern und Angestellten werden zunehmend einheitliche Tarifverträge für beide Arbeitnehmergruppen abgeschlossen. Dennoch gibt es noch in vielen Bereichen eine Unterscheidung des persönlichen Geltungsbereichs nach Arbeitern und Angestellten (z. B. im öffentlichen Dienst). Im Übrigen bestehen besondere Tarifverträge vor allem für Auszubildende, Teilzeitbeschäftigte und für Arbeitnehmer, die atypische Tätigkeiten verrichten (*Kempen/Zachert* § 4 TVG Rn. 29).

## F. Der Geltungsbereich des normativen Teils eines Tarifvertrages — Kapitel 11

Insbesondere der Herausnahme von Teilzeitbeschäftigten aus dem persönlichen Geltungsbereich eines Tarifvertrages stehen häufig rechtliche Bedenken entgegen. Soweit davon in manchen Berufszweigen vorrangig Frauen betroffen werden, ist die Nichtberücksichtigung am Maßstab des mittelbaren Diskriminierungsverbotes nach Art. 119 EG-Vertrag zu messen. Darüber hinaus ist das allgemeine Verbot der unterschiedlichen Behandlung von Teilzeitbeschäftigten nach § 4 TzBfG zu beachten. 245

▶ **Beispiel:** 246

Das BAG hat mit Urteil vom 28.3.1996 (EzA Art. 3 GG Nr. 57) den Ausschluss teilzeitbeschäftigter Studenten vom Geltungsbereich des BAT nach § 3 Buchst. n) als gleichheitswidrig angesehen. Der Status als Studierender und die in der Versicherungsfreiheit liegende sozialrechtliche Begünstigung sind keine sachlichen Gründe für eine arbeitsrechtliche Schlechterstellung dieser Arbeitnehmer bei der Gestaltung allgemeiner Arbeitsbedingungen.

### VI. Tarifkonkurrenz und Tarifpluralität

#### 1. Begriffe

Gelegentlich kommt es vor, dass ein Betrieb von mehreren Tarifverträgen erfasst wird. Dies verwundert an sich, weil die Koalitionen weitgehend nach dem Industrieverbandsprinzip organisiert sind (s. Rdn. 40). Jedoch konkurrieren z. B. oftmals innerhalb eines Zuständigkeitsbereichs DGB-Gewerkschaften mit Gewerkschaften des Christlichen Gewerkschaftsbundes Deutschland. Liegt ein solcher Tatbestand vor, ist zu fragen, ob alle Tarifverträge auf die Arbeitsverhältnisse der Tarifgebundenen anzuwenden sind oder ob bestimmte Kriterien die Anwendung nur eines Tarifvertrags auf die Arbeitsverhältnisse im Betrieb zulassen. Dieser Sachverhalt gibt Anlass zu unterscheiden zwischen **Tarifkonkurrenz** und **Tarifpluralität**: Eine Tarifkonkurrenz liegt vor, wenn mehrere Tarifverträge auf ein Arbeitsverhältnis in einem Betrieb anzuwenden sind und dadurch derselbe Regelungsgegenstand mehrfach tarifvertraglich (normativ) geregelt ist (*BAG* 24.3.2010 ZTR 2010, 462; 23.3.2005 EzA § 4 TVG Tarifkonkurrenz Nr. 18; *Kempen/Zachert* § 4 TVG Rn. 117). Dazu muss der Geltungsbereich der zeitgleich geltenden Tarifverträge übereinstimmen und jeweils eine beiderseitige kongruente Tarifbindung der Arbeitsvertragsparteien und/oder Allgemeinverbindlichkeit bestehen. Sie kommt dagegen nicht in Betracht, wenn bereits eine Auslegung ergibt, dass nur einer von mehreren Tarifverträgen gelten kann oder gelten soll (*BAG* 22.10.2008 EzA § 4 TVG Nachwirkung Nr. 43). Bis zu seiner Entscheidung vom 20.3.1991 (EzA § 4 TVG Tarifkonkurrenz Nr. 7) sprach das BAG schon dann von Tarifkonkurrenz, wenn allein der Arbeitgeber an die mehreren Tarifverträge gebunden war (*BAG* 24.9.1975 EzA § 4 TVG Tarifkonkurrenz Nr. 1). Nun bedarf es einer beidseitigen Tarifgeltung (*BAG* 20.3.1991 EzA § 4 TVG Tarifkonkurrenz Nr. 7). Um eine unerwünschte Tarifkonkurrenz zu vermeiden, vereinbaren die Tarifvertragsparteien in Bezug auf den tariflichen Geltungsbereich sog. Einschränkungsklauseln (*BAG* 20.3.1991 EzA § 4 TVG Tarifkonkurrenz Nr. 7). So kann z. B. eine Einschränkungsklausel den Inhalt haben, von einem anderen Tarifvertrag erfasste Betriebe von der Allgemeinverbindlichkeit auszunehmen (*BAG* 26.10.1983 EzA § 3 TVG Nr. 4). Von daher ist eine gründliche Auslegung der den Geltungsbereich des Tarifvertrages regelnden Normen vorzunehmen. Demgegenüber ist von einer Tarifpluralität auszugehen, wenn der Betrieb vom Geltungsbereich mehrerer von denselben oder verschiedenen Gewerkschaften abgeschlossenen Tarifverträgen für Arbeitsverhältnisse derselben Art erfasst wird, an die der Arbeitgeber gebunden ist, während für den jeweiligen Arbeitnehmer je nach Tarifgebundenheit nur einer der Tarifverträge Anwendung findet (*BAG* 7.7.2010 NZA 2010, 1068; 27.1.2007 EzA-SD 2010 Nr. 3, 14–15; 28.5.1997 EzA § 4 TVG Nachwirkung Nr. 23; *Kempen/Zachert* § 4 TVG Rn. 118). Mit anderen Worten: Der Arbeitgeber ist jeweils an die den Betrieb erfassenden Tarifverträge gebunden, während für die einzelnen Arbeitnehmer jeweils nur ein Tarifvertrag kraft Tarifbindung oder Allgemeinverbindlichkeit gilt. Nach der Rechtsprechung des für allgemeine Fragen des Tarifrechts zuständigen 4. Senats des BAG führt nicht nur die tarifrechtliche Geltung zweier Tarifverträge zur Tarifpluralität, sondern auch die arbeitsvertragliche Inbezugnahme, weil sie die Geltung des Tarifvertrages bewirkt (*BAG* 20.3.1991 EzA § 4 TVG Tarifkonkurrenz Nr. 7; 28.5.1997 EzA § 4 TVG Nachwirkung 247

# Kapitel 11

Nr. 23). Demgegenüber ist nach Ansicht des 10. Senats des BAG eine Tarifpluralität nur bei tarifrechtlicher (Tarifgebundenheit und/oder Allgemeinverbindlichkeit) und nicht auch bei arbeitsvertraglicher Geltung mehrerer Tarifverträge gegeben (*BAG* 22.9.1993 EzA § 4 TVG Tarifkonkurrenz Nr. 8). Mit Urteil vom 22.10.2008 (– 4 AZR 784/07, NZA 2009, 151) hat der Vierte Senat im Anschluss an seine Entscheidung vom 29.8.2007 EzA § 3 TVG Bezugnahme auf Tarifvertrag Nr. 37) und unter Aufgabe seiner Ansicht im Senatsurteil vom 20.3.1991 (EzA § 4 TVG Tarifkonkurrenz Nr. 7) entschieden, dass die individuell-vertragliche Bezugnahme eines Tarifvertrages nicht dessen tarifliche Geltung begründet und daher nicht zu einer Tarifkonkurrenz oder einer Tarifpluralität führen kann. Ein Fall der Tarifpluralität liegt auch nicht vor, wenn ein gem. § 4 Abs. 5 TVG nachwirkender Tarifvertrag und ein Tarifvertrag aufeinander treffen, an den nur der Arbeitgeber nach § 3 Abs. 3 TVG gebunden ist (*BAG* 28.5.1997 EzA § 4 TVG Nachwirkung Nr. 23). § 4 Abs. 5 TVG ist eine Sonderregelung, die dem Tatbestand der Tarifpluralität vorgeht. Kommt für alle Arbeitnehmer eine andere Abmachung i. S. d. § 4 Abs. 5 TVG nicht zu Stande, so wirkt der beendete Tarifvertrag für diejenigen Arbeitnehmer weiter, für die der neue Tarifvertrag nicht gilt (z. B. Firmentarifvertrag mit anderer Gewerkschaft, in der keine Mitgliedschaft besteht). Von daher kann es im Betrieb zu unterschiedlichen Arbeitsbedingungen kommen, was jedoch gesetzliche Folge der Anordnung der Nachwirkung ist.

**248** ▶ **Beispiel für Tarifkonkurrenz:**

Für Betriebe des Schlossereihandwerks, die dem Tarifvertrag für das Schlosserhandwerk unterfallen, gilt daneben der BRTV-Bau, da er auch Montagearbeiten mit dem Werkstoff Metall erfasst (*BAG* 14.6.1989 EzA § 4 TVG Tarifkonkurrenz Nr. 4).

Das Verlegen von Glasbausteinen auf Bauten unterfällt dem Geltungsbereich des BRTV-Bau. Daneben kann der Rahmentarifvertrag des Glaserhandwerks gelten (*BAG* 29.11.1978 EzA § 4 TVG Tarifkonkurrenz Nr. 2).

**249** ▶ **Beispiel für Tarifpluralität:**

Die Gewerkschaft IG Metall schließt mit einem Metall verarbeitenden Unternehmen einen Tarifvertrag ab. Daneben vereinbart das Metall verarbeitende Unternehmen mit der Christlichen Gewerkschaft Metall einen weiteren Tarifvertrag.

**250** In beiden Fällen wurde nach bisherigen ständigen Rechtsprechung des *BAG* (20.3.1991 EzA § 4 TVG Tarifkonkurrenz Nr. 7) in Anwendung der Grundsätze der Tarifeinheit und der Tarifspezialität der sachfernere Tarifvertrag verdrängt. Denn in einem Betrieb sollte nur ein Tarifvertrag einheitlich Anwendung finden (**Grundsatz der Tarifeinheit**), wobei unter mehreren Tarifverträgen nach dem Grundsatz der Spezialität dem sachnäheren Tarifvertrag der Vorzug zu geben war. Mit zwei Beschlüssen vom 27.1.2010 (NZA 2010, 645) kündigte unter Anfrage beim Zehnten Senat des BAG der Tarifsenat des BAG an, seine bisherige Rechtsprechung, wonach in Fällen der Tarifpluralität nach dem Grundsatz der Tarifeinheit in einem Betrieb nur ein Tarifvertrag Anwendung findet, aufzugeben. Der Zehnte Senat des BAG schloss sich mit gleich lautenden Beschlüssen vom 23.6.2010 (NZA 2010, 778 und NZA 2010, 1309) der Auffassung des Vierten Senats an, § 4 Abs. 1 S. 1 TVG gelte auch dann uneingeschränkt, wenn in einem Betrieb kraft Tarifbindung des Arbeitgebers nach § 3 Abs. 1 TVG auf mehrere Arbeitsverhältnisse derselben Art verschiedene Tarifverträge zur Anwendung kommen. Es bestehe kein hinreichender Grund, die im Gesetz angelegte Möglichkeit auszuschließen, dass für verschiedene Arbeitnehmer im Betrieb unterschiedliche Tarifverträge gelten. Insbesondere enthalte das Tarifvertragsgesetz keinen insoweit vorgehenden allgemeinen Grundsatz der Tarifeinheit. Der Vierte Senat hat sodann mit seinen beiden Urteilen vom 7.7.2010 (EzA § 4 TVG Tarifkonkurrenz Nr. 23 = NZA 2010, 1068 und 4 AZR 537/08 nicht amtlich veröffentlicht) die angekündigte Rechtsprechungsänderung vollzogen (dazu Beil. 3/2010 zu NZA Heft 13/2010). Eine »unheilige Allianz« zwischen der BDA und dem DGB haben bereits in aller Eile eine Gesetzesinitiative zur Kodifizierung der Tarifeinheit angestoßen (hierzu: *Bayreuther* DB 2010, 2223, *Hanau* DB 2010, 2107; *Kempen* AuR 2011, 51; *Konzen* JZ 2010, 1036; *Scholz* ZfA 2010, 681). Gegen die Initiative von BDA und DGB werden nicht nur erhebliche verfassungsrechtliche Einwendungen, sondern auch der Aspekt der mangelnden Praktikabilität vorgebracht (*Lehmann* BB 2010, 2237, 2241 f.). Daneben gibt es einen von *Preis* und *Thüsing* nebst weiteren Professoren initiierten Entwurf eines Gesetzes zur Regelung der Tarifpluralität (abgedr. bei *Gaul* Aktuelles Arbeitsrecht, Band 2/2010, 292 f.).

## 2. Der Grundsatz der Tarifeinheit

Bis zur vorstehend ausgeführten Rechtsprechungsänderung des Vierten Senats galt im Anwendungsbereich der Tarifpluralität Folgendes: Aus den übergeordneten **Prinzipien der Rechtssicherheit und der Rechtsklarheit** wurde der gesetzlich nicht geregelte Grundsatz der Tarifeinheit abgeleitet. Er führte dazu, dass rechtliche und tatsächliche Unklarheiten, die sich aus dem Nebeneinander von verschiedenen Tarifverträgen in einem Betrieb ergaben, vermieden wurden. Rechtsnormen eines Tarifvertrages über betriebliche und betriebsverfassungsrechtliche Fragen gelten nach § 3 Abs. 2 TVG für alle Betriebe, deren Arbeitgeber tarifgebunden ist. Ist dieser aber an zwei Tarifverträge gebunden, musste nach bisherigem Verständnis zumindest insoweit entschieden werden, welchem der Vorrang einzuräumen ist. Eine Abgrenzung zwischen Betriebsnormen und Inhaltsnormen bereitet oft tatsächliche Schwierigkeiten. Letztlich, so die bisherige Rechtsprechung, könnten diese Schwierigkeiten nur durch die betriebseinheitliche Anwendung eines Tarifvertrages vermieden werden (*BAG* 20.3.1991 EzA § 4 TVG Tarifkonkurrenz Nr. 7). Diesem Verständnis lagen folgende weitere Überlegungen zu Grunde: Dabei gewährleistet ein Anknüpfen an die Tarifbindung des Arbeitgebers einer vom Wechsel der Arbeitnehmer und vom Zufall unabhängige betriebseinheitliche Anwendung desjenigen Tarifvertrages, der den Erfordernissen des Betriebes und der dort beschäftigten Arbeitnehmer am besten gerecht wird. Für die Anwendung des Günstigkeitsprinzips bestehe insoweit kein Raum (*BAG* 14.6.1989 EzA § 4 TVG Tarifkonkurrenz Nr. 4). Auch wenn nur in einem von mehreren konkurrierenden Manteltarifverträgen die Altersversorgung geregelt ist, könne nicht angenommen werden, dass sich die Manteltarifverträge insoweit ergänzen sollten (*BAG* 5.9.1990 EzA § 4 TVG Tarifkonkurrenz Nr. 5). Nach dem Grundsatz der Tarifeinheit in einem Betrieb könnten die durch einen speziellen Tarifvertrag verdrängten Tarifverträge auch auf solche Arbeitsverhältnisse keine Anwendung mehr finden, bei denen mangels Organisationszugehörigkeit der Arbeitnehmer keine Tarifbindung an den speziellen Tarifvertrag besteht und dieser deshalb nicht zur Anwendung gelangt. Der Grundsatz der Tarifeinheit führte nicht dazu, dass der spezielle Tarifvertrag ohne entsprechende Tarifbindung, Allgemeinverbindlichkeit oder vertragliche Abrede sozusagen automatisch auf alle Arbeitsverhältnisse des Betriebs anzuwenden ist. Dies wäre ansonsten ein Verstoß gegen die negative Koalitionsfreiheit (*BAG* 20.3.1991 EzA § 4 TVG Tarifkonkurrenz Nr. 7). Ob der Vierte Senat des BAG nach seinem personellen Revirement am Grundsatz der Tarifeinheit weiterhin festhalten werde, hat er in seiner Entscheidung vom 22.10.2008 noch offen gelassen (vgl. *BAG* 22.10.2008 EzA § 3 TVG Bezugnahme auf Tarifvertrag Nr. 39 = NZA 2009, 151). Die Rechtsprechungsänderung ist – wie vorstehend ausgeführt – nunmehr vollzogen. 251

## 3. Der Grundsatz der Spezialität

Nach diesem Grundsatz gilt der Tarifvertrag, der dem Betrieb räumlich, betrieblich-fachlich und persönlich am nächsten steht und deshalb den Erfordernissen und Eigenarten des Betriebes und der darin tätigen Arbeitnehmer am besten Rechnung trägt (*BAG* 20.1.1994 EzA § 4 TVG Tarifkonkurrenz Nr. 9; 4.12.2002 EzA § 4 TVG Tarifkonkurrenz Nr. 17; 23.3.2005 EzA § 4 TVG Tarifkonkurrenz Nr. 18). Insoweit gehen Firmentarifverträge Verbandstarifverträgen als speziellere Regelungen vor. In seiner Entscheidung vom 23.3.2005 hat das *BAG* (EzA § 4 TVG Tarifkonkurrenz Nr. 18) nochmals klargestellt, das Firmentarifverträge gegenüber Verbandstarifverträgen stets die spezielleren Regelungen darstellen. Werden bspw. in einem Betrieb der Unterhaltungselektronik, der aus einem Ladengeschäft und einer Kundenwerkstatt besteht, die Arbeitnehmer überwiegend im technisch-handwerklich orientierten Werkstattbereich beschäftigt, so können aus diesen Gründen die Tarifverträge für den Einzelhandel keine Anwendung finden (*BAG* 25.11.1987 EzA § 4 TVG Geltungsbereich Nr. 1). 252

253 Nach einer älteren Entscheidung des Zehnten Senats des BAG liegt kein Fall der Tarifkonkurrenz und Tarifpluralität vor, wenn der Arbeitgeber nicht auf Grund Verbandszugehörigkeit, sondern allein kraft einzelvertraglicher Vereinbarung an einen spezielleren Tarifvertrag gebunden ist (*BAG* 22.9.1993 EzA § 4 TVG Tarifkonkurrenz Nr. 8; a. A. der Vierte Senat). Durch die einzelvertragliche Vereinbarung des spezielleren Tarifvertrages werde der gleichzeitig auf den Betrieb anzuwendende allgemeinverbindliche Tarifvertrag dann nicht verdrängt (so 10. Senat des *BAG* 22.9.1993 EzA § 4 TVG Tarifkonkurrenz Nr. 8). Demgegenüber liegt nach der Rechtsprechung des für Tariffragen zuständigen Vierten Senats des BAG eine Tarifkonkurrenz auch vor, wenn auf ein Arbeitsverhältnis neben einem kraft Allgemeinverbindlichkeit geltenden Tarifvertrag ein weiterer Tarifvertrag kraft arbeitsvertraglicher Bezugnahme Anwendung findet (*BAG* 20.3.1991 EzA § 4 TVG Tarifkonkurrenz Nr. 7; 28.5.1997 EzA § 4 TVG Nachwirkung Nr. 23; 23.3.2005 EzA § 4 TVG Tarifkonkurrenz Nr. 18; s. Rdn. 247). Die vertragliche Inbezugnahme eines Tarifvertrages ist danach letztlich eine von mehreren Arten, die Bindung an einen Tarifvertrag zu bewirken. Der einzige Unterschied zur beiderseitigen Tarifgebundenheit und Allgemeinverbindlichkeit ist darin zu sehen, dass durch die vertragliche Bezugnahme auf einen Tarifvertrag keine zwingende Geltung des Tarifvertrags eintritt. Folglich gilt: Finden kraft arbeitsvertraglicher Verweisung die Tarifverträge eines Wirtschaftszweiges Anwendung und unterfällt das Arbeitsverhältnis auch dem fachlichen Geltungsbereich eines anderen Manteltarifvertrages, an den die Parteien kraft Allgemeinverbindlichkeit gebunden sind, so wird der vertraglich in Bezug genommene Tarifvertrag nicht verdrängt, wenn die Verweisung konstitutiv und nicht nur deklaratorisch erfolgt ist (so 4. Senat des *BAG* 28.5.1997 EzA § 3 TVG Bezugnahme auf Tarifvertrag Nr. 8; 23.3.2005 EzA § 4 TVG Tarifkonkurrenz Nr. 18). Das Günstigkeitsprinzip gilt jedenfalls dann nicht, wenn beide Tarifverträge bereits kraft arbeitsvertraglicher Verweisung Anwendung finden und nur bei einem eine Geltung kraft Allgemeinverbindlichkeit hinzutritt und wenn beide Tarifverträge von derselben Gewerkschaft abgeschlossen worden sind. Denn in diesem Fall würde eine Anwendung des Günstigkeitsprinzips zu mit Sinn und Zweck der Allgemeinverbindlichkeit nicht zu vereinbarenden Ergebnissen führen (*BAG* 23.3.2005 EzA § 4 TVG Tarifkonkurrenz Nr. 18).

## G. Wirkungsweise des normativen Teils eines Tarifvertrages

### I. Allgemeines

254 Die normative Wirkung des Tarifvertrages ergibt sich aus § 4 Abs. 1 S. 1 TVG (s. Rdn. 15). Damit wird ein Mindestmaß an Arbeitnehmerschutz erreicht. Von diesem gesetzesgleichen Recht kann nur zu Gunsten der tarifgebundenen Arbeitnehmer oder im Falle einer ausdrücklichen Gestattung durch die Tarifvertragsparteien abgewichen werden.

### II. Unmittelbare Wirkung

255 Die Tarifnormen wirken wie andere Rechtsnormen automatisch und ohne Rücksicht auf die Kenntnis der Arbeitsvertragsparteien von dem Bestehen oder dem Inhalt der Tarifnormen auf das Arbeitsverhältnis ein.

256 Im Gegensatz zu einer einzelvertraglichen Inbezugnahme des Tarifvertrages werden die Rechtsnormen des Tarifvertrages im Falle der unmittelbaren Wirkung nicht Inhalt des Arbeitsvertrages, sondern sie überlagern arbeitsvertragliche Vereinbarungen und verdrängen dieselben, soweit sie zu ihnen im Widerspruch stehen (*Löwisch/Rieble* § 4 TVG Rn. 52).

257 Setzen die Tarifvertragsparteien eigenständige Rechtsnormen, so tritt die **unmittelbare Wirkung** der gesetzten Rechtsnormen ein. Neben der eigenständigen Rechtsetzung verweisen die Tarifvertragsparteien im Tarifvertrag auch auf andere Rechtsnormen. Die Verweisung auf gesetzliche Regelungen ist zulässig, wenn zwischen der tariflichen Regelung und dem in Bezug genommenen Recht ein enger Sachzusammenhang besteht (*BAG* 9.7.1980 EzA § 1 TVG Nr. 13). So ist z. B. in der in § 11 S. 1 BAT enthaltenen Verweisung für die Nebentätigkeit des Angestellten auf die für die Beamten des Arbeitgebers jeweils geltenden Bestimmungen keine unzulässige Delegation der Normsetzungs-

## G. Wirkungsweise des normativen Teils eines Tarifvertrages  Kapitel 11

befugnis der Tarifvertragsparteien zu sehen (*BAG* 25.7.1996 EzA § 11 BAT Nr. 2). Obgleich die Verweisung als solche zulässig ist, ist aber im Einzelfall weiter zu prüfen, ob die Tarifvertragsparteien damit eine selbstständige, unabhängige und eigenständige Regelung treffen wollten. Nur dann nämlich wirkt das in Bezug genommene Regelungswerk unmittelbar auf das Arbeitsverhältnis der tarifgebundenen Parteien ein. Ergibt die Auslegung der Verweisungsnorm keine Anhaltspunkte für eine Eigenständigkeit, so ist davon auszugehen, dass kein Normsetzungswille der Tarifvertragsparteien vorliegt und die Vorschrift lediglich deklaratorischen Charakter hat (*BAG* 23.9.1992 EzA § 4 TVG Bauindustrie Nr. 65). Eine unmittelbare Geltung der in Bezug genommenen Rechtsnormen greift nicht ein.

Soweit die Tarifvertragsparteien auf andere Tarifverträge verweisen, seien es eigene oder aber von anderen Tarifvertragsparteien abgeschlossene Tarifverträge, so gelten die für die Verweisung auf Gesetze dargestellten Grundsätze entsprechend. 258

### III. Zwingende Wirkung

**Zwingende Wirkung** des Tarifvertrages bedeutet, dass der Tarifvertrag als gesetzlicher Mindestarbeitsschutz schlechteren vertraglichen Absprachen vorgeht. Dem Tarifvertrag widersprechende arbeitsvertragliche Abreden sind nichtig, § 134 BGB. Daraus folgt auch, dass die zwingende Wirkung von Rechtsnormen des Tarifvertrages einem Prozessvergleich sowie einem Klageverzicht und einem Anerkenntnis nach §§ 306, 307 ZPO entgegenstehen können (s. Rdn. 282 ff.). 259

Ausnahmsweise besteht die zwingende Wirkung des Tarifvertrages dann nicht, wenn er selbst eine abweichende Regelung gestattet (**Öffnungsklausel**). Außerdem tritt die zwingende Wirkung dann zurück, wenn eine vom Tarifvertrag abweichende Abmachung eine Regelung zu Gunsten des tarifgebundenen Arbeitnehmers enthält (**Günstigkeitsprinzip § 4 Abs. 3 TVG**). 260

Die Rechtsnormen eines nachwirkenden Tarifvertrages gelten zwar noch unmittelbar weiter, zwingende Wirkung kommt ihnen jedoch nicht mehr zu (*BAG* 28.1.1987 EzA § 4 TVG Nachwirkung Nr. 8). 261

### IV. Günstigkeitsprinzip

#### 1. Grundlagen

Nach § 4 Abs. 3 2. Alt. TVG sind vom Tarifvertrag abweichende Abmachungen nur zulässig, soweit sie eine Änderung der Regelungen zu Gunsten des Arbeitnehmers enthalten. Das **Günstigkeitsprinzip** begrenzt die zwingende Wirkung der tarifvertraglichen Rechtsnormen auf Mindestarbeitsbedingungen; denn nach dem arbeitsrechtlichen Schutzgedanken ist es Aufgabe des Tarifvertrages, einen sozialen Mindestschutz zu garantieren. Durch das Günstigkeitsprinzip kommt auch zum Ausdruck, dass unterhalb des Niveaus der Rechtsnormen des Tarifvertrages liegende Vereinbarungen unzulässig sind. 262

Das Günstigkeitsprinzip selbst unterliegt nicht der Disposition der Tarifvertragsparteien. Es ist tariffest und kann von den Tarifvertragsparteien weder normativ noch schuldrechtlich abbedungen werden (*BAG* 26.2.1986 EzA § 4 TVG Tariflohnerhöhung Nr. 8). 263

Zu den abweichenden Abmachungen i. S. d. § 4 Abs. 3 TVG zählen neben vertraglichen Absprachen und Regelungsabreden grds. auch Betriebsvereinbarungen (*BAG* 14.12.1966 AP Nr. 27 zu § 59 BetrVG 1952; *Kempen/Zachert* § 4 TVG Rn. 175). Allerdings muss bei gleichen Regelungsinhalten wegen des Vorrangs des Tarifvertrages vor betrieblichen Regelungen nach § 77 Abs. 3 BetrVG und § 87 Abs. 1 BetrVG eine Öffnungsklausel für zusätzliche Betriebsvereinbarungen aufgenommen sein (*Kempen/Zachert* § 4 TVG Rn. 175). Ein anderer Tarifvertrag stellt jedoch keine andere Abmachung dar. Das Verhältnis von zwei Tarifverträgen ist nicht eine Frage des Günstigkeitsprinzips, sondern vielmehr eine solche der Tarifkonkurrenz (s. Rdn. 247 ff.). 264

**265** Das Günstigkeitsprinzip erfasst insbes. die Inhalts-, Abschluss- und Beendigungsnormen des Tarifvertrages. So steht es z. B. den tarifgebundenen Arbeitsvertragsparteien frei, eine über das tarifliche Mindestentgelt hinausgehende Vergütung zu vereinbaren. Das Günstigkeitsprinzip gilt auch bei Abschluss- und Beendigungsnormen (z. B. Schaub/*Treber* ArbRHb § 204 Rn. 34; a. A. *Wiedemann/ Wank* § 4 TVG Rn. 412–414). Eine Beschränkung nur auf Inhaltsnormen lässt sich dem Wortlaut des § 4 Abs. 3 TVG nicht entnehmen. Gerade bei Beendigungsnormen, z. B. bei Erreichen eines bestimmten Lebensalters, kann sich auch die Frage einer günstigeren arbeitsvertraglichen Regelung stellen. Auch Betriebsnormen und betriebsverfassungsrechtliche Normen unterliegen dem Günstigkeitsprinzip. So kann hinsichtlich der Lage der Arbeitszeit, die tarifvertraglich wie arbeitsvertraglich geregelt sein kann, durchaus ein Günstigkeitsvergleich vorgenommen werden. Auf Grund der persönlichen Situation einzelner Arbeitnehmer oder aber auf Grund besonderer betriebstechnischer Umstände einer Abteilung des Betriebes kann es günstiger sein, statt freitags samstags zu arbeiten. Für Normen über gemeinsame Einrichtungen findet das Günstigkeitsprinzip keine Anwendung (*BAG* 5.12.1958 AP Nr. 1 zu § 4 TVG Ausgleichskassen). Gemeinsame Einrichtungen verteilen Lasten und Risiken der Inanspruchnahme der Arbeitgeber auf die Gemeinschaft aller der Einrichtung unterfallender Arbeitgeber. Dem würde es widersprechen, wenn ein besonders leistungsfähiger Arbeitgeber aus der gemeinsamen Einrichtung ausscheren und seinen Arbeitnehmern zu Lasten der anderen, in der gemeinsamen Einrichtung zusammengefassten Arbeitnehmer bessere Leistungen zusichern könnte.

## 2. Günstigkeitsvergleich

**266** Spricht der Tarifvertrag dem Arbeitnehmer ein Individualrecht zu, so geht eine andere Abmachung nur vor, wenn sie eine für den Arbeitnehmer günstigere Rechtsfolge auslöst. Dieser individuelle Günstigkeitsvergleich kommt nur dann in Betracht, wenn die Tarifnorm den einzelnen Arbeitnehmer schützen will. Bezweckt sie dagegen den Schutz der Belegschaft als Ganzes oder des Arbeitgebers ist ein kollektiver Günstigkeitsvergleich vorzunehmen, so insbes. im Verhältnis zwischen allgemeinen Arbeitsbedingungen und Betriebsvereinbarungen. Der kollektive Günstigkeitsvergleich hat seinen Anwendungsbereich vor allem im Zusammenhang mit dem Abbau von Sozialleistungen auf Grund einer Gesamtzusage oder einer arbeitsvertraglichen Einheitsregelung durch Tarifvertrag oder Betriebsvereinbarung. Nach Auffassung des *BAG* (*GS* 16.9.1986 EzA § 77 BetrVG 1972 Nr. 17; 21.9.1989 EzA § 77 BetrVG 1972 Nr. 33) hält die Umstrukturierung von Versorgungssystemen auch zum Nachteil des einzelnen Arbeitnehmers dem kollektiven Günstigkeitsvergleich stand, wenn der Gesamtdotierungsrahmen erhalten bleibt (s. Kap. 3 Rdn. 3570 ff.).

**267** Es ist ein sog. **Sachgruppenvergleich** durchzuführen. Danach sind in den Vergleich einzubeziehen alle Normen des Tarifvertrages und bspw. des Arbeitsvertrages, die in einem inneren Zusammenhang stehen, insbes. denselben Gegenstand betreffen oder aber die Verkehrsanschauung eine einheitliche Betrachtung gebietet (*BAG* 23.5.1984 AP Nr. 9 zu § 339 BGB).

**268** Deshalb gehören Dauer des Urlaubs, Länge der Wartezeit und Höhe des Urlaubsgeldes zusammen, ebenso tariflicher Grundlohn und tarifliche Lohnzuschläge. Demgegenüber sind die Regelungskomplexe Urlaub und tarifliche Sonderzahlung einerseits sowie Vertragsstrafen andererseits nicht miteinander vergleichbar. Steht nicht fest, ob die vom Tarifvertrag abweichende Vereinbarung für den Arbeitnehmer günstiger ist als die tarifliche Regelung, ist sie unzulässig. Der Tarifvertrag geht also vor (*BAG* 12.4.1972 AP Nr. 13 zu § 4 TVG Günstigkeitsprinzip).

**269** Für die Bewertung des Günstigkeitsvergleichs kommt es nicht auf die Auffassung der Arbeitsvertragsparteien an. Entscheidend ist vielmehr ein **objektiver Vergleichsmaßstab**. Es ist auf einem verständigen Dritten bei der Bewertung zurückzugreifen (*Löwisch/Rieble* § 4 TVG Rn. 203). Eine Erhöhung der Maximalarbeitszeit oder eine Verkürzung des Urlaubs ist von daher immer ungünstiger, auch wenn eine Erhöhung des Lohnes eintritt. Problematisch ist, ob arbeitsvertraglich eine Verlängerung der Arbeitszeit über die tarifvertragliche Arbeitszeit möglich ist. Bezweckt die im Wege der Auslegung zu ermittelnde Tarifnorm über die Arbeitszeit den Arbeitnehmerschutz, so ist eine individualvertragliche Verlängerung der Arbeitszeit unwirksam. Lassen die Tarifvertragsparteien jedoch Ausnahmen von der tarifvertraglich bestimmten Wochenarbeitszeit nach oben wie nach unten zu, so dient diese Regelung erkennbar nicht mehr allein dem Arbeitnehmerschutz. Der Anwendungsbereich des Günstigkeitsprinzips ist dann eröffnet (MünchArbR/*Löwisch* § 225 Rn. 50 ff.).

Maßgeblicher Zeitpunkt für die Durchführung des Günstigkeitsvergleichs ist der des Abschlusses der abweichenden Vereinbarung (*BAG* 12.4.1972 AP Nr. 13 zu § 4 TVG Günstigkeitsprinzip). 270

## V. Nachwirkung

### 1. Zweck der Nachwirkung

Gem. § 4 Abs. 5 TVG gelten nach Ablauf des Tarifvertrages seine Rechtsnormen weiter, bis sie durch eine andere Abmachung ersetzt werden. Damit wird ein tarifloser Zustand vermieden (*BAG* 27.11.1991 EzA § 4 TVG Metallindustrie Nr. 87). Der Nachwirkung kommt Schutzcharakter zu Gunsten der Arbeitnehmer i. S. einer **Überbrückungsfunktion** zu. Damit wird erreicht, dass der Tarifvertragsinhalt nicht wegfällt und durch dispositives Gesetzesrecht ersetzt wird. Aber auch zu Gunsten des Arbeitgebers macht die Fortgeltung des Tarifvertrages Sinn, da es ihm rechtlich und auch tatsächlich kaum möglich wäre, den tariflichen Regelungsbestand zu ersetzen (*BAG* 13.7.1994 EzA § 4 TVG Nachwirkung Nr. 17). Dieser Zweck wird auch dann erfüllt, wenn nicht ein neuer Tarifvertrag an die Stelle des alten tritt, sondern eine den alten Tarifvertrag ändernde sonstige Abmachung i. S. d. Gesetzes vorliegt. 271

### 2. Ablauf des Tarifvertrages

Ein Tarifvertrag läuft ab, wenn ein wirksamer Beendigungstatbestand vorliegt (s. Rdn. 56 ff.). Das *BAG* (18.3.1992 EzA § 4 TVG Nachwirkung) wendet § 4 Abs. 5 TVG entsprechend auch auf andere Fälle an, in denen die Voraussetzungen der bisherigen Tarifgebundenheit entfallen, ohne dass der Tarifvertrag abgelaufen wäre. Dies betrifft die Auflösung des Verbandes, das Herausfallen des Arbeitnehmers aus dem Geltungsbereich des Tarifvertrages (*BAG* 2.12.1992 EzA § 3 TVG Nr. 6), das Herauswachsen des Betriebes aus dem Geltungsbereich des Tarifvertrages (*BAG* 10.12.1997 EzA § 4 TVG Nachwirkung Nr. 26) und den Wegfall der Tariffähigkeit. Diese erweiternde Auslegung des § 4 Abs. 5 TVG ist von seinem Schutzzweck her geboten. Entfällt die Tarifbindung auf Grund einer Gesamtrechtsnachfolge und besteht keine anderweitige Vereinbarung, so gilt entsprechend § 4 Abs. 5 TVG der Inhalt des Tarifvertrages kraft Nachwirkung für das Arbeitsverhältnis weiter (*BAG* 13.7.1994 EzA § 4 Nachwirkung Nr. 17). Selbst wenn die Allgemeinverbindlichkeit eines Tarifvertrages gem. § 5 Abs. 5 S. 3 TVG mit dessen Ablauf endet, wirken seine Rechtsnormen entsprechend § 4 Abs. 5 TVG auch gegenüber Nichttarifgebundenen (Außenseitern) nach. Diese Nachwirkung wird durch einen nicht für allgemeinverbindlich erklärten Folgetarifvertrag nicht beendet (*BAG* 25.10.2000 EzA § 4 TVG Nachwirkung Nr. 32). 272

### 3. Weitergeltung der Rechtsnormen

Die **Nachwirkung** hat zur Folge, dass zwar die unmittelbare Geltung des Tarifvertrages erhalten bleibt, die zwingende Wirkung jedoch entfällt. Wirkt ein Tarifvertrag nach, kann ein tarifgebundener Arbeitnehmer Leistungen beanspruchen, die erst während des Nachwirkungszeitraums entstehen (*BAG* 16.8.1990 EzA § 4 TVG Nachwirkung Nr. 9). 273

Erfasst werden aber nur solche Arbeitsverhältnisse, die zum Zeitpunkt der Geltung des Tarifvertrages bereits begründet waren, nicht aber diejenigen, die erst im Nachwirkungszeitraum begründet werden (*BAG* 10.12.1997 EzA § 4 TVG Nachwirkung Nr. 26; 22.7.1998 EzA § 4 TVG Nachwirkung Nr. 27). Von der Nachwirkung erfasst werden dagegen Arbeitnehmer, die erst im Nachwirkungsstadium in die Gewerkschaft eintreten (*BAG* 4.8.1993 EzA § 3 TVG Nr. 7). 274

Etwas anderes gilt, wenn sich im **Nachwirkungszeitraum** ein Ausbildungsverhältnis in ein Arbeitsverhältnis umwandelt (*BAG* 28.1.1987 EzA § 4 TVG Nachwirkung Nr. 8). Nach Ablauf des Tarifvertrages begründete Arbeitsverhältnisse können nur durch arbeitsvertragliche Inbezugnahme die 275

Geltung der nachwirkenden Normen als Arbeitsvertragsinhalt vereinbaren (*BAG* 29.1.1975 EzA § 4 TVG Nachwirkung Nr. 3).

276 Der **Nachwirkung** unterliegen alle Rechtsnormen des Tarifvertrages. Sie endet, wenn sich die Voraussetzungen des Geltungsbereichs des Tarifvertrages z. B. durch eine Verlegung des Betriebs oder Änderung des Betriebszwecks im Nachwirkungszeitraum ändert. Die Nachwirkung einer Tarifregelung beschränkt sich darauf, dass der Zustand der Tarifnormen bis zum Abschluss einer anderen Abmachung erhalten bleibt, der bei Beendigung des Tarifvertrages bestanden hat. Dagegen erstreckt sich das Institut der Nachwirkung nicht auf Änderungen des Tarifvertrages nach seinem Ablauf. Es bleibt bei seiner statischen Wirkung auch dann, wenn die nachwirkende Tarifnorm dynamisch auf eine in einem anderen Tarifvertrag vereinbarte Rechtsnorm verweist, die nach dem Beginn der Nachwirkung geändert worden ist (*BAG* 10.3.2004 EzA § 4 TVG Nachwirkung Nr. 36). Mit anderen Worten: Aus der dynamischen wird eine statische Verweisung auf den anderen Tarifvertrag in der Fassung, die er bei Ablauf des verweisenden Tarifvertrags hat (*BAG* 29.1.2008 – 3 AZR 426/06, ZTR 2008, 319 = FA 2008, 253). Von der Nachwirkung ist der Fortbestand der Tarifbindung zu unterscheiden. So bleiben Mitglieder eines tarifschließenden Verbandes, die aus diesem ausscheiden, nach § 3 Abs. 3 TVG an die zu diesem Zeitpunkt geltenden Tarifverträge gebunden (**sog. Nachbindung**). Enden diese Tarifverträge, wirken sie gem. § 4 Abs. 5 TVG nach. Ihre Rechtsnormen gelten weiter, bis sie für das einzelne Arbeitsverhältnis verbindlich durch eine andere Abmachung ersetzt werden (*BAG* 13.12.1995 DB 1996, 1284). Dies gilt selbst dann, wenn der Zeitpunkt der Beendigung der Mitgliedschaft mit demjenigen der Beendigung des Tarifvertrages identisch ist. Da das Gesetz allein hinsichtlich der Nachwirkung an den Ablauf des Tarifvertrages anknüpft, kommt es nicht auf die beiderseitige Tarifgebundenheit an. Deshalb tritt die Nachwirkung auch für nicht tarifgebundene Arbeitsvertragsparteien ein, wenn der abgelaufene Tarifvertrag für allgemeinverbindlich erklärt war (*BAG* 27.11.1991 EzA § 4 TVG Metallindustrie Nr. 87).

### 4. Andere Abmachung

277 Dem abgelaufenen Tarifvertrag kommt keine zwingende Wirkung mehr zu. Dies folgt aus der Möglichkeit, den nachwirkenden Tarifvertrag durch eine »andere Abmachung« zu ersetzen.

278 Der Wortlaut »ersetzt werden« (zukunftsbezogene Fassung des Gesetzes; *Frölich* NZA 1992, 1105 [1110 f.]) legt nahe, dass die andere Abmachung nach Ablauf des Tarifvertrages getroffen sein muss (*Löwisch/Rieble* § 4 TVG Rn. 234; *Wiedemann/Wank* § 4 TVG Rn. 360). Daraus folgt, dass eine frühere arbeitsvertragliche Regelung, die durch die Bindung an einen Tarifvertrag gegenstandslos geworden ist, nach Beendigung des Tarifvertrages nicht wieder aufleben kann (so 8. Senat des *BAG* 14.2.1991 EzA § 4 TVG Nachwirkung Nr. 10). Dagegen spricht nach dem Ersten Senat des BAG »viel dafür, dass durch die Beendigung der zwingenden Wirkung des Tarifvertrages eine frühere vertragliche Vereinbarung wieder auflebt und damit die Nachwirkung der Tarifnorm beseitigt« (*BAG* 21.9.1989 EzA § 77 BetrVG 1972 Nr. 33). Die Beantwortung dieser Rechtsfrage hat der Vierte Senat in seiner Entscheidung vom 28.5.1997 (EzA § 4 TVG Nachwirkung Nr. 23) ausdrücklich offen gelassen. Wenn man jedoch davon ausgeht, dass ein Abweichen von den Tarifnormen schon im Vorgriff auf die Nachwirkung möglich sein soll; so kann das nur durch ausdrückliche Vereinbarung geschehen (*BAG* 28.5.1997 EzA § 4 TVG Nachwirkung Nr. 23; MünchArbR/*Löwisch* § 266 Rn. 12).

279 Als andere Abmachungen i. S. v. § 4 Abs. 5 TVG kommen neben dem Tarifvertrag der Individualvertrag und Betriebsvereinbarungen in Betracht, unabhängig davon, ob sie auf einer Vereinbarung der Betriebspartner oder auf einem Spruch der Einigungsstelle beruhen (*BAG* 28.5.1997 EzA § 4 TVG Nachwirkung Nr. 23). Eine Betriebsvereinbarung kann jedoch nur dann an die Stelle eines Tarifvertrages treten, wenn die abzuändernden Tarifnormen auch Gegenstand einer Betriebsvereinbarung sein können. Durch die Regelung des § 4 Abs. 5 TVG wird der in § 77 Abs. 3 BetrVG bestimmte Tarifvorrang nicht beseitigt.

Ein neuer Tarifvertrag kann nur dann eine andere Abmachung sein, wenn er auch auf das Arbeits- 280
verhältnis anwendbar ist. Ein kraft Allgemeinverbindlicherklärung anwendbarer Tarifvertrag kann
daher nur dann ersetzt werden, wenn auch der neue Tarifvertrag für allgemeinverbindlich erklärt worden ist (*BAG* 27.11.1991 EzA § 4 TVG Metallindustrie Nr. 87).

### 5. Ausschluss der Nachwirkung

Die Tarifvertragsparteien können die Nachwirkung durch Regelung im Tarifvertrag ausschließen, 281
befristen oder inhaltlich beschränken (*BAG* 16.8.1990 EzA § 4 TVG Nachwirkung Nr. 9). Diese
Regelungen über die Nachwirkung können wegen der Vertragseigenschaft des Tarifvertrages auch
stillschweigend erfolgen. Eine solche stillschweigende Vereinbarung, z. B. des Ausschlusses der Nachwirkung, kann auch in der Verpflichtung liegen, während einer längeren Kündigungsfrist Verhandlungen über den Abschluss eines dem gekündigten Tarifvertrag entsprechenden neuen Tarifvertrages
zu führen (*BAG* 8.10.1997 EzA § 4 TVG Nachwirkung Nr. 26).

## H. Der Verlust tariflicher Rechte

### I. Verzicht

Nach § 4 Abs. 4 S. 1 TVG ist ein Verzicht auf entstandene tarifliche Rechte wegen der unmittel- 282
baren und zwingenden Wirkung des normativen Teils des Tarifvertrages nur in einem von den Tarifvertragsparteien gebilligten Vergleich zulässig. Da im Nachwirkungszeitraum die zwingende Wirkung der Tarifnormen nicht besteht, kann auf darin entstandene Ansprüche wirksam verzichtet
werden. Gilt der Tarifvertrag nur kraft arbeitsvertraglicher Inbezugnahme, so liegen keine tariflichen
Ansprüche vor. § 4 Abs. 4 S. 1 TVG findet also keine Anwendung.

Das Verbot des Verzichts auf tarifliche Rechte soll verhindern, dass der Arbeitnehmer vom Arbeit- 283
geber dazu gedrängt wird, seine gewerkschaftlich durchgesetzten Tarifvertragsansprüche einzelvertraglich wieder aufzugeben. § 4 Abs. 4 S. 1 TVG gilt sowohl für Erlassverträge als auch negative
Schuldanerkenntnisse nach § 397 BGB. Das Verzichtsverbot erfasst auch Vereinbarungen, die die
Durchsetzbarkeit tarifvertraglicher Ansprüche verhindern (pactum de non petendo). Abtretung
und Aufrechnung nach §§ 398, 387 BGB unterfallen dem Verzichtsverbot nicht, es sei denn, die
Abtretung erfolgt an den Arbeitgeber (MünchArbR/*Löwisch* § 267 Rn. 10, 11, 12).

Nicht erfasst ist dagegen die vereinbarte Kürzung der Arbeitszeit (Kurzarbeit), die vorübergehende 284
Aussetzung der Arbeitspflicht (Suspendierung) oder der Verzicht auf die Einhaltung tariflicher Kündigungsfristen durch vorzeitigen Aufhebungsvertrag (*Kempen/Zachert* § 4 TVG Rn. 244).

In Prozessvergleichen und Ausgleichsquittungen sind häufig Erlassregelungen enthalten. Fehlt es an 285
einer Billigung beider Tarifvertragsparteien, so können diese Ansprüche weiterhin geltend gemacht
werden. Schließen tarifgebundene Parteien über einen tariflichen Anspruch einen Prozessvergleich,
bei dem sie durch Verbandsvertreter vertreten sind, so kommt es für die Wirksamkeit des Prozessvergleichs darauf an, ob die Vertreter zugleich bevollmächtigt sind, für ihre Tarifvertragsparteien die
Zustimmung des Vergleichs zu erteilen. Da nur der Verzicht auf den Tarifanspruch nichtig ist, können sich die Arbeitsvertragsparteien ohne Zustimmung der Tarifvertragsparteien über die Voraussetzungen des tariflichen Anspruchs vergleichen (**sog. Tatsachenvergleich**; *BAG* 5.2.1970 AP Nr. 7 zu
§ 11 BUrlG). Ein Tatsachenvergleich liegt auch dann vor, wenn die Vertragsparteien damit einen
Schlussstrich über tatsächliche Voraussetzungen für den Verfall von tariflichen Rechten nach einer
tarifvertraglichen Ausschlussfristenregelung beilegen (*BAG* 5.11.1997 AP Nr. 17 zu § 4 TVG).

> Verlangt z. B. der tarifgebundene Arbeitnehmer vom tarifgebundenen Arbeitgeber den tariflichen 286
> Jahresurlaub von 25 Arbeitstagen, so kann in einem gerichtlichen Vergleich nicht etwa eine Einigung über 20 Urlaubstage getroffen werden. Dies wäre nur dann möglich, wenn die Parteien darüber gestritten hätten, ob der Arbeitgeber dem Arbeitnehmer bereits 10 Urlaubstage gewährt hat
> oder nicht (Streit über die tatsächlichen Grundlagen der noch bestehenden Anzahl der tarifvertraglich geregelten Urlaubstage).

# Kapitel 11

## II. Verwirkung

287 § 4 Abs. 4 S. 2 TVG erfasst den **Rechtsmissbrauch** durch illoyal verspätete Rechtsausübung. Dadurch wird der Schutz entstandener tariflicher Rechte erweitert, indem die Verwirkung nach § 242 BGB kraft Gesetzes ausgeschlossen ist. Dagegen werden die anderen Tatbestände des § 242 BGB wie der Einwand der Arglist, das Verlangen trotz Vorliegens einer Rückgewährspflicht (dolo petit-Einrede) sowie der Einwand des widersprüchlichen Verhaltens (venire contra factum proprium) vom TVG nicht berührt (MünchArbR/*Löwisch* § 268 Rn. 20).

## III. Verjährung

288 Die Einrede der Verjährung hat im TVG keine eigenständige Regelung erfahren. Von daher richtet sich die Verjährung tariflicher Zahlungsansprüche nach den allgemeinen Vorschriften des BGB. Regelmäßig kommt die kurze Verjährungsfrist des § 195 BGB n. F. zur Anwendung (s. Kap. 3 Rdn. 4577 ff.).

## IV. Ausschlussfristen

### 1. Allgemeines

289 Ausschlussfristen bewirken, dass ein Recht nach Ablauf bestimmter Zeit erlischt, wenn es nicht (rechtzeitig) geltend gemacht worden ist (s. Kap. 3 Rdn. 4615 ff.). Ausschlussfristen für die Geltendmachung tariflicher Rechte können nur im Tarifvertrag vereinbart werden, § 4 Abs. 4 S. 3 TVG.

290 Ergeben sich aus dem Parteivortrag Anhaltspunkte dafür, dass eine Ausschlussfrist anzuwenden ist, ist das Gericht nach § 293 ZPO gehalten, den entsprechenden Tarifvertrag und somit auch seine Ausschlussfrist von Amts wegen zu ermitteln (*BAG* 29.3.1957 AP Nr. 4 zu § 4 TVG Tarifkonkurrenz).

291 Demgegenüber führen Verjährungsfristen nicht zum Verlust des Anspruchs. Außerdem dürfen diese nur dann berücksichtigt werden, wenn sich der Schuldner auf die Verjährungsfrist beruft, § 214 Abs. 1 BGB. Häufig finden sich in Tarifverträgen auch Fristen für die Nachprüfung einer Auszahlung oder den Inhalt einer Abrechnung. Hierbei handelt es sich nicht um Ausschlussfristen, sondern um Regelungen, die der Beseitigung von Unklarheiten über Tatsachen dienen (*BAG* 10.10.1957 AP Nr. 12 zu § 1 TVG Auslegung).

292 Da Ausschlussfristen (Verfallfristen) für die Geltendmachung tariflicher Rechte nur im Tarifvertrag vereinbart werden können, sind in Arbeitsverträgen oder in Betriebsvereinbarungen enthaltene Ausschlussfristen für tarifliche Ansprüche unwirksam. Die Arbeitsvertragsparteien können aber vertragliche Ausschlussfristen vereinbaren. Diese erfassen neben den vertraglichen Ansprüchen auch tariflich geregelte Ansprüche, wenn die Parteien nicht tarifgebunden sind.

293 Mit den Ausschlussfristen verfolgen die Tarifvertragsparteien den Zweck, Rechtsfrieden und Rechtsklarheit zu schaffen. Das Arbeitsverhältnis ist als Dauerschuldverhältnis dadurch geprägt, dass fortwährend einseitige oder wechselseitige Ansprüche entstehen und zu erfüllen sind. Die Arbeitsvertragsparteien werden angehalten, innerhalb kurzer Fristen ihre Ansprüche zu prüfen und ggf. geltend zu machen (*BAG* 8.6.1983 EzA § 4 TVG Ausschlussfristen Nr. 55; s. Kap. 3 Rdn. 4616).

294 Eine Geltendmachung ist nicht erforderlich, wenn der Schuldner den Anspruch anerkannt hat bzw. Rechtsklarheit über die Ansprüche besteht. Eine solche Anerkennung bzw. Rechtsklarheit kann bereits in der Erteilung einer Lohnabrechnung l (*BAG* 29.5.1985 EzA § 4 TVG Ausschlussfristen Nr. 66; s. Kap. 3 Rdn. 4714) oder in einer gegenüber der Bundesagentur für Arbeit erteilten Verdienstabrechnung liegen (*BAG* 20.10.1982 EzA § 4 TVG Ausschlussfristen Nr. 53).

295 Der Lauf der Ausschlussfrist knüpft nicht an die Kenntnis der Arbeitsvertragsparteien an.

## 2. Auslegung einer Ausschlussfrist

**Ausschlussfristen** führen zum Erlöschen der tariflichen Ansprüche. Diese einschneidende Rechtsfolge gebietet es, Ausschlussfristen eng auszulegen (*BAG* 8.8.1985 EzA § 4 TVG Ausschlussfristen Nr. 69). Dagegen sind in der Ausschlussklausel enthaltene Ausnahmeregelungen großzügig auszulegen. Außergewöhnlich kurze Ausschlussfristen können allerdings einen Verstoß gegen das Verbot der Sittenwidrigkeit oder gegen das Gebot von Treu und Glauben darstellen (*BAG* 16.11.1965 AP Nr. 30 zu § 4 TVG Ausschlussfristen; s. Kap. 3 Rdn. 4618, 4777 f.). 296

## 3. Gegenstand der Ausschlussfristen

### a) Persönliche Geltung

In Ausschlussfristen ist nicht immer klar genug geregelt, ob ihr die Ansprüche beider Arbeitsvertragsparteien unterfallen. Mangels eindeutigen Wortlaut ist im Hinblick auf eine verfassungskonforme Auslegung (Art. 3 Abs. 1 GG) i. d. R. von einer beiderseitigen Geltung auszugehen. 297

### b) Sachliche Geltung

Den Tarifvertragsparteien steht es frei, den Umfang der von der Ausschlussklausel erfassten Ansprüche zu bestimmen. Dies gilt ohne Frage für tarifliche Ansprüche. Auch außertarifliche Ansprüche (arbeitsvertragliche, betriebsverfassungsrechtliche und gesetzliche Ansprüche) können ihr unterworfen werden. 298

#### aa) Tarifvertragliche Ansprüche

Tarifliche Ausschlussklauseln beziehen sich grds. auf tarifliche Ansprüche. 299

#### bb) Gesetzliche Ansprüche

Enthält die Ausschlussklausel die Formulierung, das sämtliche beiderseitigen Ansprüche aus dem Arbeitsverhältnis und solche, die mit dem Arbeitsverhältnis in Verbindung stehen, der Ausschlussklausel unterliegen, dann erstreckt sich die Ausschlussklausel auch auf bereits entstandene gesetzliche Ansprüche (*BAG* 22.10.1980 EzA § 4 TVG Ausschlussfristen Nr. 44). Dies ist nicht zu beanstanden. Selbst dann, wenn der gesetzliche Anspruch unabdingbar ist, unterliegt er einer derart ausgestalteten Ausschlussklausel. Denn die Unabdingbarkeit beinhaltet nur die Garantie von Art und Umfang, verhindert aber nicht die der Rechtsklarheit dienende zeitliche Beschränkung (*BAG* 3.12.1970 AP Nr. 9 zu § 5 BUrlG). Demgegenüber ist jedoch einzuwenden, dass es den Tarifvertragsparteien nicht zustehen kann, über zwingendes Gesetzesrecht gleichsam zu verfügen. 300

Tariflichen Ausschlussklauseln unterfallen u. a.: 301
- Ansprüche auf Rückforderung des Arbeitgebers wegen überzahlten Entgelts nach § 812 Abs. 1 BGB (*BAG* 25.10.1990 EzA § 4 TVG Ausschlussfristen Nr. 92);
- Annahmeverzugsansprüche aus § 615 BGB (*BAG* 27.11.1991 EzA § 4 TVG Nachwirkung Nr. 15);
- Auskunftsansprüche nach § 87c HGB (*BAG* 23.3.1982 EzA § 87c HGB Nr. 4);
- Feiertagslohnzahlungsansprüche (*BAG* 12.3.1971 AP Nr. 9 zu § 1 FeiertagslohnzahlungsG Berlin);
- Lohnfortzahlungsansprüche nach dem LFZG (*BAG* 24.5.1973 AP Nr. 52 zu § 4 TVG Ausschlussfristen);
- Schadenersatzansprüche aus positiver Vertragsverletzung (*BAG* 16.3.1995 EzA § 4 TVG Ausschlussfristen Nr. 110);
- Schadenersatzansprüche aus unerlaubter Handlung nach §§ 823 ff. BGB (*BAG* 26.5.1981 EzA § 4 TVG Ausschlussfristen Nr. 47).

302  Dagegen kann nicht Gegenstand einer Ausschlussklausel sein:
– Beschäftigungsanspruch im bestehenden Arbeitsverhältnis (*BAG* 15.5.1991 EzA § 4 Ausschlussfristen Nr. 91);
– Urlaubsentgelt nach dem BUrlG (*BAG* 24.11.1992 EzA § 4 TVG Nr. 102; gegen *BAG* 28.10.1960 AP Nr. 81 zu § 611 BGB Urlaubsrecht);
– Urlaubsabgeltung nach dem BUrlG (*BAG* 5.4.1984 EzA § 13 BUrlG Nr. 19; gegen *BAG* 3.2.1971 AP Nr. 9 zu § 7 BUrlG Abgeltung; anders nunmehr *BAG* 9.8.2011 EzA-SD 2011 Nr. 17, 11.
– Aufwendungsansprüche des Betriebsrats nach § 40 BetrVG (*BAG* 30.1.1973 AP Nr. 1 zu § 37 BetrVG 1972).

### cc) Betriebsvereinbarte Ansprüche

303  Nach § 77 Abs. 4 S. 3 BetrVG können in einem Tarifvertrag Ausschlussfristen für die Geltendmachung von Ansprüchen aus Betriebsvereinbarungen vereinbart werden; Ausschlussfristen für Ansprüche aus Betriebsvereinbarungen können auch in Betriebsvereinbarungen geregelt werden.

304  Tarifliche Ausschlussfristen, die sich allgemein auf Ansprüche aus dem Arbeitsverhältnis erstrecken, gelten auch für einen Anspruch auf Zahlung einer einmaligen Abfindung aus einem Sozialplan anlässlich der Beendigung des Arbeitsverhältnisses (*BAG* 30.11.1994 NZA 1995, 643).

### dd) Einzelvertragliche Ansprüche

305  Den tariflichen Ausschlussfristen unterliegen auch einzelvertragliche Ansprüche. Dies ergibt sich aus der unmittelbaren und zwingenden Wirkung der Ausschlussklausel, die als Inhaltsnorm auf die durch Arbeitsvertrag geschaffenen Ansprüche einwirkt. Zu beachten ist jedoch das Günstigkeitsprinzip. Haben die Arbeitsvertragsparteien abweichend von der tariflichen Ausschlussfrist eine inhaltlich anders ausgestaltete Regelung betreffend die Durchsetzung der Rechte geschaffen, so ist ein Günstigkeitsvergleich durchzuführen.

306  Einzelvertraglich begründete sog. Stammrechte, z. B. aus der betrieblichen Altersversorgung (*BAG* 27.2.1990 EzA § 4 TVG Ausschlussfrist Nr. 83) eines Arbeitnehmers, sind unverfallbar (s. Kap. 3 Rdn. 4730 ff.).

## 4. Beginn der Ausschlussfrist

307  Mangels gesetzlicher Regelung steht es den Tarifvertragsparteien frei, den Beginn der Ausschlussfrist zu regeln. Sie knüpfen häufig an die Entstehung des Anspruchs, seine Fälligkeit, seine Ablehnung durch den Gegner und die Beendigung des Arbeitsverhältnisses an (s. Kap. 3 Rdn. 4622 ff., 4777 ff.).

308  Im Falle regelmäßig wiederkehrender Entgeltleistungen bestimmen die Tarifvertragsparteien häufig einen bestimmten Auszahlungszeitpunkt. Damit legen sie zugleich die Fälligkeit fest. Knüpfen sie lediglich für den Beginn des Laufs der Ausschlussfrist an die Fälligkeit an, ohne einen bestimmten Auszahlungszeitpunkt zu benennen, greift § 614 S. 2 BGB ein, wonach die Vergütung nach dem Ablauf der einzelnen Zeitabschnitte zu entrichten ist, wenn sie nach Zeitabschnitten bemessen ist.

309  Schuldet der Arbeitgeber Leistungsvergütung mit der Folge, dass die Entgelte von vornherein nicht feststehen, so ist der Anspruch i. d. R. erst dann fällig, wenn die Forderungen in ihrem Bestand feststellbar sind und geltend gemacht werden können. Der Gläubiger muss seine Forderung wenigstens annähernd beziffern können (*BAG* 27.11.1984 EzA § 4 TVG Ausschlussfristen Nr. 64). Dem Gläubiger wird oft als **Hilfsrecht** ein Anspruch auf eine Abrechnung zustehen. Dieser Anspruch ist zwar häufig tarifvertraglich nicht geregelt, jedoch kann sich ein solcher als Nebenpflicht aus dem Arbeitsverhältnis ergeben. Der Vergütungsanspruch als Hauptanspruch ist dann erst fällig, wenn der Arbeitgeber die Abrechnung erteilt (*BAG* 27.11.1984 EzA § 4 TVG Ausschlussfristen Nr. 64), es sei denn, es ist dem Arbeitnehmer unschwer möglich, seine Ansprüche zu beziffern (*BAG* 8.8.1985 EzA § 4

TVG Ausschlussfristen Nr. 69). Unterfällt der Abrechnungsanspruch auch der Ausschlussklausel, so beginnt die Frist für den Vergütungsanspruch spätestens mit Ablauf der Frist für den Hilfsanspruch.

Bei Schadenersatzansprüchen beginnt die Ausschlussfrist, wenn der Schaden entstanden ist und die Ansprüche fällig geworden sind (s. Kap. 3 Rdn. 4742 f.). 310

Knüpft die Ausschlussfrist an die Beendigung des Arbeitsverhältnisses an, so ist im Zweifel nicht die tatsächliche, sondern die rechtliche Beendigung maßgebend (*BAG* 3.12.1970 AP Nr. 45 zu § 4 TVG Ausschlussfristen). Ist über die Beendigung des Arbeitsverhältnisses ein Rechtsstreit anhängig, so beginnt die Ausschlussfrist mit der Rechtskraft des Urteils. 311

### 5. Geltendmachung

Die Geltendmachung von tarifvertraglichen Ansprüchen ist häufig an die Einhaltung bestimmter Modalitäten geknüpft. Zum einen ist vielfach eine Formbedürftigkeit vorgesehen. Zum anderen muss der Gläubiger z. B. mehrere Handlungen vornehmen (sog. zweistufige Ausschlussfrist; s. Kap. 3 Rdn. 4622 ff.). 312

Die Geltendmachung eines Anspruchs setzt voraus, dass der Gläubiger seine Forderung nach Grund und Höhe spezifiziert (s. Kap. 3 Rdn. 4669 ff.). Dabei ist eine rechtliche Begründung nicht erforderlich. Nur im Falle der Individualisierung des Anspruchs ist nämlich der Schuldner in die Lage versetzt, die Berechtigung der Forderung zu prüfen. Eine Spezifizierung der Höhe nach ist dann entbehrlich, wenn sie dem Schuldner bekannt ist oder hätte bekannt sein müssen. 313

Wiederkehrende Leistungen, wie bspw. die monatliche Vergütung, müssen immer wieder geltend gemacht werden, es sei denn, der Tarifvertrag lässt eine einmalige Geltendmachung genügen (*BAG* 5.4.1995 EzA § 4 TVG Ausschlussfristen Nr. 111). 314

### 6. Einrede der Arglist und tarifliche Ausschlussfrist

Ausnahmsweise kann der Gläubiger dem Ablauf der Ausschlussfrist mit der Einwendung der unzulässigen Rechtsausübung begegnen. 315

▶ **Beispiel:** 316

Der Ablauf einer bei Fälligkeit beginnenden tariflichen Ausschlussfrist führt nach § 242 BGB nicht zum Verfall des Rückzahlungsanspruchs, wenn der Arbeitnehmer es pflichtwidrig unterlassen hat, dem Arbeitgeber Umstände mitzuteilen, die die Geltendmachung des Rückzahlungsanspruchs innerhalb der Ausschlussfrist ermöglicht hätten. Zu einer solchen Mitteilung ist der Arbeitnehmer verpflichtet, wenn er bemerkt hat, dass er eine gegenüber sonst ungewöhnlich hohe Zahlung erhalten hat, deren Grund er nicht klären kann (*BAG* 1.6.1995 EzA § 4 TVG Ausschlussfristen Nr. 114).

Dagegen ist der Einwand der Arglist nicht gerechtfertigt, wenn der Arbeitnehmer seine Ansprüche nur mündlich geltend gemacht und der Arbeitgeber ihn auf die vorgeschriebene schriftliche Geltendmachung nicht aufmerksam gemacht hat (*BAG* 30.3.1962 AP Nr. 28 zu § 4 TVG Ausschlussfristen).

## J. Bekanntgabe des Tarifvertrages

### I. Grundsätzliches

Die Veröffentlichung von Tarifverträgen ist im TVG nicht vorgesehen. Der Gesetzgeber geht davon aus, dass die Verbände im Interesse ihrer Mitglieder die Tarifverträge bekannt machen. So sehen deren Satzungen regelmäßig vor, dass die Mitglieder einen Anspruch auf Aushändigung der jeweiligen Tarifverträge haben. Das TVG sieht lediglich eine Publikation der Tatsache des Abschlusses, der Änderung und Aufhebung der Tarifverträge sowie den Beginn und die Beendigung der Allgemeinverbindlichkeit vor, § 6 TVG. 317

# Kapitel 11

## II. Übersendungs- und Mitteilungspflichten

318 Die Tarifvertragsparteien sind verpflichtet, dem **Bundesministerium für Arbeit und Soziales** innerhalb eines Monats nach Abschluss kostenfrei die Urschrift oder eine beglaubigte Abschrift sowie zwei weitere Abschriften eines jeden Tarifvertrages und seiner Änderungen zu übersenden. Außerdem haben sie ihm das Außerkrafttreten eines jeden Tarifvertrages innerhalb eines Monats mitzuteilen; ferner sind sie verpflichtet, den obersten Arbeitsbehörden der Länder, auf deren Bereich sich der Tarifvertrag erstreckt, innerhalb eines Monats nach Abschluss kostenfrei je drei Abschriften des Tarifvertrages und seiner Änderungen zu übersenden und auch das Außerkrafttreten des Tarifvertrages innerhalb eines Monats mitzuteilen. Entspricht eine Tarifvertragspartei dieser Verpflichtung, so werden die übrigen Tarifvertragsparteien davon befreit. Die Übersendungs- und Mitteilungspflicht ist Grundlage dafür, dass das in § 6 TVG bestimmte Tarifregister überhaupt seine Funktion erfüllen kann. Von daher ist die **Authentizität des Tarifregisters** nur gewahrt, wenn die Tarifvertragsparteien ihre Pflichten erfüllen. Die Verpflichtung besteht auch gegenüber den obersten Arbeitsbehörden der Länder, obwohl diese zur Führung von Tarifregistern nicht verpflichtet sind.

319 Kommen die Tarifvertragsparteien diesen Pflichten nicht nach, so wird hierdurch die Rechtswirksamkeit des Tarifvertrages nicht berührt. Jedoch stellt es eine Ordnungswidrigkeit dar, wer vorsätzlich oder fahrlässig eine Übersendungs- oder Mitteilungspflicht nicht, unrichtig, nicht vollständig oder nicht rechtzeitig entspricht. Im Übrigen berührt ein Verstoß gegen diese Pflichten die Wirksamkeit des Tarifvertrages nicht; § 7 Abs. 1 TVG ist lediglich eine Ordnungsvorschrift (*BAG* 16.5.1995 EzA § 613a BGB Nr. 127).

## III. Tarifregister

320 Seit Beginn der 16. Legislaturperiode wird das **Tarifregister** wiederum in Folge eines Organisationserlasses der Bundeskanzlerin (BGBl I 2005, S. 3197) beim Bundesministerium für Arbeit und Soziales (Anschrift: 53 123 Bonn, Rochusstraße 1, Telefon 02 28/9 95 27–0; im Internet abrufbar unter www.bmas.bund.de) geführt, in das der Abschluss, die Änderung und die Aufhebung der Tarifverträge sowie der Beginn und die Beendigung der Allgemeinverbindlichkeit eingetragen werden. Aus dem Merkmal »Abschluss« folgt im Umkehrschluss, dass der Wortlaut des Tarifvertrages nicht zu den einzutragenden Tatsachen gehört (*Däubler/Reinecke* § 6 TVG Rn. 12; *Kempen/Zachert* § 6 TVG Rn. 10; *Löwisch/Rieble* § 6 TVG Rn. 5; *Wiedemann/Oetker* § 6 TVG Rn. 16). Ebenso werden bei den zuständigen Landesministerien entsprechende Register geführt, wozu allerdings keine Rechtspflicht besteht (§ 6 TVG nennt nur das Bundesministerium; s. jedoch § 7 Abs. 1 S. 2 TVG, der Übersendungs- und Mitteilungspflichten gegenüber den obersten Arbeitsbehörden der Länder vorsieht), weswegen auch die Gewährung von Auskunft und Einsicht nach herrschender Ansicht im pflichtgemäßen Ermessen der jeweiligen Landesbehörde steht (ErfK/*Franzen* § 6 TVG Rn. 4; *Löwisch/Rieble* § 6 TVG Rn. 10; *Wiedemann/Oetker* § 6 TVG Rz 10; keine analoge Anwendung des § 16 DVO-TVG). Damit wird erreicht, dass eine lückenlose Übersicht der bestehenden Tarifverträge besteht. Außerdem besteht beim BMAS ein Tarifarchiv, dessen Grundlage sich nicht aus dem TVG, sondern im Ergebnis aus § 16 DVO (Näheres zur DVO s. Rdn. 11) ergibt (vgl. *Däubler/Reinecke* § 6 TVG Rn. 4). Auch die Bundesländer unterhalten Tarifarchive. Das Tarifregister ist öffentlich. Jedermann kann gem. § 16 S. 1 DVO ohne Nachweis eines besonderen Interesses Einsicht in das Tarifregister und die registrierten Tarifverträge nehmen. Letzteres betrifft das Tarifarchiv, in dem die Tarifverträge mit ihrem vollen Wortlaut hinterlegt sind. Einsicht nehmen bedeutet, dass der Zugang zu den Dokumenten zu gewährleisten ist. Der zuständige Bundesminister erteilt auf Anfrage Auskunft über die Eintragungen (vgl. § 16 S. 2 DVO). Hierfür besteht ein mittels einer allgemeinen Leistungsklage vor den Verwaltungsgerichten durchsetzbarer Anspruch des Bürgers gegen die das Tarifregister führende Behörde (*Däubler/Reinecke* § 6 TVG Rn. 30; *Wiedemann/Oetker* § 6 TVG Rn. 32). Auch dem Gericht steht dieser Weg zur Ermittlung des einschlägigen Tarifvertrages zu, § 46 Abs. 2 S. 1 ArbGG i. V. m. §§ 495, 293 ZPO (*Wiedemann/Oetker* § 6 TVG Rn. 32; s. a. zur Anwendung des § 293 ZPO *BAG* 29.3.1957 AP Nr. 4 zu § 4 TVG Tarifkonkurrenz). Der Minister ist jedoch nicht verpflichtet, über den Inhalt der Tarifverträge Auskunft zu erteilen, ge-

## J. Bekanntgabe des Tarifvertrages

schweige denn sie auf Verlangen zu kopieren. Aus der Formulierung in § 16 S. 2 DVO-TVG »Auskunft über die Eintragungen« folgt, dass sie sich nur auf die gem. § 6 und § 15 Abs. 2 DVO-TVG vorgenommenen Eintragungen in das Tarifregister erstreckt. Folglich muss über den Inhalt der registrierten Tarifverträge keine Auskunft erteilt werden (*Däubler/Reinecke* § 6 TVG Rn. 30; ErfK/*Franzen* § 6 TVG Rn. 2; *Wiedemann/Oetker* § 6 TVG Rn. 33). Ein berechtigtes Interesse an der Auskunft muss nicht dargelegt werden. Im Gegensatz zum Auskunftsrecht bezieht sich das jedermann zustehende Einsichtsrecht aber auch auf den Inhalt der Tarifverträge, einschließlich des Rechts sich Notizen und Kopien fertigen zu dürfen. Die Kosten für Kopien sind vom Einsichtnehmenden zu tragen (*Kempen/Zachert* § 6 TVG Rn. 18; *Wiedemann/Oetker* § 6 TVG Rn. 30). Weitergehende Ansprüche haben Arbeitnehmer, deren Arbeitsverhältnis von einem für allgemeinverbindlich erklärten Tarifvertrag erfasst wird, § 5 DVO. Entsprechendes gilt für Arbeitgeber. Diejenigen Stellen, die Tarifregister führen, erteilen telefonische Auskünfte darüber, ob ein Tarifvertrag allgemeinverbindlich ist. Ein weiteres Tarifregister führt das Wirtschafts- und Sozialwissenschaftliche Institut (WSI) des DGB in Düsseldorf (Hans-Böckler-Straße 39, 40 476 Düsseldorf, Telefon 02 11/77 78–0). Einen öffentlichen Glauben wie bspw. das Grundbuch genießt das Tarifregister nicht. Auf eine unrichtige Eintragung einer Inhaltsnorm kann also ein Anspruch nicht gestützt werden.

Der **Eintragung in das Tarifregister** kommt nur deklaratorische Bedeutung zu. Die Tarifverträge treten also auch ohne ihre Eintragung in Kraft. Anders verhält es sich bei der Allgemeinverbindlicherklärung. Sie erfolgt erst nach der Eintragung in das Tarifregister. 321

Im Falle der **Allgemeinverbindlichkeit** eines Tarifvertrages können die davon erfassten Arbeitnehmer und Arbeitgeber gegen Erstattung der Selbstkosten eine Abschrift der Tarifverträge von den Verbänden verlangen, § 9 Abs. 1 S. 1 DVO. Selbstkosten sind die Papier- und Vervielfältigungs- oder Druckkosten sowie das Übersendungsporto, § 9 Abs. 1 S. 2 i. V. m. § 5 S. 3 DVO. 322

### IV. Auslegung der Tarifverträge im Betrieb, Nachweisgesetz

Die Arbeitgeber sind verpflichtet, die für ihren Betrieb maßgebenden **Tarifverträge** an geeigneter Stelle im Betrieb **auszulegen**, § 8 TVG. Diese Verpflichtung besteht jedoch nur für den Vertragsarbeitgeber. Sofern ein Leiharbeitsverhältnis in Rede steht, ist demgemäß der Verleiher als Arbeitgeber auslagepflichtig. Die Auslagepflicht betrifft sowohl den normativen als auch den schuldrechtlichen Teil des Tarifvertrages mit seinem vollständigen Wortlaut. Im schuldrechtlichen Teil des Tarifvertrages könnte nämlich eine Abrede zu Gunsten Dritter enthalten sein. Sofern der Tarifvertrag auf einen anderen Tarifvertrag Bezug nimmt, ist auch dieser Tarifvertrag auszulegen (*BAG* 10.11.1982 EzA § 1 TVG Nr. 16). Die Auslage der für den Betrieb maßgebenden Tarifverträge bedeutet, dass der Tarifvertrag nach seinem Geltungsbereich für den Betrieb einschlägig sein muss und der Arbeitgeber und mindestens ein Arbeitnehmer tarifgebunden sind (*Kempen/Zachert* § 8 TVG Rn. 2). Bei Rechtsnormen über betriebliche und betriebsverfassungsrechtliche Fragen (§ 3 Abs. 2 TVG) genügt die alleinige Tarifgebundenheit des Arbeitgebers. Die einschlägigen allgemeinverbindlichen Tarifverträge sind ohne weiteres auszulegen (vgl. auch § 9 Abs. 2 DVO). Eine Auslegungspflicht besteht jedoch nicht, wenn der nicht tarifgebundene Arbeitgeber die Anwendung von Tarifverträgen mit seinen Arbeitnehmern lediglich arbeitsvertraglich vereinbart hat (*Wiedemann/Oetker* § 8 TVG Rn. 16; *BAG* 23.1.2002 EzA § 2 NachwG Nr. 3 offen gelassen). § 8 TVG knüpft nämlich an die Tarifbindung des § 3 TVG an. Das TVG regelt nur den tariflichen Geltungsgrund der Tarifgebundenheit und der Allgemeinverbindlichkeit. Der Tarifvertrag ist nach der hier vertretenen Ansicht in der verfassten Sprache so zugänglich zu machen, dass er ohne Hilfe Dritter eingesehen werden kann (*Däubler/Reinecke* § 8 TVG Rn. 13). Danach genügt es nicht, den Tarifvertrag in der Personalabteilung zu hinterlegen (so jedoch *BAG* 5.11.1963 AP Nr. 1 zu § 1 TVG Bezugnahme auf Tarifvertrag). 323

Verstößt der tarifgebundene Arbeitgeber gegen die **Auslegungspflicht**, so enthält das TVG keine Sanktion. Denn § 8 TVG ist weder Schutzgesetz i. S. v. § 823 Abs. 2 BGB noch eine Konkretisierung der Fürsorgepflicht (*BAG* 30.9.1970 AP Nr. 2 zu § 70 BAT; 23.1.2002 EzA § 2 NachwG Nr. 3; s. aber Kap. 3 Rdn. 4660 f.). Daraus folgt, dass bei Verletzung der Auslegungspflicht ein tarif- 324 gebundener Arbeitnehmer nicht mit der Begründung Schadenersatz verlangen kann, er habe z. B. eine Ausschlussfrist nicht gekannt. Die Verletzung der Auslegungspflicht kann nur dann zu Schadenersatzansprüchen des Arbeitnehmers führen, wenn er die Bekanntgabe des Tarifvertrags verlangt, der Arbeitgeber diese aber abgelehnt hat (*BAG* 22.11.1963 AP Nr. 6 zu § 611 BGB Öffentlicher Dienst). Beruft sich der Arbeitgeber insoweit auf die Nichteinhaltung der Ausschlussfrist, liegt hierin kein Verstoß gegen Treu und Glauben (*BAG* 5.11.1963 AP Nr. 1 zu § 1 TVG Bezugnahme auf Tarifvertrag). Diese Bewertung wird teilweise im Schrifttum mit der Begründung kritisiert, der Gesetzeszweck des § 8 TVG wolle den Arbeitnehmer begünstigen, der Schutzgesetzcharakter sei deswegen gegeben (z. B. *Däubler/Reinecke* § 8 TVG Rn. 18; *Gamillscheg* Kollektives Arbeitsrecht I § 13 II 2b S. 520; *Löwisch/Rieble* § 8 TVG Rn. 10, aber nunmehr in der Neuauflage anderer Ansicht § 8 TVG Rn. 14) unter Aufgabe der in der Vorauflage vertretenen Ansicht). § 8 TVG beinhalte eine Obliegenheit des Arbeitgebers, die es ihm verwehre, sich bei einem Verstoß hiergegen auf den Tarifvertrag zu berufen (*Kempen/Zachert* § 8 Rn. 6). Sofern jedoch der Tarifvertrag über § 8 TVG hinausgehend vorschreibt, dem Arbeitnehmer ein Exemplar des Tarifvertrages auszuhändigen, ist § 823 Abs. 2 BGB einschlägig, da dann von einem Schutzgesetz auszugehen ist (*Wiedemann/Oetker* § 8 TVG Rn. 23). Verheimlicht der Arbeitgeber auf Nachfrage die Anwendung eines Tarifvertrages auf das Arbeitsverhältnis, kommt ein Schadenersatzanspruch aus der wahrheitswidrigen Beantwortung der vom Arbeitnehmer gestellten Frage in Betracht, §§ 280 Abs. 1, 241 Abs. 2 BGB (*Wiedemann/Oetker* § 8 TVG Rn. 26).

325  Nach § 2 Abs. 1 S. 2 Nr. 10 NachwG vom 20.7.1995 (BGBl. I S. 946; s. Kap. 2 Rdn. 464 ff.) ist der Arbeitgeber verpflichtet, in der Niederschrift über die wesentlichen Vertragsbedingungen einen in allgemeiner Form gehaltenen Hinweis auf die im Arbeitsverhältnis anzuwendenden Tarifverträge zu geben. Diese Vorschrift wird entgegen der Ansicht des *BAG* (17.4.2002 EzA § 2 NachwG Nr. 5) auch als Schutzgesetz i. S. d. § 823 Abs. 2 BGB bewertet und verpflichtet dementsprechend bei Verletzung zum Schadenersatz, wenn bspw. der Arbeitnehmer wegen des fehlenden Hinweises auf die Geltung eines Tarifvertrags eine tarifliche Ausschlussfrist versäumt (vgl. Nachw. in ErfK/*Preis* Einf. NachwG Rn. 12; *Birk* NZA 1996, 281, 289; *Schäfer* Das Nachweisgesetz, D Rn. 189; *Dörner* HzA Gruppe 18 Rn. 433).

# Kapitel 12 Unternehmensmitbestimmung

## Übersicht

| | Rdn. |
|---|---|
| A. Allgemeines zur Unternehmensmitbestimmung | 1 |
| I. Rechtsquellen | 1 |
| II. Zweck der Unternehmensmitbestimmung | 3 |
| III. Anzahl der erfassten Unternehmen | 4 |
| B. Einzelne Gesetze zur Unternehmensmitbestimmung | 5 |
| I. MitbestG | 5 |
| 1. Geltungsbereich | 6 |
| a) Sachlicher Geltungsbereich | 6 |
| b) Räumlicher Geltungsbereich | 8 |
| c) Zeitlicher Geltungsbereich | 15 |
| 2. Beschäftigtenanzahl | 16 |
| 3. Statusverfahren | 20 |
| 4. Zurechnung von Arbeitnehmern | 26 |
| a) Zurechnung bei der KG | 27 |
| b) Zurechnung im Konzern | 35 |
| 5. Aufsichtsrat | 51 |
| a) Größe und Zusammensetzung | 51 |
| b) Wahl der Arbeitnehmervertreter | 53 |
| c) Gerichtliche Bestellung von Arbeitnehmervertretern | 69 |
| d) Abberufung | 70 |
| e) Rechtsstellung des Aufsichtsrats | 72 |
| f) Rechtsstellung der Mitglieder des Aufsichtsrats | 79 |
| II. DrittelbG | 83 |
| 1. Anwendungsbereich | 83 |
| 2. Arbeitnehmeranzahl | 85 |
| 3. Zurechnung von Arbeitnehmern | 86 |
| 4. Aufsichtsrat | 88 |
| a) Wahl der Arbeitnehmervertreter | 89 |
| b) Rechtsstellung der Arbeitnehmervertreter | 94 |
| III. SE | 95 |
| 1. Allgemeines | 95 |
| 2. Errichtung der SE | 96 |
| 3. Verhandlungsverfahren | 97 |
| 4. Verhandlung | 99 |
| 5. Ergebnisvarianten | 100 |
| 6. Besondere Konstellationen | 102 |
| a) Beteiligungsvereinbarung bei einer SE Gründung durch Umwandlung | 102 |
| b) Arbeitnehmerbeteiligung bei Aktivierung einer Vorrats-SE | 103 |
| 7. SE-Betriebsrat | 110 |

## A. Allgemeines zur Unternehmensmitbestimmung

### I. Rechtsquellen

Die Unternehmensmitbestimmung betrifft die Beteiligung der Arbeitnehmer in Unternehmensorganen und an deren Entscheidungen. Sie hat damit einen anderen Gegenstand als die betriebliche Mitbestimmung, die durch das BetrVG geregelt ist (vgl. hierzu Kap. 13). Regelungen zur Unternehmensmitbestimmung existieren auf nationaler und auf europäischer Ebene. Nationale Bestimmungen sind das MitbestG, das DrittelbG, das Montan-MitbestG, das MitbestErgG, das MitbestBeiG, § 325 UmwG und das BetrVerf-ReformG. Auf europäischer Ebene sind verschiedene Normen relevant, die teilweise auf das nationale Recht verweisen. Hervorzuheben sind Regelungen zur Verfassung der Societas Europaea (SE), also die SE-VO (VO [EG] Nr. 2157/2001 über das Statut der Europäischen Gesellschaft [SE] v. 8.10.2001, ABlEG L 294 S. 1), die SE-RL (RL 2001/86/EG zur Ergänzung des Statuts der Europäischen Gesellschaft hinsichtlich der Beteiligung der Arbeitnehmer v. 8.12.2001, ABlEG L 294 S. 22), das SEAG (SE-Ausführungsgesetz v. 22.12.2004, BGBl. I S. 3675) und das SEBG (SE-Beteiligungsgesetz v. 22.12.2004, BGBl. I S. 3686) sowie Regelungen zu den grenzüberschreitenden Verschmelzungen, also die in Umsetzung der Fusions-RL (RL 2005/56/EG über die Verschmelzung von Kapitalgesellschaften aus verschiedenen Mitgliedstaaten v. 26.10.2005, ABlEG L 310 S. 1) ergangenen §§ 122a bis 122l UmwG und das MgVG (Gesetz über die Mitbestimmung der Arbeitnehmer bei grenzüberschreitender Verschmelzung v. 21.12.2006, BGBl. I S. 3332). 1

Im Bereich der Unternehmensmitbestimmung können sowohl nationale als auch europäische Normen relevant werden. Es existieren vielfältige unterschiedliche Regelungen, deren Anwendungsbereich im jeweiligen Einzelfall sorgfältig abzugrenzen ist. 2

# Kapitel 12

## II. Zweck der Unternehmensmitbestimmung

**3** Die Unternehmensmitbestimmung soll den Arbeitnehmern Einfluss auf die für sie wichtigen Entscheidungen der Unternehmensführung geben. Damit wird ihnen zugleich ein gewisses Maß an Selbstbestimmung gewährleistet und die Kontrolle wirtschaftlicher Entscheidungen ermöglicht (vgl. zu den einzelnen Zwecken insbes. Ulmer/Habersack/Henssler-*Ulmer* Einl. MitbestG Rn. 1 ff.).

## III. Anzahl der erfassten Unternehmen

**4** Im Jahr 2008 fielen **694** Unternehmen unter den Anwendungsbereich des **MitbestG** und waren demnach paritätisch mitbestimmt. Von diesen waren 294 in der Rechtsform einer AG, fünf in der Rechtsform einer SE, 347 in der Rechtsform einer GmbH und 48 in einer sonstigen Rechtsform verfasst (Quelle: Hans-Böckler-Stiftung 2009). Der Aufsichtsrat war in 463 dieser Unternehmen mit 12, in 96 mit 16 und in 135 mit 20 Mitgliedern besetzt (Quelle: Hans-Böckler-Stiftung 2009). Bei den meisten der **1.477** Unternehmen mit einem drittelmitbestimmten Aufsichtsrat nach dem **DrittelbG** handelt es sich um GmbH (715) oder AG (695). Nur 34 sind als Genossenschaft, 24 als VVaG und neun als KGaA verfasst (Quelle: Bayer 2009; Hans-Böckler-Stiftung 2010).

## B. Einzelne Gesetze zur Unternehmensmitbestimmung

### I. MitbestG

**5** Zentrales Gesetz der Unternehmensmitbestimmung ist das MitbestG, das die paritätische Mitbestimmung regelt. Teilweise sind seine Bestimmungen wortgleich oder inhaltlich identisch mit anderen Gesetzen zur Unternehmensmitbestimmung, sodass für deren Auslegung auf die Grundsätze zum MitbestG zurückgegriffen werden kann (Ulmer/Habersack/Henssler-*Henssler* Einl. DrittelbG Rn. 11).

#### 1. Geltungsbereich

*a) Sachlicher Geltungsbereich*

**6** Entscheidend für die Anwendbarkeit des MitbestG sind die Rechtsform der Gesellschaft und die Anzahl der Arbeitnehmer (§ 1 Abs. 1 Nr. 1 und 2 MitbestG). Werden in einem Unternehmen in der Regel mehr als 2.000 Arbeitnehmer beschäftigt, ist der sachliche Geltungsbereich des MitbestG eröffnet. Weitere Voraussetzung ist, dass das Unternehmen in einer der in § 1 Abs. 1 MitbestG genannten **Rechtformen** verfasst ist (insb. AG und GmbH). Personengesellschaften unterliegen grundsätzlich nicht der Mitbestimmung. Grund hierfür ist die den Gesellschaftern kraft Gesetzes zugewiesene Geschäftsführerstellung und die bei Personengesellschaften geltende verschuldensunabhängige persönliche Haftung (Ulmer/Habersack/Henssler-*Ulmer/Habersack* § 1 MitbestG Rn. 32). § 4 MitbestG erstreckt jedoch mittelbar die Mitbestimmung auf die KG, wenn diese als Kapitalgesellschaft & Co. KG, insbes. als GmbH & Co. KG, verfasst ist. Rechtstechnisch werden die Arbeitnehmer, die bei der KG beschäftigt werden, der Komplementärgesellschaft zugerechnet, so dass über die Kapitalgesellschaft die Mitbestimmung auf die KG erstreckt wird. In gleicher Weise werden in einem Konzern die Mitarbeiter der Konzernunternehmen der Konzernspitze zugerechnet (§ 5 MitbestG).

**7** Bei dem sachlichen Geltungsbereich kommt es auf die Person des oder der Anteilseigner nicht an (Ulmer/Habersack/Henssler-*Ulmer/Habersack* § 1 MitbestG Rn. 4). Dementsprechend finden die Regelungen des MitbestG auch auf inländische juristische Personen Anwendung, die ganz oder überwiegend ausländische Anteilseigner haben (GroßkommAktG/*Oetker* § 1 MitbestG Rn. 3). Entsprechendes gilt für ganz oder überwiegend von der öffentlichen Hand gehaltene Gesellschaften (Ulmer/Habersack/Henssler-*Ulmer/Habersack* § 1 MitbestG Rn. 4). Wie bei der betrieblichen Mitbestimmung werden im Bereich der Unternehmensmitbestimmung Tendenzunternehmen und Unternehmen, die karitativen, erzieherischen u. a. Zwecken dienen, von dem Geltungsbereich ausgeschlossen. Ferner sind der Vorbehalt zugunsten der Montan-Mitbestimmung und die

Sonderregelungen für AG zu beachten, deren Unternehmensgegenstand der Betrieb deutsch-schweizerischer Grenzkraftwerke am Rhein ist (s. hierzu Gesetz v. 13.5.1957, BGBl. II S. 263).

### b) Räumlicher Geltungsbereich

Aufgrund des **Territorialitätsprinzips** ist die Anwendung des MitbestG grundsätzlich auf inländische Unternehmen beschränkt. Ausländische juristische Personen, die ihren Verwaltungssitz im Ausland haben, unterfallen nach ganz h. M. nicht dem MitbestG (GroßkommAktG/*Oetker* § 1 MitbestG Rn. 8). Dies gilt nach der h. M. auch dann, wenn sie unselbständige Betriebsstätten im Inland unterhalten (Ulmer/Habersack/Henssler-*Ulmer/Habersack* § 1 MitbestG Rn. 6; vgl. zum Ganzen *Waldenmaier/Ley* BB 2009, 1694) oder zusammen mit inländischen Unternehmen einer einheitlichen Leitung durch eine im Inland befindliche Konzernspitze unterliegen bzw. in einer sonstigen Unternehmensverbindung stehen (GroßkommAktG/*Oetker* § 1 MitbestG Rn. 8). 8

Das MitbestG gilt grundsätzlich nur für inländische Unternehmen. Ausländische Unternehmen mit Verwaltungssitz im Ausland werden von dem MitbestG nicht erfasst. 9

Die Einschränkung des Anwendungsbereichs des MitbestG auf inländische Unternehmen gilt nach der h. L. auch dann, wenn die ausländische juristische Person ihren **tatsächlichen Verwaltungssitz** in Deutschland hat (GroßkommAktG/*Oetker* § 1 MitbestG Rn. 9 ff.; Ulmer/Habersack/Henssler-*Ulmer/Habersack* § 1 MitbestG Rn. 8a m. w. N.; Wlotzke/Wissmann/Koberski/Kleinsorge-*Koberski* § 1 MitbestG Rn. 19 ff.; Henssler/Willemsen/Kalb-*Seibt* § 1 MitbestG Rn. 8). Es gibt allerdings auch eine Mindermeinung, die das MitbestG als zwingendes, im öffentlichen Interesse liegendes Recht auf ausländische Gesellschaften mit tatsächlichem Verwaltungssitz in Deutschland anwenden will. 10

Unseres Erachtens ist die h. L. überzeugend. Das MitbestG knüpft an die Rechtsform der Gesellschaft, nicht an die Belegenheit des Betriebs an. Daher ist es sachgerecht, Auslandsgesellschaften – unabhängig von dem Ort ihres Verwaltungssitzes – generell dem Anwendungsbereich des MitbestG zu entziehen (Ulmer/Habersack/Henssler-*Ulmer/Habersack* § 1 MitbestG Rn. 8a). Auch die Rspr. des EuGH stützt die herrschende Meinung. Zwar hat der EuGH die diskutierte Konstellation – Anwendbarkeit des MitbestG auf ausländische Gesellschaften mit inländischem Verwaltungssitz – noch nicht entschieden. Nach der Rspr. des EuGH ist aber auf eine nach ausländischem Recht gegründete Gesellschaft unabhängig von ihrem Verwaltungssitz grundsätzlich das Gesellschaftsrecht des **Gründungsstaats** anzuwenden (*EuGH* 30.9.2003 – RS. C – 167/01, NJW 2003, 3331). Der EuGH hat dies insbes. mit dem Grundsatz der Niederlassungsfreiheit begründet. 11

Die **Niederlassungsfreiheit** schließt zwar die Anwendung des nationalen Gesellschaftsrechts auf eine nach ausländischem Recht gegründete Gesellschaft nicht zwingend aus. Voraussetzung für die Erstreckung nationaler Regelungen auf eine Auslandsgesellschaft ist nach der h. M., dass dies notwendig ist, um einer »missbräuchlichen oder betrügerischen Berufung auf Gemeinschaftsrecht« zu begegnen (*EuGH* 30.9.2003 – RS. C – 167/01, NJW 2003, 3331; Ulmer/Habersack/Henssler-*Ulmer/Habersack* § 1 MitbestG Rn. 8). Allein die Wahl einer (ausländischen) Rechtsform, die nicht unter das MitbestG fällt, ist aber nicht missbräuchlich. Im Übrigen hat der deutsche Gesetzgeber die Anwendbarkeit des MitbestG ausdrücklich auf die in § 1 MitbestG genannten Rechtsformen beschränkt, so dass auch nicht alle deutschen Rechtsformen der Mitbestimmung unterliegen. Eine Erstreckung der Mitbestimmung auf im Inland ansässige Auslandsgesellschaften dürfte schließlich auch **nicht verhältnismäßig** i. S. d. EuGH-Rspr. sein (verneinend Henssler/Willemsen/Kalb-*Seibt* § 1 MitbestG Rn. 8), da sie tiefgreifende Auswirkungen auf die Verfassung der Gesellschaft hätte. 12

Im Ergebnis sprechen die besseren Argumente dafür, mit der h. L. die Anwendbarkeit des MitbestG auf ausländische Gesellschaften mit inländischem Verwaltungssitz zu verneinen. 13

Nach der h. L. sind auch ausländische juristische Personen, die ihren tatsächlichen Verwaltungssitz im Inland haben, von dem Anwendungsbereich des MitbestG ausgeschlossen. 14

## Kapitel 12 — Unternehmensmitbestimmung

### c) Zeitlicher Geltungsbereich

**15** Die Übergangsfrist des § 38 MitbestG a. F. ist am 30.6.1978 ausgelaufen. Daher ist das MitbestG anwendbar, wenn die in § 1 Abs. 1 Nr. 1 und 2 MitbestG genannten Voraussetzungen vorliegen (Ulmer/Habersack/Henssler-*Ulmer/Habersack* § 1 MitbestG Rn. 9).

### 2. Beschäftigtenanzahl

**16** Zur Prüfung, ob das Unternehmen mehr als 2 000 Arbeitnehmer beschäftigt, ist die Anzahl der **regelmäßig** beschäftigten Arbeitnehmer zu ermitteln (Ulmer/Habersack/Henssler-*Henssler* § 3 MitbestG Rn. 42; GroßkommAktG/*Oetker* § 1 MitbestG Rn. 13). Dabei ist auf einen Referenzzeitraum abzustellen, der die Entwicklung des Unternehmens in der Vergangenheit und der Zukunft berücksichtigt. Ein solcher bildet die Unternehmensplanung über **17 bis 20 Monate** (GroßkommAktG/*Oetker* § 1 MitbestG Rn. 14; Ulmer/Habersack/Henssler-*Henssler* stellt auf 18 bis 24 Monate ab). Ein nur vorübergehendes Absinken der Arbeitnehmeranzahl unter den Schwellenwert von 2 000 führt nicht zum Ausscheiden des Unternehmens aus dem Anwendungsbereich des MitbestG.

**17** **Arbeitnehmer** i. S. d. MitbestG sind alle Arbeitnehmer i. S. d. § 5 Abs. 1 BetrVG sowie alle leitenden Angestellten i. S. d. § 5 Abs. 3 BetrVG. Ausgenommen sind damit im Ergebnis nur die in § 5 Abs. 2 BetrVG genannten Personen, insbes. die Organmitglieder. Der Arbeitnehmerbegriff ist umfassend. Über § 5 Abs. 1 BetrVG werden auch die zu ihrer Berufsausbildung Beschäftigten erfasst. Auch Auszubildende sind damit Arbeitnehmer i. S. d. MitbestG und bei der Bestimmung der i. d. R. beschäftigten Arbeitnehmer mit zu berücksichtigen. Auch teilzeitbeschäftigte Arbeitnehmer zählen mit, unabhängig vom Umfang der geschuldeten Arbeitsleistung (Ulmer/Habersack/Henssler-*Henssler* § 3 MitbestG Rn. 20). Gleiches gilt für sozialversicherungsrechtlich nur geringfügig Beschäftigte (GroßkommAktG/*Oetker* § 3 MitbestG Rn. 7; mit Hinweis auf die Gegenmeinung: Ulmer/Habersack/Henssler-*Henssler* § 3 MitbestG Rn. 21). Befristet Beschäftigte sind ebenfalls grundsätzlich mitzuzählen. Abweichendes gilt nur dann, wenn erkennbar ist, dass sie nur aufgrund eines vorübergehenden, zusätzlichen Arbeitskräftebedarfs eingesetzt werden. Das ist z. B. nicht der Fall, wenn Arbeitnehmer auf einem regelmäßigen Arbeitsplatz befristet eingesetzt werden (bspw. zur Erprobung). Auch bei ruhenden Arbeitsverhältnissen verlieren die Betroffenen nicht ihren Status als Arbeitnehmer (GroßkommAktG/*Oetker* § 3 MitbestG Rn. 8). Sie sind jedoch – mangels regelmäßiger Beschäftigung – bei der Ermittlung der Arbeitnehmeranzahl nicht mitzuzählen, wenn ihr Arbeitsplatz mit einem Vertreter besetzt wird (keine doppelte Zählung des Arbeitsplatzes; GroßkommAktG/*Oetker* § 1 MitbestG Rn. 15). Arbeitnehmer in Altersteilzeit im Blockmodell werden nicht berücksichtigt, wenn sie nicht mehr in das Unternehmen zurückkehren, da sie dann nicht mehr beschäftigt sind (Ulmer/Habersack/Henssler-*Henssler* § 3 MitbestG Rn. 27). Wird hingegen die Stundenzahl während der Altersteilzeit nur reduziert, sind die betroffenen Arbeitnehmer während der gesamten Dauer der Altersteilzeit mitzuzählen.

**18** Grundsätzlich sind nur Arbeitnehmer, die einem **inländischen** Betrieb zuzuordnen sind, zu berücksichtigen. Bei einer Entsendung ins Ausland oder zu einem anderen Unternehmen ist danach zu differenzieren, ob die entsandten Arbeitnehmer dauerhaft in das aufnehmende Unternehmen eingegliedert werden. Solange dies nicht der Fall ist, bleiben die entsandten Arbeitnehmer dem entsendenden Unternehmen zugeordnet. Maßgeblich ist insoweit, ob die entsandten Arbeitnehmer weiterhin hinsichtlich Zeit, Dauer, Ort und Art der Tätigkeit dem Weisungsrecht des inländischen Unternehmens unterliegen.

**19** Die Anzahl der regelmäßig Beschäftigten ist unter Berücksichtigung der Unternehmensplanung über 17 bis 20 Monate zu ermitteln. Wird die Grenze von 2 000 Arbeitnehmern nur vorübergehend unterschritten, lässt dies die Anwendbarkeit des MitbestG unberührt.

## 3. Statusverfahren

Ändert sich die Anzahl der in einem Unternehmen regelmäßig beschäftigten Arbeitnehmer **dauer-** 20
**haft** in einem für die Geltung des MitbestG relevanten Umfang, ist ein Statusverfahren nach den §§ 97–98 AktG durchzuführen (§ 6 Abs. 2 MitbestG), um einen Wechsel des Mitbestimmungsstatuts herbeizuführen (GroßkommAktG/*Oetker* § 1 MitbestG Rn. 19). Die Anwendbarkeit der aktienrechtlichen Vorschriften der §§ 97–99 AktG unabhängig von der Rechtsform des Unternehmens ergibt sich aus § 6 Abs. 2 MitbestG. Soweit in den aktienrechtlichen Vorschriften vom Vorstand gesprochen wird, ist bei einer GmbH die Geschäftsführung gemeint.

Das Statusverfahren wird durch Beschluss des Vorstands bzw. der Geschäftsführung eingeleitet. Die- 21
ser Beschluss ist in den Geschäftsblättern und durch Aushang in sämtlichen Betrieben der Gesellschaft und ihrer Konzernunternehmen bekannt zu machen (§ 97 AktG). Die Bekanntmachung ist unverzüglich – also ohne schuldhaftes Zögern – vorzunehmen, nachdem der Vorstand bzw. die Geschäftsführer erkennen mussten, dass der Aufsichtsrat nicht mehr ordnungsgemäß zusammengesetzt ist. Die Abstimmung mit den nach § 98 Abs. 2 AktG Antragsberechtigten sowie die Einholung rechtlichen Rats begründen noch kein schuldhaftes Zögern.

**Inhaltlich** muss die Bekanntmachung nach § 97 Abs. 1 S. 2 und 3 AktG drei Aussagen enthalten: 22
– Die Feststellung, dass der Aufsichtsrat nach Auffassung des Vorstands bzw. der Geschäftsführung nicht nach den für ihn maßgebenden Vorschriften besetzt ist.
– Die Angabe, nach welchen gesetzlichen Vorschriften er künftig zusammenzusetzen ist sowie
– den Hinweis, dass der Aufsichtsrat nach diesen Vorschriften zusammengesetzt wird, wenn nicht Antragsberechtigte nach § 98 Abs. 2 AktG innerhalb eines Monats nach der Bekanntmachung im elektronischen Bundesanzeiger das zuständige Gericht angerufen haben.

Wird das zuständige Gericht nicht angerufen, werden die Satzung und die Zusammensetzung des 23
Aufsichtsrats an die nunmehr maßgeblichen Vorschriften angepasst. Solange das Statusverfahren nicht abgeschlossen ist, bleibt es bei der bisherigen Zusammensetzung des Aufsichtsrats. Dies gilt auch dann, wenn die Voraussetzungen für die Anwendung des MitbestG nicht mehr erfüllt sind (GroßkommAktG/*Oetker* § 1 MitbestG Rn. 19).

Unterlässt die Gesellschaft die Einleitung des Statusverfahrens, können nach § 98 Abs. 2 AktG auch 24
andere Beteiligte das gerichtliche Verfahren zur Änderung des Mitbestimmungsstatus einleiten, z. B. Betriebsräte (§ 98 Abs. 2 Nr. 4 AktG) oder Gewerkschaften (§ 98 Abs. 2 Nr. 7 und 8 AktG).

Die Einleitung des Statusverfahrens liegt nicht im Ermessen des Vorstands bzw. der Geschäftsführer. 25
Diese sind vielmehr – sofern die Voraussetzungen vorliegen – hierzu verpflichtet. Kommt der Vorstand bzw. die Geschäftsführer dieser Pflicht nicht nach, handeln sie sorgfaltswidrig und machen sich grundsätzlich nach § 93 Abs. 2 AktG schadenersatzpflichtig. Gegenüber Gesellschaftern und Dritten (insbes. Arbeitnehmern) haften die Geschäftsführer dagegen nicht. Diese Personen sind vielmehr auf ihr Antragsrecht nach § 98 Abs. 2 AktG verwiesen.

## 4. Zurechnung von Arbeitnehmern

Eine Gesellschaft muss die für die Errichtung des mitbestimmten Aufsichtsrats notwendige Anzahl 26
von Mitarbeitern nicht selbst beschäftigen; ihr können auch die Arbeitnehmer anderer Gesellschaften zugerechnet werden. Eine solche Zurechnung ist in § 4 MitbestG (KG) und in § 5 MitbestG (Konzern) geregelt.

### a) Zurechnung bei der KG

§ 4 MitbestG regelt die Mitbestimmung auf der Ebene der Komplementärgesellschaft einer KG, 27
wenn diese in der Rechtsform einer Kapitalgesellschaft & Co. KG verfasst ist. Liegen die Voraussetzungen des § 4 MitbestG vor, werden der Komplementärgesellschaft die bei der KG beschäftigten Arbeitnehmer zugerechnet, wenn die Komplementärgesellschaft in einer der vom MitbestG erfassten Rechtsformen verfasst ist und sie nicht mehr als 500 Arbeitnehmer beschäftigt. Durch die Zurech-

## Kapitel 12

nung soll die Einflussnahme der Arbeitnehmer auf die Entscheidungen der eine Unternehmenseinheit bildenden KG und Komplementärgesellschaft sichergestellt werden. Damit wird vermieden, dass durch die Wahl einer für Personengesellschaften atypischen Gesellschaftsform die Mitbestimmung der Arbeitnehmer ausgeschlossen wird (GroßkommAktG/*Oetker* § 4 MitbestG Rn. 3).

28 § 4 MitbestG ist grundsätzlich auch dann anwendbar, wenn neben der Kapitalgesellschaft weitere Komplementäre an der KG beteiligt sind. Gleiches gilt für die Beteiligung natürlicher Personen, wenn die übrigen Voraussetzungen des § 4 MitbestG erfüllt sind (Ulmer/Habersack/Henssler-*Ulmer/Habersack* § 4 MitbestG Rn. 9). Auf eine **ausländische** Kapitalgesellschaft als persönlich haftende Gesellschafterin ist das MitbestG – mangels inländischer Rechtsform – nicht anwendbar (Ulmer/Habersack/Henssler-*Ulmer/Habersack* § 4 MitbestG Rn. 11; GroßkommAktG/*Oetker* § 4 MitbestG Rn. 4; vgl. hierzu auch Rdn. 8 ff.). Die Anwendbarkeit des MitbestG ist ausgeschlossen, wenn die Komplementärkapitalgesellschaft tendenzgeschützte Zwecke i. S. d. § 1 Abs. 4 MitbestG verfolgt (Ulmer/Habersack/Henssler-*Ulmer/Habersack* § 4 MitbestG Rn. 1).

### aa) Einfache Kapitalgesellschaft & Co. KG

29 Die Zurechnung der Arbeitnehmer der KG setzt eine **Mehrheitsidentität** zwischen den Kommanditisten der KG und den Gesellschaftern der Komplementärgesellschaft voraus. Dabei ist sowohl eine Stimmen- als auch eine Anteilsmehrheit möglich (GroßkommAktG/*Oetker* § 4 MitbestG Rn. 5). Eine Mehrheitsidentität ist nach dem Zweck des § 4 Abs. 1 S. 1 MitbestG auch dann gegeben, wenn die Beteiligten durch Vereinbarungen oder sonstige Gestaltungsmöglichkeiten eine rechtlich verfestigte einheitliche Willensbildung und Entscheidung in der KG herbeiführen (GroßkommAktG/*Oetker* § 4 MitbestG Rn. 6). Die Zurechnungsnorm des § 4 MitbestG wird auf die sog. Einheitsgesellschaft entsprechend angewendet, bei der die Anteile an der Komplementärkapitalgesellschaft in das Gesamthandsvermögen der KG eingebracht sind (Ulmer/Habersack/Henssler-*Ulmer/Habersack* § 4 MitbestG Rn. 17). Auch sind die von einem fremdnützigen Treuhänder oder Strohmann gehaltenen Anteile für die Ermittlung der Mehrheitsverhältnisse dem Treugeber zuzurechnen. Treuhandverhältnisse werden insbes. durch **enge familiäre** Beziehungen indiziert (Ulmer/Habersack/Henssler-*Ulmer/Habersack* § 4 MitbestG Rn. 15).

30 Weitere Voraussetzung für die Zurechnung ist, dass die persönlich haftende Kapitalgesellschaft keinen eigenen Geschäftsbetrieb mit in der Regel mehr als 500 Arbeitnehmern unterhält. Ein eigener Geschäftsbetrieb liegt vor, wenn er einer gegenüber den wirtschaftlichen Zielen der KG selbständigen, im Eigeninteresse ausgeübten Tätigkeit dient (GroßkommAktG/*Oetker* § 4 MitbestG Rn. 7). Nur die in diesem Geschäftsbetrieb tätigen Arbeitnehmer sowie die in von der Kapitalgesellschaft im Rahmen ihres Geschäftsbetriebs bei abhängigen Konzernunternehmen tätigen Arbeitnehmer sind bei der Bestimmung der Arbeitnehmerzahl der Kapitalgesellschaft zu berücksichtigen.

### bb) Doppel- und mehrstöckige KG

31 § 4 Abs. 1 S. 2 und 3 MitbestG regelt sog. mehrstöckige KG, bei denen die Zurechnung der Arbeitnehmer der KG der zweiten und evt. folgenden Stufen zur Komplementärkapitalgesellschaft der obersten KG sichergestellt wird. Auf ein Konzernverhältnis zwischen den verschiedenen, über die Komplementärkapitalgesellschaft miteinander verbundenen KG kommt es nicht an (Ulmer/Habersack/Henssler-*Ulmer/Habersack* § 4 MitbestG Rn. 21). Die Zurechnung setzt voraus, dass als Komplementär einer KG unmittelbar oder mittelbar eine Kapitalgesellschaft & Co. KG beteiligt ist. Die weiteren Voraussetzungen des § 4 Abs. 1 S. 1 MitbestG müssen bei der KG der zweiten und dritten Stufe nicht vorliegen, es genügt, wenn sie bei der KG der **obersten** Stufe und ihrer Komplementärkapitalgesellschaft gegeben sind (GroßkommAktG/*Oetker* § 4 MitbestG Rn. 10; Ulmer/Habersack/Henssler-*Ulmer/Habersack* § 4 MitbestG Rn. 22, beide mit Verweis auf die a. A.).

## cc) Rechtsfolgen

Als Rechtsfolge werden der Komplementärkapitalgesellschaft die Arbeitnehmer der KG zugerechnet. Diese werden bei der Bestimmung der Arbeitnehmerzahl im Rahmen des § 1 Abs. 1 Nr. 2 MitbestG mitgezählt. Da die Zurechnung der Arbeitnehmer für die Anwendung des gesamten MitbestG gilt, ist sie auch für die Ermittlung der Schwellenwerte in § 7 MitbestG (Zusammensetzung des Aufsichtsrats) und § 9 MitbestG (Delegierten- oder Direktwahl) relevant. Auch sind die Arbeitnehmer der KG zu dem bei der Komplementärkapitalgesellschaft zu bildenden Aufsichtsrat aktiv und passiv **wahlberechtigt** (GroßkommAktG/*Oetker* § 4 MitbestG Rn. 8). Bei sternförmiger Beteiligung der Komplementärkapitalgesellschaft als persönlich haftende Gesellschafterin an mehreren KG, die die Voraussetzungen des § 4 Abs. 1 S. 1 MitbestG erfüllen, sind ihr die Arbeitnehmer aller KG zuzurechnen. Hat eine KG mehrere Komplementärkapitalgesellschaften als persönlich haftende Gesellschafter, so werden jeder von ihnen alle Arbeitnehmer der KG zugerechnet (Ulmer/Habersack/Henssler-*Ulmer/Habersack* § 4 MitbestG Rn. 24). 32

## dd) Geschäftsführung der Komplementärkapitalgesellschaft

Damit die durch § 4 Abs. 1 S. 1 MitbestG ermöglichte mittelbare Mitbestimmung in der KG nicht durch den Ausschluss der Komplementärkapitalgesellschaft von der Geschäftsführung in der KG faktisch aufgehoben wird, ist eine entsprechende Abrede nach § 4 Abs. 2 MitbestG unzulässig. Nach der h. L. findet § 4 Abs. 2 MitbestG auch auf die **Vertretungsmacht** der Komplementärgesellschaft Anwendung (GroßkommAktG/*Oetker* § 4 MitbestG Rn. 11 m. w. N. auch auf die a. A.). 33

> Durch die Zurechnung der Arbeitnehmer der KG zu ihrer Komplementärkapitalgesellschaft und die Bildung eines Aufsichtsrats bei dieser wird die KG mittelbar in die Mitbestimmung einbezogen. Damit die Mitbestimmung faktisch nicht unterlaufen wird, ist der Ausschluss der Komplementärkapitalgesellschaft von der Geschäftsführung der KG unzulässig. 34

## b) Zurechnung im Konzern

Nach § 5 MitbestG werden Arbeitnehmer abhängiger Unternehmen dem Unternehmen der Konzern- oder Teilkonzernspitze zugerechnet. Die Arbeitnehmer erhalten damit ein Wahl- und Mitspracherecht im Aufsichtsrat der Konzernobergesellschaft. Darüber hinaus kann durch die Zurechnung eine Vorraussetzung (Anzahl Arbeitnehmer) für die Bildung eines Aufsichtsrats bei der Konzernobergesellschaft geschaffen werden. Hintergrund ist, dass in Konzernen wichtige Entscheidungen regelmäßig die Konzernspitze trifft. 35

> Die Bildung eines Aufsichtsrats bei der Konzernspitze sowie das Wahlrecht der Arbeitnehmer abhängiger Konzernunternehmen schließen nicht aus, dass auch bei den abhängigen Unternehmen ein Aufsichtsrat gebildet wird, sofern bei diesen die entsprechenden Voraussetzungen vorliegen (GroßkommAktG/*Oetker* § 5 MitbestG Rn. 2 m. w. N.). 36

## aa) Mitbestimmung bei der Konzernspitze

Die Zurechnung der Arbeitnehmer zur Konzernspitze setzt voraus, dass das herrschende Unternehmen eines Unterordnungskonzerns in einer der in § 1 Abs. 1 MitbestG genannten Rechtsformen verfasst ist. 37

Der **Unterordnungskonzern** ist in § 18 AktG definiert. Es muss zwischen zwei oder mehr Konzernunternehmen ein Herrschafts- und Abhängigkeitsverhältnis bestehen und die Konzernunternehmen müssen unter der einheitlichen Leitung des herrschenden Unternehmens stehen. Damit sind Gleichordnungskonzerne nicht von der Zurechnungsnorm erfasst (GroßkommAktG/*Oetker* § 5 MitbestG Rn. 3 mit Hinweis auf die a. A.). Das Bestehen einer Abhängigkeit beurteilt sich nach § 17 AktG (*BAG* 15.12.2011 – 7 ABR 56/10, NZA 2012, 633 = FA 2012, 180). Eine Abhängigkeit nach § 17 Abs. 1 AktG ist vor allem dann gegeben, wenn ein Unternehmen zentrale Bereiche, wie Einkauf, Verkauf, Organisation und Finanzierung eines anderen Unternehmens beeinflusst. Dabei ist 38 ausreichend, dass die Einflussnahme in **einem** der genannten Zentralbereiche möglich ist (GroßkommAktG/*Oetker* § 5 MitbestG Rn. 15). In mehrstufigen Konzernen genügt es, dass eine **mittelbare** Beherrschungsmöglichkeit über eine Tochtergesellschaft besteht. Nach § 17 Abs. 2 AktG wird die Abhängigkeit eines Unternehmens – widerlegbar – vermutet, wenn eine Mehrheitsbeteiligung (§ 16 AktG) vorliegt (*BAG* 15.12.2011 – 7 ABR 56/10, NZA 2012, 633 = FA 2012, 180). Ferner ist eine einheitliche Leitung durch das herrschende Unternehmen notwendig. Diese kann aus einem Beherrschungsvertrag oder einer Eingliederung folgen (§ 18 Abs. 1 S. 2 AktG), aufgrund der Abhängigkeit vermutet (§ 18 Abs. 1 S. 3 AktG) oder positiv festgestellt werden (§ 18 Abs. 1 S. 1 AktG).

39 Die Rechtsform des abhängigen Unternehmens ist für die Anwendung des § 5 Abs. 1 S. 1 MitbestG ohne Bedeutung (Ulmer/Habersack/Henssler-*Ulmer/Habersack* § 5 MitbestG Rn. 18). Die in Deutschland tätigen Arbeitnehmer der abhängigen Unternehmen werden – unter den Voraussetzungen des § 5 MitbestG – dem herrschenden Unternehmen auch dann zugerechnet, wenn die abhängigen Unternehmen **nicht** der Mitbestimmung unterliegen, weil sie entweder nicht in einer entsprechenden Rechtsformen verfasst sind oder ihre Arbeitnehmerzahl zu gering ist (GroßkommAktG/*Oetker* § 5 MitbestG Rn. 12). Daher können auch Personengesellschaften, supranationale Rechtsformen wie die SE sowie Körperschaften und Anstalten des öffentlichen Rechts abhängige Unternehmen sein (Ulmer/Habersack/Henssler-*Ulmer/Habersack* § 5 MitbestG Rn. 18).

40 Liegen die Konzernvoraussetzungen i. S. d. § 18 AktG vor, werden die Arbeitnehmer abhängiger Konzernunternehmen für die Anwendung des MitbestG dem herrschenden Unternehmen zugerechnet. Sie sind bei der Bestimmung der Arbeitnehmerzahl des herrschenden Unternehmens und im Rahmen der §§ 1 Abs. 1 Nr. 2, 7 Abs. 1, 9 Abs. 1 und 2 MitbestG zu berücksichtigen (GroßkommAktG/*Oetker* § 5 MitbestG Rn. 21). Die Arbeitnehmer der Konzernunternehmen sind aktiv und passiv wahlberechtigt (Fiktion des § 5 Abs. 1 S. 1 MitbestG; Ulmer/Habersack/Henssler-*Ulmer/Habersack* § 5 MitbestG Rn. 33).

41 Ist auch bei einem abhängigen Unternehmen ein Aufsichtsrat zu bilden, weil dieses Unternehmen die Voraussetzungen des § 1 Abs. 1 MitbestG erfüllt, bleibt der Aufsichtsrat des abhängigen Unternehmens neben dem Aufsichtsrat des herrschenden Unternehmens bestehen. Die Arbeitnehmer des abhängigen Unternehmens haben in diesem Fall ein doppeltes Wahlrecht (GroßkommAktG/*Oetker* § 5 MitbestG Rn. 23).

42 Handelt es sich bei dem abhängigen Unternehmen um eine KG in der Form einer Kapitalgesellschaft & Co. KG, sind die Arbeitnehmer der Komplementärgesellschaft ebenfalls dem herrschenden Unternehmen zuzurechnen (§ 5 Abs. 1 S. 2 MitbestG). Die Voraussetzungen des § 4 Abs. 1 müssen für die Zurechnung zur Konzernspitze nicht vorliegen (Ulmer/Habersack/Henssler-*Ulmer/Habersack* § 5 MitbestG Rn. 34).

### bb) Sonderfälle

43 Bei einem mehrstufigen Konzern besteht die Möglichkeit, dass nicht nur in der Konzernspitze, sondern auch auf den unteren Ebenen ein mitbestimmter Aufsichtsrat zu bilden ist. Insoweit kommt die Zurechnung von Mitarbeitern der unteren Unternehmen zu Unternehmen der mittleren Ebenen in Betracht. Hierzu müssen die Voraussetzungen für die Bildung eines **Konzerns im Konzern** vorliegen. Voraussetzung für einen Konzern im Konzern ist, dass die unter der eigentlichen Konzernspitze stehende Zwischengesellschaft **wesentliche** Entscheidungsspielräume hat. Hierzu gehören bspw. der Einfluss auf Geschäftsführungsmaßnahmen, Einfluss auf personelle Maßnahmen, Übernahme der strategischen und operativen Planung, Übernahme des Controllings und der Finanzpolitik der nachgeordneten abhängigen Unternehmen. Die Konzernspitze muss eigenständige Leitungsmacht auf die Zwischengesellschaft verlagert haben (Wlotzke/Wißmann/Koberski/Kleinsorge-*Koberski* MitbestG, § 5 Rn. 32). Diese Aspekte sind im jeweiligen Einzelfall zu prüfen. Eine dezentralisierte Unternehmensform oder ein eigener Konzernabschluss bzw. Konzerngeschäftsbericht der Zwischengesellschaft ist kein Indiz für eine Aufspaltung der Leitungsmacht. Selbst wenn die Konzernspitze gegenüber der Zwischengesellschaft nur bestimmte Unternehmensgrundsätze festlegt und ihr inner-

halb eines Rahmens einen großzügigen Entscheidungsspielraum lässt, ist die Leitungsmacht nicht automatisch aufgespalten. Ein Konzern im Konzern kommt insbes. dann in Betracht, wenn das Zwischenunternehmen mittels eigener Weisungen, Leitlinien, Empfehlungen und von ihm selbst gesetzten Rahmenbedingungen die Geschäftspolitik der nachgeordneten Unternehmen beeinflusst, ohne dass dies der Kontrollbefugnis des herrschenden Unternehmens unterliegt. Bleiben **Zweifel**, wo im Konzern einheitliche Leitungsmacht ausgeübt wird, ist von dem Regelfall auszugehen, nämlich der Ausübung der Leitungsmacht durch die **Konzernspitze** (GroßkommAktG/*Oetker* § 5 MitbestG Rn. 27).

Bei einem **Gemeinschaftsunternehmen** stellt sich die Frage, ob es mehreren Konzernen angehört. Ein Gemeinschaftsunternehmen liegt vor, wenn mehrere Gesellschaften an einem Tochterunternehmen in der Weise beteiligt sind, dass nicht jede für sich, sondern alle aufgrund gemeinsamer Willensbildung Einfluss auf das abhängige Gemeinschaftsunternehmen ausüben. Eine mehrfache Konzernzugehörigkeit folgt allerdings nicht allein aus den Beteiligungsverhältnissen. Es ist im Einzelfall zu prüfen, ob die einheitliche Leitungsmacht tatsächlich von allen Mutterunternehmen durch eine einheitliche Willensbildung ausgeübt wird und sichergestellt ist. Dies ist bspw. der Fall, wenn sie sich aufgrund eines Konsortialvertrags zwecks einheitlicher Leitung des Gemeinschaftsunternehmens zusammengeschlossen haben (Ulmer/Habersack/Henssler-*Ulmer/Habersack* § 5 MitbestG Rn. 51). Eine solche Vereinbarung kann auch konkludent geschlossen werden. Bei einer paritätischen (50:50) Beteiligung zweier Mutterunternehmen liegt die in § 17 Abs. 1 AktG vorausgesetzte Abhängigkeit zu beiden Müttern vor. Die Konzernvermutung des § 18 Abs. 1 S. 3 AktG greift ein (GroßkommAktG/*Oetker* § 5 MitbestG Rn. 30). Im Übrigen ist eine Abhängigkeit des Gemeinschaftsunternehmens nur gegeben, wenn jedes Mutterunternehmen eine gesicherte Beherrschungsmöglichkeit gegenüber dem Gemeinschaftsunternehmen hat. 44

Aufgrund der mehrfachen Konzernzugehörigkeit des Gemeinschaftsunternehmens gelten seine Arbeitnehmer als solche **jedes** Mutterunternehmens. Die Arbeitnehmer werden jedem Mutterunternehmen zugerechnet. Sie haben nach Maßgabe der §§ 1 Abs. 1, 9 ff. MitbestG ein mehrfaches aktives und passives Wahlrecht, nämlich ggf. zum Aufsichtsrat des Gemeinschaftsunternehmens und zu den Aufsichtsräten der Mutterunternehmen (Ulmer/Habersack/Henssler-*Ulmer/Habersack* § 5 MitbestG Rn. 54). 45

Unabhängig von der Möglichkeit einer Zurechnung von Arbeitnehmern nach § 5 MitbestG und den Grundsätzen des Konzerns im Konzern sind die mitbestimmungsrechtlichen Auswirkungen eines **gemeinsamen Betriebs** von Unternehmen zu beachten. Liegen die Voraussetzungen eines gemeinsamen Betriebs vor, werden nach der überwiegenden Meinung in der Literatur die in dem gemeinsamen Betrieb beschäftigten Arbeitnehmer grundsätzlichen beiden Unternehmen und damit Konzernen zugeordnet. Das BAG verlangt für einen gemeinsamen Betrieb einen einheitlichen Leitungsapparat. Diese einheitliche Leitung muss sich auf die wesentlichen Arbeitgeberfunktionen in den sozialen und personellen Angelegenheiten erstrecken. Maßgebliches Indiz für einen gemeinsamen Betrieb ist das Bestehen einer **einheitlichen Personalleitung**, die regelmäßig bei Identität des Personalleiters zu vermuten ist. Weitere Umstände, die für einen gemeinsamen Betrieb sprechen, bilden z. B. die gemeinsame Nutzung der technischen und immateriellen Betriebsmittel, die gemeinsame räumliche Unterbringung, die personelle, technische und organisatorische Verknüpfung der Arbeitsabläufe, das Vorhandensein einer unternehmensübergreifenden Leitungsstruktur zur Durchführung der arbeitstechnischen Zwecke, insbes. zur Wahrnehmung der sich aus dem Direktionsrecht des Arbeitgebers ergebenden Weisungsbefugnisse. Ein gemeinsamer Betrieb liegt allerdings nicht schon dann vor, wenn mehrere Unternehmen bspw. auf der Grundlage von Organ- oder Beherrschungsverträgen lediglich unternehmerisch zusammenarbeiten. In einem solchen Fall sind die Voraussetzungen eines gemeinsamen Betriebs nur gegeben, wenn ein gemeinsamer Einsatz der Betriebsmittel und der Arbeitnehmer vorliegt (Wlotzke/Wißmann/Koberski/Kleinsorge-*Koberski* MitbestG § 3 Rn. 45). Ebenfalls unerheblich sind gesellschaftsrechtliche Verflechtungen der den gemeinsamen Betrieb bildenden Unternehmen. Liegt ein gemeinsamer Betrieb vor, sind nach einer beachtlichen Meinung in der Literatur **allen** an dem gemeinsamen Betrieb beteiligten Unternehmen insgesamt die Ar- 46 beitnehmer des Gemeinschaftsbetriebs zuzurechnen, unabhängig davon, mit wem das Arbeitsverhältnis besteht (Wlotzke/Wißmann/Koberski/Kleinsorge-*Koberski* MitbestG § 3 Rn. 42; *Raiser/Veil* MitbestG § 3 Rn. 44; Ulmer/Habersack/Henssler-*Ulmer/Habersack* MitbestG § 3 Rn. 93, die die Zurechnung von der Ausübung des Weisungsrechts abhängig machen; Henssler/Willemsen/Kalb-*Seibt* § 1 MitbestG Rn. 11). Die gegenteilige Auffassung will nur diejenigen Arbeitnehmer zurechnen, die in einem **Arbeitsverhältnis** zu dem jeweiligen Unternehmen stehen; danach scheidet eine Mehrfachzurechnung der Arbeitnehmer des Gemeinschaftsbetriebs grundsätzlich aus. Vermittelnde Meinungen im Schrifttum rechnen die Arbeitnehmer des Gemeinschaftsbetriebs nur demjenigen Trägerunternehmen zu, das entweder allein oder gemeinsam mit dem anderen Trägerunternehmen das arbeitsvertragliche **Weisungsrecht** gegenüber den Arbeitnehmern ausübt. Mindermeinungen tendieren dazu, nur den Teil der Arbeitnehmer des Gemeinschaftsunternehmens bzw. des Betriebs mitzuzählen, der dem Verhältnis der **Anteile** an dem Gemeinschaftsunternehmen bzw. -betrieb entspricht (vgl. zum Ganzen: *Hjort* NZA 2001, 696, 697 f.; *Hohenstatt/Schramm* NZA 2010, 846, 847). Das **BAG** hat diese Frage, soweit ersichtlich, noch nicht entschieden. Zwar hat es sich in einer Entscheidung aus dem Jahr 1961 für eine anteilige Zurechnung ausgesprochen. Seit der Verkündung der Entscheidung sind wesentliche Entwicklungen im Bereich der Unternehmensmitbestimmung eingetreten. Vor diesem Hintergrund ist nicht auszuschließen, dass das BAG die Frage der Zurechnung der Arbeitnehmer eines gemeinsamen Betriebs nunmehr anders beurteilen würde. Das *LG Hmb.* hat mit Beschluss vom 21.10.2008 (– 417 O 171/07) entschieden, dass sich der Schwellenwert für die Bildung eines Aufsichtsrats nach dem MitbestG auch aus den Arbeitnehmern eines **anderen Unternehmens** ergibt, wenn ein gemeinsames Leitungs- und Weisungssystem besteht. Der Sinn des MitbestG rechtfertige es, auch die Arbeitnehmer bei der Berechnung des Schwellenwerts mitzuzählen, deren Anstellungsunternehmen mit einem anderen Unternehmen einen gemeinsamen Betrieb unterhält. Unternehmen müsste die Möglichkeit verschlossen sein, durch systematisches Heranziehen von Arbeitnehmern anderer, aber organisatorisch verbundener Unternehmen die Schwellenwerte des MitbestG zu umgehen.

### cc) Mitbestimmung in der Kapitalgesellschaft & Co. KG als Konzernspitze

**47** Bei einer Kapitalgesellschaft & Co. KG als herrschendem Unternehmen eines Konzerns sind der Komplementärkapitalgesellschaft die Arbeitnehmer der abhängigen Unternehmen gem. § 5 Abs. 1 S. 1 MitbestG zuzurechnen, wenn die Voraussetzungen des § 4 Abs. 1 MitbestG zwischen der herrschenden KG und ihrer Komplementärkapitalgesellschaft erfüllt sind (§ 5 Abs. 2 S. 1 MitbestG). Außerdem sind nach § 5 Abs. 2 S. 1 HS 2 i. V. m. § 5 Abs. 1 S. 2 MitbestG der Komplementärkapitalgesellschaft die Arbeitnehmer von Komplementärgesellschaften abhängiger Kapitalgesellschaften & Co. KG ebenfalls zuzurechnen. Ist die Komplementärkapitalgesellschaft der abhängigen KG selbst abhängig von der herrschenden KG, greift die allg. Zurechnung nach § 5 Abs. 2 S. 2 i. V. m. § 5 Abs. 1 S. 1 MitbestG.

**48** Wie bei § 4 MitbestG darf auch bei einem Konzernverhältnis die mitbestimmte Komplementärkapitalgesellschaft nicht von der Geschäftsführung der herrschenden KG ausgeschlossen werden (§ 5 Abs. 2 HS 2 MitbestG; § 4 Abs. 2 MitbestG).

### dd) Mitbestimmung in der Teil-Konzernspitze (§ 5 Abs. 3 MitbestG)

**49** Steht an der Spitze eines Unterordnungskonzerns ein nicht mitbestimmungspflichtiges Unternehmen, bspw. eine ausländische Rechtsform oder eine Personengesellschaft, regelt § 5 Abs. 3 MitbestG eine Auffanglösung. Das abhängige Unternehmen, das dem herrschenden Unternehmen am nächsten steht und unter den Geltungsbereich des MitbestG fällt, gilt als herrschendes Unternehmen i. S. v. § 5 MitbestG, wenn über dieses Unternehmen die Konzernleitung ausgeübt wird. In diesem Fall werden die Arbeitnehmer der abhängigen Konzernunternehmen über § 5 Abs. 3 MitbestG der obersten nach § 1 MitbestG mitbestimmungsfähigen Tochter zugerechnet. Mit dieser Regelung wird im Ergebnis sichergestellt, dass ein mitbestimmter Aufsichtsrat auf der höchstmöglichen Konzernebene innerhalb des Geltungsbereichs des MitbestG gebildet wird.

## B. Einzelne Gesetze zur Unternehmensmitbestimmung

Nach § 5 Abs. 3 MitbestG muss das herrschende Unternehmen gerade über das ihm am nächsten stehende Unternehmen andere Konzernunternehmen **beherrschen**. Welche Anforderungen an die Einschaltung des Zwischenunternehmens und die Ausübung der Konzernleitungsmacht zu stellen sind, ist umstritten. In der obergerichtlichen Rspr. hat insbes. das *OLG Düsseld.* (Beschl. v. 30.10.2006 – I-26 W 14/06 AktE, NZA 2007, 707) entschieden, dass die Vermittlung der Leitungsmacht allein auf gesellschaftsrechtlichen Strukturen, namentlich den **Kapitalanteilen** der Zwischengesellschaft an der Untergesellschaft, beruhen kann. Eine qualifizierte oder wenigstens einfache Leitung oder ein Mindestmaß an Leitungsmöglichkeit auf Seiten der Zwischengesellschaft sei nach Sinn und Zweck der Arbeitnehmermitbestimmung als ergänzendes Merkmal des § 5 Abs. 3 MitbestG nicht zu fordern. Es sei ausreichend, wenn ein Konzernverhältnis (Unterordnungskonzern) bestehe. Diese Entscheidung baut auf der Entscheidung des *OLG Stuttgart* (Beschl. v. 30.3.1995 – 8 W 355/93, NJW-RR 1995, 1067) auf. Auch das OLG Stuttgart hat die Eingliederung der fiktiven Teilkonzernspitze in einen Konzern als ausreichend angesehen. Vergleichbar hat auch das *OLG Frankfurt* entschieden (vgl. insoweit Beschl. v. 21.4.2008 – 20 W 8/07, NJOZ 2010, 1094 und Beschl. v. 21.4.2008 – 20 W 342/07, NJOZ 2010, 1096). In der Literatur wird zum Teil vertreten, dass die bloße Beteiligung der Zwischengesellschaft an den Tochtergesellschaften nicht genügt, wenn sich die Aufgabe der Zwischengesellschaft auf das Halten und Verwalten von Beteiligungen an weiteren Konzernunternehmen ohne Einflussnahme auf die Geschäftsführung in diesen Konzernunternehmen beschränkt. Stets müsse die Zwischengesellschaft auch gewisse **Mindestfunktionen** einer Konzernleitung ausüben. Anderenfalls würde ein Aufsichtsrat auf einer Ebene gebildet, auf der nichts entschieden wird (ErfK-*Oetker* § 5 MitbestG, Rn. 21, m. w. N.). Dieses Argument trifft zu. Angesichts der sich verfestigenden Rechtsprechung der genannten Oberlandesgerichte muss für die Praxis aber davon ausgegangen werden, dass die Kapitalbeteiligung bei den Zwischengesellschaften genügen kann. Es ist dann hinzunehmen, dass ggf. ein Aufsichtsrat bei einer Gesellschaft gebildet wird, die keine relevanten Entscheidungen trifft. 50

### 5. Aufsichtsrat

#### a) Größe und Zusammensetzung

Die Größe des Aufsichtsrats richtet sich nach der Anzahl der Arbeitnehmer des Unternehmens einschließlich der ihm nach § 4 MitbestG oder § 5 MitbestG zuzurechnenden Arbeitnehmer anderer Unternehmen (§ 7 Abs. 1 S. 1 MitbestG). Der Aufsichtsrat ist **paritätisch** zu besetzen. Das MitbestG sieht für den Aufsichtsrat drei unterschiedliche Größen vor. Werden regelmäßig bis zu 10.000 Arbeitnehmer beschäftigt, besteht der Aufsichtsrat aus zwölf Mitgliedern, bei mehr als 10.000 bis 20.000 Arbeitnehmern aus sechzehn Mitgliedern und bei mehr als 20.000 Arbeitnehmern aus zwanzig Mitgliedern. Die Satzung kann festlegen, dass anstelle eines zwölfköpfigen ein sechzehn- oder zwanzigköpfiger und anstelle eines sechzehnköpfigen ein zwanzigköpfiger Aufsichtsrat gebildet wird (§ 7 Abs. 1 S. 2 MitbestG). Ändert sich die Zahl der regelmäßig beschäftigten Arbeitnehmer in einem Umfang, dass die Größe des Aufsichtsrats nach § 7 Abs. 1 MitbestG anzupassen ist, muss ein Überleitungsverfahren nach § 97 AktG durchgeführt werden. Bis zu dessen Abschluss bleibt es bei der bisherigen Größe des Aufsichtsrats (MünchArbR/*Wißmann* § 280 Rn. 1). 51

Die **Verteilung** der Arbeitnehmersitze im Aufsichtsrat regelt § 7 Abs. 2 MitbestG. Dem zwölfköpfigen Aufsichtsrat gehören vier Belegschaftsmitglieder und zwei Gewerkschaftsvertreter, dem sechzehnköpfigen Aufsichtsrat sechs Belegschaftsmitglieder und zwei Gewerkschaftsvertreter und dem zwanzigköpfigen Aufsichtsrat sieben Belegschaftsmitglieder und drei Gewerkschaftsmitglieder an. Ein Sitz der Belegschaftsmitglieder ist mit einem leitenden Angestellten zu besetzen (§ 15 Abs. 1 S. 2 MitbestG). Prokuristen des Unternehmens dürfen dann nicht Arbeitnehmervertreter im Aufsichtsrat sein, wenn sie dem Leitungsorgan unmittelbar unterstellt und im Innenverhältnis zur Ausübung der Prokura für den gesamten Geschäftsbereich des Organs ermächtigt sind (§ 105 Abs. 1 AktG, § 6 Abs. 2 MitbestG). Die gesetzliche Besetzung des Aufsichtsrats ist zwingend. 52

### b) Wahl der Arbeitnehmervertreter

#### aa) Wahlordnungen

53 Alle Arbeitnehmervertreter, auch die Gewerkschaftsvertreter, werden von der Belegschaft unmittelbar oder durch Delegierte gewählt. Entsenderechte bestehen nicht. In Unternehmen mit bis zu 8.000 Arbeitnehmern ist die unmittelbare Wahl, in größeren die Wahl durch Delegierte die Regel. Die wahlberechtigten Arbeitnehmer können aber auch statt der unmittelbaren Wahl eine Delegiertenwahl beschließen und umgekehrt (vgl. § 9 MitbestG). Die Details des Wahlverfahrens sind in den **Wahlordnungen** zum MitbestG geregelt. Die 1. WOMitbestG gilt für Aufsichtsratswahlen, an denen die Arbeitnehmer eines Unternehmens mit einem Betrieb teilnehmen. Die 2. WOMitbestG betrifft die Aufsichtsratswahl durch die Arbeitnehmer eines Unternehmens mit mehreren Betrieben. Die 3. WOMitbestG greift ein, wenn an der Aufsichtsratswahl die Arbeitnehmer mehrerer Unternehmen nach § 4 oder § 5 MitbestG teilnehmen. Die Vorgaben des MitbestG und der Wahlordnungen zur Wahl sind **zwingend** (Ulmer/Habersack/Henssler-*Henssler* vor § 9 MitbestG Rn. 4).

#### bb) Organisation

54 Die Wahl organisieren Wahlvorstände, die von der Belegschaft gewählt werden. Die entsprechenden Vorschriften finden sich in §§ 3 bis 5 der WO. Danach besteht für jeden Betrieb ein Betriebswahlvorstand, außerdem bei Anwendung der 2. WOMitbestG für das Unternehmen ein Unternehmenswahlvorstand, bei Anwendung der 3. WOMitbestG für die Gesamtheit der Unternehmen, deren Arbeitnehmer an der Wahl des Aufsichtsrats teilnehmen, ein Hauptwahlvorstand. Die Wahlvorstände sind unverzüglich zu konstituieren, nachdem das Unternehmen bekannt gemacht hat, dass Aufsichtsratsmitglieder der Arbeitnehmer zu wählen sind (§ 2 WO). Diese Bekanntmachung des Unternehmens leitet die Wahl ein. Den Wahlvorständen obliegt die ordnungsgemäße und zügige Durchführung der Wahl.

55 Die Verfahren zur Aufstellung der Wählerliste – Verzeichnis aller wahlberechtigten Arbeitnehmer eines Betriebs – sind in §§ 8 bis 11 der 1. WOMitbestG, in §§ 8 bis 12 der 2. WOMitbestG und der 3. WOMitbestG geregelt. Nur in die Wählerliste eingetragene Arbeitnehmer können am Wahlverfahren teilnehmen. Bei der Eintragung ist zwischen Arbeitnehmern und leitenden Angestellten zu differenzieren. Nach § 10 Abs. 2 MitbestG i. V. m. § 7 BetrVG sind alle volljährigen Arbeitnehmer des Unternehmens sowie länger als drei Monate im Betrieb eingesetzte Arbeitnehmer anderer Arbeitgeber, in Elternzeit befindliche Arbeitnehmer und Vertreter der in Weiterbildung befindlichen Arbeitnehmer wahlberechtigt.

#### cc) Wahlberechtigung

56 Passiv wahlberechtigt sind nur natürliche, unbeschränkt geschäftsfähige Personen (§ 6 MitbestG i. V. m. § 100 AktG). Sie dürfen nicht bereits 10 Mandate in gesetzlich vorgeschriebenen Aufsichtsräten innehaben, wobei fünf Sitze in abhängigen Konzernunternehmen nicht berücksichtigt werden. Vorstandsmitglieder und Generalbevollmächtigte des Unternehmens können nicht in seinen Aufsichtsrat gewählt werden (§ 6 MitbestG i. V. m. § 105 AktG). Die wählbaren Arbeitnehmer müssen zusätzlich mindestens ein Jahr dem an der Aufsichtsratswahl beteiligten Unternehmen angehören (§ 7 Abs. 3 MitbestG). **Leiharbeitnehmer** sind, auch wenn sie aktiv wahlberechtigt sind, vom passiven Wahlrecht ausgeschlossen (§ 14 Abs. 2 S. 1 AÜG). Nicht wählbar sind Arbeitnehmer, die aufgrund strafgerichtlicher Verurteilung die Fähigkeit verloren haben, Rechte aus öffentlichen Wahlen zu erlangen.

57 Die Wahlvorschläge werden gem. § 15 Abs. 2 und 3, § 16 Abs. 2 und § 17 Abs. 1 MitbestG aufgestellt. Die Einzelheiten regeln §§ 24 bis 35 der 1. WOMitbestG, §§ 36 bis 37 der 2. WOMitbestG und §§ 26 bis 37 der 3. WOMitbestG.

## B. Einzelne Gesetze zur Unternehmensmitbestimmung     Kapitel 12

### dd) Unmittelbare Wahl

Regelungen zur unmittelbaren Wahl der Aufsichtsratmitglieder enthalten § 18 MitbestG sowie §§ 37 bis 49 der 1. WOMitbestG, §§ 39 bis 53 der 2. WOMitbestG, §§ 39 bis 53 der 3. WOMitbestG. Danach sind, abhängig von der Zahl der für den Wahlgang eingereichten Wahlvorschläge, unterschiedliche Systeme maßgeblich:    58
- Liegen für den Wahlgang mindestens zwei Wahlvorschläge vor, findet eine Verhältniswahl in Form einer Listenwahl statt. Der Wähler kann seine Stimme einer Liste, nicht jedoch einem Kandidaten geben. Die Sitze werden entsprechend der Stimmanteile auf die Listen verteilt.
- Gibt es für einen Wahlgang nur einen Wahlvorschlag, so findet eine Mehrheitswahl statt. Der Wähler kann so vielen Kandidaten seine Stimme geben, wie Sitze in dem Wahlgang zu besetzen sind. Die Kandidaten mit den meisten Stimmen sind gewählt.

An jedem Wahlgang nehmen alle wahlberechtigten Arbeitnehmer teil. Die Namen der Gewählten sind gem. § 19 MitbestG durch Aushang in allen an der Wahl beteiligten Betrieben sowie im elektronischen Bundesanzeiger zu veröffentlichen. Mit dieser Veröffentlichung beginnt auch die Zwei-Wochen-Frist für die Wahlanfechtung.    59

### ee) Delegiertenwahl

Bei der Delegiertenwahl bestimmen Delegierte die Arbeitnehmervertreter im Aufsichtsrat. Die Zahl der Delegierten hängt von der Anzahl der Arbeitnehmer ab (§ 11 Abs. 1 MitbestG). Unter den Delegierten müssen in jedem Betrieb die Arbeitnehmer und die leitenden Angestellten entsprechend ihrem zahlenmäßigen Verhältnis vertreten sein (§ 11 Abs. 2 MitbestG). Die Delegierten werden nach den Grundsätzen der **Verhältniswahl** gewählt (§ 10 Abs. 1 MitbestG). Aufsichtsratsmitglieder der Arbeitnehmer und der leitenden Angestellten werden in getrennten Wahlen durch die jeweiligen Delegierten bestimmt (§ 15 Abs. 2 MitbestG). Liegt nur ein Wahlvorschlag vor, findet eine Mehrheitswahl statt. Die Gewerkschaftsvertreter werden auf der Grundlage von Wahlvorschlägen der im Unternehmen vertretenen Gewerkschaften von den Delegierten in geheimer Wahl nach den Grundsätzen der Verhältniswahl gewählt (§ 16 Abs. 1 und 2 MitbestG). Für die Wahl von Ersatzmitgliedern gilt § 17 MitbestG.    60

### ff) Verbot der Wahlbehinderung

§ 20 Abs. 1 und 2 MitbestG verbietet die Behinderung und Beeinflussung der Aufsichtsratswahlen. Eine ungestörte Ausübung des aktiven und passiven Wahlrechts sowie der ordnungsgemäße Ablauf des Abstimmungsvorgangs soll dadurch sichergestellt werden. Verstöße sind allerdings nicht strafbewehrt.    61

### gg) Kündigungsschutz

Im Gegensatz zu dem besonderen Kündigungsschutz von Mitgliedern des Wahlvorstands und von Wahlbewerbern bei Betriebsratswahlen (§ 15 Abs. 3 KSchG) gibt es bei Aufsichtsratswahlen für die Kandidaten und Wahlvorstandsmitglieder **keinen Sonderkündigungsschutz**. Sie sind durch § 20 Abs. 1 MitbestG aber in den Fällen relativ geschützt, in denen mit der Kündigung die Ausübung des Wahlrechts beeinträchtigt oder der Arbeitnehmer wegen seines Einsatzes bei der Wahl gemaßregelt werden soll. Eine entsprechende Kündigung ist nach § 134 BGB wegen Verstoßes gegen ein gesetzliches Verbot nichtig. Ferner ist bei der Kündigung eines Kandidaten aufgrund eines nicht mit der Wahl zusammenhängenden Sachverhalts seine Rolle im Wahlverfahren im Rahmen der Interessenabwägung nach § 1 KSchG oder § 626 BGB zu beachten (Ulmer/Habersack/Henssler-*Henssler* § 20 MitbestG Rn. 14).    62

### hh) Kostentragung

Das Unternehmen hat nach § 20 Abs. 3 MitbestG die Kosten der Wahl zu tragen. Ferner ist es verpflichtet, den Wahlvorständen den erforderlichen Geschäftsbedarf zur Verfügung zu stellen (§ 7    63

Abs. 5 der WO). Das Unternehmen muss die Kosten des Wahlvorstands für alle im MitbestG und den WO vorgesehene Wahlen und Abstimmungen sowie diejenigen von Wahlanfechtungen und Abberufungen tragen (MünchArbR/*Wißmann* § 280 Rn. 35), ebenso die Aufwendungen für die notwendigen Unterrichtungen von Wahlvorstandsmitgliedern über das Wahlverfahren. Ferner ist das Arbeitsentgelt für die zur Ausübung des Amts des Wahlvorstands aufgewandte Arbeitszeit weiter zu zahlen.

### ii) Nichtigkeit

64 Die Wahl der Arbeitnehmervertreter kann, auch wenn keine ausdrückliche gesetzliche Regelung besteht, nichtig sein (allg.M.; MünchArbR/*Wißmann* § 280 Rn. 37 m. w. N.). Eine Aufsichtsratswahl ist nichtig, wenn in so hohem Maße gegen wesentliche Wahlgrundsätze verstoßen wurde, dass nicht einmal mehr der Anschein einer dem Gesetz entsprechenden Wahl vorliegt. Beispiele hierfür bilden eine Wahl ohne Wahlvorstand oder die Nichtigkeit der Wahl der Mehrzahl der Delegierten. Auch können mehrere Verstöße, die einzeln nur eine Anfechtung begründen würden, zur Nichtigkeit der Wahl führen (MünchArbR/*Wißmann* § 280 Rn. 37.; a. A. Ulmer/Habersack/Henssler-*Henssler* § 21 MitbestG Rn. 38). Die Nichtigkeit ist nicht davon abhängig, dass der mögliche Verstoß Einfluss auf das Wahlergebnis hatte. Die Aufsichtsratswahl ist ferner insgesamt nichtig, wenn die Zusammensetzung des Aufsichtsrats dem geltenden Mitbestimmungsstatut widerspricht (*BAG* 16.4.2008 EzA § 1 DrittelbG Nr. 1 = NZA 2008, 1025; Ulmer/Habersack/Henssler-*Henssler* § 6 MitbestG Rn. 80). Die Nichtigkeit der Aufsichtsratswahl kann jederzeit geltend gemacht werden. Die gerichtliche Feststellung der Nichtigkeit wirkt **ex tunc** (Ulmer/Habersack/Henssler-*Henssler* § 21 MitbestG Rn. 36).

### jj) Anfechtung

65 Die Aufsichtsratswahl kann angefochten werden (§ 22 MitbestG). Die Anfechtung kann sich auf die Wahl aller oder auch nur einzelner Aufsichtsratsmitglieder beziehen, wenn nicht der Fehler Auswirkungen auf die Wahl anderer Aufsichtsratsmitglieder hatte (Ulmer/Habersack/Henssler-*Henssler* § 22 MitbestG Rn. 3). Wirkt sich der Anfechtungsgrund auf die Wahl aller Arbeitnehmervertreter aus, ist die Wahl insgesamt anzufechten. Die (teilweise) Erklärung der Wahl für ungültig, ist von folgenden drei Voraussetzungen abhängig:
– Verstoß gegen wesentliche Wahlvorschriften;
– keine Berichtigung;
– Möglichkeit der Beeinflussung des Wahlergebnisses durch den Verstoß.

66 Die Anfechtung der Aufsichtsratswahl ist nur innerhalb einer Frist von **Zwei-Wochen** nach der Bekanntgabe der Namen der Gewählten im Bundesanzeiger zulässig (§ 22 Abs. 2 MitbestG). Zuständiges Gericht ist das Arbeitsgericht, in dessen Bezirk das Unternehmen seinen Sitz hat, für dessen Aufsichtsrat Arbeitnehmervertreter gewählt worden sind. Anfechtungsberechtigt sind jeweils drei Wahlberechtigte gemeinsam, der GBR (falls ein solcher nicht vorhanden ist, der BR), der GSprAU bzw. USprAU oder der SprAU eines jeden an der Wahl beteiligten Unternehmens, ein etwa bestehender KBR oder KSprAU, jede unter den Wahlberechtigten vertretene Gewerkschaft sowie das Vertretungsorgan des Unternehmens, dessen Aufsichtsrat gewählt worden ist. Bei erfolgreicher Anfechtung verlieren die Aufsichtsratsmitglieder, deren Wahl angefochten wurde, mit Rechtskraft der gerichtlichen Entscheidung ihr Amt. Die Anfechtung wirkt **ex nunc**. Beschlüsse, an denen die aus dem Amt ausgeschiedenen Aufsichtsratsmitglieder beteiligt waren, sind daher uneingeschränkt wirksam (Ulmer/Habersack/Henssler-*Henssler* § 22 MitbestG Rn. 25).

### kk) Vorgezogenes Verfahren

67 Auch **während** des Wahlverfahrens ist seine gerichtliche Kontrolle möglich (MünchArbR/*Wißmann* § 280 Rn. 40). Solche Verfahren sollen fehlerhafte Entscheidungen korrigieren und eine spätere Wahlanfechtung erübrigen. Eine gesetzliche Regelung gibt es nicht. Es können mögliche Anfechtungsgründe geltend gemacht werden. Zuständig ist das im Anfechtungsverfahren zur Entscheidung

## B. Einzelne Gesetze zur Unternehmensmitbestimmung

berufene Arbeitsgericht. Die Antragsbefugnis stimmt mit der Anfechtungsberechtigung überein. Zusätzlich sind BR und Wahlvorstände antragsbefugt, soweit das Verfahren ihre Handlungen und Kompetenzen betrifft. Auch einzelne Wahlberechtigte verfügen über ein Antragsrecht, wenn sie sich gegen eine Maßnahme des Wahlvorstands wenden, die sie in ihrem Wahlrecht unmittelbar betrifft oder es um die Durchsetzung ihres Wahlrechts und der damit zusammenhängenden Rechte geht (Ulmer/Habersack/Henssler-*Henssler* vor § 9 MitbestG Rn. 56). Nach Abschluss der Wahl kann dieses Verfahren auf Antrag eines Anfechtungsberechtigten als Anfechtungsverfahren fortgeführt werden.

Weitere Rechtsschutzmöglichkeiten bietet ein **einstweiliges Verfügungsverfahren**. Auf diesem Weg ist auch eine Unterbrechung der Wahl möglich. Das Verfahren ist nicht auf die Berücksichtigung von Verfahrensverstößen beschränkt, die eine Nichtigkeit der Wahl zur Folge haben können. 68

### c) Gerichtliche Bestellung von Arbeitnehmervertretern

Das Amtsgericht (Registergericht), in dessen Bezirk das Unternehmen seinen Sitz hat, kann die Arbeitnehmervertreter bestellen (§ 6 Abs. 2 S. 1 MitbestG i. V. m. § 104 AktG). Das Verfahren wird durch einen entsprechenden Antrag eingeleitet, den gem. § 104 AktG das gesetzliche Vertretungsorgan, der GBR (bei Fehlen der BR), der GSprAu bzw. USprAu oder SprAu eines jeden an der Wahl beteiligten Unternehmens, ein ggf. bestehender KBR sowie KSprAu, jede wahlvorschlagsberechtigte Gewerkschaft, 100 Wahlberechtigte oder ein Zehntel der wahlberechtigten Arbeitnehmer stellen können. Verfügt der Aufsichtsrat über weniger als die zur Beschlussfähigkeit erforderlichen Mitglieder (weniger als die Hälfte, § 28 MitbestG), so besteht eine Antragspflicht des Vertretungsorgans. Die Antragsbefugnis bezieht sich jeweils auf alle fehlenden Aufsichtsratsmitglieder. Das Gericht ist bei seiner Entscheidung an die aus §§ 7, 15 MitbestG folgende Zusammensetzung des Aufsichtsrats gebunden (§ 104 Abs. 4 AktG). Das gerichtlich bestellte Aufsichtsratsmitglied verfügt über **dieselbe Rechtsstellung** wie die anderen Mitglieder. Es scheidet aus dem Aufsichtsrat aus, sobald das im vorgeschriebenen Verfahren gewählte Aufsichtsratsmitglied sein Amt angenommen hat (§ 104 Abs. 5 AktG). 69

### d) Abberufung

Die Arbeitnehmervertreter können von ihrem Amt als Aufsichtsratsmitglied abberufen werden. Eine Abberufung durch die Wahlberechtigten richtet sich nach § 23 MitbestG i. V. m. §§ 82 bis 91 der 1. WOMitbestG, §§ 88 bis 97, 108 bis 113 der 2. WOMitbestG, §§ 88 bis 97, 108 bis 113 der 3. WOMitbestG. Das Verfahren zur Abberufung läuft spiegelbildlich zum Wahlverfahren ab (§ 23 Abs. 2 und 3 MitbestG). Dies bedeutet, dass durch Delegierte gewählte Aufsichtsratsmitglieder von diesen, in unmittelbarer Wahl gewählte Aufsichtsratsmitglieder von den Wahlberechtigten unmittelbar abberufen werden. Für den Erfolg des Abberufungsantrags ist eine drei Viertel Mehrheit der abgegebenen Stimmen erforderlich. Mit der Mitteilung des Abberufungsbeschlusses durch den obersten Wahlvorstand an das betroffene Aufsichtsratsmitglied endet dessen Aufsichtsratsamt **ex nunc**. Die Abberufung ist nach h. M. in entsprechender Anwendung des § 22 MitbestG beim Arbeitsgericht anfechtbar (Ulmer/Habersack/Henssler-*Henssler* § 23 MitbestG Rn. 26). 70

Auf Antrag des Aufsichtsrats ist das Aufsichtsratsmitglied einer AG, KGaA oder GmbH vom Amtsgericht (Registergericht) des Unternehmenssitzes (§ 14 AktG) abzuberufen, wenn in seiner Person ein **wichtiger Grund** hierfür vorliegt (§ 6 Abs. 2 i. V. m. § 103 Abs. 3 AktG). Der Abberufungsantrag setzt einen vom Aufsichtsrat nach § 29 Abs. 1 MitbestG mit einfacher Mehrheit zu fassenden Beschluss voraus, bei dem das betroffene Mitglied entsprechend § 34 BGB von der Mitwirkung ausgeschlossen ist (MünchArbR/*Wißmann* § 280 Rn. 44 mit Hinweis auf die a. A.). Ein wichtiger Grund ist gegeben, wenn eine weitere Amtsausübung für das Unternehmen unzumutbar ist. Dies kommt insbes. bei einer groben Pflichtverletzung in Betracht. 71

### e) Rechtsstellung des Aufsichtsrats

72 Nach den zwingenden Kompetenzzuweisungen des MitbestG gehören zu den Hauptaufgaben des Aufsichtsrats die **Bestellung** der Mitglieder des gesetzlichen Vertretungsorgans (Vorstände, Geschäftsführer) sowie deren Überwachung. Der Hauptversammlung verbleiben insbes. die Satzungsgewalt (§ 119 Abs. 1 Nr. 5 AktG) und die Entscheidung über die Kapitalmaßnahmen (§ 119 Abs. 1 Nr. 6 AktG), die Eingliederung (§ 319 Abs. 1 AktG), den Formwechsel (§ 193 UmwG) und die Auflösung der Aktiengesellschaft (§ 119 Abs. 1 Nr. 8 AktG). Ferner bedürfen Unternehmensverträge (§ 293 AktG), Verschmelzungs- und Spaltungsverträge (§§ 13, 122g, 125 UmwG) sowie Verträge über Vermögensübertragung (§ 176 UmwG) der Zustimmung der Hauptversammlung. Nach der h. L. ist der Aufsichtsrat befugt, seine Rechte gegenüber dem Vorstand außer durch Abberufung auch durch eine Organklage durchzusetzen (MünchArbR/*Wißmann* § 281 Rn. 2 m. w. N.). Aufgrund seiner **Überwachungsfunktion** ist der Aufsichtsrat verpflichtet, mögliche Schadenersatzansprüche gegen Vorstandsmitglieder eigenverantwortlich zu prüfen und ggf. gerichtlich geltend zu machen.

#### aa) Informationsrechte

73 Korrespondierend zu seinen Überwachungspflichten (§ 111 Abs. 1 AktG und § 38 Abs. 1 GenG) hat der Aufsichtsrat entsprechende Überwachungsrechte. Die Kontrolle des Vorstands durch den Aufsichtsrat erstreckt sich auf grundsätzliche Fragen der künftigen Geschäftspolitik. Sie ist nicht auf eine Rechtmäßigkeitsprüfung beschränkt, sondern muss die Zweckmäßigkeit und Wirtschaftlichkeit der Geschäftsführung einbeziehen. Der Aufsichtsrat oder die einzelnen Mitglieder können bei AG, KGaA und GmbH jederzeit eine zusätzliche Berichterstattung des Vorstands über die einzelnen Angelegenheiten der Gesellschaft verlangen. Der Vorstand hat dann gegenüber dem Aufsichtsrat insgesamt zu berichten. Dem entspricht das Recht eines jeden Aufsichtsratsmitglieds (§ 90 Abs. 5 AktG), von allen Berichten Kenntnis zu nehmen. Auch hat es einen Anspruch auf die Aushändigung schriftlicher Berichte, es sei denn, der Aufsichtsrat hat einen anders lautenden Beschluss gefasst. Der Aufsichtsrat ist ferner befugt, Bücher und Schriften der Gesellschaft sowie deren Vermögensgegenstände einzusehen und zu prüfen (§ 111 Abs. 2 AktG). Diese umfassenden Informationsrechte sind von den Aufsichtsratsmitgliedern zu nutzen, um ihrer Überwachungsaufgabe gerecht zu werden (MünchArbR/*Wißmann* § 281 Rn. 3).

#### bb) Bestellung und Abberufung der Mitglieder des Vertretungsorgans

74 Die Mitglieder des Vertretungsorgans der Gesellschaft (Vorstand und Geschäftsführer) werden nach § 31 MitbestG i. V. m. § 84 AktG durch den Aufsichtsrat bestellt (ausf.: Ulmer/Habersack/Henssler-*Ulmer/Habersack* § 31 MitbestG Rn. 5 ff.). Im ersten Wahlgang müssen die Kandidaten mindestens zwei Drittel der Stimmen der Aufsichtsratsmitglieder erhalten. Erreichen sie diese Mehrheit nicht, muss der **Vermittlungsausschuss** dem Aufsichtsrat binnen eines Monats einen neuen Vorschlag machen. Dem Vermittlungsausschuss, der unmittelbar nach der Wahl des Aufsichtsratsvorsitzenden und seines Stellvertreters als ständiger Ausschuss gebildet wird, gehören der Aufsichtsratsvorsitzende, sein Stellvertreter und je ein weiterer Vertreter der Anteilseigner und der Arbeitnehmer an (§ 27 Abs. 3 MitbestG). Alternativen zu den ursprünglich vorgeschlagenen Kandidaten sind möglich. Über die Vorschläge wird in einem zweiten Wahlgang abgestimmt. In ihm reicht für die Bestellung die absolute Mehrheit der Stimmen aller Aufsichtsratsmitglieder aus. Wird sie nicht erzielt, hat der Aufsichtsratsvorsitzende eine zweite Stimme, um auf diesem Weg die absolute Mehrheit zu erreichen. Ein Mitglied des Verwaltungsorgans ist der für die Personal- und Sozialangelegenheiten zuständige **Arbeitsdirektor** (§ 33 MitbestG). Er gehört dem Vorstand als gleichberechtigtes Mitglied an.

75 Die Amtsdauer der Mitglieder des Vertretungsorgans beträgt maximal **5 Jahre** (§ 84 Abs. 1 AktG). Sie können nach § 31 Abs. 1 MitbestG i. V. m. § 84 Abs. 3 AktG bei Vorliegen eines wichtigen Grunds vom Aufsichtsrat abberufen werden. Ein solcher liegt bspw. bei einer groben Pflichtverletzung, der Unfähigkeit zur ordnungsgemäßen Geschäftsführung oder einem – nicht offenkundig unsachlichen – Vertrauensentzug durch die Versammlung der Anteilseigner vor. Der Aufsichtsrat

schließt mit den Mitgliedern des Vertretungsorgans die der Bestellung zugrunde liegenden **Anstellungsverträge** (§ 84 Abs. 1 S. 5 AktG i. V. m. § 112 AktG für die AG; § 39 Abs. 1 GenG für Genossenschaften). Kündigungsberechtigt ist ebenfalls der Aufsichtsrat. In den Anstellungsverträgen sind die Rechte und die Pflichten der Mitglieder des Vertretungsorgans geregelt, wie z. B. Vergütung, Verschwiegenheitspflicht, Wettbewerbsverbot. Auch in einer GmbH ist – trotz Fehlens einer ausdrücklichen Regelung – der Aufsichtsrat für den Abschluss der Anstellungsverträge mit den Geschäftsführern zuständig (ausf.: Ulmer/Habersack/Henssler-*Ulmer/Habersack* § 31 MitbestG Rn. 38 f. mit Hinweis auf den Streitstand).

### cc) Zustimmungsbedürftige Geschäfte

Nach § 25 Abs. 1 MitbestG i. V. m. § 111 Abs. 4 S. 2 AktG muss in der Satzung oder vom Aufsichtsrat festgelegt werden, welche bedeutenden Geschäfte oder Arten von Geschäften nur nach seiner Zustimmung vorgenommen werden dürfen. Eine entsprechende Satzungsbestimmung kann nur Zustimmungsvorbehalte zugunsten des Aufsichtsrats begründen. Eine abschließende Definition zustimmungsbedürftiger Geschäfte ist ebenso wenig wie der Entzug der Zustimmungskompetenz des Aufsichtsrats möglich (h. M.; Ulmer/Habersack/Henssler-*Ulmer/Habersack* § 25 MitbestG Rn. 61 u. 64 m. w. N.). Zu den bedeutsamen Geschäften, für die ein Zustimmungsvorbehalt festgelegt werden kann, gehören insbes. Entscheidungen, die die Vermögens-, Finanz- oder Ertragslage des Unternehmens grundlegend verändern. Beispiele hierfür bilden Investitions- oder Rationalisierungsvorhaben, größere Grundstücks- oder Kreditgeschäfte, Konzernmaßnahmen, Personalmaßnahmen im Führungsbereich (MünchArbR/*Wißmann* § 281 Rn. 7). Verweigert der Aufsichtsrat die Zustimmung, kann die Hauptversammlung die Zustimmung auf Antrag des Vertretungsorgans mit einer Mehrheit von drei Vierteln der abgegebenen Stimmen ersetzen (§ 111 Abs. 4 S. 3 bis 5 AktG). Bei einer AG, die auf der Grundlage eines Beherrschungsvertrags vom herrschenden Unternehmen zur Vornahme eines Geschäfts angewiesen wurde, wird die Zustimmung des Aufsichtsrats durch die Wiederholung der Weisung ersetzt, die der Zustimmung des Aufsichtsrats des herrschenden Unternehmens bedarf (§ 308 Abs. 3 AktG).

Ohne eine erforderliche Zustimmung des Aufsichtsrats darf das Vertretungsorgan das Geschäft nicht vornehmen. Die Vertretungsbefugnis des Vertretungsorgans wird aber durch die in der Satzung oder vom Aufsichtsrat festgelegten Zustimmungsvorbehalte **nach außen** nicht eingeschränkt. Trotz der verweigerten Zustimmung vorgenommene Geschäfte oder Maßnahmen bleiben wirksam. Abweichendes gilt nur für den gesetzlichen Zustimmungsvorbehalt des § 32 MitbestG. Insoweit ist auch nach außen die Vertretungsbefugnis des Vertretungsorgans beschränkt (Ulmer/Habersack/Henssler-*Ulmer/Habersack* § 32 MitbestG Rn. 15 m. w. N.). Allerdings handelt das Vertretungsorgan pflichtwidrig und macht sich ggf. schadenersatzpflichtig.

### dd) Jahresabschluss

Die Prüfung des Jahresabschlusses obliegt dem Aufsichtsrat (§ 25 Abs. 1 MitbestG i. V. m. § 171 AktG und § 38 Abs. 1 S. 5 GenG). Dem Aufsichtsrat ist der Bericht des von ihm nach § 111 Abs. 2 S. 3 AktG beauftragten Abschlussprüfers vorzulegen. Dieser nimmt an den Verhandlungen des Aufsichtsrats oder eines Ausschusses über den Jahresabschluss teil. Danach berichtet der Aufsichtsrat schriftlich der Hauptversammlung über sein Prüfungsergebnis. Darin setzt er sich auch mit dem Ergebnis des Abschlussprüfers auseinander und teilt mit, in welchem Umfang er selbst während des Geschäftsjahrs die Geschäftsführung geprüft hat (§ 171 Abs. 2 S. 2 AktG). Am Ende des Berichts steht die Entscheidung des Aufsichtsrats über die Billigung des Jahresabschlusses, sofern nicht Aufsichtsrat und Vorstand beschließen, die Billigung der Hauptversammlung zu überlassen (§ 172 Abs. 1 AktG). Mit der Billigung des Jahresabschlusses durch den Aufsichtsrat ist dieser festgestellt. In Unternehmen, die nicht in der Rechtsform einer AG verfasst sind, wird der Jahresabschluss von der Anteilseignerversammlung festgestellt (§ 286 Abs. 1 AktG für KGaA, § 46 Nr. 1 GmbHG für die GmbH, § 48 Abs. 1 S. 1 GenG für Genossenschaften). Über die Gewinnverwendung beschließt immer die Anteilseignerversammlung (§ 174 AktG für AG und KGaA, § 46 Nr. 1 GmbHG für GmbH und § 48 Abs. 1 S. 2 GenG für Genossenschaften).

### f) Rechtsstellung der Mitglieder des Aufsichtsrats

79 Die Mitglieder des Aufsichtsrats sind zur Überwachung und Beratung des Vertretungsorgans der Gesellschaft verpflichtet. Sie haben ferner regelmäßig an den Aufsichtsratssitzungen teilzunehmen, sich die erforderlichen Kenntnisse und Informationen zu beschaffen und sorgfältig vorzubereiten. Die Aufsichtsratmitglieder stehen zu der Gesellschaft in einem Aufsichtsratsverhältnis, das durch Wahl bzw. Entsendung und deren Annahme durch den Gewählten bzw. Entsandten zustande kommt (Ulmer/Habersack/Henssler-*Ulmer/Habersack* § 25 MitbestG Rn. 82). Dieses Rechtsverhältnis ist von dem Arbeitsverhältnis belegschaftsangehöriger Aufsichtsratsmitglieder zu **trennen** (MünchArbR/*Wißmann* § 282 Rn. 14). Alle Aufsichtsratsmitglieder sind gleich zu behandeln (Ulmer/Habersack/Henssler-*Ulmer/Habersack* § 25 MitbestG Rn. 76). Bei ihrer Amtsausübung sind die Aufsichtsratsmitglieder Aufträgen oder Weisungen nicht unterworfen. Sie können sich nicht wirksam verpflichten, Weisungen zu befolgen, sich für bestimmte Entscheidungen einzusetzen oder ihr Amt niederzulegen, wenn sie in einer Frage nicht mit ihren Wählern übereinstimmen (MünchArbR/*Wißmann* § 282 Rn. 14). Die Aufsichtsratsmitglieder haben einen Anspruch auf Ersatz ihrer erforderlichen Aufwendungen (§§ 670, 675 BGB), bspw. bei der Teilnahme an Aufsichtsratssitzungen. Ob und unter welchen Voraussetzungen Aufwendungen für die Hinzuziehung eines Beraters oder Sachverständigen erstattungsfähig sind, ist umstritten (vgl. zum Ganzen: *Fonk* NZG 2009, 761). Darüber hinaus steht den Aufsichtsratsmitgliedern i. d. R. aufgrund entsprechender Regelungen in der Satzung eine Vergütung zu. Hinsichtlich deren Höhe darf an die unterschiedlichen Funktionen (z. B. Vorsitzender) angeknüpft werden (Ulmer/Habersack/Henssler-*Ulmer/Habersack* § 25 MitbestG Rn. 84).

80 Die Aufsichtsratsmitglieder haben ihre Tätigkeit am **objektiven Unternehmensinteresse** auszurichten, also am Inbegriff aller im Unternehmen zusammenfließenden Interessen der Anteilseigner, der Arbeitnehmer, der Gläubiger und der Öffentlichkeit an dem Bestand, Erfolg und Erhalt des Unternehmens. Einzelinteressen darf das Aufsichtsratsmitglied nur bei ihrer Vereinbarkeit mit dem Unternehmensinteresse verfolgen. Maßstab für die Tätigkeit der Aufsichtsratsmitglieder ist die Sorgfalt eines ordentlichen und gewissenhaften Überwachers der Geschäftsführung (§ 116 i. V. m. § 93 Abs. 1 S. 1 AktG bzw. § 41 i. V. m. § 34 Abs. 1 S. 1 GenG). Anknüpfungspunkt dieses objektiven typisierten Sorgfaltsmaßstabs sind nicht die persönlichen Kenntnisse und Fähigkeiten der einzelnen Aufsichtsratsmitglieder, sondern die Mindestqualifikation, welche im Hinblick auf das jeweilige Unternehmen erforderlich ist, um sich ein Bild von dessen Lage und Entwicklung zu machen und die Geschäftsführung zu überwachen (MünchArbR/*Wißmann* § 282 Rn. 15). Verletzen sie diese Pflicht schuldhaft, kommt ein Schadenersatzanspruch der Gesellschaft in Betracht (§ 25 Abs. 1 S. 1 MitbestG i. V. m. §§ 116, 93 Abs. 2 bis 6 AktG bzw. § 25 Abs. 1 S. 1 MitbestG i. V. m. §§ 41, 34 Abs. 2 bis 6 GenG). Daneben besteht die Möglichkeit der Abberufung. Bei bestimmten Pflichtverletzungen können Strafen oder Geldbußen verhängt werden (Ulmer/Habersack/Henssler-*Ulmer/Habersack* § 25 MitbestG Rn. 121).

#### aa) Verschwiegenheitspflicht

81 Die Aufsichtsratmitglieder sind nach § 25 Abs. 1 MitbestG i. V. m. §§ 116, 93 Abs. 1 S. 2 AktG bzw. § 25 Abs. 1 MitbestG i. V. m. §§ 41, 34 Abs. 1 S. 2 GenG zur Verschwiegenheit über vertrauliche Angaben und Geheimnisse der Gesellschaft (Betriebs- oder Geschäftsgeheimnisse) verpflichtet, die ihnen durch die Aufsichtsratstätigkeit bekannt geworden sind. Ein Geschäfts- und Betriebsgeheimnis ist eine nicht offenkundige, das Unternehmen betreffende Tatsache, hinsichtlich derer das Unternehmen ein objektives Geheimhaltungsinteresse hat und die es nicht offenbaren will (vgl. zu Definitionen GroßKommAktG/*Otto* § 404 AktG Rn. 12 ff.). Diese Verschwiegenheitspflicht besteht nicht gegenüber anderen Aufsichtsratsmitgliedern, dem Vorstand oder vom Aufsichtsratsmitglied zugezogenen fachkundigen Beratern, die gesetzlich oder aufgrund einer Vereinbarung zur Ver-

## B. Einzelne Gesetze zur Unternehmensmitbestimmung

schwiegenheit verpflichtet sind (MünchArbR/*Wißmann* § 282 Rn. 16). Gegenüber **Betriebsratsmitgliedern** sind die Aufsichtsratsmitglieder auch nach der Rspr. des BAG (*BAG* 23.10.2008 EzA § 626 BGB 2002 Nr. 25 = NZA 2009, 855) grundsätzlich zur Geheimhaltung verpflichtet (vgl. zu dieser Verpflichtung: GroßKommAktG/*Hopt/Roth* § 116 AktG Rn. 222). Die Verpflichtung zur Verschwiegenheit besteht für die Aufsichtsratsmitglieder auch dann, wenn sie gleichzeitig Mitglieder eines betriebsverfassungsrechtlichen Organs sind (*BAG* 23.10.2008 EzA § 626 BGB 2002 Nr. 25 = NZA 2009, 855). Nach § 116 Abs. 2 AktG umfasst die Schweigepflicht auch den Gang der Beratungen und das Abstimmungsverhalten im Aufsichtsrat (Ulmer/Habersack/Henssler-*Ulmer/Habersack* § 25 MitbestG Rn. 106). Nicht geheimhaltungsbedürftig – es sei denn ihr Gegenstand unterliegt der Geheimhaltung – sind die Beschlüsse des Aufsichtsrats sowie die zugrunde liegenden Abstimmungsergebnisse (MünchArbR/*Wißmann* § 282 Rn. 17).

*bb) Schutz der Arbeitnehmervertreter*

Die Arbeitnehmervertreter werden nach § 26 MitbestG gegen Behinderung und Benachteiligung geschützt. Aus diesem für jedermann geltenden Verbot resultiert ein Anspruch des Arbeitnehmervertreters auf Befreiung von der Arbeitspflicht in dem zur Ausübung des Amts erforderlichen Umfang. Umstritten ist, ob für diese Zeit die **Arbeitsvergütung** weiterzuzahlen ist (bejahend; MünchArbR/ *Wißmann* § 282 Rn. 19; a. A. Ulmer/Habersack/Henssler-*Ulmer/Habersack* § 26 MitbestG Rn. 8, nur wenn die Aufsichtsratsvergütung hinter dem Arbeitsentgelt zurückbleibt). Ein Anspruch auf bezahlte Arbeitsbefreiung zur Teilnahme an Schulungsveranstaltungen besteht nach dem MitbestG jedoch nicht. Die Aufsichtsratsmitglieder haben Anspruch auf die gleiche berufliche Entwicklung und das gleiche Arbeitsentgelt wie ein vergleichbarer Arbeitnehmer, der nicht dem Aufsichtsrat angehört. Ein **Sonderkündigungsschutz** (wie z. B. für Betriebsratsmitglieder) besteht für Aufsichtsratsmitglieder nicht. Eine Kündigung kann jedoch unwirksam sein, wenn durch sie die Tätigkeit des Aufsichtsratsmitglieds behindert werden soll (Ulmer/Habersack/Henssler-*Ulmer/Habersack* § 26 MitbestG Rn. 12). Auch eine Kündigung, die allein mit der Verletzung von Pflichten aus dem Aufsichtsratsamt begründet wird, ist unwirksam. Hier haben die gesellschaftsrechtlichen Sanktionen Vorrang (*BAG* 23.10.2008 EzA § 626 BGB 2002 Nr. 25 = NZA 2009, 855). Eine nur auf die Verletzung arbeitsrechtlicher Pflichten gestützte Kündigung ist zulässig.

## II. DrittelbG

### 1. Anwendungsbereich

Das DrittelbG hat ab dem 1.7.2004 die noch fortgeltenden §§ 76 ff. BetrVG 1952 abgelöst. Es ist – wie das MitbestG – nur auf Gesellschaften anwendbar, die in der Rechtsform einer AG, KGaA, GmbH oder Genossenschaft verfasst sind (§ 1 Abs. 1 Nr. 1, 2, 3 und 5 DrittelbG). Außerdem findet es auf solche VVaG Anwendung, bei denen nach § 35 VAG ein Aufsichtsrat zu bilden ist. Eine Mitbestimmung nach dem DrittelbG kommt nicht in Betracht, wenn das Unternehmen den vorrangigen Bestimmungen des MitbestG, des Montan-MitbestG oder des MitbestErgG unterliegt (§ 1 Abs. 2 Nr. 1 DrittelbG). Vom Anwendungsbereich des DrittelbG ausgenommen sind auch die sog. Tendenzbetriebe sowie Religionsgemeinschaften und ihre karitativen und erzieherischen Einrichtungen unbeschadet ihrer Rechtsform (§ 1 Abs. 2 S. 1 Nr. 2, Abs. 2 DrittelbG).

Das DrittelbG findet aus den gleichen Gründen wie das MitbestG (vgl. Rdn. 8 ff.) keine Anwendung auf Gesellschaften, die in einer **ausländischen** Rechtsform verfasst sind, selbst wenn sie ihren tatsächlichen Verwaltungssitz im Inland haben (Ulmer/Habersack/Henssler-*Habersack* § 1 DrittelbG Rn. 5; ErfK/*Oetker* Einf. DrittelbG Rn. 4). Auch bei DrittelbG gilt für den Arbeitnehmerbegriff § 5 Abs. 1 BetrVG.

### 2. Arbeitnehmeranzahl

Nach § 1 Abs. 1 DrittelbG setzt eine Mitbestimmung nach diesem Gesetz voraus, dass das Unternehmen i. d. R. mehr als 500 Arbeitnehmer beschäftigt. Hinsichtlich des Merkmals »i. d. R. beschäftigt« ist auf die Ausführungen zum MitbestG zu verweisen (s. Rdn. 16). Im Gegensatz zu dem MitbestG sind aber die leitenden Angestellten keine Arbeitnehmer i. S. d. Gesetzes (§ 3 DrittelbG). Ein Mitbestimmungsrecht im Aufsichtsrat besteht auch in einer AG oder KGaA mit i. d. R. weniger als 500 Arbeitnehmern, die vor dem 10.8.1994 eingetragen wurden und keine Familiengesellschaften sind. Die Gesellschaft muss jedoch mindestens fünf Arbeitnehmer beschäftigen (*BGH* 4.2.2012 – II ZB 14/11, NZA 2012, 580). Als Familiengesellschaften gelten nach der gesetzlichen Definition AG, deren einziger Aktionär eine natürliche Person ist oder deren sämtliche Aktionäre untereinander i. S. d. § 15 Abs. 1 Nr. 2 bis 8, Abs. 2 AO verwandt oder verschwägert sind, also Ehegatten, Verwandte und Verschwägerte gerader Linie (z. B. Eltern, Schwiegereltern, Kinder), Geschwister sowie deren Ehegatten und Kinder. Erfasst werden nach § 11 LPartG auch eingetragene Lebenspartner. Eine KGaA ist eine Familiengesellschaft, wenn sämtliche Kommanditaktionäre und persönlich haftende Gesellschafter in einem der beschriebenen Angehörigenverhältnisse stehen (MünchArbR/*Wißmann* § 285 Rn. 3).

### 3. Zurechnung von Arbeitnehmern

86 Die Konzernzurechnung von Arbeitnehmern ist in § 2 Abs. 2 DrittelbG geregelt. Anders als die Konzernzurechnung nach dem MitbestG (vgl. Rdn. 35 ff.) setzt die Zurechnung voraus, dass ein **Beherrschungsvertrag** oder ein **Eingliederungsverhältnis** besteht. Ein faktisches Konzernverhältnis genügt nicht (Ulmer/Habersack/Henssler-*Habersack* § 2 DrittelbG Rn. 12). Auch gibt es im Gegensatz zu dem MitbestG keine Zurechnung zur Komplementärin einer Kapitalgesellschaft & Co. KG. Dies folgt schon aus der fehlenden Anwendbarkeit des DrittelbG auf atypische Personengesellschaften. Auch eine dem § 5 Abs. 3 MitbestG vergleichbare Regelung über eine fingierte Teilkonzernspitze kennt das DrittelbG nicht. Jedoch sind die Grundsätze zum Konzern im Konzern ebenso anwendbar wie die zum Gemeinschaftsunternehmen (Ulmer/Habersack/Henssler-*Habersack* § 2 DrittelbG Rn. 9).

87 Dem herrschenden Unternehmen sind die Arbeitnehmer der Gesellschaften zuzurechnen, mit denen ein Beherrschungsvertrag besteht. Die Rechtsform der abhängigen Gesellschaft ist insoweit unerheblich (Ulmer/Habersack/Henssler-*Habersack* § 2 DrittelbG Rn. 13). Der Beherrschungsvertrag kann weder durch einen Gewinnabführungsvertrag oder einen Unternehmensvertrag i. S. d. § 292 Abs. 1 AktG noch durch eine sonstige Vereinbarung zwischen herrschendem und beherrschtem Unternehmen ersetzt werden. Eine Eingliederung ist nur zwischen AG möglich, vergleichbare Verbindungen mit Unternehmen anderer Rechtsformen scheiden aus (MünchArbR/*Wißmann* § 285 Rn. 4).

### 4. Aufsichtsrat

88 Im DrittelbG ist keine ausdrückliche Regelung über die Größe und Zusammensetzung des Aufsichtsrats enthalten. Daher greift für die vom DrittelbG erfassten AG, KGaA und GmbH § 95 AktG, wonach der Aufsichtsrat aus mindestens drei Mitgliedern bestehen und seine Mitgliederzahl stets durch drei teilbar sein muss. Die Höchstzahl ist bei Unternehmen mit einem Grundkapital von bis zu EUR 1,5 Mio. auf neun, von bis zu EUR 10 Mio. auf 15 und von über EUR 10 Mio. auf 21 Mitglieder begrenzt. Bei Genossenschaften gibt es keine Höchstzahl. Vorbehaltlich abweichender Regelungen in der Satzung beträgt die Zahl der Aufsichtsratsmitglieder stets drei. Dabei entfällt nach § 4 Abs. 1 DrittelbG **ein Drittel** der Aufsichtsratssitze auf die Arbeitnehmervertreter.

#### a) Wahl der Arbeitnehmervertreter

89 Allgemeine Bestimmungen zur Wahl sind in den §§ 5 bis 11 DrittelbG festgelegt, die Einzelheiten regelt die WODrittelbG v. 23.6.2004. Danach werden die Arbeitnehmervertreter nach den Grundsätzen der **Mehrheitswahl** in allgemeiner, geheimer, gleicher und unmittelbarer Wahl gewählt. Ihre Amtszeit stimmt mit der im Gesetz oder der Satzung für die von der Hauptversammlung zu wählenden Aufsichtsratsmitglieder geregelten Amtszeit überein (§ 5 Abs. 1 DrittelbG). Die Wahlberechtigung ist vergleichbar mit dem Wahlrecht zum Betriebsrat nach dem BetrVG. Die Arbeitnehmerver-

## B. Einzelne Gesetze zur Unternehmensmitbestimmung Kapitel 12

treter, die Beschäftigte des Unternehmens sind, müssen das 18. Lebensjahr vollendet haben und mindestens ein Jahr dem Unternehmen angehören. Wenn weniger als drei Arbeitnehmervertreter zu wählen sind, müssen diese im Unternehmen beschäftigt sein. Werden mehr als zwei Arbeitnehmervertreter gewählt, so müssen mindestens zwei im Unternehmen beschäftigt sein (§ 4 Abs. 2 DrittelbG). Unter den Aufsichtsratsmitgliedern sollen die Geschlechter entsprechend ihrem zahlenmäßigen Verhältnis im Unternehmen vertreten sein (§ 4 Abs. 4 DrittelbG).

*aa) Wahlverfahren*

Das Wahlverfahren beginnt mit der Information des Vertretungsorgans der Gesellschaft an den BR – oder bei seinem Fehlen – an die Arbeitnehmer über die Zahl der zu entsendenden Arbeitnehmer und deren Amtszeit (§ 1 WODrittelbG). Diese Mitteilung muss spätestens 14 Wochen vor dem Beginn der Amtszeit der zu wählenden Aufsichtsratsmitglieder vorgenommen werden, rechtliche Voraussetzung für die Einleitung der Wahl ist sie aber nicht. Vom BR oder der Betriebsversammlung ist daraufhin ein Wahlvorstand zu bilden, der das Wahlausschreiben erlässt. Den Wahlvorständen obliegt die Organisation und Durchführung des Wahlverfahrens (§ 2 Abs. 1, § 25 Abs. 1 WODrittelbG). Bei einer Wahl in einem Unternehmen mit mehreren Betrieben wird durch den GBR zusätzlich ein Unternehmenswahlvorstand bestellt, bei einer Konzernwahl zusätzlich ein Hauptwahlvorstand. Wahlvorschläge kann jeder im Betrieb gebildete BR, bei der Wahl in einem Unternehmen mit mehreren Betrieben der GBR und bei der Konzernwahl der KBR sowie die wahlberechtigten Arbeitnehmer machen. Die Wahlvorschläge von Arbeitnehmern müssen von mindestens einem Zehntel oder von 100 wahlberechtigten Arbeitnehmern der Betriebe des Unternehmens unterzeichnet sein (§ 6 DrittelbG). Die Einzelheiten sind in §§ 7 bis 12 WODrittelbG geregelt. Ein Ersatzmitglied kann zusammen mit einem Bewerber vorgeschlagen werden (§ 7 DrittelbG). Es ist mit der Wahl seines Bewerbers gewählt. Gewählt ist der Bewerber, der die meisten Stimmen erhalten hat. Gleiches gilt für die Wahl mehrerer Bewerber. Die Bekanntmachung und Veröffentlichung im elektronischen Bundesanzeiger bestimmt § 8 DrittelbG. Sie hat Relevanz für den Lauf der Anfechtungsfrist (§ 11 Abs. 2 S. 2 DrittelbG). An einer Wahl der Arbeitnehmervertreter des Aufsichtsrats eines herrschenden Konzernunternehmens nehmen auch die Arbeitnehmer der Konzernunternehmen teil (§ 2 Abs. 1 DrittelbG). 90

*bb) Gerichtliche Verfahren zur Kontrolle der Aufsichtsratswahl*

Vergleichbar zu einer nach dem MitbestG durchgeführten Aufsichtsratswahl kann die nach dem DrittelbG vorgenommene Aufsichtsratswahl **nichtig** sein, auch wenn insoweit eine ausdrückliche gesetzliche Regelung fehlt. Eine Aufsichtsratswahl ist nichtig, wenn die allgemeinen Voraussetzungen einer Wahl nicht vorlagen oder bei dieser offenkundig gegen wesentliche Wahlgrundsätze verstoßen wurde (Ulmer/Habersack/Henssler-*Henssler* § 11 DrittelbG Rn. 9). Eine mögliche Beeinflussung des Ergebnisses der Aufsichtsratswahl ist nicht erforderlich. Die Nichtigkeit kann jederzeit und in jedem Verfahren auch als Vorfrage geltend gemacht werden. 91

Ausdrücklich geregelt ist die **Anfechtung** der Aufsichtsratswahl. Sie kann sich auf die Wahl aller oder nur einzelner Mitglieder des Aufsichtsrats beziehen (Ulmer/Habersack/Henssler-*Henssler* § 11 DrittelbG Rn. 5). Die Voraussetzungen der Wahlanfechtung sind mit den nach dem MitbestG geltenden identisch (vgl. Rdn. 65). Die Anfechtungsfrist beträgt zwei Wochen nach der Veröffentlichung der Namen der Gewählten im elektronischen Bundesanzeiger (§ 11 Abs. 2 S. 2 DrittelbG). Zuständig ist das Arbeitsgericht in dessen Bezirk das Unternehmen seinen Sitz hat. Anfechtungsberechtigt sind jeweils drei Wahlberechtigte, das Vertretungsorgan sowie jeder BR (§ 11 Abs. 2 S. 1 DrittelbG). Mit Rechtskraft einer stattgebenden Entscheidung verlieren die betroffenen Aufsichtsratsmitglieder ihr Amt. 92

Wie beim MitbestG (vgl. Rdn. 67) besteht die Möglichkeit eines anfechtungsähnlichen Gerichtsverfahrens, mit dem bereits während der Wahl fehlerhafte Entscheidungen korrigiert werden sollen (MünchArbR/*Wißmann* § 285 Rn. 24). 93

## Kapitel 12 — Unternehmensmitbestimmung

### b) Rechtsstellung der Arbeitnehmervertreter

**94** Die Arbeitnehmervertreter stehen zu der Gesellschaft in einem Aufsichtsratsverhältnis. Gegenüber dem Unternehmen gelten die gleichen Rechte und Pflichten für alle Aufsichtsratsmitglieder. Maßstab des Handelns der Aufsichtsratsmitglieder ist das Unternehmensinteresse. Für das Rechtsverhältnis zu dem Unternehmen und den daraus resultierenden Rechten und Pflichten, wie Anspruch auf Vergütung und Aufwendungsersatz, Überwachungs- und Verschwiegenheitspflicht gelten die Ausführungen zum MitbestG (vgl. Rdn. 79 ff.) entsprechend. Nach § 9 DrittelbG sind die Arbeitnehmervertreter gegen Behinderung und Benachteiligung geschützt, im Unterschied zum MitbestG ist aber auch ausdrücklich ihre **Begünstigung** verboten. Eine solche kann bspw. eine ungerechtfertigte Höhergruppierung, eine vergleichbaren Arbeitnehmern nicht gezahlte Zuwendung oder eine sachlich nicht begründete Versetzung an einen bevorzugten Arbeitsplatz sein. Eine gegen das Begünstigungsverbot verstoßende Vereinbarung ist nichtig (§ 134 BGB).

### III. SE

#### 1. Allgemeines

**95** Im Fall der Errichtung einer Europäischen Gesellschaft (SE) zielen die Verordnung (EG) Nr. 2157/2001 des Rats vom 8. Oktober 2001 (SE-Verordnung) sowie das zu ihrer Umsetzung ergangene Gesetz über die Beteiligung der Arbeitnehmer in einer Europäischen Gesellschaft vom 22. Dezember 2004 (SEBG) darauf ab, die bisherige Struktur der unternehmerischen Mitbestimmung zu erhalten. Bevor die SE eingetragen werden darf, muss ein Verhandlungsverfahren über die Beteiligung der Arbeitnehmer durchlaufen werden. Ziel dieses Verfahrens ist eine Vereinbarung über die Arbeitnehmerbeteiligung. Gelingt keine Einigung, kann es je nach Konstellation dazu kommen, dass eine Arbeitnehmerbeteiligung entfällt oder eine gesetzliche Auffanglösung greift.

#### 2. Errichtung der SE

**96** Die Errichtung der SE ist auf fünf verschiedenen Wegen möglich (vgl. Art. 2 Abs. 1 bis 4 und Art. 3 Abs. 2 SE VO):
- Verschmelzung von zwei oder mehr AG aus mindestens zwei verschiedenen Mitgliedstaaten (handelt es sich bei den beteiligten Gesellschaften nicht um AG, so ist deren vorherige Umwandlung nötig)
- Errichtung einer Holding-SE von Gesellschaften verschiedener Mitgliedstaaten oder mit Töchtern in verschiedenen Mitgliedstaaten (seit mindestens zwei Jahren)
- Errichtung einer Tochter-SE durch Gesellschaften (auch Personengesellschaften und Genossenschaften) aus mindestens zwei Mitgliedstaaten
- Identitätswahrende Umwandlung einer nationalen AG, die seit mindestens zwei Jahren eine Tochtergesellschaft in einem anderen Mitgliedstaat hat
- Gründung einer Tochter-SE durch eine bestehende SE

#### 3. Verhandlungsverfahren

**97** Das Verhandlungsverfahren über die Arbeitnehmerbeteiligung (Verhandlungsverfahren) beginnt mit der Information der Arbeitnehmer(-Vertretungen) durch die Leitungsorgane der an der Errichtung der SE beteiligten Gesellschaften (Leitungen) über das Vorhaben, eine SE zu errichten, und der Aufforderung, das besondere Verhandlungsgremium (bVG) zu bilden (§ 4 Abs. 1 SEBG).

**98** Anschließend bilden die Arbeitnehmer der beteiligten Gesellschaften sowie betroffener Tochtergesellschaften bzw. ihre Vertreter das bVG. Jeder Mitgliedstaat, in dem Arbeitnehmer der beteiligten Gesellschaften oder der betroffenen Tochtergesellschaften beschäftigt sind, erhält mindestens einen Sitz im bVG. Die Anzahl der einem Mitgliedstaat zugewiesenen Sitze erhöht sich nach bestimmten Kriterien in Abhängigkeit von der Zahl der Arbeitnehmer. Die Mitglieder des bVG werden nach den jeweiligen nationalen Vorschriften bestimmt. Unverzüglich nach Bestellung aller Mitglieder des bVG, spätestens aber zehn Wochen nach der Information der Arbeitnehmer(-Vertretungen) über das Vorhaben, eine SE zu errichten, laden die Leitungen zur konstituierenden Sitzung des bVG ein.

### 4. Verhandlung

Im Anschluss an die Konstituierung des bVG verhandeln die Leitungen und das bVG über eine Vereinbarung zur Regelung der Beteiligungsrechte der Arbeitnehmer in der SE. Die Verhandlungsfrist beträgt sechs Monate (§ 20 Abs. 1 SEBG) und beginnt mit dem Tag, für den die Leitungen zur konstituierenden Sitzung des bVG geladen haben. Sie kann im Einvernehmen der Verhandlungspartner auf bis zu einem Jahr verlängert werden (§ 20 Abs. 2 SEBG). 99

### 5. Ergebnisvarianten

Je nachdem, wie die SE errichtet wird, wirkt sich der Ausgang der Verhandlungen unterschiedlich auf das Modell der Mitarbeiterbeteiligung aus. Wird die SE anders als durch bloßen Rechtsformwechsel errichtet, hängt es vom Ergebnis der Verhandlungen ab, ob es in der SE zu einer Mitarbeiterbeteiligung kommt. Schließen die Parteien eine Vereinbarung, richten sich die Beteiligungsrechte der Arbeitnehmer nach dieser Vereinbarung. Mit dem Abschluss der Vereinbarung ist auch das Verhandlungsverfahren beendet und die SE kann in das Handelsregister eingetragen werden. Mit einer Mehrheit von zwei Dritteln der Mitglieder des bVG, die mindestens zwei Drittel der Arbeitnehmer in mindestens zwei Mitgliedstaaten vertreten, kann das bVG die Verhandlungen abbrechen. Die SE kann eingetragen werden. Sie ist **mitbestimmungsfrei** (§ 16 Abs. 2 SEBG). Unter bestimmten Voraussetzungen können die Verhandlungen nach einer Frist von zwei Jahren wieder aufgenommen werden (§ 18 Abs. 1 SEBG). Kommt innerhalb der gesetzlichen Fristen (§ 20 SEBG) keine Einigung zustande, greift die gesetzliche Auffanglösung (§§ 34 Abs. 1, 22 Abs. 1 Nr. 2 SEBG). Nach § 35 Abs. 1 SEBG gilt dann das »höchste« – also das für die Arbeitnehmer günstigste – Mitbestimmungsniveau, das in den beteiligten Gesellschaften vor Errichtung der SE gegolten hat. 100

Im Fall der Gründung einer SE durch **Umwandlung** ist ein Beschluss über den Abbruch der Verhandlungen ausgeschlossen, wenn den Arbeitnehmern in der umzuwandelnden Gesellschaft Mitbestimmungsrechte zustehen (§ 16 Abs. 3 SEBG). Dies bedeutet, dass die Verhandlungen zu führen sind. Kommt keine Einigung zustande, greift die gesetzliche Auffanglösung, d. h. es gilt das Mitbestimmungsniveau, das in der Gesellschaft vor der Umwandlung »bestanden« hat. 101

### 6. Besondere Konstellationen

#### a) Beteiligungsvereinbarung bei einer SE Gründung durch Umwandlung

Der Inhalt einer Beteiligungsvereinbarung ist bei Gründung einer SE durch Umwandlung eingeschränkt. Die Vereinbarung muss eine Beteiligung der Arbeitnehmer mindestens in dem Ausmaß gewährleisten, das in der Gesellschaft »besteht«, die in eine SE umgewandelt werden soll (§ 21 Abs. 6 SEBG). Die Arbeitnehmerbeteiligung muss hinsichtlich aller Komponenten erhalten bleiben. Die Verhandlungspartner dürfen weder von einer Mitbestimmung ganz absehen, noch die Mitbestimmungsrechte mindern. Insbesondere darf die Beteiligungsvereinbarung nicht den Anteil der Arbeitnehmervertreter im Aufsichtsrat einschränken; eine Verkleinerung des Gremiums ist denkbar (Jannott/Frodermann-*Kienast* 13 Mitbestimmung Rn. 395; Lutter/Hommelhoff-*Seibt* Art. 37 SE VO Rn. 51; Ulmer/Habersack/Henssler-*Henssler* Einl. SEBG Rn. 96, 119; Lutter/Hommelhoff-*Oetker* § 21 SEBG Rn. 34). Es ist also entscheidend, welches Mitbestimmungsniveau in der AG vor der Umwandlung in die SE »besteht«. 102

#### b) Arbeitnehmerbeteiligung bei Aktivierung einer Vorrats-SE

Grundsätzlich ist bei einer SE nach der Gründung das Mitbestimmungsniveau **eingefroren**. Auch bei Überschreiten von Schwellenwerten etc. ist kein neues Verhandlungsverfahren durchzuführen (vgl. zum Ganzen auch: *Rieble* BB 2006, 2018 ff.). Eine Ausnahme von diesem Grundsatz regelt 103

§ 18 Abs. 3 SEBG. Bei strukturellen Änderungen, die zur Minderung der Beteiligungsrechte geeignet sind, muss erneut über die Beteiligung der Arbeitnehmer verhandelt werden.

*aa) Meinungsstand*

104 Wie im Fall einer **Vorrats-SE** die Arbeitnehmerbeteiligung gesichert werden soll, ist bislang weitgehend ungeklärt. Eine Auffassung knüpft an § 18 Abs. 3 SEBG an. Dessen Tatbestandsmerkmale seien bereits dann erfüllt, wenn eine SE **wirtschaftlich neu gegründet**, also mit einem Unternehmen ausgestattet wird und infolgedessen über Arbeitnehmer verfügt. In diesem Fall sei analog § 18 Abs. 3 SEBG ein Beteiligungsverfahren nachzuholen (*OLG Düsseld.* AG 2009, 629, 631; MüKo-AktG/ *Schäfer* Art. 16 SE-VO Rn. 13; *Casper/Schäfer* ZIP 2007, 653, 658f; *Casper* AG 2007, 97, 100).

105 Einen anderen Lösungsweg geht *Schubert*. Sie will im Zeitpunkt der wirtschaftlichen Neugründung die **Auffangregelung** der §§ 22 ff. SEBG, also insbes. §§ 34 ff. SEBG eingreifen lassen Sowohl bei der Gründung der Vorrats-SE, als auch im Zeitpunkt der wirtschaftlichen Neugründung (dann analog §§ 4 ff. SEBG) soll mit den Arbeitnehmern der Gründungsgesellschaften ein Verhandlungsverfahren durchzuführen sein (*Schubert* ZESAR 2006, 340, 344 f.).

106 Nach wieder anderer Auffassung erfasst § 18 Abs. 3 SEBG nur **korporative Akte** von erheblichem Gewicht. Der Begriff der »strukturellen Änderung« müsse eng ausgelegt werden und sich an den **Gründungstatbeständen** orientieren (*Rieble* BB 2006, 2018, 2022), die die Geltung der Mitbestimmung hätten beeinflussen können. Für diese Lösung spreche insbes. die Gesetzesbegründung zum SEBG, die als Beispielfall die Aufnahme eines mitbestimmten Unternehmens mit einer größeren Zahl von Arbeitnehmern durch eine nicht mitbestimmte SE nennt. Die wirtschaftliche Aktivierung der Vorrats-SE oder Holding-SE an sich sei inhaltlich nicht mit dem Gründungsvorgang zu vergleichen. Diese Maßnahme sei auch kein korporativer Akt von erheblichem Gewicht. Eine strukturelle Änderung sei folglich nicht in der wirtschaftlichen Aktivierung zu sehen, sondern könne dieser nur im Rahmen weiterer geplanter Reorganisationsschritte nachfolgen, z. B. durch die Verschmelzung einer mitbestimmten Gesellschaft auf die SE. Erst in diesem Fall sei das Beteiligungsverfahren durchzuführen (*Wisskirchen/Bissels/Dannhorn* DB 2007, 2258, 2262; *Ziegler/Gey* BB 2009, 1750, 1756; *Müller-Bonanni/Müntefering* BB 2009, 1699, 1702; *Krause* BB 2005, 1221, 1228; Ulmer/Habersack/Henssler-*Henssler* Einl. SEBG Rn. 209 u. 213). Wir halten diese Ansicht für richtig.

107 Welcher Ansicht sich die höchstrichterliche Rspr. anschließen wird, ist offen. Aufgrund des Schutzzwecks der SE-RL und des SEBG (Gewährleistung der Mitbestimmung, Schutz der erworbenen Beteiligungsrechte der Arbeitnehmer), ist nicht auszuschließen, dass sich die Rspr. den mitbestimmungsfreundlicheren Auffassungen unter Schutzzweckgesichtspunkten anschließen und die Nachholung des Beteiligungsverfahrens verlangen wird. Damit wäre bei der Aktivierung der SE bzw. bei Übertragung des Geschäftsbetriebs ein Verhandlungsverfahren durchzuführen.

*bb) Mögliche Ergebnisse des Verhandlungsverfahrens*

108 Bei dem Verhandlungsverfahren kommen verschiedene Ergebnisse in Betracht. Die Verhandlungspartner können sich einigen. Die Verhandlungspartner sind bei der inhaltlichen Gestaltung frei. Dem Wortlaut des Gesetzes nach wäre es sogar möglich, das Mitbestimmungsniveau unter das bisher maßgebliche abzusenken. Da hier keine Gründung der SE durch Umwandlung vorliegt, greift das Verbot des § 16 Abs. 3 SEBG nicht ein. Ein Beschluss des bVG gem. § 16 Abs. 1 SEBG, die Verhandlungen nicht aufzunehmen oder abzubrechen, ist daher möglich. Die Folge wäre, dass die SE mitbestimmungsfrei ist. Diese Lösung ist allerdings nicht unproblematisch. Sie ist nicht ohne weiteres mit dem Ziel des Gesetzes zu vereinbaren, das vorhandene Mitbestimmungsniveau im »Ausgangsunternehmen« als Mindeststandard in die SE zu überführen.

109 Voraussetzung für eine gesetzliche Auffanglösung ist, dass wegen einer strukturellen Änderung ein Verhandlungsverfahren durchzuführen ist (§ 18 Abs. 3 SEBG, vgl. Rdn. 97 ff.). Es stellt sich dann die Frage, welchen Inhalt die gesetzliche Auffanglösung hat, da die Regelungen der §§ 34, 35 SEBG (Auffanglösung) tatbestandlich, aber auch von der Rechtsfolgenseite nicht passen. Die Vor-

schriften sind auf die Gründung einer SE zugeschnitten und können nicht ohne weiteres auf die Aktivierung einer Vorrats-SE übertragen werden. Insbesondere ist unklar, wie in diesem Fall das relevante Mitbestimmungsniveau bestimmt werden soll, das sich bei der SE im Wege der gesetzlichen Auffangregelung durchsetzt. Die Problematik wird, soweit ersichtlich, weder in der Literatur noch in der Rspr. diskutiert. Diese Ungereimtheiten dürften nicht zur Mitbestimmungsfreiheit der SE führen. Die Interessenlage der Arbeitnehmer ist in der vorliegenden Konstellation durchaus vergleichbar mit der in den Gründungsfällen. Es spricht daher vieles dafür, dass die Rechtsprechung, wenn sie die nachträgliche Durchführung des Beteiligungsverfahrens aus Schutzzweckgesichtspunkten verlangt, sich auch für die Bestimmung des insoweit maßgeblichen Mitbestimmungsniveaus von Schutzzweckerwägungen leiten lassen wird. Da sowohl die SE-VO als auch deren Umsetzung durch das SEBG auf die Sicherstellung der Mitbestimmung und die Gewährleistung erworbener Rechte der Arbeitnehmer zielen, ist davon auszugehen, dass die Rspr. analog der gesetzlichen Auffangregelung auf das **höchste** Mitbestimmungsniveau abstellen wird, das bei den »beteiligten« Rechtsträgern gilt.

## 7. SE-Betriebsrat

Wenn das bVG keinen Beschluss nach § 16 SEBG trifft, ist ein SE-BR zu errichten (§§ 22, 23 SEBG). Die Kompetenzen des SE-BR sind weniger umfangreich als die Befugnisse eines BR nach dem BetrVG. Der SE-BR hat – anders als ein BR nach BetrVG – in erster Linie **Informationsrechte**. Die Beteiligungsrechte des SE-BR können in einer Vereinbarung zwischen Arbeitgeber und bVG geregelt werden. Kommt diese nicht zustande, greifen die gesetzlichen Regelungen zur Zuständigkeit des SE-BR. Diese entsprechen im Wesentlichen einem europäischen BR gem. dem EBRG. Primär handelt es sich um Unterrichtungs- und Anhörungsrechte in grenzüberschreitenden Angelegenheiten.

110

# Kapitel 13 Betriebsverfassungsrecht

## Übersicht

| | Rdn. |
|---|---|
| A. Der Anwendungsbereich des BetrVG | 1 |
| I. Räumlicher Geltungsbereich | 1 |
| II. Persönlicher Geltungsbereich, § 5 BetrVG | 5 |
|    1. Einführung | 5 |
|    2. Auslandsentsendung | 8 |
|    3. Vorübergehende Beschäftigung eines Arbeitnehmers aus einem ausländischen Betrieb im Inland | 9 |
|    4. Zur Berufsausbildung Beschäftigte | 11 |
|    5. Heimarbeiter | 17 |
|    6. Nicht-Arbeitnehmer, § 5 Abs. 2 BetrVG | 19 |
|      a) Mitglieder des Vertretungsorgans juristischer Personen | 20 |
|      b) Mitglieder von Personengesamtheiten | 23 |
|      c) Primär karitativ oder religiös motivierte Beschäftigung | 25 |
|      d) Zur Heilung, Wiedereingewöhnung, Besserung oder Erziehung Beschäftigte | 28 |
|      e) Familienangehörige des Arbeitgebers | 30 |
|    7. Leitende Angestellte, § 5 Abs. 3, Abs. 4 BetrVG | 31 |
|      a) Zweck und Bedeutung der Vorschrift | 31 |
|      b) Zwingender und abschließender Charakter der Norm | 34 |
|      c) Gemeinsames Merkmal: Nach Arbeitsvertrag und Stellung im Unternehmen oder im Betrieb | 35 |
|      d) Die einzelnen Tatbestände | 41 |
|      e) Streitigkeiten | 84 |
| III. Gegenständlicher Geltungsbereich | 91 |
|    1. Einführung | 91 |
|    2. Betrieb und Unternehmen | 92 |
|      a) Begriff | 92 |
|      b) Kriterien der Abgrenzung | 95 |
|    3. Betriebsteil, Zuordnung von Kleinst- und Nebenbetrieben, § 4 BetrVG | 99 |
|      a) Betriebsteil, § 4 Abs. 1 BetrVG | 101 |
|      b) Kleinstbetriebe, Nebenbetriebe | 118 |
|    4. Gemeinschaftsbetrieb mehrerer Unternehmen | 122 |
|      a) Begriffsbestimmung | 122 |
|      b) Vermutungsregelung nach § 1 Abs. 2 BetrVG | 127 |
|      c) Praktische Bedeutung | 130 |
|    5. Möglichkeit abweichender Regelungen, § 3 BetrVG | 133 |
|      a) Einleitung | 133 |
|      b) Die zulässigen Regelungen | 136 |

| | Rdn. |
|---|---|
|      c) Form der abweichenden Regelung | 149 |
|      d) Geltungsbeginn einer abweichenden Regelung | 154 |
|      e) Rechtsfolgen einer abweichenden Vereinbarung | 155 |
|      f) Streitigkeiten | 157 |
|    6. Gerichtliche Entscheidung über Zuordnungsfragen, § 18 Abs. 2 BetrVG; Folgen fehlerhafter Zuordnung | 158 |
|      a) Gerichtliches Zuordnungsverfahren, § 18 Abs. 2 BetrVG | 158 |
|      b) Folgen fehlerhafter Zuordnung | 165 |
|    7. Sonstige Voraussetzungen der Betriebsratsfähigkeit von Betrieben | 172 |
|      a) Mindestanzahl wahlberechtigter Arbeitnehmer | 172 |
|      b) Wahlberechtigung, § 7 BetrVG | 178 |
|      c) Wählbarkeit, § 8 BetrVG | 213 |
|    8. Wegfall der Voraussetzungen | 236 |
|    9. Tatsächliche Wahl eines Betriebsrates | 237 |
|    10. Gesetzlicher Ausschluss bestimmter Betriebe; Einschränkungen des Anwendungsbereichs | 238 |
|      a) Öffentlicher Dienst, § 130 BetrVG; Zivile Beschäftigte der alliierten Streitkräfte | 240 |
|      b) Religionsgemeinschaften und deren karitative oder erzieherische Einrichtungen | 244 |
|      c) Seeschifffahrt, Luftfahrt (§§ 114–117 BetrVG) | 251 |
|      d) Tendenzbetriebe, § 118 BetrVG | 253 |
| B. Der Betriebsrat | 295 |
| I. Die Wahl des Betriebsrats | 295 |
|    1. Zeitpunkt der Wahl | 295 |
|      a) Regelmäßige Betriebsratswahlen | 295 |
|      b) Außerordentliche Betriebsratswahlen, § 13 Abs. 2 BetrVG | 298 |
|      c) Streitigkeiten | 306 |
|    2. Aktives und passives Wahlrecht | 307 |
|    3. Wahlverfahren; reguläres oder vereinfachtes Wahlverfahren | 308 |
|    4. Das reguläre Wahlverfahren | 312 |
|      a) Bestellung des Wahlvorstandes | 312 |
|      b) Einleitung der Wahl | 364 |
|      c) Entgegennahme und Prüfung von Wahlvorschlägen | 386 |
|      d) Bekanntmachung der gültigen Vorschlagslisten | 396 |
|      e) Vorbereitung des Wahlganges | 397 |
|      f) Überwachung der Stimmabgabe und Entgegennahme der Wahlumschläge | 398 |

|   |   | Rdn. |
|---|---|---|
| g) | Stimmauszählung, Feststellung und Bekanntgabe des Ergebnisses und Wahlniederschrift | 399 |
| h) | Benachrichtigung der Gewählten | 404 |
| i) | Bekanntmachung der Gewählten | 405 |
| j) | Übersendung der Wahlniederschrift | 406 |
| k) | Einberufung der konstituierenden Sitzung des Betriebsrats | 407 |
| 5. Wahlgrundsätze | | 408 |
| a) | Geheime und unmittelbare Wahl | 409 |
| b) | Freie, gleiche und allgemeine Wahl | 411 |
| c) | Verhältnis- und Mehrheitswahl | 412 |
| 6. Das vereinfachte Wahlverfahren | | 418 |
| a) | Anwendungsbereich; Arten des vereinfachten Verfahrens | 419 |
| b) | Das zweistufige vereinfachte Wahlverfahren | 424 |
| c) | Das vereinfachte einstufige Wahlverfahren | 426 |
| d) | Das vereinbarte vereinfachte Wahlverfahren | 427 |
| 7. Wahlschutz und Wahlkosten | | 428 |
| a) | Behinderungsverbot, § 20 Abs. 1 BetrVG | 429 |
| b) | Verbot der Wahlbeeinflussung, § 20 Abs. 2 BetrVG | 435 |
| c) | Rechtsfolge von Verstößen | 439 |
| d) | Wahlkosten und Arbeitsversäumnis, § 20 Abs. 3 BetrVG | 442 |
| 8. Mängel der Betriebsratswahl (§ 19 BetrVG) | | 454 |
| a) | Die Wahlanfechtung | 455 |
| b) | Nichtigkeit der Wahl | 494 |
| c) | Einstweiliger Rechtsschutz | 499a |
| II. Die Amtszeit des Betriebsrats | | 500 |
| 1. Dauer der Amtszeit | | 500 |
| 2. Beginn der Amtszeit | | 501 |
| a) | Betriebsratsloser Betrieb | 501 |
| b) | Betriebe mit Betriebsrat | 502 |
| c) | Wirkungen des Beginns der Amtszeit | 503 |
| 3. Ende der Amtszeit | | 505 |
| a) | Regelmäßige Beendigung | 505 |
| b) | Abweichende Beendigung der Amtszeit | 508 |
| c) | Übergangs- und Restmandat des Betriebsrats bei organisatorischen Veränderungen, §§ 21a, 21b BetrVG | 513 |
| 4. Weiterführung der Geschäfte des Betriebsrats, § 22 BetrVG | | 533 |
| 5. Erlöschen der Mitgliedschaft im Betriebsrat, § 24 BetrVG | | 537 |
| a) | Tatbestände | 538 |

|   |   | Rdn. |
|---|---|---|
| b) | Rechtsfolgen des Erlöschens der Mitgliedschaft | 547 |
| 6. Ersatzmitglieder | | 548 |
| a) | Zeitweilige Verhinderung | 549 |
| b) | Nachrücken des Ersatzmitglieds | 558 |
| c) | Reihenfolge des Nachrückens | 560 |
| d) | Rechtsstellung der Ersatzmitglieder | 565 |
| III. Organisation und Geschäftsführung des Betriebsrats | | 567 |
| 1. Vorsitzender und Stellvertreter; Vertretung des Betriebsrats nach außen (§ 26 BetrVG) | | 567 |
| a) | Wahlpflicht, Bedeutung der Bestellung | 567 |
| b) | Durchführung der Wahl | 569 |
| c) | Mängel der Wahl | 570 |
| d) | Ende der Amtszeit | 572 |
| e) | Aufgaben und Rechtsstellung des Vorsitzenden | 573 |
| 2. Der Betriebsausschuss und weitere Ausschüsse, §§ 27, 28 BetrVG | | 583 |
| a) | Pflicht zur Bildung | 583 |
| b) | Mitglieder und Zusammensetzung, Wahlmängel | 584 |
| c) | Aufgaben | 587 |
| d) | Beendigung der Amtszeit | 593 |
| e) | Weitere Ausschüsse | 594 |
| f) | Gemeinsame Ausschüsse von Betriebsrat und Arbeitgeber | 599 |
| 3. Die Übertragung von Aufgaben auf Arbeitsgruppen, § 28a BetrVG | | 601 |
| a) | Zweck der Bestimmung | 601 |
| b) | Voraussetzungen | 603 |
| c) | Rechtsfolgen; Abschluss von Gruppenvereinbarungen | 608 |
| d) | Rückfall des Beteiligungsrechts bei Nichteinigung; Widerruf der Übertragung | 611 |
| e) | Streitigkeiten | 613 |
| 4. Betriebsratssitzungen, §§ 30 ff. BetrVG | | 614 |
| a) | Konstituierende Sitzung | 614 |
| b) | Weitere Sitzungen | 615 |
| c) | Beschlüsse des Betriebsrates, §§ 33, 35 BetrVG | 637 |
| 5. Geschäftsordnung, § 36 BetrVG | | 667 |
| 6. Sprechstunden und sonstige Inanspruchnahme des Betriebsrates, § 39 BetrVG | | 672 |
| a) | Einrichtung der Sprechstunde | 672 |
| b) | Besuchsrecht der Arbeitnehmer | 673 |
| c) | Sonstige Inanspruchnahme des Betriebsrates | 676 |
| IV. Die Rechtsstellung der Betriebsratsmitglieder | | 678 |

# Kapitel 13

|   | Rdn. |
|---|---|
| 1. Das Betriebsratsamt als Ehrenamt, § 37 Abs. 1 BetrVG | 679 |
| 2. Arbeitsbefreiung, § 37 Abs. 2 BetrVG | 685 |
|    a) Voraussetzungen | 687 |
|    b) Inhalt des Anspruches | 697 |
|    c) Durchführung der Arbeitsbefreiung | 699 |
|    d) Verbot der Minderung des Arbeitsentgelts | 704 |
|    e) Freizeitausgleich und Abgeltung, § 37 Abs. 3 BetrVG | 711 |
|    f) Streitigkeiten | 730 |
| 3. Freistellungen, § 38 BetrVG | 732 |
|    a) Grundzüge | 732 |
|    b) Zahl der freizustellenden Betriebsratsmitglieder | 733 |
| 4. Wirtschaftliche und berufliche Sicherung der Betriebsratsmitglieder | 755 |
|    a) Entgeltschutz, § 37 Abs. 4 BetrVG | 756 |
|    b) Tätigkeitsschutz, § 37 Abs. 5 BetrVG | 766 |
|    c) Schutz der beruflichen Entwicklung | 774 |
| 5. Teilnahme an Schulungs- und Bildungsveranstaltungen, § 37 Abs. 6, 7 BetrVG | 776 |
|    a) Schulungs- und Bildungsveranstaltungen gem. § 37 Abs. 6 BetrVG | 777 |
|    b) Schulungs- und Bildungsveranstaltungen gem. § 37 Abs. 7 BetrVG | 797 |
|    c) Die Durchführung der Freistellung nach § 37 Abs. 6 und 7 BetrVG | 802 |
|    d) Streitigkeiten | 804 |
| 6. Allgemeines Behinderungs-, Benachteiligungs- und Begünstigungsverbot, § 78 BetrVG | 806 |
|    a) Zweck und Umfang der Regelung | 806 |
|    b) Behinderungsverbot | 808 |
|    c) Benachteiligungs- und Begünstigungsverbot, § 78 S. 2 BetrVG | 813 |
| 7. Kündigungsschutz, Übernahme Auszubildender | 820 |
| 8. Versetzungsschutz, § 103 Abs. 3 BetrVG | 821 |
|    a) Anwendungsbereich | 823 |
|    b) Geschützter Personenkreis | 831 |
|    c) Zeitliche Dauer des Versetzungsschutzes | 834 |
|    d) Einholung der Zustimmung des Betriebsrats | 835 |
|    e) Ersetzung der Zustimmung durch das Arbeitsgericht | 842 |
|    f) Rechtsfolgen bei fehlender Zustimmung | 846 |
| 9. Geheimhaltungspflicht, § 79 BetrVG | 848 |
|    a) Zweck der Vorschrift, Anwendungsbereich | 848 |
|    b) Voraussetzungen der Geheimhaltungspflicht | 849 |
| V. Kosten und Sachaufwand des Betriebsrates, § 40 BetrVG | 860 |
| 1. Kosten | 861 |
|    a) Erforderlichkeit | 862 |
|    b) Art der Kostentragung | 880 |
|    c) Nachweis und Durchsetzung der Kosten, Kostenpauschale | 883 |
|    d) Abtretbarkeit, Verjährung | 887 |
| 2. Sachaufwand und Büropersonal | 889 |
|    a) Sachaufwand | 891 |
|    b) Insbesondere: Informations- und Kommunikationstechnik | 895 |
|    c) Büropersonal | 899 |
|    d) Eigentum und Besitz | 900 |
| 3. Umlageverbot; Sonstige vermögensrechtliche Stellung des Betriebsrates, Haftung des Betriebsrates | 901 |
| C. **Sonstige Einrichtungen der Betriebsverfassung** | 905 |
| I. Betriebsversammlung, §§ 42 ff. BetrVG | 905 |
| 1. Aufgaben, Begriff und Rechtsnatur | 905 |
| 2. Ordentliche Betriebsversammlungen | 908 |
| 3. Außerordentliche Betriebsversammlungen | 909 |
|    a) Versammlung aus besonderen Gründen | 909 |
|    b) Sonstige und auf Wunsch des Arbeitgebers einberufene Betriebsversammlungen | 912 |
|    c) Andere Belegschaftsversammlungen | 913 |
| 4. Durchführung | 914 |
|    a) Voll-, Teil- und Abteilungsversammlungen | 914 |
|    b) Einberufung, Ort | 918 |
|    c) Teilnahmerechte | 921 |
|    d) Leitung, Hausrecht, Protokoll | 924 |
| 5. Themen der Betriebsversammlung | 926 |
|    a) Bericht von Betriebsrat und Arbeitgeber | 926 |
|    b) Sonstige Themen | 929 |
| 6. Fortzahlung des Arbeitsentgelts, Fahrtkostenerstattung | 932 |
|    a) Vergütungs- und fahrtkostenerstattungspflichtige Versammlungen | 934 |
|    b) Nur vergütungspflichtige Versammlungen und Versammlungen | |

|     |                                                                      | Rdn. |
| --- | -------------------------------------------------------------------- | ---- |
|     | ohne Anspruch auf Arbeitsentgelt und Fahrtkostenerstattung           | 944  |
| 7.  | Streitigkeiten                                                       | 945  |
| II. | Gesamtbetriebsrat, §§ 47 ff. BetrVG                                  | 946  |
| 1.  | Errichtung                                                           | 946  |
|     | a) Pflicht zur Errichtung, Folgen der Nichterrichtung                | 946  |
|     | b) Voraussetzungen der Errichtung                                    | 948  |
|     | c) Bildung                                                           | 955  |
| 2.  | Größe und Zusammensetzung                                            | 956  |
| 3.  | Stimmengewichtung                                                    | 959  |
| 4.  | Organisation und Geschäftsführung des Gesamtbetriebsrats             | 961  |
| 5.  | Rechtsstellung der Mitglieder                                        | 966  |
| 6.  | Amtszeit und Beendigung der Mitgliedschaft                           | 968  |
| 7.  | Zuständigkeit des Gesamtbetriebsrates                                | 970  |
|     | a) Originäre Zuständigkeit                                           | 973  |
|     | b) Einzelfälle                                                       | 977  |
|     | c) Auftragszuständigkeit                                             | 982  |
|     | d) Gesamtbetriebsvereinbarungen                                      | 983  |
| III.| Betriebsräteversammlung, § 53 BetrVG                                 | 984  |
| IV. | Konzernbetriebsrat, §§ 54 ff. BetrVG                                 | 985  |
| 1.  | Konzernbegriff                                                       | 986  |
|     | a) System gesetzlicher Vermutungen                                   | 990  |
|     | b) Sonderfälle                                                       | 991  |
| 2.  | Errichtung                                                           | 997  |
| 3.  | Amtszeit                                                             | 998  |
| 4.  | Geschäftsführung                                                     | 999  |
| 5.  | Zuständigkeit                                                        | 1000 |
| 6.  | Konzernbetriebsvereinbarungen                                        | 1002 |
| V.  | Jugend- und Auszubildendenvertretung (JAV), §§ 60 ff. BetrVG         | 1003 |
| 1.  | Funktion und Stellung                                                | 1003 |
| 2.  | Errichtung, Wahl, Amtszeit                                           | 1005 |
| 3.  | Aufgaben und Rechte                                                  | 1014 |
|     | a) Allgemeine Aufgaben                                               | 1014 |
|     | b) Informationsrechte                                                | 1016 |
|     | c) Befugnisse im Zusammenhang mit Sitzungen des Betriebsrates        | 1017 |
| 4.  | Organisation und Geschäftsführung                                    | 1023 |
| 5.  | Rechtsstellung der Mitglieder                                        | 1026 |
| 6.  | Jugend- und Auszubildendenversammlung                                | 1029 |
| 7.  | Gesamt-Jugend- und Auszubildendenvertretung, §§ 72 f. BetrVG         | 1030 |
| 8.  | Konzern-Jugend- und Auszubildendenvertretung, §§ 73a, b BetrVG       | 1031 |
| VI. | Wirtschaftsausschuss (WA), §§ 106 ff. BetrVG                         | 1032 |
| 1.  | Funktion                                                             | 1032 |
| 2.  | Bildung und Zusammensetzung                                          | 1034 |
|     | a) Pflicht zur Bildung des WA                                        | 1034 |
|     | b) Unternehmen mit Sitz im Ausland                                   | 1035 |
|     | c) Beschäftigtenzahl                                                 | 1036 |

|     |                                                                      | Rdn. |
| --- | -------------------------------------------------------------------- | ---- |
|     | d) Errichtung                                                        | 1038 |
|     | e) Übertragung der Aufgaben auf einen Ausschuss des Betriebsrats     | 1039 |
|     | f) Mitgliederzahl                                                    | 1040 |
|     | g) Persönliche Qualifikation der Mitglieder                          | 1041 |
|     | h) Amtszeit                                                          | 1042 |
|     | i) Rechtsstellung der Mitglieder                                     | 1044 |
| 3.  | Sitzungen des WA                                                     | 1047 |
|     | a) Sitzungsturnus, Allgemeines                                       | 1047 |
|     | b) Teilnahmepflicht des Unternehmers, sonstige Teilnahmeberechtigte  | 1049 |
| 4.  | Aufgaben des WA, Beratung und Unterrichtung des Betriebsrates        | 1054 |
| 5.  | Die wirtschaftlichen Angelegenheiten                                 | 1057 |
|     | a) Wirtschaftliche und finanzielle Lage des Unternehmens             | 1059 |
|     | b) Produktions- und Absatzlage                                       | 1060 |
|     | c) Produktions- und Investitionsprogramm                             | 1063 |
|     | d) Rationalisierungsvorhaben                                         | 1064 |
|     | e) Fabrikations- und Arbeitsmethoden, Einführung neuer Arbeitsmethoden | 1065 |
|     | f) Fragen des betrieblichen Umweltschutzes                           | 1066 |
|     | g) Einschränkung oder Stilllegung von Betrieben oder Betriebsteilen  | 1067 |
|     | h) Verlegung von Betrieben oder Betriebsteilen                       | 1068 |
|     | i) Zusammenschluss oder Spaltung von Unternehmen oder Betrieben      | 1069 |
|     | j) Änderung der Betriebsorganisation oder des Betriebszwecks         | 1070 |
|     | k) Übernahme des Unternehmens                                        | 1073 |
|     | l) Sonstige Vorgänge und Vorhaben, welche die Interessen der Arbeitnehmer des Unternehmens wesentlich berühren können | 1074 |
| 6.  | Die Unterrichtungspflicht des Unternehmers                           | 1075 |
|     | a) Rechtzeitige und umfassende Unterrichtung                         | 1076 |
|     | b) Vorlage der erforderlichen Unterlagen                             | 1078 |
|     | c) Zeitpunkt der Vorlage                                             | 1080 |
|     | d) Gefährdung von Betriebs- oder Geschäftsgeheimnissen               | 1082 |
|     | e) Darstellung der Auswirkungen auf die Personalplanung              | 1085 |
| 7.  | Insbesondere: Der Jahresabschluss                                    | 1086 |
| 8.  | Die Durchsetzung des Informations- und Einsichtsanspruchs            | 1093 |

# Kapitel 13

|  | Rdn. |
|---|---|
| 9. Rechte des Betriebsrats bei Unternehmensübernahme | 1101 |
| VII. Der Sprecherausschuss der leitenden Angestellten, SprAuG | 1102 |
|     1. Allgemeines | 1102 |
|     2. Geltungsbereich | 1104 |
|     3. Zusammenarbeit mit Arbeitgeber und Betriebsrat | 1105 |
|     4. Wahl, Errichtung und Amtszeit | 1108 |
|     5. Rechte und Pflichten, Rechtsstellung der Sprecherausschussmitglieder; Kosten des Sprecherausschusses | 1109 |
|     6. Geschäftsführung des Sprecherausschusses | 1113 |
|     7. Sonstige Einrichtungen | 1114 |
|         a) Versammlung der leitenden Angestellten | 1114 |
|         b) Gesamtsprecherausschuss | 1115 |
|         c) Konzernsprecherausschuss | 1118 |
|         d) Unternehmenssprecherausschuss | 1119 |
|     8. Allgemeine Aufgaben | 1120 |
|         a) Umfassender Vertretungsauftrag | 1120 |
|         b) Unterrichtungspflicht | 1123 |
|         c) Grundsätze für die Behandlung der leitenden Angestellten | 1125 |
|         d) Anhörungsrecht bei Betriebsvereinbarungen | 1126 |
|     9. Richtlinien und Vereinbarungen | 1128 |
|         a) Begriff | 1128 |
|         b) Gesetzes- und Tarifvorrang | 1131 |
|         c) Inhalt und Regelungsschranken | 1132 |
|         d) Wirkungen | 1136 |
|         e) Abschluss und Beendigung | 1138 |
|     10. Unterstützung einzelner leitender Angestellter | 1143 |
|     11. Arbeitsbedingungen und Beurteilungsgrundsätze | 1145 |
|     12. Personelle Einzelmaßnahmen | 1149 |
|     13. Wirtschaftliche Angelegenheiten | 1156 |
|     14. Streitigkeiten und Sanktionen | 1160 |
| D. **Die Rechtsstellung der Koalitionen im Betrieb** | 1164 |
| I. Zusammenwirkung der Koalitionen mit Arbeitgeber und Betriebsrat | 1164 |
| II. Zugangsrecht der Gewerkschaften zum Betrieb, § 2 Abs. 2 BetrVG | 1170 |
| III. Originäre Aufgaben der Koalitionen, § 2 Abs. 3 BetrVG | 1176 |
| E. **Rechte des einzelnen Arbeitnehmers nach dem BetrVG, §§ 81–86 BetrVG** | 1185 |
| I. Zweck und Rechtsnatur | 1185 |
| II. Prozessuale Durchsetzung | 1188 |
| III. Schadensersatzanspruch, Zurückbehaltungsrecht | 1190 |
| IV. Unterrichtungs- und Erörterungspflicht, § 81 BetrVG | 1191 |

|  | Rdn. |
|---|---|
|     1. Zweck der Vorschrift, Verhältnis zu anderen Regelungen | 1191 |
|     2. Unterrichtung des Arbeitnehmers über seine Funktion | 1194 |
|     3. Belehrung über Unfall- und Gesundheitsgefahren | 1195 |
|     4. Unterrichtung über Veränderungen im Arbeitsbereich | 1196 |
|     5. Unterrichtung und Erörterung bei der Planung und Einführung neuer Techniken | 1197 |
| V. Anhörungs- und Erörterungsrecht des Arbeitnehmers, § 82 BetrVG | 1200 |
|     1. Zweck der Vorschrift | 1200 |
|     2. Anhörungs- und Erörterungsrecht | 1201 |
|     3. Erläuterung des Arbeitsentgelts | 1203 |
|     4. Erörterung der Leistungsbeurteilung und Möglichkeiten beruflicher Entwicklung | 1207 |
|     5. Hinzuziehung eines Betriebsratsmitglieds | 1208 |
| VI. Einsicht in Personalakten, § 83 BetrVG | 1211 |
|     1. Zweck der Vorschrift | 1211 |
|     2. Begriff der Personalakte | 1212 |
|     3. Einsicht durch Arbeitnehmer | 1213 |
|     4. Hinzuziehung eines Betriebsratsmitglieds | 1214 |
|     5. Erklärungen des Arbeitnehmers zur Personalakte | 1215 |
| VII. Beschwerderecht, §§ 84, 85 BetrVG | 1216 |
|     1. Allgemeines | 1216 |
|     2. Beschwerdegegenstand und Beschwerdeverfahren | 1217 |
|     3. Benachteiligungsverbot | 1222 |
|     4. Beschwerde beim Betriebsrat, § 85 BetrVG | 1224 |
| VIII. Vorschlagsrecht der Arbeitnehmer, § 86a BetrVG | 1235 |
|     1. Zweck der Vorschrift | 1235 |
|     2. Ausgestaltung des Vorschlagsrechts | 1236 |
| F. **Grundsätze für die Zusammenarbeit zwischen Arbeitgeber und Betriebsrat und die Durchführung der Mitwirkung** | 1239 |
| I. Das Gebot vertrauensvoller Zusammenarbeit, § 2 Abs. 1 BetrVG | 1239 |
|     1. Inhalt | 1239 |
|     2. Anwendungsbeispiele | 1243 |
| II. Allgemeine Grundsätze für die Zusammenarbeit zwischen Arbeitgeber und Betriebsrat, § 74 BetrVG | 1245 |
|     1. Monatliche Besprechung und Verhandlungspflicht, § 74 Abs. 1 BetrVG | 1246 |
|     2. Arbeitskampfverbot, § 74 Abs. 2 S. 1 BetrVG | 1254 |
|         a) Inhalt | 1254 |
|         b) Verbotsadressaten | 1258 |

| | Rdn. |
|---|---|
| c) Rechtsfolgen einer Verbotsverletzung | 1259 |
| d) Betriebsratsamt und Arbeitskampf | 1262 |
| 3. Allgemeine betriebsverfassungsrechtliche Friedenspflicht, § 74 Abs. 2 S. 2 BetrVG | 1263 |
| 4. Verbot parteipolitischer Betätigung im Betrieb, § 74 Abs. 2 S. 3 BetrVG | 1269 |
|    a) Verbotszweck und Inhalt, Verbotsadressaten | 1269 |
|    b) Parteipolitische Betätigung | 1273 |
|    c) Im Betrieb | 1280 |
|    d) Rechtsfolgen | 1283 |
| 5. Gewerkschaftliche Betätigung von Funktionsträgern, § 74 Abs. 3 BetrVG | 1285 |
| III. Grundsätze für die Behandlung von Betriebsangehörigen, § 75 BetrVG | 1286 |
| 1. Überwachungspflicht | 1286 |
|    a) Inhalt | 1286 |
|    b) Anwendungsbereich | 1290 |
|    c) Grundsätze von Recht und Billigkeit | 1292 |
| 2. Schutz und Förderung der freien Entfaltung der Persönlichkeit | 1298 |
|    a) Inhalt | 1298 |
|    b) Einzelfälle | 1302 |
| 3. Förderung der Selbstständigkeit und Eigeninitiative der Arbeitnehmer und Arbeitsgruppen | 1306 |
|    a) Zweck, Funktion | 1307 |
|    b) Inhalt | 1309 |
| IV. Die Einigungsstelle, §§ 76, 76a BetrVG | 1311 |
| 1. Die Zuständigkeit der Einigungsstelle | 1312 |
|    a) Freiwilliges Einigungsstellenverfahren | 1312 |
|    b) Erzwingbares Einigungsstellenverfahren | 1315 |
| 2. Errichtung der Einigungsstelle | 1318 |
|    a) Freiwilliges Einigungsstellenverfahren | 1319 |
|    b) Erzwingbares Einigungsstellenverfahren | 1320 |
|    c) Größe und Zusammensetzung | 1321 |
|    d) Arbeitsgerichtliches Bestellungsverfahren | 1328 |
| 3. Die Rechtsstellung der Mitglieder | 1359 |
| 4. Das Verfahren vor der Einigungsstelle | 1360 |
|    a) Antragserfordernis | 1362 |
|    b) Rechtliches Gehör | 1364 |
|    c) Sitzungen | 1365 |
|    d) Vertretung | 1370 |
|    e) Untersuchungsgrundsatz | 1373 |
|    f) Beschlussfassung | 1374 |

| | Rdn. |
|---|---|
| g) Durchsetzung der aus einem Spruch folgenden Rechte | 1387 |
| h) Gerichtliche Überprüfung des Spruchs | 1388 |
| i) Kosten der Einigungsstelle, Vergütung der Mitglieder, § 76a BetrVG | 1407 |
| j) Tarifliche Schlichtungsstelle | 1428 |
| V. Die betriebliche Einigung | 1429 |
| 1. Allgemeines | 1429 |
| 2. Durchführung betrieblicher Einigungen, § 77 Abs. 1 BetrVG; Durchsetzung vereinbarungskonformen Verhaltens; Verbot des Eingriffs in die Betriebsleitung | 1432 |
| 3. Die Regelungsabrede (Betriebsabsprache) | 1438 |
| 4. Die Betriebsvereinbarung | 1444 |
|    a) Begriff und Rechtsnatur | 1444 |
|    b) Zustandekommen, Form | 1446 |
|    c) Auslegung | 1454 |
|    d) Inhalt | 1457 |
|    e) Grenzen der Regelungsbefugnis | 1460 |
|    f) Geltungsbereich | 1494 |
|    g) Rechtswirkungen der Betriebsvereinbarung | 1504 |
|    h) Verzicht, Verwirkung, Ausschlussfristen | 1515 |
|    i) Beendigung der Betriebsvereinbarung | 1520 |
|    j) Nachwirkung | 1533 |
|    k) Rechtsmängel, Streitigkeiten | 1541 |
| G. Überblick über die Beteiligungsrechte des Betriebsrats | 1548 |
| I. Mitbestimmungsrechte | 1549 |
| 1. Positives Konsensprinzip | 1550 |
| 2. Initiativrecht | 1551 |
| 3. Negatives Konsensprinzip | 1552 |
| 4. Korrigierendes Mitbestimmungsrecht | 1554 |
| 5. Unverzichtbarkeit/Unverwirkbarkeit von Beteiligungsrechten | 1555 |
| II. Mitwirkungsrechte (Beratungs-, Anhörungs-, Informationsrechte) | 1556 |
| H. Allgemeine Aufgaben des Betriebsrats; Pflichten des Arbeitgebers | 1557 |
| I. Die allgemeinen Aufgaben des Betriebsrates nach § 80 Abs. 1 BetrVG | 1558 |
| 1. Überwachungsaufgaben | 1558 |
|    a) Inhalt | 1558 |
|    b) Durchführung | 1563 |
|    c) Gerichtliche Durchsetzung | 1566 |
| 2. Antragsrecht | 1569 |
| 3. Förderung der Durchsetzung der Gleichstellung von Frauen und Männern | 1570 |

# Kapitel 13

|  | Rdn. |
|---|---|
| 4. Förderung der Vereinbarkeit von Familie und Erwerbstätigkeit | 1571 |
| 5. Aufgreifen von Anregungen | 1572 |
| 6. Wahl der JAV, Zusammenarbeit mit JAV | 1573 |
| 7. Eingliederung schutzbedürftiger Personen | 1574 |
| 8. Beschäftigungsförderung und -sicherung | 1575 |
| 9. Förderung des Arbeitsschutzes und des betrieblichen Umweltschutzes | 1576 |
| II. Die Informationspflicht des Arbeitgebers, § 80 Abs. 2 BetrVG | 1578 |
| 1. Allgemeines | 1578 |
| 2. Aufgabenbezug des Informationsanspruchs | 1579 |
| 3. Rechtzeitige und umfassende Unterrichtung; Form der Auskunftserteilung | 1584 |
| 4. Zur Verfügung stellen von Unterlagen | 1585 |
| III. Einblicksrecht in Lohn- und Gehaltslisten, § 80 Abs. 2 S. 2 BetrVG | 1588 |
| 1. Einsichtsberechtigte | 1590 |
| 2. Inhalt und Umfang des Einsichtsrechts | 1591 |
| 3. Verhältnis zum allgemeinen Auskunftsanspruch | 1594 |
| IV. Sachkundige Arbeitnehmer als Auskunftspersonen, § 80 Abs. 2 S. 3 BetrVG | 1595 |
| V. Hinzuziehung von Sachverständigen, § 80 Abs. 3 BetrVG | 1599 |
| **J. Mitbestimmung in sozialen Angelegenheiten, § 87 BetrVG** | **1608** |
| I. Allgemeine Fragen | 1608 |
| 1. Überblick, Zweck, Annex-Regelungen | 1608 |
| 2. Allgemeine Voraussetzungen der notwendigen Mitbestimmung | 1615 |
| a) Kollektiver Tatbestand | 1615 |
| b) Formelle und materielle Arbeitsbedingungen | 1618 |
| 3. Grenzen der notwendigen Mitbestimmung | 1620 |
| a) Allgemeine Grenzen | 1620 |
| b) Gesetzes- und Tarifvorbehalt | 1621 |
| 4. Ausübung der Mitbestimmung | 1635 |
| a) Allgemeines | 1635 |
| b) Initiativrecht | 1638 |
| 5. Eil- und Notfälle, probeweise Maßnahmen, vertragliche Vorgaben von Kunden | 1643 |
| 6. Individualrechtliche Folgen fehlender Mitbestimmung; Theorie der Wirksamkeitsvoraussetzung | 1649 |
| II. Fragen der Ordnung des Betriebes und |  |

|  | Rdn. |
|---|---|
| des Verhaltens der Arbeitnehmer im Betrieb, § 87 Abs. 1 Nr. 1 BetrVG | 1652 |
| 1. Zweck | 1652 |
| 2. Voraussetzungen des Mitbestimmungsrechts | 1655 |
| 3. Einzelfälle | 1662 |
| a) Erfasste Regelungsgegenstände | 1662 |
| b) Nicht erfasste Regelungsgegenstände | 1678 |
| c) Insbesondere: Betriebsbußen | 1689 |
| III. Beginn und Ende der täglichen Arbeitszeit einschließlich der Pausen sowie Verteilung der Arbeitszeit auf die einzelnen Wochentage, § 87 Abs. 1 Nr. 2 BetrVG | 1700 |
| 1. Zweck, Inhalt des Mitbestimmungsrechts | 1700 |
| a) Verteilung der Arbeitszeit auf die Wochentage | 1707 |
| b) Lage der täglichen Arbeitszeit | 1708 |
| c) Pausen | 1709 |
| 2. Anwendungsfälle | 1710 |
| a) Gleitende Arbeitszeit | 1710 |
| b) Teilzeitarbeit | 1711 |
| c) Schichtarbeit | 1712 |
| d) Bereitschaftsdienste | 1715 |
| e) Leiharbeitnehmer | 1716 |
| IV. Vorübergehende Verkürzung/Verlängerung der Arbeitszeit, § 87 Abs. 1 Nr. 3 BetrVG | 1717 |
| 1. Inhalt des Mitbestimmungsrechts | 1717 |
| 2. Kein Ausschluss des Initiativrechts | 1724 |
| 3. Rückkehr zur Normalarbeitszeit | 1725 |
| 4. Überstunden | 1726 |
| 5. Kurzarbeit | 1727 |
| 6. Mitbestimmung und Arbeitsvertrag | 1728 |
| V. Auszahlung der Arbeitsentgelte, § 87 Abs. 1 Nr. 4 BetrVG | 1731 |
| VI. Urlaub, § 87 Abs. 1 Nr. 5 BetrVG | 1736 |
| 1. Zweck; Begriff des Urlaubs | 1736 |
| 2. Allgemeine Urlaubsgrundsätze | 1738 |
| 3. Urlaubsplan | 1742 |
| 4. Festsetzung der Lage des Urlaubs für einzelne Arbeitnehmer | 1744 |
| VII. Technische Überwachungseinrichtungen, § 87 Abs. 1 Nr. 6 BetrVG | 1747 |
| 1. Zweck, Verhältnis zum BDSG | 1747 |
| 2. Voraussetzungen des Mitbestimmungsrechts | 1751 |
| a) Technische Einrichtung | 1752 |
| b) Eignung zur Überwachung | 1758 |
| c) Verhaltens- oder Leistungsdaten | 1762 |
| 3. Umfang des Mitbestimmungsrechts | 1767 |
| 4. Initiativrecht | 1772 |
| 5. Folgen unterbliebener Mitbestimmung | 1773 |
| VIII. Verhütung von Arbeitsunfällen und Berufskrankheiten, Gesundheitsschutz im |  |

| | Rdn. |
|---|---|
| Rahmen der gesetzlichen Vorschriften oder Unfallverhütungsvorschriften, § 87 Abs. 1 Nr. 7 BetrVG | 1774 |
| 1. Zweck, Allgemeines | 1774 |
| 2. Voraussetzungen des Mitbestimmungsrechts | 1777 |
| 3. Inhalt des Mitbestimmungsrechts | 1785 |
| IX. Sozialeinrichtungen, § 87 Abs. 1 Nr. 8 BetrVG | 1788 |
| 1. Begriff der Sozialeinrichtung | 1788 |
| 2. Inhalt des Mitbestimmungsrechts | 1790 |
| a) Errichtung, Auflösung, Umfang der Mittel | 1791 |
| b) Form und Ausgestaltung | 1792 |
| c) Verwaltung | 1794 |
| 3. Folgen unterbliebener Mitbestimmung | 1799 |
| X. Zuweisung, Kündigung und allgemeine Festlegung der Nutzungsbedingungen von Werkmietwohnungen, § 87 Abs. 1 Nr. 9 BetrVG | 1801 |
| 1. Zweck | 1801 |
| 2. Werkmietwohnungen | 1803 |
| 3. Inhalt des Mitbestimmungsrechts | 1806 |
| a) Mitbestimmungsfreie Entscheidungen | 1806 |
| b) Mitbestimmungspflichtige Regelungen | 1808 |
| XI. Betriebliche Lohngestaltung, § 87 Abs. 1 Nr. 10 BetrVG | 1815 |
| 1. Zweck der Regelung | 1815 |
| 2. Gegenstand und Grenzen des Mitbestimmungsrechts | 1817 |
| a) Der Lohnbegriff | 1817 |
| b) Kollektiver Tatbestand | 1821 |
| c) Betriebliche Lohngestaltung | 1824 |
| d) Besonderheiten bei freiwilligen Leistungen und im Rahmen der betrieblichen Altersversorgung | 1834 |
| e) Insbesondere: Anrechnung von Tariflohnerhöhungen auf übertarifliche Zulagen | 1840 |
| XII. Leistungsbezogene Entgelte, § 87 Abs. 1 Nr. 11 BetrVG | 1854 |
| 1. Zweck der Regelung, Begriff des leistungsbezogenen Entgelts | 1854 |
| 2. Inhalt des Mitbestimmungsrechts | 1858 |
| XIII. Betriebliches Vorschlagswesen, § 87 Abs. 1 Nr. 12 BetrVG | 1860 |
| 1. Zweck des Mitbestimmungsrechts | 1860 |
| 2. Begriff, Abgrenzung zu Arbeitnehmererfindungen | 1862 |
| 3. Gegenstand der Mitbestimmung | 1868 |
| 4. Form der Mitbestimmung; Mitbestimmung und Arbeitsverhältnis | 1870 |
| XIV. Grundsätze über die Durchführung von Gruppenarbeit, § 87 Abs. 1 Nr. 13 BetrVG | 1871 |
| 1. Zweck des Mitbestimmungsrechts | 1871 |
| 2. Begriff der Gruppenarbeit | 1872 |
| 3. Inhalt des Mitbestimmungsrechts | 1875 |
| a) Mitbestimmungsfreie Vorgaben | 1876 |
| b) Mitbestimmung bei Grundsätzen der Durchführung der Gruppenarbeit | 1877 |
| 4. Sonstige Mitbestimmungsrechte bei Gruppenarbeit | 1878 |
| 5. Übertragung von Betriebsratsaufgaben auf Arbeitsgruppen | 1879 |
| XV. Streitigkeiten zwischen Arbeitgeber und Betriebsrat im Rahmen des § 87 Abs. 1 BetrVG | 1880 |
| 1. Einigungsstelle | 1880 |
| 2. Arbeitsgericht | 1881 |
| XVI. Freiwillige Betriebsvereinbarungen, § 88 BetrVG | 1885 |
| **K. Mitwirkung beim Arbeitsschutz und beim betrieblichen Umweltschutz, § 89 BetrVG** | **1886** |
| I. Zweck der Regelung | 1886 |
| II. Durchführung der Vorschriften über Arbeitsschutz, Unfallverhütung und betrieblichen Umweltschutz | 1887 |
| 1. Arbeitsschutz, Unfallverhütung | 1888 |
| a) Inhalt der Aufgabe | 1889 |
| b) In Betracht kommende Vorschriften | 1890 |
| 2. Betrieblicher Umweltschutz | 1891 |
| III. Zusammenarbeit mit Behörden bei der Bekämpfung von Unfall- und Gesundheitsgefahren | 1892 |
| IV. Hinzuziehung des Betriebsrats | 1895 |
| V. Mitteilung von Auflagen, Anordnungen; Unfallanzeigen | 1896 |
| VI. Beteiligung des Betriebsrats bei der Organisation des Arbeitsschutzes | 1897 |
| 1. ASiG | 1897 |
| 2. Sonstige Beteiligungsrechte | 1901 |
| **L. Mitbestimmung bei der Gestaltung von Arbeitsplätzen, Arbeitsablauf und Arbeitsumgebung, §§ 90, 91 BetrVG** | **1902** |
| I. Allgemeines | 1902 |
| II. Beteiligungspflichtige Maßnahmen | 1904 |
| III. Unterrichtung und Beratung | 1909 |
| IV. Mitbestimmung des Betriebsrates | 1914 |
| 1. Korrigierendes Mitbestimmungsrecht | 1914 |
| 2. Voraussetzungen des Mitbestimmungsrechts | 1917 |
| 3. Korrekturmaßnahmen | 1922 |
| V. Streitigkeiten | 1923 |
| **M. Mitbestimmung in personellen Angelegenheiten** | **1924** |

# Kapitel 13

|  | Rdn. |
|---|---|
| I. Allgemeine personelle Angelegenheiten | 1924 |
| 1. Personalplanung, § 92 BetrVG | 1924 |
| a) Zweck der Vorschrift | 1924 |
| b) Begriff der Personalplanung | 1925 |
| c) Unterrichtungspflicht | 1928 |
| d) Beratungspflicht | 1935 |
| e) Vorschlagsrecht | 1936 |
| f) Entsprechende Geltung für Maßnahmen nach § 80 Abs. 1 Nr. 2a, b BetrVG | 1937 |
| 2. Vorschläge zur Beschäftigungsförderung und -sicherung, § 92a BetrVG | 1938 |
| a) Zweck der Vorschrift | 1938 |
| b) Vorschlagsrecht des Betriebsrats | 1939 |
| c) Beratungspflicht des Arbeitgebers | 1940 |
| 3. Personalfragebogen, Beurteilungsgrundsätze, § 94 BetrVG | 1942 |
| a) Zweck der Vorschrift | 1942 |
| b) Personalfragebogen | 1944 |
| c) Allgemeine Beurteilungsgrundsätze | 1950 |
| 4. Auswahlrichtlinien, § 95 BetrVG | 1954 |
| a) Zweck der Vorschrift | 1954 |
| b) Begriff der Auswahlrichtlinien | 1956 |
| c) Inhalt der Auswahlrichtlinien | 1962 |
| d) Die Beteiligung des Betriebsrates | 1970 |
| e) Verletzung des Beteiligungsrechts, Auswahlrichtlinien und personelle Einzelmaßnahmen | 1972 |
| 5. Stellenausschreibung, § 93 BetrVG | 1974 |
| a) Zweck der Vorschrift | 1974 |
| b) Inhalt der Stellenausschreibung | 1976 |
| c) Die Beteiligung des Betriebsrates | 1979 |
| 6. Berufsbildung, §§ 96–98 BetrVG | 1983 |
| a) Zweck der Vorschriften | 1983 |
| b) Begriff der Berufsbildung | 1986 |
| c) Betriebliche und außerbetriebliche Bildungsmaßnahmen | 1991 |
| d) Förderung und Beratung der Berufsbildung, §§ 96, 97 Abs. 1 BetrVG | 1994 |
| e) Anspruch des Betriebsrats auf Ermittlung des Berufsbildungsbedarfs, § 96 Abs. 1 S. 2 BetrVG | 1998 |
| f) Mitbestimmung des Betriebsrats bei drohendem Qualifikationsverlust, § 97 Abs. 2 BetrVG | 2000 |
| g) Durchführung betrieblicher Bildungsmaßnahmen, § 98 BetrVG | 2008 |
| II. Personelle Einzelmaßnahmen | 2023 |
| 1. Einstellung, Versetzung, Eingruppierung, Umgruppierung, §§ 99–101 BetrVG | 2023 |
| a) Zweck und Geltungsbereich der Regelung | 2023 |
| b) Inhalt des Beteiligungsrechts | 2026 |
| c) Die Maßnahmen im Einzelnen | 2027 |

|  | Rdn. |
|---|---|
| d) Regelung der Mitbestimmung | 2083 |
| e) Vorläufige personelle Maßnahmen, § 100 BetrVG | 2147 |
| f) Aufhebung der Maßnahme und Zwangsgeld, § 101 BetrVG | 2177 |
| 2. Die Beteiligung des Betriebsrates bei Kündigungen, § 102 BetrVG | 2192 |
| 3. Kündigung und Versetzung auf Verlangen des Betriebsrates, § 104 BetrVG | 2193 |
| 4. Mitteilungspflichten bei leitenden Angestellten, § 105 BetrVG | 2194 |
| N. Mitbestimmung in wirtschaftlichen Angelegenheiten, Betriebsänderungen, §§ 111 ff. BetrVG | 2195 |
| I. Allgemeines | 2195 |
| II. Voraussetzungen des Beteiligungsrechtes | 2199 |
| 1. Unternehmensgröße | 2200 |
| 2. Bestehen eines Betriebsrates zum Zeitpunkt des Betriebsänderungsentschlusses | 2211 |
| 3. Betriebsänderungen | 2215 |
| 4. Die einzelnen Betriebsänderungen | 2219 |
| a) Einschränkungen oder Stilllegung des ganzen Betriebes oder wesentlicher Betriebsteile, § 111 S. 3 Nr. 1 BetrVG | 2219 |
| b) Verlegung des Betriebes, § 111 S. 3 Nr. 2 BetrVG | 2232 |
| c) Zusammenschluss mit anderen Betrieben, Spaltung von Betrieben, § 111 S. 3 Nr. 3 BetrVG | 2234 |
| d) Grundlegende Änderungen der Betriebsorganisation, des Betriebszwecks oder der Betriebsanlagen, § 111 S. 3 Nr. 4 BetrVG | 2238 |
| e) Einführung grundlegend neuer Arbeitsmethoden und Fertigungsverfahren, § 111 S. 3 Nr. 5 BetrVG | 2246 |
| III. Unterrichtung des Betriebsrats, Beratung der Betriebsänderung | 2249 |
| 1. Pflichten des Arbeitgebers | 2249 |
| 2. Pflichtverletzungen des Unternehmers, Streitigkeiten | 2259 |
| IV. Der Interessenausgleich | 2263 |
| 1. Das Verfahren zur Herbeiführung eines Interessenausgleichs | 2265 |
| a) Hinzuziehung eines Beraters durch den Betriebsrat | 2267 |
| b) Verhandlungen zwischen Betriebsrat und Arbeitgeber | 2277 |
| c) Einschaltung des Vorstandes der Bundesagentur für Arbeit | 2278 |
| d) Anrufung der Einigungsstelle | 2280 |
| 2. Form und Inhalt | 2283 |

| | Rdn. |
|---|---|
| 3. Rechtsnatur und Bindungswirkung | 2285 |
| 4. Interessenausgleich und Einzelbeteiligungsrechte des Betriebsrates; Auswirkungen des Interessenausgleichs auf Kündigungsschutzprozesse | 2288 |
| 5. Wirksamkeit der Betriebsänderung | 2290 |
| 6. Unterlassungsansprüche des Betriebsrats – Kündigungsverbot während der Verhandlungen? | 2292 |
| V. Der Nachteilsausgleich, § 113 BetrVG | 2296 |
| 1. Der Versuch eines Interessenausgleichs | 2299 |
| 2. Abweichung vom Interessenausgleich | 2305 |
| 3. Ansprüche auf Nachteilsausgleich | 2309 |
| VI. Der Sozialplan | 2317 |
| 1. Begriff, Zweck, Voraussetzungen | 2317 |
| 2. Betriebsänderungen ohne Sozialplanpflicht | 2320 |
| a) Personalabbau | 2321 |
| b) Neu gegründete Unternehmen | 2326 |
| 3. Verfahren für die Aufstellung des Sozialplans | 2330 |
| 4. Inhalt und Regelungsgrenzen | 2331 |
| a) Freiwilliger Sozialplan | 2331 |
| b) Erzwungener Sozialplan | 2346 |
| 5. Form, Rechtsnatur und Wirkungen | 2368 |
| 6. Streitigkeiten | 2375 |
| a) Beschlussverfahren | 2375 |
| b) Klage des einzelnen Arbeitnehmers | 2378 |
| VII. Besonderheiten im Insolvenz-, Konkurs- und Vergleichsverfahren | 2382 |
| VIII. Förderung von Transfermaßnahmen durch die Bundesagentur für Arbeit | 2400 |
| 1. Einleitung | 2400 |
| 2. Förderung von Transfermaßnahmen, § 110 SGB III | 2403 |
| a) Begriff der Transfermaßnahme, Voraussetzungen | 2404 |
| b) Förderungshöhe | 2414 |
| c) Verwaltungsverfahren | 2415 |
| 3. Transferkurzarbeitergeld | 2417 |
| a) Allgemeine Voraussetzungen | 2418 |
| b) Betriebliche Voraussetzungen | 2419 |
| c) Persönliche Voraussetzungen, Ausschlusstatbestände | 2420 |
| d) Höhe, Dauer, Verwaltungsverfahren | 2422 |
| O. Sanktionen des BetrVG | 2424 |
| I. Unmittelbare Erfüllungs- und Unterlassungsansprüche | 2424 |
| II. § 23 Abs. 3 BetrVG | 2427 |
| 1. Zweck | 2427 |
| 2. Voraussetzungen | 2429 |
| 3. Einzelfälle | 2435 |

| | Rdn. |
|---|---|
| a) Wahl des Betriebsrats, Amtsführung, Zusammenarbeit | 2435 |
| b) Beteiligungs- und Mitbestimmungsrechte | 2436 |
| c) Ständige Verletzung von Individualrechten einzelner Arbeitnehmer | 2437 |
| d) Gewerkschaftsrechte | 2438 |
| 4. Verfahren | 2439 |
| a) Erkenntnisverfahren | 2439 |
| b) Vollstreckungsverfahren | 2446 |
| c) Sicherung des Anspruchs auf einstweilige Verfügung? | 2457 |
| III. Allgemeiner betriebsverfassungsrechtlicher Unterlassungs- bzw. Beseitigungsanspruch, insbes. im Bereich erzwingbarer Mitbestimmung | 2460 |
| IV. Spezielle Sanktionen und Verfahren | 2469 |
| V. Initiativrecht, Einigungsstelle | 2470 |
| VI. Theorie der Wirksamkeitsvoraussetzung | 2471 |
| VII. § 23 Abs. 1 BetrVG | 2472 |
| 1. Zweck und Anwendungsbereich | 2472 |
| 2. Ausschluss eines Mitglieds aus dem Betriebsrat | 2475 |
| a) Voraussetzungen | 2475 |
| b) Einzelfälle | 2480 |
| c) Verfahren | 2484 |
| d) Einstweilige Verfügung | 2485 |
| e) Wirkungen des Ausschlusses | 2487 |
| f) Verhältnis zu anderen, insbes. individualrechtlichen Sanktionsmitteln | 2488 |
| 3. Auflösung des Betriebsrats | 2491 |
| a) Voraussetzungen | 2491 |
| b) Verfahren | 2496 |
| c) Wirkungen | 2497 |
| d) Gerichtliche Einsetzung eines Wahlvorstandes, § 23 Abs. 2 BetrVG | 2498 |
| VIII. Straf- und Bußgeldvorschriften | 2499 |
| P. Abweichende Ausgestaltung betriebsverfassungsrechtlicher Regelungen durch Kollektivvertrag – Erweiterung von Mitwirkungs- und Mitbestimmungsrechten | 2500 |
| I. Organisationsnormen | 2500 |
| II. Uneinschränkbarkeit von Beteiligungsrechten | 2501 |
| III. Erweiterung von Beteiligungsrechten | 2503 |
| 1. Durch Betriebsvereinbarungen und Regelungsabreden | 2503 |
| 2. Durch Tarifvertrag | 2504 |
| Q. Europäischer Betriebsrat (EBR) | 2505 |
| I. Gesetzliche Grundlagen, Grundzüge der Regelung | 2505 |
| 1. Die Richtlinie 94/45/EG | 2505 |
| 2. Die Richtlinie 2009/38/EG | 2506 |

# Kapitel 13

|   | Rdn. |
|---|---|
| 3. Ziel und Organisationsstruktur des EBRG | 2510 |
| II. Geltungsbereich des EBRG | 2513 |
|    1. Räumlicher Geltungsbereich | 2513 |
|       a) Begriff der zentralen Leitung | 2513 |
|       b) Sitz der zentralen Leitung im Inland | 2515 |
|       c) Sitz der zentralen Leitung in einem Drittstaat bzw. in einem anderen Mitgliedstaat | 2517 |
|    2. Sachlicher Geltungsbereich | 2520 |
|    3. Weiter bestehende Vereinbarungen | 2529 |
| III. Das besondere Verhandlungsgremium (bVG) | 2530 |
|    1. Die Bildung des besonderen Verhandlungsgremiums | 2531 |
|       a) Initiative der zentralen Leitung | 2532 |
|       b) Antrag der Arbeitnehmer oder ihrer Vertretung | 2533 |
|    2. Zusammensetzung des besonderen Verhandlungsgremiums | 2541 |
|    3. Bestellung der Mitglieder | 2543 |
|       a) Inländische Mitglieder | 2543 |
|       b) Vertreter aus anderen Mitgliedstaaten | 2545 |
|       c) Vertreter aus Drittstaaten | 2546 |
|       d) Unterrichtung der zentralen Leitung über die Mitglieder | 2547 |
|    4. Geschäftsführung des besonderen Verhandlungsgremiums | 2548 |
|       a) Sitzungen | 2548 |
|       b) Geschäftsordnung | 2550 |
|       c) Beschlussfassung | 2551 |
|       d) Unterstützung durch Sachverständige | 2553 |
|    5. Amtszeit des besonderen Verhandlungsgremiums | 2555 |
|    6. Rechtsstellung der Mitglieder des besonderen Verhandlungsgremiums | 2557 |
|    7. Kosten und Sachaufwand | 2558 |
|       a) Grundsatz | 2558 |
|       b) Umfang | 2561 |
|       c) Haftung | 2566 |
| IV. Freiwillige Vereinbarungen über eine grenzüberschreitende Unterrichtung der Arbeitnehmer oder ihrer Vertreter | 2567 |
|    1. Mögliche Ergebnisse des Verhandlungsprozesses im Überblick | 2567 |
|       a) Beschluss über Beendigung der Verhandlungen | 2568 |
|       b) Scheitern der Verhandlungen/Bildung eines EBR kraft Gesetzes | 2569 |
|       c) Vereinbartes Mitwirkungsverfahren | 2570 |
|       d) Vereinbarter EBR | 2571 |
|    2. Gemeinsame Mindestanforderungen an die Vereinbarung | 2572 |
|    3. Keine Vereinbarung von Mitbestimmungsrechten | 2579 |
|    4. Rechtsnatur und Auslegung einer Vereinbarung | 2580 |
|    5. Fortgeltung beendeter Vereinbarungen | 2581 |
|    6. Vereinbartes Mitwirkungsverfahren | 2584 |
|       a) Form, Mindestinhalt | 2585 |
|       b) Fortgeltung beendeter Vereinbarungen | 2588 |
|    7. Europäischer Betriebsrat kraft Vereinbarung | 2589 |
|       a) Form, notwendiger Mindestinhalt der Vereinbarung | 2590 |
|       b) Soll-Inhalt | 2591 |
|       c) Fortgeltung beendeter Vereinbarungen | 2592 |
|    8. Rechtliche Stellung der Mitglieder; Grundsätze der Zusammenarbeit | 2593 |
| V. Der Europäische Betriebsrat kraft Gesetzes | 2594 |
|    1. Rechtsnatur, Stellung im System der Betriebsverfassung | 2594 |
|    2. Errichtung | 2597 |
|       a) Errichtungsvoraussetzungen | 2597 |
|       b) Zusammensetzung | 2601 |
|       c) Bestellung der inländischen Arbeitnehmervertreter | 2605 |
|    3. Amtszeit | 2607 |
|    4. Dauer der Mitgliedschaft des einzelnen EBR-Mitglieds | 2613 |
|    5. Rechtsstellung der Mitglieder | 2616 |
|    6. Geschäftsführung | 2621 |
|       a) Konstituierende Sitzung; Wahl von Vorsitzendem und Stellvertreter | 2621 |
|       b) Befugnisse des Vorsitzenden/Stellvertreters | 2624 |
|       c) Geschäftsführender Ausschuss | 2625 |
|       d) Sitzungen | 2629 |
|       e) Geschäftsordnung | 2636 |
|       f) Beschlüsse | 2637 |
|       g) Kosten und Sachaufwand; Sachverständige | 2639 |
|    7. Zuständigkeit des EBR kraft Gesetzes nur in grenzübergreifenden Angelegenheiten | 2642 |
|    8. Mitwirkungsrechte des EBR kraft Gesetzes | 2647 |
|       a) Jährliche Unterrichtung und Anhörung, § 29 EBRG | 2648 |
|       b) Zusätzliche Unterrichtung und Anhörung über außergewöhnliche Umstände oder Entscheidungen (§ 30 EBRG) | 2667 |
|       c) Einschränkungen bei Betriebs- oder Geschäftsgeheimnissen | 2675 |

# Kapitel 13

## A. Der Anwendungsbereich des BetrVG

| | Rdn. | | | Rdn. |
|---|---|---|---|---|
| d) Einschränkungen wegen Tendenzschutzes | 2676 | VI. | Sanktionen | 2685 |
| e) Unterrichtung der örtlichen Arbeitnehmervertreter | 2679 | | 1. Unmittelbare Erfüllungsansprüche | 2685 |
| | | | 2. Rechtsfolgen der Nichtbeachtung der Mitwirkungsrechte | 2686 |
| f) Gebot vertrauensvoller Zusammenarbeit | 2684 | | 3. Straf- und Bußgeldvorschriften | 2687 |
| | | VII. | Streitigkeiten | 2688 |

## A. Der Anwendungsbereich des BetrVG

### I. Räumlicher Geltungsbereich

Auf Grund des **Territorialitätsprinzip** (*BAG* 7.12.1989 § 102 BetrVG 1972 Nr. 74; 30.4.1987 EzA § 12 SchwbG Nr. 15; 9.11.1977 EzA § 102 BetrVG 1972 Nr. 31; 25.4.1978 EzA § 8 BetrVG 1972 Nr. 6) gilt das BetrVG für alle betriebsratsfähigen Betriebe in der BRD ohne Rücksicht auf die Staatsangehörigkeit des Inhabers. **1**

Inländische Betriebe ausländischer Unternehmen unterfallen damit dem BetrVG, und zwar unabhängig davon, ob für die beschäftigten Arbeitnehmer kraft Vereinbarung ausländisches Arbeitsvertragsrecht gilt (*BAG* 7.12.1989 EzA § 102 BetrVG 1972 Nr. 74; 30.4.1987 EzA § 12 SchwbG Nr. 15). In einem ausländischen Unternehmen können für die deutschen Betriebe Gesamtbetriebsräte (MünchArbR/*Hoyningen-Huene* § 211 Rn. 15) und ein Wirtschaftsausschuss (*BAG* 1.10.1974 EzA § 106 BetrVG Nr. 1; 31.10.1975 EzA § 106 BetrVG Nr. 2) gebildet werden. **2**

Strittig ist die Möglichkeit der Bildung eines **Konzernbetriebsrates** (bejahend etwa MünchArbR/ *v. Hoyningen-Huene* § 211 Rn. 15). Umgekehrt unterfallen **ausländische Betriebe** eines deutschen Unternehmens nicht dem BetrVG. Dies gilt auch für nach § 4 BetrVG selbstständige Betriebsteile im Ausland (GK-BetrVG/*Franzen* § 1 Rn. 11). **3**

Ob für im Ausland tätige Mitarbeiter eines inländischen Betriebes das BetrVG Anwendung findet, ist hingegen keine Frage des räumlichen, sondern des persönlichen Geltungsbereichs (vgl. GK-BetrVG/ *Franzen* § 1 Rn. 14 ff.). Zur Anwendbarkeit des BetrVG auf ausländische Arbeitnehmer, die vorübergehend in einem inländischen Betrieb tätig werden s. Rdn. 9 f. **4**

### II. Persönlicher Geltungsbereich, § 5 BetrVG

#### 1. Einführung

Anwendung findet das BetrVG nur auf **Arbeitnehmer** i. S. d. BetrVG. Das BetrVG geht in § 5 Abs. 1 BetrVG von dem allgemeinen arbeitsrechtlichen Begriff des Arbeitnehmers (s. Kap. 1 Rdn. 38 ff.) unter Einbeziehung der Auszubildenden aus. Bestimmte Personen werden jedoch vom Arbeitnehmerbegriff ausgenommen, § 5 Abs. 2, Abs. 3 BetrVG. § 5 BetrVG umgrenzt damit den Personenkreis, der im Rahmen der Betriebsverfassung vom Betriebsrat repräsentiert wird. **5**

Der Arbeitnehmerbegriff des Gesetzes ist zwingend und kann weder durch Tarifvertrag noch durch Betriebsvereinbarung geändert werden (GK-BetrVG/*Raab* § 5 Rn. 7) **6**

Nicht zu den Arbeitnehmern i. S. d. BetrVG gehören damit insbes. **arbeitnehmerähnliche Personen** (§ 5 Abs. 1 ArbGG, § 12a Abs. 1, 3 TVG; vgl. GK-BetrVG/*Raab* § 5 Rn. 52;), Personen, die kraft öffentlich-rechtlichen Zwangs beschäftigt werden, insbes. im Strafvollzug (*BAG* 18.11.1986 EzA § 2 ArbGG 1979 Nr. 8), Helfer im freiwilligen sozialen Jahr (*BAG* 12.2.1992 EzA § 5 BetrVG 1972 Nr. 54), Zivildienstleistende (GK-BetrVG/*Raab* § 5 Rn. 56) sowie Entwicklungshelfer (*BAG* 27.4.1977 EzA § 611 BGB Arbeitnehmerbegriff Nr. 10). Beamte sind keine Arbeitnehmer i. S. d. BetrVG und damit selbst dann nicht wahlberechtigt, wenn sie in einem von einem privaten Rechtsträger geführten Betrieb eingegliedert sind (*BAG* 28.3.2001 EzA § 7 BetrVG 1972 Nr. 2). **7**

Gem. der Klarstellung in § 5 Abs. 1 BetrVG kommt es für die Beurteilung, ob jemand Arbeitnehmer i. S. d. BetrVG ist, nicht darauf an, ob die tatsächliche Beschäftigung im Betrieb, im Außendienst oder in Telearbeit erfolgt. Die mit derartigen Beschäftigungen verbundene Lockerung der für den Arbeitnehmerstatus typischen persönlichen Abhängigkeit, die u. a. auch durch die Eingliederung in den Betrieb des Arbeitgebers gekennzeichnet wird, ist unschädlich. Ausreichend ist insoweit die Einordnung in die Organisation. Erfasst werden damit sowohl die alternierende (Arbeit teils im Betrieb, teils an einem anderen Ort), die mobile (Arbeit an verschiedenen Orten) und die häusliche Telearbeit (vgl. BT-Drs. 14/5741, S. 35). Erforderlich ist aber auch bei diesen Beschäftigungsarten, dass der Betroffene nach den allgemeinen arbeitsrechtlichen Kriterien Arbeitnehmer ist (*Hanau* NJW 2001, 2513, 2515; zur Arbeitnehmereigenschaft bei Telearbeit s. Rdn. 201; s. Kap. 1 Rdn. 180).

Unerheblich ist auch, ob die Arbeit haupt- oder nebenberuflich, in Voll- oder Teilzeitbeschäftigung erfolgt (GK-BetrVG/*Raab* § 5 Rn. 29 ff.).

## 2. Auslandsentsendung

8   Ob die Vorschriften des BetrVG auch für solche Arbeitnehmer Anwendung finden, die von einem inländischen Betrieb ins Ausland entsandt werden, richtet sich danach, ob trotz der Entsendung die Betriebszugehörigkeit zum inländischen Betrieb bestehen bleibt; s. Rdn. 188.

## 3. Vorübergehende Beschäftigung eines Arbeitnehmers aus einem ausländischen Betrieb im Inland

9   Im Fall der vorübergehenden Einstellung eines Arbeitnehmers eines ausländischen Betriebs in einen inländischen Betrieb, wird danach differenziert, ob sich betriebsverfassungsrechtliche Vorschriften auf das arbeitsrechtliche Grundverhältnis oder auf das sog. Durchführungsverhältnis beziehen.

10  Vorschriften, die das arbeitsvertragliche Grundverhältnis betreffen, wie z. B. § 87 Abs. 1 Nr. 4, 5, 10, 11 BetrVG (Modalitäten der Lohnzahlung, Urlaubsgewährung, betriebliche Lohngestaltung und Festsetzung von Akkord- und Prämiensätzen) sollen keine Anwendung finden. Gleiches gilt im Bereich der personellen Angelegenheiten bei Versetzungen und Kündigungen, §§ 99, 102 BetrVG. Vorschriften des BetrVG, die sich auf das Durchführungsverhältnis beziehen, weil sie an die Eingliederung des Arbeitnehmers in die betriebliche Organisation bzw. das Verhalten des Arbeitnehmers im Betrieb anknüpfen, sollen hingegen Anwendung finden, soweit dem inländischen Betriebsinhaber gegenüber diesen Arbeitnehmern das Direktionsrecht zusteht (MünchArbR/*v. Hoyningen-Huene* § 211 Rn. 21).

## 4. Zur Berufsausbildung Beschäftigte

11  Zu den Arbeitnehmern i. S. d. BetrVG gehören auch alle zu ihrer Berufsausbildung im Betrieb Beschäftigten, § 5 Abs. 1 BetrVG.

12  Dies sind alle Personen, denen in einem geordneten Ausbildungsgang berufliche Fähigkeiten vermittelt werden (vgl. § 1 Abs. 2 BBiG), aber auch diejenigen, die im Rahmen weisungsgebundener praktischer Tätigkeit zur Erlangung im Berufsleben verwertbarer Kenntnisse und Fähigkeiten beschäftigt werden (*BAG* 25.10.1989 EzA § 5 BetrVG 1972 Nr. 48; 30.10.1991 EzA § 5 BetrVG 1972 Nr. 50).

13  Voraussetzung ist, dass eine Eingliederung des Auszubildenden in den Betrieb des Ausbilders vorliegt und keine lediglich schulische, sondern eine zumindest auch betrieblich-praktische Unterweisung erfolgt, in der der Auszubildende auch beruflich aktiv tätig ist.

14  Die Berufsausbildung muss sich im Rahmen des arbeitstechnischen Zwecks eines Produktions- oder Dienstleistungsbetriebs vollziehen und die Auszubildenden in vergleichbarer Weise wie die sonstigen Arbeitnehmer in den Betrieb eingegliedert sein.

## A. Der Anwendungsbereich des BetrVG

### Kapitel 13

Vollzieht sich die Ausbildung in einem **reinen Ausbildungsbetrieb**, sind die Auszubildenden keine Arbeitnehmer i. S. d. BetrVG (sog. Rehabilitanden, vgl. *BAG* 13.6.2007 EzA § 5 BetrVG 2001 Nr. 2; 21.7.1993 EzA § 5 BetrVG 1972 Nr. 56; 20.3.1996 EzA § 5 BetrVG 1972 Nr. 59). Die nur informatorische Besichtigung des Betriebs oder das bloße Zuschauen bei der betrieblichen Arbeitsleistung anderer Arbeitnehmer des Betriebs genügen ebenfalls nicht. Auch darf es dem Betroffenen nicht völlig freigestellt sein, sich überhaupt zu betätigen. Erforderlich ist vielmehr, dass der Arbeitgeber ihm gegenständlich Aufgaben zu seiner Ausbildung zuweist. Die Zahlung eines Entgelts ist aber nicht erforderlich (*BAG* 25.10.1989 EzA § 5 BetrVG 1972 Nr. 48; GK-BetrVG/*Raab* § 5 Rn. 43). Erfasst werden demnach (vgl. GK-BetrVG/*Raab* § 5 Rn. 36) Lehrlinge, Anlernlinge, Volontäre und Praktikanten, Umschüler und Teilnehmer an berufsvorbereitenden Maßnahmen (*BAG* 25.10.1989 EzA § 5 BetrVG 1972 Nr. 48), nicht aber Helfer im freiwilligen sozialen Jahr (*BAG* 12.2.1992 EzA § 5 BetrVG 1972 Nr. 53). Personen, die im Rahmen einer (Hoch-)Schulausbildung praktische Zeiten in Betrieben verbringen, sind nur dann Arbeitnehmer des Betriebs, wenn sie in einer eigenen rechtlichen Beziehung zum Betriebsinhaber stehen, auf Grund derer sie zur Erbringung von Arbeitsleistung verpflichtet sind, nicht aber dann, wenn nur rechtliche Beziehungen zwischen dem Träger der schulischen Ausbildung und dem Betriebsinhaber bestehen (*BAG* 30.10.1991 EzA § 5 BetrVG 1972 Nr. 50). Deshalb sind auch Jugendliche, die mit einem überbetrieblichen Ausbildungszentrum einen Berufsbildungsvertrag geschlossen haben, i. d. R. keine Arbeitnehmer i. S. d. BetrVG und gehören nicht zur Belegschaft des überbetrieblichen Ausbildungszentrums (*BAG* 21.7.1993 EzA § 5 BetrVG 1972 Nr. 56; a. A. noch *BAG* Vorlage-Beschluss 12.6.1986 EzA § 5 BetrVG 1972 Nr. 44), und zwar auch dann nicht, wenn gelegentlich zusammen mit anderen Mitarbeitern praktische Arbeiten ausgeführt werden (*BAG* 12.9.1996 EzA § 5 BetrVG 1972 Nr. 61). Andernfalls käme es zu einer Majorisierung der Stammbelegschaft des Ausbildungsbetriebs durch eine u. U. sehr große Zahl von Auszubildenden. **15**

An einer Eingliederung fehlt es aber auch dann, wenn die Vermittlung einer Berufsausbildung nicht der alleinige oder überwiegende Betriebszweck ist, sondern daneben vom Arbeitgeber noch weitere arbeitstechnische Zwecke verfolgt werden. Für die Eingliederung der zu ihrer Berufsausbildung Beschäftigten kommt es nur darauf an, ob ihr Ausbildungsberuf von den betriebsangehörigen Arbeitern und Angestellten ausgeübt wird. Soweit das nicht der Fall ist, fehlt es auch in diesen Fällen an der Eingliederung (*BAG* 13.6.2007 EzA § 5 BetrVG 2001 Nr. 2). **16**

### 5. Heimarbeiter

Nach § 5 Abs. 1 S. 2 BetrVG gelten auch Heimarbeiter (Heimarbeiter und Hausgewerbetreibende, vgl. § 2 Abs. 1 und 2 HAG; diese Definition gilt auch für den Heimarbeiterbegriff des BetrVG: *BAG* 25.3.1992 EzA § 6 BetrVG 1972 Nr. 3), die in der Hauptsache für den Betrieb arbeiten, als Arbeitnehmer i. S. d. BetrVG. **17**

In der Hauptsache für den Betrieb arbeiten Heimarbeiter, wenn ihre Beschäftigung für den Betrieb gegenüber der Leistung von Heimarbeit für andere Auftraggeber überwiegt. Ob der Lebensunterhalt überwiegend aus der Tätigkeit für den Betrieb gewonnen wird, ist demgegenüber unerheblich (*BAG* 27.9.1974 EzA § 6 BetrVG 1972 Nr. 1). **18**

### 6. Nicht-Arbeitnehmer, § 5 Abs. 2 BetrVG

Die in § 5 Abs. 2 BetrVG genannten Personen besitzen weder das aktive noch das passive Wahlrecht zum Betriebsrat. Sie bleiben außer Betracht, wenn eine Vorschrift eine bestimmte Zahl von Arbeitnehmern als Voraussetzung für ihre Anwendbarkeit verlangt (z. B. § 99 Abs. 1 BetrVG). Beteiligungsrechte, die diese Personen betreffen, stehen dem Betriebsrat nicht zu; Betriebsvereinbarungen entfalten für sie keine normative Wirkung (*BAG* 31.1.1979 EzA § 112 BetrVG 1972 Nr. 17; 10.6.1986 EzA § 87 BetrVG 1972 Arbeitszeit Nr. 18). **19**

# Kapitel 13

## a) Mitglieder des Vertretungsorgans juristischer Personen

20 Von Nr. 1 werden nur Personen erfasst, die Mitglieder des Organs sind, das kraft Gesetz i. V. m. der Satzung zur regelmäßigen **Vertretung der juristischen Person befugt** ist. Wer kraft Gesetzes zur Vertretung befugt ist, bestimmt sich nach den maßgeblichen gesellschaftlichen Bestimmungen. Dies sind (vgl. GK-BetrVG/*Raab* § 5 Rn. 78 f.):
- Aktiengesellschaft: Die Vorstandsmitglieder (§ 78 AktG),
- Kommanditgesellschaft auf Aktien: die Komplementäre nach Maßgabe des Gesellschaftsvertrages (§ 278 Abs. 2 AktG), soweit nicht ein Komplementär vollständig von der Vertretung ausgeschlossen ist (§ 278 Abs. 2 AktG, §§ 125, 181 HGB),
- GmbH: die Geschäftsführer (§ 35 Abs. 1 GmbHG),
- Genossenschaften: Die Vorstandsmitglieder (§ 24 Abs. 1 GenG),
- rechtsfähiger Verein: Die Vorstandsmitglieder (§ 26 BGB) bzw. ein evtl. bestellter Sondervertreter nach § 30 BGB,
- Versicherungsverein: Die Vorstandsmitglieder (§ 34 VAG),
- Stiftungen: die Mitglieder des nach dem Stiftungsgeschäft bestellten Vertretungsorgans. Dies ist als notwendiges Stiftungsorgan in entsprechender Anwendung des Vereinsrechts der Vorstand (§§ 86 Abs. 1, 26 BGB).

21 Gesellschafter einer Personen- oder Kapitalgesellschaft, die selbst in einem von der Gesellschaft geleiteten Betrieb tätig werden, können je nach Ausgestaltung im Einzelfall Arbeitnehmer der Gesellschaft sein (vgl. GK-BetrVG/*Raab* § 5 Rn. 50).

22 Sind sie Mitglieder des vertretungsberechtigten Organs oder bei einer Personengesellschaft vertretungs- oder geschäftsführungsbefugt, scheidet eine Arbeitnehmereigenschaft bereits nach § 5 Abs. 2 Nr. 1, 2 BetrVG aus. Andernfalls ist zu prüfen, ob eine abhängige Beschäftigung auf Grund eines Arbeitsvertrages vorliegt. Daran fehlt es, wenn die Beschäftigung im Betrieb Teil der gesellschaftsrechtlichen Pflichten ist, wofür spricht, dass der Gesellschafter neben der Gewinnbeteiligung kein weiteres Entgelt bezieht oder der Gesellschafter maßgeblichen Einfluss auf die Geschäftsführung hat (vgl. *BAG* 10.4.1991 EzA § 611 BGB Arbeitnehmerbegriff Nr. 39; 28.11.1990 EzA § 611 BGB Arbeitnehmerbegriff Nr. 37).

## b) Mitglieder von Personengesamtheiten

23 Nach Nr. 2 gelten nur die Mitglieder einer Personengesamtheit nicht als Arbeitnehmer, die kraft Gesetzes, Satzung oder Gesellschaftsvertrag zur Vertretung oder Geschäftsführung der Personengesamtheit berufen sind. Dies sind:
- BGB-Gesellschaft: alle oder einzelne Gesellschafter (§§ 709, 710, 714 BGB),
- Kommanditgesellschaft (KG): Die Komplementäre als persönlich haftende Gesellschafter (§§ 164, 170 HGB),
- nicht rechtsfähiger Verein: Der Vorstand (§ 54 BGB i. V. m. § 26 BGB entsprechend),
- Reederei: die Mitreeder bzw. der Korrespondentreeder (§§ 489, 493, 496 HGB),
- Erbengemeinschaft: alle Miterben (§ 2038 Abs. 1 BGB),
- Eheliche Gütergemeinschaft: beide Ehegatten (§ 1421 BGB) oder einer der Ehegatten, sofern dies ausdrücklich vereinbart ist.

24 Bei den übrigen Mitgliedern der Personengesamtheit richtet sich die Frage der Arbeitnehmereigenschaft nach allgemeinen Grundsätzen (s. Kap. 1 Rdn. 38 ff.). Zu prüfen ist insbes., ob lediglich ein Gesellschafterverhältnis oder auf Grund entsprechender Weisungsgebundenheit ein Arbeitsverhältnis vorliegt.

## c) Primär karitativ oder religiös motivierte Beschäftigung

25 Durch § 5 Abs. 2 Nr. 3 BetrVG werden solche Personen aus dem Kreis der Arbeitnehmer ausgeschlossen, bei deren Beschäftigung **Erwerbsabsichten keine Rolle spielen**, da ihre Lebensversorgung durch die Gemeinschaft, der sie zugehörig sind, gesichert ist (GK-BetrVG/*Raab* § 5 Rn. 80).

## A. Der Anwendungsbereich des BetrVG

Nach allgemeiner Ansicht (DKK/*Trümner* § 5 Rn. 143) sind daher Mönche, Ordensschwestern und Diakonissen religiöser Gemeinschaften keine Arbeitnehmer, es sei denn, diese Personen nehmen ein Beschäftigungsverhältnis auf, das in keinerlei Beziehung zu der Betätigung der religiösen Gemeinschaft steht und nicht durch eine religiöse oder karitative Motivation, sondern von einer Erwerbsabsicht getragen wird (GK-BetrVG/*Raab* § 5 Rn. 80).

Unerheblich ist auch, ob die in § 5 Abs. 2 Nr. 3 BetrVG genannten Personen unmittelbar in einer kirchlichen Einrichtung oder auf Grund eines Gestellungsvertrages zwischen ihrem Verband und einem anderen Betrieb in letzterem tätig werden (GK-BetrVG/*Raab* § 5 Rn. 80). 26

Kontrovers diskutiert wird die Rechtsstellung von in einem weltlichen Schwesternverband oder in freien Wohlfahrtsverbänden zusammengeschlossenen Krankenschwestern, insbes. DRK-Schwestern: 27

Nach Ansicht des *BAG* (20.2.1986 EzA § 5 BetrVG 1972 Nr. 45; vgl. auch *BAG* 3.6.1975 EzA § 5 BetrVG 1972 Nr. 19) sind die Mitglieder einer DRK-Schwesternschaft auch dann keine Arbeitnehmer, wenn sie nicht in einem von der Schwesternschaft selbst getragenen, sondern auf Grund eines Gestellungsvertrages in einem von einem Dritten betriebenen Krankenhaus tätig sind, weil die Erbringung der Arbeitsleistung auf der mitgliedschaftlichen Stellung der Krankenschwester zur Schwesternschaft beruhe. Etwas anderes soll für sog. Gastschwestern, also Schwestern, die nicht mitgliedschaftlich gebunden sind, gelten (*BAG* 4.7.1979 AP Nr. 10 zu § 611 BGB Rotes Kreuz). In der Literatur (vgl. DKK/*Trümner* § 5 Rn. 145 ff.) ist diese Rechtsprechung auf Kritik gestoßen.

### d) Zur Heilung, Wiedereingewöhnung, Besserung oder Erziehung Beschäftigte

Kennzeichnend für die unter Nr. 4 fallende Personen ist, dass ihre Beschäftigung nicht auf die Erzielung eines Erwerbs gerichtet ist, sondern in erster Linie der Behebung physischer, psychischer oder sonstiger in der Person des Beschäftigten liegender Defekte dient, die sie an der Ausfüllung eines auf dem Arbeitsmarkt angebotenen Arbeitsplatzes hindern (GK-BetrVG/*Raab* § 5 Rn. 86). Die Beschäftigung muss vorwiegend ihrer Rehabilitation oder Resozialisierung dienen. 28

Dies gilt nicht nur für die Ziele der Heilung, sittlichen Besserung oder Erziehung, sondern auch für das Ziel der Wiedereingewöhnung. Es geht hierbei um die Wiederherstellung eines normalen Verhältnisses dieser Personen zum allgemeinen Erwerbsleben. Die Wiedereingewöhnung ist darauf gerichtet, Personen, die jedweder geregelten Arbeit entwöhnt sind oder sich nie an solche Arbeit gewöhnt haben, an geregelte Arbeit heranzuführen. Davon zu unterscheiden ist die Beschäftigung zur Berufsausbildung, durch die in erster Linie berufliche Kenntnisse und Fertigkeiten vermittelt werden sollen (*BAG* 25.10.1989 EzA § 5 BetrVG 1972 Nr. 48; vgl. auch *Buchner* NZA 1989, Beil. 1, S. 2 ff.). Bei einer aus medizinischen Gründen erfolgenden Beschäftigung ist eine entsprechende ärztliche Indikation erforderlich (DKK/*Trümner* § 5 Rn. 156). Im Übrigen muss der Schwerpunkt der Tätigkeit klar ersichtlich auf therapeutischem Gebiet liegen (DKK/*Trümner* § 5 Rn. 158). 29

### e) Familienangehörige des Arbeitgebers

Auch bei Bestehen eines echten Arbeitsverhältnisses gelten der Ehegatte des Arbeitgebers sowie seine Eltern und Kinder (**Verwandte 1. Grades**, § 1589 BGB) und Schwiegereltern und Schwiegerkinder (**Verschwägerte 1. Grades**, § 1590 BGB) dann nicht als Arbeitnehmer i. S. d. BetrVG, wenn sie mit dem Arbeitgeber in häuslicher Gemeinschaft leben, sie also im Hausstand des Arbeitgebers ihren Lebensmittelpunkt haben (GK-BetrVG/*Raab* § 5 Rn. 89). Ist der Arbeitgeber eine Personengesamtheit, sind die mit deren vertretungsberechtigten Mitgliedern i. S. v. Nr. 5 verwandten oder verschwägerten Personen ebenfalls nicht Arbeitnehmer (DKK/*Trümner* § 5 Rn. 168). Ist der Arbeitgeber eine juristische Person, ist umstritten, ob die engen Verwandten eines Mitglieds des zur Vertretung berufenen Organs von Nr. 5 erfasst werden (bejahend: GK-BetrVG/*Raab* § 5 Rn. 91; *Fitting* § 5 Rn. 337; abl. HSWGNR/*Rose* § 5 Rn. 136 f.; DKK/*Trümner* § 5 Rn. 167, der eine Ausnahme im Falle der Ein-Personen-GmbH machen will, wenn ein entsprechendes Verwandtschaftsverhältnis zum Alleingesellschafter und -geschäftsführer besteht). Eine analoge Anwendung des Ausschlussstat- 30 bestandes bei Bestehen einer eheähnlichen Gemeinschaft bei Zusammenleben in häuslicher Gemeinschaft kommt nicht in Betracht (GK-BetrVG/*Raab* § 5 Rn. 89; abl. *ArbG Köln* 9.6.1976 DB 1976, 2068; DKK/*Trümner* § 5 Rn. 166).

### 7. Leitende Angestellte, § 5 Abs. 3, Abs. 4 BetrVG

*a) Zweck und Bedeutung der Vorschrift*

31 Da der Arbeitgeber, insbes. bei Großunternehmen darauf angewiesen ist, unternehmerische Aufgaben zu delegieren, sollen auf Grund der bestehenden Interessenpolarität zwischen Arbeitgeber und Arbeitnehmerschaft die Angestellten der Interessenvertretung durch den Betriebsrat entzogen werden, die zur Unternehmerseite gehören und in besonderer Nähe zum unternehmerischen Entscheidungsprozess stehen (GK-BetrVG/*Raab* § 5 Rn. 94).

32 Das BetrVG gilt für leitende Angestellte grds. nicht, es sei denn, das Gesetz selbst bezieht sie ausdrücklich in seinen Anwendungsbereich ein. Dies ist der Fall bei §§ 105, 107 Abs. 1 und 3 BetrVG, § 108 Abs. 2 BetrVG. Vorschriften des BetrVG die demgegenüber nur allgemein von »im Betrieb tätigen Personen« oder der »Belegschaft« sprechen, wie z. B. §§ 75 Abs. 1, 80 Abs. 1 Nr. 2 BetrVG können für leitende Angestellte keine Geltung beanspruchen (DKK/*Trümner* § 5 Rn. 174; GK-BetrVG/*Kreutz* § 75 Rn. 14; a. A. für § 75 Abs. 1 BetrVG: HSWGNR/*Worzalla* § 75 Rn. 3; *Wlotzke* DB 1989, 111, 118). Leitende Angestellte sind daher weder zum Betriebsrat wählbar, noch haben sie das aktive Wahlrecht; Mitwirkungs- und Mitbestimmungsrechte des Betriebsrates bestehen nicht. Betriebsvereinbarungen gelten für die leitenden Angestellten nicht.

33 Ausschließliches Repräsentationsorgan der leitenden Angestellten ist nur der Sprecherausschuss nach dem Sprecherausschussgesetz (SprAuG), s. Rdn. 1102 ff.

*b) Zwingender und abschließender Charakter der Norm*

34 § 5 Abs. 3 BetrVG enthält eine **abschließende Definition** des leitenden Angestellten. Ein Rückgriff auf einen bereits vorgegebenen Begriff des leitenden Angestellten, wie ihn das BAG bis 1980 zur Vorläuferregelung befürwortete (*BAG* 5.3.1974 EzA § 5 BetrVG 1972 Nr. 7; aufgegeben von *BAG* 29.1.1980 EzA § 5 BetrVG 1972 Nr. 35), ist damit nicht mehr zulässig (GK-BetrVG/*Raab* § 5 Rn. 97). Die gesetzliche Regelung ist zwingend, d. h. durch Individual- oder Kollektivrechtliche Vereinbarungen nicht abänderbar (DKK/*Trümner* § 5 Rn. 187; vgl. auch: *BAG* 19.8.1975 EzA § 102 BetrVG 1972 Nr. 16; 5.3.1974 EzA § 5 BetrVG 1972 Nr. 7).

*c) Gemeinsames Merkmal: Nach Arbeitsvertrag und Stellung im Unternehmen oder im Betrieb*

35 Nach der gesetzlichen Regelung ist leitender Angestellter nur, wer die in § 5 Abs. 3 BetrVG aufgeführten Befugnisse oder Aufgaben nach Arbeitsvertrag und Stellung im Unternehmen oder im Betrieb wahrnimmt. Wird ein Arbeitnehmer in mehreren Betrieben desselben Unternehmens eingesetzt, so kann die Frage, ob er leitender Angestellter ist, nur einheitlich für alle Betriebe des Unternehmens beantwortet werden (*BAG* 25.2.1997 EzA § 87 BetrVG 1972 Arbeitszeit Nr. 57).

36 Durch dieses Merkmal soll sichergestellt werden, dass der Angestellte die ihm vertraglich eingeräumten Befugnisse und Aufgaben auch tatsächlich ausübt, also eine Identität von vertraglichen Befugnissen und faktischer Ausübung besteht, um Manipulationen entgegenzuwirken (BT-Drs. 11/2503, S. 30; vgl. *Buchner* NZA Beil. 1/1989, S. 6; *Richardi* NZA Beil. 1/1990, S. 4; GK-BetrVG/*Raab* § 5 Rn. 102).

37 Die Identität von vertraglichen und faktischen Befugnissen erfordert keine völlige Deckungsgleichheit (str.: vgl. DKK/*Trümner* § 5 Rn. 192 f.), wenn eine solche nur in dem Bereich besteht, in dem der Angestellte die in § 5 Abs. 3 Nr. 1–3 BetrVG genannten Merkmale erfüllt (GK-BetrVG/*Raab* § 5 Rn. 102).

## A. Der Anwendungsbereich des BetrVG   Kapitel 13

Durch das Erfordernis, dass der Angestellte die in § 5 Abs. 3 Nr. 1–3 BetrVG genannten Aufgaben nach Stellung im Unternehmen oder im Betrieb ausüben muss, soll verdeutlicht werden, dass er die nach Arbeitsvertrag zugewiesenen Aufgaben tatsächlich im Unternehmen oder Betrieb ausüben muss und diese nicht nur gelegentlich oder vertretungsweise wahrnimmt. Nach überwiegender Auffassung (GK-BetrVG/*Raab* § 5 Rn. 104 f.; DKK/*Trümner* § 5 Rn. 194; a. A. *Martens* RdA 1989, 73, 77) soll durch die Aufnahme des Begriffspaares »Betrieb oder Unternehmen« in die Neufassung des § 5 Abs. 3 BetrVG die Rechtsprechung des *BAG* (23.1.1986 EzA § 5 BetrVG 1972 Nr. 42) zu § 5 Abs. 3 BetrVG a. F. präzisiert und klargestellt werden, dass eine Einstufung als leitender Angestellter nicht schon alleine daran scheitert, dass der Angestellte Funktionen nur auf Betriebs-, nicht aber auf Unternehmensebene ausübt. 38

Bei Wahrnehmung von Aufgaben nur auf Betriebsebene muss es sich aber um eine wichtige betriebsleitende Funktion mit dem Charakter einer unternehmerischen Aufgabe handeln (*BAG* 25.10.1989 EzA § 5 BetrVG 1972 Nr. 49) oder diese sich funktionsmäßig auf das Unternehmen beziehen (vgl. *BAG* 19.11.1974 EzA § 5 BetrVG 1972 Nr. 9; 19.11.1974 EzA § 5 BetrVG 1972 Nr. 10). 39

Nicht ausreichend ist deshalb, dass lediglich eine vorprogrammierte unternehmerische Entscheidung auf der betrieblich-arbeitstechnischen Ebene nachvollzogen wird (DKK/*Trümner* § 5 Rn. 194; GK-BetrVG/*Raab* § 5 Rn. 105). 40

### d) Die einzelnen Tatbestände

#### aa) Nr. 1: Selbstständige Einstellungs- oder Entlassungsbefugnis

Ein leitender Angestellter gem. § 5 Abs. 3 Nr. 1 BetrVG muss nicht nur im Außenverhältnis befugt sein, Einstellungen und Entlassungen vorzunehmen, sondern auch im Innenverhältnis gegenüber dem Arbeitgeber eigenverantwortlich über die Einstellung **und** Entlassung einer bedeutenden Anzahl von Arbeitnehmern des Betriebes entscheiden können (*BAG* 11.3.1982 EzA § 5 BetrVG 1972 Nr. 41; GK-BetrVG/*Raab* § 5 Rn. 109 f.). 41

Die von § 5 Abs. 3 S. 2 Nr. 1 BetrVG vorausgesetzte Personalverantwortung kann den Status als leitender Angestellter nur begründen, wenn sie von erheblicher unternehmerischer Bedeutung ist. Diese kann sich aus der Zahl der betreffenden Arbeitnehmer oder aus der Bedeutung von deren Tätigkeit für das Unternehmen ergeben (*BAG* 10.10.2007 EzA § 5 BetrVG 2001 Nr. 3; 16.4.2002 EzA § 5 BetrVG 1972 Nr. 66). 42

Bereits das notwendige Zusammenwirken, z. B. des Leiters der Personalabteilung mit den Leitern der Fachabteilungen, schließt die Selbstständigkeit aus (*LAG Bln.* 5.3.1990 LAGE § 5 BetrVG 1972 Nr. 18), es sei denn, der Personalleiter ist befugt, sich in begründeten Fällen über das Votum der Fachabteilungen hinwegzusetzen (GK-BetrVG/*Raab* § 5 Rn. 112). Die von § 5 Abs. 3 S. 2 Nr. 1 BetrVG verlangte selbständige Ausübung der Personalkompetenz wird hingegen durch eine Bindung des betroffenen Angestellten an ein Budget oder einen Stellenplan nicht in Frage gestellt. Das gilt auch, wenn der Angestellte für die von ihm zu verantwortenden Einstellungen und Entlassungen zu Kontrollzwecken der Unterschrift eines Dritten bedarf (*BAG* 16.4.2002 EzA § 5 BetrVG 1972 Nr. 66). 43

#### bb) Nr. 2: Generalvollmacht oder Prokura

**Generalvollmacht** ist die Vollmacht zur Führung des gesamten Geschäftsbetriebs und vermittelt die Rechtsstellung zwischen der eines Vorstandsmitglieds und der eines Prokuristen (*BAG* 5.3.1974 EzA § 5 BetrVG 1972 Nr. 7). Der Generalbevollmächtigte ist nur dann leitender Angestellter, wenn er die auf Grund der Vollmacht im Außenverhältnis eingeräumte Vertretungsmacht auch im Innenverhältnis ohne jede Einschränkungen ausüben darf (DKK/*Trümner* § 5 Rn. 213). 44

**Prokura** ist die handelsrechtliche und im Handelsregister einzutragende Vollmacht mit gesetzlich festgelegtem, Dritten gegenüber nicht beschränkbarem Inhalt (vgl. §§ 48–53 HGB). Eine gewöhn- 45 liche Handlungsvollmacht reicht für Nr. 2 hingegen nicht aus (*BAG* 10.4.1991 NZA 1991, 857, 858]; GK-BetrVG/*Raab* § 5 Rn. 120).

46 Sofern das Gesetz verlangt, dass die Prokura auch im Verhältnis zum Arbeitgeber nicht unbedeutend ist, ist damit gemeint, dass zwar keine völlige Deckungsgleichheit zwischen rechtlichem Können nach außen und rechtlichem Dürfen nach innen erforderlich ist (so vor der Neufassung des § 5 BetrVG *BAG* 27.4.1988 EzA § 5 BetrVG 1972 Nr. 47), andererseits genügt es nicht, dass es sich lediglich um einen sog. Titularprokuristen handelt oder der Prokura nur ein unbedeutender Aufgabenbereich mit starken Einschränkungen im Innenverhältnis zu Grunde liegt (*BAG* 25.3.2009 EzA § 5 BetrVG 2001 Nr. 4; 11.1.1995 EzA § 5 BetrVG 1972 Nr. 58).

47 Zur Beurteilung, welches Maß an rechtlichem Dürfen im Innenverhältnis erforderlich ist, kann auf die Merkmale des § 5 Abs. 3 Nr. 3 BetrVG zurückgegriffen werden, sodass die Voraussetzungen der Nr. 2 dann erfüllt sind, wenn dem Prokuristen Aufgaben zugewiesen sind, die denen nach Nr. 3 in etwa gleichwertig sind, wenn also der Prokura ein bedeutender Aufgabenbereich mit erheblichem Entscheidungsspielraum zu Grunde liegt. Prokuristen, die ausschließlich Stabsfunktionen wahrnehmen, sind deshalb keine leitenden Angestellten i. S. d. § 5 Abs. 3 Nr. 2 BetrVG (*BAG* 29.6.2011 EzA § 5 BetrVG 2001 Nr. 6; 25.3.2009 EzA § 5 BetrVG 2001 Nr. 4).

48 Sind die formalen Voraussetzungen der Tatbestände des Abs. 3 Nr. 2 erfüllt, ist nur zu prüfen, ob die durch eine Prokuraerteilung nach außen dokumentierten unternehmerischen Befugnisse nicht so weit aufgehoben sind, dass eine erhebliche unternehmerische Entscheidungsbefugnis in Wirklichkeit nicht besteht (*BAG* 11.1.1995 EzA § 5 BetrVG 1972 Nr. 58).

*cc) Nr. 3: Funktionaler Grundtatbestand*

*(1) Einleitung, Zweck der Vorschrift*

49 Nach § 5 Abs. 3 Nr. 3 ist ein Arbeitnehmer ferner dann leitender Angestellter, wenn **kumulativ** folgende Voraussetzungen erfüllt sind:
– Regelmäßige Wahrnehmung sonstiger Aufgaben, die für den Bestand und die Entwicklung des Unternehmens oder eines Betriebs von Bedeutung sind;
– deren Erfüllung besondere Erfahrungen und Kenntnisse voraussetzt;
– wenn der Angestellte dabei entweder die Entscheidungen im Wesentlichen frei von Weisungen trifft oder sie maßgeblich beeinflusst.

50 Mit § 5 Abs. 3 S. 2 Nr. 3 BetrVG soll der ganz überwiegende Teil der leitenden Angestellten erfasst werden, die zwar Führungsaufgaben wahrnehmen, aber die Kriterien nach Nr. 1 und Nr. 2 nicht erfüllen (BT-Drs. 11/2503, S. 30).

51 Während Nr. 1 und Nr. 2 primär leitende Angestellte in sog. Linienfunktionen betreffen, die die maßgeblichen Entscheidungen (als Vorgesetzte) selbst treffen, werden von § 5 Abs. 3 S. 2 Nr. 3 BetrVG wesentlich auch Angestellte in sog. Stabsfunktionen erfasst, die die Entscheidungen wesentlich vorbereiten und somit planend und beratend tätig sind (GK-BetrVG/*Raab* § 5 Rn. 121 ff.; vgl. *BAG* 23.1.1986 EzA § 5 BetrVG 1972 Nr. 42; 29.1.1980 EzA § 5 BetrVG 1972 Nr. 35; 19.11.1974 EzA § 5 BetrVG 1972 Nr. 10).

52 Weil damit grds. an funktionale Merkmale zur Umschreibung der leitenden Angestellten angeknüpft wird, stellt § 5 Abs. 3 S. 2 Nr. 3 BetrVG den Grundtatbestand der leitenden Angestellten dar, der auf Nr. 1 und Nr. 2 zurückstrahlen kann, nicht jedoch umgekehrt (*Hromadka* BB 1990, 62; GK-BetrVG/*Raab* § 5 Rn. 123). Demgegenüber wird z. T. § 5 Abs. 3 S. 2 Nr. 3 BetrVG wegen des Begriffs »sonstige Aufgaben« als teilweise offener Tatbestand verstanden, sodass stets zu prüfen sein soll, ob die Aufgaben den in Nr. 1, 2 genannten Führungsaufgaben gleichwertig sind (*Richardi* NZA Beil. 1/1990, S. 4; *Wlotzke* DB 1989, 120).

## A. Der Anwendungsbereich des BetrVG — Kapitel 13

### (2) Wahrnehmung bedeutsamer unternehmerischer (Teil-)Aufgaben

Erforderlich ist, dass der Angestellte typisch unternehmerische Aufgaben wahrnimmt. 53

Der Angestellte muss auf Grund seiner leitenden Funktion **maßgeblichen Einfluss auf die Unter-** 54
**nehmensführung** ausüben. Dieser Einfluss kann darin bestehen, dass er als Vorgesetzter in Linienfunktion selbst die maßgeblichen Entscheidungen trifft oder er als Angestellter in Stabsfunktion kraft seiner Schlüsselposition planend oder beratend Voraussetzungen schafft, an denen die Unternehmensleitung nicht vorbeigehen kann (BAG 5.5.2010 EzA § 5 BetrVG 2001 Nr. 5).

Nicht ausreichend ist, dass es sich um die rein arbeitstechnisch »vorprogrammierte« Durchführung 55
unternehmerischer Entscheidungen handelt (vgl. BAG 23.1.1986 EzA § 5 BetrVG 1972 Nr. 42; 17.12.1974 EzA § 5 BetrVG 1972 Nr. 11; GK-BetrVG/*Raab* § 5 Rn. 125). An der Wahrnehmung einer unternehmerischen Teilaufgabe kann es auch dann fehlen, wenn bei starker Dezentralisation der unternehmerischen Aufgaben (sog. Atomisierung) die einzelne Tätigkeit nicht mehr von Bedeutung für Bestand und Entwicklung des Unternehmens ist (BAG 23.1.1986 EzA § 5 BetrVG 1972 Nr. 42; 29.1.1980 EzA § 5 BetrVG 1972 Nr. 35). Bei unternehmerischen Führungsaufgaben kann es sich nach der Entwurfsbegründung u. a. um solche wirtschaftlicher, technischer, kaufmännischer, organisatorischer, personeller, rechtlicher oder wissenschaftlicher Art handeln (vgl. BT-Drs. 11/2503, S. 30). Im Rahmen einer zweckgerichteten Auslegung kann berücksichtigt werden, ob auf Grund der ausgeübten Funktion eine Interessenpolarität zur Arbeitnehmerschaft und zum Betriebsrat entsteht, sodass sich eine Unvereinbarkeit der Aufgabe mit dem aktiven und passiven Wahlrecht zum Betriebsrat ergibt (vgl. GK-BetrVG/*Raab* § 5 Rn. 131).

Die Tätigkeit muss für Bestand **und** Entwicklung des Unternehmens oder eines Betriebs von Be- 56
deutung sein. Eine bloß bestandssichernde Tätigkeit reicht ebenso wenig wie eine nur für die Entwicklung bedeutsame Tätigkeit (MünchArbR/*Richardi* § 19 Rn. 37).

Die Aufgaben müssen für die Verwirklichung der unternehmerischen Zielsetzung bedeutsam bzw. 57
im Hinblick auf die Gesamtheit der Unternehmensaufgaben erheblich sein, d. h. einen beachtlichen Teilbereich der unternehmerischen Aufgaben insgesamt ausmachen (GK-BetrVG/*Raab* § 5 Rn. 127). Trotz der missverständlichen Formulierung ist auf die Bedeutung der Aufgabe für das Unternehmen abzustellen (vgl. BAG 25.10.1989 EzA § 5 BetrVG 1972 Nr. 49). Wenn das Gesetz neben der Bedeutung der Aufgabe für Bestand und Entwicklung des Unternehmens auch auf eine derartige Bedeutung für einen Betrieb abstellt, soll damit lediglich berücksichtigt werden, dass bei einem mehrbetrieblichen Unternehmen eine für die Erreichung der Unternehmensziele wichtige Aufgabe vorliegen kann, wenn sie nur für Bestand und Entwicklung eines Betriebes von Bedeutung ist (vgl. BT-Drs. 11/2503, S. 30). Damit kann auch eine wichtige betriebsleitende Funktion je nach Lage der Umstände als unternehmerische Aufgabe angesehen werden (DKK/*Trümner* § 5 Rn. 222), wie z. B. die technische oder kaufmännische Leitung eines Zweigwerks in der Automobilindustrie (*Hromadka* BB 1990, 61).

### (3) Regelmäßige Wahrnehmung

Die Wahrnehmung von Aufgaben erfolgt regelmäßig, wenn sie nicht nur gelegentlich erfolgt (vgl. 58
BT-Drs. 11/2503, S. 30), sondern der Tätigkeit das Gepräge (BAG 23.1.1986 EzA § 5 BetrVG 1972 Nr. 42) gibt, d. h. diese schwerpunktmäßig bestimmt (BAG 25.10.1989 EzA § 5 BetrVG 1972 Nr. 49). Nach Auffassung des BAG ist insoweit darauf abzustellen, ob ein beachtlicher Teil der Arbeitszeit von diesen Tätigkeiten beansprucht wird (BAG 23.1.1986 EzA § 5 BetrVG 1972 Nr. 42).

An dieser rein zeitanteiligen Betrachtungsweise wird in der Literatur Kritik geübt (vgl. etwa GK- 59
BetrVG/*Raab* § 5 Rn. 148: Allein maßgeblich sei, ob der Angestellte überhaupt Aufgaben wahrnehme, die qualitativ der Tätigkeit entsprechen, die ansonsten der Unternehmer selbst auszuführen hätte, die also für Bestand und Entwicklung des Unternehmens oder eines Betriebes von Bedeutung sind. Ist dies der Fall, soll es gleichgültig sein, ob hierin der [quantitative] Schwerpunkt der Arbeits-

zeit liegt). Bei lediglich vertretungsweiser Wahrnehmung der Aufgaben eines leitenden Angestellten kann der Vertreter nur dann selbst leitender Angestellter sein, wenn es sich um eine ständige Vertretung handelt (vgl. Entwurfsbegründung, BT-Drs. 11/2503, S. 30).

*(4) Besondere Erfahrungen und Kenntnisse*

60 Die Erfüllung derartiger Aufgaben setzt besondere Erfahrungen und Kenntnisse voraus, wenn dafür eine besondere Ausbildung oder längere Berufserfahrung erforderlich ist.

61 Die Art und Weise des Erwerbs der Kenntnisse ist unerheblich. Sie können auch durch längere Tätigkeit oder Selbststudium erworben werden (*BAG* 9.12.1975 EzA § 5 BetrVG 1972 Nr. 22; 10.2.1976 EzA § 5 BetrVG 1972 Nr. 24).

*(5) Erheblicher Handlungsspielraum*

62 Leitender Angestellter ist nur, wem ein erheblicher eigener Handlungsspielraum zusteht, wobei eine völlige Weisungsfreiheit nicht erforderlich ist (GK-BetrVG/*Raab* § 5 Rn. 137).

63 Eine Bindung an Vorgaben auf Grund von Richtlinien, Rechtsvorschriften oder Plänen steht der Annahme des erforderlichen erheblichen eigenen Handlungsspielraums ebenso wenig entgegen wie die Einbindung in Teamarbeit mit anderen leitenden Angestellten. Abzustellen ist darauf, inwieweit solche Vorgaben noch einen erheblichen Entscheidungsspielraum zulassen oder aber selbst schon Entscheidungsabläufe vorprogrammieren (DKK/*Trümner* § 5 Rn. 229; vgl. zum alten Recht *BAG* 9.12.1975 EzA § 5 BetrVG 1972 Nr. 22; 23.3.1976 EzA § 5 BetrVG 1972 Nr. 25).

64 Der Angestellte in Stabsfunktion muss auf Grund seiner arbeitsvertraglich geschuldeten Tätigkeit den Entscheidungsprozess wesentlich bestimmen, was anzunehmen ist, wenn er kraft seiner **Schlüsselposition** Voraussetzungen schafft, an denen die Unternehmensführung nicht vorbeigehen kann (*BAG* 29.1.1980 EzA § 5 BetrVG 1972 Nr. 35). Anhaltspunkt hierfür kann sein, ob die Unternehmensleitung im Falle des Abweichens von dem Vorschlag des Angestellten einem (internen) Begründungszwang, z. B. gegenüber einem Kontrollgremium im Unternehmen selbst unterliegt oder ob sie ihn ohne größerer Argumentation ignorieren kann (GK-BetrVG/*Raab* § 5 Rn. 140). Ob auf dieses Kriterium auch bei Angestellten in Linienfunktion, die zwar selbst keine Entscheidungsbefugnis in personellen Angelegenheiten besitzen, über deren Vorschlag sich die Personalleitung aber nur mit triftiger Begründung hinwegsetzen kann, zurückgegriffen werden kann, ist streitig (dafür etwa *Buchner* NZA Beil. 1/1989, S. 8; *Hromadka* BB 1990, 61). An einem maßgeblichen Einfluss auf die Unternehmensleitung fehlt es insoweit jedenfalls, wenn der Vorgesetzte einer Fachabteilung bei Einstellungen lediglich beratend hinzugezogen und ihm ein Vorschlagsrecht eingeräumt wird (*LAG BW* 25.6.1991 LAGE § 5 BetrVG 1972 Nr. 20).

65 Indiz zur Beurteilung des Entscheidungsspielraums kann die **Leitungsebene** sein, der der Angestellte zugehörig ist: Je tiefer die konkrete Entscheidungsstufe in der Unternehmenshierarchie liegt, auf der der Angestellte unternehmens- oder betriebsleitende Aufgabenstellungen erfüllt, umso größer ist die Wahrscheinlichkeit, dass wesentliche unternehmerische Entscheidungsspielräume auf den höheren Entscheidungsstufen bereits verbraucht wurden. Von welcher Delegationsstufe ab leitende Angestellte im Unternehmen nicht mehr angenommen werden können, lässt sich allerdings nur im jeweiligen Einzelfall bestimmen (*BAG* 23.1.1986 EzA § 5 BetrVG 1972 Nr. 42).

*dd) Der Zweifelstatbestand nach § 5 Abs. 4 BetrVG*

*(1) Zweck und Rechtsnatur, Anwendungsvoraussetzungen*

66 Nach der Entwurfsbegründung (BT-Drs. 11/2503, S. 30) soll in Fällen, in denen eine Zuordnung nach dem funktionalen Grundtatbestand zweifelhaft bleibt, durch Anknüpfung an schnell feststell-

## A. Der Anwendungsbereich des BetrVG

bare, formale Merkmale eine Entscheidungshilfe gegeben werden. Welche Rechtsnatur dieser Zweifelstatbestand hat, ist umstritten. Nach überwiegender Ansicht (*Buchner* NZA 1989, Beil. Nr. 1, S. 9; *Wlotzke* DB 1989, 122; *Richardi* NZA 1990, Beil. Nr. 1, S. 9 f.; GK-BetrVG/*Raab* § 5 Rn. 155 ff.) handelt es sich um einen Hilfstatbestand, der in eindeutig nachrangigem Verhältnis zum funktionalen Grundtatbestand steht. Erst wenn bei der Anwendung des § 5 Abs. 3 S. 2 Nr. 3 BetrVG Zweifel verbleiben, kann Abs. 4 dann als selbstständiger, § 5 Abs. 3 S. 2 Nr. 3 BetrVG verdrängender Spezialtatbestand eingreifen, der das Vorliegen der Voraussetzungen als gegeben annimmt. Auf Grund dieses Verhältnisses von Haupt- und Hilfstatbestand (vgl. GK-BetrVG/*Raab* § 5 Rn. 160; DKK/*Trümner* § 5 Rn. 237) müssen zunächst die Voraussetzungen nach § 5 Abs. 3 S. 2 Nr. 3 BetrVG geprüft werden. Erst wenn bei dieser Prüfung Zweifel verbleiben, kann auf Abs. 4 zurückgegriffen werden.

Deshalb ist es nicht statthaft, auf die vorrangige Prüfung der Merkmale des § 5 Abs. 3 S. 2 Nr. 3 BetrVG zu verzichten und von vornherein i. S. einer widerlegbaren Vermutung davon auszugehen, dass ein Angestellter leitender Angestellter dann ist, wenn eine der Alternativen des Abs. 4 erfüllt ist, es sei denn, die Voraussetzungen des funktionalen Grundtatbestandes seien offensichtlich nicht erfüllt. Zuordnungen, die allein nach Abs. 4 vorgenommen werden, sind offensichtlich unwirksam (*Richardi* NZA Beil. 1/1990, S. 2, 10]; DKK/*Trümner* § 5 Rn. 237). 67

### (2) Bestehen von Zweifeln

Bei den für den Rückgriff auf Abs. 4 vorausgesetzten Zweifeln muss es sich nach ganz überwiegender Ansicht (vgl. DKK/*Trümner* § 5 Rn. 241; GK-BetrVG/*Raab* § 5 Rn. 162) um rechtliche, nicht tatsächliche Zweifel handeln, sodass alle Tatsachen vor Heranziehung des Abs. 4 ermittelt sein müssen. 68

Erst wenn danach bei Anwendung des funktionalen Grundtatbestandes nach Ausschöpfung aller Auslegungsgrundsätze mindestens zwei Auslegungsergebnisse vertretbar erscheinen, etwa wenn sich beide auf unterschiedliche Auffassungen in der Literatur oder auf divergierende Instanzentscheidungen berufen können, kommt eine Anwendung des Zweifelstatbestandes in Betracht. Eine gefestigte höchstrichterliche Rechtsprechung zu der streitigen Frage schließt Zweifel i. S. d. Abs. 4 aus (GK-BetrVG/*Raab* § 5 Rn. 163). 69

Maßstab ist, ob die Normanwender im Betrieb verständigerweise davon ausgehen durften, dass der Grundtatbestand zu keinem eindeutigen Ergebnis führt. Kommt das Arbeitsgericht dagegen zu dem Ergebnis, dass sich die Zuordnung nach diesem Maßstab bereits aus der Grundnorm ergibt oder die Beteiligten eine Anwendung dieser Vorschrift gar nicht versucht haben, so nimmt es selbst die Zuordnung auf Grund des § 5 Abs. 3 S. 2 Nr. 3 BetrVG vor (*Röder* NZA 1989, Beil. Nr. 4, S. 6). Nach Auffassung von *Raab* (GK-BetrVG § 5 Rn. 166 findet § 5 Abs. 4 BetrVG im Übrigen nur dann Anwendung, wenn die betrieblichen Stellen die Norm tatsächlich unter Berufung auf Auslegungszweifel bei § 5 Abs. 3 S. 2 Nr. 3 BetrVG heranziehen. Dagegen soll sich im Wege teleologischer Reduktion die Zuordnung auch durch das Arbeitsgericht allein nach § 5 Abs. 3 BetrVG bestimmen, wenn sich die betriebliche Stelle auf die Anwendung der Grundnorm beschränkte, das Arbeitsgericht dagegen zu der Auffassung gelangt ist, dass aus Sicht der Zuordnungsstelle mehr als ein Auslegungsergebnis vertretbar gewesen wäre. 70

### (3) Die Einzeltatbestände des § 5 Abs. 4 BetrVG

Sofern es auf die Anwendung des § 5 Abs. 4 BetrVG ankommt, genügt es, dass eine der dort genannten Alternativen erfüllt ist. 71

#### aaa) Nr. 1: Frühere Zuordnung

Bei der Zuordnungsentscheidung anlässlich der letzten Wahl kann es sich um eine solche des Wahlvorstandes (§ 2 WO) oder bei zeitgleicher Wahl zu Betriebsrat und Sprecherausschuss 72 um eine solche der beteiligten Wahlvorstände (§ 18a Abs. 1 BetrVG) bzw. des nach § 18a Abs. 2 BetrVG einzuschaltenden Vermittlers handeln.

73   Maßgebend ist die jeweils letzte Wahl. Wird die Zuordnungsentscheidung nachträglich in einem gerichtlichen Verfahren (etwa Wahlanfechtungsverfahren oder in einem Verfahren über die Feststellung der Nichtwählbarkeit nach § 24 Abs. 1 Nr. 6 BetrVG) korrigiert, ist allein diese gerichtliche Entscheidung für die Zuordnung maßgeblich (GK-BetrVG/*Raab* § 5 Rn. 168 f.).

74   Soweit § 5 Abs. 4 Nr. 1 BetrVG darauf abstellt, dass der Angestellte durch rechtskräftige gerichtliche Entscheidung den leitenden Angestellten zugeordnet worden ist, wird es überwiegend (vgl. MünchArbR/*Richardi* § 19 Rn. 52) für ausreichend erachtet, dass in dem gerichtlichen Verfahren die Frage der Zuordnung lediglich als Vorfrage thematisiert wurde, etwa in einem Kündigungsschutzverfahren im Hinblick auf die Anwendbarkeit des § 105 BetrVG.

75   Da im Urteilsverfahren im Gegensatz zum Beschlussverfahren keine gerichtliche Ermittlung des Sachverhalts im Wege der Amtsermittlung greift, ist streitig, ob es sich jedenfalls dann um eine Entscheidung in einem Beschlussverfahren gehandelt haben muss (so z. B. *Fitting* § 5 Rn. 423; *Martens* RdA 1989, 84) oder auch eine Klärung als Vorfrage in einem Urteilsverfahren (GK-BetrVG/*Raab* § 5 Rn. 169) ausreicht. Ein Rückgriff auf das Kriterium der rechtskräftigen gerichtlichen Entscheidung scheidet aus, wenn sich die Umstände der Beschäftigung des Angestellten zwischenzeitlich verändert haben (GK-BetrVG/*Raab* § 5 Rn. 170).

76   Inwieweit gerichtliche Entscheidungen auf der Grundlage des § 5 Abs. 3, 4 BetrVG a. F. ihre bindende Wirkung behalten, erscheint fraglich (vgl. GK-BetrVG/*Raab* § 5 Rn. 173 ff.: Danach können auch Alt-Entscheidungen berücksichtigt werden, da der Gesetzgeber mit der Novelle 1988 die Vorschrift über leitende Angestellte ohne Einengung oder Erweiterung lediglich habe präzisieren wollen).

*bbb) Nr. 2: Leitungsebene*

77   Wesentlicher Anknüpfungspunkt für Nr. 2 ist die Leitungsebene i. S. v. gleichwertiger Tätigkeit im Unternehmen (GK-BetrVG/*Raab* § 5 Rn. 174). Diese Ebenen ergeben sich i. d. R. aus einem Organisationsplan des Unternehmens, wobei sich allerdings eine schematische Anknüpfung an diese Pläne verbietet.

78   Maßgebend ist, ob der Angestellte einer Führungsebene angehört, auf der überwiegend Personen vertreten sind, die leitende Angestellte sind. Überwiegend bedeutet, dass mehr als 50 % der auf der Leitungsebene beschäftigten Angestellten leitende Angestellte sind (h. M., vgl. nur GK-BetrVG/*Raab* § 5 Rn. 176; DKK/*Trümner* § 5 Rn. 243).

79   Zu berücksichtigen sind nur solche Angestellte, die unstreitig leitende Angestellte i. S. d. § 5 Abs. 3 und 4 sind (GK-BetrVG/*Raab* § 5 Rn. 176).

*ccc) Nr. 3: Regelmäßiges Jahresarbeitsentgelt*

80   Unter Arbeitsentgelt i. S. d. Vorschrift sind in Anlehnung an § 14 SGB IV alle laufenden oder einmaligen Einnahmen aus einer Beschäftigung zu verstehen, gleichgültig ob ein Rechtsanspruch auf diese Einnahmen besteht oder in welcher Form sie geleistet werden (vgl. GK-BetrVG/*Raab* § 5 Rn. 177).

81   Neben dem Festgehalt sind daher auch Tantiemen, Gratifikationen und Sachbezüge zu berücksichtigen. Für variable Vergütungsbestandteile ist der Durchschnitt der letzten Jahre zu ermitteln. Einmalige Bezüge bleiben außer Betracht.

82   Aus Nr. 3 folgt die Pflicht des Arbeitgebers, dem Wahlvorstand die für den Gehaltsvergleich erforderlichen Daten im Rahmen der Erforderlichkeit zur Verfügung zu stellen (DKK/*Trümner* § 5 Rn. 244).

## A. Der Anwendungsbereich des BetrVG   Kapitel 13

*ddd) Nr. 4: Dreifache Bezugsgröße nach § 18 SGB IV*

Nur wenn bei der Anwendung von Nr. 3 noch Zweifel verbleiben, darf § 5 Abs. 4 Nr. 4 BetrVG herangezogen werden, also nur dann, wenn sich nicht feststellen lässt, ob der Angestellte ein für leitende Angestellte in dem Unternehmen übliches Gehalt bezieht (GK-BetrVG/*Raab* § 5 Rn. 180). Die Bezugsgröße wird jährlich durch die Bezugsgrößen-VO neu festgesetzt. **83**

*e) Streitigkeiten*

*aa) Gerichtliche Statusklärung*

Sofern die Frage, ob jemand Arbeitnehmer i. S. d. BetrVG ist, als Vorfrage in einem Urteilsverfahren eine Rolle spielt (etwa zur Klärung der Anwendbarkeit von §§ 102, 105 BetrVG), ist hierüber im Urteilsverfahren inzident zu entscheiden (vgl. *BAG* 19.8.1975 EzA § 102 BetrVG 1972 Nr. 15; EzA § 102 BetrVG 1972 Nr. 16). Weiterhin kann über die Frage des betriebsverfassungsrechtlichen Arbeitnehmerstatus auch in einem arbeitsgerichtlichen Beschlussverfahren, § 2a Abs. 1 Nr. 1 ArbGG, §§ 80 ff. ArbGG) entschieden werden. **Beteiligungs- und antragsbefugt** sind der betroffene Arbeitnehmer (*BAG* 23.1.1986 EzA § 5 BetrVG 1972 Nr. 43), der Betriebsrat, auch der Gesamtbetriebsrat (so GK-BetrVG/*Raab* § 5 Rn. 206; DKK/*Trümner* § 5 Rn. 251), der Arbeitgeber (*BAG* 23.1.1986 EzA § 233 ZPO Nr. 7) und im Zusammenhang mit einer Betriebsrats- oder Sprecherausschusswahl die beiden Wahlvorstände (*BAG* 5.3.1974 EzA § 5 BetrVG 1972 Nr. 7). Überwiegend (vgl. *BAG* 5.3.1974 EzA § 5 BetrVG 1972 Nr. 7; 19.11.1974 EzA § 5 BetrVG 1972 Nr. 10, allerdings offen gelassen für den Fall einer bloß abstrakten Feststellung; DKK/*Trümner* § 5 Rn. 251; HSWGNR/*Rose* § 5 Rn. 287) wird auch ein Antragsrecht einer im Betrieb vertretenen Gewerkschaft jedenfalls im Zusammenhang mit einer Betriebsratswahl angenommen. Kein Antragsrecht besteht für eine im Betriebsrat vertretene Gruppe oder Minderheitsliste (vgl. *LAG Frankf.* 21.4.1988 DB 1989, 487; *LAG Düsseld.* 24.10.1989 DB 1990, 283). **84**

Das erforderliche **Rechtsschutzinteresse** für ein Statusfeststellungsverfahren besteht auch ohne Vorliegen eines aktuellen Streitfalles (vgl. *BAG* 19.11.1974 EzA § 5 BetrVG 1972 Nr. 9; 9.12.1975 EzA § 5 BetrVG 1972 Nr. 22; GK-BetrVG/*Raab* § 5 Rn. 207). Das Rechtsschutzbedürfnis entfällt, wenn der Arbeitnehmer aus dem Betrieb ausgeschieden ist oder im Betrieb eine andere Tätigkeit übernommen hat (*BAG* 23.1.1986 EzA § 233 ZPO Nr. 7). *Raab* (GK-BetrVG § 5 Rn. 207) nimmt bei Änderung der Tätigkeit nur dann einen Entfall des Rechtsschutzbedürfnisses an, wenn in Bezug auf die neue Tätigkeit Einigkeit über die Zuordnung besteht. Begegnen sich in einem Beschlussverfahren über die Frage, ob ein Arbeitnehmer leitender Angestellter ist, der negative Feststellungsantrag des Betriebsrats mit dem positiven Feststellungsantrag des Angestellten, so entfällt hierdurch nicht das Rechtsschutzinteresse für einen der Anträge (*BAG* 17.12.1974 EzA § 5 BetrVG 1972 Nr. 12). **85**

*bb) Zuordnungsverfahren anlässlich zeitgleicher Betriebsrat- und Sprecherausschusswahlen, § 18a BetrVG*

Sofern Betriebsrats- und Sprecherausschusswahl nach § 13 Abs. 1 BetrVG, § 5 Abs. 1 SprAuG gesetzlich zwingend zeitgleich einzuleiten sind oder auch ohne Bestehen einer gesetzlichen Verpflichtung zeitgleich eingeleitet werden, sieht § 18a BetrVG ein besonderes Abstimmungsverfahren zwischen den beteiligten Wahlvorständen zur Abklärung der Frage, wer leitender Angestellter ist, vor. Unverzüglich nach Aufstellung der Wählerlisten, spätestens jedoch zwei Wochen vor Einleitung der Wahl haben sich die Wahlvorstände gegenseitig darüber zu unterrichten, welche Angestellten sie den leitenden Angestellten zugeordnet haben. Im Falle von Divergenzen ist eine Einigung zu versuchen. Scheitert diese, ist ein Vermittler zu bestellen, der über die Zuordnung entscheidet (vgl. § 18a Abs. 2, 3 BetrVG). Die Zuordnung im Verfahren nach § 18a BetrVG ist für die Wahl verbindlich. Ein Einspruch gegen die in Übereinstimmung mit der Zuordnung aufgestellte Wählerliste ist nach § 4 Abs. 2 WahlO 1972 ausgeschlossen, es sei denn, die am Zuordnungsverfahren Beteiligten halten die Zuordnung selbst übereinstimmend für offensichtlich fehlerhaft. **86**

*Wildschütz*

87 Eine Anfechtung der Betriebsrats- bzw. Sprecherausschusswahl ist ausgeschlossen, soweit sie darauf gestützt wird, die Zuordnung sei fehlerhaft erfolgt.

Etwas anderes gilt nur in Fällen offensichtlicher Fehlerhaftigkeit der Zuordnung, § 18a Abs. 5 BetrVG. Eine solche offensichtliche Fehlerhaftigkeit liegt vor, wenn sich die Fehlerhaftigkeit dem mit den Gegebenheiten des Betriebs und Unternehmens Vertrauten geradezu aufdrängt (vgl. GK-BetrVG/*Kreutz* § 18a Rn. 102).

#### cc) Verhältnis von Zuordnungsverfahren nach § 18a BetrVG und arbeitsgerichtlichem Beschlussverfahren zur Statusklärung

88 Die Zuordnungsentscheidung nach § 18a BetrVG entfaltet über die Wahl hinaus keine Rechtswirkungen (GK-BetrVG/*Kreutz* § 18a Rn. 96, 106), es sei denn indirekt bei Anwendung des § 5 Abs. 4 Nr. 1 BetrVG.

89 Für andere Bereiche, in denen es auf die Zuordnung ankommt, ist daher die Zuordnungsentscheidung im Verfahren nach § 18a BetrVG nicht bindend.

90 Die Statusfrage kann vielmehr inzident im arbeitsgerichtlichen Urteilsverfahren oder selbst als Streitgegenstand in einem arbeitsgerichtlichen Beschlussverfahren thematisiert werden (*LAG Bln.* 5.3.1990 NZA 1990, 577; *LAG Hamm* 24.4.1990 NZA 1990, 704). § 18a Abs. 5 S. 1 BetrVG bestimmt insoweit, dass durch die Zuordnungsentscheidung der Rechtsweg nicht ausgeschlossen wird. Erfolgt eine rechtskräftige Zuordnungsentscheidung im Statusverfahren vor Durchführung der Wahl, so ist sie auch für die Wahl maßgeblich (GK-BetrVG/*Kreutz* § 18a Rn. 107).

### III. Gegenständlicher Geltungsbereich

#### 1. Einführung

91 Der Betrieb ist nach § 1 BetrVG Anknüpfungspunkt für die Wahl von Betriebsräten. Der Betriebsbegriff legt damit die Organisationseinheit fest, innerhalb derer die Arbeitnehmer zur Wahrnehmung von Mitbestimmungs- und Mitwirkungsrechten einen Betriebsrat wählen können. Das BetrVG definiert den Begriff des Betriebs nicht selbst, sondern setzt diesen voraus. Probleme der Abgrenzung können sich ergeben, wenn ein Unternehmen organisatorisch untergliedert ist und den von ihm verfolgten wirtschaftlichen Zweck unter Zuhilfenahme mehrerer arbeitstechnischer Einrichtungen verfolgt, sodass Unternehmen und Betrieb u. U. nicht identisch sind.

#### 2. Betrieb und Unternehmen

##### a) Begriff

92 Nach herrschendem Verständnis ist **Betrieb** die organisatorische Einheit, innerhalb derer ein Arbeitgeber allein oder mit seinen Arbeitnehmern mit Hilfe von sächlichen und immateriellen Mitteln bestimmte arbeitstechnische Zwecke fortgesetzt verfolgt, die sich nicht in der Befriedigung des Eigenbedarfs erschöpfen (st. Rspr., vgl. etwa *BAG* 29.5.1991 EzA § 4 BetrVG 1972 Nr. 6). Durch das letztgenannte Merkmal sollen Haushalte aus dem Betriebsbegriff ausgegrenzt werden (*BAG* 17.2.1981 EzA § 111 BetrVG 1972 Nr. 13).

93 Demgegenüber wird als **Unternehmen** die organisatorische Einheit definiert, mit der ein Unternehmer für entferntere wirtschaftliche oder ideelle Ziele einen übergreifenden, i. d. R. wirtschaftlichen Zweck verfolgt (HSWGNR/*Rose* § 1 Rn. 13; GK-BetrVG/*Franzen* § 1 Rn. 30) bzw. als Organisations- und Wirkungseinheit, durch die eine unternehmerische Zwecksetzung verwirklicht wird.

94 Die begriffliche Unterscheidung von Betrieb und Unternehmen ist betriebsverfassungsrechtlich damit nur von Relevanz, wenn ein Unternehmen den Unternehmenszweck in nach Zwecksetzung, Organisation oder räumlichen Lage unterscheidbaren Einheiten verfolgt. Nur dann kann sich die Frage stellen, ob eine Einheit einen Betrieb, Nebenbetrieb oder Betriebsteil bildet.

## A. Der Anwendungsbereich des BetrVG

### b) Kriterien der Abgrenzung

Mangels gesetzlicher Definition des Betriebsbegriffs kann die Entscheidung, ob eine organisatorische Unterteilung eines Unternehmens zum Bestehen nur eines oder aber mehrerer Betriebe führt, nicht durch einfache Subsumtion getroffen werden. Notwendig ist vielmehr eine wertende Betrachtung, sodass den Gerichten insoweit ein weiter Beurteilungsspielraum zusteht (*BAG* 29.1.1992 EzA § 7 BetrVG 1972 Nr. 1).

Entscheidend ist auf den **Zweck des Betriebsbegriffs** für die Betriebsverfassung abzustellen, der darin besteht, betriebsratsfähige Einheiten im Interesse einer arbeitnehmernahen Gestaltung der Mitbestimmungsordnung abzugrenzen (GK-BetrVG/*Franzen* § 1 Rn. 36).

> Das BAG stellt insbes. auf das Kriterium der Einheit der Organisation ab, die voraussetzt, dass die in einer Betriebsstätte vorhandenen materiellen und immateriellen Betriebsmittel für den oder die verfolgten arbeitstechnischen Zwecke zusammengefasst, geordnet und gezielt eingesetzt werden und der Einsatz der menschlichen Arbeitskraft von einem einheitlichen Leitungsapparat gesteuert wird (*BAG* 14.9.1988 EzA § 1 BetrVG 1972 Nr. 7; 29.5.1991 EzA § 4 BetrVG 1972 Nr. 6). Für das Vorliegen eines eigenständigen Betriebs spricht es, wenn in ihm einheitlich die für die Arbeitsbedingungen der Beschäftigten maßgeblichen Entscheidungen getroffen werden, insbes. in den wichtigsten der Mitbestimmung unterliegenden Angelegenheiten (*BAG* 29.1.1992 EzA § 7 BetrVG 1972 Nr. 1).

Weiter spricht für das Vorliegen nur eines Betriebes, wenn ein **einheitlicher arbeitstechnischer Zweck** unter **einheitlicher technischer Leitung** verfolgt wird (GK-BetrVG/*Franzen* § 1 Rn. 38). Für das Vorliegen eines einheitlichen Betriebs kann ergänzend auch die räumliche Einheit sprechen. Dieser kommt aber, wie § 4 BetrVG zeigt, kein entscheidendes Gewicht zu.

### 3. Betriebsteil, Zuordnung von Kleinst- und Nebenbetrieben, § 4 BetrVG

§ 4 Abs. 1 BetrVG stellt unter bestimmten Voraussetzungen betriebliche Untergliederungen, die nach der allgemeinen Definition des Betriebsbegriffs (s. Rdn. 92) keine Betriebe sind (Betriebsteil), selbstständigen Betrieben gleich.

§ 4 Abs. 2 BetrVG ermöglicht den Arbeitnehmern eines Betriebs die Beteiligung an Betriebsratswahlen und ihre Repräsentation durch einen Betriebsrat, nämlich den des sog. Hauptbetriebs auch dann, wenn die Bildung eines eigenen Betriebsrats deshalb nicht möglich ist, weil es sich zwar um einen eigenständigen Betrieb i. S. d. BetrVG handelt, im Betrieb aber nicht die erforderliche Anzahl von Arbeitnehmern (§ 1 Abs. 1 BetrVG: fünf wahlberechtigte Arbeitnehmer, davon drei wählbar) beschäftigt wird (Kleinstbetriebe).

### a) Betriebsteil, § 4 Abs. 1 BetrVG

### aa) Funktion der Vorschrift

> Die Funktion der Vorschrift besteht in erster Linie darin sicherzustellen, dass trotz organisatorischer Untergliederung eines Unternehmens eine sinnvolle, arbeitnehmernahe Ausgestaltung der Mitbestimmungsordnung gewährleistet bleibt und eine relative Verselbstständigung einer Organisation von Arbeitsstätten nicht den Verlust der Betriebsratsfähigkeit nach § 1 BetrVG zur Folge hat.

Um dies sicherzustellen, werden durch § 4 Abs. 1 BetrVG organisatorisch relativ verselbstständigte Einheiten, die aber ihrerseits nach der allgemeinen Begriffsbestimmung keine eigenständigen Betriebe sind (Betriebsteile) und daher nach § 1 BetrVG eigentlich keinen eigenen Betriebsrat wählen könnten, unter bestimmten Voraussetzungen im Wege einer gesetzlichen Fiktion selbstständigen Betrieben gleichgestellt (Gesichtspunkt der arbeitnehmernahen Interessenvertretung).

#### bb) Begriffsbestimmung

**103** Ein Betriebsteil ist in die Organisation des Hauptbetriebes eingegliedert. Er ist ihm gegenüber räumlich und organisatorisch abgrenzbar. Er ist aber nur relativ verselbstständigt und bleibt auf den Zweck des Hauptbetriebes ausgerichtet (*BAG* 29.5.1991 EzA § 5 BetrVG 1972 Nr. 6; 25.9.1986 EzA § 1 BetrVG 1972 Nr. 6). Die nur relative Verselbstständigung kommt insbes. dadurch zum Ausdruck, dass dem Betriebsteil ein eigener Leitungsapparat, der insbes. in personellen und sozialen Angelegenheiten wesentliche Entscheidungen selbstständig treffen kann, fehlt (*BAG* 17.2.1983 AP Nr. 4 zu § 4 BetrVG 1972; GK-BetrVG/*Franzen* § 4 Rn. 4). Andererseits erfordert die notwendige relative Selbstständigkeit jedoch, dass eine den Einsatz der Arbeitnehmer bestimmende Leitung institutionalisiert ist und von dieser das Weisungsrecht des Arbeitgebers ausgeübt wird (*BAG* 9.12.2009 EzA § 1 BetrVG 2001 Nr. 8; 28.6.1995 EzA § 4 BetrVG 1972 Nr. 7).

**104** Zur beispielhaften Verdeutlichung werden genannt: Druckerei eines Zeitungsbetriebs, Lackiererei einer Automobilfabrik, Auslieferungslager, Reparaturwerkstatt eines Spediteurs (§ 4 Rn. 15), räumlich getrennte Stepperei eines Schuhproduzenten (*Etzel* HzA Gruppe 19 Rn. 13 unter Hinweis auf *AG Offenbach* 15.3.1972 DB 1972, 1730). Zweigniederlassungen sollen i. d. R. selbstständige Betriebe sein, weil sie keine Hilfsfunktion für einen anderen Betrieb erfüllen, während Zweigstellen (Filialen) meist Betriebsteile darstellen, weil sie organisatorisch der Zentrale zugeordnet sind (ausführlich zu Filialen: DKK/*Trümner* § 4 Rn. 49 ff.).

#### cc) Betriebsratsfähigkeit von Betriebsteilen

**105** Gem. § 4 S. 1 BetrVG können in Betriebsteilen eigene Betriebsräte gebildet werden, wenn:
– in dem Betriebsteil i. d. R. mindestens fünf ständig wahlberechtigte (vgl. § 7 BetrVG) Arbeitnehmer (vgl. § 5 BetrVG), von denen drei wählbar sind (vgl. § 8 BetrVG), vorhanden sind,
**und**
– der Betriebsteil räumlich weit vom Hauptbetrieb entfernt ist,
**oder**
– der Betriebsteil durch Aufgabenstellung und Organisation eigenständig ist.

#### (1) Räumlich weite Entfernung

**106** Ob zwischen Betriebsteil und Hauptbetrieb eine räumlich weite Entfernung besteht, lässt sich nicht nach starren Kriterien beurteilen.

**107** Entscheidend ist, ob die räumliche Entfernung einer lebendigen Gemeinschaft zwischen den Arbeitnehmern des Betriebes und des Betriebsteils entgegensteht und die Möglichkeit persönlicher Kontakte zwischen den Arbeitnehmern des Betriebsteils und dem Betriebsrat nicht mehr ausreichend gewährleistet ist und darüber hinaus auf Grund der räumlichen Entfernung auch eine ordnungsgemäße Betreuung der in dem Betriebsteil beschäftigten Arbeitnehmer durch den Betriebsrat des Hauptbetriebs nicht möglich ist (*BAG* 17.2.1983 AP Nr. 4 zu § 4 BetrVG 1972).

**108** Vor diesem Hintergrund ist einerseits die Kilometerentfernung, andererseits die Leichtigkeit der Verkehrsverbindung von Bedeutung (GK-BetrVG/*Franzen* § 4 Rn. 11). Als nicht räumlich weit entfernt wurden in der Rechtsprechung Entfernungen zwischen 7 und 70 km, als räumlich weit entfernt solche zwischen 20 und 300 km angesehen (vgl. die ausf. Nachw. bei DKK/*Trümner* § 4 Rn. 36, 37; GK-BetrVG/*Franzen* § 4 Rn. 13, 14).

#### (2) Eigener Aufgabenbereich und Organisation

**109** Ist der Betriebsteil durch Aufgabenbereich und (kumulativ, GK-BetrVG/*Franzen* § 4 Rn. 15) Organisation eigenständig, kommt es auf die Entfernung zum Hauptbetrieb nicht mehr an. Praktische Bedeutung gewinnt diese Alternative somit dann, wenn ein Betriebsteil räumlich nahe am Hauptbetrieb liegt.

## A. Der Anwendungsbereich des BetrVG — Kapitel 13

Die Anwendung der gesetzlichen Bestimmung bereitet deshalb Schwierigkeiten, weil der Betriebsteil nach seiner Definition gerade dadurch gekennzeichnet ist, dass er keinen eigenständigen Aufgabenbereich hat, sondern nur Teilfunktionen des Hauptbetriebs erfüllt und diesem auch organisatorisch eingegliedert ist (GK-BetrVG/*Franzen* § 4 Rn. 15). Zum Teil (DKK/*Trümner* § 4 Rn. 46) wird deshalb angenommen, dass die Fallgruppe des § 4 S. 1 Nr. 2 BetrVG überflüssig geworden sei, weil bei organisatorischer Selbstständigkeit und eigenem Aufgabenbereich ohnehin die Voraussetzungen für einen echten Betrieb i. S. d. § 1 BetrVG erfüllt seien. Jedenfalls ist die Abgrenzung verschwommen. **110**

Das *BAG* 29.1.1992 EzA § 7 BetrVG 1972 Nr. 1; 29.5.1991 EzA § 4 BetrVG 1972 Nr. 6) stellt deshalb nur auf eine relative Eigenständigkeit des Betriebsteils ab. **111**

Je nach Grad der Verselbstständigung kann es sich dann aber um einen eigenen Betrieb, um einen als selbstständig geltenden Betriebsteil oder aber auch, falls der Grad der Eigenständigkeit nach Aufgabenbereich und Organisation nicht ausreicht, lediglich um einen unselbstständigen Teil eines Betriebes handeln, wobei den Gerichten ein erheblicher Beurteilungsspielraum zusteht (*BAG* 29.1.1992 EzA § 7 BetrVG 1972 Nr. 1). **112**

Als Indizien für eine solche relative Eigenständigkeit werden genannt (vgl. GK-BetrVG/*Franzen* § 4 Rn. 16): **113**
- Bestehen einer eigenen Leitung, die für ihren Teilbereich im Wesentlichen selbstständig anordnen und entscheiden kann,
- Eigenständigkeit der Organisation insoweit, als im Betriebsteil der wesentliche Kern der der betrieblichen Mitbestimmung unterliegenden Arbeitgeberfunktionen auszuüben ist (*BAG* 29.1.1992 EzA § 7 BetrVG 1972 Nr. 1),
- eigener, vom Hauptbetrieb verschiedener, wenn auch diesem dienender, relativ eigenständiger arbeitstechnischer Zweck (GK-BetrVG/*Franzen* § 4 Rn. 16), zumeist fachfremde Hilfsfunktionen für den Gesamtbereich (*Fitting* § 4 Rn. 24),
- Geltung eines anderen Tarifvertrages als im Hauptbetrieb (GK-BetrVG/*Franzen* § 4 Rn. 16).

Bei der Auslegung der unbestimmten Rechtsbegriffe des § 4 BetrVG ist stets das Ziel des Gesetzes zu beachten, den Arbeitnehmern jeder betrieblichen Einheit die Möglichkeit zu geben, durch einen Betriebsrat repräsentiert zu werden, der mit den Besonderheiten dieser betrieblichen Einheit deshalb besonders vertraut ist, weil seine Mitglieder ihr als Arbeitnehmer angehören (*BAG* 17.2.1983 AP Nr. 4 zu § 4 BetrVG 1972). **114**

### dd) Teilnahme an Betriebsratswahl des Hauptbetriebs

Auch wenn ein Betriebsteil die Voraussetzungen, unter denen ein eigener Betriebsrat gewählt werden kann, erfüllt, können die Arbeitnehmer des Betriebsteils mit Stimmenmehrheit beschließen, von der Bildung eines eigenen Betriebsrats abzusehen und stattdessen an der Wahl des Betriebsrats im Hauptbetrieb teilzunehmen, § 4 Abs. 1 S. 2 BetrVG. Durch Mehrheitsbeschluss kann damit die Verselbstständigung von Betriebsteilen rückgängig gemacht werden. **115**

Der Beschluss bedarf der Stimmenmehrheit der im Betriebsteil beschäftigten Arbeitnehmer. Die Initiative zu einer derartigen Abstimmung kann von drei wahlberechtigten, im Betriebsteil beschäftigten Arbeitnehmern, einer im Betrieb vertretenen Gewerkschaft (zum Begriff s. Rdn. 1167 f.) oder vom Betriebsrat des Hauptbetriebs ausgehen. Zu diesem Zweck bestehen auch Zutrittsrechte zum Betriebsteil (BT-Drs. 14/6352, S. 54). Der Zuordnungsbeschluss kann formlos gefasst werden. Eine Abstimmung auf einer Versammlung ist nicht erforderlich. Vielmehr reicht auch ein Beschluss im Umlaufverfahren aus (BT-Drs. 14/6352, S. 54). Ebenso wenig ist eine geheime Abstimmung notwendig. Erforderlich ist aber eine rechtzeitige Aufforderung zur Teilnahme an der Abstimmung an alle wahlberechtigten Arbeitnehmer des Betriebsteils (GK-BetrVG/*Franzen* § 4 Rn. 21). Der Zuordnungsbeschluss ist dem Betriebsrat des Hauptbetriebs spätestens 10 Wochen vor Ablauf von dessen Amtszeit mitzuteilen, damit er bei der Wahlvorbereitung berücksichtigt werden kann. Die getroffene Zuordnung gilt so lange, bis sie von den betroffenen Arbeitnehmern des Betriebsteils mit Mehrheit widerrufen wird. Wird durch Tarifvertrag oder Betriebsvereinbarung nach § 3 Abs. 1 oder 2 BetrVG **116**

(s. Rdn. 133 ff.) eine andere Zuordnung des Betriebsteils geregelt, geht diese Regelung vor (BT-Drs. 14/5741, S. 35).

117 Folge eines Beschlusses nach § 4 Abs. 1 S. 2 BetrVG ist auch, dass – soweit es für die Anwendbarkeit von Bestimmungen des BetrVG auf die Zahl der im Betrieb beschäftigten Arbeitnehmer ankommt (z. B. §§ 9, 38 BetrVG – die Arbeitnehmer des Betriebsteils, in dem der Beschluss gefasst wurde, als Arbeitnehmer des Hauptbetriebs gelten, also dort mitzählen (vgl. *Hanau* NJW 2000, 2513, 2514). Mängel eines zustimmenden oder ablehnenden Beschlusses der Mehrheit wegen Fehlens der gesetzlichen Voraussetzungen oder Mängeln im Wahlverfahren dürften nur im Zusammenhang mit einer Anfechtung der Wahl gem. § 19 BetrVG des Betriebsrats im Hauptbetrieb geltend gemacht werden können (*Hanau* NJW 2000, 2513, 2514). Wird entgegen einem Beschluss nach § 4 Abs. 1 S. 2 BetrVG im Betriebsteil ein eigener Betriebsrat gewählt, ist dessen Wahl anfechtbar.

### b) Kleinstbetriebe, Nebenbetriebe

118 Nach § 4 S. 2 BetrVG in der bis zum 27.7.2001 geltenden Fassung wurden selbstständige Betriebe, in denen aber kein Betriebsrat gebildet werden konnte, weil die nach § 1 Abs. 1 BetrVG Arbeitnehmeranzahl nicht erreicht wurde, nur dann dem Hauptbetrieb zugeordnet, wenn es sich um sog. Nebenbetriebe handelte (vgl. DLW 2. Aufl., Rn. 105 ff.). Als Nebenbetriebe wurden dabei nur solche arbeitstechnischen Einheiten angesehen, die alle Voraussetzungen eines Betriebes erfüllen, insbes. über eine einheitliche Organisation und Leitung verfügen, die im Kern die Entscheidungen in personellen und wirtschaftlichen Angelegenheiten selbstständig treffen kann, in ihrer Aufgabenstellung aber auf reine Hilfeleistungen für den Hauptbetrieb ausgerichtet sind und den dort verfolgten Betriebszweck unterstützen (*BAG* 29.5.1991 EzA § 4 BetrVG 1972 Nr. 6; 25.9.1986 EzA § 1 BetrVG 1972 Nr. 6). Als Beispiele wurden etwa genannt die Produktion von Lebensmitteln in einem selbstständig organisierten Landgut zur Versorgung eines Krankenhauses, Hopfenplantage einer Bierbrauerei, Bauschreinerei eines Baubetriebs. Folge war, dass die Arbeitnehmer von Kleinstbetrieben auch in Unternehmen, die mehrere Betriebe unterhalten, vertretungslos blieben, es sei denn es handelte sich um sog. Nebenbetriebe. Dieses Ergebnis wurde überwiegend schon unter der bis zum 27.7.2001 geltenden Rechtslage als nicht interessengerecht erachtet und die Auffassung vertreten, dass dann wenn ein Arbeitgeber/Unternehmen in mehreren Betrieben den gleichen arbeitstechnischen Zweck verfolgt und einer dieser Betriebe betriebsratsfähig ist, die nicht betriebsratsfähigen Kleinbetriebe mit dem betriebsratsfähigen Betrieb einen Betrieb i. S. d. BetrVG bilden. Der nicht betriebsratsfähige Kleinbetrieb blieb daher nach h. M. nur dann vertretungslos, wenn er allein die arbeitstechnische Organisation eines Unternehmens bildete, es sich also um ein Kleinunternehmen handelt (DKK/*Trümner* § 4 Rn. 67).

119 Durch § 4 Abs. 2 BetrVG in der ab 28.7.2001 geltenden Fassung sind nunmehr Kleinstbetriebe mit weniger als fünf Arbeitnehmern unter dem Gesichtspunkt der Einbeziehung möglichst aller Arbeitnehmer in die Interessenvertretung dem Hauptbetrieb zuzuordnen, ohne dass es darauf ankommt, ob es sich um Nebenbetriebe i. S. d. Wahrnehmung einer reinen Hilfsfunktion für die arbeitstechnischen Zwecke des Hauptbetriebs handelt.

120 Durch die Neuregelung kann sich nunmehr die Frage stellen, welcher Betrieb als Hauptbetrieb anzusehen ist, wenn ein Unternehmen neben Kleinstbetrieben über mehrere betriebsratsfähige Betriebe verfügt. Sofern der Kleinstbetrieb ein Nebenbetrieb i. S. d. bis zum 27.7.2001 geltenden Rechtslage ist (s. Rdn. 118), ist – sofern betriebsratsfähig – Hauptbetrieb der Betrieb, für dessen arbeitstechnische Zwecke der Nebenbetrieb eine Hilfs- bzw. Unterstützungsfunktion hat. Andernfalls kann darauf abgestellt werden, ob in einem der Betriebe, die als Hauptbetrieb in Betracht kommen, neben der Wahrnehmung im Kleinstbetrieb selbst, auch dort für die Belegschaft des Kleinstbetriebs maßgebliche Entscheidungen getroffen werden, hinsichtlich derer Beteiligungsrechte des Betriebsrats bestehen. Es kann auch darauf abgestellt werden, ob einer der Betriebe für den Kleinstbetrieb in personellen und sozialen Angelegenheiten eine durch Beratung unterstützende Funktion und deshalb eine hervorgehobene Bedeutung gegenüber anderen Betrieben hat (*BAG* 17.1.2007 EzA § 4 BetrVG 2001 Nr. 2). Ist auch in Anwendung dieses Kriteriums keine Zuordnung möglich, kann die Zuord-

nung zum räumlich nächstgelegenen betriebsratsfähigen Betrieb erfolgen (vgl. *Richardi* NZA 2001, 346, 349]; vgl. GK-BetrVG/*Franzen* § 4 Rn. 7). Voraussetzung der Zuordnung ist grundsätzlich, dass beide Betriebe den gleichen Inhaber haben und demselben Unternehmen angehören. Gibt es überhaupt keinen betriebsratsfähigen Betrieb im Unternehmen (und greift auch keine Vereinbarung nach § 3 BetrVG), wird zum Teil (*Reichold* NZA 2001, 857, 858] m. w. N.) die Auffassung vertreten, dass dann in verfassungskonformer Auslegung der §§ 1, 4 BetrVG ein gemeinsamer Betriebsrat jedenfalls der räumlich oder arbeitstechnisch zusammenhängenden Betriebe im Unternehmen gebildet werden kann.

Die Arbeitnehmer des oder der Kleinstbetriebe werden durch den Betriebsrat des Hauptbetriebs repräsentiert und können diesen mitwählen und in diesen gewählt werden. Stellt das BetrVG auf eine bestimmte Anzahl von Arbeitnehmern im Betrieb ab, sind die Arbeitnehmer der Kleinstbetriebe und des betriebsratsfähigen Hauptbetriebs zusammenzurechnen (vgl. *BAG* 3.12.1985 EzA § 4 BetrVG 1972 Nr. 4). 121

### 4. Gemeinschaftsbetrieb mehrerer Unternehmen

#### a) Begriffsbestimmung

Grds. ist ein Betrieb jeweils nur einem Unternehmen zugeordnet. Organisatorische Untergliederungen verschiedener Unternehmen sind daher grds. auch verschiedene Betriebe. Die Bildung eines gemeinschaftlichen, unternehmensübergreifenden Betriebsrats scheidet daher regelmäßig aus. 122

Dennoch ist weitgehend anerkannt, dass zwei oder mehrere Unternehmen einen gemeinsamen Betrieb bilden können mit der Folge, dass dieser Betrieb i. S. d. BetrVG auch mehreren rechtlich selbstständigen Unternehmen zugeordnet wird. 123

Ein gemeinsamer Betrieb mehrerer Unternehmen liegt vor, wenn die in einer Betriebsstätte vorhandenen materiellen und immateriellen Betriebsmittel mehrerer Unternehmen für einen einheitlichen arbeitstechnischen Zweck zusammengefasst, geordnet und gezielt eingesetzt werden und der Einsatz der menschlichen Arbeitskraft von einem einheitlichen Leitungsapparat gesteuert wird. Grundlegende Voraussetzung für das Bestehen eines Gemeinschaftsbetriebs ist der Einsatz von Arbeitnehmern und Betriebsmitteln mehrerer Unternehmen durch eine einheitliche Leitung auf der Grundlage einer wenigstens stillschweigend getroffenen Vereinbarung (vgl. nur *BAG* 16.1.2008 EzA § 77 BetrVG 2001 Nr. 21) Die Wahrnehmung auch der Funktionen im wirtschaftlichen Bereich durch diese institutionelle Leitung ist nicht erforderlich. Ein gemeinschaftlicher Betrieb scheidet aus, wenn die Steuerung des Personaleinsatzes und die Nutzung von Betriebsmitteln nur durch ein Unternehmen erfolgt (*BAG* 22.6.2005 EzA § 1 BetrVG 2001 Nr. 4). Allein die mit einem Konzernverhältnis verbundene Beherrschung eines Unternehmens durch ein anderes genügt selbst dann nicht, wenn das beherrschende Unternehmen Weisungen erteilt (*BAG* 16.1.2008 EzA § 77 BetrVG 2001 Nr. 21). 124

Das *BAG* (14.9.1988 EzA § 1 BetrVG 1972 Nr. 7) hält eine rechtliche Führungsvereinbarung deshalb für notwendig, weil ohne eine solche nicht gewährleistet sei, dass der Betriebsrat in Fragen der personellen und sozialen Mitbestimmung einen zu einheitlicher Willensbildung für beide Unternehmen fähigen Ansprechpartner hat. Möglich ist auch die Bildung eines Gemeinschaftsbetriebs zwischen einer juristischen Person des Privatrechts und einer Körperschaft des öffentlichen Rechts, etwa bei Zusammenarbeit zwischen einer Universität und einem Wirtschaftsunternehmen, wobei das BetrVG Anwendung findet, wenn sich die Betriebsführung auf der Grundlage einer privatrechtlichen Vereinbarung in Form einer BGB-Gesellschaft vollzieht (*BAG* 24.1.1996 EzA § 1 BetrVG 1972 Nr. 10). 125

Auf Grund des Erfordernisses einer rechtlichen Vereinbarung gemeinsamer Führung reicht zur Annahme eines gemeinschaftlichen Betriebes nicht aus, dass eine faktische Personenidentität in der Leitung der selbstständigen Unternehmen besteht. Ebenso wenig genügt allein eine rein unternehmerische Zusammenarbeit oder Verbundenheit in einem Konzern (GK-BetrVG/*Franzen* § 1 Rn. 46). 126

Auch aus dem Bestehen einer Organschaft i. S. v. § 2 Abs. 2 Nr. 2 UStG ergibt sich nicht zwingend, dass die an der Organschaft beteiligten Unternehmen einen gemeinsamen Betrieb i. S. v. § 1 BetrVG bilden (*BAG* 25.5.2005 EzA § 1 BetrVG 2001 Nr. 3). Andererseits steht der Annahme einer konkludenten Führungsvereinbarung die formale Ausübung von Arbeitgeberbefugnissen durch den jeweiligen Vertragsarbeitgeber nicht entgegen (*BAG* 24.1.1996 EzA § 1 BetrVG 1972 Nr. 10).

### b) Vermutungsregelung nach § 1 Abs. 2 BetrVG

**127** Durch das BetrVerf-ReformG vom 23.7.2001 (BGBl. I S. 1852 ff) wurde in Form des § 1 Abs. 2 BetrVG eine Vermutungsregelung aufgenommen. Sind die tatbestandlichen Voraussetzungen erfüllt, wird **widerlegbar** (BegrRegE, BT-Drs. 14/5741, S. 33) vermutet, dass ein gemeinsamer Betrieb vorliegt, also auch die erforderliche Leitungsvereinbarung der beteiligten Unternehmen besteht (*BAG* 11.2.2004 EzA § 1 BetrVG 2001 Nr. 2; 22.6.2005 EzA § 1 BetrVG 2001 Nr. 4). Den beteiligten Unternehmen wird damit die Widerlegungslast aufgebürdet, um eine missbräuchliche Umgehung der Mitbestimmung zu erschweren (vgl. *Reichold* NZA 2001, 857, 858). Diese Vermutungsregelung enthält keine eigenständige Begriffsbestimmung des gemeinschaftlichen Betriebs. Maßgeblich bleibt vielmehr die von der Rechtsprechung entwickelte Begriffsbestimmung (s. Rdn. 122; *BAG* 22.10.2003 EzA § 1 BetrVG 2001 Nr. 1; 11.2.2004 EzA § 1 BetrVG 2001 Nr. 2).

**128** Gem. § 1 Abs. 2 Nr. 1 BetrVG wird das Vorliegen eines gemeinsamen Betriebs vermutet, wenn zur Verfolgung arbeitstechnischer Zwecke die Betriebsmittel sowie die Arbeitnehmer von den Unternehmen gemeinsam eingesetzt werden. Ob dieser Vermutungstatbestand wirklich den ihm zugedachten Zweck erfüllen kann, erscheint fraglich, weil dann, wenn der genannte gemeinsame Einsatz von Betriebsmitteln und Arbeitnehmern nachgewiesen werden kann, zugleich die Existenz eines gemeinsamen Betriebes erwiesen sein dürfte (vgl. *Richardi* NZA 2001, 346, 349). Nach der Rechtsprechung des *BAG* (11.2.2004 EzA § 1 BetrVG 2001 Nr. 2; 22.6.2005 EzA § 1 BetrVG 2001 Nr. 4) besteht die Funktion der Vermutungsregelung darin, das Vorliegen einer Leitungsvereinbarung zu vermuten. Für das Vorliegen einer rechtlichen Vereinbarung einer einheitlichen Leitung können ferner folgende tatsächliche Umstände sprechen (vgl. DKK/*Trümner* § 1 Rn. 74c): Gemeinsame räumliche Unterbringung, personelle, technische und organisatorische Verknüpfung der Arbeitsabläufe, Vorhandensein gemeinsamer Betriebseinrichtungen (Lohnbuchhaltung, Sekretariat, Kantine, betriebliche Altersversorgung), Arbeitnehmeraustausch, Personenidentität in den Unternehmensorganen, gemeinsame Wahrnehmung von Ausbildungsaufgaben.

**129** Gem. § 1 Abs. 2 Nr. 2 BetrVG wird ein gemeinsamer Betrieb mehrerer Unternehmen dann widerlegbar vermutet, wenn die Spaltung eines Unternehmens zur Folge hat, dass von einem Betrieb ein oder mehrere Betriebsteile einem an der Spaltung beteiligten Unternehmen zugeordnet werden, ohne dass sich dabei die Organisation des betroffenen Betriebes wesentlich ändert. Eine nur unwesentliche Änderung liegt vor, wenn auch nach der Unternehmensaufspaltung der oder die bisherigen arbeitstechnische(n) Zweck(e) in dem Betrieb verfolgt und das hierfür schon bisher bestimmte sachliche, immaterielle und personelle Substrat und die einheitliche Leitung in Bezug auf den Kern der betriebsverfassungsrechtlich relevanten Arbeitgeberfunktionen beibehalten werden (GK-BetrVG/ *Franzen* § 1 Rn. 55). Unerheblich ist, ob die Spaltung nach dem UmwG erfolgte oder nach anderen Normen (GK-BetrVG/*Franzen* § 1 Rn. 55).

### c) Praktische Bedeutung

**130** Die Frage, ob ein gemeinschaftlicher Betrieb vorliegt, ist insbes. von Bedeutung, wenn es zu unternehmensrechtlichen Umstrukturierungen kommt. Bilden etwa bei Ausgründungen, d. h. der Aufspaltung eines einheitlichen Unternehmens in mehrere juristisch selbstständige Unternehmen, die bisher einheitlich unternehmenszugehörigen betrieblichen Einheiten einen gemeinschaftlichen Betrieb der nunmehr entstandenen mehreren Unternehmen, bleibt die bisherige betriebsverfassungsrechtliche Organisationsstruktur erhalten (vgl. DKK/*Trümner* § 1 Rn. 81 ff).

## A. Der Anwendungsbereich des BetrVG — Kapitel 13

Soweit das BetrVG für das Bestehen von Rechten des Betriebsrats auf eine bestimmte Mindestanzahl von Arbeitnehmern im Betrieb abstellt (z. B. § 95 Abs. 2 BetrVG), kommt es auf die Zahl der im Gemeinschaftsbetrieb beschäftigten Arbeitnehmer an. **131**

Führen mehrere Unternehmen mit jeweils weniger als zwanzig wahlberechtigten Arbeitnehmern gemeinsam einen Betrieb, in dem insgesamt mehr als zwanzig wahlberechtigte Arbeitnehmer beschäftigt sind, so ist die Vorschrift des § 99 BetrVG auf Versetzungen in diesem Betrieb analog anwendbar (*BAG* 29.9.2004 EzA § 99 BetrVG 2001 Nr. 4). Ein Wirtschaftsausschuss muss deshalb auch dann gebildet werden, wenn ein Unternehmen allein zwar i. d. R. nicht mehr als 100 Arbeitnehmer ständig beschäftigt, aber mit einem anderen Unternehmen einen gemeinschaftlichen Betrieb unterhält und in diesem gemeinschaftlichen Betrieb mehr als 100 Arbeitnehmer beschäftigt werden, und zwar auch dann, wenn auch das andere Unternehmen für sich betrachtet weniger als die in § 106 Abs. 1 BetrVG geforderte Anzahl von Arbeitnehmern beschäftigt (*BAG* 1.8.1990 EzA § 106 BetrVG 1972 Nr. 16). **132**

### 5. Möglichkeit abweichender Regelungen, § 3 BetrVG

#### a) Einleitung

Die durch den Betriebsbegriff und die Sonderregelungen für Betriebsteile und Kleinstbetriebe vorgegebene betriebsverfassungsrechtliche Organisationsstruktur ist grds. zwingend und einer anderweitigen Regelung durch Tarifvertrag, Betriebsvereinbarung oder Mehrheitsbeschluss der Arbeitnehmer nur dann zugänglich, wenn dies das BetrVG selbst ausdrücklich zulässt. Durch § 3 BetrVG i. d. F. des BetrVerf-ReformG v. 23.7.2001 (BGBl. I S. 1852 ff.) wurden die Möglichkeiten abweichender Regelungen erheblich erweitert, um durch flexible Vereinbarungslösungen den Verhältnissen des jeweiligen Betriebs, Unternehmens oder Konzerns Rechnung tragen zu können (BegrRegE, BT-Drs. 14/5741, S. 33). **133**

Die Möglichkeit abweichender Vereinbarungen wird in erster Linie den Tarifvertragsparteien (§ 3 Abs. 1 Nr. 1–5 BetrVG), in eingeschränktem Umfang auch den Betriebspartnern durch Betriebsvereinbarung (§ 3 Abs. 1 Nr. 1, 2, 4, 5 BetrVG) und in einem Fall (§ 3 Abs. 1 Nr. 1a BetrVG) den Arbeitnehmern eingeräumt. Einer behördlichen Genehmigung oder Zustimmung bedürfen derartige abweichende Regelung im Gegensatz zur früheren Rechtslage nicht mehr. **134**

Ein Tarifvertrag nach § 3 Abs. 1 Nr. 1 bis 3 BetrVG kann von einer tarifzuständigen und im Betrieb vertretenen Gewerkschaft ohne Beteiligung von anderen gleichfalls tarifzuständigen Gewerkschaften abgeschlossen werden. Erforderlich ist dabei aber die satzungsmäßige Tarifzuständigkeit der abschließenden Gewerkschaft für **alle** Arbeitsverhältnisse der im Betrieb beschäftigten Arbeitnehmer (so *BAG* 29.7.2009 EzA § 3 BetrVG 2001 Nr 3). **135**

#### b) Die zulässigen Regelungen

##### aa) Unternehmenseinheitlicher Betriebsrat, Zusammenfassung von Betrieben, § 3 Abs. 1 Nr. 1a, b BetrVG

##### (1) Anwendungsbereich

Durch § 3 Abs. 1 **Nr. 1a** BetrVG wird die Bildung eines für das gesamte Unternehmen zuständigen Betriebsrats ermöglicht. Gehören einem Unternehmen mehrere Betriebe an, kann an Stelle von mehreren Betriebsräten und einem Gesamtbetriebsrat dann ein unternehmenseinheitlicher Betriebsrat gewählt werden (BegrRegE, BT-Drs. 14/5741, S. 33 f.). Gem. § 3 Abs. 1 Nr. **1b** BetrVG ist die Zusammenfassung mehrerer Betriebe eines Unternehmens möglich, z. B. zu Regionalbetriebsräten bei Filialbetrieben (BegrRegE, BT-Drs. 14/5741, S. 34). **136**

*(2) Errichtung, Voraussetzungen*

137 Bei Bildung eines unternehmenseinheitlichen Betriebsrats ist dieser von allen Wahlberechtigten des Unternehmens zu wählen und für alle im Unternehmen beschäftigten Arbeitnehmer i. S. d. BetrVG zuständig, unabhängig davon, ob diese in betriebsratsfähigen Betrieben beschäftigt werden. Bei der Zusammenfassung von mehreren Betrieben wird dieser von den Wahlberechtigten der zusammengefassten Betriebe gewählt und ist für alle Arbeitnehmer zuständig, die in einem der in die Zusammenfassung einbezogenen Betrieb beschäftigt sind (GK-BetrVG/*Franzen* § 3 Rn. 59). Die kollektivrechtliche Abweichung vom gesetzlichen Organisationsmodell nach § 3 Abs. 1 Nr. 1 BetrVG setzt voraus, dass dies die Bildung von Betriebsräten erleichtert oder einer sachgerechten Wahrnehmung der Interessen der Arbeitnehmer dient. Ersteres ist jedenfalls dann der Fall, wenn für Teile der von der Kollektivvereinbarung erfassten Unternehmensbereiche bisher kein Betriebsrat gebildet war und deshalb die Belegschaft dort außerhalb des Schutzes des BetrVG stand. Ferner ist diese Voraussetzung erfüllt, wenn durch die Kollektivvereinbarung tatsächliche Zweifel an der Betriebsratsfähigkeit von Betriebsteilen oder Kleinstbetrieben ausgeräumt werden (DKK/*Trümner* § 3 Rn. 29). Eine Dienlichkeit zur sachgerechten Wahrnehmung der Interessen der Arbeitnehmer liegt vor allem dann vor, wenn die Zusammenfassung von Betrieben die Bildung von Betriebsratsgremien in einer Größenordnung erlaubt, die ein Mindestmaß an Professionalisierung durch Aufgabenteilung, Spezialisierung etc. ermöglicht (DKK/*Trümner* § 3 Rn. 32).

bb) *Spartenbetriebsräte, § 3 Abs. 1 Nr. 2 BetrVG*

*(1) Regelungszweck*

138 Soweit ein Unternehmen oder ein Konzern nach Sparten, d. h. nach produkt- oder projektbezogenen Geschäftsbereichen organisiert ist, können durch eine Vereinbarung nach § 3 Abs. 1 Nr. 2 BetrVG sog. Spartenbetriebsräte gebildet werden, wenn die Spartenleitung auch Entscheidungen in beteiligungspflichtigen Angelegenheit trifft und dies der sachgerechten Wahrnehmung der Aufgaben des Betriebsrats dient. Die Gesetzesbegründung (BT-Drs. 14/5741, S. 34) nennt beispielhaft je nach Ausgestaltung der Spartenorganisation die Bildung ein oder mehrerer Betriebsräte je Sparte, mehrere Spartenbetriebsräte für ein als Betrieb anzusehendes Werk, die Bildung unternehmensübergreifender Spartenbetriebsräte und Spartengesamtbetriebsräte. § 3 Abs. 1 Nr. 2 BetrVG soll es durch Anpassung des Repräsentationsbereichs des Betriebsrats an die Organisationsstrukturen des Unternehmens ermöglichen, dass Arbeitgeber und Betriebsrat wieder dort zusammengeführt werden, wo sie kompetent miteinander verhandeln und Entscheidungen treffen können (BegrRegE, BT-Drs. 14/5741, S. 34).

*(2) Voraussetzungen und Anwendungsbereich (vgl. ausf. Friese RdA 2003, 92 ff.)*

139 Es muss sich um ein nach Sparten organisiertes Unternehmen oder einen Konzern handeln. Sparten liegen vor, wenn in einem Unternehmen zur Wahrnehmung der Objektaufgaben auf der der obersten Leitungsebene unmittelbar nachgeordneten Organisationseinheit objektbezogene Abteilungen gebildet werden, die jeweils für die Wahrnehmung einer Teilaufgabe zuständig sind (sog. Divisionale Organisationsstruktur, vgl. *Friese* RdA 2003, 92, 93). Da nach § 3 Abs. 1 Nr. 2 BetrVG ausschließliche Kriterien der Spartenbildung Produkte oder Projekte sind, scheiden andere Merkmale der Spartenbildung aus. Nicht erfasst sind daher z. B. (vgl. DKK/*Trümner* § 3 Rn. 38) Spartenbildungen durch Ausrichtung auf bestimmte Kundengruppen, Marktsegmente, Vertriebswege oder Absatzregionen, wenn sich diese Orientierung nicht auf eine Produkt- oder projektbezogene Spartenbildung stützt. Projektbezogen ist die Organisationsstruktur, wenn im Unternehmen zeitlich befristet Organisationseinheiten zur Wahrnehmung einmaliger, befristeter Objekte gebildet werden (*Friese* RdA 2003, 93).

140 Die Spartenleitung muss in beteiligungspflichtigen Angelegenheiten Entscheidungskompetenzen haben; eine ausschließliche oder maßgebliche Entscheidungskompetenz ist nicht erforderlich (DKK/*Trümner* § 3 Rn. 45 f.; *Friese* RdA 2003, 93 f.).

Die Bildung von Spartenbetriebsräten ist nur möglich, wenn sie der sachgerechten Wahrnehmung der Aufgaben des Betriebsrates dient. Nach der Gesetzesbegründung ist dieses Merkmal bereits dann erfüllt, wenn der Betriebsrat dort errichtet werden soll, wo ihm ein kompetenter Ansprechpartner und Entscheidungsträger gegenüber steht (BegrRegE, BT-Drs. 14/5741, S. 34). Durch die Bildung von Spartenbetriebsräten muss es zu einer Optimierung der Arbeitnehmerrepräsentation kommen (DKK/*Trümner* § 3 Rn. 48; *Friese* RdA 2003, 100). Je geringer die Entscheidungskompetenz der Spartenleitung in beteiligungspflichtigen Fragen ist, desto weniger wird die Errichtung von Spartenbetriebsräten der Optimierung der Arbeitnehmerrepräsentation dienen (*Friese* RdA 2003, 100). An einer Optimierung fehlt es ferner, wenn es durch die Bildung von Spartenbetriebsräten zu einem unfruchtbaren Nebeneinander mehrerer in ihrem Aufgabenbereich sich überschneidender Betriebsräte kommt (DKK/*Trümner* § 3 Rn. 49). Den Kollektivvertragsparteien steht insoweit ein Beurteilungsspielraum zu (*Trümner* § 3 Rn. 50). 141

§ 3 Abs. 1 Nr. 2 BetrVG ermöglicht die Bildung von Spartenbetriebsräten im Unternehmen oder im Konzern. Unternehmen sind solche im betriebsverfassungsrechtlichen Sinne (s. Rdn. 92 ff.). Ob unter den Konzernbegriff nur Unterordnungskonzerne (§ 18 Abs. 1 AktG, so z. B. *Richardi* NZA 2001, 346, 350]; *Richardi/Annuß* DB 2001, 41 f.) oder aber auch Gleichordnungskonzerne (so z. B. *Friese* RdA 2003, 92, 94]; DKK/*Trümner* § 3 Rn. 41) fallen, ist strittig. 142

### (3) Verhältnis zu den gesetzlichen Betriebsräten

Unklar ist, ob die vereinbarten Vertretungen an Stelle der bisher bestehenden Betriebsräte treten (so z. B. DKK/*Trümner* § 3 Rn. 56) oder zusätzlich zu ihnen gebildet werden können (so *Däubler* AuR 2001, 285, 288], *Friese* RdA 2003, 92, 96). Nach *Franzen* (GK-BetrVG § 3 Rn. 15) ist zu differenzieren: Werden vorhandene Betriebe von der Sparte komplett umfasst, tritt der Spartenbetriebsrat an die Stelle des vorhandenen Betriebsrats. Wird nur ein Teil eines Betriebs in die Sparte einbezogen und ist der von der Sparte nicht erfasste Teil eines Betriebes betriebsratsfähig, bleibt der bestehende vorhandene Betriebsrat bestehen, ist allerdings nicht mehr für den von der Sparte erfassten Teil des Betriebs zuständig. 143

### cc) Andere Arbeitnehmervertretungsstrukturen, § 3 Abs. 1 Nr. 3 BetrVG

#### (1) Anwendungsbereich

In Form einer Generalklausel ermöglicht § 3 Abs. 1 Nr. 3 BetrVG durch Tarifvertrag die Einführung anderer Arbeitnehmervertretungsstrukturen, soweit dies insbes. auf Grund der Betriebs-, Unternehmens- oder Konzernorganisation oder auf Grund anderer Formen der Zusammenarbeit von Unternehmen einer wirksamen und oder zweckmäßigen Interessenvertretung der Arbeitnehmer dient. Die Regelung soll es den Tarifvertragsparteien ermöglichen, unabhängig vom Gesetzgeber auch auf zukünftige neue Entwicklungen von Unternehmensstrukturen angemessen reagieren zu können (BegrRegE, BT-Drs. 14/5741, S. 34). Beispielhaft werden genannt (vgl. BegrRegE, BT-Drs. 14/5741, S. 34): Bildung einer nur ein- oder zweistufigen Interessenvertretung in einem kleinen mittelständischen Konzern; Errichtung eines Konzernbetriebsrats in einem Gleichordnungskonzern; Einrichtung von Arbeitnehmervertretungsstrukturen entlang der Produktionskette. 144

#### (2) Voraussetzungen

Die Bildung anderer Arbeitnehmervertretungsstrukturen muss einer wirksamen und zweckmäßigen Interessenvertretung der Arbeitnehmer dienen. Als Kriterien zur Ausfüllung dieser unbestimmten Begriffe, hinsichtlich derer den Tarifvertragsparteien ein großer Beurteilungs- und Ermessensspielraum zusteht, werden genannt (DKK/*Trümner* § 3 Rn. 85): 145

> Einbeziehung möglichst aller Arbeitnehmer des vom Tarifvertrag erfassten Geltungsbereichs in die Vertretungsorganisation; Effektivierung der Mitbestimmungsordnung durch Überschreiten von Schwellenzahlen (z. B. bei Freistellungen); Professionalisierung der Interessenvertretung; Op- 146

timierte Mitbestimmungsausübung durch Einrichtung von Vertretungen in der Nähe des wirklichen Entscheidungsträgers.

*dd) Arbeitsgemeinschaften, § 3 Abs. 1 Nr. 4 BetrVG*

147 § 3 Abs. 1 Nr. 4 BetrVG ermöglicht durch Kollektivvertrag die Bildung zusätzlicher betriebsverfassungsrechtlicher Gremien, die der unternehmensübergreifenden Zusammenarbeit von Arbeitnehmervertretungen dienen (Arbeitsgemeinschaften). Es handelt sich um keine Mitbestimmungsorgane, sondern um Gremien zur Förderung der Zusammenarbeit zwischen Betriebsräten verschiedener Unternehmen durch Erfahrungsaustausch. Die Gesetzesbegründung (BT-Drs. 14/5741, S. 34) nennt als Anwendungsbereiche beispielhaft die Zusammenarbeit von Unternehmen in Form von just in time, fraktaler Fabrik oder shop in shop sowie die Zusammenarbeit von Betriebsräten von Unternehmen oder Konzernen einer bestimmten Region oder eines bestimmten Produktions- oder Dienstleistungsbereichs.

*ee) Zusätzliche betriebsverfassungsrechtliche Vertretungen, § 3 Abs. 1 Nr. 5 BetrVG*

148 Gem. § 3 Abs. 1 Nr. 5 BetrVG können zusätzliche betriebsverfassungsrechtliche Vertretungen zur Erleichterung der Zusammenarbeit zwischen Betriebsrat und Arbeitnehmern errichtet werden. In Betracht kommen derartige Vertretungen insbes. dort, wo der Kontakt zwischen Betriebsrat und den Arbeitnehmern nicht oder nicht in ausreichendem Umfang besteht, wie z. B. bei einem unternehmenseinheitlichen Betriebsrat eines bundesweit tätigen Unternehmens oder im Falle eines Regionalbetriebsrats, in denen Betriebe oder Betriebsteile nicht durch ein Betriebsratsmitglied vertreten sind (BegrRegE, BT-Drs. 14/5741, S. 34). Ferner kommen zusätzliche Vertretungen für bestimmte Arbeitnehmergruppen in Betracht, wie z. B. in Teilzeit Beschäftigte u. Ä. (GK-BetrVG/*Franzen* § 3 Rn. 26). Da der Zweck derartiger Vertretungen in der Erleichterung der Zusammenarbeit zwischen Belegschaft und Betriebsrat besteht, setzt deren Errichtung die Existenz eines Betriebsrats in dem betroffenen Betrieb bzw. in der betroffenen betriebsverfassungsrechtlichen Organisationseinheit voraus (GK-BetrVG/*Franzen* § 3 Rn. 29).

*c) Form der abweichenden Regelung*

149 Eine abweichende Regelung kann hauptsächlich durch Tarifvertrag, in eingeschränktem Umfang durch Betriebsvereinbarung und in einem Fall durch Beschluss der Belegschaft getroffen werden.

*aa) Tarifvertrag*

150 Sämtliche Regelungen i. S. d. § 3 Abs. 1 BetrVG können durch Tarifvertrag, insbes. auch durch Firmentarifvertrag geschlossen werden. Ob der Abschluss eines solchen Tarifvertrags zulässiges Ziel von Arbeitskampfmaßnahmen sein kann, ist streitig (vgl. GK-BetrVG/*Franzen* § 3 Rn. 31, 32 m. w. N.; ablehnend etwa *Reichold* NZA 2001 857, 859]; bejahend etwa DKK/*Trümner* § 3 Rn. 153 m. w. N.). Die tarifliche Regelung kann nur durch einen Tarifvertrag getroffen werden, in dessen Geltungsbereich die betroffenen Betriebe, Unternehmen oder Konzerne fallen und nur, wenn der betroffene Arbeitgeber tarifgebunden ist. Sind diese Voraussetzungen erfüllt, gilt die tarifliche Regelung nach §§ 3 Abs. 2, 4 Abs. 1 S. 2 TVG ohne Rücksicht auf eine Tarifbindung der Arbeitnehmer.

151 Ein Tarifvertrag nach § 3 Abs. 1 Nr. 1 bis 3 BetrVG kann nach Auffassung des BAG von einer tarifzuständigen und im Betrieb vertretenen Gewerkschaft ohne Beteiligung von anderen gleichfalls tarifzuständigen Gewerkschaften abgeschlossen werden. Erforderlich ist dabei aber die satzungsmäßige Tarifzuständigkeit der abschließenden Gewerkschaft für **alle** Arbeitsverhältnisse der im Betrieb beschäftigten Arbeitnehmer (so *BAG* 29.7.2009 EzA § 3 BetrVG 2001 Nr. 3; a. A. etwa GK-BetrVG/*Franzen* § 3 Rn. 34; *Fitting* § 3 Rn. 16).

## bb) Betriebsvereinbarung

Eine Regelung durch Betriebsvereinbarung kommt gem. § 3 Abs. 2 BetrVG nur in den Fällen des § 3 Abs. 1 Nr. 1, 2, 4 und 5 BetrVG in Betracht und dies auch nur soweit keine tarifliche Regelung besteht und auch kein sonstiger Tarifvertrag gilt. Eine Regelungsbefugnis durch Betriebsvereinbarung scheidet damit schon dann aus, wenn auch nur ein Tarifvertrag, etwa über Entgelt oder sonstige Arbeitsbedingungen gilt (BegrRegE, BT-Drs. 14/5741 S. 34), ohne dass es auf die Zahl der von dem Tarifvertrag erfassten Arbeitnehmer ankäme (vgl. GK-BetrVG/*Franzen* § 3 Rn. 38). Problematisch ist, welche betriebsverfassungsrechtliche Vertretung (Betriebsräte, Gesamt- oder Konzernbetriebsrat) zum Abschluss einer derartigen Betriebsvereinbarung zuständig ist, wenn die Vereinbarung mehrere Betriebe erfassen soll. Eine originäre Zuständigkeit des Gesamtbetriebsrats nach § 50 Abs. 1 BetrVG bzw. des Konzernbetriebsrats nach § 58 Abs. 1 BetrVG dürfte ausscheiden, da der Abschluss einer Betriebsvereinbarung i. S. d. § 3 Abs. 2 BetrVG dazu führen kann, dass ein Betrieb bei den nächsten Betriebsratswahlen seine eigenständige Betriebsvertretung verliert (vgl. *Richardi* NZA 2001, 346, 350).

152

## cc) Belegschaftsbeschluss

Im Falle des § 3 Abs. 1 Nr. 1a BetrVG können die Arbeitnehmer mit Stimmenmehrheit die Wahl eines unternehmenseinheitlichen Betriebsrats beschließen, wenn in einem Unternehmen mit mehreren Betrieben kein Tarifvertrag über die Bildung eines unternehmenseinheitlichen Betriebsrats und auch kein Betriebsrat besteht, § 3 Abs. 3 BetrVG.

153

## d) Geltungsbeginn einer abweichenden Regelung

Den Zeitpunkt, zu dem Regelungen nach § 3 Abs. 1 Nr. 1–3 BetrVG erstmals anzuwenden sind, bestimmt sich nach der entsprechenden Regelung im Tarifvertrag bzw. in der Betriebsvereinbarung, ansonsten nach § 3 Abs. 4 BetrVG. Fehlt eine ausdrückliche Vereinbarung über die erstmalige Anwendung, so findet die Vereinbarungslösung erstmals bei der nächsten regelmäßigen Betriebsratswahl Anwendung. Besteht kein Betriebsrat oder ist aus anderen Gründen eine Neuwahl erforderlich, so gilt die kollektivvertragliche Regelung bereits bei dieser Wahl. Wird ein unternehmenseinheitlicher Betriebsrat durch Beschluss der Arbeitnehmer nach § 3 Abs. 3 geschaffen, so gilt diese Regelung, sobald das Beschlussergebnis feststeht. Der Beginn der Geltung einer Vereinbarung i. S. d. § 3 Abs. 1 Nr. 5 BetrVG richtet sich nach der kollektiven Vereinbarung. Fehlt diese beginnt die Geltung mit der Geltung der Vereinbarung (GK-BetrVG/*Franzen* § 3 Rn. 48).

154

## e) Rechtsfolgen einer abweichenden Vereinbarung

Gem. § 3 Abs. 5 BetrVG gelten die auf Grund eines Tarifvertrages oder einer Betriebsvereinbarung nach § 3 Abs. 1 Nr. 1–3 BetrVG gebildeten Organisationseinheiten als Betriebe i. S. d. BetrVG. Die Verhältnisse in diesen Organisationseinheiten sind deshalb z. B. maßgeblich für die Zahl der Betriebsratsmitglieder (§ 9 BetrVG), die Größe der Ausschüsse (§§ 27, 28 BetrVG) und die Zahl der Freistellungen (§ 38 BetrVG). Die in den Organisationseinheiten gebildeten Betriebsräte treten an die Stelle der in diesen Einheiten vorhandenen oder wählbaren Betriebsräte. Gem. § 3 Abs. 5 S. 2 BetrVG finden deshalb auf die in diesen Organisationseinheiten gebildeten Arbeitnehmervertretungen die Vorschriften über die Rechte und Pflichten des Betriebsrats und die Rechtsstellung seiner Mitglieder Anwendung.

155

Für die Mitglieder einer nach § 3 Abs. 1 Nr. 5 BetrVG geschaffenen zusätzlichen betriebsverfassungsrechtlichen Vertretung gilt die umfassende Einbeziehung der Vorschriften über die Rechte und Pflichten des Betriebsrats und die Rechtsstellung seiner Mitglieder gem. § 3 Abs. 5 BetrVG nicht. Insbesondere können durch derartige zusätzliche Vertretungen, die nur einer Verbesserung des Informationsflusses zwischen Belegschaft und Betriebsrat dienen, keine Beteiligungsrechte ausgeübt werden. Die speziellen Schutzvorschriften für Betriebsratsmitglieder gelten für sie nicht. Kraft ausdrücklicher Einbeziehung gelten aber das Benachteiligungs-, Bevorzugungs- und Behinderungs-

156

verbot des § 78 BetrVG sowie nach § 79 Abs. 2 BetrVG die Geheimhaltungspflicht. Soweit Mitglieder der zusätzlichen Vertretung notwendige Tätigkeiten im Rahmen ihrer Aufgaben ausüben, dürfen sie in Anwendung von § 78 BetrVG keine Minderung ihres Arbeitsentgelts erleiden. Die Kosten für die Tätigkeit der zusätzlichen Vertretung trägt analog § 40 BetrVG der Arbeitgeber (GK-BetrVG/*Franzen* § 3 Rn. 65 ff.).

*f) Streitigkeiten*

157 Streitigkeiten über die Zulässigkeit von kollektivvertraglichen Regelungen oder einer Regelung nach § 3 Abs. 3 BetrVG entscheiden die Arbeitsgerichte im Beschlussverfahren. Unzulässig ist aber ein Antrag mit dem Ziel festzustellen, ob die Voraussetzungen des § 3 BetrVG gegeben sind, ehe ein entsprechender Tarifvertrag oder eine Betriebsvereinbarung oder eine Abstimmung nach § 3 Abs. 3 BetrVG stattgefunden hat (GK-BetrVG/*Franzen* § 3 Rn. 73).

### 6. Gerichtliche Entscheidung über Zuordnungsfragen, § 18 Abs. 2 BetrVG; Folgen fehlerhafter Zuordnung

*a) Gerichtliches Zuordnungsverfahren, § 18 Abs. 2 BetrVG*

158 Ist zweifelhaft, ob eine betriebsratsfähige Organisationseinheit vorliegt, kann diese Frage auf Antrag des Arbeitgebers, jedes beteiligten Betriebsrats, jedes beteiligten Wahlvorstandes oder einer im Betrieb vertretenen Gewerkschaft gem. § 18 Abs. 2 BetrVG in einem arbeitsgerichtlichen Beschlussverfahren geklärt werden. Streitig ist, ob neben diesen Antragsberechtigten ein entsprechender Antrag auch von drei Wahlberechtigten aus dem betreffenden Haupt-, Nebenbetrieb oder Betriebsteil gestellt werden kann (abl. DKK/*Schneider* § 18 Rn. 20; bejahend: GK-BetrVG/*Kreutz* § 18 Rn. 58, der eine analoge Anwendung des § 19 Abs. 2 S. 1 BetrVG vor Durchführung der Wahl befürwortet, da so einer nachfolgenden Anfechtbarkeit vorgebeugt werden könne). Für das Antragsrecht der Gewerkschaften genügt es, dass diese im Hauptbetrieb, Betriebsteil oder Nebenbetrieb vertreten ist, um dessen Zuordnung es geht (GK-BetrVG/*Kreutz* § 18 Rn. 57).

159 Eine selbstständige Entscheidung des Arbeitsgerichts im Beschlussverfahren nach § 18 Abs. 2 BetrVG kann jederzeit und nicht nur vor einer Betriebsratswahl beantragt werden, sofern ein Rechtsschutzinteresse daran besteht (BegrRegE zum BetrVerf-ReformG vom 23.7.2001, BT-Drs. 14/5741, 38; zur früheren Rechtslage ebenso bereits *BAG* 9.4.1991 EzA § 18 BetrVG 1972 Nr. 7; 29.1.1987 EzA § 1 BetrVG 1972 Nr. 5; 25.11.1980 EzA § 18 BetrVG 1972 Nr. 4).

160 Ein Rechtsschutzinteresse besteht außerhalb einer bevorstehenden Betriebsratswahl dann, wenn der Zuordnungsstreit für zukünftige Wahlen oder die Abgrenzung der Zuständigkeitsbereiche gewählter Betriebsräte Bedeutung behält, auch wenn die Wahl nicht angefochten ist, weil der betriebsverfassungsrechtliche Umfang des Betriebes auch für den Umfang der Mitwirkungs- und Mitbestimmungsrechte des Betriebsrates von Bedeutung sein kann (*BAG* 25.11.1980 EzA § 18 BetrVG 1972 Nr. 4; 24.2.1976 EzA § 4 BetrVG 1972 Nr. 1).

161 Auch das in § 18 Abs. 2 BetrVG vorgesehene Antragsrecht der Gewerkschaften besteht unabhängig von einer bevorstehenden Betriebsratswahl (so *BAG* 25.4.1980 EzA § 18 BetrVG 1972 Nr. 4; 24.2.1976 EzA § 4 BetrVG 1972 Nr. 1; GK-BetrVG/*Kreutz* § 18 Rn. 57).

162 Im Verfahren nach § 18 Abs. 2 BetrVG kann insbes. geklärt werden, (vgl. BegrRegE, BT-Drs. 14/5741, S. 38), ob ein gemeinsamer Betrieb nach § 1 Abs. 2 BetrVG, ein selbstständiger Betrieb i. S. d. § 4 Abs. 1 S. 1 BetrVG oder eine betriebsratsfähige Organisationseinheit i. S. d. § 3 Abs. 1 Nr. 1–3 BetrVG vorliegt. Durch die jetzige Fassung des § 18 Abs. 2 BetrVG (»betriebsratsfähige Organisationseinheit«) wird insoweit die schon zur früheren Fassung des § 18 Abs. 2 BetrVG ergangene Rechtsprechung des BAG festgeschrieben, nach der im Verfahren nach § 18 BetrVG alle Zweifelsfragen betrieblicher Abgrenzung geklärt werden konnten, so z. B.:
– ob zwei selbstständige Betriebe vorliegen (*BAG* 17.1.1978 EzA § 1 BetrVG 1972 Nr. 1),

## A. Der Anwendungsbereich des BetrVG   Kapitel 13

- ob durch die Zusammenlegung zweier Betriebe ein einheitlicher Betrieb entstanden ist (*BAG* 25.9.1986 EzA § 1 BetrVG 1972 Nr. 6),
- ob mehrere Unternehmen einen gemeinschaftlichen Betrieb bilden (*BAG* 9.4.1991 EzA § 18 BetrVG 1972 Nr. 7; 7.8.1986 EzA § 4 BetrVG 1972 Nr. 5),
- ob Hauptverwaltung und Produktionsstätte trotz räumlicher Einheit selbstständige Betriebe sind (*BAG* 23.9.1982 EzA § 1 BetrVG 1972 Nr. 3),
- ob selbstständige Kleinstbetriebe in einem Unternehmen, die keine Nebenbetriebe sind, selbst keinen Betriebsrat bilden können, aber den gleichen arbeitstechnischen Zweck wie ein anderer betriebsratsfähiger Betrieb des Arbeitgebers verfolgen, mit diesem einen Betrieb i. S. d. BetrVG bilden (*BAG* 3.12.1984 EzA § 4 BetrVG 1972 Nr. 4).

Die Entscheidung ist für alle am Verfahren Beteiligten und nur solange verbindlich, wie sich die rechtlichen und tatsächlichen strukturellen Voraussetzungen, die ihnen zu Grunde liegen, nicht ändern (*BAG* 29.1.1987 AP Nr. 6 zu § 1 BetrVG). 163

Die rechtskräftige Feststellung wirkt auch im Verhältnis zwischen dem/den beteiligten Unternehmen und seinen/ihren Arbeitnehmern (*BAG* 9.4.1991 EzA § 18 BetrVG 1972 Nr. 7; GK-BetrVG/*Kreutz* § 18 Rn. 63). 164

### b) Folgen fehlerhafter Zuordnung

Ist bei einer Wahl eine falsche Zuordnung zu Grunde gelegt worden, weil der Betriebsbegriff verkannt wurde, ist die Betriebsratswahl grds. nur anfechtbar, § 19 BetrVG, nicht aber nichtig. 165

Eine Betriebsratswahl kann gem. § 19 BetrVG anfechtbar sein, wenn infolge unrichtiger Betriebsabgrenzung Vorschriften über das Wahlrecht und die Wählbarkeit verletzt worden sind und dadurch das Wahlergebnis beeinflusst worden sein könnte (*BAG* 13.9.1984 EzA § 19 BetrVG 1972 Nr. 20; 7.12.1988 EzA § 19 BetrVG 1972 Nr. 25). 166

Ein nach Ablauf der zweiwöchigen Anfechtungsfrist unter Verkennung des Betriebsbegriffs ins Amt berufener Betriebsrat bleibt daher grds. für die Dauer seiner Amtszeit im Amt (DKK/*Trümner* § 4 Rn. 71). Das Ergebnis einer gerichtlichen Zuordnungsentscheidung nach Durchführung der Wahl ist damit erst für die nächste Wahl maßgebend (vgl. DKK/*Schneider* § 18 Rn. 22). 167

Fraglich ist, welche Folgen eine fehlerhafte Zuordnung, die erst nach der Durchführung der Wahl gerichtlich festgestellt wird, für die Zuständigkeiten bestehender Betriebsräte hat: 168
- Ist ein Betriebsteil oder Nebenbetrieb zu Unrecht einem Hauptbetrieb zugeordnet worden, ist streitig, ob der im vermeintlichen Hauptbetrieb gebildete Betriebsrat nach wie vor auch für die unrichtigerweise als Nebenbetrieb oder Betriebsteil qualifizierten selbstständigen Betriebe zuständig bleibt oder der Betrieb betriebsratslos wird und einen eigenen Betriebsrat wählen kann (für Beibehaltung der Zuständigkeit: GK-BetrVG/*Kreutz* § 18 Rn. 62; *Fitting* § 18 Rn. 62; dagegen: *Richardi* § 18 Rn. 33).
- Wird festgestellt, dass ein bisher als selbstständig behandelter Betriebsteil oder Nebenbetrieb dem Hauptbetrieb zuzuordnen ist, so bleibt der im Betriebsteil oder Nebenbetrieb gewählte Betriebsrat bis zum Ablauf der Amtszeit im Amt (DKK/*Schneider* § 18 Rn. 22; *Fitting* § 18 Rn. 63; GK-BetrVG/*Kreutz* § 18 Rn. 62; a. A. *Richardi* § 18 Rn. 34). 169
- Ist unter fehlerhafter Nichteinbeziehung der Arbeitnehmer von Nebenbetrieben, Betriebsteilen oder Kleinstbetrieben in einem Hauptbetrieb ein Betriebsrat gewählt worden, so ist dieser Betriebsrat auch für die nicht selbstständigen Betriebsteile und Betriebe zuständig (*BAG* 3.12.1985 EzA § 4 BetrVG Nr. 4; GK-BetrVG/*Kreutz* § 18 Rn. 62). 170
- Ist zu Unrecht ein gemeinsamer Betriebsrat für 2 oder mehr selbstständige Betriebe gewählt worden, bleibt dieser grds. für die in Wahrheit selbstständigen Betriebe zuständig. Etwas anderes gilt, wenn Teile eines bisher einheitlichen Betriebs im Wege einer Betriebs- oder Unternehmensaufspaltung auf ein anderes Unternehmen übertragen werden und die beteiligten Unternehmen keinen gemeinschaftlichen Betrieb bilden. In diesem Fall endet mit Rechtskraft der Entscheidung, dass kein gemeinschaftlicher Betrieb vorliegt, die Zuständigkeit des gewählten Betriebsrats für 171

die abgespaltenen Teile. Die abgespaltenen Teile sind betriebsratslos. Für sie kann jederzeit nach § 13 Abs. 2 Nr. 6 BetrVG ein eigener Betriebsrat gewählt werden (GK-BetrVG/*Kreutz* § 18 Rn. 62 unter Hinweis auf *ArbG Bochum* 14.10.1986 BB 1987, 968).

### 7. Sonstige Voraussetzungen der Betriebsratsfähigkeit von Betrieben

#### a) Mindestanzahl wahlberechtigter Arbeitnehmer

**172** Gem. § 1 BetrVG ist Voraussetzung für eine Betriebsratswahl, dass es sich um einen Betrieb mit i. d. R. mindestens fünf ständigen wahlberechtigten Arbeitnehmern handelt, von denen drei wählbar sind.

#### aa) Arbeitnehmer

**173** Es gilt der allgemeine betriebsverfassungsrechtliche Arbeitnehmerbegriff (s. Rdn. 5 ff.). Auf den Umfang der Arbeitsleistung kommt es nicht an. Arbeitnehmer sind daher auch Teilzeitbeschäftigte (vgl. *BAG* 29.1.1992 EzA § 7 BetrVG Nr. 1). Mangels Bestehens eines Arbeitsverhältnisses zum Entleiher, zählen Leiharbeitnehmer bei der Ermittlung der Betriebsgröße nicht mit (s. Rdn. 206).

#### bb) In der Regel ständig beschäftigte Arbeitnehmer

**174** Ein Arbeitnehmer ist dann ständig beschäftigt, wenn er nicht nur für eine von vornherein begrenzte Zeit eingestellt ist. Diese Voraussetzungen erfüllen unzweifelhaft Arbeitnehmer mit einem unbefristeten Arbeitsvertrag. Bei einer befristeten Einstellung kann der betreffende Arbeitnehmer dann ständig beschäftigt i. S. d. § 1 BetrVG sein, wenn es sich um einen Vertrag mit erheblicher Dauer handelt und solche Beschäftigungen im Betrieb üblich sind.

**175** Arbeitnehmer, die in einem Probearbeitsverhältnis stehen, gehören zu den ständig Beschäftigten, wenn mit der Probezeit nur die erste Zeit eines unbefristeten oder eines langfristigen Arbeitsverhältnisses beabsichtigt ist. Nicht ständig beschäftigt sind Aushilfen (HSWGNR/*Rose* § 1 Rn. 65) und Saisonarbeiter, es sei denn, die Saison dauert das ganze Jahr oder den überwiegenden Teil des Jahres und die Arbeitnehmer sind für diese gesamte Zeit eingestellt. Bei reinen Kampagnebetrieben, d. h. solchen Betrieben, die nur während der Kampagne arbeiten und nur während dieser den Betriebszweck verfolgen, sind die Arbeitnehmer ständig beschäftigt, die für die Zeit der Kampagne eingestellt sind.

**176** Unechte oder echte Leiharbeitnehmer (s. Rdn. 192 f.) sind bei der Feststellung der Betriebsratsfähigkeit des Entleiherbetriebs nicht mitzurechnen (*BAG* 19.1.1989 EzA § 9 BetrVG Nr. 4; 18.1.1989 EzA § 14 AÜG Nr. 1). Auch nach Einfügung des § 7 S. 2 BetrVG durch das BetrVerf-ReformG vom 23.7.2001 (BGBl. I S. 1852 ff.) wird überwiegend an der Ansicht festgehalten, dass unabhängig von der im Einzelfall gegebenen Wahlberechtigung von Leiharbeitnehmern diese bei der Ermittlung der Zahl der ständig im Betrieb beschäftigten Arbeitnehmer i. S. d. § 1 BetrVG nicht mitzählen (»Wählen, ohne zu zählen«, vgl. *Hanau* RdA 2001, 65, 68; *Löwisch* BB 2001, 1734, 1737; *Richardi* NZA 2001, 346, 350; zweifelnd *Reichold* NZA 2001, 857, 861, s. Rdn. 203 ff.). Die ständig beschäftigten Arbeitnehmer in Nebenbetrieben i. S. d. § 4 S. 2 BetrVG und die Arbeitnehmer in Kleinstbetrieben, die einem betriebsratsfähigen Betrieb zugerechnet werden können (s. Rdn. 118 ff.), werden berücksichtigt.

**177** Durch Verwendung des Begriffs »i. d. R.« soll sichergestellt werden, dass nicht auf die zufällige Zahl von Arbeitnehmern am Stichtag abgestellt wird. Auszugehen ist von den im Normalzustand im Betrieb vorhandenen Arbeitnehmern. Vorübergehende Zeiten außergewöhnlichen Arbeitsanfalls sind genauso außer Betracht zu lassen wie Zeiten vorübergehenden Arbeitsrückganges (*BAG* 22.2.1983 AP Nr. 7 zu § 113 BetrVG 1972; GK-BetrVG/*Franzen* § 1 Rn. 99).

## A. Der Anwendungsbereich des BetrVG

### b) Wahlberechtigung, § 7 BetrVG

Gem. § 7 S. 1 BetrVG sind alle Arbeitnehmer wahlberechtigt, die zum Zeitpunkt der Stimmabgabe dem Betrieb angehören und das 18. Lebensjahr vollendet haben. Gem. § 7 S. 2 BetrVG sind ferner Arbeitnehmer eines anderen Arbeitgebers wahlberechtigt, wenn sie länger als drei Monate im Betrieb eingesetzt werden. Die nach § 2 Abs. 3 WO erforderliche Eintragung in die Wählerliste ist hingegen nur förmliche Voraussetzung für die Ausübung des Wahlrechts, nicht aber zusätzliche materielle Voraussetzung für die Wahlberechtigung. Beamte sind keine Arbeitnehmer i. S. d. BetrVG und damit selbst dann nicht wahlberechtigt, wenn sie in einem von einem privaten Rechtsträger geführten Betrieb eingegliedert sind (*BAG* 28.3.2001 EzA § 7 BetrVG 1972 Nr. 2). 178

#### aa) Maßgeblicher Zeitpunkt

Maßgeblicher Zeitpunkt für die Beurteilung der Wahlberechtigung ist der Zeitpunkt des Wahltags, bei mehreren Wahltagen der Zeitpunkt der Stimmabgabe (GK-BetrVG/*Kreutz/Raab* § 7 Rn. 77). 179

#### bb) Wahlalter

Für die Berechnung des Lebensalters gilt § 187 Abs. 2 S. 2 BGB. Der Tag der Geburt wird bei der Berechnung des Lebensalters mitgerechnet. Es genügt also, wenn der 18. Geburtstag auf den Wahltag fällt. 180

#### cc) Betriebszugehörigkeit

> Die Betriebszugehörigkeit setzt kumulativ grds. das Bestehen eines Arbeitsverhältnisses zum Betriebsinhaber und eine tatsächliche Eingliederung des Arbeitnehmers in die Betriebsorganisation voraus (*BAG* 18.11.1989 EzA § 9 BetrVG 1972 Nr. 4; 29.1.1992 EzA § 7 BetrVG 1972 Nr. 1; 25.11.1992 EzA § 9 BetrVG 1972 Nr. 5). Diese Voraussetzungen erfüllen auch Beschäftigte, deren Beschäftigung als Arbeitsbeschaffungsmaßnahme gefördert wird (*BAG* 13.10.2004 EzA § 5 BetrVG 2001 Nr. 1). Das Bestehen eines Arbeitsverhältnisses zum Betriebsinhaber ist jedoch im Falle des § 7 S. 2 BetrVG entbehrlich (dazu s. Rdn. 203 ff.). 181

##### (1) Bestehen eines Arbeitsverhältnisses

###### aaa) Vorübergehende Arbeitsbefreiung, Suspendierung der Hauptleistungspflichten, Altersteilzeit

Auf das Wahlrecht ist es ohne Einfluss, wenn sich der Arbeitnehmer am Wahltag in Urlaub befindet oder infolge Krankheit die Arbeit nicht verrichten kann. Gleiches gilt für sonstige Fälle vorübergehender Arbeitsbefreiung, wie z. B. bei Bestehen gesetzlicher Beschäftigungsverbote nach §§ 3 Abs. 1, 2, 6 Abs. 1 MuSchG (GK-BetrVG/*Kreutz/Raab* § 7 Rn. 22). 182

Das Wahlrecht besteht grds. auch bei einem ruhenden Arbeitsverhältnis, insbes. also auch während der Ableistung von Wehr- oder Zivildienst (str., so etwa *BAG* 29.3.1974 EzA § 19 BetrVG 1972 Nr. 2), während der Elternzeit (*BAG* 31.5.1989 EzA § 4 BetrVG 1972 Nr. 9; 25.5.2005 EzA § 40 BetrVG 2001 Nr. 9) oder während eines rechtmäßigen Arbeitskampfes. Arbeitnehmer, die sich in der abschließenden Freistellungsphase eines Altersteilzeit-Blockmodells befinden, sind nicht wahlberechtigt (*BAG* 16.4.2003 EzA § 9 BetrVG 2001 Nr. 1; *LAG Düsseld.* 18.12.2002 LAGE § 9 BetrVG 2001 Nr. 1). 183

###### bbb) Gekündigte Arbeitsverhältnisse/Versetzung

Nach Ablauf der Kündigungsfrist ist die Wahlberechtigung anerkannt, wenn der Arbeitnehmer **Kündigungsschutzklage** erhoben hat und bis zum rechtskräftigen Abschluss des Kündigungsschutzrechtsstreits tatsächlich weiterbeschäftigt wird. Ob auch ohne tatsächliche Weiterbeschäftigung nach Ablauf der Kündigungsfrist die Wahlberechtigung erhalten bleibt, wenn der Arbeitnehmer Kündigungsschutzklage erhoben hat, ist hingegen streitig. Für das passive Wahlrecht hat das *BAG* 184

## Kapitel 13

(10.11.2004 EzA § 8 BetrVG 2001 Nr. 1; 14.5.1997 EzA § 8 BetrVG 1972 Nr. 8) dies bejaht. Für das aktive Wahlrecht wird dies zum Teil (etwa DKK/*Schneider* § 7 Rn. 13) mit der Begründung bejaht, die Ungewissheit über den Ausgang des Kündigungsschutzrechtsstreits dürfe nicht zu Lasten des Arbeitnehmers gehen. Nach wohl überwiegender Auffassung (*LAG Bln.* 2.5.1994 LAGE § 19 BetrVG 1972 Nr. 12; GK-BetrVG/*Kreutz/Raab* § 7 Rn. 29; *Fitting* § 7 Rn. 33) wird ein Fortbestand der Wahlberechtigung aber abgelehnt, da es ohne tatsächliche Weiterbeschäftigung an einer ausreichenden tatsächlichen Beziehung zum Betrieb fehle. Streitig ist, ob das Wahlrecht auch dann besteht, wenn der Arbeitnehmer nach erfolgter Kündigung zwar einen **Weiterbeschäftigungsanspruch** hat (§ 102 Abs. 5 BetrVG oder allgemeinen Weiterbeschäftigungsanspruch nach *BAG GS* 27.2.1985 EzA § 611 BGB Beschäftigungspflicht Nr. 9), diesen aber bis zur Wahl noch nicht durchgesetzt hat (dafür z. B. DKK/*Schneider* § 7 Rn. 13; *Galperin/Löwisch* § 7 Rn. 19; abl. z. B. GK-BetrVG/*Kreutz/Raab* § 7 Rn. 31).

185 Nicht wahlberechtigt ist ein versetzter Arbeitnehmer, der bereits vorläufig in einem anderen Betrieb des Unternehmens eingesetzt ist. Dies gilt unabhängig davon, ob über die Zustimmungsersetzung des Betriebsrats des aufnehmenden Betriebes noch ein Beschlussverfahren anhängig ist und unabhängig davon, dass der versetzte Arbeitnehmer gegen die Versetzung Klage erhoben hat (*LAG Köln* 10.2.2009 – 8 TaBV 65/09, EzA-SD 8/2010, S. 13).

*ccc) Nichtigkeit, Anfechtbarkeit*

186 Bei Nichtigkeit oder Anfechtbarkeit des Arbeitsvertrages bleibt die Wahlberechtigung solange bestehen, bis dieser Rechtsmangel geltend gemacht wird, sofern das Arbeitsverhältnis tatsächlich in Vollzug gesetzt wurde (GK-BetrVG/*Kreutz/Raab* § 7 Rn. 21).

*(2) Eingliederung in die Betriebsorganisation*

187 Die Eingliederung in die Betriebsorganisation ist in folgenden Fällen problematisch:

*aaa) Entsendung ins Ausland*

188 Vgl. dazu ausführlich GK-BetrVG/*Kreutz/Raab* § 7 Rn. 33; DKK/*Trümner* § 5 Rn. 50 ff.

189 Fraglich ist, ob die Betriebszugehörigkeit eines Arbeitnehmers zu einem inländischen Betrieb noch besteht, wenn der Arbeitnehmer vorübergehend oder dauerhaft ins Ausland entsandt wird. Das *BAG* (7.12.1989 EzA § 102 BetrVG 1972 Nr. 74; 30.4.1987 EzA § 12 SchwbG Nr. 15) stellt darauf ab, ob sich die Auslandstätigkeit als Ausstrahlung des Inlandsbetriebs darstellt. Eine solche Ausstrahlung soll i. d. R. bei einer nur vorübergehenden Entsendung vorliegen, bei Entsendung auf Dauer oder bei Einstellung nur für eine bestimmte Tätigkeit im Ausland ohne Tätigkeit im inländischen Betrieb hingegen fehlen. Eine wesentliche Rolle soll auch die Frage der Integration in einen ausländischen Betrieb spielen (*BAG* 7.12.1989 EzA § 102 BetrVG 1972 Nr. 74). Auch bei einer dauerhaften Entsendung ins Ausland kann aber bei fehlender Integration in einen ausländischen Betrieb eine Zugehörigkeit zum Inlandsbetrieb gegeben sein. Für eine solche Zuordnung kann sprechen, dass der Arbeitnehmer vor dem Auslandseinsatz zunächst im inländischen Betrieb eingegliedert war und sich der Arbeitgeber arbeitsvertraglich vorbehalten hat, den Arbeitnehmer auch im Inland zu beschäftigen (*BAG* 7.12.1989 EzA § 102 BetrVG 1972 Nr. 74).

*bbb) Außendienstmitarbeiter*

190 Nur teilweise im Außendienst tätige Arbeitnehmer sind dem Betrieb zugehörig, in dem sie ihre Arbeitsleistung erbringen, wenn sie nicht im Außendienst tätig sind. Fraglich ist die Betriebszugehörigkeit von ausschließlich im Außendienst tätigen Arbeitnehmern (Monteuren, Kraftfahrern, reisenden Vertretern, Auslieferungsfahrern, fliegendem Personal, Kundendienstberatern, Pharmaberatern, Service- und Wartungspersonal, Zeitungsausträgern. Zu letzteren vgl. *BAG* 29.1.1982 EzA § 7 BetrVG 1972 Nr. 1, das die Betriebszugehörigkeit bejaht. In der jüngeren Literatur wird zum einen darauf abgestellt, ob der Arbeitnehmer einen Beitrag zur Betriebsleistung erbringt, also für dessen Betriebs-

## A. Der Anwendungsbereich des BetrVG

## Kapitel 13

zweck eingesetzt wird. Zum anderen (DKK/*Trümner* § 5 Rn. 46 f.) wird darauf abgestellt, welche Stellung der Arbeitnehmer im betrieblichen Organisationsschema tatsächlich hat, wobei es darauf ankommen soll, wo und von wem die sozialen und personellen Mitbestimmungsangelegenheiten tatsächlich entschieden werden; das Ziel einer möglichst ortsnahen und effektiven Interessenvertretung soll berücksichtigt werden. Schließlich (GK-BetrVG/*Kreutz/Raab* § 7 Rn. 32) wird eine Bewertung in Anwendung der Kriterien des § 4 BetrVG befürwortet: Voraussetzung der Betriebszugehörigkeit ist danach, dass der einzelne oder eine Gruppe von ständigen Außendienstmitarbeitern unselbstständiger Betriebsteil sind, weil durch die ausgeübte Tätigkeit der Betriebszweck mitverfolgt wird, aber der oder die Mitarbeiter andererseits nicht nach § 4 S. 1 Nr. 1 oder 2 BetrVG als selbstständiger Betrieb gelten.

#### ccc) Drittbezogener Personaleinsatz

Zuordnungsprobleme können sich ferner ergeben, wenn der Arbeitnehmer auf Grund des mit seinem Arbeitgeber bestehenden Arbeitsvertrages nicht in dessen Betrieb, sondern in dem Betrieb eines anderen Arbeitgebers eingesetzt wird. Es stellt sich in diesen Dreieckskonstellationen die Frage, ob der Arbeitnehmer dem Betrieb seines Arbeitgebers oder dem Betrieb, in dem die tatsächliche Beschäftigung erfolgt, zuzuordnen ist. 191

- **Arbeitnehmerüberlassung:** 192
Für die sog. **unechte Leiharbeit**, d. h. die nach Art. 1 § 1 Abs. 1 S. 1 AÜG erlaubnispflichtige gewerbsmäßige Arbeitnehmerüberlassung, ordnet Art. 1 § 14 Abs. 1 AÜG für die erlaubte Arbeitnehmerüberlassung an, dass die Arbeitnehmer auch während der Zeit ihrer Überlassung Angehörige des entsendenden Betriebs des Verleihers bleiben. Dort sind sie nach Maßgabe des § 7 S. 1 BetrVG wahlberechtigt. Gem. § 7 S. 2 BetrVG sind Leiharbeitnehmer jedoch auch im Entleiherbetrieb wahlberechtigt, wenn sie länger als drei Monate im Entleiherbetrieb eingesetzt werden. Unter dieser Voraussetzung steht ihnen das Wahlrecht ab dem ersten Tag der Überlassung zu (BegrRegE, BT-Drs. 14/5741, S. 36; *Schaub* NZA 2001, 364, 366; *Brors* NZA 2002, 123, 125). Ein passives Wahlrecht im Entleiherbetrieb besteht nicht, Art. 1 § 14 Abs. 2 AÜG.

Bei gewerbsmäßiger, aber nicht erlaubter Arbeitnehmerüberlassung wird nach Art. 1 § 10 Abs. 1 AÜG ohnehin ein vollgültiges Arbeitsverhältnis zum Entleiher fingiert. Zusammen mit der tatsächlichen Arbeitsleistung des Arbeitnehmers für den Entleiherbetrieb begründet dies die Zugehörigkeit allein zum Entleiherbetrieb (GK-BetrVG/*Kreutz/Raab* § 7 Rn. 42; *Brors* NZA 2002, 125). 193

Bei der nicht gewerbsmäßigen Arbeitnehmerüberlassung, der sog. **echten Leiharbeit**, ist nach Auffassung des *BAG* (18.1.1989 EzA § 14 AÜG Nr. 1; 18.1.1989 EzA § 9 BetrVG 1972 Nr. 4) Art. 1 § 14 AÜG entsprechend mit der Folge anzuwenden, dass die überlassenen Arbeitnehmer jedenfalls zum Betrieb des Verleihers zugehörig und dort wahlberechtigt sind. Diese Grundsätze sollen auch bei einer konzerninternen Arbeitnehmerüberlassung gelten, weil es sich insoweit ebenfalls um einen Fall der nicht gewerbsmäßigen Arbeitnehmerüberlassung handelt (*BAG* 20.4.2005 EzA § 14 AÜG Nr. 5). Auch solche Drittarbeitnehmer sind unter den Voraussetzungen des § 7 S. 2 BetrVG auch im Entleiherbetrieb wahlberechtigt (*Reichold* NZA 2001, 857, 861]; *Brors* NZA 2002, 123, 125). 194

- **Unternehmerarbeitnehmer, Fremdfirmenmitarbeiter:** 195
Als Unternehmerarbeitnehmer bzw. Fremdfirmenmitarbeiter werden Arbeitnehmer bezeichnet, die zwar in einem fremden Betrieb tätig werden, dort aber lediglich insbes. im Rahmen von Werk- oder Dienstverträgen als Erfüllungsgehilfen Leistungspflichten ihres Arbeitgebers (Unternehmers) erfüllen. Als Beispiele werden genannt: Montage-, Reparatur-, Wartungs- und Bauarbeiten, Gebäudereinigung, Bewachung des Betriebsgeländes. Kennzeichnend für solche Verhältnisse ist der projektbezogene Einsatz, bei dem der Arbeitnehmer allein dem Weisungsrecht seines Arbeitgebers unterliegt (GK-BetrVG/*Kreutz/Raab* § 7 Rn. 59). Solche Arbeitnehmer sind ausschließlich dem Betrieb ihres Arbeitgebers zugehörig (*BAG* 30.1.1991 EzA § 10 AÜG Nr. 3; 18.1.1989 EzA § 9 BetrVG 1972 Nr. 4; GK-BetrVG/*Kreutz/Raab* § 7 Rn. 59). Auch ein Wahlrecht nach Maßgabe des § 7 S. 2 BetrVG scheidet aus, da sie nicht dem Weisungsrecht des Betriebsinhabers

unterstehen (*Reichold* NZA 2001, 857, 861]; *Schaub* NZA 2001, 364, 366]; *Brors* NZA 2002, 123, 126).

196 Vielfach werden solche Vertragsgestaltungen aber auch gewählt, um die Bestimmungen des AÜG zu umgehen. Nach dem *BAG* (30.1.1991 EzA § 10 AÜG Nr. 3; 13.5.1992 EzA § 10 AÜG Nr. 4) unterscheiden sich drittbezogener Personaleinsatz und Arbeitnehmerüberlassung dadurch, dass beim drittbezogenen Personaleinsatz auf Grund eines Dienst- oder Werkvertrages der Unternehmer (Arbeitgeber) die zur Erreichung eines wirtschaftlichen Erfolges notwendigen Handlungen selbst organisiert und sich dabei seiner Arbeitnehmer als Erfüllungshilfen bedient; er bleibt für die Erfüllung der im Vertrag mit dem Dritten vorgesehenen Dienste oder für die Herstellung des dem Dritten vertraglich geschuldeten Werkes verantwortlich. Dagegen liegt Arbeitnehmerüberlassung vor, wenn der Arbeitgeber dem Dritten geeignete Arbeitskräfte überlässt, die der Dritte nach eigenen betrieblichen Erfordernissen in seinem Betrieb nach seinen Weisungen einsetzt. Über die rechtliche Einordnung eines Vertrages als Arbeitnehmerüberlassungsvertrag oder als Werk- oder Dienstvertrag entscheidet der Geschäftsinhalt.

*ddd) Mittelbares Arbeitsverhältnis*

197 Der mittelbare Arbeitnehmer ist dem Betrieb des Hauptarbeitgebers zugehörig (GK-BetrVG/ *Kreutz/Raab* § 7 Rn. 58).

*eee) Gruppenarbeit bei Eigengruppe*

198 Besteht der Arbeitsvertrag mit den einzelnen Gruppenmitgliedern, sind die Mitglieder der Gruppe Arbeitnehmer des Betriebs. Wird dagegen ein Arbeitsvertrag mit der Gruppe als solcher geschlossen, kann es sich je nach der Vertragsgestaltung im Einzelfall bei den Mitgliedern der Gruppe um mittelbare Arbeitnehmer, Unternehmerarbeitnehmer oder überlassene Arbeitnehmer handeln, für die dann die jeweils aufgezeigten Grundsätze der Zuordnung gelten (GK-BetrVG/*Kreutz/Raab* § 7 Rn. 57).

*fff) Ausbildung in mehreren Betrieben*

199 Wird die betriebliche Berufsausbildung abschnittsweise in verschiedenen Betrieben des Unternehmens oder eines mit ihm verbundenen Unternehmens durchgeführt, jedoch von einem der Betriebe so zentral mit bindender Wirkung auch für die anderen Betriebe geleitet, dass die wesentlichen der Beteiligung des Betriebsrats unterliegenden, das Ausbildungsverhältnis berührenden Entscheidungen dort getroffen werden, so gehört der Auszubildende während der gesamten Ausbildungszeit dem die Ausbildung leitenden Stammbetrieb an und ist dort wahlberechtigt (*BAG* 13.3.1991 EzA § 60 BetrVG 1972 Nr. 2).

*ggg) Heimarbeiter*

200 Heimarbeiter gelten als Arbeitnehmer des Betriebs, wenn sie in der Hauptsache für den Betrieb arbeiten, § 6 Abs. 1, 2 BetrVG (s. Rdn. 17 f.).

*hhh) Telearbeit*

201 Vgl. *Kilian/Borsum/Hoffmeister* NZA 1987, 401; *Simon/Kuhne* BB 1987, 202; *Wedde* ArbuR 1987, 325; *Kappus* NJW 1984, 2384; *Wank* AuA 1998, 192; *Hohmeister* NZA 1998, 1206.

202 Telearbeit liegt vor, wenn Personen unter Nutzung EDV-gestützter Informations- und Kommunikationstechnik an einem Arbeitsplatz außerhalb des eigentlichen Betriebs arbeiten (DKK/*Trümner* § 5 Rn. 35). In Bezug auf die Frage, ob diese Personen Arbeitnehmer und dem Betrieb zugehörig sind, wird zwischen Beschäftigung im Online und Offline-Betrieb unterschieden. Da im Online-Betrieb der Arbeitgeber die jeweilige Arbeitsaufgabe zuweisen und deren Erfüllung kontrollieren kann, liegt i. d. R. sowohl die für die Arbeitnehmereigenschaft erforderliche persönliche Abhängigkeit mit Weisungsgebundenheit als auch die für die Betriebszugehörigkeit erforderliche Eingliederung in den Ar-

## A. Der Anwendungsbereich des BetrVG

beitsprozess des Betriebes vor (GK-BetrVG/*Raab* § 5 Rn. 46). Bei einer Tätigkeit im Offline-Betrieb ist zunächst anhand der konkreten Ausgestaltung der Tätigkeit die Arbeitnehmereigenschaft der betroffenen Person zu prüfen, wobei das Maß der persönlichen Abhängigkeit entscheidend ist (zu den insoweit in Frage kommenden Kriterien vgl. DKK/*Trümner* § 5 Rn. 38; GK-BetrVG/*Raab* § 5 Rn. 46). Handelt es sich um Arbeitnehmer, gehört der Arbeitsplatz i. d. R. zum Hauptbetrieb. Im Einzelfall können externe Arbeitsplätze aber auch einen Nebenbetrieb, Betriebsteil oder eigenständigen Betrieb darstellen (GK-BetrVG/*Raab* § 5 Rn. 48; *Kilian/Borsum/Hoffmeister* NZA 1987, 401, 405).

### (3) Wahlberechtigung von Drittarbeitnehmern, § 7 S. 2 BetrVG

#### aaa) Zweck und Anwendungsbereich

Durch das BetrVerf-ReformG vom 23.7.2001 (BGBl. I S. 1852 ff.) wurde in § 7 S. 2 BetrVG das aktive Wahlrecht für bestimmte Drittarbeitnehmer eingeführt. Ungeachtet dessen, dass diese Arbeitnehmer in keinem Arbeitsverhältnis zu dem Inhaber des Betriebs stehen, in dem sie eingesetzt werden, gelten sie insoweit als zum Einsatzbetrieb zugehörig. **203**

Arbeitnehmer sind zur Arbeitsleistung i. S. d. § 7 S. 2 BetrVG überlassen, wenn sie in den Einsatzbetrieb derart eingegliedert sind, dass sie dem Weisungsrecht des Betriebsinhabers unterliegen. Das aktive Wahlrecht steht den überlassenen Arbeitnehmern unter der Voraussetzung, dass sie länger als drei Monate eingesetzt werden, ab dem ersten Arbeitstag im Einsatzbetrieb zu. Das Wahlrecht im Stammbetrieb (vgl. § 14 Abs. 1 AÜG) bleibt unberührt (BegrRegE, BT-Drs. 14/5741, S. 36). Zum Teil wird die Einschränkung durch das Erfordernis eines voraussichtlich länger als drei Monte dauernden Einsatzes für willkürlich und gegen Art. 3 Abs. 1 GG verstoßend angesehen (*Hamann* NZA 2003, 526, 529). **204**

Unter der Voraussetzung eines länger als drei Monate erfolgenden Einsatzes werden durch § 7 S. 2 BetrVG erfasst (vgl. *Brors* NZA 2002, 123, 125 f.): Die Fälle der erlaubten, gewerbsmäßigen Arbeitnehmerüberlassung sowie die nicht gewerbsmäßige Arbeitnehmerüberlassung (s. Rdn. 192 f.). Nicht erfasst wird die gewerbsmäßige, unerlaubte Arbeitnehmerüberlassung (s. Rdn. 192). Bei dieser wird nach Art. 1 § 10 Abs. 1 AÜG ohnehin ein vollgültiges Arbeitsverhältnis zum Entleiher fingiert. Zusammen mit der tatsächlichen Arbeitsleistung des Arbeitnehmers für den Entleiherbetrieb begründet dies die Zugehörigkeit allein zum Entleiherbetrieb. Ebenfalls nicht von § 7 S. 2 BetrVG erfasst werden Unternehmerarbeitnehmer bzw. Fremdfirmenmitarbeiter (s. Rdn. 195 f.). **205**

#### bbb) Einbeziehung bei der Ermittlung betriebsverfassungsrechtlicher Schwellenwerte?

Kontrovers diskutiert wird die Frage, ob wahlberechtigte Drittarbeitnehmer i. S. d. § 7 S. 2 BetrVG auch zu berücksichtigen sind, wenn das BetrVG auf die Zahl der wahlberechtigten Arbeitnehmer (so §§ 1, 3 Abs. 3 S. 2, 9, 14 Abs. 4, 14a, 16 Abs. 2, 17 Abs. 3 und 4, 47 Abs. 7, 99, 111 BetrVG) bzw. auf die Zahl der Arbeitnehmer des Betriebs oder Unternehmens (so §§ 28 Abs. 1, 28a, 38, 86a, 95 Abs. 2, 106 Abs. 1, 110, 112a BetrVG) abstellt oder ob diese Drittarbeitnehmer nur »wählen, ohne zu zählen« (*Hanau* RdA 2001, 65, 68). Das Bundesarbeitsgericht (*BAG* 16.4.2003 EzA § 9 BetrVG 2001 Nr. 1; 10.3.2004 EzA § 9 BetrVG 2001 Nr. 2) hat für § 9 BetrVG (Zahl der Betriebsratsmitglieder) entschieden, dass Leiharbeitnehmer nicht zu den Arbeitnehmern i. S. d. Bestimmung gehören, also nicht mitzählen. Dies gilt auch für nicht im Wege der gewerbsmäßigen Arbeitnehmerüberlassung überlassene Arbeitnehmer (*BAG* 10.3.2004 EzA § 9 BetrVG 2001 Nr. 2; zu § 38 BetrVG vgl. auch *LAG Hamm* 14.1.2003 LAGE § 9 BetrVG 2001 Nr. 1). Dies entspricht einer stark in der Literatur vertretenen Ansicht (so etwa *Löwisch* BB 2001, 1734, 1737], der eine Ausnahme für Vorschriften anerkennt, die die Wahl selbst betreffen, wie das Wahlvorschlagsrecht nach § 14 Abs. 3 und 4 BetrVG und bei der Wahlanfechtung nach § 19 Abs. 2 BetrVG; *Hanau* RdA 2001, 65, 68]; *Konzen* RdA 2001, 76, 83, 84). **206**

207 Nach anderer Auffassung zählen Arbeitnehmer i. S. d. § 7 S. 2 BetrVG bei der Ermittlung der Schwellenwerte mit (*Hamann* NZA 2003, 526, 530; so wohl auch *Reichold* NZA 2001, 857, 861]; *ders.* Beilage zu NZA 24/2001, 32, 37).

208 Nach *Richardi* (NZA 2001, 346, 350) sollen derartige Arbeitnehmer zumindest im Rahmen des § 9 BetrVG mitzählen, soweit in dieser Vorschrift auf die Zahl der **wahlberechtigten** Arbeitnehmer abgestellt werde.

*dd) Streitigkeiten*

209 Über die Wahlberechtigung entscheidet zunächst der Wahlvorstand bei der Aufstellung der Wählerliste, § 2 Abs. 1 WO. Gegen die Richtigkeit der Wählerliste kann schriftlich Einspruch beim Wahlvorstand eingelegt werden, mit Wirkung für die laufende Betriebsratswahl allerdings nur innerhalb einer Frist von zwei Wochen nach Erlass des Wahlausschreibens, § 4 Abs. 1 WO. Einspruchsberechtigt ist jeder Arbeitnehmer, darüber hinaus auch der Arbeitgeber und jede im Betrieb vertretene Gewerkschaft (GK-BetrVG/*Kreutz* § 4 WO Rn. 2 ff.).

210 Bleibt nach der Entscheidung des Wahlvorstandes über den Einspruch die Frage der Wahlberechtigung streitig, so kann die Entscheidung des Wahlvorstandes bereits vor Abschluss des Wahlverfahrens in einem arbeitsgerichtlichen Beschlussverfahren selbstständig angefochten werden. Antragsgegner ist der Wahlvorstand. Nach Abschluss des Wahlverfahrens ist über die Frage der Wahlberechtigung im Wahlanfechtungsverfahren nach § 19 BetrVG als Vorfrage zu entscheiden, wobei ein Verstoß gegen § 7 BetrVG die Anfechtbarkeit der Wahl begründen kann (GK-BetrVG/*Kreutz/Raab* § 7 Rn. 86, 87).

211 Unabhängig von einer bevorstehenden Wahl kann in einem arbeitsgerichtlichen Beschlussverfahren über die Wahlberechtigung entschieden werden, wenn der betriebsverfassungsrechtliche Status eines Arbeitnehmers streitig ist und für die Zukunft geklärt werden soll.

212 Das Rechtsschutzinteresse an der Entscheidung über das aktive und passive Wahlrecht eines Belegschaftsmitgliedes zu einem bestimmten Betriebsrat wird weder durch die Möglichkeit der Wahlanfechtung noch dadurch ausgeschlossen, dass gegen die Richtigkeit der Wählerliste Einspruch eingelegt werden kann (*BAG* 28.4.1964 EzA § 4 BetrVG 1952 Nr. 1; **a.A.** GK-BetrVG/*Kreutz/Raab* § 7 Rn. 83).

*c) Wählbarkeit, § 8 BetrVG*

213 § 1 BetrVG verlangt für die Betriebsratsfähigkeit weiter, dass von den mindestens erforderlichen wahlberechtigten Arbeitnehmern drei auch selbst wählbar sind. Die Voraussetzungen des passiven Wahlrechts regelt § 8 BetrVG erschöpfend und zwingend. Nicht wählbar ist nach § 8 Abs. 1 S. 3 BetrVG, wer in Folge strafgerichtlicher Verurteilung die Fähigkeit, Rechte aus öffentlichen Wahlen zu erlangen, nicht besitzt.

*aa) Wahlberechtigung*

214 Voraussetzung der Wählbarkeit ist zunächst die Wahlberechtigung zum Betriebsrat (s. Rdn. 178 ff.). Ungeachtet ihrer Wahlberechtigung nach § 7 S. 2 BetrVG sind Leiharbeitnehmer im Entleiherbetrieb nicht in den dortigen Betriebsrat wählbar, § 14 Abs. 2 S. 1 AÜG. Dies gilt auch in Fällen nicht gewerbsmäßiger Arbeitnehmerüberlassung (*BAG* 17.2.2010 EzA § 8 BetrVG 2001 Nr. 2). Gekündigte Arbeitnehmer, die Kündigungsschutzklage erhoben haben, sind nach der Rechtsprechung des *BAG* (14.5.1997 EzA § 8; so auch DKK/*Schneider* § 8 Rn. 25; *Fitting* § 8 Rn. 18 Rn. 18) ebenfalls wählbar. Hierdurch soll verhindert werden, dass der Arbeitgeber die Wahl eines ihm nicht genehmen Kandidaten durch eine Kündigung unmöglich macht. Nach anderer Auffassung (GK-BetrVG/*Kreutz* § 8 Rn. 18; *Bengelsdorf* DB 1989, 2024) ist die Wählbarkeit nach Ablauf der Kündigungsfrist nur gegeben, wenn der Arbeitnehmer tatsächlich weiterbeschäftigt wird. Eine in der Absicht der Verhinderung der Wahl ausgesprochene Kündigung sei rechtsmissbräuchlich und rechtswidrig, sodass

## A. Der Anwendungsbereich des BetrVG

der Bewerber auch seine tatsächliche Weiterbeschäftigung ggf. im gerichtlichen Eilverfahren durchsetzen könne. Eine Unvereinbarkeit zwischen der **Mitgliedschaft im Wahlvorstand** und im Betriebsrat besteht nicht (GK-BetrVG/*Kreutz* § 8 Rn. 57).

Passives Wahlrecht haben nach h. M. (vgl. DKK/*Schneider* § 8 Rn. 22) auch die Arbeitnehmer, die sich in einem **ruhenden Arbeitsverhältnis** befinden, also z. B. während der Elternzeit (*BAG* 25.5.2005 EzA § 40 BetrVG 2001 Nr. 9), Wehr- oder Zivildienst (a. A. GK-BetrVG/*Kreutz* § 8 Rn. 38, der im Falle des Wehrdienstes etc. für die Wählbarkeit verlangt, dass der Betreffende spätestens am Wahltag auch wieder in den Betrieb zurückkehrt, da sonst mangels Betriebszugehörigkeit die Wahlberechtigung als Voraussetzung der Wählbarkeit fehle). 215

### bb) Sechsmonatige Betriebszugehörigkeit

Die Wählbarkeit ist nur gegeben, wenn der Arbeitnehmer dem Betrieb bereits sechs Monate angehört bzw. ein in Heimarbeit Beschäftigter bereits sechs Monate in der Hauptsache für den Betrieb gearbeitet hat. Hierdurch soll sichergestellt werden, dass der Wahlbewerber den für die Wahrnehmung des Betriebsratsamtes erforderlichen Überblick über die betrieblichen Verhältnisse erworben hat (BT-Drs. VI/1786, S. 37). 216

> Nicht erforderlich ist, dass während des gesamten Zeitraums von sechs Monaten auch die Voraussetzungen der aktiven Wahlberechtigung vorgelegen haben, sodass es unschädlich ist, dass der Wahlbewerber nicht bereits bei Beginn des sechsmonatigen Zeitraums das 18. Lebensjahr vollendet hatte (allg. Auffassung, vgl. GK-BetrVG/*Kreutz* § 8 Rn. 27). 217

Streitig ist, ob Zeiten mit eingerechnet werden können, in denen der jetzige Arbeitnehmer zwar zum Betrieb gehörte, aber nicht Arbeitnehmer i. S. d. BetrVG, also beispielsweise leitender Angestellter i. S. d. § 5 Abs. 3 BetrVG war. Dies wird überwiegend bejaht, weil er sich auch in diesen Zeiten mit den betrieblichen Verhältnissen vertraut machen konnte (so z. B. DKK/*Schneider* § 8 Rn. 11; a. A. GK-BetrVG/*Kreutz* § 8 Rn. 28). 218

Kontrovers diskutiert wird schließlich auch die Frage, ob Zeiten, die ein Leiharbeitnehmer im Entleiherbetrieb gearbeitet hat, mit eingerechnet werden können, wenn im Anschluss an das Leiharbeitsverhältnis ein Arbeitsverhältnis mit dem Entleiher begründet oder ein Unternehmerarbeitnehmer im Anschluss in ein Arbeitsverhältnis zum Auftraggeber übernommen wird. Zum Teil (so z. B. HSWGNR/*Nicolai* § 8 Rn. 14) wird dies bejaht, weil auch solche Zeiten zur Gewinnung des Überblicks über die betrieblichen Verhältnisse beitragen, zum Teil (z. B. GK-BetrVG/*Kreutz* § 8 Rn. 30) deshalb abgelehnt, weil während diesen Zeiten kein Arbeitsverhältnis zum Betriebsinhaber bestanden habe. 219

### (1) Fristberechnung, maßgeblicher Zeitpunkt

Die Berechnung der Frist bestimmt sich nach §§ 187 Abs. 2 S. 2, 188 Abs. 2 BGB. Wird die Wahl beispielsweise am 15.3. durchgeführt, so ist die sechsmonatige Betriebszugehörigkeit dann erfüllt, wenn der Arbeitnehmer spätestens am 15.9. des vorangegangenen Jahres betriebszugehörig geworden ist. Wird die Wahl an mehreren Tagen durchgeführt, genügt nach überwiegender Ansicht (z. B. *Fitting* § 8 Rn. 32; a. A. GK-BetrVG/*Kreutz* § 8 Rn. 25: entscheidend ist der erste Tag) die Erfüllung der Wartefrist am letzten Wahltag. 220

### (2) Zeiten tatsächlicher Nichtbeschäftigung

Fraglich ist, inwieweit Zeiten tatsächlicher Nichtbeschäftigung für die Erfüllung der Sechsmonatsfrist einbezogen werden können, da das Gesetz nicht ausdrücklich eine ununterbrochene Betriebszugehörigkeit verlangt. 221

*aaa) Unterbrechung*

222 Nach überwiegender Ansicht ist zwischen Unterbrechung der tatsächlichen Tätigkeit und Unterbrechung des rechtlichen Bestandes des Arbeitsverhältnisses zu unterscheiden.

223 Bei einer rechtlichen Unterbrechung des Bestands des Arbeitsverhältnisses beginnt die Sechs-Monats-Frist mit Neueinstellung grds. erneut zu laufen. Etwas anderes gilt nur, wenn zwischen den Arbeitsverhältnissen ein innerer Zusammenhang derart besteht, dass das neue Arbeitsverhältnis als Fortsetzung des früheren anzusehen und die Unterbrechung nur von kürzerer Dauer ist. Dann ist die Zeit der Unterbrechung selbst nicht mitzurechnen, wohl aber die davor liegende Zeit der Betriebszugehörigkeit (so z. B. DKK/*Schneider* § 8 Rn. 15). Eine Unterbrechung nur der tatsächlichen Beschäftigung unter Fortbestand des Arbeitsverhältnisses führt hingegen grds. nur zur Hemmung der Frist, also dazu, dass lediglich die Zwischenzeiten nicht angerechnet werden.

224 Kurzfristige Unterbrechungen, etwa infolge von Krankheit oder Urlaub sollen gänzlich mit einbezogen werden (*Fitting* § 8 Rn. 44 Kürzer als zwei Monate; HSWGNR/*Nicolai* § 8 Rn. 18).

225 Nach anderer Ansicht (GK-BetrVG/*Kreutz* § 8 Rn. 35) sollen alle Zeiten der Betriebszugehörigkeit zusammenzurechnen und Zeiten der Unterbrechung unberücksichtigt bleiben, also immer nur von einer Hemmung der Frist auszugehen sein.

*bbb) Wehrdienst, Zivildienst, Eignungsübungen*

226 Zeiten der Ableistung von Wehr-, Zivildienst und Eignungsübungen werden auf die Dauer der Betriebszugehörigkeit wegen gesetzlicher Sonderregelungen (§ 6 Abs. 2 ArbPlSchG, § 78 Abs. 1 ZDG, § 6 Abs. 1 EigÜbG) angerechnet. Das gilt wegen Art. 39 Nr. 2 EG-Vertrag auch für entsprechende Dienstzeiten ausländischer Arbeitnehmer in ihrem Heimatland, soweit es sich um Arbeitnehmer aus EU-Mitgliedstaaten handelt (GK-BetrVG/*Kreutz* § 8 Rn. 39).

Fraglich ist, ob Entsprechendes auch für ausländische Arbeitnehmer aus anderen Staaten gilt (abl. GK-BetrVG/*Kreutz* § 8 Rn. 39; befürwortend: DKK/*Schneider* § 8 Rn. 13).

*(3) Anrechnungszeiten, § 8 Abs. 1 S. 2 BetrVG*

227 Auf die erforderliche Betriebszugehörigkeit von sechs Monaten werden Zeiten angerechnet, in denen der Arbeitnehmer unmittelbar vorher einem anderen Betrieb des Unternehmens oder des (Unterordnungs-)Konzerns angehört hat (vgl. GK-BetrVG/*Kreutz* § 8 Rn. 41).

228 Ein nahtloser zeitlicher Anschluss ist nicht erforderlich, es genügt vielmehr ein unmittelbarer zeitlicher Zusammenhang. Daran fehlt es, wenn der Arbeitnehmer zwischenzeitlich Arbeitnehmer eines Betriebes eines anderen Unternehmens oder außerhalb des Konzerns tätig oder längere Zeit arbeitslos war (HSWGNR/*Nicolai* § 8 Rn. 18; DKK/*Schneider* § 8 Rn. 9).

229 Im Übrigen ist es unerheblich, ob sich durch den Betriebswechsel auch der Arbeitgeber ändert (GK-BetrVG/*Kreutz* § 8 Rn. 44).

230 Bei einem **Betriebsinhaberwechsel** erfolgt eine Anrechnung der Zeiten nach § 613a BGB (HSWGNR/*Nicolai* § 8 Rn. 15; DKK/*Schneider* § 8 Rn. 8) bzw. auf Grund der Beibehaltung der Betriebsidentität (GK-BetrVG/*Kreutz* § 8 Rn. 47).

*(4) Betriebsneugründungen, § 8 Abs. 2 BetrVG*

231 Besteht der Betrieb weniger als sechs Monate, so sind alle Arbeitnehmer wählbar, die im Betrieb beschäftigt sind und die übrigen Voraussetzungen für die Wählbarkeit erfüllen. Maßgeblicher Zeitpunkt für die Beurteilung der Wählbarkeit nach § 8 Abs. 2 BetrVG ist der Tag des Erlasses der Wahlausschreibung durch den Wahlvorstand (§ 3 Abs. 1 WO) als erster Schritt der Einleitung der

## A. Der Anwendungsbereich des BetrVG  Kapitel 13

Betriebsratswahl. Es muss sich um einen neuen Betrieb handeln. Erfasst werden auch durch Umorganisation geschaffene neue Betriebe (GK-BetrVG/*Kreutz* § 8 Rn. 63.).

Bei Vereinigung von Betrieben oder von Betrieben und Betriebsteilen ist unter Berücksichtigung der konkreten Verhältnisse darauf abzustellen, ob eine neue Einheit geschaffen wird oder eine vorhandene ihre betriebliche Identität bewahrt (DKK/*Schneider* § 8 Rn. 33). 232

### cc) Streitigkeiten

Über die Wählbarkeit entscheidet zunächst der Wahlvorstand bei der Aufstellung der Wählerliste (§ 2 Abs. 1 WO) und bei der Prüfung von Wahlvorschlägen (§§ 7, 25 WO). Gegen die Richtigkeit der Wählerliste kann schriftlich Einspruch beim Wahlvorstand eingelegt werden, mit Wirkung für die laufende Betriebsratswahl allerdings nur innerhalb einer Frist von zwei Wochen nach Erlass des Wahlausschreibens, § 4 Abs. 1 WO. 233

Bleibt nach der Entscheidung des Wahlvorstandes über den Einspruch die Frage der Wahlberechtigung und damit die Wählbarkeit streitig oder wird durch den Wahlvorstand ein Wahlvorschlag mangels Wählbarkeit eines Bewerbers für ungültig erklärt oder beanstandet, so kann die Entscheidung des Wahlvorstandes bereits vor Abschluss des Wahlverfahrens in einem arbeitsgerichtlichen Beschlussverfahren selbstständig angefochten werden. Antragsgegner ist der Wahlvorstand (vgl. GK-BetrVG/*Kreutz* § 8 Rn. 65). Nach Abschluss der Wahl ist deren Anfechtung im Verfahren nach § 19 BetrVG möglich. 234

Die Wahl eines Nichtwählbaren oder die Streichung eines doch wählbaren Wahlbewerbers kommen als Anfechtungsgrund in Betracht (*BAG* 11.3.1975 EzA § 24 BetrVG 1972 Nr. 1; GK-BetrVG/*Kreutz* § 8 Rn. 66). Wird die Frist zur Anfechtung der Wahl (§ 19 Abs. 2 BetrVG) versäumt, so erlischt die Mitgliedschaft im Betriebsrat nur, wenn das Arbeitsgericht die Nichtwählbarkeit nach § 24 Nr. 6 BetrVG rechtskräftig feststellt (GK-BetrVG/*Kreutz* § 8 Rn. 67). 235

### 8. Wegfall der Voraussetzungen

Sinkt die Zahl der ständig vorhandenen wahlberechtigten Arbeitnehmer unter die gesetzliche Mindestzahl, so endet die Betriebsratsfähigkeit des Betriebs und das Amt des Betriebsrates. Sinkt hingegen lediglich die Zahl der wählbaren Arbeitnehmer unter die vorgesehene Mindestzahl, ist dies für das Amt des Betriebsrates ohne Bedeutung (GK-BetrVG/*Kreutz* § 21 Rn. 37, 38). 236

### 9. Tatsächliche Wahl eines Betriebsrates

Auch in betriebsratsfähigen Betrieben ist das BetrVG grds. nur anwendbar, wenn tatsächlich ein Betriebsrat gewählt worden ist. Etwas anderes gilt nur für die im BetrVG vorgesehenen Individualrechte der Arbeitnehmer nach §§ 81 ff. BetrVG (GK-BetrVG/*Franzen* § 1 Rn. 25). Voraussetzung der Anwendbarkeit ist aber hier, dass der Betrieb zumindest betriebsratsfähig ist. Zu den Individualrechten s. Rdn. 1225 ff. 237

### 10. Gesetzlicher Ausschluss bestimmter Betriebe; Einschränkungen des Anwendungsbereichs

Das BetrVG gilt insbes. nicht 238
- für Religionsgemeinschaften und ihre karitativen und erzieherischen Einrichtungen (§ 118 Abs. 2 BetrVG),
- Betriebe der öffentlichen Hand (§ 130 BetrVG), für die die Personalvertretungsgesetze des Bundes und der Länder gelten,
- für die im Flugbetrieb beschäftigten Arbeitnehmer von Luftfahrtunternehmen, soweit nicht durch Tarifvertrag Arbeitnehmervertretungen errichtet werden (§ 117 Abs. 2 BetrVG),
- sowie für die zivilen Beschäftigten der alliierten Streitkräfte im Inland, für die eingeschränkt das BPersVG anwendbar ist (Art. 56 Abs. 9 ZA-NTS).

239 Mit Einschränkungen bzw. Änderungen gilt das BetrVG für Betriebe der Seeschifffahrt (§ 114 ff. BetrVG) und Tendenzbetriebe (§ 118 Abs. 1 BetrVG).

*a) Öffentlicher Dienst, § 130 BetrVG; Zivile Beschäftigte der alliierten Streitkräfte*

240 Für Verwaltungen und Betriebe des Bundes, der Länder, Gemeinden und sonstigen Körperschaften, Anstalten und Stiftungen des öffentlichen Rechtes gelten die einschlägigen Personalvertretungsgesetze des Bundes und der Länder.

241 Für die Abgrenzung zwischen BetrVG und Personalvertretungsrecht kommt es ausschließlich auf die formelle Rechtsform des Betriebes oder der Verwaltung an (*BAG* 7.11.1975 EzA § 118 BetrVG 1972 Nr. 8).

242 Liegt eine privatrechtliche Organisationsform vor, findet das BetrVG Anwendung, auch wenn in privatrechtlicher Form hoheitliche oder fiskalische Angelegenheiten erledigt werden. Umgekehrt findet das BetrVG keine Anwendung bei von einer öffentlichen Körperschaft unmittelbar geführten Betrieben, wie z. B. bei kommunalen Eigenbetrieben. Möglich ist aber die Bildung eines Gemeinschaftsbetriebs zwischen einer juristischen Person des Privatrechts und einer Körperschaft des öffentlichen Rechts, etwa bei Zusammenarbeit zwischen einer Universität und einem Wirtschaftsunternehmen, wobei das BetrVG Anwendung findet, wenn sich die Betriebsführung auf der Grundlage einer privatrechtlichen Vereinbarung in Form einer BGB-Gesellschaft vollzieht (*BAG* 24.1.1996 EzA § 1 BetrVG 1972 Nr. 10).

243 Die Rechte der Betriebsvertretung und der zivilen Arbeitskräfte bei den in der Bundesrepublik stationierten ausländischen Streitkräften bestimmen sich nach Art. 56 Abs. 9 ZA-NTS und dem UP zu Art. 56 Abs. 9 ZA-NTS i. d. F. der am 29. März 1998 (BGBl. II S. 1691) in Kraft getretenen Änderungen nach dem Abkommen vom 18. März 1993 (BGBl. 1994 II S. 2594) sowie der am 27. März 1998 (BGBl. II S. 1165) in Kraft getretenen Änderungen nach dem Abkommen vom 16. Mai 1994 (BGBl. II S. 3710). Danach gilt grds. das BPersVG vom 15. März 1994 mit seinen späteren Änderungen bis einschließlich der Änderung vom 16. Januar 1991, Abs. 1 Satz 1 des UP zu Art. 56 Abs. 9 ZA-NTS. Die im BPersVG vorgesehenen Mitbestimmungsrechte gelten jedoch nur nach Maßgabe des Abs. 6a des UP zu Art. 56 Abs. 9 ZA-NTS. Danach findet das im BPersVG vorgesehene Mitbestimmungsrecht mit einigen Modifikationen (vgl. Abs. 6aii – v UP zu Art. 56 Abs. 9 ZA-NTS) Anwendung, soweit der Mitbestimmung im Einzelfall nicht besonders schutzwürdige militärische Interessen entgegenstehen. In diesen Fällen gilt das Mitwirkungsverfahren, Abs. 6b UP zu Art. 56 Abs. 9 ZA-NTS.

*b) Religionsgemeinschaften und deren karitative oder erzieherische Einrichtungen*

244 Gem. § 118 Abs. 2 BetrVG sind Religionsgemeinschaften und deren karitative und erzieherische Einrichtungen unabhängig von ihrer Rechtsform von der Anwendung des BetrVG ausgenommen. Für die katholische und evangelische Kirche einschließlich ihrer nicht verselbstständigten Einrichtungen auch wirtschaftlicher Art (*BAG* 30.7.1987 EzA § 130 BetrVG 1972 Nr. 7; *LAG München* 9.10.1985 NZA 1986, 540 – Brauerei eines katholischen Ordens) ergibt sich auf Grund ihres öffentlich-rechtlichen Status die Nichtanwendbarkeit des BetrVG aus § 130 BetrVG. § 118 Abs. 2 BetrVG hat damit nur Bedeutung für privat-rechtlich organisierte Religionsgemeinschaften. Die beiden großen christlichen Kirchen haben allerdings für ihren Bereich ein eigenständiges Mitarbeitervertretungsrecht geschaffen. Im Bereich der katholischen Kirche handelt es sich um die Mitarbeitervertretungsordnung (MAVO, NZA 1994, 112; *Richardi* NZA 1994, 19; *Dütz* NJW 1994, 1369). Im Bereich der evangelischen Kirche existiert ein allgemeines Kirchengesetz über die Mitarbeitervertretungen bei den Dienststellen der evangelischen Kirche in Deutschland vom 5.10.1972 (EKrD) nebst entsprechenden Gesetzen in den einzelnen Landeskirchen (vgl. Nachw. bei GK-BetrVG/*Weber* § 118 Rn. 227 ff.).

245 Der Begriff der Religionsgemeinschaft in § 118 Abs. 2 ist ebenso zu verstehen wie der Begriff der Religionsgesellschaft i. S. d. Art. 137 Abs. 3 WRV. Es handelt sich damit um einen Verband von

## A. Der Anwendungsbereich des BetrVG

Angehörigen ein und desselben Glaubensbekenntnisses oder mehrerer verwandter Glaubensbekenntnisse (z. B. unierte Kirchen) zur allseitigen Erfüllung der durch das gemeinsame Bekenntnis gestellten Aufgaben.

Fraglich ist, inwieweit diese Voraussetzungen religiöse Vereine, Orden, Säkularinstitute und Weltanschauungsgemeinschaften erfüllen (vgl. GK-BetrVG/*Weber* § 118 Rn. 219 ff.). Das den Kirchen durch Art. 140 GG i. V. m. Art. 137 Abs. 3 WRV gewährleistete Selbstbestimmungsrecht bezieht sich dabei nicht nur auf die organisierte Kirche. 246

Erfasst sind alle der Kirche in bestimmter Weise zugeordneten Einrichtungen ohne Rücksicht auf ihre Rechtsform, soweit die Einrichtungen nach kirchlichem Selbstverständnis ihrem Zweck oder ihrer Aufgabe nach berufen sind, ein Stück Auftrag der Kirche in dieser Welt wahrzunehmen und zu erfüllen. 247

Da nach dem Selbstverständnis der evangelischen Kirche die Religionsausübung nicht nur die Bereiche des Glaubens und des Gottesdienstes, sondern auch die Freiheit zur Entfaltung und zur Wirksamkeit in der Welt umfasst, zählt auch die Öffentlichkeitsarbeit mit publizistischen Mitteln zur kirchlichen Mission, sodass auf einen rechtlich selbstständigen evangelischen Presseverband als Teil der evangelischen Kirche das BetrVG keine Anwendung findet (*BAG* 24.7.1991 EzA § 118 BetrVG 1972 Nr. 58). 248

Karitative und erzieherische Einrichtungen von Religionsgemeinschaften fallen unabhängig von der Rechtsform, in der sie geführt werden, nicht unter das BetrVG, wenn sie sich als Wesens- und Lebensäußerung der Kirche darstellen (*BAG* 6.12.1977 EzA § 188 BetrVG 1972 Nr. 16). Bei rechtlich selbstständigen Einrichtungen reicht nach Auffassung des BAG eine inhaltliche und organisatorische Zuordnung aus. Hierzu bedarf es einer institutionellen Verbindung zwischen der Religionsgemeinschaft und der Einrichtung, auf Grund derer die Religionsgemeinschaft über ein Mindestmaß an Einflussmöglichkeiten verfügt, um auf Dauer eine Übereinstimmung der religiösen Betätigung der Einrichtung mit ihren Vorstellungen gewährleisten zu können (*BAG* 5.12.2007 EzA § 118 BetrVG 2001 Nr. 8). 249

Die Einrichtung muss der Kirche so nahe stehen, dass sie teilhat an der Verwirklichung eines Stücks Auftrag der Kirche im Geist christlicher Religiosität im Einklang mit dem Bekenntnis der christlichen Kirche und in Verbindung mit den Amtsträgern der Kirche, sodass den kirchlichen Amtsträgern der entscheidende Einfluss auf die Einrichtung vorbehalten bleibt (*BAG* 6.12.1977 EzA § 118 BetrVG 1972 Nr. 16; 9.2.1988 EzA § 118 BetrVG 1972 Nr. 33). Eine erzieherische Einrichtung beispielsweise gehört dann zu einer Religionsgemeinschaft, wenn Kirche und Einrichtung die Erziehung nach Inhalt und Ziel identisch vornehmen und sichergestellt ist, dass die Kirche ihre Vorstellungen zur Gestaltung der Erziehung in der Einrichtung durchsetzen kann. Die Durchsetzungsmöglichkeiten müssen aber nicht statutenmäßig abgesichert sein. Im Einzelfall können personelle Verflechtungen zwischen den Führungsgremien der Einrichtung und Amtsinhabern der Kirche genügen (*BAG* 14.4.1988 EzA § 118 BetrVG 1972 Nr. 42). Einrichtungen dieser Art sind etwa die von der Religionsgemeinschaft selbst eingerichteten und unterhaltenen Kindergärten, Schulen, Erwachsenenbildungsstätten, Krankenhäuser (dazu *BAG* 31.7.2002 EzA § 118 BetrVG 1972 Nr. 74), Kinderheime, Pflegeheime und Altersheime sowie die von der Kirche getragenen Institutionen des Caritas-Verbandes und des diakonischen Werkes. Fraglich ist, inwieweit auch nicht karitative und erzieherische Einrichtungen von § 118 Abs. 2 BetrVG erfasst sein können, die sich als Wesens- und Lebensäußerung der Kirche darstellen (vgl. GK-BetrVG/*Weber* § 118 Rn. 223). 250

### c) Seeschifffahrt, Luftfahrt (§§ 114–117 BetrVG)

Auf Seeschifffahrtsunternehmen und ihre Betriebe findet das BetrVG uneingeschränkt Anwendung für die Landbetriebe und diejenigen Schiffe, die i. d. R. binnen 24 Stunden nach dem Auslaufen an den Sitz des Landbetriebes zurückkehren. Abweichungen für den Seebetrieb ergeben sich insbes. daraus, dass an Bord der Seeschiffe eine weitere Interessenvertretung, die Bordvertretung, errichtet wer- 251 den kann. An Land vertritt der Seebetriebsrat die Interessen der Besatzungsmitglieder aller Schiffe eines Seeschifffahrtsunternehmens, wobei die Abgrenzung der Zuständigkeit von Bordvertretung und Seebetriebsrat in §§ 115 Abs. 7 Nr. 1, 116 Abs. 6 Nr. 1 BetrVG geregelt ist.

252 Im Bereich der Luftfahrt findet das Betriebsverfassungsgesetz nur auf Landbetriebe von Luftfahrtunternehmen uneingeschränkt Anwendung. Es gilt nicht für die im Flugbetrieb beschäftigten Arbeitnehmer. Im Flugbetrieb beschäftigt ist ein Arbeitnehmer, dessen Tätigkeit unmittelbar der Beförderung von Personen und Gütern durch Luftfahrzeuge dient. Verrichtet er daneben auch an den Boden gebundene Verwaltungs-, Leitungs- oder Organisationsaufgaben, so ist er vom Geltungsbereich des BetrVG nicht ausgenommen, wenn diese Tätigkeiten seiner arbeitsvertraglich geschuldeten Gesamttätigkeit das Gepräge geben (*BAG* 14.10.1986 EzA § 117 BetrVG 1972 Nr. 3). Erforderlich ist ferner eine für Personal im Flugbetrieb typischerweise besonders stark ausgeprägte Ortsungebundenheit. Hieran fehlt es z. B. Hubschrauberbesatzungen der ADAC-Luftrettung, sodass für diese das BetrVG gilt (*BAG* 20.2.2001 EzA § 117 BetrVG 1972 Nr. 5). Für die im Flugbetrieb beschäftigten Arbeitnehmer können durch Tarifvertrag besondere Vertretungen errichtet werden, § 117 Abs. 2 BetrVG. Ein Überblick über solche Tarifverträge findet sich bei GK-BetrVG/*Franzen* § 117 Rn. 16.

### d) Tendenzbetriebe, § 118 BetrVG

253 Zweck der Regelung des § 118 Abs. 1 BetrVG ist es, eine ausgewogene Regelung zwischen dem Sozialstaatsprinzip, in dem die Beteiligungsrechte der Arbeitnehmer ihre Grundlage haben und den Freiheitsrechten der Tendenzunternehmen zu schaffen (BT-Drs. VI/2729 S. 17; *BAG* 22.4.1975 EzA § 118 BetrVG 1972 Nr. 4).

#### aa) Die Bedeutung der Gewinnerzielungsabsicht

254 Nach Auffassung des *BAG* (22.5.1979 EzA § 118 BetrVG 1972 Nr. 22; 1.9.1987 EzA § 118 BetrVG 1972 Nr. 41) steht dem Tendenzcharakter eines Betriebes oder Unternehmens nicht entgegen, dass es gleichzeitig mit Gewinnerzielungsabsicht betrieben wird, es sei denn, das Unternehmen oder der Betrieb will sich auf eine karitative Bestimmung i. S. d. § 118 Abs. 1 Nr. 1 BetrVG berufen, wobei ein kostendeckendes Arbeiten jedoch die karitative Bestimmung nicht ausschließt (*BAG* 29.6.1988 EzA § 118 BetrVG 1972 Nr. 43).

#### bb) Die Tendenzeigenschaft

255 Geschützt sind Unternehmen und Betriebe, die unmittelbar und überwiegend den in § 118 Abs. 1 BetrVG genannten Bestimmungen dienen, wobei es möglich, aber nicht erforderlich ist, dass ein Tendenzunternehmen mehreren der genannten Bestimmungen dient (*BAG* 14.11.1975 EzA § 118 BetrVG 1972 Nr. 6).

##### (1) Politische Bestimmung

256 Einer politischen Bestimmung dienen in erster Linie die politischen Parteien mit ihren Untergliederungen, wie Jugend- und Frauenorganisationen unter Einschluss der von den Parteien getragenen Stiftungen und Bildungseinrichtungen, aber auch Bürgerinitiativen und Wählervereinigungen.

257 Unter politischer Bestimmung ist nicht nur eine parteipolitische, sondern auch gesellschafts-, wirtschafts- oder sozialpolitische Bestimmung zu verstehen (vgl. *BAG* 21.7.1998 EzA § 118 BetrVG 1972 Nr. 68; GK-BetrVG//*Weber* § 118 Rn. 73; enger: DKK/*Wedde* § 118 Rn. 21).

258 Deshalb haben eine solche Bestimmung auch sonstige Zusammenschlüsse und Organisationen mit entsprechender Zielsetzung, nicht aber Vereine und Verbände, die der Interessenwahrnehmung gegenüber Dritten dienen, wie z. B. Mietervereine. Ebenfalls nicht erfasst ist die Erfüllung öffentlicher Aufgaben im Auftrag und nach Vorgaben staatlicher Stellen (*BAG* 21.7.1998 EzA § 118 BetrVG 1972 Nr. 68). Unterschiedlich beurteilt wird die Stellung von wirtschafts- und sozialpolitischen Ver-

einigungen, wie z. B. dem Bundesverband der deutschen Industrie, Verein der Kriegsopfer und ähnlicher Zusammenschlüsse (vgl. GK-BetrVG/*Weber* § 118 Rn. 73).

*(2) Koalitionspolitische Bestimmung*

Geschützt sind Gewerkschaften und Arbeitgeberverbände, mit ihren Dachverbänden, Hauptverwaltungen und Verwaltungsstellen. Nicht ausreichend ist, dass ein Betrieb oder Unternehmen lediglich von einer Koalition getragen wird. 259

Bildungs- und Schulungseinrichtungen haben daher nur dann eine koalitionspolitische Bestimmung, wenn sie der Weiterbildung und Schulung von Gewerkschaftsmitgliedern im Hinblick auf ihre gewerkschaftliche Tätigkeit dienen (*BAG* 3.7.1990 EzA § 99 BetrVG 1972 Nr. 90; in Betracht kommt aber eine erzieherische Bestimmung). Die den Koalitionen verbundenen Erwerbsunternehmen (z. B. Wohnungsbaugesellschaften, Banken) und gemeinsame Einrichtungen der Tarifvertragsparteien, wie etwa Zusatzversorgungs-, Urlaubs- oder Lohnausgleichskassen, werden nicht erfasst (MünchArbR/*Matthes* § 272 Rn. 9). 260

*(3) Konfessionelle Bestimmung*

Konfessionellen Bestimmungen dienen Unternehmen, die nicht selbst Religionsgemeinschaften i. S. d. § 118 Abs. 2 BetrVG sind, deren Zwecksetzung aber Ausdruck einer bestimmten religiösen Überzeugung ist, wie z. B. kirchliche Männer-, Frauen- und Jugendverbände, die Heilsarmee oder die Vereinigung von Freigängern von Anthroposophen unter Ausschluss der Hersteller von kirchlichen Gerätschaften und Utensilien sowie der von Religionsgemeinschaften betriebenen Erwerbsunternehmen. 261

*(4) Karitative Bestimmung*

Ein Unternehmen dient dann karitativen Bestimmungen, wenn es sich den sozialen Dienst am körperlich oder seelisch leidenden Menschen zum Ziel gesetzt hat, wenn es auf Heilung oder Milderung innerer oder äußerer Nöte des Einzelnen gerichtet ist, wobei gleichgültig ist, ob diese Hilfe zur Linderung und Beseitigung der Nöte oder zu deren vorbeugender Abwehr geleistet wird (*BAG* 15.3.2006 EzA § 118 BetrVG 2001 Nr. 5; 24.5.1995 EzA § 118 BetrVG 1972 Nr. 63; 8.11.1988 EzA § 118 BetrVG 1972 Nr. 44). Eine karitative Bestimmung scheidet aus, wenn die Betätigung nicht freiwillig, sondern auf Grund gesetzlicher Verpflichtung oder in der Absicht der Gewinnerzielung erbracht wird, die nicht aber schon bei kostendeckender Arbeit vorliegt (*BAG* 29.6.1988 EzA § 118 BetrVG 1972 Nr. 43). 262

Bei einem in privatrechtlicher Rechtsform betriebenen Krankenhaus, dessen Anteile ausschließlich von einer Gebietskörperschaft gehalten werden, fehlt es nicht bereits deshalb an der Freiwilligkeit der Betätigung, weil die Gebietskörperschaft ihrerseits zur Sicherstellung der bedarfsgerechten Versorgung der Bevölkerung mit leistungsfähigen Krankenhäusern gesetzlich verpflichtet ist (*BAG* 22.11.1995 EzA § 118 BetrVG 1972 Nr. 65). Abzustellen ist insoweit nach dem Wortlaut des § 118 Abs. 1 S. 1 BetrVG ausschließlich auf das Unternehmen selbst und dessen Bestimmung und nicht auf die Beweggründe und Verhältnisse derer, die den Unternehmensträger gegründet haben, ihn beeinflussen oder gar beherrschen (*BAG* 24.5.1995 EzA § 118 BetrVG 1972 Nr. 63). Eine Gewinnerzielungsabsicht folgt auch nicht schon daraus, dass in einzelnen Rechnungsjahren ein Gewinn erzielt wurde, wenn nach den Regelungen des Unternehmens (z. B. Satzung) ein derartiger Gewinn wiederum nur für die karitative Bestimmung verwendet werden darf und damit lediglich den Charakter einer Rücklage hat (*BAG* 24.5.1995 EzA § 118 BetrVG 1972 Nr. 63). Solange das Unternehmen an sich privatrechtlich organisiert ist, ist unerheblich, ob Träger des Unternehmens die öffentliche Hand oder ein Sozialversicherungsträger ist (*BAG* 29.6.1988 EzA § 118 BetrVG 1972 Nr. 43). Eine karitative Bestimmung haben beispielsweise Berufsförderungswerke (*BAG* 29.6.1988 EzA § 118 BetrVG 1972 Nr. 43) und Werkstätten für Behinderte (*BAG* 7.4.1981 EzA § 118 BetrVG 1972 Nr. 26). 263

### (5) Erzieherische Bestimmung

264 Eine erzieherische Bestimmung liegt vor, wenn ein Unternehmen darauf gerichtet ist, durch planmäßige und methodische Unterweisung in einer Mehrzahl allgemein bildender oder berufsbildender Fächer die Persönlichkeit eines Menschen zu formen und seine Entwicklung zu einem Glied der menschlichen Gesellschaft zu fördern, wobei eine solche Persönlichkeitsbildung nicht nur bei jungen Menschen, sondern im Rahmen der Erwachsenenbildung auch bei Erwachsenen möglich ist (*BAG* 3.7.1990 EzA § 99 BetrVG 1972 Nr. 90; 13.1.1987 EzA § 118 BetrVG 1972 Nr. 39).

265 Erziehung setzt voraus, dass sie mit einer gewissen Nachhaltigkeit gegenüber dem einzelnen zu erziehenden Menschen vorgenommen wird (*BAG* 21.6.1989 EzA § 118 BetrVG 1972 Nr. 49).

### (6) Wissenschaftliche Bestimmung

266 Auszugehen ist von einem weiten Begriff der Wissenschaft, wie er durch die Rechtsprechung des Bundesverfassungsgerichts (z. B. *BVerfG* 29.5.1973 BVerfGE 35, 79, 113) definiert wurde.

267 Wissenschaft i. S. v. § 118 Abs. 1 S. 1 Nr. 1 BetrVG ist jede Tätigkeit, die nach Inhalt und Form als ernsthafter Versuch zur Ermittlung der Wahrheit anzusehen ist. Dabei ist unerheblich, ob es sich um grundlagen- oder anwendungsorientierte Forschung handelt, es sei denn, es handelt sich nur noch um die bloße Anwendung erreichter wissenschaftlicher Erkenntnisse ohne eigenes Streben nach neuen eigenen Erkenntnissen (*BAG* 20.11.1990 EzA § 118 BetrVG 1972 Nr. 57; 21.6.1989 EzA § 118 BetrVG 1972 Nr. 48). Neben wissenschaftlicher Forschung ist auch die wissenschaftliche Lehre erfasst (*BAG* 20.11.1990 EzA § 118 BetrVG 1972 Nr. 57).

268 Tendenzschutz genießen daher z. B. Bibliotheken, private Forschungsinstitute, auch Wirtschaftsforschungsinstitute und Museen (vgl. DKK/*Wedde* § 118 Rn. 34; MünchArbR/*Matthes* § 272 Rn. 19). Umstritten ist, ob Tendenzschutz auch die rein kommerzielle Forschung von Wirtschaftsunternehmen, z. B. die Forschungsabteilung einer Arzneimittelfabrik, genießt (so *Galperin/Löwisch* § 118 Rn. 20a; abl. etwa: DKK/*Wedde* § 118 Rn. 34).

### (7) Künstlerische Bestimmung

269 Künstlerischen Bestimmungen wird gedient, wenn Werke der Sprache, der Musik, der darstellenden oder bildenden Kunst hervorgebracht oder dargestellt werden, wobei nicht nur die eigentliche künstlerische Betätigung, der sog. Werkbereich, sondern darüber hinaus auch die Darbietung und Verbreitung des Kunstwerks, der sog. Wirkbereich, geschützt wird (*BAG* 15.2.1989 EzA § 118 BetrVG 1972 Nr. 45).

270 Künstlerischen Bestimmungen können z. B. Theater (*BAG* 28.10.1986 EzA § 118 BetrVG 1972 Nr. 38) und Orchester (*BAG* 3.11.1982 EzA § 15 KSchG n. F. Nr. 28) dienen. Auch Verlage und Buchklubs können anders als der reine Buchhandel künstlerischen Bestimmungen dienen (*BAG* 15.2.1989 EzA § 118 BetrVG 1972 Nr. 45). Ferner werden genannt Kleinkunstbühnen, Kabaretts, Konzertagenturen, Chöre und Museen.

### (8) Berichterstattung und Meinungsäußerungen

271 Berichterstattung ist die Weitergabe von Tatsachen, Meinungsäußerung die Abgabe einer Stellungnahme zur Beurteilung der Tatsachen (DKK/*Wedde* § 118 Rn. 41).

272 Tendenzschutz genießen daher in erster Linie alle Presseunternehmen, insbes. Zeitschriften und Zeitungsverlage (*BAG* 1.9.1987 EzA § 118 BetrVG 1972 Nr. 40; 1.9.1987 EzA § 118 BetrVG 1972 Nr. 41), Presse- und Nachrichtenagenturen (MünchArbR/*Matthes* § 272 Rn. 24). Geschützt sind ferner insbes. private Rundfunk- und Fernsehanstalten (*BAG* 11.2.1992 EzA § 118 BetrVG 1972 Nr. 60; 27.7.1993 EzA § 118 BetrVG 1972 Nr. 61). Reine Unternehmen des Handels und des Vertriebes mit Presse- und Filmerzeugnissen dienen nicht selbst der Berichterstattung und Meinungsäußerung und genießen daher ebenso wenig Tendenzschutz wie Verlage, die ohne eigenen redaktio-

## A. Der Anwendungsbereich des BetrVG  Kapitel 13

nellen Teil lediglich Anzeigenblätter, amtliche Bekanntmachungen oder Ähnliches herstellen (MünchArbR/*Matthes* § 272 Rn. 25).

Bei Druckereien von Verlags- und Presseunternehmen ist zu unterscheiden: Umfasst der Verlag in einem einheitlichen Betrieb als unselbstständige Betriebsabteilung zugleich eine Druckerei, die alleine die eigenen Zeitungen oder Zeitschriften druckt, so hat auch die Druckerei Tendenzcharakter (*BAG* 9.12.1975 EzA § 118 BetrVG 1972 Nr. 10). Ist die Druckerei hingegen ein selbstständiger Betrieb, so unterliegt sie dem Tendenzschutz, wenn der Betrieb ausschließlich den Druck dieser Zeitungen oder Zeitschriften mit Tendenzcharakter zur Aufgabe hat und diese Aufgabe im Betrieb zumindest überwiegt (*BAG* 31.10.1975 EzA § 118 BetrVG 1972 Nr. 5). Ein selbstständiges Druckunternehmen ist auch dann kein Tendenzunternehmen, wenn es lediglich für ein Tendenzunternehmen tätig wird, etwa nur dessen Zeitung druckt. Dies gilt auch dann, wenn das Druckunternehmen abhängiges Unternehmen an einem sog. Tendenzkonzern ist (*BAG* 30.6.1981 EzA § 118 BetrVG 1972 Nr. 27). 273

### (9) Sonstige Bestimmungen

§ 118 Abs. 1 BetrVG enthält eine abschließende Aufzählung der geschützten Bestimmungen. 274

Eine analoge Anwendung auf Betriebe und Unternehmen mit anderer ideeller Zielsetzung scheidet nach überwiegender Ansicht aus (MünchArbR/*Matthes* § 272 Rn. 26; DKK/*Wedde* § 118 Rn. 1; HSWGNR/*Hess* § 118 Rn. 12). 275

### cc) Tendenzunternehmen und -betriebe; Mischunternehmen

Unternehmen bzw. Betriebe fallen nur dann unter § 118 Abs. 1 BetrVG, wenn sie unmittelbar und überwiegend den in Nr. 1 und 2 abschließend aufgeführten Zwecken dienen. Das gilt auch für Unternehmen mit wirtschaftlicher Zielsetzung, die zugleich auch nicht wirtschaftliche Zwecke und/oder weiter gehend auch mehrere der in § 118 Abs. 1 S. 1 BetrVG genannten Bestimmungen gleichzeitig verfolgen. Für die geistig-ideelle Bestimmung eines Unternehmens sind Einstellung, subjektive Absichten und Motive des Unternehmers unerheblich; entscheidend ist allein die Art des Unternehmens: Zweck der Unternehmenstätigkeit und der betrieblichen Arbeitsabläufe muss die Förderung der geistig-ideellen Bestimmung sein. Der Unternehmens- bzw. Betriebszweck muss selbst auf die Tendenz ausgerichtet sein (*BAG* 1.9.1987 EzA § 118 BetrVG 1972 Nr. 41; 14.11.1975 EzA § 118 BetrVG 1972 Nr. 6). 276

Unmittelbarkeit ist dann gegeben, wenn der Unternehmenszweck selbst auf die Tendenz ausgerichtet und nicht nur nach seiner wirtschaftlichen Tätigkeit geeignet ist, den eigentlichen Tendenzbetrieb zu unterstützen. 277

Eine nur wirtschaftliche Zielsetzung des Unternehmens genügt dem Erfordernis der Unmittelbarkeit auch dann nicht, wenn durch sie das eigentliche Tendenzunternehmen wirtschaftlich unterstützt werden soll oder wenn solche geistig-ideellen Aufgaben lediglich dazu dienen, einen anderen, nicht tendenzgeschützten Unternehmenszweck zu fördern (*BAG* 21.6.1989 EzA § 118 BetrVG 1972 Nr. 49). Nicht der Tendenzbestimmung unterliegen daher Unternehmen, die lediglich eine vorgegebene Tendenz technisch verarbeiten, ohne auf die Tendenz selbst Einfluss nehmen zu können. 278

Das in § 118 Abs. 1 BetrVG enthaltene Merkmal »überwiegend« hat einen quantitativen, nicht qualitativen Inhalt (*BAG* 21.6.1989 EzA § 118 BetrVG 1972 Nr. 49; anders die frühere Rechtsprechung des BAG, sog. **Geprägetheorie**, vgl. *BAG* 29.5.1970 EzA § 81 BetrVG 1952 Nr. 5). 279

Entscheidend ist, in welchem quantitativen Umfang das Unternehmen seine personellen und sonstigen Mittel zur Verwirklichung seiner tendenzgeschützten und in welchem Umfang zur Verwirklichung seiner anderen Bestimmungen einsetzt. Der Einsatz der personellen und sonstigen Mittel muss regelmäßig in größerem Umfang zur Verwirklichung der tendenzgeschützten als nicht geschützter Zwecke erfolgen, wobei bei personalintensiven Betätigungen in erster Linie 280 auf den zeitlichen Umfang des Personaleinsatzes abzustellen ist (*BAG* 15.3.2006 EzA § 118 BetrVG 2001 Nr. 5).

281 Bei personalintensiven Unternehmen ist in erster Linie auf den **Personaleinsatz** abzustellen, d. h. auf die Arbeitszeitmenge, die regelmäßig zur Erreichung der verschiedenen Unternehmensziele verwendet wird. Zur Ermittlung des auf die tendenzgeschützten Bestimmungen des Unternehmens entfallenden Personaleinsatzes ist dabei nicht nur auf die sog. Tendenzträger, also auf diejenigen Mitarbeiter abzustellen, deren Aufgabe es ist, selbst inhaltlich auf die Tendenzverwirklichung Einfluss zu nehmen. Einzubeziehen sind darüber hinaus auch die Mitarbeiter, die mit ihrer Arbeit der Verwirklichung der tendenzgeschützten Bestimmungen des Unternehmens dienen, etwa indem sie die technischen Voraussetzungen für die Tendenzverwirklichung schaffen (*BAG* 21.6.1989 EzA § 118 BetrVG 1972 Nr. 49). Werden mehrere von § 118 Abs. 1 BetrVG geschützte Tendenzen verfolgt, ist der auf die Verwirklichung dieser Bestimmungen insgesamt entfallende Einsatz von Mitteln zusammenzurechnen (vgl. *BAG* 15.2.1989 EzA § 118 BetrVG 1972 Nr. 45). In Unternehmen mit mehreren Betrieben bzw. Nebenbetrieben und selbstständigen Betriebsteilen (§ 4), in denen die Tendenzbestimmung des Unternehmens nur in einzelnen Betrieben verwirklicht wird (sog. Mischunternehmen) ist zwischen dem Tendenzcharakter des Unternehmens und der einzelnen Betriebe zu unterscheiden. Eine Einschränkung von Beteiligungsrechten auf Unternehmensebene (etwa Errichtung eines Wirtschaftsausschusses) ist nur dann gegeben, wenn das Unternehmen selbst im dargelegten Sinne überwiegend Tendenzcharakter hat. Für eine eventuelle Einschränkung von Beteiligungsrechten auf Ebene des jeweiligen Betriebes ist darauf abzustellen, ob der einzelne Betrieb überwiegend Tendenzbestimmungen verfolgt. Daher wird ein Betrieb, der nicht selbst der Verwirklichung einer geschützten Bestimmung dient, nicht schon deswegen zum Tendenzbetrieb, weil er Teil eines Tendenzunternehmens ist. Ebenso wenig wird ein Unternehmen dadurch zum Tendenzunternehmen, dass es abhängiges Unternehmen in einem sog. Tendenzkonzern ist (*BAG* 30.6.1981 EzA § 118 BetrVG 1972 Nr. 27). Umgekehrt kann auch dem Betrieb eines nicht tendenzgeschützten Unternehmens Tendenzschutz zukommen, wenn dessen arbeitstechnischer Zweck der Förderung einer geschützten Bestimmung dient.

*dd) Umfang der Beschränkung der Mitbestimmungsrechte*

*(1) Wirtschaftliche Angelegenheiten*

282 Auf die in § 118 Abs. 1 BetrVG genannten Tendenzunternehmen und -betriebe finden die §§ 106 bis 110 BetrVG keine Anwendung. Für die Bildung eines Wirtschaftsausschusses ist allein der unmittelbare und überwiegende Tendenzcharakter des Unternehmens entscheidend. Auf den Tendenzcharakter einzelner Betriebe oder den Tendenzcharakter des beherrschenden Konzernunternehmens kommt es nicht an (*BAG* 30.6.1981 EzA § 118 BetrVG 1972 Nr. 27). Durch den Ausschluss von § 110 BetrVG bleibt die Verpflichtung des Arbeitgebers nach § 43 Abs. 2 BetrVG, mindestens einmal im Jahr auf der Betriebsversammlung über die wirtschaftliche Lage und Entwicklung des Betriebes zu berichten, unberührt (*BAG* 8.3.1977 EzA § 43 BetrVG 1972 Nr. 1).

283 Die die Beteiligungsrechte des Betriebsrates bei **Betriebsänderungen** regelnden §§ 111 bis 113 BetrVG sind nach § 118 Abs. 1 BetrVG nur insoweit anzuwenden, als sie den Ausgleich oder die Milderung wirtschaftlicher Nachteile für die Arbeitnehmer infolge von Betriebsänderungen regeln.

284 Immer möglich bleibt damit die **Aufstellung eines Sozialplanes**, ggf. erzwungen durch Anrufung der Einigungsstelle. Da dies die umfassende und rechtzeitige Information des Betriebsrates voraussetzt, wird die Unterrichtungspflicht des Unternehmers auch im Tendenzbetrieb bzw. -unternehmen nicht ausgeschlossen. Nach ganz überwiegender Ansicht ist der Unternehmer aber nicht verpflichtet, einen Interessenausgleich mit dem Betriebsrat zu versuchen (vgl. MünchArbR/ *Matthes* § 273 Rn. 3). Ein Anspruch auf Nachteilsausgleich nach § 113 wegen Abweichens von einem Interessenausgleich bzw. der Nichtvornahme des Versuchs der Herbeiführung eines

## A. Der Anwendungsbereich des BetrVG

Interessenausgleichs kommt damit nicht in Betracht. Da aber andererseits § 118 Abs. 1 S. 2 BetrVG auf § 113 BetrVG verweist, folgt nach Auffassung des *BAG* (18.11.2003 EzA § 118 BetrVG 2001 Nr. 4; 27.10.1998 EzA § 113 BetrVG 1972 Nr. 27) aus einer harmonisierenden Auslegung, dass ein Nachteilsausgleichsanspruch dann in Betracht kommt, wenn der Arbeitgeber eine Betriebsänderung durchführt, ohne rechtzeitig seiner Unterrichtungs- und Beratungspflicht gegenüber dem Betriebsrat im Hinblick auf einen Sozialplan genügt zu haben.

Nach anderer Ansicht (GK-BetrVG/*Fabricius* 6. Aufl., § 118 Rn. 533) wird durch § 118 BetrVG nur ein Beratungsrecht des Betriebsrates darüber, ob überhaupt eine Betriebsänderung stattfinden soll, nicht aber ein Beratungsrecht hinsichtlich des »wie« der Durchführung ausgeschlossen. Ein Interessenausgleich sei daher mit beschränktem Inhalt möglich, bei Abweichungen greife daher auch unter diesem Gesichtspunkt die Sanktion des § 113 BetrVG. Streitig ist weiter, ob für die Frage eines eventuellen Ausschlusses der Vorschrift über den Interessenausgleich auf den Tendenzcharakter des Betriebes abzustellen ist, da die Beteiligungsrechte im Falle der Betriebsänderung auf der Ebene des einzelnen Betriebes angesiedelt sind (*Galperin/Löwisch* § 118 Rn. 33), oder auf den Tendenzcharakter des Unternehmens, da es sich bei Entscheidungen über das ob und wie einer Betriebsänderung um unternehmerische Entscheidungen in wirtschaftlichen Angelegenheiten handelt (so MünchArbR/*Matthes* § 273 Rn. 4). 285

### (2) Sonstige Beteiligungsrechte

Im Übrigen ist das BetrVG nicht anwendbar, soweit dem die Eigenart des Unternehmens oder des Betriebes entgegensteht (sog. Eigenartsklausel). Dies ist dann der Fall, wenn durch die Ausübung von Beteiligungsrechten die geistig-ideelle Zielsetzung des Tendenzträgers ernstlich beeinträchtigt werden kann (st. Rspr., *BVerfG* 15.12.1999 EzA § 118 BetrVG 1972 Nr. 70; 15.12.1999 EzA § 118 BetrVG 1972 Nr. 71; *BAG* 22.5.1979 EzA § 118 BetrVG 1972 Nr. 22; 30.1.1990 EzA § 118 BetrVG 1972 Nr. 50). 286

Dies ist bei reinen Unterrichtungs- und Beratungsrechten des Betriebsrates, wie etwa bei Information und Beratung der Personalplanung (*BAG* 6.11.1990 EzA § 92 BetrVG 1972 Nr. 2) oder dem Einsichtsrecht des Betriebsrates in Lohnlisten (*BAG* 30.6.1981 EzA § 80 BetrVG 1972 Nr. 19) nicht der Fall. Ebenso wenig ist allein ausreichend, dass sich die Maßnahme auf einen Tendenzträger bezieht. Nach Auffassung des BAG (sog. **Maßnahmetheorie**, st. Rspr., vgl. *BAG* 21.9.1993 EzA § 118 BetrVG 1972 Nr. 62) ist vielmehr erforderlich, dass es sich um die Maßnahme gegenüber einem Tendenzträger handelt, die Maßnahme tendenzbezogen ist und die Ausübung des Beteiligungsrechtes die Tendenzverwirklichung ernstlich beeinträchtigen kann. Tendenzträger ist derjenige Arbeitnehmer, für dessen Tätigkeit die Bestimmungen und Zwecke der in § 118 Abs. 1 BetrVG genannten Unternehmen und Betriebe prägend sind, wobei solche Arbeiten allerdings nicht nur in völlig unbedeutendem Umfang verrichtet werden dürfen, andererseits aber auch nicht erforderlich ist, dass diese mehr als die Hälfte der Gesamtarbeitszeit in Anspruch nimmt (*BAG* 20.11.1990 EzA § 118 BetrVG 1972 Nr. 57). Bei karitativen Unternehmen oder Betrieben i. S. d. § 118 Abs. 1 S. 1 Nr. 1 BetrVG sind Tendenzträger regelmäßig nur solche Arbeitnehmer, die bei tendenzbezogenen Tätigkeitsinhalten im Wesentlichen frei über die Aufgabenerledigung entscheiden können und bei denen diese Tätigkeiten einen bedeutenden Anteil an ihrer Gesamtarbeitszeit ausmachen (*BAG* 14.9.2010 EzA § 118 BetrVG 2001 Nr. 10). Hat die jeweilige Maßnahme Auswirkungen auf die Tendenzverfolgung, folgt hieraus nicht automatisch ein völliger Ausschluss des jeweiligen Beteiligungsrechts. Dieses ist vielmehr nur insoweit eingeschränkt, als seine Wahrnehmung die Tendenzverfolgung oder Tendenzverwirklichung ernsthaft beeinträchtigen oder verhindern könnte (*BAG* 11.2.1992 EzA § 118 BetrVG 1972 Nr. 60). 287

## (3) Einzelfälle

### aaa) Allgemeine personelle Angelegenheiten

**288** Die Informationspflicht des Arbeitgebers über die **Personalplanung** (§ 92 BetrVG) besteht auch in einem Tendenzunternehmen (*BAG* 6.11.1990 EzA § 92 BetrVG 1972 Nr. 2). Bestehen bleiben auch die Beteiligungsrechte nach § 92 Abs. 3 und § 92a BetrVG (GK-BetrVG/*Weber* § 118 Rn. 193, 194). Das Recht, eine innerbetriebliche Stellenausschreibung zu verlangen (§ 93 BetrVG) wird durch § 118 BetrVG i. d. R. nicht ausgeschlossen (*BAG* 30.10.1979 EzA § 118 BetrVG 1972 Nr. 20). Eine Beteiligung bzgl. Personalfragebogen (§ 94 BetrVG) entfällt, soweit es um tendenzbezogene Fragen geht, wie z. B. bei einer wissenschaftlichen Einrichtung bei Einstellung von Wissenschaftlern die Frage einer Tätigkeit für das MfS (*BAG* 21.9.1993 EzA § 118 BetrVG 1972 Nr. 62). Ein Beteiligungsrecht bei der Aufstellung allgemeiner Beurteilungsgrundsätze entfällt in Tendenzunternehmen. Eine Mitbestimmung bei der Aufstellung von Auswahlrichtlinien (§ 95 BetrVG) scheidet aus, soweit sich die Richtlinien auf Tendenzträger beziehen. Im Bereich der Berufsbildung gelten die §§ 96, 97 BetrVG uneingeschränkt, § 98 BetrVG nur insoweit, als es nicht um die Berufsausbildung und berufliche Fortbildung der Tendenzträger geht (GK-BetrVG/*Weber* § 118 Rn. 199 ff.); das Vorschlagsrecht und der Unterrichtungsanspruch des Betriebsrats nach § 98 Abs. 3 BetrVG bleiben aber bestehen (*BAG* 30.5.2006 EzA § 118 BetrVG 2001 Nr. 5).

### bbb) Personelle Einzelmaßnahmen

**289** Bei tendenzbezogenen Einstellungen oder Versetzungen hat der Betriebsrat kein Zustimmungsverweigerungs-, sondern nur ein Informationsrecht; der Arbeitgeber hat den Betriebsrat über die personelle Einzelmaßnahme lediglich zu informieren, muss aber nicht dessen Zustimmung einholen (st. Rspr., vgl. *BAG* 27.7.1993 EzA § 118 BetrVG 1972 Nr. 61; 8.5.1990 EzA § 118 BetrVG 1972 Nr. 52). Der Tendenzschutz des BetrVG zu Gunsten erzieherischer und karitativer Ziele schließt aber nicht aus, dass dem Betriebsrat durch Tarifvertrag ein Mitbestimmungsrecht bei der Einstellung von Tendenzträgern eingeräumt wird (*BAG* 31.1.1995 EzA § 99 BetrVG 1972 Nr. 126).

**290** Auch vor einer vorläufigen Maßnahme ist der Betriebsrat entsprechend § 100 BetrVG zu unterrichten. Angesichts der Tatsache, dass eine Zustimmung des Betriebsrates nicht erforderlich ist, sondern der Arbeitgeber den Betriebsrat nur informieren und eine eventuelle Stellungnahme zur Kenntnis nehmen muss, nach Ablauf der Wochenfrist aber auf jeden Fall die Versetzung oder Einstellung durchführen kann, hat § 100 nur noch Bedeutung für Fälle, in denen der Arbeitgeber die Maßnahme vor Ablauf der Wochenfrist bzw. abschließender Stellungnahme des Betriebsrates durchführen will. Da die Maßnahme nach Ablauf der Wochenfrist auf jeden Fall durchgeführt werden kann, sind bei tendenzbezogenen personellen Einzelmaßnahmen besonders strenge Anforderungen an die Voraussetzung zu stellen, dass die vorläufige Durchführung aus sachlichen Gründen dringend erforderlich ist (*BAG* 8.5.1990 EzA § 118 BetrVG 1972 Nr. 52). Beachtet der Arbeitgeber auch dieses eingeschränkte Beteiligungsrecht nicht, kann der Betriebsrat bei einer unterlassenen oder nicht ordnungsgemäßen Unterrichtung nach § 101 BetrVG die Aufhebung der personellen Einzelmaßnahme verlangen (*BAG* 1.9.1987 EzA § 118 BetrVG 1972 Nr. 40). Ein Zustimmungsverweigerungsrecht besteht auch dann nicht, wenn der Betriebsrat zu einer Einstellung oder Versetzung seine Zustimmung mit einer tendenzneutralen Begründung verweigern will (*BAG* 27.7.1993 EzA § 118 BetrVG 1972 Nr. 61). Streiten Arbeitgeber und Betriebsrat anlässlich einer Einstellung oder Versetzung, zu der der Betriebsrat seine Zustimmung verweigert hat, darüber, ob die Maßnahme nach § 118 Abs. 1 BetrVG der Zustimmung des Betriebsrates bedarf oder nicht, so ist der Arbeitgeber nicht gehalten, diesen Streit in einem Zustimmungsersetzungsverfahren nach § 99 Abs. 4 BetrVG entscheiden zu lassen. Hierüber ist vielmehr im Aufhebungsverfahren nach § 101 BetrVG zu entscheiden (*BAG* 1.9.1987 EzA § 118 BetrVG 1972 Nr. 41). Der Tendenzcharakter eines Unternehmens oder Betriebes schließt das Mitbestimmungsrecht des Betriebsrates bei Ein- und Umgruppierungen nicht aus, da es um ein reines Mitbeurteilungsrecht geht (*BAG* 3.12.1985 EzA § 99 BetrVG 1972 Nr. 52; 31.5.1983 EzA § 118 BetrVG 1972 Nr. 36).

Bei der **Kündigung eines Tendenzträgers** in einem Tendenzunternehmen muss der Betriebsrat nach 291
§ 102 Abs. 1 BetrVG unter Mitteilung der Kündigungsgründe gehört werden, auch wenn die Kündigung aus tendenzbedingten Gründen erfolgt (*BAG* 7.11.1975 EzA § 118 BetrVG 1972 Nr. 9). Nach Auffassung des *BAG* (7.11.1975 EzA § 118 BetrVG 1972 Nr. 9; s. a. *BVerfG* 6.11.1979 EzA § 118 BetrVG 1972 Nr. 23) ist der Betriebsrat im Hinblick auf die tendenzbedingten Motive darauf beschränkt, soziale Gesichtspunkte geltend zu machen. Nach anderer Auffassung beeinträchtigt erst ein eventueller, durch den Widerspruch des Betriebsrats ausgelöster Weiterbeschäftigungsanspruch die Tendenzverwirklichung, sodass nur ein solcher, nicht aber das Widerspruchsrecht des Betriebsrates aus allen in § 102 Abs. 3 BetrVG genannten Gründen ausgeschlossen ist (MünchArbR/*Matthes* § 273 Rn. 19).

Inwieweit der besondere Kündigungsschutz für Betriebsratsmitglieder nach § 15 Abs. 1 KSchG, 292
§ 103 BetrVG bei einer Kündigung eines Betriebsratsmitgliedes oder sonstigen geschützten Funktionsträgers, der zugleich Tendenzträger ist, in einem Tendenzunternehmen eingeschränkt ist, wird kontrovers diskutiert. § 15 KSchG verbietet jedenfalls solche ordentlichen Kündigungen, die ein Tendenzunternehmen gegenüber einem dem Betriebsrat angehörenden Tendenzträger wegen nicht tendenzbezogener Leistungsmängel erklärt (*BAG* 3.11.1982 EzA § 15 KSchG n. F. Nr. 28). Zum Teil (KR-*Etzel* § 103 BetrVG Rn. 16a) wird die Ansicht vertreten, dass § 15 Abs. 1 KSchG uneingeschränkt Anwendung findet, zum Teil (*Hanau* AR-Blattei Anm. zu Betriebsverfassung VIIII Entsch. 55) soll bei einer ordentlichen, auf tendenzbedingte Gründe gestützten Kündigung nur eine Anhörungsverpflichtung gegenüber dem Betriebsrat bestehen. Für den Fall der außerordentlichen Kündigung eines Betriebsratsmitglieds, das Tendenzträger ist, aus tendenzbezogenen Gründen, hat das *BAG* (28.8.2003 EzA § 118 BetrVG 2001 Nr. 3) entschieden, dass es keiner Zustimmung des Betriebsrat nach § 103 BetrVG bedarf, sondern der Betriebsrat nur nach § 102 BetrVG anzuhören ist. § 118 Abs. 1 BetrVG steht der Anwendung von § 78a BetrVG grds. nicht entgegen. Sofern die Begründung eines Arbeitsverhältnisses die Tendenzverwirklichung beeinträchtigt, kann dies vom Arbeitgeber im Verfahren nach § 78a Abs. 4 BetrVG geltend gemacht und im Rahmen der Zumutbarkeitsprüfung berücksichtigt werden (*BAG* 23.6.1983 EzA § 78a BetrVG 1972 Nr. 11).

*ccc) Soziale Angelegenheiten*

Eine Einschränkung des Mitbestimmungsrechts in sozialen Angelegenheiten kommt nur in Ausnah- 293
mefällen in Betracht, da es hier meist um den wertneutralen Arbeitsablauf des Betriebes geht (*BAG* 13.2.1990 EzA § 118 BetrVG 1972 Nr. 51). Ausgeschlossen ist aber etwa die Mitbestimmung des Betriebsrats bei der Einführung von Regeln, die für Redakteure einer Wirtschaftszeitung im Interesse der unabhängigen Berichterstattung den Besitz von Wertpapieren oder die Ausübung von Nebentätigkeiten einschränken (*BAG* 28.5.2002 EzA § 87 BetrVG 1972 Betriebliche Ordnung Nr. 22). Einschränkungen können sich aber insbes. im Hinblick auf Arbeitszeitregelungen für Tendenzträger ergeben, wenn Arbeitszeitfragen nicht nur den technisch-organisatorischen Ablauf des Arbeitsprozesses betreffen, sondern auch einen Bezug zur Tendenzverwirklichung des Unternehmens haben. § 118 Abs. 1 BetrVG steht daher einem Mitbestimmungsrecht bei der Entscheidung des Trägers einer Privatschule als Tendenzunternehmen entgegen, im Rahmen eines Ganztagsschulbetriebes Lehrer an den Nachmittagen zu Unterrichts- und Betreuungsstunden heranzuziehen (*BAG* 13.1.1987 EzA § 118 BetrVG 1972 Nr. 39). Auch die Entscheidung einer karitativen Einrichtung, etwa eines Dialysezentrums, die angebotenen Leistungen durchgehend und nicht nur zu bestimmten Zeiten anzubieten, unterliegt nicht der Mitbestimmung des Betriebsrates, anders als die Aufstellung der jeweiligen Dienstpläne (*BAG* 18.4.1989 EzA § 76 BetrVG 1972 Nr. 48). Im Bereich von Funk und Presse führt die Tatsache, dass die Aktualität einer Berichterstattung auch von der Lage der Arbeitszeit derjenigen Arbeitnehmer abhängt, die an dieser Berichterstattung mitwirken, nicht von vornherein zu einem Ausschluss des Mitbestimmungsrechts des Betriebsrates nach § 87 Abs. 1 Nr. 2 BetrVG. Erst die konkrete mitbestimmte Regelung über die Lage der Arbeitszeit, die eine aktuelle Berichterstattung ernsthaft gefährdet oder unmöglich macht, ist von diesem Mitbestimmungsrecht des Betriebsrates nicht mehr gedeckt und damit unwirksam (*BAG* 11.2.1992 EzA § 118 BetrVG 1972 Nr. 60; *BVerfG* 15.12.1999 EzA § 118 BetrVG 1972 Nr. 71). Die Aktualität der Be-

richterstattung wird ebenfalls nicht beeinträchtigt, wenn der Betriebsrat bei der Dauer der Arbeitszeit der Redakteure an einzelnen Arbeitstagen, nicht aber bei Beginn und Ende der Arbeitszeit und der Festlegung der einzelnen Arbeitstage mitbestimmt (*BAG* 30.10.1990 EzA § 118 BetrVG 1972 Nr. 50). Selbst wenn aber für Redakteure in einer Betriebsvereinbarung Beginn und Ende der täglichen Arbeitszeit sowie die Verteilung der Arbeitszeit auf die einzelnen Wochentage geregelt wird, steht dem § 118 Abs. 1 BetrVG dann nicht entgegen, wenn die Betriebsvereinbarung die für die Aktualität der Berichterstattung relevanten Entscheidungen des Arbeitgebers (Redaktionsschluss, Lage und Dauer von Redaktionskonferenzen, Besetzung der Redaktionen u. a.) als Vorgabe zu Grunde legt und sichergestellt ist, dass die Arbeitszeitregelung auch künftigen Tendenzentscheidungen nicht entgegensteht (*BAG* 14.1.1992 EzA § 118 BetrVG 1972 Nr. 59). Ist eine Arbeitszeitregelung mit dem Arbeitgeber vereinbart, ist diese in jedem Fall wirksam, da sie auch vom Willen des Tendenzunternehmens mitgetragen ist (MünchArbR/*Matthes* § 273 Rn. 25 ff.). Eine Einschränkung der Mitbestimmung kann sich auch bei Fragen der betrieblichen Lohngestaltung ergeben, wenn diese besonderen Tendenzbezug hat, etwa wenn eine Entgeltform gerade die Tendenz fördern soll, wie z. B. bei Zulagen für besondere Leistungen bei der Tendenzverwirklichung (*BAG* 13.2.1990 EzA § 118 BetrVG 1972 Nr. 51; 31.1.1984 EzA § 87 BetrVG 1972 Betriebliche Lohngestaltung Nr. 8).

294 In der Literatur wird zum Teil (*Weber* NZA-Beil. 3/1989, S. 5) eine Einschränkung der Mitbestimmungsrechte des Betriebsrates bei Fragen der Ordnung des Betriebes und des Verhaltens der Arbeitnehmer (§ 87 Abs. 1 Nr. 1 BetrVG) für erforderlich gehalten, wenn tendenzbedingte Gründe ausschlaggebend sind. Beispiele werden insoweit nicht genannt.

## B. Der Betriebsrat

### I. Die Wahl des Betriebsrats

#### 1. Zeitpunkt der Wahl

*a) Regelmäßige Betriebsratswahlen*

295 Besteht in einem betriebsratsfähigen Betrieb noch kein Betriebsrat, so ist die Wahl jederzeit möglich, § 13 Abs. 2 Nr. 6 BetrVG. Besteht dagegen ein Betriebsrat, so finden die regelmäßigen Wahlen zwischen dem 1.3. und dem 31.5. statt, § 13 Abs. 1 BetrVG.

296 Findet eine regelmäßige Wahl vor dem 1.3. des Wahljahres statt, ohne dass ein Grund nach § 13 Abs. 2 BetrVG für vorgezogene außerordentliche Betriebsratswahlen vorliegt, ist die Wahl auf Grund eines groben und offensichtlichen Verstoßes gegen wesentliche Wahlvorschriften nichtig (*BAG* 11.4.1978 EzA § 19 BetrVG 1972 Nr. 17). Eine Wahl nach dem 31.5. berührt deren Wirksamkeit nicht.

297 Vielmehr endet die Amtszeit des bisherigen Betriebsrats mit dem 31.5., sodass der Betrieb ab diesem Zeitpunkt betriebsratslos ist. Nach § 13 Abs. 2 Nr. 6 BetrVG ist dann eine außerordentliche Betriebswahl zulässig. Die regelmäßigen Betriebsratswahlen sind nach § 13 Abs. 1 BetrVG, § 5 Abs. 1 SprAuG zeitgleich mit der Wahl des Sprecherausschusses für leitende Angestellte einzuleiten. Ein Verstoß gegen dieses Gebot zeitgleicher Wahleinleitung führt weder zur Nichtigkeit noch zur Anfechtbarkeit der Wahl (GK-BetrVG/*Kreutz* § 13 Rn. 25). Wird der andere Wahlvorstand jedoch nicht rechtzeitig bestellt oder tätig, hat die Verpflichtung zur Durchführung der eigenen Wahl Vorrang.

*b) Außerordentliche Betriebsratswahlen, § 13 Abs. 2 BetrVG*

298 Außerhalb des Zeitraums für regelmäßige Wahlen kann ein Betriebsrat nur in den in § 13 Abs. 2 BetrVG genannten Fällen im Rahmen einer außerordentlichen Betriebsratswahl gewählt werden. Die Regelung ist zwingend und – bis auf den Ausnahmefall der Erforderlichkeit von Neuwahlen nach § 21a – abschließend (GK-BetrVG/*Kreutz* § 13 Rn. 8, 28).

## B. Der Betriebsrat

Insbesondere folgt daraus, dass ein konstruktives Misstrauensvotum gegen den Betriebsrat durch Abwahl im Rahmen einer vorgezogenen Neuwahl nicht möglich ist. 299

### aa) Nr. 1: Wesentliche Änderung der Zahl der Beschäftigten

Der Betriebsrat ist neu zu wählen, wenn die Zahl der regelmäßig beschäftigten Arbeitnehmer mit Ablauf von 24 Monaten seit dem Tag der Wahl, d. h. bei mehreren Wahltagen der letzte Tag der Stimmabgabe (GK-BetrVG/*Kreutz* § 13 Rn. 39), um die Hälfte, mindestens aber um fünfzig, gestiegen oder gesunken ist. Für die Fristberechnung gelten § 187 Abs. 1, § 188 Abs. 2 BGB. Ist z. B. am 15.3. gewählt worden, so kommt es auf die Zahl der Arbeitnehmer am 15.3. des übernächsten Jahres an. Frühere, aber am Stichtag nicht mehr vorhandene Veränderungen bleiben ebenso außer Betracht wie Veränderungen, die erst nach dem Stichtag eintreten (GK-BetrVG/*Kreutz* § 13 Rn. 37). 300

### bb) Nr. 2: Zu geringe Zahl von Betriebsratsmitgliedern

Der Betriebsrat ist ferner dann neu zu wählen, wenn die Gesamtzahl der Betriebsratsmitglieder nach Eintreten sämtlicher Ersatzmitglieder unter die nach §§ 9, 11 BetrVG vorgeschriebene Zahl von Betriebsratsmitgliedern gesunken ist. Die Neuwahl ist aber ausgeschlossen, solange noch Ersatzmitglieder in den Betriebsrat nachrücken können. Die Reihenfolge des Nachrückens richtet sich nach § 25 BetrVG. Bei Erschöpfung einer Liste ist auf ein Ersatzmitglied anderer Listen zurückzugreifen. 301

### cc) Nr. 3: Rücktritt des Betriebsrats

Der Rücktritt setzt einen von der Mehrheit der gesetzlichen Mitglieder des Betriebsrats gefassten Beschluss voraus. Die Gründe für den Rücktritt (z. B. Herbeiführung von Neuwahlen, Protest) sind belanglos und gerichtlich nicht überprüfbar (*BAG* 3.4.1979 EzA § 40 BetrVG 1972 Nr. 45). Der Beschluss beendet das Amt des Betriebsrates auch hinsichtlich der Mitglieder, die gegen den Beschluss gestimmt haben. Vom Rücktritt des Betriebsrates ist daher die sog. Amtsniederlegung einzelner Betriebsratsmitglieder zu unterscheiden: Legen alle Betriebsratsmitglieder gem. § 24 Abs. 1 Nr. 2 BetrVG ihre Ämter nieder, besteht der Betriebsrat als solcher fort und es erlischt nur das persönliche Amt der Betroffenen, für die dann Ersatzmitglieder nachrücken (GK-BetrVG/*Kreutz* § 13 Rn. 69). 302

### dd) Nr. 4: Erfolgreiche Anfechtung der Betriebsratswahl

Bei erfolgreicher Wahlanfechtung im Verfahren nach § 19 BetrVG endet das Amt des Betriebsrates mit Rechtskraft des gerichtlichen Beschlusses. Der Beschluss muss die gesamte Betriebsratswahl für unwirksam erklären, da bei erfolgreicher Anfechtung nur der Wahl eines oder mehrerer Betriebsratsmitglieder der Betriebsrat als solcher im Amt bleibt. Beschließt der Betriebsrat vor Rechtskraft des Anfechtungsbeschlusses seinen Rücktritt (§ 13 Abs. 2 Nr. 3 BetrVG), verliert er gleichwohl mit Rechtskraft des Beschlusses die Befugnis zur vorläufigen Fortführung der Geschäfte nach § 22 BetrVG (*BAG* 29.5.1991 EzA § 4 BetrVG 1972 Nr. 6). 303

### ee) Nr. 5: Auflösung durch gerichtliche Entscheidung

Der Betriebsrat ist ferner neu zu wählen, wenn der bisherige Betriebsrat wegen grober Verletzung gesetzlicher Pflichten durch rechtskräftigen gerichtlichen Beschluss in einem Verfahren nach § 23 Abs. 1 BetrVG aufgelöst wird. Eine Fortführung der Geschäfte bis zur Neuwahl ist nach § 22 BetrVG nicht möglich. 304

### ff) Nr. 6: Nichtbestehen eines Betriebsrates

Ein Betriebsrat kann in einem betriebsratsfähigen Betrieb immer dann auch außerhalb der regulären Wahlzeit gewählt werden, wenn ein Betriebsrat bisher nicht besteht, z. B. dann, wenn ein Betriebsteil auf einen anderen Inhaber übertragen wird, der diesen als selbstständigen Betrieb fortführt (*BAG* 23.11.1988 EzA § 102 BetrVG 1972 Nr. 72). 305

*c) Streitigkeiten*

306 Über alle sich aus § 13 BetrVG ergebenden Streitigkeiten entscheidet das Arbeitsgericht im Beschlussverfahren, §§ 2a Abs. 1, Abs. 2, 80 ff. ArbGG.

## 2. Aktives und passives Wahlrecht

307 Das aktive Wahlrecht richtet sich nach § 7 BetrVG, das passive Wahlrecht nach § 8 BetrVG. Zum aktiven und passiven Wahlrecht s. Rdn. 178 ff., 213 ff.

## 3. Wahlverfahren; reguläres oder vereinfachtes Wahlverfahren

308 Einleitung und Durchführung der Wahl und die Feststellung des Wahlergebnisses obliegen dem Wahlvorstand, § 18 Abs. 1 BetrVG.

309 Neben den maßgeblichen Bestimmungen des BetrVG ist das Wahlverfahren i. E. in der Wahlordnung (WO) geregelt.

310 Seit dem BetrVerf-ReformG vom 23.7.2001 (BGBl. I S. 1852 ff.) unterscheidet das BetrVG zwischen regulärem Wahlverfahren (s. Rdn. 311 ff.) und vereinfachtem Wahlverfahren (s. Rdn. 418 ff.), vgl. § 14a BetrVG.

311 Das **reguläre** Wahlverfahren findet zwingend Anwendung in Betrieben mit i. d. R. mehr als 100 wahlberechtigten Arbeitnehmern. Es ist regelmäßig auch anzuwenden in Betrieben mit i. d. R. 51–100 wahlberechtigten Arbeitnehmern. Das **vereinfachte** Wahlverfahren findet zwingend Anwendung bei Betrieben mit i. d. R. 5–50 wahlberechtigten Arbeitnehmern, § 14a Abs. 1 S. 1 BetrVG. Es kann in Betrieben mit i. d. R. 51–100 wahlberechtigten Arbeitnehmern Anwendung finden, wenn seine Anwendung zwischen Wahlvorstand und Arbeitgeber vereinbart wird, § 14a Abs. 5 BetrVG.

## 4. Das reguläre Wahlverfahren

*a) Bestellung des Wahlvorstandes*

*aa) Bei Bestehen eines Betriebsrates*

312 Besteht in einem Betrieb bereits ein Betriebsrat, hat dieser nach § 16 Abs. 1 BetrVG spätestens zehn Wochen vor Ablauf seiner Amtszeit einen Wahlvorstand zu bestellen. Besteht acht Wochen vor Ablauf der Amtszeit des amtierenden Betriebsrats kein Wahlvorstand, so kann er auch durch den Gesamtbetriebsrat oder, falls ein solcher nicht besteht durch den Konzernbetriebsrat bestellt werden, § 16 Abs. 3 BetrVG. Ferner besteht in diesem Fall auch die Möglichkeit, dass der Wahlvorstand durch das Arbeitsgericht bestellt wird (s. Rdn. 329 ff.).

313 Bestellung des Wahlvorstandes bedeutet die Entscheidung durch Beschluss des Betriebsrats (§ 33 BetrVG), dass der Wahlvorstand gebildet wird, wie viele und welche Mitglieder er haben und wer sein Vorsitzender sein soll; hinzukommen muss die Zustimmung der Betroffenen.

314 Bestellt werden können auch Mitglieder des noch amtierenden Betriebsrats sowie potenzielle Wahlbewerber und Unterzeichner von Wahlvorschlägen (*BAG* 12.10.1976 EzA § 8 BetrVG 1972 Nr. 2; GK-BetrVG/*Kreutz* § 16 Rn. 29). Der Wahlvorstand besteht aus zumindest drei wahlberechtigten Arbeitnehmern (s. Rdn. 178 ff.). Möglich ist auch die Bestellung eines stellvertretenden Vorsitzenden und von Ersatzmitgliedern (GK-BetrVG/*Kreutz* § 16 Rn. 25).

315 Soweit dies zur ordnungsgemäßen Durchführung der Wahl erforderlich ist, können auch mehr als drei Mitglieder, stets aber eine ungerade Zahl bestellt werden. Die Frage der Erforderlichkeit unterliegt dabei arbeitsgerichtlicher Kontrolle im Beschlussverfahren (GK-BetrVG/*Kreutz* § 16 Rn. 33; *Richardi* § 16 Rn. 8). Hierbei ist zu berücksichtigen, dass der Wahlvorstand nach § 1 Abs. 2 WO Wahlhelfer zu seiner Unterstützung heranziehen kann.

316 Eine Erhöhung kommt insbes. in Betracht, wenn in größeren Betrieben die Einrichtung von mehr als drei Wahlräumen notwendig ist, in denen gleichzeitig gewählt wird, da nach § 12 Abs. 2 WO während der Stimmabgabe ständig mindestens ein Mitglied des Wahlvorstandes anwesend sein muss (GK-BetrVG/*Kreutz* § 16 Rn. 33).

317 Sinkt infolge des Ausscheidens von Mitgliedern und weil keine Ersatzmitglieder mehr vorhanden sind, die Zahl der Wahlvorstandsmitglieder unter drei, so hat der Betriebsrat unverzüglich Ersatzmitglieder zu bestellen (*BAG* 14.12.1965 AP Nr. 5 zu § 16 BetrVG). Bleibt der Betriebsrat untätig, kann eine Ergänzung durch das Arbeitsgericht in entsprechender Anwendung des § 16 Abs. 2 BetrVG vorgenommen werden (GK-BetrVG/*Kreutz* § 16 Rn. 42). Auch dürfte in entsprechender Anwendung des § 16 Abs. 3 BetrVG eine Ergänzung durch den Gesamt- bzw. Konzernbetriebsrat in Betracht kommen.

318 Gem. § 16 Abs. 1 S. 5 BetrVG sollen dem Wahlvorstand dann, wenn dem Betrieb wahlberechtigte Frauen und Männer angehören, beide Geschlechter im Wahlvorstand vertreten sein. Ein Verstoß hiergegen begründet aber nicht die Anfechtbarkeit der Wahl, da es sich nicht um eine wesentliche Vorschrift über das Wahlverfahren i. S. d. § 19 Abs. 1 BetrVG handelt (GK-BetrVG/*Kreutz* § 16 Rn. 36).

319 Nach § 16 Abs. 1 S. 6 BetrVG kann jede im Betrieb vertretene **Gewerkschaft**, die nicht bereits im Wahlvorstand durch ein Mitglied vertreten ist, ein nicht stimmberechtigtes Mitglied, das nicht Funktionsträger der Gewerkschaft (vgl. *Engels/Natter* BB Beil. 1/1989, S. 1, 20; GK-BetrVG/*Kreutz* § 16 Rn. 46), aber wahlberechtigter Arbeitnehmer des Betriebs sein muss, in den Wahlvorstand entsenden. Das Entsenderecht setzt voraus, dass der Wahlvorstand bereits bestellt ist, da nur dann feststeht, ob die Gewerkschaft bereits durch ein Mitglied vertreten ist. War zunächst kein Mitglied der Gewerkschaft in den Wahlvorstand bestellt worden, scheidet das von der Gewerkschaft nach § 16 Abs. 1 S. 6 BetrVG entsandte nicht stimmberechtigte Mitglied dann aus, wenn durch das Nachrücken eines Ersatzmitgliedes die vorher nicht vertretene Gewerkschaft nunmehr ein Mitglied im Wahlvorstand hat (GK-BetrVG/*Kreutz* § 16 Rn. 44). Das gewerkschaftliche Entsenderecht ist zwingend. § 16 Abs. 1 S. 6 BetrVG ist daher wesentliche Vorschrift über das Wahlverfahren i. S. d. § 19 Abs. 1 BetrVG. Gleichwohl ist streitig, ob die unberechtigte Zurückweisung des von einer Gewerkschaft Entsandten durch den Wahlvorstand oder eine wegen Nicht-Vorliegens der Voraussetzungen des § 16 Abs. 1 S. 6 BetrVG unberechtigte Beteiligung des gewerkschaftlich Entsandten die Anfechtbarkeit der Wahl begründen kann, weil fraglich ist, ob die Mitwirkung oder Nichtmitwirkung stimmrechtsloser Wahlvorstandsmitglieder für das Wahlergebnis kausal i. S. d. § 19 Abs. 1 BetrVG sein kann (*Fitting* § 16 Rn. 55; GK-BetrVG/*Kreutz* § 16 Rn. 55).

*bb) Bei betriebsratslosen Betrieben*

320 In einem betriebsratsfähigen, aber betriebsratslosen Betrieb obliegt die Bestellung des Wahlvorstandes dem Gesamtbetriebsrat oder, wenn ein solcher nicht besteht, dem Konzernbetriebsrat, § 17 Abs. 1 BetrVG. Besteht auch kein Gesamt- oder Konzernbetriebsrat oder kommen diese Gremien ihrer Pflicht zur Bestellung des Wahlvorstandes nicht nach, wird gem. § 17 Abs. 2 BetrVG der Wahlvorstand in einer Betriebsversammlung von der Mehrheit der anwesenden Arbeitnehmer gewählt. Findet trotz Einladung keine derartige Betriebsversammlung statt oder wird auf ihr kein Wahlvorstand gewählt, kann eine arbeitsgerichtliche Einsetzung des Wahlvorstandes beantragt werden, § 17 Abs. 4 BetrVG (s. Rdn. 337).

321 **Einladungsberechtigt** zu einer Betriebsversammlung nach § 17 Abs. 2 BetrVG sind nach § 17 Abs. 3 BetrVG drei wahlberechtigte Arbeitnehmer oder eine im Betrieb vertretene Gewerkschaft. Diese Aufzählung ist nicht abschließend, sodass einladungsberechtigt auch der Arbeitgeber (*BAG* 19.3.1974 EzA § 17 BetrVG 1972 Nr. 1) sowie der Betriebsrat durch die Einberufung einer Betriebsversammlung gem. § 43 Abs. 1 BetrVG zur Wahl eines Wahlvorstandes für einen Termin nach Ablauf seiner Amtszeit (GK-BetrVG/*Kreutz* § 17 Rn. 22) sind. Erfolgt die Einladung durch drei wahlberechtigte Arbeitnehmer, so besteht für diese vom Zeitpunkt der Einladung bis zur Bekanntgabe des

Wahlergebnisses oder, falls ein Betriebsrat in der Folge nicht gewählt wird, für drei Monate ab Einladung ein Schutz vor ordentlichen Kündigungen nach § 15 Abs. 3a KSchG (s. Kap. 4 Rdn. 545).

322 Eine besondere Form der Einladung sieht das Gesetz nicht vor. Sie muss aber Zeit, Ort und Gegenstand der Betriebsversammlung sowie die Einladenden angeben.

323 Die Einladung muss so bekannt gemacht werden, dass alle Arbeitnehmer des Betriebes hiervon Kenntnis nehmen können. Fehlt es hieran und haben die Arbeitnehmer auch nicht auf andere Weise tatsächlich hiervon erfahren und kann durch das Fernbleiben der nicht unterrichteten Arbeitnehmer das Wahlergebnis beeinflusst werden, ist die Wahl des Wahlvorstandes nichtig (*BAG* 7.5.1986 EzA § 17 BetrVG 1972 Nr. 5) und damit auch die von diesem Wahlvorstand durchgeführte Betriebsratswahl (GK-BetrVG/*Kreutz* § 17 Rn. 25).

324 Der Arbeitgeber ist verpflichtet, allen regelmäßig auswärts beschäftigten Arbeitnehmern eine Einladung zu einer Betriebsversammlung zum Zweck der Wahl eines Wahlvorstandes für die erstmalige Wahl eines Betriebsrats zukommen zu lassen (*BAG* 26.2.1992 EzA § 17 BetrVG 1972 Nr. 6).

325 An der Versammlung können alle im Betrieb beschäftigten Arbeitnehmer mit Ausnahme der leitenden Angestellten teilnehmen. Strittig ist, ob der Arbeitgeber ein Teilnahmerecht hat (bejahend: *LAG Bln.* 10.2.1986 LAGE § 19 BetrVG 1972 Nr. 4; ablehnend: *ArbG Bielefeld* 23.6.1982 AuR 1983, 91; DKK/*Schneider* § 17 Rn. 6). Soweit dieses bejaht wird, scheidet jedenfalls eine Vertretung des Arbeitgebers durch eine betriebsfremde Person, etwa einen Rechtsanwalt aus (GK-BetrVG/*Kreutz* § 17 Rn. 28).

326 Zweckmäßig, aber nicht erforderlich ist die förmliche Wahl eines Versammlungsleiters. Es genügt, wenn einer der einladenden Arbeitnehmer oder ein Beauftragter der einladenden Gewerkschaft die Versammlung eröffnet und die Wahl leitet. Denn für die Ordnungsmäßigkeit der Wahl ist es letztlich ohne Bedeutung, wer die Versammlung geleitet hat. Maßgeblich ist, dass der Wahlvorstand von der Mehrheit der anwesenden Arbeitnehmer gewählt wird (*BAG* 7.5.1986 EzA § 17 BetrVG 1972 Nr. 5).

327 Nähere Vorschriften über das Wahlverfahren und den Abstimmungsmodus bestehen nicht. Gewählt wird mit der einfachen Mehrheit der Stimmen der anwesenden Arbeitnehmer. Stimmberechtigt sind auch die nicht wahlberechtigten Arbeitnehmer. Die Wahl kann durch Handzeichen erfolgen; eine geheime Wahl ist nicht erforderlich (*BAG* 7.5.1986 EzA § 17 BetrVG 1972 Nr. 5).

328 Gewählt sind in der Gemeinschaftswahl die Bewerber in der Reihenfolge der höchsten Stimmenzahlen. Der Wahlvorstand ist bestellt, wenn die Gewählten die Annahme der Wahl erklären.

*cc) Bestellung des Wahlvorstandes durch das Arbeitsgericht*

329 Das Gesetz sieht in vier Fällen die Bestellung eines Wahlvorstandes durch das Arbeitsgericht vor:
– Nichtbestellung eines Wahlvorstandes durch den Betriebsrat acht Wochen vor Ablauf der Amtszeit des Betriebsrats auf Antrag von drei wahlberechtigten Arbeitnehmern oder einer im Betrieb vertretenen Gewerkschaft, § 16 Abs. 2 BetrVG.

330 – Trotz Einladung zu einer Betriebsversammlung i. S. d. § 17 Abs. 2 BetrVG zur Wahl eines Wahlvorstandes (s. Rdn. 320) findet eine solche Betriebsversammlung entweder nicht statt oder auf der Versammlung wird kein Wahlvorstand gewählt, auf Antrag von drei wahlberechtigten Arbeitnehmern oder einer im Betrieb vertretenen Gewerkschaft, § 17 Abs. 4 i. V. m. § 16 Abs. 2 BetrVG.

331 – Nichtdurchführung einer Wahlversammlung trotz Einladung im vereinfachten Wahlverfahren oder auf der Wahlversammlung wird kein Wahlvorstand gewählt auf Antrag von drei wahlberechtigten Arbeitnehmern oder einer im Betrieb vertretenen Gewerkschaft, § 17a Nr. 4 i. V. m. §§ 17 Abs. 4, 16 Abs. 2 BetrVG.

332 – Nach Auflösung des Betriebsrats wegen grober Verletzung gesetzlicher Pflichten i. S. d. § 23 Abs. 1 BetrVG von Amts wegen durch das Gericht 1. Instanz nach Rechtskraft des Auflösungsbeschlusses, § 23 Abs. 2 i. V. m. § 16 Abs. 2 BetrVG.

## B. Der Betriebsrat  Kapitel 13

Soweit das Gesetz ein Antragsrecht einer im Betrieb vertretenen Gewerkschaft vorsieht, ist diese Voraussetzung erfüllt, wenn ihr mindestens ein Arbeitnehmer des Betriebs als Mitglied angehört und dieser nach der Satzung nicht offensichtlich zu Unrecht als Mitglied aufgenommen wurde. Die Tarifzuständigkeit der Gewerkschaft für den Betrieb oder das Unternehmen des Arbeitgebers ist dazu nicht erforderlich (*BAG* 10.11.2004 EzA § 17 BetrVG 2001 Nr. 1). 333

### (1) § 16 Abs. 2 BetrVG

> Der Antrag kann erst nach Eintritt des in § 16 Abs. 2 BetrVG genannten Zeitpunkts (acht Wochen vor Ablauf der Amtszeit) gestellt werden. Zu beachten ist jedoch, dass der Betriebsrat nach diesem Zeitpunkt, jedoch noch vor Ablauf seiner Amtszeit wegen der Subsidiarität des gerichtlichen Bestellungsverfahrens den Wahlvorstand noch solange bestellen kann, bis eine eventuell beantragte Bestellung eines Wahlvorstandes durch das Arbeitsgericht gem. § 16 Abs. 2 BetrVG rechtskräftig geworden ist (vgl. *BAG* 19.3.1974 EzA § 17 BetrVG 1972 Nr. 1). Gleiches dürfte für die bei Untätigkeit des Betriebsrats nach § 16 Abs. 3 BetrVG mögliche Bestellung des Wahlvorstandes durch den Gesamt- bzw. Konzernbetriebsrat gelten. 334

Ist die Amtszeit des Betriebsrats allerdings abgelaufen, so besteht er nicht mehr und kann auch den Wahlvorstand nicht mehr wirksam bestellen (*BAG* 14.11.1975 EzA § 16 BetrVG 1972 Nr. 4). In diesem Fall geht die Zuständigkeit zur Bestellung des Wahlvorstandes gem. § 17 Abs. 1 BetrVG sofern vorhanden auf den Gesamt- bzw. Konzernbetriebsrat, andernfalls auf die Betriebsversammlung nach § 17 Abs. 2 BetrVG über. Das Recht zur Anrufung des Arbeitsgerichts besteht neben der Befugnis des Gesamt- bzw. Konzernbetriebsrats zur Bestellung des Wahlvorstandes nach § 16 Abs. 3 (vgl. BegrRegE, BT-Drs. 14/5741, S. 38). 335

Ein Antrag von mindestens drei wahlberechtigten Arbeitnehmern – dem Arbeitgeber steht insoweit ein Antragsrecht nicht zu – führt nur dann zur Bestellung eines Wahlvorstandes durch das Arbeitsgericht, wenn während der gesamten Dauer des Verfahrens drei wahlberechtigte Arbeitnehmer ihren Antrag verfolgen; nicht ausreichend ist es, dass ein Antrag einmal wirksam gestellt worden ist. Da nach der Rechtsprechung des *BAG* (14.2.1978 EzA § 19 BetrVG 1972 Nr. 16; 21.11.1975 EzA § 118 BetrVG 1972 Nr. 11) die Antragsberechtigung eine Verfahrensvoraussetzung des Beschlussverfahrens ist, ist maßgeblicher Zeitpunkt der der letzten mündlichen Anhörung in der Rechtsbeschwerdeinstanz. Scheidet einer von nur drei Antragstellern aus dem Betrieb aus oder nimmt er seinen Antrag zurück, so darf das Arbeitsgericht keinen Wahlvorstand bestellen. An seine Stelle kann aber, weil eine Anfechtungsfrist insoweit nicht besteht (anders im Verfahren nach § 19 BetrVG im Hinblick auf die dort bestehende Anfechtungsfrist, vgl. *BAG* 12.2.1985 EzA § 19 BetrVG Nr. 21), ein anderer Wahlberechtigter durch seine nachträgliche Antragstellung treten, soweit dies vor Ablauf der Amtszeit des Betriebsrats erfolgt (GK-BetrVG/*Kreutz* § 16 Rn. 63). Die Bestellung durch das Arbeitsgericht wird erst mit Rechtskraft des Beschlusses wirksam. 336

### (2) § 17 Abs. 4 i.V.m. § 16 Abs. 2 BetrVG

Die Bestellung eines Wahlvorstandes durch das Arbeitsgericht gem. § 17 Abs. 4 BetrVG hat nur subsidiäre Bedeutung. Durch die Anrufung des Arbeitsgerichts geht der Betriebsversammlung das ihr nach § 17 Abs. 2 BetrVG zustehende Recht, einen Wahlvorstand zu wählen, jedenfalls so lange nicht verlustig, als eine rechtskräftige Entscheidung noch nicht vorliegt (*BAG* 19.3.1974 EzA § 17 BetrVG 1972 Nr. 1). Entsprechendes dürfte für das Recht zur Bestellung des Wahlvorstandes durch den Gesamt- bzw. Konzernbetriebsrat nach § 17 Abs. 1 BetrVG gelten. 337

> Die gerichtliche Bestellung eines Wahlvorstandes für die erstmalige Wahl eines Betriebsrats nach § 17 Abs. 4 BetrVG setzt jedenfalls grds. voraus, dass zuvor eine ordnungsgemäße Einladung zu einer Betriebsversammlung nach § 17 Abs. 3 BetrVG erfolgt ist. Von dieser Voraussetzung kann auch dann nicht abgesehen werden, wenn der Arbeitgeber sich weigert, eine ihm obliegende, zur Bewirkung der Einladung notwendige Mitwirkungshandlung vorzunehmen (*BAG* 26.2.1992 EzA § 17 BetrVG 1972 Nr. 6). 338

*Wildschütz*

*(3) § 17a Nr. 4 BetrVG i.V. m. §§ 17 Abs. 4, 16 Abs. 2 BetrVG*

339 In entsprechender Anwendung des § 17 Abs. 4 BetrVG kann der Wahlvorstand durch das Arbeitsgericht bestellt werden, wenn im vereinfachten Wahlverfahren (§ 14a BetrVG, s. Rdn. 418 ff.) trotz Einladung zur Wahlversammlung keine Wahlversammlung stattfindet oder auf dieser kein Wahlvorstand gewählt wird.

*(4) § 23 Abs. 2 i.V. m. § 16 Abs. 2 BetrVG*

340 Bei Auflösung des Betriebsrat durch Beschluss des Arbeitsgerichts sind außerordentliche Betriebsratswahlen durchzuführen, § 13 Abs. 2 Nr. 5 BetrVG. Gem. § 23 Abs. 2 BetrVG hat das Arbeitsgericht unverzüglich, d. h. ohne schuldhaftes Zögern, von Amts wegen einen Wahlvorstand einzusetzen. Zuständig ist das Arbeitsgericht 1. Instanz, das aber erst nach Rechtskraft des Auflösungsbeschlusses tätig werden kann (GK-BetrVG/*Oetker* § 23 Rn. 119).

*(5) Besonderheiten bei der arbeitsgerichtlichen Bestellung*

341 Bei mehr als 20 wahlberechtigten Arbeitnehmern dürfen betriebsfremde Mitglieder einer im Betrieb vertretenen Gewerkschaft bestellt werden, wenn dies nach den konkreten Verhältnissen des einzelnen Betriebes erforderlich ist, insbes. wenn nicht genügend Arbeitnehmer des Betriebes zur Übernahme des Wahlvorstandsamtes bereit oder in der Lage sind (*LAG Düsseld.* 7.11.1974 DB 75, 260]; vgl. GK-BetrVG/*Kreutz* § 16 Rn. 68). In dem Antrag können Vorschläge für die Zusammensetzung des Wahlvorstandes gemacht werden, an die das Arbeitsgericht allerdings nicht gebunden ist (*BAG* 10.11.2004 EzA § 17 BetrVG 2001 Nr. 1). Im Falle des § 23 Abs. 2 BetrVG steht das Vorschlagsrecht dem Antragsteller des Auflösungsverfahrens, ggf. also auch dem Arbeitgeber zu (str., so z. B. GK-BetrVG/*Oetker* § 23 Rn. 121; a. A. z. B. DKK/*Trittin* § 23 Rn. 64).

342 Wird der Antrag auf gerichtliche Bestellung eines Wahlvorstandes durch Arbeitnehmer des Betriebs angebracht, so besteht für die ersten drei in der Antragstellung aufgeführten Arbeitnehmer vom Zeitpunkt der Antragstellung bis zur Bekanntgabe des Wahlergebnisses oder, falls ein Betriebsrat in der Folge nicht gewählt wird, für drei Monate ab Antragstellung ein Schutz vor ordentlichen Kündigungen nach § 15 Abs. 3a KSchG (s. Kap. 4 Rdn. 475).

*dd) Die Rechtsstellung des Wahlvorstandes und seiner Mitglieder*

*(1) Unentgeltliches Ehrenamt, Vergütungsfortzahlung*

343 Die Mitgliedschaft im Wahlvorstand ist ein unentgeltliches Ehrenamt. Besondere Vergütungen sind nach § 20 Abs. 2 BetrVG verboten. Soweit dies zur Betätigung im Wahlvorstand erforderlich ist, sind Wahlvorstandsmitglieder von ihrer beruflichen Tätigkeit zu befreien. Gem. § 20 Abs. 3 S. 2 BetrVG behalten betriebsangehörige Mitglieder des Wahlvorstandes den Anspruch auf das volle Arbeitsentgelt auch insoweit, als sie in Ausübung ihres Amtes Arbeitszeit versäumen.

344 Für die Höhe dieses Anspruchs gilt das sog. Lohnausfallprinzip, d. h. das Arbeitsentgelt ist so zu leisten, als wäre die Arbeitszeit nicht ausgefallen. Deshalb sind z. B. Überstunden, die ein Wahlvorstandsmitglied ohne seine Betätigung im Wahlvorstand geleistet hätte, auch dann zu vergüten, wenn es sich dabei nicht um regelmäßig anfallende Überstunden handelt (*BAG* 29.6.1988 EzA § 37 BetrVG 1972 Nr. 97). Der entsprechende Anspruch ist im arbeitsgerichtlichen Urteilsverfahren geltend zu machen (*BAG* 5.3.1974 EzA § 20 BetrVG 1972 Nr. 6). Für erforderliche Wahlvorstandstätigkeit, die aus betriebsbedingten Gründen außerhalb der Arbeitszeit zu leisten war, haben Wahlvorstandsmitglieder Ausgleichsansprüche in entsprechender Anwendung des § 37 Abs. 3 BetrVG (*BAG* 26.4.1995 EzA § 20 BetrVG 1972 Nr. 17).

## B. Der Betriebsrat

### Kapitel 13

#### (2) Kündigungsschutz

Die Mitglieder des Wahlvorstandes genießen vom Zeitpunkt ihrer Bestellung an nach § 15 Abs. 3 KSchG, § 103 BetrVG einen besonderen Kündigungsschutz (s. Kap. 4 Rdn. 512 ff.). **345**

#### (3) Schulungsveranstaltungen

Zur Betätigung im Wahlvorstand kann auch die Teilnahme an einer Schulungsveranstaltung über die Wahlvorschriften, die Einleitung und Durchführung der Betriebsratswahl gehören. Im Rahmen der Erforderlichkeit sind Wahlvorstandsmitglieder hierfür von der Arbeitspflicht zu befreien. **346**

Betriebsangehörige Mitglieder des Wahlvorstandes behalten nach § 20 Abs. 3 S. 2 BetrVG ihren Vergütungsanspruch, der im arbeitsgerichtlichen Urteilsverfahren geltend zu machen ist. Die übrigen Kosten einer erforderlichen Schulungsveranstaltung trägt im Rahmen des Erforderlichen ebenfalls der Arbeitgeber, da es sich um Kosten der Wahl, § 20 Abs. 3 S. 1 BetrVG, handelt. Hierüber ist im arbeitsgerichtlichen Beschlussverfahren zu entscheiden. Der Anspruch auf Vergütungsfortzahlung nach § 20 Abs. 3 BetrVG ist hingegen im Urteilsverfahren zu verfolgen. **347**

Die Erforderlichkeit ist allein am konkreten Wissensstand des einzelnen Wahlvorstandsmitglieds im Hinblick auf die zur ordnungsgemäßen eigenverantwortlichen Durchführung der Betriebsratswahl notwendigen Kenntnisse zu messen (GK-BetrVG/*Kreutz* § 20 Rn. 60). Der halbtägige Besuch einer Schulungsveranstaltung durch ein erstmals bestelltes Mitglied eines Wahlvorstands kann dabei auch ohne nähere Darlegung des Fehlens ausreichender Kenntnisse der Wahlvorschriften als erforderlich angesehen werden (*BAG* 7.6.1984 EzA § 20 BetrVG 1972 Nr. 13). **348**

#### (4) Aufwendungen

Zu Aufwendungen des Wahlvorstandes und seiner Mitglieder s. Rdn. 442 ff. **349**

#### (5) Beginn und Ende des Amtes des Wahlvorstandes und seiner Mitglieder

Das Amt als Mitglied des Wahlvorstandes beginnt im Fall der Bestellung durch den Betriebsrat (bzw. Gesamt- oder Konzernbetriebsrat, §§ 16 Abs. 3, 17 Abs. 1 BetrVG) mit dessen Beschlussfassung, da die Zustimmung des Bestellten entsprechend § 184 Abs. 1 BGB auf diesen Zeitpunkt zurückwirkt. Das Amt des einzelnen Mitglieds endet bei Wegfall der Wahlberechtigung, insbes. bei Ausscheiden aus dem Betrieb sowie bei Erlöschen des Amtes des gesamten Wahlvorstandes. Jedes Mitglied kann sein Amt aber auch niederlegen, eine Abberufung einzelner Mitglieder durch den (Gesamt-/Konzern-)Betriebsrat ist nicht möglich (GK-BetrVG/*Kreutz* § 16 Rn. 83 f.). Das Amt des Wahlvorstandes insgesamt endet mit der Einberufung des neu gewählten Betriebsrats zur konstituierenden Sitzung nach § 29 Abs. 1 S. 1 BetrVG (*BAG* 14.11.1975 EzA § 16 BetrVG 1972 Nr. 4). Vorher kann der wirksam bestellte Wahlvorstand nur durch gerichtliche Entscheidung gem. § 18 Abs. 1 S. 2 BetrVG durch einen anderen Wahlvorstand ersetzt werden (GK-BetrVG/*Kreutz* § 16 Rn. 79). **350**

### ee) Rechtsschutz gegen Entscheidungen des Wahlvorstandes

#### (1) Arbeitsgerichtliches Beschlussverfahren

Nach allgemeiner Ansicht können fehlerhafte Einzelmaßnahmen, Entscheidungen und Unterlassungen des Wahlvorstandes bereits vor Abschluss des Wahlverfahrens gesondert im Beschlussverfahren vor dem Arbeitsgericht angegriffen werden, obwohl das BetrVG ein entsprechendes Verfahren nicht vorsieht (*BAG* 3.6.1975 EzA § 5 BetrVG 1972 Nr. 19; 15.12.1972 EzA § 14 BetrVG 1972 Nr. 1; 15.12.1972 EzA § 9 BetrVG 1972 Nr. 1). **351**

Zum Antragsgegenstand kann auch ein Leistungsbegehren gemacht werden, wie z. B. das Begehren, einen zurückgewiesenen Wahlvorschlag anzunehmen oder einen Arbeitnehmer in die Wählerliste **352** aufzunehmen (vgl. GK-BetrVG/*Kreutz* § 18 Rn. 67 zu weiteren Beispielen). Örtlich zuständig ist das Arbeitsgericht, in dessen Bezirk der Betrieb liegt.

353 Antragsberechtigt sind in entsprechender Anwendung des § 19 Abs. 2 S. 1 BetrVG der Arbeitgeber, jede im Betrieb vertretene Gewerkschaft und mindestens drei wahlberechtigte Arbeitnehmer (*BAG* 5.3.1974 EzA § 5 BetrVG 1972 Nr. 7). Ein einzelner Arbeitnehmer ist antragsberechtigt, wenn er durch eine Maßnahme des Wahlvorstandes unmittelbar in seinem aktiven oder passiven Wahlrecht betroffen wird (*BAG* 15.12.1972 EzA § 14 BetrVG 1972 Nr. 1). Entsprechend § 18 Abs. 2 BetrVG ist auch der Betriebsrat antragsberechtigt.

354 Beteiligungsbefugt (§ 83 Abs. 3 ArbGG) ist neben Antragsteller und Antragsgegner immer der Arbeitgeber. Eine im Betrieb vertretene Gewerkschaft, die nicht selbst Antragsteller ist, ist hingegen nur dann beteiligungsberechtigt, wenn ihr eigenes Wahlvorschlagsrecht nach § 14 Abs. 3, 5 BetrVG berührt ist. Ebenfalls besteht kein Beteiligungsrecht von drei beliebigen Wahlberechtigten, die nicht selbst Antragsteller sind. Antrags- und Beteiligungsbefugnis sind insoweit voneinander zu unterscheiden (GK-BetrVG/*Kreutz* § 18 Rn. 69; vgl. für den Fall der Wahlanfechtung *BAG* 19.9.1985 EzA § 19 BetrVG 1972 Nr. 22).

355 Das notwendige Rechtsschutzinteresse entfällt i. d. R. mit dem Abschluss des Wahlverfahrens, weil und soweit damit einzelne Maßnahmen und Entscheidungen des Wahlvorstandes keine selbstständige Bedeutung mehr haben (*BAG* 3.6.1975 EzA § 5 BetrVG 1972 Nr. 19). Entsprechend § 264 Nr. 3 ZPO ist aber dann, wenn bei Abschluss des Wahlverfahrens noch nicht rechtskräftig über einen gegen Maßnahmen des Wahlvorstandes gerichteten Antrag entschieden ist, die Umstellung in einen Wahlanfechtungsantrag möglich, sofern der Antragsteller gem. § 19 Abs. 2 S. 1 BetrVG anfechtungsberechtigt ist (*BAG* 14.1.1983 EzA § 81 ArbGG 1979 Nr. 1).

*(2) Einstweilige Verfügung im Beschlussverfahren*

356 Da das Wahlverfahren in einem relativ kurzen Zeitraum abläuft und mit seinem Ende regelmäßig das Rechtsschutzinteresse für den Antrag entfällt, wird im Grundsatz allgemein auch die Möglichkeit des vorläufigen Rechtsschutzes im Wege einstweiliger Verfügung im Beschlussverfahren für zulässig erachtet, § 85 Abs. 2 ArbGG, §§ 935 ff. ZPO.

357 Als Antragsziel sind dabei die Aussetzung der Wahl bis zum rechtskräftigen Abschluss des Hauptsacheverfahrens, d. h. des Beschlussverfahrens gegen Maßnahmen und Entscheidungen des Wahlvorstandes sowie die sofortige Erfüllung des im Hauptsacheverfahrens geltend gemachten Leistungsanspruchs im Wege der sog. Leistungsverfügung denkbar (vgl. GK-BetrVG/*Kreutz* § 18 Rn. 74).

*aaa) Aussetzung der Wahl*

358 Die Aussetzung der Wahl kommt nur unter besonderen Voraussetzungen in Betracht, da ein solcher gerichtlicher Eingriff zwar als milderes Mittel gegenüber dem Aufschub oder der Nichtigkeit der Wahl angesehen werden kann (vgl. *LAG Brem.* 27.2.1990 LAGE § 18 BetrVG 1972 Nr. 3) und den Vorteil hat, dass in Bezug auf den Streitgegenstand keine vollendeten Fakten geschaffen werden (GK-BetrVG/*Kreutz* § 18 Rn. 75), andererseits aber für einen erheblichen Zeitraum das BetrVG in dem fraglichen Betrieb faktisch suspendiert würde (*LAG Hamm* 10.4.1975 LAGE § 18 BetrVG 1972 Nr. 1) und deshalb vorrangig versucht werden muss, im Wege der Leistungsverfügung korrigierend in den Wahlablauf einzugreifen, nicht aber diesen bis zur Entscheidung in einem Hauptsacheverfahren zu blockieren (GK-BetrVG/*Kreutz* § 18 Rn. 75).

359 Als besondere Voraussetzungen, die eine Aussetzung der Wahl bis zum rechtskräftigen Abschluss des Hauptsacheverfahrens rechtfertigen können, werden beispielsweise folgende Kriterien und Fallgruppen genannt: Sichere Nichtigkeit der durchzuführenden Wahl (*LAG Köln* 8.5.2006 – 2 TaBV 22/06 – EzA-SD 19/06, S. 13; 27.12.1989 LAGE § 19 BetrVG 1972 Nr. 10; *LAG Frankf./M.* 16.7.1992 NZA 1993, 1008; 5.6.1992 NZA 1993, 192); auch sichere Anfechtbarkeit (*LAG Hamm* 14.12.1989 DB 1990, 1571; *LAG BW* 16.9.1996 LAGE § 19 BetrVG 1972 Nr. 15;

HSWGNR/*Nicolai* § 18 Rn. 39), nur bei schwer wiegenden Mängeln (*LAG Nbg.* 13.3.1991 LAGE § 18 BetrVG 1972 Nr. 4), nur bei Streit über die richtige Betriebsabgrenzung gem. § 18 Abs. 2 BetrVG (*Winterfeld* NZA Beil. 1/1990, S. 20 ff.).

### bbb) Berichtigender Eingriff in das Wahlverfahren durch Leistungsverfügung

Ein berichtigender Eingriff in das Wahlverfahren mittels einer einstweiligen Leistungsverfügung im Beschlussverfahren wird ganz überwiegend anerkannt. Da aber auch solche Entscheidungen einen nicht unerheblichen Eingriff in das Wahlverfahren darstellen, sind an das Vorliegen eines Verfügungsanspruchs strenge Anforderungen zu stellen. 360

Erforderlich ist insoweit, dass nach Maßgabe einer am materiellen Wahlrecht orientierten Schlüssigkeitsprüfung ein Verstoß gegen eine wesentliche Wahlvorschrift zur Überzeugung des Gerichts vorliegt (GK-BetrVG/*Kreutz* § 18 Rn. 80; *Hanau* DB Beil. 4/1986, S. 10). 361

In Betracht kommt, dass dem Wahlvorstand die Durchführung einzelner Maßnahmen aufgegeben oder untersagt wird, z. B. einen bestimmten Wahlvorschlag zuzulassen (*LAG Nbg.* 13.3.1991 LAGE § 18 BetrVG 1972 Nr. 4; *LAG Hamm* 3.3.2006 – 13 TaBV 18/06 – EzA-SD 11/06, S. 12) oder nicht zuzulassen, das Wahlausschreiben etwa hinsichtlich der Zahl der Betriebsratsmitglieder zu korrigieren (GK-BetrVG/*Kreutz* § 18 Rn. 77; a. A. *LAG München* 14.4.1987 LAGE § 18 BetrVG 1972 Nr. 2; *LAG Frankf./M.* 21.3.1990 DB 1991, 239) oder eine willkürlich abgebrochene Wahl weiterzuführen (*LAG Brem.* 27.2.1990 LAGE § 18 BetrVG 1972 Nr. 3). 362

Ist die Berichtigung einzelner Fehler im Wahlgang nicht mehr möglich, so kann dem Wahlvorstand aufgegeben werden, den Wahlgang abzubrechen und neu einzuleiten (*LAG Brem.* 27.2.1990 LAGE § 18 BetrVG Nr. 3; GK-BetrVG/*Kreutz* § 18 Rn. 78), wobei streitig ist, ob es sich bei den Fehlern um solche handeln muss, die ansonsten zur Nichtigkeit oder nur zur Anfechtbarkeit der Wahl führen (*LAG München* 14.4.1987 LAGE § 18 BetrVG 1972 Nr. 2, [bei Mängeln, die zur Wahlnichtigkeit führen]; *LAG Frankf./M.* 21.3.1990 DB 1991, 239 [auch Anfechtungsgründe, es muss sich aber um schwer wiegende Fehler handeln]; *LAG Frankf./M.* 21.5.1990 BB 1991, 417 [nur bei Nichtigkeitsgründen]). 363

### b) Einleitung der Wahl

Der Wahlvorstand ist verpflichtet, hat aber auch das Recht, das Wahlverfahren durchzuführen und die Wahl des Betriebsrats zu leiten (§ 18 Abs. 1 S. 1 BetrVG i. V. m. § 121 BGB, § 1 Abs. 1 WO). Er ist berechtigt, Rechtshilfe und Rechtsberatung einer im Betrieb vertretenen Gewerkschaft in Anspruch zu nehmen, um das komplizierte Wahlverfahren fehlerfrei abzuwickeln. Zu diesem Zweck kann er auch beschließen, Gewerkschaftsbeauftragte zu Sitzungen einzuladen (*LAG Düsseld.* 15.8.1980 BB 1980, 1424). 364

### aa) Ersetzung des Wahlvorstandes durch das Arbeitsgericht (§ 18 Abs. 1 S. 2 BetrVG)

Kommt der gewählte oder bestellte Wahlvorstand seiner Verpflichtung gem. § 18 Abs. 1 BetrVG nicht nach, so wird auf Antrag des Betriebsrats, von mindestens drei wahlberechtigten Arbeitnehmern oder einer im Betrieb vertretenen Gewerkschaft in einem arbeitsgerichtlichen Beschlussverfahren, an dem der Wahlvorstand als Antragsgegner beteiligt ist, der Wahlvorstand insgesamt ersetzt. Die Ersetzung einzelner Mitglieder ist nicht vorgesehen und deshalb nicht zulässig. Möglich ist aber, dass ein abberufenes Mitglied in den neuen Wahlvorstand wieder bestellt wird (GK-BetrVG/*Kreutz* § 18 Rn. 50). Das Rechtsschutzinteresse entfällt mit der Folge der Unzulässigkeit eines entsprechenden Antrags, wenn das Arbeitsgericht in einem Verfahren nach § 18 Abs. 2 BetrVG rechtskräftig festgestellt hat, dass die Betriebsstätte, in der der Wahlvorstand die Betriebsratswahl durchführen soll, nicht betriebsratsfähig ist (*BAG* 1.12.2004 EzA § 18 BetrVG 2001 Nr. 1). 365

### bb) Das Wahlausschreiben und dessen Vorbereitung

**366** Die Einleitung der Wahl beginnt mit dem Erlass des Wahlausschreibens. Es muss spätestens sechs Wochen vor dem ersten Tag der Stimmabgabe mit erfolgen, § 3 Abs. 1 WO.

*(1) Notwendiger Inhalt des Wahlausschreibens*

**367** Das Wahlausschreiben muss gem. § 3 Abs. 2 WO folgende Angaben enthalten:
- das Datum seines Erlasses nebst Unterschrift des Vorsitzenden und mindestens eines weiteren Mitglieds (§§ 3 Abs. 1, 3 Abs. 2 Nr. 1 WO);
- die Festlegung des Orts, wo die Wählerliste und ein Abdruck der WO ausgelegt werden (§§ 2 Abs. 4, 3 Abs. 2 Nr. 2 WO) oder zur Kenntnis genommen werden können;
- den Hinweis darauf, dass nur Arbeitnehmer wählen oder gewählt werden können, die in die Wählerliste eingetragen sind und dass Einsprüche gegen die Wählerliste nur vor Ablauf von zwei Wochen seit dem Erlass des Wahlausschreibens schriftlich beim Wahlvorstand eingelegt werden können unter Angabe des letzten Tages der Frist (§ 3 Abs. 2 Nr. 3 WO);
- den Anteil der Geschlechter und den Hinweis auf die notwendige Vertretung des Minderheitsgeschlecht entsprechend seinem zahlenmäßigen Verhältnis, wenn ein zumindest dreiköpfiger Betriebsrat zu wählen ist (§ 3 Abs. 2 Nr. 4 WO; § 15 Abs. 2 BetrVG);
- die Feststellung der Zahl der zu wählenden Betriebsratsmitglieder (§§ 9, 11 BetrVG) und die Zahl des auf das Geschlecht in der Minderheit (§ 15 Abs. 2 BetrVG) entfallenden Betriebsratssitze, § 3 Abs. 2 Nr. 5 WO;
- die Mindestzahl von Wahlberechtigten, von denen ein Wahlvorschlag unterzeichnet sein muss (§ 14 Abs. 5 BetrVG), § 3 Abs. 2 Nr. 6 WO;
- einen Hinweis darauf, dass Wahlvorschläge von im Betrieb vertretenen Gewerkschaften von zwei Beauftragten der Gewerkschaft unterzeichnet sein muss (§ 14 Abs. 5 BetrVG), § 3 Abs. 2 Nr. 7 WO;
- einen Hinweis darauf, dass dann, wenn mehr als drei Betriebsratsmitglieder zu wählen sind, Wahlvorschläge in Form von Vorschlagslisten vor Ablauf von zwei Wochen seit dem Erlass des Wahlausschreibens beim Wahlvorstand einzureichen sind; der letzte Tag dieser Frist ist anzugeben, § 3 Abs. 2 Nr. 8 WO;
- einen Hinweis darauf, dass die Stimmabgabe an Wahlvorschläge gebunden ist und nur fristgerecht (§ 3 Abs. 2 Nr. 8 WO) eingereichte Wahlvorschläge berücksichtigt werden dürfen, § 3 Abs. 2 Nr. 9 WO;
- die Angabe des Aushangsortes gültiger Wahlvorschläge, § 3 Abs. 2 Nr. 10 WO;
- Angabe von Ort, Tag und Zeit der Stimmabgabe sowie die Betriebsteile und Kleinstbetriebe, für die schriftliche Stimmabgabe (vgl. § 24 Abs. 3 WO) durch den Wahlvorstand beschlossen worden ist, § 3 Abs. 2 Nr. 11 WO;
- die Betriebsadresse des Wahlvorstands zur Abgabe von Wahlvorschlägen, Einsprüchen und sonstigen Erklärungen, § 3 Abs. 2 Nr. 12 WO;
- Angabe von Ort, Tag und Zeit der öffentlichen Stimmauszählung, § 3 Abs. 2 Nr. 13 WO.

**368** Wird das Wahlausschreiben in einem Betrieb mit vielen Betriebsstätten durch Aushang bekannt gemacht (§ 3 Abs. 4 WO), muss grds. in jeder Betriebsstätte ein Wahlausschreiben ausgehängt werden. Andernfalls ist die Wahl anfechtbar (*BAG* 5.5.2004 EzA § 19 BetrVG 2001 Nr. 3). Nach § 3 Abs. 4 S. 3 i. V. m. § 2 Abs. 4 S. 4 WO ist die Bekanntmachung des Wahlausschreibens ausschließlich in elektronischer Form nur zulässig, wenn alle Arbeitnehmer von der Bekanntmachung Kenntnis erlangen können und Vorkehrungen getroffen werden, dass Änderungen der Bekanntmachung nur vom Wahlvorstand vorgenommen werden können. Die technischen oder organisatorischen Rahmenbedingungen im Betrieb müssen so beschaffen sein, dass der Zugriff auf das in elektronischer Form bekannt gemachte Dokument ausschließlich durch den Wahlvorstand erfolgt. Fehlt es hieran, ist die Wahl anfechtbar (*BAG* 21.1.2009 EzA § 19 BetrVG 2001 Nr. 7). Ausländische Arbeitnehmer, die der deutschen Sprache nicht ausreichend mächtig sind, sind in geeigneter Weise zu unterrichten. Hiervon muss der Wahlvorstand ausgehen, wenn auch der Arbeitgeber wichtige Informationsschreiben an die Belegschaft nicht nur in deutscher, sondern auch in der den ausländischen Arbeitnehmern geläufigen Sprache abfasst (*BAG* 13.10.2004 EzA § 19 BetrVG 2001 Nr. 4).

*(2) Aufstellung der Wählerliste, Abstimmungsverfahren gem. § 18a BetrVG, Abgrenzung der betriebsratsfähigen Einheit*

Gem. § 2 Abs. 1 WO hat der Wahlvorstand zur Vorbereitung der Wahl eine Liste der Wahlberechtigten (Wählerliste), getrennt nach den Geschlechtern, aufzustellen. Dem Wahlvorstand steht gegen den Arbeitgeber ein Anspruch auf Erteilung der für die Erstellung der Wählerliste erforderlichen Auskünfte zu, § 2 Abs. 2 WO. Es kann deshalb die Mitteilung der für die Durchführung der Wahl erforderlichen Daten der Arbeitnehmer verlangt werden. Dieser Anspruch kann auch im Wege einer einstweiligen Verfügung durchgesetzt werden (*ArbG Augsburg* 27.4.1988 BB 1989, 218; GK-BetrVG/*Kreutz* § 2 WO Rn. 10). 369

Einsprüche gegen die Wählerliste müssen spätestens vor Ablauf von zwei Wochen nach Erlass des Wahlausschreibens, außer bei Neubeitritten oder Ausscheiden aus dem Betrieb, erfolgen (§§ 4 Abs. 1, 2, 3 WO). Einspruchsberechtigt sind alle Arbeitnehmer, unabhängig davon, ob sie selbst von der Unrichtigkeit betroffen sind, nicht aber die im Betrieb vertretenen Gewerkschaften oder der Arbeitgeber (*BAG* 25.6.1974 EzA § 19 BetrVG 1972 Nr. 3; 11.3.1975 EzA § 24 BetrVG 1972 Nr. 1; a. A. GK-BetrVG/*Kreutz* § 4 WO Rn. 3 f.). Über den Einspruch hat der Wahlvorstand unverzüglich zu entscheiden und ggf. die Wählerliste zu berichtigen. Nach Ablauf der Einspruchsfrist ist eine Änderung der Wählerliste im Übrigen nur in Ausnahmefällen möglich, vgl. § 4 Abs. 3 WO. 370

Bei Aufstellung der Wählerliste ist zu beachten, dass leitende Angestellte i. S. d. BetrVG nicht wahlberechtigt sind. Bei zeitgleicher Wahl zum Betriebsrat und zum Sprecherausschuss sieht § 18a BetrVG ein besonderes Abstimmungsverfahren zwischen den beteiligten Wahlvorständen vor (s. Rdn. 86 f.). Die Aufstellung der Wählerliste macht es u. U. erforderlich abzuklären, welche Unternehmenseinheiten als Betrieb anzusehen sind. Auszugehen ist dabei von §§ 1, 4 BetrVG (s. Rdn. 91 ff.). 371

Vor der Wahl kann eine Klärung der Frage, ob ein Betriebsteil oder Kleinstbetrieb selbstständig oder dem Hauptbetrieb zuzuordnen ist, gem. § 18 Abs. 2 BetrVG in einem arbeitsgerichtlichen Beschlussverfahren herbeigeführt werden (s. Rdn. 158 ff.). 372

*(3) Größe und Zusammensetzung des Betriebsrats; Schutz des Geschlechts in der Minderheit*

Die Größe des Betriebsrates richtet sich grds. nach § 9 BetrVG. Hervorzuheben ist, dass es in Kleinbetrieben auf die Zahl der aktiv wahlberechtigten Arbeitnehmer, in Großbetrieben auf die Zahl der betriebsangehörigen Arbeitnehmer ohne Rücksicht auf die aktive Wahlberechtigung ankommt. Als Kleinbetriebe gelten Betriebe mit 5 bis 50 wahlberechtigten Arbeitnehmern. Zu Wahlberechtigung und Betriebszugehörigkeit s. Rdn. 178 ff.). Arbeitnehmer i. S. v. § 9 BetrVG sind nur betriebsangehörige Arbeitnehmer. Das sind Personen, die in einem Arbeitsverhältnis zum Betriebsinhaber stehen und in die Betriebsorganisation eingegliedert sind (*BAG* 7.5.2008 EzA § 9 BetrVG 2001 Nr. 3). 373

Leiharbeitnehmer zählen bei der Ermittlung der Größe des Betriebsrates nicht mit (*BAG* 16.4.2003 EzA § 9 BetrVG 2001 Nr. 1). Zu berücksichtigen sind aber sog. ABM-Beschäftigte (*BAG* 13.10.2004 EzA § 5 BetrVG 2001 Nr. 1). 374

»In der Regel« beschäftigt i. S. v. § 9 BetrVG sind die Arbeitnehmer, die normalerweise während des größten Teils des Jahres in dem Betrieb beschäftigt werden. Maßgebend für die Beschäftigtenzahl ist nicht die durchschnittliche Anzahl der Beschäftigten eines bestimmten Zeitraums, sondern die normale Beschäftigtenzahl, also diejenige Personalstärke, die für den Betrieb im Allgemeinen kennzeichnend ist. Der Wahlvorstand hat für die Feststellung der Arbeitnehmerzahl nicht nur den Personalbestand in der Vergangenheit zugrunde zu legen, sondern auch die künftige, auf Grund konkreter Entscheidungen des Arbeitgebers zu erwartende Entwicklung des Be- 375 schäftigungsstandes einzubeziehen. Maßgebend sind die Verhältnisse bei Erlass des Wahlausschreibens. Werden Arbeitnehmer nicht ständig, sondern lediglich zeitweilig beschäftigt, kommt es für die Frage der regelmäßigen Beschäftigung darauf an, ob sie normalerweise während des größten Teils eines Jahres beschäftigt werden (*BAG* 7.5.2008 EzA § 9 BetrVG 2001 Nr. 3).

376 Angesichts der Arbeitnehmerfluktuation, der Notwendigkeit einer Prognose über die wirtschaftliche Entwicklung und der natürlichen Unsicherheit, z. B. festzustellen, ob i. d. R. 1000 oder aber 1001 Arbeitnehmer beschäftigt sind, ist dem Wahlvorstand, dem die zutreffende Bestimmung der Zahl der Betriebsratsmitglieder im Zeitpunkt des § 3 Abs. 2 Nr. 5 WO obliegt, für die Feststellung der maßgeblichen Arbeitnehmerzahl im Rahmen seines pflichtgemäßen Ermessens ein gewisser Beurteilungsspielraum einzuräumen (*BAG* 12.10.1976 EzA § 8 BetrVG 1972 Nr. 2).

377 Der Stichtag für die Feststellung der gesetzlichen Mitgliederzahl ist der Tag des Erlasses des Wahlausschreibens (*BAG* 12.10.1976 EzA § 8 BetrVG 1972 Nr. 2). Änderungen der so ermittelten Arbeitnehmerzahl bis zur Wahl sowie danach führen grds. zu keiner Veränderung der Zahl der zu wählenden bzw. gewählten Betriebsratsmitglieder.

378 Etwas anderes gilt nur dann, wenn der Betrieb seine Betriebsratsfähigkeit verliert.

379 Hat ein Betrieb weniger wählbare Arbeitnehmer als nach der Staffel zu § 9 BetrVG erforderlich wäre, so ist gem. § 11 BetrVG die nächstniedrigere Betriebsgröße nach der Staffel des § 9 BetrVG zu Grunde zu legen. Diese Bestimmung ist zwingend. Strittig ist, ob § 11 BetrVG analog anwendbar ist, wenn nach erfolgter Wahl nicht genügend Gewählte die Wahl annehmen oder die vorgeschriebene Mitgliederzahl nicht erreicht wird, weil die Wahlvorschläge von vornherein nicht genügend Bewerber aufweisen bzw. bei Mehrheitswahl nicht genügend Bewerber überhaupt eine Stimme erhalten haben (so z. B. *LAG Schl*H 7.9.1988 LAGE § 11 BetrVG 1972 Nr. 1; *Richardi* § 9 Rn. 15; a. A. GK-BetrVG/*Kreutz* § 9 Rn. 21; § 11 Rn. 11 f.).

380 Für die Zusammensetzung des Betriebsrates ist zu beachten, dass § 15 Abs. 2 BetrVG einen besonderen Schutz für das sog. Geschlecht in der Minderheit vorsieht: Wenn der Betriebsrat aus mindestens drei Mitgliedern besteht, muss das Geschlecht, das in der Belegschaft in der Minderheit ist, mindestens entsprechend seinem zahlenmäßigen Verhältnis im Betriebsrat vertreten sein.

381 Diese durch das BetrVerf-ReformG vom 23.7.2001 (BGBl. I S. 1852 ff.) eingeführte Bestimmung soll sicherstellen, dass der Zugang von Frauen zum Betriebsrat nicht nur erleichtert, sondern tatsächlich durchgesetzt wird. Hierdurch soll dem Gleichberechtigungsgrundsatz des Art. 3 Abs. 2 Grundgesetz Rechnung getragen werden (BegrRegE, BT-Drs. 14/5741, S. 37). Diese sog. Geschlechterquote ist nach Auffassung des *BAG* (31.3.2004 EzA § 15 BetrVG 2001 Nr. 1) verfassungskonform.

382 Die Ermittlung der Anzahl der auf das Geschlecht in der Minderheit entfallenden Betriebsratssitze erfolgt gem. § 5 WO nach den Grundsätzen der Verhältniswahl in Anwendung des Höchstzahlverfahren nach d'Hondt.

383 Die Zahlen der am Tage des Erlasses des Wahlausschreibens im Betrieb beschäftigten Männer und Frauen werden in einer Reihe nebeneinander gestellt und jeweils durch 1, 2, 3, 4 usw. geteilt. Die ermittelten Teilzahlen sind nacheinander reihenweise unter den Zahlen der ersten Reihe aufzuführen. Unter den so gefundenen Teilzahlen werden so viele Höchstzahlen ausgesondert und der Größe nach geordnet, wie Betriebsratsmitglieder zu wählen sind. Das Geschlecht in der Minderheit erhält so viele Sitze zugeteilt, wie Höchstzahlen auf es entfallen.

384 ▶ **Beispiel:**

In einem Betrieb sind 255 Arbeitnehmer, davon 200 Männer und 55 Frauen beschäftigt. Der Betriebsrat besteht demnach gem. § 9 BetrVG aus 9 Mitgliedern. Die Frauen stellen das Geschlecht in der Minderheit dar. Zur Ermittlung der Anzahl der Betriebsratssitze, die mit Frauen besetzt werden müssen, ist das d'Hondtsche Höchstzahlverfahren anzuwenden:

## B. Der Betriebsrat

|        | 200 Männer |        | 55 Frauen |
|--------|------------|--------|-----------|
| : 1 =  | 200 (1)    | : 1 =  | 55 (4)    |
| : 2 =  | 100 (2)    | : 2 =  | 27,5 (9)  |
| : 3 =  | 66,7 (3)   |        |           |
| : 4 =  | 50 (5)     |        |           |
| : 5 =  | 40 (6)     |        |           |
| : 6 =  | 33,3 (7)   |        |           |
| : 7 =  | 28,8 (8)   |        |           |
| : 9 =  | 22,2       |        |           |

Auf das Geschlecht in der Minderheit (Frauen) entfallen zwei Höchstzahlen (4, 9), sodass von den neun Betriebsratssitzen zwei mit Frauen besetzt werden müssen.

Gem. § 15 Abs. 1 BetrVG soll sich der Betriebsrat ferner aus Arbeitnehmern der einzelnen Organisationsbereiche und der verschiedenen Beschäftigungsarten der im Betrieb tätigen Arbeitnehmer zusammensetzen. Es handelt sich um eine bloße Soll-Vorschrift, deren Nichtbeachtung keinen Einfluss auf die Wirksamkeit der Wahl hat. **385**

### c) Entgegennahme und Prüfung von Wahlvorschlägen

Die Betriebsratswahl erfolgt auf Grund von Wahlvorschlägen (§ 14 Abs. 3–5 BetrVG; §§ 6 ff., 27, 33, 36 Abs. 5 WO). Nur wer in einer entsprechenden Vorschlagsliste genannt ist, kann in den Betriebsrat gewählt werden (§§ 11, 20, 27 WO). Entsprechende Wahlvorschläge müssen vor Ablauf von zwei Wochen nach Erlass des Wahlausschreibens dem Wahlvorstand vorgelegt werden (§ 6 Abs. 1 WO, § 27 Abs. 1 WO; vgl. *LAG Frankf./M.* 7.2.1991 NZA 1992, 78). Wird bis dahin keine gültige Vorschlagsliste eingereicht, so ist eine Nachfrist zu setzen (§ 9 Abs. 1 WO). Geht auch dann keine gültige Vorschlagsliste ein, ist vom Wahlvorstand sofort bekannt zu machen, dass keine Wahl stattfindet, § 9 Abs. 2 WO. **386**

Ohne schriftlichen Wahlvorschlag kann keine wirksame Wahl stattfinden, eine dennoch durchgeführte Wahl ist vielmehr nichtig (GK-BetrVG/*Kreutz* § 14 Rn. 48). **387**

Die Vorschlagslisten sollen gem. §§ 6 Abs. 2, 27 Abs. 1 WO mindestens doppelt so viele Bewerber aufweisen, wie in dem Wahlvorgang Betriebsratsmitglieder zu wählen sind. Ein Verstoß hiergegen ist jedoch unschädlich. **388**

#### aa) Vorschlagsberechtigung

Vorschlagsberechtigt sind die wahlberechtigten Arbeitnehmer des Betriebes (§ 14 Abs. 3 BetrVG) nach Maßgabe der in § 14 Abs. 4 BetrVG vorgesehenen Unterschriftsquoten (5 % der wahlberechtigten Arbeitnehmer, mindestens drei wahlberechtigte Arbeitnehmer, ausnahmsweise zwei Wahlberechtigte; immer ausreichend 50 Wahlberechtigte). Jeder Wahlberechtigte kann nur auf einer Vorschlagsliste unterzeichnen, § 6 Abs. 5 WO. **389**

Die Unterschrift muss persönlich geleistet werden, eine Stellvertretung ist unzulässig (GK-BetrVG/*Kreutz* § 14 Rn. 67). Streichungen auf der Liste, die vor der Einreichung vorgenommen wurden und nicht von allen Unterzeichnern getragen werden, sind unzulässig und machen den Wahlvorschlag ungültig (*BAG* 15.12.1972 EzA § 14 BetrVG 1972 Nr. 1; GK-BetrVG/*Kreutz* § 14 Rn. 70). **390**

391 Die schriftliche Zustimmung der Bewerber zur Aufnahme in die Liste ist beizufügen, § 6 Abs. 3 WO. Die Gültigkeit eines eingereichten Wahlvorschlags wird nicht dadurch berührt, dass ein Unterzeichner seine Unterschrift zurückzieht, vgl. § 8 Abs. 1 Nr. 3 S. 2 BetrVG. Nimmt ein Kandidat vor Einreichung des Wahlvorschlages seine Kandidatur zurück, so wird er von der Liste gestrichen und der Wahlvorschlag muss neu aufgestellt und nochmals unterzeichnet werden. Erfolgt die Rücknahme nach Einreichung des Wahlvorschlages, so bleibt er wirksam, wenn der Betroffene vom Wahlvorstand gestrichen wird oder die Wähler in sonstiger geeigneter Weise auf die Rücknahme hingewiesen werden (*BAG* 27.4.1976 EzA § 19 BetrVG 1972 Nr. 8).

392 Daneben steht jeder im Betrieb vertretenen Gewerkschaft ein eigenes, allgemeines Wahlvorschlagsrecht zu (§ 14 Abs. 3, 5 BetrVG, § 27 WO). Damit soll kleineren Gewerkschaften der Zugang zur Betriebsratswahl erleichtert werden. Ausreichend ist die Unterzeichnung durch zwei Beauftragte der Gewerkschaft. Unterschriften weiterer Arbeitnehmer bedarf es nicht. Der Nachweis des Vertretenseins im Betrieb kann durch namentliche Benennung eines Mitglieds, aber auch durch mittelbare Beweismittel, z. B. durch notarielle Erklärungen geführt werden, ohne den Namen des im Betrieb des Arbeitgebers beschäftigten Mitglieds zu nennen. Ob diese Beweisführung ausreicht, ist eine Frage der freien Beweiswürdigung. Die Tatsachengerichte müssen dem geringeren Beweiswert mittelbarer Beweismittel durch besonders sorgfältige Beweiswürdigung und Begründung ihrer Entscheidung Rechnung tragen (*BAG* 25.3.1992 EzA § 2 BetrVG 1972 Nr. 14).

393 Zur Wahl vorgeschlagen werden kann jeder wählbare Arbeitnehmer (§ 8 BetrVG) innerhalb der Fristen der §§ 6, 9, 27 WO.

### bb) Prüfung der Vorschlagslisten und Beseitigung von Mängeln

394 Unverzüglich (§ 121 BGB), möglichst aber zwei Tage nach Eingang hat der Wahlvorstand die Prüfung der Vorschlagslisten vorzunehmen und bei Ungültigkeit oder Beanstandung einer Liste den Listenvertreter (vgl. § 6 Abs. 4 WO) unverzüglich schriftlich unter Angabe der Gründe zu unterrichten, § 7 Abs. 2 S. 2 WO. Der Wahlvorstand hat die ihm obliegende Prüfung der Vorschlagslisten grundsätzlich so rechtzeitig vorzunehmen, dass die Einreicher einer ungültigen Vorschlagsliste nach Möglichkeit noch die Gelegenheit erhalten, vor Ablauf der Einreichungsfrist eine gültige Vorschlagsliste einzureichen. Muss der Wahlvorstand angesichts von Auffälligkeiten im Schriftbild einer Vorschlagsliste Zweifel an deren Gültigkeit haben, ist er verpflichtet, die Auffälligkeiten durch eine Rückfrage beim Listenvertreter aufzuklären und diesen vorsorglich auf die mögliche Unwirksamkeit der Vorschlagsliste hinzuweisen (*BAG* 21.1.2009 EzA § 19 BetrVG 2001 Nr. 7).

395 Welche Mängel zur Ungültigkeit der Vorschlagsliste führen, regelt i. E. § 8 WO (vgl. ausführlich zu Mängeln und deren Rechtsfolgen: *Heinze* NZA 1988, 568). Die Vorschrift unterscheidet zwischen unheilbaren (Abs. 1) und heilbaren (Abs. 2) Mängeln. Letztere können noch beseitigt werden, allerdings nur innerhalb von drei Arbeitstagen nach Beanstandung durch den Wahlvorstand. § 8 WO enthält keine abschließende Aufzählung von Ungültigkeitsgründen. Als weitere Ungültigkeitsgründe werden genannt:
- Streichungen auf der Liste, die vor der Einreichung vorgenommen wurden und nicht von allen Unterzeichnern getragen werden (*BAG* 15.12.1972 EzA § 14 BetrVG 1972 Nr. 1);
- Die Vorschlagsliste enthält einen Bewerber, der am Wahltag nicht wählbar ist (DKK/*Schneider* § 8 WO Rn. 3);
- Vorlage einer Vorschlagsliste durch eine nicht im Betrieb vertretene Gewerkschaft oder einer Vereinigung, die nicht Gewerkschaft ist (GK-BetrVG/*Kreutz* § 8 WO Rn. 9).

### d) Bekanntmachung der gültigen Vorschlagslisten

396 Die gültigen Vorschlagslisten sind spätestens eine Woche vor Beginn der Stimmabgabe bekannt zu machen. Bei mehreren Listen ist durch Losentscheid die Reihenfolge der Listen festzulegen, § 10 WO.

## B. Der Betriebsrat

### Kapitel 13

#### e) Vorbereitung des Wahlganges

Zur Vorbereitung des Wahlganges ist festzustellen, ob die Wahl als Verhältnis- oder Mehrheitswahl stattfindet, vgl. § 14 Abs. 2 BetrVG (s. Rdn. 412). Ferner sind entsprechende Stimmzettel, Wahlumschläge, -urnen, -kabinen zu beschaffen, vgl. §§ 11, 12 WO. **397**

#### f) Überwachung der Stimmabgabe und Entgegennahme der Wahlumschläge

Der Wahlvorstand ist ferner verpflichtet, die Stimmabgabe zu überwachen und die Wahlumschläge entgegenzunehmen. **398**

#### g) Stimmauszählung, Feststellung und Bekanntgabe des Ergebnisses und Wahlniederschrift

Nach Abschluss der Wahl hat der Wahlvorstand unverzüglich (§ 121 BGB) betriebsöffentlich die verschlossenen Wahlurnen zu öffnen und die Stimmen auszuzählen (§§ 13, 21 WO). Sodann ist das sich daraus ergebende Wahlergebnis in einer Niederschrift festzustellen, also insbes., wer als Betriebsratsmitglied gewählt ist (§§ 16, 23). Im Anschluss ist das Ergebnis den Arbeitnehmern des Betriebes bekannt zu geben (§§ 18, 23 WO). Obwohl das Gesetz nur von einer öffentlichen Auszählung der Stimmen spricht, ist nach Sinn und Zweck der Vorschrift davon auszugehen, dass die gesamte Ermittlung des Wahlergebnisses öffentlich vorzunehmen ist (*ArbG Bochum* 20.6.1975 DB 1975, 1898). **399**

Der Wahlvorstand kann zur Stimmenauszählung Wahlhelfer heranziehen und sich auch technischer Hilfsmittel, insbes. EDV (vgl. *LAG Hamm* 26.2.1976 DB 1976, 1920) bedienen. **400**

Es muss stets gewährleistet sein, dass der Wahlvorstand selbst den gesamten Vorgang der Stimmenauszählung einschließlich des Verhaltens der von ihm herangezogenen Wahlhelfer überwacht. Unzulässig ist es, einen Teil des Auszählungsvorgangs der Verantwortung anderer Personen zu überlassen. **401**

Insbesondere auch bei Auszählung mittels EDV muss die Verantwortlichkeit des Wahlvorstandes für den Auszählungsvorgang gewahrt sein, was nicht der Fall ist, wenn sich nicht ständig Mitglieder des Wahlvorstandes im Rechenzentrum aufhalten und den Verbleib der Stimmzettel beobachten. **402**

Der ungehinderte Zugang der Betriebsöffentlichkeit zum Ort der Stimmenauszählung ist wesentliches Merkmal für das Vorliegen einer öffentlichen Stimmenauszählung (*LAG Bln.* 16.11.1987 NZA 1988, 481). Die im Betrieb vertretenen Gewerkschaften haben das Recht, an der Stimmauszählung teilzunehmen (*BAG* 31.5.2000 EzA § 20 BetrVG 2001 Nr. 1). **403**

#### h) Benachrichtigung der Gewählten

Die gewählten Betriebsratsmitglieder sind unverzüglich schriftlich zu benachrichtigen (§ 17 Abs. 1 WO). Erklärt der Gewählte nicht innerhalb von drei Arbeitstagen nach Zugang der Benachrichtigung, dass er die Wahl ablehnt, so gilt sie als angenommen. **404**

#### i) Bekanntmachung der Gewählten

Sobald die Namen der Gewählten endgültig feststehen, sind sie durch zweiwöchigen Aushang bekannt zu machen. Darin liegt die endgültige Feststellung des Wahlergebnisses; ggf. beginnt damit die Amtszeit des Betriebsrats nach § 21 S. 2 BetrVG (§ 18 Abs. 1 BetrVG, § 23 WO). **405**

#### j) Übersendung der Wahlniederschrift

Unverzüglich nach Abschluss der Wahl hat der Wahlvorstand dem Arbeitgeber und den im Betrieb vertretenen Gewerkschaften eine Wahlniederschrift zu übersenden (§ 18 S. 2 WO). Hat der Wahlvorstand diese Pflicht nicht erfüllt, so hat der gewählte Betriebsrat die Übersendung nachzuholen. **406**

### k) Einberufung der konstituierenden Sitzung des Betriebsrats

**407** Gem. § 29 Abs. 1 BetrVG hat der Wahlvorstand vor Ablauf von einer Woche nach dem Wahltag die gewählten Betriebsratsmitglieder zur konstituierenden Betriebsratssitzung einzuladen.

## 5. Wahlgrundsätze

**408** Die Betriebsratswahl findet als schriftliche Urnenwahl statt, §§ 11, 12 WO. Die Durchführung als Briefwahl ist nach Maßgabe der §§ 24–26 WO nur ausnahmsweise (vgl. *BAG* 14.2.1978 EzA § 19 BetrVG 1972 Nr. 16) möglich.

### a) Geheime und unmittelbare Wahl

**409** Gem. § 14 Abs. 1 BetrVG ist die Wahl als geheime Wahl durchzuführen. Unzulässig ist damit die öffentliche Stimmabgabe, z. B. in einer Betriebsversammlung. Der Wahlvorstand hat die Unverletzlichkeit des Wahlgeheimnisses durch geeignete Maßnahmen sicherzustellen und muss insbes. die in §§ 11 Abs. 1 S. 2, 11 Abs. 2 S. 2, 11 Abs. 4, 12 Abs. 1, 25, 26 WO normierten Anforderungen erfüllen. Auf Grund der Geheimheit der Wahl ist eine Vertretung bei der Stimmabgabe nicht zulässig.

**410** Aus dem Grundsatz der geheimen Wahl folgt, dass in einem gerichtlichen Verfahren eine Vernehmung von Arbeitnehmern über ihr Wahlverhalten ausgeschlossen ist, auch wenn der Arbeitnehmer auf sein Zeugnisverweigerungsrecht verzichtet (*LAG Düsseld.* 30.10.1984 DB 1985, 1137).

### b) Freie, gleiche und allgemeine Wahl

**411** Freie Wahl bedeutet, dass jeder Wahlberechtigte sein Wahlrecht ohne Zwang, Druck oder sonstige Einflussnahme auf seine Entschließungsfreiheit ausüben oder nicht ausüben kann, vgl. § 20 Abs. 2 BetrVG. Unzulässig ist es insbes., durch die äußere Gestaltung der Stimmzettel dem Wähler eine bestimmte Entscheidung nahe zu legen, vgl. § 11 Abs. 2 S. 2 WO (vgl. *BAG* 14.1.1969 EzA § 13 BetrVG 1952 Nr. 1). Der Wahlvorstand darf während der laufenden Betriebsratswahl Dritten keine Einsichtnahme in die mit den Stimmabgabevermerken versehenen Wählerlisten gestatten, da dies dazu führen kann, dass auf diejenigen, die ihre Stimme noch nicht abgegeben haben, Druck in Richtung auf eine Stimmabgabe ausgeübt werden könnte, was mit dem Grundsatz der freien Wahl unvereinbar ist (*BAG* 6.12.2000 EzA § 19 BetrVG 1972 Nr. 40). Gleiche Wahl bedeutet, dass jede Stimme das gleiche Gewicht hat und jeder Wahlberechtigte die gleiche Stimmenanzahl besitzt. Allgemeinheit der Wahl beinhaltet, dass jeder Wahlberechtigte sein Wahlrecht in formal gleicher Weise ausüben kann und alle wahlberechtigten Arbeitnehmer zur Wahl zugelassen sind.

### c) Verhältnis- und Mehrheitswahl

**412** Ob die Wahl als Verhältnis- oder Mehrheitswahl durchzuführen ist, richtet sich nach § 14 Abs. 2 BetrVG. Danach ist die Durchführung als Verhältniswahl der Regelfall. Mehrheitswahl findet statt, wenn nur ein Wahlvorschlag eingereicht wird oder der Betriebsrat im vereinfachten Verfahren nach § 14a BetrVG zu wählen ist.

#### aa) Verhältniswahl

**413** Gem. § 14 Abs. 3 BetrVG erfolgt die Wahl im Regelfall nach den Grundsätzen der Verhältniswahl. Hierbei ist zunächst von dem Höchstzahlverfahren nach d'Hondt auszugehen. Sodann ist aber der zwingenden Berücksichtigung des Geschlechts in der Minderheit (§ 15 Abs. 2 BetrVG) Rechnung zu tragen, d. h. das Geschlecht in der Minderheit muss zumindest die nach § 5 WO (s. Rdn. 380 ff.) ermittelte Anzahl von Mindestsitzen im Betriebsrat erhalten.

**414** Das Verfahren der Verteilung der Betriebsratssitze ist in § 15 WO geregelt. Danach richtet sich die Verteilung der Betriebsratssitze auf die einzelnen Vorschlagslisten zunächst nach dem Höchstzahlverfahren. Die Reihenfolge der Bewerberinnen und Bewerber innerhalb der einzelnen Vorschlagslisten richtet sich dabei nach der Reihenfolge ihrer Benennung. Wird in Anwendung dieser Verteilung die

Besetzung der nach § 5 WO errechneten Anzahl der Mindestsitze durch Angehörige des Geschlechts in der Minderheit erreicht, hat es damit sein Bewenden. Findet auf diese Weise hingegen nicht die erforderliche Berücksichtigung des Geschlechts in der Minderheit statt, richtet sich die Verteilung der Betriebsratssitze nach § 15 Abs. 5 WO.

▶ **Beispiel:**

(nach *Schiefer/Korte* NZA 2002, 113, 114; weitere Beispiele bei GK-BetrVG/*Kreutz* § 15 WO Rn. 7 ff.)

Im Betrieb sind 100 Männer und 50 Frauen beschäftigt. Den Frauen als Geschlecht in der Minderheit stehen nach § 15 Abs. 2 BetrVG i. V. m. § 5 WO (s. Rdn. 382) mindestens zwei Betriebsratssitze zu. Der Betriebsrat besteht aus sieben Mitgliedern, § 9 BetrVG. Die Wahl erbringt folgendes Ergebnis: Liste 1 erhält 70 Stimmen, Liste 2 erhält 50 Stimmen und Liste 3 erhält 30 Stimmen. Die Verteilung der Betriebsratssitze auf die einzelnen Vorschlagslisten richtet sich zunächst nach dem Höchstzahlverfahren: Jede Liste erhält so viele Sitze im Betriebsrat, wie Höchstzahlen auf sie entfallen:

| Liste 1<br>Stimmen gesamt: 70 | Liste 2<br>Stimmen gesamt: 50 | Liste 3<br>Stimmen gesamt: 30 |
|---|---|---|
| : 2 = 35 (3) | : 2 = 25 (5) | : 2 = 15 (9) |
| : 3 = 23 (6) | : 3 = 16 (8) | : 3 = 10 (13) |
| : 4 = 17,5 (7) | : 4 = 12,5 (11) | : 4 = 7,5 (14) |
| : 5 = 14 (10) | | : 5 = 6 (15) |
| : 6 = 11,66 (12) | | |

Auf die Liste 1 entfallen damit vier Betriebsratssitze, auf Liste 2 entfallen zwei Sitze und auf Liste 3 ein Sitz. Die Verteilung der Sitze unter den Bewerbern einer Liste erfolgt grds. in der Reihenfolge, in der sie auf der Liste stehen.

Es soll unterstellt werden, dass die Listen folgende Bewerber aufweist:

| Liste 1<br>Bewerber (Geschlecht)<br>Höchstzahl | Liste 2<br>Bewerber (Geschlecht)<br>Höchstzahl | Liste 3<br>Bewerber (Geschlecht)<br>Höchstzahl |
|---|---|---|
| A (m) 1 | G (m) 2 | K (m) 4 |
| B (m) 3 | H (m) 5 | L (m) 9 |
| C (m) 6 | I (m) 8 | M (m) 13 |
| D (m) 7 | J (m) 11 | N (m) 14 |
| E (m) 10 | | O (w) 15 |
| F (w) 12 | | |

Käme es nur auf die ermittelten Höchstzahlen an, wären von der Liste 1 die Kandidaten A, B, C und D, von der Liste 2 die Kandidaten G und H sowie von Liste 3 der Kandidat K in den Betriebsrat gewählt. Dies würde aber dazu führen, dass nur Männer dem Betriebsrat angehören. Gem. § 15 Abs. 2 BetrVG i. V. m. § 5 WO stehen den Frauen als Geschlecht in der Minderheit jedoch zwei Sitze zu. Um dies zu erreichen, ist in einem ersten Schritt der Kandidat mit der niedrigsten berücksichtigten Höchstzahl zu ermitteln, der nicht dem Geschlecht in der Minderheit angehört. Das ist hier der D mit der Höchstzahl 17,5. An seine Stelle tritt die Kandidatin des Geschlechts in der Minderheit, die auf derselben Vorschlagsliste benannt ist. Als erste weibliche Kandidatin auf der Liste 1 ist dies die F. Entsprechend ist anschließend mit dem Bewerber mit der zweitniedrigsten berücksichtigten Höchstzahl zu verfahren. Dies ist C mit der Höchstzahl 23. Da die Liste 1 jedoch keine weiteren weiblichen Kandidaten enthält, geht dieser Sitz auf die Vorschlagsliste über, auf die die folgende, noch nicht berücksichtigte Höchstzahl entfällt und die zugleich über Kandidaten des Geschlechts in der Minderheit verfügt. Entfällt die folgende Höchstzahl auf mehrere Vorschlagslisten, entscheidet das Los, welcher Liste der Sitz zufällt (§ 15 Abs. 5 Nr. 2 WO). Da die Liste 2 nur männliche Bewerber enthält, geht der Betriebsratssitz auf Liste 3 über, und dort auf die erste weibliche Kandidatin O. In den Betriebsrat gewählt sind damit A, B, F, G, H, K und O. Die Liste 3 erhält damit einen Sitz mehr als ihr eigentlich zusteht. Im Gegenzug verliert Liste 1 einen Sitz.

Dieses Verfahren ist grds. solange fortzusetzen, bis der Mindestanteil des Geschlechts in der Minderheit erreicht ist (§ 15 Abs. 5 Nr. 3 WO). Ist auf keiner Vorschlagsliste mehr ein Kandidat des Geschlechts in der Minderheit vorhanden, bleibt der Sitz bei der Liste, die zuletzt einen Sitz zu Gunsten des Minderheitengeschlechts hatte abgeben müssen (§ 15 Abs. 5 Nr. 5 WO). Kandidieren nicht ausreichend viele Angehörige des Geschlechts in der Minderheit, verbleiben die Sitze bei den jeweiligen Vorschlagslisten mit Angehörigen des anderen Geschlechts (§ 15 Abs. 5 Nr. 5 WO).

*bb) Mehrheitswahl*

416 Mehrheitswahl erfolgt, wenn nur ein einziger Wahlvorschlag (Vorschlagsliste) eingereicht worden ist oder der Betriebsrat im vereinfachten Verfahren nach § 14a BetrVG zu wählen ist, § 14 Abs. 2 BetrVG. Jeder Wähler hat dann so viele Stimmen, wie im jeweiligen Wahlgang Betriebsratsmitglieder zu wählen sind, § 20 Abs. 3. WO bzw. § 34 Abs. 1 WO, § 36 Abs. 4 i. V. m. § 34 Abs. 1 WO. Besteht der zu wählende Betriebsrat aus mindestens drei Mitgliedern, muss eine zwingende Berücksichtigung des Geschlechts in der Minderheit stattfinden, vgl. § 15 BetrVG und §§ 32, 36 Abs. 4 WO i. V. m. § 32 WO. Das Verfahren hierzu richtet sich nach § 22 WO (ggf. i. V. m. § 34 Abs. 5 WO bzw. §§ 36 Abs. 4, 34 Abs. 5 WO). Danach werden zunächst vorab die dem Geschlecht in der Minderheit zustehenden Mindestsitze in der Weise verteilt, dass die Mindestsitze mit Angehörigen dieses Geschlechts in der Reihenfolge der jeweils höchsten auf sie entfallenden Stimmenzahlen besetzt werden. Erst danach erfolgt die Verteilung der weiteren Sitze unabhängig von dem Geschlecht in der Reihenfolge der jeweils höchsten auf sie entfallenden Stimmzahlen.

417 ▶ **Beispiel:**

(nach *Schiefer/Korte* NZA 2002, 113, 115; weitere Beispiele bei GK-BetrVG/*Kreutz* § 22 WO Rn. 1 ff.)

Im Betrieb werden 30 Arbeitnehmer, davon 20 Frauen und 10 Männer beschäftigt. Der Betriebsrat besteht aus drei Mitgliedern (§ 9 BetrVG), sodass eine Berücksichtigung des Geschlechts in der Minderheit erfolgen muss (§ 15 Abs. 2 BetrVG). Den Männern als Geschlecht in der Minderheit steht ein Betriebsratssitz zu, §§ 15 Abs. 2 BetrVG i. V. m. § 5 WO. Von den fünf Wahlbewerbern der einzigen Vorschlagsliste sind A, D, und E Frauen, B und C sind Männer. Die abgegebenen Stimmen verteilen sich wie folgt:

| A (w): | 12 Stimmen |
|---|---|
| B (m): | 0 Stimmen |
| C (m): | 3 Stimmen |
| D (w): | 10 Stimmen |
| E (w): | 5 Stimmen |

Zunächst ist nach § 22 Abs. 1 WO der errechnete Mindestsitz für das männliche Geschlecht zu vergeben. Hierzu werden die dem Geschlecht in der Minderheit zustehenden Sitze mit Angehörigen dieses Geschlechts in der Reihenfolge der jeweils höchsten auf sie entfallenden Stimmenzahlen besetzt. Diesen Sitz erhält damit der C als der männliche Kandidat, der unter den Angehörigen des Minderheitengeschlechts die meisten Stimmen erhalten hat. Anschließend werden die weiteren Sitze unabhängig vom Geschlecht der Bewerber nach dem Mehrheitsprinzip verteilt und entfallen im Beispiel auf A und D. Gewählt sind also A, C und D.

### 6. Das vereinfachte Wahlverfahren

Gem. § 14a BetrVG findet in bestimmten Fällen die Wahl des Betriebsrats im sog. vereinfachten Verfahren statt. Durch dieses durch das BetrVerf-ReformG vom 23.7.2001 (BGBl. I S. 1852 ff) eingeführte Verfahren soll nach der Gesetzesbegründung (BT-Drs. 14/5741, S. 36 f.) erreicht werden, dass auch in Kleinbetrieben wieder vermehrt Interessenvertretungen gebildet werden. Die Wahl im vereinfachten Verfahren ist gem. § 14 Abs. 2 BetrVG stets Mehrheitswahl, sodass eine Mehrheit der Belegschaft alle Sitze besetzen kann (krit. dazu etwa *Hanau* NJW 2001, 2513, 2517). **418**

#### a) Anwendungsbereich; Arten des vereinfachten Verfahrens

Das vereinfachte Wahlverfahren gem. § 14a BetrVG findet zwingend Anwendung bei Betrieben mit i. d. R. 5–50 wahlberechtigten Arbeitnehmern, § 14a Abs. 1 S. 1 BetrVG. Es kann in Betrieben mit i. d. R. 51–100 wahlberechtigten Arbeitnehmern Anwendung finden, wenn seine Anwendung zwischen Wahlvorstand und Arbeitgeber vereinbart wird, § 14a Abs. 5 BetrVG. **419**

§ 14a BetrVG unterscheidet zwischen drei Arten des vereinfachten Verfahrens. Gem. § 14a Abs. 1 BetrVG gibt es zunächst das **einstufige** oder **zweistufige** vereinfachte Verfahren (s. Rdn. 426, 424). Im einstufigen vereinfachten Verfahren erfolgt die Bestellung des Wahlvorstandes durch den (Gesamt-/Konzern-) Betriebsrat und nur die Wahl des Betriebsrats auf einer Wahlversammlung. Beim zweistufigen vereinfachten Verfahren wird in einer ersten Wahlversammlung ein Wahlvorstand gewählt (1. Stufe) und in einer zweiten Wahlversammlung sodann der Betriebsrat (2. Stufe). Welches der beiden Verfahren zur Anwendung kommt, richtet sich danach, ob im Betrieb schon ein Betriebsrat bzw. im Unternehmen ein Gesamt- oder Konzernbetriebsrat vorhanden ist. **420**

Das **einstufige** vereinfachte Verfahren findet Anwendung, wenn der Wahlvorstand nach §§ 17a Nr. 1, 16 BetrVG vom Betriebsrat, Gesamt- oder Konzernbetriebsrat bestellt oder gem. § 17a Nr. 4 BetrVG vom Arbeitsgericht bestellt worden ist. Ist ein Betriebsrat vorhanden, obliegt nach § 17a Nr. 1 i. V. m. § 16 BetrVG im vereinfachten einstufigen Verfahren in erster Linie dem Betriebsrat die Bestellung des Wahlvorstandes oder, wenn dieser bis acht Wochen vor Ablauf seiner Amtszeit untätig bleibt, sofern vorhanden dem Gesamt- bzw. Konzernbetriebsrat (§ 17a i. V. m. § 16 Abs. 3 BetrVG). Gab es bisher keinen Betriebsrat, aber einen Gesamt- oder Konzernbetriebsrat, obliegt diesem die Bestellung des Wahlvorstandes (§ 17a i. V. m. § 17 Abs. 2 BetrVG). Einzelheiten sind in § 36 WO geregelt. **421**

Ist kein (Gesamt-/Konzern-)Betriebsrat vorhanden, kommt das **zweistufige** vereinfachte Verfahren zur Anwendung. Bei diesem wird in einer ersten Wahlversammlung ein Wahlvorstand gewählt (1. Stufe) und in einer zweiten Wahlversammlung sodann der Betriebsrat (2. Stufe). Einzelheiten des Verfahrens sind in §§ 28–35 WO geregelt. Das zweistufige Verfahren findet Anwendung, wenn im Betrieb kein Betriebsrat besteht und im Unternehmen auch kein Gesamt- oder Konzernbetriebsrat vorhanden ist. **422**

Gem. § 14a Abs. 5 BetrVG findet das vereinfachte Verfahren schließlich in Betrieben mit i. d. R. 51–100 wahlberechtigten Arbeitnehmern statt, wenn der Wahlvorstand und der Arbeitgeber dies vereinbaren (**Vereinfachtes Verfahren kraft Vereinbarung**; s. Rdn. 427). Liegt eine solche Vereinbarung **423** vor, richtet sich die Wahl des Betriebsrats nach den Bestimmungen des vereinfachten einstufigen Verfahrens, § 37 i. V. m. § 36 WO.

### b) Das zweistufige vereinfachte Wahlverfahren

424 Besteht kein Betriebsrat, Gesamt- oder Konzernbetriebsrat, von dem die Bestellung des Wahlvorstandes vorgenommen werden könnte (vgl. § 17a Nr. 3 i. V. m. § 17 Abs. 2 BetrVG), wird der Wahlvorstand in einer ersten Wahlversammlung in Mehrheitswahl gewählt, §§ 14a Abs. 1, 17a Nr. 3 BetrVG, §§ 28, 29 WO. Einladungsberechtigt zu dieser Wahlversammlung sind 3 wahlberechtigte Arbeitnehmer des Betriebs oder eine im Betrieb vertretene Gewerkschaft (einladende Stelle), § 17a Nr. 3 i. V. m. § 17 Abs. 3 BetrVG. § 28 Abs. 1 WO schreibt einen bestimmten Mindestinhalt der Einladung vor. Nach Aushang der Einladung zur Wahlversammlung hat der Arbeitgeber der einladenden Stelle alle für die Anfertigung der Wählerliste erforderlichen Unterlagen (§ 2 WO) in einem versiegelten Umschlag auszuhändigen, § 29 WO. Der auf der ersten Wahlversammlung zu wählende Wahlvorstand besteht aus drei Mitgliedern; eine Erhöhung der Anzahl der Mitglieder ist nicht möglich, § 17a Nr. 2 BetrVG, § 29 WO. Nach seiner Wahl hat der Wahlvorstand in der Wahlversammlung die Wahl des Betriebsrats einzuleiten (vgl. § 30 WO) und das Wahlausschreiben mit einem bestimmten Mindestinhalt zu erlassen (§ 31 WO). Wahlvorschläge sind bis zum Ende dieser ersten Wahlversammlung einzureichen und nach Abschluss der Versammlung bekannt zu machen (§ 33 WO). Die eigentliche Wahl des Betriebsrats erfolgt auf einer zweiten Wahlversammlung. Zwischen der ersten Wahlversammlung und der zweiten Wahlversammlung muss mindestens eine Woche liegen (§ 14a Abs. 1 S. 3 BetrVG, § 28 Abs. 1 S. 2 WO). An der Teilnahme bei der zweiten Wahlversammlung verhinderten Wahlberechtigten ist auf Antrag die nachträgliche schriftliche Stimmabgabe zu ermöglichen (§ 14a Abs. 4 BetrVG, § 35 WO). Die Wahl und die Ermittlung des oder der Gewählten gilt § 34 WO. Hierbei ist der zwingenden Berücksichtigung des Geschlechts in der Minderheit Rechnung zu tragen, soweit der Betriebsrat aus mindestens drei Mitgliedern besteht, § 15 Abs. 2 BetrVG, § 34 Abs. 5 i. V. m. § 22 Abs. 1 WO. Insoweit wird auf die Ausführungen oben Rdn. 380 ff., 413 ff. verwiesen.

425 Findet trotz Einladung zur ersten Wahlversammlung eine solche nicht statt oder wird auf dieser kein Wahlvorstand gewählt, so kann dieser auf Antrag von mindestens drei wahlberechtigten Arbeitnehmern oder einer im Betrieb vertretenen Gewerkschaft vom Arbeitsgericht bestellt werden, §§ 17a Nr. 4, 17 Abs. 4, 16 Abs. 2 BetrVG (vgl. Rdn. 339). In diesem Fall richtet sich das weitere Wahlverfahren nach den Grundsätzen des vereinfachten einstufigen Wahlverfahrens, § 14a Abs. 3 BetrVG.

### c) Das vereinfachte einstufige Wahlverfahren

426 Dieses findet statt, wenn der Wahlvorstand durch den Betriebsrat (§ 17a Nr. 1 i. V. m. § 16 Abs. 1 BetrVG), durch den Gesamt- oder Konzernbetriebsrat (§ 17a S. 2 i. V. m. § 16 Abs. 3 BetrVG oder § 17a S. 2 i. V. m. § 17 Abs. 1 BetrVG) oder durch das Arbeitsgericht (§ 17a Nr. 4 i. V. m. § 17 Abs. 4 BetrVG) bestellt wurde. Da dann der Wahlvorstand bereits existiert, bedarf es einer (ersten) Wahlversammlung zur Wahl des Wahlvorstandes nicht mehr, sondern nur einer Wahlversammlung zur Wahl des Betriebsrats, § 14a Abs. 3 S. 1 BetrVG. Wahlvorschläge können nur bis 1 Woche vor Durchführung dieser Wahlversammlung gemacht werden, § 14a Abs. 3 S. 2 BetrVG, § 36 Abs. 5 WO. Die weiteren Einzelheiten des Wahlverfahrens regelt § 36 WO. Auch bei der Wahl im vereinfachten einstufigen Wahlverfahren ist dem zwingenden Schutz des Geschlechts in der Minderheit Rechnung zu tragen, § 15 Abs. 2 BetrVG, §§ 36 Abs. 4, 32, 34 Abs. 5 i. V. m. § 22 Abs. 1 WO, s. Rdn. 380 ff., 413 ff.

### d) Das vereinbarte vereinfachte Wahlverfahren

427 Gem. § 14a Abs. 5 BetrVG kann in Betrieben mit i. d. R. 51 bis 100 wahlberechtigten Arbeitnehmern auch im vereinfachten Wahlverfahren gewählt werden, wenn der Wahlvorstand und der Arbeit-

## B. Der Betriebsrat

geber dies vereinbaren. Liegt eine solche Vereinbarung vor, richtet sich die Wahl nach den Grundsätzen des vereinfachten einstufigen Wahlverfahrens, § 37 WO i. V. m. § 36 WO.

### 7. Wahlschutz und Wahlkosten

Durch die in § 20 Abs. 1–3 BetrVG vorgesehenen Regelungen soll sichergestellt werden, dass die Wahl entsprechend den gesetzlichen Vorschriften frei und ungehindert durchgeführt werden kann. Flankiert werden diese Bestimmungen durch den besonderen Kündigungsschutz der Mitglieder des Wahlvorstandes und der Wahlbewerber nach § 103 BetrVG, § 15 Abs. 3 und 4 KSchG (s. Kap. 4 Rdn. 512 ff.). 428

#### a) Behinderungsverbot, § 20 Abs. 1 BetrVG

Das Behinderungsverbot nach § 20 Abs. 1 BetrVG umfasst nicht nur den eigentlichen Abstimmungsvorgang, sondern alle mit der Wahl zusammenhängenden oder ihr dienenden Maßnahmen, insbes. also auch die der Wahl vorausgehenden Abstimmungen und die sich auf die Betriebsratswahl beziehenden Beschlussfassungen der Wähler oder des Wahlvorstandes. Auch die Wahlwerbung unterliegt dem Behinderungsverbot (*BAG* 2.12.1960 AP Nr. 2 zu § 19 BetrVG; GK-BetrVG/*Kreutz* § 20 Rn. 7 f., 9). 429

Das Recht auf Wahlwerbung wird durch die allgemeine Meinungsfreiheit und für Gewerkschaften zusätzlich durch Art. 9 Abs. 3 GG gedeckt (*BVerfG* 30.11.1965 AP Nr. 7 zu Art. 9 GG; vgl. auch *BVerfG* 14.11.1995 EzA Art. 9 GG Nr. 60 zur Gewerkschaftswerbung eines im Betrieb beschäftigten Arbeitnehmers). Strittig ist insoweit, ob die Werbetätigkeit auch während der Arbeitszeit zulässig ist, soweit dadurch keine erhebliche Störung des betrieblichen Ablaufs eintritt (so DKK/*Schneider* § 20 Rn. 19; *Fitting* § 20 Rn. 8, vgl. auch *BVerfG* 14.11.1995 EzA Art. 9 GG Nr. 60) oder sich auf Zeiten vor Beginn und nach Ende der Arbeitszeit sowie auf Pausenzeiten zu beschränken hat (so GK-BetrVG/*Kreutz* § 20 Rn. 19; HSWGNR/*Nicolai* § 20 Rn. 9). 430

Das Verbot richtet sich gegen jedermann. Das behindernde Verhalten muss rechtswidrig, nicht aber schuldhaft sein (GK-BetrVG/*Kreutz* § 20 Rn. 12). Wahlbehinderung kann durch Unterlassen erfolgen, wenn der Arbeitgeber seinen gesetzlichen Pflichten zur Förderung der Wahl gem. § 2 Abs. 2 WO, § 20 Abs. 3 S. 1 BetrVG (Räume und Sachmittel), Abs. 3 S. 2 (Arbeitsbefreiungen) nicht nachkommt (weitere Beispiele bei DKK/*Schneider* § 20 Rn. 10 f.; GK-BetrVG/*Kreutz* § 20 Rn. 12 ff.). Wahlbehinderung kann auch durch aktives Tun erfolgen z. B. bei Versetzungen und der Verweigerung des Zugangs zum Betrieb. 431

Unter das Verbot der Behinderung der Betriebsratswahl fällt auch eine Kündigung, die anlässlich der Betätigung für die Betriebsratswahl oder in Zusammenhang mit ihr gerade deshalb ausgesprochen wird, um die Wahl dieses Arbeitnehmers zu verhindern oder ihn wegen seines Einsatzes bei der Betriebsratswahl zu maßregeln (*BAG* 7.5.1986 EzA § 17 BetrVG 1972 Nr. 5; 13.10.1977 EzA § 74 BetrVG 1972 Nr. 3). 432

Die Darlegungs- und Beweislast für einen Zusammenhang zwischen Kündigung und Betriebsratswahl trifft grds. den Arbeitnehmer. Je nach den besonderen Umständen des Falles kommen aber die Grundsätze des Prima-facie-Beweises zugute. Bei einem unmittelbaren zeitlichen Zusammenhang kommt auch eine Beweislastumkehr in Betracht (*LAG Hamm* 15.1.1985 LAGE § 20 BetrVG 1972 Nr. 5; 27.8.1987 LAGE § 20 BetrVG 1972 Nr. 6). Nichtig ist z. B. eine Kündigung, die der Arbeitgeber in unmittelbarem zeitlichen Zusammenhang damit erklärt, dass der Arbeitnehmer die Unterschrift unter eine vom Arbeitgeber vorgelegte Erklärung verweigert, der zufolge die Arbeitnehmer des Betriebes keinen Betriebsrat wollen (*ArbG München* 26.5.1987 DB 1987, 2662). 433

In Betracht kommt etwa auch die Anweisung, nicht als Wahlbewerber oder Mitglied des Wahlvorstandes zur Verfügung zu stehen (DKK/*Schneider* § 20 Rn. 16) oder eine Mitteilung mit Anweisungscharakter des Arbeitgebers an wahlberechtigte Arbeitnehmer, dass sie leitende Angestellte und daher 434 nicht wahlberechtigt seien (*LAG Hamm* 27.4.1972 DB 1972, 1297; *LAG BW* 31.5.1972 DB 1972, 1392).

### b) Verbot der Wahlbeeinflussung, § 20 Abs. 2 BetrVG

435 § 20 Abs. 2 BetrVG sichert als gegen jedermann gerichtetes Verbot die freie Willensbildung der Wahlbeteiligten gegenüber demjenigen, der bewusst die Wahl rechtswidrig durch Zufügung oder Androhung von Nachteilen oder durch Gewährung oder Versprechen von Vorteilen zu beeinflussen sucht, seien sie materieller oder immaterieller Natur (GK-BetrVG/*Kreutz* § 20 Rn. 24). Das Beeinflussungsverbot schließt zulässige Maßnahmen der Wahlwerbung nicht aus. Zur Wahlwerbung berechtigt sind einzelne Wahlbewerber sowie auch die im Betrieb vertretenen Gewerkschaften. Stets unzulässig sind Werbemaßnahmen des Arbeitgebers.

436 Die tatsächliche und finanzielle Unterstützung einer Gruppe von Kandidaten bei der Herstellung einer Wahlzeitung durch den Arbeitgeber stellt einen Verstoß gegen § 20 Abs. 2 BetrVG dar, der zur Unwirksamkeit der Betriebsratswahl führt (*BAG* 4.12.1986 EzA § 19 BetrVG 1972 Nr. 24). Unzulässig ist auch die Werbung durch den Betriebsrat, da dieser hierdurch gegen seine Neutralitätspflicht nach § 75 BetrVG verstoßen würde (GK-BetrVG/*Kreutz* § 20 Rn. 30).

437 Im Rahmen der **Wahlwerbung** betriebene Propaganda, auch die sog. Propagandalüge, stellt noch keine unzulässige Beeinflussung der Wahl dar (GK-BetrVG/*Kreutz* § 20 Rn. 31; DKK/*Schneider* § 20 Rn. 19). Die Grenze des Zulässigen ist aber dann überschritten, wenn es sich um diffamierende und grob wahrheitswidrige Propaganda gegen Wahlbewerber handelt, insbes. dann, wenn konkurrierende Wahlbewerber dadurch veranlasst werden, ihre Bewerbung zurückzuziehen (GK-BetrVG/ *Kreutz* § 20 Rn. 32). Kontrovers diskutiert wird, ob der diffamierte Wahlbewerber Unterlassung derartiger Werbung auch im Wege des arbeitsgerichtlichen Beschlussverfahrens (GK-BetrVG/*Kreutz* § 20 Rn. 33; DKK/*Schneider* § 20 Rn. 19) oder nur in einem Verfahren vor den ordentlichen Gerichten (HSWGNR/*Nicolai* § 20 Rn. 20) verlangen kann.

438 Da sich das Verbot der Wahlbeeinflussung gegen jedermann richtet, sind Verbotsverletzungen auch durch Gewerkschaften insbes. dadurch möglich, dass einem Mitglied der Ausschluss aus der Gewerkschaft für den Fall angedroht wird, dass es auf einer anderen als von der jeweiligen Gewerkschaft unterstützten und gebilligten Vorschlagsliste kandidiert. Streitig (vgl. zum Meinungsstand GK-BetrVG/*Kreutz* § 20 Rn. 35 ff.) ist jedoch, unter welchen Voraussetzungen eine solche Nachteilsdrohung als rechtswidrig anzusehen ist. Nach Auffassung des *BGH* (30.5.1983 NJW 1984, 918; 19.10.1987 EzA § 25 BGB Nr. 1) ist eine Ausschlussdrohung nur dann gerechtfertigt und nicht rechtswidrig, wenn über den bloßen Wettbewerb um Stimmen hinaus ein gewerkschaftsfeindliches Verhalten vorliegt, so z. B. bei Äußerungen und Handlungen eines Mitglieds, die im Zusammenhang mit der Wahl die Gewerkschaft allgemein oder die Grundordnung, die ihre Betätigung garantiert, in Frage stellen oder sich gegen die eigene Gewerkschaft und ihre satzungsmäßigen Zielsetzungen in einer ihr die – notfalls auch kritische – Solidarität aufkündigenden, mit der Mitgliedschaft schlechterdings nicht mehr zu vereinbarenden Weise, richten (*BGH* 19.10.1987 EzA § 25 BGB Nr. 1). Ein Ausschluss lediglich auf Grund der Kandidatur auf einer konkurrierenden Liste kommt hingegen nicht in Betracht, da dies dem Grundsatz der Wahlfreiheit zuwider laufen würde (*BGH* 30.5.1983 NJW 1984, 918; 19.10.1987 EzA § 20 BGB Nr. 1).

### c) Rechtsfolge von Verstößen

439 Die Verbote nach § 20 Abs. 1 und 2 BetrVG sind gesetzliche Verbote i. S. d. § 134 BGB (*BAG* 7.5.1986 EzA § 17 BetrVG 1972 Nr. 5; 13.10.1977 EzA § 74 BetrVG 1972 Nr. 3) und Schutzgesetze i. S. d. § 823 Abs. 2 BGB. Vorsätzliche Verbotsverletzungen werden auf Antrag bestraft, § 119 Abs. 1 Nr. 1 BetrVG.

440 Wahlbehinderungen und Wahlbeeinflussungen können schon während des Wahlverfahrens im arbeitsgerichtlichen Beschlussverfahren angegriffen werden, ggf. auch im Wege einstweilige Verfügung. Nach der Wahl kann eine Wahlanfechtung nach § 19 Abs. 1 BetrVG begründet sein, da

die Verbote wesentliche Vorschriften über das Wahlverfahren sind. Allerdings wird oft fraglich sein, ob hierdurch das Wahlergebnis beeinflusst werden konnte, wenn sich der Verstoß nur auf einzelne Arbeitnehmer bezogen hat (vgl. GK-BetrVG/*Kreutz* § 20 Rn. 42 ff.).

In besonders schwer wiegenden Fällen kann auch die Nichtigkeit der Wahl in Betracht kommen, so z. B. bei einer groben Wahlbeeinflussung, die der Abstimmung schon äußerlich den Anschein einer Wahl nimmt. Als weitere Fallgruppen werden genannt: Fälle des offenen Terrors, der sich auf den eigentlichen Wahlakt erstreckt (*Fitting* § 20 Rn. 32); auf Grund gravierender Wahlbeeinflussung oder Wahlbehinderungen stand das Ergebnis der Wahl schon vorher fest (GK-BetrVG/*Kreutz* § 20 Rn. 43). 441

### d) Wahlkosten und Arbeitsversäumnis, § 20 Abs. 3 BetrVG

Der Arbeitgeber hat die Kosten der Wahl zu tragen. Hierzu gehören die eigentlichen Kosten der Wahl, die Sachkosten und die persönlichen Kosten. Der Arbeitgeber hat allerdings nur die Kosten zu tragen, die erforderlich und verhältnismäßig sind (*BAG* 3.12.1987 EzA § 20 BetrVG 1972 Nr. 14; 8.4.1992 EzA § 20 BetrVG 1972 Nr. 15). 442

Als nicht erforderlich wurden in der Rechtsprechung angesehen: Kosten, die dadurch entstanden waren, dass der Wahlvorstand beschlossen hatte, mit Lichtbildern angereicherte Vorschlagslisten anfertigen zu lassen (*BAG* 3.12.1987 EzA § 20 BetrVG 1972 Nr. 14); Arbeitsversäumnis zum Sammeln von Stützunterschriften während der Arbeitszeit (*LAG Bln.* 9.1.1979 BB 1979, 1036); Teilnahme eines Wahlbewerbers während der Arbeitszeit an der Stimmauszählung (*LAG SchlH* 26.7.1989 NZA 1990, 118). Der Wahlvorstand hat zur Ausfüllung des unbestimmten Rechtsbegriffs der Erforderlichkeit allerdings einen Beurteilungsspielraum wie ein Betriebsrat im Rahmen der §§ 40, 37 Abs. 2, 6 BetrVG (*BAG* 3.12.1987 EzA § 20 BetrVG 1972 Nr. 14). 443

In Betracht kommt auch, dass mehrere Arbeitgeber als Gesamtschuldner haften, so bei einem Streit über das Bestehen eines gemeinsamen Betriebes mehrerer Unternehmer und die sich daraus ergebenden Konsequenzen für die Wahl eines Betriebsrats. 444

Als kostenpflichtige Arbeitgeber sind diejenigen Unternehmer anzusehen, die Umstände gesetzt haben, die das Vorliegen eines von ihnen gemeinsam geführten Betriebes ernsthaft als möglich erscheinen lassen. Dass auch tatsächlich ein gemeinsamer Betrieb dieser Unternehmer besteht, ist nicht erforderlich (*BAG* 8.4.1992 EzA § 20 BetrVG 1972 Nr. 15). 445

Erfasst werden die Wahlkosten im weitesten Sinne, also auch die Kosten der Bestellung des Wahlvorstandes (*BAG* 26.2.1992 EzA § 17 BetrVG 1972 Nr. 6), die Kosten nicht mutwilliger gerichtlicher Verfahren zur Klärung von Streitfragen im Zusammenhang mit der Wahl (*BAG* 31.5.2000 § 20 BetrVG 1972 Nr. 19; 8.4.1992 EzA § 20 BetrVG 1972 Nr. 15) bis hin zu den Kosten einer nicht mutwilligen Wahlanfechtung (GK-BetrVG/*Kreutz* § 20 Rn. 47). Gleiches gilt für Rechtsanwaltskosten, die einer im Betrieb vertretenen Gewerkschaft bei der Wahrnehmung ihrer im Zusammenhang mit der Betriebsratswahl stehenden betriebsverfassungsrechtlichen Rechte in einem arbeitsgerichtlichen Beschlussverfahren entstehen (*BAG* 16.4.2003 EzA § 20 BetrVG 2001 Nr. 1). Der für eine Betriebsratswahl gebildete Wahlvorstand kann in entsprechender Anwendung des § 80 Abs. 3 BetrVG bei der Durchführung seiner Aufgaben einen Rechtsanwalt als Sachverständigen hinzuziehen. Hierzu bedarf es einer vorherigen Vereinbarung mit dem Arbeitgeber. Fehlt diese, ist der Arbeitgeber nicht verpflichtet, die dadurch entstehenden Kosten nach § 20 Abs. 3 S. 1 BetrVG zu tragen. Verweigert der Arbeitgeber eine solche Vereinbarung trotz Erforderlichkeit der Hinzuziehung eines Sachverständigen, kann der Wahlvorstand die fehlende Zustimmung des Arbeitgebers durch eine arbeitsgerichtliche Entscheidung ersetzen lassen (*BAG* 11.11.2009 EzA § 80 BetrVG 2001 Nr. 11). 446

Nicht erfasst sind aber die Wahlkampf- und insbes. die Wahlwerbungskosten. Zu den Kosten der Schulung für Mitglieder des Wahlvorstandes s. Rdn. 346 ff. 447

**448** Zu den Sachkosten gehören die Kosten, die dadurch entstehen, dass der Wahlvorstand Räumlichkeiten und Sachmittel benötigt. Diese hat der Arbeitgeber zur Verfügung zu stellen.

**449** Wenn der Arbeitgeber die beantragten und erforderlichen Sachmittel nicht oder nicht rechtzeitig beschafft und zur Verfügung stellt, kann der Wahlvorstand das Nötige im eigenen Namen für Rechnung des Arbeitgebers beschaffen (GK-BetrVG/*Kreutz* § 20 Rn. 50; DKK/*Schneider* § 20 Rn. 31; HSWGNR/*Nicolai* § 20 Rn. 35).

**450** Auslagen sind dann zu erstatten. Von Ansprüchen Dritter hat der Arbeitgeber den Wahlvorstand freizustellen (*BAG* 3.12.1987 EzA § 20 BetrVG 1972 Nr. 14; 8.4.1992 EzA § 20 BetrVG 1972 Nr. 15).

**451** Der Arbeitgeber hat auch die erforderlichen persönlichen Kosten zu tragen, die bei der Betriebsratswahl entstehen, insbes. die der Wahlvorstandsmitglieder, Wahlhelfer oder des Vermittlers nach § 18a Abs. 2 BetrVG. Hierzu gehören u. a. notwendige Reisekosten.

**452** Bei Benutzung des eigenen PKW für solche Reisen sind Unfallschäden zu ersetzen, wenn das Wahlvorstandsmitglied die Benutzung für erforderlich halten konnte oder der Arbeitgeber dies gewünscht hat (*BAG* 3.3.1983 EzA § 20 BetrVG 1972 Nr. 12; s. Kap. 3 Rdn. 2870 ff.). Auch erstinstanzliche Rechtsanwaltskosten werden bei gerichtlichen Streitigkeiten im Zusammenhang mit der Betriebsratswahl dann erfasst, wenn die Rechtsverfolgung nicht offensichtlich aussichtslos erscheint und es sich um eine schwierige Sach- und Rechtslage handelt, sodass der jeweilige Beteiligte bei verständiger Abwägung aller Umstände die Hinzuziehung des Anwalts für erforderlich halten konnte (*BAG* 8.4.1992 EzA § 20 BetrVG 1972 Nr. 5; 26.11.1974 EzA § 20 BetrVG 1972 Nr. 7). Erstattungsfähig sind auch Rechtsanwaltskosten, die ein Wahlbewerber für ein einstweiliges Verfügungsverfahren aufwenden musste, um in seinen Freischichten den Betrieb zum Sammeln von Stützunterschriften für seinen Wahlvorschlag betreten zu dürfen (*LAG Hamm* 6.2.1980 EzA § 20 BetrVG 1972 Nr. 11). Die Ansprüche auf Erstattung von Wahlkosten bzw. Zurverfügungstellung von Sachmitteln sind im arbeitsgerichtlichen Beschlussverfahren geltend zu machen.

**453** Für die wahlbedingte Arbeitsversäumnis bleibt gem. § 20 Abs. 3 S. 2 BetrVG i. V. m. § 611 BGB der im Urteilsverfahren geltend zu machende Lohnanspruch erhalten (Lohnausfallprinzip); im Übrigen gilt § 37 Abs. 2, 3 BetrVG entsprechend. Überstunden, die ein Wahlvorstandsmitglied ohne seine Betätigung im Wahlvorstand geleistet hätte, sind ihm auch dann zu vergüten, wenn es sich dabei nicht um regelmäßig anfallende Überstunden handelt (*BAG* 29.6.1988 EzA § 37 BetrVG 1972 Nr. 97).

### 8. Mängel der Betriebsratswahl (§ 19 BetrVG)

**454** Rechtliche Mängel bei der Betriebsratswahl führen grds. nur zur Anfechtbarkeit der Betriebsratswahl in einem besonderen, fristgebundenen Anfechtungsverfahren, dessen Entscheidung nur für die Zukunft wirkt. Nur ausnahmsweise bei besonders groben offensichtlichen Rechtsverstößen ist hingegen die Wahl nichtig, d. h. von vornherein unwirksam.

#### a) Die Wahlanfechtung

**455** Die Wahlanfechtung dient in erster Linie der Rechtssicherheit. Es soll möglichst umgehend, fristgebunden und zuverlässig geklärt werden, ob ein Betriebsrat wirksam gewählt worden ist. Die Anfechtung richtet sich gegen das festgestellte endgültige Wahlergebnis. Ziel ist die Korrektur oder Kassation des Wahlergebnisses (GK-BetrVG/*Kreutz* § 19 Rn. 13). Die Anfechtbarkeit der Wahl setzt nach § 19 Abs. 1 BetrVG voraus, dass
– gegen wesentliche Vorschriften über das Wahlrecht, die Wählbarkeit oder das Wahlverfahren verstoßen wurde,
– eine Berichtigung nicht erfolgt ist,
– und durch den Verstoß das Wahlergebnis geändert oder beeinflusst werden konnte (Kausalität).

## B. Der Betriebsrat  Kapitel 13

### aa) Verstoß gegen wesentliche Wahlvorschrift

Unbedeutende Verstöße sollen ohne Einfluss auf die Betriebsratswahl bleiben. Ganz überwiegend wird die Unterscheidung danach vorgenommen, ob es sich bei der verletzten Norm des BetrVG oder der Wahlordnung um eine zwingende Regelung (Mussvorschrift) oder um eine bloße Ordnungsvorschrift (Sollbestimmung) handelt. 456

Bei einer Verletzung von Mussvorschriften liegt i. d. R. eine Verletzung einer wesentlichen Wahlvorschrift vor, bei der Verletzung einer Sollvorschrift dagegen i. d. R. nicht (*BAG* 14.9.1988 EzA § 16 BetrVG 1972 Nr. 6). 457

In beiden Richtungen besteht aber die Möglichkeit von Ausnahmen, d. h. die gebotene Einzelfallprüfung kann ergeben, dass eine zwingende Vorschrift nicht wesentlich oder eine Sollbestimmung als wesentlich anzusehen ist (a. A. GK-BetrVG/*Kreutz* § 19 Rn. 18, 19: alle zwingenden Vorschriften sind stets wesentlich, Sollvorschriften dagegen nur dann, wenn sie im Hinblick auf das Wahlergebnis wesentlich sind). 458

Wesentlich ist ein Verstoß gegen Vorschriften über das Wahlrecht. Der Verstoß kann in der Wahlbeteiligung nicht Wahlberechtigter oder im Ausschluss Wahlberechtigter von der Wahl liegen, (z. B. *BAG* 29.3.1974 EzA § 19 BetrVG 1972 Nr. 2 unberechtigter Ausschluss von Wehrdienstleistenden; 18.1.1989 EzA § 9 BetrVG 1972 Nr. 4 Berücksichtigung von Leiharbeitnehmern als betriebszugehörig; Wahlbeteiligung von Jugendlichen oder leitenden Angestellten, GK-BetrVG/*Kreutz* § 19 Rn. 23). Ein Verstoß liegt auch in der Wahl eines Nichtwählbaren oder Nichtzulassung eines Wählbaren zur Wahl (vgl. z. B. *BAG* 28.11.1977 EzA § 8 BetrVG 1972 Nr. 4; 15.12.1972 EzA § 14 BetrVG 1972 Nr. 1; 14.5.1997 EzA § 8 BetrVG 1972 Nr. 8: Wählbarkeit eines gekündigten Arbeitnehmers, der Kündigungsschutzklage erhoben hat). 459

Bei unberechtigter Nichtzulassung eines Wahlberechtigten zur Wahl durch Nichtaufnahme in die Wählerliste ist fraglich, ob ein Anfechtungsrecht wahlberechtigter Arbeitnehmer dann entfällt, wenn beim Wahlvorstand kein Einspruch gegen die Richtigkeit nach § 4 WO eingelegt worden ist. Nach überwiegender Ansicht (GK-BetrVG/*Kreutz* § 19 Rn. 60; HSWGNR/*Nicolai* § 19 Rn. 23; DKK/*Schneider* § 19 Rn. 6; a. A. *LAG Frankf./M.* 14.7.1988 BB 1988, 2317) ist dies nicht der Fall, da die Wahlordnung nicht die vom BetrVG eingeräumte Anfechtungsbefugnis einschränken kann. Soweit die Anfechtung auf eine fehlerhafte Zuordnung zum Kreis der leitenden Angestellten gestützt werden soll, ist zu beachten, dass dann, wenn ein Zuordnungsverfahren nach § 18a BetrVG stattgefunden hat, eine Anfechtung der Wahl nur in Betracht kommt, wenn die Zuordnung offensichtlich fehlerhaft war, § 18a Abs. 5 BetrVG. Der Mangel der Wählbarkeit entfällt, wenn der Arbeitnehmer vor oder bis zur letzten gerichtlichen Tatsachenverhandlung wählbar wird, z. B. inzwischen die sechsmonatige Betriebszugehörigkeit erfüllt hat (GK-BetrVG/*Kreutz* § 19 Rn. 25). Der Mangel der Wählbarkeit kann im Übrigen auch außerhalb eines Wahlanfechtungsverfahrens nach § 24 Abs. 1 Nr. 6 BetrVG geltend gemacht werden. 460

Vorschriften über das Wahlverfahren enthalten §§ 9–18 BetrVG und die Vorschriften der Wahlordnung. Als wesentliche Verstöße wurden beispielsweise angesehen: 461

▶ **Beispiele:** 462

**Wahlvorstand, Wahlausschreiben, Wählerliste, Wahlverfahren**
- Wahl eines nicht wahlberechtigten Arbeitnehmers in den Wahlvorstand (*LAG Köln* 10.2.2009 – 8 TaBV 65/09 – EzA-SD 8/2010, S. 13
- Fehlen oder nicht ordnungsgemäße Bekanntgabe des Wahlausschreibens, *BAG* 27.4.1976 EzA § 19 BetrVG 1972 Nr. 8. Wird das Wahlausschreiben in einem Betrieb mit vielen Betriebsstätten durch Aushang bekannt gemacht (§ 3 Abs. 4 WO), muss grds. in jeder Betriebsstätte ein Wahlausschreiben ausgehängt werden. Andernfalls ist die Wahl anfechtbar, *BAG* 5.5.2004 EzA § 19 BetrVG 2001 Nr. 3.
- Unterrichtung nicht Deutsch sprechender ausländischer Arbeitnehmer nur in deutscher Sprache, *LAG Hamm* 27.1.1982 DB 1982, 2252. Ausländische Arbeitnehmer, die der deutschen

# Kapitel 13

Sprache nicht ausreichend mächtig sind, sind in geeigneter Weise zu unterrichten. Hiervon muss der Wahlvorstand ausgehen, wenn auch der Arbeitgeber wichtige Informationsschreiben an die Belegschaft nicht nur in deutscher, sondern auch in der den ausländischen Arbeitnehmern geläufigen Sprache abfasst, *BAG* 13.10.2004 EzA § 19 BetrVG 2001 Nr. 4.
- Durchführung der Wahl im vereinfachten Verfahren nach § 14a BetrVG, obwohl die Voraussetzungen des vereinfachten Wahlverfahrens nicht vorlagen, *BAG* 19.11.2003 EzA § 19 BetrVG 2001 Nr. 2.
- Falsche Angabe der Frist zur Einreichung von Wahlvorschlägen, *BAG* 9.12.1992 EzA § 19 BetrVG 1972 Nr. 38.
- Nicht ausreichende Zeit zur Einsichtnahme in die Wählerliste, *LAG Köln* 16.1.1991 § 19 BetrVG 1972 Nr. 11.
- Fehlende Angabe des Orts der Wahlräume, es sei denn, dass eine Ergänzung so rechtzeitig erfolgt, dass keine Einschränkung des Wahlrechts eintritt, *BAG* 19.9.1985 EzA § 19 BetrVG 1972 Nr. 22, oder gleichwohl alle Arbeitnehmer an der Wahl teilgenommen haben, *LAG Bln.* 10.2.1986 LAGE § 19 BetrVG 1972 Nr. 4;
- Unrichtige Angabe der Zahl der zu wählenden Betriebsratsmitglieder, *BAG* 29.5.1991 EzA § 19 BetrVG 1972 Nr. 31;
- Unrichtige Angabe der auf das Geschlecht in der Minderheit (§ 15 Abs. 2 BetrVG, s. Rdn. 380 ff.) entfallenden Sitze.
- Verkennung des Betriebsbegriffs, *BAG* 19.11.2003 EzA § 19 BetrVG 2001 Nr. 1; 13.9.1984 EzA § 19 BetrVG 1972 Nr. 20; 3.12.1985 EzA § 4 BetrVG 1972 Nr. 4. Wird die Anfechtung einer Betriebsratswahl darauf gestützt, dass in einem einheitlichen Betrieb unter Verletzung des Betriebsbegriffes mehrere Betriebsräte gewählt worden seien, so muss die Wahl aller Betriebsräte angefochten werden, *BAG* 31.5.2000 EzA § 19 BetrVG 1972 Nr. 39. Die Wahlanfechtungen müssen nicht in demselben Beschlussverfahren anhängig sein, *BAG* 14.11.2001 EzA § 19 BetrVG 1972 Nr. 42.

**463** ▶ **Beispiele:**

**Mängel der Wahlvorschläge**
- Fehlen der schriftlichen Zustimmung von Wahlbewerbern, *BAG* 1.6.1966 AP Nr. 15 zu § 18 BetrVG; *LAG Frankf./M.* 14.7.1988 BB 1988, 2317.
- Fehlen des Unterschriftenquorums (§ 14 Abs. 6 BetrVG), *BAG* 10.6.1983 EzA § 19 BetrVG 1972 Nr. 19.
- Streichung von Kandidaten ohne Zustimmung der Unterzeichner der Vorschlagsliste, *BAG* 15.12.1972 EzA § 14 BetrVG 1972 Nr. 1; *LAG Düsseld.* 18.1.1982 DB 1982, 1628.
- Nichtzulassung ordnungsgemäßer Wahlvorschläge, *LAG Hamm* 7.7.1976 EzA § 19 BetrVG 1972 Nr. 9.
- Ausschluss einer Vorschlagsliste, die von einem gekündigten Arbeitnehmer, der aber Kündigungsschutzklage erhoben hat, angeführt wird in Verkennung von dessen Wählbarkeit, *BAG* 14.5.1997 EzA § 8 BetrVG 1972 Nr. 8.
- Unzulässige Verkürzung der Frist zur Einreichung von Wahlvorschlägen, *BAG* 12.2.1960 AP Nr. 11 zu § 18 BetrVG.
- Der Wahlvorstand hat am letzten Tag der Frist zur Einreichung von Wahlvorschlägen Vorkehrungen zu treffen, damit er eingehende Wahlvorschläge möglichst sofort prüfen und die Listenvertreter über etwaige Mängel informieren kann. Verletzt er diese Pflicht (vgl. § 7 Abs. 2 WO), kann dies zur Anfechtbarkeit der Wahl führen, *BAG* 25.5.2005 EzA § 14 BetrVG 2001 Nr. 1.

**464** ▶ **Beispiele:**

**Fehlerhafte Durchführung der Stimmabgabe**
- Verstöße gegen die Grundsätze geheimer, unmittelbarer, freier und allgemeiner Wahl, z. B. durch optische Hervorhebung einzelner Wahlmöglichkeiten auf Stimmzetteln, *BAG* 14.1.1969 EzA § 13 BetrVG 1952 Nr. 1; Nichtverwendung von Wahlumschlägen, *LAG*

*Hamm* 27.1.1982 DB 1982, 2252; Tatsächliche oder finanzielle Unterstützung einer Gruppe von Kandidaten durch den Arbeitgeber (Herstellung einer Wahlzeitung), *BAG* 4.12.1986 EzA § 19 BetrVG 1972 Nr. 24; Zulassung der Einsichtnahme in die mit Stimmabgabevermerken versehenen Wählerlisten durch Dritte während der laufenden Betriebsratswahl, *BAG* 6.12.2000 EzA § 19 BetrVG 1972 Nr. 40; unterlassene Versiegelung der Wahlurne bei mehrtägiger Wahl (*LAG BW* 1.8.2007 LAGE § 19 BetrVG 2001 Nr. 3).
- Nichtübersendung von Briefwahlunterlagen, *ArbG Brem.* 18.7.1990 AiB 1991, 125.
- Nichteinhaltung der für die Stimmabgabe im Wahlausschreiben angegebenen Zeit, *BAG* 19.9.1985 EzA § 19 BetrVG 1972 Nr. 22;
- Rechtswidrige Wahlbeeinflussung oder Wahlbehinderung, GK-BetrVG/*Kreutz* § 19 Rn. 32.

▶ **Beispiele:** 465

**Fehlerhafte Feststellung des Wahlergebnisses**
- Feststellung einer zu großen oder zu kleinen Zahl von Betriebsratsmitgliedern, vgl. *BAG* 29.5.1991 EzA § 19 BetrVG 1972 Nr. 31.
- Unrichtige Berücksichtigung des Geschlechts in der Minderheit (§ 15 Abs. 2 BetrVG, s. Rdn. 413 ff.).
- Nichtberücksichtigung ordnungsgemäß abgegebener Stimmen oder Berücksichtigung ungültiger Stimmen, GK-BetrVG/*Kreutz* § 19 Rn. 33.
- Nichtwahrung der Verantwortlichkeit des Wahlvorstandes für den Auszählungsvorgang, Nichtöffentlichkeit der Stimmenauszählung, *LAG Bln.* 16.11.1987 LAGE § 19 BetrVG 1972 Nr. 6.
- Unterlassung unverzüglicher öffentlicher Stimmenauszählung, *ArbG Bochum* 20.6.1975 DB 1975, 1898.
- Öffnung der Freiumschläge der Briefwähler vor demjenigen Zeitpunkt, der im Wahlausschreiben als Beginn des Wahlzeitraums im Wahllokal angegeben ist, *LAG Nbg.* 27.11.2007 LAGE § 19 BetrVG 2001 Nr. 3a.

### bb) Fehlende Berichtigung von Verstößen

Im Interesse der Vermeidung der mit einer Neuwahl verbundenen Schwierigkeiten schließt § 19 Abs. 1 BetrVG eine Anfechtung der Wahl aus, wenn eine rechtzeitige Berichtigung des Gesetzesverstoßes erfolgt ist. 466

Grds. sind alle Wahlfehler reparabel, von der fehlerhaften Bestellung des Wahlvorstandes über Fehler des Wahlverfahrens bis zur Feststellung des endgültigen Wahlergebnisses (*BAG* 19.9.1985 EzA § 19 BetrVG 1972 Nr. 22). Die Berichtigung ist rechtzeitig, wenn sie zu einem Zeitpunkt erfolgt, dass danach die Wahl noch ordnungsgemäß ablaufen kann (*BAG* 19.9.1985 EzA § 19 BetrVG 1972 Nr. 22). 467

Wenn erkennbar ist, dass die Rechtsverstöße das Wahlergebnis beeinflussen können und anders nicht zu beheben sind, ist ggf. der Abbruch eines eingeleiteten Wahlverfahrens in Kauf zu nehmen (GK-BetrVG/*Kreutz* § 19 Rn. 36). 468

### cc) Kausalität des Wahlfehlers

Voraussetzung für die Wahlanfechtung ist, dass durch den Wahlverstoß das Wahlergebnis geändert oder beeinflusst werden könnte, sodass das Wahlergebnis ohne den Fehler möglicherweise anders ausgefallen wäre. Nicht entscheidend ist also, dass es tatsächlich durch den Fehler beeinflusst worden ist. 469

Nach jüngerer Rechtsprechung des *BAG* (14.9.1988 EzA § 16 BetrVG 1972 Nr. 6) ist entscheidend, ob eine hypothetische Betrachtung (Wahl ohne den Verstoß gegen wesentliche Vorschriften) unter Berücksichtigung der konkreten Umstände zwingend zu demselben Wahlergebnis führt. 470

471 Dies ist beispielsweise der Fall, wenn ein nicht wahlberechtigter Arbeitnehmer mit gewählt hat, der Stimmenunterschied aber so groß ist, dass beim Eliminieren seiner Stimme das Wahlergebnis nicht geändert wird, sondern dieselben Personen in derselben Reihenfolge aus denselben Listen gewählt sind (*BAG* 14.9.1988 EzA § 16 BetrVG 1972 Nr. 6). Nach anderer Auffassung ist maßgeblich, ob der Wahlfehler nach der allgemeinen Lebenserfahrung und den konkreten Umständen des Falles geeignet ist, das Wahlergebnis zu beeinflussen (GK-BetrVG/*Kreutz* § 19 Rn. 46). Zum Wahlergebnis gehört nicht die Reihenfolge, in der die Ersatzmitglieder gem. § 25 BetrVG nachrücken bzw. ein verhindertes Betriebsratsmitglied vertreten. Ein Wahlverstoß, der sich lediglich auf die Reihenfolge der Ersatzmitglieder auswirkt, beeinflusst daher nicht i. S. d. § 19 Abs. 1 BetrVG das Wahlergebnis und berechtigt nicht zur Wahlanfechtung (*BAG* 21.2.2001 EzA § 19 BetrVG 1972 Nr. 41).

472 § 19 Abs. 1 BetrVG hat auch Bedeutung für die objektive Beweislast.

473 Wenn sich der Sachverhalt letztendlich nicht aufklären lässt, d. h. zur vollen Überzeugung des Arbeitsgerichts die Kausalität weder bejaht noch verneint werden kann, ist davon auszugehen, dass die Wahlanfechtung begründet ist (*BAG* 8.3.1957 AP Nr. 1 zu § 19 BetrVG; 14.9.1988 EzA § 16 BetrVG 1972 Nr. 6).

*dd) Anfechtungsberechtigung*

474 Nach § 19 Abs. 2 BetrVG sind anfechtungsberechtigt mindestens drei Wahlberechtigte, jede im Betrieb vertretene Gewerkschaft und der Arbeitgeber. Diese Aufzählung ist abschließend (GK-BetrVG/*Kreutz* § 19 Rn. 59). Die Antragsberechtigung als Verfahrensvoraussetzung und zusätzlich als Erfordernis für eine materiell-rechtlich günstige Entscheidung muss in jedem Stadium des Verfahrens vorliegen, ist also sowohl Prozess- als auch Begründetheitsvoraussetzung (*BAG* 14.2.1978 EzA § 19 BetrVG 1972 Nr. 16; 12.2.1985 EzA § 19 BetrVG 1972 Nr. 21; 4.12.1986 EzA § 19 BetrVG 1972 Nr. 24).

475 Bei der Wahlanfechtung durch drei wahlberechtigte Arbeitnehmer muss es sich nicht um einen gemeinsamen Antrag handeln (GK-BetrVG/*Kreutz* § 19 Rn. 67). Zu beachten ist, dass nach Auffassung des *BAG* (12.2.1985 EzA § 19 BetrVG 1972 Nr. 21) diese Anfechtungsberechtigung während der gesamten Dauer des Verfahrens fortbestehen muss, wobei nicht genügt, dass überhaupt kontinuierlich drei Wahlberechtigte die Wahlanfechtung betreiben, sondern erforderlich ist, dass die Wahlanfechtung von den antragstellenden Arbeitnehmern durchgehend getragen wird.

476 Insbesondere ist es nicht möglich, dass bei Wegfall eines der ursprünglich antragstellenden Arbeitnehmer etwa infolge der Rücknahme seines Antrags an seiner Stelle ein anderer Arbeitnehmer die Anfechtung weiter betreibt. Auch eine im Betrieb vertretene Gewerkschaft kann nach Ablauf der Ausschlussfrist des § 19 Abs. 2 BetrVG einem Wahlanfechtungsverfahren nicht als Antragsteller beitreten und nach Ausscheiden eines von drei antragstellenden Arbeitnehmern das Beschlussverfahren fortsetzen (*BAG* 10.6.1983 EzA § 19 BetrVG 1972 Nr. 19). Maßgeblicher Zeitpunkt der erforderlichen Wahlberechtigung ist grds. der Zeitpunkt der Stimmabgabe (*BAG* 15.2.1989 EzA § 19 BetrVG 1972 Nr. 28; 4.12.1986 EzA § 19 BetrVG 1972 Nr. 24). Entfällt die Wahlberechtigung deshalb nach diesem Zeitpunkt, etwa infolge Ausscheidens des Arbeitnehmers aus dem Betrieb, lässt dies die Anfechtungsberechtigung grds. unberührt. Allerdings ist es notwendig, dass die Betriebszugehörigkeit bei einem der anfechtenden Arbeitnehmer fortbesteht und seine Wahlanfechtung während des Beschlussverfahrens von mindestens zwei weiteren, die Wahl ebenfalls anfechtenden wahlberechtigten Arbeitnehmern getragen wird, auch wenn diese inzwischen aus dem Betrieb ausgeschieden sind. Sind hingegen alle drei Anfechtenden aus dem Betrieb ausgeschieden, fehlt ihrem Anfechtungsantrag das Rechtsschutzbedürfnis (*BAG* 15.2.1989 EzA § 19 BetrVG 1972 Nr. 28). Keine weitere Zulässigkeitsvoraussetzung ist die Erhebung eines rechtzeitigen Einspruchs gem. § 4 WO beim Wahlvorstand.

## B. Der Betriebsrat
## Kapitel 13

Ist Arbeitgeber eine Gesellschaft, so ist nur diese, nicht aber der einzelne Gesellschafter anfechtungs- 477
berechtigt (*BAG* 28.11.1977 EzA § 19 BetrVG 1972 Nr. 14). Im Falle des Betriebsübergangs nach
§ 613a BGB entfällt das Anfechtungsrecht des Veräußerers (*LAG Düsseld.* 8.1.1979 BB 1979, 938).

### ee) Anfechtungsfrist

Gem. § 19 Abs. 2 S. 2 BetrVG muss die Anfechtung der Wahl innerhalb von zwei Wochen nach 478
Bekanntgabe des Wahlergebnisses (§ 18 WO) erfolgen. Es handelt sich um eine materiell-rechtliche
Ausschlussfrist. Mit ihrem Ablauf werden Mängel der Betriebsratswahl geheilt. Bei Versäumung der
Frist ist der Antrag deshalb als unbegründet zurückzuweisen (GK-BetrVG/*Kreutz* § 19 Rn. 77).
Eine Ausnahme gilt für den Mangel der Wählbarkeit, die nach § 24 Abs. 1 Nr. 6 BetrVG auch au-
ßerhalb dieser Frist vom Arbeitsgericht auf Antrag jederzeit festgestellt werden kann. Die Fristberech-
nung richtet sich nach §§ 187 Abs. 1, 188 Abs. 2, 193 BGB. Wird das Wahlergebnis an mehreren
Stellen im Betrieb ausgehangen, so ist für den Beginn der Frist der letzte Tag des Aushangs maßgeblich.

> Ausreichend ist, dass der Antrag innerhalb dieser Frist beim Arbeitsgericht eingeht (*BAG* 479
> 25.6.1974 EzA § 19 BetrVG 1972 Nr. 3). Ausreichend ist auch der Eingang bei einem örtlich
> unzuständigen Arbeitsgericht (*BAG* 15.7.1960 AP Nr. 10 zu § 76 BetrVG).

Bei verspäteter Anfechtung kann aber ggf. noch geprüft werden, ob die Wahl nichtig ist, da die Nich- 480
tigkeit der Wahl jederzeit geltend gemacht werden kann (GK-BetrVG/*Kreutz* § 19 Rn. 142).

### ff) Anfechtungsverfahren

#### (1) Anfechtungsantrag und Begründung

Der Anfechtungsantrag ist beim örtlich zuständigen Arbeitsgericht, d. h. dem Gericht, in dessen Be- 481
zirk der Betrieb liegt (§ 82 S. 1 ArbGG), schriftlich oder zu Protokoll der Geschäftsstelle (§ 81
Abs. 1 ArbGG) anzubringen. Entsprechend § 253 Abs. 2 ZPO ist erforderlich, dass der Antragsteller einen Sachverhalt vorträgt, der möglicherweise die Ungültigkeit der Wahl ergeben kann (*BAG*
24.5.1965 AP Nr. 14 zu § 18 BetrVG 1952). Schlüssiger oder substantiierter Vortrag ist nicht erforderlich (*BAG* 3.6.1969 AP Nr. 17 zu § 18 BetrVG; GK-BetrVG/*Kreutz* § 19 Rn. 94).

> Das Gericht ist nicht auf die Prüfung geltend gemachter Wahlfehler beschränkt, sondern hat alle 482
> Wahlverstöße zu berücksichtigen, die sich aus dem Vortrag der Beteiligten ergeben (*BAG*
> 20.7.1982 EzA § 76 BetrVG 1972 Nr. 12). Geht der Antrag im Beschlussverfahren ohne Ein-
> schränkung dahin, das Wahlergebnis für unwirksam zu erklären, so ist er i. d. R. dahin auszulegen,
> dass die Wahl unter jedem rechtlichen Gesichtspunkt überprüft werden soll. Damit wird neben
> der Anfechtbarkeit in Form eines Gestaltungsantrags zugleich die Feststellung der Nichtigkeit der
> Wahl begehrt (*BAG* 10.6.1983 EzA § 19 BetrVG Nr. 19; 13.11.1991 EzA § 27 BetrVG 1972
> Nr. 7).

Die Anfechtung kann aber auch auf die bloße Berichtigung des Wahlergebnisses beschränkt werden 483
(st. Rspr. vgl. *BAG* 24.11.1981 EzA § 76 BetrVG 1952 Nr. 11), so z. B. auf die Wahl eines einzelnen
Betriebsmitglieds, wenn dessen Nichtwählbarkeit geltend gemacht wird (*BAG* 28.11.1977 EzA § 8
BetrVG 1972 Nr. 4).

Anfechtungsgegner ist bei der Anfechtung der Gesamtwahl der Betriebsrat. Wird die Anfechtung 484
darauf gestützt, dass unter Verkennung des Betriebsbegriffs in einem einheitlichen Betrieb mehrere
Betriebsräte für jeweils einzelne Betriebsteile gewählt worden seien, so muss der Anfechtungsberech-
tigte die Wahl aller Betriebsräte anfechten. Die Anfechtung der Wahl nur eines dieser Betriebsräte ist
unzulässig (*BAG* 7.12.1988 EzA § 19 BetrVG 1972 Nr. 25). Ist die Wahl nur eines oder mehrerer
einzelner Betriebsratsmitglieder angefochten (z. B. wegen mangelnder Wählbarkeit), so sind nur
diese Anfechtungsgegner (*Fitting* § 19 Rn. 42). Die unrichtige Kennzeichnung des Antragsgegners
ist aber unschädlich, wenn sich dem Antrag nur entnehmen lässt, welche Wahl in welchem Umfang

angefochten wird (*BAG* 20.7.1982 EzA § 76 BetrVG 1952 Nr. 12; *LAG Hamm* 27.3.1991 BB 1991, 1340).

### (2) Beteiligungsberechtigung

485 Beteiligter i. S. d. § 83 Abs. 3 BetrVG ist der Antragsteller, der Betriebsrat (*BAG* 11.4.1978 EzA § 19 BetrVG 1972 Nr. 17), nicht aber die einzelnen Mitglieder des Betriebsrats (*BAG* 14.1.1983 EzA § 81 ArbGG 1979 Nr. 1), es sei denn, gerade die Wahl eines einzelnen oder mehrerer einzelner Mitglieder ist angefochten (GK-BetrVG/*Kreutz* § 19 Rn. 97 f.) und der Arbeitgeber. Im Übrigen ist nur Beteiligter, wer in seiner betriebsverfassungsrechtlichen Rechtsposition durch das Anfechtungsverfahren unmittelbar betroffen ist, z. B. ein in Betracht kommendes Ersatzmitglied, wenn die Wahl eines einzelnen Betriebsratsmitgliedes wegen Nichtwählbarkeit angefochten wird, weil es dann im Falle erfolgreicher Anfechtung in den Betriebsrat nachrückt (GK-BetrVG/*Kreutz* § 19 Rn. 100). Nicht beteiligt sind die nicht selbst antragstellende Gewerkschaft (*BAG* 19.9.1985 EzA § 19 BetrVG 1972 Nr. 22; 18.1.1989 EzA § 9 BetrVG 1972 Nr. 4) sowie der Wahlvorstand (*BAG* 14.1.1993 EzA § 81 ArbGG 1979 Nr. 1).

### (3) Rechtsschutzinteresse

486 Als Verfahrensvoraussetzung ist in jedem Stadium des Verfahrens das Vorliegen eines Rechtsschutzinteresses erforderlich. Dieses entfällt, wenn das Amt des Betriebsrates vor der letzten Anhörung im Beschlussverfahren endet (*BAG* 13.3.1991 EzA § 19 BetrVG 1972 Nr. 29), nicht aber dann, wenn der Betriebsrat seinen Rücktritt beschließt, weil er dann nach §§ 22, 13 Abs. 2 Nr. 3 BetrVG die Geschäfte weiterführt (*BAG* 29.5.1991 EzA § 4 BetrVG 1972 Nr. 6). Bei einem Antrag von drei wahlberechtigten Arbeitnehmern entfällt das Rechtsschutzinteresse, wenn alle drei Arbeitnehmer zwischenzeitlich aus dem Betrieb ausgeschieden sind. Zumindest bei einem der Anfechtenden muss die Betriebszugehörigkeit fortbestehen (*BAG* 15.2.1989 EzA § 19 BetrVG 1972 Nr. 28). Wird die Anfechtung auf die Unrichtigkeit der Wählerliste gestützt, entfällt das Rechtsschutzinteresse nicht deshalb, weil nicht gem. § 4 WO Einspruch beim Wahlvorstand gegen die Richtigkeit der Wählerliste erhoben wurde (str., so MünchArbR/*Joost* § 216 Rn. 222; a. A. etwa *Richardi* § 19 Rn. 10: Unzulässigkeit der Anfechtung, wenn ein nach § 4 WO Einspruchsberechtigter trotz tatsächlicher Möglichkeit des Einspruchs keinen Einspruch erhoben hat; *LAG Düsseld.* 15.10.1973 DB 1974, 684; *LAG Frankf./M.* 14.7.1988 BB 1988, 2317).

### (4) Die Entscheidung des Arbeitsgerichts und ihre Rechtsfolgen

#### aaa) Abweisung des Antrags

487 Wird der Antrag zurückgewiesen, so steht für alle Verfahrensbeteiligten mit Rechtskraft der Entscheidung die Wirksamkeit der Wahl fest und kann von diesen auch nicht mehr unter dem Gesichtspunkt der Nichtigkeit angegriffen werden (GK-BetrVG/*Kreutz* § 19 Rn. 114).

#### bbb) Erfolgreiche Anfechtung

488 Wird die Anfechtung für begründet erachtet, so hängt der Inhalt des Beschlusses im Rahmen der gestellten Anträge (§ 83 Abs. 1 ArbGG) von der Art des festgestellten Fehlers ab:

489 Soweit dies möglich ist, ist das Wahlergebnis zu korrigieren, die gerichtliche Korrektur geht der Kassation des Wahlergebnisses vor (*BAG* 29.5.1991 EzA § 19 BetrVG 1972 Nr. 31; 12.10.1976 EzA § 19 BetrVG 1972 Nr. 10).

490 Soweit eine Berichtigung auf Grund der Art des Verstoßes nicht in Betracht kommt, wird die Wahl für ungültig erklärt (GK-BetrVG/*Kreutz* § 19 Rn. 122). Der Beschluss hat rechtsgestaltende Wirkung und wirkt bei Eintritt der Rechtskraft für und gegen alle, allerdings nur mit Wirkung für die Zukunft (*BAG* 29.5.1991 EzA § 19 BetrVG 1972 Nr. 31; 13.3.1991 EzA § 19 BetrVG 1972 Nr. 29).

## B. Der Betriebsrat

Eine Korrektur ist möglich, wenn dem Wahlvorstand bei der Feststellung des Wahlergebnisses Fehler unterlaufen sind und somit nur der wahren Wählerentscheidung Geltung verschafft wird, so etwa bei Korrektur fehlerhafter Stimmauszählung, fehlerhafter Anwendung der Grundsätze der Verhältniswahl oder fehlerhafter Verteilung der Stimmen oder Sitze auf die einzelnen Vorschlagslisten (GK-BetrVG/*Kreutz* § 19 Rn. 121). Eine Korrektur scheidet aus, wenn die Wahl auf Grund unrichtiger Berechnung der Zahl der zu wählenden Betriebsratsmitglieder erfolgt (*BAG* 18.1.1989 EzA § 9 BetrVG 1972 Nr. 4). Teilweise GK-BetrVG/*Kreutz* § 19 Rn. 121) wird für den Fall der Listenwahl (Verhältniswahl) eine Berichtigung der Betriebsratsgröße für zulässig erachtet, weil nicht davon ausgegangen werden könne, dass die Entscheidung des Wählers für eine Liste von der Anzahl der zu wählenden Betriebsratsmitglieder abhänge. Ist eine Korrektur möglich, ist das richtige Wahlergebnis im Tenor positiv festzuhalten. Mit Rechtskraft der Entscheidung gilt das richtige Wahlergebnis (GK-BetrVG/*Kreutz* § 19 Rn. 119, 124). **491**

Richtet sich der Antrag auf Ungültigerklärung des Wahlergebnisses insgesamt und ist eine Korrektur des Wahlfehlers nicht möglich, hat das Gericht die Wahl für ungültig zu erklären. Im Rahmen einer solchen Gesamtanfechtung ist die Wahl allerdings dann nur teilweise für ungültig zu erklären und der Antrag im Übrigen zurückzuweisen, wenn der Wahlfehler das Wahlergebnis nur in einem abgrenzbaren und rechtlich abtrennbaren Teilbereich beeinflusst hat, z. B. wenn nur die Wahl einzelner Mitglieder des Betriebsrats fehlerhaft erfolgt ist. Bei erfolgreicher Gesamtanfechtung, endet mit Rechtskraft der Entscheidung die Amtszeit des Betriebsrats. Die bisher vorgenommenen Handlungen einschließlich des Abschlusses von Betriebsvereinbarungen bleiben allerdings aus Gründen der Rechtssicherheit wirksam (DKK/*Schneider* § 19 Rn. 34). Nur bis zur Rechtskraft der Entscheidung besteht für die Mitglieder des Betriebsrates der besondere Kündigungsschutz nach § 15 Abs. 1 KSchG, § 103 BetrVG. Der nachwirkende Kündigungsschutz besteht gem. § 15 Abs. 1 S. 2 KSchG nicht. **492**

Ist die Wahl eines oder mehrerer Betriebsratsmitglieder wegen Nichtwählbarkeit für ungültig erklärt worden, so rückt mit Rechtskraft des Beschlusses ein Ersatzmitglied (§ 25 BetrVG) nach (*BAG* 28.11.1977 EzA § 8 BetrVG 1972 Nr. 4; 25.4.1978 EzA § 8 BetrVG 1972 Nr. 6). **493**

### b) Nichtigkeit der Wahl

Von Anfang an nichtig ist die Betriebsratswahl nur in ganz besonderen Ausnahmefällen, wenn nach dem Standpunkt eines mit den betrieblichen Verhältnissen vertrauten durchschnittlichen Beobachters ein so grober und offensichtlicher Verstoß gegen wesentliche Grundsätze des gesetzlichen Wahlrechts vorliegt, dass nicht einmal der Anschein einer dem Gesetz entsprechenden Wahl vorliegt (*BAG* 29.5.1991 EzA § 19 BetrVG 1972 Nr. 31; 13.11.1991 EzA § 27 BetrVG 1972 Nr. 7). Seine frühere Rechtsprechung, nach der bei mehreren Verstößen eine Gesamtbeurteilung vorzunehmen war und eine Massierung von Wahlverstößen, auch wenn jeder einzelne Verstoß für sich betrachtet nur die Anfechtbarkeit begründet, zur Nichtigkeit der Wahl führen konnte (*BAG* 27.4.1976 EzA § 19 BetrVG 1972 Nr. 8; *LAG Köln* 16.9.1987 LAGE § 19 BetrVG 1972 Nr. 5), hat das *BAG* (19.11.2003 EzA § 19 BetrVG 2001 Nr. 2) aufgegeben: Führen Verstöße gegen Wahlvorschriften jeder für sich genommen nicht zur Nichtigkeit der Wahl, kann sich die Nichtigkeit auch nicht aus einer Gesamtwürdigung der einzelnen Verstöße ergeben. **494**

▶ **Beispiele:** **495**
- **Nichtigkeit** ist bejaht worden bei Wahl eines Betriebsrates für einen nicht dem BetrVG unterliegenden Betrieb (*BAG* 9.2.1982 EzA § 118 BetrVG 1972 Nr. 33; 30.4.1997 EzA § 118 BetrVG 1972 Nr. 66);
- Wahl eines Betriebsrates für einen Betriebsteil, obwohl durch nicht angefochtene Wahl für diesen und andere Betriebsteile ein einheitlicher Betriebsrat gewählt wurde, der sich noch im Amt befindet (*BAG* 11.4.1978 EzA § 19 BetrVG 1972 Nr. 17);
- Wahl eines gemeinsamen Betriebsrats für mehrere Filialen, obwohl in einzelnen Filialen bereits ein Betriebsrat besteht (*ArbG Regensburg* 20.9.1990, 852);

# Kapitel 13

- Wahl durch Zuruf in der Betriebsversammlung (*BAG* 12.10.1961 AP Nr. 84 zu § 611 BGB Urlaubsrecht);
- Wahl eines Betriebsrates außerhalb des regelmäßigen Wahlzeitraums, obwohl keiner der Ausnahmefälle des § 13 Abs. 2 BetrVG vorliegt (*BAG* 11.4.1978 EzA § 19 BetrVG 1972 Nr. 17).
- **Nicht nichtig** ist dagegen die Wahl bei nur fehlerhafter Betriebsabgrenzung unter irrtümlicher Verkennung des Betriebsbegriffs (vgl. § 18 Abs. 2 BetrVG), also weder bei fehlerhafter Zuordnung oder Nichtzuordnung von Betriebsteilen und Nebenbetrieben zum Hauptbetrieb (*BAG* 7.12.1988 EzA § 19 BetrVG 1972 Nr. 25; 13.9.1984 EzA § 19 BetrVG 1972 Nr. 20) noch bei der Wahl eines einheitlichen Betriebsrats für zwei selbstständige Betriebe (vgl. *BAG* 9.4.1991 EzA § 18 BetrVG 1972 Nr. 7). **Etwas anderes gilt**, wenn die Wahl unter Missachtung einer in einem nach § 18 Abs. 2 BetrVG ergangenen bindenden gerichtlichen Entscheidung durchgeführt wird (*BAG* 19.11.2003 EzA § 19 BetrVG 1972 Nr. 1);
- Nicht nichtig ist die Wahl eines Betriebsrates mit zu hoher oder zu niedriger Mitgliederzahl (*BAG* 29.5.1991 EzA § 19 BetrVG 1972 Nr. 31), wenn nur bei einzelnen Mitgliedern die Wählbarkeitsvoraussetzungen nicht vorlagen (GK-BetrVG/*Kreutz* § 19 Rn. 139);
- Ebenso folgt die Nichtigkeit nicht schon ohne weiteres aus der Durchführung der Betriebsratswahl im vereinfachten Verfahren, obwohl dessen Voraussetzungen nicht vorliegen (*BAG* 19.11.2003 EzA § 19 BetrVG 2001 Nr. 2).

**496** Ist die Wahl nichtig, ist der Betrieb rechtlich von Anfang an betriebsratslos; alle vom »Betriebsrat« getroffenen Maßnahmen sind rechtunwirksam (*BAG* 29.3.1974 EzA § 19 BetrVG 1972 Nr. 2). Die aus der nichtigen Wahl hervorgegangene Arbeitnehmervertretung hat keinerlei betriebsverfassungsrechtliche Befugnisse (*BAG* 13.3.1991 EzA § 19 BetrVG 1972 Nr. 29).

**497** Streitig ist, ob dem Arbeitgeber, der in Kenntnis der Nichtigkeit den aus der Wahl hervorgegangenen Betriebsrat längere Zeit als rechtmäßige Vertretung anerkannt hat und sich jetzt auf die Nichtigkeit beruft, der Einwand der Arglist (§ 242 BGB) entgegengesetzt werden kann (abl. GK-BetrVG/*Kreutz* § 19 Rn. 141; HSWGNR/*Nicolai* § 19 Rn. 44: Ein Vertrauensschutz kann aber auf individualrechtlicher Ebene bestehen; bejahend DKK/*Schneider* § 19 Rn. 44). Das *BAG* (27.4.1976 EzA § 19 BetrVG 1972 Nr. 8) lehnt dies ab. Der besondere Kündigungs- und Versetzungsschutz für Betriebsratsmitglieder nach § 15 KSchG, § 103 BetrVG greift nicht ein (*BAG* 29.9.1988 AP Nr. 76 zu § 613a BGB). In Betracht kommt aber der Kündigungs- und Versetzungsschutz für Wahlbewerber nach § 15 Abs. 3 KSchG. Ferner kann ein Anspruch des nichtig gewählten Betriebsratsmitglieds auf Erstattung tatsächlicher Aufwendungen nach betriebsverfassungsrechtlichen Grundsätzen bestehen, wenn die Nichtigkeit der Wahl nicht offenkundig ist (*BAG* 29.4.1998 EzA § 40 BetrVG 1972 Nr. 82: für den Fall einer nicht offenkundigen Verkennung des Geltungsbereichs des BetrVG nach § 118 Abs. 2 BetrVG).

**498** Die Nichtigkeit der Wahl kann jederzeit geltend gemacht werden, sei es als Vorfrage (vgl. *BAG* 27.4.1976 EzA § 19 BetrVG 1972 Nr. 8), sei es selbst als Gegenstand eines arbeitsgerichtlichen Beschlussverfahrens oder im Rahmen eines Wahlanfechtungsverfahrens (vgl. *BAG* 10.6.1983 EzA § 19 BetrVG Nr. 19; 13.11.1991 EzA § 27 BetrVG 1972 Nr. 7).

**499** Die Nichtigkeit der Wahl kann von jedermann geltend gemacht werden, der ein rechtliches Interesse an dieser Feststellung hat (*LAG Bln.* 8.4.2003 LAGE § 19 BetrVG 2001 Nr. 1; GK-BetrVG/*Kreutz* § 19 Rn. 146). Für die Beteiligungsberechtigung gelten die Ausführungen zur Wahlanfechtung entsprechend. Stellt das Gericht in einem arbeitsgerichtlichen Beschlussverfahren die Nichtigkeit der Wahl fest, entfaltet die Entscheidung für und gegen alle Rechtskraft (GK-BetrVG/*Kreutz* § 19 Rn. 147).

### c) Einstweiliger Rechtsschutz

**499a** Streitig ist, unter welchen Voraussetzungen der Arbeitgeber ggf. im Wege der einstweiligen Verfügung den Abbruch einer mit Fehlern behafteten Wahl verlangen kann. Das *BAG* (27.7.2011 EzA § 19 BetrVG 2001 Nr. 8) hat diese Frage nun dahingehend entschieden, dass der Abbruch

## II. Die Amtszeit des Betriebsrats

### 1. Dauer der Amtszeit

Die regelmäßige Amtszeit des Betriebsrats beträgt nach § 21 S. 1 BetrVG vier Jahre. Sie kann sich verkürzen oder verlängern. Um eine Anpassung an die einheitlichen Wahltermine zu erreichen, erfolgt eine Verkürzung der Amtszeit, wenn eine vorzeitige Neuwahl erfolgt und der Betriebsrat bereits länger als ein Jahr im Amt ist (§ 13 Abs. 2 Nr. 1, 2 i. V. m. § 21 S. 4 BetrVG). Zu einer Verkürzung kommt es auch in sonstigen Fällen der vorzeitigen Beendigung der Amtszeit. Zu einer Verlängerung der regelmäßigen Amtszeit des Betriebsrats kommt es nach §§ 13 Abs. 2 S. 3, 21 S. 5 BetrVG, wenn die Amtszeit des bestehenden Betriebsrats zu Beginn des für die regelmäßigen Betriebsratswahlen festgelegten Zeitraum noch nicht 1 Jahr betragen hat. Dann wird die Amtszeit bis zum übernächsten Zeitraum der regelmäßigen Betriebsratswahlen verlängert. 500

### 2. Beginn der Amtszeit

#### a) Betriebsratsloser Betrieb

Besteht bei Bekanntgabe des Wahlergebnisses (= Aushang der Namen der neu gewählten Betriebsratsmitglieder, § 19 WO) noch kein Betriebsrat oder endete die Amtszeit des alten Betriebsrates vor Bekanntgabe des Wahlergebnisses, so beginnt die Amtszeit mit der Bekanntgabe des Wahlergebnisses, § 21 S. 2 BetrVG. 501

#### b) Betriebe mit Betriebsrat

Besteht im Zeitpunkt der Bekanntgabe des Wahlergebnisses noch ein Betriebsrat, so beginnt die Amtszeit des neuen Betriebsrats mit Ablauf der Amtszeit des alten Betriebsrats. In den Fällen der §§ 13 Abs. 2 Nr. 1, 2 BetrVG (außerordentliche Wahl während der Amtszeit des alten Betriebsrats) beginnt die Amtszeit des neuen Betriebsrats mit Bekanntgabe des Wahlergebnisses. 502

#### c) Wirkungen des Beginns der Amtszeit

Strittig ist, ob bereits mit Beginn der Amtszeit der Betriebsrat als Organ auch die vollen Rechte nach dem BetrVG hat, insbes. ob bereits bei Beginn der Amtszeit die bestehenden Beteiligungs- und Mitbestimmungsrechte zu beachten sind, oder aber für diese **Amtsführungsbefugnis** neben Beginn der Amtszeit erforderlich ist, dass der Betriebsrat sich in der konstituierenden Sitzung auch konstituiert hat, insbes. auch einen Vorsitzenden gewählt hat: Nach Auffassung des 6. Senats des *BAG* (23.8.1984 EzA § 102 BetrVG 1972 Nr. 59) wird die Amtsausübungsbefugnis des Betriebsrats erst nach Konstituierung des Betriebsrats gem. §§ 29, 26 BetrVG begründet, sodass der Arbeitgeber zuvor Verhandlungen mit dem Betriebsrat ablehnen kann. Er ist grds. auch nicht verpflichtet, z. B. mit dem Ausspruch einer Kündigung eines Arbeitnehmers zu warten, bis sich der Betriebsrat konstituiert hat. Der 7. Senat des *BAG* (28.9.1983 EzA § 102 BetrVG 1972 Nr. 56) hingegen neigt zu der Ansicht, nach der der Betriebsrat auch ohne Wahl des Vorsitzenden und seines Stellvertreters funktionsfähig sei und damit wirksame Beschlüsse fassen könne. 503

Bereits mit Bekanntgabe des Wahlergebnisses, auch wenn dadurch noch nicht die Amtszeit des neu gewählten Betriebsrates beginnt, weil die Amtszeit des regulär gewählten alten Betriebsrats zu diesem Zeitpunkt noch nicht abgelaufen ist (§ 21 S. 2 2. Alt. BetrVG), besteht nach überwiegender Ansicht (vgl. GK-BetrVG/*Kreutz* § 21 Rn. 20; a. A. HSWGNR/*Schlochauer* § 21 Rn. 9) **Kündigungs- und Versetzungsschutz** wie für bereits amtierende Betriebsratsmitglieder. Insbesondere bedarf die außerordentliche Kündigung der Zustimmung des alten, noch im Amt befindlichen Betriebsrats nach § 103 BetrVG. 504

## 3. Ende der Amtszeit

### a) Regelmäßige Beendigung

505 Die regelmäßige Amtszeit des Betriebsrates endet mit Ablauf von vier Jahren seit dem Beginn der Amtszeit, § 21 S. 1 BetrVG. Für die Fristberechnung gelten die §§ 187 ff. BGB.

506 ▶ **Beispiel:**

Ist die Amtszeit des alten Betriebsrats am 23.4. erloschen, beginnt die Amtszeit des neuen Betriebsrats am 24.4. Sie endet vier Jahre später mit Ablauf des 23.4.

507 Die regelmäßige Amtszeit endet selbst dann nach Ablauf der Vierjahresfrist, wenn noch kein neuer Betriebsrat gewählt und der 31.5. noch nicht abgelaufen ist (h. M. vgl. etwa GK-BetrVG/*Kreutz* § 21 Rn. 24; HSWGNR/*Schlochauer* § 21 Rn. 13; DKK/*Buschmann* § 21 Rn. 17).

### b) Abweichende Beendigung der Amtszeit

#### aa) Ablauf der nach § 21 S. 3 und 4 BetrVG verkürzten Amtszeit

508 Haben außerhalb des regelmäßigen Wahlzeitraums außerordentliche Betriebsratswahlen stattgefunden, so ist danach zu unterscheiden, ob der Betriebsrat zu Beginn des Zeitraums für die nächsten regelmäßigen Betriebsratswahlen (1.3. des regulären Wahljahres) bereits ein Jahr im Amt ist oder nicht: Befindet er sich bereits ein Jahr oder länger im Amt, so endet die Amtszeit des zwischenzeitlich gewählten Betriebsrats spätestens am 31.5. des Wahljahres, § 21 S. 3 BetrVG. Hat der zwischenzeitlich gewählte Betriebsrat noch keine einjährige Amtszeit aufzuweisen, ist ein neuer Betriebsrat nach § 13 Abs. 2 S. 2 BetrVG erst bei der übernächsten regelmäßigen Wahl zu wählen. Seine Amtszeit endet dann spätestens am 31.5. dieses dann maßgeblichen Wahljahres, § 21 S. 4 BetrVG. Der jeweilige 31.5. ist jedoch nur der späteste Zeitpunkt der Beendigung der Amtszeit. Vor dem 31.5. des jeweils maßgeblichen Wahljahres endet die Amtszeit des alten Betriebsrats mit der Bekanntgabe des Wahlergebnisses des neu gewählten Betriebsrats (*BAG* 28.9.1983 EzA § 102 BetrVG 1972 Nr. 56; GK-BetrVG/*Kreutz* § 21 Rn. 29).

#### bb) Ablauf der Amtszeit bei Veränderung der Belegschaftsstärke, Absinken der Zahl der Betriebsratsmitglieder und Rücktritt des Betriebsrats, Ausscheiden aller Betriebsratsmitglieder

509 Eine Besonderheit besteht in den Fällen vorzeitiger Neuwahl auf Grund einer Veränderung der Belegschaftsstärke (§ 13 Abs. 2 Nr. 1 BetrVG) und infolge Absinken der Mitgliederzahl des Betriebsrats unter die vorgeschriebene Größe (§ 13 Abs. 2 Nr. 3 BetrVG): In diesen Fällen endet die Amtszeit des bestehenden Betriebsrats mit Bekanntgabe des Wahlergebnisses, § 21 S. 5 BetrVG, spätestens aber mit Ablauf derjenigen Amtszeit, die ihm ohne den Eintritt der in §§ 13 Abs. 2 Nr. 1, 2 BetrVG aufgeführten Tatbestände zugestanden hätte (*LAG Düsseld./Köln* 20.9.1974 EzA § 22 BetrVG 1972 Nr. 1; GK-BetrVG/*Kreutz* § 21 Rn. 31). Bis zu diesem Zeitpunkt bleibt der Restbetriebsrat im Amt, auch wenn nur noch ein einziges Betriebsratsmitglied im Amt ist (*BAG* 18.8.1982 EzA § 102 BetrVG 1972 Nr. 48). Gleiches gilt für den Fall des Rücktritts des Betriebsrats insgesamt (§ 13 Abs. 2 Nr. 3 BetrVG).

510 Die Amtszeit des Betriebsrats endet ferner mit Ausscheiden aller Betriebsratsmitglieder einschließlich der Ersatzmitglieder (§ 24 Abs. 1 BetrVG). Maßgeblich ist der Zeitpunkt des Ausscheidens des letzten Mitglieds (GK-BetrVG/*Kreutz* § 21 Rn. 36).

#### cc) Anfechtung der Wahl, Auflösung des Betriebsrats

511 Im Falle erfolgreicher Wahlanfechtung (§ 13 Abs. 2 Nr. 4 BetrVG) oder der gerichtlichen Auflösung des Betriebsrats (§ 23 Abs. 1 BetrVG) endet die Amtszeit mit Rechtskraft des arbeitsgerichtlichen Beschlusses.

#### dd) Verlust der Betriebsratsfähigkeit, Ausscheiden des Betriebs aus dem Geltungsbereich des BetrVG

Das Amt des Betriebsrats endet ferner vorzeitig, wenn die Zahl der ständig wahlberechtigten Arbeitnehmer unter fünf sinkt oder der Betrieb nach §§ 118 Abs. 2, 130 BetrVG nicht mehr dem Geltungsbereich des BetrVG unterfällt (vgl. GK-BetrVG/*Kreutz* § 21 Rn. 37).

### c) Übergangs- und Restmandat des Betriebsrats bei organisatorischen Veränderungen, §§ 21a, 21b BetrVG

Durch das BetrVerf-ReformG vom 23.7.2001 (BGBl. I S. 1852 ff.) wurden erstmalig in das BetrVG selbst Regelungen über das sog. Übergangs- und Restmandat des Betriebsrats aufgenommen. Das Übergangsmandat war bislang nur spezialgesetzlich (insbes. in § 321 UmwG, § 13 SpTrUG, § 6b VermG; zur entsprechenden Anwendung in spezialgesetzlich nicht erfassten Fällen vgl. *BAG* 31.5.2000 EzA § 19 BetrVG 1972 Nr. 39) geregelt, während das Institut des Restmandats ohne gesetzliche Regelung von der Rechtsprechung entwickelt wurde (vgl. etwa *BAG* 16.6.1987 EzA § 111 BetrVG 1972 Nr. 21). Durch die Regelung des Übergangsmandats in § 21a BetrVG wollte der Gesetzgeber insoweit die Richtlinie 2001/23/EG vom 12.3.2001 (AblEG Nr. L 82 S. 16) umsetzen (vgl. GK-BetrVG/*Kreutz* § 21a Rn. 2).

#### aa) Übergangsmandat, § 21a BetrVG

##### (1) Zweck

Durch das Übergangsmandat soll sichergestellt werden, dass in allen Fällen, in denen eine Änderung der Betriebsorganisation zum Verlust von Beteiligungsrechten und zum Verlust des betriebsverfassungsrechtlichen Schutzes von Arbeitnehmern führen würde, dieser Schutz zumindest für eine Übergangszeit erhalten bleibt, in der dann Betriebsräte in den geänderten Organisationsstrukturen gebildet werden können (BegrRegE, BT-Drs. 14/5741, S. 39).

##### (2) Voraussetzungen

Ein Übergangsmandat kommt gem. § 21a Abs. 1 S. 1, Abs. 2 S. 1 BetrVG im Falle der Spaltung eines Betriebs oder der Zusammenfassung mehrerer Betriebe oder Betriebsteile zu einem Betrieb in Betracht. Gem. § 21a Abs. 3 BetrVG ist es dabei unerheblich, ob es sich um unternehmensinterne oder unternehmensübergreifende Spaltungen oder Zusammenfassungen im Zusammenhang mit einer Betriebsveräußerung oder einer Umwandlung nach dem UmwG handelt.

Eine **Betriebsspaltung** liegt vor, wenn ein bisher einheitlicher Betrieb in mehrere organisatorisch selbstständige Einheiten geteilt wird (vgl. *LAG Köln* 23.1.2004 – 12 Ta BV 64/03, n. v.; ausf. GK-BetrVG/*Kreutz* § 21a Rn. 17 ff.; nach *Worzalla* FA 2001, 262 soll eine Spaltung ausscheiden, wenn alle Arbeitnehmer in einem Betriebsteil verbleiben, somit nur Betriebsmittel abgespalten und übertragen werden). Eine Betriebsspaltung setzt voraus, dass für den von der bisherigen Leitungsstelle konstituierten Betriebsbereich zukünftig mindestens zwei Leistungsstellen bestehen, denen jeweils für Teile der bisherigen Einheit Leitungsaufgaben und entsprechende Leitungsbefugnisse zukommen (GK-BetrVG/*Kreutz* § 21a Rn. 21).

Eine **Zusammenfassung** von Betrieben oder Betriebsteilen zu einem Betrieb liegt vor, wenn zuvor eigenständig organisierte Betriebe oder Teile solcher Betriebe so miteinander verflochten werden, dass beide ihre bisherige Identität verlieren und ein neuer, einheitlicher Betrieb unter einheitlicher Leitung entsteht (GK-BetrVG/*Kreutz* § 21a Rn. 58 ff.; *Fitting* § 111 Rn. 84). Kein Übergangsmandat besteht, wenn ein Betrieb lediglich in einen anderen Betrieb eingegliedert wird, in dem bereits ein Betriebsrat besteht, § 21a Abs. 1 S. 1 BetrVG. Eine solche Eingliederung liegt in Abgrenzung zur Zusammenfassung von Betrieben vor, wenn der Betrieb, in den der abgespaltene Betriebsteil aufgenommen wird, unter gleich bleibender Leitung und mit im Wesentlichen gleichem Zweck fortgeführt wird (*BAG* 21.1.2003 EzA § 77 BetrVG 2001 Nr. 3; *Worzalla* FA 2001, 261, 263), der aufnehmende Betrieb also in seiner Identität unverändert bleibt (vgl. GK-BetrVG/*Kreutz* § 21a Rn. 60 ff.). Dies kommt insbes. bei Betrieben mit erheblichen Größenunterschieden in Betracht, wenn der deutlich kleinere Betrieb nach dem Zusammenschluss unselbstständiger Betriebsteil des aufnehmenden größeren Betriebs wird (GK-BetrVG/*Oetker* § 111 Rn. 129). Nach GK-BetrVG/ *Kreutz* (§ 21a Rn. 62) ist zur Abgrenzung von Eingliederung und Zusammenfassung auf die Wertung des § 13 Abs. 2 Nr. 1 BetrVG abzustellen. Eine Eingliederung liegt danach vor, wenn Betriebe zusammengefasst werden, von denen der kleinere regelmäßig weniger als die Hälfte der Arbeitnehmer des größeren Betriebs hat. Im Falle einer Eingliederung in einen Betrieb, in dem kein Betriebsrat besteht, besteht ein Übergangsmandat des Betriebsrats des ursprünglichen Betriebs, und zwar auch für die Arbeitnehmer des aufnehmenden Betriebs (str., so z. B. DKK/*Buschmann* § 21a Rn. 39; *Worzalla* FA 2001, 261, 263]; a. A. *Oetker/Busche* NZA Beil. 1/1991, 24; GK-BetrVG/*Kreutz* § 21a Rn. 65).

518 Für die Frage, ob eine Spaltung oder ein Zusammenschluss vorliegt, ist allein die organisatorische, tatsächliche Veränderung der betrieblichen Organisationsstrukturen entscheidend. Unerheblich ist demgegenüber, auf Grund welcher dahinter stehender Rechtsvorgänge diese Veränderungen vollzogen werden, vgl. § 21a Abs. 3 BetrVG. Ein Übergangsmandat kommt somit auch bei Spaltungen oder Zusammenfassungen als Folge rein unternehmensinterner Umstrukturierungen, in Betracht.

519 Ein Übergangsmandat setzt im Falle der Spaltung ferner die **Betriebsratsfähigkeit des abgespaltenen Betriebs oder Betriebsteils** voraus, § 21a Abs. 1 S. 1 i. V. m. § 1 Abs. 1 S. 1 BetrVG. Dort müssen also mindestens fünf ständig wahlberechtigte Arbeitnehmer, von denen drei wählbar sind, beschäftigt werden.

*(3) Träger des Übergangsmandats*

520 Im Falle der Spaltung obliegt die Wahrnehmung des Übergangsmandats dem Betriebsrat des vormals einheitlichen Betriebs. Dieser Betriebsrat bleibt in seiner vorherigen personellen Zusammensetzung bestehen, d. h. unter Einschluss der von ggf. in dem abgespaltenen Betriebsteil beschäftigten und nun übergegangenen Betriebsratsmitgliedern (*Fitting* § 21a Rn. 16), auch wenn diese nunmehr in Betrieben beschäftigt werden, die nicht betriebsratsfähig sind oder in Betriebe mit Betriebsrat eingegliedert wurden (GK-BetrVG/*Kreutz* § 21a Rn. 34). Bei einer Zusammenfassung obliegt die Wahrnehmung des Übergangsmandats dem Betriebsrat des nach der Zahl der wahlberechtigten Arbeitnehmer (§ 7 BetrVG) größten Betriebs oder Betriebsteils. Die Betriebsräte der anderen Betriebe oder Betriebsteile, die zu einem neuen Betrieb zusammengefasst werden, verlieren mit der Zusammenfassung ihre Ämter (*Worzalla* FA 2001, 261, 263).

*(4) Inhalt des Übergangsmandats*

521 Das Übergangsmandat ist ein Vollmandat, das zur umfassenden Wahrnehmung aller Betriebsratsgeschäfte und aller Beteiligungsrechte berechtigt. Der für die Wahrnehmung des Übergangsmandats zuständige Betriebsrat hat insbes. in den Betrieben, für die er kraft Übergangsmandats zuständig ist, unverzüglich Wahlvorstände für die Wahl eines eigenen Betriebsrats in diesen Betrieben zu bestellen. Der für die Wahrnehmung des Übergangsmandats zuständige Betriebsrat hat im Übrigen alle betriebsverfassungsrechtlichen Rechte und Pflichten in den Betrieben, in denen das Übergangsmandat besteht (*Fitting* § 21a Rn. 20; *Worzalla* FA 2001, 261, 263). Soweit im Falle der Spaltung die Voraussetzungen eines Übergangsmandats gegeben sind, bezieht sich dieses auf die abgespaltenen Betriebsteile, aber auch auf den Restbetrieb.

522 Im Falle der Zusammenfassung von Betrieben oder Betriebsteilen erstreckt sich das Übergangsmandat auch auf die Arbeitnehmer der Betriebe, in denen bisher noch kein Betriebsrat bestand (*Engels/ Trebinger/Löhr-Steinhaus* DB 2001, 532, 534]; zweifelnd für den Fall, dass im größten Betrieb kein Betriebsrat besteht: *Richardi/Annuß* DB 2001 41, 44]; *Worzalla* FA 2001, 261, 263).

### (5) Dauer des Übergangsmandats; Konsequenzen für den Betriebsrat des Ursprungsbetriebs

Gem. § 21a Abs. 1 S. 3, Abs. 2 S. 2 BetrVG endet das Übergangsmandat, sobald in den Betriebsteilen oder im aus der Zusammenfassung entstandenen neuen Betrieb ein neuer Betriebsrat gewählt und das Wahlergebnis bekannt gegeben ist, längstens aber sechs Monate nach tatsächlichem Vollzug der Spaltung oder Zusammenfassung. Ob zu diesem Zeitpunkt schon die zu Grunde liegenden gesellschaftsrechtlichen Vorgänge wie z. B. eine Umwandlung stattgefunden haben, ist unerheblich (*Worzalla* FA 2001, 261, 264). 523

Die Sechsmonatsfrist kann durch Tarifvertrag oder Betriebsvereinbarung um weitere sechs Monate verlängert werden. Hierdurch soll auf langwierige Umstrukturierungsvorgänge angemessen reagiert werden können. Die Betriebsvereinbarung muss zwischen dem Unternehmen, das für den abgespaltenen Betriebsteil oder den aus der Zusammenfassung entstandenen Betrieb zuständig ist und dem Betriebsrat, dem die Ausübung des Übergangsmandats zusteht, abgeschlossen werden. 524

Ob und ggf. unter welchen Voraussetzungen eine Betriebsspaltung zur Folge hat, dass der Betriebsrat des Ursprungsbetriebs nur noch ein zeitlich begrenztes Übergangsmandat hat, wird kontrovers diskutiert. Nach bisher überwiegender Auffassung bleibt der bisherige Betriebsrat bis zum Ablauf seiner regulären Amtszeit und nicht nur für die Dauer des Übergangsmandats im Amt, wenn von einem Betrieb nur ein Teil abgespalten wird, hierdurch aber die Identität des Betriebs nicht berührt wird (Betriebsteilabspaltung). Zu einem vorzeitigen Ende der Amtszeit sollte es hingegen kommen, wenn der Betrieb unter Beseitigung seiner Identität in neue selbstständige Betriebe aufgespalten wird und untergeht (vgl. zum Meinungsstand GK-BetrVG/*Kreutz* § 21a Rn. 19). Da im Falle der Betriebsteilabspaltung der ursprüngliche Betriebsrat im Amt bleibt, bedarf es nach GK-BetrVG/*Kreutz* (§ 21a Rn. 19) keines Übergangsmandats für den Ursprungsbetrieb, da dessen Arbeitnehmer ja durch den regulären Betriebsrat vertreten werden. 525

### (6) Kosten aus der Wahrnehmung des Übergangsmandats

Für die Kosten aus der Wahrnehmung des Übergangsmandats gilt § 40 BetrVG. Erfasst das Übergangsmandat einen Betrieb oder Betriebsteil, der zu einem anderen Unternehmen gehört, haften die beteiligten Unternehmen (Arbeitgeber) in entsprechender Anwendung der §§ 421 ff. BGB als Gesamtschuldner (vgl. *Worzalla* FA 2001, 261, 264). 526

### bb) Restmandat, § 21b BetrVG

#### (1) Zweck

Das Restmandat soll die Wahrnehmung der sich infolge eines Betriebsuntergangs stellenden Aufgaben des Betriebsrats, insbes. nach §§ 111 ff. BetrVG sicherstellen, auch über den Zeitpunkt der Einstellung der Betriebsaktivität hinaus (BegrRegE, BT-Drs. 14/5741, S. 39; *BAG* 16.6.1987 EzA § 111 BetrVG 1972 Nr. 21). Sachlich erstreckt es sich aber nur auf die Aufgaben des Betriebsrats im Zusammenhang mit dem Betriebsuntergang. 527

#### (2) Voraussetzungen

Der Betrieb muss durch Stilllegung, Spaltung oder Zusammenlegung untergegangen sein. Der Betrieb ist untergegangen, wenn es ihn als organisatorische Einheit nicht mehr gibt (*Worzalla* FA 2001, 261, 265). 528

#### (3) Träger des Restmandats

Das Restmandat ist von dem Betriebsrat auszuüben, der bei Beendigung des Vollmandats im Amt war. Maßgeblich für Größe und Zusammensetzung des das Restmandat ausübenden Betriebsrats ist also der Zeitpunkt, an dem das originäre Mandat endet und an seine Stelle das Restmandat tritt. 529

Waren es zu diesem Zeitpunkt bereits weniger Mitglieder als in § 9 BetrVG vorgesehen, so steht diesen verbliebenen Mitgliedern das Restmandat zu (*BAG* 12.1.2000 EzA § 24 BetrVG 1972 Nr. 2).

*(4) Inhalt des Restmandats*

530 Das Restmandat berechtigt zur Wahrnehmung aller mit dem Untergang des Betriebs in Zusammenhang stehenden Beteiligungsrechte, insbes. bei Kündigungen (§ 102 BetrVG) und im Zusammenhang mit der Aufstellung eines Interessenausgleichs und ggf. Sozialplans (§§ 111 ff. BetrVG, vgl. *BAG* 5.10.2000 EzA § 112 BetrVG 1972 Nr. 107). Dazu gehört auch die Änderung eines bereits geltenden Sozialplans, solange dieser nicht vollständig abgewickelt ist (*BAG* 5.10.2000 EzA § 112 BetrVG 1972 Nr. 107). Weiter gehend wird z.T. (*Richardi/Annuß* DB 2001, 41, 44]; *Däubler* AuR 2001, 1 ff.; abl. GK-BetrVG/*Kreutz* § 21b Rn. 13; *Worzalla* FA 2001, 261, 265) die Auffassung vertreten, dass Restmandat erstrecke sich auch auf noch unerledigte Betriebsratsaufgaben, die nicht mit dem Untergang des Betriebs in Zusammenhang stehen. Der Betriebsrat eines stillgelegten Betriebs ist nicht im Rahmen seines Restmandats nach § 99 Abs. 1 S. 1, § 95 Abs. 3 S. 1 BetrVG zu beteiligen, wenn der Arbeitgeber einem Arbeitnehmer nach der vollständigen Stilllegung des Betriebs eine Tätigkeit in einem anderen Betrieb des Unternehmens zuweist (*BAG* 8.12.2009 EzA § 21b BetrVG 2001 Nr. 1).

531 Betriebsratsmitglieder haben auch im Restmandat keinen Anspruch auf Vergütung ihrer Betriebsratstätigkeit. Für die nach der Beendigung ihrer Arbeitsverhältnisse zur Erfüllung ihrer Betriebsratsaufgaben geleisteten Freizeitopfer können sie kein Entgelt verlangen (*BAG* 15.5.2008 EzA § 37 BetrVG 2001 Nr. 9).

*(5) Dauer und Beendigung des Restmandats*

532 Eine feste zeitliche Begrenzung des Restmandats ist nicht vorgesehen. Es besteht solange, wie noch Beteiligungsrechte auf Grund des Untergangs des Betriebs in Betracht kommen und ein mindestens einköpfiger Betriebsrat existiert, der willens ist, das Restmandat wahrzunehmen (*BAG* 12.1.2000 EzA § 24 BetrVG 1972 Nr. 2). Die Mitgliedschaft im restmandatierten Betriebsrat endet durch die Beendigung des Arbeitsverhältnisses nicht; § 24 Nr. 3 BetrVG findet auf den Betriebsrat im Restmandat keine Anwendung (*BAG* 15.5.2008 EzA § 37 BetrVG 2001 Nr. 9 = NZA 2010, 1025). Die das Restmandat ausübenden Betriebsratsmitglieder können ihr Amt niederlegen. Besteht der Betriebsrat nur noch aus einem Mitglied und ist eine Belegschaft nicht vorhanden, so kann die Amtsniederlegung dem Arbeitgeber gegenüber erklärt werden (*BAG* 12.1.2000 EzA § 24 BetrVG 1972 Nr. 2).

### 4. Weiterführung der Geschäfte des Betriebsrats, § 22 BetrVG

533 Mit Beendigung der Amtszeit verliert der Betriebsrat grds. alle Befugnisse. Eine Weiterführung der Geschäfte über diesen Zeitpunkt hinaus ist nach § 22 BetrVG nur in den Fällen des § 13 Abs. 2 Nr. 1–3 BetrVG vorgesehen. Beschließt der Betriebsrat nicht seinen Rücktritt, sondern treten ohne entsprechenden Beschluss alle Betriebsratsmitglieder und Ersatzmitglieder in einer gleichzeitigen und abgestimmten Aktion zurück, so ist fraglich, ob in entsprechender Anwendung des § 22 BetrVG eine Weiterführung der Geschäfte in Betracht kommt (bejahend etwa: *Fitting* § 13 Rn. 41; abl. z. B. GK-BetrVG/*Kreutz* § 22 Rn. 12). § 22 BetrVG ist nicht anwendbar, wenn der amtierende Betriebsrat erst zurücktritt und bereits ein neuer Betriebsrat gewählt und das Wahlergebnis bekannt gemacht worden ist. Vielmehr beginnt dann sofort die Amtszeit des neuen Betriebsrats (GK-BetrVG/*Kreutz* § 22 Rn. 11).

534 § 22 BetrVG ist analog anwendbar, wenn der Betriebsrat vorübergehend beschlussunfähig ist, weil Betriebsratsmitglieder zeitweilig verhindert sind und nicht durch Ersatzmitglieder vertreten werden können (*BAG* 18.8.1982 EzA § 102 BetrVG 1972 Nr. 48). Für die Feststellung der Beschlussfähigkeit ist dann von der Zahl der nicht verhinderten Betriebsratsmitglieder auszugehen.

## B. Der Betriebsrat

Die durch § 22 BetrVG eingeräumte Befugnis erstreckt sich auf alle Rechte und Pflichten eines ordnungsgemäß gewählten und zusammengesetzten Betriebsrats mit der zusätzlichen Verpflichtung, eine Neuwahl des Betriebsrats (vgl. § 13 Abs. 2 BetrVG) einzuleiten (*LAG Düsseld.* 16.10.1986 DB 1987, 177). 535

Während der Zeit der berechtigten Weiterführung der Geschäfte behalten die Betriebsratsmitglieder ihre persönliche Rechtsstellung weiter (vgl. zur Rechtsstellung *Auktor* NZA 2003, 950 ff.). Der nachwirkende Kündigungsschutz nach § 15 Abs. 1 S. 2 KSchG beginnt erst mit Beendigung der Befugnis zur Weiterführung der Geschäfte (GK-BetrVG/*Kreutz* § 22 Rn. 23). Die Geschäftsführungsbefugnis endet mit der Bekanntgabe des Wahlergebnisses sowie dann, wenn kein neuer Betriebsrat gewählt wird oder die Wahl nichtig ist, mit Ablauf der Amtszeit, die dem Betriebsrat ohne den Eintritt der Voraussetzungen gem. § 13 Abs. 2 Nr. 3 BetrVG zugestanden hätte, also nach Ablauf der regelmäßigen vierjährigen Amtszeit (vgl. GK-BetrVG/*Kreutz* § 22 Rn. 19 ff.). 536

### 5. Erlöschen der Mitgliedschaft im Betriebsrat, § 24 BetrVG

§ 24 BetrVG regelt das Erlöschen der Mitgliedschaft des einzelnen Betriebsratsmitglieds, nicht die Auflösung des Betriebsrats als solchen. Die Vorschrift gilt entsprechend auch für Ersatzmitglieder, auch soweit sie noch nicht nachgerückt sind (GK-BetrVG/*Oetker* § 24 Rn. 60). 537

#### a) Tatbestände

Die Mitgliedschaft im Betriebsrat endet immer mit **Ablauf der Amtszeit des Betriebsrats** (§ 24 Abs. 1 Nr. 1 BetrVG), auch bei deren vorzeitiger Beendigung. Eine darüber hinausgehende persönliche Amtszeit gibt es nicht. 538

Sie endet ferner mit **Niederlegung des Amtes** (§ 24 Abs. 1 Nr. 2 BetrVG). Diese ist jederzeit und ohne Angabe von Gründen auch schon vor Beginn der Amtszeit durch formlose, einseitige empfangsbedürftige, unwiderrufliche (vgl. *BVerwG* 9.10.1959 AP Nr. 2 zu § 27 BPersVG) Willenserklärung gegenüber dem Betriebsrat mit sofortiger Wirkung oder mit Wirkung für einen späteren Zeitpunkt möglich (GK-BetrVG/*Oetker* § 24 Rn. 9 ff., 14). Die Amtsniederlegung unter einer Bedingung ist nur als Ankündigung der Niederlegung zu werten (DKK/*Buschmann* § 24 Rn. 9). Die Anfechtung der Erklärung ist nach h. M. außer im Falle widerrechtlicher Drohung ausgeschlossen (*LAG Frankf./M.* 8.10.1992 LAGE § 24 BetrVG 1972 Nr. 1; HSWGNR/*Schlochauer* § 24 Rn. 7; *Fitting* § 24 Rn. 11: Anfechtung ist immer ausgeschlossen; ebenso GK-BetrVG/*Oetker* § 24 Rn. 12). 539

Für das Erlöschen der Mitgliedschaft infolge **Beendigung des Arbeitsverhältnisses** (§ 24 Abs. 1 Nr. 3 BetrVG) ist die rechtliche Beendigung des Arbeitsverhältnisses maßgeblich. Ein Ruhen des Arbeitsverhältnisses (z. B. Wehr- und Zivildienst) reicht nicht aus, vielmehr rückt für die Dauer der Verhinderung ein Ersatzmitglied nach (GK-BetrVG/*Oetker* § 24 Rn. 32). Auch die Inanspruchnahme von Elternzeit führt nicht zum Erlöschen der Mitgliedschaft. Es liegt in diesem Fall auch keine Verhinderung vor, so dass kein Ersatzmitglied nachrückt (*BAG* 25.5.2005 EzA § 40 BetrVG 2001 Nr. 9). 540

Soweit durch Tarifvertrag oder Betriebsvereinbarung die Beendigung des Arbeitsverhältnisses bei Erreichung einer Altersgrenze bestimmt wird, endet auch das Arbeitsverhältnis von Betriebsratsmitgliedern ohne Kündigung (*BAG* 25.3.1971 EzA § 620 BGB Nr. 15). Sieht die Betriebsvereinbarung Ausnahmen von der Beendigung des Arbeitsverhältnisses vor, muss der Arbeitgeber von dieser Befugnis nicht zu Gunsten des Betriebsratsmitglieds Gebrauch machen (*BAG* 20.12.1984 EzA § 620 BGB Bedingung Nr. 4). 541

Bei Nichtigkeit oder Anfechtbarkeit des Arbeitsvertrages endet das Betriebsratsamt zu dem Zeitpunkt, zu dem sich ein Vertragspartner auf die Nichtigkeit beruft oder zu dem die Anfechtung erklärt und wirksam geworden ist (*Fitting* § 24 Rn. 21). 542

543 Erhebt das Betriebsratsmitglied gegen eine mit Zustimmung des Betriebsrats oder nach deren Ersetzung durch das Arbeitsgericht ausgesprochene außerordentliche Kündigung Kündigungsschutzklage, so bleibt bis zur rechtskräftigen Entscheidung des Arbeitsgerichts offen, ob das Arbeitsverhältnis rechtlich beendet ist. Deshalb ist das Betriebsratsmitglied grds. bis zur rechtskräftigen Entscheidung an der Amtsausübung zeitweilig verhindert (*LAG SchlH* 2.9.1976 DB 1976, 1974). Inwieweit die Möglichkeit besteht im Wege der einstweiligen Verfügung die weitere Amtsausübung durchzusetzen, ist streitig, wird aber überwiegend (vgl. *LAG Nbg.* 10.10.1985 LAGE § 25 BetrVG 1972 Nr. 2; *LAG Düsseld./Köln* 27.2.1975 EzA § 25 BetrVG 1972 Nr. 1) nur für den Fall bejaht, dass die Kündigung offensichtlich unwirksam (z. B. fehlende Zustimmung des Betriebsrats) ist oder der von der Rechtsprechung des *BAG* (GS 27.2.1985 EzA § 611 BGB Beschäftigungspflicht Nr. 9) entwickelte allgemeine Weiterbeschäftigungsanspruch besteht (a. A. für den Fall des Bestehens eines allgemeinen Weiterbeschäftigungsanspruchs: GK-BetrVG/*Oetker* § 25 Rn. 29).

544 **Verlust der Wählbarkeit** (§ 24 Abs. 1 Nr. 4 BetrVG) tritt u. a. ein bei Ausscheiden aus der Belegschaft des Betriebs, z. B. bei Versetzung in einen anderen Betrieb des Arbeitgebers (*LAG Hamm* 11.1.1989 DB 1989, 1732) oder Verlust der Eigenschaft als Arbeitnehmer i. S. d. BetrVG.

545 Bei gerichtlichem **Ausschluss eines Mitglieds aus dem Betriebsrat oder der Auflösung des Betriebsrats** (§ 21 Abs. 1 Nr. 5 BetrVG) in einem Verfahren nach § 23 Abs. 1 BetrVG endet die Mitgliedschaft mit Rechtskraft der arbeitsgerichtlichen Entscheidung.

546 Mit rechtskräftiger **gerichtlicher Feststellung der Nichtwählbarkeit** (§ 24 Abs. 1 Nr. 6 BetrVG) erlischt die Mitgliedschaft im Betriebsrat für die Zukunft, der Beschluss wirkt insoweit nicht feststellend, sondern rechtsgestaltend (*BAG* 29.9.1983 EzA § 15 KSchG n. F. Nr. 32). Da der nachträgliche Wegfall der Wählbarkeit bereits durch § 24 Abs. 1 Nr. 4 BetrVG geregelt ist, erfasst § 24 Abs. 1 Nr. 6 BetrVG nur die Fallgruppe der bereits zum Zeitpunkt der Wahl fehlenden Wählbarkeit. Es handelt sich um ein selbstständiges arbeitsgerichtliches Beschlussverfahren. Antragsberechtigt sind diejenigen, die auch eine Betriebsratswahl nach § 19 Abs. 2 BetrVG (s. Rdn. 474 ff.) anfechten können; der Antrag ist jederzeit möglich, solange das betreffende Betriebsratsmitglied dem Betriebsrat noch angehört und der Mangel nicht geheilt ist, wobei es unerheblich ist, ob der Mangel der Nichtwählbarkeit schon vor Ablauf der Wahlanfechtungsfrist bekannt war oder erst später erkannt worden ist (*BAG* 11.3.1975 EzA § 24 BetrVG 1972 Nr. 1).

### b) Rechtsfolgen des Erlöschens der Mitgliedschaft

547 In den Fällen des § 24 Abs. 1 Nr. 1–6 BetrVG endet das Betriebsratsamt mit Wirkung für die Zukunft und alle anderen Ämter, die das Betriebsratsmitglied als solches innehatte, z. B. die Mitgliedschaft im Gesamtbetriebsrat. Es endet zugleich die besondere persönliche Rechtsstellung. Der nachwirkende Kündigungsschutz nach § 15 Abs. 1 S. 1 KSchG gilt auch in den Fällen des § 24 Abs. 1 Nr. 2, 4 BetrVG (für den Fall der Amtsniederlegung ausdrücklich *BAG* 5.7.1979 EzA § 15 KSchG n. F. Nr. 22; vgl. im Übrigen GK-BetrVG/*Oetker* § 24 Rn. 58). Fraglich ist, ob § 24 Abs. 1 Nr. 6 BetrVG als ein Fall der Beendigung der Mitgliedschaft auf Grund einer gerichtlichen Entscheidung i. S. d. § 15 Abs. 1 S. 2 a. E. KSchG anzusehen ist (abl. GK-BetrVG/*Oetker* § 24 Rn. 57; bejahend KR-*Etzel* § 15 KSchG Rn. 66).

## 6. Ersatzmitglieder

548 § 25 BetrVG soll die Kontinuität der Arbeit des Betriebsrats und seine Beschlussfähigkeit (§ 33 Abs. 2 BetrVG) dadurch gewährleisten, dass bei Ausscheiden oder Verhinderung von Betriebsratsmitgliedern Ersatzmitglieder vorübergehend oder endgültig nachrücken. Bei einer Beendigung der Amtszeit des Betriebsrates als Kollektivorgan ist hingegen eine Neuwahl durchzuführen.

### a) Zeitweilige Verhinderung

549 Ein Betriebsratsmitglied ist zeitweilig verhindert, wenn es unabhängig von der Vorhersehbarkeit der Verhinderung und deren Dauer aus tatsächlichen (insbes. Urlaub, Krankheit, Dienstreisen) oder

## B. Der Betriebsrat
## Kapitel 13

rechtlichen Gründen seine amtlichen Funktionen nicht oder z. B. bei einer Betriebsratssitzung nur teilweise ausüben kann, oder wenn dies unzumutbar ist (*BAG* 23.8.1984 EzA § 103 BetrVG 1972 Nr. 30; 15.11.1984 EzA § 102 BetrVG 1972 Nr. 58).

> Voraussetzung ist eine objektive Verhinderung, die ausscheidet, wenn das Betriebsratsmitglied lediglich nicht teilnehmen will, da dies auf eine gewillkürte Stellvertretung hinausliefe (*BAG* 5.9.1986 EzA § 15 KSchG n. F. Nr. 36). 550

Ein Betriebsratsmitglied ist insbes. dann zeitweise verhindert, an einer Betriebsratssitzung teilzunehmen, wenn dort über seine eigenen Angelegenheiten, von denen es unmittelbar betroffen ist, beraten und entschieden wird (*BAG* 10.11.2009 EzA § 25 BetrVG 2001 Nr. 2). Dies ist z. B. bei der Kündigung (vgl. z. B. *BAG* 23.8.1984 EzA § 103 BetrVG 1972 Nr. 30; *LAG Nbg.* 10.10.1985 LAGE § 25 BetrVG 1972 Nr. 2) seines Arbeitsverhältnisses, einem Antrag gem. § 23 Abs. 1 S. 2 BetrVG oder bei der Entscheidung über die eigene Umgruppierung (*BAG* 3.8.1999 EzA § 33 BetrVG 1972 Nr. 1), nicht aber bei organisatorischen Akten des Betriebsrats wie z. B. Wahlen innerhalb des Betriebsrats (vgl. § 26 Abs. 1, 2 BetrVG) oder der Abberufung aus entsprechenden Funktionen der Fall (GK-BetrVG/*Raab* § 33 Rn. 26). Steht die Beendigung des Arbeitsverhältnisses eines Betriebsratsmitglieds im Streit und ist hierüber noch nicht rechtskräftig arbeitsgerichtlich entschieden, ist streitig, ob und unter welchen Voraussetzungen das dann verhinderte betroffene Betriebsratsmitglied im Wege der einstweiligen Verfügung einen Anspruch auf vorübergehende Fortführung des Amtes geltend machen kann. Überwiegend wird ein solcher Anspruch bejaht, wenn die Kündigung offensichtlich unbegründet ist oder dem Betriebsratsmitglied ein allgemeiner Weiterbeschäftigungsanspruch zusteht (s. Rdn. 543). 551

> Liegt eine Betroffenheit in einer persönlichen Angelegenheit vor, darf das Betriebsratsmitglied weder an der Beratung noch an der Abstimmung teilnehmen. Weil in Anwesenheit des Betroffenen eine unbefangene Beratung der Angelegenheit nicht möglich ist, besteht während der Verhandlung der Angelegenheit und der Abstimmung auch kein Anwesenheitsrecht (*BAG* 23.8.1984 EzA § 103 BetrVG 1972 Nr. 30; 26.8.1981 EzA § 103 BetrVG 1972 Nr. 27). 552

Nach Auffassung des *LAG Hamm* (10.3.2006 – 10 TaBV 151/05, EzA-SD 10/06, S. 11) ist ein von einer beabsichtigten außerordentlichen Kündigung betroffenes Betriebsratsmitglied nicht dann wegen Interessenkollision verhindert, an einer Betriebsratssitzung beratend und abstimmend teilzunehmen, wenn der Betriebsrat gegen die einseitige Einstellung eines Mitarbeiters nach den §§ 99, 101 BetrVG vorgehen will, der das Betriebsratsmitglied wegen der beabsichtigten außerordentlichen Kündigung ersetzen soll. Ebenso wenig liegt eine Verhinderung vor, wenn der Betriebsrat seine Freistellung von Anwaltskosten und deren Durchsetzung beschließt, die durch die ohne Mitbestimmung des Betriebsrats durchgeführte Einstellung eines Mitarbeiters entstanden sind, der als Ersatz für das noch zu kündigende Betriebsratsmitglied vorgesehen ist. Soweit vom Betriebsrat kollektivrechtliche Interessen durchgesetzt werden sollen, reicht eine bloße mittelbare Betroffenheit eines Betriebsratsmitglieds nicht aus, um dessen Verhinderung anzunehmen. 553

Die Tatsache, dass das Betriebsratsmitglied von seinem Wohnort zum Betrieb fahren muss, um an den Sitzungen teilzunehmen, ist kein Grund zur Annahme eines Verhinderungsfalls (*BAG* 16.1.2008 EzA § 40 BetrVG 2001 Nr. 14). 554

> Der Vorsitzende, dem das verhinderte Betriebsratsmitglied die Gründe der Verhinderung unverzüglich mitteilen muss, hat jeweils zu prüfen, ob eine Verhinderung tatsächlich vorliegt und darf nicht einfach von einer Verhinderung ausgehen. 555

Hat sich ein Betriebsratsmitglied krankgemeldet, spricht allerdings eine Vermutung dafür, dass es tatsächlich arbeitsunfähig erkrankt und daher verhindert ist (*BAG* 5.9.1986 EzA § 15 KSchG n. F. Nr. 36). Hat der Arbeitgeber aber z. B. einen arbeitsunfähig erkrankten Betriebsobmann, dessen Stellvertreter zurückgetreten ist, außerhalb des Betriebes in einer Personalangelegenheit beteiligt, so muss er diesen trotz der Arbeitsunfähigkeit auch zu einer wenige Tage später beab- 556 sichtigten Kündigung desselben Arbeitnehmers gem. § 102 BetrVG anhören (BAG 15.11.1984 EzA § 102 BetrVG 1972 Nr. 58).

557 Liegt eine Verhinderung vor, hat der Betriebsratsvorsitzende rechtzeitig ein Ersatzmitglied zu laden. Unterlässt er das, so ist z. B. ein Zustimmungsbeschluss nach § 103 BetrVG nichtig (BAG 23.8.1984 EzA § 103 BetrVG 1972 Nr. 30).

### b) Nachrücken des Ersatzmitglieds

558 Sobald die gesetzlichen Voraussetzungen vorliegen, rückt das Ersatzmitglied kraft Gesetzes zum Zeitpunkt des Ausscheidens des Betriebsratsmitglieds aus dem Betriebsrat bzw. mit dem Beginn der Verhinderung in den Betriebsrat nach. Das gilt selbst dann, wenn es selbst z. B. wegen Krankheit zeitweilig verhindert ist, weil es dann seinerseits gem. § 25 Abs. 1 BetrVG von dem nächsten Ersatzmitglied für die Dauer seiner Verhinderung vertreten wird (GK-BetrVG/*Oetker* § 25 Rn. 34).

559 Nach h. M. (BAG 5.9.1986 EzA § 15 KSchG n. F. Nr. 36; GK-BetrVG/*Oetker* § 25 Rn. 32) ist weder ein konstitutiver Beschluss des Betriebsrats, noch eine Annahmeerklärung des Ersatzmitglieds erforderlich. Die Vertretung endet bei vorübergehender Verhinderung, wenn das ordentliche Mitglied seine Tätigkeit im Betrieb wieder aufnehmen kann oder das Ersatzmitglied selbst für eine längere Zeit als die voraussichtliche Vertretungsdauer verhindert sein wird (GK-BetrVG/*Oetker* § 25 Rn. 35).

### c) Reihenfolge des Nachrückens

560 Die Reihenfolge des Nachrückens bestimmt sich nach § 25 Abs. 2 BetrVG danach, ob der Betriebsrat in Verhältniswahl (Listenwahl) oder Mehrheitswahl (Personenwahl) gewählt wurde.

#### aa) Verhältniswahl

561 Bei einer Verhältniswahl bleibt jeder Liste gem. § 25 Abs. 2 S. 1 BetrVG die Zahl der auf sie entfallenden Sitze grds. erhalten, sodass grds. der auf dieser Liste vorhandene nicht gewählte Bewerber nachrückt. Dies gilt aber nicht, wenn das Nachrücken des nächsten Bewerbers dazu führen würde, dass das Minderheitengeschlecht nicht mehr mindestens entsprechend seinem Verhältnis unter den wahlberechtigten Arbeitnehmern des im Betriebsrat vertreten wäre. In diesem Fall rückt derjenige nichtgewählte Bewerber auf der Liste nach, dessen Geschlecht dem des bisherigen Mitglieds entspricht. Fehlt eine entsprechende Person auf der Liste, ist die Liste erschöpft.

562 Die Folgen einer Listenerschöpfung regelt § 25 Abs. 2 S. 2 BetrVG: Im Falle der Listenerschöpfung ist das Ersatzmitglied derjenigen Vorschlagsliste zu entnehmen, auf die nach den Grundsätzen der Verhältniswahl der nächste Sitz entfallen würde. Die Vertretung des Minderheitengeschlechts nach § 15 Abs. 2 BetrVG ist zwingend zu beachten.

#### bb) Mehrheitswahl

563 Bei **Mehrheitswahl** (nur eine Vorschlagsliste, Wahl im vereinfachten Verfahren nach § 14a BetrVG) rückt das Ersatzmitglied mit der nächsthöheren Stimmenzahl nach, § 25 Abs. 2 S. 3 BetrVG. Eine Ausnahme gilt, wenn dies dazu führen würde, dass die Mindestrepräsentanz des Minderheitengeschlechts nicht mehr gewahrt wäre. Dann muss das Ersatzmitglied demselben Geschlecht angehören wie das zu ersetzende Mitglied.

#### cc) Fehlen von Ersatzmitgliedern; Erschöpfung aller Listen

564 Kann ein ausgeschiedenes Mitglied des Betriebsrats nicht mehr nach § 25 Abs. 2 BetrVG durch ein Ersatzmitglied ersetzt werden, so ist bei einem dauerhaften Ausscheiden eines Betriebsratsmitglieds unter den Voraussetzungen des § 13 Abs. 2 Nr. 2 BetrVG eine Neuwahl des Betriebsrats durch-

zuführen. Der bisherige Betriebsrat führt nach Maßgabe des § 22 BetrVG die Geschäfte vorläufig weiter.

*d) Rechtsstellung der Ersatzmitglieder*

Mit dem Ausscheiden eines Betriebsratsmitglieds oder im Falle zeitweiliger Verhinderung wird das Ersatzmitglied auf Dauer oder zeitweilig ordentliches Betriebsratsmitglied mit allen entsprechenden Rechten und Pflichten. Es übernimmt aber nicht kraft Gesetzes weiter gehende Funktionen des ausgeschiedenen oder verhinderten Mitglieds (Vorsitzender oder stellvertretender Vorsitzender des Betriebsrat, Mitgliedschaft in Ausschüssen usw.). 565

Darüber muss vielmehr der Betriebsrat sodann erneut entscheiden (*BAG* 6.9.1979 EzA § 15 KSchG n. F. Nr. 23; GK-BetrVG/*Oetker* § 25 Rn. 54). Das Ersatzmitglied genießt mit Amtsbeginn den besonderen Kündigungs- und Versetzungsschutz nach § 103 BetrVG, § 15 KSchG, insbes. auch den nachwirkenden Kündigungsschutz selbst bei nur kurzzeitiger Vertretung, wobei dieser Kündigungsschutz im Einzelfall auch vor Eintritt der eigentlichen Verhinderung eingreifen kann (s. Kap. 4 Rdn. 512 ff.). Die Kündigung eines Ersatzmitglieds mit dem Ziel, seine Amtstätigkeit zu verhindern, ist wegen Verstoßes gegen § 78 BetrVG nach § 134 BGB nichtig (GK-BetrVG/*Oetker* § 25 Rn. 56). Zur Schulung von Ersatzmitgliedern s. Rdn. 789. 566

### III. Organisation und Geschäftsführung des Betriebsrats

#### 1. Vorsitzender und Stellvertreter; Vertretung des Betriebsrats nach außen (§ 26 BetrVG)

*a) Wahlpflicht, Bedeutung der Bestellung*

Sofern der Betriebsrat aus mehreren Personen besteht, ist er kraft Gesetzes verpflichtet, einen Vorsitzenden und dessen Stellvertreter zu wählen. Bei Verletzung dieser Pflicht kann die Auflösung des Betriebsrates im Verfahren nach § 23 Abs. 1 BetrVG in Betracht kommen (DKK/*Wedde* § 26 Rn. 3). 567

Sofern der Betriebsrat keinen Vorsitzenden gewählt hat, ist fraglich, ob der Betriebsrat bereits funktionsfähig und amtsausübungsbefugt ist (s. Rdn. 503 f.). 568

*b) Durchführung der Wahl*

Für die Durchführung der Wahl gem. § 26 BetrVG gelten §§ 33, 34 BetrVG. Mangels besonderer gesetzlicher Regelungen muss mindestens die Hälfte der Betriebsratsmitglieder an der Wahl teilnehmen, die formlos erfolgen kann und keine Auswahlmöglichkeiten zwischen mehreren Kandidaten erfordert. Die Wahl von Vorsitzendem und Stellvertreter erfolgt in zwei getrennten Wahlgängen; gewählt ist, wer die meisten Stimmen erhält (relative Mehrheit). 569

*c) Mängel der Wahl*

Die Wahl ist nur bei besonders groben Rechtsverstößen nichtig, was ohne Einhaltung einer Frist geltend gemacht werden kann (*BAG* 13.11.1991 EzA § 26 BetrVG 1972 Nr. 5), sonstige Rechtsverstöße berechtigen hingegen in entsprechender Anwendung des § 19 BetrVG nur zur Anfechtung der Wahl (*BAG* 8.4.1992 EzA § 26 BetrVG 1972 Nr. 6; 13.11.1991 EzA § 26 BetrVG 1972 Nr. 5; 11.3.1992 EzA § 38 BetrVG 1972 Nr. 12). 570

Die Anfechtung muss daher unter Wahrung der in § 19 Abs. 2 BetrVG vorgesehenen Zweiwochenfrist erfolgen. Anfechtungsberechtigt sind jedes Betriebsratsmitglied (*BAG* 13.11.1991 EzA § 26 BetrVG 1972 Nr. 5) und die im Betrieb vertretenen Gewerkschaften (*BAG* 13.10.1976 EzA § 26 BetrVG 1972 Nr. 2). Ein Anfechtungsrecht des Arbeitgebers und der wahlberechtigten Arbeitnehmer wird ganz überwiegend (vgl. GK-BetrVG/*Raab* § 26 Rn. 19; offen gelassen von *BAG* 12.10.1976 EzA § 26 BetrVG 1972 Nr. 2) abgelehnt, da es sich anders als bei der Betriebsratswahl selbst um einen internen Vorgang des Betriebsrats handelt. Die gerichtliche Entscheidung hat rechts- 571

# Kapitel 13

gestaltenden Charakter und wirkt nur für die Zukunft (*BAG* 13.11.1991 EzA § 26 BetrVG 1972 Nr. 5).

### d) Ende der Amtszeit

572 Der Vorsitzende und sein Stellvertreter können ihre Ämter jederzeit niederlegen. Der Betriebsrat kann sie auch jederzeit durch Beschluss mit einfacher Mehrheit abberufen, ohne dass besondere Gründe vorliegen müssten, wenn dieser Beschluss nicht formell mangelhaft oder willkürlich ist oder gegen die guten Sitten verstößt (*BAG* 1.6.1966 EzA § 27 BetrVG 1952 Nr. 1; GK-BetrVG/*Raab* § 26 Rn. 26).

### e) Aufgaben und Rechtsstellung des Vorsitzenden

573 Soweit der Betriebsratsvorsitzende die ihm allein obliegenden Amtspflichten wahrnimmt (§ 27 Abs. 1 S. 2, Abs. 4, § 29 Abs. 2, 3, § 34 Abs. 1 S. 2; § 42 Abs. 1 S. 1 BetrVG), handelt er im eigenen Namen.

574 Im Übrigen vertritt gem. § 26 Abs. 3 BetrVG der Vorsitzende den Betriebsrat nur im Rahmen der von diesem gefassten Beschlüsse.

575 Der Vorsitzende hat lediglich den vom Betriebsrat gebildeten Willen nach außen zu erklären, ist also nur Vertreter in der Erklärung, nicht aber echter Vertreter im Willen (*BAG* 17.2.1981 EzA § 112 BetrVG 1972 Nr. 21). Dies bedeutet, dass der Betriebsrat grds. seine Befugnisse, insbes. Mitbestimmungsrechte selbst auszuüben hat.

576 Soweit dies gesetzlich nicht ausdrücklich vorgesehen ist (vgl. z. B. § 27 Abs. 3 BetrVG), kann der Betriebsrat seine Befugnisse auch nicht auf den Vorsitzenden übertragen oder diesen zur Ausübung ermächtigen (*BAG* 28.2.1974 EzA § 102 BetrVG 1972 Nr. 8; GK-BetrVG/*Raab* § 26 Rn. 34). Es ist zulässig, dass der Betriebsrat lediglich einen Grundsatzbeschluss oder Alternativbeschlüsse fasst und den Vorsitzenden ermächtigt, im Rahmen dieser Weisungen und Richtlinien die endgültige Entscheidung selbst zu treffen, sofern die Entscheidung im Grundsatz vom Betriebsrat selbst getroffen wurde und der Vorsitzende deshalb nur einen eingeschränkten Handlungsspielraum hat (GK-BetrVG/*Raab* § 26 Rn. 35; HSWGNR/*Glock* § 26 Rn. 42). Ferner ist es zulässig, dass der Betriebsrat im Einzelfall andere Betriebsratsmitglieder mit der Ausführung von Beschlüssen und Befugnissen betraut (GK-BetrVG/*Raab* § 26 Rn. 70).

577 Liegt ein Beschluss des Betriebsrats nicht vor oder hält sich der Vorsitzende nicht an den Beschluss, ist die Erklärung schwebend unwirksam, d. h. nach § 177 Abs. 1 BGB durch den Betriebsrat genehmigungsfähig (s. Rdn. 659; *BAG* 10.10.2007 EzA § 26 BetrVG 2001 Nr. 2; 15.12.1961 EzA § 615 BGB Nr. 4). Die Genehmigung soll nach einer Entscheidung des BAG aus 1961 (*BAG* 15.12.1961 EzA § 615 BGB Nr. 4) auch durch stillschweigende Billigung, nach überwiegender Literaturansicht (GK-BetrVG/*Raab* § 26 Rn. 40; DKK/*Wedde* § 26 Rn. 36) nur durch ausdrücklichen Beschluss erfolgen können. Ein Handeln ohne Vertretungsmacht kann eine Schadensersatzpflicht des Vorsitzenden aus § 179 BGB begründen (GK-BetrVG/*Raab* § 26 Rn. 41; a. A. DKK/*Wedde* § 26 Rn. 22) und ggf. zum Ausschluss nach § 23 Abs. 1 BetrVG führen (vgl. DKK/*Wedde* § 26 Rn. 22).

578 Ein Anspruch des Arbeitgebers auf Vorlage und Prüfung des einer Erklärung des Vorsitzenden zu Grunde liegenden Beschlusses besteht nur insoweit, als berechtigte Zweifel bestehen (GK-BetrVG/*Raab* § 26 Rn. 42), da eine gesetzliche, wenn auch jederzeit widerlegbare Vermutung dafür besteht, dass der Vorsitzende im Rahmen eines ordnungsgemäßen Beschlusses handelt (*BAG* 17.2.1981 EzA § 112 BetrVG 1972 Nr. 21).

579 Strittig ist, inwieweit der gute Glaube des Arbeitgebers an die Vertretungsmacht des Vorsitzenden, d. h. daran, dass dessen Erklärung ein ordnungsgemäßer Beschluss des Betriebsrats zu Grunde liegt, geschützt wird (vgl. dazu ausführlich GK-BetrVG/*Raab* § 26 Rn. 44 ff.). Zum Teil (GK-BetrVG/*Raab* § 26 Rn. 46) wird dies nur bejaht, wenn der Betriebsrat das Auftreten des Vorsitzenden für den Betriebsrat kennt, hätte erkennen müssen und hätte verhindern können und der Arbeitgeber

## B. Der Betriebsrat

auf den so gesetzten Rechtsschein vertraut hat und nach Treu und Glauben auch darauf vertrauen durfte. Zum Teil (HSWGNR/*Glock* § 26 Rn. 47) wird ein solcher Vertrauensschutz abgelehnt. Schließlich (MünchArbR/*Joost* § 218 Rn. 11, 12) wird die Ansicht vertreten, der Arbeitgeber könne stets davon ausgehen, dass das Handeln des Vorsitzenden von einem Beschluss gedeckt sei, es sei denn, er weiß oder hätte wissen müssen, dass ein Beschluss nicht gefasst wurde oder ein bestehender Beschluss unwirksam ist. Besonderheiten gelten nach Auffassung des BAG für das Anhörungsverfahren bei Kündigungen, § 102 BetrVG (vgl. z. B. *BAG* 16.1.2003 EzA § 102 BetrVG 2001 Nr. 2; 2.4.1976 EzA § 102 BetrVG 1972 Nr. 21; s. Kap. 4 Rdn. 455 ff.) und die Beschlussfassung des Betriebsrates bei Kündigungen von Betriebsratsmitgliedern, § 103 BetrVG (*BAG* 23.8.1984 EzA § 103 BetrVG 1972 Nr. 30; s. Kap. 4 Rdn. 603 ff.).

Der Vorsitzende ist ferner nach § 26 Abs. 3 S. 2 BetrVG zur Entgegennahme von Erklärungen für den Betriebsrat befugt. Fristen beginnen nach Erklärungen des Arbeitgebers gegenüber dem Betriebsrat daher entsprechend § 130 BGB nur und frühestens bei Erklärung gegenüber dem Betriebsratsvorsitzenden oder im Falle seiner Verhinderung gegenüber seinem Stellvertreter oder bei Erklärungen gegenüber anderen Betriebsratsmitgliedern erst dann, wenn der Vorsitzende oder im Falle seiner Verhinderung sein Stellvertreter die Erklärung erhalten haben (vgl. *BAG* 27.6.1985 EzA § 102 BetrVG 1972 Nr. 60). 580

Fraglich ist der Zeitpunkt des Zugangs dann, wenn beide verhindert sind und für diesen Fall z. B. keinen Empfangsbevollmächtigten bestimmt haben. Dann ist jedes Betriebsratsmitglied zur Entgegennahme von Erklärungen berechtigt und verpflichtet (*BAG* 27.6.1985 EzA § 102 BetrVG 1972 Nr. 60). 581

Ist der Vorsitzende verhindert (§ 25 Abs. 1 S. 2 BetrVG), so nimmt sein Stellvertreter nur die Funktionen des Betriebsratsvorsitzenden, die diesem kraft Amtes zustehen, wahr. Als schlichtes Mitglied des Betriebsrats wird der Vorsitzende hingegen durch ein Ersatzmitglied vertreten (GK-BetrVG/*Raab* § 26 Rn. 66). 582

### 2. Der Betriebsausschuss und weitere Ausschüsse, §§ 27, 28 BetrVG

*a) Pflicht zur Bildung*

Die nur ab einer Betriebsratsgröße von neun Mitgliedern nach § 27 Abs. 1 BetrVG mögliche, dann aber obligatorische Bildung eines Betriebsausschusses (BA) dient der Straffung der Betriebsratsarbeit. Kleinere Betriebsräte sind zur Bildung eines derartigen Ausschusses nicht berechtigt. Für sie besteht nur die Möglichkeit, die laufenden Geschäfte durch Beschluss auf den Vorsitzenden zu übertragen, § 27 Abs. 3 BetrVG, oder, sofern es sich um einen Betrieb mit zumindest mehr als 100 Arbeitnehmern handelt, der Übertragung von Aufgaben auf Ausschüsse (§ 28 BetrVG; s. Rdn. 594 f.) oder Arbeitsgruppen (§ 28a BetrVG; s. Rdn. 601 ff.). Die Verletzung der Pflicht zur Bildung eines BA kann zu einer Auflösung des Betriebsrats im Verfahren nach § 23 Abs. 1 BetrVG führen (GK-BetrVG/*Raab* § 27 Rn. 11). Der Arbeitgeber kann im Weigerungsfalle allerdings nicht die Zusammenarbeit mit dem Betriebsrat und auch nicht die Entgeltzahlung (§ 37 Abs. 2 BetrVG) wegen mangelnder Erforderlichkeit verweigern (GK-BetrVG/*Raab* § 27 Rn. 12; DKK/*Wedde* § 27 Rn. 3). 583

*b) Mitglieder und Zusammensetzung, Wahlmängel*

Geborene Mitglieder sind der Betriebsratsvorsitzende und sein Stellvertreter. Die Anzahl der übrigen Mitglieder hängt von der Größe des Betriebsrats ab (vgl. § 27 Abs. 1 BetrVG). Die Wahl der übrigen Mitglieder erfolgt in geheimer Wahl und grds. als Verhältniswahl (Listenwahl) nach dem Höchstzahlverfahren. Mehrheitswahl (Personenwahl) findet nur statt, wenn nur ein Wahlvorschlag gemacht ist, § 27 Abs. 1 S. 3, 4 BetrVG. Entsprechend § 33 Abs. 2 BetrVG ist die Wahl nur wirksam, wenn mindestens die Hälfte der Betriebsratsmitglieder an der Wahl teilnimmt (GK-BetrVG/*Raab* § 27 Rn. 17). 584

585 Wahlmängel müssen grds. in einem Wahlanfechtungsverfahren in entsprechender Anwendung des § 19 BetrVG geltend gemacht werden, wobei an die Stelle der Anfechtungsbefugnis von drei Wahlberechtigten die eines einzelnen Betriebsratsmitglieds tritt und die Anfechtungsfrist von zwei Wochen analog § 19 Abs. 3 S. 2 BetrVG zu beachten ist. Eine Nichtigkeit der Wahl liegt nur vor, wenn so schwer wiegende und offensichtliche Gesetzesverstöße vorliegen, dass nicht einmal der Anschein einer dem Gesetz entsprechenden Wahl vorliegt (*BAG* 13.11.1991 EzA § 27 BetrVG 1972 Nr. 7).

586 Wurde der Ausschuss nach den Grundsätzen der Verhältniswahl gewählt und beschließt der Betriebsrat diesen um ein zusätzliches Mitglied zu erweitern, sind sämtliche Ausschussmitglieder neu zu wählen (*BAG* 16.3.2005 EzA § 28 BetrVG 2001 Nr. 2).

### c) Aufgaben

587 Gem. § 27 Abs. 2 S. 1 BetrVG führt der Betriebsausschuss die laufenden Geschäfte in eigener Zuständigkeit, innerhalb derer er an die Stelle des Betriebsrates tritt. Für die Geschäftsführung des BA gelten daher grds. die Vorschriften der §§ 29 ff. BetrVG entsprechend (GK-BetrVG/*Raab* § 27 Rn. 52 ff.). Der Betriebsrat kann nicht generell die laufenden Geschäfte selbst wahrnehmen, ist aber nicht gehindert, einzelne laufende Geschäfte durch Beschluss an sich zu ziehen oder Beschlüsse des BA aufzuheben, soweit sie noch nicht nach außen wirksam geworden sind (GK-BetrVG/*Raab* § 27 Rn. 62).

588 Laufende Geschäfte sind (GK-BetrVG/*Raab* § 27 Rn. 64; DKK/*Wedde* § 27 Rn. 33) nur interne organisatorische und verwaltungsmäßige Aufgaben, die keiner Beschlussfassung durch den Betriebsrat bedürfen und i. d. R. wiederkehrend anfallen.

589 Hierzu gehören z. B. die Vorbereitung von Betriebsratssitzungen, die Fertigung von Entwürfen für Betriebsvereinbarungen, die Erteilung von Auskünften, nicht aber die Ausübung der materiellen Mitbestimmungs- und Mitwirkungsrechte des Betriebsrates, auch nicht, wenn es sich um die routinemäßige Erledigung von Einzelfällen handelt (a. A. *Richardi* § 27 Rn. 74; MünchArbR/*Joost* § 218 Rn. 29), da andernfalls die in Abgrenzung zur Führung der laufenden Geschäfte in § 27 Abs. 2 S. 2 BetrVG ebenfalls vorgesehene Möglichkeit der Übertragung weiterer Aufgaben zur selbstständigen Erledigung nicht nachvollziehbar wäre.

590 Dem Betriebsausschuss können nach § 27 Abs. 2 S. 2 BetrVG auch weitere Aufgaben zur selbstständigen Erledigung oder deren Vorbereitung übertragen werden, auch die Ausübung von Mitbestimmungs- und Mitwirkungsrechten, allerdings mit Ausschluss des Abschlusses von Betriebsvereinbarungen und der vom Betriebsrat selbst durchzuführenden Wahlen (GK-BetrVG/*Raab* § 27 Rn. 68). Unzulässig ist es aber, dem Betriebsausschuss alle wesentlichen Aufgaben des Betriebsrats zu übertragen, sodass dieser i. d. R. nicht mehr als Plenum entscheidet und die vom Gesetzgeber gewollte Mitwirkung aller Betriebsratsmitglieder an der Willensbildung des Betriebsrats aufgehoben würde.

591 Der Betriebsrat muss daher in einem Kernbereich der gesetzlichen Befugnisse als Gesamtorgan zuständig bleiben (*BAG* 1.6.1976 EzA § 28 BetrVG 1972 Nr. 3; vgl. auch *BAG* 26.4.2005 EzA § 87 BetrVG 2001 Betriebliche Lohngestaltung Nr. 6).

592 Im Falle der Übertragung zur selbstständigen Erledigung ist der Betriebsausschuss ein verkleinerter Betriebsrat und tritt an dessen Stelle. Zur Übertragung bedarf es der Mehrheit der Stimmen der Mitglieder des Betriebsrates und der Schriftform des Beschlusses (§ 27 Abs. 2 S. 3 BetrVG), d. h. der Beschluss muss in einer vom Vorsitzenden unterzeichneten Urkunde niedergelegt werden, § 126 Abs. 1 BGB. Durch die Übertragung der Aufgaben wird die originäre Zuständigkeit des Betriebsrats nicht beseitigt. Er kann deshalb auch einen einzelnen Beschluss des Betriebsausschusses mit absoluter Mehrheit der Betriebsratsmitglieder aufheben oder ändern, solange der Beschluss Dritten gegenüber noch nicht wirksam geworden ist. Er kann ferner die Übertragung insgesamt oder teilweise widerrufen (§ 27 Abs. 2 S. 4 BetrVG).

## B. Der Betriebsrat

### d) Beendigung der Amtszeit

Der BA wird grds. für die Amtszeit des Betriebsrats gebildet. Die Mitgliedschaft im BA endet daher jedenfalls mit Ende der Amtszeit des Betriebsrats (§ 21 BetrVG) oder dessen Auflösung (§ 23 Abs. 1 BetrVG). Möglich ist auch eine Abberufung der weiteren Mitglieder des BA. Diese bedarf nach § 21 Abs. 1 S. 5, Abs. 2 S. 5 BetrVG geheimer Abstimmung mit qualifizierten Mehrheiten. Dieses Erfordernis ist nach Auffassung des *BAG* (29.4.1992 EzA § 38 BetrVG 1972 Nr. 13) nur zu beachten, wenn einzelne Mitglieder abberufen werden sollen, nicht aber dann, wenn die Ausschussmitglieder insgesamt neu gewählt werden, da dann die Neugewählten ohne weiteres an die Stelle der früher Gewählten treten. Möglich ist auch eine jederzeitige Amtsniederlegung.

### e) Weitere Ausschüsse

Im Interesse der weiteren Erleichterung und Beschleunigung der Betriebsratsarbeit kann der Betriebsrat in Betrieben mit mehr als 100 Arbeitnehmern weitere Ausschüsse einrichten. Die Möglichkeit, derartigen Ausschüssen Aufgaben zur selbstständigen Erledigung zu übertragen, besteht hingegen nur dann, wenn auch ein Betriebsausschuss gebildet ist, § 28 Abs. 1 BetrVG.

Ist kein Betriebsausschuss gebildet, können die Ausschüsse nur mit vorbereitenden Handlungen betraut werden. Ist hingegen ein Betriebsausschuss gebildet, können weiteren Ausschüssen mit Ausnahme der laufenden Geschäfte, des Abschlusses von Betriebsvereinbarungen und der Befugnisse des Vorsitzenden grds. alle Aufgaben nicht nur zur Vorbereitung, sondern auch zur selbstständigen Entscheidung zugewiesen werden, die der Zuständigkeit des Betriebsrats unterliegen. Zur selbstständigen Erledigung können insbes. auch Mitbestimmungs- und Mitwirkungsrechte übertragen werden, die der Ausschuss dann an Stelle des Betriebsrats ausübt, wie z. B. Beteiligungsbefugnisse in personellen Angelegenheiten (vgl. *BAG* 1.6.1976 EzA § 28 BetrVG 1972 Nr. 3).

Auch hier gilt aber, dass sich der Betriebsrat durch Übertragung von Aufgaben nicht jedweder eigener Entscheidungskompetenz begeben darf, sondern für einen Kernbereich der Mitbestimmungskompetenzen zuständig bleiben muss (*BAG* 20.10.1993 EzA § 28 BetrVG 1972 Nr. 4; vgl. auch *BAG* 26.4.2005 EzA § 87 BetrVG 2001 Betriebliche Lohngestaltung Nr. 6).

Die Übertragung erfolgt durch Beschluss, bei Übertragung zur selbstständigen Erledigung gilt nach § 28 Abs. 1 S. 3, § 27 Abs. 2 S. 2–4 BetrVG Schriftformerfordernis und die Notwendigkeit der Mehrarbeit der Stimmen der Mitglieder des Betriebsrats. Anzahl der Mitglieder und die Zusammensetzung des Ausschusses bestimmt der Betriebsrat nach pflichtgemäßem Ermessen (GK-BetrVG/*Raab* § 28 Rn. 30).

Alle Mitglieder von Ausschüssen des Betriebsrats nach § 28 Abs. 1 BetrVG müssen nach den Grundsätzen der Verhältniswahl gewählt werden; lediglich bei Vorliegen nur eines Wahlvorschlags erfolgt die Wahl nach den Grundsätzen der Mehrheitswahl, § 28 Abs. 1 i. V. m. § 27 Abs. 1 S. 3–5. Betriebsratsvorsitzender und sein Stellvertreter sind keine geborenen Mitglieder (*BAG* 16.11.2005 EzA § 28 BetrVG 2001 Nr. 3).

### f) Gemeinsame Ausschüsse von Betriebsrat und Arbeitgeber

Möglich ist ferner die Bildung gemeinsamer Ausschüsse von Arbeitgeber und Betriebsrat als eigenständige Einrichtung der Betriebsverfassung, z. B. im sozialen Bereich, für die Verhängung von Betriebsbußen, die Verwaltung von Sozialeinrichtungen. § 28 Abs. 2 BetrVG betrifft dabei nur Ausschüsse mit Entscheidungsbefugnis. Gemeinsame Ausschüsse mit nur beratender Funktion unterliegen nicht den Voraussetzungen des § 28 Abs. 2 BetrVG und können daher auch in Betrieben ohne Betriebsausschuss gebildet werden.

Die Bildung gemeinsamer Ausschüsse mit Entscheidungsbefugnis ist nur möglich, sofern ein Betriebsausschuss besteht. Arbeitgeber und Betriebsrat müssen sich über die Zahl der von jeder Seite zu benennenden Mitglieder einigen. Für die Bestellung der Mitglieder des Betriebsrats gelten die Vorschriften für die Bildung weiterer Ausschüsse entsprechend, § 28 Abs. 2 BetrVG. Strittig (offen gelassen von BAG 12.7.1984 EzA § 102 BetrVG Nr. 57) ist, inwieweit bei Übertragung von Aufgaben zur selbstständigen Entscheidung auf gemeinsame Ausschüsse die Entscheidung des an sich zuständigen Betriebsrats durch Mehrheitsentscheidung des gemeinsamen Ausschusses ersetzt wird, was problematisch ist, wenn insbes. in mitbestimmungs- oder mitwirkungspflichtigen Angelegenheiten die arbeitgeberseitigen Mitglieder die Vertreter des Betriebsrats überstimmen. Zum Teil (*Richardi* § 28 Rn. 44) wird deshalb die Ansicht vertreten, dass, soweit eine Mitwirkung des Betriebsrats erforderlich ist, es stets der Zustimmung der Mehrheit der Mitglieder des Repräsentationsorgans der Arbeitnehmer, also eines Mehrheitsbeschlusses der entsandten Betriebsratsmitglieder bedürfe. Überwiegend (etwa GK-BetrVG/*Raab* § 28 Rn. 44; HSWGNR/*Glock* § 28 Rn. 33) wird hingegen vertreten, dass die Beschlussfassung durch einfache Mehrheitsentscheidung erfolgen kann, z. T. allerdings mit der Einschränkung, dass der Betriebsrat bei Besetzung des Ausschusses keine unterparitätische Besetzung vereinbaren dürfe, weil dies auf einen unzulässigen Verzicht auf Beteiligungsrechte hinausliefe (GK-BetrVG/*Raab* § 28 Rn. 41).

### 3. Die Übertragung von Aufgaben auf Arbeitsgruppen, § 28a BetrVG

#### a) Zweck der Bestimmung

**601** Durch die durch das BetrVerf-ReformG vom 23.7.2001 (BGBl. I S. 1852 ff.) eingefügte Bestimmung des § 28a BetrVG wird in Betrieben mit mehr als 100 Arbeitnehmern die Möglichkeit eröffnet, Arbeitsgruppen Beteiligungsrechte zur selbstständigen Wahrnehmung zu übertragen. Hierdurch soll den Bedürfnissen der Praxis und dem Wunsch der Arbeitnehmer nach mehr unmittelbarer Beteiligung Rechnung getragen werden (BegrRegE BT Dr. 14/5741, S. 40).

**602** Die Bestimmung steht in Zusammenhang mit § 75 Abs. 2 S. 2 BetrVG (s. Rdn. 1306 ff.), wonach Arbeitgeber und Betriebsrat verpflichtet sind, die Selbstständigkeit und Eigeninitiative der Arbeitnehmer und Arbeitsgruppen zu fördern. Bei einer Arbeitsgruppe i. S. d. § 28a BetrVG handelt es sich nicht um Organe des Betriebsrats. § 28a BetrVG weist der Arbeitsgruppe vielmehr eine selbstständige betriebsverfassungsrechtliche Stellung zu (*Löwisch* Beil. zu NZA 24/2001, S. 40, 43]; BB 2001, 1734, 1741).

#### b) Voraussetzungen

##### aa) Erforderliche Betriebsgröße

**603** Eine Übertragung von Aufgaben auf eine Arbeitsgruppe ist gem. § 28 Abs. 1 S. 1 BetrVG nur in Betrieben mit mehr als 100 Arbeitnehmern (§ 5 BetrVG, vgl. Rdn. 5 ff.) möglich. Obwohl in der Norm nicht auf die Anzahl der »i. d. R.« beschäftigten Arbeitnehmer abgestellt wird, dürfte auch hier nicht die zufällige effektive Zahl der zum Zeitpunkt der Übertragung betriebszugehörigen Arbeitnehmer maßgeblich sein, sondern die Zahl der Arbeitnehmer, auf die der Betrieb ohne Berücksichtigung einer vorübergehenden Erhöhung oder Verringerung der Arbeitsplätze ausgerichtet ist.

##### bb) Arbeitsgruppe

**604** Eine Delegation von Beteiligungsrechten nach § 28a BetrVG kommt nur auf Arbeitsgruppen in Betracht. Mit dem Begriff der Arbeitsgruppe ist jede Zusammenfassung von Arbeitnehmern zur Erledigung bestimmter Arbeitsaufgaben gemeint. Erfasst ist nicht nur die sog. teilautonome Gruppenarbeit i. S. d. § 87 Abs. 1 Nr. 13 BetrVG (s. Rdn. 1871 ff.), sondern auch sonstige Team- oder Projektarbeiten (BegrRegE, BT-Drs. 14/5741, S. 40; *Löwisch* BB 2001, 1734, 1740). Nach der Begründung zum Regierungsentwurf (BT-Drs. 14/5741, S. 40) können auch Arbeitnehmer eine Arbeitsgruppe bilden, die nebeneinander innerhalb einer bestimmten Beschäftigungsart oder Arbeitsbereichen gleich geartete Arbeitsaufgaben erfüllen. Eine Arbeitsgruppe kann somit jede organisatorisch oder sonst abgrenzbare Mehrheit von Arbeitnehmern bilden, gegenüber der der Arbeitgeber Leitungsfunktionen ausübt (*Natzel* DB 2001, 1362).

### cc) Zusammenhang mit Aufgaben der Arbeitsgruppe

Gem. § 28a Abs. 1 S. 2 BetrVG müssen die vom Betriebsrat zu delegierenden Aufgaben in Zusammenhang mit den von der Arbeitsgruppe zu erledigenden Tätigkeiten stehen. Die Delegationsbefugnis bezieht sich damit auf Beteiligungsrechte hinsichtlich tätigkeits- und aufgabenbezogener Sachverhalte (BegrRegE, BT-Drs. 14/5741, S. 40). Die zu delegierenden Mitwirkungs- und Mitbestimmungsrechte müssen die Arbeitstätigkeit der Gruppenmitglieder betreffen. In Betracht kommen insbes. Tatbestände der Mitbestimmung in sozialen Angelegenheiten (§ 87 BetrVG), wie z. B. Arbeitszeit- und Pausenregelungen, Urlaubsplanung und Entgeltfragen (BegrRegE, BT-Drs. 14/5741, S. 40). Nach *Löwisch* (BB 2001, 1734, 1740) sollen personelle Einzelmaßnahmen (§ 99 BetrVG) nicht erfasst sein. Nach der Begründung zum Regierungsentwurf (BT-Drs. 14/5741, S. 40) scheidet auch in wirtschaftlichen Angelegenheiten eine Delegation aus (ebenso *Löwisch* BB 2001, 1734, 1740]; *Engels/Trebinger/Löhr-Steinhaus* DB 2001, 532, 537; **a. A.** *Annuß* NZA 2001, 367, 370, Fn. 25).

605

### dd) Bestehen einer Rahmenvereinbarung

Die Delegation von Beteiligungsrechten an eine Arbeitsgruppe ist gem. § 28a S. 1 BetrVG nur nach Maßgabe einer mit dem Arbeitgeber abzuschließenden Rahmenvereinbarung möglich. In der Rahmenvereinbarung ist zu regeln, welche Aufgaben und Beteiligungsrechte in welchem Umfang auf die Arbeitsgruppe übertragen werden sollen (BegrRegE, BT-Drs. 14/5741, S. 40). Die Rahmenvereinbarung kann sowohl als formlose Regelungsabrede (*Natzel* DB 2001, 1362, 1363]; **a. A.** *Löwisch* BB 2001, 1734, 1740) als auch als Betriebsvereinbarung abgeschlossen werden. Der Abschluss einer solchen Vereinbarung ist aber nicht erzwingbar; eine Zuständigkeit der Einigungsstelle besteht insoweit nicht (*Löwisch* BB 2001, 1734, 1740]; *Natzel* DB 2001, 1362, 1363]; *Konzen* RdA 2001, 85; *Reichold* NZA 2001, 857, 862]; *Annuß* NZA 2001, 367, 370). Soweit nichts anderes vereinbart ist, kann die Rahmenvereinbarung nach § 77 Abs. 5 BetrVG (entsprechend) gekündigt werden. Als freiwillige Vereinbarung entfaltet sie keine Nachwirkung (*Natzel* DB 2001, 1362, 1363).

606

### ee) Qualifizierter Übertragungsbeschluss; Schriftform

Auf Grund der Rahmenvereinbarung erfolgt die eigentliche Übertragung von Aufgaben auf die Gruppe durch Beschluss des Betriebsrats mit der Mehrheit der Stimmen seiner Mitglieder. Die Übertragung bedarf der Schriftform.

607

### c) Rechtsfolgen; Abschluss von Gruppenvereinbarungen

Soweit der Arbeitsgruppe Aufgaben wirksam übertragen sind, tritt sie an die Stelle des Betriebsrats und nimmt die übertragenen Beteiligungsrechte wahr. Gem. § 28a Abs. 2 BetrVG kann die Arbeitsgruppe im Rahmen der ihr übertragenen Aufgaben mit dem Arbeitgeber Vereinbarungen schließen (sog. Gruppenvereinbarungen). Eine solche Vereinbarung bedarf der Mehrheit der Stimmen der Gruppenmitglieder. Als speziellere Regelung geht sie einer zum gleichen Sachverhalt gültigen generellen Betriebsvereinbarung vor (*Natzel* DB 2001, 1362, 1363]; *Neef* NZA 2001, 361, 363).

608

Für derartige Gruppenvereinbarungen gilt gem. § 28a Abs. 2 S. 2 BetrVG die Bestimmung des § 77 BetrVG entsprechend: Ihnen kommt damit die Wirkung von Betriebsvereinbarungen zu (vgl. *Natzel* DB 2001, 1362, 1363]; *Löwisch* BB 2001, 1734, 1741). Sie gelten unmittelbar und zwingend (s. Rdn. 1504 ff.) für die Gruppenmitglieder (§ 77 Abs. 4). Mangels abweichender Vereinbarung sind sie mit einer Frist von drei Monaten kündbar (§ 77 Abs. 5). In mitbestimmungspflichtigen Angelegenheiten (s. Rdn. 1533 ff.) wirken derartige Vereinbarungen entsprechend § 77 Abs. 6 BetrVG nach. Ob eine Nachwirkung dann entfällt, wenn die Arbeitsgruppe ihre betriebsverfassungsrechtliche Funktion durch ein Absinken der Arbeitnehmerzahl unter 100, Widerruf der Übertragung durch den Betriebsrat oder Kündigung der Rahmenvereinbarung durch Betriebsrat oder Arbeitgeber verliert (so *Löwisch* BB 2001, 1734, 1741]; *ders.* Sonderbeil. NZA Heft 24/2001, 40, 43]; **a. A.** *Neef* NZA 2001, 361, 363) erscheint unter Berücksichtigung des Zwecks der Nachwirkung, einen unge-

609

regelten Zustand zu vermeiden, fraglich. Vielmehr dürfte auch hier eine Nachwirkung bestehen. Eine neue Regelung kann dann entweder vom Betriebsrat oder auf Initiative des Arbeitgebers gegenüber dem Betriebsrat, jeweils ggf. unter Anrufung der Einigungsstelle, herbeigeführt werden.

610 Eine Anrufung der Einigungsstelle durch die Arbeitsgruppe kommt nicht in Betracht. Die Einigungsstelle kann in Angelegenheiten, in denen ein Spruch der Einigungsstelle die Einigung zwischen Betriebsrat und Arbeitgeber ersetzt, vielmehr nur vom Betriebsrat angerufen werden, an den das delegierte Mitbestimmungsrecht bei einer Nicht-Einigung zwischen Arbeitgeber und Arbeitsgruppe nach § 28a Abs. 2 S. 3 BetrVG wieder zurückfällt.

### d) Rückfall des Beteiligungsrechts bei Nichteinigung; Widerruf der Übertragung

611 Können sich Arbeitgeber und Arbeitsgruppe in einer bestimmten Angelegenheit, deren Wahrnehmung an die Arbeitsgruppe delegiert wurde, nicht einigen, fällt das Beteiligungsrecht in dieser Angelegenheit wieder an den Betriebsrat zurück. Soweit es sich um eine Angelegenheit handelt, die der erzwingbaren Mitbestimmung unterliegt, können dann sowohl Betriebsrat als auch Arbeitgeber ggf. die Einigungsstelle anrufen, § 76 Abs. 5 BetrVG.

612 Gem. § 28a Abs. 1 S. 4 BetrVG kann der Betriebsrat die Übertragung von Befugnissen jederzeit widerrufen. Dies setzt einen mit der Mehrheit der Stimmen der Mitglieder des Betriebsrats gefassten Beschluss, der der Schriftform bedarf, voraus. Von der Arbeitsgruppe zwischenzeitlich geschlossene Gruppenvereinbarungen (s. Rdn. 608 ff.) bleiben auch nach Widerruf der Delegation durch den Betriebsrat wirksam (vgl. *Neef* NZA 2001, 361, 363), können aber dann durch den Betriebsrat gekündigt werden (*Engels/Trebinger/Löhr-Steinhaus* DB 2001, 532, 537]; *Natzel* DB 2001 1362, 1363).

### e) Streitigkeiten

613 Über Streitigkeiten im Zusammenhang mit der Übertragung von Aufgaben entscheidet gem. § 2a Abs. 1 Nr. 1 ArbGG das Arbeitsgericht im Beschlussverfahren. Beteiligungsfähig und antragsbefugt soll auf Grund ihrer selbstständigen betriebsverfassungsrechtlichen Stellung auch die Arbeitsgruppe selbst sein (so *Löwisch* BB 2001, 1734, 1741).

## 4. Betriebsratssitzungen, §§ 30 ff. BetrVG

### a) Konstituierende Sitzung

614 Nach der bloßen Ordnungsvorschrift (GK-BetrVG/*Raab* § 29 Rn. 12) des § 29 Abs. 1 BetrVG hat der Wahlvorstand die erste Sitzung des neu gewählten Betriebsrates zur Wahl von Vorsitzenden und Stellvertretern vor Ablauf einer Woche nach dem Wahltag einzuberufen. Einzuladen sind alle als Betriebsratsmitglied gewählten Arbeitnehmer, bei Verhinderung ihre Ersatzmitglieder. Es besteht ein bis zur Bestellung des Wahlleiters für die Wahl des Vorsitzenden und Stellvertreters befristetes Teilnahmerecht des Vorsitzenden des Wahlvorstandes. Arbeitgeber und Gewerkschaftsbeauftragte haben hingegen kein Teilnahmerecht (HSWGNR/*Glock* § 29 Rn. 10; GK-BetrVG/*Raab* § 29 Rn. 17; ein Teilnahmerecht unter den Voraussetzungen des § 31 BetrVG bejaht demgegenüber DKK/*Wedde* § 29 Rn. 10). Kommt der Wahlvorstand seiner Verpflichtung zur Einberufung der konstituierenden Sitzung nicht rechtzeitig nach, soll nach einer Entscheidung des BAG (23.8.1984 EzA § 102 BetrVG 1972 Nr. 59) kein Selbstversammlungsrecht der Betriebsratsmitglieder bestehen. In der Literatur wird demgegenüber ein Selbstversammlungsrecht überwiegend bejaht, und zwar entweder unter der Voraussetzung des Ablaufes der in § 29 Abs. 1 BetrVG vorgesehenen Wochenfrist (GK-BetrVG/*Raab* § 29 Rn. 13; DKK/*Wedde* § 29 Rn. 7) oder dann, wenn der Wahlvorstand seiner Verpflichtung nicht innerhalb eines angemessenen Zeitraumes nachkommt. Um übergangslos die Existenz eines funktionsfähigen Betriebsrates sicherzustellen, kann die konstituierende Sitzung auch vor Beendigung der Amtszeit des bisherigen Betriebsrates einberufen werden (BAG 23.8.1984 EzA § 102 BetrVG 1972 Nr. 59). Ob der Betriebsrat vor Durchführung der konstituierenden Sitzung, d. h. vor Wahl des Vorsitzenden und dessen Stellvertreters amtsausübungsbefugt ist

## B. Der Betriebsrat

und der Arbeitgeber bereits vor diesem Zeitpunkt etwaige Beteiligungsrechte des Betriebsrates beachten muss, ist umstritten (s. Rdn. 503 f.).

### b) Weitere Sitzungen

Beschlüsse des Betriebsrates können nur in förmlichen Sitzungen gefasst werden. Um eine Sitzung des Betriebsrates handelt es sich dabei nur dann, wenn die Mitglieder sich unter der Leitung des Vorsitzenden oder dessen Stellvertreters oder eines anderen Mitgliedes entsprechend der Geschäftsordnung nach entsprechender ordnungsgemäßer Einberufung zusammenfinden, um gemeinsam zu beraten und gegebenenfalls zu beschließen (*BAG* 23.8.1984 EzA § 102 BetrVG 1972 Nr. 59). 615

### aa) Reguläre Sitzungen

Für die Einberufung der weiteren Sitzungen des Betriebsrates ist der Vorsitzende zuständig. Er beraumt die Sitzungen nach pflichtgemäßem Ermessen, insbes. unter Berücksichtigung des Arbeitsanfalles an. Durch entsprechende Regelung in der Geschäftsordnung oder durch sonstigen Beschluss des Betriebsrates können regelmäßig wiederkehrende Sitzungen vorgesehen werden. Ein Selbstversammlungsrecht des Betriebsrates ohne entsprechende Einladung des Vorsitzenden zur Durchführung einer Sitzung besteht nur dann, wenn sich sämtliche Mitglieder des Betriebsrates versammeln und einstimmig erklären, eine Betriebsratssitzung abhalten zu wollen (GK-BetrVG/*Raab* § 29 Rn. 25), da sich in diesem Fall die Schutzfunktion einer ordnungsgemäßen Einberufung erübrigt. Liegen diese Voraussetzungen nicht vor, besteht für Betriebsratsmitglieder gegen den Willen des Vorsitzenden nur die Möglichkeit, die Einberufung einer Sitzung nach § 29 Abs. 3 BetrVG zu erzwingen. 616

### bb) Pflicht zur Einberufung

Da wirksame Beschlüsse des Betriebsrates nur auf einer ordnungsgemäß einberufenen Sitzung gefasst werden können, sieht § 29 Abs. 3 BetrVG im Interesse des Minderheitsschutzes vor, dass der Vorsitzende dann eine Sitzung einzuberufen und den Gegenstand, dessen Beratung beantragt ist, auf die Tagesordnung zu setzen hat, wenn dies von einem Viertel der Mitglieder des Betriebsrates oder vom Arbeitgeber beantragt wird. Der Antrag kann formlos an den Vorsitzenden des Betriebsrates gerichtet werden, muss aber den Gegenstand bezeichnen, dessen Beratung beantragt wird. Beruft der Vorsitzende trotz eines entsprechenden Antrages keine Sitzung ein, handelt er pflichtwidrig. Ein Selbsteinberufungsrecht des Antragstellers besteht in diesem Falle allerdings nicht (allg. Ansicht: vgl. DKK/*Wedde* § 29 Rn. 32; GK-BetrVG/*Raab* § 29 Rn. 31). Verstößt der Vorsitzende gegen seine Verpflichtung, so kann er gem. § 23 Abs. 1 BetrVG aus dem Betriebsrat ausgeschlossen werden. Ferner besteht die Möglichkeit, den Betriebsratsvorsitzenden abzuwählen (s. Rdn. 572). 617

### cc) Zeitpunkt der Sitzungen

Der Betriebsrat bzw. dessen Vorsitzender bestimmen auch den Zeitpunkt und die Dauer der Sitzungen (vgl. *BAG* 3.6.1969 EzA § 37 BetrVG 1952 Nr. 3). Gem. § 30 BetrVG finden die Sitzungen i. d. R. während der Arbeitszeit unter Berücksichtigung der betrieblichen Notwendigkeiten statt. Nicht jedes betriebliche Interesse stellt aber eine betriebliche Notwendigkeit dar. Bloße Erschwerungen des Betriebsablaufes reichen nicht aus. Es müssen vielmehr dringende betriebliche Gründe gegeben sein, die zwingenden Vorrang gegenüber dem Interesse des Betriebsrates haben, die Sitzung zu dem für zweckmäßig gehaltenen Zeitpunkt anzusetzen (GK-BetrVG/*Raab* § 30 Rn. 7; HSWGNR/*Glock* § 30 Rn. 5). 618

Eine generelle Verpflichtung, Sitzungen nur zu Beginn oder Ende der Arbeitszeit durchzuführen, besteht nicht (DKK/*Wedde* § 30 Rn. 7; GK-BetrVG/*Raab* § 30 Rn. 8; a. A. HSWGNR/*Glock* § 30 Rn. 7). Die Nichtbeachtung eventueller betrieblicher Notwendigkeiten hat auf die Wirk- 619 samkeit der vom Betriebsrat gefassten Beschlüsse keinen Einfluss. Auch das Arbeitsentgelt ist ungekürzt weiterzuzahlen.

620 Die wiederholte Verletzung der Pflicht zur Berücksichtigung betrieblicher Notwendigkeiten kann nach § 23 Abs. 1 BetrVG zum Ausschluss aus dem Betriebsrat oder zur Auflösung des Betriebsrates führen (GK-BetrVG/*Raab* § 30 Rn. 10).

### dd) Rechtzeitige Ladung unter Mitteilung der Tagesordnung, Benachrichtigung des Arbeitgebers

621 Die Einberufung der Sitzungen erfolgt durch formlos mögliche Ladung des Vorsitzenden, aus der zumindest Tag, Uhrzeit, Ort der Sitzung und die Tagesordnung hervorgehen müssen. Zu laden sind sämtliche Betriebsratsmitglieder, bei Verhinderung Ersatzmitglieder, die Schwerbehindertenvertretung (§ 29 Abs. 2 S. 4 BetrVG), bei Bestehen eines Teilnahmerechtes auch die Jugend- und Auszubildendenvertretung (§ 29 Abs. 2 S. 4, § 67 BetrVG), ggf. der Vertrauensmann der Zivildienstleistenden (vgl. § 3 Abs. 1 ZDVG) und bei Vorliegen eines ordnungsgemäßen Teilnahmeantrages nach § 31 BetrVG auch die Beauftragten der im Betriebsrat vertretenen Gewerkschaften. Der Arbeitgeber ist nur dann einzuladen, wenn eine Sitzung auf sein Verlangen anberaumt worden ist oder er ausdrücklich eingeladen werden soll, § 29 Abs. 4 BetrVG. Im Übrigen ist er gem. § 30 BetrVG nur vom Zeitpunkt der Sitzung jeweils vorher zu verständigen, damit er dem sitzungsbedingten Arbeitsausfall durch organisatorische Vorkehrungen Rechnung tragen kann. Ein Anspruch des Arbeitgebers auf Mitteilung der Tagesordnung folgt aus der Unterrichtungspflicht des § 30 BetrVG nicht (vgl. nur GK-BetrVG/*Raab* § 30 Rn. 16).

622 Die Ladung muss nach § 29 Abs. 2 S. 3 BetrVG rechtzeitig und unter Mitteilung der Tagesordnung erfolgen. Diese Vorschrift gehört zu den wesentlichen und unverzichtbaren Verfahrensvorschriften, von deren Beachtung die Rechtswirksamkeit der Betriebsratsbeschlüsse abhängt. Dieser Mangel kann nur durch einstimmigen Beschluss der vollzählig versammelten Betriebsratsmitglieder geheilt werden (*BAG* 24.5.2006 EzA § 29 BetrVG 2001 Nr. 1; 28.4.1988 EzA § 29 BetrVG 1972 Nr. 1).

623 Rechtzeitig bedeutet, dass die Einladung so zeitig erfolgen muss, dass die Teilnehmer sich auf die Sitzung einstellen, sich ausreichend auf die Sitzung vorbereiten und dem Vorsitzenden eine eventuelle Verhinderung mitteilen können (GK-BetrVG/*Raab* § 29 Rn. 35). Maßgeblich sind jeweils die Umstände des Einzelfalles. Es empfiehlt sich, Ladungsfristen in der Geschäftsordnung festzulegen.

624 Die Ladung muss unter Mitteilung der Tagesordnung erfolgen. Diese legt der Vorsitzende nach pflichtgemäßem Ermessen unter Berücksichtigung der anstehenden Beratungsgegenstände fest. Die Tagesordnung muss die zu behandelnden Punkte möglichst konkret bezeichnen, damit sich alle Sitzungsteilnehmer darauf einstellen und ausreichend vorbereiten können (DKK/*Wedde* § 29 Rn. 21).

625 Deshalb reichen pauschale Sammelbezeichnungen, wie z. B. »Verschiedenes«, nicht aus. Eine Beschlussfassung über Punkte, die nur in dieser Form in der Tagesordnung kenntlich gemacht wurden, ist nur möglich, wenn der Betriebsrat vollzählig versammelt ist und kein Betriebsratsmitglied der Beschlussfassung widerspricht (*BAG* 28.10.1992 EzA § 29 BetrVG 1972 Nr. 2).

### ee) Durchführung und Leitung der Sitzungen, Teilnahmerechte

626 Die Leitung der Betriebsratssitzungen obliegt dem Vorsitzenden, bei dessen Verhinderung dem Stellvertreter. Dem Vorsitzenden steht auch das Hausrecht im Sitzungsraum zu (GK-BetrVG/*Raab* § 29 Rn. 59).

627 Gem. § 30 BetrVG sind die Sitzungen des Betriebsrates nicht öffentlich. Teilnahmeberechtigt sind sämtliche Betriebsratsmitglieder, bei Verhinderung die Ersatzmitglieder, die Jugend- und Auszubildendenvertretung (§ 67 Abs. 1 BetrVG), die Schwerbehindertenvertretung (§ 32 BetrVG), der Vertrauensmann der Zivildienstleistenden (§ 3 Abs. 1 ZDVG), bei entsprechendem Beschluss des

Betriebsrates der Sprecherausschuss, einzelne seiner Mitglieder oder auch der Unternehmenssprecherausschuss bzw. einzelne seiner Mitglieder (§§ 2 Abs. 2, 20 Abs. 4 SprAuG). Ein Teilnahmerecht der Beauftragten der im Betriebsrat vertretenen Gewerkschaften besteht nur nach Maßgabe des § 31 BetrVG. Der demnach erforderliche Antrag kann formlos gestellt werden. Nach Auffassung des *BAG* (28.2.1990 EzA § 31 BetrVG 1972 Nr. 1) kann der Betriebsrat in seiner Geschäftsordnung ein generelles Teilnahmerecht an den Betriebsratssitzungen für die im Betriebsrat vertretenen Gewerkschaften vorsehen. Die Gewerkschaft bestimmt allein die Person des Beauftragten. Eine Pflicht zur Entsendung besteht nicht. § 31 BetrVG ist entsprechend anwendbar für die Hinzuziehung von Gewerkschaftsbeauftragten zu Sitzungen der Ausschüsse, auch des Wirtschaftsausschusses (vgl. *BAG* 25.6.1987 EzA § 108 BetrVG 1972 Nr. 7; 18.11.1980 EzA § 108 BetrVG 1972 Nr. 4). Ein allgemeines Teilnahmerecht des Arbeitgebers besteht nicht. Teilnahmeberechtigt ist er nur hinsichtlich der Sitzungen, die auf sein Verlangen anberaumt worden sind oder zu denen er ausdrücklich eingeladen worden ist (vgl. § 29 Abs. 3, 4 BetrVG), wobei im ersten Fall sich das Teilnahmerecht auf die Verhandlung derjenigen Gegenstände beschränkt, deren Beratung er beantragt hat (h. M. vgl. DKK/*Wedde* § 29 Rn. 34; a. A. HSWGNR/*Glock* § 29 Rn. 41). Unter Beachtung des Gebotes zur vertrauensvollen Zusammenarbeit besteht eine Verpflichtung des Arbeitgebers zur Teilnahme, wobei sich der Arbeitgeber allerdings vertreten lassen kann, sofern der Vertreter eine an der Leitung des Betriebs verantwortlich beteiligte Person ist und im Hinblick auf den Verhandlungsgegenstand kompetent ist (GK-BetrVG/*Raab* § 29 Rn. 65; *BAG* 11.12.1991 EzA § 90 BetrVG 1972 Nr. 2). Eine Vertretung durch Betriebsfremde ist unzulässig. Nach § 29 Abs. 4 BetrVG kann der Arbeitgeber einen Vertreter seines Arbeitgeberverbandes hinzuziehen.

Ein Teilnahmerecht anderer Personen ist auf Grund der Nichtöffentlichkeit der Betriebsratssitzungen grds. nicht gegeben. Auch die Protokollführung muss durch ein Mitglied des Betriebsrates selbst erfolgen (*BAG* 17.10.1990 EzA § 40 BetrVG 1972 Nr. 65). Kontrovers diskutiert wird, ob es zulässig ist, zur Unterstützung des Protokollführers eine nicht dem Betriebsrat angehörende Schreibkraft hinzuziehen (so *Fitting* § 34 Rn. 11; DKK/*Wedde* § 30 Rn. 12; a. A. GK-BetrVG/*Raab* § 30 Rn. 22; HSWGNR/*Glock* § 30 Rn. 23). Der Betriebsrat kann unter den Voraussetzungen des § 80 Abs. 3 BetrVG Sachverständige zu den Sitzungen hinzuziehen, soweit dies zur ordnungsgemäßen Erfüllung seiner Aufgaben erforderlich ist. Durch den Grundsatz der Nichtöffentlichkeit ist es nach überwiegender Ansicht (DKK/*Wedde* § 30 Rn. 12; GK-BetrVG/*Raab* § 30 Rn. 20; a. A. HSWGNR/*Glock* § 30 Rn. 21: nur soweit sich die Zulässigkeit der Teilnahme aus dem Gesetz ergibt, wie z. B. bei § 102 Abs. 4 S. 2 für den von einer Kündigung betroffenen Arbeitnehmer) nicht ausgeschlossen, dass der Betriebsrat zu einzelnen Punkten der Tagesordnung auch sonstige Auskunftspersonen hinzuzieht, um sich deren Sachkunde nutzbar zu machen (vgl. auch § 80 Abs. 2 S. 3 BetrVG).

### ff) Sitzungsniederschrift, § 34 BetrVG

Über jede förmliche (GK-BetrVG/*Raab* § 34 Rn. 6) Sitzung des Betriebsrates ist eine Sitzungsniederschrift aufzunehmen und zwar auch dann, wenn in der Sitzung keine Beschlüsse gefasst werden. § 34 BetrVG findet entsprechende Anwendung für förmliche Sitzungen des Betriebsausschusses und weitere Ausschüsse.

§ 34 BetrVG ist bloße Ordnungsvorschrift, deren Verletzung die Wirksamkeit etwaiger Beschlüsse unberührt lässt, aber im Wiederholungsfall zu Sanktionen nach § 23 Abs. 1 BetrVG führen kann. Ausnahmsweise können einzelne Beschlüsse des Betriebsrates wegen fehlender Aufnahme in die Sitzungsniederschrift dann nach § 125 BGB nichtig sein, wenn für sie Schriftform vorgesehen ist (vgl. § 36, § 27 Abs. 3, § 28 Abs. 1 und 3, § 50 Abs. 2 BetrVG) und auch nicht auf andere Weise das Erfordernis der Schriftlichkeit gewahrt wird (GK-BetrVG/*Raab* § 34 Rn. 9, 10).

Die Verpflichtung zur Anfertigung einer Sitzungsniederschrift trifft den Betriebsrat, verantwortlich für ihre Ausführung ist der Vorsitzende, bei Verhinderung sein Stellvertreter. Der Betriebsrat kann aus dem Kreis der Betriebsratsmitglieder einen Schriftführer bestellen. Ob der Betriebsrat berechtigt ist, die Protokollführung einer Schreibkraft zu übertragen oder insoweit darauf beschränkt ist, eine Schreibkraft erst zur Ausarbeitung der von einem Betriebsratsmitglied als Protokollführer gefertigten Protokollnotizen hinzuziehen, ist umstritten (vgl. oben; für die Protokollführung im Wirtschaftsausschuss hält das *BAG* 17.10.1990 EzA § 40 BetrVG 1972 Nr. 65 die Hinzuziehung einer nicht dem Betriebsrat angehörigen Person als Protokollführer für zulässig). Tonbandaufnahmen als Grundlage der Protokollerstellung sind unter Berücksichtigung des Persönlichkeitsrechts der Anwesenden nur zulässig, wenn alle Anwesenden damit einverstanden sind.

632 Das Sitzungsprotokoll ist vom Vorsitzenden und einem weiteren Mitglied des Betriebsrates zu unterzeichnen und muss den in § 34 Abs. 1 BetrVG aufgeführten Mindestinhalt aufweisen. Da die Beschlussfassung des Betriebsrates i. d. R. auf Grund entsprechender Anträge erfolgt, ist dringend zu empfehlen, den genauen Wortlaut des jeweils zur Abstimmung gestellten Antrags zu fixieren. Aufzunehmen ist der Wortlaut eines Antrages auch dann, wenn er abgelehnt wird, weil auch dann ein Beschluss des Betriebsrates vorliegt. Die Angabe des Stimmenverhältnisses, mit dem Beschlüsse gefasst wurden, erfordert die Niederlegung der Zahl der Ja- und Nein-Stimmen, der Stimmenthaltungen und der zwar anwesenden, aber nicht an der Abstimmung teilnehmenden Betriebsratsmitglieder. Angaben dazu, wie jedes Betriebsratsmitglied gestimmt hat, sind möglich, aber nicht zwingend vorgeschrieben, es sei denn, der Betriebsrat hat namentliche Abstimmung beschlossen (DKK/*Wedde* § 34 Rn. 3; *Fitting* § 34 Rn. 14). In der selbstständig neben der Niederschrift zu führenden Anwesenheitsliste haben sich alle Teilnehmer an der Sitzung einzutragen. Eine vom Vorsitzenden geführte Teilnehmerliste reicht nicht. Der Vorsitzende oder der Schriftführer hat jedoch im Protokoll oder in der Anwesenheitsliste Anfang und Ende der Teilnahme eines Betriebsratsmitgliedes an der Sitzung zu vermerken, falls dieses nicht während der gesamten Sitzung anwesend ist (GK-BetrVG/*Raab* § 34 Rn. 20).

633 Bei Teilnahme eines Gewerkschaftsbeauftragten oder des Arbeitgebers an der Sitzung, ist diesen gem. § 34 Abs. 2 BetrVG eine Abschrift der Niederschrift auszuhändigen, allerdings nur über den Teil der Sitzung, an dem der Betreffende tatsächlich teilgenommen hat.

634 Nach der Ordnungsvorschrift des § 34 Abs. 2 S. 2 BetrVG sind Einwendungen gegen die Niederschrift unverzüglich (d. h. ohne schuldhaftes Zögern, § 121 BGB) schriftlich zu erheben und dann der Niederschrift beizufügen. Sinn der Vorschrift ist es, Zweifel an der Richtigkeit der Niederschrift möglichst umgehend auszuräumen. Erhobene Einwendungen gegen die Niederschrift berühren die Wirksamkeit von Betriebsratsbeschlüssen nicht (GK-BetrVG/*Raab* § 34 Rn. 26), mindern aber gegebenenfalls den Beweiswert der Niederschrift. Die Sitzungsniederschrift ist im Übrigen lediglich Privaturkunde i. S. d. § 416 ZPO und erbringt damit lediglich vollen Beweis dafür, dass die in ihr enthaltenen Erklärungen über den Ablauf der Betriebsratssitzung von dem Vorsitzenden und dem weiteren Betriebsratsmitglied abgegeben worden sind, nicht aber für die inhaltliche Richtigkeit des Protokolls. Die Niederschrift ist im Übrigen auch Urkunde i. S. d. §§ 267 ff. StGB und kann damit Gegenstand einer Urkundenfälschung sein (GK-BetrVG/*Raab* § 34 Rn. 13).

635 Die Niederschriften sind jedenfalls für die Amtszeit des Betriebsrates und darüber hinaus solange aufzubewahren, wie dies z. B. für den Nachweis fortwirkender Beschlüsse des Betriebsrates erforderlich ist (DKK/*Wedde* § 34 Rn. 12). Ob Eigentümer der Niederschriften der Betriebsrat (so z. B. DKK/*Wedde* § 34 Rn. 12) oder aber der Arbeitgeber (so z. B. GK-BetrVG/*Weber* § 40 Rn. 180) ist, ist umstritten. Auch soweit diese Unterlagen dem Eigentum des Arbeitgebers zugeordnet werden, ist aber die daraus resultierende Rechtsposition durch die Zweckbestimmung der Niederschrift beschränkt. Der Arbeitgeber kann auf Grund seines Eigentums deshalb auch nach Ablauf der Amtszeit des Betriebsrates weder die Akten herausverlangen, noch in sie Einsicht nehmen. Wird nach Beendigung der Amtszeit des alten kein neuer Betriebsrat gewählt, muss der Arbeitgeber die Akten vorläufig unter Verschluss nehmen und einem später gewählten Betriebsrat zur Verfügung stellten (HSWGNR/*Glock* § 34 Rn. 15).

### gg) Einsichtsrecht der Betriebsratsmitglieder, § 34 Abs. 3 BetrVG

Durch das in § 34 Abs. 3 BetrVG vorgesehene Einsichtsrecht der Betriebsratsmitglieder soll sichergestellt werden, dass sich jedes Betriebsratsmitglied über die Vorgänge im Betriebsrat informieren kann. Es erfasst alle Unterlagen des Betriebsrates und der Ausschüsse. Unterlagen sind nicht nur die in Papierform verkörperten Aufzeichnungen, sondern auch die auf Datenträgern gespeicherten Daten sowie die Korrespondenz des Betriebsrats per E-Mail. Jedes Mitglied des Betriebsrats verfügt daher über ein unabdingbares Recht, auf Datenträgern gespeicherte Dateien und E-Mails des Betriebsrats auf elektronischem Wege zu lesen (*BAG* 12.8.2009 EzA § 34 BetrVG 2001 Nr. 1). Zulässig ist die Anfertigung von Notizen. Ein Anspruch auf Überlassung der Unterlagen besteht dagegen nicht. Nach Auffassung des *BAG* (27.5.1982 EzA § 34 BetrVG 1972 Nr. 1; a. A. GK-BetrVG/*Raab* § 34 Rn. 31) beinhaltet das Einsichtsrecht nicht zugleich auch die Befugnis, Fotokopien dieser Unterlagen zu fertigen.                       636

### c) Beschlüsse des Betriebsrates, §§ 33, 35 BetrVG

#### aa) Sitzungserfordernis

Beschlüsse dienen der förmlichen internen Willensbildung des Betriebsrates und können nur in einer förmlichen Sitzung nach ordnungsgemäßer Ladung und Mitteilung der Tagesordnung gefasst werden.                       637

Eine Beschlussfassung im sog. Umlaufverfahren, durch telegrafische oder telefonische Umfrage oder nacheinander geführte Gespräche des Betriebsratsvorsitzenden mit den einzelnen Betriebsratsmitgliedern ist unzulässig, und zwar auch dann, wenn sich sämtliche Betriebsratsmitglieder mit diesem Verfahren einverstanden erklärt haben (*BAG* 4.8.1975 EzA § 102 BetrVG 1972 Nr. 14; GK-BetrVG/*Raab* § 33 Rn. 11).                       638

#### bb) Beschlussfähigkeit

Beschlüsse können nur gefasst werden, soweit der Betriebsrat beschlussfähig ist. Dies setzt gem. § 33 Abs. 2 BetrVG voraus, dass mindestens die Hälfte der Betriebsratsmitglieder an der Beschlussfassung teilnimmt. Es genügt also nicht, dass lediglich die Hälfte der Betriebsratsmitglieder im Sitzungssaal anwesend ist. Eine Teilnahme an der Abstimmung erfolgt durch Abgabe der Stimme und jedenfalls auch durch ausdrücklich erklärte Stimmenthaltung. Fraglich ist, wie das Verhalten eines Betriebsratsmitglieds zu bewerten ist, das weder mit ja, noch mit nein stimmt und auch nicht ausdrücklich seine Nichtteilnahme an der Abstimmung erklärt. Zum Teil (etwa DKK/*Wedde* § 33 Rn. 6) wird die Ansicht vertreten, dass bei nicht ausdrücklich erklärter Nichtteilnahme an der Abstimmung eine Vermutung dafür spreche, dass eine Stimmenthaltung und damit eine Teilnahme an der Abstimmung vorliege. Nach anderer Auffassung (GK-BetrVG/*Raab* § 33 Rn. 15) beteiligen sich nicht abstimmende Betriebsratsmitglieder nicht an der Abstimmung. Da die Beschlussfähigkeit Wirksamkeitsvoraussetzung eines Betriebsratsbeschlusses ist, sollten in der Sitzungsniederschrift nicht nur die Ja- und Nein-Stimmen, sondern auch die Stimmenthaltungen ausdrücklich aufgenommen werden. Bei der Feststellung der Beschlussfähigkeit sind Personen, die Stimmrecht haben, aber kein Betriebsratsmitglied sind, insbes. Jugend- und Auszubildendenvertreter, nicht zu berücksichtigen.                       639

Wenn infolge einer vorübergehenden Verhinderung von Betriebsratsmitgliedern der Betriebsrat auch nach Einrücken von Ersatzmitgliedern nicht mehr mit der vorgeschriebenen Zahl besetzt ist, so nimmt der Restbetriebsrat in entsprechender Anwendung des § 22 BetrVG etwaige Beteiligungsrechte des Betriebsrates wahr.                       640

Zur Feststellung der Beschlussfähigkeit ist dann von der Zahl der tatsächlich noch vorhandenen Betriebsratsmitglieder einschließlich der nachgerückten Ersatzmitglieder auszugehen (*BAG* 18.8.1982 EzA § 102 BetrVG 1972 Nr. 48).                       641

### cc) Stimmrecht, Abstimmungsverfahren, Mehrheiten

642 Stimmrecht haben grds. nur Betriebsratsmitglieder. Gesetzlich vorgesehen ist darüber hinaus ein Stimmrecht der Jugend- und Auszubildendenvertreter nach § 67 Abs. 2 BetrVG, soweit die zu fassenden Beschlüsse des Betriebsrates überwiegend Arbeitnehmer unter 18 Jahren oder die zu ihrer Berufsausbildung Beschäftigten unter 25 Jahren betreffen. Für andere an der Sitzung Teilnahmeberechtigte besteht ein Stimmrecht nicht.

643 Das Abstimmungsverfahren ist gesetzlich nicht geregelt und kann vom Betriebsrat im Einzelfall oder durch generelle Regelung in der Geschäftsordnung festgelegt werden. Sinnvoll sind Regelungen über offene oder geheime Abstimmung und die Reihenfolge der Stimmabgabe.

644 Betriebsratsbeschlüsse unterliegen nach § 33 Abs. 1 BetrVG dem Grundsatz der einfachen Stimmenmehrheit. Diese liegt vor, wenn der Beschluss mit der Mehrheit der Stimmen der anwesenden Mitglieder gefasst wird. Stimmengleichheit bedeutet Ablehnung des Antrages. Enthaltungen oder die Stimmen der an der Beschlussfassung nicht teilnehmenden Stimmberechtigten wirken also wie Gegenstimmen. Abweichend vom Grundsatz der einfachen Mehrheit ist in den gesetzlich ausdrücklich geregelten Fällen eine qualifizierte Mehrheit notwendig. Absolute Mehrheit der Stimmen der Betriebsratsmitglieder verlangen die § 13 Abs. 2 Nr. 3, § 27 Abs. 2, § 28 Abs. 1 S. 4, Abs. 2, § 28a Abs. 1, § 36, § 50 Abs. 2 S. 1, § 107 Abs. 3 S. 1 BetrVG. Eine absolute Mehrheit der Stimmen der Gruppenangehörigen erfordern §§ 31, 35 BetrVG. Soweit gesetzlich nichts anderes vorgesehen ist (vgl. z. B. § 27 Abs. 2 S. 3 BetrVG) erfolgt die Abstimmung ungeachtet der Gruppenzugehörigkeit gemeinsam.

645 Die Abstimmung kann grds. formlos erfolgen, sodass eine Abstimmung auch durch schlüssiges Verhalten möglich ist. Eine stillschweigende Beschlussfassung etwa derart, dass die Untätigkeit des Betriebsrates einen Beschluss erzeugen könnte, gibt es nicht (*BAG* 7.10.1980 EzA § 27 BetrVG 1972 Nr. 6; 13.11.1991 § 27 BetrVG 1972 Nr. 7).

### dd) Aufhebung und Änderung von Beschlüssen

646 Beschlüsse können jederzeit durch einen neuen ordnungsgemäß zustande gekommenen Betriebsratsbeschluss aufgehoben oder abgeändert werden, solange sie noch nicht Dritten gegenüber wirksam geworden sind, insbes. dem Arbeitgeber die Entscheidung des Betriebsrates noch nicht durch den Betriebsratsvorsitzenden mitgeteilt worden ist (*LAG Hamm* 22.10.1991 LAGE § 611 BGB Direktionsrecht Nr. 11). Hat der Beschluss des Betriebsrates allerdings zum Abschluss einer Betriebsvereinbarung geführt, kommt eine Aufhebung des Beschlusses nicht mehr in Betracht. Es besteht lediglich die Möglichkeit, die Betriebsvereinbarung zu kündigen (DKK/*Wedde* § 33 Rn. 22).

### ee) Unwirksamkeit von Betriebsratsbeschlüssen

#### (1) Voraussetzungen

647 Auf Grund seines Inhaltes ist ein Betriebsratsbeschluss unwirksam, wenn er gegen ein gesetzliches Verbot (§ 134 BGB), die guten Sitten (§ 138 BGB), gegen höherrangiges Recht verstößt oder eine Regelungszuständigkeit des Betriebsrates nicht bestand (vgl. GK-BetrVG/*Raab* § 33 Rn. 51 ff.; DKK/*Wedde* § 33 Rn. 24). Ein Betriebsratsbeschluss ist ferner dann nichtig, wenn ein grober Verstoß gegen Vorschriften und Grundsätze, deren Beachtung unerlässliche Voraussetzung einer Beschlussfassung ist, vorliegt (vgl. *BAG* 28.10.1992 EzA § 29 BetrVG Nr. 2; 23.8.1984 EzA § 103 BetrVG 1972 Nr. 30; 28.4.1988 EzA § 29 BetrVG 1972 Nr. 1).

648 Eine Nichtigkeit in diesem Sinne liegt **beispielsweise** vor bei:
– Beschlussfassung in einer Sitzung, zu der nicht ordnungsgemäß unter Mitteilung der Tagesordnung eingeladen wurde (*BAG* 10.10.2007 EzA § 26 BetrVG 2001 Nr. 2) oder die Beschlussfassung unter dem Tagesordnungspunkt »Verschiedenes« erfolgte, ohne diesen Punkt näher zu kon-

## B. Der Betriebsrat | Kapitel 13

kretisieren (*BAG* 28.4.1988 EzA § 29 BetrVG 1972 Nr. 1; 28.10.1992 EzA § 29 BetrVG 1972 Nr. 2; vgl. auch *BAG* 24.5.2006 EzA § 29 BetrVG 2001 Nr. 1);
- fehlender Beschlussfähigkeit des Betriebsrates; 649
- Beschlussfassung außerhalb von Sitzungen des Betriebsrates; 650
- Nichterreichen der erforderlichen Mehrheit; 651
- Beteiligung eines wegen Interessenkollision eigentlich verhinderten Betriebsratsmitglieds, obwohl ein Ersatzmitglied hätte geladen werden müssen (*BAG* 3.8.1999 EzA § 33 BetrVG 1972 Nr. 1); 652
- Nichtbeachtung einer eventuell zu wahrenden Schriftform des Beschlusses (vgl. z. B. § 27 Abs. 2, § 28 Abs. 1, § 28a Abs. 1, § 36 BetrVG); 653
- Beschlussfassung über Gegenstände, die nicht in die Zuständigkeit des Betriebsrates fallen, z. B. weil eine Zuständigkeit des Gesamtbetriebsrats gegeben war; 654
- Beteiligung von nicht Stimmberechtigten an der Beschlussfassung, es sei denn, die Stimmabgabe Nichtberechtigter war offensichtlich ohne Einfluss auf das Abstimmungsergebnis; 655
- Nichtbeteiligung der Mitglieder der Jugend- und Auszubildendenvertreter an der Abstimmung entgegen § 67 Abs. 2 BetrVG, wenn durch deren Stimme die Beschlussfassung hätte beeinflusst werden können; 656
- Mitwirken von nicht teilnahmeberechtigten Personen an der Betriebsratssitzung, wenn diese die Willensbildung des Betriebsrates beeinflusst haben (*BAG* 24.3.1977 EzA § 102 BetrVG 1972 Nr. 28; GK-BetrVG/*Raab* § 33 Rn. 57); 657
- Unzuständigkeit des Betriebsrats, weil eine Zuständigkeit des Gesamtbetriebsrates bestand (*BAG* 24.5.2006 EzA § 29 BetrVG 2001 Nr. 1). 658

### (2) Rechtsfolgen und gerichtliche Geltendmachung

Liegt ein Unwirksamkeitsgrund vor, so ist der Beschluss unwirksam. Dies führt grds. auch zur Unwirksamkeit der darauf beruhenden Maßnahmen. 659

In Betracht kommt aber eine nachträgliche Genehmigung durch den Betriebsrat durch eine spätere erneute, ordnungsgemäße Beschlussfassung mit der Folge, dass die Genehmigung auf den Zeitpunkt der Vornahme des Rechtsgeschäfts zurückwirkt, soweit es um die Wirksamkeit eines vom Betriebsratsvorsitzenden abgeschlossenen Vertrages geht (*BAG* 10.10.2007 EzA § 26 BetrVG 2001 Nr. 2). So bedarf etwa die wirksame Einleitung eines Beschlussverfahrens oder die Beauftragung eines Anwalts mit der Vertretung in einem gerichtlichen Verfahren eines wirksamen Beschlusses des Betriebsrats. Allerdings kann der Betriebsrat bis zu einer Prozessentscheidung die Einleitung des Verfahrens und/oder die Beauftragung eines Bevollmächtigten durch – ordnungsgemäßen – Beschluss genehmigen. Hierauf hat das Gericht hinzuweisen und Gelegenheit zu geben, die fehlende oder fehlerhafte Beschlussfassung nachzuholen (*BAG* 16.11.2005 § 80 BetrVG 2001 Nr. 4). Ebenso ist die nachträgliche Genehmigung der Bestellung als Einigungsstellenbeisitzer möglich (*BAG* 10.10.2007 EzA § 26 BetrVG 2001 Nr. 2). Eine zeitliche Rückerstreckung der Genehmigung ist aber ausgeschlossen, wenn die Beschlussfassung des Betriebsrats erst nach dem für die Beurteilung des Sachverhalts maßgeblichen Zeitpunkt erfolgt, insbesondere bei Vereinbarungen, die eine Kostentragungspflicht des Arbeitgebers bedingen. Ist beispielsweise der Beschluss, ein Betriebsratsmitglied zu einer Schulungsveranstaltung zu entsenden, unwirksam, hat das entsandte Betriebsratsmitglied keinen Anspruch auf Zahlung des Lohnes für die Zeit der Teilnahme an der Schulungsveranstaltung, auch wenn eine nachträgliche Genehmigung erfolgt (*BAG* 10.10.2007 EzA § 26 BetrVG 2001 Nr. 2; 28.4.1988 EzA § 29 BetrVG 1972 Nr. 1). Ist der Vorsitzenden des Betriebsrates auf der Grundlage eines nichtigen Beschlusses gegenüber dem Arbeitgeber tätig geworden, kommt unter Umständen ein Schutz des guten Glaubens des Arbeitgebers in Betracht, wenn er die Nichtigkeit des Beschlusses weder kannte noch kennen musste (s. Rdn. 579). 660

Die gerichtliche Geltendmachung der Unwirksamkeit eines Beschlusses kann jederzeit in jedem Verfahren erfolgen, und zwar entweder als Vorfrage in einem Verfahren, in dem es auf die Wirksamkeit 661

### ff) Aussetzung von Beschlüssen

662 Die in § 35 BetrVG vorgesehene Aussetzung eines Beschlusses des Betriebsrates auf Grund eines entsprechenden Antrages der Jugend- und Auszubildendenvertretung oder der Schwerbehindertenvertretung soll den Beteiligten die Möglichkeit geben, die Angelegenheit noch einmal zu überdenken, um eine angemessenere Regelung zu finden (GK-BetrVG/*Raab* § 35 Rn. 9). Sofern in der Geschäftsordnung nicht Schriftform vorgesehen ist, kann der Antrag formlos gestellt werden. Außerhalb einer Sitzung des Betriebsrates ist er an den Vorsitzenden des Betriebsrates zu richten. Ein Antragsrecht der Schwerbehindertenvertretung besteht dann nicht, wenn etwaige Bedenken bereits bei der Beschlussfassung berücksichtigt wurden (str., so z. B. GK-BetrVG/*Raab* § 35 Rn. 14; a. A. HSWGNR/*Glock* § 35 Rn. 11). Der Antrag ist nur gegenüber Beschlüssen des Betriebsrates, nicht aber bei vom Betriebsrat durchzuführenden Wahlen zulässig. Er muss so gefasst sein, dass ihm zu entnehmen ist, gegen welchen Beschluss er sich im Einzelnen richtet. Eine Frist ist gesetzlich nicht vorgesehen. Da aber eine Aussetzung nur für eine Woche seit der Beschlussfassung möglich ist, muss der Antrag faktisch innerhalb dieser Wochenfrist gestellt werden. Die Aussetzung kann nicht mehr beantragt werden, wenn der Beschluss bereits durchgeführt wurde (GK-BetrVG/*Raab* § 35 Rn. 17).

663 Liegt ein ordnungsgemäßer Antrag vor, muss der Vorsitzende ihm entsprechen. Streitig ist, ob der Vorsitzende die Aussetzung des Beschlusses ablehnen kann, wenn der Antrag nach eigenem Vortrag der Antragsteller offensichtlich unbegründet ist (so GK-BetrVG/*Raab* § 35 Rn. 20; a. A. DKK/*Wedde* § 35 Rn. 10: nur wenn sich die Ausübung des Antragsrechts als Rechtsmissbrauch darstellt; HSWGNR/*Glock* § 35 Rn. 17: kein formelles Prüfungsrecht des Vorsitzenden). Durch die Aussetzung werden Bestand und Wirksamkeit des Beschlusses nicht berührt. Dieser wird lediglich suspendiert und darf vom Vorsitzenden nicht vollzogen werden. Geschieht dies dennoch, ändert das nichts an der Wirksamkeit der auf dem Beschluss beruhenden Maßnahme. Allerdings kann hierin eine grobe Pflichtverletzung des § 23 Abs. 1 BetrVG liegen (GK-BetrVG/*Raab* § 35 Rn. 20, 21).

664 Durch den Antrag verlängern sich betriebsverfassungsrechtliche Fristen, nach deren Ablauf ein Schweigen des Betriebsrates als Zustimmung gewertet wird (z. B. § 99 Abs. 3, § 102 Abs. 2 BetrVG) nicht, da § 35 BetrVG lediglich eine interne Ordnungsvorschrift für die Geschäftsführung des Betriebsrates ist (GK-BetrVG/*Raab* § 35 Rn. 22 f.).

665 Bei der nach Fristablauf notwendigen erneuten Beschlussfassung kann der Betriebsrat den früheren Beschluss bestätigen, abändern oder aufheben. Wird ein inhaltlich veränderter Beschluss gefasst, kommt ein erneuter Aussetzungsantrag im Hinblick auf diesen Beschluss dann nicht in Betracht, wenn der erste Beschluss nur unerheblich geändert wird, § 35 Abs. 2 BetrVG. Eine nur unerhebliche Änderung liegt vor, wenn der ausgesetzte Beschluss bei objektiver Gesamtwürdigung in seinem sachlichen Kern erhalten bleibt (HSWGNR/*Glock* § 35 Rn. 31).

666 § 35 BetrVG ist entsprechend anwendbar für Beschlüsse des Betriebsausschusses und Beschlüsse weiterer Ausschüsse, soweit ihnen nach §§ 27 Abs. 2, 28 Abs. 1, 28a Abs. 1 BetrVG Aufgaben zur selbstständigen Erledigung übertragen worden sind, wobei der Antrag an den Betriebsratsvorsitzenden, nicht an den Ausschussvorsitzenden zu richten ist. Auf Beschlüsse des Wirtschaftsausschusses ist die Vorschrift nicht anwendbar, da dieser keine originären Betriebsratsaufgaben, sondern ihm selbst gesetzlich zugewiesene Aufgaben zu erfüllen hat (GK-BetrVG/*Raab* § 35 Rn. 6).

### 5. Geschäftsordnung, § 36 BetrVG

667 Der Erlass einer Geschäftsordnung ist dem Betriebsrat wegen ihrer Bedeutung für einen ordnungsgemäßen Ablauf der Betriebsratstätigkeit durch Sollvorschrift aufgegeben, deren Verletzung keine Auswirkungen auf die Wirksamkeit der Handlungen des Betriebsrates hat.

Da die Geschäftsordnung nur interne Bedeutung hat, ist strittig, ob ein unter Verstoß gegen Be- 668
stimmungen der Geschäftsordnung zustande gekommener Beschluss unwirksam ist. Zum Teil
wird angenommen, dass ein Beschluss, der unter Verstoß gegen ihre Vorschriften zustande
kommt, gleichwohl wirksam ist, soweit er nicht im Übrigen gegen zwingende gesetzliche Bestimmungen verstößt (z. B. DKK/*Wedde* § 36 Rn. 10) Nach anderer Ansicht kommt eine Unwirksamkeit jedenfalls bei Verstößen gegen Bestimmungen in Betracht, die nach ihrem erkennbaren
Zweck für das Zustandekommen des Beschlusses und für den Schutz der Betriebsratsmitglieder
als so wesentlich anzusehen sind, dass von ihrer Beachtung die Wirksamkeit des Beschlusses abhängen soll (so GK-BetrVG/*Raab* § 36 Rn. 18; vgl. auch *Richardi* § 36 Rn. 12: sofern es sich
nicht lediglich um einen Verstoß gegen eine Ordnungsvorschrift handelt).

Die Verletzung der Geschäftsordnung kann jedoch jedenfalls im Wiederholungsfalle eine Amts- 669
pflichtverletzung i. S. d. § 23 Abs. 1 BetrVG darstellen (DKK/*Wedde* § 36 Rn. 10).

Erforderlich ist ein Beschluss des Betriebsrates (§ 33 BetrVG), der ebenso wie Änderungen, Ergän- 670
zungen und ihre Aufhebung der Schriftform (§§ 125, 126 BGB) und der Mehrheit der Stimmen des
Betriebsrates bedarf. Im Einzelfall kann mit der Mehrheit der Stimmen des Betriebsrates von der Geschäftsordnung abgewichen werden (GK-BetrVG/*Raab* § 36 Rn. 10; HSWGNR/*Glock* § 36
Rn. 13; a. A. *Richardi* § 36 Rn. 13: erforderlich sei das Einverständnis aller Betriebsratsmitglieder).

Die Geschäftsordnung kann nur die gesetzlichen Regelungen ergänzende Bestimmungen über die 671
Geschäftsführung des Betriebsrates enthalten. Die gesetzlichen Bestimmungen über die Geschäftsführung in § 26 ff. BetrVG sind daher zu beachten und können nur ausgestaltet und ergänzt, nicht
aber geändert werden (allg. Ansicht, vgl. nur *BAG* 16.11.2005 EzA § 28 BetrVG 2001 Nr. 3). Zur
Geschäftsführung des Betriebsrates gehört alles, was sich auf die Durchführung der ihm durch das
Betriebsverfassungsgesetz übertragenen Aufgaben bezieht. Möglich sind z. B. Regelungen über die
Zuständigkeit der betriebsverfassungsrechtlichen Gremien, insbes. der Ausschüsse durch Festlegung, was zu den laufenden Geschäften gehört, Regelungen über die Formalien der Sitzungen (z. B.
Termine, Form und Frist für Ladungen, Tagesordnung, Rederecht, Abstimmungsverfahren, Abmeldepflicht bei Verhinderungen etc.). Nicht geregelt werden können einseitig Fragen, die Gegenstand
einer Vereinbarung mit dem Arbeitgeber sein müssen, wie z. B. die Abhaltung von Sprechstunden.
Umgekehrt können Regelungen, die in eine Geschäftsordnung gehören, nicht Gegenstand einer Betriebsvereinbarung sein (ausf. DKK/*Wedde* § 36 Rn. 4). Die Geschäftsordnung gilt nur für die
Dauer der Amtszeit des Betriebsrates, der sie erlassen hat (vgl. nur GK-BetrVG/*Raab* § 36 Rn. 17
m. w. N.). § 36 BetrVG gilt entsprechend für den Betriebsausschuss und weitere Ausschüsse des Betriebsrats, es sei denn, dass der Betriebsrat selbst in seiner Geschäftsordnung das Verfahren der Ausschüsse mitgeregelt oder ihnen eine eigene Geschäftsordnung gegeben hat (DKK/*Wedde* § 36
Rn. 2).

## 6. Sprechstunden und sonstige Inanspruchnahme des Betriebsrates, § 39 BetrVG

### a) Einrichtung der Sprechstunde

Der Betriebsrat entscheidet alleine nach pflichtgemäßem Ermessen darüber, ob er Sprechstunden 672
einrichtet, in welcher Weise die Sprechstunden durchgeführt und welche Betriebsratsmitglieder hiermit betraut werden. Soweit ein Betriebsausschuss besteht, gehört die Durchführung der Sprechstunden zu den von diesem wahrzunehmenden laufenden Geschäften (GK-BetrVG/*Weber* § 39 Rn. 18).
Für Sprechstunden während der Arbeitszeit sind hingegen Zeit und Ort mit dem Arbeitgeber zu vereinbaren, § 39 Abs. 1 BetrVG. Erforderlich ist eine Einigung über die zeitliche Lage der Sprechstunden, d. h. Zeitpunkt und Häufigkeit sowie Dauer sowie über den Ort, an dem die Sprechstunden
abgehalten werden sollen. Kommt eine Einigung zwischen Arbeitgeber und Betriebsrat nicht zu Stande, so entscheidet die Einigungsstelle über diese Fragen verbindlich unter Berücksichtigung der Belange des Betriebes und der Arbeitnehmer (§ 39 Abs. 1 S. 3 und 4, § 76 Abs. 5 S. 3 BetrVG). Keiner
Vereinbarung mit dem Arbeitgeber bedarf es über Sprechstunden außerhalb der Arbeitszeit und außerhalb des Betriebes oder bei Abhaltung von Sprechstunden innerhalb des Betriebes, aber außerhalb

der Arbeitszeit, wenn die betrieblichen Öffnungszeiten beachtet und die Sprechstunde innerhalb der dem Betriebsrat ohnehin zustehenden Räume durchgeführt wird (GK-BetrVG/*Weber* § 39 Rn. 14; HSWGNR/*Glock* § 39 Rn. 6). Um eine ordnungsgemäße Beratung der Arbeitnehmer sicherzustellen, kann der Betriebsrat im Rahmen der Erforderlichkeit gem. § 80 Abs. 3 BetrVG nach näherer Vereinbarung mit dem Arbeitgeber Sachverständige hinzuziehen (GK-BetrVG/*Weber* § 39 Rn. 20). Die Hinzuziehung von Gewerkschaftsbeauftragten ist gem. § 2 Abs. 1 und 2 BetrVG möglich. Der Arbeitgeber ist hiervon zu unterrichten, seiner Zustimmung bedarf es aber nicht (GK-BetrVG/*Weber* § 39 Rn. 20).

### b) Besuchsrecht der Arbeitnehmer

673  Die Arbeitnehmer können die Sprechstunde des Betriebsrates zur Erörterung aller Angelegenheiten aufsuchen, die Gegenstand der Sprechstunde sein können, d. h. in allen Angelegenheiten, die mit ihrem individuellen Arbeitsverhältnis und ihrer Stellung im Betrieb zusammenhängen und in den Aufgabenbereich des Betriebsrates fallen. Der Besuch muss erforderlich sein (*LAG Bln.* 3.11.1980 EzA § 39 BetrVG 1972; *LAG Nds.* 1.7.1986 NZA 1987, 33; GK-BetrVG/*Weber* § 39 Rn. 29). Daran fehlt es, wenn er nur erfolgt, um sich über eine Frage kollektiver Bedeutung, wie z. B. die Arbeitszeit für alle Arbeitnehmer, zu informieren, da hierfür geeignetere Hilfsmittel, wie z. B. das Schwarze Brett, schriftliche Informationen oder die Betriebsversammlung zur Verfügung stehen (*LAG Nds.* 1.7.1986 NZA 1987, 33).

674  Liegt eine Erforderlichkeit vor, muss sich der Arbeitnehmer vor dem Besuch der Sprechstunde bei seinem Vorgesetzten ordnungsgemäß abmelden und nach seiner Rückkehr wieder zurückmelden (*LAG Düsseld.* 9.8.1985 DB 1985, 2463; DKK/*Wedde* § 39 Rn. 24). Der Anlass für das Aufsuchen des Betriebsrates braucht nicht angegeben zu werden (GK-BetrVG/*Weber* § 39 Rn. 32).

675  Der Arbeitnehmer kann den Arbeitsplatz nur dann gegen den Willen des Arbeitgebers verlassen, wenn ihm ohne triftigen Grund der Besuch der Sprechstunde verweigert wird (DKK/*Wedde* § 39 Rn. 24; *Fitting* § 39 Rn. 28a; a. A. GK-BetrVG/*Weber* § 39 Rn. 31). Soweit der Besuch der Sprechstunde erforderlich war, ist nach § 39 Abs. 3 BetrVG das Arbeitsentgelt nach dem Lohnausfallprinzip fortzuzahlen.

### c) Sonstige Inanspruchnahme des Betriebsrates

676  Durch die Einrichtung von Sprechstunden bleibt das Recht des Arbeitnehmers unberührt, den Betriebsrat während der Arbeitszeit im Rahmen der Erforderlichkeit auch außerhalb der Sprechstunden aufzusuchen. Betriebsratsmitglieder sind nicht verpflichtet, Arbeitnehmer generell auf die Sprechstunde des Betriebsrates zu verweisen (*BAG* 23.6.1983 EzA § 37 BetrVG 1972 Nr. 78). Eine sonstige Inanspruchnahme liegt auch vor, wenn der Betriebsrat seinerseits den Arbeitnehmer in Wahrnehmung von dessen Interessen aufsucht, z. B. weil er den Arbeitnehmer über den Stand und das Ergebnis von Verhandlungen mit dem Arbeitgeber unterrichten will (*LAG Bln.* 3.11.1980 EzA § 39 BetrVG 1972 Nr. 1). Auch bei einer sonstigen erforderlichen Inanspruchnahme des Betriebsrates ist das Arbeitsentgelt nach Maßgabe des Lohnausfallprinzips weiterzuzahlen.

677  Eine Haftung der Betriebsratsmitglieder wegen der im Rahmen von Sprechstunden oder sonst gegebenen Auskünfte besteht nur im Falle der unerlaubten Handlung (§ 676 BGB). Da i. d. R. nur allgemeine Vermögensschäden in Betracht kommen, besteht damit ein Schadensersatzanspruch nur unter den Voraussetzungen des § 826 BGB, d. h. nur bei sittenwidriger vorsätzlicher Schädigung (HSWGNR/*Glock* § 39 Rn. 28; GK-BetrVG/*Weber* § 39 Rn. 39).

## IV. Die Rechtsstellung der Betriebsratsmitglieder

678  Die Rechtsstellung der Betriebsratsmitglieder regelnden §§ 37, 38, 40, 78 BetrVG, ergänzt durch §§ 15, 16 KSchG, § 103 BetrVG (s. Kap. 4 Rdn. 495 ff.) und § 78a BetrVG (s. Kap. 1 Rdn. 95 ff.) dienen dazu, die innere und äußere Unabhängigkeit der betriebsverfassungsrechtlichen Mandatsträger und damit eine ordnungsgemäße Durchführung ihrer Aufgaben zu gewährleisten. Die auf das

Betriebsratsamt bezogenen Sonderregelungen modifizieren die Stellung des Betriebsratsmitglieds als Arbeitnehmer; im Übrigen bleiben die Rechte und Pflichten aus dem Arbeitsverhältnis unberührt (GK-BetrVG/*Weber* § 37 Rn. 6).

## 1. Das Betriebsratsamt als Ehrenamt, § 37 Abs. 1 BetrVG

Das Amt des Betriebsrats ist als unentgeltliches, privates Ehrenamt auszuüben. § 37 Abs. 1 BetrVG dient der Wahrung der Unabhängigkeit und Überparteilichkeit der Tätigkeit der Betriebsratsmitglieder. An den Begriff der Unentgeltlichkeit ist daher im Interesse der Unabhängigkeit der Betriebsratsmitglieder ein strenger Maßstab anzulegen (DKK/*Wedde* § 37 Rn. 3; GK-BetrVG/*Weber* § 37 Rn. 8). **679**

> Dem Betriebsratsmitglied dürfen wegen seiner Amtsführung weder vom Arbeitgeber noch von anderen Personen eine besondere Vergütung oder sonstige geldwerte Vorteile gewährt oder versprochen werden, soweit sie das Amt nicht kraft Gesetzes mit sich bringt (GK-BetrVG/*Weber* § 37 Rn. 9). Verboten ist damit jede materielle Besserstellung. Die Gewährung immaterieller Vorteile wegen des Amtes ist nach § 78 S. 2 BetrVG unzulässig. **680**

Unzulässig ist daher z. B. die Zahlung einer pauschalen Ausgleichszulage für Betriebsratsmitglieder, die Zahlung eines höheren Arbeitsentgeltes als an vergleichbare Arbeitnehmer, die Zahlung zusätzlicher Sitzungsgelder neben § 37 Abs. 2 und 3 BetrVG, die Ausnahme von nachteiligen Regelungen eines Tarifvertrages oder einer Betriebsvereinbarung ohne sachlichen Grund oder die nach den Maßstäben des § 37 Abs. 2, 3 BetrVG nicht erforderliche oder über § 38 Abs. 1 BetrVG hinausgehende, sachlich nicht gebotene Freistellung. Auch die Gewährung verbilligter Werkswohnungen, die Gewährung von Arbeitgeberdarlehen zu günstigeren Bedingungen als bei anderen Arbeitnehmern, die kostenlose Überlassung ansonsten kostenpflichtiger Parkplätze, die Gewährung eines längeren Urlaubes oder die nicht leistungsgerechte und auch nicht durch § 37 Abs. 4 BetrVG gebotene Beförderung stellen einen Verstoß gegen das Begünstigungsverbot dar. **681**

Muss das Betriebsratsmitglied hingegen infolge seiner Amtstätigkeit eine minderentlohnte Tätigkeit verrichten, so hat der Arbeitgeber das bisherige Arbeitsentgelt weiterzuzahlen. Erfolgt die Beschäftigung mit einer geringer vergüteten Tätigkeit aber nicht auf Grund des Amtes, sondern aus in der Person des Betriebsratsmitglieds liegenden Gründen, z. B. weil es infolge von Krankheit nicht mehr in der Lage ist, die ursprüngliche Tätigkeit zu verrichten, hat auch das Betriebsratsmitglied eine Lohnminderung hinzunehmen, weil in der Fortzahlung des bisherigen Arbeitsentgelts die Gewährung eines unzulässigen Vorteils läge (GK-BetrVG/*Weber* § 37 Rn. 10; *Wedde* DKK § 37 Rn. 5). **682**

> Da die Betriebsratstätigkeit nicht mit der nach dem Arbeitsvertrag zu erbringenden Arbeitsleistung identisch ist, ist sie in einem Arbeitszeugnis grds. nicht zu erwähnen, es sei denn, der Arbeitnehmer wünscht dies (vgl. zum BPersVG: *BAG* 19.8.1992 EzA § 630 BGB Nr. 14; *LAG Hamm* 6.3.1991 DB 1991, 1527). **683**

Gegen das Verbot des § 37 Abs. 1 BetrVG verstoßende Rechtsgeschäfte einschließlich Regelungen eines Tarifvertrages oder einer Betriebsvereinbarung sind nach § 134 BGB nichtig (GK-BetrVG/*Weber* § 37 Rn. 15). Inwieweit verbotswidrige Zuwendungen nach § 812 BGB vom Arbeitgeber zurückgefordert werden können oder einer solchen Rückforderung § 817 S. 2 BGB entgegensteht, ist streitig (für eine Rückforderung z. B. GK-BetrVG/*Weber* § 37 Rn. 15; HSWGNR/*Glock* § 37 Rn. 14; dagegen z. B. *Fitting* § 37 Rn. 11). Die Annahme unzulässiger Vorteile durch das Betriebsratsmitglied kann eine grobe Verletzung seiner gesetzlichen Pflichten darstellen und nach § 23 Abs. 1 BetrVG den Ausschluss aus dem Betriebsrat rechtfertigen (DKK/*Wedde* § 37 Rn. 7). Die vorsätzliche Begünstigung oder Benachteiligung eines Betriebsratsmitglieds durch den Arbeitgeber ist nach § 119 Abs. 1 Nr. 3 BetrVG strafbar. **684**

# Kapitel 13

## 2. Arbeitsbefreiung, § 37 Abs. 2 BetrVG

**685** Betriebsratsmitglieder bleiben ungeachtet ihrer Tätigkeit Arbeitnehmer des Betriebes und sind als solche grds. auch verpflichtet, ihren arbeitsvertraglichen Pflichten nachzukommen. Andererseits sollen sie jedoch wegen der Inanspruchnahme durch die zusätzlichen betriebsverfassungsrechtlichen Aufgaben nicht benachteiligt werden, wobei das Gesetz davon ausgeht, dass die Amtstätigkeit grds. während der Arbeitszeit auszuüben ist.

**686** § 37 Abs. 2 BetrVG will die Durchführung der Betriebsratsaufgaben durch Beschränkung der Verpflichtung zur beruflichen Arbeitsleistung sichern. Erforderliche Betriebsratsarbeit soll Vorrang vor der vertraglich geschuldeten Arbeitsleistung haben (*BAG* 27.6.1990 EzA § 37 BetrVG 1972 Nr. 104; 27.6.1990 EzA § 37 BetrVG 1972 Nr. 105).

### a) Voraussetzungen

#### aa) Wahrnehmung von Aufgaben des Betriebsrates

**687** Der Anspruch auf konkrete Arbeitsbefreiung setzt voraus, dass die Arbeitsbefreiung der Durchführung von Aufgaben des Betriebsrates dient.

**688** Hierzu zählen alle dem Betriebsrat nach dem BetrVG, Tarifverträgen, Betriebsvereinbarungen sowie anderen Gesetzen obliegenden Aufgaben (vgl. GK-BetrVG/*Weber* § 37 Rn. 23 ff.).

**689** Zu nennen sind insbes. die Teilnahme an Sitzungen des (Gesamt-, Konzern-)Betriebsrats, des Betriebsausschusses und der weiteren Ausschüsse, der (Gesamt-)Jugend- und Auszubildendenvertretung, des Wirtschaftsausschusses, die Wahrnehmung von Sprechstunden, die Teilnahme an Betriebs- und Abteilungsversammlungen, Betriebsräteversammlungen, die Teilnahme an Besprechungen mit dem Arbeitgeber und die Durchführung sonstiger Verhandlungen mit diesem, die Teilnahme an Betriebsbesichtigungen durch Gewerbeaufsichtsbeamte oder Vertreter der Berufsgenossenschaften sowie an Unfalluntersuchungen, Rundgänge durch den Betrieb in Erfüllung der Aufgaben nach § 80 Abs. 1 Nr. 1 BetrVG, die Betreuung einzelner Arbeitnehmer bei der Verwirklichung von Individualrechten (§§ 81 ff. BetrVG) oder sonstige Gespräche mit ihnen im Rahmen der Zuständigkeit des Betriebsrates, die Teilnahme an Einigungsstellenverfahren sowie insbes. auch die Verwirklichung der Beteiligungsrechte. In Betracht kommt auch außerhalb der Voraussetzungen von Betriebsräteversammlungen nach § 53 BetrVG eine Zusammenkunft der Betriebsräte, wenn von einzelnen Betriebsräten Bedarf an betriebsübergreifenden Absprachen über konkrete, in mehreren Betrieben des Unternehmens anstehende, mitbestimmungspflichtige Angelegenheiten gesehen wird (*BAG* 21.6.2006 – 7 AZR 418/05).

**690** Nicht zu den Aufgaben des Betriebsrates gehören die Teilnahme an Gerichtsverhandlungen, es sei denn, der Betriebsrat oder ein Betriebsratsmitglied selbst ist Beteiligter eines arbeitsgerichtlichen Beschlussverfahrens (vgl. *BAG* 19.5.1983 EzA § 37 BetrVG 1972 Nr. 77). Führt ein Betriebsratsmitglied einen Rechtsstreit gegen seinen Arbeitgeber über Vergütungsansprüche für Zeiten seiner Betriebsratstätigkeit, handelt es sich also nicht um die Durchführung von Betriebsratsaufgaben (*LAG Düsseld.* 4.9.1990 LAGE § 37 BetrVG 1972 Nr. 34). Die Teilnahme als Zuhörer in einem Prozess ist nach Auffassung des *BAG* (19.5.1983 EzA § 37 BetrVG 1972 Nr. 77) auch nicht erforderlich, wenn es sich um einen grundsätzlichen Rechtsstreit von allgemeiner Bedeutung über eine für die Arbeit des Betriebsrates wesentliche Frage handelt (a. A. *LAG Brem.* 28.6.1989 DB 1990, 742; *LAG München* 14.1.1987 NZA 1987, 428; DKK/*Wedde* § 37 Rn. 22). Nicht erforderlich ist außer im Rahmen des § 37 Abs. 6, 7 BetrVG die Teilnahme an gewerkschaftlichen Veranstaltungen, an Tarifverhandlungen oder Informationsgesprächen mit Betriebsräten anderer Betriebe, sofern nicht die Voraussetzungen des §§ 53 BetrVG vorliegen oder ein konkreter betrieblicher Anlass dafür besteht (vgl. GK-BetrVG/*Weber* § 37 Rn. 29 ff.).

**691** Ob eine Aufgabe zu der betriebsverfassungsrechtlichen Kompetenz des Betriebsrates gehört, ist objektiv zu beurteilen. Streitig ist, ob ein Anspruch auf Fortzahlung des Arbeitsentgeltes zumindest dann besteht, wenn das Betriebsratsmitglied in einem entschuldbaren Irrtum davon ausgegangen

## B. Der Betriebsrat

ist, Betriebsratstätigkeit auszuüben (bejahend *LAG Brem.* 28.6.1989 DB 1990, 742; DKK/*Wedde* § 37 Rn. 25; *Fitting* § 37 Rn. 40; abl. GK-BetrVG/*Weber* § 37 Rn. 21; HSWGNR/*Glock* § 37 Rn. 25; vgl. auch *BAG* 31.8.1994 EzA § 611 BGB Abmahnung Nr. 33).

*bb) Erforderlichkeit der Arbeitsbefreiung*

Ein Anspruch auf Arbeitsbefreiung besteht nur dann und nur insoweit, als es nach Umfang und Art des Betriebes zur ordnungsgemäßen Amtsausübung erforderlich ist. Was im Einzelfall als erforderlich anzusehen ist, kann nur anhand der konkreten Umstände beurteilt werden, und zwar sowohl im Hinblick auf die Zahl der Betriebsratsmitglieder als auch für die Dauer der Arbeitsbefreiung des einzelnen Mitgliedes. Deshalb kann der erforderliche Umfang der Freistellung nicht nach Richtwerten in Anlehnung an die Freistellungsstaffel des § 38 Abs. 1 BetrVG oder aus Erfahrungswerten vergleichbarer anderer Betriebsräte bestimmt werden (*BAG* 21.11.1978 EzA § 37 BetrVG 1972 Nr. 63; GK-BetrVG/*Weber* § 37 Rn. 36). 692

Erforderlich ist die Arbeitsbefreiung dann, wenn das oder die Betriebsratsmitglieder nach dem Urteil eines vernünftigen Dritten bei gewissenhafter Überlegung und unter Abwägung der Interessen des Betriebs, des Betriebsrats und der Belegschaft im Zeitpunkt der Inanspruchnahme der Arbeitsbefreiung diese zur ordnungsgemäßen Wahrnehmung der Aufgaben des Betriebsrates für erforderlich halten durften (*BAG* 6.8.1981 EzA § 37 BetrVG 1972 Nr. 74). Maßgeblich sind damit weder ausschließlich objektive noch ausschließlich subjektive Gesichtspunkte. 693

Vielmehr gilt ein veröbjektivierter Beurteilungsmaßstab. Es besteht insoweit ein gewisser Beurteilungsspielraum des Betriebsrates (*BAG* 21.6.2006 – 7 AZR 418/05; 3.12.1987 EzA § 20 BetrVG 1972 Nr. 14; 16.10.1986 EzA § 37 BetrVG 1972 Nr. 87). Ein Beschluss des Betriebsrates über die Freistellung alleine genügt nicht, um die Voraussetzungen des § 37 Abs. 2 BetrVG zu bejahen (*BAG* 6.8.1981 EzA § 37 BetrVG 1972 Nr. 73). 694

Der Umfang der Arbeitsbefreiung hängt auch davon ab, welche Stellung das Betriebsratsmitglied innerhalb des Betriebsrates bekleidet bzw. welche Aufgaben ihm durch den Betriebsrat übertragen wurden, wobei es allerdings alleinige Sache des Betriebsrates ist, diese Aufgabenverteilung festzulegen (vgl. DKK/*Wedde* § 37 Rn. 27). Der Betriebsrat muss seine Aufgaben, soweit das möglich und zumutbar ist, von den nach § 38 BetrVG freigestellten Betriebsratsmitgliedern wahrnehmen lassen. Er kann jedoch nicht generell darauf verwiesen werden, Betriebsratstätigkeit nur von freigestellten Betriebsratsmitgliedern ausüben zu lassen (*BAG* 6.8.1981 EzA § 37 BetrVG 1972 Nr. 74). 695

Erforderlich ist die Arbeitsbefreiung z. B. für die Vorbereitung und Teilnahme an Betriebsrats- und Ausschusssitzungen, Betriebsversammlungen sowie für Wege- und Reisezeiten bei der notwendigen Wahrnehmung von Aufgaben des Betriebsrates außerhalb des Betriebes (vgl. *BAG* 15.2.1989 EzA § 37 BetrVG 1972 Nr. 101; 10.2.1988 EzA § 37 BetrVG 1972 Nr. 91). 696

*b) Inhalt des Anspruches*

Der Anspruch ist darauf gerichtet, von Fall zu Fall von der Verpflichtung der Arbeitsleistung entbunden zu werden. Darüber hinaus muss der Arbeitgeber auch bei der Zuteilung des Arbeitspensums auf die Inanspruchnahme des Betriebsratsmitgliedes durch seine Tätigkeit angemessen Rücksicht nehmen, was aber neben einer pauschalen Arbeitsherabsetzung bei schwankender Arbeitsbelastung auch dadurch erfolgen kann, dass der Arbeitgeber für eine nachträgliche Entlastung Sorge trägt (*BAG* 27.6.1990 EzA § 37 BetrVG 1972 Nr. 105). 697

§ 37 Abs. 2 BetrVG ermöglicht auch die Befreiung von einer bestimmten Art der Arbeit, wenn dies zur ordnungsgemäßen Wahrnehmung der Aufgaben eines Betriebsratsmitgliedes erforderlich ist (GK-BetrVG/*Weber* § 37 Rn. 19). In Betracht kommt etwa eine Versetzung von der Nacht- in die Tagschicht (vgl. *LAG Düsseld.* 22.7.1974 DB 1975, 311), oder ein Wechsel vom Außen- in den Innendienst. Bei einem im Schichtbetrieb tätigen Betriebsratsmitglied kann § 37 Abs. 2 BetrVG auch zu einer Arbeitsbefreiung außerhalb des eigentlichen Anlasses der Betriebsratstätigkeit 698 führen. So ist z. B. ein im Dreischichtbetrieb tätiges Betriebsratsmitglied, das an einer ganztätigen Betriebsratssitzung teilnimmt, nicht verpflichtet, die dem Sitzungstag vorangehende und ihm nachfolgende Nachtschicht zu arbeiten, soweit ihm eine Teilnahme an der Nachtschicht vor oder nach der Betriebsratssitzung nicht zumutbar ist (*LAG BW* 26.8.1988 NZA 1989, 567). In Anwendung von § 37 Abs. 2 BetrVG kann, auch ohne dass die Voraussetzungen des § 38 BetrVG vorliegen, die völlige oder teilweise pauschale Freistellung eines Betriebsratsmitgliedes zur ordnungsgemäßen Durchführung der Betriebsratsaufgaben erforderlich sein (vgl. *BAG* 13.11.1991 EzA § 37 BetrVG 1972 Nr. 106). Gleiches gilt für eine über § 38 BetrVG hinausgehende Freistellung für weitere Betriebsratsmitglieder (GK-BetrVG/*Weber* § 37 Rn. 18).

### c) Durchführung der Arbeitsbefreiung

699 Nach Auffassung des *BAG* (15.7.1992 EzA BGB § 611 Abmahnung Nr. 26; 6.8.1981 EzA § 37 BetrVG 1972 Nr. 73; 19.6.1979 EzA § 37 BetrVG 1972 Nr. 65) muss der Arbeitgeber der Arbeitsbefreiung nicht zustimmen. Das Betriebsratsmitglied ist aber grds. verpflichtet, sich bei seinem Vorgesetzten abzumelden (*BAG* 29.6.2011 – 7 ABR 135/09, NZA 2012, 47; 15.7.1992 EzA BGB § 611 Abmahnung Nr. 26). Bei der Abmeldung für die Erledigung von Betriebsratsaufgaben hat das Betriebsratsmitglied dem Arbeitgeber Ort und voraussichtliche Dauer der beabsichtigten Betriebsratstätigkeit mitzuteilen. Angaben auch zur Art der Betriebsratstätigkeit können nicht verlangt werden (*BAG* 15.3.1995 EzA § 37 BetrVG 1972 Nr. 124).

700 Inhalt dieser Verpflichtung ist nur die ordnungsgemäße Unterrichtung. Wie diese bewirkt wird, steht dem Betriebsratsmitglied frei. Eine persönliche Meldung kann der Arbeitgeber nicht erwarten (*BAG* 13.5.1997 EzA § 37 BetrVG 1972 Nr. 135).

701 Die Abmeldepflicht beruht jedenfalls auch auf dem Arbeitsvertrag, sodass ihre Verletzung Gegenstand und Inhalt einer entsprechenden Abmahnung des Arbeitgebers sein kann (*BAG* 15.7.1992 EzA § 611 BGB Abmahnung Nr. 26). Ihre Verletzung kann u. U. auch eine grobe Pflichtverletzung nach § 23 Abs. 1 BetrVG sein (GK-BetrVG/*Weber* § 37 Rn. 51). Das Betriebsratsmitglied ist ferner auch zur Rückmeldung bei seinem Vorgesetzten nach Beendigung der Betriebsratstätigkeit verpflichtet (*BAG* 15.7.1992 EzA § 611 BGB Abmahnung Nr. 26). Eine Verpflichtung der Betriebsratsmitglieder, die von ihnen jeweils aufgewendete Zeit schriftlich aufzuzeichnen, besteht nicht (*BAG* 14.2.1990 BB 1990, 1625).

702 Eine Abmeldepflicht besteht nicht, wenn eine vorübergehende Umorganisation der Arbeitseinteilung nicht ernsthaft in Betracht kommt. In solchen Konstellationen besteht auch keine Rückmeldepflicht (*BAG* 29.6.2011 – 7 ABR 135/09, NZA 2012, 47). Der Arbeitgeber kann dann allerdings verlangen, dass ihm die Gesamtdauer der in einem bestimmten Zeitraum versehenen Betriebsratstätigkeiten nachträglich mitgeteilt wird.

703 Da der Arbeitgeber kein Weisungsrecht hinsichtlich der Ausübung der Betriebsratstätigkeit hat, unterliegt das Verfahren bei der Ab- und Rückmeldung von Betriebsratsmitgliedern bei Wahrnehmung von Betriebsratsaufgaben während der Arbeitszeit nicht der Mitbestimmung nach § 87 Abs. 1 Nr. 1 BetrVG (*BAG* 23.6.1983 EzA § 37 BetrVG 1972 Nr. 78). Ebenfalls besteht kein Mitbestimmungsrecht des Betriebsrats nach § 87 Abs. 1 Nr. 1 BetrVG, wenn der Arbeitgeber regelt, wie Vorgesetzte verfahren sollen, wenn sich ihnen unterstellte Betriebsratsmitglieder ab- oder rückmelden, weil eine solche Regelung nur die Arbeitspflicht der Vorgesetzten konkretisiert (*BAG* 13.5.1997 EzA § 37 BetrVG 1972 Nr. 135).

### d) Verbot der Minderung des Arbeitsentgelts

704 § 37 Abs. 2 BetrVG verbietet die Entgeltminderung während der Arbeitsbefreiung.

705 Anspruchsgrundlage für den Entgeltanspruch bleibt aber der Arbeitsvertrag i. V. m. § 611 Abs. 1 BGB (*BAG* 22.8.1985 EzA § 37 BetrVG 1972 Nr. 82). Als arbeitsvertraglicher Anspruch unterliegt er daher auch einer hierauf bezogenen tariflichen Ausschlussfrist (*BAG* 8.9.2010 EzA § 4

## B. Der Betriebsrat  Kapitel 13

TVG Ausschlussfristen Nr. 197). Hinsichtlich der Lohnhöhe gilt das Lohnausfallprinzip, sodass das Entgelt einschließlich Zuschlägen, Zulagen und allgemeiner Zuwendungen zu zahlen ist, das das Betriebsratsmitglied ohne die Arbeitsbefreiung verdient hätte.

Deshalb besteht z. B. für ausgesperrte Betriebsratsmitglieder kein Lohnanspruch für die während der Aussperrung geleistete Betriebsratstätigkeit (*BAG* 25.10.1988 EzA Art. 9 GG Arbeitskampf Nr. 89). Aus dem Lohnausfallprinzip folgt auch, dass dem Betriebsratsmitglied ein Anspruch auf Vergütung für einen an sich in die Arbeitszeit fallenden Schulungstag dann nicht zusteht, wenn der betreffende Tag auf Grund einer Betriebsvereinbarung arbeitsfrei war und die dadurch ausgefallene Arbeitszeit vor- bzw. nachgearbeitet werden muss (*BAG* 27.6.1990 EzA § 37 BetrVG 1972 Nr. 104). Auf der anderen Seite ist bei der Berechnung des fortzuzahlenden Entgelts in Bezug auf leistungs- oder erfolgsabhängige Zahlungen die Betriebsratsarbeit zu berücksichtigen. Für monatliche Zuwendungen dieser Art ist der Durchschnittswert der an vergleichbare Arbeitnehmer gezahlten Leistungslöhne zu Grunde zu legen. Bei der Berechnung von Jahressonderleistungen, die an eine bestimmte Zielvorgabe anknüpfen, ist dann, wenn der Umsatz allein vom Mitarbeiter beeinflusst ist, die Vorgabe entsprechend dem Verhältnis der Betriebsratsarbeit zur insgesamt verfügbaren Arbeitszeit zu kürzen. Hängt der Umsatz auch von anderen Maßnahmen des Arbeitgebers ab (z. B. Marketing-Maßnahmen des Unternehmens), wofür der Arbeitgeber darlegungs- und beweispflichtig ist, kann eine Festlegung der neuen Umsatzvorgabe auf der Grundlage einer Schätzung nach § 287 ZPO erfolgen. Je größer dabei der Anteil am Umsatz ist, der durch den Mitarbeiter selbst beeinflussbar ist, desto stärker wirkt sich die Betriebsratsarbeit in Form einer Verringerung der Umsatzvorgabe aus (vgl. *Gaul* BB 1998, 101 ff. mit Berechnungsbeispielen). Einem vollständig freigestellten Betriebsratsmitglied, dem vor der Freistellung ein Dienstwagen auch zur privaten Nutzung zur Verfügung gestellt wurde, ist ein Fahrzeug auch nach seiner Freistellung zu überlassen, da die private Nutzungsmöglichkeit als Sachbezug Teil des Vergütungsanspruchs ist (*BAG* 23.6.2004 EzA § 37 BetrVG 2001 Nr. 2). **706**

Nicht zum fortzuzahlenden Entgelt gehören finanzielle Leistungen des Arbeitgebers, die ausschließlich als Ersatz für besondere, im Zusammenhang mit der Arbeitsleistung stehende Aufwendungen gezahlt werden, wie z. B. Kilometergeld für Monteure (*BAG* 14.9.1988 NZA 1989, 856), Aufwandsentschädigungen, wie z. B. Fernauslösungen (*BAG* 18.9.1991 EzA § 37 BetrVG 1972 Nr. 109). Als Indiz dafür, dass typischerweise entsprechende Mehraufwendungen anfallen, kann auf die Festsetzung steuerfreier Pauschbeträge durch die Finanzverwaltung zurückgegriffen werden (*BAG* 5.4.2000 EzA § 37 BetrVG 1972 Nr. 141). **707**

Etwas anderes gilt jedoch dann, wenn im Einzelfall eine als Aufwendungsersatz gekennzeichnete Leistung tatsächlich der Verbesserung des Lebensstandards des Arbeitnehmers dient und daher als Arbeitsentgelt anzusehen ist (*BAG* 5.4.2000 EzA § 37 BetrVG 1972 Nr. 141), wie z. B. der steuerpflichtige Teil der Nahauslösung nach § 7 des Bundesmontage-TV Metall (*BAG* 10.2.1988 EzA § 37 BetrVG 1972 Nr. 91). Hat ein Betriebsratsmitglied vor seiner Freistellung steuerfrei (z. B. Nachtarbeits-)Zuschläge zum Lohn erhalten, so kann es nach seiner Freistellung vom Arbeitgeber nicht deren unversteuerte Auszahlung verlangen, weil nach dem EStG nur die tatsächlich geleisteten erschwerten Arbeitsstunden steuerfrei sind, sodass die Steuerfreiheit den Anspruch nach § 37 Abs. 2 BetrVG nicht erfasst. Der Arbeitgeber ist auch nicht zur Zahlung der sich aus der eingetretenen Steuerpflichtigkeit ergebenden Differenz zum Nettolohn verpflichtet (*BAG* 22.8.1985 EzA § 37 BetrVG 1972 Nr. 82). **708**

Reisezeiten, die in Zusammenhang mit betriebsverfassungsrechtlichen Aufgaben stehen, sind nur dann wie Arbeitszeit zu vergüten, wenn eine im Betrieb geltende tarifliche oder betriebliche Regelung über Dienstreisen die Bewertung von Reisezeiten der Arbeitnehmer als Arbeitszeit vorsieht (*BAG* 12.8.2009 EzA § 37 BetrVG 2001 Nr. 8). **709**

Der Begriff des fortzuzahlenden Arbeitsentgelts i. S. d. § 37 Abs. 2 BetrVG kann mangels einer Tariföffnungsklausel nicht in Tarifverträgen modifiziert werden (*BAG* 28.8.1991 EzA § 37 BetrVG 1972 Nr. 107). **710**

### e) Freizeitausgleich und Abgeltung, § 37 Abs. 3 BetrVG

711 Der Arbeitgeber hat grds. durch organisatorische Vorkehrungen dafür zu sorgen, dass die Betriebsratsmitglieder ihre Aufgaben während der Arbeitszeit erfüllen können. Soweit dies ausnahmsweise aus betriebsbedingten Gründen nicht möglich ist, soll das Betriebsratsmitglied jedenfalls einen Ausgleich für die ihm auferlegte Belastung erhalten, und zwar primär in Form des Freizeitausgleichs und nur sekundär durch Gewährung eines Vergütungszuschlages.

#### aa) Voraussetzungen

712 Es muss objektiv eine Betriebsratstätigkeit vorliegen, deren Durchführung aus betriebsbedingten Gründen außerhalb der Arbeitszeit erfolgte. Die zur ordnungsgemäßen Durchführung der Amtsaufgabe erforderliche Tätigkeit muss außerhalb der Arbeitszeit verrichtet worden sein.

713 Maßgeblich ist nicht die betriebsübliche, sondern die individuelle Arbeitszeit des Betriebsratsmitglieds (*BAG* 3.12.1987 EzA § 37 BetrVG 1972 Nr. 89). Dies gilt auch für Teilzeitbeschäftigte und andere Formen flexibler Arbeitszeitgestaltung (GK-BetrVG/*Weber* § 37 Rn. 82).

714 Ist die Arbeitsleistung hinsichtlich der zeitlichen Lage, des zeitlichen Umfanges und z. T. auch des Ortes ganz oder teilweise selbst bestimmbar und nicht innerhalb eines Betriebes zu erbringen, wie z. B. bei einem Lehrer, ist nach Auffassung des *BAG* (3.12.1987 EzA § 37 BetrVG 1972 Nr. 89) i. d. R. ohne nähere Darlegung und Nachweis davon auszugehen, dass außerhalb des Betriebes erbrachte Betriebsratstätigkeit außerhalb der individuellen Arbeitszeit geleistet wurde.

715 Betriebsbedingt sind alle Umstände, die auf die Eigenart des Betriebes, die Gestaltung des Arbeitsablaufes oder die Beschäftigungslage zurückzuführen sind sowie weiter solche, die vom Arbeitgeber veranlasst werden, also dem Arbeitgeberbereich zuzuordnen sind (*BAG* 16.4.2003 EzA § 37 BetrVG 2001 Nr. 1).

716 Der Gestaltung des Arbeitsablaufes in diesem Sinne zurechenbar ist z. B. die Teilnahme an einer Betriebsratssitzung außerhalb der Schicht des Betriebsratsmitglieds (GK-BetrVG/*Weber* § 37 Rn. 77). Erforderlich ist, dass bestimmte Gegebenheiten und Sachzwänge des Betriebes die Undurchführbarkeit der Betriebsratstätigkeit während der Arbeitszeit bedingen (*BAG* 7.6.1979 EzA § 87 BetrVG 1972 Nr. 102; 3.12.1987 EzA § 37 BetrVG 1972 Nr. 89). Gleiches gilt für Tätigkeiten, die zwar für sich alleine keine Betriebsratstätigkeit darstellen, aber in einem notwendigen sachlichen Zusammenhang mit der Durchführung einer Betriebsratstätigkeit stehen, wie z. B. Reisezeiten (zu Reisezeiten: *BAG* 12.8.2009 EzA § 37 BetrVG 2001 Nr. 8; 21.6.2006 – 7 AZR 389/05 – NZA 2006, 1417 = FA 2007, 23 LS; 16.4.2003 EzA § 37 BetrVG 2001 Nr. 1) oder zusätzliche Wegezeiten, die ein Betriebsratsmitglied zur Erfüllung notwendiger Aufgaben aufwendet, wenn die Reise aus betriebsbedingten Gründen außerhalb der Arbeitszeit durchgeführt worden ist (*BAG* 15.2.1989 EzA § 37 BetrVG 1972 Nr. 101). Der Freizeitausgleichsanspruch setzt aber voraus, dass eine im Betrieb geltende tarifliche oder betriebliche Regelung über Dienstreisen die Bewertung von Reisezeiten der Arbeitnehmer als Arbeitszeit vorsieht (*BAG* 12.8.2009 EzA § 37 BetrVG 2001 Nr. 8).

717 Wäre eine Durchführung der Betriebsratstätigkeit auch während der Arbeitszeit in Betracht gekommen, beruht die Durchführung dieser Aufgabe außerhalb der Arbeitszeit nur dann auf betriebsbedingten Gründen, wenn der Arbeitgeber zumindest darauf Einfluss genommen hat, dass sie nicht während der Arbeitszeit verrichtet werden soll (*BAG* 26.1.1994 EzA § 37 BetrVG 1972 Nr. 118).

718 Betriebsbedingte Gründe können sich auch aus der Arbeitszeitgestaltung ergeben. Gem. § 37 Abs. 3 S. 2 BetrVG (eingefügt durch das BetrVerf-ReformG vom 23.7.2001 BGBl. I S. 1852 ff.) liegen betriebsbedingte Gründe auch vor, wenn die Betriebsratstätigkeit wegen der unterschiedlichen Arbeitszeiten der Betriebsratsmitglieder nicht innerhalb der persönlichen Arbeitszeit erfolgen kann. Ohne das Hinzutreten weiterer Umstände ist dies der Fall, wenn es keinen Zeitraum gibt, in dem sich die Arbeitszeiten der einzelnen Betriebsratsmitglieder überschneiden. Gibt es hingegen einen Zeitraum sich überschneidender Arbeitszeiten der Betriebsratsmitglieder, müssen dann, wenn die Betriebsrats-

tätigkeit gleichwohl außerhalb dieses Zeitraums durchgeführt werden soll, noch weitere Gründe, die dann die Betriebsbedingtheit i. S. d. § 37 Abs. 3 BetrVG ergeben, vorliegen, um einen Ausgleichsanspruch zu begründen (GK-BetrVG/*Weber* § 37 Rn. 82, 83). Kein Fall des § 37 Abs. 3 S. 2 BetrVG liegt z. B. vor, wenn der Betriebsrat eine Sitzung in die arbeitsfreie Zeit eines teilzeitbeschäftigten Betriebsratsmitgliedes legt, obwohl die Sitzung auch während dessen Arbeitszeit hätte stattfinden können. Angesichts dessen, dass der Gesetzgeber nur den Fall der Erledigung von Betriebsratstätigkeit außerhalb der Arbeitszeit wegen der unterschiedlichen Arbeitszeitgestaltung der Betriebsratsmitglieder erfasst hat, dürfte die früher diskutierte Streitfrage, ob bei teilzeitbeschäftigten Betriebsratsmitgliedern oder bei solchen, die nach anderen flexiblen Arbeitszeitformen, wie z. B. kapazitätsorientierte variable Arbeitszeit (vgl. § 12 TzBfG, s. Kap. 3 Rdn. 4311 ff.) oder in einem Jobsharing-Arbeitsverhältnis (vgl. § 13 TzBfG, s. Kap. 3 Rdn. 4326 ff.) beschäftigt werden, betriebsbedingte Gründe i. S. d. § 37 Abs. 3 BetrVG immer schon dann anzunehmen sind, wenn das Betriebsratsmitglied außerhalb seiner individuellen Arbeitszeit, aber innerhalb der betriebsüblichen Arbeitszeit Betriebsratstätigkeit entfaltet, nicht gegenstandslos geworden sein. Zum Teil (z. B. *LAG Frankf.* 3.3.1988 LAGE § 37 BetrVG 1972 Nr. 26; *LAG Bln.* 30.1.1990 LAGE § 37 BetrVG Nr. 32; DKK/*Wedde* § 37 Rn. 62) wird dies mit der Begründung bejaht, dass die Festlegung der Teilzeitarbeit Teil der betrieblichen Organisation sei. Nach anderer Auffassung (z. B. *LAG BW* 14.10.1997 LAGE § 37 BetrVG 1972 Nr. 51; *ArbG Gießen* 26.2.1986 NZA 1986, 614; *Bengelsdorf* NZA 1989, 905, 909 ff.]; GK-BetrVG/*Weber* § 37 Rn. 80 ff.; vermittelnd *LAG Düsseld.* 19.5.1993 LAGE § 37 BetrVG 1972 Nr. 41) bedarf es auch für die Betriebsratstätigkeit teilzeitbeschäftigter Betriebsratsmitglieder außerhalb ihrer persönlichen Arbeitszeit der gesonderten Prüfung betriebsbedingter Gründe.

Eine geplante Betriebsratstätigkeit außerhalb der individuellen Arbeitszeit ist dem Arbeitgeber mitzuteilen, damit dieser gegebenenfalls die Entscheidung darüber treffen kann, ob durch eine Änderung des Betriebsablaufes die Wahrnehmung der Aufgabe während der individuellen Arbeitszeit ermöglicht wird (*BAG* 3.12.1987 EzA § 37 BetrVG 1972 Nr. 89; 31.10.1985 EzA § 37 BetrVG 1972 Nr. 83). Einer Anzeige bedarf es nur dann nicht, wenn entsprechende Dispositionen des Arbeitgebers ohnehin nicht in Betracht kommen oder der Arbeitgeber eine Befreiung von der Arbeitspflicht während der Arbeitszeit auch für zukünftige Fälle bereits endgültig verweigert hat (*BAG* 3.12.1987 EzA § 37 BetrVG 1972 Nr. 89). 719

Nicht erfasst sind betriebsratsbedingte Gründe, d. h. solche Umstände, die sich aus der Gestaltung der Betriebsratstätigkeit durch den Betriebsrat ergeben und dem Einfluss des Arbeitgebers entzogen sind (*BAG* 19.7.1977 EzA § 37 BetrVG 1972 Nr. 57). 720

Die Teilnahme an Schulungs- und Bildungsveranstaltungen nach § 37 Abs. 6 und 7 BetrVG kann nach der Neufassung des § 37 Abs. 6 BetrVG durch das BetrV-ReformG Ausgleichsansprüche begründen, weil § 37 Abs. 6 BetrVG im Gegensatz zur früheren Rechtslage (vgl. zum früheren Recht etwa *BAG* 27.6.1990 EzA § 37 BetrVG 1972 Nr. 104) nunmehr auch auf § 37 Abs. 3 BetrVG verweist (vgl. GK-BetrVG/*Weber* § 37 Rn. 211 f.). Nach § 37 Abs. 6 S. 2 BetrVG liegen dabei betriebsbedingte Gründe i. S. d. Abs. 3 auch dann vor, wenn wegen der Besonderheiten der betrieblichen Arbeitszeitgestaltung die Schulung des Betriebsratsmitglieds außerhalb seiner Arbeitszeit erfolgt. Eine Besonderheit der betrieblichen Arbeitszeitgestaltung liegt vor, wenn die Arbeitszeit von der üblichen Arbeitszeit abweicht. Derartige Abweichungen können sich sowohl hinsichtlich der Lage als auch hinsichtlich des Umfangs der Arbeitszeit ergeben. Der betriebsübliche Umfang der Arbeitszeit ist derjenige eines vollzeitbeschäftigten Arbeitnehmers. Die Teilzeitbeschäftigung ist daher eine Besonderheit i. S. v. § 37 Abs. 6 S. 2 BetrVG. Die übliche Lage der Arbeitszeit wird durch die in dem Betrieb allgemein festgelegte Verteilung der Arbeitszeit auf die einzelnen Wochentage bestimmt. Abweichungen hiervon stellen eine Besonderheit i. S. d. § 37 Abs. 6 S. 2 BetrVG dar. Dabei muss die betriebsübliche Arbeitszeit nicht für den gesamten Betrieb einheitlich geregelt sein, vielmehr kann die betriebsübliche Arbeitszeit für unterschiedliche Arbeitsbereiche oder Arbeitnehmergruppen unterschiedlich festgelegt sein. Für die Beurteilung, ob eine Besonderheit i. S. d. § 37 Abs. 6 S. 2 BetrVG vorliegt, ist in einem solchen Fall auf die betriebsübliche Arbeitszeit des Arbeitsbereichs 721 oder der Arbeitnehmergruppe abzustellen, dem oder der das Betriebsratsmitglied angehört (*BAG* 10.11.2004 EzA § 37 BetrVG 2001 Nr. 3; 16.2.2005 EzA § 37 BetrVG 2001 Nr. 4).

*bb) Arbeitsbefreiung und Abgeltung*

722 Liegen die Voraussetzungen des § 37 Abs. 3 BetrVG vor, so besteht primär ein Anspruch auf Ausgleich durch Nachgewährung entsprechender Arbeitsbefreiung unter Fortzahlung des Arbeitsentgelts. Nur wenn dieser Anspruch aus betriebsbedingten Gründen nicht vor Ablauf eines Monates erfüllt werden konnte, besteht hilfsweise ein Abgeltungsanspruch auf Vergütung der aufgewendeten Zeit wie Mehrarbeit. Die Rangordnung der Ansprüche ist zwingend (DKK/*Wedde* § 37 Rn. 65). Insbesondere wandelt sich der Anspruch auf Freizeitausgleich weder durch bloßen Ablauf der Monatsfrist des § 37 Abs. 3 BetrVG noch dadurch in einen Vergütungsanspruch um, dass der Arbeitgeber den Freizeitausgleich nicht von sich aus gewährt (*BAG* 25.8.1999 EzA § 37 BetrVG 1972 Nr. 140).

723 Im Falle des § 37 Abs. 6 S. 2 BetrVG ist nach dem 2. Hs. der Bestimmung der Umfang des Abgeltungsanspruchs unter Einbeziehung der Arbeitsbefreiung nach Abs. 2 pro Schulungstag begrenzt auf die Arbeitszeit eines vollzeitbeschäftigten Arbeitnehmers (zur Ermittlung der maßgeblichen Arbeitszeit eines vollzeitbeschäftigten Arbeitnehmers, wenn in einem Betrieb mehrere Arbeitszeitmodelle existieren vgl. *BAG* 16.2.2005 EzA § 37 BetrVG 2001 Nr. 4).

724 Der Anspruch auf Arbeitsbefreiung ist von dem einzelnen Betriebsratsmitglied unverzüglich (§§ 121, 242 BGB) geltend zu machen. Sein Umfang entspricht dem Zeitaufwand der geleisteten Betriebsratstätigkeit. Ein Anspruch auf einen Freizeitzuschlag – entsprechend dem Mehrarbeitszuschlag – besteht nicht (*BAG* 19.7.1977 EzA § 37 BetrVG 1972 Nr. 55; a. A. DKK/*Wedde* § 37 Rn. 68). Das Arbeitsentgelt ist für die Zeit der Arbeitsbefreiung ungeschmälert weiterzuzahlen. Auch insoweit gibt es keinen Zuschlag (*BAG* 19.7.1977 EzA § 37 BetrVG 1972 Nr. 55).

725 Über die zeitliche Lage der Arbeitsbefreiung hat der Arbeitgeber nach billigem Ermessen (§ 315 Abs. 1 BGB) zu entscheiden, wobei den Vorstellungen des Betriebsratsmitglieds zu entsprechen ist, sofern nicht betriebliche Gründe entgegenstehen (GK-BetrVG/*Weber* § 37 Rn. 94). Er darf den Anspruch grds. nicht eigenmächtig durchsetzen und von sich aus der Arbeit fernbleiben (GK-BetrVG/*Weber* § 37 Rn. 90). Zum Teil wird eine eigenmächtige Inanspruchnahme des Freizeitausgleiches dann als zulässig erachtet, wenn der Arbeitgeber den Ausgleichsanspruch nicht innerhalb eines Monates erfüllt und keine erkennbaren Gründe, die der Gewährung des Ausgleichsanspruches entgegenstehen, vorhanden sind (so DKK/*Wedde* § 37 Rn. 66).

726 Nach ganz überwiegender Meinung (vgl. GK-BetrVG/*Weber* § 37 Rn. 91) handelt es sich bei der in § 37 Abs. 3 BetrVG vorgesehenen Monatsfrist nicht um eine Ausschlussfrist, sodass der Anspruch auf Arbeitsbefreiung bestehen bleibt und der regulären Verjährung unterliegt, wenn die Arbeitsbefreiung aus anderen als betriebsbedingten Gründen nicht vor Ablauf eines Monates gewährt wird. Vor Ablauf der Verjährungsfrist kann jedoch eine Verwirkung des Anspruches eintreten, wenn der Arbeitnehmer den Anspruch unverhältnismäßig spät geltend macht (GK-BetrVG/*Weber* § 37 Rn. 92).

727 Ein Anspruch auf Abgeltung setzt nach § 37 Abs. 3 BetrVG voraus, dass die nachträgliche Arbeitsbefreiung aus betriebsbedingten Gründen vor Ablauf eines Monates nicht gewährt werden konnte.

728 Der Arbeitgeber hat kein Wahlrecht zwischen Arbeitsbefreiung und Abgeltung; die Arbeitsbefreiung hat vielmehr Vorrang. Betriebsbedingte Gründe i. S. d. § 37 Abs. 3 S. 2 BetrVG sind deshalb nur solche, die die Arbeitsbefreiung aus objektiven, in den betrieblichen Verhältnissen liegenden Gründen als nicht zumutbar erscheinen lassen. Hiervon kann das Betriebsratsmitglied ausgehen, wenn der Arbeitgeber unter Berufung auf solche Gründe den Freizeitausgleich verweigert. Fehlt es hieran, kann das Betriebsratsmitglied nur einen Anspruch auf Freizeitausgleich geltend machen (*BAG* 25.8.1999 EzA § 37 BetrVG 1972 Nr. 140).

729 Streitig ist, ob die Regelungen des § 37 Abs. 3 S. 2 BetrVG, derzufolge die abzugeltende Zeit wie Mehrarbeit zu vergüten ist, bedeutet, dass stets auch ein tarifvertraglich, durch Betriebsvereinbarung, Arbeitsvertrag oder gesetzlich vorgesehener Mehrarbeitszuschlag zu zahlen ist. Nach über-

wiegender Auffassung besteht ein solcher Anspruch nur, wenn ein Mehrarbeitszuschlag auch dann zu zahlen gewesen wäre, wenn durch die Tätigkeit, wäre sie als berufliche Tätigkeit erfolgt, ebenfalls ein Anspruch auf Mehrarbeitsvergütung ausgelöst worden wäre (*Richardi* § 37 Rn. 60; *BAG* 7.2.1985 EzA § 37 BetrVG 1972 Nr. 81). Deshalb ist nach Auffassung des *BAG* (7.2.1985 EzA § 37 BetrVG 1972 Nr. 81) für die Tätigkeit eines in Teilzeit beschäftigten Betriebsratsmitglieds, das außerhalb seiner individuellen Arbeitszeit Betriebsratstätigkeit durchgeführt hat, bis zur Grenze der von einem vollbeschäftigten Arbeitnehmer zu leistenden Tätigkeit der Ausgleichsanspruch nach der für die regelmäßige Arbeitszeit in Ansatz zu bringenden Vergütung zu berechnen.

*f) Streitigkeiten*

Bei Streitigkeiten zwischen dem Betriebsrat und dem Arbeitgeber im Zusammenhang mit der vorübergehenden Arbeitsbefreiung nach § 37 Abs. 2, 3 BetrVG ist zwischen individualrechtlichen und betriebsverfassungsrechtlichen Streitigkeiten zu unterscheiden. Soweit es allein um die Frage geht, ob und inwieweit eine Arbeitsbefreiung zur Durchführung von Betriebsratsaufgaben erforderlich ist, ob Betriebsratstätigkeit aus betriebsbedingten Gründen außerhalb der Arbeitszeit durchzuführen ist oder die Arbeitsbefreiung aus betriebsbedingten Gründen nicht vor Ablauf eines Monates gewährt werden kann, findet das arbeitsgerichtliche Beschlussverfahren statt (*BAG* 27.6.1990 EzA § 37 BetrVG 1972 Nr. 105). Antragsberechtigt sind der Betriebsrat und der Arbeitgeber, ein einzelnes Betriebsratsmitglied dann, wenn es um seinen eigenen Anspruch auf Arbeitsbefreiung geht. Ansprüche auf Fortzahlung des Arbeitsentgelts, auf Freizeitausgleich unter Fortzahlung des Arbeitsentgelts sowie auf Mehrarbeitsvergütung sind hingegen im arbeitsgerichtlichen Urteilsverfahren geltend zu machen (*BAG* 21.5.1974 EzA § 37 BetrVG 1972 Nr. 24). 730

Die Darlegungslast verteilt sich wie folgt: Für die gesetzlichen Voraussetzungen des Entgeltfortzahlungsanspruchs nach § 37 Abs. 2 BetrVG i. V. m. § 611 BGB ist das Betriebsratsmitglied darlegungspflichtig. Es besteht aber eine abgestufte Darlegungslast (*BAG* 15.3.1995 EzA § 37 BetrVG 1972 Nr. 124). Das Betriebsratsmitglied hat zunächst stichwortartig zur Art der Betriebsratstätigkeit und deren Dauer vorzutragen. Das folgt schon aus dem allgemeinen Grundsatz, wonach der Antragsteller die anspruchsbegründenden Tatsachen darzulegen und im Bestreitensfall auch zu beweisen hat. Angaben zu Art und Umfang der Betriebsratstätigkeit sind an sich schon geeignet, das Vorliegen der gesetzlichen Voraussetzungen des Lohnfortzahlungsanspruchs nachzuvollziehen. Es ist sodann Sache des Arbeitgebers, seinerseits darzulegen, aus welchen Gründen unter Berücksichtigung der stichwortartigen Angaben des Betriebsratsmitglieds sich begründete Zweifel an der Erforderlichkeit der angegebenen Tätigkeit ergeben. Erst dann hat das Betriebsratsmitglied substantiiert darzulegen, auf Grund welcher Umstände es die Betriebsratstätigkeit für erforderlich halten durfte. 731

### 3. Freistellungen, § 38 BetrVG

*a) Grundzüge*

§ 38 BetrVG enthält keine § 37 Abs. 2 BetrVG verdrängende Sonderregelung, sondern pauschaliert lediglich den Anspruch des Betriebsrats auf Freistellung von Betriebsratsmitgliedern von ihrer beruflichen Tätigkeit, ohne dass jeweils der Nachweis geführt werden müsste, dass sie nach Größe und Art des Betriebes zur ordnungsgemäßen Durchführung der Betriebsratstätigkeit notwendig ist (*BAG* 19.5.1983 EzA § 37 BetrVG 1972 Nr. 77). Durch die Vorschrift sollen die sachgerechte Wahrnehmung der Betriebsratsaufgaben sichergestellt und Streitigkeiten über die Erforderlichkeit der Betriebsratstätigkeit vermieden werden (*BAG* 19.5.1983 EzA § 37 BetrVG 1972 Nr. 77). Durch Konzentration und Rationalisierung der Betriebsratstätigkeit soll zudem der Kostenaufwand für den Arbeitgeber verringert werden. Der Freistellungsanspruch ist zunächst ein kollektiver Anspruch des Betriebsrats, der sich erst durch die Einigung zwischen Arbeitgeber und Betriebsrat in einen individuellen Anspruch des benannten Betriebsratsmitglieds auf Freistellung gegen den Arbeitgeber umwandelt (GK-BetrVG/*Weber* § 38 Rn. 9). 732

### b) Zahl der freizustellenden Betriebsratsmitglieder

#### aa) Gesetzlicher Regelfall

733 Die Zahl der freizustellenden Betriebsratsmitglieder ergibt sich unmittelbar aus der Tabelle nach § 38 Abs. 1 BetrVG und ist abhängig von der Anzahl der Arbeitnehmer des Betriebs. Leiharbeitnehmer sind keine Arbeitnehmer des Entleiherbetriebes und daher bei der für die Anzahl der nach § 38 BetrVG freizustellenden Betriebsratsmitglieder maßgeblichen Belegschaftsstärke des Entleiherbetriebs nicht zu berücksichtigen (*BAG* 22.10.2003 EzA § 38 BetrVG 2001 Nr. 2). Für die Anwendung der Zahlenstaffel ist die individuelle Arbeitszeit des freizustellenden Betriebsratsmitglieds zunächst ohne Bedeutung: Wird ein teilzeitbeschäftigtes Betriebsratsmitglied vollständig freigestellt, wird diese Freistellung auf das Gesamtfreistellungsvolumen nach § 38 Abs. 1 BetrVG angerechnet. Der Betriebsrat kann grds. nicht mehr Freistellungen als gesetzlich vorgesehen beschließen. Stimmt der Arbeitgeber aber einer größeren als im Gesetz vorgesehenen Zahl von Freistellungen zu, sind diese zusammen mit den Mindestfreistellungen in einem Wahlgang vorzunehmen (*LAG Frankf./M.* 1.8.1991 DB 1991, 2494). Zur Feststellung der Zahl der i. d. R. beschäftigten Arbeitnehmer ist auf den Zeitpunkt der Beschlussfassung des Betriebsrates abzustellen (*BAG* 26.7.1989 EzA § 38 BetrVG 1972 Nr. 11). Ändert sich die Zahl der Beschäftigten nicht nur vorübergehend dergestalt, dass in Anwendung der Tabelle eine höhere oder niedrigere Zahl von Freistellungen vorzunehmen wäre, hat der Betriebsrat hierüber erneut zu beschließen. Gegebenenfalls kann der Arbeitgeber eine Entscheidung im Beschlussverfahren herbeiführen (vgl. GK-BetrVG/*Weber* § 38 Rn. 13, 14, 103).

#### bb) Abweichende Regelungen, weitere Freistellungen, Teilfreistellungen

734 Gem. § 38 Abs. 1 S. 4 BetrVG können durch Tarifvertrag oder freiwillige Betriebsvereinbarung anderweitige Regelungen über die Freistellung vereinbart werden. Neben einer Erhöhung der Anzahl der freizustellenden Betriebsratsmitglieder kommt auch die Vereinbarung einer geringeren als nach der gesetzlichen Mindeststaffel vorgesehenen Anzahl freizustellender Betriebsratsmitglieder in Betracht. Durch einseitigen Beschluss des Betriebsrats oder entsprechender Regelung in der Geschäftsordnung des Betriebsrats kann dieser nicht einseitig eine abweichende Regelung herbeiführen (*BAG* 28.7.1989 EzA § 38 BetrVG 1972 Nr. 11).

735 Gem. § 38 Abs. 1 S. 3, 4 BetrVG, eingefügt durch das BetrVerf-ReformG vom 23.7.2001 (BGBl. I S. 1852 ff.), ist nunmehr gesetzlich klargestellt, dass der Betriebsrat berechtigt ist, statt der Freistellung eines Betriebsratsmitglieds die teilweise Freistellung mehrerer Betriebsratsmitglieder zu beschließen, was allerdings nicht zu einer zusätzlichen arbeitszeitmäßigen Belastung des Arbeitgebers führen darf (zur früheren Rechtslage vgl. *BAG* 26.6.1996 EzA § 38 BetrVG 1972 Nr. 15).

736 Wie eine solche Teilfreistellung umgesetzt wird (Aufteilung der täglichen Arbeitszeit, tageweise vollständige Freistellung), obliegt grds. der freien Organisationsentscheidung des Betriebsrats. Hält der Arbeitgeber die Teilfreistellung eines bestimmten Betriebsratsmitglieds generell oder in der vom Betriebsrat vorgesehenen Form für sachlich nicht vertretbar, kann er gem. § 38 Abs. 2 S. 4–7 BetrVG die Einigungsstelle anrufen (s. Rdn. 744 ff.).

737 Werden Teilfreistellungen vorgenommen, so dürfen diese zusammengenommen nicht den Umfang der Freistellungen nach § 38 Abs. 1 S. 1, 2 BetrVG überschreiten, wobei sich das Freistellungsvolumen nach dem aus § 38 Abs. 1 S. 1 und 2 BetrVG auf der Basis von Vollarbeitsplätzen zu ermittelnden abstrakten Arbeitszeitvolumen bemisst (GK-BetrVG/*Weber* § 38 Rn. 30). Wird z. B. ein mit der Hälfte der betriebsüblichen Arbeitszeit teilzeitbeschäftigtes Betriebsratsmitglied zur Hälfte freigestellt, so beträgt das nicht in Anspruch genommene Freistellungspotenzial drei Viertel der betriebsüblichen Arbeitszeit (GK-BetrVG/*Weber* § 38 Rn. 30; a. A. *Löwisch* DB 2001, 1734, 1743).

738 Da die Freistellungen nach der Tabelle gem. § 38 Abs. 1 BetrVG nur mindestens vorzunehmen sind, können im Einzelfall nach den Verhältnissen des konkreten Betriebes zur ordnungsgemäßen Durchführung der Betriebsratsaufgaben gem. § 37 Abs. 2 BetrVG weitere Freistellungen für

Stunden, Tage oder für die gesamte Arbeitszeit erforderlich sein (*BAG* 26.7.1989 EzA § 38 BetrVG 1972 Nr. 11).

Der Betriebsrat muss hierzu darlegen, dass nach Art und Umfang des Betriebes die zusätzliche Freistellung zur ordnungsgemäßen Durchführung der ihm obliegenden Aufgaben erforderlich ist und dartun, auf Grund welcher Tatsachen seine Arbeitsbelastung in zeitlicher Hinsicht derart erhöht ist, dass eine zusätzliche Freistellung erforderlich ist und weshalb auch nicht zeitweilig durch Ausschöpfung seiner sonstigen personellen Möglichkeiten die anfallenden notwendigen Betriebsratsarbeiten verrichtet werden können. Dabei ist zu berücksichtigen, dass für den Regelfall der Bedarf an Freistellungen bereits durch § 38 BetrVG abgedeckt ist (*BAG* 26.7.1989 EzA § 38 BetrVG 1972 Nr. 11; 12.2.1997 EzA § 38 BetrVG 1972 Nr. 16). Diese Grundsätze gelten entsprechend für die gänzliche oder teilweise Freistellung eines oder mehrerer Betriebsratsmitglieder in Betrieben mit i. d. R. weniger als 200 Arbeitnehmern. Auch insoweit bestimmt sich der erforderliche Umfang der generellen Freistellung nach den konkreten Verhältnissen im Betrieb und kann nicht nach Richtwerten in Anlehnung an die Freistellungsstaffel des § 38 Abs. 1 BetrVG bestimmt werden. Erforderlich ist, dass regelmäßig Betriebsratstätigkeit in einem bestimmten, einer Pauschalierung zugänglichen Mindestumfang anfällt (*BAG* 13.11.1991 EzA § 37 BetrVG 1972 Nr. 106). Ist ein Betriebsratsmitglied durch die Wahrnehmung einer Funktion in einem anderen betriebsverfassungsrechtlichen Organ, wie z. B. zum Gesamtbetriebsrat in einem zeitlich feststehenden Umfang an der Erledigung von Betriebsratsaufgaben verhindert, folgt hieraus nicht automatisch die Notwendigkeit einer entsprechenden weiteren Freistellung eines anderen Betriebsratsmitglieds. Die weitere Freistellung ist vielmehr nur dann erforderlich, wenn auch nach einer zumutbaren betriebsratsinternen Umverteilung die Aufgaben des Betriebsrats durch die anderen Betriebsratsmitglieder nicht erledigt werden können und deshalb eine weitere Freistellung unumgänglich ist (*BAG* 12.2.1997 EzA § 38 BetrVG 1972 Nr. 16). Gleiches gilt im Falle einer urlaubs-, krankheits- oder schulungsbedingte Verhinderung eines nach § 38 Abs. 1 BetrVG freigestellten Betriebsratsmitglieds (*BAG* 9.7.1997 EzA § 37 BetrVG 1972 Nr. 137). Die Einrichtung einer Betriebsratssprechstunde bedingt dies z. B. nicht, sondern hat nur zur Folge, dass vor Abhaltung der Sprechstunde im jeweils erforderlichen Umfang ein Betriebsratsmitglied gem. § 37 Abs. 2 BetrVG konkret von seiner Arbeitspflicht befreit wird (*BAG* 13.11.1991 EzA § 37 BetrVG 1972 Nr. 106). Eine zusätzliche Freistellung kann insbes. in Betracht kommen, wenn ein teilzeitbeschäftigtes Betriebsratsmitglied freigestellt worden ist, da der Gesetzgeber bei der Aufstellung der Freistellungsstaffel von vollzeitbeschäftigten Arbeitnehmern ausgegangen ist (vgl. *LAG Düsseld.* 26.9.1989 LAGE § 38 BetrVG 1972 Nr. 4; GK-BetrVG/*Weber* § 38 Rn. 21). 739

Über zusätzlich erforderliche Freistellung hat der Betriebsrat zunächst eine Einigung mit dem Arbeitgeber anzustreben. Kommt eine solche nicht zu Stande, entscheidet das Arbeitsgericht im Beschlussverfahren (*BAG* 22.5.1973 EzA § 38 BetrVG 1972 Nr. 5; 16.1.1979 EzA § 38 BetrVG 1972 Nr. 9). 740

### cc) Entscheidung des Betriebsrates, Verfahren

Die freizustellenden Betriebsratsmitglieder werden vom Betriebsrat aus seiner Mitte nach vorheriger Beratung mit dem Arbeitgeber gewählt. Die vorgesehene Beratung mit dem Arbeitgeber hat mit dem gesamten Betriebsrat zu erfolgen (*BAG* 26.7.1993 EzA § 38 BetrVG 1972 Nr. 13). Wird sie unterlassen, so hat dies nach überwiegender Auffassung (GK-BetrVG/*Weber* § 38 Rn. 45; DKK/*Berg* § 38 Rn. 38; a. A. etwa: *ArbG Hagen* 20.12.1972 DB 1973, 191; *Richardi* § 38 Rn. 30) auf die Wirksamkeit der Wahl keinen Einfluss. Ein ausreichender Schutz des Arbeitgebers ist durch die Möglichkeit der Anrufung der Einigungsstelle bei Bedenken gegen den Freistellungsbeschluss gewährleistet. 741

Für die Durchführung der Wahl gilt folgendes (*BAG* 11.3.1992 EzA § 38 BetrVG 1972 Nr. 12): 742

Werden mehrere Vorschlagslisten eingereicht, so gelten die Grundsätze der Verhältniswahl, sodass die gewählten Betriebsratsmitglieder nach dem Höchstzahlensystem zu bestimmen sind. Die Erhöhung der Anzahl freizustellender Betriebsratsmitglieder während der laufenden Amtszeit des Betriebsrats erfordert die Neuwahl aller freizustellenden Betriebsratsmitglieder, wenn die ursprüngliche Freistellungswahl nach den Grundsätzen der Verhältniswahl erfolgt ist. Einer vorherigen Abberufung der bisher Freigestellten bedarf es dazu nicht (*BAG* 20.4.2005 EzA § 38 BetrVG 2001 Nr. 3). Liegt nur eine Vorschlagsliste vor, so gelten die Grundsätze der Mehrheitswahl. Die Personen mit den meisten Stimmen sind gewählt. Ist nur ein Betriebsratsmitglied freizustellen, so wird dieses mit einfacher Stimmenmehrheit gewählt.

743 Mängel der Wahl müssen grds. entsprechend § 19 BetrVG innerhalb der dort vorgesehenen Frist von zwei Wochen nach Abschluss der Wahl im Rahmen eines Wahlanfechtungsverfahrens geltend gemacht werden (*BAG* 15.1.1992 EzA § 19 BetrVG 1972 Nr. 37; 11.3.1992 EzA § 38 BetrVG 1972 Nr. 12). Die Anfechtungsfrist beginnt mit der Feststellung des Wahlergebnisses durch den Betriebsrat. Ausnahmsweise beginnt die Frist erst mit der tatsächlichen Kenntnisnahme, so z. B. für ein Betriebsratsmitglied, welches wegen Verhinderung nicht an der Betriebsratssitzung teilgenommen hat, in der die Wahl durchgeführt wurde (*BAG* 20.4.2005 EzA § 38 BetrVG 2001 Nr. 4). Eine Nichtigkeit der Wahl liegt nur bei ganz groben, offensichtlichen Rechtsverstößen vor, z. B. bei Verstoß gegen die Grundsätze der geheimen Wahl (vgl. GK-BetrVG/*Weber* § 38 Rn. 50).

744 Nach Durchführung der Wahl ist das Ergebnis dem Arbeitgeber bekannt zu geben. Er kann sein Einverständnis erklären und damit die Freistellung vornehmen.

745 Hält der Arbeitgeber eine oder mehrere Freistellungen für sachlich nicht vertretbar, so kann er innerhalb einer Frist von zwei Wochen nach der Bekanntgabe die Einigungsstelle anrufen. Unterbleibt dies, gilt das Einverständnis des Arbeitgebers als erteilt.

746 Es handelt sich um eine Ausschlussfrist, die bei Bestehen einer ständigen Einigungsstelle dann gewahrt ist, wenn vor ihrem Ablauf der Antrag des Arbeitgebers beim Einigungsstellenvorsitzenden eingegangen ist, andernfalls dann, wenn innerhalb der Frist beim Vorsitzenden des Betriebsrates ein Antrag des Arbeitgebers auf Bildung einer Einigungsstelle eingegangen ist (GK-BetrVG/*Weber* § 38 Rn. 57; vgl. auch DKK/*Berg* § 38 Rn. 48, der verlangt, dass der Antrag auch einen Vorschlag für den Vorsitzenden der Einigungsstelle und die Zahl der Beisitzer enthält). Die Einigungsstelle hat zu überprüfen, ob die betreffende Freistellung sachlich vertretbar ist. Sachlich nicht vertretbar ist die Auswahlentscheidung des Betriebsrates nur dann, wenn ihr betriebliche Notwendigkeit i. S. v. dringenden betrieblichen Gründen entgegenstehen, wenn diese Gründe zwingenden Vorrang vor dem Interesse des Betriebsrates an der Freistellung gerade dieses Betriebsratsmitglieds haben (GK-BetrVG/*Weber* § 38 Rn. 59). Bloße Erschwerungen des Betriebsablaufes oder sonstige Unannehmlichkeiten reichen nicht aus (DKK/*Berg* § 38 Rn. 46). Die Entscheidung des Betriebsrates hat grds. Vorrang und kann nur in engen Grenzen korrigiert werden. Sachlich nicht vertretbar kann die Auswahl eines Betriebsratsmitglieds sein, das nicht oder nur mit unverhältnismäßigem Aufwand an seinem Arbeitsplatz zu ersetzen ist oder wenn durch die Freistellung mehrerer Betriebsratsmitglieder einer Arbeitsgruppe oder Abteilung entsprechende Schwierigkeiten entstehen (vgl. GK-BetrVG/*Weber* § 38 Rn. 59). Hält die Einigungsstelle die Freistellung für sachlich nicht vertretbar, so hat sie selbst ein anderes Betriebsratsmitglied freizustellen. Dabei hat sie nach § 38 Abs. 2 S. 6 BetrVG auch den Minderheitenschutz i. S. d. Satzes 1 zu beachten: Im Falle der Verhältniswahl ist dann, wenn ein Repräsentant einer im Betriebsrat vertretenen Minderheitsliste infolge sachlicher Unvertretbarkeit seiner Freistellung zu ersetzen ist, vorrangig zu prüfen, ob nicht ein anderes Mitglied dieser Liste freigestellt werden kann. Zwingend muss dies allerdings nicht geschehen (GK-BetrVG/*Weber* § 38 Rn. 63, 64).

*dd) Ausscheiden und Verhinderung freigestellter Betriebsratsmitglieder*

747 Bei Ausscheiden eines freigestellten Betriebsratsmitgliedes rückt das Ersatzmitglied (§ 25 Abs. 1 BetrVG) nur in die Rechtsstellung als Betriebsmitglied nach, sodass die Freistellung nicht automatisch für das Ersatzmitglied gilt. Bei zeitweiser Verhinderung behält das Mitglied seine Rechtsstellung als freigestelltes Betriebsratsmitglied; bei Verhinderung für längere Zeit hat aber der Betriebsrat

unter Umständen gem. §§ 37 Abs. 2, 38 Abs. 1 BetrVG einen Anspruch auf zusätzliche zeitweise Freistellung eines seiner Mitglieder. Verhinderungen von kurzer Dauer werden allerdings durch die gesetzliche Pauschalierung der Freistellungen ausgeglichen und begründen keinen Anspruch auf eine Ersatzfreistellung (*BAG* 22.5.1973 EzA § 38 BetrVG 1972 Nr. 4).

Endet die Freistellung eines Betriebsratsmitglieds oder ist wegen einer Erhöhung der Beschäftigtenzahl eine weitere Freistellung vorzunehmen, stellt sich die Frage, in welcher Weise die Ersatzfreistellung oder Nachwahl zu erfolgen hat. Überwiegend wird es zunächst für zulässig gehalten, dass der Betriebsrat vorsorglich ersatzweise freizustellende Betriebsratsmitglieder wählt oder analog § 25 BetrVG beschließt, dass im Falle der Verhinderung oder des Ausscheidens des freigestellten Betriebsratsmitgliedes noch vorhandene, aber nicht gewählte Listenkandidaten freigestellt sind (GK-BetrVG/*Weber* § 38 Rn. 72; DKK/*Berg* § 38 Rn. 57; offen gelassen in *BAG* 28.10.1992 EzA § 38 BetrVG 1972 Nr. 14 – abl. *LAG Bln.* 9.6.1995 LAGE § 38 BetrVG 1972 Nr. 7). Fehlt eine solche vorsorgliche Wahl ist im Falle der Mehrheitswahl auch die Nachwahl im Wege der Mehrheitswahl vorzunehmen. Wurden die Freigestellten in Verhältniswahl gewählt, ist das ersatzweise freizustellende Betriebsratsmitglied in entsprechender Anwendung des § 25 Abs. 2 BetrVG der Vorschlagsliste zu entnehmen, der das zu ersetzende Mitglied angehörte. Bei Listenerschöpfung ist das ersatzweise freizustellende Mitglied im Wege der Mehrheitswahl zu wählen (*BAG* 14.11.2001 EzA § 38 BetrVG 1972 Nr. 19; 25.4.2001 EzA § 38 BetrVG 1972 Nr. 18; GK-BetrVG/*Weber* § 38 Rn. 74, 75). 748

*ee) Die Rechtsstellung der freigestellten Betriebsratsmitglieder*

Mit der Freistellung ist das Betriebsratsmitglied allein von der Arbeitspflicht entbunden, die übrigen Pflichten aus dem Arbeitsverhältnis bleiben bestehen. Es ist an die betriebsüblichen Arbeitszeiten gebunden und hat sich während der Arbeitszeit ausschließlich Betriebsratsaufgaben zu widmen oder sich für solche bereitzuhalten. Andere Tätigkeiten dürfen nicht ausgeübt werden. Es gelten die Urlaubsregelungen, die anzuwenden wären, wenn keine Freistellung bestünde (*BAG* 20.8.2002 EzA § 38 BetrVG 2001 Nr. 1; 31.5.1989 EzA § 37 BetrVG 1972 Nr. 100; 17.10.1990 EzA § 40 BetrVG 1972 Nr. 65). 749

Das freigestellte Betriebsratsmitglied hat sich grds. am Sitz des Betriebsrats für die Betriebsratstätigkeiten bereitzuhalten. Das gilt auch dann, wenn es vor der Freistellung seine Tätigkeit außerhalb des Betriebes zu leisten hatte. Die Freistellung führt dann zu einer Veränderung des Leistungsortes (*BAG* 28.8.1991 EzA § 40 BetrVG 1972 Nr. 66). Maßnahmen zur Anwesenheitskontrolle sind in gleicher Weise wie für andere Arbeitnehmer verbindlich. Zeiterfassungsgeräte sind auch von ihnen zu benutzen (GK-BetrVG/*Weber* § 38 Rn. 77). Wird die Anwesenheitspflicht missachtet, verletzt das Betriebsratsmitglied nicht nur seine Amtspflicht, sondern zugleich auch arbeitsvertragliche Pflichten und verliert für diese Zeit seinen Anspruch auf das Arbeitsentgelt (*BAG* 22.8.1974 EzA § 103 BetrVG 1972 Nr. 6; 21.7.1978 EzA § 37 BetrVG 1972 Nr. 60). Es besteht eine widerlegbare Vermutung dafür, dass das freigestellte Mitglied während der Arbeitszeit ausschließlich sein Amt ausübt. Nimmt es hingegen keine erforderlichen Betriebsratsaufgaben wahr, entfällt auch ein Vergütungsanspruch (*BAG* 19.5.1983 EzA § 37 BetrVG 1972 Nr. 77; 31.5.1989 EzA § 37 BetrVG 1972 Nr. 100). Der Arbeitgeber kann zwar verlangen, dass das Betriebsratsmitglied während der Freistellung keiner anderen Tätigkeit nachgeht. Das Betriebsratsmitglied ist aber nicht verpflichtet, laufend Rechenschaft über seine Tätigkeit abzugeben (GK-BetrVG/*Weber* § 38 Rn. 83). 750

Ist außerhalb des Betriebes eine Betriebsratstätigkeit erforderlich, so hat sich das Betriebsratsmitglied bei der zuständigen betrieblichen Stelle abzumelden (DKK/*Wedde* § 38 Rn. 65). Für Betriebsratstätigkeit außerhalb der Dienstzeit hat das Betriebsratsmitglied Ausgleichsansprüche in Anwendung von § 37 Abs. 3 BetrVG nur dann, wenn die außerhalb der Dienstzeit liegende Tätigkeit durch betriebsbedingte Gründe (z. B. Betriebsratssitzungen im Mehrschichtbetrieb) außerhalb der Dienstzeit erfolgen musste (vgl. *BAG* 21.5.1974 EzA § 37 BetrVG 1972 Nr. 25; GK-BetrVG/*Weber* § 38 Rn. 87). 751

752  Wird ein freigestelltes Betriebsratsmitglied an bestimmten Tagen aus betriebsbedingten Gründen in besonderem Maße zeitlich beansprucht, so besteht kein Anspruch auf Freizeitausgleich, da der Gesetzgeber gewisse Mehr- und Mindertätigkeiten bezogen auf die betriebliche Arbeitszeit auf Grund der pauschalen Regelung der Freistellung in § 38 Abs. 1 BetrVG in Kauf nimmt (*BAG* 21.5.1974 EzA § 37 BetrVG 1972 Nr. 25).

*ff) Beendigung der Freistellung*

753  Die Freistellung endet in den Fällen der § 21, § 23 Abs. 1 S. 1, § 24 BetrVG sowie mit dem Ende der Amtszeit des Betriebsrats. Möglich ist auch die Abberufung. Diese erfolgt gem. § 38 Abs. 2 S. 8 i. V. m. § 27 Abs. 1 S. 5 BetrVG: Wurde über die Freistellung in Verhältniswahl entschieden, so bedarf die Abberufung einer Mehrheit von drei Vierteln der Stimmen des Betriebsrats in geheimer Abstimmung. Werden die freizustellenden Betriebsratsmitglieder insgesamt neu gewählt, so treten die neu Gewählten an die Stelle der früher Gewählten, ohne dass diese erst mit qualifizierter Mehrheit des Betriebsrats abberufen werden müssten (*BAG* 29.4.1992 EzA § 38 BetrVG 1972 Nr. 13). Bei Mehrheitswahl genügt für die Abberufung ein Betriebsratsbeschluss mit einfacher Mehrheit. Das freigestellte Betriebsratsmitglied kann weiter jederzeit seine Zustimmung zur Freistellung widerrufen, um seine berufliche Tätigkeit wieder aufzunehmen. Fraglich ist, ob der Arbeitgeber nach Maßgabe von § 2 Abs. 1 BetrVG verlangen kann, dass die Freistellung eines bestimmten Betriebsratsmitgliedes aufgehoben und stattdessen ein anderes Betriebsratsmitglied freigestellt wird (abl. *LAG Düsseld.* 26.9.1989 LAGE § 38 Nr. 4; bejahend GK-BetrVG/*Weber* § 38 Rn. 69).

*gg) Streitigkeiten*

754  Meinungsverschiedenheiten über die Zahl der Freistellungen und die Wahl der freizustellenden Betriebsratsmitglieder sind im arbeitsgerichtlichen Beschlussverfahren auszutragen. Antragsberechtigt sind der Betriebsrat, der Arbeitgeber und gegebenenfalls ein einzelnes Betriebsratsmitglied, wenn es selbst unmittelbar betroffen ist. Ein Antragsrecht der im Betrieb vertretenen Gewerkschaften besteht nicht (GK-BetrVG/*Weber* § 38 Rn. 103). Bei Streitigkeiten zwischen Arbeitgeber und Betriebsratsmitglied über die Fortzahlung des Arbeitsentgelts, über arbeitsvertragliche Pflichten während der Freistellung und über Ansprüche nach § 38 Abs. 3 und 4 BetrVG ist im Urteilsverfahren zu entscheiden (GK-BetrVG/*Weber* § 38 Rn. 105).

### 4. Wirtschaftliche und berufliche Sicherung der Betriebsratsmitglieder

755  Durch § 37 Abs. 4, 5 BetrVG soll sichergestellt werden, dass die Betriebsratsmitglieder weder in wirtschaftlicher noch in beruflicher Hinsicht gegenüber vergleichbaren Arbeitnehmern mit betriebsüblicher Entwicklung Nachteile erleiden.

*a) Entgeltschutz, § 37 Abs. 4 BetrVG*

*aa) Voraussetzungen und Inhalt*

756  In Ergänzung zu § 37 Abs. 2 BetrVG, der zunächst nur die Weiterzahlung des bisherigen Arbeitsentgelts nach dem Lohnausfallprinzip sicherstellt, verbietet § 37 Abs. 4 BetrVG, das Arbeitsentgelt des Betriebsratsmitglieds geringer zu bemessen als das vergleichbarer Arbeitnehmer mit betriebsüblicher beruflicher Entwicklung. Es soll so gestellt werden, als ob es im Betrieb weitergearbeitet und keine Amtstätigkeit wahrgenommen hätte (*BAG* 11.5.1988 EzA § 4 TVG Tariflohnerhöhung Nr. 1). Maßgebend ist das Arbeitsentgelt vergleichbarer Arbeitnehmer mit betriebsüblicher, regelmäßiger beruflicher Entwicklung. Das Gesetz stellt damit auf eine hypothetische Betrachtung ab. Welche individuelle berufliche Entwicklung das Betriebsratsmitglied ohne das Amt mutmaßlich genommen hätte, ist unerheblich. Arbeitsentgelt i. S. d. § 37 Abs. 4 BetrVG ist grundsätzlich nur das vom Arbeitgeber aufgrund des Arbeitsvertrages geleistete Arbeitsentgelt, nicht aber Zuwendungen Dritter. Die von einem Dritten in Hinblick auf das Arbeitsverhältnis erbrachten Leistungen können aber Arbeitsentgelt darstellen, wenn der Dritte sie nach der Abrede der Arbeitsvertragsparteien anstelle oder ne-

ben dem zwischen ihnen vereinbarten Arbeitsentgelt erbringen soll. Erfüllt der Dritte gegenüber dem Arbeitnehmer die von ihm in Hinblick auf das Bestehen des Arbeitsverhältnisses übernommene Verpflichtung nicht, so kann an seiner Stelle der Arbeitgeber zur Leistung verpflichtet sein (so für den Fall von durch die Muttergesellschaft gewährten Aktienoptionen *BAG* 16.1.2008 EzA § 37 BetrVG 2001 Nr. 6).

Vergleichbar sind Arbeitnehmer des Betriebes, die im Zeitpunkt der Übernahme des Amtes, bei Ersatzmitgliedern im Zeitpunkt des Nachrückens, eine im Wesentlichen gleich qualifizierte Tätigkeit wie das Betriebsratsmitglied ausgeübt haben und auch hinsichtlich Persönlichkeit, Qualifikation und Leistung vergleichbar sind (*BAG* 15.1.1992 EzA § 37 BetrVG 1972 Nr. 110; 21.4.1983 EzA § 37 BetrVG 1972 Nr. 79; 19.1.2005 – 7 AZR 208/04). 757

Strittig ist, inwieweit persönliche Umstände in der Entwicklung des Betriebsratsmitglieds selbst bei der hypothetisch ausgerichteten Betrachtung Berücksichtigung finden können, z. B. dann, wenn das Betriebsratsmitglied durch längere Erkrankung an einer entsprechenden beruflichen Weiterentwicklung gehindert worden ist oder an einer betriebsüblichen Weiterbildungsmaßnahme ohne Erfolg teilgenommen hat. Zum Teil wird eine solche Berücksichtigung befürwortet, da anderenfalls eine Begünstigung wegen des Amtes vorläge (GK-BetrVG/*Weber* § 37 Rn. 114). Nach anderer Auffassung haben derartige persönliche Umstände außer Betracht zu bleiben, da das Gesetz gerade auf eine hypothetische Betrachtung nur unter Berücksichtigung der Verhältnisse vergleichbarer Arbeitnehmer und deren betriebsüblicher Entwicklung abstelle (DKK/*Wedde* § 37 Rn. 76). Ist der Arbeitsplatz eines freigestellten Betriebsratsmitgliedes ersatzlos weggefallen, so bemisst sich das Arbeitsentgelt nach der Tätigkeit, die ihm nach dem Arbeitsvertrag übertragen werden müsste, wenn es nicht freigestellt worden wäre (*BAG* 17.5.1977 EzA § 37 BetrVG 1972 Nr. 54). 758

Betriebsüblich ist die Entwicklung, die bei objektiv vergleichbarer Tätigkeit Arbeitnehmer mit vergleichbarer fachlicher und persönlicher Qualifikation bei Berücksichtigung der normalen betrieblichen und personellen Entwicklung in beruflicher Hinsicht genommen haben (*BAG* 17.8.2005 EzA § 37 BetrVG 2001 Nr. 5; 15.1.1992 EzA § 37 BetrVG 1972 Nr. 110; 13.11.1987 EzA § 37 BetrVG 1972 Nr. 88). 759

Die Betriebsüblichkeit in diesem Sinne entsteht auf Grund eines gleichförmigen Verhaltens des Arbeitgebers und einer von ihm aufgestellten Regel. Der Geschehensablauf muss so typisch sein, dass auf Grund der betrieblichen Gegebenheiten und Gesetzmäßigkeiten grundsätzlich, d. h. wenigstens in der überwiegenden Mehrzahl der vergleichbaren Fälle, damit gerechnet werden kann. Beförderungen sind deshalb nur dann betriebsüblich, wenn nach den betrieblichen Gepflogenheiten das Betriebsratsmitglied befördert worden wäre oder wenigstens die überwiegende Mehrheit der vergleichbaren Arbeitnehmer des Betriebes einen derartigen Aufstieg erreicht haben (*BAG* 17.8.2005 EzA § 37 BetrVG 2001 Nr. 5; 15.1.1992 EzA § 37 BetrVG 1972 Nr. 110). Bewirbt sich ein Betriebsratsmitglied um einen höher dotierten Arbeitsplatz, besteht ein Anspruch des nicht berücksichtigten Betriebsratsmitgliedes auf das höhere Arbeitsentgelt deshalb nur dann, wenn eine personelle Auswahl im Rahmen der betriebsüblichen beruflichen Entwicklung zu einer Beförderung geführt hätte (*BAG* 13.11.1987 EzA § 37 BetrVG 1972 Nr. 88). Zur Beurteilung der betriebsüblichen Entwicklung sind auch Maßnahmen der beruflicher Fortbildung, an denen generell vergleichbare Arbeitnehmer teilgenommen haben und deshalb höher vergütet werden, zu berücksichtigen, wenn das betreffende Betriebsratsmitglied wegen der Betriebsratstätigkeit an solchen Maßnahmen nicht teilnehmen konnte (GK-BetrVG/*Weber* § 37 Rn. 117; DKK/*Wedde* § 37 Rn. 78). 760

Der Arbeitgeber hat das Arbeitsentgelt von sich aus laufend an das vergleichbarer Arbeitnehmer anzupassen (*BAG* 21.4.1983 EzA § 37 BetrVG 1972 Nr. 79). 761

Es dürfen keine finanziellen Nachteile daraus entstehen, dass das Betriebsratsmitglied wegen seiner Amtstätigkeit eine geringer entlohnte Tätigkeit hat übernehmen müssen, so z. B. Zeit- statt Akkordarbeit, Tages- statt Wechselschicht oder Aufgabe einer Tätigkeit als Schichtführer (*LAG Köln* 13.9.1984 DB 1985, 394; GK-BetrVG/*Weber* § 37 Rn. 119). Die Steigerungen des Arbeitsentgelts auf Grund betriebsüblicher Entwicklung sind jeweils zu berücksichtigen (GK-BetrVG/*Weber* § 37 762

Rn. 120). Lohnzuschläge, die vergleichbaren Arbeitnehmern zur Abgeltung besonderer persönlicher Leistungen (z. B. für Nachtarbeit) gewährt werden, bleiben außer Betracht, es sei denn, das Betriebsratsmitglied hätte diese Zuschläge ohne Freistellung verdient (*BAG* 17.5.1977 EzA § 37 BetrVG 1972 Nr. 54).

763 Der Anspruch umfasst nach § 37 Abs. 4 S. 2 auch allgemeine Zuwendungen des Arbeitgebers an vergleichbare Arbeitnehmer. Erfasst werden Zuwendungen, auch freiwillige widerrufliche, die neben dem eigentlichen Arbeitsentgelt generell allen, einer Gruppe vergleichbarer Arbeitnehmer oder auch einzelnen Arbeitnehmern nach objektiven Kriterien unabhängig von der persönlichen Leistung des einzelnen Arbeitnehmers gewährt werden (*BAG* 21.4.1983 EzA § 37 BetrVG 1972 Nr. 79).

### bb) Dauer des Schutzes

764 Das Verbot der geringeren Entlohnung gilt ab Beginn der Mitgliedschaft im Betriebsrat bis zu einem Jahr nach Beendigung der individuellen Amtszeit im Betriebsrat. Für vollständig freigestellte Betriebsratsmitglieder erhöht sich der Zeitraum für den Entgeltschutz auf zwei Jahre nach Ablauf ihrer Amtszeit im Betriebsrat, wenn das Mitglied drei volle aufeinander folgende Amtszeiten von der beruflichen Tätigkeit, also i. d. R. zwölf Jahre freigestellt war, § 38 Abs. 3 BetrVG.

### cc) Streitigkeiten, Auskunftsanspruch

765 Die aus § 37 Abs. 4 BetrVG resultierenden Ansprüche sind individualrechtliche Ansprüche und daher im arbeitsgerichtlichen Urteilsverfahren geltend zu machen. Dem Betriebsratsmitglied steht gegen den Arbeitgeber ein Auskunftsanspruch über das Arbeitsentgelt einschließlich etwaiger Zuwendungen vergleichbarer Arbeitnehmer zu (*BAG* 19.1.2005 – 7 AZR 208/04; DKK/*Wedde* § 37 Rn. 83).

### b) Tätigkeitsschutz, § 37 Abs. 5 BetrVG

766 § 37 Abs. 5 BetrVG dient in Ergänzung des Entgeltschutzes dem Schutz der ideellen, langfristig auch den materiellen Interessen der Betriebsratsmitglieder, insbes. davor, nicht mit geringerwertiger Tätigkeit als vergleichbare Arbeitnehmer beschäftigt zu werden. Auf ständig freigestellte Betriebsratsmitglieder findet die Bestimmung nur Anwendung, wenn diese nur teilweise freigestellt sind, im Übrigen erst nach Beendigung der Freistellung (GK-BetrVG/*Weber* § 37 Rn. 127).

767 Das Gebot gleichwertiger Beschäftigung begründet einen Anspruch darauf, nicht mit geringerwertigen Tätigkeiten als vor Amtsantritt beschäftigt zu werden.

768 § 37 Abs. 5 BetrVG enthält damit zu Gunsten des nicht freigestellten Betriebsratsmitgliedes eine partielle Versetzungssperre. Geringerwertige Tätigkeiten dürfen nur zugewiesen werden, wenn dies einzelvertraglich zulässig und durch zwingende betriebliche Notwendigkeiten geboten ist (*LAG Frankf./M.* 14.8.1986 LAGE § 37 BetrVG 1972 Nr. 21). Außerdem besteht ein Anspruch darauf, entsprechend der betriebsüblichen beruflichen Entwicklung vergleichbarer Arbeitnehmer diesen hinsichtlich ihrer Tätigkeit fortlaufend angeglichen zu werden, sofern das Betriebsratsmitglied eine entsprechende Qualifikation aufweist.

769 Es besteht ein Anspruch auf Teilnahme an Maßnahmen der Berufsbildung, der aus dem allgemeinen Benachteiligungsverbot nach § 78 S. 2 BetrVG resultiert (GK-BetrVG/*Weber* § 37 Rn. 129; DKK/*Wedde* § 37 Rn. 89).

770 Das Betriebsratsmitglied hat nach § 37 Abs. 5 BetrVG keinen Anspruch auf eine gleiche, sondern nur auf eine gleichwertige Beschäftigung. Gleichwertig ist die tatsächliche Beschäftigung dann, wenn sie unter Berücksichtigung aller Umstände nicht nur wie die vergleichbarer Arbeitnehmer vergütet, sondern auch ihrer Bedeutung nach entsprechend anerkannt wird. Streitig ist im Hinblick auf die erforderliche Anerkennung, ob insoweit auf die Anschauung der im Betrieb Beschäftigten (GK-BetrVG/*Weber* § 37 Rn. 128) oder auf die in der betreffenden Berufssparte vorherrschende Ver-

kehrsauffassung (DKK/*Wedde* § 37 Rn. 86; *LAG Frankf./M.* 14.8.1986 LAGE § 37 BetrVG 1972 Nr. 21) abzustellen ist.

Ein Anspruch auf Beschäftigung mit gleichwertiger Tätigkeit besteht dann nicht, wenn der Beschäftigung unter Anlegung eines strengen Maßstabes zwingende betriebliche Notwendigkeiten entgegenstehen was nur der Fall ist, wenn die betrieblichen Gegebenheiten zwingenden Vorrang gegenüber dem Interesse des Betriebsratsmitglieds an gleichwertiger Beschäftigung haben. Der Tätigkeitsschutz setzt vorhandene Möglichkeiten der Beschäftigung voraus. Eine Verpflichtung zur Schaffung neuer Arbeitsplätze für Betriebsratsmitglieder besteht nicht (GK-BetrVG/*Weber* § 37 Rn. 130, 131). 771

Eine zwingende Notwendigkeit liegt etwa vor, wenn ein entsprechender Arbeitsplatz fehlt und für einen solchen auch kein Bedürfnis besteht, dem Betriebsratsmitglied die erforderliche Qualifikation fehlt oder die in Frage kommende Tätigkeit mit Unterbrechungen, wie sie das Amt des Betriebsratsmitglieds zwangsläufig mit sich bringt, nicht vereinbar ist, es sei denn, die Arbeit kann in Unterbrechungszeiten ohne weiteres durch einen anderen Arbeitnehmer verrichtet werden (DKK/*Wedde* § 37 Rn. 88; GK-BetrVG/*Weber* § 37 Rn. 131). 772

Für die Dauer des Schutzes gelten die gleichen Grundsätze wie für den Entgeltschutz (s. Rdn. 764). Auch bei den Ansprüchen aus § 37 Abs. 5 BetrVG handelt es sich um individualrechtliche Ansprüche, die im arbeitsgerichtlichen Urteilsverfahren vom Betriebsratsmitglied geltend zu machen sind. 773

c) Schutz der beruflichen Entwicklung

aa) Besonderer Schutz freigestellter Betriebsratsmitglieder

§ 38 Abs. 4 BetrVG sieht im Interesse der späteren Wiederaufnahme der beruflichen Tätigkeit und zur Gewährleistung des beruflichen Anschlusses an frühere Arbeitskollegen vor, dass freigestellte Betriebsratsmitglieder von inner- und außerbetrieblichen Maßnahmen der Berufsbildung nicht ausgeschlossen werden dürfen. Als gezielte Förderungsmaßnahmen nach Beendigung der Freistellung ist dem Betriebsratsmitglied im Rahmen der Möglichkeiten des Betriebes Gelegenheit zur Nachholung einer betriebsüblichen beruflichen Entwicklung zu geben, z. B. durch Umschulungs- oder Fortbildungsmaßnahmen. Voraussetzung für einen solchen Anspruch ist, dass die unterbliebene berufliche Entwicklung durch die Amtstätigkeit des Betriebsrats und nicht von diesem selbst, z. B. aus Nachlässigkeit, verursacht wurde (GK-BetrVG/*Weber* § 38 Rn. 98). Die Verpflichtung des Arbeitgebers besteht nur im Rahmen der Möglichkeiten des Betriebes, sodass die entsprechende Schulung für den Betrieb hinsichtlich Art, Dauer und des finanziellen Aufwandes vertretbar sein muss, woran es nicht bereits deshalb fehlt, weil innerbetrieblich nach Beendigung der Freistellung keine Schulungsmöglichkeiten angeboten werden. Gegebenenfalls ist dann auf außerbetriebliche Fortbildungsmöglichkeiten zurückzugreifen (DKK/*Berg* § 38 Rn. 78). 774

bb) Schutz der beruflichen Entwicklung nicht freigestellter Betriebsratsmitglieder

Obwohl eine spezielle und ausdrückliche gesetzliche Regelung in § 38 Abs. 4 S. 1 BetrVG nur für freigestellte Betriebsratsmitglieder existiert, haben auch nicht freigestellte Betriebsratsmitglieder einen Anspruch auf Teilnahme an Maßnahmen der Berufsbildung, der aus § 78 S. 2 BetrVG folgt. Hat das Betriebsratsmitglied an beruflichen Entwicklungen und Fortbildungen wegen seiner Tätigkeit zunächst nicht teilnehmen können, so muss ihm dazu vom Arbeitgeber nach Beendigung der Mitgliedschaft im Betriebsrat nachträglich Gelegenheit gegeben werden (GK-BetrVG/*Weber* § 37 Rn. 129; *Fitting* § 37 Rn. 133). 775

### 5. Teilnahme an Schulungs- und Bildungsveranstaltungen, § 37 Abs. 6, 7 BetrVG

§ 37 Abs. 6, 7 BetrVG trägt der Tatsache Rechnung, dass Betriebsratsmitglieder ständig steigenden Anforderungen ausgesetzt sind und deshalb einer entsprechenden Qualifikation bedürfen (BR-Drs. 715/70, S. 40 f.). § 37 Abs. 7 BetrVG gewährt dabei jedem Betriebsratsmitglied einen individuellen 776

Anspruch auf bezahlte Freistellung zur Teilnahme an geeigneten Veranstaltungen, der auf der Vorstellung beruht, dass die Betriebsratsmitglieder zur sachgerechten Ausübung ihres Amtes ein ausreichendes Maß an sozialpolitischen, wirtschaftlichen, rechtlichen und technischen Kenntnissen haben müssten (BT-Ausschuss für Arbeit und Sozialordnung, BT-Drs. VI/2729, S. 14). § 37 Abs. 6 BetrVG enthält demgegenüber einen kollektiven Anspruch des Betriebsrates zur gleichmäßigen individuellen Schulung und Bildung aller Betriebsratsmitglieder im Rahmen der Erforderlichkeit. Der Anspruch steht daher dem Betriebsrat als solchem zu. Ein eigener Anspruch des Betriebsratsmitglieds i. S. eines abgeleiteten individuellen Anspruches entsteht erst dann, wenn der Betriebsrat durch Beschluss zu Gunsten des betreffenden Betriebsratsmitglieds eine entsprechende Auswahlentscheidung getroffen hat (*BAG* 15.5.1986 EzA § 37 BetrVG 1972 Nr. 84; 5.4.1984 EzA § 37 BetrVG 1972 Nr. 80). Beide Ansprüche stehen nebeneinander. Insbesondere besteht keine gesetzliche Verpflichtung, zunächst den Anspruch nach § 37 Abs. 7 BetrVG auszuschöpfen, bevor der Betriebsrat eine Freistellung nach § 37 Abs. 6 BetrVG verlangen kann (*BAG* 5.4.1984 EzA § 37 BetrVG 1972 Nr. 80). Hat ein Betriebsratsmitglied in einer Schulung nach § 37 Abs. 7 BetrVG allerdings bereits die notwendigen Kenntnisse erworben, ist eine Arbeitsbefreiung über den gleichen Gegenstand nach § 37 Abs. 6 BetrVG nicht mehr erforderlich (GK-BetrVG/*Weber* § 37 Rn. 179).

### a) Schulungs- und Bildungsveranstaltungen gem. § 37 Abs. 6 BetrVG

#### aa) Erforderlichkeit der Kenntnisse

777 Erforderlich i. S. d. § 37 Abs. 6 BetrVG ist die Vermittlung von Kenntnissen nur dann für die Betriebsratsarbeit, wenn sie unter Berücksichtigung der konkreten Situation im Betrieb und im Betriebsrat benötigt werden, damit die Betriebsratsmitglieder ihre derzeitigen oder demnächst anfallenden gesetzlichen Aufgaben wahrnehmen können. Dabei ist darauf abzustellen, ob nach den Verhältnissen des einzelnen Betriebes Fragen anstehen oder absehbar in naher Zukunft anstehen werden, die der Beteiligung des Betriebsrates unterliegen und für die im Hinblick auf den Wissensstand des Betriebsrates eine Schulung des betreffenden Mitgliedes, gegebenenfalls unter Berücksichtigung der Aufgabenverteilung im Betriebsrat, erforderlich ist, damit er seine Beteiligungsrechte sach- und fachgerecht ausüben kann (st. Rspr., *BAG* 10.11.1993 EzA § 611 BGB Abmahnung Nr. 29; 15.5.1986 EzA § 37 BetrVG 1972 Nr. 85).

778 Von der Prüfung der Erforderlichkeit kann nicht deshalb abgesehen werden, weil der Arbeitgeber auf eine Mitteilung des Betriebsrats, ein bestimmtes Mitglied zu einer Schulungsveranstaltung entsenden zu wollen, geschwiegen hat (*BAG* 24.5.1995 EzA § 37 BetrVG 1972 Nr. 127).

779 Das *BAG* (z. B. 10.11.1993 EzA § 611 BGB Abmahnung Nr. 29) unterscheidet zwischen Veranstaltungen, die der Vermittlung von Grundkenntnissen dienen und solchen, die Spezialkenntnisse vermitteln.

780 Grds. ist die Vermittlung von Grundkenntnissen im Betriebsverfassungs-, allgemeinem Arbeitsrecht und im Bereich der Arbeitssicherheit und Unfallverhütung für jedes Betriebsratsmitglied erforderlich (*BAG* 7.5.2008 EzA § 37 BetrVG 2001 Nr. 7).

781 Handelt es sich um ein Betriebsratsmitglied mit bereits langjähriger Tätigkeit im Betriebsrat, so werden derartige Kenntnisse allerdings im Regelfall durch die langjährige Erfahrung erworben. In einem solchen Fall muss das Betriebsratsmitglied näher darlegen, weshalb trotzdem die entsprechenden Kenntnisse nicht vorhanden sind (*BAG* 16.10.1986 EzA § 37 BetrVG 1972 Nr. 87; *LAG SchlH* 15.5.2007 MDR 2007, 1143–1144). Seine frühere Rechtsprechung (*BAG* 7.6.1989 EzA § 37 BetrVG 1972 Nr. 98; 9.9.1992 EzA § 37 BetrVG 1972 Nr. 113), derzufolge es einer entsprechenden Darlegung auch dann bedurfte, wenn die Schulung erst kurz vor dem Ende der Amtszeit des Betriebsrates stattfinden soll, hat das *BAG* (7.5.2008 EzA § 37 BetrVG 2001 Nr. 7) **aufgegeben**. Unter Berücksichtigung dieser Einschränkungen sind auch Schulungsveranstaltungen über Arbeitsschutz und Unfallverhütung als erforderlich anzusehen. Da jedes Betriebsratsmitglied sein Amt in eigener Verantwortung führen muss, ist es auch grds. ohne Bedeutung, ob ein oder mehrere andere Betriebsratsmitglieder bereits an einer Schulungsveranstaltung dieser Art teilgenommen haben, sodass es

## B. Der Betriebsrat
## Kapitel 13

nicht auf den Kenntnisstand des Betriebsrates insgesamt, sondern auf den des betroffenen Betriebsratsmitglieds ankommt (*BAG* 15.5.1986 EzA § 37 BetrVG 1972 Nr. 85). In Betracht kommen auch Wiederholungs- und Vertiefungsveranstaltungen, insbes. bei einer Änderung der betrieblichen Verhältnisse oder der Rechtslage durch Gesetzgebung oder Rechtsprechung (GK-BetrVG/*Weber* § 37 Rn. 194). Nicht zu den grds. für jedes Betriebsratsmitglied erforderlichen Grundkenntnissen gehören im Regelfall solche im Sozial- und Sozialversicherungsrecht (*BAG* 4.6.2003 EzA § 40 BetrVG 2001 Nr. 4).

Handelt es sich um die Vermittlung von Kenntnissen in speziellen Themenbereichen, ist eine Erforderlichkeit nur dann gegeben, wenn ein aktueller, betriebsbezogener Anlass für die Annahme besteht, dass die auf der Schulungsveranstaltung zu erwerbenden Kenntnisse derzeit oder in naher Zukunft von dem zu schulenden Betriebsratsmitglied benötigt werden, damit der Betriebsrat seine Beteiligungsrechte sach- und fachgerecht ausüben kann (*BAG* 10.11.1993 EzA § 611 BGB Abmahnung Nr. 29; 7.6.1989 EzA § 37 BetrVG 1972 Nr. 98). Im Gegensatz zur Vermittlung von Grundkenntnissen ist insoweit also auch darauf abzustellen, ob das betreffende Betriebsratsmitglied nach der internen Organisation des Betriebsrates mit der jeweiligen Aufgabe betraut ist (*BAG* 29.4.1992 EzA § 37 BetrVG 1972 Nr. 111). 782

Immer Voraussetzung ist, dass die vermittelten Kenntnisse sich auf die Aufgaben des konkreten Betriebsrates und deren Durchführung im Betrieb beziehen. Nicht erforderlich ist die Vermittlung lediglich nützlicher Kenntnisse, wie z. B. eine Schulung in Gesprächsführung und Rhetorik (*BAG* 20.10.1993 EzA § 37 BetrVG 1972 Nr. 116; a. A. *LAG SchlH* 4.12.1990 LAGE § 37 BetrVG 1972 Nr. 35), es sei denn, dass der Betriebsrat darlegen kann, dass er seine gesetzlichen Aufgaben nur sachgerecht erfüllen kann, wenn die rhetorischen Fähigkeiten bestimmter Mitglieder durch eine Schulungsveranstaltung verbessert werden (vgl. *Sächs. LAG* 22.11.2002 LAGE § 37 BetrVG 2001 Nr. 1). In Betracht kommen z. B. Schulungsveranstaltungen über Diskussionsleitung für Betriebsratsvorsitzende und ihre Stellvertreter (*BAG* 15.2.1995 EzA § 37 BetrVG 1972 Nr. 125; 24.5.1994 EzA § 37 BetrVG 1972 Nr. 127). Nur unter diesen Voraussetzungen ist auch eine Schulung zum Thema »Schriftliche Kommunikation im Betrieb« erforderlich (*BAG* 15.2.1995 EzA § 37 BetrVG 1972 Nr. 125). Erforderlich kann z. B. auch eine Veranstaltung zur Erläuterung der aktuellen betriebsverfassungsrechtlichen Rechtsprechung des BAG und deren Umsetzung in die betriebliche Praxis sein. Hierfür muss sich der Betriebsrat nicht auf ein Selbststudium anhand von zur Verfügung gestellten Fachzeitschriften verweisen lassen (*BAG* 20.12.1995 EzA § 37 BetrVG 1972 Nr. 130). Die Teilnahme an einer Schulungsveranstaltung zum Thema »Mobbing« kann erforderlich sein, wenn der Betriebsrat etwa auf Grund bereits eingegangener Beschwerden von durch Mobbing betroffener Arbeitnehmer (§ 85 BetrVG) eine betriebliche Konfliktlage darlegen kann, aus der sich für ihn ein Handlungsbedarf zur Wahrnehmung seiner gesetzlichen Aufgabenstellung ergibt und zu deren Erledigung er das auf der Schulung vermittelte Wissen benötigt (*BAG* 15.1.1997 EzA § 37 BetrVG 1972 Nr. 133). 783

Bei dem Begriff der Erforderlichkeit handelt es sich um einen unbestimmten Rechtsbegriff, der dem Betriebsrat einen gewissen Beurteilungsspielraum belässt. Maßgeblich ist der Standpunkt eines vernünftigen Dritten, der die Interessen des Betriebes einerseits und die des Betriebsrates und der Arbeitnehmerschaft andererseits gegeneinander abwägt. Maßgeblich ist der Zeitpunkt der Beschlussfassung des Betriebsrats (*BAG* 10.11.1993 EzA § 611 BGB Abmahnung Nr. 29; 7.6.1989 EzA § 37 BetrVG 1972 Nr. 98). 784

Vermittelt eine Veranstaltung Kenntnisse, die nur zum Teil erforderlich sind und ist sie derart teilbar, dass die Themen klar voneinander abgegrenzt sind und zeitlich so behandelt werden, dass ein zeitweiser Besuch sinnvoll und möglich ist, so besteht der Anspruch gem. § 37 Abs. 6 BetrVG nur für diesen Teil der Veranstaltung. Ist die Veranstaltung dagegen nicht teilbar, so ist sie aus Praktikabilitätsgründen insgesamt als erforderlich anzusehen, wenn die erforderlichen Themen hinsichtlich des Zeitaufwandes mit mehr als 50 % überwiegen (*BAG* 28.5.1976 EzA § 37 BetrVG 1972 Nr. 49). 785

### bb) Umfang der Schulung

786 Sowohl die Dauer der Schulung als auch die Zahl der entsandten Betriebsratsmitglieder muss verhältnismäßig sein (vgl. GK-BetrVG/*Weber* § 37 Rn. 185 ff.). Weil insbes. Betriebsräte größerer Betriebe eine Aufgabenverteilung vornehmen müssen, genügt es bei der Vermittlung von Spezialkenntnissen oder vertieften Kenntnissen zu Einzelfragen dieser Rechtsgebiete, wenn nur diejenigen Betriebsratsmitglieder geschult werden, denen die Wahrnehmung dieser Aufgaben obliegt (*BAG* 29.4.1992 EzA § 37 BetrVG 1972 Nr. 111). Die zulässige Dauer hängt vom Wissensstand des zu schulenden Betriebsratsmitglieds und dem Umfang und der Schwierigkeit der zu erwerbenden Kenntnisse ab (GK-BetrVG/*Weber* § 37 Rn. 192).

### cc) Auswahlentscheidung des Betriebsrats

787 Die Auswahl der Betriebsratsmitglieder trifft der Betriebsrat durch Beschluss (*BAG* 16.10.1986 EzA § 37 BetrVG 1972 Nr. 87). Erst auf Grund eines solchen Beschlusses entsteht ein abgeleiteter individueller Anspruch des Betriebsratsmitglieds auf Schulung (*BAG* 15.5.1986 EzA § 37 BetrVG 1972 Nr. 84; 5.4.1984 EzA § 37 BetrVG 1972 Nr. 80). Die Auswahlentscheidung ist nach pflichtgemäßem Ermessen unter Berücksichtigung der Geschäftsbedürfnisse des Betriebsrates einerseits und der betrieblichen Notwendigkeiten andererseits unter Berücksichtigung der Grundsätze des § 75 Abs. 1 BetrVG zu treffen (GK-BetrVG/*Weber* § 37 Rn. 256). Inwieweit ein Anspruch des Betriebsratsmitglieds gegenüber dem Betriebsrat auf Schulung nach § 37 Abs. 6, insbes. zur Vermittlung von Grundkenntnissen besteht, wird kontrovers diskutiert (bejahend *Fitting* § 37 Rn. 237; a.A. z.T. GK-BetrVG/*Weber* § 37 Rn. 260: nur soweit es um die Vermittlung von Grundkenntnissen geht; bei Spezialkenntnissen nur, soweit dem Mitglied entsprechende Aufgaben zugewiesen sind).

788 Der Entsendungsbeschluss ist unwirksam, wenn er nicht in einer ordnungsgemäß einberufenen Sitzung (s. Rdn. 622 ff.) gefasst wird, sodass dann kein Anspruch auf Vergütungsfortzahlung und keine Verpflichtung des Arbeitgebers zur Kostentragung nach § 40 BetrVG besteht (*BAG* 28.10.1992 EzA § 29 BetrVG 1972 Nr. 2; 28.4.1988 EzA § 29 BetrVG 1972 Nr. 1). Es muss ein wirksamer Beschluss vor Beginn der Veranstaltung vorliegen. Fehlt es hieran, kann dieser Mangel nicht durch einen nachträglichen Beschluss des Betriebsrats, durch den die Teilnahme gebilligt wird, geheilt werden (*BAG* 8.3.2000 EzA § 40 BetrVG 1972 Nr. 90).

789 Da der Beschluss eine organisatorische Angelegenheit betrifft, kann sich das zur Auswahl anstehende Betriebsratsmitglied an der Beschlussfassung beteiligen. Zur Teilnahme kann jedes Betriebsratsmitglied bestimmt werden, ein Ersatzmitglied erst ab dem Zeitpunkt seines Nachrückens. Bei nur zeitweiliger Vertretung ist im Regelfall die Schulung des Ersatzmitgliedes nicht notwendig. Etwas anderes gilt aber dann, wenn es häufig zur Vertretung herangezogen wird und eine Schulung für die Gewährleistung der Arbeitsfähigkeit des Betriebsrates erforderlich ist. Zu berücksichtigen sind insoweit neben der Vermittlung eines sachbezogenen Wissens u. a. die im Zeitpunkt der Beschlussfassung zu erwartende Dauer und Häufigkeit künftiger Vertretungsfälle und die noch verbleibende Amtszeit des Betriebsrates (*BAG* 15.5.1986 EzA § 37 BetrVG 1972 Nr. 84). Diesbezüglich muss der Betriebsrat eine auf Tatsachen gegründete Prognose über die künftige Häufigkeit und Dauer der Heranziehung des Ersatzmitglieds anstellen. Ihm steht hierbei ein nur eingeschränkt arbeitsgerichtlich überprüfbarer Prognose- und Beurteilungsspielraum zu (*BAG* 19.9.2001 EzA § 37 BetrVG 1972 Nr. 142).

790 Hingegen besteht für Ersatzmitglieder, solange sie nicht gem. § 25 Abs. 1 S. 1 BetrVG für ein ausgeschiedenes Betriebsratsmitglied in den Betriebsrat nachgerückt sind, kein Anspruch auf bezahlte Freistellung für Schulungsveranstaltungen nach § 37 Abs. 7 BetrVG (*BAG* 31.8.1994 EzA § 37 BetrVG 1972 Nr. 122).

## B. Der Betriebsrat
## Kapitel 13

### dd) Fortzahlung des Arbeitsentgelts

Das Arbeitsentgelt ist ohne Minderung fortzuzahlen, § 37 Abs. 6 S. 1 i. V. m. Abs. 2 BetrVG. Die für die allgemeine Arbeitsbefreiung geltenden Grundsätze sind entsprechend anzuwenden (s. Rdn. 704 ff.). 791

### ee) Freizeitausgleich

Soweit die Teilnahme an einer Schulung außerhalb der Arbeitszeit stattfindet, kommt ein Anspruch auf Freizeitausgleich nach § 37 Abs. 6 i. V. m. § 37 Abs. 3 BetrVG (§ 37 Abs. 6 BetrVG wurde entsprechend geändert durch das BetrVerf-ReformG vom 23.7.2001 BGBl. I S. 1852 ff.) in Betracht. 792

Ein Anspruch auf Freizeitausgleich setzt voraus, dass die die Schulungsteilnahme außerhalb der persönlichen Arbeitszeit aus betriebsbedingten Gründen erfolgte. Erforderlich ist ein betrieblicher Grund mit Ursache in der Sphäre des Arbeitgebers, so etwa, wenn die Veranstaltung auf Grund eines Einwands des Arbeitgebers nach § 37 Abs. 6 S. 5 BetrVG oder sonst auf seinen Wunsch oder auf Grund einer Entscheidung der Einigungsstelle nach § 37 Abs. 6 S. 6 BetrVG in eine Zeit außerhalb der betrieblichen Arbeitszeit, etwa in Abendstunden oder auf das Wochenende verlegt wird, oder wenn das Betriebsratsmitglied aus Rücksicht auf seine Unabkömmlichkeit an einer Schulungsveranstaltung außerhalb seiner Arbeitszeit teilnimmt (*Löwisch* BB 2001, 1734, 1742). Nach § 37 Abs. 6 S. 2 BetrVG liegen betriebsbedingte Gründe auch vor, wenn wegen Besonderheiten der betrieblichen Arbeitszeitgestaltung die Schulung des Betriebsratsmitglieds außerhalb seiner Arbeitszeit erfolgt. 793

Eine Besonderheit der betrieblichen Arbeitszeitgestaltung liegt vor, wenn die Arbeitszeit von der üblichen Arbeitszeit abweicht. Derartige Abweichungen können sich sowohl hinsichtlich der Lage als auch hinsichtlich des Umfangs der Arbeitszeit ergeben. Der betriebsübliche Umfang der Arbeitszeit ist derjenige eines vollzeitbeschäftigten Arbeitnehmers. Die Teilzeitbeschäftigung ist daher eine Besonderheit i. S. v. § 37 Abs. 6 S. 2 BetrVG. Die übliche Lage der Arbeitszeit wird durch die in dem Betrieb allgemein festgelegte Verteilung der Arbeitszeit auf die einzelnen Wochentage bestimmt. Abweichungen hiervon stellen eine Besonderheit i. S. d. § 37 Abs. 6 S. 2 BetrVG dar. Dabei muss die betriebsübliche Arbeitszeit nicht für den gesamten Betrieb einheitlich geregelt sein, vielmehr kann die betriebsübliche Arbeitszeit für unterschiedliche Arbeitsbereiche oder Arbeitnehmergruppen unterschiedlich festgelegt sein. Für die Beurteilung, ob eine Besonderheit i. S. d. § 37 Abs. 6 S. 2 BetrVG vorliegt, ist in einem solchen Fall auf die betriebsübliche Arbeitszeit des Arbeitsbereichs oder der Arbeitnehmergruppe abzustellen, dem oder der das Betriebsratsmitglied angehört (*BAG* 10.11.2004 EzA § 37 BetrVG 2001 Nr. 3; 16.2.2005 EzA § 37 BetrVG 2001 Nr. 4). Dabei können tarifvertragliche Festlegungen als Orientierung dienen. Betriebliche Arbeitszeiten, die wesentlich geringer sind als in einschlägigen Tarifverträgen festgelegte regelmäßige Arbeitszeiten, können nicht als Arbeitszeit vollzeitbeschäftigter Arbeitnehmer i. S. v. § 37 Abs. 6 S. 2 Hs. 2 BetrVG angesehen werden. Einen Ausgleichsanspruch nach § 37 Abs. 6 i. V. m. Abs. 3 BetrVG können nicht nur die reinen Schulungszeiten, sondern auch die zur An- und Abreise notwendigen Zeiten sowie die während der Schulungsveranstaltung anfallenden Pausenzeiten begründen (*BAG* 18.2.2005 EzA § 37 BetrVG 2001 Nr. 4). Auch Reisezeiten, die ein teilzeitbeschäftigtes Betriebsratsmitglied außerhalb seiner Arbeitszeit aufwendet, um an einer erforderlichen Schulungsveranstaltung teilzunehmen, können einen Freizeitausgleichsanspruch begründen, wenn die Teilzeitbeschäftigung Ursache für die Durchführung der Reisezeit außerhalb der Arbeitszeit ist. Hieran fehlt es, wenn die Reise auch bei einer Vollzeitbeschäftigung außerhalb der Arbeitszeit stattgefunden hätte (*BAG* 11.11.2004 EzA § 37 BetrVG 2001 Nr. 3). 794

Besonderheiten der betrieblichen Arbeitszeitgestaltung sollen ferner z. B. bestehen, wenn ein in einem rollierenden Arbeitszeitsystem arbeitendes Betriebsratsmitglied an einem diesem System entsprechenden arbeitsfreien Tag an einer Schulung teilnimmt oder wenn ein an sich in die Arbeitszeit fallender Schulungstag auf Grund einer Betriebsvereinbarung unter gleichzeitiger Anordnung von Vor- oder Nacharbeit arbeitsfrei ist (BegrRegE, BT-Drs. 14/5741, S. 41), wenn also eine von der üblichen Normalarbeitszeit abweichende Arbeitszeitgestaltung vorliegt (*Löwisch* BB 2001, 1734, 1742). 795

Kein Ausgleichsanspruch besteht daher, wenn z. B. die Schulung eines vollzeitbeschäftigten Betriebsratsmitglieds an einem Schulungstag einmal länger dauert als die betriebliche Arbeitszeit dauert oder wenn ein Betriebsratsmitglied eines von Montag bis Freitag arbeitenden Betriebs an einem arbeitsfreien Samstag an einer Schulung teilnimmt (BegrRegE, BT-Drs. 14/5741, S. 41).

796 Liegen die genannten Voraussetzungen vor, so besteht ein Anspruch auf Freizeitausgleich (s. Rdn. 711 ff.), dem Umfang nach begrenzt allerdings pro Schulungstag auf die Arbeitszeit eines vollzeitbeschäftigten Arbeitnehmers. Für diese Begrenzung des Ausgleichsanspruchs ist grds. die betriebsübliche Arbeitszeit vollzeitbeschäftigter Arbeitnehmer maßgeblich. Ist diese für verschiedene Arbeitnehmergruppen unterschiedlich festgelegt, kommt es auf die Arbeitszeit eines vollzeitbeschäftigten Arbeitnehmers der Abteilung oder Arbeitnehmergruppe an, der das teilzeitbeschäftigte Betriebsratsmitglied angehört (*BAG* 16.2.2005 EzA § 37 BetrVG 2001 Nr. 4).

### b) Schulungs- und Bildungsveranstaltungen gem. § 37 Abs. 7 BetrVG

797 Der Anspruch nach § 37 Abs. 7 BetrVG ist ein individueller Anspruch des einzelnen Betriebsratsmitgliedes (*BAG* 18.12.1973 EzA § 37 BetrVG 1972 Nr. 20), der selbstständig neben dem Anspruch aus § 37 Abs. 6 BetrVG besteht (*BAG* 5.4.1984 EzA § 37 BetrVG 1972 Nr. 80), allerdings aber die Festlegung der zeitlichen Lage durch den Betriebsrat voraussetzt. Ein Anspruch von Ersatzmitgliedern besteht erst dann, wenn sie für ein ausgeschiedenes Betriebsratsmitglied in den Betriebsrat nachgerückt sind (*BAG* 14.12.1994 EzA § 37 BetrVG 1972 Nr. 122).

798 Der Anspruch besteht nur hinsichtlich solcher Schulungs- und Bildungsveranstaltungen, die von der zuständigen obersten Arbeitsbehörde des Landes nach Beratung mit den Spitzenorganisationen der Gewerkschaften und der Arbeitgeberverbände als geeignet anerkannt sind. Eine Erforderlichkeit i. S. d. § 37 Abs. 6 BetrVG ist hingegen nicht Voraussetzung. Eine Eignung liegt bei Veranstaltungen vor, die nach Zweck und Inhalt auf die ordnungsgemäße Durchführung der Aufgaben des Betriebsrates bezogen und diese zu fördern geeignet sind, ohne dass die vermittelten Kenntnisse für die konkrete Arbeit im konkreten Betrieb benötigt werden müssten. Ausreichend ist ein weiter Zusammenhang zur Betriebsratstätigkeit, der aber fehlt, wenn eine Veranstaltung i. S. eines Bildungsurlaubes nur der Allgemeinbildung des Betriebsratsmitglieds dient (*BAG* 11.8.1993 EzA § 37 BetrVG 1972 Nr. 117). Ungeeignet sind deshalb allgemeinpolitische, parteipolitische, rein gewerkschaftspolitische, allgemein gesellschaftspolitische, allgemein wirtschaftspolitische und kirchliche Themen (*BAG* 6.4.1976 EzA § 37 BetrVG 1972 Nr. 48). Inhaltlich muss jedes einzelne Thema geeignet sein. Anderenfalls muss die Anerkennung entweder verweigert oder durch entsprechende Nebenbestimmungen sichergestellt werden, dass die Veranstaltung in vollem Umfang geeignet ist (*BAG* 11.8.1993 EzA § 37 BetrVG 1972 Nr. 117). Ferner ist Voraussetzung der Anerkennung als geeignet, dass der Träger der Veranstaltung nach Zweckbestimmung und Organisation die Gewähr dafür bietet, dass eine nach ihrem Inhalt geeignete Veranstaltung auch ordnungsgemäß durchgeführt wird (*BAG* 6.4.1976 EzA § 37 BetrVG 1972 Nr. 48). Zuständig für die Anerkennung ist die Oberste Arbeitsbehörde des Landes, in dem der Veranstalter seinen Sitz hat (*BAG* 30.8.1989 EzA § 37 BetrVG 1972 Nr. 103). Für die vorgesehene Beratung in Form einer mündlichen Erörterung mit den Spitzenorganisationen sind die jeweiligen Organisationen auf Landesebene zuständig (GK-BetrVG/*Weber* § 37 Rn. 232). Über einen rechtzeitig gestellten Antrag auf Anerkennung einer Schulungs- und Bildungsveranstaltung kann die zuständige Behörde auch noch nach Veranstaltungsbeginn entscheiden (*BAG* 11.10.1995 EzA § 37 BetrVG 1972 Nr. 131).

799 Ist die Veranstaltung als geeignet anerkannt, so kann der Arbeitgeber gegen den Zahlungsanspruch nicht einwenden, ihr fehle die Eignung gem. § 37 Abs. 7 BetrVG (*BAG* 17.12.1981 EzA § 37 BetrVG 1972 Nr. 75).

800 Der Anspruch auf bezahlte Freistellung besteht für die Dauer von insgesamt drei Wochen, für Arbeitnehmer, die erstmals das Amt eines Betriebsmitglieds übernehmen und zuvor nicht Jugend- und Auszubildendenvertreter gewesen waren, für vier Wochen. Der normale Anspruch von drei Wochen beläuft sich also auf 15 Arbeitstage bei der Fünftagewoche oder 18 Arbeitstage bei der Sechstagewoche,

## B. Der Betriebsrat

## Kapitel 13

wobei die Arbeitszeit des konkreten Betriebsratsmitglieds maßgeblich ist. Tage, an denen für das Betriebsratsmitglied keine Arbeitspflicht besteht, sind ebenso wenig anzurechnen, wie Schulungstage, an denen es erkrankt ist (GK-BetrVG/*Weber* § 37 Rn. 238). Verlängert oder verkürzt sich die Amtszeit des Betriebsrats, so ist der Freistellungsanspruch entsprechend der Verlängerung zu erhöhen bzw. entsprechend der Dauer der noch vor dem Betriebsrat liegenden Amtszeit zu reduzieren, da der dreiwöchige Anspruch auf die regelmäßige Amtszeit bezogen ist. Für Erstmitglieder im Betriebsrat besteht ein besonderes Schulungsbedürfnis, sodass sie ohne Rücksicht auf die Dauer der verkürzten Amtszeit und den dadurch verkürzten Freistellungsanspruch jedenfalls den Anspruch auf eine zusätzliche Woche Schulungsdauer haben (*BAG* 19.4.1989 EzA § 37 BetrVG 1972 Nr. 99). Wird der Anspruch während der Amtszeit nicht ausgeschöpft, so erlischt er. Eine Übertragung auf die nächste Amtsperiode findet nicht statt (GK-BetrVG/*Weber* § 37 Rn. 244). Nimmt ein Betriebsratsmitglied erst unmittelbar vor Ende seiner Amtszeit an einer als geeignet anerkannten Schulungsveranstaltung teil, so muss es darlegen, auf Grund welcher besonderer Umstände des Einzelfalles eine solche Festlegung des Zeitpunktes der Schulungsteilnahme durch den Betriebsrat noch pflichtgemäßem Ermessen entsprochen hat (*BAG* 9.9.1992 EzA § 37 BetrVG 1972 Nr. 113; 20.8.1996 EzA § 37 BetrVG 1972 Nr. 132).

Da es sich bei dem Anspruch nach § 37 Abs. 7 BetrVG um einen individuellen Anspruch des einzelnen Betriebsratsmitglieds handelt, hat der Betriebsrat keine Auswahlentscheidung zu treffen. In Betracht kommt nur eine mittelbare Beeinflussung dadurch, dass der Betriebsrat bei der Festlegung des Zeitpunkts der Teilnahme die betrieblichen Notwendigkeiten berücksichtigen muss und im Rahmen einer Interessenabwägung seine eigenen Geschäftsbedürfnisse berücksichtigen darf (GK-BetrVG/*Weber* § 37 Rn. 263). Einer Entscheidung des Betriebsrates durch Beschluss bedarf es allerdings hinsichtlich der zeitlichen Lage (Beginn, Dauer) der Teilnahme (GK-BetrVG/*Weber* § 37 Rn. 264). Das Betriebsratsmitglied ist an die Entscheidung des Betriebsrats gebunden. Ohne dessen Zustimmung ist es nicht berechtigt, an der Veranstaltung teilzunehmen. Nimmt es trotzdem teil, so entfallen die Ansprüche gem. §§ 37 Abs. 2, 40 Abs. 1 BetrVG. 801

### c) Die Durchführung der Freistellung nach § 37 Abs. 6 und 7 BetrVG

Nach überwiegender Auffassung (*BAG* 27.6.1990 – 7 AZR 348/89, n. v.; *LAG Düsseld.* 6.9.1995 LAGE § 37 BetrVG 1972 Nr. 44; DKK/*Wedde* § 37 Rn. 134 m. w. N.; a. A. etwa GK-BetrVG/*Weber* § 37 Rn. 278 ff.) bedarf das Betriebsratsmitglied nicht der Zustimmung des Arbeitgebers zur Teilnahme an der Schulungsveranstaltung. 802

Der Betriebsrat hat dem Arbeitgeber die Teilnahme und die zeitliche Lage der Veranstaltung rechtzeitig bekannt zu geben. Die Unterrichtung ist nur dann rechtzeitig, wenn der Arbeitgeber die wegen der Teilnahme des Mitgliedes notwendigen Dispositionen angemessene Zeit vorher treffen und gegebenenfalls das Verfahren vor der Einigungsstelle einleiten kann (*BAG* 18.3.1977 EzA § 37 BetrVG 1972 Nr. 53). Die Veranstaltung muss nach Gegenstand, Zeitpunkt, Dauer und Ort und unter Benennung des Veranstalters mitgeteilt werden (GK-BetrVG/*Weber* § 37 Rn. 268 ff.). Die unterlassene oder nicht rechtzeitige Unterrichtung des Arbeitgebers stellt lediglich eine Pflichtwidrigkeit des Betriebsrates i. S. v. § 23 Abs. 1 BetrVG dar, lässt aber den Anspruch auf Zahlung des Arbeitsentgelts und auf Kostentragung nach § 40 Abs. 1 BetrVG nicht entfallen (h. M., vgl. etwa *Fitting* § 37 Rn. 242; GK-BetrVG/*Weber* § 37 Rn. 270 m. w. N.). Hält der Arbeitgeber betriebliche Notwendigkeiten bei der Bestimmung der zeitlichen Lage der Veranstaltung für nicht ausreichend berücksichtigt, so kann er die Einigungsstelle anrufen. Deren Spruch ersetzt die Einigung zwischen Arbeitgeber und Betriebsrat. Hat der Arbeitgeber der Teilnahme eines Betriebsratsmitglieds an einer Schulungsveranstaltung widersprochen, so muss der Betriebsrat die Entsendung zur Schulung bis zu einer Klärung der Streitfrage zurückstellen (*BAG* 18.3.1977 EzA § 37 BetrVG 1972 Nr. 53). 803

#### d) Streitigkeiten

##### aa) Im Rahmen des § 37 Abs. 6 BetrVG

**804** Über die Frage der Erforderlichkeit ist auf Antrag von Betriebsrat oder Arbeitgeber im arbeitsgerichtlichen Beschlussverfahren zu entscheiden. Das einzelne Betriebsratsmitglied ist nur antragsbefugt, wenn es durch einen entsprechenden Betriebsratsbeschluss einen Anspruch auf Arbeitsbefreiung erlangt hat oder es selbst Meinungsverschiedenheiten mit dem Betriebsrat über seine Teilnahme an einer Veranstaltung hat. Ein Antragsrecht der Gewerkschaft besteht auch dann nicht, wenn sie Träger der Veranstaltung ist (*BAG* 28.1.1975 EzA § 37 BetrVG 1972 Nr. 37). Ist es nicht zumutbar, eine rechtskräftige Entscheidung in der Hauptsache abzuwarten, weil etwa dadurch die Teilnahme an einer erforderlichen Schulungsmaßnahme vereitelt wird und auch nicht nachholbar ist, so kann auf Antrag des Betriebsrats oder des betroffenen Betriebsratsmitglieds eine einstweilige Verfügung erwirkt werden (vgl. GK-BetrVG/*Weber* § 37 Rn. 282; a. A. etwa *LAG Düsseld.* 6.9.1995 LAGE § 37 BetrVG 1972 Nr. 44). Hinsichtlich der ausreichenden Berücksichtigung betrieblicher Notwendigkeiten besteht zunächst eine primäre Entscheidungszuständigkeit der Einigungsstelle, § 36 Abs. 6 S. 4 BetrVG. Kommt eine Entscheidung der Einigungsstelle nicht rechtzeitig vor Beginn der Schulungsveranstaltung zu Stande und droht dadurch die Teilnahme an einer erforderlichen Schulungsmaßnahme vereitelt zu werden, so kommt auch hier der Erlass einer einstweiligen Verfügung in Betracht, durch die dem Betriebsratsmitglied die Teilnahme an der Veranstaltung gestattet wird (GK-BetrVG/*Weber* § 37 Rn. 277; DKK/*Wedde* § 37 Rn. 132 m. w. N.; **a. A.** etwa HSWGNR/*Glock* § 37 Rn. 146a). Ansprüche des Betriebsratsmitglieds auf Fortzahlung des Arbeitsentgelts für die Zeit der Teilnahme an der Veranstaltung sind im arbeitsgerichtlichen Urteilsverfahren geltend zu machen (*BAG* 19.7.1977 EzA § 37 BetrVG 1972 Nr. 57).

##### bb) Im Rahmen des § 37 Abs. 7 BetrVG

**805** Der Anspruch des Betriebsratsmitgliedes auf Fortzahlung des Arbeitsentgelts ist im Urteilsverfahren geltend zu machen. Streitigkeiten, die alleine den Umfang der Freistellung oder die Frage, ob eine Veranstaltung als geeignet anerkannt worden ist, sind im arbeitsgerichtlichen Beschlussverfahren auszutragen. Dies gilt auch für Streitigkeiten über die Rechtmäßigkeit der Anerkennung einer Veranstaltung, obwohl der Anerkennungsbescheid oder dessen Versagung VA i. S. d. § 35 S. 1 VwVfG ist, da es sich um eine Angelegenheit aus dem Betriebsverfassungsgesetz i. S. d. § 2a Abs. 1 Nr. 1 ArbGG handelt und damit eine spezielle anderweitige Zuweisung i. S. d. § 40 Abs. 1 S. 1 VwGO erfolgt ist (*BAG* 30.8.1989 EzA § 37 BetrVG 1972 Nr. 103). Der Antrag ist analog § 42 Abs. 1 VwGO entweder auf Aufhebung des Bescheides oder auf Verpflichtung der obersten Arbeitsbehörde zur Anerkennung zu richten. Eines Vorverfahrens nach §§ 68 ff. VwGO bedarf es nicht, da der Anerkennungsbescheid von einer Obersten Landesbehörde erlassen wird, § 68 Abs. 1 Nr. 1, Abs. 2 VwGO. Eine Klagefrist ist nicht zu beachten, da eine solche im ArbGG nicht vorgesehen ist. Die Anfechtung des Anerkennungsbescheides durch Einleitung eines Beschlussverfahrens hat aufschiebende Wirkung, § 80 Abs. 1 VwGO analog (vgl. GK-BetrVG/*Weber* § 37 Rn. 308). Antragsberechtigt sind die Spitzenorganisationen der Gewerkschaften und der Arbeitgeberverbände (*BAG* 30.8.1989 EzA § 37 BetrVG 1972 Nr. 103). Eine Antragsberechtigung des einzelnen Arbeitgebers, dessen Arbeitnehmer an der Veranstaltung teilnimmt, ist bisher vom *BAG* (25.6.1981 EzA § 37 BetrVG 1972 Nr. 71) auch dann abgelehnt worden, wenn er auf Grund der Anerkennung einer Schulungs- und Bildungsveranstaltung auf Lohnzahlung in Anspruch genommen wird. Auch im Rahmen einer Klage des Betriebsratsmitglieds auf Fortzahlung des Entgelts soll der Arbeitgeber nicht einwenden können, die Veranstaltung sei nicht i. S. d. § 37 Abs. 7 BetrVG geeignet gewesen (*BAG* 17.12.1981 EzA § 37 BetrVG 1972 Nr. 75). Überwiegend wird in der Literatur dies im Hinblick auf Art. 19 Abs. 4 GG für bedenklich gehalten (vgl. etwa HSWGNR/*Glock* § 37 Rn. 190; GK-BetrVG/*Weber* § 37 Rn. 306). In einer jüngeren Entscheidung hat das *BAG* (30.8.1989 EzA § 37 BetrVG 1972 Nr. 103) diese Frage offen gelassen.

## B. Der Betriebsrat

### 6. Allgemeines Behinderungs-, Benachteiligungs- und Begünstigungsverbot, § 78 BetrVG

#### a) Zweck und Umfang der Regelung

Zweck der Vorschrift ist es, den Betriebsverfassungsorganen und ihren Mitgliedern durch Sicherung eines Mindestmaßes an rechtlicher und faktischer Unabhängigkeit eine ungestörte und unbeeinflusste Amtsausübung zu gewährleisten, indem sie vor persönlichen Nachteilen, auch in ihrer beruflichen Entwicklung geschützt werden und auch die Beeinflussung ihrer Amtstätigkeit durch Begünstigung ausgeschlossen wird. 806

Die speziellen Schutzregelungen der §§ 37, 38, 78a, 103 BetrVG, § 15 KSchG gehen der allgemeinen Regelung des § 78 BetrVG vor (HSWGNR/*Worzalla* § 78 Rn. 1). Neben den im Gesetz ausdrücklich aufgeführten Organen und Personen erstreckt sich der Schutz der Vorschrift auch auf Arbeitnehmervertreter im Aufsichtsrat nach dem BetrVG 1952 (§ 76 Abs. 2 S. 2 BetrVG 1952 i. V. m. § 129 BetrVG), auf Ersatzmitglieder, soweit sie im Betriebsrat oder in anderen Institutionen für ein verhindertes Mitglied vorübergehend oder endgültig nachrücken, sowie in entsprechender Anwendung auch auf Mitglieder des Wahlvorstandes und Wahlbewerber, nicht aber auf gewerkschaftliche Vertrauensleute (GK-BetrVG/*Kreutz* § 78 Rn. 10 ff.). Die in der Bestimmung enthaltenen Verbote richten sich nicht nur gegen den Arbeitgeber, sondern gegen jedermann (DKK/*Buschmann* § 78 Rn. 4). 807

#### b) Behinderungsverbot

Eine Behinderung i. S. d. Vorschrift liegt vor, wenn durch ein positives rechtswidriges Tun oder bei bestehender Handlungspflicht, auch durch ein Unterlassen, eine gesetzmäßige Tätigkeit der Funktionsträger erschwert oder unmöglich gemacht wird. 808

Wegen des Zweckes der gesetzlichen Regelung, die Funktionsfähigkeit der betriebsverfassungsrechtlichen Institutionen zu sichern, ist weder ein Verschulden noch eine Behinderungsabsicht des Arbeitgebers erforderlich (GK-BetrVG/*Kreutz* § 78 Rn. 29; HSWGNR/*Worzalla* § 78 Rn. 8; *LAG Köln* 23.10.1985 LAGE § 44 BetrVG 1972 Nr. 3). Die Nichtbeachtung einzelner Beteiligungsbefugnisse, insbes. gem. § 87 Abs. 1 BetrVG, stellt jedenfalls dann eine pflichtwidrige Unterlassung i. S. einer Behinderung dar, wenn der Arbeitgeber wiederholt, beharrlich oder grds. Mitwirkungs- und Mitbestimmungsrecht des Betriebsrats missachtet oder die Zusammenarbeit mit anderen betriebsverfassungsrechtlichen Institutionen verweigert (GK-BetrVG/*Kreutz* § 78 Rn. 31). 809

Rechtsgeschäfte, die gegen das Behinderungsverbot verstoßen, sind nach § 134 BGB nichtig. Das Behinderungsverbot ist Schutzgesetz i. S. d. § 823 Abs. 2 BGB (GK-BetrVG/*Kreutz* § 78 Rn. 23). Grobe Verstöße des Arbeitgebers können Sanktionen nach § 23 Abs. 3 BetrVG auslösen. 810

Aus § 78 S. 1 BetrVG folgt ein unmittelbarer Unterlassungsanspruch (GK-BetrVG/*Kreutz* § 78 Rn. 38), der bei begangener Verbotsverletzung unter der Voraussetzung einer Wiederholungsgefahr im arbeitsgerichtlichen Beschlussverfahren, ggf. auch im Wege der einstweiligen Verfügung (vgl. *LAG Köln* 23.10.1985 LAGE § 44 BetrVG 1972 Nr. 3) geltend gemacht werden kann. 811

Die vorsätzliche Behinderung stellt nach § 119 Abs. 1 Nr. 2 BetrVG eine Straftat dar, die aber gem. § 119 Abs. 2 BetrVG nur auf Antrag verfolgt wird. 812

#### c) Benachteiligungs- und Begünstigungsverbot, § 78 S. 2 BetrVG

Im Interesse der Unabhängigkeit der Mitglieder betriebsverfassungsrechtlicher Organe ist jede Handlung untersagt, die im Hinblick auf die Amtsstellung im Allgemeinen oder in Bezug auf konkrete Tätigkeiten der Funktionsträger unmittelbar oder mittelbar zu Vor- oder Nachteilen materieller oder immaterieller Art führt. 813

814 Die Funktionsträger müssen so behandelt werden, wie sie ohne ihre Amtsstellung und ohne ihre Amtsausübung im Hinblick auf vergleichbare Arbeitnehmer bzw. Arbeitnehmergruppen zu behandeln wären.

815 Verboten ist jede objektive Benachteiligung oder Begünstigung der Funktionsträger wegen ihrer Amtstätigkeit. Eine Benachteiligungs- oder Begünstigungsabsicht ist nicht erforderlich (GK-BetrVG/*Kreutz* § 78 Rn. 46). Der demnach erforderliche objektive Kausalzusammenhang besteht, wenn ein Funktionsträger bei einem Vergleich mit anderen Arbeitnehmern objektiv besser oder schlechter gestellt ist, soweit dies nicht aus sachlichen oder in der Person des Betroffenen liegenden Gründen bedingt ist (*BAG* 20.1.2010 EzA § 40 BetrVG 2001 Nr. 18; 23.6.1975 § 40 BetrVG 1972 Nr. 21; 29.1.1974 EzA § 40 BetrVG 1972 Nr. 14).

816 Das Verbot richtet sich gegen jedermann und gilt nicht nur für die Dauer der Amtszeit des Betriebsratsmitglieds, sondern auch vor deren Beginn (a. A. GK-BetrVG/*Kreutz* § 78 Rn. 47) und nach deren Ende, soweit Handlungen wegen der späteren, gegenwärtigen oder früheren Amtstätigkeit vorgenommen werden.

817 Als Benachteiligungen kommen insbes. in Betracht die Zuweisung minder bezahlter härterer, unangenehmerer, zeitlich oder örtlich ungünstiger liegender Arbeit (*LAG Düsseld.* 30.7.1970 DB 1970, 2035), Versetzungen mit Verschlechterung des Arbeitsgebiets (*LAG Bln.* 31.1.1983 AuR 1984, 54; *LAG Brem.* 12.8.1982 AP Nr. 15 zu § 99 BetrVG 1972) oder der Arbeitsumstände (*LAG Köln* 26.7.2010 LAGE § 78 BetrVG 2001 Nr. 5), nicht aber Versetzungen auf einen gleichwertigen Arbeitsplatz (*BAG* 9.6.1982 AP Nr. 1 zu § 107 BPersVG) oder Kündigung wegen rechtmäßiger Amtstätigkeit. § 78 S. 2 verbietet es auch, das kündigungsbegründende Verhalten deshalb als besonders schwer wiegend zu bewerten, weil es von einem Betriebsratsmitglied begangen wurde (*BAG* 22.2.1979 EzA § 103 BetrVG 1972 Nr. 23). Verboten sind auch Benachteiligungen im Hinblick auf die weitere berufliche Entwicklung (vgl. GK-BetrVG/*Kreutz* § 78 Rn. 54). Deshalb darf gegen den Willen des Arbeitnehmers dessen Betriebstätigkeit im Zeugnis keine Erwähnung finden (*LAG Frankf./M.* 2.12.1983 AuR 1984, 287; *ArbG Ludwigshafen* 18.3.1987 DB 1987, 1364; zum BPersVG: *BAG* 19.8.1992 EzA § 630 BGB Nr. 14; s. Kap. 9 Rdn. 50). Keine Benachteiligung stellen allgemeine Maßnahmen dar, durch die die Lage aller Arbeitnehmer oder bestimmter Gruppen von Arbeitnehmern verschlechtert wird, da es dann an einem ursächlichen Zusammenhang mit der Amtstätigkeit fehlt.

818 Begünstigungen sind alle Verbesserungen der Stellung des Betriebsratsmitglieds. In Betracht kommen etwa Geldleistungen, Beförderungen, Lohn- oder Gehaltserhöhungen, Versetzungen auf einen bevorzugten Arbeitsplatz, die Gewährung zusätzlichen Sonderurlaubes, die Zahlung von Sitzungsgeldern oder überhöhte Aufwandsentschädigungen, die Besserstellung bei Reisekostenabrechnungen gegenüber einer einschlägigen betrieblichen Reisekostenregelung (*BAG* 16.4.2003 EzA § 37 BetrVG 2001 Nr. 1; 23.6.1975 EzA § 40 BetrVG 1972 Nr. 21; 29.1.1974 EzA § 40 BetrVG 1972 Nr. 14).

819 Rechtsfolge einer Verbotsverletzung ist zum einen die Nichtigkeit der gegen § 78 S. 2 BetrVG verstoßenden Geschäfte nach § 134 BGB. Inwieweit eine Rückforderung einer Begünstigung durch § 817 S. 2 BGB ausgeschlossen ist, ist streitig (gegen die Anwendung von § 817 S. 2 BGB GK-BetrVG/*Kreutz* § 78 Rn. 73 m. w. N. auch zur Gegenansicht). Bei verbotswidriger Benachteiligung besteht ein Schadensersatzanspruch nach § 823 Abs. 2 BGB, da das Benachteiligungsverbot Schutzgesetz ist, daneben aber auch ein Schadensersatzanspruch aus pVV (§§ 280 Abs. 1, 241 Abs. 2 BGB). Schadensersatzansprüche sind im arbeitsgerichtlichen Urteilsverfahren geltend zu machen (GK-BetrVG/*Kreutz* § 78 Rn. 72). Grobe Verstöße des Arbeitgebers rechtfertigen Sanktionen nach § 23 Abs. 3 BetrVG. Aus § 78 S. 2 BetrVG folgt ferner ein im Beschlussverfahren, ggf. auch im Wege der einstweiligen Verfügung geltend zu machender Unterlassungsanspruch (vgl. etwa HSWGNR/*Worzalla* § 78 Rn. 13). Dieser Unterlassungsanspruch kann vom betroffenen Funktionsträger (z. B. Betriebsratsmitglied), aber auch durch seine Institution (z. B. Betriebsrat) gel-

tend gemacht werden. (GK-BetrVG/*Kreutz* § 78 Rn. 38). Die vorsätzliche Verletzung ist Straftat, die auf Antrag verfolgt wird, § 119 Abs. 1 Nr. 3, Abs. 2 BetrVG.

### 7. Kündigungsschutz, Übernahme Auszubildender

Zum besonderen Kündigungsschutz betriebsverfassungsrechtlicher Funktionsträger, s. Kap. 2 Rdn. 91 ff.; Kap. 4 Rdn. 495 ff. **820**

### 8. Versetzungsschutz, § 103 Abs. 3 BetrVG

Der durch das BetrVerf-ReformG vom 23.7.2001 (BGBl. I S. 1852 ff.) neu eingeführte § 103 Abs. 3 BetrVG sieht einen Schutz betriebsverfassungsrechtlicher Funktionsträger vor Versetzungen gegen den Willen des Funktionsträgers, die zu einem Verlust des Amtes oder der Wählbarkeit führen würden, dadurch vor, dass solche Versetzungen an die Zustimmung des Betriebsrats gebunden werden. Wird die Zustimmung verweigert, kommt nur deren Ersetzung durch das Arbeitsgericht in Betracht. **821**

Hierdurch soll verhindert werden, dass der Arbeitgeber durch solche Versetzungen auf die betriebsverfassungsrechtliche Stellung Einfluss nehmen oder die Unabhängigkeit der Amtsführung beeinträchtigen kann (BT-Drs. 14/5741, S. 50 f.; zur früheren Rechtslage vgl. *BAG* 21.9.1989 EzA § 99 BetrVG 1972 Nr. 76). **822**

#### a) Anwendungsbereich

##### aa) Nur Versetzungen kraft Direktionsrechts

Der Schutz des § 103 Abs. 3 BetrVG bezieht sich nur auf Versetzungen i. S. d. § 95 Abs. 3 BetrVG (s. Rdn. 2052 ff.), die der Arbeitgeber kraft seines arbeitsvertraglichen Direktionsrechts vornehmen kann. **823**

Bei Versetzungen, die individualrechtlich nicht kraft Direktionsrechts angeordnet werden können, sondern einer Änderungskündigung bedürfen, greift hingegen bereits der besondere Kündigungsschutz für Funktionsträger (s. Kap. 4 Rdn. 495 ff.). **824**

##### bb) Verlust der Wählbarkeit bzw. des Amtes

Ferner erfasst § 103 Abs. 3 BetrVG nur Versetzungen, die zum Verlust des Amtes oder der Wählbarkeit führen. Für derartige Versetzungen ist § 103 Abs. 3 BetrVG lex specialis zu § 99 BetrVG. Für andere Versetzungen, d. h. solchen, die nicht zum Verlust des Amtes oder der Wählbarkeit führen, verbleibt es hingegen lediglich bei dem Beteiligungsrecht des Betriebsrats nach § 99 BetrVG (s. Rdn. 2052 ff.). **825**

Ein Verlust der Wählbarkeit wegen Verlustes der Betriebszugehörigkeit tritt zunächst in den Fällen einer auf Dauer angelegten Versetzung in einen anderen Betrieb ein. Unschädlich ist eine lediglich vorübergehende Abordnung (GK-BetrVG/*Raab* § 103 Rn. 33). Von einer nur vorübergehenden Abordnung ist auszugehen, wenn ein Einsatz des Arbeitnehmers in einem anderen Betrieb von vornherein nur für einen kurzen, zeitlich nicht erheblichen Zeitraum geplant ist oder dem Arbeitnehmer auch im entsendenden Betrieb nach wie vor ein Arbeitsbereich zugewiesen ist. Zur Beantwortung der Frage, ob eine Versetzung auf Dauer angelegt ist oder nicht, kann als Indiz auch darauf abgestellt werden, ob der Arbeitsplatz des Arbeitnehmers im entsendenden Betrieb während seiner Abwesenheit befristet oder auf Dauer mit einem anderen Arbeitnehmer besetzt wird (GK-BetrVG/*Raab* § 103 Rn. 33). **826**

Sofern eine Versetzung unter dem Gesichtspunkt der Veränderung des Arbeitsortes (s. Rdn. 2056 ff.) auf Grund einer mit einer örtlichen Verlegung verbundenen Ausgliederung eines Betriebsteils erfolgt und dem Betriebsrat ein Übergangsmandat nach § 21a BetrVG (s. Rdn. 514 ff.) zusteht, soll nach einer Ansicht (GK-BetrVG/*Raab* § 103 Rn. 35) § 103 BetrVG keine Anwendung **827** finden, da durch § 21a BetrVG ja gerade die Kontinuität der Amtsführung sichergestellt werde und es auch zu einem Wertungswiderspruch mit § 111 S. 3 Nr. 3 BetrVG käme, demzufolge die Entscheidung über das »Ob« der Durchführung einer Betriebsspaltung gerade mitbestimmungsfrei sei. Diese Ansicht erscheint fraglich. Es geht auch um die Frage, ob durch die räumliche Entfernung des im Rahmen der Ausgliederung Versetzten die Funktionsfähigkeit des Betriebsrats, der nach § 21a BetrVG das Übergangsmandat wahrnimmt, beeinträchtigt wird. Der unternehmerischen Entscheidung über das »Ob« der Betriebsspaltung kann im Rahmen der arbeitsgerichtlichen Zustimmungsersetzungsentscheidung ausreichend Rechnung getragen werden.

*cc) Kein Einverständnis des Arbeitnehmers*

828 Eine Zustimmung des Betriebsrats zu einer Versetzung i. S. d. § 103 Abs. 3 BetrVG ist nicht erforderlich, wenn der betroffene Arbeitnehmer einverstanden ist.

829 Ein die Zustimmungserforderlichkeit ausschließendes Einverständnis des Arbeitnehmers liegt vor, wenn die Versetzung auf seinen eigenen Wunsch hin erfolgt oder seine Zustimmung Ergebnis einer freien Entscheidung ist (vgl. *BAG* 20.9.1990 EzA § 99 BetrVG 1972 Nr. 95).

830 Im Prozess trägt der Arbeitgeber die objektive Beweislast für ein Einverständnis des Arbeitnehmers (GK-BetrVG/*Raab* § 103 Rn. 37).

*b) Geschützter Personenkreis*

831 Dem Versetzungsschutz des § 103 Abs. 3 BetrVG unterfallen Betriebsratsmitglieder, Ersatzmitglieder während und solange ein Verhinderungsfall vorliegt (s. Rdn. 549 ff.), Mitglieder von nach § 3 Abs. 1 Nr. 1–3 BetrVG gebildeten Vertretungen (§ 3 Abs. 5 S. 2 BetrVG), Mitglieder der Jugend- und Auszubildendenvertretung, des Bord- und Seebetriebsrats, die Mitglieder des Wahlvorstands und die Wahlbewerber zu einem der genannten Gremien, Mitglieder eines Europäischen Betriebsrats sowie Mitglieder des Besonderen Verhandlungsgremiums und die Arbeitnehmervertreter im Rahmen eines Verfahrens zur Unterrichtung und Anhörung der Arbeitnehmer nach dem EBRG (§ 40 EBRG), Vertrauensmänner der Schwerbehinderten und Gesamtschwerbehindertenvertretung (§§ 96 Abs. 3, 97 Abs. 7 SGB IX), Wahlbewerber für das Amt der Schwerbehindertenvertreter (GK-BetrVG/*Raab* § 103 Rn. 7).

832 Die gesetzlichen Bestimmungen über den geschützten Personenkreis sind abschließend. Andere Personen, die diesem Personenkreis nicht unterfallen haben ggf. auf Grund der Wahrnehmung betriebsverfassungsrechtlicher Funktionen einen relativen Schutz nach § 78 BetrVG (Benachteiligungsverbot, s. Rdn. 813 ff.).

833 Eine Versetzung ist danach unzulässig, wenn hierdurch die Tätigkeit des Organs, dem der Arbeitnehmer angehört (z. B. Wirtschaftsausschuss, Einigungsstelle), in rechtswidriger Weise beeinträchtigt wird oder wenn die Versetzung den betroffenen Arbeitnehmer wegen der Amtstätigkeit benachteiligt (GK-BetrVG/*Raab* § 103 Rn. 10).

*c) Zeitliche Dauer des Versetzungsschutzes*

834 Für **Mitglieder des Betriebsrats** besteht der Schutz nach § 103 Abs. 3 BetrVG für die Dauer ihrer Amtszeit (zu Beginn und Ende der Amtszeit s. Rdn. 501 ff.); während der Amtszeit des Betriebsrats endet der Schutz des einzelnen Mitglieds mit dem Verlust der Mitgliedschaft im Betriebsrat (s. dazu Rdn. 537 ff.). Nach Sinn und Zweck des mit § 103 Abs. 3 BetrVG beabsichtigten Schutzes kommt dieser auch bereits gewählten, aber noch nicht amtierenden Betriebsratsmitgliedern zugute (h. M., vgl. nur DKK/*Kittner* § 103 Rn. 15 m. w. N.). Der Schutz besteht auch für Mitglieder eines Betriebsrats, der nach § 22 BetrVG die Geschäfte weiterführt und in den Fällen eines Übergangs- bzw. Restmandates nach §§ 21a, 21b BetrVG (GK-BetrVG/*Raab* § 103 Rn. 14). **Ersatzmitglieder** genießen den Versetzungsschutz sobald und solange sie für ein ausgeschiedenes Betriebsratsmitglied nachrücken oder ein zeitweilig verhindertes Mitglied vertreten. Fällt in den Verhinderungszeitraum

eine Betriebsratssitzung, so beginnt der Schutz des Ersatzmitglieds bereits vor dem eigentlichen Verhinderungsfall, da sich das Ersatzmitglied auf die Sitzung vorbereiten muss. Dieser (vorgezogene) Schutz beginnt i. d. R. mit Zugang der Ladung zur Sitzung, längstens aber drei Arbeitstage vorher (GK-BetrVG/*Raab* § 103 Rn. 15; für den Kündigungsschutz vgl. *BAG* 17.1.1979 EzA § 15 KSchG a. F. Nr. 21). Bei Mitgliedern des Wahlvorstandes besteht der Schutz vom Zeitpunkt der Bestellung an bis zur Bekanntgabe des endgültigen Wahlergebnisses. Bei Wahlbewerbern besteht der Schutz von der Aufstellung des Wahlvorschlages an bis zur Bekanntgabe des Wahlergebnisses. Insoweit gelten die gleichen Grundsätze wie beim Kündigungsschutz (s. dazu Kap. 4 Rdn. 512 ff.).

#### d) Einholung der Zustimmung des Betriebsrats

Bei einer dem Anwendungsbereich des § 103 Abs. 3 BetrVG unterfallende Versetzung ist der Arbeitgeber erst befugt, dem Arbeitnehmer einen anderen Arbeitsbereich zuzuweisen, wenn der Betriebsrat der Maßnahme zugestimmt hat. **835**

##### aa) Information des Betriebsrats; Rechtsfolgen unvollständiger Information

Der Arbeitgeber hat den Betriebsrat zunächst über die beabsichtigte Versetzung zu unterrichten. Der Umfang der Unterrichtungspflicht richtet sich nach § 99 Abs. 1 BetrVG (zur Unterrichtungspflicht nach § 99 Abs. 1 BetrVG s. Rdn. 2083 ff.). Ist die Unterrichtung mangelhaft, ist eine vom Betriebsrat erteilte Zustimmung unwirksam und der Betriebsrat kann trotz der Zustimmung die Aufhebung der Maßnahme (§ 101 BetrVG analog, s. Rdn. 2177 ff.) verlangen (GK-BetrVG/*Raab* § 103 Rn. 61). **836**

##### bb) Entscheidung des Betriebsrats

Die Entscheidung darüber, ob die Zustimmung erteilt wird, erfolgt durch Beschluss des Betriebsrats oder eines hierzu ordnungsgemäß beauftragten Ausschusses nach §§ 27, 28 BetrVG (s. Rdn. 583 ff.). **837**

Grds. muss die Zustimmung des Betriebsrats vor der Versetzung vorliegen. Da die Versetzung ein Vorgang mit gewisser Dauerwirkung ist, ist aber auch eine nachträgliche Zustimmung möglich, die dann die weitere Beschäftigung auf dem veränderten Arbeitsplatz legitimiert (GK-BetrVG/*Raab* § 103 Rn. 50). **838**

Ist der Beschluss des Betriebsrats unwirksam, fehlt es an einer wirksamen Zustimmung. In Betracht kommt aber ein Schutz des Arbeitgebers unter dem Gesichtspunkt des Vertrauensschutzes: Der Arbeitgeber darf grds. auf die Wirksamkeit eines Zustimmungsbeschlusses nach § 103 BetrVG vertrauen, wenn ihm der Betriebsratsvorsitzende oder sein Vertreter mitteilt, der Betriebsrat habe die beantragte Zustimmung erteilt. Das gilt aber dann nicht, wenn der Arbeitgeber die Tatsachen kennt oder kennen muss, aus denen die Unwirksamkeit des Beschlusses folgt. Eine Erkundigungspflicht des Arbeitgebers besteht insoweit allerdings nicht (*BAG* 23.8.1984 EzA § 103 BetrVG 1972 Nr. 30 zur Zustimmung zur außerordentlichen Kündigung). **839**

Die Entscheidung des Betriebsrats ist an keine Form gebunden, bedarf keiner Begründung und ist nicht fristgebunden. **840**

##### cc) Rechtslage bei fehlendem Betriebsrat

Soll in einem (noch oder wieder) betriebsratslosen Betrieb ein Mitglied des Wahlvorstandes oder ein Wahlbewerber oder ein Mitglied der Schwerbehindertenvertretung versetzt werden, ist kein Betriebsrat vorhanden, dessen Zustimmung eingeholt werden könnte. Um zu verhindern, dass in dieser Konstellation der durch § 103 Abs. 3 BetrVG beabsichtigte Schutz leer läuft, wird ganz überwiegend (vgl. nur GK-BetrVG/*Raab* § 103 Rn. 43 m. w. N.) eine Schließung dieser planwidrigen Regelungslücke dadurch befürwortet, dass die § 103 Abs. 3 BetrVG unterfallande Versetzung erst zulässig ist, **841** wenn das Arbeitsgericht die Zustimmung rechtskräftig ersetzt hat (so für die Kündigung *BAG* 16.12.1982 EzA § 103 BetrVG 1972 Nr. 29; 30.5.1978 EzA § 102 BetrVG 1972 Nr. 34).

### e) Ersetzung der Zustimmung durch das Arbeitsgericht

842 Erklärt der Betriebsrat nicht innerhalb einer Woche (§ 99 Abs. 3 BetrVG analog, vgl. GK-BetrVG/*Raab* § 103 Rn. 60) seit Unterrichtung die Zustimmung zur Versetzung, hat der Arbeitgeber die Möglichkeit, diese in einem arbeitsgerichtlichen Beschlussverfahren, an dem der von der beabsichtigten Versetzung betroffene Arbeitnehmer Beteiligter ist, ersetzen zu lassen. Der Antrag soll nach GK-BetrVG/*Raab* (§ 103 Rn. 63) auch dann noch statthaft sein, wenn der Arbeitnehmer (insoweit ohne Zustimmung) bereits auf dem neuen Arbeitsplatz beschäftigt wird.

#### aa) Dringende betriebliche Gründe

843 Gem. § 103 Abs. 3 S. 2 BetrVG hat das Arbeitsgericht die Zustimmung zu ersetzen, wenn die Versetzung auch unter Berücksichtigung der betriebsverfassungsrechtlichen Stellung des betroffenen Arbeitnehmers aus dringenden betrieblichen Gründen notwendig ist.

844 An solchen dringenden betrieblichen Gründen fehlt es von vornherein, wenn die Versetzung individualrechtlich im Wege der Ausübung des Direktionsrechts nicht zulässig ist oder ein Grund vorliegt, der den Betriebsrat bereits im Rahmen der in § 99 Abs. 2 BetrVG genannten Gründe berechtigt hätte, der Versetzung – würde es sich um die Versetzung eines »normalen« Arbeitnehmers handeln – die Zustimmung zu verweigern. Im Übrigen ist eine Interessenabwägung vorzunehmen, innerhalb derer die individuellen Interessen des betroffenen Arbeitnehmers sowie das kollektive Interesse an der Kontinuität der Amtsführung gerade durch den betroffenen Amtsträger einerseits gegen die geltend gemachten betrieblichen Interessen des Arbeitgebers andererseits abzuwägen sind (GK-BetrVG/*Raab* § 103 Rn. 68, 69).

#### bb) Mögliche Entscheidungen des Gerichts

845 Liegen dringende betriebliche Gründe vor, ist die Zustimmung des Betriebsrats zur Versetzung zu ersetzen. Mit Rechtskraft der Entscheidung kann diese durchgeführt werden. Fehlt es an dringenden betrieblichen Gründen, ist der Antrag zurückzuweisen. Ist eine Zustimmung des Betriebsrats zur Versetzung nicht erforderlich, weil es sich nicht um eine Versetzung i. S. d. § 103 BetrVG handelt, ist der Antrag als unbegründet zurückzuweisen und gleichzeitig festzustellen, dass die Versetzung nicht nach § 103 BetrVG zustimmungspflichtig ist (GK-BetrVG/*Raab* § 103 Rn. 80). Tritt eine Erledigung des Verfahrens z. B. dadurch ein, dass der Betriebsrat die zunächst verweigerte Zustimmung erteilt oder die Versetzung nicht mehr zustimmungspflichtig ist (z. B. Ausscheiden des Arbeitnehmers; Arbeitnehmer stimmt freiwillig, s. Rdn. 828 nunmehr der Versetzung zu), ist das Verfahren durch Beschluss nach § 83a Abs. 2 ArbGG einzustellen, auch wenn ein Beteiligter widerspricht (vgl. GK-BetrVG/*Raab* § 103 Rn. 76, 77).

### f) Rechtsfolgen bei fehlender Zustimmung

846 Liegt weder eine Zustimmung noch eine rechtskräftige arbeitsgerichtliche Zustimmungsersetzungsentscheidung vor, so ist die Maßnahme nicht nur betriebsverfassungsrechtlich, sondern auch individualrechtlich unwirksam; die entsprechende Weisung des Arbeitgebers ist unverbindlich und braucht nicht befolgt werden (vgl. für Versetzungen nach § 99 BetrVG: *BAG* 26.1.1988 EzA § 99 BetrVG 1972 Nr. 58 und Rdn. 2144 ff.). Die wiederholte Durchführung von Versetzungen, die dem Anwendungsbereich des § 103 BetrVG unterfallen, ohne Zustimmung des Betriebsrats und ohne gerichtliche Zustimmungsersetzungsentscheidung kann ferner ein grober Verstoß i. S. d. § 23 Abs. 3 BetrVG sein (s. Rdn. 2427 ff.).

847 Der Betriebsrat hat ferner in analoger Anwendung des § 101 BetrVG die Möglichkeit, beim Arbeitsgericht die Aufhebung bzw. Rückgängigmachung der Versetzung zu beantragen (zum Verfahren nach § 101 BetrVG s. Rdn. 2177 ff.). Die Analogie ist gerechtfertigt, weil der Zweck des Zustim-

mungserfordernisses im Falle einer betriebsverfassungsrechtlich unzulässigen Versetzung in gleicher Weise gefährdet oder vereitelt wird wie bei § 99 BetrVG (GK-BetrVG/*Raab* § 103 Rn. 50).

### 9. Geheimhaltungspflicht, § 79 BetrVG

#### a) Zweck der Vorschrift, Anwendungsbereich

Die in § 79 BetrVG vorgesehene Geheimhaltungspflicht ist Gegenstück und Sicherungsmittel zu den gesetzlichen Informationsrechten des Betriebsrats und anderer betriebsverfassungsrechtlicher Organe und trägt der Tatsache Rechnung, dass Funktionsträger auf Grund ihrer Amtsausübung und der ihnen zustehenden Informationsrechte wesentlich besser über geheimhaltungsbedürftige Umstände unterrichtet sind, als sie es ohne ihre Tätigkeit wären (DKK/*Buschmann* § 79 Rn. 1). Zweck der Geheimhaltung ist es, die auf Grund der Betriebs- und Geschäftsgeheimnisse bestehende Wettbewerbslage gegenüber den anderen Mitbewerbern zu sichern (*BAG* 26.2.1987 EzA § 79 BetrVG 1972 Nr. 1). Die Pflicht trifft sämtliche Mitglieder des Betriebsrates und die Ersatzmitglieder sowie die in Abs. 2 genannten Funktionsträger. Über den Wortlaut hinaus ist neben seinen Mitgliedern auch der Betriebsrat selbst als Organ zur Verschwiegenheit verpflichtet (*BAG* 26.2.1987 EzA § 79 BetrVG 1972 Nr. 1). In Bezug genommen wird § 79 für die Verschwiegenheitspflicht von Sachverständigen und für vom Betriebsrat herangezogene Arbeitnehmer als Auskunftspersonen (§ 80 Abs. 4, § 108 Abs. 2, § 109 S. 3 BetrVG) und für Mitglieder des Wirtschaftsausschusses (§ 107 Abs. 3 BetrVG).

848

#### b) Voraussetzungen der Geheimhaltungspflicht

##### aa) Betriebs- und Geschäftsgeheimnisse

> Betriebs- oder Geschäftsgeheimnis ist jede im Zusammenhang mit einem Betrieb stehende Tatsache, die nicht offenkundig, sondern nur einem eng begrenzten Personenkreis bekannt ist und nach dem bekundeten Willen des Betriebsinhabers auf Grund eines berechtigten wirtschaftlichen Interesses geheim gehalten werden soll.

849

Eine Tatsache ist offenkundig, wenn sich jeder Interessierte ohne besondere Mühe Kenntnis verschaffen kann (*BAG* 26.2.1987 EzA § 79 BetrVG 1972 Nr. 1). Es kommt außer auf den subjektiven Willen des Unternehmers auf die objektive Geheimhaltungsbedürftigkeit i. S. eines berechtigten wirtschaftlichen Interesses an, sog. objektiver, materieller Geheimnisbegriff (vgl. GK-BetrVG/*Oetker* § 79 Rn. 8). In Betracht kommen etwa: Herstellungsverfahren, Konstruktionszeichnungen, Rezepturen (*BAG* 16.3.1982 EzA § 242 BGB Nachvertragliche Treuepflicht Nr. 1), Lohn- und Gehaltslisten (*BAG* 26.2.1987 EzA § 79 BetrVG 1972 Nr. 1), Personalkostenstruktur, Kalkulationsunterlagen, Kundenlisten und sonstige Tatsachen oder Kenntnisse von wirtschaftlicher und kaufmännischer Bedeutung.

850

##### bb) Ausdrückliche Geheimhaltungserklärung

> Die Geheimhaltungspflicht betrifft nur Tatsachen, die vom Arbeitgeber ausdrücklich als geheimhaltungsbedürftig bezeichnet worden sind. Die Erklärung muss klar und eindeutig sein, bedarf aber keiner bestimmten Form.

851

##### cc) Kenntniserlangung auf Grund der betriebsverfassungsrechtlichen Stellung

Die besondere betriebsverfassungsrechtliche Schweigepflicht bezieht sich nur auf solche Betriebs- und Geschäftsgeheimnisse, die den verpflichteten Personen wegen ihrer Zugehörigkeit zum Betriebsrat bzw. der in Abs. 2 genannten Einrichtungen bekannt geworden sind. Für anderweitig erlangte Kenntnisse ohne Zusammenhang mit der Amtstätigkeit gelten nur die allgemeinen Geheimhaltungspflichten (s. Rdn. 857 ff.; s. Kap. 3 Rdn. 450 ff.).

852

#### dd) Inhalt und Dauer der Schweigepflicht

853 Verboten ist die Offenbarung, also die Weitergabe des Geheimnisses an andere und die Verwertung des Geheimnisses, d. h. dessen wirtschaftliche Ausnutzung zum Zwecke der Gewinnerzielung. Die Geheimhaltungspflicht besteht ab Beginn der Amtstätigkeit. Sie besteht auch nach dem Ausscheiden aus dem Betrieb unbeschränkt weiter und erlischt erst dann, wenn das Geheimnis allgemein bekannt ist oder der Arbeitgeber es als nicht mehr geheimhaltungsbedürftig bezeichnet.

#### ee) Ausnahmen von der Geheimhaltungspflicht

854 Zulässig ist die Offenbarung von Geheimnissen an Mitglieder desselben Organs oder an die Mitglieder einer der in Abs. 1 S. 4 angeführten Vertretungen und Stellen, da diese ihrerseits einer gleichartigen Geheimhaltungspflicht unterliegen. Das Betriebsratsmitglied muss aber bei einer solchen Weitergabe auf die vom Arbeitgeber erklärte Geheimhaltungsbedürftigkeit hinweisen. Die Geheimhaltungspflicht entfällt ferner dann, wenn und soweit eine gesetzliche Offenbarungspflicht, etwa gegenüber Behörden und Gerichten besteht.

#### ff) Sanktionen

855 Bei groben Verstößen kommt ein Ausschluss des Betriebsratsmitglieds aus dem Betriebsrat oder dessen Auflösung nach § 23 Abs. 1 BetrVG in Betracht. Aus § 79 Abs. 1 S. 1 BetrVG folgt ferner ein im Beschlussverfahren durchzusetzender Unterlassungsanspruch gegenüber Betriebsrat und seinen Mitgliedern (*BAG* 26.2.1987 EzA § 79 BetrVG Nr. 1).

856 § 79 BetrVG ist Schutzgesetz zu Gunsten des Arbeitgebers i. S. d. § 823 Abs. 2 BGB. Die unbefugte Offenbarung oder Verwertung eines Geheimnisses ist zugleich eine Verletzung von Pflichten aus dem Arbeitsverhältnis und kann daher eine Kündigung aus wichtigem Grund gem. § 15 KSchG, § 626 BGB rechtfertigen (GK-BetrVG/*Oetker* § 79 Rn. 47). Die vorsätzliche Verletzung der Geheimhaltungspflicht ist nach § 120 Abs. 1, 3, 4 BetrVG auf Antrag als Straftat verfolgbar.

#### gg) Weitere Verschwiegenheitspflichten

857 Neben § 79 BetrVG gibt es zum Schutz von Geheimnissen, die zum persönlichen Lebensbereich eines Arbeitnehmers gehören, spezielle betriebsverfassungsrechtliche Schweigepflichten, insbes. im Bereich personeller Angelegenheiten (vgl. § 99 Abs. 1 S. 3, § 102 Abs. 2 S. 5 BetrVG) und im Zusammenhang mit der Hinzuziehung bei der Erläuterung des Arbeitsentgelts oder bei Einsichtnahme in die Personalakte (§ 82 Abs. 2, § 83 Abs. 1 BetrVG). Auch die Verletzung dieser Verschwiegenheitspflichten ist als Antragsdelikt strafbewährt, § 120 Abs. 2, Abs. 5 BetrVG.

858 Darüber hinaus besteht auch eine allgemeine arbeitsvertragliche Schweigepflicht (s. Kap. 3 Rdn. 450 ff.). Diese besteht gegenüber jedermann und bezieht sich inhaltlich auf alle Geheimnisse und vertraulichen Angelegenheiten, also auch auf solche, die nicht Betriebs- und Geschäftsgeheimnisse sind (vgl. *BAG* 15.12.1987 EzA § 611 BGB Betriebsgeheimnis Nr. 1; 16.3.1982 EzA § 242 BGB Nachvertragliche Treuepflicht Nr. 1). Auf welche Weise Kenntnis erlangt wurde, ist unerheblich, auch eine ausdrückliche Anordnung von vertraulicher Behandlung ist nicht erforderlich (GK-BetrVG/*Oetker* § 79 Rn. 55). Betriebs- und Geschäftsgeheimnisse unterliegen dem besonderen strafrechtlichen Schutz nach §§ 17 ff. UWG, ergänzt durch die Schadensersatzpflicht nach § 19 UWG. Eine Schadensersatzpflicht kann insoweit ferner aus § 823 Abs. 1 BGB unter dem Gesichtspunkte des Eingriffs in den eingerichteten ausgeübten Gewerbebetrieb resultieren (GK-BetrVG/*Oetker* § 79 Rn. 56). Ein besonderes Datengeheimnis besteht für Personen, die bei der Datenverarbeitung beschäftigt werden. Die unbefugte Verarbeitung oder Nutzung personenbezogener Daten ist untersagt und mit Strafe bedroht, §§ 5, 43 BDSG. Die speziellen betriebsverfassungsrechtlichen Geheimhaltungspflichten gehen der Regelung des § 5 BDSG vor (GK-BetrVG/*Oetker* § 79 Rn. 60).

859 Eine allgemeine Schweigepflicht der Betriebsratsmitglieder über Interna des Betriebsrates ist gesetzlich nicht vorgesehen und ergibt sich auch nicht aus dem Grundsatz der Nichtöffentlichkeit der Be-

triebsratssitzungen (*BAG* 5.9.1967 AP Nr. 8 zu § 23 BetrVG). Allerdings darf durch die Weitergabe von Informationen die Funktionsfähigkeit des Betriebsrates nicht ersichtlich gefährdet werden, da hierin ein Verstoß gegen Amtspflichten i. S. d. § 23 BetrVG liegt (*BAG* 21.2.1978 AP Nr. 1 zu § 74 BetrVG 1972; GK-BetrVG/*Oetker* § 79 Rn. 53).

## V. Kosten und Sachaufwand des Betriebsrates, § 40 BetrVG

Kosten und Sachaufwand des Betriebsrats trägt im Rahmen der Erforderlichkeit der Arbeitgeber. Dies gilt auch dann, wenn die Betriebsratswahl nichtig ist, der Nichtigkeitsgrund aber nicht offenkundig ist (*BAG* 29.4.1998 EzA § 40 BetrVG 1972 Nr. 82). 860

### 1. Kosten

Durch die Tätigkeit des Betriebsrates entstehen zwangsläufig Kosten, die nicht durch die Erhebung und Leistung von Beiträgen der Arbeitnehmer und Dritter für Zwecke des Betriebsrates ausgeglichen werden können (sog. Umlageverbot, § 41 BetrVG). Gem. § 40 Abs. 1 BetrVG trägt die Kosten vielmehr der Arbeitgeber. Von § 40 BetrVG werden die tatsächlich entstandenen erforderlichen und verhältnismäßigen Kosten erfasst, die nicht durch § 37 Abs. 2, 6, 7 BetrVG abgedeckt sind. Kosten in diesem Sinne sind die durch die Tätigkeit des Betriebsrates und seiner Ausschüsse, insbes. die ordnungsgemäß laufende Geschäftsführung des Betriebsrates oder die amtliche Tätigkeit einzelner Betriebsratsmitglieder entstandenen Kosten, sofern sie objektiv der Durchführung von Aufgaben des Betriebsrats dienen. Die Kostentragungspflicht des Arbeitgebers besteht auch für einen Betriebsrat, dessen Wahl angefochten ist (GK-BetrVG/*Weber* § 40 Rn. 7). Im Falle der Nichtigkeit der Wahl besteht sie dann, wenn die Nichtigkeit der Wahl für die handelnden Scheinbetriebsratsmitglieder nicht offenkundig war (GK-BetrVG/*Weber* § 40 Rn. 7). So besteht z. B. bei einer wegen Verkennung des Geltungsbereichs des BetrVG nichtigen Betriebsratswahl gleichwohl ein Anspruch des nichtig gewählten Betriebsratsmitglieds auf Erstattung tatsächlicher Aufwendungen nach betriebsverfassungsrechtlichen Grundsätzen, wenn die Nichtgeltung des BetrVG nicht offenkundig ist (*BAG* 29.4.1998 EzA § 40 BetrVG 1972 Nr. 82). Ebenso sind die Kosten eines Betriebsrates, der nach Stilllegung des Betriebes ein Restmandat wahrnimmt, vom Arbeitgeber zu tragen (*LAG Hamm* 5.1.1979 EzA § 40 BetrVG 1972 Nr. 42). 861

#### a) Erforderlichkeit

Erforderlich sind alle Kosten, die im Zeitpunkt der Verursachung bei gewissenhafter Abwägung aller Umstände unter Berücksichtigung des Grundsatzes der vertrauensvollen Zusammenarbeit (§ 2 Abs. 1 BetrVG) und damit auch der betrieblichen Belange für erforderlich gehalten werden durften, wobei es nicht auf die subjektive Einschätzung des einzelnen Betriebsrates, sondern auf das Urteil eines vernünftigen Dritten ankommt (GK-BetrVG/*Weber* § 40 Rn. 11). Dem Betriebsrat steht allerdings ein gewisser Beurteilungsspielraum zu (*BAG* 3.10.1978 EzA § 40 BetrVG 1972 Nr. 37). 862

Die Entscheidung des Betriebsrats über die Erforderlichkeit des verlangten Sachmittels unterliegt der arbeitsgerichtlichen Kontrolle. Diese ist auf die Prüfung beschränkt, ob das verlangte Sachmittel aufgrund der konkreten betrieblichen Situation der Erledigung der gesetzlichen Aufgaben des Betriebsrats dient und der Betriebsrat bei seiner Entscheidung nicht nur die Interessen der Belegschaft berücksichtigt, sondern auch berechtigten Belangen des Arbeitgebers Rechnung getragen hat. Dient das jeweilige Sachmittel der Erledigung betriebsverfassungsrechtlicher Aufgaben und hält sich die Interessenabwägung des Betriebsrats im Rahmen seines Beurteilungsspielraums, kann das Gericht die Entscheidung des Betriebsrats nicht durch seine eigene ersetzen (*BAG* 14.7.2010 EzA § 40 BetrVG 2001 Nr. 21).

Bei außergewöhnlichen Aufwendungen und Kosten ist eine vorherige Information des Arbeitgebers und Beratung mit ihm geboten (*BAG* 18.4.1967 EzA § 39 BetrVG 1952 Nr. 1; *LAG Frankf./M.* 863

Wildschütz

26.11.1987 NZA 1988, 441). Die Unterlassung dieser Verpflichtung führt aber nicht zum Wegfall des Anspruches auf Kostenerstattung, wenn im Übrigen dessen Voraussetzungen gegeben sind.

### aa) Einzelne Kosten

#### (1) Kosten aus der Tätigkeit des Betriebsrates

864 Kosten aus der Tätigkeit des Betriebsrates sind z. B. die Kosten für die Anfertigung der Sitzungsniederschrift, in Betrieben mit ausländischen Arbeitnehmern gegebenenfalls auch Übersetzungskosten (*LAG Düsseld./Köln* 30.1.1981 DB 1981, 1093). Inwieweit der Arbeitgeber Kosten für ein vom Betriebsrat herausgegebenes Mitteilungsblatt zu tragen hat, richtet sich nach den konkreten Verhältnissen des einzelnen Betriebes. Abzuwägen sind die Dringlichkeit der Unterrichtung vor der nächsten ordentlichen Betriebsversammlung und die etwaige Unzulänglichkeit anderer Informationsmittel einerseits sowie die Kostenbelastung für den Arbeitgeber andererseits (*BAG* 21.11.1978 EzA § 40 BetrVG 1972 Nr. 40). Allein daraus, dass der Arbeitgeber seine Arbeitnehmer durch ein elektronisches Kommunikationssystem unter Benutzung eines sonst gesperrten Schlüssels »an Alle« informiert, folgt nicht, dass dem Betriebsrat dasselbe Informationssystem mit demselben Schlüssel uneingeschränkt zur Verfügung gestellt werden müsste (*BAG* 17.2.1993 EzA § 40 BetrVG 1972 Nr. 69). Kosten aus der Tätigkeit des Betriebsrats sind auch die Kosten für Vorbereitungsmaßnahmen zur Bildung des besonderen Verhandlungsgremiums nach dem EBRG (DKK/*Klebe* § 16 EBRG Rn. 1; s. Rdn. 2531 ff. zu § 16 EBRG).

#### (2) Kosten aus der Tätigkeit der Betriebsratsmitglieder

865 Zu den Kosten für die Tätigkeit einzelner Betriebsratsmitglieder gehören vor allem Reisekosten (Fahrt, Unterkunft, Verpflegung) für das notwendige Aufsuchen auswärtiger Betriebe, Betriebsteile oder die Teilnahme an Sitzungen des Gesamt-, Konzernbetriebsrats oder des Wirtschaftsausschusses, nicht aber Reisekosten vom auswärtigen Schulungsort zum Betrieb zur Teilnahme an einer Betriebsratssitzung (*BAG* 24.6.1969 EzA § 39 BetrVG 1952 Nr. 3) oder die Fahrten eines freigestellten Betriebsratsmitglieds für regelmäßige Fahrten zwischen Wohnung und Betrieb (*BAG* 13.6.2007 EzA § 40 BetrVG 2001 Nr. 13; 28.8.1991 EzA § 40 BetrVG 1972 Nr. 66). Zur Erstattung von Fahrtkosten zwischen Wohnung und Betrieb ist der Arbeitgeber nur verpflichtet, wenn das Betriebsratsmitglied den Betrieb ausschließlich wegen der Wahrnehmung erforderlicher betriebsverfassungsrechtlicher Aufgaben, wie z. B. wegen der Teilnahme an einer Betriebratssitzung außerhalb der persönlichen Arbeitszeit, aufsucht (*BAG* 16.1.2008 EzA § 40 BetrVG 2001 Nr. 14). Bei einer gemeinsamen Reise mehrerer Betriebsratsmitglieder können diese auf die Mitfahrmöglichkeit im PKW eines anderen Betriebsratsmitgliedes verwiesen werden, es sei denn, die Mitfahrt erscheint unzumutbar (*BAG* 28.10.1992 ArbuR 1993, 120; *LAG Hamm* 13.11.1991 LAGE § 40 BetrVG 1972 Nr. 32). Besteht im Betrieb eine für die Arbeitnehmer verbindliche Reisekostenregelung, gilt dies grds. auch für Reisen von Betriebsratsmitgliedern im Rahmen ihrer Betriebsratstätigkeit (*BAG* 23.6.1975 EzA § 40 BetrVG 1972 Nr. 21). Erforderliche höhere Kosten, die vom Betriebsratsmitglied nicht beeinflussbar sind, sind aber ebenfalls zu erstatten (*BAG* 7.6.1984 EzA § 40 BetrVG 1972 Nr. 57). Ein Ersatz von Unfallschäden am eigenen PKW des Betriebsratsmitgliedes kommt in Betracht, wenn der Arbeitgeber die Benutzung ausdrücklich gewünscht oder diese zur Wahrnehmung gesetzlicher Aufgaben erforderlich war (vgl. *BAG* 3.3.1983 EzA § 20 BetrVG 1972 Nr. 12). Die Erstattung grenzüberschreitender Reisekosten kommt in Betracht, wenn der Arbeitgeber grenzüberschreitend ein mitbestimmungspflichtiges EDV-System einführen will und der zuständige Gesamtbetriebsrat daher mit betroffenen ausländischen Betriebsvertretungen Kontakt aufnehmen und sich mit diesen treffen will (*ArbG München* 29.8.1991 DB 1991, 2295). Zu ersetzen sind ferner Aufwendungen für Ferngespräche, Briefporto oder Aufwendungen zur Wiederherstellung der Gesundheit oder von Sachen, soweit die Schäden in Ausübung der Betriebsratstätigkeit entstanden sind. Bei Personenschäden ist der Haftungsausschluss der §§ 104 ff. SGB VII zu beachten (GK-BetrVG/*Weber* § 40 Rn. 80; s. Kap. 3 Rdn. 2894 f.). Ein alleinerziehendes Betriebsratsmitglied kann vom Arbeitgeber in angemessener Höhe die Erstattung der Kosten verlangen, die ihm durch die erforder-

liche Fremdbetreuung seines minderjährigen Kindes während einer mehrtägigen auswärtigen Betriebsratstätigkeit entstehen, jedoch nicht für die Zeiten, in denen das Betriebsratsmitglied ohne die Erfüllung von Betriebsratsaufgaben zur Arbeitsleistung verpflichtet wäre oder in denen der Arbeitgeber vom Betriebsratsmitglied berechtigterweise Mehrarbeit verlangen könnte (*BAG* 23.6.2010 – 7 ABR 103/08, FA 2011, 59 LS).

### (3) Kosten von Rechts- und Regelungsstreitigkeiten

Erstattungspflichtig sind auch erforderliche und verhältnismäßige Kosten von Rechtsstreitigkeiten, die der Betriebsrat in amtlicher Eigenschaft in betriebsverfassungsrechtlichen Angelegenheiten führt sowie die Kosten für Rechtsstreitigkeiten des einzelnen Betriebsratsmitglieds aus ihrer amtlichen Tätigkeit (*BAG* 14.10.1982 EzA § 40 BetrVG 1972 Nr. 52; 19.4.1989 EzA § 40 BetrVG 1972 Nr. 62; 31.1.1990 EzA § 40 BetrVG 1972 Nr. 64). Zur Tätigkeit des Betriebsrates gehört insoweit nämlich auch die Wahrnehmung seiner Rechte und die seiner Mitglieder gegenüber dem Arbeitgeber sowie allgemein die Befugnis zur Klärung betriebsverfassungsrechtlicher Streitfragen (*BAG* 3.10.1978 EzA § 40 BetrVG 1972 Nr. 37). Nicht erstattungsfähig sind Kosten des Rechtsstreites eines Betriebsratsmitgliedes, in welchem dieses individualrechtliche Ansprüche, wie z. B. den Anspruch auf Lohnfortzahlung wegen betriebsratsbedingter Arbeitsversäumnis geltend macht (*BAG* 14.10.1982 EzA § 40 BetrVG 1972 Nr. 52). Unerheblich ist der Ausgang des Verfahrens (GK-BetrVG/*Weber* § 40 Rn. 85). Kosten der Rechtsverfolgung sind dann nicht erforderlich, wenn das Verfahren ohne hinreichenden Anlass eingeleitet und ohne Aussicht auf Erfolg mutwillig durchgeführt wird oder der Grundsatz der Verhältnismäßigkeit missachtet ist. Bei der Beurteilung der Erforderlichkeit hat der Betriebsrat die Maßstäbe einzuhalten, die er gegebenenfalls anwenden würde, wenn er selbst bzw. seine Mitglieder die Kosten zu tragen hätten (*BAG* 28.8.1991 EzA § 113 BetrVG 1972 Nr. 21). Die Pflicht des Betriebsrats, das Interesse des Arbeitgebers an der Begrenzung der Kostentragungspflicht zu beachten, kann dazu führen, dass der Betriebsrat bei der Einleitung eines Beschlussverfahrens anstelle von mehreren Einzelverfahren die Durchführung eines Gruppenverfahrens in Betracht ziehen muss (*BAG* 29.7.2009 EzA § 40 BetrVG 2001 Nr. 15). Nicht erforderlich sind auch die Kosten eines Beschlussverfahrens, das erst so spät bei Gericht eingeleitet wird, dass ein sachgerechter Beschluss schon aus Zeitgründen nicht mehr getroffen werden kann (*LAG Frankf./M.* 15.10.1992 DB 1993, 1096). Strittig ist die Erforderlichkeit der Kosten eines Rechtsstreites über vom BAG bereits entschiedene Rechtsfragen (keine Erforderlichkeit: *LAG Hamm* 4.12.1985 DB 1986, 88; GK-BetrVG/*Weber* § 40 Rn. 86; a. A. DKK/*Wedde* § 40 Rn. 25).

**866**

Kosten für die Hinzuziehung eines Rechtsanwaltes, den der Betriebsrat auf Grund ordnungsgemäßen Beschlusses, der für jede Instanz gesondert zu erfolgen hat (*BAG* 17.8.2005 EzA § 40 BetrVG 2001 Nr. 10; 18.1.2006 – 7 ABR 25/05; *LAG Bln.* 26.1.1987 NZA 1987, 645; *LAG SchlH* 19.4.1983 DB 1984, 533), beauftragt hat, sind auch dann, wenn die Hinzuziehung eines Rechtsanwaltes vom Gesetz – z. B. im erstinstanzlichen arbeitsgerichtlichen Verfahren – nicht zwingend vorgeschrieben ist, zu erstatten, wenn der Betriebsrat sie nach pflichtgemäßer, verständiger Würdigung aller Umstände für erforderlich halten durfte, die Rechtsverfolgung insbes. nicht aussichtslos erscheint und nicht rechtsmissbräuchlich erfolgt (*BAG* 17.8.2005 EzA § 40 BetrVG 2001 Nr. 10; 19.3.2003 EzA § 40 BetrVG 2001 Nr. 3; 19.4.1989 EzA § 40 BetrVG 1972 Nr. 62). Ebenfalls ist ein ordnungsgemäßer Beschluss des Betriebsrats zur Durchführung des arbeitsgerichtlichen Beschlussverfahrens überhaupt erforderlich. Der Arbeitgeber kann dies im Beschlussverfahren zunächst mit Nichtwissen bestreiten. Ob ein ordnungsgemäßer Beschluss vorliegt ist dann ggf. im Wege der gerichtlichen Aufklärungspflicht zu klären (*BAG* 19.1.2005 – 7 ABR 24/04, n. v.).

**867**

Nach anderer, strengerer Auffassung (so noch *BAG* 26.11.1974 EzA § 20 BetrVG 1972; HSWGNR/*Glock* § 40 Rn. 22) ist maßgebend, dass die Rechtsverfolgung wegen der Sach- und Rechtslage für den Betriebsrat Schwierigkeiten aufweist. Maßgeblich für die Beurteilung der Frage der Erforderlichkeit ist der Zeitpunkt der Beschlussfassung des Betriebsrats (*BAG* 19.4.1989 EzA § 40 BetrVG 1972 Nr. 62). Nach der Rechtsprechung des Bundesarbeitsgerichts (*BAG* 3.10.1978 EzA § 40 BetrVG

**868**

1972 Nr. 37; 4.12.1979 EzA § 40 BetrVG 1972 Nr. 47; einschränkender noch *BAG* 26.11.1974 EzA § 20 BetrVG 1972 Nr. 7) braucht der Betriebsrat die Möglichkeit gewerkschaftlichen Rechtsschutzes im Interesse der Kostenverringerung nicht in Anspruch zu nehmen (a. A. GK-BetrVG/*Weber* § 40 Rn. 105; HSWGNR/*Glock* § 40 Rn. 24). In einem Ausschlussverfahren nach § 23 Abs. 1 BetrVG kann das betroffene Betriebsratsmitglied bei vernünftiger Betrachtung die Hinzuziehung eines Rechtsanwaltes dann nicht für erforderlich halten, wenn es das ihm vorgeworfene Verhalten nicht ernsthaft bestreiten kann und die rechtliche Würdigung dieses Verhaltens unzweifelhaft eine zum Ausschluss aus dem Betriebsrat führende grobe Pflichtverletzung i. S. d. § 23 Abs. 1 BetrVG ergibt (*BAG* 19.4.1989 EzA § 40 BetrVG 1972 Nr. 62). Liegen die Voraussetzungen der Erstattung von Rechtsanwaltskosten vor, ist der Betriebsrat gleichwohl nicht berechtigt, dem beauftragten Rechtsanwalt eine atypisch hohe Honorarzusage zu erteilen. Nicht erstattet werden müssen Fahrtkosten des Rechtsanwaltes für auswärtige Terminwahrnehmungen, wenn er keine besondere, über das normale Maß hinausgehende Sachkompetenz in den für den Rechtsstreit maßgeblichen Rechtsfragen hat und am Gerichtsort sachkundige Anwaltsbüros ansässig sind (*BAG* 16.10.1986 AP Nr. 31 zu § 40 BetrVG 1972). Grds. kann nur Honorar nach Maßgabe des RVG zugesagt werden (*BAG* 20.10.1999 EzA § 40 BetrVG 1972 Nr. 89). Die Zusage eines darüber hinausgehenden Honorars bedarf der vorherigen Vereinbarung mit dem Arbeitgeber (*LAG Frankf./M.* 26.11.1987 NZA 1988, 441; 13.8.1987 DB 1988, 971). Beauftragt der Betriebsrat einen Rechtsanwalt mit der Wahrnehmung seiner Interessen in einem Einigungsstellenverfahren, sind die Kosten zu erstatten, wenn der Regelungsgegenstand der Einigungsstelle schwierige Rechtsfragen aufwirft, die zwischen den Betriebspartnern umstritten sind und kein Betriebsratsmitglied über den zur sachgerechten Interessenwahrnehmung notwendigen juristischen Sachverstand verfügt (*BAG* 21.6.1989 EzA § 40 BetrVG 1972 Nr. 61). Nimmt der Insolvenzverwalter ein vom Arbeitgeber eingeleitetes, in erster Instanz anhängiges, durch die Eröffnung des Insolvenzverfahrens über das Vermögen des Arbeitgebers nach § 240 ZPO unterbrochenes arbeitsgerichtliches Beschlussverfahren auf und führt dieses fort, sind die dem Betriebsrat entstandenen, nach § 40 Abs. 1 BetrVG vom Arbeitgeber zu tragenden Rechtsanwaltskosten Masseverbindlichkeiten nach § 55 Abs. 1 Nr. 1 InsO. Das gilt auch für Rechtsanwaltsgebühren, die bereits vor Eröffnung des Insolvenzverfahrens entstanden sind (*BAG* 17.8.2005 EzA § 40 BetrVG 2001 Nr. 10).

**869** Nach Auffassung des *LAG RhPf* (4.5.1990 NZA 1991, 32) ist der Betriebsrat unter den Voraussetzungen des § 116 Nr. 2 ZPO prozesskostenhilfeberechtigt, wenn bei gegebener hinreichender Erfolgsaussicht der Arbeitgeber nicht in der Lage wäre, gem. § 40 Abs. 1 BetrVG die Prozesskosten aufzubringen.

**870** Wird ein Rechtsanwalt nicht im Rahmen eines gerichtlichen Verfahrens, sondern zur sonstigen Beratung des Betriebsrates, etwa über eine vom Arbeitgeber vorgeschlagene Betriebsvereinbarung hinzugezogen, wird er als Sachverständiger tätig, sodass sich die Frage der Kostentragungspflicht nach §§ 40 Abs. 1, 80 Abs. 3 BetrVG bemisst. Neben der Erforderlichkeit der Hinzuziehung ist also weitere Voraussetzung, dass es i. S. d. § 80 Abs. 3 BetrVG zuvor zu einer näheren Vereinbarung mit dem Arbeitgeber oder deren Ersetzung durch Entscheidung des Arbeitsgerichts gekommen ist (s. Rdn. 1599 ff.; *BAG* 25.4.1978 EzA § 80 BetrVG 1972 Nr. 15).

**871** Auch für die Hinzuziehung sonstiger Sachverständiger ist Rechtsgrundlage allein § 80 Abs. 3 S. 1 BetrVG (*BAG* 26.2.1992 EzA § 80 BetrVG 1972 Nr. 40).

### bb) Schulungs- und Bildungsveranstaltungen

**872** Vgl. dazu zunächst Rdn. 776 ff., insbes. auch zur Erforderlichkeit einzelner Veranstaltungen.

**873** Der Arbeitgeber hat auch die Kosten (Fahrt, Unterkunft, Verpflegung) für die Teilnahme an Schulungs- und Bildungsveranstaltungen gem. § 37 Abs. 6 BetrVG zu tragen, soweit sie erforderlich sind (*BAG* 7.6.1984 EzA § 40 BetrVG 1972 Nr. 57; zum Begriff der Erforderlichkeit s. Rdn. 777 ff.).

## B. Der Betriebsrat	Kapitel 13

Ein Anspruch auf Kostenerstattung setzt stets einen wirksamen Entsendebeschluss des Betriebsrats vor Beginn der Veranstaltung voraus. Ein Beschluss des Betriebsrats, der erst nach dem Besuch der Veranstaltung gefasst wird und in dem die Teilnahme des Betriebsratsmitglieds gebilligt wird, begründet keinen Anspruch des Betriebsrats auf Kostentragung nach § 40 BetrVG (*BAG* 8.3.2000 EzA § 40 BetrVG 1972 Nr. 90; a. A. etwa *Reitze* NZA 2002, 492, 493). 874

Bei Schulungs- und Bildungsveranstaltungen nach § 37 Abs. 7 BetrVG besteht grds. keine Kostentragungspflicht des Arbeitgebers, es sei denn, die Veranstaltung vermittelt zugleich für die Betriebsratsarbeit erforderliche Kenntnisse i. S. d. § 37 Abs. 6 BetrVG (*BAG* 21.7.1978 AP Nr. 4 zu § 38 BetrVG 1972; GK-BetrVG/*Weber* § 40 Rn. 74). 875

Bei gewerkschaftlichen Veranstaltungen ist es unzulässig, dass die Gewerkschaft aus der Veranstaltung einen finanziellen Gewinn erwirtschaftet (*BAG* 28.6.1995 EzA § 40 BetrVG 1972 Nr. 74). Dies gilt auch dann, wenn die Veranstaltung von einem gemeinnützigen Verein durchgeführt wird, wenn der Vereinsvorstand von der Gewerkschaft gestellt wird und diese über ihn Inhalt, Durchführung und Finanzierung solcher Veranstaltungen maßgebend bestimmt (*BAG* 28.6.1995 EzA § 40 BetrVG 1972 Nr. 75). Erfasst sind bei Gewerkschaftsveranstaltungen daher nur klar abgrenzbare Teilnehmergebühren, die dem Veranstalter durch die konkrete Veranstaltung entstanden sind, nicht dagegen die Vorhaltekosten einer Schulungsstätte, weil die Einrichtung in erster Linie den eigenen Interessen der Koalition dient (*BAG* 3.4.1979 EzA § 40 BetrVG 1972 Nr. 44; 15.1.1992 EzA § 40 BetrVG 1972 Nr. 68). Honoraraufwendungen für eigene Referenten oder die des DGB können deshalb nur dann anteilig auf die Schulungsteilnehmer umgelegt werden, wenn eine entsprechende Lehrtätigkeit weder zu den Haupt- noch zu den Nebenpflichten des Referenten aus dessen Arbeitsverhältnis gehört (*BAG* 3.4.1979 EzA § 40 BetrVG 1972 Nr. 44). Das Fehlen eines Gewinns ergibt sich nicht schon daraus, dass der für die Unterbringung in Rechnung gestellte Tagessatz den steuerlichen Pauschalbeträgen entspricht. Jedenfalls wenn die Gewerkschaft den ihr abgetretenen Kostenerstattungsanspruch geltend macht, hat sie ihre erstattungsfähigen Kosten im Einzelnen anzugeben (*BAG* 15.1.1992 EzA § 40 BetrVG 1972 Nr. 68). 876

Soweit in einer Schulungs- und Bildungsveranstaltung nur teilweise erforderliche Kenntnisse vermittelt werden, so sind bei Teilbarkeit der Veranstaltung nur die auf den erforderlichen Teil entfallenden Kosten zu zahlen (GK-BetrVG/*Weber* § 40 Rn. 57). Überwiegt die nicht erforderliche Themenbehandlung, so entfällt der Anspruch insgesamt (*BAG* 28.5.1976 EzA § 37 BetrVG 1972 Nr. 49). 877

Bei mehreren qualitativ gleichwertigen Veranstaltungen ist der Betriebsrat im Rahmen seines Beurteilungsspielraums nach pflichtgemäßem Ermessen nicht verpflichtet, die Maßnahme auszuwählen, die für den Arbeitgeber mit den geringsten Kosten verbunden ist (*BAG* 28.6.1995 EzA § 40 BetrVG 1972 Nr. 74; a. A. etwa GK-BetrVG/*Weber* § 40 Rn. 58). Die Kosten einer teureren Veranstaltung hat der Arbeitgeber jedenfalls dann zu tragen, wenn diese qualitativ besser ist und die dadurch bedingten höheren Kosten verhältnismäßig sind (*BAG* 15.5.1986 EzA § 37 BetrVG 1972 Nr. 85). Der Betriebsrat ist aber nicht gehalten, an Hand einer umfassenden Marktanalyse den günstigsten Anbieter zu ermitteln. Bei vergleichbaren Seminarinhalten kann er seine Auswahlentscheidung auch von dem Veranstalter selbst abhängig machen und beispielsweise dabei berücksichtigen, dass gewerkschaftliche oder gewerkschaftsnahe Anbieter eine an den praktischen Bedürfnissen der Betriebsratsarbeit ausgerichtete Wissensvermittlung erwarten lassen (*BAG* 28.6.1995 EzA § 40 BetrVG 1972 Nr. 74). Entsprechendes gilt auch für die Wahl des Ortes der Schulungsveranstaltung, sodass Reisekosten zu einer weiter entfernt liegenden Schulungsstätte jedenfalls dann zu erstatten sind, wenn diese Schulung eine effektivere Ausbildung ermöglicht (DKK/*Wedde* § 40 Rn. 61). 878

Erstattungsfähig sind neben Reise- und Unterbringungskosten auch Verpflegungskosten. Unter dem Gesichtspunkt ersparter Eigenaufwendungen kann der Arbeitgeber ein Fünftel der tatsächlichen Verpflegungsaufwendungen in Abzug bringen (*BAG* 28.6.1995 EzA § 40 BetrVG 1972 Nr. 74). 879

### b) Art der Kostentragung

880 Aus Rechtsgeschäften des Betriebsrates wird der Arbeitgeber mangels Vertretungsmacht des Betriebsrates für den Arbeitgeber nicht unmittelbar verpflichtet. Durch § 40 BetrVG wird vielmehr ein gesetzliches Schuldverhältnis begründet, aus dem sich unmittelbar Ansprüche des Betriebsrates oder der Betriebsratmitglieder auf Leistungen des Arbeitgebers ergeben (GK-BetrVG/*Weber* § 40 Rn. 16). Soweit Verpflichtungen eingegangen wurden, besteht ein Freistellungsanspruch gegen den Arbeitgeber, der auf Befreiung von der Verbindlichkeit gerichtet ist (*BAG* 17.8.2005 EzA § 40 BetrVG 2001 Nr. 10; 19.4.1989 EzA § 40 BetrVG 1972 Nr. 62). Er steht dem Betriebsrat, aus abgeleitetem Recht aber auch dem Betriebsratmitglied zu, das die Verbindlichkeit eingegangen ist (*BAG* 21.11.1978 EzA § 37 BetrVG 1972 Nr. 62).

881 Ist die Forderung des Dritten durch ein Betriebsratsmitglied erfüllt worden, so verwandelt sich der Freistellungs- in einen Zahlungsanspruch gegen den Arbeitgeber, der bei Verzug oder nach Eintritt der Rechtshängigkeit zu verzinsen ist (*BAG* 18.1.1989 EzA § 40 BetrVG 1972 Nr. 60). Der Betriebsrat bzw. das einzelne Mitglied kann für voraussichtliche Aufwendungen einen angemessenen Vorschuss verlangen. Insoweit kann auch ein Dispositionsfonds eingerichtet werden, im Hinblick auf das Begünstigungsverbot (§§ 37 Abs. 1, 78 S. 2 BetrVG) jedoch nur in angemessener Höhe und bei regelmäßiger Abrechnung in angemessenen Zeitabständen (GK-BetrVG/*Weber* § 40 Rn. 24). Wird von mehreren Arbeitgebern ein gemeinsamer Betrieb geführt, so tragen sie die Kosten gem. § 421 BGB als Gesamtschuldner (*BAG* 19.4.1989 EzA § 40 BetrVG 1972 Nr. 62).

882 In der Insolvenz sind Kostenerstattungsansprüche aus § 40 BetrVG grds. einfache Insolvenzforderungen, es sei denn, es geht um Aufwendungsersatz für Betriebsratstätigkeit nach Insolvenzeröffnung. Im Konkurs des Arbeitgebers sind Kostenerstattungsansprüche aus § 40 Abs. 1 BetrVG keine Masseschulden, sofern es sich nicht um Rückstände für die letzten sechs Monate handelt (*BAG* 14.11.1978 EzA § 40 BetrVG 1972 Nr. 39) oder es um Aufwendungsersatz für Betriebsratstätigkeit nach Konkurseröffnung geht (*LAG Hamm* 5.1.1979 EzA § 40 BetrVG 1972 Nr. 42). Als nicht bevorrechtigte Konkursforderungen nehmen sie am gerichtlichen Vergleichsverfahren teil. Der Betriebsrat ist insoweit Vergleichsgläubiger, § 25 VglO (*BAG* 16.10.1986 AP Nr. 26 zu § 40 BetrVG 1972).

### c) Nachweis und Durchsetzung der Kosten, Kostenpauschale

883 Die entstandenen Kosten sind im Einzelnen nachzuweisen. Dies gilt auch für die erstattungsfähigen Kosten bei Teilnahme an einer Schulungsveranstaltung, wobei der Veranstalter dem teilnehmenden Betriebsratsmitglied gegenüber verpflichtet ist, die zur Aufschlüsselung der Kosten notwendigen Angaben zu machen (*BAG* 28.6.1995 EzA § 40 BetrVG 1972 Nr. 74).

884 Bei gewerkschaftlichen Schulungsveranstaltungen darf es nicht zu einer Gegnerfinanzierung durch den Arbeitgeber kommen. Es gelten insoweit koalitionsrechtliche Besonderheiten. Es ist deshalb nachzuweisen, dass die Berechnung pauschaler Schulungsgebühren exakt anhand von Einzelpositionen dargelegt wird, um überprüfen zu können, dass die enthaltenen Einzelposten auf der Durchführung der Veranstaltung beruhen. Ist der Schulungsbereich nach § 37 Abs. 6 BetrVG dabei von den übrigen Seminarveranstaltungen organisatorisch, personell und finanziell getrennt, ist auch eine Darlegung der Kosten auf Grund einer Mischkalkulation zulässig, indem die Kosten aller betriebsverfassungsrechtlichen Seminare gemeinsam ermittelt und anteilig den einzelnen Schulungsveranstaltungen zugeordnet werden (*BAG* 28.6.1995 EzA § 40 BetrVG 1972 Nr. 74). Voraussetzung der Aufschlüsselungspflicht unter dem Gesichtspunkt gewerkschaftlicher Schulungsveranstaltungen ist aber, dass tatsächlich hinreichend gesicherte satzungsmäßige oder personelle Möglichkeiten gewerkschaftlicher Einflussnahme bei der Verwendung der eingenommenen Beträge bestehen (*BAG* 17.6.1998 EzA § 40 BetrVG 1972 Nr. 83). Besteht eine Aufschlüsselungspflicht, kann diese auch durch Vorlage eines Gutachtens einer unabhängigen Wirtschaftsprüfungsgesellschaft, welches die schulungsbedingt angefallenen Selbstkosten des Schulungsträgers nach anerkannten kaufmännischen Grundsätzen ermittelt und testiert, erfüllt werden. Der Arbeitgeber kann zur Prüfung seiner

## B. Der Betriebsrat

Kostentragungspflicht nur solche Auskünfte verlangen, die zur Nachprüfung der Angaben des Veranstalters geeignet und erforderlich sind (*BAG* 17.6.1998 EzA § 40 BetrVG 1972 Nr. 84). Beschränkt sich ein in der Rechtsform des gemeinnützigen Vereins geführter gewerkschaftlicher Schulungsveranstalter auf die Durchführung betriebsverfassungsrechtlicher Schulungen, kommt eine Aufschlüsselungspflicht pauschaler Schulungsgebühren erst bei Vorliegen konkreter Anhaltspunkte für eine Gegnerfinanzierung in Betracht (*BAG* 17.6.1998 EzA § 40 BetrVG 1972 Nr. 85).

Möglich ist die Regulierung von Kosten in Anwendung einer Kostenpauschale, wenn sie nicht zu einer unzulässigen versteckten Vergütung der Betriebsratsmitglieder führt. Die Kostenpauschale muss sich daher im Rahmen der üblichen regelmäßig wiederkehrenden Aufwendungen halten (GK-BetrVG/*Weber* § 40 Rn. 21; DKK/*Wedde* § 40 Rn. 11). 885

Die Ansprüche des Betriebsrates oder auch des einzelnen Betriebsratsmitglieds sind im arbeitsgerichtlichen Beschlussverfahren durchzusetzen (*BAG* 18.1.1989 EzA § 40 BetrVG 1972 Nr. 60). Der Betriebsrat ist befugt, Kostenfreistellungs- und Auslagenerstattungsansprüche seiner Mitglieder im eigenen Namen geltend zu machen, kann aber nur die Erstattung an das jeweilige Betriebsratsmitglied verlangen (*BAG* 15.1.1992 EzA § 40 BetrVG 1972 Nr. 68). 886

### d) Abtretbarkeit, Verjährung

Der Kostenerstattungsanspruch ist wie ein gewöhnlicher vermögensrechtlicher Anspruch abtretbar (*BAG* 25.4.1978 EzA § 37 BetrVG 1972 Nr. 59). Der Freistellungsanspruch ist nur an den Gläubiger der Forderung abtretbar und wandelt sich dann in einen Zahlungsanspruch um (*BAG* 17.8.2005 EzA § 40 BetrVG 2001 Nr. 10). Die Abtretung bedarf eines ordnungsgemäßen Beschlusses des Betriebsrats. Fehlt ein solcher Beschluss, erwirbt der Gläubiger keine unmittelbar gegen den Arbeitgeber durchsetzbare Forderung (*BAG* 13.5.1998 EzA § 80 BetrVG 1972 Nr. 42 zum Anspruch auf Freistellung von den Kosten aus der Hinzuziehung eines Sachverständigen). Der Anspruch auf Leistung eines Vorschusses ist auf Grund seiner Zweckbindung nicht abtretbar, § 399 BGB. 887

Es gilt die reguläre Verjährung. Tarifliche Ausschlussfristen sind auf den Anspruch nicht anwendbar (*BAG* 30.1.1973 EzA § 40 BetrVG 1972 Nr. 4). Er kann aber nach § 242 BGB der Verwirkung unterliegen, wenn seine verspätete Geltendmachung Treu und Glauben widerspricht (*BAG* 14.11.1978 EzA § 40 BetrVG 1972 Nr. 38). 888

### 2. Sachaufwand und Büropersonal

§ 40 Abs. 2 BetrVG begründet als Sonderregelung zu § 40 Abs. 1 BetrVG im Hinblick auf die zur Betriebsratsarbeit erforderlichen räumlichen, sachlichen und personellen Mittel einen Überlassungsanspruch gegen den Arbeitgeber, sodass der Betriebsrat nicht berechtigt ist, auf Kosten des Arbeitgebers selbst Personal- oder Sachmittel zu beschaffen (*BAG* 21.4.1983 EzA § 40 BetrVG 1972 Nr. 53). Der Arbeitgeber hat deshalb unter Berücksichtigung der betrieblichen Belange grds. die Wahl hinsichtlich der zur Verfügung zu stellenden Mittel (*BAG* 17.10.1990 EzA § 40 BetrVG 1972 Nr. 65). 889

Die Erforderlichkeit (s. Rn. 862) einzelner Mittel richtet sich nach den Verhältnissen des Einzelfalles unter Berücksichtigung von Größe des Betriebs, des Betriebsrates sowie dem Umfang der Geschäftstätigkeit des Betriebsrates. Im Einzelfall genügt die Ermöglichung der Mitbenutzung von Sachmitteln, wenn dies für die Tätigkeit des Betriebsrates ausreichend ist. 890

### a) Sachaufwand

Zu den zur Verfügung zu stellenden Mitteln gehören z. B.:
– Geeignete, beheizte und beleuchtete Räume grds. innerhalb des Betriebes. Je nach Umfang der Aufgaben des Betriebsrates muss der Arbeitgeber einen oder mehrere verschließbare (*ArbG Heilbronn* 17.2.1984 BB 1984, 982) Räume ständig oder zeitweise zur Verfügung stellen. Begrenzt durch das Kriterium der Rechtsmissbräuchlichkeit kann der Arbeitgeber eine Änderung der 891

Raumzuweisung vornehmen. In der Zeit der Nutzung durch den Betriebsrat übt dieser das Hausrecht aus. Es steht dem Betriebsrat allerdings nur insoweit zu, wie dies zur Erfüllung seiner gesetzlichen Aufgaben erforderlich ist. Nur in diesem Umfang braucht der Arbeitgeber den Zugang vom Betriebsrat eingeladener Medienvertreter zum Betriebsratsbüro zu dulden (*BAG* 18.9.1991 EzA § 40 BetrVG 1972 Nr. 67). Der Raum muss grds. verschließbar und optisch und akustisch so weit abgeschirmt sein, dass ihn Zufallszeugen von außen nicht einsehen oder abhören können, ohne besonderen Aufwand zu betreiben. Er muss den Anforderungen an eine Arbeitsstätte entsprechen (*LAG Köln* 19.1.2001 NZA-RR 2001, 482).

892 – Büromöbel einschließlich verschließbarer Vorrichtungen zur Aufbewahrung der Akten und sonstiger wichtiger Gegenstände, Schreibmaschinen, Diktiergeräte, Schreib- und sonstiges Büromaterial. Mitbenutzung oder zur Verfügungstellung eines Kopiergerätes, je nach Größe des Betriebes. Das Fotokopieren einer gewerkschaftlichen Druckschrift mit eindeutigen gewerkschaftspolitischen Zielsetzungen muss der Arbeitgeber nicht dulden (*LAG Frankf./M.* 20.8.1987 LAGE § 40 BetrVG 1972 Nr. 23).

893 – Fachliteratur (Arbeits- und sozialrechtliche Gesetzessammlungen [z.B. »Arbeits- und Sozialordnung«]) in der neuesten Auflage. Bei Wahrnehmung des Auswahlrechts hinsichtlich der zur Verfügung zu stellenden Gesetzestexte braucht sich der Betriebsrat nicht ausschließlich vom Interesse des Arbeitgebers an einer möglichst geringen Kostenbelastung leiten zu lassen (*BAG* 24.1.1996 EzA § 40 BetrVG 1972 Nr. 77). Ferner Kommentare (auf dem neuesten Stand, *BAG* 26.10.1994 EzA § 40 BetrVG 1972 Nr. 72), Unfallverhütungsvorschriften, Tarifverträge, Fachzeitschriften (z. B. »Arbeitsrecht im Betrieb«, *BAG* 21.4.1983 EzA § 40 BetrVG 1972 Nr. 53; »Arbeit und Ökologiebriefe«, *LAG Frankf./M.* 21.3.1991 NZA 1991, 859; nicht verlangt werden kann die zur Verfügungstellung einer Tageszeitung, wie z. B. des Handelsblatts: *BAG* 29.11.1989 EzA § 40 BetrVG 1972 Nr. 63), Entscheidungssammlungen, wobei der Umfang von den Geschäftsbedürfnissen des konkreten Betriebsrates abhängt und das Verhältnismäßigkeitsprinzip zu wahren ist. Im Rahmen des Erforderlichen kann der Betriebsrat die ihm zu überlassende und vom Arbeitgeber zu beschaffende Literatur selbst auswählen und hat dabei einen gerichtlich beschränkt nachprüfbaren Ermessensspielraum (*BAG* 21.4.1983 EzA § 40 BetrVG 1972 Nr. 53).

894 – Schwarzes Brett für Bekanntmachungen des Betriebsrates (*BAG* 21.11.1978 EzA § 40 BetrVG 1972 Nr. 41). Über den Inhalt entscheidet der Betriebsrat grds. allein, muss sich aber im Rahmen seiner Aufgaben halten, sodass z. B. parteipolitische Propaganda (vgl. § 74 Abs. 2 S. 3 BetrVG) unzulässig ist (GK-BetrVG/*Weber* § 40 Rn. 142). Bei unzulässigen Aushängen kann der Arbeitgeber vom Betriebsrat die Entfernung verlangen (vgl. ausf. GK-BetrVG/*Weber* § 40 Rn. 144). Ein regelmäßig oder in unregelmäßigen Abständen erscheinendes Informationsblatt darf dann herausgegeben werden, wenn ein dringendes Informationsbedürfnis besteht, anderweitige Informationsmittel unzugänglich sind und die Kostenbelastung dem Arbeitgeber zumutbar ist (*BAG* 21.11.1978 EzA § 40 BetrVG 1972 Nr. 41; *LAG Bln.* 28.6.1984 NZA 1984, 405). Der Gesamtbetriebsrat ist nicht berechtigt, auf Kosten des Arbeitgebers ein Informationsblatt herauszugeben, da die Informationen der Belegschaft über die Tätigkeit des Gesamtbetriebsrats durch die einzelnen Betriebsräte ausreichend ist (*BAG* 21.11.1978 EzA § 40 BetrVG 1972 Nr. 41). In Betracht kommt auch die Durchführung von Fragebogenaktionen, soweit sich die Fragen im Rahmen der gesetzlichen Aufgaben halten und Betriebsablauf und Betriebfrieden hierdurch nicht gestört werden (*BAG* 8.2.1977 EzA § 70 BetrVG 1972 Nr. 1).

### b) Insbesondere: Informations- und Kommunikationstechnik

895 Durch das BetrVerf-ReformG vom 23.7.2001 (BGBl. I S. 1852 ff.) wurde in § 40 Abs. 2 BetrVG eine ausdrückliche Erwähnung der Informations- und Kommunikationstechnik in § 40 Abs. 2 BetrVG eingeführt. Hierdurch soll klargestellt werden, »dass der Arbeitgeber verpflichtet ist, dem Betriebsrat auch Informations- und Kommunikationstechnik als moderne Sachmittel zur Verfügung zu stellen. Dazu gehören vor allem Computer mit der entsprechenden Software, aber auch die Nutzung *im Betrieb oder Unternehmen vorhandener* moderner Kommunikationsmöglichkeiten.« (so BegrRegE BT-Drs. 5741, S. 41). Ungeachtet dieser gesetzlichen Änderung verbleibt es aber dabei,

## B. Der Betriebsrat  Kapitel 13

dass auch diese Sachmittel »in erforderlichem Umfang« zur Verfügung zu stellen sind, sodass ein vom Merkmal der Erforderlichkeit unabhängiger Überlassungsanspruch des Betriebsrats nicht besteht, sondern es auf die konkreten Verhältnisse des einzelnen Betriebs und die Arbeit des einzelnen Betriebsrats ankommt (*LAG Köln* 27.9.2001 LAGE § 40 BetrVG 2001 Nr. 1). Für die Interpretation des Merkmals der Erforderlichkeit ist aber zu berücksichtigen, dass der Gesetzgeber in dem Bestreben um eine Verbesserung der Arbeitsbedingungen der Betriebsräte ein Signal zu Gunsten der Teilhabe des Betriebsrats an den Errungenschaften des technischen Fortschritts im Bereich der Informations- und Kommunikationstechnik gesetzt hat (GK-BetrVG/*Weber* § 40 Rn. 151).

– **Telefon/Fax:** Der Betriebsrat hat Anspruch auf einen Telefonanschluss, wobei der Arbeitgeber nur die Kosten für erforderliche und verhältnismäßige Telefongespräche trägt (vgl. *BAG* 27.5.1986 EzA § 87 BetrVG 1972 Kontrolleinrichtung Nr. 16). Ein Anspruch auf einen Telefonhauptanschluss besteht dann nicht, wenn der Betriebsrat eine betriebliche Nebenstellenanlage ohne Empfänger- und Inhaltskontrolle benutzen kann, wobei die Mitbenutzung der betrieblichen Fernsprechanlage für den Betriebsrat eines Kleinbetriebes i. d. R. ausreichend und zumutbar ist (*LAG RhPf* 9.12.1991 NZA 1993, 426). Eine Telefonanlage muss so geschaltet werden, dass der Betriebsrat von sich aus die Arbeitnehmer weit verstreuter Filialen anrufen kann; die bloße telefonische Erreichbarkeit des Betriebsrats für die Mitarbeiter ist nicht ausreichend (*BAG* 9.12.2009 EzA § 40 BetrVG 2001 Nr. 17; *BAG* 9.6.1999 EzA § 40 BetrVG 1972 Nr. 88; 8.3.2000 – 7 ABR 73/98 – n. v.). In einem Betrieb mit mehreren, z. T. weit voneinander entfernt liegenden Betriebsstätten kann der Betriebsrat nach § 40 Abs. 2 BetrVG einen Anspruch gegen den Arbeitgeber haben, eine vorhandene Telefonanlage telefontechnisch so einrichten zu lassen, dass jedes einzelne Betriebsratsmitglied an seinem Arbeitsplatz von den Arbeitnehmern des Betriebs angerufen werden kann. Einen Anspruch darauf, dass die Telefone in den Betriebsstätten, in denen keine Betriebsratsmitglieder beschäftigt sind, telefontechnisch so eingerichtet werden, dass die Arbeitnehmer von dort aus sämtliche Betriebsratsmitglieder anrufen können, besteht demgegenüber nicht (*BAG* 27.11.2002 EzA § 40 BetrVG 2001 Nr. 1; 27.11.2002 EzA § 40 BetrVG 2001 Nr. 2; vgl. auch *BAG* 19.1.2005 – 7 ABR 24/04 – n. v.). Strittig ist die Zulässigkeit des Anschlusses des Betriebsratstelefons an einen automatischen Gebührenzähler (abl. DKK/*Berg* § 40 Rn. 111; bejahend GK-BetrVG/*Weber* § 40 Rn. 161). Soweit die Zulässigkeit einer Telefondatenerfassung bejaht wird, bleibt problematisch, inwieweit neben Zeitpunkt und Dauer des Gespräches auch die Zielnummer erfasst werden darf, da dies zu einer unzulässigen Überwachung der Betriebsratstätigkeit führen kann (vgl. *BAG* 27.5.1986 EzA § 87 BetrVG 1972 Kontrolleinrichtung Nr. 16; im B. v. 18.1.1989 – 7 ABR 38/87 – n. v. wird eine Erfassung der Zielnummer bei Ferngesprächen, nicht aber bei Haus-, Orts- und Nahbereichsgesprächen für zulässig erachtet; vgl. auch *BAG* 1.8.1990 NZA 1991, 316). Die Bereitstellung von Mobiltelefonen kann nur in besonderen Fällen verlangt werden, etwa wenn ein regelmäßig im Außendienst beschäftigter Betriebsratsvorsitzender auf Grund seiner Funktion ständig erreichbar sein muss (vgl. *LAG BW* 3.3.2006 LAGE § 40 BetrVG 2001 Nr. 6; GK-BetrVG/*Weber* § 40 Rn. 158; weitergehend *Hess. LAG* 28.11.2011 – 16 TaBV 129/11). Auch ein Anrufbeantworter kann erforderlich sein, etwa um die telefonische Erreichbarkeit eines Betriebsrats eines Betriebs mit räumlich voneinander entfernten Verkaufsstellen mit unterschiedlichen Öffnungszeiten und überwiegend teilzeitbeschäftigten Arbeitnehmern sicherzustellen (*BAG* 15.11.2000 – 7 ABR 9/99, n. v.). Auch kann ein Anspruch auf Bereitstellung eines Telefaxgeräts bestehen, wenn dies zur Aufrechterhaltung des Kontakts zwischen Betriebsrat und Arbeitnehmern und Betriebsrat und Arbeitgeber erforderlich ist (*BAG* 15.11.2000 – 7 ABR 9/99, n. v.). Ein Anspruch auf ein eigenes Telefaxgerät besteht jedenfalls dann nicht, wenn der Betriebsrat die betrieblichen Telefaxgeräte und den täglichen Kurierdienst zwischen den Betriebsteilen mitbenutzen kann (*LAG Düsseld.* 24.6.1993 BB 1993, 1873). Nach Auffassung des *LAG Hamm* (14.5.1997 LAGE § 40 BetrVG 1972 Nr. 59) kann ein aus mehreren Mitgliedern bestehender Betriebsrat in der heutigen Zeit ohne konkrete Darlegung der Erforderlichkeit verlangen, dass ein Telefaxgerät zur Verfügung gestellt wird, wenn dem Betriebsrat die Mitbenutzung der Geräte des Arbeitgebers nicht zumutbar ist.

– **Neue Kommunikationsmittel:** Während das *BAG* im Beschluss vom 17.2.1993 (EzA § 40 BetrVG 1972 Nr. 69) davon ausging, dass die Erforderlichkeit der Überlassung eines elektro-

896

897

nischen Kommunikationssystems mit Mailbox nicht alleine daraus folge, dass der Arbeitgeber die Arbeitnehmer durch dieses Kommunikationssystem informiert, wird demgegenüber ganz überwiegend angenommen, dass ein Anspruch des Betriebsrats auf Mitbenutzung eines vom Arbeitgeber eingerichteten E-Mail-Systems besteht, wenn es sich um eine betriebsübliche Kommunikationsform handelt oder viele Telearbeitsplätze oder Arbeitsplätze im Außendienst vorhanden sind (vgl. GK-BetrVG/*Weber* § 40 Rn. 164, 165 m. w. N.). Kein Anspruch besteht auf Einrichtung einer allgemein abrufbaren Internet-Homepage des Betriebsrats. In einem größeren Betrieb, in dem die Arbeitsplätze ohnehin einen Zugang zum Intranet haben, darf es der Betriebsrat für erforderlich halten, dass ihm im Rahmen seiner Aufgaben ermöglicht wird, die Arbeitnehmer über das Intranet über seine Tätigkeit zu informieren (*BAG* 3.9.2003 EzA § 40 BetrVG 2001 Nr. 5). Soweit der Arbeitgeber dem Betriebsrat ein betriebsinternes Intranet zur eigenen Nutzung zur Verfügung stellt, entscheidet der Betriebsrat allein ohne Zustimmung des Arbeitgebers über den Inhalt der Bekanntmachungen und Informationen der Belegschaft, sofern er sich im Rahmen seiner Aufgaben und Zuständigkeiten hält. Die sachliche Information und Unterrichtung der Belegschaft über den Stand von Tarifverhandlungen gehört zu den zulässigen tarifpolitischen Angelegenheiten i. S. d. § 74 Abs. 2 S. 3 BetrVG. Auch wenn eine Veröffentlichung des Betriebsrats den Aufgabenbereich des Betriebsrats überschreitet, ist der Arbeitgeber – ohne Vorliegen der Voraussetzungen der Nothilfe oder Notwehr – nicht berechtigt, einseitig vom Betriebsrat in das betriebsinterne Intranet eingestellte Seiten zu löschen. Insoweit gelten die gleichen Grundsätze wie bei Aushängen am Schwarzen Brett (*LAG Hamm* 12.3.2004 – 10 TaBV 161/03 – LAGReport 2004, 320). Der Nutzung des Intranets zur Veröffentlichung von Informationen des Betriebsrates steht nicht entgegen, dass der Arbeitgeber dieses Netz betriebsübergreifend unternehmensweit ausgestaltet hat (*BAG* 1.12.2004 EzA § 40 BetrVG 2001 Nr. 3). Jedenfalls soweit dem Arbeitgeber auf Grund der schon vorhandenen technischen Ausstattung keine besonderen Kosten entstehen und auch andere entgegenstehende Interessen nicht geltend gemacht werden, darf der Betriebsrat auch einen Internet-Zugang für erforderlich halten (*BAG* 17.2.2010 – 7 ABR 81/09 – FA 2010, 281; 20.1.2010 EzA § 40 BetrVG 2001 Nr. 19; 3.9.2003 EzA § 40 BetrVG 2001 Nr. 6; zum Internet-Zugang s. a. *LAG Düsseld.* 2.9.2008 LAGE § 40 BetrVG 2001 Nr. 12). Der Betriebsrat kann die Einrichtung eigener E-Mail-Adressen auch für die einzelnen Betriebsratsmitglieder verlangen, sofern berechtigte Belange des Arbeitgebers nicht entgegenstehen (*BAG* 14.7.2010 EzA § 40 BetrVG 2001 Nr. 21).

898 – **Informationstechnik:** Je nach Inhalt und Umfang der wahrzunehmenden Aufgaben kann auch die Überlassung oder Mitbenutzung eines PC erforderlich sein (vgl. *BAG* 16.5.2007 EzA § 40 BetrVG 2001 Nr. 12; 12.5.1999 EzA § 40 BetrVG 1972 Nr. 87; 11.3.1998 EzA § 40 BetrVG 1972 Nr. 81; 11.11.1998 EzA § 40 BetrVG 1972 Nr. 86; *LAG Düsseld.* 6.1.1995 LAGE § 40 BetrVG 1972 Nr. 45; *LAG Köln* 10.1.1992 NZA 1992, 519; *Klebe/Kunz* NZA 1990, 257; *Krichel* NZA 1989, 668; zur Frage datenschutzrechtlicher Beschränkungen bei der Verarbeitung von Arbeitnehmerdaten vgl. *Gola/Wronka* NZA 1991, 790). Hierzu muss allerdings die konkrete Erforderlichkeit im Einzelnen dargelegt werden. Je größer der Betrieb ist, desto eher wird ein PC erforderlich sein (*BAG* 12.5.1999 EzA § 40 BetrVG 1972 Nr. 87), allerdings kann auch bei größeren Betrieben nicht auf die Darlegung der Erforderlichkeit verzichtet werden. Die Erforderlichkeit ist z. B. zu bejahen, wenn die Aufgaben der laufenden Geschäftsführung qualitativ und quantitativ so anwachsen, dass sie mit den bisherigen Sachmitteln nur unter Vernachlässigung anderer Rechte und Pflichten nach dem BetrVG bewältigt werden können. Die Beurteilung, ob die Benutzung eines PC erforderlich ist, obliegt dabei dem Betriebsrat, der bei seiner Entscheidung eine umfassende Interessenabwägung unter Berücksichtigung aller Umstände des Einzelfalles vorzunehmen hat. In diesem Rahmen steht dem Betriebsrat ein Beurteilungsspielraum zu, den die Gerichte zu beachten haben. Sie können die Entscheidung des Betriebsrats nur daraufhin überprüfen, ob das verlangte Sachmittel der Wahrnehmung gesetzlicher Aufgaben des Betriebsrats dienen soll und der Betriebsrat bei seiner Entscheidung den berechtigten Interessen des Arbeitgebers und der Belegschaft angemessen Rechnung getragen hat (*BAG* 12.5.1999 EzA § 40 BetrVG 1972 Nr. 87). Diese Maßstäbe gelten auch für die Frage der Erforderlichkeit von Software (*BAG* 11.3.1998 EzA § 40 BetrVG 1972 Nr. 81). Nach Auffassung des *LAG Bremen* (4.6.2009

LAGE § 40 BetrVG 2001Nr. 13) handelt es sich hingegen bei der Zurverfügungstellung einer EDV-Grundausstattung (PC nebst Peripheriegeräten und Software) regelmäßig um unverzichtbare Arbeitsmittel des Betriebsrats. Weiterer Darlegungen zur Begründung ihrer Erforderlichkeit soll es daher grundsätzlich nicht bedürfen. Etwas anderes soll ausnahmsweise nur dann gelten, wenn es sich um Kleinbetriebe handelt oder sonstige Umstände das Verlangen nach einer EDV-Grundausstattung unverhältnismäßig erscheinen lassen, z. B. weil der Arbeitgeber selbst an den Schnittstellen zur Tätigkeit des Betriebsrates keinerlei EDV einsetzt. Ein Anschluss des Betriebsrats an juristische Datenbanken (z. B. Juris) oder sonstige online verfügbare, kostenpflichtige juristische Fachmodule wird i. d. R. nicht erforderlich sein (GK-BetrVG/*Weber* § 40 Rn. 167).

### c) Büropersonal

Ausmaß und Umfang des vom Arbeitgeber zur Verfügung zu stellenden Büropersonals, also in erster **899** Linie Schreibkräfte, aber auch sonstige Hilfskräfte, z. B. für Vervielfältigungsarbeiten und Botengänge (*LAG BW* 25.11.1987 AuR 1989, 93), hängt vom Arbeitsanfall des Betriebsrates ab. Die Überlassung von Büropersonal wird nicht allein dadurch ausgeschlossen, dass der Arbeitgeber das Betriebsratsbüro mit Personalcomputern ausgestattet hat. Die Entscheidung darüber, ob und ggf. welche im Zusammenhang mit der Betriebsratsarbeit anfallenden Bürotätigkeiten einer Bürokraft übertragen werden, obliegt dem Betriebsrat nach pflichtgemäßem Ermessen. Hierbei hat er neben den Belangen der Belegschaft an einer ordnungsgemäßen Ausübung des Betriebsratsamts auch die berechtigten Belange des Arbeitgebers, auch soweit sie auf eine Begrenzung der Kostentragungspflicht gerichtet sind, zu berücksichtigen (*BAG* 20.4.2005 EzA § 40 BetrVG 2001 Nr. 10). Soweit ein Anspruch auf Überlassung von Büropersonal besteht, hat der Betriebsrat kein eigenes Auswahlrecht hinsichtlich der in Betracht kommenden Personen (*BAG* 17.10.1990 EzA § 40 BetrVG 1972 Nr. 65). Der Arbeitgeber muss aber nach dem Grundsatz vertrauensvoller Zusammenarbeit auf die berechtigten Interessen des Betriebsrates Rücksicht nehmen, sodass der Betriebsrat z. B. eine Schreibkraft ablehnen kann, die sein Vertrauen nicht genießt (GK-BetrVG/*Weber* § 40 Rn. 170; offen gelassen in *BAG* 17.10.1990 EzA § 40 BetrVG 1972 Nr. 65; vgl. auch *BAG* 15.1.1997 EzA § 40 BetrVG 1972 Nr. 79). Das Büropersonal ist auf Grund seiner arbeitsvertraglichen Treuepflicht zur Verschwiegenheit über Betriebs- und Geschäftsgeheimnisse verpflichtet (*BAG* 17.10.1990 EzA § 40 BetrVG 1972 Nr. 65). Die Verpflichtung des Büropersonals, auch über Betriebsratsangelegenheiten Stillschweigen zu wahren, folgt aus dem Störungs- und Behinderungsverbot in § 78 BetrVG (HSWGNR/*Glock* § 40 Rn. 103).

### d) Eigentum und Besitz

Die dem Betriebsrat vom Arbeitgeber überlassenen Sachen bleiben Eigentum des Arbeitgebers, wo- **900** bei die Eigentümerbefugnisse aber durch die Zweckbindung der überlassenen Sachen beschränkt ist. Der Arbeitgeber kann deshalb die Herausgabe einer dem Betriebsrat überlassenen Sache verlangen, wenn er ein gleichwertiges Ersatzstück zur Verfügung stellt (GK-BetrVG/*Weber* § 40 Rn. 179). Strittig ist, ob der Arbeitgeber auch Eigentümer neuer Sachen wird, die durch Verarbeitung (§ 950 BGB) der dem Betriebsrat überlassenen Sachen entsteht, wie z. B. Betriebsratsakten oder Protokollbücher. Der Arbeitgeber kann jedenfalls auf Grund seines Eigentums vom Betriebsrat auch nach Ablauf von dessen Amtszeit die Akten weder herausverlangen noch in sie Einsicht nehmen und muss für den Betriebsrat die Herausgabe an diesen verlangen, wenn derartige Unterlagen von einem Dritten entzogen werden (GK-BetrVG/*Weber* § 40 Rn. 182; HSWGNR/*Glock* § 40 Rn. 101). In Bezug auf den Besitz an überlassenen Gegenständen besteht Einigkeit dahingehend, dass sich der Betriebsrat gegenüber Dritten verbotener Eigenmacht entsprechend § 860 BGB erwehren kann. Der Betriebsrat ist nicht berechtigt, Akten nach Beendigung seiner Amtszeit zu vernichten. Wird nach Beendigung der Amtszeit kein neuer Betriebsrat gewählt, sind die Akten nach § 2 Abs. 1 BetrVG vom Arbeitgeber vorläufig unter Verschluss zu nehmen und einem später gewählten Betriebsrat zur Verfügung zu stellen (GK-BetrVG/*Weber* § 40 Rn. 182). Soweit dem Betriebsrat ein Vorschuss für die Bestreitung der erforderlichen Kosten, z. B. in Form eines Dispositionsfonds, zur Verfügung gestellt wird, verbleiben die zur Verfügung gestellten Mittel im Eigentum des Arbeitgebers, der Betriebsrat hat lediglich die Verfügungsbefugnis (§ 185 BGB) darüber (GK-BetrVG/*Weber* § 40 Rn. 178).

### 3. Umlageverbot; Sonstige vermögensrechtliche Stellung des Betriebsrates, Haftung des Betriebsrates

901 Die Erhebung und Leistung von Beiträgen der Arbeitnehmer für Zwecke des Betriebsrates ist unzulässig, § 41 BetrVG. Das Umlageverbot dient nicht nur dem Schutz der Arbeitnehmer, sondern auch dem Schutz der Unabhängigkeit des Betriebsrats. Vereinbarungen oder Beschlüsse über die Erhebung solcher Leistungen sind nach § 134 BGB nichtig. Ggf. kommen auch Ansprüche des Betriebsrats auf Rückführung vom Arbeitgeber aus Mitteln der Arbeitnehmer unter Verstoß gegen das Umlageverbot erhobener Umlagen in Betracht (*BAG* 14.8.2002 EzA § 41 BetrVG 2001 Nr. 1). Um verbotene Beiträge handelt es sich allerdings nur dann, wenn diese aus dem Vermögen der Arbeitnehmer fließen, entweder durch direkte Abführung der Beiträge oder durch Kürzung ihrer Ansprüche. Betriebliche Einnahmen, die Eigentum des Arbeitgebers werden und den Arbeitnehmern nur mittelbar zufließen (*BAG* 14.8.2002 EzA § 41 BetrVG 2001 Nr. 1; 24.7.1991 EzA § 41 BetrVG 1972 Nr. 1 zu Tronc-Einnahmen einer Spielbank). Sammlungen für andere Zwecke, wie z. B. für gemeinschaftliche Feste, sind zulässig. Streitig ist, inwieweit einer Rückforderung verbotswidriger Beiträge § 817 S. 2 BGB entgegensteht (für eine Rückforderung GK-BetrVG/*Weber* § 41 Rn. 9; dagegen DKK/*Berg* § 41 Rn. 2). Obwohl das Umlageverbot unmittelbar nur Beiträge der Arbeitnehmer an den Betriebsrat betrifft, sind in entsprechender Anwendung auch Leistungen anderer (z. B. von Gewerkschaften oder politischen Parteien) für Zwecke des Betriebsrates unzulässig (GK-BetrVG/*Weber* § 41 Rn. 7; DKK/*Berg* § 41 Rn. 2).

902 Der Betriebsrat ist weder rechts- noch vermögensfähig (*BAG* 24.4.1986 EzA § 1 BetrVG 1972 Nr. 4). Die Betriebsparteien können keine Vereinbarung treffen, durch die sich der Arbeitgeber verpflichtet, an den Betriebsrat im Falle der Verletzung von Mitbestimmungsrechten eine Vertragsstrafe zu bezahlen (*BAG* 29.9.2004 EzA § 40 BetrVG 2001 Nr. 7). Eine Vermögensfähigkeit besteht jedoch i. S. einer partiellen betriebsverfassungsrechtlichen Rechtsfähigkeit insoweit, als der Betriebsrat im Rahmen des BetrVG im Verhältnis zum Arbeitgeber Träger vermögensrechtlicher Ansprüche und Rechtspositionen sein kann, wie sie sich auf Grund des durch § 40 BetrVG begründeten gesetzlichen Schuldverhältnisses ergeben. Der Betriebsrat bleibt in entsprechender Anwendung von § 22 BetrVG, § 49 Abs. 2 BGB auch nach dem Ende seiner Amtszeit befugt, noch nicht erfüllte Kostenerstattungsansprüche gegen den Arbeitgeber weiter zu verfolgen und an den Gläubiger abzutreten (*BAG* 24.10.2001 EzA § 22 BetrVG 1972 Nr. 2). Überwiegend (DKK/*Schneider/Wedde* Einl. Rn. 121 f.) wird dem Betriebsrat ungeachtet der fehlenden Rechts- und Vermögensfähigkeit die Befugnis zugesprochen, im Rahmen seiner betriebsverfassungsrechtlichen Kompetenzen auch Verträge mit Dritten zu schließen (a. A. MünchArbR/*v. Hoyningen-Huene* § 212 Rn. 14). Aus derartigen Verträgen wird allerdings der Arbeitgeber nicht unmittelbar verpflichtet, es sei denn, er hat eine entsprechende Vollmacht erteilt. Eine persönliche Verpflichtung der einzelnen Betriebsratsmitglieder aus Rechtsgeschäften, die sie im Namen des Betriebsrates abschließen, besteht dann, wenn sich das Geschäft außerhalb des betriebsverfassungsrechtlichen Wirkungskreises des Betriebsrates bewegt oder aber ohne Vertretungsmacht für den Arbeitgeber getätigt wurde (MünchArbR/*v. Hoyningen-Huene* § 212 Rn. 17; GK-BetrVG/*Franzen* § 1 Rn. 77; a. A. DKK/*Schneider/Wedde* Einl. Rn. 125). Geht es um ein Rechtsgeschäft im Rahmen des betriebsverfassungsrechtlichen Wirkungskreises, hat das Betriebsratsmitglied dann, soweit die Kostentragungspflicht des Arbeitgebers nach § 40 Abs. 1 BetrVG oder anderen betriebsverfassungsrechtlichen Vorschriften reicht, gegen diesen einen Freistellungs- oder Erstattungsanspruch (GK-BetrVG/*Franzen* § 1 Rn. 73). Beruht der Abschluss des Rechtsgeschäfts mit Dritten auf einem Beschluss des Betriebsrats, so haften die Betriebsratsmitglieder, die dem Beschluss zugestimmt haben, als Gesamtschuldner (GK-BetrVG/*Franzen* § 1 Rn. 77). Fraglich ist allerdings, inwieweit der Betriebsrat insoweit Vollstreckungsschuldner sein kann (vgl. *Rudolf* NZA 1988, 423 f.).

Der Betriebsrat kann als Gremium nicht Schuldner von Schadensersatzansprüchen sein, weil er 903
selbst kein Vermögen hat und das BetrVG ihn nicht als Träger von Schadensersatzpflichten nennt
(GK-BetrVG/*Franzen* § 1 Rn. 75). In Betracht kommt nur eine Haftung der einzelnen Mitglieder.

Eine vertragliche oder deliktische Haftung Einzelner kann bestehen, wenn sie bei Ausübung der Be- 904
triebsratstätigkeit gleichzeitig arbeitsvertragliche Pflichten verletzen, den Tatbestand einer unerlaubten Handlung erfüllen oder Schutzgesetze i. S. d. § 823 Abs. 2 BGB verletzen (GK-BetrVG/*Franzen*
§ 1 Rn. 78 ff). Eine Haftung für die Erteilung unrichtiger Auskünfte oder Empfehlungen kommt
nur bei Vorliegen einer unerlaubten Handlung (vgl. § 676 BGB), und, da es um allgemeine Vermögensschäden geht, also nur unter den Voraussetzungen des § 826 in Betracht (GK-BetrVG/*Weber*
§ 39 Rn. 39).

## C. Sonstige Einrichtungen der Betriebsverfassung

### I. Betriebsversammlung, §§ 42 ff. BetrVG

#### 1. Aufgaben, Begriff und Rechtsnatur

Die Betriebsversammlung ist ein Organ der Betriebsverfassung (*BAG* 27.5.1982 EzA § 42 BetrVG 905
1972 Nr. 3; 27.6.1989 EzA § 42 BetrVG 1972 Nr. 4), was aber insoweit missverständlich ist, als
die Betriebsversammlung keine eigenen Entscheidungskompetenzen hat (*BAG* 27.6.1989 EzA
§ 42 BetrVG 1972 Nr. 4).

Ihrer Funktion nach ist sie lediglich ein Forum der Aussprache zwischen Belegschaft und Be- 906
triebsrat, ohne eigene Kontroll- und Entscheidungsbefugnisse.

Die Betriebsversammlung kann den Betriebsrat nicht abwählen, mangels Vertretungsbefugnis auch 907
keine Vereinbarung mit dem Arbeitgeber treffen, sondern lediglich Entschließungen in Form von
Beschlüssen und Stellungnahmen verabschieden, die für den Betriebsrat aber unverbindlich sind
(GK-BetrVG/*Weber* § 45 Rn. 33). Sie kann nur in Betrieben mit einem gewählten Betriebsrat zusammentreten; sie besteht aus den Arbeitnehmern (§§ 5, 6 BetrVG) des Betriebs.

#### 2. Ordentliche Betriebsversammlungen

Ordentliche Betriebsversammlungen haben gem. § 43 Abs. 1 BetrVG einmal in jedem Kalendervier- 908
teljahr, also viermal im Kalenderjahr stattzufinden, wobei zwei der ordentlichen Versammlungen als
Abteilungsversammlungen durchzuführen sind, sofern die Voraussetzungen des § 42 Abs. 2 BetrVG
vorliegen, vgl. § 43 Abs. 1 BetrVG. Es besteht eine gesetzliche Verpflichtung zur Einberufung. Die
Unterlassung kann nach den Umständen des Einzelfalles eine grobe Pflichtverletzung i. S. d. § 23
Abs. 1 BetrVG sein. Zur Absicherung der Durchführung der Betriebsversammlungen sieht § 43
Abs. 4 BetrVG unter bestimmten Voraussetzungen ein Antragsrecht der im Betrieb vertretenen Gewerkschaften vor. Kommt der Betriebsrat einem begründeten Antrag nicht nach, stellt die Unterlassung der Einberufung grds. eine grobe Pflichtverletzung dar (DKK/*Berg* § 43 Rn. 34).

#### 3. Außerordentliche Betriebsversammlungen

*a) Versammlung aus besonderen Gründen*

Der Betriebsrat kann in jedem Kalendervierteljahr zusätzlich eine weitere Betriebsversammlung oder 909
unter den Voraussetzungen des § 42 Abs. 2 BetrVG einmal weitere Abteilungsversammlungen
durchführen, wenn dies aus besonderen Gründen zweckmäßig erscheint. Bei der Beurteilung der
Zweckmäßigkeit hat er einen weiten, gerichtlich eingeschränkt kontrollierbaren Ermessensspielraum.

Aus dem Erfordernis, dass »besondere Gründe« vorliegen müssen, ergibt sich aber, dass weitere 910
Betriebsversammlungen auf Ausnahmetatbestände beschränkt bleiben sollen. Es muss sich um

## Kapitel 13

eine wichtige Angelegenheit mit aktuellem Informationsbedarf und zusätzlichem Bedürfnis nach Meinungsaustausch handeln, dem durch eine Erörterung der Angelegenheit erst in der nächsten regelmäßigen ordentlichen Betriebsversammlung nicht ausreichend Rechnung getragen werden könnte.

911 Bestehen für aktuelle Betriebsänderungen nur planerische Zielvorstellungen des Arbeitgebers ohne konkrete Konzeptionen, gibt es noch keinen Grund für eine zusätzliche Betriebsversammlung (*BAG* 23.10.1991 EzA § 43 BetrVG 1972 Nr. 2).

### b) Sonstige und auf Wunsch des Arbeitgebers einberufene Betriebsversammlungen

912 Eine weitere zusätzliche Betriebsversammlung kann nach § 43 Abs. 3 BetrVG durchgeführt werden, wenn entweder der Betriebsrat dies für erforderlich erachtet oder dies von einem Viertel der wahlberechtigten Arbeitnehmer des Betriebes oder vom Arbeitgeber beantragt wird. In den beiden letztgenannten Fällen ist der Betriebsrat verpflichtet, eine Betriebsversammlung einzuberufen und den beantragten Beratungsgegenstand auf die Tagesordnung zu setzen. Streitig ist, ob es im Hinblick auf eine vom Betriebsrat ohne das Vorliegen eines Antrages von einem Viertel der wahlberechtigten Arbeitnehmer oder des Arbeitgebers einberufenen Betriebsversammlung erforderlich ist, dass für diese außerordentliche Versammlung ein besonderer Grund gegeben ist (so *Richardi* § 43 Rn. 26; *Fitting* § 43 Rn. 38). Dagegen spricht, dass das Gesetz ein solches Erfordernis nicht aufweist und eine solche Betriebsversammlung auch außerhalb der Arbeitszeit und ohne Lohnfortzahlungsansprüche stattfindet (§ 44 Abs. 2 BetrVG), der Arbeitgeber also nicht überbelastet wird (so GK-BetrVG/ *Weber* § 43 Rn. 44).

### c) Andere Belegschaftsversammlungen

913 Der Arbeitgeber ist auf Grund seines Direktionsrechts berechtigt, auf von ihm einberufenen Mitarbeiterversammlungen über betriebliche Belange zu informieren, auch wenn Fragen berührt werden, für die der Betriebsrat zuständig ist. Diese Veranstaltungen dürfen aber nicht dazu missbraucht werden, um die betriebsverfassungsrechtliche Ordnung durch die Abhaltung einer Gegenveranstaltung zur Betriebsversammlung zu stören (*BAG* 27.6.1989 EzA § 42 BetrVG 1972 Nr. 4). Außerhalb von Betriebsversammlungen können sich die Arbeitnehmer eines Betriebes im Rahmen des allgemeinen Versammlungsrechts (Art. 8 Abs. 1 GG) auf Grund eigener Initiative außerhalb der Arbeitszeit oder mit Einwilligung des Arbeitgebers während der Arbeitszeit versammeln.

### 4. Durchführung

#### a) Voll-, Teil- und Abteilungsversammlungen

914 Die Betriebsversammlung ist grds. als Vollversammlung durchzuführen. Teilversammlungen sind ausnahmsweise nur dann zulässig, wenn eine Versammlung aller Arbeitnehmer zu demselben Zeitpunkt wegen der Eigenart des Betriebes nicht stattfinden kann, § 42 Abs. 1 S. 3 BetrVG. Soweit diese Voraussetzungen vorliegen, muss die Betriebsversammlung als Teilversammlung durchgeführt werden.

915 Auf Grund der Eigenart des Betriebes nicht möglich ist die Einberufung einer Vollversammlung dann, wenn technische und organisatorische Besonderheiten des Arbeitsablaufs die Durchführung von Teilversammlungen erfordern oder die Vollversammlung zu nicht vertretbaren Nachteilen für den Betrieb oder seine Belegschaft führen würde. Auf wirtschaftliche Zumutbarkeitserwägungen kommt es nicht an, es sei denn, es liegt ein Fall einer absoluten wirtschaftlichen Unzumutbarkeit vor (*BAG* 27.11.1987 EzA § 44 BetrVG 1972 Nr. 8; 9.3.1976 EzA § 44 BetrVG 1972 Nr. 4).

916 Dies ist z. B. der Fall, wenn der technische Funktionsablauf im Betrieb die Anwesenheit eines Teils der Arbeitnehmer ganztägig über 24 Stunden oder auch nur während des Tages in begrenzten Bereichen erfordert. Nicht ausreichend ist die Notwendigkeit, ein Verkaufsgeschäft wegen der Durchfüh-

rung der Versammlung für einen Teil des Tages zu schließen (*BAG* 9.3.1976 EzA § 44 BetrVG 1972 Nr. 4; vgl. auch *LAG Köln* 19.4.1988 DB 1988, 1400). Über die Aufteilung der Arbeitnehmer in Teilversammlungen entscheidet der Betriebsrat; die Teilversammlung soll einen annähernd repräsentativen Querschnitt der Arbeitnehmerschaft darstellen (GK-BetrVG/*Weber* § 42 Rn. 64). Unzulässig sind Teilversammlungen im Ausland für vorübergehend ins Ausland entsandte, aber einem inländischen Betrieb zugehörige Arbeitnehmer, da dem der auf Deutschland beschränkte territoriale Anwendungsbereich des BetrVG entgegensteht (*BAG* 27.5.1982 EzA § 42 BetrVG 1972 Nr. 3).

Die in § 42 Abs. 2 BetrVG vorgesehenen Abteilungsversammlungen sollen die Erörterung der Angelegenheiten in den einzelnen Abteilungen ermöglichen, die in der großen Betriebsversammlung häufig nicht angesprochen werden können. Die organisatorische Abgrenzung kann sich dabei aus der Zuständigkeitsverteilung für die Zweckverfolgung des Betriebes, aus räumlicher Sicht oder auch vom Gegenstand her ergeben. Außer der Abgegrenztheit des Betriebsteils setzt die Durchführung einer Abteilungsversammlung voraus, dass sie für die Erörterung der besonderen Belange der Arbeitnehmer erforderlich ist. Es muss um besondere, gleich gelagerte Interessen der in dem organisatorisch oder räumlich abgegrenzten Betriebsteil beschäftigten Arbeitnehmer gehen, die sich von dem gemeinsamen Interesse der Arbeitnehmer des ganzen Betriebes im Übrigen unterscheiden. Dem Betriebsrat steht bei der Überprüfung dieser Voraussetzungen ein Beurteilungsspielraum zu. 917

### b) Einberufung, Ort

Die Einberufung der Betriebs- bzw. Abteilungsversammlung erfolgt durch den Betriebsrat, der auch Veranstalter der Betriebsversammlung ist. Er bestimmt durch Beschluss Zeitpunkt, Raum und Tagesordnung. Hinsichtlich des Zeitpunktes und der sonstigen Modalitäten ist im Hinblick auf das Gebot vertrauensvoller Zusammenarbeit eine weitestgehende Verständigung mit dem Arbeitgeber geboten. Der Beschluss ist von dem Vorsitzenden des Betriebsrates auszuführen. Hierzu sind die Arbeitnehmer in geeigneter Form unter Mitteilung der Tagesordnung einzuladen. Zu den regelmäßigen ordentlichen Betriebs- und Abteilungsversammlungen ist stets auch der Arbeitgeber unter Mitteilung der Tagesordnung einzuladen, § 43 Abs. 2 S. 1, Abs. 3 S. 2 BetrVG. Eine Unterrichtung des Arbeitgebers ist auf Grund des Gebots vertrauensvoller Zusammenarbeit auch bei weiteren, vom Betriebsrat oder auf Antrag der Arbeitnehmer nach § 43 Abs. 3 BetrVG einberufenen Betriebsversammlungen geboten (GK-BetrVG/*Weber* § 42 Rn. 28). Zeitpunkt und Tagesordnung der Versammlung sind auch den im Betrieb vertretenen Gewerkschaften rechtzeitig schriftlich mitzuteilen, § 46 Abs. 2 BetrVG. 918

Bei der Festsetzung des Zeitpunktes der Versammlung ist zu berücksichtigen, dass die ordentlichen, die außerordentlichen kalenderhalbjährlichen, die auf Wunsch des Arbeitgebers einberufenen Versammlungen sowie die Betriebsversammlung zur Einsetzung eines Wahlvorstandes (§ 17 BetrVG) gem. § 44 Abs. 1 BetrVG grds. während der Arbeitszeit stattzufinden haben. Nach Auffassung des *BAG* (27.11.1987 EzA § 44 BetrVG 1972 Nr. 8; 5.5.1987 EzA § 44 BetrVG 1972 Nr. 7) kommt es auf die betriebliche Arbeitszeit, nicht auf die persönliche Arbeitszeit des einzelnen Arbeitnehmers an. Haben diese unterschiedliche persönliche Arbeitszeiten, ist der Zeitpunkt der Versammlung so zu legen, dass möglichst viele Arbeitnehmer während ihrer persönlichen Arbeitszeit daran teilnehmen können (*BAG* 27.11.1987 EzA § 44 BetrVG 1972 Nr. 8). In mehrschichtigen Betrieben ist daher die Versammlung auf die Schnittstelle zwischen beiden Schichten anzuberaumen und zwar so, dass sowohl die Arbeitnehmer der ersten, als auch die Arbeitnehmer der zweiten Schicht zumindest mit einem Teil ihrer Arbeitszeit an der Versammlung teilnehmen können (*LAG SchlH* 30.5.1991 LAGE § 44 BetrVG 1972 Nr. 8). Eine Ausnahme vom Gebot der Durchführung während der Arbeitszeit besteht nur für den Fall, dass die Eigenart des Betriebes eine andere Regelung zwingend erfordert. Darunter ist in erster Linie die organisatorisch-technische Besonderheit des konkreten Einzelbetriebes zu verstehen, während wirtschaftliche Zumutbarkeitserwägungen grds. keine zwingenden Erfordernisse i. S. d. § 44 Abs. 1 S. 1 BetrVG darstellen, es sei denn, es liegt eine absolute wirtschaftliche Unzumutbarkeit vor (*BAG* 27.11.1987 EzA § 44 BetrVG 1972 Nr. 8; **a. A.** MünchArbR/*Joost* § 224 Rn. 4). Besonderheiten der betrieblichen Arbeitszeitgestaltung (z. B. Mehr- 919 schichtbetrieb) gehören nur dann zur Eigenart des Betriebes i. S. d. Ausnahmeregelung, wenn kein Zeitpunkt gefunden werden kann, der innerhalb der Arbeitszeit eines wesentlichen Teils der Belegschaft liegt (*BAG* 27.11.1987 EzA § 44 BetrVG 1972 Nr. 8). Streitig ist, ob dann, wenn die Besonderheiten der betrieblichen Arbeitszeitgestaltung im Einzelfall zur Eigenart des Betriebes i. S. d. § 44 Abs. 1 BetrVG gehören, in erster Linie eine Vollversammlung außerhalb der Arbeitszeit anzuberaumen ist oder der Betriebsrat Teilversammlungen während der Arbeitszeit (§ 42 Abs. 1 S. 2 BetrVG) in Erwägung zu ziehen hat, ob also dem Grundsatz der Vollversammlung oder dem Grundsatz der Versammlung während der Arbeitszeit Vorrang gebührt (für ersteres *LAG SchlH* 30.5.1991 LAGE § 44 BetrVG 1972 Nr. 8; für Letzteres GK-BetrVG/*Weber* § 44 Rn. 8 ff.).

920 Die Betriebsversammlung muss grds. im Betriebsgebäude stattfinden. Steht kein geeigneter Raum zur Verfügung, ist ein außerhalb des Betriebes gelegener Versammlungsraum auf Kosten des Arbeitgebers (GK-BetrVG/*Weber* § 42 Rn. 23) anzumieten, wobei allerdings streitig ist, inwieweit der Betriebsrat selbst die Anmietung vornehmen kann oder diese vom Arbeitgeber vorgenommen werden muss (MünchArbR/*Joost* § 224 Rn. 25). Der Arbeitgeber ist auch zur Bereitstellung der sonstigen erforderlichen Mittel verpflichtet. Bei einer größeren Anzahl ausländischer Arbeitnehmer sind deshalb auch Dolmetscher für die wichtigsten Sprachen zu stellen (*LAG Düsseld.* 30.1.1981 EzA § 40 BetrVG 1972 Nr. 49).

### c) Teilnahmerechte

921 Die Betriebsversammlung ist unter Ausschluss der Öffentlichkeit durchzuführen, § 42 Abs. 1 BetrVG. Teilnahmeberechtigt sind alle betriebszugehörigen Arbeitnehmer i. S. d. Betriebsverfassungsrechts sowie nach § 14 Abs. 2 S. 2 AÜG auch die im Betrieb beschäftigten Leiharbeitnehmer. In entsprechender Anwendung des § 14 Abs. 2 AÜG sind auch Auszubildende eines reinen Ausbildungsbetriebs, die ihre praktische Ausbildung vollständig oder teilweise in dem Betrieb eines anderen Unternehmens des Konzerns absolvieren, berechtigt, an Betriebsversammlungen in diesem Einsatzbetrieb teilzunehmen (*BAG* 24.8.2011 EzA § 42 BetrVG 2001 Nr. 1). Ein Teilnahmerecht besteht auch während des Urlaubes oder Erziehungsurlaubes (*BAG* 31.5.1989 EzA § 44 BetrVG 1972 Nr. 9) oder während eines Streiks (*BAG* 5.5.1987 EzA § 44 BetrVG 1972 Nr. 7). Ein Teilnahmerecht des Arbeitgebers besteht bei den nach § 43 Abs. 1 BetrVG vorgesehenen Versammlungen, und bei solchen nach § 43 Abs. 3 BetrVG, die auf Wunsch des Arbeitgebers durchgeführt werden. Bei sonstigen Betriebsversammlungen besteht ein Teilnahmerecht nicht, es sei denn, der Arbeitgeber ist vom Betriebsrat zur Teilnahme eingeladen worden (h. M. HSWGNR/*Worzalla* § 43 Rn. 43). Der Arbeitgeber ist nach § 46 Abs. 1 BetrVG berechtigt, bei Versammlungen, an denen er teilnimmt, einen Beauftragten der Arbeitgebervereinigung, der er angehört, hinzuziehen. In diesem Fall kann der Arbeitgeber vom Leiter der Betriebsversammlung verlangen, dass dem Beauftragten zu bestimmten Einzelthemen an seiner Stelle und für ihn das Wort erteilt wird (*BAG* 19.5.1978 EzA § 46 BetrVG 1972 Nr. 2). Die Vertretung des Arbeitgebers durch betriebsangehörige Personen ist zulässig, soweit diese bzgl. der zu erörternden Fragen die notwendige Kompetenz aufweisen (GK-BetrVG/*Weber* § 43 Rn. 52). Zum Teil weiter gehend wird die Hinzuziehung eines Rechtsanwaltes dann für zulässig erachtet, wenn der Arbeitgeber seinerseits nicht in einem Arbeitgeberverband organisiert ist und an der Versammlung auch ein Gewerkschaftsfunktionär teilnimmt (*Bauer* NJW 1988, 1130 f.). Nach noch weiter gehender Auffassung soll generell eine Vertretung durch betriebsfremde Personen zulässig sein (MünchArbR/*Joost* § 224 Rn. 34). Soweit *Joost* allerdings der Auffassung ist, dass die Ansicht, die eine Vertretung durch Betriebsfremde nicht zulässt, im Gesetz keine Stütze findet, ist darauf hinzuweisen, dass nach § 42 Abs. 1 S. 2 BetrVG die Betriebsversammlung nicht öffentlich ist.

922 Teilnahmeberechtigt mit beratender Funktion sind Beauftragte der im Betrieb vertretenen Gewerkschaften, § 46 Abs. 1 BetrVG. Hierdurch wird ein eigenes Zutritts- und Teilnahmerecht des von der jeweiligen Gewerkschaft bestimmten Beauftragten begründet. Der Arbeitgeber kann die Teilnahme eines bestimmten Gewerkschaftsvertreters nur dann untersagen, wenn durch die Entsendung gerade

## C. Sonstige Einrichtungen der Betriebsverfassung
## Kapitel 13

dieses Vertreters Störungen im Bereich des Betriebsgeschehens ernstlich zu befürchten sind (*BAG* 14.2.1967 EzA § 45 BetrVG 1952 Nr. 1).

Die Zulassung anderer Personen wird durch den Grundsatz der Nichtöffentlichkeit grds. ausgeschlossen. Ob eine Teilnahme von Personen ohne eigenes Teilnahmerecht zulässig ist, wenn sämtliche nach dem Gesetz Teilnahmeberechtigten der Anwesenheit, etwa von Pressevertretern zustimmen, ist streitig (abl. GK-BetrVG/*Weber* § 42 Rn. 48; **a. A.** DKK/*Berg* § 42 Rn. 15: Teilnahmerecht von Pressevertretern, sofern der Betriebsrat dies erlaubt). Ohne Zustimmung des Arbeitgebers, aber nur auf Grund einer Einladung des Betriebsrates teilnahmeberechtigt sind ferner Personen, die entweder zu den Arbeitnehmern eine besondere Beziehung haben oder aus anderen sachlichen Gründen innerhalb der funktionalen Zuständigkeit der Betriebsversammlung hinzugezogen werden (MünchArbR/*Joost* § 224 Rn. 39), so z. B. bei Hinzuziehung eines betriebsfremden Referenten zur Abhaltung eines Kurzreferates zu einem sozialpolitischen Thema von unmittelbarem Interesse für den Betrieb und seine Arbeitnehmer, sofern es dadurch nicht zu einer unzulässigen parteipolitischen Betätigung kommt (*BAG* 13.9.1977 EzA § 45 BetrVG 1972 Nr. 1) oder bei Hinzuziehung von zum Unternehmen oder Konzern gehörenden, aber betriebsfremden Mitgliedern des Gesamt- oder Konzernbetriebsrats oder des Wirtschaftsausschusses (vgl. *BAG* 28.11.1978 AP Nr. 2 zu § 42 BetrVG 1972; GK-BetrVG/*Weber* § 42 Rn. 49). Einen gegen Vergütung tätigen Sachverständigen kann der Betriebsrat nur unter den engen Voraussetzungen des § 80 Abs. 3 BetrVG, d. h. nur auf Grund einer Vereinbarung mit dem Arbeitgeber hinzuziehen (*BAG* 19.4.1989 EzA § 80 BetrVG 1972 Nr. 35; s. Rdn. 1599 ff.).

923

### d) Leitung, Hausrecht, Protokoll

Die Betriebsversammlung wird vom Betriebsratsvorsitzenden geleitet. Dieser hat die Einhaltung der Tagesordnung sowie einer gegebenenfalls durch die Betriebsversammlung beschlossenen Geschäftsordnung zu überwachen. Er erteilt und entzieht das Wort und führt eine Rednerliste. Eventuelle Abstimmungen erfolgen formlos unter seiner Leitung. Der Betriebsratsvorsitzende bzw. sein Stellvertreter übt während der Versammlung das Hausrecht aus, wobei das Hausrecht des Arbeitgebers aber dann wieder auflebt, wenn die Betriebsversammlung durch nachhaltige grobe Verstöße gegen die Befugnisse ihren Charakter als Betriebsversammlung verliert und der Versammlungsleiter den gesetzmäßigen Ablauf der Versammlung nicht mehr sicherstellen kann oder will (*BAG* 13.9.1977 EzA § 45 BetrVG 1972 Nr. 1; 28.11.1978 AP Nr. 2 zu § 42 BetrVG 1972; DKK/*Berg* § 42 Rn. 9).

924

Die Erstellung eines Protokolls über die Betriebsversammlung ist gesetzlich nicht vorgesehen. Der Arbeitgeber darf ohne Einwilligung des Betriebsrates keine Wortprotokolle von der Betriebsversammlung anfertigen lassen (*LAG Hamm* 9.7.1986 NZA 1986, 842). Der Betriebsrat muss allerdings stichwortartige Aufzeichnungen über den Inhalt von Betriebsversammlungen durch den Arbeitgeber dulden, wenn darin keine Namen von Mitarbeitern vermerkt werden (*LAG Düsseld.* 4.9.1991 LAGE § 43 BetrVG 1972 Nr. 1). Tonbandaufzeichnungen von Äußerungen in der Betriebsversammlung sind jedenfalls dann unzulässig, wenn sie ohne Wissen des Redners erfolgen. Der Versammlungsleiter ist daher verpflichtet, die Teilnehmer auf die Aufzeichnung ausdrücklich hinzuweisen (*LAG Düsseld.* 28.3.1980 DB 1980, 2396; *LAG München* 15.11.1977 BB 1979, 732). Wer die grundsätzliche Befugnis zur Aufnahme erteilen kann, ist im Einzelnen umstritten (das Spektrum der Meinungen reicht insoweit vom Versammlungsleiter, der Versammlung selbst – einstimmig oder durch Mehrheitsbeschluss – bis hin zum Redner, vgl. MünchArbR/*Joost* § 224 Rn. 45). Zum Schutze des Persönlichkeitsrechts kann jedenfalls jeder Redner verlangen, dass für die Dauer seines Beitrages das Aufnahmegerät abgeschaltet wird (DKK/*Berg* § 42 Rn. 14; **a. A.** MünchArbR/*Joost* § 224 Rn. 45, der die Zustimmung jeder einzelnen Person für notwendig erachtet).

925

## 5. Themen der Betriebsversammlung

### a) Bericht von Betriebsrat und Arbeitgeber

**926** Auf jeder ordentlichen Betriebsversammlung, d. h. einmal im Kalendervierteljahr, hat der Betriebsrat mündlich einen Tätigkeitsbericht zu erstatten (§ 43 Abs. 1 BetrVG), über dessen Inhalt zuvor im Betriebsrat ein Beschluss herbeizuführen ist (MünchArbR/*Joost* § 224 Rn. 53). Gegenstand der Information können nur die in § 45 BetrVG genannten Angelegenheiten sein. Insbesondere ist ein Überblick über die Tätigkeit des Betriebsrates und der Ausschüsse in der Zeit seit der letzten Berichterstattung bzw. der Konstituierung, über einzelne Aktivitäten, alle Maßnahmen, die der Betriebsrat getroffen hat, gegebenenfalls auch Überlegungen und Pläne sowie die allgemeine Lage des Betriebes zu geben. Soweit sie von Bedeutung für den Betrieb sind, ist im Tätigkeitsbericht auch über alle Vorgänge und Planungen des Gesamt- und Konzernbetriebsrates zu berichten. Strittig ist im Hinblick auf die Unterrichtungspflicht des Arbeitgebers in Abstimmung mit dem Wirtschaftsausschuss über die wirtschaftliche Lage und Entwicklung des Unternehmens nach § 110 BetrVG, ob im Tätigkeitsbericht auch über die Tätigkeit des Wirtschaftsausschusses zu berichten ist (abl. GK-BetrVG/*Weber* § 43 Rn. 6.; HSWGNR/*Worzalla* § 43 Rn. 14; bejahend DKK/*Berg* § 43 Rn. 7; *Fitting* § 43 Rn. 13). Nicht berichtet werden kann über die Tätigkeit der Arbeitnehmervertreter im Aufsichtsrat, da es sich insoweit nicht um Tätigkeit des Betriebsrates handelt (*BAG* 1.3.1966 EzA § 69 BetrVG 1952 Nr. 1). Betriebsverfassungsrechtliche Geheimhaltungspflichten (s. Rdn. 848 ff.) sind auch im Rahmen des Tätigkeitsberichtes zu beachten (GK-BetrVG/*Weber* § 43 Rn. 7).

**927** Einmal in jedem Kalenderjahr hat der Arbeitgeber in einer der vorgeschriebenen Betriebsversammlungen einen Jahresbericht über das Personal- und Sozialwesen einschließlich des Stands der Gleichstellung von Frauen und Männern im Betrieb sowie der Integration der im Betrieb beschäftigten ausländischen Arbeitnehmer, über die wirtschaftliche Lage und Entwicklung des Betriebs sowie über den betrieblichen Umweltschutz (Legaldefinition in § 89 Abs. 3 BetrVG, vgl. u. Rdn. 1891) zu erstatten, § 43 Abs. 2 BetrVG, wobei die Wahl der Versammlung ihm freisteht. Der Bericht ist mündlich (*Fitting* § 43 Rn. 20, GK-BetrVG/*Weber* § 43 Rn. 5) und auch in etwaigen Teilversammlungen ungekürzt zu erstatten. Die Pflicht zur Berichterstattung besteht nur insoweit, als dadurch Betriebs- oder Geschäftsgeheimnisse (s. Rdn. 849 f.) nicht gefährdet werden, § 43 Abs. 2 S. 3 BetrVG. Der Bericht ist vom Arbeitgeber zu erstatten, der sich jedoch eines Vertreters bedienen kann, wobei der Vertreter mit den zu berichtenden Vorgängen und Umständen hinreichend vertraut sein muss (GK-BetrVG/*Weber* § 43 Rn. 52). Zum Personalwesen gehören die Personalbedarfsplanung, Personalbeschaffung und -organisation sowie die Personalführung, soweit kollektive Belange betroffen sind (GK-BetrVG/*Weber* § 43 Rn. 9 ff.). Unter Sozialwesen fällt insbes. der Bericht über betriebliche Sozialeinrichtungen und sonstige Sozialleistungen des Betriebes (GK-BetrVG/*Weber* § 43 Rn. 11 f.). Zur wirtschaftlichen Lage und Entwicklung des Betriebes gehören beispielsweise die finanzielle Situation, die Produktions-, Absatz und Marktlage, Investitionsvorhaben, Planung von Betriebsänderungen, die Grundlinien der betrieblichen Entwicklung einschließlich der Einschätzung zukünftiger Tendenzen sowie alle sonstigen Vorgänge und Daten, die für die Interessen der Belegschaft von Bedeutung sind (MünchArbR/*Joost* § 224 Rn. 57 f.). Einzubeziehen sind auch die den Betrieb berührenden Entwicklungen des Unternehmens (GK-BetrVG/*Weber* § 43 Rn. 15).

**928** Unzulässig ist die Offenlegung von Betriebsratskosten durch den Arbeitgeber auf einer Betriebsversammlung im Rahmen der Darstellung des Betriebsergebnisses, wenn nur die betriebsratsbezogenen Kosten gesondert benannt und die übrigen Kosten global und zusammengefasst ausgewiesen werden, sodass sich die Arbeitnehmer kein zuverlässiges und aussagekräftiges Bild von allen kostenverursachenden und ertragsmindernden Faktoren machen können, da durch eine solche Informationsgestaltung der Betriebsrat in seiner Amtsführung beeinträchtigt werden kann (*BAG* 19.7.1995 EzA § 43 BetrVG 1972 Nr. 3). Die Berichtspflicht besteht unabhängig von der Verpflichtung zur Berichterstattung nach § 110 BetrVG.

## b) Sonstige Themen

Neben diesen Berichten können auf der Betriebsversammlung gem. § 45 BetrVG alle Angelegenheiten einschließlich solcher tarifpolitischer, sozialpolitischer, umweltpolitischer und wirtschaftlicher Art sowie Fragen der Förderung der Gleichstellung von Frauen und Männern und der Vereinbarkeit von Familie und Beruf sowie der Integration im Betrieb beschäftigter ausländischer Arbeitnehmer erörtert werden, die den Betrieb oder seine Arbeitnehmer unmittelbar betreffen. Bei der Hervorhebung einzelner Themen handelt es sich um keine abschließende Regelung. Behandelt werden können auch wirtschaftspolitische oder allgemein-politische Themen, soweit sie unmittelbare Auswirkungen auf den Betrieb und seine Arbeitnehmer haben können (MünchArbR/*Joost* § 227 Rn. 63). Unmittelbar betroffen sind Betrieb und Arbeitnehmer von innerbetrieblichen Vorgängen auch dann, wenn sie sich der Mitbestimmung und Mitwirkung durch den Betriebsrat entziehen, z. B. das Betriebsklima, ein Betriebsinhaberwechsel, die allgemeinen Aufgaben des Betriebsrates, die Tarifsituation und Tarifpolitik hinsichtlich einschlägiger im Betrieb angewandter Tarifverträge, u. U. auch Gesetze und Gesetzesentwürfe, nicht aber allgemeine (interne oder gewerkschaftspolitische) gewerkschaftliche Angelegenheiten betreffen. Für die Erörterung von Angelegenheiten auf einer Betriebsversammlung gelten nach §§ 45, 74, Abs. 2 BetrVG das Verbot von Arbeitskampfmaßnahmen, der Beeinträchtigung des Arbeitsablaufes und des Friedens des Betriebes sowie das Verbot parteipolitischer Betätigung. Den Betrieb betreffende Arbeitskämpfe dürfen auf einer Betriebsversammlung weder geplant, durchgeführt noch unterstützt werden (GK-BetrVG/*Weber* § 45 Rn. 26). Durch das Verbot der Beeinträchtigung des Betriebsfriedens wird nicht ausgeschlossen, Kritik am Betriebsrat, dem Arbeitgeber oder den betrieblichen Zuständen zu äußern. Die Kritik muss jedoch das erforderliche Maß an Rücksichtnahme einhalten und darf insbes. nicht verletzend oder persönlich werden (*BAG* 22.10.1964 EzA § 44 BetrVG 1952 Nr. 1). Das absolute Verbot parteipolitischer Betätigung bezweckt neben der Wahrung des Betriebsfriedens, die Arbeitnehmer in ihrer Wahlfreiheit als Staatsbürger zu schützen (*BAG* 13.9.1977 EzA § 45 BetrVG 1972 Nr. 1). Soweit nach § 45 BetrVG zulässige Themen behandelt werden, ist es unschädlich, dass diese Themen auch im parteipolitischen Bereich diskutiert werden. Auf der Betriebsversammlung dürfen die parteipolitischen Vorstellungen, Stellungnahmen und Diskussionen dann aber nicht in Erscheinung treten. Ein Verstoß liegt beispielsweise vor, wenn ein sonst als Referent für Sachfragen nicht auftretender Politiker als Teil seiner Wahlkampfstrategie im Rahmen einer Betriebsversammlung über ein sachlich zulässiges Thema spricht (*BAG* 13.9.1977 EzA § 45 BetrVG 1972 Nr. 1). 929

Bei Verstößen gegen die gesetzliche Themenbeschränkung besteht eine Pflicht des Versammlungsleiters zum Einschreiten, deren Verletzung zu einem Ausschluss nach § 23 Abs. 1 BetrVG führen kann. Für teilnehmende Arbeitnehmer kann bei einem Fehlverhalten eine ordentliche oder außerordentliche Kündigung in Betracht kommen (*BAG* 22.10.1964 EzA § 44 BetrVG 1952 Nr. 1), bei einem unzulässigen Diskussionsbeitrag allerdings nur dann, wenn der Betriebsrat als Versammlungsleiter zuvor versucht hat, die Fortsetzung des Diskussionsbeitrages zu verhindern (*Fitting* § 45 Rn. 31). 930

Die Betriebsversammlung kann dem Betriebsrat Anträge unterbreiten und zu seinen Beschlüssen Stellung nehmen. Diese kollektive Meinungsäußerung erfolgt im Wege der Beschlussfassung nach vorheriger, formlos möglicher Abstimmung, wobei die von der Versammlung gefassten Beschlüsse für den Betriebsrat nicht verbindlich sind. 931

## 6. Fortzahlung des Arbeitsentgelts, Fahrtkostenerstattung

Die Zeit der Teilnahme an Versammlungen, die regelmäßig während der Arbeitszeit stattzufinden haben, ist den Arbeitnehmern einschließlich der zusätzlichen Wegezeiten wie Arbeitszeit zu vergüten, § 44 Abs. 1 S. 2 BetrVG. Gleiches gilt, wenn die Versammlung wegen der Eigenart des Betriebes außerhalb der Arbeitszeit stattfindet, wobei dann den Arbeitnehmern auch zusätzliche Fahrtkosten zu erstatten sind, § 44 Abs. 1 S. 3 BetrVG. Bei sonstigen Betriebsversammlungen besteht grds. kein Vergütungsanspruch, es sei denn, sie werden im Einvernehmen mit dem Arbeitgeber wäh- 932 rend der Arbeitszeit durchgeführt. Dann darf der Arbeitgeber das Arbeitsentgelt nicht mindern, § 44 Abs. 2 S. 2 BetrVG.

933 Das Gesetz differenziert damit nach vergütungs- und fahrtkostenerstattungspflichtigen, nur vergütungspflichtigen Versammlungen und Versammlungen ohne Anspruch auf Arbeitsentgelt und Fahrtkostenerstattung.

*a) Vergütungs- und fahrtkostenerstattungspflichtige Versammlungen*

934 Gem. § 44 Abs. 1 BetrVG ist die Zeit der Teilnahme an:
- den Wahlversammlungen im vereinfachten Wahlverfahren (§ 14a BetrVG),
- der Betriebsversammlung zur Bestellung des Wahlvorstandes (§ 17 Abs. 1 BetrVG),
- den regelmäßigen Betriebs- oder Abteilungsversammlungen (§ 43 Abs. 1 S. 1 und 2 BetrVG),
- der in jedem Kalenderhalbjahr möglichen zusätzlichen Betriebs- oder Abteilungsversammlungen (§ 43 Abs. 1 S. 4 BetrVG) und
- den auf Antrag des Arbeitgebers einberufenen außerordentlichen Betriebs- oder Abteilungsversammlungen (§ 43 Abs. 3 BetrVG)

den Arbeitnehmern einschließlich zusätzlicher Wegezeiten wie Arbeitszeit zu vergüten.

Diese Vergütungsregelung gilt auch dann, wenn diese Versammlungen, die im Grundsatz während der Arbeitszeit stattzufinden haben, zulässigerweise wegen der Eigenart des Betriebes außerhalb der Arbeitszeit durchgeführt werden, wobei bei zulässiger Durchführung außerhalb der Arbeitszeit sich noch ein Anspruch auf Fahrtkostenersatz ergibt.

935 Bei dem Vergütungsanspruch nach § 44 Abs. 1 S. 2 und 3 BetrVG handelt es sich dabei nach Auffassung des *BGH* (31.5.1989 EzA § 44 BetrVG 1972 Nr. 9) um einen selbstständigen gesetzlichen Vergütungsanspruch, der nur davon abhängig ist, dass der betreffende Arbeitnehmer an einer der genannten Versammlungen teilgenommen hat. Nicht zu prüfen ist hingegen, ob der Arbeitnehmer, hätte er nicht an der Versammlung teilgenommen, einen Lohnanspruch erworben hätte, oder ob und inwieweit er ohne die Vergütung nach § 44 Abs. 1 S. 2 BetrVG einen Lohnverlust erleiden würde. Das Lohnausfallprinzip gilt nicht.

936 Der Anspruch besteht daher z. B. auch bei Teilnahme während des Erholungs- (*BAG* 5.5.1987 EzA § 44 BetrVG 1972 Nr. 5) oder Erziehungsurlaubs (*BAG* 31.5.1989 EzA § 44 BetrVG 1972 Nr. 9), bei Kurzarbeit (*BAG* 5.5.1987 EzA § 44 BetrVG 1972 Nr. 6) und bei Teilnahme während eines Arbeitskampfes, unabhängig davon, ob sich die betroffenen Arbeitnehmer am Streik beteiligen oder nicht (*BAG* 5.5.1987 EzA § 44 BetrVG 1972 Nr. 7).

937 Findet eine der genannten Versammlungen außerhalb der betrieblichen Arbeitszeit statt, besteht der Anspruch nur dann, wenn die Versammlung wegen der Eigenart des Betriebes außerhalb der Arbeitszeit stattfindet. Fehlt es daran, kommt jedoch eine Haftung des Arbeitgebers gegenüber den Arbeitnehmern unter dem Gesichtspunkt der Vertrauenshaftung in Betracht, wenn der Arbeitgeber durch ihm objektiv zurechenbare Umstände den Eindruck erweckt, dass er bereit sei, die Teilnahme zu vergüten. Darlegungs- und beweispflichtig für solche Umstände ist der Arbeitnehmer. Eine Vertrauenshaftung scheidet jedenfalls dann aus, wenn der Arbeitgeber vorher der Belegschaft gegenüber der Einberufung der Betriebsversammlung außerhalb der Arbeitszeit widersprochen hatte (*BAG* 27.11.1987 EzA § 44 BetrVG 1972 Nr. 8). Ferner kommt ein Schadensersatzanspruch des Arbeitnehmers gegen den Arbeitgeber in Betracht, wenn der Arbeitgeber es schuldhaft unterlassen hat, die Belegschaft auf die Rechtswidrigkeit der vom Betriebsrat außerhalb der Arbeitszeit einberufenen Betriebsversammlung hinzuweisen (*BAG* 27.11.1987 EzA § 44 BetrVG 1972 Nr. 8).

938 Bei den nach § 43 Abs. 1 S. 4 BetrVG unter der Voraussetzung, dass dies aus besonderen Gründen geboten erscheint, möglichen zusätzlichen Betriebs- oder Abteilungsversammlungen, hängt die Vergütungspflicht des Arbeitgebers nach § 44 Abs. 1 BetrVG ausschließlich davon ab, ob solche besonderen Gründe für die Versammlung vorlagen, nicht aber davon, ob solche Gründe offensichtlich oder nicht offensichtlich waren. Wird sie ohne das Vorliegen besonderer Gründe durchgeführt,

kommt demnach nur eine Haftung des Arbeitgebers unter dem Gesichtspunkt der Vertrauenshaftung oder der Verletzung vertraglicher Nebenpflichten in Betracht, die aber ausscheidet, wenn der Arbeitgeber die Belegschaft darauf hinweist, dass die Voraussetzungen für eine weitere Betriebsversammlung nach § 43 Abs. 1 S. 4 BetrVG nicht erfüllt sind (*BAG* 23.10.1991 EzA § 43 BetrVG 1972 Nr. 2).

Die Anspruchshöhe richtet sich nach dem individuellen Lohn des Arbeitnehmers. Soweit sich betriebliche und persönliche Arbeitszeit decken, erhält der Arbeitnehmer statt des vertraglichen Entgeltanspruchs den gesetzlichen Vergütungsanspruch in gleicher Höhe. Soweit die Betriebsversammlung außerhalb der persönlichen Arbeitszeit liegt, hat der Arbeitnehmer den gesetzlichen Vergütungsanspruch zusätzlich zu dem vertraglichen Anspruch (*BAG* 5.5.1987 EzA § 44 BetrVG 1972 Nr. 5; 5.5.1987 EzA § 44 BetrVG 1972 Nr. 6; 5.5.1987 EzA § 44 BetrVG 1972 Nr. 7). 939

Auch normalerweise geleistete besondere Zulagen sind zu zahlen (*Fitting* § 44 Rn. 31). Auf der anderen Seite besteht grds. kein Anspruch auf Mehrarbeitsvergütung oder entsprechende Zuschläge (*BAG* 5.5.1987 EzA § 44 BetrVG 1972 Nr. 5), es sei denn, es handelt sich um einen Arbeitnehmer, der während der Zeit der Betriebsversammlung tatsächliche Mehrarbeit geleistet hätte (*BAG* 18.9.1973 EzA § 44 BetrVG 1972 Nr. 2; **a. A.** etwa DKK/*Berg* § 44 Rn. 15). Kontrovers diskutiert wird, inwieweit der Anspruch entfällt, wenn in der Versammlung in erheblichem Umfang unzulässige Themen erörtert werden (vgl. GK-BetrVG/*Weber* § 44 Rn. 59). Einigkeit besteht darüber, dass jedenfalls unwesentliche Verstöße § 45 BetrVG außer Betracht bleiben. Bei wesentlichen Verstößen wird z. T. (*LAG Düsseld.* 22.1.1963 AP Nr. 7 zu § 43 BetrVG) für die Zeit unzulässiger Beiträge ein Entfallen des Lohnzahlungsanspruches angenommen. Unterlässt der an der Versammlung teilnehmende Arbeitgeber einen Hinweis auf die Unzulässigkeit bestimmter Themen und den damit einhergehenden Wegfall der Vergütungspflicht, behalten die Arbeitnehmer den Vergütungsanspruch unter dem Gesichtspunkt des Vertrauensschutzes (*LAG BW* 17.2.1987 DB 1987, 1441; *LAG Brem.* 5.3.1982 DB 1982, 1573). 940

Der Vergütungsanspruch umfasst auch zusätzliche Wegezeiten, die Arbeitnehmer aufbringen müssen, um die Betriebsversammlung besuchen zu können. Zusätzlich sind nur Wegezeiten, die über die Wegezeit hinaus aufgewendet werden müssen, die zur Erfüllung der Arbeitspflicht benötigt wird (*BAG* 5.5.1987 EzA § 44 BetrVG 1972 Nr. 7). 941

Ein Anspruch auf Erstattung von Fahrtkosten besteht, wenn die Versammlung wegen der Eigenart des Betriebes außerhalb der Arbeitszeit stattfindet und dem Arbeitnehmer deshalb Fahrtkosten entstanden sind. Analog § 44 Abs. 1 S. 3 BetrVG besteht ein Fahrtkostenersatzanspruch auch dann, wenn die Versammlung zwar während der betrieblichen Arbeitszeit, jedoch außerhalb der persönlichen Arbeitszeit des Arbeitnehmers stattfindet, sodass dem Arbeitnehmer durch die Teilnahme an der Versammlung zusätzliche Fahrtkosten entstanden sind (*BAG* 5.5.1987 EzA § 44 BetrVG 1972 Nr. 7). 942

Streitig ist, inwieweit ein arbeitsvertraglicher Vergütungsanspruch hinsichtlich der Arbeitnehmer besteht, die nicht an der Versammlung teilnehmen, wenn auf Grund der Betriebsversammlung eine tatsächliche Beschäftigungsmöglichkeit nicht besteht. Z. T. (vgl. GK-BetrVG/*Weber* § 44 Rn. 64 ff.) wird vertreten, dass ein Vergütungsanspruch wegen Unmöglichkeit bzw. Unvermögen ausscheide, z. T. (*Fitting* § 44 Rn. 35) werden Vergütungsansprüche unter dem Gesichtspunkt des Annahmeverzuges bzw. in Anwendung der Grundsätze über die Betriebsrisikolehre bejaht. 943

**b) *Nur vergütungspflichtige Versammlungen und Versammlungen ohne Anspruch auf Arbeitsentgelt und Fahrtkostenerstattung***

Die vom Betriebsrat auf Grund eines eigenen Entschlusses oder auf Antrag von einem Viertel der wahlberechtigten Arbeitnehmer einberufenen außerordentlichen Betriebsversammlungen nach § 43 Abs. 3 BetrVG finden i. d. R. außerhalb der Arbeitszeit statt und begründen grds. keine Ansprüche wegen Vergütung, Wegezeiten oder Fahrtkosten. Werden sie während der Arbeitszeit durchgeführt, besteht ebenfalls kein Anspruch auf Zahlung der vertraglichen Vergütung. In Betracht kom- 944

# Kapitel 13

men lediglich Ansprüche unter dem Gesichtspunkt der Vertrauenshaftung oder der Verletzung der Fürsorgepflicht, wenn der Arbeitgeber den Eindruck erweckt, mit der Durchführung einer solchen Versammlung während der Arbeitszeit einverstanden zu sein oder er, obwohl ihm dies möglich wäre, die Arbeitnehmer nicht darauf hinweist, dass er zur Entgeltfortzahlung nicht bereit ist (MünchArbR/ *Joost* § 224 Rn. 105). Werden derartige Versammlungen im Einvernehmen mit dem Arbeitgeber während der Arbeitszeit durchgeführt, ist dieser nach § 44 Abs. 2 BetrVG nicht zur Minderung des Arbeitsentgelts berechtigt. Die Arbeitnehmer behalten also hier ihren vertraglichen Entgeltanspruch nach Maßgabe des sog. Lohnausfallprinzips. Ein Arbeitnehmer, der außerhalb seiner persönlichen Arbeitszeit an einer solchen Versammlung teilnimmt, hat demgemäß keinen Vergütungsanspruch. Ein Anspruch auf Vergütung zusätzlicher Wegezeit oder Erstattung von Fahrtkosten besteht nicht.

### 7. Streitigkeiten

945 Über Streitigkeiten im Zusammenhang mit der Einberufung und Durchführung von Betriebs- oder Abteilungsversammlungen ist im arbeitsgerichtlichen Beschlussverfahren zu entscheiden. Die Ansprüche der Arbeitnehmer auf Vergütung von Zeiten der Teilnahme an einer Betriebsversammlung, der zusätzlichen Wegezeiten und auf Erstattung von Fahrtkosten und auf Fortzahlung des Arbeitsentgelts sind im arbeitsgerichtlichen Urteilsverfahren geltend zu machen.

## II. Gesamtbetriebsrat, §§ 47 ff. BetrVG

### 1. Errichtung

#### a) Pflicht zur Errichtung, Folgen der Nichterrichtung

946 Gem. § 47 Abs. 1 BetrVG ist ein Gesamtbetriebsrat zu errichten, wenn in einem Unternehmen mehrere Betriebsräte bestehen. Liegen diese Voraussetzungen vor, ist die Errichtung eines Gesamtbetriebsrats zwingend vorgeschrieben. Die Verletzung der den einzelnen Betriebsräten auferlegten Verpflichtung, an der Errichtung des Gesamtbetriebsrates mitzuwirken, kann nach § 23 Abs. 1 BetrVG die Auflösung des untätigen Betriebsrates rechtfertigen (GK-BetrVG/*Kreutz* § 47 Rn. 30).

947 Soweit gesetzwidrig kein Gesamtbetriebsrat gebildet wird, hat dies zur Konsequenz, dass Beteiligungsrechte hinsichtlich solcher Angelegenheiten entfallen, die nach § 50 Abs. 1 BetrVG in den originären Zuständigkeitsbereich des Gesamtbetriebsrates (s. Rdn. 970 ff.) fallen würden (GK-BetrVG/*Kreutz* § 50 Rn. 18).

#### b) Voraussetzungen der Errichtung

948 Voraussetzung der Errichtung eines Gesamtbetriebsrates ist, dass in einem Unternehmen mehrere Betriebsräte bestehen, § 47 Abs. 1 BetrVG.

949 Der Unternehmensbegriff ist gesetzlich nicht definiert und daher im Einzelnen streitig. Überwiegend wird als Unternehmen die organisatorische Einheit definiert, mit der ein Unternehmer für entferntere wirtschaftliche oder ideelle Ziele einen übergreifenden, i. d. R. wirtschaftlichen Zweck verfolgt bzw. als Organisations- und Wirkungseinheit, durch die eine unternehmerische Zwecksetzung verwirklicht wird (HSWGNR/*Rose* § 1 Rn. 12). Ein Unternehmen muss daher eine einheitliche und selbstständige Organisation sowie eine einheitliche Rechtspersönlichkeit aufweisen.

950 Deshalb können Betriebsräte von Betrieben verschiedener Rechtsträger auch dann keinen Gesamtbetriebsrat errichten, wenn die verschiedenen Rechtsträger wirtschaftlich verflochten sind oder die jeweilige Unternehmensleitung von denselben Personen ausgeübt wird (*BAG* 17.3.2010 EzA § 47 BetrVG 2001 Nr. 5; 13.2.2007 EzA § 47 BetrVG 2001 Nr. 4; 29.11.1989 EzA § 47 BetrVG 1972 Nr. 6; 11.12.1987 EzA § 47 BetrVG 1972 Nr. 5).

951 Bei der GmbH & Co. KG kommt deshalb die Bildung eines Gesamtbetriebsrates nur in Betracht, wenn die KG mehrere Betriebe hat. Hat zugleich auch die GmbH mehrere selbstständige Betriebe,

kommt auch dort ein Gesamtbetriebsrat, im Übrigen aber wegen der fehlenden rechtlichen Identität beider Unternehmen nur die Bildung eines Konzernbetriebsrates nach § 54 in Betracht (HSWGNR/*Glock* § 47 Rn. 12; GK-BetrVG/*Kreutz* § 47 Rn. 20).

Auch für von verschiedenen Trägerunternehmen unterhaltene Gemeinschaftsbetriebe kann kein unternehmensübergreifender Gesamtbetriebsrat errichtet werden; die Trägerunternehmen werden durch die Bildung von Gemeinschaftsbetrieben nicht zu einem Unternehmen i. S. v. § 47 BetrVG. Vielmehr entsenden die Betriebsräte der Gemeinschaftsbetriebe jeweils Mitglieder in sämtliche bei den Trägerunternehmen zu errichtenden Gesamtbetriebsräte. Dies folgt zwingend aus § 47 Abs. 9 BetrVG (*BAG* 17.3.2010 EzA § 47 BetrVG 2001 Nr. 5). 952

Entsteht bei einem Zusammenschluss von Rechtsträgern von Unternehmen ein neuer, eigener Unternehmensträger, etwa durch Gründung einer GmbH durch zwei AGen, ist auf den Geschäftsbereich der GmbH abzustellen, d. h. ein Gesamtbetriebsrat kann nur gebildet werden, wenn im Geschäftsbereich der GmbH zumindest zwei Betriebsräte bestehen. Entsteht durch den Zusammenschluss hingegen keine Kapital-, sondern nur eine Personenhandelsgesellschaft oder eine BGB-Gesellschaft, ist maßgeblich auf die Arbeitgeberstellung abzustellen. Nur wenn ein neuer Unternehmensträger in seinem Geschäftsbereich als Arbeitgeber Arbeitnehmer beschäftigt, kommt bei Bestehen mindestens zweier Betriebsräte die Errichtung eines Gesamtbetriebsrates in Betracht (GK-BetrVG/*Kreutz* § 47 Rn. 23). Bilden zwei oder mehrere Unternehmen eine Gesellschaft zur Führung von vorhandenen Betrieben (Betriebsführungsgesellschaft), ist kein Gesamtbetriebsrat zu errichten, wenn die Eigentümer-Gesellschafter Arbeitgeber des Betriebes bleiben, der Betrieb also nicht der Betriebsführungsgesellschaft übertragen wird (GK-BetrVG/*Kreutz* § 47 Rn. 24; DKK/*Trittin* § 47 Rn. 18). Nach herrschender Meinung (DKK/*Trittin* § 47 Rn. 17) können damit also natürliche Personen nur ausnahmsweise auch Träger mehrerer Unternehmen sein, wenn diese durch Leitung und Organisation völlig voneinander getrennt sind (a. A. GK-BetrVG/*Kreutz* § 47 Rn. 19: der gesamte Geschäftsbereich eines Einzelunternehmers, in dem er als Arbeitgeber Arbeitnehmer beschäftigt, bildet stets ein Unternehmen i. S. d. § 47 BetrVG). 953

Hat das Unternehmen seinen Sitz im Ausland, bestehen aber im Inland zwei Betriebsräte, ist für die inländischen Betriebe ein Gesamtbetriebsrat zu errichten, während Arbeitnehmervertretungen ausländischer Betriebe nicht an der Bildung des inländischen Gesamtbetriebsrates beteiligt werden können (GK-BetrVG/*Kreutz* § 47 Rn. 7, 8). 954

### c) Bildung

Die Bildung des Gesamtbetriebsrates erfolgt durch die Entsendung von Betriebsratsmitgliedern. Er ist daher kein gewähltes, sondern ein aus – auf Grund ordnungsgemäßer Betriebsratsbeschlüsse – entsandten Betriebsratsmitgliedern bestehendes Organ der Betriebsverfassung (*LAG Frankf./M.* 21.12.1976 DB 1977, 2056). Der Gesamtbetriebsrat entsteht durch die Entsendung der Betriebsratsmitglieder zur konstituierenden Sitzung und Wahl des Vorsitzenden und seines Stellvertreters. Die Zuständigkeit für die Einladung der Betriebsräte zur konstituierenden Sitzung richtet sich nach § 51 Abs. 2 S. 1 BetrVG. Wird die Einladung pflichtwidrig unterlassen, ist streitig, ob die bereits bestimmten Gesamtbetriebsratsmitglieder oder einige von ihnen selbst die Initiative ergreifen und zur konstituierenden Sitzung einladen können (vgl. GK-BetrVG/*Kreutz* § 51 Rn. 15). 955

## 2. Größe und Zusammensetzung

Gem. § 47 Abs. 2 BetrVG entsendet jeder Betriebsrat mit bis zu drei Mitgliedern eines seiner Mitglieder und Betriebsräte mit mehr als drei Mitgliedern zwei seiner Mitglieder. Der Gesamtbetriebsrat hat damit also höchstens doppelt so viele Mitglieder wie Betriebsräte vorhanden sind. 956

Von der gesetzlichen Pauschalierung der Mitgliederzahl kann durch Tarifvertrag oder Betriebsvereinbarung abgewichen werden, § 47 Abs. 4, 5 BetrVG (vgl. *Klaasen* DB 1993, 2180 ff.). Für den Abschluss des Tarifvertrages genügt die Tarifbindung des Arbeitgebers, da der Vertrag eine betriebsverfassungsrechtliche Regelung enthält, § 3 Abs. 2 TVG. Für den Abschluss der Betriebsvereinbarung 957 ist der Gesamtbetriebsrat in der gesetzlichen Größe zuständig (*BAG* 15.8.1978 EzA § 47 BetrVG 1972 Nr. 2). Grds. handelt es sich um eine freiwillige Betriebsvereinbarung. Gehören dem Gesamtbetriebsrat allerdings mehr als 40 Mitglieder an und besteht keine von der gesetzlichen Pauschalierung abweichende tarifliche Regelung, ist der Abschluss einer solchen Betriebsvereinbarung obligatorisch und mittels Einigungsstellenverfahrens erzwingbar, § 47 Abs. 6 BetrVG.

958 Über die zu entsendenden Mitglieder entscheidet der Betriebsrat durch Beschluss. Es erfolgt keine Wahl nach den Grundsätzen der Verhältniswahl (*BAG* 21.7.2004 EzA § 47 BetrVG 2001 Nr. 1). Soweit zwei Mitglieder zu entsenden sind, sollen die Geschlechter angemessen berücksichtigt werden. Für jedes Mitglied des Gesamtbetriebsrates ist vom Betriebsrat mindestens ein Ersatzmitglied zu bestellen und die Reihenfolge des Nachrückens festzulegen, § 47 Abs. 3 BetrVG (*BAG* 28.4.1992 EzA § 50 BetrVG 1972 Nr. 10; 26.1.1993 EzA § 99 BetrVG 1972 Nr. 109).

### 3. Stimmengewichtung

959 Da dem Gesamtbetriebsrat Vertreter unterschiedlich großer Betriebe angehören können, sieht § 47 Abs. 7 und 8 BetrVG eine spezielle Stimmengewichtung vor. Jedes Gesamtbetriebsratsmitglied hat so viele Stimmen, wie wahlberechtigte Arbeitnehmer in der Wählerliste desjenigen Betriebs eingetragen sind, in dem es gewählt worden ist. Sind zwei Mitglieder in den Gesamtbetriebsrat zu entsenden, stehen diesen die genannten Stimmen anteilig zu.

960 Gem. § 47 Abs. 9 BetrVG kann für Mitglieder des Gesamtbetriebsrats, die aus einem gemeinsamen Betrieb mehrerer Unternehmen entsandt worden sind, durch Tarifvertrag oder Betriebsvereinbarung eine andere Stimmengewichtung vereinbart werden. Hierdurch soll es beispielsweise ermöglicht werden, eine Regelung zu treffen, dass dann, wenn im Gesamtbetriebsrat eines der beteiligten Unternehmen über eine Angelegenheit beschlossen werden soll, die nur dieses Unternehmen betrifft, den Vertretern der Arbeitnehmer des gemeinsamen Betriebs nur die Stimmen der Arbeitnehmer, die in dem von der Regelung betroffenen Unternehmen beschäftigt sind, zustehen (BegrRegE zum BetrVerf-ReformG, BT-Drs. 14/5741, S. 42).

### 4. Organisation und Geschäftsführung des Gesamtbetriebsrats

961 Gem. § 51 Abs. 1 BetrVG gelten für Organisation und Geschäftsführung des Gesamtbetriebsrates weitgehend die für den Betriebsrat geltenden Vorschriften entsprechend. Folglich wählt der Gesamtbetriebsrat unter der Leitung des aus seiner Mitte bestellten Wahlleiters einen Vorsitzenden und einen stellvertretenden Vorsitzenden (§ 51 Abs. 1, Abs. 2, § 26 Abs. 1 BetrVG). Die Aufgaben von Vorsitzendem und stellvertretendem Vorsitzenden entsprechen denen von Vorsitzendem und stellvertretendem Vorsitzenden eines Betriebsrates. Besteht der Gesamtbetriebsrat aus weniger als neun Mitgliedern, können die laufenden Geschäfte auf den Vorsitzenden oder andere Gesamtbetriebsratsmitglieder übertragen werden, §§ 51 Abs. 1, 27 Abs. 3 BetrVG. Der Vorsitzende wird grds. für eine unbefristete Amtszeit gewählt. Weil die Mitgliedschaft im Gesamtbetriebsrat mit dem Erlöschen der Mitgliedschaft im Betriebsrat entfällt, endet das Amt des Gesamtbetriebsratsvorsitzenden mit der Amtszeit des Betriebsrats, der ihn entsandt hat. Deshalb ist regelmäßig eine Neuwahl des Vorsitzenden alle vier Jahre erforderlich. Das Amt endet außerdem in allen anderen Fällen des Erlöschens der Mitgliedschaft des Vorsitzenden im Gesamtbetriebsrat. Der Vorsitzende und sein Stellvertreter können jederzeit abgewählt werden und ihr Amt niederlegen.

962 Hat der Gesamtbetriebsrat neun oder mehr Mitglieder, ist ein Gesamtbetriebsausschuss zur Führung der laufenden Geschäfte zu bilden, dem der Vorsitzende und sein Stellvertreter kraft Amtes angehören und dessen weitere Größe sich nach der Staffel des § 51 Abs. 1 S. 2 richtet. Die weiteren Mitglieder des Gesamtbetriebsausschusses sind nach den Grundsätzen der Verhältniswahl zu wählen (*BAG* 21.7.2004 EzA § 47 BetrVG 2001 Nr. 1). Neben der dem Gesamtbetriebsausschuss obliegenden Führung der laufenden Geschäfte können dem Gesamtbetriebsausschuss Aufgaben zur selbstständigen Erledigung übertragen werden, §§ 51 Abs. 1, 27 Abs. 2 BetrVG. Seine Beschlüsse werden mit der Mehrheit der Stimmen der anwesenden Mitglieder gefasst, §§ 51 Abs. 5, 33 Abs. 1 BetrVG.

Vergrößert sich die Zahl der Mitglieder des Gesamtbetriebsrats und dadurch nach § 51 Abs. 1 BetrVG auch die Zahl der Mitglieder im Gesamtbetriebsausschuss, sind auch alle weiteren Mitglieder des Gesamtbetriebsausschusses nach den Grundsätzen der Verhältniswahl neu zu wählen (*BAG* 16.3.2005 EzA § 51 BetrVG 2001 Nr. 2 = AP Nr. 5 zu § 51 BetrVG). Möglich ist auch die Bildung weiterer Ausschüsse, § 51 Abs. 1 i. V. m. § 28 BetrVG.

Für die Einberufung der Sitzungen des Gesamtbetriebsrates gilt § 29 Abs. 2–4 BetrVG entsprechend, § 51 Abs. 2 S. 3 BetrVG. Die Einzelbetriebsräte können eine Gesamtbetriebsratssitzung nicht erzwingen. Entsprechend anwendbar ist gem. § 51 Abs. 2 BetrVG jedoch § 29 Abs. 3 BetrVG, sodass eine Sitzung anzuberaumen und ein Gegenstand auf die Tagesordnung zu setzen ist, wenn dies von einem Viertel der Mitglieder des Gesamtbetriebsrats beantragt wird. Sitzungen können auch in Einzelbetrieben des Unternehmens durchgeführt werden, in denen Betriebsräte gebildet sind (*BAG* 24.7.1979 EzA § 40 BetrVG 1972 Nr. 46). Ein Teilnahmerecht des Arbeitgebers besteht nach Maßgabe von § 29 Abs. 4 BetrVG. Zu beachten sind ferner die Teilnahmerechte der Gesamt-Jugend- und Auszubildendenvertretung (§§ 73 Abs. 2, 67 Abs. 1 BetrVG) und der Gesamtschwerbehindertenvertretung (§ 52 BetrVG). Das Teilnahmerecht von Gewerkschaftsbeauftragten richtet sich nach §§ 51 Abs. 1, 31 BetrVG. Strittig ist, ob es ausreicht, dass eine Gewerkschaft in einem Betriebsrat (so z. B. *Fitting* § 51 Rn. 37; DKK/*Trittin* § 51 Rn. 45) vertreten ist oder diese im Gesamtbetriebsrat selbst vertreten sein muss (so z. B. GK-BetrVG/*Kreutz* § 51 Rn. 59). Das für den Antrag auf Teilnahme des Gewerkschaftsbeauftragten erforderliche Quorum von einem Viertel der Mitglieder des Gesamtbetriebsrats bezieht sich nach überwiegender Auffassung (GK-BetrVG/*Kreutz* § 51 Rn. 59; HSWGNR/*Glock* § 51 Rn. 29; *Fitting* § 51 Rn. 36) auf das Stimmgewicht der Gesamtbetriebsratsmitglieder nach § 47 Abs. 7, 8 BetrVG.

Beschlüsse des Gesamtbetriebsrates werden mit der Mehrheit der Stimmen der anwesenden Mitglieder gefasst, wobei die Zahl der Stimmen maßgeblich ist, die jedem Gesamtbetriebsratsmitglied infolge der Stimmengewichtung zusteht. Beschlussfähigkeit ist gegeben, wenn mindestens die Hälfte der Mitglieder an der Beschlussfassung teilnimmt und die Teilnehmenden nach dem Grundsatz der Stimmengewichtung (§ 47 Abs. 7, 8 BetrVG) mindestens die Hälfte aller Stimmen vertreten, § 51 Abs. 3 BetrVG. Die Mitglieder des Gesamtbetriebsrates üben trotz ihrer Entsendung durch die Einzelbetriebsräte ein freies Mandat aus und sind nicht an Weisungen der Einzelbetriebsräte gebunden.

Hinsichtlich Kosten, Sachaufwand und Personal findet die Vorschrift des § 40 BetrVG entsprechende Anwendung, § 51 Abs. 1 BetrVG. Ein eigenes, an alle Arbeitnehmer herausgegebenes Informationsblatt ist nicht erforderlich, da in aller Regel ausreicht, dass der einzelne Betriebsrat den Arbeitnehmern mit Hilfe seiner Informationsmittel die Ergebnisse der Tätigkeit auch des Gesamtbetriebsrates übermittelt (*BAG* 21.11.1978 EzA § 40 BetrVG 1972 Nr. 40).

### 5. Rechtsstellung der Mitglieder

Für die Mitglieder des Gesamtbetriebsrates ist § 37 Abs. 1–3 BetrVG entsprechend anwendbar, § 51 Abs. 1 BetrVG. Der Gesamtbetriebsrat hat kein Recht auf volle Freistellung eines seiner Mitglieder nach § 38 BetrVG, jedoch einen Anspruch auf zeitweise zusätzliche Freistellung nach § 37 Abs. 2 BetrVG, soweit dies zur ordnungsgemäßen Durchführung der Aufgaben erforderlich ist (*LAG München* 19.7.1990 NZA 1991, 905). Ist im Rahmen der Arbeitsbefreiung nach § 37 Abs. 2 BetrVG eine vollständige Arbeitsbefreiung erforderlich, ist streitig, ob das formelle Freistellungsverfahren nach § 38 Abs. 2 BetrVG entsprechend anzuwenden ist (abl. GK-BetrVG/*Kreutz* § 51 Rn. 55; bejahend DKK/*Trittin* § 51 Rn. 51).

Anspruch auf Arbeitsbefreiung zur Teilnahme an Schulungs- und Bildungsveranstaltungen haben Gesamtbetriebsratsmitglieder nur in ihrer Eigenschaft als Betriebsratsmitglieder, wobei die Tätigkeit im Gesamtbetriebsrat bei der Feststellung der Erforderlichkeit einer Veranstaltung mit zu berücksichtigen ist. Zur Beschlussfassung über die Entsendung ist aber in jedem Falle der Betriebsrat, nicht der Gesamtbetriebsrat berufen (*BAG* 10.6.1975 EzA § 37 BetrVG 1972 Nr. 42). Die besonderen Schutzbestimmungen nach §§ 37 Abs. 4, 5, 38 Abs. 4 BetrVG und der besondere Kündigungsschutz (§ 15 KSchG, § 103 BetrVG) finden auf die Gesamtbetriebsratsmitglieder als solche keine Anwendung, gelten für sie aber in ihrer Eigenschaft als Mitglieder des Betriebsrates. Auch die Mitglieder des Gesamtbetriebsrates unterliegen der Geheimhaltungspflicht, § 79 Abs. 2 BetrVG.

### 6. Amtszeit und Beendigung der Mitgliedschaft

968 Für den einmal gebildeten Gesamtbetriebsrat sieht das Gesetz keine begrenzte Amtszeit vor. Es handelt sich vielmehr um eine betriebsverfassungsrechtliche Dauereinrichtung mit wechselnder Mitgliedschaft. Sein Amt endet immer dann, wenn die Voraussetzungen für seine Errichtung weggefallen sind, er kein Mitglied mehr hat oder das Unternehmen, für das er errichtet ist, rechtlich untergeht (vgl. GK-BetrVG/*Kreutz* § 47 Rn. 51, 52). Das ist insbes. bei gesellschaftsrechtlicher Gesamtrechtsnachfolge in Umwandlungsfällen der Fall (vgl. GK-BetrVG/*Kreutz* § 47 Rn. 52). Soweit ein Unternehmen sämtliche Betriebe an einen bisher arbeitnehmerlosen neuen Inhaber überträgt, besteht der Gesamtbetriebsrat als Gesamtbetriebsrat des übernehmenden Unternehmens fort. Ein Fortbestand kommt aber dann nicht in Betracht, wenn entweder nicht sämtliche Betriebe eines Unternehmens auf den neuen Inhaber übertragen werden oder das übernehmende Unternehmen bereits einen oder mehrere Betriebe hat und sich die betrieblichen Strukturen im übernehmenden Unternehmen durch die Integration der neuen Betriebe in das Unternehmen entsprechend ändern (*BAG* 5.6.2002 EzA § 47 BetrVG 1972 Nr. 9; a.A. etwa *Hohenstatt/Müller-Bonanni* NZA 2003, 766, 767 f.]: Fortbestand des Gesamtbetriebsrats im übernehmenden Unternehmen, wenn die Betriebsstrukturen im Wesentlichen erhalten bleiben). Anders als beim Betriebsrat (§ 23 Abs. 1 BetrVG) ist die Möglichkeit der gerichtlichen Auflösung des Gesamtbetriebsrats nicht vorgesehen.

969 Die Beendigung der Mitgliedschaft des einzelnen Mitglieds richtet sich nach § 49 BetrVG. Das gerichtliche Ausschlussverfahren nach § 48 BetrVG entspricht dem Verfahren nach § 23 Abs. 1 BetrVG. Die Pflichtverletzung muss sich auf die Tätigkeit im Gesamtbetriebsrat beziehen. Das ausgeschlossene Mitglied kann während der Amtszeit des entsendenden Betriebsrates nicht erneut entsandt werden (GK-BetrVG/*Kreutz* § 48 Rn. 18 ff., 24).

### 7. Zuständigkeit des Gesamtbetriebsrates

970 § 50 BetrVG regelt die Zuständigkeitsabgrenzung zwischen dem Gesamtbetriebsrat und Einzelbetriebsräten zwingend (*BAG* 28.4.1992 EzA § 50 BetrVG 1972 Nr. 10). Sie kann durch Tarifvertrag, Betriebsvereinbarung oder Vereinbarung zwischen Gesamtbetriebsrat und Einzelbetriebsräten nicht abgeändert werden (GK-BetrVG/*Kreutz* § 50 Rn. 6; zur Unabänderbarkeit durch Tarifvertrag vgl. *BAG* 11.11.1998 EzA § 50 BetrVG 1972 Nr. 16). Nach Auffassung des *BAG* (28.4.1992 EzA § 50 BetrVG 1972 Nr. 10) räumt § 50 Abs. 1 BetrVG dem Gesamtbetriebsrat insoweit eine originäre Zuständigkeit für überbetriebliche Angelegenheiten des Unternehmens oder Gesamtunternehmens und für Angelegenheiten mehrerer Betriebe ein. Die Zuständigkeitsverteilung nach dieser Vorschrift betrifft aber nur die im Betriebsverfassungsgesetz geregelten Mitwirkungs- und Mitbestimmungsrechte, bei denen Arbeitgeber und Betriebsrat eine Regelungsbefugnis eröffnet ist. Bei Beteiligungssachverhalten, die einer weiteren Ausgestaltung durch die Betriebsparteien nicht zugänglich sind oder einer solchen nicht bedürfen, verbleibt es bei der Zuständigkeit des Betriebsrats. So steht das Überwachungsrecht nach § 80 Abs. 1 BetrVG dem örtlichen Betriebsrat zu (*BAG* 16.8.2011 EzA § 50 BetrVG 2001 Nr. 9).

971 Im Verhältnis zu den Einzelbetriebsräten gilt der Grundsatz der Zuständigkeitstrennung. Ein originäres Mitbestimmungsrecht des Gesamtbetriebsrates und entsprechende Mitbestimmungsrechte der Einzelbetriebe schließen sich gegenseitig aus (*BAG* 5.12.1975 EzA § 47 BetrVG 1972 Nr. 1; 6.4.1976 EzA § 50 BetrVG 1972 Nr. 2; 3.5.1984 EzA § 81 ArbGG 1979 Nr. 6; *LAG Düsseld.* 6.2.1991 LAGE § 50 BetrVG 1972 Nr. 4).

972 Nach anderer Auffassung bleibt eine Zuständigkeit der Einzelbetriebsräte auch bei einer an sich in den Zuständigkeitsbereich des Gesamtbetriebsrates fallenden Angelegenheit jedenfalls solange beste-

## C. Sonstige Einrichtungen der Betriebsverfassung  Kapitel 13

hen, wie dieser von seiner Zuständigkeit keinen Gebrauch macht (*LAG Nbg.* 21.9.1992 NZA 1993, 281; DKK/*Trittin* § 50 Rn. 13).

### a) Originäre Zuständigkeit

Eine originäre Zuständigkeit des Gesamtbetriebsrates besteht, wenn es um die Behandlung überbetrieblicher Angelegenheiten, also solcher geht, die das Gesamtunternehmen oder mehrere (zumindest also zwei) Betriebe betreffen und nicht durch die einzelnen Betriebsräte innerhalb ihrer Betriebe geregelt werden können. Ein Nicht-Regeln-Können durch die einzelnen Betriebsräte liegt dabei vor, wenn der einzelne Betriebsrat objektiv oder subjektiv außer Stande ist, das Mitbestimmungsrecht auszuüben, aber auch dann, wenn ein zwingendes Erfordernis für eine unternehmenseinheitliche oder jedenfalls betriebsübergreifende Regelung besteht, wobei auf die Verhältnisse des einzelnen konkreten Unternehmens abzustellen ist (*BAG* 10.10.2006 EzA § 77 BetrVG 2001 Nr. 18). Ein zwingendes Erfordernis folgt allerdings nicht bereits aus der Zweckmäßigkeit einer einheitlichen Regelung oder allein aus dem Koordinationsinteresse des Arbeitgebers (*BAG* 28.4.1992 EzA § 50 BetrVG 1972 Nr. 10; 26.1.1993 EzA § 99 BetrVG 1972 Nr. 109). 973

Eine objektive Unmöglichkeit liegt vor, wenn eine Maßnahme ihrem Gegenstand nach ausschließlich unternehmensbezogen ist und auch gedanklich nicht in Teilakte zerlegt werden kann, wie insbes. bei der Errichtung und Verwaltung unternehmensbezogener Sozialeinrichtungen (GK-BetrVG/*Kreutz* § 50 Rn. 27 ff.). Eine subjektive Unmöglichkeit liegt insbes. im Bereich freiwilliger Betriebsvereinbarungen dann vor, wenn der Arbeitgeber nur auf überbetrieblicher Ebene zu einer Regelung bereit ist (*BAG* 10.10.2006 EzA § 77 BetrVG 2001 Nr. 18; 26.4.2005 EzA § 87 BetrVG 2001 Betriebliche Lohngestaltung Nr. 6; 28.4.1992 EzA § 50 BetrVG 1972 Nr. 10) oder es um die Gewährung freiwilliger Leistungen geht, da hier ein Mitbestimmungsrecht des Betriebsrates nur hinsichtlich der Frage der Verteilung der Leistungen besteht, der Arbeitgeber aber mitbestimmungsfrei u. a. darüber entscheidet, an welchen Adressatenkreis er das Gesamtvolumen verteilen will. Erklärt der Arbeitgeber diesbezüglich, er wolle die zusätzliche Leistung nur erbringen, wenn eine einheitliche Regelung für das Gesamtunternehmen zustande komme, ist den einzelnen Betriebsräten die Wahrnehmung des Mitbestimmungsrechts nach § 87 Abs. 1 Nr. 10 BetrVG subjektiv unmöglich (*BAG* 11.2.1992 EzA § 76 BetrVG 1972 Nr. 60). Die Theorie der subjektiven Unmöglichkeit ist aber nicht anwendbar, wenn der Arbeitgeber zur Reduzierung einer den Arbeitnehmern zustehenden Leistung oder zu einer diese belastenden Regelung der Mitbestimmung des Betriebsrats bedarf, so etwa dann wenn ein Tarifvertrag vorsieht, dass ein tariflicher Anspruch durch eine freiwillige Betriebsvereinbarung gekürzt werden kann und er die Zuständigkeit nicht abweichend regelt (*BAG* 19.6.2007 EzA § 58 BetrVG 2001 Nr. 1). 974

Ein zwingendes Erfordernis für eine unternehmenseinheitliche oder jedenfalls betriebsübergreifende Regelung kann sich aus tatsächlichen, produktionstechnischen Notwendigkeiten oder aus Rechtsgründen, insbes. der Notwendigkeit der Gleichbehandlung der Arbeitnehmer eines Unternehmens (*BAG* 23.9.1975 EzA § 50 BetrVG 1972 Nr. 1) oder daraus ergeben, dass die finanziellen Auswirkungen einer Vereinbarung nur für das Unternehmen insgesamt beurteilt werden können (*BAG* 29.3.1977 EzA § 87 BetrVG 1972 Leistungslohn Nr. 2; *LAG Düssed.* 6.2.1991 LAGE § 50 BetrVG 1972 Nr. 4). Eine technische Notwendigkeit für eine betriebsübergreifende Regelung kann vorliegen, wenn für mehrer Betriebe ein einheitliches, § 87 Abs. 1 Nr. 6 BetrVG unterfallendes Datenverarbeitungssystem eingeführt werden soll, das die Verwendung eines einheitlichen Programms, einheitlicher Formate und einheitlicher Eingabemasken erfordert (*BAG* 14.11.2006 EzA § 50 BetrVG 2001 Nr. 6). Nach *Kreutz* (GK-BetrVG § 50 Rn. 36) soll ein zwingendes Erfordernis dann gegeben sein, wenn eine betriebliche Regelung einer Angelegenheit notwendig die Entscheidung dieser Angelegenheit in anderen Betrieben präjudizieren müsste oder die Einzelbetriebsräte nach den konkreten Umständen in überbetrieblichen Angelegenheiten divergierende Interessen verfolgen, sodass dem Arbeitgeber etwa durch mehrere Einigungsstellen unterschiedliche Regelungen aufgezwungen werden könnten, die mit der vorgegebenen, nicht der Mitbestimmung unterliegenden 975

Struktur des Unternehmens in Widerspruch stünden. Soweit danach eine Zuständigkeit des Gesamtbetriebsrates besteht, ist weiter zu prüfen, inwieweit eine einheitliche Regelung erforderlich ist. Möglich ist, dass sich die Zuständigkeit des Gesamtbetriebsrats auf Rahmenvorschriften beschränkt, die durch die Einzelbetriebsräte durch detaillierte betriebsspezifische Einzelregelungen zu ergänzen oder auszufüllen sind (DKK/*Trittin* § 50 Rn. 15).

976 Soweit eine originäre Zuständigkeit des Gesamtbetriebsrats besteht, besteht eine Regelungskompetenz für die Angelegenheit insgesamt und nicht nur eine Rahmenregelungskompetenz (*BAG* 14.11.2006 EzA § 50 BetrVG 2001 Nr. 6). Die Regelungskompetenz des Gesamtbetriebsrats erstreckt sich gem. § 50 Abs. 1 S. 1 2. Hs. BetrVG (eingefügt durch das BetrVerf-ReformG vom 23.7.2001 BGBl. I S. 1852 ff.) auch auf Betriebe, in denen kein Betriebsrat besteht. Der Gesamtbetriebsrat kann dann seine Beteiligungsrechte auch für die davon betroffenen betriebsratslosen Betriebe wahrnehmen. Hierdurch soll erreicht werden, dass die dort beschäftigten Arbeitnehmer in überbetrieblichen Angelegenheiten mit Arbeitnehmern aus Betrieben mit einem Betriebsrat gleichbehandelt werden. Die Zuständigkeitserstreckung gilt nur im originären Zuständigkeitsbereich des Gesamtbetriebsrats. Dieser ist nicht berechtigt, in betriebsratslosen Betrieben die Rolle des örtlichen Betriebsrats zu übernehmen und rein betriebsbezogene Angelegenheiten zu regeln (BegrRegE, BT-Drs. 14/5741, S. 42 f.). Durch diese gesetzliche Regelung ist eine zum früheren Recht bestehende Streitfrage entschieden worden (vgl. zum früheren Recht *BAG* 16.8.1983 EzA § 50 BetrVG 1972 Nr. 9).

### b) Einzelfälle

977 In sozialen Angelegenheiten ist eine Zuständigkeit des Gesamtbetriebsrates i. d. R. nur gegeben, wenn es um Regelungen geht, die wegen einer arbeitstechnischen Verbundenheit mehrerer Betriebe oder ihrer übergreifenden wirtschaftlichen Auswirkungen unternehmenseinheitlich beurteilt werden müssen (MünchArbR/*Joost* § 225 Rn. 36), wie z. B. bei unternehmenseinheitlicher Altersversorgung (*BAG* 8.12.1981 EzA § 242 BGB Ruhegeld Nr. 96), freiwilligen Leistungen, die der Arbeitgeber nur unternehmenseinheitlich gewähren will, wie z. B. Jahressondervergütung (*BAG* 11.2.1992 EzA § 76 BetrVG 1972 Nr. 60) oder freiwillige Provisionszahlungen (*LAG Düsseld.* 5.7.1991 LAGE § 50 BetrVG 1972 Nr. 6), Richtlinien zur Darlehensgewährung beim Eigenheimbau (*BAG* 6.4.1976 EzA § 50 BetrVG 1972 Nr. 2), Regelung eines unternehmenseinheitlichen Entgeltsystems für alle Vertriebsbeauftragten (*BAG* 6.12.1988 EzA § 87 BetrVG 1972 Betriebliche Lohngestaltung Nr. 23), Regelung der ergebnisabhängigen Bezahlung der Abteilungsleiter im Verkauf (*BAG* 31.1.1989 EzA § 81 ArbGG 1979 Nr. 14), unternehmenseinheitliches Vergütungssystem für AT-Angestellte (*LAG Düsseld.* 4.3.1992 NZA 1992, 613), der tarifersetzenden Regelung der Vergütung der Beschäftigten einer Gewerkschaft (*BAG* 14.12.1999 EzA § 87 BetrVG 1972 Betriebliche Lohngestaltung Nr. 68), Einführung und Nutzung einer unternehmenseinheitlichen Telefonvermittlungsanlage (*BAG* 11.11.1998 EzA § 50 BetrVG 1972 Nr. 17), Einführung eines EDV-Systems mit unternehmenseinheitlichen Standards bei Hard- und Software (*BAG* 14.11.2006 EzA § 50 BetrVG 2001 Nr. 6; *LAG Düsseld.* 21.8.1987 NZA 1988, 211), Einführung eines Personaldatenverarbeitungssystems im Unternehmen (*LAG Köln* 3.7.1987 DB 1987, 2107), Erlass verbindlicher Arbeits- und Sicherheitsanweisungen zur Unfallverhütung betreffend unternehmensweit einheitliche Montagearbeiten im Außendienst (*BAG* 16.6.1998 EzA § 87 BetrVG 1972 Arbeitssicherheit Nr. 3) oder der betriebsübergreifenden Einführung von Ethikrichtlinien (*BAG* 22.7.2008 EzA § 87 BetrVG 2001 Betriebliche Ordnung Nr. 3; *LAG Düsseld.* 14.11.2005 LAGE § 87 BetrVG 2001 Betriebliche Ordnung Nr. 2).

978 Abgelehnt wurde eine Zuständigkeit des Gesamtbetriebsrates bei der Aufstellung von Urlaubsplänen (*BAG* 5.2.1965 AP Nr. 1 zu § 56 BetrVG Urlaubsplan), Arbeitszeitregelungen (*BAG* 23.9.1975 EzA § 50 BetrVG 1972 Nr. 1), der Einführung von Kurzarbeit (*BAG* 29.11.1978 AP Nr. 18 zu § 611 BGB Bergbau), der Einführung einer Telefonanlage, wenn deren jeweilige Ausgestaltung in den einzelnen Betrieben offen bleibt und sich die Regelung schwerpunktmäßig auf die Nutzung bezieht (*LAG Düsseld.* 30.6.1997 LAGE § 50 BetrVG 1972 Nr. 7). Der wirtschaftliche Zwang zur Sanie-

rung eines Unternehmens begründet nach § 50 Abs. 1 BetrVG nicht die Zuständigkeit des Gesamtbetriebsrats für die Aufhebung einer Betriebsvereinbarung über eine Kontoführungspauschale, die der Betriebsrat eines einzelnen Betriebs abgeschlossen hat (*BAG* 15.1.2002 EzA § 50 BetrVG 1972 Nr. 19).

Im Bereich der Mitbestimmung bei der Gestaltung von Arbeitsplatz, Arbeitsablauf und Arbeitsumgebung (§§ 90, 91 BetrVG) besteht i. d. R. keine Zuständigkeit des Gesamtbetriebsrates, es sei denn, die Planungen und Änderungsmaßnahmen werden wegen der Gleichartigkeit der Betriebe bzw. ihrer arbeitstechnischen Verflochtenheit unternehmenszentral durchgeführt, sodass überbetriebliche Aspekte berücksichtigt werden müssen (MünchArbR/*Joost* § 225 Rn. 40). **979**

Die Mitbestimmung in personellen Angelegenheiten (§§ 92 ff. BetrVG) obliegt bei personellen Einzelmaßnahmen den jeweiligen Betriebsräten, insbes. auch bei einer Versetzung in einen anderen Betrieb des Unternehmens (*BAG* 26.1.1993 EzA BetrVG 1972 Nr. 109). Eine Zuständigkeit des Gesamtbetriebsrates kommt in Betracht für unternehmenseinheitliche allgemeine Planungen und Maßnahmen, insbes. Personalplanung nach § 92 BetrVG, aber auch bei der unternehmenseinheitlichen Einführung von Anforderungsprofilen (*BAG* 31.1.1984 EzA § 95 BetrVG 1972 Nr. 7; 31.5.1983 EzA § 95 BetrVG 1972 Nr. 6), bei einer sich von vorneherein auf mehrere Betriebe erstreckenden Berufsbildungsmaßnahme (*BAG* 12.11.1991 EzA § 98 BetrVG 1972 Nr. 8). **980**

Im Bereich der wirtschaftlichen Angelegenheiten weist das Gesetz dem Gesamtbetriebsrat ausdrücklich Zuständigkeiten im Zusammenhang mit der Errichtung und der Wahrnehmung und der Aufgaben des Wirtschaftsausschusses zu (§§ 107, 108 Abs. 6, § 109 S. 4 BetrVG). Eine Zuständigkeit des Gesamtbetriebsrats besteht auch im Falle des § 108a BetrVG (GTAW-*Gross/Thon* BetrVG § 109a Rn. 1). Die Wahrnehmung der Beteiligungsrechte bei Betriebsänderungen fällt grds. in die Zuständigkeit der einzelnen Betriebsräte, es sei denn, die Maßnahme betrifft mehrere oder sogar alle Betriebe des Unternehmens, so z. B. bei der Stilllegung aller Betriebe (*BAG* 3.5.2006 EzA § 112 BetrVG 2001 Nr. 17; 17.2.1981 EzA § 112 BetrVG 1972 Nr. 21). Beabsichtigt der Arbeitgeber eine Betriebsänderung, die mehrere Betriebe des Unternehmens betrifft, ist zur Vereinbarung des Interessenausgleichs nach § 50 Abs. 1 BetrVG der Gesamtbetriebsrat zuständig. Daraus folgt nicht automatisch die Zuständigkeit des Gesamtbetriebsrats auch für den Abschluss des Sozialplans. Vielmehr muss auch insoweit ein zwingendes Bedürfnis nach einer betriebsübergreifenden Regelung bestehen. Dies ist der Fall, wenn die in dem Interessenausgleich vereinbarte Betriebsänderung mehrere oder alle Betriebe des Unternehmens betrifft und betriebsübergreifende Kompensationsregelungen erfordert (*BAG* 23.10.2002 EzA § 50 BetrVG 2001 Nr. 1; 11.12.2001 EzA § 50 BetrVG 1972 Nr. 18) oder ein mit dem Arbeitgeber im Rahmen des Interessenausgleich vereinbartes, das Gesamtunternehmen betreffendes Sanierungskonzept nur auf der Grundlage eines bestimmten, auf das gesamte Unternehmen bezogenen Sozialplanvolumens realisiert werden kann (*BAG* 3.5.2006 EzA § 112 BetrVG 2001 Nr. 17). Plant ein Arbeitgeber die Verlegung eines Betriebes und dessen Zusammenlegung mit einem anderen seiner Betriebe, so ist der Gesamtbetriebsrat für Verhandlungen über einen Interessenausgleich zuständig (*BAG* 24.1.1996 EzA § 50 BetrVG 1972 Nr. 14). **981**

### c) Auftragszuständigkeit

Neben der originären Zuständigkeit hat der Gesamtbetriebsrat gem. § 50 Abs. 2 BetrVG eine vor Abschluss einer verbindlichen Regelung jederzeit widerrufbare Auftragszuständigkeit, die auch den Abschluss von Betriebsvereinbarungen, nicht aber die generelle Übertragung ganzer Zuständigkeitsbereiche vorsehen kann. Die Beauftragung muss schriftlich erfolgen. Der Beschluss bedarf der Mehrheit der Stimmen der Mitglieder des Betriebsrates. Die Verhandlungs- und auch die Entscheidungsbefugnis geht dann auf den Gesamtbetriebsrat über, wenn der Einzelbetriebsrat sie sich nicht vorbehält. Der Gesamtbetriebsrat kann immer nur insoweit handeln, als dies rechtlich auch dem Betriebsrat möglich wäre. Neben der Übertragung von materiellen Mitbestimmungsbefugnissen kommt nach § 50 Abs. 2 BetrVG auch die Ermächtigung in Betracht, ein Beteiligungsrecht des Einzelbetriebsrats im eigenen Namen, z. B. kraft Prozessstandschaft in einem Beschlussverfahren auszuüben (*BAG* 6.4.1976 EzA § 50 BetrVG 1972 Nr. 2). **982**

## Kapitel 13 — Betriebsverfassungsrecht

*d) Gesamtbetriebsvereinbarungen*

983  Im Rahmen seiner Zuständigkeit kann der Gesamtbetriebsrat Gesamtbetriebsvereinbarungen abschließen, die unmittelbar für alle Arbeitnehmer gelten, die ihm unterfallen und durch den Gesamtbetriebsrat repräsentiert werden, §§ 51 Abs. 5, 77 Abs. 4 BetrVG. Dies sind zum einen Betriebe, deren Betriebsräte Mitglieder in den Gesamtbetriebsrat entsandt haben. Ferner gem. § 50 Abs. 1 S. 1 2. Hs. BetrVG Betriebe, in denen kein Betriebsrat besteht, wenn es um die Regelung einer Angelegenheit geht, die in den originären Zuständigkeitsbereich des Gesamtbetriebsrats fällt (s. Rdn. 973 ff.). Eine für das Gesamtunternehmen geschlossene Gesamtbetriebsvereinbarung gilt auch für Arbeitsverhältnisse in später errichteten oder in das Unternehmen (identitätswahrend) übernommenen Betrieben, unabhängig davon, ob in diesen ein Betriebsrat gewählt worden ist bzw. noch besteht (GK-BetrVG/*Kreutz* § 50 Rn. 77). Sofern die Voraussetzungen der Errichtung des Gesamtbetriebsrates entfallen und dieser deshalb als Kollegialorgan aufhört zu existieren (s. Rdn. 968), gelten Gesamtbetriebsvereinbarungen, die vom Gesamtbetriebsrat kraft Auftrags (§ 50 Abs. 2 BetrVG, s. Rdn. 982) abgeschlossen wurden, als Betriebsvereinbarungen in den einzelnen Betrieben weiter (DKK/*Trittin* § 50 Rn. 11c). Ob dies auch für Gesamtbetriebsvereinbarungen gilt, die der Gesamtbetriebsrat im originären Zuständigkeitsbereich nach § 50 Abs. 1 BetrVG (s. Rdn. 973 ff.) abgeschlossen hat, ist umstritten (zum Meinungsstand etwa DKK/*Trittin* § 50 Rn. 11d ff.). Nach Auffassung des *BAG* (18.9.2002 EzA § 613a BGB 2002 Nr. 5) gelten Gesamtbetriebsvereinbarungen im Anschluss an einen Betriebsinhaberwechsel als solche jedenfalls dann unverändert fort, wenn Gegenstand der Übertragung mindestens zwei Betriebe oder als selbstständige Betriebe fortgeführte Betriebsteile sind und der neue Inhaber zum Zeitpunkt der Übernahme noch nicht über eigene Betriebe verfügt. Eine Kündigung muss deshalb gegenüber dem (ggf. noch zu errichtenden) Gesamtbetriebsrat im Unternehmen des Erwerbers erfolgen. Wird nur ein Betrieb oder ein einzelner Betriebsteil, der als selbständiger Betrieb fortgeführt wird, übertragen, so dass beim Erwerber kein Gesamtbetriebsrat gebildet werden kann, gelten die Gesamtbetriebsvereinbarungen des bisherigen Inhabers in der übertragenen Einheit als Einzelbetriebsvereinbarung (kollektiv) fort.

### III. Betriebsräteversammlung, § 53 BetrVG

984  Die mindestens einmal in jedem Kalenderjahr durch den Gesamtbetriebsrat unter Einhaltung einer ordnungsgemäßen Ladungsfrist einzuberufende Betriebsräteversammlung ist auf Unternehmensebene Ersatz dafür, dass eine Unternehmensbelegschaftsversammlung praktisch nur schwer durchführbar wäre. Gegenstand der Versammlung sind der Tätigkeitsbericht des Gesamtbetriebsrates, der Lagebericht des Unternehmens über das Personal- und Sozialwesen unter Einschluss der in § 53 Abs. 2 Nr. 2 BetrVG genannten Themenbereiche (Gleichstellung, Integration, Umweltschutz) sowie weitere unmittelbar das Unternehmen betreffende Angelegenheiten. Leitung, Durchführung, Teilnahmeberechtigung und -verpflichtung sind gesetzlich nicht geregelt. Insoweit gelten die Grundsätze über die Durchführung der Betriebsversammlung (s. Rdn. 914 ff.) entsprechend. Eine Entscheidungskompetenz oder verbindliche Weisungsbefugnis gegenüber dem Gesamtbetriebsrat besteht nicht. Die Betriebsräteversammlung kann vielmehr nur Anregungen und Empfehlungen beschließen.

### IV. Konzernbetriebsrat, §§ 54 ff. BetrVG

985  Für sog. Unterordnungskonzerne (§ 18 Abs. 1 AktG) ist fakultativ die Errichtung eines Konzernbetriebsrates bei der Konzernspitze, also auf Ebene des herrschenden Unternehmens (§ 17 AktG) vorgesehen. Dadurch soll einer Aushöhlung betriebsverfassungsrechtlicher Beteiligungsrechte auf Unternehmensebene begegnet werden (GK-BetrVG/*Kreutz/Franzen* § 54 Rn. 4).

#### 1. Konzernbegriff

986  Die Errichtung eines Konzernbetriebsrates ist nur bei einem sog. Unterordnungskonzern möglich (§ 54 Abs. 1 BetrVG, § 18 Abs. 1 AktG). Maßgeblich ist der Konzernbegriff des Aktiengesetzes (*BAG* 9.2.2011 EzA § 54 BetrVG 2001 Nr. 5).

## C. Sonstige Einrichtungen der Betriebsverfassung     Kapitel 13

Ein Unterordnungskonzern liegt vor, wenn ein oder mehrere abhängige Unternehmen unter der einheitlichen Leitung eines herrschenden Unternehmens zusammengefasst sind. Unternehmen im konzernrechtlichen Sinne ist unabhängig von der jeweiligen Rechtsform jeder Rechtsträger, der außerhalb einer Gesellschaft noch andere unternehmerische Interessen hat und selbst verfolgt, sodass es zu den Interessenkonflikten kommen kann, die das Konzernrecht regelt (*BGH* 16.2.1981 BGHZ 80, 72; 16.9.1985 BGHZ 95, 337).    **987**

Rechtsträger eines Konzernunternehmens können daher alle Personenvereinigungen des Privatrechts, Kapitalgesellschaften, ein Einzelkaufmann oder auch eine sonstige natürliche Person sein (*BAG* 22.11.1995 EzA § 54 BetrVG 1972 Nr. 5). Bei Unternehmensträgerschaft von Bund, Länder, Gemeinden, sonstigen Körperschaften, Anstalten und Stiftungen des öffentlichen Rechts kommt die Bildung eines Konzernbetriebsrates nach § 130 BetrVG grundsätzlich nicht in Betracht. In sog. öffentlich-privatrechtlichen Mischkonzernen kann trotz der öffentlich-rechtlichen Organisation des herrschenden Unternehmens für die privatrechtlich organisierten beherrschten Unternehmen ein Konzernbetriebsrat errichtet werden. Der in § 130 BetrVG vorgesehenen Bereichsausnahme ist aber dadurch Rechnung zu tragen, dass das herrschende, öffentlich-rechtlich organisierte und damit dem Personalvertretungsrecht unterfallende Unternehmen nicht in die Errichtung des Konzernbetriebsrats einbezogen wird (*BAG* 27.10.2010 EzA § 54 BetrVG 2001 Nr. 4). Abhängige Unternehmen sind rechtlich selbstständige Unternehmen, auf die ein anderes Unternehmen (herrschendes Unternehmen) unmittelbar oder mittelbar einen beherrschenden Einfluss ausüben kann (§ 17 Abs. 1 AktG), sodass die Möglichkeit beherrschenden Einflusses ausreicht (*BAG* 22.11.1995 EzA § 54 BetrVG 1972 Nr. 5). Der beherrschende Einfluss muss grds. zumindest gesellschaftsrechtlich, also rechtlich abgesichert vermittelt sein, sodass eine Abhängigkeit als Folge von Rechtsbeziehungen zu Lieferanten, Abnehmern oder Kreditgebern nicht ausreicht (offen gelassen in *BAG* 9.2.2011 EzA § 54 BetrVG 2001 Nr. 5; so *BGH* 26.3.1984 BGHZ 90, 381, 395 ff.]; GK-BetrVG/*Kreutz/Franzen* § 54 Rn. 19; a. A. DKK/*Trittin* § 54 Rn. 17). Als Mittel der Beherrschung (vgl. ausf. GK-BetrVG/*Kreutz/Franzen* § 54 Rn. 18) kommen insbes. Stimmrechte in Betracht, durch die in den Willensbildungsorganen der beherrschten Unternehmen Einfluss genommen werden kann (Mehrheitsbeteiligung, Minderheitsbeteiligung bei im Übrigen zersplittertem Anteilsbesitz, Stimmbindungsverträge, Treuhandverhältnisse), Beherrschungsverträge (§ 291 AktG), Eingliederung (§ 319 AktG), Entsendungsrechte des herrschenden Unternehmens in Verwaltungs-, Leitungs- und Aufsichtsorgane der beherrschten Unternehmen. Eine Mehrheitsbeteiligung an Personengesellschaften führt zur erforderlichen Abhängigkeit erst dann, wenn im Gesellschaftsvertrag in wichtigen Fragen der Geschäftspolitik das Einstimmigkeitsprinzip des § 119 Abs. 1 HGB abbedungen ist. Bei der GmbH & Co. KG, die nur einen einzigen Komplementär hat, genügt für die Begründung der Abhängigkeit die mehrheitliche Beteiligung an der Komplementär-GmbH (*BAG* 22.11.1995 EzA § 54 BetrVG 1972 Nr. 5).    **988**

Das für einen Unterordnungskonzern über die Möglichkeit beherrschender Einflussnahme hinausgehende Erfordernis der Zusammenfassung der rechtlich selbstständigen Unternehmen unter einheitlicher Leitung ist erfüllt, wenn wesentliche Vorgaben, etwa im finanziellen Bereich oder im Bereich der Produktplanung und -herstellung für die Konzernunternehmen nach einem einheitlichen Plan gemacht werden.    **989**

### a) System gesetzlicher Vermutungen

Zur Feststellung von Abhängigkeit und einheitlicher Leitung enthält das AktG gesetzliche Vermutungen. Von einem abhängigen Unternehmen wird widerleglich vermutet, dass es mit dem herrschenden Unternehmen einen Konzern bildet, wobei die erforderliche Abhängigkeit ihrerseits widerleglich vermutet wird, wenn an dem Unternehmen ein anderes Unternehmen mit Mehrheit beteiligt ist, §§ 18 Abs. 1 S. 3, 17 Abs. 2 AktG. Wann eine Mehrheitsbeteiligung vorliegt, regelt § 16 Abs. 1, Abs. 4 AktG. Zur Errichtung eines Konzernbetriebsrates genügt daher zunächst die Feststellung, dass die beteiligten Unternehmen im Mehrheitsbesitz eines anderen Unternehmens stehen. Besteht zwischen Unternehmen ein Beherrschungsvertrag (§ 291 AktG) oder ist ein Unternehmen in das an-    **990** dere eingegliedert (§ 319 AktG) wird das Bestehen eines Unterordnungskonzerns unwiderleglich vermutet, § 18 Abs. 1 S. 2 AktG.

### b) Sonderfälle

#### aa) Gemeinschaftsunternehmen

991 Gemeinschaftsunternehmen sind dadurch gekennzeichnet, dass zwei oder mehr Unternehmen (»Mütter«) gemeinsam an einem anderen Unternehmen (»Tochter«) dergestalt beteiligt sind, dass sie auf Grund gemeinsamer Willensbildung Einfluss auf das Gemeinschaftsunternehmen nehmen, etwa zur Durchführung gemeinsamer Forschungsvorhaben oder der Absatzkoordination (GK-BetrVG/*Kreutz/Franzen* § 54 Rn. 38 ff.). Nach der Rechtsprechung des *BAG* (30.10.1986 EzA § 54 BetrVG 1972 Nr. 3) kann ein Unternehmen auch von mehreren anderen Unternehmen abhängig i. S. d. § 17 Abs. 1 AktG sein, sofern die anderen Unternehmen die Möglichkeit gemeinsamer Herrschaftsausübung vereinbart haben, d. h. die Beherrschungsmöglichkeit durch vertragliche oder organisatorische Bindungen verfestigt ist, z. B. durch Stimmrechtspoolung, Konsorzialverträge, Schaffung besonderer Leitungsorgane oder vertragliche Koordinierung der Willensbildung.

992 Wird von den »Müttern« des Gemeinschaftsunternehmens die einheitliche Leitung über dieses tatsächlich gemeinsam ausgeübt, so weist das Gemeinschaftsunternehmen eine mehrfache Konzernzugehörigkeit zu allen Mutterunternehmen auf. Deshalb kann (nur) bei jedem der herrschenden Mutterunternehmen unter Beteiligung des Gesamtbetriebsrates (bzw. des Betriebsrates) des Gemeinschaftsunternehmen ein Konzernbetriebsrat gebildet werden. Die Bildung eines Konzernbetriebsrats bei der gemeinschaftlichen Leitung hingegen ist nicht möglich (*BAG* 13.10.2004 EzA § 54 BetrVG 2001 Nr. 1; 30.10.1986 EzA § 54 BetrVG 1972 Nr. 3).

#### bb) Konzern im Konzern

993 Bei einem mehrstufigen, vertikal gegliederten Unterordnungskonzern kann auch bei einem Tochterunternehmen dieses Konzerns ein Konzernbetriebsrat gebildet werden, wenn der Tochtergesellschaft ein betriebsverfassungsrechtlich relevanter Spielraum für die bei ihm und für die von ihm abhängigen Unternehmen zu treffenden Entscheidungen verbleibt.

994 Es kann damit zum Bestehen eines Konzernbetriebsrats nicht nur bei der Konzernspitze, sondern zusätzlich auch bei Teilkonzernspitzen kommen (*BAG* 21.10.1980 EzA § 54 BetrVG 1972 Nr. 1; GK-BetrVG/*Kreutz/Franzen* § 54 Rn. 37).

#### cc) Auslandsbezug

995 Liegen abhängige Konzernunternehmen im Ausland, findet auf sie das BetrVG auf Grund des Territorialitätsprinzips (s. Rdn. 1 ff.) keine Anwendung, sodass sie sich an der Bildung eines Konzernbetriebsrats nicht beteiligen können (GK-BetrVG/*Kreutz/Franzen* § 54 Rn. 42), es sei denn, das abhängige Unternehmen mit Sitz im Ausland unterhält seinerseits einen Betrieb mit Betriebsrat im Inland. In diesem Fall kann sich der Betriebsrat des inländischen Betriebes an der Errichtung des Konzernbetriebsrates bei der inländischen Konzernspitze beteiligen (MünchArbR/*Joost* § 227 Rn. 28).

996 Hat das herrschende Unternehmen eines Unterordnungskonzerns seinen Sitz im Ausland, kann auf Grund des Territorialitätsprinzips ein Konzernbetriebsrat am Sitz des herrschenden Unternehmens nicht gebildet werden (vgl. *BAG* 14.2.2007 EzA § 54 BetrVG 2001 Nr. 3). Nach ganz überwiegender Auffassung (HSWGNR/*Glock* § 54 Rn. 19; DKK/*Trittin* § 54 Rn. 32) kann jedenfalls dann nach der Lehre vom Konzern im Konzern ein Konzernbetriebsrat gebildet werden, wenn die inländische Konzerngruppe unter selbstständiger einheitlicher Leitung einer Unterkonzernspitze zusammengefasst ist und dieser ein betriebsverfassungsrechtlicher relevanter Spielraum für Entscheidungen verbleibt (sog. Teilkonzernspitze, *BAG* 16.5.2007 – 7 ABR 63/06 – FA 2007, 356 LS; vgl. auch *BAG* 14.2.2007 EzA § 54 BetrVG 2001 Nr. 3). Ob auch ohne diese Voraussetzungen ein in-

ländischer Konzernbetriebsrat gebildet werden kann, wird kontrovers diskutiert (bejahend MünchArbR/*Joost* § 227 Rn. 30; DKK/*Trittin* § 54 Rn. 29; abl. GK-BetrVG/*Kreutz/Franzen* § 54 Rn. 43).

### 2. Errichtung

Die Errichtung eines Konzernbetriebsrates ist nach § 54 BetrVG möglich, wenn in einem Unterordnungskonzern für die Konzernunternehmen mindestens zwei Gesamtbetriebsräte gebildet worden sind. Besteht nur ein Betriebsrat, so tritt dieser an die Stelle des Gesamtbetriebsrates und zwar auch dann, wenn ein Unternehmen mehrere Betriebe hat, aber nur in einem von ihnen ein Betriebsrat gebildet worden ist (MünchArbR/*Joost* § 227 Rn. 34). Für die Errichtung genügt es, wenn ein Gesamtbetriebsrat bzw. Betriebsrat, der 50 % der Arbeitnehmer sämtlicher Konzernunternehmen repräsentiert, der Errichtung zustimmt. Abzustellen ist damit auf die Zahl der Arbeitnehmer aller Konzernunternehmen, gleichgültig, inwieweit dort (Gesamt-)Betriebsräte bestehen oder nicht (*BAG* 11.8.1993 EzA § 54 BetrVG 1972 Nr. 4; a. A. *Behrens/Schaude* DB 1991, 278). Jeder Gesamtbetriebsrat entsendet zwei Mitglieder, § 55 Abs. 1 BetrVG, wobei die Geschlechter angemessen berücksichtigt werden sollen. Jedem der beiden Mitglieder stehen die Stimmen der Mitglieder des entsendenden Gesamtbetriebsrats je zur Hälfte zu, § 55 Abs. 3 BetrVG. Durch Betriebsvereinbarung oder Tarifvertrag kann die Mitgliederzahl abweichend bestimmt werden, § 55 Abs. 4 BetrVG. Die Beschlussfassung des Gesamtbetriebsrats über die zu entsendenden Mitglieder erfolgt einheitlich. Die Zuständigkeit zur Einberufung der konstituierenden Sitzung richtet sich nach § 59 Abs. 2 BetrVG.

997

### 3. Amtszeit

Der Konzernbetriebsrat ist ebenso wie der Gesamtbetriebsrat eine Dauereinrichtung und hat keine feste Amtszeit. Er findet sein Ende, wenn die Voraussetzungen für die Zulässigkeit seiner Entrichtung entfallen, etwa dann, wenn das beherrschende Unternehmen seinen beherrschenden Einfluss verloren hat (*BAG* 23.8.2006 EzA § 54 BetrVG 2001 Nr. 2). Die Gesamtbetriebsräte können ferner durch Mehrheitsbeschluss den Konzernbetriebsrat auflösen. Die Mitgliedschaft des einzelnen Mitglieds im Konzernbetriebsrat erlischt bei Abberufung durch den Gesamtbetriebsrat, dem Erlöschen der Mitgliedschaft im Gesamtbetriebsrat, Amtsniederlegung oder Ausschluss durch gerichtliche Entscheidung, § 57 BetrVG.

998

### 4. Geschäftsführung

Für die Geschäftsführung des Konzernbetriebsrates gilt § 59 Abs. 1 BetrVG mit den dort enthaltenen Verweisungen. Die Errichtung eines Wirtschaftsausschusses durch den Konzernbetriebsrat auf Konzernebene ist nicht möglich (*BAG* 23.8.1989 EzA § 106 BetrVG 1972 Nr. 9; GK-BetrVG/ *Oetker* § 106 Rn. 23).

999

### 5. Zuständigkeit

Ebenso wie bei Regelung der Zuständigkeit des Gesamtbetriebsrates unterscheidet das Gesetz zwischen originärer und Auftragszuständigkeit, § 58 BetrVG. Eine originäre Zuständigkeit besteht für die Behandlung von Angelegenheiten, die den Konzern oder mehrere Konzernunternehmen betreffen und nicht durch die einzelnen Gesamtbetriebsräte innerhalb ihrer Unternehmen geregelt werden können. Hinsichtlich der Nichtregelbarkeit gelten die Grundsätze über die Zuständigkeit des Gesamtbetriebsrates entsprechend (s. Rdn. 973 ff.). So besteht z. B. eine originäre Zuständigkeit des Konzernbetriebsrats für den Abschluss einer Konzernbetriebsvereinbarung über den Austausch von Mitarbeiterdaten zwischen Konzernunternehmen (*BAG* 20.12.1995 EzA § 58 BetrVG 1972 Nr. 1).

1000

Besteht eine originäre Zuständigkeit des Konzernbetriebsrats in diesem Sinne, so erstreckt sich diese gem. § 58 Abs. 1 S. 1 2. Hs. BetrVG (eingefügt durch das BetrVerf-ReformG vom 23.7.2001, BGBl.

1001

# Kapitel 13

I S. 1852 ff.) auch auf konzernzugehörige Unternehmen, die einen Gesamtbetriebsrat nicht gebildet haben, sowie auf Betriebe der Konzernunternehmen ohne Betriebsrat.

### 6. Konzernbetriebsvereinbarungen

1002 Der Konzernbetriebsrat kann Betriebsvereinbarungen abschließen. Fraglich ist, inwieweit dann, wenn solche Vereinbarungen zwischen Konzernbetriebsrat und dem herrschenden Unternehmen abgeschlossen werden, sie auch normative Wirkung im Verhältnis der beherrschten Unternehmen zu den dort beschäftigten Arbeitnehmern hat. Dieses Problem ergibt sich, weil der Konzern als solcher keine Rechtspersönlichkeit ist, noch Arbeitgebereigenschaft im Bezug auf die in den beherrschten Unternehmen beschäftigten Arbeitnehmer hat (vgl. GK-BetrVG/*Kreutz/Franzen* § 58 Rn. 11 ff.). Zum Teil (MünchArbR/*Joost* § 227 Rn. 60) wird eine solche Wirkung der Konzernbetriebsvereinbarung für die Arbeitsverhältnisse in allen Konzernunternehmen abgelehnt, es sei denn, die Konzernunternehmen haben die Vereinbarung entweder selbst mit abgeschlossen oder dem herrschenden Unternehmen eine Abschlussvollmacht erteilt. Im Übrigen soll das herrschende Unternehmen lediglich betriebsverfassungsrechtlich verpflichtet sein, die von ihm abgeschlossene Betriebsvereinbarung in dem betroffenen Konzernunternehmen durchzusetzen. Nach überwiegender Auffassung ist eine Wirkung von Konzernbetriebsvereinbarungen für die im Konzern beschäftigten Arbeitnehmer zu bejahen, weil dem Konzern im Zuständigkeitsbereich des Konzernbetriebsrates selbst Arbeitgeberstellung i. S. einer betriebsverfassungsrechtlichen Teilrechtsfähigkeit zukomme (GK-BetrVG/*Kreutz/Franzen* § 58 Rn. 11 ff.; DKK/*Trittin* § 58 Rn. 9 ff.; *Fitting* § 58 Rn. 34 ff.). Ein Konzernbetriebsrat hat eine Auftragsangelegenheit nach § 58 Abs. 2 BetrVG zur Regelung des Mitbestimmungsrechts nach § 87 Abs. 1 Nr. 4 BetrVG mit den jeweiligen Konzernunternehmen zu verhandeln. Die Leitung der herrschenden Konzerngesellschaft kann in diesen Fällen nicht zum Abschluss einer Konzernbetriebsvereinbarung verpflichtet werden (*BAG* 12.11.1997 EzA § 58 BetrVG 1972 Nr. 2).

## V. Jugend- und Auszubildendenvertretung (JAV), §§ 60 ff. BetrVG

### 1. Funktion und Stellung

1003 Die in einem Betrieb bestehende JAV ist kein gleichberechtigt neben dem Betriebsrat bestehendes Organ der Betriebsverfassung. Vielmehr obliegt dem Betriebsrat die Wahrnehmung der Interessen aller Arbeitnehmer des Betriebes gegenüber dem Arbeitgeber, damit auch solcher, die in § 60 Abs. 1 BetrVG aufgezählt sind (*BAG* 13.3.1991 EzA § 60 BetrVG 1972 Nr. 2). Der JAV stehen gegenüber dem Arbeitgeber keine eigenen Mitbestimmungsrechte zu.

1004 Sie ist daher nur ein relativ selbstständiges Organ der Betriebsverfassung und nimmt eine Hilfsfunktion für den Betriebsrat wahr (GK-BetrVG/*Oetker* vor § 60 Rn. 30). In dieser Funktion soll sie darauf hinwirken, dass der Betriebsrat seine Beteiligungsbefugnisse im Interesse der von ihr vertretenen jugendlichen und der zu ihrer Berufsausbildung beschäftigten Arbeitnehmer wahrnimmt.

### 2. Errichtung, Wahl, Amtszeit

1005 In Betrieben (§§ 1, 4 BetrVG, s. Rdn. 92 ff.) mit i. d. R. mindestens 5 Arbeitnehmern unter 18 Jahren oder zu ihrer Berufsausbildung beschäftigten Arbeitnehmern (§ 5 Abs. 1 BetrVG) ist die Errichtung einer JAV durch vom Betriebsrat vorzubereitende und durchzuführende Wahl (§§ 60 Abs. 1, 80 Abs. 1 Nr. 5 BetrVG) zwingend vorgeschrieben.

1006 Da die JAV bloßes Hilfsorgan für den Betriebsrat ist, ist umstritten, ob ihre Errichtung die Existenz eines Betriebsrates im jeweiligen Betrieb voraussetzt (so GK-BetrVG/*Oetker* § 60 Rn. 38; a. A. etwa: DKK/*Trittin* § 60 Rn. 26). Soweit die Existenz eines Betriebsrates vorausgesetzt wird, soll gleichwohl ein nur kurzzeitiger, vorübergehender oder zeitweiliger betriebsratsloser Zustand (z. B. durch nicht rechtzeitige Neuwahl des Betriebsrates) ohne Einfluss auf den rechtlichen Bestand einer rechtmäßig amtierenden JAV sein (vgl. GK-BetrVG/*Oetker* § 60 Rn. 43: längstens sechs Monate).

## C. Sonstige Einrichtungen der Betriebsverfassung  Kapitel 13

Wahlberechtigt sind alle Arbeitnehmer, die das 18. Lebensjahr noch nicht vollendet haben, sowie die zu ihrer Berufsausbildung beschäftigten Arbeitnehmer unter 25 Jahren. Letztere können damit sowohl an der Wahl des Betriebsrates als auch an der Wahl zur JAV teilnehmen. Voraussetzung der Wahlberechtigung ist weiter ebenso wie bei der Betriebsratswahl die Betriebszugehörigkeit (s. Rdn. 181 ff.). Die formelle Ausübung des Wahlrechts setzt ferner die Eintragung in die Wählerliste voraus (§§ 30, 2 Abs. 3 WahlO). Wählbar sind alle Arbeitnehmer des Betriebes, die das 25. Lebensjahr zu Beginn der Amtszeit noch nicht vollendet haben (§§ 61 Abs. 2, 64 Abs. 3 BetrVG). Einer Zustimmung des gesetzlichen Vertreters zur Kandidatur für minderjährige Arbeitnehmer bedarf es nicht (§ 113 BGB). Eine Doppelmitgliedschaft im Betriebsrat und in der JAV ist unzulässig, § 61 Abs. 2 BetrVG. Das passive Wahlrecht setzt die Eintragung in die Wählerliste voraus (§§ 30, 2 Abs. 3 Wahlordnung). Arbeitnehmer des Betriebes im Alter von 18 bis 25 Jahren, die nicht zur ihrer Berufsausbildung, sondern regulär als Arbeitnehmer beschäftigt werden und damit nicht aktiv wahlberechtigt sind, sind aber auch ohne Eintragung in die Wählerliste wählbar. **1007**

Die Größe der JAV hängt von der Zahl der im Betrieb beschäftigten jugendlichen und auszubildenden Arbeitnehmer ab, § 62 Abs. 1 BetrVG. Für die Zusammensetzung der JAV gilt zunächst die Soll-Vorschrift des § 62 Abs. 2 BetrVG, deren Nichtbeachtung aber nicht zur Nichtigkeit oder Anfechtbarkeit der Wahl führt (GK-BetrVG/*Oetker* § 62 Rn. 25). Ferner ist die Muss-Vorschrift des § 62 Abs. 3 BetrVG (Berücksichtigung des Geschlechts) zu beachten (zur Berechnung vgl. GK-BetrVG/ *Oetker* § 62 Rn. 28 ff.). Stehen bei der Wahl nicht genügend wählbare Arbeitnehmer der Minderheitsgruppe zur Verfügung, entfällt der freibleibende Sitz auf die andere Arbeitnehmergruppe. Verstößt der Wahlvorstand bei der Aufteilung der Sitze gegen § 62 Abs. 3 BetrVG, führt dies zwar nicht zur Nichtigkeit der Wahl, aber zu deren Anfechtbarkeit (GK-BetrVG/*Oetker* § 62 Rn. 33). **1008**

Regelmäßige Wahlen finden alle zwei Jahre in der Zeit vom 1.10. bis 30.11. statt, wobei die erstmaligen Wahlen im Jahre 1988 stattzufinden hatten (vgl. §§ 64 Abs. 1, 125 Abs. 2 BetrVG). Bei einer außerordentlichen Wahl wird die Amtszeit der JAV mit dem regelmäßigen Wahlzeitraum harmonisiert, vgl. § 64 Abs. 2 BetrVG. Eine außerordentliche Wahl ist unter den gleichen Voraussetzungen durchzuführen wie eine außerordentliche Betriebsratswahl (§ 64 Abs. 1 i. V. m. § 13 Abs. 2 BetrVG; s. Rdn. 298 ff.) mit Ausnahme des außerordentlichen Wahlgrundes eines Anstieges oder Absinkens der Arbeitnehmerzahl. Vorbereitung und Durchführung der Wahl obliegen dem vom amtierenden Betriebsrat zu bestellenden Wahlvorstand (§ 63 Abs. 2 BetrVG). Eine eventuell amtierende JAV hat bei der diesbezüglichen Beschlussfassung des Betriebsrates ein Stimmrecht, § 67 Abs. 2 BetrVG. Die Pflicht zur Bestellung des Wahlvorstandes ist gesetzliche Pflicht i. S. d. § 23 Abs. 1 BetrVG. Der Wahlvorstand muss mindestens aus drei Mitgliedern bestehen. Die Bestellung eines größeren Wahlvorstandes kommt in Betracht, wenn dies zur ordnungsgemäßen Durchführung der Wahl erforderlich ist (GK-BetrVG/*Oetker* § 63 Rn. 18, 19; **a. A.** HSWGNR/*Rose* § 63 Rn. 38). Mitglied des Wahlvorstandes kann jeder Arbeitnehmer des Betriebes sein. Die Bestellung von Ersatzmitgliedern ist zulässig. Gehörte dem Wahlvorstand nicht bereits ein stimmberechtigtes Mitglied der Gewerkschaft an, kann jede im Betrieb vertretene Gewerkschaft einen betriebsangehörigen Beauftragten in den Wahlvorstand entsenden, §§ 63 Abs. 2, 16 Abs. 1 BetrVG. Kommt der Betriebsrat seiner Verpflichtung zur Bestellung des Wahlvorstandes nicht oder nicht rechtzeitig nach, kann dieser auf Antrag von mindestens drei zum Betriebsrat wahlberechtigten Arbeitnehmern oder jugendlichen Arbeitnehmern sowie jeder im Betrieb vertretenen Gewerkschaft durch das Arbeitsgericht bestellt werden, §§ 63 Abs. 3, 16 Abs. 2 BetrVG. Eine arbeitsgerichtliche Ersetzung des Wahlvorstandes auf Antrag kommt in Betracht, wenn die Wahl vom Wahlvorstand nicht unverzüglich eingeleitet, durchgeführt und das Wahlergebnis festgestellt wird, §§ 63 Abs. 3, 18 Abs. 1 BetrVG. Eine Ersatzbestellung des Wahlvorstandes kommt auch durch den Gesamtbetriebsrat oder, falls ein solcher nicht besteht, durch den Konzernbetriebsrat in Betracht, wenn 8 Wochen vor Ablauf der Amtszeit des Betriebsrats noch kein Wahlvorstand besteht, §§ 63 Abs. 3, 16 Abs. 3 BetrVG. **1009**

In kleineren Betrieben mit i. d. R. fünf bis 50 der in § 60 Abs. 1 BetrVG genannten Arbeitnehmer findet die Wahl der JAV im vereinfachten Wahlverfahren nach § 14a BetrVG statt, § 63 Abs. 4 BetrVG. In Betrieben mit i. d. R. 51 bis 100 der in § 60 Abs. 1 BetrVG genannten Arbeitnehmer **1010** kann die Durchführung des vereinfachten Wahlverfahrens zwischen Wahlvorstand und Arbeitgeber vereinbart werden.

1011 Hinsichtlich Durchführung, Wahlgrundsätze und Wahlschutz verweist § 63 Abs. 2 BetrVG im Wesentlichen auf die für die Betriebswahl geltenden Grundsätze. Neben dem besonderen Kündigungsschutz für Mitglieder des Wahlvorstandes und Wahlbewerber gem. § 15 Abs. 3 KSchG, § 103 BetrVG greift der besondere Schutz nach § 78a BetrVG nach Ansicht des *BAG* (22.9.1983 EzA § 78a BetrVG 1972 Nr. 1) nicht erst mit Beginn der Amtszeit, sondern bei einem gewählten Bewerber bereits dann, wenn das Ergebnis der Wahl auf Grund der öffentlichen Stimmauszählung feststeht, damit noch vor der Bekanntgabe des Wahlergebnisses durch den Wahlvorstand.

1012 Die Wahlanfechtung erfolgt im Verfahren nach §§ 19, 63 Abs. 2 BetrVG. Der Betriebsrat ist im entsprechenden Beschlussverfahren Beteiligter (*BAG* 20.2.1986 EzA § 64 BetrVG 1972 Nr. 2).

1013 Die regelmäßige Amtszeit beträgt zwei Jahre (§ 64 Abs. 2 BetrVG) und beginnt mit der Bekanntgabe des Wahlergebnisses. Sie endet regelmäßig zwei Jahre nach ihrem Beginn. Eine Ausnahme hiervon enthält § 64 Abs. 2 S. 3 BetrVG für den Fall, dass die Amtszeit einer JAV zum Beginn des für die regelmäßigen Neuwahlen festgelegten Zeitraumes noch nicht ein Jahr betragen hat. In diesem Fall erfolgt die Neuwahl erst im übernächsten Zeitraum der regelmäßigen Wahlen. Die Mitgliedschaft in der JAV endet in den gleichen Fällen, wie die Mitgliedschaft im Betriebsrat, §§ 65 Abs. 1, 24 Abs. 1 BetrVG, also durch Ablauf der Amtszeit, Niederlegung des Amtes, Beendigung des Arbeitsverhältnisses, Verlust der Wählbarkeit, Ausschluss aus der JAV oder Auflösung derselben auf Grund einer gerichtlichen Entscheidung und durch gerichtliche Entscheidung über die Feststellung der Nichtwählbarkeit nach Ablauf der Anfechtungsfrist. Ein Verlust der Wählbarkeit alleine infolge des Überschreitens der Altersgrenze im Laufe der Amtszeit ist unschädlich, § 64 Abs. 3 BetrVG. Auf Grund der Unzulässigkeit einer Doppelmitgliedschaft in Betriebsrat und JAV (§ 61 Abs. 2 BetrVG) führt die Wahl eines JAV-Vertreters in den Betriebsrat mit der Annahme der Wahl zum Verlust der Wählbarkeit und damit zur Beendigung der Mitgliedschaft in der JAV (§§ 65 Abs. 1, 24 Abs. 1 Nr. 4 BetrVG). Nach Auffassung des *BAG* (21.8.1979 EzA § 78a BetrVG 1972 Nr. 6) endet die Mitgliedschaft in der JAV eines Jugendvertreters auch dann endgültig, wenn der Jugendvertreter, der zugleich Ersatzmitglied des Betriebsrates ist, nur für ein zeitweilig verhindertes Mitglied hinzugezogen wird.

### 3. Aufgaben und Rechte

#### a) Allgemeine Aufgaben

1014 Die JAV nimmt die besonderen Belange der Arbeitnehmer i. S. v. § 60 Abs. 1 BetrVG wahr, § 60 Abs. 2 BetrVG. Sie soll deren Interessen gegenüber dem Betriebsrat artikulieren und dafür sorgen, dass die Belange dieser Arbeitnehmer im Rahmen der Betriebsratsarbeit angemessen berücksichtigt werden. Zu diesem Zweck werden ihr besondere Befugnisse gegenüber dem Betriebsrat verliehen; Mitwirkungs- und Mitbestimmungsrechte stehen aber ausschließlich dem Betriebsrat zu (*BAG* 10.6.1975 EzA § 65 BetrVG 1972 Nr. 6).

1015 Die allgemeinen Aufgaben regelt § 70 BetrVG. Das dort vorgesehene Antragsrecht bezieht sich auf alle Maßnahmen, die in den Aufgabenbereich des Betriebsrates fallen (GK-BetrVG/*Oetker* § 70 Rn. 13). Ihm korrespondiert die Verpflichtung des Betriebsrats nach § 80 Abs. 1 Nr. 3 BetrVG, Anregungen entgegenzunehmen und, falls sie berechtigt erscheinen, durch Verhandlung mit dem Arbeitgeber auf eine Erledigung hinzuwirken. Über die Berechtigung entscheidet der Betriebsrat jedoch nach freiem Ermessen. Die in § 70 Abs. 1 Nr. 2 BetrVG normierte Überwachungsaufgabe erstreckt sich nicht nur auf solche Vorschriften, die ausschließlich die in § 60 Abs. 1 BetrVG genannten Arbeitnehmer betreffen, sondern gilt für alle Normen, die auf diesen Personenkreis anwendbar sind. Überwiegend wird angenommen, dass eine beabsichtigte Überwachungsmaßnahme unter dem Vorbehalt einer Zustimmung durch den Betriebsrat steht und der Arbeitgeber nur unter dieser Voraussetzung zur Duldung entsprechender Maßnahmen verpflichtet ist. Mit Zustimmung des Betriebsrates kann die Jugendvertretung z. B. die Arbeitsplätze jugendlicher Arbeitnehmer aufsuchen, um zu prüfen, ob die zu Gunsten dieser Arbeitnehmer geltenden Bestimmungen eingehalten werden, ohne dass es eines konkreten Verdachtes eines Verstoßes gegen diese Vorschriften bedürfte (*BAG* 21.1.1982 EzA § 70 BetrVG 1972 Nr. 2). Mit Zustimmung des Betriebsrates ist auch die Durchführung einer Fragebogenaktion unter jugendlichen Arbeitnehmern zulässig, soweit sich die Fragen im Rahmen der gesetzlichen Aufgaben der Jugendvertretung und des Betriebsrates halten und Betriebsablauf und Betriebsfrieden nicht gestört werden (*BAG* 8.2.1977 EzA § 70 BetrVG 1972 Nr. 1). Die Jugendvertretung hat ferner Anregungen der in § 60 Abs. 1 BetrVG genannten Arbeitnehmer entgegenzunehmen und gegebenenfalls dem Betriebsrat zu unterbreiten und dort auf eine Erledigung hinzuwirken. Hiervon unberührt bleibt das Recht der Arbeitnehmer, sich unmittelbar an den Betriebsrat zu wenden, § 80 Abs. 1 Nr. 3 BetrVG.

### b) Informationsrechte

§ 70 Abs. 2 BetrVG normiert einen umfassenden, auf alle für die Erfüllung ihrer Aufgaben relevanten Angaben in tatsächlicher und rechtlicher Hinsicht gerichteten Unterrichtungsanspruch der JAV. Dieser Anspruch besteht ausschließlich gegenüber dem Betriebsrat, nicht unmittelbar gegenüber dem Arbeitgeber. Der Betriebsrat hat von sich aus eine entsprechende Unterrichtungspflicht. Zur Weitergabe von Betriebs- und Geschäftsgeheimnissen i. S. d. § 79 Abs. 1 BetrVG an die JAV ist der Betriebsrat nicht berechtigt, da seine Geheimhaltungspflicht ihr gegenüber in § 79 Abs. 1 S. 4 BetrVG nicht aufgehoben worden ist. Die JAV kann verlangen, dass der Betriebsrat die zur Durchführung ihrer Aufgaben erforderlichen Unterlagen zur Verfügung stellt. Inhalt des Anspruches ist die Überlassung, nicht die bloße Einsichtnahme. Verlangt werden kann nur die Vorlage solcher Unterlagen, die der Betriebsrat hat oder nach § 80 Abs. 2 BetrVG seinerseits vom Arbeitgeber beanspruchen kann. Soweit daher auch der Betriebsrat im Einzelfall seinerseits nur ein Einsichtsrecht hat (z. B. Einsichtnahme in die Bruttolohn- und Gehaltslisten, § 80 Abs. 2 S. 2 BetrVG), besteht keine Vorlagepflicht des Betriebsrates. Kein Anspruch besteht auf die Vorlage von Unterlagen, die Angaben enthalten, die nach §§ 79 BetrVG oder 99 Abs. 1 S. 3 BetrVG geheim zu halten sind (GK-BetrVG/*Oetker* § 70 Rn. 64, 65).

**1016**

### c) Befugnisse im Zusammenhang mit Sitzungen des Betriebsrates

Der Betriebsrat soll Angelegenheiten, die besonders die in § 60 Abs. 1 genannten Arbeitnehmer betreffen, der JAV zur Beratung zuleiten, § 67 Abs. 3 BetrVG, damit diese sich angemessen auf die entsprechende Sitzung des Betriebsrates vorbereiten kann. Bei dieser Verpflichtung des Betriebsrates handelt es sich um eine gesetzliche Pflicht i. S. d. § 23 Abs. 1 BetrVG. Nach erfolgter Vorberatung kann die JAV beim Betriebsrat beantragen, Angelegenheiten, die besonders die zu ihr wahlberechtigten Arbeitnehmer betreffen, auf die Tagesordnung der nächsten Betriebsratssitzung zu setzen, § 67 Abs. 3 BetrVG.

**1017**

Es besteht ferner ein durch § 67 Abs. 1 BetrVG geregeltes Teilnahmerecht: Zu jeder Betriebsratssitzung kann immer ein Vertreter der JAV entsandt werden. Diese ist zu jeder Sitzung rechtzeitig unter Mitteilung der Tagesordnung zu laden, § 29 Abs. 2 BetrVG. Ein Teilnahmerecht der gesamten JAV besteht dann, wenn Angelegenheiten behandelt werden, die besonders die in § 60 Abs. 1 BetrVG genannten Arbeitnehmer betreffen. Das Teilnahmerecht beschränkt sich auf den entsprechenden Tagesordnungspunkt. Im Hinblick darauf, dass § 67 Abs. 1 BetrVG ein allgemeines Teilnahmerecht vorsieht bei einer »besonderen Betroffenheit«, andererseits § 67 Abs. 2 BetrVG das Bestehen eines Stimmrechts davon abhängig macht, dass die zu fassenden Beschlüsse des Betriebsrates »überwiegend« die in § 60 Abs. 1 genannten Arbeitnehmer betreffen, ist streitig, ob der Begriff der »besonderen Betroffenheit« ausschließlich qualitativ oder aber daneben auch quantitativ zu verstehen ist (vgl. GK-BetrVG/*Oetker* § 67 Rn. 25). Ein allgemeines Teilnahmerecht besteht jedenfalls auf Grund qualitativer Betrachtung bei jugendspezifischen Angelegenheiten, die für jugendliche oder auszubildende Arbeitnehmer des Betriebes in dieser Eigenschaft von spezieller Bedeutung sind. Soweit angenommen wird, dass die besondere Betroffenheit auch durch quantitative Aspekte vermittelt werden kann (GK-BetrVG/*Oetker* § 67 Rn. 26; DKK/*Trittin* § 67 Rn. 13), liegt eine besondere Betroffen-

**1018**

heit dann vor, wenn es um Angelegenheiten geht, die zahlenmäßig mehr die in § 60 Abs. 1 BetrVG genannten Arbeitnehmer als die anderen Arbeitnehmer betrifft. Strittig ist ferner, ob die betreffende Angelegenheit kollektiven Charakter haben muss, insbes. bei personellen Einzelmaßnahmen gegenüber jugendlichen bzw. auszubildenden Arbeitnehmern unter 25 Jahren. Z. T. (GK-BetrVG/*Oetker* § 67 Rn. 27) wird bei Fehlen eines kollektiven Bezuges, ein Teilnahmerecht generell verneint, z. T. (DKK/*Trittin* § 67 Rn. 15) generell bejaht, nach noch anderer Auffassung (*Fitting* § 67 Rn. 14) dann angenommen, wenn bei einer personellen Einzelmaßnahme besondere jugend- oder ausbildungsspezifische Gesichtspunkte eine Rolle spielen oder wenn sie von präjudizieller Bedeutung für die jugendlichen oder auszubildenden Arbeitnehmer ist. Besteht ein Teilnahmerecht, beinhaltet dies ein Rederecht in der betreffenden Sitzung des Betriebsrates.

**1019** Ein Stimmrecht bei der Beschlussfassung des Betriebsrates besteht nach § 67 Abs. 2 BetrVG dann, wenn der Beschluss »überwiegend« die in § 60 Abs. 1 BetrVG genannten Arbeitnehmer betrifft, was dann der Fall ist, wenn der Beschluss zahlenmäßig mehr jugendliche oder auszubildenden Arbeitnehmer als andere Arbeitnehmer betrifft. Teilnahme- und Stimmrecht sind damit nicht deckungsgleich.

**1020** Wird ein Beschluss des Betriebsrates ohne die notwendige Beteiligung der JAV an der Abstimmung gefasst, ist der Beschluss des Betriebsrates jedenfalls dann unwirksam, wenn die Beteiligung der JAV auf das Abstimmungsergebnis rechnerisch einen Einfluss haben konnte (*BAG* 6.5.1975 EzA § 65 BetrVG 1972 Nr. 5).

**1021** Obwohl gesetzlich nicht ausdrücklich geregelt, wird überwiegend (vgl. GK-BetrVG/*Oetker* § 67 Rn. 30 ff. m. w. N.) unter den Voraussetzungen des § 67 Abs. 1, Abs. 2 BetrVG ein Teilnahmebzw. Stimmrecht der JAV bei Sitzungen von Ausschüssen des Betriebsrates anerkannt. Damit sich das Stimmverhältnis zwischen Betriebsrat und JAV nicht verschiebt, muss das zahlenmäßige Verhältnis zwischen Betriebsratsmitgliedern und Mitgliedern der JAV gewahrt werden. Es dürfen daher nur so viele Vertreter entsandt werden, dass das Verhältnis im Ausschluss dem Verhältnis im Betriebsrat gleicht.

**1022** Gem. §§ 35, 66 BetrVG hat die JAV die Möglichkeit, beim Betriebsrat einen Antrag auf Aussetzung eines Betriebsratsbeschlusses (s. Rdn. 662 ff.) zu stellen, wenn sie eine erhebliche Beeinträchtigung wichtiger Interessen der zu ihr wahlberechtigten Arbeitnehmer als gegeben erachtet. Der Beschluss ist von der JAV als Organ mit der Mehrheit ihrer Mitglieder und nicht nur der Mehrheit ihrer bei der Beschlussfassung anwesenden Mitglieder zu fassen. Ferner besteht ein Teilnahmerecht der JAV bei allen offiziellen Besprechungen zwischen Arbeitgeber und Betriebsrat, in denen Angelegenheiten behandelt werden, die besonders die in § 60 Abs. 1 genannten Arbeitnehmer betreffen. Der Begriff der »besonderen Betroffenheit« deckt sich mit dem in § 67 Abs. 1 BetrVG (s. Rdn. 1018). Das Teilnahmerecht besteht unstreitig auch bei Besprechungen zwischen Arbeitgeber und Ausschüssen des Betriebsrates. Streitig ist, ob auch Besprechungen zwischen Arbeitgeber und Betriebsratsvorsitzenden erfasst sind (bejahend GK-BetrVG/*Oetker* § 68 Rn. 7; DKK/*Trittin* § 68 Rn. 2; a. A. z. B. *Fitting* § 68 Rn. 5). Nach überwiegender Auffassung (z. B. MünchArbR/*Joost* § 228 Rn. 55; DKK/*Trittin* § 68 Rn. 8) besteht bei einem Teilnahmerecht auch ein Rederecht (a. A. GK-BetrVG/*Oetker* § 68 Rn. 17: nur Anwesenheitsrecht).

### 4. Organisation und Geschäftsführung

**1023** Bezüglich der Organisation und Geschäftsführung verweist § 65 Abs. 1 BetrVG überwiegend auf die für den Betriebsrat geltenden Bestimmungen.

**1024** Hinsichtlich des Rechts zur Bildung von Ausschüssen (§ 65 BetrVG i. V. m. § 28 Abs. 1 S. 1, 2 BetrVG) ist fraglich, ob die Bildung von Ausschüssen voraussetzt, dass mehr als 100 der in § 60 Abs. 1 BetrVG genannten Arbeitnehmer im Betrieb beschäftigt werden (so GK-BetrVG/*Oetker* § 65 Rn. 29) oder ausreicht, dass unabhängig von der Zahl Jugendlicher oder zur Berufsausbildung Beschäftigter im Betrieb überhaupt mehr als 100 Arbeitnehmer beschäftigt werden.

Die Einrichtung von Sprechstunden setzt voraus, dass i. d. R. mehr als 50 Arbeitnehmer i. S. d. § 60 Abs. 1 BetrVG beschäftigt werden, § 69 BetrVG. Über die Einrichtung entscheidet die JAV nach Ermessen durch Mehrheitsbeschluss, während Zeit und Ort der Sprechstunden zwischen Betriebsrat und Arbeitgeber zu vereinbaren sind. Kommt eine Einigung nicht zu Stande, so entscheidet die Einigungsstelle, deren Anrufung aber alleine dem Betriebsrat oder dem Arbeitgeber obliegt. An den Sprechstunden kann der Betriebsratsvorsitzende oder ein vom Betriebsrat beauftragtes Betriebsratsmitglied beratend teilnehmen. 1025

### 5. Rechtsstellung der Mitglieder

§ 65 BetrVG verweist auf die für die Mitglieder des Betriebsrates geltenden Bestimmungen, insbes. auf die Regelungen des § 37 BetrVG (s. Rdn. 678 ff.). 1026

Auch für die Schulung von Jugendvertretern nach § 37 Abs. 6 und 7 BetrVG gilt daher im Grundsatz das Gleiche wie für die Betriebsratsschulung. Erforderlich ist sie, wenn sie zur ordnungsgemäßen Durchführung des ihr nach dem BetrVG obliegenden Aufgaben- und Wirkungskreises notwendig ist. Dabei ist zu berücksichtigen, dass ihr Aufgabenkreis gegenüber dem des Betriebsrates kleiner ist (*BAG* 6.5.1975 EzA § 65 BetrVG 1972 Nr. 5). Erforderlich kann die Vermittlung von Kenntnissen der der JAV zugewiesenen Aufgaben und der ihr gegenüber dem Betriebsrat eingeräumten Rechte sein (*BAG* 6.5.1975 EzA § 65 BetrVG 1972 Nr. 5.). Kenntnisse über Aufgaben und Befugnisse der Gesamt-JAV sind in gewissem Umfange für die Arbeit erforderlich, da die JAV auf eine enge Zusammenarbeit mit der Gesamt-JAV angewiesen ist (*BAG* 10.6.1975 EzA § 37 BetrVG 1972 Nr. 42). Gesundheitsschutz im Betrieb kann auf einer Schulungsveranstaltung dann thematisiert werden, wenn der Jugendschutz im Mittelpunkt der Schulung steht, nicht aber die in § 87 Abs. 1 Nr. 7 BetrVG genannten Mitbestimmungsrechte, weil diese nur vom Betriebsrat wahrgenommen werden können (*BAG* 10.6.1975 EzA § 37 BetrVG 1972 Nr. 42). Diese bisherige, eher restriktive Rechtsprechung des BAG ist auf Kritik gestoßen. Weiter gehend werden daher zum Teil auch Schulungsveranstaltungen als erforderlich angesehen, wenn sie Kenntnisse zum allgemeinen Arbeitsrecht und allgemein betriebsverfassungsrechtliche Kenntnisse einschließlich der Mitbestimmungsrechte vermitteln (DKK/*Trittin* § 65 Rn. 22). 1027

Für die JAV-Vertreter gilt in gleicher Weise wie für die Mitglieder des Betriebsrates das Benachteiligungs- und Begünstigungsverbot, § 78 BetrVG (s. Rdn. 806 ff.). Neben dem besonderen Kündigungsschutz (§ 15 Abs. 1 KSchG, § 103 BetrVG, s. Kap. 4 Rdn. 544, 512 ff.) und Versetzungsschutz (§ 103 Abs. 3 BetrVG, s. Rdn. 821 ff.) besteht bei Auszubildenden, die Mitglied der JAV sind, im Falle der Beendigung des Berufsausbildungsverhältnisses der besondere Schutz des § 78a BetrVG (s. Kap. 2 Rdn. 91 ff.). 1028

### 6. Jugend- und Auszubildendenversammlung

Die JAV kann im Einvernehmen mit dem Betriebsrat vor oder nach jeder Betriebsversammlung, im Einvernehmen mit Betriebsrat und Arbeitgeber auch zu einem anderen Zeitpunkt eine Jugend- und Auzubildendenversammlung einberufen. Eine Rechtspflicht zur Durchführung besteht nicht. Teilnahmeberechtigt sind alle zur JAV aktiv wahlberechtigten Arbeitnehmer, die JAV-Vertreter selbst, der Betriebsratsvorsitzende oder ein vom Betriebsrat beauftragtes Betriebsratsmitglied, der Arbeitgeber sowie die Beauftragten der Gewerkschaften und Arbeitgebervereinigungen unter den gleichen Voraussetzungen wie bei einer Betriebsversammlung. Der Arbeitgeber hat Rederecht. Hinsichtlich der Vergütung der teilnahmeberechtigten Arbeitnehmer, dem Zuständigkeitsbereich der Jugend- und Auszubildendenversammlung gelten die entsprechenden Vorschriften für Betriebsversammlungen, § 71 S. 3 i. V. m. §§ 44–46 BetrVG (s. Rdn. 905 ff.). 1029

### 7. Gesamt-Jugend- und Auszubildendenvertretung, §§ 72 f. BetrVG

Bestehen in einem Unternehmen mehrere JAV, so ist eine Gesamt-Jugend- und Auszubildendenvertretung zu errichten, in die jede JAV grds. ein Mitglied entsendet. Die Gesamt-JAV soll bei Bestehen 1030

# Kapitel 13 — Betriebsverfassungsrecht

eines Gesamtbetriebsrates bei diesem die überbetrieblichen Interessen der in § 60 Abs. 1 BetrVG genannten Arbeitnehmer zur Geltung bringen. Sie ist insofern Hilfsorgan für den Gesamtbetriebsrat. Streitig ist deshalb, ob dann, wenn entgegen § 47 BetrVG kein Gesamtbetriebsrat errichtet ist, auch die Bildung einer Gesamt-JAV ausscheidet (so MünchArbR/*Joost* § 230 Rn. 3; a. A. GK-BetrVG/*Oetker* § 72 Rn. 11). Ihre Zuständigkeit im Verhältnis zu den einzelnen JAV entspricht derjenigen zwischen Gesamtbetriebsrat und den einzelnen Betriebsräten (s. Rdn. 970 ff.).

### 8. Konzern-Jugend- und Auszubildendenvertretung, §§ 73a, b BetrVG

**1031** Bestehen in einem Konzern (§ 18 Abs. 1 AktG, s. Rdn. 986 ff.) mehrere Gesamt-Jugend- und Auszubildendenvertretungen, kann gem. § 73a BetrVG durch Beschluss einer qualifizierten Mehrheit der Gesamt-Jugend- und Auszubildendenvertretungen (Zustimmung der Gesamt-JAV's der Konzernunternehmen, in denen insgesamt mindestens 75 % der in § 60 Abs. 1 BetrVG genannten Arbeitnehmer beschäftigt sind) eine Konzern–JAV errichtet werden. Bei dieser handelt es sich um ein Hilfsorgan für den Konzernbetriebsrat. Ihre Zuständigkeit erstreckt sich nach § 73b Abs. 2 BetrVG i. V. m. § 58 Abs. 1 BetrVG auf solche Angelegenheiten, die den Konzern oder mehrere Konzernunternehmen betreffen und nicht durch die Gesamt-Jugend- und Auszubildendenvertretungen geregelt werden können (s. Rdn. 1000). Ferner besteht die Möglichkeit der Beauftragung der Konzern-JAV durch eine Gesamt-JAV, § 73b Abs. 2 BetrVG i. V. m. § 58 Abs. 2 BetrVG. Die Vorschriften über die Entsendung der Mitglieder und die Bestellung von Ersatzmitgliedern (§ 73a Abs. 2 BetrVG) und die Stimmengewichtung (§ 73a Abs. 3, 4 BetrVG) entsprechen den Regelungen für den Gesamt- und Konzernbetriebsrat (s. Rdn. 956 ff.).

## VI. Wirtschaftsausschuss (WA), §§ 106 ff. BetrVG

### 1. Funktion

**1032** Der WA ist ein Hilfsorgan des Betriebsrats bzw. Gesamtbetriebsrats und dient letztlich der Erfüllung von Betriebsratsaufgaben (*BAG* 8.3.1983 EzA § 118 BetrVG 1972 Nr. 34). Träger der eigentlichen Mitbestimmungsrechte, insbes. nach §§ 111–113 BetrVG bleibt der Betriebsrat.

**1033** Seiner Struktur nach ist der WA damit Beratungsorgan und Informationsquelle für den Betriebsrat, vgl. § 106 Abs. 1 BetrVG und hat die Aufgabe, die Zusammenarbeit und Information zwischen Unternehmer (Arbeitgeber) und (Gesamt-)Betriebsrat zu fördern. Der WA soll den wirtschaftlich ungeschulten Betriebsrat unterstützen (*BAG* 23.8.1989 EzA § 106 BetrVG Nr. 9). Die Fragen der Unternehmenspolitik sollen frühzeitig vorbesprochen und abgeklärt werden, bevor auf Grund konkreter Planung die speziellen Unterrichtungsrechts-, Beratungs- und Mitbestimmungsrechte des Betriebsrats eingreifen.

### 2. Bildung und Zusammensetzung

#### a) Pflicht zur Bildung des WA

**1034** In Unternehmen mit i. d. R. mehr als 100 Beschäftigten besteht eine Pflicht zur Bildung des WA. Unternehmen ist die organisatorische Einheit, mit der der Unternehmer seine wirtschaftlichen oder ideellen Zwecke verfolgt (*BAG* 7.8.1986 AP Nr. 5 zu § 1 BetrVG). Ein Unternehmen setzt einen einheitlichen Rechtsträger voraus. Es kann mit dem Betrieb identisch sein, aber auch mehrere Betriebe erfassen. Kein WA kann gebildet werden auf Ebene des Konzernbetriebsrats (*BAG* 23.8.1989 EzA § 106 BetrVG Nr. 9); eine analoge Anwendung des § 106 BetrVG scheidet aus.

#### b) Unternehmen mit Sitz im Ausland

**1035** Bei Unternehmen mit Sitz im Ausland ist bei Vorliegen der sonstigen gesetzlichen Voraussetzungen für die inländischen Unternehmensteile ebenfalls ein WA zu bilden, wenn für diese ein über die einzelnen Betriebszwecke hinausgehender Unternehmenszweck und eine übergeordnete einheitliche Organisation besteht und dabei auch ein nach außen zum Ausdruck kommender, auf Einheit bedach-

## C. Sonstige Einrichtungen der Betriebsverfassung  Kapitel 13

ter Organisationswille des oder der Eigentümer festzustellen ist (*BAG* 1.10.1974 EzA § 106 BetrVG 1972 Nr. 1). Damit ist unerheblich, ob die Unternehmensleitung vom Inland oder Ausland her erfolgt (*BAG* 31.10.1975 EzA § 106 BetrVG 1972 Nr. 2).

### c) Beschäftigtenzahl

Bei der Ermittlung der Beschäftigtenzahl i. S. v. § 106 Abs. 1 BetrVG ist auf die normale Beschäftigtenzahl abzustellen. Dazu bedarf es eines Rückblicks und einer Einschätzung der nahen zukünftigen Entwicklung der Personalstärke (*LAG Bln.* 25.4.1988 EzA § 106 BetrVG Nr. 7). In Unternehmen mit weniger als 101 Arbeitnehmern stehen die Unterrichtungsrechte des WA nicht unmittelbar dem Betriebsrat zu (*BAG* 5.2.1991 EzA § 106 BetrVG Nr. 10; 5.2.1991 EzA § 106 BetrVG Nr. 15). 1036

Bei einem Gemeinschaftsbetrieb mehrerer Unternehmen (enge, räumliche, personelle und organisatorische Verknüpfung und einheitlicher Leitungsapparat, s. Rdn. 122 ff.) mit i. d. R. mehr als 100 ständig beschäftigten Arbeitnehmern, ist ein WA auch dann zu bilden, wenn keines der beteiligten Unternehmen für sich allein diese Beschäftigtenzahl erreicht (*BAG* 1.8.1990 EzA § 106 BetrVG Nr. 16). 1037

### d) Errichtung

Zur Errichtung des WA ist, wenn im Unternehmen nur ein Betriebsrat besteht, dieser berufen. Besteht ein Gesamtbetriebsrat, ist der WA auf Ebene des Gesamtbetriebsrats zu bilden, § 107 BetrVG. Streitig ist, ob ein WA durch Wahl einzelner Betriebsräte gebildet werden kann, wenn die einzelnen Betriebsräte des Unternehmens ihrer Verpflichtung zur Errichtung eines Gesamtbetriebsrats nicht nachkommen. Dies wird nahezu einhellig verneint (GK-BetrVG/*Oetker* § 107 Rn. 23; DKK/*Däubler* § 107 Rn. 16; *Fitting* § 107 Rn. 20), da nur die Errichtung eines einzigen WA in Betracht kommt und die einzelnen Betriebsräte für die Errichtung keine konkurrierende Kompetenz haben können. 1038

### e) Übertragung der Aufgaben auf einen Ausschuss des Betriebsrats

Nach § 107 Abs. 3 BetrVG ist unter bestimmten Voraussetzungen die Übertragung der Aufgaben des WA auf einen Ausschuss des Betriebsrats möglich. Da der Betriebsrat nur Ausschüsse bilden kann, wenn auch ein Betriebsausschuss gebildet ist (vgl. § 28 BetrVG), ein Betriebsausschuss aber nur gebildet werden kann, wenn der Betriebsrat 9 oder mehrere Mitglieder hat (vgl. § 27 BetrVG), besteht diese Möglichkeit nur in Betrieben mit i. d. R. mindestens 301 beschäftigten Arbeitnehmern (vgl. § 9 BetrVG). Die Zahl der Mitglieder darf die Zahl der Mitglieder des Betriebsausschusses nicht übersteigen (vgl. dazu § 27 BetrVG). In gleicher Anzahl wie der Ausschuss Mitglieder hat, können weitere Arbeitnehmer einschließlich leitender Angestellter berufen werden. Die maximale Zahl der Ausschussmitglieder beträgt damit 22. Entsprechendes gilt für die Übertragung auf einen Ausschuss des Gesamtbetriebsrats. 1039

### f) Mitgliederzahl

Die Mitgliederzahl des WA beträgt mindestens drei und höchstens sieben Mitglieder, § 107 Abs. 1 BetrVG, wobei über die Größe innerhalb dieses Rahmens der (Gesamt-)Betriebsrat durch Mehrheitsbeschluss bestimmt. Eine Staffelung nach Größe des Unternehmens gibt es nicht. Es muss mindestens 1 Betriebsratsmitglied im WA sein, nicht aber notwendigerweise ein Mitglied des Gesamtbetriebsrats (MünchArbR/*Joost* § 231 Rn. 17; GK-BetrVG/*Oetker* § 107 Rn. 13). Die Mitglieder müssen im Übrigen dem Unternehmen angehören. Auch leitende Angestellte i. S. d. § 5 Abs. 3 BetrVG können als Mitglied bestimmt werden, § 107 Abs. 1 BetrVG. Sind leitende Angestellte berufen worden, stehen sie dem Arbeitgeber nicht mehr zu dessen Unterstützung in den Sitzungen des WA (vgl. § 108 Abs. 2 BetrVG) zur Verfügung (GK-BetrVG/*Oetker* § 107 Rn. 11). 1040

# Kapitel 13

## g) Persönliche Qualifikation der Mitglieder

**1041** Nach § 107 Abs. 1 BetrVG sollen die Mitglieder die erforderliche persönliche und fachliche Eignung besitzen. Eignung erfordert, dass – zumindest nach angemessener Einarbeitung unter Inanspruchnahme der gesetzlich zulässigen Schulungsveranstaltungen – betriebswirtschaftliche Grundkenntnisse und die Fähigkeit vorhanden sind, z. B. den Jahresabschluss anhand von Erläuterungen zu verstehen und gezielte Fragen zu stellen (vgl. *BAG* 18.7.1978 AP Nr. 1 zu § 108 BetrVG 1972). Persönliche Eignung verlangt, dass sich das Mitglied bei der Beratung von sachlichen Erwägungen leiten lässt und die Verschwiegenheitspflicht einhält (GK-BetrVG/*Oetker* § 107 Rn. 18). Zum Teil (*Fitting* § 107 Rn. 11) wird die persönliche Eignung umschrieben mit: Gesunder Menschenverstand, Anständigkeit und Zuverlässigkeit. Ob diese Voraussetzungen gerichtlich überprüfbar sind, ist umstritten, aber wohl zu verneinen (vgl. GK-BetrVG/*Oetker* § 107 Rn. 20).

## h) Amtszeit

**1042** Gem. § 107 Abs. 2 BetrVG werden die Mitglieder des WA vom Betriebsrat für die Dauer seiner Amtszeit bestellt. Besteht ein Gesamtbetriebsrat, sodass die Mitglieder des WA von diesem bestimmt wurden, richtet sich die Amtszeit der Mitglieder des WA nach der Mehrheit der Mitglieder des Gesamtbetriebsrates, § 107 Abs. 2 BetrVG.

**1043** ▶ **Beispiel:**

> Besteht der Gesamtbetriebsrat aus zwölf Personen (je ein Arbeiter und ein Angestellter aus sechs Betrieben), so beginnt die Amtszeit der Mitglieder des WA am Tag des Beschlusses über ihre Bestellung. Sie endet, wenn die Amtszeit der Betriebsräte von vier Betrieben abgelaufen ist. Die Mitglieder des WA können jederzeit abberufen werden, § 107 Abs. 2 BetrVG. Ferner besteht die Möglichkeit der Amtsniederlegung. Die Amtszeit der Mitglieder des WA endet ferner dann, wenn die Belegschaftsstärke des Unternehmens nicht nur vorübergehend auf weniger als 101 ständig beschäftigte Arbeitnehmer absinkt (*BAG* 7.4.2004 EzA § 106 BetrVG 2001 Nr. 1).

## i) Rechtsstellung der Mitglieder

**1044** Die Rechtsstellung der Mitglieder des WA ist im Gesetz nicht näher geregelt.

**1045** Sofern das Mitglied des WA Betriebsratsmitglied ist, genießt es als solches den vollen gesetzlichen Schutz. Für die Mitglieder des WA, die nicht zugleich Betriebsratsmitglied sind, wird z. T. (vgl. zum Meinungsstand GK-BetrVG/*Oetker* § 107 Rn. 37 ff.) eine analoge Anwendung der für Betriebsratsmitglieder geltenden Vorschriften befürwortet.

**1046** Analog anwendbar sind nach allgemeiner Ansicht jedenfalls § 37 Abs. 1 (unentgeltliches Ehrenamt), § 37 Abs. 2 (Arbeitsbefreiung unter Vergütungsfortzahlung), § 37 Abs. 3 (Freizeitausgleich) und § 40 Abs. 1 und 2 (Kostenersatz und Sachaufwand, *BAG* 17.10.1990 EzA § 40 BetrVG 1972 Nr. 65). Unterschiedliche Auffassungen bestehen hinsichtlich der Frage, ob auch § 37 Abs. 4 (keine geringere Bemessung des Arbeitsentgelts) und § 37 Abs. 5 (Beschäftigung mit gleichwertigen Tätigkeiten) analoge Anwendung finden (so z. B. DKK/*Däubler* § 107 Rn. 30) oder insoweit nur das Benachteiligungsverbot des § 78 S. 2 BetrVG (so z. B. GK-BetrVG/*Oetker* § 107 Rn. 41). § 15 KSchG gilt nicht entsprechend, sondern es besteht nur ein relativer, aus dem Benachteiligungsverbot des § 78 BetrVG folgender Kündigungsschutz. (so die ganz h. M.; z. B. GK-BetrVG/*Oetker* § 107 Rn. 42). Nach bisheriger, stark kritisierter (vgl. GK-BetrVG/*Fabricius* 6. Aufl., § 107 Rn. 44 ff. m. w. N.; DKK/*Däubler* § 107 Rn. 32; *Fitting* § 107 Rn. 25) Auffassung des *BAG* (6.11.1973 EzA § 37 BetrVG 1972 Nr. 16; vgl. aber auch *BAG* 11.11.1998 EzA § 37 BetrVG 1972 Nr. 139; zust. etwa GK-BetrVG/*Oetker* § 107 Rn. 38) kommt eine Anwendung des § 37 Abs. 6 BetrVG 1972 auf Mitglieder eines Wirtschaftsausschusses nur in ihrer Eigenschaft als Betriebsratsmitglied auf Grund eines Beschlusses des einzelnen Betriebsrats in Betracht. Im Regelfall sei dabei davon auszugehen, dass Mitglieder des Wirtschaftsausschusses die zur Erfüllung ihrer Aufgaben erforderlichen Kenntnisse besitzen. Etwas anderes soll nur in Ausnahmefällen gelten, wenn die Mitglieder des WA

## C. Sonstige Einrichtungen der Betriebsverfassung — Kapitel 13

die vom Arbeitgeber kraft Gesetzes zu gebenden Informationen nicht verstehen (*BAG* 11.11.1998 EzA § 37 BetrVG 1972 Nr. 139; 28.4.1988 NZA 1989, 221). Die Mitglieder des Wirtschaftsausschusses unterliegen der gleichen Geheimhaltungspflicht wie Betriebsratsmitglieder, § 79 Abs. 2 BetrVG.

### 3. Sitzungen des WA

#### a) Sitzungsturnus, Allgemeines

Als Sitzungsturnus bestimmt § 108 Abs. 1 BetrVG, dass die Sitzungen des WA einmal im Monat stattfinden sollen. Hiervon kann abgewichen werden, wenn nicht genügend Beratungsgegenstände vorhanden sind oder wegen dringender wirtschaftlicher Entscheidungen zwischenzeitlich eine Sitzung erforderlich ist. Zeit und Ort der Sitzung sind mit dem Unternehmer abzustimmen. Der WA kann zur Vorbereitung der Sitzung mit dem Unternehmer auch ohne diesen zu einer Sitzung zusammentreten (*BAG* 16.3.1982 EzA § 108 BetrVG 1972 Nr. 5). Zweckmäßig ist die schriftliche Niederlegung einer Tagesordnung, die Bestimmung eines Vorsitzenden, der den Kontakt mit dem Unternehmer hält und die Sitzung vorbereitet sowie die Erstellung einer Geschäftsordnung (DKK/ *Däubler* § 108 Rn. 4). Die Sitzungen sind nicht öffentlich. 1047

Die Tagesordnung wird weitgehend bestimmt durch die in § 106 Abs. 2 und 3 BetrVG genannten Gegenstände. Aus dem Gebot vertrauensvoller Zusammenarbeit folgt, dass der Unternehmer von sich aus verpflichtet ist, im Vorfeld von Sitzungen von sich aus die als Gegenstand einer Beratung in Betracht kommenden Gegenstände mitzuteilen. 1048

#### b) Teilnahmepflicht des Unternehmers, sonstige Teilnahmeberechtigte

Grds. besteht eine Teilnahmepflicht des Unternehmens an den Sitzungen, § 108 Abs. 2 BetrVG. Unternehmer ist bei Einzelfirmen der Inhaber, bei juristischen Personen oder anderen Personengesamtheiten mindestens ein Mitglied des gesetzlichen Vertretungsorgans bzw. eine zur Vertretung oder Geschäftsführung berufene Person. Statt des Unternehmers kann ein Vertreter des Unternehmers teilnehmen. Vertreter ist nicht irgendeine vom Unternehmer bestellte Person, sondern nur diejenige, die ihn in seinen unternehmerischen Funktionen vertritt, also insbes. ein leitender Angestellter, der Generalvollmacht oder Prokura hat (vgl. GK-BetrVG/*Oetker* § 108 Rn. 21). Der Unternehmer kann sachverständige Arbeitnehmer zu seiner Unterstützung heranziehen, § 108 Abs. 2 BetrVG. 1049

Sonstige Teilnahmeberechtigte sind analog § 31 BetrVG auch Beauftragte einer im Unternehmen vertretenen Gesellschaft. Allerdings kann die Teilnahme jeweils nur für eine konkret bestimmte Sitzung des WA beschlossen werden (*BAG* 25.6.1987 EzA § 108 BetrVG 1972 Nr. 7). Auch die Schwerbehindertenvertretung (§ 95 SGB IX) ist berechtigt, an den Sitzungen beratend teilzunehmen (*BAG* 4.6.1987 EzA § 108 BetrVG 1972 Nr. 6). 1050

Die Hinzuziehung von Sachverständigen zur Vermittlung von fehlenden fachlichen oder rechtlichen Kenntnissen zur Beurteilung einer konkreten aktuellen Frage ist sowohl auf Initiative des WA als auch auf Initiative des Unternehmers möglich, § 108 Abs. 2 BetrVG. Dies setzt aber eine Einigung mit dem Partner voraus, § 108 Abs. 2 i. V. m. § 80 Abs. 3 BetrVG. 1051

Hinsichtlich der Erforderlichkeit der Hinzuziehung eines Sachverständigen ist zu berücksichtigen, dass der WA nach Auffassung des *BAG* (18.7.1978 EzA § 108 BetrVG Nr. 3) grds. selbst die erforderlichen Kenntnisse für seine Tätigkeit hat. 1052

Kommt eine Einigung über die Hinzuziehung nicht zu Stande, muss der Betriebsrat ein arbeitsgerichtliches Beschlussverfahren einleiten (*BAG* 25.4.1978 EzA § 80 BetrVG 1972 Nr. 15, s. Rdn. 1599 ff.). 1053

## 4. Aufgaben des WA, Beratung und Unterrichtung des Betriebsrates

1054 Der WA hat die Aufgabe, wirtschaftliche Angelegenheiten mit dem Unternehmer zu beraten und den Betriebsrat zu unterrichten, § 106 Abs. 1 BetrVG. Beratungen dienen der Vorbereitung einer Entscheidung und setzen einen Meinungsaustausch über das Für und Wider der zu treffenden Entscheidung, also eine Diskussion, voraus.

1055 Der WA braucht nicht abzuwarten, bis der Unternehmer bestimmte wirtschaftliche Angelegenheiten in seine Überlegungen einbezogen hat, sondern kann seinerseits initiativ werden und die Beratung über von ihm erwogene wirtschaftliche Angelegenheiten des Unternehmens verlangen; eine Vorlage von Unterlagen kann er jedoch erst dann verlangen, wenn der Unternehmer sich die vom WA vorgeschlagenen Beratungsgegenstände zu Eigen gemacht hat (vgl. GK-BetrVG/*Fabricius* 6. Aufl., § 106 Rn. 56).

1056 Die Unterrichtung des Betriebsrats hat gem. § 108 Abs. 4 BetrVG unverzüglich, d. h. so bald wie möglich nach jeder Sitzung und vollständig zu erfolgen. Eine ausschließlich schriftliche Information, etwa durch Übersendung des Sitzungsprotokolls reicht nur, wenn der Betriebsrat sich damit einverstanden erklärt hat, da der Betriebsrat seinerseits ein Interesse daran haben kann, Fragen an den WA zu richten (DKK/*Däubler* § 108 Rn. 29). Zu empfehlen ist die Abfassung eines schriftlichen Berichts und dessen mündliche Erläuterung.

## 5. Die wirtschaftlichen Angelegenheiten

1057 Wirtschaftliche Angelegenheiten i. S. d. § 106 BetrVG sind grds. nicht solche, die sich nur auf einzelne Geschäftsvorfälle beziehen. Einzelne Geschäfte und Maßnahmen der laufenden Geschäftsführung können aber dann wirtschaftliche Angelegenheit sein, wenn sie für das Unternehmen von besonderer Bedeutung sind.

1058 Der Katalog in § 106 Abs. 3 BetrVG enthält nur eine beispielhafte, nicht abschließende Aufzählung der wirtschaftlichen Angelegenheiten (GK-BetrVG/*Oetker* § 106 Rn. 49).

### a) Wirtschaftliche und finanzielle Lage des Unternehmens

1059 Gemeint ist die konkrete wirtschaftliche Situation des Unternehmens. Hierzu gehören alle auf das Unternehmen einwirkenden Gegebenheiten, die für die unternehmerische Planung von Bedeutung sind, insbes. Verluste, Gewinne, Risikolage, Versorgungslage mit Rohstoffen und Energie, Konjunktur, Konkurrenz, Entwicklung der Branche, Auftragsbestand, Lieferzeiten, Exportabhängigkeit. Die finanzielle Lage umfasst insbes. die Liquidität (Fähigkeit des Unternehmens, seine finanziellen Verpflichtungen erfüllen zu können), Kreditkosten, Schwierigkeiten bei der Kreditbeschaffung, Preisgestaltung und deren Kalkulationsgrundlagen. Zu berichten ist auch über einen beabsichtigten oder bereits gestellten Antrag auf Eröffnung des Insolvenzverfahrens bzw. über einen Konkurs- oder Vergleichsantrag.

### b) Produktions- und Absatzlage

1060 Die Absatzlage wird durch die Faktoren gekennzeichnet, die für den Absatz (Vertrieb, Umsatz, Verkauf) der Erzeugnisse oder Dienstleistungen des Unternehmens bestimmend sind, insbes. durch die binnen- und außenwirtschaftliche Marktlage. Die Darstellung durch den Unternehmer hat anhand der Verkaufs- und Umsatzstatistiken des Unternehmens und der Unterlagen der Marktforschung zu erfolgen. Es sollte über die Kundenstruktur und über evtl. Abhängigkeiten von Großkunden unterrichtet werden.

1061 Produktionslage meint das Verhältnis der Gütermenge und -art, die erzeugt werden könnte, zur tatsächlichen Erzeugung, aufgegliedert nach Typen und Warenarten. Die Unterrichtung hat sich zu beziehen auf mögliche Produktionskapazität und tatsächliche Kapazitätsauslastung, Daten bezüglich Arbeitszeit und Überstunden.

Hier zeigen sich besonders deutlich die Auswirkungen auf die Personalplanung: Sind die Kapazitäten nicht ausgelastet, ist mit Kurzarbeit oder Entlassungen zu rechnen. Reicht umgekehrt die normale Kapazität nicht aus, sind Mehrarbeit und/oder Einstellungen zu erwarten.

### c) Produktions- und Investitionsprogramm

Produktionsprogramm ist der Plan über die Erzeugung von Gütern in einem bestimmten Zeitraum nach Zahl der herzustellenden Erzeugnisse, Zahl der Varianten der Erzeugnisse und Anzahl der Fertigungsstufen. Durch das Produktionsprogramm wird die zu erbringende Leistung der Betriebe festgelegt. Das Investitionsprogramm enthält die Planung über die lang- und mittelfristige Anlage von Kapital zur Veränderung der Sachgüterbestände. Hier ist besonders auch auf die Auswirkungen auf die Personalplanung einzugehen, da das Investitionsprogramm sowohl zu Entlassungen, Neueinstellungen und Umschulungen führen kann, so insbes. bei Rationalisierungsinvestitionen.

### d) Rationalisierungsvorhaben

Unter Rationalisierung werden Maßnahmen zur Steigerung des wirtschaftlichen Erfolgs, zur Vereinfachung des Fertigungs- und Verteilungsprozesses, insbes. durch Einsatz technischer Hilfsmittel, verstanden. Es werden alle Vorhaben erfasst, die die Leistungen des Betriebes verbessern, insbes. den Aufwand an menschlicher Arbeit, aber auch an Zeit, Energie und Material herabsetzen. Hierunter fällt bspw. auch die Entscheidung, bisher selbst produzierte Teile nunmehr von einer Drittfirma zuzukaufen.

### e) Fabrikations- und Arbeitsmethoden, Einführung neuer Arbeitsmethoden

Unter Fabrikationsmethoden sind die technischen Abläufe im weitesten Sinne zu verstehen. Arbeitsmethoden beziehen sich auf die Bedingungen, unter denen die Arbeit zu erbringen ist. Beispiele: Einführung neuer Technologien, Fließbandarbeit, Einzel- oder Gruppenarbeit, Schichtarbeit, Einsatz von EDV (CAD, CNC), gleitende Arbeitszeit.

### f) Fragen des betrieblichen Umweltschutzes

Zu unterrichten ist nur über Fragen des **betrieblichen** Umweltschutzes. Hierfür gilt die Legaldefinition des § 89 Abs. 3 BetrVG (s. Rdn. 1891).

### g) Einschränkung oder Stilllegung von Betrieben oder Betriebsteilen

Unter Stilllegung ist die Aufgabe des Betriebszwecks unter gleichzeitiger Auflösung der Betriebsorganisation auf Grund eines ernsthaften Willensentschlusses des Unternehmers für unbestimmte nicht nur vorübergehende Zeit zu verstehen. Bei der Betriebseinschränkung wird der Betriebszweck weiter verfolgt, aber die Leistung der Betriebsanlagen herabgesetzt. § 106 Abs. 3 Nr. 6 BetrVG entspricht insoweit weitgehend § 111 Nr. 1 BetrVG, allerdings kommt es für die Unterrichtung des WA auf Größe und Bedeutung der Betriebsteile nicht an. Auch die Einschränkung oder Stilllegung nicht wesentlicher Betriebsteile unterliegt der Informationspflicht. Zu unterrichten ist der WA auch über die Stilllegung von Betrieben, für die kein Betriebsrat gebildet worden ist (*BAG* 9.5.1995 EzA § 106 BetrVG 1972 Nr. 18).

### h) Verlegung von Betrieben oder Betriebsteilen

Verlegung ist jede wesentliche Veränderung der örtlichen Lage des Betriebs. Entspricht § 111 Nr. 2 BetrVG.

### i) Zusammenschluss oder Spaltung von Unternehmen oder Betrieben

Ein Zusammenschluss liegt vor, wenn aus mehreren bisher selbstständigen Betrieben ein neuer Betrieb gebildet wird oder wenn ein bestehender Betrieb unter Aufgabe seiner arbeitstechnischen Selbstständigkeit in einen anderen Betrieb aufgeht. Durch die Einbeziehung der Spaltung sollte der durch das UmwG eröffneten Möglichkeit, Rechtsträger durch Spaltung real zu teilen, Rechnung getragen werden, da eine solche Spaltung auch zur Teilung von Betrieben i. S. d. BetrVG führen kann. Im Falle der Unternehmensspaltung sollte dem besonderen Informationsinteresse der Arbeitnehmer Rechnung getragen werden (vgl. (GK-BetrVG/*Oetker* § 106 Rn. 75 ff.).

### j) Änderung der Betriebsorganisation oder des Betriebszwecks

**1070** Im Gegensatz zu § 111 Nr. 4 BetrVG ist hier jede vom Unternehmer in Betracht gezogene Änderung gemeint und nicht nur grundlegende Änderungen.

**1071** Betriebsorganisation ist das bestehende Ordnungsgefüge für die Verbindung von Betriebszweck, im Betrieb arbeitenden Menschen und Betriebsanlagen mit dem Ziel der bestmöglichen Erfüllung der Betriebsaufgaben. Eine Änderung ist insbes. eine weit gehende Änderung des Betriebsaufbaus oder der Zuständigkeiten, Ausgliederung von wesentlichen Betriebsteilen, Änderung der Unterstellungsverhältnisse.

**1072** Mit Betriebszweck i. S. v. § 111 S. 2 Nr. 4 BetrVG ist der arbeitstechnische Zweck eines Betriebs gemeint, nicht der wirtschaftliche. Der Betriebszweck kann sich dadurch ändern, dass dem bisherigen Betrieb eine weitere Abteilung mit einem weiteren arbeitstechnischen Betriebszweck hinzugefügt wird (*BAG* 17.12.1985 EzA § 111 BetrVG 1972 Nr. 17).

### k) Übernahme des Unternehmens

**1073** Der durch das am 19.8.2008 in Kraft getretene **Gesetz zur Begrenzung der mit Finanzinvestitionen verbundenen Risiken** (Risikobegrenzungsgesetz, BT-Drs. 16/7438) eingefügte Tatbestand des § 106 Abs. 3 Nr. 9a BetrVG soll durch eine Information im Vorfeld eines Unternehmens(ver)kaufs einen besseren Schutz der Belegschaften bei Unternehmensübernahmen gewährleisten. Die Informationspflicht besteht nur dann, wenn im Falle des Unternehmens(ver)kaufs damit der Erwerb der Kontrolle durch den Erwerber verbunden ist. Nach der Gesetzesbegründung (BT-Drs. 16/7438, S. 15) liegt unter Verweis auf § 29 Abs. 2 WpÜG eine Kontrolle des Unternehmens insbesondere dann vor, wenn mindestens **30 % der Stimmrechte** an dem Unternehmen gehalten werden. § 29 Abs. 2 WpÜG bezieht sich indes nur auf börsennotierte Aktiengesellschaften. Bei nicht börsennotierten Aktiengesellschaften und allen anderen Gesellschaften wird die Kontrollschwelle erst überschritten, wenn mehr als **50 % der Stimmrechte** gehalten werden (*Schröder/Falter* NZA 2008, 1099; GTAW/ *Gross/Thon* BetrVG, § 106 Rn. 25). Durch § 106 Abs. 2 S. 2 BetrVG wird klargestellt, welchen Mindestumfang (vgl. *Schröder/Falter* NZA 2008, 1099) die vom zu übernehmenden Unternehmen zu gebende Information haben muss.

### l) Sonstige Vorgänge und Vorhaben, welche die Interessen der Arbeitnehmer des Unternehmens wesentlich berühren können

**1074** Es handelt sich um eine Generalklausel und damit um einen Auffangtatbestand. In Betracht kommen: Kooperationen, gesellschaftsrechtliche Zusammenschlüsse mit anderen Unternehmen, allgemeine wirtschaftliche Lage der Branche, Verlagerung der Produktion ins Ausland, Veräußerung von Geschäftsanteilen einer GmbH, behördliche Umweltschutzauflagen, die Einfluss auf die Produktion oder die Arbeitsbedingungen haben, Rechtsstreitigkeiten, deren Ausgang erheblichen Einfluss auf die finanzielle Lage des Unternehmens haben.

## 6. Die Unterrichtungspflicht des Unternehmers

**1075** Gem. § 106 Abs. 2 BetrVG hat der Unternehmer den WA über die wirtschaftlichen Angelegenheiten rechtzeitig, umfassend und unter Vorlage der erforderlichen Unterlagen zu unterrichten, soweit nicht dadurch Betriebs- oder Geschäftsgeheimnisse des Unternehmens gefährdet werden. Ferner sind die sich daraus ergebenden Auswirkungen auf die Personalplanung darzustellen.

## C. Sonstige Einrichtungen der Betriebsverfassung — Kapitel 13

### a) Rechtzeitige und umfassende Unterrichtung

Rechtzeitig bedeutet, dass der WA von geplanten unternehmerischen Entscheidungen und sonstigen Vorfällen so frühzeitig unterrichtet wird, dass der WA sein Beratungsrecht betriebswirtschaftlich sinnvoll ausüben kann. Er muss eine eigene Stellungnahme und eigene Vorschläge erarbeiten und in die Diskussion mit dem Unternehmer einbringen können. Das einzelne WA-Mitglied muss so viel Zeit haben, dass es in die Lage versetzt wird, aktiv an der Beratung teilzunehmen (GK-BetrVG/*Oetker* § 106 Rn. 98 ff.). Umfassend ist die Unterrichtung dann, wenn die für die Beratung anstehenden wirtschaftlichen Angelegenheiten dem Umfang nach unter Angabe der Gründe, der Tatsachen und Auswirkungen den Mitgliedern des WA erschöpfend zur Kenntnis gebracht werden, und diese dadurch in die Lage versetzt werden, sich ein eigenes Urteil zu bilden, um über den Gegenstand beraten zu können (GK-BetrVG/*Oetker* § 106 Rn. 107). 1076

Im Fall des § 106 Abs. 3 Nr. 9a BetrVG wird durch die Verwendung des Begriffs »potentieller Erwerber« in § 106 Abs. 2 S. 2 BetrVG klargestellt, dass eine Unterrichtungspflicht jedenfalls vor Abschluss des Unternehmenskaufvertrags besteht (vgl. *Schröder/Falter* NZA 2008, 1097, 1099 f.). 1077

### b) Vorlage der erforderlichen Unterlagen

Vorlage bedeutet, dass dem WA die Unterlagen derart zugänglich gemacht werden, dass es von seinem Willen abhängt, ob er davon Kenntnis nimmt. Als Unterlagen kommen alle der unternehmerischen Planung und Entscheidung zu Grunde liegenden Materialien wie z. B. Berichte, Pläne, Statistiken, Schaubilder, Bedarfsanalysen, Organisationsmodelle, Rentabilitätsberechnungen, Marktanalysen, Bilanzen, Gewinn- und Verlustrechnungen in Betracht. Welche Unterlagen erforderlich sind, bestimmt sich danach, inwieweit sie für das Verständnis der und Diskussion über die zu beratenden wirtschaftlichen Angelegenheiten notwendig sind (vgl. GK-BetrVG/*Oetker* § 106 Rn. 116 ff.). 1078

Der Wirtschaftsprüfungsbericht nach § 321 HGB ist eine Unterlage, die eine wirtschaftliche Angelegenheit des Unternehmens betrifft (*BAG* 8.8.1989 EzA § 106 BetrVG Nr. 8). Keine vorzulegende Unterlage ist der Veräußerungsvertrag bei Übertragung sämtlicher Geschäftsanteile einer GmbH auf einen neuen Gesellschafter. Hier besteht lediglich ein Unterrichtungsanspruch darüber, dass eine Übertragung stattfindet, wer der Erwerber ist und darüber, ob anlässlich der Veräußerung Absprachen über die künftige Unternehmenspolitik getroffen wurden, nicht aber über den Veräußerungspreis (*BAG* 22.1.1991 EzA § 106 BetrVG Nr. 14). Monatliche Erfolgsrechnungen für einzelne Filialen oder Betriebe haben einen Bezug zu wirtschaftlichen Angelegenheiten. Fraglich kann aber sein, ob die regelmäßige Vorlage dieser Unterlagen erforderlich ist. Hierüber entscheidet die Einigungsstelle (*BAG* 17.9.1991 EzA § 106 BetrVG Nr. 17). Zu den vorzulegenden Unterlagen dürfte im Falle einer Umwandlung nach dem UmwG auch der Umwandlungsbericht gehören (vgl. §§ 8 Abs. 1, 36 Abs. 1, 127, 135 Abs. 1, 162, 192 i. V. m. §§ 176, 178, 177, 179 UmwG), den die Vertretungsorgane der beteiligten Rechtsträger grds. zu erstellen haben und in dem das jeweilige Umwandlungsvorhaben rechtlich und wirtschaftlich zu erläutern und zu begründen ist (*Willemsen* RdA 1998, 23, 31). 1079

### c) Zeitpunkt der Vorlage

Nach Auffassung des *BAG* (20.11.1984 EzA § 106 BetrVG Nr. 6) müssen die Mitglieder des WA die Möglichkeit haben, sich gründlich auf die Sitzungen vorzubereiten, wobei der Umfang der erforderlichen Vorbereitung von den zu beratenden Angelegenheiten abhängt. 1080

Der Unternehmer kann verpflichtet sein, Unterlagen den Mitgliedern des WA schon vor der Sitzung zeitweise zur Sitzungsvorbereitung zu überlassen und aus der Hand zu geben. Bei Beendigung der Sitzung sind diese Unterlagen wieder zurückzugeben. Die Mitglieder des WA können sich Notizen machen. Die Anfertigung von Kopien bedarf der Zustimmung des Unternehmers (*BAG* 20.11.1984 EzA § 106 BetrVG Nr. 6). 1081

### d) Gefährdung von Betriebs- oder Geschäftsgeheimnissen

**1082** Sowohl der Umfang der Unterrichtung und Beratung als auch die Heranziehung von Unterlagen wird beschränkt durch das Recht des Unternehmers, die Auskunfterteilung zu verweigern, soweit dadurch Betriebs- oder Geschäftsgeheimnisse gefährdet werden.

**1083** Betriebs- oder Geschäftsgeheimnisse sind Tatsachen, die im Zusammenhang mit dem technischen Betrieb oder der wirtschaftlichen Betätigung des Unternehmens stehen, nur einem eng begrenzten Personenkreis bekannt, also nicht offenkundig sind, nach dem bekundeten Willen des Unternehmers geheim gehalten werden sollen, und deren Geheimhaltung für den Betrieb oder das Unternehmen wichtig ist.

**1084** Betriebsgeheimnisse können z. B. sein: technische Geräte und Maschinen, Herstellungsverfahren, Konstruktionszeichnungen, Versuchsprotokolle, Modelle, Schablonen, Schnitte, Rezepturen. Geschäftsgeheimnisse betreffen demgegenüber Tatsachen und Erkenntnisse von wirtschaftlicher, kaufmännischer Bedeutung, z. B. Kalkulationsunterlagen, Kundenlisten, Bezugsquellen, beabsichtigte oder eingeleitete Verhandlungen. Ob eine Gefährdung vorliegt, hängt von der Zuverlässigkeit der Mitglieder des WA einerseits und/oder der Höhe des Geheimhaltungsgrades andererseits ab.

### e) Darstellung der Auswirkungen auf die Personalplanung

**1085** Bei der Unterrichtung sind die Auswirkungen auf die Personalplanung darzustellen. Dies betrifft nur die Auswirkungen bestimmter wirtschaftlicher Angelegenheiten auf die Personalplanung, nicht diese selbst, da die Mitbestimmung insoweit dem Betriebsrat, nicht aber dem WA obliegt, §§ 92 ff. BetrVG (GK-BetrVG/*Oetker* § 106 Rn. 55).

### 7. Insbesondere: Der Jahresabschluss

**1086** Gem. § 108 Abs. 5 BetrVG ist vom Unternehmer dem WA unter Beteiligung des Betriebsrats der Jahresabschluss zu erläutern.

**1087** Unter Jahresabschluss ist die Jahresbilanz (Handelsbilanz) und die Gewinn- und Verlustrechnung zu verstehen, § 242 HGB, sowie bei Kapitalgesellschaften der als ergänzende Erläuterung aufzustellende Anhang (§§ 264–288 HGB).

**1088** Sehr streitig ist, ob der Jahresabschluss und die darauf bezüglichen Unterlagen vorzulegen sind (so GK-BetrVG/*Oetker* § 108 Rn. 60 ff.; *Fitting* § 106 Rn. 37; abl. HSWGNR/*Hess* § 108 Rn. 20). Da es sich hierbei wohl in jedem Fall um Unterlagen handelt, die einen Bezug zu wirtschaftlichen Angelegenheiten haben, kann hier nur die Geheimhaltungsbedürftigkeit problematisch sein. Er ist dem Wirtschaftsausschuss jedenfalls dann vorzulegen ist, wenn ein wirksamer Spruch der Einigungsstelle den Unternehmer zur Vorlage des Wirtschaftsprüfungsberichts verpflichtet (*BAG* 8.9.1989 EzA § 106 BetrVG 1972 Nr. 8).

**1089** Die Bilanz ist zu erläutern. Der Unternehmer muss deshalb die einzelnen Bilanzposten erklären und ihre Zusammenhänge darstellen, wobei auf Fragen der Beteiligten einzugehen ist und diese zu beantworten sind (*BAG* 18.7.1978 EzA § 108 BetrVG 1972 Nr. 3).

**1090** Der Zeitpunkt der Unterrichtung hängt von den rechtlichen Bestimmungen über den Zeitpunkt der Aufstellung des Jahresabschlusses ab: § 243 Abs. 3 HGB, Kaufleute allgemein: innerhalb der einem ordnungsgemäßen Geschäftsgang entsprechenden Zeit § 264 Abs. 1 HBG, Kapitalgesellschaften: kleine Kapitalgesellschaften innerhalb der ersten sechs Monate des Geschäftsjahres, große und mittelgroße Kapitalgesellschaften innerhalb der ersten drei Monate (vgl. GK-BetrVG/*Oetker* § 108 Rn. 69).

**1091** Bei großen und mittelgroßen Kapitalgesellschaften ist der Jahresabschluss und der Lagebericht von einem Abschlussprüfer zu prüfen (§ 316 HGB). Auch der Prüfungsbericht gem. § 321 HGB ist eine Unterlage, die sich auf wirtschaftliche Angelegenheiten bezieht (*BAG* 8.8.1989 EzA § 106 Nr. 8).

## C. Sonstige Einrichtungen der Betriebsverfassung — Kapitel 13

Bei Kapitalgesellschaften ist streitig, ob die Unterrichtung des WA bereits bei Aufstellung des Jahresabschlusses oder erst nach Abschlussprüfung oder gar erst nach Feststellung des Ausschlusses durch Vorstand und Aufsichtsrat bzw. Hauptversammlung zu erfolgen hat (vgl. GK-BetrVG/*Fabricius* 6. Aufl., § 108 Rn. 85 ff. bereits nach Aufstellung des Jahresabschlusses durch den Vorstand; a. A. MünchArbR/*Joost* § 231 Rn. 47: erst nach Feststellung des Jahresabschlusses durch Vorstand und Aufsichtsrat oder die Hauptversammlung bzw. bei der GmbH nach Feststellung durch die Gesellschafter; vgl. zum Meinungsstand GK-BetrVG/*Oetker* § 108 Rn. 69). 1092

### 8. Die Durchsetzung des Informations- und Einsichtsanspruchs

Gem. § 109 BetrVG entscheidet die Einigungsstelle, wenn eine Auskunft über wirtschaftliche Angelegenheiten i. S. d. § 106 BetrVG entgegen dem Verlangen des WA nicht, nicht rechtzeitig oder nur ungenügend erteilt wird und hierüber zwischen Unternehmer und Betriebsrat (nicht WA) eine Einigung nicht zu Stande kommt. Der Spruch der Einigungsstelle ersetzt die Einigung zwischen Arbeitgeber und Betriebsrat. 1093

Sofern eine (freiwillige) Einigung zwischen Arbeitgeber und Betriebsrat zustande kommt, ist der Unternehmer in dem Umfang der Einigung zur Unterrichtung/Vorlage verpflichtet. Kommt er dieser Verpflichtung nicht nach, so kann der Betriebsrat ein arbeitsgerichtliches Beschlussverfahren einleiten. Nach Rechtskraft des entsprechenden Beschlusses ist die Zwangsvollstreckung möglich. 1094

Sofern eine Einigung zwischen Unternehmer und Betriebsrat nicht zustande kommt, haben beide Beteiligten die Möglichkeit die Einigungsstelle anzurufen. 1095

> Die Einigungsstelle ist nach *BAG* (11.7.2000 EzA § 109 BetrVG 1972 Nr. 2; 17.9.1991 EzA § 106 BetrVG Nr. 17) zuständig, wenn die geforderte Unterrichtung eine wirtschaftliche Angelegenheit i. S. d. § 106 BetrVG betrifft bzw. die geforderten Unterlagen einen Bezug zu solchen Angelegenheiten haben. Ob die Vorlage der Unterlagen erforderlich ist oder ob durch ihre Vorlage bzw. die gewünschte Unterrichtung Betriebs- oder Geschäftsgeheimnisse gefährdet werden, entscheidet zunächst die Einigungsstelle. 1096

Nach Auffassung des *BAG* (17.9.1991 EzA § 106 BetrVG Nr. 17) wird es angesichts des weit gefassten und nicht abschließenden Katalogs des § 106 Abs. 3 BetrVG eine seltene Ausnahme darstellen, dass im Unternehmen erstellte, vorhandene und benutzte Unterlagen keinen solchen Bezug aufweisen. 1097

Das Bestellungsverfahren (§ 98 ArbGG) bzw. das Verfahren vor der Einigungsstelle und ein arbeitsgerichtliches Beschlussverfahren, in welchem die Feststellung der Zuständigkeit oder Unzuständigkeit der Einigungsstelle beantragt wird (sog. Vorabentscheidungsverfahren) können gleichzeitig betrieben werden. Das Einigungsstellen- bzw. Bestellungsverfahren kann nicht mit Rücksicht auf das laufende Vorabentscheidungsverfahren ausgesetzt werden. Erst die rechtskräftige Entscheidung im Vorabentscheidungsverfahren bindet die Beteiligten sowohl im Bestellungs- als auch im Einigungsstellenverfahren (*BAG* 17.9.1991 EzA § 106 BetrVG Nr. 17). 1098

> Der Spruch der Einigungsstelle unterliegt nach nunmehriger Auffassung des *BAG* (11.7.2000 EzA § 109 BetrVG 1972 Nr. 2) der vollen Rechtskontrolle durch die Arbeitsgerichte. Insbesondere handelt es sich auch bei der Entscheidung der Einigungsstelle, ob der Unternehmer die Unterrichtung unter Berufung auf Betriebs- oder Geschäftsgeheimnisse verweigern kann, um eine Rechtsentscheidung, die der vollen Rechtskontrolle durch die Gerichte und nicht nur einer nach § 76 Abs. 5 BetrVG eingeschränkten Ermessenskontrolle unterliegt (*BAG* 11.7.2000 EzA § 109 BetrVG 1972 Nr. 2; a. A. noch *BAG* 8.8.1989 EzA § 106 BetrVG Nr. 8; 17.9.1991 EzA § 106 BetrVG Nr. 17). 1099

Konsequenz ist u. a., dass die Unwirksamkeit des Spruchs ohne Einhaltung einer Frist geltend gemacht werden kann, da nach § 76 Abs. 5 ArbGG nur eine behauptete Fehlerhaftigkeit einer von der Einigungsstelle getroffenen Ermessensentscheidung innerhalb von zwei Wochen gerichtlich geltend gemacht werden muss, nicht aber Fehler über die Entscheidung in Rechtsfragen. 1100

## 9. Rechte des Betriebsrats bei Unternehmensübernahme

**1101** Besteht im Falle des § 106 Abs. 3 Nr. 9a BetrVG kein Wirtschaftsausschuss, so ist an seiner Stelle nach § 109a BetrVG der Betriebsrat nach § 106 Abs. 1 und 2 BetrVG zu beteiligen. Auf das oben Gesagte wird verwiesen. Nach § 109a S. 2 BetrVG gilt § 109 BetrVG entsprechend, so dass hinsichtlich der Durchsetzung des Informations- und Einsichtsanspruchs auf die obigen Ausführungen (s. Rdn. 1093 ff.) verwiesen wird. Besteht das zu übernehmende Unternehmen aus mehreren Betrieben und ist ein Gesamtbetriebsrat gebildet, so besteht eine Zuständigkeit des Gesamtbetriebsrats nach § 50 Abs. 1 BetrVG, da die Übernahme das Gesamtunternehmen betrifft (GTAW/*Gross*/*Thon* BetrVG § 109a Rn. 1).

## VII. Der Sprecherausschuss der leitenden Angestellten, SprAuG

### 1. Allgemeines

**1102** Gem. § 5 Abs. 3 BetrVG sind leitende Angestellte keine Arbeitnehmer i. S. d. BetrVG (s. Rdn. 31 ff.). Da gleichwohl auch für sie ein Bedürfnis nach kollektiver Interessenvertretung besteht, sieht das SprAuG die Einführung von Sprecherausschüssen der leitenden Angestellten vor. Das Gesetz gilt auch in den neuen Bundesländern ab 3.10.1990 (Art. 8 Anl. I Kap. VIII Sachgebiet A Abschn. 3 Nr. 13 Einigungsvertrag).

**1103** Im Gegensatz zum BetrVG sieht das SprAuG keine eigenen Mitbestimmungsrechte vor, sondern normiert in erster Linie Mitwirkungsrechte in Form von Informations- und Beratungsrechten. Durch die Mitwirkung des Sprecherausschusses sollen angemessene Arbeitsbedingungen für leitende Angestellte und deren Information auch über ihren Tätigkeitsbereich hinaus gewährleistet werden. Ferner sollen die besonderen Kenntnisse der leitenden Angestellten in Entscheidungsprozesse des Unternehmens eingebracht werden (BT-Drs. 11/2503, S. 26).

### 2. Geltungsbereich

**1104** Das SprAuG gilt für alle leitenden Angestellten. Sein räumlicher Geltungsbereich entspricht dem des BetrVG (s. Rdn. 1 ff.). Der sachliche Geltungsbereich ergibt sich aus § 1 Abs. 3 SprAuG. Demnach gilt das Gesetz nicht für den Bereich des öffentlichen Dienstes (s. Rdn. 240 ff.) und für Religionsgemeinschaften und ihre karitativen und erzieherischen Einrichtungen unbeschadet deren Rechtsform (s. Rdn. 244 ff.). Eine § 118 BetrVG entsprechende Regelung fehlt. Bei Tendenzbetrieben und -unternehmen (s. Rdn. 253 ff.) sieht § 32 Abs. 1 S. 2 SprAuG lediglich einen Ausschluss des Mitwirkungsrechts in wirtschaftlichen Angelegenheiten vor. Zur Abgrenzung der leitenden Angestellten von Arbeitnehmern i. S. d. BetrVG sieht § 18a BetrVG bei zeitgleichen Betriebsrats- und Sprecherausschusswahlen ein besonderes innerbetriebliches Zuordnungsverfahren unter Beteiligung beider Wahlvorstände vor (s. Rdn. 86 f.).

### 3. Zusammenarbeit mit Arbeitgeber und Betriebsrat

**1105** § 2 Abs. 1 SprAuG normiert ebenso wie § 2 BetrVG das Gebot vertrauensvoller Zusammenarbeit mit dem Arbeitgeber (s. Rdn. 1239 ff.). Nicht einbezogen in die Zusammenarbeit sind die Verbände der leitenden Angestellten, sodass das Sprecherausschussmitglied außerhalb des Betriebes den Kontakt zu seiner Koalition suchen muss. Unberührt bleiben die originären Aufgaben der Koalitionen nach Art. 9 Abs. 3 GG (s. Rdn. 1176 ff.). Gem. § 2 Abs. 1 SprAuG hat der Arbeitgeber vor Abschluss einer Betriebsvereinbarung oder einer sonstigen Vereinbarung mit dem Betriebsrat, die rechtliche Interessen der leitenden Angestellten berührt, den Sprecherausschuss rechtzeitig zu hören. Die Verletzung der Anhörungsverpflichtung ist für die Wirksamkeit von Betriebs- und sonstigen Vereinbarungen ohne Bedeutung. Bei nachhaltiger Nichtbeteiligung kann eine strafbewerte Behinderung i. S. d. § 34 Abs. 1 S. 2 SprAuG vorliegen.

**1106** Die Interessen der leitenden Angestellten werden berührt, wenn die Vereinbarung Regelung enthält, die auf die leitenden Angestellten zurückwirken, wie z. B. bei betriebseinheitlichen Regelun-

## C. Sonstige Einrichtungen der Betriebsverfassung — Kapitel 13

gen über die Einführung von Betriebsurlaub oder die Einführung von für alle Arbeitnehmer geltenden Sozialleistungen.

§ 2 Abs. 4 SprAuG normiert ebenso wie § 74 Abs. 2 BetrVG eine betriebliche Friedenspflicht und das Verbot parteipolitischer Betätigung im Betrieb (s. Rdn. 1263 ff.). Für die Zusammenarbeit zwischen Betriebsrat und Sprecherausschuss sieht § 2 Abs. 2 SprAuG lediglich die Berechtigung des jeweiligen Organs vor, Vertretern des anderen Organs das Recht zur Sitzungsteilnahme einzuräumen. Ferner soll einmal jährlich eine gemeinsame Sitzung beider Organe stattfinden. Gemeinsame Besprechungen beider Organe mit dem Arbeitgeber sind gesetzlich nicht vorgesehen, aber zulässig. 1107

### 4. Wahl, Errichtung und Amtszeit

In welchen Betrieben Sprecherausschüsse errichtet werden können, ist in § 1 Abs. 1, 2 SprAuG geregelt. Der dort verwendete Betriebsbegriff entspricht dem des BetrVG (s. Rdn. 92 ff.). Betriebsteile werden dem Hauptbetrieb zugerechnet; strittig ist, ob Nebenbetriebe sprecherausschussfähig sind (dafür *Oetker* ZfA 1990, 43 ff., 47). In Unternehmen mit mehreren Betrieben, von denen keiner oder nur einzelne die Voraussetzungen eines Sprecherausschusses nach § 1 Abs. 1, 2 SprAuG erfüllen, kann nach § 20 Abs. 1 SprAuG ein Unternehmenssprecherausschuss gewählt werden, wenn im Unternehmen insgesamt mindestens zehn leitende Angestellte beschäftigt werden und dies die Mehrheit der leitenden Angestellten des Unternehmens verlangt. Die Wahl ist von einem Wahlvorstand (§ 7 SprAuG) vorzubereiten und durchzuführen, der entweder von einem schon bestehenden Sprecherausschuss bestellt oder – falls ein solcher noch nicht vorhanden ist – in einer Versammlung von der Mehrheit der anwesenden leitenden Angestellten des Betriebes zu wählen ist. Einladungsberechtigt sind 3 leitende Angestellte. Die Teilnahmeberechtigung an der Versammlung ergibt sich aus § 7 Abs. 3 SprAuG. Gem. § 5 SprAuG finden die regelmäßigen Wahlen alle vier Jahre in der Zeit vom 1.3. bis 31.5. statt und sind zeitgleich mit den regelmäßigen Betriebsratswahlen einzuleiten. Außerordentliche Sprecherausschusswahlen finden in den Fällen des § 5 Abs. 2 SprAuG statt, wobei § 5 Abs. 2 der Regelung des § 13 Abs. 2 Nr. 6, 5, 4 und 3 BetrVG (s. Rdn. 298 ff.) entspricht. Wahlberechtigung und Wählbarkeit sind in § 3 SprAuG geregelt. Die allgemeinen Wahlvorschriften regelt § 6 SprAuG, der weitgehend § 14 BetrVG entspricht. Die Größe des Sprecherausschusses richtet sich nach der Zahl der im Betrieb beschäftigten leitenden Angestellten, § 4 SprAuG. Wahlschutz und Wahlkosten sind in § 8 SprAuG entsprechend § 20 BetrVG geregelt (s. Rdn. 428 ff.). Die Regelung der Wahlanfechtung in § 8 SprAuG entspricht der Regelung des § 19 BetrVG (s. Rdn. 455 ff.). Allerdings besteht bei der Wahlanfechtung kein Antragsrecht der Gewerkschaften. Das Amt des Sprecherausschusses erlischt unter den Voraussetzungen des § 9 Abs. 2 SprAuG, der § 24 BetrVG entspricht (s. Rdn. 537 ff.). Ferner sieht § 9 Abs. 1 SprAuG ein § 23 Abs. 1 BetrVG nachgebildetes Verfahren zum Ausschluss eines Mitglieds oder zur Auflösung des Ausschlusses insgesamt wegen grober Verletzung von gesetzlichen Pflichten vor (s. Rdn. 2472 ff.). Ein Antragsrecht der Gewerkschaften besteht jedoch nicht. 1108

### 5. Rechte und Pflichten, Rechtsstellung der Sprecherausschussmitglieder; Kosten des Sprecherausschusses

§ 14 Abs. 1 SprAuG regelt die Arbeitsbefreiung für die Wahrnehmung von gesetzlichen Aufgaben. Die Vorschrift entspricht weitgehend § 37 Abs. 2 BetrVG (s. Rdn. 685 ff.). Eine § 37 Abs. 3 BetrVG (Freizeitausgleich und Abgeltung) entsprechende Vorschrift fehlt. Eine spezielle wirtschaftliche und berufliche Absicherung der Ausschussmitglieder ist im Gegensatz zum BetrVG (vgl. § 37 Abs. 4, 5 BetrVG) nicht ausdrücklich geregelt. Für sie gilt jedoch gem. § 2 Abs. 3 das allgemeine Behinderungs-, Benachteiligungs- und Begünstigungsverbot, das § 78 BetrVG entspricht (s. Rdn. 806 ff.) und insbes. auch ein Benachteiligungsverbot hinsichtlich der beruflichen Entwicklung beinhaltet. Eine Freistellung für Schulungs- und Bildungsveranstaltungen sieht das SprAuG nicht vor. Gleichfalls fehlt eine spezielle Regelung des Kündigungsschutzes. 1109

## Kapitel 13

**1110** Sprecherausschussmitglieder genießen aber einen relativen Kündigungsschutz: Eine Kündigung, die wegen der Tätigkeit im Sprecherausschuss erfolgt, ist wegen Verstoßes gegen § 2 Abs. 3 SprAuG unwirksam, § 134 BGB. Das Ausschussmitglied ist für den Kausalzusammenhang zwischen Tätigkeit und Kündigung darlegungs- und beweispflichtig, kann sich jedoch auf die Grundsätze des Beweises des ersten Anscheines berufen (MünchArbR/*Joost* § 234 Rn. 96).

**1111** Die Ausschussmitglieder trifft eine Geheimhaltungspflicht, § 29 SprAuG. Die Vorschrift entspricht § 79 BetrVG (s. Rdn. 848 ff.).

**1112** Kosten und Sachaufwand des Sprecherausschusses trägt § 14 Abs. 2 SprAuG der Arbeitgeber. Es gelten die betriebsverfassungsrechtlichen Grundsätze (s. Rdn. 860 ff.).

### 6. Geschäftsführung des Sprecherausschusses

**1113** Entsprechend § 26 Abs. 1 BetrVG (s. Rdn. 567 ff.) ist vom Sprecherausschuss in der konstituierenden Sitzung ein Vorsitzender und dessen Stellvertreter zu wählen, §§ 11 Abs. 1, 12 Abs. 1 SprAuG. Vorsitzender und Stellvertreter können durch Mehrheitsbeschluss des Sprecherausschusses abberufen werden. Der Vorsitzende vertritt den Ausschuss im Rahmen der gefassten Beschlüsse und ist auch zur passiven Vertretung des Ausschusses berufen. Der Ausschuss kann die laufenden Geschäfte auf den Vorsitzenden oder andere Mitglieder des Sprecherausschusses übertragen, § 11 Abs. 2, 3 SprAuG. §§ 12 und 13 SprAuG, die die Einberufung und Durchführung der Sitzungen näher regeln, sind § 29 BetrVG nachgebildet (s. Rdn. 614 ff.).

### 7. Sonstige Einrichtungen

#### a) Versammlung der leitenden Angestellten

**1114** Gem. § 15 Abs. 1 SprAuG soll der Sprecherausschuss einmal im Kalenderjahr eine Versammlung der leitenden Angestellten einberufen und in dieser einen Tätigkeitsbericht erstatten. Eine außerordentliche Versammlung hat der Sprecherausschuss einzuberufen und den beantragten Beratungsgegenstand auf die Tagesordnung zu setzen, wenn dies der Arbeitgeber oder ein Viertel der leitenden Angestellten beantragen. Die Versammlung soll während der Arbeitszeit stattfinden (§ 15 Abs. 2 SprAuG), sodass für die Zeit der Teilnahme das Arbeitsentgelt fortzuzahlen ist. Sie ist nicht öffentlich. Ein Teilnahmerecht für Gewerkschaftsvertreter oder Vertreter des Arbeitgeberverbandes ist nicht vorgesehen. Die Versammlungsleitung obliegt dem Vorsitzenden des Sprecherausschusses bzw. seinem Vertreter. Zu der Versammlung ist gem. § 15 Abs. 3 SprAuG der Arbeitgeber unter Mitteilung der Tagesordnung einzuladen. Er hat dort ein Rederecht und ist verpflichtet, einen Bericht über Angelegenheiten der leitenden Angestellten und die wirtschaftliche Lage und Entwicklung des Betriebes zu erstatten, soweit hierdurch nicht Betriebs- oder Geschäftsgeheimnisse gefährdet werden.

#### b) Gesamtsprecherausschuss

**1115** Ein Gesamtsprecherausschuss ist zu errichten, wenn in einem Unternehmen mehrere Sprecherausschüsse bestehen. Jeder Sprecherausschuss entsendet eines seiner Mitglieder, wobei der jeweilige Sprecherausschuss befugt ist, das entsandte Mitglied wieder abzuberufen. Die Mitgliederzahl des Gesamtsprecherausschusses kann durch Vereinbarung mit dem Arbeitgeber abweichend geregelt werden, vgl. § 16 Abs. 1, 2 SprAuG. Die Geschäftsführung des Gesamtsprecherausschusses ist in § 19 SprAuG geregelt. Beschlussfähigkeit besteht, wenn mindestens die Hälfte der Mitglieder an der Beschlussfassung teilnimmt und die Teilnehmenden mindestens die Hälfte aller Stimmen vertreten. Stellvertretung durch Ersatzmitglieder ist zulässig, § 19 Abs. 3 SprAuG. Die Stimmengewichtung richtet sich nach der Zahl der leitenden Angestellten in dem Betrieb, dessen Sprecherausschuss das Mitglied entsandt hat, vgl. § 16 Abs. 4 SprAuG.

**1116** Die Zuständigkeitsregelung des § 18 SprAuG entspricht der Regelung über die Zuständigkeit des Gesamtbetriebsrats (§ 51 BetrVG, s. Rdn. 970 ff.).

Die Beendigung der Mitgliedschaft ist in § 17 Abs. 2 SprAuG abschließend geregelt. Gem. § 17 Abs. 1 SprAuG besteht ferner auf Antrag von einem Viertel der Leitenden Angestellten des Unternehmens, des Gesamtsprecherausschusses oder des Arbeitgebers die Möglichkeit, arbeitsgerichtlich den Ausschluss eines Mitglieds aus dem Gesamtsprecherausschuss wegen grober Verletzung seiner gesetzlichen Pflichten zu beantragen. Die Vorschrift entspricht § 48 BetrVG, der seinerseits § 23 Abs. 1 BetrVG nachgebildet ist (s. Rdn. 2472 ff.). 1117

### c) Konzernsprecherausschuss

Für einen Konzern (s. Rdn. 986 ff.) kann nach § 21 SprAuG durch Beschlüsse der einzelnen Gesamtsprecherausschüsse ein Konzernsprecherausschuss errichtet werden, sofern die zustimmenden Sprecherausschüsse insgesamt 75 % der leitenden Angestellten der Konzernunternehmen repräsentieren. Sofern in einem Konzernunternehmen nur ein Sprecherausschuss oder ein Unternehmenssprecherausschuss besteht, tritt er an die Stelle des Gesamtsprecherausschusses und nimmt dessen Funktion wahr. Die Stimmengewichtung richtet sich nach § 21 Abs. 4 SprAuG. Für die Geschäftsführung, den Ausschluss das Erlöschen der Mitgliedschaft verweist § 24 SprAuG auf die entsprechenden Regelungen für den Gesamtsprecherausschuss. Die Zuständigkeitsregelung des § 23 SprAuG entspricht § 58 BetrVG (s. Rdn. 1000). 1118

### d) Unternehmenssprecherausschuss

In Unternehmen mit mehreren Betrieben, von denen keiner oder nur einzelne die Voraussetzungen eines Sprecherausschusses erfüllen, ermöglicht § 20 SprAuG die Errichtung eines Unternehmenssprecherausschusses, wenn in dem Unternehmen insgesamt mindestens zehn leitende Angestellte beschäftigt werden, vgl. § 20 SprAuG. 1119

## 8. Allgemeine Aufgaben

### a) Umfassender Vertretungsauftrag

Gem. § 25 Abs. 1 SprAuG vertritt der Sprecherausschuss die kollektiven Interessen der leitenden Angestellten. 1120

> Es besteht eine umfassende Vertretungskompetenz, sodass der Sprecherausschuss ungeachtet der Regelung einzelner Mitwirkungsrechte in allen kollektiven Angelegenheiten der leitenden Angestellten tätig werden kann. Aus der Generalkompetenz folgen allerdings keine besonderen Mitwirkungsrechte. 1121

Eine Angelegenheit hat kollektiven Charakter, wenn sie ihrer Art nach (potenziell) eine allgemeine ist, mag sie auch zunächst nur einen einzelnen leitenden Angestellten betreffen. Ein Initiativrecht besteht dergestalt, dass der Sprecherausschuss in allen Fragen kollektiver Interessenwahrnehmung an den Arbeitgeber herantreten und bestimmte Maßnahmen bei ihm beantragen kann. Dem korrespondiert die Verpflichtung des Arbeitgebers, Anträge entgegenzunehmen und sich mit ihnen zu befassen und ggf. die Angelegenheit mit dem Sprecherausschuss zu erörtern. 1122

### b) Unterrichtungspflicht

Gem. § 25 Abs. 2 SprAuG besteht ein § 80 Abs. 2 BetrVG (s. Rdn. 1578 ff.) nachgebildetes Unterrichtungsrecht des Sprecherausschusses unter Einschluss des Rechts, die Vorlage erforderlicher Unterlagen verlangen zu können. 1123

> Im Gegensatz zu § 80 Abs. 2 S. 2 BetrVG ist ein Einblicksrecht in Lohn- und Gehaltslisten nicht vorgesehen, wird aber überwiegend unter dem Gesichtspunkt des allgemeinen Informationsrechts angenommen (MünchArbR/*Joost* § 235 Rn. 53). Die Hinzuziehung von Sachverständigen sieht das SprAuG im Gegensatz zum BetrVG nicht vor. 1124

## Kapitel 13  Betriebsverfassungsrecht

*c) Grundsätze für die Behandlung der leitenden Angestellten*

**1125** Gem. § 27 SprAuG haben Arbeitgeber und Sprecherausschuss darüber zu wachen, dass alle leitenden Angestellten des Betriebs nach den Grundsätzen von Recht und Billigkeit behandelt werden. Die Vorschrift entspricht wörtlich § 75 BetrVG (s. Rdn. 1286 ff.).

*d) Anhörungsrecht bei Betriebsvereinbarungen*

**1126** Vor Abschluss von Betriebsvereinbarungen oder sonstigen Vereinbarungen mit dem Betriebsrat, die rechtliche Interessen der leitenden Angestellten berühren, ist der Sprecherausschuss rechtzeitig anzuhören, § 2 Abs. 1 SprAuG. Dieses Anhörungsrecht dient der Wahrung der Interessen der leitenden Angestellten bei Vereinbarungen mit dem Betriebsrat, die aus tatsächlichen Gründen nicht ohne Auswirkungen auf die Rechtsstellung der leitenden Angestellten bleiben können (BT-Drs. XI/2503, S. 43), wie etwa dann, wenn die abzuschließende Vereinbarung eine notwendig betriebseinheitliche Regelung enthält, bei der einheitlichen Gewährung freiwilliger Leistungen für alle Arbeitnehmer, bei Gesamtvereinbarungen über die Ordnung des Betriebes, Urlaubsplänen oder die Lage der Arbeitszeit.

**1127** Die Verletzung der Anhörungspflicht ist auf die Wirksamkeit der mit dem Betriebsrat getroffenen Vereinbarungen ohne Einfluss (MünchArbR/*Joost* § 235 Rn. 58).

### 9. Richtlinien und Vereinbarungen

*a) Begriff*

**1128** Gem. § 28 Abs. 1 BetrVG können Arbeitgeber und Sprecherausschuss Richtlinien über den Inhalt, den Abschluss oder die Beendigung von Arbeitsverhältnissen der leitenden Angestellten schriftlich vereinbaren.

**1129** Eine unmittelbare und zwingende Wirkung kommt einer Richtlinie nur zu, wenn dies zwischen Arbeitgeber und Sprecherausschuss vereinbart ist (§ 28 Abs. 2 SprAuG).

**1130** Obwohl somit formal zwischen Richtlinie und Vereinbarung unterschieden wird, lassen sich die Vereinbarungen nach § 28 SprAuG unter dem Begriff der Sprecherausschussvereinbarung zusammenfassen. Eine solche Vereinbarung ist eine bloße Richtlinie, wenn die normative Wirkung für die Arbeitsverhältnisse nicht vereinbart wird. Die Sprecherausschussvereinbarung ist damit ebenso wie Betriebsvereinbarung und Tarifvertrag ein Kollektivvertrag, dem allerdings nicht kraft Gesetzes, sondern nur kraft Vereinbarung normative Wirkung zukommen kann, wobei sich der entsprechende Wille aus der Vereinbarung deutlich und zweifelsfrei ergeben muss (vgl. *BAG* 10.2.2009 EzA § 28 SprAuG Nr. 1).

*b) Gesetzes- und Tarifvorrang*

**1131** Sprecherausschussvereinbarungen dürfen nicht gegen höherrangiges Recht verstoßen. Bei einem Gesetzesverstoß sind derartige Vereinbarungen nichtig. Höherrangiges Recht sind auch evtl. für leitende Angestellte geltende Tarifverträge, die aber gem. § 4 Abs. 3 TVG (Günstigkeitsprinzip) nur einseitig zwingend sind. Im Gegensatz zur Betriebsvereinbarung (vgl. §§ 77 Abs. 3, 87 Abs. 1 BetrVG) ist ein gesetzlicher Tarifvorbehalt bzw. -vorrang für die Sprecherausschussvereinbarung gesetzlich nicht geregelt. Teilweise (z. B. MünchArbR/*Joost* § 235 Rn. 10) wird unter dem Gesichtspunkt des Schutzes der Tarifautonomie gleichwohl auch ungeschrieben ein Tarifvorbehalt angenommen.

*c) Inhalt und Regelungsschranken*

**1132** Gem. § 28 Abs. 1 SprAuG haben Arbeitgeber und Sprecherausschuss grds. eine umfassende Regelungskompetenz hinsichtlich Inhalt (z. B. Grundsätze über das Gehaltssystem und die Gehaltshöhe, Tantiemen, Sachleistungen), Abschluss (z. B. Formvorschriften, Auswahlrichtlinien, Abschlussge-

und -verbote) und Beendigung (z. B. Schriftform der Kündigung, Kündigungsfristen) von Arbeitsverhältnissen. Die Formulierung des § 28 Abs. 1 SprAuG entspricht der des § 1 Abs. 1 TVG.

> Da eine Richtlinie nur vorliegt, wenn sie für eine unbestimmte Vielzahl künftiger Fälle gelten soll, erstreckt sich die Mitwirkung des Sprecherausschusses nur auf kollektive Sachverhalte, nicht aber auf Bestimmungen, die nur für einzelne Arbeitsverhältnisse gelten sollen (MünchArbR/*Joost* § 235 Rn. 23). **1133**

Die vereinbarten Richtlinien müssen sich im Rahmen der dem Sprecherausschuss zugewiesenen Kompetenzen halten, ferner dürfen sie nicht gegen höherrangiges Recht verstoßen. **1134**

> Insbesondere müssen die Grundsätze für die Behandlung der leitenden Angestellten nach § 27 SprAuG berücksichtigt werden. Richtlinien unterliegen ebenso wie Betriebsvereinbarungen (s. Rdn. 1486 f.) einer gerichtlichen Billigkeitskontrolle, insbes. daraufhin, ob der Gleichbehandlungsgrundsatz und das Prinzip des Vertrauensschutzes gewahrt ist. **1135**

### d) Wirkungen

Im Gegensatz zu Betriebsvereinbarungen (§ 77 Abs. 4 BetrVG) haben Richtlinien nur dann unmittelbare und zwingende Wirkung (s. Rdn. 1504 ff.), wenn dies Arbeitgeber und Sprecherausschuss vereinbaren, § 28 Abs. 2 SprAuG. Gem. § 28 Abs. 2 S. 2 SprAuG gilt im Verhältnis von Richtlinie zu Arbeitsvertrag das Günstigkeitsprinzip. Für die Beurteilung der Günstigkeit gelten die für die Betriebsvereinbarung entwickelten Grundsätze entsprechend (s. Rdn. 1506 ff.). Ebenso wie bei der Betriebsvereinbarung (§ 77 Abs. 4 BetrVG, s. Rdn. 1515) ist gem. § 28 Abs. 2 SprAuG ein Verzicht auf die Rechte aus einer Richtlinie nur mit Zustimmung des Sprecherausschusses zulässig. **1136**

Soweit Sprecherausschuss und Arbeitgeber nicht vereinbaren, dass die Richtlinie unmittelbare und zwingende Wirkung haben soll, kann die Richtlinie Wirkungen nur im Verhältnis zwischen Sprecherausschuss und Arbeitgeber entfalten. Ein Richtlinienverstoß ist hingegen für die Wirksamkeit richtlinienwidriger Arbeitsverträge ohne rechtliche Bedeutung. Richtlinienverstöße berechtigen den Sprecherausschuss, im arbeitsgerichtlichen Beschlussverfahren (§ 2a ArbGG) die Einhaltung der Richtlinie gegenüber dem Arbeitgeber durchzusetzen bzw. feststellen zu lassen, dass der Arbeitgeber nicht berechtigt war, von der Richtlinie abzuweichen. Im Einzelfall ist dabei im Wege der Auslegung zu ermitteln, ob der Arbeitgeber berechtigt sein sollte, bei Vorliegen besonderer Gründe in Einzelfällen von der Richtlinie abzuweichen oder aber verpflichtet ist, die Richtlinie ohne die Möglichkeit von Ausnahmen einzuhalten (MünchArbR/*Joost* § 235 Rn. 28). **1137**

### e) Abschluss und Beendigung

> Der Abschluss von Sprecherausschussvereinbarungen unterliegt gem. § 28 Abs. 1 SprAuG dem Freiwilligkeitsprinzip. Der Sprecherausschuss hat nicht die Möglichkeit, den Abschluss einer Vereinbarung zu erzwingen. **1138**

Die Sprecherausschussvereinbarung kommt durch übereinstimmende Willenserklärungen von Sprecherausschuss und Arbeitgeber zu Stande. Der Arbeitgeber kann sich vertreten lassen. Für den Sprecherausschuss handelt dessen Vorsitzender auf Grund eines entsprechenden Beschlusses des Sprecherausschusses. Gem. § 28 Abs. 1 SprAuG muss die Vereinbarung zwingend schriftlich abgeschlossen werden, andernfalls tritt Nichtigkeit ein (§ 125 S. 1 BGB). Die für Betriebsvereinbarungen geltenden Regeln gelten entsprechend (s. Rdn. 1446 ff.). **1139**

Eine unmittelbar und zwingend geltende Sprecherausschussvereinbarung kann gem. § 28 Abs. 2 SprAuG vorbehaltlich einer anderweitigen Vereinbarung mit einer Frist von drei Monaten gekündigt werden. Aus wichtigem Grund kann eine Vereinbarung jederzeit ohne Einhaltung einer Kündigungsfrist gekündigt werden. Zulässig ist auch die Vereinbarung einer Befristung. Für Richtlinien ohne unmittelbare und zwingende Wirkung enthält das Gesetz keine Regelung. Sind solche Richtlinien auf Dauer angelegt, können sie jederzeit ohne Einhaltung einer Frist gekündigt werden (MünchArbR/*Joost* § 235 Rn. 40). **1140**

1141 Eine Nachwirkung gekündigter Richtlinien ist gesetzlich nicht vorgesehen. Sie tritt daher nur ein, wenn dies zwischen Sprecherausschuss und Arbeitgeber vereinbart worden ist (MünchArbR/*Joost* § 235 Rn. 42).

1142 Eine Richtlinie tritt ferner außer Kraft durch einvernehmliche Aufhebung oder Ablösung durch eine zeitlich nachfolgende Richtlinie gleichen Regelungsgegenstandes. Im Falle des Betriebsübergangs gilt § 613a Abs. 1 S. 2 BGB für Sprecherausschussvereinbarungen entsprechend (MünchArbR/*Joost* § 235 Rn. 44).

### 10. Unterstützung einzelner leitender Angestellter

1143 Gem. § 26 Abs. 1 SprAuG kann der leitende Angestellte bei der Wahrnehmung seiner Belange gegenüber dem Arbeitgeber ein Mitglied des Sprecherausschusses zur Unterstützung und Vermittlung hinzuziehen. In Betracht kommen alle rechtlichen und sonstigen Belange des leitenden Angestellten in seiner Eigenschaft als Arbeitnehmer. Das Sprecherausschussmitglied ist in entsprechender Anwendung des § 82 Abs. 2 S. 3 BetrVG zur Verschwiegenheit über den Inhalt der Verhandlungen verpflichtet (MünchArbR/*Joost* § 235 Rn. 64).

1144 Gem. § 26 Abs. 2 SprAuG besteht für den leitenden Angestellten das Recht, in die über ihn geführten Personalakten Einsicht zu nehmen und Erklärungen zu deren Inhalt abzugeben, die auf sein Verlangen den Personalakten beizufügen sind. Bei Einsichtnahme kann ein Mitglied des Sprecherausschusses hinzugezogen werden. Es gilt der materielle Personalaktenbegriff (s. Rdn. 1212). Das hinzugezogene Sprecherausschussmitglied hat über den Inhalt der Personalakte Stillschweigen zu bewahren, sofern es nicht durch den leitenden Angestellten hiervon entbunden wird. Die Verletzung der Schweigepflicht ist nach § 35 Abs. 2 SprAuG strafbewehrt und kann zu Schadenersatzansprüchen führen.

### 11. Arbeitsbedingungen und Beurteilungsgrundsätze

1145 § 30 SprAuG normiert eine Unterrichtungs- und Beratungspflicht des Arbeitgebers bei einer Änderung der Gehaltsgestaltung und sonstiger allgemeiner Arbeitsbedingungen sowie bei Einführung oder Änderung allgemeiner Beurteilungsgrundsätze. Hierdurch soll der Sprecherausschuss von vornherein in die Entscheidungsprozesse eingebunden werden. Die Gehaltsgestaltung erfasst die Festlegung genereller Regelungen der Gehaltsfindung, nicht aber die Höhe des Gehalts selbst.

1146 Der Begriff des Gehalts umfasst ebenso wie bei § 87 Abs. 1 Nr. 10 BetrVG (s. Rdn. 1817 ff.) außer dem unmittelbaren Arbeitsentgelt alle geldwerten Leistungen mit Entgeltcharakter, die im Hinblick auf die Arbeitsleistung erbracht werden. Sonstige allgemeine Arbeitsbedingungen sind alle formellen oder materiellen kollektiven Regelungen, die für das Arbeitsverhältnis gelten, wie z. B. alle sozialen Angelegenheiten i. S. d. § 87 Abs. 1 BetrVG, aber auch Regelungen über Dienstfahrzeuge, Wettbewerbsverbote, Verschwiegenheitspflichten oder Reisekostenregelungen (MünchArbR/*Joost* § 235 Rn. 70).

1147 Über den Wortlaut hinaus erfasst § 30 SprAuG nicht nur die Änderung allgemeiner Arbeitsbedingungen, sondern auch deren erstmalige Einführung (MünchArbR/*Joost* § 235 Rn. 71). Die Mitwirkung des Sprecherausschusses bei der Einführung oder Änderung allgemeiner Beurteilungsgrundsätze entspricht dem entsprechenden Beteiligungsrecht des Betriebsrats nach § 94 Abs. 2 BetrVG (s. Rdn. 1950 ff.).

1148 Die Unterrichtung hat rechtzeitig zu erfolgen, d. h. zu einem Zeitpunkt, in dem der Sprecherausschuss noch die Möglichkeit hat, auf die Entscheidung des Arbeitgebers Einfluss zu nehmen. Auf Verlangen des Sprecherausschusses hat die Unterrichtung anhand der erforderlichen Unterlagen zu erfolgen (vgl. § 25 Abs. 2 SprAuG).

## 12. Personelle Einzelmaßnahmen

Gem. § 31 SprAuG hat der Arbeitgeber dem Sprecherausschuss jede beabsichtigte Einstellung oder personelle Veränderung eines leitenden Angestellten rechtzeitig mitzuteilen. Ferner besteht eine Anhörungspflicht vor Ausspruch einer Kündigung eines leitenden Angestellten. 1149

Der Begriff der Einstellung entspricht dem in § 99 Abs. 1 BetrVG verwendeten (s. Rdn. 2027 ff.). Ferner liegt eine Einstellung i. S. d. Vorschrift vor, wenn ein im Betrieb bereits beschäftigter Arbeitnehmer erstmalig die Funktion eines leitenden Angestellten übernimmt (MünchArbR/*Joost* § 235 Rn. 76). Sonstige personelle Veränderungen sind bspw. eine beabsichtigte Umgruppierung oder Versetzung, insbes. aber auch jede Veränderung der bisherigen Leitungsaufgabe des leitenden Angestellten, wie z. B. der Widerruf von Vollmachten. Ferner liegt eine personelle Veränderung vor, wenn der leitende Angestellte aus eigenem Entschluss den Betrieb verlässt, z. B. durch Eigenkündigung oder Übernahme von Funktionen in einem anderen Betrieb desselben Unternehmens oder einem anderen Unternehmen desselben Konzerns. Da bereits die bloße Absicht mitteilungspflichtig ist, muss die Unterrichtung so rechtzeitig erfolgen, dass der Sprecherausschuss auf die Entscheidung des Arbeitgebers noch einwirken kann (MünchArbR/*Joost* § 235 Rn. 78). Obwohl § 31 SprAuG nur eine Unterrichtungspflicht normiert, ist der Arbeitgeber auf Grund des allgemeinen Gebots der vertrauensvollen Zusammenarbeit (§ 2 Abs. 1 SprAuG) auf Wunsch des Sprecherausschusses verpflichtet, die Maßnahme mit dem Sprecherausschuss zu erörtern. 1150

> Die Verletzung der Mitteilungspflicht hat keine Auswirkungen auf die Wirksamkeit der personellen Maßnahme, ist jedoch Ordnungswidrigkeit nach § 36 SprAuG. 1151

Im Rahmen des Beteiligungsrechts obliegt den Mitgliedern des Sprecherausschusses nach § 31 Abs. 3 SprAuG eine Verschwiegenheitspflicht. 1152

> Vor Ausspruch einer Kündigung eines leitenden Angestellten hat der Arbeitgeber den Sprecherausschuss gem. § 31 Abs. 2 SprAuG zu hören und diesem die Gründe für die Kündigung mitzuteilen. Eine ohne vorherige Anhörung ausgesprochene Kündigung ist rechtlich unwirksam. 1153

Der Sprecherausschuss hat im Falle der ordentlichen Kündigung die Möglichkeit innerhalb einer Woche, bei einer außerordentlichen Kündigung unverzüglich (ohne schuldhaftes Zögern), spätestens jedoch innerhalb von 3 Tagen unter Angabe von Gründen eventuelle Bedenken schriftlich mitzuteilen. Äußert er sich innerhalb der maßgebenden Frist nicht, so gilt dies als Einverständnis des Sprecherausschusses mit der Kündigung. 1154

> Sofern die Zuordnung eines zu kündigenden Angestellten zum Kreis der leitenden Angestellten zweifelhaft ist, sollte vorsorglich sowohl der Betriebsrat als auch der Sprecherausschuss zur Kündigung angehört werden, da bei Anhörung des falschen Repräsentationsorgans die Kündigung unwirksam ist (MünchArbR/*Joost* § 235 Rn. 82). 1155

## 13. Wirtschaftliche Angelegenheiten

Der Unternehmer hat den Sprecherausschuss mindestens einmal im Kalenderhalbjahr über die wirtschaftlichen Angelegenheiten des Betriebs und des Unternehmens i. S. d. § 106 Abs. 3 BetrVG (s. Rdn. 1057 ff.) zu unterrichten, soweit dadurch nicht Betriebs- oder Geschäftsgeheimnisse des Unternehmens (s. Rdn. 1082 ff.) gefährdet werden. Ausgenommen sind Tendenzunternehmen bzw. -betriebe i. S. d. § 118 Abs. 1 BetrVG (s. Rdn. 253 ff.). § 32 Abs. 1 SprAuG verpflichtet anders als § 106 BetrVG nicht zur Vorlage von Unterlagen. Zum Teil (z. B. MünchArbR/*Joost* § 235 Rn. 99) wird eine analoge Anwendung des § 106 Abs. 2 BetrVG befürwortet. Zum anderen wird die Ansicht vertreten, die Vorlage von Unterlagen könne nur im Rahmen der allgemeinen Unterrichtungspflicht nach § 25 SprAuG verlangt werden (so z. B. *Schaub* ArbRHb § 254 I 2d). Verstöße gegen die Unterrichtungspflicht können gem. § 36 SprAuG als Ordnungswidrigkeit zu ahnden sein. 1156

Gem. § 31 Abs. 2 SprAuG hat der Unternehmer den Sprecherausschuss über geplante Betriebsänderungen i. S. d. § 111 BetrVG (s. Rdn. 2215 ff.), die auch wesentliche Nachteile für leitende Ange- 1157

# Kapitel 13

stellte zur Folge haben können, rechtzeitig und umfassend zu unterrichten und bei zu befürchtenden wirtschaftlichen Nachteilen für die leitenden Angestellten mit dem Sprecherausschuss über Maßnahmen zum Ausgleich oder zur Milderung dieser Nachteile zu beraten. Anders als bei § 111 BetrVG, in dessen Rahmen dann, wenn eine der dort aufgeführten Betriebsänderungen geplant ist, vermutet wird, dass diese auch wesentliche Nachteile für die Belegschaft oder erhebliche Teile der Belegschaft zur Folge haben kann, greift im Rahmen des § 32 Abs. 2 SprAuG eine entsprechende Vermutung nicht (MünchArbR/*Joost* § 235 Rn. 107).

1158 Im Gegensatz zu § 111 BetrVG, sieht § 32 SprAuG keine Beratungspflicht des Arbeitgebers mit dem Sprecherausschuss über die geplante Betriebsänderung an sich, sondern nur über den Ausgleich oder die Milderung zu erwartender Nachteile vor.

1159 Ein Sozialplan kann nicht erzwungen werden. Möglich ist nur der Abschluss freiwilliger Vereinbarungen gem. § 28 SprAuG.

## 14. Streitigkeiten und Sanktionen

1160 Streitigkeiten über das Bestehen, den Umfang und die ordnungsgemäße Erfüllung von Mitwirkungsansprüchen zwischen Arbeitgeber und Sprecherausschuss sind im arbeitsgerichtlichen Beschlussverfahren zu entscheiden. Individualrechtliche Ansprüche der leitenden Angestellten nach § 26 SprAuG und Ansprüche aus Sprecherausschussvereinbarungen gem. § 28 Abs. 2 SprAuG sind im arbeitsgerichtlichen Urteilsverfahren zu verfolgen.

1161 Bei einer Verletzung von Mitwirkungsrechten kann der Sprecherausschuss die ihm eingeräumten Rechte im Rahmen eines arbeitsgerichtlichen Beschlussverfahrens, ggf. auch im Wege der einstweiligen Verfügung (§ 85 Abs. 2 ArbGG) durchsetzen. Da nach dem SprAuG allerdings nur Unterrichtungs-, Anhörungs- und Beratungsrechte bestehen, können auch nur diese Ansprüche im Wege der einstweiligen Verfügung durchgesetzt werden. Ein Anspruch auf Unterlassung der Maßnahme besteht nach überwiegender Ansicht nicht (vgl. MünchArbR/*Joost* § 235 Rn. 45, 46).

1162 Eine Unwirksamkeit der Maßnahme bei Verletzung von Mitwirkungsrechten sieht § 31 Abs. 2 SprAuG nur für den Ausspruch von Kündigungen ohne vorherige Anhörung des Sprecherausschusses vor.

1163 Die Nichterfüllung von Unterrichtungs- oder Mitteilungspflichten gem. §§ 30 S. 1, 31 Abs. 1, 32 Abs. 1, Abs. 2 S. 1 SprAuG kann Ordnungswidrigkeit nach § 36 SprAuG sein. Die vorsätzliche und nachhaltige Missachtung von Mitwirkungsrechten kann darüber hinaus den Straftatbestand der Behinderung der Amtsausübung gem. § 34 SprAuG erfüllen.

## D. Die Rechtsstellung der Koalitionen im Betrieb

### I. Zusammenwirkung der Koalitionen mit Arbeitgeber und Betriebsrat

1164 Dem BetrVG liegt der Gedanke der Aufgabentrennung und Unabhängigkeit der Betriebspartner von den Koalitionen zu Grunde (BR-Drs. 715/70, S. 35). Ihre Verpflichtung zum Zusammenwirken mit den im Betrieb vertretenen Koalitionen nach § 2 Abs. 1 BetrVG begründet kein selbstständiges Recht der Koalitionen, sich in das betriebliche Geschehen einzuschalten.

1165 Den Koalitionen steht kein allgemeines Kontrollrecht über alle betriebsverfassungsrechtlichen Aktivitäten zu (*BAG* 30.10.1986 EzA § 47 BetrVG 1972 Nr. 4). Eine Antragsbefugnis im arbeitsgerichtlichen Beschlussverfahren, die Vereinbarkeit von Betriebsvereinbarungen mit tarifvertraglichen Regelungen überprüfen zu lassen, besteht daher ebenso wenig wie ein Anspruch einer Gewerkschaft gegen den Arbeitgeber, die Anwendung einer Betriebsvereinbarung zu unterlassen, weil diese gegen zwingende tarifliche Vorgaben verstößt (*BAG* 23.2.1988 EzA § 81 ArbGG 1979 Nr. 13; 20.8.1991 EzA Art. 9 GG Nr. 54).

1166 Die Verpflichtung zum Zusammenwirken mit den Koalitionen erstreckt sich auf den gesamten Bereich der Zusammenarbeit von Arbeitgeber und Betriebsrat, wobei allerdings die Beiziehung der Koalitionen nach pflichtgemäßem Ermessen vom Willen der Betriebspartner abhängt. Eine Pflicht der Koalitionen zur Zusammenarbeit besteht hingegen nicht (GK-BetrVG/*Franzen* § 2 Rn. 22).

Die Pflicht zum Zusammenwirken bezieht sich nur auf im Betrieb vertretene Gewerkschaften und Arbeitgebervereinigungen. Arbeitgebervereinigungen sind vertreten, wenn der Arbeitgeber Mitglied ist. Gewerkschaften sind vertreten, wenn ihnen mindestens ein Arbeitnehmer des Betriebes angehört, der nicht zu den leitenden Angestellten i. S. d. § 5 Abs. 3 BetrVG zählt (*BAG* 25.3.1992 EzA § 2 BetrVG 1972 Nr. 14). 1167

Im Streitfall obliegt der Gewerkschaft der Beweis, dass sie im Betrieb vertreten ist (GK-BetrVG/*Franzen* § 2 Rn. 39). Der Beweis braucht nicht durch namentliche Nennung des gewerkschaftszugehörigen Arbeitnehmers erfolgen, sondern kann auch durch mittelbare Beweismittel, z. B. durch notarielle Erklärungen oder die Aussage eines Sekretärs der betreffenden Gewerkschaft erbracht werden. Ob diese Beweisführung im Einzelfall ausreicht, ist eine Frage der Beweiswürdigung (*BAG* 25.3.1992 EzA § 2 BetrVG 1972 Nr. 14). Auch im BetrVG gilt der allgemeine Gewerkschaftsbegriff. Eine Gewerkschaft i. S. d. Betriebsverfassungsgesetzes ist nur eine tariffähige Arbeitnehmervereinigung (*BAG* 19.9.2006 – 1 ABR 53/05, EzA-SD 20/06, S. 3). 1168

Es gilt der allgemeine Gewerkschaftsbegriff. Gewerkschaften i. S. d. BetrVG sind daher nur tariffähige Vereinigungen (*BAG* 19.9.2006 EzA Art. 9 GG Nr. 89). 1169

## II. Zugangsrecht der Gewerkschaften zum Betrieb, § 2 Abs. 2 BetrVG

Als Unterstützungsrecht zur Realisierung der im BetrVG genannten Aufgaben gewährt § 2 Abs. 2 BetrVG den im Betrieb vertretenen Gewerkschaften ein Zutrittsrecht zum Betrieb. Es ist grds. an die im BetrVG geregelten Aufgaben und Befugnisse gebunden und gewährt damit keinen allgemeinen Zugang. Ausreichend sind aber auch Aufgaben der Gewerkschaften, wenn sie in einem inneren Zusammenhang mit dem BetrVG stehen und die Gewerkschaft an deren Lösung ein berechtigtes Interesse hat (*BAG* 26.6.1973 EzA § 2 BetrVG 1972 Nr. 5; abl. GK-BetrVG/*Franzen* § 2 Rn. 52). 1170

Ausdrücklich im BetrVG geregelte Aufgaben, die ein Zutrittsrecht begründen können, sind: 1171
– Befugnisse im Zusammenhang mit Betriebsratswahlen (§ 14 Abs. 5, 8, § 16 Abs. 2, § 17 Abs. 2 und 3, 18 Abs. 1 und 2);
– Teilnahmerechte an (Gesamt-, Konzern-)Betriebsratssitzungen, der (Gesamt-)Jugend- und Auszubildendenvertretung (§§ 31, 51 Abs. 1, § 59 Abs. 1, § 65 Abs. 1, § 73 Abs. 2);
– Recht zur Teilnahme an einer Sitzung des Wirtschaftsausschusses analog § 31 BetrVG (*BAG* 25.6.1987 EzA § 108 BetrVG 1972 Nr. 7);
– Teilnahmerecht an Betriebs- und Abteilungsversammlungen, Betriebsräteversammlungen, Jugend- und Auszubildendenversammlungen (§§ 46, 53 Abs. 2, § 71);
– Mitgliedschaft des Gewerkschaftsvertreters in einer tariflichen Schlichtungsstelle nach § 76 Abs. 8 BetrVG.

Darüber hinaus besteht ein akzessorisches Zugangsrecht dann, wenn der Betriebsrat oder ein von ihm gebildeter Ausschuss im Rahmen der ihm zugewiesenen Aufgaben die Unterstützung der Gewerkschaft an Ort und Stelle wünscht (vgl. *BAG* 17.1.1989 EzA § 2 BetrVG 1972 Nr. 12). Dies erfordert einen entsprechenden Beschluss des Betriebsrats oder des Ausschusses (GK-BetrVG/*Franzen* § 2 Rz 62; a. A. DKK/*Berg* § 2 Rn. 33: ausreichend sei der Ausspruch einer Einladung durch den BR-Vorsitzenden oder einen Ausschussvorsitzenden). Nicht zu den Aufgaben der Gewerkschaft gehört ein allgemeines Ermittlungs-, Kontroll- oder Überwachungsrecht, sodass auch aus dem in § 23 BetrVG normierten Antragsrecht der Gewerkschaft selbst dann kein Zutrittsrecht folgt, wenn konkrete Anhaltspunkte für grobe Pflichtverstöße der Betriebspartner vorliegen. Das Zugangsrecht ist nicht von vorneherein auf bestimmte Betriebsbereiche, wie etwa das BR-Zimmer oder die Betriebsversammlung, beschränkt, sondern kann im Einzelfall auch zum Besuch einzelner Arbeitnehmer an ihrem Arbeitsplatz berechtigen, insbes. dann, wenn der Betriebsrat im Rahmen seiner Aufgaben einzelne Arbeitsplätze aufsuchen kann und hierzu die Hinzuziehung eines Gewerkschaftsbeauftragten beschlossen hat (*BAG* 17.1.1989 EzA § 2 BetrVG 1972 Nr. 12). Sofern dies nicht zur Erfüllung kon- 1172 kreter Aufgaben und Befugnisse notwendig ist, besteht allerdings kein allgemeines Zugangsrecht zu allen Betriebsteilen und Arbeitsplätzen (GK-BetrVG/*Franzen* § 2 Rn. 64).

1173 § 2 Abs. 2 BetrVG begründet einen Rechtsanspruch auf Zutritt; der Arbeitgeber ist zur Duldung gesetzlich verpflichtet.

1174 Das Zutrittsrecht darf jedoch nicht gegen den Willen des Arbeitgebers im Wege der Selbsthilfe durchgesetzt werden, sofern nicht die engen Voraussetzungen der §§ 229 ff. BGB vorliegen, sondern muss vielmehr gegebenenfalls im arbeitsgerichtlichen Beschlussverfahren, auch im Rahmen der einstweiligen Verfügung erstritten werden (vgl. *LAG Hamm* 9.3.1972 EzA § 2 BetrVG 1972 Nr. 1). Vor Aufsuchen des Betriebes ist der Arbeitgeber oder sein Vertreter rechtzeitig, in Eilfällen auch unmittelbar vor dem Besuch über die Gründe, aus denen Zugang begehrt wird, die Stellen und Personen, die besucht werden sollen und die Person des Beauftragten zu unterrichten (GK-BetrVG/*Franzen* § 2 Rn. 66).

1175 Der Arbeitgeber kann den Zutritt zum einen verweigern, wenn die gesetzlichen Voraussetzungen nach § 2 Abs. 2 BetrVG nicht erfüllt sind, also der Zugang nicht der Wahrnehmung betriebsverfassungsrechtlicher Aufgaben oder Befugnisse dient oder wenn er nicht rechtzeitig unterrichtet wurde. Ferner kann er den Zutritt verweigern, wenn unumgängliche Notwendigkeiten des Betriebsablaufs, zwingende Sicherheitsvorschriften oder der Schutz von Betriebsgeheimnissen entgegenstehen. Eine unumgängliche Notwendigkeit des Betriebsablaufs liegt vor, wenn der Zugang zu einer schwer wiegenden, für den Arbeitgeber unzumutbaren Störung des Betriebsablaufes führt (GK-BetrVG/*Franzen* § 2 Rn. 73 ff.). Zwingende Sicherheitsvorschriften können nur eingreifen, wenn sie das Betreten bestimmter Räumlichkeiten allgemein für alle dort nicht beschäftigten Personen verbieten (DKK/*Berg* § 2 Rn. 40). Der Schutz von Betriebsgeheimnissen steht dem Zugangsrecht nur entgegen, wenn es sich um lebensnotwendige Betriebsgeheimnisse handelt oder wenn gegenüber dem zutrittsfordernden Gewerkschaftsfunktionär konkret der Verdacht besteht, er werde Geheimnisse verraten, da auch Gewerkschaftsvertretern nach § 79 Abs. 2 BetrVG eine strafbewehrte (§ 120 Abs. 1 BetrVG) Geheimhaltungspflicht auferlegt ist (GK-BetrVG/*Franzen* § 2 Rn. 75). Einem bestimmten Gewerkschaftsbeauftragten kann der Zutritt nur verweigert werden, wenn die Ausübung des Zutrittsrechts gerade durch ihn rechtsmissbräuchlich erscheint, so etwa dann, wenn der Beauftragte den Betriebsfrieden bei früheren Besuchen gestört, sich nicht an den Themenkatalog des § 45 BetrVG gehalten oder strafbare Handlungen gegen den Arbeitgeber begangen hat und Wiederholungsgefahr besteht (GK-BetrVG/*Franzen* § 2 Rn. 76). Streitig ist, ob während oder unmittelbar vor einem Arbeitskampf ein Zugangsrecht von Vertretern kampfbeteiligter oder kampfvorbereitender Gewerkschaften ausscheidet. Z.T. (DKK/*Berg* § 2 Rn. 38a; *Fitting* § 2 Rn. 76) wird ein Zugangsrecht uneingeschränkt bejaht, z.T. (HSWGNR/*Rose* § 2 Rn. 114; GK-BetrVG/*Franzen* § 2 Rn. 78) generell verneint.

### III. Originäre Aufgaben der Koalitionen, § 2 Abs. 3 BetrVG

1176 Gem. § 2 Abs. 3 BetrVG werden die Aufgaben der arbeitsrechtlichen Koalitionen, insbes. die Förderung der Arbeits- und Wirtschaftsbedingungen durch den Abschluss von Tarifverträgen, nicht berührt.

1177 Aus Art. 9 Abs. 3 GG folgt eine verfassungsrechtliche Garantie der koalitionsmäßigen Betätigung sowohl für die Koalition selbst als auch für ihre Mitglieder, die auch das Recht zur Werbung neuer Mitglieder beinhaltet (*BAG* 23.9.1986 EzA Art. 9 GG Nr. 40; *BVerfG* 14.11.1995 EzA Art. 9 GG Nr. 60).

1178 Die Werbung ist nur durch betriebsangehörige Mitglieder der werbenden Gewerkschaft zulässig. Allein die Mitgliedschaft im Betriebsrat schließt eine Werbung durch ein einzelnes Betriebsratsmitglied nicht aus (vgl. § 74 Abs. 3 BetrVG); allerdings darf die Werbung nicht unter Ausnutzung der Amtsautorität als Betriebsratsmitglied erfolgen, da dies dem Grundsatz der gewerkschaftsneutralen Amtsführung zuwiderlaufen würde (vgl. zu Personalratswahlen: *BVerwG* 22.8.1991 EzA § 23 BetrVG 1972 Nr. 30).

Die Mitgliederwerbung ist grundrechtlich nicht nur in dem Maße geschützt, wie sie für die Erhaltung und die Sicherung des Bestandes der Gewerkschaften unerlässlich ist. Sofern während der Arbeitszeit Mitgliederwerbung betrieben wird, sind für die Frage, ob hierin eine Verletzung arbeitsvertraglicher Pflichten liegt, deshalb der Schutz nach Art. 9 Abs. 3 GG und die durch Art. 2 Abs. 1 GG geschützte wirtschaftliche Betätigungsfreiheit des Arbeitgebers, die insbes. bei einer Störung des Betriebsfriedens und des Arbeitsablaufs berührt wird, gegeneinander abzuwägen (*BVerfG* 14.11.1995 EzA Art. 9 GG Nr. 60). 1179

Die Werbung darf nicht grob unwahr oder hetzerisch sein, die negative Koalitionsfreiheit nicht verletzen und muss sich auf die koalitionsspezifischen Argumente ohne parteipolitischen Inhalt beschränken. Auch darf der Arbeitgeber nicht unsachlich angegriffen werden (GK-BetrVG/*Franzen* § 2 Rn. 89). 1180

> Das Werberecht begründet lediglich einen Duldungsanspruch gegen den Arbeitgeber, nicht aber das Recht, hierbei auf das Eigentum, Betriebsmittel, organisatorische Einrichtungen oder personelle Mittel des Arbeitgebers zuzugreifen. 1181

Nicht zu dulden braucht der Arbeitgeber daher die Anbringung von Aufklebern mit Gewerkschaftsemblemen auf in seinem Eigentum stehenden Schutzhelmen (*BAG* 23.2.1979 EzA Art. 9 GG Nr. 29) oder die Verteilung gewerkschaftlichen Werbe- und Informationsmaterials über ein hausinternes Postverteilungssystem für dienstliche Zwecke (*BAG* 23.9.1986 EzA Art. 9 GG Nr. 40). Hinzunehmen ist hingegen die Plakatwerbung von Gewerkschaften und die Anbringung von Schriftgut zur Selbstdarstellung der Gewerkschaften an Anschlagtafeln des Betriebes (*BAG* 14.2.1978 EzA Art. 9 GG Nr. 25; 30.8.1983 EzA Art. 9 GG Nr. 37). 1182

Soweit eine Gewerkschaft im Betrieb vertreten ist und Werbetätigkeiten deshalb durch betriebsangehörige Gewerkschaftsmitglieder durchführen lassen kann, folgt aus der koalitionsrechtlichen Betätigungsgarantie kein Zutrittsrecht betriebsfremder Gewerkschaftsmitglieder zum Zwecke der Werbung (*BAG* 19.1.1982 EzA Art. 9 GG Nr. 34 im Anschluss an *BVerfG* 17.2.1981 EzA Art. 9 GG Nr. 32). 1183

Aus Art. 9 Abs. 3 GG folgt keine besondere Stellung gewerkschaftlicher Vertrauensleute im Betrieb. Diese haben keinerlei betriebsverfassungsrechtliche Funktion und deshalb auch keinen Anspruch auf Durchführung ihrer Wahl im Betrieb, auch nicht außerhalb der Arbeitszeit (*BAG* 8.12.1978 EzA Art. 9 GG Nr. 28). Ihnen kommt kein besonderer individualarbeitsrechtlicher Status etwa i. S. eines besonderen Kündigungsschutzes oder eines Rechts auf bezahlte Freistellung zur Wahrnehmung gewerkschaftlicher Aufgaben zu. Verboten ist eine Benachteiligung wegen der gewerkschaftlichen Tätigkeit, § 75 BetrVG. 1184

## E. Rechte des einzelnen Arbeitnehmers nach dem BetrVG, §§ 81–86 BetrVG

### I. Zweck und Rechtsnatur

§§ 81–86 BetrVG gewähren dem einzelnen Arbeitnehmer Mitwirkungs- und Beschwerderechte, die als Ergänzung zu den kollektiven Beteiligungsrechten des Betriebsrats dem einzelnen Arbeitnehmer ein Mitsprache- und Mitwirkungsrecht »rund um seinen Arbeitsplatz« einräumen sollen (vgl. BegrRegE, BR-Drs. 715/70, S. 47). 1185

> Es handelt sich um Individualrechte, die für alle Arbeitnehmer i. S. d. BetrVG gelten, die in einem betriebsratsfähigen Betrieb beschäftigt werden. Unerheblich ist, ob ein Betriebsrat existiert oder nicht (GK-BetrVG/*Wiese/Franzen* Vor § 81 Rn. 23), es sei denn, die jeweilige Bestimmung setzt die Existenz eines Betriebsrates voraus, wie insbes. § 85 Abs. 2 BetrVG. 1186

Für Arbeitnehmer, die nicht dem BetrVG unterfallen oder in einem nicht betriebsratsfähigen Betrieb beschäftigt werden, folgen inhaltlich entsprechende Rechte aus der allgemeinen Fürsorgepflicht des Arbeitgebers (GK-BetrVG/*Wiese/Franzen* Vor § 81 Rn. 18). 1187

# Kapitel 13

## II. Prozessuale Durchsetzung

**1188** Auf Grund ihres Charakters als Individualrechte erfolgt die Durchsetzung der in §§ 81–86 BetrVG vorgesehenen Rechte nicht im Beschluss-, sondern im arbeitsgerichtlichen Urteilsverfahren (*BAG* 24.4.1979 EzA § 82 BetrVG 1972 Nr. 1; GK-BetrVG/*Wiese/Franzen* Vor § 81 Rn. 41).

**1189** Das gilt auch, soweit es um die Befugnis des Arbeitnehmers nach §§ 82 Abs. 2, 83 Abs. 1, 84 Abs. 1 BetrVG geht, in den dort genannten Angelegenheiten ein Mitglied des Betriebsrates hinzuzuziehen (*BAG* 24.4.1979 EzA § 82 BetrVG 1972 Nr. 1). Der Befugnis des Arbeitnehmers, ein Betriebsratsmitglied hinzuzuziehen, entspricht allerdings kein eigener Anspruch des hinzugezogenen Betriebsratsmitglieds gegenüber dem Arbeitgeber, der von dem Betriebsratsmitglied selbstständig geltend gemacht werden könnte (*BAG* 23.2.1984 EzA § 82 BetrVG 1972 Nr. 2).

## III. Schadensersatzanspruch, Zurückbehaltungsrecht

**1190** Erfüllt der Arbeitgeber die ihm nach §§ 81–86 BetrVG gegenüber dem einzelnen Arbeitnehmer obliegenden Verpflichtungen nicht, kommt neben dem im Urteilsverfahren durchzusetzenden Anspruch auf Erfüllung auch ein Schadensersatzanspruch aus pVV (§§ 280 BGB) oder aus § 823 Abs. 2 BGB in Betracht (vgl. ausf. BetrVG/*Wiese/Franzen* Vor § 81 Rn. 37, 39). Ebenfalls besteht ein Zurückbehaltungsrecht, wobei allerdings umstritten ist, ob dies nur in schwer wiegenden Fällen anzunehmen ist (vgl. GK-BetrVG/*Wiese/Franzen* Vor § 81 Rn. 37).

## IV. Unterrichtungs- und Erörterungspflicht, § 81 BetrVG

### 1. Zweck der Vorschrift, Verhältnis zu anderen Regelungen

**1191** Durch die in § 81 BetrVG vorgesehene Unterrichtungs- und Erörterungspflicht des Arbeitgebers soll die Einarbeitung des Arbeitnehmers erleichtert, seine Integration gefördert, das betriebliche Geschehen in seinen Zusammenhängen transparenter und von der Arbeit und dem Betrieb ausgehende Gefahren vorsorglich abgewendet werden (GK-BetrVG/*Wiese/Franzen* § 81 Rn. 1). Die ordnungsgemäße Erbringung der Arbeitsleistung soll ermöglicht werden und der Arbeitnehmer die Möglichkeit erhalten, sich über die Gesamtzusammenhänge des Arbeitsablaufs zu informieren.

**1192** § 81 BetrVG verdrängt nicht ggf. nach anderen Vorschriften bestehende Rechte des Betriebsrats. Unberührt bleibt insbes. die Unterrichtungspflicht des Arbeitgebers, § 90 BetrVG (DKK/*Buschmann* § 81 Rn. 3). Problematisch kann die Abgrenzung der Unterrichtung nach § 81 BetrVG zu den nach § 98 BetrVG der Mitbestimmung des Betriebsrats unterliegenden betrieblichen Bildungsmaßnahmen sein.

**1193** Nach Auffassung des *BAG* (23.4.1991 EzA § 98 BetrVG 1972 Nr. 7) umfasst der Begriff der Berufsbildung i. S. d. § 98 Abs. 1 BetrVG zumindest alle Maßnahmen der Berufsbildung i. S. d. BBiG also Berufsausbildung, berufliche Fortbildung und berufliche Umschulung, während sich mitbestimmungsfreie Maßnahmen der Unterrichtung nach § 81 BetrVG in der Einweisung eines Arbeitnehmers an einem konkreten Arbeitsplatz erschöpfen und voraussetzen, dass der Arbeitnehmer die für die Ausübung der Tätigkeit an diesem Arbeitsplatz erforderlichen beruflichen Kenntnisse und Erfahrungen besitzt (*BAG* 10.2.1988 EzA § 98 BetrVG 1972 Nr. 4).

### 2. Unterrichtung des Arbeitnehmers über seine Funktion

**1194** Die vorgeschriebene Unterrichtung des Arbeitnehmers hat unaufgefordert vor der Arbeitsaufnahme zu erfolgen (DKK/*Buschmann* § 81 Rn. 6) und muss so konkret und eingehend erfolgen, dass er die übernommene Funktion wahrnehmen kann (GK-BetrVG/*Wiese/Franzen* § 81 Rn. 5). Eine allgemeine Darstellung während eines Vorstellungsgespräches dürfte hierzu nicht ausreichend sein (HSWGNR/*Rose* § 81 Rn. 4). Ausländische Arbeitnehmer müssen ggf. in ihrer Heimatsprache unterrichtet werden (GK-BetrVG/*Wiese/Franzen* § 81 Rn. 10; *LAG BW* 1.12.1989 AiB 1990, 313). Eine bestimmte Form der Unterrichtung ist nicht vorgeschrieben. Schriftliche Hinweise (Stellen-

oder Arbeitsplatzbeschreibungen) sind i. d. R. nur Hilfsmittel, durch die die mündliche Erörterung ergänzt, nicht aber ersetzt werden kann (GK-BetrVG/*Wiese/Franzen* § 81 Rn. 9). Der Arbeitgeber muss die Unterrichtungspflicht nicht höchstpersönlich erfüllen, sondern kann sie auf zuständige Personen (z. B. Meister) delegieren. Die Unterrichtung hat sich insbes. zu beziehen auf Arbeitsplatz und Arbeitsgerät, Art der Tätigkeit und Zusammenhang mit dem Endprodukt, Bedienung und Wartung von Maschinen und Gerät, Beschaffenheit der Arbeitsstoffe, Einordnung der Arbeitsaufgabe in die Arbeitsorganisation. Bei kaufmännischen Tätigkeiten kann hierzu auch die Unterrichtung über die bei der Tätigkeit zu beachtenden rechtlichen Vorgaben, wie z. B. Zollbestimmungen gehören (DKK/*Buschmann* § 81 Rn. 10).

### 3. Belehrung über Unfall- und Gesundheitsgefahren

Diese vor Beginn der erstmaligen Beschäftigung durchzuführende Belehrung dient dem vorbeugenden Gesundheits- und Unfallschutz. Unfall- und Gesundheitsgefahren sind im Einzelnen darzulegen und der Arbeitnehmer ist über die Einrichtungen der Gefahrenabwehr, insbes. über vorhandene Sicherheitseinrichtungen nebst zu benutzender Schutzausrüstung zu informieren und zu deren Benutzung anzuhalten. Erforderlichenfalls ist das Funktionieren der Sicherheitseinrichtungen und das Tragen von Schutzausrüstungen zu demonstrieren (GK-BetrVG/*Wiese/Franzen* § 81 Rn. 14). 1195

### 4. Unterrichtung über Veränderungen im Arbeitsbereich

Eine Unterrichtung hat nach § 81 Abs. 2 BetrVG ferner dann zu erfolgen, wenn sich der Arbeitsbereich des Arbeitnehmers im Laufe seiner Beschäftigung ändert. Sie hat so rechtzeitig zu erfolgen, dass der Arbeitnehmer ausreichend Gelegenheit hat, sich mit den Veränderungen vertraut machen und sich auf sie einstellen (DKK/*Buschmann* § 81 Rn. 14) und ggf. seine Rechte aus § 82 BetrVG wahrnehmen zu können (GK-BetrVG/*Wiese/Franzen* § 81 Rn. 7). Arbeitsbereich ist der Bereich, in dem sich die Arbeit des Arbeitnehmers vollzieht. Dazu gehören nicht nur der Arbeitsplatz und dessen unmittelbare Arbeitsumgebung, sondern bei einer nicht an einen festen Arbeitsplatz gebundenen Tätigkeit auch deren gesamter Wirkungsbereich (DKK/*Buschmann* § 81 Rn. 14). Entscheidend ist, ob durch die Veränderung ein erneutes Unterrichtungsbedürfnis in Bezug auf die in Abs. 1 genannten Gegenstände ergibt (GK-BetrVG/*Wiese/Franzen* § 81 Rn. 8). 1196

### 5. Unterrichtung und Erörterung bei der Planung und Einführung neuer Techniken

§ 81 Abs. 4 BetrVG betrifft die Planung von technischen Anlagen, Arbeitsverfahren und Arbeitsabläufen sowie von Arbeitsplätzen. Der Arbeitnehmer soll in Ergänzung der nach § 90 BetrVG gegenüber dem Betriebsrat bestehenden Informationspflicht selbst in den Informationsprozess bei der Planung und Einführung neuer Technologien einbezogen werden (BT-Drs. 11/3618, S. 28). Durch die Information sollen Ängste abgebaut und die Bereitschaft erhöht werden, sich auf andere Anforderungen einzustellen (BT-Drs. 11/2503, S. 35). Die Unterrichtung hat zu erfolgen, sobald sich konkrete Maßnahmen abzeichnen, die den Arbeitnehmer in den vom Gesetz genannten Bereichen betreffen (BT-Drs. 11/2503, S. 35). Sie hat sich auf alle Gesichtspunkte zu erstrecken, die für den Arbeitnehmer von Bedeutung sein können (DKK/*Buschmann* § 81 Rn. 17). 1197

Sobald feststeht, dass sich die Tätigkeit des Arbeitnehmers ändern wird und die bisherigen beruflichen Kenntnisse und Fähigkeiten hierfür nicht ausreichen, hat der Arbeitgeber mit dem Arbeitnehmer zu erörtern, welche Qualifizierungsmaßnahmen ergriffen werden können. Die Erörterungspflicht ist umfassend und muss ggf. auch außerbetriebliche Bildungsmaßnahmen mit einbeziehen (GK-BetrVG/*Wiese/Franzen* § 81 Rn. 21). Der Arbeitnehmer kann zu der Erörterung ein ausschließlich von ihm zu bestimmendes (DKK/*Buschmann* § 81 Rn. 20) Betriebsratsmitglied hinzuziehen. Dieses kann sich aktiv durch Fragen oder Vorschläge an der Besprechung beteiligen (GK-BetrVG/*Wiese*/Franzen§ 81 Rn. 24). 1198

§ 81 Abs. 4 BetrVG begründet keinen Rechtsanspruch des Arbeitnehmers auf Umschulung oder Weiterbildung (GK-BetrVG/*Wiese/Franzen* § 81 Rn. 21). Unterlässt der Arbeitgeber die gebo- 1199 tene Erörterung kann dies aber zur Folge haben, dass der für den Erwerb der erforderlichen Kenntnisse einzuräumende Anpassungszeitraum vor Ausspruch etwa einer personenbedingten Kündigung länger zu bemessen ist (*Löwisch* BB 1988, 1954; *Fitting* § 81 Rn. 25).

### V. Anhörungs- und Erörterungsrecht des Arbeitnehmers, § 82 BetrVG

#### 1. Zweck der Vorschrift

1200 In Ergänzung zu § 81 BetrVG gibt die Vorschrift dem Arbeitnehmer die Möglichkeit, von sich aus die Initiative zu ergreifen, um für ihn wichtige Informationen einzuholen und durch eigene Stellungnahmen oder Vorschläge an der Meinungsbildung im Betrieb mitzuwirken. Sie ist damit Ausdruck des Demokratie- und Selbstbestimmungsgedankens. Die Eigeninitiative und die Mitarbeit sollen gefördert werden (HSWGNR/*Rose* § 82 Rn. 2).

#### 2. Anhörungs- und Erörterungsrecht

1201 Der Arbeitnehmer kann das Anhörungs- und Erörterungsrecht grds. während der Arbeitszeit ausüben. Das Arbeitsentgelt ist für diese Zeit weiterzuzahlen (GK-BetrVG/*Wiese/Franzen* § 82 Rn. 3). Das Anhörungs- und Erörterungsrecht besteht hinsichtlich aller betrieblichen, nicht aber in rein persönlichen-privaten Angelegenheiten, die den Arbeitnehmer selbst betreffen.

1202 Zuständig ist auf Arbeitgeberseite der unmittelbare Vorgesetzte (GK-BetrVG/*Wiese/Franzen* § 82 Rn. 7) bzw. diejenigen, die nach Maßgabe der organisatorischen Gliederung des Betriebs für die betreffenden Maßnahmen zuständig sind (HSWGNR/*Rose* § 82 Rn. 10).

#### 3. Erläuterung des Arbeitsentgelts

1203 Der Anspruch auf Erläuterung von Berechnung und Zusammensetzung des Arbeitsentgelts kann ohne konkreten Anlass jederzeit geltend gemacht werden. Der Begriff des Arbeitsentgelts umfasst alle dem Arbeitnehmer zufließenden Bezüge, neben dem Lohn oder Gehalt also auch Zulagen, Prämien, Provisionen, Auslösungen, Gratifikationen und Betriebsrenten (GK-BetrVG/*Wiese/Franzen* § 82 Rn. 12). Zu erläutern sind die Zusammensetzung als auch die Höhe. Die Erläuterungspflicht betrifft auch den Inhalt von Tätigkeitsbeschreibungen, wenn sich die Vergütung des Arbeitnehmers nach einer tätigkeitsbezogenen Vergütungsordnung bestimmt (*BAG* 20.4.2010 EzA § 82 BetrVG 2001 Nr. 2).

1204 Eine bloß pauschale Lohnbescheinigung genügt nicht, wohl aber eine detaillierte Lohn- und Gehaltsabrechnung, die die Zusammensetzung des Bruttoverdienstes sowie die Berechnung des Nettoverdienstes klar und verständlich ausweist und bei eventuellen Rückfragen weiter erläutert wird (HSWGNR/*Rose* § 82 Rn. 19).

1205 Nach Ansicht von *Wiese/Franzen* (GK-BetrVG § 82 Rn. 13) sind dem Arbeitnehmer auch die für die Berechnung des Arbeitentgelts maßgeblichen Rechtsgrundlagen (Gesetz, Tarifvertrag, Betriebsvereinbarung, Arbeitsvertrag, Freiwilligkeit) zugänglich zu machen bzw. zu erläutern.

1206 Das Recht des Betriebsrats nach Maßgabe von § 80 Abs. 2 BetrVG Einsicht in die Listen der Bruttolöhne und -gehälter zu nehmen, bleibt unberührt (*BAG* 18.9.1973 EzA § 80 BetrVG 1972 Nr. 5).

#### 4. Erörterung der Leistungsbeurteilung und Möglichkeiten beruflicher Entwicklung

1207 Durch den Anspruch auf sog. Beurteilungsgespräche soll dem Arbeitnehmer die Möglichkeit gegeben werden, seine Position im Betrieb und seine Aufstiegschancen realistisch einzuschätzen (HSWGNR/*Rose* § 82 Rn. 23). Fehlbeurteilungen sollen vermieden werden. Beurteilungen sind dem Arbeitnehmer zur Kenntnis zu bringen und ihm gegenüber zu erläutern. Ein Anspruch auf Aushändigung einer schriftlichen Leistungsbeurteilung besteht nicht (BetrVG/*Wiese* § 82 Rn. 16). Schriftliche Beurteilungen kann der Arbeitnehmer aber nach § 83 BetrVG einsehen und schriftlich dazu Stellung nehmen.

## 5. Hinzuziehung eines Betriebsratsmitglieds

Der Arbeitnehmer kann zu der Erörterung ein ausschließlich von ihm zu bestimmendes (DKK/*Buschmann* § 82 Rn. 20) Betriebsratsmitglied hinzuziehen. Dieses kann sich aktiv durch Fragen oder Vorschläge an der Besprechung beteiligen (GK-BetrVG/*Wiese/Franzen* § 82 Rn. 21). Das Hinzuziehungsrecht bezieht sich nur auf Erörterungen der in Abs. 2 genannten Angelegenheiten (*BAG* 16.11.2004 EzA § 82 BetrVG 2001 Nr. 1; GK-BetrVG/*Wiese/Franzen* § 82 Rn. 20; *Fitting* § 82 Rn. 12; a. A. DKK/*Buschmann* § 82 Rn. 12). Das Hinzuziehungsrecht besteht auch, wenn die Gesprächsgegenstände teilweise identisch mit den in § 82 Abs. 2 Satz 1 BetrVG genannten Themen sind, etwa wenn das Gespräch über einen Aufhebungsvertrag nicht nur die Modalitäten der Aufhebungsvereinbarung zum Inhalt hat, sondern auch die Beurteilung der Leistungen des Arbeitnehmers und seine Entwicklungsmöglichkeiten im Betrieb thematisiert und es unter diesen Gesichtspunkten darum geht, ob der Arbeitnehmer sich überhaupt auf eine Aufhebungsvereinbarung einlassen will (*BAG* 16.11.2004 EzA § 82 BetrVG 2001 Nr. 1). 1208

Das Betriebsratsmitglied unterliegt nach § 82 Abs. 2 S. 3 BetrVG einer Schweigepflicht, die auch gegenüber anderen Betriebsratsmitgliedern einzuhalten ist (DKK/*Buschmann* § 82 Rn. 13). 1209

Unerheblich für das Hinzuziehungsrecht ist, auf wessen Initiative ein Gespräch in Angelegenheiten des Abs. 2 stattfindet (*BAG* 20.4.2010 EzA § 82 BetrVG 2001 Nr. 2). Es besteht auch bei Beratungs- und Förderungsgesprächen auf Veranlassung des Arbeitgebers und auch dann, wenn über die in § 82 Abs. 2 S. 1 BetrVG genannten Themen hinausgehende Einzelpunkte erörtert werden (*BAG* 24.4.1979 EzA § 82 BetrVG 1972 Nr. 1; GK-BetrVG/*Wiese/Franzen* § 82 Rn. 20). 1210

## VI. Einsicht in Personalakten, § 83 BetrVG
### 1. Zweck der Vorschrift

Das Einsichtsrecht dient der innerbetrieblichen Transparenz und soll eine Kontrolle des Arbeitgeberverhaltens ermöglichen. Ferner soll der Arbeitnehmer nachvollziehen können, wie sich von ihm wahrgenommene Erörterungs-, Anhörungs- und Beschwerderechte ausgewirkt haben. 1211

### 2. Begriff der Personalakte

Es gilt der sog. materielle Personalaktenbegriff. Danach ist Personalakte jede Sammlung von Unterlagen über einen bestimmten Arbeitnehmer des Betriebs, unabhängig davon, wo und in welcher Form diese Angaben über den Arbeitnehmer gesammelt werden (s. Kap. 3 Rdn. 3015 ff.). 1212

### 3. Einsicht durch Arbeitnehmer

Der Arbeitnehmer kann das Einsichtsrecht jederzeit auch ohne besonderen Anlass geltend machen (GK-BetrVG/*Franzen* § 83 Rn. 22; a. A. HSWGNR/*Rose* § 83 Rn. 35: nur aus besonderem Anlass, sonst in angemessenen zeitlichen Abständen). Die Einsichtnahme erfolgt unter Vergütungsfortzahlung während der Arbeitszeit. Hierbei ist aber auf die betrieblichen Verhältnisse Rücksicht zu nehmen. Angaben auf elektronischen Datenträgern oder in sonst verschlüsselter Form sind lesbar zu machen und ggf. zu erläutern (GK-BetrVG/*Franzen* § 83 Rn. 23). Der Arbeitnehmer ist berechtigt, sich Notizen und Kopien auf eigene Kosten zu machen (DKK/*Buschmann* § 83 Rn. 6). Umstritten ist, ob das Einsichtsrecht ein höchstpersönliches Recht ist oder ob der Arbeitnehmer dieses auch durch einen Bevollmächtigten ausüben lassen kann (dafür *ArbG Reutlingen* 8.5.1981 BB 1981, 1092; dagegen HSWGNR/*Rose* § 83 Rn. 40; GK-BetrVG/*Franzen* § 83 Rn. 26). Für den Bereich des öffentlichen Dienstes ist nach § 13 BAT die Einsichtnahme durch einen schriftlich Bevollmächtigten zulässig. Einzelheiten des Einsichtsrechts (Häufigkeit, Ort, Voranmeldung etc.) können durch eine nach § 87 Abs. 1 Nr. 1 BetrVG erzwingbare Betriebsvereinbarung geregelt werden (DKK/*Buschmann* § 83 Rn. 7). 1213

## Kapitel 13

### 4. Hinzuziehung eines Betriebsratsmitglieds

1214 Der Arbeitnehmer kann ein Betriebsratsmitglied seiner Wahl hinzuziehen, das in demselben Umfang zur Einsicht berechtigt ist, wie der Arbeitnehmer selbst (*Fitting* § 83 Rn. 41). Über den Inhalt der Personalakte hat das Betriebsratsmitglied vorbehaltlich einer Entbindung von der Schweigepflicht durch den Arbeitnehmer Stillschweigen, auch anderen Betriebsratsmitgliedern (GK-BetrVG/*Wiese/Franzen* § 83 Rn. 46) gegenüber zu wahren. Schwerbehinderte Arbeitnehmer sind außerdem berechtigt, die Schwerbehindertenvertretung hinzuzuziehen, § 95 Abs. 3 SGB IX.

### 5. Erklärungen des Arbeitnehmers zur Personalakte

1215 Durch die Möglichkeit, Erklärungen zur Personalakte abzugeben, erhält der Arbeitnehmer die Möglichkeit, den Inhalt der Personalakte zu ergänzen oder die Beifügung von Richtigstellungen und Gegenvorstellungen zu erreichen. Die Erklärung ist auch dann zu den Akten zu nehmen, wenn der Arbeitgeber sie für unzutreffend hält (*Fitting* § 83 Rn. 14; einschränkend für Unterlagen, die nicht in eine Personalakte gehören [Formelles Prüfungsrecht des Arbeitgebers]: GK-BetrVG/*Franzen* § 83 Rn. 34). Die Erklärungen sind in räumlichem Zusammenhang mit den Inhalten der Personalakte, auf die sie sich beziehen, zu bringen (HSWGNR/*Rose* § 83 Rn. 44 ff.). Neben diesem Gegendarstellungsrecht kann der Arbeitnehmer die Entfernung und Beseitigung von rechtswidrigen, beeinträchtigenden Angaben aus den Personalakten verlangen (vgl. z. B. *BAG* 5.8.1992 EzA § 611 BGB Abmahnung Nr. 25; s. Kap. 3 Rdn. 3061 ff.).

### VII. Beschwerderecht, §§ 84, 85 BetrVG

#### 1. Allgemeines

1216 §§ 84, 85 BetrVG eröffnen für den Arbeitnehmer zwei Möglichkeiten der innerbetrieblichen Beschwerde, nämlich entweder die Beschwerde bei den zuständigen Stellen des Betriebs (§ 84 Abs. 1 BetrVG) oder die Beschwerde beim Betriebsrat (§ 85 Abs. 1 BetrVG). Der Arbeitnehmer hat insoweit ein Wahlrecht (DKK/*Buschmann* § 84 Rn. 3). Das Beschwerderecht besteht unabhängig von einem eventuellen Klagerecht vor dem ArbG. Allerdings werden durch das innerbetriebliche Beschwerdeverfahren gesetzliche Fristen nicht gehemmt, wohl aber tarifliche Ausschlussfristen, die lediglich eine schlichte Geltendmachung vorschreiben. Überwiegend (GK-BetrVG/*Wiese/Franzen* § 84 Rn. 9; a. A. DKK/*Buschmann* § 84 Rn. 3) wird die Ansicht vertreten, dass der Arbeitnehmer den innerbetrieblichen Beschwerdeweg ausgeschöpft haben muss, bevor er sich an außerbetriebliche Stellen wendet.

#### 2. Beschwerdegegenstand und Beschwerdeverfahren

1217 Unter Beschwerde ist jedes Vorbringen des Arbeitnehmers zu verstehen, mit dem er darauf hinweist, dass er sich selbst entweder vom Arbeitgeber oder von Arbeitnehmern des Betriebs benachteiligt, ungerecht behandelt oder in sonstiger Weise beeinträchtigt fühlt und Abhilfe des belastenden Zustandes begehrt (*BAG* 22.11.2005 EzA § 85 BetrVG 2001 Nr. 1). Der Kreis der beschwerdefähigen Angelegenheiten ist umfassend (DKK/*Buschmann* § 84 Rn. 6).

1218 Es kann sich um tatsächliche oder rechtliche Beeinträchtigungen handeln (*LAG Frankf./M.* 10.2.1987 DB 1987, 223, 227). Es kommt auf den subjektiven Standpunkt des Arbeitnehmers an (GK-BetrVG/*Wiese/Franzen* § 84 Rn. 8). Notwendig ist allerdings, dass ein Zusammenhang mit dem Arbeitsverhältnis besteht (DKK/*Buschmann* § 84 Rn. 6) und der Arbeitnehmer sich selbst beeinträchtigt fühlt. § 84 BetrVG begründet insoweit kein Recht zur Popularbeschwerde (*BAG* 22.11.2005 EzA § 85 BetrVG 2001 Nr. 1; *LAG SchlH* 21.12.1989 NZA 1990, 703 f.; GK-BetrVG/*Wiese* § 84 Rn. 11).

1219 Die Beschwerde, die weder form- noch fristgebunden ist, ist bei der zuständigen Stelle des Betriebs einzulegen, wobei sich die Zuständigkeit nach dem organisatorischen Aufbau des Betriebs bestimmt. Regelmäßig zuständig ist der unmittelbare Vorgesetzte (GK-BetrVG/*Wiese/Franzen* § 84 Rn. 16).

Durch Tarifvertrag oder Betriebsvereinbarung können die Einzelheiten des Beschwerdeverfahrens geregelt werden, § 86 BetrVG. Aufschiebende Wirkung hat die Beschwerde nicht (GK-BetrVG/*Wiese/Franzen* § 84 Rn. 18). Zur Unterstützung oder Vermittlung im Rahmen der Beschwerdeeinlegung und des weiteren Beschwerdeverfahrens kann der Arbeitnehmer ein beliebiges Mitglied des Betriebsrates hinzuziehen, § 84 Abs. 1 S. 2 BetrVG. Eine besondere betriebsverfassungsrechtliche Schweigepflicht ist nicht vorgesehen. Betriebsratsmitglied und Arbeitgeber dürfen jedoch das allgemeine Persönlichkeitsrecht des Arbeitnehmers nicht verletzen (DKK/*Buschmann* § 84 Rn. 14). Insoweit besteht kein Anspruch auf anonyme (GK-BetrVG/*Wiese/Franzen* § 84 Rn. 23), wohl aber vertrauliche (*v. Hoyningen-Huene* BB 1991, 2215) Behandlung der Beschwerde.

Der Arbeitgeber hat zu prüfen, ob die Beschwerde berechtigt ist und das Ergebnis dieser Überprüfung dem Arbeitnehmer mündlich oder schriftlich mitzuteilen. Bei längerer Überprüfungsdauer besteht ein Anspruch auf Zwischenbescheid. Zum Bescheid gehört – jedenfalls im Falle der Ablehnung der Beschwerde – die Mitteilung der wesentlichen Gründe (GK-BetrVG/*Wiese/Franzen* § 84 Rn. 27). **1220**

Erkennt der Arbeitgeber die Beschwerde als berechtigt an, hat er ihr abzuhelfen. Soweit Beschwerdegegenstand nicht ein Rechtsanspruch des Arbeitnehmers ist, liegt es im Ermessen des Arbeitgebers, wie er im Rahmen des Möglichen und Zumutbaren Abhilfe schafft. Bei Anerkennung der Beschwerde als berechtigt, soll nach einer Auffassung (*Fitting* § 84 Rn. 18.) stets eine Selbstbindung des Arbeitgebers mit der Folge eines Rechtsanspruchs des Arbeitnehmers auf Abhilfe resultieren, nach anderer Auffassung (GK-BetrVG/*Wiese/Franzen* § 84 Rn. 26) nur dann, wenn die Auslegung der Erklärung des Arbeitgebers ergibt, dass er nicht nur deklaratorisch die nach § 84 Abs. 2 BetrVG bestehende Abhilfeverpflichtung bestätigt, sondern sich zusätzlich rechtsgeschäftlich hat binden wollen. **1221**

### 3. Benachteiligungsverbot

Dem Arbeitnehmer dürfen wegen der Beschwerde selbst keine Nachteile entstehen, § 84 Abs. 3 BetrVG. Maßnahmen des Arbeitgebers, die gegen dieses Benachteiligungsverbot verstoßen, wie z. B. Kündigungen, Versetzung oder Kürzung von Lohnzahlungen sind nichtig, § 134 BGB (*Fitting* § 84 Rn. 21). In Betracht kommt ferner ein Schadensersatzanspruch, da § 84 Abs. 3 BetrVG Schutzgesetz i. S. d. § 823 Abs. 2 BGB ist (GK-BetrVG/*Wiese/Franzen* § 84 Rn. 35). **1222**

> Sanktionen auf Grund des Inhalts oder der Begleitumstände der Beschwerde sind aber dann zulässig, wenn etwa völlig haltlos schwere Anschuldigungen gegen den Arbeitgeber bzw. Arbeitskollegen erhoben werden oder die wiederholte Einlegung grundloser Beschwerden den Arbeitnehmer als Querulanten ausweist oder auf Grund der Beschwerde auch ein Fehlverhalten des sich beschwerenden Arbeitnehmers aufgedeckt wird (BAG 11.3.1982 – 2 AZR 798/79 – n. v.; GK-BetrVG/*Wiese/Franzen* § 84 Rn. 34). **1223**

### 4. Beschwerde beim Betriebsrat, § 85 BetrVG

Der Arbeitnehmer kann vor, nach oder auch gleichzeitig (vgl. GK-BetrVG/*Wiese/Franzen* § 84 Rn. 31) zur Beschwerde nach § 84 Abs. 1 BetrVG auch Beschwerde zum Betriebsrat erheben. Der Kreis der beschwerdefähigen Angelegenheiten ist identisch (DKK/*Buschmann* § 85 Rn. 2). Das Benachteiligungsverbot des § 84 Abs. 3 BetrVG gilt auch im Rahmen des Beschwerdeverfahrens beim Betriebsrat. **1224**

Der Betriebsrat bzw. der Betriebsausschuss (§ 27 Abs. 3 S. 2 BetrVG) oder ein für die Behandlung von Beschwerden nach § 28 BetrVG gebildeter Ausschuss haben die Beschwerde entgegenzunehmen und über die Frage der Berechtigung nach pflichtgemäßem Ermessen durch Beschluss zu entscheiden. Bei negativer Entscheidung besteht eine Begründungspflicht gegenüber dem Arbeitnehmer (GK-BetrVG/*Wiese/Franzen* § 85 Rn. 6). Hält der Betriebsrat die Beschwerde für begründet, so ist er verpflichtet, beim Arbeitgeber auf Abhilfe hinzuwirken. Ziel der Verhandlungen mit dem Arbeitgeber ist es, die Berechtigung der Beschwerde festzustellen. Wird hierüber übereinstimmend **1225** entschieden, ist das Beschwerdeverfahren nach § 85 BetrVG beendet. Wird die Beschwerde übereinstimmend für begründet erachtet, hat der Arbeitgeber für Abhilfe zu sorgen. Hierauf hat der Arbeitnehmer einen Rechtsanspruch (GK-BetrVG/*Wiese/Franzen* § 85 Rn. 8).

**1226** Kommt eine Einigung zwischen Betriebsrat und Arbeitgeber über die Berechtigung der Beschwerde nicht zu Stande, so kann ausschließlich der Betriebsrat (nicht auch der einzelne sich beschwerende Arbeitnehmer, vgl. *BAG* 28.6.1984 EzA § 85 BetrVG 1972 Nr. 1 und auch nicht der Arbeitgeber, vgl. z. B. DKK/*Buschmann* § 85 Rn. 8) die Einigungsstelle anrufen.

**1227** In Anwendung von § 85 Abs. 2 S. 3 BetrVG besteht nach h. M. (*BAG* 22.11.2005 EzA § 85 BetrVG 2001 Nr. 1; 28.6.1984 EzA § 85 BetrVG 1972 Nr. 1; GK-BetrVG/*Wiese/Franzen* § 85 Rn. 14 ff.) eine Zuständigkeit der Einigungsstelle nur, wenn Gegenstand der Beschwerde kein Rechtsanspruch ist, es sich also um eine sog. Regelungsstreitigkeit nicht-kollektiver Art handelt. Ferner darf es sich nicht um eine ausschließlich vergangenheitsbezogene Beschwerde handeln (*BAG* 22.11.2005 EzA § 85 BetrVG 2001 Nr. 1).

**1228** Nach a. A. (DKK/*Buschmann* § 85 Rn. 10) ist die Einigungsstelle lediglich an einer verbindlichen Entscheidung gehindert, ein Tätigwerden der Einigungsstelle könne aber auf jeden Fall beantragt werden. Immer möglich ist auch bei Rechtsansprüchen die Durchführung eines freiwilligen Einigungsstellenverfahrens (*BAG* 28.6.1984 EzA § 85 BetrVG 1972 Nr. 1).

**1229** Eine Regelungsstreitigkeit nicht-kollektiver Art liegt vor, wenn nur einzelne Arbeitsverhältnisse betroffen sind und vor allem rein tatsächliche Beeinträchtigungen in Rede stehen, aus denen (noch) keine Rechtsansprüche des einzelnen Arbeitnehmers erwachsen, über die im arbeitsgerichtlichen Urteilsverfahren zu entscheiden wäre (*Fitting* § 85 Rn. 6).

**1230** Da ein Rechtsanspruch des Arbeitnehmers auch aus einer Verletzung der arbeitgeberseitigen Fürsorgepflicht bzw. des Gleichbehandlungsgrundsatzes folgen kann, ist eine Zuständigkeit der Einigungsstelle nur selten gegeben (GK-BetrVG/*Wiese/Franzen* § 85 Rn. 11; *Nebendahl/Lunk* NZA 1990, 678). Nach *Buschmann* (DKK § 85 Rn. 15) besteht eine Zuständigkeit der Einigungsstelle dann, wenn es um aus Fürsorgepflichten ableitbare Nebenansprüche geht, die nicht klar gegeben, nicht allgemein anerkannt und nicht oder nur schwer konkretisierbar sind und sich somit nicht in rechtlichen Abwehransprüchen verdichten können (ebenso *Hunold* DB 1993, 2282, 2284). Als Beispiele werden genannt: Ständige Eingriffe von Vorgesetzten oder Kollegen in den Aufgabenbereich des Arbeitnehmers, mangelnde Information und Zielsetzung, unsachgemäße Kritik oder Kontrolle, ständiger Einsatz als Springer unter Verschonung anderer Arbeitnehmer, Beschwer durch eine kollektive Regelung, etwa der Arbeitszeit mit dem Ziel der Beschwerde, für sich persönlich eine abweichende Regelung zu erreichen (GK-BetrVG/*Wiese/Franzen* § 85 Rn. 18).

**1231** Auf die Herausnahme einer Abmahnung aus der Personalakte besteht hingegen ein Rechtsanspruch, sodass nach h. M. (*LAG Bln.* 19.8.1988 LAGE § 98 ArbGG 1979 Nr. 11; GK-BetrVG/*Wiese/Franzen* § 85 Rn. 15; a. A. *LAG Köln* 16.11.1984 NZA 1985, 191) keine Zuständigkeit der Einigungsstelle gegeben ist.

**1232** Die Einigungsstelle kann durch ihren Spruch nur die Berechtigung der Beschwerde und nicht die Verpflichtung des Arbeitgebers zu bestimmten konkreten Abhilfemaßnahmen feststellen (*BAG* 22.11.2005 EzA § 85 BetrVG 2001 Nr. 1; *Hunold* DB 1993, 2283; GK-BetrVG/*Wiese/Franzen* § 85 Rn. 24). Auch zusätzliche Leistungspflichten des Arbeitgebers können durch einen Spruch der Einigungsstelle nicht begründet werden (*BAG* 28.6.1984 EzA § 85 BetrVG 1972 Nr. 1). Da der Arbeitgeber bei einem stattgebenden Beschluss der Einigungsstelle verpflichtet ist, geeignete Maßnahmen zur Abhilfe zu ergreifen, muss sich dem Spruch entnehmen lassen, welche tatsächlichen Umstände die Einigungsstelle als zu vermeidende Beeinträchtigung der Arbeitnehmer angesehen hat. Fehlt es hieran, ist der Spruch mangels hinreichender Bestimmtheit unwirksam (*BAG* 22.11.2005 EzA § 85 BetrVG 2001 Nr. 1).

**1233** Das über § 85 Abs. 2 BetrVG dem Betriebsrat eingeräumte Mitbestimmungsrecht mit der Möglichkeit zur Erzwingung einer Regelung darf schließlich nicht dazu führen, dass die Mitbestimmung des

Betriebsrats erweitert oder das abgestufte System der Beteiligungsrechte durchbrochen wird (*LAG Hamm* 16.4.1986 BB 1986, 1359).

Streitigkeiten über die Zuständigkeit der Einigungsstelle sind im Beschlussverfahren, Ansprüche des Arbeitnehmers auf Abhilfe nach Feststellung der Berechtigung der Beschwerde im Urteilsverfahren geltend zu machen (GK-BetrVG/*Wiese/Franzen* § 85 Rn. 31 ff.). 1234

### VIII. Vorschlagsrecht der Arbeitnehmer, § 86a BetrVG

#### 1. Zweck der Vorschrift

Durch die durch das BetrV-ReformG vom 23.7.2001 (BGBl. I S. 1852 ff.) eingefügte Bestimmung soll das demokratische Engagement der Arbeitnehmer dadurch stärken, dass ihnen die Möglichkeit eröffnet wird, stärker Einfluss auf die Betriebsratsarbeit nehmen und ihre Ideen und Sichtweisen im Interesse einer Belebung und Bereicherung der innerbetrieblichen Diskussion einbringen zu können (BegrRegE BT-Drs. 14/5741, S. 47). 1235

#### 2. Ausgestaltung des Vorschlagsrechts

Das Vorschlagsrecht ist an keine besonderen Voraussetzungen gebunden und kann form- und fristfrei von jedem Arbeitnehmer ausgeübt werden. Gegenstand des Vorschlagsrechts kann jedes Thema sein, das in die Zuständigkeit des Betriebsrats fällt. 1236

Wird der Vorschlag von mindestens 5 % der Arbeitnehmer des Betriebs unterstützt, hat der Betriebsrat diesen innerhalb von zwei Monaten auf die Tagesordnung einer Betriebsratssitzung zu setzen. Wie der Betriebsrat den Vorschlag behandelt, obliegt allein seiner Entscheidung. Einen Anspruch darauf, dass der Betriebsrat auf Grund des Vorschlags in bestimmter Weise tätig wird, besteht nicht (BegrRegE, BT-Drs. 14/5741, S. 47). So steht es dem Betriebsrat frei, den Vorschlag lediglich zur Kenntnis zu nehmen oder diesen zunächst zurückzustellen oder ihn nach § 80 Abs. 1 Nr. 2 oder 3 BetrVG zum Gegenstand von Verhandlungen mit dem Arbeitgeber zu machen. 1237

Nach *Wiese/Franzen* (GK-BetrVG § 86a Rn. 18) hat der Arbeitnehmer in entsprechender Anwendung des § 80 Abs. 1 Nr. 3 BetrVG einen Anspruch auf Unterrichtung über die Behandlung seines Vorschlags. Dies beinhaltet ggf. auch die Verpflichtung, dem Arbeitnehmer nach angemessener Zeit einen Zwischenbescheid zu geben. Sofern der vorschlagende Arbeitnehmer bei Äußerung seines Vorschlags gegenüber dem Betriebsrat verlangt, dass sein Name bei einer eventuellen Weiterverfolgung des Vorschlags durch den Betriebsrat nicht genannt wird, ist vom Betriebsrat diese Anonymität zu wahren. Dem Arbeitnehmer dürfen aus der Ausübung des Vorschlagsrechts keine Nachteile erwachsen, § 612a BGB (GK-BetrVG/*Wiese/Franzen* § 86a Rn. 19). 1238

## F. Grundsätze für die Zusammenarbeit zwischen Arbeitgeber und Betriebsrat und die Durchführung der Mitwirkung

### I. Das Gebot vertrauensvoller Zusammenarbeit, § 2 Abs. 1 BetrVG

#### 1. Inhalt

Unter Anerkennung der Interessengegensätze zwischen Arbeitgeber und Betriebsrat wird durch § 2 Abs. 1 BetrVG in Form einer Generalklausel das betriebsverfassungsrechtliche Kooperationsgebot normiert. 1239

§ 2 Abs. 1 BetrVG ist bei der Auslegung aller Bestimmungen des BetrVG zu beachten und insoweit mit § 242 BGB vergleichbar (GK-BetrVG/*Franzen* § 2 Rn. 13). Insbesondere dürfen Rechte nach der Betriebsverfassung nicht mutwillig oder rechtsmissbräuchlich ausgeübt werden (*BAG* 3.10.1978 EzA § 40 BetrVG 1972 Nr. 37). 1240

# Kapitel 13

1241 Trotz bestehender Interessengegensätze sollen Arbeitgeber und Betriebsrat sich bei der Verfolgung ihrer Interessen am Wohl der Belegschaft und des Betriebs orientieren. Die Zusammenarbeit zum Ausgleich der Interessengegensätze soll in gegenseitiger Ehrlichkeit und Offenheit erfolgen.

1242 Das Gebot vertrauensvoller Zusammenarbeit gilt nicht nur für den Betriebsrat als Gremium, sondern auch für einzelne Betriebsratsmitglieder und sonstige betriebsverfassungsrechtliche Einrichtungen der Arbeitnehmer bei der Wahrnehmung betriebsverfassungsrechtlicher Aufgaben, nicht jedoch für das Verhältnis der Betriebsratsmitglieder oder einzelner Arbeitnehmer untereinander. Das Gebot richtet sich neben dem Arbeitgeber auch an die von ihm mit der Wahrnehmung betriebsverfassungsrechtlicher Aufgaben betrauten Personen. Die Pflicht vertrauensvoller Zusammenarbeit gilt auch für die Koalitionen, soweit sie im Rahmen der Betriebsverfassung tätig werden, sodass bei Wahrnehmung betriebsverfassungsrechtlicher Befugnisse auch gewerkschaftliche Beauftragte an diesen Grundsatz gebunden sind (GK-BetrVG/*Franzen* § 2 Rn. 10).

### 2. Anwendungsbeispiele

1243 Wenn auch § 2 Abs. 1 BetrVG nicht dazu führt, über die im Gesetz bestimmten Fälle hinaus weitere Mitbestimmungsrechte zu begründen, können im Einzelfall aus der Bestimmung doch unmittelbar Rechte und Pflichten folgen.

1244 ▶ **Beispiele:**

Unzulässig ist z. B.:
- die betriebsöffentliche Bekanntgabe des Arbeitgebers, wegen der personellen Zusammensetzung des Betriebsrats nicht mehr zu einer Zusammenarbeit mit diesem bereit zu sein (DKK/*Berg* § 2 Rn. 6 unter Hinw. auf *ArbG Brem.* 4.7.1991 – 4 A BVGa 12/91);
- der Aushang von Schriftverkehr zwischen Arbeitgeber und Betriebsrat am schwarzen Brett ohne Zustimmung des Verhandlungspartners (*LAG Düsseld.* 25.5.1976 BB 1977, 294);
- die Versendung eines Schreibens des Arbeitgebers an den Betriebsrat an zahlreiche Betriebsangehörige, in denen der Verhandlungspartner mit ehrverletzenden Vorwürfen angegriffen wird (*LAG Köln* 16.11.1990 BB 1991, 1191);
- die Offenlegung von Betriebsratskosten durch den Arbeitgeber auf einer Betriebsversammlung im Rahmen der Darstellung des Betriebsergebnisses, wenn nur die betriebsratsbezogenen Kosten gesondert benannt und die übrigen Kosten global und zusammengefasst ausgewiesen werden, sodass sich die Arbeitnehmer kein zuverlässiges und aussagekräftiges Bild von allen kostenverursachenden und ertragsmindernden Faktoren machen können (*BAG* 19.7.1995 EzA § 43 BetrVG 1972 Nr. 3; 12.11.1997 EzA § 23 BetrVG 1972 Nr. 38);
- das Öffnen der an den Betriebsrat gerichteten Post (*ArbG Wesel* 23.1.1992 AiB 1993, 43);
- die Verwehrung des Zutritts zum Betrieb oder einzelnen Betriebsteilen oder Arbeitsplätzen für Betriebsratsmitglieder (*ArbG Elmshorn* 5.12.1990 AiB 1991, 56);
- die Unterstützung von gegen den Arbeitgeber gerichteter Propaganda durch den Betriebsrat (GK-BetrVG/*Franzen* § 2 Rn. 48);
- bei einer vom Arbeitgeber beabsichtigten nicht vollständigen Anrechnung einer Tariflohnerhöhung auf übertarifliche Zulagen die Vorgabe eigener Verteilungsgrundsätze durch den Arbeitgeber, über die dieser keine Verhandlungen zulässt, sondern für den Fall abweichender Vorstellungen des Betriebsrats von vornherein eine mitbestimmungsfreie Vollanrechnung vorsieht (*BAG* 26.5.1998 EzA § 87 BetrVG 1972 Betriebliche Lohngestaltung Nr. 65).

## II. Allgemeine Grundsätze für die Zusammenarbeit zwischen Arbeitgeber und Betriebsrat, § 74 BetrVG

1245 § 74 BetrVG konkretisiert (neben §§ 75, 76 Abs. 5, § 112 Abs. 5 BetrVG) das Gebot vertrauensvoller Zusammenarbeit.

## F. Grundsätze für die Zusammenarbeit zwischen Arbeitgeber und Betriebsrat — Kapitel 13

### 1. Monatliche Besprechung und Verhandlungspflicht, § 74 Abs. 1 BetrVG

§ 74 Abs. 1 BetrVG soll einen regelmäßigen persönlichen Kontakt zwischen Arbeitgeber und Betriebsrat sicherstellen. Trotz der Formulierung als Sollvorschrift handelt es sich um eine betriebsverfassungsrechtliche Pflicht, die zwar keinen unmittelbaren Erfüllungsanspruch begründet, aber Sanktionen nach § 23 Abs. 1 bzw. Abs. 3 BetrVG rechtfertigen kann, wenn sich eine Seite generell oder wiederholt ohne sachlichen Grund weigert, an vom anderen Teil gewünschten Besprechungen teilzunehmen (GK-BetrVG/*Kreutz* § 74 Rn. 12).  **1246**

Teilnehmer sind:  **1247**
– alle Betriebsratsmitglieder; sie sind teilnahmeberechtigt, aber auch teilnahmeverpflichtet. Die Monatsbesprechungen gehören nicht zu den laufenden Geschäften i. S. v. § 27 Abs. 3, 4 BetrVG. Die regelmäßige Monatsbesprechung kann nicht einem Betriebsratsausschuss oder einem gemeinsamen Ausschuss zwischen Betriebsrat und Arbeitgeber übertragen werden (GK-BetrVG/*Kreutz* § 74 Rn. 14);
– der Arbeitgeber bzw. nach dem Gesetz vertretungsberechtigte Personen, in Einzelfällen auch solche Personen, die Arbeitgeberfunktionen wahrnehmen, für die Betriebsleitung zu sprechen befugt und dazu auch aus eigener Sachkunde auch in der Lage sind (vgl. *BAG* 11.12.1991 EzA § 90 BetrVG 1972 Nr. 2); immer möglich ist die Hinzuziehung weiterer betriebsangehöriger Personen zur Berichterstattung oder als Sachverständiger (GK-BetrVG/*Kreutz* § 74 Rn. 15);  **1248**
– die Schwerbehindertenvertretung (§ 95 Abs. 5 SGB IX);  **1249**
– unter den Voraussetzungen des § 68 BetrVG die Jugend- und Auszubildendenvertretung.  **1250**

Nach ganz überwiegender Auffassung (vgl. GK-BetrVG/*Kreutz* § 74 Rn. 18; a. A. DKK/*Berg* § 74 Rn. 6) können Beauftragte der im Betrieb vertretenen Gewerkschaften oder des Arbeitgeberverbandes nur mit Einverständnis der Betriebspartner teilnehmen.  **1251**

Nähere Modalitäten der Besprechung sind gesetzlich nicht geregelt, sodass sich die Betriebspartner hierüber, etwa in Form einer allgemeinen Verfahrensordnung, einigen müssen. Die gemeinsame Besprechung kann in zeitlichem Zusammenhang mit einer Betriebsratssitzung durchgeführt werden, allerdings nicht mit einer solchen Sitzung verbunden und nicht dadurch ersetzt werden, dass der Arbeitgeber monatlich einmal an einer Sitzung des Betriebsrats teilnimmt. In einer solchen gemeinsamen Sitzung können auch keine Betriebsratsbeschlüsse gefasst werden (GK-BetrVG/*Kreutz* § 74 Rn. 23).  **1252**

§ 74 Abs. 1 S. 2 BetrVG begründet lediglich eine Einlassungs- und Erörterungspflicht: die wechselseitigen Standpunkte sind darzulegen und gegebenenfalls zu diskutieren. Unbenommen bleibt das Recht, auf dem jeweiligen Standpunkt zu beharren. Die Einlassungs- und Erörterungspflicht besteht auch dann, wenn der Betriebsrat eine Regelung in einer nicht mitbestimmungspflichtigen Angelegenheit anstrebt (*BAG* 13.10.1987 EzA § 87 BetrVG 1972 Arbeitszeit Nr. 25) sowie dann, wenn für die Beilegung einer Streitigkeit letztlich die Einigungsstelle zuständig ist.  **1253**

### 2. Arbeitskampfverbot, § 74 Abs. 2 S. 1 BetrVG

*a) Inhalt*

Meinungsverschiedenheiten über die Regelung oder Durchsetzung betriebsverfassungsrechtlicher Streitigkeiten sollen ausschließlich in den gesetzlich dafür vorgesehenen Verfahren (Einigungsstelle, Beschlussverfahren) ausgetragen werden.  **1254**

> Keine Seite darf Arbeitskampfmaßnahmen durchführen, um den anderen Teil zu einem bestimmten betriebsverfassungsrechtlichen Verhalten oder zum Abschluss einer Betriebsvereinbarung zu zwingen. Verbotsadressaten sind neben Arbeitgeber und dem Betriebsrat als Organ auch die einzelnen Betriebsratsmitglieder in ihrer Eigenschaft als Amtsträger, weil der Betriebsrat nur durch seine Mitglieder handlungsfähig ist (*BAG* 21.2.1978 EzA § 74 BetrVG 1972 Nr. 4; 5.12.1975 EzA § 87 BetrVG 1972 Betriebliche Ordnung Nr. 1).  **1255**

**1256** Aus § 74 Abs. 3 BetrVG folgt, dass auch Betriebsratsmitglieder in ihrer Eigenschaft als Arbeitnehmer sich an rechtmäßigen Arbeitskämpfen beteiligen können. Hierbei müssen sie aber jede zusätzliche Bezugnahme und jeden ausdrücklichen Hinweis auf die Amtsstellung unterlassen und dürfen diese nicht besonders hervorheben (*Wiese* NZA 1984, 378, 379).

**1257** Maßnahmen des Arbeitskampfs sind alle Entscheidungen und Ausführungsakte, die auf Druckausübung mittels kollektiver Störung der Arbeitsbeziehungen durch Kampfmittel (Streik, Aussperrung, kollektive Ausübung von Individualrechten, Boykott, Betriebsbesetzung) gerichtet sind, um ein bestimmtes Ziel zu erreichen, wobei auch Leitungs-, Organisations-, Einleitungs-, Vorbereitungs- und Unterstützungsmaßnahmen einschließlich der Drohung mit Arbeitskampfmaßnahmen erfasst sind (*Wiese* NZA 1984, 378).

*b) Verbotsadressaten*

**1258** Für den Betriebsrat als Organ gilt das Arbeitskampfverbot strikt und beinhaltet die Verpflichtung zur Unterlassung aller Unterstützungsmaßnahmen für den von einer tariffähigen Gewerkschaft organisierten Arbeitskampf, durch die der Arbeitgeber als Tarifpartei unmittelbar oder mittelbar betroffen wird; der Betriebsrat hat sich insoweit neutral zu verhalten (BAG 22.12.1980 EzA § 615 BGB Betriebsrisiko Nr. 8). Es besteht allerdings keine Einwirkungspflicht des Betriebsrats auf die Belegschaft dahingehend, sich nicht am Streik zu beteiligen (vgl. *Wiese* NZA 1984, 383 m. w. N.). Das Kampfverbot gilt auch für andere betriebsverfassungsrechtliche Funktionsträger, so für die nach § 3 Abs. 1 Nr. 1–3 BetrVG gebildeten Arbeitnehmervertretungen, die Jugend- und Auszubildendenvertretung und ihre Mitglieder, die Schwerbehindertenvertretung sowie für Mitglieder des Wirtschaftsausschusses und der Einigungsstelle (GK-BetrVG/*Kreutz* § 74 Rn. 39). Das Verbot soll sich nach Auffassung des BAG (17.12.1976 EzA Art. 9 GG Arbeitskampf Nr. 20) jedenfalls mittelbar auch an einzelne Arbeitnehmer bzw. die Belegschaft mit der Folge richten, dass auch ohne entsprechenden Aufruf durch den Betriebsrat Arbeitsniederlegungen zur Durchsetzung betriebsverfassungsrechtlicher Regelungen bereits aus diesem Grunde rechtswidrig sind. Nach anderer, überwiegender Auffassung (vgl. GK-BetrVG/*Kreutz* § 74 Rn. 40) gehören der einzelne Arbeitnehmer bzw. die Belegschaft nicht zum Kreis der Normadressaten. Derartige Maßnahmen einzelner Arbeitnehmer oder der Belegschaft sind rechtswidrig, da es sich nach allgemeinen Arbeitskampfgrundsätzen um die Teilnahme an einem rechtswidrigen, da nicht gewerkschaftlich getragenen Arbeitskampf handelt. An den Arbeitgeber richtet sich das Arbeitskampfverbot nur in seiner betriebsverfassungsrechtlichen Funktion. Zulässig bleibt die Teilnahme an Arbeitskampfmaßnahmen der Tarifpartner zur Regelung eines tarifrechtlichen Zieles. Unberührt vom Verbot bleiben Arbeitskämpfe tariffähiger Parteien und zwar auch dann, wenn der Arbeitskampf lediglich zum Abschluss eines Firmentarifvertrages oder zur Durchsetzung betrieblicher oder betriebsverfassungsrechtlicher Regelungen gem. §§ 1, 3 Abs. 2 TVG geführt wird (GK-BetrVG/*Kreutz* § 74 Rn. 43).

*c) Rechtsfolgen einer Verbotsverletzung*

**1259** § 74 Abs. 2 S. 1 BetrVG räumt den Verbotsadressaten gegenseitige selbstständige, von § 23 BetrVG unabhängige Unterlassungsansprüche ein (BAG 22.7.1980 EzA § 74 BetrVG 1972 Nr. 5). Bei bestehender Wiederholungsgefahr bzw. bei bereits konkret bevorstehenden Verbotsverletzungen kann ein Unterlassungsanspruch auch im Wege des vorbeugenden Rechtsschutzes im arbeitsgerichtlichen Beschlussverfahren, ggf. auch im Wege der einstweiligen Verfügung (§ 85 Abs. 2 ArbGG, §§ 935 ff. ZPO) geltend gemacht werden.

**1260** Der Antrag muss dabei bestimmt und auf einzelne konkrete Handlungen gerichtet sein. Bei fortdauernd widerrechtlichen Kampfmaßnahmen kann der Beeinträchtigte analog § 1004 BGB einen Beseitigungsanspruch gegen den Störer geltend machen (*Wiese* NZA 1984, 378, 383), etwa dahingehend, dass vom Betriebsrat oder von Betriebsratsmitgliedern, die einen rechtswidrigen Arbeitskampf der Belegschaft initiiert haben, verlangt wird, auf die Belegschaft mit dem Ziel der Beendigung der Kampfmaßnahme einzuwirken (GK-BetrVG/*Kreutz* § 74 Rn. 89). Verstöße gegen das Verbot stellen eine Verletzung gesetzlicher Pflichten i. S. d. § 23 BetrVG dar.

## F. Grundsätze für die Zusammenarbeit zwischen Arbeitgeber und Betriebsrat — Kapitel 13

Das Arbeitskampfverbot legt grds. nur betriebsverfassungsrechtliche Verpflichtungen für die Betriebspartner fest, schafft aber keine individualrechtlichen Verhaltenspflichten, sodass ein Verstoß für sich genommen keine individualrechtlichen Rechtsfolgen nach sich zieht. Individualrechtliche Konsequenzen können sich ergeben, wenn der Verstoß gegen das Verbot zugleich auch ein Verstoß gegen einzelvertragliche Pflichten ist (GK-BetrVG/*Kreutz* § 74 Rn. 93 ff.). § 74 Abs. 2 S. 1 BetrVG ist kein Schutzgesetz i. S. d. § 823 Abs. 2 BGB zu Gunsten des Arbeitgebers gegenüber den Betriebsratsmitgliedern (str., vgl. GK-BetrVG/*Kreutz* § 74 Rn. 94 m. w. N.). 1261

### d) Betriebsratsamt und Arbeitskampf

Das Betriebsratsamt besteht auch während eines Arbeitskampfes grds. mit allen Rechten und Pflichten weiter (*BAG* 25.10.1988 EzA Art. 9 GG Arbeitskampf Nr. 89). Mitwirkungsrechte des Betriebsrats können aber arbeitskampfbedingt eingeschränkt sein. Die Arbeitsverhältnisse der Betriebsratsmitglieder können daher nur suspendiert, nicht aber durch lösende Aussperrung gelöst werden (*BAG GS* 21.4.1971 EzA Art. 9 GG Nr. 6; *BVerfG* 19.2.1975 EzA Art. 9 GG Arbeitskampf Nr. 16). Zu arbeitskampfbedingten Einschränkungen von Rechten des Betriebsrats s. Kap. 10 Rdn. 126 ff., 198. 1262

### 3. Allgemeine betriebsverfassungsrechtliche Friedenspflicht, § 74 Abs. 2 S. 2 BetrVG

Nach Maßgabe der in § 74 Abs. 2 S. 2 BetrVG normierten allgemeinen Friedenspflicht haben Arbeitgeber und Betriebsrat alle Betätigungen zu unterlassen, durch die der Arbeitsablauf oder der Betriebsfrieden beeinträchtigt werden. Das Verbot richtet sich auch an die einzelnen Betriebsratsmitglieder in dieser Eigenschaft. Arbeitsablauf ist die tatsächliche Verrichtung der Arbeit gem. der im Betrieb geltenden und gehandhabten organisatorischen, räumlichen und zeitlichen Gestaltung der Arbeitsprozesse. Der Begriff des Betriebsfriedens kennzeichnet den Zustand friedlichen Zusammenlebens und Zusammenwirkens zwischen Arbeitgeber und Arbeitnehmern, zwischen den Arbeitnehmern selbst und zwischen Arbeitgeber und Betriebsrat (GK-BetrVG/*Kreutz* § 74 Rn. 130). 1263

Nach h. M. (vgl. GK-BetrVG/*Kreutz* § 74 Rn. 132 m. w. N.) begründet die Vorschrift lediglich eine wechselseitige Unterlassungspflicht, nicht aber eine Einwirkungspflicht dahingehend, aktiv auf die Wahrung des Betriebsfriedens hinzuwirken. 1264

Die Unterlassungspflicht greift nicht erst dann, wenn bereits eine konkrete Störung eingetreten ist (so aber z. B. DKK/*Berg* § 74 Rn. 22), da nach dem Zweck des Verbots eine konkrete Beeinträchtigung gerade vermieden werden soll, sondern schon dann, wenn eine konkrete Störung des Arbeitsablaufs oder des Betriebsfriedens mit hoher Wahrscheinlichkeit zu besorgen ist (h. M. GK-BetrVG/*Kreutz* § 74 Rn. 133 m. w. N.). 1265

Die Unterlassungspflicht setzt eine Rechtswidrigkeit der Beeinträchtigung voraus, an der es fehlt, wenn Arbeitgeber oder Betriebsrat von gesetzlichen Befugnissen Gebrauch machen.

▶ Der **Arbeitsablauf** wird **beispielsweise** gestört: 1266
  - wenn der Betriebsrat Arbeitnehmer auffordert, Arbeitgeberweisungen nicht mehr zu befolgen oder in sonstiger Weise Arbeitnehmer von der Erfüllung arbeitsvertraglicher Pflichten abhält (GK-BetrVG/*Kreutz* § 74 Rn. 135);
  - wenn während der Arbeitszeit umfangreiche Fragebogenaktionen durchgeführt werden

▶ Der **Betriebsfrieden** wird **beispielsweise** gestört, 1267
  - wenn das im BetrVG vorgesehene einschlägige Verfahren zur Beilegung von Meinungsverschiedenheiten nicht eingehalten wird, z. B. wenn der Betriebsrat versucht, die Belegschaft dadurch einseitig gegen den Arbeitgeber zu beeinflussen, dass er die Korrespondenz mit dem Arbeitgeber zu Streitigkeiten am schwarzen Brett veröffentlicht (*LAG Düsseld.* 25.5.1976 BB 1977, 295);
  - durch die Veröffentlichung von Fehlzeiten der Betriebsratsmitglieder (*LAG Nds.* 9.3.1990 AuR 1991, 153);

— wenn die Aushänge des anderen Betriebspartners am schwarzen Brett eigenmächtig entfernt werden (GK-BetrVG/*Kreutz* § 74 Rn. 138).

1268 Die Rechtsfolgen eines Verstoßes gegen die Friedenspflicht entsprechen denen der Verletzung des betriebsverfassungsrechtlichen Arbeitskampfverbotes (s. Rdn. 1259 ff.).

### 4. Verbot parteipolitischer Betätigung im Betrieb, § 74 Abs. 2 S. 3 BetrVG

*a) Verbotszweck und Inhalt, Verbotsadressaten*

1269 Verbotszweck ist der Schutz des Betriebsfriedens und des Arbeitsablaufs, da beide erfahrungsgemäß bei parteipolitischer Betätigung besonders gefährdet sind. Nach Auffassung des *BAG* (12.6.1986 EzA § 74 BetrVG 1972 Nr. 7; abl. GK-BetrVG/*Kreutz* § 74 Rn. 99) sichert das absolute Verbot parteipolitischer Betätigung u. a. auch die parteipolitische Neutralität des Betriebsrats, weil die Arbeitnehmer des Betriebs im Kollektiv der Arbeitnehmerschaft, dem sie sich nicht entziehen können, in ihrer Meinungs- und Wahlfreiheit als Staatsbürger nicht beeinflusst werden sollen. Die durch die Vorschrift herbeigeführte Begrenzung des Grundrechts auf freie Meinungsäußerung nach Art. 5 Abs. 1 GG ist verfassungsgemäß; im Einzelfall ist die Regelung aber wegen der herausragenden Bedeutung des Grundrechts unter besonderer Berücksichtigung des Art. 5 Abs. 1 S. 2 GG auszulegen (*BVerfG* 28.4.1976 EzA § 74 BetrVG 1972 Nr. 1).

1270 Es handelt sich um ein absolutes Verbot, sodass es auf eine konkrete Gefährdung von Arbeitsablauf oder Betriebsfrieden nicht ankommt (*BAG* 13.9.1977 EzA § 45 BetrVG 1972 Nr. 1).

1271 Gem. § 74 Abs. 2 S. 3 BetrVG bleibt vom Verbot der parteipolitischen Betätigung die Behandlung der genannten Angelegenheiten unberührt, soweit sie den Betrieb oder seine Arbeitnehmer unmittelbar betreffen, auch wenn derartige Fragen bereits Gegenstand kontroverser Stellungnahmen politischer Parteien sind. Hierbei dürfen sich die Verbotsadressaten jedoch nicht zum Sprachrohr einer Partei oder Gruppierung machen und ihre Sachaussagen nicht erkennbar mit Werturteilen für oder gegen eine Partei verbinden (GK-BetrVG/*Kreutz* § 74 Rn. 123).

1272 Verbotsadressaten sind der Arbeitgeber, der Betriebsrat als Kollektivorgan, das einzelne Betriebsratsmitglied in dieser Eigenschaft, Gesamt- und Konzernbetriebsrat und ihre Mitglieder in ihrem gesamten Amtsbereich sowie die Jugend- und Auszubildendenvertretung und ihre Mitglieder und die Schwerbehindertenvertretung (GK-BetrVG/*Kreutz* § 74 Rn. 101 ff.). Vom Verbot nicht betroffen sind die im Betrieb vertretenen Gewerkschaften und Arbeitnehmer, die nicht Funktionsträger i. S. d. § 74 BetrVG sind.

*b) Parteipolitische Betätigung*

1273 Der Begriff Parteipolitik ist weit auszulegen. Verboten ist jede Betätigung für oder gegen eine politische Partei, wobei es sich nicht um eine Partei i. S. v. Art. 21 GG und des Parteiengesetz zu handeln braucht.

1274 Es genügt eine politische Gruppierung, für die geworben oder die unterstützt wird. Erfasst wird mithin auch das Eintreten für oder gegen eine bestimmte politische Richtung.

1275 Das Verbot erfasst nicht jede Äußerung allgemeinpolitischen Inhalts. Äußerungen allgemeinpolitischer Art, die eine politische Partei, Gruppierung oder Richtung weder unterstützen noch sich gegen sie wenden, fallen nicht unter das Verbot des § 74 Abs. 2 S. 3 BetrVG (*BAG* 17.3.2010 EzA § 74 BetrVG 2001 Nr. 1).

1276 Als verbotene Betätigung kommen vor allem die Propaganda (Agitation, Werbung) in Wort und Schrift (Verteilung von Informationsmaterial, Zeitungen, Druckschriften, Flugblätter), das Anbringen von Plakaten und Aushängen, das Tragen von Ansteckplaketten oder von Abziehbildern sowie die Veranlassung oder sonstige Organisation von Resolutionen, Abstimmungen, Umfragen und von Geld- und Unterschriftensammlungen in Betracht (GK-BetrVG/*Kreutz* § 74 Rn. 112).

Eine parteipolitische Betätigung liegt dabei nur dann vor, wenn ausdrücklich oder in deutlich erkennbarer Weise auf eine politische Partei, Gruppierung oder Bewegung Bezug genommen wird oder für oder gegen deren führende Repräsentanten eingetreten wird. 1277

Verboten ist demnach z. B. der Aushang von Flugblättern einer Gewerkschaft zur Raketenstationierung am schwarzen Brett des Betriebsrats (*BAG* 12.6.1986 EzA § 74 BetrVG 1972 Nr. 7), die Verteilung von Flugblättern politischen Inhalts (*BAG* 21.2.1978 EzA § 74 BetrVG 1972 Nr. 4) oder die Einladung von Parteipolitikern in Wahlkampfzeiten als Referenten in einer Betriebsversammlung (*BAG* 13.9.1977 EzA § 42 BetrVG 1972 Nr. 1). 1278

Verboten sind nur aktive Tätigkeiten; eine Einwirkungspflicht von Arbeitgeber und Betriebsrat gegen parteipolitische Aktivitäten von Belegschaftsmitgliedern besteht hingegen nicht (GK-BetrVG/*Kreutz* § 74 Rn. 114). 1279

### c) Im Betrieb

Das Verbot parteipolitischer Betätigung gilt auf dem gesamten Betriebsgelände unter Einschluss sämtlicher Betriebseinrichtungen und auch für Betätigungen in unmittelbarer Betriebsnähe, sofern diese objektiv in den Betrieb hineinwirken (z. B. das Verteilen von Flugschriften parteipolitischen Inhalts vor dem Fabriktor, *BAG* 21.2.1978 EzA § 74 BetrVG 1972 Nr. 4). 1280

Nicht verboten sind persönliche Gespräche über parteipolitische Fragen zwischen Betriebsratsmitglieder und dem Arbeitgeber, zwischen einzelnen Betriebsratsmitgliedern und zwischen einzelnen Arbeitnehmern (GK-BetrVG/*Kreutz* § 74 Rn. 116). 1281

Während z. T. die Auffassung vertreten wird, dass über den Wortlaut hinaus jede parteipolitische Aktivität des Arbeitgebers, des Betriebsrats oder einzelner Betriebsratsmitglieder in ihrer Funktion als Organ der Betriebsverfassung verboten sei, ist nach anderer, ganz überwiegender Auffassung (vgl. GK-BetrVG/*Kreutz* § 74 Rn. 117 m. w. N.) die räumliche Begrenzung des Verbots strikt zu beachten, sodass beispielsweise Betriebsratsmitglieder bei parteipolitischer Betätigung außerhalb des Betriebes auch ihre Funktion angeben und hervorheben können. 1282

### d) Rechtsfolgen

Verstöße gegen die Friedenspflicht begründen nach nunmehriger Auffassung des *BAG* 17.3.2010 EzA § 74 BetrVG 2001 Nr. 1; anders noch 12.6.1986 EzA § 74 BetrVG 1972 Nr. 7) keinen eigenständigen, von § 23 Abs. 1, 3 BetrVG unabhängigen, auf ein zukünftiges Verhalten gerichteten Unterlassungsanspruch der jeweils anderen Seite. 1283

Es besteht lediglich die Möglichkeit, bei einer groben Pflichtverletzung gem. § 23 Abs. 1 BetrVG die Auflösung des Betriebsrats zu beantragen oder im Beschlussverfahren die Zulässigkeit einer Maßnahme des Betriebsrats im Wege eines Feststellungsantrags klären zu lassen. Individualrechtliche Konsequenzen können nur ergriffen werden, wenn der Verstoß gegen das betriebsverfassungsrechtliche Verbot zugleich eine Verletzung individualvertraglicher Pflichten ist (vgl. GK-BetrVG/*Kreutz* § 74 Rn. 126 f.). 1284

## 5. Gewerkschaftliche Betätigung von Funktionsträgern, § 74 Abs. 3 BetrVG

§ 74 Abs. 3 BetrVG sichert die gewerkschaftliche Betätigung betriebsverfassungsrechtlicher Funktionsträger in der Rolle als Arbeitnehmer und Gewerkschaftsmitglied, ohne allerdings die Funktionsträger von den sich aus §§ 2 Abs. 1, 74 Abs. 2, 75, 79 BetrVG ergebenden Amtspflichten zu entbinden. Insbesondere ist das Gebot gewerkschaftsneutraler Amtsführung (§ 75 Abs. 1 BetrVG) zu beachten, sodass der Funktionsträger auch in herausgehobener Funktion zwar nicht ausdrücklich darauf hinweisen muss, nicht in Amtseigenschaft, sondern als Gewerkschaftsmitglied zu handeln, er andererseits aber bei gewerkschaftlicher Betätigung (z. B. Werbung) die Amtsstellung auch nicht besonders hervorheben oder das Amt nicht dadurch ausnutzen darf, dass Mittel und Räumlichkeiten, 1285 die dem Betriebsrat zur Verfügung stehen, für Gewerkschaftszwecke eingesetzt werden (vgl. GK-BetrVG/*Kreutz* § 74 Rn. 149 m. w. N.).

### III. Grundsätze für die Behandlung von Betriebsangehörigen, § 75 BetrVG

#### 1. Überwachungspflicht

*a) Inhalt*

1286 § 75 Abs. 1 BetrVG begründet eine kollektivrechtliche Überwachungspflicht von Arbeitgeber, Betriebsrat und Betriebsratsmitgliedern, der im Sinne einer gegenseitigen Kontrollpflicht für die Einhaltung der Grundsätze von Recht und Billigkeit bei der Behandlung von im Betrieb tätigen Personen ein Überwachungsrecht korrespondiert. Die Vorschrift begründet keine eigenständigen subjektiven Rechte der geschützten Arbeitnehmer gegen Arbeitgeber oder Betriebsrat, sodass auf sie auch nicht entsprechende Beseitigungs- oder Unterlassungsansprüche einzelner Arbeitnehmer gestützt werden können. Allerdings werden arbeitsvertragliche Schutz- und Fürsorgepflichten des Arbeitgebers und der arbeitsrechtliche Gleichbehandlungsgrundsatz inhaltlich von den Grundsätzen des § 75 BetrVG mitgeprägt (GK-BetrVG/*Kreutz* § 75 Rn. 24, 25).

1287 Bei Verstößen gegen die Grundsätze des § 75 BetrVG besteht ein eigenständiger Unterlassungs- oder Beseitigungsanspruch des jeweiligen Betriebspartners gegen den anderen, der im arbeitsgerichtlichen Beschlussverfahren, gegebenenfalls auch im Wege der einstweiligen Verfügung, geltend gemacht werden kann. Möglich ist auch ein entsprechender Feststellungsantrag (GK-BetrVG/*Kreutz* § 75 Rn. 27), wobei aber das beanstandete Verhalten genau angegeben werden muss, damit der Antrag nicht als zu weit gefasster, sog. Globalantrag, als unbegründet zurückgewiesen wird (*BAG* 11.12.1991 EzA § 90 BetrVG 1972 Nr. 2).

1288 Bei groben Pflichtverletzungen kommen Sanktionen nach § 23 Abs. 1, 3 BetrVG in Betracht.

1289 Umstritten ist, ob § 75 BetrVG Schutzgesetz i. S. v. § 823 Abs. 2 BGB ist und Verstöße des Arbeitgebers Schadensersatzansprüche zu Gunsten des betroffenen Arbeitnehmers auslösen können (bejahend *BAG* 5.4.1984 EzA § 17 BBiG Nr. 1 (obiter dictum); abl. die h. M., vgl. GK-BetrVG/*Kreutz* § 75 Rn. 151 m. w. N.). § 75 BetrVG ist Verbotsgesetz i. S. v. § 134 BGB, wobei auf Grund des kollektivrechtlichen Charakters der Norm ein Verstoß gegen § 75 BetrVG nur die Nichtigkeit von Rechtsgeschäften auf betriebsverfassungsrechtlich-kollektiver Ebene zur Folge hat. Insoweit ist § 75 BetrVG hauptsächlich Kontrollnorm für Betriebsvereinbarungen, insbes. Sozialpläne und sonstige betriebliche Einigungen (s. Rdn. 1486 f., 2333 ff.).

*b) Anwendungsbereich*

1290 Neben dem Betriebsrat als Kollektivorgan verpflichtet § 75 BetrVG auch jedes einzelne Betriebsratsmitglied. Der Arbeitgeber hat die Pflichten aus § 75 BetrVG in jedem betriebsratsfähigen Betrieb unabhängig von der Errichtung eines Betriebsrats zu beachten. Das Verbot richtet sich nicht unmittelbar an den einzelnen, im Betrieb tätigen Arbeitnehmer, der aber zu einem entsprechenden Verhalten gegebenenfalls arbeitsvertraglich verpflichtet ist. Arbeitnehmer, die Arbeitskollegen wegen ihrer Abstammung, Religion, Nationalität etc. diskriminieren, können dadurch auch ihre Friedenspflicht aus dem Arbeitsverhältnis verletzen und deliktisch rechtswidrig handeln. Arbeitgeber und Betriebsrat haben darüber hinaus gem. §§ 75, 80 Abs. 1 Nr. 1 BetrVG einzugreifen (GK-BetrVG/*Kreutz* § 75 Rn. 12).

1291 Der Schutz der Vorschrift erstreckt sich auf alle im Betrieb tätigen Personen. Deshalb werden in den Schutzbereich überwiegend auch nicht betriebsangehörige Arbeitnehmer (z. B. nicht betriebsangehörige Monteure, Bauarbeiter, Leiharbeitnehmer) einbezogen (z. B. *Fitting* § 75 Rn. 10 ff.; a. A. GK-BetrVG/*Kreutz* § 75 Rn. 13). Für leitende Angestellte gilt die spezielle Vorschrift des § 27 SprAuG. Nicht erfasst werden die noch nicht im Betrieb beschäftigten und die bereits ausgeschiedenen Arbeitnehmer, soweit nicht im Rahmen betriebsverfassungsrechtlicher Aufgaben Regelungen getroffen werden, die gerade die Pensionäre betreffen (Altersversorgung, sonstige Sozialleistungen, vgl. DKK/*Berg* § 75 Rn. 7).

### c) Grundsätze von Recht und Billigkeit

Unter Grundsätzen des Rechts ist die geltende, für das Arbeitsverhältnis maßgebliche Rechtsordnung unter Einschluss der positiv gesetzlichen Regelungen, des arbeitsrechtlichen Gewohnheitsrechts, des Richterrechts, der tarifvertraglichen Regelungen und der Regelungen in den maßgeblichen Betriebsvereinbarungen zu verstehen. Die Behandlung in Entsprechung dieser Grundsätze erfordert, dass das geltende Recht im Betrieb beachtet wird und insbes. alle Rechtsansprüche der Arbeitnehmer anerkannt und erfüllt werden (GK-BetrVG/*Kreutz* § 75 Rn. 29). Durch die Beachtung der Grundsätze der Billigkeit soll bei Einzelentscheidungen Gerechtigkeit hergestellt werden. **1292**

> Der Grundsatz kommt insbes. dann zum Tragen, wenn einem Vertragspartner das Recht zur einseitigen Leistungsbestimmung nach billigem Ermessen zusteht (vgl. §§ 315 ff. BGB), bspw. bei der Ausübung des Direktionsrechts (s. Kap. 1 Rdn. 530 ff.). Nach ständiger, allerdings umstrittener Rechtsprechung des BAG unterliegen auch Betriebsvereinbarungen unter Einschluss von Sozialplänen einer allgemeinen gerichtlichen Billigkeitskontrolle (s. Rdn. 1486 f.; grundlegend *BAG* 30.1.1970 EzA § 242 BGB Nr. 31; vgl. auch *BAG* 25.4.1991 EzA § 611 BGB Gratifikation, Prämie Nr. 85). **1293**

Besondere Bedeutung hinsichtlich der zu beachtenden Grundsätze des Rechts haben Art. 3 Abs. 1 GG sowie der allgemeine arbeitsrechtliche Gleichbehandlungsgrundsatz (s. Kap. 1 Rdn. 429 ff.), wobei § 75 Abs. 1 in Form einer nicht abschließenden Aufzählung absolute Differenzierungsverbote enthält. Die Betriebspartner müssen bei Betriebsvereinbarungen den betriebsverfassungsrechtlichen Gleichbehandlungsgrundsatz und den allgemeinen Gleichheitssatz beachten (*BAG* 22.3.2005 EzA § 75 BetrVG 2001 Nr. 2; s. Rdn. 1486). Abstammung ist die bluts- oder volksmäßige Herkunft einschließlich der Rassenzugehörigkeit, sodass insbes. jede unterschiedliche Behandlung wegen der Herkunft aus einer bestimmten Familie, der Zugehörigkeit zu einer ethnischen Minderheit oder wegen der Hautfarbe unzulässig ist. Religion erfasst die Zugehörigkeit zu einer Kirche oder Glaubensgemeinschaft sowie auch das Bekenntnis zu einer nicht religions-orientierten Weltanschauung. Unter Nationalität ist die Staatsangehörigkeit zu verstehen, sodass ausländische oder staatenlose Arbeitnehmer im Betrieb nicht anders behandelt werden dürfen als deutsche Arbeitnehmer. Die Pflicht zur Beachtung ausländerrechtlicher Bestimmungen (z. B. Arbeitserlaubnis nach § 284 SGB III) bleibt indessen unberührt. Unter Herkunft ist das Herkommen aus einem bestimmten Gebiet sowie aus einer bestimmten sozialen oder gesellschaftlichen Schicht zu verstehen. Die politische Betätigung und Einstellung betrifft jedes politische Denken und Handeln. Das politische Verhalten eines Arbeitnehmers rechtfertigt erst dann arbeitsrechtliche Konsequenzen, wenn es zugleich konkrete betriebliche oder arbeitsvertragliche Pflichten verletzt (vgl. *BAG* 15.7.1971 EzA § 1 KSchG Nr. 19). Weiter darf die bereits durch Art. 9 Abs. 3 GG geschützte gewerkschaftliche Betätigung und Einstellung grds. nicht zur Grundlage von Differenzierungen gemacht werden, wobei aber auf Grund der Freiwilligkeit des Verbandsbeitritts und der Beschränkung der Verbandsmacht auf die Mitglieder die sich aus §§ 3, 4 TVG ergebende Ungleichbehandlung von gewerkschaftlich organisierten und nicht organisierten Arbeitnehmern bei der Gewährung (günstigerer) tariflicher Leistungen zulässig bleibt (vgl. *BAG* 21.1.1987 EzA Art. 9 GG Nr. 42). Unzulässig ist/sind beispielsweise, die Einstellung eines Arbeitnehmers von dessen Austritt aus der Gewerkschaft abhängig zu machen (*BAG* 2.6.1987 EzA Art. 9 GG Nr. 43), die Zahlung sog. Streikbruchprämien (*BAG* 11.8.1992 EzA Art. 9 GG Arbeitskampf Nr. 105; 13.7.1993 EzA Art. 9 GG Arbeitskampf Nr. 112) oder die Verletzung der den Betriebsrat und seine Mitglieder treffenden Neutralitätspflicht im Sinne strikter gewerkschaftlicher Unparteilichkeit der Amtsausübung, etwa durch Ausübung von Druck auf Arbeitnehmer zum Eintritt oder Nichteintritt in eine bestimmte Gewerkschaft (vgl. GK-BetrVG/*Kreutz* § 75 Rn. 84). **1294**

Das Verbot der Benachteiligung wegen Geschlechtszugehörigkeit soll die Gleichberechtigung der Geschlechter sichern und verbietet so die unmittelbare wie auch die mittelbare Ungleichbehandlung wegen des Geschlechts. **1295**

1296 Zur teilweisen Umsetzung der Richtlinie 2000/78/EG vom 27.11.2000 (ABlEG L 303, S. 16) ist durch das BetrVerf-ReformG vom 23.7.2001 (BGBl. I S. 1852 ff.) als absolutes Diskriminierungsverbot ferner das Verbot der unterschiedlichen Behandlung von Personen wegen ihrer sexuellen Identität aufgenommen worden. Sexuelle Identität ist die sexuelle Orientierung, in der eine Person sich selbst erlebt. In Betracht kommen neben der Heterosexualität insbes. die Homo- und Bisexualität, nicht aber krankhafte Ausprägungen sexueller Neigungen wie z. B. Exhibitionismus, Fetischismus, Voyeurismus, Pädophilie, Sadismus. Auch die Neigung, die für das andere Geschlecht typische Kleidung zu tragen (Transvestismus), ist nicht geschützt (GK-BetrVG/*Kreutz* § 75 Rn. 100).

1297 Durch § 75 Abs. 1 S. 2 BetrVG soll der Schutz älterer Arbeitnehmer sichergestellt werden. Die Vorschrift verbietet jede objektive Benachteiligung wegen der Überschreitung bestimmter Altersstufen, ohne selbst an konkrete Altersstufen anzuknüpfen; die Berücksichtigung tatsächlicher Unterschiede und für die jeweilige Maßnahme erheblicher Sachgesichtspunkte, z. B. bei altersbedingtem Nachlassen körperlicher oder geistiger Kräfte im Einzelfall, bleibt aber möglich (vgl. für Sozialplanregelung *BAG* 14.2.1984 EzA § 112 BetrVG 1972 Nr. 30). Bei jeder schematisierten Bildung von Altersstufen ist eine besonders sorgfältige Überprüfung des Vorliegens sachlicher Gründe notwendig (*BAG* 14.1.1986 EzA § 1 BetrVG Nr. 40).

### 2. Schutz und Förderung der freien Entfaltung der Persönlichkeit

*a) Inhalt*

1298 § 75 Abs. 2 S. 1 BetrVG knüpft an Art. 2 GG an. Durch die Vorschrift soll der allgemeinen Forderung nach einer verstärkten Berücksichtigung der Persönlichkeitsrechte auch im Arbeitsleben dadurch Rechnung getragen werden, dass Arbeitgeber und Betriebsrat auf den Schutz der Persönlichkeit des einzelnen Arbeitnehmers und der freien Entfaltung seiner Persönlichkeit verpflichtet werden (vgl. BT-Drs. VI/1786, S. 46). Die Vorschrift wird durch die §§ 80–86, 90–91, und 96–98 BetrVG konkretisiert und ergänzt.

1299 § 75 Abs. 2 BetrVG begründet nur Amtspflichten für die Normadressaten, nicht aber subjektive Rechte für die geschützten Arbeitnehmer. Die Regelung dient insbes. als Auslegungsregel, begründet aber keine neuen Beteiligungsrechte des Betriebsrats in Angelegenheiten, in denen sie das BetrVG nicht vorsieht (GK-BetrVG/*Kreutz* § 75 Rn. 139 f.). § 75 Abs. 2 BetrVG begrenzt darüber hinaus die Regelungsmacht der Betriebspartner und ist insoweit Kontrollnorm für die Überprüfung der Rechtmäßigkeit von Betriebsvereinbarungen, Betriebsabsprachen und sonstigen betrieblichen Einigungen zwischen Arbeitgeber und Betriebsrat. § 75 Abs. 2 BetrVG ist insoweit Verbotsgesetz (§ 134 BGB); ein Verstoß hat die Nichtigkeit der zwischen Arbeitgeber und Betriebsrat getroffenen betrieblichen Regelung zur Folge (*BAG* 11.3.1986 EzA § 87 BetrVG 1972 Kontrolleinrichtung Nr. 15; GK-BetrVG/*Kreutz* § 75 Rn. 152).

1300 Inhalt der Schutzpflicht ist insbes., rechtswidrige Verletzungen des Persönlichkeitsrechts der Arbeitnehmer zu unterbinden. Zum Persönlichkeitsrecht gehören (vgl. GK-BetrVG/*Kreutz* § 75 Rn. 109 ff.) das Recht am eigenen Bild und an der eigenen Stimme, das Recht am Charakterbild, das Recht an der Ehre und das Recht auf Achtung des Privatlebens und der Intimsphäre sowie das Recht auf informationelle Selbstbestimmung (vgl. *BVerfG* 15.12.1983 BVerfGE 65, 1, 41 ff.).

1301 Bestimmung von Inhalt und Grenzen dieser Rechte im Einzelnen sowie die Feststellung der Rechtswidrigkeit einer Persönlichkeitsverletzung setzen eine einzelfallbezogene Güter- und Interessenabwägung voraus. Demnach ist eine Einschränkung einzelner Persönlichkeitsrechte des Arbeitnehmers nur zulässig, soweit dies auf Grund überwiegender betrieblicher Interessen, insbes. im Interesse eines ungestörten Arbeitsablaufes erforderlich ist und hierbei die Einschränkung nur so gering und schonend erfolgt, wie dies zur Erreichung des rechtlich zulässigen Zweckes geboten ist (GK-BetrVG/*Kreutz* § 75 Rn. 108).

## b) Einzelfälle

Wegen einer Verletzung des Persönlichkeitsrechts unzulässig ist/sind z. B.: 1302
- Die Überwachung des Arbeitnehmers durch heimliche oder offene optische Überwachung, z. B. durch Einwegscheiben oder durch den Einsatz von Videokameras (vgl. *BAG* 26.2.1992 EzA § 1004 BGB Nr. 4; s. Kap. 1 Rdn. 297 ff.), es sei denn, der Einsatz derartiger Mittel dient in erster Linie der Kontrolle beobachtungsbedürftiger Arbeitsvorgänge (Walzstraßen, Hochöfen), oder der Kontrolle aus Sicherheitsgründen (Bankschalter, Warenhäuser) und der einzelne Arbeitnehmer wurde über diese Maßnahme informiert (GK-BetrVG/*Kreutz* § 75 Rn. 110).
- Die offene oder heimliche akustische Überwachung durch Abhörgeräte sowie das Abhören dienstlicher oder privater Telefongespräche (*BAG* 1.3.1973 EzA § 611 BGB Nr. 10; *BVerfG* 19.12.1991 EzA § 611 BGB Persönlichkeitsrecht Nr. 10). Die Erfassung von Telefondaten ist bei entsprechender Regelung in einer Betriebsvereinbarung jedenfalls dann zulässig, wenn nur die Daten von Dienst- oder dienstlich veranlassten Privatgesprächen, nicht aber die von reinen Privatgesprächen aufgezeichnet werden (*BAG* 27.5.1986 EzA § 87 BetrVG 1972 Kontrolleinrichtung Nr. 16). 1303
- Die Einholung graphologischer Gutachten und die Durchführung psychologischer Tests und Eignungsuntersuchungen ohne Einwilligung des Arbeitnehmers. 1304
- Persönlichkeitsrechtsverletzende Fragen des Arbeitgebers bei der Einstellung (s. Kap. 2 Rdn. 296 ff.). 1305

### 3. Förderung der Selbstständigkeit und Eigeninitiative der Arbeitnehmer und Arbeitsgruppen

Durch das BetrVerf-ReformG vom 23.7.2001 (BGBl. I S. 1852 ff.) wurde eine Betriebsrat und Arbeitgeber gemeinsam treffende Förderungspflicht der Selbstständigkeit und Eigeninitiative der Arbeitnehmer und der Arbeitsgruppen in § 75 Abs. 2 S. 2 BetrVG aufgenommen. 1306

### a) Zweck, Funktion

Die Förderungspflicht soll einen Beitrag zu mehr Demokratie im Betrieb leisten, insbes. durch eine entsprechende Gestaltung der Betriebsorganisation und der Arbeit, die Freiräume für Entscheidungen, Eigenverantwortung und Kreativität der Arbeitnehmer und der Arbeitsgruppen schafft. Hierdurch soll zugleich eine wesentliche Grundlage für die Beteiligungsrechte der einzelnen Arbeitnehmer (§§ 81–86a BetrVG, s. Rdn. 1185 ff.) und der Arbeitsgruppen (§ 28a BetrVG, s. Rdn. 601 ff.) geschaffen und deren Bedeutung in der Betriebsverfassung hervorgehoben werden (BegrRegE, BT-Drs. 14/5741, S. 45). 1307

§ 75 Abs. 2 S. 2 BetrVG begründet nur Amtspflichten für die Normadressaten, nicht aber subjektive Rechte für die Arbeitnehmer oder Arbeitsgruppen. Die Förderungspflicht prägt aber die Schutz- und Fürsorgepflicht des Arbeitgebers im Arbeitsverhältnis, begründet aber keine neuen Beteiligungsrechte des Betriebsrats in Angelegenheiten, in denen sie das BetrVG nicht vorsieht (GK-BetrVG/*Kreutz* § 75 Rn. 105). Im Sinne einer Leitlinie wird zum Ausdruck gebracht, dass betriebliche Regelungen, die im Rahmen des rechtlich Zulässigen die Selbstständigkeit und Eigeninitiative der Arbeitnehmer oder der Arbeitsgruppen verstärken, gesetzgeberisch gewünscht sind und solche Regelungen dem Wohl des Betriebs und seiner Arbeitnehmer i. S. d. § 2 Abs. 1 BetrVG entsprechen (GK-BetrVG/*Kreutz* § 75 Rn. 137). In Bezug auf die Förderung der Selbstständigkeit und Eigeninitiative von Arbeitsgruppen beinhaltet § 75 Abs. 2 S. 2 BetrVG eine Leitlinie für die Ermessensausübung der Einigungsstelle bei der Aufstellung von Regelungen nach § 87 Abs. 1 Nr. 13 BetrVG (*Löwisch* NZA Sonderbeilage zu NZA Heft 24/2001, S. 40, 43; zur Mitbestimmung hinsichtlich der Grundsätze über die Durchführung von Gruppenarbeit nach § 87 Abs. 1 Nr. 13 BetrVG s. Rdn. 1871 ff.). 1308

### b) Inhalt

Die Förderung einzelner Arbeitnehmer kann z. B. durch die Eröffnung von Handlungs- und Entscheidungsspielräumen, den Abbau organisatorischer Zwänge und die aktive Unterstützung bei 1309 der Wahrnehmung und Ausübung eigener betriebsverfassungsrechtlicher Beteiligungsrechte der Arbeitnehmer erfolgen (GK-BetrVG/*Kreutz* § 75 Rn. 141).

1310 Die Förderungspflicht hinsichtlich Arbeitsgruppen i. S. d. § 75 Abs. 2 S. 2 BetrVG bezieht sich auf alle Arten von Arbeitsgruppen, wie z. B. teilautonome Arbeitsgruppen (vgl. § 87 Abs. 1 Nr. 13 BetrVG, s. Rdn. 1871 ff.) oder Team- oder Projektgruppen (GK-BetrVG/*Kreutz* § 75 Rn. 144). Sie besteht nur hinsichtlich bestehender Arbeitsgruppen; eine Verpflichtung des Arbeitgebers zur Einführung von Gruppenarbeit folgt aus § 75 Abs. 2 S. 2 BetrVG nicht (GK-BetrVG/*Kreutz* § 75 Rn. 146). Die Förderung kann beispielsweise dadurch erfolgen, dass der Gruppe für die Erledigung ihrer Aufgaben Eigenverantwortung eingeräumt und der Arbeitsgruppe nach § 28a BetrVG (s. Rdn. 601 ff.) betriebsverfassungsrechtliche Entscheidungsbefugnisse übertragen werden (vgl. GK-BetrVG/*Kreutz* § 75 Rn. 147; nach *Löwisch* Sonderbeilage zu NZA Heft 24/2001, S. 40, 43 soll aus § 75 Abs. 2 S. 2 BetrVG die Verpflichtung folgen, von der Übertragungsbefugnis des § 28a BetrVG Gebrauch zu machen, soweit keine sachlichen Gründe entgegenstehen).

### IV. Die Einigungsstelle, §§ 76, 76a BetrVG

1311 Die Einigungsstelle ist ein institutionalisiertes betriebsverfassungsrechtliches Schlichtungs- und Entscheidungsorgan. Sie dient der Beilegung von Meinungsverschiedenheiten durch verbindliche Entscheidung als betriebliche Zwangsschlichtung (*BVerfG* 18.10.1986 EzA § 76 BetrVG 1972 Nr. 38) und dem vorgelagert der Hilfestellung zu einer Einigung der Betriebspartner (GK-BetrVG/*Kreutz* § 76 Rn. 5, 6).

#### 1. Die Zuständigkeit der Einigungsstelle

##### a) Freiwilliges Einigungsstellenverfahren

1312 § 76 Abs. 1, 6 BetrVG eröffnet den Betriebspartnern auf übereinstimmenden Antrag den Weg zur Einigungsstelle zur Beilegung sämtlicher Meinungsverschiedenheiten in Regelungs- und auch Rechtsstreitigkeiten (*BAG* 20.11.1990 EzA § 76 BetrVG 1972 Nr. 55).

1313 Rechtsstreitigkeiten betreffen das Bestehen, den Inhalt oder Umfang gesetzlicher oder vertraglicher Ansprüche. Regelungsstreitigkeiten betreffen Differenzen der Betriebspartner über die Gestaltung einer betrieblichen Regelung. Geht es um Rechtsstreitigkeiten, führt die Tatsache, dass die Betriebspartner über den Gegenstand der Rechtsstreitigkeit nicht verfügen können, nicht zur Unzuständigkeit der freiwillig errichteten Einigungsstelle, sondern nur dazu, dass der Spruch der Einigungsstelle für die Betriebspartner nicht verbindlich ist und gegebenenfalls in einem nachfolgenden arbeitsgerichtlichen Beschlussverfahren aufzuheben ist (GK-BetrVG/*Kreutz* § 76 Rn. 21).

1314 Haben die Betriebsparteien daher vereinbart, dass zunächst die Einigungsstelle entscheiden soll, ist ein vorher eingeleitetes arbeitsgerichtliches Beschlussverfahren unzulässig (*BAG* 20.11.1990 EzA § 76 BetrVG 1972 Nr. 55). In Regelungsstreitigkeiten ist bei einem freiwilligen Einigungsstellenverfahren die Zuständigkeit der Einigungsstelle unbeschränkt. Es kann daher auch durchgeführt werden in Angelegenheiten, in denen dem Betriebsrat kein Mitbestimmungs- oder Mitwirkungsrecht zusteht (GK-BetrVG/*Kreutz* § 76 Rn. 24).

##### b) Erzwingbares Einigungsstellenverfahren

1315 Die Einigungsstelle ist in allen gesetzlich bestimmten Fällen zuständig, in denen ihr Spruch die Einigung von Arbeitgeber und Betriebsrat ersetzt und sie deshalb bereits auf Antrag von nur einer Seite tätig werden kann, § 76 Abs. 5 BetrVG.

1316 Solche kompetenzzuweisenden Einzelvorschriften sind insbes.: § 37 Abs. 6, 7; § 38 Abs. 2; § 39 Abs. 1; § 47 Abs. 6; § 55 Abs. 4 i. V. m. § 47 Abs. 6; § 65 i. V. m. § 37 Abs. 6 und 7; § 69 i. V. m. § 39 Abs. 1; § 72 Abs. 6; § 85 Abs. 2; § 87 Abs. 2; § 91; § 94 Abs. 1, 2; § 95 Abs. 1, 2; § 98 Abs. 4, 6; § 102 Abs. 6; § 109; § 112 Abs. 4; § 116 Abs. 3 Nr. 2, 4, 8 BetrVG. In diesem gesetzlichen Rahmen kann die Einigungsstelle angerufen werden, nachdem zuvor erfolglose Verhandlungen stattgefunden haben (vgl. *Behrens* NZA Beil. 2/1991, S. 23 ff.) oder sich eine Seite auf Verhandlungen überhaupt nicht einlässt (*LAG BW* 16.10.1991 NZA 1992, 186). Ob die Verhandlungen zwischen Arbeitgeber und Betriebsrat als gescheitert zu betrachten sind, steht im Beurteilungsermessen der Betriebspartner, sodass dann, wenn diese Annahme nicht ohne jeglichen Anlass erfolgt, die Bildung der Einigungsstelle betrieben werden kann (*Hess. LAG* 27.6.2007 AuR 2008, 267).

Der Anwendungsbereich des erzwingbaren Einigungsstellenverfahrens kann durch Tarifvertrag erweitert werden, sofern dieser festlegt, dass der Spruch der Einigungsstelle die Einigung zwischen Arbeitgeber und Betriebsrat in einer Angelegenheit, in der nach dem BetrVG an sich kein Mitbestimmungsrecht besteht, die Einigung zwischen Betriebsrat und Arbeitgeber ersetzt (*BAG* 18.8.1987 EzA § 77 BetrVG 1972 Nr. 18). 1317

## 2. Errichtung der Einigungsstelle

Die Einigungsstelle ist grds. nicht eine ständige Einrichtung, sondern wird vielmehr in jedem Einzelfall neu gebildet. Durch freiwillige, nicht erzwingbare Betriebsvereinbarung kann aber auch eine ständige Einigungsstelle errichtet werden (§ 76 Abs. 1 S. 2 BetrVG). 1318

### a) Freiwilliges Einigungsstellenverfahren

Die Einigungsstelle kann hier nur im jederzeit widerruflichen (GK-BetrVG/*Kreutz* § 76 Rn. 33) Einverständnis beider Parteien errichtet und tätig werden. Sind beide Parteien zwar mit der Verhandlung ihrer Meinungsverschiedenheiten vor der Einigungsstelle einverstanden, können sich aber nicht auf eine bestimmte Anzahl von Beisitzern sowie den Vorsitzenden einigen, kann das arbeitsgerichtliche Bestellungsverfahren nach §§ 76 Abs. 2 BetrVG, 98 ArbGG durchgeführt werden, was aber ebenfalls das unwiderrufene Einverständnis beider Teile zur Durchführung des freiwilligen Verfahrens und damit einen Antrag beider Parteien voraussetzt (GK-BetrVG/*Kreutz* § 76 Rn. 33). 1319

### b) Erzwingbares Einigungsstellenverfahren

In den Fällen, in denen der Spruch der Einigungsstelle die Einigung zwischen Arbeitgeber und Betriebsrat ersetzt, kann die Einigungsstelle auch gegen den Willen der anderen Partei auf Antrag nur einer Partei tätig werden. Kommt zwischen den Betriebspartnern eine Einigung über die Anzahl der Beisitzer und über die Person des Vorsitzenden zu Stande, ist damit die Einigungsstelle errichtet und kann ihre Tätigkeit aufnehmen. Kommt eine solche Einigung nicht zu Stande, so wird der Vorsitzende und die Anzahl der Beisitzer jeder Seite auf Antrag einer Partei vom Arbeitsgericht bestimmt, § 76 Abs. 2 BetrVG, § 98 ArbGG (s. Rdn. 1328 ff.). Ist der Vorsitzende bestellt, steht weiter die Anzahl der Beisitzer fest und hat eine Seite ihre Beisitzer benannt, ist die Einigungsstelle auch dann errichtet, wenn die andere Partei noch keine Beisitzer bestellt hat, § 76 Abs. 5 S. 1 BetrVG. 1320

### c) Größe und Zusammensetzung

Die Einigungsstelle besteht aus einer gleichen Anzahl von Beisitzern für jede Seite und einem unparteiischen Vorsitzenden. Über beide Fragen sollen sich die Betriebspartner einigen. Kommt eine Einigung nicht zu Stande, so entscheidet das ArbG abschließend über die Zahl der Beisitzer und/oder über die Person des Vorsitzenden, § 76 Abs. 2 S. 2 BetrVG. Maßgeblich sind insoweit Größe und Art des Betriebes sowie die Schwierigkeit der zu behandelnden Angelegenheit. Eine gesetzliche Regelung der Anzahl der Beisitzer fehlt. 1321

> Für den Regelfall werden in der Rechtsprechung je zwei Beisitzer (*LAG Hamm* 9.2.2009 AiB 2009, 450; *LAG Nds.* 7.8.2007 LAGE § 98 ArbGG 1979 Nr. 49a; *LAG Frankf.* 29.9.1992 NZA 1993, 1008) oder je ein Beisitzer (*LAG SchlH* 28.1.1993 DB 1993, 1591; für Verfahren nach § 85 BetrVG: *Hess. LAG* 3.11.2009 NZA-RR 2010, 359) als angemessen und ausreichend angesehen. 1322

1323 Die Bestellung von mehr als drei Beisitzern soll in aller Regel nicht vertretbar sein (*LAG München* 31.1.1989 NZA 1989, 525). Bei der Auswahl der Beisitzer, die von der Seite, die sie bestellt hat, jederzeit wieder abberufen werden können, sind die Beteiligten grds. frei. Es können auch betriebsfremde Personen und auch der Arbeitgeber selbst bzw. Betriebsratsmitglieder bestellt werden (*BAG* 14.1.1983 EzA § 79 BetrVG 1972 Nr. 34; 6.5.1986 EzA § 112 BetrVG 1972 Nr. 39). Ebenso können Vertreter der Gewerkschaften (*BAG* 14.12.1988 EzA § 76 BetrVG 1972 Nr. 47) oder der Arbeitgebervereinigungen und auch Rechtsanwälte benannt werden. Eine Ablehnung der von einer Seite bestellten Beisitzer durch die andere wegen Befangenheit oder ein Stimmrechtsausschluss bei persönlicher Betroffenheit kommt nach h. M. nicht in Betracht (GK-BetrVG/*Kreutz* § 76 Rn. 48; a. A. *Schmitt* NZA 1987, 78, 82 f.). Zulässig ist auch die Bestellung von stellvertretenden Beisitzern.

1324 Ein Streit um die Anzahl der Beisitzer ist im Regelfall nicht lohnenswert. Denn auch das gerichtliche Bestellungsverfahren kostet Zeit und Geld. Wichtiger als ein Verfahren über die Anzahl der Beisitzer ist die möglichst einvernehmliche Festlegung der kostenauslösenden externen Beisitzer. Dem Arbeitgeberanwalt kann daher nur angeraten werden, dass ein externer Beisitzer auch zugleich juristischen Sachverstand mitbringt, so dass nicht zusätzlich noch ein weiterer Verfahrensbevollmächtigter mit Vergütungsanspruch vom Betriebsrat beauftragt wird.

1325 Können sich die Parteien nicht auf die Person des Vorsitzenden einigen, so wird dieser auf Antrag einer Seite durch das ArbG bestellt. Der Vorsitzende muss unparteiisch sein. Sofern Berufsrichter bestellt werden, bedürfen sie zur Übernahme des Amtes einer Nebentätigkeitsgenehmigung, § 40 DRiG.

1326 Der bestellte Vorsitzende kann in analoger Anwendung von § 1032 Abs. 1 ZPO wegen der Besorgnis der Befangenheit abgelehnt werden (*BAG* 11.9.2001 EzA § 76 BetrVG 1972 Nr. 68). Das Ablehnungsrecht verliert allerdings nach § 43 ZPO analog, wer sich auf die Verhandlung vor der Einigungsstelle in Kenntnis der Ablehnungsgründe rügelos einlässt (*BAG* 9.5.1995 EzA § 76 BetrVG 1972 Nr. 66). Das Ablehnungsgesuch können nur die Betriebsparteien selbst, nicht aber die bestellten Beisitzer stellen. In Betracht kommt insoweit nur, dass die Beisitzer als Boten handeln. Das Ablehnungsgesuch muss schriftlich erfolgen (*BAG* 29.1.2002 EzA § 76 BetrVG 1972 Nr. 70).

1327 Im Hinblick auf das Verfahren gilt Folgendes (*BAG* 11.9.2001 EzA § 76 BetrVG 1972 Nr. 68): Wird ein Ablehnungsgesuch gestellt, so befindet über die Ablehnung die Einigungsstelle, allerdings unter Ausschluss des abgelehnten Vorsitzenden. An der Abstimmung können sich somit nur die Beisitzer der Betriebsparteien beteiligen. Findet der Ablehnungsantrag keine Mehrheit, ist er abgelehnt. Wird der Ablehnungsantrag von der Einigungsstelle zurückgewiesen, kann der Beteiligte, der den Antrag gestellt hatte, entsprechend § 1037 Abs. 3 ZPO innerhalb einer Frist von einem Monat eine arbeitsgerichtliche Entscheidung beantragen. Bis zur Einreichung eines solchen Antrags und während eines anhängigen Verfahrens kann das Einigungsstellenverfahren entsprechend § 1037 Abs. 3 S. 2 ZPO fortgesetzt und ggf. durch Spruch abgeschlossen werden. Darüber, ob das Verfahren trotz eines angekündigten oder gestellten Antrags auf gerichtliche Klärung der Befangenheitsgründe fortgesetzt oder ausgesetzt wird, entscheidet die Einigungsstelle nach freiem Ermessen. Wird das Einigungsstellenverfahren fortgesetzt und abgeschlossen und ist deshalb die betroffene Partei gehindert, eine Überprüfung ihres Ablehnungsgesuchs durch ein staatliches Gericht zu erlangen, ist über das Vorliegen von Befangenheitsgründen ausnahmsweise im Verfahren über die Anfechtung des Einigungsstellenspruchs zu befinden.

*d) Arbeitsgerichtliches Bestellungsverfahren*

1328 Kommt eine Einigung der Betriebspartner über die Anzahl der Beisitzer und/oder über die Person des Vorsitzenden nicht zu Stande, so entscheidet hierüber gem. § 76 Abs. 2 BetrVG, § 98 ArbGG das ArbG im Beschlussverfahren. Beteiligte sind Arbeitgeber und Betriebsrat. Die Entscheidung erfolgt erst- und zweitinstanzlich durch den Vorsitzenden der Kammer, § 98 Abs. 1, Abs. 2 ArbGG. Die Beteiligten sind zu hören; ohne mündliche Anhörung kann nur mit Einverständnis der Beteilig-

## F. Grundsätze für die Zusammenarbeit zwischen Arbeitgeber und Betriebsrat   Kapitel 13

ten entschieden werden, §§ 98, 83 Abs. 4 ArbGG. Die Ladungs- und Einlassungsfristen betragen 48 Stunden. Der Beschluss soll den Beteiligten innerhalb von zwei Wochen nach Antragseingang zugestellt werden und ist spätestens innerhalb von vier Wochen nach Antragseingang zuzustellen, § 98 Abs. 1 ArbGG. Nach überwiegender Auffassung (GK-BetrVG/*Kreutz* § 76 Rn. 63; a. A. *LAG Düsseld.* 8.2.1991 LAGE § 98 ArbGG 1979 Nr. 19) kann das Bestellungsverfahren nicht im Wege des vorläufigen Rechtsschutzes betrieben werden. Der Antrag ist zu begründen, wobei nicht nur die mangelnde Einigung der Parteien, sondern auch der Gegenstand der Meinungsverschiedenheit, über den die zu errichtende Einigungsstelle einen Spruch fällen soll, anzugeben ist.

Der Antrag darf nur dann als unbegründet abgewiesen werden, wenn die Einigungsstelle offensichtlich unzuständig ist, d. h., wenn ihre Zuständigkeit im konkreten Streitfall nach den zur Antragsbegründung vorgetragenen Tatsachen auf den ersten Blick unter keinem denkbaren rechtlichen Gesichtspunkt als möglich erscheint bzw. wenn sich die Streitigkeit sofort erkennbar nicht unter einen mitbestimmungspflichtigen Tatbestand des Betriebsverfassungsgesetzes subsumieren lässt (GK-BetrVG/*Kreutz* § 76 Rn. 66 m. w. N.; *LAG Bln.-Bra.* 22.1.2010 LAGE § 98 ArbGG 1979 Nr. 56). Die weitgehende Beschränkung der Zuständigkeitsprüfung ist aus der Besonderheit des Verfahrens erklärbar. Das Einigungsstelleneinrichtungsverfahren hat zum Ziel, den Betriebsparteien möglichst schnell eine funktionsfähige Einigungsstelle zur Verfügung zu stellen (*LAG RhPf* 21.11.2008 – 6 TaBV 34/08). **1329**

Eine offensichtliche Unzuständigkeit hat das *LAG Hamm* für den Fall angenommen, dass ein Betriebsrat Verhandlungen über einen Interessenausgleich und einen Sozialplan verlangt, obgleich er erst nach Abschluss der Planungen des Arbeitgebers und nach Beginn der Durchführung einer Betriebsstilllegung errichtet worden ist, die Kündigungen der Belegschaft aber erst zu einem späteren Zeitpunkt ausgesprochen werden (*LAG Hamm* 4.10.2010 – 10 TaBV 75/10).

Demgegenüber hat das LAG Niedersachsen festgestellt, dass eine Einigungsstelle zum Regelungsgegenstand »Ausgleich von Belastungen durch stehende Tätigkeit« in einem Bekleidungsgeschäft mit 130 Arbeitnehmern im Schichtbetrieb angesichts möglicher Beteiligungsrechte des Betriebsrats aus § 87 Abs. 1 Nr. 7 BetrVG i. V. m. §§ 3 ff. ArbSchG nicht offensichtlich unzuständig ist (*LAG Nds.* 21.1.2011 – 1 TaBV 68/10).

Das LAG Kiel hat mit Beschluss vom 8.2.2012 festgestellt, dass auch dann, wenn ein Arbeitgeber die Durchführung der Gefährdungsbeurteilung und der Unterweisung nach den §§ 5, 12 ArbSchG auf einen Dritten nach § 13 Abs. 2 ArbSchG übertragen hat, eine Einigungsstelle für Regelungen zur Durchführung der Gefährdungsbeurteilung und der Unterweisung gebildet werden kann, da die Übertragung nicht zu einer umfassenden Entlastung des Arbeitgebers von seinen arbeitsschutzrechtlichen Pflichten führt (*LAG Kiel* 8.2.2012 – 6 TaBV 47/11).

Strategisch kommt der Person des Einigungsstellenvorsitzenden ganz erhebliche Bedeutung zu. Das Gesetz fordert nur Unparteilichkeit seiner Person, § 76 Abs. 2 BetrVG. Objektiv wichtigste Voraussetzung sind die Unabhängigkeit des Vorsitzenden und seine fachliche und soziale Kompetenz zur Konfliktlösung. Gleichwohl darf nicht verkannt werden, dass der Erfolg eines Einigungsstellenverfahrens im Nachhinein von den Beteiligten durchaus unterschiedlich bewertet wird, und aus dieser differenzierten Betrachtung und Erfahrung resultiert die Empfehlung für die nächste Einigungsstelle. So kann der erfahrungsgemäß straffen Verhandlungsführung eines als durchsetzungsstark eingeschätzten potentiellen Einigungsstellenvorsitzenden das entscheidende Gewicht in Fällen beigemessen werden, in denen es erstrangig um eine schnelle Lösung geht. Stehen andererseits etwa technisch komplexe *Sachverhalte* zur Regelung an, hilft die jahrelange Erfahrung als Vorsitzender in »traditionellen« betriebsverfassungsrechtlichen Themen eher wenig. Es kommt daher entscheidend darauf an, dass die jeweiligen anwaltlichen Berater den Kreis der in Frage kommenden Vorsitzenden fachlich und persönlich einschätzen können. Zu dieser Einschätzung gehört nicht zuletzt, dass der vorgeschlagene Kandidat nicht als »im Lager« eines Betriebspartners verortet wird, weil er sonst »verbrannt« ist und von dem betrieblichen Gegenspieler nicht akzeptiert werden wird. Als Vorsitzende scheiden deshalb bestimmte Personengruppen wie Mitglieder anderer Betriebsratsgremien, Füh- **1330** rungskräfte oder Aufsichtsratsmitglieder bzw. Arbeitgeberverbandsvertreter oder Gewerkschaftsvertreter von vornherein aus. Die Vorsitzenden werden deshalb nach wie vor regelmäßig aus dem Kreis der Richter der Arbeitsgerichtsbarkeit rekrutiert, wenngleich auch zunehmend die Anwaltschaft gerade im Bereich der vor- und außergerichtlichen Streitbeilegung gefordert ist (vgl. hierzu *Spengler/ Herbert* Einigungsstelle, § 2 Rn. 47 ff.).

1331 Die Rechtsprechung bescheinigt sich auch, dass es rechtlich unbedenklich ist, einen Richter aus dem Gerichtssprengel zu wählen, in dem der Arbeitgeberbetrieb gelegen ist (*LAG RhPf* 23.6.1983 DB 1984, 56; *LAG Hessen* 23.6.1988 DB 1988, 2520). Der Arbeitsrichter kann so lange »im eigenen Bezirk« als Einigungsstellenvorsitzender wirken, wie aufgrund der Geschäftsverteilung ausgeschlossen ist, dass er mit der Überprüfung, der Auslegung oder der Anwendung des Spruchs der Einigungsstelle befasst werden wird, § 98 Abs. 1 S. 5 ArbGG.

1332 Auch wenn das Gesetz somit nur fordert, dass der Geschäftsverteilungsplan eine spätere gerichtliche Befassung mit dem Spruch der Einigungsstelle ausschließt, darf nicht übersehen werden, dass eine Bestellung »im eigenen Bezirk« dazu führen kann, dass z. B. der Spruch eines Vorsitzenden Richters am Landesarbeitsgericht durch den erstinstanzlichen Richterkollegen auf Rechtsfehlerfreiheit überprüft wird. Für beide eine eher unangenehme Vorstellung, die sowohl die sachorientierte Führung des Einigungsstellenverfahrens als auch die Verhandlungsführung bei der gerichtlichen Überprüfung des Spruchs belasten könnte (vgl. hierzu *Spengler/Herbert* Einigungsstelle, § 2 Rn. 50).

1333 In der gängigen Praxis hat sich gleichwohl die ortsnahe bzw. regionale Auswahl des Vorsitzenden durchgesetzt.

1334 Können sich Arbeitgeber und Betriebsrat nicht auf einen Vorsitzenden verständigen, kommt der obergerichtlich sehr unterschiedlichen Bestellungspraxis i. S. d. § 98 ArbGG erneut strategisch eminent große Bedeutung zu. Einige Landesarbeitsgerichte tendieren nämlich zum sog. »Windhundprinzip«. Danach soll grds. der erstgenannte Vorschlag als Vorsitzender der Einigungsstelle einzusetzen sein, es sei denn, es sprächen konkrete und objektiv nachvollziehbare Gründe gegen die Person (so *LAG Brem.* 1.7.1988 – 4 TaBV 15/88; *LAG Hmb.* 8.5.1995 LAGE § 98 ArbGG 1979 Nr. 29; 27.10.1997 LAGE § 98 ArbGG 1979 Nr. 30 = BB 1998, 1796; *LAG Nbg.* 2.7.2004 NZA-RR 2005, 100; *LAG Bln.-Bra.* 7.8.2008 – 14 TaBV 1212/08; *LAG BW* 22.1.2010 LAGE § 98 ArbGG 1979 Nr. 56; *LAG Bln.-Bra.* 3.6.2010 LAGE § 98 ArbGG 1979 Nr. 60).

1335 Hierbei ist äußerst problematisch zu beurteilen, wann bereits konkrete und objektiv nachvollziehbare Gründe gegen einen vorgeschlagenen Vorsitzenden sprechen. Reicht es aus, wenn eine Partei behauptet, mit dem vorgeschlagenen Vorsitzenden in einer früheren Einigungsstelle negative Erfahrungen gemacht zu haben? Oder kann eine angeblich parteipolitische Bindung danach bereits gegen einen Vorsitzenden sprechen? Ernsthafte Gründe, die gegen die vorgeschlagene Person ins Feld geführt werden können, sind jedenfalls die frühere gutachterliche Befassung mit dem Regelungsgegenstand der Einigungsstelle (*Spengler/Hahn/Pfeiffer* Einigungsstelle, § 4 Rn. 64); gesellschaftspolitisches oder parteipolitisches Engagement reichen sicherlich nicht aus (*Spengler/Hahn/Pfeifer* Einigungsstelle, § 4 Rn. 64). Auch kann eine frühere, in keinem Zusammenhang mit dem Regelungsgegenstand der Einigungsstelle stehende gutachterliche Tätigkeit für einen der Betriebspartner ernsthafte Zweifel an der Unvoreingenommenheit der vorgeschlagenen Person begründen (GK-ArbGG/*Dörner* § 98 Rn. 35).

1336 Die besseren Argumente sprechen dafür, dem sog. »Windhundprinzip« eine Absage zu erteilen. Die These, den zuerst vorgeschlagenen Vorsitzenden zu bestellen, solange keine ernsthaften Bedenken geäußert werden, ist auch nicht mit der angestrebten Berechenbarkeit des Verfahrens zu halten. Der Vorsitzende muss von beiden Betriebspartnern akzeptiert werden. Fehlt es hieran, genießt er nicht das Vertrauen, die Einigungsstelle erfolgreich zu führen. Die in der Einigungsstelle zu klärenden Regelungsgegenstände sind für Arbeitgeber und Arbeitnehmer gemeinhin auch zu wichtig, als dass man die Letztentscheidungskompetenz des Vorsitzenden personell davon abhängig machen sollte, welche Betriebspartei den Namen schneller in das Verfahren eingeführt hat. Deshalb sprechen sich auch mehrere Landesarbeitsgerichte dagegen aus, im Bestellungsverfahren eine Bindung an

## F. Grundsätze für die Zusammenarbeit zwischen Arbeitgeber und Betriebsrat  Kapitel 13

den Antrag anzunehmen. Es genügen danach auch subjektive, nicht weiter spezifizierte Einwendungen, um von der Bestellung der im Antrag bezeichneten Person abzusehen (*LAG RhPf* 15.5.2009 AE 2009, 345; *LAG Stuttg.* 26.6.2002 NZA-RR 2002, 523; *LAG Bln.-Bra.* 12.9.2001 NZA-RR 2002, 25; *LAG Kiel* 4.9.2002 LAGE § 98 ArbGG 1979 Nr. 39). Dem schließt sich das Schrifttum überwiegend an (*Fitting* § 76 Rn. 24; *Tschöpe* NZA 2004, 945; HSWGN/*Worzalla* § 76 Rn. 41c).

Eine vermittelnde Auffassung wird neuerdings vom *LAG Baden-Württemberg* vertreten (30.9.2010 – 15 TaBV 4/10). Das Auswahlermessen des Gerichts sei danach nicht frei, wenn der Antragsteller eine bestimmte Person vorgeschlagen hat und von dem anderen Beteiligten keine oder jedenfalls keine nachvollziehbaren Bedenken erhoben werden. Eine nur schlagwortartige Ablehnung reiche danach nicht aus. Dem LAG ist zwar insoweit zuzugestehen, dass damit eine reine Blockadehaltung eines Beteiligten verhindert wird und die Gründe für eine Ablehnung offen gelegt werden müssen. Es bleibt aber nach wie vor das Problem ungelöst, dass der Vorsitzende jedenfalls von einer Seite – wenn auch nur aus sehr subjektiven Gründen – keine Akzeptanz findet. **1337**

Wird das Bestellungsverfahren in die Beschwerdeinstanz getrieben, ohne dass objektiv nachvollziehbare Gründe gegen den durch das ArbG bestellten Vorsitzenden vorgetragen werden, so soll das LAG den erstinstanzlich bestellten Vorsitzenden bestätigen (so *LAG Nbg.* 2.7.2004 LAGE Art. 101 GG Nr. 2). **1338**

Angesichts der dargestellten unterschiedlichen Entscheidungspraxis ist es deshalb für den die Einigungsstelle vorbereitenden Anwalt ein »Muss«, sich über die regional maßgebliche Spruchpraxis zu § 98 ArbGG zügig ein umfassendes Bild zu verschaffen, um ggf. nicht durch den betriebsverfassungsrechtlichen Gegenspieler »kalt erwischt« zu werden. Gilt das »Windhundprinzip«, empfiehlt sich bei einem absehbaren notwendigen Einigungsstellenverfahren ein frühzeitiger Verhandlungsabbruch verbunden mit dem gleichzeitigen Vorschlag für den zu bestellenden Vorsitzenden. Dabei ist die Einleitung des Verfahrens nach § 76 Abs. 2 BetrVG i.V. m. § 98 ArbGG zur Bildung einer Einigungsstelle nicht deshalb unzulässig und hindert nicht jedenfalls von vornherein eine Sachentscheidung, wenn die verfahrenseinleitende Antragstellung beim ArbG bereits zu einem Zeitpunkt erfolgt ist, bevor sich die Gegenseite zum Vorschlag des Antragstellers zur Besetzung der Einigungsstelle geäußert hat. Ist das Scheitern des innerbetrieblichen Einigungsstellenversuchs zum Zeitpunkt der Antragstellung als gegeben anzunehmen, so ist es für die Möglichkeit einer Sachentscheidung (betreffend Bildung einer Einigungsstelle) ausreichend, wenn (spätestens) im Anhörungstermin vor dem ArbG die Uneinigkeit über die Besetzung der Einigungsstelle (Person des Vorsitzenden und/ oder Zahl der Beisitzer) zutage tritt und feststeht (*LAG Hessen* 13.6.2003 LAGE § 98 ArbGG 1979 Nr. 41). **1339**

Aus prozesstaktischer Sicht ist es – das »Windhundprinzip« einmal unberücksichtigt – nicht ratsam, den eigenen Wunschkandidaten im Antrag als Vorsitzenden vorzuschlagen. Denn immer dann, wenn ein gerichtliches Bestellungsverfahren notwendig wird, kann erfahrungsgemäß nicht davon ausgegangen werden, dass der Antragsgegner keine Bedenken gegen den Kandidaten anmelden wird. Die eigentliche »Nr. 1« wird deshalb erst im Verlaufe der Anhörung in die Diskussion eingebracht, wobei es abhängig vom Verlauf der Erörterungen und den vermittelnden Vorschlägen des zur Entscheidung berufenen Vorsitzenden erheblichen verhandlungstaktischen Geschicks bedarf, hierfür den richtigen Zeitpunkt zu finden. In jedem Falle sollten Antragsteller- und Antragsgegnervertreter mindestens zwei bis drei Vorschläge »in der Tasche« haben und auch für die Präsentation erwarteter Gegenkandidaten gewappnet sein. **1340**

Dem Interesse einer Betriebspartei, möglichst schnell zu einer funktionsfähigen Einigungsstelle zu gelangen, steht oftmals das gegenteilige Interesse der anderen Seite gegenüber. So will der Arbeitgeber regelmäßig schnell einen Interessenausgleich zu einer Betriebsänderung abschließen bzw. den Versuch der Herbeiführung des Interessenausgleichs ggf. in der ersten Einigungsstellensitzung scheitern lassen, damit er die Maßnahme sanktionslos umsetzen kann. Das Interesse des Betriebsrats und der Belegschaft ist jedenfalls in Fällen, in denen die Betriebsänderung zumindest auch mit einem Per- **1341** sonalabbau verbunden ist, darauf gerichtet, die Umsetzung so spät als möglich beginnen zu lassen. Dieser Konflikt wirft die für das gerichtliche Einigungsstellen-Einrichtungsverfahren wichtige Frage auf, ab wann »genug verhandelt« ist und deshalb zulässigerweise die Einigungsstelle angerufen werden darf. Gem. § 74 Abs. 1 S. 2 BetrVG haben die Betriebspartner über strittige Fragen mit dem ernsten Willen zur Einigung zu verhandeln und Vorschläge für die Beilegung ihrer Meinungsverschiedenheit zu machen. Weiterhin legt § 76 Abs. 1 BetrVG fest, dass zur Beilegung dieser Meinungsverschiedenheiten »bei Bedarf« eine Einigungsstelle zu bilden ist.

1342 Aus der Verhandlungspflicht i. S. d. § 74 Abs. 1 S. 2 BetrVG folgt die herrschende Meinung in Rechtsprechung und Literatur, dass jedenfalls dann dem Antrag auf Bildung einer Einigungsstelle das Rechtsschutzbedürfnis abzusprechen sei, wenn dem Bestellungsverfahren überhaupt kein innerbetrieblicher Verhandlungs- und Einigungsversuch vorangegangen ist (*LAG Hessen* 12.11.1991 LAGE § 76 BetrVG 1972 Nr. 39; *Fitting* § 76 Rn. 7; *Pünnel/Isenhardt* Rn. 33; a. A. *Tschöpe* NZA 2004, 945, der sich für die Bildung der Einigungsstelle bereits dann ausspricht, wenn ein Betriebspartner die förmliche Aufnahme von Verhandlungen für aussichtslos hält).

1343 Von der kategorischen Ablehnung Verhandlungen zu führen abgesehen, bewegen die Praxis aber die Fälle in der Grauzone. Wie lange darf der Betriebsrat sich berechtigterweise noch nicht hinreichend unterrichtet fühlen oder ab wann kann und darf der Arbeitgeber davon ausgehen, dass es seinem Verhandlungspartner nicht mehr um die ordnungsgemäße Erfüllung der Unterrichtungspflicht nach § 111 Abs. 1 S. 2 BetrVG geht, sondern vielmehr eine Verzögerungstaktik eingesetzt wird? Nach der Rechtsprechung steht es jedem Beteiligten jedenfalls dann frei zu entscheiden, wann er die innerbetriebliche Beilegung einer Meinungsverschiedenheit in angemessener Zeit nicht mehr für erreichbar hält, wenn ernsthafte Verhandlungen zuvor stattgefunden haben und insbes. auch im Hinblick auf zeitliche Faktoren die Annahme eines Scheiterns der Verhandlungen nicht ohne jeglichen Anlass erfolgt (*LAG Hessen* 12.11.1991 LAGE § 76 BetrVG 1972 Nr. 39).

1344 Wenn demnach auch immer die konkreten Umstände des Regelungsstreits die Entscheidung über die Bildung der Einigungsstelle bedingen, so kann der das Verfahren betreibenden Betriebspartei nur empfohlen werden, den betriebsverfassungsrechtlichen Gegenspieler nachweisbar mit schriftlichen Unterlagen umfassend zu unterrichten und über die innerbetrieblichen Verhandlungstermine ausführliche Protokolle zu fertigen, die dem Antrag nach § 98 ArbGG beigefügt werden können. Damit dürfte es ohne weiteres möglich sein, dem Arbeitsgericht zu dokumentieren, dass der Antragsteller auf Grund des bisherigen Verhaltens der anderen Partei davon ausgehen durfte, dass das Führen weiterer innerbetrieblicher Verhandlungen nicht aussichtsreich ist (siehe auch *LAG Hamm* 9.8.2004 LAGE § 98 ArbGG Nr. 43; *LAG Nds.* 7.12.1998 LAGE § 98 ArbGG Nr. 35; *Sächs. LAG* 12.10.2001 NZA-RR 2002, 362).

1345 Steht eine Betriebsänderung im Streit, ist es weiterhin sinnvoll, dass der anderen Betriebspartei ein Entwurf eines Interessenausgleichs zugeleitet wird.

1346 Ist der Antrag zur Bildung der Einigungsstelle gestellt, gilt es für den Antragsgegner nicht nur, sich ein Bild über den vorgeschlagenen Vorsitzenden und ggf. die Anzahl der Beisitzer zu machen, sondern auch zu bedenken, ob und ggf. wann die Stellung eines Widerantrags sinnvoll ist. Kann z. B. der Betriebsrat die Bildung einer Einigungsstelle zur Herbeiführung eines Interessenausgleichs schon wegen des eingeschränkten gerichtlichen Überprüfungsmaßstabs nicht verhindern, könnte es sich anbieten, die Einigungsstelle auf den weiteren Regelungsgegenstand Sozialplan zu erstrecken.

1347 Ausgangspunkt ist hierbei, dass keine gesetzliche Notwendigkeit dafür besteht, dass eine Einigungsstelle für Interessenausgleich und Sozialplan zugleich zuständig ist (*LAG Bln.* 3.6.1994 NZA 1994, 1146). Ebenso wenig kann die Einigungsstelle, die lediglich zur Herbeiführung eines Interessenausgleichs gebildet worden ist, ohne weiteres ihre Tätigkeit aus Gründen des Sachzusammenhangs auf die Verhandlung eines Sozialplans erstrecken. Das ist nur dann möglich, wenn beide Betriebspartner *damit einverstanden* sind. Ansonsten hat sich die Einigungsstelle – die zwar richtigerweise bei ihrer Entscheidung nicht an die gestellten Anträge gebunden ist – in den inhaltlichen Grenzen dessen zu halten, wofür sie gebildet worden ist. Es stellt sich deshalb die Frage, ob der Betriebsrat rechtlich in

## F. Grundsätze für die Zusammenarbeit zwischen Arbeitgeber und Betriebsrat     Kapitel 13

den Grenzen der §§ 98, 81 Abs. 3 ArbGG i. V. m. § 263 ZPO befugt ist, über einen (ggf. Hilfs-)Widerantrag die Zuständigkeit der Einigungsstelle auch auf den Abschluss eines Sozialplans zu erstrecken.

Zwar wäre der Widerantrag grundsätzlich in derselben Verfahrensart des § 98 ArbGG zu bescheiden (mangels einer solchen Verfahrenskohärenz ist deshalb z. B. ein auf die negative Feststellung eines Mitbestimmungsrechts gerichteter Widerantrag unstatthaft und damit unzulässig, weil hierüber nicht durch Alleinentscheidung des Vorsitzenden zu befinden wäre, sondern durch die Kammer des Arbeitsgerichts, hierzu mit ausf. Begründung *LAG Hamm* 7.7.2003 NZA-RR 2003, 637 ff. unter II. der Gründe).    **1348**

Es ist aber höchst fraglich, ob ein Widerantrag zur Erstreckung des Regelungsgegenstandes der Einigungsstelle auch auf den Abschluss eines Sozialplans als sachdienlich angesehen werden kann. Das LAG Frankfurt scheint dies grundsätzlich zu bejahen. Danach bestünden keine Bedenken, auf entsprechende Antragserweiterung im Beschwerdeverfahren über die Erweiterung der Zuständigkeit der Einigungsstelle zu entscheiden oder eine weitere Einigungsstelle für einen anderen Gegenstand zu bilden, wenn die Gegenseite eingewilligt hat oder das sachdienlich erscheint (*LAG Frankfurt* 12.11.1991 LAGE § 76 BetrVG 1972 Nr. 39). Voraussetzung ist aber auch nach LAG Frankfurt immer, dass insoweit bereits ein innerbetrieblicher Verhandlungsversuch stattgefunden hat und von einem Scheitern der innerbetrieblichen Verhandlungen oder des Beilegungsversuchs bzgl. der Meinungsverschiedenheit ausgegangen werden kann.    **1349**

Demgegenüber vertritt das *LAG Sachsen* mit überzeugender Begründung, dass ein solcher Widerantrag unzulässig ist. Die Sachdienlichkeit wird unter Hinweis auf das vereinfachte Bestellungs- und Besetzungsverfahren gem. § 98 ArbGG verneint. Der Widerantragsteller erstrebe daher eine andersartige Einigungsstelle. Das vereinfachte Bestellungs- und Besetzungsverfahren nach § 98 ArbGG diene aber nicht der Frage, welche Angelegenheiten sinnvollerweise noch vor die Einigungsstelle gebracht werden sollten. Vielmehr legt der Antragsteller fest, für welche Einigungsstellenmaterie er hinsichtlich der Zusammensetzung der Einigungsstelle die Hilfe des Gerichts benötigt (*Sächs. LAG* 12.10.2001 NZA-RR 2002, 362).    **1350**

Im Ergebnis wird das Arbeitsgericht nach pflichtgemäßem Ermessen eine Prozesstrennung gem. § 145 ZPO vorzunehmen haben. Kosten oder sonstige Nachteile, die einen Ermessensfehler begründen könnten, sind nicht ersichtlich.    **1351**

Auch wenn die Abtrennung von Antrag und Widerantrag prozessual geboten ist und damit rechtlich zwei Einigungsstellen durch separate Beschlüsse gebildet werden, werden zumindest bei Identität der handelnden Personen die Einigungsstellen in der Praxis einheitlich terminiert und durchgeführt werden. Dieser faktisch wahrscheinliche Geschehensablauf kann dafür sprechen, die Einigungsstelle doch noch einvernehmlich auf den erweiterten Regelungsgegenstand zu erstrecken und hierfür ggf. strittige Besetzungsfragen zum eigenen Vorteil zu lösen. Auch ist denkbar, zur Vermeidung eines solchen zweiten Bestellungsverfahrens für die erweiterte Einigungsstelle einen festen zeitlichen Verhandlungsrahmen zu vereinbaren.    **1352**

Der Arbeitgeber, der eine Auswahlrichtlinie zur Sozialauswahl bei betriebsbedingten Kündigungen herbeiführen möchte, ist aber nicht verpflichtet, von diesem eingeschränkten Regelungsgegenstand Abstand zu nehmen, wenn der Betriebsrat im Gegenzug umfassende Verhandlungen über Auswahlrichtlinien nach § 95 BetrVG fordert. Die Verhandlungen können vom Arbeitgeber für gescheitert erklärt werden (*LAG RhPf* 8.3.1212 – 11 TaBV 5/12). Danach ist die arbeitgeberseitig vorgenommene Beschränkung des Regelungsgegenstandes der Einigungsstelle auf eine Auswahlrichtlinie zur Sozialauswahl bei betriebsbedingten Kündigungen zulässig. Es besteht keine gesetzliche Verpflichtung, wonach nur gleichzeitig über die personelle Auswahl bei Einstellungen, Versetzungen, Umgruppierungen und Kündigung verhandelt werden kann. Die Regelungsgegenstände des § 95 Abs. 1 BetrVG sind vielmehr teilbar. Die Forderung des Betriebsrats auf Vereinbarung einer umfassenden Auswahlrichtlinie nach § 95 BetrVG führt nicht dazu, dass der Arbeitgeber von seinem eingeschränkten Verhandlungsgegenstand abrücken muss und sich nur noch umfassend über eine Auswahlrichtlinie mit dem Betriebsrat verständigen dürfte (*LAG RhPf* 8.3.1212 – 11 TaBV 5/12, Rz. 51 f.).

1353 Hat das ArbG den Vorsitzenden erstinstanzlich bestellt, sollte der den Beschluss anfechtende Beschwerdeführer objektiv nachvollziehbare Gründe vortragen können, weshalb der vorgesehene Kandidat für den Einigungsstellenvorsitz nicht akzeptabel ist. Ansonsten besteht entsprechend der Judikatur des *LAG Nbg.* (Beschl. 2.7.2004 LAGE Art. 101 GG Nr. 2) die hohe Wahrscheinlichkeit, dass der arbeitsgerichtliche Beschluss auch zweitinstanzlich bestätigt wird.

1354 Erfahrungsgemäß sind die Arbeitsgerichte gerade in dem Einigungsstellen-Einrichtungsverfahren nachhaltig bemüht, eine Einigung der Beteiligten über die Person des Vorsitzenden herbeizuführen. Gelingt dies aber nicht und wird der Vorsitzende durch das Beschwerdegericht bestellt, ist zwar der Rechtsweg erschöpft, die Übernahme des Amtes aber keineswegs gesichert. Es entspricht zwar einer guten Übung, dass das ArbG bzw. das LAG sich vor einem Beschluss bei dem Kandidaten nochmals versichert, dass er auch bereit ist, die Einigungsstelle zu führen. Eine Verpflichtung, das Amt zu übernehmen, besteht jedoch nicht. Der Kandidat kann das ihm angetragene Amt jederzeit und ohne Angabe von Gründen ablehnen.

1355 Die Einigungsstelle ist nicht bereits deshalb offensichtlich unzuständig, weil es an der Aufnahme förmlicher Verhandlungen über den streitigen Regelungsgegenstand zwischen den Betriebsparteien fehlt. Es reicht vielmehr aus, wenn sich eine Seite nicht auf Verhandlungen eingelassen hat (*LAG Hamm* 9.8.2004 LAGE § 98 ArbGG 1979 Nr. 43). Eine offensichtliche Unzuständigkeit ist z. B. angenommen worden, wenn eine nicht enumerativ in § 111 BetrVG aufgeführte Betriebsänderung dargelegt wird, ohne allerdings wesentliche Nachteile für die betroffenen Arbeitnehmer darlegen zu können (*LAG Nds.* 2.11.2006 LAGE § 111 BetrVG 2001 Nr. 6 betr. Rückkehr von einer verlängerten Arbeitszeit zur Normalarbeitszeit) oder wenn die Betriebsänderung noch nicht das Stadium einer »konkreten Planung« erreicht hat (*LAG Hamm* 27.10.2008 – 10 TaBV 141/08). Fehlt in einer für die Zuständigkeit der Einigungsstelle relevanten Rechtsfrage höchstrichterliche Rechtsprechung und wird die Frage in der Rechtsprechung der Landesarbeitsgerichte uneinheitlich beantwortet, besteht regelmäßig kein Raum für die Annahme einer offensichtlichen Unzuständigkeit (*Hess. LAG* 3.11.2009 NZA-RR 2010, 359).

1356 Soweit der Vorsitzende das Amt nicht annimmt, hat das Gericht einen anderen Vorsitzenden zu bestellen. Fraglich ist, ob dies im selben Verfahren geschehen kann oder ein neuer Antrag nach § 98 ArbGG zu stellen ist (so GMPM-G/*Matthes* § 98 Rn. 28). Durch die gerichtliche Entscheidung sind die Parteien nicht gehindert, sich auf einen anderen Vorsitzenden zu einigen. Die Entscheidung des ArbG wird in diesem Fall gegenstandslos (GK-BetrVG/*Kreutz* § 76 Rn. 74).

1357 Die für die Zuständigkeit der Einigungsstelle maßgebliche Frage des Bestehens oder Nichtbestehens eines Mitbestimmungsrechts kann unabhängig von dem Errichtungsverfahren zum Gegenstand eines auf die Feststellung des Bestehens oder Nichtbestehens des entsprechenden Mitbestimmungsrechts gerichteten selbstständigen arbeitsgerichtlichen Beschlussverfahrens gemacht werden (*BAG* 25.4.1989 EzA § 98 ArbGG 1979 Nr. 6). Ist ein sog. Vorabentscheidungsverfahren anhängig, darf aber das Bestellungsverfahren nicht bis zu dessen Abschluss ausgesetzt werden (*BAG* 24.11.1981 EzA § 76 BetrVG 1972 Nr. 33; a. A. *LAG RhPf* 29.7.1985 LAGE § 98 ArbGG 1979 Nr. 9).

1358 Hierdurch würde der Zweck des Bestellungsverfahrens, möglichst rasch eine formal funktionsfähige Einigungsstelle, die über ihre Zuständigkeit primär selbst zu entscheiden hat, zur Verfügung zu stellen, vereitelt. Umgekehrt hat die Inzidentscheidung des Arbeitsgerichts im Bestellungsverfahren darüber, ob ein Mitbestimmungsrecht besteht oder nicht, keine Bindungswirkung für ein Vorabentscheidungsverfahren, da diese Frage im Bestellungsverfahren nur Vorfrage, aber nicht Streitgegenstand ist. Die rechtskräftige Abweisung des Antrages des Betriebsrates auf Bestellung eines Einigungsstellenvorsitzenden mit der Begründung, die Einigungsstelle sei offensichtlich unzuständig, lässt daher nicht des Rechtsschutzinteresse des Betriebsrates an der Feststellung des umstrittenen Mitbestimmungsrechtes entfallen. Der Betriebsrat kann erneut die Bestellung eines Einigungsstel-

## F. Grundsätze für die Zusammenarbeit zwischen Arbeitgeber und Betriebsrat   Kapitel 13

lenvorsitzenden beantragen, wenn das geltend gemachte Mitbestimmungsrecht im Vorabentscheidungsverfahren unter den Beteiligten rechtskräftig festgestellt worden ist (*BAG* 25.4.1989 EzA § 98 ArbGG 1979 Nr. 6).

### 3. Die Rechtsstellung der Mitglieder

Die Mitgliedschaft in der Einigungsstelle wird erst durch die Annahme des Amtes durch die bestellte Person begründet; eine Pflicht dazu besteht nicht. Berufsrichter dürfen nur den Vorsitz in Einigungsstellen übernehmen und bedürfen hierzu einer Nebentätigkeitsgenehmigung, die zu versagen ist, wenn der Richter nach der Geschäftsverteilung mit der Angelegenheit befasst werden kann, §§ 4 Abs. 2 Nr. 5, 40 DRiG. Die Einigungsstellenbeisitzer sind an Weisungen der sie bestellenden Seite nicht gebunden. Ihre Bestellung kann jedoch von der jeweiligen Seite widerrufen werden (GK-BetrVG/*Kreutz* § 76 Rn. 91). Mitglieder der Einigungsstelle dürfen gem. § 78 BetrVG in der Ausübung ihrer Tätigkeit nicht gestört oder behindert oder wegen ihrer Tätigkeit benachteiligt oder begünstigt werden. Verstöße hiergegen sind unter Strafe gestellt, § 119 BetrVG. Ein besonderer Kündigungsschutz besteht nicht; eine Kündigung wegen der Tätigkeit als Mitglied der Einigungsstelle verstößt aber gegen § 78 BetrVG und ist deshalb nach § 134 BGB nichtig. Es besteht nach § 79 Abs. 2 BetrVG zudem eine strafbewehrte (§ 120 Abs. 1 Nr. 1 BetrVG) Geheimhaltungspflicht. 1359

### 4. Das Verfahren vor der Einigungsstelle

Mit Ausnahme der Regelungen über die Beschlussfassung und dem Gebot, unverzüglich tätig zu werden (§ 76 Abs. 3 BetrVG), gibt es keine gesetzlich geregelte Verfahrensordnung. Eine solche kann durch freiwillige Betriebsvereinbarung geregelt werden (§ 76 Abs. 4 BetrVG). Aus der Stellung des Vorsitzenden folgt, dass er die Sitzungen der Einigungsstelle einberuft, leitet und sonstige verfahrensleitende Maßnahmen trifft. 1360

Die Ausgestaltung des Verfahrens liegt weitgehend im Ermessen der Einigungsstelle, wobei dieses Ermessen durch allgemein anerkannte elementare Verfahrensgrundsätze begrenzt ist (*LAG Bln.-Bra.* 18.3.2009 – 5 TaBV 2416/08; *BAG* 18.4.1989 EzA § 76 BetrVG 1972 Nr. 48; 18.1.1994 EzA § 76 BetrVG 1972 Nr. 63). 1361

#### a) Antragserfordernis

Die errichtete Einigungsstelle wird nur auf Antrag tätig. Der Antrag muss erkennen lassen, in welcher Meinungsverschiedenheit und in welchem Umfang ein Spruch der Einigungsstelle ergehen soll. Ein bestimmter Sachantrag ist nicht notwendig. 1362

Anträge können im Laufe des Verfahrens geändert oder erweitert werden (*BAG* 28.7.1981 EzA § 87 BetrVG 1972 Urlaub Nr. 4; 30.1.1990 EzA § 87 BetrVG 1972 Betriebliche Lohngestaltung Nr. 27). Im Gegensatz zum gerichtlichen Verfahren hat der Antrag nur verfahrenseinleitende Funktion. Eine strikte Bindung der Einigungsstelle an die von den Beteiligten gestellten Anträge besteht nicht. Sie muss sich lediglich in dem Entscheidungsrahmen halten, der durch die konkrete Meinungsverschiedenheit, soweit diese in den Anträgen Ausdruck findet und zu deren Beilegung sie angerufen wurde, vorgegeben wird (*BAG* 30.1.1990 EzA § 87 BetrVG 1972 Betriebliche Lohngestaltung Nr. 27). Der Streitgegenstand wird damit nicht durch die Fassung der Anträge begrenzt und bestimmt, sondern durch den in den Anträgen zum Ausdruck kommenden Regelungsgegenstand. Neben der verfahrenseinleitenden Funktion haben damit Anträge nur den Zweck, die regelungsbedürftige Angelegenheit zu umschreiben und Vorschläge für deren Lösung zu machen. 1363

#### b) Rechtliches Gehör

Die Einigungsstelle muss beiden Parteien rechtliches Gehör gewähren (Art. 103 Abs. 1 GG), wobei streitig ist, ob dies notwendig eine mündliche Verhandlung bedingt (dafür *Pünnel* Die Einigungsstelle des Betriebsverfassungsgesetzes 1972, 3. Aufl., Rn. 52; *Heinze* RdA 1990, 262, 266, 271]; dagegen GK-BetrVG/*Kreutz* § 76 Rn. 101; MünchArbR/*Joost* § 320 Rn. 35). Nach Auffassung des 1364

1. Senates des *BAG* (11.2.1992 EzA § 76 BetrVG 1972 Nr. 60) ist rechtliches Gehör nur den Mitgliedern der Einigungsstelle, nicht jedoch den Betriebspartnern zu gewähren, da diese gerade durch ihre Beisitzer in der Einigungsstelle vertreten werden. Diese Aussage wird überwiegend kritisiert und der Anspruch auf rechtliches Gehör den Betriebspartnern selbst zugeordnet (vgl. etwa GK-BetrVG/*Kreutz* § 76 Rn. 100; MünchArbR/*Joost* § 320 Rn. 35; DKK/*Berg* § 76 Rn. 62).

### c) Sitzungen

1365 Die Einigungsstelle hat zwingend zumindest eine Sitzung abzuhalten, da sie ihre Beschlüsse nach mündlicher Beratung fasst (§ 76 Abs. 3 BetrVG). Die Durchführung weiterer Sitzungen liegt in ihrem Ermessen. Die Einladung erlässt der Vorsitzende. Die Sitzungen sind nicht öffentlich, auch nicht betriebsöffentlich, aber soweit mündliche Erörterung stattfindet, beteiligtenöffentlich (GK-BetrVG/*Kreutz* § 76 Rn. 106).

1366 Die abschließende mündliche Beratung und Beschlussfassung muss auf jeden Fall in Abwesenheit der Betriebsparteien erfolgen, da ein Verstoß gegen diesen Verfahrensgrundsatz zur Unwirksamkeit des Einigungsstellenspruches führt (*BAG* 18.1.1994 EzA § 76 BetrVG 1972 Nr. 63).

1367 Zulässig bleibt trotz des Grundsatzes der Nichtöffentlichkeit die Hinzuziehung eines Protokollführers (GK-BetrVG/*Kreutz* § 76 Rn. 106).

1368 Werden Ort und Zeit einer Sitzung der Einigungsstelle nicht zwischen allen Mitgliedern abgesprochen, so hat der Vorsitzende für die Einladung der Beisitzer zu sorgen. Bedient er sich dazu einzelner Beisitzer und leiten diese die Einladung nicht weiter, so fehlt es an einer ordnungsgemäßen Einladung. Zwar kann vereinbart werden, dass ein Beisitzer als Ladungsbevollmächtigter eines anderen Beisitzers gelten soll, eine solche Ausnahmeregelung ist jedoch im Zweifel nicht anzunehmen.

1369 Haben nicht alle Beisitzer an der Sitzung der Einigungsstelle teilgenommen, weil sie nicht ordnungsgemäß eingeladen wurden, und ergeht dennoch ein Einigungsstellenspruch, so ist dieser unwirksam (*BAG* 27.6.1995 EzA § 76 BetrVG 1972 Nr. 65). Mängel der Einladung können durch rügelose Einlassung geheilt werden.

### d) Vertretung

1370 Die Parteien können sich im Verfahren vor der Einigungsstelle durch Bevollmächtigte unterstützen oder vertreten lassen, auch durch Rechtsanwälte (*BAG* 21.6.1989 EzA § 40 BetrVG Nr. 61). Die Kosten eines vom Betriebsrat beauftragten Rechtsanwaltes hat der Arbeitgeber nur nach Maßgabe und in den Grenzen des § 40 Abs. 1 BetrVG zu tragen (*BAG* 14.2.1996 EzA § 40 BetrVG 1972 Nr. 76; s. Rdn. 866 ff.).

1371 Für die Beantwortung der Frage, ob die Hinzuziehung eines anwaltlichen Verfahrensbevollmächtigten vor der Einigungsstelle zur Vertretung des Betriebsrats pflichtgemäßem Ermessen entspricht, ist in erster Linie maßgebend, ob zwischen den Betriebsparteien schwierige Rechtsfragen streitig sind. Hierfür kann von indizieller Bedeutung sein, ob auch der Arbeitgeber sich durch einen Verfahrensbevollmächtigten hat vertreten lassen. Nicht berücksichtigt werden darf bei der Entscheidung des Betriebsrats das Gebühreninteresse des Anwalts, auch wenn dieser den Betriebsrat bereits vor Durchführung des Einigungsstellenverfahrens beraten hat (*BAG* 14.2.1996 EzA § 40 BetrVG 1972 Nr. 76).

1372 Das anwaltliche Honorar richtet sich nach dem RVG (vgl. § 17 Nr. 7d RVG). Wenn bei Sozialplanverhandlungen des Volumen des Sozialplans streitig ist, bemisst sich der Gegenstandswert aus der Differenz des jeweils vorgeschlagenen Sozialplanvolumens (*BAG* 14.2.1996 EzA § 40 BetrVG 1972 Nr. 76).

## F. Grundsätze für die Zusammenarbeit zwischen Arbeitgeber und Betriebsrat     Kapitel 13

### e) Untersuchungsgrundsatz

Nach ganz überwiegender Auffassung (vgl. GK-BetrVG/*Kreutz* § 76 Rn. 103; a. A. *Heinze* RdA 1990, 262, 265, 270]; MünchArbR/*Joost* § 320 Rn. 41) gilt für das Einigungsstellenverfahren der Untersuchungsgrundsatz, sodass die Einigungsstelle ihrer Entscheidung nicht nur die Tatsachen zu Grunde legen darf und über diese Beweis erheben kann, die von den Parteien vorgebracht worden sind, sondern vielmehr auch selbst Ermittlungen anstellen, Zeugen und Sachverständige hören, Gutachten einholen und Ortsbesichtigungen durchführen kann. Eine selbstständige Anfechtung der Beschlüsse der Einigungsstelle, die nicht deren Zuständigkeit zum Gegenstand haben, ist nicht statthaft (*BAG* 22.1.2002 EzA § 76 BetrVG 1972 Nr. 69). Zwangsmittel zur Durchführung von Ermittlungen stehen der Einigungsstelle weder gegen die Beteiligten noch gegen Zeugen und Sachverständige zu; eine Vereidigung ist ausgeschlossen (GK-BetrVG/*Kreutz* § 76 Rn. 104).

1373

### f) Beschlussfassung

Die Einigungsstelle trifft ihre Entscheidungen durch Beschluss. Für die eigentliche, sachentscheidende Beschlussfassung sieht § 76 Abs. 3 S. 2 BetrVG ein zweistufiges Verfahren vor: Zunächst stimmen die Beisitzer alleine ab. Findet demnach eine Entscheidung keine Mehrheit, so ist nach weiterer Beratung erneut, diesmal unter Beteiligung des Vorsitzenden abzustimmen, sodass letztendlich die Stimme des Vorsitzenden den Ausschlag gibt. Dieses zweistufige Verfahren gilt nur für die eigentliche Sachentscheidung, nicht aber für verfahrensleitende Beschlüsse (MünchArbR/*Joost* § 320 Rn. 44). Die Beschlüsse sind nach mündlicher Beratung zu fassen, was gleichzeitige Anwesenheit der an der Beschlussfassung Mitwirkenden voraussetzt und eine Beschlussfassung im Umlaufverfahren oder durch schriftliches Votum ausschließt. Die abschließende mündliche Beratung und Beschlussfassung muss zur Vermeidung der Unwirksamkeit des Einigungsstellenspruchs nicht-öffentlich, insbes. in Abwesenheit der Betriebsparteien erfolgen (*BAG* 18.1.1994 EzA § 76 BetrVG 1972 Nr. 63).

1374

Im erzwingbaren Einigungsstellenverfahren ist Beschlussfähigkeit auch dann gegeben, wenn die von einer Seite bestellten Mitglieder trotz rechtzeitiger Einladung der Sitzung fernbleiben oder eine Seite keine Beisitzer bestellt hat, § 76 Abs. 5 S. 2 BetrVG. Die Beschlüsse werden mit Stimmenmehrheit gefasst. Besteht eine zur Entscheidung anstehende Gesamtregelung aus Einzelbestimmungen, muss sich die Beschlussfassung mit Stimmenmehrheit grds. auf diese Gesamtregelung und nicht auf die Einzelbestimmungen mit möglicherweise wechselnden Mehrheiten beziehen. Dass die Gesamtregelung von der Mehrheit der Einigungsstellenmitglieder getragen ist, kann sich aber außer aus einer förmlichen Schlussabstimmung auch aus den Umständen, z. B. wenn die Einzelregelungen übereinstimmen oder jeweils mit der gleichen Mehrheit beschlossen worden sind, ergeben (*BAG* 18.4.1989 EzA § 76 BetrVG 1972 Nr. 48). Streitig ist, wie eine Stimmenthaltung von Beisitzern zu werten ist: Nach einer Auffassung (vgl. etwa *LAG Frankf./M.* 25.9.1990 LAGE § 76 BetrVG 1972 Nr. 37; DKK/*Berg* § 76 Rn. 78) sind Stimmenthaltungen nicht mitzuzählen und ein Spruch dementsprechend schon dann beschlossen, wenn die Zahl der Ja-Stimmen größer als die der Nein-Stimmen ist. Dies gilt nach Auffassung des *BAG* (17.9.1991 EzA § 112 BetrVG 1972 Nr. 58) jedenfalls für die Fälle, in denen der Spruch der Einigungsstelle die Einigung zwischen den Betriebspartnern ersetzt. Nach anderer Auffassung (GK-BetrVG/*Kreutz* § 76 Rn. 111) kommt es auf die Mehrheit der Mitgliederstimmen an, sodass Enthaltungen wie Nein-Stimmen wirken.

1375

Ergibt sich bei der ersten Abstimmung Stimmengleichheit, ist erneut zu beraten und dann erneut unter Mitwirkung des Vorsitzenden abzustimmen. Ergibt sich bereits bei der ersten Abstimmung der Beisitzer eine Mehrheit gegen den Beschlussantrag, findet grds. kein zweiter Abstimmungsvorgang statt, sondern die Einigungsstelle hat die Beratung fortzusetzen und nach einer anderweitigen Lösung zu suchen (GK-BetrVG/*Kreutz* § 76 Rn. 113; a. A. DKK/*Berg* § 76 Rn. 77). Etwas anderes soll gelten, wenn ein Vermittlungsvorschlag des Vorsitzenden abgelehnt wurde (*LAG BW* 8.10.1986 NZA 1988, 214).

1376

**1377** Dringt ein Beteiligter mit seinem Antrag bei der ersten Abstimmung nicht durch, ist ihm unbedingt zu empfehlen, vor der zweiten Abstimmung eine Zwischenberatung einzufordern. Unterbleibt nämlich eine solche Zwischenberatung trotz entsprechenden Verlangens einer Seite und schreitet die Einigungsstelle sogleich zur zweiten Abstimmung, kann hierin ein zur Aufhebung des Spruchs führender Verfahrensmangel liegen (*BAG* 18.12.1990 BAGE 66, 338). Denn Zweck der Beratungspflicht nach § 76 Abs. 3 BetrVG ist es, durch einen nochmaligen Diskurs der zur Regelung anstehenden Materie einer aus der Sicht des Beteiligten angemessenen Lösung zur Mehrheit zu verhelfen.

**1378** Der verfahrensabschließende Beschluss ist schriftlich niederzulegen, vom Vorsitzenden zu unterschreiben und Arbeitgeber und Betriebsrat zuzuleiten, § 76 Abs. 3 S. 3 BetrVG. Der Spruch muss nicht begründet werden. Eine fehlende Begründung führt nicht zur Unwirksamkeit (*BAG* 30.10.1979 EzA § 76 BetrVG 1972 Nr. 26; GK-BetrVG/*Kreutz* § 76 Rn. 117).

**1378a** In der Entscheidung vom 16.8.2011 hat sich das BAG erstmals mit der Frage befasst, wann der Versuch des Interessenausgleichs vor der Einigungsstelle gescheitert ist, insbes. ob hierzu ein entsprechender Beschluss der Einigungsstelle vonnöten ist (*BAG* 16.8.2011 – 1 AZR 44/10). Unter Hinweis auf den Gesetzeswortlaut sowie den Normzweck des § 111 S. 1 BetrVG hat das BAG festgestellt, dass der Versuch eines Interessenausgleichs i. S. v. § 113 Abs. 3 i. V. m. Abs. 1 BetrVG nicht voraussetzt, dass die Einigungsstelle das Scheitern der Interessenausgleichsverhandlungen förmlich durch Beschluss feststellt. Eine verfahrensbeendende Entscheidung des Einigungsstellenverfahrens nach § 112 Abs. 2 BetrVG ist danach auch nicht aus Gründen der Rechtssicherheit oder Rechtsklarheit geboten. Das BAG betont zu Recht, dass das Gesetz in § 76 Abs. 3 und 5 BetrVG zwar Regelungen über die Beschlussfassung der Einigungsstelle vorsieht. Dies gilt jedoch nur für Fälle der zwingenden Mitbestimmung. Für das auf den Abschluss eines Interessenausgleichs gerichtete Einigungsstellenverfahren kommt der Einigungsstelle eine solche Kompetenz nicht zu, wie sich aus § 112 Abs. 3 BetrVG ergibt. Auch der Normzweck von § 111 S. 1 BetrVG verlangt kein anderes Ergebnis. Ob die Betriebsparteien ausreichend miteinander verhandelt haben, ist nur objektiv festzustellen. Eine förmliche Entscheidung der Einigungsstelle bringt insoweit keine zusätzliche Rechtssicherheit oder Rechtsklarheit. *Boemke* weist zu Recht darauf hin, dass selbst ein entsprechender Spruch der Einigungsstelle keine Klärung darüber herbeiführen kann, ob die Mehrheit der Einigungsstellenmitglieder oder auch alle Mitglieder richtigerweise von einer ausreichenden Unterrichtung des Betriebsrats und der Beratung der beabsichtigten Betriebsänderung ausgegangen sind (*Boemke* juris, PR-ArbR 2/12). Mit dem Urteil des BAG vom 16.8.2011 ist der bisherige Streit in Rechtsprechung und Lehre, ob das Scheitern des Einigungsstellenverfahrens förmlich zu beschließen ist oder nicht (pro förmlichen Beschluss: *Däubler/Kittner/Klebe* §§ 112, 112a BetrVG Rdn. 9; *Fitting* §§ 112, 112a BetrVG Rdn. 42; *LAG Nds.* 12.8.2002 – 5 Sa 534/02; contra: *LAG München* 13.4.2007 – 11 TaBV 91/06; *Kania/Joppisch* NZA 2005, 749) geklärt. Ein etwaiger Beschluss der Einigungsstelle oder eine entsprechende protokollarische Feststellung des Vorsitzenden haben nur deklaratorischen Charakter. Eines Beschlusses bedarf es nicht.

**1378b** Auch wenn nach der Rechtsprechung des BAG ein förmlicher Beschluss, der das Scheitern der Interessenausgleichsverhandlungen feststellt, nicht vonnöten ist, so ist der Arbeitgeber gleichwohl gut beraten, wenn er einen solchen Beschluss herbeiführt. Dies gilt richtigerweise auch dann, wenn der Beschluss nur als Mehrheitsbeschluss zustande kommt. Ein Arbeitnehmer, der die tatsächlichen Voraussetzungen eines Nachteilsausgleichsanspruchs gem. § 113 Abs. 3 BetrVG zu beweisen hat, wird sich schwer tun, solche Tatsachen darzulegen und zu beweisen, wenn die Mehrheit der die Verhandlung führenden Personen von dem Scheitern der Interessenausgleichsbemühungen ausgegangen ist.

*aa) Keine Bindung an die Anträge*

**1379** Die Einigungsstelle ist an die Anträge der Parteien nicht gebunden, muss sich jedoch in dem Entscheidungsrahmen halten, der durch die konkrete Meinungsverschiedenheit, soweit diese in den Anträgen Ausdruck findet und zu deren Beilegung sie angerufen wurde, vorgegeben wird (*BAG* 30.1.1990 EzA § 87 BetrVG 1972 Betriebliche Lohngestaltung Nr. 27). Innerhalb dieses Rahmens ist es daher möglich, dass die Einigungsstelle eine von den Parteien nicht beantragte, nicht einmal erwogene Lösung beschließt (GK-BetrVG/*Kreutz* § 76 Rn. 114). Diesem gesetzlichen Entscheidungsfreiraum entspricht aber auch eine Entscheidungspflicht.

> Die Einigungsstelle muss den Konflikt vollständig lösen und den ihr vorgelegten Sachverhalt insgesamt und umfassend vollständig einer Entscheidung zuführen (*BAG* 30.1.1990 EzA § 87 BetrVG 1972 Betriebliche Lohngestaltung Nr. 27). Sie darf sich daher nicht lediglich auf die Zurückweisung eines Antrages, für den sich keine Mehrheit findet, beschränken. Ebenso wenig kann sie die Regelungsaufgabe wieder an die Betriebspartner zur Erarbeitung einer betriebsautonomen Regelung zurückverweisen, sondern muss grds. selbst eine Lösung erarbeiten (*BAG* 26.8.2008 EzA § 87 BetrVG 2001 Überwachung Nr. 2; 22.1.2002 EzA § 76 BetrVG 1972 Nr. 69). 1380

Gleichwohl sind Einigungsstellensprüche, die den Regelungsgegenstand zunächst nur abstrakt-generell regeln, Maßnahmen des Arbeitgebers im konkreten Einzelfall aber an eine weitere Zustimmung des Betriebsrats knüpfen und für den Fall der Nichterteilung der Zustimmung ein erneutes Einigungsstellenverfahren vorsehen, nicht generell ausgeschlossen und jedenfalls dann nicht zu beanstanden, wenn durch sie der Regelungsstreit grundsätzlich gelöst, aber zugleich dem Umstand Rechnung getragen wird, dass die erst künftig auftretenden Einzelfälle jeweils noch eine Würdigung der konkreten Umstände sowie eine unter Beachtung des Verhältnismäßigkeitsgrundsatzes vorzunehmende Interessenabwägung verlangen (*BAG* 26.8.2008 EzA § 87 BetrVG 2001 Überwachung Nr. 2). 1381

*bb) Vorläufige Regelungen; Zwischenbeschlüsse*

> Die Einigungsstelle insgesamt, nicht der Vorsitzende allein, kann, wenn ihr das sachlich geboten erscheint, auch eine vorläufige Regelung bis zur endgültigen Entscheidung beschließen (GK-BetrVG/*Kreutz* § 76 Rn. 115 m. w. N.). Die Einigungsstelle kann auch verfahrensbegleitende Zwischenbeschlüsse treffen. Solche verfahrensbegleitenden Zwischenbeschlüsse sind statthaft, sie sind aber jedenfalls dann, wenn sie nicht die Feststellung der eigenen Zuständigkeit zum Gegenstand haben, nicht gesondert gerichtlich anfechtbar. Ein zuständigkeitsbejahender Zwischenbeschluss ist jedenfalls dann nicht mehr gesondert gerichtlich anfechtbar, wenn bereits vor der gerichtlichen Anhörung im Verfahren erster Instanz der abschließend regelnde Spruch der Einigungsstelle vorliegt (*BAG* 22.1.2002 EzA § 76 BetrVG 1972 Nr. 69). Umgekehrt hat die unterbliebene Anfechtung eines zuständigkeitsbejahenden Zwischenbeschlusses der Einigungsstelle nicht zur Folge, dass in einem gegen den abschließenden Spruch der Einigungsstelle gerichteten arbeitsgerichtlichen Beschlussverfahren die Frage der Zuständigkeit der Einigungsstelle der gerichtlichen Überprüfung entzogen wäre (*BAG* 22.11.2005 EzA § 85 BetrVG 2001 Nr. 1). Die Anfechtung eines die Zuständigkeit der Einigungsstelle bejahenden Zwischenbeschlusses ist für den dies abstreitenden Beteiligten jedenfalls dann nicht sinnvoll, wenn der Vorsitzende zuvor oder nachdem der Zwischenbeschluss ergangen ist, deutlich macht, dass er das Einigungsstellenverfahren weiterführen wird. In diesen Fällen kann die Zuständigkeit der Einigungsstelle auch noch im gerichtlichen Überprüfungsverfahren geklärt werden. 1382

*cc) Inhaltliche Schranken des Spruchs*

Die Einigungsstelle kann nur im Rahmen ihrer Zuständigkeit tätig werden, worüber sie zunächst selbst zu entscheiden hat. Hält sie sich für unzuständig, ist dies durch Beschluss festzustellen. Damit ist das Einigungsstellenverfahren beendet (*BAG* 30.1.1990 EzA § 87 BetrVG 1972 Betriebliche Lohngestaltung Nr. 27). Diese Entscheidung unterliegt der vollen, nicht fristgebundenen Nachprüfung durch das ArbG im Beschlussverfahren. Bejaht das ArbG die Zuständigkeit, so stellt es die Unwirksamkeit des Spruchs der Einigungsstelle fest. Das Einigungsstellenverfahren ist dann fortzusetzen, wobei streitig ist, ob dann eine neue Einigungsstelle errichtet werden muss oder das Verfahren vor der ursprünglichen Einigungsstelle fortgeführt wird (vgl. GK-BetrVG/*Kreutz* § 76 Rn. 174). 1383

1384 Bejaht die Einigungsstelle ihre Zuständigkeit, muss sie bei ihrer Entscheidung zwingendes Recht beachten. Im Bereich des erzwingbaren Einigungsstellenverfahrens ersetzt der Spruch der Einigungsstelle die Einigung zwischen Arbeitgeber und Betriebsrat, sodass sie die Regelungsschranken zu beachten hat, die auch Arbeitgeber und Betriebsrat bei einer freiwilligen Einigung hätten beachten müssen, wie z. B. die Grenzen der Regelungsmacht nach § 77 Abs. 3, § 87 Abs. 1 BetrVG (s. Rdn. 1460 ff.). Die Einigungsstelle hat ferner gem. § 76 Abs. 5 S. 3 BetrVG ihre Beschlüsse immer unter angemessener Berücksichtigung der Belange des Betriebs und der betroffenen Arbeitnehmer nach billigem Ermessen zu fassen. Für die Entscheidung über einen Sozialplan gilt die speziellere Regelung des § 112 Abs. 5 BetrVG (s. Rdn. 2346 ff.). Der Einigungsstelle wird insoweit ein Regelungsermessen eingeräumt, welches durch die angemessene Berücksichtigung der betroffenen Belange bzw. der Billigkeit lediglich eingeengt wird. Gerichtlich überprüfbar ist lediglich, ob die Grenzen dieses Ermessens überschritten werden. Innerhalb dieser Grenzen besteht ein gerichtlich nichtüberprüfbarer Gestaltungsspielraum (*BAG* 28.9.1988 EzA § 112 BetrVG 1972 Nr. 49).

*dd) Die Wirkung des Spruchs*

*(1) Freiwilliges Einigungsstellenverfahren, § 76 Abs. 6 BetrVG*

1385 Soweit die Betriebspartner lediglich mit dem Tätigwerden der Einigungsstelle einverstanden gewesen sind und sich nicht im Voraus dem Spruch der Einigungsstelle unterworfen haben, ist ein derartiger Spruch lediglich ein unverbindlicher Einigungsvorschlag. Akzeptiert diesen eine Seite nicht, ist das freiwillige Einigungsstellenverfahren gescheitert und die Betriebspartner müssen selbst weiterverhandeln. Wird der Spruch angenommen, kann die Rechtmäßigkeit gleichwohl durch das ArbG geklärt werden (GK-BetrVG/*Kreutz* § 76 Rn. 133). Haben sich beide Seiten im Voraus dem Spruch unterworfen, so ersetzt der Spruch der Einigungsstelle die Einigung zwischen Arbeitgeber und Betriebsrat und hat die Wirkung, die diese Einigung hätte und hat also je nach seinem Inhalt die Wirkung einer Betriebsvereinbarung oder einer (bloßen) betrieblichen Einigung. Rechtsfehler können ohne Bindung an eine Frist arbeitsgerichtlich geltend gemacht werden (GK-BetrVG/*Kreutz* § 76 Rn. 132). Haben die Betriebspartner den Spruch nachträglich angenommen, so kommt hierdurch eine Betriebsvereinbarung oder eine betriebliche Einigung mit dem Inhalt des Spruchs der Einigungsstelle zu Stande. Der Spruch selbst verliert jede eigenständige Bedeutung.

*(2) Erzwingbares Einigungsstellenverfahren, § 76 Abs. 5 BetrVG*

1386 Hier ersetzt der Spruch der Einigungsstelle die Einigung zwischen Arbeitgeber und Betriebsrat kraft Gesetz und hat die Wirkungen, die eine unmittelbare Einigung zwischen den Betriebspartnern auch hätte, häufig also die einer Betriebsvereinbarung; in Rechtsfragen hat der Spruch streitentscheidende, rechtsfeststellende Bedeutung. Rechtsfehlerhafte Sprüche sind unwirksam; diese Unwirksamkeit kann unbefristet arbeitsgerichtlich geltend gemacht werden. Eine Überschreitung der Grenzen des Ermessens kann allerdings nur innerhalb einer Frist von zwei Wochen arbeitsgerichtlich geltend gemacht werden, § 76 Abs. 5 S. 4 BetrVG. Soweit der Spruch der Einigungsstelle die Einigung der Betriebspartner über den Abschluss einer Betriebsvereinbarung ersetzt, ist er qualitativ Betriebsvereinbarung, sodass die für Betriebsvereinbarungen geltenden Regelungen (§ 77 Abs. 4–6 BetrVG) Anwendung finden (s. Rdn. 1504 ff.). Es ist zulässig, dass die Einigungsstelle im Rahmen des ihr zustehenden Ermessens eine Kündigungsfrist in den Spruch aufnimmt (*BAG* 28.7.1981 EzA § 87 BetrVG 1972 Urlaub Nr. 4; 8.3.1977 EzA § 87 BetrVG 1972 Lohn- und Arbeitsentgelt Nr. 6).

*g) Durchsetzung der aus einem Spruch folgenden Rechte*

1387 Ein verbindlicher Spruch der Einigungsstelle ist selbst kein Vollstreckungstitel. Es ist Sache des Arbeitgebers, den Spruch der Einigungsstelle durchzuführen, § 77 Abs. 1 BetrVG. Die sich aus dem Spruch ergebenden Rechte und Pflichten der Betriebspartner untereinander können im arbeitsgerichtlichen Beschlussverfahren geltend gemacht werden. Gegebenenfalls ist der arbeitsgerichtliche Beschluss dann Vollstreckungstitel nach § 85 Abs. 1 ArbGG. Folgen aus dem Spruch auf Grund der normativen Wirkungen gem. § 77 Abs. 4 BetrVG Rechte der Arbeitnehmer gegen den Arbeitgeber oder umgekehrt, so sind diese im Urteilsverfahren vor dem Arbeitsgericht geltend zu machen, in welchem die Rechtswirksamkeit des Spruchs als Vorfrage zu prüfen ist. Dies gilt aber nur für Rechtsfehler, nicht für Ermessensüberschreitungen i. S. d. § 76 Abs. 5 BetrVG, da solche nur vom Arbeitgeber oder Betriebsrat im Beschlussverfahren innerhalb der Ausschlussfrist von zwei Wochen geltend gemacht werden können. Ist bei Einleitung des Urteilsverfahrens ein Beschlussverfahren über die Wirksamkeit des Einigungsstellenspruches anhängig, so ist das Urteilsverfahren gem. § 148 ZPO auszusetzen (GK-BetrVG/*Kreutz* § 76 Rn. 139).

Der Betriebsrat kann nicht im Wege des Durchführungsanspruchs nach § 77 Abs. 1 S. 1 BetrVG die Abrechnung und Auszahlung der den begünstigten Arbeitnehmern zustehenden Sozialplanabfindungen durchsetzen (*LAG Hannover* 18.10.2011 – 11 TaBV 89/10). Hierbei handelt es sich ausschließlich um individualrechtliche Rechtspositionen der einzelnen Arbeitnehmer. **1387a**

Dem Betriebsrat fehlt i. d. R. auch bereits die Antragsbefugnis im Beschlussverfahren, wenn er gestützt auf eine Betriebsvereinbarung bzw. einen die Einigung der Betriebspartner ersetzenden Einigungsstellenspruch ausschließlich Rechte der Arbeitnehmer reklamiert (vgl. *BAG* 20.4.2010 – 1 ABR 85/08, EzA § 82 BetrVG 2001 Nr. 2 Rn. 10 m. w. N.). **1387b**

### h) Gerichtliche Überprüfung des Spruchs

Der Spruch der Einigungsstelle kann auf seine Rechtmäßigkeit zum einen inzident in einem anderen arbeitsgerichtlichen Beschluss- oder Urteilsverfahren geprüft werden, sofern die Entscheidung in diesem Verfahren von der Rechtswirksamkeit des Spruchs abhängt. Zu beachten ist aber, dass eine Überschreitung der Grenzen des Ermessens nur von Arbeitgeber und Betriebsrat in einem Beschlussverfahren und unter Wahrung der Ausschlussfrist von zwei Wochen geltend gemacht werden kann und somit nicht Gegenstand einer Inzidentprüfung sein kann. **1388**

Zum anderen kann die Frage der Rechtswirksamkeit des Einigungsstellenspruches auch selbst zum Verfahrensgegenstand eines arbeitsgerichtlichen Beschlussverfahrens gemacht werden. Der Antrag ist auf die Feststellung zu richten, dass der Spruch (ganz oder teilweise) rechtsunwirksam ist, da die gerichtliche Entscheidung nur feststellende, keine rechtsgestaltende Wirkung hat (st. Rspr., *BAG* 21.9.1993 EzA § 87 BetrVG 1972 Nr. 19). **1389**

Ein rechtliches Interesse an der Feststellung, dass ein Spruch der Einigungsstelle unwirksam ist, besteht nur, soweit und solange diesem ein betriebsverfassungsrechtlicher Konflikt zugrunde liegt und fortbesteht (*BAG* 19.2.2002 EzA § 256 ZPO Nr. 65). Antragsbefugt sind Betriebsrat und Arbeitgeber, nicht aber Gewerkschaften und Arbeitgeberverbände (*BAG* 18.8.1987 EzA § 81 ArbGG 1979 Nr. 13; 23.2.1988 EzA § 81 ArbGG 1979 Nr. 11) und die Einigungsstelle selbst (*BAG* 28.6.1984 EzA § 85 BetrVG 1972 Nr. 1). Auch der Betriebsrat kann den Antrag auf Feststellung der Unwirksamkeit zulässigerweise darauf stützen, dass die Einigungsstelle zu Unrecht vom Bestehen eines Mitbestimmungsrechts ausgegangen sei (*BAG* 20.7.1999 EzA § 87 BetrVG 1972 Betriebliche Lohngestaltung Nr. 67). Einzelne Arbeitnehmer können beteiligungsbefugt sein, wenn sie durch die Feststellung der Unwirksamkeit des Spruchs der Einigungsstelle unmittelbar betroffen werden, wie z. B. Betriebsratsmitglieder in den Fällen der §§ 37 Abs. 6 und 38 Abs. 2 BetrVG oder Arbeitnehmer in den Fällen des § 87 Abs. 1 Nr. 5, 9 BetrVG (GK-BetrVG/*Kreutz* § 76 Rn. 149). Im Verfahren der Überprüfung eines Spruchs der Einigungsstelle im Beschwerdeverfahren nach § 85 Abs. 2 BetrVG ist der beschwerdeführende Arbeitnehmer nicht Beteiligter (*BAG* 28.6.1984 EzA § 85 BetrVG 1972 Nr. 1). **1390**

Eine Frist zur Überprüfung der Rechtmäßigkeit eines Einigungsstellenspruchs besteht grds. nicht. Uneingeschränkt gilt dies aber nur für reine Rechtsfehler des Beschlusses (z. B. fehlende Zuständigkeit der Einigungsstelle, Verletzung grundlegender Verfahrensanforderungen, Verstoß gegen höherrangiges Recht). **1391**

**1392** Oftmals werden Zeit und Ort der Einigungsstellensitzungen »auf kurzem Wege« zwischen dem Vorsitzenden und den anwaltlichen Beisitzern abgestimmt. Ein solches Vorgehen birgt nicht unerhebliche Risiken: Grds. hat der Vorsitzende für die ordnungsgemäße Einladung zu sorgen. Bedient er sich hierzu einzelner Beisitzer und geben diese die Einladung nicht an alle weiter, fehlt es an einer ordnungsgemäßen Einladung. Haben dann nicht alle Beisitzer an der Sitzung teilgenommen und ergeht gleichwohl ein Einigungsstellenspruch, so ist er rechtsunwirksam (*BAG* 27.6.1995 EzA § 76 BetrVG 1972 Nr. 65).

**1393** Die Überschreitung der Grenzen des Ermessens muss hingegen binnen einer Frist von 2 Wochen, deren Nichteinhaltung von Amts wegen zu berücksichtigen ist und die mit Zuleitung des Spruchs beginnt (§§ 187 ff. BGB), beim Arbeitsgericht geltend gemacht werden. Es handelt sich nicht um eine prozessuale, sondern um eine materiellrechtliche Ausschlussfrist, die nicht verlängert werden kann. Ihre Versäumung führt dazu, dass die Überschreitung der Grenzen des Ermessens gerichtlich nicht mehr, auch nicht in einem anderen Verfahren, in dem die Frage der Wirksamkeit des Spruchs Vorfrage ist, geprüft werden kann. Zur Wahrung der Frist ist es erforderlich, dass der Antrag auch entsprechend begründet wird. Eine nach Ablauf der Frist nachgeschobene Begründung für den Feststellungsantrag heilt den Mangel nicht (*BAG* 26.5.1988 EzA § 76 BetrVG 1972 Nr. 41).

Sind Gründe für eine Ermessensüberschreitung innerhalb der Zweiwochenfrist vorgetragen worden, ist es aber ohne weiteres zulässig, zusätzliche Gründe nachzuschieben. Dies folgt aus dem Grundsatz der Amtsermittlung (§ 83 Abs. 1 ArbGG) und dem Umstand, dass der mit der Fristsetzung verfolgte Zweck, alsbald Klarheit darüber zu schaffen, ob der Einigungsstellenspruch wegen Ermessensüberschreitung angefochten wird, hierdurch nicht vereitelt wird (*Fitting* § 76 Rn. 107; GK-*Kreutz* § 76 Rn. 160). Es ist daher in jedem Falle ratsam, auch nach Ablauf der Zweiwochenfrist zu prüfen, ob evtl. noch weitere, bislang nicht erkannte Ermessensüberschreitungen festgestellt werden können. Nicht selten gibt auch das Rechtsgespräch im ersten Anhörungstermin beim ArbG erneut Veranlassung zur vertieften Prüfung.

**1394** Wird eine Ermessensüberschreitung rechtzeitig geltend gemacht, unterliegt arbeitsgerichtlicher Überprüfung nur die Frage, ob die Grenzen des Ermessens überschritten sind. Eine Zweckmäßigkeitskontrolle findet nicht statt (*BAG* 31.8.1982 EzA § 87 BetrVG 1972 Arbeitszeit Nr. 13; vgl. aber *LAG Düsseld.* 9.1.2008 AE 2008, 308). Als Rechtsfrage ist die Einhaltung der Grenzen des Ermessens auch durch das Rechtsbeschwerdegericht uneingeschränkt überprüfbar; ein Beurteilungsspielraum der Tatsacheninstanzen besteht insoweit nicht (*BAG* 11.3.1986 EzA § 87 BetrVG 1972 Kontrolleinrichtung Nr. 15). Maßgeblich ist dabei allein, ob die getroffene Regelung die Belange des Betriebes und der betroffenen Arbeitnehmer angemessen berücksichtigt und billigem Ermessen entspricht, nicht aber, welche Überlegungen die Einigungsstelle selbst angestellt hat und von welchen Tatumständen sie sich bei ihrer Entscheidung hat leiten lassen. Auch die Frage, ob die Einigungsstelle verfahrensfehlerhaft gehandelt hat, ist nicht Gegenstand der gerichtlichen Überprüfung (*BAG* 29.1.2002 EzA § 76 BetrVG 1972 Nr. 70). Beurteilungszeitpunkt ist der Zeitpunkt der Beschlussfassung der Einigungsstelle (*BAG* 31.8.1982 EzA § 87 BetrVG 1972 Arbeitszeit Nr. 13).

**1395** Die Grenzen des Ermessens sind gewahrt, wenn der Spruch einmal die Belange des Betriebs und der betroffenen Arbeitnehmer angemessen berücksichtigt hat und er zum anderen der Billigkeit entspricht. Bei der Überprüfung ist der Zweck des jeweiligen Mitbestimmungsrechts zu beachten: Die von der Einigungsstelle getroffene Regelung muss auch denjenigen Interessen Rechnung tragen, um deren Willen dem Betriebsrat ein Mitbestimmungsrecht zusteht; die getroffene Regelung muss sich als Wahrnehmung dieses Mitbestimmungsrechts darstellen (*BAG* 17.10.1989 EzA § 76 BetrVG 1972 Nr. 54).

**1396** Deshalb muss z. B. ein Spruch der Einigungsstelle die Frage, in welchem Verhältnis die Provisionssätze der einzelnen Vertriebsrepräsentanten zueinander stehen sollen, jedenfalls insoweit selbst regeln, als die Festsetzung unterschiedlicher Provisionssätze sich an bestimmten Kriterien zu orientieren hat. Er darf die Festlegung nicht ohne solche Kriterien dem Arbeitgeber allein überlassen (*BAG*

17.10.1989 EzA § 76 BetrVG 1972 Nr. 54). Ein Spruch über die Regelung einer zusätzlichen Jahressondervergütung muss die Frage, in welchem Verhältnis die Vergütungen der einzelnen Arbeitnehmer zueinander stehen sollen, jedenfalls insoweit selbst regeln, als die Festsetzung unterschiedlich hoher Jahressondervergütungen sich an bestimmten Kriterien zu orientieren hat (*BAG* 11.2.1992 EzA § 76 BetrVG 1972 Nr. 60). Ein Spruch der Einigungsstelle, der die Pflicht zum Tragen einer Dienstkleidung ausgestalten soll, ist unwirksam, sofern er es dem Arbeitgeber überlässt, den persönlichen Geltungsbereich zu bestimmen. Wenn die Dienstkleidung besonders »auffällig« ist, muss der Einigungsstellenspruch eine Regelung zur Umkleidemöglichkeit im Betrieb treffen (*BAG* 17.1.2012 – 1 ABR 45/10, BeckRS 2012, 68993).

Im Rahmen der gerichtlichen Überprüfung sind die Belange des Betriebes, der betroffenen Arbeitnehmer und die tatsächlichen Umstände, die das für die Abwägung maßgebliche jeweilige Gewicht dieser Belange begründen, gegebenenfalls im Rahmen der Amtsermittlung (§ 83 Abs. 1 ArbGG) durch Beweisaufnahme festzustellen, unabhängig davon, ob sie von den Betriebspartnern im Einigungsstellenverfahren vorgetragen worden sind (*BAG* 31.8.1982 EzA § 87 BetrVG 1972 Arbeitszeit Nr. 8). 1397

Das Arbeitsgericht stellt entweder die Unwirksamkeit des Einigungsstellenspruches fest oder weist den Antrag zurück, kann aber den Spruch weder abändern noch die Meinungsverschiedenheit durch eine eigene Regelung beilegen. Bei einer Entscheidung der Einigungsstelle in einer reinen Rechtsfrage stellt hingegen das Arbeitsgericht nicht nur die Unwirksamkeit des rechtsfehlerhaften Spruches fest, sondern entscheidet die Rechtsfrage selbst abschließend (GK-BetrVG/ *Kreutz* § 76 Rn. 173). 1398

Sind bei einer Gesamtregelung nur einzelne Teile des Spruches unwirksam, führt entgegen § 139 BGB die Teilunwirksamkeit nicht zur Unwirksamkeit des gesamten Spruchs, wenn der wirksame Teil auch ohne die unwirksame Bestimmung eine sinnvolle und in sich geschlossene Regelung enthält (*BAG* 28.4.1981 EzA § 87 BetrVG 1972 Vorschlagswesen Nr. 2; 28.7.1981 EzA § 87 BetrVG 1972 Urlaub Nr. 4). 1399

Ist der Spruch unwirksam und beruht diese Unwirksamkeit nicht darauf, dass die Einigungsstelle unzuständig war, sondern beispielsweise auf einer Überschreitung des Ermessens, ist nach überwiegender Ansicht (vgl. *BAG* 30.1.1990 EzA § 87 BetrVG Betriebliche Lohngestaltung Nr. 27) das Verfahren vor der bereits bestehenden Einigungsstelle fortzusetzen; der Bildung einer neuen Einigungsstelle bedarf es nicht. 1400

Soll ein Sozialplan angefochten werden, gilt § 112 Abs. 5 BetrVG. Diese Norm ist insoweit Spezialvorschrift zu § 76 Abs. 5 S. 3 BetrVG (s. Rdn. 2346 ff.). 1401

Der anwaltliche Vertreter des Betriebsrats wird deshalb bei der Beurteilung der Erfolgsaussichten einer Anfechtung vordringlich überprüfen müssen, ob die Einigungsstelle im Rahmen des billigen Ermessens insbes. beim Ausgleich oder bei der Milderung wirtschaftlicher Nachteile, insbes. durch Einkommensminderung, Wegfall von Sonderleistungen oder Verlust von Anwartschaften auf betriebliche Altersversorgung, Umzugskosten oder erhöhte Fahrtkosten Leistungen vorgesehen hat, die i. d. R. den Gegebenheiten des Einzelfalles Rechnung tragen (§ 112 Abs. 5 Nr. 1 BetrVG) und ob die Aussichten der betroffenen Arbeitnehmer auf dem Arbeitsmarkt bei der Dotierung der Abfindung angemessen berücksichtigt worden sind (§ 112 Abs. 5 Nr. 2 BetrVG) bzw. ob die Einigungsstelle insbes. die im III. Buch des Sozialgesetzbuchs vorgesehenen Förderungsmöglichkeiten zur Vermeidung von Arbeitslosigkeit berücksichtigt hat (§ 112 Abs. 5 Nr. 2a BetrVG). 1402

Aus Sicht des Arbeitgeberanwalts werden die Erfolgsaussichten einer Anfechtung des Einigungsstellenspruchs in erster Linie davon abhängen, ob die Einigungsstelle bei der Bemessung des Gesamtbetrages der Sozialplanleistungen darauf geachtet hat, dass der Fortbestand des Unternehmens oder die nach Durchführung der Betriebsänderung verbleibenden Arbeitsplätze nicht gefährdet wurden (§ 112 Abs. 5 Nr. 3 BetrVG). 1403

**1404** Diese aus der jeweiligen Sicht nahe liegenden Prüfungsansätze sollten aber keinesfalls den Blick dafür verstellen, dass ein Ermessensfehlgebrauch der Einigungsstelle auch bei einer Verletzung der sonstigen Ausübungsrichtlinien gerichtlich festgestellt werden kann. So kann sich der Arbeitgeberanwalt nicht nur darauf stützen, dass das Sozialplanvolumen die wirtschaftliche Vertretbarkeit für das Unternehmen übersteigt, sondern z. B. auch darauf, dass der Einigungsstellenspruch die Aussichten der betroffenen Arbeitnehmer auf dem Arbeitsmarkt nicht hinreichend berücksichtigt hat, weil Arbeitnehmern mit Anschlussarbeitsverhältnissen ebenfalls z. B. eine ungekürzte Abfindung zugesprochen worden ist. Denn gute Aussichten auf dem Arbeitsmarkt werden insbes. dadurch belegt, dass der Arbeitnehmer bereits einen neuen Arbeitsplatz gefunden hat (ErfK-*Kania* § 112 Rn. 33 ff.).

**1405** Da die Ermessensüberschreitung binnen einer nicht verlängerbaren Frist von zwei Wochen ab Zustellung des Spruchs geltend gemacht werden muss und der Antrag ebenfalls innerhalb dieser kurzen Frist zu begründen ist, sollten alle denkbaren Ermessensfehler in der Anfechtungsschrift, jedenfalls aber in der zweiwöchigen Ausschlussfrist, geltend gemacht werden (zur Möglichkeit des Nachschiebens von Anfechtungsgründen s. Rdn. 1393).

**1406** Schließlich muss aus Sicht des den Spruch anfechtenden Betriebsratsanwalts in die Überlegung einbezogen werden, dass der Arbeitgeber bis zum rechtskräftigen Abschluss des Anfechtungsverfahrens ggf. keine Leistungen aus dem Sozialplan an die betroffenen Arbeitnehmer erbringen wird. Solange nämlich ein Beschlussverfahren über die Wirksamkeit des Einigungsstellenspruchs anhängig ist, werden Urteilsverfahren auf Leistungen aus dem angefochtenen Sozialplan gem. § 148 ZPO auszusetzen sein (GK-BetrVG/*Kreutz* § 76 Rn. 139). Es kann sich daher aus anwaltlicher Sicht beider Seiten empfehlen, erkannte Rechtsfehler oder erkannte Überschreitungen der Ermessensgrenzen während eines Anfechtungsverfahrens einvernehmlich zu korrigieren. Diese Möglichkeit kann/sollte parallel zum Beschlussverfahren genutzt werden. Sie bietet sich nach Vorlage des arbeitsgerichtlichen Beschlusses, mit dem die Rechtsunwirksamkeit des Spruchs festgestellt wird, ebenso an wie im laufenden Beschwerdeverfahren. Ein derartiger Versuch ist zumindest schon deshalb sinnvoll, weil nach überwiegender Ansicht bei rechtskräftiger Feststellung der Unwirksamkeit des Einigungsstellenspruchs die bereits bestehende Einigungsstelle fortzusetzen ist. Sind die Beteiligten in der betreffenden Regelungs- oder Rechtsfrage nicht völlig zerstritten, sollten die anwaltlichen Berater auf eine zeit- und kostensparende Verständigung hinwirken. Die Regelung könnte dann im Wege einer den angefochtenen Spruch modifizierenden Betriebsvereinbarung verabredet werden.

### i) Kosten der Einigungsstelle, Vergütung der Mitglieder, § 76a BetrVG

**1407** Gem. § 76a BetrVG trägt der Arbeitgeber die Kosten der Einigungsstelle, betriebsfremde Beisitzer und der Vorsitzende der Einigungsstelle haben einen gesetzlichen Vergütungsanspruch nach § 76a Abs. 3 BetrVG. Betriebsangehörige Beisitzer einer Einigungsstelle erhalten keine gesonderte Vergütung, sondern nur Entgeltfortzahlung nach Maßgabe der für die Betriebsratstätigkeit geltenden Bestimmungen, § 76a Abs. 2 BetrVG.

#### aa) Kosten

**1408** Gem. § 76a Abs. 1 BetrVG trägt die Kosten der Einigungsstelle der Arbeitgeber. Hierzu gehören die aus der Anrufung und Errichtung der Einigungsstelle, deren Tätigkeit sowie der ihrer Mitglieder entstehenden Sachkosten (Geschäftsaufwand) und persönliche Kosten der Mitglieder. Vom Arbeitgeber sind im erforderlichen Umfange Räumlichkeiten, Büromaterial und auch eine Schreibkraft zur Verfügung zu stellen. Ferner zählen zu den Kosten die Auslagen bzw. Aufwendungen der Mitglieder der Einigungsstelle, wie z. B. Reise-, Übernachtungs- und Verpflegungskosten, Auslagen für Telefon, Porto und Fotokopien. Die Vereinbarung einer Pauschalierung ist zulässig.

**1409** Erfasst sind auch die Kosten eines von der Einigungsstelle hinzugezogenen Sachverständigen. Eine Vereinbarung über die Bestellung des Sachverständigen mit dem Arbeitgeber ist nicht erforderlich. Sachverständigenkosten sind als Kosten der Einigungsstelle aber nur dann vom Arbeitgeber zu tragen, wenn die Hinzuziehung erforderlich ist und die damit verbundenen Kosten verhältnismäßig

## F. Grundsätze für die Zusammenarbeit zwischen Arbeitgeber und Betriebsrat  Kapitel 13

sind. Für die Beurteilung der Erforderlichkeit und der Verhältnismäßigkeit gelten dieselben Maßstäbe wie für die Erforderlichkeit der Kosten des Betriebsrates i. S. d. § 40 Abs. 1 BetrVG (*BAG* 13.11.1991 EzA § 76a BetrVG 1972 Nr. 1; s. Rdn. 862 ff.).

Auch im Übrigen gilt der Grundsatz der Erforderlichkeit und Verhältnismäßigkeit, da es sich insoweit um einen das gesamte Betriebsverfassungsrecht beherrschenden Grundsatz handelt (GK-BetrVG/*Kreutz* § 76a Rn. 9). Die Erforderlichkeit der Kostenverursachung ist dabei nicht rückblickend nach einem reinen objektiven Maßstab, sondern vom Zeitpunkt der Entscheidung der Einigungsstelle aus zu beurteilen. Grds. ist die Erforderlichkeit zu bejahen, wenn die Einigungsstelle wie ein vernünftiger Dritter bei gewissenhafter Überlegung und verständiger und ruhiger Abwägung aller Umstände zur Zeit ihres Beschlusses zu dem Ergebnis gelangen durfte, der noch zu verursachende Kostenaufwand sei für ihre Tätigkeit erforderlich. Die Grenzen der Erforderlichkeit sind überschritten, wenn Kosten ohne hinreichenden Anlass veranlasst oder mutwillig herbeigeführt werden oder der Grundsatz der Verhältnismäßigkeit missachtet wird. Insoweit steht der Einigungsstelle ein gewisser Beurteilungsspielraum zu (*BAG* 13.11.1991 EzA § 76a BetrVG 1972 Nr. 1). 1410

Nicht zu den Kosten der Einigungsstelle zählen die Kosten eines vom Betriebsrat zu seiner Vertretung vor der Einigungsstelle herangezogenen Rechtsanwaltes; eine Kostenerstattungspflicht kommt hier nur nach § 40 Abs. 1 BetrVG in Betracht (*BAG* 21.6.1989 EzA § 40 BetrVG 1972 Nr. 61). Die im Rahmen des § 40 Abs. 1 BetrVG zu wahrende Erforderlichkeit der Hinzuziehung ist nicht bereits deshalb zu bejahen, weil der Vorsitzende der Einigungsstelle die schriftliche Vorbereitung und die Darlegung der Standpunkte der Beteiligten vor der Einigungsstelle verlangt hat. 1411

Als erforderlich kann ein Betriebsrat die Hinzuziehung eines Rechtsanwaltes grds. nur dann ansehen, wenn der Regelungsgegenstand des Einigungsstellenverfahrens schwierige Rechtsfragen aufwirft, die zwischen den Betriebspartnern umstritten sind, und kein Betriebsratsmitglied über den zur sachgerechten Interessenwahrnehmung notwendigen juristischen Sachverstand verfügt, wobei dem Betriebsrat ein Beurteilungsspielraum zusteht (*BAG* 21.6.1989 EzA § 40 BetrVG 1972 Nr. 61). Der Betriebsrat braucht sich dann nicht auf die Vertretung seiner Interessen durch einen von ihm benannten betriebsfremden anwaltlichen Beisitzer verweisen lassen (*BAG* 14.2.1996 EzA § 40 BetrVG 1972 Nr. 76). 1412

Die Vergütung des Rechtsanwalts für seine Tätigkeit vor der Einigungsstelle bestimmt sich nach dem RVG (vgl. § 17 RVG). Vor Inkrafttreten des § 76a BetrVG hat das *BAG* (21.6.1989 EzA § 40 BetrVG 1972 Nr. 61) die Auffassung vertreten, der Betriebsrat sei berechtigt, einem Rechtsanwalt für die Wahrnehmung seiner Interessen vor der Einigungsstelle ein Honorar in Höhe der Vergütung eines betriebsfremden Beisitzers zuzusagen, wenn dieser nur gegen eine derartige Honorarzahlung zur Mandatsübernahme bereit ist und sich das Erfordernis einer Honorarvereinbarung daraus ergibt, dass der Gegenstandswert der anwaltlichen Tätigkeit nach billigem Ermessen zu bestimmen wäre. Ob hieran festzuhalten ist, ist fraglich (bejahend etwa DKK/*Berg* § 76a Rn. 13; abl. *Ziege* NZA 1990, 926, 930]; GK-BetrVG/*Kreutz* § 76a Rn. 19; MünchArbR/*Joost* § 320 Rn. 105). Honorardurchsetzungskosten zählen ebenfalls nicht zu den vom Arbeitgeber nach § 76a Abs. 1 BetrVG zu tragenden Kosten, können aber ein nach § 286 Abs. 1 BGB zu ersetzender Verzugsschaden sein, wobei zum Schaden auch die Anwaltskosten des sich selbst vertretenden Rechtsanwaltes gehören können (*BAG* 27.7.1994 EzA § 76a BetrVG 1972 Nr. 8). 1413

### bb) Vergütung

Betriebsangehörige Beisitzer haben keinen gesonderten Vergütungsanspruch, sondern Anspruch auf Arbeitsbefreiung entsprechend der für ein Betriebsratsmitglied geltenden Vorschriften, § 76a Abs. 2 BetrVG. Nach überwiegender Ansicht (vgl. GK-BetrVG/*Kreutz* § 76a Rn. 63) darf den betriebsangehörigen Beisitzern keine darüber hinausgehende, besondere Vergütung zugesagt werden, weil dies ein Verstoß gegen das allgemeine Begünstigungsverbot (§ 78 S. 2 BetrVG) wäre. 1414

Betriebsfremde Beisitzer und der Vorsitzende der Einigungsstelle haben gem. § 76a Abs. 3, 4 BetrVG einen gesetzlichen Vergütungsanspruch. Strittig ist, ob aus dem Grundsatz der Verhältnis- 1415 mäßigkeit und Erforderlichkeit folgt, dass der Betriebsrat betriebsfremde Personen mit Vergütungsanspruch nur dann zu Beisitzern bestellen darf, wenn dies erforderlich ist, weil betriebsangehörige Personen mit entsprechender Sachkunde, die das Vertrauen des Betriebsrates genießen, nicht zur Verfügung stehen (so vor Inkrafttreten des § 76a BetrVG *BAG* 14.12.1988 EzA § 76 BetrVG 1972 Nr. 47; zum Streitstand: GK-BetrVG/*Kreutz* § 76a Rn. 30).

1416 Nach neuerer Rechtsprechung (*BAG* 24.4.1996 EzA § 76a BetrVG 1972 Nr. 10) entzieht es sich jedenfalls gerichtlicher Überprüfung, ob tatsächlich keine betriebsangehörigen Personen vorhanden sind, die das Vertrauen des Betriebsrats genießen. Es reicht insoweit die entsprechende Behauptung des Betriebsrats, die in der Auswahlentscheidung konkludent zum Ausdruck kommt.

1417 Der gesetzliche Vergütungsanspruch eines vom Betriebsrat bestellten Beisitzers setzt voraus, dass dieser durch einen wirksamen Betriebsratsbeschluss bestellt worden ist (*BAG* 19.8.1992 EzA § 76a BetrVG 1972 Nr. 7). Die nachträgliche Zustimmung ist jedoch möglich (vgl. *Hess. LAG* 4.9.2008 – 9 TaBV 71/08). Ein erstmaliges Bestreiten einer ordnungsgemäßen Beschlussfassung über die Bestellung eineinhalb Jahre nach dem Ende der Einigungsstelle durch den Arbeitgeber ist rechtsmissbräuchlich und daher unbeachtlich. Dem Vergütungsanspruch eines Gewerkschaftsfunktionärs steht nicht entgegen, dass dieser verpflichtet ist, das Honorar ganz oder zu einem Teil einer Stiftung der Gewerkschaft zur Verfügung zu stellen (*BAG* 14.12.1988 EzA § 76 BetrVG 1972 Nr. 47).

1418 Sofern ein Rechtsanwalt als betriebsfremder Beisitzer oder Vorsitzender einer Einigungsstelle tätig geworden ist, richtet sich dessen Vergütungsanspruch ausschließlich nach § 76a BetrVG, nicht aber nach dem RVG (*BAG* 20.2.1991 EzA § 76 BetrVG 1972 Nr. 56).

In wirtschaftlicher Sicht kann es für den Rechtsanwalt durchaus lukrativer sein, in der Einigungsstelle nicht als Beisitzer, sondern als Verfahrensbevollmächtigter tätig zu werden. In diesem Fall richtet sich sein Honoraranspruch ausschließlich nach RVG. Streiten die Betriebsparteien um einen großvolumigen Sozialplan, bildet die Differenz zwischen gefordertem und angebotenem Sozialplanvolumen den Gegenstandswert für die Abrechnung.

1419 Das Gesetz regelt die Höhe der Vergütung von Vorsitzenden und betriebsfremden Beisitzern nicht selbst, sondern ermächtigt in § 76a Abs. 4 BetrVG den Bundesminister für Arbeit- und Sozialordnung zum Erlass einer entsprechenden Rechtsverordnung, die bisher nicht erlassen wurde. Es existiert bisher lediglich ein Verordnungsentwurf vom 13.6.1990 (zum Inhalt vgl. MünchArbR/*Joost* § 320 Rn. 113). Solange es an der in § 76a Abs. 4 BetrVG vorgesehenen Rechtsverordnung fehlt, richtet sich nach Auffassung des *BAG* (12.2.1992 EzA § 76a BetrVG 1972 Nr. 6; 28.8.1996 EzA § 76a BetrVG 1972 Nr. 11) die Höhe des geschuldeten Honorars grds. nach einer zwischen Arbeitgeber und Vorsitzendem/betriebsfremden Beisitzer getroffenen Vergütungsvereinbarung. Hierbei stellt sich für den Arbeitgeber bzw. den den Arbeitgeber beratenden Rechtsanwalt stets die Frage, welcher Zeitpunkt der richtige für die Klärung der Vergütungshöhe bzw. der Berechnungsart (Stundensatz oder Pauschale) ist. Es ist wohl verfehlt, sich dabei von der Vorstellung leiten zu lassen, eine sehr frühe Verständigung führe zu einem positiveren Verlauf der Einigungsstelle. Klaffen die Vorstellungen zu weit auseinander oder können Umfang und Dauer der Einigungsstelle noch nicht seriös abgeschätzt werden, empfiehlt es sich durchaus, die Vergütungsfrage erst am Ende des Einigungsstellenverfahrens zu klären. Dann stehen die für die Vergütung nach § 76a Abs. 2 BetrVG maßgeblichen Kriterien (erforderlicher Zeitaufwand, Schwierigkeit der Streitigkeit und Höhe des Verdienstausfalls) fest.

1420 Für erfahrene Vorsitzende haben sich mittlerweile Tagessätze zwischen 2.000,00 € und 2.500,00 € durchgesetzt.

1421 Besteht keine Vereinbarung, bedarf es einer Bestimmung der Vergütungshöhe durch das anspruchsberechtigte Einigungsstellenmitglied nach billigem Ermessen gem. den §§ 316, 315 BGB unter Beachtung der Grundsätze des § 76a Abs. 4 S. 3–5 BetrVG.

1422 Unabhängig von der Betonung des erforderlichen Zeitaufwandes in § 76a Abs. 4 BetrVG ist die Vereinbarung eines zeitunabhängigen Pauschalhonorars zulässig. Liegt eine Vereinbarung über die Vergütungshöhe zwischen Arbeitgeber und Vorsitzendem der Einigungsstelle vor, entspricht es i. d. R. billigem Ermessen, wenn das betriebsfremde Einigungsstellenmitglied im Rahmen der von ihm zu treffenden Leistungsbestimmungen einen Honoraranspruch in Höhe von 7/10 der Vorsitzendenvergütung geltend macht, sofern keine Anhaltspunkte dafür bestehen, dass die Vorsitzendenvergütung ihrerseits nicht billigem Ermessen entspricht und nicht durch besondere, individuelle Umstände geprägt ist (*BAG* 14.2.1996 EzA § 76a BetrVG 1972 Nr. 9).

Sofern das anspruchstellende Einigungsstellenmitglied umsatzsteuerpflichtig ist, umfasst der gesetzliche Vergütungsanspruch auch ohne gesonderte Vereinbarung mit dem Arbeitgeber die hierauf entfallende Mehrwertsteuer (*BAG* 14.2.1996 EzA § 76a BetrVG 1972 Nr. 9). **1423**

Bei Abrechnung nach Stundensätzen werden in der Literatur Höchststundensätze zwischen 104 EUR (so GK-BetrVG/*Kreutz* § 76a Rn. 46 m. w. N. in Anlehnung an § 3 ZSEG) und ca. 250 € (so z. B. DKK/*Berg* § 76a Rn. 23; *Pünnel* Die Einigungsstelle Rn. 174) vorgeschlagen, sodass sich für eine Streitigkeit mit durchschnittlichem Schwierigkeitsgrad und Umfang ein mittlerer Stundensatz von ca. 160 € ergibt, der nicht nur für die eigentliche Sitzungszeit, sondern auch für Zeiten der Vor- und Nachbereitung der Sitzungen zu veranschlagen ist (DKK/*Berg* § 76a Rn. 22). **1424**

Gem. § 76a Abs. 5 BetrVG kann durch Tarifvertrag oder freiwillige Betriebsvereinbarung eine abweichende Regelung getroffen werden. Nach ganz überwiegender Ansicht (vgl. GK-BetrVG/*Kreutz* § 76a Rn. 60) kann der Arbeitgeber mit dem Vergütungsberechtigten einzelvertraglich auch höhere Vergütungen vereinbaren als diejenigen, die sich aus § 76a Abs. 4 BetrVG ergeben. Fraglich ist, ob die Vereinbarung einer höheren Vergütung mit den externen Beisitzern der Arbeitgeberseite auch einen erhöhten Anspruch der Beisitzer der Betriebsratsseite begründet (vgl. *Bauer/Röder* DB 1989, 224; *Löwisch* DB 1989, 223; *Schäfer* NZA 1991, 836; *Kamphausen* NZA 1992, 55). **1425**

### cc) Kosten und Vergütung in der Insolvenz

In der Insolvenz sind die Kosten der Einigungsstelle einschließlich der Vergütungsansprüche Masseschulden, wenn das Verfahren von dem Insolvenzverwalter oder gegen ihn betrieben wird, hingegen einfache, nicht bevorrechtigte Insolvenzforderungen, wenn die Einigungsstelle ihre Tätigkeit bereits vor Insolvenzeröffnung beendet hat und damit der die Kostenerstattung verursachende Vorgang zum Zeitpunkt der Eröffnung bereits völlig abgeschlossen ist. **1426**

### dd) Honorardurchsetzungskosten

Die Kosten der Durchsetzung des Honoraranspruchs des anspruchsberechtigten Einigungsstellenmitglieds sind im arbeitsgerichtlichen Beschlussverfahren geltend zu machen. Solche Honorardurchsetzungskosten zählen nicht zu den vom Arbeitgeber nach § 76a Abs. 1 BetrVG zu tragenden Kosten der Einigungsstelle. Sie können aber ein nach § 286 Abs. 1 BGB zu ersetzender Verzugsschaden sein, wobei zum Schaden auch die im Beschlussverfahren entstehenden Anwaltskosten anzusehen können, auch soweit das Einigungsstellenmitglied Rechtsanwalt ist und das Beschlussverfahren selbst führt (*BAG* 27.7.1994 EzA § 76a BetrVG 1972 Nr. 8) Diese Rechtsprechung findet jedoch keine Anwendung auf die Honorarforderungen aus Beschlussverfahren (*BAG* 2.10.2007 EzA § 280 BGB 2002 Nr. 3). **1427**

### j) Tarifliche Schlichtungsstelle

Gem. § 76 Abs. 8 BetrVG kann durch Tarifvertrag bestimmt werden, dass die Einigungsstelle durch eine tarifliche Schlichtungsstelle ersetzt wird. Eine solche Regelung gilt gem. § 3 Abs. 2 TVG für alle Betriebe, deren Arbeitgeber tarifgebunden sind. Für das Verfahren der tariflichen Schlichtungsstelle gelten die zwingenden gesetzlichen Vorschriften über das Verfahren der Einigungsstelle. Der Spruch der tariflichen Schlichtungsstelle unterliegt daher im selben Umfang der arbeitsgerichtlichen Über- **1428** prüfung, in dem auch der Spruch der Einigungsstelle der gerichtlichen Nachprüfung unterliegen würde (*BAG* 18.8.1987 EzA § 77 BetrVG 1972 Nr. 18).

## V. Die betriebliche Einigung

### 1. Allgemeines

1429 § 77 Abs. 1 BetrVG spricht allgemein von Vereinbarungen zwischen Betriebsrat und Arbeitgeber.

1430 Vereinbarung ist der Oberbegriff für Regelungsabreden (auch Betriebsabsprache, Betriebsabrede oder formlose betriebliche Einigung genannt) und die in § 77 Abs. 1–6 BetrVG näher geregelte, förmliche Betriebsvereinbarung.

1431 Regelungsabrede und Betriebsvereinbarung sind Ausübungsformen der Mitbestimmung, aber auch Instrumente der sonstigen Zusammenarbeit zwischen Arbeitgeber und Betriebsrat (§ 2 Abs. 1 BetrVG) und die Mittel zur Beilegung von Meinungsverschiedenheiten (§ 74 Abs. 1 BetrVG; GK-BetrVG/*Kreutz* § 77 Rn. 6).

### 2. Durchführung betrieblicher Einigungen, § 77 Abs. 1 BetrVG; Durchsetzung vereinbarungskonformen Verhaltens; Verbot des Eingriffs in die Betriebsleitung

1432 Gem. § 77 Abs. 1 BetrVG sind Vereinbarungen zwischen den Betriebspartnern, auch soweit sie auf einem Spruch der Einigungsstelle beruhen, vom Arbeitgeber durchzuführen.

1433 Es besteht eine Durchführungspflicht des Arbeitgebers für betriebliche Einigungen, der auf Seiten des Betriebsrats ein im arbeitsgerichtlichen Beschlussverfahren (§§ 2a, 80 ff. ArbGG) durchsetzbarer Durchführungsanspruch entspricht.

1434 Unabhängig von der Frage, ob sich dieser Durchführungsanspruch aus § 77 Abs. 1 oder aus der Vereinbarung selbst ergibt, erfasst er die Durchführung aller getroffenen Vereinbarungen (st. Rspr., vgl. etwa *BAG* 23.6.1992 EzA § 87 BetrVG 1972 Arbeitszeit Nr. 51; *LAG Köln* 8.2.2010 – 5 TaBV 28/09 – NZA-RR 2010, 303). Der Durchführungsanspruch steht aber nur dem Betriebsrat zu, der selbst Partei der Betriebsvereinbarung ist oder dem durch die Betriebsvereinbarung eigene betriebsverfassungsrechtliche Rechte eingeräumt werden. Hinsichtlich von Betriebsvereinbarungen, die diese Voraussetzungen nicht erfüllen, kann der Betriebsrat die Einhaltung nur nach § 23 Abs. 3 BetrVG erzwingen (*BAG* 18.5.2010 EzA § 77 BetrVG 2001 Nr. 30).

1435 Ferner hat der Betriebsrat einen im arbeitsgerichtlichen Beschlussverfahren unabhängig von den Voraussetzungen des § 23 Abs. 3 BetrVG durchsetzbaren Unterlassungsanspruch bezüglich vereinbarungswidriger Maßnahmen (*BAG* 10.11.1987 EzA § 77 BetrVG 1972 Nr. 19). Andererseits räumt der Durchführungsanspruch dem Betriebsrat nicht das Recht ein, vom Arbeitgeber die Erfüllung von Ansprüchen der Arbeitnehmer aus diesen Betriebsvereinbarungen verlangen zu können (*BAG* 17.10.1989 EzA § 112 BetrVG 1972 Nr. 54).

1436 Dem Betriebsrat sind nach § 77 Abs. 1 S. 2 BetrVG einseitige Eingriffe in die Betriebsführung außer beim Vollzug von Betriebsratsbeschlüssen und soweit ein Vollzugsrecht im Gesetz (§§ 39 Abs. 1, 44 Abs. 2, 37 Abs. 6, 38 Abs. 2 BetrVG) selbst vorgesehen ist oder soweit der Arbeitgeber die Durchführung betrieblicher Einigungen durch Vereinbarung auf den Betriebsrat überträgt, verboten. Ein unberechtigter Eingriff ist eine Verletzung von Amtspflichten i. S. d. § 23 Abs. 1 BetrVG und kann das handelnde Betriebsratsmitglied zum Schadensersatz unter dem Gesichtspunkt des Eingriffs in den eingerichteten ausgeübten Gewerbebetrieb nach §§ 823, 826 BGB verpflichten (GK-BetrVG/*Kreutz* § 77 Rn. 27).

1437 Auch dann, wenn der Arbeitgeber betriebliche Einigungen nicht durchführt oder unter Verletzung von Mitwirkungs- oder Mitbestimmungsrechten des Betriebsrats handelt, besteht kein Selbsthilferecht des Betriebsrats. Dieser muss vielmehr seine Ansprüche auf dem Rechtsweg durchsetzen.

## 3. Die Regelungsabrede (Betriebsabsprache)

Regelungsabrede ist jede verbindliche Einigung von Arbeitgeber und Betriebsrat, die nicht Betriebsvereinbarung ist. § 77 Abs. 2, 3, 4 BetrVG sind auf Regelungsabreden nicht anwendbar. Der Abschluss ist formfrei möglich. **1438**

Ihnen kommt keine normative Wirkung (s. Rdn. 1505) zu. Der Tarifvorrang nach § 77 Abs. 3 BetrVG gilt für sie nach herrschender Meinung (*BAG* 20.4.1999 EzA Art. 9 GG Nr. 65; GK-BetrVG/*Kreutz* § 77 Rn. 135 m. w. N.; a. A. MünchArbR/*Matthes* § 238 Rn. 69) nicht. Zielt eine Regelungsabrede allerdings darauf ab, einen normativ geltenden Tarifvertrag als kollektive Ordnung zu verdrängen, kann dies nach Auffassung des BAG einen Unterlassungsanspruch der betroffenen Gewerkschaft entsprechend § 1004 BGB begründen (*BAG* 20.4.1999 EzA Art. 9 GG Nr. 65), der im Beschlussverfahren geltend zu machen ist (*BAG* 13.3.2001 EzA § 17a GVG Nr. 13). **1439**

Als Vertrag kann die Regelungsabrede auch durch schlüssiges Verhalten zustande kommen, wobei jedoch auf Seiten des Betriebsrats ein Beschluss erforderlich ist (MünchArbR/*Matthes* § 239 Rn. 102). **1440**

Durch Regelungsabreden können zum einen im Rahmen der funktionellen Zuständigkeit des Betriebsrats schuldrechtliche Verpflichtungen der Betriebspartner begründet werden. So kann z. B. der Arbeitgeber die Verpflichtung eingehen, eine geplante personelle Maßnahme nicht oder anders als vorgesehen durchzuführen. Regelungsabreden dienen ferner als Instrument der Wahrnehmung der Beteiligung des Betriebsrats, insbes. bei der Regelung von Einzelfällen und Angelegenheiten, die keine Dauerwirkung haben (z. B. Einigungen zwischen Arbeitgeber und Betriebsrat im Rahmen der §§ 37 Abs. 6, 7, 38 Abs. 2 BetrVG oder im Rahmen der §§ 98, 99, 100, 102, 111 BetrVG) oder bei der Festlegung der Lage des Urlaubes einzelner Arbeitnehmer, der Zuweisung einer Werkswohnung oder bei der Anordnung konkreter Überstunden für einzelne Arbeitnehmer, §§ 87 Abs. 1 Nr. 5, Nr. 9, Nr. 3 BetrVG). Insbesondere kann der Betriebsrat auch dort sein Einverständnis durch formlose Regelungsabrede erteilen, wo das Gesetz seine Mitbestimmung verlangt, so z. B. bei sozialen Angelegenheiten nach § 87 Abs. 1 BetrVG (*BAG* 14.1.1991 EzA § 87 BetrVG 1972 Kurzarbeit Nr. 1). **1441**

Eine Regelungsabrede endet durch Zweckerreichung bei Vollzug der geregelten Maßnahme, durch einverständliche Aufhebung oder Ersetzung durch eine andere Absprache, nicht aber durch Widerruf, Rücktritt oder Rücknahme der Zustimmung. Auf Dauer angelegte Regelungen können aus wichtigem Grund gekündigt werden. **1442**

Wird durch sie eine mitbestimmungspflichtige Angelegenheit i. S. v. § 87 Abs. 1 BetrVG geregelt, gilt eine Kündigungsfrist von 3 Monaten entsprechend § 77 Abs. 5 BetrVG (*BAG* 10.3.1992 EzA § 77 BetrVG 1972 Nr. 47). Fraglich ist, ob analog § 77 Abs. 6 BetrVG eine Nachwirkung einer gekündigten Regelungsabrede in Betracht kommt (vgl. GK-BetrVG/*Kreutz* § 77 Rn. 22). Nach Auffassung des *BAG* (23.6.1992 EzA § 87 BetrVG 1972 Arbeitszeit Nr. 50) ist das jedenfalls dann der Fall, wenn Gegenstand der Regelungsabrede eine mitbestimmungspflichtige Angelegenheit ist. **1443**

## 4. Die Betriebsvereinbarung

### a) Begriff und Rechtsnatur

Die Betriebsvereinbarung ist ein formgebundener, zweiseitiger kollektiver Normenvertrag zwischen Arbeitgeber und Betriebsrat, den diese im Rahmen ihrer gesetzlichen Aufgaben abschließen (so die herrschende Vertragstheorie, vgl. GK-BetrVG/*Kreutz* § 77 Rn. 35). **1444**

Sie ist ein eigenständiges betriebsverfassungsrechtliches Rechtsinstitut, das vor allem in § 77 Abs. 2–6 BetrVG geregelt ist und Regelungen enthält, die für den einzelnen Arbeitnehmer im Betrieb unmittelbar und zwingend gelten (§ 77 Abs. 4 S. 1 BetrVG). Ein Unterschied zwischen freiwilligen (§ 88 BetrVG) und erzwingbaren (z. B. § 87 BetrVG) Betriebsvereinbarungen besteht lediglich im Hinblick auf die in § 77 Abs. 6 BetrVG vorgesehene Nachwirkung, die nur erzwingbaren Be- **1445** triebsvereinbarungen zukommt, im Übrigen dagegen nicht eingreift (*BAG GS* 16.9.1986 EzA § 77 BetrVG 1972 Nr. 17). Die Betriebsvereinbarung steht im Rangverhältnis zwischen Arbeitsvertrag und Tarifvertrag.

*b) Zustandekommen, Form*

**1446** Nach § 77 Abs. 2 BetrVG sind Betriebsvereinbarungen von Betriebsrat und Arbeitgeber gemeinsam zu beschließen und schriftlich niederzulegen. Das Erfordernis eines gemeinsamen Beschlusses bedeutet nicht, dass dies in einer gemeinsamen Sitzung zu erfolgen hat.

**1447** Die Betriebsvereinbarung kommt vielmehr wie ein Vertrag durch Angebot und Annahme, also durch übereinstimmende Willenserklärung der Betriebspartner, zu Stande. Die Erklärung des Betriebsrats muss auf einem ordnungsgemäßen Beschluss des Betriebsrats beruhen.

**1448** Eine Übertragung der Befugnis zum Abschluss von Betriebsvereinbarungen auf den Betriebsausschuss oder sonstige Ausschüsse ist ebenso wenig möglich (vgl. §§ 27 Abs. 2, 28 Abs. 1 BetrVG) wie eine Bevollmächtigung des Vorsitzenden. Möglich ist jedoch die nachträgliche Genehmigung einer vom Betriebsratsvorsitzenden abgeschlossenen Betriebsvereinbarung durch entsprechenden Beschluss des Betriebsrats (MünchArbR/*Matthes* § 239 Rn. 9). Im Rahmen ihrer Zuständigkeiten können auch Gesamt- und Konzernbetriebsrat, nicht aber die JAV, die Gesamt-JAV, der Wirtschaftsausschuss oder die Betriebsversammlung Betriebsvereinbarungen abschließen. Für den Sprecherausschuss kommt nach § 28 SprAuG nur die Vereinbarung von Richtlinien in Betracht, die aber nur Normcharakter haben, wenn dies Arbeitgeber und Sprecherausschuss schriftlich vereinbaren (§ 28 Abs. 2 S. 1 SprAuG).

**1449** In Angelegenheiten der erzwingbaren Mitbestimmung können Betriebsvereinbarungen weiter auch durch den Spruch der Einigungsstelle zustande kommen (vgl. Rdn. 1385 f.).

**1450** Die Betriebsvereinbarung bedarf zwingend der Schriftform (§ 77 Abs. 2 BetrVG i. V. m. §§ 125, 126 Abs. 1, 2 BGB), was erfordert, dass beide Seiten auf Grund eines wirksamen Betriebsratsbeschlusses ihre Unterschrift auf derselben Urkunde leisten; der Austausch gleich lautender, jeweils nur von einer Seite unterzeichneter Urkunden genügt nicht (*BAG* 14.2.1978 AP Nr. 60 zu Art. 9 GG Arbeitskampf).

**1451** Anlagen, auf die die Betriebsvereinbarung Bezug nimmt und die mit der Betriebsvereinbarung zu einer einheitlichen Urkunde verbunden sind, müssen nicht gesondert unterzeichnet werden (*BAG* 11.11.1986 EzA § 1 BetrAVG Gleichberechtigung Nr. 2). Zur Wahrung der Schriftform ausreichend ist es auch, wenn die Betriebsvereinbarung auf eine andere schriftliche Regelung, z. B. einen Tarifvertrag oder eine fremde Betriebsvereinbarung, verweist, auch wenn der jeweilige Inhalt nicht besonders wiedergegeben wird (*BAG* 23.6.1992 EzA § 77 BetrVG 1972 Nr. 49). Unzulässig ist dagegen die dynamische Verweisung auf den jeweils geltenden Tarifvertrag, weil es sich dabei um einen unzulässigen Verzicht auf eine vorhersehbare und bestimmbare eigene inhaltliche Gestaltung durch den Betriebsrat handelt und dies in Widerspruch zum Grundsatz der höchstpersönlichen Mandatsausübung stünde. Folge einer solchen sog. dynamischen Verweisung ist aber nicht die Unwirksamkeit der Betriebsvereinbarung insgesamt. Vielmehr bezieht sich die Verweisung dann auf den Tarifvertrag, der zum Zeitpunkt des Abschlusses der Betriebsvereinbarung galt (*BAG* 23.6.1992 EzA § 77 BetrVG 1972 Nr. 49).

**1452** Ist eine als Betriebsvereinbarung vorgesehene Abmachung wegen Formmangels als Betriebsvereinbarung unwirksam, kann sie gegebenenfalls als formlose Regelungsabrede aufrechterhalten werden (*Etzel* HzA Gruppe 19 Rn. 983).

**1453** Die Auslegungspflicht nach § 77 Abs. 2 S. 3 BetrVG ist keine Wirksamkeitsvoraussetzung (GK-BetrVG/*Kreutz* § 77 Rn. 50 m. w. N.). Ob sich der Arbeitgeber unter Umständen schadensersatzpflichtig macht, wenn Arbeitnehmern dadurch ein Schaden entsteht, dass sie von einer Betriebsvereinbarung keine Kenntnis hatten, wird ohne nähere Argumente kontrovers beurteilt (abl. GK-BetrVG/*Kreutz* § 77 Rn. 52; bejahend DKK/*Berg* § 77 Rn. 33). Für die entsprechende Ord-

## c) Auslegung

Die allgemeinen Auslegungsgrundsätze der §§ 133, 157 BGB gelten für die Betriebsvereinbarung nur insoweit, als es sich um den schuldrechtlichen Teil, also um die Regelungen handelt, die das Verhältnis Betriebsrat/Arbeitgeber regeln. Da der normative Teil der Betriebsvereinbarung die Arbeitsverhältnisse des Betriebs unmittelbar wie ein Gesetz gestaltet (§ 77 Abs. 4 S. 1 BetrVG), gelten für die Auslegung des normativen Teils grds. die für die Auslegung von Gesetzesnormen maßgeblichen Regeln.

Betriebsvereinbarungen sind wegen ihres normativen Charakters wie Tarifverträge und Gesetze auszulegen. Auszugehen ist danach vom Wortlaut der Bestimmungen und dem durch ihn vermittelten Wortsinn. Insbesondere bei unbestimmtem Wortsinn sind der wirkliche Wille der Betriebsparteien und der von ihnen beabsichtigte Zweck zu berücksichtigen, sofern und soweit sie im Text ihren Niederschlag gefunden haben. Abzustellen ist ferner auf den Gesamtzusammenhang und die Systematik der Regelungen. Im Zweifel gebührt derjenigen Auslegung der Vorzug, die zu einem sachgerechten, zweckorientierten, praktisch brauchbaren und gesetzeskonformen Verständnis der Bestimmung führt (*BAG* 11.12.2007 EzA § 77 BetrVG 2001 Nr. 22). Übernehmen die Betriebsparteien den Inhalt einer gesetzlichen Vorschrift ganz oder teilweise, ist regelmäßig davon auszugehen, dass sie deren Verständnis auch zum Inhalt der betrieblichen Regelung machen wollen, soweit sich aus der Betriebsvereinbarung nichts Gegenteiliges ergibt (*BAG* 27.7.2010 EzA § 77 BetrVG 2001 Nr. 31). Eine Betriebsvereinbarung ist im Zweifel so auszulegen, dass sie nicht gegen konkurrierende tarifliche Bestimmungen verstößt (*LAG Köln* 9.8.2010 LAGE § 77 BetrVG 2001 Nr. 9).

Die Betriebspartner können die Betriebsvereinbarung selbst durch schriftlich fixierte und unterzeichnete ergänzende Betriebsvereinbarungen und Protokollnotizen, die der Betriebsvereinbarung beigefügt und in dieser ausdrücklich in Bezug genommen sind, interpretieren, sofern sie mit der Betriebsvereinbarung eine Gesamturkunde bilden, also insbes. zusammengeheftet sind (GK-BetrVG/*Kreutz* § 77 Rn. 67). Enthält die Betriebsvereinbarung planwidrige Regelungslücken, kommt eine ergänzende Auslegung in Betracht, wobei der hypothetische Wille der Betriebspartner maßgeblich und zu fragen ist, wie die Betriebspartner als vernünftige, redliche Partner nach Treu und Glauben die Lücke geschlossen hätten (GK-BetrVG/*Kreutz* § 77 Rn. 70).

## d) Inhalt

Betriebsvereinbarungen können zum einen das Verhältnis Arbeitgeber-Betriebsrat durch Begründung wechselseitiger Rechte und Pflichten regeln, sog. schuldrechtlicher Teil (MünchArbR/*Matthes* § 239 Rn. 2). Im sog. normativen Teil können durch Betriebsvereinbarungen grds. alle formellen und materiellen Arbeitsbedingungen geregelt werden (*BAG* 12.12.2006 EzA § 88 BetrVG 2001 Nr. 1; 6.8.1991 EzA § 77 BetrVG 1972 Nr. 40), soweit die Angelegenheiten zum Aufgabenbereich des Betriebsrats gehören.

Es können daher umfassend Regelungen getroffen werden, die unmittelbar Inhalt, Abschluss oder die Beendigung von Arbeitsverhältnissen bzw. betriebliche oder betriebsverfassungsrechtliche Fragen regeln, soweit nicht ein Vorrang gesetzlicher oder tariflicher Regelungen besteht (*BAG* 19.10.2005 EzA § 77 BetrVG 2001 Nr. 13; DKK/*Berg* § 77 Rn. 37; a. A. hinsichtlich betriebsverfassungsrechtlicher Regelungen [nur soweit das BetrVG solche zulässt, z. B. § 38 Abs. 1 S. 3 BetrVG] GK-BetrVG/*Kreutz* § 77 Rn. 93, 187 ff.).

Möglich ist es etwa, in einer aus Anlass eines Betriebsübergangs geschlossenen Betriebsvereinbarung zu vereinbaren, dass Arbeitnehmer einen Anspruch auf Abschluss eines Arbeitsvertrages mit dem Betriebsveräußerer haben, wenn eine Beschäftigung beim Erwerber aus betrieblichen Gründen nicht möglich ist (*BAG* 19.10.2005 EzA § 77 BetrVG 2001 Nr. 13).

### e) Grenzen der Regelungsbefugnis

**1460** Die Regelungsbefugnis (Betriebsautonomie) besteht nicht schrankenlos. Vielmehr sind bestimmte Grenzen zu beachten.

#### aa) Höherrangiges Recht

**1461** Betriebsvereinbarungen dürfen grds. nicht gegen höherrangiges, zwingendes staatliches Recht verstoßen. Da mit wesentlichen Grundgedanken des BetrVG unvereinbar, ist z. B. eine Vereinbarung zwischen Arbeitgeber und Betriebsrat, wonach der Arbeitgeber bei Verletzung von Mitbestimmungsrechten eine Vertragsstrafe an einen Dritten zu leisten hat, unwirksam (*BAG* 19.1.2010 EzA § 23 BetrVG 2001 Nr. 3). Ebenso wenig können die Betriebspartner vereinbaren, dass der Anspruch auf eine im Synallagma stehende variable Erfolgsvergütung davon abhängig ist, dass das Arbeitsverhältnis zu einem Auszahlungstag außerhalb des Bezugszeitraums vom Arbeitnehmer nicht gekündigt wird, da insoweit ein unverhältnismäßiger Eingriff in die Freiheit der Arbeitsplatzwahl vorliegt (*BAG* 12.4.2011 EzA § 88 BetrVG 2001 Nr. 2).

**1462** Insbes. sind auch neben §§ 134, 138 BGB die in §§ 2 Abs. 1, 75 BetrVG normierten Grundsätze zu beachten. Die Betriebsparteien sind beim Abschluss von Betriebsvereinbarungen gem. § 75 Abs. 1, Abs. 2 S. 1 BetrVG zur Wahrung der durch Art. 2 Abs. 1 GG geschützten allgemeinen Handlungsfreiheit der Arbeitnehmer verpflichtet. Sie dürfen diese nur beschränken, wenn die getroffene Regelung zur Erreichung ihres Zwecks geeignet, erforderlich und verhältnismäßig ist. (*BAG* 12.12.2006 EzA § 88 BetrVG 2001 Nr. 1; 13.2.2007 EzA § 87 BetrVG 2001 Betriebliche Ordnung Nr. 2; zur Videoüberwachung *BAG* 26.8.2008 EzA § 87 BetrVG 2001 Überwachung Nr. 2; 29.6.2004 EzA § 611 BGB 2002 Persönlichkeitsrecht Nr. 2).

**1463** Von gesetzlichen Bestimmungen, die zum Schutz bzw. zu Gunsten der Arbeitnehmer geschaffen wurden und daher nur einseitig zwingend sind, kann durch Betriebsvereinbarung zu Gunsten der Arbeitnehmer abgewichen werden, sodass im Verhältnis zwischen Gesetz und Betriebsvereinbarung das Günstigkeitsprinzip gilt. Zu Ungunsten der Arbeitnehmer kann durch Betriebsvereinbarung von gesetzlichen Bestimmungen nur abgewichen werden, wenn dies die entsprechende gesetzliche Bestimmung ausdrücklich vorsieht.

**1464** Hierzu reicht nicht aus, dass die gesetzliche Bestimmung tarifdispositiv ausgestaltet ist. Ebenso wenig kann durch Betriebsvereinbarung zu Ungunsten der Arbeitnehmer von tarifdispositivem Richterrecht abgewichen werden (DKK/*Berg* § 77 Rn. 10), da im ersteren Fall nur eine Regelungszuständigkeit der Tarifvertragsparteien besteht und im letzteren Fall der Betriebsrat nicht das gleiche Verhandlungsgewicht wie eine Gewerkschaft in Tarifverhandlungen hat, sodass die Gefahr unausgewogener Regelungen besteht.

**1465** Als privatrechtlicher Normenvertrag besteht keine unmittelbare Bindung der Betriebsvereinbarung an die Grundrechte. Über die dem Grundrechtsschutz der Arbeitnehmer dienenden Grundsätze für die Behandlung der Betriebsangehörigen gem. § 75 BetrVG besteht jedoch eine mittelbare Grundrechtsbindung. Die Betriebspartner haben die grundrechtlichen Wertentscheidungen zu beachten und insbes. die Handlungsfreiheit und das Persönlichkeitsrecht der Arbeitnehmer zu beachten und zu schützen. Das zulässige Maß einer Beschränkung bestimmt sich nach dem Grundsatz der Verhältnismäßigkeit (*BAG* GS 7.11.1989 EzA § 77 BetrVG 1972 Nr. 34; GK-BetrVG/*Kreutz* § 77 Rn. 293, 294 m. w. N. zu Einzelfällen).

#### bb) Der Tarifvorbehalt, § 77 Abs. 3 BetrVG

##### (1) Zweck

**1466** § 77 Abs. 3 BetrVG räumt den Tarifvertragsparteien eine Vorrangkompetenz ein.

Zweck der Regelung ist die Sicherung der ausgeübten und aktualisierten Tarifautonomie vor Aushöhlung und Bedeutungsminderung durch Betriebsvereinbarungen (*BAG* 1.12.1992 EzA § 77

## F. Grundsätze für die Zusammenarbeit zwischen Arbeitgeber und Betriebsrat  Kapitel 13

BetrVG 1972 Nr. 50). Die Normsetzungsbefugnis der Tarifvertragsparteien soll nicht dadurch ausgehöhlt werden, dass die Betriebspartner ergänzende oder abweichende Regelungen vereinbaren.

Der Tarifvorbehalt gilt für materielle aber auch formelle (z. B. Ausschlussfristen) Arbeitsbedingungen (*BAG* 9.4.1991 EzA § 77 BetrVG 1972 Nr. 39). **1467**

Betriebsvereinbarungen, die gegen § 77 Abs. 3 BetrVG verstoßen, sind unwirksam (*BAG* 20.4.1999 EzA § 77 BetrVG 1972 Nr. 64; 13.8.1980 EzA § 77 BetrVG 1972 Nr. 8). Dies gilt auch für vortarifliche Betriebsvereinbarungen, d. h. solche, die schon bestehen, wenn ein Tarifvertrag in Kraft tritt, der den gleichen Gegenstand regelt (GK-BetrVG/*Kreutz* § 77 Rn. 132). **1468**

Hinsichtlich einer tarifwidrigen Betriebsvereinbarung besteht keine Durchführungspflicht des Arbeitgebers (*BAG* 29.4.2004 EzA § 77 BetrVG 2001 Nr. 8). **1469**

Der Tarifvorbehalt verbietet jede betriebliche Regelung über die tariflich geregelte Angelegenheit und damit auch eine günstigere Betriebsvereinbarung. Aus § 1004 Abs. 1, § 823 Abs. 1 BGB i. V. m. Art. 9 Abs. 3 GG ergibt sich bei tarifwidrigen betrieblichen Regelungen ein gegen den Arbeitgeber gerichteter Anspruch der Gewerkschaften auf Beseitigung und Unterlassung weiterer Beeinträchtigungen (*BAG* 17.5.2011 EzA Art. 9 GG Nr. 105). Unzulässig ist auch die vollständige Übernahme der tariflichen Regelung für alle Arbeitnehmer des Betriebs. **1470**

### (2) Rückwirkende Genehmigung durch Tariföffnungsklausel

Die Tarifvertragsparteien können eine gegen den Tarifvorbehalt des § 77 Abs. 3 S. 1 BetrVG verstoßende und deshalb zunächst unwirksame Betriebsvereinbarung durch die nachträgliche tarifliche Vereinbarung einer Tariföffnungsklausel i. S. d. § 77 Abs. 3 S. 2 BetrVG genehmigen. Eine rückwirkende Genehmigung ist aber nicht unbegrenzt möglich, sondern nur unter Berücksichtigung der Grundsätze des Vertrauensschutzes (*BAG* 20.4.1999 EzA § 77 BetrVG 1972 Nr. 64). Insoweit gelten die allgemeinen Grundsätze, die für eine Rückwirkung von Tarifverträgen gelten (s. Kap. 11 Rdn. 230 ff.). **1471**

### (3) Voraussetzungen

Es kommt für den Tarifvorrang nicht darauf an, ob im Betrieb tatsächlich Tarifbindung besteht. Ausreichend ist vielmehr, dass der Betrieb, unabhängig von der persönlichen Tarifbindung, unter den räumlichen, betrieblichen, fachlichen und zeitlichen Geltungsbereich des Tarifvertrages fällt (*BAG* 26.8.2008 EzA § 87 BetrVG 2001 Betriebliche Lohngestaltung Nr. 16; 10.10.2006 EzA § 77 BetrVG 2001 Nr. 18; 27.1.1987 EzA § 99 BetrVG 1972 Nr. 55). **1472**

Besteht ein branchenspezifischer Tarifvertrag, ist eine Betriebsvereinbarung wegen § 77 Abs. 3 BetrVG selbst dann unwirksam, wenn sie diesen oder einen branchenfremden Tarifvertrag lediglich für unverändert anwendbar erklärt. Es kommt weder darauf an, ob der Arbeitgeber tarifgebunden ist, noch darauf, wie viele Arbeitnehmer vom branchenspezifischen Tarifvertrag normativ oder durch einzelvertragliche Verweisung erfasst werden (*BAG* 20.11.2001 EzA § 77 BetrVG 1972 Nr. 70). Die Sperrwirkung greift auch ein bei Firmentarifverträgen (*BAG* 21.1.2003 EzA § 77 BetrVG 2001 Nr. 3; h. M., vgl. GK-BetrVG/*Kreutz* § 77 Rn. 103), nicht aber bei einem nur noch kraft Nachwirkung (§ 4 Abs. 5 TVG) geltenden Tarifvertrag, es sei denn, dass die Regelung zugleich tarifüblich i. S. d. § 77 Abs. 3 BetrVG ist (GK-BetrVG/*Kreutz* § 77 Rn. 105; *BAG* 27.11.2002 EzA § 77 BetrVG 2001 Nr. 2). § 77 Abs. 3 BetrVG greift ferner nicht ein, wenn ein vom Geltungsbereich des Tarifvertrages nicht erfasster Arbeitgeber diesen einzelvertraglich durch Inbezugnahme mit seinen Arbeitnehmern vereinbart (*BAG* 27.1.1987 EzA § 99 BetrVG 1972 Nr. 55). Der Tarifvorrang gilt schließlich nicht für Regelungsabreden (h. M. vgl. GK-BetrVG/*Kreutz* § 77 Rn. 134). **1473**

Geregelt ist eine Angelegenheit durch Tarifvertrag, wenn ein gegenwärtig in Kraft befindlicher Tarifvertrag bestimmte Arbeitsbedingungen tatsächlich regelt. Die Sperrwirkung greift nur inso- **1474** weit, als der Tarifvertrag selbst eine Regelung enthält, wobei die Reichweite einer tarifvertraglichen Regelung durch Auslegung zu ermitteln ist.

1475 Eine reine Negativregelung in Form eines ausdrücklichen Verzichts auf eine Regelung oder die tarifvertragliche Bestimmung, dass die Gestaltung bestimmter Arbeitsbedingungen einer einzelvertraglichen Regelung vorbehalten bleiben soll, begründen keine Sperrwirkung, da sie nur den nicht schützenswerten Zweck verfolgt, eine Gestaltung durch Betriebsvereinbarung zu verhindern (*BAG* 1.12.1992 EzA § 77 BetrVG 1972 Nr. 50). Gleiches gilt auch, wenn sich Tarifvertragsparteien trotz entsprechender Tarifforderungen letztlich über eine bestimmte Regelung nicht einigen konnten (*BAG* 23.10.1985 EzA § 4 TVG Metallindustrie Nr. 21). Bei Teilregelungen ist fraglich, inwieweit die positive Regelung zugleich den Willen der Tarifvertragsparteien zum Ausdruck bringt, hinsichtlich des nicht geregelten Teils, weiter gehende Ansprüche auszuschließen.

1476 Maßgeblich ist, ob die tarifliche Regelung die mitbestimmungspflichtige Angelegenheit selbst abschließend und zwingend regelt und damit schon selbst dem Schutzzweck des sonst gegebenen Mitbestimmungsrechts Genüge tut (*BAG* 17.12.1985 EzA § 87 BetrVG 1972 Lohngestaltung Nr. 11).

1477 Gewährt z. B. ein einschlägiger Tarifvertrag einen Nachtarbeitszuschlag, schließt dies eine Betriebsvereinbarung über die Zahlung einer Wechselschichtprämie nicht aus; eine tarifliche Wechselschichtzulage für die zweite und dritte Schicht enthält aber die Negativregelung, dass für die erste Schicht keine Zulage zu zahlen ist, sodass insoweit die Sperrwirkung greift (GK-BetrVG/*Kreutz* § 77 Rn. 111). Trifft ein Tarifvertrag eine bestimmte Entgeltregelung zur Vergütung der geschuldeten Arbeitsleistung, sind damit Regelungen in Betriebsvereinbarungen, die weitere Leistungen mit Entgeltcharakter (Gratifikationen, Zuschläge) vorsehen, grds. nicht ausgeschlossen, es sei denn, durch eine Zulage wird das tarifliche Entgelt schlicht und für alle Arbeitnehmer gleichmäßig erhöht (*BAG* 17.12.1985 EzA § 87 BetrVG 1972 Lohngestaltung Nr. 11). Entscheidend ist, ob die in der Betriebsvereinbarung vorgesehenen Leistungen zweckidentisch mit der tariflichen Grundvergütung sind. Hiervon ist bei allgemeinen, nicht an besondere Voraussetzungen gebundenen außertariflichen Zulagen auszugehen (*BAG* 9.12.1997 EzA § 77 BetrVG 1972 Nr. 61).

1478 Arbeitsbedingungen werden i. S. d. § 77 Abs. 3 S. 1 2. Alt. BetrVG dann üblicherweise durch Tarifvertrag geregelt, wenn zwar gegenwärtig eine tarifliche Regelung nicht besteht, etwa weil der Tarifvertrag gekündigt ist und lediglich nachwirkt, die bisherige Tarifpraxis und das Verhalten der Tarifvertragsparteien aber erkennen lässt, dass die Angelegenheit auch künftig wieder tarifvertraglich geregelt werden soll (*BAG* 26.8.2008 EzA § 87 BetrVG 2001 Betriebliche Lohngestaltung Nr. 16).

1479 Keine Tarifüblichkeit liegt vor, wenn es in der Vergangenheit noch keinen einschlägigen Tarifvertrag gab und die Tarifvertragsparteien lediglich beabsichtigen, die Angelegenheit künftig tariflich zu regeln. Dies gilt selbst dann, wenn sie bereits Tarifverhandlungen geführt haben (*BAG* 26.8.2008 EzA § 87 BetrVG 2001 Betriebliche Lohngestaltung Nr. 16).

1480 Auch ein längerer Zeitraum, in dem es an einer bestehenden tariflichen Regelung fehlt, schließt nicht die Annahme aus, dass die Regelung der Angelegenheit gleichwohl tarifüblich ist (MünchArbR/*Matthes* § 238 Rn. 63). Sperrwirkung tritt nur im Geltungsbereich des abgelaufenen Tarifvertrages und nur in dem Umfang ein, in dem der abgelaufene Tarifvertrag bestimmte Arbeitsbedingungen sachlich geregelt hat (GK-BetrVG/*Kreutz* § 77 Rn. 116, 113).

*(4) Ausnahmen; Verhältnis von § 77 Abs. 3 zu § 87 Abs. 1 Eingangssatz BetrVG; tarifvertragliche Öffnungsklausel*

1481 Gem. § 112 Abs. 1 S. 4 BetrVG gilt § 77 Abs. 3 BetrVG nicht für den Sozialplan. § 77 Abs. 3 BetrVG greift nach Auffassung des *BAG* (*GS* 3.12.1991 EzA § 87 BetrVG 1972 Betriebliche Lohngestaltung Nr. 30) ferner nicht ein im Anwendungsbereich des § 87 Abs. 1 BetrVG.

## F. Grundsätze für die Zusammenarbeit zwischen Arbeitgeber und Betriebsrat  Kapitel 13

Im Bereich der erzwingbaren Mitbestimmung ist damit ein Mitbestimmungsrecht nur dann ausgeschlossen, wenn die betreffende Angelegenheit auch für den Betrieb tatsächlich tariflich geregelt ist, was insbes. eine Tarifbindung des Arbeitgebers voraussetzt. **1482**

Hiermit hat sich das BAG für die sog. Vorrangtheorie im Gegensatz zu der in der Literatur stark vertretenen (vgl. GK-BetrVG/*Kreutz* § 77 Rn. 139) Zweischranken-Theorie ausgesprochen, die die Sperrwirkung des § 77 Abs. 3 BetrVG auch im Anwendungsbereich des § 87 Abs. 1 BetrVG eingreifen lassen will. Auch eine für mehrere Jahre unkündbare Betriebsvereinbarung, die dem Arbeitgeber in bestimmtem Umfang das Recht gewährt, Überstunden anzuordnen verstößt damit nicht gegen § 77 Abs. 3 BetrVG, da eine solche Regelung vom Mitbestimmungsrecht nach § 87 Abs. 1 Nr. 3 BetrVG gedeckt ist (*BAG* 3.6.2003 EzA § 77 BetrVG 2001 Nr. 5). **1483**

Die Sperrwirkung kann ferner durch eine tarifvertragliche Öffnungsklausel ausgeschlossen werden, § 77 Abs. 3 S. 2 BetrVG. Der Tarifvertrag muss die Zulässigkeit der Betriebsvereinbarung klar zum Ausdruck bringen, ohne dass allerdings der Begriff Betriebsvereinbarung verwendet werden muss (vgl. *BAG* 20.2.2001 EzA § 77 BetrVG 1972 Nr. 65; 20.12.1961 AP Nr. 7 zu § 59 BetrVG; st. Rspr., vgl. GK-BetrVG/*Kreutz* § 77 Rn. 150). **1484**

Der Tarifvertrag kann dabei nicht nur ergänzende, sondern auch abweichende Regelungen zulassen (*BAG* 18.8.1987 EzA § 77 BetrVG 1972 Nr. 18). Problematisch unter dem Gesichtspunkt der Verletzung von Grundsätzen der Tarifautonomie ist ein Verzicht auf eigene tarifvertragliche Regelungen in größerem Umfang (*BAG* 18.8.1987 EzA § 77 BetrVG 1972 Nr. 18; GK-BetrVG/*Kreutz* § 77 Rn. 156). Eine gem. § 77 Abs. 3 S. 2 BetrVG abgeschlossene Betriebsvereinbarung ist grds. in ihrer Laufzeit auf die Dauer des Tarifvertrages sowie ggf., dessen Nachwirkungszeitraum beschränkt (*BAG* 25.8.1983 EzA § 77 BetrVG 1972 Nr. 12). Keine Öffnungsklauseln sind sog. tarifvertragliche Bestimmungsklauseln. Diese bestimmen Personen oder Stellen zur Konkretisierung der im Tarifvertrag nur rahmenmäßig festgelegten Arbeitsbedingungen (GK-BetrVG/*Kreutz* § 77 Rn. 160). Erfolgt eine solche Konkretisierung durch die Betriebspartner, so geht die normative Wirkung allein von der tariflichen Norm aus und erfasst damit nur die tarifgebundenen Arbeitsverhältnisse (*BAG* 28.11.1984 EzA § 4 TVG Rundfunk Nr. 12). Ob eine Öffnungsklausel oder eine Bestimmungsklausel gewollt ist, ist durch Auslegung zu ermitteln. Bei Verwendung des Begriffs »Betriebsvereinbarung« im Tarifvertrag handelt es sich jedenfalls aber um eine Öffnungsklausel (GK-BetrVG/*Kreutz* § 77 Rn. 160). **1485**

*cc) Sonstige Regelungsschranken*

*(1) Gerichtliche Billigkeitskontrolle*

Nach ständiger Rechtsprechung (*BAG* 1.12.1992 EzA § 77 BetrVG 1972 Nr. 50) unterliegen Betriebsvereinbarungen einer gerichtlichen Billigkeitskontrolle. **1486**

Die Einhaltung der Grenzen der Billigkeit ist als weitere Grenze der Regelungsbefugnis zu beachten. Maßstab der gerichtlichen Prüfung ist dabei die Bindung der Betriebspartner an die Zielbestimmungen des BetrVG, wie sie insbes. in § 75 BetrVG umschrieben sind. Es geht darum, ob die von den Betriebspartnern vereinbarte Regelung in sich der Billigkeit entspricht oder ob einzelne Arbeitnehmer oder Gruppen in unbilliger Weise benachteiligt werden (*BAG* 1.12.1992 EzA § 77 BetrVG 1972 Nr. 50). **1487**

Begründet wird diese Auffassung im Wesentlichen damit, dass zwischen Arbeitgeber und Betriebsrat keine Verhandlungsparität bestehe, sodass nicht wie bei einem Tarifvertrag die Gewähr dafür gegeben sei, dass eine Betriebsvereinbarung einen billigen Ausgleich der widerstreitenden Interessen der Arbeitnehmer und des Betriebs beinhalte (*BAG* 30.1.1970 EzA § 242 BGB Nr. 31). Das Gericht soll, auch wenn die Voraussetzungen der §§ 134, 138 BGB nicht erfüllt sind, korrigierend eingreifen können, wenn der Inhalt der Betriebsvereinbarung unbillig oder unangemessen ist. In der Literatur wird diese Auffassung ganz überwiegend abgelehnt (vgl. GK-BetrVG/*Kreutz* § 77 Rn. 300 ff. m. w. N.). **1488**

Insbesondere wird geltend gemacht, dass sich die unter dem Gesichtspunkt der Billigkeitskontrolle in Anspruch genommenen Grenzen der Regelungsbefugnis bereits unmittelbar aus §§ 75 Abs. 1, 2 Abs. 1 BetrVG ergeben und insbes. ein Verstoß gegen den Gleichbehandlungsgrundsatz oder gegen bestehende Diskriminierungsverbote bereits als unmittelbarer Verstoß gegen höherrangiges Recht der Regelungsbefugnis Grenzen setzen. Die gerichtliche Billigkeitskontrolle ist insbes. bei Sozialplänen und Betriebsvereinbarungen von Bedeutung (s. Rdn. 2331 ff.). Die Betriebspartner müssen bei Betriebsvereinbarungen den betriebsverfassungsrechtlichen Gleichbehandlungsgrundsatz und den allgemeinen Gleichheitssatz beachten. Die unterschiedliche Behandlung von Arbeitnehmergruppen muss sachlich gerechtfertigt sein, wobei an eine personenbezogene Ungleichbehandlung strengere Anforderungen zu stellen sind als an eine sachverhaltsbezogene (*BAG* 22.3.2005 EzA § 75 BetrVG 2001 Nr. 2).

### (2) Sonstige Grenzen, Einzelfälle

**1489** Die Betriebsparteien sind beim Abschluss von Betriebsvereinbarungen gem. § 75 Abs. 1, Abs. 2 S. 1 BetrVG zur Wahrung der durch Art. 2 Abs. 1 GG geschützten allgemeinen Handlungsfreiheit der Arbeitnehmer verpflichtet. Sie dürfen diese nur beschränken, wenn die getroffene Regelung zur Erreichung ihres Zwecks geeignet, erforderlich und verhältnismäßig ist (*BAG* 12.12.2006 EzA § 88 BetrVG 2001 Nr. 1; 13.2.2007 EzA § 87 BetrVG Betriebliche Ordnung Nr. 2).

**1490** Unter dem Gesichtspunkt des Schutzes der Individualsphäre des Arbeitnehmers bzw. unter dem Gesichtspunkt des Schutzzweckes von Betriebsvereinbarungen (Arbeitnehmerschutz) werden weitere Schranken der Regelungsbefugnis diskutiert (vgl. GK-BetrVG/*Kreutz* § 77 Rn. 307 ff.), ohne dass sich bisher eine einheitliche dogmatische Begründung hat durchsetzen können. Als unzulässig werden etwa Betriebsvereinbarungen angesehen, die lediglich einzelne konkrete Arbeitsverhältnisse betreffen (DKK/*Berg* § 77 Rn. 38). Unter dem Gesichtspunkt eines unzulässigen Eingriffs in den durch § 75 Abs. 2 geschützten Persönlichkeitsbereich der einzelnen Arbeitnehmer werden bspw. Regelungen als unzulässig angesehen, die die Gestaltung der arbeitsfreien Zeit (GK-BetrVG/*Kreutz* § 77 Rn. 331) oder die Verwendung des verdienten Arbeitsentgelts (*BAG* 11.7.2000 EzA § 87 BetrVG 1972 Sozialeinrichtung Nr. 17; 1.12.1992 EzA § 87 BetrVG 1972 Betriebliche Lohngestaltung Nr. 20), Nebenbeschäftigungsverbote (GK-BetrVG/*Kreutz* § 77 Rn. 335) oder die Verpflichtung zur Teilnahme an Betriebsfeiern oder Ausflügen (DKK/*Berg* § 77 Rn. 38) betreffen.

**1491** In bereits entstandene fällige Ansprüche und Anwartschaften der Arbeitnehmer kann durch Betriebsvereinbarung grds. nicht durch Erlass, Herabsetzung oder Stundung eingegriffen werden (GK-BetrVG/*Kreutz* § 77 Rn. 321 ff.). Besonderheiten gelten insoweit für auf Grund vertraglicher Einheitsregelung, Gesamtzusage oder betrieblicher Übung entstandene Ansprüche (vgl. u. Rdn. 1510 ff.).

**1492** Unzulässig ist die Festlegung von Kostenpauschalen für die Bearbeitung von Lohnpfändungen (*BAG* 18.7.2006 EzA § 75 BetrVG 2001 Nr. 4). Entsprechendes dürfte für die Festlegung von Lohn- und Gehaltsabtretungsverboten gelten. Einschränkungen ergeben sich auch bei Eingriffen in den Bestand des Arbeitsverhältnisses. So können vertragliche Kündigungsbeschränkungen nicht durch Betriebsvereinbarung aufgehoben oder zwingende gesetzliche Kündigungsschutzbestimmungen abgeändert oder umgangen werden (GK-BetrVG/*Kreutz* § 77 Rn. 338). Beispielsweise darf in einem Sozialplan die Zahlung von Abfindungen nicht davon abhängig gemacht werden, dass die betroffenen Arbeitnehmer keine gerichtlichen Schritte gegen die Kündigung unternehmen (*BAG* 20.6.1985 EzA § 4 KSchG Ausgleichsquittung Nr. 1). Auch kann eine Betriebsvereinbarung grds. das Arbeitsverhältnis weder auflösen noch eigenständige Möglichkeiten der Auflösung des Arbeitsverhältnisses, z. B. als Disziplinarmaßnahme schaffen (*BAG* 28.4.1982 EzA § 87 BetrVG 1972 Betriebsbuße Nr. 5). Problematisch ist ferner die Möglichkeit der Einführung von Altersgrenzen, bei deren Erreichen die betroffenen Arbeitsverhältnisse ohne weiteres enden (s. Kap. 5 Rdn. 273 ff.). Die Vereinbarung einer Altersgrenze bedarf stets besonderer Gründe und ist nur in den Grenzen von Recht und Billigkeit zulässig, wobei auf Seiten der Arbeitnehmer insbes. das Recht auf freie Entfaltung der Persönlichkeit und ihre Berufsfreiheit zu berücksichtigen sind. Die Betriebsvereinbarung darf nicht zu einer Umgehung zwingender kündigungsschutzrechtlicher Vorschriften verstoßen und muss Raum für eine individuelle Beurteilung lassen. Sie muss in Übereinstimmung mit den Grundsätzen des BAG zur Befristung von Arbeitsverhältnissen stehen und inhaltlich so gestaltet sein, dass dem Arbeitnehmer der Kündigungsschutz ohne sachlichen Grund weder verkürzt noch genommen wird (*BAG GS* 7.11.1989 EzA § 77 BetrVG 1972 Nr. 34). Auf Seiten des Arbeitgebers muss eine derartige Vereinbarung zur Sicherung einer ausgewogenen Altersstruktur sowie einer angemessenen Personal- und Nachwuchsplanung geboten sein. Zu seinen Gunsten können auch die Interessen der übrigen Arbeitnehmer berücksichtigt werden, denen durch ein vorhersehbares Ausscheiden älterer Arbeitnehmer der Einstieg in die berufliche Tätigkeit oder der berufliche Aufstieg ermöglicht wird. Im Verhältnis zu einer einzelvertraglichen Vereinbarung über eine Altersgrenze gilt das Günstigkeitsprinzip; günstiger ist z. B. eine Regelung, die dem Arbeitnehmer länger die Wahlmöglichkeit zwischen Arbeit und Ruhestand einräumt (*BAG GS* 7.11.1989 EzA § 77 BetrVG 1972 Nr. 34).

Betriebsvereinbarungen können nur in bestimmten Grenzen auch Regelungen zu Ungunsten der Arbeitnehmer enthalten und diesen unter Wahrung ihrer Persönlichkeitsrechte bestimmte Pflichten auferlegen. Zulässig sind belastende Regelungen, die in sachgerechter Weise der Ordnung des Betriebes dienen, wie beispielsweise Rauchverbot oder Torkontrollen (DKK/*Berg* § 77 Rn. 40). Zulässig sind auch Regelungen über die Kleidung der Arbeitnehmer, wobei aber die Kostentragungspflicht des Arbeitgebers für von ihm zu stellende Arbeits- und Schutzkleidung nicht auf die Arbeitnehmer abgewälzt werden darf (*BAG* 1.12.1992 EzA § 87 BetrVG 1972 Betriebliche Ordnung Nr. 20). Unzulässig sind dagegen Betriebsvereinbarungen, durch die materielle Arbeitsbedingungen ausschließlich zu Ungunsten der Arbeitnehmer gestaltet werden (*BAG* 1.12.1992 EzA § 87 BetrVG 1972 Betriebliche Ordnung Nr. 20). Unwirksam ist beispielsweise eine Betriebsvereinbarung, die materiell nur in einem Haftungsausschluss zu Gunsten des Arbeitgebers besteht (vgl. *BAG* 5.3.1959 AP Nr. 26 zu § 611 BGB Fürsorgepflicht; GK-BetrVG/*Kreutz* § 77 Rn. 346). Eine ausschließliche Belastung der Arbeitnehmer dürfte aber dann nicht vorliegen, wenn der Arbeitgeber im Hinblick auf den Haftungsausschluss eine zusätzliche Leistung erbringt, etwa den Arbeitnehmern einen eigenen Parkplatz zur Verfügung stellt oder zur Sicherung des Eigentums der Arbeitnehmer besondere Einrichtungen überlässt und die Haftung nur für den Fall ausschließt, dass ein Arbeitnehmer hiervon keinen Gebrauch macht (GK-BetrVG/*Kreutz* § 77 Rn. 347). Unzulässig ist es auch, in einem mitbestimmungspflichtigen Tatbestand dem Arbeitgeber das alleinige Gestaltungsrecht zu überlassen. Der Betriebsrat darf sich seiner gesetzlichen Mitbestimmungsrechte nicht in der Substanz begeben (*BAG* 26.4.2005 EzA § 87 BetrVG 2001 Betriebliche Lohngestaltung Nr. 6). Da mit wesentlichen Grundgedanken des BetrVG unvereinbar, ist eine Vereinbarung zwischen Arbeitgeber und Betriebsrat, wonach der Arbeitgeber bei Verletzung von Mitbestimmungsrechten eine Vertragsstrafe an einen Dritten zu leisten hat, unwirksam (*BAG* 19.1.2010 EzA § 23 BetrVG 2001 Nr. 3). 1493

*f) Geltungsbereich*

Die Betriebsvereinbarung gilt räumlich für den Betrieb, dessen Betriebsrat sie abgeschlossen hat. 1494

Bei Betriebsvereinbarungen des Gesamt- oder Konzernbetriebsrats, die dieser auf Grund eines konkreten Auftrages einzelner Betriebsräte bzw. des Betriebsrats (§§ 50 Abs. 2, 58 Abs. 2 BetrVG) abgeschlossen hat, ist der Geltungsbereich ebenfalls auf die konkreten Betriebe begrenzt (DKK/*Berg* § 77 Rn. 34). Gesamt- oder Konzernbetriebsvereinbarungen, die vom Gesamt- oder Konzernbetriebsrat im Rahmen der originären Zuständigkeiten abgeschlossen werden, erstrecken sich nach nunmehr ausdrücklicher gesetzlicher Regelung in §§ 50 Abs. 1, 58 Abs. 1 BetrVG auch auf die Betriebe des Unternehmens bzw. Konzerns ohne Betriebsrat bzw. Gesamtbetriebsrat. 1495

Der persönliche Geltungsbereich erstreckt sich auf alle Arbeitnehmer i. S. d. BetrVG des jeweiligen Betriebes einschließlich solcher Arbeitnehmer, die erst nach ihrem Abschluss in den Betrieb eintreten (DKK/*Berg* § 77 Rn. 35). 1496

Für zum Zeitpunkt des Abschlusses der Betriebsvereinbarung aus dem Betrieb bereits ausgeschiedene Arbeitnehmer gelten Betriebsvereinbarungen grds. nicht (*BAG* 25.10.1988 EzA § 77 BetrVG 1497

1972 Nr. 26). Überwiegend werden allerdings Ausnahmen für zulässig erachtet, so z. B. Sozialplanregelungen, die Leistungen für solche Arbeitnehmer vorsehen, die bei Abschluss des Sozialplan bereits aus dem Betrieb ausgeschieden waren (*Fitting* § 77 Rn. 37). In der Literatur wird kontrovers diskutiert, inwieweit sich der Geltungsbereich einer Betriebsvereinbarung z. B. bei einer betrieblichen Ruhegeldregelung oder über die Nutzung von Werkmietwohnungen auch auf die aus dem Betrieb bereits ausgeschiedenen Ruheständler oder Pensionäre erstrecken kann (vgl. *Fitting* § 77 Rn. 39). Nach Auffassung des *BAG* (25.10.1988 EzA § 77 BetrVG 1972 Nr. 26) wirkt eine Betriebsvereinbarung über betriebliche Ruhegelder, die Einschränkungen der betrieblichen Leistungen vorsieht, nicht hinsichtlich derjenigen früheren Arbeitnehmer, die bei Inkrafttreten der neuen Betriebsvereinbarung bereits im Ruhestand leben und Bezüge nach einer früheren Regelung erhalten. Diese erwerben bei Eintritt in den Ruhestand einen entsprechenden Individualanspruch, der betrieblicher Gestaltung grds. nicht zugänglich ist. Auch ein allgemeiner Vorbehalt späterer Änderung in der Betriebsvereinbarung ändert hieran nichts. Etwas anderes kann gelten für Leistungen, die sowohl aktiven Arbeitnehmern als auch den Ruheständlern erbracht werden, wie z. B. Unterstützungsleistungen zur Ergänzung der Krankenversicherungsleistungen, da der erkennbare Sinn einer solchen Betriebsvereinbarung gerade darin besteht, aktive Beschäftigte und Ruheständler gleichzustellen. Derartige Leistungen können auch für Ruheständler durch neue Betriebsvereinbarung insoweit gekürzt werden, als auch die aktive Belegschaft Kürzungen hinnehmen muss (*BAG* 13.5.1997 EzA § 77 BetrVG 1972 Ruhestand Nr. 1).

**1498** Der Geltungsbereich einer Betriebsvereinbarung kann von den Betriebspartnern zumindest nicht mit normativer Wirkung auf andere, vom Betriebsrat nicht repräsentierte Arbeitnehmer erstreckt werden. Erfolgt eine solche Einbeziehung, kann die entsprechende Vereinbarung aber als Vertrag zu Gunsten Dritter, § 328 BGB, anzusehen sein (*BAG* 31.1.1979 EzA § 112 BetrVG 1972 Nr. 17).

**1499** Möglich ist dies aber nur, wenn die Betriebsvereinbarung Regelungen zu Gunsten dieser einbezogenen Arbeitnehmer enthält; Verpflichtungen können für diese Personen aber nicht begründet werden (MünchArbR/*Matthes* § 239 Rn. 23).

**1500** In zeitlicher Hinsicht gelten Betriebsvereinbarungen grds. von ihrem förmlichen Abschluss an. Bei einer auf einem Spruch der Einigungsstelle beruhenden Betriebsvereinbarung richtet sich der Zeitpunkt des Inkrafttretens im Bereich der erzwingbaren Mitbestimmung und bei freiwilliger im Voraus erklärter Unterwerfung unter den Spruch der Einigungsstelle nach dem Zeitpunkt der letzten Zustellung des Beschlusses, § 76 Abs. 3 S. 3 BetrVG.

**1501** Grds. können die Betriebsparteien den zeitlichen Geltungsbereich einer Betriebsvereinbarung auch ausdrücklich festlegen. Der zeitliche Geltungsbereich kann dabei rückwirkend auch auf bereits abgeschlossene Lebenssachverhalte erstreckt werden (*BAG* 8.3.1977 EzA § 87 BetrVG 1972 Entgelt Nr. 6). Rückwirkende Regelungen sind aber nicht unbeschränkt möglich (vgl. GK-BetrVG/*Kreutz* § 77 Rn. 197, 198). Unbeschränkt zulässig sind nur Regelungen, die vom Arbeitgeber selbst abgeschlossen wurden und die Arbeitnehmer ausschließlich begünstigen. Soweit eine rückwirkende Begünstigung der Arbeitnehmer durch bindenden Spruch der Einigungsstelle erfolgt, ist auf Seiten des Arbeitgebers der Grundsatz des Vertrauensschutzes zu beachten.

**1502** Rückwirkende Regelungen, die zu Lasten der Arbeitnehmer getroffen werden, sind dann unzulässig, wenn die Arbeitnehmer mit rückwirkender Verschlechterung nicht zu rechnen brauchten.

**1503** Soweit die für die Arbeitnehmer günstigere Regelung auf einer einzelvertraglichen Vereinbarung beruht, gilt insoweit ohnehin das Günstigkeitsprinzip. Bei einer rückwirkenden Ablösung einer bestehenden Betriebsvereinbarung durch eine für die Arbeitnehmer ungünstigere können die Arbeitnehmer dann nicht auf einen Fortbestand der bisherigen Regelung vertrauen, wenn die bisher bestehende Betriebsvereinbarung gekündigt worden oder sonst abgelaufen ist, die bisherigen Regelungen nunmehr kraft Nachwirkung oder nur noch rein faktisch angewendet werden und die Arbeitnehmer (insbes. bei entsprechender Mitteilung des Arbeitgebers oder bei langwierigen Verhandlungen) erkennen müssen, dass mit einer Änderung zu rechnen ist (GK-BetrVG/*Kreutz* § 77 Rn. 198; *Fitting* § 77 Rn. 43 f.).

#### g) Rechtswirkungen der Betriebsvereinbarung

Gem. § 77 Abs. 4 S. 1 BetrVG gelten die normativen Regelungen einer Betriebsvereinbarung ebenso wie Tarifnormen gem. § 4 Abs. 1 und 3 TVG unmittelbar und zwingend. **1504**

##### aa) Normative Wirkung

Betriebsvereinbarungen kommt kraft Gesetzes unmittelbare Geltung zu, d. h. ihre normativen Regelungen wirken als Gesetz des Betriebes unabhängig vom Willen und der Kenntnis der Vertragspartner von außen auf die Arbeitsverhältnisse ein, ohne zum Bestandteil des Arbeitsvertrages zu werden (*BAG* 21.9.1989 EzA § 77 BetrVG 1972 Nr. 33). **1505**

##### bb) Zwingende Wirkung

###### (1) Allgemeines, Günstigkeitsprinzip

Von den Regelungen einer Betriebsvereinbarung kann nicht zu Ungunsten der Arbeitnehmer durch anderweitige Absprachen der Arbeitsvertragsparteien abgewichen werden, sofern nicht solche belastende Abweichungen durch die Betriebsvereinbarung ausdrücklich zugelassen werden. Arbeitsvertragliche Abweichungen zu Gunsten der Arbeitnehmer sind jederzeit möglich. Insoweit gilt das Günstigkeitsprinzip (*BAG GS* 16.9.1986 EzA § 77 BetrVG 1972 Nr. 17). **1506**

Der demnach erforderliche Günstigkeitsvergleich ist als Sachgruppenvergleich vorzunehmen, d. h. es sind die in einem inneren Zusammenhang stehenden Teilkomplexe der Regelungen zu vergleichen (*BAG* 27.01.2004 EzA § 77 BetrVG 2001 Nr. 7; 19.12.1958 AP Nr. 1 zu § 4 TVG Sozialzulagen; GK-BetrVG/*Kreutz* § 77 Rn. 245). Der Günstigkeitsvergleich ist an einem objektiven Beurteilungsmaßstab, nicht nach der subjektiven Einschätzung des jeweiligen Arbeitnehmers durchzuführen (GK-BetrVG/*Kreutz* § 77 Rn. 246). **1507**

Das Günstigkeitsprinzip gilt nicht bei sog. betriebsvereinbarungsoffenen arbeitsvertraglichen Regelungen. **1508**

Dies sind Regelungen, die von vorneherein unter dem Vorbehalt einer Regelung durch Betriebsvereinbarung stehen, etwa indem auf bestehende oder die jeweilige Betriebsvereinbarung verwiesen wird (*BAG* 12.8.1982 EzA § 77 BetrVG 1972 Nr. 9). **1509**

###### (2) Die ablösende, umstrukturierende (verschlechternde) Betriebsvereinbarung

Das Günstigkeitsprinzip gilt grds. auch im Verhältnis Betriebsvereinbarung zu allgemeinen Arbeitsbedingungen auf Grund arbeitsvertraglicher Einheitsregelungen, Gesamtzusagen oder betrieblicher Übungen, sodass auch hier ein individueller Günstigkeitsvergleich vorzunehmen ist (*BAG* 21.9.1989 EzA § 77 BetrVG 1972 Nr. 33; *BAG GS* 7.11.1989 EzA § 77 BetrVG 1972 Nr. 34). **1510**

Besonderheiten gelten nach Auffassung des Großen Senats des *BAG* (*GS* 16.9.1986 EzA § 77 BetrVG 1972 Nr. 17) für Ansprüche der Arbeitnehmer auf Sozialleistungen (Gratifikationen, Jubiläumszuwendungen), soweit diese auf einer betrieblichen Einheitsregelung beruhen: Eine Betriebsvereinbarung verdrängt schlechtere Arbeitsbedingungen, unerheblich, ob es sich um Einzel- oder Gesamtzusagen handelt (Günstigkeitsprinzip). Wirkt sich die Regelung der Betriebsvereinbarung nicht bei allen Arbeitnehmern günstiger aus, erfolgt kein individueller, sondern ein kollektiver Günstigkeitsvergleich, bei dem die Gesamtheit der Sozialleistungen des Arbeitgebers, die aus einem bestimmten Anlass oder zu einem bestimmten Zweck gewährt werden, vor und nach Abschluss der Betriebsvereinbarung vergleichsweise gegenüberzustellen sind. Liegt insgesamt keine Verschlechterung vor, so können Ansprüche der Arbeitnehmer in den Grenzen von Recht und Billigkeit durch eine sog. umstrukturierende Betriebsvereinbarung beschränkt werden. Handelt **1511** es sich hingegen auch bei Durchführung eines nur kollektiven Günstigkeitsvergleichs um eine verschlechternde Betriebsvereinbarung, etwa deshalb, weil der Arbeitgeber seine Aufwendungen für die zugesagten Sozialleistungen reduzieren will, kann die Betriebsvereinbarung die vertraglichen Ansprüche der Arbeitnehmer nicht verdrängen, es sei denn eine Abänderung durch Betriebsvereinbarung wurde ausdrücklich oder konkludent vorbehalten (*BAG* 21.4.2009 – 3 AZR 674/07 – FA 2009, 312 LS). Die Verschlechterung kann hier nur im Wege der individualrechtlichen Änderungskündigung, der Ausübung eines vorbehaltenen Widerrufsrechts oder durch Anpassung wegen Wegfalls der Geschäftsgrundlage (vgl. *BAG* 9.7.1985 EzA § 1 BetrVG Nr. 37) durchgesetzt werden (*BAG GS* 16.9.1986 EzA § 77 BetrVG 1972 Nr. 17), wobei dann aber das Mitbestimmungsrecht des Betriebsrats nach § 87 Abs. 1 Nr. 10 BetrVG zu beachten ist.

1512 Eine Ablösung durch eine umstrukturierende Betriebsvereinbarung kommt nur hinsichtlich solcher Ansprüche der Arbeitnehmer in Betracht, die in einem entsprechenden Bezugssystem zueinander stehen und damit einen kollektiven Bezug zueinander aufweisen. Eine Ablösung anderer Ansprüche kommt nicht in Betracht. Regelt eine Betriebsvereinbarung die bisher auf arbeitsvertraglicher Einheitsregelung beruhenden wesentlichen Arbeitsbedingungen insgesamt neu, also auch hinsichtlich nicht ablösbarer Ansprüche, scheidet wegen des inneren und nicht trennbaren Gestaltungszusammenhang zwischen ablösbaren und nicht ablösbaren Ansprüchen ein kollektiver Günstigkeitsvergleich und damit eine Ablösung aus (*BAG* 28.3.2000 EzA § 77 BetrVG 1972 Ablösung Nr. 1).

1513 Soll durch eine nachfolgende Betriebsvereinbarung eine auf einer früheren Betriebsvereinbarung oder einer betriebsvereinbarungsoffenen arbeitsvertraglichen Einheitsregelung beruhende betriebliche Altersversorgung abgelöst werden, ist dies nur unter Berücksichtigung der Grundsätze des Vertrauensschutzes und der Verhältnismäßigkeit zulässig. Hierbei ist folgendes Prüfungsschema maßgeblich: Grundsätzlich darf danach der bereits erdiente und nach den Grundsätzen des § 2 BetrAVG errechnete Teilbetrag nur in seltenen Ausnahmefällen, nämlich aus zwingenden Gründen, gekürzt werden. Die bereits zeitanteilig erdiente Quote eines variablen, dienstzeitabhängigen Berechnungsfaktors, die erdiente Dynamik, darf nur aus triftigen Gründen verringert werden. In künftige und damit noch nicht erdiente dienstzeitabhängige Zuwächse darf aus sachlich-proportionalen Gründen eingegriffen werden (*BAG* 24.1.2006 EzA § 1 BetrAVG Ablösung Nr. 46; 21.4.2009 – 3 AZR 674/07, FA 2009, 312 LS).

1514 Zur Geltendmachung des Wegfalls der Geschäftsgrundlage bei einer durch Gesamtzusage errichteten betrieblichen Altersversorgung hat das *BAG* (23.9.1997 EzA § 77 BetrVG 1972 Nr. 60) folgende Grundsätze aufgestellt: Wenn ein Arbeitgeber wegen des von ihm behaupteten Wegfalls der Geschäftsgrundlage eines durch Gesamtzusage errichteten Versorgungswerks eine verschlechternde Neuregelung schaffen will, ist die Einigungsstelle zuständig, falls sich Arbeitgeber und Betriebsrat nicht einigen. Der Betriebsrat darf seine Mitwirkung an einer Neuregelung nicht verweigern. Er muss mit dem Arbeitgeber notfalls unter dem Vorbehalt der vertragsrechtlich zulässigen Umsetzung der Regelung verhandeln (im Anschluss an *BAG GS* Beschl. v. 16.9.1986 EzA § 77 BetrVG 1972 Nr. 17). Die Frage, ob die Geschäftsgrundlage einer Gesamtzusage über betriebliche Altersversorgung weggefallen ist, ist entscheidend für den Umfang der der Einigungsstelle zustehenden Regelungsbefugnis. Ist die Geschäftsgrundlage weggefallen, kann die Einigungsstelle eine vorbehaltlose Neuregelung treffen. Die Geschäftsgrundlage einer Versorgungszusage ist weggefallen, wenn sich die zu Grunde gelegte Rechtslage nach Erteilung der Zusage ganz wesentlich und unerwartet geändert hat, und dies beim Arbeitgeber zu erheblichen Mehrbelastungen geführt hat. Die Geschäftsgrundlage ist auch weggefallen, wenn der bei der Versorgungszusage erkennbare Versorgungszweck dadurch verfehlt wird, dass die unveränderte Anwendung der Versorgungszusage zu einer gegenüber dem ursprünglichen Versorgungsziel planwidrig eintretenden Überversorgung führen würde. Ist die Geschäftsgrundlage weggefallen, kann die anpassende Neuregelung auch in zeitanteilig erdiente Besitzstände eingreifen. Sie muss sich dabei an den Zielen der ursprünglichen Regelung orientieren, auf deren Einhaltung die Arbeitnehmer vertrauen durften.

## F. Grundsätze für die Zusammenarbeit zwischen Arbeitgeber und Betriebsrat — Kapitel 13

### h) Verzicht, Verwirkung, Ausschlussfristen

Durch § 77 Abs. 1 S. 2–4 BetrVG werden die Rechte der Arbeitnehmer aus einer Betriebsvereinbarung zusätzlich dadurch abgesichert, dass die Dispositionsbefugnis der Arbeitnehmer über diese Rechte eingeschränkt wird. Ein Verzicht auf Rechte der Arbeitnehmer aus einer Betriebsvereinbarung ist nur mit Zustimmung (vorherige Einwilligung, nachträgliche Genehmigung, §§ 182 ff. BGB) des Betriebsrats zulässig. Dies gilt insbes. auch bei einem Anspruchsverzicht durch Ausgleichsquittung (s. Kap. 3 Rdn. 4791 ff.). Die Zustimmung des Betriebsrats zu einem Verzicht auf einen Anspruch aus einer Betriebsvereinbarung muss sich dabei auf den einzelnen konkreten Verzicht beziehen (*BAG* 27.1.2004 EzA § 77 BetrVG 2001 Nr. 7). Anwendung findet allerdings das Günstigkeitsprinzip: Auch ohne Zustimmung des Betriebsrats ist ein Verzicht wirksam, wenn bei einem Sachgruppenvergleich zweifelsfrei feststellbar ist, dass die Abweichung von der Betriebsvereinbarung für den Arbeitnehmer objektiv die günstigere Regelung ist (*BAG* 27.1.2004 EzA § 77 BetrVG 2001 Nr. 7). 1515

Grds. ist auch die Wirksamkeit des Verzichts im Rahmen eines (gerichtlichen) Vergleichs von der Zustimmung des Betriebsrats abhängig, es sei denn, es handelt sich um einen reinen Tatsachenvergleich, durch den lediglich die Ungewissheit über die tatsächlichen Voraussetzungen eines Anspruchs aus einer Betriebsvereinbarung beseitigt wird, z. B. über die Zahl der geleisteten Überstunden (*BAG* 31.7.1996 EzA § 112 BetrVG 1972 Nr. 88; *Fitting* § 77 Rn. 134 a. A. GK-BetrVG/*Kreutz* § 77 Rn. 278). 1516

Die bloße Klagerücknahme (§ 269 ZPO) ist im Gegensatz zum prozessualen Anspruchsverzicht (§ 306 ZPO) kein Verzicht (*Fitting* § 77 Rn. 134). Das Verzichtsverbot besteht auch nach Beendigung des Arbeitsverhältnisses. Im Gegensatz zum Arbeitgeber kann der Arbeitnehmer Ansprüche aus einer Betriebsvereinbarung auch nicht verwirken. Hierdurch wird allerdings nur die Berufung des Arbeitgebers auf eine sog. »illoyale Verspätung«, nicht aber der Einwand unzulässiger Rechtsausübung ausgeschlossen, wenn sich die Unzulässigkeit aus anderen Umständen als der Verspätung ergibt (GK-BetrVG/*Kreutz* § 77 Rn. 282, 283). 1517

Ausschlussfristen für Rechte der Arbeitnehmer aus einer Betriebsvereinbarung können nur durch die Betriebsvereinbarung selbst oder durch einen Tarifvertrag geregelt werden. Unzulässig ist damit eine ungünstigere einzelvertragliche Vereinbarung von Ausschlussfristen. 1518

Das Gleiche gilt für die Abkürzung von Verjährungsfristen. Ob eine tarifvertragliche Ausschluss- oder Verjährungsfrist auch Ansprüche aus einer Betriebsvereinbarung erfasst, ist eine Frage der Auslegung der tarifvertraglichen Bestimmung. Sofern die entsprechende Betriebsvereinbarung selbst Ausschlussfristen normiert, darf die Regelung nicht in Widerspruch zu einer denselben Anspruch erfassenden tarifvertraglichen Ausschlussfrist stehen (*BAG* 9.4.1991 EzA § 77 BetrVG 1972 Nr. 39). 1519

### i) Beendigung der Betriebsvereinbarung

#### aa) Kündigung

Gem. § 77 Abs. 5 BetrVG kann jede Seite die Betriebsvereinbarung mit einer Frist von drei Monaten kündigen, sofern die Betriebsvereinbarung selbst keine abweichenden Vorschriften über Kündigungsfristen enthält. Im **Insolvenz- bzw. Konkursverfahren** können Betriebsvereinbarungen, die Leistungen vorsehen, die die Masse belasten, auch dann mit einer Frist von drei Monaten gekündigt werden, wenn eine längere Kündigungsfrist vereinbart ist (§ 120 Abs. 1 InsO, für noch nach Maßgabe der Konkursordnung abzuwickelnde Verfahren gilt diese Vorschrift ebenfalls auf Grund der vorzeitigen Inkraftsetzung durch das Arbeitsrechtliche Beschäftigungsförderungsgesetzes vom 13.9.1996). 1520

Die ordentliche Kündigung bedarf keines sachlichen Kündigungsgrundes und unterliegt keiner gerichtlichen Billigkeits- oder Inhaltskontrolle (*BAG* 26.4.1990 EzA § 77 BetrVG 1972 Nr. 35). Die Möglichkeit der ordentlichen Kündbarkeit kann in der Betriebsvereinbarung ausgeschlossen werden (*BAG* 10.3.1992 EzA § 77 BetrVG 1972 Nr. 46). 1521

**1522** Ferner kann sich der Ausschluss der ordentlichen Kündbarkeit auch aus Inhalt und Zweck der Betriebsvereinbarung ergeben, etwa bei Vereinbarungen zur Regelung einer einmaligen Angelegenheit, weil eine Kündigung dem Zweck der Regelung widersprechen würde (MünchArbR/*Matthes* § 239 Rn. 39). Besonderheiten gelten bei Betriebsvereinbarungen im Bereich der betrieblichen Altersversorgung. Auch solche Vereinbarungen sind kündbar und wirken nicht nach. Die auf Grund der Betriebsvereinbarung erworbenen Besitzstände der betroffenen Arbeitnehmer werden aber kraft Gesetzes nach den Grundsätzen der Verhältnismäßigkeit und des Vertrauensschutzes geschützt. Je stärker in Besitzstände eingegriffen wird, desto gewichtiger müssen die Änderungsgründe sein (*BAG* 11.5.1999 EzA § 1 BetrAVG Betriebsvereinbarung Nr. 1; 17.2.1992 § 77 EzA BetrVG 1972 Nr. 46; 18.4.1989 EzA § 77 BetrVG 1972 Nr. 28).

**1523** Eine Betriebsvereinbarung kann ferner auch fristlos aus wichtigem Grund gekündigt werden, wenn Tatsachen vorliegen, auf Grund derer dem Kündigenden die Bindung an die Betriebsvereinbarung selbst bis zum Ablauf der Kündigungsfrist nicht zugemutet werden kann (*BAG* 28.4.1992 EzA § 50 BetrVG 1972 Nr. 10).

**1524** Ein wichtiger Grund kann insbes. in der Veränderung wirtschaftlicher Verhältnisse und in einer Änderung der Rechtslage, nicht aber in einer beabsichtigten Betriebsveräußerung bestehen (GK-BetrVG/*Kreutz* § 77 Rn. 366).

**1525** Die **Kündigung einer Betriebsvereinbarung** muss unmissverständlich und eindeutig sein. Kommen als möglicher Gegenstand einer Kündigung mehrere Betriebsvereinbarungen in Betracht, muss sich aus der Kündigungserklärung zweifelsfrei ergeben, welche Betriebsvereinbarung gekündigt werden soll. Hierzu ist die Kündigungserklärung erforderlichenfalls auszulegen. Hierbei ist – anders als bei der Auslegung des normativen Inhalts einer Betriebsvereinbarung – keine objektivierende Betrachtung maßgeblich, sondern § 133 BGB anzuwenden (*BAG* 19.2.2008 EzA § 77 BetrVG 2001 Nr. 23).

**1526** Die **Teilkündigung einer Betriebsvereinbarung** ist regelmäßig zulässig, wenn der gekündigte Teil einen selbständigen Regelungskomplex betrifft, der ebenso in einer eigenständigen Betriebsvereinbarung geregelt werden könnte. Wollen die Betriebsparteien in einem solchen Fall die Teilkündigung ausschließen, müssen sie dies in der Betriebsvereinbarung deutlich zum Ausdruck bringen (*BAG* 6.11.2007 EzA § 77 BetrVG 2001 Nr. 19).

*bb) Sonstige Beendigungsgründe; Auswirkungen betrieblicher Umstrukturierungen*

**1527** Eine Betriebsvereinbarung endet mit **Ablauf der Zeit oder Erreichung des Zwecks**, für die sie abgeschlossen wurde (DKK/*Berg* § 77 Rn. 45). Ferner beendet auch das Außerkrafttreten eines Tarifvertrages, der eine ergänzende Betriebsvereinbarung gestattet, die Betriebsvereinbarung (*BAG* 25.8.1983 EzA § 77 BetrVG 1972 Nr. 12). Weiter können Arbeitgeber und Betriebsrat eine Betriebsvereinbarung jederzeit durch schriftlichen (§ 77 Abs. 2 BetrVG) **Aufhebungsvertrag** aufheben oder durch eine **neue Betriebsvereinbarung** ablösen, wobei die Aufhebung der alten Betriebsvereinbarung nicht ausdrücklich erfolgen muss, wenn die neue Betriebsvereinbarung denselben Gegenstand regelt (MünchArbR/*Matthes* § 239 Rn. 37). Hingegen wird eine Betriebsvereinbarung nicht durch eine Regelungsabrede abgelöst (*BAG* 20.11.1990 EzA § 77 BetrVG 1972 Nr. 37). Das *BAG* (20.11.1990 EzA § 77 BetrVG 1972 Nr. 37) hat insoweit offen gelassen, ob in einer entsprechenden formlosen Regelungsabrede zugleich ein Aufhebungsvertrag hinsichtlich der entgegenstehenden Betriebsvereinbarung gesehen werden kann. Fraglich ist dies, weil nach überwiegender Auffassung (vgl. *Fitting* § 77 Rn. 143) der Aufhebungsvertrag der Schriftform bedarf. Die Betriebsvereinbarung endet ferner mit **Stilllegung des Betriebs** mit Ausnahme von Vereinbarungen, die im Zusammenhang mit der Betriebsstilllegung abgeschlossen wurden (Sozialplan) oder unabhängig vom Untergang des Betriebs die Arbeitsbedingungen gestalten sollen, wie z. B. Regelungen über die betriebliche Altersversorgung (vgl. GK-BetrVG/*Kreutz* § 77 Rn. 375).

**1528** Im Falle der **Eingliederung eines Betriebs** als unselbstständiger Betriebsteil in einen anderen Betrieb oder wenn ein als selbständig geltender Betriebsteil oder ein Nebenbetrieb (§ 4 BetrVG, s.

## F. Grundsätze für die Zusammenarbeit zwischen Arbeitgeber und Betriebsrat   Kapitel 13

Rdn. 101 ff.) ihre betriebsverfassungsrechtliche Selbstständigkeit verlieren, gelten die Betriebsvereinbarungen des aufnehmenden Betriebes weiter, während die Betriebsvereinbarungen des eingegliederten Betriebs mit Ausnahme solcher Vereinbarungen, die im Hinblick auf die Eingliederung abgeschlossen wurden (Sozialplan) oder Regelungsgegenstände betreffen, für die es im aufnehmenden Betrieb keine Betriebsvereinbarungen gibt und deren weitere Anwendung im aufnehmenden Betrieb möglich und sinnvoll ist, im Zeitpunkt der Eingliederung enden (*Fitting* § 77 Rn. 163; a. A. GK-BetrVG/*Kreutz* § 77 Rn. 377). Bei **Zusammenfassung mehrerer Betriebe** unter Bildung eines neuen Betriebs bleiben die Betriebsvereinbarungen der Ursprungsbetriebe solange bestehen, wie ihre Anwendung im neuen Betrieb möglich und sinnvoll ist und nicht neue Regelungen für den neuen Betrieb geschaffen sind (DKK/*Berg* § 77 Rn. 49; *Fitting* § 77 Rn. 164). Die bloße Zusammenfassung von Betrieben mit bis dahin eigener Arbeitnehmervertretung zu einer größeren betriebsverfassungsrechtlichen Organisationseinheit durch Tarifvertrag nach § 3 Abs. 1 Nr. 1b BetrVG lässt die betriebsverfassungsrechtliche Identität der zusammengefassten Einheiten unberührt. Tatsächliche Veränderungen der bisherigen Betriebsorganisation gehen mit einer solchen Zusammenfassung nicht notwendig einher. Dementsprechend bleiben, sofern nicht der Arbeitgeber den Abschluss des Zuordnungstarifvertrags zum Anlass nimmt, durch zusätzliche Maßnahmen die Organisations- und Leitungsstruktur der betroffenen Betriebe auch tatsächlich zu ändern, die tariflich zusammengefassten Betriebe als organisatorisch getrennte Teileinheiten der tariflich geschaffenen größeren Organisationseinheit bestehen. Auch wenn die Betriebe nach der ersten Betriebsratswahl in der neuen Einheit keine eigenständigen Arbeitnehmervertretungen mehr haben, behalten sie doch ihre Leitungs- und Organisationsstruktur bei. Sie sind dann organisatorisch klar abgegrenzte Teile des nach § 3 Abs. 5 BetrVG fingierten Einheitsbetriebs. Der Fortbestand der betrieblichen Einheiten hat deshalb zur Folge, dass die in ihnen geltenden Betriebsvereinbarungen im fingierten Einheitsbetrieb normativ fortwirken. Ihre Geltung ist auf den Betriebsteil des Einheitsbetriebs beschränkt, der ihrem bisherigen Geltungsbereich entspricht (*BAG* 7.6.2011 EzA § 3 BetrVG 2001 Nr. 4).

Bei einem **rechtsgeschäftlichen Betriebsinhaberwechsel** (Betriebsübergang oder Betriebsteilübergang, s. Kap. 3 Rdn. 4080 ff.) wird danach differenziert, ob der Wechsel zu einer Änderung der bisherigen Betriebsidentität führt oder nicht (vgl. DKK/*Berg* § 77 Rn. 50, 51; GK-BetrVG/*Kreutz* § 77 Rn. 389 ff.). **1529**

Bleibt die bisherige Betriebsidentität erhalten, gelten die Betriebsvereinbarungen uneingeschränkt fort (*BAG* 27.7.1994 EzA § 613a BGB Nr. 123). Das gilt auch für die im übergehenden Betrieb geltenden Gesamt- und Konzernbetriebsvereinbarungen, es sei denn, im Unternehmen des Erwerbers bestehen kollidierende Gesamt- bzw. Konzernbetriebsvereinbarungen. Dann kommen diese zur Anwendung (*BAG* 27.6.1985 EzA § 77 BetrVG 1972 Nr. 16). Bleibt die Betriebsidentität nicht erhalten, gelten die Betriebsvereinbarungen im verbleibenden Restbetrieb unverändert weiter. Im übergegangenen Betriebsteil gelten sie bis zum Abschluss neuer Betriebsvereinbarungen dann weiter, wenn der übergegangene Betriebsteil als neu entstandener Betrieb oder als selbstständiger Betrieb geltender Betriebsteil (§ 4 BetrVG) fortgeführt wird. Verliert hingegen der übergegangene Betriebsteil oder Betrieb seine Selbstständigkeit durch Eingliederung in einen bereits bestehenden Betrieb, gelten bestehende (Gesamt-, Konzern-) Betriebsvereinbarungen nicht kollektivrechtlich weiter. Gem. § 613a Abs. 1 S. 2 BGB erfolgt vielmehr eine Transformation der Rechtsnormen der Betriebsvereinbarungen des übergegangenen Betriebs in Individualrecht mit einjähriger Veränderungssperre, sofern sie nicht bereits unmittelbar durch im neuen Betrieb bestehende (Gesamt-, Konzern-) Betriebsvereinbarung nach § 613a Abs. 1 S. 3 BGB ersetzt werden. Soweit Betriebsvereinbarungsregelungen individualrechtlich fortwirken, wird dieser individualrechtliche Bestandsschutz durch eine neue Betriebsvereinbarung mit entsprechendem Regelungsgegenstand nach § 613a Abs. 1 S. 3 BGB verdrängt (s. Kap. 3 Rdn. 4264 ff.). **1530**

Die Grundsätze über das **Fehlen oder den Wegfall der Geschäftsgrundlage** können auch bei Betriebsvereinbarungen zur Anwendung kommen. Sofern eine Anpassung an die veränderten Verhältnisse in Betracht kommt und hierüber keine Einigung der Betriebspartner erzielt werden kann, entscheidet im Bereich der Zuständigkeit der Einigungsstelle die Einigungsstelle verbindlich (*BAG* 10.8.1994 **1531**

EzA § 112 BetrVG 1972 Nr. 76). Kommt eine Anpassung an die veränderten Umstände nicht in Betracht, kann sich eine Partei von der Betriebsvereinbarung lossagen, was in der Wirkung einer außerordentlichen Kündigung gleichkommt (GK-BetrVG/*Kreutz* § 77 Rn. 384). Ferner ist auch die Anfechtung einer Betriebsvereinbarung wegen Irrtum, arglistiger Täuschung oder Drohung möglich, allerdings nur mit Wirkung für die Zukunft (*BAG* 15.12.1961 EzA § 615 BGB Nr. 4).

1532 Kein Beendigungsgrund ist der **Tod des Betriebsinhabers** oder die **Neuwahl** eines Betriebsrats. Wird ein Betrieb betriebsratslos oder verliert er seine Betriebsratsfähigkeit, bleiben bestehende Betriebsratsvereinbarungen zunächst wirksam, sind aber vom Arbeitgeber durch entsprechende Erklärung gegenüber den betroffenen Arbeitnehmern kündbar (GK-BetrVG/*Kreutz* § 77 Rn. 383; DKK/*Berg* § 77 Rn. 52).

*j) Nachwirkung*

1533 Gem. § 77 Abs. 6 BetrVG gelten Regelungen einer Betriebsvereinbarung in Angelegenheiten, in denen ein Spruch der Einigungsstelle die Einigung zwischen Arbeitgeber und Betriebsrat ersetzen kann, weiter, bis sie durch eine andere Abmachung ersetzt werden.

1534 Durch diese Nachwirkung soll verhindert werden, dass sich in Mitbestimmungsangelegenheiten, in denen sich durch Abschluss einer Betriebsvereinbarung eine gewisse Regelungsnotwendigkeit erwiesen hat, zeitliche Regelungslücken zwischen der abgelaufenen und einer neuen Betriebsvereinbarung auftun. Die Bestimmung gilt nicht für freiwillige Betriebsvereinbarungen (*BAG* 26.4.1990 EzA § 77 BetrVG 1972 Nr. 35).

1535 Strittig ist, ob die Betriebspartner bei freiwilligen Betriebsvereinbarungen eine Nachwirkung vereinbaren können (vgl. GK-BetrVG/*Kreutz* § 77 Rn. 410 ff. m. w. N.). Dies wird z. T. mit der Begründung verneint, dass solche Vereinbarungen dann ständig nachwirken könnten, wenn ein Betriebspartner zur Ablösung nicht bereit ist. Etwas anderes soll nur für die Vereinbarung einer zeitlich befristeten Nachwirkung gelten

1536 Nach Auffassung des *BAG* (28.4.1998 EzA § 77 BetrVG 1972 Nachwirkung Nr. 1; so auch *LAG Frankf./M.* 22.3.1994 LAGE § 77 BetrVG 1972 Nr. 17; 5.5.1994 LAGE § 77 BetrVG 1972 Nr. 18; *LAG Düsseld.* 20.5.1997 LAGE § 77 BetrVG 1972 Nachwirkung Nr. 4) ist die Vereinbarung einer Nachwirkung möglich. Eine solche Vereinbarung ist dahin auszulegen, dass die Nachwirkung auch gegen den Willen einer Seite beendet werden kann. Scheitern die Bemühungen um eine einvernehmliche Neuregelung, kann also von jedem Betriebspartner analog § 76 Abs. 6 BetrVG die Einigungsstelle angerufen werden, die dann eine verbindliche Entscheidung trifft.

1537 Die Nachwirkung einer Betriebsvereinbarung gem. § 77 Abs. 6 BetrVG ist dispositiv und kann von den Betriebspartnern abbedungen werden (*BAG* 17.1.1995 EzA § 77 BetrVG 1972 Nr. 54).

1538 Enthält eine Betriebsvereinbarung sowohl mitbestimmungspflichtige als auch freiwillige Regelungen nebeneinander, so erstreckt sich die Nachwirkung grds. nur auf die Bestimmungen über mitbestimmungspflichtige Angelegenheiten, sofern sie eine aus sich heraus handhabbare Regelung enthalten (*BAG* 23.6.1992 EzA § 77 BetrVG 1972 Nr. 49). Hiervon sind Fallgestaltungen zu unterscheiden, die Regelungen betreffen, deren Regelungsgegenstand selbst teils mitbestimmungspflichtige, teils jedoch mitbestimmungsfreie Elemente enthält. Dies ist insbes. bei betrieblichen Sozialleistungen der Fall, da bei diesen nach der Rechtsprechung des BAG nach § 87 Abs. 1 Nr. 10 BetrVG kein Mitbestimmungsrecht darüber besteht, ob, in welchem Umfang (Dotierungsrahmen) und an welchen Personenkreis Leistungen gewährt werden sollen, während die Regelung des Verteilungsschlüssels mitbestimmungspflichtig ist. Beabsichtigt der Arbeitgeber mit der Kündigung einer bestehenden Betriebsvereinbarung eine Änderung der nicht der Mitbestimmung unterliegenden Umstände (Erbringung der zusätzlichen Leistung überhaupt, Dotierungsrahmen), scheidet eine Nachwirkung aus (*BAG* 17.1.1995 EzA § 77 BetrVG 1972 Nr. 54). Will der Arbeitgeber hingegen mit der Kündigung eine Änderung des derzeitigen Verteilungs- und Leistungsplans erreichen, wirkt die gekündigte Betriebsvereinbarung solange nach, bis sie durch eine andere ersetzt ist (*BAG* 26.8.2008 EzA § 87 BetrVG 2001 Betriebliche Lohngestaltung Nr. 16; 26.10.1993 EzA § 77 BetrVG 1972 Nr. 53). Ist mit einer Herabsetzung des Dotierungsrahmens eine Änderung des Leistungsplans verbunden, was dann nicht der Fall ist, wenn jede Leistung im gleichen Verhältnis gekürzt wird, besteht eine Nachwirkung, sodass der Arbeitgeber das Leistungsvolumen nur in der Weise ohne Eintritt der Nachwirkung kürzen kann, dass er jede einzelne Leistung im gleichen Verhältnis kürzt, sodass der Leistungsplan unverändert bleibt (vgl. für übertarifliche Zulagen *BAG* 3.12.1991 EzA § 87 BetrVG 1972 Betriebliche Lohngestaltung Nr. 30; s. Rdn. 1840 ff.).

Die Nachwirkung setzt voraus, dass die zeitliche Geltung der Betriebsvereinbarung als solche z. B. durch Ablauf der Befristung oder durch Kündigung der Betriebsvereinbarung nach Ablauf der Kündigungsfrist beendet ist. Nachwirkung tritt auch ein bei einer fristlosen Kündigung (*BAG* 10.8.1994 EzA § 112 BetrVG 1972 Nr. 76). **1539**

Nachwirkung bedeutet, dass die Regelungen der Betriebsvereinbarung auch nach ihrer Beendigung mit unmittelbarer, allerdings nicht mehr mit zwingender Wirkung fortgelten und zwar auch für Arbeitnehmer, die erst im Nachwirkungszeitraum in den Betrieb eintreten (GK-BetrVG/*Kreutz* § 77 Rn. 413). Die Nachwirkung endet durch jede im Nachwirkungszeitraum getroffene andere Abmachung (Tarifvertrag, Betriebsvereinbarung, Arbeitsvertrag) über denselben Regelungsgegenstand (GK-BetrVG/*Kreutz* § 77 Rn. 417). **1540**

### k) Rechtsmängel, Streitigkeiten

Die Unwirksamkeit einer Betriebsvereinbarung kann sich insbes. daraus ergeben, dass die notwendige Schriftform nicht gewahrt wurde, ein wirksamer Betriebsratsbeschluss nicht vorliegt, die Betriebsvereinbarung durch einen unzuständigen Betriebsrat (z. B. Gesamt- statt Einzelbetriebsrat) abgeschlossen wurde, die Betriebsvereinbarung gegen höherrangiges Recht oder den Tarifvorbehalt verstößt, den Maßstäben gerichtlicher Billigkeitskontrolle nicht gerecht wird oder sonstige Grenzen der Regelungsbefugnis missachtet. **1541**

Einigungsstellensprüche sind darüber hinaus unwirksam, wenn die getroffene Regelung der erzwingbaren Mitbestimmung der Betriebspartner nicht unterlag und es damit an der Zuständigkeit der Einigungsstelle fehlte, sofern die Betriebspartner sich nicht dem Spruch der Einigungsstelle im Voraus unterworfen haben oder diesen nachträglich annehmen. Ferner ist der Spruch der Einigungsstelle dann unwirksam, wenn er die Grenzen des Ermessens überschreitet und dieser Mangel rechtzeitig von einem der Betriebspartner gerichtlich geltend gemacht wird (s. Rdn. 1388 ff.). **1542**

Liegt ein Unwirksamkeitsgrund vor, ist die Betriebsvereinbarung grds. insgesamt nichtig. Eine bloße Teilnichtigkeit liegt vor, wenn lediglich einzelne Bestimmungen unwirksam sind und der von der Unwirksamkeit nicht betroffene Teil noch eine in sich geschlossene und für sich allein handhabbare Regelung enthält (*BAG* 23.6.1992 EzA § 77 BetrVG 1972 Nr. 49). **1543**

Eine Umdeutung (§ 140 BGB; vgl. *Belling/Hartmann* NZA 1998, 673 ff.) einer unwirksamen Betriebsvereinbarung in ein individualrechtliches Rechtsgeschäft, z. B. einen Vertrag zu Gunsten Dritter mit der Folge, dass die Betriebsvereinbarung zum Inhalt der Einzelverträge der Arbeitnehmer wird, kommt dann in Betracht, wenn besondere tatsächliche Umstände vorliegen, aus denen die Arbeitnehmer nach Treu und Glauben schließen durften, dass der Arbeitgeber über die betriebsverfassungsrechtliche Verpflichtung hinaus sich für eine bestimmte Leistung binden wollte (*BAG* 24.1.1996 EzA § 77 BetrVG 1972 Nr. 55; 23.8.1989 EzA § 77 BetrVG 1972 Nr. 29). So kommt etwa eine Umdeutung einer unwirksamen Betriebsvereinbarung in eine vertragliche Einheitsregelung nur in Betracht, wenn und soweit besondere Umstände die Annahme rechtfertigen, der Arbeitgeber habe sich unabhängig von der Betriebsvereinbarung auf jeden Fall verpflichten wollen, die in der Betriebsvereinbarung vorgesehenen Leistungen zu erbringen (*BAG* 5.3.1997 EzA § 77 BetrVG 1972 Nr. 58). Vollzieht der Arbeitgeber in Kenntnis der Unwirksamkeit einer Betriebsvereinbarung deren Regelungen gleichwohl, können aus diesem Verhalten individualrechtliche Ansprüche unter dem Gesichtspunkt der Gesamtzusage oder der betrieblichen Übung entstehen (*BAG* 13.8.1980 **1544**

EzA § 77 BetrVG 1972 Nr. 8; s. Kap. 1 Rdn. 480 ff.). Eine unwirksame Betriebsvereinbarung wird auch nicht dadurch zum Inhalt des Einzelarbeitsvertrages, dass in diesem auf die im Betrieb geltenden Betriebsvereinbarungen Bezug genommen wird, da bei solchen Inbezugnahmen regelmäßig davon auszugehen sein wird, dass nur gültige Betriebsvereinbarungen gemeint sind (MünchArbR/ *Matthes* § 239 Rn. 91). In Betracht kommt ferner die Umdeutung einer unwirksamen Betriebsvereinbarung in eine Regelungsabrede; der Rückforderung bereits an die Arbeitnehmer auf Grund der unwirksamen Betriebsvereinbarung erbrachter Leistungen steht dann der Arglisteinwand (§ 242 BGB) entgegen, da die Regelungsabrede den Arbeitgeber dem Betriebsrat gegenüber verpflichtet, im Verhältnis zu den Arbeitnehmern einen individualrechtlichen Rechtsgrund für die Leistungen zu schaffen und der Arbeitgeber sich widersprüchlich verhalten würde, wenn er sich auf die Rechtsgrundlosigkeit der Leistung berufen würde (*Belling/Hartmann* NZA 1998, 673 ff.).

**1545** Streitigkeiten zwischen Arbeitgeber und Betriebsrat darüber, ob und wie eine getroffene Vereinbarung auszuführen ist und über das Bestehen, Nichtbestehen einer Betriebsvereinbarung, über deren Zulässigkeit und Rechtswirksamkeit, über deren Inhalt, Nachwirkung und Auslegung entscheidet das Arbeitsgericht auf Antrag im Beschlussverfahren, § 2a Abs. 1 Nr. 1, Abs. 2 §§ 80 ff. ArbGG. Bei Betriebsvereinbarungen, die auf verbindlichem Spruch der Einigungsstelle beruhen, ist die Ausschlussfrist des § 76 Abs. 5 S. 4 BetrVG für die Geltendmachung von Ermessensfehlern zu beachten.

**1546** Soweit in Frage steht, ob eine Betriebsvereinbarung wegen Verstoß gegen den Tarifvorbehalt nach § 77 Abs. 3 BetrVG unwirksam ist, besteht für einen auf Feststellung der Unwirksamkeit gerichteten Antrag im Beschlussverfahren keine Antragsbefugnis der betroffenen Gewerkschaft (*BAG* 23.2.1988 EzA § 81 ArbGG 1979 Nr. 13) oder des betroffenen Arbeitgeberverbandes (*LAG Hamm* 21.12.1988 LAGE § 76 BetrVG 1972 Nr. 33). Zulässig ist dagegen ein auf Unterlassung der Anwendung einer Betriebsvereinbarung gerichteter Antrag einer im Betrieb vertretenen Gewerkschaft nach § 23 Abs. 3 BetrVG gegen den Arbeitgeber oder ein entsprechender Antrag nach § 23 Abs. 1 BetrVG gegen den Betriebsrat (*BAG* 20.8.1991 EzA § 77 BetrVG 1972 Nr. 41; 22.6.1993 EzA § 23 BetrVG 1972 Nr. 35).

**1547** Streitigkeiten über Ansprüche einzelner Arbeitnehmer auf Grund einer Betriebsvereinbarung sind im arbeitsgerichtlichen Urteilsverfahren zu entscheiden, wobei das Bestehen oder die Wirksamkeit oder der Inhalt der Betriebsvereinbarung als Vorfrage zu entscheiden sein kann.

## G. Überblick über die Beteiligungsrechte des Betriebsrats

**1548** Das BetrVG sieht unterschiedliche Beteiligungsformen vor, die unter dem Oberbegriff Beteiligungsrechte als Mitbestimmungsrechte und als Mitwirkungsrechte unterschieden werden.

### I. Mitbestimmungsrechte

**1549** Die Mitbestimmung ist die stärkste Form der – gleichberechtigten – Beteiligung des Betriebsrates und bedeutet, dass eine Angelegenheit nicht einseitig durch den Arbeitgeber gegen den Willen des Betriebsrats geregelt werden kann. Der Betriebsrat muss entweder positiv mitwirken, z. B. durch vertragliche Einigung oder durch Zustimmung (positives Konsensprinzip) oder er kann durch eine negative Stellungnahme (Widerspruch) zu Regelungen, die der Arbeitgeber getroffen hat, deren Wirksamwerden verhindern bzw. ihre Unwirksamkeit herbeiführen (negatives Konsensprinzip).

#### 1. Positives Konsensprinzip

**1550** Dem positiven Konsensprinzip unterliegen insbesondere:
- soziale Angelegenheiten, § 87 BetrVG (s. Rdn. 1608 ff.),
- Personalfragebogen und die Aufstellung von Beurteilungsgrundsätzen, § 94 BetrVG (s. Rdn. 1942 ff.),
- die Aufstellung von Auswahlrichtlinien über die personelle Auswahl, § 95 BetrVG (s. Rdn. 1954 ff.),

- Regelungen über Bildungs- und Berufsbildungsmaßnahmen, § 97 Abs. 2, § 98 Abs. 1 BetrVG (s. Rdn. 1983 ff.),
- die Einstellung, Ein- und Umgruppierung, Versetzung von Arbeitnehmern in Unternehmen mit mehr als 20 Arbeitnehmern vorbehaltlich der vorläufigen Durchführung der Maßnahme, §§ 99, 100 BetrVG (s. Rdn. 2023 ff.),
- die außerordentliche Kündigung von betriebsverfassungsrechtlichen Mandatsträgern, insbes. von Betriebsratsmitgliedern, § 103 BetrVG, § 15 KSchG (s. Kap. 4 Rdn. 495 ff.) und die amtsbeendende Versetzung von BR-Mitgliedern, § 103 (s. Rdn. 821 ff.),
- nur bei Vorliegen einer entsprechenden Betriebsvereinbarung die ordentliche Kündigung eines Arbeitnehmers, § 102 Abs. 6 BetrVG (s. Kap. 4 Rdn. 486 ff.),
- die Aufstellung eines Sozialplans bei Betriebsänderungen, §§ 111, 112 Abs. 1 S. 2 BetrVG (s. Rdn. 2317 ff.).

## 2. Initiativrecht

Sofern das BetrVG zu Gunsten des Betriebsrats Mitbestimmungsrechte normiert, besteht überwiegend auch ein Initiativrecht des Betriebsrats als durchsetzbares Recht, eine Entscheidung über seinen Antrag, eine betriebliche Angelegenheit zu regeln, zu erzwingen, in dem der Betriebsrat die Einigungsstelle (z. B. §§ 87 Abs. 2, 91, 95 Abs. 2, 112 Abs. 1 S. 2, Abs. 4 BetrVG) oder das Arbeitsgericht (z. B. §§ 98 Abs. 5, 104 BetrVG) anruft. 1551

## 3. Negatives Konsensprinzip

Mitbestimmungsrechte in Ausgestaltung des reinen negativen Konsensprinzips sieht das BetrVG nicht vor. Der Betriebsrat kann nicht allein durch einen Einspruch einer Maßnahme des Arbeitgebers die Wirksamkeit nehmen. Das BetrVG enthält aber Regelungen, die einem modifizierten negativen Konsensprinzip unterliegen, in dem bei fehlendem Konsens ein Verfahren vor dem Arbeitsgericht vorgesehen ist. Diesem modifizierten negativen Konsensprinzip unterliegen insbesondere: 1552
- der Widerspruch gegen die Bestellung und die Forderung nach Abberufung eines Ausbilders, § 98 Abs. 2, Abs. 5 BetrVG (s. Rdn. 2018 ff.),
- das Bestreiten der Erforderlichkeit der vorläufigen Durchführung einer personellen Maßnahme, § 100 Abs. 1 BetrVG (s. Rdn. 2161 ff.).

Angelehnt an das negative Konsensprinzip ist der Widerspruch des Betriebsrats bei ordentlichen Kündigungen von Arbeitnehmern (§ 102 Abs. 3 BetrVG i. V. m. § 1 Abs. 2 S. 2 KSchG, s. Kap. 4 Rdn. 1707 ff.), weil auch insoweit der Widerspruch des Betriebsrats allein die Kündigung des Arbeitsverhältnisses durch den Arbeitgeber nicht verhindern kann. 1553

## 4. Korrigierendes Mitbestimmungsrecht

§ 91 BetrVG sieht das Recht des Betriebsrats vor, unter bestimmten Voraussetzungen bei der Änderung der Arbeitsplätze, des Arbeitsablaufs oder der Arbeitsumgebung eine Korrektur durch Erzwingung von Ausgleichsmaßnahmen zu erzwingen, das eingeschränkt als Mitbestimmungsrecht qualifiziert werden kann (s. Rdn. 1914 f.). 1554

## 5. Unverzichtbarkeit/Unverwirkbarkeit von Beteiligungsrechten

Die materiell-rechtliche Verwirkung von Mitbestimmungsrechten ist grundsätzlich ausgeschlossen (*BAG* 28.8.2007 EzA § 95 BetrVG 2001 Nr. 6). Auch ein Verzicht auf Mitbestimmungsrechte ist nicht möglich. Ebenso wenig darf der Betriebsrat ein Mitbestimmungsrecht der einseitigen Regelung durch den Arbeitgeber überlassen (*BAG* 3.6.2003 EzA § 77 BetrVG 2001 Nr. 5). 1555

## II. Mitwirkungsrechte (Beratungs-, Anhörungs-, Informationsrechte)

Ein bloßes Mitwirkungsrecht liegt vor, wenn der Arbeitgeber alle Entscheidungen treffen und ausführen kann, ohne dass ihn ein entgegenstehender oder abweichender Wille des Betriebsrats recht- 1556 lich daran hindert, dem Betriebsrat aber die Möglichkeit eingeräumt wird, durch Vorbringen von Tatsachen und Argumenten die betriebsleitenden Entschließungen des Arbeitgebers vor allem im personellen und wirtschaftlichen Bereich zu beeinflussen. Beratungsrechte (§§ 38 Abs. 2, 90, 92, 92a, 96, 97, 111 BetrVG) verpflichten den Arbeitgeber, bevor er eine Entscheidung trifft, diese zuvor mit dem Betriebsrat zu beraten. Ein Beratungsrecht ist auch für den Wirtschaftsausschuss vorgesehen, § 106 Abs. 1 BetrVG. Eine gegenüber der Beratung schwächere Form der Mitwirkung ist die Anhörung des Betriebsrats, § 102 Abs. 1 BetrVG. Als weitere Form der Beteiligung sieht das BetrVG Unterrichtungs- und Informationsrechte des Betriebsrats vor, und zwar in Form eines allgemeinen Informationsanspruchs (§ 80 Abs. 2 BetrVG) und durch Einräumung spezieller Informationsrechte (§§ 89 Abs. 2, 90, 92 Abs. 1, 99 Abs. 1, 102 Abs. 1 S. 2, 111, 105 BetrVG).

## H. Allgemeine Aufgaben des Betriebsrats; Pflichten des Arbeitgebers

1557 Allgemeine Aufgabe des Betriebsrates ist die Vertretung der Interessen der Arbeitnehmer des Betriebes gegenüber dem Arbeitgeber. Neben der Wahrnehmung der im BetrVG geregelten Beteiligungsrechte, der dem Betriebsrat innerhalb der Organisation der Betriebsverfassung zugewiesenen Aufgaben (vgl. §§ 16 Abs. 1, 22, 43, 47 Abs. 2, 63 Abs. 2. 80 Abs. 1 Nr. 5 BetrVG) und der Beachtung der Grundsätze für die Behandlung von Betriebsangehörigen nach § 75 BetrVG, weisen auch andere Gesetze dem Betriebsrat bestimmte Aufgaben zu (z. B. §§ 3, 17, 20 KSchG, §§ 85 Abs. 2, 93 SGB IX, §§ 9, 11, 12 ASiG, 21, 22 MitbestG, 89 Abs. 2, 104 AktG). Weiter weist § 80 BetrVG dem Betriebsrat eine Reihe allgemeiner Aufgaben zu.

### I. Die allgemeinen Aufgaben des Betriebsrates nach § 80 Abs. 1 BetrVG

#### 1. Überwachungsaufgaben

*a) Inhalt*

1558 Die Überwachungsaufgabe nach § 80 Abs. 1 Nr. 1 BetrVG erstreckt sich auf alle Rechtsvorschriften, die sich zu Gunsten der im Betrieb tätigen Arbeitnehmer auswirken, und damit nicht nur auf die allgemeinen Arbeitnehmerschutzgesetze, sondern auf alle Rechtsvorschriften, die zumindest auch einen Schutz des Arbeitnehmers bezwecken.

1559 Erfasst sind z. B. Grundrechte der Arbeitnehmer, europarechtliche Vorschriften, wie insbes. Art. 39, 95, 138, 141 EGV, Gesetze und Verordnungen zum Arbeitsschutz (z. B. Arbeitszeitbestimmungen, MuSchG, UVV der Berufsgenossenschaften), sonstige zu Gunsten der Arbeitnehmer geltende Gesetze und Vorschriften des Arbeitsrechts (z. B. KSchG, BUrlG, EFZG, AÜG, NachwG, vgl. *BAG* 19.10.1999 EzA § 80 BetrVG 1972 Nr. 45), Gesetze und Vorschriften der Sozialversicherung. Ebenso besteht eine Überwachungsaufgabe des Betriebsrats hinsichtlich der in Formulararbeitsverträgen enthaltenen Bestimmungen in Bezug auf ihre Vereinbarkeit mit den Vorgaben des Nachweisgesetzes sowie mit dem Recht der Allgemeinen Geschäftsbedingungen, allerdings nur i. S. einer Rechts- nicht auch einer Zweckmäßigkeitskontrolle (*BAG* 16.11.2005 EzA § 80 BetrVG 2001 Nr. 4). Auch das BDSG ist ein zu Gunsten der Arbeitnehmer geltendes Gesetz (*BAG* 17.3.1987 EzA § 80 BetrVG 1972 Nr. 30), wobei die Überwachungsaufgabe des Betriebsrats nicht durch die identische Überwachungsaufgabe des Datenschutzbeauftragten nach § 37 BDSG eingeschränkt wird (GK-BetrVG/*Weber* § 80 Rn. 14). Ferner gehören hierzu die individualrechtlichen Vorschriften des BetrVG (§§ 81–85 BetrVG) sowie die ungeschriebenen arbeitsrechtlichen Grundsätze (Gleichbehandlungsgrundsatz, Behandlung nach Recht und Billigkeit, Fürsorgepflicht).

1560 Die Überwachungspflicht bzgl. der Einhaltung von Tarifverträgen erstreckt sich auf normative, aber auch schuldrechtliche Bestimmungen, sofern sie zugunsten der Arbeitnehmer wirken (*BAG* 11.7.1972 EzA § 80 BetrVG 1972 Nr. 1) und auch auf betriebsverfassungsrechtliche Bestimmungen des Tarifvertrages. Gleichgültig ist, ob tarifvertragliche Vorschriften kraft Tarifbindung oder nur auf Grund einzelvertraglicher Vereinbarung Anwendung finden (*BAG* 18.9.1973 EzA § 80 BetrVG 1972 Nr. 5). Tarifvertraglichen Regelungen stehen bindende Festsetzungen nach §§ 19, 22 HAG gleich. Durch Tarifvertrag können die Überwachungspflichten und das ihnen korrespondierende Überwachungsrecht des Betriebsrats nicht aufgehoben werden. Ein Tarifvertrag kann diese Aufgabe des Betriebsrats auch für seine eigenen Regelungen nicht beseitigen oder einschränken (*BAG* 21.10.2003 EzA § 80 BetrVG 2001 Nr. 3).

Ein Überwachungsrecht besteht weiter im Hinblick auf die Einhaltung von Betriebsvereinbarungen, auch Gesamt- oder Konzernvereinbarungen (*BAG* 20.12.1988 EzA § 80 BetrVG 1972 Nr. 33) und Regelungsabreden. Einigungsstellensprüche stehen Betriebsvereinbarungen gleich. 1561

Die Überwachungspflicht des Betriebsrats erstreckt sich nicht auf die Einhaltung individueller arbeitsvertraglicher Vereinbarungen, aber auf arbeitsvertragliche Einheitsregelungen, auch wenn sie auf betrieblicher Übung beruhen (GK-BetrVG/*Weber* § 80 Rn. 17), wobei sich die Prüfung nicht darauf zu beschränken hat, ob diese Regelungen überhaupt betrieblich angewandt werden, sondern auch das Recht zur Überprüfung der Einhaltung im Einzelfall umfasst (GK-BetrVG/*Weber* § 80 Rn. 18). Erfasst sind auch die Arbeitsbedingungen der übertariflich bezahlten Arbeitnehmer (*BAG* 30.6.1981 EzA § 80 BetrVG 1972 Nr. 19) sowie von außertariflichen Angestellten jedenfalls dann, wenn im Einzelfall eine vertragliche Einheitsregelung oder eine sonstige kollektive Regelung zu Grunde liegt (*BAG* 20.12.1988 DB 1989, 1032). Das ist bereits dann der Fall, wenn fraglich ist, ob überhaupt nach generalisierenden Grundsätzen verfahren wird (*BAG* 19.3.1981 EzA § 80 BetrVG 1972 Nr. 18; 17.12.1980 EzA § 80 BetrVG 1972 Nr. 16). 1562

### b) Durchführung

Der Betriebsrat kann auch ohne das Bestehen eines Verdachts eines Verstoßes gegen die genannten Rechtsvorschriften tätig werden und insoweit ohne konkreten Anlass Stichproben machen. Er bestimmt nach pflichtgemäßem Ermessen, ob er tätig wird. Er muss aber bekannt gewordenen Hinweisen und Verdachtsmomenten nachgehen, wenn sie die Möglichkeit eines Rechtsverstoßes nahe legen (GK-BetrVG/*Weber* § 80 Rn. 25). Beschränkt ist die Befugnis des Betriebsrats durch das Verbot, durch einseitige Handlungen in die Leitung des Betriebs und der Betriebsabläufe einzugreifen (vgl. § 77 Abs. 1 S. 2 BetrVG) und das allgemeine Verbot des Rechtsmissbrauchs (*BAG* 11.7.1972 EzA § 80 BetrVG 1972 Nr. 1). Stellt der Betriebsrat Rechtsverstöße fest, so hat er den Arbeitgeber auf sie hinzuweisen und auf Abhilfe zu drängen; zu einer umfassenden Rechtsberatung der Arbeitnehmer ist er weder verpflichtet noch berechtigt (vgl. *BAG* 11.12.1973 EzA § 37 BetrVG 1972 Nr. 19). Soweit ein Rechtsverstoß die Rechte von Arbeitnehmern beeinträchtigt, hat der Betriebsrat diese zu informieren und sie auf die Möglichkeiten gerichtlicher Maßnahmen hinzuweisen (DKK/*Buschmann* § 80 Rn. 12). Bei Verstößen gegen Unfallverhütungsvorschriften kann auch der Träger der Unfallversicherung oder die zuständige Gewerbeaufsichtsbehörde informiert werden, wenn der Arbeitgeber keine Abhilfe schafft. 1563

> Zur Prüfung der Einhaltung der genannten Vorschriften hat der Betriebsrat ein eigenes, von der Zustimmung des Arbeitgebers unabhängiges Zugangsrecht zum Arbeitsplatz von Belegschaftsangehörigen und kann auch ohne konkreten Verdacht Betriebsbegehungen durchführen (*BAG* 17.1.1989 EzA § 2 BetrVG 1972 Nr. 12; 13.6.1989 EzA § 80 BetrVG 1972 Nr. 36). 1564

Der Betriebsrat kann auch Belegschaftsangehörige, die in einem fremden Betrieb eingesetzt werden, aufsuchen, allerdings nicht, wenn der Inhaber des Fremdbetriebes den Zugang verbietet (*BAG* 13.6.1989 EzA § 80 BetrVG 1972 Nr. 36). 1565

### c) Gerichtliche Durchsetzung

Streitigkeiten zwischen Betriebsrat und Arbeitgeber darüber, ob hinsichtlich einer Angelegenheit überhaupt ein Überwachungsrecht besteht oder hinsichtlich der Durchführung, können im arbeitsgerichtlichen Beschlussverfahren geklärt werden. 1566

> Hingegen ist es Sache des einzelnen Arbeitnehmers, die ihm zustehenden Ansprüche gerichtlich geltend zu machen; ein gerichtlich durchsetzbarer Anspruch des Betriebsrats darauf, dass der Arbeitgeber die zu Gunsten der Arbeitnehmer geltenden Regelung tatsächlich durchführt oder 1567

einhält, besteht nicht. Der Betriebsrat hat auch nicht die Möglichkeit, im Beschlussverfahren feststellen zu lassen, der Arbeitgeber sei verpflichtet, eine zu Gunsten der Arbeitnehmer bestehende allgemeine Regelung in bestimmter Weise durchzuführen (*BAG* 10.6.1986 EzA § 80 BetrVG 1972 Nr. 26).

1568 Unberührt hiervon bleibt die Befugnis des Betriebsrats nach § 77 Abs. 1 S. 1 BetrVG, vom Arbeitgeber zu verlangen, Betriebsvereinbarungen so, wie sie abgeschlossen sind, durchzuführen. Auch hieraus folgt aber nicht die Befugnis des Betriebsrats, vom Arbeitgeber aus eigenem Recht die Erfüllung von Ansprüchen der Arbeitnehmer aus dieser Betriebsvereinbarung zu verlangen (*BAG* 17.10.1989 EzA § 112 BetrVG 1972 Nr. 54).

### 2. Antragsrecht

1569 Das Antragsrecht nach § 80 Abs. 1 Nr. 2 BetrVG kann sich auf alle Maßnahmen sozialer, personeller oder wirtschaftlicher Art beziehen, soweit es sich um Angelegenheiten handelt, die einen konkreten Bezug zum Betrieb, seine Arbeitnehmer sowie zur Zuständigkeit des Betriebsrats haben und es nicht nur um rein individuelle Belange einzelner Arbeitnehmer geht (GK-BetrVG/*Weber* § 80 Rn. 31, 32). Die Vorschrift verpflichtet den Arbeitgeber grds. nur, mit dem Betriebsrat über den Antrag zu verhandeln und eine Lösung zu suchen; die Herbeiführung einer Entscheidung über einen Antrag auch gegen den Willen des Arbeitgebers ist hingegen nur möglich, soweit nach anderen Vorschriften ein echtes Initiativrecht des Betriebsrats gegeben ist, insbes. in den Fällen, in denen die Einigungsstelle gem. § 76 Abs. 5 BetrVG eine verbindliche Entscheidung herbeiführen kann.

### 3. Förderung der Durchsetzung der Gleichstellung von Frauen und Männern

1570 Auf Grund der Vorschrift ist der Betriebsrat über § 75 BetrVG hinaus selbst verpflichtet, die Gleichberechtigung zu fördern, indem er auf den Arbeitgeber durch entsprechende Anregungen, Anträge und Vorschläge einwirkt (vgl. §§ 92 Abs. 3, 96 Abs. 2 S. 2 BetrVG).

### 4. Förderung der Vereinbarkeit von Familie und Erwerbstätigkeit

1571 Die dem Betriebsrat durch das BetrV-ReformG vom 23.7.2001 (BGBl. I S. 1852 ff.) neu zugewiesene Aufgabe nach § 80 Abs. 1 Nr. 2b BetrVG soll es Arbeitnehmern mit Familienpflichten erleichtern, eine Berufstätigkeit auszuüben. Gedacht ist insbes. an Vorschläge des Betriebsrats zur familienfreundlichen Gestaltung der betrieblichen Arbeitszeit (so BegrRegE BT-Drs. 14/5741, S. 46).

### 5. Aufgreifen von Anregungen

1572 § 80 Abs. 1 Nr. 3 BetrVG begründet eine Verpflichtung des Betriebsrats, sich mit den ihm vorgetragenen Anregungen zu befassen und hierüber in einer nächsten Sitzung zu beraten und über deren weitere Behandlung einen Beschluss herbeizuführen. Bei entsprechender Beschlussfassung muss er in Verhandlungen mit dem Arbeitgeber eintreten und ist ferner verpflichtet, die Arbeitnehmer oder die JAV, die die Anregungen gegeben haben, über den Stand und das Ergebnis der Verhandlungen mit dem Arbeitgeber zu unterrichten (GK-BetrVG/*Weber* § 80 Rn. 37). Soweit es sich bei einer Anregung zugleich um eine Beschwerde eines Arbeitnehmers handelt, ist diese nach § 85 BetrVG zu behandeln (s. Rdn. 1216 ff.). Für die Abgrenzung von Anregung und Beschwerde ist entscheidend, ob ein Arbeitnehmer sich in seinen bestehenden Rechten beeinträchtigt fühlt oder ob er den gegebenen Zustand zwar für rechtmäßig, aber für änderungsbedürftig hält (GK-BetrVG/*Weber* § 80 Rn. 36).

### 6. Wahl der JAV, Zusammenarbeit mit JAV

1573 Der Betriebsrat hat durch Information der Betroffenen, die Vermittlung von Kenntnissen und Erfahrungen und die Bereitstellung der sächlichen Mittel nach Kräften dafür zu sorgen, dass eine JAV gewählt wird. Die Pflicht zur Zusammenarbeit, die organisatorisch durch §§ 67, 68 BetrVG abge-

## H. Allgemeine Aufgaben des Betriebsrats; Pflichten des Arbeitgebers   Kapitel 13

sichert ist, beinhaltet, dass der Betriebsrat die JAV in allen Angelegenheiten jugendlicher Arbeitnehmer und Auszubildender zu beraten und ihr die zur sachgerechten Wahrnehmung ihrer Aufgaben notwendigen Hilfen zu geben hat (GK-BetrVG/*Weber* § 80 Rn. 45). Zur JAV s. Rdn. 1003 ff.

### 7. Eingliederung schutzbedürftiger Personen

Neben der Überwachung der für den jeweiligen Personenkreis geltenden Vorschriften (z. B. SGB IX) soll der Betriebsrat nach § 80 Abs. 1 Nr. 4, 6, 7 BetrVG aktiv werden, um diesen Personen eine Beschäftigungsmöglichkeit im Betrieb zu verschaffen, zu verbessern oder zu erhalten. Der Betriebsrat soll sich der schutzbedürftigen Personen bei der Durchführung personeller Einzelmaßnahmen annehmen und besondere Anstrengungen unternehmen, um den Schutzbedürftigen angemessene Arbeitsplätze zukommen zu lassen und dafür zu sorgen, dass die genannten Personen im Betrieb nicht abseits stehen. In Bezug auf ausländische Arbeitnehmer (Nr. 7, modifiziert durch das BetrV-ReformG vom 23.7.2001, BGBl. I S. 1852 ff.) soll der Betriebsrat das wechselseitige Verständnis fördern und Rassismus und Fremdenfeindlichkeit im Betrieb bekämpfen (vgl. BegrRegE BT-Drs. 14/5741, S. 46).  1574

### 8. Beschäftigungsförderung und -sicherung

Gem. § 80 Abs. 1 Nr. 8 BetrVG (eingefügt durch das BetrV-ReformG vom 23.7.2001, BGBl. I S. 1852 ff.) obliegt es dem Betriebsrat, die Beschäftigung im Betrieb zu sichern und zu fördern, um den Arbeitnehmern in Anbetracht häufiger Umstrukturierungen und Fusionen die Arbeitsplätze zu erhalten (vgl. BegrRegE BT-Drs. 14/5741, S. 46). Der Erfüllung dieses Zwecks dienen die dem Betriebsrat nach §§ 92a, 96, 97, 111, 112 BetrVG eingeräumten Befugnisse.  1575

### 9. Förderung des Arbeitsschutzes und des betrieblichen Umweltschutzes

§ 80 Abs. 1 Nr. 9 BetrVG wurde durch das BetrVerf-ReformG vom 23.7.2001 (BGBl. I S. 1852 ff.) eingefügt. Eine Überwachungsaufgabe hinsichtlich der Bestimmungen des Arbeitsschutzes folgt bereits aus § 80 Abs. 1 Nr. 1 BetrVG, wobei diese Aufgabe durch § 89 BetrVG und § 87 Abs. 1 Nr. 7 BetrVG konkretisiert wird.  1576

Die Förderung des betrieblichen Umweltschutzes (zum Begriff vgl. § 89 Abs. 3 BetrVG, s. Rdn. 1891) soll die besondere Bedeutung dieses Leitzieles betonen (vgl. BegrRegE BT-Drs. 14/5741, S. 46). Konkretisiert wird diese Aufgabe durch § 89 BetrVG (s. Rdn. 1886 ff.).  1577

## II. Die Informationspflicht des Arbeitgebers, § 80 Abs. 2 BetrVG

### 1. Allgemeines

§ 80 Abs. 2 S. 1 BetrVG, dem als Spezialregelungen §§ 89 Abs. 2 S. 2, 90 Abs. 1, 92, 99 Abs. 1, 102 Abs. 1 BetrVG vorgehen, begründet eine vom Betriebsrat im Beschlussverfahren einklagbare (vgl. *BAG* 17.5.1983 EzA § 80 BetrVG 1972 Nr. 27) Rechtspflicht des Arbeitgebers zu unaufgeforderter, rechtzeitiger und umfassender Information gegenüber dem Betriebsrat. Der Arbeitgeber muss die Unterrichtung nicht persönlich vornehmen, sondern kann sich vertreten lassen und bestimmen, welche konkreten Personen Informationen an den Betriebsrat geben dürfen (GK-BetrVG/*Weber* § 80 Rn. 55). Aus § 80 Abs. 2 BetrVG folgt deshalb auch keine Pflicht eines Arbeitnehmers, Fragen des Betriebsrats zu beantworten (GK-BetrVG/*Weber* § 80 Rn. 55). Andererseits wird durch § 80 Abs. 2 BetrVG nicht eine anderweitige Informationsbeschaffung durch den Betriebsrat, etwa durch Aufsuchen der Arbeitnehmer an ihrem Arbeitsplatz (vgl. *BAG* 13.6.1989 EzA § 80 BetrVG 1972 Nr. 36) oder durch Durchführung einer Fragebogenaktion im Rahmen der gesetzlichen Aufgaben und ohne Störung des Betriebsablaufes und des Betriebsfriedens (*BAG* 8.2.1977 EzA § 70 BetrVG 1972 Nr. 1) ausgeschlossen (DKK/*Buschmann* § 80 Rn. 99 ff.). Der Informationsanspruch wird weder durch das BDSG (*BAG* 17.3.1983 EzA § 80 BetrVG 1972 Nr. 24) noch durch ein Geheimhaltungsinteresse des Arbeitgebers beschränkt (*BAG* 5.2.1991 EzA § 106 BetrVG 1972 Nr. 15). Soweit über persönliche Umstände und Verhältnisse einzelner Arbeitnehmer zu unterrichten ist, ergibt sich  1578

# Kapitel 13

## Betriebsverfassungsrecht

auch unter dem Gesichtspunkt des Persönlichkeitsrechts der betroffenen Arbeitnehmer keine Einschränkung des Unterrichtungsrechts, da das Persönlichkeitsrecht hinreichend dadurch geschützt ist, dass die Mitglieder des Betriebsrats gem. § 79 BetrVG zur Verschwiegenheit verpflichtet sind und das Individualinteresse gegenüber dem kollektivrechtlich begründeten Einsichtsrechts zurücktreten muss (*BAG* 20.12.1988 EzA § 80 BetrVG 1972 Nr. 33). Der Auskunftsanspruch wird auch nicht dadurch begrenzt, dass sich der Arbeitgeber Informationen erst beschaffen muss. So hat der Betriebsrat einen Informationsanspruch über die Arbeitszeit der Mitarbeiter unter dem Gesichtspunkt der Überprüfung der Einhaltung der Arbeitszeitvorschriften (§ 80 Abs. 1 Nr. 1 BetrVG) auch dann, wenn der Arbeitgeber im Rahmen sog. Vertrauensarbeitszeit auf eine Arbeitszeitkontrolle seiner Mitarbeiter verzichtet (*BAG* 6.5.2003 EzA § 80 BetrVG 2001 Nr. 2). Der allgemeine Unterrichtungsanspruch des Betriebsrats nach § 80 Abs. 2 S. 1 BetrVG wird auch für den Bereich der Vergütung nicht verdrängt durch das in § 80 Abs. 2 S. 2 Hs. 2 BetrVG geregelte Recht auf Einblick in die Bruttolohn- und Gehaltslisten (*BAG* 10.10.2006 EzA § 80 BetrVG 2001 Nr. 5 = NZA 2007, 106).

### 2. Aufgabenbezug des Informationsanspruchs

**1579** Der Informationsanspruch besteht nur zur Durchführung der Aufgaben des Betriebsrats nach dem BetrVG und hat damit Hilfsfunktion im Verhältnis zu der gesetzlichen Aufgabe.

**1580** Der Aufgabenbezug begrenzt Inhalt und Umfang des Informationsrechts (*BAG* 23.3.2010 EzA § 80 BetrVG 2001 Nr. 12; 20.9.1990 EzA § 80 BetrVG 1972 Nr. 39). Zu den Aufgaben des Betriebsrats i. S. v. § 80 Abs. 2 S. 1 BetrVG gehören dessen allgemeine Aufgaben gem. dem Katalog des § 80 Abs. 1 BetrVG, die vom Vorliegen besonderer Mitwirkungs- oder Mitbestimmungsrechte unabhängig sind. Zu ihnen gehört ferner die Wahrnehmung von Beteiligungsrechten nach dem Betriebsverfassungsgesetz (*BAG* 19.2.2008 EzA § 80 BetrVG 2001 Nr. 8). Nicht erforderlich ist aber, dass bereits feststeht, dass sich für den Betriebsrat Aufgaben stellen. Für den Auskunftsanspruch genügt es, dass der Betriebsrat die Auskunft benötigt, um überhaupt feststellen zu können, ob ihm ein Mitbestimmungsrecht zusteht und ob er davon Gebrauch machen soll, sofern nicht ein Mitbestimmungsrecht offensichtlich nicht in Betracht kommt (*BAG* 23.3.2010 EzA § 80 BetrVG 2001 Nr. 12; 19.2.2008 EzA § 80 BetrVG 2001 Nr. 8; 10.10.2006 EzA § 80 BetrVG 2001 Nr. 6; 26.1.1988 EzA § 80 BetrVG 1972 Nr. 32; 30.1.1989 EzA § 80 BetrVG 1972 Nr. 34). Ferner sind die Informationen zu erteilen, die der Betriebsrat benötigt, um prüfen zu können, ob er von einem ihm nach § 87 Abs. 1 BetrVG zustehenden Initiativrecht Gebrauch machen soll (*BAG* 20.9.1990 EzA § 80 BetrVG 1972 Nr. 39).

**1581** So kann der Betriebsrat z. B. Auskunft über die Auswertung einer im Betrieb durchgeführten Umfrage bereits verlangen, wenn eine hinreichende Wahrscheinlichkeit dafür besteht, dass die gewonnenen Erkenntnisse Aufgaben des Betriebsrats betreffen, wobei für den erforderlichen Grad der Wahrscheinlichkeit der jeweilige Kenntnisstand des Betriebsrats maßgeblich ist. Die Anforderungen sind umso niedriger, je weniger der Betriebsrat auf Grund der ihm bereits zugänglichen Informationen beurteilen kann, ob die begehrten Auskünfte tatsächlich zur Durchführung seiner Aufgaben erforderlich sind. Über je weiter gehende Informationen der Betriebsrat verfügt, desto mehr muss er zur Erlangung weiter gehender Informationen darlegen, zur Ausübung welcher Rechte er seine Kenntnisse als nicht ausreichend ansieht, und welche Erkenntnisse er sich aus den weiter gehenden Informationen verspricht (*BAG* 8.6.1999 EzA § 80 BetrVG 1972 Nr. 44). Verwendet der Arbeitgeber mit dem Betriebsrat abgestimmte Formulararbeitsverträge, hat dieser nur dann einen Anspruch auf Vorlage der ausgefüllten Arbeitsverträge, um die Einhaltung des Nachweisgesetzes zu überwachen, wenn er konkrete Anhaltspunkte für die Erforderlichkeit weiterer Informationen darlegt (*BAG* 19.10.1999 EzA § 80 BetrVG 1972 Nr. 45). Der Aufgabenbezug kann sich auch aus der Überwachungsaufgabe des Betriebsrates nach § 80 Abs. 1 Nr. 1 BetrVG ergeben. So begründet die Aufgabe des Betriebsrates, die Einhaltung des Gleichbehandlungsgrundsatzes i. S. d. § 75 Abs. 1 BetrVG zu überwachen, einen Anspruch auf Auskunft über die mit den Arbeitnehmern im Rahmen eines tariflichen Leistungslohnsystems individuell vereinbarten Umsatzziele (*BAG* 21.10.2003 EzA § 80 BetrVG 1972 Nr. 3).

Soweit sich für den Betriebsrat Aufgaben allerdings erst dann stellen, wenn der Arbeitgeber eine Maß- **1582** nahme ergreift oder plant, die Beteiligungsrechte des Betriebsrats auslöst, kann dieser Auskünfte, die zur Erfüllung dieser Aufgaben erforderlich sind, auch erst dann verlangen, wenn der Arbeitgeber tätig wird und damit Aufgaben des Betriebsrats auslöst (*BAG* 27.6.1989 EzA § 80 BetrVG 1972 Nr. 37). Bei wirtschaftlichen Angelegenheiten besteht ein Informationsrecht des Betriebsrats nur dann, soweit sie unmittelbar Aufgaben des Betriebsrats selbst betreffen, wie dies etwa bei einer Betriebsänderung der Fall ist. Hingegen stehen dann, wenn in einem Unternehmen ein Wirtschaftsausschuss nicht zu errichten ist, die allgemeinen Unterrichtungsansprüche des Wirtschaftsausschusses über wirtschaftliche Angelegenheiten nicht dem Betriebsrat zu (*BAG* 5.2.1991 EzA § 106 BetrVG 1972 Nr. 15).

Durch den durch das BetrVerf-ReformG vom 23.7.2001 (BGBl. I S. 1852 ff.) eingefügten 2. Hs. des **1583** § 80 Abs. 2 S. 1 BetrVG wurde klargestellt, dass Gegenstand der vom Arbeitgeber geschuldeten Unterrichtung auch die Beschäftigung von Personen ist, die in keinem Arbeitsverhältnis zum Arbeitgeber stehen, wie insbes. Leiharbeitnehmer, Fremdfirmenmitarbeiter oder freie Mitarbeiter, mit Ausnahme von Personen, die nur kurzfristig im Betrieb eingesetzt werden, wie z. B. der Elektriker, der eine defekte Stromleitung zu reparieren hat (BegrRegE BT-Drs. 14/5741, S. 46). Hierdurch soll dem Betriebsrat ein besserer Überblick über die neuen Beschäftigungsformen gegeben werden (BegrRegE BT-Drs. 14/5741., S. 28). Der erforderliche Aufgabenbezug hinsichtlich dieser Informationen ergibt sich aus § 80 Abs. 1 Nr. 8 und § 92a BetrVG (GK-BetrVG/*Weber* § 80 Rn. 60). Ein dementsprechender Auskunftsanspruch war bezüglich freier Mitarbeiter auch nach bisheriger Rechtslage anerkannt (*BAG* 15.12.1998 EzA § 80 BetrVG 1972 Nr. 43). Prozessual muss der Betriebsrat sein Auskunftsbegehren nach Art und Umfang konkretisieren. Ist dies wegen der großen Zahl freier Mitarbeiter und der Vielzahl von Beschäftigungsmodalitäten nicht möglich, kann er zunächst eine Gesamtübersicht zu einem von ihm bestimmten Stichtag verlangen (*BAG* 15.12.1998 EzA § 80 BetrVG 1972 Nr. 43).

### 3. Rechtzeitige und umfassende Unterrichtung; Form der Auskunftserteilung

Grds. hat der Arbeitgeber den Betriebsrat unaufgefordert von sich aus zu unterrichten und muss prü- **1584** fen, ob er über eine Information verfügt, die für den Betriebsrat zur Erfüllung seiner gesetzlichen Aufgaben notwendig ist. Rechtzeitig ist die Information dann, wenn sie so frühzeitig erfolgt, dass der Betriebsrat die entsprechende gesetzliche Aufgabe ordnungsgemäß erfüllen kann (GK-BetrVG/ *Weber* § 80 Rn. 68). Sie ist umfassend, wenn sie unter Einbeziehung auch der Einzelheiten und in verständlicher Form alle Angaben enthält, die der Betriebsrat benötigt, um seine Entscheidung ordnungsgemäß treffen zu können, wobei allerdings nur diejenigen Tatsachen und Umstände mitzuteilen sind, die der Arbeitgeber selbst kennt. Der Arbeitgeber kann auch verpflichtet sein, Informationen zu beschaffen, zu denen er bislang keine Daten erhoben hat (*BAG* 6.5.2003 EzA § 80 BetrVG 2001 Nr. 2; GK-BetrVG/*Weber* § 80 Rn. 70). Es obliegt grundsätzlich der Entscheidung des Arbeitgebers, in welcher Form er den Auskunftsanspruch des Betriebsrats erfüllen will; insbesondere bei komplexen Informationen kann er aber nach § 2 Abs. 1 BetrVG zur Erteilung einer schriftlichen Auskunft verpflichtet sein (*BAG* 10.10.2006 EzA § 80 BetrVG 2001 Nr. 6).

### 4. Zur Verfügung stellen von Unterlagen

Die Pflicht zur Vorlage von Unterlagen besteht nur bei entsprechendem Verlangen des Betriebsrats **1585** und nur dann, wenn die Vorlage zur Durchführung von Aufgaben des Betriebsrats erforderlich ist. Das ist schon dann der Fall, wenn erst die Prüfung dieser Unterlagen ergeben kann, ob der Betriebsrat aus eigener Initiative tätig werden soll oder kann, sofern nur wahrscheinlich ist, dass die geforderten Unterlagen eine solche Prüfung überhaupt ermöglichen (*BAG* 20.9.1990 EzA § 80 BetrVG 1972 Nr. 39). Die Vorlage ist z. B. dann nicht erforderlich, wenn der Betriebsrat mit Hilfe einer einfachen Rechenoperation in der Lage ist, die gewünschten Daten aus den vorhandenen Unterlagen selbst zu ermitteln (*BAG* 24.1.2006 EzA § 80 BetrVG 2001 Nr. 5). Zur Verfügung zu stellen sind alle Unterlagen, die der Arbeitgeber im Besitz hat und die Angaben enthalten, die für die Aufgabe des Betriebsrats, zu deren Durchführung sie verlangt werden, von Belang sind. Angaben in Unterlagen, die keinen Bezug zu Aufgaben des Betriebsrats haben, können unkenntlich gemacht werden (*BAG* 16.8.2011 EzA § 50 BetrVG 2001 Nr. 9). Verlangt werden kann lediglich die Überlassung vorhandener oder jederzeit erstellbarer Unterlagen, nicht aber die Installation von Anlagen, die geforderten Unterlagen erst erstellen sollen (*BAG* 7.8.1986 EzA § 80 BetrVG 1972 Nr. 27). Sind erforderliche Daten elektronisch gespeichert und mit einem vorhandenen Programm jederzeit abrufbar, sind sie auszudrucken (vgl. *BAG* 17.3.1983 EzA § 80 BetrVG 1972 Nr. 24). Ein Anspruch des Betriebsrats einen unbeschränkten Lesezugriff auf solche Dateien zu erhalten, besteht nicht (*BAG* 16.8.2011 EzA § 50 BetrVG 2001 Nr. 9). Da nach § 83 Abs. 1 BetrVG das Einsichtsrecht in Personalakten ausschließlich dem Arbeitnehmer zusteht, dürfen Personalakten nicht auf Grund von § 80 Abs. 2 BetrVG dem Betriebsrat überlassen werden, was aber nicht ausschließt, dass der Betriebsrat Einzelinformationen oder Abschriften bestimmter Schriftstücke aus der Personalakte verlangen kann, wenn diese zur Durchführung einer konkreten gesetzlichen Aufgabe benötigt werden (*BAG* 20.12.1988 EzA § 80 BetrVG 1972 Nr. 33).

**1586** Die Unterlagen sind zur Verfügung zu stellen. Dies beinhaltet die Aushändigung und Überlassung für angemessene Zeit im Original oder in Kopie. Ein Anspruch auf Überlassung auf Dauer kann bestehen, wenn der Betriebsrat die Unterlagen nachweislich für seine Aufgabenerfüllung auf Dauer benötigt (GK-BetrVG/*Weber* § 80 Rn. 86). Streitig ist, ob der Betriebsrat berechtigt ist, von Unterlagen, die ihm nicht auf Dauer zu überlassen sind, ohne Zustimmung des Arbeitgebers Abschriften oder Kopien zu fertigen (abl. MünchArbR/*Matthes* § 237 Rn. 25; bejahend DKK/*Buschmann* § 80 Rn. 96; GK-BetrVG/*Weber* § 80 Rn. 86).

**1587** Für den Bereich der Löhne und Gehälter stellt das Einblicksrecht in die Lohn- und Gehaltslisten (§ 80 Abs. 2 S. 2 BetrVG, s. Rdn. 1588 ff.) die speziellere, einen Anspruch auf zur Verfügung stellen von Unterlagen nach § 80 Abs. 2 BetrVG verdrängende Regelung dar (*BAG* 10.10.2006 EzA § 80 BetrVG 2001 Nr. 6).

### III. Einblicksrecht in Lohn- und Gehaltslisten, § 80 Abs. 2 S. 2 BetrVG

**1588** Obwohl § 80 Abs. 2 S. 2 BetrVG das Recht auf Einsichtnahme in Lohn- und Gehaltslisten davon abhängig macht, dass sie zur Erfüllung von Aufgaben des Betriebsrats erforderlich ist, besteht ein jederzeitiges Einsichtsrecht, ohne dass die zuständigen Betriebsratsmitglieder hierfür einen schlüssigen Anlass nennen müssten (*BAG* 18.9.1973 EzA § 80 BetrVG 1972 Nr. 4). Das Einblicksrecht besteht neben dem Unterrichtungsanspruch nach § 80 Abs. 2 BetrVG. Lediglich im Hinblick auf die Überlassung von Unterlagen handelt es sich bei dem Einblicksrecht um eine Spezialregelung (*BAG* 10.10.2006 EzA § 80 BetrVG 2001 Nr. 6).

**1589** Dies gilt auch bei außertariflichen Angestellten, da der Betriebsrat ein berechtigtes Interesse an der Prüfung hat, ob mit den gewährten Vergütungen eine innerbetriebliche Lohngerechtigkeit erreicht ist oder ob er in Wahrnehmung seines Initiativrechts nach § 87 Abs. 1 Nr. 10, 11 BetrVG eine andere Regelung anstreben soll (*BAG* 30.6.1981 EzA § 80 BetrVG 1972 Nr. 19; 3.12.1981 EzA § 80 BetrVG 1972 Nr. 21). Gleiches gilt, wenn für die Arbeitsverhältnisse in einem Betrieb überhaupt kein Tarifvertrag existiert (*BAG* 30.4.1981 EzA § 80 BetrVG 1972 Nr. 17). Kein Einsichtsrecht besteht hinsichtlich der Gehälter der leitenden Angestellten i. S. v. § 5 Abs. 3, 4 BetrVG. Das Einblicksrecht darf nicht rechtsmissbräuchlich ausgeübt werden, besteht im Übrigen aber unabhängig vom Willen einzelner Arbeitnehmer, gegebenenfalls auch gegen deren Willen (GK-BetrVG/*Weber* § 80 Rn. 93) und wird auch durch Vorschriften des BDSG nicht beschränkt (*BAG* 17.3.1983 EzA § 80 BetrVG 1972 Nr. 24).

## H. Allgemeine Aufgaben des Betriebsrats; Pflichten des Arbeitgebers    Kapitel 13

### 1. Einsichtsberechtigte

Für Betriebsräte mit weniger als neun Mitgliedern, die demzufolge keinen Betriebsausschuss oder sonstigen Ausschuss bilden können (vgl. §§ 27 Abs. 1, 28 Abs. 1 BetrVG) steht das Einsichtsrecht dem mit der Führung der laufenden Geschäfte beauftragten Betriebsratsvorsitzenden oder einem anderen damit beauftragten Betriebsratsmitglied zu (*BAG* 18.9.1973 EzA § 80 BetrVG 1972 Nr. 4; 10.2.1987 EzA § 80 BetrVG 1972 Nr. 28). 1590

### 2. Inhalt und Umfang des Einsichtsrechts

Die Listen sind lediglich zur Einsicht vorzulegen, nicht aber dem Betriebsrat zu überlassen. Sofern die erforderlichen Daten in EDV-Anlagen gespeichert sind, kann der Betriebsrat verlangen, dass Bruttolohn- und Gehaltslisten ausgedruckt und ihm zur Einsicht vorgelegt werden (*BAG* 17.3.1983 EzA § 80 BetrVG 1972 Nr. 24). Der Betriebsrat ist nicht befugt, Listen zu fotokopieren, sondern hat nur das Recht, sich einzelne Notizen zu machen (*BAG* 15.6.1976 EzA § 80 BetrVG 1972 Nr. 14). 1591

Es besteht kein Anspruch darauf, in derartige Listen ohne Anwesenheit anderer Personen Einsicht zu nehmen. Bei der Einsichtnahme dürfen aber keine Personen anwesend sein, die den Betriebsrat überwachen oder mit seiner Überwachung beauftragt sind (*BAG* 16.8.1995 EzA § 80 BetrVG 1972 Nr. 41). 1592

Das Einsichtsrecht erstreckt sich auf die effektiven Bruttobezüge. Die Lohnlisten müssen alle Lohnbestandteile enthalten einschließlich übertariflicher Zulagen und solcher Zahlungen, die individuell unter Berücksichtigung verschiedener Umstände ausgehandelt und gezahlt werden (*BAG* 10.2.1987 EzA § 80 BetrVG 1972 Nr. 28). Auch freiwillig gewährte Prämien gehören als Gehaltsbestandteile zu den Bruttobezügen (*BAG* 17.3.1983 EzA § 80 BetrVG 1972 Nr. 24). Das Einsichtsrecht erstreckt sich nicht auf die Gehälter der leitenden Angestellten i. S. v. § 5 Abs. 3, 4 BetrVG (GK-BetrVG/*Weber* § 80 Rn. 89). Es besteht aber auch hinsichtlich der Gehaltslisten der Tendenzträger in einem Tendenzunternehmen (*BAG* 13.2.2007 EzA § 80 BetrVG 2001 Nr. 7; 30.6.1981 EzA § 80 BetrVG 1972 Nr. 19). Der Anspruch kann im arbeitsgerichtlichen Beschlussverfahren geltend gemacht werden. Die Vollstreckung richtet sich nach § 888 ZPO. 1593

### 3. Verhältnis zum allgemeinen Auskunftsanspruch

Der Auskunftsanspruch des Betriebsrats nach § 80 Abs. 2 S. 1 BetrVG wird im Bereich der Löhne und Gehälter nicht durch die Regelung des Satzes 2 2. Hs. der Vorschrift verdrängt. Anders als das Einblicksrecht setzt der Auskunftsanspruch nicht voraus, dass der Arbeitgeber über die begehrten Informationen in urkundlicher Form oder in Gestalt einer elektronischen Datei bereits verfügt. Der Anspruch kann schon dann bestehen, wenn der Arbeitgeber die entsprechenden Daten entweder tatsächlich kennt oder sie, weil sie einfach zugänglich sind, doch zur Kenntnis nehmen könnte. Der Anspruch kann auf die schriftliche Erteilung der Auskünfte gerichtet sein. Zur Vermeidung eines Wertungswiderspruchs mit der Regelung der Einsichtsberechtigung bei Bruttolohn- und Gehaltslisten genügt der Arbeitgeber dann, wenn eine aus Sachgründen erforderliche schriftliche Auskunft im Bereich der Löhne und Gehälter inhaltlich einer Bruttolohn- und -gehaltsliste gleichkommt, dem Auskunftsanspruch des Betriebsrats nach § 80 Abs. 2 S. 1 BetrVG schon dadurch, dass er dem zuständigen Ausschuss, ggf. dem Vorsitzenden des Betriebsrats nach Maßgabe von § 80 Abs. 2 S. 2 2. Hs. BetrVG den Einblick in die schriftlich gefassten Angaben ermöglicht (*BAG* 30.9.2008 EzA § 80 BetrVG 2001 Nr. 10). 1594

### IV. Sachkundige Arbeitnehmer als Auskunftspersonen, § 80 Abs. 2 S. 3 BetrVG

Nach dem durch das BetrVerf-ReformG vom 23.7.2001 (BGBl. I S. 1852 ff.) eingefügten Satz 3 in § 80 Abs. 2 BetrVG ist der Arbeitgeber verpflichtet, dem Betriebsrat sachkundige Arbeitnehmer als Auskunftspersonen zur Verfügung zu stellen, soweit es zur ordnungsgemäßen Erfüllung der Aufgaben des Betriebsrats erforderlich ist. Soweit betriebliche Notwendigkeiten nicht entgegenstehen, hat der Arbeitgeber dabei die personellen Wünsche des Betriebsrats zu berücksichtigen. Hierdurch 1595 soll der intern vorhandene Sachverstand der Arbeitnehmer für den Betriebsrat nutzbar gemacht und bei Problemlösungen einbezogen werden (BegrRegE BT-Drs. 14/5741, S. 46 f.).

**1596** Die Voraussetzungen, unter denen eine Inanspruchnahme von Arbeitnehmern als Auskunftspersonen möglich ist, sind denen der Inanspruchnahme eines Sachverständigen nachgebildet. Auf die hierzu entwickelten Grundsätze wird weitgehend zurückgegriffen werden können. Die Zur-Verfügung-Stellung von Arbeitnehmern als Auskunftspersonen muss zur Erfüllung von Aufgaben des Betriebsrats erforderlich und verhältnismäßig sein. Der Betriebsrat muss hierzu darlegen können, dass er ohne die Hinzuziehung sachkundiger Arbeitnehmer die von ihm anlässlich eines konkreten Sachverhalts zu bewältigenden Aufgaben wegen fehlender Fachkenntnis oder mangelnder Kenntnis tatsächlicher Umstände nicht erfüllen kann und ihm auch sonst kein anderes, kostengünstigeres Mittel zur Erlangung der für seine Tätigkeit erforderlichen Information zur Verfügung steht. Eine bloße Sachdienlichkeit ist hierfür nicht ausreichend (vgl. *Natzel* NZA 2001, 872, 873). Die Hinzuziehung muss ferner auf der Grundlage eines ordnungsgemäßen Betriebsratsbeschlusses gefordert werden.

**1597** Die Auswahlentscheidung, wer als sachkundiger Arbeitnehmer zur Verfügung gestellt wird, obliegt dem Arbeitgeber, der aber – soweit nicht betriebliche Notwendigkeiten entgegenstehen – die Vorschläge des Betriebsrats zu berücksichtigen hat. Entgegenstehende betriebliche Notwendigkeiten sind anzunehmen, wenn die Heranziehung des sachkundigen Arbeitnehmers die Organisation, den Arbeitsablauf oder die Sicherheit im Betrieb beeinträchtigen oder unverhältnismäßig hohe Kosten verursachen würde (*Natzel* NZA 2001, 872, 873). Streitigkeiten sind im arbeitsgerichtlichen Beschlussverfahren auszutragen.

**1598** Die als Auskunftspersonen herangezogenen Arbeitnehmer unterliegen einer Geheimhaltungspflicht nach § 80 Abs. 4 i. V. m. § 79 BetrVG (s. Rdn. 848 ff.) und unterfallen dem Benachteiligungs- und Begünstigungsverbot des § 78 BetrVG (s. Rdn. 806 ff.).

### V. Hinzuziehung von Sachverständigen, § 80 Abs. 3 BetrVG

**1599** Aufgabe eines Sachverständigen ist es, dem Betriebsrat fehlende Sachkenntnisse zu vermitteln, die dieser zur Wahrnehmung einer konkreten Aufgabe nach dem BetrVG benötigt. Seine Aufgabe ist es hingegen nicht, dem Betriebsrat fehlende Sachkenntnisse in bestimmten Angelegenheiten generell und auf Vorrat zu vermitteln. Dem Erwerb solcher Kenntnisse dienen vielmehr die Schulungsansprüche des Betriebsrats nach § 37 Abs. 6, Abs. 7 BetrVG (*BAG* 25.7.1989 EzA § 80 BetrVG 1972 Nr. 38). Als Sachverständige i. S. d. Vorschrift kommen Personen in Betracht, die dem Betriebsrat fehlende Fachkenntnisse zur Beantwortung konkreter und aktueller Fragen vermitteln, damit dieser die ihm Einzelfall obliegende betriebsverfassungsrechtliche Aufgabe sachgerecht erfüllen kann. Dies gilt auch dann, wenn der Sachverständige dem Betriebsrat seine Sachkunde nicht neutral, sondern von den Interessen des Betriebsrats geleitet zur Verfügung stellen soll (*BAG* 16.11.2005 EzA § 80 BetrVG 2001 Nr. 4).

**1600** Grds. kommt damit die Hinzuziehung eines Sachverständigen nur in Betracht, wenn sich dem Betriebsrat eine bestimmte Aufgabe stellt, für deren Erfüllung Kenntnisse und Erfahrungen erforderlich sind, über die er nicht verfügt.

**1601** Offen gelassen hat das *BAG* (17.3.1987 EzA § 80 BetrVG 1972 Nr. 30) die Frage, ob die Hinzuziehung eines Sachverständigen bereits zu einem Zeitpunkt in Betracht kommen kann, in dem noch nicht feststeht, ob sich eine Aufgabe für den Betriebsrat stellt, dass Fachwissen des Sachverständigen vielmehr erst die Beantwortung der Frage ermöglichen kann, ob sich für den Betriebsrat eine Aufgabe stellt (bejahend DKK/*Buschmann* § 80 Rn. 131; abl. GK-BetrVG/*Weber* § 80 Rn. 125).

**1602** Die Hinzuziehung des Sachverständigen muss ferner erforderlich und verhältnismäßig sein. Dies setzt voraus, dass der Betriebsrat zunächst seinen Informationsanspruch nach § 80 Abs. 2 BetrVG gegenüber dem Arbeitgeber ausschöpft und gegebenenfalls noch ergänzende Informationen unter Vorlage entsprechender Unterlagen anfordert (*BAG* 4.6.1987 EzA § 80 BetrVG 1972 Nr. 31). Auch muss der Betriebsrat zunächst andere, kostengünstigere Möglichkeiten ausschöp-

## H. Allgemeine Aufgaben des Betriebsrats; Pflichten des Arbeitgebers Kapitel 13

fen, um sich die erforderlichen Kenntnisse zu verschaffen. Der Betriebsrat muss zunächst alle ihm sonst zur Verfügung stehenden Erkenntnisquellen nutzen, um sich das erforderliche Wissen anzueignen, wozu auch gehört, sich zuvor bei dem Arbeitgeber um die Klärung der offenen Fragen zu bemühen (*BAG* 16.11.2005 EzA § 80 BetrVG 2001 Nr. 4). In Betracht kommt auch die Hinzuziehung sachkundiger Arbeitnehmer als Auskunftspersonen nach § 80 Abs. 2 S. 3 BetrVG(vgl. *Natzel* NZA 2001, 872).

Andere, vorrangig in Anspruch zu nehmende Erkenntnisquellen können etwa Auskünfte durch die Gewerkschaft, das Studium der Fachliteratur, aber auch eine vom Arbeitgeber angebotene Unterrichtung durch Fachkräfte des Betriebs oder (bei EDV-Einführung) durch Vertreter des Systemherstellers oder des Systemverkäufers sein (*BAG* 4.6.1987 EzA § 80 BetrVG 1972 Nr. 31; 26.2.1992 EzA § 80 BetrVG 1972 Nr. 40). Sachverständiger kann auch ein Rechtsanwalt sein, der von einem Betriebsrat lediglich zur Beratung über eine vom Arbeitgeber vorgeschlagene Betriebsvereinbarung hinzugezogen wird (*BAG* 25.4.1978 EzA § 80 BetrVG 1972 Nr. 15). Wird ein Rechtsanwalt hingegen mit der Vertretung in einem gerichtlichen Verfahren oder in einem Verfahren vor der Einigungsstelle beauftragt, richtet sich die Kostentragungspflicht ausschließlich nach § 40 BetrVG (s. Rdn. 866 ff.). 1603

Die Hinzuziehung eines Sachverständigen erfordert einen ordnungsgemäßen Beschluss des Betriebsrats, der möglichst genau bezeichnen muss, für welche Aufgabe und zu welchem Thema ihm fachliche und/oder rechtliche Kenntnisse fehlen, die die Hinzuziehung erforderlich machen (*BAG* 4.6.1987 EzA § 80 BetrVG 1972 Nr. 31). Ferner ist erforderlich, dass über die Zuziehung eines Sachverständigen entsprechend dem gefassten Beschluss eine auch formlos mögliche Vereinbarung mit dem Arbeitgeber herbeigeführt wird, in welcher die Person des Sachverständigen, sein Honorar und der Gegenstand der Tätigkeit festzulegen sind (GK-BetrVG/*Weber* § 80 Rn. 127). 1604

Das bloße Schweigen des Arbeitgebers auf ein entsprechendes Schreiben des Betriebsrats kann nicht als Zustimmung zur näheren Vereinbarung i. S. d. § 80 Abs. 3 BetrVG gewertet werden (*BAG* 19.4.1989 EzA § 80 BetrVG 1972 Nr. 35). Sofern eine solche Vereinbarung zustande kommt, kann der Betriebsrat nach ihrer Maßgabe den Sachverständigen beauftragen. 1605

Kommt eine Vereinbarung nicht zu Stande, kann der Betriebsrat im arbeitsgerichtlichen Beschlussverfahren beantragen, die vom Arbeitgeber verweigerte Zustimmung zu der vorgeschlagenen Vereinbarung zu ersetzen. Entspricht das Gericht dem Antrag, gilt gem. § 894 ZPO das Vereinbarungsangebot des Betriebsrats als durch den Arbeitgeber angenommen (*BAG* 19.4.1989 EzA § 80 BetrVG 1972 Nr. 35; 26.2.1992 EzA § 80 BetrVG 1972 Nr. 40). 1606

Strittig ist, ob das Gericht auch einen vom Antrag des Betriebsrats abweichenden Inhalt der Vereinbarung beschließen kann (abl. GK-BetrVG/*Weber* § 80 Rn. 129; bejahend MünchArbR/*Matthes* § 237 Rn. 36). Strittig ist weiter, ob eine Kostentragungspflicht des Arbeitgebers auch dann besteht, wenn der Betriebsrat den Sachverständigen beauftragt, bevor eine rechtskräftige Entscheidung vorliegt, später dann aber rechtskräftig arbeitsgerichtlich festgestellt wird, dass die Hinzuziehung des Sachverständigen erforderlich war (so *LAG Frankf.* 11.11.1986 DB 1987, 614; DKK/*Buschmann* § 80 Rn. 129; a.A. GK-BetrVG/*Weber* § 80 Rn. 128). Unter dem Gesichtspunkt der Vorwegnahme der Hauptsache wird die Frage kontrovers beurteilt, ob gegebenenfalls die Bestellung eines Gutachters im Wege der einstweiligen Verfügung in Betracht kommt (abl. *LAG Köln* 5.3.1986 LAGE § 80 BetrVG 1972 Nr. 5; bejahend *LAG Hamm* 15.3.1994 LAGE § 80 BetrVG 1972 Nr. 12). 1607

# Kapitel 13 — Betriebsverfassungsrecht

## J. Mitbestimmung in sozialen Angelegenheiten, § 87 BetrVG

### I. Allgemeine Fragen

#### 1. Überblick, Zweck, Annex-Regelungen

**1608** Im Bereich der sozialen Angelegenheiten sieht das BetrVG eine echte Mitbestimmung des Betriebsrats als stärkste Form der Beteiligung vor. Hierdurch wird eine gleichberechtigte Teilhabe der durch den Betriebsrat repräsentierten Arbeitnehmer an den sie betreffenden Entscheidungen gewährleistet.

**1609** Die in § 87 BetrVG aufgeführten Angelegenheiten können von Arbeitgeber und Betriebsrat nur gemeinsam geregelt werden. Die fehlende Zustimmung des Betriebsrats kann auch nicht (wie etwa bei § 99 BetrVG) durch eine gerichtliche Entscheidung überwunden werden. Die Mitbestimmung ist insoweit notwendig, als es ohne Beteiligung beider Seiten und ohne Konsens zu keiner Regelung kommt, es sei denn, die Einigungsstelle trifft auf Initiative einer Seite eine Regelung, §§ 87 Abs. 2, 76 BetrVG.

**1610** Die Mitbestimmung hat im Bereich der sozialen Angelegenheiten auch nicht nur korrigierende Funktion dergestalt, dass sich Aufgaben für den Betriebsrat erst dann stellen, wenn der Arbeitgeber eine bestimmte Angelegenheit regeln oder Maßnahmen durchführen will. Vielmehr kann der Betriebsrat auch von sich aus initiativ werden und – ggf. durch Anrufung der Einigungsstelle – die Regelung einer Angelegenheit auch gegen den Willen des Arbeitgebers anstreben und durchsetzen.

**1611** Die Mitbestimmung des Betriebsrats ist in sozialen Angelegenheiten kraft Gesetzes auf die in § 87 Abs. 1 Nr. 1–13 BetrVG erschöpfend aufgezählten Möglichkeiten beschränkt; in anderen sozialen Angelegenheiten sind grds. nur freiwillige Betriebsvereinbarungen gem. § 88 BetrVG möglich (GK-BetrVG/*Wiese* § 87 Rn. 4). Kontrovers diskutiert wird, ob es dann zu einer unzulässigen Erweiterung der Mitbestimmungsrechte über den gesetzlich vorgegebenen Rahmen hinaus kommt, wenn im Zusammenhang mit der Regelung einer unzweifelhaft der Mitbestimmung des Betriebsrats unterliegenden Angelegenheit auch eine sog. Annex-Regelung, d. h. eine Regelung, ohne die eine mitbestimmungspflichtige Angelegenheit nicht sinnvoll geordnet werden kann, weil die davon betroffenen Fragen in einem unmittelbaren Zusammenhang mit der beteiligungspflichtigen Angelegenheit selbst stehen, getroffen wird. In der Praxis hat sich diese Frage vor allem im Hinblick darauf gestellt, ob anlässlich der Regelung einer mitbestimmungspflichtigen Angelegenheit auch eine Regelung über die hierdurch verursachten Kosten getroffen werden kann, so z. B. die Regelung der Kostentragungspflicht bei bargeldloser Lohnzahlung, § 87 Abs. 1 Nr. 4 BetrVG (vgl. *BAG* 8.3.1977 EzA § 87 BetrVG 1972 Lohn- und Arbeitsentgelt Nr. 6; 10.8.1993 EzA § 87 BetrVG 1972 Lohn- und Arbeitsentgelt Nr. 16) oder bei der Einführung einheitlicher Dienstkleidung (vgl. *BAG* 13.2.2007 EzA § 87 BetrVG 2001 Betriebliche Ordnung Nr. 2; *LAG Nbg.* 10.9.2002 LAGE § 87 BetrVG 2001 Betriebliche Ordnung Nr. 1; *LAG Bln.* 20.9.2005 LAGE § 87 BetrVG 2001 Betriebliche Ordnung Nr. 3). Sofern eine solche Annex-Regelung unmittelbar zwischen den Betriebspartnern vereinbart wird, hat diese Frage keine Bedeutung, da freiwillige Vereinbarungen unter Berücksichtigung der allgemeinen Grenzen der Regelungsbefugnis stets zulässig sind. Praktisch relevant wird sie dann, wenn es zu einer entsprechenden Regelung durch Spruch der Einigungsstelle kommt, da im erzwingbaren Einigungsstellenverfahren die Regelungskompetenz der Einigungsstelle durch die Reichweite des jeweiligen Mitbestimmungsrechts beschränkt ist.

**1612** Überwiegend (*BAG* 8.3.1977 EzA § 87 BetrVG 1972 Lohn- und Arbeitsentgelt Nr. 6) werden Annex-Regelungen dann für zulässig erachtet, wenn ohne sie eine mitbestimmungspflichtige Angelegenheit nicht sinnvoll geordnet werden kann, da sie dann zum Inhalt des einzelnen Mitbestimmungstatbestands selbst gehörten (MünchArbR/*Matthes* § 242 Rn. 4).

**1613** Nach anderer Auffassung (GK-BetrVG/*Wiese* § 87 Rn. 39 ff.) sind derartige Regelungen nicht mehr vom jeweiligen Mitbestimmungsrecht gedeckt, sodass eine Zuständigkeit der Einigungsstelle zu einer ausdrücklichen Regelung der Kostenfrage nicht besteht und durch einen entsprechenden Spruch nicht selbstständige Nebenleistungspflichten begründet werden können.

## J. Mitbestimmung in sozialen Angelegenheiten, § 87 BetrVG   Kapitel 13

Wenn auch der Katalog des § 87 Abs. 1 BetrVG abschließend ist, ist doch nach überwiegender Ansicht eine Erweiterung von Mitbestimmungsrechten durch Tarifvertrag oder Betriebsvereinbarung zulässig, während umgekehrt eine Einschränkung nicht in Betracht kommt (s. Rdn. 2501 ff.). **1614**

### 2. Allgemeine Voraussetzungen der notwendigen Mitbestimmung

#### a) Kollektiver Tatbestand

Die Mitbestimmungsrechte des Betriebsrats nach § 87 Abs. 1 BetrVG erstrecken sich grds. nur auf generelle, kollektive Tatbestände im Gegensatz zu mitbestimmungsfreien Individualmaßnahmen bzw. Einzelfallregelungen (*BAG* 18.10.1994 EzA § 87 BetrVG 1972 Betriebliche Lohngestaltung Nr. 47; 22.10.1991 EzA § 87 BetrVG 1972 Arbeitszeit Nr. 49). Eine Ausnahme gilt nur für § 87 Abs. 1 Nr. 5 BetrVG (Festlegung des Urlaubs einzelner Arbeitnehmer) und für § 87 Abs. 1 Nr. 9 BetrVG (Zuweisung/Kündigung von Werkmietwohnungen). **1615**

Ein kollektiver Tatbestand liegt immer dann vor, wenn sich eine Regelungsfrage stellt, die kollektive Interessen der Arbeitnehmer des Betriebes berührt. Dies ist dann der Fall, wenn eine Angelegenheit der gesamten oder jedenfalls einer durch besondere Merkmale bestimmten Gruppe der Belegschaft zu regeln ist oder eine Regelung für mehrere oder auch nur für einen bestimmten Arbeitsplatz nach funktionsbezogenen, d. h. von der Person des jeweiligen Inhabers unabhängigen Merkmals zu treffen ist, weil hiervon potenziell jeder Inhaber des Arbeitsplatzes betroffen ist. Ein kollektiver Bezug in diesem Sinne kann auch bei der Regelung einer einmaligen Angelegenheit vorliegen (vgl. z. B. *BAG* 14.6.1994 EzA § 87 BetrVG 1972 Betriebliche Lohngestaltung Nr. 45; 22.10.1991 EzA § 87 BetrVG 1972 Arbeitszeit Nr. 49). **1616**

Maßgeblich ist damit eine qualitative, nicht quantitative Betrachtung. Die Tatsache, dass von einer Regelung mehrere Arbeitnehmer betroffen sind, kann lediglich ein Indiz dafür sein, dass ein kollektiver Tatbestand vorliegt (vgl. *BAG* 5.11.1986 EzA § 87 BetrVG 1972 Arbeitszeit Nr. 21). Eine mitbestimmungsfreie Individualmaßnahme bzw. Einzelfallregelung liegt daher nur dann vor, wenn ausschließlich die Besonderheiten des konkreten Arbeitsverhältnisses im Hinblick auf gerade den Einzelarbeitnehmer betreffende Umstände Maßnahmen erfordern und bei einander ähnlichen Maßnahmen gegenüber mehreren Arbeitnehmern kein innerer Zusammenhang besteht (vgl. z. B. *BAG GS* 3.12.1991 EzA § 87 BetrVG 1972 Betriebliche Lohngestaltung Nr. 30; 14.6.1994 EzA § 87 BetrVG 1972 Betriebliche Lohngestaltung Nr. 45). Mitbestimmungsfrei ist beispielsweise die Vereinbarung einer individuellen Arbeitszeit, wenn dies vom Arbeitnehmer auf Grund besonderer familiärer Umstände gewünscht wird oder die Anrechnung einer Tariflohnerhöhung auf eine übertarifliche Zulage auf Wunsch des Arbeitnehmers, um steuerliche Nachteile zu vermeiden (*BAG* 27.10.1992 EzA § 87 BetrVG 1972 Betriebliche Lohngestaltung Nr. 40). Bei Einzelregelungen liegt ein kollektiver Tatbestand vor, wenn sich bei einem Austausch der Person des betroffenen Arbeitnehmers das gleiche Regelungsbedürfnis ergibt (DKK/*Klebe* § 87 Rn. 16). **1617**

#### b) Formelle und materielle Arbeitsbedingungen

§ 56 BetrVG 1952 beschränkte die notwendige Mitbestimmung des Betriebsrats auf formelle Arbeitsbedingungen, insbes. die betriebliche Ordnung unter Ausschluss der materiellen Arbeitsbedingungen, d. h. das Verhältnis von arbeitsvertraglicher Leistung und Gegenleistung bzw. allem, was den Umfang der Leistungspflichten von Arbeitgeber und Arbeitnehmer beeinflusst (vgl. GK-BetrVG/ *Wiese* § 87 Rn. 34). Demgegenüber erstreckt § 87 Abs. 1 BetrVG 1972 die Mitbestimmung zum Teil auch auf sog. materielle Arbeitsbedingungen, wie z. B. bei der vorübergehenden Verkürzung oder Verlängerung der betriebsüblichen Arbeitszeit (§ 87 Abs. 1 Nr. 3 BetrVG) oder der Mitbestimmung hinsichtlich der geltenden Faktoren bei der Festsetzung der Akkord- und Prämiensätze sowie vergleichbarer leistungsbezogener Entgelte (§ 87 Abs. 1 Nr. 11 BetrVG), sodass nach ganz überwiegender Auffassung (z. B. MünchArbR/*Matthes* § 242 Rn. 3) diese Unterscheidung nunmehr ohne praktische Bedeutung ist. **1618**

1619 Es gibt daher weder eine Begrenzung des Mitbestimmungsrechts auf die Regelung formeller Arbeitsbedingungen noch einen generellen Grundsatz dahingehend, dass durch die Ausübung von Mitbestimmungsrechten nicht in die unternehmerische Entscheidungsfreiheit eingegriffen werden dürfe (vgl. *BAG* 18.4.1989 EzA § 87 BetrVG 1972 Nr. 13; 16.7.1991 EzA § 87 BetrVG 1972 Betriebliche Lohngestaltung Nr. 28).

### 3. Grenzen der notwendigen Mitbestimmung

*a) Allgemeine Grenzen*

1620 Die notwendige Mitbestimmung unterliegt den allgemeinen Grenzen der Regelungsbefugnis (s. Rdn. 1461 ff., 1486 f.), nicht aber dem allgemeinen Tarifvorbehalt nach § 77 Abs. 3 BetrVG (s. Rdn. 1481 ff.). Gem. § 87 Abs. 1 Eingangssatz BetrVG hat der Betriebsrat darüber hinaus nur mitzubestimmen, soweit keine gesetzliche oder tarifliche Regelung besteht.

*b) Gesetzes- und Tarifvorbehalt*

*aa) Zweck*

1621 Ein Mitbestimmungsrecht entfällt, wenn eine gesetzliche oder tarifliche Regelung eine der in § 87 Abs. 1 BetrVG genannten Angelegenheiten besteht, da dann ein ausreichender Schutz der Arbeitnehmer bereits auf übergeordneter Ebene sichergestellt ist (z. B. *BAG* 18.4.1989 EzA § 87 BetrVG 1972 Nr. 13; 4.7.1989 EzA § 87 BetrVG 1972 Betriebliche Lohngestaltung Nr. 24).

1622 Unerheblich ist, ob die gesetzliche oder tarifliche Regelung tatsächlich die Interessen der Arbeitnehmer angemessen wahrt und effektiven Schutz bietet.

*bb) Verhältnis zu § 77 Abs. 3 BetrVG*

1623 Nach Auffassung des *BAG* (GS 3.12.1991 EzA § 87 BetrVG 1972 Betriebliche Lohngestaltung Nr. 30) richtet sich im Bereich des § 87 BetrVG die Frage des Tarifvorrangs ausschließlich nach § 87 Abs. 1 Eingangssatz BetrVG und nicht zusätzlich auch nach § 77 Abs. 3 BetrVG.

1624 Im Bereich der erzwingbaren Mitbestimmung ist damit ein Mitbestimmungsrecht nur dann ausgeschlossen, wenn die betreffende Angelegenheit auch für den Betrieb tatsächlich tariflich geregelt ist, sog. Vorrangtheorie (s. Rdn. 1481 ff.).

*cc) Voraussetzungen*

*(1) Bestehen einer gesetzlichen oder tariflichen Regelung*

1625 Durch eine gesetzliche Regelung wird das Mitbestimmungsrecht nur dann ausgeschlossen, wenn es sich um zwingendes, nicht lediglich dispositives Recht handelt (*BAG* 13.3.1973 EzA § 87 BetrVG 1972 Werkwohnung Nr. 2; 29.3.1977 EzA § 87 BetrVG 1972 Leistungslohn Nr. 2). Ausreichend ist, dass es sich um ein Gesetz im materiellen Sinne handelt.

1626 Ein Ausschluss der Mitbestimmung greift daher auch bei einer Regelung durch Rechtsverordnung, Unfallverhütungsvorschriften oder autonomes Satzungsrecht öffentlich-rechtlicher Körperschaften ein (*Fitting* § 77 Rn. 53). Zwingend ist auch eine lediglich tarifdispositive gesetzliche Regelung, da eine solche nur einer abweichenden Regelung durch die Tarifvertragsparteien, nicht aber durch die Betriebspartner offen steht (GK-BetrVG/*Wiese* § 87 Rn. 60). Gesetzesvertretendes Richterrecht wird weitgehend einer gesetzlichen Regelung gleichgestellt, soweit es zwingendem Recht gleichkommt (GK-BetrVG/*Wiese* § 87 Rn. 58; MünchArbR/*Matthes* § 242 Rn. 13). Soweit dies abgelehnt wird (*Fitting* § 87 Rn. 30; DKK/*Klebe* § 87 Rn. 26) wird darauf verwiesen, dass Richterrecht nicht in gleicher Weise wie Gesetze durch ein förmliches Verfahren gegen Veränderungen abgesichert sei (Rechtssicherheit).

## J. Mitbestimmung in sozialen Angelegenheiten, § 87 BetrVG — Kapitel 13

Ein Verwaltungsakt steht einer gesetzlichen Regelung nicht gleich; allerdings scheidet nach Auffassung des BAG ein Mitbestimmungsrecht aber dann aus, wenn der Arbeitgeber auf Grund verbindlicher Vorgaben keinen Regelungsspielraum mehr hat (vgl. *BAG* 8.8.1989 EzA § 87 BetrVG 1972 Initiativrecht Nr. 5; 27.1.1987 EzA § 99 BetrVG 1972 Nr. 55; 26.5.1988 EzA § 87 BetrVG 1972 Nr. 11; 9.7.1991 EzA § 87 BetrVG 1972 Betriebliche Ordnung Nr. 18). — 1627

Fraglich ist, inwieweit der Arbeitgeber bei noch nicht bestandskräftigen Verwaltungsakten gem. § 2 Abs. 1 BetrVG verpflichtet sein kann, ggf. Widerspruch und Anfechtungsklage gegen den Verwaltungsakt zu erheben (dafür *Dörner/Wildschütz* AiB 1995, 257 ff.; vgl. auch DKK/*Klebe* § 87 Rn. 34). Das sog. Besserstellungsverbot, das dem Empfänger einer Zuwendung der öffentlichen Hand, z. B. einer Großforschungseinrichtung, bei einer Zuwendung die Auflage erteilt, eigene Arbeitnehmer nicht besser zu stellen als die Arbeitnehmer des Zuwendungsgebers, mit der Folge, dass bei Nichtbeachtung der Entzug der Zuwendung droht, schränkt das Mitbestimmungsrecht in Fragen der betrieblichen Lohngestaltung nach § 87 Abs. 1 Nr. 10 BetrVG nicht a priori ein. Es kann jedoch eine Bindung des den Betriebsparteien und auch der Einigungsstelle zustehenden Ermessens bewirken (*LAG München* 11.10.2007 LAGE § 87 BetrVG 2001 Betriebliche Lohngestaltung Nr. 2). — 1628

Das Vorliegen einer tariflichen Regelung setzt voraus, dass Tarifbindung des Arbeitgebers auf Grund Mitgliedschaft in der Tarifvertragspartei oder auf Grund Allgemeinverbindlichkeitserklärung besteht (*BAG GS* 3.12.1991 EzA § 87 BetrVG 1972 Betriebliche Lohngestaltung Nr. 30; 24.2.1987 EzA § 87 BetrVG 1972 Nr. 10). Eine Tarifbindung auch von Arbeitnehmern des Betriebes ist demgegenüber nicht erforderlich. — 1629

Der Arbeitnehmer kann sich durch Beitritt zur Tarifvertragspartei jederzeit den tarifvertraglichen Schutz verschaffen. Die Sperrwirkung der tariflichen Regelung beginnt mit dem tatsächlichen Beitritt des Arbeitgebers zum Arbeitgeberverband (*BAG* 20.12.1988 EzA § 87 BetrVG 1972 Nr. 12). Einem lediglich nachwirkenden Tarifvertrag kommt eine zwingende Wirkung nicht zu (*BAG* 14.2.1989 EzA § 87 BetrVG 1972 Leistungslohn Nr. 17; 24.2.1987 EzA § 87 BetrVG 1972 Nr. 10). — 1630

Tritt eine gesetzliche oder tarifliche Regelung erst später in Kraft, so wird eine getroffene, entgegenstehende mitbestimmte Regelung unwirksam (GK-BetrVG/*Wiese* § 87 Rn. 82). Für die Frage, ob eine Betriebsvereinbarung wegen des Bestehens einer tariflichen Regelung nach § 87 Abs. 1 Eingangssatz BetrVG unwirksam ist, kommt es umgekehrt nicht auf den Zeitpunkt des Abschlusses der Betriebsvereinbarung an, sondern darauf, ob und inwieweit sich die Geltungszeiträume überschneiden. Der Wirksamkeit einer Betriebsvereinbarung, die erst nach Ende der zwingenden und unmittelbaren Geltung des Tarifvertrags (§ 4 Abs. 1 TVG) in Kraft treten soll, steht nicht entgegen, dass sie bereits vorher abgeschlossen worden ist. Das gilt vor allem, wenn durch die Betriebsvereinbarung eine nahtlos anschließende, vom bisherigen Tarifvertrag abweichende Regelung getroffen werden soll (*BAG* 27.11.2002 EzA § 77 BetrVG 2001 Nr. 2). — 1631

### (2) Regelungsdichte; Umfang des Ausschlusses

Ein Mitbestimmungsrecht entfällt nur, soweit die tarifliche oder gesetzliche Regelung die Angelegenheit selbst abschließend regelt, sodass keine weitere Regelungsmöglichkeit besteht. Der durch die notwendige Mitbestimmung angestrebte Schutz ist dann substanziell bereits verwirklicht worden, das einseitige Bestimmungsrecht des Arbeitgebers beseitigt und zusätzliche betriebliche Regelungen sind nicht erforderlich, weil der Arbeitgeber nur die Tarif- oder Gesetzesnorm zu vollziehen hat. — 1632

Soweit ungeachtet der gesetzlichen und tariflichen Regelung noch ein Regelungsspielraum verbleibt, besteht insoweit auch ein Mitbestimmungsrecht (*BAG GS* 2.12.1991 EzA § 87 BetrVG 1972 Betriebliche Lohngestaltung Nr. 30; 21.9.1993 EzA § 87 BetrVG 1972 Nr. 19). — 1633

Möglich ist auch, dass die gesetzliche oder tarifliche Regelung die nähere Ausgestaltung der Angelegenheit den Betriebspartnern überlässt oder ausdrücklich abweichende oder ergänzende betriebliche — 1634

# Kapitel 13
## Betriebsverfassungsrecht

Regelungen zulässt. Im Rahmen einer solchen Öffnungsklausel bleibt das Mitbestimmungsrecht dann bestehen (*BAG* 28.2.1984 EzA § 87 BetrVG 1972 Leistungslohn Nr. 9). Eine tarifliche Regelung, die das einseitige Bestimmungsrecht des Arbeitgebers wieder herstellt, ist keine Tarifnorm i. S. d. § 87 Abs. 1 Eingangssatz BetrVG, weil hierdurch gegen den Schutzzweck des § 87 Abs. 1 BetrVG verstoßen würde. Das Mitbestimmungsrecht des Betriebsrats bleibt dann bestehen (*BAG* 3.5.2006 EzA § 87 BetrVG 2001 Arbeitszeit Nr. 9; 18.4.1989 EzA § 87 BetrVG 1972 Nr. 13; 17.11.1998 EzA § 87 BetrVG 1972 Arbeitszeit Nr. 59). Zulässig ist aber eine tarifliche Regelung, die dem Arbeitgeber für einen zeitlich eng begrenzten Zeitraum die einseitige Anordnung von Überstunden gestattet, wenn er die Zustimmung des Betriebsrats zu kurzfristig notwendigen und unaufschiebbaren Überstunden nicht erreichen kann (*BAG* 17.11.1998 EzA § 87 BetrVG 1972 Arbeitszeit Nr. 59). Die Reichweite einer tariflichen Regelung ist stets durch Auslegung zu ermitteln. Dies gilt auch für die Frage, ob die Tarifpartner eine von ihnen getroffene Regelung als abschließend in dem Sinne verstanden haben, dass eine bestimmte Frage nicht geregelt werden sollte (vgl. GK-BetrVG/*Wiese* § 87 Rn. 70). Allein aus dem Umstand, dass ein Tarifvertrag Arbeitsbedingungen für außertarifliche Angestellte nicht regelt, folgt kein Ausschluss von Mitbestimmungsrechten des Betriebsrates für diesen Personenkreis (vgl. *BAG* 22.1.1980 EzA § 87 BetrVG 1972 Lohn- und Arbeitsentgelt Nr. 11).

### 4. Ausübung der Mitbestimmung

#### a) Allgemeines

1635 Die Mitbestimmungsrechte gem. § 87 Abs. 1 BetrVG stehen dem Betriebsrat als solchem zu. Es handelt sich nicht um laufende Geschäfte gem. § 27 Abs. 3 S. 1 BetrVG (GK-BetrVG/*Wiese* § 87 Rn. 83). Die Wahrnehmung kann gem. §§ 27 Abs. 3, 28 Abs. 1 BetrVG auf Ausschüsse übertragen werden. Dies gilt aber nicht für den Abschluss von Betriebsvereinbarungen, § 27 Abs. 3 S. 2 BetrVG. Zum Abschluss von Betriebsvereinbarungen durch Arbeitsgruppen nach § 28a Abs. 2 BetrVG s. Rdn. 601 ff. Der Betriebsrat kann nicht im Vorhinein auf Mitbestimmungsrechte verzichten (GK-BetrVG/*Wiese* § 87 Rn. 5). Die Frage, ob statt des Betriebsrats der Gesamt- oder Konzernbetriebsrat zuständig ist, richtet sich nach §§ 50 Abs. 1, 58 Abs. 1 BetrVG (s. Rdn. 970 ff.; 1000). Die Wahrnehmung der Mitbestimmungsrechte erfolgt durch formlose Regelungsabrede oder förmliche Betriebsvereinbarung (s. Rdn. 1429 ff.), wobei Betriebsvereinbarungen insbes. bei Dauerregelungen in Betracht kommen werden.

1636 Wird in einem Betrieb erstmalig ein Betriebsrat gewählt, treten die zuvor mitbestimmungsfrei getroffenen Maßnahmen nicht von selbst außer Kraft. Der Betriebsrat kann vielmehr auf Grund seines Initiativrechts (vgl. sogleich unten) ihre Änderung verlangen und nach §§ 87 Abs. 2, 76 Abs. 5 BetrVG durchsetzen (GK-BetrVG/*Wiese* § 87 Rn. 85).

1637 Nach anderer Auffassung obliegt es dem Arbeitgeber, unverzüglich nach Wahl des Betriebsrats die Initiative zu ergreifen, um dessen Zustimmung zu erhalten (DKK/*Klebe* § 87 Rn. 8).

#### b) Initiativrecht

1638 Nach ständiger Rechtsprechung des *BAG* (14.11.1974 EzA § 87 BetrVG 1972 Initiativrecht Nr. 2; 8.8.1989 EzA § 87 BetrVG 1972 Initiativrecht Nr. 5) schließt ein Mitbestimmungsrecht nach § 87 Abs. 1 BetrVG grds. auch ein Initiativrecht des Betriebsrats ein, da Mitbestimmung gleiche Rechte für beide Teile mit der Folge bedeutet, dass sowohl der Arbeitgeber als auch der Betriebsrat die Initiative für eine erstrebte Regelung ergreifen und zu deren Herbeiführung erforderlichenfalls die Einigungsstelle anrufen können. Ein Initiativrecht besteht auch dann, wenn in einer mitbestimmungspflichtigen Angelegenheit lediglich die bisherige betriebliche Praxis zum Inhalt einer Betriebsvereinbarung gemacht werden soll (*BAG* 8.8.1989 EzA § 87 BetrVG 1972 Initiativrecht Nr. 5).

1639 Der Betriebsrat ist also nicht darauf beschränkt, einer vom Arbeitgeber geplanten Regelung zuzustimmen oder die Zustimmung hierzu zu verweigern. Er kann vielmehr auch von sich aus die Re-

## J. Mitbestimmung in sozialen Angelegenheiten, § 87 BetrVG — Kapitel 13

gelung einer Angelegenheit anstreben. Das Initiativrecht des Betriebsrates reicht grds. ebenso weit wie sein entsprechendes Mitbestimmungsrecht.

Das Mitbestimmungsrecht steht insoweit nicht unter dem allgemeinen Vorbehalt, dass durch seine Ausübung nicht in die unternehmerische Entscheidungsfreiheit eingegriffen werden dürfte (*BAG* 31.8.1982 EzA § 87 BetrVG 1972 Arbeitszeit Nr. 13; 4.3.1986 EzA § 87 BetrVG 1972 Nr. 17; 16.7.1991 EzA § 87 BetrVG 1972 Nr. 28). 1640

Eine Einschränkung kann sich nur aus dem Zweck des Mitbestimmungsrechtes selbst ergeben, nämlich dann, wenn die Wahrnehmung des Initiativrechts gerade dem Sinn des Mitbestimmungsrechts und der mit ihm verfolgten Schutzfunktion dadurch widersprechen würde, dass durch die Regelung erst Gefahren geschaffen werden, deren Vermeidung das Mitbestimmungsrecht dient. 1641

So soll z. B. das Mitbestimmungsrecht nach § 87 Abs. 1 Nr. 6 BetrVG dazu dienen, technischen Kontrolldruck von den Arbeitnehmern möglichst fern zu halten, sodass kein Initiativrecht des Betriebsrates dahingehend besteht, die Einführung solcher Kontrolleinrichtungen, etwa von Zeiterfassungsgeräten verlangen zu können (*BAG* 28.11.1989 EzA § 87 BetrVG 1972 Kontrolleinrichtung Nr. 18). 1642

### 5. Eil- und Notfälle, probeweise Maßnahmen, vertragliche Vorgaben von Kunden

Das Mitbestimmungsrecht besteht auch in sog. Eilfällen, also Situationen, in denen möglichst umgehend eine Regelung erfolgen muss (*BAG* 2.3.1982 EzA § 87 BetrVG 1972 Arbeitszeit Nr. 11; 19.2.1991 EzA § 87 BetrVG 1972 Arbeitszeit Nr. 46; 17.11.1998 EzA § 87 BetrVG 1972 Arbeitszeit Nr. 59). 1643

Der Gesetzgeber hat im Gegensatz zu anderen Konstellationen (vgl. § 100 BetrVG) keinen Anlass gesehen, für Eilfälle eine Ausnahme vom Mitbestimmungsrecht zu normieren. Die Betriebspartner können dem Auftreten von Eilfällen durch eine vorweggenommene Regelung Rechnung tragen. Eine solche Regelung kann auch zum Inhalt haben, dass der Arbeitgeber bei kurzfristig notwendig werdenden Maßnahmen, z. B. der Änderung eines Dienstplanes, eine – ggf. vorläufige – einseitige Regelung treffen kann, wobei auch mit einer derartigen Regelung dem Mitbestimmungsrecht des Betriebsrats Rechnung getragen wird (*BAG* 12.1.1988 EzA § 87 BetrVG 1972 Arbeitszeit Nr. 26; 8.8.1989 EzA § 23 BetrVG 1972 Nr. 27). Besteht keine vorsorgliche Regelung, ist der Betriebsrat nach § 2 Abs. 1 BetrVG verpflichtet, eine dringende Eilentscheidung zu ermöglichen (GK-BetrVG/*Wiese* § 87 Rn. 160). Eine einstweilige Regelung einer mitbestimmungspflichtigen Angelegenheit durch eine einstweilige Verfügung des Arbeitsgerichts kommt nach ganz überwiegender Auffassung nicht in Betracht, da es an einer Zuständigkeit der Arbeitsgerichte für eine Entscheidung in Regelungsstreitigkeiten fehlt (GK-BetrVG/*Wiese* § 87 Rn. 161 m. w. N. auch zur abw. Ansicht). 1644

Einseitige Maßnahmen des Arbeitgebers sind nur ausnahmsweise in Notfällen zulässig, d. h. in plötzlichen, nicht vorhersehbaren Situationen, die zur Verhinderung nicht wieder gutzumachender Schäden zu unaufschiebbaren Maßnahmen zwingen. 1645

Aus dem Gebot der vertrauensvollen Zusammenarbeit (§ 2 Abs. 1 BetrVG) ergibt sich, dass in solchen extremen Notsituationen der Arbeitgeber das Recht hat, vorläufig zur Abwendung akuter Gefahren oder Schäden eine Maßnahme durchzuführen, wenn er unverzüglich die Beteiligung des Betriebsrats nachholt (*BAG* 19.2.1991 EzA § 87 BetrVG 1972 Arbeitszeit Nr. 46), d. h. den Betriebsrat unverzüglich nachträglich unterrichtet (vgl. GK-BetrVG/*Wiese* § 87 Rn. 162 ff.). 1646

Ein Mitbestimmungsrecht des Betriebsrats besteht schließlich auch dann, wenn der Arbeitgeber mitbestimmungspflichtige Maßnahmen zunächst nur probeweise durchführen will (DKK/*Klebe* § 87 Rn. 24). 1647

Das Mitbestimmungsrecht scheidet auch nicht deshalb aus, weil der Arbeitgeber zu einem bestimmten Verhalten durch Vorgaben seiner Kunden verpflichtet ist. Werden z. B. Arbeitnehmer in einem Betrieb eines Kunden eingesetzt, der über eine biometrische Zugangskontrolle verfügt und ist der 1648

Arbeitgeber durch Vorgabe des Kunden gehalten, den eingesetzten Arbeitnehmern die Benutzung des Systems aufzugeben, unterliegt die dementsprechende Anweisung der Mitbestimmung des Betriebsrats nach § 87 Abs. 1 Nr. 1 und 6 BetrVG. Der Arbeitgeber muss durch entsprechende Vertragsgestaltung mit dem Kunden sicherstellen, dass die ordnungsgemäße Wahrnehmung der Mitbestimmungsrechte des Betriebsrats gewährleistet ist (BAG 27.1.2004 EzA § 87 BetrVG 2001 Kontrolleinrichtung Nr. 1).

### 6. Individualrechtliche Folgen fehlender Mitbestimmung; Theorie der Wirksamkeitsvoraussetzung

**1649** Die Beachtung bestehender Mitbestimmungsrechte ist Wirksamkeitsvoraussetzung für solche Maßnahmen des Arbeitgebers, die den Arbeitnehmer belasten, sog. Theorie der Wirksamkeitsvoraussetzung (BAG GS 3.12.1991 EzA § 87 BetrVG 1972 Betriebliche Lohngestaltung Nr. 30; BAG 3.5.1994 EzA § 23 BetrVG 1972 Nr. 36). Nicht mitbestimmte, den Arbeitnehmer belastende, einseitige rechtsgeschäftliche Maßnahmen oder vertragliche Vereinbarungen sind unwirksam.

**1650** Die Verletzung des Mitbestimmungsrechts des Betriebsrats nach § 87 Abs. 1 Nr. 10 BetrVG bei der Änderung einer im Betrieb geltenden Vergütungsordnung hat beispielsweise zur Folge, dass die Vergütungsordnung mit der vor der Änderung bestehenden Struktur weiter anzuwenden ist (BAG 22.6.2010 EzA § 87 BetrVG 2001 Betriebliche Lohngestaltung Nr. 22). Dies kann bei Neueinstellungen dazu führen, dass Ansprüche auf eine höhere Vergütung als die vertraglich vereinbarte entstehen (BAG 11.6.2002 EzA § 87 BetrVG 1972 Betriebliche Lohngestaltung Nr. 76).

**1651** Der Arbeitnehmer braucht entsprechenden Anweisungen, die ohne Beachtung von Mitbestimmungsrechten getroffen werden, keine Folge zu leisten. Hatte der Betriebsrat etwa für einen bestimmten Zeitraum der Einführung von Wechselschichten zugestimmt (§ 87 Abs. 1 Nr. 2 BetrVG) und ordnet der Arbeitgeber ohne Zustimmung des Betriebsrats vorzeitig die Rückkehr zur Normalarbeitszeit an, ist diese Anweisung den Arbeitnehmern gegenüber unwirksam und der Arbeitgeber zur Zahlung der sich bei Wechselschicht ergebenden Vergütung unter dem Gesichtspunkt des Annahmeverzugs verpflichtet (BAG 18.9.2002 EzA § 87 BetrVG 2001 Arbeitszeit Nr. 1). Besonderheiten gelten bei der Verletzung von Mitbestimmungsrechten nach § 99 BetrVG bei Ein- bzw. Umgruppierungen, s. dazu Rdn. 2146. Maßnahmen, die dem Arbeitnehmer günstig sind, bleiben aber trotz einer Verletzung von Mitbestimmungsrechten wirksam. Andererseits folgt allein aus der Verletzung von Mitbestimmungsrechten kein Anspruch der Arbeitnehmer; dem Grundsatz der Wirksamkeitsvoraussetzung kann i. d. R. nicht entnommen werden, dass bei Verletzung eines Mitbestimmungsrechts Zahlungsansprüche entstehen, die bisher nicht bestanden haben (BAG 20.8.1991 EzA § 87 BetrVG 1972 Betriebliche Lohngestaltung Nr. 29). Eine Heilung der Unwirksamkeit für die Vergangenheit durch nachträgliche Zustimmung ist ausgeschlossen (MünchArbR/Matthes § 241 Rn. 19 m. w. N.). Rechtsgeschäfte des Arbeitgebers mit Dritten bleiben unbeschadet einer Verletzung von Mitbestimmungsrechten wirksam (BAG 22.10.1985 EzA § 87 BetrVG 1972 Werkwohnung Nr. 7).

## II. Fragen der Ordnung des Betriebes und des Verhaltens der Arbeitnehmer im Betrieb, § 87 Abs. 1 Nr. 1 BetrVG

### 1. Zweck

**1652** Das Verhalten der Arbeitnehmer im Betrieb unterliegt grds. dem Direktionsrecht des Arbeitgebers. Zweck des Mitbestimmungsrechts ist es, die gleichberechtigte Beteiligung der Arbeitnehmer an der Gestaltung der Arbeitsbedingungen und der Zusammenarbeit von Arbeitgeber und Arbeitnehmer sowie der Arbeitnehmer untereinander zu gewährleisten.

**1653** Es soll sichergestellt werden, dass bei Ausübung des Direktionsrechts auch die Interessen der Arbeitnehmer berücksichtigt werden. Das Direktionsrecht des Arbeitgebers soll eingeschränkt und seine Vormachtstellung durch die gleichberechtigte Teilhabe der Arbeitnehmerseite an der Ge-

## J. Mitbestimmung in sozialen Angelegenheiten, § 87 BetrVG    Kapitel 13

staltung der betrieblichen Ordnung ersetzt werden (*BAG* 14.1.1986 EzA § 87 BetrVG 1972 Betriebliche Ordnung Nr. 11).

Zweck ist damit auch der Schutz der Persönlichkeit des einzelnen Arbeitnehmers (*Fitting* § 87 Rn. 63). **1654**

### 2. Voraussetzungen des Mitbestimmungsrechts

Nach ständiger Rechtsprechung des *BAG* (8.8.1989 EzA § 87 BetrVG 1972 Betriebliche Ordnung Nr. 13; 8.11.1994 EzA § 87 BetrVG 1972 Betriebliche Ordnung Nr. 21) unterfallen dem Mitbestimmungstatbestand alle Maßnahmen, die darauf gerichtet sind, die Ordnung des Betriebes zu gewährleisten oder aufrechtzuerhalten. Gegenstand der Mitbestimmung ist danach die Gestaltung des Zusammenlebens und des Zusammenwirkens der Arbeitnehmer im Betrieb. **1655**

Das Mitbestimmungsrecht betrifft die Gestaltung der Ordnung des Betriebs durch die Schaffung allgemein gültiger, verbindlicher Verhaltensregeln und sonstiger Maßnahmen, durch die das Verhalten der Arbeitnehmer in Bezug auf die betriebliche Ordnung beeinflusst werden soll. **1656**

Ordnung des Betriebes ist dabei die Sicherung eines ungestörten Arbeitsablaufs und des reibungslosen Zusammenlebens/Zusammenwirkens der Arbeitnehmer im Betrieb. Es geht damit um Maßnahmen, die das sog. Ordnungsverhalten der Arbeitnehmer betreffen. **1657**

Hiervon abzugrenzen sind Maßnahmen, die das reine Arbeitsverhalten betreffen. Auf das Arbeitsverhalten beziehen sich alle Regeln und Weisungen, die bei der unmittelbaren Erbringung der Arbeitsleistung zu beachten sind. Bezüglich solcher Maßnahmen besteht kein Mitbestimmungsrecht. **1658**

Lediglich das Arbeitsverhalten wird berührt, wenn der Arbeitgeber kraft seiner Organisations- und Leistungsmacht näher bestimmt, welche Arbeiten in welcher Weise auszuführen sind. Nicht mitbestimmungspflichtig sind danach Anordnungen, mit denen die Arbeitspflicht unmittelbar konkretisiert wird (*BAG* 1.12.1992 EzA § 87 BetrVG 1972 Betriebliche Ordnung Nr. 20; 8.11.1994 EzA § 87 BetrVG 1972 Betriebliche Ordnung Nr. 21; 8.6.1999 EzA § 87 BetrVG 1972 Betriebliche Ordnung Nr. 25). Ob eine Anordnung das Ordnungsverhalten oder das mitbestimmungsfreie Arbeitsverhalten betrifft, richtet sich nicht nach den subjektiven Vorstellungen des Arbeitgebers. Maßgeblich ist vielmehr der objektive Regelungszweck, der sich nach dem Inhalt der Maßnahme und der Art des zu beeinflussenden betrieblichen Geschehens bestimmt (*BAG* 11.6.2002 EzA § 87 BetrVG 1972 Ordnung des Betriebs Nr. 28). Sofern das Ordnungsverhalten betroffen ist, unterliegen nicht nur Maßnahmen, durch die eine verbindliche Verhaltenspflicht begründet werden soll, der Mitbestimmung. Vielmehr ist ausreichend, dass Anreize zur Befolgung der Ordnung gegeben oder Sanktionen für Verstöße gegen diese Ordnung angedroht oder ergriffen werden sollen. **1659**

Auf Grund seines Mitbestimmungsrechts kann der Betriebsrat stets nur eine Regelung verlangen, die dem Arbeitgeber rechtlich möglich ist. **1660**

Macht etwa die Genehmigungsbehörde dem Betreiber einer kerntechnischen Anlage zur Auflage, dass Personen nur nach Durchführung einer Sicherheitsprüfung durch die Genehmigungsbehörde eingestellt und weiterbeschäftigt werden dürfen, so kann der Betriebsrat keine abweichende Regelung verlangen (*BAG* 9.7.1991 EzA BetrVG 1972 § 87 Betriebliche Ordnung Nr. 18). Gleiches gilt für sonstige durch bindenden Verwaltungsakt getroffene Anordnungen (s. Rdn. 1627 f.; *BAG* 26.5.1988 EzA § 87 BetrVG 1972 Nr. 11). **1661**

### 3. Einzelfälle

*a) Erfasste Regelungsgegenstände*

1662 Von § 87 Abs. 1 Nr. 1 BetrVG **erfasst** ist/sind:
- Rauch- und Alkoholverbote, sofern ein solches Verbot nicht auf Grund bestehender Sicherheitsvorschriften, behördlicher Anweisungen oder in sonstiger Weise arbeitsnotwendig ist (*BAG* 23.9.1986 EzA § 87 BetrVG 1972 Betriebliche Ordnung Nr. 12; 10.11.1987 EzA § 77 BetrVG 1972 Nr. 19); zu den Grenzen einer Betriebsvereinbarung über ein Rauchverbot vgl. *BAG* 19.1.1999 EzA § 87 BetrVG 1972 Betriebliche Ordnung Nr. 24; zu Alkoholverbot vgl. *LAG SchlH* 20.11.2007 LAGE § 87 BetrVG 2001 Betriebliche Ordnung Nr. 6.

1663 – Einführung und Ausgestaltung des Verfahrens einer Beschwerdestelle nach § 13 AGG. Der Betriebsrat hat insoweit auch ein Initiativrecht. Kein Mitbestimmungsrecht besteht bei der Frage, wo der Arbeitgeber die Beschwerdestelle errichtet und wie er diese personell besetzt (*BAG* 21.7.2009 EzA § 87 BetrVG 2001 Betriebliche Ordnung Nr. 5).

1664 – Verbot des Radiohörens während der Arbeitszeit (*BAG* 14.1.1986 EzA § 87 BetrVG 1972 Betriebliche Ordnung Nr. 11);

1665 – Maßnahmen zur Kontrolle des Ordnungsverhaltens der Arbeitnehmer, wie z. B. Regelungen über Anwesenheits-, Pünktlichkeits-, Tor- und sonstige Verhaltenskontrollen, soweit sie nicht nur auf die Arbeitsleistung bezogen sind. Einführung, Ausgestaltung und Nutzung von Passierscheinen oder Werksausweisen, Einführung eines Verfahrens bei Krankmeldung oder Abmeldung beim Verlassen des Arbeitsplatzes (GK-BetrVG/*Wiese* § 87 Rn. 213);

1666 – die Anweisung an die in einem Kundenbetrieb eingesetzten Arbeitnehmer, sich der im Kundenbetrieb eingerichteten biometrischen Zugangskontrolle (Fingerabdruckerfassung) zu unterziehen. Die Mitbestimmungspflichtigkeit entfällt nicht deshalb, weil dem Arbeitgeber vom Kunden die Verhaltensregeln vorgegeben (*BAG* 27.1.2004 EzA § 87 BetrVG 2001 Kontrolleinrichtung Nr. 1);

1667 – Fragen der Arbeitskleidung (*BAG* 13.2.2007 EzA § 87 BetrVG 2001 Betriebliche Ordnung Nr. 2), sofern eine bestimmte Kleidung nicht arbeitsnotwendig ist, etwa aus hygienischen Gründen (*BAG* 8.8.1989 EzA § 87 BetrVG 1972 Betriebliche Ordnung Nr. 13), so z. B. die Anordnung auf der Dienstkleidung ein Namensschild zu tragen (*BAG* 11.6.2002 EzA § 87 BetrVG 1972 Ordnung des Betriebs Nr. 28) Zur Regelung der Kosten für die Kleidung als Annexregelung vgl. *BAG* 13.2.2007 EzA § 87 BetrVG 2001 Betriebliche Ordnung Nr. 2; *LAG Nbg.* 10.9.2002 LAGE § 87 BetrVG 2001 Betriebliche Ordnung Nr. 1.

1668 – die Anweisung des Arbeitgebers, Verkäuferinnen dürfen sich im Geschäftslokal nur stehend aufhalten (*ArbG Köln* 13.7.1989 EzA § 87 BetrVG 1972 Betriebliche Ordnung Nr. 14);

1669 – Benutzungsregelungen für zur Verfügung gestellte Wasch- und Umkleideräume, Fahrradstellplätze, Parkplätze (GK-BetrVG/*Wiese* § 87 Rn. 219);

1670 – Regelungen über die Sicherung der vom Arbeitnehmer eingebrachten Sachen (*BAG* 1.7.1965 EzA § 611 BGB Fürsorgepflicht Nr. 5);

1671 – das Verbot, während der gesetzlich vorgeschriebenen Mittagspause den Betrieb zu verlassen (*BAG* 21.8.1990 EzA § 87 BetrVG 1972 Betriebliche Ordnung Nr. 16);

1672 – Benutzung des Telefons oder firmeneigener Kraftfahrzeuge für private Zwecke, soweit dies vom Arbeitgeber grds. gestattet wurde (*LAG Nbg.* 29.1.1987 NZA 1987, 572);

1673 – formalisierte Krankengespräche, die der Aufklärung eines überdurchschnittlichen Krankenstandes durch Befragung einer nach abstrakten Kriterien ermittelten Mehrzahl von Arbeitnehmern dienen (*BAG* 8.11.1994 EzA § 87 BetrVG 1972 Betriebliche Ordnung Nr. 21);

1674 – Regelungen über die Mitnahme von Arbeitsunterlagen nach Hause (DKK/*Klebe* § 87 Rn. 50);

1675 – die Anordnung des Arbeitgebers, bereits vom ersten Tag der Erkrankung an eine Arbeitsunfähigkeitsbescheinigung vorzulegen (*BAG* 5.5.1992 EzA § 87 Betriebliche Ordnung Nr. 19). Dies gilt auch unter Geltung des EFZG für eine nach § 5 Abs. 1 S. 3 EFZG zulässige Anweisung des Arbeitgebers, Zeiten der Arbeitsunfähigkeit unabhängig von deren Dauer generell durch eine vor Ablauf des dritten Kalendertages nach Beginn der Arbeitsunfähigkeit vorzulegende Bescheinigung nachzuweisen (*BAG* 25.1.2000 EzA § 87 BetrVG 1972 Betriebliche Ordnung Nr. 26);

## J. Mitbestimmung in sozialen Angelegenheiten, § 87 BetrVG — Kapitel 13

- die Anordnung des Arbeitgebers, dass im Falle eines Arztbesuches in der Arbeitszeit die Notwendigkeit hierzu vom behandelnden Arzt auf einem vom Arbeitgeber entwickelten Formular bescheinigt werden soll (*BAG* 21.1.1997 EzA § 87 BetrVG 1972 Betriebliche Ordnung Nr. 22); **1676**
- zu Ethikrichtlinien vgl. *BAG* 22.7.2008 EzA § 87 BetrVG 2001 Betriebliche Ordnung Nr. 3; *LAG Düsseld.* 14.11.2005 LAGE § 87 BetrVG 2001 Betriebliche Ordnung Nr. 2. **1677**

### b) Nicht erfasste Regelungsgegenstände

**Nicht** von § 87 Abs. 1 Nr. 1 BetrVG **erfasst** ist/sind: **1678**
- Abmahnungen wegen Verletzung arbeitsvertraglicher Pflichten (*BAG* 30.1.1979 EzA § 87 BetrVG 1972 Betriebsbuße Nr. 3);
- Maßnahmen, zu deren Durchführung der Arbeitgeber auf Grund behördlicher Anordnungen verpflichtet ist (*BAG* 9.7.1991 EzA § 87 BetrVG 1972 Betriebliche Ordnung Nr. 18), wie z. B. die Durchführung von Sicherheitsüberprüfungen in einer kerntechnischen Anlage auf Grund entsprechender behördlicher Auflage; **1679**
- die Installation eines Zugangssicherungssystems, wenn durch den Einsatz codierter Ausweiskarten lediglich der Ein- oder Ausgang zu Betriebsräumen freigegeben wird, ohne festzuhalten, wer wann in welcher Richtung den Zugang benutzt (*BAG* 10.4.1984 EzA § 87 BetrVG 1972 Betriebliche Ordnung Nr. 10); **1680**
- Maßnahmen und Anordnungen zur Unterstützung polizeilicher Ermittlungen (*BAG* 17.8.1982 EzA § 87 BetrVG 1972 Betriebliche Ordnung Nr. 9); **1681**
- Erlass einer Dienstreiseordnung (*BAG* 8.12.1991 EzA § 87 BetrVG 1972 Betriebliche Ordnung Nr. 8); **1682**
- Die Einführung arbeitsbegleitender Papiere, wie z. B. Tätigkeitsberichte, Tagesnotizen, Arbeitsberichte (*BAG* 9.12.1980 EzA § 87 BetrVG 1972 Betriebliche Ordnung Nr. 3; 24.11.1981 EzA § 87 BetrVG 1972 Betriebliche Ordnung Nr. 7); **1683**
- der Einsatz von Privatdetektiven zur Überwachung von Arbeitnehmern bei der Erfüllung ihrer Arbeitspflicht (*BAG* 26.3.1991 EzA § 87 BetrVG 1972 Überwachung Nr. 1); **1684**
- die Einführung von Führungsrichtlinien, die regeln, in welcher Weise Mitarbeiter allgemein ihre Arbeitsaufgaben und Führungskräfte ihre Führungsaufgaben zu erledigen haben (*BAG* 23.10.1984 EzA § 94 BetrVG 1972 Nr. 1); **1685**
- die Anordnung einer außerplanmäßigen Dienstreise außerhalb der normalen Arbeitszeit, wenn während der Reisezeit keine Arbeitsleistung zu erbringen ist (*BAG* 23.7.1996 EzA § 87 BetrVG 1972 Arbeitszeit Nr. 55); **1686**
- die Regelung, wie Vorgesetzte verfahren sollen, wenn sich ihnen unterstellte Betriebsratsmitglieder ab- oder rückmelden, da insoweit nur die Arbeitspflicht der Vorgesetzten konkretisiert wird (*BAG* 13.5.1997 EzA § 37 BetrVG 1972 Nr. 135); **1687**
- allgemein alle Anordnungen des Arbeitgebers, die sich auf die Arbeitspflicht des Arbeitnehmers beziehen, insbes. Gegenstand, Ort, Zeit, Reihenfolge, Art und Weise der Erledigung der Arbeit regeln, wie z. B. die Anordnung, in Geschäftsbriefen auch den Vornamen anzugeben (*BAG* 8.6.1999 EzA § 87 BetrVG 1972 Betriebliche Ordnung Nr. 25). Die Abgabe inhaltlich standardisierter Erklärungen, in denen sich Arbeitnehmer gegenüber dem Arbeitgeber zum Stillschweigen über bestimmte betriebliche oder geschäftliche Vorgänge verpflichten, unterliegt deshalb nicht der Mitbestimmung des Betriebsrats, wenn die Schweigepflicht das sog. Arbeitsverhalten betrifft oder gesetzlich geregelt ist (*BAG* 10.3.2009 EzA § 87 BetrVG 2001 Betriebliche Ordnung Nr. 4). **1688**

### c) Insbesondere: Betriebsbußen

#### aa) Begriff, grundsätzliche Zulässigkeit

Die Betriebsbuße ist eine Sanktion bei Verstößen des Arbeitnehmers gegen die kollektive betriebliche Ordnung und damit eine Sanktion mit Strafcharakter, die über die individualrechtlich zu- **1689**

# Kapitel 13

Betriebsverfassungsrecht

lässigen Reaktionsmöglichkeiten hinausgeht (*BAG* 17.10.1989 EzA § 87 BetrVG 1972 Betriebsbuße Nr. 8).

**1690** Der Erlass einer Betriebsbußordnung, also eines Regelwerks mit Beschreibung der einzelnen Verletzungshandlungen und ihrer Folgen ist zulässig, unterliegt aber nach § 87 Abs. 1 Nr. 1 BetrVG der Mitbestimmung des Betriebsrats (*BAG* 17.10.1989 EzA § 87 BetrVG 1972 Betriebsbuße Nr. 8).

**1691** Maßnahmen, die als Betriebsbußen zu qualifizieren sind, können nur auf Grund einer zwischen den Betriebspartnern vereinbarten Betriebsbußordnung und nur für Verstöße gegen die Regeln über das Ordnungsverhalten verhängt werden; fehlt eine solche mitbestimmte Betriebsbußordnung, sind gleichwohl vom Arbeitgeber verhängte Maßnahmen unwirksam (*BAG* 17.10.1989 EzA § 87 BetrVG 1972 Betriebsbuße Nr. 8).

**1692** In der Praxis besteht daher das Hauptproblem darin, Maßnahmen mit Betriebsbußcharakter von mitbestimmungsfrei möglichen individualrechtlichen Sanktionen abzugrenzen.

### bb) Abgrenzung zu individualrechtlichen Sanktionen

**1693** Auf Verstöße des Arbeitnehmers gegen arbeitsvertragliche Pflichten kann der Arbeitgeber mit individualrechtlichen Mitteln, insbes. einer Abmahnung, einer Versetzung, einer Kündigung oder der Einforderung einer vereinbarten Vertragsstrafe reagieren. Hinsichtlich solcher Maßnahmen besteht kein Mitbestimmungsrecht des Betriebsrats nach § 87 Abs. 1 Nr. 1 BetrVG, und zwar auch dann nicht, wenn der Arbeitgeber zu derartigen Maßnahmen als Reaktion auf Verstöße gegen die kollektive betriebliche Ordnung greift (*BAG* 17.10.1989 EzA § 87 BetrVG 1972 Betriebsbuße Nr. 8). Soweit Versetzungen oder Kündigungen ausgesprochen werden, beschränken sich die Rechte des Betriebsrats auf eine Beteiligung nach §§ 99, 102 BetrVG.

**1694** Eine Betriebsbuße liegt demgegenüber vor, wenn der Arbeitgeber zu Maßnahmen greift, die über die individualrechtlichen Möglichkeiten des Arbeitgebers hinausgehen, wie etwa der Entzug von Vergünstigungen (*BAG* 22.10.1985 EzA § 87 BetrVG 1972 Betriebliche Lohngestaltung Nr. 10), eine Abmahnung, die einen über den Warnzweck hinausgehenden Sanktionscharakter hat, etwa indem sie ein Unwerturteil über die Person des Arbeitnehmers beinhaltet oder formalisierte Sanktionen in der Stufenfolge Verwarnung, Verweisung, Versetzung, Entlassung (*BAG* 7.11.1979 EzA § 87 BetrVG 1972 Betriebsbuße Nr. 4) sowie beförderungshemmende Missbilligungen (*BAG* 17.10.1989 EzA § 87 BetrVG 1972 Betriebsbuße Nr. 8).

**1695** Bei Bestehen einer Betriebsbußordnung ist der Arbeitgeber nicht auf die Verhängung einer Betriebsbuße beschränkt, sondern kann auch mit rein individualrechtlichen Sanktionen reagieren (*BAG* 17.10.1989 EzA § 87 BetrVG 1972 Betriebsbuße Nr. 8).

### cc) Die Beteiligung des Betriebsrats an Sanktionen

**1696** Besteht eine Betriebsbußordnung, ist auch die Festsetzung einer Buße im Einzelfall mitbestimmungspflichtig. Fehlt es an einer solchen Bußordnung, hat der Betriebsrat kein Mitbestimmungsrecht im Einzelfall bei der Festsetzung arbeitgeberseitiger Maßnahmen mit Bußcharakter; derartige Maßnahmen sind vielmehr unwirksam (*BAG* 17.10.1989 EzA § 87 BetrVG 1972 Betriebsbuße Nr. 8). Die Einführung und die Verhängung müssen rechtsstaatlichen Grundsätzen genügen, was voraussetzt, dass die Bußtatbestände eindeutig festgelegt, die Art der Bußen bestimmt sowie die zulässige Höhe und die Verwendung von Geldbußen geregelt ist. Insbesondere muss die Gewährung rechtlichen Gehörs sichergestellt sein (DKK/*Klebe* § 87 Rn. 59 ff.).

**1697** Die Festsetzung der Buße im Einzelfall innerhalb des gesetzten Rahmens muss nach Art und Höhe angemessen sein und darf nicht Persönlichkeitsrechte des Arbeitnehmers verletzen, sodass z. B. eine Anprangerung durch Namensnennung am Schwarzen Brett unzulässig ist (*Fitting* § 87 Rn. 90). Eine Kündigung oder Rückgruppierung kann in der Bußordnung als Disziplinarmaßnahme nicht vorgesehen werden, da diese Maßnahme mit dem zwingenden Kündigungsschutzrecht nicht vereinbar ist (*BAG* 28.4.1982 EzA § 87 BetrVG 1972 Betriebsbuße Nr. 5; DKK/*Klebe* § 87 Rn. 57).

*dd) Gerichtliche Überprüfung*

Die Verhängung einer Betriebsbuße unterliegt in vollem Umfang der arbeitsgerichtlichen Kontrolle in einem von dem betroffenen Arbeitnehmer angestrengten Urteilsverfahren, § 2 ArbGG. Die Arbeitsgerichte sind befugt, alle mit der Verhängung einer Betriebsbuße zusammenhängenden Fragen nachzuprüfen. 1698

Das Prüfungsrecht bezieht sich damit insbes. auch auf die Frage, ob die Bußordnung wirksam erlassen worden ist, ob der Arbeitnehmer die ihm zur Last gelegte Handlung tatsächlich begangen hat, ob die Grundsätze eines rechtsstaatlichen, ordnungsgemäßen Verfahrens beachtet worden sind, ob die verhängte Buße nach der Bußordnung zulässig ist und schließlich auch darauf, ob sie im Einzelfall angemessen ist (GK-BetrVG/*Wiese* § 87 Rn. 266). 1699

### III. Beginn und Ende der täglichen Arbeitszeit einschließlich der Pausen sowie Verteilung der Arbeitszeit auf die einzelnen Wochentage, § 87 Abs. 1 Nr. 2 BetrVG

#### 1. Zweck, Inhalt des Mitbestimmungsrechts

Zweck des Mitbestimmungsrechts ist es, die Interessen der Arbeitnehmer an der Lage ihrer Arbeitszeit und damit zugleich der Freizeit für die Gestaltung ihres Privatlebens zur Geltung zu bringen (*BAG* 14.11.2006 EzA § 87 BetrVG 2001 Arbeitszeit Nr. 10; 21.12.1982 EzA § 87 BetrVG 1972 Arbeitszeit Nr. 16). Das Mitbestimmungsrecht bezieht sich nur auf die Verteilung, d. h. die zeitliche Lage, nicht jedoch auf die Dauer der wöchentlichen Arbeitszeit. 1700

Diese ist vielmehr tarifvertraglich oder einzelvertraglich vorgegeben (*BAG* 13.7.1987 EzA § 87 BetrVG 1972 Arbeitszeit Nr. 22). Arbeitszeit ist dabei nicht nur die Zeit, die von der Arbeitsleistung ausgefüllt wird, sondern diejenige, in der der Arbeitnehmer dem Arbeitgeber seine Arbeitskraft zur Verfügung stellt, sodass hierzu auch Arbeitsbereitschaft, Bereitschaftsdienst und Zeiten einer Rufbereitschaft gehören (*BAG* 21.12.1982 EzA § 87 BetrVG 1972 Arbeitszeit Nr. 16; s. Kap. 3 Rdn. 31 ff.). Arbeitszeit i. S. v. § 87 Abs. 1 Nr. 2 BetrVG ist die Zeit, während derer der Arbeitnehmer die von ihm in einem bestimmten zeitlichen Umfang vertraglich geschuldete Arbeitsleistung tatsächlich erbringen soll. Der Arbeitszeitbegriff i. S. d. Mitbestimmungstatbestandes ist damit nicht ganz deckungsgleich mit dem vergütungsrechtlichen Arbeitszeitbegriff und dem des Arbeitszeitgesetzes und der Richtlinie 2003/88/EG (*BAG* 14.11.2006 EzA § 87 BetrVG 2001 Arbeitszeit Nr. 10), so dass Dienstreisezeiten regelmäßig keine Arbeitszeit im betriebsverfassungsrechtlichen Sinne sind. Umkleidezeiten gehören zur vertraglich geschuldeten Arbeitsleistung, wenn das Umkleiden einem fremden Bedürfnis dient und nicht zugleich ein eigenes Bedürfnis erfüllt. Das Ankleiden mit vorgeschriebener Dienstkleidung im Betrieb ist nicht lediglich fremdnützig und damit nicht Arbeitszeit i. S. d. § 87 Abs. 1 Nr. 2 BetrVG, wenn sie zu Hause angelegt und – ohne bei objektiver Betrachtung besonders auffällig zu sein – auch auf dem Weg zur Arbeitsstätte getragen werden kann (*BAG* 10.11.2009 EzA § 87 BetrVG 2001 Arbeitszeit Nr. 14). 1701

Tarifverträge, die die wöchentliche Arbeitszeit verkürzen oder Möglichkeiten zur Flexibilisierung der Arbeitszeit vorsehen, ohne die näheren Einzelheiten der Umsetzung selbst abschließend zu regeln, lassen das Mitbestimmungsrecht im Rahmen der tarifvertraglichen Vorgaben unberührt (vgl. GK-BetrVG/*Wiese* § 87 Rn. 280 ff.). 1702

Sofern eine Einigung der Betriebspartner über die Umsetzung einer tariflichen Arbeitszeitverkürzung nicht erreicht wird, ist der Arbeitgeber nicht berechtigt, Anfang und Ende der täglichen Arbeitszeit einschließlich der Pausen sowie der Verteilung der wöchentlichen Arbeitszeit auf die einzelnen Wochentage ohne Zustimmung des Betriebsrates einseitig festzulegen, solange die bisherige Verteilung der Arbeitszeit nach dem neuen Tarifvertrag beibehalten werden kann (*BAG* 19.2.1991 EzA § 87 BetrVG 1972 Arbeitszeit Nr. 46). 1703

**1704** Das Mitbestimmungsrecht bezieht sich **nicht** auf die Öffnungszeiten des Betriebes oder Betriebsnutzungszeiten. Gleichwohl wird z. B. in einem Kaufhaus vom Mitbestimmungsrecht auch eine Arbeitszeitregelung gedeckt, die die Ausschöpfung der gesetzlichen Ladenöffnungszeiten unmöglich macht (*BAG* 31.8.1982 EzA § 87 BetrVG 1972 Arbeitszeit Nr. 1).

**1705** Wenn auch die Dauer der wöchentlichen Arbeitszeit nicht der Mitbestimmung des Betriebsrats unterliegt (*BAG* 22.6.1993 EzA § 23 BetrVG 1972 Nr. 35), werden hierdurch Regelungen über die tägliche Arbeitszeit nicht ausgeschlossen, die mittelbar auch die Dauer der Wochenarbeitszeit berühren, wie etwa die Festlegung der Höchstzahl von Tagen in der Woche, an denen Teilzeitbeschäftigte Arbeitnehmer beschäftigt werden sollen oder die Festlegung der Mindestdauer der täglichen Arbeitszeit (*BAG* 13.10.1987 EzA § 87 BetrVG 1972 Arbeitszeit Nr. 25; 28.9.1988 EzA § 87 BetrVG 1972 Arbeitszeit Nr. 30; 16.7.1991 EzA § 87 BetrVG 1972 Arbeitszeit Nr. 48).

**1706** Das Mitbestimmungsrecht besteht nur bei Vorliegen eines kollektiven Tatbestands (vgl. oben Rdn. 1615 ff.).

### a) Verteilung der Arbeitszeit auf die Wochentage

**1707** Das Mitbestimmungsrecht erstreckt sich auf die Frage, wie eine vorgegebene Arbeitszeit auf die einzelnen Wochentage verteilt wird, d. h. an wie vielen Tagen der Woche gearbeitet und an welchen Tagen länger und an welchen Tagen kürzer gearbeitet wird (DKK/*Klebe* § 87 Rn. 78). Auch die Frage, ob zu festen Zeiten oder mit variabler Arbeitszeit gearbeitet wird, unterliegt der Mitbestimmung. Das Mitbestimmungsrecht umfasst auch die Befugnis des Betriebsrats, initiativ zu werden, um für einen bestimmten Tag im Jahr Ausnahmen von der regulären Arbeitszeitregelung vorzusehen (*BAG* 26.10.2004 EzA § 87 BetrVG 2001 Arbeitszeit Nr. 7 »Karnevalsdienstag«).

### b) Lage der täglichen Arbeitszeit

**1708** Das Mitbestimmungsrecht besteht nicht nur bei Dauerregelungen, sondern auch bei einer nur vorübergehenden Änderung der Lage der Arbeitszeit, so z. B. bei Verlegung von Arbeitszeiten bei sog. Brückentagen (*BAG* 13.7.1977 EzA § 87 BetrVG 1972 Arbeitszeit Nr. 3; DKK/*Klebe* § 87 Rn. 75). Eine Änderung der Arbeitszeitlage unterliegt ebenfalls der Mitbestimmung. Mangels kollektiven Tatbestands nicht mitbestimmungspflichtig sind Vereinbarungen zwischen Arbeitgeber und Arbeitnehmer über die Lage der Arbeitszeit, die nur durch individuelle Umstände bedingt sind, wie z. B. zeitliche Notwendigkeiten infolge Kinderbetreuung.

### c) Pausen

**1709** Mitbestimmungspflichtig ist weiter die Lage der Pausen. Pausen sind im Voraus festgelegte Unterbrechungen der Arbeitszeit, in denen der Arbeitnehmer weder Arbeit zu leisten noch sich dafür bereit zu halten hat, sondern frei darüber entscheiden kann, wo und wie er diese Zeit verbringen will (*BAG* 23.9.1992 EzA § 12 AZO Nr. 6; s. Kap. 3 Rdn. 65 ff.). Eine Pause i. S. d. § 87 Abs. 1 Nr. 3 BetrVG liegt damit nur vor bei Ruhepausen, durch die die Arbeitszeit unterbrochen wird, die also selbst nicht zur Arbeitszeit gehören und deshalb auch nicht vergütet werden müssen. Nicht erfasst sind daher bezahlte Lernpausen (*BAG* 28.7.1981 EzA § 87 BetrVG 1972 Arbeitszeit Nr. 9) oder tarifvertraglich vorgeschriebene Unterbrechungen der Arbeit an Bildschirmgeräten, während deren eine anderweitige Beschäftigung zulässig ist (*BAG* 6.12.1983 EzA § 87 BetrVG 1972 Bildschirmarbeit Nr. 1). Für Teilzeitkräfte unterliegt bspw. die Frage, ob deren kurze Arbeitszeit noch durch gesetzlich nicht erforderliche Pausen verlängert wird, der Mitbestimmung (*BAG* 13.10.1987 EzA § 87 BetrVG 1972 Nr. 25).

## 2. Anwendungsfälle

### a) Gleitende Arbeitszeit

Mitbestimmungspflichtig ist die Einführung und Änderung gleitender Arbeitszeit (*BAG* 18.4.1989 EzA § 87 BetrVG 1972 Arbeitszeit Nr. 35). Dies gilt für die Regelung der täglichen Arbeitszeit, der Kernzeit, der Gleitzeit und Regelungen über die Möglichkeit der Ansammlung von Gleitzeitguthaben bzw. Gleitzeitsalden und der entsprechenden Ausgleichszeiträume (DKK/*Klebe* § 87 Rn. 80; zu Arbeitszeitkonten s. *BAG* 22.7.2003 EzA § 87 BetrVG 2001 Arbeitszeit Nr. 4). 1710

### b) Teilzeitarbeit

Die Einführung von Teilzeitarbeit selbst ist mitbestimmungsfrei, weil es insoweit um die Dauer der wöchentlichen Arbeitszeit geht. Mitbestimmungspflichtig sind aber generelle Regelungen über die Lage der Teilzeitarbeit einschließlich der Regelung der Frage, ob Teilzeitkräfte zu festen Zeiten oder nach Bedarf beschäftigt werden sollen (*BAG* 13.10.1987 EzA § 87 BetrVG 1972 Arbeitszeit Nr. 25; 28.9.1988 EzA § 87 BetrVG 1972 Arbeitszeit Nr. 30). Dem Mitbestimmungsrecht unterliegt die Festlegung der Mindestdauer der täglichen Arbeitszeit, der Höchstzahl von Tagen in der Woche, an denen teilzeitbeschäftigte Arbeitnehmer beschäftigt werden sollen, die Mindestzahl arbeitsfreier Samstage, die Dauer der Pausen und auch die Frage, inwieweit die tägliche Arbeitszeit in einer oder mehreren Schichten geleistet werden soll und ob und in welchem Umfang sich die Arbeitszeit der teilzeitbeschäftigten Arbeitnehmer mit den Ladenöffnungszeiten decken soll oder nicht (*BAG* 13.10.1987 EzA § 87 BetrVG 1972 Arbeitszeit Nr. 25; 28.9.1988 EzA § 87 BetrVG 1972 Arbeitszeit Nr. 30). 1711

### c) Schichtarbeit

Die Einführung von Schichtarbeit, die Festlegung und Änderung der Anzahl der Schichten sowie ihre Modalitäten, d. h. die Abgrenzung des Personenkreises, der Schichtarbeit zu leisten hat, und die Aufstellung der konkreten Schichtpläne als Zuordnung der Arbeitnehmer zu einzelnen Schichten einschließlich der Regelung der Frage, ob und unter welchen Voraussetzungen Arbeitnehmer von einer Schicht in eine andere umgesetzt werden können, unterliegt der Mitbestimmung (*BAG* 27.6.1989 EzA § 87 BetrVG 1972 Arbeitszeit Nr. 36; 19.2.1991 EzA § 95 BetrVG 1972 Nr. 23). Wird mit dem Betriebsrat für einen bestimmten Zeitraum Wechselschichtarbeit vereinbart, bedarf die vorzeitige Rückkehr zur Normalarbeitszeit ebenfalls der Zustimmung des Betriebsrats. Fehlt diese, muss der Arbeitgeber die ggf. höhere Wechselschichtvergütung unter dem Gesichtspunkt des Annahmeverzugs zahlen (*BAG* 18.9.2002 EzA § 87 BetrVG 2001 Arbeitszeit Nr. 1). 1712

Das Mitbestimmungsrecht erfasst auch den einzelnen Schicht- oder Dienstplan selbst (*BAG* 28.10.1986 EzA § 87 BetrVG 1972 Arbeitszeit Nr. 20), sowie Aufstellung und Veränderung eines Jahresschichtplanes (*BAG* 1.7.2003 EzA § 87 BetrVG 2001 Arbeitszeit Nr. 2). Möglich ist aber auch eine Regelung, die sich auf die Festlegung von Grundsätzen beschränkt, denen die einzelnen Schichtpläne entsprechen müssen und die Aufstellung der einzelnen Schichtpläne entsprechend diesen Grundsätzen dem Arbeitgeber überlässt (*BAG* 28.5.2002 EzA § 87 BetrVG 1972 Arbeitszeit Nr. 65; 28.10.1986 EzA § 87 BetrVG 1972 Arbeitszeit Nr. 20). 1713

Ein Mitbestimmungsrecht besteht auch bei sog. Rollierregelungen, die bei einem an allen sechs Werktagen der Woche geöffneten Betrieb regeln, an welchem der sechs Werktage die einzelnen Arbeitnehmer nicht arbeiten müssen, wenn sie nur zur Arbeitsleistung an fünf Tagen verpflichtet sind. Mitbestimmungspflichtig ist damit die Entscheidung, ob es sich um ein vorwärts rollierendes System handeln soll, welche Rolliergruppen aufgestellt werden, welche Arbeitnehmer einer Rolliergruppe zugeordnet werden sollen und ob für die einzelnen Rolliergruppen Freizeitkalender zu führen sind (*BAG* 31.1.1989 EzA § 87 BetrVG 1972 Arbeitszeit Nr. 32). 1714

### d) Bereitschaftsdienste

**1715** Rufbereitschaft als Verpflichtung des Arbeitnehmers, sich an einem von ihm selbst gewählten, dem Arbeitgeber mitzuteilenden Ort aufzuhalten, um auf Abruf die Arbeit i. d. R. unverzüglich aufnehmen zu können, unterliegt der Mitbestimmung des Betriebsrats (*BAG* 21.12.1982 EzA § 87 BetrVG 1972 Arbeitszeit Nr. 16) ebenso wie die Einführung und nähere Ausgestaltung von Bereitschaftsdiensten, d. h. der Bestimmung des Aufenthaltsorts, an dem sich der Arbeitnehmer für die jederzeitige Arbeitsaufnahme bereit zu halten hat (DKK/*Klebe* § 87 Rn. 83 m. w. N.). Bei Bereitschaftsdiensten außerhalb der regelmäßigen Arbeitszeit besteht ein Mitbestimmungsrecht auch nach § 87 Abs. 1 Nr. 3 BetrVG. Dieses erstreckt sich auch auf die Frage, ob der entsprechende Arbeitsanfall überhaupt durch Einrichtung eines Bereitschaftsdienstes abgedeckt werden soll (*BAG* 28.2.2000 EzA § 87 BetrVG 1972 Arbeitszeit Nr. 61).

### e) Leiharbeitnehmer

**1716** Der Betriebsrat des Entleiherbetriebs hat über die Arbeitszeit der Leiharbeitnehmer, die in diesem Betrieb arbeiten, mitzubestimmen. § 14 AÜG steht dem nicht entgegen. Die Einbeziehung der Leiharbeitnehmer folgt aus dem Schutzzweck der Norm, da diese Personen wie Arbeitnehmer im Betrieb tätig werden (*BAG* 15.12.1992 EzA § 14 AÜG Nr. 3).

## IV. Vorübergehende Verkürzung/Verlängerung der Arbeitszeit, § 87 Abs. 1 Nr. 3 BetrVG

### 1. Inhalt des Mitbestimmungsrechts

**1717** § 87 Abs. 1 Nr. 3 BetrVG ist ein Unterfall des Mitbestimmungsrechts nach § 87 Abs. 1 Nr. 2 BetrVG. Es gilt der auch für den Tatbestand des § 87 Abs. 1 Nr. 2 geltende Arbeitszeitbegriff (*BAG* 14.11.2006 EzA § 87 BetrVG 2001 Arbeitszeit Nr. 10; s. Rdn. 1700 ff.).

**1718** Eine Verkürzung der betriebsüblichen Arbeitszeit liegt vor, wenn für einen überschaubaren Zeitraum von dem allgemein geltenden Zeitvolumen abgewichen wird, um anschließend zur betriebsüblichen Dauer der Arbeitszeit zurückzukehren, so bei Kurzarbeit oder der ersatzlosen Streichung von in einem Jahresschichtplan vorgesehenen Schichten (*BAG* 1.7.2003 EzA § 87 BetrVG 2001 Arbeitszeit Nr. 2). Eine Verlängerung liegt im Falle von Überstunden vor. Unter **betriebsüblicher Arbeitszeit** ist die regelmäßige betriebliche Arbeitszeit zu verstehen. Bei unterschiedlichen Arbeitszeiten im Betrieb ist jedoch nicht auf die im Betrieb häufigste Arbeitszeit, sondern auf die für bestimmte Arbeitsplätze und Arbeitnehmergruppen geltenden Arbeitszeiten abzustellen, sodass es in ein und demselben Betrieb mehrere betriebsübliche Arbeitszeiten geben kann (*BAG* 21.11.1978 EzA § 87 BetrVG 1972 Arbeitszeit Nr. 7; 16.7.1991 EzA § 87 BetrVG 1972 Arbeitszeit Nr. 48).

Ob sich durch die vorübergehende Veränderung der Arbeitszeit auch die Vergütung ändert, ist unerheblich (*BAG* 3.5.2006 EzA § 87 BetrVG 2001 Arbeitszeit Nr. 9).

**1719** Betriebsübliche Arbeitszeiten sind insoweit alle Arbeitszeiten, die die Arbeitnehmer, ein Teil von ihnen oder auch ein einzelner Arbeitnehmer jeweils individualrechtlich dem Arbeitgeber schulden, sodass der Betriebsrat auch bei der vorübergehenden Verlängerung der Arbeitszeit von Teilzeitbeschäftigten selbst dann mitzubestimmen hat, wenn für diese unterschiedliche Wochenarbeitszeiten gelten (*BAG* 24.4.2007 EzA § 87 BetrVG 2001 Arbeitszeit Nr. 11; 16.7.1991 EzA § 87 BetrVG 1972 Arbeitszeit Nr. 48; 23.6.1996 EzA § 87 BetrVG 1972 Arbeitszeit Nr. 56). Ebenso besteht ein Mitbestimmungsrecht des Betriebsrats nach § 87 Abs. 1 Nr. 3 BetrVG bei der Einführung eines Bereitschaftsdienstes außerhalb der regelmäßigen Arbeitszeit. Dieses erstreckt sich auch auf die Frage, ob der entsprechende Arbeitsanfall überhaupt durch Einrichtung eines Bereitschaftsdienstes abgedeckt werden soll (*BAG* 28.2.2000 EzA § 87 BetrVG 1972 Arbeitszeit Nr. 61). Eine tarifliche Jahresarbeitszeit ist i. d. R. nicht gleichbedeutend mit der betriebsüblichen Arbeitszeit, so dass allein eine Überschreitung der Jahresarbeitszeit nicht das Mitbestimmungsrecht auslöst (*BAG* 11.12.2001 EzA § 87 BetrVG 1972 Arbeitszeit Nr. 64). Nach Auffassung des *BAG* (22.7.2003 EzA § 87

BetrVG 2001 Arbeitszeit Nr. 4) liegt eine Regelung, nach der Plusstunden auf einem Arbeitszeitkonto zu einem Stichtag als Überstunden bezahlt werden müssen und unverschuldete Minusstunden verfallen, im Rahmen des Mitbestimmungsrechts nach § 87 Abs. 1 Nr. 3 BetrVG.

Keine Verlängerung der betriebsüblichen Arbeitszeit liegt nach Auffassung des *BAG* (23.7.1996 EzA § 87 BetrVG 1972 Arbeitszeit Nr. 55) vor, wenn der Arbeitgeber eine außerplanmäßige Dienstreise anordnet, die Reisezeiten außerhalb der normalen Arbeitszeit erforderlich macht, wenn während der Reisezeit keine Arbeitsleistung zu erbringen ist (vgl. auch *LAG Bln.* 11.11.2005 LAGE § 87 BetrVG 2001 Arbeitszeit Nr. 4). Beschäftigt der Arbeitgeber für einen Sonntagsverkauf Arbeitnehmer eines anderen Betriebs für lediglich einen Tag, besteht kein Mitbestimmungsrecht des Betriebsrats des Betriebs, in dem der Sonntagsverkauf durchgeführt wird, nach § 87 Abs. 1 Nr. 3 BetrVG, da für diese Arbeitnehmer bisher im Betrieb noch überhaupt keine übliche Arbeitszeit bestand. In Betracht kommen hier aber Mitbestimmungsrechte nach § 87 Abs. 1 Nr. 2 und nach § 99 BetrVG (*BAG* 25.2.1997 EzA § 87 BetrVG 1972 Arbeitszeit Nr. 57). Mitbestimmungspflichtig nach § 87 Abs. 1 Nr. 3 BetrVG ist auch die Durchführung einer Mitarbeiterversammlung außerhalb der betriebsüblichen Arbeitszeit, wenn eine Teilnahmeverpflichtung der Arbeitnehmer besteht (*BAG* 13.3.2001 EzA § 87 BetrVG 1972 Arbeitszeit Nr. 62). Für Leiharbeitnehmer besteht im Verleiherbetrieb eine betriebsübliche Arbeitszeit nach Maßgabe des mit dem Verleiher vereinbarten Stundenkontingents. Werden Leiharbeitnehmer in einen Betrieb entsandt, dessen betriebsübliche Arbeitszeit die vom Leiharbeitnehmer dem Verleiher geschuldete vertragliche Arbeitszeit übersteigt, liegt eine Verlängerung der betriebsüblichen Arbeitszeit gem. § 87 Abs. 1 Nr. 3 BetrVG vor. Das Mitbestimmungsrecht steht dem beim Verleiher gebildeten Betriebsrat zu (*BAG* 19.6.2001 EzA § 87 BetrVG 1972 Arbeitszeit Nr. 63). 1720

> Eine vorübergehende Verkürzung oder Verlängerung der Arbeitszeit liegt vor, wenn für einen überschaubaren Zeitraum vom ansonsten maßgeblichen Zeitvolumen abgewichen werden soll, um anschließend zur betriebsüblichen Dauer zurückzukehren (*BAG* 24.4.2007 EzA § 87 BetrVG 2001 Arbeitszeit Nr. 11). 1721

Dies gilt auch dann, wenn der Endzeitpunkt noch nicht feststeht, aber die Absicht besteht, nach Fortfall des Anlasses zur bisherigen Arbeitszeit zurückzukehren (GK-BetrVG/*Wiese* § 87 Rn. 384). Erfasst wird jede Form von vorübergehender Verkürzung oder Verlängerung (DKK/*Klebe* § 87 Rn. 88), auch dann, wenn sie auf einer für mehrere Jahre unkündbaren Betriebsvereinbarung beruhen, da allein hierdurch die Arbeitszeitveränderung nicht ihren vorübergehenden Charakter verliert (*BAG* 3.6.2003 EzA § 77 BetrVG 2001 Nr. 5). Der Arbeitgeber kann das Mitbestimmungsrecht bei der Anordnung von Überstunden nicht dadurch umgehen, dass er die Arbeiten auf eine geschäftlich nicht tätige Firma »überträgt«, die von denselben Geschäftsführern wie der Arbeitgeber geführt wird und die Arbeiten im Betrieb des Arbeitgebers, auf seinen Betriebsanlagen sowie gerade mit den Arbeitnehmern ausführt, die vom Arbeitgeber zu den Überstunden herangezogen werden sollten (*BAG* 22.10.1991 EzA § 87 BetrVG Arbeitszeit Nr. 49). 1722

Bei arbeitskampfbedingten Veränderungen der betriebsüblichen Arbeitszeit bestehen nur eingeschränkte Beteiligungsrechte des Betriebsrats (s. Kap. 10 Rdn. 126 ff.). 1723

## 2. Kein Ausschluss des Initiativrechts

Nach der Rechtsprechung des *BAG* (4.3.1986 EzA § 87 BetrVG 1972 Arbeitszeit Nr. 17) beinhaltet § 87 Abs. 1 Nr. 3 BetrVG auch ein Initiativrecht des Betriebsrats zur Einführung von Kurzarbeit. Streitig ist, ob Entsprechendes auch für die Einführung von Überstunden gilt (so DKK/*Klebe* § 87 Rn. 89; *Fitting* § 87 Rn. 159), was fraglich erscheint, da das Mitbestimmungsrecht bei Überstunden gerade dem Schutz der Arbeitnehmer vor den Gefahren einer Mehrarbeit und dem Schutz der Freizeit vor Beeinträchtigung dient (MünchArbR/*Matthes* § 245 Rn. 39). 1724

### 3. Rückkehr zur Normalarbeitszeit

1725 Kehrt der Betrieb nach Durchführung von Überstunden über längere Zeit oder nach Vereinbarung von Kurzarbeit früher als zunächst vorgesehen zur betriebsüblichen Arbeitszeit zurück, besteht kein Mitbestimmungsrecht, da die betriebsübliche Arbeitszeit nicht verändert, sondern lediglich wieder hergestellt wird (*BAG* 11.7.1990 EzA § 615 BGB Betriebsrisiko Nr. 11).

### 4. Überstunden

1726 Ein Mitbestimmungsrecht bei Überstunden setzt das Vorliegen eines kollektiven Tatbestandes voraus (s. Rdn. 1615 ff.), der vorliegt, wenn Regelungsfragen auftreten, die die kollektiven Interessen der Arbeitnehmer betreffen, sodass ein Mitbestimmungsrecht ausscheidet, wenn es lediglich um individuelle Besonderheiten und Wünsche einzelner Arbeitnehmer geht. Ein kollektiver Tatbestand scheidet aber nicht schon deshalb aus, weil nur ein einzelner Arbeitnehmer betroffen ist, da auch in einem solchen Fall zu klären sein kann, wie viele Überstunden, wann und von wem zu leisten sind (*BAG* 16.7.1991 EzA § 87 BetrVG 1972 Arbeitszeit Nr. 48). Unerheblich ist, ob die Überstunden freiwillig geleistet werden (*BAG* 11.11.1986 EzA § 87 BetrVG 1972 Arbeitszeit Nr. 21) und ob der Arbeitgeber die Überstunden ausdrücklich anordnet oder lediglich duldet (*BAG* 27.11.1990 EzA § 87 BetrVG 1972 Arbeitszeit Nr. 40). Das Vorliegen eines bloßen Eilfalles schließt das Mitbestimmungsrecht des Betriebsrats nicht aus (s. Rdn. 1643 ff.).

### 5. Kurzarbeit

1727 Kurzarbeit liegt vor, wenn die betriebsübliche Arbeitszeit durch Arbeitsausfall von Stunden, bestimmten Wochentagen oder ganzen Wochen herabgesetzt wird. Der Mitbestimmung unterliegt die Regelung der Frage, ob überhaupt in welchem Rahmen Kurzarbeit eingeführt wird und wie die Verteilung der geänderten Arbeitszeit auf die einzelnen Wochentage zu erfolgen hat (DKK/*Klebe* § 87 Rn. 101). Strittig ist, ob sich das Mitbestimmungsrecht auch auf die finanzielle Milderung der Folgen der Kurzarbeit erstreckt. Zum Teil wird dies mit der Begründung angenommen, dass Zweck des Mitbestimmungsrechts gerade der Schutz vor Entgeltverlusten infolge Kurzarbeit sei (DKK/*Klebe* § 87 Rn. 102). Dagegen wird geltend gemacht, das Mitbestimmungsrecht erstrecke sich nach dem Wortlaut des § 87 Abs. 1 Nr. 2 BetrVG nur auf die Arbeitszeit (abl. auch *BAG* 21.1.2003 EzA § 77 BetrVG 2001 Nr. 3; *LAG Köln* 14.6.1989 NZA 1989, 939; HSWGNR/*Worzalla* § 87 Rn. 197).

### 6. Mitbestimmung und Arbeitsvertrag

1728 Die Beachtung des Mitbestimmungsrechts ist Wirksamkeitsvoraussetzung (s. Rdn. 1649 f.) für alle Maßnahmen zur vorübergehenden Verkürzung der Arbeitszeit. Wird ohne Beachtung des Mitbestimmungsrechts Kurzarbeit angeordnet, ist das volle Arbeitsentgelt nach § 615 BGB fortzuzahlen (*BAG* 14.2.1991 EzA § 87 BetrVG 1972 Kurzarbeit Nr. 1).

1729 Sofern Kurzarbeit in einer Betriebsvereinbarung vereinbart wird, wirken deren Regelungen gem. § 77 Abs. 4 BetrVG unmittelbar und zwingend, sodass die Vereinbarung unmittelbar den entsprechenden Verlust des Entgeltanspruches bewirkt (*BAG* 14.2.1991 EzA § 87 BetrVG 1972 Kurzarbeit Nr. 1; 9.5.1984 EzA § 1 LFZG Nr. 71).

1730 Sofern die Betriebspartner Mehrarbeit in einer Betriebsvereinbarung vereinbart haben, wirkt auch diese Regelung unmittelbar und zwingend auf die Arbeitsverhältnisse ein und die Arbeitnehmer sind zur Leistung der vereinbarten Mehrarbeit verpflichtet (*Richardi* § 87 Rn. 360, 335.; MünchArbR/*Matthes* § 245 Rn. 38, 43).

### V. Auszahlung der Arbeitsentgelte, § 87 Abs. 1 Nr. 4 BetrVG

1731 Arbeitsentgelt sind die vom Arbeitgeber zu erbringenden Vergütungsleistungen, also neben Lohn oder Gehalt im engeren Sinne auch Zulagen, Gratifikationen, Provisionen, Gewinnbeteiligungen, zusätzliches Urlaubsentgelt, vermögenswirksame Leistungen, Auslösungen, Sachleistungen, Reisekosten, Wegegelder oder Spesen (GK-BetrVG/*Wiese* § 87 Rn. 425). Ein Mitbestimmungsrecht besteht nicht hinsichtlich der Höhe der jeweils zu zahlenden Vergütung.

Das Mitbestimmungsrecht bezieht sich auf die Zeit der Auszahlung i. S. d. Festlegung der Entgeltzahlungszeiträume (monatlich/wöchentlich) und die Festlegung des Zahlungszeitpunkts (Tag, Stunde) sowie die Leistung von Abschlagszahlungen (DKK/*Klebe* § 87 Rn. 106). Auch eine Regelung, nach der ein über die regelmäßige Wochenarbeitszeit hinausgehendes Zeitguthaben erst am Ende eines bestimmten Verteilungszeitraums vergütet wird, ist erfasst (*BAG* 15.1.2002 EzA § 614 BGB Nr. 1). 1732

Ort der Entgeltleistung ist regelmäßig der Betrieb des Arbeitgebers (§ 269 Abs. 1, 2 BGB). § 269 BGB ist dispositiv, sodass (vorbehaltlich entgegenstehender gesetzlicher Regelungen, etwa § 35 Abs. 2 SeemG) abweichende Regelungen getroffen werden können. 1733

Zur Art der Auszahlung des Arbeitsentgelts gehört vor allem die Entscheidung, ob das Entgelt in bar oder bargeldlos gezahlt werden soll. Nach ständiger Rechtsprechung des *BAG* (8.3.1977 EzA § 87 BetrVG 1972 Lohn und Arbeitsentgelt Nr. 6; 10.8.1993 EzA § 87 BetrVG 1972 Lohn und Arbeitsentgelt Nr. 16) kann zur Regelung der bargeldlosen Auszahlung des Arbeitsentgelts als notwendiger Annex auch eine solche über die Zahlung von Kontoführungsgebühren oder die Einführung einer Kontostunde (Freistellung von der Arbeitspflicht) gehören. 1734

Nicht zu beanstanden ist etwa die Einführung einer Kontoführungspauschale in Höhe von monatlich 3,50 DM (*BAG* 5.3.1991 EzA § 87 BetrVG 1972 Lohn und Arbeitsentgelt Nr. 15). Solche Annex-Regelungen sind aber nur insoweit möglich, als hierdurch die durch die bargeldlose Überweisung anfallenden Kosten oder der erforderliche Zeitaufwand unvermeidlich anfallen. So ist etwa der Spruch einer Einigungsstelle, der den Arbeitgeber verpflichtet, alle Arbeitnehmer monatlich eine Stunde zum Ausgleich des Aufwands, der mit der bargeldlosen Auszahlung des Arbeitsentgelts verbunden ist, freizustellen, ermessensfehlerhaft, wenn die bargeldlose Auszahlung des Arbeitsentgelts nicht notwendigerweise zur Inanspruchnahme von Freizeit führt, weil z. B. der Arbeitgeber angeboten hat, bei Bedarf Bargeld während der Arbeitszeit kostenlos gegen Scheck auszuzahlen (*BAG* 18.8.1993 EzA § 87 BetrVG 1972 Lohn und Arbeitsentgelt Nr. 16). Lässt ein Tarifvertrag die Einführung der bargeldlosen Entgeltzahlung zu, ohne die Frage der Kostentragung zu regeln, ist es eine Frage der Auslegung, ob insoweit eine abschließende tarifliche Regelung oder aber Raum für ergänzende betriebliche Regelungen besteht (vgl. einerseits *BAG* 31.8.1982 EzA § 87 BetrVG 1972 Nr. 9, andererseits *BAG* 5.3.1991 EzA § 87 BetrVG 1972 Lohn und Arbeitsentgelt Nr. 15). 1735

## VI. Urlaub, § 87 Abs. 1 Nr. 5 BetrVG

### 1. Zweck; Begriff des Urlaubs

Durch das Mitbestimmungsrecht sollen die Urlaubswünsche einzelner Arbeitnehmer und die betrieblichen Interessen an der Kontinuität des Betriebsablaufs sinnvoll aufeinander abgestimmt werden (*BAG* 18.6.1974 EzA § 87 BetrVG 1972 Urlaub Nr. 1). Die zwingenden Vorschriften des BUrlG und einschlägiger Tarifverträge sind zu beachten. Das Mitbestimmungsrecht erstreckt sich nicht auf die Dauer des Urlaubs sowie das Urlaubsentgelt und die Zahlung eines zusätzlichen Urlaubsgeldes (GK-BetrVG/*Wiese* § 87 Rn. 446 f.). 1736

Der Mitbestimmungstatbestand bezieht sich auf jede Form des Urlaubs, also nicht nur Erholungsurlaub, sondern auch Bildungs- (dazu *BAG* 28.5.2002 § 87 BetrVG 1972 Bildungsurlaub Nr. 1) und Sonderurlaub, Zusatzurlaub für Schwerbehinderte sowie jede andere Form bezahlter oder unbezahlter Freistellung (*BAG* 17.11.1977 EzA § 9 BUrlG Nr. 9; GK-BetrVG/*Wiese* § 87 Rn. 444). 1737

### 2. Allgemeine Urlaubsgrundsätze

Allgemeine Urlaubsgrundsätze sind betriebliche Richtlinien, nach denen Urlaub im Einzelfall gewährt oder – z. B. in Saisonbetrieben – nicht gewährt werden darf oder soll (*BAG* 18.6.1974 EzA 1738

§ 87 BetrVG 1972 Urlaub Nr. 1). Der Mitbestimmung unterliegt insbes. die Einführung von Betriebsferien.

1739 Hierbei kann auch eine Regelung für mehrere aufeinander folgende Jahre getroffen werden (BAG 28.7.1981 EzA § 87 BetrVG 1972 Urlaub Nr. 4). Soweit Arbeitnehmer zum Zeitpunkt der Betriebsferien noch keinen Urlaubsanspruch erworben haben und nicht im Betrieb beschäftigt werden, behalten sie ihren vollen Lohnanspruch. Die Einführung von Betriebsferien begründet dringende betriebliche Belange i. S. d. § 7 Abs. 1 BUrlG, hinter denen abweichende Urlaubswünsche des einzelnen Arbeitnehmers zurücktreten müssen (BAG 28.7.1981 EzA § 87 BetrVG 1972 Urlaub Nr. 4). Unter Berücksichtigung der Wertungen des BUrlG dürften aber Regelungen über Betriebsferien unzulässig sein, die dem Arbeitnehmer keinerlei individuellen Spielraum für die Urlaubsplanung belassen.

1740 In Betracht kommen weiter Regelungen einschließlich ihrer späteren Änderungen und Aufhebung über Urlaubszeiten für bestimmte Betriebsabteilungen oder Gruppen von Arbeitnehmern, befristete Urlaubssperren, die Verteilung auf das laufende und die Übertragung auf das nächste Urlaubsjahr, die Berücksichtigung persönlicher Umstände (z. B. schulpflichtige Kinder) sowie das Verfahren für die Beantragung und die Gewährung (z. B. durch Urlaubslisten) von Urlaub (GK-BetrVG/*Wiese* § 87 Rn. 453, 454; DKK/*Klebe* § 87 Rn. 113).

1741 Der Betriebsrat kann im Wege des Initiativrechts die Aufstellung von Urlaubsgrundsätzen verlangen, wobei allerdings streitig ist, ob er über die Einigungsstelle auch ggf. die Schließung des Betriebs zur Einführung von Betriebsferien durchsetzen kann. Zum Teil (GK-BetrVG/*Wiese* § 87 Rn. 457) wird dies unter Hinweis darauf, dass die Schließung des Betriebes eine allein dem Arbeitgeber zustehende Entscheidung im unternehmerischen Bereich sei, abgelehnt. Nach anderer Auffassung erstreckt sich das Initiativrecht auch auf die Einführung von Betriebsferien, da die Frage, ob in unangemessener Weise die Belange des Betriebs beeinträchtigt werden, lediglich eine Frage des Inhalts der Regelung und der Ermessensentscheidung der Einigungsstelle, nicht aber eine solche nach dem Bestehen eines entsprechenden Initiativrechts sei (MünchArbR/*Matthes* § 247 Rn. 16; DKK/*Klebe* § 87 Rn. 114; *Fitting* § 87 Rn. 198).

### 3. Urlaubsplan

1742 Ein Urlaubsplan ist die genaue Festlegung der zeitlichen Lage des Urlaubs der einzelnen Arbeitnehmer im Urlaubsjahr einschließlich der Regelung der Urlaubsvertretung, bei Betriebsferien die Festlegung deren zeitlicher Lage (GK-BetrVG/*Wiese* § 87 Rn. 460).

1743 Mitbestimmungspflichtig ist auch die Änderung des Urlaubsplans (DKK/*Klebe* § 87 Rn. 117). Sofern ein Urlaubsplan vereinbart ist, wird hierdurch der Urlaubsanspruch der einzelnen Arbeitnehmer konkretisiert, sodass sie zum bezeichneten Zeitpunkt den Urlaub ohne besondere Urlaubsgewährung durch den Arbeitgeber antreten können und sich lediglich abmelden müssen (DKK/*Klebe* § 87 Rn. 115). Vom Urlaubsplan abzugrenzen ist die Urlaubsliste, bei der es sich lediglich um ein Verzeichnis der von den Arbeitnehmern geäußerten Urlaubswünsche handelt. Ihre Führung betrifft das Verfahren der Urlaubsgewährung und ist deshalb als Urlaubsgrundsatz mitbestimmungspflichtig (GK-BetrVG/*Wiese* § 87 Rn. 465). Durch bloße Eintragung in die Urlaubsliste wird noch kein Anspruch des einzelnen Arbeitnehmers begründet, den Urlaub zu einem bestimmten Zeitpunkt antreten zu können. Bei Fehlen eines Urlaubsplans kann aber durch die Eintragung in die Urlaubsliste der Urlaub festgelegt werden, wenn der Arbeitgeber dem Wunsch eines Arbeitnehmers nicht innerhalb angemessener Frist widerspricht (LAG Düsseld. 8.5.1970 DB 1970, 1136).

### 4. Festsetzung der Lage des Urlaubs für einzelne Arbeitnehmer

1744 Soweit der einzelne Arbeitnehmer mit der zeitlichen Festlegung seines Urlaubs nicht einverstanden ist, besteht nach § 87 Abs. 1 Nr. 5 BetrVG ein Mitbestimmungsrecht des Betriebsrats im Einzelfall, sofern zwischen dem einzelnen Arbeitnehmer und dem Arbeitgeber keine Einigung über die zeitliche

Lage zu Stande kommt. Das Vorliegen eines sog. kollektiven Tatbestandes ist demnach hier nach überwiegender Ansicht nicht erforderlich (DKK/*Klebe* § 87 Rn. 118; *Fitting* § 87 Rn. 206; a. A. GK-BetrVG/*Wiese* § 87 Rz 470, 471; MünchArbR/*Matthes* § 247 Rn. 20, die auch hier einen kollektiven Tatbestand verlangen, sodass nach dieser Auffassung mindestens die Abstimmung der zeitlichen Lage des Urlaubs von 2 Arbeitnehmern erforderlich sein soll). Kommt keine Einigung zwischen den Betriebspartnern zu Stande, entscheidet die Einigungsstelle.

Die zwischen Betriebsrat und Arbeitgeber erzielte Einigung oder die Entscheidung der Einigungsstelle schließen nicht aus, dass der betroffene Arbeitnehmer auf Erteilung des Urlaubs für einen bestimmten anderen Zeitraum unter Berufung auf § 7 Abs. 1 BUrlG im Urteilsverfahren klagt (*Fitting* § 87 Rn. 211; DKK/*Klebe* § 87 Rn. 119). **1745**

Das Rechtsschutzbedürfnis für eine auf Urlaubserteilung gerichtete Klage entfällt nicht dadurch, dass der Arbeitnehmer sich nicht zuvor mit dem Ziel der Einleitung des Mitbestimmungsverfahrens an den Betriebsrat gewendet hat (*Fitting* § 87 Rn. 211; DKK/*Klebe* § 87 Rn. 119). **1746**

### VII. Technische Überwachungseinrichtungen, § 87 Abs. 1 Nr. 6 BetrVG

#### 1. Zweck, Verhältnis zum BDSG

Das Mitbestimmungsrecht dient dem Persönlichkeitsschutz der Arbeitnehmer. Technische Kontrolleinrichtungen greifen stark in den persönlichen Bereich der Arbeitnehmer ein, wobei es zu einer Gefährdung des Persönlichkeitsrechts der Arbeitnehmer dadurch kommen kann, dass durch die technische Ermittlung von Verhaltens- und Leistungsdaten eine wesentlich größere Anzahl von Daten ununterbrochen erhoben werden kann als bei der Überwachung durch Menschen, und die Abläufe der Datenermittlung und -verwertung für den Arbeitnehmer nicht durchschaubar sind. **1747**

Die ununterbrochene Ermittlung und jederzeitige Abrufbarkeit von Informationen kann den Arbeitnehmer zum Objekt einer anonymen Kontrolle machen, der er sich nicht entziehen kann (BAG 8.11.1994 EzA § 87 BetrVG 1972 Kontrolleinrichtung Nr. 20; BT-Drs. VI/1786, S. 49). Das Mitbestimmungsrecht des Betriebsrats soll insoweit einen präventiven Schutz der Persönlichkeitssphäre der betroffenen Arbeitnehmer sicherstellen (GK-BetrVG/*Wiese* § 87 Rn. 484). **1748**

Die Erhebung, Speicherung und Verarbeitung von Daten unterliegt Beschränkungen nach dem Bundesdatenschutzgesetz (BDSG, s. Kap. 3 Rdn. 1749 ff., 3084 ff.). **1749**

Nach Auffassung des BAG (27.5.1986 EzA § 87 BetrVG 1972 Kontrolleinrichtung Nr. 16) ergeben sich aus den bisherigen Bestimmungen des BDSG aber keine zusätzlichen Beschränkungen für Regelungen der Betriebspartner: Die Verarbeitung personenbezogener Daten ist datenschutzrechtlich schon dann zulässig, wenn sie durch eine Betriebsvereinbarung oder durch einen Spruch der Einigungsstelle erlaubt wird, sofern den Grundsätzen über den Persönlichkeitsschutz der Arbeitnehmer (§ 75 Abs. 2 BetrVG) ausreichend Rechnung getragen wird. Die Bestimmungen des BDSG sind aber insoweit von Bedeutung, als sie den Grundsatz der Verhältnismäßigkeit konkretisieren, wie z. B. die Verpflichtung zur unverzüglichen Löschung der Daten nach § 6b Abs. 5 BDSG (BAG 26.8.2008 EzA § 87 BetrVG 2001 Überwachung Nr. 2). Ob hieran festgehalten werden kann, wenn das zum Zeitpunkt der Bearbeitung dieser Auflage noch im Gesetzgebungsverfahren befindliche Arbeitnehmerdatenschutzrecht in Kraft treten sollte, ist fraglich. **1750**

Dies setzt eine Abwägung der wechselseitigen schutzwerten Interessen voraus.

#### 2. Voraussetzungen des Mitbestimmungsrechts

Der Mitbestimmung des Betriebsrats nach § 87 Abs. 1 Nr. 6 BetrVG unterliegt nur die Überwachung der Arbeitnehmer hinsichtlich ihres Verhaltens und ihrer Leistung durch technische Einrichtungen. **1751**

### a) Technische Einrichtung

**1752** Ein Mitbestimmungsrecht besteht nicht bei der bloßen Überwachung durch Personen (z. B. Vorgesetzte, Inspektoren, Privatdetektive oder Werkschutz), sondern setzt voraus, dass die Überwachung mittels einer technischen Einrichtung erfolgt. Eine technische Einrichtung liegt nur dann vor, wenn durch ein technisches Gerät eine gewisse eigenständige Leistung im Zuge der Überwachung erbracht wird, indem das Gerät oder die Anlage selbst Tätigkeiten verrichtet, die sonst der überwachende Mensch wahrnehmen muss, da Zweck des Mitbestimmungsrechts gerade der Schutz vor der Ersetzung der menschlichen Kontrolle durch technische Einrichtungen ist.

**1753** Erfasst sind damit nur technische Einrichtungen, die selbst eine eigenständige Kontrollwirkung haben, indem sie zumindest zum Teil von Menschen unabhängig Leistungs- oder Verhaltensdaten erfassen oder auswerten, nicht hingegen bloße technische Hilfsmittel einer Überwachung durch Menschen (*BAG* 8.11.1994 EzA § 87 BetrVG 1972 Nr. 20), wie z. B. beim Einsatz einer Stoppuhr, Lupe, Rechenmaschine oder herkömmlicher Schreibgeräte, mit denen der Arbeitnehmer selbst seine Arbeitsleistung auf Papier aufschreibt (vgl. *BAG* 24.11.1981 EzA § 87 BetrVG 1972 Betriebliche Ordnung Nr. 7).

**1754** Auf die Modalitäten der technischen Überwachung kommt es ebenso wenig an wie auf deren zeitliche Dauer. Technische Überwachungseinrichtungen sind bspw. Film- und Videokameras (zur Videoüberwachung vgl. *BAG* 26.8.2008 EzA § 87 BetrVG 2001 Überwachung Nr. 2; 29.6.2004 EzA § 611 BGB 2002 Persönlichkeitsrecht Nr. 2), Produktographen, Tachographen, Abhörvorrichtungen, Zeiterfassungsgeräte, und alle Geräte und Systeme der elektronischen Datenverarbeitung (*BAG* 14.9.1984 EzA § 87 BetrVG 1972 Kontrolleinrichtung Nr. 11; 23.4.1985 EzA § 87 BetrVG 1972 Kontrolleinrichtung Nr. 13; 11.3.1986 EzA § 87 BetrVG 1972 Kontrolleinrichtung Nr. 15). Bei Computersystemen hängt die Beurteilung maßgeblich von der eingesetzten Software ab, sodass die Einheit von Rechner und Programm technische Einrichtung i. S. v. § 87 Abs. 1 Nr. 6 BetrVG sein kann (vgl. *BAG* 26.7.1994 EzA § 87 BetrVG 1972 Kontrolleinrichtung Nr. 19). Nicht erforderlich ist, dass bereits die Erhebung von leistungs- oder verhaltensbezogenen Daten durch die technische Einrichtung selbst erfolgt.

**1755** Bei EDV-Einsatz ist ausreichend, dass Daten einem System zum Zwecke der Speicherung und Verarbeitung manuell eingegeben werden müssen, da schon das Verarbeiten von Informationen für sich allein als Überwachung zu verstehen sein kann, nämlich dann, wenn solche Daten programmgemäß zu Aussagen über Verhalten oder Leistung einzelner Arbeitnehmer verarbeitet werden (*BAG* 14.9.1984 EzA § 87 BetrVG 1972 Kontrolleinrichtung Nr. 11; 26.7.1994 EzA § 87 BetrVG 1972 Kontrolleinrichtung Nr. 19).

**1756** Nicht erfasst sind technische Einrichtungen, die ausschließlich zur Kontrolle von Maschinen oder technischen Vorgängen geeignet sind, ohne dass daraus Rückschlüsse auf das Verhalten oder die Leistung des Arbeitnehmers gezogen werden können (*BAG* 9.9.1975 EzA § 87 BetrVG 1972 Kontrolleinrichtung Nr. 2). Ein Mitbestimmungsrecht scheidet aus, wenn die Einführung bestimmter Kontrollgeräte gesetzlich oder tariflich vorgeschrieben ist, wie z. B. bei Fahrtenschreibern gem. § 57a StVZO (*BAG* 10.7.1979 EzA § 87 BetrVG 1972 Kontrolleinsrichtung Nr. 6).

**1757** Erfasst sind beispielsweise Personalinformationssysteme, ISDN-Telefonanlagen und Systeme der Betriebsdatenerfassung (vgl. GK-BetrVG/*Wiese* § 87 Rn. 551 ff.; DKK/*Klebe* § 87 Rn. 164–166 zu weiteren Einzelfällen).

### b) Eignung zur Überwachung

**1758** Ungeachtet des Wortlauts erfasst § 87 Abs. 1, 6 BetrVG nicht nur technische Einrichtungen, die dazu bestimmt sind, Verhalten oder Leistung von Arbeitnehmern zu überwachen, sondern vielmehr auch solche Anlagen, die auf Grund ihrer Konstruktion oder Verwendung im konkreten Fall objektiv zur Überwachung geeignet sind, indem sie dem Arbeitgeber Daten über das Verhalten oder die Leistung der Arbeitnehmer zur Verfügung stellt und es somit ausschließlich von seinem Willen abhängt, ob er von der Möglichkeit ihrer Verwendung zu Kontrollzwecken Gebrauch macht (*BAG* 9.9.1975 EzA § 87 BetrVG 1972 Kontrolleinrichtung Nr. 2; 23.4.1985 EzA § 87 BetrVG 1972 Kontrolleinrichtung Nr. 12).

Auf die Absicht des Arbeitgebers, die Einrichtung auch zur Überwachung zu verwenden, kommt es nicht an. Unerheblich ist auch, ob die Überwachung primärer Zweck oder bloße Nebenwirkung des Einsatzes der technischen Einrichtung ist (*BAG* 10.7.1979 EzA § 87 BetrVG 1972 Kontrolleinrichtung Nr. 6). Eine objektive Eignung zur Überwachung der Arbeitnehmer ist zum einen zu bejahen, wenn auf Grund der verwendeten technischen Einrichtung bzw. des verwendeten Programms unmittelbar Verhaltens- und Leistungsdaten erfasst und aufgezeichnet werden (*BAG* 6.12.1983 EzA § 87 BetrVG 1972 Bildschirmarbeit Nr. 1), zum anderen aber auch dann, wenn mittels der technischen Einrichtung, etwa des verwendeten Programms, auf anderem Wege gewonnene Verhaltens- und Leistungsdaten ausgewertet werden können, sodass eine Überwachung allein schon durch die technische Verarbeitung anderweitig gewonnener Informationen vorliegt (*BAG* 26.7.1994 § 87 BetrVG 1972 Kontrolleinrichtung Nr. 19) und generell dann, wenn durch die Verarbeitung gleich welcher Daten Aussagen über Verhalten und Leistung der Arbeitnehmer gewonnen werden können, z. B. durch Einsatz von Personalinformationssystemen (*BAG* 11.3.1986 EzA § 87 BetrVG 1972 Kontrolleinrichtung Nr. 15). 1759

Überwachung setzt voraus, dass erhobene Leistungs- bzw. Verhaltensdaten einzelnen Arbeitnehmern zugeordnet werden können, die betroffenen Arbeitnehmer also identifizierbar, die gewonnenen Daten individualisiert oder individualisierbar sind. Hierfür reicht grds. nicht aus, dass lediglich auf einer Gruppe von Arbeitnehmern bezogene Daten erhoben oder verarbeitet werden. Etwas anderes gilt aber dann, wenn der von der technischen Einrichtung auf die Gruppe ausgehende Überwachungsdruck auf die einzelnen Gruppenmitglieder durchschlägt. 1760

Das ist dann der Fall, wenn es sich um eine kleine überschaubare Gruppe von Arbeitnehmern handelt und sich für das einzelne Gruppenmitglied infolge der Größe und Organisation der Gruppe sowie der Art ihrer Tätigkeit entsprechende Anpassungszwänge ergeben, so etwa, wenn die Arbeitnehmer der Gruppe im Gruppenakkord arbeiten (*BAG* 18.2.1986 EzA § 87 BetrVG 1972 Kontrolleinrichtung Nr. 14) oder die Gruppe in ihrer Gesamtheit für ihr Arbeitsergebnis verantwortlich gemacht wird und schlechte Leistungen einzelner für die übrigen Gruppenmitglieder bestimmbar bleiben (*BAG* 26.7.1994 EzA § 87 BetrVG 1972 Kontrolleinrichtung Nr. 19). 1761

### c) Verhaltens- oder Leistungsdaten

Erforderlich ist weiter, dass sich die technische Überwachung auf Verhalten oder Leistung der Arbeitnehmer bezieht. 1762

Leistung i. S. d. Bestimmung ist die vom Arbeitnehmer in Erfüllung seiner vertraglichen Pflicht geleistete Arbeit, nicht im naturwissenschaftlich-technischen Sinne die Arbeit pro Zeiteinheit. Ein Leistungsdatum ist bereits die Anzahl der gefertigten Stücke, auch wenn kein Bezug zur für die Erstellung der Stücke verbrauchten Zeit hergestellt wird (*BAG* 18.2.1986 EzA § 87 BetrVG 1972 Kontrolleinrichtung Nr. 14). 1763

Die Leistung kann auch in einem Unterlassen bestehen, sodass auch Daten über Krankheitszeiten und sonstige Ausfallzeiten Leistungsdaten sind (DKK/*Klebe* § 87 Rn. 148). 1764

Verhalten i. S. d. Vorschrift ist jedes vom Arbeitnehmer willentlich gesteuerte Tun oder Unterlassen, das sich auf die Arbeitsleistung oder die betriebliche Ordnung bezieht (*BAG* 11.3.1986 EzA § 87 BetrVG 1972 Kontrolleinrichtung Nr. 15), nach weitergehender, überwiegender Auffassung jedes für die Beurteilung des Arbeitnehmers relevante Tun oder Unterlassen (GK-BetrVG/ *Wiese* § 87 Rn. 537). 1765

Verhaltens- oder leistungserheblich sind bspw. Daten über Beginn und Ende der täglichen Arbeitszeit, Einzelheiten der Vertragserfüllung, Überstunden, Streikbeteiligung, krankheitsbedingte Fehl- 1766 zeiten, attestfreie Krankheitszeiten und unentschuldigte Fehlzeiten (vgl. *BAG* 11.3.1986 EzA § 87 BetrVG 1972 Kontrolleinrichtung Nr. 15), krankhafte Trunk- oder Drogensucht, Abrechnung des Kantinenessens, des Werkbusverkehrs, von Belegschaftseinkäufen oder die Inanspruchnahme betrieblicher Darlehen (GK-BetrVG/*Wiese* § 87 Rn. 544).

### 3. Umfang des Mitbestimmungsrechts

1767 Das Mitbestimmungsrecht erstreckt sich auf Einführung und Anwendung der Einrichtung. Es besteht auch dann, wenn es sich um eine Einrichtung eines Kunden handelt und der Arbeitgeber die dort eingesetzten Arbeitnehmer anweist, die Einrichtung zu benutzen, weil ihm dies vom Kunden so vorgegeben ist (*BAG* 27.1.2004 EzA § 87 BetrVG 2001 Kontrolleinrichtung Nr. 1).

1768 Einführung der technischen Einrichtung ist die Entscheidung, ob, für welchen Zeitraum, an welchem Ort, mit welcher Zweckbestimmung und Wirkungsweise sie betrieben werden soll unter Einschluss der Auswahl von Programmen für eine EDV-Anlage. Anwendung ist die Entscheidung über den Einsatz der Überwachungseinrichtung und die dadurch bewirkten Überwachungsmaßnahmen im Einzelnen, wie z. B. die Entscheidung über Einschaltzeiten, die generell oder auf bestimmte Gruppen von Arbeitnehmern bzw. Arbeitsplätze begrenzte Verwendung der Einrichtung, Art und Umfang der Datenverarbeitung (GK-BetrVG/*Wiese* § 87 Rn. 568 f.).

1769 Erfasst ist auch jede Veränderung der technischen Einrichtung, die zugleich zu einer Änderung der vereinbarten Verwendung führt (DKK/*Klebe* § 87 Rn. 156, 157). Bei einer bereits bestehenden Überwachungseinrichtung hat der Betriebsrat auch dann über die Anwendung mitzubestimmen, wenn er bei der Einführung der Einrichtung noch nicht zu beteiligen war (GK-BetrVG/*Wiese* § 87 Rn. 569). Da Zweck des Mitbestimmungsrechts ist, technischen Kontrolldruck von den Arbeitnehmern möglichst fern zu halten, unterliegt die Abschaffung von Überwachungstechnik nicht der Mitbestimmung des Betriebsrats (*BAG* 28.11.1989 EzA § 87 BetrVG 1972 Kontrolleinrichtung Nr. 18).

1770 Der Mitbestimmung unterliegt insbes. die Regelung der Frage, welche Daten überhaupt erhoben und gespeichert werden, die Verwendung der Daten, die Regelung des Zugriffs auf die Daten und die Speicherungsdauer der Daten (DKK/*Klebe* § 87 Rn. 158).

1771 Nicht vom Mitbestimmungsrecht gedeckt sind Regelungen, die dem Betriebsrat über seine gesetzlichen Befugnisse nach § 80 Abs. 1 Nr. 1 und § 75 Abs. 1 BetrVG hinaus zusätzliche Kontrollbefugnisse einräumen (*BAG* 6.12.1983 EzA § 87 BetrVG 1972 Bildschirmarbeit Nr. 1; GK-BetrVG/*Wiese* § 87 Rn. 570; a. A. DKK/*Klebe* § 87 Rn. 161). Ebenfalls nicht der Mitbestimmung unterliegen die Maßnahmen des Arbeitgebers, die er auf Grund des Überwachungsergebnisses trifft (z. B. Abmahnung, Versetzung, Kündigung). Hier greifen nur spezielle Beteiligungsrechte, z. B. nach §§ 99 ff., 102 ff. BetrVG (GK-BetrVG/*Wiese* § 87 Rn. 535). Mitbestimmungspflichtig sind aber Folgeregelungen, mit denen Maßnahmen des Arbeitgebers beschränkt werden, um Belastungen der Arbeitnehmer durch die technische Überwachung entgegenzuwirken. Die Einigungsstelle kann deshalb auch Regelungen über die Verwendung der durch die technische Überwachung gewonnenen Aussagen und zur Begrenzung der Auswertung treffen (*BAG* 11.3.1986 EzA § 87 BetrVG 1972 Kontrolleinrichtung Nr. 15; 27.5.1986 EzA § 87 BetrVG 1972 Kontrolleinrichtung Nr. 16).

### 4. Initiativrecht

1772 Im Rahmen des Mitbestimmungsrechts hat der Betriebsrat auch ein Initiativrecht, das er insbes. auch zu einer Änderung der Anwendung, ihrer Einschränkung oder Abschaffung einsetzen kann (GK-BetrVG/*Wiese* § 87 Rn. 572, 574). Da das Mitbestimmungsrecht dazu dient, technischen Kontrolldruck von den Arbeitnehmern möglichst fern zu halten, bezieht es sich nach Auffassung des *BAG* (28.11.1989 EzA § 87 BetrVG 1972 Kontrolleinrichtung Nr. 18) aber nicht darauf, dass der Betriebsrat auch die Einführung einer technischen Kontrolleinrichtung verlangen kann.

## 5. Folgen unterbliebener Mitbestimmung

Wird das Mitbestimmungsrecht des Betriebsrats nicht beachtet, so kann dieser die Beseitigung des rechtswidrigen Zustands bzw. die Unterlassung der rechtswidrigen Verwendung der Kontrolleinrichtung im arbeitsgerichtlichen Beschlussverfahren, ggf. auch im Wege der einstweiligen Verfügung verlangen (GK-BetrVG/*Wiese* § 87 Rn. 579, s. Rdn. 2460 ff.). Der einzelne Arbeitnehmer braucht eine rechtswidrig eingeführte oder angewendete Kontrolleinrichtung weder zu bedienen noch zu nutzen und hat ein Leistungsverweigerungsrecht unter Beibehaltung des Vergütungsanspruchs, wenn die Erbringung der geschuldeten Arbeitsleistung nicht möglich ist, ohne dass die Kontrolleinrichtung Leistung oder Verhalten festhält (GK-BetrVG/*Wiese* § 87 Rn. 580). Der Arbeitnehmer kann die Löschung betriebsverfassungswidrig erhobener Daten verlangen (GK-BetrVG/*Wiese* § 87 Rn. 581). 1773

## VIII. Verhütung von Arbeitsunfällen und Berufskrankheiten, Gesundheitsschutz im Rahmen der gesetzlichen Vorschriften oder Unfallverhütungsvorschriften, § 87 Abs. 1 Nr. 7 BetrVG

### 1. Zweck, Allgemeines

§ 87 Abs. 1 Nr. 7 BetrVG dient der Vorbeugung von Arbeitsunfällen (§ 8 SGB VII) und Berufskrankheiten (§ 9 SGB VII) sowie dem Gesundheitsschutz im Rahmen der gesetzlichen Vorschriften oder der Unfallverhütungsvorschriften. Zweck des Mitbestimmungsrechts ist es, das Interesse der Arbeitnehmer am Arbeitsschutz zu stärken und die Erfahrungen und Kenntnisse des Betriebsrats für eine Effektivierung des Arbeitsschutzes nutzbar zu machen. 1774

Da Normen des Arbeitsschutzrechts oft lediglich Rahmenvorschriften enthalten, die Verwirklichung des konkreten Sicherheitsziels im Interesse der Berücksichtigung der besonderen betrieblichen Gegebenheiten und der technischen Entwicklung der pflichtgemäßen Entscheidung des Arbeitgebers überlassen, sodass eine Auswahl unter mehreren Möglichkeiten besteht, soll der Betriebsrat bei der Auswahl unter mehreren möglichen Maßnahmen durch Wahrnehmung des Mitbestimmungsrechts die Interessen der Arbeitnehmer zur Geltung bringen (GK-BetrVG/*Wiese* § 87 Rn. 586). 1775

§ 87 Abs. 1 Nr. 7 BetrVG wird ergänzt durch §§ 80 Abs. 1 Nr. 1, 88 Nr. 1 und 89 BetrVG sowie eine Reihe anderer Vorschriften, insbes. des ASiG (vgl. s. Rdn. 1896 ff.; s. Kap. 3 Rdn. 2766 ff.). Eine Neuregelung des Arbeitsschutzes ist in Form des Arbeitsschutzgesetzes vom 7.8.1996 (ArbSchG, BGBl. I S. 1246) erfolgt, wobei dieses Gesetz die bisher verstreuten arbeitsschutzrechtlichen Bestimmungen integriert. Das Arbeitsschutzrecht wird in besonderer Weise durch europäisches Arbeitsschutzrecht in Form europäischer Richtlinien geprägt (z. B. EG-Bildschirmrichtlinie). Vor ihrer Umsetzung in nationales Recht und bereits vor Ablauf der Umsetzungsfrist kommt solchen Richtlinien insbes. die Bedeutung zu, dass Vorschriften des nationalen Rechts, etwa arbeitsschutzrechtliche Generalklauseln richtlinienkonform auszulegen sind (*BAG* 2.4.1996 EzA § 87 BetrVG 1972 Bildschirmarbeit Nr. 1; *EuGH* 13.5.1986 NJW 1986, 3020). 1776

### 2. Voraussetzungen des Mitbestimmungsrechts

Das Mitbestimmungsrecht des Betriebsrats besteht nur im Rahmen der gesetzlichen Vorschriften oder der Unfallverhütungsvorschriften. 1777

Voraussetzung ist, dass überhaupt eine Regelung durch gesetzliche Vorschriften oder Unfallverhütungsvorschriften besteht und diese vorgegebene Regelung durch konkrete Maßnahmen noch ausfüllungsbedürftig ist. 1778

Fehlt es daher für einen bestimmten Bereich überhaupt an gesetzlichen Vorgaben oder an Vorgaben durch Unfallverhütungsvorschriften, scheidet ein erzwingbares Mitbestimmungsrecht aus, da hier überhaupt kein ausfüllungsbedürftiger Rahmen gegeben ist. Ist die gesetzliche Regelung oder die Regelung durch Unfallverhütungsvorschriften selbst bereits abschließend und daher nicht mehr ausfüllungsbedürftig, scheidet ein erzwingbares Mitbestimmungsrecht schon nach § 87 Abs. 1 Ein- 1779 gangssatz BetrVG (Bestehen einer gesetzlichen Regelung) aus. Möglich ist dann nur der Abschluss freiwilliger Betriebsvereinbarungen, vgl. § 88 BetrVG. Erforderlich ist damit immer das Bestehen eines Regelungsspielraums für den Arbeitgeber (*BAG* 15.1.2002 EzA § 87 BetrVG 1972 Gesundheitsschutz Nr. 2; 28.7.1981 EzA § 87 BetrVG 1972 Arbeitszeit Nr. 9).

1780 Ein Entscheidungsspielraum besteht auch dann, wenn eine Vorschrift des Arbeitsschutzes zwar eine bestimmte Maßnahme vorschreibt, jedoch die Möglichkeit der Beantragung einer Ausnahmegenehmigung enthält, da der Arbeitgeber dann zwischen der angeordneten Maßnahme und der gestatteten Abweichung entscheiden kann (GK-BetrVG/*Wiese* § 87 Rn. 606).

1781 Kontrovers diskutiert wird, ob ein Regelungsspielraum auch dann besteht, wenn eine Norm dem Arbeitgeber einen Beurteilungsspielraum einräumt, ob die Voraussetzungen der Norm erfüllt sind (abl. *BAG* 6.12.1983 EzA § 87 BetrVG 1972 Bildschirmarbeit Nr. 1, zu C III 3b; GK-BetrVG/*Wiese* § 87 Rn. 597; bejahend *Fitting* § 87 Rn. 273, 275). Zu den gesetzlichen Vorschriften i. S. d. Bestimmung zählen auch Rechtsverordnungen (DKK/*Klebe* § 87 Rn. 174). Tarifvertragliche Vorschriften reichen ebenso wenig wie gesetzliche Bestimmungen, die ausschließlich dem Schutz Dritter oder der Allgemeinheit dienen (GK-BetrVG/*Wiese* § 87 Rn. 592). Umstritten ist, ob Generalklauseln des öffentlich-rechtlichen Arbeitsschutzrechts (vor allem § 62 HGB, § 3 ArbStättV, § 2 Abs. 1 VBG 1; jetzt auch § 3 ArbSchG) gesetzliche Vorschriften i. S. v. § 87 Abs. 1 Nr. 1 BetrVG sind. Damit § 87 Abs. 1 Nr. 7 BetrVG nicht zum Einfallstor für Rechtspolitik des Betriebsrats wird, wird dies zum Teil (GK-BetrVG/*Wiese* § 87 Rn. 604; a. A. DKK/*Klebe* § 87 Rn. 181; *Fitting* § 87 Rn. 274) nur unter der Voraussetzung angenommen, dass eine konkrete, objektiv feststellbare Gefahr für Leben oder Gesundheit der Arbeitnehmer und nicht nur eine Belästigung besteht. Nach Auffassung des *BAG* (16.6.1998 EzA § 87 BetrVG 1972 Arbeitssicherheit Nr. 3) stellt § 2 Abs. 1 VBG 1 jedenfalls dann eine ausfüllungsbedürftige Rahmenvorschrift dar, wenn der Arbeitgeber umfassende Arbeits- und Sicherheitsanweisungen erlässt.

1782 Nach jüngerer Rechtsprechung des *BAG* (2.4.1996 EzA § 87 BetrVG 1972 Bildschirmarbeit Nr. 1) sind Generalklauseln des öffentlich-rechtlichen Arbeitsschutzrechts im Licht der europäischen Arbeitsschutzrechte zu sehen und richtlinienkonform auszulegen, sodass sie dann, wenn europäische Arbeitsschutzrichtlinien bestehen, die noch nicht in nationales Recht umgesetzt sind, als Einfallstor für eine richtlinienkonforme Auslegung nationalen Rechts dienen können und dann unter diesem Gesichtspunkt als ausfüllungsbedürftige Rahmenbestimmungen anzusehen sind.

1783 Unter diesem Gesichtspunkt hat das *BAG* (2.4.1996 EzA § 87 BetrVG 1972 Bildschirmarbeit Nr. 1) ein Mitbestimmungsrecht des Betriebsrats nach § 87 Abs. 1 Nr. 7 BetrVG i. V. m. § 120a GewO und Art. 7 der EG-Bildschirmrichtlinie (90/270/EWG) hinsichtlich betrieblicher Regelungen über die Unterbrechung von Bildschirmarbeit durch andere Tätigkeiten oder Pausen, nicht jedoch hinsichtlich Augenuntersuchungen der am Bildschirm beschäftigten Arbeitnehmer bejaht (zum Teil anders noch *BAG* 6.12.1983 EzA § 87 BetrVG 1972 Bildschirmarbeit Nr. 1). Zwischenzeitlich ist die EG-Bildschirmrichtlinie in Form der BildscharbV in nationales Recht umgesetzt worden, die ihrerseits eine Reihe von ausfüllungsbedürftigen Rahmenvorschriften enthält (vgl. DKK/*Klebe* § 87 Rn. 200 ff. m. w. N.).

1784 Ausfüllungsbedürftige Normen enthalten z. B. das ASiG, das ArbSchG (z. B. über die Gefährdungsbeurteilung, § 5, und die Unterweisung der Arbeitnehmer, § 12, vgl. *BAG* 8.11.2011 EzA § 87 BetrVG 2001 Gesundheitsschutz Nr. 6; 8.6.2004 EzA § 87 BetrVG 2001 Gesundheitsschutz Nr. 1; s. Rdn. 1896 ff.; s. Kap. 3 Rdn. 2766 ff.), die GefStV, die ArbStV (vgl. den Überblick bei DKK/*Klebe* § 87 Rn. 188 ff.), die BildschirmarbV (vgl. *Siemes* NZA 1998, 232 ff.) sowie § 2 Abs. 1 VBG 1 (Unfallverhütungsvorschriften- allgemeine Vorschriften, vgl. *BAG* 16.6.1998 EzA § 87 BetrVG 1972 Arbeitssicherheit Nr. 3). Auch § 6 Abs. 5 ArbZG enthält einen ausfüllungsbedürftigen Regelungsspielraum hinsichtlich der Frage, ob als Ausgleich für Nachtarbeit bezahlte freie Tage oder ein Entgeltzuschlag gewährt wird (*BAG* 26.4.2005 EzA § 87 BetrVG 2001 Gesundheits-

## J. Mitbestimmung in sozialen Angelegenheiten, § 87 BetrVG  Kapitel 13

schutz Nr. 3). Ein Mitbestimmungsrecht besteht aber nicht hinsichtlich der Zahl der freien Tage und der Höhe des Zuschlags (*BAG* 26.8.1997 EzA § 87 BetrVG 1972 Gesundheitsschutz Nr. 1).

### 3. Inhalt des Mitbestimmungsrechts

Soweit ein Mitbestimmungsrecht besteht, kommen Regelungen über technische Maßnahmen, Sicherheitsanlagen, die Organisation des Arbeitsschutzes im Betrieb oder bezüglich des Verhaltens der Arbeitnehmer zur Vermeidung von Arbeitsunfällen und Gesundheitsgefahren in Betracht, wobei sie sich stets im Rahmen der normativen Vorgaben halten müssen. Nicht gedeckt sind Regelungen über die Folgen eingetretener Gesundheitsschäden, etwa über Schadensersatzleistungen u. Ä. (MünchArbR/*Matthes* § 254 Rn. 17). 1785

Die Kosten gesetzlich notwendiger Schutzkleidung hat stets der Arbeitgeber zu tragen; ein Mitbestimmungsrecht insoweit besteht daher nicht. In einer freiwilligen Betriebsvereinbarung nach § 88 BetrVG kann eine Kostenbeteiligung der Arbeitnehmer vorgesehen werden, falls die Schutzkleidung den Arbeitnehmern zum privaten Gebrauch überlassen und dieser Gebrauchsvorteil auch in Anspruch genommen wird (*BAG* 18.8.1982 EzA § 618 BGB Nr. 4). Insoweit kommt auch ein Mitbestimmungsrecht des Betriebsrats nach § 87 Abs. 1 Nr. 10 BetrVG in Betracht (MünchArbR/*Matthes* § 254 Rn. 20). 1786

Das im Rahmen des Mitbestimmungsrechts bestehende Initiativrecht des Betriebsrats bezieht sich nicht nur auf die Einführung von Regelungen über den Arbeitsschutz, sondern auch auf die Änderung bestehender Regelungen. Es wird nicht dadurch eingeschränkt, dass die vom Betriebsrat angestrebte Regelung höhere Kosten verursacht als die vom Arbeitgeber bereits getroffene oder geplante Regelung (MünchArbR/*Matthes* § 254 Rn. 23). 1787

### IX. Sozialeinrichtungen, § 87 Abs. 1 Nr. 8 BetrVG

#### 1. Begriff der Sozialeinrichtung

Sozialeinrichtungen sind alle Einrichtungen des Betriebs, Unternehmens oder Konzerns, durch die den Arbeitnehmern zusätzliche Vorteile gewährt werden, wobei der Begriff der Einrichtung erfordert, dass eine gewisse Institutionalisierung, d. h. eine gewisse, auf längeren Bestand ausgerichtete Organisation mit einer abgesonderten Vermögensmasse vorhanden ist. Es muss sich um ein zweckgebundenes Sondervermögen mit abgrenzbarer, auf Dauer gerichteter besonderer Organisation, das eine rechtliche und tatsächliche Verwaltung verlangt, handeln (*BAG* 8.11.2011 EzA § 87 BetrVG 2001 Sozialeinrichtung Nr. 2; 15.9.1987 EzA § 87 BetrVG 1972 Sozialeinrichtung Nr. 15). Der Wirkungsbereich der Einrichtung muss auf den Betrieb, das Unternehmen oder den Konzern des Arbeitgebers beschränkt sein. Dies ist nicht der Fall, wenn die Einrichtung nach dem vom Arbeitgeber bestimmten Zweck einem unbestimmten Personenkreis zugänglich ist (*BAG* 10.2.2009 EzA § 87 BetrVG 2001 Sozialeinrichtung Nr. 1). 1788

Sofern es an dieser Verselbstständigung fehlt, können soziale Leistungen an die Arbeitnehmer dem Mitbestimmungsrecht des Betriebsrats nach § 87 Abs. 1 Nr. 10 BetrVG unterfallen. Als Sozialeinrichtungen kommen etwa in Betracht Kantinen (*BAG* 15.9.1987 EzA § 87 BetrVG 1972 Sozialeinrichtung Nr. 15), Erholungsräume, Kindergärten, Pensions- und Unterstützungskassen (*BAG* 10.3.1992 EzA § 87 BetrVG 1972 Altersversorgung Nr. 4), Fortbildungseinrichtungen, u. U. auch Werkmietwohnungen (vgl. GK-BetrVG/*Wiese* § 87 Rn. 693). Mangels einer Organisation sind keine Sozialeinrichtungen in der Bilanz ausgewiesene Rückstellungen für soziale Zwecke, Sozialleistungen, betriebliche Altersversorgungsleistungen durch generelle Direktzusagen (*BAG* 12.6.1975 EzA § 87 BetrVG 1972 Lohn und Arbeitsentgelt Nr. 3), sowie nicht aus einem Sondervermögen geleistete Arbeitgeberdarlehen (*BAG* 9.12.1980 EzA § 87 BetrVG 1972 Betriebliche Lohngestaltung Nr. 1). 1789

## 2. Inhalt des Mitbestimmungsrechts

1790   Die Mitbestimmungsrechte nach § 87 Abs. 1 Nr. 8 BetrVG stehen nicht dem in der Sozialeinrichtung ggf. errichteten Betriebsrat, sondern dem Betriebsrat zu, für dessen Betrieb, Unternehmen oder Konzern die Sozialeinrichtung errichtet ist (*BAG* 10.2.2009 EzA § 87 BetrVG 2001 Sozialeinrichtung Nr. 1).

### a) Errichtung, Auflösung, Umfang der Mittel

1791   Ein Mitbestimmungsrecht des Betriebsrats besteht nicht hinsichtlich der Frage, ob überhaupt eine Sozialeinrichtung errichtet wird, hinsichtlich der Zweckbestimmung einer solchen Einrichtung und der Abgrenzung des begünstigten Personenkreises sowie hinsichtlich der Ausstattung der Einrichtung mit finanziellen Mitteln (*BAG* 15.9.1987 EzA § 87 BetrVG 1972 Sozialeinrichtung Nr. 15; 10.3.1992 EzA § 87 BetrVG 1972 Altersversorgung Nr. 4). Auch die Auflösung einer sozialen Einrichtung kann ebenso mitbestimmungsfrei erfolgen wie eine Kürzung der Mittel durch den Arbeitgeber. Im letzteren Fall besteht allerdings bei der Neuverteilung der reduzierten Mittel ein Mitbestimmungsrecht (*BAG* 10.3.1992 EzA § 87 BetrVG 1972 Altersversorgung Nr. 4).

### b) Form und Ausgestaltung

1792   Mitbestimmungspflichtig ist dagegen die Rechtsform der Einrichtung oder deren Änderung, nachdem der Arbeitgeber sich für eine Sozialeinrichtung entschieden hat, z. B. die Regelung der Frage, ob die Einrichtung ohne eigene Rechtsfähigkeit, als juristische Person, von einem selbstständigen fremden Unternehmen oder als unselbstständige Betriebsabteilung betrieben werden soll (GK-BetrVG/*Wiese* § 87 Rn. 719 ff.). Mitbestimmungspflichtig ist ferner die Ausgestaltung der Sozialeinrichtung, d. h. die Festlegung allgemeiner Grundsätze in Bezug auf die Arbeitsweise der Einrichtung insbes. durch Aufstellung allgemeiner Grundsätze über die Benutzung und Verwaltung (DKK/*Klebe* § 87 Rn. 216).

1793   Bei der Ausgestaltung handelt es sich damit um Maßnahmen, die gem. ihrer Bedeutung und ihrer zeitlichen Reihenfolge nach der grundsätzlichen Entscheidung über die Errichtung zwischen der Bestimmung der Form und der laufenden Verwaltung der Sozialeinrichtung liegen (*BAG* 13.3.1973 EzA § 87 BetrVG 1972 Werkwohnung Nr. 2). Hierzu gehören Regelungen über die Ausgestaltung der Satzung, bei unselbstständigen Einrichtungen die Bildung eines Verwaltungsgremiums, die Aufstellung einer Geschäftsordnung oder von Benutzungsrichtlinien, die Konkretisierung der allgemeinen Zweckbestimmung, die Aufstellung von Grundsätzen über die Verwendung der finanziellen Mittel in dem durch die Entscheidung des Arbeitgebers über die Errichtung vorgegebenen Rahmen, etwa durch Aufstellung eines Leistungsplans oder einer Versorgungsrichtlinie (*BAG* 26.4.1988 EzA § 87 BetrVG 1972 Altersversorgung Nr. 2; GK-BetrVG/*Wiese* § 87 Rn. 726–733).

### c) Verwaltung

1794   Mitbestimmungspflichtig ist auch die Verwaltung der Sozialeinrichtung.

1795   Das Mitbestimmungsrecht erstreckt sich nicht nur auf die Aufstellung allgemeiner Verwaltungsrichtlinien, sondern auch auf einzelne Verwaltungsmaßnahmen (*BAG* 16.3.1982 EzA § 87 BetrVG 1972 Vorschlagswesen Nr. 3).

1796   Hierzu gehören alle auf die Geschäftsführung, Nutzung und Erhaltung der Sozialeinrichtung bezogenen Maßnahmen, soweit sie nicht zur mitbestimmungsfreien Errichtung gehören, wie z. B. Entscheidungen über die Personaleinteilung, die Leistungen der Sozialeinrichtung im Einzelnen und die Nutzungsentgelte (GK-BetrVG/*Wiese* § 87 Rn. 736).

1797   Jede Regelung der Verwaltung muss sicherstellen, dass der gleichberechtigte Einfluss des Betriebsrats gewährleistet ist (GK-BetrVG/*Wiese* § 87 Rn. 742).

## J. Mitbestimmung in sozialen Angelegenheiten, § 87 BetrVG — Kapitel 13

Bei unselbstständigen Einrichtungen kommt die Bildung eines gemeinsamen Ausschusses nach § 28 Abs. 3 BetrVG oder die Errichtung eines anderen, gemeinsamen Verwaltungsgremiums in Betracht; möglich ist auch die völlige oder teilweise Übertragung der Verwaltung auf den Betriebsrat (*BAG* 24.4.1986 EzA § 1 BetrVG 1972 Nr. 4). Bei einer Verpachtung einer Sozialeinrichtung bestehen Mitbestimmungsrechte nur in dem Umfang, wie dem Arbeitgeber Befugnisse gegenüber dem Pächter zustehen, wobei der Arbeitgeber verpflichtet ist, seine Befugnisse nur in Übereinstimmung mit dem Betriebsrat auszuüben (GK-BetrVG/*Wiese* § 87 Rn. 746). Bei rechtlich selbstständigen Einrichtungen kann die Mitbestimmung des Betriebsrats zunächst durch eine zweistufige Lösung sichergestellt werden: Mitbestimmungspflichtige Fragen sind zunächst zwischen Arbeitgeber und Betriebsrat auszuhandeln. Die gefundene Einigung ist dann vom Arbeitgeber gegenüber der juristischen Person durchzusetzen. Möglich ist aber auch eine einstufige, organschaftliche Lösung, indem die satzungsmäßigen Organe der juristischen Person von Arbeitgeber und Betriebsrat gleichberechtigt bestimmt werden, wobei entweder Arbeitgeber und Betriebsrat getrennt die gleiche Anzahl von Vertretern in das jeweilige Organ entsenden (*BAG* 13.7.1978 EzA § 87 BetrVG 1972 Sozialeinrichtung Nr. 10) oder die Organpersonen gleichberechtigt bestimmt werden, sodass gewährleistet ist, dass der Betriebsrat in diesen einen gleichberechtigten Einfluss auf die Verwaltung hat (GK-BetrVG/*Wiese* § 87 Rn. 751). Die mitbestimmungspflichtigen Angelegenheiten sind dann nur noch von den zuständigen Organen der Sozialeinrichtung selbst zu entscheiden (*BAG* 13.7.1978 EzA § 87 BetrVG 1972 Sozialeinrichtung Nr. 10). 1798

### 3. Folgen unterbliebener Mitbestimmung

Maßnahmen zum Nachteil der Arbeitnehmer, die unter Verstoß gegen das Mitbestimmungsrecht zustande gekommen sind, sind individualrechtlich unwirksam. 1799

Dies gilt insbes. für den Widerruf von Leistungen oder Anwartschaften der betrieblichen Altersversorgung zur Durchsetzung eines neuen Leistungsplanes, sofern der Widerruf zu einer Änderung des bisherigen Leistungsplanes führt und es nicht ausnahmsweise an einem Regelungsspielraum für die Verteilung der verbleibenden Mittel fehlt (*BAG* 10.3.1992 EzA § 87 BetrVG 1972 Altersversorgung Nr. 4; *BAG* 9.5.1989 EzA § 87 BetrVG 1972 Altersversorgung Nr. 3). Allein aus der Verletzung des Mitbestimmungsrechts entstehen aber keine Zahlungsansprüche, die bisher nicht bestanden haben (*BAG* 20.8.1991 EzA § 87 BetrVG 1972 Betriebliche Lohngestaltung Nr. 29). 1800

## X. Zuweisung, Kündigung und allgemeine Festlegung der Nutzungsbedingungen von Werkmietwohnungen, § 87 Abs. 1 Nr. 9 BetrVG

### 1. Zweck

Soweit Arbeitnehmern mit Rücksicht auf das Bestehen eines Arbeitsverhältnisses Wohnräume vermietet werden, ist der einzelne Arbeitnehmer über die bloße arbeitsrechtliche Bindung hinaus zusätzlich bei der Gestaltung seines außerdienstlichen Lebensbereiches vom Arbeitgeber abhängig. 1801

Da der mietrechtliche Kündigungsschutz bei Werkmietwohnungen geringer als bei sonstigen Mietwohnungen ist, soll durch die Mitbestimmung des Betriebsrats dieses gesteigerte Schutzbedürfnis, aber auch das kollektive Interesse der Belegschaft an einer gerechten Auswahl und Gleichbehandlung bei der Gestaltung der Mietbedingungen berücksichtigt werden (GK-BetrVG/*Wiese* § 87 Rn. 761). 1802

### 2. Werkmietwohnungen

Nur die sog. Werkmietwohnung, nicht hingegen Werkdienstwohnungen unterfallen § 87 Abs. 1 Nr. 9 BetrVG (*BAG* 28.7.1992 EzA § 87 BetrVG 1972 Werkwohnung Nr. 8). 1803

Für die Werkmietwohnung ist kennzeichnend, dass sie mit Rücksicht auf das Bestehen eines Dienstverhältnisses vermietet wird (§ 576 BGB), sodass also neben dem Arbeitsvertrag ein Mietvertrag abgeschlossen wird. Eine Werkdienstwohnung liegt demgegenüber vor, wenn dem Arbeit- 1804 nehmer Wohnräume im Rahmen seines Arbeitsverhältnisses aus dienstlichen Gründen überlassen werden (z. B. Pförtner, Kraftfahrer, Hausmeister, vgl. § 576b BGB).

1805 Ihre Überlassung ist unmittelbarer Bestandteil des Arbeitsvertrages und regelmäßig Teil der Vergütung, sodass kein selbstständiger Mietvertrag vorliegt (*BAG* 28.7.1992 EzA § 87 BetrVG 1972 Werkwohnung Nr. 8). Unerheblich ist demgegenüber, ob die Wohnung unter dem marktüblichen Preis und auf Dauer oder nur vorübergehend vermietet wird. Unerheblich ist weiter, wer Eigentümer bzw. Vermieter der Wohnräume ist. Ist ein Dritter Eigentümer/Vermieter, besteht das Mitbestimmungsrecht nur im Rahmen der rechtlichen Einflussmöglichkeiten des Arbeitgebers auf den Dritten, z. B. in Form eines Belegungs- oder Vorschlagsrechts (*BAG* 18.7.1978 EzA § 87 BetrVG 1972 Werkwohnung Nr. 6). Bei Gewährung bloßer Mietzuschüsse kommt lediglich ein Mitbestimmungsrecht nach § 87 Abs. 1 Nr. 10 BetrVG in Betracht. Bei Wohnräumen im Eigentum einer selbstständigen juristischen Person kommt darüber hinaus eine Mitbestimmung unter dem Gesichtspunkt des § 87 Abs. 1 Nr. 8 BetrVG (Sozialeinrichtung) in Frage. Sofern der notwendige Zusammenhang mit dem Arbeitsverhältnis besteht, werden Räume jeder Art, also auch Behelfsheime, transportable Baracken, Wohnwagen oder andere Schlafstätten erfasst (DKK/*Klebe* § 87 Rn. 229).

### 3. Inhalt des Mitbestimmungsrechts

#### a) Mitbestimmungsfreie Entscheidungen

1806 Ob der Arbeitgeber überhaupt Wohnräume zur Verfügung stellt, unterliegt ebenso wenig dem Mitbestimmungsrecht wie die spätere Entwidmung, der Umfang der zur Verfügung gestellten finanziellen Mittel (Dotierungsrahmen) und die Festlegung des begünstigten Personenkreises (vgl. *BAG* 23.3.1993 EzA § 87 BetrVG 1972 Werkwohnung Nr. 9).

1807 Das Mitbestimmungsrecht beschränkt sich grds. auf Arbeitnehmer i. S. d. § 5 Abs. 1 BetrVG, sodass Wohnungen, die ihrer Bestimmung nach von vornherein nicht nur für Arbeitnehmer in diesem Sinne, sondern nur für Leitende Angestellte bestimmt sind, nicht unter das Mitbestimmungsrecht fallen (*BAG* 23.3.1993 EzA § 87 BetrVG 1972 Werkwohnung Nr. 9). Werden jedoch aus einem einheitlichen Bestand Wohnungen sowohl an vom Betriebsrat repräsentierte Arbeitnehmer als auch an Personen vergeben, die nicht vom Betriebsrat repräsentiert werden, erstreckt sich das Mitbestimmungsrecht auch auf die Zuweisung und Kündigung, nicht jedoch auf die Festlegung der Nutzungsbedingungen derjenigen Wohnungen, die nicht an vom Betriebsrat repräsentierte Arbeitnehmer vermietet werden (*BAG* 28.7.1992 EzA § 87 BetrVG 1972 Werkwohnung Nr. 8).

#### b) Mitbestimmungspflichtige Regelungen

##### aa) Allgemeine Festlegung von Nutzungsbedingungen

1808 Die allgemeine Festlegung von Nutzungsbedingungen erfasst generelle Regelungen, die für die Nutzung der Wohnungsräume maßgeblich sein sollen, z. B. durch Hausordnungen, Aufstellung eines Mustermietvertrages, Regelungen über Schönheitsreparaturen etc. unter Einschluss der Regelungen darüber, ob neben der Miete Nebenkosten gesondert erhoben und abgerechnet werden sollen. Ferner erfasst sind Regelungen darüber, ob und ggf. wie lange die Wohnung noch nach einer Beendigung des Arbeitsverhältnisses bewohnt werden darf, insbes. auch bei Pensionären. Nach Auffassung des *BAG* (28.7.1992 EzA § 87 BetrVG 1972 Werkwohnung Nr. 8) gehören zu den allgemeinen Nutzungsbedingungen auch die Grundsätze der Mietzinsbildung, allerdings nur im Rahmen der vom Arbeitgeber eingeräumten finanziellen Grundausstattung (Dotierung).

1809 Zu diesem mitbestimmungsfreien Dotierungsrahmen gehört jedenfalls derjenige Teil der Kosten der Werkmietwohnungen, den der Arbeitgeber nicht auf die Mieten umlegen, sondern zur Verbilligung der Mieten selbst tragen will, sodass Mieterhöhungen zur Deckung gestiegener Kosten nicht der Mitbestimmung des Betriebsrates unterliegen, weil dies zu einer höheren Belastung des Arbeitgebers als gewollt führen könnte (*BAG* 13.3.1873 EzA § 87 BetrVG 1972 Werkwohnung Nr. 2). Mitbestimmungsfrei ist die Festsetzung der jeweiligen Mieten für eine bestimmte Wohnung im Einzelfall,

## J. Mitbestimmung in sozialen Angelegenheiten, § 87 BetrVG

und zwar auch dann, wenn Grundsätze der Mietzinsbildung zwischen den Betriebspartnern vereinbart sind. Mitbestimmte Nutzungsbedingungen sind für die Begründung und Abänderung des Mietvertrages verbindlich; unter Verstoß gegen die Mitbestimmung getroffene Vereinbarungen sind unwirksam (GK-BetrVG/*Wiese* § 87 Rn. 799).

### bb) Zuweisung und Kündigung

Zuweisung ist die Entscheidung über die Person des Begünstigten. Werden Werkmietwohnungen aus einem einheitlichen Bestand ohne feste Zuordnung sowohl an Arbeitnehmer des Betriebs als auch an Personen vergeben, die nicht vom Betriebsrat repräsentiert werden (z. B. Leitende Angestellte), erstreckt sich das Mitbestimmungsrecht bei der Zuweisung und Kündigung auch auf die Zuweisung und Kündigung von Wohnungen, die Dritten überlassen wurde, da jede Wohnung, die einem Dritten zugewiesen wird, für einen Arbeitnehmer nicht mehr in Betracht kommt (*BAG* 28.7.1992 EzA § 87 BetrVG 1972 Werkwohnung Nr. 8). 1810

Strittig ist, ob die Mitbestimmung Wirksamkeitsvoraussetzung für den Abschluss des Mietvertrages ist. Zum Teil (*Fitting* § 87 Rn. 393; DKK/*Klebe* § 87 Rn. 235) wird dies mit der Begründung angenommen, dass andernfalls das Mitbestimmungsrecht ausgehöhlt werden könnte. Nach anderer Auffassung (GK-BetrVG/*Wiese* § 87 Rn. 781) ist die Nichtwahrung des Mitbestimmungsrechts für die Wirksamkeit des Mietvertrages ohne Belang. Der Betriebsrat soll nur nach allgemeinen Grundsätzen die Beseitigung der Folgen der unzulässigen Zuweisung, d. h. ggf. die Kündigung des Mietverhältnisses, verlangen können, während der von der Kündigung betroffene Arbeitnehmer ggf. nur einen Schadensersatzanspruch gegen den Arbeitgeber hat. Das Mitbestimmungsrecht besteht grds. in jedem Einzelfall, es sei denn, die Betriebspartner hätten allgemein, etwa durch generelle Belegungsgrundsätze oder Erstellung einer Anwärterliste geregelt, nach welchen Gesichtspunkten in welcher Reihenfolge die Wohnungen vergeben werden sollen (GK-BetrVG/*Wiese* § 87 Rn. 783). 1811

Mitbestimmungspflichtig ist auch die ordentliche oder außerordentliche Kündigung des Mietverhältnisses. Eine unter Missachtung des Mitbestimmungsrechts ausgesprochene Kündigung ist unwirksam (GK-BetrVG/*Wiese* § 87 Rn. 787). Da das Mitbestimmungsrecht primär objektiv- und nicht personenbezogen ist, bleibt es auch dann bestehen, wenn zum Zeitpunkt der Kündigung das Arbeitsverhältnis bereits beendet worden ist (*BAG* 28.7.1992 EzA § 87 BetrVG 1972 Werkwohnung Nr. 8). Die mietrechtlichen Kündigungsvorschriften bleiben unberührt. Eine vertragliche Koppelung zwischen Beendigung des Arbeitsverhältnisses und der des Mietverhältnisses ist nach § 565a Abs. 2 BGB unzulässig. 1812

Ist Vermieter nicht der Arbeitgeber, sondern ein Dritter, so bestehen diesem gegenüber keine Mitbestimmungsrechte. Mitbestimmungspflichtig ist nur die Entscheidung des Arbeitgebers, den Dritten zur Kündigung zu bestimmen (BetrVG/*Wiese* § 87 Rn. 788). Soweit der Vermieter eine rechtlich selbstständige Sozialeinrichtung i. S. v. § 87 Abs. 1 Nr. 8 BetrVG ist, unterliegt die Kündigung als Verwaltungsmaßnahme schon nach § 87 Abs. 1 Nr. 8 BetrVG der Mitbestimmung. 1813

Wird die Kündigung mit Zustimmung des Betriebsrats oder mit die Zustimmung des Betriebsrats ersetzender Entscheidung der Einigungsstelle ausgesprochen, so ist sie unwirksam, wenn der Arbeitgeber zusammen mit der Kündigung nicht auch die Zustimmungserklärung des Betriebsrats oder der Einigungsstelle schriftlich vorlegt und der Arbeitnehmer die Kündigung aus diesem Grunde unverzüglich zurückweist, es sei denn, der Betriebsrat hätte den Arbeitnehmer von der Einwilligung in Kenntnis gesetzt, § 182 Abs. 3, § 111 S. 2 und 3 BGB (GK-BetrVG/*Wiese* § 87 Rn. 787). 1814

## XI. Betriebliche Lohngestaltung, § 87 Abs. 1 Nr. 10 BetrVG

### 1. Zweck der Regelung

§ 87 Abs. 1 Nr. 10 BetrVG gibt dem Betriebsrat ein umfassendes Mitbestimmungsrecht in nahezu allen Fragen der betrieblichen Lohngestaltung. Zweck ist es, die Arbeitnehmer vor einer ein- 1815 seitig an den Interessen des Unternehmens orientierten oder willkürlichen Lohngestaltung zu schützen. Die Angemessenheit und Durchsichtigkeit des innerbetrieblichen Lohngefüges und die Wahrung der innerbetrieblichen Lohngerechtigkeit sollen gesichert werden (*BAG* 19.9.1995 EzA § 87 BetrVG 1972 Betriebliche Lohngestaltung Nr. 53; *BAG GS* 3.12.1991 EzA § 87 BetrVG 1972 Betriebliche Lohngestaltung Nr. 30). Es geht damit um die Angemessenheit und Durchsichtigkeit des innerbetrieblichen Lohngefüges und die innerbetriebliche Lohngerechtigkeit.

1816 Immer dann, wenn es darum geht, eine betriebliche Lohnform einsichtig und durchschaubar zu machen, wenn es darauf ankommt, das Verhältnis der den einzelnen Arbeitnehmern zufließenden Leistungen zueinander zu bestimmen, greift das Mitbestimmungsrecht des Betriebsrats ein (*BAG* 19.7.1991 EzA § 87 BetrVG 1972 Betriebliche Lohngestaltung Nr. 28). Sofern ein kollektiver Schutz auf tariflicher Ebene nicht bereits verwirklicht ist, soll ein solcher auf betrieblicher Ebene gewährt werden. Bedeutung hat dieses Mitbestimmungsrecht insbes. dann, wenn eine tarifliche Lohnregelung überhaupt fehlt, wenn bei Bestehen einer tariflichen Regelung Arbeitnehmer vom persönlichen Geltungsbereich des Tarifvertrages nicht erfasst werden oder es um Leistungen geht, die tariflich nicht – oder nicht vollständig – geregelt sind.

## 2. Gegenstand und Grenzen des Mitbestimmungsrechts

### a) Der Lohnbegriff

1817 Der Begriff des Lohnes in § 87 Abs. 1 Nr. 10 BetrVG ist in einem weiten Sinne zu verstehen.

1818 Zum Lohn i. S. d. Bestimmung gehören alle geld- oder geldwerten Leistungen des Arbeitgebers, sofern sie im Hinblick auf die erbrachte oder zu erbringende Arbeitsleistung des Arbeitnehmers im Arbeitsverhältnis gewährt werden, und zwar unabhängig davon, wie sie bezeichnet werden (*BAG* 10.6.1986 EzA § 87 BetrVG 1972 Betriebliche Lohngestaltung Nr. 12).

1819 Hierzu gehören etwa zinsgünstige Arbeitgeberdarlehen (*BAG* 9.12.1980 EzA § 87 BetrVG 1972 Betriebliche Lohngestaltung Nr. 1; wenn ein Sonderfonds gebildet wurde, greift § 87 Abs. 1 Nr. 8, s. Rdn. 1788 ff.), Mietzuschüsse und Kosten für Familienheimfahrten (*BAG* 10.6.1986 EzA § 87 BetrVG 1972 Betriebliche Lohngestaltung Nr. 12), Leistungen der betrieblichen Altersversorgung, soweit nicht § 87 Abs. 1 Nr. 8 BetrVG eingreift (*BAG* 4.5.1982 EzA § 87 BetrVG 1972 Lohn- und Arbeitsentgelt Nr. 13), übertarifliche Zulagen jeder Art (*BAG GS* 3.12.1991 EzA § 87 BetrVG 1972 Betriebliche Lohngestaltung Nr. 30), Möglichkeiten zum verbilligten Bezug von Produkten oder Dienstleistungen (*BAG* 22.10.1985 EzA § 87 BetrVG 1972 Betriebliche Lohngestaltung Nr. 10; 8.11.2011 EzA § 87 BetrVG 2001 Sozialeinrichtung Nr. 2), Prämien, Ergebnisbeteiligungen, vermögenswirksame Leistungen, Investivlohn (DKK/*Klebe* § 87 Rn. 243). Auch eine Zeitgutschrift anlässlich der Teilnahme an einem Betriebsausflug kann Vergütungscharakter haben, wenn der Zweck der Gewährung eines Betriebsausflugs mit Zeitgutschrift dem Zweck einer Erfolgsprämie entsprach (*BAG* 27.1.1998 EzA § 87 BetrVG 1972 Arbeitszeit Nr. 58).

1820 Unerheblich ist, ob es sich um Einmalzahlungen oder laufende Leistungen handelt oder ob die Leistung freiwillig erbracht wird (*BAG* 26.1.1988 EzA § 80 BetrVG 1972 Nr. 32). Nicht erfasst sind hingegen Leistungen, die keinen Vergütungscharakter haben, sondern sich als reiner Aufwendungsersatz darstellen (*BAG* 10.6.1986 EzA § 87 BetrVG 1972 Betriebliche Lohngestaltung Nr. 12; 30.1.1990 EzA § 87 BetrVG 1972 Betriebliche Lohngestaltung Nr. 27), wie z. B. der Ersatz von Reisekosten (*BAG* 8.12.1981 EzA § 87 BetrVG 1972 Betriebliche Ordnung Nr. 8) oder angemessener, pauschalierter Ersatz von Aufwendungen bei Geschäftsreisen (*BAG* 27.10.1998 EzA § 87 BetrVG 1972 Betriebliche Lohngestaltung Nr. 66).

### b) Kollektiver Tatbestand

1821 Das Mitbestimmungsrecht besteht nur bei kollektiven Tatbeständen. Ausgenommen sind individuelle Lohnvereinbarungen, d. h. Regelungen, die nur mit Rücksicht auf den Einzelfall auf Grund be-

## J. Mitbestimmung in sozialen Angelegenheiten, § 87 BetrVG  Kapitel 13

sonderer Umstände des einzelnen Arbeitnehmers und ohne inneren Zusammenhang mit Leistungen an andere Arbeitnehmer getroffen wurden (*BAG GS* 3.12.1991 EzA § 87 BetrVG Betriebliche Lohngestaltung Nr. 30).

Ein kollektiver Tatbestand liegt unabhängig von der Zahl der betroffenen Arbeitnehmer dann vor, wenn Grund und/oder Höhe der Leistungen von allgemeinen Merkmalen abhängig gemacht werden, die von einer Mehrzahl der Arbeitnehmer des Betriebes erfüllt werden können (*Fitting* § 87 Rn. 421), so etwa dann, wenn an die Arbeitsleistung selbst (*BAG* 27.10.1992 EzA § 87 BetrVG 1972 Betriebliche Lohngestaltung Nr. 40; 14.6.1994 EzA § 87 BetrVG 1972 Betriebliche Lohngestaltung Nr. 45), an Leistungsgesichtspunkte (*BAG* 29.2.2000 EzA § 87 Betriebliche Lohngestaltung Nr. 69), an die Dauer der Betriebszugehörigkeit oder Gehaltserhöhungen in der zurückliegenden Zeit (*BAG* 27.10.1992 EzA § 87 BetrVG 1972 Betriebliche Lohngestaltung Nr. 40), an das Vorhandensein oder Nichtvorhandensein von Fehlzeiten (*BAG* 22.9.1992 EzA § 87 BetrVG 1972 Betriebliche Lohngestaltung Nr. 37), an die Inanspruchnahme von tariflicher Alterssicherung (*BAG* 23.3.1993 EzA § 87 BetrVG 1972 Betriebliche Lohngestaltung Nr. 37) oder an allgemeine Erwägungen sozialer Art (*BAG* 14.6.1994 EzA § 87 BetrVG 1972 Betriebliche Lohngestaltung Nr. 45) angeknüpft wird. Ein kollektiver Bezug ist insbes. auch dann gegeben, wenn der Arbeitgeber für eine Leistung an eine Mehrzahl von Arbeitnehmern ein bestimmtes Budget vorgibt (*BAG* 10.10.2006 EzA § 80 BetrVG 2001 Nr. 6). 1822

Kein kollektiver Tatbestand liegt vor, wenn die gewählte Regelung auf Wunsch des Arbeitnehmers zur Vermeidung steuerlicher Nachteile getroffen wird (*BAG* 27.10.1992 EzA § 87 BetrVG 1972 Betriebliche Lohngestaltung Nr. 40), wenn gegenüber einem einzelnen Arbeitnehmer eine Tariflohnerhöhung auf eine übertarifliche Zulage deshalb angerechnet wird, weil dieser trotz Umsetzung auf einen tariflich niedriger bewerteten Arbeitsplatz unverändert die bisherige Vergütung erhält (*BAG* 22.9.1992 EzA § 87 BetrVG 1972 Betriebliche Lohngestaltung Nr. 37) oder der Arbeitgeber individuell bedingt auf Gegebenheiten des Arbeitsmarktes reagiert, etwa dann, wenn ein Arbeitnehmer nur gegen ein Gehalt, das über demjenigen vergleichbarer Arbeitskollegen liegt, zum Eintritt in den Betrieb oder zum Verbleib im Betrieb bereit ist (*BAG* 10.10.2006 EzA § 80 BetrVG 2001 Nr. 5; 14.6.1994 EzA § 87 BetrVG 1972 Betriebliche Lohngestaltung Nr. 45). 1823

### c) Betriebliche Lohngestaltung

§ 87 Abs. 1 Nr. 10 BetrVG eröffnet ein umfassendes Mitbestimmungsrecht hinsichtlich aller Fragen der betrieblichen Lohngestaltung. Entlohnungsgrundsätze und Entlohnungsmethoden sind lediglich Unterfälle der umfassenden betrieblichen Lohngestaltung, also nur beispielhaft angeführt (*BAG* 22.1.1980 EzA § 87 BetrVG 1972 Lohn- und Arbeitsentgelt Nr. 11). 1824

Die betriebliche Lohngestaltung betrifft die Festlegung abstrakt-genereller Regelungen zur Lohnfindung, wie z. B. die Schaffung von Lohn- und Gehaltsgruppen. Es geht um die Strukturformen des Entgelts und die Grundlagen der Lohnfindung, um die Ausformung des jeweiligen Entlohnungssystems und damit um die Festlegung derjenigen Elemente, die dieses System im Einzelnen ausgestalten und zu einem in sich geschlossenen machen. 1825

Kein Mitbestimmungsrecht besteht unmittelbar hinsichtlich der Höhe des Lohnes (*BAG* 22.1.1980 EzA § 87 BetrVG 1972 Lohn- und Arbeitsentgelt Nr. 11; 14.12.1993 EzA § 87 BetrVG 1972 Betriebliche Lohngestaltung Nr. 43). Dennoch wird ein Mitbestimmungsrecht nicht dadurch ausgeschlossen, dass beispielsweise Regelungen über die Grundlage der Entgeltfindung, etwa in Form der isolierten Festsetzung von Wertunterschieden nach Prozentsätzen oder sonstigen Bezugsgrößen bei der Bildung von Gehaltsgruppen mittelbar Auswirkungen auf die Entgelthöhe haben können (*BAG* 14.12.1993 EzA § 87 BetrVG 1972 Betriebliche Lohngestaltung Nr. 43). Das Mitbestimmungsrecht des Betriebsrats setzt erst ein, wenn es um die Festlegung der betrieblichen Lohngestaltung selbst geht, nicht aber schon dann, wenn der Arbeitgeber vorbereitende Maßnahmen ergreift, wie etwa Zeitstudien vor Festlegung eines Zeitfaktors (*BAG* 24.11.1981 EzA § 87 BetrVG 1972 Betriebliche Ordnung Nr. 7). 1826

# Kapitel 13

**1827** Mitbestimmungspflichtig ist nicht nur die Aufstellung, Einführung und Anwendung bestimmter Entlohnungsgrundsätze bzw. -methoden, sondern auch deren Änderung, wie z. B. der Übergang von Akkord- auf Zeitlohn (*BAG* 17.12.1968 EzA § 56 BetrVG Nr. 16; *LAG Düsseld.* 23.12.1988 NZA 1989, 404) oder der Wechsel eines Prämiensystems (GK-BetrVG/*Wiese* § 87 Rn. 935). Die Verletzung des Mitbestimmungsrechts des Betriebsrats nach § 87 Abs. 1 Nr. 10 BetrVG bei der Änderung einer im Betrieb geltenden Vergütungsordnung hat zur Folge, dass die Vergütungsordnung mit der vor der Änderung bestehenden Struktur weiter anzuwenden ist (*BAG* 22.6.2010 EzA § 87 BetrVG 2001 Betriebliche Lohngestaltung Nr. 22). Dies kann bei Neueinstellungen dazu führen, dass Ansprüche auf eine höhere Vergütung als die vertraglich vereinbarte entstehen (*BAG* 11.6.2002 EzA § 87 BetrVG 1972 Betriebliche Lohngestaltung Nr. 76).

*aa) Entlohnungsgrundsätze*

**1828** Entlohnungsgrundsätze betreffen die Primärentscheidung über das System, nach denen das Arbeitsentgelt bemessen werden soll und die Ausformung dieses Systems (*BAG* 28.2.2006 EzA § 87 BetrVG 2001 Betriebliche Lohngestaltung Nr. 9; 6.12.1988 EzA § 87 BetrVG 1972 Betriebliche Lohngestaltung Nr. 23).

**1829** ▶ Mitbestimmungspflichtig ist/sind **beispielsweise**:
- Die Entscheidung über die Frage, nach welchem Entlohnungssystem im Betrieb oder in einzelnen Abteilungen vergütet werden soll (Zeitlohn/Leistungslohn, *BAG* 20.11.1990 EzA § 77 BetrVG 1972 Nr. 37).
- die nähere Ausgestaltung des gewählten Systems, so etwa beim Zeitlohn die Festlegung des Zeitraums der Lohnfindung, die Entscheidung darüber, ob im Einzel- oder Gruppenakkord gearbeitet wird, ob und welche Prämien eingeführt werden sollen und für welche Leistungen Prämien gewährt werden, die Festlegung der Prämienentgeltkurve (GK-BetrVG/*Wiese* § 87 Rn. 904–909);
- Die Entscheidung darüber, ob und für welche Leistungen Provisionen gezahlt, welches Provisionssystem angewandt wird, die Arten der Provision und wie die einzelnen Provisionsformen ausgestaltet werden sollen, die Anrechenbarkeit der Provision auf das Lohnfixum, das Verhältnis der Provisionen zueinander, die Festsetzung der Bezugsgrößen (z. B. ob bei Erreichen einer bestimmten Provisionshöhe diese und/oder eine andere Provision progressiv oder degressiv beeinflusst werden, ob also auch eine Provision ganz oder teilweise entfällt), die Festlegung der Punktezahl für jedes Geschäft eines Punktesystems; das Verhältnis von festen und variablen Einkommensbestandteilen, das Verhältnis der variablen Einkommensbestandteile zueinander sowie die abstrakte Staffelung der Provisionssätze (*BAG* 6.12.1988 EzA § 87 BetrVG 1972 Betriebliche Lohngestaltung Nr. 23).
- Die Einführung und Ausgestaltung von Zulagen; bei Erschwerniszulagen z. B. die Erstellung eines Katalogs zuschlagspflichtiger Arbeiten, die Festlegung des Zeitraums, für den eine zuschlagspflichtige Gefährdung anzunehmen ist, die Zuordnung der einzelnen zuschlagspflichtigen Arbeitsleistungen zu bestimmten Lästigkeitsgruppen und die Festlegung des Verhältnisses der für die Arbeiten der einzelnen Lästigkeitsgruppen zu zahlenden Erschwerniszuschläge zueinander (*BAG* 4.7.1989 EzA § 87 BetrVG 1972 Betriebliche Lohngestaltung Nr. 24). Erfasst ist auch die Regelung von Zulagen von vorübergehend ins Ausland entsandter Mitarbeiter (*BAG* 30.1.1990 EzA § 87 BetrVG 1972 Betriebliche Lohngestaltung Nr. 27).
- Die Einführung eines sonstigen Systems erfolgsabhängiger Vergütung und seiner näheren Ausgestaltung, wie die Regelung von Vorgaben, Optionsklassen, Vorgabenbemessungsgrundlagen für die Elemente der einzelnen Optionsklassen, Gewichtungsfaktoren und Provisionsstufen (GK-BetrVG/*Wiese* § 87 Rn. 918).
- Bildung von Gehaltsgruppen nach bestimmten Kriterien einschließlich der isolierten Festsetzung der Wertunterschiede nach Prozentsätzen oder sonstigen Bezugsgrößen (*BAG* 27.10.1992 EzA § 87 BetrVG 1972 Betriebliche Lohngestaltung Nr. 40; 14.12.1993 EzA § 87 BetrVG 1972 Betriebliche Lohngestaltung Nr. 43). Dies gilt auch für AT-Angestellte

(*BAG* 27.10.1992 EzA § 87 BetrVG 1972 Betriebliche Lohngestaltung Nr. 40; GK-BetrVG/ *Wiese* § 87 Rn. 923 ff.). Auch bei der Änderung eines derartigen Eingruppierungsschemas ist der Betriebsrat zu beteiligen (*BAG* 13.3.2001 EzA § 87 BetrVG 1972 Betriebliche Lohngestaltung Nr. 72). Mitbestimmungsfrei sind jedoch die Festsetzung der Gehaltshöhe, z. B. die Festlegung des Wertunterschieds zwischen der letzten Tarifgruppe und der ersten AT-Gruppe sowie die Entscheidung über individuelle Gehaltserhöhungen (*BAG* 21.8.1990 NZA 1991, 434). Bestehen jedoch für Teile der Belegschaft verschiedenartige Entgeltsysteme, die durch Unterschiede der Tätigkeiten bedingt sind, so erstreckt sich das Mitbestimmungsrecht nicht auf das Verhältnis der einzelnen Entgeltsysteme zueinander. Hieraus folgt, dass eine Entgelterhöhung bei Angestellten in Leitungspositionen, deren Gehälter auf Grund einer betrieblichen Regelung nicht unerheblich oberhalb der höchsten Tarifgruppe liegen, außer Betracht zu bleiben hat, soweit es um die Frage geht, ob die gleichzeitig bei anderen Arbeitnehmern vorgenommene Anrechnung einer Tariferhöhung auf übertarifliche Zulagen einen Gestaltungsspielraum offen lässt und deshalb der Mitbestimmung des Betriebsrats unterliegt (*BAG* 19.9.1995 EzA § 87 BetrVG 1972 Betriebliche Lohngestaltung Nr. 53).

- Ein Mitbestimmungsrecht nach § 87 Abs. 1 Nr. 10 BetrVG (i. V. m. § 87 Abs. 1 Nr. 7 BetrVG) besteht auch hinsichtlich der Frage, ob als Ausgleich für Nachtarbeit i. S. d. § 6 Abs. 5 ArbZG bezahlte freie Tage oder ein Entgeltzuschlag gewährt wird. Ein Mitbestimmungsrecht besteht aber nicht hinsichtlich der Zahl der freien Tage und der Höhe des Zuschlags (*BAG* 26.8.1997 EzA § 87 BetrVG 1972 Gesundheitsschutz Nr. 1).
- Eine Änderung bestehender Entlohnungsgrundsätze liegt vor, wenn Teile der Gesamtvergütung künftig nicht mehr als zusätzliche Einmalzahlung zu einem bestimmten Datum geleistet werden, sondern die Gesamtvergütung auf monatlich gleich bleibende Beträge verteilt wird (*BAG* 26.8.2008 EzA § 87 BetrVG 2001 Betriebliche Lohngestaltung Nr. 16; 28.2.2006 EzA § 87 BetrVG 2001 Betriebliche Lohngestaltung Nr. 9).

*bb) Entlohnungsmethoden*

Entlohnungsmethode ist das Verfahren zur Durchführung der Entlohnungsgrundsätze, insbes. zur Bewertung der Arbeitsleistung für die Lohngestaltung im Rahmen der vorher festgelegten Entlohnungsgrundsätze (*BAG* 16.7.1991 EzA § 87 Betriebliche Lohngestaltung Nr. 28). **1830**

Mitbestimmungspflichtig sind daher alle Entscheidungen über das im Hinblick auf die Lohngestaltung für die Bewertung der Arbeitsleistung anzuwendende Verfahren, insbes. (GK-BetrVG/*Wiese* § 87 Rn. 923 ff.): **1831**
- beim Zeitlohn die Zahl, die Art und die Tatbestandsmerkmale der Vergütungsgruppen (*BAG* 14.12.1993 EzA § 87 BetrVG 1972 Betriebliche Lohngestaltung Nr. 43);
- beim Akkordlohn die Entscheidung darüber, ob die Akkordvorgabe z. B. geschätzt, ausgehandelt oder nach arbeitswissenschaftlichen Grundsätzen ermittelt werden soll unter Einfluss der Methode selbst;
- bei der Prämienvergütung die Entscheidung darüber, wie Bezugs- bzw. Ausgangsleistung, auf die der Prämiengrundlohn bezogen ist, festgelegt werden soll, wobei sich bei der Anwendung arbeitswissenschaftlicher Grundsätze das Mitbestimmungsrecht auch auf die zur Anwendung kommende Methode selbst bezieht.

Nicht mitbestimmungspflichtig sind lediglich vorbereitende Maßnahmen im Vorfeld der Entscheidung über Entlohnungsgrundsätze bzw. -methoden, wie z. B. die Durchführung von Zeitstudien (*BAG* 24.11.1981 EzA § 87 BetrVG 1972 Betriebliche Ordnung Nr. 7). **1832**

Nicht mitbestimmungspflichtig ist auch die Festsetzung der Fließbandgeschwindigkeit, weil sie nicht die Entlohnung, sondern den Arbeitsablauf betrifft (GK-BetrVG/*Wiese* § 87 Rn. 931) sowie die Ein- und Zuteilung der Bearbeitungsgebiete von Außendienstangestellten (*BAG* 16.7.1991 EzA § 87 BetrVG 1972 Betriebliche Lohngestaltung Nr. 28), da auch diese Zuteilung nicht unmit- **1833** telbar die Entlohnung, sondern den Umfang der Arbeitsleistung und die Bedingungen, unter denen die Arbeit zu verrichten ist, betrifft.

### d) Besonderheiten bei freiwilligen Leistungen und im Rahmen der betrieblichen Altersversorgung

**1834** Bei freiwilligen Leistungen des Arbeitgebers erstreckt sich das Mitbestimmungsrecht nicht darauf, ob überhaupt eine Leistung erbracht wird, welche finanziellen Mittel hierfür zur Verfügung gestellt werden, welcher Zweck mit der Leistung verfolgt werden soll und wie der begünstigte Personenkreis abstrakt einzugrenzen ist (*BAG GS* 3.12.1991 EzA § 87 BetrVG 1972 Betriebliche Lohngestaltung Nr. 30; 14.6.1994 EzA § 87 BetrVG 1972 Betriebliche Lohngestaltung Nr. 45; 27.10.1992 EzA § 87 BetrVG 1972 Betriebliche Lohngestaltung Nr. 40). Gleiches gilt für eine betriebliche Altersversorgung. Auch hier entscheidet der Arbeitgeber frei darüber, ob und in welchem Umfang er finanzielle Mittel zur Verfügung stellen will, welcher Arbeitnehmerkreis begünstigt werden soll und in welcher Versorgungsform und mit welchem Versicherungsunternehmen ggf. die betriebliche Altersversorgung gewährt werden soll (*BAG* 16.2.1993 EzA § 87 BetrVG 1972 Betriebliche Lohngestaltung Nr. 41).

**1835** Dem Betriebsrat steht hinsichtlich dieser Entscheidungen auch kein Initiativrecht zu, insbes. kann er nicht die Einführung zusätzlicher, freiwilliger Leistungen des Arbeitgebers erzwingen. Überwiegend wird aber angenommen, dass aus dem Mitbestimmungsrecht des Betriebsrats ein Zustimmungsverweigerungsrecht folgt, wenn der Betriebsrat die Einführung einer freiwilligen Leistung mit bestimmter Zwecksetzung verhindern will (GK-BetrVG/*Wiese* § 87 Rn. 864 m. w. N.; so für eine Prämie *BAG* 10.2.1988 EzA § 87 BetrVG 1972 Betriebliche Lohngestaltung Nr. 18).

**1836** Nicht ausgeschlossen wird das Mitbestimmungsrecht des Betriebsrats dadurch, das der Arbeitgeber eine einmalige Sonderleistung bereits erbracht hat und er die erbrachten Zahlungen nicht mehr zurückfordern kann. Führt die nachfolgende Regelung mit dem Betriebsrat bzw. durch Spruch der Einigungsstelle dazu, dass Kosten entstehen, die den ursprünglich vorgesehenen Dotierungsrahmen übersteigen, berührt dies das Mitbestimmungsrecht nicht (*BAG* 14.6.1994 EzA § 87 BetrVG 1972 Betriebliche Lohngestaltung Nr. 45).

**1837** Der Mitbestimmung unterliegt hingegen die Aufstellung von Verteilungsgrundsätzen, d. h. die Regelung der Frage, wie die zur Verfügung gestellten Mittel unter Berücksichtigung der vom Arbeitgeber mitbestimmungsfrei getroffenen Entscheidungen verteilt werden sollen (*BAG GS* 3.12.1991 EzA § 87 BetrVG 1972 Betriebliche Lohngestaltung Nr. 30).

**1838** Das Mitbestimmungsrecht greift damit nur, wenn der Arbeitgeber überhaupt Mittel zur Verteilung zur Verfügung stellt. Dies setzt allerdings nicht voraus, dass er auf Grund einer einheitlichen Entscheidung eine bestimmte Vermögensmasse zur Verfügung stellt. Ausreichend ist vielmehr, dass sich ein zur Verteilung anstehendes finanzielles Volumen daraus ergibt, dass der Arbeitgeber allgemein betriebliche Zulagen auf Grund einer individuellen Entscheidung erbringt. Die Höhe des vorgegebenen Dotierungsrahmens ergibt sich dann aus der Addition der individuell gewährten Zulagen (*BAG* 17.12.1985 EzA § 87 BetrVG 1972 Betriebliche Lohngestaltung Nr. 11; 14.6.1994 EzA § 87 BetrVG 1972 Betriebliche Lohngestaltung Nr. 45). Gleiches gilt für Leistungen der betrieblichen Altersversorgung. Ein Mitbestimmungsrecht des Betriebsrats besteht hier hinsichtlich der Leistungsordnung, also über die Voraussetzungen für die Entstehung und das Erlöschen von Anwartschaften und Ansprüchen (*BAG* 16.2.1993 EzA § 87 BetrVG 1972 Betriebliche Lohngestaltung Nr. 41).

**1839** Da der Arbeitgeber in der Entscheidung frei ist, ob er überhaupt zusätzliche freiwillige Leistungen erbringt, unterliegt auch die Entscheidung, freiwillige Leistungen wieder einzustellen, nicht der Mitbestimmung des Betriebsrats (*BAG* 10.2.1988 EzA § 87 BetrVG 1972 Betriebliche Lohngestaltung Nr. 18). Gleiches gilt im Grundsatz auch bei der Kürzung freiwilliger Leistungen. Ein Mitbestimmungsrecht besteht hier aber dann, wenn sich infolge der Kürzung die Verteilungsgrundsätze hinsichtlich der verbleibenden freiwilligen Leistungen ändern (*BAG GS* 3.12.1991 EzA § 87 BetrVG 1972 Betriebliche Lohngestaltung Nr. 30; *BAG* 5.10.2010 EzA § 87 BetrVG

2001 Betriebliche Lohngestaltung Nr. 23). Wenn kein Mitbestimmungsrecht besteht, scheidet auch eine Nachwirkung der Betriebsvereinbarung aus. Der Arbeitgeber muss aber gegenüber den Arbeitnehmern bzw. dem Betriebsrat klar zum Ausdruck bringen, welche Vorstellungen er hinsichtlich der bisher gewährten Leistung hat (BAG 5.10.2010 EzA § 87 BetrVG 2001 Betriebliche Lohngestaltung Nr. 23).

### e) Insbesondere: Anrechnung von Tariflohnerhöhungen auf übertarifliche Zulagen

Die genannten Grundsätze bei der Kürzung freiwilliger Leistungen gelten insbes. auch bei einer Anrechnung von Tariflohnerhöhungen auf übertarifliche Zulagen (vgl. BAG GS 3.12.1991 EzA § 87 BetrVG 1972 Betriebliche Lohngestaltung Nr. 30; BAG 31.10.1995 EzA § 87 BetrVG 1972 Betriebliche Lohngestaltung Nr. 54). — 1840

### aa) Voraussetzungen eines Mitbestimmungsrechts

Ein Mitbestimmungsrecht besteht, wenn sich durch die Anrechnung oder den Widerruf von freiwilligen Zulagen die Verteilungsgrundsätze ändern und ein Regelungsspielraum für eine anderweitige Anrechnung verbleibt. Die Verteilungsgrundsätze ändern sich dann, wenn sich das Verhältnis der Zulagen untereinander ändert. — 1841

▶ **Beispiel** (nach *BAG* GS 3.12.1991 EzA § 87 BetrVG 1972 Betriebliche Lohngestaltung Nr. 30): — 1842

Beträgt das Tarifentgelt für A, B und C bisher 3000 € und erhielt A eine Zulage in Höhe von 100 €, B in Höhe von 200 € und C in Höhe von 400 € (Verhältnis 1 : 2 : 4), betragen die Effektiventgelte nach einer vollständigen Anrechnung einer Tariflohnerhöhung von 3 % zwar nach wie vor bei A 3100 €, bei B 3200 € und bei C 3400 €. Die Zulagen haben sich jedoch bei A auf 10 €, bei B auf 110 € und bei C auf 310 € verringert. Dies beinhaltet auch eine Veränderung des Verhältnisses der Zulagen zueinander von 1 : 2 : 4 auf 1 : 11 : 31.

Auch bei einer prozentual gleichen Anrechnung können sich damit die Verteilungsgrundsätze ändern. Ein Mitbestimmungsrecht entfällt nur dann, wenn auch nach der Anrechnung das Verhältnis der Zulagen zueinander unverändert bleibt. Bei einer Kürzung von Zulagen um den gleichen Prozentsatz ändert sich im Allgemeinen der Verteilungsgrundsatz nicht. Etwas anderes gilt aber dann, wenn die Arbeitnehmer nach der bisherigen Regelung einen bestimmten Sockelbetrag als Zulage erhalten und die prozentual gleichmäßige Anrechnung dazu führt, dass die Zulage bei einzelnen Arbeitnehmern nicht mehr erreicht wird. — 1843

Auch bei einer Veränderung der Verteilungsgrundsätze entfällt ein Mitbestimmungsrecht dann, wenn die Anrechnung bzw. der Widerruf zum vollständigen Wegfall aller Zulagen führt oder der Änderung der Verteilungsgrundsätze rechtliche Hindernisse entgegenstehen. Rechtliche Hindernisse bestehen bei einer vollständigen und gleichmäßigen Verrechnung der Tariflohnerhöhung auf alle Zulagen, da der Arbeitgeber nicht mehr als die Tariflohnerhöhung anrechnen kann und ihm insoweit also jede weitere Gestaltungsmöglichkeit fehlt. — 1844

Dies gilt auch dann, wenn der Arbeitgeber die Anrechnung bei wenigen Arbeitnehmern irrtümlich unterlässt, die betroffenen Arbeitnehmer aber unmittelbar nach Feststellung seines Irrtums über die nunmehrige Anrechnung informiert (BAG 31.10.1995 EzA § 87 BetrVG 1972 Betriebliche Lohngestaltung Nr. 54). Bei einer vollständigen Anrechnung besteht ausnahmsweise ein Mitbestimmungsrecht, wenn trotz der vollen Anrechnung noch ein Regelungsspielraum verbleibt. Will ein Arbeitgeber übertarifliche Zulagen, die er in unterschiedlicher Höhe gewährt, voll auf eine neu geschaffene tarifliche Zulage anrechnen, so bleibt ausnahmsweise noch ein Regelungsspielraum bestehen, wenn gleichzeitig mit der Einführung der neuen Tarifzulage auch die Tarifgehälter linear erhöht werden und der Arbeitgeber nicht nur die Tarifgehälter entsprechend anhebt, sondern auch – ohne Rechtspflicht – seine übertariflichen Zulagen (BAG 14.2.1995 EzA § 87 BetrVG 1972 Betriebliche Lohngestaltung Nr. 50). — 1845

1846 Führt der Arbeitgeber eine Anrechnung einer Tariflohnerhöhung in mehreren Stufen durch, die – für sich betrachtet – ganz oder teilweise mitbestimmungsfrei sind, kann gleichwohl ein Mitbestimmungsrecht bestehen, wenn der mehrstufigen Anrechnung ein einheitliches Konzept des Arbeitgebers zu Grunde liegt und sich bei Gesamtbetrachtung des Vorgangs eine Veränderung der Verteilungsgrundsätze ergibt (*BAG* 10.3.2009 EzA § 87 BetrVG 2001 Betriebliche Lohngestaltung Nr. 18; 14.2.1995 EzA § 87 BetrVG 1972 Betriebliche Lohngestaltung Nr. 49). Gleiches gilt, wenn der Arbeitgeber auf Grund eines einheitlichen Konzepts – eine für sich betrachtet – mitbestimmungsfreie Anrechnung vornimmt, im Zusammenhang damit aber neue Zulagen gewährt, sodass in Wirklichkeit nur das Zulagenvolumen zum Teil umverteilt wird. Ein derartiges einheitliches Konzept liegt vor, wenn der Arbeitgeber durch die Anrechnung Spielräume schaffen und für neue Leistungen nutzen will (*BAG* 26.5.1998 EzA § 87 BetrVG 1972 Betriebliche Lohngestaltung Nr. 65).

1847 Gleiches gilt, wenn der Arbeitgeber auf Grund einer einheitlichen Konzeption zunächst eine Tariflohnerhöhung voll auf übertarifliche Zulagen anrechnet und wenig später eine neue übertarifliche Zulage zusagt, wobei der Annahme einer einheitlichen Konzeption nicht entgegensteht, dass der Arbeitgeber zum Zeitpunkt der Anrechnung noch nicht im Einzelnen und abschließend entschieden hat, wem und in welcher Höhe neue übertarifliche Leistungen gewährt werden sollen (*BAG* 17.1.1995 EzA § 87 BetrVG 1972 Betriebliche Lohngestaltung Nr. 48).

*bb) Individualrechtliche Voraussetzungen; Folgen der Verletzung des Mitbestimmungsrechts*

1848 Neben der Wahrung des Mitbestimmungsrechts des Betriebsrats setzt die Wirksamkeit einer Verrechnung übertariflicher Zulagen auch die individualrechtliche Zulässigkeit der Verrechnung voraus (*BAG* 7.2.1996 EzA § 87 Betriebliche Lohngestaltung Nr. 55).

1849 Individualrechtlich zulässig ist eine Verrechnung zunächst, wenn der Arbeitsvertrag bereits eine entsprechende Vereinbarung enthält. Ohne entsprechende Vereinbarung muss der Vertrag ausgelegt werden. Soll dem Arbeitnehmer auf Grund einer vertraglichen Abrede die Zulage als selbstständiger Lohnbestandteil neben dem jeweiligen Tariflohn zustehen, scheidet eine Anrechnung aus. Indiz hierfür kann die Ausweisung der Zulage als selbstständiger Lohnbestandteil sein (*BAG* 7.2.1995 EzA § 4 TVG Tariflohnerhöhung Nr. 30). Wird eine Zulage zum Ausgleich besonderer Belastungen gewährt, spricht dies gegen ein Kürzungsrecht des Arbeitgebers (*BAG* 23.3.1993 EzA § 4 TVG Tariflohnerhöhung Nr. 24). Ist kein besonderer Zweck zu ermitteln und enthält auch der Arbeitsvertrag keine abweichende Vereinbarung, ist nach Auffassung des *BAG* (z. B. 7.2.1995 EzA § 4 TVG Tariflohnerhöhung Nr. 30) eine Anrechnung individualrechtlich selbst dann nicht ausgeschlossen, wenn die Zahlung jahrelang vorbehaltlos geleistet wurde und bisher nie mit Tariflohnerhöhungen verrechnet wurde. Ist eine übertarifliche Zulage (stillschweigend oder ausdrücklich) mit einem Anrechnungsvorbehalt verbunden, der sich generell auf Tariflohnerhöhungen bezieht, so erfasst dieser Vorbehalt aber im Zweifel nicht den Lohnausgleich für eine tarifliche Arbeitszeitverkürzung (*BAG* 7.2.1996 EzA § 87 BetrVG 1972 Betriebliche Lohngestaltung Nr. 55; 23.10.1996 EzA § 87 BetrVG 1972 Betriebliche Lohngestaltung Nr. 58).

1850 Nimmt der Arbeitgeber mitbestimmungspflichtige Anrechnungen ohne Zustimmung des Betriebsrats oder einer sie ersetzenden Entscheidung der Einigungsstelle vor, sind die Anrechnungen in vollem Umfang unwirksam (*BAG* GS 3.12.1991 EzA § 87 BetrVG 1972 Betriebliche Lohngestaltung Nr. 30; *BAG* 23.10.1996 EzA § 87 BetrVG 1972 Betriebliche Lohngestaltung Nr. 58), sodass die Ansprüche uneingeschränkt fortbestehen.

1851 Eine Verletzung des Mitbestimmungsrechts führt hingegen nicht dazu, dass Ansprüche der Arbeitnehmer begründet werden, die vor der mitbestimmungspflichtigen Maßnahme nicht bestanden und bei Beachten des Mitbestimmungsrechts nicht entstanden wären (*BAG* 28.9.1994 EzA § 87 BetrVG 1972 Betriebliche Lohngestaltung Nr. 44).

## J. Mitbestimmung in sozialen Angelegenheiten, § 87 BetrVG  Kapitel 13

### cc) Praktische Hinweise

Aus der dargelegten Rechtsprechung des BAG folgt für die Praxis, dass der Arbeitgeber eine Anrechnung mitbestimmungsfrei nur vornehmen kann, wenn sich durch die Anrechnung die bisherigen Verteilungsgrundsätze nicht ändern oder der Widerruf zum vollständigen Wegfall aller Zulagen führt oder die Tariflohnerhöhung vollständig und gleichmäßig auf alle Zulagen verrechnet wird. Beabsichtigt der Arbeitgeber eine anderweitige Anrechnung, insbes. eine solche, die zu einer Veränderung der bisherigen Verteilungsgrundsätze führt, muss er das Mitbestimmungsrecht des Betriebsrats beachten. Dies kann zu zeitlichen Problemen führen, da ein evtl. erforderliches Einigungsstellenverfahren erhebliche Zeit in Anspruch nehmen kann. Diesem zeitlichen Problem trägt das *BAG* (19.9.1995 EzA § 76 BetrVG 1972 Nr. 67) dadurch Rechnung, dass es – auch durch Spruch der Einigungsstelle – eine auf den Zeitpunkt der Tariferhöhung zurückwirkende Betriebsvereinbarung dann für zulässig erachtet, wenn der Arbeitgeber zunächst mitbestimmungsfrei das Zulagenvolumen und – unter Beibehaltung der bisherigen Verteilungsrelation – auch die einzelnen Zulagen kürzt, zugleich aber bekannt gibt, dass er eine Änderung der Verteilungsrelationen erreichen will und dem Betriebsrat eine entsprechende rückwirkende Betriebsvereinbarung vorschlägt. Ob durch eine solche rückwirkende Betriebsvereinbarung auch eine zunächst mitbestimmungswidrig vorgenommene Anrechnung nachträglich geheilt werden kann, hat das *BAG* (19.9.1995 EzA § 76 BetrVG 1972 Nr. 67) offen gelassen, aber als zweifelhaft bezeichnet, sodass von dieser Möglichkeit abgesehen werden sollte. Bei einer beabsichtigten nicht vollständigen Anrechnung einer Tariflohnerhöhung auf übertarifliche Zulagen muss auch davor gewarnt werden zu versuchen, den Betriebsrat dadurch unter Druck zu setzen, dass für den Fall der Nichtzustimmung zu der beabsichtigten Anrechnung angekündigt wird, dann eine nicht mitbestimmungspflichtige Vollanrechnung vorzunehmen. Ein derartiges Vorgehen verletzt das Mitbestimmungsrecht aus § 87 Abs. 1 Nr. 10 BetrVG und stellt einen Verstoß gegen das Gebot vertrauensvoller Zusammenarbeit dar (*BAG* 26.5.1998 EzA § 87 BetrVG 1972 Betriebliche Lohngestaltung Nr. 65). Eine derartige Reaktion des Arbeitgebers ist aber dann nicht zu beanstanden, wenn der Betriebsrat nicht den vorgeschlagenen Verteilungsgrundsätzen, sondern der (nicht mitbestimmungspflichtigen) Kürzung des Leistungsvolumens widerspricht.  1852

### dd) Initiativrecht

Nur im Rahmen des Mitbestimmungsrechts besteht auch ein Initiativrecht des Betriebsrats. Es besteht daher nicht hinsichtlich der mitbestimmungsfrei vom Arbeitgeber zu treffenden Entscheidungen bei freiwilligen Leistungen (s. Rdn. 1834 ff.). Das Initiativrecht erstreckt sich insbes. auch auf eine Änderung der bisher praktizierten Entlohnungsgrundsätze, und zwar auch dann, wenn mit der Umstellung des Entlohnungssystems für den Arbeitgeber höhere finanzielle Aufwendungen verbunden sind (GK-BetrVG/*Wiese* § 87 Rn. 951 ff.).  1853

### XII. Leistungsbezogene Entgelte, § 87 Abs. 1 Nr. 11 BetrVG

#### 1. Zweck der Regelung, Begriff des leistungsbezogenen Entgelts

Leistungslöhne bedeuten für den Arbeitnehmer einerseits einen Anreiz, andererseits aber auch eine besondere Belastung. Zum einen dient das Mitbestimmungsrecht dem Schutz der Arbeitnehmer vor diesen Belastungen. Zum anderen soll das Mitbestimmungsrecht der innerbetrieblichen Lohngerechtigkeit dienen, da bei der Bewertung von Leistungen ein Beurteilungsspielraum gegeben ist (GK-BetrVG/*Wiese* § 87 Rn. 962).  1854

Leistungsbezogene Entgelte sind kraft ausdrücklicher Nennung zunächst Akkord- und Prämienlohn (zu den Begriffen s. Kap. 3 Rdn. 945 ff.; 960 ff.), darüber hinaus auch andere, vergleichbare leistungsbezogene Entgelte.  1855

Erfasst sind nicht alle leistungsbezogenen Entgelte, sondern nur solche, die mit Akkord- oder Prämienlohn vergleichbar sind. Voraussetzung ist also, dass der Arbeitnehmer das Arbeitsergebnis mit seiner Leistung beeinflussen kann. Eine Vergleichbarkeit mit Akkord oder Prämie ist gegeben,  1856 wenn eine Leistung gemessen und mit einer Bezugs-/Normalleistung verglichen wird (*BAG* 22.10.1985 EzA § 87 BetrVG 1972 Leistungslohn Nr. 11).

1857 An einer Vergleichbarkeit fehlt es deshalb bei tariflichen oder betrieblich festen Leistungszulagen, bei gleich bleibenden übertariflichen Zulagen, die der Arbeitgeber in Erwartung besonderer Leistungen den Arbeitnehmern gewährt, bei betrieblichen Erfolgs- oder Gewinnbeteiligungen, Jahresabschlussvergütungen, Gratifikationen, Treue- oder Umsatzprämien und bei Anwesenheits- und Pünktlichkeitsprämien (GK-BetrVG/*Wiese* § 87 Rn. 967–969). Nach Auffassung des *BAG* (28.7.1981 EzA § 87 BetrVG 1972 Leistungslohn Nr. 4; 13.3.1984 EzA § 87 BetrVG 1972 Leistungslohn Nr. 10; 26.7.1988 EzA § 87 BetrVG 1972 Leistungslohn Nr. 16; a. A. DKK/*Klebe* § 87 Rn. 282 für Abschlussprovisionen) fehlt es an einer Vergleichbarkeit auch bei Anteils-, Leitungs- und Abschlussprovisionen. Ein Mitbestimmungsrecht bei Provisionen ergibt sich aber nach Maßgabe des § 87 Abs. 1 Nr. 10 BetrVG hinsichtlich der Wahl der Entgeltformen und insbes. auch der Provisionsarten. Ebenso kein vergleichbares leistungsbezogenes Entgelt ist eine Leistungsprämie, bei der allein die in einem Beurteilungszeitraum von drei Monaten erbrachte Leistung die Höhe der Vergütung in den folgenden zwölf Monaten bestimmt (*BAG* 15.5.2001 EzA § 87 BetrVG 1972 Leistungslohn Nr. 18).

### 2. Inhalt des Mitbestimmungsrechts

1858 Das Mitbestimmungsrecht erstreckt sich auf die Festlegung aller Bezugsgrößen für den Leistungslohn, d. h. auf alle Ansätze für die Bewertung der Leistung (*BAG* 28.7.1981 EzA § 87 BetrVG 1972 Leistungslohn Nr. 4), so auf die Festsetzung und Änderung der Vorgabezeiten (*BAG* 16.4.2002 EzA § 87 BetrVG 1972 Leistungslohn Nr. 19), die Festsetzung des Zeit- oder Geldfaktors (*BAG* 13.9.1983 EzA § 87 BetrVG 1972 Leistungslohn Nr. 8; 16.12.1986 EzA § 87 BetrVG 1972 Leistungslohn Nr. 14), die Festlegung der Dauer und zeitlichen Lage von Erholungszeiten als Bestandteil der Vorgabezeit unter Einschluss der Frage, ob innerhalb eines Akkordlohnsystems die in der Vorgabezeit enthaltene Erholungszeit zu feststehenden Kurzpausen zusammengefasst werden soll (*BAG* 24.11.1987 EzA § 87 BetrVG 1972 Leistungslohn Nr. 15). Da sich die Mitbestimmung auch auf den Zeit- und Geldfaktor bezieht, besteht hier im Gegensatz zu § 87 Abs. 1 Nr. 10 BetrVG ein Mitbestimmungsrecht auch hinsichtlich der Lohnhöhe (*BAG* 16.12.1986 EzA § 87 BetrVG 1972 Leistungslohn Nr. 14). Der Betriebsrat kann sein Mitbestimmungsrecht dahin ausüben, dass er die konkrete Festsetzung der Vorgabezeiten nach der Vereinbarung einer wissenschaftlichen Methode zur Ermittlung der Grundzeiten und nach gemeinsamer Festlegung der Höhe von sachlichen und persönlichen Verteilzeiten und des Umfangs der Erholungszeiten dem Arbeitgeber allein überlässt (*BAG* 16.4.2002 EzA § 87 BetrVG 1972 Leistungslohn Nr. 19).

1859 Im Rahmen des Mitbestimmungsrechts hat der Betriebsrat auch ein Initiativrecht, das sich auch auf die Geldfaktoren erstreckt (*BAG* 20.9.1990 EzA § 80 BetrVG 1972 Nr. 39).

### XIII. Betriebliches Vorschlagswesen, § 87 Abs. 1 Nr. 12 BetrVG

#### 1. Zweck des Mitbestimmungsrechts

1860 § 87 Abs. 1 Nr. 12 BetrVG dient in erster Linie dem Schutz und der Förderung der freien Entfaltung der Persönlichkeit der Arbeitnehmer und ihrer damit zusammenhängenden Interessen (*BAG* 16.3.1982 EzA § 87 BetrVG 1972 Vorschlagswesen Nr. 3), indem die Behandlung betrieblicher Verbesserungsvorschläge für die Arbeitnehmer durchschaubar gestaltet wird.

1861 Es soll sichergestellt werden, dass die Arbeitnehmer des Betriebes gleichmäßig nach den Grundsätzen von Recht und Billigkeit behandelt werden. Eine derartige Ausgestaltung liegt dabei auch im Interesse des jeweiligen Betriebes, das innerbetrieblich vorhandene Verbesserungspotenzial zu aktivieren (GK-BetrVG/*Wiese* § 87 Rn. 1017).

## 2. Begriff, Abgrenzung zu Arbeitnehmererfindungen

Die Vorschrift erfasst alle Systeme und Methoden, durch die Vorschläge von Arbeitnehmern, die sie außerhalb ihres eigentlichen Pflichtenkreises freiwillig zur Vereinfachung, Erleichterung, Beschleunigung und sicheren Gestaltung der betrieblichen Arbeit machen, angeregt und gesammelt, ausgewertet und bewertet werden (*Fitting* § 87 Rn. 539). 1862

Auf welchem Gebiet der Vorschlag erfolgt, ist unerheblich. Es kann sich um Vorschläge zur Verbesserung auf organisatorischem oder technischem Gebiet oder im Verwaltungsablauf, aber auch um Verbesserungen im Arbeits- und Gesundheitsschutz im Interesse der weiteren Humanisierung der Arbeit im Betrieb handeln (MüchArbR/*Matthes* § 334 Rn. 3). Ein Verbesserungsvorschlag liegt nur dann vor, wenn es sich um eine Anregung handelt, die im Falle ihrer Berücksichtigung zu einer Verbesserung gegenüber dem Ist-Zustand führen würde. Bloße Kritik fällt nicht hierunter (GK-BetrVG/*Wiese* § 87 Rn. 1012). 1863

Erfasst werden nur sog. freie Verbesserungsvorschläge, d. h. solche, bei denen es sich um eine zusätzliche Leistung der Arbeitnehmer handelt, zu deren Erbringung sie nicht ohnehin bereits arbeitsvertraglich verpflichtet sind (DKK/*Klebe* § 87 Rn. 293). 1864

Unter diesem Gesichtspunkt problematisch ist die Einordnung sog. Qualitätszirkel. Zum Teil (z. B. GK-BetrVG/*Wiese* § 87 Rn. 1014) werden Verbesserungsvorschläge aus sog. Qualitätszirkeln dem Bereich der Diensterfindungen zugerechnet, soweit sie im betrieblichen Interesse eingerichtet und während der Arbeitszeit unter Leitung von Vorgesetzten durchgeführt werden, da dies im Rahmen der arbeitsvertraglichen Verpflichtungen geschehe. Nach anderer Auffassung (z. B. DKK/*Klebe* § 87 Rn. 293) sollen auch solche Verbesserungsvorschläge von § 87 Abs. 1 Nr. 12 BetrVG erfasst sein. Entscheidend dürfte auch insoweit sein, ob die Arbeitnehmer inner- oder außerhalb ihrer arbeitsvertraglich geschuldeten Arbeitsleistung in solchen Zirkeln zusammengefasst werden (*Fitting* § 87 Rn. 547). Bei Qualitätszirkeln kommt darüber hinaus auch ein Mitbestimmungsrecht nach §§ 96 ff. BetrVG in Betracht, wenn Ziel des Arbeitskreises auch die über die Einweisung in den Arbeitsbereich hinausgehende Fortbildung und weitere Qualifikation der Arbeitnehmer ist (*Fitting* § 87 Rn. 548). 1865

Ein Mitbestimmungsrecht besteht nicht hinsichtlich technischer Erfindungen i. S. v. § 2 ArbNErfG, also solchen die patent- oder gebrauchsmusterfähig sind, da das ArbNErfG insoweit eine abschließende Regelung enthält (GK-BetrVG/*Wiese* § 87 Rn. 1011; s. Kap. 3 Rdn. 3185 ff.). 1866

Für sog. qualifizierte technische Verbesserungsvorschläge (§ 3 ArbNErfG) ist ein Mitbestimmungsrecht nur hinsichtlich Vergütung und Durchsetzung von Ansprüchen ausgeschlossen, da nur diese Fragen durch § 20 Abs. 1 i. V. m. §§ 9, 12 ArbNErfG geregelt sind, sodass alle über den Vergütungsanspruch hinausgehenden regelungsbedürftigen Fragen, die für die Behandlung technischer Verbesserungsvorschläge von Bedeutung sein können, der Mitbestimmung des Betriebsrats unterliegen (GK-BetrVG/*Wiese* § 87 Rn. 1016; DKK/*Klebe* § 87 Rn. 291). 1867

## 3. Gegenstand der Mitbestimmung

Die Mitbestimmung bezieht sich nur auf die Grundsätze über das betriebliche Vorschlagswesen und damit allein auf generelle Regelungen, nicht aber Regelungen im Einzelfall (*BAG* 28.4.1981 EzA § 87 BetrVG 1972 Vorschlagswesen Nr. 2). 1868

Es besteht keine Verpflichtung des Arbeitgebers, einen Verbesserungsvorschlag anzunehmen. Annahme und Verwertung sind daher mitbestimmungsfrei (vgl. *BAG* 28.4.1981 EzA § 87 BetrVG 1972 Vorschlagswesen Nr. 2). Ebenso kann der Arbeitgeber mitbestimmungsfrei darüber entscheiden, ob und welche Mittel er zur Vergütung von Verbesserungsvorschlägen zur Verfügung stellt, sodass eine Regelung, wonach der Arbeitgeber auch für nicht verwertete Verbesserungsvorschläge eine Anerkennungsprämie zu zahlen hat, nicht mehr vom Mitbestimmungsrecht gedeckt ist (*BAG* 28.4.1981 EzA § 87 BetrVG 1972 Vorschlagswesen Nr. 2). Allerdings kann nach anderen Vorschrif- 1869 ten ein individualrechtlicher Vergütungsanspruch des Arbeitnehmers entstehen (*BAG* 30.4.1965 AP Nr. 1 zu § 20 ArbNErfG; 28.4.1981 EzA § 87 BetrVG 1972 Vorschlagswesen Nr. 2). Die Mitbestimmung bei der Einführung eines betrieblichen Vorschlagswesens bezieht sich auf die Frage, ob für die Behandlung und Bewertung von Verbesserungsvorschlägen im Betrieb überhaupt Grundsätze i. S. einer allgemeinen Regelung geschaffen werden sollen oder nicht (MünchArbR/*Matthes* § 252 Rn. 9). Die Einführung einer solchen Regelung kann daher nur mit Zustimmung des Betriebsrats oder unter Einschaltung der Einigungsstelle erfolgen. Der Betriebsrat seinerseits hat ein Initiativrecht und kann die Schaffung einer solchen Regelung notfalls über einen Spruch der Einigungsstelle erzwingen. Nach Auffassung des *BAG* (28.4.1991 EzA § 87 BetrVG 1972 Vorschlagswesen Nr. 2) kann das Initiativrecht nur ausgeübt werden, wenn ein Bedürfnis für die Regelung des Vorschlagswesens besteht, nicht aber, wenn auf Grund der konkreten betrieblichen Situation keinerlei Regelungsbedürfnis erkennbar ist. Diese Ansicht wird in der Literatur (GK-BetrVG/*Wiese* § 87 Rn. 1025; MüchArbR/*Matthes* § 252 Rn. 8) überwiegend abgelehnt. Danach grenzt das Fehlen eines Regelungsbedürfnisses lediglich den Ermessensspielraum der Einigungsstelle ein. Dass die Schaffung einer Organisation für das betriebliche Vorschlagswesen Kosten verursacht, steht einem Initiativrecht des Betriebsrats nicht entgegen (*BAG* 28.4.1981 EzA § 87 BetrVG 1972 Vorschlagswesen Nr. 2). Das Mitbestimmungsrecht des Betriebsrats bei der Ausgestaltung des betrieblichen Vorschlagswesens bezieht sich auf die generelle Ausgestaltung, die Organisation, das Verfahren des Vorschlagswesens sowie die Änderung derartiger Regelungen, die Definition des Verbesserungsvorschlages, Festlegung des begünstigten Personenkreises sowie generelle Regelungen über die zu gewährende Prämie (GK-BetrVG/*Wiese* § 87 Rn. 1028 ff.). Im Rahmen der Regelung der Organisation ist zu entscheiden, ob besondere Organe (Beauftragter für das betriebliche Vorschlagswesen, Prüfungs- und Bewertungsausschuss) eingesetzt werden, wobei eine paritätische Zusammensetzung der Prüfungsausschüsse nicht erforderlich ist (*BAG* 28.4.1981 EzA § 87 BetrVG 1972 Vorschlagswesen Nr. 2; **a. A.** DKK/*Klebe* § 87 Rn. 297). Ferner sollten Regelungen über die Einreichungsmodalitäten, die Behandlung und Durchführung der angenommenen Vorschläge sowie über deren Bewertung getroffen werden (DKK/*Klebe* § 87 Rn. 300). Die Bewertung und die Festsetzung der Prämienhöhe im Einzelfall anhand der festgelegten Grundsätze unterliegt nicht der Mitbestimmung (*BAG* 16.3.1982 EzA § 87 BetrVG 1972 Vorschlagswesen Nr. 3), sondern nur die Festlegung derjenigen Faktoren, nach denen sich die Prämie bemessen soll. Dabei dürfen Faktoren für die Bemessung der Prämie jedoch nicht in der Weise festgelegt werden, dass sie zwingend eine Prämie von bestimmter Höhe, etwa eines bestimmten Prozentsatzes vom Nutzen des Verbesserungsvorschlags, ergeben (*BAG* 28.4.1981 EzA § 87 BetrVG 1972 Vorschlagswesen Nr. 2).

### 4. Form der Mitbestimmung; Mitbestimmung und Arbeitsverhältnis

1870 Regelungen über das betriebliche Vorschlagswesen erfolgen zweckmäßigerweise in einer Betriebsvereinbarung (Beispiel bei *Heilmann/Taeger* BB 1990, 1969, 1974 f.), ausreichend ist aber auch eine bloße Regelungsabrede (GK-BetrVG/*Wiese* § 87 Rn. 1037). Die Betriebsparteien können insoweit auch zur verbindlichen Beurteilung eingereichter Verbesserungsvorschläge paritätische Kommissionen einrichten (vgl. *BAG* 20.1.2004 EzA § 87 BetrVG 2001 Schiedsgutachten Nr. 1 zu Entscheidungsbefugnis und einzuhaltendem Verfahren solcher Kommissionen). Die Wahrung des Mitbestimmungsrechts ist nicht Voraussetzung für einen eventuellen individualrechtlichen Vergütungsanspruch des Arbeitnehmers, sodass auch kein Rückzahlungsanspruch des Arbeitgebers in Bezug auf Prämien besteht, die er unter Missachtung des Mitbestimmungsrechts des Betriebsrats gezahlt hat (GK-BetrVG/*Wiese* § 87 Rn. 1038). Besteht eine mitbestimmte Regelung, so hat der Arbeitnehmer Anspruch auf Bemessung seiner Prämie unter Beachtung der in dieser Regelung festgelegten Grundsätze. Entspricht die Prämie dem nicht, besteht ein Anspruch auf Neufestsetzung. Eine unter Verstoß gegen die vereinbarten Grundsätze festgesetzte Prämie wird in aller Regel nicht billigem Ermessen i. S. v. § 315 BGB entsprechen.

## XIV. Grundsätze über die Durchführung von Gruppenarbeit, § 87 Abs. 1 Nr. 13 BetrVG

### 1. Zweck des Mitbestimmungsrechts

Das durch das BetrV-ReformG vom 23.7.2001 (BGBl. I S. 1852 ff.) eingeführte Mitbestimmungsrecht bezüglich der Grundsätze der Gruppenarbeit soll bei der sog. teilautonomen Gruppenarbeit (s. Rdn. 1872) der Gefahr vorbeugen, dass der Gruppendruck zu einer »Selbstausbeutung« der Gruppenmitglieder und zu einer Ausgrenzung leistungsschwächerer Gruppenmitglieder führen kann (BegrRegE BT-Drs. 14/5741, S. 47). 1871

### 2. Begriff der Gruppenarbeit

§ 87 Abs. 1 Nr. 13 2. Hs. BetrVG definiert den Begriff der vom Mitbestimmungsrecht erfassten Gruppenarbeit. 1872

§ 87 Abs. 1 Nr. 13 BetrVG betrifft nur die sog. teilautonome Gruppenarbeit. Diese liegt vor, wenn einer vom Arbeitgeber zusammengefassten Gruppe aus mehreren Arbeitnehmern (sog. Betriebsgruppe im Gegensatz zur Eigengruppe) eine Gesamtaufgabe von gewisser Dauer zur im Wesentlichen eigenverantwortlichen Erledigung übertragen wird, sodass die Gruppe in diesem Rahmen die Durchführung der ihr übertragenen Aufgabe planend gestalten kann und die Gruppe in den betrieblichen Ablauf eingegliedert ist (vgl. GK-BetrVG/*Wiese* § 87 Rn. 1040–1042). 1873

Nicht erfasst werden Gruppen, die sich in dem reinen Organisationsakt der Zusammenfassung mehrerer Arbeitnehmer erschöpfen, ohne diesen zugleich Entscheidungskompetenzen für die Gestaltung planender und ausführender Tätigkeiten zuzubilligen (*Preis/Elert* NZA 2001, 371, 372). Mangels Eingliederung in den Betriebsablauf nicht erfasst werden Arbeitsgruppen, die nur parallel zur Arbeitsorganisation bestehen, wie z.B. Projekt- oder Steuerungsgruppen (BegrReg-E BT-Drs. 14/5741, S. 48). 1874

### 3. Inhalt des Mitbestimmungsrechts

Ein Mitbestimmungsrecht besteht nur hinsichtlich der Durchführung, nicht aber hinsichtlich der Einführung und Beendigung von Gruppenarbeit. In diesem Rahmen besteht ein Mitbestimmungsrecht unter Einschluss eines Initiativrechts des Betriebsrats aber nur hinsichtlich der **Grundsätze** der Durchführung der Gruppenarbeit. 1875

#### a) Mitbestimmungsfreie Vorgaben

Die Einführung und Beendigung von Gruppenarbeit ist mitbestimmungsfrei. Unberührt bleiben die Beteiligungsrechte des Betriebsrats nach § 90 BetrVG (s. Rdn. 1902 ff.) und § 111 BetrVG (BegrRegE BT-Drs. 14/5741 S. 47, s. Rdn. 2195 ff.), insbes. stellt die Einführung von Gruppenarbeit die Einführung grundlegend neuer Arbeitsmethoden i. S. d. § 111 S. 3 Nr. 5 BetrVG dar. Ebenso nach § 87 Abs. 1 Nr. 13 BetrVG mitbestimmungsfrei ist die Bestimmung der der Gruppe übertragenen Gesamtaufgabe, die Festlegung des Maßes der Eigenverantwortlichkeit sowie Bestimmung von Größe und personeller Zusammensetzung der Gruppe (GK-BetrVG/*Wiese* § 87 Rn. 1049 ff.). 1876

#### b) Mitbestimmung bei Grundsätzen der Durchführung der Gruppenarbeit

Ein Mitbestimmungsrecht im Rahmen der arbeitgeberseitigen Vorgaben besteht nur hinsichtlich der *Grundsätze* der Durchführung der Gruppenarbeit. Dies sind generelle Regelungen z. B. darüber, wie die der Arbeitsgruppe übertragene Eigenverantwortlichkeit ausgeübt werden soll (GK-BetrVG/*Wiese* § 87 Rn. 1060). Die Gesetzesbegründung (BegrRegE BT-Drs. 14/5741, S. 47) nennt ferner Regelungen zu Fragen wie Wahl eines Gruppensprechers, dessen Stellung und Aufgaben, Abhalten von Gruppengesprächen zwecks Meinungsaustauschs und -bildung in der Gruppe, Zusammenarbeit in der Gruppe und mit anderen Gruppen, Berücksichtigung von leistungsschwächeren Arbeitnehmern, Konfliktlösung in der Gruppe. Ferner werden folgende Angelegenheiten genannt (GK-BetrVG/*Wiese* § 87 Rn. 1065): Arbeitssicherheit, Arbeitsvorbereitung, Aufgabenverteilung in- 1877 nerhalb der Gruppe, Information der Gruppenmitglieder über die Gesamtaufgabe, Kommunikation mit dem Betriebsrat, Kontrollmaßnahmen, Materialbeschaffung, Planung der Gesamtaufgabe, Pflege und Instandhaltung von Arbeitsmaterial und -mitteln, Qualifizierung der Gruppenmitglieder, Qualitätssicherung, Übergabe bei Schichtwechsel, Urlaubsplanung (soweit die Arbeitsgruppe dafür zuständig sein soll), Festlegung der Vorgesetzten und deren Kompetenzen. § 75 Abs. 2 S. 2 BetrVG verpflichtet i. S. einer Leitlinie Betriebsrat und Arbeitgeber, ggf. auch die Einigungsstelle dazu, die Selbstständigkeit und Eigeninitiative der Arbeitsgruppe zu stärken (*Löwisch* Sonderbeil. zu NZA Heft 24/2001, S. 40, 43; s. Rdn. 1306 ff.).

### 4. Sonstige Mitbestimmungsrechte bei Gruppenarbeit

1878 Soweit Angelegenheiten in Zusammenhang mit Gruppenarbeit nicht dem Mitbestimmungsrecht nach § 87 Abs. 1 Nr. 13 BetrVG unterfallen, kommen Mitbestimmungs- oder Beteiligungsrechte nach anderen Tatbeständen in Betracht (vgl. *Preis/Elert* NZA 2001, 371, 373 f.), so z. B. hinsichtlich der Einführung von Gruppenarbeit nach §§ 90 Abs. 2, 111 BetrVG, der Aufstellung von Verhaltensregeln innerhalb der Gruppe nach § 87 Abs. 1 Nr. 1 BetrVG, der Aufstellung von Arbeitszeitplänen, Mehrarbeitsregelungen, Urlaubsgrundsätze nach § 87 Abs. 1 Nr. 2, 3 und 5 BetrVG, der Lohn- und Gehaltsgestaltung (z. B. Einführung oder Änderung eines 3-gliedrigen gruppenbezogenen Entgeltsystems mit Vergütungsbestandteilen Grundlohn, individueller Leistungsbonus, Gruppenprämie) nach § 87 Abs. 1 Nr. 10, 11 BetrVG, der Gruppenüberwachung nach § 87 Abs. 1 Nr. 6 BetrVG.

### 5. Übertragung von Betriebsratsaufgaben auf Arbeitsgruppen

1879 § 28a BetrVG sieht in Betrieben mit mehr als 100 Arbeitnehmern die Möglichkeit der Übertragung von Aufgaben des Betriebsrats auf Arbeitsgruppen vor (s. Rdn. 601 ff.), sodass einzelne die Gruppe betreffende Mitbestimmungsrechte auf diese übertragen werden können und auch der Abschluss von Betriebsvereinbarungen ggf. durch die Arbeitsgruppe erfolgen kann.

## XV. Streitigkeiten zwischen Arbeitgeber und Betriebsrat im Rahmen des § 87 Abs. 1 BetrVG

### 1. Einigungsstelle

1880 Kann in mitbestimmungspflichtigen Angelegenheiten eine Übereinstimmung zwischen Arbeitgeber und Betriebsrat nicht erzielt werden, entscheidet nach § 87 Abs. 2 S. 1 BetrVG die Einigungsstelle bzw. eine tarifliche Schlichtungsstelle (vgl. § 76 Abs. 8 BetrVG). Die Zuständigkeit der Einigungsstelle entspricht dem Umfang des Mitbestimmungsrechts. Der Betriebsrat ist zur Anrufung der Einigungsstelle dann und so weit berechtigt, als ihm ein Initiativrecht zusteht. Das Antragsrecht ist insoweit die verfahrensrechtliche Seite des Initiativrechts. Zum Einigungsstellenverfahren s. Rdn. 1311 ff.

### 2. Arbeitsgericht

1881 Über Rechtsstreitigkeiten aus der Anwendung des § 87 BetrVG entscheiden die Arbeitsgerichte im Beschlussverfahren. Dies gilt vor allem für Streitigkeiten darüber, ob, mit welchem Inhalt und Umfang in einer bestimmten Angelegenheit ein Mitbestimmungsrecht besteht, aber auch für sämtliche anderen Rechtsstreitigkeiten zwischen Arbeitgeber und Betriebsrat im Rahmen der notwendigen Mitbestimmung, wie z. B. Streitigkeiten über die Frage, ob das Mitbestimmungsrecht wirksam ausgeübt worden ist, über das Bestehen, den Inhalt oder die Durchführung einer Betriebsvereinbarung, über die Einhaltung von Verpflichtungen aus Betriebsvereinbarungen und Betriebsabsprachen und über die Rückgängigmachung von Maßnahmen des Arbeitgebers bei Verletzung von Mitbestimmungsrechten (GK-BetrVG/*Wiese* § 87 Rn. 1074). Gleiches gilt für Ansprüche des Betriebsrats auf Unterlassung mitbestimmungswidrigen Verhaltens und Anträge nach § 23 Abs. 3 BetrVG (s. Rdn. 2427 ff.).

# K. Mitwirkung beim Arbeitsschutz und beim betrieblichen Umweltschutz, § 89 BetrVG

Sofern im sog. Vorabentscheidungsverfahren hinsichtlich einer bestimmten Angelegenheit das Bestehen oder Nichtbestehen eines Mitbestimmungsrechts festgestellt werden soll, ist bei Formulierung des Antrags darauf zu achten, dass nach der Rechtsprechung des *BAG* (11.12.1991 EzA § 90 BetrVG 1972 Nr. 2) ein sog. Globalantrag zwar nicht unzulässig, aber unbegründet ist, wenn er auch nur einen Sachverhalt mit umfasst, in dem das behauptete Mitbestimmungsrecht nicht besteht bzw. das geleugnete Mitbestimmungsrecht besteht. 1882

So sollte beispielsweise nicht formuliert werden: »Es wird festgestellt, dass dem Betriebsrat bei der Anordnung oder Duldung von Mehrarbeit ein Mitbestimmungsrecht zusteht«. Dieser Antrag würde nämlich auch ein Mitbestimmungsrecht in Anspruch nehmen, wenn es sich um einen Notfall (s. Rdn. 1643 ff.) oder eine Maßnahme ohne kollektiven Bezug (s. Rdn. 1615 ff.) handelt und damit Fallgruppen erfassen, in denen kein Mitbestimmungsrecht besteht. Stattdessen könnte formuliert werden: »Es wird festgestellt, dass dem Betriebsrat bei der Anordnung oder Duldung von Mehrarbeit in der Abteilung ›Lagerhaltung‹ anlässlich der jährlich stattfindenden Inventur ein Mitbestimmungsrecht zusteht, es sei denn, es handelt sich um einen Einzel- oder Notfall.« Ferner setzen Feststellungsanträge gem. § 256 Abs. 1 ZPO ein Rechtsschutzinteresse voraus, das auch noch im Zeitpunkt der letzten mündlichen Anhörung über die Anträge gegeben sein muss. Es fehlt, wenn eine abstrakte Rechtsfrage geklärt und damit praktisch ein Rechtsgutachten erstattet werden soll. Es entfällt ferner dann, wenn ein konkreter, in der Vergangenheit liegender Vorgang, der zum Verfahren geführt hat, zum Zeitpunkt der gerichtlichen Entscheidung bereits abgeschlossen ist, ohne dass auch nur eine geringe Wahrscheinlichkeit besteht, dass sich ein gleichartiger Vorgang wiederholen wird, sodass die begehrte Entscheidung keinen der Beteiligten in einem betriebsverfassungsrechtlichen Recht oder Rechtsverhältnis mehr betreffen kann. 1883

Für negative, auf Leugnung eines Mitbestimmungsrechts gerichtete Feststellungsanträge des Arbeitgebers besteht ein Rechtsschutzinteresse nur dann, wenn der Betriebsrat sich in einer bestimmten Angelegenheit eines Mitbestimmungsrechts ernsthaft berühmt (GK-BetrVG/*Wiese* § 87 Rn. 1080). 1884

## XVI. Freiwillige Betriebsvereinbarungen, § 88 BetrVG

§ 88 BetrVG eröffnet die Möglichkeit, Betriebsvereinbarungen auch über Angelegenheiten zu schließen, die nicht mitbestimmungspflichtig sind. Die Vorschrift enthält keine abschließende Aufzählung der regelbaren Gegenstände, sondern begründet vielmehr eine umfassende Regelungskompetenz (*BAG GS* 7.11.1989 EzA 77 BetrVG 1972 Nr. 34). Für freiwillige Betriebsvereinbarungen nach § 88 BetrVG gelten die allgemeinen Vorschriften des § 77 BetrVG über Zustandekommen, Wirkung und Kündbarkeit (s. Rdn. 1444 ff.). Ein Initiativrecht besteht nicht. Freiwillige Betriebsvereinbarungen wirken nicht nach (GK-BetrVG/*Wiese* § 88 Rn. 5). Eine Zuständigkeit der Einigungsstelle zur Entscheidung von Regelungsstreitigkeiten besteht nicht kraft Gesetzes, sondern nur nach Maßgabe des § 76 Abs. 6 BetrVG im freiwilligen Einigungsstellenverfahren (s. Rdn. 1312 f.). 1885

## K. Mitwirkung beim Arbeitsschutz und beim betrieblichen Umweltschutz, § 89 BetrVG

### I. Zweck der Regelung

§ 89 BetrVG stellt klar, dass nicht nur der Arbeitgeber, sondern auch die mit dem Unfallschutz befassten sonstigen Stellen verpflichtet sind, den Betriebsrat in allen Fragen des Arbeitsschutzes zu beteiligen. Die Zusammenarbeit zwischen Betriebsrat und Arbeitgeber sowie den jeweils zuständigen Behörden bei der tatsächlichen Durchführung des Arbeitsschutzes soll durch die Regelung durch Einbeziehung der Kenntnisse und Interessen der Arbeitnehmer intensiviert werden. Durch das BetrV-Reformgesetz vom 23.7.2001 (BGBl. I S. 1852 ff.) wurde die Zuständigkeit des Betriebsrats auf den betrieblichen Umweltschutz erstreckt: Der Betriebsrat soll danach wegen der Wechselwirkung von Arbeits- und Umweltschutz die gleiche Rechtsstellung im betrieblichen Umweltschutz erhalten, wie er sie im Arbeitsschutz innehat. Ein generelles umweltpolitisches Mandat des Betriebsrats 1886

# Kapitel 13

zu Gunsten Dritter oder der Allgemeinheit ohne Bezug zum Betrieb wird aber nicht begründet (Gesetzesbegründung, BT-Drs. 14/5741, S. 48).

## II. Durchführung der Vorschriften über Arbeitsschutz, Unfallverhütung und betrieblichen Umweltschutz

**1887** § 89 Abs. 1 S. 1 BetrVG ergänzt die allgemeine Überwachungsaufgabe des Betriebsrats nach § 80 Abs. 1, Nr. 1, 2, 9 BetrVG.

### 1. Arbeitsschutz, Unfallverhütung

**1888** Der Betriebsrat hat sich dafür einzusetzen, dass die Vorschriften über den Arbeitsschutz und die Unfallverhütung durchgeführt werden.

*a) Inhalt der Aufgabe*

**1889** Der Betriebsrat kann alle ihm erforderlich erscheinenden Maßnahmen ergreifen. Eines konkreten Anlasses bedarf es nicht. Der Betriebsrat soll gerade präventiv tätig werden und auf den innerbetrieblichen Entscheidungsprozess Einfluss nehmen können (GK-BetrVG/*Wiese* § 89 Rn. 10). Dies beinhaltet die Berechtigung und Verpflichtung, Maßnahmen des Arbeitsschutzes anzuregen, bei Verstößen beim Arbeitgeber auf Abhilfe zu drängen, sich an die zuständigen Stellen zu wenden und darauf hinzuwirken, dass auch Verstöße der Arbeitnehmer gegen derartige Vorschriften unterbleiben. Die Überwachungsaufgabe beinhaltet das Recht, auch nicht allgemein zugängliche, insbes. nach den einschlägigen Arbeitsschutz- und Unfallverhütungsvorschriften mit dem Verbotsschild »Unbefugten ist der Zutritt verboten« gekennzeichnete Anlagen zu betreten. Einer Genehmigung des Arbeitgebers bedarf es hierzu nicht; allerdings ist eine Anmeldung bei der zuständigen aufsichtführenden Stelle des Betriebes erforderlich (GK-BetrVG/*Wiese* § 89 Rn. 10, 11).

*b) In Betracht kommende Vorschriften*

**1890** Der Begriff des Arbeitsschutzes i. S. d. § 89 BetrVG ist weit zu verstehen. Zu den Vorschriften des Arbeitsschutzes gehören die staatlichen Arbeitsschutzvorschriften (Übersicht bei MünchArbR/*Matthes* § 254 Rn. 10 ff.), einschließlich der allgemein anerkannten Regeln der Technik, des Standes von Wissenschaft und Technik (vgl. z. B. § 3 Abs. 1 GerSiG, § 3 Abs. 1 ArbStättVO und GK-BetrVG/*Wiese* § 89 Rn. 16 ff.), die Unfallverhütungsvorschriften der Berufsgenossenschaften (vgl. GK-BetrVG/*Wiese* § 89 Rn. 20), einschlägige Bestimmungen in Tarifverträgen oder Betriebsvereinbarungen im Rahmen des § 87 Abs. 1 Nr. 7 BetrVG (s. Rdn. 1774 ff.) oder nach § 88 Nr. 1 BetrVG. Einen guten Überblick über die geltenden Arbeitsschutz- und Unfallverhütungsvorschriften enthält der jährliche Bericht der Bundesregierung (Bundesarbeitsministerium) nach § 25 SGB VII (vgl. BT-Drs. 14/2471, abrufbar z. B. über www.bundestag.de->Datenbanken->Drucksachen). Der Betriebsrat hat gem. § 40 Abs. 2 BetrVG einen Anspruch darauf, dass ihm die maßgeblichen Bestimmungen vom Arbeitgeber zur Verfügung gestellt werden.

### 2. Betrieblicher Umweltschutz

**1891** § 89 Abs. 3 BetrVG enthält eine Legaldefinition des Begriffs »Betrieblicher Umweltschutz«, ohne allerdings den Begriff »Umweltschutz« selbst zu definieren. Hierunter kann der Schutz der natürlichen Lebensgrundlagen für den Menschen (u. a. Tiere, Pflanzen, Luft, Wasser, Boden) vor schädlichen Einwirkungen verstanden werden. Unter betrieblichem Umweltschutz kann damit die Einflussnahme auf umweltgerechte und umweltschützende Arbeits- und Betriebsbedingungen verstanden werden (GK-BetrVG/*Wiese* § 89 Rn. 28). Ein generelles umweltpolitisches Mandat des Betriebsrats zu Gunsten Dritter oder der Allgemeinheit ohne Bezug zum Betrieb besteht nicht (Gesetzesbegründung, BT-Drs. 14/5741, S. 48).

## K. Mitwirkung beim Arbeitsschutz und beim betrieblichen Umweltschutz, § 89 BetrVG   Kapitel 13

### III. Zusammenarbeit mit Behörden bei der Bekämpfung von Unfall- und Gesundheitsgefahren

§ 89 Abs. 1 S. 2 BetrVG begründet eine Pflicht des Betriebsrats zur Unterstützung der zuständigen Behörden und Stellen durch Beratung und Anregung für Maßnahmen des Arbeitsschutzes. Ein Mandat des Betriebsrats zur Zusammenarbeit mit den für den Umweltschutz zuständigen Behörden besteht hingegen nicht. Die Pflicht zur Zusammenarbeit mit den zuständigen Behörden im Rahmen des Arbeitsschutzes beinhaltet eine Auskunftspflicht, die durch die Verschwiegenheitspflicht nach § 79 BetrVG nicht eingeschränkt ist (GK-BetrVG/*Wiese* § 89 Rn. 60). Sofern der Betriebsrat von sich aus an die zuständigen Behörden Daten weitergibt, muss er datenschutzrechtliche Bestimmungen beachten. Die dem Betriebsrat nach § 89 Abs. 1 S. 2 BetrVG obliegende Pflicht, die für den Arbeitsschutz zuständigen Behörden zu unterstützen, berechtigt ihn deshalb nicht stets und einschränkungslos, den Aufsichtsbehörden die vom Arbeitgeber elektronisch erfassten tatsächlich geleisteten Arbeitszeiten der Arbeitnehmer namensbezogen mitzuteilen. Aus Gründen des Datenschutzes muss er vielmehr im Einzelfall die Erforderlichkeit der Datenweitergabe prüfen und hierbei die Interessen der betroffenen Arbeitnehmer berücksichtigen (*BAG* 3.6.2003 EzA § 89 BetrVG 2001 Nr. 1). 1892

Bei Verstößen des Arbeitgebers gegen Vorschriften des Arbeitsschutzes muss der Betriebsrat sich zunächst an den Arbeitgeber wenden, um eine Beseitigung der Mängel herbeizuführen. Bleibt dies ohne Erfolg, kann er sich an die zuständigen Stellen wenden und entsprechende Kontrollen veranlassen (GK-BetrVG/*Wiese* § 89 Rn. 58). Die für den Arbeitsschutz zuständigen Stellen sind ihrerseits verpflichtet, bei Fragen des Arbeitsschutzes und der Unfallverhütung den Betriebsrat zu beteiligen und ihn insbes. zu Betriebsbesichtigungen und zu Untersuchungen von Arbeitsunfällen unter Einschluss aller Ermittlungen hinzuzuziehen. Für den Arbeitsschutz zuständige Behörden sind insbes. die Gewerbeaufsichtsämter, Gesundheitsämter, Emissionsschutz- und Bauaufsichtsbehörden; Träger der gesetzlichen Unfallversicherung sind insbes. die Berufsgenossenschaften. Sonstige in Betracht kommende Stellen sind z. B. Betriebsärzte, Sicherheitsbeauftragte oder die Fachkräfte für Arbeitssicherheit (vgl. die Aufstellung bei GK-BetrVG/*Wiese* § 89 Rn. 61 ff.). 1893

Die Zusammenarbeit zwischen technischen Aufsichtsbeamten der Berufsgenossenschaften und der Behörden des Arbeitsschutzes mit den Betriebsräten ist Gegenstand bundes- und landesrechtlicher Regelungen durch Verwaltungsvorschriften und Dienstanweisungen (vgl. die Aufstellung bei GK-BetrVG/*Wiese* § 89 Rn. 67 f.). 1894

### IV. Hinzuziehung des Betriebsrats

Gem. § 89 Abs. 2 S. 1 BetrVG sind der Arbeitgeber und die in § 89 Abs. 1 S. 2 BetrVG genannten Behörden/Stellen (s. Rdn. 1892) verpflichtet, den Betriebsrat oder von ihm bestellte Mitglieder bei allen im Zusammenhang mit dem Arbeits- und betrieblichen Umweltschutz oder der Unfallverhütung stehenden Besichtigungen und Fragen und bei der Unfalluntersuchung hinzuzuziehen. Der Arbeitgeber hat den Betriebsrat auch bei allen in Zusammenhang mit dem betrieblichen Umweltschutz stehenden Fragen und Besichtigungen hinzuzuziehen. Vorher ist der Betriebsrat gem. § 80 Abs. 2 BetrVG (s. Rdn. 1578 ff.) ggf. unter Vorlage erforderlicher Unterlagen zu unterrichten. Die Ergebnisse sind mit dem Betriebsrat nach § 89 Abs. 1 S. 2 BetrVG zu beraten. Gem. § 89 Abs. 5 BetrVG erhält der Betriebsrat vom Arbeitgeber Niederschriften über alle Untersuchungen, Besichtigungen und Besprechungen, zu denen der Betriebsrat hinzuziehen war, unabhängig davon, ob er tatsächlich hinzugezogen worden ist oder trotz Hinzuziehung nicht teilgenommen hat. Ein Anspruch auf Fertigung derartiger Niederschriften wird hierdurch nicht begründet (GK-BetrVG/*Wiese* § 89 Rn. 71 f.). 1895

### V. Mitteilung von Auflagen, Anordnungen; Unfallanzeigen

Der Arbeitgeber ist nach § 89 Abs. 2 S. 2 BetrVG ferner verpflichtet, dem Betriebsrat unverzüglich die den Arbeitsschutz, die Unfallverhütung oder den betrieblichen Umweltschutz betreffenden Auf- 1896 lagen und Anordnungen der zuständigen Stellen mitzuteilen und ihm nach § 89 Abs. 6 BetrVG eine Durchschrift der vom Betriebsrat zu unterschreibenden Unfallanzeige auszuhändigen. Unterrichtungspflichten anderer Stellen bestehen z. B. nach §§ 9 Abs. 2, 12 Abs. 4 ASiG, § 54 Abs. 1 Nr. 4 BImSchG. Diese speziellen Unterrichtungspflichten lassen den allgemeinen Unterrichtungsanspruch nach § 80 Abs. 2 BetrVG unberührt.

## VI. Beteiligung des Betriebsrats bei der Organisation des Arbeitsschutzes

### 1. ASiG

1897 Unter den Voraussetzungen der §§ 2, 5 ASiG hat der Arbeitgeber Betriebsärzte bzw. Fachkräfte für Arbeitssicherheit zu bestellen, die ihn beim Arbeitsschutz und bei der Unfallverhütung zwecks Verwirklichung der gesetzlichen Sicherheitsziele unterstützen sollen. Der Arbeitgeber hat den Betriebsärzten bzw. den Fachkräften für Arbeitssicherheit die in §§ 3, 6 ASiG genannten Aufgaben zu übertragen. Soweit eine Verpflichtung zur Bestellung besteht, kann der Arbeitgeber diese Personen als voll- oder teilzeitbeschäftigte Arbeitnehmer oder als freiberufliche Kräfte beschäftigen oder aber auch einen überbetrieblichen Dienst verpflichten (vgl. §§ 2 Abs. 3 S. 2, 4, 5 Abs. 3 S. 2, 4, 9 Abs. 3 S. 3, 19 ASiG). Die Entscheidung darüber, welche dieser Möglichkeiten realisiert wird, unterliegt der Mitbestimmung des Betriebsrats nach § 87 Abs. 1 Nr. 7 BetrVG (*BAG* 10.4.1979 EzA § 87 BetrVG 1972 Arbeitssicherheit Nr. 2). Dieses Mitbestimmungsrecht ist auch dann gegeben, wenn die Berufsgenossenschaft gem. § 24 SGB VII einen überbetrieblichen Dienst mit Anschlusszwang eingerichtet hat, da von diesem unter den im Gesetz genannten Voraussetzungen eine Befreiung möglich ist und damit nach erfolgreichem Antrag eine Wahlfreiheit des Arbeitgebers besteht (GK-BetrVG/*Wiese* § 87 Rn. 652). Sofern Betriebsärzte oder Fachkräfte für Arbeitssicherheit als Arbeitnehmer beschäftigt werden sollen, bedarf deren Bestellung nach § 9 Abs. 3 ASiG der Zustimmung des Betriebsrats. § 9 Abs. 3 ASiG verweist insoweit auf § 87 i. V. m. § 76 BetrVG, sodass anders als nach § 99 BetrVG zum einen der Betriebsrat aus jedem ihm erheblich erscheinenden Grund die Zustimmung verweigern kann und zum anderen über die Berechtigung der Zustimmungsverweigerung nicht das Arbeitsgericht, sondern die Einigungsstelle nach billigem Ermessen zu entscheiden hat. Unter Bestellung ist dabei die Einweisung in die Funktion zu verstehen. Die Zustimmung des Betriebsrats ist Wirksamkeitsvoraussetzung der Bestellung (GK-BetrVG/*Wiese* § 87 Rn. 654, 656).

1898 Auch die Abberufung eines als Arbeitnehmer beschäftigten Betriebsarztes oder einer Fachkraft für Arbeitssicherheit bedarf der Zustimmung des Betriebsrates. Die fehlende und auch nicht durch die Einigungsstelle ersetzte Zustimmung des Betriebsrats zur Abberufung führt zumindest dann zur Unwirksamkeit einer ausgesprochenen Beendigungskündigung, wenn diese auf Gründe gestützt wird, die sachlich mit der Tätigkeit eines Betriebsarztes im untrennbaren Zusammenhang stehen (*BAG* 24.3.1988 EzA § 9 ASiG Nr. 1; s. Kap. 4 Rdn. 833 ff.). Ob die fehlende Zustimmung im Übrigen, d. h. dann, wenn die Kündigung nicht auf Gründe gestützt wird, die sachlich mit der Tätigkeit zusammenhängen, zur Unwirksamkeit der Kündigung führt oder nur bei der Prüfung der sozialen Rechtfertigung der Kündigung zu berücksichtigen ist, ist strittig (vgl. GK-BetrVG/*Wiese* § 87 Rn. 655). Unberührt bleibt das bei jeder Kündigung zu beachtende Beteiligungsrecht des Betriebsrats nach § 102 BetrVG.

1899 Mitbestimmungspflichtig ist nach § 9 Abs. 3 ASiG auch der Umfang der den Betriebsärzten oder Fachkräften für Arbeitssicherheit zu übertragenden Aufgaben sowie deren Einschränkung und Erweiterung (GK-BetrVG/*Wiese* § 87 Rn. 661). Allerdings führt dieses Mitbestimmungsrecht nicht dazu, dass dem Arbeitgeber eine Pflicht zur Durchführung von Untersuchungen auferlegt werden könnte, zu deren Vornahme er auf Grund anderer Vorschriften des Arbeitsschutzes nicht verpflichtet ist (*BAG* 6.12.1983 EzA § 87 BetrVG 1972 Bildschirmarbeit Nr. 1). Das Mitbestimmungsrecht besteht nur bei als Arbeitnehmern beschäftigten Kräften; die freiberuflich tätigen Betriebsärzte oder Fachkräfte für Arbeitssicherheit oder bei Anschluss an einen überbetrieblichen Dienst besteht lediglich die Verpflichtung, den Betriebsrat zu hören.

Inweit den im Rahmen des ASiG bestehenden Mitbestimmungsrechten des Betriebsrats zugleich ein Initiativrecht korrespondiert, ist im Einzelnen streitig. Ganz überwiegend wird ein Initiativrecht gerichtet auf Abberufung eines angestellten Betriebsarztes oder einer Fachkraft für Arbeitssicherheit anerkannt (GK-BetrVG/*Wiese* § 87 Rn. 674), sowie auch dahingehend, einen Wechsel hinsichtlich der Form der Organisation des Arbeitsschutzes verlangen und notfalls durch Anrufung der Einigungsstelle durchsetzen zu können, soweit der Betriebsrat nicht an eine früher getroffene Einigung noch gebunden ist. Auf Grund des Initiativrechts kann der Betriebsrat auch verlangen, dass die Aufgaben der Betriebsärzte bzw. der Fachkräfte für Arbeitssicherheit erweitert oder entzogen werden.

### 2. Sonstige Beteiligungsrechte

Nach § 22 SGB VII hat der Unternehmer in Unternehmen mit regelmäßig mehr als 20 Beschäftigten unter Beteiligung des Betriebsrats Sicherheitsbeauftragte zu bestellen, die die Aufgabe haben, den Unternehmer bei der Durchführung von Maßnahmen zur Verhütung von Arbeitsunfällen und Berufskrankheiten zu unterstützen und sich insbes. vom Vorhandensein und der Benutzung von vorgeschriebenen Schutzeinrichtungen und -ausrüstungen zu überzeugen und auf Gefahren aufmerksam zu machen. Die Bestellung eines oder mehrerer Sicherheitsbeauftragter hat unter Mitwirkung des Betriebsrats zu erfolgen. Es besteht ein Anhörungs- und Beratungsrecht; die Bestellung bedarf aber nicht der Zustimmung des Betriebsrats. Gleiches gilt für die Abberufung eines Sicherheitsbeauftragten (GK-BetrVG/*Wiese* § 89 Rn. 78). In Betrieben mit mehr als 20 Beschäftigten ist ein Arbeitsschutzausschuss zu bilden (§ 11 ASiG), dem auch zwei Betriebsratsmitglieder angehören müssen. Hinsichtlich der Zahl der im Arbeitsschutzausschuss vertretenen Betriebsärzte, Fachkräfte für Arbeitssicherheit und Sicherheitsbeauftragten enthält § 11 ASiG keine Regelung, sodass der Betriebsrat hierüber nach § 87 Abs. 1 Nr. 7 BetrVG mitzubestimmen hat, wobei auch Regelungen über das Auswahlverfahren getroffen werden können. Die Berufung der einzelnen Mitglieder auf der Grundlage der vereinbarten Regelung sowie deren Abberufung ist nicht mitbestimmungspflichtig und obliegt allein dem Arbeitgeber. Ein Mitbestimmungsrecht besteht aber hinsichtlich von Regelungen über die Geschäftsführung des Arbeitsschutzausschusses (GK-BetrVG/*Wiese* § 87 Rn. 670 ff.).

## L. Mitbestimmung bei der Gestaltung von Arbeitsplätzen, Arbeitsablauf und Arbeitsumgebung, §§ 90, 91 BetrVG

### I. Allgemeines

Durch §§ 90, 91 BetrVG soll ein Bereich erfasst werden, der zwar nicht durch arbeitsschutzrechtliche Bestimmungen geregelt ist, dem aber im Vorfeld des Arbeitsschutzes erhebliche Bedeutung für die Erhaltung der Gesundheit der Arbeitnehmer zukommt. Durch die Orientierung der Beteiligungsrechte an den arbeitswissenschaftlichen Kenntnissen über die menschengerechte Gestaltung der Arbeit sind auch die arbeitspsychologischen und betriebssoziologischen Bezüge der Arbeit zu berücksichtigen. Ziel der Regelung ist die Humanisierung der Arbeit bei der Gestaltung von Arbeitsplatz, Arbeitsablauf und Arbeitsumgebung.

> Werden die Arbeitnehmer durch Änderungen, die den gesicherten arbeitswissenschaftlichen Erkenntnissen widersprechen, in besonderer Weise belastet, so hat der Betriebsrat ein korrigierendes Mitbestimmungsrecht, mit dem er angemessene Maßnahmen zur Abwendung, Milderung oder zum Ausgleich der Belastung verlangen kann.

### II. Beteiligungspflichtige Maßnahmen

§ 90 Abs. 1 Nr. 1 BetrVG bezieht sich auf alle der betrieblichen Zweckbestimmung dienenden Räume, in denen Arbeitnehmer tätig sind. Nicht erfasst werden Reparatur- oder Renovierungsarbeiten, die aber z. B. bei neuer Farbgebung von Räumen im Rahmen von § 90 Abs. 1 Nr. 4 BetrVG Bedeutung erlangen können sowie geplante Abbrucharbeiten (GK-BetrVG/*Weber* § 90 Rn. 10.). Hinsichtlich der Gestaltung der betrieblichen Räume können sich für den Betriebsrat weitergehende Mitbestimmungsrechte unter Einschluss eines entsprechenden Initiativrechts nach § 87 Abs. 1

# Kapitel 13

Nr. 7 BetrVG ergeben, da hierbei die Bestimmungen der Arbeitsstättenverordnung zu beachten sind und diese weitgehend Regelungsspielräume der Betriebspartner belässt (GK-BetrVG/*Weber* § 90 Rn. 11).

1905 Technische Anlagen i. S. d. § 90 Abs. 1 Nr. 2 BetrVG sind alle technischen Einrichtungen, die die Arbeit und den Aufenthalt im Betrieb erst ermöglichen, vor allem also Produktionsanlagen, Maschinen, Computeranlagen und Bildschirmgeräte, aber auch Klima- und Beleuchtungsanlagen, nicht aber bloßes Handwerkszeug und Büromittel. Nicht erfasst ist die bloße Reparatur oder Ersatzbeschaffung von technischen Anlagen, es sei denn, dass sich daraus andersartige Auswirkungen auf die Arbeitsbedingungen ergeben können (GK-BetrVG/*Weber* § 90 Rn. 15).

1906 Arbeitsablauf und Arbeitsverfahren i. S. v. § 90 Abs. 1 Nr. 3 BetrVG hängen miteinander zusammen, sodass eine genaue Abgrenzung schwierig ist. Gemeint ist die Gesamtheit der Planung der Arbeit, wie sie im Betrieb im Zusammenwirken aller sächlichen und personellen Mittel erbracht werden soll. Arbeitsablauf ist die organisatorische, räumliche und zeitliche Gestaltung des Arbeitsprozesses im Zusammenwirken von Menschen und Betriebsmitteln (*Etzel* HzA Gruppe 19 Rn. 563). Hierzu gehört die Entscheidung über den Ort der Arbeit, die Arbeitszeitgestaltung (z. B. Ein- oder Mehrschichtbetrieb) und die Gestaltung der Arbeit im Übrigen (z. B. Einzel- oder Gruppenarbeit) und über den Arbeitsrhythmus (z. B. Einführung von Fließbandarbeit, Bandgeschwindigkeit bei Fließbandarbeit.

1907 Arbeitsverfahren ist die Technologie zur Veränderung des Arbeitsgegenstandes i. S. d. Arbeitsaufgabe, z. B. die Verwendung technischer Hilfsmittel, von Automaten oder EDV-Anlagen (GK-BetrVG/*Weber* § 90 Rn. 19). Nicht unter die Gestaltung von Arbeitsverfahren und Arbeitsablauf fällt die Vergabe eines Teiles der Buchungsarbeiten an eine Firma, um aufgelaufene Buchungsrückstände aufzuarbeiten (*LAG Hamm* 3.12.1976 EzA § 90 BetrVG 1972 Nr. 1).

1908 Arbeitsplatz i. S. d. § 90 Abs. 1 Nr. 4 BetrVG ist der für den einzelnen Arbeitnehmer in der Planung vorgesehene Tätigkeitsbereich im räumlich-funktionalen Sinne (GK-BetrVG/*Weber* § 90 Rn. 21). Die Planung betrifft die Ausgestaltung der einzelnen Arbeitsplätze hinsichtlich ihrer räumlichen Unterbringung, Ausstattung mit Geräten, Beleuchtung, Belüftung, Beheizung und ihrer Abschirmung vor schädlichen Umwelteinflüssen.

## III. Unterrichtung und Beratung

1909 Der Arbeitgeber hat den Betriebsrat über die geplante Maßnahme zu unterrichten und diese mit ihm zu beraten. Er bleibt aber in seiner Entscheidung frei und braucht auf Grund der Vorschläge des Betriebsrats eine Planung nicht zu ändern (GK-BetrVG/*Weber* § 90 Rn. 32).

1910 Der Arbeitgeber kann mit der Unterrichtung und Beratung einen mit der Aufgabe betrauten, sachkundigen Arbeitnehmer beauftragen (vgl. *BAG* 11.12.1991 EzA § 90 BetrVG 1972 Nr. 2). Ein Initiativrecht des Betriebsrats dahingehend, selbst Pläne für eine Änderung der in Nr. 1–4 genannten Gegenstände vorzulegen und deren Erörterung erzwingen zu können, besteht nicht (GK-BetrVG/*Weber* § 90 Rn. 23).

1911 Der Betriebsrat ist vom Arbeitgeber über die Planung, nicht erst über den fertigen Plan der genannten Maßnahmen und damit dann zu unterrichten, wenn das Stadium der Vorüberlegungen abgeschlossen ist. Nach dem Zweck der Vorschrift soll er so rechtzeitig unterrichtet werden, dass ihm Zeit bleibt, sich selbst über die Auswirkungen der genannten Maßnahmen auf die Arbeitnehmer ein eigenes Urteil zu bilden, sich mit dem Arbeitgeber zu beraten und damit auf dessen Willensbildung Einfluss zu nehmen (*BAG* 11.12.1991 EzA § 90 BetrVG 1972 Nr. 2). Rechtzeitig ist die Unterrichtung daher dann, wenn sie möglichst frühzeitig erfolgt, sobald feststeht, dass Maßnahmen getroffen werden sollen oder doch ernsthaft erwogen werden und erste Überlegungen über die Möglichkeiten ihrer Durchführung angestellt werden (GK-BetrVG/*Weber* § 90 Rn. 6). Das Recht auf Unterrichtung bezieht sich nur auf zukünftige Maßnahmen, nicht auf Maßnahmen, deren Planung bereits abgeschlossen ist. Für die Unterrichtung ist keine bestimmte Form vorgeschrieben. Der Arbeitgeber hat die geplanten Maßnahmen hinsichtlich Gegenstand, Ziel und Durchführung unter Aufzeigung der Auswirkungen für die Arbeitnehmer und die Möglichkeiten zur Berücksichtigung ihrer Interessen umfassend zu erläutern. Hierbei muss er von sich aus alle notwendigen Unterlagen (z. B. Baupläne, technische Zeichnungen) vorlegen und bei umfangreichem Unterlagenmaterial dieses dem Betriebsrat zeitweilig überlassen.

Die Pflicht zur Beratung der vorgesehenen Maßnahmen beinhaltet, dass der Arbeitgeber nach der Information dem Betriebsrat angemessene Zeit lässt, sich als Gremium mit der Angelegenheit zu befassen, sich mit den Argumenten des Betriebsrats auseinander zu setzen und sich um eine für beide Seiten angemessene Lösung zu bemühen. Der Betriebsrat kann in der Beratung alle Gesichtspunkte einbringen, die aus seiner Sicht für die Planung im Hinblick auf die Arbeitsbedingungen bedeutsam sind (GK-BetrVG/*Weber* § 90 Rn. 29). 1912

Bei der Beratung sollen auch die gesicherten arbeitswissenschaftlichen Erkenntnisse über die menschengerechte Gestaltung der Arbeit berücksichtigt werden. Vgl. zum Begriff der gesicherten arbeitswissenschaftlichen Erkenntnisse unten Rdn. 1918 ff. 1913

### IV. Mitbestimmung des Betriebsrates

#### 1. Korrigierendes Mitbestimmungsrecht

Wenn Arbeitnehmer durch Änderungen der Arbeitsplätze, des Arbeitsablaufes oder der Arbeitsumgebung, die den gesicherten arbeitswissenschaftlichen Erkenntnissen über die menschengerechte Gestaltung der Arbeit offensichtlich widersprechen, in besonderer Weise belastet werden, gewährt § 91 BetrVG ein sog. korrigierendes, ein Initiativrecht beinhaltendes Mitbestimmungsrecht (GK-BetrVG/*Weber* § 91 Rn. 1). 1914

Durch dieses Mitbestimmungsrecht kann lediglich die Korrektur von Zuständen an konkreten Arbeitsplätzen, nicht aber generell eine bestimmte menschengerechte Gestaltung der Arbeitsplätze und Arbeitsabläufe erzwungen werden (BAG 6.12.1983 EzA § 87 BetrVG 1972 Bildschirmarbeit Nr. 1). 1915

Es greift aber nicht erst bei Abschluss der Planung, sondern schon während des Planungsstadiums selbst ein (BAG 6.12.1983 EzA § 87 BetrVG 1972 Bildschirmarbeit Nr. 1; a. A. GK-BetrVG/*Weber* § 91 Rn. 8). 1916

#### 2. Voraussetzungen des Mitbestimmungsrechts

Das Mitbestimmungsrecht des Betriebsrats dient nicht der Verbesserung bestehender Zustände. Es ist nur gegeben, wenn die in § 91 BetrVG genannte besondere Belastung der Arbeitnehmer auf einer Änderung von Arbeitsplätzen, des Arbeitsablaufes oder der Arbeitsumgebung beruht und erstreckt sich damit nicht auf Fälle, in denen schon bestehende Verhältnisse den gesicherten arbeitswissenschaftlichen Erkenntnissen über die menschengerechte Gestaltung der Arbeit offensichtlich widersprechen (BAG 28.7.1981 EzA § 87 BetrVG 1972 Arbeitszeit Nr. 9). Andererseits ist unerheblich, ob die Änderung auf einer Planung des Arbeitgebers beruht oder ad hoc vorgenommen wird oder unbeabsichtigt eintritt oder ob sie zuvor mit dem Betriebsrat beraten wurde. Entscheidend ist allein die Änderung an sich. 1917

Es muss ferner ein Verstoß gegen gesicherte arbeitswissenschaftliche Erkenntnisse über die menschengerechte Gestaltung der Arbeit vorliegen. 1918

Gesicherte arbeitswissenschaftliche Erkenntnisse sind solche, die nach dem derzeitigen Stand der Arbeitswissenschaft bei den Fachleuten allgemein Anerkennung gefunden haben (GK-BetrVG/*Weber* § 90 Rn. 36). In gesetzlichen Vorschriften in Bezug genommene Regelwerke, Richtlinien, Fachnormen u. ä. Werke (z. B. DIN-Normen, technische Normen des VDE, VDI, Sicherheitsregeln der Berufsgenossenschaften) enthalten i. d. R. gesicherte arbeitswissenschaftliche Erkennt- 1919 nisse. Ein offensichtlicher Widerspruch liegt vor, wenn er eindeutig, d. h. ohne weiteres für den sachkundigen Betriebspraktiker erkennbar ist (GK-BetrVG/*Weber* § 91 Rn. 13).

**1920** Durch den Verstoß müssen die betroffenen Arbeitnehmer in besonderer Weise belastet werden. Eine besondere Belastung liegt vor, wenn sie objektiv das für die konkrete Tätigkeit sich aus den gesicherten arbeitswissenschaftlichen Erkenntnissen ergebende Maß überschreitet. Ausreichend ist die Belastung einzelner Arbeitnehmer, wenn durch die Änderung generell jeder an einem bestimmten Arbeitsplatz eingesetzte Arbeitnehmer ungeachtet seiner persönlichen Konstitution besonders belastet wird (GK-BetrVG/*Weber* § 91 Rn. 20).

**1921** Der Einsatz von Bildschirmgeräten an Arbeitsplätzen widerspricht nicht generell gesicherten arbeitswissenschaftlichen Erkenntnissen, sodass der Betriebsrat nicht in Anwendung von § 91 BetrVG generalpräventiv bestimmte Ausgleichsmaßnahmen verlangen kann (GK-BetrVG/*Weber* § 91 Rn. 21). Zwischenzeitlich ist die EG-Bildschirmrichtlinie (90/270/EWG) in Form der BildscharbV in nationales Recht umgesetzt worden, die ihrerseits eine Reihe von ausfüllungsbedürftigen Rahmenvorschriften enthält, sodass umfangreiche Mitbestimmungsrechte des Betriebsrats nach § 87 Abs. 1 Nr. 7 BetrVG bestehen (vgl. DKK/*Klebe* § 87 Rn. 200 ff. m. w. N.). Dadurch ist in diesem Bereich die Rechtsprechung des *BAG* (2.4.1996 EzA § 87 BetrVG 1972 Bildschirmarbeit Nr. 1), die ebenfalls ein Mitbestimmungsrecht des Betriebsrats in richtlinienkonformer Auslegung des § 120a GewO annahm, überholt.

### 3. Korrekturmaßnahmen

**1922** Für die korrigierenden Maßnahmen sieht das Gesetz eine Rangfolge vor. In erster Linie soll die völlige Beseitigung der Belastung erreicht werden, nur wenn auch dies nicht möglich ist, soll zumindest ein Ausgleich für die besondere Belastung gewährt werden. Angemessen sind Maßnahmen, wenn sie unter Berücksichtigung der Belastung des Betriebes, des Standes der Technik sowie der betrieblichen Möglichkeiten durchführbar, geeignet, erforderlich und für den Betrieb vertretbar sind (GK-BetrVG/*Weber* § 91 Rn. 27). Maßnahmen zur Milderung sind etwa die Gewährung von Hilfs- und Schutzmitteln, Arbeitsunterbrechungen oder die Zuweisung von Ausgleichstätigkeiten. Zusätzliche Leistungen können etwa Getränke, Verpflegung, Reinigungsmittel, bezahlte Freistellung oder die Zahlung von Zuschlägen sein.

### V. Streitigkeiten

**1923** Kommt eine Einigung zwischen Arbeitgeber und Betriebsrat über die Art und die Angemessenheit der Maßnahmen nicht zu Stande, so entscheidet die Einigungsstelle, die auch die Frage ihrer Zuständigkeit und damit zu prüfen hat, ob die Voraussetzungen der Mitbestimmung des Betriebsrats vorliegen. Ferner kann durch ein arbeitsgerichtliches Beschlussverfahren die Rechtsfrage geklärt werden, ob im Einzelfall ein Mitbestimmungsrecht des Betriebsrats nach § 91 BetrVG besteht. Erforderlich ist, dass der diesbezügliche Feststellungsantrag ganz konkret den Sachverhalt, für den ein Mitbestimmungsrecht in Anspruch genommen wird, umschreibt, da ein zu weit gefasster, sog. Globalantrag, zwar nicht unzulässig, aber dann unbegründet ist, wenn auch nur eine Fallkonstellation denkbar ist, in der ein Mitbestimmungsrecht nicht besteht, die aber vom Wortlaut des Antrages mit umfasst ist. Werden durch den Spruch der Einigungsstelle Individualansprüche einzelner Arbeitnehmer begründet, sind sie im Urteilsverfahren einklagbar. Gegebenenfalls besteht auch ein Zurückbehaltungsrecht des Arbeitnehmers (vgl. GK-BetrVG/*Weber* § 91 Rn. 37).

## M. Mitbestimmung in personellen Angelegenheiten

### I. Allgemeine personelle Angelegenheiten

#### 1. Personalplanung, § 92 BetrVG

*a) Zweck der Vorschrift*

Zweck der Regelung ist es, eine Objektivierung und bessere Durchschaubarkeit sowohl der allgemeinen Personalwirtschaft als auch der personellen Einzelentscheidungen zu erreichen (BR-Drs. 715/70, S. 50). Durch rechtzeitige und umfassende Information bereits in diesem Stadium soll der Betriebsrat in die Lage versetzt werden, bei eventuell auf der Planung aufbauenden personellen Einzelmaßnahmen sachgerecht mitwirken zu können. Abs. 3 bezweckt, Frauenförderung ausdrücklich zum Gegenstand der Personalplanung zu machen und den Arbeitgeber zu verpflichten, bereits bei der Personalplanung die Frauenförderung von sich aus zu berücksichtigen (BT-Drs. 14/5741, S. 48). 1924

*b) Begriff der Personalplanung*

Von der Personalplanung i. S. v. § 92 BetrVG werden alle diejenigen Überlegungen und Entscheidungen erfasst, die die Grundlage für nachfolgende personelle Einzelmaßnahmen, Einstellungen, Versetzungen, Fortbildung, Entlassung u. Ä. sein können (MünchArbR/*Matthes* § 256 Rn. 4). Eine Planung setzt nicht voraus, dass sie sich auf den gesamten Betrieb bezieht. Sie liegt auch dann vor, wenn es um einzelne Betriebsteile oder bestimmte Projekte geht (BAG 6.11.1990 EzA § 92 BetrVG 1972 Nr. 2). 1925

Dem Begriff der Personalplanung unterfällt damit jede Planung, die sich auf den gegenwärtigen und zukünftigen Personalbedarf in quantitativer und qualitativer Hinsicht, auf dessen Deckung im weitesten Sinne und auf den abstrakten Einsatz der personellen Kapazität bezieht. Hierzu gehört zunächst die Personalbedarfsplanung, nicht aber die dieser Bedarfsplanung vorgelagerte weitere unternehmerische Planung, wie etwa Produktions-, Investitions- und Rationalisierungsplanung (LAG Bln. 13.6.1988 LAGE § 92 BetrVG 1972 Nr. 2). Erst wenn und soweit der Arbeitgeber Ergebnisse aus anderen Bereichen zur Grundlage seiner Personalplanung macht, hat er auch über diese Ergebnisse im Rahmen des § 92 BetrVG zu unterrichten (BAG 19.6.1984 EzA § 92 BetrVG 1972 Nr. 1). Diese vorgelagerten unternehmerischen Planungen und Entscheidungen können aber Gegenstand der Unterrichtungspflicht gegenüber dem Wirtschaftsausschuss, § 106 Abs. 2 BetrVG, sein, da im Rahmen dieser Unterrichtung auch über die Auswirkungen für die Personalplanung zu informieren ist. Zur Personalplanung gehört ferner die Personaldeckungsplanung, also die Planung der Maßnahmen, mit denen ein festgestellter künftiger Personalbedarf gedeckt werden soll. Weiter zählt hierzu die Personalabbauplanung, wenn der gegenwärtige Personalbestand reduziert werden soll. Ebenfalls erfasst ist die Personalentwicklungsplanung als Planung der Deckung des Personalbedarfs mit schon vorhandenen Arbeitnehmern. Schließlich unterfällt § 92 BetrVG auch die Personaleinsatzplanung, die sich mit der Frage beschäftigt, wo und wie die Arbeitnehmer im Betrieb eingesetzt werden sollen. Nicht erfasst werden die Personalkostenplanung sowie Maßnahmen der Planungskontrolle (GK-BetrVG/*Raab* § 92 Rn. 17 f.) und die Planung der Personalorganisation (Organisation des Personalwesens oder innere hierarchische Struktur des im Betrieb vorhandenen Personals), es sei denn, es geht um deren Einrichtung und damit um deren Personalbedarf und dessen Deckung (*Hunold* DB 1989, 1335). Eine Planung, die sich lediglich auf die berufliche Entwicklung oder den konkreten Arbeitseinsatz einzelner Arbeitnehmer bezieht, unterfällt ebenfalls nicht dem Anwendungsbereich des § 92 BetrVG. Gleiches gilt für die Planung künftiger Beschäftigungsbedingungen (z. B. Arbeitszeit, Entgelt, Arbeitsplatzgestaltung). Diesbezüglich können spezielle Mitbestimmungstatbestände (§§ 87, 88, 90, 91 BetrVG) berührt sein. 1926

Nach überwiegender Ansicht (GK-BetrVG/*Raab* § 92 Rn. 5; a. A. DKK/*Schneider* § 92 Rn. 42) bezieht sich § 92 BetrVG nicht auf leitende Angestellte i. S. v. § 5 Abs. 3, 4 BetrVG, es sei denn, die Personalplanung befasst sich damit, wie Arbeitnehmer die Qualifikation zum leitenden Angestellten 1927 erreichen können, sofern es im Rahmen der Personalentwicklungsplanung darum geht, welcher Bedarf an leitenden Angestellten besteht und wie dieser eventuell mit Arbeitnehmern des Betriebes gedeckt werden kann (GK-BetrVG/*Raab* § 92 Rn. 5).

### c) Unterrichtungspflicht

**1928** Die Unterrichtungspflicht besteht nur, wenn und soweit eine Personalplanung vorhanden ist. Über Überlegungen im Vorstadium der Planung ist noch nicht zu unterrichten. Solange der Arbeitgeber deshalb nur Handlungsspielräume auslotet, etwa Möglichkeiten einer Personalreduzierung erkundet, diese Möglichkeiten aber ersichtlich noch nicht nutzen will, besteht keine Unterrichtungspflicht (*BAG* 19.6.1984 EzA § 92 BetrVG 1972 Nr. 1). Unberührt bleibt der Anspruch des Betriebsrats auf Ermittlung des Berufsbildungsbedarfs nach § 96 BetrVG (s. Rdn. 1998).

**1929** Die Unterrichtung muss rechtzeitig erfolgen. Welcher Zeitpunkt hierfür maßgeblich ist, wird kontrovers diskutiert: Zum Teil (*Hunold* DB 1989, 1336) wird es als ausreichend erachtet, wenn der Unternehmer nach Abschluss der Planung unterrichtet, wenn bis zur Realisierung durch Einzelmaßnahmen noch so viel Zeit verbleibt, dass der Betriebsrat vorher gegebenenfalls Änderungen erreichen kann. Begründet wird dies damit, dass der Betriebsrat nur über die Planung zu unterrichten, nicht aber in die Planung einzuschalten sei. Nach anderer Auffassung setzt die Unterrichtungspflicht bereits in der Phase der Entscheidungsfindung (z. B. GK-BetrVG/*Raab* § 92 Rn. 22; DKK/*Schneider* § 92 Rn. 36) ein. Zum Teil (MünchArbR/*Matthes* § 256 Rn. 8) wird der Zeitpunkt als maßgeblich angesehen, in welchem konkrete Vorstellungen über mögliche Maßnahmen zur Erreichung des vorgegebenen Ziels entwickelt werden sollen, was i. d. R. mit Abschluss der Personalbedarfsplanung angenommen werden könne. Ergeben sich gegenüber der bisherigen, dem Betriebsrat mitgeteilten Planung Änderungen und Neuerungen, ist hierüber ebenfalls zu unterrichten.

**1930** Umfassend ist die Unterrichtung, wenn der Arbeitgeber dem Betriebsrat alle Tatsachen mitteilt, auf die er die jeweilige Personalplanung stützt (*BAG* 19.6.1984 EzA § 92 BetrVG 1972 Nr. 1), die also für seine Personalplanung relevant sind. Die Unterrichtung muss sich auch auf die Wege und Methoden erstrecken, auf denen die Personalplanung zu bestimmten Annahmen und Folgerungen gekommen ist (MünchArbR/*Matthes* § 256, Rn. 11).

**1931** Bei Einsatz organisatorischer und technischer Hilfsmittel (Assessment-Center, Personalinformationssysteme) sind die mit deren Hilfe gewonnenen Unterlagen, soweit sie Planungsgrundlage sind, vorzulegen. Streitig ist, ob neben der Unterrichtung über gewonnene Ergebnisse auch über die technischen Einzelheiten des eingesetzten Hilfsmittels, etwa vorhandene Programme, zu unterrichten ist vgl. *Fitting* § 92 Rn. 25.).

**1932** Die Unterrichtung hat anhand von Unterlagen zu erfolgen. Dies bedeutet jedenfalls, dass dem Betriebsrat die Unterlagen zur Einsicht vorzulegen sind. Ob darüber hinaus eine Verpflichtung des Arbeitgebers besteht, dem Betriebsrat die Unterlagen zeitweilig zu überlassen, ist strittig (abl. etwa GK-BetrVG/*Raab* § 92 Rn. 27; bejahend etwa *Fitting* § 92 Rn. 31; DKK/*Schneider* § 92 Rn. 40; *Jedzig* DB 1989, 978, 981; *Hunold* DB 1989, 1336; *LAG München* 6.8.1986 LAGE § 92 BetrVG 1972 Nr. 1). Zweck der Zugänglichmachung der Unterlagen ist es, dem Betriebsrat die Möglichkeit zu geben, zu überprüfen, ob die vom Arbeitgeber zur Personalplanung gemachten Angaben auch tatsächlich zutreffen (*BAG* 19.6.1984 EzA § 92 BetrVG 1972 Nr. 1).

**1933** Zur Einsicht vorzulegen sind alle Unterlagen, die der Arbeitgeber selbst zur Grundlage seiner Planung gemacht hat. Dazu können auch Unterlagen gehören, die in anderem Zusammenhang erarbeitet wurden, wenn sich der Betriebsrat nur anhand dieser Unterlagen ein verlässliches Bild von der Personalplanung machen kann (*BAG* 19.6.1984 EzA § 92 BetrVG 1972 Nr. 1).

**1934** In Betracht kommen z. B. Personalstatistiken, Übersichten, Bedarfsberechnungen, aber auch die Erstellung von Anforderungsprofilen (*BAG* 31.5.1983 EzA § 95 BetrVG 1972 Nr. 6) und Stellenbeschreibungen (*BAG* 31.1.1984 EzA § 95 BetrVG 1972 Nr. 7), da die Gesamtheit der Stellenbeschreibungen ausweist, wie viel Personal benötigt wird. Das Einsichtrecht besteht nur hinsichtlich

## M. Mitbestimmung in personellen Angelegenheiten — Kapitel 13

vorhandener Unterlagen. Ein Anspruch auf zusätzliche Erstellung nicht vorhandener Unterlagen besteht nicht (GK-BetrVG/*Raab* § 92 Rn. 29). Die wahrheitswidrige, unvollständige oder verspätete Unterrichtung des Betriebsrates im Rahmen der Personalplanung ist Ordnungswidrigkeit gem. § 121 BetrVG.

### d) Beratungspflicht

Der Arbeitgeber hat mit dem Betriebsrat über Art und Umfang der erforderlichen Maßnahmen und über die Vermeidung von Härten zu beraten. Das Beratungsrecht ist damit enger als das von § 92 Abs. 1 S. 1 BetrVG eingeräumte Informationsrecht und besteht nur hinsichtlich der mit der Personalplanung verbundenen personellen Maßnahmen. Der Beratungspflicht unterliegt damit nicht die Personalbedarfsplanung, sondern nur die aus ihr im Rahmen der Personaldeckungsplanung folgenden konkreten Maßnahmen (*BAG* 6.11.1990 EzA § 92 BetrVG 1972 Nr. 2). Zu beraten ist auch, ob ein Personalbedarf durch Einstellung eigener Arbeitnehmer, durch Leiharbeitnehmer oder durch Fremdfirmenarbeiter gedeckt werden soll oder ob ein Personalabbau durch die Einschränkung von Leiharbeit und Fremdfirmenarbeit vermieden werden kann (*BAG* 31.1.1989 EzA § 80 BetrVG 1972 Nr. 34). Inhalt der Beratungspflicht ist es auf Seiten des Arbeitgebers, Anregungen und Bedenken des Betriebsrates entgegenzunehmen und mit diesem zu erörtern. Eine Verpflichtung, die Vorstellungen des Betriebsrates zu berücksichtigen, besteht nicht. 1935

### e) Vorschlagsrecht

Der Betriebsrat kann dem Arbeitgeber Vorschläge für die Einführung und Durchführung einer Personalplanung machen. Soweit eine Personalplanung nicht besteht, kann deren Einführung vom Betriebsrat jedoch nicht erzwungen werden. Der Arbeitgeber ist lediglich verpflichtet, sich mit den Vorschlägen des Betriebsrates ernsthaft zu befassen. 1936

### f) Entsprechende Geltung für Maßnahmen nach § 80 Abs. 1 Nr. 2a, b BetrVG

Nach dem durch das BetrVerf-ReformG vom 23.7.2001 (BGBl. I S. 1852 ff.) eingefügten § 92 Abs. 3 BetrVG gelten die Absätze 1 und 2 des § 92 entsprechend für Maßnahmen i. S. d. § 80 Abs. 1 Nr. 2a, b BetrVG, d. h. für Maßnahmen der Durchsetzung der tatsächlichen Gleichstellung von Frauen und Männern und für Maßnahmen zur Förderung der Vereinbarkeit von Familie und Erwerbstätigkeit, insbes. für die Aufstellung und Durchführung von Maßnahmen zur Förderung der Gleichstellung von Frauen und Männern. Der Arbeitgeber soll hierdurch verpflichtet werden, bereits von sich aus bei der Personalplanung die Frauenförderung zu berücksichtigen, seine Vorstellungen hierzu, insbes. die damit verbundenen personellen Maßnahmen und erforderlichen Berufsbildungsmaßnahmen, dem Betriebsrat anhand von Unterlagen zu unterbreiten und mit ihm zu beraten (BegrRegE BT-Drs. 14/5741, S. 48). Neben der Pflicht zur Unterrichtung und Beratung derartiger Maßnahmen besteht auch ein entsprechendes Vorschlagsrecht des Betriebsrats. Nach GK-BetrVG/*Raab* (§ 92 Rn. 41) sollen die in Absatz 3 genannten Maßnahmen nur dann dem § 92 BetrVG unterfallen, wenn sie Teil der Personalplanung sind. 1937

## 2. Vorschläge zur Beschäftigungsförderung und -sicherung, § 92a BetrVG

### a) Zweck der Vorschrift

Das durch das BetrV-ReformG vom 23.7.2001 (BGBl. I S. 1852 ff.) eingefügte Beteiligungsrecht des Betriebsrats nach § 92a BetrVG soll nach der Gesetzesbegründung (BT-Drs. 14/5741, S. 49) dazu beitragen, dass der Meinungsbildungsprozess im Betrieb zu Fragen der Sicherung und Förderung von Beschäftigung in Gang gehalten wird und der Arbeitgeber sich den Vorschlägen des Betriebsrats stellen muss, auch wenn sie den Bereich der Unternehmensführung betreffen. 1938

### b) Vorschlagsrecht des Betriebsrats

**1939** Gem. § 92a Abs. 1 BetrVG kann der Betriebsrat dem Arbeitgeber Vorschläge zur Sicherung und Förderung der Beschäftigung machen. Die beispielhafte Aufzählung möglicher Vorschlagsthemen ist nicht abschließend. Eine Verpflichtung des Arbeitgebers entsprechend den Vorschlägen des Betriebsrats zu verfahren besteht nicht.

### c) Beratungspflicht des Arbeitgebers

**1940** Der Arbeitgeber ist nach Abs. 2 verpflichtet, mit dem Betriebsrat dessen Vorschläge zu beraten. Beratung bedeutet, dass der Arbeitgeber Vorschläge des Betriebsrats entgegen nimmt, mit diesem erörtert und sich argumentativ mit den Vorschlägen auseinander setzt. Hält er die Vorschläge für ungeeignet, hat der Arbeitgeber dies gegenüber dem Betriebsrat zu begründen. In Betrieben mit mehr als 100 Arbeitnehmern muss die Begründung schriftlich erfolgen. Erfüllt der Arbeitgeber seine Pflicht zur schriftlichen Ablehnungsbegründung nicht, besteht ein im Beschlussverfahren durchsetzbarer Erfüllungsanspruch des Betriebsrats. Bei wiederholten Verstößen kommt auch ein Vorgehen nach § 23 Abs. 3 BetrVG in Betracht (GK-BetrVG/*Raab* § 92a Rn. 41, 42).

**1941** Arbeitgeber oder Betriebsrat können zu den Beratungen einen Vertreter des (Landes-)Arbeitsamtes (jetzt: Agenturen für Arbeit) hinzuziehen. Hierdurch soll nach der Gesetzesbegründung (BT-Drs. 14/5741, S. 49) erreicht werden, »dass zu dem Potenzial an innerbetrieblichen Wissen über Sicherung und Ausbau der Beschäftigung überbetriebliche Kenntnisse und Erfahrungen insbes. über Fortbildungs- und Umschulungsmaßnahmen sowie deren Unterstützung durch die Arbeitsverwaltung hinzukommen.«

## 3. Personalfragebogen, Beurteilungsgrundsätze, § 94 BetrVG

### a) Zweck der Vorschrift

**1942** Das durch § 94 BetrVG eingeräumte Mitbestimmungsrecht soll im Interesse eines präventiven Schutzes des Persönlichkeitsrechts des Arbeitnehmers sicherstellen, dass Fragen des Arbeitgebers auf die Gegenstände und den Umfang beschränkt bleiben, für die ein berechtigtes Auskunftsbedürfnis besteht. Die Mitbestimmung bei der Aufstellung von Beurteilungsgrundsätzen soll der Objektivierung solcher Grundsätze im Interesse der Arbeitnehmer dienen (BR-Drs. 715/70, S. 50 zu § 94).

**1943** Durch die Aufstellung von Beurteilungsgrundsätzen soll ein einheitliches Vorgehen bei der Beurteilung und ein Bewerten nach einheitlichen Maßstäben ermöglicht und so erreicht werden, dass die Beurteilungsergebnisse miteinander vergleichbar sind (*BAG* 23.10.1984 EzA § 94 BetrVG 1972 Nr. 1).

### b) Personalfragebogen

#### aa) Anwendungsbereich

**1944** § 94 BetrVG gilt für jede systematische und generelle, d. h. auf alle Arbeitnehmer oder bestimmte Arbeitnehmergruppen bezogene Erhebung von persönlichen Angaben (MünchArbR/*Matthes* § 258 Rn. 7) und erfasst damit nicht nur die systematische, schriftliche Zusammenstellung von Fragen.

**1945** Erfasst werden vielmehr auch standardisierte Fragen in Tests oder Interviews, z. B. auch Fragen des Arbeitgebers aus einer formularmäßigen Zusammenfassung von Fragen über die persönlichen Verhältnisse, die dem Bewerber mündlich gestellt und die Antworten vom Arbeitgeber selbst vermerkt werden (*BAG* 21.9.1993 EzA § 118 BetrVG 1972 Nr. 62). Unerheblich ist, ob die Fragen im Hinblick auf eine beabsichtigte Einstellung oder schon beschäftigten Arbeitnehmern gestellt werden (GK-BetrVG/*Raab* § 94 Rn. 15). Unerheblich ist ferner, ob sie vom Arbeitgeber selbst oder durch einen von diesem beauftragten Dritten, etwa einem Beratungsunternehmen gestellt werden, sofern von diesem nicht nur eine allgemeine Beurteilung abgegeben wird, sondern die einzelnen Antworten dem Arbeitgeber zur Kenntnis gebracht werden. Gem. § 94 Abs. 2 BetrVG besteht das Mitbestimmungsrecht auch für persönliche Angaben in schriftlichen Formulararbeitsverträgen. Hierdurch soll verhindert werden, dass die Beteiligung des Betriebsrates bei der Verwendung von Personalfragebögen umgangen wird. Nicht erfasst (vgl. GK-BetrVG/*Raab* § 94 Rn. 17 ff.) sind: Nicht standardisierte Fragen im Rahmen eines Vorstellungsgespräches, ärztliche Fragebogen für Einstellungsuntersuchungen, es sei denn, der Arbeitnehmer muss den Werksarzt von der Schweigepflicht entbinden, um überhaupt eingestellt zu werden und die Einholung von Auskünften über Arbeitnehmer oder Bewerber bei Dritten. Strittig ist, ob auch die Art und Weise der Verarbeitung der gewonnenen Daten und deren Verwendung der Mitbestimmung des Betriebsrats nach § 94 BetrVG unterliegt (so z. B. *Fitting* § 94 Rn. 10; DKK/*Klebe* § 94 Rn. 7). Dies erscheint angesichts des Wortlauts der Bestimmung und des speziellen Mitbestimmungsrechts des Betriebsrats nach § 87 Abs. 1 Nr. 6 BetrVG bei elektronischer Weiterverarbeitung der erhobenen Daten fraglich (abl. deshalb z. B. GK-BetrVG/*Raab* § 94 Rn. 20).

In zeitlicher Hinsicht ist die Zustimmung des Betriebsrates erforderlich bei der Neueinführung, aber auch bei der Änderung bestehender Fragebogen. Auch die Weiterverwendung mitbestimmungsfrei eingeführter Fragebögen bedarf der Zustimmung des Betriebsrates (GK-BetrVG/*Raab* § 94 Rn. 6; vgl. für Beurteilungsrichtlinien: *LAG Frankf.* 6.3.1990 DB 1991, 1027). Der Arbeitgeber kann aber in dieser Konstellation von der Zustimmung des Betriebsrates ausgehen, wenn dieser der Weiterverwendung nicht widersprochen hat (GK-BetrVG/*Raab* § 94 Rn. 6). 1946

### bb) Beteiligung des Betriebsrates

Personalfragebögen bedürfen der Zustimmung des Betriebsrates. Das Mitbestimmungsrecht greift damit erst dann, wenn der Arbeitgeber sich entschlossen hat, überhaupt Personalfragebögen einzusetzen. Ein Initiativrecht des Betriebsrates besteht nicht, sodass der Betriebsrat die Einführung von Fragebögen nicht erzwingen kann (*LAG Düsseld.* 24.7.1984 DB 1985, 134; GK-BetrVG/*Raab* § 94 Rn. 5). 1947

Das Einigungsstellenverfahren kann nur vom Arbeitgeber betrieben werden. Arbeitgeber und Betriebsrat haben ebenso wie die Einigungsstelle bei ihrer Entscheidung zu berücksichtigen, dass nur zulässige Fragen in den Fragenkatalog aufgenommen werden. Welche Fragen zulässig sind, richtet sich allein nach individualrechtlichen Grundsätzen (s. Kap. 2 Rdn. 293 ff.). Fragen, die nach diesen Grundsätzen unzulässig sind, werden nicht durch Zustimmung des Betriebsrates zulässig. Die Einigung zwischen Arbeitgeber und Betriebsrat bzw. der Spruch der Einigungsstelle sind in entsprechender Anwendung des § 77 Abs. 5 BetrVG für beide Seiten kündbar (GK-BetrVG/*Raab* § 94 Rn. 13). Eine Nachwirkung i. S. d. § 77 Abs. 6 BetrVG tritt nach h. M. nicht ein, da dies zu einem Leerlaufen des Mitbestimmungsrechts nach § 94 BetrVG führen würde. Da nur der Arbeitgeber die Einigungsstelle anrufen kann, hieran aber bei Eingreifen einer Nachwirkung kein Interesse haben wird, liefe dies auf eine zeitlich nicht begrenzte Weiterverwendungsmöglichkeit von Personalfragebogen hinaus, zu denen nach Ablauf der Kündigungsfrist eine Zustimmung des Betriebsrates nicht mehr vorliegt (MünchArbR/*Matthes* § 258 Rn. 19). Nach Ablauf der Kündigungsfrist werden daher die entsprechenden Fragestellungen unzulässig. 1948

### cc) Verstoß gegen das Mitbestimmungsrecht

Fehlt es an der Zustimmung des Betriebsrates, so verletzt der Arbeitgeber betriebsverfassungsrechtliche Pflichten. In Betracht kommt insoweit ein Vorgehen nach § 23 Abs. 3 BetrVG. Unter den Voraussetzungen dieser Norm steht dem Betriebsrat ein Anspruch auf Unterlassung der unzulässigen Datenerhebung oder ein Anspruch auf Löschung unzulässig erhobener Daten zu. Dem Arbeitnehmer steht ein Löschungsanspruch zu (*Fitting* § 94 Rn. 34). Streitig ist, ob der Arbeitnehmer Fragen, die zwar individualrechtlich zulässig sind, hinsichtlich derer aber die Zustimmung des Betriebsrates fehlt, gleichwohl wahrheitsgemäß beantworten muss und ob die wahrheitswidrige Beantwortung solcher Fragen den Arbeitgeber zur Anfechtung des Arbeitsvertrages nach § 123 BGB berechtigt. Z. T. 1949

# Kapitel 13

(*BAG* 2.12.1999 EzA § 94 BetrVG 1972 Nr 4; GK-BetrVG/*Raab* § 94 Rn. 42) wird einem Verstoß gegen das Beteiligungsrecht jede individualrechtliche Wirkung mit der Begründung abgesprochen, dass es sich bei § 94 BetrVG um eine rein betriebsverfassungsrechtliche Norm handele. Nach anderer Auffassung (z. B. DKK/*Klebe* § 94 Rn. 25; MünchArbR/*Matthes* § 258 Rn. 25) wird aus dem Schutzzweck des § 94 BetrVG gefolgert, dass die wahrheitswidrige Beantwortung individualrechtlich zulässiger, aber nicht mitbestimmter Fragen den Arbeitgeber nicht zur Anfechtung des Arbeitsvertrages berechtigt. Der Arbeitnehmer kann ferner die Löschung unzulässig erhobener und anschließend gespeicherter Daten verlangen (*BAG* 22.10.1986 AP Nr. 2 zu § 23 BDSG; s. Kap. 6 Rdn. 106 ff.).

### c) Allgemeine Beurteilungsgrundsätze

#### aa) Begriff

**1950** Allgemeine Beurteilungsgrundsätze sind für alle Arbeitnehmer oder für abstrakt beschriebene Gruppen von Arbeitnehmern des Betriebes geltende Grundsätze, die verfestigt und schriftlich fixiert sind und der Beurteilung von Leistung und Verhalten des Arbeitnehmers nach einer bestimmten Verfahrensweise zu Grunde gelegt werden (*BAG* 23.10.1984 EzA § 94 BetrVG 1972 Nr. 1). Erfasst ist auch die Aufstellung allgemeiner Beurteilungsgrundsätze für Bewerber, insbes. in Form der Erstellung von Systemen zur Auswertung der Bewerbungsunterlagen, Einstellungsprüfungen und psychologischen Testverfahren (*Galperin/Löwisch* § 94 Rn. 29).

**1951** Eine Beurteilung i. S. d. § 94 BetrVG liegt nur vor, wenn sie sich auf die Person eines oder mehrerer bestimmter Arbeitnehmer und nicht nur auf einen Arbeitsplatz bezieht. Keine Beurteilungsgrundsätze sind daher Arbeitsplatzbewertungen, Arbeitsplatzbeschreibungen, Funktionsbeschreibungen (*BAG* 14.1.1986 EzA § 95 BetrVG 1972 Nr. 11). Führungsrichtlinien, die lediglich regeln, dass Vorgesetzte nachgeordnete Mitarbeiter unter bestimmten Voraussetzungen auf die Erfüllung ihrer Arbeitsaufgaben zu kontrollieren haben, sind grds. keine Beurteilungsgrundsätze, auch wenn das Ergebnis der Kontrolle Grundlage für die Beurteilung und Förderung des Mitarbeiters sein soll, es sei denn, es werden darüber hinaus allgemeine Grundsätze aufgestellt, die diese Beurteilung näher regeln und gestalten (*BAG* 23.10.1984 EzA § 94 BetrVG 1972 Nr. 1). Gegenstand von Beurteilungsgrundsätzen kann die Frage sein, hinsichtlich welcher Aspekte der Arbeitnehmer beurteilt werden soll, nach welchen Merkmalen und Kriterien und mit welchem Gewicht der einzelnen Kriterien die Bewertung erfolgt und welche Verfahren mit welchen Methoden hierbei zum Einsatz kommen (MünchArbR/*Matthes* § 259 Rn. 5). Beurteilungsgrundsätze liegen auch bei Anwendung eines wenig ausdifferenzierten Systems vor, das nur Teilaspekte der Tätigkeit berücksichtigt, solange die Beurteilung im Hinblick auf die – wenn auch wenigen – Kriterien noch generellen Charakter hat (*LAG Bln.* 22.4.1987 LAGE § 23 BetrVG 1972 Nr. 8). Das Mitbestimmungsrecht besteht auch, wenn die Beurteilungsgrundsätze in Form eines Programms zur Verwendung im Rahmen einer Datenverarbeitungsanlage erstellt werden (GK-BetrVG/*Raab* § 94 Rn. 48).

#### bb) Beteiligung des Betriebsrates

**1952** Ein Zustimmungserfordernis besteht nur, wenn der Arbeitgeber die Entscheidung getroffen hat, Mitarbeiter überhaupt nach festen Regeln zu beurteilen. Ein Initiativrecht des Betriebsrates gerichtet auf die Aufstellung und Anwendung allgemeiner Beurteilungsgrundsätze besteht nicht. Besteht Zustimmungspflicht, bezieht sich diese nicht nur auf die Einführung solcher Grundsätze, sondern auch auf deren nähere inhaltliche Ausgestaltung (MünchArbR/*Matthes* § 259 Rn. 10).

#### cc) Verstoß gegen das Mitbestimmungsrecht

**1953** Mitbestimmte Beurteilungsgrundsätze sind vom Arbeitgeber anzuwenden. Die Verwendung ohne Zustimmung des Betriebsrates ist unzulässig und berechtigt diesen unter den Voraussetzungen des § 23 Abs. 3 BetrVG zur Geltendmachung eines Unterlassungsanspruches gegenüber dem Arbeitgeber. Gegenüber dem Arbeitnehmer ist eine Beurteilung auf Grund von nicht mitbestimmten

Beurteilungsgrundsätzen unzulässig. Er kann verlangen, dass solche Beurteilungen nicht verwendet und aus seiner Personalakte entfernt werden (*BAG* 28.3.1979 AP Nr. 3 zu § 75 BPersVG). Die Durchführung psychologischer Tests und graphologischer Gutachten bedarf in jedem Fall auch der Zustimmung des betroffenen Arbeitgebers bzw. Bewerbers (s. Kap. 3 Rn. 2322).

### 4. Auswahlrichtlinien, § 95 BetrVG

*a) Zweck der Vorschrift*

Durch das Beteiligungsrecht im Vorfeld personeller Einzelmaßnahmen sollen die erforderlichen personellen Entscheidungen im Interesse des Betriebsfriedens und einer gerechteren Behandlung der Arbeitnehmer durchschaubarer gemacht und an objektive Kriterien gebunden werden (BR-Drs. 715/70, S. 32, 50). Auswahlrichtlinien sollen die Entscheidung des Arbeitgebers nicht ersetzen, sondern sie an objektive Kriterien binden (GK-BetrVG/*Raab* § 95 Rn. 1). 1954

Soweit § 95 Abs. 2 BetrVG vorsieht, dass in Betrieben mit mehr als 500 Arbeitnehmern der Betriebsrat die Aufstellung von Auswahlrichtlinien verlangen kann, wird diese Bestimmung überwiegend trotz z. T. geäußerter Bedenken für verfassungsmäßig gehalten (vgl. GK-BetrVG/*Raab* § 95 Rn. 27 ff.). 1955

*b) Begriff der Auswahlrichtlinien*

Auswahlrichtlinien sind abstrakt formulierte Präferenzregeln bei personellen Auswahlentscheidungen, wenn für die jeweilige personelle Einzelmaßnahme mehrere Arbeitnehmer in Betracht kommen. Es handelt sich um abstrakt generell formulierte Grundsätze zur Entscheidung der Frage, welchen von mehreren in Betracht kommenden Arbeitnehmern oder Bewerbern gegenüber eine anstehende personelle Einzelmaßnahme vorgenommen werden soll. Auswahlrichtlinien liegen dabei auch vor, wenn es nicht um Präferenzregeln geht, die zukünftig immer angewendet werden sollen, sondern um solche für eine konkret bevorstehende Maßnahme, wie z. B. bei einem Punktesystem für konkret anstehende Kündigungen (*BAG* 26.7.2005 EzA § 95 BetrVG 2001 Nr. 1). 1956

Die abstrakte Festlegung, welche Aufgaben in einer bestimmten betrieblichen Funktion zu verrichten sind und welche Anforderungen ein Stelleninhaber erfüllen soll, ist eine der Personalauswahlentscheidung vorgelagerte Festlegung. § 95 BetrVG erfasst deshalb weder Anforderungsprofile, in denen für einen bestimmten Arbeitsplatz die fachlichen, persönlichen und sonstigen Voraussetzungen abstrakt festgelegt werden, die ein Stelleninhaber erfüllen soll (*BAG* 31.5.1983 EzA § 95 BetrVG 1972 Nr. 6) noch Stellenbeschreibungen (*BAG* 31.1.1984 EzA § 95 BetrVG 1972 Nr. 7) oder Funktionsbeschreibungen (*BAG* 14.1.1986 EzA § 95 BetrVG 1972 Nr. 11). Soweit der Arbeitgeber Anforderungsprofile erstellt, bedeutet dies nicht, dass die dort festgelegten fachlichen und persönlichen Anforderungen in dem Sinne verbindlich sind, dass Auswahlrichtlinien nur festlegen könnten, dass der Arbeitnehmer jeweils diese Anforderungen erfüllen muss, da dann das Mitbestimmungsrecht nach § 95 BetrVG faktisch leer laufen würde. Inwieweit die vom Arbeitnehmer nach dem Inhalt der Auswahlrichtlinien zu erfüllenden fachlichen und persönlichen Voraussetzungen von denjenigen Anforderungen generell oder in Ausnahmefällen abweichen dürfen, die der Arbeitgeber in Anforderungsprofilen gesetzt hat, bleibt damit eine Frage der betrieblichen Einigung bzw. im Falle eines Spruches der Einigungsstelle eine solche der Wahrung der Grenzen des der Einigungsstelle eingeräumten Ermessens (*BAG* 31.5.1983 EzA § 95 BetrVG 1972 Nr. 6). 1957

Auswahlrichtlinien dürfen lediglich den Ermessensspielraum des Arbeitgebers einschränken, ihn aber nicht gänzlich beseitigen (*BAG* 26.7.2005 EzA § 95 BetrVG 2001 Nr. 1; GK-BetrVG/*Raab* § 95 Rn. 11). Ob dies auch bei einem zwischen den Betriebspartnern vereinbarten Punktesystem für die Sozialauswahl bei betriebsbedingten Kündigungen gilt, hat das BAG (26.7.2005 EzA § 95 BetrVG 2001 Nr. 1) offen gelassen. Nach anderer Auffassung (z. B. MünchArbR/*Matthes* § 260 Rn. 4; DKK/*Klebe* § 95 Rn. 23) liegen unter Berücksichtigung des Zwecks des Beteiligungsrechts Auswahlrichtlinien auch dann vor, wenn diese selbst die Entscheidung des Arbeitgebers binden. 1958

**1959** Unerheblich für den Begriff der Auswahlrichtlinien ist es, in welcher Form die in ihr enthaltenen Grundsätze zur Auswahlentscheidung festgelegt werden. Insbesondere ist keine Schriftform erforderlich.

**1960** Soweit personelle Auswahlentscheidungen mittels Datenverarbeitungsanlagen (Personalinformationssysteme) erarbeitet werden und hierbei nach abstrakt-generellen Regeln selektiert wird, enthalten diese Auswahlrichtlinien und bedürfen daher insoweit der Zustimmung des Betriebsrates (GK-BetrVG/*Raab* § 95 Rn. 6). Umgekehrt müssen Auswahlprogramme einer mitbestimmten Auswahlrichtlinie entsprechen, da ansonsten die erarbeitete Auswahlentscheidung einen Verstoß gegen die Auswahlrichtlinie darstellen würde.

**1961** Umstritten ist, inwieweit auch Verfahrensregeln zur Feststellung der laut Auswahlrichtlinien zu beachtenden Gesichtspunte, etwa die Festlegung der verwertbaren Unterlagen, dem Mitbestimmungsrecht unterliegen. Da es sich um Fragen der Datenerhebung und der Beurteilung von Arbeitnehmern handelt und insoweit spezielle Beteiligungsrechte (Personalfragebogen, Beurteilungsgrundsätze, § 94 BetrVG) existieren, wird dies weitgehend abgelehnt (GK-BetrVG/*Raab* § 95 Rn. 15; a. A. DKK/*Klebe* § 95 Rn. 26).

### c) Inhalt der Auswahlrichtlinien

#### aa) Grenzen der Regelungsbefugnis

**1962** Auswahlrichtlinien dürfen nicht gegen höherrangiges Recht, insbes. gegen gesetzliche Diskriminierungsverbote (Art. 3 Abs. 3 GG, § 75 Abs. 1 BetrVG, §§ 1, 3 AGG) verstoßen. Notwendige Differenzierungen müssen daher durch die Anforderungen des Arbeitsplatzes und der Arbeitsaufgabe oder durch berechtigte Interessen des Betriebes oder der Arbeitnehmer gerechtfertigt sein (MünchArbR/*Matthes* § 260 Rn. 13). Z. T. (s. Rdn. 1958) wird als weitere Grenze angesehen, dass dem Arbeitgeber jedenfalls ein Entscheidungsspielraum verbleiben muss.

#### bb) Allgemeiner Inhalt

**1963** Auswahlrichtlinien müssen auch bei Erstellung aus einem konkreten Anlass (z. B. Betriebseinschränkung, -erweiterung) abstrakt-generell formulierte, in die Zukunft wirkende arbeitsplatzbezogene Kriterien enthalten, die sich mit fachlichen persönlichen und sozialen Merkmalen des Arbeitnehmers befassen, die für die Besetzung des in Aussicht genommenen Arbeitsplatzes von Bedeutung sein können. Als fachliche Voraussetzung kommen etwa Ausbildung, Erfahrungen, besondere Kenntnisse, körperliche und charakterliche Eigenschaften des Arbeitnehmers oder Bewerbers, in Betracht. Persönliche Voraussetzungen sind etwa Alter oder körperliche Leistungsfähigkeit. Soziale Gesichtspunkte sind alle Umstände, durch die der von einer personellen Einzelmaßnahme betroffene Arbeitnehmer besonders belastet wird oder die es gerechtfertigt erscheinen lassen, gerade diesem Arbeitnehmer den Vorzug zu geben, wie etwa Dauer der Betriebszugehörigkeit, Gesundheitszustand, besondere Schutzbedürftigkeit als Schwerbehinderter oder infolge von Schwangerschaft (vgl. MünchArbR/*Matthes* § 260 Rn. 9). Neben der Normierung der Kriterien kann auch deren Gewichtung geregelt werden (*Hunold* DB 1989, 1338). Möglich sind auch Regelungen über die Zusammensetzung der Belegschaft nach gewissen Merkmalen durch Festlegung von Quoten (vgl. MünchArbR/*Matthes* § 260 Rn. 11).

#### cc) Einzelne Maßnahmen

##### (1) Einstellung und Versetzung

**1964** Im Rahmen des § 95 BetrVG gilt der allgemeine betriebsverfassungsrechtliche Einstellungs- und Versetzungsbegriff (s. Rdn. 2027 ff.). Im Vordergrund stehen bei diesen Maßnahmen fachliche und persönliche Auswahlkriterien, bei der Einstellung z. B. Altersgrenzen, die Eigenschaft als Jugendlicher oder weibliche Arbeitnehmer oder Regelung über die anteilsmäßige Zusammensetzung der Belegschaft nach gewissen Merkmalen. Geregelt werden kann auch die bevorzugte Berücksichtigung interner gegenüber externen Bewerbern. Bei einer Versetzung mit Ortsveränderung oder Veränderung der betrieblichen Position können soziale Gesichtspunkte, z. B. Alter, Familienstand, Dauer der Betriebszugehörigkeit eine Rolle spielen. Die Einigungsstelle kann für Versetzungen insoweit eine Bewertung in Form eines Punkteschemas beschließen. Dabei muss allerdings dem Arbeitgeber ein Entscheidungsspielraum verbleiben, der umso größer sein muss, desto weniger differenziert das Punktesystem ausgestattet ist. Andernfalls hält sich der Spruch der Einigungsstelle nicht mehr in den Grenzen billigen Ermessens i. S. d. § 76 Abs. 5 BetrVG (*BAG* 27.10.1992 EzA § 95 BetrVG 1972 Nr. 26).

*(2) Umgruppierungen*

Da die Eingruppierungsmerkmale bereits durch Tarifvertrag oder Betriebsvereinbarung geregelt sind, besteht bei einer Umgruppierung i. d. R. keine Auswahlmöglichkeit für den Arbeitgeber, sodass Auswahlrichtlinien für Umgruppierungen regelmäßig keinen Sinn machen (GK-BetrVG/*Raab* § 95 Rn. 36; vgl. aber *BAG* 10.12.2002 EzA § 99 BetrVG 2001 Umgruppierung Nr. 1 zur Festlegung von Kriterien für die Auswahl von Beamten zur sog. Insichbeurlaubung gem. § 4 Abs. 3 Post-PersRG). 1965

*(3) Kündigungen*

Ein Punkteschema für die soziale Auswahl bei betriebsbedingten Kündigungen ist auch dann eine nach § 95 Abs. 1 BetrVG mitbestimmungspflichtige Auswahlrichtlinie, wenn es der Arbeitgeber nicht generell auf alle künftigen betriebsbedingten Kündigungen, sondern nur auf konkret bevorstehende Kündigungen anwenden will (*BAG* 26.7.2005 EzA § 95 BetrVG 2001 Nr. 1). 1966

Strittig ist, ob Auswahlrichtlinien immer nur für Fälle betriebsbedingter Kündigungen zur Konkretisierung der hierbei nach § 1 Abs. 3 S. 1 KSchG vorzunehmenden Sozialauswahl aufgestellt werden können oder auch für Kündigungen aus personen- oder verhaltensbedingten Gründen in Betracht kommen. Z. T. (*Fitting* § 95 Rn. 24; DKK/*Klebe* § 95 Rn. 24) wird die Ansicht vertreten, auch bei personen- oder verhaltensbedingten Kündigungen komme die Aufstellung von Auswahlrichtlinien etwa in Form der Normierung des Erfordernisses einer bestimmten Anzahl von Abmahnungen oder einer bestimmten vorauszusetzenden Krankheitsdauer in Betracht. Nach anderer Auffassung (GK-BetrVG/*Raab* § 95 Rn. 37; HSWGNR/*Rose* § 95 Rn. 48) kommt bei personen- bzw. verhaltensbedingten Kündigungen eine Auswahlentscheidung nicht in Betracht, sodass auch keine Auswahlrichtlinien erstellt werden können. Es handelt sich dann vielmehr um Beschränkungen des Kündigungsrechts. 1967

Bei der betriebsbedingten Kündigung können sich Auswahlrichtlinien auf die vom Arbeitgeber vorzunehmende Sozialauswahl erstrecken. Sie müssen dabei der Wertung in § 1 Abs. 3 S. 1 KSchG entsprechen (*BAG* 20.10.1983 EzA § 1 KSchG Betriebsbedingte Kündigung Nr. 28). Dies bedeutet zum einen, dass nur soziale Gesichtspunkte berücksichtigt werden können. Zum anderen müssen zumindest die Grunddaten des § 1 Abs. 3 KSchG berücksichtigt werden (*BAG* 11.3.1976 AP Nr. 1 zu § 95 BetrVG 1972). Ob die Gewichtung dieser Kriterien so fixiert sein darf, dass dem Arbeitgeber kein Entscheidungsspielraum mehr verbleibt, hat das *BAG* (26.7.2005 EzA § 95 BetrVG 2001 Nr. 1) zuletzt offen gelassen (anders noch *BAG* 18.1.1990 EzA § 1 KSchG Soziale Auswahl Nr. 28; 20.10.1983 EzA § 1 KSchG Betriebsbedingte Kündigung Nr. 28: Zur Vermeidung unbilliger Härten muss ein individueller Entscheidungsspielraum des Arbeitgebers offen bleiben). Möglich ist auch die Bewertung sozialer Gesichtspunkte mit Hilfe eines Punkteschemas. Bei der Festlegung der Punktewerte der einzelnen Auswahlkriterien (Alter, Betriebszugehörigkeit, Unterhaltsverpflichtungen, Schwerbehinderung) steht den Betriebspartnern zur Ausfüllung des Begriffes »ausreichende soziale Gesichtspunkte« i. S. d. § 1 Abs. 3 S. 1 KSchG ein vom Arbeitsgericht im Rahmen eines Prozesses eines betroffenen Arbeitnehmers zu respektierender Beurteilungsspielraum zu. 1968

Da Auswahlrichtlinien die gesetzlichen Mindestanforderungen an die Sozialauswahl nach § 1 Abs. 3 KSchG nicht verdrängen können, können nicht von vornherein Arbeitnehmer bestimmter 1969

Abteilungen oder Arbeitsgruppen ohne ausreichende sachliche Kriterien als nicht vergleichbar eingestuft werden (*BAG* 15.6.1989 EzA § 1 KSchG Soziale Auswahl Nr. 27).

*d) Die Beteiligung des Betriebsrates*

**1970** Sofern der Arbeitgeber Auswahlrichtlinien einführen will, bedürfen diese nach § 95 Abs. 1 BetrVG der Zustimmung des Betriebsrates sowohl hinsichtlich ihrer Einführung überhaupt als auch hinsichtlich ihres Inhaltes. Kommt eine Einigung nicht zu Stande, so kann in Betrieben mit weniger als 500 Arbeitnehmern nur der Arbeitgeber die Einigungsstelle anrufen. Ein Initiativrecht des Betriebsrates besteht dann nicht. Die Zustimmung des Betriebsrates bedarf keiner besonderen Form. Nur in Betrieben mit mehr als 500 Arbeitnehmern steht nach § 95 Abs. 2 BetrVG dem Betriebsrat ein Initiativrecht zu, d. h., er kann gegebenenfalls unter Anrufung der Einigungsstelle die Aufstellung von Auswahlrichtlinien verlangen.

**1971** Ungeachtet der im Einzelnen streitigen Rechtsnatur von Auswahlrichtlinien (vgl. GK-BetrVG/*Raab* § 95 Rn. 3 ff.) besteht Einigkeit, dass auch bei formloser Erteilung der Zustimmung des Betriebsrates (Regelungsabrede) dieser seine Zustimmung nicht einseitig widerrufen kann, sondern nur analog § 77 Abs. 5 BetrVG kündigen kann, mit der Folge, dass der Arbeitgeber nach Ablauf der Kündigungsfrist nicht mehr berechtigt ist, diese Richtlinien weiter anzuwenden. Der Arbeitgeber muss sich in diesem Fall vielmehr um die erneute Zustimmung des Betriebsrates bemühen oder einen Spruch der Einigungsstelle herbeiführen. Der Arbeitgeber hat seinerseits die Möglichkeit, von der Verwendung der Auswahlrichtlinien abzusehen. Eine Nachwirkung gem. § 77 Abs. 6 BetrVG kommt für Auswahlrichtlinien i. S. d. § 95 Abs. 1 BetrVG nicht in Betracht, weil danach nur der Arbeitgeber die Einigungsstelle anrufen kann, sodass er die Auswahlrichtlinien weiterverwenden könnte, obwohl der Betriebsrat seine Zustimmung wirksam gekündigt und damit beseitigt hat. Ob Richtlinien, deren Aufstellung der Betriebsrat nach § 95 Abs. 2 BetrVG erzwingen kann, nachwirken, wird kontrovers diskutiert. Im Hinblick darauf, dass nach § 95 Abs. 2 BetrVG im Gegensatz zu § 95 Abs. 1 BetrVG auch der Betriebsrat ein Initiativrecht hat und somit beide Betriebspartner eine neue Abmachung erzwingen können, wird eine Nachwirkung überwiegend bejaht (vgl. ausf. GK-BetrVG/*Raab* § 95 Rn. 9).

*e) Verletzung des Beteiligungsrechts, Auswahlrichtlinien und personelle Einzelmaßnahmen*

**1972** Die Verwendung von Auswahlrichtlinien ohne Zustimmung des Betriebsrates durch den Arbeitgeber ist eine Verletzung betriebsverfassungsrechtlicher Pflichten und kann einen Unterlassungsanspruch des Betriebsrats nach § 23 BetrVG rechtfertigen. Daneben besteht nach Auffassung des *BAG* (26.7.2005 EzA § 95 BetrVG 2001 Nr. 1) auch ein allgemeiner Unterlassungsanspruch.

**1973** Verstößt eine Einstellung oder Versetzung gegen eine rechtswirksam vereinbarte Auswahlrichtlinie, so kann der Betriebsrat nach § 99 Abs. 2 Nr. 2 BetrVG seine Zustimmung zur Maßnahme verweigern (s. Rdn. 2110 f.). Gleiches gilt für eine vom Arbeitgeber selbst gesetzte, nicht mitbestimmte Auswahlrichtlinie (*Richardi/Thüsing* § 95 Rn. 70). Gegen Auswahlrichtlinien verstoßende Kündigungen berechtigen den Betriebsrat nach § 102 Abs. 3 Nr. 2 BetrVG zum Kündigungswiderspruch. Dieser führt nach § 1 Abs. 2 S. 2 Nr. 1a KSchG zur Sozialwidrigkeit der Kündigung und löst den Weiterbeschäftigungsanspruch des Arbeitnehmers nach § 102 Abs. 5 BetrVG aus (s. Kap. 4 Rdn. 3275 ff.). Im Übrigen ist der Verstoß gegen Auswahlrichtlinien für die Rechtswirksamkeit der den personellen Maßnahmen zu Grunde liegenden Rechtsgeschäfte, wie etwa den Abschluss oder die Änderung des Arbeitsvertrages oder die Zuweisung eines anderen Arbeitsbereiches, ohne Bedeutung und führt nicht zu deren Unwirksamkeit (MünchArbR/*Matthes* § 260 Rn. 27).

### 5. Stellenausschreibung, § 93 BetrVG

*a) Zweck der Vorschrift*

**1974** Die Vorschrift soll den innerbetrieblichen Arbeitsmarkt erschließen und im Betrieb selbst vorhandene Möglichkeiten des Personaleinsatzes aktivieren (BR-Drs. 715/70, S. 32, 50). Daneben soll

## M. Mitbestimmung in personellen Angelegenheiten

einer Verärgerung der Belegschaft über die Hereinnahme Außenstehender trotz im Betrieb vorhandener Beschäftigungsmöglichkeiten entgegengewirkt werden (*BAG* 1.2.2011 EzA § 93 BetrVG 2001 Nr. 1).

Innerbetrieblichen Bewerbern soll Kenntnis von einer freien Stelle vermittelt und ihnen die Möglichkeit gegeben werden, ihr Interesse an dieser Stelle kundzutun. Außerdem sollen Verstimmungen und Beunruhigungen in der Belegschaft über die Hereinnahme Außenstehender trotz eines möglicherweise im Betrieb vorhandenen qualifizierten Arbeitnehmerpotenzials vermieden werden (*BAG* 23.2.1988 EzA § 93 BetrVG 1972 Nr. 3).

### b) Inhalt der Stellenausschreibung

Eine Stellenausschreibung muss als Mindestinhalt angeben, um welchen Arbeitsplatz es sich handelt und welche Anforderungen ein Bewerber erfüllen muss. Fehlt es an diesem Mindestinhalt, liegt keine Stellenausschreibung i. S. d. Gesetzes vor (*BAG* 23.2.1988 EzA § 93 BetrVG 1972 Nr. 3). Sie soll die mögliche Vergütung angeben. Auch die Angabe einer Bewerbungsfrist ist zweckmäßig.

Legt eine Betriebsvereinbarung für den Aushang innerbetrieblicher Stellenbeschreibung einen Fristrahmen fest und schreibt sie vor, dass der letzte Tag der Aushangfrist in der Stellenausschreibung anzugeben ist, so liegt allerdings darin allein noch keine Beschränkung der Auswahl des Arbeitgebers auf den Kreis derjenigen Betriebsangehörigen, die sich innerhalb der Aushangfrist beworben haben (*BAG* 18.11.1980 EzA § 93 BetrVG 1972 Nr. 1).

Nach § 611b BGB soll auch die innerbetriebliche Stellenausschreibung geschlechtsneutral erfolgen. Im Übrigen bestimmt der Arbeitgeber den Inhalt der Stellenausschreibung, insbes. der persönlichen und fachlichen Mindestvoraussetzungen allein. Bei den in einer Stellenbeschreibung genannten Mindestvoraussetzungen handelt es sich nicht um Auswahlrichtlinien i. S. v. § 95 BetrVG (s. Rdn. 1957). Der Arbeitgeber genügt allerdings nicht der vom Betriebsrat geforderten innerbetrieblichen Stellenausschreibung, wenn er eine bestimmte Stelle im Betrieb zwar ausschreibt, in einer Stellenanzeige in der Tagespresse dann aber geringere Anforderungen für eine Bewerbung um diese Stelle nennt. Er schließt damit nämlich diejenigen innerbetrieblichen Bewerber von einer Bewerbung um die Stelle aus, die diese geringen Anforderungen erfüllen und sich nur deswegen nicht beworben haben, weil sie die innerbetrieblich geforderten höheren Anforderungen nicht erfüllen. Dies widerspricht Sinn und Zweck der Vorschrift, den innerbetrieblichen Bewerbern zumindest die gleichen Chancen für die Besetzung der freien Stelle einzuräumen wie den außerbetrieblichen Bewerbern (*BAG* 23.2.1988 EzA § 93 BetrVG 1972 Nr. 3).

### c) Die Beteiligung des Betriebsrates

Der Betriebsrat kann nach § 93 BetrVG verlangen, dass Arbeitsplätze, die besetzt werden sollen, allgemein oder für bestimmte Arten von Tätigkeit vor ihrer Besetzung innerhalb des Betriebes ausgeschrieben werden. Nicht aber kann der Betriebsrat die innerbetriebliche Ausschreibung für einzelne, konkrete Arbeitsplätze fordern (*LAG Köln* 1.4.1993 LAGE § 93 BetrVG 1972 Nr. 2).

Der Betriebsrat kann die Ausschreibung von Arbeitsplätzen verlangen, die vom Arbeitgeber dauerhaft für die Besetzung mit Leiharbeitnehmern vorgesehen sind (*BAG* 1.2.2011 EzA § 93 BetrVG 2001 Nr. 1). Die Ausschreibung der Stellen für leitende Angestellte kann nach herrschender Meinung nicht gefordert werden (vgl. GK-BetrVG/*Raab* § 93 Rn. 8). Die Eigenart eines Tendenzbetriebes (§ 118 Abs. 1 BetrVG, s. Rdn. 253 ff.) steht in aller Regel dem Ausschreibungsverlangen auch dann nicht entgegen, wenn sich die Ausschreibung auf sog. Tendenzträger erstrecken soll. Die Frage der Tendenzbeeinträchtigung stellt sich nämlich erst, wenn der Betriebsrat wegen einer unterbliebenen Ausschreibung seine Zustimmung zur personellen Einzelmaßnahme verweigern will (*BAG* 30.1.1979 EzA § 118 BetrVG 1972 Nr. 20). Ein überbetriebliches, unternehmensweites Ausschreibungsverlangen durch den Gesamtbetriebsrat kommt in Betracht, wenn eine unternehmenseinheitliche Personalplanung betrieben wird (MünchArbR/*Matthes* § 256 Rn. 12). Kontrovers beurteilt wird, ob ein Mitbestimmungsrecht des Betriebsrates auch hinsichtlich der Art und Weise der Ausschreibung (Aushang, Rundschreiben o. Ä.) besteht. Z. T. (z. B. DKK/*Buschmann* § 93 Rn. 10; *Fitting* § 93 Rn. 6) wird dies mit der Begründung angenommen, dass erst diese Einzelheiten die Anwendung der Vorschrift ermöglichen. Überwiegend wird demgegenüber ein so weit gehendes Mitbestimmungsrecht abgelehnt, da § 93 BetrVG im Gegensatz zu §§ 94, 95 BetrVG nicht die Einschaltung der Einigungsstelle vorsehe und eine Vereinbarung mit dem Arbeitgeber insoweit jedenfalls nicht erzwungen werden könne (*BAG* 6.10.2010 EzA § 99 BetrVG 2001 Nr. 17; 27.10.1992 EzA § 95 BetrVG 1972 Nr. 26; GK-BetrVG/*Raab* § 93 Rn. 23). Jedenfalls können derartige Regelungen in einer freiwilligen Betriebsvereinbarung vereinbart werden.

1981 Sofern ein Ausschreibungsverlangen gestellt ist, ist der Arbeitgeber dem Betriebsrat gegenüber zur Erfüllung dieses Verlangens verpflichtet, allerdings nicht hinsichtlich solcher Arbeitsplätze, für deren Besetzung das Verfahren nach § 99 BetrVG bereits eingeleitet wurde (GK-BetrVG/*Raab* § 93 Rn. 20).

1982 Durch § 93 BetrVG ist der Arbeitgeber nicht gezwungen, einen Bewerber aus dem Betrieb auch tatsächlich zu berücksichtigen, es sei denn, dass Auswahlrichtlinien gem. § 95 BetrVG dies vorsehen. Auch ist der Arbeitgeber nicht gehindert, neben der innerbetrieblichen Ausschreibung gleichzeitig außerhalb des Betriebes, etwa durch Anzeigen, nach geeigneten Bewerbern zu suchen (GK-BetrVG/*Raab* § 93 Rn. 19).

### 6. Berufsbildung, §§ 96–98 BetrVG

#### a) Zweck der Vorschriften

1983 Unter Berücksichtigung der technischen und wirtschaftlichen Entwicklung kommt der Möglichkeit der Teilnahme an berufsbildenden Maßnahmen für die Arbeitnehmer entscheidende Bedeutung zu. Häufig entscheidet die Teilnahme an Maßnahmen der betrieblichen Berufsbildung darüber, ob der Arbeitnehmer seinen Arbeitsplatz behalten oder an einem beruflichen Aufstieg teilnehmen kann (*BAG* 5.11.1985 EzA § 98 BetrVG 1972 Nr. 2).

1984 Die Beteiligung des Betriebsrates soll insbes. eine ordnungsgemäße Durchführung der Bildungsmaßnahmen sowie eine gerechte Beteiligung der Arbeitnehmer an den bestehenden Bildungsmöglichkeiten gewährleisten.

1985 Arbeitgeber und Betriebsrat werden daher verpflichtet, sich der Berufsbildung der Arbeitnehmer als besondere Aufgabe anzunehmen (BR-Drs. 715/70, S. 51).

#### b) Begriff der Berufsbildung

1986 Die in § 96 Abs. 1 BetrVG statuierte Förderungspflicht bezieht sich auf die Berufsbildung insgesamt unter Einschluss außerbetrieblicher Maßnahmen, damit insbes. auf die Berufsausbildung, die berufliche Fortbildung und die berufliche Umschulung (vgl. § 1 BBiG, § 35 Abs. 1 SGB VII), aber auch auf andere Maßnahmen, bei denen dem Betreffenden in systematischer Form Fähigkeiten vermittelt werden, die ihn zur Ausfüllung seines Arbeitsplatzes und für seine berufliche Tätigkeit qualifizieren, sofern solchen Maßnahmen ein gewisser Plan zu Grunde liegt (*BAG* 5.11.1985 EzA § 98 BetrVG Nr. 2; 23.4.1991 EzA § 98 BetrVG Nr. 7).

1987 Auf die Dauer der Maßnahme kommt es nicht an. Maßnahmen der Berufsbildung sind auch kürzere Seminare und Kurse sowie Vorträge zu einzelnen Themen, nicht aber bloße Informationsveranstaltungen wie der Besuch von Messen und Ausstellungen oder reiner Erfahrungsaustausch. Nicht zur Berufsbildung i. S. d. § 96 ff. BetrVG gehört die arbeitsplatzbezogene Unterrichtung des Arbeitnehmers nach § 81 Abs. 1, 2 BetrVG (s. Rdn. 1191 ff.).

1988 Maßnahmen, die ausschließlich der Arbeitsunterweisung dienen, unterfallen nicht dem Begriff der Berufsbildung i. S. d. §§ 96 ff. BetrVG.

## M. Mitbestimmung in personellen Angelegenheiten  Kapitel 13

Die Abgrenzung von Maßnahmen der Berufsbildung zu solchen der Arbeitsunterweisung wird im Einzelnen kontrovers diskutiert (vgl. GK-BetrVG/*Raab* § 96 Rn. 12 ff.). Nach Auffassung des *BAG* (23.4.1991 EzA § 98 BetrVG 1972 Nr. 7; 28.1.1992 EzA § 96 BetrVG 1972 Nr. 1) gehören zur betrieblichen Berufsbildung alle Maßnahmen, die über die mitbestimmungsfreie Unterrichtung des Arbeitnehmers hinsichtlich seiner Aufgaben und Verantwortung, über die Art seiner Tätigkeit und ihrer Einordnung in den Arbeitsablauf des Betriebes sowie über die Unfall- und Gesundheitsgefahren und die Maßnahmen und Einrichtungen zur Abwendung dieser Gefahren i. S. v. § 81 BetrVG hinausgehen, in dem sie dem Arbeitnehmer gezielt Kenntnisse oder Erfahrungen vermitteln, die ihn zur Ausübung einer bestimmten Tätigkeit erst befähigen. Die Unterrichtungspflicht des Arbeitgebers nach § 81 BetrVG erschöpfe sich dagegen in der Einweisung an einem konkreten Arbeitsplatz, wobei dieser Einsatz voraussetze, dass der Arbeitnehmer die für die Ausübung seiner Tätigkeit an diesem Arbeitsplatz erforderlichen beruflichen Kenntnisse und Erfahrungen schon besitze. Bei § 81 BetrVG geht es damit um die konkrete Ausübung der Tätigkeit unter Einsatz der bereits gewonnenen Kenntnisse und Erfahrungen (GK-BetrVG/*Raab* § 96 Rn. 17). Keine Maßnahmen der Berufsbildung sind folglich Veranstaltungen, die durchgeführt werden, nachdem eine Befragung von Kunden eines Selbstbedienungswarenhauses ergeben hat, dass Kunden das Verhalten und die Leistung der Arbeitnehmer in einzelnen Abteilungen als wenig freundlich, hilfsbereit und oder fachkundig bewertet haben, um diese Mängel abzustellen (*BAG* 28.1.1992 EzA § 96 BetrVG 1972 Nr. 1). Unterschiedlich beurteilt wird die Bildung sog. Qualitätszirkel, das sind Arbeitskreise, die i. d. R. von Arbeitnehmern unterschiedlicher Abteilungen auf Veranlassung des Arbeitgebers zum gegenseitigen Erfahrungs- und Informationsaustausches gebildet werden. Z. T. (GK-BetrVG/*Raab* § 96 Rn. 21) werden diese Zirkel nicht den Berufsbildungsmaßnahmen zugeordnet, da es an einer systematischen Kenntnisvermittlung fehle und der berufspraktische Bezug im Vordergrund stehe. Z. T. (*Fitting* § 96 Rn. 24; DKK/*Buschmann* § 96 Rn. 9) werden auch solche Arbeitskreise § 96 ff. BetrVG zugeordnet.  **1989**

Im Gegensatz zu §§ 96, 97 BetrVG beziehen sich die Mitbestimmungsrechte nach § 98 Abs. 6 BetrVG auch auf sonstige Bildungsmaßnahmen, die dem Arbeitnehmer Kenntnisse, Erfahrungen und Einsichten auf Gebieten außerhalb seines Berufes in einem planmäßigen Ausbildungsgang vermitteln, wie etwa Sprachkurse, Lehrgänge in erster Hilfe, Seminare über Arbeitsrecht oder Informatikkurse, und die nicht nur der bloßen Freizeitbeschäftigung oder Unterhaltung dienen (GK-BetrVG/*Raab* § 98 Rn. 44).  **1990**

### c) Betriebliche und außerbetriebliche Bildungsmaßnahmen

Soweit das Gesetz zwischen betrieblichen und außerbetrieblichen Maßnahmen der Berufsbildung unterscheidet, ist der Begriff der betrieblichen Berufsbildungsmaßnahme funktional zu verstehen, sodass es nicht darauf ankommt, an welchem Ort die Maßnahme durchgeführt wird. Eine betriebliche Berufsbildungsmaßnahme liegt vielmehr vor, wenn der Arbeitgeber Träger bzw. Veranstalter der Maßnahme ist und die Berufsbildungsmaßnahme für seine Arbeitnehmer durchführt.  **1991**

Für die Trägerschaft des Arbeitgebers reicht es aus, wenn der Arbeitgeber auf Inhalt und Organisation der Berufsbildung rechtlich oder tatsächlich einen beherrschenden Einfluss hat, auch wenn die Maßnahme von einem Dritten durchgeführt wird (*BAG* 4.12.1990 EzA § 98 BetrVG 1972 Nr. 6; 12.11.1991 EzA § 98 BetrVG 1972 Nr. 8; 18.4.2000 EzA § 98 BetrVG 1972 Nr. 9).  **1992**

Vereinbaren mehrere Arbeitgeber die gemeinsame Durchführung von Maßnahmen der Berufsbildung, ohne dass einzelne Arbeitgeber einen beherrschenden Einfluss hätten, scheidet ein Mitbestimmungsrecht des Betriebsrats nach § 98 Abs. 1 BetrVG bei Durchführung der Bildungsmaßnahme aus. Das Mitbestimmungsrecht verlagert sich jedoch auf den Abschluss der Vereinbarung vor, auf welcher die gemeinsame Ausbildung beruht: In entsprechender Anwendung des § 98 Abs. 1 BetrVG haben die Betriebsräte dann bereits bei Abschluss der Vereinbarung über die Zusammenarbeit der Arbeitgeber mitzubestimmen, als Regelungen über die spätere Durchführung der Bildungsmaßnahmen getroffen werden (*BAG* 18.4.2000 EzA § 98 BetrVG 1972 Nr. 9).  **1993**

### d) Förderung und Beratung der Berufsbildung, §§ 96, 97 Abs. 1 BetrVG

**1994** Die in § 96 Abs. 1 S. 1 BetrVG vorgesehene Förderungspflicht der Betriebspartner hat programmatischen Charakter, ohne konkrete Verpflichtungen des Arbeitgebers, etwa zur Einrichtung von Berufsbildungsmaßnahmen zu begründen (GK-BetrVG/*Raab* § 96 Rn. 22). Dabei sind die bestehenden gesetzlichen Bestimmungen, insbes. das BBiG und die dazu erlassenen Ausbildungsordnungen, das SGB III (§§ 59 ff.) und die Vorschriften über die Berufsschulpflicht (vgl. z. B. § 9 JArbSchG; § 14 Abs. 1 Nr. 4 BBiG) zu beachten (GK-BetrVG/*Raab* § 96 Rn. 24). Zuständige Stellen für die in § 96 Abs. 1 BetrVG erwähnte Zusammenarbeit sind insbes. Handwerks-, Industrie- und Handelskammern, Landwirtschafts-, Rechtsanwalts- und Notarkammern, Wirtschaftsprüferkammern, Ärzte- und Apothekerkammern (§ 71 BBiG n. F.), die nach § 71 BBiG n. F. durch Rechtsverordnung bestimmten Stellen, die jeweiligen Landesausschüsse und der Berufsbildungsausschuss (§§ 82, 83 BBiG n. F.), die Bundesagentur für Arbeit nebst Arbeitsagenturen sowie die Berufs- und weiterbildenden Schulen. Auch eine Zusammenarbeit mit Gewerkschaften und Arbeitgeberverbänden ist sinnvoll.

**1995** §§ 96 Abs. 1 und 97 Abs. 1 BetrVG begründen eine Verpflichtung des Arbeitgebers, alle Fragen der Berufsbildung auf Verlangen des Betriebsrates und in den Fällen des § 97 Abs. 1 BetrVG auch von sich aus mit diesem zu beraten. Er bleibt aber grds. frei in seiner Entscheidung, ob er Maßnahmen der Berufsbildung für seine Arbeitnehmer ergreifen will oder nicht.

**1996** Ohne Verlangen des Betriebsrates besteht eine Unterrichtungs- und Beratungspflicht des Arbeitgebers nach § 97 Abs. 1 BetrVG dann, wenn der Arbeitgeber betriebliche Einrichtungen zur Berufsbildung schaffen, betriebliche Berufsbildungsmaßnahmen durchführen oder Arbeitnehmer an außerbetrieblichen Berufsbildungsmaßnahmen teilnehmen lassen will. Beratungsgegenstand ist die Art und Form der Einrichtung, ihre sachliche und personelle Ausstattung, die Einführung von betrieblichen Berufsbildungsmaßnahmen nach Art und Zielsetzung sowie die Frage, ob der Arbeitgeber sich an außerbetrieblichen Berufsbildungsmaßnahmen beteiligen soll und welche Arbeitnehmer wann und wie lange an welchen außerbetrieblichen Berufsbildungsmaßnahmen teilnehmen sollen (GK-BetrVG/*Raab* § 97 Rn. 6–10).

**1997** §§ 96 Abs. 1, 97 BetrVG geben dem Betriebsrat einen durchsetzbaren Anspruch auf Beratung und entsprechende Unterrichtung, der im arbeitsgerichtlichen Beschlussverfahren geltend gemacht werden kann (GK-BetrVG/*Raab* § 96 Rn. 36). Soweit der Arbeitgeber die ihm obliegenden Beratungspflichten grob verletzt, so etwa, wenn er ständig jegliche Gespräche mit dem Betriebsrat über berufliche Bildungsmaßnahmen verweigert, kommt ein Antrag gem. § 23 Abs. 3 BetrVG in Betracht (GK-BetrVG/*Raab* § 96 Rn. 37).

### e) Anspruch des Betriebsrats auf Ermittlung des Berufsbildungsbedarfs, § 96 Abs. 1 S. 2 BetrVG

**1998** § 96 Abs. 1 S. 2 BetrVG verpflichtet den Arbeitgeber, auf Verlangen des Betriebsrats den Berufsbildungsbedarf für den Betrieb zu ermitteln. Hierdurch soll der Betriebsrat insbes. bei Fehlen einer Personalentwicklungsplanung in die Lage versetzt werden, seine für die Qualifizierung der Arbeitnehmer bedeutsamen Beteiligungsrechte bei der Berufsbildung wirksam ausüben zu können (BegrRegE BT-Drs. 14/5741, S. 49).

**1999** Die Ermittlung des Berufsbildungsbedarfs bedingt eine Ist-Analyse (Erfassung der beschäftigten Arbeitnehmer und deren beruflicher Qualifikation) und die Erstellung eines Soll-Konzepts (Wie viele Arbeitnehmer mit welcher Qualifikation sind in Zukunft zur Erreichung des Betriebszwecks erforderlich?). Schließlich ist ein Vergleich zwischen Ist- und Sollzustand vorzunehmen, um unter Berücksichtigung der betrieblichen Bildungsinteressen der Arbeitnehmer im Betrieb den Bedarf an Ausbildungs- und Qualifizierungsmaßnahmen zu ermitteln (vgl. BegrRegE BT-Drs. 14/5741, S. 49; GK-BetrVG/*Raab* § 96 Rn. 30).

## M. Mitbestimmung in personellen Angelegenheiten — Kapitel 13

### f) Mitbestimmung des Betriebsrats bei drohendem Qualifikationsverlust, § 97 Abs. 2 BetrVG

#### aa) Zweck

Grds. hat der Betriebsrat im Bereich der betrieblichen Berufsbildung echte Mitbestimmungsrechte nur hinsichtlich der **Durchführung** von Maßnahmen, zu denen sich der Arbeitgeber bereits entschlossen hat (§ 98 BetrVG, s. Rdn. 2008 ff.). Unter den Voraussetzungen des § 97 Abs. 2 BetrVG besteht hingegen ein echtes, ggf. über die Einigungsstelle durchsetzbares Mitbestimmungsrecht des Betriebsrats auch bei der **Einführung** von betrieblichen Berufsbildungsmaßnahmen. Bei einem drohenden Qualifikationsverlust in Folge der in § 97 Abs. 2 BetrVG genannten Planungen des Arbeitgebers sollen durch präventive Qualifizierungsmaßnahmen spätere Entlassungen verhindert werden (BegrRegE BT-Drs. 14/5741, S. 50). Dies beinhaltet ein Initiativrecht des Betriebsrats. 2000

#### bb) Voraussetzungen des Mitbestimmungsrechts

Das Mitbestimmungsrecht besteht, wenn der Arbeitgeber Maßnahmen plant oder durchgeführt hat, die dazu führen, dass sich die Tätigkeit der betroffenen Arbeitnehmer ändert und ihre (bisherigen) beruflichen Kenntnisse und Fertigkeiten zur Erfüllung der (neuen) Aufgaben nicht mehr ausreichen. 2001

##### (1) Maßnahmen des Arbeitgebers

Als Maßnahmen, die zu einer Änderung der Tätigkeit der Arbeitnehmer führen können, kommen insbes. eine (durchgeführte oder geplante) Änderung der Arbeitsabläufe, Arbeitsverfahren, der technischen Anlagen oder der Arbeitsplätze in Betracht. Aber auch andere Maßnahmen sind erfasst. Der ursprüngliche Gesetzentwurf der Bundesregierung (BT-Drs. 14/5741, S. 15) sah ein Mitbestimmungsrecht nur bei der Planung technischer Anlagen, Arbeitsverfahren und Arbeitsabläufen oder Arbeitsplätzen mit drohendem Qualifikationsverlust vor. Auf Anregung des Ausschusses für Arbeit und Sozialordnung (BT-Drs. 14/6352, S. 55) wurde an dieser Einschränkung nicht festgehalten. Durch die Erstreckung auf sämtliche Maßnahmen, die zu einer Tätigkeit mit drohendem Qualifikationsdefizit führen, soll das Mitbestimmungsrecht des Betriebsrats generell bei derartigen geplanten oder auch schon durchgeführten Maßnahmen greifen (vgl. Begr. des Ausschusses für Arbeit und Sozialordnung, BT-Drs. 14/6352, S. 55). 2002

Erforderlich ist aber, dass es sich um eine oder mehrere Maßnahmen handelt, die über bloße Einzelfallmaßnahmen hinausgehen, die lediglich von § 81 Abs. 4 BetrVG erfasst werden (vgl. *Reichold* NZA 2001, 857, 864). Zur Abgrenzung von derartigen bloßen Einzelmaßnahmen kann nach hier vertretener Auffassung darauf abgestellt werden, ob die Maßnahme ungeachtet der Tatsache, dass sie sich möglicherweise nur auf einen Arbeitnehmer bezieht, einen kollektiven Bezug aufweist, wie dies als Voraussetzung der Mitbestimmung nach § 87 BetrVG erforderlich ist (s. Rdn. 1615 ff.). Eine Maßnahme, die auch im Übrigen die Voraussetzungen des § 97 Abs. 2 BetrVG erfüllt (Änderung der Tätigkeit, Qualifikationsdefizit, s. Rdn. 2005 f.), unterläge danach der Mitbestimmung nach § 97 Abs. 2 BetrVG, wenn ihre Planung oder Durchführung funktionsbezogen, d. h. von der Person des jeweiligen Arbeitsplatzinhabers unabhängigen Merkmalen erfolgt ist. 2003

##### (2) Änderung der Tätigkeit

Die geplante oder durchgeführte Maßnahme des Arbeitgebers muss zu einer Änderung der Tätigkeit führen. Hierfür ist eine inhaltliche Änderung notwendig, die zu einer Änderung des Anforderungsprofils führt; bloß äußerliche Veränderungen reichen nicht aus (GK-BetrVG/*Raab* § 97 Rn. 18). 2004

##### (3) Qualifikationsverlust

Die Änderung der Tätigkeit muss dazu führen, dass die beruflichen Kenntnisse und Fähigkeiten der Arbeitnehmer zur Erfüllung der Aufgaben nicht mehr ausreichen oder bei geplanten Maßnahmen nicht mehr ausreichen werden. Hierfür ist nicht der Stand der Kenntnisse und Fähigkeiten des kon- 2005 kreten Arbeitsplatzinhabers maßgeblich. Vielmehr ist entscheidend, ob ein Arbeitnehmer, der die für die bisherige Tätigkeit erforderlichen Voraussetzungen erfüllt, ohne Zusatzqualifikationen auch die neue Tätigkeit verrichten kann oder nicht (GK-BetrVG/*Raab* § 97 Rn. 20).

### cc) Inhalt des Mitbestimmungsrechts

2006 Liegen die Voraussetzungen nach § 97 Abs. 2 S. 1 BetrVG vor und können sich Betriebsrat und Arbeitgeber nicht über die Durchführung von Maßnahmen der beruflichen Fortbildung zur Vermeidung eines Qualifikationsdefizits einigen, entscheidet gem. § 97 Abs. 2 S. 2 und 3 BetrVG die Einigungsstelle verbindlich, ob und welche Bildungsmaßnahme(n) durchgeführt werden. Hinsichtlich des »Wie« der Durchführung besteht ein Mitbestimmungsrecht des Betriebsrats nach § 98 BetrVG (s. Rdn. 2008 ff.).

2007 Bei ihrer Ermessensentscheidung hat die Einigungsstelle insbes. die Kosten der Bildungsmaßnahme einerseits und das Bestandschutzinteresse der betroffenen Arbeitnehmer andererseits zu berücksichtigen, wobei unter Kostengesichtspunkten ein überwiegendes Interesse des Arbeitgebers an der Nichtdurchführung der Bildungsmaßnahme erst dann angenommen werden kann, wenn sich die Anforderungen an den neuen Arbeitsplatz so sehr verändern, dass eine Weiterbildung der betroffenen Arbeitnehmer keinen Erfolg verspricht oder einen unverhältnismäßigen Aufwand in dem Sinne verursachen würde, dass die Kosten der Bildungsmaßnahme die Kosten für andere Arbeitskräfte mit der erforderlichen Qualifikation erheblich übersteigt oder wegen der zu erwartenden Kosten die Umsetzung der geplanten Maßnahme insgesamt in Frage stellen würde (GK-BetrVG/*Raab* § 97 Rn. 27).

### g) Durchführung betrieblicher Bildungsmaßnahmen, § 98 BetrVG

#### aa) Voraussetzungen des Mitbestimmungsrechts

2008 Ein Mitbestimmungsrecht des Betriebsrates besteht erst dann, wenn der Arbeitgeber sich überhaupt entschließt, eine betriebliche Bildungsmaßnahme durchzuführen. § 98 BetrVG erfasst daher weder die Entscheidung, ob die Maßnahme durchgeführt wird, noch das mit ihr verfolgte Ziel, die generelle Festlegung der Gruppe der Teilnehmer einschließlich deren Zahl noch den Umfang der finanziellen Aufwendungen (*BAG* 8.12.1987 EzA § 98 BetrVG 1972 Nr. 3; GK-BetrVG/*Raab* § 98 Rn. 10).

2009 Der Arbeitgeber kann eine einmal geplante Bildungsmaßnahme auch wieder absagen, selbst dann, wenn Grund der Absage ist, dass mit dem Betriebsrat keine Einigung bezüglich der Teilnehmer erzielt werden konnte (*LAG RhPf* 12.12.1988 NZA 1989, 943).

#### bb) Mitbestimmung bei der Durchführung der Berufsbildung

2010 Der Mitbestimmung des Betriebsrates unterliegt die Durchführung aller betrieblichen Berufsbildungsmaßnahmen (zum Begriff s. Rdn. 1986 ff.). Sie bezieht sich nur auf generelle, abstrakte Maßnahmen der Durchführung, nicht auf konkrete Einzelmaßnahmen im Rahmen der Ausbildung des einzelnen Arbeitnehmers.

2011 Ziel ist die Anpassung der bestehenden gesetzlichen Regelungen (insbes. des BBiG) an die Verhältnisse des Betriebes und die Aufstellung allgemeiner Ordnungsvorschriften, wie z. B. Pläne für die Reihenfolge der zu durchlaufenden Stationen, Zeit und Ort der Veranstaltung, Führung und Überwachung von Berichtsheften, Aufstellung von Lehrplänen (GK-BetrVG/*Raab* § 98 Rn. 13) oder die Einführung von regelmäßigen Beurteilungen und Kontrollen des Ausbildungsstandes (*LAG Köln* 12.4.1983 EzA § 98 BetrVG 1972 Nr. 1). Der Mitbestimmung unterfallen daher Inhalt und Umfang der zu vermittelnden Kenntnisse und Fertigkeiten, die Methoden der Kenntnisvermittlung, die Gestaltung der Ausbildungsmaßnahme als Seminar- oder Vortragsveranstaltung, Ort, Zeit und Dauer der Maßnahme sowie Fragen der Leistungskontrolle durch Prüfungen und das Prüfungsverfahren selbst (*BAG* 5.11.1985 EzA § 98 BetrVG 1972 Nr. 2; MünchArbR/*Matthes* § 262 Rn. 21). Zur Durchführung der Ausbildung gehört auch die Festlegung der Dauer der Ausbildung.

## M. Mitbestimmung in personellen Angelegenheiten  Kapitel 13

Der Betriebsrat hat daher mitzubestimmen, wenn der Arbeitgeber generell eine nach § 29 Abs. 2 BBiG a. F. (jetzt § 8 BBiG n. F.) verkürzte Ausbildung vorsehen will (*BAG* 24.8. 2004 EzA § 98 BetrVG 2001 Nr. 1).

Ein Mitbestimmungsrecht entfällt allerdings, soweit dem Arbeitgeber hinsichtlich der Durchführung auf Grund bestehender gesetzlicher Vorschriften kein Gestaltungsspielraum mehr verbleibt (*BAG* 5.11.1985 EzA § 98 BetrVG 1972 Nr. 2). Nicht der Mitbestimmung unterfällt die Ausgestaltung der der Ausbildung zu Grunde liegenden vertraglichen Vereinbarungen. Mitbestimmungsfrei ist daher bspw. die Ausgestaltung von Rückzahlungsklauseln hinsichtlich der Ausbildungskosten (h. M., vgl. GK-BetrVG/*Raab* § 98 Rn. 16; a. A. DKK/*Buschmann* § 98 Rn. 4; zur individualrechtlichen Zulässigkeit solcher Klauseln s. Kap. 9 Rdn. 202 ff.). Zur eventuellen Vorverlagerung der Mitbestimmung bei Vereinbarung der gemeinsamen Durchführung von Maßnahmen der Berufsbildung durch mehrere Arbeitgeber, s. Rdn. 1992. 2012

Das Mitbestimmungsrecht kann durch Betriebsvereinbarung oder durch Regelungsabrede ausgeübt werden. Kommt eine Einigung nicht zu Stande, so entscheidet auf Antrag von Arbeitgeber oder Betriebsrat die Einigungsstelle, § 96 Abs. 4 BetrVG. Auch nach einem Spruch der Einigungsstelle kann der Arbeitgeber von der Durchführung der Maßnahme noch absehen (*LAG RhPf* 12.12.1988 NZA 1989, 943). Eine Zuständigkeit des Gesamtbetriebsrates kommt in Betracht, wenn die Maßnahme überbetrieblich und unternehmenseinheitlich durchgeführt wird. Zu beachten ist ein eventuelles Stimmrecht der Jugend- und Auszubildendenvertretung nach § 67 Abs. 2 BetrVG bei der entsprechenden Beschlussfassung des Betriebsrates, sofern die Berufsbildungsmaßnahme Jugendliche oder zu ihrer Berufsausbildung beschäftigte Arbeitnehmer betrifft. 2013

*(1) Mitbestimmung bei der Teilnehmerauswahl*

Das Vorschlagsrecht des Betriebsrates nach § 98 Abs. 3 BetrVG setzt voraus, dass der Arbeitgeber überhaupt betriebliche Maßnahmen der Berufsbildung selbst durchführt oder für außerbetriebliche Maßnahmen der Berufsbildung Arbeitnehmer freistellt oder die durch die Teilnahme von Arbeitnehmern entstehenden Kosten ganz oder teilweise trägt. Unerheblich ist, ob die Freistellung bezahlt oder unbezahlt erfolgt. Unter diesen Voraussetzungen besteht das Vorschlagsrecht auch dann, wenn der Arbeitgeber die Teilnahme an sonstigen Bildungsmaßnahmen i. S. d. § 98 Abs. 6 BetrVG durch Freistellung oder zumindest teilweise Kostenübernahme fördert (*Richardi*/*Thüsing* § 98 Rn. 54b; GK-BetrVG/*Raab* § 98 Rn. 25). Nicht der Mitbestimmung des Betriebsrates unterliegt die Entscheidung des Arbeitgebers, ob er überhaupt Bildungsveranstaltungen fördern will, welche persönlichen und fachlichen Voraussetzungen erfüllt sein müssen und wie viele Teilnehmer gefördert werden sollen. 2014

Innerhalb dieser Vorgaben soll das Vorschlagsrecht nach § 98 Abs. 3 BetrVG für eine Gleichbehandlung der Arbeitnehmer sorgen. 2015

Der Betriebsrat kann deshalb nur einzelne Arbeitnehmer oder bestimmte Arbeitnehmergruppen für eine Teilnahme vorschlagen, nicht aber lediglich einfach die vom Arbeitgeber vorgesehenen Teilnehmer ablehnen. 2016

Eine Einigungspflicht besteht nur hinsichtlich der vom Betriebsrat vorgeschlagenen Teilnehmer. Schlagen Arbeitgeber und Betriebsrat insgesamt mehr Arbeitnehmer vor, als Teilnehmerplätze vorhanden sind, so müssen alle vorgeschlagenen Arbeitnehmer in die Auswahl einbezogen werden, was auch im Falle der Teilnahmeentscheidung durch die Einigungsstelle gilt (*BAG* 8.12.1987 EzA § 98 BetrVG 1972 Nr. 3), da ansonsten die Beteiligung des Betriebsrates bei der Verteilungsentscheidung dadurch vereitelt werden könnte, dass bereits der Arbeitgeber so viele Teilnehmer benennt, wie Plätze vorhanden sind. Hat der Betriebsrat seinerseits Teilnehmer vorgeschlagen und kommt über diese von ihm vorgeschlagenen Teilnehmer eine Einigung mit dem Arbeitgeber nicht zu Stande, so entscheidet über die Teilnehmenden nach § 98 Abs. 4 BetrVG verbindlich die Einigungsstelle (vgl. *BAG* 30.5.2006 EzA § 98 BetrVG 2001 Nr. 2). 2017

*(2) Mitbestimmung bei der Bestellung/Abberufung von Ausbildern*

2018 Durch das Widerspruchs- bzw. Abberufungsrecht nach § 98 Abs. 2 BetrVG soll der Betriebsrat neben den nach § 33 BBiG n. F. zuständigen Stellen als eine Art Überwachungsorgan bzgl. der mit der betrieblichen Berufsbildung beauftragten Personen etabliert werden, um sicherzustellen, dass die Berufsausbildung durch geeignete Personen erfolgt, die ihrer Ausbildungspflicht auch nachkommen. Hierzu hat der Arbeitgeber den Betriebsrat nach § 80 Abs. 2 BetrVG rechtzeitig vor der Bestellung eines Ausbilders zu unterrichten (GK-BetrVG/*Raab* § 98 Rn. 19). Bestellung bedeutet die Übertragung bestimmter Aufgaben und Kompetenzen; Abberufung ist deren Entzug (DKK/*Buschmann* § 98 Rn. 15).

2019 Widerspruchs- und Abberufungsrecht bestehen nicht nur bei den eigentlichen Maßnahmen der Berufsbildung i. S. d. § 1 BBiG n. F. (Berufsausbildung, berufliche Fortbildung, berufliche Umschulung), sondern nach § 98 Abs. 6 BetrVG auch bei sonstigen betrieblichen Bildungsmaßnahmen unabhängig davon, ob es sich beim bestellten Ausbilder um einen Arbeitnehmer des Betriebes, einen Betriebsfremden oder leitenden Angestellten handelt. Ein Mitbestimmungsrecht scheidet nur aus, wenn der Arbeitgeber selbst die Ausbildung durchführt (GK-BetrVG/*Raab* § 98 Rn. 20). Für den Bereich der eigentlichen Berufsbildung ergeben sich die Anforderungen an die erforderliche persönliche oder fachliche Eignung aus §§ 28–30 BBiG n. F. bzw. §§ 21, 22 HandwO, die für den Bereich der gewerblichen Wirtschaft in der Ausbilder-Eignungsverordnung Gewerbliche Wirtschaft (vom 20.4.1972, BGBl. I S. 707, zuletzt geändert durch VO vom 12.11.1991, BGBl. I S. 2110) präzisiert werden. Für sonstige betriebliche Bildungsmaßnahmen braucht der Betriebsrat die Bestellung der mit der Durchführung beauftragten Personen nicht hinzunehmen, wenn diese nach allgemeinen Maßstäben ungeeignet sind (DKK/*Buschmann* § 98 Rn. 12). Eine Vernachlässigung der Aufgaben liegt vor, wenn der Ausbilder die Ausbildung nicht mit der erforderlichen Gründlichkeit und Gewissenhaftigkeit ausführt, sodass befürchtet werden muss, dass die Auszubildenden das Ziel der Ausbildung nicht erreichen. Erforderlich sind schwerwiegende, vom Betriebsrat durch Tatsachen zu belegende Gründe. Ein geringfügiges oder einmaliges Fehlverhalten genügt nicht (GK-BetrVG/*Raab* § 98 Rn. 23). Widerspruchs- bzw. Abberufungsantrag des Betriebsrates setzen einen ordnungsgemäßen Beschluss voraus, der ggf. (vgl. § 67 Abs. 1, 2 BetrVG) unter Beteiligung der Jugend- und Auszubildendenvertretung zu fassen ist.

2020 Einigen sich Arbeitgeber und Betriebsrat über Bestellung oder Abberufung nicht, so hat der Betriebsrat das Recht, beim Arbeitsgericht einen im Beschlussverfahren zu entscheidenden Antrag zu stellen, dem Arbeitgeber aufzugeben, eine bestimmte Person nicht zu bestellen oder abzuberufen, § 98 Abs. 5 BetrVG. Liegt eine rechtskräftige Entscheidung vor und befolgt der Arbeitgeber diese nicht, so kann im Falle der Bestellung auf Antrag des Betriebsrates nach vorheriger Androhung, die bereits auf Antrag des Betriebsrates im Untersagungsbeschluss enthalten sein kann, ein Ordnungsgeld bis zu 10.000 € festgesetzt werden, sofern der Arbeitgeber schuldhaft handelt. Beruft der Arbeitgeber entgegen einer rechtskräftigen Entscheidung eine bestellte Person nicht ab, setzt das Arbeitsgericht auf Antrag des Betriebsrates auch ohne Verschulden des Arbeitgebers Zwangsgeld bis zu 250 € für jeden Tag der Zuwiderhandlung fest, wobei die Festsetzung oder Vollstreckung allerdings ausscheidet, sobald der Arbeitgeber die Anordnung befolgt.

2021 Durch eine rechtskräftige gerichtliche Abberufungsentscheidung wird eine eventuell notwendige Kündigung des Vertragsverhältnisses mit dem Ausbilder nicht ersetzt; sie lässt auch das Mitbestimmungsrecht des Betriebsrates nach § 102 BetrVG unberührt. Ein Weiterbeschäftigungsanspruch als Ausbilder nach § 102 Abs. 5 BetrVG kommt nicht in Betracht, da dies im Gegensatz zur gerichtlichen Entscheidung über die Abberufung stehen würde (GK-BetrVG/*Raab* § 98 Rn. 41). Sofern die Bestellung zum Ausbilder mit einer Einstellung oder Versetzung i. S. d. § 99 Abs. 1 BetrVG verbunden ist, ist grds. das Mitbestimmungsrecht des Betriebsrates nach § 99 BetrVG zu beachten. Der Betriebsrat kann allerdings die Zustimmung nicht mit der Begründung verweigern, die Bestellung verstoße deshalb gegen ein Gesetz i. S. d. § 99 Abs. 2 Nr. 1 BetrVG, da der Ausbilder ungeeignet i. S. d. § 98 Abs. 2 BetrVG sei. §§ 98 Abs. 2 und 5 BetrVG sind insoweit Sonderregelungen gegenüber § 99 BetrVG (GK-BetrVG/*Raab* § 98 Rn. 40). Im Verhältnis zu § 23 Abs. 3 BetrVG geht § 98

## M. Mitbestimmung in personellen Angelegenheiten    Kapitel 13

Abs. 5 BetrVG in seinem Anwendungsbereich, also für den Fall, dass nach Beteiligung des Betriebsrates keine Übereinkunft erzielt werden kann, als lex specialis vor. Ein Anwendungsbereich für § 23 Abs. 3 BetrVG verbleibt damit nur für einen eventuellen Antrag des Betriebsrates, dem Arbeitgeber aufzugeben, für die Zukunft in vergleichbaren Fällen die Berufung ungeeigneter Personen zu unterlassen bzw. Bestellungen ohne Beteiligung des Betriebsrates zukünftig zu unterlassen (so GK-BetrVG/*Raab* § 98 Rn. 37).

Kontrovers diskutiert wird, ob die Bestellung des Ausbilders unwirksam ist, wenn der Betriebsrat ihr widersprochen hat und ob deshalb auch ein Antragsrecht des Arbeitgebers besteht, vom Arbeitsgericht klären zu lassen, ob der Widerspruch des Betriebsrates begründet ist (dafür zB. *Richardi/Thüsing* § 98 Rn. 35; DKK/*Buschmann* § 98 Rn. 16; dagegen zB.GK-BetrVG/*Raab* § 98 Rn. 31, 32).

### II. Personelle Einzelmaßnahmen

### 1. Einstellung, Versetzung, Eingruppierung, Umgruppierung, §§ 99–101 BetrVG

*a) Zweck und Geltungsbereich der Regelung*

Zweck der Beteiligung des Betriebsrates ist der Schutz der vorhandenen Belegschaft vor Veränderungen und der Schutz des von der personellen Einzelmaßnahme betroffenen Arbeitnehmers (GK-BetrVG/*Raab* § 99 Rn. 6). §§ 99–101 BetrVG gelten nur in Unternehmen, in denen i. d. R. mehr als 20 wahlberechtigte Arbeitnehmer beschäftigt sind und in denen ein Betriebsrat konstituiert ist (*BAG* 23.8.1984 EzA § 102 BetrVG 1972 Nr. 59).

Entscheidend ist die regelmäßige Beschäftigtenzahl im Zeitpunkt der Vornahme der personellen Einzelmaßnahmen, nicht die zufällige effektive Zahl der wahlberechtigten Arbeitnehmer zu diesem Zeitpunkt, d. h. es kommt ohne Berücksichtigung einer vorübergehenden Erhöhung oder Verringerung der Personalstärke auf die Zahl der Arbeitsplätze an, auf die das Unternehmen ausgerichtet ist (vgl. *BAG* 31.7.1986 EzA § 17 KSchG Nr. 3).

Einzubeziehen sind dabei die Arbeitnehmer der Betriebe des konkreten Unternehmens unter Einbeziehung etwa vorhandener nicht betriebsratsfähiger Betriebsteile und Nebenbetriebe sowie nicht betriebsratsfähiger Kleinbetriebe (vgl. so schon zur Rechtslage vor Inkrafttreten des BetrVG-ReformG vom 23.7.2001: *BAG* 3.12.1985 EzA § 4 BetrVG 1972 Nr. 4). Der Einzustellende zählt nicht mit (GK-BetrVG/*Raab* § 99 Rn. 7). Führen mehrere Unternehmen mit jeweils weniger als zwanzig wahlberechtigten Arbeitnehmern gemeinsam einen Betrieb, in dem insgesamt mehr als zwanzig wahlberechtigte Arbeitnehmer beschäftigt sind, so ist die Vorschrift des § 99 BetrVG auf Versetzungen in diesem Betrieb analog anwendbar (*BAG* 29.9.2004 EzA § 99 BetrVG 2001 Nr. 4).

*b) Inhalt des Beteiligungsrechts*

Die Beteiligung des Betriebsrates bei personellen Einzelmaßnahmen ist i. S. d. positiven Konsensprinzips ausgestaltet: Die in § 99 Abs. 1 BetrVG erwähnten Maßnahmen bedürfen zu ihrer betriebsverfassungsrechtlichen Wirksamkeit der Zustimmung des Betriebsrats. Diese muss entweder ausdrücklich erteilt sein oder infolge Fristablaufs fiktiv als erteilt gelten (vgl. § 99 Abs. 3 S. 2 BetrVG) oder arbeitsgerichtlich ersetzt sein (vgl. § 99 Abs. 4 BetrVG). Das Beteiligungsrecht des Betriebsrates greift erst, wenn sich der Arbeitgeber entschlossen hat, eine personelle Einzelmaßnahme durchzuführen. Der Betriebsrat seinerseits kann die Durchführung einer Maßnahme oder einer anderen als der vom Arbeitgeber geplanten Maßnahme nicht erzwingen. Es besteht damit kein Initiativrecht. Der Betriebsrat kann lediglich personelle Einzelmaßnahmen anregen und beispielsweise andere Bewerber zur Einstellung vorschlagen. Unter dem Gesichtspunkt der vertrauensvollen Zusammenarbeit (§ 2 Abs. 1 BetrVG) ist der Arbeitgeber jedoch lediglich verpflichtet, die Anregungen und Argumente des Betriebsrates ernsthaft in Erwägung zu ziehen (*BAG* 3.12.1985 EzA § 99 BetrVG 1972 Nr. 46).

c) Die Maßnahmen im Einzelnen

aa) Einstellung

(1) Begriff

2027 Das BetrVG definiert den Begriff der Einstellung nicht selbst. Während z. T. (z. B. HSWGNR/*Schlochauer* § 99 Rn. 15) hierunter der Abschluss des Arbeitsvertrages, z. T. (z. B. *Richardi/Thüsing* § 99 Rn. 29) die tatsächliche Eingliederung in den Betrieb verstanden wurde, hat das BAG (14.5.1974 EzA § 99 BetrVG 1972 Nr. 6) zunächst hierunter sowohl die Begründung des Arbeitsverhältnisses als auch die zeitlich damit zusammenfallende, vorhergehende oder auch nachfolgende tatsächliche Arbeitsaufnahme verstanden, wobei das Mitbestimmungsrecht jeweils dem zeitlich ersten Vorgang zugeordnet wurde.

2028 Nach nunmehriger Rechtsprechung des *BAG* (vgl. etwa 23.6.2010 EzA § 99 BetrVG 2001 Einstellung Nr. 13; 13.12.2005 EzA § 99 BetrVG 2001 Nr. 4) liegt eine Einstellung vor, wenn der Mitarbeiter derart in die Arbeitsorganisation des Betriebs eingegliedert wird, dass der Betriebsinhaber die für eine weisungsgebundene Tätigkeit typischen Entscheidungen über Zeit und Ort der Tätigkeit zu treffen hat, wobei der Mitarbeiter dabei auch in einem Arbeitsverhältnis oder einem sonstigen Rechtsverhältnis zu Dritten stehen kann. Erforderlich ist aber stets, dass der Betriebsinhaber die Personalhoheit in Form der Entscheidungsbefugnis hinsichtlich Zeit und Ort der Tätigkeit besitzt. Beruht die tatsächliche Beschäftigung auf dem Abschluss eines Arbeitsvertrages mit dem Betriebsinhaber, ist der Betriebsrat jedoch nicht erst vor Aufnahme der tatsächlichen Beschäftigung, sondern vor Abschluss des Vertrages, der zur Einstellung führt, zu beteiligen (*BAG* 28.4.1992 EzA § 99 BetrVG 1972 Nr. 106; 19.6.2001 EzA § 99 BetrVG 1972 Einstellung Nr. 9). Auf das Rechtsverhältnis, in dem die tatsächlich beschäftigte Person zum Arbeitgeber als Betriebsinhaber steht, kommt es nicht entscheidend an, insbes. ist nicht erforderlich, dass der Beschäftigung der einzugliedernden Personen ein Arbeitsvertrag zugrunde liegt (*BAG* 12.11.2002 § 99 BetrVG 2001 Nr. 2).

2029 Maßgebend ist das Merkmal der Eingliederung, das dann erfüllt ist, wenn die zu verrichtende Tätigkeit ihrer Art nach eine weisungsgebundene Tätigkeit ist, die der Verwirklichung des arbeitstechnischen Zwecks des Betriebes zu dienen bestimmt ist und daher vom Arbeitgeber organisiert werden muss (*BAG* 30.8.1994 EzA § 99 BetrVG 1972 Nr. 125).

2030 Unerheblich ist die voraussichtliche Dauer der Beschäftigung, sodass auch Einstellungen für nur wenige Tage der Zustimmung des Betriebsrates bedürfen (*BAG* 16.12.1986 EzA § 99 BetrVG 1972 Nr. 54). Mangels Eingliederung liegt keine Einstellung vor beim Einsatz sog. Testkäufer, wenn den einzelnen Niederlassungen keinerlei Befugnis zusteht, deren Arbeitseinsatz zu organisieren (*LAG Hamm* 24.2.2006 – 13 TaBV 178/05, EzA-SD 11/06, S. 12).

(2) Einzelfälle

2031 – Der Mitbestimmung des Betriebsrates unterliegt immer die Neueinstellung von Arbeitnehmern auf der Grundlage eines Arbeitsvertrages, wobei es nicht darauf ankommt, ob dieser fehlerfrei geschlossen ist oder an Mängeln leidet, sodass auch die Aufnahme eines faktischen Arbeitsverhältnisses ausreicht (GK-BetrVG/*Raab* § 99 Rn. 26).

2032 – Ausreichend ist auch die Beschäftigung in Vollzug eines mittelbaren Arbeitsverhältnisses (*BAG* 18.4.1989 EzA § 99 BetrVG 1972 Nr. 73).

2033 – Gleiches gilt für die Begründung eines Ausbildungsverhältnisses, auch im Rahmen eines Praktikums oder Volontariats (MünchArbR/*Matthes* § 263 Rn. 9), nicht aber bei der Beschäftigung von Schülerpraktikanten, da diese nicht der Verwirklichung des Betriebszweckes dient, sondern Teil der schulischen Ausbildung ist (*BAG* 8.5.1990 EzA § 99 BetrVG 1972 Nr. 88).

2034 – Hingegen liegt eine Einstellung auch dann vor, wenn Personen für eine in Aussicht genommene Beschäftigung eine Ausbildung erhalten, ohne die eine solche Beschäftigung nicht möglich wäre, wobei es keinen Unterschied macht, ob diese nach der Ausbildung in einem Arbeitsverhältnis oder

## M. Mitbestimmung in personellen Angelegenheiten  Kapitel 13

als freie Mitarbeiter beschäftigt werden sollen (*BAG* 20.4.1993 EzA § 99 BetrVG 1972 Nr. 114; 3.10.1989 EzA § 99 BetrVG 1972 Nr. 79).
- Eine Einstellung liegt auch vor, wenn eine Arbeitnehmerin während des Erziehungsurlaubs mit Zustimmung des Arbeitgebers ihre ursprüngliche Tätigkeit mit verringerter Stundenzahl wieder aufnimmt. Hierdurch werden nämlich die Interessen der Belegschaft in gleicher Weise berührt wie bei einer Neueinstellung, da sich für die bisher zur Vertretung herangezogenen Mitarbeiter neue Auswahlfragen ergeben können (*BAG* 28.4.1998 EzA § 99 BetrVG 1972 Einstellung Nr. 5). 2035
- Einstellung ist auch die Besetzung eines zuvor ausgeschriebenen Arbeitsplatzes im Wege der Erhöhung der vertraglichen Arbeitszeit schon beschäftigter Arbeitnehmer, soweit deren zeitlich erhöhter Einsatz länger als einen Monat andauern soll (*BAG* 25.1.2005 EzA § 99 BetrVG 2001 Einstellung Nr. 3) und es sich um eine erhebliche Heraufsetzung der Arbeitszeit handelt. Dies ist dann der Fall, wenn der Arbeitgeber den zeitlichen Mehrbedarf als Stelle ausgeschrieben hat oder nach § 93 BetrVG hätte ausschreiben müssen (*BAG* 15.5.2007 EzA § 1 BetrVG 2001 Nr. 5). Eine erhebliche Heraufsetzung der Arbeitszeit liegt jedenfalls vor, wenn die wöchentliche Arbeitszeit um mindestens 10 Stunden erhöht wird (*BAG* 9.12.2008 EzA § 99 BetrVG 2001 Einstellung Nr. 11) 2036
- Ebenfalls Einstellung ist die Beschäftigung von Rote-Kreuz-Pflegekräften in einem Krankenhaus auf Grund eines Gestellungsvertrages, wenn die Pflegekräfte in den Betrieb eingegliedert sind, was anzunehmen ist, wenn der Träger des Krankenhauses auch ihnen gegenüber die für ein Arbeitsverhältnis typischen Weisungsbefugnisse hinsichtlich des Arbeitseinsatzes hat (*BAG* 22.4.1997 EzA § 99 BetrVG Einstellung Nr. 3). 2037
- Die Verlängerung eines befristeten Arbeitsverhältnisses oder dessen Umwandlung in ein unbefristetes ist ebenfalls Einstellung, es sei denn, es handelt sich um ein befristetes Probearbeitsverhältnis, sofern dem Betriebsrat vor der Einstellung zur Probe mitgeteilt wurde, der Arbeitnehmer solle bei Bewährung auf unbestimmte Zeit weiterbeschäftigt werden (*BAG* 7.8.1990 EzA § 99 BetrVG 1972 Nr. 91). 2038
- Gleiches soll gelten, wenn die Verlängerung darauf beruht, dass sich eine vereinbarte Befristung als rechtsunwirksam erweist oder ein Leiharbeitnehmer länger als ursprünglich vorgesehen beschäftigt werden soll (MünchArbR/*Matthes* § 263 Rn. 13). 2039
- Um die Verlängerung eines befristeten Vertragsverhältnisses in diesem Sinne handelt es sich auch bei der Übernahme eines Auszubildenden (GK-BetrVG/*Raab* § 99 Rn. 29 m. w. N.), nicht aber bei der Begründung eines unbefristeten Arbeitsverhältnisses im Anschluss an die Ausbildung in Anwendung des § 78a BetrVG vgl. nur GK-BetrVG/*Raab* § 99 Rn. 33 m. w. N.). 2040
- Ebenso soll eine Einstellung vorliegen, wenn ein Arbeitsverhältnis über eine tarifliche Altersgrenze hinaus verlängert wird (*BAG* 12.7.1988 EzA § 99 BetrVG 1972 Nr. 59; a. A. etwa GK-BetrVG/*Raab* § 99 Rn. 28). Eine Altersgrenze in einer Betriebsvereinbarung enthält i. d. R. kein Verbot einer Beschäftigung des Arbeitnehmers über die Altersgrenze hinaus, es sei denn, dass ein solches Verbot in der Betriebsvereinbarung deutlichen Ausdruck findet. Deshalb ist der Betriebsrat i. d. R. nicht berechtigt, seine Zustimmung zur Weiterbeschäftigung dieses Arbeitnehmers zu verweigern (*BAG* 10.3.1992 EzA § 99 BetrVG 1972 Nr. 104). 2041
- Ferner liegt eine Einstellung auch bei der erstmaligen Ausgabe von Arbeit an Heimarbeiter, die in der Hauptsache für den Betrieb arbeiten, vor (vgl. MünchArbR/*Matthes* 2. Aufl., § 352 Rn. 17). 2042
- Da kein Betriebsfremder neu in den Betrieb kommt, liegt **keine** Einstellung vor, wenn ein Arbeitnehmer nach einem Ruhen des Arbeitsverhältnisses (z. B. Wehrdienst, Erziehungsurlaub, suspendierende Aussperrung) seine Beschäftigung wieder aufnimmt (GK-BetrVG/*Raab* § 99 Rn. 35). 2043
- Um eine Einstellung handelt es sich aber, wenn mit einem Arbeitnehmer oder einer Arbeitnehmerin nach Antritt des Erziehungsurlaubs vereinbart wird, dass sie auf ihrem bisherigen Arbeitsplatz hilfsweise eine befristete Teilzeitbeschäftigung aufnehmen sollen (*BAG* 28.4.1998 EzA § 99 BetrVG 1972 Einstellung Nr. 5). 2044
- **Keine** Einstellung liegt vor bei einvernehmlicher Fortsetzung des Arbeitsverhältnisses nach Ausspruch einer Kündigung vor Ablauf der Kündigungsfrist, der Kündigungsrücknahme oder der Anerkennung des Klageanspruches in einem Kündigungsschutzprozess sowie bei einer tatsächlichen Beschäftigung während des Kündigungsschutzprozesses auf Grund des betriebsverfassungsrecht- 2045

**Kapitel 13** Betriebsverfassungsrecht

lichen (§ 102 Abs. 5 BetrVG) oder allgemeinen (s. Kap. 4 Rdn. 3275 ff.) Weiterbeschäftigungsanspruches (*LAG Frankf./M.* 12.5.1987 LAGE § 101 BetrVG 1972 Nr. 2; GK-BetrVG/*Raab* § 99 Rn. 34).

2046 – Die Versetzung eines Arbeitnehmers von einem Betrieb in einen anderen Betrieb des Unternehmens ist für den aufnehmenden Betrieb grds. Einstellung i. S. d. § 99 BetrVG (*BAG* 16.12.1986 EzA § 99 BetrVG 1972 Nr. 54).

2047 – Die Rückkehr eines solchen Arbeitnehmers in den Betrieb, in dem er ursprünglich beschäftigt war, ist **keine** Einstellung, wenn bei Durchführung der Versetzung von vorneherein feststand, dass der Mitarbeiter zurückkehrt. Die vorübergehende Entsendung und die anschließende Rückkehr ist vielmehr eine einheitliche Maßnahme, die gegebenenfalls nur unter dem Gesichtspunkt der Versetzung der Zustimmung des Betriebsrates des abgebenden Betriebes bedarf (*BAG* 14.11.1989 EzA § 99 BetrVG 1972 Nr. 85).

2048 Da es nach der Rechtsprechung des *BAG* (s. Rdn. 2028) auf die tatsächliche Eingliederung in den Betrieb, nicht aber darauf ankommt, in welchem Rechtsverhältnis die eingegliederten Personen zum Arbeitgeber als Betriebsinhaber stehen, kann eine Einstellung auch vorliegen, wenn die beschäftigten Personen nicht auf Grund eines Arbeitsverhältnisses zum Betriebsinhaber, sondern auf Grund eines anderen Rechtsverhältnisses im Betrieb beschäftigt werden.

2049 Kraft ausdrücklicher gesetzlicher Regelung in Art. 1 § 14 Abs. 3 AÜG ist der Betriebsrat des Entleiherbetriebes vor der Übernahme eines Leiharbeitnehmers zur Arbeitsleistung nach § 99 BetrVG zu beteiligen. Diese Vorschrift ist wegen gleicher Interessenlage und der Betroffenheit der Belegschaft des aufnehmenden Betriebes auch auf die nicht gewerbsmäßige und die unerlaubte gewerbsmäßige Arbeitnehmerüberlassung entsprechend anzuwenden (*BAG* 28.9.1988 EzA § 99 BetrVG 1972 Nr. 68). Der Arbeitgeber muss das Verfahren nach § 99 BetrVG auch bei einem nur ganz kurzfristigen Einsatz von Leiharbeitnehmern wahren (*BAG* 9.3.2011 EzA § 99 BetrVG 2001 Einstellung Nr. 17). Einstellung ist noch nicht die Aufnahme von Leiharbeitnehmern in einen Stellenpool, aus dem der Verleiher auf Anforderung des Entleihers Kräfte für die Einsätze im Entleiherbetrieb auswählt, sondern die tatsächlichen konkreten Einsätze (*BAG* 23.1.2008 EzA § 99 BetrVG 2001 Einstellung Nr. 8).

2050 Für die Beurteilung der Frage, ob der Einsatz sog. Fremdfirmenmitarbeiter, d. h. von Personen, die im Betrieb tätig werden, weil sie auf Grund eines Werk- oder Dienstvertrages selbst oder als Arbeitnehmer eines Dritten verpflichtet sind, bestimmte Arbeitsleistungen im Betrieb zu erbringen, Einstellung i. S. d. § 99 BetrVG ist, kommt es nach der Rechtsprechung des *BAG* (5.3.1991 EzA § 99 BetrVG 1972 Nr. 99; 1.12.1992 EzA § 99 BetrVG 1972 Nr. 110; 18.10.1994 EzA § 99 BetrVG 1972 Nr. 124) nicht nur darauf an, ob die von ihnen zu erbringende Dienstleistung oder das von ihnen zu erstellende Werk hinsichtlich Art, Umfang, Güte, Zeit und Ort in den betrieblichen Arbeitsprozess eingeplant ist. Hinzukommen muss vielmehr, dass diese Personen selbst in die Arbeitsorganisation des Arbeitgebers eingegliedert werden, sodass dieser die für ein Arbeitsverhältnis typische Entscheidung über deren Arbeitseinsatz auch nach Zeit und Ort zu treffen hat, er also die Personalhoheit über diese Personen besitzt und damit wenigstens einen Teil der Arbeitgeberstellung übernimmt (*BAG* 13.3.2001 EzA § 99 BetrVG 1972 Einstellung Nr. 8). Dies kann nicht bereits deshalb angenommen werden, weil die zu erbringende Dienstleistung oder das zu erstellende Werk vertraglich hinsichtlich aller Einzelheiten zwischen Dienst- oder Werknehmer und Unternehmer so detailliert geregelt ist, dass dem Dienst- oder Werknehmer hinsichtlich der Erbringung der Dienstleistung bzw. der Erstellung des Werkes kein eigener Entscheidungsspielraum verbleibt (*BAG* 1.12.1992 EzA § 99 BetrVG 1972 Nr. 110). Soweit keine Einstellung i. S. d. § 99 BetrVG vorliegt, kann die Übertragung von Aufgaben, die bislang im Betrieb verrichtet wurden, auf Dritte eine Betriebsänderung sein, an der der Betriebsrat nach näherer Maßgabe der §§ 111 f. BetrVG zu beteiligen ist (vgl. *BAG* 5.3.1991 EzA § 99 BetrVG 1972 Nr. 99). Die Einstellung einer sog MAE-Kraft (»1-Euro-Job«) ist Einstellung i. S. d. § 99 BetrVG (*BAG* 2.10.2007 EzA § 99 BetrVG 2001 Einstellung Nr. 7).

2051 Die Beschäftigung freier Mitarbeiter ist nach neuerer Rechtsprechung des *BAG* (30.8.1994 EzA § 99 BetrVG 1972 Nr. 125) keine mitbestimmungspflichtige Einstellung, da die für die Eingliederung in

## M. Mitbestimmung in personellen Angelegenheiten Kapitel 13

eine fremde Arbeitsorganisation charakteristische Unterwerfung unter die Organisationsgewalt und damit auch unter Weisungen des Betriebsinhabers i. d. R. nicht im erforderlichen Umfang gegeben ist, da beim freien Mitarbeiter i. d. R. gerade die durch Weisungsgebundenheit und Eingliederung bestimmte persönliche Abhängigkeit fehlt. Ein Mitbestimmungsrecht des Betriebsrates kommt daher nur bei atypischen Sachverhalten in Frage (zu solchen Sachverhalten vgl. *BAG* 15.4.1986 EzA § 99 BetrVG 1972 Nr. 50; 3.7.1990 EzA § 99 BetrVG 1972 Nr. 90; 20.4.1993 EzA § 99 BetrVG 1972 Nr. 114). Ein atypischer Sachverhalt soll nach Auffassung des *BAG* (30.8.1994 EzA § 99 BetrVG 1972 Nr. 125) vorliegen, wenn eine Abweichung von der normalen Beschäftigungssituation eines freien Mitarbeiters deshalb vorliegt, weil sich die Tätigkeit nicht nennenswert von der weisungsabhängigen Tätigkeit vergleichbarer Arbeitnehmer desselben Betriebes unterscheidet.

### bb) Versetzung

*(1) Zweck und Anwendungsbereich*

§ 95 Abs. 3 BetrVG enthält eine eigenständige, betriebsverfassungsrechtliche Definition des Versetzungsbegriffs, mit der gegenüber der Regelung in § 60 Abs. 3 BetrVG 1952 erreicht werden sollte, den Mitbestimmungsbereich des Betriebsrates zu erweitern. Insbesondere sollten auch sog. Umsetzungen, d. h. Versetzungen innerhalb des gleichen Betriebes oder der gleichen Betriebsabteilung, erfasst werden (BR-Drs. 715/70, S. 50). Versetzung ist danach die Zuweisung eines anderen Arbeitsbereiches, die die voraussichtliche Dauer von einem Monat überschreitet oder mit einer erheblichen Änderung der Umstände verbunden ist, unter denen die Arbeit zu leisten ist, soweit nicht der Arbeitnehmer nach der Eigenart des Arbeitsverhältnisses üblicherweise nicht ständig an einem bestimmten Arbeitsplatz beschäftigt wird. Das Beteiligungsrecht besteht bei Arbeitnehmern und Auszubildenden (*BAG* 3.12.1985 EzA § 95 BetrVG 1972 Nr. 10). Zustimmungspflichtig ist auch die Versetzung anderer Personen, die im Betrieb zusammen mit den Arbeitnehmern dessen arbeitstechnischen Zweck durch weisungsgebundene Tätigkeit verwirklichen, so etwa, wenn Leiharbeitnehmern im Entleiherbetrieb ein anderer Arbeitsbereich zugewiesen wird, es sei denn, der Leiharbeitnehmer ist von vorneherein zur Vertretung von Arbeitnehmern auf verschiedenen Arbeitsplätzen entliehen worden (vgl. MünchArbR/*Matthes* 2. Aufl., § 353 Rn. 29). 2052

Nach der Eigenart des Arbeitsverhältnisses liegt üblicherweise ein Wechsel der Arbeitsbereiche vor bei Montagekolonnen, Springern, Arbeitnehmern, die innerhalb des Betriebes üblicherweise an wechselnden Arbeitsplätzen eingesetzt werden oder bei Auszubildenden, denen planmäßig unterschiedliche Ausbildungsplätze zugewiesen werden (*BAG* 3.12.1985 EzA § 95 BetrVG 1972 Nr. 10). 2053

Ein solcher Wechsel des Arbeitsortes muss dabei charakteristisch für das Arbeitsverhältnis sein (GK-BetrVG/*Raab* § 99 Rn. 78). Hierfür genügt nicht, dass dem Arbeitgeber die arbeitsvertragliche Befugnis zusteht, dem Arbeitnehmer unterschiedliche Arbeitsplätze zuzuweisen (*BAG* 18.12.1986 EzA § 95 BetrVG 1972 Nr. 12). Zur Versetzung von Betriebsratsmitgliedern s. Rdn. 821 ff. 2054

*(2) Änderung des Arbeitsbereiches*

Der Begriff des Arbeitsbereiches ist funktional zu verstehen und umfasst mehr als den Ort der Arbeitsleistung, nämlich die Art der Tätigkeit, wie sie sich aus der geschuldeten Arbeitsleistung und dem Inhalt der Arbeitsaufgabe ergibt und die Einordnung des Arbeitnehmers in die betriebliche Organisation (*BAG* 17.6.2008 EzA § 95 BetrVG 2001 Nr. 8; 10.4.1984 EzA § 95 BetrVG 1972 Nr. 8). 2055

Eine Änderung des Arbeitsbereiches liegt damit vor, wenn dem Arbeitnehmer ein neuer Tätigkeitsbereich zugewiesen wird oder wenn der Arbeitnehmer seine bisherige Stellung in der betrieblichen Organisation verändern muss, ohne dass es auf eine rein örtliche Veränderung des Arbeitsplatzes ankäme (GK-BetrVG/*Raab* § 99 Rn. 66). Nach Ansicht des *BAG* (18.2.1986 EzA § 95 BetrVG 1972 Nr. 12; 1.8.1989 EzA § 95 BetrVG 1972 Nr. 16; 8.8.1989 EzA § 95 BetrVG 1972 Nr. 18) liegt eine Versetzung darüber hinaus auch bei einer bloßen Veränderung des Arbeits- 2056 ortes vor, selbst wenn sich Arbeitsaufgabe oder Einordnung in die betriebliche Organisation nicht ändern.

2057 Auszugrenzen sind bloße Bagatellfälle örtlicher Veränderung, wobei allerdings die Kriterien, wann eine örtliche Veränderung relevant ist, unterschiedlich beurteilt werden (vgl. GK-BetrVG/*Raab* § 99 Rn. 65). Kein Bagatellfall liegt vor bei der Versetzung eines Filialmitarbeiters in eine andere Filiale, die mit einem räumlichen Wechsel der politischen Gemeinde verbunden ist (*LAG Hamm* 23.1.2004 – 10 Ta BV 43/03 – FA 2004, 151). Umgekehrt liegt ohne das Hinzutreten weiterer Umstände keine Versetzung vor, wenn ein Betrieb oder ein räumlich gesonderter Betriebsteil um wenige Kilometer innerhalb einer politischen Gemeinde verlagert wird (*BAG* 27.6.2006 EzA § 95 BetrVG 2001 Nr. 3).

2058 Unerheblich ist, ob der neu zugewiesene Arbeitsbereich höher-, nieder- oder gleichwertig ist. Keine Zuweisung eines neuen Arbeitsbereiches liegt vor, wenn sich die zugewiesene Tätigkeit innerhalb der normalen Schwankungsbreite der dem Arbeitnehmer obliegenden Tätigkeit hält.

2059 Eine Änderung des Arbeitsbereiches liegt nur dann vor, wenn der Gegenstand der geschuldeten Arbeitsleistung, der Inhalt der Arbeitsaufgabe, ein anderer wird und sich deshalb das Gesamtbild der Tätigkeit des Arbeitnehmers ändert (*BAG* 13.3.2007 EzA § 95 BetrVG 2001 Nr. 5; 10.4.1984 EzA § 95 BetrVG 1972 Nr. 8; 30.9.1993 EzA § 99 BetrVG 1972 Nr. 118). Keine Zuweisung eines anderen Arbeitsbereichs ist der vollständige Entzug der Arbeitsaufgaben, etwa bei einer Freistellung innerhalb der Kündigungsfrist (*BAG* 28.3.2000 EzA § 95 BetrVG 1972 Nr. 33).

2060 Bei einem Entzug von Teilaufgaben bei im Übrigen gleich bleibender Tätigkeit liegt eine Versetzung deshalb nur dann vor, wenn durch den Entzug ein von dem bisherigen grundlegend abweichender neuer Arbeitsbereich entsteht (*BAG* 2.4.1996 EzA § 99 BetrVG 1972 Nr. 29).

2061 Eine Änderung des Arbeitsbereiches durch eine Änderung der organisatorischen Eingliederung liegt vor, wenn der Arbeitnehmer aus einer betrieblichen Einheit herausgenommen und einer anderen Einheit zugewiesen wird (*BAG* 17.6.2008 EzA § 95 BetrVG 2001 Nr. 8; 29.2.2000 EzA § 95 BetrVG 1972 Nr. 31; 10.4.1984 EzA § 95 BetrVG 1972 Nr. 8). Erfasst ist der Wechsel aus einer betrieblichen Einheit, an deren Spitze ein auch zu Personalentscheidungen befugter Vorgesetzter steht, wie z. B. aus einer Betriebsabteilung in eine andere (vgl. *LAG SchlH* 27.2.2007 LAGE § 99 BetrVG 2001 Nr. 3).

2062 Eine Änderung des Arbeitsbereichs kann auch beim Wechsel des Arbeitnehmers vom Einzel- in den Gruppenakkord vorliegen. Insoweit sind auch die durch die Einbindung in die Gruppe entstehenden Abhängigkeiten und die Notwendigkeit der Zusammenarbeit mit den anderen Gruppenmitgliedern zu berücksichtigen (*BAG* 22.4.1997 EzA § 99 BetrVG Versetzung Nr. 2). Der bloße Vorgesetztenwechsel ohne Änderung der Einordnung in die betriebliche Organisation ist hingegen ebenso wenig Versetzung (GK-BetrVG/*Raab* § 99 Rn. 73) wie die Zuordnung der betrieblichen Einheit zu einer anderen Leitungsstelle (*BAG* 10.4.1984 EzA § 95 BetrVG 1972 Nr. 8).

2063 Problematisch ist die betriebsverfassungsrechtliche Beurteilung zumindest der dauerhaften Versetzung eines Arbeitnehmers in einen anderen Betrieb des Unternehmens oder in den Betrieb eines Tochterunternehmens. Einigkeit besteht dahingehend, dass jedenfalls ein Mitbestimmungsrecht unter dem Gesichtspunkt der Einstellung des Betriebsrates des aufnehmenden Betriebes besteht. Ob darüber hinaus auch ein Zustimmungserfordernis unter dem Gesichtspunkt der Versetzung des Betriebsrates des abgebenden Betriebes besteht, wird kontrovers diskutiert. Zum Teil (vgl. GK-BetrVG/*Raab* § 99 Rn. 104 ff.) wird dies mit der Begründung verneint, dass sich aus der Sicht des abgebenden Betriebes der Wechsel des Arbeitnehmers als Ausscheiden darstelle und ein solches Ausscheiden abgesehen vom Beteiligungsrecht des Betriebsrates bei Kündigung nach § 102 BetrVG nicht der Beteiligung des Betriebsrates unterfalle.

## M. Mitbestimmung in personellen Angelegenheiten  Kapitel 13

Bei einer Versetzung in einen anderen Betrieb desselben Unternehmens bejaht das *BAG* (19.2.1991 EzA § 95 BetrVG 1972 Nr. 24; 20.9.1990 EzA § 99 BetrVG 1972 Nr. 95; 26.1.1993 EzA § 99 BetrVG 1972 Nr. 109) ein Mitbestimmungsrecht des Betriebsrates des entsendenden Betriebes sowohl bei einer Versetzung des Arbeitnehmers auf Dauer als auch bei einer nur vorübergehenden Entsendung. Bei einer Versetzung auf Dauer entfällt das Mitbestimmungsrecht jedoch dann, wenn der Arbeitnehmer mit ihr einverstanden ist, sie selbst gewünscht hat oder sie jedenfalls seinen Wünschen und seiner freien Entscheidung entspricht (*BAG* 20.9.1990 EzA § 99 BetrVG 1972 Nr. 95).

2064

In diesem Fall erfordert der Gesichtspunkt des Schutzes des betroffenen Arbeitnehmers kein Mitbestimmungsrecht. Aber auch der weiter beabsichtigte Schutz der verbleibenden Belegschaft kann nicht erreicht werden. Bei Einverständnis zwischen Arbeitgeber und zu versetzendem Arbeitgeber kann das Ziel der Versetzung nämlich auf jeden Fall erreicht werden, etwa durch den mitbestimmungsfreien Abschluss eines Auflösungsvertrages und die Neubegründung eines Arbeitsverhältnisses mit dem aufnehmenden Betrieb oder Eigenkündigung des Arbeitnehmers und anschließender Neubegründung des Arbeitsverhältnisses, sodass der Betriebsrat des abgebenden Betriebes das Ausscheiden eines versetzungswilligen Arbeitnehmers letztlich nicht verhindern kann.

2065

Ebenso wenig ist der Betriebsrat eines stillgelegten Betriebs im Rahmen seines Restmandats nach § 99 Abs. 1 S. 1, § 95 Abs. 3 S. 1 BetrVG zu beteiligen, wenn der Arbeitgeber einem Arbeitnehmer nach der vollständigen Stilllegung des Betriebs eine Tätigkeit in einem anderen Betrieb des Unternehmens zuweist, weil die Mitwirkung des Betriebsrats weder zur Wahrung von Belegschaftsinteressen, noch zum Schutz der betroffenen Arbeitnehmer geboten ist (*BAG* 8.12.2009 EzA § 21b BetrVG 2001 Nr. 1).

2066

Ob der Arbeitsbereich i. S. v. § 95 Abs. 3 BetrVG auch durch die Umstände, unter denen die Arbeit zu leisten ist, gekennzeichnet werden kann, ist angesichts der Tatsache, dass eine solche erhebliche Änderung der Umstände weitere, nach dem Wortlaut des Gesetzes zusätzliche Voraussetzung zur Änderung des Arbeitsbereiches ist, streitig (vgl. GK-BetrVG/*Raab* § 99 Rn. 62 ff.).

2067

Das *BAG* (16.7.1991 EzA § 95 BetrVG 1972 Nr. 25) steht nunmehr (anders noch *BAG* 26.5.1988 EzA § 95 BetrVG 1972 Nr. 13) auf dem Standpunkt, dass abgesehen vom Wechsel des Arbeitsortes (s. Rdn. 2056) eine erhebliche Änderung der Umstände, unter denen die Arbeit zu leisten ist, nicht auch zu einer Änderung des Arbeitsbereiches führt.

2068

Die Verlängerung oder Verkürzung der Wochenarbeitszeit, auch hinsichtlich der Mindestwochenarbeitszeit von Teilzeitkräften mit variabler Arbeitszeit, stellt für sich alleine daher ebenso wenig eine Versetzung dar wie die Veränderung der Lage der Arbeitszeit (*BAG* 19.2.1991 EzA § 95 BetrVG 1972 Nr. 23; 16.7.1991 EzA § 95 BetrVG 1972 Nr. 25; 23.11.1993 EzA § 95 BetrVG 1972 Nr. 28).

2069

### (3) Dauer der Versetzung

Liegt eine Änderung des Arbeitsbereiches vor, handelt es sich jedenfalls um eine zustimmungspflichtige Versetzung, wenn die Maßnahme von vornherein auf eine Dauer von mehr als einem Monat angelegt ist. Bei kürzeren Maßnahmen muss eine erhebliche Änderung der Umstände, unter denen die Arbeit zu leisten ist, hinzutreten.

2070

Ist bei Zuweisung des anderen Arbeitsbereiches eine Überschreitung der Dauer von einem Monat weder beabsichtigt noch vorhersehbar, so besteht grds. kein Mitbestimmungsrecht. Kürzere Überschreitungen der Frist sind unschädlich (GK-BetrVG/*Raab* § 99 Rn. 79). Umstritten ist, ob und unter welchen Voraussetzungen die Zustimmung des Betriebsrates zu einem späteren Zeitpunkt einzuholen ist, wenn sich im Laufe der Maßnahme herausstellt, dass die Monatsfrist wesentlich überschritten werden wird.

2071

2072 Zum Teil (GK-BetrVG/*Raab* § 99 Rn. 79; DKK/*Kittner* § 99 Rn. 108) wird das Zustimmungserfordernis generell bejaht, zum Teil (HSWGNR/*Schlochauer* § 99 Rn. 52; *Fitting* § 99 Rn. 155) wird die Ansicht vertreten, das Zustimmungserfordernis bestehe nur dann, wenn sich später herausstelle, dass zum einen die Monatsfrist überschritten wird und diese Überschreitung ihrerseits auch selbst die Dauer von einem Monat überschreiten wird.

2073 Kommt es wegen Unterschreitung der Monatsfrist auf eine erhebliche Änderung der Umstände an, sind damit die äußeren Umstände gemeint, unter denen die – ohnehin schon andere – Arbeit zu verrichten ist (*BAG* 13.3.2007 EzA § 95 BetrVG 2001 Nr. 5; 11.12.2007 EzA § 95 BetrVG 2001 Nr. 7), wie etwa die äußeren Arbeitsbedingungen für die Gestaltung des Arbeitsplatzes, die Ausstattung mit technischen Hilfsmitteln, Mitarbeitern und Vorgesetzten, die Entfernung zur Wohnung (*BAG* 1.8.1989 EzA § 95 BetrVG 1972 Nr. 16) und zu den Sozialeinrichtungen, die Lage der Arbeitszeit, Lärm, Schmutz, Hitze oder Nässe. Es muss sich um den Arbeitnehmer belastende Umstände handeln (*BAG* 28.9.1988 EzA § 95 BetrVG 1972 Nr. 14). Erheblich ist eine Änderung dieser Umstände dann, wenn sie nach Auffassung eines vernünftigen Arbeitnehmers als bedeutsam im Vergleich zur bisherigen Situation betrachtet werden (GK-BetrVG/*Raab* § 99 Rn. 79, vgl. *BAG* 28.8.2007 EzA § 95 BetrVG 2001 Nr. 6).

2074 Normale, mit jeder Zuweisung eines anderen Arbeitsbereichs verbundene Belastungen, wie das Zusammenwirken mit anderen Arbeitnehmern und in ungewohnter Arbeitsumgebung, reichen hierzu nicht aus (*BAG* 28.9.1988 EzA § 95 BetrVG 1972 Nr. 14; 19.2.1991 EzA § 95 BetrVG 1972 Nr. 24). Bei einer (Auslands-) Dienstreise kann nicht generell aus der Notwendigkeit einer auswärtigen Übernachtung auf eine erhebliche Änderung der Arbeitsumstände i. S. d. § 95 Abs. 3 BetrVG geschlossen werden (*BAG* 21.9.1999 EzA § 95 BetrVG 1972 Nr. 30).

*cc) Eingruppierung*

2075 Eingruppierung i. S. v. § 99 Abs. 1 BetrVG ist die Zuordnung eines Arbeitnehmers auf Grund der von ihm vertragsgemäß auszuübenden Tätigkeit zu einer bestimmten Vergütungsgruppe einer im Betrieb geltenden Vergütungsordnung. Eine Eingruppierung ist vorzunehmen, wenn im Betrieb ein allgemein angewandtes Entgeltschema existiert, unabhängig davon, ob diese Vergütungsordnung kraft Tarifbindung wirkt, auf einer Betriebsvereinbarung beruht oder auf Grund einzelvertraglicher Inbezugnahme oder auf Grund einer betrieblichen Übung zur Anwendung kommt oder vom Arbeitgeber einseitig geschaffen wurde (*BAG* 4.5.2011 EzA § 99 BetrVG 2001 Eingruppierung Nr. 9; 28.4.2009 EzA § 99 BetrVG 2001 Eingruppierung Nr. 4; 11.11.2008 EzA § 87 BetrVG 2001 Betriebliche Lohngestaltung Nr. 17; 23.11.1993 EzA § 99 BetrVG 1972 Nr. 119; 3.12.1985 EzA § 118 BetrVG 1972 Nr. 37).

2076 Das Mitbestimmungsrecht erstreckt sich bei einer nach Lohn- und Fallgruppen aufgebauten tariflichen Vergütungsordnung dabei nicht nur auf die Bestimmung der Lohngruppe, sondern auch auf die der richtigen Fallgruppe dieser Lohngruppe, wenn damit unterschiedliche Rechtsfolgewirkungen verbunden sein können, wie etwa bei Fallgruppen, aus denen ein sog. Bewährungsaufstieg vorgesehen ist (*BAG* 27.7.1993 EzA § 99 BetrVG 1972 Nr. 116). Soweit sich die nach § 10 Abs. 4 AÜG (»Equal Pay«) an den Leiharbeitnehmer zu zahlende Vergütung aus einer beim Entleiher geltenden kollektiven Vergütungsordnung ergibt, ist eine Eingruppierung des Leiharbeitnehmers vorzunehmen. Das Beteiligungsrecht nach § 99 BetrVG steht dem Betriebsrat des Verleiherbetriebs zu (*BAG* 17.6.2008 EzA § 99 BetrVG 2001 Eingruppierung Nr. 3; *Hamann* NZA 2003, 526, 531 f.).

2077 Die Eingruppierung eines Arbeitnehmers ist keine nach außen wirkende konstitutive Maßnahme des Arbeitgebers, sondern lediglich Rechtsanwendung, da eine bestehende Gehaltsgruppenordnung regelmäßig einen Anspruch des Arbeitnehmers unmittelbar auf Vergütung entsprechend dieser Ordnung begründet. Sie ist eine lediglich deklaratorische Feststellung, dass die Tätigkeit des Arbeitnehmers einer bestimmten Lohn- oder Gehaltsgruppe entspricht. Die Beteiligung des Betriebsrates besteht in einem Recht auf Mitbeurteilung der Rechtsanwendung durch den Arbeitgeber (*BAG*

## M. Mitbestimmung in personellen Angelegenheiten  Kapitel 13

3.5.2006 EzA § 99 BetrVG 2001 Umgruppierung Nr. 1) und soll sicherstellen, dass die angesichts der allgemein und weit gehaltenen Fassung der Tätigkeitsmerkmale schwierige Prüfung, welche Vergütungsgruppe der Tätigkeit des Arbeitnehmers entspricht, möglichst zutreffend erfolgt. Sie dient damit der einheitlichen und gleichmäßigen Anwendung der Lohn- und Gehaltsgruppenordnung und damit der innerbetrieblichen Lohngerechtigkeit und Transparenz der vorgenommenen Eingruppierungen (*BAG* 23.11.1993 EzA § 99 BetrVG 1972 Nr. 119). Aus dieser Rechtsnatur der Eingruppierungsentscheidung ergeben sich Besonderheiten bei der Durchsetzung des Beteiligungsrechts des Betriebsrats (s. Rdn. 2182 ff.). Eine Verpflichtung des Arbeitgebers, eine Eingruppierungsentscheidung zu treffen, besteht nur, wenn er anlässlich der Einstellung oder Versetzung des Arbeitnehmers diesem erstmals eine Tätigkeit oder eine andere Tätigkeit zuweist oder sich die anzuwendende Vergütungsgruppenordnung ändert (vgl. für den Fall der Versetzung *BAG* 12.12.2006 EzA § 99 BetrVG 2001 Eingruppierung Nr. 2).

Ist dies nicht der Fall, kann der Betriebsrat vom Arbeitgeber nicht verlangen, dass dieser eine erneute Eingruppierungsentscheidung unter seiner Beteiligung trifft, nur weil er eine mit seiner erklärten oder ersetzten Zustimmung erfolgte Eingruppierung nicht oder nicht mehr für zutreffend hält (*BAG* 18.6.1991 EzA § 99 BetrVG 1972 Nr. 100).  2078

Die Beurteilung des Arbeitgebers, die Tätigkeit des Arbeitnehmers übersteige die Merkmale der obersten tariflichen Vergütungsgruppe und sei daher dem außertariflichen Bereich zuzuordnen, ist ebenfalls eine Eingruppierung i. S. v. § 99 Abs. 1 Satz 1 BetrVG (*BAG* 12.12.2006 EzA § 99 BetrVG 2001 Eingruppierung Nr. 2; anders wohl *BAG* 31.5.1983 EzA § 118 BetrVG 1972 Nr. 36). Auch die Einstufung eines bisher außertariflich vergüteten Angestellten in die höchste tarifliche Vergütungsgruppe stellt sich als Eingruppierung dar (*BAG* 28.1.1986 EzA § 99 BetrVG 1972 Nr. 47). Der Betriebsrat hat nach § 99 Abs. 1 S. 1 BetrVG ein Mitbeurteilungsrecht bei der Frage, ob ein bislang außertariflich vergüteter Angestellter nach einer Versetzung weiterhin außertariflich eingruppiert ist oder nunmehr unter eine tarifliche Vergütungsordnung fällt (*BAG* 12.12.2006 EzA § 99 BetrVG 2001 Eingruppierung Nr. 2). Die Zuordnung zu einer allein für freiwillige betriebliche Sozialleistungen gebildeten Gruppe ist nicht Eingruppierung (GK-BetrVG/*Raab* § 99 Rn. 41), während eine Eingruppierung aber dann vorliegt, wenn nach einer Zulagenregelung Arbeitnehmern einer bestimmten Vergütungsgruppe eine Zulage gewährt wird, die an Tätigkeitsmerkmale anknüpft, die für die Eingruppierung in die Vergütungsgruppe nicht maßgebend waren (*BAG* 24.6.1986 EzA § 99 BetrVG 1972 Nr. 51). Die Vereinbarung eines Nettolohnes mit geringfügig beschäftigten Arbeitnehmern entbindet den Arbeitgeber nicht von der Verpflichtung, diese unter Beteiligung des Betriebsrates in einer auch für die geringfügig beschäftigten Arbeitnehmer geltenden Vergütungsgruppenordnung einzugruppieren, auch wenn diese Bruttovergütungen vorsieht (*BAG* 18.6.1991 EzA § 99 BetrVG 1972 Nr. 101). Ferner stellt die Zuordnung der verschiedenen Arbeitsgänge in der Heimarbeit in die auf Grund der bindenden Festsetzung nach § 19 HAG vorgegebenen Entgeltgruppen und die Zuweisung der Tätigkeiten an die Heimarbeiter eine mitbestimmungspflichtige Eingruppierung dar (*BAG* 20.9.1990 EzA § 99 BetrVG 1972 Nr. 96). Keine erneute Eingruppierung ist erforderlich, wenn sich unmittelbar an ein befristetes Arbeitsverhältnis ein weiteres Arbeitsverhältnis anschließt, wenn sich weder die Tätigkeit noch das maßgebliche Entgeltgruppenschema ändern (*BAG* 11.11.1997 EzA § 99 BetrVG 1972 Eingruppierung Nr. 1).  2079

Obwohl die erstmalige Eingruppierung regelmäßig mit der Einstellung des Arbeitnehmers zusammenfällt, sind Einstellung und Eingruppierung jeweils selbstständige betriebsverfassungsrechtliche Vorgänge, die beide der Zustimmung des Betriebsrates bedürfen. Möglich ist daher die Zustimmungserteilung zur Einstellung unter gleichzeitiger Zustimmungsverweigerung zur vorgesehenen Eingruppierung. Nicht möglich ist aber die Verweigerung der Zustimmung zur Einstellung wegen einer vermeintlich unzutreffenden Eingruppierung, da tarifliche Eingruppierungsvorschriften nicht gerade der Einstellung entgegenstehen (s. Rdn. 2102 ff.).  2080

### dd) Umgruppierung

**2081** Umgruppierung bedeutet die Änderung der Zuordnung eines Arbeitnehmers innerhalb des für ihn maßgebenden tariflichen oder betrieblichen Entgeltschemas einschließlich der Berichtigung einer bislang unrichtigen Eingruppierung (*BAG* 30.5.1990 EzA § 99 BetrVG 1972 Nr. 89) sowie der bei einer durch die Veränderung der Vergütungsgruppenmerkmale notwendig werdenden neuen Zuweisung einer bestimmten Vergütungsgruppe.

**2082** Eine solche Änderung des Vergütungsschemas liegt auch vor, wenn ein nachfolgender Tarifvertrag zwar sowohl die Zahl der Gehaltsgruppen als auch die abstrakten Tätigkeitsmerkmale übernimmt, für die Gehaltsgruppe jedoch auf andere Kriterien (z. B. statt Lebensalter nunmehr auf Tätigkeitsjahre in der Gehaltsgruppe) abgestellt wird (*BAG* 3.10.1989 EzA § 99 BetrVG 1972 Nr. 83). Bei der Überleitung von Arbeitnehmern nach den §§ 3 bis 7 TVÜ-VKA in das Entgeltsystem des TVöD handelt es sich als Akt der Rechtsanwendung um eine Umgruppierung (*BAG* 22.4.2009 EzA § 3 TVG Bezugnahme auf Tarifvertrag Nr. 41). Eine neue Eingruppierungsentscheidung ist auch zu treffen, wenn ein Arbeitnehmer versetzt wird, auch wenn trotz der Versetzung die bisherige Eingruppierung beibehalten wird (*BAG* 18.6.1991 EzA § 99 BetrVG 1972 Nr. 100). Keine Umgruppierung liegt in der Änderung des Entgelts auf individualvertraglicher Basis, auch nicht in Form der bewussten, freiwilligen Gewährung einer höheren Tarifgruppe (GK-BetrVG/*Raab* § 99 Rn. 54). Eine mitbestimmungspflichtige Umgruppierung liegt auch vor, wenn der Arbeitgeber auf Grund einer Prüfung zu dem Ergebnis gelangt, dass der Arbeitnehmer nicht mehr in einer der Gehaltsgruppen der maßgeblichen Vergütungsordnung einzugruppieren ist, weil seine Tätigkeit höherwertige Qualifikationsmerkmale als die höchste Vergütungsgruppe aufweist. Wächst ein Arbeitnehmer aus einer tariflichen Vergütungsordnung heraus und besteht ein gestuftes außertarifliches Vergütungssystem, so ist eine Umgruppierung erst mit der Eingruppierung in die außertarifliche Vergütungsordnung vollständig vorgenommen (*BAG* 17.6.2008 – 1 ABR 37/07; 26.10.2004 EzA § 99 BetrVG 2001 Umgruppierung Nr. 2).

### d) Regelung der Mitbestimmung

#### aa) Die Mitteilungspflicht des Arbeitgebers

*(1) Inhalt*

**2083** § 99 Abs. 1 BetrVG regelt die den Arbeitgeber treffenden Pflichten einheitlich für sämtliche der in der Vorschrift genannten personellen Einzelmaßnahmen.

**2084** Als Mindestbestandteil einer Arbeitgeberinformation ist erforderlich, dass die Natur der geplanten Maßnahme, die Person der Beteiligten, die vorgesehene Eingruppierung und die Auswirkungen der Maßnahme mitgeteilt, Bewerbungsunterlagen vorgelegt werden und um Zustimmung zur geplanten Maßnahme gebeten wird. Eine bestimmte Form der Unterrichtung ist nicht vorgesehen. Aus Beweisgründen sollte diese schriftlich erfolgen.

**2085** Empfangsberechtigt auf Seiten des Betriebsrates ist gem. § 26 Abs. 3 S. 2 BetrVG der Betriebsratsvorsitzende, im Falle seiner Verhinderung der stellvertretende Betriebsratsvorsitzende. Die Unterrichtung eines nicht bevollmächtigten Betriebsratsmitgliedes setzt die Wochenfrist nicht in Gang. In diesem Fall beginnt sie erst mit tatsächlicher Kenntnisnahme des Vorsitzenden (s. Rdn. 580 f.).

**2086** Bei der Einstellung ist unter Vorlage der Bewerbungsunterlagen über sämtliche inner- oder außerbetriebliche Bewerber zu unterrichten (*BAG* 10.11.1992 EzA § 99 BetrVG 1972 Nr. 108). Ausgenommen sind Bewerber, die ihre Bewerbung zurückgezogen haben und nach allerdings umstrittener Ansicht (vgl. GK-BetrVG/*Raab* § 99 Rn. 90 m. w. N.) solche Bewerber, die offensichtlich für die Besetzung des Arbeitsplatzes nicht in Betracht kommen. Zu den vorzulegenden Unterlagen gehören grundsätzlich auch solche Unterlagen, die der Arbeitgeber anlässlich einer Bewerbung über die Person des Bewerbers gefertigt hat. Dies sind vor allem Schriftstücke, die der Arbeitgeber allein oder zusammen mit dem jeweiligen Bewerber erstellt hat, um auf ihrer Grundlage

## M. Mitbestimmung in personellen Angelegenheiten Kapitel 13

seine Auswahlentscheidung zu treffen, wie etwa Personalfragebögen, standardisierte Interview- oder Prüfungsergebnisse oder schriftliche Protokolle über Bewerbungsgespräche. Aufzeichnungen, die für die Auswahlentscheidung des Arbeitgebers ohne jegliche Bedeutung sind, wie formlose, unstrukturierte Gesprächsnotizen, muss dieser dem Betriebsrat nicht vorlegen. (*BAG* 17.6.2008 EzA § 81 SGB IX Nr. 16; 14.12.2005 EzA § 99 BetrVG 2001 Nr. 6).

Beruht die Auswahlentscheidung des Arbeitgebers für einen von mehreren Stellenbewerbern maßgeblich auf zuvor geführten Vorstellungsgesprächen, so gehört zur Auskunft über die Person der Beteiligten nach § 99 Abs. 1 Satz 1 BetrVG, dass der Arbeitgeber den Betriebsrat über den für seine Entscheidung bedeutsamen Inhalt dieser Gespräche unterrichtet (*BAG* 28.6.2005 EzA § 99 BetrVG 2001 Nr. 8). Sofern ein Personalberatungsunternehmen mit der Personalsuche beauftragt wurde, und dieses dem Arbeitgeber aus einem etwa in einer Kartei vorhandenen Bestand Einstellungsvorschläge unterbreitet, ist der Arbeitgeber nach Ansicht des *BAG* (18.12.1990 EzA § 99 BetrVG 1972 Nr. 97) nur zur Unterrichtung unter Vorlage der Bewerbungsunterlagen der vom Beratungsunternehmen vorgeschlagenen Bewerber verpflichtet. Das BAG hat offen gelassen, ob dann, wenn das Beratungsunternehmen nicht auf einen vorhandenen Bestand zurückgreift, sondern selbst mittels Annonce nach Interessenten sucht, der Arbeitgeber verpflichtet ist, vom Beratungsunternehmen alle Bewerbungsunterlagen herauszuverlangen und den Betriebsrat mittels dieser zu unterrichten. Hierfür spricht die Verpflichtung des Arbeitgebers zur Vorlage der Unterlagen aller Bewerber. Nach Ansicht des *BAG* (3.12.1985 EzA § 99 BetrVG 1972 Nr. 46) besteht die Vorlagepflicht stets hinsichtlich sämtlicher Bewerber. Nach anderer Auffassung (GK-BetrVG/*Raab* § 99 Rn. 90) besteht hingegen grds. nur eine Vorlagepflicht hinsichtlich des Bewerbers, der eingestellt werden soll, es sei denn, im Betrieb existiert eine Auswahlrichtlinie i. S. d. § 95 BetrVG, die einen Vergleich zwischen mehreren Bewerbern vorsieht und deshalb der Betriebsrat die Unterlagen benötigt, um festzustellen, ob gegen die Richtlinien verstoßen wurde. 2087

Zu den vorzulegenden Unterlagen gehören die vom Bewerber selbst eingereichten (Zeugnis, Lebenslauf), aber auch vom Arbeitgeber anlässlich von Vorstellungsgesprächen gefertigten Unterlagen wie Personalfragebögen, Prüfungs- und Testergebnisse, nicht aber bei internen Bewerbern ohne deren Zustimmung die Personalakte (DKK/*Kittner* § 99 Rn. 144). Nicht vorzulegen ist ein bereits abgeschlossener oder entworfener Arbeitsvertrag (*BAG* 18.10.1988 EzA § 99 BetrVG 1972 Nr. 69). 2088

Die Unterrichtungspflicht bezieht sich mit Ausnahme der vorgesehenen Eingruppierung und des in Aussicht genommenen Arbeitsplatzes auch nicht auf den sonstigen Inhalt des Arbeitsvertrages (*BAG* 27.10.2010 EzA § 99 BetrVG 2001 Einstellung Nr. 15), insbes. nicht auf die Höhe der Vergütung (*BAG* 3.10.1989 EzA § 99 BetrVG 1972 Nr. 77). Bei der Einstellung von Leiharbeitnehmern muss dem Betriebsrat Einsicht in die Arbeitnehmerüberlassungsverträge gewährt werden; eine Verpflichtung, dem Betriebsrat Auskunft über die Arbeitsverträge der Leiharbeitnehmer mit dem Verleiher zu geben, besteht hingegen nicht (*BAG* 6.6.1978 EzA § 99 BetrVG 1972 Nr. 19). Ebenso wenig muss der Arbeitgeber darüber unterrichten, welche teilzeitbeschäftigten Mitarbeiter aufgrund ihres angezeigten Wunsches auf Aufstockung ihrer Arbeitszeit für die zu besetzende Stelle grds. in Betracht gekommen wären (*BAG* 1.6.2011 EzA § 99 BetrVG 2001 Einstellung Nr. 18). Die Pflicht zur Vorlage der Unterlagen beinhaltet die Verpflichtung des Arbeitgebers, dem Betriebsrat diese Unterlagen auszuhändigen und bis zur Beschlussfassung über den Antrag auf Zustimmung, längstens also für eine Woche, zu überlassen (*BAG* 3.12.1985 EzA § 99 BetrVG 1972 Nr. 46). Ein Anspruch auf persönliche Vorstellung des Bewerbers beim Betriebsrat besteht ebenso wenig wie ein Anspruch auf Teilnahme an den Einstellungsgesprächen (GK-BetrVG/*Raab* § 99 Rn. 100). 2089

Die Auskunft über den in Aussicht genommenen Arbeitsplatz muss die Stelle, die der Arbeitnehmer einnehmen soll, aber auch die zu übernehmende Funktion, also seine Stellung im Betrieb angeben. 2090

Zu unterrichten ist ferner unter Vorlage der erforderlichen Unterlagen über die Auswirkungen der geplanten Maßnahme auf die vorhandene Belegschaft, wie etwa der Hinweis auf den Abbau von Überstunden durch Neueinstellungen, Kündigungen oder Versetzungen oder Nachteile sonstiger 2091

Art. Als erforderliche Unterlagen kommen hier solche nach § 92 BetrVG (Personalplanung) in Betracht, wie etwa Organisations-, Beschäftigungs- oder Stellenpläne.

2092 Ferner ist die vorgesehene Eingruppierung mitzuteilen. Die Unterrichtung hierüber hat zu erfolgen, obwohl die Eingruppierung selbst ebenfalls der Mitbestimmung nach § 99 Abs. 1 BetrVG unterliegt.

2093 Bei der Versetzung gelten hinsichtlich der Unterrichtungspflicht die gleichen Grundsätze wie bei der Einstellung. Mitzuteilen sind neben dem innegehabten und dem in Aussicht genommen Arbeitsplatz nebst der beabsichtigten Eingruppierung die vorgesehene Dauer der Maßnahme.

2094 Mitgeteilt werden sollte, ob die Versetzung mit Einverständnis des Arbeitnehmers erfolgt. Zur Unterrichtung über die Auswirkungen der geplanten Versetzung gehört die Mitteilung einer eventuellen Änderung sowohl der materiellen Arbeitsbedingungen als auch der äußeren Umstände, unter denen die neu zugewiesene Arbeit zu leisten ist. Sind etwa bei einer geplanten dauerhaften Zuweisung einer Beförderungsstelle mehrere Bewerber vorhanden, so ist über diese unter Vorlage der Bewerbungsunterlagen zu unterrichten.

2095 Bei der Ein- oder Umgruppierung hat der Arbeitgeber die in Aussicht genommene Lohn- oder Gehaltsgruppe anzugeben und die Tätigkeit des Arbeitgebers zu beschreiben. Der Arbeitgeber hat den Betriebsrat über die Tatsachen zu unterrichten, die ihn zu der geplanten Eingruppierung veranlassen (*BAG* 12.1.2011 EzA § 99 BetrVG 2001 Umgruppierung Nr. 7); GK-BetrVG/*Raab* § 99 Rn. 101).

2096 Als vorzulegende Unterlagen kommen hier etwa Stellenbeschreibungen oder Aufgabenkataloge in Betracht.

*(2) Verschwiegenheitspflicht des Betriebsrates*

2097 Zum Schutz der Intimsphäre der betroffenen Arbeitnehmer sieht § 99 Abs. 1 S. 3 i. V. m. § 79 Abs. 1 S. 2–4 BetrVG eine Verschwiegenheitspflicht für sämtliche Mitglieder des Betriebsrates vor, die sich auf alle persönlichen Verhältnisse und Angelegenheiten der Arbeitnehmer, die einer vertraulichen Behandlung bedürfen, erstreckt. Soweit nach § 79 Abs. 1 S. 4 BetrVG eine Verschwiegenheitspflicht nicht gegenüber Mitgliedern des Gesamt- oder Konzernbetriebsrates oder dem Arbeitnehmervertreter des Aufsichtsrats besteht, wird zum Teil (GK-BetrVG/*Raab* § 99 Rn. 113) im Hinblick auf den Persönlichkeitsschutz des Arbeitnehmers dennoch eine Schweigepflicht befürwortet. Die Verletzung der Verschwiegenheitspflicht begründet einen Schadensersatzanspruch nach § 823 Abs. 2 BGB und ist auf Antrag des betroffenen Arbeitnehmers strafrechtlich verfolgbar, § 120 BetrVG.

*(3) Zeitpunkt der Mitteilung*

2098 Die oben näher dargestellten Mitteilungspflichten hat der Arbeitgeber vor der Durchführung der personellen Maßnahme zu erfüllen.

2099 Da der Betriebsrat nach § 99 Abs. 3 BetrVG eine Woche Zeit zur Äußerung hat, muss die Unterrichtung mindestens eine Woche, ehe die Maßnahme durchgeführt werden soll, erfolgen. Soll bei einer Einstellung die Beschäftigung im Betrieb auf Grund eines Arbeitsvertrages erfolgen, so ist der Betriebsrat bereits vor Abschluss des Arbeitsvertrages und nicht erst vor Arbeitsaufnahme zu unterrichten (*BAG* 28.4.1992 EzA § 99 BetrVG 1972 Nr. 106).

*(4) Reaktionsmöglichkeit des Betriebsrats bei Untätigkeit des Arbeitgebers*

2100 Unterlässt der Arbeitgeber eine betriebsverfassungsrechtlich gebotene Ein- oder Umgruppierung, so kann der Betriebsrat zur Sicherung seiner Mitbestimmungsrechte verlangen, dem Arbeitgeber die Ein- oder Umgruppierung aufzugeben und ihn sodann zur Einholung seiner Zustimmung sowie bei deren Verweigerung zur Einleitung des arbeitsgerichtlichen Zustimmungsersetzungsverfahrens zu verpflichten (*BAG* 26.10.2004 EzA § 99 BetrVG 2001 Umgruppierung Nr. 2).

*bb) Zustimmungsverweigerungsgründe*

Der Betriebsrat kann seine Zustimmung nur aus den in § 99 Abs. 2 BetrVG abschließend aufgezählten Gründen verweigern (GK-BetrVG/*Raab* § 99 Rn. 133). Möglich ist eine Erweiterung der Zustimmungsverweigerungsgründe durch Tarifvertrag (*BAG* 1.8.1989 EzA § 99 BetrVG 1972 Nr. 75). Ferner ist durch Tarifvertrag die Einräumung eines echten Mitbestimmungsrechts bei der Frage, welcher Bewerber einzustellen ist, möglich (*BAG* 10.2.1988 EzA § 1 TVG Nr. 34). 2101

*(1) Rechtsverstoß*

Ein Gesetzes- oder Verordnungsverstoß ist Zustimmungsverweigerungsgrund nur dann, wenn die gesetzliche Bestimmung gerade der personellen Einzelmaßnahme entgegensteht; die Maßnahme als solche muss gesetzeswidrig sein (*BAG* 14.12.2004 EzA § 99 BetrVG 2001 Einstellung Nr. 1; 16.7.1985 EzA § 99 BetrVG 1972 Nr. 40). Andererseits ist nicht erforderlich, dass sie gegen ein gesetzliches Verbot im technischen Sinne (§ 134 BGB) verstößt (*BAG* 18.10.1988 EzA § 99 BetrVG 1972 Nr. 68). 2102

In Betracht kommt zunächst ein Verstoß gegen Arbeitsschutzbestimmungen, wie z. B. gesetzliche Einstellungs- oder Beschäftigungsverbote (z. B. § 4 MuSchG, §§ 22 ff. JArbSchG, §§ 284 ff. SGB III). Nach Auffassung des *BAG* (14.11.1989 EzA § 99 BetrVG 1972 Nr. 84) verstößt ferner die Einstellung eines nicht schwerbehinderten Arbeitnehmers gegen eine gesetzliche Vorschrift, wenn der Arbeitgeber vor der Einstellung nicht gem. § 81 SGB IX geprüft hat, ob der freie Arbeitsplatz mit einem schwerbehinderten Arbeitnehmer besetzt werden kann, dies auch dann, wenn der Arbeitgeber beabsichtigt, einen frei gewordenen Arbeitsplatz mit einem Leiharbeitnehmer zu besetzen (*BAG* 23.6.2010 EzA § 99 BetrVG 2001 Einstellung Nr. 14). Bei einer Versetzung hingegen begründet die Verletzung dieser Prüfungspflicht nach § 81 SGB IX kein Zustimmungsverweigerungsrecht (*BAG* 17.6.2008 EzA § 81 SGB IX Nr. 16). Einer Einstellung oder Versetzung kann der Betriebsrat zudem dann die Zustimmung verweigern, wenn der Arbeitgeber hierbei gegen § 9 TzBfG verstoßen hat (*Kleimt* NZA 2001, 63, 70]; GK-BetrVG/*Raab* § 99 Rn. 136). Im Falle der beabsichtigten Einstellung von Leiharbeitnehmern kann der Betriebsrat die Zustimmung mit der Begründung verweigern, es liege eine gewerbsmäßige Arbeitnehmerüberlassung ohne die nach § 1 Abs. 1 AÜG erforderliche Erlaubnis vor (*LAG SchlH* 18.6.2008 LAGE § 99 BetrVG 2001 Nr. 6). Wenn der Arbeitgeber die Einstellung davon abhängig macht, ob dieser Gewerkschaftsmitglied ist, kann der Betriebsrat wegen des hierin liegenden Verstoßes gegen Art. 9 Abs. 3 GG die Zustimmung verweigern (vgl. *BAG* 28.3.2000 EzA § 99 BetrVG 1972 Einstellung Nr. 6). Ein Zustimmungsverweigerungsrecht besteht bei Einstellung eines Arbeitnehmers als Datenschutzbeauftragter auch dann, wenn der Bewerber nicht die nach § 36 Abs. 2 BDSG erforderliche Qualifikation besitzt (h. M., vgl. DKK/*Kittner* § 99 Rn. 175a). Mit dieser Begründung kann der Betriebsrat auch der beabsichtigten Versetzung eines Arbeitnehmers auf einen Arbeitsplatz als Datenschutzbeauftragter die Zustimmung verweigern (*BAG* 22.3.1994 EzA § 99 BetrVG 1972 Nr. 121). Sehr kontrovers beurteilt wird, ob ein Verstoß gegen §§ 1, 3, 7 AGG zu einer Zustimmungsverweigerung nach Abs. 2 Nr. 1 berechtigt (so z. B. *Fitting* § 99 Rn. 128; a. A. etwa MünchArbR/*Matthes* § 263 Rn. 52; GK-BetrVG/*Raab* § 99 Rn. 138). Bei Versetzung, Eingruppierung und Umgruppierung wird demgegenüber allgemein ein Verstoß gegen Diskriminierungsverbote als Zustimmungsverweigerungsgrund angesehen, wenn diese Maßnahmen selbst diskriminierend sind, d. h. den diskriminierten Arbeitnehmer betreffen (vgl. GK-BetrVG/*Raab* § 99 Rn. 138). 2103

Da in diesen Fällen nicht die personelle Maßnahme selbst gegen eine Rechtsvorschrift verstößt, liegt kein Zustimmungsverweigerungsgrund vor bei Verletzung der in § 99 Abs. 1 BetrVG normierten Unterrichtungspflicht des Arbeitgebers (*BAG* 28.1.1986 EzA § 99 BetrVG 1972 Nr. 48) oder einem Verstoß bloß einzelner Bestimmungen des Arbeitsvertrages gegen Rechtsvorschriften, etwa bei einer unzulässigen Befristung (*BAG* 16.7.1985 EzA § 99 BetrVG 1972 Nr. 40) oder der Vereinbarung 2104 einer untertariflichen Vergütung (zur untertariflichen Vergütung: *BAG* 28.3.2000 EzA § 99 BetrVG 1972 Einstellung Nr. 6). Der Betriebsrat kann seine Zustimmung zur Übernahme eines Leiharbeitnehmers nicht wegen eines Verstoßes gegen das Gleichstellungsgebot in § 9 Nr. 2, § 3 Abs. 1 Nr. 3 AÜG n. F. verweigern. Darauf, ob dieses Gebot auf die nicht gewerbsmäßige Arbeitnehmerüberlassung Anwendung findet, kommt es nicht an (*BAG* 21.7.2009 EzA § 99 BetrVG 2001 Einstellung Nr. 12; 25.1.2005 EzA § 99 BetrVG 2001 Nr. 7).

2105 Unfallverhütungsvorschriften sind (über Gesetze und Verordnungen hinaus) vor allem die auf Grund von § 15 SGB VII von den Berufsgenossenschaften erlassenen Vorschriften. Als Verstoß gegen eine UVV kommt etwa die Versetzung einer Person ohne die nötige Qualifikation in die Position einer Aufsichtsperson in Betracht (DKK/*Kittner* § 99 Rn. 176 unter Hinweis auf *ArbG Bln.* 15.3.1988 AiB 1988, 292).

2106 Ein Verstoß gegen Inhaltsnormen eines Tarifvertrages setzt voraus, dass der betroffene Arbeitnehmer tarifgebunden ist, wobei Tarifbindung auch aus der einzelvertraglichen Inbezugnahme oder unter dem Gesichtspunkt der betrieblichen Übung ergeben kann. Kein auf § 99 Abs. 2 Nr. 1 BetrVG stützbares Zustimmungsverweigerungsrecht des Betriebsrats besteht, wenn der Arbeitgeber nach der Kündigung des maßgeblichen Tarifvertrags im Nachwirkungszeitraum des § 4 Abs. 5 TVG einen Arbeitnehmer zu untertariflichen Bedingungen einstellt (*BAG* 9.7.1996 EzA § 99 BetrVG 1972 Nr. 139). Hauptanwendungsbereich dieses Zustimmungsverweigerungsgrundes sind Eingruppierung und Umgruppierung. Einer beabsichtigten Eingruppierung kann der Betriebsrat die Zustimmung nicht nur mit der Begründung verweigern, der betroffene Arbeitnehmer erfülle die Voraussetzungen einer höheren Vergütungsgruppe, sondern auch mit der Begründung, der Arbeitnehmer erfülle lediglich die Voraussetzungen einer niedrigeren Gruppe, da das Mitbestimmungsrecht der innerbetrieblichen Lohngerechtigkeit und Transparenz bei Eingruppierungen dient und es letztlich zu einer zutreffenden Eingruppierung kommen soll (*BAG* 28.4.1998 EzA § 99 BetrVG 1972 Eingruppierung Nr. 2). Einer geplanten Eingruppierung kann der Betriebsrat die Zustimmung auch mit der Begründung verweigern, dass die vom Arbeitgeber angewandte Vergütungsgruppenordnung nicht diejenige sei, die im Betrieb zur Anwendung kommen müsse (*BAG* 27.6.2000 EzA § 99 BetrVG 1972 Eingruppierung Nr. 3; 27.1.1987 EzA § 99 BetrVG 1972 Nr. 55). Stützt der Betriebsrat eine Zustimmungsverweigerung auf einen Verstoß der Eingruppierung gegen den Gleichheitssatz des Art. 3 Abs. 1 GG kann dies von den Gerichten auch dann überprüft werden, wenn dies erst nach Ablauf der Wochenfrist geltend gemacht wurde. Die Gerichte dürfen ungültige Normen nicht zur Grundlage einer Ersetzungsentscheidung machen. Möglichen Unwirksamkeitsgründen haben sie aber nur bei Vorliegen entsprechender – offensichtlicher oder substantiiert vorgetragener – Anhaltspunkte nachzugehen (*BAG* 6.8.2002 EzA § 99 BetrVG 1972 Umgruppierung Nr. 2). Wird eine tarifliche Gehaltsgruppenordnung nur teilweise dahin geändert, dass eine Gehaltsgruppe durch 2 neue Gehaltsgruppen ersetzt wird, während die anderen Gehaltsgruppen unverändert bleiben, ist eine Verweigerung der Zustimmung des Betriebsrates zu der vom Arbeitgeber beabsichtigten Neueingruppierung eines bisher mit Zustimmung des Betriebsrates in die abgelöste Gehaltsgruppe eingruppierten Arbeitnehmers unbeachtlich, mit der der Betriebsrat lediglich geltend macht, der Arbeitnehmer erfülle – bei gleich bleibender Tätigkeit – die Voraussetzungen einer höheren (unveränderten) Gehaltsgruppe (*BAG* 18.1.1994 EzA § 99 BetrVG 1972 Nr. 120). Bei Einstellungen kommen Verstöße gegen tarifvertragliche Abschlussverbote und -gebote in Betracht. So kann der Betriebsrat beispielsweise die Zustimmung dann verweigern, wenn für den Arbeitnehmer eine Wochenarbeitszeit von weniger als 20 Wochenstunden vorgesehen ist, ein Tarifvertrag die Beschäftigung von Arbeitnehmern mit einer Arbeitszeit von weniger als 20 Wochenarbeitsstunden aber untersagt (*BAG* 28.1.1992 EzA § 99 BetrVG 1972 Nr. 103). Ferner ist hier zu denken an sog. Besetzungsregeln (vgl. *BAG* 18.3.2008 EzA § 99 BetrVG 2001 Einstellung Nr. 9; 26.4.1990 EzA § 4 TVG Druckindustrie Nr. 20) oder tarifliche Wiedereinstellungsklauseln. In Betracht kommt auch ein Verstoß gegen Betriebsnormen eines Tarifvertrages. Verlangt eine Betriebsnorm die Einhaltung bestimmter Quoten hinsichtlich des Prozentsatzes der Belegschaft mit einer verlängerten regelmäßigen Arbeitszeit zu bestimmen, etwa halbjährlichen Stichtagen, so kann der Betriebsrat einer Einstellung nicht mit der Begründung widersprechen, die vereinbarte Arbeitszeit verstoße gegen den Tarifvertrag, weil es durch die Neueinstellung zu einer Überschreitung der Quote käme, da es die Tarifbestimmung dem Arbeitgeber überlässt, wie er die vorgesehene Quote, etwa durch einvernehmliche Kürzung der Arbeitszeit anderer Arbeitnehmer erreichen will (*BAG* 17.6.1997 EzA § 99 BetrVG 1972 Einstellung Nr. 4).

Auch eine Verletzung von Bestimmungen einer Betriebsvereinbarung über personelle Maßnahmen kann zur Verweigerung der Zustimmung berechtigen, soweit die Betriebsvereinbarung gem. §§ 77 Abs. 3 und 87 Abs. 1 Eingangssatz zulässig ist (DKK/*Kittner* § 99 Rn. 178). Zu denken ist hier insbes. an Regelungen in einem Interessenausgleich oder Sozialplan. Verpflichtet sich der Arbeitgeber in einem Sozialplan, die auf Grund Betriebsänderung ausgeschiedenen Arbeitnehmer ein Jahr lang bei gleicher Qualifikation bevorzugt gegenüber anderen Arbeitnehmern einzustellen und ihnen die Bewerbung dadurch zu ermöglichen, dass er sie von freigewordenen Stellen unterrichtet, so kann der Betriebsrat bei Verstoß gegen diese Verpflichtung die Zustimmung zur Einstellung eines anderen Bewerbers verweigern (*BAG* 18.12.1990 EzA § 99 BetrVG 1972 Nr. 97). Ferner ist zu denken an Vereinbarungen über soziale Angelegenheiten, wie über die Nichtverwendung von aus technischen Überwachungseinrichtungen gewonnenen Daten zu Personalentscheidungen, Festlegungen über die Personalplanung und zur Durchführung der beruflichen Bildung sowie zur Erweiterung des Mitbestimmungsrechts bei personellen Einzelmaßnahmen, wie der vereinbarten Beteiligung des Betriebsrates an Einstellungsgesprächen (*LAG Bln.* 11.2.1985 NZA 1985, 604; DKK/*Kittner* § 99 Rn. 178). Ist durch Betriebsvereinbarung die Beschäftigung über eine Altersgrenze von 65 Jahren hinaus verboten und bringt diese Betriebsvereinbarung dies deutlich zum Ausdruck, so kann der Betriebsrat unter Berufung auf Weiterbeschäftigung über die Altersgrenze hinaus die Zustimmung verweigern (vgl. *BAG* 10.3.1992 EzA § 99 BetrVG 1972 Nr. 104). 2107

Als gerichtliche Entscheidungen kommen insbes. rechtskräftige Entscheidungen nach §§ 100 Abs. 3, 101 BetrVG oder strafgerichtliche Berufsverbote (§ 70 StGB) in Betracht. Nicht ausreichend ist eine gerichtliche Entscheidung, der zufolge der Arbeitgeber einen Arbeitnehmer zu den bestehenden vertraglichen Bedingungen tatsächlich beschäftigen muss, wenn der Inhalt der Arbeitsaufgaben des Arbeitnehmers nicht Streitgegenstand in diesem Verfahren war (*BAG* 26.10.2004 EzA § 99 BetrVG 2001 Nr. 5). 2108

Behördliche Anordnungen können sich z. B. ergeben aus § 33 BBiG n. F., §§ 23, 24 HandwO, § 27 JArbSchG, Anordnungen gem. § 120b GewO oder § 35 GefStoffV (vgl. DKK/*Kittner* § 99 Rn. 180). 2109

### (2) Verstoß gegen Auswahlrichtlinien

Dieser Zustimmungsverweigerungsgrund kommt nur bei Einstellung oder Versetzung in Frage. Unerheblich ist, ob der Betriebsrat die Aufstellung der Richtlinien verlangen konnte (§ 95 Abs. 2 BetrVG) oder die Maßnahme auf Grund freiwilliger Einführung seiner Mitbestimmung unterlag (§ 95 Abs. 1 BetrVG). Strittig ist, ob auch ein Verstoß gegen vom Arbeitgeber selbst gesetzte, vom Betriebsrat aber noch nicht mitbestimmte Auswahlrichtlinien die Zustimmungsverweigerung rechtfertigt (abl. *LAG Frankf./M.* 16.10.1984 DB 1985, 1534). Nach *Kittner* (DKK § 99 Rn. 181) kommen dann aber die Zustimmungsverweigerungsgründe nach § 99 Abs. 2 Nr. 3 oder 4 BetrVG zur Anwendung, da der Arbeitgeber an eigenen Vorgaben festgehalten werden müsse. 2110

Beruht die Richtlinie auf einem Spruch der Einigungsstelle, kann in einem eventuellen Zustimmungsersetzungsverfahren eine Ermessensüberschreitung des Spruchs der Einigungsstelle nicht mehr geltend gemacht werden. Im Zustimmungsersetzungsverfahren kann nur geprüft werden, ob die Richtlinie wegen Verstoß gegen zwingendes Recht nichtig ist, nicht aber, ob die Einigungsstelle ihr Ermessen überschritten hat. Dies ist im Verfahren nach § 76 Abs. 5 BetrVG innerhalb der dort vorgesehenen 2-Wochen-Frist geltend zu machen (GK-BetrVG/*Raab* § 99 Rn. 145; s. Rdn. 1388 ff.). 2111

*(3) Nachteile für andere Arbeitnehmer*

**2112** Der Zustimmungsverweigerungsgrund nach § 99 Abs. 2 Nr. 3 BetrVG dient dem Schutz vor Nichtbeachtung berechtigter Belange von im Betrieb beschäftigten Arbeitnehmern, die von einer personellen Maßnahme betroffen werden können (BR-Drs. 715/70, S. 51) und hat Bedeutung nur für Einstellungen und Versetzungen. Der Zustimmungsverweigerungsgrund setzt 4 Tatbestandselemente voraus, die kumulativ vorliegen müssen.

**2113** Erforderlich ist die durch Tatsachen begründbare Besorgung von Nachteilen, die Kausalität zwischen Maßnahme und Nachteilen, das Vorliegen von Nachteilen und schließlich die fehlende Rechtfertigung der Nachteile. Im Rahmen der auch unter Berücksichtigung des Amtsermittlungsgrundsatzes im Beschlussverfahren bestehenden Mitwirkungspflicht der Beteiligten trägt der Arbeitgeber die Darlegungs- und Beweislast dafür, dass trotz eines gegebenen Nachteiles die Maßnahme aus betrieblichen oder persönlichen Gründen gerechtfertigt ist. Im Übrigen trägt die Darlegungslast der Betriebsrat (DKK/*Kittner* § 99 Rn. 182).

**2114** Durch Tatsachen begründet ist eine Besorgnis eventueller Nachteile, wenn sie auf Grund der vorgetragenen konkreten Fakten objektiv als begründet erscheint. Bloße Vermutungen reichen nicht aus. Die vorgetragenen Tatsachen müssen die geäußerten Befürchtungen rechtfertigen (*BAG* 26.10.2004 EzA § 99 BetrVG 2001 Nr. 5; GK-BetrVG/*Raab* § 99 Rn. 146). Erforderlich ist ein Ursachenzusammenhang zwischen der Maßnahme und dem befürchteten Nachteil. Der Nachteil muss unmittelbare Folge der Maßnahme in dem Sinne sein, dass Nachteile, die erst durch weitere, zusätzliche Umstände eintreten (etwa durch eine sich möglicherweise verschlechternde Konjunktur (*BAG* 7.11.1977 EzA § 100 BetrVG 1972 Nr. 1), nicht ausreichen. Eine Mitursächlichkeit der Maßnahme reicht aus. Sie muss weder die einzige noch die maßgebliche Ursache sein (GK-BetrVG/*Raab* § 99 Rn. 147). Ein Nachteil kann zunächst in der Kündigung eines anderen Arbeitnehmers bestehen, z. B. wenn Neueinstellungen angesichts der bestehenden wirtschaftlichen Lage des Betriebes über kurz oder lang zu Kündigungen vorhandener Arbeitnehmer führen können (*Hanau* BB 1972, 452). Die Vorschrift will den Kündigungsschutz der im Betrieb beschäftigten Arbeitnehmer faktisch verstärken. Unnötige Kündigungen sollen durch das Zustimmungsverweigerungsrecht des Betriebsrats vermieden werden. Der Arbeitgeber soll die von ihm geplante Kündigung nicht allein mit der Situation rechtfertigen können, die sich aus der Einstellung oder Versetzung anderer Arbeitnehmer ergibt (*BAG* 15.9.1987 EzA § 99 BetrVG 1972 Nr. 56). So begründet die Versetzung eines Arbeitnehmers, dessen Arbeitsplatz entfällt, auf einen noch besetzten Arbeitsplatz die Besorgnis, dass dem Arbeitsplatzinhaber gekündigt wird. Eine vom Betriebsrat mit dieser Begründung verweigerte Zustimmung kann allerdings durch das Gericht ersetzt werden, wenn nach den Grundsätzen für eine soziale Auswahl die betriebsbedingte Kündigung gerade gegenüber demjenigen Arbeitnehmer auszusprechen ist, auf dessen Arbeitsplatz die Versetzung erfolgen soll (*BAG* 15.9.1987 EzA § 99 BetrVG 1972 Nr. 56). Fallen die Arbeitsplätze mehrerer vergleichbarer Arbeitnehmer weg und stehen nur für einen Teil dieser Arbeitnehmer andere Beschäftigungsmöglichkeiten zur Verfügung, sodass eine Sozialauswahl vorzunehmen ist (§ 1 Abs. 3 KSchG), begründet die Versetzung eines Arbeitnehmers auf einen der freien Arbeitsplätze i. S. d. § 99 Abs. 2 Nr. 3 BetrVG die Besorgnis, dass einem anderen Arbeitnehmer infolge dieser Maßnahme gekündigt wird. Der Betriebsrat kann die Zustimmung zu dieser Versetzung mit der Begründung verweigern, der Arbeitgeber habe soziale Auswahlkriterien nicht berücksichtigt (*BAG* 30.8.1995 EzA § 99 BetrVG 1972 Nr. 130; 2.4.1996 EzA § 99 BetrVG 1972 Versetzung Nr. 1). Die Nichterfüllung der bloßen Erwartung eines Arbeitnehmers, selbst den Arbeitsplatz zu erhalten, auf den ein anderer Mitarbeiter versetzt werden soll, ist kein die Zustimmungsverweigerung rechtfertigender Nachteil (*BAG* 26.10.2004 EzA § 99 BetrVG 2001 Nr. 5).

**2115** Streitig ist die Behandlung einer Ersatzeinstellung während eines Kündigungsschutzprozesses (vgl. *Schmidt* ArbuR 1986, 97). Zum Teil (GK-BetrVG/*Raab* § 99 Rn. 148) wird die Einstellung eines Arbeitnehmers, der den Arbeitsplatz des gekündigten Arbeitnehmers einnehmen soll, nur dann als Nachteil i. S. v. § 99 Abs. 2 Nr. 3 BetrVG aufgefasst, wenn die Kündigung wegen Wegfall des Arbeitsplatzes ausgesprochen wurde. Zum Teil (DKK/*Kittner* § 99 Rn. 190) wird dies weiter gehend

## M. Mitbestimmung in personellen Angelegenheiten Kapitel 13

auch im Falle einer personen- oder verhaltensbedingten Kündigung angenommen, da sich die Position des gekündigten Arbeitnehmers durch die Neueinstellung wenn auch nicht rechtlich, so doch faktisch verschlechtere.

Durch das BetrVG-Reformgesetz vom 23.7.2001 (BGBl. I S. 1852 ff.) wurde § 92 Abs. 2 Nr. 3 BetrVG dahingehend ergänzt, dass bei einer unbefristeten Einstellung als Nachteil auch die Nicht-Berücksichtigung eines gleichgeeigneten befristet Beschäftigten gilt. Hierdurch soll es nach der Gesetzesbegründung dem Betriebsrat ermöglicht werden, im Rahmen der Personalpolitik des Arbeitgebers auf die Übernahme befristet Beschäftigter in ein unbefristetes Arbeitsverhältnis hinzuwirken (vgl. BT-Drs. 14/5741, S. 50). 2116

Nach GK-BetrVG/*Raab* (§ 99 Rn. 157) soll eine auf diesen Zustimmungsverweigerungsgrund gestützte Zustimmungsverweigerung des Betriebsrats nur wirksam sein, wenn sich ein befristet Beschäftigter auch tatsächlich auf die zu besetzende Stelle beworben hat. Diese Ansicht erscheint fraglich und findet im Gesetzeswortlaut keine Stütze. Wenn der vom Betriebsrat für die Besetzung der unbefristeten Stelle in Blick genommene derzeit befristet Beschäftigte sich nicht für eine unbefristete Beschäftigung interessiert, ist dies im Rahmen des Zustimmungsersetzungsverfahrens zu berücksichtigen. In einer derartigen Konstellation liegt der vom Betriebsrat geltend gemachte Nachteil nicht vor, sodass dann – wenn der Betriebsrat zwischenzeitlich nicht ohnehin seine Zustimmung erteilt – die verweigerte Zustimmung zu ersetzen ist. 2117

Dem Betriebsrat steht ein Zustimmungsverweigerungsrecht nach § 99 Abs. 2 Nr. 3 BetrVG zu, wenn der Arbeitgeber trotz Vorliegens eines Aufstockungsantrags eines in Teilzeit beschäftigten Arbeitnehmers gem. § 9 TzBfG einen entsprechenden Vollzeitarbeitsplatz mit einem externen Bewerber besetzen will (*LAG SchlH* 26.8.2008 NZA-RR 2009, 139). Die Zustimmungsverweigerung des Betriebsrates nach § 99 Abs. 2 Nr. 3 BetrVG wegen der Nichtberücksichtigung eines gleich geeigneten befristet Beschäftigten wird nach Beendigung von dessen befristeten Arbeitsverhältnis mit Ablauf der aus § 17 S. 1 TzBfG folgenden 3-wöchigen Klagefrist unbegründet. Auch die Neufassung von § 99 Abs. 2 Nr. 3 BetrVG verleiht dem Betriebsrat insoweit nicht die Befugnis, vom Arbeitgeber die Wiedereinstellung eines bereits ausgeschiedenen Arbeitnehmers zu verlangen (*LAG Düsseld.* 19.3.2008 LAGE § 99 BetrVG 2001 Nr. 6). 2118

Ein sonstiger Nachteil liegt in der Verschlechterung der faktischen und rechtlichen Stellung der Arbeitnehmer des Betriebes. Ein tatsächlicher Nachteil kann im Falle der Versetzung etwa für die in der Abteilung verbleibenden Arbeitnehmer auch die auf der Versetzung beruhenden tatsächlichen Erschwerungen der Arbeit von nicht unerheblichem Gewicht sein (*BAG* 15.9.1987 EzA § 99 BetrVG 1972 Nr. 56). 2119

Die Vereitelung bloßer Beförderungschancen genügt nicht, es sei denn, sie haben sich zu einer rechtlich gesicherten Anwartschaft verdichtet (*BAG* 18.9.2002 EzA § 99 BetrVG 1972 Nr. 140; 13.6.1989 EzA § 99 BetrVG 1972 Nr. 74). Als weitere Nachteile kommen wirtschaftliche Nachteile in Betracht, die auf einer Einstellung oder Versetzung beruhende Nichtverlängerung befristeter Arbeitsverhältnisse oder die Nichtübernahme von Auszubildenden, Kurzarbeit wegen Einstellungen oder Überstunden der verbleibenden Arbeitnehmer wegen Versetzungen, nicht aber der Abbau von Überstunden auf Grund von Neueinstellungen (DKK/*Kittner* § 99 Rn. 188 f.; a. A. für den Abbau von Überstunden GK-BetrVG/*Raab* § 99 Rn. 160). 2120

Trotz zu befürchtenden Nachteils entfällt ein Zustimmungsverweigerungsrecht dann, wenn die Maßnahme aus betrieblichen oder persönlichen, vom Arbeitgeber im Einzelnen darzulegenden Gründen gerechtfertigt ist. Die Formulierung bezieht sich dabei offensichtlich auf § 1 Abs. 1 KSchG. Einigkeit besteht aber dahingehend, dass die verlangten Gründe nicht so schwerwiegend sein müssen, um eine Kündigung zu rechtfertigen. Andererseits müssen aber doch erhebliche Rechtfertigungsgründe vorliegen (GK-BetrVG/*Raab* § 99 Rn. 160). Als betriebliche oder persönliche Gründe werden z. B. die Notwendigkeit, einen besonders qualifizierten Arbeitnehmer, auch gegen höheren Lohn, zu gewinnen oder zu versetzen oder die Ungeeignetheit des bisherigen Arbeitsplatzinhabers genannt (*Richardi/Thüsing* § 99 Rn. 225). 2121

*(4) Nachteil für den betroffenen Arbeitnehmer*

2122 Dieser Zustimmungsverweigerungsgrund dient der Wahrung der Individualinteressen des Arbeitnehmers, den die personelle Maßnahme selbst betrifft (*BAG* 6.10.1978 EzA § 99 BetrVG 1972 Nr. 24). Der Begriff des Nachteils entspricht dem in § 99 Abs. 2 Nr. 3 (s. Rdn. 2113 ff.). Nach überwiegender Ansicht besteht ein Zustimmungsverweigerungsrecht dann nicht, wenn der Arbeitnehmer mit der Veränderung seiner gegenwärtigen Lage aus freien Stücken einverstanden ist (*BAG* 20.9.1990 EzA § 99 BetrVG 1972 Nr. 95; GK-BetrVG/*Raab* § 99 Rn. 162; a. A. DKK/*Kittner* § 99 Rn. 194).

2123 Umstritten ist, ob der Zustimmungsverweigerungsgrund auch bei Neueinstellungen in Betracht kommt. Zum Teil (GK-BetrVG/*Raab* § 99 Rn. 163; MünchArbR/*Matthes* § 263 Rn. 62 f.) wird dies mit der Begründung verneint, dass die Einstellung notwendigerweise die Zustimmung des Arbeitnehmers voraussetze. Die Vereinbarung schlechterer Arbeitsbedingungen als mit vergleichbaren vorhandenen Arbeitnehmern oder die befristete Einstellung auf eine Dauerstelle sollen deshalb kein Zustimmungsverweigerungsrecht begründen. Nach anderer Auffassung (DKK/*Kittner* § 99 Rn. 193 f.) sind auch bei Neueinstellungen Benachteiligungen im genannten Sinne möglich. Der Zustimmungsverweigerungsgrund kommt insbes. bei Versetzungen in Betracht. Nachteile können hier die Änderung der materiellen Arbeitsbedingungen, die Verschlechterung der Umstände, unter denen die Arbeit zu leisten ist, oder auch eine Erschwernis beim Erreichen des Arbeitsplatzes sein. Fallen mehrere vergleichbare Arbeitsplätze weg und stehen lediglich für einen Teil der betroffenen Arbeitnehmer gleichwertige Arbeitsplätze zur Verfügung, so kann der Betriebsrat die Zustimmung zur Versetzung eines Arbeitnehmers auf einen niedriger einzustufenden Arbeitsplatz gem. § 99 Abs. 2 Nr. 4 BetrVG mit der Begründung verweigern, der Arbeitgeber habe soziale Auswahlkriterien nicht berücksichtigt (*BAG* 2.4.1996 EzA § 99 BetrVG 1972 Versetzung Nr. 1). Sofern der Arbeitnehmer die Versetzung selbst gewünscht hat oder diese seinen Wünschen und seiner freien Entscheidung entspricht, liegt ein in das Mitbestimmungsrecht des Betriebsrats ausschließendes Einverständnis vor (*BAG* 20.9.1990 EzA § 99 BetrVG 1972 Nr. 95). Allein der Verzicht auf die Erhebung einer Klage gegen eine entsprechende Änderungskündigung genügt jedoch nicht, um auf einen solchen Wunsch schließen zu können (*BAG* 2.4.1996 EzA § 99 BetrVG 1972 Versetzung Nr. 1). Auch dieses Zustimmungsverweigerungsrecht entfällt, wenn die Versetzung und die damit verbundenen Nachteile durch betriebliche oder in der Person des Arbeitnehmers liegende Gründe gerechtfertigt sind (s. Rdn. 2121).

*(5) Unterbliebene Stellenausschreibung*

2124 Die Ausschreibung muss verlangt worden sein, bevor der Arbeitgeber sich zur Einstellung oder Versetzung entschlossen hat (*BAG* 14.12.2004 EzA § 99 BetrVG 2001 Einstellung Nr. 1). Eine Ausschreibung ist auch dann vorzunehmen, wenn nach Ansicht des Arbeitgebers kein betriebsangehöriger Arbeitnehmer für die zu besetzende Stelle in Betracht kommt. Zum Teil wird die Ansicht vertreten, dass dann die Berufung des Betriebsrates auf den Zustimmungsverweigerungsgrund rechtsmissbräuchlich sein kann (vgl. etwa *LAG Hessen* AP Nr. 7 zu § 93 BetrVG 1972; GK-BetrVG/*Raab* § 99 Rn. 167; abl. MünchArbR/*Matthes* § 263 Rn. 64).

2125 Das Zustimmungsverweigerungsrecht besteht nicht nur dann, wenn eine vom Betriebsrat verlangte Stellenausschreibung gänzlich unterblieben ist, sondern auch dann, wenn diese nicht ordnungsgemäß erfolgt ist (*BAG* 6.10.2010 EzA § 99 BetrVG 2001 Nr. 17), so z. B. wenn nicht alle Arbeitnehmer von ihr Kenntnis nehmen konnten (MünchArbR/*Matthes* § 263 Rn. 65) oder die mit dem Betriebsrat vereinbarte Form nicht eingehalten wurde (GK-BetrVG/*Raab* § 99 Rn. 167) oder der Arbeitgeber in einer externen Ausschreibung geringere Anforderungen für eine Bewerbung als in der innerbetrieblichen Ausschreibung nennt (*BAG* 23.2.1988 EzA § 93 BetrVG 1972 Nr. 3) oder die angegebene Vergütung eindeutig zu niedrig angegeben ist, weil auch dies Interessenten von einer Bewerbung abhalten kann (*BAG* 10.3.2009 EzA § 99 BetrVG 2001 Nr. 12).

Die Mindestanforderungen an Inhalt und Form einer Ausschreibung ergeben sich aus ihrem Zweck. 2126
Dieser geht dahin, die zu besetzende Stelle den in Betracht kommenden Arbeitnehmern zur Kenntnis zu bringen und ihnen die Möglichkeit zu geben, ihr Interesse an der Stelle kundzutun und sich darum zu bewerben. Aus der Ausschreibung muss daher hervorgehen, um welchen Arbeitsplatz es sich handelt und welche Anforderungen ein Bewerber erfüllen muss. Außerdem muss die Bekanntmachung so erfolgen, dass alle als Bewerber in Betracht kommenden Arbeitnehmer die Möglichkeit haben, von der Ausschreibung Kenntnis zu nehmen. Eine bestimmte Form der Bekanntmachung ist nicht vorgeschrieben. Regelmäßig erforderlich, aber auch ausreichend ist es, wenn die Ausschreibung in der Weise bekannt gemacht wird, in der üblicherweise die Information der Arbeitnehmer erfolgt (*BAG* 17.6.2008 EzA § 81 SGB IX Nr. 16).

### (6) Störung des Betriebsfriedens

> Voraussetzung ist die durch Tatsachen objektiv begründete Besorgnis, dass der Betreffende den 2127
> Betriebsfrieden dort, wo er tatsächlich eingesetzt werden soll, gerade durch gesetzeswidriges Verhalten oder durch eine Verletzung des Diskriminierungsverbotes (§ 75 Abs. 1 BetrVG), insbes. durch rassistische oder fremdenfeindliche Betätigung stört, d. h. wenn ein Verhalten zu besorgen ist, das in besonders schwer wiegender Weise gegen die Voraussetzungen verstößt, die an die Art des Umganges zwischen Arbeitnehmern gestellt werden müssen. Eine mögliche Störung des Betriebsfriedens aus anderen Gründen reicht nicht aus (*BAG* 16.11.2004 EzA § 99 BetrVG 2001 Einstellung Nr. 2).

Es sind strenge Anforderungen zu stellen. In Betracht kommen: Strafbare Handlungen, wie Diebstähle, Belästigungen und Beleidigungen von Mitarbeitern, unsittliches Verhalten, Streitigkeiten 2128
und Schlägereien, körperliche Züchtigungen von Jugendlichen, Denunziationen und üble Nachreden sowie unterschiedliche und schikanöse Behandlung von Untergebenen. Mit dem vom Gesetz besonders hervorgehobenen rassistischen oder fremdenfeindlichen Betätigungen ist ein (verbales oder sonstiges) Verhalten gemeint, das andere Menschen wegen ihrer Zugehörigkeit zu einer bestimmten Rasse oder wegen ihrer Herkunft in ihrer Würde herabsetzt, verächtlich macht oder eine feindliche, aggressiv ablehnende Haltung zum Ausdruck bringt (vgl. GK-BetrVG/*Raab* § 104 Rn. 7).

### cc) Die Entscheidung des Betriebsrates, Form und Frist

Will der Betriebsrat seine Zustimmung verweigern, so hat er dies dem Arbeitgeber unter Angabe von 2129
Gründen innerhalb einer Woche schriftlich mitzuteilen. Zur Wahrung der Schriftform genügt die Textform des § 126b BGB (*BAG* 9.12.2008 EzA § 99 BetrVG 2001 Nr. 11). Ausreichend ist daher auch ein rechtzeitig per Telefax übermitteltes Verweigerungsschreiben (*BAG* 11.6.2002 EzA § 99 BetrVG 1972 Nr. 139) oder eine Mitteilung per E-Mail, wenn diese den Erfordernissen der Textform nach § 126b BGB entspricht (*BAG* 10.3.2009 EzA § 99 BetrVG 2001 Nr. 12). Wird die Form oder die Frist nicht gewahrt, gilt die Zustimmung als erteilt, § 99 Abs. 3 BetrVG. Die Wochenfrist beginnt grds. erst mit vollständiger und ordnungsgemäßer Unterrichtung des Betriebsrates durch den Arbeitgeber.

> Unter dem Gesichtspunkt des Gebotes der vertrauensvollen Zusammenarbeit ist der Betriebsrat 2130
> im Falle nicht vollständiger Unterrichtung aber verpflichtet, den Arbeitgeber schriftlich darauf hinzuweisen, dass er für eine abschließende Stellungnahme ergänzende Auskünfte benötigt. Bleibt dieser untätig, so beginnt die Frist nicht zu laufen. Holt er die fehlenden Informationen nach, beginnt ab diesem Zeitpunkt die Wochenfrist, wenn der Arbeitgeber gegenüber dem Betriebsrat deutlich macht, mit der nachgereichten oder zusätzlichen Information seiner Verpflichtung zur vollständigen Unterrichtung des Betriebsrats genügen zu wollen, und diese Verpflichtung nunmehr als erfüllt ansieht (*BAG* 6.10.2010 EzA § 99 BetrVG 2001 Nr. 18). Dies muss nicht ausdrücklich geschehen, sondern kann sich auch aus den Umständen der Informationsnachreichung ergeben (*BAG* 5.5.2010 EzA § 99 BetrVG 2001 Nr. 16) und kann auch noch im gerichtlichen Zustimmungsersetzungsverfahren erfolgen (*BAG* 1.6.2011 –7 ABR 18/10; 9.3.2011

EzA § 99 BetrVG 2001 Nr. 21). Unterlässt der Betriebsrat einen solchen Hinweis, gilt nach Ablauf der Woche die Zustimmung als erteilt (*BAG* 14.3.1989 EzA § 99 BetrVG 1972 Nr. 71). Auf einen derartigen Hinweis kann der Betriebsrat allerdings dann verzichten, wenn die Unterrichtung durch den Arbeitgeber ohne jeden Zweifel offensichtlich unzureichend ist (*BAG* 14.12.2004 EzA § 99 BetrVG 2001 Nr. 6; *Schüren* Anm. zu *BAG* 14.3.1989 EzA § 99 BetrVG 1972 Nr. 71). Bei einer offensichtlich unvollständigen Unterrichtung wird die Wochenfrist auch dann nicht in Gang gesetzt, wenn der Betriebsrat zum Zustimmungsersuchen des Arbeitgebers in der Sache Stellung nimmt (*BAG* 14.12.2004 EzA § 99 BetrVG 2001 Nr. 6).

2131 Hat der Betriebsrat bereits auf eine unvollständige Unterrichtung hin die Zustimmung verweigert, so kann der Arbeitgeber noch im Zustimmungsersetzungsverfahren die fehlende Unterrichtung nachholen. Der Betriebsrat kann dann innerhalb einer Woche weitere, sich aus der nachgeschobenen Unterrichtung ergebende Zustimmungsverweigerungsgründe geltend machen. Die Entscheidung über den Zustimmungsersetzungsantrag steht dann die zunächst unvollständige Unterrichtung des Betriebsrates nicht mehr entgegen (*BAG* 20.12.1988 EzA § 99 BetrVG 1972 Nr. 70).

2132 Nach Auffassung des *BAG* (15.4.1986 EzA § 99 BetrVG 1972 Nr. 49) muss der Betriebsrat alle Gründe, mit denen er seine Zustimmung zu einer personellen Einzelmaßnahme verweigern will, innerhalb der Wochenfrist dem Arbeitgeber mitteilen. Er kann im arbeitsgerichtlichen Beschlussverfahren keine neuen Gründe nachschieben.

2133 Vor Fristablauf ist eine Fristverlängerung sowohl durch Vereinbarung zwischen Arbeitgeber und Betriebsrat (*BAG* 12.1.2011 EzA § 99 BetrVG 2001 Nr. 20; 5.5.2010 EzA § 99 BetrVG 2001 Nr. 16) als auch durch Tarifvertrag (*BAG* 22.10.1985 EzA § 99 BetrVG 1972 Nr. 44) möglich. Die Fristberechnung erfolgt nach §§ 187 ff. BGB. Die Zustimmungsverweigerung muss auf einem wirksam gefassten Beschluss des Betriebsrates beruhen. Die Zustimmungsverweigerung als solche und auch die dafür angeführten Gründe müssen schriftlich niedergelegt werden. Sie muss einschließlich der Gründe vom Betriebsratsvorsitzenden oder im Falle der Verhinderung von seinem Stellvertreter unterzeichnet werden. Die gesetzliche Schriftform ist nicht gewahrt, wenn die schriftlich niedergelegten Gründe nicht unterzeichnet sind (*BAG* 24.7.1979 EzA § 99 BetrVG 1972 Nr. 26). Die Begründung darf sich nicht auf die Wiederholung des oder auf pauschale, formelhafte Bezugnahme auf den Gesetzeswortlaut beschränken (*BAG* 16.7.1985 EzA § 99 BetrVG 1972 Nr. 40). Unbeachtlich ist die Begründung auch dann, wenn die Gründe völlig sachfremd oder willkürlich sind oder offensichtlich auf keinen der Verweigerungsgründe Bezug nehmen (vgl. *Dannhäuser* NZA 1989, 617).

2134 Erforderlich, aber auch ausreichend ist es, wenn die vom Betriebsrat für die Verweigerung seiner Zustimmung vorgetragene Begründung es als möglich erscheinen lässt, dass ein Zustimmungsverweigerungsgrund des § 99 Abs. 2 BetrVG geltend gemacht wird. Nur eine Begründung, die offensichtlich auf keinen der Verweigerungsgründe Bezug nimmt, ist unbeachtlich mit der Folge, dass die Zustimmung des Betriebsrates als erteilt gilt (*BAG* 26.1.1988 EzA § 99 BetrVG 1972 Nr. 58).

2135 Auch unter diesen Voraussetzungen kann im Einzelfall die Zustimmungsverweigerung rechtsmissbräuchlich sein, wenn der Betriebsrat in gleich gelagerten Fällen die Zustimmung aus Gründen verweigert, von denen allgemein anerkannt ist, dass sie ein Zustimmungsverweigerungsrecht nicht tragen (*BAG* 16.7.1985 EzA § 99 BetrVG 1972 Nr. 40). Da das *BAG* (10.2.1988 EzA § 72a ArbGG 1979 Nr. 50) festgestellt hat, dass der Verstoß einzelner Bestimmungen des Arbeitsvertrages gegen höherrangige Bestimmungen nicht zu einer Zustimmungsverweigerung bei einer Einstellung berechtigen, ist nach Auffassung von *Raab* (GK-BetrVG § 99 Rn. 121) eine Zustimmungsverweigerung mit dieser Begründung in Zukunft unbeachtlich.

2136 Genügt die Begründung der Substantiierungspflicht, so ist die Zustimmungsverweigerung wirksam und kann nur im arbeitsgerichtlichen Zustimmungsersetzungsverfahren gem. § 99 Abs. 4 BetrVG ersetzt werden.

## M. Mitbestimmung in personellen Angelegenheiten    Kapitel 13

Die wirksam erteilte Zustimmung kann nicht nachträglich widerrufen werden (GK-BetrVG/*Raab* § 99 Rn. 171). Umgekehrt ist der Betriebsrat nicht gehindert, einen Zustimmungsverweigerungsbeschluss nachträglich wieder aufzuheben, da dadurch nicht in fremde schutzwürdige Rechtspositionen eingegriffen wird. 2137

### dd) Das Zustimmungsersetzungsverfahren

Nach wirksamer Zustimmungsverweigerung kann der Arbeitgeber gem. § 99 Abs. 4 BetrVG im arbeitsgerichtlichen Beschlussverfahren die Ersetzung der Zustimmung des Betriebsrates beantragen. 2138

Der Antrag lautet auf Ersetzung der verweigerten Zustimmung. Sofern der Arbeitgeber auch der Auffassung ist, die Zustimmung gelte – etwa wegen unzureichender Begründung – als erteilt, kann er dem durch einen entsprechenden Hilfsantrag, gerichtet auf Feststellung, dass die Zustimmung als erteilt gilt, Rechnung tragen. Notwendig ist eine solche doppelte Antragstellung nicht, da nach Auffassung des *BAG* (18.10.1988 EzA § 99 BetrVG 1972 Nr. 69) das Gericht auch ohne ausdrücklich darauf gerichteten Antrag festzustellen hat, dass die Zustimmung als erteilt gilt, wenn der Arbeitgeber die Ersetzung einer vom Betriebsrat verweigerten Zustimmung beantragt hat und sich im Verfahren herausstellt, dass die Zustimmung bereits als erteilt gilt. 2139

Beantragt der Arbeitgeber nur die Feststellung, dass die Zustimmung als erteilt gilt, so ist dieser Feststellungsantrag als unbegründet abzuweisen, wenn sich ergibt, dass der Betriebsrat noch nicht vollständig unterrichtet ist und der Betriebsrat dies – sofern keine offensichtlich unvollständige Unterrichtung vorlag – innerhalb der Wochenfrist gerügt hat (s. Rdn. 2130; *BAG* 28.1.1986 EzA § 99 BetrVG 1972 Nr. 48). 2140

Streitgegenstand des Zustimmungsersetzungsverfahrens ist, ob die vom Betriebsrat rechtzeitig geltend gemachten Zustimmungsverweigerungsgründe tatsächlich gegeben sind. Der Betriebsrat kann im Zustimmungsersetzungsverfahren keine weiteren Zustimmungsverweigerungsgründe nachschieben (*BAG* 17.11.2010 EzA § 99 BetrVG 2001 Nr. 19). 2141

Die Darlegungs- und Beweislast für das Nichtvorliegen eines Verweigerungsgrundes trägt nach h. M. (GK-BetrVG/*Raab* § 99 Rn. 181 m. w. N.; a. A. *Galperin/Löwisch* § 99 Rn. 116; MünchArbR/*Matthes* § 263 Rn. 88) der Arbeitgeber, ebenso wie für die rechtzeitige und vollständige Unterrichtung des Betriebsrates (*BAG* 28.1.1986 EzA § 99 BetrVG 1972 Nr. 48). 2142

Soweit bei einer Ein- oder Umgruppierung im Zustimmungsersetzungsverfahren eine bestimmte Entgeltgruppe als zutreffend ermittelt oder als unzutreffend ausgeschlossen wurde, kann nach Auffassung des *BAG* (3.5.1994 EzA § 99 BetrVG 1972 Nr. 122) der Arbeitnehmer seinen Entgeltanspruch unmittelbar auf die gerichtliche Entscheidung stützen. Insoweit ist ein Anspruch nicht von einer weiteren Prüfung der tariflichen Eingruppierungsvoraussetzung abhängig. Der Arbeitnehmer ist aber nicht gehindert, gegenüber dem Arbeitgeber eine günstigere als die im Beschlussverfahren angenommene Eingruppierung geltend zu machen. 2143

### ee) Individualrechtliche Wirkung der fehlenden Zustimmung

Führt der Arbeitgeber eine Einstellung ohne Zustimmung des Betriebsrates durch, so ist dies auf die Wirksamkeit des Arbeitsvertrages ohne Einfluss, allerdings darf der Arbeitgeber den betriebsverfassungswidrig eingestellten Arbeitnehmer nicht beschäftigen, wobei der Arbeitnehmer jedoch den Entgeltanspruch auch für die Zeit der Nichtbeschäftigung behält (*BAG* 2.7.1980 EzA § 99 BetrVG 1972 Nr. 28). Es ist zulässig (*BAG* 17.2.1983 EzA § 620 BGB Nr. 62) und zu empfehlen, den Arbeitsvertrag unter der auflösenden Bedingung abzuschließen, dass er mit Ablauf von zwei Wochen nach Rechtskraft einer die Zustimmung ablehnenden gerichtlichen Entscheidung endet. Eine ohne Zustimmung des Betriebsrats angeordnete Versetzung ist nach Auffassung des *BAG* (22.4.2010 EzA § 2 KSchG Nr. 77; 26.1.1988 EzA § 99 BetrVG 1972 Nr. 58) entsprechend § 134 BGB dem Arbeitnehmer gegenüber unwirksam. 2144

2145 Er kann verlangen, unverändert weiterbeschäftigt zu werden. Die Weigerung, einer ohne Zustimmung des Betriebsrates erklärten Versetzung zu folgen, stellt daher keine Verletzung arbeitsvertraglicher Pflichten dar, auch wenn die Maßnahme individualrechtlich, etwa auf Grund rechtmäßiger Ausübung des Direktionsrechts, zulässig war. Begründet wird dies damit, dass der Arbeitgeber betriebsverfassungsrechtlich rechtswidrig handele und § 99 BetrVG gerade auch dem Schutz des betroffenen Arbeitnehmers diene. Muss der Arbeitgeber, da vom Direktionsrecht nicht mehr gedeckt, eine Versetzung individualrechtlich durch Änderungskündigung durchsetzen, so ist die Zustimmung des Betriebsrates zur Versetzung nach § 99 BetrVG nicht Wirksamkeitsvoraussetzung der Änderungskündigung, sondern nur Wirksamkeitsvoraussetzung für die tatsächliche Zuweisung des neuen Arbeitsbereiches nach Ablauf der Kündigungsfrist. Der Arbeitgeber kann die geänderten Vertragsbedingungen solange nicht durchsetzen, wie das Verfahren nach § 99 BetrVG nicht ordnungsgemäß durchgeführt ist. Der Arbeitnehmer ist insoweit in dem alten Arbeitsbereich weiterzubeschäftigen, der ihm nicht wirksam entzogen worden ist (*BAG* 30.9.1993 EzA § 99 BetrVG 1972 Nr. 118). Das Beteiligungsrecht des Betriebsrats nach § 102 BetrVG (s. Kap. 4 Rdn. 1654 ff.) ist vor Ausspruch einer solchen Änderungskündigung zu beachten.

2146 Bei der Ein- oder Umgruppierung bleibt ein Verstoß gegen das Mitbestimmungsrecht des Betriebsrates individualrechtlich ohne Auswirkungen (*BAG* 30.9.1983 EzA § 99 BetrVG 1972 Nr. 118).

*e) Vorläufige personelle Maßnahmen, § 100 BetrVG*

*aa) Zweck und Anwendungsbereich*

2147 Im Hinblick auf die bei Einhaltung des regulären Verfahrens nach § 99 BetrVG bestehende Gefahr, dass auch dringende personelle Maßnahmen aus betrieblicher Sicht nicht mehr rechtzeitig durchgeführt werden können, will § 100 BetrVG das grundsätzliche Zustimmungserfordernis vor Durchführung der Maßnahme für solche Maßnahmen mildern, die aus sachlichen Gründen nicht aufgeschoben werden können, sondern sofort vorgenommen werden müssen (BR-Drs. 715/70, S. 52). Neben dem Verfahren nach § 100 BetrVG scheidet ein Antrag auf Erlass einer einstweiligen Anordnung im arbeitsgerichtlichen Beschlussverfahren, gerichtet auf Ersetzung der Zustimmung, aus (GK-BetrVG/*Raab* § 100 Rn. 3).

2148 Hauptanwendungsbereich des Verfahrens nach § 100 BetrVG sind Einstellungen und Versetzungen. Nach überwiegender Ansicht (vgl. MünchArbR/*Matthes* § 266 Rn. 21; offen gelassen von *BAG* 27.1.1987 EzA § 99 BetrVG 1972 Nr. 55; a. A. GK-BetrVG/*Raab* § 100 Rn. 6) kommt eine Anwendung des § 100 BetrVG bei Ein- und Umgruppierungen nicht in Betracht, da es sich bei diesen Maßnahmen lediglich um Akte der Rechtsanwendung bzw. um die Kundgabe des bei dieser Rechtsanwendung gefundenen Ergebnisses, und um keine nach außen wirkende Maßnahme, die vorläufig durchgeführt werden könne, handelt.

2149 Ein Vorgehen nach § 100 BetrVG kommt immer dann in Betracht, wenn die Zustimmung des Betriebsrates nicht oder noch nicht erteilt ist und auch nicht als erteilt gilt.

2150 Überwiegend (GK-BetrVG/*Raab* § 100 Rn. 16 f. m. w. N.; a. A. DKK/*Kittner* § 100 Rn. 12) wird angenommen, dass die vorläufige Durchführung einer Maßnahme auch dann in Betracht kommt, wenn der Betriebsrat über die beabsichtigte endgültige Maßnahme gem. § 99 Abs. 1 BetrVG noch nicht ordnungsgemäß unterrichtet wurde.

*bb) Voraussetzungen*

2151 Die vorläufige Maßnahme muss aus sachlichen Gründen dringend erforderlich sein. Dies setzt voraus, dass ohne die sofortige Durchführung der Maßnahme spürbare Nachteile für den Betrieb eintreten oder ihm spürbare Vorteile verloren gehen, wenn also die Maßnahme im Interesse des Betriebes keinen Aufschub duldet (GK-BetrVG/*Raab* § 100 Rn. 9). Abzustellen ist auf den Zeitpunkt der Durchführung der Maßnahme. Ein dauernder Missbrauch der Möglichkeit zur vorläu-

## M. Mitbestimmung in personellen Angelegenheiten — Kapitel 13

figen Durchführung personeller Maßnahmen kann zu Maßnahmen gegen den Arbeitgeber nach § 23 Abs. 3 BetrVG berechtigen (*Fitting* § 100 Rn. 6).

Entfällt der dringende betriebliche Grund nachträglich, muss die vorläufige Maßnahme nicht aufgehoben werden (*BAG* 6.10.1978 EzA § 99 BetrVG 1972 Nr. 24). Unerheblich sind soziale Belange des betroffenen Arbeitnehmers und die Frage, ob noch andere Arbeitnehmer für die Maßnahme in Frage gekommen wären (*BAG* 7.11.1977 EzA § 100 BetrVG 1972 Nr. 1; GK-BetrVG/*Raab* § 100 Rn. 9). Kontrovers diskutiert wird, ob ein Organisationsverschulden des Arbeitgebers, der einer vorhersehbaren betrieblichen Situation, die den sachlichen Grund abgeben soll, nicht durch rechtzeitige andere Maßnahmen Rechnung getragen hat, eine Dringlichkeit ausschließt (abl. GK-BetrVG/*Raab* § 100 Rn. 11; bejahend DKK/*Kittner* § 100 Rn. 3; *Fitting* § 100 Rn. 4). Eine Einstellung ist dringlich, wenn das längere Freibleiben des Arbeitsplatzes mit dem ordnungsgemäßen, geregelten Ablauf des Betriebes unvereinbar ist, so z. B. dann, wenn eine Stelle unvorhergesehen frei wird, die Einarbeitung nur durch den unvorhergesehen ausscheidenden Stelleninhaber erfolgen kann oder nur so ein Bewerber, der die für den Betrieb entscheidende Qualifikation besitzt, gewonnen werden kann. Eine Versetzung ist dringlich, wenn ohne sie der betriebliche Arbeitsablauf ernsthaft gefährdet wäre, so etwa bei einem momentanen besonderen Arbeitskräftebedarf in einem Bereich (GK-BetrVG/*Raab* § 100 Rn. 12, 14). 2152

*cc) Das Verfahren*

*(1) Information von Arbeitnehmer und Betriebsrat*

Gem. § 100 Abs. 1 S. 2 BetrVG ist der Arbeitgeber verpflichtet, den betroffenen Arbeitnehmer über die Sach- und Rechtslage, d. h. über die Vorläufigkeit der Maßnahme und die Möglichkeit, sie später rückgängig zu machen, zu unterrichten. 2153

Die Unterrichtung des Arbeitnehmers ist keine Wirksamkeitsvoraussetzung für die vorläufige Durchführung der Maßnahme. 2154

Die Verletzung der Aufklärungspflicht kann aber den Arbeitgeber aus culpa in contrahendo (§§ 311 Abs. 2, 241 Abs. 2, 280 Abs. 1 BGB) oder unter dem Gesichtspunkt der Verletzung der Fürsorgepflicht zum Schadensersatz verpflichten (vgl. GK-BetrVG/*Raab* § 100 Rn. 20). 2155

Bei vorläufigen Einstellungen ist der Abschluss eines unter der auflösenden Bedingung der Nichterteilung der Zustimmung des Betriebsrates bzw. der rechtskräftigen Abweisung des Zustimmungsersetzungsantrages stehenden Arbeitsvertrages zu empfehlen (zur Zulässigkeit vgl. *BAG* 17.2.1983 EzA 620 BGB Nr. 62). 2156

Ferner hat der Arbeitgeber den Betriebsrat unverzüglich (ohne schuldhaftes Zögern, § 121 Abs. 1 BGB) von der vorläufigen personellen Maßnahme zu unterrichten. 2157

Die Unterrichtung des Betriebsrats kann sowohl vor als notfalls auch unmittelbar nach Durchführung der Maßnahme erfolgen (*BAG* 7.11.1977 EzA § 100 BetrVG 1972 Nr. 1). Sie muss sich auf die vorläufige Maßnahme und auf die sachlichen Gründe, die die vorläufige Durchführung dringend erforderlich machen, beziehen, ist aber an keine Form gebunden. 2158

Die Vorlage von Unterlagen ist nicht vorgesehen. Diese Unterrichtung ist nicht identisch mit der nach § 99 Abs. 1 BetrVG vor der endgültigen Durchführung der personellen Maßnahme erforderlichen Unterrichtung des Betriebsrates. Beide können jedoch gleichzeitig und in einem Schriftstück vorgenommen werden. 2159

Verletzt der Arbeitgeber seine Informationspflicht, so ist die Maßnahme nach überwiegender Ansicht (GK-BetrVG/*Raab* § 100 Rn. 23; DKK/*Kittner* § 100 Rn. 16; a.A. HSWGNR/*Schlochauer* § 100 Rn. 16) in entsprechender Anwendung des § 101 BetrVG auf Antrag des Betriebsrates rückgängig zu machen. 2160

### (2) Reaktionsmöglichkeiten des Betriebsrates

2161 Stimmt der Betriebsrat der vorläufigen Durchführung zu, kann die Maßnahme vom Arbeitgeber aufrechterhalten werden, bis das nach § 99 BetrVG zu wahrende reguläre Verfahren abgeschlossen ist. Schweigt der Betriebsrat auf die Arbeitgeberinformation über die vorläufige Maßnahme oder bestreitet er verspätet die Dringlichkeit, gilt die Maßnahme als vorläufig gebilligt (GK-BetrVG/*Raab* § 100 Rn. 28).

2162 Sofern der Betriebsrat die Dringlichkeit der Maßnahme bestreiten will, hat er dies gem. § 100 Abs. 2 BetrVG dem Arbeitgeber unverzüglich (§ 121 BGB) mitzuteilen. Bei regelmäßigem, wöchentlichen Turnus der Betriebsratssitzungen ist hierüber auf der dem Eingang der Mitteilung des Arbeitgebers nachfolgenden Sitzung zu beschließen (DKK/*Kittner* § 100 Rn. 21). Der Beschluss, der keiner Begründung bedarf, ist dem Arbeitgeber sodann mitzuteilen, was auch formlos möglich ist.

2163 Liegt ein rechtzeitiges Bestreiten vor, darf der Arbeitgeber die vorläufige personelle Maßnahme nur aufrechterhalten, wenn er innerhalb von 3 Tagen das Arbeitsgericht mit dem sog. Doppelantrag nach § 100 Abs. 2 BetrVG anruft. Das Bestreiten der Dringlichkeit bezüglich der vorläufigen Maßnahme ist allerdings nicht identisch mit der Verweigerung der Zustimmung zur endgültigen Durchführung der Maßnahme i. S. d. § 99 Abs. 3 BetrVG: Stimmt der Betriebsrat der endgültigen Maßnahme nach ordnungsgemäßer Unterrichtung durch den Arbeitgeber nach § 99 Abs. 1 BetrVG zu oder gilt seine Zustimmung zur endgültigen Maßnahme nach § 99 Abs. 3 S. 2 BetrVG als erteilt, so kann die Maßnahme als endgültige vorgenommen werden. Ein bereits nach § 100 Abs. 2 BetrVG anhängiges arbeitsgerichtliches Verfahren ist dann erledigt und einzustellen (*BAG* 18.10.1988 EzA § 100 BetrVG 1972 Nr. 4).

### (3) Arbeitsgerichtliches Verfahren

#### aaa) Antrag des Arbeitgebers

2164 Bestreitet der Betriebsrat rechtzeitig die Notwendigkeit der vorläufigen Maßnahme, so muss der Arbeitgeber, wenn er die Maßnahme gleichwohl aufrechterhalten will, innerhalb einer Ausschlussfrist (GK-BetrVG/*Raab* § 100 Rn. 34 m. w. N., a. A. *Schlicht* BB 1980, 632: Wiedereinsetzung bei Fristversäumnis möglich) von drei Kalendertagen nach Zugang der Mitteilung das Arbeitsgericht anrufen.

2165 In Form des sog. Doppelantrags ist zu beantragen, die Zustimmung des Betriebsrats zu ersetzen **und** festzustellen, dass die Maßnahme aus sachlichen Gründen dringend erforderlich war.

2166 Streitig ist, ob der Antrag auch innerhalb der 3-Tages-Frist ordnungsgemäß begründet werden muss (so DKK/*Kittner* § 100 Rn. 30 unter Hinweis auf *LAG Frankf.* 13.9.1988 DB 1990, 1092; a. A. HSWGNR/*Schlochauer* § 100 Rn. 30). Der betroffene Arbeitnehmer ist nicht Beteiligter dieses Beschlussverfahrens (GK-BetrVG/*Raab* § 100 Rn. 38). Nach ganz überwiegender Auffassung ist Streitgegenstand des Verfahrens, soweit es sich auf die Ersetzung der Zustimmung des Betriebsrats bezieht, die Zustimmung zur endgültigen, nicht nur zur vorläufigen Durchführung der Maßnahme, sodass das Verfahren nach § 100 Abs. 2 und 3 BetrVG die Verfahren nach § 99 Abs. 4 BetrVG und § 100 BetrVG miteinander verbindet (DKK/*Kittner* § 100 Rn. 27; GK-BetrVG/*Raab* § 100 Rn. 36).

2167 § 100 Abs. 2 BetrVG erfasst nur den Regelfall, dass der Betriebsrat sowohl die Dringlichkeit der vorläufigen Maßnahme bestreitet als auch die Zustimmung zur endgültigen Maßnahme bereits verweigert hat. In diesem Regelfall sind beide Anträge miteinander zu verbinden. Stellt der Arbeitgeber innerhalb der Frist lediglich den Feststellungsantrag, ist dieser unzulässig (*BAG* 15.9.1987 EzA § 99 BetrVG 1972 Nr. 57).

2168 Wurde hingegen vom Betriebsrat zunächst nur die Dringlichkeit der vorläufigen Maßnahme bestritten und läuft die Frist für die Zustimmungsverweigerung zur endgültigen Maßnahme noch, wäre ein jetzt schon gestellter Antrag auf Ersetzung der Zustimmung sinnlos. Gleichwohl muss der Arbeitgeber die Dreitagesfrist beachten, kann sich aber dann zunächst auf den auf Feststellung der Dringlichkeit gerichteten Antrag beschränken. Der Zustimmungsersetzungsantrag ist dann nach erfolgter Zustimmungsverweigerung unverzüglich (DKK/*Kittner* § 100 Rn. 28), nach anderer Auffassung innerhalb von drei Tagen nach Zustimmungsverweigerung (MünchArbR/*Matthes* § 263 Rn. 104) in das Verfahren einzuführen.

Noch weiter gehend will *Matthes* (MünchArbR § 263 Rn. 104, abl. DKK/*Kittner* § 100 Rn. 28) auch den Feststellungsantrag noch innerhalb von drei Tagen nach Zustimmungsverweigerung zulassen. Hat der Arbeitgeber nach Verweigerung der Zustimmung das reguläre Zustimmungsersetzungsverfahren nach § 99 Abs. 4 BetrVG eingeleitet und tritt erst dann eine Situation ein, die ihn zur vorläufigen Durchführung der Maßnahme veranlasst, kann der Arbeitgeber, soweit der Betriebsrat die Dringlichkeit bestritten hat, den auf Feststellung der Dringlichkeit gerichteten Antrag in das schon schwebende Zustimmungsersetzungsverfahren einbringen (HSWGNR/*Schlochauer* § 100 Rn. 29; DKK/*Kittner* § 100 Rn. 29). 2169

*bbb) Entscheidung des Arbeitsgerichts*

Folgende Entscheidungen des Arbeitsgerichts sind denkbar (vgl. HSWGNR/*Schlochauer* § 100 Rn. 33 ff.; DKK/*Kittner* § 100 Rn. 34 ff.): 2170
– Wird die Zustimmung ersetzt und die Feststellung getroffen, dass die vorläufige Maßnahme dringend erforderlich war, kann der Arbeitgeber die Maßnahme endgültig durchführen.
– Unterliegt der Arbeitgeber mit beiden Anträgen, so endet die Maßnahme mit Ablauf von zwei Wochen nach Rechtskraft der Entscheidung (vgl. Rdn. 2175 ff.). Das Gericht darf den Feststellungsantrag des Arbeitgebers allerdings nur dann abweisen, wenn die Maßnahme »offensichtlich« nicht dringend war (vgl. § 100 Abs. 3 S. 1 BetrVG). § 100 Abs. 3 BetrVG fordert damit eine Entscheidung des Gerichts, die formell weder vom Arbeitgeber noch vom Betriebsrat beantragt worden ist. Fehlt es an der offensichtlichen Nichtdringlichkeit, so ist dem Feststellungsantrag des Arbeitgebers stattzugeben. Will das Gericht den Feststellungsantrag zurückweisen, darf es sich damit nicht auf die bloße Abweisung des Feststellungsantrages beschränken, sondern muss im Tenor seiner Entscheidung feststellen, dass offensichtlich die vorläufige Maßnahme aus sachlichen Gründen nicht dringend erforderlich war (*BAG* 18.10.1988 EzA § 100 BetrVG 1972 Nr. 4). 2171

Eine »offensichtliche« Nichtdringlichkeit liegt nur vor, wenn der Arbeitgeber die Situation grob verkannt hat und die vorläufige Durchführung der Maßnahme leichtfertig war (*BAG* 7.11.1977 EzA § 100 BetrVG 1972 Nr. 1). 2172

– Sofern das Arbeitsgericht die Feststellung der dringenden Erforderlichkeit trifft, die Zustimmung jedoch nicht ersetzt, endet die vorläufige Maßnahme gem. § 100 Abs. 3 BetrVG. 2173
– Soweit das Arbeitsgericht die Zustimmung ersetzt, aber die vorläufige Durchführung für offensichtlich sachlich nicht dringend erforderlich hält, kann die Maßnahme nach Rechtskraft der Entscheidung endgültig aufrechterhalten bleiben (GK-BetrVG/*Raab* § 100 Rn. 41). Mit Rechtskraft dieser Entscheidung endet die Rechtshängigkeit des Feststellungsantrages, das Verfahren ist einzustellen (*BAG* 18.10.1988 EzA § 100 BetrVG 1972 Nr. 4). 2174

*ccc) Rechtsfolgen der Entscheidung*

Gem. § 100 Abs. 3 BetrVG endet die vorläufige personelle Maßnahme zwei Wochen nach Rechtskraft einer Entscheidung, durch die entweder die Zustimmung des Betriebsrates nicht ersetzt wird oder/und sie feststellt, dass die Maßnahme offensichtlich aus sachlichen Gründen nicht dringend erforderlich war. Kontrovers diskutiert wird, ob hieraus folgt, dass der zu Grunde liegende individualrechtliche Vorgang (etwa der Abschluss des Arbeitsvertrages) automatisch aufgehoben ist oder es noch einer individualrechtlichen Gestaltungserklärung (z. B. einer Kündigung) bedarf. Überwiegend (GK-BetrVG/*Raab* § 100 Rn. 46; HSWGNR/*Schlochauer* § 100 Rn. 40) wird angenommen, dass der Arbeitgeber nur die Berechtigung verliert, die Maßnahme weiterhin aufrechtzuerhalten, ohne jedoch der rechtskräftigen gerichtlichen Entscheidung selbst bereits unmittelbar rechtsgestal- 2175 tende Wirkung zuzuerkennen. Nach anderer Auffassung (*Fitting* § 100 Rn. 18) wirkt die rechtskräftige gerichtliche Entscheidung selbst rechtsgestaltend. Soweit eine rechtsgestaltende Wirkung nicht angenommen wird, ist der Arbeitgeber auch – sofern nicht von vornherein der Arbeitsvertrag unter einer auflösenden Bedingung geschlossen wurde – zur Kündigung des Arbeitsverhältnisses berechtigt, wobei z. T. (GK-BetrVG/*Raab* § 100 Rn. 47) grds. nur die Möglichkeit der ordentlichen Kündigung bestehen soll, nach **anderer Ansicht** (DKK/*Kittner* § 100 Rn. 41) auch eine fristlose Kündigung dann in Betracht kommen soll, wenn der Arbeitnehmer beim Abschluss des Arbeitsvertrages über die Bedenken des Betriebsrates unterrichtet wurde. Soweit eine ordentliche Kündigung in Betracht kommt, ist der Arbeitgeber zur Beschäftigung des Arbeitnehmers bis zum Ablauf der Kündigungsfrist nicht berechtigt; der Arbeitnehmer behält bis zur Beendigung des Arbeitsvertrages seinen Entgeltanspruch nach § 615 BGB (DKK/*Kittner* § 100 Rn. 40).

2176 Bei einer vorläufigen Versetzung darf der Arbeitnehmer nach Ablauf von zwei Wochen nach Rechtskraft der Entscheidung nicht mehr an dem neuen Arbeitsplatz beschäftigt werden, sodass der betroffene Arbeitnehmer nicht mehr zur Durchführung der ihm zugewiesenen Arbeit verpflichtet ist. Bei Versetzungen in Ausübung des Direktionsrechts ist die Versetzungsanweisung zurückzunehmen, bei Versetzungen im Wege der Änderungskündigung ist diese im Einvernehmen mit dem Arbeitnehmer oder durch weitere Änderungskündigung rückgängig zu machen. Erhält der Arbeitgeber zwei Wochen nach Rechtskraft die Maßnahme weiterhin aufrecht, kann der Betriebsrat das Verfahren gem. § 101 BetrVG betreiben.

*f) Aufhebung der Maßnahme und Zwangsgeld, § 101 BetrVG*

*aa) Voraussetzungen und Anwendungsbereich*

2177 Unmittelbar Anwendung findet § 101 BetrVG auf Einstellungen und Versetzungen. Für Ein- und Umgruppierungen gelten Besonderheiten (s. Rdn. 2182 ff.). Ein Aufhebungsanspruch des Betriebsrates besteht, wenn eine Einstellung oder Versetzung ohne Zustimmung des Betriebsrates endgültig durchgeführt wird, wenn der Arbeitgeber eine vorläufige personelle Maßnahme trotz Bestreitens der Dringlichkeit durch den Betriebsrat aufrechterhält und nicht innerhalb von drei Tagen das Arbeitsgericht angerufen wurde (§ 100 Abs. 2 BetrVG) oder wenn der Arbeitgeber eine vorläufige personelle Maßnahme länger als zwei Wochen aufrechterhält, nachdem eine rechtskräftige Entscheidung gem. § 100 Abs. 3 BetrVG vorliegt. Über den unmittelbaren Anwendungsbereich hinaus besteht ein Aufhebungsanspruch auch dann, wenn auf Grund einer tariflichen Regelung die Einstellung der vollen Mitbestimmung des Betriebsrates unterlag und dieses Mitbestimmungsrecht nicht beachtet worden ist (*BAG* 1.8.1989 EzA § 99 BetrVG 1972 Nr. 75). Ferner besteht ein Aufhebungsanspruch, wenn der Arbeitgeber eine vorläufige Maßnahme ohne Unterrichtung des Betriebsrates i. S. v. § 100 Abs. 2 S. 1 durchgeführt hat (GK-BetrVG/*Raab* § 101 Rn. 4).

*bb) Verfahren und Entscheidung des Gerichts, Festsetzung von Zwangsgeld*

2178 Der Antrag setzt einen entsprechenden Betriebsratsbeschluss voraus. Der Antrag ist nicht fristgebunden, das Antragsrecht kann aber verwirkt werden, wenn der Betriebsrat längere Zeit in Kenntnis der Maßnahme vom Arbeitgeber nicht die Aufhebung verlangt und auch sonst nichts unternommen hat. Der betroffene Arbeitnehmer ist nicht Beteiligter des Verfahrens (GK-BetrVG/*Raab* § 101 Rn. 11). Für die gerichtliche Entscheidung ist unerheblich, ob der Betriebsrat die Zustimmung zu Recht verweigert hat oder ob der Zustimmungsverweigerungsgrund nachträglich wegfällt (*BAG* 20.11.1990 EzA § 118 BetrVG 1972 Nr. 57).

2179 Der Arbeitgeber kann im Aufhebungsverfahren nicht hilfsweise den Antrag auf gerichtliche Ersetzung der Zustimmung des Betriebsrats stellen (*BAG* 18.7.1978 EzA § 99 BetrVG 1972 Nr. 23; 21.11.1978 EzA § 101 BetrVG 1972 Nr. 3; GK-BetrVG/*Raab* § 101 Rn. 10).

2180 Wenn der Arbeitgeber seinerseits ein Verfahren nach § 100 Abs. 2 S. 3 BetrVG eingeleitet hat, kann der Antrag vom Betriebsrat bereits in diesem Verfahren vorsorglich für den Fall gestellt werden, dass das Arbeitsgericht dem Antrag des Arbeitgebers nicht entspricht (GK-BetrVG/*Raab* § 101 Rn. 9;

## M. Mitbestimmung in personellen Angelegenheiten  Kapitel 13

Fitting § 101 Rn. 6). Aufhebung der Maßnahme bedeutet die Beseitigung der tatsächlichen Situation durch Nichtbeschäftigung des betriebsverfassungswidrig eingestellten Arbeitnehmers bzw. Nichtbeschäftigung des Arbeitnehmers im neuen Arbeitsbereich bei der betriebsverfassungswidrigen Versetzung.

Hebt der Arbeitgeber die Maßnahme während des Verfahrens nach § 101 BetrVG auf oder endet sie auf andere Weise und liegt keine Erledigungserklärung vor, so ist der Antrag als unbegründet abzuweisen (*Matthes* DB 1989, 1285, 1289). Kommt der Arbeitgeber der Verpflichtung zur Aufhebung einer personellen Maßnahme trotz rechtskräftiger Entscheidung nicht nach, kann der Betriebsrat beantragen, ihn zur Aufhebung der Maßnahme durch Zwangsgeld anzuhalten. Nach überwiegender Ansicht (GK-BetrVG/*Raab* § 101 Rn. 12 m. w. N.) wird dem Arbeitgeber zur Aufhebung der Maßnahme in entsprechender Anwendung des § 100 Abs. 3 BetrVG eine Frist von zwei Wochen nach Rechtskraft der Entscheidung zugebilligt. Nach anderer Ansicht (z. B. DKK/*Kittner* § 101 Rn. 13; MünchArbR/*Matthes* § 265 Rn. 18) ist hingegen die Verpflichtung unverzüglich nach Rechtskraft zu erfüllen. Nach ganz überwiegender Ansicht ist die Festsetzung des Zwangsgeldes eine Zwangsvollstreckungsmaßnahme zur Erzwingung einer unvertretbaren Handlung i. S. v. § 888 ZPO, sodass das Zwangsgeld nur solange festgesetzt oder vollstreckt werden kann, als der Arbeitgeber die personelle Maßnahme und der Betriebsrat seinen Antrag aufrechterhalten. Andererseits kommt es aber auf ein Verschulden des Arbeitgebers nicht an (GK-BetrVG/*Raab* § 101 Rn. 14). Da das Verfahren ein spezielles Zwangsvollstreckungsverfahren ist, sind nach § 85 Abs. 2 ArbGG die Vorschriften der ZPO über die Zwangsvollstreckung entsprechend anzuwenden. Gem. § 891 ZPO kann daher die Entscheidung nach Anhörung des Arbeitgebers ohne mündliche Verhandlung durch den Vorsitzenden allein ergehen.  2181

### cc) Besonderheiten bei Ein- und Umgruppierung

Die für den Vergütungsanspruch maßgebliche Eingruppierung ist keine nach außen wirkende konstitutive Maßnahme des Arbeitgebers, sondern lediglich Rechtsanwendung. Ein- oder Umgruppierung i. S. v. § 99 BetrVG ist danach die Kundgabe des vom Arbeitgeber bei der Anwendung der Vergütungsordnung gefundenen Ergebnisses.  2182

> Nach Ansicht des *BAG* (12.12.2006 EzA § 99 BetrVG 2001 Eingruppierung Nr. 2; 3.5.1994 EzA § 99 BetrVG 1972 Nr. 122; 9.3.1993 EzA § 99 BetrVG 1972 Nr. 113) kann der Betriebsrat im Verfahren nach § 101 BetrVG nicht die Aufhebung einer unzutreffenden Ein- und Umgruppierung verlangen, da es an einer Maßnahme fehlt, deren Aufhebung vom Gericht aufgegeben werden könnte. Er kann aber nach § 101 BetrVG stattdessen beantragen, dem Arbeitgeber aufzugeben, die Zustimmung des Betriebsrates einzuholen bzw. – falls der Betriebsrat diese nicht erteilt – das Zustimmungsersetzungsverfahren nach § 99 Abs. 4 BetrVG durchzuführen.  2183

Bleibt der Arbeitgeber im Zustimmungsersetzungsverfahren erfolglos, bedeutet dies praktisch, dass er seinen Antrag auf Zustimmung des Betriebsrates zur Eingruppierung wiederholen muss. Dieser Antrag kann aber nur eine andere Entgeltgruppe als diejenige zum Gegenstand haben, zu der das Gericht bereits rechtskräftig die Ersetzung der Zustimmung versagt hat. Der Betriebsrat kann die Fortsetzung des Beteiligungsverfahrens dadurch erzwingen, dass er dem Arbeitgeber nach § 101 BetrVG aufgeben lässt, nunmehr eine andere als die ursprünglich beabsichtigte Eingruppierung vorzunehmen und hierzu die Zustimmung des Betriebsrates einzuholen.  2184

Unterlässt der Arbeitgeber eine Ein- bzw. Umgruppierung, obwohl eine solche notwendig ist, kann der Betriebsrat nach § 101 BetrVG verlangen, dass der Arbeitgeber die beabsichtigte Eingruppierung/Umgruppierung mitteilt und hiezu die Zustimmung des Betriebsrats einholt (*BAG* 4.5.2011 EzA § 99 BetrVG 2001 Eingruppierung Nr. 9). Die Notwendigkeit einer erneuten Ein- bzw. Umgruppierungsentscheidung besteht dabei stets bei Versetzungen, da eine solche nach § 95 Abs. 3 S. 1 BetrVG stets mit der Zuweisung eines anderen Arbeitsbereichs verbunden ist. Daher muss der Arbeitgeber auch in diesem Fall die Eingruppierung des Arbeitnehmers überprüfen. Gelangt er hierbei zu dem Ergebnis, dass auf Grund der geänderten Tätigkeit der Arbeitnehmer einer anderen  2185

Vergütungsgruppe zuzuordnen ist, handelt es sich um eine Umgruppierung. Ergibt die Prüfung des Arbeitgebers, dass es trotz geänderter Tätigkeit bei der bisherigen Zuordnung verbleibt, liegt eine erneute Eingruppierung i. S. v. § 99 Abs. 1 S. 1 BetrVG vor (*BAG* 12.12.2006 EzA § 99 BetrVG 2001 Eingruppierung Nr. 2). Aus der betriebsverfassungsrechtlichen Pflicht des Arbeitgebers, auch nicht tarifgebundene Arbeitnehmer in die in seinem Betrieb geltende tarifliche Vergütungsordnung einzugruppieren, folgt aber keineswegs ohne weiteres ein mit der Eingruppierung korrespondierender Anspruch dieser Arbeitnehmer auf entsprechende Vergütung (*BAG* 4.5.2011 EzA § 99 BetrVG 2001 Eingruppierung Nr. 9).

#### dd) Sonstiger Rechtsschutz des Betriebsrates, Verhältnis zu § 23 Abs. 3 BetrVG

2186 § 101 BetrVG gibt dem Betriebsrat lediglich das Recht, die Aufhebung gerade derjenigen konkreten personellen Einzelmaßnahmen zu verlangen, die der Arbeitgeber mitbestimmungswidrig tatsächlich durchgeführt hat. Nur insoweit, als es um die Beseitigung eines bereits eingetretenen mitbestimmungswidrigen Zustandes geht, enthält § 101 BetrVG eine Sonderregelung, die einem aus § 23 Abs. 3 BetrVG etwa sich ergebenden Anspruch auf Aufhebung dieser personellen Maßnahme vorgeht.

2187 Ein Anspruch aus § 23 Abs. 3 BetrVG auf künftige Beachtung der Mitbestimmungsrechte des Betriebsrates wird durch § 101 BetrVG nicht ausgeschlossen (*BAG* 17.3.1987 EzA § 23 BetrVG 1972 Nr. 16).

2188 Im Hinblick darauf, dass ein Beschlussverfahren nach § 101 BetrVG oft nicht vor Beendigung der personellen Maßnahme zum Abschluss kommt, wird die Möglichkeit einer auf Aufhebung der Maßnahme gerichteten einstweiligen Verfügung kontrovers beurteilt (abl. *BAG* 9.3.2011 EzA § 99 BetrVG 2001 Einstellung Nr. 17; 23.6.2009 EzA § 99 BetrVG 2001 Nr. 13; GK-BetrVG/*Raab* § 101 Rn. 17; *LAG Frankf./M.* 15.12.1987 NZA 1989, 232; bejahend etwa DKK/*Kittner* § 101 Rn. 26 m. w. N.; *LAG Frankf./M.* 19.4.1988 LAGE § 99 BetrVG 1972 Nr. 17;s. Rdn. 2460 ff., 2465).

2189 Ein Anspruch des Betriebsrats gegen den Arbeitgeber, bei einer unterlassenen Beteiligung die Zustimmung des Betriebsrats zu einer Einstellung nachträglich einzuholen, besteht nicht. Ein hierauf gerichteter Antrag ist im Hinblick auf die Möglichkeit, nach § 101 BetrVG vorzugehen, unzulässig (*BAG* 20.2.2001 EzA § 99 BetrVG 1972 Einstellung Nr. 7).

2190 Besteht zwischen Arbeitgeber und Betriebsrat Streit über die Mitbestimmungspflichtigkeit einer bestimmten Maßnahme oder über die Reichweite der gegenseitigen Rechte und Pflichten anlässlich der Vornahme solcher Maßnahmen, kann die jeweilige Frage zum Gegenstand eines im arbeitsgerichtlichen Beschlussverfahren zu verfolgenden Feststellungsantrages gemacht werden.

2191 Dies gilt etwa hinsichtlich der Frage über die Verpflichtung zur Vorlage bestimmter Unterlagen im Rahmen der Unterrichtung des Betriebsrates nach § 99 Abs. 1 BetrVG (*BAG* 3.12.1985 EzA § 99 BetrVG 1972 Nr. 46) oder hinsichtlich der Frage, ob der Betriebsrat mit einer bestimmten Begründung die Zustimmung verweigern kann (*BAG* 16.7.1985 EzA § 99 BetrVG 1972 Nr. 40) oder ob eine bestimmte Maßnahme der Zustimmung des Betriebsrates bedarf (*BAG* 28.10.1986 EzA § 118 BetrVG 1972 Nr. 38).

### 2. Die Beteiligung des Betriebsrates bei Kündigungen, § 102 BetrVG

2192 Näheres siehe unter Kap. 4 Rdn. 350 ff., 1654 ff.

### 3. Kündigung und Versetzung auf Verlangen des Betriebsrates, § 104 BetrVG

2193 Näheres siehe unter Kap. 4 Rdn. 1575 ff.

## 4. Mitteilungspflichten bei leitenden Angestellten, § 105 BetrVG

Da auch personelle Veränderungen im Bereich der leitenden Angestellten für die Belegschaft von Bedeutung sein können und der Betriebsrat für eine effiziente Arbeit auf die Kenntnis der Funktionsaufteilung in Unternehmen und Betrieb angewiesen ist, sieht § 105 BetrVG für Arbeitnehmer, die leitende Angestellte sind (§ 5 Abs. 3–5 BetrVG), die Pflicht des Arbeitgebers vor, deren Einstellung und sonstige vom Arbeitgeber ausgehende personelle Veränderungen, wie z. B. Versetzungen, Änderungen in den Funktionen, dem Betriebsrat rechtzeitig mitzuteilen. Rechtzeitig ist die Information, wenn sie so frühzeitig vor Durchführung der personellen Maßnahme erfolgt, dass der Betriebsrat Bedenken geltend machen und der Arbeitgeber diese berücksichtigen kann. Ein Verstoß gegen § 105 BetrVG führt nicht zur Unwirksamkeit der Maßnahme gegenüber dem leitenden Angestellten. Bei einem groben, nicht nur einmaligen Verstoß des Arbeitgebers gegen § 105 kommt ggf. ein Verfahren nach § 23 Abs. 3 BetrVG in Betracht (GK-BetrVG/*Raab* § 105 Rn. 15). 2194

## N. Mitbestimmung in wirtschaftlichen Angelegenheiten, Betriebsänderungen, §§ 111 ff. BetrVG

### I. Allgemeines

In wirtschaftlichen Angelegenheiten besteht zunächst ein Unterrichtungs- und Beratungsanspruch des Wirtschaftsausschusses nach Maßgabe von §§ 106 ff. BetrVG (s. Rdn. 1054 ff.). 2195

§§ 111–113 BetrVG normieren darüber hinaus eine abgestufte Beteiligung des Betriebsrates bei Betriebsänderungen. Die Betriebsänderung als solche unterliegt nicht der Mitbestimmung des Betriebsrates. 2196

> Der Unternehmer ist verpflichtet, den Betriebsrat über eine geplante Betriebsänderung zu unterrichten und diese mit ihm zu beraten mit dem Ziel, einen Interessenausgleich, also eine Einigung über die Betriebsänderung herbeizuführen. Auch ohne eine solche Einigung kann der Unternehmer die Betriebsänderung jedoch wie geplant durchführen. Erzwingbare Rechte hat der Betriebsrat nur im Interesse des Ausgleichs bzw. Abmilderung der durch die Betriebsänderung entstehenden wirtschaftlichen Nachteile der Arbeitnehmer. 2197

Diesbezüglich kann er – abgesehen von der Ausnahmeregelung des § 112a BetrVG – notfalls über einen Spruch der Einigungsstelle die Aufstellung eines Sozialplanes erzwingen. Der in § 113 BetrVG vorgesehene Anspruch auf Nachteilsausgleich dient u. a. der Sicherung der Mitwirkungsrechte des Betriebsrates gem. §§ 111, 112 BetrVG. 2198

### II. Voraussetzungen des Beteiligungsrechtes

Ein Beteiligungsrecht nach §§ 111 ff. BetrVG setzt voraus, dass im jeweiligen Unternehmen i. d. R. mehr als 20 wahlberechtigte Arbeitnehmer beschäftigt werden, ein Betriebsrat existiert und sich die geplante Maßnahme als Betriebsänderung i. S. d. § 111 BetrVG darstellt. 2199

### 1. Unternehmensgröße

Ein Beteiligungsrecht des Betriebsrats nach §§ 111 ff. BetrVG setzt voraus, dass im Unternehmen mehr als 20 wahlberechtigte Arbeitnehmer beschäftigt werden. Trotz fehlender Wahlberechtigung im Entleiherbetrieb sind nach Auffassung des *BAG* (18.10.2011 EzA § 111 BetrVG 2001 Nr. 8) ebenfalls Leiharbeitnehmer mitzuzählen, wenn sie länger als drei Monate beschäftigt werden. 2200

> Der Schwellenwert des § 111 BetrVG i. d. F. des BetrVerf-Reformgesetzes stellt nicht mehr auf die Anzahl der im Betrieb regelmäßig beschäftigten Arbeitnehmer ab. Maßgeblich ist nunmehr die Zahl der im Unternehmen regelmäßig beschäftigten, wahlberechtigten Arbeitnehmer. 2201

Die frühere Anknüpfung an die Zahl der regelmäßig im Betrieb beschäftigten Arbeitnehmer konnte dazu führen, dass auch große, aber stark untergliederte Unternehmen Betriebsänderungen ohne Sozialplanpflicht durchführen konnten. Durch die Neuregelung soll sichergestellt werden, dass der 2202

Schutzzweck des Schwellenwertes, kleinere Unternehmen vor zu starker finanzieller Belastung durch Sozialpläne zu schützen, tatsächlich nur solchen Unternehmen zugute kommt (BT-Drs. 14/5741, S. 51). Die Neuregelung kann dazu führen, dass es auch in absoluten Kleinbetrieben, in denen ein Betriebsrat besteht, zu sozialplanpflichtigen Betriebsänderungen kommen kann (vgl. *Annuß* NZA 2001, 367, 369).

2203 Unternehmen i. S. d. § 111 BetrVG ist der Rechtsträger des Betriebs, in dem die Betriebsänderung durchgeführt werden soll. Ob das Unternehmens seinen Sitz im In- oder Ausland hat, ist unerheblich, wenn sich der von einer geplanten Betriebsänderung betroffene Betrieb im Inland befindet (GK-BetrVG/*Oetker* § 111 Rn. 13).

2204 Im Hinblick auf die Frage, ob der Schwellenwert erreicht ist, kann die Bestimmung des maßgeblichen Unternehmens bei sog. Gemeinschaftsbetrieben (s. Rdn. 122 ff.) problematisch sein. Wurde für den Gemeinschaftsbetrieb als Träger zugleich auch ein eigenständiges Gemeinschaftsunternehmen geschaffen, ist allein dieses für die Berechnung des Schwellenwerts maßgeblich (GK-BetrVG/*Oetker* § 111 Rn. 14). Fehlt es hieran, ist streitig, ob dann in jedem der am Gemeinschaftsbetrieb beteiligten Unternehmen der Schwellenwert erreicht sein muss (so *Annuß* NZA 2001, 367, 369) oder jedenfalls ausreicht, dass in einem der beteiligten Unternehmen der Schwellenwert erreicht wird (so GK-BetrVG/*Oetker* § 111 Rn. 16). Wird der Schwellenwert rechnerisch nur erreicht, wenn die Zahl der Arbeitnehmer der am Gemeinschaftsbetrieb beteiligten Unternehmen addiert wird, wird dies z. T. (GK-BetrVG/*Oetker* § 111 Rn. 15) im Hinblick auf den Zweck des Schwellenwertes jedenfalls dann für ausreichend erachtet, wenn in dem Gemeinschaftsbetrieb selbst der Schwellenwert überschritten wird.

2205 Zum Arbeitnehmerbegriff s. Rdn. 5 ff. Zur Wahlberechtigung s. Rdn. 178 ff.

2206 Ist der unternehmensbezogene Schwellenwert erreicht, ist die Beurteilung, ob eine Betriebsänderung vorliegt oder nicht, nach wie vor betriebsbezogen vorzunehmen. Hierfür gilt der allgemeine Betriebsbegriff des BetrVG (s. Rdn. 92 ff.). Zu beachten ist, dass dann, wenn von der durch § 3 Abs. 1 Nr. 1 bis 3 BetrVG eröffneten Möglichkeit Gebrauch gemacht wurde, durch Tarifvertrag oder Betriebsvereinbarung vom BetrVG abweichende betriebsverfassungsrechtliche Organisationseinheiten zu bilden (s. Rdn. 133 ff.), diese gem. § 3 Abs. 5 S. 1 BetrVG als Betriebe i. S. d. BetrVG gelten. Dies gilt auch im Rahmen der § 111 ff. BetrVG.

2207 Dies ist insbes. für die Beurteilung der Frage von Bedeutung, ob eine Betriebsänderung i. S. d. § 111 BetrVG vorliegt: Wurde eine Vereinbarung i. S. d. § 3 Abs. 1 Nr. 1 bis 3 BetrVG getroffen, beurteilt sich die Stilllegung oder Einschränkung eines Betriebs bzw. Betriebsteils ausschließlich nach den Verhältnissen in der per Tarifvertrag oder Betriebsvereinbarung geschaffenen betriebsverfassungsrechtlichen Organisationseinheit (GK-BetrVG/*Oetker* § 111 Rn. 20).

2208 Bei der Ermittlung der regelmäßigen Beschäftigtenzahl des Unternehmens ist auf den Zeitpunkt abzustellen, in dem die Beteiligungsrechte des Betriebsrates nach den §§ 111, 112 BetrVG entstehen.

2209 Maßgeblich ist dabei nicht die zufällige tatsächliche Beschäftigtenzahl zu diesem Zeitpunkt, sondern die normale Beschäftigtenzahl des Unternehmens, d. h. diejenige Personalstärke, die für das Unternehmen im Allgemeinen kennzeichnend ist (*BAG* 16.11.2004 EzA § 111 BetrVG 2001 Nr. 2).

2210 Dies erfordert regelmäßig sowohl einen Rückblick als auch eine Prognose, im Falle einer Betriebsänderung durch Betriebsstilllegung kann allerdings nur ein Rückblick auf die bisherige Belegschaftsstärke in Frage kommen (*BAG* 9.5.1995 EzA § 111 BetrVG 1972 Nr. 30). Gleiches gilt, wenn die Betriebsänderung gerade in einer Reduzierung des Personalbestandes besteht. Wieweit in die Vergangenheit zurückzublicken ist, wenn sich die Verringerung der Belegschaftsstärke in mehreren Schritten vollzieht, hängt auch von den personalwirtschaftlichen Entscheidungen des Arbeitgebers ab. Dienten die Reduzierungen letztlich einer beabsichtigten Stilllegung, ist auf die Belegschaftsstärke vor der ersten Verringerung abzustellen. Diente dagegen eine Verringerung der Rationalisierung, um den Betrieb in eingeschränktem Umfang fortführen zu können und stabilisiert sich der Personalbestand zunächst auf niedrigerem Niveau, so ergibt sich daraus eine neue, das Unternehmen kennzeichnende Personalstärke. Von dieser ist auszugehen, wenn es später dann doch zu weiteren Einschränkungen oder gar zur Stilllegung kommt, weil sich die an die Rationalisierung geknüpften Erwartungen nicht erfüllt haben (vgl. zu § 111 BetrVG a. F. *BAG* 10.12.1996 EzA § 111 BetrVG 1972 Nr. 33). Werden Arbeitnehmer nicht ständig, sondern lediglich zeitweilig beschäftigt, kommt es für die Frage der regelmäßigen Beschäftigung darauf an, ob die Arbeitnehmer während des größten Teils eines Jahres normalerweise beschäftigt werden. In reinen Kampagnebetrieben ist die Beschäftigtenzahl während der Kampagne maßgebend (*BAG* 16.11.2004 EzA § 111 BetrVG 2001 Nr. 2).

## 2. Bestehen eines Betriebsrates zum Zeitpunkt des Betriebsänderungsentschlusses

> Die Wahrnehmung der Beteiligungsrechte setzt voraus, dass der Betriebsrat bereits in dem Zeitpunkt besteht, in dem der Arbeitgeber auf Grund abgeschlossener Prüfungen und Vorüberlegungen grds. zu einer Betriebsänderung entschlossen ist. Einem erst später gewählten Betriebsrat stehen selbst dann keine Beteiligungsrechte zu, wenn dem Unternehmer zum Zeitpunkt des Abschlusses einer Planung bekannt war, dass im Betrieb ein Betriebsrat gewählt werden soll (*BAG* 28.10.1992 EzA § 112 BetrVG 1972 Nr. 60). Gegenstand der Mitbestimmung des Betriebsrats hinsichtlich eines Interessenausgleichs als auch eines Sozialplanes ist bereits die vom Arbeitgeber beabsichtigte, noch in der Zukunft liegende Betriebsänderung. Anknüpfungspunkt ist damit die Planung des Arbeitgebers (*BAG* 28.3.2006 EzA § 111 BetrVG 2001 Nr. 1). 2211

Bestand zu dem genannten Zeitpunkt ein Betriebsrat, kann er den Abschluss eines Sozialplanes auch dann noch verlangen und ggf. durch Anrufung der Einigungsstelle erzwingen, wenn die Betriebsänderung schon ohne seine Beteiligung durchgeführt worden ist (*BAG* 15.10.1979 EzA § 111 BetrVG 1972 Nr. 8). Der für einen angeblichen Betriebsteil (§ 4 BetrVG) gewählte Betriebsrat hat die sich aus § 111 BetrVG ergebenden Beteiligungsrechte auch dann, wenn es sich tatsächlich nicht um einen Betriebsteil handelt, die Wahl des Betriebsrats aber nicht im Verfahren nach § 19 BetrVG angefochten wurde (*BAG* 27.6.1995 EzA § 111 BetrVG 1972 Nr. 31). 2212

Handelt es sich um eine betriebsübergreifende Betriebsänderung, die zu originärer Zuständigkeit des Gesamtbetriebsrats nach § 50 Abs. 1 BetrVG (s. Rdn. 973 ff.) führt, besteht eine Zuständigkeit des Gesamtbetriebsrats auch für betriebsratslose Betriebe. Dies ist nunmehr in § 50 Abs. 1 BetrVG i. d. F. des BetrVG-Reformgesetzes ausdrücklich geregelt und der hierüber unter Geltung des § 50 BetrVG a. F. bestehende Streit (vgl. einerseits *BAG* 16.8.1983 EzA § 50 BetrVG 1972 Nr. 9; andererseits *BAG* 8.6.1999 EzA § 111 BetrVG 1972 Nr. 37) einer gesetzlichen Regelung zugeführt worden. 2213

Besteht zu dem in Rdn. 2211 genannten Zeitpunkt ein Betriebsrat, behält dieser bei organisatorischen Veränderungen gem. §§ 21a, b BetrVG ein Übergangs- und ggf. Restmandat (s. Rdn. 513 ff.). Das Restmandat berechtigt zur Wahrnehmung der Beteiligungsrechte nach §§ 111, 112 BetrVG trotz Betriebsuntergangs. Das Übergangsmandat nach § 21a BetrVG ist insbes. von Bedeutung, wenn durch Abspaltung oder Ausgliederung ein eigenständiger Betrieb entsteht und der neue Rechtsträger anschließend in diesem eine Betriebsänderung durchführen will. Streitig ist hierbei, ob zur Ermittlung des Schwellenwerts auf die Zahl der Arbeitnehmer in dem übertragenen Unternehmen (so GK-BetrVG/*Oetker* § 111 Rn. 37) oder die vorherige Arbeitnehmerzahl des nunmehr gespalten Unternehmens (so *Richardi/Thüsing* § 111 Rn. 25: analoge Anwendung des § 325 Abs. 2 S. 1 UmwG) abzustellen ist. 2214

## 3. Betriebsänderungen

> § 111 S. 3 Nr. 1 bis 5 BetrVG zählt enumerativ eine Reihe von Maßnahmen auf, die als Betriebsänderung gelten. Bei diesen Maßnahmen wird gesetzlich fingiert, dass sie zugleich wesentliche Nachteile für die Belegschaft oder erhebliche Teile der Belegschaft zur Folge haben können, sodass das Vorliegen dieser Voraussetzungen bei diesen Betriebsänderungen nicht gesondert zu prü- 2215

fen ist. Die Beteiligungsrechte des Betriebsrates entfallen daher nicht deshalb, weil im Einzelfall solche wesentlichen Nachteile nicht zu befürchten sind. Ob ausgleichs- oder milderungswürdige Nachteile entstehen oder entstanden sind, ist lediglich bei der Aufstellung des Sozialplanes zu prüfen und notfalls von der Einigungsstelle nach billigem Ermessen zu entscheiden (*BAG* 17.8.1982 17.12.1985 EzA § 111 BetrVG 1972 Nr. 14; 17.12.1985 EzA § 111 BetrVG 1972 Nr. 17).

2216 Soweit die Tatbestände des § 111 S. 3 Nr. 1–5 BetrVG auf den Betrieb abstellen, gilt der allgemeine betriebsverfassungsrechtliche Betriebsbegriff (s. Rdn. 92 ff.). Zu beachten ist, dass dann, wenn von der durch § 3 Abs. 1 Nr. 1 bis 3 BetrVG eröffneten Möglichkeit der Schaffung abweichender betriebsverfassungsrechtlicher Organisationseinheiten durch Tarifvertrag oder Betriebsvereinbarung (s. Rdn. 133 ff.) Gebrauch gemacht wurde, diese Einheiten gem. § 3 Abs. 5 S. 1 BetrVG als Betriebe gelten. Dies gilt auch im Rahmen des § 111 BetrVG.

2217 Dies ist insbes. für die Beurteilung der Frage von Bedeutung, ob eine Betriebsänderung i. S. d. § 111 BetrVG vorliegt: Wurde eine Vereinbarung i. S. d. § 3 Abs. 1 Nr. 1 bis 3 BetrVG getroffen, beurteilt sich die Stilllegung oder Einschränkung eines Betriebs bzw. Betriebsteils ausschließlich nach den Verhältnissen in der per Tarifvertrag oder Betriebsvereinbarung geschaffenen betriebsverfassungsrechtlichen Organisationseinheit (GK-BetrVG/*Oetker* § 111 Rn. 20).

2218 Umstritten ist, ob der Katalog gesetzlich erfasster Betriebsänderungen in § 111 S. 3 BetrVG erschöpfend ist (so etwa *Richardi/Annuß* § 111 Rn. 41; HSWGNR/*Hess* § 111 Rn. 44 f.; a. A. etwa GK-BetrVG/*Oetker* § 111 Rn. 51; DKK/*Däubler* § 111 Rn. 33; *LAG BW* 16.6.1987 LAGE § 111 BetrVG 1972 Nr. 6). Das *BAG* (17.8.1982 EzA § 111 BetrVG 1972 Nr. 14) hat diese Frage bisher ausdrücklich offen gelassen.

### 4. Die einzelnen Betriebsänderungen

*a) Einschränkungen oder Stilllegung des ganzen Betriebes oder wesentlicher Betriebsteile, § 111 S. 3 Nr. 1 BetrVG*

*aa) Betriebseinschränkung*

2219 Eine Betriebseinschränkung ist eine erhebliche, ungewöhnliche und nicht nur vorübergehende Herabsetzung der Leistungsfähigkeit des Betriebes, gleichgültig ob sie durch Außerbetriebsetzung von Betriebsanlagen oder durch Personalreduzierung erfolgt (*BAG* 22.5.1979 EzA § 111 BetrVG 1972 Nr. 7; 7.8.1990 EzA § 111 BetrVG 1972 Nr. 27).

2220 Keine Betriebseinschränkung liegt vor, wenn die Betriebsleistungen dieselben bleiben, jedoch in einer geringeren Zahl von Stunden erbracht werden sollen (*LAG BW* 16.6.1987 LAGE § 111 BetrVG 1972 Nr. 6; DKK/*Däubler* § 111 Rn. 42). Bei der Überprüfung ist von dem regelmäßigen Erscheinungsbild des Betriebes auszugehen. Gewöhnliche Schwankungen der Betriebstätigkeit, die mit der Eigenart des jeweiligen Betriebes zusammenhängen, sind keine Betriebsänderungen (*BAG* 22.5.1979 EzA § 111 BetrVG 1972 Nr. 7).

*(1) Einschränkung sachlicher Betriebsmittel*

2221 Eine Herabsetzung der Leistungsfähigkeit des Betriebes durch Einschränkung sachlicher Betriebsmittel ist z. B. gegeben bei der Stilllegung oder Veräußerung von Betriebsanlagen, nicht aber dann, wenn Betriebsmittel lediglich in einem geringeren Umfang als bisher genutzt werden, wie z. B. bei der Einführung von Kurzarbeit oder bei Herabsetzung der Zahl der Arbeitsschichten (GK-BetrVG/*Oetker* § 111 Rn. 79 m. w. N.).

*(2) Verringerung der personellen Leistungsfähigkeit*

2222 Nach ständiger Rechtsprechung des *BAG* (z. B. *BAG* 28.3.2006EzA § 111 BetrVG 2001 Nr. 1; 7.8.1990 EzA § 111 BetrVG 1972 Nr. 27) kann eine Betriebseinschränkung auch in der Weise erfolgen, dass die sächlichen Betriebsmittel als solche unverändert bleiben, jedoch in erheblichem Umfang Personal abgebaut wird. Zu beachten ist aber, dass im Falle einer Betriebsänderung durch Personalabbau unter bestimmten Voraussetzungen die Sozialplanpflicht (nicht die Verpflichtung zur Durchführung des Interessenausgleichsverfahrens) entfallen kann (s. Rdn. 2321)

Richtschnur für die Feststellung der Erheblichkeit des Personalabbaues sind die Zahlen- und Prozentangaben gem. § 17 Abs. 1 KSchG mit der Maßgabe, dass von dem Personalabbau mindestens 5 % der Belegschaft des Betriebes betroffen sein müssen. 2223

Dies bedeutet: 2224

| Betriebsgröße | beabsichtigter Personalabbau |
|---|---|
| 21–59 AN | mehr als 5 AN |
| 60–499 AN | mehr als 25 AN oder 10 % |
| 500–600 AN | mindestens 30 AN |
| ab 601 AN | mindestens 5 % |

Dabei sind auch die Arbeitsverhältnisse mitzuzählen, die nur deshalb gekündigt werden, weil die Arbeitnehmer dem Übergang auf einen Teilbetriebserwerber (§ 613a BGB) widersprochen haben und eine Beschäftigungsmöglichkeit im Restbetrieb nicht mehr besteht (*BAG* 10.12.1996 EzA § 111 BetrVG 1972 Nr. 34). 2225

Maßgebender Anknüpfungspunkt für das Mitbestimmungsrecht ist dabei die unternehmerische Entscheidung aus der sich ergibt, wie viele Arbeitnehmer voraussichtlich insgesamt entlassen werden. Unerheblich ist, innerhalb welcher Zeit der Personalabbau erfolgt, sofern er Folge einer einheitlichen unternehmerischen Planung ist (*BAG* 28.3.2006 EzA § 111 BetrVG 2001 Nr. 1; 2.8.1983 EzA § 111 BetrVG 1972 Nr. 16). 2226

Für eine einheitliche Planung wird vielfach ein Beweis des ersten Anscheins sprechen, insbes. dann, wenn ein enger zeitlicher Zusammenhang zwischen mehreren Entlassungswellen besteht (vgl. *BAG* 28.3.2006 EzA § 111 BetrVG 2001 Nr. 1) sodass dann dem Arbeitgeber der Beweis dafür obliegt, dass eine weitere Personalreduzierung auf einer neuen Planung beruht. Einzubeziehen sind nicht nur Arbeitnehmer, die aus betrieblichen Gründen entlassen werden. Gleichgestellt sind mit Rücksicht auf § 112a Abs. 1 S. 2 BetrVG Arbeitnehmer, die im Hinblick auf die geplante Personalreduzierung vom Arbeitgeber zum Abschluss eines Aufhebungsvertrages oder zu einer Eigenkündigung veranlasst werden (*BAG* 4.7.1989 EzA § 111 BetrVG 1972 Nr. 24). Einzubeziehen sind nach ganz überwiegender Ansicht auch Versetzungen in andere Betriebe des Unternehmens oder in andere Unternehmen des Konzerns, da auch dies zu einer Verringerung der Betriebsgröße führt (*Richardi* NZA 1984, 179; DKK/*Däubler* § 111 Rn. 56). Nicht mitzurechnen sind nach Auffassung des *BAG* (2.8.1983 EzA § 111 BetrVG 1972 Nr. 16; str., a. A. DKK/*Däubler* § 111 Rn. 57) Arbeitnehmer, deren Arbeitsverhältnis infolge verhaltens- oder personenbedingter Kündigung oder durch Fristablauf endet. Auf das Verhältnis des Personalabbaus zur Gesamtbelegschaft des Betriebs und nicht zur Belegschaft eines Betriebsteils ist auch dann abzustellen, wenn der Personalabbau in einem wesentlichen Betriebsteil erfolgt (*LAG Bln.* 9.12.2005 LAGE § 111 BetrVG 2001 Nr. 4). 2227

*bb) Betriebsstilllegung*

Eine Betriebsstilllegung liegt vor, wenn die Betriebs- und Produktionsgemeinschaft zwischen Arbeitgebern und Arbeitnehmern für einen seiner Dauer nach unbestimmten, wirtschaftlich nicht unerheblichen Zeitraum aufgegeben wird (*BAG* 27.9.1984 EzA § 613a BGB Nr. 40; s. Kap. 4 Rdn. 2492 ff.). 2228

2229  Nach Auffassung des *LAG München* (15.2.1989 NZA 1990, 288) liegt keine beteiligungspflichtige Betriebsstilllegung vor, wenn ein Betrieb geschlossen wird, der von vornherein und für die Arbeitnehmer erkennbar nur für einen zeitlich begrenzten Betriebszweck errichtet worden ist und nunmehr wegen Zweckerreichung geschlossen wird. Um eine Betriebsstilllegung und nicht nur um eine Betriebsverlegung handelt es sich hingegen, wenn im Rahmen einer Betriebsveräußerung eine nicht unerhebliche räumliche Verlegung des Betriebes vorgenommen, die alte Betriebsgemeinschaft tatsächlich und rechtsbeständig aufgelöst und der Betrieb an dem neuen Ort mit einer wesentlichen neuen Belegschaft fortgeführt wird (*BAG* 12.2.1987 EzA § 613a BGB Nr. 64). Auch die Verpachtung eines Betriebes zum Zwecke der Stilllegung durch den Pächter kann eine dem Verpächter zuzurechnende Betriebsstilllegung darstellen (*BAG* 17.3.1987 EzA § 111 BetrVG 1972 Nr. 19).

*cc) Wesentlicher Betriebsteil*

2230  Das *BAG* (7.8.1990 EzA § 111 BetrVG 1972 Nr. 27) hat das Vorliegen eines wesentlichen Betriebsteils im Rahmen einer quantitativen Betrachtung bislang nur bejaht, wenn in dem fraglichen Betriebsteil ein erheblicher Teil der Gesamtbelegschaft beschäftigt ist und hierbei wiederum auf die Zahlenwerte nach § 17 Abs. 1 KSchG abstellt (s. Rdn. 2222). Es hat offen gelassen, ob ein Betriebsteil auch dadurch zu einem wesentlichen wird, dass ihm eine erhebliche wirtschaftliche Bedeutung zukommt. Jedenfalls ist ein Betriebsteil nicht allein deswegen ein wesentlicher Betriebsteil, weil in ihm ein notwendiges Vorprodukt gefertigt wird (*BAG* 7.8.1990 EzA § 111 BetrVG 1972 Nr. 27).

2231  In der Literatur wird weitgehend demgegenüber eine qualitative Betrachtungsweise befürwortet, wonach ein wesentlicher Betriebsteil dann vorliegen soll, wenn er wirtschaftlich oder von seiner Funktion her von wesentlicher oder erheblicher Bedeutung für den ganzen Betrieb ist (so HSWGNR/*Hess* § 111 Rn. 136; *Hunold* BB 1984, 2278; *Jaeger* BB 1988, 1038) oder wenn dessen Stilllegung, Einschränkung oder Verlegung wesentliche Nachteile für die Belegschaft oder erhebliche Teile der Belegschaft i. S. v. § 17 KSchG zur Folge haben kann (so MünchArbR/*Matthes* § 268 Rn. 32).

*b) Verlegung des Betriebes, § 111 S. 3 Nr. 2 BetrVG*

2232  Verlegung eines Betriebes oder eines Betriebsteiles ist jede nicht nur geringfügige Veränderung der örtlichen Lage des Betriebes oder Betriebsteiles (*BAG* 17.8.1982 EzA § 111 BetrVG 1972 Nr. 14).

2233  Werden nur die sachlichen Betriebsmittel verlegt, der Betrieb aber an dem neuen Ort mit einer im Wesentlichen neuen Belegschaft fortgeführt, weil sich ein erheblicher Teil der Arbeitnehmer weigert, am neuen Ort weiterzuarbeiten, so liegt keine Betriebsverlegung, sondern eine Stilllegung vor (*BAG* 12.2.1987 EzA § 613a BGB Nr. 64).

*c) Zusammenschluss mit anderen Betrieben, Spaltung von Betrieben, § 111 S. 3 Nr. 3 BetrVG*

2234  Ein Zusammenschluss liegt vor, wenn zuvor relativ selbstständige organisatorische Einheiten zu einer einzigen organisatorischen Einheit zur technischen Durchführung der Aufgaben bzw. Gegenstände und Zwecke eines Unternehmens zusammengeschlossen werden und unter einheitlicher Leitung stehen (GK-BetrVG/*Oetker* § 111 Rn. 128 ff.). Auch Betriebe verschiedener Unternehmen können zu einem Gemeinschaftsbetrieb (s. Rdn. 122 ff.) zusammengeschlossen werden (GK-BetrVG/*Oetker* § 111 Rn. 130). Bei einer geplanten Zusammenlegung mit einem anderen Betrieb des Arbeitgebers besteht für die Verhandlungen über einen Interessenausgleich eine Zuständigkeit des Gesamtbetriebsrats (*BAG* 24.1.1996 EzA § 50 BetrVG 1972 Nr. 14).

2235  Spaltung ist die Teilung eines bisher einheitlichen Betriebes in mehrere neue organisatorisch selbstständige Einheiten durch gesellschaftsrechtliche Spaltungsvorgänge (§ 123 UmwG) oder auch rechtsgeschäftliche Übertragungsakte. Entscheidend ist, ob sich durch die Maßnahme die bisherige Betriebsstruktur derart verändert, dass Teile des Betriebs von diesem getrennt werden (GK-BetrVG/*Oetker* § 111 Rn. 131). Eine Spaltung setzt voraus, dass zumindest zwei neue Einheiten entstehen.

Dieses Erfordernis ist auch erfüllt, wenn ein abgespaltener Betriebsteil anschließend in einen anderen Betrieb – desselben Arbeitgebers oder eines Betriebsteilerwerbers – eingegliedert wird und dabei untergeht (*BAG* 18.3.2008 EzA § 111 BetrVG 2001 Nr. 5). Eine Spaltung i. S. d. § 111 S. 3 Nr. 3 BetrVG liegt etwa auch vor, wenn der Arbeitgeber einen Betriebsteil ausgliedert, um ihn auf ein anderes Unternehmen zu übertragen (*BAG* 10.12.1996 EzA § 111 BetrVG 1972 Nr. 35). Auch ein gemeinsamer Betrieb mehrerer Unternehmen kann Gegenstand einer Betriebsspaltung sein (*BAG* 12.11.2002 NZA 2003, 676; ausf. *Gaul* NZA 2003, 695 ff.). Keine Spaltung liegt jedoch vor, wenn sich die Maßnahme darin erschöpft, die betriebliche Tätigkeit eines Betriebsteils zu beenden, ohne dass dessen Substrat erhalten bliebe. Dann handelt es sich um eine Stilllegung dieses Betriebsteils und nicht um eine Spaltung des Betriebs (*BAG* 18.3.2008 EzA § 111 BetrVG 2001 Nr. 5).

Zuständig für die Wahrnehmung der Beteiligungsrechte anlässlich einer solchen Betriebsänderung sind die Betriebsräte der betroffenen Betriebe oder des betroffenen Betriebes auch dann, wenn infolge der Betriebsänderung ein neuer Betriebsrat zu wählen ist. Insoweit besteht ein Restggf. auch Übergangsmandat (s. Rdn. 513 ff.). 2236

Keine Betriebsspaltung liegt vor bei der Aufspaltung eines Unternehmens in je eine rechtlich selbstständige Besitz- und Produktionsgesellschaft derart, dass die Produktionsgesellschaft die Betriebsmittel von der Betriebsgesellschaft pachtet und die Arbeitnehmer übernimmt, da der Betrieb als organisatorische Einheit unberührt bleibt (*BAG* 17.2.1981 EzA § 111 BetrVG 1972 Nr. 13). Fraglich ist, ob im Falle einer Spaltung bzw. Ausgliederung nach Maßgabe des UmwG allein in der umwandlungsbedingten vermögensrechtlichen Neuzuordnung zugleich die Einleitung einer Betriebsspaltung i. S. d. § 111 S. 2 Nr. 3 BetrVG liegt. Dies dürfte nicht der Fall sein, da § 111 S. 2 Nr. 3 BetrVG nicht auf die vermögensrechtliche Zuordnung, sondern auf die organisatorische Aufspaltung des Ausgangsbetriebs abstellt und damit eine auf die Betriebsorganisation abzielende Veränderung voraussetzt (vgl. *Willemsen* RdA 1998, 23, 30). 2237

### d) Grundlegende Änderungen der Betriebsorganisation, des Betriebszwecks oder der Betriebsanlagen, § 111 S. 3 Nr. 4 BetrVG

Eine Änderung der Betriebsorganisation i. S. v. § 111 S. 3 Nr. 4 BetrVG liegt vor, wenn der Betriebsaufbau, insbesondere hinsichtlich Zuständigkeiten und Verantwortung, umgewandelt wird. Grundlegend ist die Änderung, wenn sie sich auf den Betriebsablauf in erheblicher Weise auswirkt. Maßgeblich dafür ist der Grad der Veränderung. Es kommt entscheidend darauf an, ob die Änderung einschneidende Auswirkungen auf den Betriebsablauf, die Arbeitsweise oder die Arbeitsbedingungen der Arbeitnehmer hat. Die Änderung muss in ihrer Gesamtschau von erheblicher Bedeutung für den gesamten Betriebsablauf sein (*BAG* 18.3.2008 EzA § 111 BetrVG 2001 Nr. 5). 2238

Als Beispiele werden etwa genannt Dezentralisierung oder Zentralisierung, Änderung der Unterstellungsverhältnisse, Übergang zu einer Organisation nach Sparten bzw. Geschäftsbereichen oder einer Änderung von Zahl, Zuschnitt oder innerer Struktur von Betriebsabteilungen (MünchArbR/*Matthes* § 268 Rn. 42), ferner die Einführung von Großraumbüros, der Anschluss an Rechenzentren, die Schaffung von Telearbeitsplätzen, die Umstellung auf ein Inhouse-Netz sowie der Übergang zur Gruppenarbeit oder zu einer Organisation nach Sparten oder Geschäftsbereichen (vgl. DKK/*Däubler* § 111 Rn. 82). 2239

Betriebszweck i. S. d. Regelung ist der arbeitstechnische, nicht der wirtschaftliche Zweck (*BAG* 17.12.1985 EzA § 111 BetrVG 1972 Nr. 17). 2240

Eine Änderung liegt jedenfalls dann vor, wenn ein anderes Produkt oder eine Dienstleistung mit anderem Inhalt angeboten wird, kann aber auch dann gegeben sein, wenn dem bisherigen Betrieb eine weitere Abteilung mit einem weiteren arbeitstechnischen Betriebszweck hinzugefügt wird (*BAG* 17.12.1985 EzA § 111 BetrVG 1972 Nr. 17) oder eine bisher erbrachte Leistung oder ein bisher hergestelltes Produkt in Wegfall gerät, d. h. wesentliche arbeitstechnische Zwecke nicht weiterverfolgt 2241 werden (*BAG* 16.6.1987 EzA § 111 BetrVG 1972 Nr. 20; 28.4.1993 EzA § 111 BetrVG 1972 Nr. 28).

2242 Betriebsanlagen sind allgemein solche, die dem arbeitstechnischen Produktions- und Leistungsprozess dienen (*BAG* 26.10.1982 EzA § 111 BetrVG 1972 Nr. 15), wie Gebäude, technische Vorrichtungen, Maschinen und Werkzeuge.

2243 Nicht nur die Änderung sämtlicher Anlagen, sondern auch die Änderung einzelner Anlagen kann relevant sein, wenn es sich um solche handelt, die in der Gesamtschau von erheblicher Bedeutung für den Gesamtbetriebsablauf sind. Bleibt dies zweifelhaft, so hat die Zahl der von der Änderung betroffenen Arbeitnehmer – wie auch im Rahmen des § 111 S. 2 Nr. 1 BetrVG (s. Rdn. 2222) – indizielle Bedeutung (*BAG* 26.10.1982 EzA § 111 BetrVG 1972 Nr. 15).

2244 Die genannten Änderungen müssen grundlegend sein. Maßgeblich ist zunächst eine qualitative Betrachtung, d. h. in erster Linie ist auf den Grad der Veränderung und die technische Neuheit abzustellen, ergänzend darauf, ob die jeweilige Änderung wesentliche Nachteile für die von der Änderung betroffenen Arbeitnehmer zur Folge haben kann. Ergänzend ist in quantitativer Betrachtung darauf abzustellen, ob ein erheblicher Teil der Belegschaft von der Änderung betroffen ist.

2245 Dabei kann auf die Sätze des § 17 Abs. 1 KSchG als Richtschnur zurückgegriffen werden (*BAG* 26.10.1982 EzA § 111 BetrVG 1972 Nr. 15). Erfolgt die Änderung in mehreren Schritten, ist ggf. eine Gesamtbetrachtung geboten, wenn sie auf einem einheitlichen Plan beruht (MünchArbR/*Matthes* § 268 Rn. 43).

*e) Einführung grundlegend neuer Arbeitsmethoden und Fertigungsverfahren, § 111 S. 3 Nr. 5 BetrVG*

2246 Dieser Tatbestand überschneidet sich mit § 111 S. 2 Nr. 4, stellt aber im Gegensatz zu diesem nicht in erster Linie auf die Arbeitsmittel, sondern auf die Art der Verwertung der menschlichen Arbeitskraft ab. I. d. R. werden die Voraussetzungen beider Bestimmungen erfüllt oder nicht erfüllt sein, da eine Änderung des Betriebszweckes oder der Betriebsanlagen vielfach auch neue Fertigungsverfahren und diese wiederum neue Arbeitsmethoden bedingen (DKK/*Däubler* § 111 Rn. 89). Erfasst sind bspw. der Übergang zur Gruppenarbeit und die Umstellung auf EDV-Anlagen. Strittig ist, ob eine Änderung der Arbeitsmethode auch dann vorliegt, wenn die Arbeitsleistung der Arbeitnehmer nur noch in Teilzeitarbeit, in variabler Arbeitszeit oder in anderen Schichten in Anspruch genommen wird (vgl. MünchArbR/*Matthes* § 268 Rn. 47). In der Aufgabe der Eigenfertigung eines notwendigen Vorproduktes kann die Einführung einer grundlegend neuen Arbeitsmethode oder eines grundlegend neuen Fertigungsverfahrens liegen (*BAG* 7.8.1990 EzA § 111 BetrVG 1972 Nr. 27).

2247 Für die Beurteilung der Neuheit kommt es auf die Neuheit für den Betrieb, nicht auf die technische Neuheit im Allgemeinen an (GK-BetrVG/*Oetker* § 111 Rn. 158). Durch das Merkmal »grundlegend« sollen rein routinemäßige Verbesserungen ausgegrenzt werden.

2248 Auch hier kann im Übrigen ergänzend darauf abgestellt werden, ob durch die neue Arbeitsmethode oder das neue Fertigungsverfahren eine erhebliche Zahl von Arbeitnehmern betroffen ist, wobei die Werte des § 17 Abs. 1 KSchG als Richtschnur dienen können (*BAG* 7.8.1990 EzA § 111 BetrVG 1972 Nr. 27).

### III. Unterrichtung des Betriebsrats, Beratung der Betriebsänderung

#### 1. Pflichten des Arbeitgebers

2249 Über eine geplante Betriebsänderung hat der Unternehmer den Betriebsrat rechtzeitig und umfassend zu unterrichten.

2250 Da § 111 BetrVG nach seinem Schutzzweck alle dort aufgezählten, für die Arbeitnehmer nachteiligen Maßnahmen erfassen will, die dem Verantwortungsbereich des Unternehmers zuzurechnen sind, besteht die Unterrichtungspflicht auch für solche Maßnahmen, die mehr oder minder durch die wirtschaftliche Situation diktiert werden.

Das Merkmal der Planung hat nach Auffassung des *BAG* (18.12.1984 EzA § 113 BetrVG 1972 Nr. 12) damit nur Bedeutung für den Zeitpunkt, zu dem der Unternehmer den Betriebsrat zu unterrichten und mit ihm zu beraten hat. **2251**

Unternehmer i. S. d. Vorschrift ist diejenige Rechtsperson, die Inhaber des Betriebes, für den eine Betriebsänderung geplant wird, und Arbeitgeber der in diesem Betrieb beschäftigten Arbeitnehmer ist (*BAG* 15.1.1991 EzA § 303 AktG Nr. 1). Dies gilt auch dann, wenn es sich um ein von einem anderen Unternehmen beherrschtes Konzernunternehmen handelt. Im Falle der Insolvenz trifft die Informationspflicht den Insolvenzverwalter. **2252**

Rechtzeitig ist die Unterrichtung, wenn sie in einem Stadium erfolgt, in dem der Plan zur Betriebsänderung noch nicht, und zwar auch noch nicht teilweise verwirklicht ist. Der Unternehmer muss den Betriebsrat unterrichten, bevor er darüber entschieden hat, ob und inwieweit die Betriebsänderung erfolgt (*BAG* 14.9.1976 EzA § 113 BetrVG 1972 Nr. 2). An bloßen Vorüberlegungen ist der Betriebsrat nicht zu beteiligen (*LAG Düsseld.* 27.8.1985 NZA 1986, 371). **2253**

Die Unterrichtungspflicht des Unternehmers besteht somit dann, wenn er ein bestimmtes Konzept zur Betriebsänderung entwickelt hat, das er zu verwirklichen beabsichtigt. An den Tatbestandsmerkmalen der Planung fehlt es nicht deshalb, weil die beabsichtigte Maßnahme eine spontane Reaktion auf plötzlich eintretende besondere Umstände, etwa eine wirtschaftliche Notlage, ist. **2254**

Eine umfassende Unterrichtung erfordert die Mitteilung über Inhalt, Umfang und Auswirkungen der geplanten Betriebsänderung auf die Arbeitnehmerschaft. Erforderliche Unterlagen sind nach § 80 Abs. 2 BetrVG vorzulegen. **2255**

Nicht mitzuteilen sind Daten, die für die Planung keine Rolle gespielt haben (*LAG Hamm* 5.3.1986 BB 1986, 1291). Die Unterrichtungspflicht entfällt nicht deshalb, weil ein zeitlich unbefristeter Sozialplan mit dem Betriebsrat vereinbart wurde (*BAG* 29.11.1983 EzA § 113 BetrVG 1972 Nr. 11). Zu unterrichten ist grds. der Betriebsrat des Betriebes, in dem die Betriebsänderung stattfinden soll. Eine Zuständigkeit des Gesamtbetriebsrates kann ausnahmsweise dann bestehen, wenn eine Betriebsänderung sich als einheitliche Maßnahme auf mehrere Betriebe erstreckt und nur einheitlich durchgeführt werden kann (MünchArbR/*Matthes* § 269 Rn. 5), wie etwa bei der Stilllegung sämtlicher Betriebe eines Unternehmens (*BAG* 17.2.1983 EzA § 112 BetrVG 1972 Nr. 21). Eine solche Zuständigkeit des Gesamtbetriebsrats besteht auch dann, wenn der Arbeitgeber bei einem notwendig werdenden Personalabbau in einer ersten Stufe zunächst nur die Entlassung älterer Arbeitnehmer ohne Rücksicht auf betriebliche oder sonstige Besonderheiten in den einzelnen Betrieben beabsichtigt (*BAG* 20.4.1994 EzA § 113 BetrVG 1972 Nr. 22). Möglich bleibt immer die Übertragung von Zuständigkeiten durch Einzelbetriebsräte auf den Gesamtbetriebsrat nach § 50 Abs. 2 BetrVG. **2256**

Die gesetzlich vorgesehene Beratung mit dem Betriebsrat soll dazu dienen, die widerstreitenden Interessen der Arbeitnehmer und des Unternehmers gegeneinander abzuwägen und zu einer Einigung zu gelangen, sei es in Form eines Interessenausgleichs oder eines Sozialplans. Zu beraten ist darüber, ob und ggf. wann und in welcher Weise die beabsichtigte Betriebsänderung durchgeführt werden soll (*BAG* 14.9.1976 EzA § 113 BetrVG 1972 Nr. 2). **2257**

Die Beratungspflicht besteht auch dann, wenn der Betriebsrat anlässlich einer geplanten Betriebsänderung nach § 112a BetrVG einen Sozialplan nicht erzwingen kann (*BAG* 8.11.1988 EzA § 113 BetrVG 1972 Nr. 18) sowie dann, wenn zwischen den Betriebspartnern für eventuelle künftige Betriebsänderungen bereits ein zeitlich unbefristeter Sozialplan vereinbart wurde (*BAG* 29.11.1983 EzA § 113 BetrVG 1972 Nr. 11). **2258**

## 2. Pflichtverletzungen des Unternehmers, Streitigkeiten

2259 Verstöße gegen die Verpflichtungen aus § 111 BetrVG machen die unternehmerischen Maßnahmen zur Durchführung der Betriebsänderung nicht unwirksam, soweit die sonstigen einschlägigen Vorschriften (§§ 99, 100, 102 BetrVG, § 17 KSchG) beachtet worden sind (GK-BetrVG/ *Oetker* § 111 Rn. 238). Erfüllt der Unternehmer seine Unterrichtungs- und Beratungspflicht nicht, so kann der Betriebsrat seine Ansprüche im Beschlussverfahren, den Informationsanspruch ggf. auch im Wege der einstweiligen Verfügung durchsetzen.

2260 Zur Frage, ob ein ggf. im Wege der einstweiligen Verfügung durchsetzbarer Anspruch auf Unterlassung der Betriebsänderung und des Ausspruchs von Kündigungen bis zur Beratung derselben mit dem Betriebsrat und Abschluss des Verfahrens zur Herbeiführung eines Interessenausgleichs besteht s. Rdn. 2292 ff. Die Verletzung der Informationspflicht kann eine Ordnungswidrigkeit nach § 121 BetrVG sein. Bei schweren Verstößen kommt auch ein Verfahren nach § 23 Abs. 3 BetrVG in Betracht. Die Ansprüche auf Unterrichtung und Beratung erlöschen mit Durchführung der Betriebsänderung.

2261 Der Betriebsrat kann auch noch nach Durchführung der Betriebsänderung einen Sozialplan verlangen und über die Anrufung der Einigungsstelle erzwingen, auch wenn er vorher nicht unterrichtet und die Betriebsänderung mit ihm nicht beraten wurde (*BAG* 15.10.1979 EzA § 111 BetrVG 1972 Nr. 8).

2262 Streitigkeiten darüber, ob eine Unterrichtungs- oder Beratungspflicht gem. § 111 BetrVG besteht oder ob sie verletzt worden ist, kann das Arbeitsgericht vorab im Beschlussverfahren entscheiden. Stellt das Gericht fest, dass die Maßnahme keine Beteiligungsrechte auslöst, so sind die Gerichte daran in einem späteren Verfahren nach § 113 Abs. 3 BetrVG ebenso gebunden, wie an die umgekehrte Feststellung, dass die Maßnahme Beteiligungsrechte des Betriebsrats auslöst (*BAG* 10.11.1987 EzA 113 BetrVG 1972 Nr. 16). Ist die Betriebsänderung abgeschlossen, so besteht für einen auf die Feststellung der Beteiligungspflichtigkeit des Betriebsrats gerichteten Feststellungsantrag nur dann das erforderliche Rechtsschutzinteresse, wenn die nachträgliche Entscheidung der Wiederherstellung des Betriebsfriedens dient oder ähnliche Fälle im Betrieb unmittelbar zur Entscheidung anstehen oder sich schon einmal ereignet haben und eine Wiederholung zu erwarten ist (*BAG* 18.3.1975 EzA § 80 ArbGG 1953 Nr. 7).

## IV. Der Interessenausgleich

2263 Nach der Unterrichtung des Betriebsrates über eine geplante Betriebsänderung müssen Beratungen über einen Interessenausgleich und einen Sozialplan stattfinden. Beides erfolgt in einem gleichförmigen Verfahren: Die Betriebspartner sollen Vorschläge zur Beilegung von Meinungsverschiedenheiten machen, sie können den Vorstand der Bundesagentur für Arbeit bzw. die von diesem beauftragten Bediensteten um Vermittlung ersuchen und schließlich die Einigungsstelle anrufen. Der entscheidende Unterschied besteht allerdings darin, dass die Einigungsstelle im Rahmen des Verfahrens zur Herbeiführung eines Interessenausgleichs nur vermittelnde Funktion hat, aber gegen den Willen eines der Betriebspartner nicht selbst einen Interessenausgleich beschließen kann.

2264 Im Gegensatz zum Sozialplan ist damit ein Interessenausgleich über die Einigungsstelle nicht erzwingbar. Sie kann daher in einem von ihr zu beschließenden Sozialplan keine Bestimmungen aufnehmen, die nur Gegenstand eines Interessenausgleichs sein können. Ein Spruch der Einigungsstelle, der solche Maßnahmen zum Inhalt hat, ist unwirksam (*BAG* 17.9.1991 EzA § 112 BetrVG 1972 Nr. 58).

### 1. Das Verfahren zur Herbeiführung eines Interessenausgleichs

2265 Die Verhandlungen über einen Interessenausgleich sind auch dann durchzuführen, wenn nach § 112a BetrVG ein Sozialplan nicht erzwungen werden kann (*BAG* 8.11.1988 EzA § 113 BetrVG 1972 Nr. 18) sowie auch dann, wenn die Betriebspartner zu einem früheren Zeitpunkt bereits einen

## N. Mitbestimmung in wirtschaftlichen Angelegenheiten, Betriebsänderungen    Kapitel 13

Rahmensozialplan für zukünftige Betriebsänderungen vereinbart haben (*BAG* 29.11.1983 EzA § 113 BetrVG 1972 Nr. 11).

Die Verhandlungen müssen mit dem zuständigen Betriebsrat geführt werden. Dies kann auch der Gesamtbetriebsrat sein, wenn es sich um Maßnahmen handelt, die das gesamte Unternehmen oder mehrere Betriebe betreffen (*BAG* 3.5.2006 EzA § 112 BetrVG 2001 Nr. 17), z. B. bei einer geplanten Zusammenlegung mit einem anderen Betrieb des Unternehmers. Bei Zweifeln über den zuständigen Verhandlungspartner muss der Arbeitgeber die in Betracht kommenden Arbeitnehmervertretungen zur Klärung der Zuständigkeitsfrage auffordern. Weist er hingegen ohne weiteres einen der möglichen Verhandlungspartner zurück, so trägt er im Rahmen des § 113 Abs. 3 BetrVG das Risiko, dass sein Verhandlungsversuch als unzureichend gewertet wird, wenn dieser zuständig gewesen wäre (*BAG* 24.1.1996 EzA § 50 BetrVG 1972 Nr. 14). Eine Zuständigkeit des Gesamtbetriebsrats für den Abschluss des Interessenausgleichs indiziert aber nicht notwendig auch dessen Zuständigkeit für den Abschluss eines Sozialplans (*BAG* 3.5.2006 EzA § 112 BetrVG 2001 Nr. 17). 2266

### a) Hinzuziehung eines Beraters durch den Betriebsrat

In Unternehmen mit mehr als 300 Arbeitnehmern kann der Betriebsrat zusätzlich zu den Möglichkeiten nach § 80 Abs. 2 und 3 BetrVG gem. § 111 S. 2 BetrVG zu seiner Unterstützung einen Berater hinzuziehen. 2267

Hierdurch soll der Betriebsrat in die Lage versetzt werden, die Auswirkungen einer geplanten Betriebsänderung rasch zu erfassen und in kurzer Zeit mit Hilfe eines externen Sachverstands fundierte Alternativvorschläge vor allem für eine Beschäftigungssicherung so rechtzeitig zu erarbeiten, dass er auf die Entscheidung des Arbeitgebers noch Einfluss nehmen kann (BT-Drs. 14/5741, S. 52). Im Interesse der Beschleunigung des Verfahrens bedarf es keiner vorherigen Vereinbarung mit dem Unternehmer. 2268

### aa) Erforderliche Unternehmensgröße

Das Recht zur Hinzuziehung eines Beraters besteht im Hinblick auf die Kostenbelastung des Unternehmens (vgl. BT-Drs. 14/5741, S. 52) nur in Unternehmen, die mehr als 300 Arbeitnehmer beschäftigen. In kleineren Unternehmen kann der Betriebsrat nur seine Rechte aus § 80 Abs. 2 und 3 BetrVG wahrnehmen. Für den Unternehmensbegriff gelten dieselben Grundsätze wie bei § 111 S. 1 BetrVG (s. Rdn. 2200). Es gilt der Arbeitnehmerbegriff des § 5 BetrVG (s. Rdn. 5 ff.). Unerheblich ist, ob die Arbeitnehmer wahlberechtigt sind oder im Ausland beschäftigt sind (GK-BetrVG/*Oetker* § 111 Rn. 199). 2269

### bb) Entscheidung des Betriebsrats

Die Entscheidung, ob ein Berater hinzugezogen wird, obliegt nach pflichtgemäßem Ermessen dem Betriebsrat durch Beschluss. Eine Vereinbarung mit dem Unternehmer ist nicht erforderlich, im Hinblick auf die Kostentragung des Unternehmers aber zweckmäßig. Im Rahmen der Ermessensentscheidung muss der Betriebsrat berücksichtigen, ob die Hinzuziehung eines Beraters erforderlich ist. Dies hängt zum einen davon ab, ob zu erwarten ist, dass der Berater unter Berücksichtigung der beim Betriebsrat schon vorhandenen Kenntnisse und Qualifikationen dem Betriebsrat zusätzliche Kenntnisse vermitteln kann. Nach GK-BetrVG/*Oetker* (§ 111 Rn. 203) ist der Betriebsrat auch verpflichtet zu prüfen, ob andere, kostengünstigere Möglichkeiten zur Verschaffung der erforderlichen Kenntnisse zur Verfügung stehen. Jedenfalls kann der Betriebsrat aber nicht generell darauf verwiesen werden, es stünden in ausreichendem Maße betriebs- oder unternehmensinterne Berater zur Verfügung (GK-BetrVG/*Oetker* § 111 Rn. 203; *Annuß* NZA 2001, 367, 369); die Hinzuziehung eines externen Beraters ist vielmehr der vom Gesetzgeber gewollte Regelfall (vgl. BT-Drs. 14/5741, S. 52). 2270 *cc) Anzahl der Berater*

2271 Grds. ist der Betriebsrat auf die Hinzuziehung eines Beraters beschränkt. Etwas anderes gilt, wenn die Betriebsänderung unterschiedliche Teilaspekte umfasst, bei deren Beratung verschiedene Qualifikationen erforderlich sind, die durch einen Berater nicht abgedeckt werden können (GK-BetrVG/ *Oetker* § 111 Rn. 194).

*dd) Person und Rechtsstellung des Beraters*

2272 Die Hinzuziehung eines **externen** Beraters ist der gesetzlich gewollte Regelfall (BT-Drs. 14/5741, S. 52). Der Berater muss auf Grund seiner Qualifikation geeignet sein, den Betriebsrat im Hinblick auf die Auswirkungen der geplanten Betriebsänderung und die Erarbeitung von Alternativen zu beraten, was i. d. R. betriebswirtschaftliche und technische Kenntnisse voraussetzt (GK-BetrVG/ *Oetker* § 111 Rn. 189). Die Hinzuziehung eines rechtlichen Beraters richtet sich im Regelfall hingegen nach § 80 Abs. 3 BetrVG (s. Rdn. 1599 ff.; GK-BetrVG/*Oetker* § 111 Rn. 189; str., **a. A.** etwa: *Fitting* § 111 Rn. 120; *Reichold* NZA 2001, 865), es sei denn, die Erarbeitung eines Alternativkonzepts wirft auch rechtliche Fragestellungen auf. In Betracht kommt nicht nur die Hinzuziehung einer natürlichen Person, sondern auch eines Beratungsunternehmens (GK-BetrVG/*Oetker* § 111 Rn. 191).

2273 Der Beschluss des Betriebsrats, einen Berater hinzuziehen, berechtigt diesen, das Betriebsgelände zur Wahrnehmung seiner Beratungstätigkeit zu betreten (GK-BetrVG/*Oetker* § 111 Rn. 210). Wenn der Betriebsrat dies will, ist der Berater berechtigt, an den Beratungen zwischen Betriebsrat und Unternehmer über die beabsichtige Betriebsänderung teilzunehmen; ein eigenes Informationsrecht gegenüber dem Unternehmer hat der Berater aber nicht (GK-BetrVG/*Oetker* § 111 Rn. 232, 233).

2274 Der Berater unterliegt nach §§ 111 S. 2, 80 Abs. 4, 79 BetrVG einer strafbewehrten (vgl. § 120 Abs. 1 Nr. 3a BetrVG) Verschwiegenheitspflicht hinsichtlich ihm bekannt gewordener Betriebs- und Geschäftsgeheimnisse (s. Rdn. 848 ff.).

*ee) Umfang der Beratungstätigkeit*

2275 Zweck des dem Betriebsrat eingeräumten Rechts der Hinzuziehung eines Beraters ist die schnelle Erfassung der Auswirkungen einer geplanten Betriebsänderung und die Unterstützung bei der Erarbeitung von Alternativkonzepten (BT-Drs. 14/5741, S. 52). Im Rahmen der Beratungen mit dem Unternehmer soll der Betriebsrat argumentativ Einfluss auf das »Ob« und »Wie« der geplanten Betriebsänderung nehmen können. Aus diesem Gesetzeszweck folgt, dass die Beratungstätigkeit des Beraters auf das Verfahren zur Herbeiführung eines Interessenausgleichs beschränkt ist und sich nicht auch auf das Sozialplanverfahren bezieht. Nach Ansicht von *Oetker* (GK-BetrVG § 111 Rn. 204) soll sich die Hinzuziehung eines Beraters sogar nur auf die erste Phase der unmittelbaren Beratung zwischen Betriebsrat und Unternehmer beschränken, also nicht mehr die Phasen einer evtl. Hinzuziehung des Vorstandes der Bundesagentur für Arbeit bzw. die von diesem beauftragten Bediensteten (s. Rdn. 2278) oder des Versuchs der Herbeiführung eines Interessenausgleichs vor der Einigungsstelle (s. Rdn. 2280 ff.) umfassen. Diese einengende Betrachtung erscheint unter Berücksichtigung des Gesetzeszwecks nicht angebracht, da sich ein Beratungsbedarf für Alternativkonzepte in jeder Phase des Verfahrens zur Herbeiführung eines Interessenausgleichs stellen kann.

*ff) Kosten des Beraters*

2276 Die Kostentragungspflicht für die Hinzuziehung eines Beraters richtet sich nach § 40 BetrVG und damit nach dem Grundsatz der Erforderlichkeit (s. Rdn. 862 ff.). Existieren für die Beratungstätigkeit Gebührenordnungen, so sind nur die sich in diesem Rahmen bewegenden Honorare verhältnismäßig. Ansonsten kann auf den Maßstab der üblichen Vergütung i. S. d. § 612 BGB abgestellt werden (GK-BetrVG/*Oetker* § 111 Rn. 208).

### b) Verhandlungen zwischen Betriebsrat und Arbeitgeber

Gegenstand der Verhandlungen ist die geplante Betriebsänderung als solche, d. h. die Frage, ob sie überhaupt vorgenommen werden soll oder ob Gegeninteressen der Arbeitnehmer überwiegen. Weiter kann es um den Umfang der beabsichtigten Maßnahme (z. B. die Zahl der geplanten Kündigungen) sowie darum gehen, mit welchen Mitteln (Ausnutzung der Fluktuation, Aufhebungsverträge, Änderungskündigungen usw.) sie realisiert werden soll. Auch der Zeitpunkt der Vornahme kann von wesentlicher Bedeutung sein. Bei Betriebseinschränkungen oder Stilllegungen ist die Möglichkeit alternativer Produktion zu erörtern, oder zu fragen, ob die Möglichkeiten der Kurzarbeit effektiv erschöpft sind. Gegebenenfalls sollte auch über sonstige Umschulungs- und Weiterbildungsmöglichkeiten – z. B. unter Einschaltung von Vertretern der Agenturen für Arbeit – verhandelt werden. Bei Betriebsänderungen nach § 111 S. 2 Nr. 4, 5 BetrVG sind auch die Nachteile neuer Techniken unter Einschluss etwaiger Gesundheitsfragen zu erörtern. Der Betriebsrat kann auch vorschlagen, zunächst nur Probeläufe durchzuführen, um die wirtschaftlichen und sozialen Auswirkungen besser beurteilen zu können oder ein Gutachten einzuholen (DKK/*Däubler* §§ 112, 112a Rn. 3). 2277

### c) Einschaltung des Vorstandes der Bundesagentur für Arbeit

Kommt eine Einigung zwischen den Betriebspartnern nicht zu Stande, kann jede Seite nach § 112 Abs. 2 BetrVG den Vorstand der Bundesagentur für Arbeit, um Vermittlung ersuchen, der die Aufgaben auf andere Bedienstete der Bundesagentur übertragen kann. Hierbei wird es insbes. um die Frage gehen, welche Umschulungs- und Weiterbildungsmaßnahmen die Bundesagentur bzw. die Agenturen für Arbeit anbieten können und inwieweit andere Förderungsmittel zur Verfügung stehen (DKK/*Däubler* §§ 112, 112a Rn. 4). Bei einem Ersuchen eines der Betriebspartner ist der andere Betriebspartner verpflichtet, an dem Vermittlungsversuch teilzunehmen (vgl. GK-BetrVG/*Oetker* §§ 112, 112a Rn. 272), kann diesen aber durch Anrufung der Einigungsstelle jederzeit abbrechen (*LAG Nds.* 30.1.2007 – 1 TaBV 106/06; GK-BetrVG/*Raab* §§ 112, 112a Rn. 273; *Fitting* §§ 112, 112a Rn. 33). In der **Insolvenz** geht gem. § 121 InsO dem Verfahren vor der Einigungsstelle (s. Rdn. 2280 ff.) nur dann ein Vermittlungsversuch Vorstandes der Bundesagentur für Arbeit voraus, wenn der Betriebsrat und der Insolvenzverwalter gemeinsam um eine solche Vermittlung ersuchen. 2278

> Gem. § 216a Abs. 1 Nr. 1 SGB III ist allerdings Voraussetzung für die Förderung sog. Transferleistungen durch die Bundesagentur für Arbeit, dass sich die Betriebsparteien im Vorfeld der Entscheidung hierüber durch die Agentur für Arbeit haben beraten lassen. Sollen also solche Transfermaßnahmen im Interessenausgleich/Sozialplan vorgesehen werden, ist die Einschaltung der Agentur für Arbeit zwingende Förderungsvoraussetzung für Transferleistungen (vgl. Rdn. 2404 ff.).

Der Vorstand der Bundesagentur bzw. die von diesem benannten Bediensteten können nur Einigungsvorschläge unterbreiten, die abgelehnt werden können. Ob eine Vereinbarung zulässig ist, in der sich die Betriebspartner im Vorhinein einem etwaigen Vorschlag unterwerfen, ist streitig (str., vgl. GK-BetrVG/*Oetker* §§ 112, 112a Rn. 270). 2279

### d) Anrufung der Einigungsstelle

Bleibt auch der Vermittlungsversuch des Vorstandes der Bundesagentur für Arbeit erfolglos oder wird dieser nicht eingeschaltet, so können der Unternehmer oder der Betriebsrat die Einigungsstelle anrufen, § 112 Abs. 2 BetrVG. Jeder Betriebspartner entscheidet autonom darüber, ob er es für sinnvoll erachtet, Verhandlungen mit der Gegenseite fortzuführen oder die Einigungsstelle anzurufen (*LAG Nds.* 25.10.2005 LAGE § 98 ArbGG 1979 Nr. 45). Die vorherige Einleitung eines Vermittlungsverfahrens beim Vorstand der Bundesagentur für Arbeit ist keine Voraussetzung für die Anrufung der Einigungsstelle. Ebenso wenig hindert das von einer Seite gestellte Vermittlungsersuchen keine Sperrwirkung für die Anrufung der Einigungsstelle, da jede Seite berechtigt ist, das Vermittlungsverfahren jederzeit abzubrechen (*LAG SchlH* 24.8.2007 – 3 TaBV 26/07 – n. v.; GK-BetrVG/*Raab* §§ 112, 112a Rn. 278). 2280

Eine betriebsverfassungsrechtliche Pflicht des Unternehmers zur Anrufung der Einigungsstelle besteht nicht, es handelt sich vielmehr um eine bloße Obliegenheit.

2281 Allerdings muss der Arbeitgeber faktisch die Einigungsstelle anrufen, da er andernfalls wegen Nichtausschöpfung des Verfahrens zur Herbeiführung eines Interessenausgleichs mit Nachteilsausgleichsansprüchen der betroffenen Arbeitnehmer nach § 113 BetrVG konfrontiert ist (*BAG* 18.12.1984 EzA § 113 BetrVG 1972 Nr. 12; zum Nachteilsausgleich s. Rdn. 2296 ff.).

2282 Der Interessenausgleich ist nicht erzwingbar. Kommt eine Einigung nicht zu Stande, so hat die Einigungsstelle das Scheitern des Versuches, einen Interessenausgleich herbeizuführen, festzustellen und das Verfahren einzustellen. Das Scheitern der Verhandlungen muss die Einigungsstelle nicht förmlich durch Beschluss feststellen (*BAG* 16.8.2011 EzA § 111 BetrVG 2001 Nr. 7). Für die Errichtung und Zusammensetzung der Einigungsstelle gilt § 76 Abs. 2 BetrVG (s. Rdn. 1318 ff.), sodass der Vorsitzende und die Zahl der Beisitzer auf Antrag einer Seite notfalls gem. § 98 ArbGG durch das Arbeitsgericht bestimmt werden können. Nach Auffassung des *LAG Bln.* (24.1.2006 LAGE § 98 ArbGG Nr. 46) soll schon in diesem Stadium gleichzeitig auch die Errichtung einer Einigungsstelle zur Aufstellung eines Sozialplans beantragt werden können. Der Vorsitzende der Einigungsstelle kann ohne Zustimmung der Beisitzer den Vorstand der Bundesagentur für Arbeit bzw. die von diesem beauftragten Bediensteten zur Aufbereitung des bisherigen Streitstandes und Einbeziehung etwaiger Maßnahmen nach dem SGB III laden. Kommt eine Einigung zu Stande, ist sie schriftlich niederzulegen und vom Vorsitzenden der Einigungsstelle und den Betriebspartnern zu unterschreiben.

### 2. Form und Inhalt

2283 Gem. § 112 Abs. 1 BetrVG muss der Interessenausgleich schriftlich niedergelegt und von den Betriebspartnern unterschrieben werden. Bei Zustandekommen erst in der Einigungsstelle hat nach Abs. 3 S. 3 zusätzlich auch der Vorsitzende zu unterschreiben. Ein nur mündlich vereinbarter Interessenausgleich ist unwirksam (*BAG* 26.10.2004 EzA § 113 BetrVG 2001 Nr. 5; 9.7.1985 EzA § 113 BetrVG 1972 Nr. 13). An einer wirksamen Einigung fehlt es auch dann, wenn der Betriebsrat gegen die Betriebsänderung von vornherein keinerlei Einwände erhebt und ausschließlich den Abschluss eines Sozialplanes verlangt (*LAG Bln.* 9.8.1987 LAGE § 112a BetrVG Nr. 2). Die Schriftform ist nicht dadurch gewahrt, dass Unternehmer und Betriebsrat eine an das Arbeitsamt (jetzt: Agentur für Arbeit) gerichtete Massenentlassungsanzeige gemeinsam unterzeichnen. Erst recht reicht nicht das bloße Schweigen des Betriebsrats nach Unterrichtung durch den Arbeitgeber über die beabsichtigte Betriebsänderung.

2284 Gegenstand des Interessenausgleichs kann alles sein, was nicht Gegenstand des Sozialplans gem. § 112 Abs. 1 S. 2 BetrVG ist (*BAG* 17.9.1991 EzA § 112 BetrVG 1972 Nr. 58), z. B. Regelungen darüber, ob, wann und in welcher Form die geplante unternehmerische Maßnahme durchgeführt wird (*BAG* 27.10.1987 EzA § 112 BetrVG 1972 Nr. 41), nicht jedoch Regelungen zum Ausgleich oder zur Milderung wirtschaftlicher Nachteile, die dem Sozialplan vorbehalten sind. Bei Massenentlassungen kommen Auswahlrichtlinien in Betracht (*BAG* 20.10.1983 EzA § 1 KSchG Betriebsbedingte Kündigung Nr. 28). Die Auswahlrichtlinien können in gleichem Umfang von den Grundsätzen über die soziale Auswahl nach § 1 Abs. 3 KSchG abweichen, wie Personalrichtlinien i. S. v. § 95 Abs. 1, 2 BetrVG (*BAG* 18.1.1990 EzA § 1 KSchG Soziale Auswahl Nr. 28). Im Interessenausgleich können auch Maßnahmen vereinbart werden, durch die wirtschaftliche Nachteile für die von der Betriebsänderung betroffenen Arbeitnehmer nach Möglichkeit verhindert werden, wie z. B. Kündigungsverbote, Versetzungs- und Umschulungspflichten (*BAG* 17.9.1991 EzA § 112 BetrVG 1972 Nr. 58). Inhalt kann auch die vorbehaltlose Zustimmung des Betriebsrats zur geplanten Maßnahme sein. Vereinbaren Arbeitgeber und Betriebsrat vor Durchführung einer Maßnahme schriftlich, in welcher Weise die wirtschaftlichen Nachteile der von dieser Maßnahme betroffenen Arbeitnehmer ausgeglichen oder gemildert werden sollen, so kann darin auch eine solche Einigung der Betriebspartner darüber liegen, dass diese Maßnahme so wie geplant durchgeführt werden soll (*BAG* 20.4.1994 EzA § 113 BetrVG 1972 Nr. 22).

## N. Mitbestimmung in wirtschaftlichen Angelegenheiten, Betriebsänderungen  Kapitel 13

### 3. Rechtsnatur und Bindungswirkung

Nach Auffassung des *BAG* (28.8.1991 EzA § 113 BetrVG 1972 Nr. 21) erzeugt ein Interessenausgleich keinen Anspruch des Betriebsrates auf dessen Einhaltung. 2285

Dementsprechend wird in der Literatur überwiegend (vgl. GK-BetrVG/*Oetker* §§ 112, 112a Rn. 84, 85) der Interessenausgleich als besondere Vereinbarung kollektiver Art ohne Bindungswirkung angesehen. Ein Interessenausgleich entfaltet grundsätzlich auch keine normative Wirkung für die Arbeitsverhältnisse der Arbeitnehmer (*BAG* 14.11.2006 EzA § 112 BetrVG 2001 Nr. 19); möglich ist jedoch, dass Regelungen in einem Interessenausgleich ihrem Inhalt nach Sozialplanregelungen darstellen, wenn sie sich nicht auf das Ob und Wie der Betriebsänderung beziehen (vgl. *BAG* 14.11.2006 EzA § 112 BetrVG 2001 Nr. 19). Nach anderer Auffassung (etwa *Fitting* §§ 112, 112a Rn. 51; DKK/*Däubler* §§ 112, 112a Rn. 15) ist ein vereinbarter Interessenausgleich mit der Folge eines Durchführungsanspruches des Betriebsrates bindend, es sei denn, zwingende Gründe i. S. d. § 113 Abs. 1 BetrVG rechtfertigen eine Abweichung vom Interessenausgleich. 2286

Soweit demnach nach überwiegender Auffassung ein vereinbarter Interessenausgleich keine bindende Wirkung erzeugt und somit nicht echte Betriebsvereinbarung ist, steht es den Betriebspartnern doch frei, anlässlich einer geplanten Betriebsänderung bestimmte Fragen durch freiwillige Betriebsvereinbarung zu regeln. Ist zweifelhaft, ob eine (verbindliche) Betriebsvereinbarung oder ein Interessenausgleich abgeschlossen wurde, muss im Wege der Auslegung geklärt werden, ob eine gerichtlich erzwingbare Regelung gewollt war (DKK/*Däubler* §§ 112, 112a Rn. 19, 21). 2287

### 4. Interessenausgleich und Einzelbeteiligungsrechte des Betriebsrates; Auswirkungen des Interessenausgleichs auf Kündigungsschutzprozesse

Ein gefundener Interessenausgleich lässt grds. alle Einzelbeteiligungsrechte des Betriebsrates (z. B. §§ 99, 102 BetrVG) unberührt. Er kann allerdings bereits so konkret und detailliert gefasst sein, dass damit der Betriebsrat seine einzelnen Beteiligungsrechte schon wahrgenommen hat. 2288

Ob dies der Fall ist, ist eine Auslegungsfrage. Bei personellen Einzelmaßnahmen ist eine solche Auslegung jedenfalls nur dann gerechtfertigt, wenn die betroffenen Arbeitnehmer, die gekündigt, versetzt, umgruppiert oder fortgebildet werden sollen, feststehen und der Interessenausgleich erkennen lässt, dass damit auch diesen konkreten Einzelmaßnahmen zugestimmt wird. Werden in einem Interessenausgleich die zu kündigenden Arbeitnehmer namentlich bezeichnet, so wird gem. § 1 Abs. 5 KSchG vermutet, dass die Kündigung durch dringende betriebliche Erfordernisse bedingt ist. Die soziale Auswahl kann nur auf grobe Fehlerhaftigkeit überprüft werden. Dies gilt nicht, soweit sich die Sachlage nach Zustandekommen des Interessenausgleichs wesentlich verändert hat. Gem. § 1 Abs. 5 KSchG ersetzt ein Interessenausgleich mit Namensliste ferner die Stellungnahme des Betriebsrats nach § 17 Abs. 3 S. 2 KSchG (zu den kündigungsrechtlichen Auswirkungen eines Interessenausgleichs mit Namensliste s. Kap. 4 Rdn. 2659 ff.). In der Insolvenz hat ein zwischen Betriebsrat und Insolvenzverwalter vereinbarter Interessenausgleich, in dem die Arbeitnehmer, denen gekündigt werden soll, namentlich benannt werden, ebenfalls weitreichende kündigungsrechtliche Wirkungen (s. Kap. 4 Rdn. 2756 ff.). 2289

### 5. Wirksamkeit der Betriebsänderung

Soweit der Unternehmer vor Durchführung der Betriebsänderung nicht versucht hat, einen Interessenausgleich mit dem Betriebsrat herbeizuführen, ist dies für die Wirksamkeit der Betriebsänderung ohne Bedeutung. 2290

Folge eines unterlassenen Versuchs des Interessenausgleichs ist das Entstehen von Nachteilsausgleichsansprüchen der betroffenen Arbeitnehmer § 113 BetrVG (s. Rdn. 2296 ff.). 2291

## 6. Unterlassungsansprüche des Betriebsrats – Kündigungsverbot während der Verhandlungen?

**2292** Umstritten (vgl. *Ehrich* BB 1993, 356) ist, ob der Betriebsrat einen im Wege der einstweiligen Verfügung (§ 85 Abs. 2 ArbGG, §§ 935, 940 ZPO) durchsetzbaren Anspruch darauf hat, dass der Unternehmer eine geplante Betriebsänderung und die zu ihrer Durchführung notwendigen Maßnahmen (z. B. Kündigungen) solange unterlässt, bis die Betriebsänderung mit dem Betriebsrat beraten worden und das Verfahren zur Herbeiführung eines Interessenausgleichs abgeschlossen worden ist.

**2293** Zum Teil wird ein solcher Anspruch unter Hinweis darauf, dass § 113 BetrVG eine spezielle Sanktion bei Nichteinhalten des vorgeschriebenen Verfahrens zur Herbeiführung eines Interessenausgleiches enthält, abgelehnt (*LAG Düsseld.* 14.12.2005 LAGE § 111 BetrVG 2001 Nr. 4; *LAG RhPf* 28.3.1989 LAGE § 111 BetrVG 1972 Nr. 10; *LAG SchlH* 13.1.1992 LAGE § 111 BetrVG 1972 Nr. 11; *LAG BW* 28.8.1985 DB 1986, 805; *LAG Düsseld.* 19.11.1996 LAGE § 111 BetrVG 1972 Nr. 14; *Etzel* HzA Gruppe 19 Rn. 908; *Heinze* DB Beil. 9/1983, S. 20; *Bengelsdorf* DB 1990, 1233).

**2294** Nach überwiegender Ansicht wird eine derartige einstweilige Verfügung unter Hinweis darauf, dass ansonsten die Rechte des Betriebsrats leer laufen würden, für zulässig gehalten, zeitlich befristet allerdings durch die Beratungen über einen Interessenausgleich (*LAG SchlH* 15.12.2010 LAGE § 111 BetrVG 2001 Nr. 11; *LAG Hessen* 19.1.2010 LAGE 111 BetrVG 2001 Nr. 10; *LAG Hamm* 30.7.2007 – 10 TaBVGa 17/07 – EzA-SD 20/2007, S. 11; *LAG Bln.* 7.9.1995 LAGE § 111 BetrVG 1972 Nr. 13; *LAG Frankf./M.* 6.4.1993 LAGE § 111 BetrVG 1972 Nr. 12; *LAG Hmb.* 5.2.1986 LAGE § 23 BetrVG 1972 Nr. 5; *LAG Hamm* 23.3.1983 ArbuR 1984, 54; DKK/*Däubler* §§ 112, 112a Rn. 23). Hierbei ist aber sorgfältig zu prüfen, ob ein Verfügungsgrund besteht. Hieran kann es fehlen, wenn der Betriebsrat keine zeitgerechten Schritte unternommen hat, um zu Interessenausgleichsverhandlungen zu kommen (*LAG Köln* 5.3.2009 LAGE § 111 BetrVG 2001 Nr. 8). § 113 Abs. 3 S. 2 und 3 BetrVG in der bis zum 31.12.1998 geltenden Fassung sah eine zeitliche Grenze von zwei Monaten (bzw. bei Anrufung der Einigungsstelle innerhalb der Zweimonatsfrist nach Ablauf von einem Monat nach Anrufung der Einigungsstelle, wenn dadurch insgesamt die Zweimonatsfrist überschritten wird) vor, nach deren Überschreitung der Versuch eines Interessenausgleichs als unternommen galt. Unter Geltung dieser mit Wirkung zum 1.1.1999 aufgehobenen Regelung war streitig, ob jedenfalls eine Untersagung der zur Durchführung der Betriebsänderung notwendigen Maßnahmen durch einstweilige Verfügung maximal bis zu dieser zeitlichen Grenze in Betracht kommt. Zum Teil (*LAG Hmb.* NZA-RR 1997, 296; *LAG Düsseld.* DB 1997, 1286; *Löwisch* NZA 1996, 1016; *Schiefer* DB 1998, 925, 929]; *Roeder/Baeck* BB Beil. 17/1996, 24; *Schwedes* BB Beil. 17/1996, 7; *Meinel* DB 1997, 170, 171) wurde dies mit der Begründung angenommen, dass der Arbeitgeber nach Ablauf der in § 113 Abs. 3 a. F. BetrVG geregelten Fristen seine Verhandlungspflichten gegenüber dem Betriebsrat erfüllt habe. Nach **anderer Ansicht** (DKK/*Däubler* 6. Aufl., §§ 112, 112a Rn. 23a; *Klebe* AiB 1996, 721; *Nielebock* AiB 1997, 97; *Dütz* ArbuR 1998, 181 ff.; *ArbG Hmb.* NZA-RR 1997, 296) regelte § 113 Abs. 3 a. F. BetrVG nur die individualrechtliche Frage des Bestehens von Nachteilsausgleichsansprüchen. Deshalb komme eine Untersagungsverfügung auch nach Ablauf der in § 113 Abs. 3 a. F. BetrVG geregelten Fristen in Betracht, wenn der Arbeitgeber das in § 112 BetrVG geregelte Verfahren nicht voll ausschöpfe, sodass er zur Wahrung der Rechte des Betriebsrats auch nach Ablauf der genannten Fristen ggf. das Einigungsstellenverfahren einleiten müsse. Bei Betriebsänderungen, die sich im Rahmen von Umwandlungen nach dem UmwG vollziehen, ist fraglich, ob ein Unterlassungsanspruch des Betriebsrats gerichtet darauf besteht, dass den beteiligten Rechtsträgern die Zuleitung der umwandlungsrechtlichen Verträge bzw. ihre Entwürfe an das Registergericht zum Zwecke der Eintragung bis zum Abschluss des Interessenausgleichsverfahrens untersagt wird (so *Bachner/Köstler/Trittin/Trümner* Arbeitsrecht bei Umwandlungen, 1997, S. 100 f.; abl.: *Willemsen* RdA 1998, 23, 29 f.).

**2295** Soweit die Möglichkeit der Durchsetzung im einstweiligen Rechtsschutz anerkannt wird, ist aber sorgfältig zu prüfen, ob auch ein Verfügungsgrund besteht. Hieran kann es fehlen, wenn der Betriebs-

## N. Mitbestimmung in wirtschaftlichen Angelegenheiten, Betriebsänderungen  Kapitel 13

rat keine zeitgerechten Schritte unternommen hat, um zu Interessenausgleichsverhandlungen zu kommen (*LAG Köln* 5.3.2009 LAGE § 111 BetrVG 2001 Nr. 8).

### V. Der Nachteilsausgleich, § 113 BetrVG

§ 113 BetrVG hat eine Sanktions- und Ausgleichsfunktion: Zum einen soll für die Arbeitnehmer die Einhaltung der Beteiligung des Betriebsrats bei unternehmerischen Maßnahmen abgesichert werden, zum anderen soll sichergestellt werden, dass Arbeitnehmer, die von ohne Beachtung der Mitbestimmungsrechte durchgeführten Maßnahmen nachteilig betroffen sind, einen Ausgleich erhalten (BR-Drs. 715/70, S. 55). Der Nachteilsausgleichsanspruch setzt kein Verschulden des Arbeitgebers voraus (*BAG* 13.6.1989 EzA § 113 BetrVG 1972 Nr. 19). Der Anspruch setzt voraus, dass der Unternehmer eine Betriebsänderung durchführt, ohne zuvor einen Interessenausgleich mit dem Betriebsrat versucht zu haben, oder von einem vereinbarten Interessenausgleich ohne zwingenden Grund abweicht. 2296

Der Unternehmer führt eine nachteilsausgleichspflichtige Betriebsänderung durch, sobald er mit der Durchführung der Betriebsänderung begonnen hat, ohne bis dahin den Versuch eines Interessenausgleichs unternommen zu haben. Er beginnt in diesem Sinne mit der Betriebsänderung, wenn er unumkehrbare Maßnahmen ergreift und damit vollendete Tatsachen schafft (*BAG* 30.5.2006 EzA § 113 BetrVG 2001 Nr. 7). 2297

Da nicht unumkehrbar, stellen weder die Verlautbarung der beabsichtigten Betriebsstilllegung oder die bloße Einstellung der Produktion, noch die Freistellung des ganz überwiegenden Teils der Arbeitnehmer den Beginn der Betriebsänderung dar (*BAG* 30.5.2006 EzA § 113 BetrVG 2001 Nr. 7). 2298

#### 1. Der Versuch eines Interessenausgleichs

Der Unternehmer, der Ansprüche auf Nachteilsausgleich vermeiden will, muss das für den Versuch einer Einigung über den Interessenausgleich vorgesehene Verfahren voll ausschöpfen. Er muss, falls keine Einigung mit dem Betriebsrat möglich ist und dieser nicht selbst die Initiative ergreift, die Einigungsstelle anrufen, um dort einen Interessenausgleich zu versuchen (*BAG* 20.11.2001 EzA § 113 BetrVG 1972 Nr. 29; 18.12.1984 EzA § 113 BetrVG 1972 Nr. 12). Ruft der Betriebsrat die Einigungsstelle an, muss sich der Unternehmer auf das Verfahren vor der Einigungsstelle einlassen. 2299

Unschädlich ist allerdings der Verzicht auf die Einschaltung des Vorstandes der Bundesagentur für Arbeit bzw. die von diesem beauftragten Bediensteten (DKK/*Däubler* § 113 Rn. 11). Der Versuch bis hin vor der Einigungsstelle muss auch in den Fällen des § 112a BetrVG (*BAG* 8.11.1988 EzA § 113 BetrVG 1972 Nr. 18) sowie auch bei Vereinbarung eines vorsorglichen Sozialplanes (*BAG* 29.11.1983 EzA § 113 BetrVG 1972 Nr. 11) unternommen werden. 2300

Der Versuch eines Interessenausgleichs ist auch erfüllt, wenn der Betriebsrat sich auf eine Verhandlung vor der vom Unternehmer angerufenen Einigungsstelle überhaupt nicht einlässt oder beide Betriebspartner übereinkommen, dass ein Einigungsversuch vor der Einigungsstelle zwecklos ist und deshalb von der Anrufung der Einigungsstelle abgesehen wird. 2301

Nach § 113 Abs. 3 S. 2, 3 BetrVG in der bis zum 31.12.1998 geltenden Fassung galt ferner der Versuch eines Interessenausgleichs als erfüllt, wenn der Unternehmer den Betriebsrat ordnungsgemäß unterrichtet hat und nicht innerhalb von zwei Monaten nach Beginn der Beratungen oder schriftlicher Aufforderung zur Aufnahme der Beratungen ein Interessenausgleich zu Stande gekommen ist. Wurde innerhalb der Zweimonatsfrist die Einigungsstelle angerufen, so endete die Frist einen Monat nach Anrufung der Einigungsstelle, wenn durch die Anrufung die Zweimonatsfrist überschritten wird. 2302

In der **Insolvenz** besteht darüber hinaus für den Insolvenzverwalter nach § 122 InsO die Möglichkeit, beim Arbeitsgericht die Zustimmung dazu zu beantragen, dass die Betriebsänderung ohne das in § 112 Abs. 2 BetrVG vorgesehene Verfahren (also ohne Anrufung der Einigungsstelle) 2303 durchgeführt wird, wenn er den Betriebsrat rechtzeitig und umfassend unterrichtet hat (s. Rdn. 2249 ff.) und innerhalb von drei Wochen nach Aufnahme der Verhandlungen über einen Interessenausgleich oder nach Aufforderung zur Verhandlungsaufnahme ein Interessenausgleich noch nicht zu Stande gekommen ist. Soweit ein solches Verfahren eingeleitet wird, scheiden Ansprüche auf Nachteilsausgleich aus. Die Zustimmung ist nach § 122 Abs. 2 InsO durch das Arbeitsgericht zu erteilen, wenn die wirtschaftliche Lage des Unternehmens auch unter Berücksichtigung der sozialen Belange der Arbeitnehmer erfordert, dass die Betriebsänderung ohne vorheriges Verfahren nach § 112 Abs. 2 BetrVG durchgeführt wird.

2304 Hat der Unternehmer die Betriebsänderung ohne Ausschöpfung des Verfahrens durchgeführt ohne vorher bis vor die Einigungsstelle den Versuch zur Herbeiführung eines Interessenausgleichs unternommen zu haben, kann das in § 112 Abs. 2 BetrVG vorgesehene Einigungsverfahren nicht mehr nachgeholt werden. Selbst die nachträgliche Erklärung des Betriebsrats, er wolle keine rechtlichen Schritte wegen des unterbliebenen Versuchs eines Interessenausgleichs unternehmen, ändert nichts an dem Bestehen des Anspruchs auf Nachteilsausgleich (*BAG* 14.9.1976 EzA § 113 BetrVG 1972 Nr. 2). Die Notwendigkeit der Anrufung der Einigungsstelle auf Grund eigener Initiative des Unternehmers entfällt auch nicht deshalb, weil zwingende Gründe die Betriebsänderung erforderlich machen. Allerdings kann vom Unternehmer nicht ein offensichtlich sinnloser Versuch eines Interessenausgleichs verlangt werden, z. B. dann, wenn das völlig überschuldete Unternehmen illiquide und auch bzgl. der Lohnzahlung völlig abhängig von Krediten einer Sparkasse ist, deren Gewährung wiederum abhängig ist vom Erfolg der Verhandlungen über eine Betriebsübernahme mit einem Dritten. Denn dann ist der Versuch eines Interessenausgleichs nur leere Formalität, hat jeden Sinn verloren, erfüllt nicht mehr den sozialen Schutzzweck, dem er dienen soll, sondern wirkt sich eher nachteilig für die betroffenen Arbeitnehmer aus (*BAG* 23.1.1979 EzA § 113 BetrVG 1972 Nr. 9).

### 2. Abweichung vom Interessenausgleich

2305 Ein Nachteilsausgleichsanspruch entsteht auch dann, wenn der Unternehmer von einem mit dem Betriebsrat vereinbarten Interessenausgleich abweicht, es sei denn, dass zwingende Gründe die Änderung erforderlich gemacht haben.

2306 Eine Abweichung rechtfertigen nur Gründe, die beim Abschluss des Interessenausgleichs nicht bekannt waren oder erst danach eingetreten sind und dem Unternehmer ein Festhalten am Interessenausgleich unzumutbar machen (DKK/*Däubler* § 113 Rn. 4). Es sind strenge Anforderungen i. S. d. Grundsätze vom Wegfall der Geschäftsgrundlage zu stellen (GK-BetrVG/*Oetker* § 113 Rn. 30).

2307 Nicht ausreichend ist, dass der Unternehmer sich an einen »Interessenausgleich« hält, der mit dem Betriebsrat zu einem Zeitpunkt vereinbart wurde, zu welchem die Maßnahme noch so unklar war, dass vernünftigerweise eine Einigung über das Ob und Wie der Maßnahme noch nicht möglich war. Die Aufstellung eines solchen, vorsorglichen Interessenausgleichs ist nicht möglich (*BAG* 19.1.1999 EzA § 113 BetrVG 1972 Nr. 28).

2308 Ob diese Voraussetzungen erfüllt sind, kann nur in dem vom Arbeitnehmer eingeleiteten Prozess auf Zahlung einer Abfindung bzw. auf Nachteilsausgleich geklärt werden, nicht aber zum Gegenstand eines gesonderten Beschlussverfahrens gemacht werden (*BAG* 18.3.1975 EzA § 112 BetrVG 1972 Nr. 7).

### 3. Ansprüche auf Nachteilsausgleich

2309 Kommt es auf Grund von Abweichungen vom Interessenausgleich oder infolge der ohne den Versuch eines Interessenausgleichs durchgeführten Betriebsänderung zu Entlassungen, so besteht für die betroffenen Arbeitnehmer nach § 113 Abs. 1 und 3 BetrVG ein individualrechtlicher Anspruch auf Zahlung einer Abfindung entsprechend § 10 KSchG. Auch Arbeitnehmer, denen im Falle einer Teilbetriebsveräußerung (§ 613a BGB) ausschließlich deshalb gekündigt wird, weil sie einem Über-

## N. Mitbestimmung in wirtschaftlichen Angelegenheiten, Betriebsänderungen   Kapitel 13

gang des Arbeitsverhältnisses auf den Erwerber widersprochen haben und eine Beschäftigungsmöglichkeit im Restbetrieb nicht mehr besteht, haben einen Anspruch auf Nachteilsausgleich (*BAG* 10.12.1996 EzA § 111 BetrVG 1972 Nr. 34). In der **Insolvenz** besteht ein Anspruch nicht, wenn der Insolvenzverwalter von der Möglichkeit des § 122 InsO Gebrauch gemacht hat (s. Rdn. 2301). Entlassung bedeutet die tatsächliche Beendigung des Arbeitsverhältnisses, unabhängig davon, ob die Beendigung auf wirksamen oder unwirksamen rechtlichen Willenserklärungen (Kündigungen, Änderungskündigungen nach Ablehnung des Änderungsangebots oder einer sonstigen einseitigen Maßnahme) beruht. Einer betriebsbedingten Kündigung steht entsprechend § 112a Abs. 1 S. 2 BetrVG gleich, wenn der Arbeitnehmer auf Grund eines Aufhebungsvertrages ausscheidet. Gleiches gilt für eine Eigenkündigung, die vom Unternehmer aus Gründen der Betriebsänderung veranlasst worden ist (*BAG* 23.8.1988 EzA § 113 BetrVG 1972 Nr. 17; 8.11.1988 EzA § 113 BetrVG 1972 Nr. 18). Werden Arbeitnehmer durch Nichtzahlung des Lohnes zur Kündigung veranlasst, liegt darin nur dann eine Entlassung infolge einer Betriebsänderung, wenn der Arbeitgeber mit Rücksicht auf eine von ihm geplante Betriebsstilllegung durch die Nichtzahlung des Lohnes die Arbeitnehmer zu Eigenkündigungen veranlassen will (*BAG* 4.7.1989 EzA § 112 BetrVG 1972 Nr. 24). Ob eine ausgesprochene Kündigung wirksam ist oder nicht, ist unerheblich (str., so GK-BetrVG/*Oetker* § 113 Rn. 63; DKK/*Däubler* § 113 Rn. 14), da sich der Arbeitgeber bei Berufung auf die Unwirksamkeit der Kündigung zu seinem eigenen Verhalten in Widerspruch setzen würde.

Über die Höhe der Abfindung entscheidet das Arbeitsgericht entsprechend § 287 Abs. 1 ZPO unter Würdigung aller Umstände nach freier Überzeugung unter Berücksichtigung der Grenzen des § 10 Abs. 2 KSchG (s. Kap. 4 Rdn. 3226 ff.). Zu berücksichtigen sind Lebensalter und Betriebszugehörigkeit (*BAG* 13.6.1989 EzA § 113 BetrVG 1972 Nr. 19). Berücksichtigt werden kann auch, ob dem Ausscheiden aus dem Betrieb eine längere Arbeitslosigkeit folgte und ob gewachsene soziale Bindungen zerstört wurden (vgl. *BAG* 9.7.1985 EzA § 113 BetrVG 1972 Nr. 13) sowie der Grad der Zuwiderhandlung gegen betriebsverfassungsrechtliche Pflichten (GK-BetrVG/*Oetker* § 113 Rn. 86 ff.). Bei der Festsetzung des Nachteilsausgleichs ist das Gericht hingegen nicht an § 112 Abs. 5 S. 2 Nr. 2 BetrVG gebunden, sodass auch Arbeitnehmern ein Nachteilsausgleich zugesprochen werden kann, die nur deshalb entlassen werden, weil sie einem Teilbetriebsübergang widersprochen haben und im Restbetrieb für sie keine Beschäftigungsmöglichkeit mehr besteht (*BAG* 10.12.1996 EzA § 111 BetrVG 1972 Nr. 34). 2310

Der Anspruch auf eine Abfindung besteht unabhängig davon, ob noch ein Sozialplananspruch besteht. Die Abfindungsansprüche aus dem Sozialplan und solche nach § 113 BetrVG sind miteinander derart zu verrechnen, dass dem Arbeitnehmer der höhere Anspruch zusteht, unabhängig davon, ob eine solche Anrechnung im Sozialplan vorgesehen ist oder nicht (*BAG* 20.11.2001 EzA § 113 BetrVG 1972 Nr. 29; 13.6.1989 EzA § 113 BetrVG 1972 Nr. 19; 18.12.1984 EzA § 113 BetrVG 1972 Nr. 12). Das gilt jedenfalls dann, wenn das Unternehmen vor Beginn der Betriebsänderung den Konsultationspflichten der Massenentlassungsrichtlinie EGRL 59/98 genügt hat (*BAG* 16.5.2007 EzA § 613a BGB 2002 Nr. 70 = NZA 2007, 1296). 2311

Wendet sich der Arbeitnehmer gerichtlich gegen die Wirksamkeit der Kündigung, kann er den Anspruch auf Nachteilsausgleich hilfsweise für den Fall geltend machen, dass seine Kündigungsschutzklage abgewiesen werden sollte. 2312

Der Klageantrag des Arbeitnehmers im Urteilsverfahren geht dahin, »die Beklagte zur Zahlung einer Abfindung zu verurteilen, deren Höhe das Gericht gem. § 10 KSchG festsetzt«. Ein Antrag auf eine bestimmte Abfindungssumme ist entbehrlich, allerdings müssen die für die Bemessung der Abfindung maßgebenden Umstände in der Klageschrift mitgeteilt werden (*BAG* 22.2.1983 EzA § 4 TVG Ausschlussfristen Nr. 54). 2313

Der Abfindungsanspruch wird von tariflichen Ausschlussfristen erfasst (*BAG* 3.8.1982 EzA § 113 BetrVG 1972 Nr. 10; 29.11.1983 EzA § 113 BetrVG 1972 Nr. 11; s. Kap. 3 Rdn. 4736 ff.). Auf einen entstandenen Anspruch auf Nachteilsausgleich kann der Arbeitnehmer im Rahmen einer all- 2314 gemeinen Ausschlussklausel wirksam verzichten (*BAG* 23.9.2003 EzA § 113 BetrVG 2001 Nr. 3). Die Fälligkeit des Abfindungsanspruches tritt mit Ausscheiden des entlassenen Arbeitnehmers ein.

2315 Gem. § 113 Abs. 2 BetrVG sind andere wirtschaftliche Nachteile zeitlich begrenzt auf zwölf Monate vom Arbeitgeber auszugleichen. Diese können z. B. in einer geringeren Vergütung, höheren Fahrtkosten oder in einem größeren Verschleiß von Arbeitskleidung bestehen. Immaterielle Nachteile bleiben unberücksichtigt.

2316 Hat noch der Insolvenzschuldner die geplante Betriebsänderung durchgeführt, ohne den Versuch eines Interessenausgleichs unternommen zu haben, so sind in der nachfolgenden Insolvenz die Ansprüche auf Nachteilsausgleich grundsätzlich einfache Insolvenzforderungen nach § 38 InsO. Masseverbindlichkeit sind sie dann, wenn die Durchführung der Betriebsänderung vor Eröffnung des Insolvenzverfahrens durch einen sog. starken Insolvenzverwalter erfolgt, auf den die Verwaltungs- und Verfügungsbefugnis übergegangen ist, also dem Schuldner ein allgemeines Verfügungsverbot nach § 21 Abs. 2 Nr. 2 Alt. 1 InsO auferlegt wurde. Geht die Verwaltungs- und Verfügungsbefugnis nicht auf den vorläufigen Insolvenzverwalter (sog. schwacher Insolvenzverwalter) über, sind solche Nachteilsausgleichsansprüche auch dann bloße Insolvenzforderungen, wenn nach Anordnung des Insolvenzgerichts Verfügungen des Schuldners nur noch mit Zustimmung des vorläufigen Insolvenzverwalters wirksam sein sollten und dieser ermächtigt sein sollte, mit rechtlicher Wirkung für den Schuldner zu handeln und die Betriebsänderung mit Zustimmung des vorläufigen Insolvenzverwalters begonnen wurde (*BAG* 4.12.2002 EzA § 113 BetrVG 1972 Nr. 30).

### VI. Der Sozialplan

#### 1. Begriff, Zweck, Voraussetzungen

2317 Sozialplan ist die Einigung zwischen Unternehmer und Betriebsrat über den Ausgleich und die Milderung der wirtschaftlichen Nachteile, die den betroffenen Arbeitnehmern durch die geplante Betriebsänderung entstehen, § 112 Abs. 1 S. 2 BetrVG. Der Sozialplan hat in erster Linie eine Überleitungs- und Vorsorgefunktion; ob er daneben auch eine Entschädigungsfunktion für den Verlust des Arbeitsplatzes als solchen hat, wird kontrovers diskutiert: Nachdem der Große Senat des *BAG* (13.12.1978 EzA § 112 BetrVG 1972 Nr. 15) ausgeführt hat, dass in Sozialplänen pauschaliert und unter Umständen gestaffelt Abfindungen gewährt werden können, die einen Ausgleich für den Verlust des Arbeitsplatzes darstellen sollen, und zwar ohne Rücksicht darauf, ob der einzelne Arbeitnehmer tatsächlich einen wirtschaftlichen Nachteil erlitten hat, was als Entscheidung zu Gunsten der sog. Entschädigungstheorie angesehen wurde, ist diese Entscheidung des *Großen Senates* nach Ansicht des 1. Senats (23.4.1985 EzA § 112 BetrVG 1972 Nr. 34) nicht als Entscheidung für die Entschädigungstheorie zu werten. Durch das Abstellen auf Alter und Dauer der Betriebszugehörigkeit bei Berechnung der Abfindungen werde auf Kriterien abgestellt, die bei der gebotenen pauschalierenden und vorausschauenden Betrachtungsweise eine Aussage darüber erlauben, welche wirtschaftlichen Nachteile für den infolge der Betriebsänderung ausscheidenden Arbeitnehmer zu erwarten seien, sodass letztendlich auch insoweit die Überbrückungsfunktion im Vordergrund stehe. Auch nach dem nunmehr zuständigen 10. Senat (*BAG* 9.11.1994 EzA § 112 BetrVG 1972 Nr. 78) sind Sozialplanansprüche ihrem Zweck nach keine abstrakte Entschädigung für den Verlust des Arbeitsplatzes, sondern Ausgleich für konkrete wirtschaftliche Nachteile.

2318 Voraussetzung für die Verpflichtung des Unternehmers zu Beratungen über einen Sozialplan bzw. für das Recht des Betriebsrats, vom Unternehmer die Aufstellung eines Sozialplanes zu verlangen, sind das Vorliegen einer geplanten Betriebsänderung (s. Rdn. 2215 ff.) und das Bestehen eines Betriebsrats zu diesem Zeitpunkt (s. Rdn. 2211 ff.).

2319 Ggf. behält der Betriebsrat ein Restmandat (s. Rdn. 527 ff.) zur Aufstellung des Sozialplanes (*BAG* 16.6.1987 EzA § 111 BetrVG 1972 Nr. 20). Zuständig ist jeweils der Betriebsrat des Betriebes, in *dem die Betriebsänderung durchgeführt werden soll*. Im Falle eines rechtsgeschäftlichen Übergangs eines Betriebsteils auf ein anderes Unternehmen besteht eine Zuständigkeit des Betriebsrats des Unternehmens, das die Betriebsänderung herbeigeführt hat, und zwar nicht nur für die im bisherigen

Betrieb verbliebene Belegschaft, sondern auch für die im abgetrennten Betriebsteil tätigen Arbeitnehmer. Unabhängig von einer konkret geplanten Betriebsänderung können die Betriebspartner – allerdings nur im Wege der freiwilligen Einigung – für noch nicht geplante, aber in groben Umrissen schon abschätzbare Betriebsänderungen einen Sozialplan vereinbaren. Soweit ein solcher vorsorglicher Sozialplan wirksame Regelungen enthält, ist das Mitbestimmungsrecht des Betriebsrats nach § 112 BetrVG verbraucht, falls eine entsprechende Betriebsänderung später tatsächlich vorgenommen wird. Hierin liegt noch kein (unzulässiger) Verzicht auf künftige Mitbestimmungsrechte (*BAG* 26.8.1997 EzA § 112 BetrVG 1972 Nr. 96). Ein vorsorglicher Sozialplan kann auch abgeschlossen werden, wenn ungewiss ist, ob ein bestimmter Vorgang überhaupt eine Betriebsänderung ist, etwa bei Ungewissheit darüber, ob bei Kündigung eines Dienstleistungsauftrags und dessen anschließender Neuvergabe an einen anderen Auftragnehmer ein Betriebsübergang vorliegt. Die streitige Frage, ob von einer Betriebsstilllegung oder von einem Betriebsübergang auszugehen ist, können die Betriebspartner in einem Rechtsstreit über die Wirksamkeit des Sozialplans zur Entscheidung stellen (*BAG* 1.4.1998 EzA § 112 BetrVG 1972 Nr. 99). Unberührt bleibt die Verpflichtung des Unternehmers, die Betriebsänderung mit dem Betriebsrat zu beraten und einen Interessenausgleich zu versuchen. Ein vorsorglicher Sozialplan wirkt im Falle seiner Kündigung nicht nach (MünchArbR/ *Matthes* § 270 Rn. 5).

## 2. Betriebsänderungen ohne Sozialplanpflicht

Gem. § 112a BetrVG können bestimmte Betriebsänderungen ohne Sozialplanpflicht durchgeführt werden. Möglich bleibt dann nur der freiwillige Abschluss eines Sozialplans. Andere Beteiligungsrechte des Betriebsrats, insbes. die den Unternehmer treffenden Pflichten zur Herbeiführung eines Interessenausgleichs, bleiben unberührt (*BAG* 8.11.1988 EzA § 113 BetrVG 1972 Nr. 18). 2320

### a) Personalabbau

Eine Ausnahme von der Sozialplanpflicht besteht nach § 112a BetrVG zunächst dann, wenn die geplante Betriebsänderung lediglich in einem Personalabbau besteht und die in der Staffel des § 112a Abs. 1 BetrVG aufgeführte Mindestzahl von entlassenen Arbeitnehmern nicht überschritten wird. 2321

§ 112a Abs. 1 BetrVG kommt immer dann zur Anwendung, wenn ohne den eine Betriebsänderung i. S. v. § 111 S. 3 Nr. 1 BetrVG darstellenden Personalabbau die Tatbestandsvoraussetzungen einer Betriebsänderung i. S. v. § 111 BetrVG nicht gegeben sind (*BAG* 28.3.2006 EzA § 111 BetrVG 2001 Nr. 1). 2322

Zu beachten ist, dass die Zahlen des § 112a Abs. 1 BetrVG nicht maßgeblich für die Beurteilung der Frage sind, ob ein reiner Personalabbau überhaupt eine Betriebsänderung ist. Hierzu stellt die Rechtsprechung vielmehr auf die geringeren Zahlen des § 17 KSchG ab (s. Rdn. 2222). 2323

Auch wenn daher keine Sozialplanpflicht besteht, kann der Unternehmer zur Vermeidung von Ansprüchen auf Nachteilsausgleich nach § 113 Abs. 3 BetrVG verpflichtet sein, einen Interessenausgleich bis hin vor die Einigungsstelle zu versuchen. 2324

Zur Bestimmung der Anzahl der entlassenen Arbeitnehmer ist auf die Anzahl der aus betriebsbedingten Gründen entlassenen Arbeitnehmer abzustellen. Das Gesetz stellt der Entlassung auch Aufhebungsverträge gleich, die vom Arbeitgeber aus Gründen der Betriebsänderung veranlasst werden. Gleiches gilt für vom Arbeitgeber im Hinblick auf die geplante Betriebsstilllegung veranlasste Eigenkündigungen von Arbeitnehmern (*BAG* 23.8.1988 EzA § 113 BetrVG 1972 Nr. 17). 2325

### b) Neu gegründete Unternehmen

Um Unternehmen die schwierige Anfangsphase des Aufbaus zu erleichtern, besteht bei Neugründungen in den ersten vier Jahren bei geplanten Betriebsänderungen keine Sozialplanpflicht, es sei denn, die Neugründung steht im Zusammenhang mit der rechtlichen Umstrukturierung von Unternehmen und Konzernen (z. B. Verschmelzung von Unternehmen, Umwandlung, Auflösung mit anschlie- 2326 ßender Neugründung, Aufspaltung in mehrere neu gegründete Unternehmen oder die Abspaltung von Unternehmensteilen auf neu gegründete Tochtergesellschaften, vgl. BT-Drs. 10/2102, S. 28).

2327 Voraussetzung für eine rechtliche Umstrukturierung von Unternehmen in diesem Sinne ist nicht, dass schon bestehende Unternehmen dabei in ihrer rechtlichen Struktur geändert werden. Gerade die auch genannte Abspaltung von bestehenden Unternehmensteilen auf neu gegründete Tochtergesellschaften macht deutlich, dass der Gesetzgeber auch Fälle erfassen wollte, in denen bestehende Unternehmen in ihrer rechtlichen Struktur und ihrem Bestand unverändert bleiben. Die Abspaltung von bestehenden Unternehmensteilen bezieht sich daher nicht auf bestehende rechtliche Einheiten, sondern auf abgrenzbare unternehmerische Aktivitäten, deren Wahrnehmung von einer rechtlichen Einheit auf eine andere verlagert wird. Es geht nicht um die Änderung bestehender rechtlicher Strukturen, d. h. von bestehenden Unternehmen als juristischen Personen, sondern darum, dass bestehende unternehmerische Aktivitäten innerhalb von rechtlichen Strukturen wahrgenommen werden, die sich von den bisher bestehenden unterscheiden (*BAG* 22.2.1995 EzA § 112a BetrVG 1972 Nr. 8).

2328 Maßgebend ist alleine das Alter des Unternehmens, nicht das Alter des Betriebes (*BAG* 27.6.2006 EzA § 112a BetrVG 1972 Nr. 2). Eine Sozialplanpflicht besteht deshalb auch dann nicht, wenn ein neu gegründetes Unternehmen einen Betrieb übernimmt, der selbst schon länger als vier Jahre besteht (*BAG* 13.6.1989 EzA § 112a BetrVG 1972 Nr. 4).

2329 Die Vorschrift ist nur auf Betriebsänderungen anzuwenden, die in den ersten vier Jahren nach der Neugründung auch durchgeführt werden, sodass es weder auf den Zeitpunkt der Unterrichtung des Betriebsrates über die geplante Betriebsänderung, noch auf den Zeitpunkt des Zuganges von Kündigungen, sondern ausschließlich auf den Termin ankommt, zu dem Arbeitnehmer entlassen werden sollen (*Etzel* HzA Gruppe 19 Rn. 961).

### 3. Verfahren für die Aufstellung des Sozialplans

2330 Für die Aufstellung eines Sozialplans gilt grds. dasselbe Verfahren wie zur Herbeiführung des Interessenausgleichs (s. Rdn. 2265 ff.). Kommt eine Einigung zwischen den Betriebspartnern nicht zu Stande, können sie den Vorstand der Bundesagentur für Arbeit bzw. die von diesem beauftragten Bediensteten um Vermittlung ersuchen oder sofort die Einigungsstelle anrufen. Diese hat eine Einigung der Betriebspartner zu versuchen. Gelingt dies nicht, so hat die Einigungsstelle – anders als im Verfahren zur Erreichung eines Interessenausgleichs – über die Aufstellung eines Sozialplans zu entscheiden.

### 4. Inhalt und Regelungsgrenzen

*a) Freiwilliger Sozialplan*

2331 Bei einem Sozialplan, der nicht auf einem Spruch der Einigungsstelle beruht, sondern zwischen den Betriebspartnern ausgehandelt und vereinbart wurde (freiwilliger Sozialplan), sind diese grds. frei in der Entscheidung, welche wirtschaftlichen Nachteile der von einer Betriebsänderung betroffenen Arbeitnehmer durch welche Leistungen ausgeglichen oder gemildert werden sollen (*BAG* 11.8.1993 EzA § 112 BetrVG 1972 Nr. 70; 19.7.1995 EzA § 112 BetrVG 1972 Nr. 82).

2332 Sie können bei ihrer Regelung von einem Nachteilsausgleich auch gänzlich absehen und nach der Vermeidbarkeit von Nachteilen unterscheiden (*BAG* 30.11.1994 EzA § 112 BetrVG 1972 Nr. 80). Welche Leistungen zum Ausgleich oder zur Milderung von Nachteilen vorgesehen werden sollten, hängt von der Art der Betriebsänderung und den tatsächlich entstehenden Nachteilen ab. In Betracht kommen materielle Regelungen in Form finanzieller Leistungen, wie etwa Abfindungen, Erstattung von Umzugskosten, Zahlung von Wegegeld, Lohnausgleichszahlungen, Ergänzung von Arbeitslosengeld und -hilfe, Ausgleich für Rentenminderung, Übernahme von Kosten für Umschulungsmaßnahmen, Weitergewährung von Gratifikationen oder Werkswohnungen, Regelung der Rückzahlung von Arbeitgeberdarlehen, Ausgleich für den Verlust von Anwartschaften aus der betrieblichen Alters-

## N. Mitbestimmung in wirtschaftlichen Angelegenheiten, Betriebsänderungen    Kapitel 13

versorgung oder die Bildung eines Sozialfonds für Härtefälle. Darüber hinaus können formelle Regelungen, wie z. B. die Festlegung des Kreises der Anspruchsberechtigten sowie verfahrensmäßige Regelungen, z. B. die Festlegung von Stichtagen für die Berechnung von Beschäftigungsjahren oder Fälligkeitstermine in den Sozialplan aufgenommen werden. Die Betriebspartner sind aus Praktikabilitätsgründen auch befugt, die Zahlung eines Abfindungszuschlages für unterhaltsberechtigte Kinder davon abhängig zu machen, dass diese auf der Lohnsteuerkarte eingetragen sind (*BAG* 12.3.1997 EzA § 112 BetrVG 1972 Nr. 92).

### aa) Grenzen der Regelungsmacht; Auslegungsfragen

> Bei Vereinbarung eines freiwilligen Sozialplanes müssen die Betriebspartner die sich aus höherrangigem Recht ergebenden Schranken der Regelungsbefugnis beachten. Ein freiwilliger Sozialplan darf insbes. nicht gegen den Gleichbehandlungsgrundsatz und gegen die Grundsätze des § 75 BetrVG verstoßen. Die Maßstäbe des § 112 Abs. 5 BetrVG gelten jedoch für den freiwilligen Sozialplan nicht.  2333

Der Gleichbehandlungsgrundsatz verbietet eine sachfremde Schlechterstellung einzelner Arbeitnehmer oder einzelner Arbeitnehmergruppen gegenüber anderen Arbeitnehmern oder Arbeitnehmergruppen in vergleichbarer Lage. Eine Differenzierung ist sachfremd, wenn es für sie keine sachlichen und billigenswerten Gründe gibt, die unterschiedliche Behandlung sich vielmehr als sachwidrig und willkürlich erweist (*BAG* 9.11.1994 EzA § 112 BetrVG 1972 Nr. 78; s. Kap. 1 Rdn. 429 ff.). Die Regelungen eines Sozialplanes müssen damit billigem Ermessen entsprechen.  2334

Keine Regelungsgrenze ergibt sich unter dem Gesichtspunkt des Tarifvorranges. Nach § 112 Abs. 1 S. 4 BetrVG ist § 77 Abs. 3 BetrVG auf Sozialpläne nicht anzuwenden, sodass Sozialpläne auch Leistungen für Betriebsänderungen vorsehen können, die bereits tariflich geregelt worden sind, etwa in Rationalisierungsschutzabkommen. Die Ausnahme von der Regelungssperre des § 112 Abs. 1 S. 4 BetrVG gilt allerdings nicht für einen freiwilligen **vorsorglichen** Sozialplan (*BAG* 14.11.2006 EzA § 112 BetrVG 2001 Nr. 19). Ist der Sozialplan ungünstiger als eine auf das Arbeitsverhältnis anwendbare tarifliche Regelung, geht die günstigere tarifliche Regelung nach § 4 Abs. 3 TVG vor. Ob die Leistungen aus dem Sozialplan und dem Tarifvertrag aufeinander anzurechnen sind, bestimmt sich nach der jeweils getroffenen Regelung. Keine Regelungskompetenz besteht für leitende Angestellte. Insoweit besteht nach § 32 Abs. 2 SprAuG nur eine Beratungspflicht mit dem Sprecherausschuss (s. Rdn. 1156 ff.). Zulässig dürfte es jedoch sein, dass die Betriebspartner durch Vertrag zu Gunsten Dritter (§ 328 BGB) die leitenden Angestellten in den Kreis der aus dem Sozialplan Berechtigten einbeziehen (*BAG* 31.1.1979 EzA § 112 BetrVG 1972 Nr. 17, insoweit nicht aufgegeben durch *BAG* 16.7.1985 EzA § 112 BetrVG 1972 Nr. 38). Fehlt es an einer solchen Einbeziehung, ist der Arbeitgeber auch nach dem arbeitsrechtlichen Gleichbehandlungsgrundsatz nicht verpflichtet, den leitenden Angestellten ebenso wie den von einem Sozialplan begünstigten Arbeitnehmern eine Abfindung für den Verlust ihres Arbeitsplatzes zu zahlen (*BAG* 16.7.1985 EzA § 112 BetrVG 1972 Nr. 38).  2335

### bb) Einzelfälle

### (1) Abfindungen

Für die Bemessungen von Abfindungen müssen nicht die Höchstgrenzen nach § 113 BetrVG i. V. m. § 10 KSchG beachtet werden (*BAG* 27.10.1987 EzA § 112 BetrVG 1972 Nr. 41). Möglich ist sowohl die Bemessung der Abfindung nach einer bestimmten, insbes. die Dauer der Betriebszugehörigkeit, Lebensalter und Unterhaltspflichten berücksichtigenden Formel, als auch die Festsetzung individueller Abfindungsbeträge (*BAG* 12.2.1985 EzA § 112 BetrVG 1972 Nr. 33; 28.10.1992 EzA § 112 BetrVG 1972 Nr. 66) sowie die Festsetzung von Ausgleichsleistungen für ältere Arbeitnehmer nach den zu erwartenden tatsächlichen Nachteilen bis zum Eintritt in den Ruhestand bei gleichzeitiger Festsetzung von an der Dauer der Betriebszugehörigkeit orientierten Pauschalabfindungen für jüngere Arbeitnehmer (*BAG* 14.2.1984 EzA § 112 BetrVG 1972 Nr. 30). Sozialpläne dürfen eine  2336 nach Lebensalter oder Betriebszugehörigkeit gestaffelte Abfindungsregelung (vgl. *BAG* 12.4.2001 EzA § 112 BetrVG 2001 Nr. 44) oder auch Alterszuschläge (*BAG* 12.4.2001 EzA § 112 BetrVG 2001 Nr. 42) vorsehen. Sie dürfen für rentenberechtigte Arbeitnehmer Sozialplanleistungen reduzieren oder ganz ausschließen. Die damit verbundene unterschiedliche Behandlung wegen des Alters ist durch § 10 S. 3 Nr. 6 AGG gedeckt (*BAG* 26.5.2009 EzA § 112 BetrVG 2001 Nr. 31). Die Betriebsparteien dürfen in Sozialplänen für Arbeitnehmer, die Anspruch auf vorgezogene Altersrente haben, geringere Abfindungsansprüche vorsehen. Das gilt auch, wenn der Rentenbezug mit Abschlägen verbunden ist. Hierin liegt keine unzulässige Diskriminierung, § 10 Nr. 6 AGG (*BAG* 23.3.2010 EzA § 112 BetrVG 2001 Nr. 35; 26.5.2009 EzA § 112 BetrVG 2001 Nr. 31; 11.11.2008 EzA § 112 BetrVG 2001 Nr. 30; 30.9.2008 EzA § 112 BetrVG 2001 Nr. 29). Ebenfalls zulässig sind Höchstbegrenzungsklauseln, auch wenn sie zur Begrenzung mit Alter und Betriebszugehörigkeit steigender Abfindungen führen (*BAG* 21.07.2009 EzA § 112 BetrVG 2001 Nr. 32). Hierin liegt keine Altersdiskriminierung (*BAG* 2.10.2007 EzA § 75 BetrVG 2001 Nr. 6). Auch die Berechnung von Abfindungsansprüchen teilzeitbeschäftigter Arbeitnehmer entsprechend der persönlichen Arbeitszeit im Verhältnis zur tariflichen Arbeitszeit oder die nur anteilige Berücksichtigung von Zeiten der Teilzeitbeschäftigung (*BAG* 22.9.2009 EzA § 112 BetrVG 2001 Nr. 34; 14.8.2001 EzA § 112 BetrVG 1972 Nr. 108) ist nicht zu beanstanden (*BAG* 28.10.1992 EzA § 112 BetrVG 1972 Nr. 65). Demgegenüber verstößt es gegen die Grundsätze von Recht und Billigkeit, bei der für die Höhe der Abfindung maßgeblichen Berechnung der Beschäftigungszeit Zeiten des Erziehungsurlaubes/Elternzeit auszunehmen (*BAG* 21.10.2003 EzA § 112 BetrVG 2001 Nr. 9). Nicht zu beanstanden ist die Festsetzung geringerer Abfindungen für Arbeitnehmer, die im Zusammenhang mit einer Betriebsstilllegung vorzeitig durch Eigenkündigung ausscheiden (*BAG* 13.2.2007 EzA § 112 BetrVG 2001 Nr. 20; 11.8.1993 EzA § 112 BetrVG 1972 Nr. 70) oder ein zumutbares Weiterbeschäftigungsangebot ablehnen (*BAG* 6.11.2007 EzA § 112 BetrVG 2001 Nr. 25). Möglich ist die Festsetzung von Höchstbeträgen oder Höchstbegrenzungsklauseln (*BAG* 19.10.1999 EzA § 112 BetrVG 1972 Nr. 104; 23.8.1988 EzA § 112 BetrVG 1972 Nr. 44). In einem Sozialplan kann vereinbart werden, dass eine zu gewährende Abfindung zeitanteilig zurückzuerstatten ist, wenn der Arbeitnehmer ein Folgearbeitsverhältnis bei einem anderen Arbeitgeber zu einem bestimmten Stichtag durch Eigenkündigung beendet (*BAG* 9.11.1994 EzA § 112 BetrVG 1972 Nr. 81). Ebenfalls zulässig ist es, zu vereinbaren, dass Arbeitnehmer, die nach Bekanntwerden eines vom Arbeitgeber zunächst geplanten Personalabbaues einen Aufhebungsvertrag vereinbart haben, eine geringere Abfindung erhalten, als diejenigen, welche eine solche Beendigungsvereinbarung erst nach der später erfolgten Mitteilung des Arbeitgebers geschlossen haben, er beabsichtige, den Betrieb stillzulegen (*BAG* 24.11.1993 EzA § 112 BetrVG 1972 Nr. 71). Auch können Arbeitnehmer, die zum Zeitpunkt des In-Kraft-Tretens des Sozialplans nicht mehr in einem Arbeitsverhältnis zum Arbeitgeber stehen ohne Verstoß gegen § 75 Abs. 1 BetrVG vom Geltungsbereich des Sozialplans ausgeschlossen werden (*BAG* 14.12.2010 EzA § 112 BetrVG 2001 Nr. 39). Ferner kann in einem Sozialplan vorgesehen werden, dass Arbeitnehmer keine Abfindung erhalten, wenn sie durch »Vermittlung« des Arbeitgebers einen neuen Arbeitsplatz erhalten. Dabei kann der Sozialplan unter »Vermittlung« jeden Beitrag des Arbeitgebers verstehen, der das neue Arbeitsverhältnis erst möglich machte (*BAG* 19.6.1996 EzA § 112 BetrVG 1972 Nr. 85). Kein Verstoß gegen § 75 BetrVG liegt vor, wenn der Sozialplan für Arbeitnehmer, die ohne Einhaltung einer Kündigungsfrist ausscheiden, eine höhere Abfindung vorsieht (*BAG* 11.2.1998 EzA § 112 BetrVG 1972 Nr. 97). Unzulässig ist hingegen eine Gruppenbildung, die dazu dienen soll, dem Arbeitgeber eine eingearbeitete und qualifizierte Belegschaft zu erhalten. Betriebliche Interessen an der Erhaltung der Belegschaft oder von Teilen derselben sind daher nicht geeignet, Differenzierungen bei der Höhe von Sozialplanabfindungen zu rechtfertigen (*BAG* 6.11.2007 EzA § 112 BetrVG 2001 Nr. 25). Ebenso wenig sind betriebliche Interessen, die personelle Zusammensetzung der Belegschaft bis zu einem bestimmten Zeitpunkt zu sichern, geeignet, Differenzierungen bei der Höhe von Sozialplanabfindungen zu rechtfertigen (*BAG* 19.2.2008 EzA § 112 BetrVG 2001 Nr. 26).

2337 Wird in einem Sozialplan für die Berechnung der Abfindung an das Durchschnittsentgelt »vor dem Kündigungstermin« abgestellt, so soll im Zweifel entsprechend dem allgemeinen arbeitsrechtlichen

Sprachgebrauch der Tag des Ablaufs der Kündigungsfrist und nicht der Tag der Kündigungserklärung maßgebend sein (*BAG* 17.11.1998 EzA § 102 BetrVG 1972 Nr. 102). Sozialplanleistungen dürfen nicht vom Verzicht auf die Erhebung einer Kündigungsschutzklage abhängig gemacht werden. Zulässig ist aber der Abschluss einer freiwilligen, neben dem Sozialplan bestehenden Betriebsvereinbarung, in welcher Regelungen getroffen werden, die dazu dienen, das arbeitgeberseitige Interesse an einem zügigen Personalabbau durch einvernehmliche Beendigungsvereinbarungen mit den Arbeitnehmern zu verwirklichen, wenn daneben in einem Sozialplan ein angemessener Ausgleich der den Arbeitnehmern durch die Betriebsänderung entstehenden wirtschaftlichen Nachteile vereinbart worden ist (*BAG* 18.5.2010 EzA § 112 BetrVG 2001 Nr. 37). Die Betriebsparteien sind auch nicht gehindert, bei einer Betriebsänderung im Interesse des Arbeitgebers an alsbaldiger Planungssicherheit zusätzlich zu einem Sozialplan in einer freiwilligen Betriebsvereinbarung Leistungen für den Fall vorzusehen, dass der Arbeitnehmer von der Möglichkeit zur Erhebung einer Kündigungsschutzklage keinen Gebrauch macht (sog. »Turboprämie«). Das Verbot, Sozialplanleistungen von einem entsprechenden Verzicht abhängig zu machen, darf dadurch allerdings nicht umgangen werden. Ob eine solche Umgehung vorliegt, kann regelmäßig nur unter Berücksichtigung der Umstände des konkreten Einzelfalls beurteilt werden. Eine Umgehung kann insbesondere vorliegen, wenn der Sozialplan keine angemessene Abmilderung der wirtschaftlichen Nachteile vorsieht oder wenn greifbare Anhaltspunkte für die Annahme bestehen, dem »an sich« für den Sozialplan zur Verfügung stehenden Finanzvolumen seien zum Nachteil der von der Betriebsänderung betroffenen Arbeitnehmer Mittel entzogen und funktionswidrig im »Bereinigungsinteresse« des Arbeitgebers eingesetzt worden (*BAG* 31.5.2005 EzA § 112 BetrVG 2001 Nr. 14). Die Betriebsparteien können in einem Sozialplan regeln, dass Abfindungen, die der Arbeitgeber auf Grund eines Tarifvertrags wegen einer Betriebsänderung zahlt, zur Erfüllung von Sozialplanansprüchen führen (*BAG* 14.11.2006 EzA § 112 BetrVG 2001 Nr. 19).

Wird ein Sozialplan erst geraume Zeit nach der Durchführung der Betriebsstilllegung aufgestellt, ist es zulässig, bei der Bemessung der Sozialplanleistungen auf die wirtschaftlichen Nachteile der entlassenen Arbeitnehmer abzustellen, mit denen zum Zeitpunkt der Betriebsstilllegung typischerweise zu rechnen war, ohne zu berücksichtigen, dass einzelne Arbeitnehmer diese Nachteile tatsächlich nicht erlitten haben (*BAG* 23.4.1985 EzA § 112 BetrVG 1972 Nr. 34). Die Fälligkeit der Abfindung kann auf den Zeitpunkt des rechtskräftigen Abschlusses eines Kündigungsschutzprozesses hinausgeschoben und dabei bestimmt werden, dass eine Abfindung gem. §§ 9, 10 KSchG auf die Sozialplanabfindung anzurechnen ist (*BAG* 20.6.1985 EzA § 4 KSchG Ausgleichsquittung Nr. 1). 2338

*(2) Kreis der Anspruchsberechtigten*

Es ist mit dem Gebot der Gleichbehandlung der Belegschaftsangehörigen nach § 75 Abs. 1 BetrVG nicht vereinbar, dass die Betriebsparteien den Ausgleich der wirtschaftlichen Nachteile aus einer Betriebsänderung von der rechtsgeschäftlichen Form der Beendigung des Arbeitsverhältnisses abhängig machen. Ein Sozialplan soll die Nachteile, die der Belegschaft in Folge der Betriebsänderung entstehen, mildern oder ausgleichen. Dieser Unterstützung bedarf ein Arbeitnehmer, der aus Anlass der Betriebsänderung selbst kündigt, regelmäßig in gleicher Weise wie ein Arbeitnehmer, der vom Arbeitgeber gekündigt wird. Eine Sozialplanregelung, die formal zwischen Arbeitgeber- und Arbeitnehmerkündigung unterscheidet und den generellen Anspruchsausschluss aller Arbeitnehmer vorsieht, die ihr Arbeitsverhältnis selbst gekündigt haben, verstößt gegen § 75 Abs. 1 BetrVG. Eine solche Differenzierung ist im Hinblick auf Abfindungsansprüche nicht durch Sachgründe gerechtfertigt. Einen Sozialplananspruch haben vielmehr dann auch die Arbeitnehmer, die aus Anlass der Betriebsänderung selbst gekündigt haben (*BAG* 20.5.2008 EzA § 112 BetrVG 2001 Nr. 27). Eine Veranlassung in diesem Sinne liegt vor, wenn der Arbeitgeber bei dem Arbeitnehmer im Hinblick auf eine konkret geplante Betriebsänderung die berechtigte Annahme hervorgerufen hat, mit der eigenen Initiative komme er einer sonst notwendig werdenden betriebsbedingten Kündigung seitens des Arbeitgebers nur zuvor. Dabei kommt es nicht darauf an, ob der Arbeitgeber die Absicht hatte, den Arbeitnehmer zu einer Eigenkündigung zu bewegen. Entscheidend ist vielmehr, ob die Erwartung des Arbeitnehmers, sein Arbeitsplatz werde nach der Betriebsänderung entfallen, auf Grund eines ent- 2339 sprechenden Verhaltens des Arbeitgebers bei Ausspruch der Eigenkündigung objektiv gerechtfertigt war (*BAG* 25.3.2003 EzA § 112 BetrVG 2001 Nr. 6; 22.7.2003 EzA § 112 BetrVG 2001 Nr. 7). Ein bloßer Hinweis auf eine unsichere Lage des Unternehmens, auf notwendig werdende Betriebsänderungen oder der Rat, sich eine neue Stelle zu suchen, genügen nicht. Nicht mehr von einer Betriebsänderung veranlasst ist die Eigenkündigung eines Arbeitnehmers i. d. R. dann, wenn der Arbeitgeber die Durchführung einer zunächst beabsichtigten Betriebsänderung vollständig oder jedenfalls hinsichtlich des diesen Arbeitnehmer betreffenden Teils endgültig aufgegeben und den Arbeitnehmer hiervon in Kenntnis gesetzt hat. In einem solchen Fall hat der Arbeitnehmer regelmäßig nicht mehr die wirtschaftlichen Nachteile zu besorgen, die der Sozialplan ausgleichen oder abmildern soll (*BAG* 26.10.2004 EzA § 112 BetrVG 2001 Nr. 11). Liegt eine Veranlassung vor, sind gekündigte Arbeitnehmer und solche, die auf Grund einer Eigenkündigung oder eines Aufhebungsvertrages ausgeschieden sind, gleich zu behandeln.

2340 Nicht zu beanstanden ist auch die Unterscheidung zwischen Arbeitnehmern, die ihr Arbeitsverhältnis selbst kündigen und solchen, die auf Grund eines von ihnen gewünschten Aufhebungsvertrages ausscheiden. Der Arbeitgeber kann so entscheiden, ob er den Arbeitnehmer für die ordnungsgemäße Durchführung der Betriebsänderung oder noch darüber hinaus benötigt oder ob ihm das freiwillige Ausscheiden des Arbeitnehmers nur eine ohnehin notwendig werdende Kündigung erspart (*BAG* 19.7.1995 EzA § 112 BetrVG 1972 Nr. 82). Zulässig ist damit auch der Ausschluss von Arbeitnehmern, die das Arbeitsverhältnis vorzeitig durch Aufhebungsvertrag aufgelöst haben, nachdem sie eine neue Beschäftigung gefunden haben (*BAG* 25.11.1993 EzA § 242 BGB Gleichbehandlung Nr. 58). Ebenfalls zulässig ist der Ausschluss von Arbeitnehmern aus dem Kreis der Anspruchsberechtigten, die durch Vermittlung des Arbeitgebers einen neuen Arbeitsplatz erhalten (*BAG* 22.3.2005 EzA § 112 BetrVG 2001 Nr. 113). Nimmt ein Sozialplan von seinem Geltungsbereich solche Arbeitnehmer aus, die einen angebotenen zumutbaren Arbeitsplatz ablehnen, gilt dies auch für den Fall, dass Arbeitnehmer dem Übergang ihres Arbeitsverhältnisses im Wege eines Betriebsübergangs nach § 613a BGB widersprechen. Die Weiterarbeit beim Betriebserwerber ist i. d. R. zumutbar, auch wenn beim Betriebserwerber die Arbeitsverhältnisse durch einen anderen – ungünstigeren – Tarifvertrag i. S. d. § 613a Abs. 1 S. 3 BGB geregelt sind (*BAG* 5.2.1997 EzA § 112 BetrVG 1972 Nr. 92). Sieht hingegen ein Sozialplan Abfindungen ohne nähere Einschränkungen bei betriebsbedingten Kündigungen vor, so haben mangels entgegenstehender Anhaltspunkte auch solche Arbeitnehmer einen Anspruch, die deshalb entlassen werden, weil sie dem Übergang ihres Arbeitsverhältnisses auf den Erwerber widersprochen haben (*BAG* 15.12.1998 EzA § 112 BetrVG 1972 Nr. 103). Macht der Sozialplan den Anspruch davon abhängig, dass das Arbeitsverhältnis durch arbeitgeberseitige Kündigung oder durch den vom Arbeitgeber veranlassten Abschluss eines Aufhebungsvertrages endet, entsteht der Anspruch auf Sozialplanabfindung nicht, wenn der Arbeitnehmer nach Abschluss des Aufhebungsvertrages, aber vor der vereinbarten Beendigung des Arbeitsverhältnisses stirbt (*BAG* 25.9.1996 EzA § 112 BetrVG 1972 Nr. 89).

2341 Möglich ist es auch, Arbeitnehmer von Leistungen des Sozialplanes auszuschließen, die vorgezogenes Altersruhegeld in Anspruch nehmen können (*BAG* 26.7.1988 EzA § 112 BetrVG 1972 Nr. 43) oder die zum Zeitpunkt der Auflösung des Arbeitsverhältnisses die Voraussetzungen für den übergangslosen Rentenbezug nach Beendigung des Anspruchs auf Arbeitslosengeld erfüllen (*BAG* 31.7.1996 EzA § 112 BetrVG 1972 Nr. 86). Arbeitnehmer können von Sozialplanleistungen ausgenommen werden, wenn sie wegen des Bezugs einer befristeten vollen Erwerbsminderungsrente nicht beschäftigt sind und mit der Wiederherstellung ihrer Arbeitsfähigkeit auch nicht zu rechnen ist (*BAG* 7.6.2011 –1 AZR 34/10, NZA 2011, 1370). Die Betriebsparteien dürfen zwar gem. wegen der sich aus Art. 6 GG ergebenden Wertungen in Sozialplänen keine Regelungen treffen, die geeignet sind, Ehe und Familie zu diskriminieren und Arbeitnehmer wegen ihrer ehelichen Lebensgemeinschaft oder der Wahrnehmung von Rechten und Pflichten gegenüber Kindern zu benachteiligen. Hieraus ergibt sich aber für die Betriebsparteien nicht die Pflicht, verheiratete Arbeitnehmer oder solche, die mit ihren Kindern in häuslicher Gemeinschaft leben, gegenüber unverheirateten, kinderlosen Arbeitnehmern zu bevorzugen (*BAG* 6.11.2007 EzA § 112 BetrVG 2001 Nr. 25).

## (3) Stichtagsregelungen, Ausschlussklauseln

In einem Sozialplan können grds. Stichtagsregelungen vorgesehen werden, die einen Abfindungs- 2342
anspruch davon abhängig machen, dass der Arbeitnehmer nach einem bestimmten Stichtag ausscheidet, sodass Arbeitnehmer ausgeschlossen werden, die vor diesem Stichtag durch eine Eigenkündigung ausscheiden (*BAG* 12.4.2011 EzA § 112 BetrVG 2001 Nr. 43). Die Wahl des Stichtages muss allerdings sachlich gerechtfertigt sein. Den Betriebsparteien kommt bei ihrer Festlegung ein erheblicher Ermessensspielraum zu. Die mit ihnen ggf. verbundenen Härten müssen hingenommen werden, wenn die Wahl des Stichtags am gegebenen Sachverhalt orientiert und somit sachlich vertretbar ist und das auch auf die zwischen den Gruppen gezogenen Grenzen zutrifft. In einem Sozialplan sind Stichtagsregelungen insbesondere dann gerechtfertigt, wenn sie dem Zweck dienen, die Leistungen auf diejenigen Arbeitnehmer zu beschränken, die von der Betriebsänderung betroffen sind und durch diese Nachteile zu besorgen haben (*BAG* 19.2.2008 EzA § 112 BetrVG 2001 Nr. 26). Als gerechtfertigt wurde es z. B. angesehen, wenn ein Sozialplan Arbeitnehmer von seinem Geltungsbereich ausnimmt, die vor dem Scheitern des Interessenausgleichs ihr Arbeitsverhältnis im Hinblick auf die vom Arbeitgeber angekündigte Betriebsstilllegung selbst kündigen (*BAG* 24.1.1996 EzA § 112 BetrVG 1972 Nr. 83; 30.11.1994 EzA § 112 BetrVG 1972 Nr. 80) und auch dann, wenn Arbeitnehmer vom Geltungsbereich des Sozialplanes ausgenommen werden, die im Zeitpunkt des Inkrafttretens des Sozialplanes, der in einem zeitlich nahen Zusammenhang zum Abschluss des Interessenausgleichs steht, ihr Arbeitsverhältnis im Hinblick auf die angekündigte Betriebsstilllegung selbst beendigt haben (*BAG* 24.1.1996 EzA § 112 BetrVG 1972 Nr. 83). Die sachliche Rechtfertigung ergibt sich daraus, dass in beiden Fällen auf einen Zeitpunkt abgestellt wird, zu dem endgültig feststeht, wie die bislang geplante Betriebsänderung im Einzelnen durchgeführt werden soll.

Als Verstoß gegen § 75 Abs. 1 S. 1 BetrVG unzulässig sind Klauseln, die einen Anspruch auf Sozial- 2343
planleistungen von Bedingungen abhängig machen, deren Erfüllung dem Arbeitnehmer unzumutbar sind, wie z. B. die Auflage, dass ein eventueller Betriebs(teil)übernehmer zu verklagen ist (*BAG* 22.7.2003 EzA § 112 BetrVG 2001 Nr. 7).

## (4) Sonstige Regelungen

Unzulässig ist eine Sozialplanregelung, nach der die Erstattungsansprüche der Bundesagentur für Ar- 2344
beit gegen den Arbeitgeber nach § 128 AFG (jetzt § 147a SGB III) allein auf die Abfindung der Arbeitnehmer angerechnet werden, für die der Arbeitgeber das Arbeitslosengeld zu erstatten hat (*BAG* 26.6.1990 EzA § 112 BetrVG 1972 Nr. 55). Möglich ist hingegen eine Regelung darüber, wer das Risiko zu tragen hat, wenn das Arbeitsamt (Agentur für Arbeit) nach Abschluss eines Aufhebungsvertrages eine Sperrfrist verhängt (*BAG* 27.10.1987 EzA § 112 BetrVG 1972 Nr. 41). Nicht zulässig ist eine Sozialplanvereinbarung, die beinhaltet, dass Meinungsverschiedenheiten zwischen Arbeitgeber und Arbeitnehmern aus der Anwendung des Sozialplanes durch einen verbindlichen Spruch einer Einigungsstelle entschieden werden sollen, da es sich um eine unzulässige Schiedsabrede handelt (*BAG* 27.10.1987 EzA § 76 BetrVG 1972 Nr. 37).

Zulässig ist eine Vereinbarung, dass für die Bemessung der Abfindung nur die Betriebszugehörigkeit 2345
beim Arbeitgeber und seinem Rechtsvorgänger, nicht aber die in einem Überleitungsvertrag vom Arbeitgeber anerkannte Betriebszugehörigkeit bei einem früheren Arbeitgeber zu berücksichtigen ist (*BAG* 16.3.1994 EzA § 112 BetrVG 1972 Nr. 73). Gleiches gilt für eine Regelung, dass bei der Berechnung nur die tatsächliche Betriebszugehörigkeit zu Grunde gelegt wird und Dienstjahre bei der NVA der ehemaligen DDR außer Betracht bleiben, obwohl diese nach der Förderungsverordnung auf die Betriebszugehörigkeit angerechnet worden waren (*BAG* 30.3.1994 EzA § 112 BetrVG 1972 Nr. 74). Auch ist es zulässig, den Anspruch auf eine Abfindung von einer entsprechenden Zweckzuwendung der Treuhandanstalt abhängig zu machen (*BAG* 11.8.1993 EzA § 112 BetrVG 1972 Nr. 69; 16.3.1994 EzA § 112 BetrVG 1972 Nr. 72). Haben die Betriebsparteien in einem Sozialplan für die Höhe der Abfindung auch auf die Dauer der Beschäftigung abgestellt, verstößt es gegen die Grundsätze von Recht und Billigkeit, wenn sie davon Zeiten des Erziehungsurlaubs ausnehmen (*BAG* 12.11.2002 EzA § 112 BetrVG 2001 Nr. 3).

### b) Erzwungener Sozialplan

#### aa) Richtlinien nach § 112 Abs. 5 BetrVG

2346 Kommt eine Einigung der Betriebspartner nicht zu Stande, so entscheidet nach § 112 Abs. 4 BetrVG die Einigungsstelle. Ihr Spruch ersetzt die Einigung zwischen Betriebsrat und Unternehmer.

2347 Auch die Einigungsstelle hat zunächst die allgemeinen Grenzen der Regelungsbefugnis zu beachten, die auch für den freiwillig vereinbarten Sozialplan gelten. Insbesondere sind die Grundsätze des § 75 BetrVG und der arbeitsrechtliche Gleichbehandlungsgrundsatz zu beachten (s. Rdn. 2333 ff.). Darüber hinaus hat sie bei ihrer Ermessensentscheidung die Grenzen des § 112 Abs. 5 BetrVG zu beachten. § 112 Abs. 5 BetrVG ist insoweit Spezialregelung zu § 76 Abs. 5 S. 3 BetrVG.

2348 Die Einigungsstelle hat demnach bei einem Beschluss über einen Sozialplan nicht nur die sozialen Belange der betroffenen Arbeitnehmer zu berücksichtigen und auf die wirtschaftliche Vertretbarkeit ihrer Entscheidung für das Unternehmen zu achten. Sie muss insbes. den Gegebenheiten des konkreten Einzelfalles Rechnung tragen, die Aussichten der betroffenen Arbeitnehmer auf dem Arbeitsmarkt berücksichtigen und diejenigen Arbeitnehmer, die eine zumutbare Weiterbeschäftigung ablehnen, von Leistungen aus dem Sozialplan ausschließen. Ferner hat sie bei der Bemessung des Gesamtbetrages der Sozialplanleistungen darauf zu achten, dass der Fortbestand des Unternehmens oder die nach Durchführung der Betriebsänderung verbleibenden Arbeitsplätze nicht gefährdet werden.

2349 Ein Verstoß gegen diese Richtlinien stellt einen Ermessensfehler dar, der nach § 76 Abs. 5 S. 4 BetrVG nur fristgebunden (Zweiwochenfrist!) gerichtlich geltend gemacht werden kann (*BAG* 26.5.1988 EzA § 76 BetrVG 1972 Nr. 41; s. Rdn. 1388 ff.).

#### (1) Einzelfallorientierung

2350 Soweit § 112 Abs. 5 Nr. 1 BetrVG der Einigungsstelle auferlegt, beim Ausgleich oder bei der Milderung wirtschaftlicher Nachteile i. d. R. den Gegebenheiten des Einzelfalles Rechnung zu tragen, bedeutet dies nach der Gesetzesbegründung (BT-Drs. 10/2102, S. 17), dass sie sich insbes. um den Ausgleich feststellbarer oder zu erwartender materieller Einbußen des Arbeitnehmers im Einzelfall bemühen und weniger generell pauschale Abfindungssummen festsetzen soll.

2351 Der Ausgleich der durch die Betriebsänderung entstehenden Nachteile soll möglichst konkret vorgenommen werden. Diese Regelung schließt nicht aus, dass Sozialplanleistungen gleichwohl pauschaliert werden, insbes. wenn die konkreten Nachteile der Arbeitnehmer nicht prognostiziert werden können (MünchArbR/*Matthes* § 270 Rn. 18). Zulässig sind demnach etwa Sozialplanformeln, die die Dauer der Betriebszugehörigkeit, das Lebensalter, die Zahl der Unterhaltspflichten und eine mögliche Schwerbehinderung berücksichtigen (vgl. etwa *BAG* 6.5.2003 EzA § 112 BetrVG 2001 Nr. 8). Da der Sozialplan dem Ausgleich oder der Milderung wirtschaftlicher Nachteile der Arbeitnehmer dient und diese beiden Alternativen des § 112 Abs. 1 S. 2 BetrVG gleichberechtigt nebeneinander stehen, reicht es aus, dass die Nachteile lediglich gemildert, nicht aber vollständig ausgeglichen werden. Es liegt im Ermessen der Einigungsstelle festzulegen, ob und welche Nachteile ganz oder teilweise ausgeglichen und welche lediglich gemildert werden. Soweit für das Unternehmen wirtschaftlich vertretbar, darf die Einigungsstelle allerdings Leistungen nur bis zur Grenze des vollen Ausgleichs der wirtschaftlichen Nachteile vorsehen. Im Rahmen der wirtschaftlichen Vertretbarkeit für das Unternehmen muss sie allerdings grds. Leistungen vorsehen, die noch als substantielle, spürbare Milderung der wirtschaftlichen Nachteile angesehen werden können (*BAG* 24.8.2004 EzA § 112 BetrVG 2001 Nr. 12).

2352 Es kann damit zunächst an die Dauer der Betriebszugehörigkeit, das Lebensalter und an Unterhaltsverpflichtungen des Arbeitnehmers angeknüpft werden, jedoch ist die Einigungsstelle grds. verpflichtet, auch die weiteren vom Gesetz genannten Gesichtspunkte als Faktoren bei der Bemessung der – ggf. pauschalierten – Abfindung zu berücksichtigen. Ermessensfehlerhaft ist daher ein Spruch der

Einigungsstelle, der allen Arbeitnehmern gleichmäßig eine pauschale Abfindung zuspricht, deren Berechnung allein an die Dauer der Betriebszugehörigkeit anknüpft, ohne weitere individuelle Umstände, wie insbes. die Aussichten auf dem Arbeitsmarkt zu berücksichtigen (*BAG* 14.9.1994 EzA § 112 BetrVG 1972 Nr. 77). Maßgebend sind die Verhältnisse im Zeitpunkt ihrer Entscheidung. Ausgeglichen werden können nur wirtschaftliche, nicht aber ideelle oder sonstige Nachteile (MünchArbR/*Matthes* § 362 Rn. 26). Der Verlust des Arbeitsplatzes an sich wird überwiegend (*BAG* 27.10.1987 EzA § 112 BetrVG 1972 Nr. 41; HSWGNR/*Hess* § 112 Rn. 68) als wirtschaftlicher Nachteil angesehen, da auch bei sofortiger Aufnahme einer anderweitigen Tätigkeit der in diesem neuen Arbeitsverhältnis bestehende geringere Bestandsschutz wirtschaftlicher Nachteil ist. Zu den berücksichtigungsfähigen Nachteilsfolgen gehört im Falle der Betriebsänderung durch Spaltung nicht eine etwaige Verringerung der Haftungsmasse bei dem Betriebserwerber sowie dessen befristete Befreiung von der Sozialplanpflicht nach § 112a Abs. 2 BetrVG (*BAG* 10.12.1996 EzA § 111 BetrVG 1972 Nr. 35). Fällt ein Betriebsübergang mit einer Betriebsänderung zusammen, können deshalb in einem von der Einigungsstelle aufgestellten Sozialplan nur diejenigen Nachteile ausgeglichen bzw. gemildert werden, die die Betriebsänderung selbst verursacht (*BAG* 25.1.2000 EzA § 112 BetrVG 1972 Nr. 106).

### (2) Zumutbare anderweitige Beschäftigung, Arbeitsmarktaussichten

Die Berücksichtigung der Aussichten auf dem Arbeitsmarkt bedeutet, dass die Einigungsstelle bei der Festsetzung von Abfindungen eine Prognose darüber zu treffen hat, ob Arbeitnehmer auf dem Arbeitsmarkt gut vermittelbar sind oder aber für längere Zeit arbeitslos sein werden. Dies erfordert im Allgemeinen die Einholung einer Auskunft bei der zuständigen Agentur für Arbeit (früher: Arbeitsamt). Die Einigungsstelle kann dann nach pflichtgemäßem Ermessen Gruppen mit unterschiedlichen Berufsaussichten bilden und entsprechend differenziert Abfindungen festsetzen (*Etzel* HzA Gruppe 19 Rn. 945).

Die Einigungsstelle soll Arbeitnehmer von Leistungen ausschließen, die einen angebotenen zumutbaren Arbeitsplatz im Betrieb, Unternehmen oder Konzern ablehnen. Zur Bestimmung des Begriffs der Zumutbarkeit wird überwiegend auf eine Gleichwertigkeit der Arbeitsbedingungen zwischen altem und neuem Arbeitsverhältnis in finanzieller und beruflicher Hinsicht abgestellt.

Zumutbar sind die neuen Arbeitsbedingungen nur, wenn sie der Ausbildung und den Fähigkeiten des Arbeitnehmers entsprechen und auch wirtschaftlich gleichwertig sind (GK-BetrVG/*Oetker* §§ 112, 112a Rn. 429).

Nicht zumutbar sind Arbeitsbedingungen insbes. dann, wenn dem Arbeitnehmer eine erheblich geringere Vergütung angeboten wird als bisher, sofern der wirtschaftliche Verlust nicht ausgeglichen wird. Zum Teil wird vorgeschlagen, die Zumutbarkeitskriterien des § 121 SGB III unmittelbar (*Löwisch* BB 1985, 1205) heranzuziehen (abl. die h. M. z. B. GK-BetrVG/*Oetker* §§ 112, 112a Rn. 432 m. w. N.).

Der Sozialplan kann selbst Regelungen darüber treffen, unter welchen Voraussetzungen das Angebot eines anderen Arbeitsplatzes für den betroffenen Arbeitnehmer zumutbar ist (*BAG* 27.10.1987 EzA § 112 BetrVG 1972 Nr. 41) oder auch bestimmen, dass eine paritätische Kommission über die Zumutbarkeit eines Arbeitsplatzes entscheiden soll (vgl. *BAG* 8.12.1976 EzA § 112 BetrVG 1972 Nr. 11). Es ist auch vom Regelungsermessen der Einigungsstelle gedeckt, wenn sie abschließend regelt, unter welchen persönlichen Voraussetzungen Arbeitnehmer einen nach Art der Tätigkeit entsprechenden und in der Vergütung möglichst gleichwertigen Arbeitsplatz ablehnen können, ohne den Anspruch auf Abfindung zu verlieren (*BAG* 28.9.1988 EzA § 112 BetrVG 1972 Nr. 49).

Keine Unzumutbarkeit wird allein dadurch begründet, dass der Betrieb, in dem der Arbeitnehmer weiterbeschäftigt werden kann, außerhalb des bisherigen Beschäftigungsortes gelegen ist. Durch diese Bestimmung wird nicht ausgeschlossen, dass die Einigungsstelle auch an sich wirtschaftlich gleichwertige Arbeitsplätze als unzumutbar erachtet, wenn diese aus anderen besonderen Umständen (z. B. relativ hohes Lebensalter, pflegebedürftige Familienangehörige, Berufstätigkeit des Ehegatten,

Schwerbehinderteneigenschaft, schulpflichtige Kinder) folgt (DKK/*Däubler* §§ 112, 112a Rn. 76). Andererseits liegt kein Ermessensfehler vor, wenn die Einigungsstelle auf solche besonderen persönlichen Umstände keine Rücksicht nimmt (*BAG* 25.10.1983 EzA § 112 BetrVG 1972 Nr. 28).

2359 Durch § 112 Abs. 5 Nr. 2 BetrVG wird nicht ausgeschlossen, dass die Einigungsstelle im Rahmen des billigen Ermessens auch denjenigen keine oder nur eine geringere Abfindung zuerkennen kann, die einen unzumutbaren Arbeitsplatz ablehnen (*BAG* 28.9.1988 EzA § 112 BetrVG 1972 Nr. 49). Sofern Arbeitnehmer ein unzumutbares Weiterbeschäftigungsgebot annehmen, sollten sie indessen nicht völlig von den Leistungen des Sozialplanes ausgeschlossen werden, sondern die Abfindungen auf die Höhe der Einkommensminderung begrenzt werden oder sonstige Nachteile (z. B. Ausgleich verfallbarer Versorgungsanwartschaften) vorgesehen werden (*Etzel* HzA Gruppe 19 Rn. 951, 952).

*(3) Förderungsmöglichkeiten des SGB III; Transfer-Sozialplan*

2360 Gem. § 112 Abs. 5 Nr. 2a BetrVG soll die Einigungsstelle insbes. die im SGB III vorgesehenen Förderungsmöglichkeiten zur Vermeidung von Arbeitslosigkeit berücksichtigen.

2361 Hierdurch soll erreicht werden, dass die Sozialplanmittel nicht ausschließlich für die Zahlung von Abfindungen verwendet werden, sondern verstärkt auch für Maßnahmen eingesetzt werden, die den von einer Betriebsänderung betroffenen Arbeitnehmern nach Möglichkeit zu einer Anschlussbeschäftigung verhelfen oder zumindest neue Beschäftigungsperspektiven schaffen (BT-Drs. 14/5471, S. 52). Sozialpläne, die einen derartigen Inhalt aufweisen, werden in der Praxis auch Transfer-Sozialpläne genannt. Zu den Voraussetzungen der Förderung s. Rdn. 2404 ff.).

2362 ▶ **Beispiele:**
– Zu den von dem SGB III geförderten Maßnahmen der sog. aktiven Arbeitsförderung gehören insbes. Maßnahmen der inner- und außerbetrieblichen Qualifizierung, der Förderung der Anschlusstätigkeit bei einem anderen Arbeitgeber bis hin zu Leistungen, die der Vorbereitung einer selbstständigen wirtschaftlichen Existenz des Arbeitnehmers dienen (BT-Drs. 14/5471, S. 52). In Betracht kommen z. B. die Bereitstellung von Sozialplanmitteln für Weiterbildungs- und Trainingsmaßnahmen (§ 77 SGB III), Maßnahmen zum Abschluss einer Berufsausbildung, Fort- und Weiterbildungsmaßnahmen sowie Zuschüsse zur Aufnahme einer anderweitigen Beschäftigung (z. B. Überbrückungsgelder bis zur Aufnahme einer selbstständigen Tätigkeit (§ 57 SGB III), ferner z. B. Umzugskosten-, Fahrtkosten- und Einstellungszuschüsse. Ebenfalls gehören hierzu die Förderung der Teilnahme an Transfermaßnahmen gem. § 216a SGB III und die Gewährung von Transferkurzarbeitergeld nach § 216b SGB III (*Gaul/Bonanni* DB 2003, 2386, 2390; s. Rdn. 2419).
Die Einigungsstelle hat die genannten Maßnahmen lediglich »zu berücksichtigen«. Sie ist damit nicht verpflichtet, derartige Maßnahmen vorzusehen. Sie ist lediglich verpflichtet, die Aufnahme entsprechender Regelungen in den Sozialplan zu prüfen. Erscheint die Aufnahme derartiger Maßnahmen in den Sozialplan nicht zweckdienlich, liegt bei ihrer Nicht-Aufnahme kein Ermessensfehler vor (GK-BetrVG/*Oetker* §§ 112, 112a Rn. 438). Zur Frage, ob die genannten Maßnahmen auch gegen den Willen des Unternehmers durch Spruch der Einigungsstelle in den Sozialplan aufgenommen werden können s. Rdn. 2366.

*(4) Wirtschaftliche Vertretbarkeit für das Unternehmen*

2363 Die Einigungsstelle ist ferner verpflichtet, auf die wirtschaftliche Vertretbarkeit ihrer Entscheidung für das Unternehmen zu achten. Der Gesamtbetrag der Sozialplanleistungen darf nicht so bestimmt werden, dass der Fortbestand des Unternehmens oder die verbleibenden Arbeitsplätze gefährdet werden. Liquidität, Rentabilität und Wettbewerbsfähigkeit des Unternehmens müssen erhalten bleiben (MünchArbR/*Matthes* § 270 Rn. 20). Maßgeblich ist nicht die Situation des Betriebes, sondern die des Unternehmens, bei dem von mehreren Unternehmen geleiteten Gemeinschaftsbetrieb die wirtschaftliche Lage aller beteiligten Unternehmen (DKK/*Däubler* §§ 112, 112a Rn. 85). Die wirtschaftlichen Verhältnisse des Unternehmens sind ferner dann allein nicht maßgeblich, wenn ein sog. Berechnungsdurchgriff auf eine Konzernobergesellschaft geboten ist (*BAG* 24.8.2004 EzA § 112 BetrVG 2001 Nr. 12). Ist für eine Betriebsgesellschaft i. S. d. § 134 Abs. 1 UmwG ein Sozialplan aufzustellen, darf die Einigungsstelle für die Bemessung des Sozialplanvolumens auch die wirtschaftliche Leistungsfähigkeit einer Anlagegesellschaft i. S. d. § 134 Abs. 1 UmwG berücksichtigen. Der Bemessungsdurchgriff ist jedoch der Höhe nach auf die der Betriebsgesellschaft bei der Spaltung entzogenen Vermögensteile begrenzt (*BAG* 15.3.2011 –1 ABR 97/09).

Zur Ermittlung der wirtschaftlichen Vertretbarkeit kann auf verschiedene Anhaltspunkte abgestellt werden (vgl. DKK/*Däubler* §§ 112, 112a Rn. 87 ff.; GK-BetrVG/*Oetker* §§ 112, 112a Rn. 407 ff.; *v. Hoyningen-Huene* RdA 1986, 104): Eine Gegenüberstellung zwischen Sozialplankosten und den durch die Betriebsänderung erzielten Einsparungen, die Selbsteinschätzung des Unternehmens hinsichtlich seiner Belastbarkeit durch einen Sozialplan, insbes. bei Bildung von in der Steuer- bzw. Handelsbilanz aufgeführten Rückstellungen, der allgemeine Liquiditäts- und Kreditstatus. Bleiben Zweifel hinsichtlich der wirtschaftlichen Vertretbarkeit, ist von der Einigungsstelle ein betriebswirtschaftlicher Sachverständiger beizuziehen (*v. Hoyningen-Huene* RdA 1986, 110). Das *BAG* (27.10.1987 EzA § 112 BetrVG 1972 Nr. 41) hat ein Sozialplanvolumen in Höhe des durch die Betriebsänderung eintretenden Einspareffekts eines Jahres für vertretbar gehalten und (*BAG* 6.5.2003 EzA § 112 BetrVG 2001 Nr. 8) im Falle von langfristigen Kostenersparnissen auch in Höhe der erwarteten Kostenersparnis von 2 Jahren. 2364

Nach Auffassung des *BAG* (6.5.2003 EzA § 112 BetrVG 2001 Nr. 8) folgt aus § 112 Abs. 5 Nr. 3 BetrVG, dass je nach den Umständen des Einzelfalles auch eine Belastung des Unternehmens durch den Sozialplan bis an den Rand der Bestandsgefährdung möglich ist. Danach sind umso größere Belastungen für das Unternehmen vertretbar, je härter die Betriebsänderung die Arbeitnehmer trifft.

### bb) Sonstige Grenzen

Die Einigungsstelle kann keine Bestimmungen treffen, die das ob und wie der Betriebsänderung selbst betreffen, da solche Regelungen nur Gegenstand eines freiwillig vereinbarten Interessenausgleichs sein können (*BAG* 17.9.1991 EzA § 112 BetrVG 1972 Nr. 58). 2365

Unzulässig sind daher Versetzungsgebote, die Begründung einer Wiedereinstellungs- oder Umschulungspflicht, die Aufhebung von Wettbewerbsverboten und das Verbot der Anordnung von Überstunden oder der Beschäftigung von Fremdfirmenmitarbeitern (vgl. MünchArbR/*Matthes* § 270 Rn. 22). Kontrovers diskutiert wird die Frage, inwieweit die Einigungsstelle gegen den Willen des Unternehmers durch Spruch die im SGB III vorgesehenen Förderungsmöglichkeiten (s. Rdn. 2360) als Inhalt des Sozialplans beschließen kann (für eine generelle Erzwingbarkeit wohl DKK/*Däubler* §§ 112, 112a Rn. 176; *Bepler* ArbuR 1999, 219, 226; generell gegen eine Erzwingbarkeit *Matthes* RdA 1998, 178, 181; *Bachner/Schindele* NZA 1999, 130, 134). Nach zutreffender Ansicht können gegen den Willen des Arbeitgebers Förderungsmaßnahmen nur in den Sozialplan aufgenommen werden, wenn hierdurch nicht in die unternehmerische Entscheidungsfreiheit durch Veränderung des Betriebszwecks oder einer Pflicht zur Fortsetzung betrieblicher Tätigkeiten eingegriffen wird, wie es etwa bei Auferlegung der Durchführung einer unternehmensinternen Transfermaßnahme oder der Einführung von Transferkurzarbeit durch eine betriebsorganisatorisch eigenständige Einheit beim Arbeitgeber abgewickelt werden soll (*Richardi/Annuß* BetrVG Rn. 161 ff.). 2366

Da Regelungen des Sozialplans normative Vorschriften i. S. d. § 77 Abs. 4 BetrVG sind, unterliegen sie dem rechtsstaatlichen Bestimmtheitsgebot. Die Einigungsstelle muss daher eine Regelung zur Höhe des Nachteilsausgleichs bzw. der Nachteilsminderung treffen und darf sich nicht darauf beschränken, lediglich die Verteilung eines möglichen Sozialplanvolumens zu regeln (*BAG* 26.5.2009 EzA § 112 BetrVG 2001 Nr. 33). 2367

## 5. Form, Rechtsnatur und Wirkungen

2368 Der Sozialplan hat gem. § 112 Abs. 1 S. 3 BetrVG die Wirkung einer Betriebsvereinbarung (s. Rdn. 1444 ff.). Er ist eine Betriebsvereinbarung besonderer Art (*BAG* 27.8.1975 EzA § 4 TVG Bergbau Nr. 4). Er bedarf der Schriftform (§ 112 Abs. 1 S. 2, §§ 125, 126 BGB). Dem Schriftformerfordernis ist durch eine Verweisung auf genau bezeichnete andere schriftliche Regelungen genüge getan (*BAG* 14.11.2006 EzA § 112 BetrVG 2001 Nr. 19). Die Regelungen eines Sozialplans gelten nach § 77 Abs. 4 BetrVG unmittelbar und zwingend und begründen unmittelbar Ansprüche der Arbeitnehmer auf die im Sozialplan geregelten Leistungen (*BAG* 17.10.1989 EzA § 112 BetrVG 1972 Nr. 54). Ein Verzicht auf solche Ansprüche ist nur mit Zustimmung der Betriebspartner möglich, es sei denn, bei einem Sachgruppenvergleich ist in Anwendung des Günstigkeitsprinzips die den Verzicht enthaltende Regelung zweifelsfrei und objektiv für den verzichtenden Arbeitnehmer günstiger (*BAG* 27.1.2004 EzA § 77 BetrVG 2001 Nr. 7). Wird ein gemeinsamer Betrieb mehrerer Unternehmen gespalten, begründet der gemeinsam vereinbarte Sozialplan nur Ansprüche der Arbeitnehmer gegen den jeweiligen Vertragsarbeitgeber. Eine gesamtschuldnerische Haftung der der am gemeinsamen Betrieb beteiligten Rechtsträger bedarf einer ausdrücklichen Vereinbarung der Sozialpartner (*BAG* 12.11.2002 EzA § 112 BetrVG 2001 Nr. 2; vgl. *Gaul* NZA 2003, 695, 700).

2369 Die Betriebspartner können einen abgeschlossenen Sozialplan einvernehmlich aufheben und mit Wirkung für die Zukunft durch einen neuen Sozialplan ersetzen. Ein Eingriff in die auf der Grundlage des bisherigen Sozialplans bereits begründeten Ansprüche ist nur unter Beachtung der Grundsätze des Vertrauensschutzes und der Verhältnismäßigkeit möglich. Demnach ist eine Verschlechterung der bestehenden Regelung z. B. zulässig, wenn die Arbeitnehmer mit einer rückwirkenden Verschlechterung rechnen mussten, die Rechtslage auf Grund der bisherigen Regelung unklar und verworren war, wenn die bisherige Regelung abgelaufen oder wenn eine Anpassung an die geänderten tatsächlichen Verhältnisse wegen Wegfalls der Geschäftsgrundlage erforderlich ist. Allerdings müssen auch dann die Eingriffe, am Zweck der Maßnahme gemessen, verhältnismäßig (geeignet, erforderlich und proportional) sein (*BAG* 5.10.2000 EzA § 112 BetrVG 1972 Nr. 107; 10.8.1994 EzA § 112 BetrVG 1972 Nr. 76).

2370 Liegen die Voraussetzungen eines Wegfalls der Geschäftsgrundlage vor, dann können die Betriebspartner die Regelungen des Sozialplanes den veränderten tatsächlichen Umständen anpassen. Der Betriebspartner, der sich auf den Wegfall der Geschäftsgrundlage beruft, hat dann gegenüber dem anderen einen Anspruch auf Aufnahme von Verhandlungen über die Anpassung der im Sozialplan getroffenen Regelung. Verweigert der andere Betriebspartner eine solche Anpassung oder kommt es nicht zu einem Einvernehmen, kann er die Einigungsstelle anrufen, die verbindlich entscheidet. Die anpassende Regelung kann auf Grund des anzupassenden Sozialplanes schon entstandene Ansprüche der Arbeitnehmer auch zu deren Ungunsten abändern, ohne dass dem der Vertrauensschutz der Arbeitnehmer entgegensteht (*BAG* 10.8.1994 EzA § 112 BetrVG 1972 Nr. 76).

2371 Vereinbaren Arbeitgeber und Betriebsrat einen Interessenausgleich und Sozialplan im Hinblick auf eine geplante Betriebsstilllegung, entfällt die Geschäftsgrundlage des Sozialplans, wenn alsbald nach Ausspruch der Kündigungen der Betrieb von einem Dritten übernommen wird, der sich bereit erklärt, alle Arbeitsverhältnisse zu den bisherigen Bedingungen fortzuführen (*BAG* 28.8.1996 EzA § 112 BetrVG 1972 Nr. 87).

2372 Sofern der Sozialplan dies nicht selbst vorsieht, ist er grds. weder ordentlich noch außerordentlich kündbar. Eine Ausnahme gilt nur für sog. Dauerregelungen.

2373 Solche Dauerregelungen liegen nur dann vor, wenn ein einmal entstandener wirtschaftlicher Nachteil der Arbeitnehmer nicht durch eine einmalige Leistung, sondern durch auf bestimmte oder unbestimmte Zeit laufende Leistungen ausgeglichen oder gemildert werden soll. Gekündigte Dauerregelungen wirken aber bis zu einer Neuregelung nach. Die ersetzende Regelung kann Ansprüche der Arbeitnehmer, die vor dem Wirksamwerden der Kündigung entstanden sind, nicht zu Ungunsten der Arbeitnehmer abändern, und zwar auch dann nicht, wenn die Arbeitnehmer auf Grund bestimmter Umstände nicht mehr auf den unveränderten Fortbestand des Sozialplanes vertrauen konnten (*BAG* 10.8.1994 EzA § 112 BetrVG 1972 Nr. 76).

Abfindungsansprüche aus einem Sozialplan sind vererbbare Ansprüche. Ein Übergang auf den Erben setzt jedoch voraus, dass er zum Zeitpunkt des Todes des Arbeitnehmers bereits entstanden war. Stirbt ein betriebsbedingt gekündigter Arbeitnehmer vor Ablauf der Kündigungsfrist, kann die Auslegung des Sozialplans ergeben, dass ein Abfindungsanspruch nicht entsteht, da die Nachteile, deren Ausgleich eine Sozialplanabfindung typischerweise dienen soll, dann nicht entstehen (vgl. *BAG* 27.6.2006 EzA § 112 BetrVG 2001 Nr. 18). 2374

### 6. Streitigkeiten

#### a) Beschlussverfahren

Arbeitgeber und Betriebsrat können im Beschlussverfahren klären lassen, ob überhaupt eine Betriebsänderung vorliegt und deshalb eine Pflicht zur Verhandlung über Interessenausgleich und Sozialplan besteht, wobei eine rechtskräftige Entscheidung auch für eine noch tagende Einigungsstelle verbindlich ist (*BAG* 22.1.1980 EzA § 111 BetrVG 1972 Nr. 11; 15.10.1979 EzA § 111 BetrVG 1972 Nr. 8). Wird ein solches Verfahren nicht betrieben oder ist noch nicht rechtskräftig abgeschlossen, hat die Einigungsstelle ihre Zuständigkeit selbst zu prüfen. 2375

Die Unwirksamkeit eines von der Einigungsstelle verabschiedeten Sozialplanes wegen Überschreitung der Grenzen des Ermessens ist arbeitsgerichtlich unter Berücksichtigung der Anfechtungsfrist von zwei Wochen gem. § 76 Abs. 5 BetrVG geltend zu machen. Der Antrag im Beschlussverfahren ist auf die Feststellung der Unwirksamkeit des Sozialplanes zu richten. Der für die Anwaltsgebühren maßgebende Gegenstandswert bestimmt sich dabei i. d. R. nach der Differenz zwischen den Vorstellungen beider Seiten in der Einigungsstelle über das Sozialplanvolumen (*LAG Düsseld.* 29.11.1994 DB 1995, 52; *LAG Hamm* 13.10.1988 DB 1989, 52), darf jedoch 1 Mio. DM nicht übersteigen (so *LAG Düsseld.* 29.11.1994 DB 1995, 52; krit. DKK/ *Däubler* §§ 112, 112a Rn. 151). 2376

Der Anspruch des Betriebsrats auf Durchführung einer Betriebsvereinbarung hat nicht die Befugnis zum Inhalt, vom Arbeitgeber aus eigenem Recht die Erfüllung von Ansprüchen der Arbeitnehmer aus dieser Betriebsvereinbarung zu verlangen. Ein dahingehender Antrag des Betriebsrates ist unzulässig (*BAG* 17.10.1989 EzA § 112 BetrVG 1972 Nr. 54). 2377

#### b) Klage des einzelnen Arbeitnehmers

Der einzelne betroffene Arbeitnehmer kann ihm aus dem Sozialplan erwachsende Ansprüche im arbeitsgerichtlichen Urteilsverfahren einklagen, hierbei aber nicht geltend machen, die Festlegung des Gesamtvolumens des Sozialplanes sei ermessensmissbräuchlich (*BAG* 17.2.1981 EzA § 112 BetrVG 1972 Nr. 21; 26.7.1988 EzA § 112 BetrVG 1972 Nr. 43). Hat der Sozialplan den klagenden Arbeitnehmer aber unter Verletzung der Grundsätze des § 75 BetrVG oder des allgemeinen arbeitsrechtlichen Gleichbehandlungsgrundsatzes schlechter behandelt oder von jeder Leistung ausgeschlossen, kann dieser verlangen, so gestellt zu werden, wie er stehen würde, wenn die Parteien des Sozialplanes Recht und Billigkeit beachtet hätten. 2378

Da ein neuer Sozialplan, der diese Grundsätze zu beachten hätte, i. d. R. nicht mehr zustande kommen kann, muss das Arbeitsgericht die Billigkeitskontrolle ersetzen und den Betrag bestimmen, der dem Kläger bei Beachtung dieser Grundsätze zugestanden hätte, auch wenn dies mittelbar zu einer Erweiterung des Sozialplanvolumens führt, sofern die Mehrbelastung des Arbeitgebers durch die Korrektur im Verhältnis zum Gesamtvolumen des Sozialplanes nicht ins Gewicht fällt (*BAG* 26.6.1990 EzA § 112 BetrVG 1972 Nr. 55). 2379

Zu beachten ist, dass Sozialplanansprüche tariflichen Ausschlussfristen unterfallen können. 2380

2381 Erfasst eine tarifliche Ausschlussfrist allgemeine Ansprüche aus dem Arbeitsverhältnis, so gilt sie auch für einen Anspruch auf Zahlung einer einmaligen Abfindung aus einem Sozialplan anlässlich der Beendigung des Arbeitsverhältnisses (*BAG* 30.11.1994 EzA § 4 TVG Ausschlussfristen Nr. 10). Ansprüche, die erst nach Beendigung des Arbeitsverhältnisses fällig werden, werden nur dann von einer tariflichen Ausschlussklausel erfasst, wenn dies in dem Tarifvertrag deutlich zum Ausdruck kommt (*BAG* 3.4.1990 EzA § 4 TVG Ausschlussfristen Nr. 94).

## VII. Besonderheiten im Insolvenz-, Konkurs- und Vergleichsverfahren

2382 Die Vorschriften über die Beteiligung des Betriebsrates bei Betriebsänderungen gelten grds. auch in der Insolvenz bzw. bei Verfahren, die noch nach Maßgabe der Konkursordnung abzuwickeln sind (= Verfahren, die vor dem 1.1.1999 beantragt wurden, Art. 103 EGInsO) auch im Konkurs- und Vergleichsverfahren. Besonderheiten ergeben sich in der Insolvenz aus §§ 121–128 der Insolvenzordnung (InsO). Diese Vorschriften gelten auch für Konkursverfahren nach Maßgabe der Konkursordnung auf Grund deren vorzeitiger Inkraftsetzung durch das Arbeitsrechtliche Beschäftigungsförderungsgesetz vom 13.9.1996.

2383 Im Insolvenz- bzw. Konkursverfahren tritt der Insolvenz- bzw. Konkursverwalter auch hinsichtlich der betriebsverfassungsrechtlichen Pflichten im Zusammenhang mit einer Betriebsänderung an die Stelle des Unternehmers (*BAG* 6.5.1986 EzA § 112 BetrVG 1972 Nr. 39) und hat daher den Betriebsrat über eine geplante Betriebsänderung zu unterrichten und den Versuch eines Interessenausgleichs zu unternehmen, wobei es gleichgültig ist, ob das Insolvenz- bzw. Konkursverfahren erst während einer schon vom Unternehmer begonnenen Betriebsänderung eröffnet wird oder eine Betriebsänderung erst vom Insolvenz- bzw. Konkursverwalter selbst geplant und durchgeführt wird.

2384 Wird nach § 21 Abs. 2 InsO nach Beantragung aber vor Eröffnung des Insolvenzverfahrens ein vorläufiger Insolvenzverwalter durch das Insolvenzgericht bestellt **und** dem Schuldner ein allgemeines Verfügungsverbot nach §§ 21 Abs. 2 Nr. 2, 22 Abs. 1 InsO auferlegt, geht die Arbeitgeberfunktion auf den vorläufigen Insolvenzverwalter über, da dann nur dieser eine Verwaltungs- und Verfügungsbefugnis über das Vermögen des Schuldners hat. Bei Bestellung eines vorläufigen Insolvenzverwalters ohne gleichzeitige Anordnung eines allgemeinen Verfügungsverbots verbleibt die Arbeitgeberfunktion beim Schuldner, es sei denn das Insolvenzgericht trifft hierüber im Bestellungsbeschluss gem. § 22 Abs. 2 InsO ausdrücklich eine andere Anordnung (*Lakies* BB 1998, 2638, 2639). Bei der der Eröffnung eines Konkursverfahrens vorhergehenden Anordnung von Sequestration steht der Sequestor dem Verwalter nicht gleich, sodass die Beachtung der Beteiligungsrechte des Betriebsrats – ebenso wie im Vergleichsverfahren – dem Arbeitgeber obliegt (MünchArbR/*Matthes* 1. Aufl., § 355 Rn. 6, 19).

2385 Auch die Zuständigkeit der Einigungsstelle zur verbindlichen Entscheidung über einen Sozialplan wird nicht berührt.

2386 Hierbei ist nicht erforderlich, dass der Insolvenz- bzw. Konkursverwalter selbst oder ein Insolvenz- bzw. Konkursgläubiger zum Beisitzer der Einigungsstelle bestellt wird (*BAG* 6.5.1986 EzA § 112 BetrVG 1972 Nr. 39). Die Einigungsstelle hat aber einen Vertreter des Gläubigerausschusses anzuhören (*Fitting* 19. Aufl., § 1 SozplKonkG Rn. 12b).

2387 Besonderheiten gelten im Insolvenz- bzw. Konkursverfahren hinsichtlich des Verfahrens zur Aufstellung eines Interessenausgleichs und wegen der Möglichkeit eines besonderen Beschlussverfahrens zum Kündigungsschutz.

2388 §§ 121–128 InsO, die auf Grund ihrer vorzeitigen Inkraftsetzung durch das arbeitsrechtliche Beschäftigungsförderungsgesetz vom 13.9.1996 nicht nur im Insolvenzverfahren, sondern auch im Konkursverfahren gelten, regeln für das Gesamtvollstreckungsverfahren Besonderheiten. Dies gilt zunächst hinsichtlich des Verfahrens zur Aufstellung eines Interessenausgleichs und möglichen Ansprüchen auf Nachteilsausgleich bei Nichtausschöpfung des Verfahrens zur Herbeiführung eines Interessenausgleichs (s. Rdn. 2278, Rdn. 2288 a. E., Rdn. 2301 a. E., Rdn. 2309). Weiter kann der Insolvenz- bzw. Konkursverwalter ein besonderes, kündigungsschutzrechtlich relevantes Beschlussverfahren nach § 126 InsO einleiten, wenn innerhalb von drei Wochen nach Verhandlungsbeginn oder schriftlicher Aufforderung zu Verhandlungen ein Interessenausgleich, der die zu kündigenden Arbeitnehmer namentlich benennt, nicht zu Stande gekommen ist, obwohl der Verwalter den Betriebsrat über die beabsichtigte Betriebsänderung rechtzeitig und umfassend unterrichtet hat. Inhalt des Antrags ist die begehrte Feststellung, dass die Kündigung der Arbeitsverhältnisse der im Antrag namentlich bezeichneten Arbeitnehmer durch dringende betriebliche Erfordernisse bedingt und sozial gerechtfertigt ist. Die soziale Auswahl der Arbeitnehmer kann gerichtlich nur im Hinblick auf die Dauer der Betriebszugehörigkeit, das Lebensalter und die Unterhaltspflichten nachgeprüft werden. Beteiligte des Beschlussverfahrens sind der Verwalter, der Betriebsrat und die bezeichneten Arbeitnehmer, die nicht mit der Beendigung des Arbeitsverhältnisses oder im Falle der Änderungskündigung mit den veränderten Arbeitsbedingungen einverstanden sind. Die Entscheidung des Arbeitsgerichts ist gem. § 127 InsO für einen nachfolgenden Kündigungsschutzprozess bindend; ein ggf. vorher eingeleitetes Kündigungsschutzverfahren ist auszusetzen. Gem. § 128 InsO kann dieses Beschlussverfahren auch durchgeführt werden, wenn die Betriebsänderung erst nach einer Betriebsveräußerung vom Erwerber durchgeführt werden soll. Die gerichtliche Feststellung erstreckt sich dann auch darauf, dass die Kündigung der Arbeitsverhältnisse nicht wegen des Betriebsübergangs erfolgt (vgl. zum kündigungsschutzrechtlichen Beschlussverfahren Kap. 4 Rdn. 2768 ff.).

**2389** Auch in der Insolvenz bzw. im Konkurs des Unternehmens ist bei Betriebsänderungen grds. ein Sozialplan aufzustellen, selbst wenn der Geschäftsbetrieb bereits vollständig eingestellt ist.

Von der Aufstellung eines Sozialplanes kann abgesehen werden, wenn keine Mittel aus der Masse für Leistungen aus dem Sozialplan zur Verfügung stehen (*LAG Köln* 30.1.1986 LAGE § 112 BetrVG 1972 Nr. 9).

**2390** Befriedigung und Umfang der in einem Sozialplan festgelegten Ansprüche werden für Verfahren, die noch nach der Konkursordnung abzuwickeln sind, durch das SozplKonkG und für Verfahren nach Maßgabe der InsO durch §§ 123, 124 InsO geregelt.

**2391** Für das **Insolvenzverfahren** ist zwischen Sozialplänen vor und nach Eröffnung des Insolvenzverfahrens zu unterscheiden.

**2392** Für einen **nach** Eröffnung des Insolvenzverfahrens aufgestellten Sozialplan kann nach § 123 Abs. 1 InsO für Leistungen an Arbeitnehmer höchstens ein Gesamtbetrag von bis zu 2 1/2 Monatsverdiensten der von einer Entlassung betroffenen Arbeitnehmer vorgesehen werden, wobei zur Bestimmung des Monatsverdienstes auf § 10 Abs. 3 KSchG verwiesen wird (vgl. Kap. 4 Rdn. 3229 ff.). Bemessungszeitraum ist der Monat, in dem das Arbeitsverhältnis der Mehrzahl der betroffenen Arbeitnehmer endet. Für diesen Monat ist der Arbeitsverdienst aller von der Entlassung betroffenen Arbeitnehmer zu berechnen und sodann mit 2,5 zu multiplizieren (*Fitting* 19. Aufl., § 2 SozplKonkG Rn. 13, 17 zur entsprechenden Regelung des SozplKonkG). Über die Umlegung des so ermittelten Gesamtbetrages entscheiden die Betriebspartner oder die Einigungsstelle nach billigem Ermessen. Der in § 123 Abs. 1 InsO genannte Höchstbetrag stellt eine absolute Höchstgrenze dar, die nicht überschritten werden darf. Ein Überschreiten der Höchstgrenze führt grds. zur Rechtsunwirksamkeit des Sozialplans. Lässt der Sozialplan allerdings die ihm zu Grunde liegenden Verteilungsmaßstäbe erkennen, kommt eine anteilige Kürzung aller Ansprüche bis zur Erreichung des zulässigen Volumens in Betracht (FK-InsO/*Eisenbeis* § 123 Rn. 12). Sofern der Sozialplan nichtig ist, muss ein *neuer Sozialplan* vereinbart oder das Einigungsstellenverfahren initiiert werden. Gem. § 123 Abs. 2 InsO sind Verbindlichkeiten aus einem derartigen Sozialplan Masseverbindlichkeiten. Es darf für die Berichtigung dieser Sozialplanforderungen aber nicht mehr als ein Drittel der Masse verwendet werden, die ohne Sozialplanforderungen für die Verteilung an die Insolvenzgläubiger zur Verfügung stünde. Bei Übersteigung dieser Grenze sind die einzelnen Sozialplanforderungen anteilig zu kürzen. Der gekürzte, nicht berücksichtigte Teil der Forderung ist dann einfache Insolvenzforderung. Gem. § 123 Abs. 3 InsO sollen vom Insolvenzverwalter mit Zustimmung des Insolvenzgerichts Abschlagszahlungen auf die Sozialplanforderungen geleistet werden, so oft hinreichende Barmittel in der Masse vorhanden sind. Eine Zwangsvollstreckung in die Masse wegen einer Sozialplanforderung ist unzulässig. Sind Bestand oder Höhe einer solchen Sozialplanforderung streitig, ist deshalb nicht die Leistungsklage, sondern die Feststellungsklage zutreffende Klageart (*BAG* 29.10.2002 EzA § 112 BetrVG 2001 Nr. 4).

2393 Ein Sozialplan, der **vor** Eröffnung des Insolvenzverfahrens, aber nicht früher als drei Monate vor dem Eröffnungsantrag aufgestellt wurde, kann gem. § 124 InsO sowohl vom Insolvenzverwalter als auch vom Betriebsrat widerrufen werden. Erfolgt ein solcher Widerruf, ist ggf. ein neuer Sozialplan aufzustellen, für den dann die Regelungen des § 123 InsO gelten. Gem. § 124 Abs. 2 InsO sind dann im Rahmen dieses Sozialplans auch die Arbeitnehmer zu berücksichtigen, denen Forderungen aus dem widerrufenen Sozialplan zustanden. Haben Arbeitnehmer aus dem widerrufenen Sozialplan bereits vor Eröffnung des Insolvenzverfahrens Leistungen erhalten, können diese nach § 124 Abs. 3 InsO nicht wegen des Widerrufs zurückgefordert werden. Bei der Aufstellung eines neuen Sozialplans sind dann aber derartige Leistungen bei der Berechnung des Gesamtbetrags der Sozialplanforderungen nach § 123 Abs. 1 InsO bis zur Höhe von zweieinhalb Monatsverdiensten abzusetzen. Abfindungsansprüche aus einem vor Insolvenzeröffnung aufgestellten Sozialplan sind Insolvenzforderungen i. S. v. § 38 InsO, falls der Abschluss nicht durch einen vorläufigen Insolvenzverwalter mit Verfügungsbefugnis i. S. v. § 55 Abs. 2 InsO erfolgte (*BAG* 31.7.2002 EzA § 55 InsO Nr. 3; FK-InsO/*Eisenbeis* § 124 Rn. 3). Für die entsprechende Fallgestaltung im Rahmen eines Konkursverfahrens wird zum Teil (*Fitting* 19. Aufl., § 4 SozplKonkG Rn. 21) die Ansicht vertreten, dass der Betriebsrat nach den Grundsätzen über den Wegfall der Geschäftsgrundlage den Abschluss eines neuen Sozialplanes verlangen könne, für den dann – als Sozialplan im Konkurs – die Maßstäbe des § 2 SozplKonkG gelten. Dies ist auch unter Geltung der InsO zu erwägen, ggf. mit der Folge, dass der Betriebsrat dann die Aufstellung eines neuen Sozialplans nach Maßgabe des § 123 InsO verlangen kann.

2394 Gesamtvollstreckungsrechtliche Besonderheiten gelten beim freiwilligen Sozialplan in der Insolvenz eines Gemeinschaftsbetriebs. Dem Insolvenzverwalter über die Vermögen mehrerer einen Gemeinschaftsbetrieb führenden Unternehmen ist es aus Rücksicht auf die Insolvenzgläubiger verwehrt, in einem Sozialplan Verpflichtungen zur Zahlung von Abfindungen an Arbeitnehmer einzugehen, die nicht in einem Arbeitsverhältnis zu dem jeweiligen Gemeinschuldner standen. Er darf jedenfalls insoweit keine gesamtschuldnerischen Verbindlichkeiten der mehreren Insolvenzmassen für die Sozialplanansprüche aller in dem Gemeinschaftsbetrieb beschäftigten Arbeitnehmer begründen. Ein vom Insolvenzverwalter geschlossener Sozialplan ist nach Möglichkeit dahin auszulegen, dass die im Gemeinschaftsbetrieb beschäftigten Arbeitnehmer Abfindungsansprüche nur gegenüber ihrem jeweiligen Vertragsarbeitgeber, nicht gegenüber allen am Gemeinschaftsbetrieb beteiligten Arbeitgebern erwerben sollen (*BAG* EzA § 112 BetrVG 2001 Nr. 2 für das Konkursverfahren).

2395 Für noch nach Maßgabe der Konkursordnung abzuwickelnde **Konkursverfahren** gelten entsprechende Regelungen: Nach § 2 SozplKonkG können in einem Sozialplan, der nach Eröffnung des Konkursverfahrens aufgestellt wird, für Leistungen an Arbeitnehmer höchstens ein Gesamtbetrag bis zu 21/2 Monatsverdiensten der von der Entlassung betroffenen Arbeitnehmer vorgesehen werden. Zur Bestimmung des Monatsverdienstes verweist auch § 2 SozplKonkG auf § 10 Abs. 3 KSchG (s. Kap. 4 Rdn. 3229 ff.). Über die Umlegung des so ermittelten Gesamtbetrages entscheiden die Betriebspartner oder die Einigungsstelle nach billigem Ermessen. Strittig sind die Rechtsfolgen für die Wirksamkeit eines Sozialplanes, der den höchstzulässigen Gesamtbetrag überschreitet (vgl. *Fitting* 19. Aufl., § 2 SozplKonkG Rn. 18 ff). Grds. ist ein solcher Sozialplan nichtig. Er kann teilweise durch anteilige Kürzung aller Ansprüche bis zum Erreichen des zulässigen Volumens aufrechterhalten werden, wenn die Verteilungsmaßstäbe eindeutig erkennbar sind und durch eine anteilige Kürzung nicht berührt werden. Die Befriedigung von Ansprüchen der Arbeitnehmer aus einem Sozialplan im Konkurs wird durch die §§ 2 ff. SozplKonkG geregelt. Zum Teil (MünchArbR/*Matthes* 1. Aufl., § 355 Rn. 7) wird die Ansicht vertreten, dass durch das Sozialplankonkursgesetz nur die Befriedigung von Abfindungsansprüchen entlassener Arbeitnehmer, nicht jedoch die Befriedigung anderer Ansprüche, die sich aus einem Sozialplan ergeben können, geregelt würden. Nach anderer Ansicht (GK-BetrVG/*Fabricius* 6. Aufl., §§ 112, 112a Rn. 161 ff.) gelten die beschränkten Befriedigungsmöglichkeiten für alle Ansprüche aus einem Sozialplan. Ansprüche aus einem nach Konkurseröffnung aufgestellten Sozialplan sind – soweit das nach § 2 SozplKonkG zulässige Gesamtvolumen eingehalten wurde – bevorrechtigte Konkursforderungen mit dem Rang des § 61 Abs. 1 Nr. 1 KO. Für die Berichtigung dieser Forderung darf jedoch nicht mehr als ein Drittel der für Verteilung an die Konkursgläubiger zur Verfügung stehenden Konkursmasse verwendet werden, § 4 SozplKonkG. Reicht dieses Drittel zur Befriedigung der Ansprüche nicht aus, so werden diese für das Vorrecht nach § 61 Abs. 1 Nr. 1 KO verhältnismäßig gekürzt. Der nicht bevorrechtigte Teil der Forderung ist einfache Konkursforderung nach § 61 Abs. 1 Nr. 6 KO und kann nach Beendigung des Konkursverfahrens gegen den Gemeinschuldner geltend gemacht werden. Der Konkursverwalter ist nicht berechtigt, die Sozialplanforderung im Prüfungstermin allein deshalb zu bestreiten, weil noch nicht feststeht, wie hoch die zur Verteilung kommende Konkursmasse sein wird (*BAG* 10.8.1988 EzA § 146 KO Nr. 2). Eine weitere Kürzung auch des bevorrechtigten Teils der Sozialplanforderung müssen die Arbeitnehmer ggf. hinnehmen, wenn die Konkursmasse nicht zur Befriedigung aller nach § 61 Abs. 1 Nr. 1 KO bevorrechtigten Forderungen ausreicht.

Für Sozialpläne, die vor der Eröffnung des Konkursverfahrens oder eines Vergleichsverfahrens, nicht aber früher als drei Monate vor dem Antrag auf Eröffnung eines solchen Verfahrens aufgestellt worden sind, führt die Nichtbeachtung der Obergrenze des Gesamtvolumens nach § 2 SozplKonkG nicht zur Unwirksamkeit des Sozialplans. Ansprüche aus einem solchen Sozialplan können jedoch nur in der Höhe geltend gemacht werden, wie sie in Sozialplänen nach Eröffnung des Verfahrens hätten vereinbart werden können. In dieser Höhe sind sie bevorrechtigte Konkursforderungen, § 4 SozplKonkG. Ansprüche aus Sozialplänen, die früher als drei Monate vor Antrag auf Konkurs- oder Vergleichseröffnung abgeschlossen wurden, sind keine bevorrechtigten Forderungen und können daher nur als einfache Konkursforderung nach § 61 Abs. 1 Nr. 6 KO geltend gemacht werden. Zum Teil (*Fitting* 19. Aufl., § 4 SozplKonkG Rn. 21; **a. A.** MünchArbR/*Matthes* 1. Aufl., § 355 Rn. 13) wird die Ansicht vertreten, dass der Betriebsrat nach den Grundsätzen über den Wegfall der Geschäftsgrundlage den Abschluss eines neuen Sozialplanes verlangen könne, für den dann – als Sozialplan im Konkurs – die Maßstäbe des § 2 SozplKonkG gelten. Soweit Ansprüche der Arbeitnehmer aus Sozialplänen im Konkursverfahren geltend gemacht werden können und nach Maßgabe des SozplKonkG dort ein Vorrecht genießen, nehmen sie am Vergleichsverfahren nicht teil, § 5 SozplKonkG. Insoweit bleiben ihre Ansprüche in voller Höhe erhalten, während sie hinsichtlich anderer Ansprüche Vergleichsgläubiger sind. Hinsichtlich des über die im Konkursverfahren geltenden Grenzen hinausgehenden Abfindungsanspruchs müssen die Arbeitnehmer dann eine Kürzung von weiter gehenden Sozialplanansprüchen nach Maßgabe des Vergleichs hinnehmen.

Der **Anspruch auf Nachteilsausgleich in der Insolvenz** ist, wenn er vor Verfahrenseröffnung entstanden ist, Insolvenzforderung nach § 38 InsO. Dies gilt selbst dann, wenn die einen Nachteilsausgleichsanspruch bedingenden Kündigungen vor Eröffnung des Insolvenzverfahrens in Absprache mit dem vorläufigen Insolvenzverwalter und mit dessen Zustimmung erfolgten (*BAG* 8.4.2003 EzA § 55 InsO Nr. 4; 4.12.2002 EzA § 113 BetrVG 1972 Nr. 30).

Ist der Anspruch auf Nachteilsausgleich nach Verfahrenseröffnung entstanden, beruht er auf einer Handlung des Insolvenzverwalters und ist daher Masseverbindlichkeit nach § 55 Abs. 1 Nr. 1 InsO. Begründet ein Insolvenzverwalter nach Anzeige der Masseunzulänglichkeit Ansprüche auf Nachteilsausgleich dadurch, dass er eine Betriebsänderung durchführt, ohne zuvor den Versuch eines Interessenausgleichs unternommen zu haben, handelt es sich um Neumasseverbindlichkeiten i. S. v. § 209 Abs. 1 Nr. 2 InsO, die regelmäßig im Wege der Leistungsklage verfolgt werden können (*BAG* 30.5.2006 EzA § 113 BetrVG 2001 Nr. 7).

Für Verfahren, die noch nach Maßgabe der **Konkursordnung** abzuwickeln sind, gilt: Wenn die Betriebsänderung nach Eröffnung des Konkursverfahrens vom Konkursverwalter oder dem Versuch eines Interessenausgleichs oder in Abweichung von einem Interessenausgleich durchgeführt wurde, handelt es sich um Masseschulden nach § 59 Abs. 1 Nr. 1 KO, da der Nachteilsausgleichsanspruch dann ein Anspruch aus Handlungen des Konkursverwalters ist, im Übrigen handelt es sich um einfache Konkursforderungen nach § 61 Abs. 1 Nr. 6 KO, und zwar selbst dann, wenn das Arbeitsverhältnis erst durch eine vom Konkursverwalter in Ausführung der begonnenen Betriebsänderung ausgesprochene Kündigung beendet wird (*BAG* 3.4.1990 EzA § 113 BetrVG 1972 Nr. 20; 27.10.1998 EzA § 112 BetrVG 1972 Nr. 102).

### VIII. Förderung von Transfermaßnahmen durch die Bundesagentur für Arbeit

#### 1. Einleitung

2400 Im Zusammenhang mit Verhandlungen über einen Sozialplan sind die im SGB III vorgesehenen Förderungsmöglichkeiten zur Vermeidung von Arbeitslosigkeit zu berücksichtigen (§ 112 Abs. 5 Nr. 2a BetrVG). Das SGB III sieht die Förderung sog. Transferleistungen, insbes. in Form der Förderung von Transfermaßnahmen (§ 110 SGB III) und des Transferkurzarbeitergeldes, § 111 SGB III, vor.

2401 Bei dem Förderanspruch handelt es sich um einen Individualanspruch des Arbeitnehmers, der vom Arbeitgeber geltend gemacht wird. Dies steht einer unterschiedlichen Aufteilung der Gesamtförderung entgegen.

2402 Damit dürfte es ausgeschlossen sein, dass der Arbeitgeber Zuwendungen, die er in Erfüllung eines individuellen Anspruchs einzelner Arbeitnehmer gewährt, zum Teil einbehält, um den einbehaltenen Teil für Transfermaßnahmen bei anderen Arbeitnehmern auszugeben (*Gaul/Bonanni* DB 2003, 2386, 2387).

#### 2. Förderung von Transfermaßnahmen, § 110 SGB III

2403 Die Förderung von Transfermaßnahmen ist in § 110 SGB III geregelt. Die Zuständigkeit der Agentur für Arbeit, in dessen Bezirk der Betrieb des Arbeitgebers liegt, ist in § 327 SGB III geregelt.

*a) Begriff der Transfermaßnahme, Voraussetzungen*

2404 Die Voraussetzungen einer Förderung von Transfermaßnahmen ergeben sich aus § 110 SGB III.

Transfermaßnahmen sind nach § 110 Abs. 1 S. 2 SGB III alle Maßnahmen zur Eingliederung von Arbeitnehmern in den Arbeitsmarkt, an deren Finanzierung sich der Arbeitgeber angemessen beteiligt und die von einem Dritten, d. h. von einem vom Arbeitgeber verschiedenen Rechtsträger angeboten werden. Gem. § 110 Abs. 1 Nr. 1 SGB III ist Voraussetzung für die Förderung sog. Transferleistungen durch die Bundesagentur für Arbeit, dass sich die Betriebsparteien im Vorfeld der Entscheidung hierüber durch die Agentur für Arbeit haben beraten lassen. Sollen also solche Transfermaßnahmen im Interessenausgleich/Sozialplan vorgesehen werden, ist die Einschaltung der Agentur für Arbeit zwingende Förderungsvoraussetzung für Transferleistungen (*Diller* FA 2011, 135).

*aa) Drohende Arbeitslosigkeit aufgrund Betriebsänderung*

2405 Eine Eingliederungsmaßnahme ist nur förderungsfähig, wenn die durch sie geförderten Arbeitnehmer von Arbeitslosigkeit bedroht sind und dies auf die Betriebsänderung zurückzuführen ist, § 110 Abs. 1 SGB III. Gem. § 17 SGB III sind von Arbeitslosigkeit bedrohte Arbeitnehmer solche, die versicherungspflichtig beschäftigt sind, alsbald mit der Beendigung der Beschäftigung rechnen müssen und danach voraussichtlich arbeitslos werden. Mit einer Beendigung des Arbeitsverhältnisses ist zu rechnen, wenn der Arbeitgeber die Beendigung des Arbeitsverhältnisses aus betriebsbedingten Gründen angekündigt hat, wobei die Art und Weise der Beendigung (Kündigung, Aufhebungsvertrag, Veranlassung zur Eigenkündigung) ebenso unerheblich ist, wie die Rechtswirksamkeit der Beendigung (GK-BetrVG/*Oetker* §§ 112, 112a Rn. 474).

Die Gefahr einer Arbeitslosigkeit i. S. d. § 17 SGB III besteht nicht bei einer bestehenden Weiterbeschäftigungsmöglichkeit beim bisherigen Arbeitgeber oder bei einem Dritten. Voraussetzung ist allerdings, dass ein entsprechender Arbeitsplatz angeboten wurde und dem Arbeitnehmer zumutbar ist, wobei sich die Zumutbarkeit nach den Kriterien des § 112 Abs. 5 S. 2 Nr. 2 BetrVG (s. Rdn. 2353 ff.) richtet (GK-BetrVG/*Oetker* §§ 112, 112a Rn. 432; **a. A.** *Löwisch* RdA 1997, 287, 289]: Zumutbarkeit richtet sich nach § 121 SGB III). 2406

Die Bedrohung mit Arbeitslosigkeit muss ursächlich auf eine Betriebsänderung i. S. d. § 111 BetrVG (s. Rdn. 2215 ff.) zurückzuführen sein. Die Betriebsgröße ist allerdings unerheblich. Droht die Beendigung des Arbeitsverhältnisses aus anderen Gründen oder ist die Maßnahme des Unternehmers keine Betriebsänderung i. S. d. § 111 BetrVG, scheidet eine Förderung aus. 2407

*bb) Angemessene Beteiligung des Arbeitgebers*

Der Arbeitgeber muss sich an der Finanzierung der Transfermaßnahme angemessen beteiligen. Die Förderung soll eine Mitfinanzierung sein. Die Prüfung, ob eine angemessene finanzielle Beteiligung vorliegt, bedingt eine wertende Betrachtungsweise. Zunächst sind die Kosten der vorgesehenen Transfermaßnahme zu ermitteln und mit denjenigen finanziellen Mitteln in ein Verhältnis zu setzen, die der Arbeitgeber für diese Maßnahmen bereitstellt. Im Rahmen der wertenden Betrachtung können sodann u. a. die wirtschaftliche Lage (Leistungsfähigkeit) des Unternehmers, die Zahl der von einer Entlassung bedrohten Arbeitnehmer, Art und Dauer der Maßnahmen sowie die durch die Betriebsänderung ggf. beabsichtigten Einsparungen berücksichtigt werden (vgl. GK-BetrVG/*Oetker* §§ 112, 112a Rn. 487). 2408

*cc) Eingliederung in den Arbeitsmarkt als Zweck der Maßnahme*

§ 110 SGB III enthält keinen Katalog der förderungswürdigen Maßnahmen. Bei der Wahl der Maßnahme soll die nach Einschätzung der Handelnden im Einzelfall beste Lösung ermöglicht werden (vgl. *Gaul/Bonanni* DB 2003, 2386, 2386). In Betracht kommen etwa Weiterbildungs- und Trainingsmaßnahmen, Maßnahmen zum Abschluss einer Berufsbildung, Fort- und Weiterbildungsmaßnahmen. Ausgeschlossen ist eine Förderung nach § 110 Abs. 3 SGB III wenn die Maßnahme dazu dient, den Arbeitnehmer auf eine Anschlussbeschäftigung im selben Betrieb oder in einem anderen Betrieb desselben Unternehmens oder bei Konzernzugehörigkeit in einem anderen Betrieb eines Konzernunternehmens vorzubereiten. 2409

*dd) Durchführung durch Dritten, Qualitätssicherung, Gesicherte Durchführung der Maßnahme*

Die Maßnahme muss durch einen Dritten, d. h., durch einen vom Arbeitgeber verschiedenen Rechtsträger angeboten werden. Die Auswahl des Dritten obliegt den betrieblichen Sozialpartnern (BT-Drs. 15/1515, S. 91 zur Vorgängerregelung in § 216b SGB III). Voraussetzung ist nur, dass der Dritte ein internes Qualitätssicherungssystem anwendet, mit dem zum Abschluss der Maßnahme die Zufriedenheit der Teilnehmer und des Auftraggebers festgestellt werden (vgl. BT-Drs. 15/1515, S. 91). 2410

Die von § 110 Abs. 1 Nr. 4 SGB III geforderte gesicherte Durchführung der Maßnahme erfordert zum einen, dass die Bereitstellung der vom Unternehmer zugesagten finanziellen Mittel sichergestellt ist. Dies kann ggf. auch die Absicherung durch Sicherheiten (z. B. Bürgschaft) bedingen (DKK/*Däubler* §§ 112, 112a Rn. 167). Zum anderen muss in organisatorischer Hinsicht die tatsächliche Durchführung der Maßnahme während der gesamten vorgesehenen Dauer sichergestellt sein. 2411

*ee) Keine Entlastung von ohnehin bestehenden Verpflichtungen*

Gem. § 110 Abs. 3 S. 2 SGB III darf der Arbeitgeber durch die Förderung nicht von bestehenden (gesetzlichen oder vertraglichen) Verpflichtungen entlastet werden. 2412

2413 Werden im einem Sozialplan hinsichtlich von förderungswürdigen Transfermaßnahmen Leistungsansprüche der Arbeitnehmer vorgesehen, sollte daher darauf geachtet werden, dass eine Anrechnung mit den vom Arbeitnehmer beanspruchbaren Förderungsleistungen nach § 110 SGB III vorgesehen wird, da ansonsten eine Verdoppelung der Leistungsansprüche der Arbeitnehmerseite eintreten kann (*Gaul/Bonanni* DB 2003, 2386, 2387).

*b) Förderungshöhe*

2414 Der Zuschuss beträgt 50 % der tatsächlich aufzuwendenden Maßnahmekosten, jedoch höchstens 2.500 € je gefördertem Arbeitnehmer.

*c) Verwaltungsverfahren*

2415–2416 Zuständig für die Leistungen ist die Agentur für Arbeit in deren Bezirk der Betrieb des Arbeitgebers liegt, § 327 SGB III). Der Antrag auf Leistungen zur Förderung von Transfermaßnahmen ist innerhalb einer Ausschlussfrist von drei Monaten zu stellen, beginnend mit Ablauf des Monats, in dem die Maßnahme beginnt. Der Arbeitgeber hat nach § 320 Abs. 4a SGB III die Voraussetzungen für die Erbringung von Leistungen zur Förderung von Transfermaßnahmen nachzuweisen.

### 3. Transferkurzarbeitergeld

2417 Im Unterschied zu der bisherigen Regelung (§ 175 SGB III a. F. – Kurzarbeitergeld in einer betriebsorganisatorisch eigenständigen Einheit) setzt das Transferkurzarbeitergeld nach § 111 SGB III keine Erheblichkeit des Arbeitsausfalls voraus. Die Transferkurzarbeit soll damit als Instrument zur Begleitung aller betrieblichen Restrukturierungsprozesse geöffnet werden (BT-Drs. 15/1515, S. 92 und 15/1749, S. 28 zur Vorgängerregelung in § 216b SGB III a. F.).

*a) Allgemeine Voraussetzungen*

2418 Voraussetzung der Gewährung von Transferkurzarbeitergeld gem. § 111 Abs. 1 SGB III ist zunächst, dass Arbeitnehmer von einem dauerhaften unvermeidbaren Arbeitsausfall mit Entgeltausfall betroffen sind. Es genügt also ein dauerhafter Arbeitsausfall, was der Fall ist, wenn unter Berücksichtigung der Umstände des Einzelfalles davon auszugehen ist, dass der betroffene Betrieb in absehbarer Zeit die Arbeitskapazitäten nicht mehr im bisherigen Umfang benötigt (vgl. § 111 Abs. 2 SGB III).

*b) Betriebliche Voraussetzungen*

2419 Nach § 111 Abs. 3 SGB III muss als betriebliche Voraussetzung zunächst die Durchführung einer Personalanpassungsmaßnahme aufgrund einer Betriebsänderung vorliegen. Bestimmte Schwellenwerte müssen hierzu nicht erreicht werden. Weiter ist betriebliche Voraussetzung, dass die von Arbeitsausfall betroffenen Arbeitnehmer zur Vermeidung von Entlassungen und zur Verbesserung ihrer Eingliederungschancen in einer betriebsorganisatorisch eigenständigen Einheit (beE) zusammengefasst werden. Dies bedingt eine eindeutige Trennung zwischen den Arbeitnehmern, die der beE angehören und denjenigen, die im Betrieb verbleiben. Die beE unterscheidet sich vom Betrieb oder Betriebsteil dadurch, dass in ihr wegen der besonderen Aufgabenstellung sowie dem Personalbestand nicht angemessenen Ausstattung mit technischen Arbeitsmitteln die Verfolgung eines eigenen arbeitstechnischen Zwecks allenfalls Nebensache ist (*Gaul/Bonanni* DB 2003, 2386, 2388). Die beE kann beim Arbeitgeber, aber auch bei einem anderen Rechtsträger gebildet werden.

*c) Persönliche Voraussetzungen, Ausschlusstatbestände*

2420 Die zu erfüllenden persönlichen Voraussetzungen ergeben sich im Einzelnen aus §§ 111 Abs. 4 SGB III. Wegen des Bedrohtseins von Arbeitslosigkeit, s. Rdn. 2405. Ausgeschlossen ist ein Anspruch nach § 111 Abs. 8 SGB III, wenn die vorübergehende Beschäftigung in der beE dazu dient, den Arbeitnehmer anschließend auf einem Arbeitsplatz im selben Betrieb oder in einem anderen Betrieb desselben Unternehmens oder bei Konzernzugehörigkeit in einem anderen Betrieb eines Konzernunternehmens einzusetzen.

Zu beachten ist, dass ferner auch die allgemeinen Ausschlusstatbestände des § 98 Abs. 3 und 4 SGB III gelten, § 111 Abs. 4 S. 2 SGB III.

*d) Höhe, Dauer, Verwaltungsverfahren*

Die Höhe des Transferkurzarbeitergeldes ergibt sich aus § 105 SGB III (60 bzw. 67 % der Nettoentgeltdifferenz). Die Bezugsdauer beträgt nach § 111 Abs. 1 SGB III zwölf Monate.

Die Anzeige über den Arbeitsausfall hat gem. § 111 Abs. 6 SGB III bei der Agentur für Arbeit zu erfolgen, in der der personalabgebende Betrieb seinen Sitz hat. Den Arbeitgeber treffen Unterrichtungspflichten gegenüber der Agentur für Arbeit nach §§ 111 Abs. 9 SGB III.

## O. Sanktionen des BetrVG

### I. Unmittelbare Erfüllungs- und Unterlassungsansprüche

> Vorschriften des BetrVG, die eine Verpflichtung zur Leistung von Geld und Sachen, zur Unterrichtung des Betriebsrats oder zur Vorlage von Unterlagen normieren, gewähren dem Betriebsrat einen Anspruch (§ 194 BGB) auf Erfüllung dieser Verpflichtungen, ohne dass solche Ansprüche durch § 23 Abs. 3 BetrVG auf den Fall beschränkt wären, dass die Nichterfüllung der Verpflichtung sich zugleich als grober Pflichtverstoß des Arbeitgebers darstellt (*BAG* 17.5.1983 EzA § 80 BetrVG 1972 Nr. 25; 22.2.1983 EzA § 23 BetrVG 1972 Nr. 9).

Mittels Leistungsantrags kann ein solcher Anspruch im arbeitsgerichtlichen Beschlussverfahren geltend gemacht und nach Maßgabe von § 85 Abs. 1 ArbGG ohne die Beschränkungen nach § 23 Abs. 3 S. 2–5 BetrVG vollstreckt werden. Informations- und Einsichtsrechte ergeben sich bspw. aus §§ 80 Abs. 2 (*BAG* 17.5.1983 EzA § 80 BetrVG 1972 Nr. 25), 89 Abs. 2 S. 2 (*BAG* 22.2.1983 EzA § 23 BetrVG 1972 Nr. 9) 90 S. 1 (GK-BetrVG/*Oetker* § 23 Rn. 147), 92 Abs. 1 S. 1 und 99 Abs. 1 S. 1 (GK-BetrVG/*Oetker* § 23 Rn. 150), 111 Abs. 1 S. 1 BetrVG (*BAG* 22.2.1983 EzA § 23 BetrVG 1972 Nr. 9). Besonderheiten gelten im Hinblick auf das Informations- und Einsichtsrecht des Wirtschaftsausschusses nach § 106 Abs. 2 BetrVG. Bei Streit über den Umfang der Information und die Erforderlichkeit der Vorlage von Unterlagen entscheidet hier primär nach § 109 BetrVG die Einigungsstelle (s. Rdn. 1095 ff.). Sachleistungs- bzw. Geldansprüche ergeben sich z. B. aus §§ 20 Abs. 3, 40, 44 BetrVG (vgl. *BAG* 22.2.1983 EzA § 23 BetrVG 1972 Nr. 9). Einen unmittelbar mittels Leistungsantrag im arbeitsgerichtlichen Beschlussverfahren geltend zu machenden Anspruch enthalten ferner § 37 Abs. 2 und 3 BetrVG, soweit es allein um die Frage der Arbeitsbefreiung eines Betriebsratsmitglieds geht bzw. um die Frage, ob die Betriebsratstätigkeit außerhalb der Arbeitszeit durchzuführen ist (*BAG* 27.6.1990 EzA § 37 BetrVG 1972 Nr. 105). Einen unmittelbaren Anspruch auf Durchführung einer geforderten Stellenausschreibung gibt auch § 93 BetrVG (GK-BetrVG/*Oetker* § 23 Rn. 150).

Wechselseitige Unterlassungsansprüche werden durch § 74 Abs. 2 S. 2, 3 BetrVG (Verbot der Beeinträchtigung von Arbeitsablauf und Betriebsfrieden, Verbot parteipolitischer Betätigung) begründet (*BAG* 12.6.1986 EzA § 74 BetrVG 1972 Nr. 7). Nach Auffassung des *BAG* (26.2.1987 EzA § 79 BetrVG 1972 Nr. 1) normiert auch § 79 Abs. 1 BetrVG (Wahrung von Betriebs- oder Geschäftsgeheimnissen) einen unmittelbaren Unterlassungsanspruch des Arbeitgebers gegen den Betriebsrat und einzelne Betriebsratsmitglieder. Demgegenüber wird für § 77 Abs. 1 S. 2 BetrVG (Verbot des Eingriffs in die Betriebsleitung) überwiegend die Ansicht vertreten, dass hier Unterlassungsansprüche des Arbeitgebers nur nach Maßgabe des § 23 Abs. 1 BetrVG in Betracht kommen (GK-BetrVG/*Kreutz* § 77 Rn. 27). Soweit Unterlassungsansprüche des Arbeitgebers bestehen, schließt deren Geltendmachung die Einleitung eines Verfahrens nach § 23 Abs. 1 BetrVG nicht aus, da Unterlassungsansprüche einerseits und das Amtsenthebungsverfahren andererseits unterschiedliche Rechtsfolgen auslösen (*BAG* 22.7.1980 EzA § 74 BetrVG 1972 Nr. 5).

## II. § 23 Abs. 3 BetrVG

### 1. Zweck

2427 § 23 Abs. 3 BetrVG gibt dem Betriebsrat oder einer im Betrieb vertretenen Gewerkschaft die Möglichkeit, bei groben Verstößen des Arbeitgebers gegen seine Verpflichtungen aus dem BetrVG beim Arbeitsgericht ein Zwangsverfahren einzuleiten. Die Regelung ist im Hinblick auf die Sanktionsregelungen gegen den Betriebsrat in Abs. 1 aus Gründen der Gleichgewichtigkeit geschaffen worden (Bericht 10. Ausschuss zu BT-Drs. VI/2729, S. 21). Der Antrag kann sich auf Unterlassung, Duldung oder Vornahme einer Handlung richten. Eine Zuwiderhandlung kann bei Unterlassungs- und Duldungsverpflichtung zu einer Ordnungsgeld- und bei Vornahmeverpflichtung zur Zwangsgeldfestsetzung führen. Das Verfahren gliedert sich demnach zweistufig in Erkenntnis- und Vollstreckungsverfahren.

2428 Zweck der Vorschrift ist es, ein Mindestmaß gesetzmäßigen Verhaltens des Arbeitgebers im Rahmen der betriebsverfassungsrechtlichen Ordnung für die Zukunft sicherzustellen (*BAG* 20.8.1991 EzA § 77 BetrVG 1972 Nr. 41).

### 2. Voraussetzungen

2429 Erforderlich ist ein grober Verstoß des Arbeitgebers gegen betriebsverfassungsrechtliche Pflichten. Die Begriffe »Verpflichtungen aus diesem Gesetz« i. S. d. Abs. 3 und »gesetzliche Pflichten« i. S. d. Abs. 1 (s. Rdn. 2475 ff.) entsprechen sich weitgehend (*Fitting* § 23 Rn. 59), sodass zu den Pflichten auch solche betriebsverfassungsrechtlichen Verpflichtungen des Arbeitgebers gehören, die in anderen Gesetzen normiert sind, wie z. B. in § 17 Abs. 2 KSchG, § 9 Abs. 3 ASiG, §§ 95–99 SGB IX (DKK/*Trittin* § 23 Rn. 69). Verpflichtungen aus Tarifverträgen werden nur erfasst, soweit sie die betriebsverfassungsrechtliche Rechtsstellung des Arbeitgebers konkretisieren (*LAG BW* 29.10.1990 LAGE § 77 BetrVG 1972 Nr. 10; GK-BetrVG/*Oetker* § 23 Rn. 168). Ebenso sind Verpflichtungen aus Betriebsvereinbarungen, auch soweit sie auf einem Spruch der Einigungsstelle beruhen, und aus Regelungsabreden Verpflichtungen i. S. d. § 23 Abs. 3 BetrVG, da sie ihre Grundlage im BetrVG haben (*LAG BW* 29.10.1990 LAGE § 77 BetrVG 1972 Nr. 10; GK-BetrVG/*Oetker* § 23 Rn. 169).

2430 Es werden grds. sämtliche Verstöße des Arbeitgebers gegen seine betriebsverfassungsrechtlichen Pflichten unabhängig davon erfasst, ob sich deren Vollstreckung nach §§ 887, 888 und 890 ZPO richten würde, sodass auch die Verletzung von Zahlungspflichten, der Pflicht zur Herausgabe bestimmter Sachen oder zur Abgabe einer Willenserklärung – sofern betriebsverfassungsrechtlich geschuldet – als Pflichtverstoß in Betracht kommt (str. so GK-BetrVG/*Oetker* § 23 Rn. 174; DKK/*Trittin* § 23 Rn. 71).

2431 Nicht erfasst werden Verstöße gegen sonstige arbeitsrechtliche Gesetze und den Arbeitsvertrag; in Betracht kommen aber Verstöße gegen die Rechte einzelner Arbeitnehmer nach Maßgabe der §§ 81 ff. BetrVG (GK-BetrVG/*Oetker* § 23 Rn. 170).

2432 Eine grobe Pflichtverletzung setzt nicht ein Verschulden des Arbeitgebers voraus; entscheidend ist vielmehr, ob der Verstoß so erheblich war, dass unter Berücksichtigung des Gebots zur vertrauensvollen Zusammenarbeit die Anrufung des Arbeitsgerichts gerechtfertigt erscheint (*BAG* 16.7.1991 EzA § 87 BetrVG 1972 Arbeitszeit Nr. 48). Unerheblich ist auch, ob es sich um einen erstmaligen oder wiederholten Verstoß handelt; objektiv erheblich kann auch ein einmaliger schwer wiegender Pflichtverstoß sein (*BAG* 14.11.1989 EzA § 99 BetrVG 1972 Nr. 85).

2433 Leichtere Verstöße können bei Fortsetzung oder Wiederholung zu einem groben Verstoß werden (*BAG* 16.7.1991 EzA § 87 BetrVG 1972 Arbeitszeit Nr. 48). Ein grober Verstoß scheidet aus, wenn der Arbeitgeber in einer schwierigen und ungeklärten Rechtsfrage eine bestimmte Meinung vertritt und nach dieser handelt (*BAG* 14.11.1989 EzA § 99 BetrVG 1972 Nr. 85; 16.7.1991 EzA § 87 BetrVG 1972 Arbeitszeit Nr. 48). Strittig ist, ob der Unterlassungsanspruch nach § 23 Abs. 3 BetrVG eine Wiederholungsgefahr oder das Andauern des rechtswidrigen Zustandes voraussetzt (so

BAG 27.11.1990 EzA § 87 BetrVG 1972 Arbeitszeit Nr. 40, wobei eine Vielzahl von Verstößen die Wiederholungsgefahr indiziert; GK-BetrVG/*Oetker* § 23 Rn. 179; a. A. *BAG* 18.4.1985 EzA § 23 BetrVG 1972 Nr. 10; DKK/*Trittin* § 23 Rn. 78; *Fitting* § 23 Rn. 65). Nach überwiegender Auffassung ist ferner Voraussetzung, dass der grobe Pflichtverstoß bereits begangen wurde.

Nicht ausreichend ist die bloße, konkrete Befürchtung eines bevorstehenden groben Pflichtverstoßes (*BAG* 18.4.1985 EzA § 23 BetrVG 1972 Nr. 10; a. A. GK-BetrVG/*Oetker* § 23 Rn. 177; DKK/*Trittin* § 23 Rn. 78). 2434

### 3. Einzelfälle

#### a) Wahl des Betriebsrats, Amtsführung, Zusammenarbeit

Schwere oder fortgesetzt leichtere Verstöße gegen das Gebot vertrauensvoller Zusammenarbeit; Wahlbehinderung und Wahlbeeinflussung; Öffnen von Betriebsratspost oder Nichtweiterleitung derselben an den Betriebsrat; Verhinderung einer Betriebsversammlung; Verstöße gegen die betriebliche Friedenspflicht; Verstöße gegen das Verbot der parteipolitischen Betätigung; schwer wiegende Verstöße gegen das Behinderungs- und Benachteiligungsverbot; Diskriminierung der Betriebsratsarbeit durch Veröffentlichung des Schriftwechsels während laufender Verhandlungen oder plakative Veröffentlichung der betriebsratsbedingten Fehlzeiten oder undifferenzierte plakative Heraushebung von Betriebsratskosten (*BAG* 12.11.1997 EzA § 23 BetrVG 1972 Nr. 38); Nichtdurchführung von Vereinbarungen mit dem Betriebsrat, auch soweit sie auf einem Spruch der Einigungsstelle beruhen (GK-BetrVG/*Oetker* § 23 Rn. 181; DKK/*Trittin* § 23 Rn. 80). 2435

#### b) Beteiligungs- und Mitbestimmungsrechte

Eine Verletzung der sich aus dem BetrVG ergebenden Pflichten des Arbeitgebers liegt insbes. auch dann vor, wenn er Unterrichtungs-, Mitwirkungs- oder Mitbestimmungsrechte des Betriebsrats missachtet (*BAG* 16.7.1991 EzA § 87 BetrVG 1972 Arbeitszeit Nr. 48; 17.3.1987 EzA § 23 BetrVG 1972 Nr. 16). 2436

#### c) Ständige Verletzung von Individualrechten einzelner Arbeitnehmer

Beharrliche Verletzung der Beschwerderechte einzelner Arbeitnehmer gem. §§ 81 ff. BetrVG bzw. die beharrliche Weigerung des Arbeitgebers, ein Betriebsratsmitglied auf Verlangen eines Arbeitnehmers in den Fällen der §§ 82 Abs. 2, 83 Abs. 1 bzw. 84 Abs. 1 BetrVG hinzuzuziehen oder die willkürliche Ungleichbehandlung einzelner Arbeitnehmer bzw. Verletzung von Persönlichkeitsrechten gem. § 75 BetrVG (vgl. DKK/*Trittin* § 23 Rn. 83). 2437

#### d) Gewerkschaftsrechte

Versagung des Zutritts von Gewerkschaftsbeauftragten zum Betrieb gem. § 2 Abs. 2 BetrVG; Abschluss von Betriebsvereinbarungen entgegen § 77 Abs. 3 BetrVG (*BAG* 20.8.1991 EzA § 77 BetrVG 1972 Nr. 41). 2438

### 4. Verfahren

#### a) Erkenntnisverfahren

Für das Erkenntnisverfahren ist das Arbeitsgericht zuständig, das gem. §§ 2a Abs. 1 Nr. 1, Abs. 2, 80 ff. ArbGG im Beschlussverfahren entscheidet. Das Verfahren setzt einen den Verfahrensgegenstand bestimmenden Antrag voraus. 2439

Bei Antragstellung ist zu beachten, dass der Antrag so konkret wie möglich gefasst und sich auf einzelne, tatbestandlich umschriebene Handlungen beziehen sollte. Ein sog. Globalantrag ist zwar nicht unzulässig (so die frühere Rechtsprechung des *BAG* (8.11.1983 EzA § 81 ArbGG 1979 Nr. 4), aber unbegründet, wenn eine Fallkonstellation denkbar ist, in der die in Anspruch 2440 genommene Unterlassungs-, Vornahme- oder Duldungspflicht des Arbeitgebers nicht besteht (*BAG* 3.5.1994 EzA § 23 BetrVG 1972 Nr. 36; 6.12.1994 EzA § 23 BetrVG 1972 Nr. 37).

2441 So ist bspw. ein Antrag des Betriebsrats auf Unterlassung mitbestimmungswidriger Versetzungen dann insgesamt unbegründet, wenn er so global gefasst ist, dass er Fallgestaltungen umfasst, in denen der Arbeitgeber nach § 100 Abs. 1 BetrVG Personalmaßnahmen vorläufig ohne Zustimmung des Betriebsrats durchführen kann (*BAG* 6.12.1994 EzA § 23 BetrVG 1972 Nr. 37). Ein weit gefasster Antrag (Globalantrag) des Betriebsrats auf Unterlassung der Anordnung von Mehrarbeit, ohne die erforderliche Mitbestimmung des Betriebsrats ist zulässig, aber unbegründet, wenn der Arbeitgeber praktisch auftretende Fallgruppen aufzeigt, in denen ein in einer Betriebsvereinbarung geregeltes einseitiges Anordnungsrecht des Arbeitgebers bei nicht planbarer Mehrarbeit in Betracht kommt (*LAG Köln* AP Nr. 85 zu § 87 BetrVG 1972 Arbeitszeit).

2442 Antragsberechtigt sind der Betriebsrat und eine im Betrieb vertretene Gewerkschaft, auch wenn sie nicht Gläubiger der Verpflichtung sind, gegen die der Arbeitgeber grob verstoßen hat; insoweit handelt es sich um einen Fall gesetzlicher Prozessstandschaft (GK-BetrVG/*Oetker* § 23 Rn. 190). Ein namens des Betriebsrats gestellter Antrag bedarf zu seiner Zulässigkeit der ordnungsgemäßen Beschlussfassung des Betriebsrats, wobei ausreichend ist, dass der Beschluss den Gegenstand, über den eine Klärung herbeigeführt werden soll, und das angestrebte Ergebnis bezeichnet (*BAG* 29.4.2004 EzA § 77 BetrVG 2001 Nr. 8). Legt der Betriebsrat die Einhaltung der Voraussetzungen für einen wirksamen Beschluss des Gremiums über die Einleitung eines Gerichtsverfahrens im Einzelnen und unter Beifügung von Unterlagen dar, ist ein pauschales Bestreiten mit Nichtwissen durch den Arbeitgeber unbeachtlich (*BAG* 9.12.2003 – 1 ABR 44/02 – AP Nr. 1 zu § 33 BetrVG 1972 = FA 2004, 255 LS).

2443 Mit dem Antrag kann zugleich der Antrag, dem Arbeitgeber für den Fall der Zuwiderhandlung Ordnungsgeld anzudrohen, verbunden werden (*LAG Brem.* 12.4.1989 LAGE § 23 BetrVG 1972 Nr. 19; GK-BetrVG/*Oetker* § 23 Rn. 188).

2444 Beide Anträge können in erster Instanz einseitig und in den Rechtsmittelinstanzen mit Zustimmung der anderen Beteiligten zurückgenommen werden, vgl. §§ 81 Abs. 2 S. 1, 87 Abs. 2 S. 3, 92 Abs. 2 S. 3 ArbGG.

2445 ▶ **Antragsbeispiel:**

Unter Berücksichtigung der Rechtsprechung des BAG zum Globalantrag kommt etwa für einen auf die Unterlassung der Anordnung von Mehrarbeit gerichteten Unterlassungsantrag folgende Formulierung in Betracht (vgl. Fiebig NZA 1993, 58):
- Dem Antragsgegner wird aufgegeben, zu leistende Überstunden in einem Betrieb nur mit Zustimmung des Betriebsrats anzuordnen oder zu dulden, es sei denn, es handelt sich um eine Maßnahme in einem Einzel- oder Notfall, um eine tendenz- oder arbeitskampfbezogene Maßnahme.
- Für jeden Fall der Zuwiderhandlung gegen die Verpflichtung aus Nr. 1 wird dem Antragsgegner – bezogen auf jeden Tag und jeden Arbeitnehmer – ein Ordnungsgeld, dessen Höhe in das Ermessen des Gerichts gestellt wird, ersatzweise Ordnungshaft, angedroht.

### b) Vollstreckungsverfahren

2446 Zwangsmittel ist im Fall des § 23 Abs. 3 S. 2 BetrVG (Unterlassung oder Duldung einer Handlung) Ordnungsgeld, im Fall des § 23 Abs. 3 S. 3 BetrVG (Vornahme einer Handlung) Zwangsgeld, wobei das Höchstmaß des Ordnungs- bzw. Zwangsgeldes auf 10.000 € begrenzt ist. Ordnungs- oder Zwangshaft sind ausgeschlossen, § 85 Abs. 1 S. 3 ArbGG (vgl. *BAG* 5.10.2010 – 1 ABR 71/09, FA 2010, 383 LS). Zuständig für das Vollstreckungsverfahren ist das Arbeitsgericht.

2447 *Erforderlich ist ein neuer Antrag, der erst gestellt werden kann, wenn der Beschluss im Erkenntnisverfahren rechtskräftig geworden ist* (GK-BetrVG/*Oetker* § 23 Rn. 199).

Ob insoweit auch ein gerichtlicher Vergleich als Grundlage des Vollstreckungsverfahrens in Betracht **2448**
kommt, wird kontrovers diskutiert (so *LAG Brem.* 12.4.1989 LAGE § 23 BetrVG 1972 Nr. 19;
DKK/*Trittin* § 23 Rn. 97; a. A. *LAG Düsseld.* 26.4.1993 LAGE § 23 BetrVG 1972 Nr. 30). Die
ablehnende Ansicht verweist darauf, dass § 23 BetrVG eine gerichtliche Entscheidung voraussetze
und im Übrigen die Frage, ob ein grober Verstoß vorliege, nicht der Disposition der Beteiligten unterliege.

*aa) Ordnungsgeld*

Neben der Rechtskraft der Entscheidung im Erkenntnisverfahren ist Voraussetzung der Festsetzung **2449**
von Ordnungsgeld dessen vorherige Androhung, wobei strittig ist, ob zusätzlich erforderlich ist, dass
auch der Androhungsbeschluss rechtskräftig ist (so z. B. *Richardi/Thüsing* § 23 Rn. 107; a. A. *Fitting* § 23 Rn. 79; GK-BetrVG/*Oetker* § 23 Rn. 205; DKK/*Trittin* § 23 Rn. 104).

> Sofern die Androhung nicht bereits in dem die Unterlassungs- oder Duldungsverpflichtung aussprechenden Beschluss des Erkenntnisverfahrens enthalten ist, muss sie durch gesonderten Beschluss erfolgen, für den antragsberechtigt nicht nur der Antragsteller des Erkenntnisverfahrens ist, sondern jeder nach § 23 Abs. 3 S. 4 BetrVG Antragsberechtigte (GK-BetrVG/*Oetker* Abs. 23 Rn. 207). Die Androhung muss nicht bereits die Festsetzung der Höhe, aber die Angabe des gesetzlichen Höchstmaßes enthalten (*LAG Düsseld.* 13.8.1987 LAGE § 23 BetrVG 1972 Nr. 10). **2450**

Ist im Beschluss ein der Höhe nach bestimmtes Ordnungsgeld angedroht worden, kann kein höheres **2451**
verhängt werden (GK-BetrVG/*Oetker* § 23 Rn. 208). Der Androhungsbeschluss kann ohne mündliche Verhandlung, aber nur nach Anhörung des Arbeitgebers ergehen, § 85 Abs. 1 ArbGG, § 891
ZPO. In diesem Fall entscheidet der Vorsitzende allein, § 53 Abs. 1 ArbGG. Gegen den gesonderten
Androhungsbeschluss ist das Rechtsmittel der sofortigen Beschwerde gegeben, § 85 Abs. 1
S. 3 ArbGG, §§ 891 S. 1, 793, 577 ZPO, § 78 Abs. 1 ArbGG.

> Die Festsetzung des Zwangsmittels setzt ferner voraus, dass der Arbeitgeber nach Rechtskraft der **2452**
Entscheidung im Erkenntnisverfahren und nach erfolgter Androhung gegen die ihm auferlegte
Verpflichtung schuldhaft verstoßen hat, da das Ordnungsgeld nicht nur bloßes Beugemittel ist
(*BAG* 18.4.1985 EzA § 23 BetrVG 1972 Nr. 10).

Die Festsetzung des Zwangsmittels erfolgt durch Beschluss, der ohne mündliche Verhandlung, aber **2453**
nur nach Anhörung des Arbeitgebers ergehen kann, § 85 Abs. 1 ArbGG, § 891 ZPO. Wird ohne
mündliche Verhandlung entschieden, entscheidet der Vorsitzende der zuständigen Kammer allein,
§ 53 Abs. 1 ArbGG. Gegen den Beschluss ist das Rechtsmittel der sofortigen Beschwerde gegeben,
§ 85 Abs. 1 S. 3 ArbGG, §§ 891 S. 1, 793, 577 ZPO, § 78 Abs. 1 ArbGG.

*bb) Zwangsgeld*

Zwangsgeld wird auf Antrag festgesetzt, wenn der Arbeitgeber nach Rechtskraft der Entscheidung **2454**
im Erkenntnisverfahren die ihm auferlegte und noch mögliche (GK-BetrVG/*Oetker* § 23 Rn. 220)
Handlung nicht vornimmt, wobei unerheblich ist, ob es sich um eine vertretbare oder unvertretbare
Handlung handelt (DKK/*Trittin* § 23 Rn. 108).

> Da das Zwangsgeld nur Beugemittel ohne repressiven Charakter ist, ist ein Verschulden nicht erforderlich (GK-BetrVG/*Oetker* § 23 Rn. 221). Eine vorherige Androhung ist entbehrlich, aber **2455**
auf Antrag möglich (GK-BetrVG/*Oetker* § 23 Rn. 218, 219).

Die Festsetzung erfolgt durch Beschluss, der gem. § 85 Abs. 1 ArbGG i. V. m. § 891 ZPO ohne **2456**
mündliche Verhandlung (Alleinentscheidung des Vorsitzenden, § 53 Abs. 1 ArbGG), aber nur
nach Anhörung des Arbeitgebers ergehen kann. Rechtsmittel ist die sofortige Beschwerde nach
§ 85 Abs. 1 S. 3 ArbGG, §§ 891 S. 1, 793, 577 ZPO, § 78 Abs. 1 ArbGG.

### c) Sicherung des Anspruchs auf einstweilige Verfügung?

2457 Kontrovers diskutiert wird, ob der sich aus § 23 Abs. 3 BetrVG selbst ergebende Anspruch auch im Wege der einstweiligen Verfügung (§ 85 Abs. ArbGG, § 935 ZPO) geltend gemacht werden kann. Hiervon ist die Frage zu unterscheiden, ob ggf. § 23 Abs. 3 BetrVG eine abschließende Regelung des betriebsverfassungsrechtlichen Unterlassungsanspruchs beinhaltet oder ob daneben weitere Unterlassungsansprüche bestehen und diese ggf. durch einstweilige Verfügung sicherungsfähig sind (s. Rdn. 2460 ff.).

2458 Nach überwiegender Ansicht ist die Sicherung des sich aus § 23 Abs. 3 BetrVG ergebenden Anspruchs durch einstweilige Verfügung möglich.

2459 Begründet wird dies damit, dass hierfür die vom Gesetzgeber angestrebte Gleichgewichtigkeit des § 23 Abs. 3 BetrVG mit dem Verfahren nach § 23 Abs. 1 BetrVG, in welchem die Möglichkeit der Untersagung der Amtsausübung bis zur Entscheidung in der Hauptsache durch einstweilige Verfügung zugelassen werde, spreche und § 23 Abs. 3 BetrVG auch nicht Sanktionsnormen, sondern Mittel zur Gewährleistung eines Mindestmaßes gesetzmäßigen Verhaltens des Arbeitgebers sei und durch § 85 Abs. 1 S. 3 BetrVG die Zwangsvollstreckung im Verfahren nach § 23 Abs. 3 BetrVG eingeschränkt werde, während für den Erlass einer einstweiligen Verfügung nach § 85 Abs. 2 BetrVG keine Einschränkungen vorgesehen seien (*LAG Köln* 22.4.1985 NZA 1985, 634; *LAG Düsseld.* 16.5.1990 NZA 1991, 29; DKK/*Trittin* § 23 Rn. 95; GK-BetrVG/*Oetker* § 23 Rn. 192 ff.). Sofern die Möglichkeit einer einstweiligen Verfügung abgelehnt wird (*LAG Nds.* 5.6.1987 LAGE § 23 BetrVG 1972 Nr. 11; *LAG Köln* 21.2.1989 LAGE § 23 BetrVG 1972 Nr. 20; *Richardi/Thüsing* § 23 Rn. 103) wird zur Begründung geltend gemacht, dass durch § 23 Abs. 3 S. 2–5 BetrVG das Vollstreckungsverfahren für die Ansprüche nach § 23 Abs. 1 S. 1 BetrVG speziell geregelt sei und bei Anwendung der allgemeinen Vollstreckungsregelung diese Spezialregelungen unterlaufen würden. Insbesondere könnte im Rahmen einer einstweiligen Verfügung bereits vor Rechtskraft der Entscheidung Ordnungs- bzw. Zwangsgeld in Höhe von bis zu 250.000 € und Ordnungs- bzw. Zwangshaft verhängt werden, während nach § 23 Abs. 3 S. 2–5 BetrVG die Verhängung von Zwangsmitteln erst nach Rechtskraft der Entscheidung unter Begrenzung der Höhe von Ordnungs- und Zwangsgeld auf höchstens 10 000 € und unter Ausschluss von Ordnungs- und Zwangshaft (vgl. § 85 Abs. 1 S. 3 ArbGG) möglich sei. Auch könne eine Sanktion nicht auf Grund bloßer Glaubhaftmachung der Anspruchsgrundlage ausgesprochen werden.

### III. Allgemeiner betriebsverfassungsrechtlicher Unterlassungs- bzw. Beseitigungsanspruch, insbes. im Bereich erzwingbarer Mitbestimmung

2460 Seit langem kontrovers diskutiert wird die Frage, ob dem Betriebsrat neben dem Unterlassungsanspruch aus § 23 Abs. 3 BetrVG ein allgemeiner Unterlassungsanspruch hinsichtlich solcher Maßnahmen des Arbeitgebers zusteht, die dieser mitbestimmungswidrig durchführt. Von Bedeutung ist diese Frage vor allem dafür, ob ein Unterlassungsanspruch nur unter der Voraussetzung eines groben Verstoßes gegen betriebsverfassungsrechtliche Pflichten besteht und sich in der Zwangsvollstreckung ausschließlich nach § 23 Abs. 3 S. 2–5 BetrVG richtet. Zum Teil (so z. B. noch *BAG* 22.2.1983 EzA § 23 BetrVG 1972 Nr. 9; *LAG Nds.* 5.6.1987 LAGE § 23 BetrVG 1972 Nr. 11; *LAG BW* 28.8.1985 DB 1986, 805; *LAG Bln.* 17.5.1984 BB 1984, 1551) wurde ein derartiger allgemeiner Unterlassungsanspruch unter Behauptung des abschließenden Charakters des § 23 Abs. 3 abgelehnt, zum Teil (so z. B. bereits *BAG* 18.4.1985 EzA § 23 BetrVG 1972 Nr. 10 [6. Senat]; *LAG Hamburg* 9.5.1989 LAGE § 23 BetrVG 1972 Nr. 26; *LAG Frankf./M.* 11.8.1987 LAGE § 23 BetrVG 1972 Nr. 12) befürwortet.

2461 Der 1. Senat des *BAG* (3.5.1994 EzA § 23 BetrVG 1972 Nr. 36) hat einen allgemeinen Unterlassungsanspruch des Betriebsrats bei Verletzung von Mitbestimmungsrechten aus § 87 BetrVG bejaht, da ohne Anerkennung eines solchen Anspruchs eine hinreichende Sicherung des erzwingbaren Mitbestimmungsrechts bis zum ordnungsgemäßen Abschluss des Mitbestimmungsverfahrens auf anderem Wege nicht gewährleistet sei. Die genannte Entscheidung hält dabei auch die

## O. Sanktionen des BetrVG
## Kapitel 13

Durchsetzung eines solchen Anspruchs im Wege der einstweiligen Verfügung für grds. möglich. Den sich aus dem nur summarischen Charakter eines Eilverfahrens ergebenden Problemen könne dadurch Rechnung getragen werden, dass bei den Anforderungen, die an den Verfügungsgrund zu stellen sind, das Gewicht des drohenden Verstoßes und die Bedeutung der umstrittenen Maßnahme einerseits für den Arbeitgeber und andererseits die Belegschaft angemessen berücksichtigt würden. 2462

Der allgemeine Unterlassungsanspruch wegen Verletzung von Mitbestimmungsrechten nach § 87 BetrVG setzt eine Wiederholungsgefahr voraus. Für diese besteht bei bereits erfolgter Verletzung des Mitbestimmungsrechts eine tatsächliche Vermutung, es sei denn, dass besondere Umstände einen neuen Eingriff unwahrscheinlich machen (*BAG* 29.2.2000 EzA § 87 BetrV 1972 Betriebliche Lohngestaltung Nr. 69). Der Unterlassungsanspruch kann aber nur von dem Betriebsrat geltend gemacht werden, dessen Mitbestimmungsrechte verletzt werden. So kann der örtliche Betriebsrat nicht die Verletzung von Mitbestimmungsrechten des Gesamt- oder Konzernbetriebsrats geltend machen (*BAG* 17.5.2011 EzA § 23 BetrVG 2001 Nr. 5). 2463

Die genannte Rechtsprechung des 1. Senats bezieht sich nur auf die Verletzung von Mitbestimmungsrechten nach § 87 BetrVG. Dem Betriebsrat steht nach Auffassung des *BAG* (9.3.2011 EzA § 99 BetrVG 2001 Einstellung Nr. 17; 23.6.2009 EzA § 99 BetrVG 2001 Nr. 13; a. A. etwa DKK/*Kittner* § 101 Rn. 26 m. w. N.; *LAG Frankf./M.* 19.4.1988 LAGE § 99 BetrVG 1972 Nr. 17) kein allgemeiner, von den Voraussetzungen des § 23 Abs. 3 BetrVG unabhängiger Unterlassungsanspruch zur Seite, um eine gegen § 99 Abs. 1 S. 1 BetrVG oder § 100 Abs. 2 BetrVG verstoßende personelle Einzelmaßnahme zu verhindern. 2464

Inwieweit in anderen Angelegenheiten ein allgemeiner Unterlassungsanspruch anzuerkennen ist, wird nach wie vor kontrovers diskutiert. Das *BAG* (26.7.2005 EzA § 95 BetrVG 2001 Nr. 1) hat nunmehr auch einen allgemeinen Unterlassungsanspruch bei Verletzung des dem Betriebsrat bei Auswahlrichtlinien für Kündigungen nach § 95 Abs. 1 BetrVG zustehenden Mitbestimmungsrechts bejaht. 2465

So wird etwa für die Gestaltung von Arbeitsplatz, Arbeitsablauf und Arbeitsumgebung zum Teil (DKK/*Trittin* § 23 Rn. 131) die Ansicht vertreten, dem Betriebsrat stehe ein Anspruch auf Unterlassung der genannten Maßnahmen zu, bis der Arbeitgeber seine Unterrichtungs- und Beratungspflicht erfüllt habe. Zum Teil (GK-BetrVG/*Oetker* § 23 Rn. 148) wird die Ansicht vertreten, dass ein solcher Anspruch deshalb ausscheide, da der Arbeitgeber in seiner unternehmerischen Entscheidung ungeachtet des Beteiligungsrechts nach § 90 BetrVG frei bleibe, die Maßnahme durchzuführen oder nicht. Im Bereich der wirtschaftlichen Angelegenheiten schließlich ist streitig, ob dem Betriebsrat ein Unterlassungsanspruch bzgl. der geplanten Betriebsänderung wenigstens solange zusteht, bis der Unternehmer die ihm nach §§ 111, 112 BetrVG obliegenden Pflichten erfüllt hat (vgl. dazu Rdn. 2292 ff.). 2466

Soweit demnach ein allgemeiner Unterlassungsanspruch in Betracht kommt, kann dieser ggf. auch im Wege der einstweiligen Verfügung durchgesetzt werden (*BAG* 3.5.1994 EzA § 23 BetrVG 1972 Nr. 36), wobei bei Prüfung des Verfügungsgrundes das Gewicht des drohenden Verstoßes und die Bedeutung der umstrittenen Maßnahmen einerseits für den Arbeitgeber und andererseits für die Belegschaft angemessen zu berücksichtigen sind. Auch hier ist auf eine möglichst präzise Antragsfassung zu achten, da ein sog. Globalantrag der Gefahr der Abweisung als unbegründet dann unterliegt, wenn nur eine Fallgestaltung denkbar ist, in der kein Mitbestimmungsrecht des Betriebsrats und damit keine Unterlassungspflicht des Arbeitgebers besteht (vgl. Rdn. 2439 ff.). 2467

Als Gegenstück zum betriebsverfassungsrechtlichen Unterlassungsanspruch hat das *BAG* (16.6.1998 EzA § 87 BetrVG 1972 Arbeitssicherheit Nr. 3) auch einen Beseitigungsanspruch anerkannt, falls das mitbestimmungswidrige Verhalten bereits vollzogen ist. Hat etwa der Arbeitgeber unter Verletzung des Mitbestimmungsrechts nach § 87 Abs. 1 Nr. 7 BetrVG verbindliche Arbeits- und Sicher- 2468 heitsanweisungen durch Aufnahme in ein Handbuch bekannt gegeben, kann der Betriebsrat die Beseitigung des betriebsverfassungswidrigen Zustandes durch Herausnahme aus dem Handbuch verlangen.

### IV. Spezielle Sanktionen und Verfahren

2469 Das BetrVG enthält darüber hinaus Spezialvorschriften, die ein gesetzmäßiges Verhalten des Arbeitgebers erzwingen sollen. Hierzu zählen zunächst die von der Normstruktur ähnlich ausgestalteten Verfahren nach §§ 101, 98 Abs. 5 BetrVG. In Bezug auf § 101 BetrVG ist das *BAG* (17.3.1987 EzA § 23 BetrVG 1972 Nr. 16) der Ansicht, dass diese Bestimmung einen Anspruch des Betriebsrats auf künftige Beachtung seiner Mitbestimmungsrechte nach § 23 Abs. 3 BetrVG nicht ausschließt, sondern nur eine abschließende Regelung in Bezug auf die Beseitigung eines bereits eingetretenen mitbestimmungswidrigen Zustandes enthalte und durch bloße Aufhebung der mitbestimmungswidrigen Maßnahme der Anspruch auf künftige Beachtung der Mitbestimmungsrechte nicht erfüllt werde. Ob diese Erwägungen auch auf § 98 Abs. 5 BetrVG zutreffen, soweit es um die zukünftige Beachtung von Mitbestimmungsrechten geht, wird unterschiedlich beurteilt (bejahend GK-BetrVG/*Oetker* § 23 Rn. 151, 153, 162 m. w. N.). Eine spezielle Sanktion enthält weiter § 102 Abs. 1 S. 2 BetrVG, demzufolge eine ohne oder ohne ordnungsgemäße Anhörung des Betriebsrats ausgesprochene Kündigung unwirksam ist. Auch hier soll die Beachtung der Unterrichtungspflichten für die Zukunft mittels eines Antrags nach § 23 Abs. 3 BetrVG geltend gemacht werden können (GK-BetrVG/*Oetker* § 23 Rn. 153). Ferner enthält § 113 BetrVG eine spezielle Sanktionsregelung, aus der zum Teil gefolgert wird, dass ein Anspruch des Betriebsrats auf Unterlassung der Betriebsänderung bis zum Versuch der Herbeiführung eines Interessenausgleichs nicht besteht. Schließlich enthält § 104 BetrVG eine spezielle Regelung zur Entfernung betriebsstörender Arbeitnehmer.

### V. Initiativrecht, Einigungsstelle

2470 Im Bereich erzwingbarer Mitbestimmung, also bei Angelegenheiten, die dem positiven Konsensprinzip unterliegen, können Regelungen weiter durch Einschaltung der Einigungsstelle erzwungen werden, und zwar auf Grund des bestehenden Initiativrechts auch vom Betriebsrat (s. Rdn. 1638 ff.).

### VI. Theorie der Wirksamkeitsvoraussetzung

2471 Eine mittelbare Sanktion für die Nichteinhaltung erzwingbarer Mitbestimmungsrechte des Betriebsrats ergibt sich auch daraus, dass die Verletzung von Mitbestimmungsrechten des Betriebsrats im Verhältnis zwischen Arbeitgeber und Arbeitnehmer nach der sog. Theorie der Wirksamkeitsvoraussetzung (s. Rdn. 1649 f.) jedenfalls zur Unwirksamkeit solcher Maßnahmen oder Rechtsgeschäfte führt, die den Arbeitnehmer belasten.

### VII. § 23 Abs. 1 BetrVG

#### 1. Zweck und Anwendungsbereich

2472 § 23 Abs. 1 BetrVG regelt sowohl die Amtsenthebung des Betriebsratsmitglieds als auch die Auflösung des Betriebsrats insgesamt.

2473 Die Bestimmung ist Mittel zur Sicherstellung eines Mindestmaßes an gesetzmäßiger Amtsausübung des Betriebsrats für die Zukunft (*BAG* 22.2.1983 EzA § 23 BetrVG 1972 Nr. 9). § 23 Abs. 1 BetrVG regelt den Ausschluss aus dem und die Auflösung des Betriebsrats abschließend.

2474 Einen Ausschluss infolge einer Mehrheitsentscheidung des Betriebsrats oder der Betriebsversammlung gibt es daneben nicht (DKK/*Trittin* § 23 Rn. 2). Im Bereich des Gesamt- und Konzernbetriebsrats wird § 23 Abs. 1 BetrVG durch die Sonderregelungen der §§ 48, 56 BetrVG verdrängt: In Betracht kommt hier nur ein Ausschluss einzelner Mitglieder, nicht jedoch die Auflösung des Gremiums an sich (GK-BetrVG/*Oetker* § 23 Rn. 4). Auf die JAV findet gem. § 65 Abs. 1 BetrVG lediglich § 23 Abs. 1 BetrVG, nicht aber Abs. 2, 3 Anwendung, sodass die Bestellung eines Wahlvorstandes nicht dem Arbeitsgericht, sondern dem Betriebsrat nach Maßgabe von § 63 Abs. 2 und 3 BetrVG obliegt (GK-BetrVG/*Oetker* § 23 Rn. 5).

## 2. Ausschluss eines Mitglieds aus dem Betriebsrat

### a) Voraussetzungen

Der Ausschluss eines Betriebsratsmitglieds aus dem Betriebsrat kann wegen grober Verletzung von gesetzlichen Pflichten beim Arbeitsgericht beantragt werden. Entscheidend ist damit die Verletzung gesetzlicher Pflichten. 2475

> Gesetzliche Pflichten i. S. d. Vorschriften sind sämtliche Pflichten eines Betriebsratsmitglieds, die sich gerade aus seiner Amtsstellung und seinem konkreten Aufgabenkreis ergeben ohne Rücksicht darauf, wem gegenüber sie bestehen (GK-BetrVG/*Oetker* § 23 Rn. 15, 16). Eine bloße Verletzung arbeitsvertraglicher Pflichten reicht nicht (DKK/*Trittin* § 23 Rn. 8). 2476

Erforderlich ist eine grobe Verletzung der Pflichten. 2477

> Eine grobe Pflichtverletzung liegt vor, wenn der Verstoß objektiv erheblich und offensichtlich schwer wiegend ist (*BAG* 22.6.1993 EzA § 23 BetrVG 1972 Nr. 35), also besonders schwerwiegend gegen Sinn und Zweck des Gesetzes verstößt (GK-BetrVG/*Oetker* § 23 Rn. 36). Die konkrete Pflichtverletzung muss unter Berücksichtigung aller Umstände, insbes. der betrieblichen Gegebenheiten, des Anlasses und der Persönlichkeit des Betriebsratsmitglieds so erheblich sein, dass für die Zukunft nicht mehr auf eine pflichtgemäße Erfüllung der Amtsausübung vertraut werden kann (so für das BPersVG *BVerwG* 22.8.1991 EzA § 23 BetrVG 1972 Nr. 30). 2478

Auch ein einmaliger schwerer Verstoß kann ausreichen (GK-BetrVG/*Oetker* § 23 Rn. 37). Überwiegend (so für das BPersVG *BVerwG* 22.8.1991 EzA § 23 BetrVG 1972 Nr. 30; DKK/*Trittin* § 23 Rn. 11; *Fitting* § 23 Rn. 16; *LAG Düsseld.* 15.10.1992 LAGE § 611 BGB Abmahnung Nr. 33; a. A. GK-BetrVG/*Oetker* § 23 Rn. 39) wird auch ein Verschulden für erforderlich gehalten. Bei dem Begriff der groben Verletzung gesetzlicher Pflichten handelt es sich um einen unbestimmten Rechtsbegriff, der in der Rechtsbeschwerdeinstanz nur eingeschränkt daraufhin nachprüfbar ist, ob das Landesarbeitsgericht den unbestimmten Rechtsbegriff selbst verkannt hat, ob bei der Anwendung Denkgesetze oder allgemeine Erfahrungsgesetze verletzt sind, oder ob wesentliche Umstände nicht berücksichtigt wurden (*BAG* 21.2.1978 EzA § 74 BetrVG 1972 Nr. 4; GK-BetrVG/*Oetker* § 23 Rn. 35). 2479

### b) Einzelfälle

> Zu den gesetzlichen Pflichten zählen zunächst alle sich aus dem BetrVG ergebenden Pflichten. 2480

Dies sind z. B. die Pflicht zur vertrauensvollen Zusammenarbeit nach § 2 Abs. 1 BetrVG (*BAG* 21.2.1978 EzA § 74 BetrVG 1972 Nr. 4; zu Einzelfällen GK-BetrVG/*Oetker* § 23 Rn. 49; s. Rdn. 1239 ff.), Friedenspflicht und Verbot parteipolitischer Betätigung im Betrieb nach § 74 Abs. 2 BetrVG (vgl. GK-BetrVG/*Oetker* § 23 Rn. 50, 51; s. Rdn. 1263 ff.), Pflicht zur Unterlassung von Kampfmaßnahmen zwischen Arbeitgeber und Betriebsrat gem. § 74 Abs. 2 S. 1 BetrVG (s. Rdn. 1254 ff.), Pflicht zur Behandlung aller im Betrieb tätigen Personen nach den Grundsätzen von Recht und Billigkeit gem. § 75 Abs. 1 BetrVG (vgl. GK-BetrVG/*Oetker* § 23 Rn. 53; s. Rdn. 1286 ff.), Schweigepflicht gem. §§ 79, 82 Abs. 2, 83 Abs. 1, 99 Abs. 1, 102 Abs. 2 BetrVG (GK-BetrVG/*Oetker* § 23 Rn. 54; s. Rdn. 848 ff.), Pflicht zur Berücksichtigung betrieblicher Notwendigkeit bei der Ansetzung von Betriebsratssitzungen gem. § 30 S. 2 BetrVG (*LAG Hamm* 8.6.1978 EzA § 37 BetrVG 1972 Nr. 58), Pflicht zur Wahrnehmung betriebsverfassungsrechtlicher Befugnisse (GK-BetrVG/*Oetker* § 23 Rn. 55) oder Pflicht zur Mitarbeit bei der Ausübung von Aufgaben des Betriebsrats (HSWGNR/*Schlochauer* § 23 Rn. 29). 2481

> Zu den gesetzlichen Amtspflichten zählen auch die, die sich aus einer besonderen Stellung innerhalb des Betriebsrats ergeben, etwa aus der Stellung als Vorsitzender oder dessen Stellvertreter 2482

(*Fitting* § 23 Rn. 15). Weiter zählen hierzu die in Tarifverträgen oder Betriebsvereinbarungen enthaltenen Pflichten, soweit durch sie die nach dem BetrVG bestehenden Pflichten konkretisiert werden (GK-BetrVG/*Oetker* § 23 Rn. 17).

2483 Zum Anlass für ein Ausschlussverfahren können nur Amtspflichtverletzungen aus der laufenden Amtsperiode genommen werden (*BAG* 29.4.1969 AP Nr. 9 zu § 23 BetrVG; *LAG Brem.* 27.10.1987 DB 1988, 136; DKK/*Trittin* § 23 Rn. 14; **a. A.** GK-BetrVG/*Oetker* § 23 Rn. 45: Auch Amtspflichtverletzungen aus der abgelaufenen Amtszeit, sofern die Amtspflichtverletzung für die Amtsausübung dieses Betriebsratsmitglieds belastend fortwirkt).

### c) Verfahren

2484 Über den Antrag, der nur von den in § 23 Abs. 1 BetrVG aufgeführten Antragsberechtigten gestellt werden kann, entscheidet das Arbeitsgericht im Beschlussverfahren, §§ 2a Abs. 1 Nr. 1, Abs. 2, 80 ff. ArbGG. Der Antrag kann zunächst von einem Viertel der wahlberechtigten Arbeitnehmer (vgl. § 7 BetrVG) des Betriebs gestellt werden, wobei die Mindestzahl nach dem regelmäßigen Stand der Belegschaft ermittelt werden und während des gesamten Verfahrens vorliegen muss (GK-BetrVG/*Oetker* § 23 Rn. 65 m. w. N.). Streitig ist, ob für aus dem Verfahren ausscheidende andere wahlberechtigte Arbeitnehmer als Antragsteller dem Verfahren beitreten und so ein Absinken unter die Mindestzahl verhindern können (*Fitting* § 23 Rn. 9; abl. GK-BetrVG/*Oetker* § 23 Rn. 66; DKK/*Trittin* § 23 Rn. 25; abl. für das entsprechende Quorum bei der Anfechtung der Betriebsratswahl *BAG* 12.2.1985 EzA § 19 BetrVG 1972 Nr. 21). Antragsberechtigt ist ferner der Arbeitgeber, allerdings nur hinsichtlich solcher Pflichtverletzungen, die das Verhältnis des Betriebsratsmitglieds zum Arbeitgeber betreffen, da er nicht Interessenwahrer der Belegschaft oder des Betriebsrat ist (GK-BetrVG/*Oetker* § 23 Rn. 67). Antragsberechtigt ist ferner jede im Betrieb vertretene Gewerkschaft unabhängig davon, ob das betroffene Betriebsratsmitglied der antragstellenden Gewerkschaft angehört oder nicht (GK-BetrVG/*Oetker* § 23 Rn. 68). Antragsberechtigt ist schließlich auch der Betriebsrat selbst. Bei dem erforderlichen Beschluss, der nach § 33 BetrVG mit einfacher Mehrheit zu fassen ist, wirkt das auszuschließende Mitglied nicht mit (*Fitting* § 23 Rn. 13). Scheidet das Betriebsratsmitglied nach Antragstellung aus anderen Gründen aus dem Betriebsrat aus, tritt Erledigung ein. Bei entsprechender Erklärung ist das Verfahren nach § 83a ArbGG einzustellen. Fehlt es an übereinstimmenden Erklärungen, ist bei entsprechender Umstellung des Antrags die Erledigung festzustellen, ansonsten der Antrag wegen Fehlens des Rechtsschutzinteresses abzuweisen (GK-BetrVG/*Oetker* § 23 Rn. 79, 80).

### d) Einstweilige Verfügung

2485 In klarliegenden, dringenden und äußerst schwerwiegenden Fällen kann durch einstweilige Verfügung im Beschlussverfahren das Arbeitsgericht die weitere Amtsausübung eines Betriebsratsmitglieds bis zur Entscheidung in der Hauptsache untersagen, wenn die weitere Zusammenarbeit mit dem Betriebsratsmitglied unter Anlegung eines strengen Maßstabes nicht einmal mehr vorübergehend zumutbar erscheint (*BAG* 29.4.1969 AP Nr. 9 zu § 23 BetrVG; *LAG Hamm* 18.9.1975 EzA § 23 BetrVG 1972 Nr. 2; DKK/*Trittin* § 23 Rn. 37; GK-BetrVG/*Oetker* § 23 Rn. 84).

2486 Wird dem Antrag stattgegeben, wird das Betriebsratsmitglied durch ein Ersatzmitglied vertreten, § 25 Abs. 1 BetrVG. Ein Ausschluss aus dem Betriebsrat durch einstweilige Verfügung ist nicht möglich.

### e) Wirkungen des Ausschlusses

2487 Der Ausschluss wird mit Rechtskraft des arbeitsgerichtlichen Beschlusses wirksam und führt unmittelbar zum Verlust des Amtes und der damit verbundenen Rechte und Pflichten (GK-BetrVG/*Oetker* § 23 Rn. 86). Der besondere Kündigungsschutz besteht nicht mehr. Dies gilt auch für den nachwirkenden Kündigungsschutz nach § 15 Abs. 1 S. 2 KSchG. Gem. § 25 BetrVG rückt ein Ersatzmitglied in den Betriebsrat nach. Das ausgeschlossene Mitglied kann erneut in den Betriebsrat gewählt werden. Dies gilt auch bei vorzeitiger Neuwahl nach § 13 Abs. 2 BetrVG (GK-BetrVG/*Oetker* § 23 Rn. 93, 94).

*f) Verhältnis zu anderen, insbes. individualrechtlichen Sanktionsmitteln*

Durch § 23 Abs. 1 BetrVG werden Unterlassungsansprüche des Arbeitgebers gegen den Betriebsrat bzw. einzelne Betriebsratsmitglieder nicht ausgeschlossen; er ist nicht verpflichtet, den Ausschluss aus dem Betriebsrat vorrangig zu betreiben (*BAG* 22.7.1980 EzA § 74 BetrVG 1972 Nr. 5).

> Bei reinen Amtspflichtverletzungen ist nur eine Amtsenthebung nach § 23 Abs. 1 BetrVG, nicht aber eine außerordentliche Kündigung möglich. Stellt sich die Pflichtverletzung aber gleichzeitig als Verletzung der Amts- und arbeitsvertraglichen Pflichten dar (z. B. wenn ein Betriebsratsmitglied eine Arbeitsbefreiung nach § 37 Abs. 2 BetrVG in Anspruch nimmt, obwohl es weiß, dass deren Voraussetzungen nicht vorliegen), schließen sich die Möglichkeiten außerordentlicher Kündigung gem. § 626 BGB, § 15 Abs. 1 KSchG und die der Amtsenthebung nach § 23 Abs. 1 BetrVG nach der herrschenden sog. Simultantheorie nicht aus (s. Kap. 4 Rdn. 550 ff.). Gleiches gilt für Abmahnungen.

Da aber eine wirksame außerordentliche Kündigung zum Erlöschen der Mitgliedschaft im Betriebsrat führt (§ 24 Abs. 1 Nr. 3 BetrVG), sind die Anforderungen an die Kündigung strenger als gegenüber anderen Arbeitnehmern. Die Kündigung ist nur gerechtfertigt, wenn unter Anlegung eines besonders strengen Maßstabs das pflichtwidrige Verhalten als schwerer Verstoß gegen die Pflichten aus dem Arbeitsverhältnis zu werten ist (*BAG* 16.10.1986 AP Nr. 95 zu § 626 BGB; 15.7.1992 EzA § 611 BGB Abmahnung Nr. 26). Entsprechendes gilt für Abmahnungen, da es sich hierbei um die i. d. R. notwendige Vorstufe zur Kündigung handelt (*BAG* 10.11.1993 EzA § 611 BGB Abmahnung Nr. 29). Hält ein Betriebsratsmitglied sein Verhalten irrig für rechtmäßig, schließt dies allein eine Abmahnung nicht aus. Abzustellen ist vielmehr darauf, ob für einen objektiv urteilenden Dritten ohne weiteres der Pflichtverstoß erkennbar war (*BAG* 10.11.1993 EzA § 611 BGB Abmahnung Nr. 29). Stellt sich ein Verhalten sowohl als Verstoß gegen arbeitsvertragliche Pflichten als auch gegen Amtspflichten dar, hat der Arbeitgeber die Wahl zwischen Amtsenthebungsverfahren und außerordentlicher Kündigung/Abmahnung (GK-BetrVG/*Oetker* § 23 Rn. 33).

### 3. Auflösung des Betriebsrats

*a) Voraussetzungen*

Nach § 23 Abs. 1 BetrVG kann ferner der Betriebsrat insgesamt wegen grober Verletzung seiner gesetzlichen Pflichten aufgelöst werden, wobei auch hier gesetzliche Pflichten alle Amtspflichten sind, die dem Betriebsrat als solchem obliegen. Es gelten daher grds. die gleichen Voraussetzungen wie für den Ausschluss eines einzelnen Betriebsratsmitglieds (GK-BetrVG/*Oetker* § 23 Rn. 97). Neben den oben (s. Rdn. 2475 ff.) dargestellten Pflichten kommt insbes. die Vernachlässigung der gesetzlichen Aufgaben und Befugnisse, die der Betriebsrat im Rahmen der Mitbestimmungsordnung hat, in Betracht (vgl. GK-BetrVG/*Oetker* § 23 Rn. 103 m. w. N.).

> Erforderlich ist stets, dass die gesetzlichen Pflichten vom Betriebsrat als solchem, d. h. als Kollektivorgan, verletzt werden. Nicht ausreichend ist daher, dass sämtliche Betriebsratsmitglieder als einzelne, sei es auch gleichzeitig und gemeinsam, eine Amtspflichtverletzung begehen.

Im Falle einer gesetzwidrigen Beschlussfassung reichen aber Mehrheitsbeschlüsse gem. § 33 BetrVG aus (DKK/*Trittin* § 23 Rn. 49). Gleichzeitige, jedoch einzelne Pflichtverletzungen mehrerer oder aller Betriebsratsmitglieder rechtfertigen nur eine Amtsenthebung der einzelnen Mitglieder mit der Folge, dass der Betriebsrat als solcher unter Nachrücken der Ersatzmitglieder bestehen bleibt (GK-BetrVG/*Oetker* § 23 Rn. 98).

2494 Eine grobe Verletzung liegt vor, wenn der Verstoß objektiv erheblich ist; ein Verschulden ist nach allgemeiner Meinung nicht Tatbestandsvoraussetzung, da der Betriebsrat als Gremium nicht schuldhaft handeln kann (vgl. GK-BetrVG/*Oetker* § 23 Rn. 102 m. w. N.).

2495 Berücksichtigt werden können nur Pflichtverletzungen aus der laufenden, nicht aus der vorangegangenen Amtsperiode, auch wenn der Betriebsrat in gleicher Zusammensetzung wieder gewählt wird (h. M., GK-BetrVG/*Oetker* § 23 Rn. 100; DKK/*Trittin* § 23 Rn. 56; a. A. HSWGNR/*Schlochauer* § 23 Rn. 44).

*b) Verfahren*

2496 Über den Antrag entscheidet das Arbeitsgericht im Beschlussverfahren, §§ 2a Abs. 1 Nr. 1, Abs. 2, 80 ff. ArbGG. Antragsberechtigt sind ein Viertel der wahlberechtigten Arbeitnehmer, der Arbeitgeber und eine im Betrieb vertretene Gewerkschaft. Beschließt der Betriebsrat nach Einleitung des Verfahrens seinen Rücktritt (§ 13 Abs. 2 Nr. 3 BetrVG), entfällt hierdurch nicht das Rechtsschutzbedürfnis für den Auflösungsantrag bis zur Neuwahl des Betriebsrats und Bekanntgabe des Wahlergebnisses, da der Betriebsrat sonst durch Verzögerung der Bestellung des Wahlvorstandes die Neuwahl verzögern könnte. Etwas anderes kann nur dann gelten, wenn sämtliche Betriebsratsmitglieder und auch die Ersatzmitglieder ihr Amt niederlegen, §§ 24 Abs. 1 Nr. 2 BetrVG, 13 Abs. 2 Nr. 2 BetrVG (vgl. GK-BetrVG/*Oetker* § 23 Rn. 106).

*c) Wirkungen*

2497 Die Auflösung wird mit Rechtskraft des arbeitsgerichtlichen Beschlusses mit der Folge der sofortigen Beendigung der Amtszeit des Betriebsrats wirksam. Eine Berechtigung des aufgelösten Betriebsrats zur Fortführung der Geschäfte bis zur Neuwahl eines neuen Betriebsrats besteht nicht, vgl. §§ 13 Abs. 2 Nr. 5, 22 BetrVG. Der besondere Kündigungsschutz der Betriebsratsmitglieder nach § 15 Abs. 1 KSchG, § 103 BetrVG endet (GK-BetrVG/*Oetker* § 23 Rn. 116).

*d) Gerichtliche Einsetzung eines Wahlvorstandes, § 23 Abs. 2 BetrVG*

2498 Im Falle der gerichtlichen Auflösung des Betriebsrats hat gem. § 23 Abs. 2 BetrVG das Arbeitsgericht unverzüglich einen Wahlvorstand für die Neuwahl des Betriebsrats einzusetzen. Strittig ist, ob die Einsetzung des Wahlvorstandes erst nach Rechtskraft des Auflösungsbeschlusses möglich ist (so GK-BetrVG/*Oetker* § 23 Rn. 119) oder aber bereits mit dem Auflösungsbeschluss verbunden werden kann (so *Fitting* § 23 Rn. 46). Die Einsetzung erfolgt auch ohne Antrag von Amts wegen durch das Gericht erster Instanz, auch wenn das Auflösungsverfahren im höheren Rechtszug abgeschlossen wird (GK-BetrVG/*Oetker* § 23 Rn. 120). § 23 Abs. 2 S. 2 verweist ergänzend auf § 16 Abs. 2 BetrVG (s. Rdn. 334 f.).

### VIII. Straf- und Bußgeldvorschriften

2499 §§ 119–121 BetrVG stellen bestimmte Verhaltensweisen unter Strafe oder bedrohen diese mit Geldbuße.

## P. Abweichende Ausgestaltung betriebsverfassungsrechtlicher Regelungen durch Kollektivvertrag – Erweiterung von Mitwirkungs- und Mitbestimmungsrechten

### I. Organisationsnormen

2500 Bestimmungen des BetrVG, die Wahl und Organisation des Betriebsrats betreffen, sind zweiseitig zwingend, d. h. grds. nicht durch abweichende Regelungen in Tarifverträgen oder Betriebsvereinbarungen abänderbar (*BAG* 10.2.1988 EzA § 1 TVG Nr. 34; 11.11.1998 EzA § 50 BetrVG 1972 Nr. 16), es sei denn, das BetrVG selbst lässt abweichende Regelungen ausdrücklich zu, wie z. B. in §§ 3, 21a, 38 Abs. 1, 47 Abs. 4, 55 Abs. 4, 72 Abs. 4 und 8, 76 Abs. 5, 86, 117 Abs. 2 BetrVG.

## II. Uneinschränkbarkeit von Beteiligungsrechten

Die Regelungen des BetrVG über die Beteiligungsrechte des Betriebsrats sind einseitig zwingend 2501 und damit Mindestbestimmungen. Sie sind nicht zu Lasten des Betriebsrats durch Tarifvertrag oder Betriebsvereinbarungen einschränkbar.

Der Betriebsrat kann auf gesetzliche Beteiligungsrechte grds. auch nicht verzichten (vgl. *BAG* 2502 29.11.1983 EzA § 113 BetrVG 1972 Nr. 11; DKK/*Klebe* § 87 Rn. 39). Sofern eine Betriebsvereinbarung Befugnisse auf den Arbeitgeber oder eine paritätische Kommission überträgt, darf das Mitbestimmungsrecht des Betriebsrats nicht in seiner Substanz beeinträchtigt werden, da der Betriebsrat seine Befugnisse eigenverantwortlich wahrnehmen muss (*BAG* 26.7.1988 EzA § 87 BetrVG 1972 Leistungslohn Nr. 16; 11.2.1992 EzA § 76 BetrVG 1972 Nr. 60).

## III. Erweiterung von Beteiligungsrechten

### 1. Durch Betriebsvereinbarungen und Regelungsabreden

Die Möglichkeit einer Erweiterung von Beteiligungsrechten des Betriebsrats durch Betriebsverein- 2503 barung ist im BetrVG ausdrücklich nur in § 102 Abs. 6 BetrVG vorgesehen, wonach durch Betriebsvereinbarung (nicht aber durch eine einzelvertragliche Vereinbarung, *BAG* 23.4.2009 EzA § 102 BetrVG 2001 Nr. 24) Kündigungen an eine Zustimmung des Betriebsrats gebunden und im Falle der Nichteinigung die Zuständigkeit der Einigungsstelle begründet werden kann. Im Hinblick auf die Freiwilligkeit einer solchen Regelung wird aber auch darüber hinaus die Möglichkeit einer Erweiterung von Beteiligungsrechten durch freiwillige Betriebsvereinbarung anerkannt (vgl. *BAG* 18.8.2009 EzA § 99 BetrVG 2001 Nr. 14; GK-BetrVG/*Wiese* § 87 Rn. 7 ff.; *Fitting* § 1 Rn. 249 ff.). Die Betriebsparteien können das Mitbestimmungsrecht des Betriebsrats durch Regelungsabrede erweitern. Eine Verletzung bzw. Nichtbeachtung der so erweiterten Mitbestimmungsrechte führt aber nicht zur Unwirksamkeit der Maßnahme gegenüber dem Arbeitnehmer in Anwendung der Grundsätze der Theorie der Wirksamkeitsvoraussetzung (*BAG* 14.8.2001 EzA § 88 BetrVG 1972 Nr. 1; zur Theorie der Wirksamkeitsvoraussetzung s. Rdn. 2471). Nicht möglich sind hingegen Vereinbarungen, die zugleich Auswirkungen auf das arbeitsgerichtliche Verfahren haben. Die Betriebsparteien können deshalb nicht vereinbaren, dass die Zustimmung des Betriebsrats als verweigert gilt, wenn zwischen ihnen bis zum Ablauf der Äußerungsfrist des § 99 Abs. 3 S. 1 BetrVG kein Einvernehmen über eine vom Arbeitgeber beantragte Umgruppierung erzielt wird (*BAG* 18.8.2009 EzA § 99 BetrVG 2001 Nr. 14).

### 2. Durch Tarifvertrag

Nach Auffassung des *BAG* (vgl. 23.4.2009 EzA § 102 BetrVG 2001 Nr. 24; 10.2.1988 EzA § 1 2504 TVG Nr. 34 betr. Einstellungen; 18.8.1987 EzA § 77 BetrVG 1972 Nr. 18 betr. Dauer der Arbeitszeit; 22.10.1985 EzA § 99 BetrVG 1972 Nr. 44 betr. Verlängerung der Frist des § 99 Abs. 3 BetrVG; a. A. *Richardi* NZA 1988, 674 ff.) ist eine Erweiterung betriebsverfassungsrechtlicher Beteiligungsrechte durch Tarifvertrag zulässig. Zur Begründung wird auf die umfassende Regelungskompetenz der Tarifvertragsparteien nach § 1 TVG auch für betriebsverfassungsrechtliche Fragen und darauf verwiesen, dass trotz Streits über diese Frage bereits unter Geltung des BetrVG 1952 bei Schaffung des BetrVG 1972 durch den Gesetzgeber nicht klar zum Ausdruck gebracht worden sei, dass eine Erweiterung von Mitwirkungsrechten habe untersagt werden sollen. Danach sind die Regelungen des BetrVG als Arbeitnehmerschutzbestimmungen nur einseitig zwingender Natur und enthalten lediglich Mindeststandards.

## Q. Europäischer Betriebsrat (EBR)

### I. Gesetzliche Grundlagen, Grundzüge der Regelung

#### 1. Die Richtlinie 94/45/EG

2505 Durch das Gesetz über Europäische Betriebsräte – EBRG – v. 28.10.1996 (BGBl. I S. 1548, 2022) hat die Bundesrepublik die Richtlinie 94/45/EG des Rates v. 22.9.1994 über die Einsetzung eines EBR oder die Schaffung eines Verfahrens zur Unterrichtung und Anhörung der Arbeitnehmer in gemeinschaftsweit operierenden Unternehmen und Unternehmensgruppen (ABlEG Nr. L 254 v. 30.9.1994, S. 64 ff.) in nationales Recht umgesetzt.

#### 2. Die Richtlinie 2009/38/EG

2506 Mit der Richtlinie 2009/38/EG des Europäischen Parlaments und des Rates vom 6.5.2009 wurde die Richtlinie 94/45/EG aufgehoben (ABlEG Nr. L 122 v. 16.5.2009, S. 28 ff.). Die neue Richtlinie ergänzt die alte Richtlinie inhaltlich und fasst sie neu (s. zu den Zielen der Neufassung Erwägungsgrund Nr. 7 der Richtlinie 2009/38/EG). Vorangegangen war ein langwieriges Verfahren, das mit einer ersten Anhörung durch die Kommission im Jahr 2004 begonnen hatte und erst im Jahr 2009 seinen Abschluss fand.

2507 Die neue Richtlinie lässt Grundkonzeption und Struktur der EBR-Richtlinie von 1994 unverändert. Sie enthält jedoch eine Vielzahl von Neuerungen. Zu den wesentlichen neuen Inhalten zählt:
- Erstmals definiert die EBR-Richtlinie den Begriff »Unterrichtung« (Art. 2f). Es handelt sich um »die Übermittlung von Informationen durch den Arbeitgeber an die Arbeitnehmervertreter, um ihnen Gelegenheit zur Kenntnisnahme und Prüfung der behandelten Frage zu geben; die Unterrichtung erfolgt zu einem Zeitpunkt, in einer Weise und in einer inhaltlichen Ausgestaltung, die dem Zweck angemessen sind und es den Arbeitnehmervertretern ermöglichen, die möglichen Auswirkungen eingehend zu bewerten und ggf. Anhörungen mit dem zuständigen Organ des gemeinschaftsweit operierenden Unternehmens oder der gemeinschaftsweit operierenden Unternehmensgruppe vorzubereiten«.
- Daneben ist die Definition der Anhörung präzisiert (Art. 2g). Es handelt sich um »die Einrichtung eines Dialogs und den Meinungsaustausch zwischen den Arbeitnehmervertretern und der zentralen Leitung oder einer anderen, angemesseneren Leitungsebene zu einem Zeitpunkt, in einer Weise und in einer inhaltlichen Ausgestaltung, die es den Arbeitnehmervertretern auf der Grundlage der erhaltenen Informationen ermöglichen, unbeschadet der Zuständigkeiten der Unternehmensleitung innerhalb einer angemessenen Frist zu den vorgeschlagenen Maßnahmen, die Gegenstand der Anhörung sind, eine Stellungnahme abzugeben, die innerhalb des gemeinschaftsweit operierenden Unternehmens oder der gemeinschaftsweit operierenden Unternehmensgruppe berücksichtigt werden kann.«
- Die Richtlinie zielt weiterhin auf eine einvernehmliche Regelung der Beteiligungsrechte zwischen Unternehmen und Arbeitnehmern. Für die Verwirklichung ist auf Seiten der Arbeitnehmer, wie bisher, ein besonderes Verhandlungsgremium (»bVG«) vorgesehen. Die Grundsätze der Repräsentativität und der Proportionalität sind bei der Besetzung des bVG besser berücksichtigt, da die maximale Mitgliederzahl von 30 aufgehoben wird. Jeder Mitgliedstaat erhält nunmehr je angefangener 10 % der Gesamtzahl der in allen Mitgliedstaaten beschäftigten Arbeitnehmer einen Sitz im bVG (Art. 5 Abs. 2b).
- Die neuen Richtlinienbestimmungen gewähren den Mitgliedern des EBR zudem einen Anspruch auf die erforderlichen Mittel zur kollektiven Wahrnehmung der Rechte aus der Richtlinie (Art. 10 Abs. 1). Daneben wird die Kostenübernahme für erforderliche Schulungen und Entgeltfortzahlung während der Teilnahme für Mitglieder des bVG und des Europäischen Betriebsrats geregelt (Art. 10 Abs. 4).
- Wichtig ist auch, dass die neue Richtlinie einen verbesserten vertikalen und horizontalen Informationsanspruch über die Fakten, von deren Vorliegen die Bildung eines EBR abhängt, einführt (Art. 4 Abs. 4 i. V. m. Art. 5; Erwägungsgrund 25).

– In dem neuen Art. 13 wird das Verfahren geregelt, das bei wesentlichen Änderungen der Unternehmensstrukturen greift.

Die Richtlinie 2009/38/EG wurde aufgrund des Zweiten Gesetzes zur Änderung des Europäische Betriebsräte-Gesetzes – Umsetzung der Richtlinie 2009/38/EG über Europäische Betriebsräte (2. EBRG ÄndG) – v. 14.6.2011 (BGBl. I S. 1050) in deutsches Recht umgesetzt. Am 18.6.2011 trat das neue Gesetz in Kraft. 2508

> Soweit das EBRG auslegungsbedürftig ist, sind die Grundsätze richtlinienkonformer Auslegung zu berücksichtigen (DKK/*Däubler* Vor § 1 EBRG Rn. 17; zur richtlinienkonformen Auslegung vgl. etwa *BAG* 2.4.1996 EzA § 87 BetrVG 1972 Bildschirmarbeit Nr. 1; *EuGH* 14.7.1994 – Faccini Dori – EzA Art. 189 EWG-Vertrag Nr. 1). 2509

### 3. Ziel und Organisationsstruktur des EBRG

Das EBRG soll das Recht auf grenzübergreifende Unterrichtung und Anhörung der Arbeitnehmer in größeren gemeinschaftsweit tätigen Unternehmen und Unternehmensgruppen stärken. Die Richtlinie 2009/38/EG gibt hierfür keine verbindliche Organisationsstruktur vor. Das EBRG überlässt den Sozialpartnern die Möglichkeit einer autonomen Organisation. 2510

> Die Beteiligungsrechte und -verfahren sollen bVG und die sog. zentrale Leitung verhandeln mit dem Ziel des Abschlusses einer Vereinbarung (§ 17 EBRG). Diese Vereinbarung kann das Verfahren zur Unterrichtung und Anhörung der Arbeitnehmervertreter auf nationaler Ebene oder die Errichtung eines oder mehrerer EBR regeln. Scheitern die Verhandlungen, ist innerhalb bestimmter Fristen ein EBR kraft Gesetzes zu errichten (§ 21 EBRG). 2511

Das EBRG lässt die Organisationsstrukturen des BetrVG unberührt. Bei dem EBR handelt es sich insbes. nicht um eine vierte Ebene der Betriebsverfassung neben lokalem Betriebsrat, Gesamt- und Konzernbetriebsrat. Die zentrale Leitung muss den EBR in grenzüberschreitenden Unternehmensangelegenheiten, die für die Arbeitnehmer relevant sein können, unterrichten und anhören. Das Beteiligungsniveau ist damit im Vergleich zum BetrVG erheblich niedriger. Seiner Funktion nach ähnelt der EBR dem betriebsverfassungsrechtlichen Wirtschaftsausschuss. 2512

## II. Geltungsbereich des EBRG

### 1. Räumlicher Geltungsbereich

#### a) Begriff der zentralen Leitung

Das EBRG knüpft zur Bestimmung seines räumlichen Geltungsbereichs an den Sitz der sog. zentralen Leitung an. § 1 Abs. 6 EBRG definiert die zentrale Leitung als ein »gemeinschaftsweit tätiges Unternehmen oder das herrschende Unternehmen einer gemeinschaftsweit tätigen Unternehmensgruppe«. Diese Formulierung entspricht nicht den Vorgaben der Richtlinie 2009/38/EG. Art. 2 Abs. 1e stellt auf die Unternehmensleitung und nicht auf das Unternehmen oder das herrschende Unternehmen ab. Deshalb ist eine richtlinienkonforme Auslegung nötig. 2513

> Zentrale Leitung ist nach dieser Auslegung das Leitungsorgan, dem die Geschäftsführung und die Vertretung für das Unternehmen zustehen (MünchArbR/*Joost* § 274 Rn. 28). 2514

#### b) Sitz der zentralen Leitung im Inland

> Das EBRG gilt zunächst für gemeinschaftsweit tätige Unternehmen mit Sitz im Inland und für gemeinschaftsweit tätige Unternehmensgruppen mit Sitz des herrschenden Unternehmens im Inland (§ 2 Abs. 1 EBRG). 2515

Maßgeblich ist, dass der tatsächliche Sitz der zentralen Leitung im Inland ist (MünchArbR/*Joost* § 274 Rn. 11). 2516

### c) Sitz der zentralen Leitung in einem Drittstaat bzw. in einem anderen Mitgliedstaat

2517 Befindet sich der **Sitz der zentralen Leitung in einem Drittstaat**, also einem Staat, der nicht Mitgliedstaat der Europäischen Union oder Vertragsstaat des Abkommens über den europäischen Wirtschaftsraum ist (vgl. § 2 Abs. 3 EBRG), findet das EBRG nur unter den in § 2 Abs. 2 EBRG festgelegten Voraussetzungen Anwendung.

2518 Das EBRG gilt danach, wenn:
- sich eine für in Mitgliedstaaten liegende Betriebe oder Unternehmen zuständige »nachgeordnete Leitung« im Inland befindet (z. B. »Europadirektion«, vgl. DKK/*Däubler* § 2 EBRG Rn. 3),
- oder, bei Fehlen einer solchen nachgeordneten Leitung, die zentrale Leitung einen Betrieb oder ein Unternehmen mit Sitz im Inland als Vertreter benennt,
- oder, bei Nichtbenennung eines derartigen Vertreters, der Betrieb bzw. das Unternehmen im Inland liegt, in dem verglichen mit den in anderen Mitgliedstaaten liegenden Betrieben des Unternehmens oder der Unternehmensgruppe die meisten Arbeitnehmer beschäftigt sind. Diese Regelung findet entsprechende Anwendung, wenn in verschiedenen Mitgliedstaaten »nachgeordnete Leitungen« existieren (DKK/*Däubler* § 2 EBRG Rn. 4). Das EBRG ist anwendbar, wenn im Einzugsbereich der in Deutschland liegenden nachgeordneten Leitung der höchste Prozentsatz der in der Gemeinschaft tätigen Arbeitnehmer beschäftigt ist. Entsprechendes gilt für den Fall, dass ein Unternehmen in einem Mitgliedstaat mehrere Betriebe bzw. eine Unternehmensgruppe mehrere Unternehmen besitzt: Das EBRG ist anwendbar, wenn im Inland der höchste Prozentsatz der in der Gemeinschaft tätigen Arbeitnehmer beschäftigt wird (DKK/*Däubler* § 2 EBRG Rn. 4).

2519 Befindet sich der **Sitz der zentralen Leitung in einem anderen Mitgliedstaat**, ist das EBRG grds. nicht anzuwenden. Maßgeblich ist dann vielmehr das jeweilige nationale Ausführungsgesetz zur Richtlinie 2009/38/EG. Für im Inland stattfindende Vorgänge gilt das EBRG allerdings auch in diesem Fall (§ 2 Abs. 4 EBRG). Dies betrifft bspw. die Auskunftsansprüche, die Bestellung der auf das Inland entfallenden Arbeitnehmervertreter, die Berichtspflicht gegenüber inländischen Arbeitnehmervertretungen und die Pflicht zur Weiterleitung eines im Inland gestellten Antrags auf Bildung des bVG an die zentrale Leitung.

## 2. Sachlicher Geltungsbereich

2520 Das EBRG gilt nur für gemeinschaftsweit tätige Unternehmen oder Unternehmensgruppen (§ 3 EBRG). Dies sind Unternehmen und Unternehmensgruppen aller Rechtsformen, die in den Mitgliedstaaten (§ 2 Abs. 3 EBRG) mindestens 1000 Arbeitnehmer beschäftigen, davon in mindestens zwei Mitgliedstaaten jeweils mindestens 150 Arbeitnehmer.

2521 Mitgliedstaaten i. S. d. § 2 Abs. 3 EBRG sind Belgien, Bulgarien, Dänemark, Deutschland, Estland, Finnland, Frankreich, Griechenland, Großbritannien, Irland, Italien, Lettland, Litauen, Luxemburg, Malta, Niederlande, Österreich, Polen, Portugal, Rumänien, Schweden, Slowakei, Slowenien, Spanien, Tschechien, Ungarn, Zypern sowie die Mitgliedstaaten des Europäischen Wirtschaftsraums Island, Liechtenstein und Norwegen.

2522 Als **Unternehmen** ist unabhängig von der Rechtsform der jeweilige Rechtsträger zu verstehen (MünchArbR/*Joost* § 274 Rn. 15). Unternehmen kann auch eine natürliche Person sein (*BAG* 30.3.2004 EzA § 5 EBRG Nr. 1).

2523 Es gilt der gemeinschaftsrechtliche Unternehmensbegriff, der auch die öffentliche Hand im Fall der Erbringung von Dienstleistungen erfassen kann (DKK/*Däubler* § 2 EBRG Rn. 2). Das EBRG gilt auch für **Tendenzunternehmen**. Für diese sieht § 31 EBRG bestimmte Einschränkungen der Mitwirkungsrechte des EBR vor.

2524 Eine **Unternehmensgruppe** ist eine Gruppe, die aus einem herrschenden Unternehmen und den *von diesem abhängigen Unternehmen* besteht (Art. 2 Abs. 1b der Richtlinie 2009/38/EG). Der Begriff der Unternehmensgruppe wird unter Verzicht auf die tatsächliche Ausübung einheitlicher Leitungsmacht durch die bloße Abhängigkeit bestimmt, sodass die **Möglichkeit** des beherrschenden Einflusses ausreicht (*BAG* 30.3.2004 EzA § 5 EBRG Nr. 1). Gleichgeordnete Unternehmen unter einheitlicher Leitung werden nicht erfasst. § 6 Abs. 2 EBRG enthält verschiedene – widerlegbare – Vermutungstatbestände für einen beherrschenden Einfluss.

Der Begriff der Unternehmensgruppe i. S. d. EBRG knüpft nicht an die nationalen Regelungen über den Konzern an. Insbesondere ist der Begriff des »herrschenden Unternehmens« weiter als der Abhängigkeitsbegriff des § 17 AktG und wird durch § 6 EBRG eigenständig bestimmt (vgl. DKK/*Bachner* § 6 EBRG Rn. 4 mit Beispielen von Abhängigkeitstatbeständen). Gemeinschaftsunternehmen (»joint ventures«) sind abhängige Unternehmen aller Muttergesellschaften (str., so z. B. MünchArbR/*Joost* § 274 Rn. 18; DKK/*Bachner* § 6 EBRG Rn. 7; a. A. *Fitting* EBRG Übersicht Rn. 30). 2525

Die Berechnung der Arbeitnehmeranzahl richtet sich nach § 4 EBRG. Es gilt der betriebsverfassungsrechtliche Arbeitnehmerbegriff (s. Rdn. 5 ff.). Leitende Angestellte i. S. d. § 5 Abs. 3 BetrVG zählen nicht, obwohl § 4 nur auf § 5 Abs. 1 und nicht auf Abs. 3 BetrVG verweist (»Redaktionsversehen«, vgl. MünchArbR/*Joost* § 274 Rn. 24; *Fitting* EBRG Übersicht Rn. 22). 2526

Der Arbeitnehmerbegriff richtet sich in anderen Mitgliedstaaten nach dem jeweiligen lokalen Recht. Bei der Feststellung der nach § 3 EBRG erforderlichen Arbeitnehmerzahlen kommt es auf die Anzahl der im Durchschnitt der letzten zwei Jahre vor Initiative der zentralen Leitung zur Bildung des bVG (§ 9 Abs. 1 EBRG) oder dem Eingang des Antrags der Arbeitnehmer oder ihrer Vertreter auf Bildung des bVG (§ 9 Abs. 2 EBRG) beschäftigten Arbeitnehmer an (§ 4 EBRG). Diese Zahl wird ermittelt, indem die Beschäftigtenzahl pro Tag der letzten 730 Tage durch die Zahl 730 geteilt wird. 2527

§ 4 EBRG stellt dem Wortlaut nach auf die tatsächliche Beschäftigtenzahl, nicht auf die Zahl der i. d. R. beschäftigten Arbeitnehmer ab. Umstritten ist deshalb, ob vergangene und zukünftige Entwicklungen der Beschäftigtenzahl berücksichtigt werden können, etwa bei bereits feststehender zukünftiger Herabsetzung der Beschäftigtenzahl (abl. etwa MünchArbR/*Joost* § 274 Rn. 25; a. A. etwa *Fitting* EBRG Übersicht Rn. 21). 2528

### 3. Weiter bestehende Vereinbarungen

Bestand in einem gemeinschaftsweit tätigen Unternehmen oder einer Unternehmensgruppe bereits vor dem 22.9.1996 eine Vereinbarung über eine grenzüberschreitende Unterrichtung und Anhörung der Arbeitnehmer, ist das EBRG, außer im Fall einer wesentlichen Strukturänderung des gemeinschaftsweit tätigen Unternehmens oder der gemeinschaftsweit tätigen Unternehmensgruppe nach § 37 EBRG, nicht anwendbar (§ 41 EBRG), wenn diese Vereinbarung dem in § 41 EBRG normierten Mindestinhalt entspricht (vgl. i. E. DKK/*Däubler* § 41 EBRG Rn. 6 ff.). Diese Vorschrift verdeutlicht das dem EBRG zugrunde liegende Subsidiaritätsprinzip. Der wesentliche Unterschied zu den nach Inkrafttreten des EBRG geschlossenen Vereinbarungen ist, dass kein bVG erforderlich war, um eine Vereinbarung zu schließen. Daher haben einige Unternehmen noch vor dem 22.9.1996 eine Vereinbarung über grenzübergreifende Unterrichtung und Anhörung geschlossen (AnwK-ArbR/*Breitfeld* § 41 EBRG Rn. 1). Nach Art. 14 der Richtlinie 2009/38/EG bleiben die »Altverträge« aus der Zeit vor 1996, unbeschadet des Art. 13, der die Regelung zur wesentlichen Strukturänderung enthält, unberührt. 2529

Wurde in einem gemeinschaftsweit tätigen Unternehmen oder einer Unternehmensgruppe in der Zeit zwischen dem 5.6.2009 und dem 5.6.2011 eine Vereinbarung über die grenzübergreifende Unterrichtung und Anhörung unterzeichnet oder überarbeitet, sind nach § 41 Abs. 8 EBRG die Bestimmungen des EBRG in seiner Fassung vor Inkrafttreten des 2. EBRG ÄndG anzuwenden, es sei denn, es fand eine wesentliche Strukturänderung i. S. v. § 37 EBRG statt. Ist eine solche Vereinbarung befristet geschlossen worden, können die Parteien ihre Fortgeltung beschließen, solange die Vereinbarung wirksam ist. 2529a

### III. Das besondere Verhandlungsgremium (bVG)

2530 Richtlinie und EBRG sind maßgeblich durch den Grundsatz des Vorrangs freier Vereinbarungen zwischen den Sozialpartnern geprägt. Im Unterschied zum zwingenden Organisationsrecht des BetrVG, soll zunächst in Verhandlungen zwischen zentraler Leitung und Arbeitnehmervertretern eine einvernehmliche Regelung über die grenzüberschreitende Unterrichtung und Anhörung gesucht werden (AnwK-ArbR/*Breitfeld* § 16 EBRG Rn. 1). Zentrale Leitung und bVG auf Arbeitnehmerseite sollen über die Beteiligungsrechte verhandeln (§ 8 EBRG). Das bVG soll in vertrauensvoller Zusammenarbeit mit der zentralen Leitung eine Vereinbarung über die grenzüberschreitende Unterrichtung und Anhörung aushandeln und abschließen (§ 8 Abs. 1 EBRG).

#### 1. Die Bildung des besonderen Verhandlungsgremiums

2531 Das bVG ist auf Initiative der zentralen Leitung oder auf entsprechenden Antrag der Arbeitnehmer oder ihrer Vertreter zu bilden (§ 9 Abs. 1 EBRG).

*a) Initiative der zentralen Leitung*

2532 Die zentrale Leitung initiiert die Bildung des bVG durch eine Mitteilung an die Arbeitnehmervertretung, die für die Bestellung der Mitglieder des bVG nach § 11 EBRG zuständig ist (s. Rdn. 2543).

*b) Antrag der Arbeitnehmer oder ihrer Vertretung*

2533 Auch die Arbeitnehmer oder ihre Vertreter können die Bildung des bVG schriftlich bei der zentralen Leitung beantragen (§ 9 Abs. 1 EBRG).

*aa) Gemeinschaftsweiter Antrag*

2534 Wirksam ist nur ein gemeinschaftsweiter Antrag.

2535 Der Antrag muss von mindestens 100 Arbeitnehmern oder ihren Vertretern aus mindestens zwei Betrieben oder Unternehmen, die in verschiedenen Mitgliedstaaten liegen, unterzeichnet sein (§ 9 Abs. 2 EBRG). Bei mehreren Anträgen sind die Unterschriften zu addieren. Der Antrag kann bei einer im Inland liegenden Betriebs- oder Unternehmensleitung eingereicht werden. Diese hat ihn unverzüglich an die zentrale Leitung weiterzuleiten und die Antragsteller hierüber zu unterrichten.

*bb) Unterrichtungs- und Auskunftsanspruch*

2536 Die zentrale Leitung hat die Antragsteller, die örtlichen Betriebs- oder Unternehmensleitungen sowie die in inländischen Betrieben vertretenen Gewerkschaften über die Bildung eines bVG und seine Zusammensetzung zu unterrichten (§ 9 Abs. 3 EBRG). Hierdurch sollen sich alle Betroffenen frühzeitig auf das Verfahren einstellen und die Mitglieder des bVG bestellen können (BT-Drs. 13/4520, S. 21). Insbesondere ist darüber zu unterrichten, ob ein bVG zu bilden ist und wie viele Sitze auf die jeweiligen Mitgliedstaaten entfallen.

2537 § 5 EBRG sieht einen Auskunftsanspruch der Arbeitnehmervertretungen hinsichtlich bestimmter Tatsachen (Anzahl der Arbeitnehmer, Verteilung auf die Mitgliedstaaten sowie die Unternehmen und Betriebe, Struktur des Unternehmens bzw. der Unternehmensgruppe) vor (zur Auskunftspflicht, wenn sich die zentrale Leitung einer gemeinschaftsweiten Unternehmensgruppe nicht in einem Mitgliedstaat befindet vgl. *EuGH* 13.1.2004 EzA EG-Vertrag 1999 Richtlinie 94/45/EG Nr. 3).

2538 Über den Wortlaut hinaus besteht der Auskunftsanspruch auch dann, wenn die Informationen benötigt werden, um überhaupt festzustellen, ob die Anwendungsvoraussetzungen des EBRG vorliegen. Der Anspruch richtet sich auch auf Vorlage von Unterlagen (*BAG* 30.3.2004 EzA § 5 EBRG Nr. 1; MünchArbR/*Joost* § 274 Rn. 44, 45; *Fitting* EBRG Übersicht Rn. 34; DKK/*Däubler* § 5 EBRG Rn. 3; *LAG Düsseld.* 21.1.1999 LAGE § 5 EBRG Nr. 1; *EuGH* 29.3.2001 EzA Richtlinie 94/45/EG EG-Vertrag 1999 Nr. 2).

**Auskunftsberechtigt** ist jede betriebliche Arbeitnehmervertretung im Inland (Betriebsrat, Gesamt-/ Konzernbetriebsrat) sowie jede bei einer ausländischen Niederlassung nach lokalem Recht gebildete Arbeitnehmervertretung. 2539

**Auskunftsverpflichtet** ist die zentrale Leitung mit Sitz im Inland sowie jede Leitung eines Unternehmens einer gemeinschaftsweit tätigen Unternehmensgruppe. Wird das Auskunftsverlangen von einem (Gesamt-)Betriebsrat gestellt, kann es auch gegenüber der örtlichen Betriebs- oder Unternehmensleitung geltend gemacht werden, die dann die erforderlichen Informationen und Unterlagen bei der zentralen Leitung einholen muss (§ 5 Abs. 2 EBRG). Dies gilt auch dann, wenn die zentrale Leitung ihren Sitz nicht im Inland hat (§ 2 Abs. 4 EBRG). 2540

### 2. Zusammensetzung des besonderen Verhandlungsgremiums

Die Zusammensetzung des bVG regelt § 10 EBRG. Jeder Mitgliedstaat erhält für jeden Anteil der in einem Mitgliedstaat beschäftigten Arbeitnehmer der gemeinschaftsweit tätigen Unternehmen oder Unternehmensgruppe von bis zu 10 % der Gesamtzahl der in allen Mitgliedstaaten beschäftigten Arbeitnehmer einen Sitz im bVG (§ 10 Abs. 1 EBRG). Eine Höchstzahl der Sitze ist nicht vorgesehen. 2541

Gem. § 10 Abs. 2 EBRG können Ersatzmitglieder bestellt werden, welche die Hauptmitglieder bei Verhinderung oder bei deren Ausscheiden vertreten. 2542

### 3. Bestellung der Mitglieder

#### a) Inländische Mitglieder

Die Bestellung der deutschen Mitglieder regelt § 11 EBRG. Dies gilt auch dann, wenn sich die zentrale Leitung nicht im Inland befindet. Grds. bestellen die betriebsverfassungsrechtlichen Repräsentationsorgane die Mitglieder des bVG; gibt es im inländischen Unternehmen solche nicht, können keine Mitglieder bestellt werden. 2543

§ 11 Abs. 2, 3 EBRG enthält umfangreiche Regelungen darüber, welches betriebsverfassungsrechtliche Repräsentationsorgan für die Bestellung zuständig ist. 2544

#### b) Vertreter aus anderen Mitgliedstaaten

Die Bestellung der Mitglieder des bVG aus anderen Mitgliedstaaten bestimmt sich nach dem jeweiligen nationalen Recht. 2545

#### c) Vertreter aus Drittstaaten

Unter den Voraussetzungen des § 14 EBRG, können zentrale Leitung und bVG vereinbaren, dass Arbeitnehmervertreter aus Drittstaaten in das bVG einbezogen werden und dabei deren Anzahl und Rechtsstellung durch Vereinbarung festlegen. 2546

#### d) Unterrichtung der zentralen Leitung über die Mitglieder

Nach der Bestellung der Mitglieder des bVG haben die Beschlussorgane der zentralen Leitung unverzüglich die Namen, Anschriften und die Betriebszugehörigkeit der Mitglieder des bVG mitzuteilen, die ihrerseits wiederum die örtlichen Betriebs- und Unternehmensleitungen, die dort bestehenden Arbeitnehmervertretungen sowie die in inländischen Betrieben vertretenen Gewerkschaften unterrichten (§ 12 EBRG). 2547

## 4. Geschäftsführung des besonderen Verhandlungsgremiums

### a) Sitzungen

2548 Unverzüglich nach der Unterrichtung über die Zusammensetzung des bVG hat die zentrale Leitung die Mitglieder zur konstituierenden Sitzung einzuladen und hiervon die örtlichen Betriebs- und Unternehmensleitungen zu unterrichten (§ 13 Abs. 1 S. 1 EBRG). § 13 Abs. 1 S. 2 EBRG sieht außerdem vor, dass die zentrale Leitung zugleich die zuständigen europäischen Gewerkschaften und Arbeitgeberverbände über den Beginn der Verhandlungen und die Zusammensetzung des bVG unterrichtet. Diese erweiterte Informationspflicht auch gegenüber den Arbeitnehmerverbänden (Gewerkschaften) stärkt die Funktion der Gewerkschaften bei den Verhandlungen (weiterführend HaKo-BetrVG/*Blanke* § 12 EBRG Rn. 1). In der konstituierenden Sitzung wählt das Gremium aus seiner Mitte einen Vorsitzenden. Obwohl gesetzlich nicht geregelt, ist auch die Wahl eines Stellvertreters möglich.

2549 Das bVG hat das Recht, vor jeder Sitzung mit der zentralen Leitung eine **weitere, interne Sitzung** durchzuführen, zu welcher der Vorsitzende einlädt. Dabei ist nach § 13 Abs. 2 S. 2 i. V. m. § 8 Abs. 3 EBRG Häufigkeit und Ort mit der zentralen Leitung einvernehmlich festzulegen. Nach *Klebe* (DKK § 13 EBRG Rn. 8) sollen aber diesbezügliche Vorschläge des bVG im Hinblick auf seine Rolle und die vorgesehene eigenverantwortliche Wahrnehmung seiner Aufgaben nur abgelehnt werden können, wenn nachvollziehbare, erhebliche Gründe dagegen sprechen. Fehlt es hieran, soll eine Ablehnung der zentralen Leitung unerheblich sein. Dies ist sehr weitgehend. Die Sitzung sollte zumindest erforderlich sein. Des Weiteren kommt das bVG zu **Sitzungen mit der zentralen Leitung** zusammen, in denen über die Ausgestaltung der grenzüberschreitenden Information und Anhörung verhandelt wird. Gem. § 8 Abs. 3 EBRG sind Zeitpunkt, Häufigkeit und Ort dieser Verhandlungen einvernehmlich festzulegen. Nach der Richtlinie 2009/38/EG hat das bVG ausdrücklich das Recht zur Durchführung einer Nachbereitungssitzung (vgl. Art. 5 Abs. 4). Die Kosten sind vom Arbeitgeber zu tragen (Art. 5 Abs. 6). § 13 Abs. 2 EBRG sieht dementsprechend vor, dass das bVG auch nach jeder Verhandlung mit der zentralen Leitung eine Sitzung durchführen kann.

### b) Geschäftsordnung

2550 Das bVG kann sich eine Geschäftsordnung durch entsprechenden Beschluss geben (§ 13 Abs. 1 S. 3 EBRG), in der beispielsweise die Bildung eines Vorstands oder eines Verhandlungsausschusses, die Einladungsfristen zu den internen Sitzungen, das Verfahren zur Aufstellung der Tagesordnung, das Abstimmungsverfahren, das Anwesenheitsrecht Dritter oder die Grundsätze der internen Kommunikation der Mitglieder zwischen den Sitzungen geregelt werden können.

### c) Beschlussfassung

2551 Beschlüsse des bVG bedürfen der Mehrheit der Stimmen seiner Mitglieder (§ 13 Abs. 3 EBRG), d. h. die Mehrheit nur der anwesenden Mitglieder reicht nicht aus.

2552 Stimmenthaltungen und die Nichtteilnahme wirken als Nein-Stimmen. Jedes Mitglied hat eine Stimme. Die Beschlüsse sind in Sitzungen zu fassen; eine Beschlussfassung in anderer Weise, etwa im Umlaufverfahren ist unzulässig, auch wenn alle Mitglieder hiermit einverstanden sind (DKK/*Klebe* § 13 EBRG Rn. 9). Grds. reicht die einfache Mehrheit der Stimmen aus. Der nach § 15 Abs. 1 EBRG mögliche Beschluss, keine Verhandlungen aufzunehmen oder sie zu beenden (s. Rdn. 2568), bedarf einer qualifizierten Mehrheit von zwei Dritteln der Stimmen.

### d) Unterstützung durch Sachverständige

2553 Das bVG kann sich durch Sachverständige seiner Wahl unterstützen lassen, soweit dies zur ordnungsgemäßen Erfüllung seiner Aufgaben erforderlich ist. Sachverständige können auch Beauftragte von Gewerkschaften sein (§ 13 Abs. 4 S. 2 EBRG). Nach § 13 Abs. 4 S. 3 EBRG können

Sachverständige und Gewerkschaftsvertreter auf Wunsch des bVG beratend an den Verhandlungen teilnehmen.

Die zentrale Leitung muss die Kosten **eines** Sachverständigen tragen (§ 16 Abs. 1 EBRG). Ob die Einschränkung durch das Kriterium der Erforderlichkeit in § 13 Abs. 4 EBRG richtlinienkonform ist, ist streitig. Zum Teil (so etwa DKK/*Klebe* § 13 EBRG Rn. 11; *Bachner/Nielebock* AuR 1997, 131) wird die Richtlinienkonformität unter Hinweis darauf verneint, dass Art. 5 Abs. 4 der Richtlinie eine entsprechende Einschränkung nicht vorsieht. Grenze der Hinzuziehung ist danach nur der Grundsatz vertrauensvoller Zusammenarbeit (§ 8 Abs. 3 EBRG). Nach anderer zutreffender Auffassung (MünchArbR/*Joost* § 274 Rn. 80, 84) handelt es sich nur um eine Klarstellung i. S. d. selbstverständlichen Grundsatzes der Erforderlichkeit des Betriebsverfassungsrechts. 2554

### 5. Amtszeit des besonderen Verhandlungsgremiums

Das EBRG enthält keine ausdrückliche Regelung über die Amtszeit des bVG. 2555

Die Amtszeit des bVG endet mit Erfüllung seiner Aufgaben, wenn es also zum Abschluss einer Vereinbarung über die grenzüberschreitende Unterrichtung und Anhörung kommt oder das bVG beschließt, keine Verhandlungen aufzunehmen bzw. diese zu beenden (§ 15 EBRG), oder wenn es nicht zu Verhandlungen bzw. zum Abschluss einer Vereinbarung kommt (§ 21 EBRG). 2556

### 6. Rechtsstellung der Mitglieder des besonderen Verhandlungsgremiums

Die Rechtsstellung inländischer Mitglieder des bVG entspricht der eines Mitglieds des EBR (§ 40 Abs. 2 EBRG; vgl. Rdn. 2616 ff.). 2557

### 7. Kosten und Sachaufwand

*a) Grundsatz*

Die zentrale Leitung hat durch die Bildung und Tätigkeit des bVG entstehende Kosten zu tragen und die erforderlichen Sach- und Personalmittel zur Verfügung zu stellen (§ 16 Abs. 1 EBRG). Das bVG hat selbst kein Vermögen und keine Einnahmemöglichkeiten. 2558

> Obwohl § 16 Abs. 1 EBRG missverständlich nur hinsichtlich einzelner Kosten auf das Merkmal der Erforderlichkeit abstellt, gilt der Grundsatz der Erforderlichkeit hinsichtlich aller Kosten (MünchArbR/*Joost* § 274 Rn. 80 m. w. N.). Die zu § 40 BetrVG entwickelten Grundsätze können herangezogen werden (DKK/*Klebe* § 16 EBRG Rn. 1; s. Rdn. 862 ff.). 2559

Kosten für Vorbereitungsmaßnahmen zur Bildung des bVG werden auch durch § 40 BetrVG direkt erfasst. 2560

*b) Umfang*

Erfasst werden Kosten für Bildung und Tätigkeit des bVG. 2561

**Kosten der Bildung des bVG** sind etwa: Aufwendungen für Auslandsreisen, die zur Vorbereitung des Antrags nach § 9 EBRG gemacht werden (*ArbG Hmb.* 17.4.1997 AuR 1998, 42); Kosten, die durch den Auskunftsanspruch nach § 5 EBRG (s. Rdn. 2537 ff.) entstehen (MünchArbR/*Joost* § 274 Rn. 81); Wahlkosten. 2562

**Kosten der Tätigkeit des bVG** sind etwa: Durch die Geschäftsführung entstehende Kosten, insbes. Kosten der Sitzungen (s. Rdn. 2548 f.), wie z. B. Kosten der Einladungen, Übersetzungskosten, die erforderlichen Reise-, Aufenthalts- und Verpflegungskosten der Mitglieder; Außerhalb der Sitzungen anfallende Kosten, wie z. B. Kosten von Telefonaten unter den Mitgliedern, Übersetzungen von Unterlagen, Kosten eines erforderlichen Kontakts unter den Mitgliedern zwischen den Treffen des bVG; Kosten aus Streitigkeiten, die im Zusammenhang mit der Bildung/Tätigkeit des bVG stehen unter 2563

Einschluss der erforderlichen Hinzuziehung eines Rechtsanwalts (DKK/*Klebe* § 16 EBRG Rn. 3 ff.; zur Erforderlichkeit der Hinzuziehung eines Rechtsanwalts s. Rdn. 866 ff., insbes. Rdn. 867 f.).

**2564** Die Kostentragungspflicht bei **Hinzuziehung eines Sachverständigen** (s. Rdn. 2553) ist auf die Hinzuziehung **eines** Sachverständigen begrenzt (§ 16 Abs. 1 S. 2 EBRG). Hierbei ist streitig, ob das bVG auf Kosten der zentralen Leitung einen (weiteren) Sachverständigen hinzuziehen kann, wenn der zuerst zugezogene seine Tätigkeit beendet hat (so DKK/*Klebe* § 16 EBRG Rn. 7; noch weiter gehender *Bachner/Nielebock* AuR 1997, 131) oder es aber auch in diesem Fall bei der Hinzuziehung nur insgesamt eines Sachverständigen zu verbleiben hat (so etwa MünchArbR/*Joost* § 274 Rn. 84). Die erforderlichen **Sach- und Personalmittel** sind von der zentralen Leitung zur Verfügung zu stellen. Es handelt sich um einen Anspruch des bVG auf Überlassung (MünchArbR/*Joost* § 274 Rn. 87; s. Rdn. 889 ff.). Erfasst sind z. B. Räume, sachliche Mittel (z. B. Telefon, Telefax, Gesetzestexte einschl. der erforderlichen Übersetzungen), Büropersonal, Dolmetscher.

**2565** Gem. § 38 Abs. 2 EBRG i. V. m. § 38 Abs. 1 S. 1 bis 3 EBRG können Mitglieder des bVG zur Teilnahme an **Schulungs- und Bildungsveranstaltungen** bestimmt werden, soweit diese Kenntnisse vermitteln, die für die Arbeit des bVG erforderlich sind. Gem. § 40 Abs. 1 S. 2 EBRG gilt für diese erforderlichen Fortbildungen § 37 Abs. 6 S. 1 und 2 des BetrVG entsprechend, der insbes. das Verbot der Entgeltminderung für Zeiten der Schulungs- und Bildungsveranstaltungen regelt. Gleiches gilt für die Mitglieder des EBR (hierzu auch noch Rdn. 2617).

*c) Haftung*

**2566** Kostentragungspflichtig ist die zentrale Leitung. Darüber hinaus besteht aber eine gesamtschuldnerische Haftung des deutschen Arbeitgebers für Kostenerstattungsansprüche (§ 16 Abs. 2 EBRG), damit das inländische Mitglied des bVG im Streitfall die Kosten vor einem deutschen Gericht durchsetzen kann (BT-Drs. 13/4529, S. 22). Von Relevanz ist dies insbes., wenn sich die zentrale Leitung nicht im Inland befindet (vgl. § 2 Abs. 4 EBRG).

### IV. Freiwillige Vereinbarungen über eine grenzüberschreitende Unterrichtung der Arbeitnehmer oder ihrer Vertreter

#### 1. Mögliche Ergebnisse des Verhandlungsprozesses im Überblick

**2567** Ist das bVG gebildet, soll es mit der zentralen Leitung eine Vereinbarung über eine grenzüberschreitende Unterrichtung und Anhörung schließen (§ 8 EBRG), wobei Inhalt und organisatorische Ausgestaltung eines solchen Verfahrens weitgehend zur Disposition der Beteiligten steht (Grundsatz der Gestaltungsfreiheit, § 17 EBRG). Für das Ergebnis der Verhandlungen gibt es vier Möglichkeiten:

*a) Beschluss über Beendigung der Verhandlungen*

**2568** Das bVG kann mit einer Mehrheit von mindestens zwei Dritteln seiner Mitglieder beschließen, keine Verhandlungen mit der zentralen Leitung aufzunehmen oder bereits begonnene Verhandlungen zu beenden (§ 15 EBRG). In diesem Fall ist das Verfahren zur Herbeiführung einer grenzüberschreitenden Unterrichtung und Anhörung beendet. Es kommt dann weder zum Abschluss einer entsprechenden Vereinbarung noch zur Errichtung eines EBR kraft Gesetzes. Ein neuer Antrag auf Bildung eines bVG kann, vorbehaltlich einer anderen Vereinbarung mit der zentralen Leitung, frühestens nach Ablauf von zwei Jahren nach dem Beschluss gestellt werden. Es handelt sich damit um einen zumindest zeitweisen Verzicht der Arbeitnehmer auf eine grenzüberschreitende Unterrichtung und Anhörung.

*b) Scheitern der Verhandlungen/Bildung eines EBR kraft Gesetzes*

**2569** Verweigert die zentrale Leitung die Aufnahme von Verhandlungen innerhalb von sechs Monaten nach Stellung des Antrags auf Bildung des bVG (s. Rdn. 2533 ff.) oder kommt innerhalb von drei Jahren nach Antragstellung keine Vereinbarung über eine grenzüberschreitende Unterrichtung und Anhörung zu Stande oder erklären das bVG und die zentrale Leitung die Verhandlungen vorzeitig für gescheitert, ist ein EBR kraft Gesetzes zu bilden (§ 21 Abs. 1 EBRG; zum EBR kraft Gesetzes s. Rdn. 2594 ff.).

#### c) Vereinbartes Mitwirkungsverfahren

Das bVG und die zentrale Leitung können eine Vereinbarung über das Verfahren der grenzübergreifenden Unterrichtung und Anhörung schließen. Die Vereinbarung muss nur bestimmte Mindestvoraussetzungen erfüllen (s. Rdn. 2572 ff.). Im Übrigen gilt der Grundsatz der Gestaltungsfreiheit (§ 17 EBRG). Zu beachten sind lediglich die inhaltlichen Vorgaben des § 19 EBRG (s. Rdn. 2585 f.). 2570

#### d) Vereinbarter EBR

Das bVG und die zentrale Leitung können auch die Errichtung eines oder mehrerer EBR vereinbaren (s. Rdn. 2589 ff.). Auch die inhaltliche Ausgestaltung einer solchen Vereinbarung unterliegt nur bestimmten Mindestanforderungen (s. Rdn. 2590). § 18 EBRG bestimmt lediglich welche Angelegenheiten in einer derartigen Vereinbarung geregelt werden sollen. Es handelt sich um Empfehlungen, die von den Beteiligten nicht eingehalten werden müssen (AnwK-ArbR/*Breitfeld* §§ 17–20 EBRG Rn. 6). 2571

### 2. Gemeinsame Mindestanforderungen an die Vereinbarung

Bei Abschluss einer Vereinbarung über ein Verfahren zur grenzüberschreitenden Unterrichtung und Anhörung bzw. über die Errichtung eines oder mehrerer EBR sind nach § 17 EBRG bestimmte Mindestanforderungen zu beachten. 2572

> Werden diese Mindestanforderungen nicht beachtet, handelt es sich nicht um eine Vereinbarung nach § 17 EBRG. Folge davon ist, dass das bVG weiter existiert und spätestens nach drei Jahren ein EBR kraft Gesetzes zu errichten ist. Derartige Mängel können aber durch nachträgliche Ergänzung der Vereinbarung geheilt werden (DKK/*Däubler* § 17 Rn. 16). 2573

**Grenzüberschreitende Ausgestaltung:** Die zu vereinbarende Unterrichtung und Anhörung muss sich auf grenzüberschreitende Vorgänge beziehen, d. h. Sachverhalte, die sich in mindestens zwei Mitgliedstaaten auswirken. 2574

**Erfassung aller Arbeitnehmer:** Die Vereinbarung muss sich auf alle in den Mitgliedstaaten beschäftigten Arbeitnehmer erstrecken, in denen das Unternehmen oder die Unternehmensgruppe einen Betrieb hat (§ 17 S. 2 EBRG). 2575

**Anhörung:** Es muss eine Anhörung vereinbart werden, die den Anforderungen des § 1 Abs. 5 EBRG genügt. Die Vereinbarung muss daher den Arbeitnehmervertretern das Recht einräumen, in eine Beratung mit der zentralen Leitung oder einer anderen geeigneten Leitungsebene einzutreten. Dies setzt voraus, dass in einem kommunikativen Prozess Gründe und Gegengründe ausgetauscht und abgewogen werden können (DKK/*Däubler* § 1 EBRG Rn. 11; MünchArbR/*Joost* § 274 Rn. 102). Der Begriff der Anhörung wird durch § 1 Abs. 5 EBRG präzisiert. Anhörung ist danach die Einrichtung eines Dialogs und der Meinungsaustausch zwischen den Arbeitnehmervertretern und der zentralen Leitung oder einer anderen geeigneten Leitungsebene zu einem Zeitpunkt, in einer Weise und in einer inhaltlichen Ausgestaltung, die es den Arbeitnehmervertretern auf Grundlage der erhaltenen Informationen ermöglichen, innerhalb einer angemessenen Frist zu den vorgeschlagenen Maßnahmen, die Gegenstand der Anhörung sind, eine Stellungnahme abzugeben, die innerhalb des gemeinschaftsweit tätigen Unternehmens oder der gemeinschaftsweit tätigen Unternehmensgruppe berücksichtigt werden kann. 2576

**Unterrichtung:** Die Vereinbarung muss eine Unterrichtung der Arbeitnehmer i. S. einer Informationsübermittlung über grenzüberschreitende Vorgänge vorsehen. Die Unterrichtung soll die Arbeitnehmervertreter in die Lage versetzen, die Angelegenheit ohne weitere Nachforschungen beurteilen und erörtern zu können (MünchArbR/*Joost* § 274 Rn. 101). Der Begriff der Unterrichtung wird in 2577

§ 1 Abs. 4 EBRG definiert. Unterrichtung ist danach die Übermittlung von Informationen durch die zentrale Leitung oder eine andere geeignete Leitungsebene an die Arbeitnehmervertreter, um ihnen Gelegenheit zur Kenntnisnahme und Prüfung der behandelten Frage zu geben. Die Unterrichtung erfolgt zu einem Zeitpunkt, in einer Weise und in einer inhaltlichen Ausgestaltung, die dem Zweck angemessen sind und es den Arbeitnehmervertretern ermöglichen, die möglichen Auswirkungen eingehend zu bewerten und ggf. Anhörungen mit dem zuständigen Organ des gemeinschaftsweit tätigen Unternehmens oder der gemeinschaftsweit tätigen Unternehmensgruppe vorzubereiten.

2578 **Schriftform:** Eine Vereinbarung bedarf zu ihrer Wirksamkeit der Schriftform (§§ 18 Abs. 1, 19 Abs. 1 EBRG).

### 3. Keine Vereinbarung von Mitbestimmungsrechten

2579 Über die Unterrichtung und Anhörung hinausgehende echte Mitbestimmungsrechte der Arbeitnehmervertreter können zwischen bVG und zentraler Leitung nicht vereinbart werden. Hierzu fehlt es an einem entsprechenden Mandat (MünchArbR/*Joost* § 274 Rn. 103).

### 4. Rechtsnatur und Auslegung einer Vereinbarung

2580 Kommt es zum Abschluss einer Vereinbarung, handelt es sich um einen Kollektivvertrag mit normativer Wirkung eigener Art, für dessen Auslegung die Grundsätze der Auslegung von Tarifverträgen (s. Kap. 11 Rdn. 119 ff.) bzw. Betriebsvereinbarungen (s. Rdn. 1454 f.) gelten (DKK/*Däubler* § 17 EBRG Rn. 11, 17).

### 5. Fortgeltung beendeter Vereinbarungen

2581 Sowohl die Vereinbarung über ein Mitwirkungsverfahren als auch über die Errichtung eines EBR können für bestimmte Zeit oder unbefristet geschlossen werden. Im ersten Fall endet die Vereinbarung nach Zeitablauf, im zweiten durch Kündigung. Soweit die jeweilige Vereinbarung selbst eine Übergangsregelung enthält (vgl. § 18 Abs. 1 Nr. 7 EBRG), ist diese maßgeblich. Denkbar sind z. B. Regelungen, die einen ersatzlosen Wegfall des Gremiums oder die Fortwirkung der Vereinbarung für eine bestimmte Dauer oder die Errichtung eines EBR kraft Gesetz vorsehen (vgl. zu weiteren Gestaltungsmöglichkeiten DKK/*Däubler* § 20 Rn. 2).

2582 Fehlt es an einer vereinbarten Übergangsregelung, sieht § 20 EBRG eine Fortgeltung der jeweiligen Vereinbarung vor, wenn vor Beendigung der Vereinbarung das Antrags- oder Initiativrecht zur Schaffung eines bVG ausgeübt worden ist, wobei das Antragsrecht auch einem auf Grund der Vereinbarung geschaffenen Arbeitnehmervertretungsgremium, wie z. B. dem EBR, zusteht.

2583 Die Fortgeltung endet, wenn eine neue Vereinbarung geschlossen, ein EBR kraft Gesetzes errichtet ist oder wenn das nunmehr installierte bVG einen Beschluss nach § 15 EBRG (s. Rdn. 2568) fasst.

### 6. Vereinbartes Mitwirkungsverfahren

2584 Zentrale Leitung und bVG können unter Verzicht auf eine organisatorisch verfestigte Institution ein selbst entwickeltes Verfahren zur Unterrichtung und Anhörung der Arbeitnehmer vereinbaren, das auf die besonderen Verhältnisse des Unternehmens bzw. der Unternehmensgruppe zugeschnitten ist.

#### a) Form, Mindestinhalt

2585 Die Vereinbarung bedarf der Schriftform (§ 19 EBRG). Über die für jede Vereinbarung geltenden Mindestanforderungen (s. Rdn. 2572 f.) hinaus, muss eine derartige Vereinbarung die inhaltlichen Anforderungen des § 19 EBRG erfüllen. Andernfalls fehlt es an einer wirksamen Vereinbarung.

2586 **Unterrichtung über grenzüberschreitende Angelegenheiten mit erheblichen Auswirkungen:** Die Vereinbarung muss eine Unterrichtung über grenzüberschreitende Angelegenheiten mit erheblichen

Auswirkungen auf die Arbeitnehmer vorsehen. Dies sind zum einen die im Katalog des § 30 Abs. 1 EBRG genannten Sachverhalte, darüber hinaus dürften hierzu auch die im Katalog des § 29 Abs. 2 EBRG aufgeführten Angelegenheiten zählen (MünchArbR/*Joost* § 274 Rn. 126; DKK/*Däubler* § 19 EBRG Rn. 2). Auf welche Weise unterrichtet wird, unterliegt der freien Vereinbarung. Vorgesehen werden kann z. B. die Unterrichtung durch die örtlichen Unternehmens- oder Betriebsleitungen.

**Regelung der gemeinsamen Beratung der Vertretungen und Anhörung:** Die Vereinbarung muss regeln, unter welchen Voraussetzungen die nationalen Interessenvertretungen das Recht haben, die ihnen übermittelten Informationen gemeinsam zu beraten und wie diese ihre Vorschläge oder Bedenken mit der zentralen Leitung oder einer anderen geeigneten Leitungsebene erörtern können. 2587

*b) Fortgeltung beendeter Vereinbarungen*

Wenn die Vereinbarung über den EBR beendet ist, gilt sie nach Maßgabe des § 20 EBRG fort (s. Rdn. 2581). 2588

### 7. Europäischer Betriebsrat kraft Vereinbarung

bVG und zentrale Leitung können auch die Errichtung eines oder mehrerer (z. B. spartenbezogener) EBR vereinbaren. Auch hier gilt der Grundsatz der Gestaltungsfreiheit; insbes. sind zentrale Leitung und bVG nicht an die Bestimmungen über den EBR kraft Gesetzes gebunden. 2589

*a) Form, notwendiger Mindestinhalt der Vereinbarung*

> Die Vereinbarung bedarf der Schriftform (§ 18 Abs. 1 EBRG) und muss den bereits genannten Mindestanforderungen genügen (s. Rdn. 2572 f.). 2590

*b) Soll-Inhalt*

Als bloße Soll-Vorschrift, deren Nichtbeachtung die Wirksamkeit der Vereinbarung unberührt lässt, sieht § 18 Abs. 1 EBRG bestimmte Bereiche vor, die in der Vereinbarung geregelt werden sollen. Es handelt sich hierbei um: 2591
– Beschreibung des Geltungsbereichs (Nr. 1) durch Bezeichnung der erfassten Betriebe und Unternehmen;
– Organisatorische Regelungen (Nr. 2) über die Zusammensetzung des EBR, Anzahl der Mitglieder, Ersatzmitglieder, Sitzverteilung und Mandatsdauer. Hierbei kann eine unterschiedliche Gewichtung hinsichtlich der Betriebe/Unternehmen bzw. der Mitgliedstaaten vereinbart werden. Es muss nicht zwingend die Entsendung eines Mitglieds aus jedem Mitgliedstaat vorgesehen werden. Ebenso ist es zulässig, die Entsendung von betriebsfremden Personen (z. B. Gewerkschaftsfunktionären) oder Nicht-Arbeitnehmern vorzusehen. Soweit die Entsendung inländischer Arbeitnehmervertreter vorgesehen ist, richtet sich die Zuständigkeit hierzu gem. § 18 Abs. 2 EBRG nach § 23 EBRG;
– Kompetenzregelungen, Regelung des Anhörungs- und Beratungsverfahrens (Nr. 3): Die Vereinbarung kann die Gegenstände festlegen, über die der EBR zu unterrichten ist. Ebenso können Zeitpunkt und Verfahren der Unterrichtung und Anhörung ausgestaltet werden. Das Unterrichtungs- und Anhörungsverfahren kann auf die Beteiligungsrechte der nationalen Arbeitnehmervertretungen abgestimmt werden, soweit deren Rechte hierdurch nicht beeinträchtigt sind.
– Regelungen über Ort, Häufigkeit und Dauer der Sitzungen (Nr. 4);
– Regelungen über die Einrichtung eines Ausschusses des EBR einschließlich seiner Zusammensetzung, der Bestellung seiner Mitglieder, seiner Befugnisse und Arbeitsweise (Nr. 5);
– Regelungen über Kosten- und Sachaufwand (Nr. 6);
– Anpassungsklausel (Nr. 7): Die Vereinbarung soll eine Klausel zur Anpassung an Strukturveränderungen (z. B. Vergrößerung oder Verkleinerung der Unternehmensgruppe), eine Regelung zur Geltungsdauer (feste Laufzeit oder Kündigung) sowie zu dem bei ihrer Neuverhandlung, Änderung oder Kündigung anzuwendenden Verfahren und eine Übergangsregelung (Erhaltung der Kon-

tinuität bis zum Abschluss einer neuen Vereinbarung) enthalten (vgl. i. E. DKK/*Däubler* § 18 EBRG Rn. 20 ff.). Nur wenige Vereinbarungen enthalten Regelungen dazu, welche Auswirkungen die Aufnahme neuer Staaten in die EU oder die Ausdehnung der Tätigkeit des Unternehmens oder Konzerns auf weitere Staaten auf die Vereinbarung und die Zusammensetzung des EBR hat (HaKo-BetrVG/*Blanke* § 17 EBRG Rn. 12). Es ist aber grundsätzlich gerechtfertigt, Regelungen, die zur Anpassung der EBR-Vereinbarung an Strukturänderungen getroffen wurden, entsprechend auf Fälle der Veränderung der Mitgliederzahl i. S. d. Gesetzes anzuwenden.

– § 37 EBRG sieht ein besonderes Verfahren vor, um einen EBR an veränderte Strukturen anzupassen. Diese Bestimmung ist jedoch subsidiär. Sie greift nur, wenn in der Vereinbarung zur Errichtung des EBR keine einschlägigen Regelungen enthalten sind. § 37 Abs. 2 EBRG sieht vor, dass ein neues bVG gebildet wird, in das abweichend von § 10 EBRG jeder von der Strukturänderung betroffene EBR drei weitere Mitglieder entsendet. Während der Dauer der Verhandlungen bleibt der bisherige EBR im Amt, vergleichbar § 21b BetrVG.

*c) Fortgeltung beendeter Vereinbarungen*

2592 Wenn die Vereinbarung über den EBR beendet ist, gilt sie nach Maßgabe des § 20 EBRG fort (s. Rdn. 2581).

### 8. Rechtliche Stellung der Mitglieder; Grundsätze der Zusammenarbeit

2593 Für die Rechtsstellung der Mitglieder des EBR kraft Vereinbarung bzw. der Arbeitnehmervertreter im Rahmen des vereinbarten Verfahrens grenzüberschreitender Unterrichtung und Anhörung gelten die für Mitglieder eines EBR kraft Gesetzes geltenden Bestimmungen (§ 40 Abs. 1, 2 EBRG; s. Rdn. 2616). Entsprechendes gilt für die Verschwiegenheitspflicht (§ 35 Abs. 2, 3, 4 EBRG; s. Rdn. 2619). Für die Zusammenarbeit zwischen den Arbeitnehmervertretungen und der zentralen Leitung gilt der Grundsatz der vertrauensvollen Zusammenarbeit (§ 34 S. 2 EBRG; s. Rdn. 2684).

## V. Der Europäische Betriebsrat kraft Gesetzes

### 1. Rechtsnatur, Stellung im System der Betriebsverfassung

2594 Kommt es zu keiner freiwilligen Vereinbarung über eine grenzüberschreitende Unterrichtung und Anhörung der Arbeitnehmer oder ihrer Vertreter, ist der EBR kraft Gesetzes zu bilden (§ 21 EBRG).

2595 Der EBR kraft Gesetzes ist ein transnationales Repräsentativorgan der Arbeitnehmer, das den sonstigen Organen der Betriebsverfassung (Betriebsrat, Gesamt-/Konzernbetriebsrat) weder über- noch untergeordnet ist.

2596 Dem EBR kraft Gesetzes sind lediglich Unterrichtungs- und Anhörungs-, nicht aber echte Mitbestimmungsrechte zugewiesen. Sein Aufgabenbereich ähnelt dem des Wirtschaftsausschusses (MünchArbR/*Joost* § 275 Rn. 1).

### 2. Errichtung

*a) Errichtungsvoraussetzungen*

2597 Sofern das bVG nicht nach § 15 EBRG beschlossen hat, keine Verhandlungen aufzunehmen oder begonnene Verhandlungen zu beenden, kommt es zur Errichtung eines EBR kraft Gesetzes nach § 21 EBRG in drei Konstellationen:

*aa) Verweigerung von Verhandlungen:*

2598 Verweigert die zentrale Leitung innerhalb von sechs Monaten nach Eingang des Antrags auf Bildung des bVG (§ 9 EBRG; s. Rdn. 2533 f.) die Aufnahme von Verhandlungen mit dem bVG über eine freiwillige Vereinbarung über die grenzüberschreitende Unterrichtung und Anhörung, gilt eine Verhandlungslösung als gescheitert und es kommt zur Errichtung des EBR kraft Gesetzes. Ging die

Initiative zur Bildung des bVG von der zentralen Leitung aus (s. Rdn. 2532), beginnt die Sechsmonatsfrist nach einer Auffassung (DKK/*Bachner* § 21 EBRG Rn. 5) mit dem Tag, an dem die zentrale Leitung über eine Initiative i. S. d. § 9 EBRG beschließt, nach anderer Auffassung (MünchArbR/*Joost* § 275 Rn. 3) mit der Bildung des bVG. Ein Verweigern von Verhandlungen liegt auch dann vor, wenn die zentrale Leitung keinen Zweifel daran lässt, dass sie eine freiwillige Vereinbarung oder die Bildung eines EBR ablehnt oder keinen vom gesetzlichen Modell abweichenden EBR akzeptieren wird (DKK/*Bachner* § 21 EBRG Rn. 3).

*bb) Ausbleiben einer Verhandlungslösung:*

Ein EBR kraft Gesetzes ist weiter zu errichten, wenn es innerhalb von drei Jahren nach Eingang des Antrags auf Errichtung des bVG oder einer Initiative der zentralen Leitung (s. Rdn. 2532) nicht zum Abschluss einer freiwilligen Vereinbarung (s. Rdn. 2567 ff.) kommt. Bis zur tatsächlichen Errichtung des EBR kraft Gesetzes können bVG und zentrale Leitung auch noch nach Ablauf der Frist zu einer Verhandlungslösung kommen (MünchArbR/*Joost* § 275 Rn. 4). 2599

*cc) Übereinstimmende Erklärung des Scheiterns der Verhandlungen:*

Ein EBR kraft Gesetzes ist ferner zu errichten, wenn bVG und zentrale Leitung übereinstimmend die Verhandlungen über eine freiwillige Vereinbarung (s. Rdn. 2567 ff.) für gescheitert erklären. Vorzeitig ist das Scheitern, wenn es vor Ablauf von drei Jahren (s. Rdn. 2599) erklärt wird. Es reicht aus, wenn zunächst eine Seite das Scheitern erklärt und die andere Seite sich dieser Erklärung anschließt (DKK/*Bachner* § 21 EBRG Rn. 6). 2600

*b) Zusammensetzung*

Der EBR kraft Gesetzes besteht ausschließlich aus Arbeitnehmern des gemeinschaftsweit tätigen Unternehmens bzw. der Unternehmensgruppe (§ 22 Abs. 1 EBRG). Es können Ersatzmitglieder bestellt werden. 2601

Leitende Angestellte gehören dem EBR kraft Gesetzes nicht an. Unter den Voraussetzungen des § 23 Abs. 6 EBRG kann das zuständige Sprecherausschussgremium eines gemeinschaftsweit tätigen Unternehmens/einer Unternehmensgruppe mit Sitz der zentralen Leitung im Inland lediglich einen leitenden Angestellten bestimmen, der mit Rederecht an den Sitzungen zur Unterrichtung und Anhörung des EBR teilnimmt. 2602

Die Zahl der Mitglieder ergibt sich aus § 22 Abs. 2 EBRG. Die Regelung entspricht dem gleichlautenden § 10 Abs. 1 EBRG über die Zusammensetzung des bVG. Für jeden Anteil der in einem Mitgliedstaat beschäftigten Arbeitnehmer, der 10 % der Gesamtzahl der in allen Mitgliedstaaten beschäftigten Arbeitnehmer der gemeinschaftsweit tätigen Unternehmen oder Unternehmensgruppen oder einen Bruchteil davon beträgt, ist ein Mitglied aus diesem Mitgliedstaat in den EBR zu entsenden. 2603

Ändert sich die Zahl der Arbeitnehmer nach Errichtung des EBR oder ist nach Errichtung ein weiterer Mitgliedstaat zu berücksichtigen, sieht § 32 Abs. 2 EBRG ein spezielles Verfahren zur Anpassung der Zusammensetzung des EBR vor (s. Rdn. 2615). 2604

*c) Bestellung der inländischen Arbeitnehmervertreter*

Die Bestellung der inländischen Arbeitnehmervertreter richtet sich immer nach § 23 EBRG, unabhängig davon, ob sich auch die Errichtung des EBR kraft Gesetzes nach dem EBRG oder nach dem Recht eines anderen Mitgliedstaates richtet (§ 2 Abs. 4 EBRG). 2605

Die Bestellung obliegt den betriebsverfassungsrechtlichen Repräsentationsorganen nach Maßgabe von § 23 Abs. 1–5 EBRG. Das jeweilige Bestellungsorgan hat die zentrale Leitung über die bestellten Mitglieder zu unterrichten. Die zentrale Leitung unterrichtet die örtlichen Betriebs-/Unterneh- 2606 mensleitungen, die dort bestehenden Arbeitnehmervertretungen sowie die in inländischen Betrieben vertretenen Gewerkschaften (§ 24 EBRG).

### 3. Amtszeit

2607 Der EBR ist gesetzlich als Dauereinrichtung konzipiert. Er endet kraft Gesetzes nur, wenn die zwingenden gesetzlichen Voraussetzungen seiner Errichtung dauerhaft wegfallen oder es zum Abschluss einer Vereinbarung nach § 17 EBRG (s. Rdn. 2567 ff.) kommt.

2608 Die gesetzlichen Voraussetzungen der Errichtung eines EBR entfallen, wenn das Unternehmen bzw. die Unternehmensgruppe nicht mehr gemeinschaftsweit tätig ist oder die nach § 3 EBRG erforderlichen Mindestarbeitnehmerzahlen nicht mehr erreicht werden (MünchArbR/*Joost* § 275 Rn. 79; s. Rdn. 2520).

2609 Ein EBR kraft Gesetzes ist subsidiär. Er ist zu errichten, wenn es nicht zum Abschluss einer freiwilligen Vereinbarung über eine grenzüberschreitende Anhörung und Unterrichtung kommt (s. Rdn. 2567 ff.). Auch nach Errichtung des EBR kraft Gesetzes ist der Abschluss einer derartigen Vereinbarung möglich.

2610 Der EBR hat spätestens (vgl. *Gaul* NJW 1996, 3378, 3383; MünchArbR/*Joost* § 275 Rn. 80) vier Jahre nach seiner konstituierenden Sitzung mit der Mehrheit der Stimmen seiner Mitglieder einen Beschluss darüber zu fassen, ob mit der zentralen Leitung eine freiwillige Vereinbarung über eine grenzüberschreitende Unterrichtung und Anhörung ausgehandelt werden soll (§ 33 EBRG).

2611 Wird ein entsprechender Beschluss gefasst, hat der EBR die Rechte und Pflichten des bVG (s. Rdn. 2530 ff.) sowie die gleiche Gestaltungsfreiheit (s. Rdn. 2567 ff.).

2612 Kommt eine Verhandlungslösung zu Stande, endet das Amt des EBR (§ 33 S. 3 EBRG).

### 4. Dauer der Mitgliedschaft des einzelnen EBR-Mitglieds

2613 Die Dauer der Mitgliedschaft des einzelnen Mitglieds im EBR beträgt vier Jahre nach Bestellung durch das Bestellungsorgan (§ 32 Abs. 1 EBRG). Nach Ablauf der Mitgliedschaft hat das Bestellungsorgan (s. Rdn. 2605 f.) über die Neubestellung zu entscheiden.

2614 Vor Ablauf der Mitgliedschaft kann das Amt des einzelnen EBR-Mitglieds durch Abberufung durch das Bestellungsorgan, Amtsniederlegung oder Entfallen der Voraussetzungen für eine Mitgliedschaft enden. Wurden Ersatzmitglieder bestellt, rücken diese nach; andernfalls hat das Bestellungsorgan ein neues Mitglied zu entsenden.

2615 Zu einer Beendigung der Amtszeit kommt es ferner dann, wenn sich auf Grund einer Änderung der Arbeitnehmerzahl eine Änderung der Zusammensetzung des EBR nach § 22 Abs. 2 ergibt. Dies hat die zentrale Leitung alle zwei Jahre zu prüfen und dem EBR mitzuteilen (§ 32 Abs. 2 EBRG; s. Rdn. 2604). Ergibt sich eine andere Zusammensetzung, hat der EBR bei den nationalen Bestellungsorganen (s. Rdn. 2605) zu veranlassen, dass die Mitglieder des EBR in den Mitgliedstaaten neu bestellt werden, in denen sich gegenüber dem vorherigen Zeitraum eine abweichende Zahl der Arbeitnehmervertreter ergibt. Für diese Mitgliedstaaten sind **sämtliche** Mitglieder des EBR neu zu bestellen. Mit der Neubestellung endet die Mitgliedschaft der bisher aus diesen Mitgliedstaaten entsendeten EBR-Mitglieder.

### 5. Rechtsstellung der Mitglieder

2616 Die Rechtsstellung und den Schutz der **inländischen Mitglieder** eines EBR regelt § 40 Abs. 1 EBRG unabhängig davon, ob der EBR im Inland oder in einem anderen Mitgliedstaat gebildet ist (§ 2 Abs. 4 EBRG). Nach § 40 Abs. 1 S. 1 EBRG sind die für Betriebsratsmitglieder geltenden Bestimmungen der §§ 37 Abs. 1–5 BetrVG (Ehrenamt, s. Rdn. 679 ff.; Arbeitsbefreiung, Entgeltfortzahlung, Freizeitausgleich, s. Rdn. 685 ff.; wirtschaftliche und berufliche Sicherung, s. Rdn. 755 ff.), 78 BetrVG (Behinderungs-, Benachteiligungs- und Begünstigungsverbot, s. Rdn. 806 ff.), § 103

BetrVG und § 15 KSchG (Kündigungsschutz, s. Kap. 4 Rdn. 495 ff.; Versetzungsschutz s. Rdn. 821 ff.) anzuwenden.

§ 40 Abs. 1 S. 2 EBRG bestimmt, dass für nach § 38 EBRG erforderliche Fortbildungen § 37 Abs. 6 S. 1 und 2 des BetrVG entsprechend gelten. Damit besteht ein Schulungsanspruch der Mitglieder des EBR, soweit dies zur Wahrnehmung der Vertretungsaufgaben im internationalen Umfeld erforderlich ist (vgl. dazu auch Art. 10 Abs. 4 Richtlinie 2009/38/EG). Während der Schulung ist das Entgelt weiter zu zahlen und die Schulungskosten sind zu übernehmen (DKK/*Klebe* § 16 EBRG Rn. 3). 2617

Art. 10 Abs. 1 der Richtlinie 2009/38/EG regelt, dass die Mitglieder des EBR über die Mittel verfügen, um die nach der Richtlinie bestehenden Rechte auszuüben. Hieraus wird der Schluss gezogen, dass dem EBR auch die Mittel für gerichtliche Verfahren zur Durchsetzung der Ansprüche der Arbeitnehmer und ihrer europäischen Interessenvertretung zuzugestehen sind. 2618

Die Mitglieder und Ersatzmitglieder des EBR müssen Betriebs- und Geschäftsgeheimnisse geheim halten (§ 35 Abs. 2 EBRG). Diese Pflicht gilt nicht gegenüber den in § 35 Abs. 2 S. 3 und 4 EBRG aufgeführten Stellen und Personen. Dazu zählen unter anderem andere EBR-Mitglieder, örtliche Arbeitnehmervertreter sowie Sachverständige, die zur Unterstützung herangezogen werden. 2619

Die rechtliche Stellung der **EBR-Mitglieder aus anderen Mitgliedstaaten** richtet sich grds. nach dem nationalen Recht des Entsendestaats. Die Geheimhaltungspflicht nach § 35 Abs. 2 EBRG gilt aber auch für sie. Durch die Strafvorschrift des § 44 EBRG i. V. m. § 42 EBRG ist auch ihnen gegenüber jede Behinderung, Störung, Benachteiligung oder Begünstigung verboten. 2620

### 6. Geschäftsführung

#### a) Konstituierende Sitzung; Wahl von Vorsitzendem und Stellvertreter

Nach Benennung der bestellten Mitglieder hat die zentrale Leitung die benannten Mitglieder des EBR zur konstituierenden Sitzung einzuladen (§ 25 Abs. 1 S. 1 EBRG). 2621

Unterbleibt die Einladung, besteht ein Selbsteinladungsrecht der EBR-Mitglieder (MünchArbR/*Joost* § 275 Rn. 14). 2622

Die Mitglieder des EBR wählen aus ihrer Mitte einen Vorsitzenden und einen Stellvertreter (§ 25 Abs. 1 S. 2 EBRG). Die Wahl bedarf der Mehrheit der Stimmen der anwesenden Mitglieder (§ 28 S. 2 EBRG analog). Das EBRG enthält keine Regelung über die Beschlussfähigkeit. Zum Teil (MünchArbR/*Joost* § 275 Rn. 15, 29 m. w. N.) wird die Ansicht vertreten, dass die Beschlussfähigkeit nur vorliegt, wenn mindestens die Hälfte der Mitglieder des EBR anwesend sind. 2623

#### b) Befugnisse des Vorsitzenden/Stellvertreters

Der Vorsitzende und im Falle seiner Verhinderung sein Stellvertreter vertritt den EBR im Rahmen der von dem Gremium gefassten Beschlüsse und ist zur Entgegennahme von Erklärungen befugt, die dem EBR gegenüber abzugeben sind (§ 25 Abs. 2 EBRG). Er ist Ansprechpartner der zentralen Leitung und geborenes Mitglied des geschäftsführenden Ausschusses (s. Rdn. 2625). 2624

#### c) Geschäftsführender Ausschuss

Der EBR hat unabhängig von seiner Größe gem. § 26 EBRG einen Ausschuss mit höchstens fünf Mitgliedern zu bilden, der die laufenden Geschäfte (zum Begriff s. Rdn. 588 ff.) führt (§ 26 Abs. 1 EBRG). 2625

Neben der Führung der laufenden Geschäfte ist der geschäftsführende Ausschuss an Stelle des EBR gem. § 30 Abs. 2 EBRG zu beteiligen, wenn die zentrale Leitung über außergewöhnliche Umstände (§ 30 Abs. 1 und 2 EBRG, s. Rdn. 2667 ff.) unterrichtet. 2626

2627 Der geschäftsführende Ausschuss besteht aus dem Vorsitzenden des EBR sowie mindestens zwei, höchstens vier weiteren zu wählenden Mitgliedern (§ 26 EBRG).

2628 Für die Sitzungen des geschäftsführenden Ausschusses gelten die für die Sitzungen des EBR bestehenden Regelungen (s. Rdn. 2629 ff.) entsprechend (§ 27 Abs. 2 EBRG), sodass er für weitere Sitzungen außerhalb der Unterrichtung nach § 30 EBRG des Einverständnisses der zentralen Leitung bedarf. Der Ausschuss kann sich, wie der EBR, durch Sachverständige unterstützen lassen (§ 39 Abs. 2 EBRG; s. Rdn. 2639 ff.).

### d) Sitzungen

2629 Ein unbeschränktes Recht des EBR zur Einberufung von Sitzungen nach pflichtgemäßem Ermessen besteht nicht. Das Recht zur Abhaltung von Sitzungen ist vielmehr durch das EBRG begrenzt.

#### aa) Interne Sitzungen

2630 Ein Recht zur Einberufung interner, nicht-öffentlicher Sitzungen des EBR besteht grds. nur in Zusammenhang mit der Unterrichtung des EBR durch die zentrale Leitung gem. §§ 29 oder 30 EBRG (§ 27 Abs. 1 EBRG).

2631 Im Zusammenhang mit derartigen Unterrichtungen hat der EBR das Recht, eine interne Sitzung durchzuführen. Weitere interne Sitzungen bedürfen des Einverständnisses der zentralen Leitung (§ 27 Abs. 1 EBRG). Ob diese Einschränkung richtlinienkonform ist und der Eigenständigkeit und Eigenverantwortung des EBR gerecht wird, wird unterschiedlich beurteilt (bejahend etwa: MünchArbR/*Joost* § 275 Rn. 24; abl. etwa *Oetker* EAS B 8300 Rn. 188; *Gaul* NJW 1996, 3378, 3382).

2632 Die zentrale Leitung hat ihr Einverständnis zu weiteren Sitzungen unter Beachtung des Gebots vertrauensvoller Zusammenarbeit (§ 34 EBRG) zu erteilen, wenn diese zum Wohl der Arbeitnehmer erforderlich sind (MünchArbR/*Joost* § 275 Rn. 24).

2633 Interne Sitzungen beruft der Vorsitzende ein. Zeitpunkt und Ort sind mit der zentralen Leitung abzustimmen. Entsprechendes gilt für interne Sitzungen des geschäftsführenden Ausschusses (§ 27 Abs. 2 EBRG), sodass dieser im Falle einer Unterrichtung über außergewöhnliche Umstände oder Entscheidungen, die erhebliche Auswirkungen auf die Interessen der Arbeitnehmer haben (§ 30 Abs. 1 EBRG), ein Recht zur Durchführung einer internen Sitzung ohne Einverständnis der zentralen Leitung hat (§§ 30 Abs. 2, 27 Abs. 2 EBRG). Zu dieser Sitzung des Ausschusses sind nach Maßgabe des § 30 Abs. 2 EBRG weitere Mitglieder des EBR einzuladen, die dann ebenfalls als Ausschussmitglieder gelten und Stimmrecht haben.

#### bb) Gemeinsame Sitzungen mit der zentralen Leitung

2634 In richtlinienkonformer Auslegung (Nr. 2 und 4 des Anhangs zur Richtlinie 2009/38/EG) des § 29 EBRG kann der EBR zumindest einmal jährlich zu einer gemeinsamen Sitzung mit der zentralen Leitung im Rahmen einer Unterrichtung nach § 29 Abs. 1 EBRG zusammentreten (MünchArbR/*Joost* § 275 Rn. 23; s. Rdn. 2648 ff.). Gleiches gilt bei einer Unterrichtung über außergewöhnliche Umstände oder Entscheidungen, die erhebliche Auswirkungen auf Arbeitnehmer haben (§ 30 Abs. 1 EBRG), sofern kein geschäftsführender Ausschuss besteht (vgl. § 30 Abs. 2 EBRG).

2635 Besteht ein geschäftsführender Ausschuss, hat dieser bei Eintritt außergewöhnlicher Umstände oder bei Entscheidungen, die erhebliche Auswirkungen auf Arbeitnehmer haben, das Recht, eine gemeinsame Sitzung zu verlangen (vgl. Nr. 3 des Anhangs zur Richtlinie 2009/38/EG), an der auch die Mitglieder des EBR teilnehmen können, die für unmittelbar von den geplanten Maßnahmen betroffene Betriebe oder Unternehmen bestellt worden sind.

## Q. Europäischer Betriebsrat (EBR) Kapitel 13

### e) Geschäftsordnung

Der EBR soll sich eine schriftliche Geschäftsordnung geben (§ 28 EBRG). Neben den üblichen Regularien können beispielsweise die Grundsätze für die Information der örtlichen Arbeitnehmervertretungen gem. § 36 EBRG festgelegt werden (DKK/*Bachner* § 28 Rn. 2). 2636

### f) Beschlüsse

Beschlüsse werden grds. mit der Mehrheit der Stimmen der anwesenden Mitglieder gefasst (§ 28 S. 1 EBRG). Etwas anderes gilt für Beschlüsse über die Geschäftsordnung (§ 28 S. 2 EBRG) und Beschlüsse über die Aufnahme von Verhandlungen mit der zentralen Leitung gem. § 33 EBRG (s. Rdn. 2636, 2610). Diese bedürfen der Mehrheit der Stimmen aller Mitglieder des EBR (absolute Mehrheit). 2637

Zum Teil (MünchArbR/*Joost* § 275 Rn. 15, 29 m.w.N.) wird für die Wirksamkeit gefasster Beschlüsse das Vorliegen einer Beschlussfähigkeit gefordert und die Ansicht vertreten, dass diese in entsprechender Anwendung des § 33 Abs. 2 BetrVG nur vorliegt, wenn mindestens die Hälfte der Mitglieder des EBR anwesend ist. 2638

### g) Kosten und Sachaufwand; Sachverständige

Die Regelung des § 39 EBRG über Kosten und Sachaufwand entspricht der Regelung des § 16 EBRG für das bVG (s. Rdn. 2558 ff.). Hierauf wird auch wegen der gesamtschuldnerischen Haftung des inländischen Arbeitgebers verwiesen. 2639

> Die Begrenzung der Kostentragungspflicht auf die Kosten nur **eines** Sachverständigen bedeutet, dass für eine Angelegenheit/Aufgabe auf Kosten der zentralen Leitung nicht mehr als ein Sachverständiger beauftragt werden kann. Diese Beschränkung gilt nicht, wenn in einer Vereinbarung nach § 18 oder § 19 etwas anderes vereinbart ist (§ 39 Abs. 2 S. 3 EBRG). 2640

Für unterschiedliche, wechselnde Aufgaben können nacheinander mehrere Sachverständigenaufträge erteilt werden (DKK/*Bachner* § 39 Rn. 4; MünchArbR/*Joost* § 275 Rn. 31). 2641

### 7. Zuständigkeit des EBR kraft Gesetzes nur in grenzübergreifenden Angelegenheiten

> Wesentliche Zuständigkeiten des EBR sind in §§ 29 und 30 EBRG geregelt. Grundvoraussetzung für eine Zuständigkeit des EBR ist, dass es sich um eine grenzübergreifende Angelegenheit handelt (§ 1 Abs. 2 EBRG). Hierdurch unterscheidet sich der EBR wesentlich von den nationalen Organen der Betriebsverfassung, die für Sachverhalte im Anwendungsbereich des BetrVG zuständig sind. 2642

Liegt der Sitz der zentralen Leitung in Deutschland, ist eine Angelegenheit nur dann grenzüberschreitend, wenn sie das gemeinschaftsweit tätige Unternehmen oder die gemeinschaftsweit tätige Unternehmensgruppe insgesamt oder mindestens zwei Betriebe oder Unternehmen in verschiedenen Mitgliedstaaten betrifft. Nicht erforderlich ist, dass sich die von der zentralen Leitung beabsichtigte Maßnahme gleichzeitig auf die verschiedenen Betriebe oder Unternehmen auswirkt, sofern sie auf einer einheitlichen Planung beruht (MünchArbR/*Joost* § 275 Rn. 35). 2643

Nicht geklärt war bislang die Frage, ob nur dann eine grenzübergreifende Angelegenheit vorliegt, wenn eine Unternehmensentscheidung Auswirkungen in mindestens zwei Mitgliedstaaten hat oder ob es ausreicht, wenn eine Entscheidung, die in einem Mitgliedstaat getroffen wird, Arbeitnehmer in Betrieben oder Unternehmen in einem anderen Mitgliedstaat betrifft (HaKo-BetrVG/*Blanke* § 32 EBRG Rn. 2). Zu beachten ist diesbezüglich der neu gefasste Erwägungsgrund Nr. 16 der Richtlinie 2009/38/EG, wonach zur Feststellung des länderübergreifenden Charakters einer Angelegenheit sowohl der Umfang ihrer möglichen Auswirkungen als auch die betroffene Leitungs- und Vertretungsebene berücksichtigt werden sollen. Zu den länderübergreifenden Angelegenheiten gehören nach dem Erwägungsgrund, ungeachtet der Zahl der betroffenen Mitgliedstaaten, auch Angele- 2644 genheiten, die für die europäischen Arbeitnehmer hinsichtlich der Reichweite ihrer möglichen Auswirkungen von Belang sind oder welche die Verlagerung von Tätigkeiten zwischen Mitgliedschaften betreffen (vgl. AnwK-ArbR/*Breitfeld* §§ 31–35 EBRG Rn. 2). Der Erwägungsgrund Nr. 16 spricht dafür, dass mindestens zwei Betriebe oder zwei Unternehmen in verschieben Mitgliedstaaten betroffen sein müssen. Die Begründung zum Entwurf des 2. EBRG ÄndG sieht hingegen vor, dass zur Feststellung des grenzübergreifenden Charakters einer Angelegenheit sowohl der Umfang der möglichen Auswirkung einer Entscheidung als auch die betroffene Leitungs- und Vertretungsebene zu berücksichtigen sind. Danach liegt eine grenzübergreifende Angelegenheit unverändert vor, wenn Entscheidungen der zentralen Leitung, die sich auf Arbeitnehmer gemeinschaftsweit tätiger Unternehmen oder Unternehmensgruppen auswirken, außerhalb des Mitgliedstaat getroffen werden, in dem sie beschäftigt sind (BT-Drs. 17/4808, S. 9 zu Nr. 1 Buchst. a.; vgl. auch: *Pauken* ArbRAktuell 2011, 657 ff.; *Fitting* EBRG Übersicht Rn. 9).

2645 ▶ **Beispiel**

Die zentrale Leitung eines europaweit tätigen Konzerns in Deutschland plant die Stilllegung eines Unternehmens in Belgien. Auch wenn die Maßnahme hier nur einen Mitgliedstaat betrifft, ist der Europäische Betriebsrat gem. § 1 Abs. 2 EBRG zu unterrichten und anzuhören, da die Entscheidung der zentralen Leitung in einem anderen Mitgliedstaat getroffen wurde.

2646 Liegt die zentrale Leitung nicht in einem Mitgliedstaat, ist aber ein EBR nach § 2 Abs. 2 EBRG gebildet (s. Rdn. 2517), handelt es sich nur dann um eine grenzüberschreitende Angelegenheit, wenn sie sich auf das Hoheitsgebiet der Mitgliedstaaten erstreckt, soweit kein größerer Geltungsbereich vereinbart ist (§ 1 Abs. 2 EBRG). Die in § 1 Abs. 2 EBRG enthaltene Definition ist eng angelehnt an Art. 1 Abs. 4 der Richtlinie 2009/38/EG.

### 8. Mitwirkungsrechte des EBR kraft Gesetzes

2647 Dem EBR stehen nach §§ 29, 30 EBRG lediglich Unterrichtungs- und Anhörungsrechte, nicht aber echte Mitbestimmungsrechte zu. Seine Rechte bleiben daher weit hinter den Beteiligungsrechten der Interessenvertretungen nach dem BetrVG zurück. Allerdings werden die Mitwirkungs- und Mitbestimmungsrechte der Organe nach dem BetrVG von der Mitwirkung auf europäischer Ebene nicht berührt.

*a) Jährliche Unterrichtung und Anhörung, § 29 EBRG*

*aa) Gegenstand der Unterrichtung und Anhörung*

2648 Die zentrale Leitung hat den EBR einmal im Kalenderjahr über die Entwicklung der Geschäftslage und die Perspektiven des gemeinschaftsweit tätigen Unternehmens/der Unternehmensgruppe unter rechtzeitiger Vorlage der erforderlichen Unterlagen zu unterrichten und ihn anzuhören (§ 29 Abs. 1 EBRG).

*bb) Der Katalog des § 29 Abs. 2 EBRG*

2649 § 29 Abs. 2 EBRG enthält einen Katalog von Beispielen, was zur Entwicklung der Geschäftslage und den Perspektiven gehört. Dieser ist den §§ 106 Abs. 3, 111 S. 2 BetrVG nachgebildet. Es muss sich immer um eine grenzüberschreitende Angelegenheit handeln (s. Rdn. 2642 ff.).

2650 – § 29 Abs. 2 Nr. 1 EBRG: Zur Struktur des Unternehmens/Unternehmensgruppe gehören insbes. dessen Organisationsstrukturen und die Verteilung der betrieblichen Aktivitäten auf die Mitgliedstaaten. Die Unterrichtung über die wirtschaftliche und finanzielle Lage entspricht § 106 Abs. 3 Nr. 1 BetrVG (s. Rdn. 1059).

2651 – § 29 Abs. 2 Nr. 2 EBRG: Der Begriff der Produktions- und Absatzlage entspricht § 106 Abs. 3 Nr. 2 BetrVG (s. Rdn. 1060 ff.). Die weiter genannte Geschäftslage kennzeichnet die Situation des Unternehmens im Gemeinschaftsmarkt (MünchArbR/*Joost* § 275 Rn. 41).

- § 29 Abs. 2 Nr. 3 EBRG: Die Beschäftigungslage bezieht sich auf den Stand der Beschäftigung im Unternehmen bzw. in der Unternehmensgruppe unter Einschluss des Umfangs der Beschäftigung (z. B. Kurzarbeit). In die Unterrichtung über die voraussichtliche Entwicklung der Beschäftigungslage ist die Personalplanung einschließlich konkret bevorstehender Veränderungen einzubeziehen (MünchArbR/*Joost* § 275 Rn. 42).
- § 29 Abs. 2 Nr. 4 EBRG: Zu Investitionsprogrammen vgl. § 106 Abs. 3 Nr. 3 BetrVG (s. Rdn. 1063). Zu unterrichten ist insbes. über Vorgaben zur Erneuerung oder Neuanschaffung von Produktionsanlagen, Gründung neuer Fertigungsbereiche, Entwicklung neuer Technologien (MünchArbR/*Joost* § 275 Rn. 43).
- § 29 Abs. 2 Nr. 5 EBRG: Grundlegende Änderung der Organisation sind weit reichende Veränderungen der Unternehmensstruktur, z. B. hinsichtlich der Leitungs- oder Entscheidungsstruktur oder der sonstigen Tätigkeitsorganisation (MünchArbR/*Joost* § 275 Rn. 44; vgl. auch § 106 Abs. 3 Nr. 9 und § 111 S. 3 Nr. 4 BetrVG, s. Rdn. 2238 ff.).
- § 29 Abs. 2 Nr. 6 EBRG: Ein Arbeitsverfahren kennzeichnet den Einsatz menschlicher Arbeitskraft (z. B. Gruppen-, Fließbandarbeit). Fertigungsverfahren sind die technischen Herstellungsverfahren für die Güterproduktion. Vgl. auch § 111 S. 3 Nr. 5 BetrVG (s. Rdn. 2246 f.).
- § 29 Abs. 2 Nr. 7 EBRG: Hierbei handelt es sich um die Veränderung ganzer Produktionsstandorte oder die räumliche oder betriebliche Verlegung von wesentlichen Betriebsteilen. Zur Frage, wann ein wesentlicher Betriebsteil vorliegt, s. Rdn. 2230 f.
- § 29 Abs. 2 Nr. 8 EBRG: Zum Zusammenschluss/Spaltung von Betrieben s. Rdn. 2234 ff. Auf Unternehmensebene werden neben der Verschmelzung/Spaltung von Unternehmen nach dem UmwG (§§ 2 ff., 123 ff. UmwG) auch entsprechende Vorgänge durch Einzelrechtsübertragungen, wie z. B. die Aufspaltung in eine Anlage- und Betriebsgesellschaft erfasst (MünchArbR/*Joost* § 275 Rn. 47).
- § 29 Abs. 2 Nr. 9 EBRG: Entspricht weitgehend § 111 S. 3 Nr. 1 BetrVG, s. Rdn. 2219 ff.
- § 29 Abs. 2 Nr. 10 EBRG: Der Begriff der Massenentlassung ist weder im EBRG noch in der Richtlinie 2009/38/EG definiert. Es muss sich um eine erhebliche Personalanpassung handeln.

*cc) Rechtzeitige Vorlage von Unterlagen*

Für die jährliche Unterrichtung müssen rechtzeitig die erforderlichen Unterlagen vorgelegt werden (§ 29 Abs. 1 EBRG).

> Diese Verpflichtung ist der Unterrichtung des Wirtschaftsausschusses nachgebildet. Die hierzu entwickelten Grundsätze (s. Rdn. 1075 ff.) können herangezogen werden. Nr. 2 S. 1 des Anhangs der Richtlinie 2009/38/EG sieht vor, dass der EBR und die zentrale Leitung einmal jährlich zur Unterrichtung und Anhörung **auf der Grundlage eines von der zentralen Leitung vorgelegten Berichts** zusammentreten.

Die Unterlagen müssen so vorgelegt werden, dass sich die Mitglieder des EBR auf die gemeinsame Sitzung mit der zentralen Leitung, ggf. unter Hinzuziehung eines Sachverständigen (s. Rdn. 2640 f.), vorbereiten können.

*dd) Die gemeinsame Sitzung zwischen EBR und zentraler Leitung*

Die zentrale Leitung unterrichtet und hört den EBR in einer gemeinsamen Sitzung an (§ 27 Abs. 1 EBRG; s. Rdn. 2634). Nach Maßgabe des § 23 Abs. 6 EBRG können vom zuständigen Sprecherausschuss benannte leitende Angestellte mit Rederecht, nicht aber mit Stimmrecht, an der Sitzung teilnehmen. Zeitpunkt und Ort der Sitzung sind mit der zentralen Leitung zu vereinbaren (§ 27 Abs. 1 S. 3 EBRG).

> Der EBR soll im Rahmen der Anhörung argumentativ Einfluss auf die Entscheidungen der zentralen Leitung nehmen können. Er hat daher einen Anspruch darauf, dass die Sitzung rechtzeitig vor der endgültigen Entscheidung der zentralen Leitung stattfindet (MünchArbR/*Joost* § 275 Rn. 55).

2665 Die zentrale Leitung unterrichtet in der Sitzung auf Grundlage der vorzulegenden Unterlagen (s. Rdn. 2660) mündlich. Es besteht ein Fragerecht der Mitglieder des EBR. Anhörung bedeutet, dass ein Meinungsaustausch zwischen EBR und zentraler Leitung stattfindet, innerhalb dessen der EBR seine Vorstellungen einbringen kann, die von der zentralen Leitung zu erwägen sind. Die zentrale Leitung bleibt aber in ihrer Entscheidung frei. Der Begriff der Unterrichtung bzw. Anhörung wird in § 1 Abs. 4 bzw. 5 EBRG definiert (s. Rdn. 2507 f., 2576)

2666 Die Richtlinie 2009/38/EG weitet die Rechte der Arbeitnehmervertreter im Zusammenhang mit ihrer Unterrichtung und Anhörung aus. Sie präzisiert den Zeitpunkt, die Art und Weise und den Inhalt von Information und Anhörung und räumt den Arbeitnehmervertretern das Recht einer vertieften Prüfung und zur Stellungnahme ein, auf die die Unternehmensleitung begründet antworten muss. Hervorzuheben ist insbes. die nunmehr geregelte Abstimmung der Beteiligungsrechte nach nationalem und europäischem Recht. In erster Linie sollen die Sozialpartner eine Reihenfolge vereinbaren. Treffen sie keine Vereinbarung und sind Entscheidungen geplant, die wesentliche Veränderungen der Arbeitsorganisation und der Arbeitsverträge mit sich bringen können, ist von den Mitgliedstaaten zu regeln, dass die Unterrichtung und Anhörung sowohl im EBR als auch in den einzelstaatlichen Vertretungsgremien der Arbeitnehmer stattfindet. § 1 Abs. 7 EBRG sieht diesbezüglich vor, dass die Unterrichtung und Anhörung des EBR spätestens gleichzeitig mit der Unterrichtung der deutschen Arbeitnehmervertretung durchzuführen sind.

### b) Zusätzliche Unterrichtung und Anhörung über außergewöhnliche Umstände oder Entscheidungen (§ 30 EBRG)

2667 Um eine Anhörung des EBR auch dann sicherzustellen, wenn zwischen den jährlichen gemeinsamen Sitzungen Entscheidungen in grenzüberschreitenden Angelegenheiten mit erheblichen Auswirkungen auf die Interessen der Arbeitnehmer anstehen, sieht § 30 EBRG unter bestimmten Voraussetzungen eine zusätzliche Unterrichtung und ggf. Anhörung vor.

#### aa) Voraussetzungen

2668 Eine zusätzliche Unterrichtung und ggf. Anhörung ist über außergewöhnliche Umstände oder Entscheidungen vorzunehmen, die erhebliche Auswirkungen auf die Interessen der Arbeitnehmer haben (§ 30 Abs. 1 EBRG).

2669 Als nicht abschließende Regelbeispiele nennt § 30 Abs. 1 EBRG die Verlegung bzw. Stilllegung von Unternehmen, Betrieben oder wesentlichen Betriebsteilen und Massenentlassungen.

2670 Bei anderen Sachverhalten kommt es darauf an, inwieweit Auswirkungen auf die Arbeitnehmer zu erwarten sind und wie schwerwiegend sich diese darstellen. Ansatzpunkt für die Beurteilung ist ein Vergleich mit den Regelbeispielen.

2671 Relevante Auswirkungen können etwa die Gefährdung von Arbeitsplätzen, Umgestaltungen der Arbeitsmethoden, Arbeitsumgebung oder Arbeitsbedingungen und Rationalisierungsvorhaben sein (MünchArbR/*Joost* § 275 Rn. 60).

2672 Außergewöhnlich sind Umstände und Entscheidungen, über die nach der zeitlichen Planung der zentralen Leitung zwischen den kalenderjährlichen Sitzungen entschieden werden soll.

#### bb) Durchführung

2673 Über außergewöhnliche Umstände und Entscheidungen hat die zentrale Leitung stets rechtzeitig und unter Vorlage der erforderlichen Unterlagen (s. Rdn. 2660) schriftlich zu unterrichten. Zu einer Anhörung im Rahmen einer gemeinsamen Sitzung kommt es hingegen nur auf eine entsprechende Initiative des EBR bzw. des geschäftsführenden Ausschusses.

2674 Besteht ein geschäftsführender Ausschuss (§ 26 EBRG, s. Rdn. 2625), ist dieser an Stelle des EBR zu unterrichten (§ 30 Abs. 2 EBRG). Der Ausschuss entscheidet darüber, ob er eine gemeinsame Sitzung mit der zentralen Leitung verlangt. Er hat hinsichtlich der Sitzungen die gleichen Rechte wie der EBR nach § 27 Abs. 1 S. 2–5 EBRG (s. Rdn. 2628 ff.), insbes. das Recht zur Durchführung einer vorbereitenden Sitzung (s. Rdn. 2631).

### c) Einschränkungen bei Betriebs- oder Geschäftsgeheimnissen

Keine Unterrichtspflichten der zentralen Leitung bestehen, soweit dadurch Betriebs- oder Geschäftsgeheimnisse (zum Begriff s. Rdn. 849 f.) gefährdet würden (§ 35 Abs. 1 EBRG). Eine Gefährdung liegt rechtlich nur vor, wenn trotz der Geheimhaltungspflicht der Mitglieder des EBR bzw. des geschäftsführenden Ausschusses eine Offenbarung des Geheimnisses droht. 2675

### d) Einschränkungen wegen Tendenzschutzes

Die Mitwirkungsrechte des EBR sind bei Unternehmen und Unternehmensgruppen, die unmittelbar und überwiegend (s. Rdn. 276–281) den in § 118 Abs. 1 S. 1 Nr. 1 und 2 BetrVG genannten Zwecken oder Bestimmungen (s. Rdn. 256 ff.) dienen, eingeschränkt (§ 31 EBRG). Die Pflicht zur Unterrichtung und Anhörung bezieht sich nur auf Gegenstände nach §§ 29 Abs. 2 Nr. 5–10, 30 (s. Rdn. 2667 ff.) und ist inhaltlich auf den Ausgleich oder die Milderung der wirtschaftlichen Nachteile beschränkt, die den Arbeitnehmern infolge der Unternehmens- oder Betriebsänderungen entstehen. 2676

Stark umstritten ist, ob die durch § 31 EBRG vorgesehenen Einschränkungen richtlinienkonform sind. 2677

Art. 8 Abs. 3 der Richtlinie 2009/38/EG sieht Ausnahmen i. S. eines Tendenzschutzes nur für Unternehmen vor, »die in Bezug auf Berichterstattung und Meinungsäußerung unmittelbar und überwiegend eine bestimmte weltanschauliche Tendenz verfolgen«. Die Richtlinie zieht somit die Tendenzeigenschaft enger als § 31 EBRG i. V. m. § 118 Abs. 1 BetrVG (vgl. zum Meinungsstand ausführlich DKK/*Bachner* § 31 EBRG Rn. 4; MünchArbR/*Joost* § 275 Rn. 75, jeweils m. w. N.). 2678

### e) Unterrichtung der örtlichen Arbeitnehmervertreter

EBR oder im Falle des § 30 Abs. 2 EBRG (s. Rdn. 2674) der geschäftsführende Ausschuss haben den örtlichen Arbeitnehmervertretern über alle Unterrichtungen und Anhörungen zu berichten (§ 36 Abs. 1 EBRG). 2679

Die Unterrichtung obliegt dem Vorsitzenden des EBR bzw. einem oder mehreren vom EBR beauftragten Mitgliedern bzw. im Falle des § 30 Abs. 2 EBRG dem Vorsitzenden des geschäftsführenden Ausschusses oder einem beauftragten Mitglied. Welche betriebsverfassungsrechtlichen Organe (Betriebsrat, Gesamt- bzw. Konzernbetriebsrat) zu unterrichten sind, ist gesetzlich nicht geregelt. Zum Teil wird dies in das Ermessen des EBR bzw. des Ausschusses gestellt (so wohl DKK/*Bachner* § 30 Rn. 2), zum Teil (so etwa MünchArbR/*Joost* § 275 Rn. 64 m. w. N.) wird angenommen, dass der jeweils höchsten Arbeitnehmervertretung zu berichten ist, gegenüber anderen Vertretungsorganen nur, wenn sie in dem Gremium auf höherer Ebene nicht vertreten sind. In betriebsratslosen Betrieben/Unternehmen ist der Bericht unmittelbar gegenüber den Arbeitnehmern zu erstatten, etwa mündlich in einer Belegschaftsversammlung oder durch Aushang eines schriftlichen Berichts am Schwarzen Brett. 2680

Die leitenden Angestellten sind, sofern ein Sprecherausschuss existiert, nach Maßgabe des § 36 Abs. 2 EBRG gesondert zu informieren. 2681

Eine bestimmte Form ist für den Bericht nicht vorgesehen. Er kann schriftlich und/oder mündlich erstattet werden. 2682

Soweit der Bericht gegenüber betriebsverfassungsrechtlichen Organen zu erstatten ist, ist auch über Betriebs- oder Geschäftsgeheimnisse zu berichten. Eine Geheimhaltungspflicht besteht insoweit nicht (§ 35 Abs. 2 S. 4 EBRG). § 35 Abs. 3 Nr. 4 EBRG regelt eine Geheimhaltungspflicht der ört- 2683 lichen Arbeitnehmervertreter. Diese Grundsätze gelten auch bei dem Bericht gegenüber den Sprecherausschüssen der leitenden Angestellten (vgl. MünchArbR/*Joost* § 275 Rn. 71). Soweit in betriebsratslosen Betrieben/Unternehmen der Bericht gegenüber den Arbeitnehmern zu erstatten ist, gilt hingegen hinsichtlich von Betriebs- und Geschäftsgeheimnissen eine Verschwiegenheitspflicht, d. h. diese Sachverhalte dürfen nicht offenbart werden (§ 35 Abs. 2 S. 1 EBRG).

*f) Gebot vertrauensvoller Zusammenarbeit*

2684 § 34 EBRG sieht das Gebot vertrauensvoller Zusammenarbeit zwischen EBR und zentraler Leitung vor. Dieses entspricht dem entsprechenden Gebot im Rahmen des BetrVG (s. Rdn. 1239 ff.).

## VI. Sanktionen

### 1. Unmittelbare Erfüllungsansprüche

2685 Soweit das EBRG eine Verpflichtung zur Leistung von Geld und Sachen, zur Unterrichtung oder zur Vorlage von Unterlagen vorsieht, handelt es sich um Ansprüche, die arbeitsgerichtlich geltend gemacht werden können (s. Rdn. 2424 ff.). Dies gilt bspw. für den Auskunftsanspruch nach § 5 EBRG (DKK/*Däubler* § 5 EBRG Rn. 10).

### 2. Rechtsfolgen der Nichtbeachtung der Mitwirkungsrechte

2686 Entsprechend dem betriebsverfassungsrechtlichen Streit über die Anerkennung eines allgemeinen Unterlassungsanspruchs bei Nichtbeachtung von Beteiligungsrechten (s. Rdn. 2460 ff.), besteht auch im Rahmen des EBRG Streit darüber, ob der EBR oder ein vereinbartes Gremium zur Unterrichtung und Anhörung die Unterlassung einer der Beteiligung unterliegenden Maßnahme, ggf. im Wege der einstweiligen Verfügung, verlangen kann. Zutreffend (etwa MünchArbR/*Joost* § 275 Rn. 73; *Hromadka* DB 1995, 1125, 1130; *LAG Köln* 8.9.2011 – 13 Ta 267/11, BB 2012, 197) wird dies mit der Begründung abgelehnt, dass ein derartiger Anspruch über die dem EBR eingeräumten Beteiligungsrechte (Unterrichtung/Anhörung) hinausgeht. Zum Teil (etwa DKK/*Däubler* Vor § 1 EBRG Rn. 23 unter Hinweis auch auf französische Rechtsprechung) wird ein solcher Anspruch mit der Begründung bejaht, dass andernfalls die Sicherstellung der Beteiligungsrechte nicht ausreichend gewährleistet ist. Erwägungsgrund Nr. 36 der Richtlinie 2009/38/EG betont, dass wirksame Sanktionen im Fall von Verstößen vorzunehmen sind (vgl. AnwK-ArbR/*Breitfeld* §§ 31–35 EBRG Rn. 11). Auch Art. 11 Abs. 2 der Richtlinie verlangt dies. Alle Mitgliedstaaten sollen für den Fall der Nichteinhaltung der Richtlinie geeignete Maßnahmen vorsehen, mit deren Hilfe die Erfüllung der sich aus der Richtlinie ergebenden Verpflichtungen auch tatsächlich durchgesetzt werden kann. Ein Unterlassungsanspruch ist hierfür nicht erforderlich. Letztlich geht es um die Beachtung von Beteiligungsansprüchen und Antragsrechten. Hier genügt ein entsprechender Leistungsanspruch.

### 3. Straf- und Bußgeldvorschriften

2687 §§ 43–45 EBRG sanktionieren bestimmtes Verhalten mit Strafe oder Bußgeld, so insbes. das Offenbaren von Betriebs- oder Geschäftsgeheimnissen, das Behindern der Errichtung und Funktionsfähigkeit der Arbeitnehmervertretungen nach dem EBRG sowie unzureichende oder verspätete Unterrichtungen.

## VII. Streitigkeiten

2688 Streitigkeiten über Angelegenheiten aus dem EBRG entscheidet das Arbeitsgericht im Beschlussverfahren (§ 2a Abs. 2 Nr. 3b ArbGG). Dies gilt etwa für Streitigkeiten über den Auskunftsanspruch nach § 5 EBRG, die Bildung des bVG, die Kostentragung nach § 16 EBRG sowie für Streitigkeiten im Zusammenhang mit einer Vereinbarung über die Ausgestaltung einer grenzüberschreitenden Unterrichtung und Anhörung oder im Zusammenhang mit der Errichtung oder Tätigkeit eines EBR kraft Gesetzes. EBR, bVG oder kraft freiwilliger Vereinbarung geschaffene Einrichtungen sind beteiligtenfähig (DKK/*Däubler* Vor § 1 EBRG Rn. 18). Örtlich zuständig ist das Arbeitsgericht, in dessen Bezirk das Unternehmen bzw. das herrschende Unternehmen seinen Sitz hat, § 82 S. 4 ArbGG.

Über individualrechtliche Ansprüche der Mitglieder des EBR, bVG bzw. kraft Vereinbarung errichteter Einrichtungen, wie insbes. Ansprüche auf Weiterzahlung des Arbeitsentgelts, ist gem. § 2 Abs. 1 Nr. 3a ArbGG im arbeitsgerichtlichen Urteilsverfahren zu entscheiden. Die örtliche Zuständigkeit richtet sich nach den allgemeinen Bestimmungen. **2689**

# 4. Teil  Arbeitsgerichtsverfahren

# Kapitel 14 Gerichtsorganisation und Zuständigkeit

## Übersicht

| | Rdn. |
|---|---|
| **A. Gerichtsorganisation** | 1 |
| I. Arbeitsgerichtsbarkeit als Sonderzivilgerichtsbarkeit | 1 |
| II. Aufbau der Arbeitsgerichtsbarkeit | 6 |
|     1. Instanzenzug | 6 |
|     2. Ressortierung der Arbeitsgerichtsbarkeit | 9 |
|     3. Einrichtung der Gerichte | 10 |
|         a) Form | 10 |
|         b) Verfahren und Zuständigkeiten | 12 |
|         c) Gerichtstage und auswärtige Kammern | 17 |
|         d) Fachkammern | 23 |
|     4. Verwaltung und Dienstaufsicht der Gerichte | 25 |
|         a) Zuständigkeiten | 25 |
|         b) Dienstaufsicht | 30 |
|         c) Beteiligung der Gewerkschaften und Arbeitgeberverbände | 33 |
|     5. Zusammensetzung der Kammern des ArbG und des LAG, sowie der Senate beim BAG | 35 |
| III. Gerichtspersonen | 40 |
|     1. Berufsrichter | 40 |
|         a) Ausbildung und Befähigungsvoraussetzungen | 40 |
|         b) Ernennung/Berufung | 43 |
|         c) Statusrechtliche Rechte und Pflichten der Berufsrichter | 58 |
|     2. Ehrenamtliche Richter | 63 |
|         a) Aufgaben allgemein | 63 |
|         b) Verfahren und Voraussetzungen der Berufung der ehrenamtlichen Richter | 66 |
|         c) Mitwirkung der ehrenamtlichen Richter an der Rechtsprechung ihres Spruchkörpers | 90 |
|         d) Statusrechtliche Rechte und Pflichten | 109 |
|         e) Beendigung des Amtes des ehrenamtlichen Richters | 126 |
|         f) Ausschuss der ehrenamtlichen Richter | 129 |
|     3. Rechtspfleger | 132 |
|         a) Aufgaben | 133 |
|         b) Rechtsbehelfe gegen Entscheidungen | 137 |
|     4. Urkundsbeamte der Geschäftsstelle | 138 |
|         a) Aufgaben | 139 |
|         b) Ausbildung und Bestellung | 140 |
|     5. Ausschluss und Ablehnung von Gerichtspersonen | 142 |
|         a) Verfahren | 142 |

| | Rdn. |
|---|---|
|         b) Gründe für die Ausschließung/Ablehnung von Richtern | 155 |
|         c) Rechtsfolge des wirksamen Ausschlusses einer Gerichtsperson | 159 |
| IV. Geschäftsverteilung | 162 |
|     1. Sinn und Zweck | 162 |
|     2. Aufstellung des Geschäftsverteilungsplanes | 164 |
|     3. Inhalt des Geschäftsverteilungsplanes | 172 |
|         a) Verteilung der anfallenden Geschäfte | 173 |
|         b) Verteilung der Richter auf die Spruchkörper | 178 |
|     4. Änderung des Geschäftsverteilungsplanes | 180 |
|     5. Mitwirkung des Ausschusses der ehrenamtlichen Richter | 181 |
|     6. Rechtsbehelfe gegen den Geschäftsverteilungsplan | 182 |
|         a) Rechtsbehelfe der Prozessparteien | 182 |
|         b) Rechtsbehelfe der Richter | 184 |
|     7. Die Geschäftsverteilung in den einzelnen Spruchkörpern | 186 |
| **B. Zuständigkeit** | 188 |
| I. Internationale Zuständigkeit | 188 |
|     1. Begriff | 188 |
|     2. Bestimmung der internationalen Zuständigkeit deutscher ArbG | 189 |
|     3. Entscheidungen über die internationale Zuständigkeit | 201 |
| II. Rechtswegzuständigkeit | 202 |
|     1. Verhältnis der Arbeitsgerichtsbarkeit zu anderen Gerichtsbarkeiten | 202 |
|     2. Entscheidung über die Zulässigkeit des Rechtswegs | 207 |
|         a) Vorabentscheidungsverfahren | 208 |
|         b) Teilverweisung | 220 |
|         c) Bindung an die Anträge | 221 |
|         d) Rechtsmittel gegen den Verweisungsbeschluss | 222 |
|         e) Bindungswirkung des Verweisungsbeschlusses | 226 |
| III. Sachliche Zuständigkeit | 228 |
|     1. Zuständigkeit im Urteilsverfahren | 232 |
|         a) Streitigkeiten aus/über das Bestehen von Tarifverträgen | 235 |
|         b) Arbeitskampfstreitigkeiten, § 2 Abs. 1 Nr. 2 ArbGG | 243 |
|         c) Bürgerliche Rechtsstreitigkeiten zwischen Arbeitnehmern und Arbeitgebern, 2 Abs. 1 Nr. 3a ArbGG | 249 |

|  |  | Rdn. |  |  | Rdn. |
|---|---|---|---|---|---|
| d) | Streitigkeiten über das Bestehen oder Nichtbestehen eines Arbeitsverhältnisses | 268 | 2. | Sachliche Zuständigkeit im Beschlussverfahren | 308 |
| e) | Verhandlungen über und Nachwirkungen aus Arbeitsverträgen, § 2 Abs. 1 Nr. 3c ArbGG | 271 | a) | Angelegenheiten aus dem Betriebsverfassungsgesetz, § 2a Abs. 1 Nr. 1 ArbGG | 310 |
| f) | Ansprüche aus unerlaubter Handlung, § 2 Abs. 1 Nr. 3d ArbGG | 273 | b) | Angelegenheiten aus dem SprAuG, § 2a Abs. 1 Nr. 2 ArbGG | 314 |
| g) | Streitigkeiten über Arbeitspapiere, § 2 Abs. 1 Nr. 3e ArbGG | 277 | c) | Mitbestimmungsangelegenheiten, § 2a Abs. 1 Nr. 3 ArbGG | 316 |
| h) | Ansprüche aus rechtlichem oder wirtschaftlichem Zusammenhang, § 2 Abs. 1 Nr. 4a ArbGG | 279 | d) | Angelegenheiten aus den §§ 94, 95, 139 SGB IX, § 2a Abs. 1 Nr. 3a ArbGG | 320 |
| i) | Streitigkeiten mit Einrichtungen der Tarifvertragsparteien oder Sozialeinrichtungen, § 2 Abs. 1 Nr. 4b und 6 ArbGG | 280 | e) | Angelegenheiten aus dem Gesetz über Europäische Betriebsräte, § 2 Abs. 1 Nr. 3b ArbGG | 322 |
| j) | Streitigkeiten mit Insolvenzversicherungen, § 2 Abs. 1 Nr. 5 ArbGG | 281 | f) | Entscheidung über die Tariffähigkeit und Tarifzuständigkeit | 323 |
| k) | Streitigkeiten nach dem Entwicklungshilfegesetz, § 2 Abs. 1 Nr. 7 ArbGG | 282 | 3. | Sachliche Zuständigkeit in sonstigen Fällen, § 3 ArbGG | 327 |
| l) | Streitigkeiten anlässlich »freiwilligem sozialen Jahr«, § 2 Abs. 1 Nr. 8 ArbGG | 284 | 4. | Entscheidung über die sachliche Zuständigkeit | 336 |
| m) | Streitigkeiten aus gemeinsamer Arbeit und unerlaubter Handlung, § 2 Abs. 1 Nr. 9 ArbGG | 285 | IV. | Örtliche Zuständigkeit | 337 |
|  |  |  | 1. | Urteilverfahren | 337 |
|  |  |  | a) | Allgemeiner Gerichtsstand | 338 |
|  |  |  | b) | Gerichtsstand des Erfüllungsortes | 341 |
| n) | Streitigkeiten in Behindertenwerkstätten, § 2 Abs. 1 Nr. 10 ArbGG | 287 | c) | Gerichtsstand der Niederlassung | 347 |
| o) | Zuständigkeit bei Erfinder- und Urheberstreitigkeiten, § 2 Abs. 2 ArbGG | 288 | d) | Gerichtsstand der unerlaubten Handlung | 349 |
|  |  |  | e) | Weitere besondere Gerichtsstände, Gerichtsstand des Arbeitsortes | 350 |
| p) | Zusammenhangsklagen, § 2 Abs. 3 ArbGG | 292 | f) | Gerichtsstandsvereinbarung | 352 |
| q) | Streitigkeiten mit Organmitgliedern, § 2 Abs. 4 ArbGG | 303 | g) | Gerichtsstand der rügelosen Einlassung | 360 |
|  |  |  | 2. | Beschlussverfahren | 361 |
|  |  |  | 3. | Entscheidungen über die örtliche Zuständigkeit | 365 |
|  |  |  | V. | Ausschluss der Arbeitsgerichtsbarkeit | 367 |
|  |  |  | VI. | Bestimmung des zuständigen Gerichts | 371 |
|  |  |  | VII. | Funktionelle Zuständigkeit | 375 |

## A. Gerichtsorganisation

### I. Arbeitsgerichtsbarkeit als Sonderzivilgerichtsbarkeit

1 Bei der Arbeitsgerichtsbarkeit handelt es sich um eine der fünf Gerichtsbarkeiten, die im GG in Art. 95 aufgezählt sind. Sie gehört zu den vier Sondergerichtsbarkeiten – Verwaltungs-, Finanz-, Arbeits- und Sozialgerichtsbarkeit –, die sich im Verfahren und der zu bearbeitenden Rechtsmaterie von der ordentlichen Gerichtsbarkeit – Zivil- und Strafgerichtsbarkeit – unterscheiden.

2 Es besteht allerdings eine **Verwandtschaft zur ordentlichen Zivilgerichtsbarkeit**. Von der zu bearbeitenden Materie ist der weit überwiegende Teil **Sonderzivilrecht**. Insofern lässt sich das Arbeitsrecht als Sonderrecht der abhängigen Arbeit charakterisieren. Soweit Individualstreitigkeiten zwischen Arbeitgebern und Arbeitnehmern ausgetragen werden, handelt es sich um Zivilrecht, welches seine Wurzeln in den §§ 611 ff. BGB hat, und lediglich durch Sondergesetze, z. B. das KSchG, modifiziert und weiterentwickelt wird. Das arbeitsrechtliche Urteilsverfahren ist denn auch dem Zivilprozessver-

## A. Gerichtsorganisation

fahren angenähert, welches gem. § 46 Abs. 2 ArbGG dann Anwendung findet, wenn keine besonderen Verfahrensvorschriften im ArbGG festgeschrieben worden sind.

Abweichungen und Unterschiede zum zivilprozessualen Charakter finden sich im arbeitsgerichtlichen Beschlussverfahren, §§ 80 ff. ArbGG, welches in den in § 2a ArbGG enumerativ aufgezählten Fällen zur Anwendung kommt. In diesen Verfahren wird die grds. weiter bestehende Parteienherrschaft, § 83 ArbGG, beschränkt durch den aus dem Verwaltungsprozess stammenden – allerdings nur eingeschränkt geltenden – Untersuchungsgrundsatz, § 83 Abs. 1 ArbGG (vgl. *Schaub* ArbGVerf § 58 Rn. 48 ff.).

Im Verhältnis zur ordentlichen Gerichtsbarkeit bestand vor dem Inkrafttreten des 4. Gesetzes zur Änderung der VwGO vom 17.12.1990 (BGBl. I S. 2809) am 1.1.1991 Streit darüber, ob es sich um eine Frage der sachlichen Zuständigkeit oder um eine solche des richtigen Rechtsweges handelte. Die h. M. ging davon aus, dass es sich bei der Abgrenzung lediglich um eine Frage der sachlichen Zuständigkeit handelte (*BAG* 20.12.1990 EzA § 48 ArbGG 1979 Nr. 1).

Aufgrund dieses Gesetzes wurden der § 48 ArbGG und die §§ 17 bis 17b GVG neu gefasst, die Überschriften des § 2 ArbGG geändert und § 48a ArbGG a. F. gestrichen. Wegen dieser Änderungen geht die heute h. M. davon aus, dass der Gesetzgeber die Gleichwertigkeit aller Gerichtszweige betonen wollte und **es sich deswegen bei der Zuständigkeit der ArbG gegenüber den ordentlichen Gerichten um eine Frage der Rechtswegzuständigkeit und nicht der sachlichen Zuständigkeit handelt** (vgl. *BAG* 26.3.1992 EzA § 48 ArbGG 1979 Nr. 5).

### II. Aufbau der Arbeitsgerichtsbarkeit

#### 1. Instanzenzug

Die Arbeitsgerichtsbarkeit ist dreistufig aufgebaut, § 1 ArbGG. Es gibt auf Landesebene die Arbeitsgerichte (ArbG), §§ 14 ff. ArbGG, als **Eingangsgerichte aller arbeitsgerichtlichen Verfahren, unabhängig vom Streitwert, der Verfahrensart** oder des Schwierigkeitsgrades der zu behandelnden Materie.

Als zweite Instanz werden ebenfalls von den Ländern die Landesarbeitsgerichte (LAG) eingerichtet, §§ 33 ff. ArbGG. Sie sind **obere Landesgerichte** und stehen damit dem Rang nach den OLG und OVG gleich. Aufgabe des LAG ist es, über Berufungen gegen die Urteile, §§ 64 ff. ArbGG, und Beschwerden gegen die Beschlüsse des ArbG im Beschlussverfahren, §§ 87 ff. ArbGG, zu entscheiden. Außerdem sind sie gem. § 78 Abs. 1 ArbGG das Beschwerdegericht i. S. d. §§ 567 ff. ZPO. **Eine erstinstanzliche Zuständigkeit kommt dem LAG nur bei der Amtsenthebung und Verhängung von Ordnungsgeldern gegen ehrenamtliche Richter** zu, §§ 21 Abs. 5 S. 2, 27, 28 ArbGG.

Das Bundesarbeitsgericht (BAG) als oberstes Bundesgericht, Art. 95 Abs. 1 GG, hat die Aufgabe der Wahrung der Rechtseinheit und der Fortentwicklung des Arbeitsrechts. Es hat über die Revisionen und sofortigen Beschwerden gegen die Urteile des LAG, §§ 72 Abs. 1, 72a Abs. 5 S. 2, 72b ArbGG, über die Rechtsbeschwerden gegen die Beschlüsse im Beschwerdeverfahren, §§ 92 ff. ArbGG, und über die Rechtsbeschwerden nach § 78 ArbGG i. V. m. §§ 574 ff. ZPO zu befinden. Im Fall der Sprungrevision, § 76 ArbGG, und der Sprungrechtsbeschwerde, § 96a ArbGG, befindet es unmittelbar über die Urteile und Beschlüsse der ArbG.

#### 2. Ressortierung der Arbeitsgerichtsbarkeit

Bis zum Änderungsgesetz zum ArbGG vom 26.6.1990 (BGBl. I S. 1206) sah § 15 ArbGG a. F. vor, dass die Arbeitsgerichtsbarkeit zum Ressort der Arbeits- und Sozialbehörden der Länder gehörte. Durch die neue Fassung des § 15 ArbGG wird es den Ländern ermöglicht, die Arbeitsgerichtsbarkeit dem Ressort der Justizbehörden als umfassende Rechtspflegeministerien zuzuordnen (*Koch* NJW 1991, 1856 ff.). Davon haben alle Bundesländer bis auf Bayern und Brandenburg Gebrauch gemacht (GK-ArbGG/*Dörner* § 15 Rn. 3).

## 3. Einrichtung der Gerichte

### a) Form

10 Die Einrichtung, Aufhebung und Verlegung der ArbG bedarf grds. eines Landesgesetzes, § 14 Abs. 2 ArbGG. Gleiches gilt für die Änderung von Gerichtsbezirken, die Zuweisung einzelner Sachgebiete an ein ArbG für die Bezirke mehrerer ArbG und die Einrichtung von Kammern eines ArbG an einem anderen Ort als dem Gerichtssitz selbst.

11 Das Erfordernis einer gesetzlichen Grundlage für die angeführten Maßnahmen ergibt sich aus dem Grundsatz der Gewaltenteilung und des Grundrechts auf den gesetzlichen Richter. Durch die allein durch Gesetze regelbare Gerichtsorganisation soll im Interesse der Unabhängigkeit der Gerichte, der Verwaltung und ihrer Behörden der Zugriff auf die Gerichtsorganisation entzogen werden (vgl. BVerfG 10.6.1953 BVerfGE 2, 307, 312 ff.).

### b) Verfahren und Zuständigkeiten

12 Die Frage der Festlegung und Grenzen der einzelnen Gerichtsbezirke obliegt den Ländern innerhalb ihres Hoheitsgebietes. Die Gerichtsbezirke in der Arbeitsgerichtsbarkeit müssen nicht mit denen der ordentlichen Gerichtsbarkeit übereinstimmen.

13 Mehrere Länder können gem. § 14 Abs. 3 ArbGG durch Staatsvertrag vereinbaren, dass gemeinsame ArbG eingerichtet oder die Ausdehnung von Gerichtsbezirken über Landesgrenzen hinweg vorgesehen werden. Der Staatsvertrag ist durch den Erlass entsprechender Gesetze der beteiligten Länder umzusetzen.

14 Bei diesen Akten der Gerichtsorganisation sind den Vereinigungen der Arbeitgeber und Arbeitnehmer, soweit sie für das Arbeitsleben im Landesgebiet wesentliche Bedeutung haben, Anhörungsrechte vor der Festlegung dieser Organisationsakte vom Gesetzgeber in § 14 Abs. 5 ArbGG eingeräumt worden. Die Frage, ob einer Koalition »wesentliche Bedeutung« i. S. d. § 14 Abs. 5 ArbGG zukommt, richtet sich nach ihrem Einfluss auf das öffentliche Arbeitsleben im betroffenen Gebiet, nicht nach ihrer Mitgliederstärke (*Schaub* ArbGVerf § 2 Rn. 3 ff.).

15 Die Einrichtung der LAG erfolgt nach denselben Regeln wie die Einrichtung der ArbG, § 33 ArbGG. Es können sowohl mehrere LAG in einem Bundesland bestehen, z. B. in Bayern in München und Nürnberg, als auch ein LAG für mehrere Bundesländer eingerichtet werden.

16 Das BAG, welches kraft verfassungsrechtlichen Auftrags zu konstituieren war, Art. 95 GG, hat seinen Sitz in Erfurt, § 40 ArbGG.

### c) Gerichtstage und auswärtige Kammern

17 Eine Besonderheit der Arbeitsgerichtsbarkeit gegenüber der ordentlichen Zivilgerichtsbarkeit besteht darin, dass die Einrichtung von Gerichtstagen noch weit verbreitet ist. Diese werden nicht durch Gesetz, sondern durch Verwaltungsakt oder Rechtsverordnung festgelegt (zum Verfahren vgl. § 14 Abs. 4 ArbGG). Im Gegensatz zur ordentlichen Zivilgerichtsbarkeit, in der der Rechtsuchende sich zum Gericht hin zu bewegen hat, kommt dieses in der Arbeitsgerichtsbarkeit dem Rechtsuchenden entgegen. Ihre Berechtigung findet die Einrichtung von Gerichtstagen darin, dass im Gegensatz zu den Zivilgerichten die Gerichtsbezirke der ArbG weit größer sind.

18 Die Abhaltung eines Gerichtstages an einem anderen Ort als dem Gerichtsort bedeutet gerichtsorganisatorisch lediglich, dass an bestimmten Sitzungstagen Verhandlungen einer bestimmten Kammer, die durch den Geschäftsverteilungsplan bestimmt wird, außerhalb des Sitzes des ArbG, nämlich am Ort des Gerichtstages abgehalten werden. **Die Bestimmung der einzelnen Sitzungstage obliegt der Gerichtsverwaltung, die Bestimmung des jeweiligen Sitzungstermins und der näheren Einzelheiten im Rahmen der durchzuführenden Verhandlungen dem Kammervorsitzenden.** Eine eigene Geschäftsstelle ist am Ort des Gerichtstages i. d. R. nicht eingerichtet und auch nicht erforderlich.

## A. Gerichtsorganisation Kapitel 14

Anträge und Erklärungen können allerdings an den Sitzungstagen und während der Sitzungsstunden am Ort des Gerichtstages gegenüber dem Gericht zu Protokoll gegeben werden. 19

Bei der Einrichtung von auswärtigen Kammern handelt es sich dagegen um die Einrichtung einer eigenen Gerichtsstelle an einem anderen Ort außerhalb des Sitzes des Hauptgerichtes. Sie sind für die Erledigung der Rechtsfälle zuständig, die in dem ihnen zugewiesenen Teil des Gesamtgerichtsbezirks anfallen. Es handelt sich um ständige Einrichtungen des Hauptgerichts mit einer ständig eingerichteten Geschäftsstelle. Die Verhandlungen der auswärtigen Kammern finden am zugewiesenen Ort und nicht am Sitz des Hauptgerichts statt. 20

Da die auswärtigen Kammern gleichwohl Kammern des Hauptgerichts sind, handelt es sich bei Fragen der Dienstaufsicht und der Geschäftsverteilung des richterlichen und nichtrichterlichen Personals um Fragen der Gerichtsorganisation des Hauptgerichts. 21

Parteien können Schriftsätze und Erklärungen sowohl am Sitz der auswärtigen Kammern als auch am Sitz des Hauptgerichts fristwahrend einreichen und abgeben. § 129a Abs. 2 ZPO findet keine Anwendung, da die Geschäftsstelle des Hauptgerichts auch für die Entgegennahme von Schriftsätzen und Erklärungen in Rechtssachen zuständig ist, die nach dem Geschäftsverteilungsplan von anderen Kammern zu bearbeiten sind (vgl. *BAG* 23.9.1981 NJW 1982, 119). 22

### d) Fachkammern

Gemäß § 17 Abs. 2, Abs. 3 ArbGG sollen die Landesregierung oder die ermächtigte oberste Landesbehörde, soweit ein sachliches Bedürfnis besteht, berechtigt sein, bei einzelnen ArbG oder LAG **Fachkammern für bestimmte Berufe, Gewerbe und Gruppen von** Arbeitnehmern zu bilden, die auch gerichtsübergreifend zuständig sein sollen, § 35 Abs. 1 S. 2 i. V. m. § 17 Abs. 2 ArbGG. Soweit diese Bestimmung von § 14 Abs. 2 Nr. 4 und Nr. 6 ArbGG abweicht, wonach für diese Gerichtsorganisationsakte ein förmliches Gesetz notwendig ist, bestehen erhebliche Bedenken an der Wirksamkeit dieser Ermächtigungsnorm. Nach teilweiser Ansicht (vgl. GMPM-G/*Prütting* § 17 Rn. 16) ist § 17 Abs. 2 S. 2 und 3 ArbGG insofern nicht anwendbar. 23

Der Sinn der Bildung von Fachkammern liegt darin, notwendiges Fachwissen der Kammervorsitzenden und der ehrenamtlichen Richter zu konzentrieren und effektiv einzusetzen. Die ehrenamtlichen Richter sind deswegen aus den Kreisen der Arbeitnehmer und Arbeitgeber zu entnehmen, für die die Fachkammer gebildet wurde, § 30 ArbGG. **Sind Fachkammern errichtet, sind sie für alle Streitigkeiten der ihnen auf Grund ihrer Berufe oder Gewerbe oder Gruppenzugehörigkeit zugewiesenen Parteien zuständig.** Fachkammern für bestimmte Streitgegenstände können nicht gebildet werden. Eine derartige Spezialisierung bestimmter Kammern kann lediglich im Rahmen der Erstellung des Geschäftsverteilungsplanes des betreffenden Gerichts herbeigeführt werden. 24

### 4. Verwaltung und Dienstaufsicht der Gerichte

#### a) Zuständigkeiten

Die Geschäfte der Verwaltung und Dienstaufsicht führt die zuständige oberste Landesbehörde, also je nach Landesgerichtsorganisationsgesetz das Justiz- oder das Arbeitsministerium, §§ 15 Abs. 1 S. 1, 34 ArbGG (s. Rdn. 9). 25

Beim BAG ist gem. § 40 Abs. 2 ArbGG grds. der Bundesminister für Arbeit und Soziales im Einvernehmen mit dem Bundesminister der Justiz zuständig. Dieser kann allerdings gem. § 40 Abs. 2 S. 2 ArbGG diese Geschäfte ganz oder teilweise auf den Präsidenten des BAG übertragen, was er auch getan hat. In der Geschäftsordnung des BAG (vgl. Abdruck bei GMPM-G/*Prütting* § 44 Rn. 10) sind in § 2 die wahrzunehmenden und übertragenen Aufgaben zusammengefasst. 26

Unter Gerichts- und Justizverwaltung (vgl. Begriffe bei *Kissel* § 12 Rn. 85, 105 ff.) versteht man die gesamte verwaltende Tätigkeit bei den Gerichten, die nicht selbst Rechtsprechung ist. Sie schafft für diese die notwendigen materiellen und personellen Voraussetzungen. Hierzu gehört die Bereitstel- 27 lung der erforderlichen Räume, der Einrichtungen und Arbeitsmittel sowie die Ausstattung der Gerichte mit Personal und die damit zusammenhängenden Fragen der Ernennung, Einstellung, Entlassung, Beförderung und Dienstaufsicht. Weiterhin gehören hierzu die Regelungen bzgl. der konkreten Ausstattung und Durchführung des Dienstbetriebes sowohl der Richter als auch des nichtrichterlichen Personals, sowie des Haushalts-, Kassen- und Berichtswesen.

28 Die Zuständigkeiten innerhalb der Gerichtsverwaltung liegen nicht immer, wie es § 15 Abs. 1 ArbGG vermuten ließe, bei der zuständigen obersten Landesbehörde. Vielmehr sind sie je nach der zu regelnden Materie unterschiedlich verteilt. Zum Teil liegen sie direkt beim Gesetzgeber, so z. B. bezüglich des Haushaltes und der Bereitstellung der erforderlichen Geldmittel. Andere Bereiche werden von der Regierung bzw. dem zuständigen Minister selbst durchgeführt, z. B. die Ernennung von Richtern. Wieder andere Bereiche sind kraft Delegation nachgeordneten Behörden übertragen worden. Die meisten Aufgaben sind in der Praxis von den zuständigen obersten Dienstbehörden, an die Präsidenten der LAG bzw. des BAG delegiert worden (vgl. z. B. für Rheinland-Pfalz: Landesverordnung über Beamte und arbeitsrechtliche Zuständigkeit im Geschäftsbereich des Ministeriums der Justiz vom 14.8.1991, GVBl S. 224 i. d. F. vom 2.11.1992, GVBl S. 41; §§ 15 Abs. 2, 34 Abs. 2, 40 Abs. 2 S. 2 ArbGG).

29 Die Verteilung der richterlichen Geschäfte erfolgt durch den Geschäftsverteilungsplan im Wege der richterlichen Selbstverwaltung (§ 6a ArbGG i. V. m. §§ 21a ff. GVG).

### b) Dienstaufsicht

30 Als Teil der Gerichtsverwaltung ist auch die Dienstaufsicht zu verstehen (vgl. GMPM-G/*Prütting* § 15 Rn. 15). Dabei handelt es sich um die Überwachung der ordnungsgemäßen Ausführung der Dienstgeschäfte durch die bei den Gerichten tätigen Arbeiter, Angestellten, Beamte und Richter. Hinsichtlich der Richter ist eine Dienstaufsicht jedoch nur insoweit zulässig, als sie nicht die richterliche Unabhängigkeit beeinträchtigt, § 26 DRiG.

31 Gegenstand der Dienstaufsicht bei den Richtern sind jedenfalls diejenigen Angelegenheiten der Gerichtsorganisation, die ihnen gem. §§ 15 Abs. 2, 34 Abs. 2, 40 Abs. 2 ArbGG durch die zuständige Behörde übertragen worden sind. Hier besteht eine Weisungsgebundenheit und Berichtspflicht der Richter. Die übertragenen Aufgaben können wieder eingeschränkt oder rückgängig gemacht werden.

32 **Im Rahmen der richterlichen Tätigkeit, der eigentlichen »Rechtsprechung«, ist eine Dienstaufsicht unzulässig**, soweit sie mittelbar oder unmittelbar Einfluss auf die eigentliche Entscheidungsfindung nehmen könnte. Sie ist allerdings zulässig, soweit es die ordnungsgemäße Erledigung der Dienstgeschäfte überhaupt und den ordnungsgemäßen Geschäftsablauf, sowie den äußeren Rahmen, in dem die Rechtsprechungstätigkeit zu erbringen ist, betrifft (vgl. z. B. zur Pflicht zum Tragen der Amtstracht *BVerfG* 22.10.1974 BVerfGE 38, 139).

### c) Beteiligung der Gewerkschaften und Arbeitgeberverbände

33 Die Gewerkschaften und Arbeitgeberverbände sind gem. §§ 15 Abs. 1 S. 2, 34 Abs. 1 ArbGG in die Verwaltung und Dienstaufsicht insoweit integriert, als sie vor dem Erlass allgemeiner Anordnungen ein Anhörungsrecht haben. Das Anhörungsrecht setzt voraus, dass es sich um allgemeine Anordnungen, also nicht um einzelfallbezogene Entscheidungen handelt. Die Pflicht zur Anhörung besteht daher bei abstrakt generellen Regelungen, z. B. vor dem Erlass von Rechtsverordnungen oder Verwaltungsvorschriften. Sie besteht nur dann, wenn diese Regelungen nicht nur rein technischer Art sind, da dann die Interessen der beteiligten Verbände i. d. R. nicht berührt werden können.

34 Eine ohne Anhörung der Verbände erlassene Rechtsverordnung oder Verwaltungsvorschrift ist **nichtig** (*BVerfG* 17.11.1959 BVerfGE 10, 227; GMPM-G/*Prütting* § 15 Rn. 20, 21). Inwieweit den Anregungen der angehörten Verbände Rechnung getragen wird, steht im Ermessen der zuständigen befassten Verwaltungsbehörde.

## A. Gerichtsorganisation
## Kapitel 14

### 5. Zusammensetzung der Kammern des ArbG und des LAG, sowie der Senate beim BAG

Bei den Gerichten für Arbeitssachen handelt es sich in allen Instanzen um Kollegialgerichte. Beim ArbG und beim LAG werden die Kammern in der Besetzung mit je einem Berufsrichter und zwei ehrenamtlichen Richtern (§ 45a DRiG), jeweils einem von Seiten der Arbeitnehmer und einem von Seiten der Arbeitgeber, tätig, §§ 16 Abs. 1, Abs. 2, 35 Abs. 1, Abs. 2 ArbGG. Die Kammern in der ersten und zweiten Instanz entscheiden also in derselben numerischen Besetzung. 35

Die Zahl der erforderlichen Kammervorsitzenden und ehrenamtlichen Richter richtet sich nach dem Arbeitsanfall. Die oberste Landesbehörde bestimmt nach Anhörung der in § 14 Abs. 5 ArbGG genannten Verbände die Zahl der zu errichtenden Kammern, § 17 Abs. 1, § 35 Abs. 3 ArbGG. 36

Beim BAG werden die Senate in der Besetzung mit je drei Berufsrichtern und zwei ehrenamtlichen Richtern tätig. Der nur in den Fällen des § 45 Abs. 2 ArbGG außerhalb des normalen Instanzenzugs tätig werdende Große Senat setzt sich zusammen aus dem Präsidenten, je einem Berufsrichter der Senate, in denen der Präsident nicht den Vorsitz führt, und je drei ehrenamtlichen Richtern aus den Kreisen der Arbeitnehmer und der Arbeitgeber § 45 Abs. 5 ArbGG (zur Zuständigkeit und zu den Aufgaben vgl. *Ascheid* Rn. 141 ff.). 37

**Der Vorsitz der Spruchkörper ist den Berufsrichtern übertragen.** Es muss sich in der ersten Instanz nicht um bereits auf Lebenszeit angestellte Richter handeln und auch nicht um Richter, die ständiges Mitglied des Gerichts sind. Es können auch Richter auf Probe oder kraft Auftrags, § 18 Abs. 7 ArbGG, oder abgeordnete Richter anderer Gerichte mit dem Kammervorsitz betraut werden. Bei den Rechtsmittelinstanzen können jedoch nur Richter auf Lebenszeit eingesetzt werden. 38

Bei den LAG kann auch ein Richter am ArbG im Rahmen einer Abordnung einen Kammervorsitz für einen beschränkten Zeitraum wahrnehmen. Eine Abordnung kann der Erprobung für eine spätere Ernennung zum Vorsitzenden Richter am LAG dienen oder auch der Besetzung einer Hilfskammer, die wegen Überlastung des LAG für einen überschaubaren Zeitraum eingerichtet worden ist (*Schaub* ArbGVerf § 3 Rn. 14). 39

### III. Gerichtspersonen

#### 1. Berufsrichter

*a) Ausbildung und Befähigungsvoraussetzungen*

Die persönlichen Voraussetzungen zur Ernennung zum Berufsrichter in der Arbeitsgerichtsbarkeit entsprechen denen anderer Gerichtszweige (vgl. §§ 5 ff. DRiG). 40

**Zurzeit noch nicht erforderlich ist eine besondere Qualifikation im Arbeitsrecht oder das Vorhandensein von Erfahrungen im Arbeitsleben** (anders noch § 18 Abs. 3 ArbGG 1953). Spezialkenntnisse im Arbeitsrecht können zwar sowohl an den Universitäten als auch in besonderen Arbeitsgemeinschaften im Rahmen der Wahlfächer im ersten und zweiten Staatsexamen erworben werden, sind jedoch nach den gesetzlichen Grundlagen keine Einstellungsvoraussetzung. 41

Diskutiert wird, ob dieses Manko durch berufsbegleitende Praktika der Berufsrichter in der Arbeitsgerichtsbarkeit ausgeglichen werden sollte (vgl. Beschluss der 53. LAG-Präsidenten Konferenz vom 29.5.1991, Anlage 7 zum Konferenzprotokoll; *Zitscher* NZA 1990, 55). Dies dürfte jedoch ohne eine Änderung der §§ 5 ff. DRiG nach Ernennung zum Richter nur auf freiwilliger Basis möglich sein (vgl. *Schmidt* Rheinland-Pfälzische Arbeitsrichter im Betriebspraktikum in: Arbeitsrecht und Arbeitsgerichtsbarkeit, Festschrift, S. 717 ff.). 42

*b) Ernennung/Berufung*

Als Berufsrichter werden am ArbG Richter auf Probe, Richter kraft Auftrags, § 18 Abs. 7 ArbGG, und Richter auf Lebenszeit eingesetzt. Der Richter auf Probe führt die Amtsbezeichnung »Richter«, 43

# Kapitel 14 — Gerichtsorganisation und Zuständigkeit

der Richter kraft Auftrags und der Richter auf Lebenszeit führen die Amtsbezeichnung »Richter am Arbeitsgericht«.

44 Daneben sind am ArbG noch der Direktor bzw. Präsident des ArbG tätig. Sie sind am ArbG tätige Berufsrichter auf Lebenszeit, denen zusätzlich die Behördenleiterfunktion übertragen worden ist.

### aa) Ernennung der am ArbG tätigen Richter

45 Die Berufsrichter führen den Vorsitz der am ArbG eingerichteten Kammern. Sie werden auf Vorschlag der zuständigen obersten Landesbehörde nach Beratungen eines zu bildenden Ausschusses, bestehend aus Vertretern der Gewerkschaften und Vereinigungen von Arbeitgebern, die für das Arbeitsleben im Landesgebiet wesentliche Bedeutung haben, ernannt, § 18 Abs. 1, Abs. 2 ArbGG. Soweit in einigen Bundesländern Richterwahlausschüsse errichtet worden sind, sind diese nach den landesrechtlichen Vorschriften vor der Ernennung zu beteiligen (vgl. GMPM-G/*Prütting* § 18 Rn. 11).

46 Sofern in einigen Ländern Richter auf Probe ernannt werden, ohne dass zuvor der gem. § 18 Abs. 2 ArbGG einzubeziehende Ausschuss angehört worden ist (vgl. *Schmidt/Luczak* FS Arbeitsgerichtsbarkeit S. 227), bestehen hiergegen Bedenken. § 18 Abs. 7 ArbGG, der die Verwendung von Richtern auf Probe und Richtern kraft Auftrags als Vorsitzende an den ArbG vorsieht, enthält keine Ausnahme von dem bestehenden Anhörungsrecht gem. § 18 Abs. 2 ArbGG. Auch diese Richter üben i. d. R. eine mehrjährige Tätigkeit an einem ArbG aus, sodass die Interessen der beteiligten Gewerkschaften und Arbeitgeberverbänden an einer Mitwirkung bei deren Ernennung die Gleichen sind wie bei der Ernennung von Richtern auf Lebenszeit.

47 **Eine Verletzung des Anhörungsrechts der Verbände führt allerdings nicht zur Unwirksamkeit der Ernennung oder zu einer Pflicht, die Ernennung rückgängig zu machen.** Weder in § 18 ArbGG, noch in den §§ 18, 19 DRiG ist die nicht erfolgte Anhörung als Unwirksamkeitsgrund einer Ernennung eines Richters auf Probe aufgeführt.

48 Zum Direktor/Präsidenten des ArbG sind Berufsrichter zu bestellen, die hierfür geeignet sind, Art. 33 Abs. 2 GG. Sie müssen neben ihrer Rechtsprechungstätigkeit als Vorsitzender einer Kammer auch Verwaltungs- und Repräsentationsaufgaben durchführen, sowie die Dienstaufsicht über die ihnen unterstellten Beamten und Angestellten ausüben können. Besondere gesetzliche Vorschriften für das Ernennungsverfahren bzw. für Befähigungsvoraussetzungen sind nicht bestimmt. In einzelnen Bundesländern ist allerdings durch Verwaltungsvorschriften geregelt, dass vor der Einweisung in Beförderungsposten und entsprechender Ernennung eine Erprobung beim LAG zu erfolgen hat (vgl. für Rheinland-Pfalz Besetzungs-VV, 25.6.1990, Justizbl. 1990, 120 ff.).

### bb) Ernennung der Vorsitzenden Richter am LAG

49 Berufsrichter am LAG werden auf Vorschlag der zuständigen obersten Landesbehörde nach Anhörung der im Landesgebiet tätigen Gewerkschaften und Vereinigungen von Arbeitgebern, die für das Arbeitsleben im Landesgebiet wesentliche Bedeutung haben, vom Ministerpräsidenten des Landes ernannt.

50 Besondere Qualifizierungs- und Ernennungsvoraussetzungen sind im Gesetz nicht vorgesehen. Sie ergeben sich aus Art. 33 Abs. 2 GG und der auszuübenden Tätigkeit. Der »einfache« Richter am LAG ist Vorsitzender und alleiniger Berufsrichter der im Arbeitsgerichtsverfahren vorgesehenen letzten Tatsacheninstanz. Wegen der im Arbeitsgerichtsverfahren ausschließlich gegebenen Zulassungsrevision (s. Kap. 15 Rdn. 787) findet daher spätestens am LAG die überwiegende Mehrzahl der Verfahren seine Beendigung. Der Vorsitzende am LAG sollte besondere Erfahrungen und Kenntnisse im Bereich des Arbeitsrechts besitzen. Ergänzend gibt es in den Ländern teilweise Verwaltungsvorschriften (vgl. für Rheinland-Pfalz Besetzung-VV, 25.6.1990, Justizbl. 1990, 120 ff.), die weitere Auswahlkriterien, z. B. eine Erprobung, enthalten.

51 Der Präsident des LAG hat neben seiner Rechtsprechungstätigkeit überwiegend die Aufgabe, als Behördenleiter des LAG tätig zu sein. Er übt gleichzeitig unmittelbar oder mittelbar die Dienstaufsicht

## A. Gerichtsorganisation

über alle Richter, Beamten und Angestellten des entsprechenden LAG-Bezirks aus. Neben besonderen Kenntnissen im Bereich des Rechts muss ein LAG-Präsident daher auch geeignet sein, Personal-, Haushalts-, Verwaltungs-, Fortbildungs- und Repräsentationsaufgaben zu erfüllen.

#### cc) Ernennung der beim BAG tätigen Richter

Beim BAG sind Richter am BAG, Vorsitzende Richter am BAG und der Präsident des BAG tätig. Die Voraussetzungen des Verfahrens für die Ernennung sind in § 42 ArbGG und im Richterwahlgesetz des Bundes geregelt. **52**

Sie müssen gem. § 42 Abs. 2 ArbGG das 35. Lebensjahr vollendet haben und gem. § 11 Richterwahlgesetz »die sachlichen und persönlichen Voraussetzungen für dieses Amt besitzen«. Worin diese genau bestehen, ist nicht gesetzlich festgelegt, sodass wieder auf Art. 33 GG zurückzugreifen ist. **53**

Hierbei ist von besonderer Bedeutung, dass das BAG in hohem Maße rechtschöpfend tätig wird, da es eine einheitliche Kodifizierung des Arbeitsrechts bislang nicht gibt. Neben umfangreichen Kenntnissen im Arbeitsrecht ist daher auch eine gewisse Fähigkeit zum wissenschaftlichen und analytischen Denken und Arbeiten notwendig. **54**

Ernannt werden die Richter am BAG gem. § 1 Richterwahlgesetz i. V. m. § 42 Abs. 1 ArbGG vom Bundesminister für Arbeit und Soziales (zur Mitwirkung des Richterwahlausschusses vgl. *Schmidt/Luczak* FS Arbeitsgerichtsbarkeit S. 231). **55**

Vorsitzende Richter am BAG (VRBAG) sind die Vorsitzenden der einzelnen am BAG eingerichteten Senate. Sie werden i. d. R. aus dem Kreis der beisitzenden BAG-Richter ernannt. Bei der Ernennung zum VRBAG wirkt der Richterwahlausschuss nicht mehr mit. Die Entscheidung und Ernennung obliegt allein dem Bundesminister für Arbeit und Soziales (vgl. GMPM-G/*Prütting* § 42 Rn. 5). **56**

Der Präsident des BAG ist Vorsitzender eines Senats und gleichzeitig der Behördenleiter des BAG. Das Ernennungsverfahren ist das Gleiche wie das der Vorsitzenden Richter am BAG. Der Bundesminister für Arbeit und Soziales entscheidet, nachdem er sich mit dem Bundesminister der Justiz ins Benehmen gesetzt hat. Der Ernennungsakt wird vom Bundespräsidenten vollzogen. **57**

### c) Statusrechtliche Rechte und Pflichten der Berufsrichter

Die statusrechtlichen Rechte und Pflichten der Berufsrichter in der Arbeitsgerichtsbarkeit sind die Gleichen wie die der Richter in der ordentlichen Gerichtsbarkeit. Sie ergeben sich aus der Verfassung, Art. 97 GG und dem DRiG, welches für die Berufsrichter aller Gerichtszweige gilt (*Schmidt/Luczak* FS Arbeitsgerichtsbarkeit S. 232 ff.). **58**

**Hervorzuheben ist die richterliche Unabhängigkeit, die sowohl sachlich als auch persönlich gewährleistet sein muss**, Art. 97 Abs. 1 GG, § 25 DRiG. Die Weisungsfreiheit umfasst nicht nur die Ungebundenheit an Weisungen der Dienstvorgesetzten, sondern auch eine Ungebundenheit bezüglich Empfehlungen und Vorgaben der Exekutive. **59**

**Sie besteht allerdings nur hinsichtlich der Rechtsprechungstätigkeit.** Wird diese nicht berührt, untersteht auch der Berufsrichter der Dienstaufsicht, § 26 DRiG (s. Rdn. 30 ff.). Besteht ein Streit darüber, ob eine Maßnahme der Dienstaufsicht die richterliche Unabhängigkeit verletzt oder nicht, entscheidet das mit Berufsrichtern besetzte Richterdienstgericht, §§ 26 Abs. 3, 61 ff. DRiG. **60**

Die persönliche Unabhängigkeit des Arbeitsrichters ist zum einen durch seine grundsätzliche Unabsetzbarkeit gewährleistet, zum anderen ist sie durch eine angemessene Besoldung durch die Anstellungskörperschaft, welche gesetzlich normiert sein muss, zu sichern. Schließlich dient ihr auch das Spruchrichterprivileg des § 839 Abs. 2 BGB. **61**

Nach einer Entscheidung des *BAG* vom 20.4.1961 (AP Nr. 1 zu § 41 ZPO) wird die persönliche Unabhängigkeit der Richter durch die Mitwirkung der Arbeitgeberverbände und Gewerkschaften bei der Bestellung der Richter nicht angetastet. **Fraglich erscheint dies allerdings dann, wenn** **62** nach den landesgesetzlichen Vorschriften den Verbänden nicht nur lediglich ein Anhörungsrecht, sondern etwa in Richterwahlausschüssen auch ein Mitbestimmungsrecht eingeräumt wird. Zumindest bei der Ernennung in Beförderungsämter muss sichergestellt werden, dass den Verbänden keine Stimmenmehrheit zukommt. **Ansonsten besteht die Gefahr der Beeinflussung und Abhängigkeit der Richter.** Es ist nämlich zu bedenken, dass die Verbände als Parteivertreter in den einzelnen Verfahren vor den Arbeitsgerichten auftreten und sie deswegen naturgemäß ein gewisses Interesse an einer bestimmten Ausrichtung eines Richters haben (vgl. allgemein zur Problematik der Besetzung von Richterwahlausschüssen *Kissel* § 1 Rn. 36 m. w. N.).

## 2. Ehrenamtliche Richter

### a) Aufgaben allgemein

63 In der Arbeitsgerichtsbarkeit sind die Spruchkörper der Gerichte in allen drei Instanzen mit ehrenamtlichen Richtern besetzt. **In der ersten und zweiten Instanz stellen sie die Mehrheit der im Spruchkörper Recht sprechenden Richter.**

64 Ihre Mitwirkung an der Rechtsprechung im Arbeitsrecht beruht auf zwei wesentlichen Aspekten. Zum einen sollen sie evtl. fehlende Kenntnisse der Vielfalt des Arbeitslebens und der Arbeitswirklichkeit bei den Berufsrichtern ausgleichen und ihre besondere Sachkenntnis in den Entscheidungsprozess einbringen.

65 Daneben soll das Mitwirken der Repräsentanten der im Arbeitsleben beteiligten sozialen Gruppen an der Rechtsprechung eine **höhere Akzeptanz** der zu treffenden arbeitsgerichtlichen Entscheidungen bei den Prozessbeteiligten mit sich bringen.

### b) Verfahren und Voraussetzungen der Berufung der ehrenamtlichen Richter

### aa) Berufungsverfahren

66 Die ehrenamtlichen Richter werden von der zuständigen Stelle (§ 20 Abs. 1 ArbGG; vgl. *Hohmann* NZA 2002, 551) für die Dauer von fünf Jahren berufen. Sie sind Vorschlagslisten zu entnehmen, die von den im Gerichtsbezirk bestehenden Gewerkschaften, sonstigen selbstständigen Vereinigungen von Arbeitnehmern mit sozial- oder berufspolitischer Zwecksetzung und den Arbeitgeberverbänden sowie von den in § 22 Abs. 2 Nr. 3 ArbGG genannten Körperschaften aufgestellt und der obersten Landesbehörde zugeleitet worden sind.

67 **Bei der Berufung handelt es sich um einen Verwaltungsakt,** der mit der Zustellung des Berufungsschreibens erlassen wird (vgl. *BAG* 11.3.1965 AP Nr. 28 zu § 2 ArbGG 1953 Zuständigkeitsprüfung). Darüber hinaus sehen die Richtergesetze i. d. R. vor, dass dem ehrenamtlichen Richter noch eine Ernennungsurkunde ausgehändigt wird, der allerdings nur deklaratorische Bedeutung zukommt.

68 Kommt es zum Streit über die Rechtmäßigkeit oder gar Nichtigkeit einer Berufung bzw. Nichtberufung, handelt es sich um eine öffentlich-rechtliche Streitigkeit, die gem. § 40 Abs. 1 S. 1 VwGO von den Verwaltungsgerichten zu entscheiden ist (vgl. GMPM-G/*Prütting* § 20 Rn. 38). Klagebefugt sind die vorschlagsberechtigten Vereinigungen und Verbände, sofern sie der Ansicht sind, in ihrem Vorschlagsrecht durch Nichtbeachtung durch die oberste Landesbehörde oder durch willkürliche Auswahl aus der Liste nachteilig betroffen zu sein, der einzelne berufene ehrenamtliche Richter, sofern er der Ansicht ist, er sei zu Unrecht ernannt worden, sowie die Prozessparteien, wenn sie die ordnungsgemäße Besetzung der Richterbank rügen und eine Verletzung von Art. 101 Abs. 2 GG für gegeben erachten (vgl. GMPM-G/*Prütting* § 20 Rn. 41, 42).

69 Ob ein einzelner nicht berücksichtigter Bewerber, der der Ansicht ist, er hätte vor einem ernannten ehrenamtlichen Richter berücksichtigt werden müssen, ein Klagerecht hat, ist strittig (so wohl *Grunsky* § 20 Rn. 3). Dagegen spricht, dass es **kein subjektives Recht** auf Ernennung gibt und somit

## A. Gerichtsorganisation

auch keine Rechtsbeeinträchtigung durch die Ernennung eines anderen Bewerbers (GMPM-G/*Prütting* § 20 Rn. 40).

Die Prozessparteien können Rechtsmittel gegen Entscheidungen der Tatsachengerichte nicht auf Verfahrensfehler bei der Berufung der ehrenamtlichen Richter stützen, §§ 65, 88 ArbGG. **70**

Bevor die ehrenamtlichen Richter in der Rechtsprechung tätig werden können, sind sie gem. § 45 Abs. 2 DRiG zu vereidigen (vgl. *BAG* 17.3.2010 EzA § 547 ZPO 2002 Nr. 3). Die Vereidigung muss nicht vor jeder Amtsperiode neu erfolgen, sie gilt für die gesamte Dauer der Ausübung des Amtes (GMPM-G/*Prütting* § 20 Rn. 10). **71**

### bb) Auswahl aus Listenvorschlägen

Das Gesetz schreibt nur vor, dass die ehrenamtlichen Richter aus den Listenvorschlägen auszuwählen sind und dabei in angemessenem Verhältnis unter billiger Berücksichtigung der Minderheiten vorzugehen ist. Ob darüber hinaus eine Bindung der obersten Landesbehörde bzw. des BMAS an die Reihenfolge der Listen der ehrenamtlichen Richter besteht, ist in der Literatur umstritten (so die h. M. GMPM-G/*Prütting* § 20 Rn. 26 ff. m. w. N.). **72**

Jedenfalls ist die zuständige Stelle (§ 20 Abs. 1 ArbGG) berechtigt zu überprüfen, ob die gesetzlichen Voraussetzungen für die Berufung eines vorgeschlagenen Kandidaten gegeben sind, § 21 ArbGG, und ob ein »angemessenes Verhältnis« zwischen den die verschiedenen Listen einreichenden Vereinigungen gewahrt bleibt. Für die Ansicht, dass es keine Bindung der zuständigen Stelle an die Reihenfolge der eingereichten Listen gibt, spricht neben dem Wortlaut des § 20 ArbGG auch der Umstand, dass es sich bei den ehrenamtlichen Richtern um Träger der dritten Staatsgewalt handelt. Für ihre Ernennung dürfen die zuständigen Stellen daher grds. nicht an Vorschläge außerstaatlicher Gruppen gebunden sein (vgl. *BVerfG* 9.12.1985 NZA 1986, 201). **73**

**Die eingereichten Listen beziehen sich jeweils auf einen Gerichtsbezirk.** Die vorschlagsberechtigten Vereinigungen können dabei selbstständig die Initiative ergreifen und Listen bei der zuständigen obersten Landesbehörde oder dem BMAS einreichen. Diese muss allerdings die vorschlagsberechtigten Vereinigungen auch von sich aus zur Einreichung entsprechender Listen auffordern. Eine Verletzung dieser Aufforderungspflicht führt nicht zur Rechtswidrigkeit der Berufung der einzelnen ehrenamtlichen Richter. Allerdings können die übergangenen Vereinigungen vor den Verwaltungsgerichten auf Berücksichtigung klagen. **74**

Die einzelnen Vorschlagslisten gelten für das ArbG insgesamt. Welchen Kammern die ehrenamtlichen Richter dann zugeordnet werden, ist eine Frage des Geschäftsverteilungsplanes. Etwas anderes gilt nur für die ehrenamtlichen Richter, die für spezielle Fachkammern vorgesehen sind, §§ 17 Abs. 2, 35 Abs. 3 ArbGG. Diese werden auf einer besonderen Vorschlagsliste vorgeschlagen und für eine bestimmte Kammer von der zuständigen Stelle ernannt. **75**

Die ehrenamtlichen Richter beim BAG werden vom Bundesministerium für Arbeit und Soziales berufen, § 43 ArbGG. **76**

### cc) Dauer der Amtszeit

Die Dauer einer Amtszeit beträgt gem. § 20 Abs. 1 ArbGG fünf Jahre. Ein ehrenamtlicher Richter kann allerdings mehrmals nacheinander berufen werden. **77**

Im Falle des Ausscheidens vor Ablauf der Fünf-Jahres-Frist kann ein anderer ehrenamtlicher Richter ergänzend berufen werden. Dies ist allerdings nur dann notwendig, wenn die Zahl der verbliebenen ehrenamtlichen Richter an einem Gericht nicht mehr zur ordnungsgemäßen Wahrnehmung der Rechtsprechung ausreicht (*Grunsky* § 20 Rn. 15). **78**

Diese im Wege der »Ergänzungsberufung« neu ernannten ehrenamtlichen Richter werden nach dem Gesetzeswortlaut dann auch für eine Amtszeit von fünf Jahren berufen (a. A. *Grunsky* § 20 Rn. 15). **79**

### dd) Persönliche Voraussetzungen für eine Berufung

80  Die persönlichen Voraussetzungen für die Berufung sind in den §§ 21, 37, 43 ArbGG geregelt. Bei ArbG können Personen ernannt werden, die das 25. Lebensjahr vollendet haben, bei den LAG das 30. und bei dem BAG das 35. Lebensjahr. Eine Berufung beim LAG oder BAG setzt voraus, dass die ehrenamtlichen Richter zumindest eine Amtsperiode bei einem ArbG tätig waren.

81  Ausschlussgründe, die einer Person das Amt des ehrenamtlichen Richters verwehren, sind in § 21 Abs. 2 bis 4 ArbGG grds. abschließend aufgezählt (GMPM-G/*Prütting* § 21 Rn. 7 ff.; *BVerfG* 17.12.1969 BVerfGE 27, 322).

82  Etwas anderes galt nach der bisherigen Meinung des BAG nur für die Berufung von Anwälten und Notaren, sofern sie im selben Arbeitsgerichtsbezirk, in dem sie berufen werden sollen, ihrem Beruf nachgehen. Zwar enthält das ArbGG, anders als die VwGO (vgl. §§ 22 Nr. 5, 24 VwGO) und die FGO (vgl. § 21 FGO) keine Vorschrift, die es den Anwälten und Notaren grds. verbietet, als ehrenamtliche Richter tätig zu werden. Dennoch wurde aus dem Gesichtspunkt der möglichen Befangenheit heraus zur Wahrung der Unparteilichkeit des Richters, dass zumindest an den Gerichten, an denen ein Anwalt oder Notar regelmäßig tätig wird, die Ausübung eines ehrenamtlichen Richteramtes nicht möglich ist (vgl. *BAG* 22.10.1975 AP Nr. 4 zu § 43 ArbGG). Diese Ansicht hat das BAG nunmehr aufgegeben (*BAG* 11.8.2004 – 1 AS 6/03).

83  Hierfür spricht der Umstand, dass auch Verbandsvertreter, welche wie Anwälte als Parteivertreter auftreten, ehrenamtliche Richter nach dem ArbGG sein können.

84  **Zu berufen sind nur Personen, die im Bezirk des ArbG bzw. des LAG als Arbeitnehmer oder Arbeitgeber tätig sind oder wohnen, § 21 Abs. 1 ArbGG.** Wer alles unter diesen Personenkreis fällt, ist für die Arbeitgeber in § 22 ArbGG und für die Arbeitnehmer in § 23 ArbGG festgesetzt (bzgl. Arbeitnehmern, die sich im Rahmen vereinbarter Altersteilzeit in der Freistellungsphase befinden vgl. *Andelewski* NZA 2002, 665).

85  Ehrenamtliche Richter aus den Kreisen der Arbeitgeber können auch Personen sein, die regelmäßig zu gewissen Zeiten des Jahres keine Arbeitnehmer beschäftigen, § 23 Abs. 1, 2. Alt. ArbGG. Hierunter fallen z. B. Arbeitgeber, die nur Saison- oder Kampagnebetriebe haben.

86  Hierbei kommt es nicht auf einen genau fixierten Zeitraum an, welcher als »vorübergehend« zu verstehen ist. Entscheidend ist lediglich, dass der Arbeitgeber nicht endgültig darauf verzichten will, zukünftig Arbeitnehmer zu beschäftigen, etwa weil er seinen Betrieb aufgeben will.

87  § 22 Abs. 2 ArbGG stellt gewisse Personengruppen den Arbeitgebern gleich, auch wenn sie im Normalfall selbst nicht die Eigenschaft eines Arbeitgebers haben. Hierzu gehören **die zur Vertretung berechtigten Organe bzw. Organmitglieder von juristischen Personen, Geschäftsführer, Betriebs- oder Personalleiter, soweit sie zur Einstellung von Arbeitnehmern in dem Betrieb berechtigt sind oder Personen, denen Prokura- oder Generalvollmacht erteilt ist** (vgl. Besonderheiten bei Fachkammern, § 30), **und Beamte sowie Angestellte – nicht Arbeiter! – die bei einer juristischen Person des öffentlichen Rechts beschäftigt sind.** Die h. M. geht davon aus, dass nur Beamte und Angestellte in leitender Stellung zu den ehrenamtlichen Richtern berufen werden dürfen. Auch wenn dies nicht ausdrücklich in § 22 Abs. 2 Nr. 3 ArbGG so formuliert ist, ergibt sich dies doch aus dem Gesamtgefüge des § 22 Abs. 2 ArbGG. Die Nr. 1, 2 und 4 setzen **arbeitgeberähnliche Funktionen der zu berufenden ehrenamtlichen Richter voraus**, sodass dies nach Sinn und Zweck der Vorschrift auch für die Nr. 3 gelten muss.

88  Schließlich können gem. § 22 Abs. 2 Nr. 4 ArbGG auch **Mitglieder und Angestellte von Vereinigungen von Arbeitgebern und Zusammenschlüssen solcher Vereinigungen** zu ehrenamtlichen Richtern auf der Arbeitgeberseite berufen werden, sofern die Personen kraft Satzung oder Vollmacht zur Vertretung berufen sind.

89  Ehrenamtliche Richter aus Kreisen der Arbeitnehmer können alle Arbeitnehmer oder arbeitnehmerähnliche Personen i. S. d. § 5 ArbGG sein. Darüber hinaus können gem. § 23 Abs. 1 ArbGG **auch**

Arbeitnehmer, die derzeit arbeitslos sind, als ehrenamtliche Richter berufen werden. Nach § 23 Abs. 2 ArbGG können schließlich auch **Mitglieder und Angestellte von Gewerkschaften, von selbstständigen Vereinigungen von Arbeitnehmern mit sozial- oder berufspolitischer Zwecksetzung oder Vorstandsmitglieder und Angestellte von Zusammenschlüssen von Gewerkschaften als ehrenamtliche Richter der Arbeitnehmerseite** berufen werden, wenn diese Personen kraft Satzung oder Vollmacht zur Vertretung befugt sind. **Diese ehrenamtlichen Richter können auch dann in einem konkreten Prozess einem Spruchkörper angehören, wenn ihre Gewerkschaft als Prozessbevollmächtigte des Arbeitnehmers beteiligt ist** (*BAG* 18.10.1977 EzA § 42 ZPO Nr. 1).

### c) Mitwirkung der ehrenamtlichen Richter an der Rechtsprechung ihres Spruchkörpers

#### aa) Zuteilung der ehrenamtlichen Richter zu den Spruchkörpern des Gerichts

Gemäß § 6a Nr. 4 ArbGG können die ehrenamtlichen Richter mehreren Spruchkörpern ihres Gerichts angehören. Aus den §§ 31, 39, 43 ArbGG ergibt sich allerdings, dass sie nicht willkürlich zu bestimmten Sitzungstagen herangezogen werden können. Grds. hat jeder Vorsitzende für die seiner Kammer zugeteilten ehrenamtlichen Richter eine Liste aufzustellen, und die ehrenamtlichen Richter nach der Reihenfolge dieser Liste zu den Sitzungstagen heranzuziehen. **Die Aufstellung einer solchen Liste ist zwingend** (*BAG* 30.1.1963 AP Nr. 2 zu § 39 ArbGG 1953). **Damit soll sichergestellt werden, dass der gesetzliche Richter i. S. d. Art. 101 Abs. 1 S. 2 GG gewährleistet ist.** Die Aufstellung der Liste hat im Voraus für ein Geschäftsjahr zu erfolgen und vor Beginn der Amtszeit eines neu zu berufenden ehrenamtlichen Richters. Die Liste muss allerdings nicht immer vom Vorsitzenden der betreffenden Kammer selbst aufgestellt werden. Es genügt, wenn das Präsidium des Gerichts bei der Zuteilung der ehrenamtlichen Richter an die einzelnen Spruchkörper eine entsprechende Liste aufstellt, die sich der Vorsitzende stillschweigend zu Eigen macht (*BAG* 30.1.1963 AP Nr. 2 zu § 39 ArbGG 1953). 90

Das Gesetz geht in den §§ 31, 39, 43 ArbGG davon aus, dass die verschiedenen Kammern des Arbeitsgerichts eigene Listen aufstellen. **In der Praxis kommt es allerdings auch vor, dass nur eine einzige allgemeine Liste für alle Kammern erstellt wird.** Ob dieses Verfahren zulässig ist, ist streitig (dafür *BAG* 7.5.1998 EzA § 551 Nr. 6 ZPO; 16.10.2008 – 7 AZN 427/08, FA 2008, 94; dagegen wegen des Wortlauts des Gesetzes GMPM-G/*Prütting* § 31 Rn. 8; vgl. MünchArbR/*Brehm* § 388 Rn. 72). 91

Die Auffassung der h. M. ist nicht zwingend. §§ 31, 39 ArbGG stellen lediglich Sollvorschriften auf. Aus § 6a Nr. 4 ArbGG ergibt sich hingegen, dass ehrenamtliche Richter auch mehreren Spruchkörpern angehören können. **Insofern ist der gesetzliche Richter i. S. d. Art. 101 Abs. 1 S. 2 GG auch dann gewährleistet, wenn für mehrere Kammern eines Gerichts nur eine gemeinsame Liste aufgestellt wird** (Schwab/Weth-*Liebscher* § 31 Rn. 7). Die ehrenamtlichen Richter sind in diesem Fall der Reihenfolge der Liste nach auf die einzelnen Sitzungstage der Kammern zu verteilen. Haben mehrere Kammern am selben Tag Sitzungstermine, ist im Voraus festzulegen, welcher Kammer zuerst die nach der Liste als nächstes heranzuziehenden ehrenamtlichen Richter zuzuordnen sind. 92

Ein Nachteil einer gemeinsamen Liste besteht allerdings ab dem 1.7.2008 für Verbandsvertreter. Nach § 11 Abs. 5 S. 2 ArbGG i. d. F. ab dem 1.7.2008 (vgl. Art. 11 des Gesetzes zur Neuregelung des Rechtsberatungsgesetzes v. 12.12.2007 BGBl. I S. 2840) dürfen ehrenamtliche Richter nicht vor einem Spruchkörper auftreten, dem sie angehören, außer es liegt ein Fall nach § 11 Abs. 2 Nr. 1 ArbGG i. d. F. ab dem 1.7.2008 vor. Faktisch können daher ehrenamtliche Richter von Verbänden bei einer gemeinsamen Liste aller Kammern eines Arbeitsgerichtes vor diesem nicht mehr als Parteivertreter auftreten. 93

Bei der Aufstellung der Listen ist auf eine gleichmäßige Heranziehung zu achten. Hierbei steht es grds. im Ermessen des Präsidiums bzw. des Vorsitzenden, welches System er dabei verwendet. Sinnvoll ist eine alphabetische Heranziehung oder eine Heranziehung entsprechend den Berufungsdaten. Da die Heranziehung der Richter nach Aufstellung der Liste zwingend der Reihenfolge nach erfolgt, 94 es sich daher um eine rotierende Liste handelt, ist gewährleistet, dass alle einer Kammer bzw. den Kammern des Gerichts zugewiesenen Richter an der Spruchrichtertätigkeit gleichmäßig teilhaben.

95 Bei der Erstellung der gemeinsamen Liste bzw. der Einzellisten für die einzelnen Kammern ist der Ausschuss der ehrenamtlichen Richter gem. § 29 ArbGG zu beteiligen.

96 Die ehrenamtlichen Richter sind nach den gesetzlichen Bestimmungen zu den einzelnen »Sitzungen« heranzuziehen. **Unter einer Sitzung ist dabei nur der Einzelsitzungstag zu verstehen, nicht hingegen die Verhandlung einer bestimmten Sache** insgesamt (*BVerfG* 6.2.1989 NZA 1998, 445). Allerdings ist es nach der Rechtsprechung des BAG zulässig, im Falle der Verlegung oder Vertagung einer Verhandlung auf einen anderen Termin oder bei einem zweiten Verhandlungstag wieder die gleichen ehrenamtlichen Richter des ersten Verhandlungstages zu laden, auch wenn dies nicht der Reihenfolge der Liste entspricht, sofern dies im Geschäftsverteilungsplan ausdrücklich für jeden Fall so vorgesehen ist (*BAG* 16.11.1995 EzA Art. 20 EinigungsV Nr. 47; 26.9.1996 EzA § 39 ArbGG 1979 Nr. 5) **oder im Einverständnis mit allen beteiligten Parteien geschieht** (*BAG* 19.6.1973 EzA Art. 9 GG Nr. 8; vgl. *LAG Köln* 12.4.1985 LAGE § 87 BetrVG 1972 Kontrolleinrichtungen Nr. 6).

97 Ein vorsätzliches Abweichen von der Liste durch den Vorsitzenden oder den zur Ladung berufenen Urkundsbeamten stellt eine Amtspflichtverletzung dar und einen Verstoß gegen Art. 101 Abs. 2 GG. Ein solcher Verstoß kann sowohl mit der Berufung als auch mit der Revision angegriffen werden, § 547 Nr. 1 ZPO, nach Erschöpfung des Rechtswegs auch mit der Verfassungsbeschwerde. Geschah die Abweichung von der Liste hingegen nicht willkürlich, sondern versehentlich, wird aus dem Charakter der Sollvorschrift des § 31 Abs. 1 ArbGG abgeleitet, dass eine verfahrensrechtliche Rüge darauf nicht gestützt werden kann (*BAG* 30.1.1963 AP Nr. 2 zu § 39 ArbGG 1953). Eine fehlerhafte Heranziehung eines ehrenamtlichen Richters führt nicht im Wege des Domino-Effektes dazu, dass in den folgenden Terminen in allen anderen Verfahren der gesetzliche Richter nicht gewahrt ist (*BAG* 7.5.1998 EzA § 551 Nr. 6 ZPO; 23.3.2010 EzA § 72a ArbGG 1979 Nr. 122 = NZA 2010, 739 ff.).

98 Die ehrenamtlichen Richter sind rechtzeitig zu den einzelnen Sitzungen zu laden. Sie haben dieser Ladung grds. Folge zu leisten. Entsprechend haben sie einen Anspruch darauf, gem. der Reihenfolge der Liste auch geladen zu werden. Sind sie an einem bestimmten Terminstag verhindert, müssen sie sich entschuldigen. In diesem Fall ist nach der Liste der nächste ehrenamtliche Richter zu laden. Geht dies, etwa aus Zeitgründen, nicht mehr, wird in der Praxis z. T. ein anderer erreichbarer ehrenamtlicher Richter geladen, auch wenn er nicht der nächste in der Liste ist. Dies erscheint im Hinblick auf Art. 101 GG bedenklich. § 31 Abs. 2 ArbGG empfiehlt in einer »Kannvorschrift«, für diese Fälle der unvorhergesehenen Verhinderung eine Hilfsliste für die Heranziehung aufzustellen. In dieser sind nicht alle ehrenamtlichen Richter aufzunehmen. **Sie kann sich auf die Richter beschränken, die am Gerichtssitz oder in seiner Nähe wohnen oder arbeiten.**

*bb) Informations- und Unterrichtungsrecht*

99 Der Kammer- bzw. Anhörungstermin ist regelmäßig bereits durch schriftsätzliches Vorbringen der Parteien bzw. Verfahrensbeteiligten vorbereitet. Die ehrenamtlichen Richter können ihrer Aufgabe nur dann nachkommen, wenn sie vor Durchführung der Verhandlung vom Vorsitzenden über den Sach- und Streitstand der zu verhandelnden Rechtsfälle informiert worden sind. Dies ergibt sich zwar nicht unmittelbar aus dem Gesetz, folgt jedoch aus der Stellung der ehrenamtlichen Richter, die als vollwertige und voll stimmberechtigte Mitglieder des Spruchkörpers anzusehen sind (Schwab/Weth-*Liebscher* § 31 Rn. 34). Wie diese Information vom Vorsitzenden durchgeführt wird, ob durch vorherige Akten- oder vorherige Aktenauszugsversendung oder durch mündliche Information vor dem Termin, steht im erstinstanzlichen Verfahren im pflichtgemäßen Ermessen des Vorsitzenden (*Ostheimer/Wiegand/Hohmann* S. 55). **Regelmäßig wird eine mündliche Information kurz vor dem Kammertermin durchgeführt.**

A. Gerichtsorganisation                                                                                         Kapitel 14

Darüber hinaus steht den ehrenamtlichen Richtern das Recht zu, **ab der Ladung zum Gerichtster-** 100
**min in die Akten Einsicht zu nehmen, sofern eine Verzögerung des Verfahrens damit nicht einher-**
**geht** (vgl. *Schaub* ArbGVerf § 3 Rn. 52). Ein Anspruch auf Entschädigung für die verwendete Zeit
steht ihnen allerdings nur dann zu, wenn die Akteneinsicht vom Vorsitzenden angeordnet worden ist
(*LAG Brem.* 25.7.1988 LAGE § 26 ArbGG 1979 Nr. 1).

Bei den LAG hat sich die Übung entwickelt, den ehrenamtlichen Richtern vor dem Kammertermin 101
Kopien des angefochtenen Urteils der ersten Instanz sowie der wesentlichen Schriftsätze zu übersenden. Eine Verpflichtung der Parteien, entsprechende Doppel ihrer Schriftsätze dem LAG zu übersenden, besteht nicht, ist aber üblich und hilfreich. Für die Revisionsinstanz ist dies in § 8 Abs. 3 GO
des BAG vorgeschrieben.

*cc) Teilnahme an den Kammer-Senatssitzungen*

Bei der Teilnahme an den Gerichtssitzungen stehen den ehrenamtlichen Richtern dieselben Rechte 102
und Befugnisse wie den beisitzenden Richtern bei den Landgerichten zu, §§ 53 Abs. 2, 64 Abs. 5,
72 Abs. 5 ArbGG. Sie können daher nach Erteilung des Wortes durch den Vorsitzenden selbstständig Fragen an die Parteien, Prozessbevollmächtigten, Zeugen und Sachverständigen stellen, §§ 136
Abs. 2, 396 Abs. 3, 402 ZPO, ohne sie vorher dem Vorsitzenden vorzulegen oder seine Zustimmung
einzuholen. Sie haben in der mündlichen Verhandlung an allen Entscheidungen mitzuwirken, sofern
es sich nicht um prozessleitende Verfügungen handelt (s. Rdn. 105).

Für die Beratung und Abstimmung gelten die §§ 192 ff. GVG. Den ehrenamtlichen Richtern 103
kommt volles Stimmrecht zu. Sie können daher den Vorsitzenden bei der Entscheidungsfindung
überstimmen.

Zu fällende Urteile oder Beschlüsse sind nach Absetzung in der 2. und 3. Instanz auch von den ehren- 104
amtlichen Richtern mit zu unterschreiben, §§ 69 Abs. 1, 75 Abs. 2, 87 Abs. 2, 92 Abs. 2 ArbGG
(vgl. für den Fall der Verhinderung *BAG* 22.8.2007 EzA § 72b ArbGG 1979 Nr. 3). In der ersten
Instanz ist dies gesetzlich nicht vorgeschrieben. Es ist allerdings üblich, dass die ehrenamtlichen
Richter den unmittelbar nach Urteilsfindung vom Vorsitzenden zu fertigenden handschriftlichen Urteilstenor mit unterschreiben. Gezwungen werden können sie hierzu nicht.

*dd) Abgrenzung der Zuständigkeit des Vorsitzenden und der vollbesetzten Kammer/des Senats*

Die funktionelle Zuständigkeit im Spruchkörper wird in den §§ 53, 55, 56, 58, 60 Abs. 3, Abs. 4 105
ArbGG geregelt. **Dem Vorsitzenden sind zum einen die prozessleitenden Maßnahmen und die zur**
**Prozessdurchführung notwendigen Anordnungen alleine übertragen worden**, z. B. nach § 56
ArbGG die zur Durchführung der streitigen Verhandlung notwendigen Anordnungen gegenüber
den Verfahrensbeteiligten zu treffen. Gemäß § 53 Abs. 2 ArbGG i. V. m. § 216 Abs. 2 ZPO be-
stimmt der Vorsitzende allein den Termin zur mündlichen Verhandlung, leitet diese, § 53 Abs. 2
ArbGG i. V. m. § 136 ZPO, und verkündet die von der Kammer getroffene Entscheidung, § 136
Abs. 4 ZPO.

**Daneben hat der Gesetzgeber dem Vorsitzenden auch einige materiellrechtliche Entscheidungen** 106
**allein überantwortet.** Gemäß § 53 Abs. 1 ArbGG erlässt er die nicht auf Grund einer mündlichen
Verhandlung zu fassenden Beschlüsse und Verfügungen grds. selbst, soweit nichts anderes gesetzlich
bestimmt ist. **Unter Beschlüssen i. S. d. § 53 Abs. 1 ArbGG sind dabei Entscheidungen zu verste-**
**hen, die ohne oder nur auf Grund freigestellter mündlicher Verhandlung zu erlassen sind.** Sofern
ein solcher Beschluss ohne mündliche Verhandlung ergeht, hat der Vorsitzende ihn alleine zu erlassen, ergeht er in der freigestellten, dennoch vor der Kammer durchgeführten mündlichen Verhandlung, hat ihn allerdings die Kammer im Ganzen zu treffen (vgl. z. B. §§ 37, 91a Abs. 1, 118 148,
225 f., 248 ZPO; weitere Bsp. bei GMPM-G/*Germelmann* § 53 Rn. 7).

**Darüber hinaus postuliert § 55 Abs. 1 ArbGG in bestimmten Fällen ein Alleinentscheidungsrecht** 107
**des Vorsitzenden in materiellrechtlichen Fragen außerhalb der streitigen Verhandlung.** Ungeklärt

war, wie sich der Gesetzgeber die Frage der Zuständigkeit für Urteile nach § 341 Abs. 2 ZPO vorgestellt hatte (vgl. DLW 8. Aufl. Rn. 105; *Griebeling* NZA 2002, 1073). Mit der Ergänzung des § 55 Abs. 1 Nr. 4a ArbGG hat der Gesetzgeber nunmehr klargestellt, dass der Vorsitzende alleine über die Verwerfung des Einspruchs gegen ein Versäumnisurteil oder einen Vollstreckungsbescheid entscheidet, sofern die Entscheidung nicht in der streitigen Verhandlung, d. h. im Kammertermin, ergeht. Gleiches gilt bei Entscheidungen über Tatbestandsberichtigungsanträge, sofern nicht eine Partei ausdrücklich eine mündliche Verhandlung beantragt, § 320 Abs. 3 ZPO (vgl. § 55 Abs. 1 Nr. 10, Abs. 2 ArbGG; *Franzen/Natter/Riecker* NZA 2008, 377 ff.). Dies gilt allerdings nur für das erstinstanzliche Verfahren. § 64 Abs. 7 ArbGG verweist nicht auf § 55 Abs. 1 Nr. 10 ArbGG.

108 Bei diesen zu treffenden Entscheidungen handelt es sich im Wesentlichen um formaljuristisch zu treffende Entscheidungen. Die praktischen Erfahrungen der ehrenamtlichen Richter sind hier nicht nötig und die Interessen der hinter den ehrenamtlichen Richter stehenden Gruppierungen nicht tangiert. Andererseits kann durch das Alleinentscheidungsrecht des Vorsitzenden eine wesentliche Straffung des Verfahrens erreicht werden.

### d) Statusrechtliche Rechte und Pflichten

#### aa) Ablehnung der Berufung/Niederlegung des Amtes

109 Bei der Berufung zum ehrenamtlichen Richter handelt es sich um ein staatsbürgerliches Ehrenamt und damit um eine staatsbürgerliche Pflicht, das Amt zu übernehmen. Eine Ablehnung oder Niederlegung ist grds. nur in den in § 24 ArbGG aufgezählten Fällen zulässig. Nach ganz h. M. (vgl. GMPM-G/*Prütting* § 24 Rn. 6 m. w. N.) ist der Katalog des § 24 ArbGG allerdings nicht abschließend, wie sich aus der Generalklausel in § 24 Abs. 1 Nr. 5 ArbGG ergibt. Im Einvernehmen mit der obersten zuständigen Landesbehörde kann auf Antrag des ehrenamtlichen Richters auch eine einvernehmliche Entbindung von der staatsbürgerlichen Pflicht erfolgen.

110 Niederlegen kann das Amt zum einen, wer einen Ablehnungsgrund i. S. d. § 24 ArbGG geltend machen kann oder wer die Muss- oder Sollvorschriften zur Berufung zum ehrenamtlichen Richter nicht oder nicht mehr erfüllt, §§ 20, 21 ArbGG.

111 Über die Berechtigung der Ablehnung bzw. Niederlegung des Amtes entscheidet gem. § 24 Abs. 2 ArbGG die zuständige Stelle. Auch wenn § 24 Abs. 2 S. 2 ArbGG vorschreibt, dass diese Entscheidung endgültig sei, wird aus verfassungsrechtlichen Gründen gem. Art. 19 Abs. 4 GG der Rechtsweg zu den Verwaltungsgerichten eröffnet sein (vgl. zur Verfassungsmäßigkeit des § 24 Abs. 2 S. 2 ArbGG GMPM-G/*Prütting* § 24 Rn. 18, 19 m. w. N.).

#### bb) Ehrenamt

112 Weil es sich um ein Ehrenamt handelt, erhalten die ehrenamtlichen Richter keine Vergütung, sondern lediglich eine Entschädigung für Zeitversäumnis, Wegegeld und sonstigen Aufwand. Einzelheiten sind ab dem 1.7.2004 in den §§ 15 ff. Justizvergütungs- und entschädigungsgesetz geregelt.

#### cc) Schutz der ehrenamtlichen Richter

113 Gemäß § 26 ArbGG darf niemand in der Übernahme oder Ausübung des Amtes als ehrenamtlicher Richter beschränkt oder deswegen benachteiligt werden.

114 Geschützt ist ein ehrenamtlicher Richter sowohl gegen berufliche Benachteiligung, z. B. Zuweisung einer geringer bezahlten Beschäftigung, Übergehen bei Beförderungen etc., als auch gegen Maßnahmen Dritter. Hier kommt z. B. in Betracht, dass ein von einer Gewerkschaft entsandter ehrenamtlicher Richter an einer Entscheidung mitgewirkt hat, die nicht den Verbandsinteressen konform erscheint.

## A. Gerichtsorganisation  Kapitel 14

Maßnahmen, die auf die Benachteiligung hinauslaufen, sind gem. § 134 BGB i. V. m. § 26 Abs. 1 ArbGG nichtig. Daneben stellt § 26 Abs. 1 ArbGG ein Schutzgesetz i. S. d. § 823 Abs. 2 BGB dar. Das Spruchrichterprivileg des § 839 Abs. 3 BGB gilt auch für ehrenamtliche Richter.  115

Eine Verdienstkürzung für die Zeit, in der Amtsgeschäften als ehrenamtlicher Richter nachgegangen wird, soll allerdings nach einer Meinung zulässig sein. Dies folge bereits daraus, dass es sich um ein Ehrenamt handelt (GMPM-G/*Prütting* § 26 Rn. 17). Gerade hierfür sehe das Gesetz für die Entschädigung ehrenamtlicher Richter eine Ausgleichszahlung vor. Nach anderer Ansicht habe ein Arbeitgeber über § 616 BGB zumindest den Teil des Arbeitsentgeltes zu zahlen, der durch die Entschädigungsregelung des ehrenamtlichen Richterentschädigungsgesetzes nicht gedeckt wird (GK-ArbGG/*Dörner* § 26 Rn. 7). Das BAG ist der Auffassung, es sei allein Sache des Staates, die Entschädigung festzusetzen (*BAG* 25.8.1982 EzA § 26 ArbGG 1979 Nr. 1).  116

Gemäß § 26 Abs. 2 ArbGG wird mit Freiheitsstrafe bis zu einem Jahr oder mit Geldstrafe bestraft, wer einen anderen in der Übernahme oder in der Ausübung seines Amtes als ehrenamtlicher Richter beschränkt oder wegen der Übernahme oder Ausübung des Amtes benachteiligt.  117

*dd) Sachliche Unabhängigkeit*

Die ehrenamtlichen Richter sind bei ihrer Rechtsprechungstätigkeit sachlich unabhängig und an keine Weisungen gebunden, § 45 DRiG, **insbes. nicht an solche der sie vorschlagenden Verbände**. Sie haben ihre Entscheidungen getreu dem GG für die Bundesrepublik Deutschland, den Landesverfassungen und dem Gesetz zu treffen, nach bestem Gewissen und Wissen ohne Ansehung der Person zu urteilen und nur der Wahrheit und Gerechtigkeit zu dienen. **Ehrenamtliche Richter sollen nicht Amtswalter bestimmter Arbeitnehmer- oder Arbeitgeberinteressen sein**, sondern als unabhängige Richter ihre Erfahrungen als Arbeitgeber oder Arbeitnehmer in die Rechtsprechung der ArbG einbringen.  118

*ee) Geheimhaltungspflicht*

Ehrenamtliche Richter haben, ebenso wie Berufsrichter, das Beratungsgeheimnis zu wahren, § 45 DRiG, und unterliegen insofern den einschlägigen Strafbestimmungen, § 353b StGB.  119

*ff) Disziplinarmaßnahmen gegen ehrenamtliche Richter*

Kommt ein ehrenamtlicher Richter seinen Verpflichtungen nicht nach, insbes. erscheint er nicht oder öfters zu spät ohne genügende Entschuldigung zu den Terminsitzungen, kann gegen ihn gem. § 28 ArbGG auf Antrag des Vorsitzenden der Kammer ein Ordnungsgeld verhängt werden.  120

Weitere, ein Ordnungsgeld rechtfertigende Pflichtverstöße können z. B. darin liegen, dass ein ehrenamtlicher Richter der zweiten Instanz die Unterschriftsleistung unter ein Urteil verweigert, fortgesetzt die Verhandlungsleitung des Vorsitzenden stört, sich einer Abstimmung verweigert oder seine Pflicht zur Amtsverschwiegenheit missachtet.  121

Das Ordnungsgeld verhängt eine Kammer des LAG, welche zu Beginn jedes Geschäftsjahres vom Präsidenten des LAG bestimmt wird. Es wird ohne mündliche Verhandlung durch Beschluss verhängt. Der ehrenamtliche Richter ist zuvor anzuhören. Die Entscheidung ist gem. § 28 S. 3 ArbGG endgültig (bzgl. des Verfahrens vgl. GMPM-G/*Prütting* § 28 Rn. 8 ff.).  122

Bei schwerwiegenden oder wiederholten Pflichtverstößen kommt eine Amtsenthebung in Betracht, § 27 ArbGG. Diese erfolgt auf Antrag der zuständigen Stelle, beim BAG auf Antrag des Bundesministers für Arbeit und Soziales und wird durch die vom Präsidium des LAG zu Beginn des Geschäftsjahres bestimmte Kammer dieses Gerichts, beim BAG durch den vom Präsidium des BAG bestimmten Senat, nach Anhörung des ehrenamtlichen Richters entschieden. Die Entscheidung ist unanfechtbar. Gemäß §§ 27 S. 2, 21 Abs. 5 ArbGG kann die entscheidende Kammer anordnen, dass der ehrenamtliche Richter bis zur Entscheidung nicht mehr zu Sitzungen heranzuziehen ist. Mit der Entscheidung über die Amtsenthebung erlischt das Amt.  123

124 Eine Amtspflichtverletzung, die eine Amtsenthebung rechtfertigt, muss von erheblichem Ausmaß sein, damit sie als »grob« i. S. d. § 27 ArbGG eingestuft werden kann. Dies erfordert in objektiver Hinsicht einen Pflichtverstoß von erheblichem Gewicht, **in subjektiver Hinsicht ein Verschulden.** Darunter fallen zum einen Verstöße gegen die gesetzlich vorgeschriebenen Pflichten im Zusammenhang mit der richterlichen Tätigkeit (s. Rdn. 102 bis 104, 119). Daneben kann aber auch ein außeramtliches Verhalten Umstände mit sich bringen, die eine Amtsenthebung rechtfertigen. Hierbei sind dieselben Maßstäbe anzusetzen wie bei Berufsrichtern (vgl. *LAG BW* 11.1.2008 LAGE § 27 ArbGG 1979 Nr. 5).

125 Grds. ist es einem ehrenamtlichen Richter selbstverständlich unbenommen, seine politischen, gewerkschaftlichen, religiösen oder sozialpolitischen Ansichten nach außen hin zu äußern und sich entsprechend zu betätigen. Etwas anderes gilt aber dann, wenn er sich mit verfassungswidrigen Zielen und Tendenzen identifiziert und entsprechend nach außen hin tätig wird (vgl. *LAG Hamm* 25.8.1993 LAGE § 27 ArbGG 1979 Nr. 4; *BVerfG* 6.5.2008 NZA 2008, 962 ff.).

### e) Beendigung des Amtes des ehrenamtlichen Richters

126 Das Amt des ehrenamtlichen Richters endet mit seinem Tod oder mit Ablauf der Amtsperiode, für die er berufen worden ist.

127 Vorzeitig endet das Amt auf Grund einer Amtsenthebung nach § 27 ArbGG, einer Amtsniederlegung nach § 24 ArbGG oder einer Amtsentbindung gem. § 21 Abs. 5 ArbGG. Eine solche erfolgt auf Antrag der zuständigen Stelle oder auf eigenen Antrag des ehrenamtlichen Richters, wenn das Fehlen einer Mussvoraussetzung für die Berufung nachträglich bekannt wird oder eine solche Voraussetzung nachträglich fortfällt, § 21 Abs. 5 S. 1 ArbGG. Auch in diesem Fall entscheidet die zuständige Kammer/Senat beim LAG/BAG durch Beschluss nach Anhörung des ehrenamtlichen Richters.

128 **Verliert der ehrenamtliche Richter seine Eigenschaft als Arbeitnehmer oder Arbeitgeber allein wegen Erreichens der Altersgrenze, findet eine Amtsentbindung nur auf seinen Antrag hin statt, § 21 Abs. 6 ArbGG.** Eine Amtsenthebung ist allerdings möglich, wenn ein ehrenamtlicher Richter von der Arbeitnehmerseite auf die Arbeitgeberseite wechselt (*BAG* 19.8.2004 EzA § 43 ArbGG 1979 Nr. 3).

### f) Ausschuss der ehrenamtlichen Richter

129 Bei den ArbG mit mehr als einer Kammer und bei den LAG wird ein Ausschuss der ehrenamtlichen Richter gebildet, §§ 29 Abs. 1, 38 ArbGG. Er besteht aus mindestens je drei ehrenamtlichen Richtern aus den Kreisen der Arbeitnehmer und Arbeitgeber, die von den ehrenamtlichen Richtern in getrennter Wahl bestimmt werden. Die ehrenamtlichen Richter können die Zahl der Mitglieder des Ausschusses selbst festlegen, sofern Landesrecht nicht etwas anderes bestimmt. Beim BAG wird kein Ausschuss der ehrenamtlichen Richter gebildet. Dort werden die Aufgaben, die ansonsten dem Ausschuss zufallen, von den beiden lebensältesten ehrenamtlichen Richtern aus den Kreisen der Arbeitnehmer und Arbeitgeber wahrgenommen, § 44 Abs. 1 ArbGG.

130 Der Ausschuss soll die Interessen der ehrenamtlichen Richter wahren. Er ist in den in § 29 Abs. 2 ArbGG aufgezählten Fällen zu beteiligen, z. B. bei Aufstellung des Geschäftsverteilungsplanes des Gerichtes. Ihm stehen insofern Anhörungsrechte zu. Daneben kann er dem Direktor/Präsidenten des Gerichtes und den die Verwaltung und Dienstaufsicht führenden Stellen Wünsche der ehrenamtlichen Richter vortragen.

131 Der Ausschuss tagt unter der Leitung des Direktors/Präsidenten des Gerichts, wenn ein solcher nicht vorhanden oder verhindert ist, unter der Leitung des dienstältesten Vorsitzenden, §§ 29 Abs. 1 S. 3, 38 ArbGG. Der Vorsitzende ist auch für die Einberufung der Sitzung und Ladung der Ausschussmitglieder zuständig. Wann er hierzu verpflichtet ist, ergibt sich nicht dem Gesetz, ist aber jedenfalls

## A. Gerichtsorganisation

anzunehmen, wenn die Mehrheit der Ausschussmitglieder dies beantragt (MünchArbR/*Brehm* § 389 Rn. 88).

### 3. Rechtspfleger

Nach § 9 Abs. 3 ArbGG gelten die Vorschriften über die Wahrnehmung der Geschäfte bei den ordentlichen Gerichten durch Rechtspfleger in allen Rechtszügen entsprechend (zur Ausbildung und den Befähigungsvoraussetzungen vgl. *Hermann* FS Arbeitsgerichtsbarkeit S. 278 ff.). 132

#### a) Aufgaben

Zu den dem Rechtspfleger in der Arbeitsgerichtsbarkeit übertragenen Aufgaben zählen insbesondere: 133
– die Durchführung des Mahnverfahrens, § 20 Nr. 1 RPflG, § 46a ArbGG;
– im Verfahren über die Gewährung von Prozesskostenhilfe die dem Rechtspfleger nach § 118 Abs. 3 ZPO vom Richter übertragenen Aufgaben, sowie die Bestimmung des Zeitpunktes der Einstellung, der Abänderung oder Wiederaufnahme von Ratenzahlungen, §§ 120, 124 ZPO;
– die Erteilung von Vollstreckungsklauseln nach den §§ 726, 727–729, 733 und 794 ZPO;
– die Durchführung des Kostenfestsetzungsverfahrens gem. den §§ 103 ff. ZPO gegen die unterlegene Partei, sowie die Festsetzung der Vergütung des Rechtsanwaltes gegen die eigene Partei nach § 11 RVG, § 21 RPflG;
– die Besetzung der Rechtsantragsstelle.

Die Rechtsantragsstellen sind Teil der Geschäftsstelle, § 7 ArbGG. Sie dienen dazu, die oftmals rechtsunkundigen Parteien bei der Aufnahme von Klagen, Anträgen und Erklärungen zu unterstützen, damit diese den gesetzlichen Erfordernissen, z. B. für Schriftsätze, § 130 ZPO, oder für eine Klageerhebung, § 253 ZPO, entsprechen. 134

**Die Rechtspfleger in der Rechtsantragsstelle üben dabei allerdings keine rechtsberatende Tätigkeit aus**, § 3 BeratungshilfeG. Ihre Aufgabe besteht allein darin, darauf hinzuwirken, dass die antragstellende Partei sich über die für ihre Anträge erheblichen Tatsachen vollständig erklärt. 135

Nach § 27 RPflG können darüber hinaus einem Rechtspfleger auch andere Dienstgeschäfte, einschließlich der Geschäfte eines Urkundsbeamten der Geschäftsstelle, übertragen werden (*Hermann* FS Arbeitsgerichtsbarkeit S. 269 ff.). 136

#### b) Rechtsbehelfe gegen Entscheidungen

Entscheidungen des Rechtspflegers können nach § 11 RPflG überprüft werden. Nach § 11 Abs. 1 RPflG ist grds. die sofortige Beschwerde einzulegen. Eine Ausnahme besteht für den Fall, dass – falls ein Richter die Entscheidung getroffen hätte – nach den allgemeinen verfahrensrechtlichen Vorschriften ein Rechtsmittel nicht gegeben wäre, z. B. falls der Beschwerdewert nach § 567 Abs. 2 S. 2 ZPO nicht erreicht werden würde. In diesem Fall ist die »sofortige Erinnerung« nach § 11 Abs. 2 RPflG einzulegen. 137

### 4. Urkundsbeamte der Geschäftsstelle

Bei jedem ArbG, LAG und beim BAG ist eine Geschäftsstelle gem. § 7 ArbGG eingerichtet. Sie ist mit Urkundsbeamten, sowie bei Bedarf mit Schreibkräften besetzt. Bei den Urkundsbeamten handelt es sich um selbstständige Organe der Rechtspflege, die einen ihnen bestimmt zugewiesenen Bereich betreuen (*BAG* 11.2.1985 EzA § 317 ZPO Nr. 1). 138

#### a) Aufgaben

Zu den wesentlichen Aufgaben der Geschäftsstelle gehören: 139
– die Aktenführung;
– die Führung der Termin- und Geschäftskalender;

- die Erteilung und Versagung von Zwangsvollstreckungsklauseln, soweit nicht der Rechtspfleger zuständig ist, §§ 724 Abs. 2, 725 Abs. 2 ZPO;
- die Aufnahme und Beurkundung des Sitzungsprotokolls, § 159 ZPO, sowie die Erteilung von Abschriften, Ausfertigung von Auszügen aus den Prozessakten;
- die Erteilung des Rechtskraftzeugnisses und der Notfristatteste, § 706 ZPO;
- die Bewirkung der von Amts wegen vorzunehmenden Zustellungen und Ladungen, §§ 214, 160 ff. ZPO;
- die Entgegennahme von Einsprüchen gegen ein Versäumnisurteil, § 59 ArbGG;
- die Entgegennahme eines Antrags auf Einleitung eines Beschlussverfahrens bzw. dessen Rücknahme, § 81 Abs. 1, Abs. 2 ArbGG;
- die Entgegennahme von Erklärungen der Beteiligten im Beschwerdeverfahren und Rechtsbeschwerdeverfahren, §§ 90, 95 ArbGG;
- sowie sonstige Aufgaben, wie sie auch den Geschäftsstellen der ordentlichen Justiz obliegen, §§ 46 Abs. 2, 62 Abs. 2, 64 Abs. 6, 72 Abs. 5 ArbGG i. V. m. den einzelnen Vorschriften der ZPO (*Kissel* § 153 Rn. 7).

### b) Ausbildung und Bestellung

140  Die persönlichen Voraussetzungen für eine Bestellung zum Urkundsbeamten ergeben sich aus § 153 Abs. 2 bis 5 GVG.

141  Der Urkundsbeamte der Geschäftsstelle ist als selbstständiges Organ der Rechtspflege **im Rahmen seines Aufgabenbereiches keinen Weisungen, auch nicht denen der Richter unterworfen.** So kann ein Richter z. B. nicht gegen den Willen des Urkundsbeamten, der ein Sitzungsprotokoll aufgenommen hat, dieses berichtigen.

## 5. Ausschluss und Ablehnung von Gerichtspersonen

### a) Verfahren

142  Hinsichtlich der inhaltlichen Voraussetzungen für die Ablehnung von Gerichtspersonen finden sich im ArbGG keine Sondervorschriften. Es gelten daher die §§ 41 ff. ZPO für Richter und ehrenamtliche Richter, sowie Urkundsbeamten der Geschäftsstelle und für Rechtspfleger i. V. m. § 10 RPflG, für Sachverständige § 406 ZPO, für Dolmetscher § 191 GVG.

143  Verfahrensmäßig enthält das ArbGG hingegen in **§ 49 ArbGG eine von den Vorschriften der ZPO abweichende Sondervorschrift.**

144  Über ein Ablehnungsgesuch eines Richters entscheidet nach § 49 ArbGG i. d. R. ohne mündliche Verhandlung die vollbesetzte Kammer der ArbG, beim LAG die Kammer des LAG §§ 49, 64 Abs. 7 ArbGG, wobei anstelle des abgelehnten Richters – sei es ein ehrenamtlicher oder ein Berufsrichter – der geschäftsplanmäßig bestellte Vertreter hinzuzuziehen ist. Teilweise ist in den Geschäftsverteilungsplänen der Gerichte vorgesehen, dass der zweite Vertreter über den Ablehnungsantrag zu befinden hat.

145  Eine Ausnahme besteht bei Ablehnungsgesuchen, die rechtsmissbräuchlich, lediglich mit der Intention der Prozessverschleppung gestellt werden. Über deren Unzulässigkeit kann der Spruchkörper unter Einschluss des abgelehnten Richters befinden (a. A. GMPM-G/*Germelmann* § 49 Rn. 35, 46).

146  Falls das ArbG oder das LAG auf Grund mehrerer Ablehnungen beschlussunfähig geworden ist, entscheidet über die Ablehnung beim ArbG das LAG durch die vollbesetzte Kammer, beim LAG das BAG (*BAG* 7.2.1968 AP Nr. 3 zu § 41 ZPO). Zur Entscheidung über ein Ablehnungsgesuch sind die Richter heranzuziehen, die im Zeitpunkt der Anbringung eines Ablehnungsgesuches zum Spruchkörper gehören.

## A. Gerichtsorganisation

Die Vorschrift gilt in allen Verfahrensarten und für alle Gerichtspersonen, d. h. auch für Urkundsbeamten der Geschäftsstelle sowie Rechtspfleger. § 49 ArbGG geht insofern § 10 Abs. 2 RPflG vor (GMPM-G/*Germelmann* § 49 Rn. 3). 147

Ein Ablehnungsgesuch kann von jeder Partei, jedem Nebenintervenienten und über die Selbstanzeige auch von dem Betroffenen selbst, § 48 ZPO, oder von Amts wegen erfolgen. 148

Inhalt und Form des Ablehnungsgesuches richten sich nach den §§ 44, 48 ZPO. **Eine besondere Form ist demnach nicht vorgeschrieben, das Ablehnungsgesuch kann mündlich, schriftlich oder zu Protokoll der Geschäftsstelle erklärt werden.** Ferner ist die konkret abgelehnte Person zu benennen. In dem Ablehnungsgesuch sind die die Ablehnung begründenden Tatsachen anzugeben und glaubhaft zu machen. 149

**Ein Ablehnungsgesuch ist unzulässig, wenn pauschal das ganze Gericht abgelehnt wird** (GK-ArbGG/*Schütz* § 49 Rn. 35). Es gilt der Grundsatz der Individualablehnung. Allerdings können auch mehrere Richter aus den gleichen Gründen einzeln abgelehnt werden. Weiterhin ist ein Ablehnungsgesuch unzulässig, wenn sich die das Gesuch stellende Partei auf eine Verhandlung vor dem Richter nach Entstehung des Ablehnungsgrundes eingelassen hat oder Anträge gestellt hat, §§ 43, 44 Abs. 4 ZPO. 150

Schließlich ist das Gesuch unzulässig, wenn es lediglich der Prozessverschleppung dient oder rechtsmissbräuchlich ist (*Schaub* ArbGVerf § 6 Rn. 14) oder eine Ablehnung erst nach Beendigung einer Instanz eingebracht wird (*BAG* 18.3.1964 AP Nr. 112 zu § 43 ZPO). 151

Über das Ablehnungsgesuch wird durch Beschluss entschieden. Den beteiligten Parteien oder Verfahrensbeteiligten ist vor Beschlussfassung rechtliches Gehör zu gewähren. Dies gilt auch im Falle der **Selbstablehnung eines Richters** (*BVerfG* 8.6.1993 NJW 1993, 2229). 152

Der Beschluss enthält keine Kostenentscheidung, da die Entscheidung Teil des Hauptverfahrens ist und Gerichtsgebühren nicht erwachsen (*Zöller/Vollkommer* § 46 Rn. 23). 153

Gegen ihn ist **kein Rechtsmittel** gegeben, § 49 Abs. 3 ArbGG. Diese Vorschrift ist im Interesse der Beschleunigung des arbeitsgerichtlichen Verfahrens gerechtfertigt (vgl. *LAG RhPf* 17.11.1981 EzA § 49 ArbGG 1979 Nr. 1; *BAG* 27.7.1998 NZA 1999, 335). Dies soll selbst dann gelten, wenn der Beschluss unter Mitwirkung des abgelehnten Richters gefasst wird und eine Zurückweisung des Antrags wegen Rechtsmissbrauchs erfolgt (vgl. *LAG RhPf* 10.3.1982 EzA § 49 ArbGG 1979 Nr. 2). Hingegen soll ein Beschluss, wenn der Kammervorsitzende ihn entgegen § 49 Abs. 1 ArbGG allein erlassen hat, wegen greifbarer Gesetzeswidrigkeit anfechtbar sein (*LAG Köln* 18.8.1992 LAGE § 49 ArbGG 1979 Nr. 6). 154

### b) Gründe für die Ausschließung/Ablehnung von Richtern

Kraft Gesetzes ist ein Richter bei Vorliegen einer der sich aus § 41 ZPO erschöpfend aufgezählten Gründe zur Behandlung einer Rechtssache ausgeschlossen. Darüber hinaus kann er gem. § 42 ZPO wegen **Besorgnis der Befangenheit** abgelehnt werden. Eine solche ist nach § 42 Abs. 2 ZPO dann gegeben, wenn Gründe vorliegen, die geeignet sind, Misstrauen gegen die Unparteilichkeit eines Richters zu rechtfertigen. **Hierbei kommt es nicht darauf an, ob der Richter tatsächlich befangen ist, vielmehr ist entscheidend, ob es den objektiven Anschein hat, dass der Richter befangen sein könnte** (*BAG* 29.10.1992 EzA § 42 ZPO Nr. 3). 155

Dies ist allerdings noch nicht der Fall, wenn der Richter im Rahmen seiner ihm obliegenden Aufklärungspflicht gem. § 139 ZPO gewisse Rechtsansichten äußert oder sich zu Prozessrisiken einer Partei einlässt. Der Vorsitzende hat gem. § 57 Abs. 2 ArbGG die gütliche Erledigung des Rechtsstreits in jeder Lage des Verfahrens anzustreben. Daraus ergibt sich zwangsläufig, die Parteien über Prozessrisiken und ggf. rechtliche Aspekte zu informieren, um eine gütliche Einigung überhaupt herbeiführen zu können. 156

157 ▶ **Beispiele für mögliche Ablehnungsgründe:**
- Freundschaftliche oder feindselige Beziehungen zu einer Partei oder ihrem Prozessbevollmächtigten;
- Gutachterliche Tätigkeit für eine Prozesspartei im vorgerichtlichen Stadium (*ArbG München* 27.6.1978 AP Nr. 4 zu § 42 ZPO);
- Unsachliche Äußerung oder Verfahrensleitung, aus der sich die Bevorzugung einer Partei ergibt;

158 ▶ **Beispiele, die grds. keinen Ablehnungsgrund darstellen:**
- Persönliche Angriffe einer Partei oder ihres Prozessbevollmächtigten gegen einen Richter;
- Zughörigkeit zu einer Partei, Gewerkschaft oder eines Arbeitgeberverbandes (*BAG* 6.8.1997 EzA § 49 ArbGG 1979 Nr. 5);
- Äußerung von Rechtsansichten in wissenschaftlichen Veröffentlichungen oder in früheren Verfahren (*BSG* 1.3.1993 NZA 1993, 621; *BAG* 29.10.1992 NZA 1993, 238).

*c) Rechtsfolge des wirksamen Ausschlusses einer Gerichtsperson*

159 Ein ausgeschlossener Richter darf sich nicht mehr an der Entscheidung dieses Falles beteiligen. Geschieht dies doch, ist das Richterkollegium nicht an seine Amtshandlungen gebunden, ein gefälltes Urteil ist mit der Berufung oder der Revision angreifbar, § 547 Nr. 3 ZPO, im Falle der Rechtskraft eines Urteils besteht die Möglichkeit der Nichtigkeitsklage, § 579 Abs. 1 Nr. 2, 3 ZPO.

160 Nach Eingang eines Ablehnungsgesuches darf der abgelehnte Richter vor dessen Bescheidung nur unaufschiebbare Amtshandlungen durchführen, § 47 ZPO. Kraft Gesetzes gem. § 41 ZPO ausgeschlossene Gerichtspersonen müssen sich jeglicher Tätigkeit enthalten. Sie können auch nicht unaufschiebbare Tätigkeiten verrichten.

161 Bei anderen Gerichtspersonen gelten die gleichen Grundsätze. Unzulässigerweise erfolgte Amtshandlungen sind mit den jeweils hierfür vorgesehenen Rechtsmitteln anfechtbar.

## IV. Geschäftsverteilung

### 1. Sinn und Zweck

162 Bei der Geschäftsverteilung handelt es sich um eine **gerichtliche Selbstverwaltungsangelegenheit, zur Bestimmung des gesetzlichen Richters i. S. d. Art. 101 GG.** Sie erfolgt in richterlicher Unabhängigkeit und darf nicht durch Weisungen vorgesetzter Stellen, insbes. der Exekutivorgane oder der Arbeitnehmer- oder Arbeitgeberkoalitionen beeinflusst werden.

163 Sinn und Zweck der Geschäftsverteilung, die durch den Geschäftsverteilungsplan erfasst wird, ist es, die anfallenden Rechtsstreitigkeiten vorab nach objektiv nachprüfbaren Kriterien auf die einzelnen Kammern und Richter zu verteilen. Der Geschäftsverteilungsplan muss eindeutig die Geschäfte jeweils einer bestimmten Kammer und einem bestimmten Richter zuweisen (*BAG* 14.4.1961 AP Nr. 10 zu Art. 101 GG).

### 2. Aufstellung des Geschäftsverteilungsplanes

164 Der Geschäftsverteilungsplan wird durch das Präsidium des Gerichts aufgestellt. Gemäß § 6a ArbGG finden dabei die §§ 21a bis i GVG entsprechend Anwendung, sofern in § 6a ArbGG keine Abweichungen bestimmt sind.

165 Nach § 21a GVG wird bei jedem Gericht ein Präsidium gebildet. Dieses besteht aus dem Präsidenten/Direktor oder Aufsicht führenden Richter und einer gewissen Zahl gewählter Richter, die von der Größe des Gerichts abhängig ist. Entscheidend ist die Zahl der Richterplanstellen am Ablauf des Tages, der dem Tage, an dem das Geschäftsjahr beginnt, um sechs Monate vorhergeht, § 21d GVG. Nicht entscheidend ist die Zahl der tatsächlich an einem Gericht tätigen Richter, sondern die Anzahl der Richterplanstellen (*Kissel* § 21d Rn. 1 ff., § 21a Rn. 7 ff.).

## A. Gerichtsorganisation  Kapitel 14

In Abweichung zu § 21a GVG sieht § 6a ArbGG vor, dass bei Plenarpräsidien, d. h. bei Präsidien, die auf Grund ihrer geringen Anzahl von Planstellen nicht gewählt, sondern gesetzlich bestimmt sind, die Aufgaben des Präsidiums gem. § 6a Nr. 1 ArbGG durch den Vorsitzenden, bei mehreren Vorsitzenden einvernehmlich, wahrgenommen werden. Der Unterschied zu § 21a Abs. 2 Nr. 3 GVG liegt darin, dass es nicht auf die Wählbarkeit des Richters i. S. d. § 21b GVG ankommt. Es können daher entsprechend § 18 Abs. 7 ArbGG auch Richter auf Probe und Richter kraft Auftrags, welche bei den ArbG als Vorsitzende eingesetzt werden können (s. Rdn. 38), Präsidiumsaufgaben wahrnehmen. In der ordentlichen Gerichtsbarkeit ist dies nicht möglich, da den Richtern auf Probe und Richtern kraft Auftrags ein passives Wahlrecht nicht zukommt, §§ 71b Abs. 1 S. 2, 71a Abs. 2 S. 1 Nr. 3 GVG. 166

Die Aufgabenwahrnehmung muss bei einem aus zwei Vorsitzenden bestehenden Präsidium des ArbG einvernehmlich erfolgen, d. h. im Konsens der beiden Vorsitzenden. Einigen sich die Vorsitzenden nicht, so entscheidet das Präsidium des LAG oder, soweit ein solches nicht besteht, der Präsident dieses Gerichtes. 167

Hiervon abweichend gilt für LAG mit weniger als drei Richterplanstellen gem. § 6a Nr. 2 ArbGG, dass die Wahrnehmung der Präsidiumsaufgaben durch den Präsidenten des LAG im Benehmen mit einem evtl. vorhandenen zweiten Vorsitzenden erfolgt. »Benehmen« bedeutet, dass ein Konsens nicht notwendig ist, der Präsident vielmehr den zweiten Vorsitzenden lediglich anzuhören und dieser ein Recht zur Stellungnahme hat. 168

Bei einem Wahlpräsidium bestimmen sich die Wahlmodalitäten nach § 21b GVG. Aktives Wahlrecht kommt dabei allen Berufsrichtern zu, d. h. neben den Richtern auf Lebenszeit auch den Richtern auf Zeit, kraft Auftrags oder auf Probe. Passives Wahlrecht genießen allerdings nur die Richter auf Lebenszeit und auf Zeit (*Kissel* § 21b Rn. 1–11). 169

Für die Wahl zu den Präsidien der Gerichte besteht Wahlpflicht (GMPM-G/*Prütting* § 6a Rn. 16 m. w. N.), denn das Wahlrecht dient nicht der Sicherung und Wahrung eigener Belange, sondern der Wahrung der richterlichen Aufgaben des Gerichts insgesamt. Nehmen wahlberechtigte Richter dennoch nicht an der Wahl teil, so können gegen sie Maßnahmen im Rahmen der Dienstaufsicht nach § 26 DRiG eingeleitet werden. 170

Eine Nichtbeteiligung von wahlberechtigten Richtern hat allerdings keinen Einfluss auf die Wirksamkeit der Wahl (*Kissel* § 21b Rn. 16). Wer gewählt worden ist, ist verpflichtet, das Amt auszuüben. Dies ergibt sich aus den gleichen Erwägungen, wie sie der Wahlpflicht zugrunde liegen. Auch eine Niederlegung des Amtes während der Amtszeit ist gesetzlich nicht vorgesehen. 171

### 3. Inhalt des Geschäftsverteilungsplanes

Der Geschäftsverteilungsplan regelt die Verteilung der Geschäfte auf die einzelnen Kammern, jeweils für ein Jahr. In ihm werden die Vorsitzenden und ehrenamtlichen Richter den einzelnen Kammern zugewiesen und deren Vertretung geregelt, § 21e GVG. Die Bestimmung der Verteilung der Aufgaben obliegt grds. dem Präsidium. Lediglich der Präsident oder Aufsicht führende Vorsitzende bestimmt selbst, welche richterlichen Aufgaben er wahrnimmt, § 6a Nr. 3 ArbGG. Es obliegt seinem pflichtgemäßen Ermessen, welche richterlichen Tätigkeiten er sich neben seinen Verwaltungstätigkeiten zuweist. 172

#### a) Verteilung der anfallenden Geschäfte

**Die Verteilung der anfallenden Geschäfte muss vollständig sein** (GMPM-G/*Prütting* § 6a Rn. 48) **und nach objektiven allgemeinen und nachprüfbaren Merkmalen erfolgen.** Insbesondere dürfen nicht einzelne bestimmte Geschäfte einem bestimmten Richter zugewiesen werden. 173

Für die Zuteilung der Geschäfte gibt es keine gesetzlich vorgeschriebenen zwingenden Verfahrensgrundsätze. Die Geschäftsverteilung kann daher nach folgenden Kriterien erfolgen: 174

- Verteilung nach **räumlichen Gesichtspunkten**, d. h. Zuweisung bestimmter Unterbezirke des Gerichtsbezirkes an einzelne Kammern;
- Zuweisung nach **sachlichen Gesichtspunkten**, d. h. nach den Gegenständen der Prozesse, z. B. Zuweisung aller Kündigungsschutzverfahren der Kammer 1, Zuweisung aller betriebsverfassungsrechtlichen Streitigkeiten der Kammer 2, etc.;
- Zuweisung der Geschäfte **nach den Anfangsbuchstaben des Namens des/der Beklagten**, z. B. Kammer 1 Verfahren A bis H, Kammer 2 Verfahren I bis M ... Streitig ist dabei, ob die Geschäftsverteilung auch nach den Anfangsbuchstaben des Klägers erfolgen kann (vgl. *Schaub* ArbGVerf § 5 Rn. 14);
- Nach dem **zeitlichen Eingang der Rechtsstreitigkeiten**, z. B. jede 1. und 7. Sache Kammer 1, jede 2. und 6. Sache Kammer 2, etc. Dieses Verfahren eignet sich am besten für eine gleichmäßige Verteilung der anfallenden Geschäfte auf die einzelnen Kammern. **Es besteht allerdings keine Verpflichtung, alle Kammern mit der gleichen Anzahl von Verfahren zu belasten.** Liegen besondere Belastungen bei einem Kammervorsitzenden vor, z. B. durch Prüfungstätigkeit oder Referendarausbildung etc., ist auch eine ungleichmäßige Verteilung der Anzahl der eingehenden Rechtsstreitigkeiten auf die einzelnen Kammern zulässig. **Es muss nur gewährleistet sein, dass jede Kammer überhaupt an der Rechtsprechungstätigkeit des Gerichts teilnimmt.**

**175** Bei der Gliederung nach dem zeitlichen Eingang der Rechtsstreitigkeiten ist sicherzustellen, dass **Manipulationen möglichst ausgeschlossen werden, insbes. dass solche nicht in der Geschäftsstelle vorgenommen werden können**. Es empfiehlt sich daher, zunächst alle eingehenden Klagen eines Tages am folgenden Tag nach den Anfangsbuchstaben des Klägers oder des Beklagten zu ordnen und sie dann nach einem Zahlenschlüssel den einzelnen Kammern zuzuordnen.

**176** Unzulässig ist es hingegen, Rechtsstreitigkeiten nach der Organisationszugehörigkeit der Parteien oder nach dem Umfang oder dem Schwierigkeitsgrad zu verteilen. Hierbei handelt es sich nicht um objektiv nachprüfbare Kriterien.

**177** Sachzusammenhangsregelungen im Geschäftsverteilungsplan, wonach die grundsätzliche Zuordnung von Rechtsstreitigkeiten an die einzelnen Kammern durchbrochen wird, sind zulässig, um eine effiziente Rechtsprechung zu gewährleisten. Jedoch müssen auch bei diesen Sachzusammenhangsregelungen objektiv bestimmte Merkmale gegeben sein, wonach ein Sachzusammenhang festzustellen ist, z. B. dass Rechtsstreitigkeiten zwischen Parteien, die bereits ein anderes anhängiges Verfahren beim gleichen Gericht haben, derselben Kammer zuzuweisen sind. Hingegen sind Sachzusammenhangsregelungen, die nur ausfüllungsbedürftige unbestimmte Zuordnungskriterien enthalten, z. B. »Fälle mit ähnlicher Rechtsproblematik«, als unzulässig anzusehen (vgl. *BAG* 22.3.2001 EzA Art. 101 GG Nr. 5).

*b) Verteilung der Richter auf die Spruchkörper*

**178** Im Geschäftsverteilungsplan ist ferner die Zuweisung der Vorsitzenden und der ehrenamtlichen Richter auf die einzelnen Kammern zu regeln. Hierbei können sowohl die Vorsitzenden als auch die ehrenamtlichen Richter mehreren Kammern zugeteilt werden, § 21e Abs. 1 S. 4 GVG, § 6a Nr. 4 ArbGG (s. Rdn. 90 ff.).

**179** Sind die ehrenamtlichen Richter auf bestimmte einzelne Kammern verteilt, so hat jeder Vorsitzende zu Beginn des Geschäftsjahres eine Beisitzerliste aufzustellen, nach deren Reihenfolge die Beisitzer zu den einzelnen Sitzungen heranzuziehen sind (s. Rdn. 90).

### 4. Änderung des Geschäftsverteilungsplanes

**180** Grds. soll und darf ein Geschäftsverteilungsplan während des Geschäftsjahres nicht geändert werden, *damit der gesetzliche Richter gewährleistet bleibt*, Art. 101 GG. Lediglich unter den Voraussetzungen des § 21e GVG ist eine Änderung durch das Präsidium zulässig, d. h. insbes. im Falle der Überlastung oder ungenügenden Auslastung eines Richters oder Spruchkörpers, sowie im Falle des Wechsels oder dauernden Verhinderung einzelner Richter. Der Geschäftsverteilungsplan darf nicht geändert werden, um willkürlich bestimmte Fälle bestimmten Kammern oder Richtern zuzuweisen. Eine Ergänzung des Geschäftsverteilungsplanes, bei einer versehentlich nicht bemerkten Lücke, ist hingegen zulässig (GMPM-G/*Prütting* § 6a Rn. 50).

### 5. Mitwirkung des Ausschusses der ehrenamtlichen Richter

Siehe Rdn. 129 ff.     181

### 6. Rechtsbehelfe gegen den Geschäftsverteilungsplan

*a) Rechtsbehelfe der Prozessparteien*

**Die Prozessparteien und sonstigen Beteiligten in den Verfahren vor den Gerichten für Arbeitssachen haben keine Möglichkeit, den Geschäftsverteilungsplan im Ganzen oder wegen einzelner Bestimmungen isoliert anzufechten oder gerichtlich überprüfen zu lassen** (*Kissel* § 21e Rn. 120 ff.). Dies folgt aus seiner Rechtsnatur als innergerichtlicher Organisationsakt, dessen Erlass weder einen Justizverwaltungsakt darstellt, noch den Erlass einer Rechtsnorm, die in einem Normenkontrollverfahren nach § 47 VwGO überprüfbar wäre (*Kissel* § 21e Rn. 102 ff.).     182

Die Prozessbeteiligten können ihn allerdings bei einer fehlerhaften Geschäftsverteilung, die eine nicht ordnungsgemäße Besetzung des Gerichts zur Folge hat, **inzident im Verfahren mit dem allgemeinen Rechtsmittel der Besetzungsgründe überprüfen lassen, §§ 547, 579 ZPO**. Das Rechtsmittelgericht muss dann die Gesetzmäßigkeit des Geschäftsverteilungsplanes überprüfen. Daneben steht den Parteien nach Erschöpfung des Rechtsweges die Möglichkeit der Erhebung einer Verfassungsbeschwerde nach Art. 93 GG wegen Verletzung des gesetzlichen Richters offen, Art. 101 Abs. 1 S. 2 GG.     183

*b) Rechtsbehelfe der Richter*

Nach Ansicht des *BVerwG* (28.11.1975 NJW 1976, 1224; zust. *BGH* 31.1.1984 NJW 1984, 2531), können Richter durch die Geschäftsverteilung in ihrer Rechtsstellung betroffen werden. Zur Klärung dieser Frage sei danach der Verwaltungsrechtsweg gegeben, da es sich um eine öffentlich-rechtliche Streitigkeit nicht verfassungsrechtlicher Art i. S. d. § 40 VwGO handele (*BVerfG* 9.6.1983 NJW 1983, 2589). Die richtige Klageart sei dabei die Feststellungsklage gem. § 43 VwGO. Nach a. A. sollen die Richterdienstgerichte zuständig sein, über mögliche Rechtsbeeinträchtigung der einzelnen Richter zu befinden (so z. B. GMPM-G/*Prütting* § 6a Rn. 53 m. w. N.).     184

Um eine mögliche Verletzung gesetzlicher Vorschriften durch den Geschäftsverteilungsplan zu bemerken und diesen einer Überprüfung zugänglich zu machen, haben die Prozessparteien und sonstigen Beteiligten das Recht, den Geschäftsverteilungsplan einzusehen. Er ist gem. § 21e Abs. 8 GVG im Gericht zur Einsichtnahme auszulegen.     185

### 7. Die Geschäftsverteilung in den einzelnen Spruchkörpern

Da bei den ArbG und LAG die einzelnen Spruchkörper nur mit einem Vorsitzenden und den ehrenamtlichen Richtern besetzt sind, bedarf es einer gesonderten Geschäftsverteilung innerhalb der Kammern nicht. Den ehrenamtlichen Richtern dürfen keine Geschäfte zur eigenen Wahrnehmung übertragen werden, sodass der Vorsitzende alle anfallenden Geschäfte zu erledigen hat. Die Beteiligung der ehrenamtlichen Richter richtet sich nach den Vorschriften der §§ 31, 53, 55 ArbGG.     186

Bezüglich der Verteilung der Geschäfte beim BAG gilt § 21g GVG entsprechend (Einzelheiten vgl. bei *Ascheid* Rn. 207–812).     187

## B. Zuständigkeit

### I. Internationale Zuständigkeit

#### 1. Begriff

188  Die internationale Zuständigkeit bestimmt die staatliche Zuständigkeit für die Entscheidung eines bestimmten Rechtsstreits.

#### 2. Bestimmung der internationalen Zuständigkeit deutscher ArbG

189  Voraussetzung der internationalen Zuständigkeit deutscher ArbG ist, dass für den jeweiligen Rechtsstreit die deutsche Gerichtsbarkeit gegeben ist. Dieser unterfallen grds. alle Personen, die sich im Geltungsbereich des ArbGG aufhalten. Ausgenommen sind gem. den §§ 18 bis 20 GVG in erster Linie Mitglieder diplomatischer Missionen, konsularischer Vertretungen (*BAG* 3.7.1996 EzA § 20 GVG Nr. 1; 16.5.2002 – 2 AZR 688/00, FA 2002, 382; 1.7.2010 – 2 AZR 270/09), ihre Familienmitglieder und Hausangestellten (vgl. *Kissel* § 18 Rn. 10 ff., § 19 Rn. 1 ff.) sowie Personen, die auf Grund völkerrechtlicher Vereinbarungen oder sonstiger Rechtsvorschriften des Völkerrechts von der deutschen Gerichtsbarkeit befreit sind (vgl. *Schaub* ArbGVerf § 8 Rn. 1 ff.).

190  Daneben begründet § 8 AEntG eine internationale Zuständigkeit deutscher Arbeitsgerichte (*BAG* 11.9.2002 EzA § 2 ArbGG 1979 Nr. 58).

191  Unterliegen Personen nicht der deutschen Gerichtsbarkeit, sind bereits verfahrensrechtliche Anordnungen ihnen gegenüber unwirksam, wie z. B. die Ladung als Zeuge, Partei oder Sachverständiger. Zustellungen in Bereichen, die der deutschen Gerichtsbarkeit nicht unterliegen, sind unzulässig. Erst recht gilt dies für materiellrechtliche gerichtliche Entscheidungen.

192  Soweit Personen der deutschen Gerichtsbarkeit nicht unterliegen, können sie sich ihr allerdings freiwillig unterwerfen; für bestimmte Ausnahmefälle kann dies in völkerrechtlichen Verträgen vereinbart werden. So unterliegen z. B. **Individualstreitigkeiten ziviler Arbeitnehmer der NATO-Stationierungstruppen** gem. Art. 56 Abs. 8 ZA-NTS der deutschen Gerichtsbarkeit. Die BRD tritt für den jeweiligen Entsendestaat, welcher als Arbeitgeber anzusehen ist (vgl. *BAG* 14.1.1993 – 2 AZR 387/92, n. v.) im Prozess als **Prozessstandschafter** auf. Streitigkeiten im Personalvertretungsrecht werden gem. Art. 56 Abs. 9 ZA-NTS i. V. m. Art. 9 des hierzu ergangenen Unterzeichnungsprotokolls ebenfalls vor den deutschen ArbG ausgetragen, wobei die BRD hier lediglich **als Vertreterin** des Entsendestaates tätig wird.

193  ▶ Beispiele für das Beklagtenrubrum:
– im Individualprozess: BRD, vertreten durch den Bundesminister der Finanzen, dieser vertreten durch das Ministerium des Innern und Sport Rh.-Pf., dieser vertreten durch die Aufsichts- und Dienstleistungsdirektion Trier,
– im personalvertretungsrechtlichen Beschlussverfahren: BRD, vertreten durch den Bundesminister der Finanzen, dieser vertreten durch das Ministerium des Inneren und Sport Rh.-Pf., dieser vertreten durch die Aufsichts- und Dienstleistungsdirektion (Verteidigungslastenverwaltung), Trier, für die Dienststelle US 6540 th CSG Kaiserslautern.

194  Ist festgestellt, dass die Parteien eines Rechtsstreits grds. der deutschen Gerichtsbarkeit unterliegen, ist als nächster Schritt zu prüfen, ob auch im Übrigen die internationale Zuständigkeit der deutschen ArbG gegeben ist.

195  Hierbei gilt der Grundsatz, dass sich die internationale Zuständigkeit nach der örtlichen Zuständigkeit, mithin nach den §§ 12 ff. ZPO richtet (vgl. *BAG* 27.1.1983 – 2 AZR 188/81, n. v.; 17.7.1997 EzA § 23 ZPO Nr. 1; 9.10.2002 NZA 2003, 339).

196  Sie kann sich daher aus dem Gerichtsstand des Erfüllungsortes, § 29 ZPO, einer wirksamen Gerichtsstandsvereinbarung gem. § 38 ZPO oder infolge von rügelosem Verhandeln der beklagten Partei gem. § 39 ZPO ergeben. Im letzteren Fall ist allerdings Voraussetzung, dass zuvor ein Hinweis

## B. Zuständigkeit
## Kapitel 14

gem. § 504 ZPO ergangen ist. Sofern die Prozessparteien gem. § 38 ZPO einen ausländischen Gerichtsstand vereinbart haben, ist diese Vereinbarung nur dann wirksam, wenn neben den Voraussetzungen des § 38 ZPO zumindest auch eine **Auslandsberührung des Arbeitsverhältnisses** besteht, d. h. eine Partei dem Gerichtsstandsstaat angehört (*Schaub* ArbGVerf § 8 Rn. 23), vor dem ausländischen Gericht ein rechtsstaatliches Verfahren gewährleistet ist, nicht aus tatsächlichen oder rechtlichen Gründen eine Rechtsverfolgung im Ausland praktisch unmöglich ist, z. B. im Falle eines Bürgerkriegs (*BAG* 20.7.1970 AP Nr. 4 zu § 38 ZPO Internationale Zuständigkeit) und nicht durch die Gerichtsstandsvereinbarung gegen grundlegende Schutzprinzipien des Arbeitsrechts verstoßen wird (*BAG* 5.9.1972 AP Nr. 159 zu § 242 BGB Ruhegehalt).

Beim Gerichtsstand des Vermögens, § 23 ZPO, ist weiter Voraussetzung, dass der Rechtsstand einen hinreichenden Bezug zum Inland hat. Dies ist nicht der Fall, wenn beide Parteien ihren Wohnsitz oder Sitz im Ausland haben, sich dort gewöhnlich aufhalten, eine fremde Staatsangehörigkeit besitzen, das streitige Rechtsverhältnis materiell nach ausländischem Recht zu entscheiden ist, der Erfüllungsort sich im Ausland befindet und das Vorhandensein von Vermögen in Deutschland keine erkennbare Bedeutung für die Führung des Rechtsstreits hat (*BAG* 17.7.1997 NZA 1997, 1183). 197

**Als lex specialis gehen den Vorschriften der ZPO über die örtliche Zuständigkeit internationale Vereinbarungen vor** (*BAG* 8.12.2010 – 10 AZR 562/08). Für die ursprünglichen Gründungsmitglieder der EWG (Belgien, BRD, Frankreich, Italien, Luxemburg, und Niederlande), sowie den später beigetretenen Mitgliedsländern Dänemark (ohne Grönland), Irland, Großbritannien, Portugal, Spanien, Nordirland sowie Griechenland, galt insofern das europäische Gerichtsstandübereinkommen vom 27.9.1968 in Zivil und Handelssachen – für Dänemark gilt es immer noch –, das auch das Arbeitsvertragsrecht erfasst (*BAG* 12.6.1986 EzA § 269 BGB Nr. 2). Für die übrigen EU-Mitgliedstaaten wurde das EuGVÜ mit Wirkung zum 1.3.2002 durch die EuGVVO ersetzt. Die Regelung der Art. 2 ff. EuGVÜ/EuGVVO finden Anwendung auf Parteien, die in einem der Vertragsstaaten ihren Wohnsitz haben, Art. 2 EuGVÜ/EuGVVO. **Es kommt also nicht auf die Staatsangehörigkeit, sondern auf den Wohnsitz der Partei an.** Nach der EuGVVO hat der Arbeitnehmer grds. die Wahl, ob er seinen Arbeitgeber an dessen Sitz (Art 14 Nr. 1 EuGVVO), am Sitz der ihn beschäftigenden Niederlassung (Art. 5 Nr. 5, 18 Abs. 1 EuGVVO) oder an seinem gewöhnlichen Arbeitsort (Art. 19 Abs. 2 EuGVVO) verklagen will. Der Arbeitgeber kann den Arbeitnehmer hingegen grds. nur an seinem Wohnsitz (Art. 20 Abs. 1 EuGVVO) verklagen (vgl. *Däubler* NZA 2003, 1297 ff.). Besonders hervorzuhebende Bestimmungen finden sich in Art. 5 Nr. 1 EuGVÜ/EuGVVO, Gerichtsstand des Erfüllungsortes, Art. 17 EuGVÜ/Art. 23 EuGVVO, Gerichtsstandvereinbarung, welche weniger strenge Anforderungen als § 38 ZPO hat und Art. 18 EuGVÜ/Art. 24 EuGVVO, wonach auch durch rügelose Einlassung ein Gerichtsstand begründet werden kann (s. Kap. 1 Rdn. 877 ff.; *Maurer* FA 2002, 130 ff.; *Thüsing* NZA 2003, 1303 ff., 1309 f.). Im Arbeitsgerichtsverfahren ist dies allerdings noch nicht der Fall, wenn sich eine Partei vor oder im Gütertermin bereits materiell zur Sache einlässt (*BAG* 2.7.2008 – 10 AZR 355/07 – FA 2008, 317; 24.9.2009 EzA EG-Vertrag 1999 Verordnung 44/2001 Nr. 4). 198

Zu beachten ist, dass aus der internationalen Zuständigkeit eines deutschen Arbeitsgerichts keineswegs auch die Anwendbarkeit materiellen deutschen Arbeitsrechts folgt. Auf ein Arbeitsverhältnis mit Auslandsberührung findet vielmehr das Recht Anwendung, dessen Geltung die Parteien ausdrücklich oder stillschweigend vereinbart haben oder das sich auf Grund objektiver Anknüpfungspunkte ergibt (Art. 27, 30 EGBGB; s. Kap. 1 Rdn. 792 ff.; vgl. *LAG SchlH* 26.9.2007 LAGE Art. 30 EGBGB Nr. 8). 199

Im Verhältnis zwischen den EU-Mitgliedsstaaten und – im Wesentlichen – den EFTA-Staaten Norwegen, Island, der Schweiz und Polen gilt das Lugano Übereinkommen über die gerichtliche Zuständigkeit und die Vollstreckung gerichtlicher Entscheidungen in Zivil- und Handelssachen vom 19.9.1998 (vgl. *Däubler* NZA 2003, 1298 ff.). 200

### 3. Entscheidungen über die internationale Zuständigkeit

201 Das Vorliegen der internationalen Zuständigkeit ist Sachurteilsvoraussetzung und daher vom Gericht in jeder Lage des Verfahrens von Amts wegen zu prüfen (*BAG* 13.11.2007 EzA Art. 30 EGBGB Nr. 9). **Die die internationale Zuständigkeit begründenden Umstände müssen am Ende der mündlichen Verhandlung in der letzten Tatsacheninstanz vorliegen.** Ist dies nicht der Fall, ist die Klage als unzulässig abzuweisen. Eine Verweisung an ein anderes ausländisches Gericht gem. § 48 ArbGG, § 17a GVG ist nicht möglich. Diese Vorschriften setzen bereits die Zuständigkeit deutscher Gerichte voraus, regeln lediglich die Frage der Zulässigkeit des richtigen, vor deutschen Gerichten möglichen Rechtsweges, der richtigen Verfahrensart sowie der richtigen sachlichen und örtlichen Zuständigkeit (*LAG RhPf* 15.10.1991 NZA 1992, 138). Wird das Fehlen der internationalen Zuständigkeit vom Gericht nicht erkannt, ergeht mithin kein Prozessurteil, sondern erlässt das Gericht ein Sachurteil, wird der Mangel der fehlenden internationalen Zuständigkeit durch den Eintritt der Rechtskraft geheilt (*LAG RhPf* 15.10.1991 NZA 1992, 138).

## II. Rechtswegzuständigkeit

### 1. Verhältnis der Arbeitsgerichtsbarkeit zu anderen Gerichtsbarkeiten

202 Das Verhältnis der ArbG zu den ordentlichen Gerichten ist eine Frage der Rechtswegzuständigkeit (s. Rdn. 4 f.).

203 Der Rechtsweg zu den ArbG ist ausschließlich in den in §§ 2 bis 3 ArbGG aufgeführten Streitigkeiten gegeben. Hierbei ist bestimmend der Streitgegenstand des Verfahrens, welcher im Urteilsverfahren durch die Klageschrift, im Beschlussverfahren durch den Antrag des Antragstellers und den jeweils dahinter stehenden Lebenssachverhalt bestimmt wird (vgl. die die Zuständigkeit der Arbeitsgerichtsbarkeit bejahende Entscheidung des *GmSOG* v. 27.9.2010 EzA § 2 ArbGG 1979 Nr. 77 hinsichtlich einer Klage des Insolvenzverwalters gegen einen Arbeitnehmer des Gemeinschuldners auf Rückzahlung gezahlter Arbeitsvergütung nach § 143 Abs. 1 InsO). Eine Zuständigkeit durch rügeloses Einlassen der Parteien oder durch eine Gerichtsstandsvereinbarung für Streitgegenstände, die nicht in den §§ 2, 2a ArbGG aufgeführt sind, lässt sich nicht begründen (vgl. *BAG* 28.10.1997 EzA § 34 ZPO Nr. 1, bzgl. der Verneinung der Zuständigkeit für anwaltliche Gebührenklagen).

204 Für andere Streitigkeiten als für Arbeitssachen sind die ArbG nur dann zuständig, wenn eine Zusammenhangsklage gem. § 2 Abs. 3 ArbGG vorliegt, eine Rechtsstreitigkeit zwischen einer juristischen Person und ihrem gesetzlichen Vertreter gem. § 2 Abs. 4 ArbGG auf Grund einer Vereinbarung zwischen den Parteien vor die ArbG gebracht wird oder der Rechtsstreit zwar eigentlich zur Zuständigkeit einer anderen Gerichtsbarkeit gehört, jedoch auf Grund einer fehlerhaften, aber bindenden Verweisung an die Arbeitsgerichtsbarkeit gelangt ist.

205 Streitig ist, ob mit einer **rechtswegfremden Forderung** seitens des Beklagten **aufgerechnet werden kann** (*LAG München* 10.3.1998 LAGE § 17 GVG Nr. 1; ausführlich *Grunsky* § 2 Rn. 11 ff.; *Schwab/Weth-Walker* § 2 Rn. 23 ff.). Nach der h. M. soll dies zumindest mit einer zivilrechtlichen Forderung möglich sein. Begründet wird dies mit der Neufassung des § 17 Abs. 2 GVG, wonach das Gericht des zulässigen Rechtsweges den Rechtsstreit unter allen in Betracht kommenden rechtlichen Gesichtspunkten zu entscheiden hat. **Das *BAG*** (23.8.2001 NZA 2001, 1158) **hat allerdings eine Zuständigkeit für die Entscheidung über eine zur Aufrechnung gestellten rechtswegfremden Gegenforderung verneint.** Die Aufrechnung sei kein »rechtlicher Gesichtspunkt« i. S. d. § 17 Abs. 2 GVG, sondern ein selbstständiges Gegenrecht. Das Arbeitsgericht müsse daher in einem solchen Fall ein Vorbehaltsurteil nach § 302 ZPO erlassen und im Übrigen das Verfahren bis zur Entscheidung über die einem anderen Rechtsweg zugewiesene Gegenforderung aussetzen, § 148 ZPO (*LAG RhPf* 6.4.2006 – 11 Ta 24/06). Nach neuer Rechtsprechung des *BAG* (28.11.2007 EzA § 2 ArbGG 1979 Nr. 68) kann das ArbG durch Vorbehaltsurteil entscheiden und nach dessen Rechtskraft das Verfahren an das zuständige Gericht verweisen. Dieses müsse dann das Nachverfahren nach § 302 Abs. 4 ZPO durchführen.

## B. Zuständigkeit  Kapitel 14

Für die Erhebung einer Widerklage, auch einer hilfsweisen, gelten die allgemeinen Zuständigkeits- 206
voraussetzungen, d. h. die Arbeitsgerichtsbarkeit muss für die Widerklageforderung gem. den §§ 2,
2a ArbGG zuständig sein und sei es auch nur unter den Voraussetzungen einer Zusammenhangsklage gem. § 2 Abs. 3 ArbGG.

### 2. Entscheidung über die Zulässigkeit des Rechtswegs

Das ArbG hat in jeder Lage des Verfahrens von Amts wegen über die Zulässigkeit des zu ihm beschrit- 207
tenen Rechtswegs zu befinden; es handelt sich um eine Prozessvoraussetzung.

#### a) Vorabentscheidungsverfahren

Hält das ArbG den Rechtsweg für zulässig und rügt ihn keine der Parteien, wird über ihn i. d. R. kon- 208
kludent in der Entscheidung mitentschieden. Hält es das Gericht für prozessökonomisch, kann es
auch gem. § 17a Abs. 3 S. 1 GVG eine Vorabentscheidung außerhalb der Hauptsacheentscheidung
treffen.

**Eine Vorabentscheidung ist durchzuführen, wenn eine Partei die Zulässigkeit des Rechtswegs rügt,** 209
**§ 17a Abs. 3 S. 2 GVG.** Diese Rüge kann bis zur Beendigung der mündlichen Verhandlung zur
Hauptsache 1. Instanz erhoben werden (*Kissel* NJW 1991, 945, 948). Dies gilt selbst dann, wenn
das Gericht in einer Vorabentscheidung bereits einmal konkludent die Zulässigkeit des Rechtswegs
bejaht hat, z. B. bei einem stattgebenden Versäumnisurteil, über das nach eingelegtem Einspruch
nunmehr im Hauptsacheverfahren zu befinden ist. Eine Bindungswirkung an dieses Versäumnisurteil gem. § 318 ZPO bzgl. der Zulässigkeit des Rechtswegs besteht nach § 343 ZPO nicht.

Der Gegenpartei ist vor der Vorabentscheidung rechtliches Gehör zu gewähren. Die Anhörung kann 210
schriftlich erfolgen, da gem. § 17a Abs. 4 S. 1 GVG die Entscheidung über die Rüge außerhalb der
mündlichen Verhandlung durch Beschluss ergehen kann. Diese Entscheidung hat in Abweichung zu
§ 53 ArbGG stets durch die vollbesetzte Kammer des ArbG zu erfolgen, § 48 Abs. 1 Nr. 2 ArbGG.
Die Anwendung dieser Bestimmung ist in der Praxis Zeit raubend und unbefriedigend, da die ehrenamtlichen Richter in aller Regel weder Interesse noch Kenntnisse für diese rein juristisch zu klärenden Verfahrensfragen mitbringen. Alleine darf der Vorsitzende nur unter den Voraussetzungen des
§ 944 ZPO im einstweiligen Rechtsschutzverfahren entscheiden.

**Geht das Gericht von der Unzulässigkeit des zu ihm beschrittenen Rechtswegs aus, ist das Vor-** 211
**abentscheidungsverfahren gem. § 17a Abs. 4 GVG zwingend durchzuführen.** Eine Entscheidung
im Hauptsacheverfahren, insbes. eine Abweisung der Klage oder des Antrags als unzulässig, ist nach
der Neufassung des § 17 GVG nicht mehr möglich. Der Rechtsstreit ist vielmehr von Amts wegen
an das zuständige Gericht des zuständigen Rechtswegs zu verweisen. Auch in diesem Fall ist den Parteien vor der Entscheidung des ArbG rechtliches Gehör zu gewähren.

Streitig ist, ob die §§ 17 ff. GVG auch im PKH-Verfahren Anwendung finden. Dafür spricht der 212
Wortlaut des § 117 Abs. 1 S. 1 ZPO (vgl. zum Meinungsstand *Zöller/Lückemann* Vor §§ 17 ff.
GVG Rn. 12; *BAG* 27.10.1992 EzA § 17a GVG Nr. 2).

> Kann die vor dem ArbG in einer bürgerlich-rechtlichen Streitigkeit erhobene Klage nur dann Er- 213
> folg haben, wenn der Kläger Arbeitnehmer ist (**sic-non-Fall**), z. B. bei Kündigungsschutzklagen
> nach §§ 4, 13 KSchG, reicht nach Ansicht des 5. Senats des *BAG* (24.4.1996 EzA § 2 ArbGG
> 1979 Nr. 31) allerdings die bloße Rechtsansicht des Klägers, er sei Arbeitnehmer, zur Bejahung
> der arbeitsgerichtlichen Zuständigkeit aus. Ist er es tatsächlich nicht, ist die Klage vom ArbG
> nicht an das Gericht eines anderen Rechtswegs zu verweisen, sondern als unbegründet abzuweisen. Ein solcher **sic non Fall** liegt nach Ansicht des *LAG RhPf* (Beschl. v. 15.11.2010 – 3 Ta
> 225/10) auch dann vor, wenn mit der Klage unter anderem ein Beschäftigungsanspruch geltend
> gemacht wird, da dieser nur im Rahmen eines Arbeitsverhältnisses anerkannt sei.

Kann der Klageanspruch sowohl auf eine arbeitsrechtliche Rechtsgrundlage gestützt werden als auch auf eine zivil- oder öffentlich-rechtliche, ist das Arbeitsgericht zuständig, wenn es als erstes Gericht angegangen wird. Dies ergibt sich aus § 17 Abs. 2 GVG (et-et-Fall).

214 ▶ **Beispiel:**
- Es wird ein Zahlungsanspruch nach Ausbleiben der erhofften Erbeinsetzung auf den Gesichtspunkt der fehlgegangenen Vergütungserwartung gestützt und auf ein testamentarisches Vermächtnis.

215 Wird ein Klageanspruch auf sich ausschließende Anspruchsgrundlagen gestützt (**aut-aut-Fall**) und ist der Rechtsweg zur Arbeitsgerichtsbarkeit nur bei Vorliegen einer Anspruchsgrundlage gegeben, sind die zuständigkeitsbegründenden Tatsachen notfalls im Wege der Beweisaufnahme zu klären. Liegen sie nicht vor, ist der Rechtsstreit an die zuständige Gerichtsbarkeit zu verweisen (GK-ArbGG/ *Schütz* § 2 Rn. 286 ff.).

216 ▶ **Beispiel:**
- Vergütungsanspruch aus einem freien Dienstverhältnis oder Tariflohnanspruch aus einem Arbeitsverhältnis.

217 Die Entscheidung ergeht durch Beschluss in voller Kammerbesetzung. Der Tenor des Beschlusses setzt sich dabei aus zwei Teilen zusammen. Zunächst wird die Unzulässigkeit des beschrittenen Rechtswegs ausgesprochen und sodann der Rechtsstreit an das zuständige Gericht verwiesen. Im Verweisungsbeschluss wird nicht nur der richtige Rechtsweg aufgezeigt, sondern es muss auch das örtliche und funktionell zuständige Gericht bestimmt werden.

218 ▶ **Beispiel:**
- Das *ArbG Kaiserslautern* erklärt sich für unzuständig und verweist den Rechtsstreit an das zuständige Landgericht Kaiserslautern.

219 Die Nichtabhilfeentscheidung nach § 572 Abs. 1 ZPO wird ebenfalls von der Kammer getroffen, wobei eine andere Besetzung möglich ist (*LAG SchlH* 1.7.2005 NZA 2005, 1079; Schwab/Weth-*Schwab* § 78 Rn. 45).

### b) Teilverweisung

220 Eine Teilverweisung des Rechtsstreits ist grds. nicht möglich. Etwas anderes gilt nur bei einer objektiven Klagehäufung, wenn einzelne geltend gemachte Ansprüche nicht zur Zuständigkeit der Arbeitsgerichtsbarkeit gehören. In diesem Falle ist nach Abtrennung der zu verweisenden Ansprüche gem. § 145 ZPO eine Teilverweisung möglich.

### c) Bindung an die Anträge

221 Da die Bestimmung des zuständigen Gerichts von Amts wegen erfolgt, ist das Gericht grds. nicht an die Anträge der Parteien gebunden. **Etwas anderes gilt nur dann, wenn den Parteien ein Bestimmungsrecht innerhalb des Rechtswegs zukommt**, an den der Rechtsstreit verwiesen wird, z. B. **bei mehreren örtlich zuständigen Gerichten**, und der Kläger ein solches Wahlrecht zumindest hilfsweise vor der Entscheidung gegenüber dem Gericht ausgeübt hat.

### d) Rechtsmittel gegen den Verweisungsbeschluss

222 Sowohl die positive als auch die negative Rechtswegentscheidung des ArbG ist mit der sofortigen Beschwerde gem. § 17a Abs. 4 S. 3 GVG anfechtbar. Deshalb ist der Verweisungsbeschluss zu begründen. Er wird, wenn er in mündlicher Verhandlung ergeht, mit seiner Verkündung, ansonsten mit Zustellung gem. § 329 Abs. 3 ZPO wirksam.

223 Entscheidet das ArbG über die Zulässigkeit des Rechtswegs in der Hauptsacheentscheidung selbst, da keine der Parteien die Rechtswegzuständigkeit vorab gerügt hat, tritt die Bindungswirkung unmit-

## B. Zuständigkeit Kapitel 14

telbar ein, da eine erstmalige Rüge erst in der Rechtsmittelinstanz gem. § 17a Abs. 5 GVG nicht möglich ist (*BAG* 9.7.1996 EzA § 65 ArbGG Nr. 3; 14.12.1998 NZA 1999, 391).

Lediglich wenn das ArbG entgegen § 48 Abs. 1 ArbGG i. V. m. § 17a Abs. 3 S. 2 GVG trotz der Rüge einer Partei erst in der Hauptsacheentscheidung über die Rechtswegzuständigkeit befindet, ohne zuvor ein Vorabentscheidungsverfahren durchzuführen, gilt der **Meistbegünstigungsgrundsatz**. Die beschwerte Partei kann dann wahlweise sofortige Beschwerde gem. § 17a Abs. 4 S. 2 GVG oder das Rechtsmittel einlegen, das gegen die Hauptsacheentscheidung gegeben wäre (*BAG* 26.3.1992 EzA § 48 ArbGG 1979 Nr. 5). Das LAG muss über die sofortige Beschwerde selbst entscheiden. Eine Zurückverweisung ist unzulässig (*BAG* 17.2.2003 EzA § 17a GVG Nr. 16). § 572 Abs. 3 ZPO wird insoweit vom arbeitsgerichtlichen Beschleunigungsgrundsatz, §§ 9, 61a ArbGG, verdrängt. 224

Gegen die Entscheidung des LAG ist unter den Voraussetzungen des § 17a Abs. 4 S. 4 und 5 GVG die weitere Beschwerde möglich. Hierbei handelt es sich um eine Rechtsbeschwerde nach den §§ 574 ff. ZPO (*BAG* 26.9.2002 EzA § 17a GVG Nr. 14). Die Nichtzulassung der weiteren Beschwerde ist grds. nicht anfechtbar (*BAG* 22.10.1999 NZA 2000, 503). 225

### e) Bindungswirkung des Verweisungsbeschlusses

Erwächst ein die Unzulässigkeit des Rechtswegs aussprechender Beschluss in Rechtskraft, hat dieser eine **aufdrängende Wirkung** für das Gericht, an das der Rechtsstreit verwiesen worden ist, § 17a Abs. 2 S. 3 GVG. Insbesondere ist eine Zurückverweisung ausgeschlossen, selbst wenn die Verweisung fehlerhaft erfolgt sein sollte. Allerdings bindet der Verweisungsbeschluss lediglich hinsichtlich des Rechtswegs, d. h. eine Weiterverweisung innerhalb des Rechtswegs an ein anderes, z. B. örtlich zuständiges Gericht bleibt möglich (*BAG* 1.7.1992 EzA § 17a GVG Nr. 1). 226

Lediglich in Ausnahmefällen, bei offensichtlicher Gesetzeswidrigkeit, kommt einem Verweisungsbeschluss für das Gericht, an den der Rechtsstreit verwiesen wird, keine Bindungswirkung zu (vgl. *BAG* 1.7.1992 EzA § 17a GVG Nr. 1). 227

## III. Sachliche Zuständigkeit

Die sachliche Zuständigkeit der ArbG, d. h. die Zuständigkeit nach der Art der Angelegenheit, ergibt sich aus den §§ 2 bis 4 ArbGG, wobei § 2 ArbGG die Zuständigkeit im Urteilsverfahren, § 2a ArbGG im Beschlussverfahren, § 3 ArbGG die im Falle der Rechtsnachfolgeschaft oder der gesetzlichen Prozessstandschaft und § 4 ArbGG die Möglichkeit des Ausschlusses der Arbeitsgerichtsbarkeit regelt. 228

§§ 2 ff. ArbGG knüpfen dabei hinsichtlich der sachlichen Zuständigkeit an die Parteien des Streitverhältnisses sowie an die Art des Rechtsverhältnisses an. Auszugehen ist dabei vom durch den Klage- bzw. Beschlussantrag bestimmten Streitgegenstand bzw. Verfahrensgegenstand (*BAG* 27.3.1990 EzA § 2 ArbGG 1979 Nr. 18). 229

Ist die sachliche Zuständigkeit der ArbG gegeben, haben sie den Rechtsstreit unter allen in Betracht kommenden rechtlichen Gesichtspunkten zu überprüfen, § 17 Abs. 2 GVG, auch wenn dabei ggf. auch über miteinander konkurrierende Ansprüche zu entscheiden ist, für die eigentlich ein anderes Gericht zuständig wäre (s. Rdn. 204 ff.). 230

Das ArbG erster Instanz hat die sachliche Zuständigkeit von Amts wegen in jeder Phase des Verfahrens zu prüfen. Es hat darüber entweder konkludent bei Bejahung der Zuständigkeit in seiner Entscheidung, ansonsten entsprechend der Verfahrensvorschriften der §§ 17 ff. GVG zu entscheiden (s. Rdn. 208 ff.). Eine erneute Prüfung der sachlichen Zuständigkeit in der Berufungsinstanz findet hingegen nicht statt, § 65 ArbGG. 231

# Kapitel 14 — Gerichtsorganisation und Zuständigkeit

## 1. Zuständigkeit im Urteilsverfahren

232  Gemeinsame Voraussetzung aller enumerativ aufgezählten Zuständigkeitsregelungen ist, dass es sich bei dem Streitverhältnis um eine **bürgerliche Rechtsstreitigkeit** handelt, d. h. die beteiligten Parteien auf der Ebene der Gleichordnung sich gegenüber stehen und über Rechtsfolgen oder Rechtsverhältnisse streiten, die dem Privatrecht angehören (*Kissel* § 13 Rn. 9 ff.).

233  Eine solche bürgerlich-rechtliche Streitigkeit liegt z. B. **nicht** vor, wenn der Arbeitnehmer vom Arbeitgeber verlangt, ihn für einen bestimmten Zeitraum bei der zuständigen Krankenkasse anzumelden. Für einen solchen Rechtsstreit sind die Sozialgerichte zuständig (*BAG* 5.10.2005 EzA § 3 ArbGG 1979 Nr. 63). Gleiches gilt, wenn Streitgegenstand die Zahlung oder die Rückforderung überzahlter Arbeitgeberzuschüsse zur Kranken- oder Pflegeversicherung ist (*BAG* 19.8.2008 EzA § 2 ArbGG 1979 Nr. 72).

234  Ebenfalls um keine bürgerlich rechtliche Streitigkeit handelt es sich bei Streitigkeiten aus Beschäftigungsverhältnissen nach § 19 Abs. 2 BSHG a. F., jetzt § **16 Abs. 3 SGB II** (*BAG* 8.11.2006 EzA § 2 ArbGG 1979 Nr. 65; 26.9.2007 EzA § 611 BGB 2002 Arbeitnehmerbegriff Nr. 12 = FA 2008, 27 LS; *LSG RhPf* 12.9.2005 – L 3 ER 79/05).

### a) Streitigkeiten aus/über das Bestehen von Tarifverträgen

235  Nach § 2 Abs. 1 Nr. 1 ArbGG sind die ArbG zuständig für bürgerliche Rechtsstreitigkeiten zwischen Tarifvertragsparteien oder zwischen diesen und Dritten aus Tarifverträgen oder über deren Bestehen oder Nichtbestehen.

236  **Eine der Parteien muss eine Tarifvertragspartei sein** (zum Begriff § 2 TVG). Auf der anderen Seite des Rechtsstreits kann ebenfalls eine Tarifvertragspartei stehen, wobei es nicht ausgeschlossen ist, dass auf beiden Seiten Arbeitgeber oder Gewerkschaften sich gegenüberstehen, oder aber ein Dritter. **Dritter ist dabei jeder, der nicht selbst Partei des Tarifvertrages ist**, insbes. Mitglieder der tarifvertragschließenden Koalitionen.

237  Der Streitgegenstand muss entweder seine Grundlage in einem Tarifvertrag haben, weil ein Anspruch aus einem Tarifvertrag geltend gemacht wird, oder dieser muss selbst Gegenstand eines Feststellungsstreits sein.

238  Es sind dabei sowohl Streitigkeiten hinsichtlich des obligatorischen, als auch des normativen Teils eines Tarifvertrags denkbar.

239  ▶ Beispiele:
- Streitigkeiten auf Durchführung des Tarifvertrages, z. B. auf Einwirkung auf die Verbandsmitglieder der gegnerischen Tarifvertragspartei (*BAG* 29.4.1992 EzA § 1 TVG Durchführungspflicht Nr. 2);
- Geltendmachung eines Anspruchs auf Wahrung der Friedenspflicht und damit Unterlassung von Arbeitskampfmaßnahmen (*BAG* 21.12.1982 EzA § 1 TVG Friedenspflicht Nr. 1);
- Ansprüche auf Führung von Tarifverhandlungen gegen die gegnerische Tarifvertragspartei (GMPM-G/*Matthes/Schlewing* § 2 Rn. 12);
- Streitigkeiten hinsichtlich des normativen Teils eines Tarifvertrages können z. B. die Wirksamkeit des Tarifvertrags, seinen Bestand, seinen Fortbestand, seinen zeitlichen, räumlichen und beruflichen Geltungsbereich oder seine Auslegung betreffen (MünchArbR/*Brehm* § 389 Rn. 17).

240  Die ArbG haben ferner darüber zu entscheiden, wenn der Streit darum geht, ob ein Tarifvertrag besteht oder nicht. Darunter fallen Streitigkeiten über seinen wirksamen Abschluss, seine Gültigkeit oder die Wirksamkeit seiner Kündigung (*BAG* 26.9.1984 EzA § 1 TVG Nr. 18).

241  **Erforderlich ist dabei nicht, dass der gesamte Tarifvertrag im Streit steht. Es genügt, wenn nur über die Wirksamkeit oder den Inhalt einer oder mehrerer Normen gestritten wird** (*BAG* 28.9.1977 EzA § 9 TVG Nr. 2). Schließlich fällt auch der Streit über den Umfang oder über die Wirksamkeit einer

## B. Zuständigkeit Kapitel 14

Allgemeinverbindlicherklärung eines Tarifvertrages unter § 2 Abs. 1 Nr. 1 ArbGG (GMPM-G/*Matthes/Schlewing* § 2 Rn. 18).

Rechtskräftigen Entscheidungen in Rechtsstreitigkeiten zwischen Tarifvertragsparteien kommt gem. § 9 TVG Bindungswirkung für Verfahren zwischen tarifgebundenen Parteien sowie zwischen diesen und Dritten zu (*Wiedemann/Oetker* § 9 Rn. 32 ff.). 242

### b) Arbeitskampfstreitigkeiten, § 2 Abs. 1 Nr. 2 ArbGG

Nach § 2 Abs. 1 Nr. 2 ArbGG sind die ArbG für Rechtsstreitigkeiten zwischen tariffähigen Parteien oder zwischen diesen und Dritten aus unerlaubten Handlungen zuständig, soweit es sich **um Maßnahmen zum Zwecke des Arbeitskampfes oder um Fragen der Vereinigungsfreiheit einschließlich des hiermit im Zusammenhang stehenden Betätigungsrechts der Vereinigung handelt.** 243

▶ Beispiele: 244
  – Betätigungsrecht einer Vereinigung.
  – Zutrittsrecht einer Gewerkschaft zu einem Betrieb.
  – Wahl der Vertrauensleute im Betrieb (*BAG* 8.12.1978 EzA Art. 9 GG Nr. 28).
  – Fragen der Mitgliederwerbung (vgl. zum Aushängen von Plakaten *BAG* 30.8.1983 EzA Art. 9 GG Nr. 37; zum Verteilen von Zeitungen im Betrieb *BAG* 23.2.1979 EzA Art. 9 GG Nr. 30).
  – Ehrenrührige Äußerungen eines Gewerkschaftssekretärs (Vorwurf mangelnder Tariftreue) gegenüber dem Arbeitgeber (*BAG* 29.10.2001 EzA § 2 ArbGG 1979 Nr. 56).

Auf einer Seite des Rechtsstreits muss eine tatsächlich tariffähige Partei stehen. Insofern unterscheidet sich der Wortlaut des § 2 Abs. 1 Nr. 2 ArbGG von dem der Nr. 1. In der Literatur wird allerdings vertreten, dass die Partei nur grds. tariffähig sein muss, jedoch noch nicht alle Merkmale einer tatsächlich tariffähigen Partei aufweisen muss, z. B. wenn die »Mächtigkeit« noch fehlt (GK-ArbGG/*Schütz* § 2 Rn. 91; vgl. *BAG* 17.2.1998 EzA Art. 9 GG Nr. 63). Die andere Partei des Rechtsstreits kann ebenfalls eine tariffähige Partei sein, z. B. bei einem Streit konkurrierender Gewerkschaften hinsichtlich Maßnahmen eines Arbeitskampfes. Die Gegenpartei kann aber auch ein einzelner Arbeitgeber oder ein unabhängiger Dritter sein. 245

Streitgegenstand muss ein Anspruch aus unerlaubter Handlung zum Zwecke der Durchführung eines Arbeitskampfes sein oder er muss Fragen der Vereinigungsfreiheit berühren. Der Begriff der unerlaubten Handlung ist dabei weit auszulegen und ist nicht an die Voraussetzungen der §§ 823 ff. BGB gebunden (*BAG* 18.8.1987 EzA § 72a ArbGG 1979 Nr. 49; vgl. zu »Flashmobklagen« *Löwisch/Reck* NZA 2010, 857 ff.). Erfasst werden sollen alle Rechtsstreitigkeiten aus der Beteiligung der Koalition am Arbeitskampf oder hinsichtlich möglicher Eingriffe in die Vereinigungsfreiheit, deren Zulässigkeit oder Rechtmäßigkeit umstritten ist, soweit es sich um eine bürgerlich-rechtliche Streitigkeit handelt. 246

Maßnahmen zum Zwecke des Arbeitskampfes liegen vor, sobald eine kollektive Druckausübung durch Arbeitnehmer oder Arbeitgeber gegeben ist, durch die das Arbeitsverhältnis berührt wird. Der Begriff geht daher über die herkömmlichen Arbeitskampfmittel wie Streik, Aussperrung und Boykott hinaus (*BAG* 31.10.1958 AP Nr. 2 zu § 1 TVG Friedenspflicht). **Eine Zuständigkeit ist nur gegeben, wenn unerlaubte Handlungen als Maßnahme zum Zwecke des Arbeitskampfes begangen werden, nicht lediglich anlässlich eines Arbeitskampfes.** Streitig ist, ob arbeitskampfübliche Maßnahmen, z. B. ein Streik, auch dann die Zuständigkeit der ArbG begründen, wenn es sich tatsächlich um politische Kampfmaßnahmen handelt (so GMPM-G/*Matthes/Schlewing* § 2 Rn. 36; a. A. MünchArbR/*Brehm* § 378 Rn. 23). 247

Bei Rechtsstreitigkeiten zwischen Koalitionen und ihren Mitgliedern kommt es auf die Art des Rechtsstreits an. Handelt es sich lediglich um Streitigkeiten aus der vereinsrechtlichen Zugehörigkeit, gehören sie vor die ordentlichen Gerichte. Fragen wie die Pflicht zur Aufnahme eines Bewerbers oder seines Ausschlusses sind vom ArbG zu entscheiden (MünchArbR/*Brehm* § 389 Rn. 23). 248

## c) Bürgerliche Rechtsstreitigkeiten zwischen Arbeitnehmern und Arbeitgebern, 2 Abs. 1 Nr. 3a ArbGG

**249** § 2 Abs. 1 Nr. 3a ArbGG begründet eine umfassende Zuständigkeit der ArbG für bürgerliche Rechtsstreitigkeiten zwischen Arbeitnehmern und Arbeitgebern aus den zwischen ihnen bestehenden Arbeitsverhältnissen.

### aa) Arbeitnehmerbegriff

**250** Der Arbeitnehmerbegriff bestimmt sich nach § 5 ArbGG. Darunter fallen Arbeiter, Angestellte und zu ihrer Berufsausbildung Beschäftigte. Es gilt auch hier die allgemeine Definition des »Arbeitnehmerbegriffs« (s. Kap. 1 Rdn. 41 ff.), d. h. es handelt sich um Personen, die auf Grund privatrechtlichen Vertrages in persönlicher Abhängigkeit weisungsgebunden und fremdbestimmte Arbeit für einen anderen entgeltlich erbringen. Unwesentlich ist es, ob auch eine wirtschaftliche Abhängigkeit besteht (*BAG* 13.5.1996 EzA § 5 ArbGG 1979 Nr. 14).

**251** **Nicht als Arbeitnehmer** i. S. d. ArbGG **gelten** nach § 5 Abs. 1 S. 3 ArbGG Personen in Personengesamtheiten und juristischen Personen, die diese kraft Gesetzes, Satzung oder Gesellschaftsvertrag – nicht kraft rechtsgeschäftlicher Vollmacht! (*BAG* 5.5.1997 EzA § 5 ArbGG 1979 Nr. 21) – allein oder als Mitglied des Vertretungsorgans vertreten (s. Rdn. 306). Dies gilt auch für den Geschäftsführer einer Vor-GmbH (*BAG* 13.5.1996 EzA § 5 ArbGG 1979 Nr. 4).

**252** Ein Dienstnehmer, der zum Geschäftsführer einer GmbH bestellt werden soll, wird auch nicht dadurch zum Arbeitnehmer, dass die Bestellung zum Geschäftsführer unterbleibt (*BAG* 25.6.1997 EzA § 2 ArbGG 1979 Nr. 37).

**253** Für Klagen eines Geschäftsführers einer GmbH gegen die Kündigung seines Anstellungsverhältnisses sind die ArbG wegen § 5 Abs. 1 S. 3 ArbGG selbst dann nicht zuständig, wenn auf Grund interner Weisungsgebundenheit das Anstellungsverhältnis materiell als Arbeitsverhältnis anzusehen ist (*BAG* 6.5.1999 EzA § 5 ArbGG 1979 Nr. 33; 23.8.2001 EzA § 5 ArbGG 1979 Nr. 36). Gleiches gilt nach neuer, geänderter Rechtsprechung des BAG (*BAG* 9.7.2003 EzA § 2 ArbGG 1979 Nr. 5), wenn der Geschäftsführer einer GmbH & Co. KG mit der KG einen Anstellungsvertrag hat, der nach Abberufung als Geschäftsführer von der KG gekündigt wird.

**254** Mit dem Abschluss eines **schriftlichen Geschäftsführervertrages**, ein mündlicher reicht wegen § 623 BGB nicht aus, wird, sofern nicht vertraglich etwas anderes vereinbart worden ist, ein zuvor bestehendes Arbeitsverhältnis einvernehmlich beendet (*BAG* 15.3.2011 EzA § 5 ArbGG 1979 Nr. 44). Mit dem Verlust der Organstellung als Geschäftsführer wandelt sich der zu Grunde liegende Geschäftsführerdienstvertrag nicht wieder in ein Arbeitsverhältnis um (*BAG* 5.6.2008 – 2 AZR 754/06, FA 2008, 379 = NZA 2008, 1002).

**255** Bei »zur Berufsausbildung Beschäftigten« ist unerheblich, ob sie ein Entgelt erhalten und ob es sich um eine Grundausbildung oder eine Fortbildung handelt (*BAG* 10.2.1981 EzA § 5 BetrVG 1972 Nr. 37). Unter diese Gruppe fallen auch Umschüler, Volontäre und Praktikanten. Notwendig ist allerdings, dass die Ausbildung auf Grund privatrechtlichen Vertrages erfolgt (*BAG* 21.5.1997 EzA § 5 ArbGG 1979 Nr. 22; 24.2.1999 EzA § 5 ArbGG 1979 Nr. 32).

**256** Den Arbeitnehmern gleichgestellt sind Heimarbeiter und solche Personen, die wegen ihrer **wirtschaftlichen Abhängigkeit** als arbeitnehmerähnliche Personen anzusehen sind, § 5 Abs. 1 S. 2 ArbGG (s. Kap. 1 Rdn. 167 ff.; *BAG* 14.1.1997 EzA § 5 ArbGG 1979 Nr. 16).

**257** Für die Frage der Zuständigkeit der Arbeitsgerichtsbarkeit ist hierbei eine Wahlfeststellung zulässig (*BAG* 14.1.1997 EzA § 5 ArbGG 1979 Nr. 16; vgl. zum Franchisenehmer *BAG* 14.1.1997 EzA § 5 ArbGG 1979 Nr. 16; 16.7.1997 EzA § 5 ArbGG 1979 Nr. 24).

**258** Nach § 5 Abs. 3 ArbGG sind schließlich Handelsvertreter Arbeitnehmer i. S. d. ArbGG, wenn sie die in der Vorschrift genannte Verdienstgrenze nicht überschreiten und wenn sie vertraglich nicht für weitere Unternehmen tätig werden dürfen oder dies auf Grund Art und Umfang der Tätigkeit

## B. Zuständigkeit                                                        Kapitel 14

gar nicht möglich ist (zur Abgrenzung von Handelsvertretern zu kaufmännischen Angestellten vgl. *BAG* 21.2.1990 EzA § 611 BGB Arbeitnehmerbegriff Nr. 32). Maßgeblich sind dabei die tatsächlich verdienten Entgelte, nicht die gezahlten Vorschüsse. § 5 Abs. 3 ArbGG stellt eine abschließende Regelung für Handelsvertreter i. S. d. § 84 HGB dar, ein Rückgriff auf § 5 Abs. 1 S. 2 ArbGG, etwa ob es sich auch um arbeitnehmerähnliche Personen handelt, ist unzulässig (*BAG* 6.5.1999 EzA § 5 ArbGG 1979 Nr. 33).

### bb) Arbeitgeberbegriff

Arbeitgeber ist jede natürliche oder juristische Person, die einen Arbeitnehmer beschäftigt. Bei einer Personengesellschaft sind neben der Gesellschaft auch die persönlich haftenden Gesellschafter Arbeitgeber i. S. d. § 2 ArbGG (*BAG* 13.6.1997 NZA 1997, 1128; 28.2.2006 EzA § 36 ZPO 2002 Nr. 4), z. B. bei einer GmbH & Co KG auch die Komplementär GmbH. **259**

**Im Leiharbeitsverhältnis ist die Arbeitgeberfunktion zwischen dem Verleiher und Entleiher aufgeteilt** (s. Kap. 3 Rdn. 4367, 3523, 3526 ff.). Soweit Ansprüche des Leiharbeitnehmers gegen den Entleiher geltend gemacht werden, mit dem er keinen eigenen Arbeitsvertrag hat, auf den jedoch Arbeitgeberrechte kraft Vertrages mit dem Entleiher übergegangen sind, ist auch dieser Arbeitgeber i. S. d. § 2 Abs. 1 Nr. 3 ArbGG (GMPM-G/*Matthes/Schlewing* § 2 Rn. 52; *BAG* 15.3.2011 EzA § 2 ArbGG 1979 Nr. 78). **260**

### cc) Streitigkeiten aus dem Arbeitsverhältnis

Die Zuständigkeit besteht bei Streitigkeiten aus dem Arbeitsverhältnis. Ob ein Arbeitsverhältnis dabei rechtswirksam begründet worden ist oder noch fortbesteht oder bereits beendet ist, ist für die Frage der sachlichen Zuständigkeit unerheblich. Entscheidend ist allein, dass ein solches bestanden hat oder begründet werden sollte (*LAG Hessen* 12.8.1997 LAGE § 2 ArbGG 1979 Nr. 27). **261**

> Darunter fallen z. B. auch Streitigkeiten aus faktischen Arbeitsverhältnissen (s. Kap. 2 Rdn. 907 ff.), aus unzulässiger Schwarzarbeit, aus fingierten Arbeitsverhältnissen zwischen Entleiher und Leiharbeitnehmer gem. § 10 AÜG, sowie aus dem Arbeitsverhältnis mit zugewiesenen Arbeitslosen gem. § 260 SGB III, nicht jedoch Klagen ehemaliger Zwangsarbeiter (*BAG* 16.2.2000 EzA § 2 ArbGG 1979 Nr. 49). **262**

Unerheblich ist auf Grund welcher Anspruchsgrundlage Ansprüche aus dem Arbeitsverhältnis geltend gemacht werden, ob aus dem Arbeitsvertrag, aus Gesetzen, Tarifverträgen oder Betriebsvereinbarungen. **263**

Ein Anspruch aus einem Arbeitsverhältnis liegt auch dann vor, wenn er durch Vergleich oder Schuldanerkenntnis umgestaltet worden ist. Bei gemischten Verträgen kommt es darauf an, aus welchem Teil des Vertrages der Streitgegenstand hergeleitet wird. Geht es um Streitigkeiten hinsichtlich des gesamten Vertrages, sind grds. die Gerichte für Arbeitssachen zuständig (MünchArbR/*Brehm* § 389 Rn. 34). Streitigkeiten hinsichtlich Werkmietwohnungen nach § 565b BGB gehören zur Zuständigkeit der Amtsgerichte, § 29a ZPO; hinsichtlich Werkdienstwohnungen gem. § 565e BGB zur Zuständigkeit der Arbeitsgerichte (*BAG* 2.11.1999 NZA 2000, 277). **264**

Bei Ansprüchen aus dem BetrVG ist zu differenzieren: Hat der Anspruch seine Grundlage im Arbeitsverhältnis und ist er nur durch betriebsverfassungsrechtliche Vorschriften, z. B. im Umfang, beeinflusst, ist er im Urteilsverfahren nach § 2 Abs. 1 Nr. 3a) ArbGG geltend zu machen. Hat er hingegen seine Grundlage direkt im BetrVG, ist er im Beschlussverfahren nach § 2a Abs. 1 Nr. 1 ArbGG geltend zu machen. **265**

▶ **Beispiele für im Urteilsverfahren geltend zu machende Ansprüche:** **266**
  - Anspruch eines Auszubildenden auf Weiterbeschäftigung gem. § 78a BetrVG (*BAG* 15.12.1983 EzA § 78a BetrVG 1972 Nr. 13).
  - Ansprüche des Arbeitnehmers gem. § 102 Abs. 5 BetrVG.

- Ansprüche der Arbeitnehmer auf Nachteilsausgleich gem. § 113 Abs. 3 BetrVG (*BAG* 28.6.1978 EzA § 4 TVG Ausschlussfristen Nr. 34).
- Vergütungsansprüche von Betriebsratsmitgliedern während Betriebsratstätigkeit oder bei Besuch von Schulungsveranstaltungen (*BAG* 30.1.1973 EzA § 37 BetrVG 1972 Nr. 5), nicht aber Ansprüche auf Ersatz der Schulungskosten und Fahrtkosten, die ihre Grundlage in § 40 Abs. 1 BetrVG haben und deswegen im Beschlussverfahren nach § 2a Abs. 1 Nr. 1 ArbGG geltend zu machen sind.
- Geltendmachung von Lohnansprüchen durch den Wahlvorstand gem. § 20 Abs. 3 S. 2 BetrVG (*BAG* 11.5.1973 EzA § 20 BetrVG 1972 Nr. 2).
- Geltendmachung von Freizeitausgleich durch ein Betriebsratsmitglied nach § 37 Abs. 3 BetrVG (*BAG* 21.5.1974 EzA § 37 BetrVG 1972 Nr. 24).
- Zahlung von Arbeitsentgelt für Zeiten der Teilnahme an einer Betriebsversammlung nach §§ 20 Abs. 3, 44 Abs. 1 BetrVG (*BAG* 1.10.1974 EzA § 44 BetrVG 1972 Nr. 3).
- Ansprüche der Arbeitnehmer nach den §§ 81 ff. BetrVG bzgl. Anhörungs-, Erörterungs- und Unterrichtungsrechte.
- Schadensersatzanspruch eines Betriebsratsmitgliedes wegen Benachteiligung bei einer Beförderung (*BAG* 31.10.1985 AP Nr. 5 zu § 46 BPersVG).
- Verweisungsbeschluss ergeht unter Ignorierung der ständigen höchstrichterlichen Rechtsprechung und h. M. in der Literatur, ohne weitere argumentative Auseinandersetzung (*BAG* 28.2.2006 EzA § 36 ZPO 2002 Nr. 4).
- Verweisungsbeschluss erging vor Rechtshängigkeit der Klage (*BAG* 9.2.2006 NZA 2006, 454 ff.).

**267** Im Mittelpunkt stehen in der Praxis Vergütungs- oder Zeugnisansprüche des Arbeitnehmers und Ansprüche des Arbeitgebers auf Arbeitsleistung oder Schadenersatzansprüche wegen Verletzung arbeitsvertraglicher Haupt- oder Nebenpflichten.

### d) Streitigkeiten über das Bestehen oder Nichtbestehen eines Arbeitsverhältnisses

**268** Unter die Zuständigkeitsnorm des § 2 Abs. 1 Nr. 3b ArbGG fallen der überwiegende Teil der bei den ArbG anhängigen Prozesse, nämlich die Kündigungsschutzverfahren. Daneben fallen hierunter Streitverfahren über die Frage der Wirksamkeit einer vereinbarten Befristung, einer erklärten Anfechtung des Arbeitsvertrages oder auch der Wirksamkeit oder der tatsächlichen Erklärung einer behaupteten Eigenkündigung des Arbeitnehmers, die Frage, ob zwischen Entleiher und Leiharbeitnehmer ein Arbeitsverhältnis nach § 10 AÜG zustande gekommen ist und ob zwischen Auszubildenden und Ausbilder ein Arbeitsverhältnis nach § 78a BetrVG bzw. § 9 BPersVG zustande gekommen ist, sowie auch Streitigkeiten über den Inhalt eines Arbeitsverhältnisses, z. B. Statusklagen von freien Mitarbeitern (*BAG* 22.6.1977 EzA § 611 BGB Abhängigkeit Nr. 24).

**269** Kann die erhobene Klage nur dann Erfolg haben, wenn der Kläger Arbeitnehmer ist (sic-non-Fall), reicht die bloße Rechtsansicht des Klägers, er sei Arbeitnehmer, zur Begründung der arbeitsgerichtlichen Zuständigkeit aus (*BAG* 24.4.1996 EzA § 2 ArbGG 1979 Nr. 31; 10.12.1996 NZA 1997, 674; zu den aut-aut und et-et-Fällen s. Rdn. 213; vgl. *Schliemann* FA 1998, 173 ff.).

Ein sic-non-Fall liegt dabei bereits dann vor, wenn der Antrag lautet: »... dass das Arbeitsverhältnis durch die Kündigung vom ... nicht beendet wird.« Auf die Wirksamkeit der Kündigung, auch zum ausgesprochenen Zeitpunkt, kommt es dabei nicht an. In dem Antrag ist der Streitgegenstand enthalten, dass das Vertragsverhältnis ein Arbeitsverhältnis ist. Der Klageerfolg hängt damit unabhängig von der Wirksamkeit der Kündigung auch von Tatsachen ab, die für die Bestimmung des Rechtswegs entscheidend sind. Konsequenz dieser Antragstellung ist es, dass die Klage bereits dann als unbegründet abzuweisen ist, wenn kein Arbeitsverhältnis vorliegt, ohne dass dabei über die Wirksamkeit der Kündigung des Vertragsverhältnisses an sich eine Entscheidung ergeht (*BAG* 19.12.2000 NZA 2001, 285).

Soll auch darüber eine Entscheidung ergehen, ist es sachdienlich, einen entsprechenden eigenständigen Antrag zu stellen, ggf. als Hilfsantrag. Bevor über diesen Antrag entschieden werden kann, ist auch diesbezüglich über die Zuständigkeit zu befinden. Sie kann sich aus § 5 Abs. 1 Nr. 2 ArbGG ergeben oder aus § 2 Abs. 3 ArbGG. Gegen Letzteres bestehen allerdings Bedenken wegen Erschleichung des Rechtswegs. Ist für den Hilfsantrag der Rechtsweg zu den Gerichten für Arbeitssachen nicht gegeben, ist das Verfahren insofern abzutrennen und an die ordentliche Gerichtsbarkeit zu verweisen (*BAG* 19.12.2000 NZA 2001, 285). 270

*e) Verhandlungen über und Nachwirkungen aus Arbeitsverträgen, § 2 Abs. 1 Nr. 3c ArbGG*

Hierunter fallen Schadensersatzansprüche im Rahmen von Vorverhandlungen über die Eingehung eines Arbeitsverhältnisses, insbes. Fragen des Ersatzes von Vorstellungskosten oder Ansprüche gem. § 611a BGB wegen Verstoßes gegen das Benachteiligungsverbot, Ansprüche auf Rückgabe eingesandter Bewerbungsunterlagen, auf Mitteilung von Ergebnissen durchgeführter Tests oder auf Löschung gespeicherter persönlicher Daten (*BAG* 6.6.1984 EzA Art. 2 GG Nr. 2). 271

Ansprüche auf Grund des Nachwirkens eines Arbeitsverhältnisses kommen in Betracht bei Verstößen gegen Wettbewerbsverbote, bei Ansprüchen auf Gewährung von Ruhegeldern (*BAG* 22.10.1990 NZA 1991, 935), auf Erteilung von Zeugnissen oder Auskünfte, bei der Geltendmachung von Schadensersatzansprüchen wegen falscher Auskünfte. Auf Arbeitgeberseite kommen Klagen auf Rückgabe von Arbeitsunterlagen oder Arbeitsgerät und auf Rückzahlung von Arbeitgeberdarlehen (s. Rdn. 279) oder Gratifikationen oder Ausbildungskosten bei vorzeitiger Lösung eines Arbeitsverhältnisses vor. 272

*f) Ansprüche aus unerlaubter Handlung, § 2 Abs. 1 Nr. 3d ArbGG*

**§ 2 Abs. 1 Nr. 3d ArbGG setzt voraus**, dass die behauptete unerlaubte Handlung mit dem Arbeitsverhältnis im Zusammenhang steht, d. h. eine Verletzung arbeitsvertraglicher Pflichten mit sich bringt oder zumindest durch das Arbeitsverhältnis die tatsächlichen Voraussetzungen für die Begehung der unerlaubten Handlung geschaffen wurden. 273

Der Begriff der unerlaubten Handlung ist dabei weit auszulegen und umfasst auch Tatbestände der reinen Gefährdungshaftung (GMPM-G/*Matthes*/ Schlewing § 2 Rn. 74). Der Tatbestand muss entweder zwischen den Arbeitsvertragsparteien verübt worden sein oder der Arbeitgeber muss in den Fällen der §§ 31, 831 BGB als gesetzlicher Vertreter oder für seinen Erfüllungsgehilfen in Anspruch genommen werden. 274

Der Die ArbG sind analog § 2 Abs. 1 Nr. 3d ArbGG zuständig, wenn ein Arbeitnehmer einer juristischen Person deren Geschäftsführer wegen unerlaubter Handlung verklagt (*BAG* 24.6.1996 EzA § 2 ArbGG 1979 Nr. 32). 275

Der Zeitpunkt der Tatbegehung ist unmaßgeblich. Er kann sowohl vor Beginn, während oder auch nach Beendigung des Arbeitsverhältnisses begangen worden sein (vgl. *OLG Frankf.* 15.8.1991 DB 1991, 2680). 276

*g) Streitigkeiten über Arbeitspapiere, § 2 Abs. 1 Nr. 3e ArbGG*

**Die ArbG sind zuständig für die Ansprüche auf Ausstellung und Herausgabe von Arbeitspapieren,** hingegen nicht auf ordnungsgemäße Ausfüllung und Berichtigung z. B. der Lohnsteuerkarten, des Sozialversicherungsnachweisheftes oder der Arbeitsbescheinigung nach § 312 SGB III. Insoweit sind die Finanz- bzw. Sozialgerichte zuständig (*BAG* 15.1.1992 EzA § 133 AFG Nr. 5; 30.8.2000 EzA § 2 ArbGG 1979 Nr. 51; 11.6.2003 EzA § 2 ArbGG 1979 Nr. 59), da es sich hierbei um Streitfragen öffentlich-rechtlicher Art handelt. 277

Unter Arbeitspapieren sind sämtliche Papiere zu verstehen, die der Arbeitgeber dem Arbeitnehmer zu erteilen hat, oder die er vom Arbeitnehmer zur Erfüllung steuer- oder sozialversicherungsrechtlicher Obliegenheiten überlassen bekommen hat, z. B. Lohnsteuerkarte, Versicherungskarte oder Versiche- 278 rungsnachweisheft, Arbeitsbescheinigungen nach § 312 SGB III, Entgeltbelege nach § 9 HAG, die Urlaubsbescheinigung nach § 6 BUrlG, Verdienstbescheinigungen, Zeugnisse etc.

*h) Ansprüche aus rechtlichem oder wirtschaftlichem Zusammenhang, § 2 Abs. 1 Nr. 4a ArbGG*

279 **§ 2 Abs. 1 Nr. 4a ArbGG erfasst Streitigkeiten** bürgerlich-rechtlicher Art zwischen Arbeitnehmern oder deren Hinterbliebenen und Arbeitgebern über Ansprüche, die mit dem Arbeitsverhältnis in rechtlichem oder unmittelbar wirtschaftlichem Zusammenhang stehen, z. B. Schadenersatzansprüche nach den §§ 844, 845 BGB, bestehende Ansprüche des Arbeitgebers auf Bezahlung von bezogenen Waren des Verblichenen, dem Recht des verbilligten Einkaufs, Rückzahlung von Arbeitgeberdarlehen (GK-ArbGG/*Schütz* § 2 Rn. 153), der Nutzung von betriebseigenen Parkplätzen oder Sporteinrichtungen (vgl. weitere Einzelfälle bei GMPM-G/*Matthes/Schlewing* § 2 Rn. 83 ff.). Ein rechtlicher Zusammenhang ist gegeben, wenn der Anspruch auf dem Arbeitsverhältnis beruht oder durch es bedingt ist, ein wirtschaftlicher, sofern er seine Grundlage im Austauschverhältnis Arbeitsleistung – Entgelt hat.

*i) Streitigkeiten mit Einrichtungen der Tarifvertragsparteien oder Sozialeinrichtungen, § 2 Abs. 1 Nr. 4b und 6 ArbGG*

280 Diese Vorschriften begründen die Zuständigkeit der ArbG für Streitigkeiten zwischen Arbeitnehmern oder ihren Hinterbliebenen und gemeinsamen Einrichtungen der Tarifvertragsparteien oder Sozialeinrichtungen des privaten Rechts, z. B. mit Lohnausgleichskassen oder Urlaubskassen des Baugewerbes, mit Zusatzversorgungs-, Unterstützungs- und Ausgleichskassen für Vorruhestandsleistungen nach § 8 VRG oder Leistungen nach dem Altersteilzeitgesetz, § 9 AltTzG. Klagen von Arbeitgebern gegen von ihnen selbst finanzierte Beschäftigungsgesellschaften fallen unter diese Zuständigkeitsnorm. Bei einer Beschäftigungs- und Qualifizierungsgesellschaft handelt es sich um eine Sozialeinrichtung i. S. d. § 2 Abs. 1 Nr. 4b ArbGG (*BAG* 23.8.2001 NZA 2002, 230). Sie sollen analog auch die Zuständigkeit für Klagen einer gemeinsamen Einrichtung der Tarifvertragsparteien gegen den Geschäftsführer einer GmbH auf Schadensersatz eröffnen (*LAG Bln.* 24.6.1999 FA 2000, 28).

*j) Streitigkeiten mit Insolvenzversicherungen, § 2 Abs. 1 Nr. 5 ArbGG*

281 **§ 2 Abs. 1 Nr. 5 ArbGG** erfasst Ansprüche von Arbeitnehmern oder ihren Hinterbliebenen auf Leistungen der Insolvenzversicherung nach den §§ 7 ff. BetrAVG, d. h. Versorgungsansprüche im Falle der Insolvenz des Arbeitgebers oder gleichgestellte Sachverhalte.

*k) Streitigkeiten nach dem Entwicklungshilfegesetz, § 2 Abs. 1 Nr. 7 ArbGG*

282 Bürgerlich-rechtliche Rechtsstreitigkeiten zwischen Entwicklungshelfern und Trägern des Entwicklungsdienstes nach dem Entwicklungshelfergesetz vom 18.6.1979 (BGBl. I S. 549) sind ebenfalls bei den ArbG auszutragen, § 19 Abs. 1 EhfG.

283 Für die öffentlich-rechtlichen Streitigkeiten gem. § 19 Abs. 2 EhfG ist der Rechtsweg zu den Sozialgerichten gegeben.

*l) Streitigkeiten anlässlich »freiwilligem sozialen Jahr«, § 2 Abs. 1 Nr. 8 ArbGG*

284 Streitigkeiten im oder auf Grund der Absolvierung eines freiwilligen sozialen oder ökologischen Jahres sind vor den ArbG auszutragen. Auch wenn die **Helfer keine Arbeitnehmer sind** (*BAG* 12.2.1992 EzA § 5 BetrVG 1972 Nr. 53), sieht sie der Gesetzgeber dennoch wie Arbeitnehmer als schutzwürdig an (vgl. Gesetz zur Förderung eines freiwilligen ökologischen Jahres vom 17.12.1993 BGBl. I S. 2118). Für ihre Tätigkeit finden die Arbeitsschutzbestimmungen und das BUrlG Anwendung.

## B. Zuständigkeit  Kapitel 14

*m) Streitigkeiten aus gemeinsamer Arbeit und unerlaubter Handlung, § 2 Abs. 1 Nr. 9 ArbGG*

Die ArbG sind ferner zuständig für bürgerliche Rechtsstreitigkeiten zwischen Arbeitnehmern aus gemeinsamer Arbeit und aus unerlaubten Handlungen, soweit diese mit dem Arbeitsverhältnis im Zusammenhang stehen. Hier geht es insbes. um Streitigkeiten von Mitgliedern einer Arbeitsgruppe, z. B. über die Verteilung gemeinsamen Lohnes oder darüber, wie Schadenersatzansprüche untereinander aufgeteilt werden sollen oder wie bei Fahrgemeinschaften abzurechnen ist. Die notwendige Verknüpfung zwischen unerlaubter Handlung und dem Arbeitsverhältnis besteht dann, wenn es zur unerlaubten Handlung nicht gekommen wäre, hätte kein gemeinsames Arbeitsverhältnis bestanden (*BAG* 11.7.1995 EzA § 2 ArbGG 1979 Nr. 30). 285

Auch hier ist der Begriff der unerlaubten Handlung weit auszulegen. Ein schuldhaftes Handeln ist nicht erforderlich, sodass auch Ansprüche aus Gefährdungshaftung erfasst sind. 286

*n) Streitigkeiten in Behindertenwerkstätten, § 2 Abs. 1 Nr. 10 ArbGG*

Die wenig praxisrelevante Vorschrift wurde durch Änderungsgesetz vom 23.7.1996 (BGBl. I S. 1088) in das ArbGG eingeführt (vgl. Einzelheiten GK-ArbGG/*Schütz* § 2 Rn. 186 f.). 287

*o) Zuständigkeit bei Erfinder- und Urheberstreitigkeiten, § 2 Abs. 2 ArbGG*

Bürgerliche Rechtsstreitigkeiten zwischen Arbeitnehmern und Arbeitgebern, bei denen es **ausschließlich** um Ansprüche auf Leistungen aus einer festgestellten oder festgesetzten Vergütung für eine Arbeitnehmererfindung oder für einen technischen Verbesserungsvorschlag nach § 20 Abs. 1 ArbNErfG geht oder die als Urheberrechtsstreitigkeiten aus Arbeitsverhältnissen **ausschließlich** Ansprüche auf Leistung einer vereinbarten Vergütung zum Gegenstand haben, sind vor den ArbG auszutragen, § 2 Abs. 2 ArbGG. Soweit die Streitigkeit über die Erfindung des Arbeitnehmers selbst geht, ist gem. § 39 Abs. 1 ArbNErfG i. V. m. § 143 PatentG der Streit vor den Landgerichten auszutragen (*BAG* 21.8.1996 § 73 ArbGG 1979 Nr. 2; 9.7.1997 EzA § 2 ArbGG 1979 Nr. 39; zum Verfahren und dem vorgeschalteten Schiedsverfahren nach § 28 ArbNErfG vgl. MünchArbR/*Sack* § 99 Rn. 149 ff.). 288

»Ausschließlich« um Ansprüche auf Leistungen einer festgesetzten oder vereinbarten Vergütung geht es auch noch, wenn auf Auskunfts- und Rechnungslegung geklagt wird, um Vergütungsansprüche geltend zu machen (*Kissel* § 13 Rn. 167). 289

Soweit gleichzeitig mit dem Vergütungsanspruch andere Ansprüche aus dem Rechtsverhältnis geltend gemacht werden, ist der Rechtsstreit gem. § 17a GVG an das Landgericht zu verweisen. Soweit zunächst Vergütungsansprüche, später weitere Ansprüche geltend gemacht werden, wird hingegen die einmal begründete Zuständigkeit beim ArbG gem. § 261 Abs. 3 Nr. 2 ZPO nicht berührt. Lediglich die später geltend gemachten Ansprüche sind nach § 145 ZPO abzutrennen und gem. § 17a Abs. 2 GVG zu verweisen. 290

**§ 2 Abs. 2 ArbGG begründet, anders als § 2 Abs. 1 ArbGG, keine ausschließliche Zuständigkeit der ArbG.** Die Parteien können daher diese Rechtsstreitigkeiten auch z. B. kraft Gerichtsstandsvereinbarung vor die ordentlichen Gerichte bringen und damit die Zuständigkeit der ArbG ausschließen. Ausgenommen hiervon sind die Ansprüche aus einem technischen Verbesserungsvorschlag (GMPM-G/*Matthes/Schlewing* § 2 Rn. 111). 291

*p) Zusammenhangsklagen, § 2 Abs. 3 ArbGG*

**§ 2 Abs. 3 ArbGG begründet eine fakultative Zuständigkeit der ArbG.** Auch nicht unter § 2 Abs. 1, 2 ArbGG fallende Rechtsstreitigkeiten können vor die ArbG gebracht werden, wenn der Anspruch mit einer bei einem ArbG anhängigen oder gleichzeitig anhängig werdenden bürgerlichen Rechtsstreitigkeit der in den Abs. 1 und 2 bezeichneten Art **in rechtlichem oder unmittelbar wirtschaftlichem Zusammenhang steht und für seine Geltendmachung nicht die ausschließliche Zuständigkeit eines anderen Gerichts gegeben ist** (*BAG* 23.8.2001 NZA 2001, 1158). 292

293  Die umgekehrte Möglichkeit, arbeitsrechtliche Streitigkeiten im Zusammenhang mit einer bürgerlichen Rechtsstreitigkeit vor den ordentlichen Gerichten zu verhandeln, besteht nicht.

294  Ein **unmittelbarer wirtschaftlicher Zusammenhang** besteht dann, wenn die arbeitsrechtliche Streitigkeit und die Streitigkeit der Zusammenhangsklage aus einem einheitlichen Lebenssachverhalt entspringen und nicht nur rein zufällig in Verbindung zueinander stehen.

295 ▶ Beispiele:
- Bürgschaftsklagen bei Klage gegen Schuldner und Bürge.
- Klage auf Schadenersatz aus unerlaubter Handlung gegen einen Mittäter, auch wenn dieser nicht Arbeitnehmer oder Arbeitgeber ist.
- Klagen des Lohnpfändungsgläubigers gegen den Drittschuldner auf Erfüllung der gepfändeten Lohnforderung und auf Schadenersatz nach § 840 Abs. 2 ZPO (*BAG* 23.9.1960 AP Nr. 3 zu § 61 ArbGG 1953 Kosten).

296  Ein **rechtlicher Zusammenhang** besteht, wenn die Ansprüche der Haupt- und der Zusammenhangsklage aus demselben Tatbestand abgeleitet werden.

297 ▶ Beispiel:
- Ansprüche aus einer Hauptverbindlichkeit gegen den Arbeitgeber und aus einer Sicherheitsverbindlichkeit gegen die ihn stützende Bank (*Schaub* ArbGVerf § 10 Rn. 113).

298  Voraussetzung ist, dass die Hauptklage in die Zuständigkeit der Arbeitsgerichtsbarkeit gehört (*BAG* 11.6.2003 EzA § 2 ArbGG 1979 Nr. 60). Unwesentlich ist, ob diese zuerst, gleichzeitig oder nach der Zusammenhangsklage erhoben wird. Die ggf. zunächst fehlende Zuständigkeit für die Zusammenhangsklage wird durch späteres Anbringen der Hauptklage geheilt (*Kissel* § 13 Rn. 169). Fällt die Hauptklage später wieder weg, verbleibt es bezüglich der Zusammenhangsklage bei der einmal begründeten Zuständigkeit der Arbeitsgerichtsbarkeit, § 261 Abs. 3 Nr. 2 ZPO. Ob dies auch bei einer Klagerücknahme gilt, ist streitig (so Schwab/Weth-*Walter* § 2 Rn. 185; a. A. *BAG* 29.11.2006 EzA § 2 ArbGG 1979 Nr. 66). Die Hauptklage muss allerdings zumindest einmal zulässig gewesen sein. Hierbei ist es nicht ausreichend, wenn die Hauptklage nur deswegen zulässig ist, weil ein sic-non-Fall vorliegt (*BAG* 11.6.2003 EzA § 2 ArbGG 1979 Nr. 60; a. A. *LAG Hessen* 20.1.2000 NZA 2000, 1304; *LAG München* 28.2.1998 LAGE § 2 ArbGG 1979 Nr. 28).

299  Haupt- und Zusammenhangsklage müssen zwar nicht das gleiche Begehren haben, jedoch in der gleichen Verfahrensart erhoben sein. Nur dann ist eine einheitliche Entscheidung über den gleichen Lebenssachverhalt, der sowohl der Haupt- als auch der Zusammenhangsklage zugrunde liegt, möglich. Die Parteien der Zusammenhangsklage müssen nicht die gleichen sein, wie die Parteien der Hauptklage. **Allerdings muss eine Partei der Hauptklage auch Partei der Zusammenhangsklage sein.**

300  Eine Zuständigkeit besteht dann nicht, wenn die ausschließliche Zuständigkeit eines anderen Gerichts für die Zusammenhangsklage gegeben ist (*BAG* 28.8.2001 NZA 2001, 1158).

301 ▶ Beispiele:
Keine Zusammenhangsklage bei Rechtsstreitigkeiten:
- über Mietverhältnisse, § 29a ZPO, sofern es sich um Werkmietwohnungen handelt, sofern der Arbeitnehmer sie ganz oder überwiegend mit eigenen Einrichtungsgegenstände möbliert hat oder
- in ihr mit eigener Familie einen eigenen Hausstand führt, § 576 BGB;
- bei dinglichen Streitigkeiten, § 24 ZPO;
- bei Erfinderrechtsstreitigkeiten, § 39 Abs. 1 ArbNErfG, § 104 UrheberrechtsG.

302  Besteht Streit zwischen den Parteien über die Zulässigkeit der Erhebung einer Zusammenhangsklage, *ist entsprechend den* §§ 17aff. GVG vorab zu verhandeln und zu entscheiden (s. Rdn. 208 ff.).

B. Zuständigkeit  Kapitel 14

*q) Streitigkeiten mit Organmitgliedern, § 2 Abs. 4 ArbGG*

Gem. § 2 Abs. 4 ArbGG können auch bürgerliche Rechtsstreitigkeiten zwischen juristischen Personen des Privatrechts und Personen, die kraft Gesetzes allein oder als Mitglieder des Vertretungsorgans der juristischen Person zu deren Vertretung befugt sind, vor die Gerichte für Arbeitssachen gebracht werden, **wenn eine entsprechende Gerichtsstandsvereinbarung vorliegt.** 303

Sinn und Zweck dieser Vorschrift ist es, diesem Personenkreis, der gem. § 5 Abs. 1 S. 3 ArbGG nicht als Arbeitnehmer i. S. d. ArbGG anzusehen ist, zu ermöglichen, ihre Streitigkeiten aus ihren Anstellungsverhältnissen vor die ArbG bringen zu können. 304

§ 2 Abs. 4 ArbGG stellt gegenüber § 38 ZPO eine verdrängende Sonderregelung dar, sodass dessen Voraussetzungen nicht gegeben sein müssen. **Die Zuständigkeit des ArbG kann daher auch mündlich vereinbart oder – zumindest nach richterlichem Hinweis gem. § 504 ZPO – durch rügelose Einlassung begründet werden** (Letzteres ist str. GK-ArbGG/Schütz § 2 Rn. 221 f.). 305

Unabhängig von § 2 Abs. 4 ArbGG können Organvertreter, die vor Bestellung zum Organ bereits Arbeitnehmer der juristischen Person waren, Rechtsstreitigkeiten vor den ArbG gem. § 2 Abs. 1 Nr. 3 ArbGG austragen, nachdem ihre Organstellung etwa durch Abruf oder Widerruf geendet hat. Im Zweifel ist anzunehmen, dass das zugrunde liegende Arbeitsverhältnis nur geruht hat und wieder auflebt (*BAG* 9.5.1985 EzA § 5 ArbGG 1979 Nr. 3; vgl. auch *BAG* 21.2.1994 EzA § 2 ArbGG Nr. 28). Etwas anderes kann gelten, wenn ein neuer Dienstvertrag mit verbesserten Arbeitsbedingungen abgeschlossen wurde. In diesem Fall geht das *BAG* (vgl. 28.9.1995 EzA § 5 ArbGG 1979 Nr. 12; 18.12.1996 EzA § 2 ArbGG 1979 Nr. 35) davon aus, dass das Arbeitsverhältnis beendet wurde. 306

Im Falle der rügelosen Einlassung wird eine Zuständigkeit nur dann begründet, wenn das ArbG hierauf gem. § 504 ZPO hingewiesen hat. 307

## 2. Sachliche Zuständigkeit im Beschlussverfahren

In den in § 2a Abs. 1 ArbGG genannten Fällen ist das ArbG ausschließlich zuständig, wobei gem. § 2a Abs. 2 ArbGG das Beschlussverfahren Anwendung findet. 308

§ 2a ArbGG setzt nicht das Vorliegen einer bürgerlichen Rechtsstreitigkeit voraus. 309

*a) Angelegenheiten aus dem Betriebsverfassungsgesetz, § 2a Abs. 1 Nr. 1 ArbGG*

**§ 2a Abs. 1 Nr. 1 ArbGG** begründet eine umfassende Zuständigkeit der ArbG für alle Streitigkeiten aus dem BetrVG, soweit nicht nach den Straf- und Ordnungsvorschriften der §§ 119 bis 121 BetrVG die Zuständigkeit der ordentlichen Gerichte gegeben ist (GK-ArbGG/*Dörner* § 2a Rn. 11). Auch Unterlassungsklagen von Gewerkschaften gegen die Durchführung tarifwidriger Vereinbarungen zwischen den Betriebspartnern sind im Beschlussverfahren geltend zu machen (*BAG* 13.3.2001 EzA § 17a GVG Nr. 13). 310

Über den Wortlaut des § 2a Abs. 1 Nr. 1 ArbGG hinaus, in dem nur von »Angelegenheiten aus dem BetrVG« die Rede ist, werden von der Rechtsprechung auch sonstige betriebsverfassungsrechtliche Streitigkeiten auf Grund von Vorschriften in anderen Gesetzen mit betriebsverfassungsrechtlichem Inhalt unter diese Zuständigkeitsnorm subsumiert, z. B. Streitigkeiten gem. § 17 Abs. 2 KSchG, § 9 ASiG, § 21a JArbSchG, § 14 AÜG. Als Angelegenheiten aus dem BetrVG sind danach auch Streitigkeiten aus einer durch Tarifvertrag geregelten Betriebsverfassung gem. §§ 3 Abs. 1 und 117 Abs. 2 BetrVG anzusehen (*BAG* 5.11.1985 EzA § 117 BetrVG 1972 Nr. 2). 311

Individualansprüche von Arbeitnehmern oder Organmitgliedern der Betriebsverfassung, deren Anspruchsgrundlage sich in den Individualarbeitsverträgen befindet und die nur durch betriebsverfassungsrechtliche Normen im Umfang oder Art ausgeformt worden sind, sind hingegen nicht in Beschlussverfahren, sondern im Urteilsverfahren geltend zu machen (s. Rdn. 265 f.). 312

313 Neben § 2a Abs. 1 Nr. 1 ArbGG ergibt sich eine Zuständigkeit der ArbG für die Entscheidung materiellen Betriebsverfassungsrechts aus der **Ziff. 9 des Unterzeichnungsprotokolls zu Art. 56 Abs. 9 ZA-NTS.** Danach sind die deutschen Gerichte für Arbeitssachen im Beschlussverfahren für Streitigkeiten der Betriebsvertretungen der bei den Stationierungsstreitkräften beschäftigten zivilen Arbeitskräfte mit ihren Dienststellen zuständig, auch wenn für diese über Art. 56 Abs. 9 ZA-NTS mit einigen Abweichungen das deutsche BPersVG anstatt des BetrVG Anwendung findet.

### b) Angelegenheiten aus dem SprAuG, § 2a Abs. 1 Nr. 2 ArbGG

314 Nach § 2a Abs. 1 Nr. 2 ArbGG werden alle Angelegenheiten aus dem SprAuG den ArbG zugewiesen, es sei denn, es handelt sich um Streitigkeiten in Bußgeld oder Strafsachen nach den §§ 35, 36 SprAuG. Die Vorschrift entspricht inhaltlich der des § 2a Abs. 1 Nr. 1 ArbGG.

315 Ist streitig, ob ein Arbeitnehmer leitender Angestellter i. S. d. § 5 Abs. 3 BetrVG ist, handelt es sich um eine Frage aus dem BetrVG, sodass sich die Zuständigkeit aus § 2a Abs. 1 Nr. 1 ArbGG und nicht aus § 2a Abs. 1 Nr. 2 ArbGG ergibt (*BAG* 5.3.1974 EzA § 5 BetrVG 1972 Nr. 7).

### c) Mitbestimmungsangelegenheiten, § 2a Abs. 1 Nr. 3 ArbGG

316 Nach § 2a Abs. 1 Nr. 3 ArbGG sind die ArbG für Streitigkeiten aus den Gesetzen, in denen Mitbestimmungsrechte der Arbeitnehmerschaft gegenüber den Arbeitgebern geregelt sind, zuständig, soweit es um die Wahl von Vertretern der Arbeitnehmer in den Aufsichtsrat und ihre Abberufung geht, mit Ausnahme der Abberufung nach § 103 Abs. 3 des AktienG. **Die Zuständigkeit bezieht sich auf die Bestimmungen des MitbestG, des MitbestErgG und des DrittelbG, jedoch nicht auf die des Montan-MitbestG.** Für Streitigkeiten anlässlich der Wahl der Arbeitnehmervertreter im Aufsichtsrat nach dem Montan-MitbestG, nach dem die Arbeitnehmervertreter von der Hauptversammlung der Anteilseigner gewählt werden, sind die ordentlichen Gerichte zuständig.

317 Materiell geht es in diesen Streitigkeiten um Fragen der Anfechtung und Nichtigkeit der Wahl gem. §§ 21, 22 MitbestG, §§ 10, 10k MitbestErgG sowie § 11 DrittelbG. Daneben sind Streitigkeiten, die sich anlässlich der Wahl von Arbeitnehmervertretern ergeben, ebenfalls von den ArbG zu entscheiden (GMPM-G/*Matthes* § 2a Rn. 67, 68).

318 Für Streitigkeiten aus dem Abberufungsverfahren sind die ArbG insofern zuständig, als sie darüber zu befinden haben, ob das Abberufungsverfahren ordnungsgemäß durchgeführt worden ist und ob die Voraussetzungen für ein solches Verfahren vorliegen, nicht jedoch ob ein Abberufungsgrund gegeben ist, § 12 DrittelbG, § 23 MitbestG, § 10m MitbestErgG.

319 Nicht von § 2a Abs. 1 Nr. 3 ArbGG erfasst sind Streitigkeiten über das Erlöschen eines Aufsichtsratsamtes nach § 24 Abs. 1 MitbestG und § 10n MitbestErgG, da es sich nicht um eine Frage der Wahl oder Abberufung handelt.

### d) Angelegenheiten aus den §§ 94, 95, 139 SGB IX, § 2a Abs. 1 Nr. 3a ArbGG

320 Streitigkeiten bzgl. der Wahl, der Amtszeit und der Aufgaben der Schwerbehindertenvertretung sind nun auch kraft gesetzlicher Bestimmung den ArbG zugewiesen. Bereits vor Inkrafttreten dieser Bestimmung am 1.7.2001 nahm das BAG eine Zuständigkeit für diese Angelegenheiten nach § 2a Abs. 1 Nr. 1 ArbGG an (*BAG* 21.9.1989 EzA § 14 SchwbG Nr. 2).

321 Daneben enthält § 2a Abs. 1 Nr. 3a ArbGG eine Zuständigkeitsregelung zugunsten der Arbeitsgerichte bzgl. Angelegenheiten und Streitigkeiten des Werkstattrates, § 139 SGB IX (vgl. Einzelheiten GK-ArbGG/*Dörner* § 2a Rn. 75). Eine Zuständigkeit der Arbeitsgerichte im Beschlussverfahren ergibt sich nach Ansicht des *LAG Nürnberg* (2.10.2009 LAGE § 96 SGB IX Nr. 1) auch bei Streitigkeiten über die Teilnahme an Schulungsveranstaltungen nach § 96 SGB IX, sofern die Vertrauensperson der schwerbehinderten Menschen ein Arbeitnehmer/in ist.

## B. Zuständigkeit

### e) Angelegenheiten aus dem Gesetz über Europäische Betriebsräte, § 2 Abs. 1 Nr. 3b ArbGG

Die Zuständigkeit besteht nur, sofern die §§ 43–45 dieses Gesetzes keine anderen Gerichte für zuständig erklären (Einzelheiten vgl. GK-ArbGG/*Dörner* § 2a Rn. 76). 322

### f) Entscheidung über die Tariffähigkeit und Tarifzuständigkeit

Nach § 2a Abs. 1 Nr. 4 ArbGG haben die ArbG über Streitigkeiten hinsichtlich der Tariffähigkeit und der Tarifzuständigkeit einer Vereinigung zu befinden. 323

Unter **Tariffähigkeit** versteht man die Fähigkeit, Partei eines Tarifvertrages zu sein. Hierfür kommen gem. § 2 Abs. 1 TVG der einzelne Arbeitgeber, Gewerkschaften sowie Vereinigungen von Arbeitgebern in Frage. Obwohl nicht vom Wortlaut der Vorschrift umfasst, der von »Vereinigungen« ausgeht, soll auch der Streit um die Tariffähigkeit eines einzelnen Arbeitgebers gem. § 2a Abs. 1 Nr. 4 ArbGG im Beschlussverfahren entschieden werden (*Schaub* ArbGVerf Rn. 101). 324

**Tarifzuständigkeit** ist die Fähigkeit einer tariffähigen Vereinigung, Tarifverträge mit einem bestimmten Geltungsbereich abschließen zu können (*Wiedemann/Oetker* § 2 Rn. 56 ff.). 325

Die Fragen der Tariffähigkeit und Tarifzuständigkeit können nicht inzident als Vorfrage in einem anderen Prozess geklärt werden. Kommt es auf eine solche Streitfrage in einem anderen anhängigen Verfahren an, ist das Verfahren auszusetzen, bis hierüber in dem vor dem ArbG durchzuführenden Beschlussverfahren gem. § 97 ArbGG eine Entscheidung ergangen ist (*BAG* 28.1.2008 EzA § 97 ArbGG 1979 Nr. 9). 326

### 3. Sachliche Zuständigkeit in sonstigen Fällen, § 3 ArbGG

Die gem. §§ 2 und 2a ArbGG begründete Zuständigkeit besteht auch dann, wenn ein Rechtsstreit durch einen Rechtsnachfolger oder durch eine Person geführt wird, die kraft Gesetzes oder kraft Vereinbarung anstelle des sachlich Berechtigten oder Verpflichteten hierzu befugt ist. Gleichgültig ist, auf welcher Seite des Rechtsstreits ein Rechtsnachfolger oder eine sonstwie zur Prozessführung befugte Person auftritt. Es können z. B. auch auf beiden Seiten des Rechtsstreits Rechtsnachfolger den Rechtsstreit führen. 327

Der Begriff »Rechtsnachfolge« ist dabei im weitesten Sinne zu verstehen. Er erfasst auch die Sachverhalte, in denen ein Dritter auf Grund seiner gesellschaftsrechtlichen Stellung als Inhaber in Anspruch genommen wird (*BAG* 13.6.1997 EzA § 3 ArbGG 1979 Nr. 1; 15.3.2000 EzA § 3 ArbGG 1979 Nr. 2 hinsichtlich der Inanspruchnahme einer Konzernobergesellschaft). 328

▶ **Beispiel:** 329
  – Ein Arbeitnehmer nimmt die Gesellschafter seiner Arbeitgeberin, einer GmbH, im Wege des Durchgriffs in Anspruch (*BAG* 13.6.1997 EzA § 3 ArbGG 1979 Nr. 1).

§ 3 ArbGG knüpft an eine Rechtsnachfolge oder einen Übergang der Verfügungsgewalt vor Einleitung des Streitverfahrens an. **Eine erst im Laufe eines bereits anhängigen Rechtsstreits eintretende Rechtsnachfolge oder Prozessführungsbefugnis berührt die einmal gegebene Zuständigkeit des ArbG nach den §§ 2 und 2a ArbGG nicht mehr, § 261 Abs. 3 Nr. 2 ZPO.** Für Unterbrechungen und Fortsetzungen des Verfahrens gelten die §§ 239 ff. ZPO. § 3 ArbGG begründet wie die §§ 2, 2a ArbGG eine ausschließliche, einer Parteivereinbarung entzogene Zuständigkeit der ArbG. 330

Unter Rechtsnachfolge ist sowohl die Universal- als auch eine Singularsukzession kraft Gesetzes zu verstehen (*BAG* 7.10.1981 EzA § 48 ArbGG Nr. 1), als auch die Rechtsnachfolge kraft Rechtsgeschäft. Auch im Fall der Durchgriffshaftung (*BAG* 11.11.1989 EzA § 2 ArbGG 1979 Nr. 10) und im Fall der Inanspruchnahme der Konzernobergesellschaft wendet das BAG § 3 ArbGG an (*BAG* 15.3.2000 EzA § 3 ArbGG 1979 Nr. 2). 331

332 ▶ **Beispiele für gesetzliche Universalsukzession:**
- Erbfall, § 1922 BGB;
- Verschmelzung von Kapitalgesellschaften, §§ 339 ff. AktG;
- Umwandlung einer Kapitalgesellschaft in eine Personengesellschaft, § 1 UmwG.
- Klage gegen den Insolvenzverwalter persönlich nach § 61 InsO (*BAG* 9.7.2003 EzA § 2 ArbGG 1979 Nr. 5).
- Gläubiger des Arbeitnehmers nach Pfändung von Arbeitslohn, auch bei Pfändung von verschleiertem Arbeitseinkommen nach § 850h ZPO (vgl. Schwab/Weth-*Walker* § 3 Rn. 10).

333 ▶ **Beispiele für gesetzliche Singularsukzession:**
- Gesetzlicher Forderungsübergang gem. § 426 Abs. 2 BGB, § 774 BGB, § 6 EFZG, § 187 SGB III oder § 115 SGB X (*BAG* 12.6.1997 EzA § 2 ArbGG 1979 Nr. 38).

334 ▶ **Beispiele für rechtsgeschäftliche Rechtsnachfolge:**
- Abtretung von Forderungen, §§ 398 ff. BGB;
- Eintritt eines Gesellschafters in das Geschäft eines Einzelhandelskaufmanns, §§ 25, 28 HGB;
- Schuldübernahme oder Schuldbeitritt, §§ 414 ff. BGB.
- Klage gegen vollmachtlosen Vertreter (§ 179 BGB) auf die Erfüllung von Ansprüchen aus dem Arbeitsverhältnis oder auf Schadenersatz (*BAG* 7.4.2003 EzA § 3 ArbGG 1979 Nr. 4).

335 ▶ **Beispiele für gesetzliche Prozessführungsbefugnis:**
- Verfügungsrecht des Insolvenzverwalters gem. § 80 InsO,
- des Testamentsvollstreckers, §§ 2212 f. BGB,
- der BRD für die NATO-Stationierungsstreitkräfte, Art. 56 Abs. 8 des ZA-NTS.

### 4. Entscheidung über die sachliche Zuständigkeit

336 Für das Vorabentscheidungsverfahren gelten die unter Rdn. 208 ff. gemachten Ausführungen entsprechend. Bei fehlender sachlicher Zuständigkeit ist die Klage nicht als unzulässig abzuweisen, sondern gem. den § 48 ArbGG i. V. m. §§ 17 ff. GVG an das zuständige Gericht zu verweisen.

## IV. Örtliche Zuständigkeit

### 1. Urteilsverfahren

337 Für das Urteilsverfahren enthält das ArbGG keine eigenständigen Regelungen, mit Ausnahme des § 48 Abs. 1a ArbGG. Über § 46 Abs. 2 ArbGG finden die §§ 12 ff. ZPO entsprechende Anwendung.

#### a) Allgemeiner Gerichtsstand

338 Der allgemeine Gerichtsstand natürlicher Personen bestimmt sich gem. § 13 ZPO, §§ 7 ff. BGB nach ihrem Wohnsitz. Dies gilt auch für Parteien kraft Amtes, z. B. den Insolvenzverwalter. Für exterritoriale Deutsche bestimmt sich der allgemeine Gerichtsstand nach § 15 ZPO und für wohnsitzlose Personen ist der Gerichtsstand ihres Aufenthaltsortes gem. § 16 ZPO einschlägig.

339 Der allgemeine Gerichtsstand juristischer Personen des privaten und öffentlichen Rechts wird durch ihren Sitz bestimmt, § 17 ZPO. Sofern sich aus den Umständen des Einzelfalls nichts anderes ergibt, ist dies der Sitz an dem Ort, von dem aus die Verwaltung geführt wird. § 17 ZPO ist entsprechend auf parteifähige Prozesssubjekte anzuwenden, die nicht den juristischen Personen zuzurechnen sind, z. B. die OHG oder KG oder die in § 10 ArbGG genannten Gewerkschaften und Arbeitgebervereinigungen.

340 Der allgemeine Gerichtsstand des Fiskus bestimmt sich gem. § 18 ZPO nach dem Sitz der Behörde, die ihn in einem Rechtsstreit vertritt.

## B. Zuständigkeit    Kapitel 14

### b) Gerichtsstand des Erfüllungsortes

Im Arbeitsgerichtverfahren kommt dem Gerichtsstand des Erfüllungsortes nach § 29 Abs. 1 ZPO, 341
d. h. an dem die streitige Verpflichtung aus dem Arbeitsvertrag zu erfüllen ist, eine besondere Bedeutung zu. § 29 Abs. 1 ZPO gilt auch für Rechtsstreitigkeiten aus einem vertragsähnlichen Vertrauensverhältnis oder auf Grund Nachwirkens eines Vertragsverhältnisses. Wo eine streitige Verpflichtung zu erfüllen ist, richtet sich nach materiellem Recht, §§ 269, 270 BGB.

Streitig ist, ob die Arbeitsvertragsparteien gem. § 269 BGB hinsichtlich der Erfüllungspflichten aus 342
dem Arbeitsvertrag materiell-rechtlich frei einen Erfüllungsort vereinbaren können, der über § 29 Abs. 1 ZPO dann prozessrechtliche Zuständigkeiten begründet, wenn es sich bei den Arbeitsvertragsparteien nicht um Vollkaufleute, juristische Personen des öffentlichen Rechts oder öffentlich-rechtliches Sondervermögen handelt, sodass § 38 Abs. 1 ZPO grds. eine Gerichtsstandsvereinbarung nicht zulassen würde (bejahend *Schaub* ArbGVerf § 9 Rn. 14; a. A. GMPM-G/*Germelmann* § 48 Rn. 41). *Germelmann* ist darin zuzustimmen, dass willkürliche materiell-rechtliche Erfüllungsortvereinbarungen die prozessuale Zuständigkeitsbestimmung des § 29 Abs. 1, Abs. 2 ZPO nicht missbrauchen dürfen. **Materiell-rechtliche Erfüllungsortvereinbarungen sind daher nur dann gem. § 29 Abs. 1 ZPO auch prozessual zuständigkeitsbegründend, wenn sie sich an den tatsächlichen Leistungserbringungsorten nach den konkreten Umständen des Arbeitsverhältnisses orientieren.**

Fehlt es an einer materiell-rechtlichen Vereinbarung, bestimmt sich der Erfüllungsort gem. § 29 343
Abs. 1 ZPO nach den Umständen und der Natur des Arbeitsverhältnisses. Dabei ist vom Grundsatz her für jede Vertragsleistung der Erfüllungsort gesondert zu bestimmen, z. B. kann der Ort der Beschäftigungspflicht vom Ort der Lohnzahlungspflicht differieren.

I. d. R. werden die Arbeitsvertragsparteien allerdings einen einheitlichen Erfüllungsort für alle gegen- 344
seitigen Ansprüche **aus dem Dauerschuldverhältnis »Arbeitsverhältnis«** gewollt haben. **Er liegt am Sitz des Betriebes**, sofern der Arbeitnehmer dort ständig beschäftigt wird (*BAG* 3.12.1985 EzA § 269 ZPO Nr. 1). Ansonsten kommt es auf den Schwerpunkt des Arbeitsverhältnisses an. Dies gilt insbes. in den Fällen, in denen Arbeitnehmer an verschiedenen Orten beschäftigt werden, wie z. B. Außendienstmitarbeiter oder Montagearbeiter. Entscheidungserhebliche Momente sind dabei, wo der Arbeitsvertrag geschlossen wurde, von wo Einsätze gesteuert und Weisungen gegeben werden, von wo aus Berichtspflichten bestehen und wo Zahlungsverpflichtungen erfüllt werden (*LAG RhPf* 29.11.1984 NZA 1985, 540).

Am Gerichtsstand des Erfüllungsortes können dann alle Streitigkeiten aus dem Vertragsverhältnis 345
gerichtlich ausgetragen werden, seien es Erfüllungsklagen, Bestandsstreitigkeiten oder Feststellungsklagen hinsichtlich der Aufhebung, Umgestaltung oder Inhaltsänderung des Vertragsverhältnisses. **Der Gerichtsstand des Erfüllungsortes bleibt auch nach Beendigung des Arbeitsverhältnisses für Streitigkeiten wegen rückständiger Verpflichtungen maßgeblich** (GMPM-G/*Germelmann* § 48 Rn. 43), auch wenn dem in der gerichtlichen Praxis nicht immer Rechnung getragen wird.

> Heftig umstritten ist, wo der Erfüllungsort von Arbeitsverhältnissen bei Arbeitnehmern im Au- 346
> ßendienst und bei Reisetätigkeit ist, die ihre Tätigkeit von zu Hause aus antreten. In der gerichtlichen Praxis wird teilweise vom Wohnsitz des Arbeitnehmers als Erfüllungsort ausgegangen (*BAG* 12.6.1986 EzA § 269 BGB Nr. 2; *LAG Brem.* 3.9.2003 LAGE § 36 ZPO Nr. 4), zunehmend ein einheitlicher Erfüllungsort i. S. d. § 29 ZPO überhaupt abgelehnt (*ArbG Elmshorn* 13.2.2002 – 4 Ca 2624e/01; *ArbG Kaiserslautern* 4.12.1997 – 7 Ca 2541/97; *ArbG Mannheim* 20.3.1997 – 2 Ca 11/97; *ArbG Karlsruhe* 5.12.1995 – 2 Ca 505/95; *ArbG Krefeld* 11.7.1997 – 5 Ca 168/97; *ArbG Regensburg* 16.3.1994 NZA 1995, 96; *ArbG Bamberg* 8.11.1994 NZA 1995, 864; vgl. zum Meinungsstand *Ostrop/Zumkeller* NZA 1994, 644; *dies.* NZA 1995, 16; *Schulz* NZA 1995, 14 f.). Mit der Neuregelung in § 48 Abs. 1a ArbGG dürfte sich dieser Meinungsstreit erübrigen (s. Rdn. 351).

*c) Gerichtsstand der Niederlassung*

347 § 21 ZPO begründet einen besonderen Gerichtsstand der Niederlassung im Gerichtsbezirk des ArbG der Niederlassung nur dann, wenn dort auch Arbeitsverträge abgeschlossen werden (*Schaub* ArbGVerf § 9 Rn. 10). Der Gerichtsstand setzt voraus, dass die Niederlassung die eines Erwerbsunternehmers ist, von gewisser Dauer angelegt ist, einen gewissen sächlichen Bestand aufweist, unter einer selbstständigen Leitung besteht, dass selbstständig Arbeitsverträge abgeschlossen werden dürfen und die Klage einen Bezug zum Geschäftsbetrieb der Niederlassung hat. Strittig ist, ob darüber hinaus auch der Arbeitsvertrag des konkret klagenden Arbeitnehmers in der Niederlassung abgeschlossen worden sein muss. Ausreichend ist dabei, dass die materielle Entscheidung in der Niederlassung getroffen wird, auch wenn ggf. der formale Akt einer Arbeitsvertragsunterzeichnung in der Hauptniederlassung erfolgt (*ArbG Kaiserslautern* 12.8.1999 – 7 Ca 2184/98; str. vgl. GK-ArbGG/*Schütz* § 2 Rn. 236).

348 Der Gerichtsstand muss zum Zeitpunkt der Klageerhebung bestehen (*Stein-Jonas/Schumann* § 21 Rn. 13).

*d) Gerichtsstand der unerlaubten Handlung*

349 Bei Klagen aus unerlaubter Handlung ist das Gericht zuständig, in dessen Bezirk die unerlaubte Handlung begangen worden ist, § 32 ZPO. Der Begriff ist weit zu verstehen und umfasst auch Tatbestände der Gefährdungshaftung. Relevant wird dieser Gerichtsstand insbes. bei Klagen des Arbeitgebers hinsichtlich Arbeitskampfmaßnahmen gem. § 2 Abs. 1 Nr. 2 ArbGG. Die örtliche Zuständigkeit eines Arbeitsgerichts wegen Verletzung der tariflichen Friedenspflicht richtet sich nach dem Ort, an dem die Friedenspflicht zu erfüllen ist (*LAG Nbg.* 30.9.2010 LAGE Art. 9 GG Arbeitskampf Nr. 86).

*e) Weitere besondere Gerichtsstände, Gerichtsstand des Arbeitsortes*

350 Weitere besondere Gerichtsstände ergeben sich aus dem Gerichtsstand der Widerklage, § 33 ZPO, der Vermögensverwaltung, § 31 ZPO und des Vermögens, § 23 ZPO (vgl. *Schaub* ArbGVerf § 9 Rn. 22 ff.), sowie bei Klagen wegen Verstoßes gegen das Benachteiligungsverbot nach § 15 AGG (s. Kap. 2 Rdn. 197 ff.) aus § 61b Abs. 2 ArbGG.

351 Mit § 48 Abs. 1a ArbGG wurde der neue Gerichtsstand des Arbeitsortes eingefügt. Für Streitigkeiten nach § 2 Abs. 1 Nr. 3, 4a, 7, 8, 10 sowie Abs. 2 ArbGG ist auch das ArbG zuständig, in dessen Bezirk der Arbeitnehmer gewöhnlich seine Arbeit verrichtet. Ist ein solcher gewöhnlicher Arbeitsort nicht feststellbar, z. B. bei Außendienstmitarbeitern (vgl. Rdn. 346), ist auch das ArbG örtlich zuständig, von dessen Bezirk aus der Arbeitnehmer gewöhnlich seine Arbeit verrichtet oder gewöhnlich verrichtet hat. Bei Außendienstmitarbeitern, die ihre Kunden meist von ihrem Wohnsitz aus anfahren, ist damit auch das ArbG des Wohnsitzes des Arbeitnehmers zuständig (vgl. *Franzen/Natter/Riecken* NZA 2008, 377 ff., 378).

*f) Gerichtsstandsvereinbarung*

*aa) § 38 ZPO*

352 Gem. § 38 Abs. 1, 2, 3 ZPO kann ein an sich örtlich unzuständiges Gericht kraft Gerichtsstandsvereinbarung zwischen den Streitparteien **vor dem Entstehen der Rechtsstreitigkeit** als zuständig vereinbart werden. Dies gilt nach § 46 Abs. 2 ArbGG auch für arbeitsrechtliche Streitigkeiten (*BAG* 15.11.1972 EzA § 38 ZPO Nr. 1).

353 Nach § 38 Abs. 2 ZPO darf eine der beiden Parteien im Inland keinen allgemeinen Gerichtsstand haben, und die Vereinbarung muss schriftlich abgeschlossen worden sein. Hat eine der beiden Parteien einen inländischen allgemeinen Gerichtsstand, so kann für das Inland nur ein Gericht gewählt werden, bei dem diese Partei ihren allgemeinen oder aber auch einen besonderen Gerichtsstand hat.

## B. Zuständigkeit

Für Angehörige der dem EUGVVO beigetretenen Länder (s. Rdn. 198) bestehen gem. Art. 23 EUGVVO vereinfachte Möglichkeiten der Vereinbarung eines örtlich zuständigen Gerichtes, die § 38 Abs. 2 ZPO vorgehen. **354**

**Nach dem Entstehen einer Streitigkeit – jedoch vor Rechtshängigkeit, § 261 Abs. 3 Nr. 2 ZPO –** ist eine ausdrücklich schriftlich vereinbarte Gerichtsstandsvereinbarung gem. § 38 Abs. 3 Nr. 1 ZPO ohne die strengen Voraussetzungen des Abs. 2 zulässig. **355**

Schließlich ist eine Gerichtsstandsvereinbarung gem. § 38 Abs. 3 Nr. 2 ZPO im Falle der nachträglichen Erschwerung der Rechtsverfolgung möglich. Diese liegt dann vor, wenn die mit der Klage in Anspruch zu nehmende Partei nach Vertragsschluss ihren Wohnsitz oder gewöhnlichen Aufenthaltsort aus dem Geltungsbereich deutscher Gesetze verlegt hat oder ihren Wohnsitz oder gewöhnlichen Aufenthalt im Zeitpunkt der Klageerhebung nicht bekannt ist. Auch diese Gerichtsstandsvereinbarung muss schriftlich abgefasst werden. **356**

### bb) § 48 Abs. 2 ArbGG

Gem. § 48 Abs. 2 ArbGG können die Tarifvertragsparteien darüber hinaus die Zuständigkeit eines an sich örtlich unzuständigen ArbG festlegen, sofern es sich um eine bürgerliche Rechtsstreitigkeit zwischen Arbeitnehmer und Arbeitgeber aus einem Arbeitsverhältnis oder aus Verhandlungen über die Eingehung eines solchen handelt, wenn sich dieses nach einem Tarifvertrag bestimmt oder über bürgerliche Rechtsstreitigkeiten aus dem Verhältnis einer gemeinsamen Einrichtung der Tarifvertragsparteien zu den Arbeitnehmern und Arbeitgebern. **Sinn und Zweck dieser Gerichtsstandsvereinbarung ist es, eine einheitliche Auslegung von Tarifverträgen zu gewährleisten.** Der tariflich vereinbarte Gerichtsstand ist daher, sofern nichts anderes vereinbart ist, regelmäßig ein ausschließlicher. **357**

Die Gerichtsstandsvereinbarung gilt nur für tarifgebundene Parteien, § 3 TVG, oder im Falle der Allgemeinverbindlicherklärung des Tarifvertrages (*BAG* 19.3.1975 EzA § 5 TVG Nr. 3). Nach § 48 Abs. 2 S. 2 ArbGG können sich auch nicht tarifgebundene Arbeitsvertragsparteien einer solchen Gerichtsstandsvereinbarung der Tarifvertragsparteien anschließen, wenn sie ihren Arbeitsvertrag voll umfänglich dem Tarifvertrag unterstellen. **358**

Streitig ist, ob auch solche Streitigkeiten von der tariflichen Gerichtsstandsvereinbarung erfasst werden, die lediglich auf Grund von Nachwirkungen aus einem Arbeitsverhältnis erwachsen, welches dem einschlägigen Tarifvertrag unterlag, z. B. im Fall von Ruhegeldstreitigkeiten (dafür *Schaub* ArbGVerf § 9 Rn. 29; a. A. GK-ArbGG/*Bader* § 48 Rn. 95). Gegen eine Einbeziehung spricht insbes. der Wortlaut des § 48 Abs. 2 Nr. 1 ArbGG. **359**

### g) Gerichtsstand der rügelosen Einlassung

Ein an sich örtlich nicht zuständiges ArbG wird infolge rügeloser Einlassung des Beklagten zuständig, wenn er zur Hauptsache mündlich verhandelt, § 39 ZPO. Er muss jedoch zuvor gem. § 504 ZPO belehrt worden sein. Allein ein Verhandeln im Gütetermin ist noch nicht als rügelose Einlassung zu werten, § 54 Abs. 2 S. 3 ArbGG. **360**

## 2. Beschlussverfahren

Im Beschlussverfahren regelt sich die örtliche Zuständigkeit in betriebsverfassungsrechtlichen Streitigkeiten nach § 82 ArbGG. Danach ist das ArbG zuständig, in dessen Bezirk der Betrieb liegt. § 82 Abs. 1 ArbGG knüpft an den im BetrVG verwendeten Betriebsbegriff (s. Kap. 13 Rdn. 92 ff.) an. Soweit ein Betriebsteil nach § 4 BetrVG als selbstständiger Betrieb gilt, ist das ArbG zuständig, in dessen Bezirk der Betriebsteil liegt. Nicht auf den Sitz des Betriebes, sondern des Unternehmens kommt es für die Zuständigkeit in Angelegenheiten des Gesamtbetriebsrats, des Konzernbetriebsrats, der Gesamtjugendvertretung, des Wirtschaftsausschusses und der Vertretung der Arbeitnehmer im Aufsichtsrat an (MünchArbR/*Brehm* § 389 Rn. 82). **361**

362 Die Bestellung der inländischen Arbeitnehmervertreter im Europäischem Betriebsrat einer gemeinschaftsweiten Unternehmensgruppe mit Sitz des herrschenden Unternehmens im Ausland nach § 18 Abs. 2, § 23 Abs. 3 lit. a) EBRG ist eine Angelegenheit des Gesamtbetriebsrats i. S. v. § 82 Abs. 1 S. 2 ArbGG. Für Streitigkeiten über die Rechtmäßigkeit der Bestellung ist das Arbeitsgericht örtlich und international zuständig, in dessen Bezirk das nach Zahl der wahlberechtigten Arbeitnehmer größte Unternehmen, bei dem ein Gesamtbetriebsrat gebildet ist, seinen Sitz hat (*BAG* 18.4.2007 EzA § 82 ArbGG 1979 Nr. 2).

363 Bei § 82 ArbGG handelt es sich um eine ausschließliche Zuständigkeitsregelung, die von den Verfahrensbeteiligten nicht abbedungen werden kann.

364 Bei Streitigkeiten über die Tariffähigkeit einer Vereinigung oder die Tarifzuständigkeit gem. § 2a Abs. 1 Nr. 3 ArbGG richtet sich die örtliche Zuständigkeit nach dem Sitz der Vereinigung, § 17 ZPO, um deren Tariffähigkeit oder Tarifzuständigkeit es geht.

### 3. Entscheidungen über die örtliche Zuständigkeit

365 Die ArbG haben über die örtliche Zuständigkeit in beiden Verfahrensarten, Urteils- und Beschlussverfahren, gem. § 48 ArbGG i. V. m. §§ 17 ff. GVG bzw. § 80 Abs. 3 ArbGG i. V. m. § 48 Abs. 1 ArbGG i. V. m. §§ 17 ff. GVG von Amts wegen zu befinden (s. Rdn. 207 ff.). Besteht Streit über die örtliche Zuständigkeit oder geht das ArbG von einer örtlichen Unzuständigkeit aus, wird über diese Frage im Vorabentscheidungsverfahren gem. § 17a Abs. 2, Abs. 3, Abs. 4 GVG befunden. Eine Abweisung der Klage als unzulässig wegen fehlender örtlicher Zuständigkeit ist nicht möglich. Der Rechtsstreit ist an das zuständige örtliche ArbG von Amts wegen zu verweisen. Dies gilt auch im Beschlussverfahren nach § 80 Abs. 3 ArbGG, der auf § 48 ArbGG und damit auf die §§ 17 ff. GVG verweist (a. A. *Schaub* ArbGVerf § 9 Rn. 39; wie hier GMPM-G/*Matthes* § 82 Rn. 4).

366 Der Beschluss wird, sofern er nicht erst in der streitigen Verhandlung ergeht, vom Vorsitzenden allein erlassen, §§ 48 Abs. 1 Nr. 2, 55 Abs. 1 Nr. 7 ArbGG. Er kann i. d. F., sofern notwendig, auch alleine Beweisaufnahmen zur Ermittlung der notwendigen Feststellungen zur Bestimmung der örtlichen Zuständigkeit durchführen. Dies ergibt sich daraus, dass unter streitiger Verhandlung i. S. d. § 55 Abs. 1 ArbGG nur die Verhandlung zu verstehen ist, in der auch die Anträge nach § 137 Abs. 1 ZPO gestellt werden und in der auch zur Sache entschieden werden kann (vgl. GK-ArbGG/*Schütz* § 55 Rn. 7). Das Vorabentscheidungsverfahren nach § 17a GVG ist aber grundsätzlich »vorab« durchzuführen, i. d. R. noch vor dem Gütetermin, wenn die örtliche Zuständigkeit bereits wie regelmäßig unmittelbar nach Klagezustellung gerügt wurde und damit außerhalb der streitigen Verhandlung. Diese darf auch erst nach dem obligatorischen Gütetermin angesetzt werden. Der Beschluss ist unanfechtbar, § 48 Abs. 1 Nr. 1 ArbGG (vgl. *LAG Hessen* 14.2.2002 EzA § 48 ArbGG 1979 Nr. 15).

### V. Ausschluss der Arbeitsgerichtsbarkeit

367 Nach § 4 ArbGG kann die sachliche Zuständigkeit der ArbG im Urteilsverfahren gem. § 2 Abs. 1, 2 ArbGG – **nicht jedoch gem. Abs. 3 und Abs. 4** – nach Maßgabe der §§ 101 bis 110 ArbGG ausgeschlossen werden. Eine Durchbrechung der ausschließlichen Zuständigkeit ist nach dem eindeutigen Wortlaut nur im Urteils- und nicht im Beschlussverfahren möglich.

368 Dem widerspricht auch nicht, dass nach § 76 BetrVG bei Meinungsverschiedenheiten zwischen Arbeitgeber und Betriebsrat eine Einigungsstelle angerufen werden kann bzw. nach Maßgabe der einzelnen gesetzlichen Bestimmungen im BetrVG angerufen werden muss. Bei dem Verfahren vor der Einigungsstelle handelt es sich lediglich um ein innerbetriebliches Vorverfahren, das die staatliche Gerichtsbarkeit nicht verdrängt, § 76 Abs. 7 BetrVG. Entscheidungen der Einigungsstelle unterliegen der gerichtlichen Kontrolle. Für Regelungsstreitigkeiten ist dies in § 76 Abs. 5 BetrVG ausdrücklich festgeschrieben. Sofern Arbeitgeber und Betriebsrat im Rahmen des § 76 Abs. 6 BetrVG darüber hinaus vereinbaren, dass eine Einigungsstelle über Rechtsfragen entscheiden soll, ist eine solche Abrede nur dann zulässig, wenn gegen die Entscheidung der Einigungsstelle die Anrufung des

## B. Zuständigkeit

ArbG möglich sein soll. Ansonsten würde es sich um eine unzulässige Vereinbarung eines Schiedsgerichts handeln (vgl. *BAG* 20.11.1990 EzA § 76 BetrVG 1972 Nr. 55).

**Im Bereich des Handwerks** können die Handwerksinnungen für Streitigkeiten zwischen Ausbildenden und Auszubildenden Ausschüsse bilden, vor denen ein Vorverfahren durchzuführen ist, § 111 Abs. 2 ArbGG, bevor Klage beim ArbG erhoben werden kann (s. Kap. 16 Rdn. 30 ff.). Die Durchführung dieses Vorverfahrens ist Prozessvoraussetzung für eine Verhandlung vor dem ArbG. Im Übrigen wird die Zuständigkeit der Arbeitsgerichtsbarkeit jedoch nicht berührt. In anderen Bereichen können die zuständigen Stellen i. S. d. BBiG Ausschüsse bilden, § 111 Abs. 2 S. 1 ArbGG (s. Kap. 16 Rdn. 31).

§ 111 Abs. 1 ArbGG enthält eine abdrängende Sonderzuständigkeit der Seemannsämter nach dem SeemG.

### VI. Bestimmung des zuständigen Gerichts

Kommt es zwischen verschiedenen Gerichten zum Streit über die Zuständigkeit, ist das zuständige Gericht gem. den §§ 36, 37 ZPO zu bestimmen. Für die Entscheidung zuständig ist das im Rechtszug nächst höhere Gericht, d. h. bei ArbG des gleichen Landesarbeitsgerichtsbezirks das LAG. Streiten zwei Arbeitsgerichte verschiedener LAG-Bezirke um die Frage der örtlichen Zuständigkeit, § 36 Abs. 1 Nr. 6 ZPO, entscheidet nach § 36 Abs. 2 ZPO das LAG, zu dessen Bezirk das zuerst mit der Sache befasste Gericht gehört. Im Fall des § 36 Abs. 1 Nr. 3 ZPO ist § 36 Abs. 2 ZPO dahingehend entsprechend auszulegen, dass das LAG, zu dessen Bezirk das zuerst angegangene ArbG gehört, für die Entscheidung zuständig ist (*Reinecke* FA 1998, 210). Bei Kompetenzkonflikten zwischen ArbG und ordentlichen Gerichten ist nach Ansicht des BAG das oberste Bundesgericht zuständig, das als Erstes angegangen wird (*BAG* 6.1.1971 AP Nr. 8 zu § 36 ZPO; 22.7.1998 EzA § 36 ZPO Nr. 28; 13.1.2003 EzA § 36 ZPO Nr. 29).

In der Praxis der häufigste Fall der Gerichtsbestimmung ist der sog. negative Kompetenzkonflikt, d. h. wenn sich verschiedene Gerichte, von denen eines für den Rechtsstreit tatsächlich zuständig ist, rechtskräftig für unzuständig erklärt haben, § 36 Nr. 6 ZPO.

Die Entscheidung des bestimmenden Gerichts ergeht durch Beschluss, § 329 ZPO. Das Gericht hat grds. die bindende Wirkung eines Verweisungsbeschlusses gem. § 17a GVG zu beachten und darf nur bei **offensichtlich rechtsfehlerhafter Gesetzesanwendung** dem Verweisungsbeschluss entgegentreten.

▶ **Beispiele:**
- Der Grundsatz der Gewährung des rechtlichen Gehörs wurde vor der Verweisung missachtet (*BAG* 27.10.1992 EzA § 17a GVG Nr. 2);
- der Verweisungsbeschluss erging offensichtlich gesetzwidrig, da sich das weiter verweisende Gericht über die vom Kläger oder vom verweisenden Gericht nach § 17a Abs. 2 S. 2 GVG unter mehreren zuständigen Gerichten getroffene Wahl hinweggesetzt hat (*BAG* 14.1.1994 EzA § 36 ZPO Nr. 19);
- das ArbG hat nicht in voller Besetzung unter Hinzuziehung der ehrenamtlichen Richter gem. § 48 Abs. 1 S. 2 ArbGG, sondern durch den Vorsitzenden allein den Verweisungsbeschluss erlassen;
- das Arbeitsgericht hat auf Grund falscher Angaben des Klägers über den (Wohn)Sitz des Beklagten geirrt (*BAG* 11.11.1996 EzA § 36 ZPO Nr. 25).
- Verweisungsbeschluss ignoriert ohne Argumentation ständige Rspr. und h. M. in der Lit. (*BAG* 28.2.2006 EzA § 36 ZPO 2002 Nr. 4).
- Verweisungsbeschluss erging vor Rechtshängigkeit der Klage (*BAG* 9.2.2006 EzA § 36 ZPO 2002 Nr. 3 = NZA 2006, 454 ff.).

## VII. Funktionelle Zuständigkeit

375 Die funktionelle Zuständigkeit regelt, wer an einem ArbG welche Tätigkeiten zu erledigen hat. In der Arbeitsgerichtsbarkeit ist dabei die Abgrenzung der Befugnisse des Vorsitzenden gegenüber der Kammer (s. Rdn. 105 ff.), die Abgrenzung einzelner Kammern untereinander, insbes. von Fachkammern (s. Rdn. 23 f.) und die Abgrenzung der Kompetenzen zwischen Richtern und Rechtspflegern und den Urkundsbeamten von Bedeutung.

# Kapitel 15 Urteils- und Beschlussverfahren

## Übersicht

| | | Rdn. |
|---|---|---|
| A. | **Urteilsverfahren** | 1 |
| I. | Rechtsnatur | 1 |
| II. | Die Parteien | 3 |
| | 1. Parteifähigkeit | 3 |
| |    a) Allgemeines | 3 |
| |    b) Begriff | 6 |
| |    c) Probleme | 9 |
| |    d) Beschlussverfahren | 59 |
| | 2. Die Prozessfähigkeit | 64 |
| |    a) Begriff | 64 |
| |    b) Abgrenzung | 65 |
| |    c) Probleme | 67 |
| | 3. Die Prozessführungsbefugnis | 76 |
| |    a) Begriff | 76 |
| |    b) Prozessstandschaft | 77 |
| III. | Die Vertreter | 85 |
| | 1. Mandatsübernahme | 85 |
| |    a) Checklisten | 86 |
| |    b) Gesetzliche Belehrungspflicht über Selbstkostentragung | 99 |
| |    c) Erörterung der Höhe der Prozesskosten | 101 |
| | 2. Prozesskostenhilfe (PKH) | 102 |
| |    a) Aufklärungspflicht gegenüber Mandant | 102 |
| |    b) Bewilligung grundsätzlich | 103 |
| |    c) Ausschluss der Bewilligung | 105 |
| |    d) Persönliche Voraussetzungen | 109 |
| |    e) Zeitpunkt der Antragstellung | 117 |
| |    f) Erweiterung des PKH-Gesuchs | 120 |
| |    g) Rechtsbehelf | 122 |
| | 3. Beiordnung | 124 |
| |    a) Gegenrechtsanwalt | 125 |
| |    b) Ausschluss der Beiordnung | 126 |
| |    c) Persönliche Voraussetzungen | 128 |
| |    d) Doppelte Antragstellung | 129 |
| |    e) Rechtswirkungen der Beiordnung nach § 11a ArbGG | 131 |
| |    f) Rechtsbehelf | 132 |
| |    g) Aufhebung der Prozesskostenhilfebewilligung | 133 |
| | 4. PKH/§ 11a ArbGG im Beschlussverfahren/Checkliste | 135 |
| | 5. Rechtsschutzversicherung | 137 |
| | 6. Prozessvertretung vor den ArbG | 158 |
| |    a) Urteilsverfahren | 158 |
| |    b) Beschlussverfahren | 174 |
| | 7. Prozessvertretung vor den LAG | 178 |
| | 8. Prozessvertretung vor dem BAG | 181 |
| |    a) Urteilsverfahren | 181 |
| |    b) Beschlussverfahren | 183 |
| IV. | Verfahrensgrundsätze | 184 |
| | 1. Dispositionsgrundsatz | 184 |
| | 2. Verhandlungsgrundsatz | 186 |
| | 3. Grundsatz der Mündlichkeit | 190 |
| | 4. Grundsatz der Unmittelbarkeit | 194 |
| | 5. Grundsatz der Öffentlichkeit der Verhandlung | 195 |
| | 6. Der Beschleunigungsgrundsatz | 206 |
| V. | Gegenüber dem ordentlichen Zivilprozess ausgenommene Verfahrensarten | 209 |
| VI. | Einleitung des Urteilsverfahrens | 213 |
| | 1. Allgemeines | 213 |
| | 2. Mahnverfahren | 214 |
| | 3. Klagearten | 219 |
| |    a) Leistungsklagen | 220 |
| |    b) Feststellungsklagen | 241 |
| |    c) Gestaltungsklagen | 274 |
| | 4. Klageerhebung | 276 |
| |    a) Einreichung bei Gericht | 276 |
| |    b) Weiterer Verfahrensablauf | 280 |
| |    c) Ladungsfrist | 285 |
| |    d) Rechtswirkung der Klageerhebung | 286 |
| VII. | Vorbereitung des Gütetermins | 287 |
| | 1. Aufforderung an den Beklagten, sich auf die Klage einzulassen | 287 |
| | 2. Anordnung des persönlichen Erscheinens einer Partei | 292 |
| |    a) Anordnungsbeschluss | 292 |
| |    b) Folgen der Missachtung der Anordnung des persönlichen Erscheinens | 302 |
| VIII. | Die Güteverhandlung | 315 |
| | 1. Sinn und Zweck | 315 |
| | 2. Entbehrlichkeit der Güteverhandlung | 317 |
| | 3. Ablauf der Güteverhandlung | 322 |
| | 4. Ergebnisse der Güteverhandlung | 335 |
| |    a) Vergleich | 335 |
| |    b) Klagerücknahme | 347 |
| |    c) Übereinstimmende Erledigungserklärung | 350 |
| |    d) Anerkenntnis, Verzicht | 353 |
| |    e) Säumnis einer Partei | 358 |
| |    f) Ruhen des Verfahrens | 362 |
| |    g) Erfolglosigkeit des Gütetermins/Entscheidung durch den Vorsitzenden | 363 |
| | 5. Sitzungsprotokoll | 369 |
| | 6. Anwaltsgebühren | 370 |
| IX. | Vorbereitung der streitigen Verhandlung vor der Kammer durch den Vorsitzenden | 371 |
| | 1. Bestimmung des Kammertermins | 371 |
| | 2. Erlassen eines Beweisbeschlusses nach § 55 Abs. 4 ArbGG | 372 |

# Kapitel 15

|     |     |     | Rdn. |
| --- | --- | --- | --- |
| | 3. | Maßnahmen nach §§ 56, 61a ArbGG | 382 |
| | | a) Erteilung von Auflagen unter Fristsetzung | 385 |
| | | b) Folgen der Fristversäumung | 390 |
| | | c) Einholung von amtlichen Auskünften und Urkunden | 401 |
| | | d) Anordnung des persönlichen Erscheinens | 402 |
| | | e) Vorsorgliche Ladung von Zeugen und Sachverständigen | 403 |
| | | f) Sonstige Maßnahmen | 411 |
| | 4. | Aussetzen des Verfahrens | 418 |
| | | a) Aussetzung gem. § 148 ZPO | 418 |
| | | b) Aussetzung gem. § 149 ZPO | 429 |
| | | c) Aussetzung aus verfassungs- oder europarechtlichen Gründen | 432 |
| | 5. | Prozessverbindung und Prozesstrennung | 435 |
| | 6. | Akteneinsicht | 436 |
| | 7. | Information der ehrenamtlichen Richter | 440 |
| X. | Der Kammertermin | | 441 |
| | 1. | Ablauf | 441 |
| | | a) Allgemeines | 442 |
| | | b) Verhandlung zur Sache | 446 |
| | | c) Vertagung des Kammertermins | 448 |
| | | d) Beweisaufnahme | 453 |
| | 2. | Zurückweisung von verspätetem Parteivorbringen | 454 |
| | | a) Zurückweisung gem. §§ 56 Abs. 2, 61a Abs. 5 ArbGG | 454 |
| | | b) Zurückweisung gem. § 296 ZPO | 455 |
| | 3. | Besonderheiten des Beweisverfahrens im Arbeitsgerichtsprozess | 462 |
| | | a) Stellung der Beweisanträge | 463 |
| | | b) Anordnung der Beweisaufnahme | 467 |
| | | c) Durchführung der Beweisaufnahme | 469 |
| | | d) Einzelfälle zum Anscheinsbeweis | 475 |
| | | e) Darlegungs- und Beweislastverteilung | 479 |
| | | f) Beweisverwertungsverbot bei Verletzung von Mitbestimmungsrechten des Betriebsrats? | 496 |
| | | g) Beweisverwertungsverbot bei mitgehörten Telefonaten | 498 |
| | 4. | Schließung und Wiedereröffnung der mündlichen Verhandlung | 499 |
| | | a) Schließung | 499 |
| | | b) Wiedereröffnung | 502 |
| | 5. | Ergebnisse des Kammertermins | 506 |
| | | a) Verzichts-, Anerkenntnis-, Versäumnisurteil, Klagerücknahme, Vergleich | 506 |
| | | b) Vertagung des Rechtsstreits | 508 |

|     |     |     | Rdn. |
| --- | --- | --- | --- |
| | | c) Verkündung eines Urteils | 509 |
| | | d) Festsetzung eines Verkündungstermins | 514 |
| XI. | Das Urteil | | 523 |
| | 1. | Urteilsarten | 523 |
| | 2. | Inhalt des Urteils | 528 |
| | | a) §§ 313 ff. ZPO | 529 |
| | | b) Die Streitwertfestsetzung | 534 |
| | | c) Zulassung der Berufung | 549 |
| | | d) Rechtsmittelbelehrung | 561 |
| | | e) Festsetzung einer Entschädigung, § 61 Abs. 2 ArbGG | 568 |
| | 3. | Mitteilungspflicht in Tarifsachen | 579 |
| | 4. | Zustellung des Urteils | 582 |
| | | a) Allgemeines | 582 |
| | | b) Zustellungsfrist | 584 |
| | | c) § 50 Abs. 2 ArbGG | 585 |
| | | d) Amts-, Parteizustellung | 587 |
| | 5. | Urteilsberichtigung, Urteilsergänzung | 592 |
| | | a) Urteilsberichtigung | 592 |
| | | b) Urteilsergänzung | 598 |
| | 6. | Zwangsvollstreckung aus arbeitsgerichtlichen Urteilen | 601 |
| | | a) Vorläufige Vollstreckbarkeit | 601 |
| | | b) Die Einstellung der Zwangsvollstreckung | 610 |
| | | c) Einstellung nach § 769 ZPO | 615 |
| XII. | Das Vollstreckungsverfahren | | 617 |
| | 1. | Vollstreckung durch den Gerichtsvollzieher | 618 |
| | 2. | Vollstreckung durch das Amtsgericht | 620 |
| | 3. | Vollstreckung durch das ArbG | 623 |
| | | a) § 887 ZPO | 624 |
| | | b) § 888 ZPO | 627 |
| | | c) § 890 ZPO | 633 |
| | | d) § 796b ZPO | 635 |
| | 4. | Rechtsbehelfe | 636 |
| XIII. | Kosten und Gebühren des erstinstanzlichen Verfahrens | | 638 |
| | 1. | Gerichtskosten und -gebühren | 638 |
| | | a) Kostenvorschüsse | 639 |
| | | b) Kostenhaftung | 640 |
| | | c) Kostenhöhe | 641 |
| | | d) Kostenprivilegierungen | 643 |
| | | e) Selbstständige Gebühren | 645 |
| | 2. | Außergerichtliche Kosten | 646 |
| | | a) Grundsätzlich keine Kostenerstattung | 646 |
| | | b) Ausnahme: § 840 Abs. 2 ZPO | 649 |
| | | c) Umfang des Kostenerstattungsausschlusses | 650 |
| | | d) Hinweispflicht | 661 |
| XIV. | Das Berufungsverfahren | | 662 |
| | 1. | Rechtsgrundlagen | 662 |
| | 2. | Zulässigkeit der Berufung | 664 |

|  | Rdn. |
|---|---|
| a) Statthaftigkeit | 664 |
| b) Form und Frist der Berufungseinlegung | 689 |
| c) Form, Frist und Inhalt der Berufungsbegründung | 710 |
| d) Vorabentscheidung über die Berufung | 723 |
| 3. Vorbereitung der mündlichen Verhandlung | 724 |
| a) Terminsanberaumung | 724 |
| b) Anordnung des persönlichen Erscheinens | 729 |
| c) Prozessleitende Anordnungen | 730 |
| 4. Anschlussberufung, Berufungsrücknahme und Berufungsverzicht | 731 |
| a) Anschlussberufung | 731 |
| b) Berufungsrücknahme | 734 |
| c) Berufungsverzicht | 736 |
| 5. Die mündliche Verhandlung | 738 |
| a) Allgemeines | 738 |
| b) Besonderheiten bzgl. der Zurückweisung von Parteivorbringen | 739 |
| c) Besonderheiten bei der Beweisaufnahme | 752 |
| 6. Beschränkung der Zurückverweisung des Verfahrens an die erste Instanz | 754 |
| a) Grundsatz | 754 |
| b) Ausnahmen | 756 |
| 7. Das zweitinstanzliche Urteil | 767 |
| a) Allgemeines | 767 |
| b) Verkündung und Abfassung des zweitinstanzlichen Urteils | 771 |
| c) Inhalt | 778 |
| d) Beschränkter Prüfungsumfang | 779 |
| e) Zulassung der Revision | 787 |
| f) Vollstreckbarkeit | 809 |
| g) Mitteilungspflicht von Urteilen in Tarifvertragssachen | 810 |
| 8. Kosten des Berufungsverfahrens | 811 |
| XV. Das Revisionsverfahren | 818 |
| 1. Allgemeines | 818 |
| a) Sinn und Zweck | 818 |
| b) Ausgestaltung als Zulassungsrevision | 819 |
| c) Verfahrensvorschriften | 820 |
| 2. Revisible Entscheidungen der Tatsacheninstanz | 822 |
| 3. Statthaftigkeit der Revision | 825 |
| a) Die Zulassung der Revision durch das LAG | 827 |
| b) Die Zulassung der Revision durch das BAG auf Grund einer Nichtzulassungsbeschwerde | 828 |
| c) Die Zulassung der Revision durch das ArbG | 873 |

|  | Rdn. |
|---|---|
| 4. Die Einlegung und Begründung der Revision | 906 |
| a) Form und Frist der Einlegung | 906 |
| b) Frist und Inhalt der Revisionsbegründung | 915 |
| 5. Der weitere Verfahrensablauf und die Entscheidung des BAG | 932 |
| a) Entscheidung über die Zulässigkeit der Revision | 932 |
| b) Terminbestimmung | 940 |
| c) Anschlussrevision | 943 |
| d) Einstellung der Zwangsvollstreckung | 946 |
| e) Entscheidung über die Begründetheit der Revision | 948 |
| 6. Formale Aspekte des Revisionsurteils | 995 |
| 7. Die Revisionsbeschwerde | 1000 |
| a) Statthaftigkeit | 1000 |
| b) Zulässigkeitsvoraussetzungen | 1004 |
| c) Entscheidung des BAG | 1011 |
| 8. Sofortige Beschwerde nach § 72b ArbGG | 1013 |
| XVI. Die Wiederaufnahme des Verfahrens | 1017 |
| XVII. Das Beschwerdeverfahren | 1019 |
| XVIII. Die Anhörungsrüge | 1024 |
| **B. Beschlussverfahren** | **1034** |
| I. Grundsätzliches | 1034 |
| 1. Verhältnis zum Urteilsverfahren | 1035 |
| 2. Anwendungsbereich außerhalb des § 2a ArbGG | 1038 |
| 3. Verhältnis zu Einigungs- und Schlichtungsstellen | 1041 |
| 4. Rechtsgrundlagen | 1045 |
| II. Beteiligte im Beschlussverfahren | 1047 |
| 1. Grundsätzliches | 1047 |
| 2. Antragsteller/Antragsgegner | 1051 |
| 3. Mehrzahl von Antragstellern | 1053 |
| 4. Prozessstandschaft | 1056 |
| III. Das erstinstanzliche Beschlussverfahren | 1059 |
| 1. Einleitung durch Antragstellung | 1059 |
| a) Anträge | 1063 |
| b) Antragsbefugnis | 1073 |
| c) Rechtsschutzinteresse | 1077 |
| 2. Antragsrücknahme | 1081 |
| 3. Antragsänderung | 1083 |
| 4. Das örtlich zuständige Gericht | 1086 |
| a) Streitigkeiten nach § 2a Abs. 1 Nr. 1–3 ArbGG | 1086 |
| b) Streitigkeiten nach § 2a Abs. 1 Nr. 4 ArbGG | 1090 |
| c) Sonstige Verfahren | 1091 |
| 5. Das Verfahren vor dem ArbG | 1092 |
| a) Verfahrensablauf nach Eingang der Antragsschrift/Güteverhandlung | 1092 |

|     |                                                                  | Rdn. |
| --- | ---------------------------------------------------------------- | ---- |
|     | b) Vorbereitung des Anhörungstermins                             | 1095 |
|     | c) Der Untersuchungsgrundsatz                                    | 1099 |
|     | d) Beweiserhebung                                                | 1104 |
|     | e) Die Beteiligten des Verfahrens                                | 1108 |
|     | f) Fehlerhafte Beteiligung                                       | 1110 |
|     | g) Der Anhörungstermin                                           | 1113 |
| 6.  | Beendigungsmöglichkeiten des erstinstanzlichen Beschlussverfahrens | 1116 |
|     | a) Antragsrücknahme                                              | 1116 |
|     | b) Vergleich                                                     | 1117 |
|     | c) Erledigungserklärung der Beteiligten                          | 1123 |
|     | d) Verfahrensbeendender Beschluss                                | 1130 |
| IV. | Das Beschlussverfahren in zweiter Instanz                        | 1147 |
| 1.  | Eröffnung der zweiten Instanz                                    | 1147 |
|     | a) Beschwerdefähige Entscheidungen                               | 1147 |
|     | b) Anzuwendende Vorschriften                                     | 1150 |
|     | c) Einlegung der Beschwerde                                      | 1151 |
|     | d) Beschwerdebefugnis                                            | 1152 |
|     | e) Form und Frist der Beschwerdeeinlegung                        | 1157 |
|     | f) Rechtswirkungen der Einlegung der Beschwerde                  | 1164 |
|     | g) Anschlussbeschwerde                                           | 1165 |
| 2.  | Entscheidung über die Zulässigkeit der Beschwerde                | 1166 |
| 3.  | Der weitere Verfahrensablauf                                     | 1171 |
|     | a) Vorbereitung des Anhörungstermins                             | 1171 |
|     | b) Antragsänderung                                               | 1174 |
|     | c) Der Anhörungstermin                                           | 1175 |
| 4.  | Beendigungsmöglichkeiten                                         | 1177 |
|     | a) Antragsrücknahme                                              | 1177 |
|     | b) Beschwerderücknahme/Beschwerdeverzicht                        | 1179 |
|     | c) Vergleich, Erledigung der Hauptsache                          | 1182 |
|     | d) Beschluss                                                     | 1183 |
| V.  | Das Rechtsbeschwerdeverfahren                                    | 1188 |

|      |                                                                        | Rdn. |
| ---- | ---------------------------------------------------------------------- | ---- |
| 1.   | Statthaftigkeit                                                        | 1188 |
|      | a) Zulassung durch das LAG                                             | 1190 |
|      | b) Zulassung auf Grund Nichtzulassungsbeschwerde                       | 1192 |
|      | c) Zulassung durch das ArbG                                            | 1196 |
| 2.   | Vertretung der Beteiligten                                             | 1201 |
| 3.   | Einlegung und Begründung der Rechtsbeschwerde                          | 1202 |
|      | a) Rechtsbeschwerdebefugnis                                            | 1203 |
|      | b) Form                                                                | 1204 |
|      | c) Rechtswirkung                                                       | 1210 |
|      | d) Anschlussrechtsbeschwerde                                           | 1211 |
| 4.   | Entscheidung über die Zulässigkeit der Rechtsbeschwerde                | 1214 |
| 5.   | Der weitere Verfahrensablauf                                           | 1216 |
|      | a) Vorbereitungshandlung des Senatsvorsitzenden                        | 1216 |
|      | b) Verfahrensgegenstand                                                | 1220 |
| 6.   | Beendigung des Verfahrens                                              | 1225 |
|      | a) Unstreitige Beendigung                                              | 1225 |
|      | b) Verfahrensbeendender Beschluss                                      | 1228 |
| VI.  | Beschlussverfahren in besonderen Fällen                                | 1230 |
| 1.   | Entscheidung über die Tariffähigkeit und Tarifzuständigkeit einer Vereinigung | 1230 |
|      | a) Streitgegenstand                                                    | 1231 |
|      | b) Einleitung des Verfahrens                                           | 1233 |
|      | c) Rechtsschutzinteresse                                               | 1241 |
|      | d) Örtliche Zuständigkeit                                              | 1242 |
|      | e) Verfahrensablauf                                                    | 1243 |
|      | f) Aussetzung anderer Verfahren                                        | 1245 |
|      | g) Rechtskraftwirkung                                                  | 1249 |
|      | h) Übersendungspflicht der Entscheidungen                              | 1250 |
| 2.   | Entscheidung über die Besetzung der Einigungsstelle                    | 1251 |
|      | a) Verfahrensgegenstand                                                | 1251 |
|      | b) Das Bestellungsverfahren                                            | 1252 |
|      | c) Die Entscheidung                                                    | 1259 |
| VII. | Die Anhörungsrüge nach § 78a ArbGG                                     | 1272 |

## A. Urteilsverfahren

### I. Rechtsnatur

1 Beim Urteilsverfahren handelt es sich um einen Zivilprozess, auf den grds. die Vorschriften der ZPO anwendbar sind. Dies ergibt sich aus den Verweisungen auf die ZPO in den §§ 46 Abs. 2, 64 Abs. 6 und 72 Abs. 5 ArbGG. Die Bestimmungen der ZPO sind allerdings nur dann anwendbar, wenn das ArbGG keine besonderen Bestimmungen bzgl. des Verfahrens enthält.

2 Das Urteilsverfahren findet in den in § 2 ArbGG enumerativ aufgezählten bürgerlichen Rechtsstreitigkeiten statt (s. Kap. 14 Rdn. 232 ff.).

## A. Urteilsverfahren Kapitel 15

### II. Die Parteien

#### 1. Parteifähigkeit

##### a) Allgemeines

Parteien sind die in der Klageschrift bezeichneten Personen, also diejenigen, von denen und gegen die **3** staatliche Rechtsschutzhandlungen im eigenen Namen begehrt wird (**formeller Parteibegriff**; *Zöller/ Vollkommer* Vor § 50 Rn. 2).

Parteien können weder **Zeuge**, §§ 373–401 ZPO i. V. m. § 46 Abs. 2 ArbGG noch **Streitgehilfe** **4** sein, § 66 ZPO i. V. m. § 46 Abs. 2 ArbGG.

Vor Erhebung einer Klage sollte unter prozesstaktischen Erwägungen stets geprüft werden, wer **5** klagen und wer verklagt werden soll:
- Mitverklagen unbequemer Zeugen (vorher prüfen, ob nach Beweislastverteilung überhaupt sinnvoll!); spätere Klageerweiterung
- Forderungsabtretung
- Klage nur eines Gesamt- oder Mitgläubigers
- gewillkürte Prozessstandschaft
- Widerklage

##### b) Begriff

Parteifähigkeit ist die Fähigkeit, Partei eines Rechtsstreites zu sein (Schwab/Weth-*Weth* § 10 **6** Rn. 1 ff.). Gem. § 50 ZPO ist parteifähig, wer rechtsfähig ist.

**Handwerksinnungen, Handwerksinnungsverbände, Kreishandwerkerschaften und Handwerks- 7 kammern** sind parteifähig. Handwerksinnungen, Kreishandwerkerschaften und Handwerkskammern sind als Körperschaften des öffentlichen Rechts, §§ 53, 89, 90 HandwO, rechtsfähig, die Handwerksinnungsverbände als juristische Personen des privaten Rechtes, § 80 S. 1 HandwO.

Im arbeitsgerichtlichen Urteilsverfahren erweitert § 10 ArbGG die Parteifähigkeit. Ungeachtet ihrer **8** Rechtsform sind **Gewerkschaften, selbstständige tariffähige Ortsvereine** sowie die **Spitzenorganisationen der Gewerkschaften und Arbeitgeberverbände** parteifähig, – **nicht hingegen der Betriebsrat**.

##### c) Probleme
###### aa) Richtiger Kläger/richtiger Beklagter

Besondere Sorgfalt ist darauf zu richten, dass die Klage gegen den richtigen und genau bezeichneten **9** Gegner gerichtet wird. Nachlässigkeiten können zu prozessualen und sonstigen Nachteilen (z. B. keine fristunterbrechende rechtzeitige Zustellung) oder Problemen bei der Zwangsvollstreckung führen (zu Anwaltshaftung s. *Chab* AnwBl 2009, 139). Schwierigkeiten können insbes. bei einer Klage gegen den Arbeitgeber auftreten, wenn dieser keine natürliche Person ist.

Die Klageschrift muss die »Bezeichnung der Parteien« enthalten (§ 253 Abs. 2 Nr. 1 ZPO). Die ge- **10** setzlichen Vertreter juristischer Personen oder parteifähiger Handelsgesellschaften sollen genau bezeichnet werden, §§ 253 Abs. 4, 130 ZPO. Ein Verstoß gegen die bloße Sollvorschrift des § 130 ZPO führt zwar nicht zu einer unwirksamen Klageerhebung, möglicherweise jedoch zu Nachteilen (*Gift/Baur* D/Rn. 4). Eine ungenaue Bezeichnung der gesetzlichen Vertreter kann Zweifel wecken, an wen gem. § 171 ZPO zuzustellen ist, dadurch Verzögerungen der Zustellung verursachen und zu Schwierigkeiten bei der Vollstreckung aus einem Titel führen (KR-*Friedrich* § 4 KSchG Rn. 152). Eine Auslegung einer ungenauen Parteibezeichnung wird bei nicht korrekt benannten gesetzlichen Vertretern oder persönlich haftenden Gesellschaftern erschwert.

Die GmbH vertritt der (die) Geschäftsführer, § 35 GmbHG, die Aktiengesellschaft der Vorstand, **11** § 78 Abs. 1 AktG, bei Prozessen gegen Mitglieder des Vorstandes der Aufsichtsrat, § 112 AktG, soweit nicht besondere Vertreter gem. § 147 AktG bestimmt sind, die OHG die Gesellschafter, §§ 125 ff. HGB, die KG der (die) Komplementär(e), §§ 161 Abs. 2, 170 HGB, die KG a. A. die persönlich haftenden Gesellschafter, § 278 Abs. 2 AktG, die Genossenschaft der Vorstand, § 24 GenG, Vereine der Vorstand, § 26 Abs. 2 BGB ebenso Stiftungen, § 86 BGB. Bei Liquidationsgesellschaften ordnen die jeweiligen Vorschriften besondere Vertretungsverhältnisse an.

*(1) Gesellschaft bürgerlichen Rechts – Passivrubrum*

12 Nach der Rechtsprechungsänderung des BGH (*BGH* 29.1.2001 EzA § 50 ZPO Nr. 4) ist die (Außen-) GbR soweit sie durch Teilnahme am Rechtsverkehr eigene Rechte und Pflichten begründet aktiv und passiv parteifähig. Die Gesellschafter haften – vergleichbar der Haftung bei der OHG – akzessorisch. Im Passivprozess ist es wegen der persönlichen Gesellschafterhaftung für den Kläger – wie bei der OHG – ratsam, neben der Gesellschaft auch die Gesellschafter persönlich zu verklagen (*BGH* 29.1.2001 EzA § 50 ZPO Nr. 4).

13 ▶ **Muster Passivrubrum GbR:**
gegen

1. die Bau-ARGE, Bahnhofstraße 22, 67655 Kaiserslautern, vertreten durch ihre Gesellschafter Peter Müller und Fritz Meyer, ebenda

– Beklagte zu 1 –

2. den persönlich haftenden Gesellschafter Peter Müller, Bahnhofstraße 22, 67655 Kaiserslautern

– Beklagter zu 2 –

3. den persönlich haftenden Gesellschafter Fritz Meyer, Bahnhofstraße 22, 67655 Kaiserslautern

– Beklagter zu 3 –

14 Angehörige freier Berufe können zur gemeinschaftlichen Berufsausübung die besondere Gesellschaftsform der Partnerschaft wählen. Die Partnerschaft ist voll rechtsfähig und damit parteifähig (*Zöller/Vollkommer* § 50 Rn. 20). Werden zunächst sämtliche Partner verklagt, so gilt dies lediglich als falsche Parteibezeichnung, so dass eine Berichtigung des Beklagtenrubrums möglich ist (*BAG* 1.3.2007 EzA § 4 KSchG n. F. Nr. 76).

*(2) OHG/KG – Passivrubrum*

15 Eine OHG/KG kann unter ihrer Firma verklagt werden, §§ 124 Abs. 1, 161 Abs. 2 HGB. Sie sind also parteifähig und die Firma ist die anzugebende Parteibezeichnung. In das Gesellschaftsvermögen kann nur aus einem gegen die Gesellschaft ergangenen Titel vollstreckt werden, § 124 Abs. 2 HGB. Bei einer Klage gegen eine OHG/KG sollten **alle** – persönlich haftenden – Gesellschafter aufgeführt werden. Bei Zweifeln an der Liquidität der Gesellschaft sollten die Gesellschafter persönlich mitverklagt werden, um in das Privatvermögen vollstrecken zu können, § 129 Abs. 4 HGB (*Gravenhorst* JurisPR-ARBR 17/2006 ANM. 6).

16 ▶ **Muster Passivrubrum OHG/KG:**
gegen

die Werbe OHG, Hauptstraße 13, 67655 Kaiserslautern, vertreten durch ihre Gesellschafter X und Y, ebenda – Beklagte 1 –
gegen

1. die Werbe KG, Hauptstraße 13, 67655 Kaiserslautern, vertreten durch ihre persönlich haftenden Gesellschafter X und Y, ebenda

– Beklagte zu 1 –

2. den persönlich haftenden Gesellschafter X, Hauptstraße 13, 67655 Kaiserslautern

– Beklagter zu 2 –

3. den persönlich haftenden Gesellschafter Y, Hauptstraße 13, 67655 Kaiserslautern

– Beklagter zu 3 –

## A. Urteilsverfahren  Kapitel 15

Der persönlich haftende Gesellschafter einer Kommanditgesellschaft ist neben der Kommanditge- 17
sellschaft Arbeitgeber i. S. d. § 2 Abs. 1 Nr. 3 ArbGG (*BAG* 28.2.2006 EzA § 36 ZPO 2002 Nr. 4).

### (3) GmbH – Passivrubrum

Vor Erhebung einer Klage gegen eine GmbH empfiehlt es sich, in Zweifelsfällen zu prüfen, ob die 18
GmbH überhaupt **im Handelsregister eingetragen** ist (Muster s. Rdn. 94). Die Eintragung hat konstitutive Wirkung für das Entstehen einer GmbH, §§ 11, 13 GmbHG. Zwecks Meidung eines Rechtsanwaltsregresses sollte auch der Prozessbevollmächtigte auf Beklagtenseite ggf. die **Parteifähigkeit einer klagenden GmbH durch Einsichtnahme in das Handelsregister überprüfen**. Der/Die vertretungsberechtigte(n) Geschäftsführer einer GmbH sollte(n) zutreffend namentlich bezeichnet werden.

▶ **Muster Passivrubrum GmbH:** 19

gegen

die Werbe GmbH, Hauptstraße 13, 67655 Kaiserslautern, gesetzlich vertreten durch ihren alleinvertretungsberechtigten Geschäftsführer X, ebenda

– Beklagte –

Im **Streit über die Partei- und Prozessfähigkeit einer beklagten GmbH** wird diese als parteifähig 20
behandelt, da anderenfalls kein Rechtsstreit über die Frage der Partei- und Prozessfähigkeit geführt werden könnte (*BAG* 22.3.1988 EzA § 50 ZPO Nr. 2; 19.3.2002 EzA § 50 ZPO Nr. 5). Wird eine beklagte GmbH während eines Kündigungsrechtsstreites aufgelöst, verliert sie nicht ihre Parteifähigkeit (*BAG* 9.7.1981 EzA § 50 ZPO Nr. 1). Der Arbeitnehmer hat ein schutzbedürftiges Interesse an der Entscheidung des Rechtsstreites, weil das Ergebnis für seinen weiteren Berufsweg erhebliche Auswirkungen haben kann. Eine nach § 141a FGG von Amts wegen gelöschte GmbH ist gleichwohl über vermögensrechtliche Ansprüche parteifähig, deren Bestehen sich erst nach der Löschung herausstellt (*BAG* 19.3.2002 EzA § 50 ZPO Nr. 5). Auch im Passivprozess bleibt die GmbH parteifähig, wenn sie wegen Vermögenslosigkeit oder nach vollzogener Liquidation im Handelsregister gelöscht worden ist und der Kläger substantiiert behauptet, die GmbH habe noch Aktivvermögen (*BAG* 25.9.2003 EzA § 50 ZPO 2002 Nr. 2). Eine Auskunftsklage kann fortgeführt werden, wenn die GmbH im Zeitpunkt der Löschung durch einen Prozessbevollmächtigten vertreten war (*BAG* 4.6.2003 EzA § 50 ZPO 2002 Nr. 1).

### (4) GmbH & Co. KG – Passivrubrum

▶ **Muster Passivrubrum GmbH & Co. KG:** 21

gegen

die Bau GmbH & Co. KG, Hauptstraße 111, 67655 Kaiserslautern, vertreten durch ihre alleinvertretungsberechtigte Komplementärin, die B-Vertriebs-GmbH, diese vertreten durch ihren Geschäftsführer W, ebenda

– Beklagte –

Fehlt die korrekte Bezeichnung »vertreten durch die Komplementärin« schadet das nach Auffassung 22
des *BGH* (29.6.1993 NJW 1993, 2811) nicht, sofern die Geschäftsführer namentlich aufgeführt sind. Zustellungen haben nicht an die GmbH als persönlich haftende Gesellschafterin zu erfolgen, sondern an deren Geschäftsführer. Sind die Geschäftsführer namentlich bezeichnet, besteht kein Zweifel, an wen zuzustellen ist.

Da erfahrungsgemäß bei Klagen gegen eine GmbH & Co. KG häufig in der Zwangsvollstreckung 23
Schwierigkeiten auftreten, empfiehlt es sich in Zweifelsfällen, zugleich die **Komplementärin** im Wege der subjektiven Klagehäufung gem. § 161 Abs. 2 i. V. m. § 128 Satz 1 HGB zu **verklagen**,

s. L/Rz 11. Die persönlich haftende Gesellschafterin einer Kommanditgesellschaft ist Arbeitgeberin i. S. d. § 2 Abs. 1 Nr. 3 ArbGG (*BAG* 1.3.1993 EzA ArbGG 1979 § 2 Nr. 24).

*(5) AG – Passivrubrum*

24 ▶ **Muster Passivrubrum AG:**

gegen

die Energie-Versorgungs-Aktiengesellschaft, Energiestraße 13, 67655 Kaiserslautern, gesetzlich vertreten durch den Vorstand D und Dipl.-Ing. W, ebenda

– Beklagte –

*(6) Genossenschaft – Passivrubrum*

25 ▶ **Muster Passivrubrum Genossenschaft:**

gegen

die Sparbank eG, Hauptstraße 1, 67655 Kaiserslautern, gesetzlich vertreten durch den Vorstand D und Dipl.-Kaufmann M., ebenda

– Beklagte –

*(7) NATO – Truppen – Passivrubrum*

26 S. Kap. 1 Rdn. 240 f.; Kap. 14 Rdn. 193; s. a. Rdn. 56.

*(8) Fiskus – Passivrubrum*

27 ▶ **Muster Passivrubrum Fiskus:**

gegen

das Finanzamt Kaiserslautern, Eisenbahnstraße 56, 67655 Kaiserslautern, vertreten durch seinen Leiter, ebenda

– Beklagte –

*(9) Bundesagentur für Arbeit – Passivrubrum*

28 ▶ **Muster Passivrubrum Bundesagentur für Arbeit:**

gegen

die Bundesagentur für Arbeit, vertreten durch den Vorstand

– Beklagte –

*(10) Insolvenzverwalter – Passivrubrum*

29 Der Insolvenzverwalter ist Partei kraft Amtes (str., anders Vertretertheorie, s. i. E. *Zöller/Vollkommer* § 51 Rn. 7).

30 – Rückständiges Arbeitsentgelt bei Verfahrenseröffnung
Bei einem Rechtsstreit um derartige Ansprüche liegt ein Fall gesetzlicher Prozessstandschaft vor; § 80 InsO.

31 – Masseverbindlichkeiten nach §§ 55 Abs. 1 Nr. 2, 209 Abs. 1 Nr. 2, 3 InsO
Für Rechtsstreitigkeiten über derartige Masseverbindlichkeiten sowie betriebsverfassungsrechtliche Streitigkeiten ist der Insolvenzverwalter als Arbeitgeber Partei (*Zwanziger* Das Arbeitsrecht der Insolvenzordnung, 2. Aufl., Rn. 92 ff.) ebenso wie bei Auseinandersetzungen über eine von ihm ausgesprochene Kündigung (*Berrisch* FA 2008, 197).

## A. Urteilsverfahren    Kapitel 15

▶ **Muster Passivrubrum Insolvenzverwalter:**    32

gegen

den Rechtsanwalt R, Hauptstraße 1, 67655 Kaiserslautern als Insolvenzverwalter über das Vermögen der GmbH & Co. KG, Sauerwiese 111, 67655 Kaiserslautern

– Beklagte –

Ordnet das Insolvenzgericht Eigenverwaltung an, behält der Schuldner die Prozessführungsbefugnis    33
(*BAG* 8.5.2008 – 6 AZR 517/07, FA 2008, 286 LS). Gemäß § 270 Abs. 1 InsO bleibt er nämlich berechtigt, unter Aufsicht eines Sachwalters die Insolvenzmasse zu verwalten.

*(11) Ausländische Kapitalgesellschaften*

Der Rechtsanwalt des Beklagten sollte **vorsorglich die Parteifähigkeit einer klagenden auslän-**    34
**dischen Kapitalgesellschaft bestreiten**; das Gericht muss diese dann von Amts wegen prüfen, § 56 ZPO i. V. m. § 46 Abs. 2 ArbGG. Auslandsgesellschaften behalten nach der europarechtlichen Gründungstheorie auch nach Verlegung des Verwaltungssitzes nach Deutschland ihre Rechtspersönlichkeit und Parteifähigkeit (*Zöller/Vollkommer* § 50 Rn. 21a). Beispiele für parteifähige Auslandsgesellschaften sind insbes. die britische »**private limited company**« (*BGH* 14.3.2005 NJW 2005, 1648) und die niederländische »**BV**« (*BGH* 13.3.2003 NJW 2003, 1461).

*(12) Arbeitnehmerüberlassung/Leiharbeit*

Der Verleiher bleibt bei nach § 1 AÜG erlaubter Arbeitnehmerüberlassung Arbeitgeber. Fehlt die er-    35
forderliche Erlaubnis, fingiert § 10 Abs. 1 AÜG ein Arbeitsverhältnis zwischen Entleiher und Leiharbeitnehmer (s. Kap. 3 Rdn. 4439 ff.).

*(13) Betriebsübergang*

– **Arbeitgeber**    36
Eine Klage ist nach der Rechtsprechung des BAG grds. gegen den **Arbeitgeber** zu richten, der kündigte (*BAG* 26.5.1983 EzA § 613a BGB Nr. 34; 27.9.1984 EzA § 613a BGB Nr. 40; *Küttner/ Kreitner* Personalbuch 1998 Betriebsübergang, Rn. 89 ff.; *Kreitner* FA 1998, 3; vgl. zum Auflösungsantrag gem. §§ 9, 10 KSchG: *BAG* 20.3.1997 EzA § 613a BGB Nr. 148). Erfolgt der Betriebsübergang (vgl. hierzu *Worzalla* FA 1998, 44; *Annuß* NZA 1998, 70; *ders.* BB 1998, 1582) erst nach der Klageerhebung, wirkt die Rechtskraft eines Urteils gegen den alten Arbeitgeber gem. § 325 ZPO auch gegen den neuen Arbeitgeber. Hingegen scheidet eine Rechtskrafterstreckung bei einem Betriebsübergang nach Kündigung, aber vor Klageerhebung, aus; ein erstrittener Titel ist gegenüber dem Betriebserwerber wirkungslos. Der Rechtsanwalt des Arbeitnehmers sollte daher sorgfältig prüfen, ob er den Betriebsveräußerer und/oder den Betriebserwerber verklagt, um schnellstmöglich und Kosten sparend die rechtlichen Interessen seines Mandanten durchzusetzen. Zu differenzieren ist zunächst danach, ob der Betriebsveräußerer oder der Betriebserwerber kündigte und ob im Zeitpunkt der Klageerhebung der Betriebsübergang bereits stattgefunden hatte. Ein Betriebsübergang tritt mit dem Wechsel in der Person des Inhabers des Betriebs ein. Einer besonderen Übertragung einer Leitungsmacht bedarf es daneben nicht. Der bisherige Inhaber muss seine wirtschaftliche Betätigung in dem Betrieb/-steil einstellen und der neue Inhaber den Betrieb tatsächlich führen (*BAG* 12.11.1998 EzA § 613a BGB Nr. 170).

– **Kündigung durch Betriebserwerber**    37
Kündigt der Betriebserwerber vor Betriebsübergang und erhebt der Arbeitnehmer vor Betriebsübergang Klage, so ist die Klage gegen den Betriebsveräußerer als Arbeitgeber im Zeitpunkt der Klageerhebung zu richten. Der nach Klageerhebung erfolgende Betriebsübergang hat gem. § 265 Abs. 2 ZPO keinen Einfluss auf den Prozess; die Rechtskraft eines Urteils erstreckt sich nach § 325 BGB auf den neuen Arbeitgeber, der Titel kann gem. § 727 ZPO umgeschrieben werden. Einer isolierten Feststellungsklage gegen den Betriebsveräußerer nach Betriebsübergang fehlt grds.

# Kapitel 15

das **Rechtsschutzbedürfnis**, da eine Rechtskraftwirkung gem. § 325 ZPO gegenüber dem Betriebserwerber nicht eintritt (*Hillebrecht* NZA 1989 Beil. 4, S. 14, 19). Dient eine Klage nur der Vorbereitung der Durchsetzung von Ansprüchen aus § 613a BGB gegen den Betriebserwerber, geht es nach Auffassung des *BAG* (16.3.1989 – 2 AZR 726/87, n. v.) um eine überflüssige Prozessführung.

Kündigt der Betriebserwerber nach Betriebsübergang, ist die Klage gegen ihn zu richten.

38 – **Kündigung des Betriebsveräußerers**
Kündigt der Betriebsveräußerer vor Betriebsübergang und wird Klage vor Betriebsübergang erhoben, so ist die Klage gegen den Betriebsveräußerer zu richten. Der nach Klageerhebung erfolgende Betriebsübergang hat gem. § 265 Abs. 2 ZPO keinen Einfluss auf den Prozess; die Rechtskraft eines Urteils erstreckt sich nach § 325 BGB auf den neuen Arbeitgeber, der Titel kann gem. § 727 ZPO umgeschrieben werden.

Kündigt der Betriebsveräußerer vor Betriebsübergang und wird Klage nach Betriebsübergang erhoben, so ist für die Klärung der Wirksamkeit der Kündigung der Betriebsveräußerer auch nach dem Betriebsübergang passivlegitimiert (*BAG* 18.3.1999 EzA § 613a BGB Nr. 179). Wird in dem Kündigungsrechtsstreit zwischen Arbeitnehmer und Betriebsveräußerer rechtskräftig die Unwirksamkeit der von diesem ausgesprochenen Kündigung wegen Betriebsübergangs festgestellt, findet aber § 325 ZPO im Verhältnis zu dem Betriebserwerber weder unmittelbare noch entsprechende Anwendung, weil der Betriebsübergang vor Eintritt der Rechtshängigkeit vollzogen wurde (*BAG* 18.2.1999 EzA § 613a BGB Nr. 176). Es empfiehlt sich daher, nicht nur eine Kündigungsschutzklage gem. § 4 KSchG gegen den kündigenden Betriebsveräußerer zu richten, sondern im Wege der subjektiven Klagehäufung auch eine allgemeine Feststellungsklage nach § 256 ZPO gegen den (möglichen) Betriebserwerber.

Kündigt der Betriebsveräußerer nach Betriebsübergang, ist die Klage gegen den Betriebserwerber zu richten, da dieser nunmehr der Arbeitgeber ist (*Kreitner* FA 1998, 3). Das *LAG Köln* (18.3.1994 – 13 Sa 924/93, n. v.) hält eine Klage gegen den Betriebsveräußerer in diesem Fall bereits für unschlüssig; zumindest dürfte ein Feststellungsinteresse gegenüber dem Betriebsveräußerer zu verneinen sein.

39 – **Ungewissheit hinsichtlich des Betriebsübergangs**
Hat der Arbeitnehmer **Kenntnis über einen Betriebsübergang und die Person des Betriebserwerbers, weiß er jedoch nicht den genauen Zeitpunkt des Betriebsübergangs**, muss er dennoch innerhalb der Dreiwochenfrist des § 4 KSchG Kündigungsschutzklage erheben.

Im Rahmen eines Kündigungsschutzprozesses trägt der Arbeitgeber die volle Darlegungs- und Beweislast für die Tatsachen, die die Kündigung bedingen; er muss für die soziale Rechtfertigung erhebliche Gründe vortragen und nachweisen. Der Arbeitnehmer kann sich darauf beschränken, eine Betriebsstilllegung unter Hinweis auf einen Betriebsübergang zu bestreiten (*BAG* 5.12.1985 EzA § 613a BGB Nr. 50).

40 Der Arbeitgeber muss nunmehr darlegen und beweisen, dass es neben dem Betriebsübergang einen sachlichen Grund für die Kündigung gibt, sodass der Betriebsübergang nur Anlass, nicht aber der tragende Grund für die Kündigung war.

41 Die Kündigungsschutzklage ist gegen den Arbeitgeber zu richten.

42 Kündigte der Betriebsveräußerer, sollte bei fehlender Kenntnis eines Betriebsübergangs die Kündigungsschutzklage gegen den Betriebsveräußerer erhoben werden sowie im Wege einer unbedingten (*BAG* 31.3.1993 EzA § 4 KSchG n. F. Nr. 48) subjektiven Klagehäufung auch gegenüber dem angeblichen Betriebserwerber. Betriebsveräußerer und Betriebserwerber können in demselben Rechtsstreit als Arbeitgeber verklagt werden; sie sind dann Streitgenossen (*BAG* 25.4.1996 EzA § 4 TVG Ausschlussfristen Nr. 123). Vorsorglich sollte grds. unverzüglich eine Zurückweisung der Kündigung gem. § 174 BGB erfolgen.

43 Fand ein Betriebsübergang erst nach Kündigung und Klageerhebung statt, hat die Kündigungsschutzklage gegen den Betriebsveräußerer als Arbeitgeber im Kündigungszeitpunkt mangels einer Betriebsstilllegung Erfolgsaussichten. Erfolgte der Betriebsübergang nach Kündigung durch den Be-

## A. Urteilsverfahren Kapitel 15

triebsveräußerer, aber vor Klageerhebung, findet zwar § 325 ZPO keine Anwendung, jedoch wird auf Grund der subjektiven Klagehäufung dasselbe Gericht hinsichtlich des beklagten Betriebserwerbers ebenfalls einen Betriebsübergang bejahen.

Kündigt der Betriebsveräußerer nach Betriebsübergang, scheitert die Klage gegen den Betriebsveräußerer, weil er im Zeitpunkt des Ausspruchs der Kündigung nicht (mehr) Arbeitgeber war. Hat der Arbeitnehmer rechtzeitig dessen Vollmacht gem. § 174 BGB gerügt, ist ein Obsiegen gegenüber dem Betriebserwerber allein deshalb wahrscheinlich, weil die Kündigung nicht durch den Arbeitgeber ausgesprochen wurde und denkbarer Beklagtenvortrag einer Bevollmächtigung/nachträglichen Genehmigung auf Grund der Rüge des § 174 BGB abgeschnitten ist. Die Anträge sind derart zu ändern, dass die zunächst hilfsweise gegen den Betriebserwerber gestellte Kündigungsschutzklage als Hauptantrag gestellt wird. 44

Klagt ein Arbeitnehmer in subjektiver Klagehäufung gegen den bisherigen Arbeitgeber und Betriebsinhaber auf Feststellung, dass das Arbeitsverhältnis durch eine von diesem ausgesprochene Kündigung nicht aufgelöst worden ist und gegen den behaupteten Betriebsübernehmer zugleich auf Feststellung, dass mit ihm das beim bisherigen Arbeitgeber begründete Arbeitsverhältnis fortbesteht, so handelt es sich um zwei Streitgegenstände, die hinsichtlich des Streitwertes selbstständig bis zum Höchstbetrag nach § 12 Abs. 7 S. 1 ArbGG zu bewerten sind (*LAG Köln* 16.12.1993 AE 2/1994, 20). 45

**Fehlen dem Arbeitnehmer jegliche Kenntnisse über einen Betriebsübergang**, vermutet er oder sein Prozessbevollmächtigter aber einen bevorstehenden Betriebsübergang, sollte fristgerecht Kündigungsschutzklage gegen den kündigenden Betriebsveräußerer erhoben werden. Um zu vermeiden, dass die Gegenseite Vorkehrungen trifft, sollte weder in der Klageschrift noch im Gütetermin ein möglicher Betriebsübergang angesprochen werden, sondern intensiv außergerichtlich Informationen eingezogen werden. In einem Insolvenzverfahren sollte vor dem Kammertermin die Akte des Insolvenzgerichtes eingesehen werden. In den Protokollen der Gläubigerversammlung finden sich häufig Ausführungen des Insolvenzverwalters zu der Frage, ob die Insolvenzmasse zerschlagen oder insgesamt veräußert werden soll. Verdichten sich im Laufe des Kündigungsschutzprozesses die Anzeichen einer Betriebsübernahme sollte eine Klageerweiterung erfolgen. 46

*(14) Wiedereinstellungsanspruch*

Das *BAG* hat mit seiner Entscheidung vom 27.2.1997 (EzA § 1 KSchG Wiedereinstellungsanspruch Nr. 1) eine »Renaissance des Wiedereinstellungsanspruchs« eingeleitet (*Nägele* BB 1998, 1686; *Manske* FA 1998, 143; *Annuß* BB 1998, 1582 [1587]; *Ricken* NZA 1998, 460; *Linck* FA 2000, 334). Ein Wiedereinstellungsanspruch entsteht, wenn sich die zum maßgeblichen Zeitpunkt des Ausspruchs der Kündigung zunächst richtige Arbeitgeberprognose des Wegfalles einer Beschäftigungsmöglichkeit des Arbeitnehmers zum Kündigungstermin noch während des Laufs der Kündigungsfrist auf Grund sich ändernder Umstände (neuer Kausalverlauf) als unrichtig erweist (*BAG* 27.2.1997 EzA § 1 KSchG Wiedereinstellungsanspruch Nr. 1; 6.8.1997 EzA § 1 KSchG Wiedereinstellungsanspruch Nr. 2; 4.12.1997 EzA § 1 KSchG Wiedereinstellungsanspruch Nr. 3). Der Arbeitnehmer hat gem. § 242 BGB dann grds. einen Anspruch auf Weiterbeschäftigung. Im Fall einer Kündigung wegen Betriebsstilllegung richtet sich der Anspruch gegen den zum Zeitpunkt des Kündigungsausspruchs noch nicht »greifbaren« Betriebsübernehmer. Nach der Rechtsprechung des *BAG* (13.11.1997 EzA § 613a BGB Nr. 154; 12.11.1998 EzA § 613a BGB Nr. 171) ist das Fortsetzungsverlangen gegenüber dem Betriebserwerber zu erklären. Das Fortsetzungsverlangen muss dem Betriebserwerber innerhalb der Kündigungsfrist (*BAG* 28.6.2000 EzA § 1 KSchG Wiedereinstellungsanspruch Nr. 5) oder – ausnahmsweise auch danach – unverzüglich nach Kenntniserlangung von den den Betriebsübergang ausmachenden tatsächlichen Umständen zugehen (*BAG* 12.11.1998 EzA § 613a BGB Nr. 171; *Kleinebrink* FA 1999, 138). 47

In einer Kündigungsschutzklage empfiehlt es sich, den Wiedereinstellungsantrag als Hilfsantrag in Form einer Leistungsklage – vergleichbar dem Weiterbeschäftigungsanspruch – anhängig zu ma- 48 chen. Bei einer Beendigung des Arbeitsverhältnisses durch Vergleich sollte in Zweifelsfällen ausdrücklich ein Verzicht auf einen eventuellen Wiedereinstellungsanspruch aufgenommen werden (*Nägele* BB 1998, 1686).

### bb) Parteiberichtigung oder Parteiwechsel

*(1) Allgemeines*

49  Ein Parteiwechsel auf Beklagtenseite liegt vor, wenn anstelle des ursprünglich Beklagten nunmehr eine **andere Person** verklagt wird.

50  Eine Parteiberichtigung ist nur dann möglich, wenn die **Identität der ursprünglich verklagten Partei** erhalten bleibt. Das ist nicht der Fall, wenn die beklagte Partei richtig und eindeutig bezeichnet war, die Klage aber irrtümlich gegen die materiell-rechtlich falsche Beklagte gerichtet war (*LAG München* 2.8.1988 NZA 1989, 233). Unklarheiten in der Parteibezeichnung können im gerichtlichen Verfahren jederzeit richtig gestellt werden (*BAG* 22.1.1975 EzA § 268 ZPO Nr. 1).

51  Die Unterscheidung erlangt in der Praxis große Relevanz, falls durch die Klage eine **Frist**, – insbes. die Klagefrist der §§ 4, 7, 13 KSchG –, gewahrt werden soll. Ein Parteiwechsel wirkt nicht auf den Zeitpunkt der ursprünglichen Klageeinreichung zurück (*LAG Bln.* 26.6.2003 LAGE § 263 ZPO Nr. 2). Hingegen wirkt die Parteiberichtigung »ex tunc« auf den Klageeingang zurück (*LAG Nbg.* 6.8.2002 LAGE § 626 BGB Nr. 143). Nach der Rechtsprechung des BAG (*BAG* 15.3.2001 EzA § 4 KSchG n. F. Nr. 61) ist in einem Kündigungsschutzprozess bei der Ermittlung einer **nicht eindeutig bezeichneten Partei** auf Beklagtenseite auf das Kündigungsschreiben zurückzugreifen, sofern es der Klageschrift beiliegt (s. Rdn. 90 Muster Kündigungsschutzklage). Ergibt sich in einem Kündigungsrechtsstreit aus dem der Klageschrift beigefügten Kündigungsschreiben, wer als beklagte Partei gemeint ist, so ist eine Berichtigung der Parteibezeichnung regelmäßig möglich (*BAG* 28.8.2008 ArbRB 2009, 65). Dies gilt auch, wenn der Arbeitnehmer bei einer Partnerschaftsgesellschaft nach dem PartGG beschäftigt ist und eine Kündigungsschutzklage sich fälschlich gegen sämtliche einzelnen Partner richtet (*BAG* 1.3.2007 EzA § 4 KSchG n. F. Nr. 76).

*(2) Einzelfälle*

52  – **Firma**
Wird eine Partei nur mit der Firma bezeichnet, so ist der **Inhaber der Firma**, – und zwar derjenige zum Zeitpunkt der Klageeinreichung (Kläger) bzw. Zustellung (Beklagter) –, Partei (*OLG München* 10.3.1971 NJW 1971, 1615). Die Angabe der Firma ohne Bezeichnung des Inhabers genügt den Erfordernissen des § 253 Abs. 2 Nr. 1 ZPO, weil ein Kaufmann gem. § 17 Abs. 2 HGB unter seiner Firma verklagt werden kann. Hiervon zu unterscheiden ist die **Klage gegen eine Firma unter Bezeichnung des – unzutreffenden – Inhabers**. Nennt die Klageschrift A als Inhaber, während B der Inhaber ist, liegt eine Klageänderung und keine Parteiberichtigung vor. Unzulässige oder falsche Firma schadet nur dann nicht, wenn dennoch die Identität des Beklagten zweifelsfrei feststeht (*Zöller/Greger* § 253 Rn. 8a).

53  – **Vertretung bei Abgabe der Kündigungserklärung**
Nennt der Kläger im Rubrum irrtümlich nicht seinen Arbeitgeber, sondern dessen Bevollmächtigten, der ausweislich eines der Klageschrift beiliegenden Kündigungsschreibens »namens und in Vollmacht« eines (anderen) Unternehmens die Kündigungserklärung abgibt, so hat das Gericht analog § 319 ZPO das Passivrubrum zu berichtigen (*BAG* 15.3.2001 EzA § 4 KSchG n. F. Nr. 61).

54  – **GmbH**
Richtet der Arbeitnehmer **gegen den als Unternehmer bezeichnenden Geschäftsführer einer GmbH unter der Geschäftsanschrift** eine Kündigungsschutzklage, wird hierdurch die Klagefrist des § 4 KSchG gewahrt, da das Passivrubrum jederzeit berichtigt werden kann (*LAG Hamm* 21.8.1980 EzA § 4 KSchG n. F. Nr. 18). Die Parteibezeichnung in der Klageschrift ist auszulegen. Die Klage war auf Grund der Angaben in der Klageschrift dem Geschäftsführer der GmbH zuge-

## A. Urteilsverfahren

stellt worden. Der Geschäftsführer hat erkennen können, dass der Kläger den Fortbestand des bestehenden Arbeitsverhältnisses mit der GmbH festgestellt wissen wollte.

Hingegen ist eine Parteiberichtigung – jedenfalls dann in der Berufungsinstanz – nicht mehr möglich, wenn die natürliche Person bereits bei Einreichung eines Mahnbescheides überhaupt nicht mehr Geschäftsführer der GmbH war (*OLG Köln* 3.7.1985 GmbHRdsch. 1986, 47).

– **GmbH & Co. KG** 55
Die **gegen die persönlich haftende Gesellschafterin einer GmbH & Co. KG gerichtete Kündigungsschutzklage** kann jedenfalls in der Berufungsinstanz gegen den Willen der verklagten Gesellschafterin nicht mehr dahingehend berichtigt werden, dass die tatsächliche Arbeitgeberin, die GmbH & Co. KG, Beklagte sein soll (*LAG Bln.* 18.1.1982 EzA § 4 KSchG n. F. Nr. 21). Eine Berichtigung der Bezeichnung der beklagten Partei in der Berufungsinstanz kann für die richtig bezeichnete Beklagte gleich bedeutend mit dem Verlust einer Instanz sein. Das *LAG Bln.* stellt bei der Auslegung der Parteibezeichnung darauf ab, dass dem Kläger bzw. seinen Prozessbevollmächtigten die firmenrechtliche Konstruktion der Beklagten genauestens bekannt war – anders als in dem vom *LAG Hamm* (21.8.1980 EzA § 4 KSchG n. F. Nr. 18) entschiedenen Fall. Das *LAG Bln.* betont die Pflicht der Prozessbevollmächtigten »besonders sorgfältig« zu prüfen, ob die Kündigungsschutzklage auch gegen die »richtige« Partei erhoben worden ist.

– **Stationierungsstreitkräfte** 56
Erhebt ein bei NATO-Truppen beschäftigter Zivilangestellter **gegen den ausländischen militärischen Arbeitgeber selbst oder die Beschäftigungsdienststelle Klage** statt gegen die Bundesrepublik als Prozessstandschafterin gem. Art. 56 Abs. 8 ZA-NTS, so ist streitig, ob diese Klage die Dreiwochenfrist des § 4 KSchG wahrt. Ein Teil der Rechtsprechung hält eine bloße Berichtigung des Rubrums für unzulässig (*LAG Köln* 20.11.1987 LAGE § 5 KSchG Nr. 39; *ArbG Bln.* 10.3.1988 NZA 1989, 277; *LAG RhPf* 27.4.1990 LAGE § 4 KSchG Nr. 17). Der Kläger hat mit der Klageschrift unmissverständlich die beklagte Partei bezeichnet, nämlich den alliierten Arbeitgeber bzw. die alliierte Dienststelle. Eine Parteiberichtigung kommt hingegen nur bei einer unzutreffenden oder ungenauen Bezeichnung der Partei in Betracht, wobei die Identität der Partei gewahrt bleiben muss. Die BRD ist eindeutig eine andere Person als der alliierte Arbeitgeber oder die alliierte Dienststelle und nicht lediglich ungenau bezeichnet. Hingegen hatte das *LAG Köln* (29.8.1986 – 6 Ta 200/P 6, n. v.) unter Bezugnahme auf das *BAG* (3.7.1969 AP Nr. 1 § 46 TV AL II) eine Parteiberichtigung zugelassen. Der Arbeitgeber sei verklagt worden; die materielle Arbeitgeberstellung wurde durch die gesetzliche Prozessstandschaft der BRD nicht geändert. Das *BAG* stellt in seinem Urteil vom 13. Juli 1989 (juris) klar, dass eine Parteiberichtigung nur in Betracht kommt, wenn – wie in der Entscheidung vom 3. Juli 1969 – zumindest die Endvertretung richtig bezeichnet worden war.

– **Fristwahrung nach Parteiwechsel** 57
Erfolgt die Zustellung einer Kündigungsschutzklage nach Parteiwechsel ohne Verschulden des Gerichtes nicht »**demnächst**« i. S. d. § 270 Abs. 3 ZPO, so ist – zumindest nach entsprechender Rüge des Beklagten gem. § 295 ZPO – die Klagefrist des § 4 KSchG nicht gewahrt. In dem vom *ArbG Bln.* (10.3.1988 NZA 1989, 277) entschiedenen Fall der Klage eines Zivilangestellten der Britischen Stationierungsstreitkräfte lautet das Passivrubrum »vertr. d. d. Manager«. Die Klage konnte nicht zugestellt werden. Nach Richtigstellung des Passivrubrums konnte erst zwei Monate nach Kündigungszugang die Zustellung an die Prozessstandschafterin erfolgen. Das *ArbG Bln.* vertrat die Auffassung, selbst wenn eine Parteiberichtigung zulässig wäre und die Klage somit innerhalb der Dreiwochenfrist eingereicht wurde, sei keine fristwahrende Zustellung i. S. d. § 4 KSchG erfolgt. Die Kündigung gilt gem. §§ 7, 13 Abs. 1 S. 2 KSchG als von Anfang an rechtswirksam.

Liegt keine bloße Parteiberichtigung vor, sondern ein gewillkürter Parteiwechsel auf Beklagtenseite, kommt es für die Wahrung der Dreiwochenfrist gem. §§ 4, 7, 13 KSchG nicht auf den Zeitpunkt des Prozessbeginns, sondern auf den Zeitpunkt des Parteiwechsels an (*LAG Hamm* 17.8.1982 EzA § 4 KSchG n. F. Nr. 23; *BAG* 31.3.1993 EzA § 4 KSchG n. F. Nr. 46; *LAG Bln.* 26.6.2003 jurion).

58 – **Zustellungsfehler**
Ist die Klage überhaupt nicht zugestellt, fehlt es an einer wirksamen Klageerhebung (*Zöller/Greger* § 253 Rn. 26; siehe zur Zustellung im arbeitsgerichtlichen Verfahren *Laber* FA 1998, 204). Die Rechtshängigkeit der Streitsache wird nicht begründet, § 261 Abs. 1 ZPO.

### d) Beschlussverfahren

#### aa) Beteiligte

59 Das arbeitsgerichtliche Beschlussverfahren kennt keine Parteien, sondern stattdessen Beteiligte, §§ 80 ff. ArbGG.

60 Beteiligt sich die Bundesrepublik Deutschland gem. Abs. 9 des Unterzeichnungsprotokolls zu Art. 56 Abs. 9 ZA-NTS auf Antrag einer Truppe an einem von der Betriebsvertretung einer Dienststelle eingeleiteten Verfahren über den Umfang des Mitbestimmungsrechts bei der Einstellung von Arbeitnehmern, ist sie alleinige Beteiligte im Sinne einer Prozessstandschafterin; die betroffene Dienststelle ist hingegen nicht beteiligt (*BAG* 7.11.2000 EzA § 83 ArbGG 1979 Nr. 9).

#### bb) Beteiligtenfähigkeit

61 Beteiligtenfähigkeit ist die Fähigkeit, im eigenen Namen ein Beschlussverfahren zur Geltendmachung oder zur Verteidigung von Rechten zu betreiben (*Schwab/Weth-Weth* § 10 Rn. 16).

62 Wer parteifähig ist, ist grds. auch beteiligtenfähig. Darüber hinaus erweitert § 10, 2. Hs. ArbGG die Beteiligtenfähigkeit; die nach dem BetrVG, SprAuG, MitbestG, MitbestErgG und dem BetrVG 1952 sowie den zu den genannten Gesetzen ergangenen Rechtsverordnungen beteiligten Personen und Stellen sind beteiligtenfähig. Beteiligtenfähige Personen sind beispielsweise der Vertrauensmann der Schwerbehinderten, Beauftragte der Gewerkschaften und Arbeitgeberverbände, Betriebs- und Aufsichtsratsmitglieder. Beispiele für beteiligungsfähige Stellen sind der Betriebsrat, Gesamtbetriebsrat, Konzernbetriebsrat, Sprecherausschüsse, Jugend- und Auszubildendenvertretung, Wirtschaftsausschuss und Schwerbehindertenvertretung (s. Rdn. 1108 ff.).

63 In Verfahren zur Feststellung der Tariffähigkeit sind die betroffenen Verbände sowie die obersten Arbeitsbehörden des Bundes und Länder beteiligtenfähig.

## 2. Die Prozessfähigkeit

### a) Begriff

64 Prozessfähigkeit ist die Fähigkeit, Prozesshandlungen selbst oder durch selbstgewählte Vertreter wirksam vornehmen oder entgegennehmen zu können (*Zöller/Vollkommer* § 52 Rn. 1).

### b) Abgrenzung

65 Von der Prozessfähigkeit zu unterscheiden ist die **Postulationsfähigkeit**, die Fähigkeit, dem prozessualen Handeln die rechtserhebliche Erscheinungsform zu geben (*Zöller/Vollkommer* Vor § 50 Rn. 16). § 11 Abs. 1 ArbGG modifiziert § 79 ZPO, § 11 Abs. 2 ArbGG, § 78 ZPO. Das Verfahren vor dem ArbG ist grds. ein **Parteiprozess**, vor dem LAG und BAG besteht hingegen **Vertretungszwang**. Zur Prozessvertretung vor dem BAG sind nur Rechtsanwälte zugelassen (Rechtsanwaltsprozess); nicht – anders als vor dem ArbG und LAG – Verbandsvertreter. Für Rechtsanwälte besteht **kein Lokalisierungszwang** i. S. d. § 18 Abs. 1 BRAO; jeder bei einem deutschen Gericht zugelassene Rechtsanwalt ist postulationsfähig.

66 **Ausländische Rechtsanwälte** aus einem Mitgliedstaat der EG dürfen im Einvernehmen mit einem vertretungsberechtigten deutschen Rechtsanwalt auftreten, § 4 Rechtsanwaltsdienstleistungsgesetz i. V. m. Richtlinie 77/249 EWG vom 22.3.1977; darüber hinaus kann ihnen die Justizverwaltung nach § 157 Abs. 3 ZPO i. V. m. § 46 Abs. 2 ArbGG das Auftreten gestatten.

## A. Urteilsverfahren Kapitel 15

### c) Probleme

#### aa) Natürliche Personen

##### (1) Minderjähriger Arbeitgeber

Ein Minderjähriger kann durch seinen gesetzlichen Vertreter mit Genehmigung des Vormundschaftsgerichts zum selbstständigen Betrieb eines Erwerbsgeschäftes ermächtigt werden (s. Kap. 2 Rdn. 443 ff.). Er ist dann für sämtliche Rechtsgeschäfte, die der Betrieb nach der Verkehrsauffassung mit sich bringt, unbeschränkt geschäfts- und somit prozessfähig. Regelmäßig stehen arbeitsrechtliche Streitigkeiten im Zusammenhang mit dem Betrieb eines Erwerbsgeschäftes. Vor Abschluss eines Vergleiches durch einen unter Vormundschaft stehenden minderjährigen Arbeitgeber ist zu prüfen, ob der Vergleichswert € 3.000,– übersteigt, falls der Vergleich nicht auf einem schriftlichen oder protokollierten Vorschlag des Gerichtes beruht, § 1822 BGB. 67

Der Rechtsanwalt sollte das Gericht um einen entsprechenden Vergleichsvorschlag bitten, da er anderenfalls vor einem unwiderruflichen Vergleichsabschluss gem. § 1822 Nr. 12 BGB die Zustimmung des Vormundschaftsgerichts einholen muss. 68

##### (2) Minderjähriger Arbeitnehmer

Der Minderjährige, den sein gesetzlicher Vertreter ermächtigt hat, in Dienst oder Arbeit zu treten, ist für alle sich aus dem Dienst- oder Arbeitsverhältnis erwachsenden arbeitsrechtlichen Streitigkeiten prozessfähig, § 113 BGB, § 51 ZPO, § 46 Abs. 2 ArbGG (s. Kap. 2 Rdn. 447 ff.). Die Ermächtigung kann konkludent erfolgen; ein bloßes »Dulden« bedeutet aber nicht automatisch eine konkludente Ermächtigung durch schlüssiges Verhalten (*BAG* 19.7.1974 EzA § 133 BGB Nr. 1). Eine erteilte Ermächtigung schließt einen **Gewerkschaftsbeitritt** ein, für daraus folgende Rechtsstreitigkeiten ist der minderjährige Arbeitnehmer prozessfähig (*LG Essen* 18.3.1965 AP Nr. 3 zu § 113 BGB; *LG Frankf.* 5.4.1967 FamRZ 1967, 680). 69

Eingehung, Aufhebung und Erfüllung der Pflichten aus einem Ausbildungsvertrag werden nicht durch eine allgemeine Ermächtigung erfasst. Der minderjährige Auszubildende ist nicht prozessfähig für Streitigkeiten aus dem Berufsausbildungsverhältnis (*BAG* 21.3.1957 AP Nr. 2 zu § 612 BGB). 70

Der Aufhebungsvertrag über einen Ausbildungsvertrag sollte schriftlich erfolgen und muss von dem gesetzlichen Vertreter gegengezeichnet werden. Der Auszubildende kann nach Erlangung der Volljährigkeit den schwebend unwirksamen Aufhebungsvertrag gem. § 108 Abs. 3 BGB genehmigen. Aus Beweisgründen sollte die Genehmigung schriftlich erfolgen. 71

#### bb) Juristische Personen

##### (1) Gesetzliche Vertreter juristischer Personen

Juristische Personen handeln durch ihre gesetzlichen Vertreter, die auch zur Prozessführung berufen sind (s. Rdn. 9 ff.). 72

##### (2) Vertreter der Sozialversicherungsträger

Die Sozialversicherungsträger werden durch ihre gesetzlichen Vertreter, Vorstände oder besonders Beauftragte vertreten, § 71 Abs. 3 SGG (s. Rdn. 28). 73

##### (3) Vertreter des Fiskus

Den Fiskus vertritt der Leiter der gesetzlich berufenen zuständigen Behörde (s. Rdn. 27). 74

### cc) Versäumnisurteil

75 Bestehen Zweifel an der Prozessfähigkeit einer Partei darf ein Versäumnisurteil nicht erlassen werden. Die Frage der Prozessfähigkeit ist zunächst zu klären (*BAG* 18.2.1974 EzA § 56 ZPO Nr. 1).

### 3. Die Prozessführungsbefugnis

#### a) Begriff

76 Die Prozessführungsbefugnis ist das Recht, einen Prozess als die richtige Partei im eigenen Namen zu führen (*Zöller/Vollkommer* Vor § 50 Rn. 18). Die Prozessführungsbefugnis richtet sich grds. nach dem materiellen Recht; sie steht demjenigen zu, der aus dem Rechtsverhältnis unmittelbar berechtigt oder verpflichtet ist.

#### b) Prozessstandschaft

77 Der Grundsatz, dass die Prozessführungsbefugnis sich nach dem materiellen Recht richtet, erfährt durch das Institut der Prozessstandschaft eine Ausnahme.

##### aa) Gesetzliche Prozessstandschaft

78 Für **Rechtsstreitigkeiten ziviler Arbeitskräfte der NATO-Truppen** regelt Art. 56 Abs. 8 ZA-NTS einen Fall gesetzlicher Prozessstandschaft. Die BRD tritt als Prozessstandschafterin an die Stelle des jeweiligen Entsendestaates, bei dessen Truppe der Arbeitnehmer beschäftigt ist (KR-*Weigand* Art. 56 NATO-ZusAbk Rn. 48 f.; *Granow* NJW 1995, 424). Die Prozessführungsbefugnis der Bundesrepublik hängt davon ab, ob die konkrete Streitigkeit nach Sinn und Zweck des NTS und des ZA-NTS überhaupt der deutschen Gerichtsbarkeit unterworfen werden sollte (*BAG* 30.11.1984 AP Nr. 6 zu Art. 56 ZA-NTS). Begründete der Entsendestaat durch einseitigen Hoheitsakt nach seinem Dienstrecht ein Beschäftigungsverhältnis, so sind deutsche Gerichte nicht zur Entscheidung befugt (zum Passivrubrum s. Rdn. 26).

79 Weitere Fälle gesetzlicher Prozessstandschaft enthalten **§ 265 ZPO, §§ 1368, 1422, 1629 Abs. 3 BGB, § 13 Abs. 1 UWG und § 13 Abs. 2 AGBG.**

80 Dem **Insolvenzverwalter/Testamentsvollstrecker/Nachlass-/Zwangsverwalter** steht nach der herrschenden Rechtsprechung als Partei kraft Amtes (Amtstheorie) die Prozessstandschaft zu. Unter den Voraussetzungen des § 22 Abs. 1 S. 1 InsO ist auch der vorläufige – »starke« – Insolvenzverwalter Amtspartei (*Zöller/Vollkommer* § 51 Rn. 7; *Zwanziger* Das Arbeitsrecht der Insolvenzordnung, 2. Aufl., Rn. 79).

##### bb) Gewillkürte Prozessstandschaft

81 Überträgt der Rechtsträger durch Rechtsgeschäft die Befugnis, einen Prozess zu führen, auf einen Dritten, der dann im eigenen Namen den Prozess führt, liegt eine gewillkürte Prozessstandschaft vor (GMPM-G/*Matthes/Schlewing* § 3 Rn. 16, § 11 Rn. 30 f.; Schwab/Weth-*Walker* § 3 Rn. 26; *BAG* 10.9.1984 AP Nr. 81 zu Art. 9 GG). Die gewillkürte Prozessstandschaft ist zwar zulässig, um Missbrauchsfälle auszuschließen, aber nur unter bestimmten **Voraussetzungen**:
- zunächst muss eine **wirksame Ermächtigung bzw. Genehmigung**, §§ 182 ff. BGB, spätestens zum Zeitpunkt der letzten mündlichen Verhandlung, vorliegen;
- der Prozessstandschafter muss ein **eigenes schutzwürdiges Interesse** an der Geltendmachung des fremden Rechtes haben (z. B. Inkasso, beherrschender Gesellschafter einer GmbH für deren Ansprüche, hingegen nicht bloße Einziehungsermächtigung, Klage des Gemeinschuldners anstelle des Insolvenzverwalters);
- **Abtretbarkeit** des Rechtes bzw. seiner Ausübung;
- kein Unterlaufen der **Vertretungsbeschränkung des § 11 Abs. 3 ArbGG**.

## A. Urteilsverfahren  Kapitel 15

Der klagende Prozessstandschafter kann bei einer Leistungsklage nur dann Leistung an sich beantragen, falls der Beklagte gem. § 362 Abs. 2 BGB mit befreiender Wirkung an ihn zahlen kann; andernfalls muss Leistung an den Rechtsträger begehrt werden, vorsorglich hilfsweise.  82

▶ **Muster: Leistungsklage**  83

**Antrag:**
1. Der Beklagte wird verurteilt, an den Kläger € 3000 nebst 5 % Zinsen über dem Basiszinssatz seit Rechtshängigkeit zu zahlen.

hilfsweise

2. Der Beklagte wird verurteilt, an die Bau-GmbH, Alleestraße 11, 67655 Kaiserslautern € 3000 nebst 5 % Zinsen über dem Basiszinssatz seit Rechtshängigkeit zu zahlen.

Die Rechtskraft des Urteils wirkt gegen den Rechtsträger; ihm gegenüber besteht die **Einrede der Rechtshängigkeit**, § 261 Abs. 3 Nr. 1 ZPO; der Rechtsträger kann den Prozess nicht mehr selbst führen. Der Prozessstandschafter ist Partei, der Rechtsträger kann Zeuge sein.  84

### III. Die Vertreter

#### 1. Mandatsübernahme

Die Anforderungen an die rechtsanwaltlichen Sorgfaltspflichten sind bei arbeitsrechtlichen Mandanten sehr hoch (*Schlee* AnwBl 1990, 154); der Anwalt ist von Haftungsgefahren umlauert (*Zirnbauer* FA 1998, 40; *ders.* FA 1997, 2; *Chab* AnwBl 2009, 139). Die vielfältigen Fristen im Arbeitsrecht sprechen gegen die in der Praxis verbreitete Gewohnheit, die Vereinbarung von Besprechungsterminen an Mitarbeiterinnen zu delegieren. Hierbei werden selbst bei geschulten Personal Fristen leicht übersehen, weshalb ein zeitnaher Rückruf durch den Anwalt regelmäßig geboten ist. Insbesondere darf nicht darauf vertraut werden, dass sich der Mandant bereits an seine Rechtsschutzversicherung gewandt hat. Das *LAG Sachsen* (AiB Telegramm 1999, 7) hat zutreffend darauf hingewiesen, dass die Rechtsberatung der Versicherten nicht der Rechtsschutzversicherung obliegt. Der Mandant kann daher nicht darauf vertrauen, dass der Mitarbeiter der Rechtsschutzversicherung ihn über Fristen belehrt. Ein Rechtsanwalt, der die Vertretung eines Arbeitnehmers in einem Arbeitsgerichtsprozess übernimmt, muss die **veröffentlichte höchstrichterliche Rechtsprechung** berücksichtigen (*BGH* 29.3.1983 NJW 1983, 1665). Neben der Rechtsprechung des BAG und der LAG gewinnt die Rechtsprechung des EuGH zunehmend an Bedeutung. Fristen, insbes. tarifvertragliche Ausschlussfristen, sind durch **äußerst genaue und umfangreiche Sachverhaltsaufklärung** zu erfragen und zu wahren (*BGH* 29.3.1983 NJW 1983, 1665).  85

*a) Checklisten*

Die nachfolgenden Checklisten sollen Zeit sparend die Sachverhaltsaufklärung und routinemäßige Überprüfung von Formalien und Fristen erleichtern. Sie erheben keinen Anspruch auf Vollständigkeit (vgl. auch die umfassende Checkliste in FA 1998, 112).  86

▶ **Checkliste Mandatsannahme**  87

**A. Persönliche Angaben**
**I. Mandant**
1. Vorname:                4. PLZ/Ort:
2. Name:                   5. Telefax:
3. Straße:                 6. Telefon:
**II. Gegner**
1. Vorname:                4. PLZ/Ort:
2. Name:                   5. Telefax:
3. Straße:                 6. Telefon:
Kollisionsprüfung am ... durch ...

# Kapitel 15

Urteils- und Beschlussverfahren

## B. Angaben zur Kündigungsschutzklage

1. Datum der Kündigung:
2. Zugang der schriftlichen Kündigung:
3. Ablauf der Kündigungsfrist:
4. Lebensalter:
5. Familienstand:
6. Kinderzahl:
7. schwerbehindert:
8. Beruf/Tätigkeit:
9. Betriebszugehörigkeit:
10. Monatliches Bruttoeinkommen:
11. Urlaubs-/Weihnachtsgeld usw.:
12. Anzahl der Mitarbeiter (keine Azubis; Teilzeitbeschäftigte 0,5/0,75; Neueinstellungen nach dem 31.12.2003):
13. Betriebsrat, falls ja, Betriebsratsvorsitzender:

## C. Fristfragen

- Schwerbehindert/Gleichstellung                                                     ja ☐   nein ☐
- Antrag auf Schwerbehinderung wann gestellt:                                        ja ☐   nein ☐
- bei Frauen schwanger                                                               ja ☐   nein ☐
- Klagefrist 3-Wo (§ 4 KSchG)
- nachträgl. Zulassung 2-Wo (§ 5 KSchG)
- befristeter Arbeitsvertrag 3-Wo (§ 1 TzBfG, *Will* FA 1998, 77; *BAG* 20.1.1999 BB 1999, 322)
- Änderungskündigung: Kündigungsfrist/3-Wochen-Frist (kein § 270 Abs. 3 ZPO!, *BAG* 17.6.1998 EzA § 2 KSchG Nr. 30)
- Rügefrist 1-Wo (§ 174 BGB)
- Schwanger 2-Wo (§ 9 MuSchG)
- Schwerbehinderung: 3-Wo
  (*BAG* 12.1.2006 EzA § 85 SGB IX Nr. 5) falls Zustimmungsbescheid Widerspruch 1 Mo
- Insolvenz: umfassende Klagefrist 3-Wo (§ 113 Abs. 2 InsO, *Heinze* NZA 1999, 57 [59])
- Ausschlussfristen:
- Tarifvertrag:
- Betriebsvereinbarung:
- betriebliche Übung:
- Checkliste Ausschlussfristen                                                       ja ☐   nein ☐
| im Fristkalender notiert durch: ... |

## D. Kosten

- Selbstzahler                                                                       ja ☐   nein ☐
- Rechtsschutz                                                                       ja ☐   nein ☐
- Versicherungsnehmer: Mandant ☐ sonstige Person ☐
- Versicherungsgesellschaft
- Versicherungsscheinnummer

| Anschreiben an Rechtsschutzversicherung | ja ☐ nein ☐ |
| --- | --- |
| – PKH | ja ☐ nein ☐ |
| – Checkliste PKH | |
| – Beiordnung, § 11a ArbGG | ja ☐ nein ☐ |
| Erklärung über die persönlichen und wirtschaftlichen Verhältnisse | ja ☐ nein ☐ |

## E. Unterlagen zu einem Besprechungstermin mitbringen
1. Schriftstücke der Gegenseite (Arbeitsvertrag, Kündigungs-, Abmahnungs-, Forderungsschreiben usw.)
2. Einheitsvollmachten, Hans Soldan GmbH V 118
3. Prozessvollmacht in Arbeitsgerichtssachen mit anhängender Bestätigung gem. § 12a Abs. 1 ArbGG

## F. Akte vorbereiten
1. Akte anlegen
2. Arbeitsvertrag, -änderungen, Gratifikationszusagen usw.
3. Falls möglich: Tarifvertrag, Betriebsvereinbarung usw.
4. Mandatsbedingungen

▶ **Muster: Anschreiben Rechtsschutzversicherung** 88

Ihr Versicherungsnehmer:

Versicherungsscheinnummer:

Sehr geehrte Damen und Herren,

ihr Versicherungsnehmer hat mich mit der Wahrnehmung seiner Interessen in einer arbeitsrechtlichen Angelegenheit beauftragt hat. Zu Ihrer Information übersende ich Ihnen in der Anlage in Fotokopie:

– Kündigungsschreiben der Gegenseite
– meine Kündigungsschutzklage nebst Anlagen.

Um die dreiwöchige Klagefrist zu wahren, habe ich die in Ablichtung beiliegende Kündigungsschutzklage bereits bei dem zuständigen ArbG eingereicht. Ich frage an, ob Sie für ein erstinstanzliches arbeitsgerichtliches Verfahren kostendeckenden Rechtsschutz gewähren. Der Feststellungsantrag zu 2. erfolgt, weil wegen der Zurückweisung der Kündigung gem. § 174 BGB mit einer erneuten Kündigung gerechnet werden muss. Den Weiterbeschäftigungsantrag muss ich stellen, da ich mich andernfalls regresspflichtig machen würde. Beschäftigt nämlich die Gegenseite nach einem Obsiegen des Versicherungsnehmers diesen nicht weiter, kann eine Weiterbeschäftigung nicht im Wege der einstweiligen Verfügung durchgesetzt werden (*LAG Frankf.* 23.3.1987 NZA 1988, 37) und Ihrem Versicherungsnehmer drohen vermeidbare erhebliche Nachteile.

▶ **Checkliste Kündigung** 89

### A. Kündigungserklärung

– hinreichend deutliche und bestimmte Kündigungserklärung: ☐
  (bloße Androhung einer Kündigung, Anfechtung, Berufung auf nichtigen Arbeitsvertrag oder Befristung)
– Kündigung durch alle Gesellschafter einer GbR (*BAG* 21.4.2005 AP Nr. 4 zu § 623 BGB)
– fristlose Kündigung: ☐
– § 1a KSchG? (*Fischinger* FA 2008, 260)

☐ Aufforderungsschreiben aoK, § 626 Abs. 2 S. 3 BGB

– Fristgerechte Kündigung (§ 113 InsO, *Lakies* BB 1998, 2638): ☐

☐ Arbeitgeberanschreiben

☐ Antrag auf nachträgliche Zulassung, § 5 KSchG.

### B. Zurückweisung, §§ 174, 180 BGB
(*Diller* FA 1999, 106)

Wer ist kündigungsberechtigt:

# Kapitel 15

Keine Alleinvertretungsberechtigung: ☐
Kündigung durch Bevollmächtigten: ☐
Falls ja, liegt Vollmacht bei: ☐
Handelt es sich um eine Originalvollmacht: ☐
Berechtigt die Vollmacht zur Kündigung: ☐
Ist Unterschrift identifizierbar: ☐

☐ Zurückweisungsschreiben, § 174 BGB (Originalvollmacht beilegen)

## C. Partei

Handelsregisterauszug sinnvoll?

☐ Auskunftsersuchen aus dem Handelsregister

## D. formelle Mängel der Kündigung

### I. Schriftform
(*Kleinebrink* FA 2000, 174; FA 2001, 354)

- § 623 BGB:
- keine Kündigung per Telefax
- Übergabe (»anfassen, nicht angucken«, *LAG Düsseld.* 18.4.2007 – 12 Sa 132/07, Jurion = FA 2007, 286 LS)

### II. schriftliche Begründung erforderlich
- aoK eines Ausbildungsvertrages, § 22 Abs. 3 BBiG: ☐
- Konstitutive tarifvertragliche Begründungsklausel: ☐
- Konstitutive Begründungsklausel in Betriebsvereinbarung: ☐
- Konstitutive einzelvertragliche Begründungsklausel: ☐

### III. außerordentliche Verdachtskündigung
- Anhörung des Arbeitnehmers
- Zuziehung eines Rechtsanwalts zur Anhörung erlaubt? (*BAG* 13.3.2008 EzA § 626 BGB 2002 Verdacht strafbarer Handlung Nr. 6)

## E. Betriebsrat (*Ettwig* FA 1998, 234, 274; *Roos* AiB 1998, 610)

- Besteht ein BR: ja ☐ nein ☐
- Liegt Kündigung Stellungnahme BR bei, § 102 Abs. 4 BetrVG: ja ☐ nein ☐

☐ Aufforderung Stellungnahme BR zuzuleiten
☐ Auskunftsersuchen an BR

- Wurde ein Anhörungsverfahren überhaupt durchgeführt, § 102 Abs. 1 S. 3 BetrVG? ja ☐ nein ☐
- Erfolgte bei Kündigung innerhalb der ersten sechs Monate Unterrichtung des BR? ja ☐ nein ☐
- Wann erfolgte Mitteilung an BR?
- An wen erfolgte die Mitteilung?
- War der Mitteilungsempfänger empfangsberechtigtes BR-Mitglied? ja ☐ nein ☐
- Wann war das Anhörungsverfahren abgeschlossen?
- Ende der Anhörungsfrist gem. § 102 Abs. 2 BetrVG (aoK: 3 Tage, oK: 1 Wo):
- Vor Ablauf abschließende Äußerung BR? wann: … ja ☐ nein ☐

A. Urteilsverfahren　　　　　　　　　　　　　　　　　　　　　　　　　　　Kapitel 15

- Welche Kündigungsgründe/-sachverhalt teilte der Arbeit-　　　ja ☐　welche? nein ☐
  geber mit? Vergleich mit Vortrag im Prozess! Sind Kündigungsgründe im Prozess nachgeschoben; unterlassene
  Wiederholung der Anhörung bei veränderten Kündigungstatsachen?
- Anhörung zu hilfsweise ausgesprochener oK bei aoK　　　　ja ☐　　　　nein ☐
  (Umdeutung)?
- Aktueller Kündigungsentschluss　　　　　　　　　　　　　　ja ☐　　　　nein ☐
  abzugrenzen von »Anhörung auf Vorrat«)
  　　　　　　　　　　　　　　　　　　　　　　　　　　　　　ja ☐　　　　nein ☐
- Ist die Kündigung »demnächst« nach Abschluss des An-　　　ja ☐　　　　nein ☐
  hörungsverfahrens ausgesprochen worden (circa 1 Mo)?
  wann: ...

F. allgemeiner Kündigungsschutz
- Wartezeit (6 Mo) erfüllt, § 1 Abs. 1 KSchG?　　　　　　　　ja ☐　　　　nein ☐
- Betriebsgröße ausreichend, § 23 Abs. 1 KSchG?　　　　　　ja ☐　　　　nein ☐
  AN bereits am 31.12.2003 im Arbeitsverhältnis? Kein Absinken der »Alt-Arbeitnehmer« unter
  5,25?
  (s. hierzu BAG 21.9.2006 FA 2006, 380)
- Kein vertretungsberechtigtes Organmitglied, § 14 Abs. 1　　ja ☐　　　　nein ☐
  KSchG?
- Leitender Angestellter i. S. v. § 14 Abs. 2 KSchG?　　　　　ja ☐　　　　nein ☐
- 2 Wo-Frist des § 626 Abs. 2 BGB eingehalten?　　　　　　　ja ☐　　　　nein ☐
- Verhaltensbedingte Kündigung: einschlägige Abmahnung　　ja ☐　　　　nein ☐
  in den letzten 2 Jahren?
- falls ja, Abmahnung auf Wirksamkeit überprüfen! (Bergwitz BB 1998, 2310)
- Sozialauswahl (BAG 3.12.1998 EzA § 1 KSchG Soziale Auswahl Nr. 37; Matthießen NZA
  1998, 1153; Löwisch BB 1999, 102)
- ☐ Änderungskündigung: Annahme unter Vorbehalt

G. Sonderkündigungsschutz
- § 85 SGB IX
- Schwerbehinderte (GdB v. mindestens 50)　　　　　　　　　ja ☐　　　　nein ☐
- Gleichstellung (GdB v. mindestens 30 und Gleichstellungs-　ja ☐　　　　nein ☐
  bescheid):
- Antrag auf Schwerbehinderung/Gleichstellung:　　　　　　　ja ☐　　　　nein ☐
- ☐ Mitteilung über Schwerbehinderung/Gleichstellung/Antrag (3 Wo)
- Zustimmungsbescheid erfolgt?　　　　　　　　　　　　　　ja ☐　　　　nein ☐
- ☐ Widerspruch gegen Zustimmungsbescheid (1 Mo)
- Erfolgte Kündigung binnen eines Monats ab Zustellung des　ja ☐　　　　nein ☐
  Zustimmungsbescheides, § 88 Abs. 3 SGB IX?
Betriebsrat
- Mitglied
- des BR:　　　　　　　　　　　　　　　　　　　　　　　　　ja ☐　　　　nein ☐
- der Jugend- oder Auszubildendenvertretung:　　　　　　　　ja ☐　　　　nein ☐
- der Bordvertretung/des Seebetriebsrats:　　　　　　　　　　ja ☐　　　　nein ☐
- Ersatzmitglied:　　　　　　　　　　　　　　　　　　　　　ja ☐　　　　nein ☐
- Kündigungsschutz als Einladende, § 15 Abs. 3a KSchG?　　ja ☐　　　　nein ☐
- Kündigungsschutz als Wahlbewerber für die ersten 6 Mo　　ja ☐　　　　nein ☐
  nach Bekanntgabe des Wahlergebnisses, § 15 Abs. 3
  S. 2 KSchG?

*Stichler*

# Kapitel 15

- Kündigungsschutz während Zeit der Vertretung eines ausgeschiedenen oder verhinderten BR-Mitglieds?  ja ☐  nein ☐
- Nachwirkender Kündigungsschutz nach Vertretungsfall, § 15 Abs. 1 S. 2 BetrVG?  ja ☐  nein ☐
- Ist ein gerichtliches Zustimmungsersetzungsverfahren innerhalb der 2-Wo-Frist des § 626 Abs. 2 BGB eingeleitet worden?  ja ☐  nein ☐
- Hat der Arbeitgeber unverzüglich nach Rechtskraft der Zustimmungsersetzung gekündigt?  ja ☐  nein ☐
- Endet das Betriebsratsamt während des gerichtlichen Zustimmungsersetzungsverfahrens?  ja ☐  nein ☐
- Falls ja, hat der Arbeitgeber unverzüglich gekündigt?  ja ☐  nein ☐
- Nachwirkender Kündigungsschutz BR, § 15 Abs. 1 S. 2 KSchG (1 J. bzw. 6 Mo)?  ja ☐  nein ☐
- Kündigungsschutz Wahlvorstand/Wahlbewerber, § 15 Abs. 3 S. 1 KSchG?  ja ☐  nein ☐
- Nachwirkender Kündigungsschutz Wahlvorstand/Wahlbewerber, § 15 Abs. 3 S. 2 KSchG (6 Mo)?  ja ☐  nein ☐
- Kündigungsschutz Einladende, § 15 Abs. 3a KSchG?  ja ☐  nein ☐
- **Frauenschutz** (ausführliche Checkliste: FA 1998, Heft 9; *Schliemann/König* NZA 1998, 1030)
- Sonderkündigungsschutz während Schwangerschaft, § 9 Abs. 1 MuSchG (*BAG* 7.5.1998 NZA 1998, 1049)?  ja ☐  nein ☐
  - ☐ Mitteilung der Schwangerschaft an Arbeitgeber, 2 Wo
- Sonderkündigungsschutz 4 Mo nach Entbindung, § 9 Abs. 1 MuSchG?  ja ☐  nein ☐
- Zustimmungsbescheid zur Kündigung, § 9 Abs. 3 MuSchG?  ja ☐  nein ☐
  - ☐ Widerspruch gegen Zustimmungsbescheid
- Bei aoK, 2 Wo-Frist gewahrt?  ja ☐  nein ☐
- Sonderkündigungsschutz hinsichtlich des ursprünglichen Arbeitsverhältnisses während Elternzeit, § 18 BEEG?  ja ☐  nein ☐
- Sonderkündigungsschutz des während des ErzUrlaubs bei dem eigenen Arbeitgeber begründeten Teilzeitarbeitsverhältnisses, § 18 BEEG?  ja ☐  nein ☐
- Zustimmungsbescheid zur Kündigung, § 18 Abs. 1 S. 2 BEEG?  ja ☐  nein ☐
- ☐ Widerspruch gegen Zustimmungsbescheid
- ☐ Sonderkündigungsschutz nach dem ArbPlSchG?  ja ☐  nein ☐
- ☐ Sonderkündigungsschutz der Azubis, § 22 BBiG?  ja ☐  nein ☐
- ☐ Sonderkündigungsschutz durch Tarifvertrag (z. B. Alterskündigungsschutz)? (*Thannheiser* AiB 1998, 601)  ja ☐  nein ☐

Sonderkündigungsschutz nach § 5 PflegeZG? (*Böggemann* FA 2008, 357)

## H. Sicherung von sonstigen Ansprüchen

I. (Verzugs-) Lohnansprüche
II. Urlaubsansprüche (*EuGH* 20.1.2009 – C-350/06 – und – C-520/06)
III. Insolvenzgeld, 2 Mo-Frist (§ 324 Abs. 3 SGB III)
IV. AGG-Ansprüche: 2 Mo-Frist, dann 3 Mo- Frist (§ 63b ArbGG)
V. (Zwischen-) Zeugnis

**weiterführende Checklisten und Arbeitshilfen**
- Annahme von kündigungsrechtlichen Mandaten, FA-Spezial 4/98

## A. Urteilsverfahren
## Kapitel 15

- Mandatsbetreuung bei Schwangerschaft einer Mitarbeiterin, FA-Spezial 9/98
- Mandatsbetreuung bei Erziehungsurlaub, FA-Spezial 10/98
- Betriebsbedingte Kündigung, FA-Spezial 1/2000
- Betriebsbedingte Kündigung: Betriebsratsanhörung, *Kleinebrink* ArbRB 2003, 88
- Krankheitsbedingte Kündigung/Kündigung wegen häufiger Kurzerkrankungen, FA-Spezial 5/2000
- Verhaltensbedingte Kündigung/Abmahnung/Verdachtskündigung, FA-Spezial 12/2000
- Verhaltensbedingte Kündigungsgründe, FA-Spezial 1/2001, *Sitzenfrei* DPI 2008, 243, *Haas* FA 2008, 169
- Elternzeit, FA-Spezial 6/2001; *Schulte/Traut* ArbRB 2008, 383
- Wiedereinstellungszusagen, *Kleinebrink* ArbRB 2008, 317
- Pflegezeitgesetz, *Böggemann* FA 2008, 357; *Fröhlich* ArbRB 2008, 84
- zu Aufhebungsverträgen, *Welslau* DPL 2009, 10; *Kleinebrink* DPL 2008, 149

▶ **Muster: Kündigungsschutzklage** 90

Namens und unter Vollmachtsvorlage des Klägers erhebe ich Klage und werde
**beantragen:**
1. Es wird festgestellt, dass das Arbeitsverhältnis des Klägers bei der Beklagten nicht durch die Kündigung vom 5.5.2006 zum 30.6.2006 aufgelöst wird (s. Rdn. 256 ff.)
2. Es wird festgestellt, dass das Arbeitsverhältnis zwischen den Parteien über den 30.6.2006 unverändert fortbesteht und auch nicht durch andere Beendigungsgründe aufgelöst wird (s. Rdn. 255 ff., BAG 13.3.1997 EzA § 4 KSchG n. F. Nr. 57, *Schwab* NZA 1998, 342; *Wenzel* DB 1997, 1869, *Bitter* DB 1997, 1407).

hilfsweise für den Fall des Obsiegens (s. Kap. 3 Rdn. 2317)
3. Die Beklagte wird verurteilt, den Kläger zu unveränderten Bedingungen als Werkmeister in der Abteilung ... entsprechend des sachlichen Tätigkeitsbereiches im Arbeitsvertrag vom ... (Anlage K 1) weiterzubeschäftigen (s. Rdn. 235 f.; *Tschöpe* DB 2004, 434; *Dollmann* BB 2003, 2681).

hilfsweise
4. Die Beklagte wird verurteilt, den Kläger zu unveränderten Bedingungen als Werkmeister in der Abteilung ... entsprechend des sachlichen Tätigkeitsbereiches im Arbeitsvertrag vom ... (Anlage K 1) weiterzubeschäftigen (*Strathmann* DB 2003, 2438).

äußerst hilfsweise
5. Die Beklagte wird verurteilt, an den Kläger 1800 € als Urlaubsabgeltung zu zahlen.
6. Die Beklagte wird verurteilt, dem Kläger ein Zeugnis zu erteilen, das sich auf Art und Dauer sowie Führung und Leistung in dem Arbeitsverhältnis erstreckt. Für den Fall, dass die Beklagte nicht binnen eines Monats ab Urteilsverkündung ein qualifiziertes Zeugnis erteilt, wird der Beklagten ein Zwangsgeld, dessen Höhe ich in das Ermessen des Gerichtes setze, ersatzweise Zwangshaft, angedroht.
7. Hilfsweise für den Fall, dass der Klageantrag zu Ziff. 1 Erfolg hat:
Die Beklagte wird verurteilt, an den Kläger am 31.7.2006 sowie jedem letzten Tag der Folgemonate, der vor der Beendigung der Rechtshängigkeit des Klageantrags zu Ziff. 1 liegt, je € 2.000,– brutto Monatsvergütung an den Kläger zu zahlen, und zwar zzgl. Jahreszinsen aus den vorgenannten Bruttobeträgen seit den vorgenannten Fälligkeitsdaten in Höhe von 5 Prozentpunkten über dem jeweiligen Basiszinssatz (dieser Antrag auf zukünftige Vergütung wird von *Gravenhorst* Bestandsstreit – Beschäftigung – Vergütung, in FS Arbeitsgemeinschaft Arbeitsrecht, S. 313 ff. nicht nur für zulässig, sondern zur Meidung eines Anwaltsregresses für geboten gehalten. Das *BAG* hat in seinem Urteil vom 13.3.2002 (EzA § 259 ZPO Nr. 1) hingegen Bedenken gegen die Zulässigkeit eines derartigen Antrags geäußert).
8. Zum Zweck der Zwangsvollstreckung wird dem Kläger gem. § 317 Abs. 2 S. 2 ZPO i.V. m. § 46 ArbGG eine abgekürzte – mit Vollstreckungsklausel und Zustellungsnachweis versehene –, Ausfertigung des Urteils erteilt.

**Begründung:**
Der 46-jährige Kläger, verheiratet, zwei unterhaltspflichtige Kinder, ist bei der Beklagten als Werkmeister auf Grund des Arbeitsvertrages vom ...,

– Anlage K 1 –

# Kapitel 15
*Urteils- und Beschlussverfahren*

in deren Betrieb in Kaiserslautern beschäftigt und verdiente zuletzt unter Einbeziehung aller Vergütungsbestandteile ein durchschnittliches monatliches Bruttoeinkommen von € ... Die Beklagte beschäftigt i. d. R. mehr als 5 Arbeitnehmer (bzw. bei Neueinstellungen nach dem 31.12.2003: »mehr als 10 Arbeitnehmer«) – Auszubildende ausgenommen –; teilzeitbeschäftigte Arbeitnehmer mit nicht mehr als 20 Std. sind mit 0,5 und mit nicht mehr als 30 Std. sind mit 0,75 berücksichtigt.

Die Beklagte kündigte dem Kläger mit Schreiben vom ...,

– Anlage K 2 –

am ... zugegangen das Arbeitsverhältnis.

Die Kündigung ist sozial ungerechtfertigt; es liegen weder Gründe in der Person oder im Verhalten des Klägers, noch dringende betriebliche Erfordernisse vor, die eine Kündigung rechtfertigen könnten.

Die ordnungsgemäße Anhörung des Betriebsrates wird mit Nichtwissen bestritten (nach Vortrag Arbeitgeber muss Arbeitnehmer substantiiert erwidern, *BAG* 16.3.2000 EzA § 626 BGB n. F. Nr. 179).

Eine betriebsbedingte Kündigung wird auch wegen der Richtigkeit der sozialen Auswahl beanstandet. Der Kläger hat die Beklagte insoweit in einem außergerichtlichen Schreiben

– Anlage K 3 –

aufgefordert, die Gründe anzugeben, die zu der getroffenen sozialen Auswahl geführt haben (vgl. zur Darlegungs- und Beweislast in Kündigungsrechtsstreitigkeiten *Becker-Schaffner* ZAP 2002, 1367).

In dem gleichen Schreiben hat der Kläger die Gegenseite aufgefordert, zu versichern, dass keine anderweitigen Beendigungstatbestände geltend gemacht noch weitere Kündigungen während des Kündigungsschutzprozesses ausgesprochen werden. Bisher ist diese Erklärung nicht erfolgt, sodass der Kläger wegen der Gefahr nicht ohne weiteres erkennbarer (Prozess-)Kündigungen ein Rechtsschutzinteresse für eine Feststellungsklage nach § 256 ZPO hat (*BAG* 27.1.1994 EzA § 4 KSchG n. F. Nr. 48). Weitere Kündigungen sind insbes. wegen der Zurückweisung der Kündigung gem. §§ 174, 180 BGB mit Schreiben vom ...

– Anlage K 4 –

zu befürchten. Sollte die geforderte Zusicherung noch schriftlich oder zu Protokoll erfolgen, wird der Kläger danach den Antrag zu 2. zurückzunehmen.

Der Hilfsantrag zu 4) macht den Wiedereinstellungsanspruch des Klägers für den Fall geltend, dass das Gericht die Kündigung als wirksam ansieht. Der Kläger bestreitet, dass die der Kündigung zu Grunde liegende Prognose sich nach Kündigungsausspruch bewahrheitet hat, weil sich die maßgeblichen Verhältnisse verändert haben.

Der Antrag zur 5) macht im Hinblick auf Urteil des Bundesarbeitsgerichtes vom 17.1.1995 (EzA Nr. 98 zu § 7 BUrlG; s. hierzu *Stichler* BB 1995, 1485) bereits jetzt den Urlaubsabgeltungsanspruch geltend.

Mit dem in der Anlage K 3 beiliegenden Schreiben hatte der Kläger bisher vergeblich um Erteilung eines qualifiziertes Zeugnis gebeten; – ebenso um Erteilung von Urlaub.

**91** ▶ **Muster: Aufforderungsschreiben aoK, § 626 Abs. 2 S. 3 BGB**

Sehr geehrte Damen und Herren,

Ihr vorgenannter Mitarbeiter hat mich mit der Wahrnehmung seiner Interessen beauftragt. Ich bestätige den Eingang ihrer fristlosen Kündigung und fordere Sie auf, mir **unverzüglich, längstens binnen 5 Tagen, die Kündigungsgründe mitzuteilen.**

Ich weise Sie eindringlich daraufhin, dass meinem Mandanten gem. § 626 Abs. 2 S. 3 BGB ein Auskunftsrecht zusteht. Sollten Sie die Kündigungsgründe dennoch nicht unverzüglich mitteilen, gehe ich weiter davon aus, dass kein wichtiger Grund vorliegt und werde deshalb vor dem zuständigen Arbeitsgericht die bereits vorbereitete Klage gegen die Kündigung einreichen. Die Kosten dieses Prozesses haben Sie unter dem Gesichtspunkt des **Schadensersatzes** wegen Verletzung der Ihnen obliegenden Auskunftspflicht auch dann zu tragen, wenn Sie wider Erwarten in dem Kündigungsprozess obsiegen sollten. Ich bitte Sie höflich, mir den Eingang dieses Schreibens umgehend zu bestätigen.

## A. Urteilsverfahren  Kapitel 15

▶ **Muster: Arbeitgeberanschreiben** 92

Sehr geehrte Damen und Herren,

Ihr vorgenannter Mitarbeiter hat mich mit der Wahrnehmung seiner Interessen beauftragt hat.

Ich habe gegen Ihre Kündigung beim zuständigen ArbG **Kündigungsschutzklage** eingereicht.

Vorsorglich biete ich die **Arbeitskraft** meines Mandanten erneut an.

Ich mache bereits jetzt bis zum rechtskräftigen Abschluss des Verfahrens Ansprüche meines Mandanten aus Arbeitsvertrag, Tarifvertrag, Betriebsvereinbarung, betrieblicher Übung usw. wegen sämtlicher ihm zustehender Leistungen, wie rückständiges und künftiges **Arbeitsentgelt**, gleich welcher Art oder Benennung und zwar einschließlich Grundgehalt, Zulagen, freiwilligen Leistungen, Urlaubs- u. Weihnachtsgeld sowie zwischenzeitliche Gehaltserhöhungen aller Art –, ausdrücklich geltend.

Weiterhin mache ich für meinen Mandanten dessen **Urlaubsanspruch** für das laufende Kalenderjahr sowie etwaigen Resturlaub für vorangegangene Zeiträume geltend und bitte um Gewährung.

Ich fordere für meinen Mandanten die Erteilung eines qualifizierten **Zwischenzeugnisses/Zeugnisses**

binnen 2 Wochen.

Bitte teilen Sie mir mit, ob in Ihrem Betrieb rechtliche Regeln bestehen, durch die die Ansprüche meines Mandanten einer **Ausschlussfrist (Verfallfrist)** unterworfen sind – Betriebsvereinbarungen, betriebliche Übung und dergleichen und die entsprechenden Unterlagen bei. Nach dem Urteil des BGH vom 29.3.1983 habe ich Sie um die vorstehende Auskunft zu ersuchen und zugleich anzufragen, ob es möglich ist, mit Ihnen eine Regelung dahingehend zu vereinbaren, dass eine klageweise Geltendmachung von **Zahlungsansprüchen** aller Art zunächst unterbleiben kann. Sie müssen mir rechtsverbindlich erklären, bei sämtlichen Zahlungsansprüchen gleich welcher Art auf sämtliche auf Zeitablauf beruhenden Einwendungen (Ausschlussfristen, Verfallfristen usw.) mit der Maßgabe zu verzichten, dass im Verhältnis zwischen meinem Mandanten und Ihnen derartige Fristen als nicht vorhanden betrachtet werden. Bitte geben Sie mit Ihre Erklärung binnen

2 Wochen

nach Zugang dieses Schreibens; verstreicht diese Frist fruchtlos, werde ich die Klage erweitern.

Sollte die Kündigung aus betriebsbedingte Gründen ausgesprochen sein, bezweifele ich die Richtigkeit der sozialen Auswahl und fordere Sie auf, mir binnen

2 Wochen

die **Gründe** anzugeben, **die zu der getroffenen sozialen Auswahl geführt haben**. Diese Aufforderung beruht auf § 1 Abs. 3, S. 1, letzter Halbs. KSchG. Aufgrund dieser Aufforderung ergibt sich nach der Rechtsprechung des BAG eine abgestufte Darlegungs- und Beweislast.

Bitte bestätigen Sie mir binnen

2 Wochen

dass Sie meinen Mandanten bei Obsiegen mit der Kündigungsschutzklage in erster Instanz auch ohne einen Weiterbeschäftigungsantrag ab dem Tag der Urteilsverkündung mit der bisherigen Tätigkeit und der bisherigen Vergütung zunächst bis zum Ende des zweitinstanzlichen Verfahrens **weiterbeschäftigen** sowie sämtliche Ansprüche aus Annahmeverzug sofort zahlen werden. Bitte versichern Sie mir binnen

2 Wochen

dass Sie keine anderen Beendigungstatbestände geltend machen noch weitere Kündigungen bis zum rechtskräftigen Abschluss des Kündigungsschutzverfahrens aussprechen werden.

Ich darf Sie höflich bitten, mir den Eingang dieses Schreibens umgehend zu bestätigen und zur Vermeidung unnötiger Kosten die gesetzten Termine einzuhalten.

▶ **Muster: Zurückweisungsschreiben, § 174 BGB (s. a. Kap. 4 Rdn. 19 f.)** 93

(– per Telefax und Einwurfeinschreiben [siehe zu Zugang und Zustellung: *Laber* FA 1998, 170; *Hohmeister* BB 1998, 1477; *Neuvians/Mensler* BB 1998, 1206])

# Kapitel 15

Sehr geehrte Damen und Herren,

Ihr vorgenannter Mitarbeiter hat mich mit der Wahrnehmung seiner Interessen beauftragt. Ich weise namens meines Mandanten unter Vorlage einer mich hierzu berechtigenden

– Originalvollmacht –

die Kündigung vom ... gem. §§ 174, 180 BGB zurück, weil der Kündigung keine Originalvollmacht beilag. Die Zurückweisung erfolgt auch, weil die Unterschrift nicht den Anforderungen der Rechtsprechung genügt. Darüber hinaus wird die Kündigung wegen Mängel in der Vertretung zurückgewiesen.

94 ▶ **Muster: Auskunftsersuchen aus dem Handelsregister**

**über die Firma**

XY

Bauunternehmung

**Sitz der Firma**

Hauptstraße 1

67655 Kaiserslautern

Sehr geehrte Damen und Herren,

ich bitte um kurzfristige Übersendung eines unbeglaubigten Handelsregisterauszuges über die oben genannte Firma. Für den Fall, dass es sich um eine GmbH & Co. KG handelt, bitte ich gleichzeitig um die Erteilung und Übersendung eines unbeglaubigten Handelsregisterauszuges der Komplementär-GmbH.

Falls im Handelsregister keine Eintragung festzustellen ist, bitte ich um Mitteilung, ob eine ähnlich lautende Firma bekannt ist.

Ich versichere, dass die mit diesem Auskunftsersuchen erbetenen Daten aus dem Handelsregister benötigt werden, um arbeitsrechtliche Ansprüche zu verfolgen und durchzusetzen.

Ich sichere umgehende Begleichung der durch mein Auskunftsersuchen entstehenden Kosten anwaltlich zu.

95 ▶ **Muster: Aufforderung Stellungnahme Betriebsrat zuzuleiten**

Sehr geehrte Damen und Herren,

Ihr vorgenannter Mitarbeiter hat mich mit der Wahrnehmung seiner Interessen beauftragt.

Gem. § 102 Abs. 4 BetrVG sind Sie verpflichtet, sofern der Betriebsrat widersprochen hat, mit der Kündigung eine Abschrift der Stellungnahme des Betriebsrates dem gekündigten Arbeitnehmer zuzuleiten. Ich weise Sie nachdrücklich darauf hin, dass ich bei Verletzung dieser Pflicht den Anspruch meines Mandanten auf Überlassung der Stellungnahme des Betriebsrats im Klagewege durchsetzen werde. Ich sehe Ihrer Rückantwort **binnen einer Woche** entgegen.

96 ▶ **Muster: Auskunftsersuchen an Betriebsrat**

Sehr geehrte Damen und Herren,

ihr vorgenannter Kollege hat mich mit der Wahrnehmung seiner Interessen beauftragt.

Ich habe gegen die ausgesprochene Kündigung bei dem zuständigen ArbG Kündigungsschutzklage eingereicht. Um den Rechtsstreit für Ihren Kollegen bestmöglich führen zu können, bitte ich Sie höflich, mir mitzuteilen, **ob der Betriebsrat vor Ausspruch der Kündigung angehört wurde**. Falls ja, bitte ich Sie weiterhin, sofern möglich, mir eine **Fotokopie des Anhörungsschreibens** zu übersenden bzw. den Inhalt des Anhörungsgespräches mir stichpunktartig schriftlich oder telefonisch zu übermitteln. Bitte teilen Sie mir auch den zeitlichen Ablauf des Anhörungsverfahrens und ihre Stellungnahme zur Kündigung mit. Ich danke Ihnen bereits jetzt für ihre Bemühungen!

97 ▶ **Muster Änderungskündigung: Annahme unter Vorbehalt**

(3-Wochen-Frist: kein § 270 Abs. 3 ZPO!, *BAG* 17.6.1998 EzA § 2 KSchG Nr. 30)

## A. Urteilsverfahren  Kapitel 15

Sehr geehrte Damen und Herren,

Ihr vorgenannter Mitarbeiter hat mich mit der Wahrnehmung seiner Interessen beauftragt.

Ich bestätige den Eingang Ihres Schreibens vom ... Namens meines Mandanten und unter Bezugnahme auf die beiliegende

– Originalvollmacht –

nehme ich das in der Änderungskündigung liegende Angebot unter dem Vorbehalt an, dass die Änderung der Arbeitsbedingungen nicht sozial ungerechtfertigt ist (§ 2 KSchG). Ich bitte, mir den Eingang meines Schreibens umgehend zu bestätigen.

▶ **Muster: Widerspruch gegen Zustimmungsbescheid des Integrationsamtes** 98

Sehr geehrte Damen und Herren,

der vorgenannte Schwerbehinderte hat mich mit der Wahrnehmung seiner Interessen beauftragt. Ich lege namens und in Vollmacht meines Mandanten gegen den in Fotokopie beiliegenden Zustimmungsbescheid

Widerspruch

ein.

**Begründung:**
I. Die Widerspruchseinlegung erfolgt einstweilen aus Fristwahrungsgründen.
II. Antragstellung und Begründung werden in einem gesonderten Schriftsatz erfolgen.
III. Zur Vorbereitung dieses Schriftsatzes stelle ich unter Bezugnahme auf die

– beiliegende Originalvollmacht –

den

Antrag mir Akteneinsicht zu gewähren

und bitte höflich, mir die Akte kurzfristig auf die Kanzlei zu überlassen. Sollte dies nicht möglich sein, bitte ich, die Akte an das ArbG Kaiserslautern, Bahnhofstraße 24, 67655 Kaiserslautern zu übersenden, damit ich dort Akteneinsicht nehmen kann.

### b) Gesetzliche Belehrungspflicht über Selbstkostentragung

Der Rechtsanwalt hat seinen Mandanten vor einer Beauftragung auf die Kostentragungspflicht des § 12a Abs. 1 S. 2 ArbGG hinzuweisen; – anderenfalls kann der Mandant dem Rechtsanwalt sein Honorar verweigern (*Zirnbauer* FA 1997, 40). Aus Beweisgründen empfiehlt sich eine schriftliche Bestätigung der Belehrung. 99

▶ **Muster: Belehrung über Selbstkostentragung** 100

Ich bestätige ausdrücklich, vor Abschluss der Vereinbarung über die Vertretung darauf hingewiesen worden zu sein, dass im Arbeitsgerichtsprozess erster Instanz auch für die obsiegende Partei kein Anspruch auf Entschädigung wegen Zeitversäumnis und auf Erstattung der Kosten für die Zuziehung eines/einer Prozessbevollmächtigten oder eines Beistandes besteht.

Ich bin darauf außerdem hingewiesen worden, dass ich auch selbst auftreten oder mich durch einen Verbandsvertreter vertreten lassen kann.

..., den ... Unterschrift

### c) Erörterung der Höhe der Prozesskosten

Fragt der Mandant nach der Höhe der voraussichtlichen Prozesskosten, so hat der Rechtsanwalt die zu erwartenden Gebühren genau zu berechnen und mitzuteilen; im weiteren Verfahrensverlauf ein Überschreiten der errechneten Kosten. Ungefragt braucht der Rechtsanwalt grds. nicht auf die genaue Vergütungshöhe hinzuweisen, etwas anderes gilt bei unwirtschaftlicher bzw. mit hohem Prozessrisiko belasteter Rechtsverfolgung. Der Rechtsanwalt ist gegenüber seinem Mandanten verpflich- 101 tet, die Rechtsverfolgung so wahrzunehmen, dass seinem Mandanten die geringsten Kosten erwachsen (*OLG Düsseld*, 4.12.1986 AnwBl 1987, 197).

## 2. Prozesskostenhilfe (PKH)

### a) Aufklärungspflicht gegenüber Mandant

102 Der Rechtsanwalt muss einen Mandanten ungefragt auf die Möglichkeit von Prozesskosten- und Beratungshilfe hinweisen, sofern ihm wirtschaftlich beengte Verhältnisse erkennbar sind.

### b) Bewilligung grundsätzlich

103 Die PKH wird in der Arbeitsgerichtsbarkeit unter den gleichen Voraussetzungen wie in der ordentlichen Gerichtsbarkeit gewährt (§ 11a Abs. 3 ArbGG, § 114 ff. ZPO; *Schwab* NZA 1995, 115 f.). Zu den anwaltlichen Beratungspflichten gehört es, auf § 120 Abs. 4 ZPO hinzuweisen; **eine Änderung der wirtschaftlichen Verhältnisse berechtigt den Staat innerhalb eines Zeitraumes von vier Jahren nach Verfahrensbeendigung nachträglich Leistungen an die Staatskasse zu fordern (vorläufige Kostenbefreiung)**. In Kündigungsschutzverfahren führt ihre Gewährung häufig nur zu einer vorübergehenden Kostenbefreiung, da nach Arbeitsaufnahme bei einem anderen Arbeitgeber regelmäßig eine Veränderung der wirtschaftlichen Verhältnisse eintritt.

104 Der beigeordnete Rechtsanwalt hat einen unmittelbaren Gebührenanspruch gegen die Staatskasse, § 45 RVG. Ab einem Gegenstandswert von 3000 € verringert sich die Anwaltsvergütung, § 49 RVG. Der Rechtsanwalt sollte daher stets einen Antrag gem. § 55 RVG stellen, um im Falle einer Ratenzahlung seines Mandanten an die Staatskasse die Differenz zwischen den gesetzlichen Gebühren und den PKH-Gebühren nach § 49 RVG zu erhalten, § 50 RVG. **Reisekosten** werden erstattet, sofern durch die Beiordnung eines auswärtigen Prozessbevollmächtigten die Kosten eines Verkehrsanwaltes erspart werden (*BAG* 18.7.2005 EzA § 121 ZPO 2002 Nr. 1).

### c) Ausschluss der Bewilligung

105 Die Klage muss im Unterschied zu einer Beiordnung gem. § 11a ArbGG in tatsächlicher wie rechtlicher Hinsicht hinreichende Erfolgsaussichten haben, d. h. das Rechtsschutzbegehren muss vertretbar sein (*LAG Düsseld*. 10.4.1985 LAGE § 114 ZPO Nr. 5). Bei summarischer Prüfung der Sach- und Rechtslage muss eine gewisse Wahrscheinlichkeit dafür bestehen, dass der Antragsteller obsiegen wird. Der Prozesserfolg braucht jedoch nicht gewiss zu sein (*LAG München* 26.6.1987 AnwBl 1987, 499). Ist eine Beweisaufnahme durchzuführen, ist regelmäßig eine gewisse Erfolgsaussicht zu bejahen. In einem Kündigungsschutzverfahren genügt zunächst eine fristgerechte **schlüssige Kündigungsschutzklage**. Der antragstellende Arbeitnehmer ist nämlich für das Vorliegen von Kündigungsgründen nicht darlegungs- und beweispflichtig. Strengere Anforderungen werden bei fragwürdigen Sachverhalten gestellt. Bei der überschlägigen Überprüfung der Erfolgsaussichten kann das Gericht ein rechtskräftiges strafgerichtliches Urteil würdigen und mit entsprechender Begründung hinreichende Erfolgsaussichten verneinen (*LAG RhPf* 24.9.1985 LAGE § 114 ZPO Nr. 9). Klagt eine Partei unter dem Gesichtspunkt des Annahmeverzuges Entgelt ein, ohne die bezogenen Leistungen der Bundesanstalt für Arbeit in Abzug zu bringen, wird PKH nicht bewilligt (*LAG Nbg*. 22.7.1988 LAGE § 114 ZPO Nr. 14). PKH wird nicht für den kostspieligeren gleichwertigen prozessualen Weg gewährt; eine derartige Rechtsverfolgung wäre mutwillig. So ist keine Prozesskostenhilfe für die Erhebung einer neuen Klage zu gewähren, wenn eine kostengünstigere Erweiterung einer bereits anhängigen Klage möglich ist (*BAG* 9.9.2011 – 3 AZB 46/10, juris). Für eine Weiterbeschäftigungsantrag in einem Kündigungsschutzprozess lehnte das *LAG Düsseld*. (17.5.1989 LAGE § 114 ZPO Nr. 16) PKH wegen Mutwillens ab, weil er nicht als uneigentlicher oder unechter Hilfsantrag gestellt war. Ebenso hielt das *LAG Düsseld*. (12.8.1985 LAGE § 114 ZPO Nr. 7) eine Zahlungsklage für mutwillig, die statt einer Klageerweiterung einer anhängigen Kündigungsschutzklage erhoben wurde und versagte für die Vergütungsklage PKH. PKH scheidet aus, wenn Ansprüche zwischen den Parteien unstreitig sind und die Gegenseite ihnen nachkommen wird. Eine Partei darf nämlich

in ihrem prozessualen Verhalten nicht von demjenigen abweichen, das eine verständige Partei, die die »Kosten aus eigener Tasche« aufbringen müsste, in der gleichen prozessualen Situation zeigen würde (*LAG SchlH* 8.6.1983 NJW 1984, 830).

Eine Prüfung der Erfolgsaussichten erfolgt nicht, wenn das ArbG die Berufung, das LAG die Revision zugelassen hat. Das Gericht gab durch die Zulassung des Rechtsmittels hinreichende Erfolgsaussichten des Rechtsbehelfs zu erkennen. **106**

Gewährung von PKH ist grds. ausgeschlossen, wenn der Mandant **rechtsschutzversichert** ist. Ausnahmsweise bewilligen Gerichte sie dennoch, wenn die Rechtsschutzversicherung Kostenschutz ablehnt und trotz Gegenvorstellung gem. § 17 ARB bei ihrer Weigerung bleibt (*LAG Düsseld.* 12.11.1981 AnwBl 1982, 77; *LAG RhPf* 28.4.1988 LAGE § 115 ZPO Nr. 31). Hat der Mandant mit seiner Rechtsschutzversicherung eine **Selbstbeteiligung** vereinbart, kann das Gericht Prozesskostenhilfe bis zur Höhe der Selbstbeteiligung gewähren (*LAG RhPf* 5.6.1998 – 10 Sa 89/98, n. v.). Die Selbstbeteiligung gilt gem. § 2 ARB 75/§ 5 Abs. 3c ARB 94 »in jedem Versicherungsfall«, also nur einmal im Instanzenzug, weshalb ein entsprechender Antrag in erster Instanz erfolgen sollte. **107**

Ebenso scheidet PKH aus, wenn dem Mandanten **gewerkschaftlicher Rechtsschutz** zusteht (*LAG Frankf.* 21.4.1986 LAGE § 115 ZPO Nr. 20; *LAG RhPf* 7.1.1988 LAGE § 114 ZPO Nr. 13). Sie kann allerdings gewährt werden, wenn aus nachvollziehbaren Gründen das Vertrauen in den gewerkschaftlichen Rechtsschutz erschüttert ist (*LAG Köln* 16.2.1983 EzA § 115 ZPO Nr. 7; *LAG Düsseld.* 2.1.1986 LAGE § 115 ZPO Nr. 21; *LAG SchlH* 24.10.2003 – 2 Ta 215/03). Hierfür reicht nicht aus, dass sich der Antragsteller »lieber anwaltlich« vertreten lassen will (*LAG Düsseld.* 25.3.1983 EzA § 115 ZPO Nr. 8). Der Antragsteller hat die Gründe, die für eine Unzumutbarkeit sprechen, substantiiert darzulegen; bloße Schlagworte reichen nicht aus (*LAG Brem.* 8.11.1994 LAGE § 115 ZPO Nr. 48). **108**

### d) Persönliche Voraussetzungen

Gem. § 115 Abs. 1 S. 1 ZPO hat die Partei »ihr Einkommen einzusetzen«. Vom Parteieinkommen in Abzug zu bringen, sind Steuern, Vorsorgeaufwendungen, Werbungskosten, Freibetrag für Erwerbstätige, Unterhaltsfreibeträge, Unterkunftskosten sowie besondere Belastungen (s. Checkliste PKH, Rdn. 136). Bei **doppelverdienenden Ehegatten** sind die Einkünfte des mitverdienenden Ehegatten nach § 115 Abs. 1 S. 3 Nr. 2 ZPO bei dem Unterhaltsfreibetrag des Ehepartners anzurechnen. **109**

Ob bei **einfachverdienenden Ehegatten** bei der Bewilligung von PKH für den nichtverdienenden Ehegatten das Einkommen des verdienenden Ehegatten berücksichtigt werden darf, ist äußerst streitig. Der unterhaltsberechtigte Ehegatte hat grds. einen die Gewährung von PKH ausschließenden Anspruch gegen den unterhaltspflichtigen Ehegatten auf **Prozesskostenvorschuss gem. § 1360a BGB**. Umstritten ist bereits, ob in arbeitsrechtlichen Streitigkeiten eine Vorschusspflicht besteht. Eine Pflicht zu einem Prozesskostenvorschuss wird z. T. mit der Begründung verneint, Streitigkeiten vor den Gerichten für Arbeitssachen gehörten nicht zu den »**persönlichen Angelegenheiten**« i. S. v. § 1360a Abs. 4 BGB (*LAG Hamm* 13.1.1982 EzA § 115 ZPO Nr. 3; *LAG BW* 19.9.1984 EzA § 115 ZPO Nr. 11; *LAG Köln* 7.6.1985 LAGE § 115 ZPO Nr. 12; *LAG Köln* 4.2.1986 LAGE § 115 ZPO Nr. 15; *LAG RhPf* 27.10.1987 NZA 1988, 177; *Zöller/Philippi* § 115 Rn. 68 m. w. N., der jedoch Kündigungsschutzprozesse als persönliche Angelegenheit ansieht). Darüber hinaus verstoße die enge Auslegung des Begriffs der »persönlichen Angelegenheit« auf die eheliche Lebensgemeinschaft gegen den besonderen verfassungsrechtlichen Schutz von Ehe und Familie gem. Art. 6 GG. Andererseits wird die Auffassung vertreten, arbeitsrechtliche Streitigkeiten erfüllten das Tatbestandsmerkmal »persönliche Angelegenheit« des § 1360a Abs. 4 BGB und dieser Anspruch habe Vorrang vor der Bewilligung von PKH (*LAG RhPf* 6.5.1982 EzA § 115 ZPO Nr. 4; *LAG Düsseld.* 27.10.1983 EzA § 115 ZPO Nr. 9). Das *BAG* hat mit Beschluss vom 5.4.2006 (– 3 AZB 61/04, EzA § 115 ZPO 2002 Nr. 1) arbeitsrechtliche Bestandsstreitigkeiten als »persönliche Angelegenheiten« i. S. v. § 1360a Abs. 4 BGB gewertet und einen Prozesskostenvorschussanspruch gegen den Ehegatten bejaht. **110**

111 Unstreitig entfällt ein Anspruch auf Prozesskostenvorschuss gem. § 1360a BGB gegen den unterhaltspflichtigen Ehegatten, wenn dieser nicht leistungsfähig ist (*LAG Bln.* 12.6.1985 LAGE § 115 ZPO Nr. 14; *LAG RhPf* 24.3.1988 LAGE § 115 ZPO Nr. 33).

112 Gerichte, die einen Anspruch auf Prozesskostenvorschuss verneinen, berücksichtigten das Einkommen eines leistungsstarken Unterhaltspflichtigen teilweise dennoch. Das *LAG Köln* (4.2.1986 LAGE § 115 ZPO Nr. 15) und das *LAG Düsseld.* (9.4.1986 LAGE § 115 ZPO Nr. 18, 19; 26.5.1989 LAGE § 115 ZPO Nr. 38) zogen § 138 AFG heran, andere Gerichte legen § 115 Abs. 1 S. 2 ZPO dahingehend aus, dass das Ehegatteneinkommen zu berücksichtigen sei (*LAG RhPf* 27.10.1987 NZA 1988, 177; *LAG Köln* 29.3.1989 LAGE § 115 ZPO Nr. 35). Kosten der Lebensführung werden erfahrungsgemäß aus gemeinsamen Einkünften getragen, wobei der höher verdienende Teil mehr in den »gemeinsamen Topf« zuschießt. Eine Anordnung von Ratenzahlungen scheidet aus, wenn das »Einkommen« allein in der fiktiven teilweisen Anrechnung des Ehegatteneinkommens besteht (*LAG Nbg.* 16.9.1992 LAGE § 115 ZPO Nr. 45). Zur Vermeidung einer verfassungswidrigen Benachteiligung der ehelichen Lebensgemeinschaft sind nach Ansicht des *LAG Nbg.* (24.1.1990 LAGE § 115 ZPO Nr. 41) die Gerichte gehalten, eine Anrechnung auch bei nichtehelichen Lebensgemeinschaften vorzunehmen und in geeigneter Form auf eine vollständige Erklärung der Einkünfte hinzuwirken. Dagegen wird eingewandt, dass es bei der heute anzutreffenden Vielgestaltigkeit familienrechtlicher Beziehungen keine allgemeinen Erfahrungssätze gibt, noch besteht eine Rechtsgrundlage für eine pauschale Anrechnung. Die Vorschriften des SGB III passen nicht in das PKH-Recht (*LAG Hmb.* 19.4.1989 LAGE § 115 ZPO Nr. 36).

113 **Abfindungen**, die an einen Arbeitnehmer nach einem Kündigungsschutzprozess gezahlt werden, sind als Bestandteile eigenen Vermögens i. S. d. § 115 ZPO bei der Bewilligung von Prozesskostenhilfe zu berücksichtigen (*BAG* 24.4.2006 EzA § 115 ZPO 2002 Nr. 2 = FA 2006, 211; *LAG RhPf* 8.7.2005 – 9 Ta 83/05, jurion; *LAG Köln* 28.7.2004 – 2 Ta 237/04, jurion). Kann der Arbeitnehmer die Abfindung nicht beitreiben, kann er in entsprechender Anwendung von § 120 Abs. 4 ZPO eine nachträgliche Änderung des Prozesskostenhilfebeschlusses beantragen (*LAG SchlH* 25.5.2005 – 1 Ta 93/04, jurion). Ein Beschluss über Bewilligung von Prozesskostenhilfe ohne eigenen Beitrag kann auf Grund einer gezahlten Abfindung geändert und der Arbeitnehmer zur Zahlung verpflichtet werden (*LAG RhPf* 23.8.2005 – 10 Ta 194/05, jurion; 13.8.2004 – 10 Ta 170/04, jurion). Die Abfindung ist nicht zu berücksichtigen, falls der Arbeitnehmer trotz der Abfindung weiterhin in beengten finanziellen Verhältnissen lebt (*LAG BW* 8.7.2004 – 4 Ta 7/04, jurion) oder die sog. Schongrenze nicht überschritten wird. Die Höhe der Schongrenze ist umstritten. Eine Orientierungsgröße ist das Schonvermögen i. S. v. § 90 Abs. 2 Nr. 9 SGB XII (*LAG RhPf* 11.12.2003 – 3 Ta 1325/03, jurion). Es beläuft sich auf derzeit 2.301,– € für Ledige zzgl. 256,– € für jede unterhaltsberechtigte Person (§ 1 Abs. 1 Nr. 2 Verordnung zur Durchführung des § 90 Abs. 2 Nr. 9 SGB XII). Nach Auffassung des *LAG Köln* gehört eine Abfindung nicht zum einzusetzenden Vermögen, wenn sie zur Schuldentilgung, insbes. für ein vom Antragsteller bewohntes Hausgrundstück, eingesetzt wird (*LAG Köln* 12.4.2006 – 14 Ta 144/06, EzA-SD 19/2006, 15). Grundsätzlich muss geprüft werden, in welchem Umfang eine Abfindung einzusetzen ist, da dem Arbeitnehmer durch den Verlust des Arbeitsplatzes Kosten (z. B. für Bewerbungen, Schulungen, Umzug usw.) entstehen, die aus der Abfindung beglichen werden (*BAG* 24.4.2006 EzA § 115 ZPO 2002 Nr. 2 = FA 2006, 211). Der Antragsteller sollte daher zu der Höhe derartiger Kosten substantiiert vortragen. Der Einsatz der gesamten Abfindung ist allerdings nach Auffassung des BAG zumutbar, wenn der Arbeitnehmer zeitnah zur Beendigung des Arbeitsverhältnisses eine gleichwertige neue Stelle am selben Ort gefunden hat.

114 Ob es einer Partei zuzumuten ist, den Rückkaufswert einer **Lebensversicherung** zur Aufbringung von Prozesskosten einzusetzen, wird in der Rechtsprechung nicht einheitlich beurteilt. Die Frage der Zumutbarkeit sollte einzelfallbezogen geprüft werden. Die Grenze der Zumutbarkeit ist überschritten, wenn die Auflösung der Lebensversicherung eine angemessene Alterssicherung (vgl. hierzu § 90 Abs. 3 S. 2 SGB XII) wesentlich erschwert (*OLG Zweibrücken* 26.9.2007 – 6 WF 192/07, OLG Report 2008, 11; *Sächs. LAG* 27.9.2005 – 4 Ta 163/05, EzA-SD 19/2006, 14). Hingegen ist eine Lebensversicherung, die nicht der zusätzlichen Altersvorsorge i. S. v. § 90 Abs. 2

Nr. 2 SGB XII dient, beispielsweise eine Lebensversicherung auf den Heiratsfall der Tochter, einzusetzen (*BAG* 5.5.2006 EzA § 115 ZPO 2002 Nr. 4 = FA 2006, 320). Renditeeinbußen führen nicht ohne weiteres zur Unzumutbarkeit. Sofern der Rückkaufswert der Versicherung deutlich über den eingezahlten Beiträgen liegt, ist eine Verwertung zumutbar (*BAG* 5.5.2006 EzA § 115 ZPO 2002 Nr. 4 = FA 2006, 320). Weiterhin ist im Wege einer Einzelfallprüfung zu klären, ob durch Beleihungen oder sonstige Verwertung der Kapitallebensversicherung einsetzbare geldwerte Positionen zumutbarerweise geschaffen werden können (*LAG Bln.-Bra.* 4.1.2007 – 2 Ta 2161/06, Beck RS 2007, 45365).

Das Guthaben aus einem noch nicht zuteilungsreifen **Bausparvertrag** gehört zum einzusetzenden Vermögen des Antragstellers (*BAG* 26.4.2006 EzA § 115 ZPO 2002 Nr. 3 = FA 2006, 210); ebenso das Guthaben aus einem zuteilungsreifen Bausparvertrag (*BGH* 18.7.2007 – XII ZA 11/07, FamRZ 2007, 1720). 115

Veräußert eine bedürftige Partei ihr **Familienheim**, so hat sie das dadurch erlangte Vermögen zur Bestreitung der Prozesskosten einzusetzen, selbst wenn sie den Verkaufserlös für den Erwerb eines neuen angemessenen Hausgrundstücks i. S. v. § 90 Abs. 2 Nr. 8 SGB XII verwandt hat (*BGH* 31.10.2007 – XII ZB 55/07, BeckRS 2007, 19934). Mit der Verwertung des früheren Familienheims ist nämlich dessen Privilegierung entfallen und hat sich nicht an dem Verkaufserlös fortgesetzt. 116

### e) Zeitpunkt der Antragstellung

Der Antrag auf PKH sollte schnellstmöglich gestellt werden; nach Abschluss der Instanz ist er nicht mehr möglich. Die PKH beginnt grds. ab Bewilligungsreife, also dem Zeitpunkt, ab dem das Gericht sie bei ordnungsgemäßer Antragstellung zu bewilligen hat. Ein ordnungsgemäßer PKH-Antrag liegt vor, wenn die »Erklärung über die persönlichen und wirtschaftlichen Verhältnisse« richtig und vollständig ausgefüllt ist sowie die erforderlichen Belege beigefügt sind (*LAG Nbg.* 10.11.1987 LAGE § 119 ZPO Nr. 6; 15.4.2003 LAGE § 118 ZPO 2002 Nr. 1). Eine rückwirkende Bewilligung ist möglich, wenn der PKH-Antrag formgerecht unter Beifügung der erforderlichen Unterlagen gestellt war, eine Entscheidung aber infolge des gerichtlichen Geschäftsganges erst später erfolgt (*LAG Hmb.* 22.4.1985 LAGE § 119 ZPO Nr. 4). Spätestens im Beschwerdeverfahren müssen die erforderlichen Angaben über die persönlichen und wirtschaftlichen Voraussetzungen für die Bewilligung von Prozesskostenhilfe vollständig vorliegen, da anderenfalls dem Beschwerdegericht die Entscheidungsgrundlage fehlt (*LAG RhPf* 18.5.2005 – 6 Ta 177/05, juricon). Rechtsanwälte werden häufig erst kurz vor Ablauf der Dreiwochenfrist des § 4 KSchG aufgesucht, zur Fristwahrung muss kurzfristig Klage eingereicht werden. Die Güteverhandlung sollte spätestens zwei Wochen nach Klageeinreichung stattfinden; bis zu diesem Zeitpunkt können häufig nicht die Belege, insbes. der Bewilligungsbescheid der Bundesagentur für Arbeit, vorgelegt werden. Der Rechtsanwalt müsste sich unter Umständen einer Einigung im Gütetermin allein deshalb widersetzen, weil die erforderlichen PKH-Unterlagen durch seinen Mandanten noch nicht vollständig beigebracht werden konnten. Das *LAG Düsseld.* (16.2.1984 EzA § 119 ZPO Nr. 2) hält es daher im arbeitsgerichtlichen Verfahren für gerechtfertigt, PKH rückwirkend ab Antragstellung zu gewähren, falls die notwendigen Unterlagen in angemessener Frist nachgereicht werden. Den Antragsteller darf an der verzögerten Einreichung der Bewilligungsunterlagen kein Verschulden treffen (*LAG Nbg.* 10.11.1987 LAGE § 119 ZPO Nr. 6). Eine durch den Rechtsanwalt verursachte Verzögerung ist dem Antragsteller zuzurechnen und führt zu Schadensersatzansprüchen des Mandanten gegenüber dem Rechtsanwalt. 117

Gem. § 117 Abs. 4 ZPO ist der Vordruck »Erklärung über die persönlichen und wirtschaftlichen Verhältnisse« zu benutzen (*LAG SchlH* 1.3.1988 LAGE § 119 ZPO Nr. 5). Nach Auffassung des *BGH* (17.3.1992 JurBüro 1993, 51) hat sich der Antragsteller grds. auch in der Rechtsmittelinstanz des genannten Vordrucks zu bedienen. Eine Bezugnahme auf eine im früheren Rechtszug auf dem Vordruck abgegebene Erklärung reicht nur dann aus, wenn die Verhältnisse seitdem unverändert geblieben sind und dies bei der Bezugnahme deutlich gemacht wird (*BGH* 16.3.1983 NJW 1983, 2145). 118

119  Ein vorgeschaltetes PKH-Verfahren verbietet sich im Regelfall wegen der zahlreichen Fristen im Arbeitsrecht – es wahrt weder die Klagefrist des § 4 KSchG noch unterbricht es tarifliche Ausschlussfristen (*LAG Köln* 11.3.1996 LAGE § 4 KSchG Nr. 34).

### f) Erweiterung des PKH-Gesuchs

120  Die PKH erfasst nur die zum Zeitpunkt der Bewilligungsreife rechtshängigen Ansprüche (*Gift/Baur* D/Rn. 110). Eine danach erhobene Widerklage oder Klageerweiterung sowie die Rechtsverteidigung hiergegen, bedarf eines erneuten PKH-Antrages. Werden in einem **Vergleich nicht rechtshängige streitige Ansprüche** mitverglichen, bedarf es vor Vergleichsschluss eines entsprechenden Antrags, damit die PKH auf den Vergleich insgesamt ausgedehnt werden kann.

121  Beendet der den Gegenstand des Prozesses abdeckende **außergerichtliche Vergleich** den Rechtsstreit, so erhält der Rechtsanwalt nach überwiegender Meinung in der Arbeitsgerichtsbarkeit aus der Landeskasse eine Vergleichsgebühr für die Mitwirkung an dem außergerichtlichen Vergleich (*LAG Köln* 24.11.1997 AnwBl 1999, 125; *LAG Thüringen* 30.4.1997 LAGE § 121 BRAGO Nr. 5; *LAG RhPf* 15.9.1993 NZA 1994, 144).

### g) Rechtsbehelf

122  Die Entscheidung des Gerichtes über den PKH-Antrag erfolgt durch **Beschluss** für die **jeweilige Instanz**, §§ 119, 127 ZPO. Gegen die stattgebende Entscheidung kann die Staatskasse sofortige Beschwerde einlegen, wenn keine Raten oder zu zahlende Beträge festgesetzt sind, § 127 Abs. 3 S. 1 ZPO. Der Antragsteller kann nur eine sofortige Beschwerde innerhalb einer Notfrist von einem Monat nach Zustellung des versagenden Beschlusses einlegen, falls – soweit kein Bestandsschutzstreit vorliegt – der Streitwert des Hauptsacheverfahrens 600 € übersteigt, es sei denn die Prozesskostenhilfe wurde ausschließlich im Hinblick auf die persönlichen oder wirtschaftlichen Voraussetzungen für die Prozesskostenhilfe abgelehnt, §§ 127 Abs. 2, 3; 46 Abs. 2 S. 3 ArbGG (*Schmidt/Schwab/Wildschütz* NZA 2001, 1161 [1162]). Der Prozessgegner kann gegen einen stattgebenden PKH-Beschluss mangels Beschwer keinen Rechtsbehelf einlegen.

123  Das Gericht kann die **Bewilligung der PKH aufheben**, wenn der Antragsteller unrichtige Angaben hinsichtlich des Streitverhältnisses oder der persönlichen und wirtschaftlichen Verhältnisse gemacht hat bzw. länger als 3 Monate mit der Zahlung einer festgesetzten Rate im Rückstand ist (§ 124 ZPO).

## 3. Beiordnung

124  Neben der PKH gem. §§ 114 ZPO besteht im Arbeitsgerichtsprozess in **erster Instanz** (*LAG Bln.* 26.8.1980 EzA § 11a ArbGG 1979 Nr. 1) die Möglichkeit einer Beiordnung gem. § 11a ArbGG für **natürliche Personen** (*BAG* 3.8.2011 – 3 AZB 8/11), worauf das Gericht hinweisen muss, § 11a Abs. 1 S. 2 ArbGG. Im Unterschied zu § 114 ZPO macht § 11a ArbGG eine Beiordnung nicht von hinreichenden Erfolgsaussichten abhängig, setzt aber voraus, dass die Gegenseite anwaltlich vertreten ist. Die bloße Beiordnung nach § 11a ArbGG bewirkt keine Befreiung von der Verpflichtung zur Zahlung der Gerichtskosten (*LAG Hamm* 10.7.1981 EzA § 11a ArbGG 1979 Nr. 2).

### a) Gegenrechtsanwalt

125  Ist die Gegenpartei durch einen **Rechtsanwalt** vertreten, so kann der Partei auf ihren Antrag hin für das erstinstanzliche Verfahren ein Rechtsanwalt beigeordnet werden, § 11a ArbGG; das Gericht hat die anwaltlich nicht vertretene Partei hierüber zu belehren, § 11a Abs. 1 S. 2 ArbGG. Die Vertretung der Gegenseite durch einen Verbandsvertreter reicht nicht aus, selbst wenn dieser auch als Rechtsanwalt zugelassen ist (*LAG RhPf* 22.4.2008 – 3 Ta 55/08, n. v.; *LAG Düsseld.* 9.6.1988 LAGE § 11a ArbGG 1979 Nr. 5; GMPM-G/*Germelmann* § 11a Rn. 56; Schwab/Weth-*Vollstädt* § 11a Rn. 79; *Grunsky* § 11a Rz 13; a. A. *Ascheid* Urteils- und Beschlussverfahren, Rz 353).

## A. Urteilsverfahren Kapitel 15

*b) Ausschluss der Beiordnung*

Ebenso wie bei der PKH scheidet eine Beiordnung aus, wenn die Partei **rechtsschutzversichert** ist oder die Möglichkeit hat, sich durch einen **Koalitionsvertreter** vor Gericht vertreten zu lassen. 126

Ein Antrag wird zurückgewiesen, wenn die Rechtsverfolgung offensichtlich mutwillig ist, also schon auf den ersten Blick ohne nähere Prüfung erkennbar ist, dass sie erfolglos sein muss (GK-ArbGG/ *Bader* § 11a Rn 201). Beispielsweise ist eine Lohnklage offensichtlich mutwillig, wenn auf Grund allgemeinverbindlichen Tarifvertrags verfallene Gehaltsansprüche geltend gemacht werden (*LAG Köln* 8.12.1987 – 6 Ta 281/87, n. v.). 127

*c) Persönliche Voraussetzungen*

Soweit § 11a ArbGG keine Abweichungen enthält, gelten die §§ 114 ff. ZPO entsprechend, insbes. hinsichtlich der subjektiven Voraussetzungen. 128

*d) Doppelte Antragstellung*

Da bei einem Antrag auf Beiordnung gem. § 11a ArbGG nicht die hinreichende Erfolgsaussicht der Rechtsverfolgung notwendig ist, empfiehlt es sich bei der Antragstellung zweispurig zu verfahren (*Tiedemann* ArbRB 2008, 320). Das *LAG Brem.* (26.2.1986 LAGE § 11a ArbGG 1979 Nr. 3), *LAG Düsseld.* (29.10.1986 LAGE § 11a ArbGG 1979 Nr. 4) und das *LAG SA* (11.6.1997 LAGE § 11a ArbGG Nr. 6) unterstellen zwar zugunsten des Rechtsanwaltes, dass der Antrag auf Beiordnung eines Prozessbevollmächtigten gem. § 114 ZPO als »Minus« einen Antrag auf Beiordnung gem. § 11a ArbGG enthält. Die Praxis der Gerichte ist jedoch nicht einheitlich, weshalb der Antrag auf Bewilligung von PKH ausdrücklich klarstellen sollte, dass für den Fall der Versagung von PKH mangels hinreichender Erfolgsaussicht hilfsweise ein Antrag gem. § 11a ArbGG gestellt wird, falls sich der Gegner anwaltlich vertreten lässt. Ein vorsorglich vorab bei der Klageeinreichung gestellter Antrag ist zulässig und nach Bestellung eines Rechtsanwalts für den Gegner zu entscheiden (*Gift/Baur* D/Rn. 105). 129

Hinreichende Erfolgsaussichten bestehen nach Auffassung des *LAG Hessen* (1.8.2006 LAGE § 114 ZPO 2002 Nr. 6) für einen allgemeinen Feststellungsantrag (»**Schleppnetzantrag**«), sofern er ausreichend begründet ist. In diesem Fall ist für den allgemeinen Feststellungsantrag auch ohne Ausspruch einer weiteren Kündigung Prozesskostenhilfe zu bewilligen. 130

*e) Rechtswirkungen der Beiordnung nach § 11a ArbGG*

Die Beiordnung eines Rechtsanwalts gem. § 11a ArbGG entfaltet geringere Rechtswirkungen als die Beiordnung im PKH-Verfahren. Eine Beiordnung nach § 11a ArbGG befreit die Partei nicht von der Pflicht zur Tragung von **Gerichts- und Gerichtsvollzieherkosten**. **Reisekosten** des beigeordneten Rechtsanwalts muss dieser gesondert beantragen und begründen. 131

*f) Rechtsbehelf*

Der vollumfänglich stattgebende Beschluss ist unanfechtbar, anderenfalls ist die sofortige Beschwerde entsprechend derjenigen im PKH-Verfahren an das LAG statthaft, § 11a Abs. 3 ArbGG, § 127 Abs. 2, 3 ZPO, § 46 Abs. 2 S. 3 ArbGG. 132

*g) Aufhebung der Prozesskostenhilfebewilligung*

Eine Partei kann eine nach § 120 Abs. 4 S. 2 ZPO geforderte Erklärung im Verfahren der Beschwerde gegen die Aufhebung der Prozesskostenhilfebewilligung auch dann nachholen, wenn sie die Frist für die Erklärung schuldhaft versäumt hat (*BAG* 18.11.2003 EzA § 120 ZPO 2002 Nr. 1). 133

Das Gericht kann gem. § 124 Ziff. 1 ZPO die Bewilligung der Prozesskostenhilfe aufheben, wenn sich aus der Beweisaufnahme ergibt, dass die unbemittelte Partei vorsätzlich falsche Angaben zu dem 134 für die Beurteilung der Erfolgsaussicht maßgeblichen Sachverhalt gemacht hatte (*LAG Nds.* 19.7.2006 LAGE § 124 ZPO 2002 Nr. 2).

### 4. PKH/§ 11a ArbGG im Beschlussverfahren/Checkliste

**135** Im Beschlussverfahren ist grds. die Bewilligung von PKH bzw. die Beiordnung gem. § 11a ArbGG möglich, § 80 Abs. 2 ArbGG. Sofern der Betriebsrat gegen den Arbeitgeber gem. **§ 40 BetrVG** einen **realisierbaren Anspruch** auf Zahlung der Prozesskosten hat, ist der Betriebsrat nicht wirtschaftlich bedürftig. Die Gewährung von PKH für den Betriebsrat für die Durchführung eines Beschlussverfahrens kommt ausnahmsweise in Betracht, wenn bei gegebener hinreichender Erfolgsaussicht der Arbeitgeber nicht in der Lage wäre, die Prozesskosten aufzubringen (*LAG RhPf* 4.5.1990 LAGE § 116 ZPO Nr. 1; *Paulsen* NZA 1989, 836). Ein Antrag kommt im Beschlussverfahren für das **beteiligte Betriebsratsmitglied im Zustimmungsverfahren zu seiner außerordentlichen Kündigung gem. § 103 Abs. 2 BetrVG** in Betracht. Die Beteiligung des Betriebsratsmitgliedes an diesem Verfahren ist keine Betriebsratstätigkeit, sodass zugunsten des beteiligten Betriebsratsmitgliedes kein Anspruch gem. § 40 BetrVG besteht.

**136** ▶ **Checkliste PKH**

**Monatliches Bruttoeinkommen bereinigt**
- **Steuern** (Belege)
- Pflichtbeiträge zur **Sozialversicherung** einschließlich der Arbeitslosenversicherung
- Beiträge zu öffentlichen oder privaten **Versicherungen** (Kfz-Haftpflichtversicherung, private Haftpflichtversicherung, Lebensversicherung, Hausratsversicherung, private Unfallversicherung, private Kranken- oder Krankentagegeldversicherung, Gebäudeversicherung)
- **Werbungskosten** (Kosten von Arbeitskleidung und Arbeitsmitteln, Kosten doppelter Haushaltsführung, Kosten der Fahrt zum Arbeitsplatz)

= **bereinigtes Erwerbseinkommen**

**bereinigtes Erwerbseinkommen abzüglich**
- **Erwerbstätigenfreibetrag**, § 115 Abs. 1 S. 3 Nr. 1b ZPO zurzeit **182,– €**. Der Erwerbstätigenfreibetrag steht nur einer noch im Arbeitsverhältnis stehenden Partei zu!
- **Unterhaltsfreibeträge**
- Partei: z.Zt. **400,– €**
- Ehegatte oder Lebenspartner: z.Zt. **400,– €** abzgl. eigenes Einkommen des Unterhalts- berechtigten
- die weiteren Unterhaltsberechtigten: Erwachsene z.Zt. **320,– €**, Jugendliche (15.–18. Lebensjahr) 316,- €, Kinder (7.–14. Lebensjahr) 276,– €, Kinder bis zur Vollendung des 6. Lebensjahrs 237,- € abzgl. eigenes Einkommen des Unterhaltsberechtigten
- **Unterkunftskosten** (soweit tatsächlich geleistet, Belege)
- Nettomiete, Mietnebenkosten einschließlich Umlage auf Betriebskosten
- bei selbst genutztem Wohnraum: Belastung durch Fremdfinanzierungen und Instandhaltung, Gebühren (Wasser, Müll, Strom usw.), Heizkosten
- **besondere Belastungen** § 1610a BGB, Mehrbedarfsbeträge des § 30 SGB XII i.V. m. LandesVO, Rh.-Pf.; 100 % z.Zt. **395,– €**
- 17 % des Regelsatzes, § 30 Abs. 1 SGB XII
- Personen über 65 Lebensjahren
- erwerbsunfähige Personen
- werdende Mütter nach der 12. Schwangerschaftswoche
- 36 % des Regelsatzes, § 30 Abs. 2, 1. HS SGB XII
- Alleinerziehende eines Kindes unter 7 Jahren oder 2/3 Kinder unter 16 Jahren
- über 15-jährige Behinderte, denen Eingliederungshilfe nach § 54 Abs. 1 Nr. 1–3 SGB XII gewährt ist, § 30 Abs. 4 SGB XII
- 35 % des Regelsatzes, § 30 Abs. 3, Ziff. 2 SGB XII
- Alleinerziehende mit mehr als 3 Kindern unter 16 Jahren

## A. Urteilsverfahren
## Kapitel 15

- Mehrbedarf von Kranken (Krankenkostzulage), § 23 Abs. 4 BSHG
- Abzahlungs- und Schuldverpflichtungen (Belege)

Monatsraten oder auf Monatsraten umgerechnet, soweit sie angemessener Lebensführung dienen (keine Luxusausgaben, vgl. *Thomas/Putzo* § 115 Rn. 13 f.) und tatsächlich geleistet werden (*LAG RhPf* MDR 2004, 718)
= einzusetzendes Einkommen gem. Tab. zu § 115 Abs. 1 S. 4 ZPO

### 5. Rechtsschutzversicherung

Die Selbstkostentragung gem. § 12a ArbGG erhöht die Bedeutung der Rechtsschutzversicherung im Bereich des Arbeitsrechtes. Der rechtsschutzversicherte Mandant sollte zunächst darüber aufgeklärt werden, dass der Rechtsanwalt nicht verpflichtet ist, unentgeltlich gegenüber der Rechtsschutzversicherung tätig zu werden. Die Wahrnehmung der Interessen gegenüber der Rechtsschutzversicherung stellt ein eigenes gebührenpflichtiges gesondertes Mandat dar (*Küttner* NZA 1996, 453). Die Beratung des rechtsschutzversicherten Mandanten über seine Rechte und Pflichten aus dem Versicherungsverhältnis ist als Beratungsgebühr gem. Nr. 2100 VV RVG abzurechnen, der Gegenstandswert bestimmt sich an der voraussichtlichen Kostenhöhe. Berechnet der Rechtsanwalt keine Gebühren, so verhält er sich standeswidrig (*Schaub* NZA 1989, 865).  137

Übernimmt der Rechtsanwalt die Korrespondenz mit der Rechtsschutzversicherung, so muss er sämtliche versicherungsrechtliche Obliegenheiten seines Mandanten als Repräsentant gegenüber der Versicherung ordnungsgemäß wahrnehmen. Anderenfalls macht er sich schadensersatzpflichtig, auch wenn er meint, die Korrespondenz nur gefälligkeitshalber zu führen. Die Korrespondenz mit der Rechtsschutzversicherung ist gem. Nr. 2400 VV gesondert zu vergüten (*Küttner* NZA 1996, 453).  138

Der Rechtsanwalt sollte seine Entscheidung hinsichtlich seiner Tätigkeit gegenüber der Rechtsschutzversicherung dem Mandanten schriftlich mitteilen.  139

▶ **Muster: Mitteilung zur Tätigkeit gegenüber Rechtsschutzversicherung**  140

Ich werde gegenüber ihrer Rechtsschutzversicherung nicht tätig, da diese Tätigkeit ein gesondertes gebührenpflichtiges Mandat darstellt und ein Verzicht auf die Geltendmachung dieser Gebühren standeswidrig wäre. Sie müssen ihre Pflichten gegenüber der Rechtsschutzversicherung selbst sorgfältig wahrnehmen und die Versicherung umgehend unterrichten. Die Versicherung wird ihnen dann mitteilen, ob und in welchem Umfang Versicherungsschutz besteht.

Der Rechtsanwalt, der gegenüber der Versicherung tätig wird, sollte den Mandanten ausdrücklich schriftlich auf die Gebührenpflichtigkeit dieses Mandates hinweisen (*Fischer* FA 2008, 293).  141

▶ **Muster: Hinweis auf Gebührenpflichtigkeit**  142

Sie haben mir mitgeteilt, dass Sie rechtsschutzversichert sind. Die Korrespondenz mit Ihrer Rechtsschutzversicherung stellt ein gesondertes gebührenpflichtiges Mandat dar. Ein Verzicht auf Gebühren verstößt gegen das anwaltliche Standesrecht. Hierauf habe ich Sie bereits im Besprechungstermin hingewiesen; Sie haben mich dennoch gebeten, die Angelegenheit gegenüber Ihrer Rechtsschutzversicherung zu klären. Die Kosten hierfür müssen Sie auch dann tragen, wenn die Rechtsschutzversicherung Kostenzusage erteilt.

Der Rechtsanwalt sollte den rechtsschutzversicherten Mandanten, unabhängig davon, ob er mit der Rechtsschutzversicherung die Korrespondenz übernimmt oder nicht, auf die **Risikoausschlüsse** hinweisen. Danach besteht insbes. kein Versicherungsschutz für:  143
- gesetzliche Vertreter juristischer Personen (z. B. Kündigung des Anstellungsvertrages eines GmbH-Geschäftsführers),
- Streitigkeiten aus dem Handelsvertreterrecht,
- Arbeitnehmererfindungen oder Verbesserungsvorschläge,
- vorsätzlich verursachte Versicherungsfälle (z. B. Kündigungen wegen vorgetäuschter Arbeitsunfähigkeit, Begehung von Straftaten usw.),

# Kapitel 15

- Streitigkeiten aus dem kollektiven Arbeitsrecht, sofern keine Beteiligung im Beschlussverfahren wegen einer personellen Einzelmaßnahmen vorliegt (*Harbauer* § 24 ARB 75 Rn. 36).
- während der Wartezeit.

144 **Reisekosten** können gegenüber der Rechtsschutzversicherung geltend gemacht werden, sofern und soweit hierdurch Kosten für einen Verkehrsanwalt erspart werden. Insoweit kann auf die Rechtsprechung des Bundesarbeitsgerichtes zur Prozesskostenhilfe verwiesen werden (s. Rdn. 105: *BAG* 18.7.2005 EzA § 121 ZPO 2002 Nr. 1).

145 Nach § 14 Abs. 3 ARB 75/§ 4 Abs. 1c ARB 94 liegt ein Versicherungsfall in dem Zeitpunkt vor, in dem ein tatsächlicher oder behaupteter Rechtsverstoß vom Arbeitgeber, vom Arbeitnehmer oder durch einen Dritten begangen wurde. In der Praxis treten immer wieder unterschiedliche Auffassungen zwischen Rechtsanwälten und Rechtsschutzversicherungen bei der Frage auf, ob überhaupt ein tatsächlicher oder behaupteter Rechtsverstoß vorliegt (z. B. Angebot zum Abschluss eines Aufhebungsvertrags) oder hinsichtlich des Zeitpunkts eines Rechtsverstoßes (Kettenarbeitsverträge, Dauerverstöße, wiederholte Verstöße).

146 Die Rechtsprechung sah überwiegend in dem bloßen **Angebot des Arbeitgebers zum Abschluss eines Aufhebungsvertrages** keinen Versicherungsfall, sofern kein Beratungsrechtsschutz vorliegt. Einige Gerichte nehmen bei zusätzlichen besonderen Umständen einen Versicherungsfall an, z. B. wenn:
- der Arbeitgeber eine Änderungskündigung bei Verweigerung einer Versetzung androht, obwohl ein verständiger Arbeitgeber eine Kündigung nicht ernsthaft in Betracht gezogen hätte (*AG Tettnang* 17.11.1995 AnwBl. 1997, 292),
- der Arbeitgeber dem Arbeitnehmer ernsthaft mit einer Kündigung oder sonstigen persönlichen Nachteilen droht, falls er keinen Aufhebungsvertrag akzeptiert (*AG Bergisch-Gladbach* 28.2.1996 r+s 1997, 69),
- der Arbeitgeber gegenüber einem langjährigen Arbeitnehmer erklärt, das Arbeitsverhältnis müsse beendet werden (*LG Baden-Baden* 19.12.1996 NJW-RR 1997, 790),
- der Arbeitgeber erklärt, er werde »schon Mittel und Wege finden, das Arbeitsverhältnis kurzfristig aus verhaltensbedingten Gründen zu kündigen«. Die Eintrittspflicht der Rechtsschutzversicherung beschränkt sich nicht darauf, die versuchte Nötigung abzuwehren, sondern dem Drängen des Arbeitgebers, das Arbeitsverhältnis aufzulösen, ist auch durch das Aushandeln besonders günstiger Konditionen für die Auflösung des Arbeitsvertrages zu begegnen (*LG Hannover* 8.6.1996 r+s 1997, 202)

147 Andere Gerichte sehen hingegen auch in diesen Fällen keine Einstandspflicht der Rechtsschutzversicherung. Ein Versicherungsfall liegt danach auch dann nicht vor, wenn:
- der Arbeitgeber eine Kündigung androht (*AG Frankf.* 3.11.1994 r+s 1995, 304),
- der Arbeitgeber ohne Vorankündigung dem Arbeitnehmer in einem Personalgespräch mitteilt, man habe für ihn keine Verwendung mehr. Es bestehe die Möglichkeit eines Aufhebungsvertrages – anderenfalls erfolge die Kündigung (*AG Hannover* 4.8.1995 r+s 1996, 107),
- der Arbeitgeber den Betriebsrat zu einer fristlosen Kündigung anhört (*AG Hmb.* 22.8.1995 r+s 1996, 107),
- der Arbeitgeber unter Hinweis auf eine ansonsten unumgängliche Kündigung ein Abfindungsangebot unterbreitet (*AG München* 25.1.1996 ZfS 1996, 272).

148 Das *OLG Saarbrücken* (19.7.2006 r+s 2006, 495) nimmt einen Rechtsschutzfall bereits dann an, wenn ein Arbeitgeber einem Arbeitnehmer seine betriebsbedingte Entlassung ankündigt. Wegen der grundsätzlichen Bedeutung der Angelegenheit hat das OLG Saarbrücken die Revision zum Bundesgerichtshof zugelassen.

149 Der *BGH* hat mit Urteil vom 19.11.2008 (FA 2009, 28) die Eintrittspflicht des Rechtsschutzversicherers bei vom Versicherungsnehmer behaupteten Rechtsverstoß durch Kündigungsandrohung des Arbeitgebers bejaht (*Cornelius-Winkler/Ennemann* FA 2009, 2; *Fischer* FA 2009, 3). Die Entscheidung ist für alle ARB-Versionen maßgeblich und auch für abgelehnte alte Schadensfälle (*Cor-*

## A. Urteilsverfahren Kapitel 15

*nelius-Winkler/Ennemann* FA 2009, 2). Der Arbeitnehmer muss gegenüber seiner Rechtsschutzversicherung vortragen, dass:
- sein Arbeitgeber ernsthaft mit einer Kündigung gedroht hat,
- die angedrohte Kündigung nach Auffassung des Arbeitnehmers rechtswidrig gewesen wäre,
- die Kündigungsandrohung bei vom Arbeitgeber ausgehenden Verhandlungen zu einer einvernehmlichen Beendigung des Arbeitsverhältnisses erfolgte (*Fischer* FA 2009, 3).

Kein Versicherungsfall liegt hingegen vor, wenn: **150**
- die Aufhebung des Arbeitsverhältnisses vom Arbeitnehmer veranlasst wurde,
- der Arbeitgeber lediglich »vorgefühlt« hat, ohne mit letzter Konsequenz die einvernehmliche Beendigung anzustreben.

**Außergerichtliche Anwaltstätigkeit** gehört nur dann zum Rechtszug i. S. d. § 19 RVG, wenn sie er- **151** folgt, nachdem der Anwalt einen (unbedingten) Prozessauftrag erhalten hat. Um eine deutliche Abgrenzung zu erleichtern, kann es sich empfehlen, getrennte Vollmachten für das außergerichtliche und das gerichtliche Verfahren zu verwenden und statt einer Klageandrohung in einem außergerichtlichen Schreiben es mit dem Hinweis auf den anwaltlichen Rat an den Mandanten im Weigerungsfall Klage zu erheben, bewenden zu lassen (*Haller* BB 1996, 2514 [2516]).

Ein Prozessauftrag kann nicht unterstellt werden, wenn der Arbeitgeber einen Rechtsanwalt beauf- **152** tragt, mit einem Arbeitnehmer bzw. dessen anwaltlichen Vertreter Gespräche zwecks gütlicher Aufhebung des Arbeitsvertrages zu führen (*OLG Hamm* 1.4.1992 VersR 1993, 94). Zu dem Zeitpunkt der außergerichtlichen Verhandlungen ist noch nicht absehbar, ob überhaupt eine Kündigung ausgesprochen wird, gegen die eine Kündigungsschutzklage erfolgt und damit eine Rechtsverteidigung des Arbeitgebers vor Gericht erforderlich wird. Im Fall einer nachfolgenden arbeitsgerichtlichen Auseinandersetzung ist die Geschäftsgebühr gem. Nr. 2400 VV auf die Verfahrensgebühr nach Nr. 3100 VV zur Hälfte, jedoch höchstens mit einem Gebührensatz von 0,75 auf die Verfahrensgebühr des gerichtlichen Verfahrens anzurechnen. Eine **Anrechnung** erfolgt immer dann, wenn die Tätigkeit des Rechtsanwalts, die die Geschäftsgebühr nach Nr. 2400 VV ausgelöst hat, zu dem Kreis der Tätigkeiten gehört, die im Fall eines Prozessauftrages gem. § 19 RVG durch die Prozessgebühr abgegolten werden.

Erfolgt ein **Vergleichsabschluss vor dem Arbeitsgericht, obwohl bereits das Berufungsverfahren** ein- **153** geleitet ist, fallen auch die gem. Nr. 3200 VV um 3/10 erhöhten Gebühren an (*OLG SchlH* 2.12.1982 JurBüro 1983, 551). Eine 16/10 Verfahrensgebühr kann nur anfallen, wenn bereits Schriftsätze, die Sachanträge enthalten, bei dem Berufungsgericht eingegangen sind, Nr. 3201 VV. Ist das für das Berufungsverfahren zuständige LAG mehr als 100 km vom Wohnort des Versicherungsnehmers entfernt, so hat die Rechtsschutzversicherung Reisekosten des Rechtsanwalts bis zur Höhe einer zusätzlichen Prozessgebühr zzgl. Auslagen zu tragen, § 2 Abs. 1a) ARB 75.

Einigen sich die Parteien nach Ausspruch einer Kündigung dahingehend, dass die **Kündigung durch** **154** **den Arbeitgeber »zurückgenommen«** wird und das Arbeitsverhältnis zu unveränderten Bedingungen fortbesteht, weigern sich viele Rechtsschutzversicherungen eine Vergleichsgebühr zu zahlen. Der Arbeitnehmer sei mit seinem Begehren voll durchgedrungen; ein Nachgeben seinerseits liege nicht vor. Demgegenüber weist das *LAG Hamm* (30.4.1997 AnwBl. 1997, 568) zutreffend darauf hin, dass eine Kündigung als einseitige rechtsgestaltende Willenserklärung von dem Arbeitgeber nicht zurückgenommen werden kann. Hierzu bedarf es eines Einverständnisses des Arbeitnehmers, sodass ein gegenseitiges Nachgeben beider Parteien vorliegt.

Der Rechtsanwalt hat seinen Mandanten weiterhin darauf hinzuweisen, dass die Rechtsschutzver- **155** sicherung **häufig nur einen eingeschränkten Versicherungsschutz** gewährt. So wird oft bei Kündigungsschutzprozessen die Kostenzusage für Weiterbeschäftigungs- und Lohnzahlungsanträge wegen mangelnder Erfolgsaussichten des Antrags oder Obliegenheitsverletzung, §§ 17, 15 ARB 75, abgelehnt (*Küttner* NZA 1996, 453; zu Gebühren im Arbeitsrecht: *Schiffer* FA 1997, 4; *Zirnbauer* FA 1997, 40; *Steffen* FA 1998, 74). Beschäftigt der Arbeitgeber nach einem obsiegenden Urteil in einem erstinstanzlichen Kündigungsschutzverfahren den Arbeitnehmer nicht weiter oder zahlt er keine Vergütung unter dem Gesichtspunkt des Annahmeverzugs, kann im Wege eines Eilantrages keine Weiterbeschäftigung oder Zahlung einer Vergütung erreicht werden. Erscheint der Arbeitgeber schon überhaupt nicht zum Gütetermin, kann der Arbeitnehmer, der keinen Weiterbeschäftigungsanspruch anhängig gemacht hat, kein entsprechendes Versäumnisurteil beantragen; – ein schwerer anwaltlicher Fehler.

156 Die Gerichte werden regelmäßig darauf verweisen, durch entsprechende Antragstellung im erstinstanzlichen Verfahren hätte eine Eilbedürftigkeit vermieden können. Die Erhebung einer Kündigungsschutzklage hemmt grds. nicht den Lauf von Verfallsfristen; – unterlässt der Rechtsanwalt wegen Verweigerung einer entsprechenden Kostenzusage der Rechtsschutzversicherung die Erhebung einer Zahlungsklage, drohen ihm Regressansprüche. Auch das Unterlassen des Weiterbeschäftigungsantrags ist regelmäßig ein rechtsanwaltlicher Haftpflichtfall (*Küttner/Sobolewski* AnwBl. 1985, 493). Ebenso begeht der Rechtsanwalt nach Auffassung des *OLG Düsseld.* (AnwBl. 1998, 351) einen Fehler, wenn er – falls sein Mandant noch während des Laufs des erstinstanzlichen Kündigungsschutzverfahrens eine andere Arbeitsstelle findet – keinen Auflösungsantrag gem. § 9 KSchG stellt. Der Auflösungsantrag erhöht gem. § 12 Abs. 7 S. 1 2. Hs. ArbGG nicht den Gegenstandswert, sodass in erster Instanz keine Kostennachteile bei Stellung eines Auflösungsantrages entstehen können.

157 Der Rechtsanwalt sollte dem Mandanten ein Bestätigungsschreiben nach dem Besprechungstermin übersenden, in dem er die von ihm für erforderlich angesehenen Maßnahmen darlegt und dem Mandanten bestätigt, welche kostenauslösenden Schritte vor einer Kostenzusage, nach einer Kostenzusage oder bei teilweiser Kostenzusage auf Grund des vom Mandanten im Besprechungstermin erteilten Auftrages unternommen werden.

### 6. Prozessvertretung vor den ArbG

*a) Urteilsverfahren*

158 Für die Prozessvertretung vor den ArbG gelten die Vorschriften der Zivilprozessordnung, §§ 78 ff. ZPO, entsprechend, soweit im ArbGG keine Sonderregelungen normiert sind, § 46 Abs. 2 ArbGG.

*aa) Freie Rechtsanwaltswahl*

159 Das Verfahren vor dem ArbG ist ein **Parteiprozess**. Die prozessfähige Partei kann daher den Prozess selbst führen und muss sich nicht vertreten lassen. Die Partei(en) können aber auch jeden in der Bundesrepublik zugelassenen Rechtsanwalt mit der Prozessführung beauftragen; – mit Ausnahme der beim BGH zugelassenen Rechtsanwälte, § 172 BRAO.

*bb) Ausländische Rechtsanwälte*

160 Ausländische Rechtsanwälte sind grundsätzlich als Prozessvertreter ausgeschlossen, sofern sie nicht als europäische Anwälte den Regelungen des Gesetzes über die Tätigkeit europäischer Rechtsanwalt in Deutschland (EURAG) unterfallen. Ein europäischer Anwalt, der sich in Deutschland niedergelassen hat (§ 2 EURAG) oder gemäß § 11 EURAG zugelassen ist, unterliegt keinen Beschränkungen. Ein europäischer Rechtsanwalt, der nur vorübergehend Dienstleistungen in Deutschland erbringen will, muss die Regelungen der §§ 25 ff. EURAG beachten.

*cc) Bevollmächtigte*

161 Der Rechtsanwalt kann Untervollmacht erteilen, § 81 ZPO. **Stationsreferendare**, also Referendare, die bei dem Rechtsanwalt im Vorbereitungsdienst beschäftigt sind, können mit Untervollmacht vor dem ArbG auftreten, da die Parteien vor dem Arbeitsgericht den Rechtsstreit selbst führen können, § *157 ZPO i. d. F. ab dem 1.7.2008* (vgl. Art. 8 des Gesetzes zur Neuregelung des Rechtsberatungsgesetzes v. 12.12.2007 BGBl. I S. 2851).

A. Urteilsverfahren                                                                                        Kapitel 15

Streitig war, ob sog. **Nebentätigkeitsreferendare**, die nicht zur Ausbildung bei einem Rechtsanwalt 162
tätig sind oder sonstige Angestellte eines Rechtsanwalts, insbes. Bürovorsteher, unterbevollmächtigt
werden können (*Winterstein* NZA 1988, 574). Das *BAG* (22.2.1990 EzA § 11 ArbGG 1979 Nr. 7)
hat die Möglichkeit einer Unterbevollmächtigung von Nebentätigkeitsreferendaren nach der Neuregelung des § 11 ArbGG bejaht. Nach § 11 Abs. 3 S. 1 ArbGG sind nur solche Personen ausgeschlossen, die die Besorgung fremder Rechtsangelegenheiten vor Gericht geschäftsmäßig betreiben. Weisungsgebundene Angestellte handeln als Erfüllungsgehilfen nicht geschäftsmäßig, wenn
der Geschäftsherr nach dem Grundverhältnis mit der Partei für diese geschäftsmäßig tätig wird.
Auch die Besonderheiten des arbeitsgerichtlichen Verfahrens stehen der Unterbevollmächtigung
eines Nebentätigkeitsreferendars nicht entgegen.

Das Urteil des BAG dürfte auch für die Unterbevollmächtigung anderer Angestellter eines Rechts- 163
anwalts einschlägig sein (*Schwab/Weth-Weth* § 11 Rn. 33; *Gift/Baur* D/Rn. 92). Das *LAG München*
(10.3.1989 LAGE § 11 ArbGG 1979 Nr. 7; 5.4.1989 LAGE § 11 ArbGG 1979 Nr. 8) geht davon
aus, dass ein **angestellter Bürovorsteher** eines Rechtsanwalts als Unterbevollmächtigter nicht gem.
§ 11 Abs. 3 ArbGG in der mündlichen Verhandlung vor den ArbG ausgeschlossen ist. Zweck des
§ 11 ArbGG ist es, bei der Partei nicht das Gefühl aufkommen zu lassen, den Prozess letztlich wegen
fehlender Anwaltsunterstützung verloren zu haben. Eine solche soll jedoch vorliegen, wenn der
Rechtsanwalt den Prozess durch Kontrolle und Anleitung seines vor Gericht auftretenden Bürovorstehers lenkt. Die möglicherweise unerfreulichen praktischen Auswirkungen betreffen ArbG in gleicher Weise wie Amtsgerichte und rechtfertigen keine unterschiedliche Handhabung bei den ArbG.
In der Praxis bestehen viele ArbG weiterhin auf einer Wahrnehmung der mündlichen Verhandlung
durch den Rechtsanwalt.

Der Gesetzgeber hat bei der Neuregelung des Rechtsberatungsgesetzes v. 12.12.2007 ausdrücklich 164
keine Regelung zu der Frage der Zulässigkeit der Vertretung von Rechtsanwälten durch Kanzleimitarbeiter getroffen. Die Gesetzesbegründung (BT-Drs. 16/3655 S. 91) führt hierzu aus: »Soweit es
darüber hinaus nach geltendem Recht teilweise auch als zulässig angesehen wird, dass Rechtsanwälte
ihre Kanzleimitarbeiter, vor allem Bürovorsteher und nebenberuflich außerhalb der Anwaltsstation
bei ihnen tätige Referendare bzw. Assessoren, gelegentlich mit Terminsvollmacht zur mündlichen
Verhandlung entsenden, besteht ein unabweisbares Regelungsbedürfnis nicht. Ein **ständiges, regelmäßiges Entsenden von Mitarbeitern** wird auch nach geltendem Recht als **unzulässig** angesehen.«

§ 11 Abs. 2 ArbGG i. d. F. ab dem 1.7.2008 (vgl. Art. 11 des Gesetzes zur Neuregelung des Rechts- 165
beratungsgesetzes v. 12.12.2007 BGBl. I S. 2852; *Düwell* FA 2008, 200) enthält eine abschließende
Regelung hinsichtlich der Personen, die neben Rechtsanwälten zur Prozessvertretung vor den Arbeitsgerichten befugt sind: Beschäftigte, Familienangehörige, arbeitsrechtliche Verbände und Organisationen:
– **Beschäftigte** 166
  Natürliche und juristische Personen können sich vor dem Arbeitsgericht durch eigene Beschäftigte
  (z. B. Personalleiter) oder Konzernmitarbeiter (»eines mit ihr verbundenen Unternehmens«) vertreten lassen. Im öffentlichen Dienst können neben eigenen Beamten oder Angestellten auch Beschäftigte der zuständigen Aufsichtsbehörde oder eines kommunalen Spitzenverbandes die Prozessvertretung vor dem Arbeitsgericht übernehmen.
– **Familienangehörige/Lebenspartner** 167
  Familienangehörige (insbes. Ehegatten, Verlobte, Verwandte und Verschwägerte gerader Linie,
  Geschwister, Ehegatten der Geschwister und Geschwister der Ehegatten, Geschwister der Eltern,
  Pflegeeltern und Pflegekinder, siehe § 15 AO) und Lebenspartner nach § 11 Lebenspartnerschaftsgesetz können die Prozessvertretung vor dem Arbeitsgericht übernehmen, sofern sie selbst
  volljährig sind und die Vertretung unentgeltlich erfolgt.
– **Verbände/Organisationen** 168
  Ab 1.7.2008 können arbeitsrechtliche Organisationen und Verbände, die Gewerkschaften, Arbeitgebervereinigungen oder die DGB-Rechtsschutz-GmbH selbst bevollmächtigt werden. Der Gesetzgeber ging davon aus, dass diese Verbände mit rechtlichen Fragen des Arbeitslebens ständig

befasst sind und damit eine den Rechtsanwälten vergleichbare juristische Kompetenz gegeben ist. Weitere Verbände sind hingegen nicht vertretungsbefugt (s. BT-Drs. 16/3655, S. 93).

169 Das Arbeitsgericht hat von Amts wegen die Vertretungsbefugnis von Bevollmächtigten zu prüfen. Zweifel müssen unter Wahrung rechtlichen Gehörs geklärt werden. Besteht keine Vertretungsbefugnis hat der Vorsitzende nach § 55 Abs. 1 Nr. 9 ArbGG i. d. F. ab 1.7.2008 durch Beschluss ohne Beteiligung der ehrenamtlichen Richter den Bevollmächtigten **auszuschließen**.

170 **Gebührenrechtlich** ist zu beachten, dass gem. § 5 RVG Vergütung für eine Tätigkeit, die der Rechtsanwalt nicht persönlich vornimmt, nur abgerechnet werden darf, wenn er durch einen Rechtsanwalt, den allgemeinen Vertreter, einen Assessor bei einem Rechtsanwalt oder einen Stationsreferendar vertreten wird.

171 Der Rechtsanwalt kann auch einen die Voraussetzungen des § 11 Abs. 1 S. 2, 3 ArbGG erfüllenden **Verbandsvertreter unterbevollmächtigen**. Hingegen darf an gem. § 11 Abs. 3 ArbGG von der Prozessvertretung ausgeschlossene Personen, insbes. Prozessagenten oder Beistände, keine Untervollmacht erteilt werden. Ebenso hat der Vorsitzende zu verfahren, wenn der Bevollmächtigte nicht zu ordnungsgemäßem Vortrag in der Lage ist. Der Zurückweisungsbeschluss ist **unanfechtbar** – lediglich eine Rüge nach § 78a ArbGG ist möglich.

*dd) Antidiskriminierungsverbände*

172 Antidiskriminierungsverbände können gem. § 23 Abs. 2 AGG im Rahmen ihres Satzungszweckes vor den Arbeitsgerichten – nicht vor den Landesarbeitsgerichten und dem Bundesarbeitsgericht –, als Beistände Benachteiligter auftreten (*Schleusener/Suckow/Voigt* AGG, § 23 Rn. 12 ff.).

*ee) Vertretung durch Richter*

173 Das Gesetz zur Neuregelung des Rechtsberatungsgesetzes hat eine Beschränkung der Vertretungsmöglichkeit durch Richter neu eingeführt. § 11 Abs. 5 ArbGG i. d. F. ab dem 1.7.2008 verbietet Berufsrichtern als Bevollmächtigte vor dem Gericht aufzutreten, dem sie angehören. Bei ehrenamtlichen Richtern beschränkt sich das Vertretungsverbot auf den Spruchkörper, dem sie angehören. Eine Besorgnis der Befangenheit wegen möglicher kollegialer Bindung der Richter soll hierdurch vermieden werden (s. BT-Drs. 16/3655, S. 94).

*b) Beschlussverfahren*

174 Die Parteien können sich im Beschlussverfahren erster Instanz selbst vertreten oder – wie im Urteilsverfahren – vertreten lassen.

175 Ein vom Betriebsrat beauftragter Rechtsanwalt sollte zunächst prüfen, ob der Betriebsrat einen **ordnungsgemäßen förmlichen Beschluss** gefasst hat, ein Beschlussverfahren einzuleiten und ihn mit der Wahrnehmung seiner Interessen zu beauftragen (*Langer* S. 156; *Müller/Bauer* 74 f.). Der Beschluss gilt im Zweifel **nur für die jeweilige Instanz** (*LAG Bln.* 26.1.1987 NZA 1987, 645). Fehlt ein Beschluss oder beschloss der Betriebsrat nicht ordnungsgemäß, hat der Betriebsrat keinen Kostenübernahmeanspruch gem. § 40 Abs. 1 BetrVG. Folglich erhält der Rechtsanwalt **kein Honorar**, da der Betriebsrat als solcher vermögenslos ist. Eine Inanspruchnahme einzelner Betriebsratsmitglieder scheidet regelmäßig aus, da der Rechtsanwalt vor Mandatsübernahme verpflichtet ist, auf einen ordnungsgemäßen Betriebsratsbeschluss hinzuwirken. Der Betriebsrat wird regelmäßig nur dann ein Beschlussverfahren durchführen wollen, wenn die einzelnen Betriebsratsmitglieder nicht Kostenschuldner werden.

176 Die Kosten der Hinzuziehung eines Rechtsanwalts im Beschlussverfahren erster Instanz hat der Arbeitgeber nur zu zahlen, wenn der Betriebsrat die Prozessvertretung durch einen Rechtsanwalt bei pflichtgemäßer und verständiger Würdigung der zu berücksichtigenden Umstände für notwendig erachten darf (*BAG* 19.4.1989 EzA § 40 BetrVG 1972 Nr. 40). Nach der Intention des Gesetzgebers soll – vergleichbar der PKH – bei rein mutwilligen oder offensichtlich aussichtslosen Beschlussver-

## A. Urteilsverfahren       Kapitel 15

fahren dem Arbeitgeber nicht die Kosten des vom Betriebsrat beauftragten Rechtsanwalts auferlegt werden. Hingegen kann der Arbeitgeber den Betriebsrat nicht auf eine Vertretung durch Gewerkschaftsvertreter verweisen, um einem gerechtfertigten Kostenerstattungsanspruch nach § 40 BetrVG zu entgehen (*BAG* 3.10.1978 EzA § 40 BetrVG 1972 Nr. 37).

Eine **Unterbevollmächtigung** ist im Beschlussverfahren unter den gleichen Voraussetzungen wie im Urteilsverfahren möglich. 177

### 7. Prozessvertretung vor den LAG

Im Urteilsverfahren herrscht beim LAG **Vertretungszwang** (§ 11 Abs. 4 ArbGG); ausgenommen vom Vertretungszwang sind lediglich Verfahren vor dem beauftragten oder ersuchten Richter sowie Erklärungen, die vor dem Urkundsbeamten der Geschäftsstelle vorgenommen werden können. Die wichtigste Ausnahme vom Vertretungszwang im Bereich der Arbeitsgerichtsbarkeit dürfte die Erledigung eines Beweisbeschlusses durch ein anderes Gericht sein (GMPM-G/*Germelmann* § 11 Rn. 112). Eine Partei wird als säumig behandelt, die vor dem LAG ohne postulationsfähigen Prozessvertreter erscheint (*Schwab/Weth-Weth* § 11 Rn. 46). **Untervollmacht** kann nur an solche Personen erteilt werden, die vor dem LAG auftreten dürfen. Mitarbeiter eines Rechtsanwalts können daher nicht unterbevollmächtigt werden. Referendare, auch Stationsreferendare, sind ebenfalls nicht untervertretungsbefugt (*Schwab* Die Berufung im arbeitsgerichtlichen Verfahren, 2005, S. 140); **a. A.** GMPM-G/*Germelmann* § 11 Rn. 116). 178

Ist der Rechtsanwalt selbst Partei, auch als Partei kraft Amtes oder als gesetzlicher Vertreter, kann er sich gem. § 78 Abs. 3 ZPO vor dem LAG selbst vertreten. 179

Einspruch gegen ein Versäumnisurteil des LAG kann die Partei selbst einlegen, § 64 Abs. 7 ArbGG i. V. m. § 59 ArbGG. 180

### 8. Prozessvertretung vor dem BAG

#### a) Urteilsverfahren

Vor dem BAG herrscht Vertretungszwang, zugelassen ist jeder bei einem deutschen Gericht zugelassene **Rechtsanwalt** (*Schwab/Weth-Weth* § 11 Rn. 50). Untervollmacht darf nur einem Rechtsanwalt, ihren amtlichen bestellten Vertretern oder Verbandsvertretern mit der Befähigung zum Richteramt erteilt werden (GMPM-G/*Germelmann* § 11 Rn. 121). 181

Ab dem 1.7.2008 können erstmals aufgrund der dann geltenden Regelung in § 11 Abs. 4 ArbGG **Verbandsvertreter** – mit Befähigung zum Richteramt – vor dem Bundesarbeitsgericht als Vertreter auftreten. Diese Erweiterung der Vertretungsmöglichkeit dürfte zu Lasten der Rechtsanwälte gehen. 182

#### b) Beschlussverfahren

Im Beschlussverfahren muss die **Rechtsbeschwerdeschrift und die Rechtsbeschwerdebegründung** durch einen Rechtsanwalt unterzeichnet sein, § 94 Abs. 1 ArbGG, im Übrigen können sich die Beteiligten selbst vertreten (*Schwab/Weth-Weth* § 11 Rn. 53). 183

## IV. Verfahrensgrundsätze

### 1. Dispositionsgrundsatz

Das gesamte Verfahren steht zur Disposition der Parteien. Das ArbG wird nur tätig, wenn eine Partei ein Rechtsschutzbegehren an das Gericht richtet, sei es durch die Stellung eines Antrags auf Erlass eines Mahnbescheids, die Erhebung einer Klage oder den Antrag auf Erlass eines Arrestes oder einer einstweiligen Verfügung. Das ArbG wird nicht von Amts wegen tätig. 184

Es obliegt weiterhin den Parteien, wie das Verfahren seine Beendigung findet. In Betracht kommt eine einseitige Klagerücknahme gem. § 46 Abs. 2 ArbGG i. V. m. § 269 ZPO, ein Vergleich, eine 185 übereinstimmende Erledigungserklärung oder ein Urteil des Gerichts nach entsprechender Antragstellung einer oder beider Parteien.

### 2. Verhandlungsgrundsatz

186 Das Gericht wird nicht von Amts wegen bei der Ermittlung des streitgegenständlichen Sachverhalts tätig. Es obliegt allein den Parteien durch entsprechenden Sachvortrag und Antragstellung, den Streitstoff des Prozesses zu bestimmen (*BAG* 30.9.1976 EzA § 9 KSchG 1969 Nr. 3).

187 Das Gericht kann und muss allerdings nach § 139 ZPO auf die Parteien einwirken, sich über alle erheblichen Tatsachen vollständig zu erklären, sachdienliche Anträge zu stellen sowie bei ungenügenden Angaben der geltend gemachten Tatsachen diese zu ergänzen und entsprechende Beweismittel zu benennen (*Zöller/Greger* § 139 Rn. 10 ff. mit Einzelbeispielen).

188 Das Gericht kann gem. §§ 142 bis 144 ZPO von Amts wegen die Vorlage von Urkunden, Akten sowie die Anordnung der Einvernahme des Augenscheins sowie die Begutachtung durch Sachverständige anordnen. Aus den §§ 56 Abs. 1, 61a Abs. 3, Abs. 4 ArbGG ergeben sich darüber hinaus weitere Einwirkungsmöglichkeiten und -pflichten des Gerichts. Da der Vorsitzende darauf hinwirken soll, dass die streitige Verhandlung möglichst in einem Termin zu Ende geführt werden kann, hat er den Parteien bzgl. ihres notwendigen Sachvortrags und gegebenenfalls Beweisantritts Auflagen zu machen, die regelmäßig bereits im Gütetermin nach gescheitertem Einigungsversuch erlassen werden (s. Rdn. 382 ff.).

189 Bei seiner Entscheidung hat das Gericht allein den von den Parteien in das Verfahren eingebrachten tatsächlichen Streitstoff zu Grunde zu legen (*BAG* 24.3.1983 EzA § 1 KSchG 1969 Betriebsbedingte Kündigung Nr. 21).

### 3. Grundsatz der Mündlichkeit

190 Nach dem Grundsatz der Mündlichkeit darf ein Urteil nur auf Grund des in der mündlichen Verhandlung von den Parteien eingebrachten Streitstoffes gefällt werden. Vorbereitende Schriftsätze der Parteien sollen lediglich die mündliche Verhandlung vorbereiten. Insbesondere streitiges und erhebliches Parteivorbringen ist immer ausdrücklich zum Gegenstand der mündlichen Verhandlung zu machen. Stellt z. B. das Gericht nach dem Schluss der mündlichen Verhandlung fest, dass ein richterlicher Hinweis hätte ergehen müssen, ist es verpflichtet, die mündliche Verhandlung gem. § 156 ZPO wieder zu eröffnen (*BAG* 23.1.1996 EzA § 64 ArbGG 1979 Nr. 33).

191 **Ein schriftliches Verfahren gem. § 128 Abs. 2 ZPO gibt es in erster Instanz gem. § 46 Abs. 2 ArbGG nicht**, nur im Rechtsmittelverfahren, da die §§ 64 Abs. 7, 72 Abs. 6 ArbGG nicht auf § 46 Abs. 2 verweisen, sodass § 128 Abs. 2 ZPO anwendbar bleibt.

192 Seine Berechtigung hat dies darin, dass gerade im Arbeitsgerichtsprozess häufig prozessunerfahrene Parteien ohne anwaltliche Hilfe beteiligt sind, die regelmäßig in der Wahrnehmung ihrer prozessualen Rechte bei Einführung eines schriftlichen Verfahrens behindert werden würden.

193 Eine Ausnahme vom Grundsatz der Mündlichkeit besteht bei einer **Entscheidung nach Aktenlage**, die auch im Arbeitsgerichtsprozess gem. den §§ 46 Abs. 2 ArbGG, 251a, 331a ZPO möglich, jedoch selten ist.

### 4. Grundsatz der Unmittelbarkeit

194 Die streitige Verhandlung sowie eine durchzuführende Beweisaufnahme hat unmittelbar vor dem erkennenden Gericht zu erfolgen. Eine Übertragung z. B. einer Beweisaufnahme auf ein Gerichtsmitglied ist nicht möglich. So ist eine Beweisaufnahme nach § 58 Abs. 1 S. 1 ArbGG grds. an der Gerichtsstelle vor der Kammer durchzuführen. Soweit § 58 Abs. 1 S. 2 ArbGG vorsieht, dass die Beweisaufnahme auf den Vorsitzenden alleine übertragen werden kann, falls eine Beweisaufnahme an der Gerichtsstelle selbst nicht möglich ist, handelt es sich nicht um eine Beauftragung des Vorsit-

zenden i. S. d. § 361 ZPO. Das Gericht wird insofern lediglich in einer verminderten Besetzung tätig.

## 5. Grundsatz der Öffentlichkeit der Verhandlung

Güte- und Kammertermin, eine Beweisaufnahme und die Verkündung der Entscheidung hat öffentlich zu erfolgen, § 52 ArbGG. In der Praxis werden Urteile regelmäßig am Schluss der mündlichen Verhandlung, d. h. am Ende des Terminstages verkündet. Da dazwischen regelmäßig noch die Beratung des Gerichts liegt, sind die Parteien und ihre Vertreter häufig zum Zeitpunkt der Verkündung der Entscheidung nicht mehr anwesend, sondern informieren sich später telefonisch über den Ausgang des Verfahrens. **Ein Urteil des Gerichts ist dennoch – auch wenn der Gerichtssaal leer ist und keine Öffentlichkeit vorhanden – öffentlich zu verkünden, da es ansonsten nicht existent ist.**

195

Die Öffentlichkeit darf nur ausgeschlossen werden, wenn eine Gefährdung der öffentlichen Ordnung oder eine Gefährdung der Sittlichkeit zu befürchten ist oder wenn eine Partei den Ausschluss der Öffentlichkeit beantragt, weil Betriebs-, Geschäfts- oder Erfindergeheimnisse zum Gegenstand der Verhandlung oder einer Beweisaufnahme gemacht werden. Außerdem kann nach § 171b GVG die Öffentlichkeit ausgeschlossen werden, soweit Umstände aus dem persönlichen Lebensbereich einer Partei oder eines Zeugen zur Sprache kommen und schutzwürdige Interessen der betreffenden Person einer öffentlichen Erörterung entgegenstehen. Bezüglich des Verfahrens verweist § 52 S. 3 ArbGG auf die §§ 173 bis 175 GVG.

196

Eine erweiterte Möglichkeit des Ausschlusses der Öffentlichkeit sieht § 52 S. 3 ArbGG für das Güteverfahren vor. Danach können bereits Zweckmäßigkeitsgründe ausreichen, die Öffentlichkeit während der Güteverhandlung auszuschließen. Sinn und Zweck der Regelung ist es, Vergleichsgespräche zwischen den Parteien zu erleichtern und zu fördern.

197

Ton- und Fernseh- und Rundfunkaufnahmen sowie Ton- und Filmaufnahmen während der öffentlichen Verhandlung sind gem. den §§ 52 S. 3 ArbGG, 169 S. 2 GVG unzulässig.

198

Eine Verhandlung ist nur dann öffentlich, wenn an ihr Zuhörer nach Belieben die Möglichkeit haben, teilzunehmen. Jedermann muss sich darüber informieren können, wann und wo eine Verhandlung stattfindet, wobei es genügt, wenn das Gericht einen entsprechenden Hinweis in Form eines Terminaushangs an dem jeweiligen Sitzungsraum anbringt. Der Streitgegenstand der Verhandlung muss darauf nicht angegeben werden.

199

Der Öffentlichkeit muss es möglich sein, den Ort der Verhandlung ungehindert zu erreichen. Dies ist nicht der Fall, wenn auf Grund Anordnung des Gerichts der Zugang behindert wird oder das Gericht eine von ihm nicht angeordnete, aber bestehende Behinderung trotz ihres Erkennens nicht beseitigen lässt (*BAG* 12.4.1973 EzA § 611 BGB Nr. 12). Keine Behinderung der Öffentlichkeit liegt vor, wenn die Außentür eines Gerichtsgebäudes versehentlich ins Schloss fällt, ein Gerichtswachmeister irrtümlich den Zutritt zum Gerichtssaal verhindert oder zwar die Eingangstür zum Gerichtsgebäude verschlossen ist, Zuhörer sich jedoch durch eine Klingel Einlass verschaffen können.

200

**Keine Verletzung der Öffentlichkeit liegt ferner vor, wenn eine Partei einen präsenten Zeugen benennt, über dessen Vernehmung noch durch das Gericht zu entscheiden ist und der Vorsitzende vorsorglich den Zeugen auffordert, den Gerichtssaal bis zu seiner Vernehmung zu verlassen** (*BAG* 21.1.1988 EzA § 394 ZPO Nr. 1).

201

Ein Gerichtssaal muss nicht derart dimensioniert sein, dass sämtliche interessierten Zuhörer Platz finden, darf allerdings andererseits nicht so klein gewählt sein, dass die Teilnahme an der Verhandlung praktisch unmöglich wird.

202

Wird eine Sitzung kurzfristig von dem zunächst anberaumten Gerichtsort verlegt, z. B. in einen anderen Sitzungssaal, muss ein entsprechender Hinweis am ursprünglich geplanten Verhandlungsort angebracht werden.

203

204 Die Wahrung der Öffentlichkeit muss sich aus dem Terminsprotokoll ergeben, § 160 Abs. 1 Nr. 5 ZPO, dem insofern alleinige Beweiskraft zukommt, § 165 S. 1 ZPO.

205 Wird der Grundsatz der Öffentlichkeit vom ArbG verletzt, liegt zwar ein schwerer Verfahrensmangel vor, der jedoch im Ergebnis i. d. R. unerheblich ist, da das LAG als Berufungsgericht allein deswegen das Verfahren nach § 68 ArbGG nicht an das ArbG zurückverweisen kann. Hat das LAG hingegen zu Unrecht die Öffentlichkeit ausgeschlossen, liegt ein absoluter Revisionsgrund i. S. d. § 547 Nr. 6 ZPO vor. Dieser absolute Revisionsgrund ist allerdings davon abhängig, dass gegen das Urteil nach § 72 Abs. 1 ArbGG überhaupt eine Revision möglich ist. Allein die Verletzung des Öffentlichkeitsgebotes stellt keinen eigenständigen Revisionsgrund dar (GMPM-G/ *Germelmann* § 52 Rn. 37).

### 6. Der Beschleunigungsgrundsatz

206 **Nach § 9 Abs. 1 ArbGG ist das Verfahren in allen Rechtszügen zu beschleunigen.** Insbesondere bei Bestandsstreitigkeiten (vgl. § 61a ArbGG) soll den Beteiligten nicht zugemutet werden, für einen längeren Zeitraum im Unklaren über den Ausgang eines Verfahrens zu bleiben. In der Praxis wird angestrebt, zumindest die Kündigungsschutzverfahren in der ersten Instanz in einem Zeitraum von längstens sechs Monaten zu erledigen.

207 Um die Beschleunigung des Verfahrens zu erreichen, sieht das ArbGG eine Reihe von Vorschriften vor, die in Abweichung von der ZPO eine Beschleunigung mit sich bringen:
- Nach § 49 Abs. 3 ArbGG ist ein Beschluss über die Ablehnung von Richtern unanfechtbar (vgl. demgegenüber § 46 Abs. 2 ZPO);
- § 55 ArbGG sieht ein Alleinentscheidungsrecht des Vorsitzenden in bestimmten Fällen vor. Die Entscheidung ergeht nach § 55 Abs. 3 ArbGG in unmittelbaren Anschluss an die Güteverhandlung oder gem. § 55 Abs. 2 ArbGG auch ohne mündliche Verhandlung;
- §§ 56 Abs. 2, 61 Abs. 4 ArbGG regeln die Zurückweisung verspäteten Parteivorbringens;
- Prozessbevollmächtigte können unter den Voraussetzungen des § 51 ArbGG bei zuvor angeordnetem persönlichen Erscheinen der Parteien zurückgewiesen werden, sodass von der Gegenpartei ein Versäumnisurteil beantragt werden kann. Bei Leistungsklagen wird damit wegen der grds. bestehenden vorläufigen Vollstreckbarkeit von Urteilen, § 62 ArbGG, einer Prozessverschleppung vorgebeugt;
- gem. §§ 47 Abs. 1, 80 Abs. 2 ArbGG muss die Ladungsfrist lediglich eine Woche betragen (vgl. § 274 Abs. 3 S. 1 ZPO);
- die Einspruchsfrist gegen Versäumnisurteile ist nach § 59 S. 1 ArbGG auf eine Woche abgekürzt (vgl. § 339 Abs. 1 ZPO);
- Urteile und Beschlüsse sind binnen drei Wochen ab Übergabe an die Geschäftsstelle zuzustellen, §§ 50 Abs. 1, 80 Abs. 2 ArbGG;
- grds. werden Entscheidungen des ArbG im unmittelbaren Anschluss an die mündliche Verhandlung vor der Kammer verkündet. Ein besonderer Verkündungstermin ist nur ausnahmsweise unter den Voraussetzungen des § 60 Abs. 1 S. 1 ArbGG möglich;
- neuer Tatsachenvortrag und neue Beweismittel sind in der Berufungsinstanz nur beschränkt zulässig, § 67 ArbGG;
- eine Zurückverweisung des Verfahrens in die erste Instanz ist im Urteilsverfahren bei Verfahrensmängeln nach § 68 ArbGG nicht zulässig, im Beschlussverfahren darüber hinaus grds. ausgeschlossen, § 91 ArbGG;
- der Vorsitzende hat den Kammertermin so vorzubereiten, dass er möglichst in einem Termin zu Ende geführt werden kann, § 56 ArbGG. Viele Vorsitzende laden daher konsequent gem. § 56 Abs. 1 Nr. 4 ArbGG Zeugen, auf die sich eine Partei in ihren vorbereitenden Schriftsätzen bezogen hat, vorsorglich zum Kammertermin zu, sofern ihre Vernehmung wahrscheinlich ist. Zeugen können dann im unmittelbaren Anschluss an die streitige Verhandlung vernommen werden, § 279 Abs. 2 ZPO, sodass ein eigener Beweisbeschluss nach § 358 ZPO und Bestim-

## A. Urteilsverfahren

mung eines eigenen Termins zur Durchführung der Beweisaufnahme nicht notwendig wird (vgl. GMPM-G/*Prütting* § 58 Rn. 42);
- darüber hinaus ist der Beschleunigungsgrundsatz gem. § 9 Abs. 1 ArbGG im Rahmen notwendig werdender Ermessensausübung des Gerichts, z. B. ob ein Verfahren auszusetzen ist, §§ 148, 149 ZPO, oder eine Klageänderung zugelassen wird, § 263 ZPO, mit zu berücksichtigen;
- § 61a ArbGG bestimmt, dass Verfahren in Rechtsstreitigkeiten über das Bestehen, das Nichtbestehen oder die Kündigung eines Arbeitsverhältnisses vorrangig zu erledigen sind. Erfasst werden damit sämtliche Verfahren, die den Bestand oder das Zustandekommen eines rechtswirksamen Arbeitsverhältnisses bzw. das weitere Bestehen eines Arbeitsverhältnisses zum Streitgegenstand haben. Darunter fallen neben Kündigungsschutzverfahren auch Rechtsstreitigkeiten, in denen z. B. die Wirksamkeit der Anfechtung eines Arbeitsvertrages, eines Auflösungsvertrages oder einer Änderungskündigung streitig ist. Nicht erfasst werden Streitigkeiten um einen Einstellungsanspruch. Denn der Wortlaut des § 61a ArbGG erfasst nur das Bestehen oder Nichtbestehen eines Arbeitsvertrages, nicht jedoch einen zukünftigen Arbeitsvertrag und seinen Abschluss (GMPM-G/*Germelmann* § 61a Rn. 5). Sind mit einer Bestandsstreitigkeit weitere Ansprüche im Rahmen der Klagehäufung verbunden worden, so gilt für das gesamte Verfahren der Beschleunigungsgrundsatz des § 61a ArbGG, es sei denn, die anderen Ansprüche werden von der Bestandsstreitigkeit gem. § 145 ZPO abgetrennt. Mangels gesetzlicher Definition ist es grds. Sache des Gerichts, darüber zu entscheiden, wie eine vorrangige Erledigung durchgeführt wird. Es kann der Festsetzung von Kammerterminen in Kündigungsschutzstreitigkeiten Vorrang gewährt werden, z. B. durch Aufsparen von Terminen für Bestandsstreitigkeiten oder durch Terminsverlegung anderer Streitigkeiten, um Platz für Bestandsstreitigkeiten zu schaffen;
- nach § 61a Abs. 2 ArbGG soll die Güteverhandlung in Bestandsstreitigkeiten innerhalb von zwei Wochen nach Klageerhebung terminiert werden. Nach dem Wortlaut handelt es sich um eine Sollvorschrift, sodass eine absolute Verpflichtung des Gerichts nicht besteht, es jedoch in seinem Ermessen bei der Festlegung des Gütetermins eingeschränkt ist.

**Ein Verstoß gegen den in den §§ 9 Abs. 1 und 61a ArbGG festgeschriebenen Beschleunigungsgrundsatz hat verfahrensrechtlich allerdings keine Auswirkungen, insbes. kann eine Partei hierauf weder eine Berufung noch eine Revision stützen.** Der Gesetzgeber hat auch keine sonstigen Folgen an die Verletzung dieser Pflicht geknüpft. Allenfalls steht den Parteien die Möglichkeit offen, Dienstaufsichtsbeschwerde gegen die betreffenden Richter zu erheben, die für das Verfahren freilich ebenfalls keine Folgen mehr hat. 208

### V. Gegenüber dem ordentlichen Zivilprozess ausgenommene Verfahrensarten

Nach § 46 Abs. 2 S. 2 ArbGG sind für das arbeitsgerichtliche Verfahren folgende Bestimmungen der ZPO ausgenommen: 209
- §§ 275 ff. ZPO über den frühen ersten Termin,
- § 128 Abs. 2 und 3 ZPO über das schriftliche Verfahren in erster Instanz (s. Rdn. 191),
- §§ 592 ff. ZPO über den **Urkunden- und Wechselprozess**.

Ein solches Verfahren wäre denkbar, wenn ein Arbeitgeber z. B. das Arbeitsentgelt mit Scheck oder Wechsel bezahlt. 210

Fraglich ist, ob insofern nur eine bestimmte Verfahrensart im Arbeitsgerichtsprozess unzulässig ist oder ob § 46 Abs. 2 S. 2 ArbGG insofern eine Zuständigkeitsregelung enthält, sodass wegen der Abstraktheit einer Wechsel- und Scheckverpflichtung gar nicht mehr von einer arbeitsrechtlichen Streitigkeit gesprochen werden kann. **Nach seiner systematischen Stellung handelt es sich bei § 46 Abs. 2 S. 2 ArbGG nicht um eine Zuständigkeitsnorm.** Die Vorschrift will nur eine bestimmte Verfahrensart ausschließen. Auch ist es dem Arbeitsgerichtsverfahren nicht generell fremd, über abstrakte Ansprüche zu entscheiden. 211

212 Deswegen ist auch bei Klagen aus abstrakten Schuldverhältnissen, z. B. aus einem Wechsel oder einem Scheck, die Zuständigkeit des ArbG gegeben, sofern sich dies aus den §§ 2 ff. ArbGG ergibt. Lediglich die Verfahrensform des Urkunden- und Wechselprozesses ist gem. § 46 Abs. 2 ArbGG ausgeschlossen (*BAG* 7.11.1996 EzA § 2 ArbGG 1979 Nr. 34).

## VI. Einleitung des Urteilsverfahrens

### 1. Allgemeines

213 Das Urteilsverfahren wird durch Erhebung einer Klage, den Antrag auf Erlass eines Mahnbescheides oder durch den Antrag eines Arrestes oder einer einstweiligen Verfügung eingeleitet.

### 2. Mahnverfahren

214 Im Beschlussverfahren ist ein Mahnverfahren unzulässig (GMPM-G/*Germelmann* § 46a Rn. 2).

215 Im Urteilsverfahren gelten die Vorschriften der ZPO entsprechend, § 46a Abs. 1 ArbGG, wobei jedoch einige Besonderheiten zu beachten sind, § 46a Abs. 2 – Abs. 7 ArbGG:
- Die Zuständigkeit richtet sich nach den **Verhältnissen des Antragsgegners**, § 46a Abs. 2 ArbGG;
- Die **Widerspruchsfrist** ist auf **eine Woche** abgekürzt, § 46a Abs. 3 ArbGG;
- Gegen den einem Versäumnisurteil gleichstehenden Vollstreckungsbescheid, § 700 ZPO, ist ein **Einspruch** ebenfalls nur **binnen einer Woche** zulässig, § 59 ArbGG;
- Zuständig für die Durchführung des Mahnverfahrens ist das ArbG, das bei Klageerhebung zuständig wäre, § 46a Abs. 2 ArbGG.

216 Ist das ArbG örtlich unzuständig, so hat der Rechtspfleger gem. § 691 ZPO den Antrag auf Erlass eines Mahnbescheides kostenpflichtig zurückzuweisen; er kann das Mahnverfahren auf Antrag bindend an das örtlich zuständige ArbG abgeben, wenn dem zwischenzeitlich verzogenen Antragsgegner der Mahnbescheid unter der benannten Anschrift nicht zugestellt werden konnte (*BAG* 28.12.1981 NJW 1982, 2792). Unzulässig ist eine Abgabe nach Feststellung der sachlichen Unzuständigkeit bzw. fehlenden Rechtswegzuständigkeit, da der Rechtspfleger keinen Beschluss nach § 17a GVG erlassen kann (GMPM-G/*Germelmann* § 46a Rn. 16). In der Folge ist der Antragsteller auf die Unzuständigkeit hinzuweisen und die Möglichkeit, den Antrag zurückzunehmen und beim sachlich zuständigen Gericht neu zu stellen (*BGH* 12.10.1989 – I AZR 618/89).

217 Streitig ist, ob ein verspäteter Einspruch gegen den Vollstreckungsbescheid ohne mündliche Verhandlung als unzulässig verworfen werden kann, § 341 Abs. 1 und 2 ZPO (h.M. *LAG BW* 27.5.1993 LAGE § 700 ZPO Nr. 1; GK-ArbGG/*Bader* § 46a Rn. 80 f.) oder ein Termin zur mündlichen Verhandlung gem. § 46a Abs. 6 ArbGG anberaumt werden muss (*LAG Brem.* 17.8.1988 LAGE § 46a ArbGG 1979 Nr. 1). Der h.M. ist zuzustimmen, da der Vollstreckungsbescheid einem ersten Versäumnisurteil gleich steht (bzgl. der Frage, ob dies der Vorsitzende alleine entscheiden kann oder die ehrenamtlichen Richter hinzuzuziehen sind vgl. Kap. 14 Rdn. 106).

218 Vom Mahnverfahren sollte nur Gebrauch gemacht werden, wenn mit einem Widerspruch des Schuldners nicht zu rechnen ist; anderenfalls **führt es nur zu zeitlichen Verzögerungen**. Der Rechtsanwalt hat seinen Mandanten gem. § 12a ArbGG darauf hinzuweisen, dass die Kosten für seine Beauftragung im Mahnverfahren nicht erstattungsfähig sind. Bezüglich der weiteren Einzelheiten des Verfahrensablaufes vgl. § 46a Abs. 4–7 ArbGG.

### 3. Klagearten

219 Mit Klageerhebung macht der Kläger ein bestimmtes Rechtsbegehren gegen einen bestimmten Klagegegner geltend, § 253 Abs. 2 ZPO. Wie im ordentlichen Zivilprozess können auch vor dem ArbG Leistungs-, Feststellungs- und Gestaltungsklagen erhoben werden.

## A. Urteilsverfahren

### a) Leistungsklagen

Mittels Leistungsklage erstrebt der Kläger die Verurteilung des Beklagten zu einer Leistung, Duldung oder Unterlassung. Die Leistungsklage enthält zwei Elemente, die Feststellung einer Schuld des Beklagten und den Leistungsbefehl, die Schuld zu erfüllen. Grds. sind Leistungsurteile vollstreckbar, es sei denn, es handelt sich um eine Verurteilung zur Leistung von Diensten, § 888 Abs. 2 ZPO. 220

Hat der Insolvenzverwalter die Masseunzulänglichkeit gem. § 208 InsO angezeigt, können Forderungen i. S. d. § 209 Abs. 1 Nr. 3 InsO nicht mehr mit der Leistungsklage verfolgt werden. Auf Grund des Vollstreckungsverbotes nach § 210 InsO fehlt es am Rechtsschutzinteresse. Möglich bleibt eine Feststellungsklage (*BAG* 11.12.2001 EzA § 210 InsO Nr. 1). 221

Leistungsklagen sind nur zulässig, wenn sie hinreichend bestimmt sind i. S. d. § 253 Abs. 2 ZPO. Das Urteil muss bei Bestätigung des Leistungsantrags vollstreckbar sein. So fehlt z. B. einem Leistungsantrag »... das Arbeitsverhältnis ordnungsgemäß abzurechnen ...« die hinreichende Bestimmtheit, der Antrag ist unzulässig (*BAG* 25.4.2001 EzA § 253 ZPO Nr. 21). 222

Bedeutsam in der Praxis sind die Einklagung von Vergütungsansprüchen, die Erstellung oder Berichtigung eines Zeugnisses, die Entfernung einer Abmahnung sowie die Geltendmachung von Weiterbeschäftigungsansprüchen im Zusammenhang mit Kündigungsschutzklagen. 223

### aa) Vergütungsansprüche

Der **Leistungsantrag kann sowohl auf den Brutto- als auch auf den Nettolohnbetrag** gestellt werden. Arbeitsvertraglich schuldet der Arbeitgeber einen Bruttobetrag (*BAG* 29.8.1984 EzA § 123 BGB Nr. 25). **In der Klagebegründung ist der geltend gemachte Bruttolohnanspruch zeitlich, d. h. kalendermäßig zu konkretisieren, z. B. für welchen Monat er geltend gemacht wird, da er sonst nicht hinreichend bestimmt i. S. d. § 253 Abs. 2 ZPO ist** (*BAG* 5.9.1995 NZA 1996, 266; vgl. *Ascheid* Rn. 710 ff.). 224

Sind bereits teilweise Nettobeträge auf einen Bruttolohnanspruch erbracht worden, ist der Klageantrag auf den Bruttobetrag abzüglich der gezahlten Nettobeträge zu formulieren (*BAG* 15.11.1978 EzA § 613a BGB Nr. 21). Gleiches gilt, wenn teilweise Nettolohnansprüche gem. § 115 SGB X auf die BA übergegangen sind, da diese bereits Arbeitslosengeld gezahlt hat. In Abzug zu bringen sind auch die von der BA abgeführten Arbeitnehmeranteile an der Kranken-, Pflege- und Rentenversicherung, § 14 SGB IV (*LAG Nbg.* 24.6.2003 – 6 Sa 424/02). Im Klageantrag ist vom geltend gemachten Bruttobetrag das gezahlte Arbeitslosengeld beziffert abzuziehen (*BAG* 15.11.1978 EzA § 613a BGB Nr. 21). 225

▶ Beispiele: 226
– Die Beklagte wird verurteilt, an den Kläger 5.000 € brutto abzüglich gezahlter 1.250 € netto zu zahlen.
– Die Beklagte wird verurteilt, an den Kläger 5.000 € brutto abzüglich auf die Bundesagentur für Arbeit übergegangener 2.444 € netto zu zahlen.

Soweit mit dem Leistungsantrag auf Lohnzahlung Zinsen verlangt werden, war lange Zeit fraglich, ob diese vom Brutto- oder nur vom Nettobetrag geltend gemacht werden können. Der Arbeitgeber ist Schuldner einer Bruttoforderung, sodass grds. die Verzinsung der Bruttoforderung verlangt werden kann, § 288 BGB (*BAG* 11.8.1998 EzA § 288 BGB Nr. 1; 18.1.2000 EzA § 288 BGB Nr. 2; *LAG Hmb.* 11.4.1991 LAGE § 288 BGB Nr. 1; *Nägele/Stauff* FA 1998, 366 ff.). Dennoch sprach der 4. Senat des BAG nur Zinsen aus dem Nettobetrag zu, da auch nur der Nettobetrag vollstreckt werden kann (*BAG* 13.2.1985 EzA § 611 BGB Nettolohn, Lohnsteuer Nr. 5). Nunmehr hat der große Senat die Frage abschließend entschieden. Zinsen können aus dem Bruttobetrag geltend gemacht werden (*BAG GS* 7.3.2001 EzA § 288 BGB Nr. 3). Hierbei beträgt der Zinssatz 5 % über dem Basiszinssatz gem. § 288 Abs. 1 BGB. § 288 Abs. 2 BGB ist auf Ansprüche aus einem Arbeitsverhältnis nicht anwendbar (*BAG* 23.2.2005 EzA § 209 InsO Nr. 4). 227

228 ▶ **Beispiel:**

Der Beklagte wird verurteilt, an die Klägerin 5.000 € brutto zuzüglich 5 % Zinsen über dem Basiszinssatz nach § 247 BGB ab Klagezustellung zu zahlen (Beachte: Übergangsvorschriften § 7 EGBGB; vgl. *BAG* 1.10.2002 EzA § 4 TVG Ausschlussfristen Nr. 157).

229 Unter den Voraussetzungen der §§ 257 bis 259 ZPO können auch Leistungsklagen auf zukünftige, noch nicht fällige Leistungen erhoben werden, was in der Praxis allerdings selten vorkommt. Entgeltklagen kommen hierbei über § 257 ZPO nicht in Betracht, da sie von einer Gegenleistung, nämlich der Erbringung der Arbeitsleistung abhängig sind (vgl. *BAG* 26.5.1993 EzA § 242 BGB betriebliche Übung Nr. 28). Für Klagen nach § 259 ZPO ist Voraussetzung, dass zu erwarten ist, dass sich der Arbeitgeber nicht an seine Zahlungsverpflichtung halten wird. Denkbar sind sie z. B. bei Rückzahlungsforderungen wegen gewährter Arbeitgeberdarlehen oder Ruhegeldansprüchen.

230 ▶ **Beispiel:**

Die Beklagte wird verurteilt, entsprechend der bei ihr geltenden Betriebsvereinbarung »Versorgungsbezüge« vom 1.3.2007 dem Kläger zu jedem Monatsersten 539 € zu zahlen.

### bb) Klagen auf Erteilung oder Berichtigung eines Zeugnisses

231 Zeugnisklagen können sich auf die erstmalige Erteilung oder die Berichtigung eines ausgestellten Zeugnisses beziehen. Bei Berichtigungsklagen ist im Klageantrag im Einzelnen bestimmt aufzuzeigen, was geändert werden soll. Nur dann ist die Leistungsklage genügend bestimmt i. S. d. § 253 Abs. 2 Nr. 2 ZPO.

232 ▶ **Muster: Klage auf Erteilung oder Berichtigung eines Zeugnisses**

Es wird beantragt, dem Beklagten aufzugeben, das der Klägerin am 5.2.2009 erteilte Zeugnis, in folgenden Punkten zu berichtigen:
a) In Abs. 2 muss es statt »Ihr Aufgabengebiet umfasste die Erledigung der Kundenabfragen« richtig heißen: »Ihr Aufgabengebiet umfasste die Erledigung der Kundenabfragen und die Erstellung von schriftlichen Angeboten«.
b) In Abs. 6 muss es statt »Sie erledigte die ihr übertragenen Aufgaben zu unserer Zufriedenheit« richtig heißen: »Sie erledigte die ihr übertragenen Aufgaben stets zu unserer vollen Zufriedenheit«.

### cc) Klage gegen eine Abmahnung

233 **Bei der Klage gegen eine erteilte Abmahnung durch den Arbeitgeber können nur Leistungsanträge gestellt werden.** Eine Feststellungsklage wäre regelmäßig unzulässig, da mit dieser nur das Bestehen oder Nichtbestehen eines Rechtsverhältnisses geltend gemacht werden kann. Bei der Frage der Wirksamkeit einer Abmahnung handelt es sich aber um eine Tatsache (*BAG* 17.10.1989 EzA § 87 BetrVG 1972 Betriebsbuße Nr. 8). Leistungsbegehren können sich auf den Widerruf der Abmahnung und ihre Entfernung aus der Personalakte beziehen. Ein Anspruch auf einen Widerruf der in einer Abmahnung enthaltenen Vorwürfe besteht nur, wenn in diesen eine Verletzung des allgemeinen Persönlichkeitsrechts liegt (*BAG* 27.11.1985 EzA § 611 BGB Fürsorgepflicht Nr. 38).

234 ▶ **Muster: Klage gegen eine Abmahnung**

Die Beklagte wird verurteilt, die dem Kläger am 2.2.2009 erteilte Abmahnung aus der Personalakte zu entfernen.

... und die in ihr erhobene Behauptung, der Kläger habe einen Werkzeugkasten gestohlen, zu widerrufen.

### dd) Geltendmachung von Weiterbeschäftigungsansprüchen

235 Weiterbeschäftigungsansprüche werden i. d. R. im Zusammenhang mit Kündigungsschutzklagen geltend gemacht. Es muss konkret beantragt werden, wie der Arbeitgeber den Arbeitnehmer weiterbeschäftigen soll. Ansonsten sind die Urteile nicht vollstreckbar. Strittig ist, ob es ausreicht, im Kla-

## A. Urteilsverfahren
## Kapitel 15

geantrag auf die bisherige Art der Beschäftigung oder die gem. Arbeitsvertrag geschuldete Beschäftigung zu verweisen (so *LAG Hamm* 22.1.1986 LAGE § 888 ZPO Nr. 4, *LAG Bln.* 6.6.1986 LAGE § 888 ZPO Nr. 7; *LAG SchlH* 6.1.1987 LAGE § 888 ZPO Nr. 10; **a. A.** *LAG RhPf* 7.1.1986 LAGE § 888 ZPO Nr. 6; *LAG Frankf./M.* 27.11.1992 LAGE § 888 ZPO Nr. 30). Um sicher zu gehen, sollte die Tätigkeit im Klageantrag benannt werden. Zu beachten ist dabei aber, dass durch den Klageantrag das Direktionsrecht des Arbeitgebers nicht eingeschränkt werden darf, da ansonsten dem Antrag nicht stattgegeben werden kann (vgl. *BAG* 15.4.2009 EzA § 253 ZPO 2002 Nr. 2 = NZA 2009, 917).

▶ Muster: Geltendmachung von Weiterbeschäftigungsansprüchen 236

Die Beklagte wird verurteilt, den Kläger über den 2.1.2009 hinaus zu unveränderten Bedingungen gem. dem Arbeitsvertrag ... als Maschinenschlosser, ... in der Buchhaltung als Buchhalter weiterzubeschäftigen.

Der Natur nach handelt es sich um Leistungsbegehren nach § 259 ZPO (*BAG* 13.6.1985 EzA § 611 BGB Beschäftigung Nr. 16).

Gleiches gilt, wenn ein Arbeitnehmer sich mit einer Leistungsklage auf vertragsgemäße Beschäftigung gegen eine Versetzung wehrt (vgl. *BAG* 25.8.2010 EzA § 307 BGB 2002 Nr. 49). Auch hier handelt es sich um eine Klage auf künftige Leistung gem. § 259 ZPO, bei der als Vorfrage die Rechtmäßigkeit der Versetzung zu prüfen ist. 237

Die Stellung eines Weiterbeschäftigungsanspruchs kann u. U. auch die Anrufungsfrist nach § 4 KSchG für eine erst danach ausgesprochene weitere Kündigung verlängern bzw. wahren. Dies ist analog § 6 KSchG dann der Fall, wenn die nachfolgende Kündigung auf die selben Gründe gestützt wird, wie die zunächst angegriffene und diese nachfolgende Kündigung nicht erst zu einem wesentlich späteren Zeitpunkt Wirkung entfalten soll (*BAG* 23.4.2008 EzA § 4 KschG n. F. Nr. 84; vgl. auch Rdn. 255 ff). 238

*ee) Unterlassungsanträge*

Unterlassungsanträge kommen z. B. bei Wettbewerbsverstößen ehemaliger Arbeitnehmer gegen Wettbewerbsvereinbarungen oder bei der Verletzung von Betriebs- oder Geschäftsgeheimnissen in Betracht (vgl. *BAG* 25.4.1989 EzA § 611 BGB Betriebsgeheimnis Nr. 2). Die Vollstreckung eines stattgebenden Urteils erfolgt in dem Fall nach § 890 ZPO. Deswegen sollte im Antrag bereits die Androhung eines Ordnungsgeldes mit aufgenommen werden (§ 890 Abs. 2 ZPO). 239

▶ Muster: Unterlassungsantrag 240

Dem Beklagten wird bei Meidung eines Ordnungsgeldes bis zu 250.000,– € aufgegeben, es zu unterlassen, als Handelsvertreter für Staubsauger im Gebiet RhPf und Saarland vor dem 1.2.2007 tätig zu werden.

*b) Feststellungsklagen*

Die weit überwiegende Anzahl der Klagen vor den ArbG sind **Kündigungsschutzstreitigkeiten**. Hierbei handelt es sich um **Feststellungsklagen**, die das Bestehen bzw. das Nichtbestehen eines Rechtsverhältnisses zum Gegenstand haben. 241

Steht die Wirksamkeit einer Kündigung im Streit und findet das KSchG zwischen den Parteien Anwendung, ist der Klageantrag gem. den §§ 4, 13 KSchG zu formulieren. **Streitgegenstand ist die Frage, ob das Arbeitsverhältnis durch die konkrete Kündigung aufgelöst ist/wird** (Bsp. s. Rdn. 256 ff.). Sind andere Beendigungsgründe streitig oder findet das KSchG keine Anwendung, ist ein allgemeiner Feststellungsantrag nach § 256 ZPO zu stellen (*Berkowsky* NZA 2001, 801 ff.). 242

Daneben werden Feststellungsklagen häufig bei Eingruppierungsstreitigkeiten, Streit über die Rechtswidrigkeit von Disziplinarmaßnahmen, Streit über die Rechtmäßigkeit von Anordnungen des Arbeitgebers im Rahmen seines Direktionsrechts (s. Kap. 1 Rdn. 530 ff.; *BAG* 26.1.1993 EzA § 99 BetrVG 1972 Nr. 109; 11.6.2006 EzA § 307 BGB 2002 Nr. 15), z. B. auch die Wirksamkeit 243 einer Versetzungsmaßnahme (*BAG* 25.8.2010 EzA § 307 BGB 2002 Nr. 49) und bei Streit über den Rechtsübergang eines Arbeitsverhältnisses gem. § 613a BGB erhoben.

244 Bei der Formulierung des Klageantrages ist immer darauf zu achten, dass mit einer Feststellungsklage die Feststellung des Bestehens oder Nichtbestehens eines Rechtsverhältnisses, nicht jedoch von Tatsachen oder abstrakten Rechtsfragen beantragt werden kann.

245 Das für eine Feststellungsklage notwendige Feststellungsinteresse setzt voraus, dass der Kläger sein Begehren nicht auf einfachere Weise, z. B. mit einer Leistungsklage, geltend machen kann, eine Unsicherheit über das Bestehen oder Nichtbestehen des Rechtsverhältnisses besteht, ein Bedürfnis für eine baldige richterliche Feststellung vorhanden ist und eine Entscheidung des Gerichts geeignet ist, den Rechtsfrieden zwischen den Parteien wiederherzustellen.

246 Die grds. bestehende Subsidiarität der Feststellungsklage gegenüber der Leistungsklage ist nur dann nicht gegeben, wenn ihre Rechtskraft weitergeht als die der Leistungsklage (*BAG* 13.11.1987 EzA § 37 BetrAVG 1972 Nr. 88) oder wenn zu erwarten ist, dass der Beklagte auch ohne Leistungsbefehl einem Feststellungsurteil nachkommen wird. Dies ist regelmäßig dann der Fall, wenn Beklagte eine Körperschaft oder Anstalt des öffentlichen Rechts ist (*BAG* 7.11.1986 AP Nr. 13 zu § 50 BAT). Gleiches gilt für Parteien kraft Amtes, z. B. Insolvenz- und Vergleichsverwalter, da sie unter der Aufsicht des Amtsgerichts stehen, sowie für den Pensionssicherungsverein als Träger der gesetzlichen Insolvenzversicherung (*BAG* 22.9.1987 EzA § 1 BetrAVG Ablösung Nr. 1).

247 Einzelne Vorfragen oder Elemente eines Rechtsverhältnisses sind nur dann mit einer Feststellungsklage isoliert einklagbar – sog. Elementenfeststellungsklagen –, wenn damit der Streit der Parteien insgesamt beigelegt werden kann (*BAG* 21.4.2010 EzA § 256 ZPO 2002 Nr. 9). Dies ist z. B. bei der Frage der etwaigen Anrechnung von Vordienstzeiten auf die Berechnung von Dienst- und Beschäftigungszeiten im Hinblick auf eine spätere Ruhegeldberechnung zu bejahen (*BAG* 8.5.1984 EzA § 7 BetrAVG Nr. 14) oder ob ein Tarifvertrag auf ein Arbeitsverhältnis Anwendung findet (*BAG* 19.5.2010 EzA § 3 TVG Bezugnahme auf Tarifvertrag Nr. 48).

248 **Das Feststellungsinteresse ist eine Prozessvoraussetzung,** da es Teil des Rechtsschutzbedürfnisses ist (*BAG* 20.12.1963 EzA Art. 9 GG Arbeitskampf Nr. 7). Sein Fehlen führt zur Abweisung der Klage als unzulässig, sofern der Klage sonst stattzugeben wäre. Das Fehlen des Feststellungsinteresses verhindert allerdings nicht ein die Klage abweisendes Sachurteil im Fall ihrer Unbegründetheit (*Ascheid* Rn. 728; *Zöller/Greger* § 256 Rn. 7).

*aa) Einzelfragen zum Feststellungsinteresse*

249 Gegenüber einer Leistungsklage auf zukünftige Leistungen, § 257 ff. ZPO, ist eine Feststellungsklage nicht subsidiär (*BAG* 10.6.1989 EzA § 1 BetrAVG Gleichberechtigung Nr. 3). Gleiches gilt für Eingruppierungsstreitigkeiten zumindest im öffentlichen Dienst, da von Körperschaften des öffentlichen Rechts zu erwarten ist, dass sie ein Feststellungsurteil befolgen und in der Praxis auch umsetzen werden.

250 ▶ **Muster: Beispiel für einen Klageantrag**

Es wird beantragt, festzustellen, dass die Beklagte verpflichtet ist, die Klägerin in die Gehaltsgruppe C 4 des TVAL II einzugruppieren und zu vergüten.

251 Häufige Fälle von Feststellungsklagen sind Statusklagen, z. B. dass ein Arbeitsverhältnis zustande gekommen ist, dass ein bestimmtes Rechtsverhältnis ein Arbeitsverhältnis darstellt oder dass ein Arbeitsverhältnis wegen unwirksamer Befristungsabrede über den Befristungstermin hinaus fortbesteht.

252 ▶ **Muster: Feststellungsklage**

Es wird festgestellt, dass das Arbeitsverhältnis zwischen den Parteien über den 1.5.2009 hinaus fortbesteht.

Vergangenheitsbezogene Feststellungsklagen, mit denen festgestellt werden soll, dass ein Vertragsverhältnis in der Vergangenheit ein Arbeitsverhältnis darstellte, sind i. d. R. mangels Feststellungsinteresse abzuweisen. Auch die Erklärung eines Sozialleistungsträgers, er werde das Ergebnis einer arbeitsrechtlichen Entscheidung bei der Prüfung eines sozialrechtlichen Anspruchs übernehmen, begründet kein Feststellungsinteresse (*BAG* 21.6.2000 EzA § 256 ZPO Nr. 53). 253

Ein Feststellungsinteresse besteht auch dann, wenn ein Kläger Schadenersatzansprüche geltend macht und der schädigende Zustand noch andauert, sodass in der Zukunft mit der Entstehung weiterer Schäden zu rechnen ist (*BAG* 5.5.1988 EzA § 831 BGB Nr. 1). Der Geschädigte muss dabei nicht teilweise für bereits bezifferbare Schäden die Leistungsklage erheben und nur für zukünftige Schäden zur Feststellungsklage übergehen (*BAG* 20.3.1958 AP Nr. 16 zu § 256 ZPO). 254

Wird bei einer Klage auf Unterlassung von Wettbewerbshandlungen das Wettbewerbsverbot infolge Zeitablaufs hinfällig, kann zu einer Feststellungsklage übergegangen werden, mit dem Antrag, dass eine Unterlassungspflicht bestand. Das Feststellungsinteresse ergibt sich in diesem Fall aus der präjudiziellen Wirkung des Feststellungsurteils hinsichtlich eines später ggf. folgenden Schadenersatzprozesses (*BAG* 19.5.1967 AP Nr. 20 zu § 133 f. GewO). 255

### bb) Kündigungsschutzklagen bei Beendigungskündigung

Die häufigste Feststellungsklage im Arbeitsgerichtsprozess ist die Kündigungsschutzklage. Hierbei wendet sich der Arbeitnehmer gegen eine Kündigung des Arbeitgebers. Der Klageantrag muss bei Geltung des KSchG im betreffenden Arbeitsverhältnis (s. Kap. 4 Rdn. 1841 ff.) richtig lauten: 256

> Es wird festgestellt, dass das Arbeitsverhältnis des Klägers bei dem Beklagten durch die ordentliche Kündigung vom 1.2.2009 zum 29.2.2009 nicht beendet wird.
>
> **Nicht:**
>
> Es wird festgestellt, dass die ordentliche Kündigung vom 1.2.2009 zum 29.2.2009 unwirksam ist.

Nach der Rechtsprechung des BAG gilt die sog. **punktuelle Streitgegenstandstheorie**. Das ArbG hat in seinem Urteil zwei Feststellungen zu treffen, nämlich ob ein Arbeitsverhältnis zum Kündigungszeitpunkt bestand und ob dieses durch die konkret angegriffene Kündigung zu dem in ihr ausgesprochenen Zeitpunkt seine Beendigung gefunden hat (*BAG* 21.1.1988 EzA § 4 KSchG n. F. Nr. 33; 16.9.2005 EzA § 17 KSchG Nr. 15). 257

Teilweise wird in der Literatur die Ansicht vertreten, dass bei dem Kündigungsschutzantrag entsprechend § 4 KSchG nur geprüft werden kann, ob die Kündigung sozial ungerechtfertigt ist. Sonstige Unwirksamkeitsgründe könnten nur geprüft werden, wenn zusätzlich ein allgemeiner Feststellungsantrag nach § 256 ZPO gestellt wird (*Berkowsky* NZA 2001, 802 ff.). 258

Nach h. M. ist allerdings trotz der punktuellen Streitgegenstandstheorie bei der Beendigungskündigungsschutzklage die Wirksamkeit der Kündigung unter jedem Gesichtspunkt zu prüfen. Nicht nur das Vorliegen der Voraussetzungen der §§ 626 BGB, 1 KSchG, sondern auch das von sonstigen Kündigungsschutzvorschriften, z. B. § 9 MuSchG, § 102 BetrVG ist zu untersuchen (vgl. *BAG* 21.6.2000 EzA § 102 BetrVG Nr. 109). 259

Aufgrund der punktuellen Streitgegenstandstheorie muss der Arbeitnehmer, dem von seinem Arbeitgeber gleichzeitig oder nacheinander mehrere Kündigungen ausgesprochen werden, grds. jede einzelne Kündigung in der sich aus § 4 S. 1 KSchG ergebenden Frist mit einem Kündigungsschutzantrag isoliert angreifen, will er verhindern, dass nicht eine Kündigung bzgl. der Sozialwidrigkeit gem. § 7 KSchG als wirksam angesehen wird. Die einzelnen Kündigungsschutzanträge können allerdings in einer Klageschrift und auch sprachlich in einem Satz zusammengefasst werden. 260

261 ▶ **Muster 1: Kündigungsschutzklage bei Beendigungskündigung**

Es wird festgestellt, dass das Arbeitsverhältnis zwischen den Parteien weder durch die ordentliche Kündigung der Beklagten vom 1.2.2009 zum 31.3.2009 aufgelöst wird, noch durch die fristlose Kündigung vom 4.2.2009 seine Beendigung gefunden hat.

262 Wird dem Arbeitnehmer außerordentlich und hilfsweise ordentlich gekündigt, muss sich ein Kündigungsschutzantrag sowohl gegen die außerordentliche Kündigung als auch gegen die hilfsweise ausgesprochene ordentliche Kündigung richten. Der Arbeitnehmer kann bei dieser Fallkonstellation bis zum Schluss der mündlichen Verhandlung erklären, ob er auch die hilfsweise ordentliche Kündigung angreifen möchte (KR-*Friedrich* § 4 KSchG Rn. 236).

263 ▶ **Muster 2: Kündigungsschutzklage bei Beendigungskündigung**

Es wird festgestellt, dass das Arbeitsverhältnis zwischen den Parteien weder durch die fristlose Kündigung vom 1.2.2009 noch durch die hilfsweise ausgesprochene ordentliche Kündigung zum 31.3.2009 seine Beendigung gefunden hat.

264 Mit dem Kündigungsschutzantrag gem. § 4 KSchG kann ein allgemeiner Feststellungsantrag nach § 256 ZPO auf Feststellung, dass das Arbeitsverhältnis weiter fortbesteht, verbunden werden (*BAG* 21.1.1988 EzA § 4 KSchG n. F. Nr. 33). Voraussetzung ist ein Feststellungsinteresse des Arbeitnehmers. Dies ist dann gegeben, wenn das Arbeitsverhältnis ggf. noch durch andere Beendigungsgründe außer der angegriffenen Kündigung beendet worden sein könnte, z. B. durch einen Aufhebungsvertrag oder durch eine behauptete Eigenkündigung des Arbeitnehmers. **Dieses Feststellungsinteresse muss der Arbeitnehmer darlegen, da ansonsten seine Klage, selbst wenn er gegen die konkret angegriffene Kündigung mit seinem Kündigungsschutzantrag Erfolg haben sollte, im Übrigen abzuweisen ist.** Der Streitgegenstand dieses zusätzlichen Feststellungsantrages geht nämlich über die Nichtbeendigung des Arbeitsverhältnisses durch die Kündigungserklärung des Arbeitgebers hinaus und begehrt die Feststellung des Fortbestehens des Arbeitsverhältnisses bis zum Zeitpunkt der letzten mündlichen Verhandlung in der Tatsacheninstanz.

265 Ergibt sich im Hinblick auf die Klagebegründung, dass sich die Klage nur gegen die konkret angegriffene Kündigung des Arbeitgebers richtet, kann und soll das Gericht nach § 139 ZPO aufklären, ob der zusätzliche allgemeine Feststellungsantrag als bloße Floskel gegenstandslos ist (vgl. *BAG* 27.1.1994 EzA § 4 KSchG n. F. Nr. 48; 16.3.1994 EzA § 4 KSchG n. F. Nr. 49; 13.3.1997 EzA § 4 KSchG n. F. Nr. 57).

266 ▶ **Muster: Negativbeispiel**

Es wird festgestellt, dass das Arbeitsverhältnis nicht durch die fristlose Kündigung aufgelöst worden ist, sondern zu unveränderten Bedingungen fortbesteht.

267 Will der Kläger tatsächlich neben seinem Kündigungsschutzantrag einen allgemeinen Feststellungsantrag aufrechterhalten **und macht er dies auch in seiner Klagebegründung** deutlich, muss er ein Feststellungsinteresse im Zeitpunkt der letzten mündlichen Verhandlung darlegen, da ansonsten die Klage insoweit als unzulässig abzuweisen ist (*BAG* 13.3.1997 EzA § 4 KSchG n. F. Nr. 57). Alleine die Möglichkeit, dass der Arbeitgeber weitere Kündigungen ausgesprochen haben könnte, reicht hierfür nicht aus.

268 Im Fall einer weiteren Kündigung, die während des Prozesses ausgesprochen wurde, muss der Kläger diese gesondert mit einer Kündigungsschutzklage angreifen oder im Rahmen eines bereits laufenden Arbeitsrechtsstreits dem Gericht gegenüber klar anzeigen, dass ein bereits gestellter allgemeiner Feststellungsantrag diese neue Kündigung mit umfassen soll, sonst wird die Klage über diese Kündigung nicht rechtshängig (*BAG* 10.10.2002 NZA 2003, 684). Dieser ist dann im Wortlaut neu, entsprechend § 4 KSchG, umzuformulieren (*BAG* 13.3.1997 EzA § 4 KSchG n. F. Nr. 57).

269 Diese Mitteilung muss nach Auffassung des BAG (*BAG* 7.12.1995 EzA § 4 KSchG n. F. Nr. 56) *nicht innerhalb von drei Wochen nach Ausspruch der weiteren Kündigung erfolgen, sondern kann bis zum Schluss der mündlichen Verhandlung erster Instanz erklärt werden.* Dies gilt unab-

## A. Urteilsverfahren

hängig davon, ob im Zeitpunkt der Klageerhebung für den allgemeinen Feststellungsantrag bereits ein Feststellungsinteresse bestand oder nicht, sofern dieser nur ernstlich erhoben wurde (vgl. *LAG RhPf* Beschluss v. 22.6.1998 NZA 1999, 336).

»Ob im Zeitpunkt des Ablaufs der Klagefrist ... der im Prozess erfolgten nochmaligen Kündigung ... ein Feststellungsantrag gem. § 256 ZPO vorliegt, mit dem das Fortbestehen des Arbeitsverhältnisses geltend gemacht und damit jeglicher Auflösungstatbestand negiert wird, ist im Zweifel durch Auslegung zu ermitteln ... Vorliegend hat der Kläger in erster Linie die Feststellung begehrt, dass das Arbeitsverhältnis zwischen den Parteien weiterhin bestehe. Sein Antrag auf allgemeine Feststellung des Fortbestehens des Arbeitsverhältnisses war schon von daher nicht bloß ein unselbstständiger, floskelartiger Hinweis auf die üblichen Rechtsfolgen der Unwirksamkeit einer gem. §§ 13 Abs. 1 S. 2, 4 S. 1 KSchG angegriffenen Kündigung, sondern als das erstrangige Rechtsschutzbegehren des Klägers ausgewiesen« (*BAG* 7.12.1995 EzA § 4 KSchG n. F. Nr. 56, III a) d.Gr.). 270

> Für den Anwalt empfiehlt sich daher in jedem Fall der Erhebung einer Kündigungsschutzklage, als eigenen Antrag zu 2 einen allgemeinen Feststellungsantrag rechtshängig zu machen, damit während des Prozesses ggf. folgende Prozesskündigungen unabhängig von der Wahrung der sich aus § 4 KSchG ergebenden Frist angegriffen werden und in den Prozess eingebracht werden können. Dieser Antrag sollte in der Klagebegründung auch begründet werden, damit er nicht als bloße »Floskel« angesehen werden kann, sondern von einer eigenständigen Erhebung einer allgemeinen Feststellungsklage ausgegangen werden muss. In der letzten mündlichen Verhandlung erster Instanz ist dann zu prüfen, ob ein Rechtsschutzinteresse für den allgemeinen Feststellungsantrag besteht, und dieser bei Verneinung gegebenenfalls zurückzunehmen. 271

### cc) Kündigungsschutzklagen bei Änderungskündigungen

Im Falle einer Änderungskündigung ist bzgl. des Feststellungsantrags auf die konkrete Formulierung des Antrags zu achten. Sofern die Formulierung entsprechend § 4 S. 2 a. F. KSchG nur lautet, dass »die Änderung der Arbeitsbedingungen durch die Kündigung vom ... sozial ungerechtfertigt ist«, **ist Streitgegenstand der Kündigung lediglich die Sozialwidrigkeit der Änderungskündigung**. Andere Unwirksamkeitsgründe, z. B. eine fehlerhafte Betriebsratsanhörung, würden dann vom Gericht nicht mitgeprüft werden. Um die Präkludierung durch ein klageabweisendes Urteil zu vermeiden, ist es ratsam, insofern mit dem Klageantrag auch anderer Unwirksamkeitsgründe zu umfassen (*BAG* 29.1.1981 EzA § 15 KSchG n. F. Nr. 26). Dies gilt umso mehr nach der Neufassung des § 4 S. 2 KSchG. 272

▶ **Muster: Kündigungsschutzklage bei Änderungskündigung** 273

Es wird festgestellt, dass die Änderung der Arbeitsbedingungen durch die Änderungskündigung der Beklagten vom 1.2.2009 zum 31.3.2009 sozial ungerechtfertigt oder aus anderen Gründen rechtsunwirksam ist und das Arbeitsverhältnis unverändert fortbesteht.

### c) Gestaltungsklagen

Die Gestaltungsklage dient dazu, ein bestehendes Rechtsverhältnis inhaltlich zu verändern. Hauptfälle sind die Auflösung eines Arbeitsverhältnisses gegen Zahlung einer Abfindung, §§ 9, 10 KSchG, die Herabsetzung einer vereinbarten Vertragsstrafe nach § 343 BGB, sowie Abänderungsklagen nach § 323 ZPO, z. B. bei Ruhegeldleistungen. Da Gestaltungsklagen und darauf ergehende Urteile konstitutive Natur haben, sind sie anders als Leistungs- und Feststellungsklagen nur dann zulässig, wenn sie ausdrücklich im Gesetz vorgesehen sind. 274

▶ **Muster: Gestaltungsklage** 275

Es wird beantragt, das Arbeitsverhältnis zwischen den Parteien gegen Zahlung einer Abfindung, die in das Ermessen des Gerichts gestellt wird, jedoch 10.000 € nicht unterschreiten sollte, zum 31.3.2009 aufzulösen.

## 4. Klageerhebung

*a) Einreichung bei Gericht*

276 Das Klagebegehren wird beim Gericht anhängig gemacht, indem der Kläger entweder eine Klageschrift, die den Erfordernissen des § 253 Abs. 2 ZPO entsprechen muss, einreicht oder indem er zu Protokoll der Geschäftsstelle eine Klage erhebt. Zuständig ist die Rechtsantragsstelle beim ArbG, deren Aufgabe es nicht ist, Rechtsauskünfte zu erteilen, sondern alleine einem Kläger dabei zu helfen, sein Rechtsbegehren in der korrekten Form bei Gericht anzubringen.

277 Der notwendige Inhalt der Klageschrift ergibt sich aus § 253 ZPO. Neben der Bezeichnung des Gerichts und der Partei sowie der Adresse, unter der sie zu laden ist, bedarf es der Angabe des Klagegegenstands, eines Klageantrages, der Angabe des Klagegrundes sowie der Unterzeichnung der Klageschrift. Eine Paraphe ist nicht ausreichend, es bedarf einer Unterschrift, die eine Buchstabenfolge erkennen lässt (*BAG* 30.8.2000 EzA § 66 ArbGG 1979 Nr. 33). Auch eine durch einen Rechtsanwalt als Prozessführungsbevollmächtigten eingereichte Klageschrift bedarf seiner Unterschrift, widrigenfalls ist seine Klageschrift nur als Entwurf zu werten (*BAG* 26.1.1976 EzA § 4 KSchG n. F. Nr. 9). Der Formfehler kann allerdings gem. § 295 ZPO geheilt werden (*BAG* 26.6.1986 EzA § 4 KSchG n. F. Nr. 25). **Hat das Gericht, z. B. bei einem Prozessbevollmächtigten, längere Zeit die Form seiner Unterschrift nicht beanstandet, können erst nach einem entsprechendem Hinweis in der Zukunft nachteilige Folgen aus der Form der Unterschrift gezogen werden** (*BVerfG* 26.4.1988 NJW 1988, 2787). Bei der Führung eines Doppelnamens genügt es, den zweiten Teil des Doppelnamens mit den beiden Anfangsbuchstaben abzukürzen (*BAG* 15.12.1987 EzA § 518 ZPO Nr. 33). Bei Massenverfahren kann auch die Unterschrift im Wege einer Vervielfältigungsmethode kopiert werden (*BAG* 14.2.1978 EzA § 102 BetrVG 1972 Nr. 33). Gleiches gilt bei Klageerhebung im Wege der Telekopie. Eine Unterschrift unter einer beigefügten Kopie reicht ebenfalls aus, da dann ersichtlich ist, dass das nicht unterschriebene Original nur versehentlich nicht unterschrieben wurde.

278 Bestimmende Schriftsätze können formwirksam auch durch elektronische Übertragung einer Textdatei mit eingescanner Unterschrift des Prozessbevollmächtigten auf ein Fax Gerät des Gerichts fristwahrend übermittelt werden (*GS OGB* 5.4.2000 EzA § 518 ZPO Nr. 42).

279 Einer Klageschrift sind gem. § 253 Abs. 5 ZPO die notwendigen Abschriften für die Klagegegner beizufügen, i. d. R. zwei. **Fehlen die Abschriften, werden sie auf Kosten des Klägers von der Geschäftsstelle angefertigt, KV Nr. 9000 Anl. 1 zum GKG. Dies gilt insbes. auch für durch Telefax eingereichte Klagen, denen häufig keine Abschriften beigefügt sind.**

*b) Weiterer Verfahrensablauf*

280 Die Klage wird von der Geschäftsstelle dem nach dem Geschäftsverteilungsplan zuständigen Richter vorgelegt, der nach § 216 ZPO einen Termin zur Güteverhandlung, § 54 ArbGG, bestimmt. Die Terminsbestimmung hat gem. § 216 Abs. 2 ZPO unverzüglich, d. h. ohne schuldhaftes Zögern zu erfolgen. Die Verfügung ist mit dem vollen Namen und nicht nur mit einer Paraphe zu unterschreiben, da widrigenfalls keine ordnungsgemäße Ladung vorliegt, sodass z. B. kein Versäumnisurteil ergehen kann, § 335 Abs. 1 Nr. 2 ZPO (*LAG Hamm* 11.3.1982 EzA § 141 ZPO Nr. 2; *LAG RhPf* 19.11.1993 ARiST 1994, 138).

281 **Erfolgt die Terminierung durch den Vorsitzenden nicht unverzüglich, ist dies prozessual unerheblich**, kann jedoch eine Amtspflichtverletzung des Vorsitzenden darstellen.

282 Was unverzüglich heißt, ist gesetzlich nicht bestimmt und unterliegt daher dem Ermessen des Vorsitzenden. Das Ermessen ist bei Kündigungsschutzklagen und sonstigen Rechtsstreitigkeiten über das Bestehen oder das Nichtbestehen eines Arbeitsverhältnisses nach § 61a ArbGG eingeschränkt (s. Rdn. 206 f.).

A. Urteilsverfahren  Kapitel 15

Im Hinblick auf die Entscheidung des BAG v. 18.1.2012 (– 6 AZR 407/10) empfiehlt es sich, in Kündigungsschutzverfahren bereits standardmäßig in der Ladung auf den Regelungsinhalt des § 6 KSchG hinzuweisen. 282a

**Die Klage ist erhoben, nachdem das Gericht den Klageantrag dem Prozessgegner zugestellt hat,** § 253 Abs. 1 ZPO. Die Zustellung erfolgt von Amts wegen, § 270 ZPO. **Soll mit der Zustellung eine Frist gewahrt werden, was insbes. im Hinblick auf § 4 KSchG bei Kündigungsschutzanträgen der Fall ist, gilt die Frist als gewahrt, wenn die Klage beim ArbG innerhalb der Frist anhängig gemacht worden ist und die Zustellung »demnächst« erfolgt.** Demnächst heißt dabei in angemessener Frist, wobei selbst längere Fristen darunter zu subsumieren sind, sofern nicht der Kläger die Verzögerung schuldhaft herbeigeführt hat (*BAG* 8.4.1976 EzA § 4 KSchG n. F. Nr. 10). Unschädlich dürfte dabei ein Zeitraum von einigen Wochen sein, eine Zustellung nach Ablauf eines Jahres ist hingegen nicht mehr als demnächst anzusehen (*BAG* 4.9.1964 AP Nr. 2 zu § 496 ZPO). Ein rechtskundiger Prozessbevollmächtigter dürfte verpflichtet sein, nachzufragen, wenn nach Ablauf der üblichen Zeit keine Ladung eingegangen ist. 283

> Eine schuldhafte Verzögerung der Klagezustellung hat der Kläger zu vertreten, wenn er z. B. von sich aus bittet, die Klage zuerst nicht zuzustellen, das Passivrubrum nicht ordnungsgemäß ist, insbes. der Klagegegner nicht individualisierbar ist oder die angegebene Adresse fehlerhaft ist oder die Zustellung der Klage von der Gewährung von Prozesskostenhilfe abhängig gemacht wird und die dafür notwendigen Angaben nicht rechtzeitig beim Gericht eingehen. 284

### c) Ladungsfrist

Die Ladungsfrist kann gem. § 46 Abs. 2 S. 1 ArbGG i. V. m. § 226 ZPO abgekürzt werden. Ihre Berechnung erfolgt nach den §§ 222 ZPO, 187 BGB. Sie beträgt mindestens **drei Tage**, §§ 46 Abs. 2 S. 1 i. V. m. § 217 ZPO. Bei erstmaliger Ladung zum Gütetermin ist allerdings die speziellere und längere Einlassungsfrist von einer Woche nach § 47 ArbGG zu beachten. Wird Letztere nicht gewahrt, braucht sich ein Beklagter nicht auf die Klage einlassen und darf auch kein Versäumnisurteil gegen ihn ergehen (GK-ArbGG/*Bader* § 47 Rn. 35). Für **Klageerweiterungen, Klageänderungen** oder bei **Erhebung einer Widerklage** gilt diese Einlassungsfrist **nicht** (GK-ArbGG/*Bader* § 47 Rn. 27). 285

### d) Rechtswirkung der Klageerhebung

Mit der Klageerhebung tritt die Rechtshängigkeit der Klage ein, § 261 Abs. 1 ZPO, mit den sich aus den §§ 261 Abs. 3, 263, 265 Abs. 2 ZPO ergebenden Rechtsfolgen. 286

## VII. Vorbereitung des Gütetermins

### 1. Aufforderung an den Beklagten, sich auf die Klage einzulassen

Nach § 47 Abs. 2 ArbGG erfolgt eine Aufforderung an den Beklagten, sich vor dem Gütetermin auf die Klage schriftlich zu äußern, seitens des Gerichts i. d. R. nicht. Der Gesetzgeber ging davon aus, dass eine schriftliche Einlassung eine Erschwerung der Einigungsbemühungen im Gütetermin mit sich bringen würde. Dennoch ist es nach § 46 Abs. 2 S. 1 ArbGG i. V. m. §§ 129 Abs. 2, 273 ZPO zulässig, dass der Vorsitzende auch zur Vorbereitung des Gütetermins eine richterliche Anordnung an die beklagte Partei erlässt, sich auf die Klage bereits vor dem Gütetermin einzulassen (*Dütz* RdA 1980, 81, 88; GK-ArbGG/*Schütz* § 54 Rn. 24). 287

In der erstinstanzlichen Praxis wird dies von den Vorsitzenden unterschiedlich gehandhabt. Nach den Erfahrungen des Verfassers ist dies durchaus sinnvoll. Entgegen der im Gesetzgebungsverfahren geäußerten Befürchtung hat sich in der Praxis erwiesen, dass im Gegenteil eine gütliche Einigung eher möglich erscheint. Der Vorsitzende kann sich intensiver auf den Gütetermin vorbereiten und damit sowohl in rechtlicher Hinsicht den Parteien bereits ihre Prozessrisiken deutlicher aufzeigen und auch in tatsächlicher Hinsicht bei Kenntnis der beiderseitigen Ansichten für den Einzelfall sach- 288 gerechtere Lösungsvorschläge unterbreiten, wenn er auch die Argumente der Gegenseite kennt. Lässt sich der Beklagte durch einen Rechtsanwalt vertreten, kommt hinzu, dass sich dieser durch Abfassung eines Schriftsatzes selbst bereits mit der Materie befassen muss, sodass auch er nicht nur mit den mündlichen Informationen seiner Partei den Gütetermin wahrnimmt.

289 Eine Ladung von Zeugen und Sachverständigen zum Zweck einer Beweisaufnahme kann zum Gütetermin grds. nicht erfolgen, da eine Beweisaufnahme vor der Kammer stattzufinden hat, § 58 ArbGG (GK-ArbGG/*Schütz* § 54 Rn. 25). Im Hinblick auf § 54 Abs. 1 S. 3 ArbGG ist allerdings eine informelle Befragung von Zeugen zulässig, welche aber in der späteren Verhandlung nicht verwendet werden darf (*Grunsky* § 54 Rn. 12 ff.).

290 § 56 ArbGG kann hingegen nicht als Rechtsgrundlage für Anordnungen bereits zur Vorbereitung der Güteverhandlung angesehen werden, da diese Vorschrift ihrem Wortlaut nach lediglich zur Vorbereitung des Kammertermins dient (a. A. *Grunsky* § 54 Rn. 8). **Setzt der Vorsitzende der beklagten Partei in der Aufforderung, sich auf die Klage einzulassen, eine Frist, handelt es sich deshalb nicht um eine Ausschlussfrist, die eine Zurückweisung verspätet vorgebrachten Vorbringens rechtfertigen würde.** Solche Ausschlussfristen sind nach den §§ 56 Abs. 2, 61a Abs. 5 ArbGG erst nach der Güteverhandlung zur Vorbereitung des Kammertermins zulässig. Die Nichtbefolgung der Anordnung, sich auf die Klage vor dem Gütetermin bereits einzulassen, ist daher sanktionslos. Sinnvollerweise ist daher seitens des Vorsitzenden bei Anordnung einer solchen Einlassung etwa wie folgt zu formulieren: »Der Beklagten wird Gelegenheit gegeben, sich bis zum ... auf die Klageschrift einzulassen.«

291 **Die Einlassung der beklagten Partei auf die Klageschrift muss und soll nicht den Umfang einer umfassenden Klageerwiderungsschrift haben**, z. B. müssen nicht bereits alle Beweismittel mit ordnungsgemäßen Beweisanträgen enthalten sein. Hierfür ist die Einlassungsfrist regelmäßig zu kurz, da der Gütetermin bereits kurze Zeit nach Klageerhebung erfolgt. Entsprechend dem Sinn und Zweck der Anordnung reicht eine kurze Darlegung der aus Sicht der beklagten Partei wesentlichen Tatsachen und Ansichten aus.

## 2. Anordnung des persönlichen Erscheinens einer Partei

### a) Anordnungsbeschluss

292 Der Vorsitzende ist befugt, bereits zum Gütetermin das persönliche Erscheinen der Partei anzuordnen. § 51 Abs. 1 ArbGG gibt dem Vorsitzenden in jeder Lage des Rechtsstreits dieses Recht.

293 Die Vorschrift schreibt keine Voraussetzungen für die Anordnung des persönlichen Erscheinens fest, sondern stellt sie alleine in das sachgerechte Ermessen des Vorsitzenden. **Sie kann aus jeder Überlegung heraus erlassen werden, die für den Verfahrensabschluss dienlich erscheint.** In Betracht kommt insoweit neben der Aufklärung des Sachverhaltes auch die Erörterung von Rechtsfragen bei der Durchführung der Güteverhandlung, um eine gütliche Einigung herbeiführen zu können (LAG RhPf 5.6.1994 – 9 Ta 109/94, n. v.; 14.6.1993 – 6 Ta 128/93, n. v.).

294 Bei der Ermessensausübung muss dieser die Interessen der geladenen Partei sowie diejenigen des Gerichts abwägen. **Eine Anordnung des persönlichen Erscheinens ist dann nicht gerechtfertigt, wenn von vornherein der Streit nur um Rechtsfragen geht und eine gütliche Einigung nicht zu erwarten ist oder die Erscheinungspflicht für die Partei eine unverhältnismäßige Beschwer darstellt**, z. B. bei großer Entfernung zum Gerichtsort. Hierbei ist zu berücksichtigen, dass eine obsiegende Partei nach § 12a Abs. 1 S. 1 ArbGG keinen Anspruch auf Entschädigung wegen Zeitversäumnis hat.

295 Die Anordnung ist nicht bereits deswegen ermessensfehlerhaft, da die betroffene Partei selbst zur Aufklärung von Tatsachen nichts beitragen kann, etwa wenn es sich bei ihr um eine juristische Person handelt, deren Vertretungsberechtigter mit dem Streitfall selbst nichts zu tun hat. In diesem Fall **kann die Partei sich gem. § 141 Abs. 3 S. 2 ZPO durch einen voll informierten und zu einem Vergleichsabschluss berechtigten Vertreter vertreten lassen**, der selbst ggf. besser zur Aufklärung des Tatbestands in der Lage ist. Dies kann bei größeren Firmen z. B. statt dem Geschäftsführer, dem

## A. Urteilsverfahren

Komplementär oder dem Vorstand der Personalleiter sein (zur Frage, inwieweit der Prozessbevollmächtigte Vertreter sein kann vgl. *Tschöpe/Fledermann* NZA 2000, 1269 ff.).

Hat eine Partei bereits vor dem Gütetermin erkennen lassen, dass sie jede Einlassung auf die Klage verweigert, soll die Anordnung des persönlichen Erscheinens unzulässig sein. Eine Verpflichtung der Partei, sich einzulassen, bestehe nicht und könne auch nicht über § 51 ArbGG erzwungen werden (GMPM-G/*Germelmann* § 51 Rn. 13). Dieser Auffassung kann nicht gefolgt werden. Erfahrungsgemäß ändert eine Partei u. U. ihre Auffassung, wenn der Vorsitzende im Gütetermin die Möglichkeit erhält, mit ihr und der Gegenseite den Rechtsstreit umfassend zu erörtern. Selbstverständlich bleibt es der Partei überlassen, im Gütetermin auf einer ggf. bestehenden Verweigerungshaltung zu beharren – zum Erscheinen und Anhören der Argumente des Gerichts und der Gegenseite ist sie allerdings nach § 51 ArbGG verpflichtet. 296

Ein Recht der Gegenpartei auf Anordnung des persönlichen Erscheinens einer Partei besteht nicht. 297

**Die Anordnung ist selbst nicht beschwerdefähig.** Dies würde in die Unabhängigkeit der Entscheidungsbefugnis des Instanzrichters eingreifen (*LAG Bln.* 17.4.1978 EzA § 141 ZPO Nr. 1). Dies ergibt sich auch aus der Konzeption der §§ 51 Abs. 1 S. 2 ArbGG i. V. m. 141 Abs. 3 S. 1, § 380 Abs. 3 ZPO, wonach gegen Ordnungsgeldbeschlüsse auf Grund des Nichterscheinens das Rechtsmittel der sofortigen Beschwerde vorgesehen ist. 298

Der Beschluss, der die Anordnung des persönlichen Erscheinens enthält, ist vom Vorsitzenden mit vollem Namen und nicht nur mit einer Paraphe zu unterzeichnen, widrigenfalls ist die Anordnung des persönlichen Erscheinens nicht ordnungsgemäß erfolgt, sodass auf deren Nichtbefolgen keinerlei Sanktionen gem. § 141 Abs. 2 ZPO gestützt werden können (*LAG RhPf* 19.11.1993 ARiST 1994, 138). Er muss keine Gründe enthalten, es genügt eine Verweisung auf die Vorschrift des § 51 ArbGG. 299

Der Anordnungsbeschluss ist nach § 329 Abs. 2 ZPO **der Partei**, im Falle ihrer Vertretung auch ihrem Prozessbevollmächtigten zuzustellen, wobei eine förmliche Zustellung nicht notwendig ist, § 51 Abs. 1, § 141 Abs. 2 ZPO (*Vonderau* NZA 1991, 336). Eine Ladung kann allerdings mittels Zustellungsurkunde erfolgen, da ansonsten der Nachweis über den Zugang der Ladung für das Gericht nicht möglich ist und ggf. Ordnungsmaßnahmen gem. § 141 Abs. 3 ZPO nicht erlassen werden können. In der Ladung ist die Partei auf die Folgen eines unentschuldigten Ausbleibens hinzuweisen, § 141 Abs. 3 S. 2 ZPO. Erscheint die Partei nicht und kommt es zu Ordnungsmaßnahmen, muss die Partei die Behauptung, sie habe die Ladung nicht erhalten, glaubhaft machen. 300

**Adressat der Anordnung des persönlichen Erscheinens ist regelmäßig die Partei, wobei sich der Parteibegriff aus § 50 ZPO und § 10 ArbGG ergibt.** Bei juristischen Personen ist der gesetzliche Vertreter zu laden, Gleiches gilt bei prozessunfähigen Parteien (*Vonderau* NZA 1991, 337 f.). Der gesetzliche Vertreter ist dabei namentlich zu benennen, widrigenfalls Ordnungsmaßnahmen nach § 141 Abs. 3 ZPO nicht erfolgen dürfen (*LAG RhPf* 14.6.1993 – 6 Ta 128/93, n. v.). 301

### b) Folgen der Missachtung der Anordnung des persönlichen Erscheinens

#### aa) Ordnungsgeld

§ 51 Abs. 1 S. 2 ArbGG verweist »im Übrigen« auf § 141 Abs. 2, 3 ZPO. Gem. § 141 Abs. 3 ZPO kann gegen die nicht erschienene Partei ein Ordnungsgeld wie gegen einen im Vernehmungstermin nicht erschienenen Zeugen verhängt werden, § 380 ZPO. Dies gilt allerdings dann nicht, wenn die Partei zur Verhandlung einen Vertreter entsendet, der zur Aufklärung des Tatbestandes in der Lage und zur Abgabe der gebotenen Erklärungen, insbes. zu einem Vergleichsabschluss, ermächtigt ist, § 141 Abs. 3 S. 2 ZPO. 302

> Die erteilte Vollmacht muss umfassend sein. Alleine die Bevollmächtigung zum Abschluss eines Vergleiches mit Widerrufsvorbehalt genügt hierfür nicht (GMPM-G/*Germelmann* § 51 Rn. 21). Dies bedeutet jedoch nicht, dass der Vertreter unbedingt einen Vergleich abschließen muss. Ist er 303

selbst der Ansicht, ein Vergleich sei in der vorgeschlagenen Art nicht angezeigt, kann er diesen auch ablehnen, ohne dass deswegen gegen die Partei Ordnungsmaßnahmen verhängt werden dürfen (*LAG RhPf* 9.11.1992 – 9 Ta 219/92, n. v.; vgl. *LAG Nbg.* 25.11.1988 LAGE § 141 ZPO Nr. 6).

304 Das Ordnungsgeld ist gegen die Partei selbst zu verhängen, bei juristischen Personen also gegen diese und nicht gegen ihre gesetzlichen Vertreter (*LAG RhPf* 11.6.1990 – 9 Ta 109/90, n. v.; *LAG Hamm* 25.1.1999 FA 1999, 338; *LAG Düsseld.* 28.12.2006 – 6 Ta 622/06). Ob und in welcher Höhe ein Ordnungsgeld – bzgl. der Höhe vgl. Art. 6 EGStGB – verhängt wird, steht im Ermessen des Gerichts.

305 Der Grund für die Verhängung des Ordnungsgeldes darf allerdings nicht in der Tatsache der Missachtung der Anordnung des Gerichts liegen. **Sie ist nur dann gerechtfertigt, wenn der Sinn und Zweck der Anordnung des persönlichen Erscheinens vereitelt worden ist.** Kommt es daher zu einer verfahrensbeendenden Entscheidung, z. B. einem Vergleichsabschluss, einem Versäumnis- oder Anerkenntnisurteil, kann ein Ordnungsgeld nicht verhängt werden, auch wenn die Partei selbst nicht erschienen ist, sondern nur einen Prozessbevollmächtigten oder sonstigen Vertreter entsendet hatte.

306 Die Verhängung des Ordnungsgeldes dient nicht der Durchsetzung der Autorität des Gerichts. Grund ist vielmehr, dass die Partei durch ihr schuldhaftes Fernbleiben die zügige und sachgerechte Erledigung des Rechtsstreits schuldhaft verzögert oder vereitelt hat (*LAG RhPf* 4.3.1992 – 9 Ta 22/92, n. v.).

307 Neben der Verhängung eines Ordnungsgeldes kann nicht Ordnungshaft angeordnet werden, auch können der Partei nicht wie einem Zeugen die zusätzlichen Kosten, die auf Grund seines Ausbleibens entstehen, auferlegt werden. § 141 Abs. 3 S. 1 ZPO enthält insofern keine Bezugnahme auf die entsprechenden Regelungen für Zeugen. Zulässig ist es allerdings, dass das Gericht eine Verzögerungsgebühr gem. § 38 GKG verhängt.

308 Wenn es sich auch bei der Verhängung des Ordnungsgeldes nicht um eine repressiv-strafrechtliche Maßnahme handelt, setzt sie dennoch ein **Verschulden der Partei** voraus (*Schaub* ArbGVerf § 29 Rn. 59). Erfolgt eine Entschuldigung vor oder nach dem Gütetermin, ist der Ordnungsgeldbeschluss gem. § 381 ZPO aufzuheben.

309 Erklärt der Prozessbevollmächtigte einer Partei dieser, sie brauche trotz Anordnung des persönlichen Erscheinens nicht zu erscheinen, ist gleichwohl die Verhängung eines Ordnungsgeldes zulässig, da sich die Partei das Verschulden ihres Prozessbevollmächtigten nach § 85 Abs. 2 ZPO zurechnen lassen muss (strittig wie hier *LAG RhPf* 19.4.1985 LAGE § 51 ArbGG 1979 Nr. 2; **a. A.** *LAG Köln* 27.7.1987 LAGE § 141 ZPO; 11.8.2004 – 11 Ta 101/04).

310 Gegen den Ordnungsgeldbeschluss, den der Vorsitzende außerhalb der mündlichen Verhandlung alleine erlassen kann, § 53 ArbGG, kann das Rechtsmittel der sofortigen Beschwerde gem. § 380 Abs. 3 ZPO eingelegt werden.

*bb) Zurückweisung des Prozessbevollmächtigten*

311 Neben der Verhängung eines Ordnungsgeldes kann der Vorsitzende – nicht die Kammer (*LAG Bra.* 23.5.2000 NZA 2001, 173 f.) – bei Missachtung der Anordnung des persönlichen Erscheinens der Partei und damit einhergehender Verzögerung des Rechtsstreits auch die Zulassung eines erschienenen Prozessbevollmächtigten ablehnen, § 51 Abs. 2 ArbGG. Voraussetzung hierfür ist, dass der Zweck der Anordnung des persönlichen Erscheinens vereitelt wird, also keine verfahrensbeendende Entscheidung ergehen kann. **Diese Form der Reaktion auf ein Nichterscheinen einer beklagten Partei ist bei geltend gemachten Zahlungsansprüchen weit effektiver als die Verhängung eines Ordnungsgeldes.** Nach der Zurückweisung des Prozessbevollmächtigten kann das Gericht auf Antrag des Klägers ein Versäumnisurteil erlassen, welches gem. § 62 Abs. 1 ArbGG vorläufig vollstreckbar ist. (h. M. vgl. GK-ArbGG/*Schütz* § 51 Rdn. 31; **a. A.** ErfK/*Koch* § 51 ArbGG Rdn. 13, der § 335

## A. Urteilsverfahren Kapitel 15

Abs. 1 Nr. 5 ZPO für einschlägig hält). Lediglich unter sehr beschränkten Voraussetzungen kann die vorläufige Vollstreckbarkeit gem. § 62 Abs. 1 S. 2 ArbGG aufgehoben werden (s. Rdn. 606 ff.). Damit kann einer ggf. beabsichtigten Verschleppung des Prozesses und der Titulierung einer Zahlungsverpflichtung vorgebeugt werden.

> Möchte ein Rechtsanwalt auf Klägerseite nach erfolgter gerichtlicher Zurückweisung eines Kollegen gem. § 51 Abs. 2 ArbGG auf Beklagtenseite aus Standesgründen kein Versäumnisurteil beantragen, kann dies der Kläger selbst tun. Hierauf sollte ihn sein Rechtsanwalt auch aus Haftungsgründen hinweisen, da der Kammertermin i. d. R. erst einige Monate nach dem Gütetermin festgesetzt wird und dann fraglich sein kann, ob ein Zahlungsanspruch – z. B. bei drohender Insolvenz des Beklagten – noch realisiert werden kann. Aus diesem Grund empfiehlt es sich, auch immer die klagende Partei zum Gütetermin einzubestellen, selbst wenn das ArbGG nicht das persönliche Erscheinen angeordnet hat.

312

Der die Zurückweisung des Prozessbevollmächtigten aussprechende Beschluss ist nicht mit der sofortigen Beschwerde nach § 567 Abs. 1 ZPO isoliert anfechtbar (*LAG RhPf* 11.11.1981 LAGE § 51 ArbGG 1979 Nr. 1). Die betroffene Partei kann gegen das Versäumnisurteil nur Einspruch einlegen.

313

Teilweise wird die Ansicht vertreten, der Ausschluss eines Prozessbevollmächtigten in der Güteverhandlung sei unsinnig (GMPM-G/*Germelmann* § 51 Rn. 28). Begründet wird diese Ansicht damit, in einer Güteverhandlung könne ohnehin eine Endentscheidung noch nicht getroffen werden. Dieser Ansicht ist allerdings entgegenzuhalten, dass sich gem. § 54 Abs. 4 ArbGG im Falle des Nichterscheinens einer Partei in der Güteverhandlung unmittelbar die weitere Verhandlung anschließt, in der dann der Vorsitzende gem. § 55 Abs. 1 Nr. 4 ArbGG ein Versäumnisurteil erlassen kann (GK-ArbGG/*Schütz* § 51 Rn. 30 f.).

314

### VIII. Die Güteverhandlung

#### 1. Sinn und Zweck

Die mündliche Verhandlung beginnt mit einer Verhandlung vor dem Vorsitzenden zum Zwecke der gütlichen Einigung der Parteien, § 54 ArbGG. Insbesondere wenn zwischen ihnen noch ein Arbeitsverhältnis besteht und weiter bestehen soll und nur bzgl. einzelner Rechtsbeziehungen oder Tatsachen Streit entstanden ist, soll das Arbeitsverhältnis nicht durch einen lang andauernden Prozess belastet werden. Daneben hilft eine Einigung bereits in der Güteverhandlung den Parteien Zeit, Arbeitskraft und Geld zu sparen. § 54 ArbGG geht dabei als lex specialis § 278 Abs. 1–5 ZPO vor (*Schwab/Weth-Zimmerling* § 46 Rn. 9a).

315

Des Weiteren dient sie auch der Vorbereitung der streitigen Verhandlung. Gerade wenn prozessunerfahrene Parteien selbst ohne anwaltliche Unterstützung vor Gericht auftreten, können im Gütetermin durch richterliche Hinweise, § 139 ZPO, fehlerhafte Klageanträge korrigiert und das Vorbringen der Parteien auf die wesentlichen Gesichtspunkte konzentriert werden. Ein prozesserfahrener Anwalt kann aus den Äußerungen und Auflagen des Vorsitzenden ableiten, auf welche streiterheblichen Gesichtspunkte er seinen Vortrag zu konzentrieren hat und wie die Prozessaussichten seiner Partei stehen.

316

#### 2. Entbehrlichkeit der Güteverhandlung

**Die Durchführung der Güteverhandlung steht nicht zur Disposition der Parteien oder des Gerichts**. Sie ist grds. in allen Urteilsverfahren durchzuführen, selbst wenn aus Sicht der Parteien oder des Gerichts eine gütliche Einigung vor Durchführung der streitigen Kammerverhandlung unmöglich erscheint.

317

Die Parteien können allerdings den Gütetermin dadurch unterlaufen, dass sie beide nicht erscheinen oder verhandeln. In diesem Fall ist gem. § 54 Abs. 5 ArbGG das Ruhen des Verfahrens anzuordnen. Auf Antrag einer Partei ist sodann ein Kammertermin zu bestimmen. Eine erneute Terminierung eines Gütetermins von Amts wegen ist unzulässig, § 54 Abs. 5 S. 2 ArbGG (s. Rdn. 334). Sinnvoll

318

ist ein solches Vorgehen allerdings nicht, da dann der anzuberaumende Kammertermin nicht selten nur zum Versuch einer gütlichen Einigung genutzt und bei deren Scheitern der Rechtsstreit vertagt und ein neuer Kammertermin, verbunden mit einem Auflagenbeschluss, bestimmt wird.

319 Wird die Güteverhandlung entgegen § 54 ArbGG nicht durchgeführt, liegt ein Verfahrensfehler vor, der jedoch eine gerichtliche Entscheidung nicht unwirksam macht und kein Rechtsmittel begründet. Eine eingelegte Berufung führt insbes. nicht dazu, dass der Rechtsstreit an das ArbG zurückgewiesen werden kann, § 68 ArbGG.

320 Zu einem Gütetermin kommt es im Urteilsverfahren nicht, falls gegen einen Vollstreckungsbescheid Einspruch eingelegt wird, da dieser einem Versäumnisurteil gleich steht, § 700 Abs. 1 ZPO. Gem. § 341a ZPO ist dann sofort ein Kammertermin zur streitigen Verhandlung festzusetzen.

321 **Ebenfalls keine Güteverhandlung wird in den Verfahren auf einstweiligen Rechtsschutz durchgeführt, selbst wenn eine mündliche Verhandlung anberaumt wird.** Hierbei handelt es sich sofort um eine streitige Verhandlung unter Hinzuziehung der ehrenamtlichen Richter. Mit dem Wesen des einstweiligen Rechtsschutzes, der eine besondere Eilbedürftigkeit voraussetzt, ließe es sich nicht vereinbaren, vor der streitigen Verhandlung eine Güteverhandlung durchzuführen, in der selbst keine verfahrensbeendenden gerichtlichen Entscheidungen ergehen dürfen.

### 3. Ablauf der Güteverhandlung

322 Die Güteverhandlung findet vor dem Vorsitzenden alleine statt, d. h. ohne die ehrenamtlichen Richter, § 54 Abs. 1 ArbGG. Streitig ist, ob die ehrenamtlichen Richter als Beobachter oder Zuschauer an der Güteverhandlung teilnehmen dürfen (so *Schaub* ArbGVerf § 28 Rn. 8; **a. A.** *Grunsky* § 54 Rn. 2). Eine Teilnahme begründet jedenfalls keinen Verfahrensfehler, auf den die Unwirksamkeit einer gerichtlichen Entscheidung gestützt werden könnte, gleichgültig ob man insofern überhaupt das Vorliegen einer Güteverhandlung verneint (GMPM-G/*Germelmann* § 54 Rn. 9) oder lediglich von einem prozessualen Fehler innerhalb der Güteverhandlung ausgeht.

323 Die Leitung der Güteverhandlung kann vom Vorsitzenden auch seinem Stationsreferendar zu Ausbildungszwecken gem. §§ 9 Abs. 2 ArbGG, 10 GVG übertragen werden.

324 **Da es sich bereits um einen Teil der mündlichen Verhandlung handelt,** gelten die allgemeinen Vorschriften für eine mündliche Verhandlung, sofern sie nicht dem Sinn und Zweck der Güteverhandlung widersprechen.

325 Der Grundsatz der Öffentlichkeit der Verhandlung kann im Güteverfahren weiter eingeschränkt werden als im streitigen Verfahren (s. Rdn. 197). Damit soll sichergestellt werden, dass die Parteien sich frei aussprechen können, um eine gütliche Einigung herbeizuführen.

326 Abweichend von § 137 Abs. 1 ZPO beginnt die Güteverhandlung i. d. R. nicht mit dem Stellen der Anträge, was aber zulässig ist. Dies ergibt sich aus § 54 Abs. 2 ArbGG, wonach die Klage noch bis zum Stellen der Anträge ohne Einwilligung der Beklagten zurückgenommen werden kann. Die Vorschrift wäre überflüssig, wenn davon auszugehen wäre, dass § 137 Abs. 1 ZPO Anwendung fände (GMPM-G/*Germelmann* § 54 Rn. 37). **Die Klageanträge werden grds. erst zum Beginn der Kammersitzung gestellt**, sodass der Kläger auch noch nach Beendigung der Güteverhandlung seine Klage ohne Zustimmung der Beklagten und ohne dass Gerichtskosten anfallen zurücknehmen kann (KV Nr. 8210 Abs. 2).

327 Gem. § 54 Abs. 2 S. 2 ArbGG haben gerichtliche Geständnisse nach § 288 ZPO nur dann bindende Wirkung, wenn sie zu Protokoll erklärt und genehmigt worden sind.

328 Nach § 54 Abs. 2 S. 3 ArbGG finden die §§ 39 S. 1, 282 Abs. 3 S. 1 ZPO keine Anwendung, d. h. Rügen bzgl. der Zuständigkeit des Gerichts müssen nicht bereits im Gütetermin erhoben werden.

329 Der Vorsitzende übt im Gütetermin rechtsprechende Tätigkeit aus. Es gilt daher das Haftungsprivileg des § 839 Abs. 2 BGB. Dies ist insofern von Bedeutung, als der Vorsitzende in der Güterver-

## A. Urteilsverfahren

handlung das gesamte Streitverhältnis mit den Parteien unter freier Würdigung aller Umstände zu erörtern hat. Zum Erreichen einer gütlichen Einigung kann er dabei sämtliche rechtserheblichen Tatsachen, auch sofern sie nicht direkt mit dem durch die Klageanträge bestimmten Streitgegenstand zusammenhängen, mit den Parteien erörtern. Er kann ihnen ihr jeweiliges Prozessrisiko unter Hinweis auf ggf. streitige Rechtsfragen in der Literatur und Rechtsprechung aufzuzeigen, auf die Erfolgsaussicht der Klage insgesamt oder einzelner Angriffs- oder Verteidigungsmittel hinweisen, ohne dass deswegen ein Befangenheitsgrund vorliegt. **Sein Fragerecht und seine Fragepflicht gehen dabei über § 139 Abs. 1 S. 2 ZPO hinaus** (vgl. zu Umfang und Grenzen des Fragerechts und der Aufklärungspflicht *Schmädicke* NZA 2007, 1029 ff.).

Die Erörterung soll nicht lediglich in rechtlicher Hinsicht erfolgen, sondern kann sich auch auf wirtschaftliche, soziale und sonstige Erwägungen beziehen, um zu einem für die Parteien sinnvollen Ergebnis im Wege einer gütlichen Einigung zu gelangen. Hierbei können auch Billigkeitserwägungen berücksichtigt werden. Allein auf solche Äußerungen des Vorsitzenden, die einer gütlichen Einigung dienen, kann ein Ablehnungsgesuch gem. § 49 ArbGG regelmäßig nicht gestützt werden. 330

Häufig lassen sich aus den Vergleichsvorschlägen des Vorsitzenden und seinen Hinweisen auf die Rechtslage die Erfolgsaussichten einer Klage nach dem derzeitigen Sachstand ablesen, sodass sich die Partei darauf einstellen bzw. ein Prozessbevollmächtigter seine Partei entsprechend beraten kann. Wichtig ist dabei, sich einen gemachten Vergleichsvorschlag, z. B. die Höhe einer vorgeschlagenen Abfindung in einem Kündigungsschutzrechtsstreit, erläutern zu lassen, da ganz unterschiedliche Praktiken bei den Gerichten und einzelnen Richtern bestehen. Z. B. legen die Gerichte bei offenen Erfolgsaussichten einer Kündigungsschutzklage der Berechnung einer Abfindung zwischen 1/4 und 1 Bruttomonatsgehalt pro Beschäftigungsjahr zu Grunde. Gerade bei Kündigungsschutzstreitigkeiten spielen oftmals weitere Umstände für die Berechnung der Abfindung eine Rolle, z. B. Sonderkündigungsvorschriften, § 9 MuSchG, § 85 SGB IX etc., sehr kurze oder sehr lange Dauer des Arbeitsverhältnisses, die wirtschaftliche Lage des Arbeitgebers oder auch, ob der Arbeitnehmer schon einen neuen Arbeitsplatz gefunden hat. 331

Zur Aufklärung des Sachverhalts erlaubt § 54 Abs. 1 S. 3 ArbGG dem Vorsitzenden alle Handlungen vorzunehmen die sofort erfolgen können, mit Ausnahme einer eidlichen Vernehmung eines Zeugen. Eine Vertagung des Gütetermins, um noch Aufklärungsmaterial herbeizuschaffen, ist allerdings regelmäßig unzulässig, es sei denn dies geschieht im Einvernehmen mit den Parteien, § 54 Abs. 1 S. 4 ArbGG. 332

Aufklärungsmaßnahmen i. S. d. § 54 Abs. 1 S. 3 ArbGG können insbes. die Einsichtnahme in mitgebrachte Unterlagen der Parteien, die informatorische Vernehmung präsenter Zeugen, Sachverständigen oder der Partei, die Einholung telefonischer Auskünfte z. B. bei Arbeitsämtern, Krankenkassen oder dem Finanzamt sein. Sofern Zeugen bereits informatorisch befragt werden, sind sie über ihre Zeugnisverweigerungsrechte und die Folgen einer Falschaussage zu belehren. Eine förmliche Beweisaufnahme ist hingegen nicht möglich (GMPM-G/*Germelmann* § 54 Rn. 26). Diese hat gem. § 58 grds. vor der Kammer, d. h. in der streitigen Verhandlung zu erfolgen. Dies bezieht sich sowohl auf eine Zeugenvernehmung als auch auf eine Parteivernehmung nach den §§ 445 ff. ZPO. 333

Ein weiterer Gütetermin kann im Einvernehmen mit beiden Parteien festgesetzt werden, § 54 Abs. 1 S. 5 ArbGG. 334

### 4. Ergebnisse der Güteverhandlung

#### a) Vergleich

Dem Ziel, eine gütliche Einigung herbeizuführen, dient insbes. eine vergleichsweise Erledigung des Rechtsstreits. Eine Einigung zwischen den Parteien wird dabei im Wege des »gegenseitigen Nachgebens« erreicht, wobei die Proportionen des jeweiligen Nachgebens durchaus sehr unterschiedlich sein können. Ein Vergleich liegt schon dann vor, wenn lediglich eine Partei sich verpflichtet, Kosten zu tragen oder auf einen geringfügigen Zinsanspruch verzichtet wird. 335

*aa) Form*

336 Ein Vergleich ist nach § 54 Abs. 3 ArbGG zu protokollieren, § 160 Abs. 3 Nr. 1 ZPO. **Er wird nur dann wirksam, wenn er nach Aufnahme in das Protokoll verlesen und von den Parteien genehmigt wird, § 162 Abs. 1 ZPO, im Falle der Aufnahme des Protokolls mittels Tonträger ist dieser den Parteien vorzuspielen.**

337 Allein das laute Diktieren des Vergleiches in das Protokoll durch den Vorsitzenden und die anschließende Genehmigung des Diktats durch die Parteien genügt nicht, um einen vollstreckbaren Titel i. S. d. § 794 Abs. 1 Nr. 1 ZPO zu begründen.

338 Häufig werden Vergleiche mit einem Widerrufsrecht abgeschlossen, wobei regelmäßig formuliert wird »Die Partei erhält ein Widerrufsrecht bis zum ... schriftlich bei Gericht eingehend«. Dieses Widerrufsrechts kann dann nur wirksam gegenüber dem Gericht ausgeübt werden, nicht auch gegenüber dem Prozessgegner (*BAG* 21.2.1991 EzA § 794 ZPO Nr. 9). Der Widerrufsschriftsatz muss eigenhändig unterschrieben sein, ein Namenskürzel allein reicht nicht (*BAG* 31.5.1989 EzA § 794 ZPO Nr. 8).

*bb) Inhalt*

339 Sofern in einem Vergleich auf Ansprüche des Arbeitnehmers verzichtet wird, ist der Verzicht nur wirksam, sofern er zulässig ist. **Arbeitnehmer können z. B. nicht auf gesetzliche, tarifliche oder auf Grund einer Betriebsvereinbarung entstandene Rechte ohne Zustimmung der Tarifpartner bzw. der Betriebsvertretung wirksam verzichten, §§ 4 TVG, 77 Abs. 4 BetrVG** (s. Kap. 11 Rdn. 282 ff.; Kap. 13 Rdn. 1515 ff.). Nicht zustimmungsbedürftig sind hingegen Vergleiche, in denen über das Vorliegen der tatsächlichen Voraussetzungen eines z. B. tariflichen Anspruchs eine Einigung erzielt wird (*BAG* 5.11.1997 § 4 TVG Verzicht Nr. 3).

340 ▶ **Beispiel:**

Häufig wird in einem Kündigungsschutzverfahren folgende Regelung getroffen: »Der Arbeitnehmer wird unter Anrechnung von Resturlaub von der Arbeitsleistung freigestellt«. Probleme entstehen dann, wenn der Arbeitnehmer nach dem Vergleichsabschluss, aber vor Beendigung des Arbeitsverhältnisses erkrankt, sodass er seinen ihm zustehenden Urlaub nach § 9 BUrlG nicht nehmen, weswegen dieser auch nicht auf eine Freistellung angerechnet werden kann. Dem Arbeitnehmer steht deswegen ein Urlaubsabgeltungsanspruch nach § 7 Abs. 4 BUrlG zu. Es empfiehlt sich daher in diesen Fällen, einen Tatsachenvergleich abzuschließen, etwa in der Form: »Der Arbeitnehmer wird bis zur Beendigung des Arbeitsverhältnisses von der Arbeitsleistung freigestellt. Die Parteien sind sich darüber einig, dass der Kläger seinen ihm zustehenden Urlaub genommen hat«.

*cc) Rechtsnatur*

341 Der Prozessvergleich ist zum einen materiell-rechtlicher Vertrag, auf den die Regeln des BGB Anwendung finden, die §§ 145 bis 156 BGB bzgl. des wirksamen Abschlusses, die §§ 119 bis 123 BGB bzgl. einer möglichen Anfechtung sowie die §§ 134, 138 BGB bzgl. einer Nichtigkeit wegen Gesetzes- bzw. Sittenverstoßes. Zum anderen handelt es sich um eine Prozesshandlung, weswegen die §§ 50 bis 56 ZPO zu beachten sind.

342 Wird über die Wirksamkeit eines Prozessvergleiches gestritten, findet das ursprüngliche Verfahren seinen Fortgang. Dies ist unstreitig, falls der Streit darum geht, ob der Prozessvergleich von vornherein rechtsunwirksam ist, z. B. wegen Sittenwidrigkeit, § 138 BGB, oder rückwirkend rechtsunwirksam wird, z. B. infolge einer Anfechtung, §§ 119 ff. BGB. Ist streitig, ob der Prozessvergleich nachträglich wieder weggefallen ist, z. B. durch eine einvernehmliche Aufhebung oder einen Rücktritt, ist dies nach der Rechtsprechung des *BGH* (10.3.1955 BGHZ 16, 388; 15.4.1964 BGHZ 41, 310) in einem neuen Verfahren auszutragen. Nach der Rechtsprechung des *BAG* (5.8.1982 EzA § 794 ZPO Nr. 6) findet auch i. d. F. das alte Verfahren seinen Fortgang.

## A. Urteilsverfahren

Nach der Rechtsprechung des *BAG* (5.8.1982 EzA § 794 ZPO Nr. 6) muss die Partei, die sich auf die Unwirksamkeit des Vergleiches beruft, ihren ursprünglichen Klageantrag weiter verfolgen und stellen. Die Gegenpartei muss beantragen »... festzustellen, dass das Verfahren durch den Vergleich vom ... seine Beendigung gefunden hat«. Ratsam ist es, den ursprünglichen Klageantrag als Hilfsantrag für den Fall zu stellen, dass das Gericht in seinem Urteil nicht von einem verfahrensbeendenden rechtswirksamen Vergleich ausgeht. 343

### dd) Kosten/Gebühren

Im Fall des Abschlusses eines Prozessvergleiches tritt eine Kostenbefreiung gem. KV Nr. 8210 Abs. 2 ein, sofern das gesamte Verfahren seine Beendigung findet. Ein Teilvergleich ist nicht mehr kostenprivilegiert. Ging ein Mahnverfahren voraus, entfällt die Gebühr ebenfalls, KV Nr. 8100. Die Kostenfreiheit erstreckt sich nur auf die Gerichtsgebühren, nicht auch auf gerichtliche Auslagen, z. B. Postgebühren, Auslagen für Zeugen oder Sachverständige oder Dolmetscher etc. 344

Die vergleichsweise Erledigung von Streitigkeiten zwischen Arbeitsvertragsparteien im Gütetermin stellt in aller Regel nicht nur für die Parteien und das Gericht, sondern auch für die prozessbevollmächtigten Anwälte **die ökonomischste Erledigung** eines Arbeitsrechtsprozesses dar. 345

Wird ein Vergleich ohne eine Kostenregelung getroffen, so werden gem. § 98 ZPO die Kosten gegeneinander aufgehoben, d. h. evtl. entstandene Gerichtskosten werden geteilt, § 92 Abs. 1 S. 2 ZPO. Die außergerichtlichen Kosten trägt jede Partei im Urteilsverfahren in der ersten Instanz kraft Gesetzes selbst, § 12a Abs. 1 ArbGG. **Einer besonderen Aufnahme in den Vergleichstext, dass die Kosten des Vergleichs gegeneinander aufgehoben werden, bedarf es daher nicht** (vgl. *BAG* 16.4.2008 – 6 AZR 1049/06, FA 2008, 255 LS). 346

### b) Klagerücknahme

Im Güteverfahren kann das Verfahren durch eine Klagerücknahme ohne Zustimmung des Beklagten zurückgenommen werden, wenn, wie regelmäßig, in ihr noch keine Anträge gestellt worden sind (s. Rdn. 326). § 54 Abs. 2 ArbGG stellt, anders als § 269 ZPO, lediglich auf die Stellung der Anträge ab. Sie ist nach § 160 Abs. 3 Nr. 8 ZPO zu protokollieren und gem. § 162 Abs. 1 ZPO zu genehmigen. 347

**Bei der Klagerücknahme handelt es sich um eine Prozesshandlung, die bedingungsfeindlich und nicht anfechtbar ist.** Sie kann mündlich oder durch Schriftsatz, ausdrücklich oder konkludent abgegeben werden und sich entweder auf den gesamten Klageantrag oder auf einen Teil von ihm beziehen. 348

**Auch für eine Klagerücknahme vor der streitigen Verhandlung gilt die Kostenprivilegierung der Nr. 8210 Abs. 2 KV. Gerichtskosten werden nicht erhoben. Auch hier gilt nunmehr, dass allein eine teilweise Klagerücknahme nicht mehr privilegiert ist.** Die Auslagen des Gerichts hat der Kläger allerdings zu tragen. 349

### c) Übereinstimmende Erledigungserklärung

Die Parteien können den Rechtsstreit übereinstimmend für erledigt erklären, § 91a ZPO. **Dies hat zur Folge, dass über die Kosten durch Beschluss entschieden werden muss.** Dieser kann ohne mündliche Verhandlung durch den Vorsitzenden alleine ergehen, § 53 ArbGG. **Für ihn können Gebühren anfallen, KV 8210 Abs. 2.** 350

Wird deswegen z. B. nach Ausspruch einer arbeitgeberseitigen Kündigung und Klageerhebung sich außergerichtlich darüber verständigt, dass die Kündigung gegenstandslos ist und das Arbeitsverhältnis fortgesetzt wird, können die Parteien anstatt den Rechtsstreit übereinstimmend für erledigt zu erklären, die Klagerücknahme durch den Kläger vereinbaren. Dies ist in aller Regel der kostengünstigere Weg (s. Rdn. 349). 351

352 Im Zweifel sollten sich die Parteien darüber einigen, wer die Gerichtskosten zu tragen hat, sodass wenigstens die Beschlussgebühr gem. § 91a ZPO entfällt, KV Nr. 8210 Abs. 2 (vgl. *BAG* 11.9.2003 EzA § 91a ZPO 2002 Nr. 1).

### d) Anerkenntnis, Verzicht

353 Der Beklagte kann im Gütetermin den geltend gemachten Anspruch anerkennen, der Kläger auf ihn verzichten. Beide Erklärungen sind gem. § 160 Abs. 3 Nr. 1 ZPO zu protokollieren und nach § 162 Abs. 1 ZPO zu genehmigen.

354 Sodann kann bei Anerkenntnis des Beklagten bzw. auf Antrag des Beklagten bei Verzicht des Klägers ein Anerkenntnis-/Verzichtsurteil ergehen, §§ 306, 307 ZPO i. V. m. § 55 Abs. 1 Nr. 2, 3 ArbGG. Beide Urteile sind nach der Nr. 8211 KV privilegiert, Gerichtsgebühren fallen nun in Höhe von 0,4 an.

355 Ein Verzichtsurteil kann allerdings dann nicht ergehen, wenn der Verzichtende nicht wirksam auf ein Recht verzichten kann, z. B. auf ein tarifliches oder betriebsverfassungsrechtliches Recht, § 4 TVG, § 77 Abs. 4 BetrVG (s. Rdn. 349).

356 Ob ein Anerkenntnis- und Verzichtsurteil noch im Gütetermin selbst (so wohl *Schaub* ArbGVerf § 28 Rn. 18 f.) oder erst in einer auf den Gütetermin unmittelbar folgenden weiteren Verhandlung (GMPM-G/*Germelmann* § 54 Rn. 40) ergeht, ist für die Praxis irrelevant. Dort ergehen die Verzichts- und Anerkenntnisurteile im Gütetermin, ohne dass im Protokoll vermerkt wird, dass der Gütetermin beendet ist und sich ihm nunmehr ein »weiteres Verfahren« unmittelbar anschließt. Eine solche Verfahrensweise wäre unnötig komplizierend und im Hinblick auf § 68 ArbGG auch unnötig, da selbst wenn darin ein Verfahrensfehler liegen würde, dieser für die Wirksamkeit der Urteile unerheblich wäre.

357 Ein Anerkenntnisurteil kann auch außerhalb der mündlichen Verhandlung ergehen, wenn das Anerkenntnis schriftlich dem Gericht mitgeteilt wird, § 307 ZPO. Der Vorsitzende erlässt es i. d. F. allein außerhalb der mündlichen Verhandlung, § 55 Abs. 2 S. 1 i. V. m. S. 3. ArbGG (Schwab/Weth-*Berscheid/Korinth* § 55 Rn. 22 ff.).

### e) Säumnis einer Partei

358 Erscheint eine Partei in der Güteverhandlung nicht, schließt sich gem. § 54 Abs. 4 ArbGG unmittelbar die weitere Verhandlung an, in der der Vorsitzende alleine nach § 55 Abs. 1 Nr. 4 ArbGG ein Versäumnisurteil erlassen kann. Hierunter fallen alle Urteile nach den §§ 330 ff. ZPO, d. h. auch z. B. klageabweisende, unechte Versäumnisurteile (GK-ArbGG/*Schütz* § 55 Rn. 29). Auch bei Nichtvermerkung des Übergangs in die streitige Verhandlung im Terminsprotokoll liegt kein Verfahrensfehler vor, da sich der Übergang bereits aus dem Gesetz ergibt. Jedenfalls wäre ein solcher Verfahrensfehler gem. § 68 ArbGG unschädlich.

359 Gegen ein Versäumnisurteil kann nach § 59 ArbGG nur binnen spätestens einer Woche nach seiner Zustellung Einspruch eingelegt werden. Hierauf ist die Partei bei Zustellung des Urteils schriftlich hinzuweisen.

360 Ein Versäumnisurteil kann nur erlassen werden, wenn die Partei ordnungsgemäß geladen, § 335 Abs. 1 Nr. 2 ZPO, und die Ladungsfrist eingehalten worden ist, § 337 ZPO. Fehlt es an einer dieser Voraussetzungen, ist erneut ein Termin für eine Güteverhandlung anzuberaumen, nicht etwa ein Kammertermin. Verhandelt die erschienene Partei in der Güteverhandlung nicht, kann ebenfalls ein Versäumnisurteil ergehen. Der Begriff des Verhandelns ist hier allerdings nicht hinsichtlich der Stellung der Anträge, sondern lediglich so zu verstehen, dass die Beklagte sich weigert, zur Sache Erklärungen abzugeben.

361 **Außer der gegenüber § 339 Abs. 1 ZPO verkürzten Einspruchsfrist ergeben** sich keine wesentlichen Unterschiede zum Versäumnisverfahren im ordentlichen Zivilprozess. Die Voraussetzungen,

## A. Urteilsverfahren　　　　　　　　　　　　　　　　　　　　　　　　　　　　　　　Kapitel 15

unter denen ein Versäumnisurteil erlassen werden kann, ergeben sich aus den §§ 330 ff. ZPO. Ausgeschlossen ist lediglich die Anwendung der §§ 331 Abs. 3, 335 Abs. 1 Nr. 4 ZPO, da diese Bestimmungen ein schriftliches Vorverfahren nach § 276 ZPO voraussetzen, welches im Arbeitsgerichtsprozess erster Instanz nicht stattfindet (s. Rdn. 191). Zur Frage der Zuständigkeit für den Erlass von Urteilen nach § 341 Abs. 2 ZPO vgl. Kap. 14 Rdn. 107.

### f) Ruhen des Verfahrens

Erscheinen oder verhandeln beide Parteien in der Güteverhandlung nicht, ist durch Beschluss vom Vorsitzenden das Ruhen des Verfahrens anzuordnen, § 54 Abs. 5 ArbGG. Auf Antrag einer Partei ist der Termin zur streitigen Verhandlung zu bestimmen, was nur **innerhalb von sechs Monaten nach der Güteverhandlung möglich ist. Ansonsten gilt die Klage als zurückgenommen und eine neue Klage muss eingereicht werden.** Eine einfache Aufnahmeerklärung einer sechs Monate untätigen Partei reicht hierfür nicht aus (*LAG Düsseld.* 31.3.1982 EzA § 54 ArbGG 1979 Nr. 1; GK-ArbGG/*Schütz* § 54 Rn. 74 f.). Ein Verhandeln i. S. d. § 54 Abs. 5 ArbGG liegt aber bereits dann vor, wenn die Parteien bezogen auf die Herbeiführung einer gütlichen Einigung Erklärungen abgeben. Da runter fällt auch der Antrag, das Ruhen des Verfahrens nach § 251 ZPO anzuordnen, wegen laufender oder beabsichtigter Vergleichsverhandlungen (*BAG* 22.4.2009 EzA § 54 ArbGG 1979 Nr. 3 = NZA 2009, 804 ff.) und der Antrag, ein Verfahren »terminlos« zu stellen, um zunächst die Entwicklung eines vom Arbeitnehmer neu begründeten Arbeitsverhältnisses bei einem anderen Arbeitgeber abzuwarten (*BAG* 25.11.2010 EzA § 242 BGB 2001 Prozessverwirkung Nr. 1).　　　362

### g) Erfolglosigkeit des Gütetermins/Entscheidung durch den Vorsitzenden

Ist die Güteverhandlung erfolglos, ist dies im Protokoll zu vermerken. Nach § 54 Abs. 4 S. 1 ArbGG soll sich zwar die weitere Verhandlung unmittelbar anschließen, dies kommt in der Praxis allerdings regelmäßig nicht vor, da die ehrenamtlichen Richter nicht anwesend sind und die Parteien noch keinen ausreichenden Sachvortrag zur Entscheidung vorgebracht haben. Deswegen ist ein besonderer Kammertermin festzusetzen.　　　363

Etwas anderes gilt, wenn die Parteien übereinstimmend die Entscheidung durch den Vorsitzenden alleine beantragen, § 55 Abs. 3 ArbGG. Eine solche unmittelbare Weiterverhandlung ist nur zulässig, wenn eine verfahrensbeendende Entscheidung ergehen kann oder zumindest als möglich angesehen wird.　　　364

Streitig war, ob in einer sich unmittelbar anschließenden Verhandlung vor dem Vorsitzenden eine Verweisung an ein anderes zuständiges Gericht erfolgen konnte. Dies hatte das *BAG* (3.7.1974 EzA § 36 ZPO Nr. 5) vor der Neuregelung der §§ 17 ff. GVG bejaht. Dagegen sprach, dass § 48 Abs. 1 Nr. 2 ArbGG die Zuständigkeit der Kammer im Ganzen festlegte. Nach der Änderung des § 48 Abs. 1 Nr. 2 ArbGG zum 1.5.2000, ergibt sich ein Verweisungsrecht wegen örtlicher Unzuständigkeit aus § 55 Abs. 1 Nr. 7 ArbGG.　　　365

Nach § 55 Abs. 3 ArbGG kann der Vorsitzende auch eine Beweisaufnahme durchführen, sofern die Beweismittel präsent sind. Selbst wenn es wider Erwarten doch nicht zu einer verfahrensbeendenden Entscheidung kommt, sondern zu einem weiteren Kammertermin unter Beiziehung der ehrenamtlichen Richter, muss die durchgeführte Beweisaufnahme nicht wiederholt werden (GMPM-G/*Germelmann* § 55 Rn. 42).　　　366

Die Erklärung der Parteien, dass sie sich mit einer Alleinentscheidung des Vorsitzenden einverstanden erklären, ist zu protokollieren. Sie stellt eine unwiderrufliche Prozesshandlung dar. Der Antrag muss von allen prozessbeteiligten Parteien und Streitgenossen noch in der Güteverhandlung abgegeben und zu Protokoll gegeben werden.　　　367

Kommt es nicht zu einer Verhandlung gem. § 55 Abs. 3 ArbGG, ist Termin zur streitigen Verhandlung zu bestimmen, § 54 Abs. 4 ArbGG, die alsbald stattfinden soll. Die »Alsbaldigkeit« hängt von der Arbeitsbelastung des Gerichts und dem Zeitbedürfnis der Parteien zum Vortrag des relevanten　　　368

Tatsachenstoffs ab. Wird ein Kammertermin bereits in der Güteverhandlung bestimmt, müssen die Parteien nicht nochmals geladen werden, § 218 ZPO.

### 5. Sitzungsprotokoll

**369** Der Ablauf der Güteverhandlung ist in einer Sitzungsniederschrift zu protokollieren, § 46 Abs. 2 ArbGG i. V. m. §§ 159 ff. ZPO.

### 6. Anwaltsgebühren

**370** Die Anwaltsgebühren bestimmen sich nach § 13 RVG, Nr. 3100, 3101 Nr. 2, 3104, 3105 Gebührenverzeichnis (Einzelheiten s. Kap. 17 Rdn. 75 ff.).

## IX. Vorbereitung der streitigen Verhandlung vor der Kammer durch den Vorsitzenden

### 1. Bestimmung des Kammertermins

**371** Die Vorbereitung des Kammertermins beginnt bereits im Gütetermin, nämlich wenn die Güteverhandlung gescheitert ist und der Vorsitzende einen Termin zur streitigen Verhandlung festsetzt, § 54 Abs. 4 ArbGG. Ist dies ausnahmsweise nicht möglich, ist der Termin alsbald nach Abschluss des Gütetermins schriftlich festzusetzen und den Parteien mitzuteilen. Ausnahmsweise kann dies unterbleiben, wenn der Vorsitzende nach § 55 Abs. 4 ArbGG vor der streitigen Verhandlung einen Beweisbeschluss erlässt, in dem eine Beweisaufnahme durch einen ersuchten Richter gem. § 362 ZPO an einem anderen Gericht angeordnet wird. In diesem Fall ist es sinnvoll, den Kammertermin erst nach Durchführung der Beweisaufnahme bei dem ersuchten Gericht festzusetzen.

### 2. Erlassen eines Beweisbeschlusses nach § 55 Abs. 4 ArbGG

**372** Grds. soll im arbeitsgerichtlichen Verfahren die Beweisaufnahme nach § 58 Abs. 1 ArbGG vor der Kammer erfolgen. § 55 Abs. 4 ArbGG dient der Beschleunigung des Verfahrens, damit in dem anzuberaumenden Kammertermin das Verfahren möglichst in einem Termin beendet werden kann.

**373** Zur Vorbereitung kann der Vorsitzende nach § 55 Abs. 4 ArbGG in bestimmten enumerativ aufgezählten Fällen einen Beweisbeschluss bereits vor der mündlichen Verhandlung ohne Mitwirkung der ehrenamtlichen Richter erlassen. Hiervon zu unterscheiden ist ein Beweisbeschluss vor der mündlichen Verhandlung nach § 358a ZPO. Die Vorschrift ist auch im Arbeitsgerichtsprozess über § 46 Abs. 2 S. 1 ArbGG anwendbar. Ein solcher Beweisbeschluss kann allerdings nur durch die Kammer ergehen, nicht durch den Vorsitzenden alleine, sodass er in der Praxis keine Bedeutung erlangt.

**374** **Im Unterschied zu § 358a ZPO kann der Vorsitzende alleine über § 55 Abs. 4 ArbGG keine Beweisbeschlüsse erlassen, nach denen die Einnahme des Augenscheins durch den Vorsitzenden alleine erfolgen soll** oder eine Beweisaufnahme vor einem beauftragten Richter nach § 361 ZPO angeordnet wird.

**375** Über § 55 Abs. 4 ArbGG kann er einen Beweisbeschluss erlassen, wonach eine Beweisaufnahme vor einem ersuchten Richter gem. § 362 ZPO stattfinden soll. Das angegangene Gericht hat dann im Wege der Rechtshilfe gem. § 13 ArbGG die Beweisaufnahme durchzuführen, **wobei die Parteien ein Anwesenheitsrecht haben, § 357 ZPO.**

**376** Weiterhin kann der Vorsitzende die Einholung einer schriftlichen Beantwortung einer Beweisfrage durch einen Zeugen nach § 377 Abs. 3 ZPO anordnen oder ein schriftliches Sachverständigengutachten einholen. Der Zeuge bzw. Sachverständige ist darauf hinzuweisen, dass er ggf. zu einer mündlichen Vernehmung geladen werden kann. Einem Zeugen ist die Beweisfrage konkret mitzuteilen und diese muss sich für eine schriftliche Beantwortung eignen. Sinnvoll ist eine solche Anordnung, wenn davon ausgegangen werden kann, dass Zusatzfragen durch die Parteien nicht anfallen werden, der Zeuge glaubwürdig ist und der Beweisgegenstand sich für eine schriftliche Auskunft eignet. Da es

A. Urteilsverfahren  Kapitel 15

sich um eine förmliche Beweisaufnahme handelt, ist der Zeuge bzw. Sachverständige auf seine Wahrheitspflicht hinzuweisen und über evtl. bestehende Rechte der Zeugnisverweigerung aufzuklären.

In der Praxis eignet sich eine solche schriftliche Befragung eines Zeugen insbes. bei der Befragung von Ärzten, wenn es darum geht, ob ein Arbeitnehmer tatsächlich arbeitsunfähig erkrankt war, was der entsprechende Arzt bescheinigt hatte. Tauchen Zweifel an der Arbeitsunfähigkeit des Arbeitnehmers auf, etwa weil er während der Krankheit ohne Anzeichen von Krankheitssymptomen auf einer Festivität angetroffen wurde, ist es oft schon ausreichend, den Arzt vor dem Kammertermin schriftlich zu befragen, weswegen er den Arbeitnehmer krankgeschrieben hatte und ob diese Krankschreibung auf objektivierbaren Untersuchungen beruhte oder ob sie nur auf Grund geäußerter Beschwerden des Arbeitnehmers vorsorglich erfolgte.

Nach § 55 Abs. 4 Nr. 3 ArbGG können durch Beweisbeschluss amtliche Auskünfte eingeholt werden, die an die Stelle einer Zeugen- oder Sachverständigenvernehmung von Mitarbeitern einer Behörde treten. Schließlich kann der Vorsitzende gem. § 55 Abs. 4 Nr. 4, 5 ArbGG bereits einen Beweisbeschluss erlassen, wonach eine Parteivernehmung (§§ 445 ff. ZPO) im Kammertermin ermöglicht werden oder ein Sachverständigengutachten eingeholt werden soll.

Der Beweisbeschluss ist entweder im Gütetermin zu verkünden, was im Protokoll aufzunehmen ist, oder zu einem späteren Termin schriftlich abzufassen und den Parteien zuzustellen.

Die Beweisaufnahme gem. § 55 Abs. 4 Nr. 1 bis 3 und 5 ArbGG, kann vor der streitigen Verhandlung durchgeführt werden, die Parteivernehmung gem. Nr. 4 hingegen hat im Kammertermin zu erfolgen.

**Gegen einen Beweisbeschluss nach § 55 Abs. 4 ArbGG kann kein selbstständiges Rechtsmittel eingelegt werden.** Werden vom Vorsitzenden über die ihm eingeräumten Möglichkeiten hinaus Beweisbeschlüsse erlassen und vor der streitigen Verhandlung durchgeführt, liegt ein Verfahrensfehler vor. Ist das Rechtsmittel der Berufung zulässig, führt dieser Mangel des Verfahrens allerdings nicht zu einer Aufhebung des Urteils und einer Zurückverweisung an das ArbG, § 68 ArbGG. Im Fall einer zulässigen Sprungrevision stellt der Fehler allerdings einen absoluten Revisionsgrund dar, da insofern das Gericht nicht ordnungsgemäß besetzt war, § 547 Nr. 1 ZPO. Ist gegen das Urteil des ArbG kein Rechtsmittel gegeben, besteht wegen dieses Verfahrensfehlers die Möglichkeit der Erhebung einer Nichtigkeitsklage gem. § 579 Abs. 1 Nr. 1 ZPO.

### 3. Maßnahmen nach §§ 56, 61a ArbGG

Nach § 56 ArbGG soll der Vorsitzende die streitige Verhandlung so vorbereiten, dass sie möglichst in einem Termin zu Ende geführt werden kann. § 56 Abs. 1 Nr. 1 bis 4 ArbGG zählen beispielhaft Maßnahmen auf, die jedoch nicht abschließend sind. Dies ergibt sich aus dem Wort »insbesondere«.

§ 56 ArbGG statuiert eine Verpflichtung des Vorsitzenden. Es handelt sich um eine »Sollvorschrift« und nicht nur um eine »Kannvorschrift« (vgl. § 273 Abs. 2 S. 1 ZPO). Der Vorsitzende hat Vorbereitungshandlungen vorzunehmen, ihm steht kein Ermessen zu. Eine Verletzung dieser Verpflichtung ist allerdings sanktionslos, auf sie kann ein Rechtsmittel nicht gestützt werden (GMPM-G/*Germelmann* § 56 Rn. 5).

Der Vorsitzende hat bei der Prüfung, welche Vorbereitungsmaßnahmen er ergreift, vom bisherigen Parteivorbringen auszugehen. Auf verspätetes Vorbringen der Parteien muss er im Rahmen des ordnungsgemäßen Geschäftsganges, jedoch nicht in Form von Eilanordnungen eingehen, um eine Zurückweisung nach § 56 Abs. 2 ArbGG zu verhindern (GMPM-G/*Germelmann* § 56 Rn. 6).

*a) Erteilung von Auflagen unter Fristsetzung*

§§ 56 Abs. 1 Nr. 1, 61a Abs. 3, 4 ArbGG konkretisieren die Verpflichtung des Vorsitzenden gem. § 139 ZPO, den Parteivortrag näher aufzuklären. Er kann Auflagen machen, die vorbereitenden

Luczak

Schriftsätze zu ergänzen oder zu erläutern und notwendige Urkunden zu den Gerichtsakten zu reichen.

386 **Der Vorsitzende darf allerdings nicht im Wege der Auflagenerteilung faktisch eine Amtsermittlung durchführen.** Er kann allerdings in Hinweisbeschlüssen oder i. V. m. Auflagen auf entscheidungserhebliche Rechtsprobleme, auch unter Hinweis auf Literatur und Rechtsprechung, hinweisen, um insofern den Parteivortrag auf die aus seiner Sicht relevanten Gesichtspunkte zu konzentrieren (GMPM-G/*Germelmann* § 56 Rn. 7).

387 Die allgemeine Aufforderung, sich auf die Klageschrift oder den Klageerwiderungsschriftsatz zu äußern, fällt nicht unter eine Auflage i. S. d. § 56 Abs. 1 Nr. 1 ArbGG. Sie konkretisiert lediglich die Verpflichtung der Partei, ihrer Prozessförderungspflicht nach § 282 ZPO nachzukommen.

388 Der Erlass von Auflagen nach §§ 56 Abs. 1 Nr. 1, 61a ArbGG erfolgt regelmäßig schon im Gütetermin nach dem Scheitern der Einigungsbemühungen im Anschluss an die Festsetzung des Kammertermins. Auflagen können allerdings auch noch jederzeit schriftlich während des Verfahrens vor dem Kammertermin vom Vorsitzenden verfügt werden.

389 Die Auflagen können mit einer Fristsetzung verbunden werden. Erforderlich ist dabei, dass die klärungsbedürftigen Punkte genau aufgezeigt werden, auch wenn der Wortlaut des § 61a Abs. 3 ArbGG insofern weiter gefasst ist als § 56 Abs. 1 Nr. 2 ArbGG (GK-ArbGG/*Schütz* § 56 Rn. 44 f.). Ansonsten bestehen keine Zurückweisungsmöglichkeiten.

### b) Folgen der Fristversäumung

390 Kommt eine Partei einer Anordnung nach §§ 56 Abs. 1 S. 2 Nr. 1, 61a Abs. 3, 4 ArbGG nicht in der gesetzten Frist nach, sind verspätet vorgebrachte Angriffs- und Verteidigungsmittel nur dann zuzulassen, wenn sie nach der freien Überzeugung des Gerichts die Erledigung des Rechtsstreits nicht verzögern würden oder wenn die Partei die Verspätung genügend entschuldigt, §§ 56 Abs. 2, 61a Abs. 5 ArbGG. Da das zurückgewiesene Vorbringen bei der Entscheidungsfindung unberücksichtigt bleibt, gelten verspätet bestrittene Tatsachenbehauptungen des Gegners als zugestanden, § 138 Abs. 3 ZPO.

391 Eine Zurückweisung verspäteten Vorbringens darf nur bei Vorliegen folgender Voraussetzungen erfolgen (vgl. *BAG* 19.5.1998 EzA § 56 ArbGG 1979 Nr. 2):
 – In formaler Hinsicht müssen in der Auflage die klärungsbedürftigen Punkte genau bezeichnet worden sein (s. Rdn. 389).
 – Wird die Auflage nicht bereits im Gütetermin verkündet, sondern nachträglich schriftlich verfügt, muss der Vorsitzende sie mit vollem Namen unterzeichnet haben (GMPM-G/*Germelmann* § 56 Rn. 30), und sie muss der Partei ordnungsgemäß zugestellt worden sein. Zwar ist eine förmliche Zustellung nicht vorgeschrieben, jedoch wird dem Gericht ein Nachweis der ordentlichen Zustellung nur bei Zustellung mittels Zustellungsurkunde oder Empfangsbekenntnisses gelingen.
 – Die Partei muss über die Folgen der Fristversäumung belehrt worden sein, §§ 56 Abs. 2 S. 2, 61a Abs. 6 ArbGG.
 – Die Fristversäumung muss zu einer Verzögerung des Rechtsstreits führen. Dies kann nur bei erheblichem Sachvortrag, der streitig ist, der Fall sein. Unstreitiges Vorbringen einer Partei kann nie zur Verzögerung der Erledigung des Rechtsstreits führen.
 – Die Partei hat die Verzögerung nicht entschuldigen können.

392 Eine Verzögerung ist insbes. dann gegeben, wenn die Anberaumung eines weiteren Kammertermins notwendig wird, auf Grund des Vorbringens zu ladende Zeugen nicht mehr innerhalb der Ladungsfrist gem. § 217 ZPO geladen werden können oder der Gegenpartei noch Gelegenheit zur schriftsätzlichen Stellungnahme gegeben werden müsste, um deren Anspruch auf rechtliches Gehör zu wahren, und dies bis zum Kammertermin nicht mehr möglich ist (GMPM-G/*Germelmann* § 56 Rn. 35).

## A. Urteilsverfahren

Eine Ladung von Zeugen ist auch bei einer verspäteten Einreichung eines Schriftsatzes noch möglich, 393
wenn zwischen Eingang des verspäteten Schriftsatzes und dem Kammertermin ein Zeitraum von
zehn Tagen liegt (*BAG* 23.11.1988 EzA § 67 ArbGG 1979 Nr. 1).

> Sofern Zeugen nicht mehr ordnungsgemäß geladen werden können, kann die Partei sie als prä- 394
> sente Zeugen zum Termin mitbringen. In diesem Fall sind sie grds. vom Gericht zu vernehmen.
> Eine Zurückweisung dieses verspätet vorgebrachten Beweismittels ist nicht zulässig, da die unmit-
> telbar durchführbare Beweisaufnahme den Rechtsstreit nicht verzögert. Dies gilt auch dann,
> wenn das Gericht für den durchzuführenden Kammertermin keine Zeit für eine Zeugenverneh-
> mung eingeplant hatte.

Etwas anderes kann ausnahmsweise dann gelten, wenn auf Grund der Zeugenaussage zu befürchten 395
ist, dass die Gegenpartei noch gegenbeweislich weitere Zeugen oder andere Beweismittel benennen
wird, und dadurch eine Vertagung und Anberaumung eines zweiten Kammertermins nötig würde
(*BAG* 23.11.1988 EzA § 67 ArbGG 1979 Nr. 1).

Vor einer Zurückweisung verspäteten Vorbringens ist der betroffenen Partei Gelegenheit zur Stel- 396
lungnahme zu geben, damit ihr Anspruch auf rechtliches Gehör gewährleistet ist. Nur dann kann
sie ggf. die Verspätung entschuldigen.

Entschuldigt die Partei die Fristversäumung, darf eine Zurückweisung selbst bei Verzögerung des 397
Rechtsstreits nicht erfolgen. Da das Gesetz einen besonderen Verschuldensmaßstab nicht vorsieht,
**reicht allerdings bereits einfache Fahrlässigkeit aus, um eine Zurückweisung zu rechtfertigen**
(GMPM-G/*Germelmann* § 56 Rn. 38). **Die Partei muss sich insbes. das Verschulden ihres Prozessbevollmächtigten über § 85 Abs. 2 ZPO zurechnen lassen.** Entschuldigungsgründe sind von der
Partei schlüssig vorzutragen und bei Aufforderung durch das Gericht gem. § 294 ZPO glaubhaft
zu machen.

**Die Entscheidung über die Zurückweisung verspäteten Vorbringens trifft die Kammer unter Ein-** 398
**schluss der ehrenamtlichen Richter.** Sie ist in den Urteilsgründen darzulegen und zu begründen. Sie
ist nicht isoliert, sondern nur zusammen mit dem Urteil im Wege der Berufung anfechtbar.

Zu Recht zurückgewiesenes Vorbringen des ArbG kann auch im Berufungsverfahren nicht mehr be- 399
rücksichtigt werden, § 67 Abs. 1 ArbGG, § 531 Abs. 1 ZPO.

> Eine Partei, die einer Auflage in der gesetzten Frist nicht nachgekommen ist, kann eine Zurück- 400
> weisung ihres Vorbringens als verspätet dadurch umgehen, dass sie sich in die Säumnis flüchtet,
> d. h. im Kammertermin nicht erscheint oder nicht verhandelt, sodass ein Versäumnisurteil gegen
> sie ergeht. In diesem Falle ist es prozessual zulässig, dass sie mit dem Einspruch gegen das Ver-
> säumnisurteil verspätete Angriffs- oder Verteidigungsmittel bei Gericht vorbringt, § 340 Abs. 3
> ZPO. Das Gericht muss dann im Rahmen der §§ 55, 56 ArbGG das Vorbringen berücksichtigen,
> sofern dies im Hinblick auf die Anberaumung des neuen notwendig werdenden Kammertermins
> möglich ist. Hierbei ist zu berücksichtigen, dass die säumige Partei keinen Anspruch darauf hat,
> einen weit entfernten Kammertermin zu erhalten. Das Gericht darf umgekehrt allerdings auch
> nicht die Möglichkeit nach § 340 Abs. 3 ZPO weiteren Sachvortrag zu erbringen dadurch zu ver-
> hindern suchen, in dem es den nächsten Kammertermin äußerst kurzfristig anberaumt (vgl. *Zöl-
> ler/Herget* § 340 Rn. 8 m. w. N.). Die Alternative besteht darin, den Tatsachenvortrag in erster
> Instanz gar nicht mehr vorzubringen, sondern erst in zweiter Instanz. In diesem Falle kann
> eine Zurückweisung des Vorbringens in der ersten Instanz nicht mehr erfolgen, sodass auch keine
> Bindungswirkung nach § 67 Abs. 1 ArbGG für die Berufungsinstanz entsteht. Bestehen bleibt
> allerdings die Gefahr der Zurückweisung unter den Voraussetzungen der §§ 67 Abs. 2 ArbGG.

### c) Einholung von amtlichen Auskünften und Urkunden

Nach § 56 Abs. 1 Nr. 2 ArbGG kann der Vorsitzende vor dem Kammertermin Behörden oder Trä- 401
ger eines öffentlichen Amtes um Vorlage von Urkunden oder um Erteilung amtlicher Auskünfte bit-

ten. Es handelt sich hierbei um ein selbstständiges Beweismittel, welches die Vernehmung von Personal der Behörden im Rahmen einer Zeugen- oder Sachverständigenvernehmung ersetzt.

*d) Anordnung des persönlichen Erscheinens*

402 Auch für den Kammertermin kann das persönliche Erscheinen der Parteien nach § 56 Abs. 1 Nr. 3 ArbGG angeordnet werden (zu den Einzelheiten s. Rdn. 292 ff.).

*e) Vorsorgliche Ladung von Zeugen und Sachverständigen*

*aa) Anordnung der Ladung*

403 Von erheblicher Bedeutung für die Beschleunigung des Verfahrens ist die Möglichkeit des Vorsitzenden, bereits vor dem Kammertermin durch Verfügung gem. § 56 Abs. 1 Nr. 4 ArbGG Zeugen, auf die sich eine Partei bezogen hat, oder Sachverständige zur mündlichen Verhandlung zu laden sowie eine Anordnung nach § 378 ZPO zu treffen. Die vorsorgliche Ladung der Zeugen hat zum Ziel, eine evtl. notwendig werdende Beweisaufnahme unmittelbar im ersten Kammertermin gem. § 58 Abs. 1 S. 1 ArbGG durchführen zu können.

404 Die Bestimmungen des § 377 Abs. 1 und 2 ZPO sind bei der Ladung zu beachten. **Insbes. ist der Gegenstand der Vernehmung bereits in der Ladung mitzuteilen** sowie der Zeuge über die Säumnisfolgen nach § 380 ZPO zu belehren. Ansonsten können gegen ihn im Fall eines unentschuldigten Ausbleiben keine Ordnungsmaßnahmen verhängt werden (GMPM-G/*Germelmann* § 56 Rn. 18).

405 Die Möglichkeit der Zuladung von Zeugen **für nach den Schriftsätzen erheblichen und streitig gebliebenen Sachverhalt** wird von den Vorsitzenden unterschiedlich genutzt.

406 Einige Vorsitzende bevorzugen es, erst im Kammertermin einen förmlichen Beweisbeschluss (§§ 358 ff. ZPO) zu erlassen und einen eigenen Beweistermin anzuberaumen (§ 268 ZPO).

407 Damit wird das Beweisthema für alle Beteiligten genauer präzisiert, sodass sie sich vorbereiten können, es entsteht kein Zeitdruck im ersten Kammertermin, sofern noch weitere Rechtsstreite am Terminstag anstehen.

408 Nach den Erfahrungen des Verfassers ist es hingegen, sofern es sich nicht um sehr umfangreiche und komplizierte Beweisaufnahmen handelt, sinnvoll, Zeugen zum ersten Kammertermin zuzuladen. Zwar erwachsen den Parteien dadurch ggf. bereits Kosten durch die Anreise von Zeugen. Jedoch dient die Möglichkeit, die Zeugen sofort vernehmen zu können, zum einen der Beschleunigung des Verfahrens, was im Interesse beider Parteien liegt und vom Gesetzgeber beabsichtigt wurde, zum anderen kann die Anwesenheit von Zeugen, auf die sich die Parteien bezogen haben, einen nicht zu unterschätzenden Einigungsdruck auf die Parteien ausüben, sich vielleicht im Kammertermin doch noch gütlich zu einigen. Dies gilt insbes. dann, wenn sich die Parteien über die möglichen Aussagen der von ihnen benannten Zeugen nicht sicher sind. Zur Präzisierung des Beweisthemas kann noch im Kammertermin bei Bedarf ein eigener Beweisbeschluss nach den §§ 358 ff. ZPO ergehen.

409 Die vorsorgliche Zuladung von Sachverständigen hingegen sollte wegen der damit einhergehenden Kostenbelastung zurückhaltend gehandhabt werden.

*bb) Folgen des Nichterscheinens eines Zeugen oder Sachverständigen*

410 Die Folgen des Ausbleibens eines Zeugen oder Sachverständigen richten sich nach den §§ 380 ff. ZPO.

*f) Sonstige Maßnahmen*

411 Der Vorsitzende kann neben den sich aus § 56 Abs. 1 Nr. 1–4 ArbGG ergebenden Maßnahmen alle prozessual zulässigen Vorbereitungshandlungen treffen, die aus seiner Sicht geeignet und notwendig erscheinen, damit der Rechtsstreit in einem Kammertermin zu Ende geführt werden kann.

## A. Urteilsverfahren

In diesem Zusammenhang wird vertreten, dass eine ohne Beweisbeschluss rein informatorische formlose schriftliche Aufforderung an Zeugen, sich zu einer Beweisfrage analog § 377 Abs. 3 ZPO zu äußern, unzulässig sein soll (so GMPM-G/*Germelmann* § 56 Rn. 19), weil eine schriftliche Beantwortung der Beweisfrage lediglich nach § 55 Abs. 4 ArbGG mittels förmlichem Beweisbeschluss möglich sein soll. 412

Dem kann jedenfalls dann nicht zugestimmt werden, wenn sich die Parteien mit einer solchen Befragung ausdrücklich einverstanden erklärt haben. § 55 Abs. 4 Nr. 2 ArbGG regelt nur den Fall verbindlich, in dem der Vorsitzende gegen den Willen der Parteien bereits vor dem Kammertermin eine schriftliche Befragung anzuordnen gedenkt. Dafür bedarf es dann allerdings eines förmlichen Beweisbeschlusses. 413

Eine Vorabbefragung der Zeugen im Einvernehmen mit den Parteien dient einer Beschleunigung des Verfahrens. Die im Einvernehmen mit beiden Parteien vorsorgliche informatorische Befragung von Zeugen gehört damit zu den vorbereitenden Maßnahmen i. S. d. § 56 Abs. 1 Nr. 1 ArbGG, die der Vorsitzende anordnen kann, wenn sie aus seiner Sicht dazu dient, den Rechtsstreit in einem Kammertermin beenden zu können. 414

Die Parteien müssen allerdings das Recht behalten, den Zeugen noch in der mündlichen Verhandlung vernehmen lassen zu dürfen. 415

Ein solches Verfahren bietet sich insbes. bei sachverständigen Zeugen an, wenn diese glaubwürdig erscheinen und bei denen nicht zu erwarten ist, dass bei einer förmlichen Zeugenvernehmung im Kammertermin weiterer Erkenntnisstoff zu Tage kommt. 416

▶ **Beispiel:** 417

In der Praxis hat sich erwiesen, dass bei Zweifeln an der Arbeitsunfähigkeit eines Arbeitnehmers eine vorherige informelle Befragung des die Arbeitsunfähigkeitsbestätigung ausstellenden Arztes, sofern der Arbeitnehmer ihn von seiner Schweigepflicht entbunden hat, eine förmliche Beweisaufnahme und Vernehmung des Arztes entbehrlich machen und zu einer gütlichen Einigung im Kammertermin zwischen den Parteien führen kann. I. d. R. sieht die beweispflichtige Partei von der förmlichen Vernehmung nach Erteilung der schriftlichen Auskunft ab, wenn diese über die Art und Weise der Feststellung der streitigen Arbeitsunfähigkeit, insbes. ob diese auf Grund objektivierbarer Untersuchungsmethoden oder nur auf Grund subjektiver Beschwerdeäußerung des angeblich Erkrankten erfolgte, ausreichend Auskunft gibt. Nach der Auskunftserteilung ist das Prozessrisiko kalkulierbarer geworden, sodass häufig fundierte Vergleichsvorschläge seitens des Gerichts gemacht werden können und von den Parteien angenommen werden.

### 4. Aussetzen des Verfahrens

#### a) Aussetzung gem. § 148 ZPO

*aa) Voraussetzungen*

Nach § 148 ZPO kann das Gericht die Aussetzung des Verfahrens anordnen, wenn die Entscheidung des Rechtsstreits ganz oder zum Teil vom Bestehen oder Nichtbestehen eines Rechtsverhältnisses abhängt, das den Gegenstand **eines anderen anhängigen Rechtsstreits** bildet. Es ist nicht möglich, über einige von mehreren mit einer Klage geltend gemachten Ansprüchen durch Teilurteil zu entscheiden, z. B. bei einem Kündigungsschutz-, einem Lohnzahlungs- und einem Weiterbeschäftigungsantrag, um dann das Verfahren bzgl. der anderen Ansprüche bis zur Rechtskraft des Teilurteils auszusetzen (*LAG RhPf* 10.3.1992 – 9 Ta 47/92, n. v.), da es sich in diesem Fall um dasselbe Verfahren handelt. 418

Eine Aussetzung ist zulässig, wenn der andere anhängige Prozess **einen rechtlichen Einfluss** auf das auszusetzende Verfahren hat. Eine Erstreckung der Rechtskraft der anderen Entscheidung ist nicht notwendig (*LAG Düsseld.* 15.11.1974 EzA § 148 ZPO Nr. 1). 419

420 ▶ **Beispiel:**
Hat ein Arbeitgeber einem Schwerbehinderten nach Erteilung der Zustimmung des Integrationsamtes (§ 85 SGB IX) gekündigt und erhebt dieser Kündigungsschutzklage und legt gegen den Bescheid Widerspruch ein, ist eine Aussetzung des arbeitsgerichtlichen Verfahrens nach § 148 ZPO zulässig, bis über den Widerspruch rechtskräftig entschieden worden ist, sofern die Rechtswirksamkeit der Kündigung allein hiervon abhängt (vgl. *LAG Köln* 17.3.1992 LAGE § 148 ZPO Nr. 24; zur Notwendigkeit der Zustimmung des Integrationsamtes vgl. § 85 SGB IX). Andererseits ist die Aussetzung allerdings auch nicht zwingend vorgeschrieben, da für den klagenden Arbeitnehmer die Möglichkeit der Wiederaufnahme des Verfahrens besteht, falls der Bescheid durch rechtskräftiges Urteil aufgehoben werden sollte (*BAG* 17.6.2003 EzA § 9 MuSchG n. F. Nr. 39).

421 Daneben, ist die Aussetzung eines Verfahrens in entsprechender Anwendung des § 148 ZPO zulässig, wenn die Entscheidung des Rechtsstreits von der Beantwortung derselben Frage abhängig ist, die bereits in einem anderen Rechtsstreit dem EuGH zur Vorabentscheidung nach Art. 267 AEUV vorgelegt wurde. Ein weiteres, eigenes Vorabentscheidungsverfahren an den EuGH ist dabei nicht notwendig einzuleiten (*BAG* 20.5.2010 – 6 AZR 481/09, FA 2010, 242).

### bb) Verfahren

422 Die Aussetzung ist eine prozessleitende Maßnahme, die nach Gewährung von rechtlichem Gehör ohne mündliche Verhandlung durch Beschluss des Vorsitzenden ergehen kann, § 55 Abs. 1 Nr. 8 ArbGG. Der Aussetzungsbeschluss ist zu begründen. Er ist mit der sofortigen Beschwerde angreifbar, § 252 ZPO (*Wahl/Yalcin* FA 2009, 74 ff., 76). Gegen die Ablehnung einer Aussetzung findet ebenfalls das Rechtsmittel der sofortigen Beschwerde Anwendung. Das Gericht kann nach § 150 ZPO die Aussetzungsentscheidungen jederzeit wieder aufheben und ändern. Während der Aussetzung des Verfahrens kann die Klage **nicht wirksam erweitert** werden (*BAG* 9.7.2008 – 5 AZR 518/07, NZA 2008, 1263).

### cc) Aussetzung bei Klage auf Weiterbeschäftigung

423 Streitig ist, ob Weiterbeschäftigungsansprüche, die in einem eigenen Prozess geltend gemacht worden sind, nach § 148 ZPO ausgesetzt werden können, wenn in einem vorangegangenen Kündigungsschutzprozess bereits ein klagestattgebendes Urteil erlassen wurde, welches jedoch noch nicht rechtskräftig geworden ist.

424 **Eine Aussetzung des Weiterbeschäftigungsanspruches ist im Allgemeinen ausgeschlossen**, da der Weiterbeschäftigungsanspruch von den Erfolgsaussichten der Kündigungsschutzklage abhängt und diese nach einem bereits klagestattgebenden Urteil grds. überwiegen (*BAG* 27.2.1985 EzA § 611 BGB Beschäftigungspflicht Nr. 9; *LAG Köln* 17.5.1991 LAGE § 148 ZPO Nr. 23). In diesem Falle überwiegen regelmäßig die Interessen des Arbeitnehmers an einer Weiterbeschäftigung auf Grund seines sich aus dem Arbeitsvertrag nach § 611 BGB ergebenden Anspruchs den Interessen des Arbeitgebers an einer Nichtbeschäftigung.

### dd) Aussetzung von Vergütungsklagen

425 **Bei Vergütungsklagen ist jeweils im Einzelfall eine Ermessensentscheidung zu treffen.** Dabei ist zu berücksichtigen, dass grds. alle Verfahren zu beschleunigen sind, § 9 Abs. 1 ArbGG. Außerdem sieht § 62 ArbGG vor, dass arbeitsgerichtliche Urteile grds. vorläufig vollstreckbar sind und nur in Ausnahmefällen eine vorläufige Vollstreckbarkeit durch Beschluss des Gerichts aufgehoben werden kann. Zwar gilt diese Vorschrift nur für das jeweilige Verfahren, im vorliegenden Beispiel also für das Kündigungsschutzverfahren. Sie würde jedoch leer laufen, wenn trotz einem klagestattgebenden Urteils im Kündigungsschutzprozess daraus abzuleitende Rechte, wie Lohnzahlungsansprüche, grds. ausgesetzt werden dürften (*LAG Düsseld.* 22.11.1982 EzA § 148 ZPO Nr. 13; *LAG Köln*

17.12.1985 DB 1986, 440; 19.6.2006 LAGE § 148 ZPO 2002 Nr. 4; *LAG Nbg.* 9.7.1986 NZA 1987, 211; *LAG Hessen* 11.8.1999 LAGE § 148 ZPO Nr. 35; **a. A.** *LAG Bln.* 2.12.1993 LAGE § 148 ZPO Nr. 28).

Andererseits gebieten die genannten Vorschriften der §§ 9, 61a, 62 ArbGG nicht in jedem Fall nach einem klagestattgebenden Kündigungsschutzurteil über Lohnansprüche vorab zu befinden, sodass faktisch eine Ermessensreduzierung auf Null eintreten würde (*LAG RhPf* 9.5.1986 LAGE § 148 ZPO Nr. 15; *LAG Frankf.* 4.9.1987 LAGE § 148 ZPO Nr. 18). Vielmehr ist in jedem Einzelfall abzuwägen, welche Vor- und Nachteile mit einer Aussetzung nach § 148 ZPO verbunden sind. 426

**Sinn und Zweck einer Aussetzung nach § 148 ZPO ist es, unnötige Mehrarbeit in parallel geführten Prozessen und sich widersprechenden Entscheidungen zu vermeiden.** Insbes. dann, wenn die Zusammensetzung des Spruchkörpers bei der Kammer, die über die Kündigungsschutzklage entschieden hatte, bei der Lohnzahlungsklage eine andere ist und die Entscheidung der Berufungsinstanz über das klagestattgebende Urteil in dem Kündigungsschutzverfahren nicht mehr allzu lange aussteht, überwiegen die Interessen des Gerichts an einer Aussetzung gem. § 148 ZPO gegenüber den Interessen der klagenden Partei auf Bescheidung ihrer Lohnzahlungsklage. Dies gilt selbst dann, wenn diese derzeit von Arbeitslosengeld lebt, da auch in diesem Fall ihre Existenzsicherung gewährleistet ist (*LAG RhPf* 18.1.1995 – 11 Ta 220/94, n. v.). 427

*ee) Aussetzung bei Massenverfahren*

Eine Aussetzung der Verfahren gem. § 148 ZPO bei Massenverfahren ist nur mit Zustimmung der Verfahrensbeteiligten möglich, da jeweils zumindest auf einer Seite verschiedene Prozessparteien beteiligt sind, denen es nicht zuzumuten ist, den Ausgang des Verfahrens in einem für sie völlig fremden Prozess, auf den sie keinerlei Einfluss haben, abzuwarten (vgl. *LAG Düssel.* 15.11.1974 EzA § 148 ZPO Nr. 1). Eine Aussetzung ist hingegen sinnvoll, wenn es um Rechtsstreitigkeiten über eine Sozialplanabfindung geht und der Sozialplan selbst bereits gerichtlich angegriffen worden ist (*LAG Hamm* 22.6.1978 EzA § 148 ZPO Nr. 6). 428

*b) Aussetzung gem. § 149 ZPO*

Entsteht im Laufe des Rechtsstreits der Verdacht einer strafbaren Handlung einer Partei, deren Ermittlung auf die Entscheidung von Einfluss sein könnte, kann das Gericht die Aussetzung des Verfahrens gem. § 149 ZPO anordnen, bis in dem Strafverfahren hierüber rechtskräftig entschieden worden ist. Dies ist sinnvoll, da der Staatsanwaltschaft regelmäßig im Rahmen des Amtsermittlungsgrundsatzes andere und weiter gehende Möglichkeiten zur Verfügung stehen, die Straftat zu untersuchen und aufzuklären. Der Zivilprozess ist infolge der Verhandlungsmaxime und des fehlenden präzisen Sachvortrags der Parteien zur Wahrheitsermittlung nur bedingt geeignet (*LAG RhPf* 28.10.1992 – 9 Ta 202/92, n. v.). 429

Voraussetzung einer Aussetzung gem. § 149 ZPO ist allerdings, dass die behauptete oder vermutete Straftat für die Entscheidung des Rechtsstreits erheblich ist. Ansonsten würde eine Aussetzung gem. § 149 ZPO lediglich eine **Prozessverschleppung seitens des Gerichts darstellen** (*LAG RhPf* 17.1.1994 – 6 Ta 282/93, n. v.). 430

Nach § 149 Abs. 2 ZPO können die Parteien nach einem Jahr seit der Aussetzung die Fortsetzung des Verfahrens beantragen, es sei denn wichtige Gründe rechtfertigen eine weitere Aufrechterhaltung des Aussetzungsbeschlusses. 431

*c) Aussetzung aus verfassungs- oder europarechtlichen Gründen*

Eine Aussetzung des Verfahrens hat nach Art. 100 Abs. 1 GG dann zu erfolgen, wenn das Gericht ein Gesetz, auf welches es bei der Entscheidung ankommt, für verfassungswidrig hält. Sofern es sich um ein Landesgesetz handelt, ist entsprechend den landesgesetzlichen Bestimmungen eine konkrete Normenkontrollklage zum Landesverfassungsgericht zu erheben. 432

433 Nach der Rechtsprechung des BAG ist auch eine Aussetzung gem. § 148 ZPO anstatt einer Einleitung eines konkreten Normkontrollverfahrens nach Art. 100 Abs. 1 GG zulässig, wenn wegen der streiterheblichen gesetzlichen Bestimmungen bereits eine Verfassungsbeschwerde beim BVerfG oder entsprechend bei einem Landesverfassungsgericht anhängig und mit einer Entscheidung alsbald zu rechnen ist (*BAG* 28.1.1988 EzA § 148 ZPO Nr. 15).

434 Geht das Gericht davon aus, dass eine gesetzliche Bestimmung des europäischen Gemeinschaftsrechts, welches auf den zu entscheidenden Fall anzuwenden ist, auslegungsbedürftig ist, kann es das Verfahren aussetzen und ein Vorabentscheidungsverfahren nach Art. 234 Abs. 2 des EG-Vertrages durchführen (zu den Einzelheiten vgl. *Blomeyer* NZA 1994, 633 ff., 635).

### 5. Prozessverbindung und Prozesstrennung

435 Die Möglichkeit, mehrere Prozesse zu verbinden bzw. mehrere Klageanträge oder eine Klage und eine Widerklage zu trennen, bestimmt sich nach den §§ 145, 147 ZPO i. V. m. § 46 Abs. 2 ArbGG.

### 6. Akteneinsicht

436 Das Recht der Akteneinsicht bestimmt sich nach § 299 ZPO i. V. m. § 46 Abs. 2 ArbGG.

Immer wieder kommt es in der Praxis vor, dass Rechtsanwälte, die im Gütertermin noch nicht vertreten waren, sich nachträglich bestellen und Akteneinsicht sowie eine Aktenzusendung in ihre Kanzlei beantragen. **Ein solches Recht auf Aktenversendung steht ihnen allerdings nicht zu**, da insofern ein zu hohes Risiko besteht, dass die Akte im Postverkehr verloren geht. **Ihnen steht lediglich ein Einsichtsrecht an der Geschäftsstelle zu** (vgl. *Zöller/Greger* § 299 Rn. 4a m. w. N.). Regelmäßig dürfte es allerdings ermessensgerecht sein, wenn das Gericht einem Rechtsanwalt als Organ der Rechtspflege, aber auch einem Verbandsvertreter, die Akten in seine Büroräume mitgibt, sofern diese durch Boten abgeholt und wieder gebracht werden.

437 **Streitig ist, ob die Bundesanstalt für Arbeit nach Abschluss eines Kündigungsschutzprozesses grds. ein Akteneinsichtsrecht über Art. 35 Abs. 1 GG hat** (so *Schaub* ArbGVerf § 33 Rn. 7). Einem solchen generellen Akteneinsichtsrecht steht das Recht auf informationelle Selbstbestimmung der Betroffenen aus Art. 1, 2 GG entgegen (*BVerfG* 15.12.1983 NJW 1984, 419). Durch eine Aktenübersendung kann je nach Akteninhalt in den Schutzbereich des allgemeinen Persönlichkeitsrechts eingegriffen werden, wenn die Akte im Einzelfall Angaben enthält, die die Intim- oder Privatsphäre der Parteien, der Zeugen oder der Sachverständigen betreffen.

438 Soweit ein Grundrechtseingriff durch eine Akteneinsicht der Bundesanstalt für Arbeit vorliegen würde, ist eine Zustimmung der Betroffenen zur Akteneinsicht notwendig (vgl. *Dörner* NZA 1989, 950 ff.), auch wenn dies verschiedentlich in der Praxis anders gehandhabt wird.

439 Über den Antrag auf Akteneinsicht entscheidet der Direktor/Präsident des Gerichts in seiner Funktion als Behördenleiter. Während eines laufenden Rechtsstreits ist diese Entscheidungsbefugnis i. d. R. auf den Kammervorsitzenden delegiert. Außenstehenden Dritten gegenüber, also nicht am Verfahren Beteiligten, stellen sich die Entscheidungen über die Anträge auf Akteneinsicht als Justizverwaltungsakte dar (bzgl. bestehender Rechtsschutzmöglichkeiten über § 23 EGGVG vgl. *Zöller/Greger* § 299 Rn. 6).

### 7. Information der ehrenamtlichen Richter

440 Der Vorsitzende hat vor dem Kammertermin die ehrenamtlichen Richter über den Sach- und Streitstand der zu verhandelnden Rechtsfälle zu informieren (s. Kap. 14 Rdn. 99 ff.).

A. Urteilsverfahren  **Kapitel 15**

## X. Der Kammertermin

### 1. Ablauf

Der Ablauf des Kammertermins bestimmt sich über § 46 Abs. 2 S. 1 ArbGG nach den §§ 136 ff. ZPO.  **441**

#### a) Allgemeines

Der Vorsitzende ruft die Sache auf und eröffnet damit die Verhandlung, welche er auch leitet, § 136 Abs. 1 ZPO. Die ZPO sieht zwar in § 137 Abs. 1 ZPO vor, zunächst die Anträge zu stellen, es erscheint jedoch sinnvoll, zunächst in den Sach- und Streitstand einzuführen. Hierbei kann der Vorsitzende die Parteien im Rahmen seiner Hinweispflicht nach § 139 Abs. 2 ZPO auf rechtliche Gesichtspunkte hinweisen, die eine Partei übersehen oder für unerheblich gehalten hat, sowie auf Mängel im tatsächlichen Vorbringen, z. B. bei gestellten Beweisanträgen oder der Formulierung der Anträge.  **442**

Nach einer solchen Einführung ist ggf. noch eine gütliche Einigung des Rechtsstreits, die gem. § 57 Abs. 2 ArbGG auch im Kammertermin angestrebt werden soll, möglich oder der Kläger kann bei Aussichtslosigkeit seiner Klage zu einer Klagerücknahme bewegt werden, ohne dass es hierfür einer Zustimmung des Beklagten, wie nach Stellung der Anträge, § 269 Abs. 1 ZPO, bedarf. Gerichtskosten fallen in diesem Fall keine an, Nr. 9112 des GV zu § 12 Abs. 1 ArbGG bis 1.7.2004, ab 1.7.2004 KV Nr. 8210 Abs. 2.  **443**

Im Rahmen der Einführung hat der Vorsitzende die aus seiner Sicht tatsächlich und rechtlich relevanten Gesichtspunkte anzusprechen, damit die Parteien ihren Vortrag hierauf einstellen können. Sodann ist den Parteien Gelegenheit zur Stellungnahme zu geben, damit ihr Anspruch auf rechtliches Gehör gewahrt wird. Der Umfang der Stellungnahme der Partei steht in ihrem Ermessen.  **444**

Kommt es danach nicht zu einer gütlichen Einigung, sind die Anträge durch die Parteien zu stellen, wobei ein Verweis auf bereits schriftlich vorbereitete und in den Prozessakten befindliche Anträge zulässig ist, § 297 ZPO. Die Anträge sind in das Protokoll aufzunehmen, § 160 Abs. 3 Nr. 2 ZPO.  **445**

#### b) Verhandlung zur Sache

**Die Stellung der Anträge selbst ist noch keine Verhandlung zur Sache. Diese wird erst durch eine Sacherörterung eingeleitet, sodass eine Partei, die lediglich ihre Anträge stellt und sich dann weigert, zur Sache Stellung zu beziehen, als säumig anzusehen ist** (GMPM-G/*Germelmann* § 57 Rn. 6). Finden ausnahmsweise mehrere Kammertermine statt, bei denen die Richterbank unterschiedlich besetzt ist, müssen die Anträge erneut verlesen werden (*BAG* 16.12.1970 AP Nr. 1 zu § 208 ZPO).  **446**

§ 57 ArbGG sieht vor, dass die Verhandlung möglichst in einem Termin zu Ende zu führen ist. Dies ist im Arbeitsgerichtsprozess auch die Regel. Nur ausnahmsweise, insbes. wenn eine Beweisaufnahme nicht sofort stattfinden kann, ist ein zweiter Kammertermin anzuberaumen, der sich nach dem Gesetz »alsbald anschließen soll«. Dem Vorsitzenden obliegt daher die Verpflichtung, den Kammertermin so vorzubereiten, z. B. durch Erlass eines vorsorglichen Beweisbeschlusses gem. § 55 Abs. 4 ArbGG und durch vorbereitende Maßnahmen gem. § 56 Abs. 1 ArbGG (s. Rdn. 382 ff.), dass die streitige Verhandlung in einem Termin erledigt und eine notwendige Beweisaufnahme schon im ersten Kammertermin durchgeführt werden kann.  **447**

#### c) Vertagung des Kammertermins

Gem. § 57 Abs. 1 ArbGG ist der Kammertermin möglichst in einem Termin zu Ende zu führen. **Eine Vertagung kommt nur ausnahmsweise in Betracht.** § 227 Abs. 1 ZPO nennt Gründe, die im ordentlichen Verfahren nicht zu einer Vertagung führen sollen. Diese gelten erst recht im arbeits-  **448** gerichtlichen Verfahren. **Auch eine einvernehmliche Vertagung auf Antrag beider Parteien braucht und soll das Gericht grds. nicht folgen** (GMPM-G/*Germelmann* § 57 Rn. 18).

449 **Eine Vertagung erscheint im Hinblick auf § 57 Abs. 2 ArbGG, der die Erzielung einer gütlichen Einigung in den Vordergrund stellt, dann angemessen, wenn noch eine gütliche Einigung zwischen den Parteien möglich erscheint**, wobei das Vorbringen, die Parteien würden sich noch in Vergleichsverhandlungen befinden, allein nicht ausreicht. Es müssen schon konkrete Anhaltspunkte dafür vorgetragen werden, aus denen sich die Möglichkeit eines Vergleichsabschlusses oder einer anderweitigen gütlichen Einigung ergibt.

450 Ansonsten kommt eine Vertagung in Betracht, wenn entweder tatsächlich oder rechtlich neue Gesichtspunkte im Kammertermin auftreten, die es erfordern, dass sich entweder das Gericht nochmals kundig machen oder den Parteien im Hinblick auf die Gewährung des rechtlichen Gehörs noch eine Stellungnahmefrist eingeräumt werden muss.

451 Nach § 57 Abs. 1 ArbGG liegt ein Vertagungsgrund vor, wenn eine Beweisaufnahme nicht sofort durchgeführt werden kann, z. B. wenn ein notwendiger Zeuge trotz vorsorglicher Ladung gem. § 56 Abs. 1 ArbGG nicht zum Kammertermin erschienen ist. In diesem Fall ist sofort Termin zur Fortsetzung der Verhandlung zu bestimmen, § 57 Abs. 1 S. 2 ArbGG. **Die Entscheidung trifft die Kammer im Ganzen unter Einschluss der ehrenamtlichen Richter, § 227 Abs. 2 ZPO.** Sie ist kurz zu begründen und unanfechtbar, § 227 Abs. 2 S. 3 ZPO.

452 Nur ganz ausnahmsweise kann die Kammer beschließen, den Fortsetzungstermin erst später von Amts wegen festzusetzen, der dann vom Vorsitzenden alleine bestimmt wird. Dies ist nur dann zulässig, wenn dringende Gründe einer sofortigen Terminanberaumung entgegenstehen, z. B. wenn im Rahmen einer notwendig durchzuführenden Beweisaufnahme ein Sachverständigengutachten eingeholt werden muss und nicht absehbar ist, wann dieses erstellt worden sein wird.

### d) Beweisaufnahme

453 Sofern die Beweismittel vorhanden sind, ist eine ggf. notwendig werdende Beweisaufnahme durchzuführen. Danach ist den Parteien Gelegenheit zu geben, sich zur Beweisaufnahme zu äußern, und nochmals ein Versuch, eine gütliche Einigung zu erzielen, durchzuführen. Scheitert auch dieser, hat das Gericht eine Endentscheidung zu treffen.

## 2. Zurückweisung von verspätetem Parteivorbringen

### a) Zurückweisung gem. §§ 56 Abs. 2, 61a Abs. 5 ArbGG

454 Eine Zurückweisung ist unter den Voraussetzungen des §§ 56 Abs. 2, 61a Abs. 5 ArbGG möglich, wenn der Vorsitzende bei der Vorbereitung der streitigen Verhandlung den Parteien Auflagen gem. §§ 56 Abs. 1 Nr. 1 bis 4 bzw. 61a Abs. 3, Abs. 4 ArbGG gemacht hat (zu den Voraussetzungen s. Rdn. 385 ff.).

### b) Zurückweisung gem. § 296 ZPO

455 Eine Zurückweisung nach § 296 Abs. 1 ZPO findet im Arbeitsgerichtsprozess nicht statt, da die §§ 273 bis 277 ZPO durch die spezielleren Vorschriften der §§ 56, 61a ArbGG verdrängt werden (*Schaub* ArbGVerf § 39 Rn. 3).

456 Eine Zurückweisung nach § 296 Abs. 2 ZPO i. V. m. § 46 Abs. 2 ArbGG ist möglich, wenn eine Partei entgegen § 282 Abs. 1 ZPO ihre Angriffs- und Verteidigungsmittel nicht rechtzeitig vorgebracht oder gem. § 282 Abs. 2 ZPO nicht rechtzeitig schriftsätzlich vorgetragen hat. **§ 282 ZPO enthält eine allgemeine Prozessförderungspflicht der Parteien, die auch im Arbeitsgerichtsprozess Anwendung findet.** Voraussetzung ist, dass der Vorsitzende den Parteien aufgegeben hat, durch *Schriftsätze* den Kammertermin vorzubereiten, § 129 Abs. 2 ZPO, was regelmäßig geschieht.

## A. Urteilsverfahren  Kapitel 15

Im Rahmen des § 282 Abs. 2 ZPO ist eine Fristsetzung durch das Gericht nicht erforderlich. Sofern Fristen gesetzt werden, dürfen sie nicht zu kurz bemessen sein, sodass die Partei, insbes. wenn ein Prozessbevollmächtigter vorhanden ist, ausreichend Zeit hat, sich zu beraten und ihren Vortrag bei Gericht anzubringen. Regelmäßig ist eine Frist von mindestens 14 Tagen einzuhalten, ansonsten dürfte eine Zurückweisung wegen Verspätung unzulässig sein (GMPM-G/*Germelmann* § 57 Rn. 13).   457

Verspätetes Vorbringen kann das Gericht zurückweisen, muss es allerdings nicht. Ihm steht insofern ein Ermessen zu. Selbst wenn ermessenswidrig verspätetes Vorbringen zugelassen wird und der Rechtsstreit dadurch verzögert werden sollte, kann hierauf ein Rechtsmittel nicht gestützt werden (*BAG* 31.10.1984 AP Nr. 3 zu § 42 TVAL II).   458

Vorbringen, das nach § 46 Abs. 2 ArbGG i. V. m. § 296 Abs. 2 ZPO oder nach §§ 61a Abs. 5, 56 Abs. 2 ArbGG in erster Instanz zu Recht zurückgewiesen worden ist, kann auch in der zweiten Instanz nicht mehr vorgebracht werden, § 67 Abs. 1 ArbGG, § 531 Abs. 1 ZPO (s. Rdn. 390 ff.).   459

Bei einer Zurückweisung verspäteten Vorbringens nach den §§ 296 Abs. 2 ZPO i. V. m. 282 Abs. 1, Abs. 2 ZPO bedarf es keiner vorherigen Belehrung der Parteien (*LAG Köln* 10.7.1974 AP Nr. 2 zu § 528 ZPO).   460

Verspätete Rügen, die die Zulässigkeit der Klage betreffen, sind vom Gericht zu beachten, da es sich bei der Zulässigkeit der Klage um eine Prozessvoraussetzung handelt, die das Gericht in jeder Phase des Verfahrens zu prüfen hat. Eine Zurückweisung gem. § 296 Abs. 3 ZPO kommt daher grds. nicht in Betracht (*Schaub* ArbGVerf § 39 Rn. 5; a. A. MünchArbR/*Brehm* § 390 Rn. 57).   461

### 3. Besonderheiten des Beweisverfahrens im Arbeitsgerichtsprozess

§ 58 ArbGG enthält einige Sonderregelungen bzgl. des Beweisverfahrens. Ansonsten finden über § 46 Abs. 2 ArbGG die allgemeinen Vorschriften der ZPO über das Beweisverfahren sowie die allgemeinen Grundsätze der Beweiswürdigung und der Beweislast entsprechend Anwendung (§§ 284 bis 294, §§ 355 ff. ZPO).   462

#### a) Stellung der Beweisanträge

Der Beweis wird durch tatsächliche Behauptung einer zu beweisenden Tatsache und Benennung des Beweismittels angetreten. Hierbei muss das Beweisthema genau bezeichnet und das entsprechende Beweismittel genau benannt werden. insbes. beim Zeugenbeweis, § 373 ZPO, ist der Zeuge namentlich unter Angabe der ladungsfähigen Anschrift und des Beweisthemas zu benennen und, sofern es sich um innere Tatsachen in der Person eines Dritten handelt, **schlüssig darzulegen, weswegen der Zeuge ein geeignetes Beweismittel ist** (*Zöller/Greger* vor § 284 ZPO Rn. 5a).   463

Eine Zeugenbenennung unter der Bezeichnung »**Zeuge NN**« stellt keinen zulässigen Beweisantritt dar. Das Gericht ist auch nicht verpflichtet, nach § 356 ZPO der Partei unter Fristsetzung eine genaue Bezeichnung des Beweismittels aufzugeben. Unsubstantiierte Behauptungen oder reine Vermutungen stellen einen unzulässigen Ausforschungsbeweis dar. Gleiches gilt für eine Tatsachenbehauptung »ins Blaue hinein«, die zum Ziel hat, eigenen Sachvortrag durch die Aussage des Zeugen zu ersetzen (*Zöller/Greger* vor § 284 Rn. 5). Allerdings können vermutete Tatsachen dann behauptet und unter Beweis gestellt werden, sofern für sie tatsächliche Anhaltspunkte bestehen (*BAG* 31.3.2004 – 10 AZR 191/03).   464

▶ **Beispiel 1 für einen unzulässigen Beweisantritt:**   465

»Der Beklagte hat dem Kläger einen Vorschuss in Höhe von 500 € auf seinen Mailohn gezahlt, Zeuge XY«.

In diesem Fall ist der Tatsachenvortrag unsubstantiiert, da nicht dargelegt wurde, wann und wo dem Kläger ein Vorschuss gezahlt worden sein soll. Richtig lautet der Beweisantrag daher:

»Dem Kläger ist am 3.4.2007 im Büro des Geschäftsführers gegen 10 Uhr im Beisein des Zeugen XY ein Vorschuss in Höhe von 500 € gezahlt worden, Beweis Zeuge XY« (vgl. *BAG* 25.1.1982 – 4 AZR 878/79; 15.12.1999 EzA § 611 BGB Arbeitnehmerbegriff Nr. 78).

▶ **Beispiel 2:**
– »Die Betriebsratsanhörung wurde ordnungsgemäß durchgeführt, Beweis Betriebsratsvorsitzender X«.
Auch dieser Sachvortrag ist unsubstantiiert. Es handelt sich noch nicht einmal um eine konkrete Tatsachenbehauptung, sondern um eine Rechtsbehauptung. Es ist im Einzelnen darzulegen, welche Informationen dem Betriebsratsvorsitzenden wann, in welcher Form und im Zweifel auch wo zugängig gemacht worden sind.
Richtig: »Dem Betriebsratsvorsitzenden X wurden am 31.5.2007 gegen 10 Uhr die persönlichen Daten des Klägers, der verhaltensbedingte Kündigungsgrund (Alkoholisierung am Arbeitsplatz am 27.5.2007), die bereits am 1.4.2007 und 2.2.2007 ausgesprochenen einschlägigen Abmahnungen sowie die Einlassung des Klägers beim Personalleiter am 28.5.2007 im Büro des Personalleiters mitgeteilt. Beweis: Betriebsratsvorsitzender X, Personalleiter P«.

466 Hat ein Gespräch allein zwischen den Parteien stattgefunden, kann die beweisbelastete Partei für den Inhalt des Gesprächs Beweis antreten, indem sie ihre eigene Vernehmung im Wege der Parteivernehmung nach § 448 ZPO beantragt. Zur Wahrung des Anspruchs auf rechtliches Gehör muss das Gericht diesem Antrag nachkommen oder die Partei zumindest nach § 141 ZPO anhören (*BAG* 22.5.2007 EzA Art. 103 GG Nr. 8; 19.11.2008 EzA § 448 ZPO 2002 Nr. 2).

### b) Anordnung der Beweisaufnahme

467 Wird eine Beweisaufnahme nötig, ordnet das Gericht die Beweisaufnahme an. **Dies geschieht entweder durch Beweisbeschluss der Kammer im Kammertermin nach den §§ 358, 358a, 359 ZPO oder, was insbes. bei der Vernehmung von Zeugen, die bereits im Wege einer prozessleitenden Verfügung des Vorsitzenden gem. § 56 Abs. 1 Nr. 4 ArbGG vorsorglich geladen wurden, die Regel ist, formlos in der mündlichen Verhandlung nach § 279 Abs. 2 ZPO.** Eines besonderen Beweisbeschlusses bedarf es in diesem Falle nicht (GMPM-G/*Prütting* § 58 Rn. 42).

468 Sofern ein förmlicher Beweisbeschluss nach § 358 ZPO notwendig wird oder aus Sicht des Gerichts sinnvoll erscheint, z. B. um das Beweisthema eindeutig abzugrenzen und eine Ausforschung zu verhindern (s. Rdn. 407 f.), erlässt ihn die Kammer im Ganzen unter Einschluss der ehrenamtlichen Richter.

### c) Durchführung der Beweisaufnahme

#### aa) Kein Kostenvorschuss

469 Im Arbeitsgerichtsverfahren werden keine Kostenvorschüsse erhoben, § 6 Abs. 4, 9, 11 GKG. Sind die Zeugen oder Sachverständigen selbst mittellos, können sie zur Wahrnehmung des Termins Kostenvorschüsse gem. § 3 JVEG beantragen.

#### bb) Unmittelbarkeit der Beweisaufnahme

470 Nach § 58 Abs. 1 S. 1 ArbGG hat die Beweisaufnahme grds. vor der Kammer zu erfolgen (s. Rdn. 372 ff.); Ausnahme: Fälle nach § 58 Abs. 1 S. 2 ArbGG.

471 Wird ausnahmsweise nach Durchführung einer Beweisaufnahme nicht eine Beendigung des Rechtsstreits herbeigeführt, z. B. weil noch eine weitere Beweisaufnahme notwendig ist, muss das Gericht im neuen Termin nicht in der gleichen Besetzung wie bei der Durchführung der ersten Beweisaufnahme tätig werden und die Entscheidung treffen. Ein Besetzungswechsel der Kammer in der gleichen Sache bei mehreren Kammerterminen ist zulässig, auch wenn damit der Grundsatz der Unmittelbarkeit beeinträchtigt scheint. Dies ist im arbeitsgerichtlichen Verfahren oftmals gar nicht anders

## A. Urteilsverfahren

möglich, da die Hinzuziehung der ehrenamtlichen Richter nach bestimmten Sitzungstagen und nicht nach den jeweiligen zu entscheidenden Rechtsfällen erfolgt (GMPM-G/*Prütting* § 58 Rn. 46; s. Kap. 14 Rdn. 96 ff.).

### cc) Vereidigung von Zeugen und Sachverständigen

Nach § 58 Abs. 2 S. 1 ArbGG findet eine Vereidigung von Zeugen und Sachverständigen nur ganz ausnahmsweise statt, wenn dies die Kammer im Hinblick auf **die Bedeutung des Zeugnisses** für die Entscheidung des Rechtsstreits für notwendig erachtet. Gleiches gilt im Falle der schriftlichen Anhörung eines Zeugen gem. § 377 Abs. 3, 4 ZPO, § 58 Abs. 2 S. 2 ArbGG. 472

Eine Vereidigung zur Herbeiführung einer wahrheitsgemäßen Aussage ist im Arbeitsgerichtsverfahren nicht zulässig (*BAG* 5.11.1992 NZA 1993, 308, 310). 473

Eine durchgeführte Zeugenvernehmung, Vernehmung eines Sachverständigen oder einer Partei sowie das Ergebnis eines Augenscheins ist im Sitzungsprotokoll zu vermerken, § 160 Abs. 3 Nr. 4 und 5 ZPO. 474

### d) Einzelfälle zum Anscheinsbeweis

Beim Anscheinsbeweis wird die allgemeine Lebenserfahrung im Rahmen der freien Beweiswürdigung für die Frage des Vorliegens einer Tatsache oder eines Umstandes herangezogen. Er berührt grds. nicht die Beweislastverteilung. In der Praxis kommt er insbes. bei dem Beweis der Kausalität und des Verschuldens im Schadensersatzprozess zur Anwendung. 475

Er setzt voraus, dass ein typischer Geschehensablauf, d. h. ein sich aus der Lebenserfahrung bestätigender gleichförmiger Vorgang vorliegt, weswegen es sich aus den bislang erworbenen »Erfahrungen« erübrigt, jeden einzelnen tatsächlichen Umstand des Geschehens nachweisen zu müssen. 476

Der Anscheinsbeweis selbst kann durch einen Gegenbeweis, der lediglich den Anschein und damit den Erfahrungssatz erschüttern braucht, widerlegt werden, sodass die beweisbelastete Partei nach den Regeln der Beweislastverteilung nunmehr ihre Behauptung förmlich beweisen muss. 477

In der arbeitsgerichtlichen Rechtsprechung ist der Anscheinsbeweis z. B. bejaht worden: 478
- Diskriminierung aus geschlechtsspezifischen Gründen (*BAG* 11.1.1973 EzA Art. 3 GG Nr. 1);
- Vorliegen einer Fortsetzungserkrankung (*BAG* 4.12.1985 EzA § 63 HGB Nr. 40);
- Kündigung erfolgt während bestehender Arbeitsunfähigkeit auch wegen dieser (*BAG* 20.8.1980 EzA § 6 LFZG Nr. 14);
- Nachweis der Ursächlichkeit des Nichtanlegens eines Sicherheitsgurtes für eine bei einem Verkehrsunfall erlittene Verletzung (*LAG Bln.* 18.7.1979 DB 1979, 2281);
- Eigenes Verschulden einer Arbeitsunfähigkeit bei Teilnahme an einer Schlägerei (*LAG Düsseld.* 30.9.1977 DB 1978, 215);
- Ursächlichkeit eines Streiks für während dieser Zeit beim Arbeitgeber entstandene Vermögensschäden (*BAG* 20.12.1963 AP Nr. 32 zu Art. 9 GG Arbeitskampf);
- Verschulden des Fahrers bei Abkommen von übersichtlicher und gut ausgebauter Fahrbahn (*BAG* 13.3.1968 EzA § 282 BGB Nr. 2).

Anscheinsbeweis wurde z. B. verneint:
- Grad des Verschuldens, also ob grobe oder einfache Fahrlässigkeit vorgelegen hat (*BAG* 13.3.1968 AP Nr. 42 zu § 611 BGB Haftung des Arbeitnehmers);
- Kausalität des Misserfolgs der Stellensuche eines leitenden Angestellten wegen verzögerte Aushändigung eines Zeugnisses (*BAG* 25.10.1967 AP Nr. 6 zu § 73 HGB);
- Prognose der Gesundheitsentwicklung bei lang andauernder Erkrankung (*BAG* 25.11.1982 AP Nr. 7 zu § 1 KSchG 1969 Krankheit);
- Zugang eines mit der Post verschickten Briefes (*BAG* 14.7.1960 AP Nr. 3 zu § 130 BGB).

### e) Darlegungs- und Beweislastverteilung

479 Die Regeln der Beweislast ermöglichen es dem Gericht, eine Streitentscheidung auch bei nicht völlig aufgeklärtem oder aufklärbarem Tatsachenstoff zu treffen. Die sog. »**objektive Beweislast**« bestimmt, zu wessen Nachteil im Falle eines »non liquet« die Entscheidung zu fällen ist (GMPM-G/*Prütting* § 58 Rn. 75).

480 Von der objektiven Beweislast ist die »**subjektive Beweislast**«, d. h. die Beweisführungslast zu unterscheiden. Sie bestimmt, welcher Partei die Erbringung eines Beweises für eine behauptete Tatsache obliegt. Die Partei hat durch eigenes Tätigwerden den Beweis der streitigen Tatsache durch Benennung und Herbeischaffung der notwendigen Beweismittel zu führen.

481 Die **Beweislastverteilung** ergibt sich teilweise unmittelbar aus dem Gesetz, z. B. aus § 179 Abs. 1 BGB, § 1 Abs. 3 letzter Satz KSchG. Teilweise kann sich die Beweislastverteilung aus der sprachlichen Formulierung eines Gesetzes ergeben, z. B. wenn ein Regel-Ausnahmetatbestand normiert wird. In diesem Fall trägt derjenige, der sich auf den Ausnahmetatbestand beruft, für das Vorliegen dieser tatsächlichen Voraussetzungen die Beweislast.

482 Sofern das Gesetz das Vorliegen einer Vermutung festschreibt, z. B. in § 22 AGG, braucht die Partei, die sich auf die Vorschrift stützt, nur diejenigen Tatsachen zu beweisen, aus denen sich »im Zweifel« die normierte Rechtsfolge ergibt. **Es müssen also die Tatsachen bewiesen werden, an die die gesetzliche Vermutung anknüpft.** Bei dispositiven Rechtsnormen trägt diejenige Partei die Beweislast, die eine von der Rechtsnorm abweichende Sondervereinbarung, sei es einzel- oder kollektivvertraglich, behauptet, vgl. z. B. § 622 Abs. 3, Abs. 5 BGB.

483 **Führt die Formulierung der gesetzlichen Bestimmung nicht weiter, gilt der Grundsatz, dass jede Partei die für sie günstigen Umstände, d. h. die Anwendung der für sie günstigen Rechtsnorm darzulegen und zu beweisen hat.** Ein Kläger hat daher die Voraussetzungen der klagebegründenden Norm, ein Beklagter die Voraussetzungen einer rechtsverhindernden, -vernichtenden oder -hemmenden Norm darzulegen und zu beweisen.

484 In Abweichung von dieser Grundregel hat die Rechtsprechung im Wege der richterlichen Rechtsfortbildung Fälle der Beweislastumkehr gebildet (vgl. GMPM-G/*Matthes* § 58 Rn. 82 bis 84). Dies ist in den Fällen gerechtfertigt, in denen der Gegner der beweisbelasteten Partei es durch Handlungen oder Unterlassungen in der Hand hat, die Beweisführung der beweisbelasteten Partei zu vereiteln.

### aa) Beispiele aus dem Individualarbeitsrecht

#### (1) Inhalt der arbeitsvertraglichen Vereinbarung

485 – Den Abschluss, die Beendigung, eine Änderung oder die Befristung eines Arbeitsvertrages hat derjenige darzulegen und zu beweisen, der sich darauf beruft (GMPM-G/*Prütting* § 58 Rn. 91).
 – Eine Nettolohnvereinbarung hat der Arbeitnehmer darzulegen und zu beweisen (*BAG* 18.7.1971 EzA § 611 BGB Nettolohn/Lohnsteuer Nr. 2), Gleiches gilt für die Höhe der Vergütung. Eine Vereinbarung, wonach die Arbeitsleistung unentgeltlich erbracht werden sollte, hat der Arbeitgeber darzulegen und zu beweisen.
 – Die Darlegungs- und Beweislast für die Zulässigkeit einer Versetzung im Rahmen des Direktionsrechts trägt der Arbeitgeber. Dazu gehört auch die Darlegung, dass individualrechtliche, tarifvertragliche oder gesetzliche Voraussetzungen eingehalten worden sind (*LAG RhPf* 27.5.2011 LAGE § 106 GewO 2003 Nr. 11).

#### (2) Entlohnung

486 – Geleistete Überstunden sind sowohl hinsichtlich ihrer Lage, Anordnung durch den Arbeitgeber und Anzahl vom Arbeitnehmer darzulegen und zu beweisen (*BAG* 17.4.2002

## A. Urteilsverfahren

FA 2002, 277; *LAG Köln* 4.2.1994 LAGE § 253 ZPO Nr. 3; *BAG* 25.11.1993 EzA § 253 ZPO Nr. 14). Weiter muss der Arbeitnehmer darlegen, an welchem Tag und zu welcher Uhrzeit er über die übliche Arbeitszeit hinaus gearbeitet hat. Werden danach die Überstunden vom Arbeitgeber bestritten, ist weiter vorzutragen, welche Tätigkeiten in dem angeblichen Überstundenzeitraum verrichtet wurden, wer die Überstunden angeordnet, gebilligt oder geduldet hat oder dass sie wegen des Umfangs der übertragenen Aufgaben unausweichlich waren (*LAG RhPf* 20.7.2011 – 7 Sa 622/10). **Dass Überstunden bereits mit dem normalen Gehalt abgegolten sind, hat der Arbeitgeber darzulegen und zu beweisen.**

- Einen gezahlten Vorschuss hat der Arbeitgeber zu beweisen, dass ein unstreitig gezahlter Vorschuss durch Arbeitsleistung verdient worden ist, der Arbeitnehmer (*BAG* 28.6.1965 EzA § 87 HGB Nr. 1).
- Eine Entreicherung bei einer Gehaltsüberzahlung gem. § 818 Abs. 3 BGB hat grds. der Arbeitnehmer darzulegen und zu beweisen. Allerdings kann er sich auf den Anscheinsbeweis berufen, sofern es sich um eine geringfügige Überzahlung handelt und auf Grund der Lebenssituation des Arbeitnehmers damit zu rechnen ist, dass ein alsbaldiger Verbrauch der Überzahlung für die laufenden Kosten des Lebensunterhaltes anzunehmen ist (*BAG* 18.1.1995 EzA § 818 BGB Nr. 8).
- Die Anwendbarkeit tarifvertraglicher Regelungen und damit auch deren Wirksamkeit hat derjenige zu beweisen, der sich auf sie beruft (*Schaub* ArbGVerf § 36 Rn. 33). Die Tatbestandsmerkmale, die eine Eingruppierung in die begehrte Vergütungsgruppe rechtfertigen, muss daher der Arbeitnehmer darlegen und beweisen.

### (3) Abmahnung

Den Pflichtenverstoß, der zur Abmahnung führt, hat der Arbeitgeber i. E. darzulegen und zu beweisen, der Arbeitnehmer hingegen die Rechtfertigung des Pflichtenverstoßes (*LAG Brem.* 6.3.1992 NZA 1992, 694). 487

### (4) Betriebsrente

Der Arbeitgeber hat die Gründe darzulegen und zu beweisen, die gegen eine Anpassung der Betriebsrente nach § 16 BetrAVG sprechen (*BAG* 23.4.1985 EzA § 16 BetrAVG Nr. 16). 488

### (5) Diskriminierung

- Der Arbeitnehmer muss Tatsachen glaubhaft machen, woraus sich eine Diskriminierung wegen seines Geschlechts ergibt, § 611a Abs. 1 S. 3 BGB a.F., jetzt § 22 AGG; der Arbeitgeber muss dann sachliche Gründe für seine umstrittene Entscheidung darlegen und im Zweifel beweisen (*Ascheid* Rn. 1006); 489
- die gleiche Verteilung der Darlegungs- und Beweislast gilt hinsichtlich der Zahlung ungleichen Lohns im Falle des § 612 Abs. 3 BGB.

### (6) Haftung des Arbeitnehmers

- **Eine Vertragsverletzung, ein kausal verursachter Schaden und das Verschulden, sowie der Verschuldensgrad des Arbeitnehmers muss vom Arbeitgeber bewiesen werden** (*BAG* 7.7.1970 EzA § 611 BGB Gefahrgeneigte Arbeit Nr. 1; 17.9.1998 EzA § 611 BGB Arbeitnehmerhaftung Nr. 64). 490
- Entsteht dem Arbeitgeber ein Schaden, der auf Grund der Tätigkeit einer Akkordkolonne entstanden ist, genügt es, wenn der Arbeitgeber den Schadensnachweis der Gruppe im Ganzen erbringt. Die einzelnen Arbeitnehmer haben dann Einzelschuldentlastungsnachweise zu erbringen (*BAG* 24.4.1974 EzA § 611 BGB Arbeitnehmerhaftung Nr. 1).
- Im Fall der Mankohaftung hat der Arbeitgeber die Vertragsverletzung des Arbeitnehmers, den Bestand der Kasse, die Höhe des Mankos und den Zufluss der Gelder darzulegen und zu be-

weisen, der Arbeitnehmer entstandene Abflüsse aus der Kasse (*BAG* 11.11.1969 EzA § 276 BGB Nr. 21). Hat der Arbeitnehmer den alleinigen Zugang zur Kasse gehabt, muss er sich hinsichtlich seines Verschuldens exculpieren (*BAG* 6.6.1984 EzA § 282 BGB Nr. 7).

*(7) Kündigung des Arbeitsverhältnisses*

491
- Bei einer fristlosen Kündigung hat der Arbeitgeber die Kündigungsgründe und die Wahrung der sich aus § 626 Abs. 2 BGB ergebenden Kündigungsfrist darzulegen und zu beweisen. Hierzu gehört auch die Widerlegung behaupteter Rechtfertigungs- oder Entschuldigungsgründe, z. B. wenn ein Arbeitnehmer, der wegen Selbstbeurlaubung gekündigt wurde behauptet, ihm sei Urlaub bewilligt worden (KR-*Fischermeier* § 626 BGB Rn. 381 ff., 454).
- In Arbeitsverhältnissen, in denen das KSchG Anwendung findet, hat bei der ordentlichen Kündigung der Arbeitnehmer die Beweislast dafür, dass zum Zeitpunkt der behaupteten Kündigung ein Arbeitsverhältnis bestand, dass eine Kündigung überhaupt ausgesprochen wurde, sowie das Vorliegen der persönlichen Voraussetzungen für einen Kündigungsschutz nach §§ 1, 23 KSchG (*BAG* 23.3.1984 EzA § 23 KSchG Nr. 7). Ihm obliegt der Nachweis der fehlerhaft durchgeführten Sozialauswahl gem. § 1 Abs. 3 S. 3 KSchG (s. Kap. 4 Rdn. 2724 ff.). Der Arbeitgeber hat die soziale Rechtfertigung der Kündigung i. S. d. § 1 Abs. 2 Nr. 4 KSchG, d. h. die Kündigungsgründe darzulegen und zu beweisen, die ordnungsgemäße Anhörung des Betriebsrats gem. § 102 BetrVG, das Vorliegen besonderer Bedürfnisse i. S. d. § 1 Abs. 3 S. 2 KSchG, den Zugang sowie den Zeitpunkt des Zugangs der Kündigung, eine behauptete Eigenkündigung des Arbeitnehmers bzw. die Behauptung des Abschlusses eines Aufhebungsvertrages. Bezüglich der Betriebsratsanhörung nach § 102 BetrVG besteht eine abgestufte Darlegungs- und Beweislast (*BAG* 23.6.2005 EzA § 102 BetrVG 2001 Nr. 12). Zunächst genügt es, wenn der Arbeitnehmer die Betriebsratsanhörung mit Nichtwissen bestreitet. Hat der Arbeitgeber danach jedoch die Betriebsratsanhörung dargelegt, genügt nunmehr ein Bestreiten mit Nichtwissen nicht mehr. Vielmehr muss der Arbeitnehmer jetzt i. E. darlegen, in welchen Punkten er die tatsächlichen Erklärungen des Arbeitgebers für falsch hält.
- In einem Feststellungsprozess nach § 256 ZPO muss der Arbeitnehmer nur darlegen und beweisen, dass der Arbeitgeber den Fortbestand des Arbeitsverhältnisses leugnet. Dieser hat dann alle Tatsachen eines behaupteten Beendigungsgrundes darzulegen und zu beweisen (*Schaub* ArbGVerf § 36 Rn. 48).
- Eine Abweichung von den gesetzlichen Kündigungsfristen auf Grund einzelvertraglicher Vereinbarungen oder der Anwendung tarifvertraglicher Regelungen hat derjenige zu beweisen, der sich auf die Abweichung beruft (*Schaub* ArbGVerf § 36 Rn. 51).
- Die Anwendbarkeit des Kündigungsschutzgesetzes hat der Arbeitnehmer darzulegen und zu beweisen (s. Kap. 4 Rdn. 1903 ff.). Nach der Rspr. des *BAG* (26.6.2008 – 2 AZR 264/07, FA 2008, 336 LS) gilt folgende abgestufte Darlegungs- und Beweislast:
Der Arbeitnehmer genügt bei fehlender eigener Kenntnismöglichkeit seiner Darlegungslast bereits durch die bloße Behauptung, der Arbeitgeber beschäftige mehr als 5/10 Arbeitnehmer. Es ist dann Sache des Arbeitgebers, sich vollständig über die Anzahl der bei ihm beschäftigten Arbeitnehmer **unter Benennung der ihm zur Verfügung stehenden Beweismittel zu erklären**. Zu den Beweismitteln können Vertragsunterlagen, Auszüge aus Lohnabrechnungen, Zeugen usw. gehören. Hierzu muss dann der Arbeitnehmer Stellung nehmen und Beweis antreten. **Er kann sich dabei auf die sich aus dem Vorbringen des Arbeitgebers ergebenden Beweismittel stützen und sich derer bedienen**. Trägt der Arbeitgeber ausreichend vor, benennt aber keine Beweismittel, so kann dies zwar nicht als Verletzung der Sekundären Darlegungslast nach § 138 ZPO, wohl aber nach § 286 ZPO unter Umständen **als Beweisvereitelung** vom Tatsachengericht berücksichtigt werden.

## A. Urteilsverfahren  Kapitel 15

*(8) Entgeltfortzahlung im Krankheitsfall*

- Der Arbeitnehmer hat das Bestehen einer Arbeitsunfähigkeit, d. h. i. d. R. eine Krankheit darzulegen und zu beweisen, sowie die Dauer der Arbeitsunfähigkeit und die Höhe des zu zahlenden Entgelts, § 1 EFZG. Der Nachweis wird regelmäßig zunächst durch eine ärztliche Arbeitsunfähigkeitsbescheinigung erbracht. Hierbei handelt es sich um eine private Urkunde i. S. d. § 416 ZPO. Liegen allerdings Umstände vor, die ihren Beweiswert erschüttern, muss der Arbeitnehmer die zur Arbeitsunfähigkeit führende Erkrankung im Einzelnen darlegen und unter Beweis stellen, z. B. durch Zeugnis seines Arztes (s. Kap. 4 Rdn. 2756 ff.).  492
- Der Arbeitgeber muss ein Verschulden des Arbeitnehmers an der Arbeitsunfähigkeit (*BAG* 1.6.1983 EzA § 1 LohnFG Nr. 69), ein Leistungsverweigerungsrecht gem. § 5 EFZG sowie das Vorliegen einer Fortsetzungserkrankung (*BAG* 4.12.1985 EzA § 63 HGB Nr. 40) darlegen und beweisen.

*(9) Urlaub*

Eine doppelte Urlaubsgewährung i. S. d. § 6 BUrlG hat der Arbeitgeber darzulegen und zu beweisen (GMPM-G/*Prütting* § 58 Rn. 91).  493

*(10) Zeugnis*

- Die Richtigkeit des Inhalts eines Zeugnisses sowohl hinsichtlich der Bewertung als auch der aufgezählten Tätigkeitsbereiche darzulegen und zu beweisen obliegt dem Arbeitgeber (GMPM-G/*Prütting* § 58 Rn. 91; s. Kap. 9 Rdn. 70 ff.). Hat der Arbeitgeber dem Arbeitnehmer im Zeugnis eine durchschnittliche Leistung mit der Formulierung »zur vollen Zufriedenheit« attestiert und verlangt dieser eine überdurchschnittliche Leistung (»stets zu unserer vollen Zufriedenheit«) trägt er die Darlegungs- und Beweislast hierfür (*BAG* 14.10.2003 EzA § 109 GewO Nr. 1).  494
- Sofern ein Arbeitnehmer einen Schadenersatzanspruch damit begründet, ihm sei ein Zeugnis falsch oder zu spät erteilt worden, muss er für den daraus entstandenen Schaden und für die Kausalität der vertraglichen Verletzung des Arbeitgebers den Beweis erbringen (*BAG* 24.3.1977 EzA § 630 BGB Nr. 9).

*bb) Beispiele aus dem Betriebsverfassungsrecht*

(Zur Bedeutung des Amtsermittlungsgrundsatzes und seiner Grenzen im Beschlussverfahren s. Rdn. 1099 ff.)  495

▶ - Den Inhalt und die Erforderlichkeit von Schulungsveranstaltungen gem. § 36 Abs. 6, Abs. 7 BetrVG hat der Betriebsrat bzw. das schulungsbedürftige Betriebsratsmitglied darzulegen und zu beweisen (GMPM-G/Prütting § 58 Rn. 91; s. Kap. 13 Rdn. 776 ff.).
- Die Erforderlichkeit der Freistellung von mehr Betriebsratsmitgliedern, als in § 38 BetrVG vorgesehen, hat der Betriebsrat darzulegen und zu beweisen (*BAG* 22.5.1973 EzA § 38 BetrVG 1972 Nr. 4; s. Kap. 13 Rdn. 738 ff.).
- Der Betriebsrat hat die Notwendigkeit entstandener Betriebsratskosten gem. § 40 BetrVG darzulegen und zu beweisen (s. Kap. 13 Rdn. 883 ff.).
- Im Falle der Zustimmungsverweigerung bei personellen Einzelmaßnahmen nach § 99 Abs. 2 BetrVG muss der Betriebsrat sachliche Gründe nennen, weswegen er die Zustimmung verweigert. Der Arbeitgeber hat dann darzulegen und zu beweisen, dass die sachlichen Gründe unzutreffend sind (Schaub ArbGVerf § 36 Rn. 58; a. A. GMPM-G/Prütting § 58 Rn. 91), dasselbe gilt hinsichtlich der Widerspruchsgründe gem. § 102 Abs. 3 BetrVG.
- Die Dringlichkeit vorläufiger Maßnahmen, z. B. gem. § 100 BetrVG, hat der Arbeitgeber darzulegen und zu beweisen (*BAG* 28.1.1986 EzA § 99 BetrVG 1972 Nr. 48).

*f) Beweisverwertungsverbot bei Verletzung von Mitbestimmungsrechten des Betriebsrats?*

496 Ob und inwieweit Tatsachen- oder Beweisverwertungsverbote im Individualprozess zwischen Arbeitnehmer und Arbeitgeber bestehen, sofern der Arbeitgeber diese Tatsachen oder Beweise unter Verletzung von Mitbestimmungsrechten des Betriebsrats erlangt hat, war in der Literatur heftig umstritten (vgl. *Lerch/Weinbrenner* FA 2008, 229 ff.).

497 Das *BAG* hat nunmehr in seiner Entscheidung vom 13.12.2007 (– 2 AZR 537/06, FA 2008, 275) **folgende Grundsätze** aufgestellt:
- Im deutschen Zivilrecht gebe es grundsätzlich **kein Tatsachenverwertungsverbot**. Unstreitige Tatsachen sind bei der Entscheidungsfindung immer zu berücksichtigen. Beigebrachter Tatsachenstoff sei entweder unstreitig, unschlüssig oder unbewiesen, nicht aber »unverwertbar«. Dies gelte auch dann – jedenfalls bei unstreitigen Tatsachen –, wenn diese unter Verstoß gegen Mitbestimmungsrechte des Betriebsrat ermittelt wurden.
- Auch mitbestimmungswidrig erlangte Beweise seien darüber hinaus grundsätzlich verwertbar. **Das BetrVG postuliere grundsätzlich kein Beweisverwertungsverbot**. Bei Verstößen gegen Mitbestimmungsrechte könne der Betriebsrat nach § 23 Abs. 3 BetrVG vorgehen oder einen allgemeinen Unterlassungsantrag stellen. Darüber hinausgehender individualprozessrechtlicher Sanktionen bedürfe es daher nicht. Auch die Theorie der Wirksamkeitsvoraussetzung führe zu keinem anderen Ergebnis.
- Ein Informations- oder Beweisverwertungsverbot komme nur dann in Betracht, wenn neben der Verletzung von Mitbestimmungsrechten des Betriebsrats in **verfassungsrechtlich geschützte Grundrechtspositionen einer Prozesspartei** eingegriffen werde. Grundsätzlich müsse zwischen der Erlangung einer Information oder eines Beweismittels und dessen Verwertung getrennt werden. Erst wenn durch die Verwertung einer rechtswidrig erlangten Information oder eines Beweismittels ein erneuter oder perpetuierender Eingriff in eine rechtlich erheblich geschützte Position der Prozesspartei erfolge, komme ein prozessuales Verwertungsverbot in Betracht. Dies kann z. B. bei erzwungenen Körperkontrollen oder bei heimlichen Videoaufzeichnungen der Fall sein.

*g) Beweisverwertungsverbot bei mitgehörten Telefonaten*

498 Das zielgerichtete heimliche Mithörenlassen eines Telefongesprächs begründet ein Beweisverwertungsverbot, das »zufällige« Mithören ohne Zutun des Beweisverpflichteten hingegen nicht (*BAG* 23.4.2009 EzA § 611 BGB 2002 Persönlichkeitsrecht Nr. 9). Beweispflichtig für die Zulässigkeit des Beweismittels ist die beweispflichtige Partei, die den »Mithörer« als Zeugen vernehmen lassen möchte.

### 4. Schließung und Wiedereröffnung der mündlichen Verhandlung

*a) Schließung*

499 Nach § 136 Abs. 4 ZPO schließt der Vorsitzende die mündliche Verhandlung, wenn das Gericht die Sache für vollständig erörtert hält. Er hat sich diesbezüglich des Einverständnisses der ehrenamtlichen Richter zu versichern (*Stein/Jonas* § 136 Rn. 5). Vollständig erörtert ist der Rechtsstreit, wenn er zur Endentscheidung gem. § 300 ZPO reif ist.

500 Die Schließung der mündlichen Verhandlung bedarf keiner ausdrücklichen Erklärung. Sie ergibt sich daraus, dass sich das Gericht zur abschließenden Beratung zurückzieht oder bereits eine Endentscheidung, sei es ein Urteil, einen Beweisbeschluss, einen Verkündungstermin, z. B. für den Fall des Widerrufs eines Vergleiches, oder eine Vertagung verkündet.

501 Mit der Schließung der mündlichen Verhandlung treten die Wirkungen der Säumnis, §§ 220 Abs. 2, 231 Abs. 2, 330 ff. ZPO ein. Außerdem haben die Parteien kein Recht mehr, weitere Anträge zu stellen *oder weiteren Sachvortrag vorzutragen*, § 296a ZPO, es sei denn, ihnen ist nach § 283 ZPO ausnahmsweise ein Schriftsatznachlass eingeräumt worden.

## A. Urteilsverfahren

### b) Wiedereröffnung

Nach § 156 ZPO kann das Gericht die Wiedereröffnung einer Verhandlung, die bereits geschlossen worden ist, anordnen. Dies ist geboten, wenn wesentliche Verfahrensfehler unterlaufen sind, ein Wiederaufnahmegrund nach den §§ 579 ff. ZPO besteht, der bisherige Gesamtvortrag der Parteien, wie erst in der Kammerberatung festgestellt, noch ausführungsbedürftig geblieben ist oder wenn ein in der mündlichen Verhandlung zuletzt beteiligter Richter vor dem Treffen einer Entscheidung ausfällt, § 156 Abs. 2 ZPO. 502

**Die Entscheidung über die Wiedereröffnung der mündlichen Verhandlung hat grds. die Kammer im Ganzen zu fällen, nicht etwa der Vorsitzende alleine** (*BAG* 18.12.2008 – 6 AZN 646/08). Dies ergibt sich daraus, dass das Gericht in seiner Gesamtheit zunächst die Schließung der mündlichen Verhandlung nach § 136 Abs. 4 ZPO beschlossen hatte, und damit, dass kein weiterer Sachvortrag mehr in die Entscheidung einzubeziehen ist. An diese Entscheidung des Kollegialgerichts ist der Vorsitzende gebunden. Er kann sich nicht von sich aus über das Votum der Kammer hinwegsetzen, indem er selbst die Wiedereröffnung der Verhandlung beschließt (*Luczak* NZA 1992, 917, 919). 503

Eine andere Frage ist, ob es auch dann einer Kammerentscheidung bedarf, wenn es nicht zu einer Wiedereröffnung der mündlichen Verhandlung kommt, dies aber von einer Partei beantragt wird, z. B., wenn bei Abschluss eines Widerrufsvergleichs von der Kammer bereits eine Sachentscheidung intern getroffen worden ist, die in einem besonderen Verkündungstermin, welcher bereits im Kammertermin für den Fall des Widerrufs des Vergleichs festgesetzt worden ist, verkündet werden soll und mit dem Widerrufsschriftsatz sowohl Tatsachenvortrag als auch Rechtsausführungen vorgebracht werden. Zwar hat die Partei grds. nach § 296a ZPO keinen Anspruch darauf, dass ihre Ausführungen in den nachgereichten Schriftsätzen noch berücksichtigt werden (*Zöller/Greger* § 156 Rn. 4). Jedoch hat sie einen Anspruch auf ermessensfehlerfreie Entscheidung darüber, ob die mündliche Verhandlung nach § 156 ZPO wiedereröffnet wird. 504

Aus § 55 Abs. 1 Nr. 4 ArbGG lässt sich die Wertung des Gesetzgebers entnehmen, dass der Berufsrichter alleine bei Fragen der Erheblichkeit eines Sachvortrags, der Schlüssigkeit des klägerischen Vorbringens sowie über Rechtsfragen entscheiden darf und kann. Werden daher in dem nach der mündlichen Verhandlung eingereichten Schriftsatz lediglich bereits bekannte und damit bei der Entscheidung des Gerichts nach der mündlichen Verhandlung bereits berücksichtigte Tatsachenbehauptungen wiederholt oder wird zwar ein neuer, jedoch rechtlich unerheblicher Sachverhalt eingereicht, braucht der Vorsitzende diesen Schriftsatz nicht zu berücksichtigen und auch nicht den ehrenamtlichen Richtern zur Kenntnis zu bringen. Gleiches gilt im Falle des bloßen Aufstellens von Rechtsbehauptungen. Der Vorsitzende kann in diesem Fall alleine über die Nicht-Wiedereröffnung der mündlichen Verhandlung befinden (vgl. i. E. *Luczak* NZA 1992, 917, 920 m. w. N.; Schwab/Weth-*Berscheid/Korinth* § 53 Rn. 9; a. A. *BAG* 14.12.2010 NZA 2011, 229 ff.; 25.1.2012 – 4 AZR 185/10). 505

### 5. Ergebnisse des Kammertermins

#### a) Verzichts-, Anerkenntnis-, Versäumnisurteil, Klagerücknahme, Vergleich

Wie der Gütetermin kann auch die streitige Verhandlung durch Verzichts- oder Anerkenntnisurteil gem. den §§ 306, 307 ZPO, Versäumnisurteil nach den §§ 330 ff. ZPO, Klagerücknahme oder Vergleich ihre Beendigung finden. Nach Antragstellung und Einlassung des Beklagten zur Sache bedarf es bei einer Klagerücknahme seiner Zustimmung, § 269 Abs. 2 ZPO. 506

Die Versäumnis- und Anerkenntnisurteile waren bis zum 31.3.2008 auch im Kammertermin durch den Vorsitzenden allein zu erlassen, § 55 Abs. 1 ArbGG a. F. (s. Rdn. 358). Wurden die ehrenamtlichen Richter beteiligt, stellte dies einen absoluten Revisionsgrund (§ 547 Nr. 1 ZPO) und einen Grund für eine Nichtigkeitsklage dar (§ 579 Abs. 1 Nr. 1 ZPO). Nach der Neufassung des § 55 Abs. 1 ArbGG wirken die ehrenamtlichen Richter bei der Urteilsfindung im Kammertermin mit. 507

#### b) Vertagung des Rechtsstreits

**508** Ist der Rechtsstreit noch nicht zur Entscheidung reif, z. B. weil noch eine Beweisaufnahme nötig ist, ist der Rechtsstreit zu vertagen. § 227 ZPO findet Anwendung. Aus § 56 Abs. 1 ArbGG ergibt sich, dass eine Vertagung im Hinblick auf den Beschleunigungsgrundsatz nach § 9 ArbGG die Ausnahme sein sollte (s. Rdn. 206 ff.).

#### c) Verkündung eines Urteils

**509** Nach § 60 ArbGG wird ein zu fällendes Urteil am Ende des Kammertermins verkündet. Hierbei handelt es sich um eine reine Ordnungsvorschrift, deren Verletzung nicht zur Unwirksamkeit eines erst später verkündeten Urteils führt (*BAG* 25.9.2003 EzA § 69 ArbGG 1979 Nr. 3).

**510** Die Verkündung erfolgt im Namen des Volkes unter Verlesung der Urteilsformel, § 311 Abs. 2 ZPO. Sofern die Parteien noch anwesend sind, ist der wesentliche Inhalt der Entscheidungsgründe mitzuteilen. Eine Verletzung dieser Verpflichtung führt allerdings nicht zu einer Anfechtbarkeit der Entscheidung allein aus diesem Grunde (GMPM-G/*Germelmann* § 60 Rn. 21). Ebenfalls unerheblich ist es, ob die in der mündlichen Verhandlung mitgeteilten wesentlichen Entscheidungsgründe später mit den schriftlichen Entscheidungsgründen übereinstimmen. Es gilt dann die schriftliche Urteilsbegründung (GMPM-G/*Germelmann* § 60 Rn. 21).

**511** Regelmäßig sind die Parteien allerdings zum Zeitpunkt der Verkündung der Entscheidung nicht mehr anwesend, da an einem Terminstag mehrere Rechtsstreitigkeiten verhandelt werden, wobei die Verkündung der zu fällenden Urteile erst am Ende des Terminstages erfolgt. Zwischenzeitlich zieht sich das Gericht zur abschließenden Kammerberatung und Urteilsfindung zurück. Da der zeitliche Umfang der notwendigen Beratung ungewiss ist, haben sich die Parteien i. d. R. bereits entfernt und erkundigen sich zu einem späteren Zeitpunkt telefonisch bei Gericht nach dem Inhalt der Entscheidung. **Dennoch ist das Urteil zu verkünden, da es ansonsten nicht existent ist, wobei in diesem Fall gem. § 311 Abs. 2 S. 2 ZPO die Bezugnahme auf die Urteilsformel ausreicht.**

**512** Nach § 60 Abs. 3 ArbGG müssen auch die ehrenamtlichen Richter bei der Verkündung nicht mehr anwesend sein. In diesem Falle ist allerdings das von der Kammer gefällte Urteil von dem Vorsitzenden und den ehrenamtlichen Richtern zu unterschreiben (s. Kap. 14 Rdn. 104). Ansonsten bedarf es im erstinstanzlichen Verfahren nur der Unterschrift des Vorsitzenden. Fehlt es an einer gemeinsamen Unterschrift und findet die Verkündung ohne die ehrenamtlichen Richter statt, führt dieser Formverstoß nicht zur Unwirksamkeit der Verkündung oder gar des Urteils (GK-ArbGG/*Schütz* § 60 Rn. 23).

**513** Die Verkündung des Urteils und die näheren Umstände seiner Verkündung, z. B. ob sie in Anwesenheit der ehrenamtlichen Richter oder der Parteien erfolgte, ist gem. § 160 Abs. 3 Nr. 7 ZPO im Sitzungsprotokoll festzuhalten. Ebenfalls zu vermerken ist, ob die wesentlichen Entscheidungsgründe mitgeteilt worden sind oder nicht. **Dies ist deswegen wichtig, da der Nachweis der Verkündung des Urteils lediglich durch das Protokoll geführt werden kann** (*BAG* 2.9.1965 AP Nr. 4 zu 128 ZPO).

#### d) Festsetzung eines Verkündungstermins

**514** Ausnahmsweise gestattet § 60 ArbGG statt der sofortigen Verkündung die Bestimmung eines eigenen Verkündungstermins, der regelmäßig binnen drei Wochen nach dem Kammertermin anzusetzen ist, es sei denn wichtige Gründe, insbes. der Umfang oder die Schwierigkeit der Sache erfordern eine noch weitere Hinausschiebung.

**515** Was »wichtige Gründe« sind, ist im Gesetz nur ansatzweise genannt. Es sieht z. B. die Anberaumung eines eigenen Termins für den Fall vor, dass die Beratung nicht mehr am Tag der Verhandlung stattfinden kann, da die Dauer der Verhandlung eine ordnungsgemäße Beratung am selben Tag nicht ermöglicht oder wegen besonderer Schwierigkeit der Sache in tatsächlicher oder rechtlicher Hinsicht noch vor der abschließenden Rechtsfindung Literatur- oder Rechtsprechungsnachweise eingesehen werden müssen.

## A. Urteilsverfahren Kapitel 15

In der Praxis kommt es häufiger dann zur Anberaumung eines eigenen Verkündungstermins, wenn die Parteien nochmals eine gütliche Einigung des Rechtsstreits anstreben und sich z. B. den Vergleichsvorschlag der Kammer überlegen wollen und ihnen deswegen bis zur Verkündung der Entscheidung die Möglichkeit einer Einigung eingeräumt werden soll, § 57 Abs. 2 ArbGG, und im Fall des Abschlusses eines Widerrufsvergleichs. 516

Die Entscheidung, ein Urteil nicht im unmittelbaren Anschluss an die Sitzung, sondern in einem besonderen Verkündungstermin zu verkünden, hat die vollbesetzte Kammer nach pflichtgemäßem Ermessen zu treffen. 517

**Wird ein besonderer Verkündungstermin anberaumt, muss dies unmittelbar im Kammertermin vor Schließung der Verhandlung erfolgen.** Hierbei reicht es allerdings aus, dass bestimmt wird, dass der Termin zur Verkündung einer Entscheidung von Amts wegen festgesetzt wird, wobei dann entweder die Kammer unter Einschluss der ehrenamtlichen Richter in der Beratung den Verkündungstermin festsetzt oder von der gesamten Kammer unter Einschluss der ehrenamtlichen Richter die Festsetzung des Termins dem Vorsitzenden übertragen wird (GMPM-G/*Germelmann* § 60 Rn. 11). 518

Wird das Urteil in einem besonderen Verkündungstermin verkündet muss es bei der Verkündung bereits in vollständiger Form abgefasst, d. h. mit Tatbestands- und Entscheidungsgründen versehen sein, allein ein Entwurf oder ein Diktat auf Tonband genügt nicht. Ist es nicht möglich, das Urteil in vollständiger Form bis zum Verkündungstermin abzufassen, ist dieser ggf. nach § 60 Abs. 4 ArbGG auch länger als drei Wochen nach dem Kammertermin hinauszuschieben (*Grunsky* § 60 Rn. 3). 519

> In der Praxis ist es allerdings sehr schwierig, binnen drei Wochen nach dem Kammertermin und damit in der Regelfrist für die Ansetzung eines eigenen Verkündungstermins das Urteil sowohl abzufassen als auch von der Geschäftsstelle schreiben zu lassen. Es kommt daher in der Praxis durchaus vor, dass das Urteil noch nicht in voll abgefasster Form am Verkündungstermin vorliegt. Es erscheint fraglich, ob es in diesem Falle sinnvoll ist, den Verkündungstermin nochmals hinauszuschieben und die Parteien im Unklaren über den Inhalt der Entscheidung zu lassen. Dies gilt umso mehr unter dem Gesichtspunkt, dass die Verletzung der Formvorschrift des § 60 Abs. 4 S. 2 ArbGG weder das Urteil unwirksam macht, noch ein Rechtsmittel allein hierauf gestützt werden kann (*BAG* 22.12.2002 – 3 ABR 28/02; 25.9.2003 EzA § 69 ArbGG 1979 Nr. 3). In diesem Fall sollte daher § 60 Abs. 4 S. 3, 2. Hs. ArbGG entsprechend herangezogen werden, d. h. der Vorsitzende hat das unterschriebene Urteil ohne Tatbestand und Entscheidungsgründe der Geschäftsstelle binnen drei Wochen zu übergeben. Als zulässig sollte zumindest erachtet werden, dass die Parteien bereits im Kammertermin bei Anberaumung des Verkündungstermins zu Protokoll darauf verzichten können, dass das Urteil entsprechend § 60 Abs. 4 S. 2 ArbGG am Verkündungstermin voll abgefasst vorliegt. 520

Urteile, die im Kammertermin verkündet werden, sollen nach § 60 Abs. 4 S. 3 ArbGG ebenfalls binnen drei Wochen, vom Tag der Verkündung an gerechnet, vollständig abgefasst der Geschäftsstelle übergeben werden. Falls die Frist nicht eingehalten werden kann, ist vom Vorsitzenden das unterschriebene Urteil ohne Tatbestand- und Entscheidungsgründe der Geschäftsstelle zu übergeben und sind diese alsbald nachträglich anzufertigen, § 60 Abs. 4 S. 3 ArbGG. 521

Die Versäumung der Frist berührt die Wirksamkeit der Verkündung oder des verkündeten Urteils nicht und kann auch nicht einem allein darauf gestützten Rechtsmittel zum Erfolg verhelfen (*BAG* 11.6.1963 AP Nr. 1 zu 320 ZPO; 25.9.2003 EzA § 64 ArbGG 1979 Nr. 3). 522

### XI. Das Urteil

#### 1. Urteilsarten

Gem. § 46 Abs. 2 ArbGG gelten die §§ 300 ff. ZPO entsprechend. Es gibt daher auch im arbeitsgerichtlichen Verfahren Endurteile, § 300 ZPO, Teilurteile, § 301 ZPO, Vorbehaltsurteile, § 302 ZPO, sowie Zwischenurteile, § 303 ZPO, und Grundurteile, § 304 ZPO. 523

**Kapitel 15** — Urteils- und Beschlussverfahren

524  Eine Besonderheit sieht das Arbeitsgerichtsverfahren lediglich hinsichtlich der Grundurteile vor. In § 61 Abs. 3 ArbGG ist festgeschrieben, dass ein Zwischenurteil, welches über den Grund des Anspruchs vorab entscheidet, wegen des Rechtsmittels nicht als Endurteil anzusehen ist. Es kann daher erst zusammen mit dem Endurteil im Wege der Berufung angefochten werden (*BAG* 1.12.1975 EzA § 61 ArbGG Nr. 2). Diese von § 304 Abs. 2 ZPO abweichenden Regelung dient der Beschleunigung des Verfahrens.

525  Weist das ArbG eine Klage dem Grunde nach ab, so muss das Berufungsgericht, wenn es das Urteil aufhebt, sogleich auch über die Höhe des Anspruchs mitentscheiden, ohne insoweit die Sache an das ArbG zurückverweisen zu dürfen (*BAG* 8.2.1957 AP Nr. 1 zu 1 TVG Friedenspflicht).

526  Ebenfalls der Beschleunigung dient es, dass beim unzulässigen Erlass eines Teilurteils durch das ArbG das im Wege der Berufung angerufene LAG über die Klage insgesamt zu entscheiden hat und nicht wegen des nicht erledigten und beschiedenen Teils des Streitgegenstandes das Verfahren an das ArbG zurückverweisen kann (*BAG* 12.8.1993 EzA § 301 ZPO Nr. 3).

527  Durch den neuen § 128 Abs. 3 ZPO kann nunmehr auch im erstinstanzlichen arbeitsgerichtlichen Verfahren ein Urteil ohne mündliche Verhandlung ergehen, nämlich Kostenschlussurteile. Fraglich ist hierbei aber die funktionelle Zuständigkeit. Nach dem Wortlaut des §§ 53, 55 ArbGG müsste die Kammer die Entscheidung treffen, da es sich um ein Urteil und nicht um einen Beschluss handelt und ein Alleinentscheidungsrecht im Katalog des § 55 Abs. 1 ArbGG nicht aufgeführt ist. Aufgrund der ratio legis des § 128 Abs. 3 ZPO wird aber auch die Ansicht vertreten, dem Vorsitzenden käme in analoger Anwendung des § 53 Abs. 1 ArbGG ein Alleinentscheidungsrecht zu (*Schmidt/Schwab/Wildschütz* NZA 2001, 1162).

### 2. Inhalt des Urteils

528  Der Inhalt eines streitigen Urteils ergibt sich nach § 46 Abs. 2 ArbGG aus den §§ 313, 313a und 313b ZPO, sowie den Sonderbestimmungen der §§ 61, 9 Abs. 5 und 64 Abs. 3 ArbGG.

#### a) §§ 313 ff. ZPO

529  Das Urteil besteht gem. § 313 Abs. 1 ZPO aus Rubrum, Urteilstenor, Tatbestand und Entscheidungsgründen. Der Tenor der Entscheidung gliedert sich in drei oder vier Teile, den Entscheidungssatz, die Kostenentscheidung, die Festsetzung des Streitwerts, welcher nach § 61 Abs. 1 ArbGG immer festzusetzen ist, sowie ggf. die Entscheidung über die Berufung, § 64 Abs. 3a) ArbGG (s. Rdn. 549 ff.). **Eines Ausspruchs über die vorläufige Vollstreckbarkeit des Urteils bedarf es nicht, da sämtliche Urteile der ArbG vorläufig vollstreckbar sind, § 62 ArbGG, es sei denn die Vollstreckbarkeit wird ausnahmsweise aufgehoben.**

530  Bei der Erhebung einer Leistungsklage bedarf es daher keines Antrags, »das Urteil für vorläufig vollstreckbar zu erklären«.

531  Tatbestand und Entscheidungsgründe sollen unter Hervorhebung der gestellten Anträge **knapp und kurz** dargestellt werden, § 313 Abs. 2 ZPO. Zur Vermeidung unnötiger Schreibarbeit soll soweit möglich auf Akteninhalt, Schriftsätze, sowie auf Protokolle verwiesen werden. Die Durchführung einer Beweisaufnahme wird am Ende des Tatbestandes kurz vermerkt und bzgl. des Beweisthemas und des Beweisergebnisses im Übrigen auf das Sitzungsprotokoll und einen evtl. erlassenen Beweisbeschluss verwiesen.

532  Auf die Darstellung des Tatbestandes kann nach § 313a ZPO verzichtet werden, wenn gegen das Urteil unstreitig kein Rechtsmittel eingelegt werden kann. Sofern die Parteien einen Rechtsmittelverzicht erklären, kann auch auf die Entscheidungsgründe verzichtet werden (zu den Fristen vgl. § 313 Abs. 1 S. 2, Abs. 2, 3 ZPO). **Um den Parteien einen Anreiz zu geben, auf Tatbestand und Entscheidungsgründe zu verzichten, ermäßigt sich im Falle eines Verzichts die Verfahrensgebühr auf 0,4** (KV Nr. 8211). Keines Tatbestands und keiner Entscheidungsgründe bedarf es ferner bei Versäumnis-, Anerkenntnis- oder Verzichtsurteilen, § 313b ZPO.

A. Urteilsverfahren **Kapitel 15**

Das vollständige Urteil ist vom Kammervorsitzenden zu unterschreiben, § 60 Abs. 4 ArbGG, wobei 533
ein voller individualisierter Namenszug und nicht nur eine Paraphe nötig ist.

b) *Die Streitwertfestsetzung*

aa) *Bedeutung*

Nach § 61 Abs. 1 ArbGG hat das ArbG im Urteil den Streitwert festzusetzen. Fraglich ist, welche 534
Bedeutung dieser Streitwertfestsetzung zukommt.

Die Berufungsfähigkeit eines Urteils hängt nicht vom Streitwert, sondern vom Beschwerdewert ab, 535
§ 64 Abs. 2b) ArbGG. Eine vom Streitwert abhängige Vertretungsbeschränkung für Rechtsanwälte
gibt es nicht.

Nach der Rechtsprechung des *BAG* (13.1.1988, EzA § 12 ArbGG 1979 Nr. 64) **kommt der Streit-** 536
**wertfestsetzung eine mittelbare Bedeutung für die Rechtsmittelzulässigkeit zu.** In vermögensrechtlichen Streitigkeiten hängt die Berufungsfähigkeit von der Höhe des Wertes der Beschwer ab, welcher niemals höher sein kann als der Streitwert, den das ArbG im Urteil festgesetzt hat.

Für diese Meinung spricht, dass sich aus § 47 Abs. 1 und 2 GKG ergibt, dass das ArbGG von einem 537
unterschiedlichen Rechtsmittel- und Gebührenstreitwert ausgeht (*LAG RhPf* 15.5.1981 EzA § 61
ArbGG 1979 Nr. 8). Diese Meinung hatte insbes. ihre Berechtigung darin, dass das erkennende Gericht gem. § 318 Abs. 1 ZPO an seine Entscheidung gebunden war und auch das Berufungsgericht
gem. § 69 Abs. 2 a. F. ArbGG von dieser Streitwertfestsetzung nicht abweichen durfte.

§ 69 Abs. 2 ArbGG wurde allerdings durch Gesetz vom 26.6.1990 (BGBl. I S. 1206) geändert, wo- 538
mit fraglich ist, ob das LAG weiterhin an die Streitwertfestsetzung im arbeitsgerichtlichen Urteil gebunden ist, oder eine davon abweichende eigene Feststellung der Beschwer i. S. d. § 64 Abs. 2
ArbGG annehmen kann. Es wird deswegen die Auffassung vertreten, dass der Streitwertfestsetzung
im arbeitsgerichtlichen Urteil nur noch die Funktion zukommt, **eine Glaubhaftmachung des Be-
schwerdewertes gem. § 64 Abs. 5 ArbGG zu erübrigen** (vgl. GMPM-G/*Germelmann* § 61 Rn. 12).

Das *BAG* (16.5.2007 EzA § 61 ArbGG 1979 Nr. 20) hat nunmehr entschieden, dass das LAG bei 539
der Prüfung, ob der Wert des Beschwerdegegenstandes 600,– Euro übersteigt, von dem vom ArbG
festgelegten Streitwert auszugehen hat. Diese Bindung entfalle nur dann, wenn die Streitwertfestsetzung offensichtlich fehlerhaft erfolgte.

Folgt man dem BAG und billigt der Streitwertfestsetzung im Urteil zumindest eine mittelbare Bedeu- 540
tung für die Berufungsfähigkeit eines Urteils zu, muss die Streitwertfestsetzung im Urteilstenor erfolgen und nicht erst in den Entscheidungsgründen. Bei der Streitwertbemessung ist auf den Zeitpunkt der Urteilsfällung abzustellen (*LAG Brem.* 22.6.1959 AP Nr. 1 zu § 23 GKG).

Eine Streitwertfestsetzung ist nur dann erforderlich, wenn eine Berufung gegen ein Urteil überhaupt 541
statthaft ist, was nur bei Schluss-, Teil-, § 301 ZPO, Vorbehalts-, 302 ZPO, und Prozessurteilen der
Fall ist. Sie ist nicht notwendig in Zwischen- und Grundurteilen, da diese nach § 61 Abs. 3 ArbGG
einer Anfechtung durch eigenständige Berufung entzogen sind.

Die Streitwertfestsetzung nach § 61 Abs. 1 ArbGG ist ohne Bedeutung für die Berechnung der Ge- 542
bühren i. S. d. § 62 GKG (*LAG Nbg.* 7.2.1991 LAGE § 24 GKG Nr. 1; *LAG RhPf* 29.9.1992
LAGE § 24 GKG Nr. 2). Es besteht daher auch keine Bindungswirkung hinsichtlich der Rechtsanwaltsgebühren gem. § 32 RVG.

> Für die Berechnung der Gerichts- und Rechtsanwaltsgebühren können sich andere Streitwerte als 543
> für die Streitwertfestsetzung nach § 61 ArbGG ergeben, z. B. wenn im Laufe eines Verfahrens ein-
> zelne Streitgegenstände ausscheiden, so z. B. bei teilweiser Klagerücknahme, Teilvergleichen oder
> teilweiser Erledigung der Hauptsache. Ausgeschiedene Teile des Streitgegenstandes werden im,
> im Urteil festzusetzenden Streitwert nicht berücksichtigt. Es ist ein gesonderter Gebührenstreit-
> wert gem. § 63 Abs. 2 GKG festzusetzen. **Fehlt es an einer solchen Festsetzung, können die**

Rechtsanwälte nach § 32 Abs. 2 RVG aus eigenem Recht eine solche beantragen. Der festgesetzte Gebührenstreitwert ist dann auch für die Rechtsanwaltsgebühren maßgebend, § 32 Abs. 1 RVG. Sofern Gerichtsgebühren bei teilweiser Erledigung des Streitgegenstandes vor Fällung des Endurteils entfallen oder z. B. bei einem Vergleich oder einer Klagerücknahme Gerichtsgebühren nicht anfallen (s. Rdn. 640 ff.), ist der Gegenstandswert für die Prozessgebühren der Anwälte auf Antrag nach § 33 RVG festzusetzen (vgl. Einzelheiten und zu Verfahrensfragen *Creutzfeldt* NZA 1996, 956 ff., *Schwab/Maatje* NZA 2011, 769ff.).

#### bb) Anfechtbarkeit

544 Die Streitwertfestsetzung im Urteil nach § 61 Abs. 1 ArbGG ist nicht isoliert mit einem Rechtsmittel anfechtbar (*LAG RhPf* 4.2.1981 EzA § 61 ArbGG 1979 Nr. 6; *BAG* 2.3.1983 EzA § 64 ArbGG 1979 Nr. 12).

#### cc) Unterbliebene Streitwertfestsetzung

545 Fehlt es an einer Streitwertfestsetzung im arbeitsgerichtlichen Urteil, kann diese nicht gem. § 319 ZPO nachträglich durch Urteilsberichtigung erfolgen, da es sich nicht um eine offenbare Unrichtigkeit, sondern um eine Unvollständigkeit des Urteils handelt (GMPM-G/*Germelmann* § 61 Rn. 21). Es kann allerdings nach § 321 ZPO eine Urteilsergänzung erfolgen, wenn sie lediglich versehentlich unterblieben ist.

#### dd) Berechnung des Streitwerts

546 Maßgeblicher Zeitpunkt für die Berechnung des Streitwerts ist der Schluss der mündlichen Verhandlung. Nur der zu diesem Zeitpunkt noch sich im Prozess befindliche Streitgegenstand ist der Streitwertfestsetzung zugrunde zu legen. Beim Teilurteil bemisst sich der Streitwert nach dem Teil des Streitgegenstandes, über den im Teilurteil befunden wird.

547 Der Verfahrensstreitwert richtet sich nach den §§ 3 ff. ZPO, wobei für die Wertberechnung bei Rechtsstreitigkeiten über das Bestehen, das Nichtbestehen oder die Kündigung eines Arbeitsverhältnisses, sowie über wiederkehrende Leistungen die Sondervorschrift des § 42 GKG gilt.

548 ▶ **Beispiele** (vgl. auch *Berrisch* FA 2002, 230 ff.; *Dingeldey* Streitwerttabelle Beil. in Fa 11/2006; bzgl. der Gegenstandswerte im Beschlussverfahren s. Rdn. 1136):
– **Abmahnung:** i. d. R. ein Bruttomonatsgehalt (*LAG Hamm* 5.7.1984 EzA § 12 ArbGG 1979 Nr. 31; *LAG Frankf./M.* 1.3.1988 EzA § 12 ArbGG 1979 Nr. 60; *LAG Nbg.* 11.11.1992 NZA 1993, 430; *LAG Hmb.* 12.8.1991 LAGE § 12 ArbGG 1979 Streitwert Nr. 94; *LAG RhPf* 15.7.1986 LAGE § 12 ArbGG 1979 Streitwert Nr. 60; a. A. auch unter einem Gehalt, je nach Bedeutung *BAG* 16.5.2007 EzA § 61 ArbGG 1979 Nr. 20 = NZA 2007, 830). Wendet sich ein Arbeitnehmer in einem Prozess gegen mehrere Abmahnungen, so ist nach Ansicht des *LAG Bln.* (28.4.2003 LAGE § 8 BRAGO Nr. 54) jede Abmahnung für sich zu bewerten und ein Gesamtwert zu bilden. Das *LAG RhPf* (20.4.2007 – 1 Ta 67/07; 6.7.2010 – 1 Ta 135/10) differenziert danach, ob die Abmahnungen in einem engen zeitlichen Zusammenhang erfolgten, dann Erhöhung um 1/3 pro weitere Abmahnung und ob ein wirtschaftlicher oder tatsächlicher Zusammenhang besteht, dann keine Erhöhung.
– **Abrechnung:** 1 Bruttogehalt (*LAG Nbg.* 9.4.2002 LAGE § 286 ZPO Nr. 2, zit. nach FA 11/06 Streitwerttabelle); 10 % der Hauptforderung (*LAG Köln* 21.1.2002 – 5 Ta 22/02); 100–300 Euro (*LAG RhPf* 18.10.2007 – 1 Ta 305/07).
– **Altersteilzeitverlangen:** § 42 Abs. 4 GKG analog, d. h. 3 Bruttogehälter (*LAG Köln* 26.7.2003 – 6 Ta 183/03, zit. nach FA 11/06 Streitwerttabelle).
– **Arbeitspapiere:** Ansprüche auf Ausfüllung und Herausgabe 10 % des Bruttoarbeitslohnes pro Arbeitspapier (*LAG RhPf* 23.12.1993 – 2 Ta 9/94, n. v.; a. A. zwischen 150–300 € (*LAG Hamm* 7.9.2005 – 9 Ta 77/05, zit. nach FA 11/06 Streitwerttabelle; *LAG RhPf* 22.5.2009 – 1 Ta 105/09; 2.6.2009 – 1 Ta 98/09).

## A. Urteilsverfahren  Kapitel 15

- **Auflösungsantrag** nach § 9 KSchG neben Kündigungsschutzantrag: Zusätzlich 1 Bruttomonatsgehalt nach Ansicht des *LAG Bln.* (30.12.1999 LAGE § 12 ArbGG 1979 Nr. 119b; **a. A. h. M.** keine Gegenstandswerterhöhung (*LAG Nbg.* 29.8.2005 LAGE § 42 GKG 2004 Nr. 6; *LAG Düsseld.* 20.7.1987 LAGE § 12 ArbGG 1979 Streitwert Nr. 66; *LAG Hmb.* 19.9.2003 LAGE § 12 ArbGG 1979 Streitwert Nr. 131; KR/*Spilger* § 9 KSchG Rn. 94); jedenfalls nicht über die Höchstgrenze nach § 12 Abs. 7 ArbGG a. F., jetzt § 42 Abs. 4 GKG hinaus (*LAG Bra.* 17.4.2003 LAGE § 12 ArbGG 1979 Streitwert Nr. 129).
- **Auskunftsansprüche:** Wert des Hauptanspruches abzüglich 20 % (*BAG* 27.8.1986 AP Nr. 70 zu § 1 TVG Tarifverträge Bau); **a. A.** 30 % des Hauptanspruchs (*LAG RhPf* 1.3.2010 – 1 Ta 29/19).
- **Befreiung von einer Verbindlichkeit:** Der Wert dessen, weswegen der Kläger in Anspruch genommen wird (*BAG* 4.4.1960 AP Nr. 5 zu § 3 ZPO).
- **Begründung eines Arbeitsverhältnisses:** § 42 Abs. 4 GKG analog (*LAG SchlH* 13.7.2001 FA 2002, 88; *LAG Bln.* 6.3.2006 – 17 Ta 6042/06; *LAG RhPf* 26.7.2006 – 11 Ta 103/06).
- **Bestand eines Arbeitsverhältnisses:** § 12 Abs. 7 ArbGG a. F., jetzt § 42 Abs. 4 GKG höchstens drei Bruttomonatsgehälter. Nach der **früheren** Rechtsprechung des BAG (30.11.1984 EzA § 12 ArbGG 1979 Streitwert Nr. 36) ist i. d. R. bei einem Bestand des Arbeitsverhältnisses bis zu 6 Monaten von einem Monatsverdienst, bei 6 bis 12 Monaten von zwei Monatsverdiensten und ab 12 Monaten von drei Monatsverdiensten auszugehen (so immer noch *LAG RhPf* 28.12.2011 – 1 Ta 272/11; **a. A.** *LAG München* 13.1.1986 LAGE § 12 ArbGG 1979 Streitwert Nr. 51 ab 3 Monaten Beschäftigungszeit immer 3 Bruttomonatsgehälter; ähnlich *LAG Brem.* 28.2.1986, *LAG Nds.* 21.1.1986, *LAG Frankf.* 4.11.1985, *LAG Hmb.* 15.5.1990 LAGE § 12 ArbGG 1979 Nr. 49, 46, 45, 85). Entscheidend ist die Bestandsdauer zum Zeitpunkt des Zugangs der Kündigung (*LAG RhPf* 20.11.2008 – 1 Ta 206/08). **Nach neuer Rspr. des *BAG* (19.10.2010 – 2 AZN 194/10) kommt es auf die Dauer des Bestandes des Arbeitsverhältnisses hingegen nicht mehr an.** Danach ist i. d. R. der Gegenstandswert einer Kündigungsschutzklage immer auf drei Bruttogehälter festzusetzen, es sei denn aus dem Klageantrag ergibt sich, dass der Fortbestand des Arbeitsverhältnisses nur für einen kürzeren Zeitraum verlangt wird.
Maßgeblich ist dabei das Bruttogehalt, was der Arbeitnehmer nach der Kündigung bei Fortbestand des Arbeitsverhältnisses hätte beanspruchen können (*BAG* 19.3.1973 AP Nr. 20 zu § 12 ArbGG 1953). Hierbei sind Prämien, Jahressonderzahlungen etc. jedenfalls dann anteilig zu berücksichtigen, auch wenn sie noch nicht fällig sind, sofern sie regelmäßig als Entgelt gezahlt werden (*Ascheid* Rn. 671; *LAG Düsseld.* 28.6.1990, **a. A.** *LAG Köln* 18.7.1994 LAGE § 12 ArbGG 1979 Streitwert Nr. 84, 100; Schwab-Weth/*Vollstädt* § 12 Rn. 168).
- Werden **mehrere Kündigungen hintereinander** ausgesprochen, ist nach twA für die erste Kündigung höchstens ein Vierteljahresverdienst, für die weiteren entsprechend der folgenden Zeitdifferenz der Streitwert festzusetzen (*LAG Düsseld.* 27.11.1980 EzA § 12 ArbGG 1979 Streitwert Nr. 2; *LAG Hmb.* 7.8.1987 EzA § 12 ArbGG 1979 Streitwert Nr. 57; *LAG Brem.* 13.2.1987 LAGE § 12 ArbGG 1979 Streitwert Nr. 62; *LAG Thür.* 14.11.2000 – 8 Ta 134/00; *LAG Bln.* 10.4.2001 – 17 Ta 6852/01; 2.11.2005 – 17 Ta 6073/05; **a. A.** nur einmal der Höchstwert nach § 12 Abs. 7 ArbGG a. F., jetzt § 42 Abs. 4 GKG, mithin 3 Bruttomonatsgehälter (*BAG* 19.10.2010 EzA § 42 GKG 2004 Nr. 1; *LAG RhPf* st. Rspr. bis Juni 2007 z. B. 25.4.2001 – 2 Ta 619/01; 10.6.2003 – 7 Ta 861/03; *LAG Köln* 13.4.2006 EzA § 42 GKG 2004 Nr. 6; vgl. *Dörner* NzA 1987, 113 ff.). Nach **neuer Rspr. des *LAG RhPf*** (6.6.2007 – 1 Ta 105/07; 24.9.2007 – 1 Ta 220/07; 11.2.1010 – 1 Ta 13/10) ist zu differenzieren: Bei gleichem Kündigungssachverhalt und zeitlichem Zusammenhang kein eigener Gegenstandswert für weitere Kündigungen. Andernfalls werden die weiteren Kündigungen mit dem Betrag bewertet, der dem durchschnittlichen Verdienst des Arbeitnehmers bis zum Kündigungstermin der späteren Kündigung entspricht, maximal jedoch mit einem Monatsverdienst pro weiterer Kündigung; **a. A.** bei Angriff der Kündigung in verschiedenen Kündigungsschutzklagen jeweils eigene Streitwerte bis zu drei Bruttomonatsgehältern *LAG Hamm*

6.5.1982 EzA § 12 ArbGG 1979 Streitwert Nr. 15; vgl. auch *LAG Nbg.* 23.6.1987 EzA § 12 ArbGG 1979 Streitwert Nr. 55; *LAG Hmb.* 23.4.1987 EzA § 12 ArbGG 1979 Streitwert Nr. 52; *LAG Hessen* FA 1999, 123).

– Wird neben einem **Kündigungsschutzantrag** nach § 4 KSchG **ein allgemeiner Feststellungsantrag** nach § 256 ZPO gestellt, soll dieser zumindest so lange nicht streitwerterhöhend sein, bis tatsächlich eine Folgekündigung oder sein sonstiger Auflösungsgrund in das Verfahren einbezogen wird (*LAG Thüringen* 3.6.1996 LAGE § 12 ArbGG 1979 Streitwert Nr. 106; *LAG Köln* 12.12.1996 LAGE § 12 ArbGG 1979 Streitwert Nr. 108; *LAG Brem.* 29.2.2000 LAGE § 12 ArbGG 1979 Streitwert Nr. 120; *LAG RhPf* 8.5.2000 – 11 Ta 374/00; *LAG Düsseld.* 27.7.2000 LAGE § 19 GKG Nr. 17; *LAG Köln* 16.2.2005 LAGE § 42 GKG 2004 Nr. 4; *LAG RhPf* 6.6.2007 – 1 Ta 105/07; 22.5.2009 – 1 Ta 105/09).

– Werden neben einem **Feststellungsanspruch auf Bestehen oder Nichtbestehen eines Arbeitsverhältnisses** Vergütungsansprüche geltend gemacht, so findet keine Erhöhung des Streitwertes statt, wenn es sich um Vergütungsansprüche nach Ausspruch der Kündigung handelt (*LAG Nbg.* 21.7.1988 EzA § 12 ArbGG 1979 Streitwert Nr. 62; *LAG Brem.* 25.8.2005 LAGE § 42 GKG 2004 Nr. 5; a. A. *LAG Hessen* 1.8.1994 LAGE § 12 ArbGG 1979 Streitwert Nr. 80; 2.9.1999 LAGE § 12 ArbGG 1979 Streitwert Nr. 119a; *LAG München* 5.1.2004 – 4 Ta 228/03; *LAG Hmb.* 11.1.2008 – 8 Ta 13/07; *Sächs. LAG* 21.6.2007 LAGE § 42 GKG 2004 Nr. 7a). Es ist insofern von einer wirtschaftlichen Identität der Streitgegenstände auszugehen. Etwas anderes gilt allerdings dann, wenn die Leistungsansprüche in einem gesonderten Verfahren geltend gemacht werden oder der Leistungsantrag den Streitwert des Feststellungsantrags überschreitet. In diesem Fall ist der höhere Streitwert der beiden Klageanträge festzusetzen (*LAG RhPf* 15.3.2006 – 2 Ta 51/06; 17.7.2007 – 1 Ta 167/07). Bei zukünftig zu zahlendem Arbeitsentgelt hat das *LAG RhPf* (20.1.2009 – 1 Ta 1/09) eine Deckelung auf 1 Bruttomonatsgehalt vorgenommen, wenn der zusätzliche Zahlungsantrag ausschließlich von der Wirksamkeit der Kündigung abhängt. Handelt es sich um Vergütungsansprüche, die bereits vor Ausspruch der Kündigung entstanden sind, sind sie trotz § 42 Abs. 5 S. 2 GKG streitwerterhöhend zu berücksichtigen (*LAG Brem.* 25.8.2005 LAGE § 42 GKG 2004 Nr. 5; *LAG SA* 29.11.2006 – 1 Ta 156/06).

– Wird im anhängigen **Kündigungsschutzprozess** als **Hilfsantrag** ein **Zahlungsanspruch** aus einem **Sozialplan** oder wegen **Nachteilsausgleichs** nach § 113 Abs. 3 BetrVG geltend gemacht, soll nach einer Meinung keine Erhöhung des Streitwerts stattfinden (*LAG BW* 15.5.1990 – 8 Ta 51/90; *LAG Bln.* 3.3.2004 – 17 Ta 6138/03). Nach a. A. findet eine Addition der Streitwerte statt, wenn über die Hilfsanträge entschieden wird (*LAG Hmb.* 19.9.2003 – 4 Ta 16/03). Nach teilweise vertretener Ansicht ist i. d. F. der höhere Wert maßgeblich (*LAG BW* 4.2.2004 – 3 Ta 7/04).

– Der zusammen mit der **Kündigungsschutzklage** erhobene **Weiterbeschäftigungsanspruch** ist bei der Streitwertfestsetzung nach überwiegender Meinung mit ein bis zwei Monatsverdiensten zu berücksichtigen (eineinhalb Monatsverdienste *LAG Hamm* 7.12.1979 EzA § 12 ArbGG 1979 Nr. 1, zwei Monatsverdienste *LAG Düsseld.* 30.10.1980 EzA § 12 ArbGG 1979 Streitwert Nr. 1; *LAG Hamm* 15.10.1981 LAGE § 12 ArbGG 1979 Streitwert Nr. 6, ein Monatsverdienst *LAG BW* 27.1.1982 EzA § 12 ArbGG 1979 Streitwert Nr. 17; *LAG RhPf* 16.4.1992 LAGE § 12 ArbGG Nr. 98; 22.5.2009 – 1 Ta 105/09; 2.6.2004 – 2 Ta 113/04 auch für den Fall des unechten Hilfsantrages; *LAG Nds.* 25.5.2004 LAGE § 529 ZPO 2002 Nr. 1; *LAG Chemnitz* 14.6.1993 LAGE § 12 ArbGG 1979 Streitwert Nr. 97; *LAG Sachsen* 15.5.1997 LAGE § 12 ArbGG 1979 Streitwert Nr. 111; a. A. *LAG Hessen* 26.6.1997 LAGE § 19 GKG Nr. 16; *LAG Düsseld.* 27.7.2000 NZA 2001, 120; *LAG SchlH* 14.1.2003 – 2 Ta 224/02 – nur wenn auch über ihn entschieden wird, ist er streitwerterhöhend zu berücksichtigen).

– Bei **Änderungskündigungen** kommt es darauf an, ob der Arbeitnehmer das Änderungsangebot unter Vorbehalt angenommen hat oder nicht. Im ersteren Fall bemisst sich der Streitwert gem. § 42 Abs. 4 S. 2 GKG analog aus dem Unterschiedsbetrag zwischen dem früheren und dem geänderten Entgelt, bezogen auf drei Jahre, jedoch höchstens auf drei Bruttomonatsverdienste

## A. Urteilsverfahren
## Kapitel 15

(*LAG RhPf* 25.2.1991 LAGE § 12 ArbGG 1979 Streitwert Nr. 91; 25.7.2007 – 1 Ta 179/07; *LAG Köln* 26.1.2005 LAGE § 42 GKG 2004 Nr. 3; a. A. *LAG Bln.* 17.7.1998 LAGE § 12 ArbGG 1979 Streitwert Nr. 119; *LAG RhPf* 19.3.1999 – 6 Ta 48/99, höchstens 2 Bruttomonatsgehälter; a. A. *LAG RhPf* 11.6.2008 – 1 Ta 108/08, höchstens 1,5 Gehälter). Bei Ablehnung des Änderungsangebots handelt es sich um eine Beendigungskündigung, sodass § 42 Abs. 4 S. 1 GKG unmittelbar Anwendung findet (*BAG* 23.3.1989 EzA § 12 ArbGG 1979 Streitwert Nr. 64). Geht es bei der Änderungskündigung nicht um eine Entgeltminderung sondern z. B. um die Verlegung des Arbeitsorts sind 1,5 Gehälter anzusetzen (*LAG RhPf* 28.6.2010 – 1 Ta 117/10).
- **Betriebliche Altersversorgung**: Richtet sich nach § 42 Abs. 4 GKG, d. h. der dreifache Jahresbezug ist maßgebend.
- **Betriebsübergang**: eigener Streitwert bis zu 3 Monatsgehältern nach § 42 Abs. 4 GKG (*LAG Bln.* 5.1.2004 – 17 Ta 6122/03 – zit. nach FA 11/06 Streitwerttabelle).
- **Direktionsrecht**, Feststellungsklage wegen Überschreitens: 1 Bruttomonatsgehalt (*LAG Sachsen* 31.3.1999 LAGE § 12 ArbGG 1979 Streitwert Nr. 118).
- **Eingruppierungsstreitigkeiten**: § 42 Abs. 3 GKG, d. h. der dreifache Jahresbetrag der Differenz der derzeitigen zur begehrten Vergütungsgruppe (*LAG Bln.* 7.12.1987 EzA § 12 ArbGG 1979 Nr. 58).
- **Entfristungsklage**: § 42 Abs. 4 GKG, d. h. 3 Bruttogehälter (*LAG Nbg.* 1.8.2003 – 6 Ta 98/03, zit. nach FA 11/06 Streitwerttabelle).
- **Freistellung des Arbeitnehmers** bei Beendigung des Arbeitsverhältnisses: str.: *LAG Köln* 29.1.2002 – 7 Ta 285/01 – keine Erhöhung; *LAG Bln.* 11.3.1996 – 7 Ta 6/96, *LAG Düsseld.* 22.5.1995 – 7 Ta 166/95, *LAG RhPf* 19.6.2002 LAGE § 12 ArbGG 1979 Streitwert Nr. 127a; *LAG RhPf* 17.10.2008 – 1 Ta 192/08: 10 % der Vergütung im Freistellungszeitraum; *LAG Bln.* 1.10.2001 – 17 Ta 6136/01 – 10–50 %; *LAG Brem.* 8.10.1996 – 1 Ta 58/96, *LAG RhPf* 28.11.1984 – 1 Ta 232/84, *LAG SchlH* 20.5.1998 LAGE § 12 Streitwert Nr. 113: 25 %; *LAG Köln* 27.7.1995 – 13 Ta 144/95, *LAG SA* 20.9.1995 – 1 Ta 93/95: 100 %; *LAG Hmb.* 11.1.2008 – 8 Ta 13/07: 1 Bruttomonatsgehalt).
- **Geldforderungen**: Der eingeklagte Nominalbetrag, d. h. bei einer Bruttolohnforderung der Bruttobetrag, bei einer Nettoforderung der Nettobetrag.
- **Insolvenzfeststellungsklagen**: Nach § 182 InsO nach dem Betrag, der bei Verteilung der Insolvenzmasse für die bestrittene Forderung zu erwarten ist (*LAG RhPf* 1.3.2010 – 1 Ta 16/10).
- **Leistungsklage** auf wiederkehrende Leistungen: § 42 Abs. 3 GKG. Dies gilt selbst dann, wenn zum Zeitpunkt der Klageerhebung Rückstände geltend gemacht werden, die Betragsmäßig höher liegen (*BAG* 10.12.2002 EzA § 12 ArbGG 1979 Streitwert Nr. 68).
- **Nachträgliche Zulassung der Kündigungsschutzklage**: § 42 Abs. 4 GKG (*LAG Köln* 26.11.1999 – 11 Ta 348/99 – zit. nach FA 11/06 Streitwerttabelle).
- Werden in einem **Prozessvergleich bislang unstreitige Ansprüche** mitgeregelt, so sind sie bei der Gegenstandwertfestsetzung entweder gar nicht (*LAG RhPf* 3.4.1984 NZA 1984, 99; 24.9.2004 – 10 Ta 209/04; 21.8.2009 – 1 Ta 190/09) oder mit einem geringeren Wert in Ansatz zu bringen (*LAG Hmb.* 15.11.1994 LAGE § 12 ArbGG 1979 Streitwert Nr. 102; *Sächs. LAG* 14.3.2007 LAGE § 33 RVG Nr. 3; vgl. *Dingeldey* Streitwerttabelle Beil. in Fa 11/2006).
- **Rechtswegstreitigkeiten** nach § 17a GVG: halber Wert der Hauptsache (*BAG* 27.8.2003 – 5 AZB 45/03, zit. nach FA 11/06 Streitwerttabelle).
- **Urlaub, einstweilige Verfügung auf Erteilung**: Während der Dauer des Urlaubs anfallendes Urlaubsentgelt (*LAG Brem.* 22.10.2008 LAGE § 23 RVG Nr. 13).
- **Verringerung der Arbeitszeit** nach § 8 TzBFG: 2 Bruttomonatsgehälter (*ArbG Mönchengladbach* 30.5.2002 EzA § 8 TzBfG Nr. 1; *LAG Düsseld.* 12.11.2001 LAGE § 3 ZPO Nr. 14); Grundsätze der Streitwertfestsetzung bei Änderungskündigungen entsprechend (*LAG Bln.* 4.9.2001 – 17 Ta 6121/01; 9.3.2004 – 17 Ta 6006/03; *LAG Nds.* 14.12.2001 NZA 2002, 1303; *LAG Hmb.* 8.11.2001 LAGE § 12 ArbGG 1979 Streitwert Nr. 125); *LAG RhPf* 26.10.2007 – 1 Ta 242/07 höchstens 1,5 Gehälter *LAG RhPf* 28.4.2008 – 1 Ta 60/08);

nach § 15 Abs. 5–7 BEEG: Das dreifache Monatsentgelt der angestrebten Teilzeitarbeit (*LAG SA* 1.3.2004 LAGE § 42 GKG 2004 Nr. 1).
- **Versetzung:** 1–2 Gehälter (*LAG Bln.* 2.11.2005 – 17 Ta 6070/05, zit. nach Fa 11/06 Streitwerttabelle).
- **Weiterbeschäftigungsantrag nach § 78a BetrVG:** 2 Bruttomonatsgehälter (*LAG Köln* 20.2.2006 – 2 Ta 468/05).
- **Wettbewerbsunterlassung:** Wert der geschuldeten Karenzentschädigung (*LAG Düsseld.* 27.11.1980 EzA § 12 ArbGG 1979 Streitwert Nr. 2); Umfang des zu erwartenden Schadens, hilfsweise Wert der Karenzentschädigung (*LAG Nbg.* FA 2000, 195; *LAG Bln.* 28.5.2003 – 17 Ta 6046/03, zit. nach FA 11/06 Streitwerttabelle).
- **Zeugnis:** 1 Bruttomonatsgehalt (*LAG RhPf* 31.7.1991 NZA 1992, 524; 12.6.2007 – 1 Ta 135/07; *LAG Düsseld.* 26.8.1982 EzA § 12 ArbGG 1979 Streitwert Nr. 18; *LAG BW* 22.6.2009 LAGE § 63 GKG Nr. 2);
- **Zwischenzeugnis:** 1 Bruttomonatsgehalt (*LAG Düsseld.* 19.8.1999 7 Ta 238/99; *LAG BW* 22.6.2009 LAGE § 63 GKG 2004 Nr. 2); 2 Bruttomonatsgehälter (*LAG Sachsen* 19.10.2000 FA 2001, 215; *LAG RhPf* 18.1.2002 – 9 Ta 1472/01; $^1/_2$ Bruttogehalt *LAG RhPf* 2.4.2008 – 1 Ta 155/08).
- **Berichtigung eines Zeugnisses:** 1 Bruttomonatsgehalt minus Abschlag, je nach Bedeutung der Berichtigung (*LAG Köln* 29.12.2000 NZA 2001, 856).

### c) Zulassung der Berufung

#### aa) Allgemeines

**549** Eine Berufung gegen Urteile des ArbG ist nach § 64 Abs. 2 ArbGG bei Streitigkeiten über das Bestehen oder Nichtbestehen eines Arbeitsverhältnisses und in Kündigungsschutzverfahren grds. möglich, ansonsten nur statthaft, wenn der Beschwerdewert 600 € übersteigt. Bei einem Beschwerdewert von unter 600 € hat das ArbG die Berufung zuzulassen, wenn eine der in § 64 Abs. 3 ArbGG genannten Voraussetzungen erfüllt ist.

**550** Das Arbeitsgericht hat gem. § 64 Abs. 3a ArbGG die Entscheidung, ob es die Berufung zulässt oder nicht, im Tenor seines Urteils aufzunehmen. Wird dies versäumt, kann eine Ergänzung des Urteils binnen zwei Wochen ab Verkündigung beantragt werden. Diese Verpflichtung besteht wohl nur, wenn die Berufung nicht bereits kraft Gesetz zulässig ist. § 64 Abs. 3a ArbGG konkretisiert nur die Regelung des Abs. 3. Über den Antrag nach § 64 Abs. 3a ArbGG entscheidet das Gericht in voller Kammerbesetzung, d. h. unter Hinzuziehung derselben ehrenamtlichen Richter, die das Urteil gefällt haben (*BAG* 23.8.2011 – 3 AZR 650/09, NZA 2012, 37ff.).

**551** Die Zulassung der Berufung kann gegen das Urteil im Ganzen oder auch nur in Bezug auf einzelne abteilbare Streitgegenstände erfolgen, wenn über diese ein Teilurteil hätte ergehen können. In diesem Fall ist die Einschränkung der Zulassung bereits in der Urteilsformel zum Ausdruck zu bringen.

**552** Auch wenn der Streitwert des Urteils in einer Streitigkeit über 600 € liegt, bedarf es einer Entscheidung über die Zulassung der Berufung dann, wenn ersichtlich ist, dass eine Partei unter dem für das Urteil selbst festgelegten Streitwert beschwert ist und dieser Beschwerdewert unter 600 € liegt. Ohne eine Zulassung durch das ArbG ist in diesem Fall der Partei eine Berufungseinlegung verwehrt. Unterlässt das ArbG eine diesbezügliche Entscheidung, können die Parteien binnen 2 Wochen ab Verkündung eine Urteilsergänzung beantragen, § 64 Abs. 3a ArbGG. Über den Antrag entscheidet die Kammer des ArbG, was ohne mündliche Verhandlung geschehen kann.

**553** Ist die Berufung versehentlich nicht zugelassen worden, kann das Versäumnis nicht durch einen Beschluss nach den §§ 319, 321 ZPO nachgeholt werden. § 321 ZPO findet nur bei der Versäumung der Bescheidung von Sachanträgen Anwendung, jedoch nicht bei Prozessanträgen, da durch eine Urteilsergänzung die Rechtskraft des Urteils nicht angegriffen werden darf. Bei der versehentlichen

## A. Urteilsverfahren
## Kapitel 15

Nichtentscheidung über die Zulassung der Berufung handelt es sich auch nicht um eine offenbare Unrichtigkeit des Urteils i. S. d. § 319 ZPO (*BAG* 19.8.1986 EzA § 64 ArbGG 1979 Nr. 18).

### bb) Zulassungsgründe

**Die Zulassungsgründe sind in § 64 Abs. 3 ArbGG abschließend festgelegt. Liegen sie vor, hat das ArbG die Berufung zuzulassen; ihm steht insofern kein Ermessen zu.** 554

Die Berufung ist zuzulassen, wenn die Rechtssache **grundsätzliche Bedeutung** hat, § 64 Abs. 3 Nr. 1 ArbGG. Dies ist der Fall, wenn die Entscheidung sich nicht nur in der Regelung der Rechtsbeziehungen zwischen den streitenden Parteien erschöpft, sondern darüber hinaus **einen weiteren Personenkreis in rechtlicher oder wirtschaftlicher Hinsicht berührt**, d. h. mehr als ca. 20 Personen (GK-ArbGG/*Vossen* § 64 Rn. 66), wobei ausreichend ist, dass sich dieser im Bereich des LAG-Bezirks bewegt. Eine grundsätzliche Bedeutung liegt aber auch in diesem Fall nicht vor, wenn es bereits eine feststehende Rechtsprechung des BAG oder des einschlägigen LAG gibt, mit deren Aufrechterhaltung im Fall einer Berufung zu rechnen ist. Darüber hinaus soll auch bei geringfügigen Streitwerten die Zulassung der Berufung grds. ausgeschlossen sein (*Schaub* ArbGVerf § 44 Rn. 11). 555

Nach § 64 Abs. 3 Nr. 2 ArbGG ist die Berufung dann zuzulassen, wenn sie: 556
- Rechtsstreitigkeiten zwischen Tarifvertragsparteien aus Tarifverträgen oder über das Bestehen oder Nichtbestehen von Tarifverträgen betrifft,
- es um die Auslegung eines Tarifvertrages, dessen Geltungsbereich sich über den Bezirk eines ArbG hinaus erstreckt, geht, oder
- ein Streit zwischen tariffähigen Parteien oder zwischen diesen und Dritten aus unerlaubter Handlung besteht, soweit es sich um Maßnahmen zum Zwecke des Arbeitskampfes oder um Fragen der Vereinigungsfreiheit einschließlich des hiermit im Zusammenhang stehenden Betätigungsrechts der Vereinigung handelt.

Bei einem Streit nach § 64 Abs. 3 Nr. 2b ArbGG muss nicht die Auslegung des Tarifvertrages unmittelbar der Streitgegenstand sein, es genügt auch, wenn diese als Vorfrage für eine zu treffende Entscheidung relevant ist (GMPM-G/*Germelmann* § 64 Rn. 23). 557

Schließlich ist die Berufung nach § 64 Abs. 3 Nr. 3 ArbGG dann zuzulassen, wenn das ArbG **bei der Auslegung einer Rechtsvorschrift von einem anderen ihm vorgelegten Urteil abweichen will**, das für oder gegen eine Partei des Rechtsstreits ergangen ist, wobei auch ein Urteil gegen eine Rechtsvorgängerin einer Partei des anhängigen Rechtsstreits ausreichend ist (*Grunsky* § 64 Rn. 14). **Darüber hinaus ist bei einer Abweichung von den Rechtsgrundsätzen eines Urteils des direkt übergeordneten LAG die Berufung zuzulassen, wenn die Entscheidung auf dieser Abweichung beruht.** Hingegen zwingt eine Abweichung von einem Urteil eines anderen LAG oder des BAG nicht zur Zulassung, es sei denn, es liegt ein Fall des § 64 Abs. 3 Nr. 1 ArbGG vor. 558

### cc) Bindungswirkung

**Das LAG ist an eine Entscheidung des ArbG über die Zulassung der Berufung gebunden,** § 64 Abs. 4 ArbGG. Eine Ausnahme besteht dann, wenn das Urteil für sich genommen schon nicht rechtsmittelfähig ist, z. B. bei einem Zwischenurteil über den Grund gem. § 304 ZPO i. V. m. § 61 Abs. 3 ArbGG. Die Zulassungsentscheidung muss zur Herbeiführung der Bindungswirkung nicht begründet werden. Deswegen ist auch eine falsche Begründung, in der das ArbG unzutreffenderweise von einem Zulassungsgrund i. S. d. § 64 Abs. 3 ArbGG ausgegangen ist, für die Bindungswirkung unschädlich (GK-ArbGG/*Vossen* § 64 Rn. 75). 559

Weil das Gesetz, anders als bei der Nichtzulassung der Revision, § 72a ArbGG, keine Nichtzulassungsbeschwerde vorgesehen hat, ergibt sich, dass das LAG an die Entscheidung über die Nichtzulassung der Berufung durch das ArbG gebunden ist. 560

#### d) Rechtsmittelbelehrung

561 Nach § 9 Abs. 5 ArbGG hat jedes arbeitsgerichtliche Urteil eine Rechtsmittelbelehrung zu enthalten, auch wenn eine Berufungsmöglichkeit nicht besteht. Die Belehrungspflicht besteht gegenüber allen Parteien und sonstigen am Verfahren Beteiligten, z. B. Streithelfer oder Nebenintervenienten.

562 **Sie bezieht sich lediglich auf das regelmäßige Rechtsmittel der Berufung,** nicht auch auf die ggf. gegebene Möglichkeit, eine Sprungrevision oder Anschlussberufung einlegen oder die Wiederaufnahme des Verfahrens beantragen zu können (*BAG* 20.2.1997 EzA § 9 ArbGG 1979 Nr. 11).

563 Eine Rechtsmittelbelehrung muss nicht auf die Abhilfemöglichkeiten nach § 321a ZPO verweisen, da die Belehrungspflicht nach § 9 ArbGG nur Rechtsmittel im technischen Sinn umfasst, also nur bei solchen besteht, denen auch ein Devolutiveffekt zukommt (*Schmidt/Schwab/Wildschütz* NZA 2001, 1166).

564 Aus § 9 Abs. 5 S. 1 ArbGG ergibt sich, dass die Belehrung durch den Richter selbst erfolgen soll, denn sie muss in der Entscheidung enthalten sein. Allein die Belehrung durch die Geschäftsstelle reicht nicht aus. Der Richter muss mit seiner Unterschrift dokumentieren, dass er sich die Rechtsmittelbelehrung zu Eigen gemacht hat. Wo im Urteil die Rechtsmittelbelehrung erfolgen soll, schreibt das Gesetz nicht vor. I. d. R. wird sie mittels Formblatt den Entscheidungsgründen beigefügt. Dieses ist dann zu unterschreiben (*BAG* 1.3.1994 EzA § 9 ArbGG 1979 Nr. 7).

565 Die Belehrung muss das Rechtsmittel, das Adressatgericht mit vollständiger Anschrift, sowie die Rechtsmittelform (Schriftform oder Erklärung zu Protokoll der Geschäftsstelle) und -frist bezeichnen, § 9 Abs. 5 S. 3 ArbGG. Daneben muss die Notwendigkeit, sich vor dem LAG durch einen Rechtsanwalt vertreten zu lassen, mitgeteilt werden. Auf den notwendigen Inhalt der Rechtsmittelschrift und auf die bestehende Frist für die Begründung des Rechtsmittels muss sich die Belehrung nicht beziehen (*BAG* 5.9.1974 EzA § 232 ZPO Nr. 10; *LAG RhPf* 2.7.2002 LAGE § 233 ZPO n. F. Nr. 1). Eine Belehrung hat auch dann zu erfolgen, wenn die Partei bereits die erforderlichen Kenntnisse hat, z. B. weil sie sich durch einen Rechtsanwalt vertreten lässt.

566 Wurde dem Urteil eine unrichtige Rechtsmittelbelehrung beigelegt, kann dies nur dadurch geheilt werden, dass das Urteil nochmals mit einer richtigen Rechtsmittelbelehrung zugestellt wird. Alleine die Zusendung einer berichtigten Rechtsmittelbelehrung reicht nicht aus, da diese Bestandteil des Urteils selbst ist (*Schaub* ArbGVerf § 44 Rn. 36).

567 **Nach § 66 Abs. 1 ArbGG n. F. beginnt die Berufungsfrist spätestens fünf Monate nach Verkündung des Urteils,** unabhängig davon, ob es mit richtiger, falscher oder gar keiner Rechtsmittelbelehrung oder gar nicht zugestellt wurde. Wird eine falsche Rechtsmittelbelehrung gegeben, kommt ein Wiedereinsetzungsantrag nach § 233 ZPO in Betracht (*BAG* 28.10.2004 EzA § 66 ArbGG 1979 Nr. 38; 23.6.2005 EzA § 66 ArbGG 1979 Nr. 41).

#### e) Festsetzung einer Entschädigung, § 61 Abs. 2 ArbGG

##### aa) Antragstellung

568 Auf Antrag des Klägers hat das ArbG in seinem Urteil, welches die Verpflichtung zur Vornahme einer Handlung ausspricht, den Beklagten für den Fall, dass die Handlung nicht binnen einer festgesetzten Frist vorgenommen wird, zur Zahlung einer Entschädigung zu verurteilen, § 61 Abs. 2 ArbGG.

569 Die Vorschrift findet bzgl. aller Handlungen, die nach den §§ 887, 888 ZPO zu vollstrecken wären, Anwendung. Es handelt sich um einen Entschädigungsanspruch, sodass es unerheblich ist, ob die Zwangsvollstreckung im Einzelfall überhaupt zulässig wäre. Z. B. wäre im Fall der Verurteilung eines Arbeitnehmers zur Leistung von Diensten das Urteil gem. § 888 Abs. 2 ZPO nicht vollstreckbar, dennoch ist die Vorschrift des § 61 Abs. 2 ArbGG auch in diesem Fall anwendbar (GMPM-G/*Germelmann* § 61 Rn. 26).

A. Urteilsverfahren                                                                                           **Kapitel 15**

Der Antrag des Klägers muss die Fristsetzung sowie die Bezifferung der Entschädigung enthalten. 570
Allerdings ist es auch zulässig, dass der Kläger beides in das Ermessen des Gerichts stellt. Er muss
allerdings in seinem Antrag Hinweise zum möglichen Schaden geben, damit das Gericht diesen bewerten und die Höhe der Entschädigung gem. § 287 ZPO schätzen kann (GK-ArbGG/*Schütz* § 61
Rn. 35).

*bb) Fristsetzung*

Das Gericht hat dem Schuldner zur Erbringung der Handlung nach pflichtgemäßem Ermessen eine 571
Frist zu setzen. Dem Beklagten darf durch eine zu kurze Fristsetzung nicht von vornherein die Erfüllung des Hauptanspruchs unmöglich gemacht werden. Daneben ist die Berufungsfrist von einem
Monat nach Urteilszustellung zu beachten, sodass eine Frist unter einem Monat als zu kurz und unzulässig angesehen wird (*BAG* 5.6.1985 EzA § 4 TVG Bauindustrie Nr. 30).

*cc) Höhe der Entschädigungszahlung*

Die Entschädigung wegen unterlassener Auskunft ist nach der Rechtsprechung ca. 20 % niedriger 572
zu bewerten als der zu erwartende Zahlungsanspruch (*BAG* 5.6.1985 EzA § 4 TVG Bauindustrie
Nr. 30). Ob diese Ansicht dem Charakter des Anspruchs nach § 61 Abs. 2 ArbGG, bei dem es
sich um einen Schadensersatzanspruch für die Nichterbringung der geschuldeten Handlung handelt,
gerecht wird, wird in der Literatur zu Recht bestritten (GMPM-G/*Germelmann* § 61 Rn. 37). Es
erscheint sachgerechter, den Entschädigungsanspruch für den unterlassenen Auskunftsanspruch
auch möglichst nahe an den zu erwartenden Zahlungsanspruch anzugleichen, weswegen der Kläger
den Schadensumfang möglichst genau vortragen sollte.

*dd) Folgen der Fristversäumung*

**Nach Ablauf der Frist wandelt sich der Erfüllungsanspruch hinsichtlich der zu erbringenden** 573
**Handlung in einen Schadensersatzanspruch um, dies allerdings erst nach Rechtskraft des Urteils.**
Daher kann die zu erfüllende Handlung auch noch nach Zustellung des Urteils in der Rechtsmittelinstanz erbracht werden (*BAG* 28.10.1992 EzA § 61 ArbGG 1979 Nr. 17). Der Beklagte hat bis zur
Rechtskraft der Entscheidung die Wahl, ob er die Entschädigung zahlt oder die geforderte Handlung
erbringt.

Erfüllt der Schuldner die tenorierte Handlung, kann er dies im Fall der Zwangsvollstreckung der 574
festgesetzten Entschädigung mit der Vollstreckungsgegenklage nach § 767 ZPO geltend machen
(*BAG* 28.10.1992 EzA § 61 ArbGG 1979 Nr. 17). Nimmt der Gläubiger nach Ablauf der Frist
die geschuldete Handlung noch an, erlischt der Anspruch auf die zugesprochene Entschädigung.

Eine Vollstreckung des Urteils zur Erbringung einer Handlung ist ausgeschlossen, wenn gleichzeitig 575
für den Fall der Nichtleistung eine Entschädigung festgesetzt worden ist. Insofern kann nur die Entschädigung vollstreckt werden. Legt der Schuldner gegen das Urteil Berufung ein, kann der Entschädigungsanspruch vorläufig vollstreckt werden. Die Entschädigungszahlung muss im Fall des Obsiegens des Schuldners in der Berufungsinstanz zurückgezahlt werden.

Soweit dem Antrag auf Gewährung einer Entschädigung durch das Gericht nicht stattgegeben wird, 576
ist das Leistungsurteil auf Erbringung einer Handlung nach den allgemeinen Bestimmungen der
§§ 887, 888 ZPO zu vollstrecken.

*ee) Streitwert*

Der Streitwert des Verfahrens erhöht sich durch einen Antrag gem. § 61 Abs. 2 ArbGG nicht. Nach 577
§ 5 ZPO werden lediglich mehrere in einer Zahlungsklage geltend gemachten Ansprüche zusammengerechnet. Im Fall des § 61 Abs. 2 ArbGG handelt es sich allerdings um denselben Streitgegenstand, sodass sowohl dem Handlungs- als auch dem Entschädigungsanspruch kein selbstständiger
Wert zukommt (GMPM-G/*Germelmann* § 61 Rn. 33).

*ff) Einzelfälle*

578 In der Praxis ist die Stellung des Antrags nach § 61 Abs. 2 ArbGG insbes. dann sinnvoll, wenn Druck auf den Beklagten ausgeübt werden soll, die begehrte Handlung zu erbringen, da ihm sonst zumindest die vorläufige Vollstreckung des Entschädigungsanspruchs droht.
– **Arbeitspapiere:**
Zwar kann die Aushändigung der Arbeitspapiere nicht mit einem Antrag nach § 61 Abs. 2 ArbGG verbunden werden, da es sich hierbei um einen Herausgabeanspruch handelt, der gem. § 883 ZPO zu vollstrecken ist. Auf Herausgabeansprüche von Sachen findet § 61 Abs. 2 ArbGG keine Anwendung. Allerdings kann die Verurteilung zur Ausfüllung der Arbeitspapiere mit einem Entschädigungsanspruch gem. § 61 Abs. 2 ArbGG verbunden werden (vgl. zur Entschädigungspflicht; *LAG Frankf.* 25.6.1980 DB 1981, 535).
– **Abrechnungs- und Auskunftsansprüche:**
Insbesondere im Bereich der Provisionsansprüche, zu deren Geltendmachung eine Provisionsabrechnung oder eine Auskunft des Beklagten erforderlich ist, empfiehlt es sich, einen Antrag nach § 61 Abs. 2 ArbGG zu stellen (*BAG* 28.10.1992 EzA § 61 ArbGG 1979 Nr. 17).
– **Erbringung von Arbeitsleistung:**
bei der Verurteilung zur Erbringung von Arbeitsleistung handelt es sich um eine Verurteilung zur Erbringung einer unvertretbaren Handlung i. S. d. § 888 Abs. 1 ZPO. Obwohl diese gem. § 888 Abs. 2 ZPO nicht vollstreckbar ist, ist ein Antrag nach § 61 Abs. 2 ArbGG zulässig. Hierbei handelt es sich nicht um eine andere Art der Vollstreckung, sondern um eine Verurteilung zu einer Schadensersatzleistung.
– **Weiterbeschäftigungsanspruch:**
In Kündigungsschutzprozessen wird häufig ein Weiterbeschäftigungsanspruch des Arbeitnehmers geltend gemacht, der nach § 888 ZPO zu vollstrecken ist. Der Arbeitgeber muss dem Arbeitnehmer einen Arbeitsplatz zur Verfügung stellen. Daher findet § 61 Abs. 2 ArbGG auch für diese Fallkonstellation Anwendung; da Voraussetzung ist, dass dem Arbeitnehmer durch die zeitweise Nichtbeschäftigung ein Schaden entsteht, ist dieser im Einzelnen darzulegen (vgl. *Opolony* FA 2001, 66 ff.).
– **Zeugniserteilung:**
Beim Anspruch auf Ausstellung und Erteilung eines Zeugnisses und auch auf dessen Berichtigung handelt es sich um eine unvertretbare Handlung i. S. d. § 888 ZPO (vgl. *LAG Frankf.* 25.6.1980 DB 1981, 534), ein Antrag nach § 61 Abs. 2 ArbGG ist daher möglich.

### 3. Mitteilungspflicht in Tarifsachen

579 Nach § 63 ArbGG hat das ArbG rechtskräftige Urteile, die in bürgerlichen Rechtsstreitigkeiten zwischen Tarifvertragsparteien aus dem Tarifvertrag oder über das Bestehen oder Nichtbestehen des Tarifvertrages ergangen sind, alsbald der zuständigen obersten Landesbehörde und dem Bundesminister für Arbeit und Sozialordnung in einer Abschrift zuzusenden. Sofern die oberste Landesbehörde die Landesjustizverwaltung ist, ist zusätzlich eine Urteilsabschrift an die oberste Arbeitsbehörde des Landes zu senden.

580 Grund hierfür ist, dass nach § 9 TVG die Rechtskraft der arbeitsgerichtlichen Entscheidung über § 325 ZPO hinaus nicht nur zwischen den Parteien des Rechtsstreits gilt, sondern erweitert ist (vgl. *Wiedemann/Oetker* TVG § 9 Rn. 38 ff.). Es soll sichergestellt werden, dass die Entscheidung für jedermann jederzeit zugänglich ist.

581 Verfahrensbeendende rechtskräftige Vergleiche unterliegen nach der Vorschrift des § 63 ArbGG keiner Übersendungspflicht.

## A. Urteilsverfahren

### 4. Zustellung des Urteils

#### a) Allgemeines

Unter Zustellung wird die Übergabe eines Schriftstücks an den Zustellungsempfänger in der vorgeschriebenen gesetzlichen Form verstanden, die beurkundet sein muss. 582

Gem. § 46 Abs. 2 ArbGG finden die §§ 166 ff., 208 ff. ZPO Anwendung, sofern das ArbGG keine Sonderbestimmungen enthält. 583

#### b) Zustellungsfrist

Nach § 50 Abs. 1 ArbGG sind Urteile binnen drei Wochen seit Übergabe an die Geschäftsstelle zuzustellen, § 317 Abs. 1 S. 3 ZPO ist nicht anwendbar, d. h. auch auf Antrag der Parteien darf die Zustellung nicht hinausgeschoben werden. Beide Vorschriften dienen dem im Arbeitsgerichtsprozess geltenden Beschleunigungsgrundsatz, § 9 Abs. 1 S. 1 ArbGG. Die Zustellungsfrist von drei Wochen beginnt, sobald der Vorsitzende das vollständig abgefasste und geschriebene Urteil unterschrieben an die Geschäftsstelle übergeben hat. 584

#### c) § 50 Abs. 2 ArbGG

§ 50 Abs. 2 ArbGG gleicht die Rechtsstellung der Verbandsvertreter an diejenige der Rechtsanwälten an. Die Zustellung ist nur dann wirksam, wenn sie auch an den richtigen Zustellungsempfänger erfolgt. Bei Streitgenossen muss an jeden gesondert zugestellt werden (*BAG* 26.6.1975 EzA § 187 ZPO Nr. 1). 585

Ist ein Prozessbevollmächtigter bestellt, hat die Zustellung an ihn zu erfolgen, § 171 ZPO. Eine Zustellung an die Partei ist nicht möglich und unwirksam (MünchArbR/*Brehm* § 390 Rn. 81). Es genügt, dass sich aus den Umständen eindeutig ergibt, dass ein Vertretungsverhältnis besteht, auch wenn keine förmliche Vertretungsanzeige beim Gericht eingegangen ist (*BAG* 14.11.1962 AP Nr. 9 zu § 322 ZPO). § 176 ZPO findet allerdings nicht auf den Unterbevollmächtigten Anwendung (*BAG* 12.3.1964 AP Nr. 1 zu § 176 ZPO). Hat eine Behörde einen Prozessbevollmächtigten bestellt, so kann nur diesem gegenüber wirksam zugestellt werden (GMPM-G/*Germelmann* § 50 Rn. 18). Bezüglich der Möglichkeiten der Ersatzzustellung gelten die Vorschriften der §§ 181 bis 185 ZPO. 586

#### d) Amts-, Parteizustellung

Die Zustellung erfolgt von Amts wegen durch die Geschäftsstelle. Nach § 50 Abs. 2 ArbGG ist der Kreis der eine Zustellung bewirkenden Personen erweitert und den Erfordernissen der Arbeitsgerichtsbarkeit entsprechend angepasst worden. Die Zustellung kann danach durch den Urkundsbeamten der Geschäftsstelle bewirkt werden oder durch einen von ihm beauftragten Beamten oder Angestellten des Gerichts. Die Beauftragung kann dabei generell oder auch nur für den Einzelfall erfolgen, wobei eine Schriftform der Beauftragung empfehlenswert ist, damit diese im Streitfall nachweisbar ist. 587

**Ob die Amtszustellung auch Voraussetzung für die Zwangsvollstreckung ist, d. h. § 50 Abs. 1 ArbGG als lex specialis § 750 Abs. 1 S. 2 ZPO vorgeht, ist streitig** (*LAG Frankf.* 29.8.1985 LAGE § 50 ArbGG 1979 Nr. 1). Dagegen spricht, dass der Gesetzgeber in § 50 Abs. 1 ArbGG nur § 317 Abs. 1 S. 3 ZPO für nicht anwendbar erklärt hat, nicht jedoch auch die Vorschrift des § 750 Abs. 1 S. 2 ZPO. 588

Gleiches gilt bei der Zustellung eines Vollstreckungsbescheids, der einem Versäumnisurteil gleich steht, § 700 Abs. 1 ZPO. Auch hier ist streitig, ob die Zustellung des Vollstreckungsbescheids im Parteibetrieb, wie sie in § 699 Abs. 4 S. 2 ZPO vorgesehen ist, im arbeitsgerichtlichen Verfahren zulässig ist (so GK-ArbGG/*Schütz* § 50 Rn. 68; **a. A.** GMPM-G/*Germelmann* § 50 Rn. 8). 589

Nicht notwendig durch öffentliche Zustellung, sondern im Parteibetrieb, sind ohne mündliche Verhandlung durch Beschluss erlassene Arrestbefehle und einstweilige Verfügungen, §§ 922 Abs. 2, 590

936 ZPO, sowie Prozessvergleiche, wenn aus ihnen eine Zwangsvollstreckung betrieben werden soll, §§ 794 Abs. 1 Nr. 1, 795, 750 Abs. 1 ZPO, zuzustellen.

591 Auf welchem Wege die Zustellung erfolgt, liegt grds. im Ermessen des Urkundsbeamten der Geschäftsstelle. Der Kammervorsitzende kann allerdings Anweisungen hinsichtlich der Art der Zustellung verfügen, da er grds. alle Handlungen, die dem Urkundsbeamten zugewiesen sind, selbst durchführen kann. In der Praxis wird er bei außergewöhnlichen und schwierigeren Zustellungen, z. B. bei Ersatzzustellungen, bei Auslandszustellungen, sowie bei öffentlichen Zustellungen, §§ 183 ff. ZPO, zumindest begleitend tätig.

## 5. Urteilsberichtigung, Urteilsergänzung

### a) Urteilsberichtigung

592 Unterläuft dem Gericht ein Schreibfehler, ein Rechenfehler oder eine ähnliche offenbare Unrichtigkeit, kann das Urteil nach § 319 ZPO berichtigt werden, wobei gleichgültig ist, welcher Teil des Urteils fehlerhaft ist. Auch der Tenor kann berichtigt werden, selbst wenn er in sein Gegenteil verkehrt wird, z. B. wenn die Parteien versehentlich verwechselt worden sind (*Schaub* ArbGVerf § 47 Rn. 3; a. A. *LAG Düsseld.* 7.11.1991 NZA 1992, 427).

593 Eine offenbare Unrichtigkeit liegt dann vor, wenn das eigentlich Gewollte vom Erklärten abweicht. Keine Unrichtigkeit liegt hingegen bei einer fehlerhaften Willensbildung vor, es sei denn, es handelt sich um einen Rechenfehler, der korrigiert werden kann. Die Unrichtigkeit ist offenbar, wenn sie sich aus dem Zusammenhang des Urteils oder der Vorgänge bei Erlass oder Verkündung des Urteils ergibt (*BAG* 29.8.2001 EzA § 319 ZPO Nr. 3).

594 Die Urteilsberichtigung kann zu jeder Zeit von dem Gericht, welches die Entscheidung erlassen hat, vorgenommen werden, wobei nicht die gleiche Richterbesetzung notwendig gegeben sein muss. Sie erfolgt durch Beschluss, der auf den einzelnen Urteilsausfertigungen vermerkt werden muss.

595 Gegen den Berichtigungsbeschluss ist die sofortige Beschwerde an das LAG gegeben. Eine Ablehnung der Berichtigung ist hingegen nicht rechtsmittelfähig, § 319 Abs. 3 ZPO.

596 Fehlt es an einer **Streitwertfestsetzung** im Urteil, kann diese regelmäßig nicht durch Beschluss nach § 319 ZPO berichtigt werden (s. Rdn. 545). Ausnahmsweise kann etwas anderes dann gelten, wenn sie mit verkündet wurde, jedoch versehentlich nicht im schriftlichen Urteilstenor oder den Entscheidungsgründen aufgenommen worden ist (GK-ArbGG/*Schütz* § 61 Rn. 27).

597 Eine Tatbestandsberichtigung kommt unter den Voraussetzungen des § 320 ZPO in Betracht.

### b) Urteilsergänzung

598 Nach § 321 ZPO kann ein Urteil ergänzt werden, wenn versehentlich über einen Haupt- oder Nebenantrag einer Partei oder über die Kosten ganz oder teilweise nicht entschieden worden ist. Es geht also nicht um die Berichtigung eines fehlerhaften, sondern eines lückenhaften Urteils. **Ein Ergänzungsurteil kann nur auf Antrag, der binnen zwei Wochen** nach Zustellung des Urteils gestellt werden muss, ergehen, § 321 Abs. 2 ZPO.

599 Es ist in diesem Fall auf Antrag eine mündliche Verhandlung anzuberaumen, § 321 Abs. 3 ZPO, wobei das Gericht nicht in gleicher Besetzung erneut zusammentreten muss. Bei dem Ergänzungsurteil handelt es sich um ein selbstständig mit Rechtsmitteln angreifbares Teilurteil, das unabhängig vom Hauptteil angegriffen werden kann. Enthält es lediglich eine Entscheidung über die Kosten, ist § 99 ZPO zu beachten.

600 Eine unterbliebene Streitwertfestsetzung kann analog § 321 ZPO im Wege einer Urteilsergänzung erfolgen (s. Rdn. 545). Hingegen kommt ein Ergänzungsurteil für den Fall, dass nicht darüber befunden wurde, ob die Berufung zugelassen wird oder nicht, nur in Betracht, wenn dies in der 2-wöchigen Antragsfrist nach § 64 Abs. 3a S. 2 ArbGG beantragt wird (vgl. für den Fall der Nichtzulas-

## A. Urteilsverfahren   Kapitel 15

sung der Revision: *BAG* 26.9.1980 EzA § 72 ArbGG 1979 Nr. 2, vgl. Rdn. 550, 553), da insofern in die Rechtskraft des Urteils eingegriffen werden würde (s. Rdn. 550).

### 6. Zwangsvollstreckung aus arbeitsgerichtlichen Urteilen

#### a) Vorläufige Vollstreckbarkeit

##### aa) Grundsätzlich von Gesetzes wegen

Nach § 62 Abs. 1 ArbGG sind die Urteile des ArbG, gegen die Einspruch oder Berufung zulässig ist, vorläufig vollstreckbar. Eines diesbezüglichen eigenen Ausspruchs im Urteil bedarf es nicht (*Groeger* NZA 1994, 251 ff.). — 601

Sinn und Zweck dieser Regelung ist es, die Vollstreckbarkeit der arbeitsgerichtlichen Urteile zu beschleunigen. Voraussetzung ist, dass das Urteil einen vollstreckungsfähigen Inhalt hat. Dies ist bei Feststellungsurteilen nicht der Fall, bei Leistungsurteilen dann, wenn die Leistung genau beschrieben und bestimmt ist. — 602

▶ **Beispiele:** — 603
- Die Verurteilung des Arbeitgebers zur Zahlung eines Bruttolohnes ist inhaltlich bestimmt genug und einer Vollstreckung zugänglich. Der Arbeitgeber ist verpflichtet, den gesamten Bruttolohn an den Arbeitnehmer zu zahlen. Hat er nach dem Schluss der mündlichen Verhandlung Steuern und Sozialversicherungsabgaben abgeführt, hat er dies durch eine Quittung nach § 775 Nr. 4 ZPO dem Vollstreckungsorgan nachzuweisen, welches die Zwangsvollstreckung betreibt (vgl. *BAG* 14.1.1964 AP Nr. 20 zu 611 BGB Dienstordnungs-Angestellte; s. Rdn. 271).
- Ebenfalls bestimmt genug ist der Antrag auf Zahlung eines Bruttoentgelts abzüglich eines bereits erhaltenen Nettobetrages (*BAG* 15.11.1978 AP Nr. 14 zu 611a BGB).
- Kein vollstreckungsfähiger Inhalt, da vom Gerichtsvollzieher nicht nachprüfbar, ist die Verurteilung zu einem Bruttobetrag »abzüglich erhaltenen Arbeitslosengeldes«. Der in Abzug zu bringende Betrag muss zahlenmäßig genau bestimmt sein.
- Bei Leistungsurteilen auf Weiterbeschäftigung muss sich aus dem Titel ergeben, unter welchen Bedingungen die Arbeitsleistung zu erfolgen hat. Sofern im Tenor lediglich tenoriert ist». . . zu unveränderten Arbeitsbedingungen« reicht dies nur dann aus, wenn sich aus den Entscheidungsgründen ergibt, wie diese Arbeitsbedingungen waren (s. Rdn. 235 f.).

Unter § 62 Abs. 1 S. 1 ArbGG fallen auch Urteile, durch die ein Arbeitsverhältnis gem. den §§ 9, 10 KSchG aufgelöst und der Arbeitgeber zur Zahlung einer Abfindung verurteilt worden ist (*BAG* 9.12.1987 EzA § 9 KSchG a. F. Nr. 22). — 604

##### bb) Aufhebung des Urteils

Wird bei einem Leistungsurteil das klagestattgebende Urteil später aufgehoben, endet die vorläufige Vollstreckbarkeit automatisch mit der sich aus § 717 ZPO ergebenden Rechtsfolge. Die nunmehr ggf. zugunsten des Vollstreckungsschuldners entstehenden Entschädigungsansprüche können im Wege der Inzidentklage im selben Verfahren geltend gemacht werden (*BAG* 17.7.1961 AP Nr. 1 zu 717 ZPO). Dies gilt selbst noch im Revisionsverfahren. — 605

##### cc) Ausschluss der vorläufigen Vollstreckbarkeit

Auf Antrag ist die vorläufige Vollstreckbarkeit vom ArbG gem. § 62 Abs. 1 S. 2 ArbGG auszuschließen, wenn der Beklagte glaubhaft macht, dass die Vollstreckung ihm einen nicht zu ersetzenden Nachteil bringen würde. — 606

Die gegenseitigen Interessen der Parteien sind abzuwägen. Hierbei ist zum einen zu berücksichtigen, dass nach der gesetzgeberischen Intention die Zwangsvollstreckung aus den arbeitsgerichtlichen Urteilen grds. zügig erfolgen und nicht durch die Einlegung eines Rechtsmittels verzögert werden sollte. — 607

Insbesondere bei Zahlungsansprüchen eines Arbeitnehmers ist dies zur Sicherung seines Lebensunterhalts regelmäßig notwendig. Auf der anderen Seite sind die Belange des Beklagten zu berücksichtigen, die wirtschaftlichen Auswirkungen einer vorläufigen Vollstreckung, die Gefahr, dass diese selbst bei Obsiegen im Rechtsmittelverfahren nicht mehr rückgängig gemacht werden kann. Deswegen sind die Erfolgsaussichten bei Einlegung eines Rechtsmittels mitzuberücksichtigen (*LAG Düsseld.* 4.10.1979 EzA § 62 ArbGG 1979 Nr. 1; 7.3.1980 EzA § 62 ArbGG 1979 Nr. 2; 20.3.1980 EzA § 62 ArbGG 1979 Nr. 3). Ein nicht zu ersetzender Nachteil ist insbes. dann gegeben, wenn durch eine Vollstreckung nicht wieder gut zu machende Schäden auf Seiten des Beklagten entstehen würden.

608 ▶ **Beispiele:**
- Ansprüche auf Unterlassung von Wettbewerb sind zumindest dann vorläufig vollstreckbar zu halten, wenn es sich um zeitlich begrenzte Wettbewerbsverbote handelt, die bis zum Ablauf eines Rechtsmittelverfahrens gegenstandslos sein würden (*BAG* 22.6.1972 AP Nr. 4 zu 719 ZPO).
- Beim Anspruch auf Weiterbeschäftigung stellt der bloße Nachteil auf Arbeitgeberseite, nicht frei handeln zu können, noch keinen nicht zu ersetzenden Nachteil dar, zumal der Arbeitgeber für zu zahlendes Entgelt eine Arbeitsleistung erhält (*BAG* 27.2.1985 EzA § 611 BGB Beschäftigungspflicht Nr. 9).
- Bei der Verurteilung zur Vornahme, Duldung oder Unterlassung einer Handlung liegt ein nicht zu ersetzender Nachteil nur dann vor, wenn die befürchteten Schäden bei einer vorläufigen Vollstreckung so hoch sind, dass nicht zu erwarten ist, dass sie vom Arbeitnehmer im Fall eines Obsiegens des Arbeitgebers in höherer Instanz ersetzt werden könnten (*LAG RhPf* 5.1.1981 EzA § 62 ArbGG 1979 Nr. 5).
- Ein nicht zu ersetzender Nachteil besteht bei zu vollstreckenden Geldforderungen nur dann, wenn von der Vermögenslosigkeit des Vollstreckungsgläubigers auszugehen ist (*LAG Düsseld.* 20.12.1981 LAGE § 62 ArbGG 1979 Nr. 13). Allein der Umstand, dass ein Arbeitnehmer arbeitslos ist, Prozesskostenhilfe gewährt bekommen hat oder dass eine Rückforderung auf Schwierigkeiten stoßen könnte, reicht hierfür nicht aus (*LAG Brem.* 30.11.1992 LAGE § 62 ArbGG 1979 Nr. 19). Ebenso wenig genügt es, dass der Kläger ausländischer Arbeitnehmer ist, weswegen die Gefahr besteht, dass eine Zwangsvollstreckung im Ausland im Fall eines Rückzahlungs- oder Entschädigungsanspruches nach § 717 ZPO schwierig zu vollziehen wäre (*LAG Brem.* 25.10.1992 EzA § 62 ArbGG 1979 Nr. 9). Es muss vielmehr die konkrete Gefahr bestehen, dass sich der Vollstreckungsgläubiger einer evtl. Rückzahlungs- oder Entschädigungsverpflichtung durch Flucht ins Ausland entziehen will.
- Bei einer Sachpfändung und anschließender Versteigerung kann sich ein nicht zu ersetzender Nachteil daraus ergeben, dass die Pfandsache nur weit unter Wert verkauft werden kann. In diesen Fällen kann der Ausschluss der Zwangsvollstreckung auf bestimmte Vollstreckungsmaßnahmen beschränkt werden (*BAG* 24.9.1958 AP Nr. 2 zu § 719 ZPO).

609 **Der Ausschluss der Zwangsvollstreckung nach § 62 Abs. 1 S. 2 ArbGG im Urteil erfolgt immer ohne Sicherheitsleistung.** Die Anordnung einer Sicherheitsleistung durch das Gericht ist unzulässig (*Schaub* ArbGVerf § 46 Rn. 10). Die Entscheidung hat in der Urteilsformel zu erfolgen und muss in den Entscheidungsgründen begründet werden, gleichgültig ob sie dem Antrag stattgibt oder ihn ablehnt. Sie ist nur zusammen mit dem Urteil anfechtbar. Wird der Antrag versehentlich nicht beschieden, ist er durch Ergänzungsurteil gem. § 321 ZPO zu bescheiden. Eine zwar beschlossene Entscheidung, die versehentlich nicht mit in den Tenor aufgenommen worden ist, kann nach § 319 ZPO im Wege der Urteilsberichtigung in ihn eingefügt werden.

### b) Die Einstellung der Zwangsvollstreckung

610 Nach § 62 Abs. 1 S. 3 ArbGG kann die Zwangsvollstreckung nach Erlass des Urteils in den Fällen der §§ 707 Abs. 1, 719 Abs. 1 ZPO **nachträglich** eingestellt werden. Auch in diesen Fällen ist Voraussetzung, dass die beklagte Partei glaubhaft macht, dass die Vollstreckung ihr einen nicht zu er-

setzenden Nachteil bringen würde (s. Rdn. 607 f.). Nach Ansicht des *LAG Berlin-Brandenburg* (23.8.2007 LAGE § 62 ArbGG Nr. 33) kann ein solcher Antrag dann nicht mit Erfolg gestellt werden, wenn der Schuldner es versäumt hat, im erstinstanzlichen Verfahren einen Schutzantrag nach § 62 Abs. 1 S. 2 ArbGG zu stellen, es sei denn, die Gründe, auf die der Einstellungsantrag gestützt wird, lagen im Zeitpunkt der letzten mündlichen Verhandlung vor dem Arbeitsgericht noch nicht vor oder konnten aus anderen Gründen nicht vorgetragen und glaubhaft gemacht werden.

Die Einstellung der Zwangsvollstreckung kann nur ohne Sicherheitsleistungen angeordnet werden, §§ 62 Abs. 1 S. 4 ArbGG, 707 Abs. 1 S. 1 ZPO (*LAG Frankf.* 27.11.1985 LAGE § 62 ArbGG 1979 Nr. 12). Die Entscheidung ergeht durch unanfechtbaren Beschluss. **611**

Zu treffen hat sie das Gericht, das für die Bescheidung des Rechtsbehelfs zuständig ist, d. h. bei einem Einspruch gegen ein Versäumnisurteil oder einen Vollstreckungsbescheid das ArbG durch den Kammervorsitzenden, §§ 53 Abs. 1 S. 1, 55 Abs. 1 Nr. 6 ArbGG. Im Fall der Berufung entscheidet das LAG durch den dortigen Vorsitzenden, §§ 64 Abs. 7, 53 Abs. 1, 55 Abs. 1 Nr. 1 ArbGG. Wird ein Antrag auf Wiedereinsetzung in den vorherigen Stand bzw. auf Wiederaufnahme des Verfahrens gestellt, hat derjenige Vorsitzende die Entscheidung zu treffen, in dessen Kammer über die Hauptsache zu befinden ist. **612**

**Die Entscheidung des Gerichts ist grds. unanfechtbar, § 707 Abs. 2 ZPO, es sei denn, es liegt ein Fall der »greifbaren Gesetzwidrigkeit« vor** (vgl. *LAG RhPf* 4.12.1992 – 9 Ta 236/92; *LAG Hessen* 4.3.2002 LAGE § 62 ArbGG 1979 Nr. 27; a. A. *Zöller/Herget* § 707 Rn. 22, der nur eine Gegenvorstellung und bei Nichtabhilfe eine Verfassungsbeschwerde für zulässig erachtet). In diesem Fall ist das Rechtsmittel der sofortigen Beschwerde gegeben, § 793 ZPO. Nach **a. A.** soll eine sofortige Beschwerde bereits dann zulässig sein, wenn die Grenzen des Ermessens überschritten werden (*LAG Düsseld.* 31.3.1982 EzA § 62 ArbGG 1979 Nr. 6; 26.8.1982 EzA § 62 ArbGG 1979 Nr. 8). Gegen diese Meinung spricht der Wortlaut des § 707 Abs. 2 S. 2 ZPO. Auch eine Rechtsbeschwerde ist nicht statthaft, selbst wenn sie vom LAG nach § 574 Abs. 1 Nr. 2 ZPO – fälschlich – zugelassen worden ist (*BAG* 5.11.2003 EzA § 62 ArbGG 1979 Nr. 12). **613**

Nach abweisender Entscheidung kann jedoch ein erneuter Antrag gestellt werden, wenn neue Tatsachen vorgebracht werden, die eine Einstellung rechtfertigen. Das Gericht kann auch auf Grund einer Gegenvorstellung, neuer Antragstellung oder sonstiger Anregung seine Entscheidung jederzeit abändern (GMPM-G/*Germelmann* § 62 Rn. 48). **614**

### c) Einstellung nach § 769 ZPO

Bei Vollstreckungsabwehrklagen, § 767 ZPO, und Klagen gegen die Vollstreckungsklausel, § 768 ZPO, kann das Prozessgericht auf Antrag gem. § 769 ZPO die vorläufige Einstellung der Zwangsvollstreckung anordnen. Streitig ist hierbei, ob auch in diesem Fall § 62 Abs. 1 S. 3 ArbGG Anwendung findet, d. h. eine Einstellung der vorläufigen Zwangsvollstreckung nur ohne Sicherheitsleistung angeordnet werden kann (so *LAG Bln.* 28.4.1986 EzA § 62 ArbGG 1979 Nr. 16; *LAG Köln* 12.6.2002 LAGE § 62 ArbGG 1979 Nr. 28). Dagegen spricht der Wortlaut des § 62 Abs. 1 S. 3 ArbGG der nur die Fälle der § 707 Abs. 1 und des § 719 Abs. 1 ZPO erwähnt (GMPM-G/*Germelmann* § 62 Rn. 50). Das Gleiche gilt im Fall der Einstellung der vorläufigen Zwangsvollstreckung in den Fällen des §§ 732 Abs. 2, 766 Abs. 1 S. 2 und 768 ZPO. **615**

Der Beschluss, der die Zwangsvollstreckung vorläufig einstellt, ist grundsätzlich analog § 707 Abs. 2 S. 2 ZPO nicht mit der sofortigen Beschwerde anfechtbar, es sei denn die Grenzen des Ermessens wurden verkannt oder es liegt eine sonstige greifbare Gesetzeswidrigkeit vor (s. Rdn. 613). **616**

### XII. Das Vollstreckungsverfahren

Die Zwangsvollstreckung richtet sich gem. § 62 Abs. 2 ArbGG nach den §§ 704 ff. ZPO. Das ArbG tritt im Rahmen der Zwangsvollstreckung lediglich dann in Erscheinung, wenn nach den zivilprozessualen Vorschriften das Prozessgericht Vollstreckungsorgan ist. **617**

# Kapitel 15

## 1. Vollstreckung durch den Gerichtsvollzieher

**618** Geldforderungen sind gem. §§ 803 bis 882a ZPO durch den Gerichtsvollzieher zu vollstrecken; Gleiches gilt für die Zwangsvollstreckung bzgl. der Herausgabe von Sachen, §§ 883 bis 898 ZPO, z. B. Herausgabe von Arbeitspapieren oder der Rückgabe von Arbeitswerkzeugen.

**619** Der Gerichtsvollzieher hat § 11 GKG zu beachten, d. h. er darf **keine Gebührenvorschüsse** erheben. Er muss die erwachsenden Gebühren mit vollstrecken, § 29 Nr. 4 GKG. Misslingt die Vollstreckung, haftet der Antragsteller nach § 22 GKG für die Gebühren. Gegen die Entscheidung des Gerichtsvollziehers ist die Erinnerung an das Amtsgericht als Vollstreckungsgericht gegeben, §§ 764, 766 ZPO.

## 2. Vollstreckung durch das Amtsgericht

**620** Das Amtsgericht wird als Vollstreckungsgericht tätig, wenn es um die Vollstreckung in Forderungen geht, §§ 828 ff. ZPO, z. B. bei Rechtsstreitigkeiten zwischen Pfändungsgläubiger und Drittschuldner. § 11 GKG findet Anwendung, **Kostenvorschüsse** sind nicht zu erheben (s. Rdn. 619). In erster Linie hat es Pfändungs- und Überweisungsbeschlüsse zu erlassen. Hierbei ist bei der Pfändung von Arbeitseinkommen ausreichend, dass im Pfändungs- und Überweisungsbeschluss die Forderung so bestimmt wird, dass für einen Dritten kein Zweifel am Gegenstand der Zwangsvollstreckung besteht. I. d. R. genügt dabei die Angabe, dass »das Arbeitseinkommen« gepfändet wird (*BAG* 12.9.1979 AP Nr. 10 zu § 850 ZPO). **Von einem solchen Pfändungs- und Überweisungsbeschluss wird auch der Abfindungsanspruch des Arbeitnehmers nach § 9 KSchG mit umfasst** (*BAG* 12.9.1979 AP Nr. 10 zu § 850 ZPO), auch wenn es sich bei der Abfindung selbst nicht um Arbeitseinkommen handelt. Ebenfalls umfasst von einer solchen Pfändung sind Sozialplanabfindungen und Ansprüche auf Grund des § 113 BetrVG (GMPM-G/*Germelmann* § 62 Rn. 67).

**621** Bei der Pfändung von Arbeitseinkommen sind die Pfändungsfreigrenzen der §§ 850 ff. ZPO zu beachten. Die Schutzvorschriften der §§ 850 ff. ZPO finden allerdings dann keine Anwendung, wenn der Arbeitgeber eine Schadensersatzforderung auf Grund vorsätzlicher Handlung zu vollstrecken sucht (*BAG* 16.6.1960 AP Nr. 8 zu 394 BGB).

**622** Die Beschlüsse des Amtsgerichts als Vollstreckungsgericht sind mit der Erinnerung nach § 766 ZPO angreifbar.

## 3. Vollstreckung durch das ArbG

**623** Das ArbG wird als Vollstreckungsgericht in den Fällen der §§ 887, 888 und 890 ZPO tätig, d. h. wenn es um die Verurteilung zu einer vertretbaren oder unvertretbaren Handlung geht und im Fall der Vollstreckbarerklärung eines Anwaltsvergleiches nach § 796b ZPO.

### a) § 887 ZPO

**624** Zur Durchführung des Verfahrens nach § 887 ZPO ist ausschließlich das Prozessgericht des ersten Rechtszugs zuständig, § 802 ZPO. **Dies gilt auch für die Vollstreckung eines Urteils der Rechtsmittelinstanz.** Vor der Vollstreckung ist dem Schuldner rechtliches Gehör zu gewähren. Eine Androhung der Ersatzvornahme und der Auferlegung der Kosten sieht § 887 ZPO nicht vor, empfiehlt sich aber in der Praxis, da dadurch der Vollstreckungsschuldner u. U. dazu gebracht werden kann, seiner Verpflichtung aus dem Titel nachzukommen. Eine mündliche Verhandlung ist nicht erforderlich, § 891 ZPO. Die Entscheidung ergeht durch Beschluss, in dem auch die Kostenentscheidung nach § 788 ZPO enthalten ist. **Bis zur Durchführung der Ersatzvornahme kann der Schuldner noch seiner Verpflichtung aus dem Titel nachkommen.**

**625** Da diese Beschlüsse i. d. R. außerhalb der mündlichen Verhandlung ergehen, ist der Kammervorsitzende des ArbG nach § 53 Abs. 1 S. 1 ArbGG zuständig. Wird ausnahmsweise auf Grund einer mündlichen Verhandlung entschieden, sind die Beschlüsse von allen teilnehmenden Richtern zu unterzeichnen (*LAG Düsseld.* 8.3.1979 EzA § 929 ZPO Nr. 1). Der Beschluss des ArbG ist mit der sofortigen Beschwerde, § 793 ZPO, zu richten an das LAG, anfechtbar.

Häufige Fälle einer Vollstreckung nach § 887 sind: 626
- die Vollstreckung der Erteilung einer Abrechnung, sofern diese auch durch Dritte erfolgen kann. Bezüglich der Lohnabrechnung gilt dies nach neuer Rspr. des BAG nicht (*BAG* 7.9.2009 EzA § 888 ZPO 2002 Nr. 1).
- die Reparatur von Sachen.

### b) § 888 ZPO

Die Vollstreckung unvertretbarer Handlungen erfolgt nach § 888 ZPO. **Auch hier ist eine Androhung der Zwangsmittel nicht notwendig, jedoch sinnvoll, da der Vollstreckungsschuldner sowieso zur Gewährung des rechtlichen Gehörs anzuschreiben ist.** Im Hinblick auf § 888 Abs. 2 ZPO darf dies aber nicht in Form eines Beschlusses erfolgen, da ansonsten das Rechtsmittel der sofortigen Beschwerde zulässig und begründet sein soll (*LAG Düsseld.* 16.3.2000 LAGE § 888 ZPO Nr. 43). 627

Der Antrag des Vollstreckungsgläubigers braucht weder ein bestimmtes Zwangsmittel noch eine bestimmte Höhe eines festzusetzenden Zwangsgeldes bzw. eine bestimmte Dauer der Zwangshaft zu benennen. 628

Der Höchstbetrag eines Zwangsgeldes beträgt 25.000 €, § 888 Abs. 1 S. 2 ZPO. Die Höhe der Zwangshaft wird nicht festgesetzt, sondern nur unbestimmt angeordnet. Sie ist im Fall der Nichtbeitreibbarkeit des Zwangsgeldes durch Beschluss nachträglich im Verhältnis zum Zwangsgeld festzusetzen. Zulässig ist es allerdings auch, bereits hilfsweise für den Fall der Nichtbeitreibbarkeit des Zwangsgeldes die Dauer der Haft genau zu bestimmen. Eine Verhängung von Zwangsgeld und Haft nebeneinander ist unzulässig. 629

**Der Zwangsgeldfestsetzungsbeschluss ist dem Gläubiger zuzustellen, der die Zwangsvollstreckung einzuleiten hat, welche dann von Amts wegen durch den Gerichtsvollzieher durchzuführen ist. Die Vollstreckung der Zwangshaft geschieht durch Haftbefehl des Prozessgerichts, §§ 904 bis 913 ZPO.** Ein eingezogenes Zwangsgeld verfällt der Staatskasse. Bis zu seiner Vollstreckung kann der Vollstreckungsschuldner noch der Verpflichtung aus dem Titel nachkommen. **Das Zwangsgeld ist in diesem Fall nicht zu entrichten, da ihm nur Beugefunktion und keine Straffunktion zukommt.** 630

▶ **Beispiele:** 631

Vollstreckung eines Titels auf Entfernung einer Abmahnung aus der Personalakte (*LAG Frankf.* 9.6.1993 NZA 1994, 288);
- die Erteilung von Auskünften, z. B. zur Berechnung von Provisionen bei vermittelten Aufträgen, zur Berechnung von Prämien bei erwirtschaftetem Umsatz;
- die Gewährung von Einsicht, z. B. in Gehaltslisten, Bewerberlisten, Personalakten;
- die Vollstreckung eines Weiterbeschäftigungsanspruches (*LAG Brem.* 21.2.1983 EzA § 62 ArbGG 1979 Nr. 10; *LAG Frankf.* 11.3.1988 EzA § 888 ZPO Nr. 5). Auch bei der Vollstreckung eines Weiterbeschäftigungsanspruches ist das Zwangsgeld in einem einheitlichen Betrag festzusetzen und nicht etwa für jeden Tag der Nichtbeschäftigung (*LAG Bln.* 5.7.1985 NZA 1986, 36);
- Erteilung oder Berichtigung eines Zeugnisses.

Die Zwangsvollstreckung eines Titels, der auf die Erbringung einer Arbeitsleistung aus einem Dienstvertrag gerichtet ist, ist nach § 888 Abs. 2 ZPO nicht möglich. Der Anspruch kann nur im Urteilsverfahren, nicht im Kostenfestsetzungsverfahren geltend gemacht werden (*BAG* 16.11.2005 NZA 2006, 343). 632

▶ – Erteilung einer Entgeltabrechnung (*BAG* 7.9.2009 EzA § 888 ZPO 2002 Nr. 1).

*c) § 890 ZPO*

633 Die Vollstreckung eines Titels auf Duldung oder Unterlassung erfolgt nach § 890 ZPO durch das ArbG als Prozessgericht. Hierunter fallen insbes. Unterlassungsverpflichtungen aus Wettbewerbsverboten.

634 **Im Fall der Vollstreckung nach § 890 ZPO ist dem Vollstreckungsschuldner vorab im Rahmen der Gewährung des rechtlichen Gehörs die beabsichtigte Festsetzung des Zwangsgeldes bzw. die beabsichtigte Zwangshaft gem. § 890 Abs. 2 ZPO anzudrohen**, sofern die Androhung nicht bereits im Urteil enthalten ist. Gegen den Beschluss findet das Rechtsmittel der sofortigen Beschwerde an das LAG statt, § 793 ZPO. Der Beschluss wird von Amts wegen vollstreckt, das Ordnungsgeld vom Rechtspfleger beigetrieben. Zuständige Vollstreckungsbehörde ist der Vorsitzende des Prozessgerichts.

*d) § 796b ZPO*

635 Aufgrund des Gesetzes zur Neuregelung des Schiedsverfahrensrechts v. 22.12.1997 (BGBl. I S. 3224) wurden die früher in § 1044b ZPO geregelten Bestimmungen in das achte Buch der ZPO, dort als §§ 796a–796c ZPO verpflanzt. Über § 62 Abs. 2 ArbGG ist damit nunmehr auch im Arbeitsgerichtverfahren eine Vollstreckbarerklärung eines Anwaltsvergleiches möglich. Hierfür zuständig ist bei einer Regelung über einen zur Arbeitsgerichtsbarkeit gehörenden Streitgegenstand das Arbeitsgericht, welches für die Geltendmachung des Anspruchs zuständig wäre, § 796b Abs. 1 ZPO. Zu hinterlegen ist der Vergleich allerdings immer beim Amtsgericht, § 796a Abs. 1 ZPO (vgl. *Düwell* FA 1998, 212; *Voit/Geweke* NZA 1998, 400 ff.).

### 4. Rechtsbehelfe

636 Über eine Erinnerung nach § 766 ZPO hat das Vollstreckungsgericht, d. h. regelmäßig das Amtsgericht zu befinden. Vollstreckungsabwehrklagen aus arbeitsgerichtlichen Urteilen oder Vergleichen hat das ArbG als Prozessgericht des ersten Rechtszugs zu bescheiden. Dies gilt auch für vom ArbG für vollstreckbar erklärte Schiedssprüche nach den §§ 107, 108 ArbGG (s. Kap. 16 Rdn. 22 ff.) und für Vergleiche vor den Innungsausschüssen nach § 111 Abs. 2 S. 6 und 7 ArbGG (s. Kap. 16 Rdn. 36). Drittwiderspruchsklagen nach § 771 ZPO sind hingegen regelmäßig vom Amtsgericht zu bescheiden (GMPM-G/*Germelmann* § 62 Rn. 75).

637 Gegen die Entscheidungen des ArbG, die durch Beschluss ergehen, findet die sofortige Beschwerde nach § 793 ZPO statt. Eine Ausnahme besteht für Beschlüsse des Prozessgerichts, welche die Zwangsvollstreckung nach 769 ZPO vorläufig einstellen. Diese sind grds. nach § 707 Abs. 2 S. 2 ZPO unanfechtbar (*LAG Hamm* 26.5.1988 LAGE § 769 ZPO Nr. 1; *LAG Bln.* 21.6.1989 LAGE § 769 ZPO Nr. 2; *LAG Köln* 14.2.1990 LAGE § 769 ZPO Nr. 3).

## XIII. Kosten und Gebühren des erstinstanzlichen Verfahrens

### 1. Gerichtskosten und -gebühren

638 Für nach dem 1.7.2004 anhängig gemachte Verfahren gelten die neuen Bestimmungen im GKG, welche durch das Kostenrechtsmodernisierungsgesetz für alle Gerichtsbarkeiten geschaffen worden sind Die Regelungen in § 12 Abs. 1–5a und 7 ArbGG a. F. sind gestrichen worden (Art. 4 Abs. 24 KostRMoG; vgl. bzgl. deren Inhalt die Vorauflage).

*a) Kostenvorschüsse*

639 Kostenvorschüsse sind weiterhin im Verfahren vor den Arbeitsgerichten nicht zu entrichten, § 11 GKG. Die Fälligkeit der Gebühren richtet sich nach den Regelungen der §§ 6 Abs. 4 i. V. m. 9 GKG. Sie werden danach grds. mit Beendigung der Instanz fällig.

## A. Urteilsverfahren

### b) Kostenhaftung

Grds. haftet der Antragsteller im arbeitsgerichtlichen Verfahren nicht. Ausnahmen bestehen, wenn kein Entscheidungs- oder Übernahmeschuldner vorhanden ist, § 29 Abs. 1, 2 GKG. 640

### c) Kostenhöhe

Die bisherige Höchstgrenze von 500,– € für eine Gebühr nach § 12 Abs. 2 ArbGG a. F. ist entfallen. Die Höhe der Gebühr richtet sich nunmehr nach § 34 GKG und der dazu ergangenen Anlage 2 zum GKG. 641

Die Verfahrensgebühr beträgt grds. 2,0 (KV Nr. 8210 Abs. 1). Auslagen des Gerichts sind nach dem Teil 9 des KV zu erstatten (Nr. 9000 ff.). 642

### d) Kostenprivilegierungen

Die Verfahrensgebühr entfällt bei Beendigung des Verfahrens ohne streitige Verhandlung, sofern kein Versäumnisurteil ergeht und bei übereinstimmender Erledigungserklärung, sofern keine Entscheidung über die Kosten ergehen muss oder sich die Parteien bzgl. der Kostentragungspflicht vorab verständigt haben (KV Nr. 8110 Abs. 2). 643

Die Verfahrensgebühr reduziert sich auf 0,4 bei Klagerücknahme vor dem Schluss der mündlichen, aber nach streitiger Verhandlung. Weitere Voraussetzung ist, dass keine Entscheidung nach § 269 Abs. 3 ZPO ergehen muss oder sich die Parteien über die Kostentragungslast zuvor verständigt haben. Gleiches gilt bei Anerkenntnis-, Verzichts- oder Urteilen, bei denen nach § 313a Abs. 2 ZPO kein Tatbestand und keine Entscheidungsgründe zu fertigen sind und übereinstimmender Erledigungserklärungen nach § 91a ZPO ohne Kostenentscheidung oder vorheriger Einigung der Parteien über die Kostentragungslast (KV Nr. 8211). 644

### e) Selbstständige Gebühren

Das Gericht kann eine Verzögerungsgebühr in den Fällen des § 38 GKG festsetzen und erheben (KV Nr. 8700). In Arrest- und Verfahren zum Erlass einer einstweiligen Verfügung werden gesondert Gebühren erhoben (0,4–2 Gebühren vgl. KV Nr. 8310 f.). Gleiches gilt für selbstständige Beweisverfahren (0,6 Gebühr, KV Nr. 8400). 645

## 2. Außergerichtliche Kosten

### a) Grundsätzlich keine Kostenerstattung

Im erstinstanzlichen Urteilsverfahren besteht nach § 12a Abs. 1 ArbGG kein Anspruch der obsiegenden Partei auf Entschädigung wegen Zeitversäumnis und auf Erstattung der Kosten für die Hinzuziehung eines Prozessbevollmächtigten oder Beistandes. 646

Unter Urteilsverfahren sind dabei alle Verfahren zu verstehen, bei denen die §§ 91 ff. ZPO Anwendung finden, also auch das Mahn-, Arrest- und einstweilige Verfügungsverfahren, nicht hingegen das Zwangsvollstreckungsverfahren. Sinn und Zweck des § 12a Abs. 1 S. 1 ArbGG ist es, das Risiko für den Kläger für den noch bevorstehenden Prozess einzuschränken, weil er nicht befürchten muss, falls sich der Beklagte durch einen Rechtsanwalt vertreten lässt, im Fall des Unterliegens dessen Gebühren tragen zu müssen. Ein solches Risiko besteht im Zwangsvollstreckungsverfahren hinsichtlich eines möglichen Unterliegens nicht mehr (*LAG Bln.* 17.2.1986 LAGE § 9 KSchG Nr. 1). Hierbei ist zu beachten, dass eine Vollstreckungsabwehrklage nach § 767 ZPO dem Erkenntnisverfahren zugerechnet wird und nicht dem Vollstreckungsverfahren. Gleiches gilt für Anträge auf Erlass eines Arrestes oder einer einstweiligen Verfügung (GMPM-G/*Germelmann* § 12a Rn. 27). 647

**Der Ausschluss der Kostenerstattung umfasst sowohl den prozessualen als auch den materiellrechtlichen Kostenerstattungsanspruch.** Dies bedeutet, dass keine Kostenerstattung, auch nicht mit einer selbstständigen Klage, begründet mit materiellem Recht, z. B. auf Grund von Schadens- 648 ersatzbestimmungen, geltend gemacht werden kann (*BAG* 30.4.1992 EzA § 12a ArbGG 1979 Nr. 9). Ansonsten würde der Sinn und Zweck der Bestimmung, nämlich das erstinstanzliche Arbeitsgerichtsverfahren zu verbilligen, unterlaufen werden können. Ausnahmsweise kann etwas anderes dann gelten, wenn ein Prozess nur deswegen geführt wird, um der anderen Partei Kosten zu verursachen und damit Schaden zuzufügen (*BAG* 30.4.1992 EzA § 12a ArbGG 1979 Nr. 9; *Sächs. LAG* 16.11.2007 LAGE § 826 BGB 2002 Nr. 2).

### b) Ausnahme: § 840 Abs. 2 ZPO

649 Etwas anderes gilt allerdings bei der Drittschuldnerklage nach § 840 Abs. 2 S. 2 ZPO. Danach steht dem Gläubiger ein Schadensersatzanspruch zu, der nichts mit einem prozessuellen Erstattungsanspruch zu tun hat. Grundlage des Schadensersatzanspruchs ist es, dass der Drittschuldner schuldhaft den Gläubiger von einer nicht bestehenden Zahlungspflicht nicht ordnungsgemäß unterrichtet hat, und deswegen diesem ein Schaden entstanden ist. § 12 Abs. 1 ArbGG will jedoch lediglich den prozessualen Kostenerstattungsanspruch nach den §§ 91 ff. ZPO abbedingen, nicht jedoch einen Drittschuldner vor Kosten schützen, die er einem Dritten, im vorliegenden Fall dem Pfändungsgläubiger, durch eigenes schuldhaftes Verhalten zugefügt hat (*BAG* 16.5.1990 EzA § 840 ZPO Nr. 3).

### c) Umfang des Kostenerstattungsausschlusses

#### aa) Anwaltskosten und Zeitversäumnis

650 Ausgeschlossen ist die Erstattung der der obsiegenden Partei entstandenen Kosten, die durch die Hinzuziehung eines Prozessbevollmächtigten entstanden sind. Umfasst werden sowohl Kosten von Rechtsanwälten als auch von dritten Personen, z. B. Verbandsvertretern oder Beiständen. Unter Kosten sind dabei Gebühren und Auslagen der Prozessbevollmächtigten zu verstehen.

651 **Etwas anderes gilt nur dann, wenn durch die Beauftragung eines Prozessbevollmächtigten mindestens gleich hohe erstattungsfähige Kosten der Partei** (s. Rdn. 653 ff.) **selbst eingespart werden.** In diesem Fall sind die Rechtsanwaltsgebühren und die entstandenen Auslagen bis zur Höhe der ersparten erstattungsfähigen Kosten der Partei zu ersetzen (*LAG Köln* 15.10.1982 EzA § 91 ZPO Nr. 3; *LAG Düsseld.* 10.4.1986 LAGE § 12a ArbGG 1979 Nr. 6). Es sind daher die hypothetisch entstandenen erstattungsfähigen Kosten der Partei zu errechnen und mit den Gebühren und Auslagen des beauftragten Rechtsanwalts zu vergleichen.

652 Ausgeschlossen ist auch eine Entschädigung wegen **Zeitversäumnis** der obsiegenden Partei. Hierunter fällt auch ein erlittener Verdienstausfall oder eine Abgeltung von notwendig genommenem Urlaub zur Wahrnehmung eines Gerichtstermins, zur Anfertigung von Schriftsätzen oder Aufsuchung eines Prozessbevollmächtigten.

#### bb) Notwendige Kosten der Rechtsverfolgung

653 Nicht von § 12a Abs. 1 ArbGG ausgeschlossen und daher erstattungsfähig sind die sonstigen einer Partei notwendig entstandenen Kosten, z. B. die durch die **Terminwahrnehmung** tatsächlich entstandenen Kosten für **Übernachtung, Fahrtauslagen** oder **Verpflegungsgelder**. Die Höhe der Erstattung erfolgt entsprechend dem JVEG (*Diller/Kern* FA 2008, 258 ff.). Die Partei ist gehalten, die Kosten möglichst gering zu halten.

654 Darüber hinaus sind erstattungsfähig **notwendige Aufwendungen** für die Durchführung des Prozesses, z. B. Portokosten für die Übersendung von Schriftsätzen an das Gericht, Kopierkosten, aber auch Kosten im Rahmen der Beschaffung von Beweismitteln, z. B. falls nötig Detektivkosten für die Überwachung eines angeblich erkrankten Arbeitnehmers (*LAG Hamm* 28.8.1991 LAGE § 1 KSchG Verhaltensbedingte Kündigung Nr. 34).

A. Urteilsverfahren  Kapitel 15

Die Erstattung von Reisekosten, die höher sind als die Kosten für eine Vertretung durch einen Rechts- 655
anwalt vor Ort, sind dennoch als notwendig anzusehen und ersetzbar (*LAG Hmb.* 13.8.1992 LAGE
§ 12a ArbGG 1979 Nr. 18).

### cc) Kostenerstattung bei Anrufung eines unzuständigen Gerichts

Streitig ist, wie die Kostenerstattung zu erfolgen hat, wenn zunächst ein unzuständiges Gericht an- 656
gerufen wird. Wird das ArbG als zunächst unzuständiges Gericht angerufen, hat es den Rechtsstreit
nach § 48 Abs. 1 ArbGG i. V. m. §§ 17 ff. GVG an das zuständige Gericht weiterzuverweisen. Die
beim ArbG angefallenen Kosten werden in dem Verfahren vor dem angewiesenem Gericht als Teil
der Kosten behandelt, die vor diesem Gericht entstehen. Beim ArbG bereits angefallene Rechtsanwaltskosten sind in diesem Falle im Hinblick auf § 12a Abs. 1 ArbGG nur dann zu erstatten,
wenn sie im späteren Verfahren vor dem Gericht, an das der Rechtsstreit verwiesen worden ist, erneut
anfallen (GMPM-G/*Germelmann* § 12a Rn. 20 m. w. N.).

Wird von einem ordentlichen Gericht ein Rechtsstreit an das ArbG verwiesen, wird vertreten, dass 657
im Hinblick auf § 48 Abs. 1 ArbGG i. V. m. § 17b Abs. 2 GVG nur die Mehrkosten, d. h. die Kosten, die zwischen den tatsächlich entstandenen Kosten und den Kosten die entstanden wären, wenn
gleich das ArbG angerufen worden wäre, erstattungsfähig sind (*LAG Brem.* 20.2.1986 LAGE § 12a
ArbGG 1979 Nr. 4).

Die Gegenansicht verweist auf den Wortlaut des § 12a Abs. 1 S. 3 ArbGG, wonach Kosten, die dem 658
Beklagten dadurch entstanden sind, dass der Kläger ein Gericht der ordentlichen Gerichtsbarkeit,
der allgemeinen Verwaltungsgerichtsbarkeit, der Finanz- oder Sozialgerichtsbarkeit angerufen
und dieses den Rechtsstreit an das ArbG verwiesen hat, erstattungsfähig sind. Nach dem Wortlaut
werden damit sämtliche Kosten erfasst. Dies ergebe sich nicht zuletzt daraus, dass der Gesetzgeber in
§ 17b Abs. 2 S. 2 GVG bewusst einen anderen Wortlaut gewählt hat und insofern nur von »Mehrkosten« geredet hat (*LAG Nbg.* 8.10.1986 LAGE § 12a ArbGG 1979 Nr. 8; *LAG Hamm* 16.7.1987
LAGE § 12a ArbGG 1979 Nr. 10; *LAG RhPf* 13.3.1986 LAGE § 12a ArbGG 1979 Nr. 7). In diesem Sinne hat nunmehr auch das BAG entschieden (*BAG* 1.11.2004 EzA § 12a ArbGG 1979
Nr. 11).

### dd) Vergleichsweise abändernde Regelungen

§ 12a Abs. 1 ArbGG verbietet es den Parteien nicht, in einem Vergleich zu vereinbaren, dass sich 659
eine Partei zur Kostenerstattung verpflichtet (*LAG Hamm* 26.2.1991 LAGE § 12a ArbGG 1979
Nr. 15).

Eine solche vergleichsweise festgelegte Kostenübernahme kann allerdings nicht in einem Kostenfest- 660
setzungsverfahren nach den §§ 103 ff. ZPO gegen die Gegenpartei festgesetzt werden, da es sich hier
**um einen privatrechtlichen Anspruch handelt** und das Kostenfestsetzungsverfahren lediglich der Ermittlung und Festsetzung der gesetzlichen Prozesskosten dient (*LAG RhPf* 28.8.1990 NZA 1992,
141; *LAG Düssel.* 1.4.1986 LAGE § 12a ArbGG 1979 Nr. 9; a. A. *Weinau* NZA 2003, 540 ff.).

### d) Hinweispflicht

> Auf die fehlende Kostenerstattungspflicht müssen Prozessbevollmächtigte eine rechtsuchende 661
> Partei nach § 12a Abs. 1 S. 2 ArbGG vor Abschluss einer Vereinbarung über die Vertretung hin-
> weisen. Eine solche Hinweispflicht besteht nur dann nicht, wenn die betreffende Partei einem
> Kostenrisiko nicht ausgesetzt ist, z. B. weil sie rechtsschutzversichert ist oder weil Kosten, z. B.
> durch eine Verbandsvertretung, nicht anfallen. Eine schuldhafte Verletzung der Hinweispflicht
> führt zu Schadensersatzansprüchen der Partei, §§ 280, 311 BGB i. V. m. dem Rechtsberatungs-
> vertrag, die mit einem Vergütungsanspruch des Prozessbevollmächtigten aufgerechnet werden
> können.

## XIV. Das Berufungsverfahren

### 1. Rechtsgrundlagen

662 Nach § 64 Abs. 6 ArbGG gelten für die Durchführung des Berufungsverfahrens die Vorschriften der ZPO über das Berufungsverfahren entsprechend, sofern sich aus den Vorschriften der §§ 64 bis 70 ArbGG nichts anderes ergibt. Lediglich die Vorschrift der ZPO über das Verfahren vor dem Einzelrichter, § 527 ZPO, findet keine Anwendung, § 64 Abs. 6 S. 2 ArbGG.

Über § 64 Abs. 7 ArbGG finden bestimmte Verfahrensvorschriften des erstinstanzlichen Verfahrens auch im Berufungsverfahren Anwendung.

663 Die Berufung gegen Urteile des ArbG hat einen Suspensiv- und Devolutiveffekt, d. h. durch die fristgemäße und statthafte Berufung wird der Eintritt der Rechtskraft gehemmt, § 705 S. 2 ZPO, und der Rechtsstreit gelangt automatisch in die Berufungsinstanz.

### 2. Zulässigkeit der Berufung

#### a) Statthaftigkeit

664 Nach § 64 Abs. 1 ArbGG findet gegen die Urteile der ArbG die Berufung an die LAG statt. Die Vorschrift ist dahingehend zu ergänzen, dass nur gegen Endurteile eine Berufung eingelegt werden kann, worunter auch ein Teilurteil gem. § 301 ZPO fällt. Diesen gleichgestellt sind Vorbehaltsurteile, § 302 Abs. 3 ZPO, und Zwischenurteile, welche über die Zulässigkeit der Klage abgesondert entscheiden, § 280 Abs. 2 ZPO.

665 Nicht mit der Berufung anfechtbar sind Zwischenurteile nach den §§ 303, 304 ZPO i. V. m. § 61 Abs. 3 ArbGG (s. Rdn. 524), mit Ausnahme des Zwischenurteils über die nachträgliche Zulassung der Kündigungsschutzklage (§ 5 Abs. 4 KSchG), erste Versäumnisurteile, gegen die ein Einspruch möglich ist, § 513 Abs. 1 ZPO und Urteile, gegen die das Rechtsmittel der sofortigen Beschwerde gegeben ist, § 64 Abs. 1 ArbGG. Hierunter fallen nach § 99 Abs. 2 ZPO zu treffende Kostenentscheidungen im Anerkenntnisurteil, nach § 71 Abs. 2 ZPO zu treffende Zwischenurteile über die Zulässigkeit der Nebenintervention, sowie Zwischenurteile bzgl. Feststellung der Rechtmäßigkeit einer Zeugnisverweigerung, § 387 Abs. 3 ZPO.

#### aa) Grundsätze

666 § 64 Abs. 2 ArbGG ist zum 1.5.2000 dahingehen geändert worden, dass die Berufung in anderen als Bestandsstreitigkeiten nur bei **Zulassung durch das Arbeitsgericht** zulässig ist **oder der Beschwerdewert 600 €** übersteigt, § 64 Abs. 2a und b (s. Rdn. 674 ff.).

667 Eine Sonderregelung wurde für **Kündigungsschutzverfahren und Bestandsstreitigkeiten geschaffen**. In diesen kann **immer die Berufung**, unabhängig von einem bestimmten Beschwerdewert oder der Zulassung durch das Arbeitsgericht, eingelegt werden.

668 Eine weitere Sonderregelung enthält § 64 Abs. 2d ArbGG n. F. ab dem 1.1.2002. Danach sind Berufungen gegen Versäumnisurteile, gegen die ein Einspruch an sich nicht statthaft ist, **unabhängig vom Beschwerdewert** und einer Zulassung durch das ArbG zulässig, sofern die Berufung oder Anschlussberufung darauf gestützt wird, dass der Fall der schuldhaften Säumnis nicht vorgelegen habe.

669 Das Arbeitsgericht hat gem. § 64 Abs. 3a ArbGG die Entscheidung, ob es die Berufung zulässt oder nicht, im Tenor seines Urteils aufzunehmen. Wird dies versäumt, kann eine Ergänzung des Urteils binnen zwei Wochen ab Verkündigung beantragt werden. Diese Verpflichtung besteht wohl nur, wenn die Berufung nicht bereits kraft Gesetz zulässig ist (vgl. *Stock* NZA 2001, 483 ff.).

670 Probleme können sich in den Fällen ergeben, in denen ein Urteil zwar vom Streitwert her an sich berufungsfähig ist, der Beschwerdewert aber die Grenze des § 64 Abs. 2b) ArbGG deswegen nicht erreicht, da das Urteil nur zum Teil mit der Berufung angefochten werden soll (s. Rdn. 676). In die-

## A. Urteilsverfahren  Kapitel 15

sen Fällen sollte binnen zwei Wochen ab Verkündung vom Antragsrecht nach § 64 Abs. 3a ArbGG Gebrauch gemacht werden.

Diese Vorschrift unterscheidet sich von § 321 ZPO erheblich. Zum einen kann die Kammer des Arbeitsgerichts nach eigenem Ermessen ohne mündliche Verhandlung über den Antrag befinden. Zum anderen beginnt die Antragsfrist ab **dem Termin der Verkündung des Urteils** zu laufen (s. Rdn. 509 ff.) und nicht ab dem Termin der Zustellung des Urteils. Diese zweite Abweichung von § 321 ZPO kann in der Praxis zu erheblichen Problemen führen. I. d. R. werden Urteile zwar am Ende des Sitzungstags, aber nicht unmittelbar nach der jeweiligen Verhandlung über eine Sache verkündet. Zu diesem Zeitpunkt sind die Parteien oftmals nicht mehr anwesend. Sie erfahren vom Ausgang ihres Verfahrens durch Zustellung des Sitzungsprotokolls – was leider nicht immer binnen zwei Wochen nach Verkündung des Urteils geschieht und damit nach Ablauf der Antragsfrist nach § 64 Abs. 3a S. 2 ArbGG – oder durch Anruf bei der Geschäftsstelle des Gerichts am folgenden Tag. Auch hierbei besteht keine 100 %ige Gewähr, dass ein Urteil immer richtig und vollständig telefonisch übermittelt wird. 671

Einem Prozessbevollmächtigten ist daher zu empfehlen, sofern er das Sitzungsprotokoll nicht in der Antragsfrist zugestellt bekommen hat, vorsorglich in den Fällen des § 64 Abs. 2b ArbGG einen Ergänzungsantrag nach § 64 Abs. 3a ArbGG zu stellen. 672

Fraglich ist, ob § 64 Abs. 3a ArbGG dahingehend zu verstehen ist, dass eine **Berufung** in den Fällen des § 64 Abs. 2b ArbGG künftig **nur dann zulässig** ist, wenn dies im Tenor der Entscheidung verkündet worden ist (vgl. zum Problem einer Zulassung erst in den Gründen Rdn. 647, 764). Zwar ist dies in § 64 Abs. 3a ArbGG nicht ausdrücklich festgelegt worden, jedoch ist die Regelung wohl deswegen dahingehend zu verstehen, da sonst das Antragsrecht in § 64 Abs. 3a S. 2 ArbGG überflüssig wäre. Außerdem kann dem Gesetzgeber unterstellt werden, den Meinungsstreit, ob eine Zulassung der Berufung oder einer Revision erst in den Gründen eines Urteils ausreichend ist, zu kennen. Dieser Meinungsstreit sollte offensichtlich geklärt werden. 673

### bb) Beschwerdewert

**Nicht-Bestandsstreitigkeiten** sind nach § 64 Abs. 2 ArbGG **nur dann berufungsfähig, wenn die Berufung entweder im arbeitsgerichtlichen Urteil zugelassen worden ist oder der Wert des Beschwerdegegenstandes 600 € übersteigt.** 674

Der Beschwerdewert hängt zum einen von der sog. formellen Beschwer ab, d. h. der Abweichung des erstinstanzlichen Urteils von dem in der ersten Instanz gestellten Antrag, zum anderen von dem in der Berufungsinstanz gestellten Antrag, inwieweit das erstinstanzliche Urteil abgeändert werden soll (vgl. *BAG* 4.6.2008 – 3 AZB 37/08, FA 2008, 382). Der Beschwerdewert kann dabei nie höher sein als der im erstinstanzlichen Urteil festgesetzte Streitwert, es sei denn, dieser ist offensichtlich völlig fehlerhaft festgesetzt worden (s. Rdn. 536). Der Beschwerdewert ist vom Berufungskläger glaubhaft zu machen, § 294 ZPO, wobei eine eigene eidesstattliche Versicherung nicht ausreicht, § 511 Abs. 3 ZPO. 675

▶ **Beispiel:** 676

Der Kläger erhebt eine Zahlungsklage in Höhe von 1.000 € und unterliegt. Der Streitwert des erstinstanzlichen Urteils ist auf 1.000 € festgesetzt. Die formelle Beschwerde des Klägers ist ebenfalls 1.000 €. Die Zulassung seiner Berufung hängt nun davon ab, in welcher Höhe er das erstinstanzliche Urteil mit seinem Berufungsantrag angreift. Macht er weiterhin 1.000 € geltend, liegt die Beschwer über 600 €, macht er lediglich noch 500 € geltend, z. B. weil sich im erstinstanzlichen Verfahren herausgestellt hat, dass der Beklagte wirksam mit einer Gegenforderung in Höhe von 500 € aufgerechnet hat, liegt seine Beschwer unter 600 €, sodass er das Urteil nicht angreifen kann, es sei denn, das ArbG hat die Berufung zugelassen.

Festzuhalten ist, dass, wenn die unterlegene Partei gegen ein Urteil des ArbG in vollem Umfang Berufung einlegt, dessen Streitwert auf über 600 € festgesetzt worden ist, ein besonderer Wert der Be- 677 schwer nicht mehr zu ermitteln ist (*BAG* 13.1.1988 EzA § 64 ArbGG 1979 Nr. 22). Ohne ausdrückliche Zulassung ist die Berufung immer dann unzulässig, wenn der Streitwert im arbeitsgerichtlichen Urteil auf 600 € oder weniger festgesetzt worden ist, da dann die unterlegene Partei nicht über 600 € beschwert sein kann, es sei denn die Streitwertfestsetzung war offensichtlich fehlerhaft (*BAG* 22.5.1984 EzA § 64 ArbGG 1979 Nr. 14).

678 Das erstinstanzliche Urteil wird auch nicht dadurch berufungsfähig, dass die Beschwer durch eine Ausweitung des Streitgegenstands, d. h. durch **Klageerweiterung in der Berufungsschrift**, erhöht wird (*LAG Frankf./M.* 30.3.1987 LAGE § 64 ArbGG 1979 Nr. 15). Der maßgebliche Zeitpunkt für die Berechnung der Beschwer ist der der Einlegung der Berufung, § 4 Abs. 1 S. 1 ZPO. Der Wert der Beschwer errechnet sich dabei nach den §§ 3 bis 9 ZPO i. V. m. § 42 Abs. 4 GKG).

679 Die Berufung eines Beklagten bleibt jedoch dann zulässig, wenn der obsiegende Kläger auf einen Teil seines Klageanspruches verzichtet, damit die verbleibende Beschwer des Beklagten unter 600 € sinkt (*Schaub* ArbGVerf § 51 Rn. 22). Schränkt der Berufungskläger seinen Berufungsantrag im Laufe des Verfahrens ein, sodass der verbleibende Antrag unter der in § 64 Abs. 2 ArbGG vorgesehenen Beschwer von 600 € bleibt, kommt es darauf an, ob die Einschränkung willkürlich erfolgt ist oder auf Grund der Entwicklung des Rechtsstreits geboten war, z. B. weil der Berufungsbeklagte während des Berufungsverfahrens einen eingeklagten Betrag teilweise bezahlt hat. Im letzteren Falle ist eine spätere Verminderung des Beschwerdegegenstandes für die Statthaftigkeit der Berufung irrelevant (*Stock* NZA 2001, 481 ff., 483; *BAG* 27.1.2004 EzA § 64 ArbGG 1979 Nr. 39; 19.1.2006 EzA § 64 ArbGG 1979 Nr. 41).

680 Nicht berufungsfähig ist ein Urteil, wenn die klagende Partei die Höhe einer zu gewährenden Leistung in das Ermessen des Gerichts gestellt hat und dem Antrag dem Grunde nach stattgegeben wurde, die Höhe der gerichtlich festgesetzten Leistung aber nicht den Erwartungen entsprochen hat, z. B. bei Beantragung der Auflösung seines Arbeitsverhältnisses gem. § 9 KSchG gegen Zahlung einer in das Ermessen des Gerichts gestellten Abfindung. In diesem Fall kann Berufung nur von der beklagten Partei eingelegt werden.

681 Deswegen sollte bei solchen Klageanträgen immer ein Mindestbetrag eingeklagt werden oder doch zumindest eine Mindesterwartung dem Gericht mitgeteilt werden. Bleibt der vom Gericht austenorierte Betrag unter dieser Erwartung, liegt in Höhe der Differenz eine Beschwer vor.

682 Die Beschwer in einem Verfahren, in dem zwar ein **Hauptantrag** abgewiesen, jedoch auf den **Hilfsantrag** erkannt worden ist, liegt für den Kläger im Wert des Hauptantrages – nicht in der Differenz zwischen Haupt- und Hilfsantrag –, für den Beklagten im Wert des Hilfsantrags. Werden der Haupt- und der Hilfsantrag abgewiesen, ist die Berufung zulässig, wenn wenigstens einer der beiden Anträge die Berufungssumme erreicht (GK-ArbGG/*Vossen* § 64 Rn. 54).

683 Bei der Verurteilung einer Partei zu einer **Bruttovergütung abzüglich einer bereits geleisteten Nettovergütung** erfolgt die Berechnung der Beschwer für den verurteilten Beklagten, indem vom eingeklagten Bruttobetrag der Nettobetrag und die darauf entfallenden Steuern und Versicherungsbeiträge abgezogen werden. Es spricht eine Vermutung dafür, dass in Höhe der Nettobeträge bereits die entsprechenden Abgaben vom beklagten Arbeitgeber getätigt worden sind (GMPM-G/*Germelmann* § 64 Rn. 54).

684 Etwas anderes gilt nur dann, wenn vom Arbeitnehmer ein Forderungsüberhang, z. B. wegen erfolgter Arbeitslosen- oder Krankengeldzahlung, d. h. ein Differenzbetrag zwischen den aus Sozialkassen erhaltenen Geldern und dem Bruttoentgelt geltend gemacht worden ist. In diesem Fall berechnet sich der Beschwerdewert durch Abzug des Nettobetrags vom Bruttobetrag. Die Erstattungspflicht gegenüber den Sozialkassen ist für die Streitwertberechnung unerheblich (*LAG Düsseld.* 26.8.1991 EzA § 64 ArbGG 1979 Nr. 6).

685 Werden **Streitgenossen** erstinstanzlich verurteilt und legen sie jeweils getrennt Berufung ein, ist die Beschwer aller Streitgenossen zusammenzurechnen. Nehmen einige Streitgenossen die Berufung zu-

rück und sinkt damit der Beschwerdewert unter 600 €, werden die übrigen Berufungen unzulässig (GMPM-G/*Germelmann* § 64 Rn. 55).

Bei einer Berufung gegen ein **zweites Versäumnisurteil** war bislang § 64 Abs. 2 ArbGG a. F. neben § 513 Abs. 2 ZPO anwendbar, d. h. eine Berufung gegen ein zweites Versäumnisurteil in vermögensrechtlichen Streitigkeiten war nur dann zulässig, wenn der Beschwerdewert über 600 € lag oder das ArbG die Berufung zugelassen hat (*BAG* 4.4.1989 EzA § 64 ArbGG 1979 Nr. 27). 686

Nach § 64 Abs. 3 ArbGG hat das ArbG die Berufung zuzulassen, wenn eine der in den Nr. 1 bis 3 genannten Voraussetzungen vorliegt (s. Rdn. 549 ff.). 687

**Nunmehr ist eine Berufung auch unter den Voraussetzungen des § 64 Abs. 2d ArbGG möglich** (s. Rdn. 668). 688

b) Form und Frist der Berufungseinlegung

aa) Form

(1) Unterschriebene Berufungsschrift

Die Berufung ist nach § 519 ZPO durch einen Schriftsatz beim Berufungsgericht einzulegen. Sie muss von einem nach § 11 Abs. 2 ArbGG postulationsfähigen Prozessbevollmächtigten (zum Syndikusanwalt vgl. *BAG* 19.3.1996 EzA § 11 ArbGG 1979 Nr. 12) grds. **handschriftlich und eigenhändig unterzeichnet** sein, § 64 Abs. 2 ArbGG i. V. m. § 519 Abs. 4, 130 Nr. 6 ZPO (*BAG* 15.2.1987 EzA § 518 ZPO Nr. 33). Die Unterschrift dient dazu nachzuweisen, dass die Berufungsschrift von einer Person herrührt, die befähigt und befugt ist, Prozesshandlungen vor dem Berufungsgericht vorzunehmen. Mit der Unterschrift übernimmt der Unterzeichner hierfür die Verantwortung. Eine **Unterschrift** »i. A.« reicht nicht aus (*Bram* FA 2003, 226 f.). 689

Sie muss ein individuelles Schriftbild aufweisen, auch wenn sie nicht lesbar sein muss (*BAG* 5.12.1984 § 72 ArbGG 1979 Nr. 6). Der Unterzeichner muss allerdings seinen vollen Namen, nicht nur eine Abkürzung verwenden (*BAG* 29.7.1981 EzA § 518 ZPO Nr. 28). Hat der Prozessbevollmächtigte einen Doppelnamen, genügt es, den ersten Namen voll auszuschreiben und den Zweiten abzukürzen (*BAG* 15.12.1987 EzA § 518 ZPO Nr. 33). Wurde eine bestimmte Form der Unterschrift eines Prozessbevollmächtigten bislang von einer bestimmten Kammer rügelos hingenommen, gebietet es der Grundsatz der fairen Verfahrensgestaltung, dass erst nach Verwarnung gegenüber dem Prozessbevollmächtigten die Unterschrift für die Zukunft nicht mehr als ausreichend angesehen werden darf (*BVerfG* 26.4.1988 NJW 1988, 2787; *BAG* 30.8.2000 EzA § 66 ArbGG 1979 Nr. 33). **Die Selbstbindung bezieht sich allerdings immer nur auf einen bestimmten Spruchkörper, nicht auf das gesamte Berufungsgericht.** 690

**Ausnahmen** vom Erfordernis der eigenhändigen Unterschrift gibt es bei **der Verwendung technischer Hilfsmittel** zur Übermittlung der Berufungsschrift, sofern dadurch eine eigene Unterschrift technisch nicht möglich ist. Dies ist beispielsweise bei **telegrafischer Berufungseinlegung**, die zulässig ist, der Fall (*BAG* 14.1.1986 EzA § 94 ArbGG 1979 Nr. 3). Gleiches gilt für die Berufungseinlegung durch **Fernschreiber**. In beiden Fällen muss allerdings gewährleistet sein, dass nachvollziehbar ist, von wem die Berufung tatsächlich eingelegt worden ist. 691

Anders sieht es aus bei der Berufungseinlegung mittels **Telefax oder Telekopie**. In diesem Fall ist zwar eine eigenhändige Unterschrift nicht direkt möglich, jedoch ist es technisch möglich, das Original der Berufungsschrift in vollem Umfang zu übermitteln, sodass auf diesem die Unterschrift enthalten sein und mit übermittelt werden muss (*BAG* 24.9.1986 EzA § 554 ZPO Nr. 4, 5.8.2009 EzA § 130 ZPO 2002 Nr. 1 zur Rechtsbegründungsschrift, vgl. *Düwell* NZA 1999, 291; s. Rdn. 277). Allein der »OK« Vermerk durch das Entsendungsgerät bedeutet allerdings nicht, dass der Schriftsatz fristwahrend das Empfängergerät auch erreicht hat. Insofern besteht auch kein Anscheinsbeweis (*BAG* 14.8.2002 NZA 2003, 158). 692

693 Bezüglich der neuen Nutzungsmöglichkeiten hinsichtlich **elektronischer Signaturen** vgl. § 130a ZPO.

*(2) Notwendiger Inhalt*

694 Die Berufung darf nicht unter einer Bedingung eingelegt werden, **auch nicht unter der Bedingung, dass zuvor Prozesskostenhilfe gewährt wird.**

695 In der Berufungsschrift muss angegeben werden, welches Urteil welchen Gerichts angegriffen werden soll, dass gegen dieses Urteil Berufung eingelegt wird sowie die genaue Bezeichnung des Berufungsklägers und -beklagten (*BAG* 26.6.2008 – 2 AZR 23/07. FA 2008, 338). Ausreichend ist allerdings nach neuer Rspr. des *BAG* (18.5.2010 – 3 AZR 373/08), wenn das Berufungsgericht aus anderen ihm vorliegenden Unterlagen, wozu auch elektronisch gespeicherte Dateien gehören, fehlende Angaben eindeutig entnehmen kann. Daneben sollte der Berufungsschrift eine Ausfertigung oder beglaubigte Abschrift des angefochtenen Urteils beigelegt werden, § 519 Abs. 3 ZPO.

696 Formfehler der Berufungsschrift können die Berufung unzulässig machen, so z. B. wenn das Gericht, welches das angefochtene Urteil erlassen hat, nicht angegeben worden ist (*BAG* 5.12.1974 AP Nr. 26 zu § 518 ZPO). Allerdings können Formfehler innerhalb der Berufungsfrist behoben werden. Die Berufungsfrist selbst muss noch nicht die genaue Ankündigung der Berufungsanträge enthalten und auch noch nicht angeben, inwieweit das arbeitsgerichtliche Urteil angefochten wird. Dies kann noch in der Berufungsbegründung erfolgen (GMPM-G/*Germelmann* § 64 Rn. 69).

697 Es ist allerdings für den Fall einer evtl. späteren Berufungsrücknahme hinsichtlich der Kostentragungspflicht sinnvoll, ggf. die Berufung schon in der Berufungsschrift hinsichtlich des Streitgegenstandes einzuschränken. Erfolgt die Einlegung der Berufung zunächst nur zur Fristwahrung, empfiehlt es sich darüber hinaus, den Prozessbevollmächtigten der Gegenseite im Hinblick auf die §§ 97 ZPO, § 2 Abs. 2, 15 Abs. 2 RVG i. V. m. Nr. 3201 VV anzuschreiben und darum zu bitten, kollegialiter einstweilen von einer Bestellung und Antragstellung beim Berufungsgericht abzusehen.

698 Die ladungsfähige Anschrift des Rechtsmittelbeklagten bzw. seines Prozessbevollmächtigten in der Berufungsschrift ist nicht notwendig anzugeben (*BAG* 16.9.1986 EzA § 518 ZPO Nr. 31), jedoch sinnvoll und üblich, da dem Berufungsgericht zum Zeitpunkt der Zustellung der Berufungsschrift die Akte noch nicht vorliegt.

699 ▶ **Muster: Berufung**

An das
Landesarbeitsgericht Rheinland-Pfalz

...

**Berufung**

In Sachen

Fa. XY GmbH, vertr. durch ihren Geschäftsführer ..., Hauptstr. 4,
67663 Kaiserslautern

– Beklagte und Berufungsklägerin –

Prozessbevollmächtigte: RAe ...

gegen

Herrn Fritz Z, Seitenstr. 5, 67662 Kaiserlautern,

– Kläger und Berufungsbeklagter –

## A. Urteilsverfahren	Kapitel 15

Prozessbevollmächtigte 1. Instanz: DGB Rechtsstelle Kaiserslautern ...

wegen Urlaubsabgeltung

wird gegen das Urteil des *ArbG Kaiserslautern* vom ... Aktz.: ..., zugestellt am ... hiermit in vollem Umfang/soweit die Beklagte verurteilt wurde ...

### Berufung

eingelegt. Eine Abschrift des Urteils liegt diesem Schriftsatz als Anlage bei. Antrag und Begründung folgen in einem gesonderten Schriftsatz.

Unterschrift

*bb) Frist*

Die Berufungsfrist beträgt nach § 66 Abs. 1 ArbGG einen Monat. Bei der Frist handelt es sich um eine **Notfrist**, § 517 ZPO, d. h. sie kann nicht verlängert oder abgekürzt werden, § 224 Abs. 1 ZPO. **700**

Erfolgt die Berufungseinlegung mit einem automatischen Empfangsgerät des Gerichts, z. B. mit einem Telefaxgerät, muss die vollständige Aufzeichnung der Berufungseinlegung bis 24 Uhr des letzten Tages der Berufungsfrist abgeschlossen sein (*BAG* 5.7.1990 EzA § 519 ZPO Nr. 6; *LAG Hamm* 27.11.1989 LAGE § 518 ZPO Nr. 3). Bei der Benutzung eines Telefaxgerätes darf zwar von einem privaten Telefaxgerät aus die Berufung eingelegt werden (*BAG* 5.7.1990 NZA 1990, 985), sie darf jedoch nicht über das Telefaxgerät eines Dritten erfolgen, der dann die Berufung an das Berufungsgericht weiterleitet, da dann nicht sichergestellt werden kann, ob der Berufungskläger tatsächlich das übermittelte Schriftstück so, wie es bei Gericht ankommt, absenden wollte. **701**

Steht eine gemeinsame technische Einrichtung, z. B. ein Nachtbriefkasten oder ein Telefaxgerät, für mehrere Behörden oder Gerichte zur Verfügung, muss der Rechtsmittelkläger durch richtige Adressierung kenntlich machen, dass die eingehende Sendung für das Berufungsgericht bestimmt ist (*BAG* 14.7.1988 EzA § 518 ZPO Nr. 34). **702**

Die Berufungsschrift kann sowohl beim Stammgericht als auch bei einer Außenkammer des Berufungsgerichts eingelegt werden, gleichgültig wo die Streitsache zu verhandeln ist (*BAG* 23.9.1981 AP Nr. 2 zu § 64 ArbGG 1979). **703**

**Die Frist beginnt mit der Zustellung des in vollständiger Form abgefassten Urteils.** Der Rechtsmittelführer ist berechtigt, sie bis zum letzten Tag auszunutzen und kann auch darauf vertrauen, dass beim Berufungsgericht entsprechende Einrichtungen zur Inempfangnahme, wie z. B. ein Nachtbriefkasten, vorhanden sind (*BAG* 10.9.1955 AP Nr. 3 zu 518 ZPO) und auch funktionieren (vgl. *BVerfG* 25.2.2000 EzA § 5 KSchG Nr. 32 und *BAG* 20.2.2001 EzA § 77 BetrVG 1972 Nr. 66 für den Fall der Störung des Telefaxempfangsgerätes). Die Berechnung der Monatsfrist erfolgt gem. § 222 ZPO nach den §§ 187, 188 BGB. Die Beweislast für die Wahrung der Berufungsfrist trägt der Berufungskläger. **704**

Nach § 66 Abs. 1 S. 2 ArbGG n. F. beginnt die Berufungsfrist bei Nichtzustellung oder fehlerhafter Zustellung des Urteils fünf Monate nach seiner Verkündung. Ob die Zustellung fehlerhaft erfolgt ist, z. B. keine Rechtsmittelbelehrung entgegen § 9 ArbGG beilag, ist unerheblich (s. Rdn. 567). **705**

Die Berufungsfrist beginnt noch nicht, wenn lediglich ein Urteil in abgekürzter Form nach § 317 Abs. 2 S. 2 ZPO zugestellt worden ist, da § 517 ZPO von einem vollständig abgefassten Urteil ausgeht. Ergeht innerhalb der Berufungsfrist ein Ergänzungsurteil nach § 321 ZPO, beginnt die Berufungsfrist auch für die Berufung gegen das zuerst ergangene unvollständige Urteil mit Zustellung der nachträglichen Entscheidung von neuem, § 518 ZPO. **706**

### cc) Folgen bei Formfehler oder Fristüberschreitung

**707** Ist die Berufung nicht form- und fristgerecht eingelegt worden, hat das Berufungsgericht die **Berufung als unzulässig zu verwerfen.** Insofern steht dem Berufungsgericht kein Ermessen zu, § 66 Abs. 2 S. 2 ArbGG i. V. m. § 522 Abs. 1 ZPO.

**708** Die Entscheidung kann ohne mündliche Verhandlung durch Beschluss ergehen und unterliegt in diesem Fall der Rechtsbeschwerde, § 522 ZPO, sofern die weiteren Voraussetzungen des § 77 ArbGG gegeben sind. Hielt das Berufungsgericht die Berufung zu Unrecht für unzulässig und hat es sie verworfen, kann es seine Entscheidung nachträglich nicht mehr abändern, es sei denn, es wird ein begründeter Wiedereinsetzungsantrag einer Partei gestellt (*BAG* 29.10.1976 EzA § 519b ZPO Nr. 2).

**709** Der ohne mündliche Verhandlung ergangene Verwerfungsbeschluss ergeht durch den Vorsitzenden allein ohne Mitwirkung der ehrenamtlichen Richter, § 66 Abs. 2 S. 2 ArbGG. Die Alleinentscheidungsbefugnis umfasst auch die Versagung der Wiedereinsetzung in den vorigen Stand gegen die Versäumung der Fristen zur Einlegung und Begründung der Berufung (*BAG* 5.10.2010 – 5 AZB 10/10, NZA 2010, 1442 f.). Den Parteien ist vor der Verwerfung rechtliches Gehör zu gewähren (*Schwab* S. 313). Der Beschluss ist zu begründen.

### c) Form, Frist und Inhalt der Berufungsbegründung

#### aa) Frist

**710** Die Berufung ist zu begründen, entweder bereits in der Berufungsschrift oder in einer gesonderten Begründungsschrift. Diese muss gem. § 66 Abs. 1 ArbGG **binnen zwei Monaten nach Zustellung des Urteils bzw. 7 Monate nach Verkündung des Urteils bei fehlender vorheriger Zustellung** beim Berufungsgericht eingehen. Die Berechnung der Frist entspricht der Berechnung der Berufungsfrist (s. Rdn. 700 ff.).

**711** **Im Unterschied zur Berufungsfrist kann die Berufungsbegründungsfrist verlängert werden, da es sich bei ihr nicht um eine Notfrist handelt.** Nach § 66 Abs. 1 S. 3 ArbGG kann dies allerdings nur einmal geschehen, wenn nach der Überzeugung des Vorsitzenden der Rechtsstreit dadurch nicht verzögert wird (*BAG* 15.1.1995 – 2 AZR 855/94, n. v.). In dem Verlängerungsantrag muss bereits der Zeitraum angegeben werden, für den die Fristverlängerung begehrt wird, ansonsten ist der Antrag zurückzuweisen. Die Gründe für den Verlängerungsantrag sind glaubhaft zu machen, § 224 Abs. 2 ZPO, wobei neben den in § 294 ZPO aufgeführten Mitteln zur Glaubhaftmachung auch eine anwaltliche Versicherung ausreicht (GMPM-G/*Germelmann* § 66 Rn. 32).

**712** Die Entscheidung über den Fristverlängerungsantrag trifft der Kammervorsitzende alleine durch Verfügung oder Beschluss. Sie ist unanfechtbar. **Die Entscheidung kann auch noch nach deren Ablauf wirksam getroffen werden, sofern die Fristverlängerung vor Fristablauf beantragt worden ist** (*BAG* 24.8.1979 EzA § 66 ArbGG 1979 Nr. 1). Die Gegenseite braucht vor der Entscheidung nicht angehört zu werden, § 225 ZPO.

**713** Hat ein Prozessbevollmächtigter die Verlängerung der Berufungsbegründungsfrist erst am Tag des Ablaufens der Frist beim Berufungsgericht beantragt, und wird die Verlängerung abgelehnt, kann er allenfalls Wiedereinsetzung in den vorherigen Stand beantragen. Ein solcher Antrag ist allerdings nicht regelmäßig begründet, da man nicht generell mit der Bewilligung einer Verlängerung rechnen kann (*LAG Köln* 10.6.1994 LAGE § 66 ArbGG 1979 Nr. 11; *BVerfG* 25.9.2000 NZA 2001, 118 ff.). Es empfiehlt sich, am letzten Tag der Frist beim Gericht telefonisch nachzufragen, ob dem Verlängerungsantrag stattgegeben wird.

**714** Die Dauer einer Fristverlängerung steht im Ermessen des Vorsitzenden. § 66 Abs. 1 ArbGG enthält insofern keine Bestimmungen. Im Hinblick auf den Beschleunigungsgrundsatz, § 9 Abs. 1 S. 1 ArbGG, sollte in Anlehnung an die in § 66 Abs. 1 ArbGG genannte Berufungsfrist und Berufungsbeantwortungsfrist eine Verlängerung nicht über einen Monat hinaus erfolgen, es sei denn, es liegen besondere Umstände vor (*BAG* 16.7.2008 EzA § 78a BetrVG 2001 Nr. 4).

Die Verlängerungsgründe müssen substantiiert dargelegt werden. Dennoch sollen bereits pauschale Angaben, wie »Arbeitsüberlastung« oder »die Vielzahl gleichzeitig ablaufender Fristen« genügen, um dem Erfordernis der ausreichenden Darlegung der Verlängerungsgründe zu genügen (*BVerfG* 25.9.2000, 12.1.2000 NZA 2001, 118 ff., 556; *BAG* 4.2.1994 EzA § 66 ArbGG 1979 Nr. 17; 20.10.2004 EzA § 66 ArbGG 1979 Nr. 37; a. A. *LAG Bln.* 26.1.1990 LAGE § 66 ArbGG 1979 Nr. 8; 17.5.2000 § 4 TVG Rückgruppierung Nr. 2; *LAG Düsseld.* 23.12.1993 LAGE § 66 ArbGG 1979 Nr. 10; *Schwab* S. 254 ff.).  **715**

Erhebliche Gründe können laufende Vergleichsgespräche, eine Arbeitsüberlastung des Prozessbevollmächtigten, Personalschwierigkeiten in der Kanzlei des Prozessbevollmächtigten oder das Abwarten einer in Kürze erfolgenden Grundsatzentscheidung des BAG sein. Der Umstand, dass ein Prozessbevollmächtigter in Urlaub gehen will, rechtfertigt im Regelfall keine Verlängerung der Begründungsfrist, da er für die Zeit seiner Urlaubsabwesenheit einen Vertreter zu bestellen hat. Erst recht gilt dies in Anwaltskanzleien mit mehreren Rechtsanwälten bzw. bei einem Verband als Prozessbevollmächtigten.  **716**

### bb) Form und Inhalt

Der notwendige Inhalt der Begründungsschrift ergibt sich aus § 64 Abs. 6 ArbGG i. V. m. § 520 Abs. 3, 4 ZPO. Sie muss von dem postulationsfähigen Prozessbevollmächtigten unterschrieben sein (s. Rdn. 689 ff.). Die Berufungsbegründungsschrift wird von Amts wegen dem Berufungsgegner zugestellt, §§ 521, 210a ZPO. Ihr sollen die erforderliche Anzahl von Abschriften beigefügt werden, d. h. vier Abschriften, für den Berufungsbeklagten, seinen Prozessbevollmächtigten und die ehrenamtlichen Richter.  **717**

Auch die Berufungsbegründungsfrist kann mittels technischer Hilfsmittel, z. B. Telefax oder Fernschreiber dem Berufungsgericht übersandt werden. Es gelten insofern die Ausführungen unter Rdn. 689 ff. entsprechend.  **718**

In der Berufungsbegründung müssen enthalten sein:  **719**
– die **Berufungsanträge**, in denen der Berufungskläger angeben muss, inwieweit das Urteil angefochten werden soll und welche Abänderung des Urteils verlangt wird, § 520 Abs. 3 Nr. 1 ZPO. Die Anträge können unter den Voraussetzungen des § 533 ZPO bis zum Schluss der mündlichen Verhandlung sowohl erweitert als auch eingeschränkt werden;
– die **Berufungsbegründung**, wobei sich der Berufungskläger im Einzelnen mit dem angefochtenen Urteil auseinander zu setzen und die Gründe, die zu der Anfechtung führen, im Einzelnen darzulegen hat. Er muss kenntlich machen, in welchen Punkten tatsächlicher oder rechtlicher Natur er das angefochtene Urteil für unrichtig hält. Allein die Bezugnahme auf den erstinstanzlichen Vortrag reicht nicht aus (*BAG* 21.10.1955 AP Nr. 2 zu 519 ZPO; 6.10.2005 – 6 AZR 183/04, EzA § 64 ArbGG 1979 Nr. 40; 25.4.2007 NZA 2007, 1387 ff.). Auch die Behauptung, bestimmte Gesetzesbestimmungen seien verletzt worden genügt nicht (*BAG* 31.1.1957 AP Nr. 3 zu 519 ZPO), ebenso wenig wenn eine Partei lediglich auf umfangreiche Unterlagen verweist, die sie der Berufungsbegründungsschrift beilegt, selbst wenn diese im Einzelnen geordnet sind; hat das ArbG seine Entscheidung auf mehrere, voneinander unabhängige und selbständig tragende Erwägungen gestützt, muss die Berufung die Entscheidung in allen diesen Punkten angreifen (*BAG* 28.5.2009 – 2 AZR 223/08, FA 2009, 356).
– **neue Tatsachen, Beweismittel und Beweiseinreden**, auf die sich die Partei zur Rechtfertigung der Berufung stützen will, sind in der Berufungsbegründung aufzuführen, § 520 Abs. 3 Nr. 4 ZPO, § 67 Abs. 4 ArbGG. Die Berufung kann auch ausschließlich auf den Vortrag neuer Tatsachen gestützt werden.

An die Berufungsbegründung können diese Anforderungen nicht gestellt werden, wenn das erstinstanzliche Urteil binnen fünf Monaten nicht abgesetzt und den Parteien zugestellt worden ist.  **720**

Hat in diesem Falle der Berufungskläger vor Zustellung des Urteils Berufung eingelegt und muss diese nunmehr begründen, kann von ihm nicht erwartet werden, sich mit den Urteilsgründen im Einzelnen auseinander zu setzen (*GS OGB* 27.4.1993 EzA § 551 ZPO Nr. 1; *BAG* 13.9.1995 NZA 1996, 446).

### cc) Folgen fehlerhafter Berufungsbegründung

721 Ist die Berufungsbegründung nicht form- und fristgerecht eingelegt worden, ist die Berufung nach § 522 Abs. 1 ZPO als unzulässig zu verwerfen (*Oetker* NZA 1989, 201). Die Verwerfung kann nach mündlicher Verhandlung durch Urteil oder ohne mündliche Verhandlung durch Beschluss ergehen, wobei dieser durch den Vorsitzenden erlassen wird, § 66 Abs. 2 S. 2 ArbGG. Entscheidet das Berufungsgericht trotz mangelhafter Berufungsbegründung in der Sache, hat noch das Revisionsgericht die Berufung zurückzuweisen. Die Zulässigkeit der Berufung ist eine von Amts wegen zu prüfende Revisionsvoraussetzung (*BAG* 15.3.2011 – 9 AZR 813/09).

722 Der Beschluss kann mit der Rechtsbeschwerde angefochten werden, wenn das LAG sie nach § 77 S. 1 ArbGG zulässt. Lässt das Berufungsgericht die Rechtsbeschwerde nicht zu, ist das BAG daran gebunden. § 72a ArbGG kann nicht entsprechend angewendet werden (*BAG* 8.11.1979 EzA § 77 ArbGG 1979 Nr. 2). Dies gilt selbst dann, wenn das LAG die Rechtsbeschwerde eigentlich hätte zulassen müssen, da es von einer Entscheidung eines anderen LAG oder des BAG abweicht. Die Rechtsbeschwerde ist beim BAG einzulegen, § 77 S. 4 ArbGG, § 575 Abs. 1 ZPO.

### d) Vorabentscheidung über die Berufung

723 Eine Vorabentscheidung über die Berufung findet im arbeitsgerichtlichen Berufungsverfahren nicht statt. § 522 Abs. 2 und 3 ZPO finden keine Anwendung, § 66 Abs. 2 ArbGG.

## 3. Vorbereitung der mündlichen Verhandlung

### a) Terminsanberaumung

724 Nach § 66 Abs. 2 ArbGG hat der Kammervorsitzende nach der Prüfung der Zulässigkeit der Berufung Termin zur mündlichen Verhandlung anzuberaumen. Dies hat auch dann zu erfolgen, wenn zwar Zweifel an der Zulässigkeit bestehen, diese jedoch im Rahmen einer mündlichen Verhandlung geprüft werden sollen. Ein schriftliches Vorverfahren, wie im ordentlichen Zivilprozess nach § 521 Abs. 2 ZPO denkbar, wird vor dem LAG nicht durchgeführt (GK-ArbGG/*Vossen* § 66 Rn. 150). Ein Gütetermin kann, anders als im zivilgerichtlichen Berufungsverfahren (§ 525 ZPO), ebenfalls nicht durchgeführt werden. § 64 Abs. 7 ArbGG verweist nicht auf § 54 ArbGG.

725 Bei der Terminsanberaumung, die grds. im Ermessen des Vorsitzenden liegt, ist zum einen der Beschleunigungsgrundsatz nach § 9 ArbGG zu beachten, zum anderen § 64 Abs. 8 ArbGG, wonach Bestandstreitigkeiten vorrangig zu erledigen sind, sowie die Berufungsbegründungs- und -beantwortungsfristen, § 66 Abs. 1 S. 1, 2 ArbGG. **Die Berufungsbeantwortungsfrist nach § 66 Abs. 1 S. 3 ArbGG kann vom Vorsitzenden weder verkürzt werden noch von sich aus verlängert.** Sie steht nicht im Ermessen des Gerichts. Lediglich auf Antrag des Berufungsbeklagten kann sie einmal verlängert werden, § 66 Abs. 1 S. 5 ArbGG. Insofern gelten die gleichen Grundsätze wie bei der Beantragung der Verlängerung der Berufungsbegründungsfrist (s. Rdn. 710 ff.).

726 In der Praxis wird der Termin zur mündlichen Verhandlung erst nach Eingang der Berufungsbegründung festgelegt, da erst zu diesem Zeitpunkt geprüft werden kann, ob die Berufung zulässig ist.

727 Die Ladung erfolgt von Amts wegen. Mit Zuleitung des Berufungsbegründungsschriftsatzes ist der Berufungsbeklagte auf die Berufungsbeantwortungsfrist und auf die Folgen einer Fristversäumung hinzuweisen, § 66 Abs. 1 S. 4 ArbGG. Unterbleibt eine Belehrung, kann nachträgliches Vorbringen nicht gem. § 67 Abs. 4 S. 2 ArbGG zurückgewiesen werden (*Grunsky* § 66 Rn. 7).

## A. Urteilsverfahren
### Kapitel 15

Einer Terminsanberaumung bedarf es ausnahmsweise dann nicht, wenn die Parteien eine **Entscheidung im schriftlichen Verfahren beantragt** haben, was vor dem LAG möglich ist (*BAG* 6.8.1975 EzA § 128 ZPO Nr. 1). § 64 Abs. 7 ArbGG verweist nicht auf § 46 ArbGG, weswegen § 128 Abs. 2 ZPO im Berufungsverfahren anwendbar bleibt (GK-ArbGG/*Vossen* § 64 Rn. 131). 728

#### b) Anordnung des persönlichen Erscheinens

Gem. § 64 Abs. 7 ArbGG gilt § 51 Abs. 1 ArbGG hinsichtlich der Anordnung des persönlichen Erscheinens auch für das Berufungsverfahren. Im Gegensatz zum erstinstanzlichen Verfahren kann allerdings die Zulassung eines Prozessbevollmächtigten nicht abgelehnt werden, wenn die Partei trotz Anordnung des persönlichen Erscheinens nicht erschienen ist und sich auch nicht entschuldigt hat. § 64 Abs. 7 ArbGG verweist insofern nicht auf die Vorschrift des § 51 Abs. 2 ArbGG, da vor dem LAG Vertretungszwang herrscht. 729

#### c) Prozessleitende Anordnungen

Der Kammervorsitzende kann wie der Vorsitzende am ArbG die nach § 56 ArbGG vorgesehenen prozessleitenden Maßnahmen zur Vorbereitung der streitigen Verhandlung durchführen, § 64 Abs. 7 ArbGG (s. Rdn. 385). 730

### 4. Anschlussberufung, Berufungsrücknahme und Berufungsverzicht
#### a) Anschlussberufung

§ 524 ZPO n. F. finden über § 64 Abs. 6 ArbGG Anwendung. Damit gibt es nunmehr nur noch die früher sog. unselbstständige Anschlussberufung. Sie kann auch dann eingelegt werden, wenn eine Partei erstinstanzlich in vollem Umfang obsiegt hat und im Wege der Klageerweiterung im Rahmen einer Anschlussberufung weitere Ansprüche geltend machen will (*BAG* 29.9.1993 EzA § 521 ZPO Nr. 1). 731

Die Anschlussberufung muss durch einen Schriftsatz beim Berufungsgericht angebracht werden. Allein eine Erklärung zu Protokoll der Geschäftsstelle oder auch mündlich im Termin zu Protokoll ist unzulässig (*BAG* 28.10.1981 EzA § 522a ZPO Nr. 1). 732

Die Anschlussberufung des Berufungsbeklagten wird mit Berufungsrücknahme, Berufungsverwerfung oder Berufungszurückweisung durch Beschluss wirkungslos, § 524 Abs. 3 ZPO (vgl. Einzelheiten bei Schwab/Weth-*Schwab* § 64 Rn. 188 ff.). 733

#### b) Berufungsrücknahme

Die Berufungsrücknahme regelt sich nach § 516 ZPO i. V. m. § 64 Abs. 6 ArbGG. Bis zur Verkündung des Berufungsurteils kann sie ohne Zustimmung des Berufungsbeklagten erfolgen. Die Form bestimmt sich nach § 516 Abs. 2 ZPO. Die Erklärung kann nur durch einen in der Berufungsinstanz zugelassenen Vertreter erfolgen. Als Prozesshandlung ist sie eindeutig abzugeben, unwiderruflich und nicht anfechtbar (zu Ausnahmen vgl. GMPM-G/*Germelmann* § 64 Rn. 111). 734

**Die Zurücknahme der Berufung hat den Verlust des eingelegten Rechtsmittels und die Kostentragungspflicht gem. § 516 Abs. 3 ZPO zur Folge.** 735

#### c) Berufungsverzicht

Die Vorschrift des § 515 ZPO ist i. V. m. § 64 Abs. 6 ArbGG anwendbar. **Beim Berufungsverzicht handelt es sich um eine einseitige Prozesshandlung, die vom Prozessgegner nicht angenommen werden muss.** Die Verzichtserklärung kann gegenüber dem Gericht mündlich oder schriftlich erklärt werden, in der ersten Instanz auch von der Partei selbst, in der zweiten Instanz nur durch einen in § 11 Abs. 2 ArbGG genannten Vertreter. Der Verzicht kann auch gegenüber dem Prozessgegner erfolgen. 736

737 Eine trotz eines abgegebenen Verzichts eingelegte Berufung ist auf entsprechende Einrede des Berufungsbeklagten als unzulässig zu verwerfen. Durch eine Vereinbarung der Parteien kann allerdings die Wirkung des Verzichts, anders als bei einer Berufungsrücknahme, wieder beseitigt werden (GMPM-G/*Germelmann* § 64 Rn. 117).

## 5. Die mündliche Verhandlung

### a) Allgemeines

738 Der Kammertermin im Berufungsverfahren entspricht im Ablauf im Wesentlichen dem erstinstanzlichen Kammertermin, § 64 Abs. 7 i. V. m. §§ 52, 57 bis 59 ArbGG. Zu Beginn der Verhandlung werden die Formalien der Berufung festgestellt und geprüft, insbes. ob die Berufungseinlegungs- und Begründungsfrist gewahrt worden ist und die Anträge zu Protokoll erklärt wurden. Auch die Abgrenzung der Befugnisse des Vorsitzenden zu denen der Kammer entspricht der, wie sie beim ArbG gegeben ist, § 64 Abs. 7 i. V. m. §§ 53, 55, Abs. 1, 2, 4 ArbGG. Es kann daher für den Ablauf, das Beweisverfahren und die Beendigungsmöglichkeiten auf die Ausführungen zum Kammertermin im erstinstanzlichen Verfahren verwiesen werden (s. Rdn. 441 ff.).

### b) Besonderheiten bzgl. der Zurückweisung von Parteivorbringen

739 Obwohl es sich beim Berufungsverfahren in den Grenzen, die § 529 ZPO nunmehr zieht (vgl. *Schmidt/Schwab/Wildschütz* NZA 2001, 1217 [1219]) grds. um eine zweite Tatsacheninstanz handelt (GMPM-G/*Germelmann* § 64 Rn. 74), sieht § 67 ArbGG im Interesse des Beschleunigungsgrundsatzes, § 9 ArbGG, umfangreiche Präklusionsvorschriften bzgl. des Vorbringens neuer Angriffs- oder Verteidigungsmittel vor. Diesen unterfällt neuer Tatsachenvortrag in der Berufungsbegründung, neue Einreden, neues Behaupten, Bestreiten, erstmalige Beweisanträge sowie die Geltendmachung von Beweiseinreden. § 531 ZPO wird insofern von der spezielleren Vorschrift des § 67 ArbGG verdrängt (*BAG* 15.2.2005 NZA 2005, 484).

740 Kein Angriffs- und Verteidigungsmittel in diesem Sinne ist ein selbstständiger Angriff oder die Verteidigung an sich. § 67 ArbGG unterliegen daher nicht eine Klageänderung, die Widerklage und die Aufrechnung, § 64 Abs. 6 ArbGG i. V.m § 533 ZPO. Auch der Antrag auf Auflösung des Arbeitsverhältnisses nach § 9 KSchG unterliegt nicht der Präklusionsvorschrift des § 67 ArbGG und kann bis zum Ende der mündlichen Verhandlung in der Berufungsinstanz gestellt werden (*Schaub* ArbGVerf § 51 Rn. 122).

#### aa) Zurückweisung von bereits in der ersten Instanz verspätet vorgebrachten Angriffs- und Verteidigungsmitteln

741 Nach § 67 ArbGG sind 3 Fallkonstellationen zu unterscheiden:
– Nach § 67 Abs. 1 ArbGG bleiben **Angriffs- oder Verteidigungsmittel die das ArbG in erster Instanz zu Recht zurückgewiesen hat, sei es nach § 56 Abs. 2 ArbGG, sei es nach § 296 ZPO, auch in der zweiten Instanz ausgeschlossen** (*LAG Bln.* 7.5.1979 EzA § 528 ZPO Nr. 1). Dies gilt selbst dann, wenn das Verfahren in zweiter Instanz bei Zulassung der Angriffs- und Verteidigungsmittel nicht verzögert werden würde, denn sonst würden die Präklusionsvorschriften der ersten Instanz umgangen. Aus diesem Grunde ist auch ein Nachschieben von Entschuldigungsgründen in der zweiten Instanz für das verspätete Vorbringen der ersten Instanz unzulässig.

742 – Angriffs- und Verteidigungsmittel, die entgegen einer **vom ArbG gesetzten Frist nach § 56 Abs. 1 S. 2 Nr. 1 ArbGG** erstinstanzlich nicht fristgerecht vorgetragen wurden, sind vom LAG nur dann zuzulassen, wenn sie nach der Überzeugung des LAG die Erledigung des Rechtsstreits nicht verzögern würden oder wenn die Partei die Verspätung genügend entschuldigt. Der Entschuldigungsgrund ist auf Verlangen des Gerichts glaubhaft zu machen. Für die Frage, wann ein Verschulden vorliegt, bzw. wann der Rechtsstreit verzögert wird, gelten die gleichen Grundsätze, wie bei der Zurückweisung nach § 56 Abs. 2 ArbGG in der ersten Instanz (s. Rdn. 454 ff.).

## A. Urteilsverfahren  Kapitel 15

– Angriffs- und Verteidigungsmittel, die entgegen der **allgemeinen Prozessförderungspflicht nach § 282 ZPO** in der ersten Instanz nicht rechtzeitig vorgebracht worden sind, darf das LAG nur zulassen, wenn dies die Erledigung des Rechtsstreits nicht verzögern würde oder wenn die Partei das Vorbringen im ersten Rechtszug nicht aus grober Nachlässigkeit unterlassen hat, § 67 Abs. 3 ArbGG. Bezüglich der Verzögerung gelten die gleichen Grundsätze wie bei der Zurückweisung nach § 56 Abs. 2 ArbGG (s. Rdn. 454 ff.). Hinsichtlich des Verschuldens bedarf es einer gesteigerten Nachlässigkeit bei der Prozessführung in der ersten Instanz. Eine grobe Nachlässigkeit kann z. B. gegeben sein, wenn eine Partei ohne sich um ihren Prozess zu kümmern wochenlang vom Wohnort abwesend ist, ohne ihrem Prozessbevollmächtigten die notwendigen Informationen zur Prozessführung gegeben zu haben.  743

Das Berufungsgericht hat nachzuprüfen, ob das ArbG die Angriffs- oder Verteidigungsmittel zu Recht zurückgewiesen hat. Ist dies nicht der Fall, sind die Angriffs- oder Verteidigungsmittel in zweiter Instanz zuzulassen. **Hatte das ArbG hingegen zu Unrecht Parteivorbringen zugelassen, welches eigentlich als verspätet hätte zurückgewiesen werden müssen, ist diese Entscheidung des ArbG auch für das LAG bindend.** Die eingetretene Verzögerung in erster Instanz könnte durch eine Zurückweisung in der zweiten Instanz nicht mehr aufgeholt werden, weswegen eine Zurückweisung unsinnig wäre (*Grunsky* § 67 Rn. 9).  744

Eine Zurückweisung von Angriffs- und Verteidigungsmitteln durch das Berufungsgericht ist in der Revision nur beschränkt daraufhin überprüfbar, ob das Berufungsgericht die Begriffsbestimmung der § 67 ArbGG ordnungsgemäß erfasst hat. Nicht nachprüfbar ist, ob der Rechtsstreit tatsächlich verzögert worden ist, da es sich hierbei um eine Tatfrage handelt, an deren Beurteilung das Revisionsgericht nach § 559 Abs. 2 ZPO gebunden ist. **Ließ das Berufungsgericht eigentlich zurückweisungswürdiges Vorbringen unzulässig zu, ist das BAG hieran gebunden** (*BAG* 31.10.1984 AP Nr. 3 zu 42 TVAL II), es sei denn, es liegt ein Verstoß gegen § 67 Abs. 1 ArbGG vor (*Ascheid* Rn. 1207).  745

Wegen § 67 Abs. 1 ArbGG sollte sich eine Partei, die es versäumt hat, in erster Instanz ihre Angriffs- oder Verteidigungsmittel in den gesetzten Fristen vorzubringen, überlegen, ob sie dies in der ersten Instanz noch nachholt oder ob sie sich den Vortrag für die zweite Instanz aufhebt. Weist das ArbG zulässig verspätetes Vorbringen zurück, ist das LAG daran gebunden. Wurde das Vorbringen hingegen in der ersten Instanz nicht zurückgewiesen, besteht immer noch die Chance, dass das Vorbringen unter den Voraussetzungen des § 67 Abs. 2 S. 1 ArbGG vor dem Berufungsgericht noch zugelassen wird, wenn nach seiner Überzeugung die Erledigung des Rechtsstreits in der Berufungsinstanz durch den nachgereichten Sachvortrag nicht verzögert wird.  746

Dies wird z. B. der Fall sein, wenn eine Partei zu benennende Zeugen nicht innerhalb der vom ArbG gesetzten Fristen ordnungsgemäß benannt hat und das ArbG auch nicht mehr durch prozessleitende Maßnahmen vor dem anberaumten Kammertermin diese nachträglich nunmehr benennbaren Zeugen laden könnte, sodass eine Zurückweisung nach § 56 Abs. 2 ArbGG droht. In diesen Fällen empfiehlt es sich, sich die Benennung der Zeugen für die zweite Instanz vorzubehalten, da auch das LAG vor einer Zurückweisung nach § 67 Abs. 2 ArbGG gehalten ist, im Wege von prozessleitenden Verfügungen Zeugen zum anberaumten Kammertermin zu laden, sodass eine Verzögerung in der zweiten Instanz durch die nachträglich benannten Zeugen trotz der Fristversäumung in der ersten Instanz regelmäßig nicht eintreten kann (*BAG* 23.11.1988 EzA § 67 ArbGG 1979 Nr. 1).

*bb) Zurückweisung von in der zweiten Instanz verspätetem Vorbringen*

Soweit nach § 67 Abs. 2 ArbGG das Vorbringen neuer Angriffs- und Verteidigungsmittel zulässig ist, hat dies vom Berufungskläger nach § 67 Abs. 4 ArbGG in der Berufungsbegründung, vom Berufungsbeklagten in der Berufungsbeantwortung zu erfolgen. Eine eigene Fristsetzung durch das Berufungsgericht bedarf es nicht, da es sich bei den sich aus § 67 Abs. 4 ArbGG ergebenden Fristen um gesetzliche Ausschlussfristen handelt (*BAG* 5.9.1985 EzA § 4 TVG Tariflohnerhöhung Nr. 7). Wer-  747 den die Angriffs- und Verteidigungsmittel später vorgebracht, sind sie nur zuzulassen, wenn sie nach der Berufungsbegründung oder der -beantwortung entstanden sind, das verspätete Vorbringen nach der freien Überzeugung des Gerichts die Erledigung des Rechtsstreits nicht verzögern würde oder nicht auf Verschulden der Partei beruht.

748 Auch wenn in § 67 Abs. 4 ArbGG insofern auf den Zeitpunkt des Einreichens der Berufungsbegründungs- bzw. -beantwortungsschrift abgestellt wird, ist im Hinblick auf die Gewährung des rechtlichen Gehörs ein Nachschieben von Angriffs- und Verteidigungsmitteln in einem **zweiten Schriftsatz innerhalb der sich aus § 66 Abs. 1 ArbGG jeweils ergebenden Fristen als zulässig anzusehen** (str. so Schwab/Weth-*Schwab* § 67 Rn. 50), weil eine Verzögerung des Rechtsstreits nicht eintritt.

749 Sofern Angriffs- und Verteidigungsmittel erst nach Einreichung der Berufungsbegründung oder Berufungsbeantwortung entstanden sind, sind sie stets zuzulassen, auch wenn sie **erst durch die Ausübung eines Gestaltungsrechtes einer Partei entstanden sind**. Dies gilt unabhängig davon, dass die Partei das Gestaltungsrecht bereits früher hätte ausüben können. Dies ist z. B. bei einer Anfechtung einer Erklärung oder beim Ausspruch einer Kündigung der Fall. **Eine Verpflichtung der Partei, ein Gestaltungsrecht frühzeitig auszuüben, sieht das Gesetz nicht vor.** Es stellt allein auf das Entstehen der Tatsache ab. Etwas anderes kann dann gelten, wenn die Entstehung der Tatsache von einer Willenserklärung der Partei abhängt und diese sie bewusst rechtsmissbräuchlich allein zum Zwecke der Verzögerung des Rechtsstreites verspätet abgibt (GMPM-G/*Germelmann* § 67 Rn. 25).

750 Auch der Antrag auf Auflösung des Arbeitsverhältnisses gegen Zahlung einer Abfindung nach § 9 Abs. 1 KSchG fällt nicht unter die Präklusionsvorschriften des § 67 ArbGG. Er kann nach § 9 Abs. 1 S. 3 KSchG bis zum Schluss der letzten mündlichen Verhandlung der Berufungsinstanz gestellt werden; insofern stellt die Vorschrift eine Sonderregelung gegenüber § 67 ArbGG dar.

751 Das Berufungsgericht kann daneben bei Verletzung der allgemeinen Prozessförderungspflicht verspätetes Vorbringen nach § 296 ZPO zurückweisen (s. Rdn. 454 ff.). Es besteht schließlich die Möglichkeit, nach § 64 Abs. 7 ArbGG i. V. m. § 56 Abs. 1 ArbGG den Parteien im Wege prozessleitender Auflagen Fristen für bestimmten Tatsachenvortrag zu setzen, bei deren Versäumung eine Zurückweisung nach § 56 Abs. 2 ArbGG auch im Berufungsverfahren durch das LAG möglich ist (s. Rdn. 454).

### c) Besonderheiten bei der Beweisaufnahme

752 Die Vernehmung bereits in erster Instanz vernommener Zeugen steht mit den Einschränkungen nach § 529 ZPO (vgl. *Schmidt/Schwab/Wildschütz* NZA 2001, 1221 f.) im eingeschränkten Ermessen des Berufungsgerichts. Sie hat zu geschehen, wenn das Berufungsgericht den Sachverhalt auf Grund von konkreten Anhaltspunkten für nicht hinreichend aufgeklärt hält und noch Fragen an die Zeugen hat oder die Glaubwürdigkeit des Zeugen abweichend vom ArbG anders beurteilen will (*BAG* 26.9.1989 EzA § 398 ZPO Nr. 2).

753 Sofern erstinstanzlich ein schriftliches Sachverständigengutachten der Entscheidung zugrunde gelegt wurde, muss das Berufungsgericht, wenn es von dem Gutachten abweichen oder es seine Ausführungen anders als die Vorinstanz zu würdigen gedenkt, den Sachverständigen mündlich vernehmen, §§ 398 Abs. 1, 402 ZPO (*Zöller/Heßler* § 529 Rn. 7).

## 6. Beschränkung der Zurückverweisung des Verfahrens an die erste Instanz

### a) Grundsatz

754 Nach § 68 ArbGG kann wegen eines **Mangels im Verfahren** des ArbG der Rechtsstreit nicht an dieses zurückverwiesen werden. Diese Vorschrift dient dem Beschleunigungsgrundsatz und geht als lex specialis dem § 538 Abs. 2 Nr. 1 ZPO vor. Dies gilt selbst dann, wenn schwerste Verfahrensmängel *vorgekommen sind*, sei es im Verfahrensablauf, bei der Verhandlungsführung oder bei der Urteilsabfassung (*BAG* 12.8.1993 EzA § 301 ZPO Nr. 3; 27.4.1993 EzA § 551 ZPO Nr. 1; 24.4.1996 EzA § 68 ArbGG 1979 Nr. 2).

## A. Urteilsverfahren   Kapitel 15

§ 68 ArbGG findet seine Berechtigung im arbeitsgerichtlichen Beschleunigungsgrundsatz (§ 9 Abs. 1 ArbGG) und darin, dass es sich auch bei der Berufungsinstanz trotz der Änderungen in der ZPO um eine Tatsacheninstanz handelt, in der i. d. R. Verfahrensfehler der ersten Instanz korrigiert werden können. 755

*b) Ausnahmen*

Eine Ausnahme vom Zurückverweisungsverbot des § 68 ArbGG besteht nur dann, wenn ein Verfahrensfehler ausnahmsweise in der zweiten Instanz nicht mehr korrigiert werden kann. 756

▶ **Beispiel 1 (gilt bis zum 31.3.2008):** 757

Das Verfahren ist vom LAG an das ArbG nach § 538 Abs. 2 Nr. 1 ZPO zurückzuverweisen, wenn das ArbG in einem Kündigungsschutzverfahren, in dem der Kläger die Klagefrist nach § 4 KSchG nicht gewahrt hatte und deswegen die nachträgliche Zulassung seiner Klage nach § 5 KSchG beantragte, den Antrag auf nachträgliche Zulassung der Kündigungsschutzklage nicht beschieden, sondern sofort zur Hauptsache erkannt hat. Da nur das ArbG über den Hilfsantrag auf nachträgliche Zulassung der Kündigungsschutzklage entscheiden darf, § 5 Abs. 4 KSchG, muss das LAG bei Einlegung einer Berufung die Sache zur erneuten Verhandlung über den Hilfsantrag an das ArbG zurückverweisen.

Nach einer Meinung ist das Urteil des ArbG vor der Zurückverweisung aufzuheben (*LAG BW* 26.8.1992 LAGE § 5 KSchG Nr. 58; *LAG Nbg.* 19.9.1995 ARST 1996, 71), nach anderer Meinung zumindest das Berufungsverfahren gem. § 148 ZPO aussetzen, bis das ArbG über den Antrag nach § 5 KSchG entschieden hat (*LAG Bln.* 23.8.1988 LAGE § 5 KSchG Nr. 38; KR-*Friedrich* § 5 KSchG Rn. 161 ff., 167). Selbst bei Zustimmung der Parteien darf das LAG nicht über den Antrag auf nachträgliche Zulassung nach § 5 KSchG entscheiden. Gleiches gilt für die nachträgliche Zulassung einer Entfristungsklage nach § 17 TzBfG.

**Ab dem 1.4.2008:** Mit der Neufassung des § 5 Abs. 5 KSchG ist eine Zurückverweisung unzulässig. Das LAG hat selbst über den Antrag zu befinden.

Nicht zurückzuverweisen ist das Verfahren, wenn das ArbG formfehlerhaft über den Antrag auf nachträgliche Zulassung der Kündigungsschutzklage durch Urteil oder im Urteil zum Hauptantrag mitentschieden hat, anstatt die Entscheidung durch Beschluss zu treffen. In diesem Fall hat das Berufungsgericht das Verfahren zu trennen und zunächst über das Rechtsmittel hinsichtlich des beschiedenen Antrags auf nachträgliche Zulassung der Klage, bei dem es sich um eine sofortige Beschwerde handelt, § 5 Abs. 4 S. 2 KSchG, vorab zu entscheiden. Erst danach kann eine Entscheidung über die Begründetheit der Berufung im Hinblick auf den Kündigungsschutzantrag getroffen werden (*BAG* 14.10.1982 EzA § 5 KSchG Nr. 19). 758

▶ **Beispiel 2:** 759

Eine Zurückverweisung nach § 538 Abs. 2 Nr. 1 ZPO hatte zu erfolgen, wenn das ArbG es versäumt hatte, eine Partei auf § 6 KSchG hinzuweisen (KR-*Rost* § 7 KSchG Rn. 2 m. w. N.). Ein solcher Verfahrensfehler war in der Berufungsinstanz nicht reparabel, da nach dem Wortlaut des § 6 KSchG die nachträgliche Geltendmachung der sozialen Ungerechtfertigtheit einer Kündigung nur bis zum Ende der mündlichen Verhandlung in der ersten Instanz möglich war. Ob diese Ansicht nach der Neufassung des § 6 KSchG ab dem 1.1.2004 aufrecht zu erhalten ist, ist streitig (vgl. KR/*Friedrich* § 6 Rn. 38; Schwab/Weth-*Schwab* § 68 Rn. 43).

▶ **Beispiel 3:** 760

Die in einem Urteil getroffene Feststellung, das Arbeitsverhältnis sei durch eine bestimmte Kündigung des Arbeitgebers nicht zu einem bestimmten Zeitpunkt aufgelöst worden, enthält zugleich die Feststellung, dass das Arbeitsverhältnis nicht durch andere Beendigungstatbestände früher oder zum selben Zeitpunkt aufgelöst worden ist. Ist dies zwischen den Parteien gerade streitig und erlässt das ArbG ein entsprechendes Teilurteil, ist auf die Berufung hin das Teilurteil aufzuheben und das Verfahren an das ArbG zurückzuverweisen, um zunächst über die streitigen anderen Beendigungstatbestände zu befinden. Dieser Mangel ist durch das Berufungsgericht nicht heilbar (*LAG Düsseld.* 28.2.1997 LAGE § 68 ArbGG 1979 Nr. 2).

761 ▶ **Beispiel 4:**

Die Kündigungsschutzklage nebst Auflösungsantrag ist nicht teilbar i. S. d. § 301 ZPO. Über beide Anträge ist einheitlich zu entscheiden. Hat das ArbG allein über die Kündigungsschutzklage im Wege des Teilurteils entschieden, ist das Verfahren zurückzuweisen. § 68 ArbGG findet keine Anwendung (*LAG RhPf* 10.7.1997 LAGE § 68 ArbGG 1979 Nr. 4).

762 Eine Zurückverweisung ist schließlich dann zulässig, wenn einer der Fälle des § 538 Abs. 2 Nr. 2, 4, 6 ZPO vorliegt **und eine Partei dies beantragt** (*LAG Bra.* 23.5.2000 NZA 2001, 173 ff.). § 538 Abs. 2 Nr. 5 ZPO findet wegen § 46 Abs. 2 ArbGG, § 538 Abs. 2 Nr. 4 wegen § 61 Abs. 3 ArbGG im arbeitsgerichtlichen Verfahren keine Anwendung.

763 Bei seiner Entscheidung, ob es den Rechtsstreit nach § 538 ZPO an das ArbG zurückverweist, hat das Berufungsgericht den Beschleunigungsgrundsatz nach § 9 ArbGG zu beachten und zu überprüfen, ob es nicht eine eigene Sachentscheidung treffen kann. Insofern hat es in seiner Ermessensentscheidung den Verlust einer Instanz für die Parteien gegen die Vorteile einer schnellen Entscheidung abzuwägen. Dies gilt insbes. in den Fällen des § 538 Abs. 2 Nr. 3 ZPO, wenn das ArbG nur über die Zulässigkeit der Klage entschieden hat, z. B. das ArbG bei einer Feststellungsklage die Klage lediglich wegen fehlendem Feststellungsinteresse abgewiesen hat (*BAG* 28.11.1963 AP Nr. 25 zu 2 ArbGG 1953).

764 Bei einer Stufenklage auf Rechnungslegung und Zahlung kann das Berufungsgericht das Verfahren analog § 538 Abs. 2 Nr. 3 ZPO an das Arbeitsgericht zurückverweisen, wenn dieses die Klage abgewiesen hatte, da es bereits den Anspruch auf Rechnungslegung für nicht gegeben erachtete, das Berufungsgericht hingegen auf die Berufung hin den Anspruch für gegeben hält (*BAG* 21.9.2000 NZA 2001, 1093).

765 § 538 Abs. 2 Nr. 6 ZPO ist entsprechend anzuwenden, wenn das Arbeitsgericht anstatt eines beantragten Versäumnisurteils ein Endurteil erlassen hat (*LAG RhPf* 4.3.1997 NZA 1997, 1071) und bei Aufhebung eines Anerkenntnisurteils durch das LAG, da tatsächlich ein Anerkenntnis nicht vorlag (GK-ArbGG/*Vossen* § 68 Rn. 28).

766 Entscheidet das LAG nach § 538 ZPO trotz Vorliegens eines Zurückweisungsgrundes nach § 538 Abs. 2 Nr. 3 über die Hauptsache selbst, kann es auch zu Lasten des Berufungsklägers ein klageabweisendes Sachurteil erlassen. Hierin liegt kein Verstoß gegen das Verbot der reformatio in peius. Dies ist z. B. der Fall, wenn der Kläger und Berufungskläger gegen ein Prozessurteil des ArbG Berufung eingelegt hat, das LAG die Klage aber insgesamt als unbegründet abweist.

### 7. Das zweitinstanzliche Urteil

*a) Allgemeines*

767 Nach § 64 Abs. 6 ArbGG i. V. m. § 525 ZPO gelten die §§ 253 ff. ZPO entsprechend. § 69 ArbGG n. F. enthält allerdings Abweichungen zum zivilgerichtlichen Berufungsurteil, insbes. zu § 540 ZPO.

768 Das Urteil hat grds. Tatbestands- und Entscheidungsgründe zu enthalten, § 313 ZPO, es sei denn, es ist ein Fall gem. § 69 Abs. 2 ArbGG gegeben.

769 Da es nur die Zulassungsrevision gibt (s. Rdn. 787 ff.) kann das LAG in allen Fällen, in denen es die Revision nicht zulässt, von § 69 Abs. 2 ArbGG Gebrauch machen. Ist allerdings eine Nichtzulassungsbeschwerde erfolgreich, unterliegt das Urteil, welches keinen Tatbestand hat, in aller Regel der Aufhebung (*BAG* 30.10.1987 EzA § 543 ZPO Nr. 6; 18.5.2006 NZA 2006, 1037; 20.8.2009 NZA 2009, 1277 ff.). Das BAG geht daher auch nur von einer Anwendbarkeit des § 69 Abs. 2

ArbGG aus, wenn alle Parteien einen Rechtsmittelverzicht erklärt haben (*BAG* 24.3.2011 – 2 AZR 170/10, NZA 2011, 992). Verweist das Berufungsurteil lediglich auf die Entscheidungsgründe des ArbG, werden diese der Rechtsprüfung des BAG zu Grunde gelegt (*BAG* 23.1.1980 EzA § 72a ArbGG 1979 Nr. 10).

Lässt das Berufungsgericht die Revision zu, findet § 69 Abs. 3 ArbGG Anwendung (vgl. *Schmidt/Schwab/Wildschütz* NZA 2001, 1219), d. h. es muss zumindest im Tatbestand auf den neuen Sachvortrag in zweiter Instanz eingehen und diesen darlegen; im Übrigen kann auf den Tatbestand des erstinstanzlichen Urteils Bezug genommen werden. 770

*b) Verkündung und Abfassung des zweitinstanzlichen Urteils*

§ 69 ArbGG enthält bzgl. der Abfassung des zweitinstanzlichen Urteils insofern einen Unterschied zum erstinstanzlichen Urteil, als er vorschreibt, **dass das vollständige Urteil nebst Tatbestand und Entscheidungsgründen von sämtlichen Mitgliedern der Kammer, d. h. auch von den ehrenamtlichen Richtern, zu unterschreiben ist.** 771

Dennoch bleibt die Abfassung des Urteils Sache des Vorsitzenden. Besteht Streit über die inhaltliche Formulierung des Tatbestand und der Entscheidungsgründe, hat die Kammer im Ganzen darüber zu befinden (GMPM-G/*Germelmann* § 69 Rn. 6). Gleiches gilt bezüglich der Entscheidung über einen Tatbestandsberichtigungsantrag. § 64 Abs. 7 ArbGG verweist nicht auf § 55 Abs. 1 Nr. 10 ArbGG. Die Unterzeichnung des zu verkündenden Tenors, auch von den ehrenamtlichen Richtern, der handschriftlich vom Vorsitzenden im unmittelbaren Anschluss an die Verhandlung niedergelegt wird, sieht das Gesetz nicht vor, wird in der Praxis aber regelmäßig vorgenommen. Dies ist deswegen sinnvoll, da auch Urteile des LAG, sofern sie einen vollstreckungsfähigen Inhalt haben, vorläufig vollstreckbar sind, § 64 Abs. 7 i. V. m. § 62 ArbGG, und dies u. U. auf Antrag der obsiegenden Partei bereits vor der Zustellung des vollständig abgefassten Urteils in einer vorläufigen Ausfertigung festgestellt werden muss. Diese kann erst erstellt werden, wenn zumindest der Tenor des Urteils auch von den ehrenamtlichen Richtern unterschrieben wurde. 772

Im Fall der Verhinderung eines ehrenamtlichen Richters findet § 315 Abs. 1 S. 2 ZPO über § 525 ZPO i. V. m. § 64 Abs. 6 ArbGG Anwendung. Verhinderungsgrund ist z. B. eine lang andauernde Erkrankung, eine längerfristige Ortsabwesenheit, das Versterben eines Richters oder das Ausscheiden aus seinem Amt (*BAG* 3.3.2010 EzA § 72b ArbGG 1979 Nr. 5). **§ 315 Abs. 1 S. 2 ZPO ist entsprechend anzuwenden, wenn sich ein ehrenamtlicher Richter weigert, eine getroffene Entscheidung, bei der er überstimmt wurde, zu unterzeichnen** (Stein/Jonas-*Leipold* § 315 Rn. 30). 773

Im Falle des Versterbens des Vorsitzenden kann auch ein ehrenamtlicher Richter das Urteil absetzen. Im ArbGG ist nicht bestimmt, dass die Urteile des Berufungsgerichts nur von dem Vorsitzenden, d. h. von dem Berufsrichter abgefasst werden dürfen (*BAG* 30.4.1971 EzA § 209 BGB Nr. 2). 774

Im Übrigen verweist § 69 ArbGG hinsichtlich der Verkündung und Abfassung des Urteils auf § 60 ArbGG (*Keil* NZA 1994, 819). Eine Abweichung liegt lediglich darin, dass nach der gesetzgeberischen Zielvorgabe das Urteil binnen vier Wochen, anstatt drei Wochen beim erstinstanzlichen Urteil, abgesetzt und der Geschäftsstelle übergeben werden soll. Hierbei handelt es sich lediglich um eine Ordnungsvorschrift, deren Missachtung sanktionslos ist. 775

Wird ein Urteil nicht binnen fünf Monaten nach Verkündung – nicht nach der letzten mündlichen Verhandlung (*BAG* 20.11.1997 – 6 AZR 215/96) – vom Vorsitzenden abgefasst, von den ehrenamtlichen Richtern unterschrieben und der Geschäftsstelle übergeben, gilt es i. S. d. § 547 Nr. 6 ZPO als nicht mit Gründen versehen (GS OGB 27.4.1993 EzA § 551 ZPO Nr. 1). § 222 Abs. 2 ZPO ist dabei nicht anzuwenden (*BAG* 17.2.2000 EzA § 551 ZPO Nr. 8). **Das Urteil ist daher auf entsprechende Rüge in der Revision aufzuheben und zur erneuten Verhandlung an das Berufungsgericht zurückzuverweisen**, wenn auch die sonstigen Voraussetzungen des § 72a ArbGG gegeben sind. Alleine die Überschreitung des Fünfmonatszeitraumes begründet für sich noch nicht die Zulassung 776 der Revision auf Grund einer Divergenzbeschwerde (*BAG* 20.9.1993 EzA § 72 ArbGG 1979 Nr. 15; s. Rdn. 837 ff.).

777 Daneben besteht die Möglichkeit, unmittelbar Verfassungsbeschwerde beim BVerfG wegen der »Erschwerung des Zugangs zu einer in der Verfahrensordnung eingeräumten Instanz« einzulegen (*BVerfG* 26.3.2001 EzA § 551 ZPO Nr. 9; vgl. *Kreutzfeldt* FA 2001, 297 ff.). Hierin liegt ein Verstoß gegen das Rechtsstaatsprinzip.

### c) Inhalt

778 Bezüglich des Inhalts des Berufungsurteils gelten über § 64 Abs. 7 ArbGG die Bestimmungen des § 61 Abs. 2 und 3 ArbGG entsprechend (s. Rdn. 528 ff.). Nicht in Bezug genommen worden ist die Vorschrift des § 61 Abs. 1 ArbGG, sodass es im Berufungsurteil keiner eigenständigen Streitwertfestsetzung bedarf. Setzt das LAG dennoch einen Streitwert fest, handelt es sich um einen **reinen Gebührenstreitwert**. Diesen wird es nur dann festsetzen, wenn er sich von dem Streitwert, welchen das ArbG in seinem Urteil festgesetzt hat, in der Höhe unterscheidet, z. B. weil der Wert des Streitgegenstandes auf Grund einer nur beschränkt eingelegten Berufung geringer ist als im erstinstanzlichen Verfahren, es nur ein Teilurteil erlässt oder der vom ArbG festgelegte Streitwert offensichtlich falsch war (*Grunsky* § 69 Rn. 5, 6).

### d) Beschränkter Prüfungsumfang

779 Bei der Entscheidungsfindung obliegt dem Berufungsgericht nach § 65 ArbGG bzgl. einiger Verfahrens- und Zulässigkeitsgesichtspunkte nur eine eingeschränkte Prüfungskompetenz.

780 Es prüft nicht mehr, ob der beschrittene Rechtsweg und die Verfahrensart überhaupt zulässig sind. Über § 48 ArbGG sind die Vorschriften der §§ 17 ff. GVG anzuwenden. Gegen Beschlüsse, in denen das ArbG die Zulässigkeit oder Unzulässigkeit des Rechtswegs ausgesprochen hat, findet das Rechtsmittel der sofortigen Beschwerde nach § 17a Abs. 4 S. 3 GVG statt. **Versäumen es die Parteien im erstinstanzlichen Verfahren, eine solche Entscheidung herbeizuführen, ist die Rechtswegentscheidung des ArbG abschließend und auch für das Berufungsgericht bindend.** Nur wenn es im Rahmen einer sofortigen Beschwerde nach § 17a Abs. 3 S. 3 GVG mit der Rechtsfrage befasst wird, kann es über die Zulässigkeit des Rechtswegs entscheiden und die Entscheidung des ArbG überprüfen. Etwas anderes kann nur dann gelten, wenn das ArbG unter Übergehung einer erhobenen Rechtswegrüge in der Sache entscheidet (vgl. *BAG* 16.12.2009 EzA § 48 ArbGG 1979 Nr. 6).

781 Gleiches gilt bzgl. der Frage, ob das ArbG seine sachliche und örtliche Zuständigkeit zu Unrecht angenommen hat und ob die richtige Verfahrensart gewählt wurde. Hinsichtlich der örtlichen Zuständigkeit folgt dies bereits aus § 48 Abs. 1 Nr. 1 ArbGG, wonach die Entscheidung der ersten Instanz unanfechtbar ist.

782 Fehler im Rahmen der funktionellen Zuständigkeit sind zwar vom Berufungsgericht trotz § 65 ArbGG überprüfbar, z. B. wenn der Streit darüber geht, ob eine bestimmte Fachkammer des ArbG oder eine allgemeine Kammer für die Entscheidung des Rechtsstreits zuständig war. Da es sich hierbei allerdings regelmäßig um Fehler im Rahmen des Verfahrens vor dem ArbG handelt, ist eine Zurückverweisung nach § 68 ArbGG nicht möglich. Die Fehler sind für das Berufungsgericht daher bedeutungslos.

783 Schließlich überprüft das Berufungsgericht nicht, ob bei der Berufung der ehrenamtlichen Richter Verfahrensmängel unterlaufen sind oder Umstände vorgelegen haben, die die Berufung eines ehrenamtlichen Richters zu seinem Amt ausgeschlossen hätten.

784 Nicht von § 65 ArbGG ausgeschlossen wird eine Prüfung des Rechtswegs und der Verfahrensart im Rahmen einer Klageerweiterung, Klageänderung oder Widerklage erst in der Berufungsinstanz. Dies gilt auch im Falle der erst in der Berufungsinstanz nach § 533 ZPO erklärten Aufrechnung. Das Rechtsmittelgericht hat entsprechend den Bestimmungen der §§ 48 ArbGG, 17a GVG die Rechtsfrage selbst zu entscheiden (vgl. *BAG* 16.12.2009 EzA § 48 ArbGG 1979 Nr. 6).

## A. Urteilsverfahren Kapitel 15

Verstößt das LAG in seiner Entscheidung gegen § 65 ArbGG, leidet das Verfahren an einem wesentlichen Mangel, sodass eine Revision hierauf gestützt werden kann, §§ 562 Abs. 2, 563 ZPO. 785

Im Übrigen bestimmt sich der Prüfungsumfang nach § 529 ZPO (vgl. *Schmidt/Schwab/Wildschütz* NZA 2001, 1221 f.). 786

### e) Zulassung der Revision

Das Berufungsgericht hat in seinem Urteil die Revision zuzulassen, wenn dies nach § 72 Abs. 2 ArbGG geboten ist. **Im Arbeitsgerichtsverfahren gibt es heute nur noch die sog. Zulassungsrevision.** Die Zulässigkeit der Revision ist in § 72 ArbGG abschließend geregelt. Ein Rückgriff auf zivilprozessuale Vorschriften ist unzulässig (*BAG* 10.12.1986 EzA § 72 ArbGG 1979 Nr. 7; 22.6.1994 EzA § 72 ArbGG 1979 Nr. 16; vgl. GK-ArbGG/*Mikosch* § 72 Rn. 4, 61 f.). 787

#### aa) Form

Die Entscheidung über die Zulassung der Revision ist grds. im Tenor des Berufungsurteils niederzulegen. Sofern sie lediglich in den Entscheidungsgründen oder in der Rechtsmittelbelehrung enthalten ist, war sie nach der früheren Rechtsprechung des BAG nur dann wirksam, wenn das vollständige Urteil einschließlich der Entscheidungsgründe bzw. der Rechtsmittelbelehrung auch verkündet worden ist (*BAG* 21.8.1990 EzA § 1 BetrAVG Nr. 61; 25.6.1986 NZA 1987, 179). 788

Nachdem das BVerfG in dieser Rechtsprechung einen Verstoß gegen eine faire Verhandlungsführung und damit eine Verletzung des Rechtsstaatsprinzips sah (*BVerfG* 15.1.1992 EzA § 64 ArbGG 1979 Nr. 29), änderte das *BAG* seine Rechtsprechung. Nach Auffassung des 4., 7.und 9 Senats (23.11.1994 EzA § 72 ArbGG 1979 Nr. 17; 26.4.1995 EzA § 41 SGB VI Nr. 5; 20.8.1996 EzA § 767 ZPO Nr. 2) war die »versehentliche« Nicht-Verkündung der Revisionszulassung unschädlich, wobei grds. an der Verkündungspflicht festgehalten wurde. Der 1. Senat (31.10.1995 EzA § 72 ArbGG 1979 Nr. 20) hielt hingegen eine mündliche Verkündung der Revisionszulassung grds. nicht mehr für nötig, auf ein »Versehen« des Berufungsgerichts könne es nicht ankommen. 789

> **Der Gesetzgeber hat in § 72 Abs. 1 S. 2 i. V. m. § 64 Abs. 3a ArbGG nunmehr bestimmt, dass die Revision im Tenor zuzulassen ist.** Geschieht dies nicht, besteht ein Antragsrecht der Parteien binnen zwei Wochen ab Verkündung des Urteils. **Eine Zulassung erst in den Gründen reicht damit nicht mehr aus** (*BAG* 19.3.2003 EzA § 72 ArbGG 1979 Nr. 30; s. Rdn. 669). 790

Wird die Revision nicht zugelassen und dies auch in den Entscheidungsgründen begründet, ersetzt eine gleichwohl versehentlich anders lautende Rechtsmittelbelehrung nicht die Zulassungsentscheidung nach § 72 Abs. 1 ArbGG (*BAG* 20.9.2000 EzA § 72 ArbGG 1979 Nr. 25). Die Nichtzulassungsentscheidung muss das LAG im Übrigen nicht begründen (*BAG* 11.10.2010 – 9 AZN 418/10, NZA 2011, 117 ff.). 791

#### bb) Zulassungsgründe

Das Berufungsgericht muss die Revision zulassen, wenn einer der in § 72 Abs. 2 ArbGG genannten Gründe vorliegt. 792

> Hängt die Entscheidung über einen geltend gemachten Annahmeverzugslohnanspruch von der Wirksamkeit einer Kündigung ab und ist diese Gegenstand eines Revisionsverfahrens, muss das LAG entweder die Revision zulassen oder den Rechtsstreit bis zur Entscheidung des BAG aussetzen (*BAG* 11.1.2006 EzA § 615 BGB 2002 Nr. 11). 793

Es kann sie allerdings auch in weiteren Fällen zulassen, wofür ein Antrag der Parteien nicht erforderlich ist. Die Zulassungsentscheidung muss das Berufungsgericht nicht begründen. Enthält das Urteil weder einen positiven noch einen negativen Ausspruch über die Zulassung der Revision, ist dies als negative Entscheidung zu werten (*BAG* 26.9.1980 EzA § 72 ArbGG 1979 Nr. 2). 794

795 Das LAG hat die Revision zuzulassen, wenn einer entscheidungserheblichen Rechtsfrage **grds. Bedeutung** zukommt, § 72 Abs. 1 Nr. 1 ArbGG. Dies ist dann der Fall, wenn der Rechtsstreit von einer **klärungsbedürftigen Rechtsfrage abhängt, welche von allgemeiner Bedeutung** für die Rechtsordnung ist oder wegen ihrer tatsächlichen, z. B. wirtschaftlichen, Auswirkungen die Interessen der Allgemeinheit oder eines größeren Teil der Allgemeinheit berührt (*BAG* 5.12.1979 EzA § 72a ArbGG 1979 Nr. 4; 28.6.2011 – 3 AZN 146/11, NZA 2011, 939).

796 Die Rechtsfrage kann dabei aus dem Bereich des Arbeitsrechts, des sonstigen materiellen Rechts oder des Verfahrensrechts erwachsen. **Klärungsbedürftig ist eine Rechtsfrage** dann, wenn sie nicht bereits höchstrichterlich entschieden ist, oder neue beachtliche Einwendungen gegen die bisherige Rechtsprechung erhoben werden (*BAG* 25.10.1989 EzA § 72a ArbGG 1979 Nr. 56). Daran fehlt es, wenn die der Rechtsfrage zugrunde liegende gesetzliche oder tarifliche Regelung völlig eindeutig ist (*BAG* 25.10.1989 EzA § 72a ArbGG 1979 Nr. 56).

797 **Von allgemeiner Bedeutung ist eine Rechtsfrage** nur dann, wenn sie entweder in ihrer tatsächlichen oder wirtschaftlichen Tragweite Auswirkungen für zumindest einen Teil der Allgemeinheit hat (*BAG* 28.6.2011 – 3 AZN 146/11, NZA 2011, 939). **Allein eine besondere wirtschaftliche Bedeutung für die Parteien reicht hierzu nicht aus, was sich aus dem Wegfall der früher zulässigen Streitwertrevision ergibt.** Werden nur Teile der Allgemeinheit im Bezirk eines LAG betroffen, z. B. wenn es um die Auslegung einer nur für diesen gültigen tarifvertraglichen Regelung geht, hat das LAG selbst darüber abschließend zu befinden (*Grunsky* § 72 Rn. 11).

798 Daneben ist die Revision nach **§ 72 Abs. 2 Nr.** 2 ArbGG zuzulassen, wenn das Urteil von einer Entscheidung des BVerfG, des GS OGB, des BAG oder, solange eine Entscheidung des BAG in der Rechtsfrage nicht ergangen ist, von einer Entscheidung einer anderen Kammer desselben LAG oder eines anderen LAG abweicht und die Entscheidung auf dieser Abweichung beruht. Beabsichtigt lediglich eine Kammer des LAG ihre frühere Rechtsprechung zu ändern, bedarf es keiner Zulassung der Revision. Gleiches gilt, wenn das LAG von einer Entscheidung eines anderen obersten Gerichtshofes außer dem BAG abweichen will oder von einer Entscheidung eines OLG. Allerdings wird in diesen Fällen regelmäßig ein Fall der »grundsätzlichen Bedeutung« i. S. d. § 72 Abs. 2 Nr. 1 ArbGG gegeben sein.

799 Die Form der Entscheidung des divergierenden Gerichts ist dabei unerheblich. Es kann sich um ein Urteil oder um einen Beschluss handeln. Auch unerheblich ist es, ob die abweichende Entscheidung bereits rechtskräftig ist oder nicht.

800 Die Abweichung muss sich auf einen **unterschiedlich angewandten abstrakten Rechtsgrundsatz** beziehen (*BAG* 4.5.1977 AP Nr. 39 zu 72 ArbGG 1953 Divergenzrevision; 25.10.1989 EzA § 72a ArbGG 1979 Nr. 56), wobei strittig ist, ob dies voraussetzt, dass sie auf derselben Gesetzesbestimmung beruht (so *Schaub* ArbGVerf § 51 Rn. 180; *Ascheid* Rn. 1267; a. A. GMPM-G/*Müller-Glöge* § 72 Rn. 20).

801 Die Revision muss nur zugelassen werden, wenn das Urteil des LAG auf dem abweichenden Rechtsgrundsatz beruht. Dies ist nicht der Fall, wenn lediglich in einem obiter dictum zu der Rechtsfrage Stellung genommen wird. Es ist allerdings nicht erforderlich, dass die divergierende Entscheidung des anderen Gerichts, von dem das LAG nunmehr abweichen will, ebenfalls auf dem abstrakten Rechtssatz beruht. Ausreichend ist daher eine Abweichung von einem obiter dictum des BAG (*BAG* 17.2.1981 EzA § 72a ArbGG 1979 Nr. 27).

802 Nach § 72 Abs. 2 Nr. 3 ArbGG ist die Revision schließlich zuzulassen, wenn ein Revisionsgrund nach § 547 Nr. 1 ZPO oder eine entscheidungserhebliche Verletzung des Anspruchs auf rechtliches Gehör geltend gemacht wird und vorliegt. Letztere liegt bereits vor, wenn nicht ausgeschlossen werden kann, dass es bei unterbliebener Rechtsverletzung womöglich zu einer anderen Entscheidung gekommen wäre.

## A. Urteilsverfahren

▶ **Beispiele:** 803
- fehlerhafte Zurückweisung von Vortrag als verspätet;
- Entscheidung vor Ablauf gesetzter Schriftsatzfristen;
- Entscheidung vor Ablauf gesetzlicher Ladungsfristen;
- Säumnisentscheidung, obwohl die Partei gar nicht säumig war;
- Übergehen von Beweisantrag, soweit Entscheidung darauf beruht;
- Verstoß gegen § 139 ZPO, z. B. kein Hinweis auf Bedenken gegen die Zulässigkeit der Berufung (*BAG* 31.7.2007 EzA Art. 103 GG Nr. 9).

Eine Rüge einer unzureichenden Information durch das Berufungsgericht setzt allerdings voraus, 804 dass die Partei es nicht selbst versäumt hat, in zumutbarer Weise durch Nachfragen oder Stellen von Beweisanträgen, die fehlende Information durch das Gericht zu erlangen (*BAG* 20.5.2008 – 9 AZN 1258/07, FA 2008, 241). Allein die fehlerhafte Feststellung oder Bewertung vom Tatsachenvortrag der Parteien begründet hingegen nicht die Zulassung der Revision nach § 72a Abs. 3 S. 2 Nr. 3 ArbGG (*BAG* 18.11.2008 – 9 AZN 836/08).

Hat das LAG versehentlich oder rechtsfehlerhaft die Revision nicht zugelassen, kann dies nicht durch 805 ein Ergänzungsurteil nach § 321 ZPO nachgeholt werden (*BAG* 26.9.1980 EzA § 72 ArbGG 1979 Nr. 2). Lediglich bei offensichtlicher Unrichtigkeit kann das Urteil nach § 319 ZPO berichtigt werden (vgl. *BAG* 31.10.1995 EzA § 72 ArbGG 1979 Nr. 20).

### cc) Beschränkte Zulassung

Die Revision kann auch nur beschränkt hinsichtlich eines Teils des Rechtsstreits zugelassen werden, 806 wenn lediglich insoweit ein Zulassungsgrund nach § 72 Abs. 2 ArbGG besteht. Es muss sich dabei allerdings um einen tatsächlich und rechtlich selbstständigen und abtrennbaren Teil des Gesamtstreitstoffs handeln. Dies ist immer dann der Fall, wenn darüber auch durch Teilurteil oder durch Zwischenurteil gesondert entschieden werden könnte (*BAG* 8.2.1994 EzA § 551 ZPO Nr. 3).

Bei einer subjektiven Klagehäufung kann die Revision auf einzelne Streitgenossen beschränkt wer- 807 den. Dies gilt allerdings nicht bei notwendiger Streitgenossenschaft. Beschränkt werden kann die Revision auch auf den Haupt- oder Hilfsantrag oder nur auf die Berufung oder Anschlussberufung. Eine Verpflichtung des LAG, die Revision nur auf bestimmte Streitgegenstände zu beschränken, wenn nur für einen der Streitgegenstände ein Zulassungsgrund nach § 72 Abs. 2 ArbGG besteht, besteht nicht.

Fraglich ist, ob die Beschränkung in den Gründen erfolgen kann, oder im Tenor enthalten sein muss 808 (so GMPM-G/*Müller-Glöge* § 72 Rn. 43; s. Rdn. 551).

### f) Vollstreckbarkeit

§ 67 Abs. 7 ArbGG verweist hinsichtlich der Vollstreckbarkeit auf § 62 ArbGG. Urteile des Beru- 809 fungsgerichts sind daher auch dann vorläufig vollstreckbar, wenn gegen sie Einspruch oder Revision möglich ist, ohne dass dies besonders im Urteil erwähnt werden muss (s. Rdn. 601 ff.).

### g) Mitteilungspflicht von Urteilen in Tarifvertragssachen

Die Mitteilungspflicht in Tarifsachen gilt auch für das LAG, §§ 64 Abs. 7, 63 ArbGG (s. 810 Rdn. 579 ff.).

### 8. Kosten des Berufungsverfahrens

Hinsichtlich der außergerichtlichen Kosten findet die Privilegierung des § 12a ArbGG im Beru- 811 fungsverfahren keine Anwendung.

Die Kostenentscheidung richtet sich nach den §§ 97 ff., 91 ff. ZPO. Hierbei können auch die Kos- 812 ten für Verbandsvertreter, die nach § 11 Abs. 2 ArbGG den Rechtsanwälten gleichgestellt sind, geltend gemacht werden. Sofern die Verbandsvertreter die Vertretung der Mitglieder unentgeltlich übernommen haben, werden die Kosten nach § 92 Abs. 1 ZPO verhältnismäßig geteilt. Ist die andere Seite durch einen Rechtsanwalt vertreten, enthält § 12a Abs. 2 ArbGG die Fiktion, dass die durch den Verbandsvertreter vertretene Partei hinsichtlich der außergerichtlichen Kosten so zu stellen ist, als wenn sie durch einen Rechtsanwalt vertreten worden wäre. **Erstattungsansprüche stehen ihr allerdings nur zu, falls ihr tatsächlich im Einzelfall Kosten erwachsen sind** (GMPM-G/*Germelmann* § 12a Rn. 43).

813 Lässt sich eine Partei durch einen Verbandsvertreter vertreten, der gleichzeitig Rechtsanwalt ist und tritt der Vertreter in der Eigenschaft als Rechtsanwalt für das vertretene Verbandsmitglied auf, sind die dadurch entstehenden Kosten von der Gegenpartei im Falle des Unterliegens wie bei einem Rechtsanwalt zu erstatten. Dies gilt selbst dann, wenn der Verband im Unterliegensfalle die Kosten des Rechtsanwaltes für sein Verbandsmitglied tragen würde (GMPM-G/*Germelmann* § 12a Rn. 41).

814 Der Streitwert im Berufungsverfahren bestimmt sich nach den Anträgen, § 47 GKG. Die Verfahrensgebühr beträgt 3,2 (KV Nr. 8220). Sie ermäßigt sich im Fall der Berufungsrücknahme oder der Klagerücknahme, bevor die Berufungsbegründungsschrift beim LAG eingegangen ist auf 0,8 (KV 8221).

815 Eine Ermäßigung auf 1,6 findet statt, sofern die Voraussetzungen der Nr. 8221 KV nicht vorliegen und entweder die Berufung vor dem Schluss der mündlichen Verhandlung zurückgenommen wird oder ein Anerkenntnis- oder Verzichtsurteil oder ein Urteil unter den Voraussetzungen des § 313 Abs. 2 ZPO ergeht.

816 Gleiches gilt für den Fall der übereinstimmenden Erledigungserklärung nach § 91a ZPO, wenn keine Kostenentscheidung ergehen muss oder sich die Parteien diesbezüglich verständigt haben (KV Nr. 8222, 8223).

817 Im Fall eines Vergleichsabschlusses entfallen die Gebühren für die Rechtsmittelinstanz (Vorb. 8 des KV).

## XV. Das Revisionsverfahren

### 1. Allgemeines

#### a) Sinn und Zweck

818 Das Revisionsverfahren dient überwiegend dazu, eine Rechtskontrolle der Berufungsurteile des LAG zu schaffen. In Ausnahmefällen, bei der Sprungrevision (s. Rdn. 873 ff.), werden direkt die Urteile des ArbG rechtlich überprüft. In der Revision erfolgt keine tatsächliche, sondern lediglich eine rechtliche Nachprüfung der Entscheidung des Tatsachengerichts. Sie dient den Interessen der betroffenen Parteien, aber auch der Wahrung einer einheitlichen Rechtsprechung sowie deren Fortentwicklung. Revisionsgericht ist das BAG.

#### b) Ausgestaltung als Zulassungsrevision

819 Nach § 72 ArbGG in der heutigen Fassung gibt es nur noch die sog. **Zulassungsrevision**. Eine Revision ist nur zulässig und statthaft, wenn sie entweder vom LAG zugelassen wurde, das BAG einer Nichtzulassungsbeschwerde stattgegeben hat, § 72a ArbGG, oder im Fall der vom ArbG zugelassenen Sprungrevision gem. § 76 ArbGG. Dies gilt auch dann, wenn materiell absolute Revisionsgründe i. S. d. § 547 Nr. 1–6 ZPO geltend gemacht werden (*BAG* 20.2.2001 FA 2001, 310). Die in § 72 ArbGG aufgezählten Zulassungsgründe sind abschließend (s. Rdn. 787 ff.).

## A. Urteilsverfahren

### c) Verfahrensvorschriften

Sofern in den §§ 72 bis 77 ArbGG keine spezielleren und abschließenden Verfahrensvorschriften enthalten sind, richtet sich das Verfahren gem. § 72 Abs. 5 ArbGG nach den §§ 542 ff. ZPO, mit Ausnahme des § 566 ZPO. 820

In § 72 Abs. 6 ArbGG ist darüber hinaus auf einige Bestimmungen des erstinstanzlichen Verfahrens verwiesen, die auch im Revisionsverfahren Anwendung finden. Danach findet § 53 ArbGG Anwendung. Für das BAG ist die Vorschrift insofern entsprechend anzuwenden, als sie das Verhältnis der Berufsrichter des Senats zu dem ehrenamtlicher Richter regelt. An die Stelle des Kammervorsitzenden beim ArbG treten am BAG alle Berufsrichter, nicht nur der Vorsitzende des Senats (*BAG* 10.12.1992 EzA § 17a GVG Nr. 3). 821

### 2. Revisible Entscheidungen der Tatsacheninstanz

Grds. revisibel sind Endurteile der LAG, § 72 Abs. 1 ArbGG. Hierzu zählen Teil- und Schlussurteile nach den §§ 300, 301 ZPO sowie Ergänzungsurteile nach § 321 ZPO. Dabei kann es sich um Sach- oder um Prozessurteile handeln. Nach § 302 Abs. 3 ZPO sind auch Vorbehaltsurteile als Endurteile anzusehen. Gleiches gilt für Zwischenurteile nach § 280 Abs. 2 ZPO. 822

Zwischenurteile, die die Wiedereinsetzung in den vorherigen Stand ablehnen (*BAG* 9.12.1955 AP Nr. 1 zu § 300 ZPO) oder die über die Unwirksamkeit eines Prozessvergleiches entscheiden (*BAG* 10.11.1966 AP Nr. 1 zu § 275 ZPO), sind ebenfalls revisibel, nicht hingegen Zwischenurteile, durch die Wiedereinsetzung in den vorherigen Stand gewährt wird, § 238 Abs. 3 ZPO. 823

Nicht revisibel sind Grundurteile nach § 304 Abs. 1, Abs. 2 ZPO i. V. m. § 61 Abs. 3 ArbGG, Urteile, durch die über die Anordnung, Abänderung oder Aufhebung eines Arrestes oder einer einstweiligen Verfügung entschieden wird, § 72 Abs. 4 ArbGG und Urteile, die mit der sofortigen Beschwerde anfechtbar sind, §§ 99 Abs. 2, 387 Abs. 3 ZPO. 824

### 3. Statthaftigkeit der Revision

Die Zulassung der Revision ist nur in den in § 72 Abs. 1, 72a und 76 ArbGG genannten Fällen statthaft (s. Rdn. 819). **Sofern die Tatsacheninstanz die Revision zugelassen hat, ist das BAG gem. §§ 72 Abs. 3, 76 Abs. 2 S. 2 ArbGG an die Zulassung grds. gebunden.** Diese Vorschriften gehen § 552a ZPO vor (*Düwell* FA 2005, 365). Dies gilt für die Urteile des LAG uneingeschränkt, auch wenn die gesetzlichen Bestimmungen die Zulassung eigentlich nicht gerechtfertigt hätten (*BAG* 16.4.1997 EzA § 554 ZPO Nr. 6). Eine **Ausnahme** besteht in den Fällen, in denen das LAG eine Entscheidung getroffen hat, die kraft Gesetzes gar nicht revisibel ist, z. B. in den Fällen des § 72 Abs. 4 ArbGG. 825

Nach § 76 Abs. 2 S. 2 ArbGG gilt die gleiche Bindungswirkung grds. bei Zulassung der Sprungrevision durch das ArbG. **Dennoch verneint das BAG eine Bindungswirkung dann, wenn die Sprungrevision – fehlerhaft – in einem Rechtsstreit für zulässig erklärt worden ist, der nicht § 76 Abs. 2 S. 1 Nr. 1 bis 3 ArbGG** unterfällt (*BAG* 16.11.1982 EzA § 42 SchwbG Nr. 9; 12.2.1985 EzA § 76 ArbGG 1979 Nr. 3). 826

#### a) Die Zulassung der Revision durch das LAG

Siehe Rdn. 787 ff. 827

#### b) Die Zulassung der Revision durch das BAG auf Grund einer Nichtzulassungsbeschwerde

##### aa) Allgemeines

Die Nichtzulassungsbeschwerde nach § 72a ArbGG soll gewährleisten, dass Urteile mit der Revision angegriffen werden können, auch wenn das LAG sie nicht zugelassen hat, obgleich die Voraussetzungen nach § 72 Abs. 2 ArbGG vorlagen (vgl. *Zwanziger* FA 2007, 332 ff.). 828

829 Bei der Nichtzulassungsbeschwerde handelt es sich nicht um ein Rechtsmittel, sondern um einen Rechtsbehelf. Ihre Einlegung verhindert die Rechtskraft des LAG Urteils. **Ihr kommt damit ein Suspensiveffekt zu, jedoch kein Devolutiveffekt.** Dieser tritt erst ein, wenn auf Grund der Nichtzulassungsbeschwerde das LAG-Urteil für revisibel erklärt wird, § 72 Abs. 6 ArbGG. Folglich muss das LAG keine förmliche Rechtsmittelbelehrung nach § 9 Abs. 5 ArbGG hinsichtlich der Nichtzulassungsbeschwerde erteilen. Es reicht vielmehr ein Hinweis auf diese Möglichkeit aus (*BAG* 1.4.1980 EzA § 72a ArbGG 1979 Nr. 12; 12.2.1997 EzA § 72a ArbGG 1979 Nr. 77). Die Nichtzulassungsentscheidung muss das LAG im Übrigen nicht begründen (*BAG* 11.10.2010 – 9 AZN 418/10, NZA 2011, 117 ff.).

830 Die Kontrolle der ordnungsgemäßen Zulassung der Revision durch das LAG im Wege der Nichtzulassungsbeschwerde durch das BAG ist allerdings beschränkt. Möglich sind allein drei Zulassungsgründe. Es gibt die »**Grundsatzbeschwerde**«, § 72a Abs. 3 Nr. ArbGG, die »**Divergenzbeschwerde**«, § 72a Abs. 3 Nr. 2 ArbGG und die »**Verfahrensbeschwerde**«, § 72a Abs. 3 Nr. 3 ArbGG. Mit der letzteren können die in § 547 Abs. 1–5 ZPO genannten Verfahrensfehler und die Rüge der Verletzung des Anspruchs auf rechtliches Gehör geltend gemacht werden.

831 Ein sonstiger reiner Verfahrensmangel, selbst wenn er schwerster Art war, kann eine Nichtzulassungsbeschwerde nicht begründen (vgl. *BAG* 20.2.2001 FA 2001, 310; 26.6.2001 EzA ArbGG 1979 § 72a Nr. 94; 1.10.2003 EzA ArbGG 1979 § 92a Nr. 5).

832 Statistisch gesehen sind weniger als 8 % der Nichtzulassungsbeschwerden erfolgreich (vgl. *Michels-Holl* FS Arbeitsgerichtsbarkeit S. 361).

### bb) Nichtzulassungsbeschwerde wegen grundsätzlicher Bedeutung der Rechtssache

833 Die Nichtzulassungsbeschwerde kann gem. §§ 72a, 72 Abs. 3 Nr. 1 ArbGG darauf gestützt werden, dass einer **Rechtssache grundsätzliche Bedeutung** zukommt, und das LAG gleichwohl nicht die Revision zugelassen hat (zum Begriff der grundsätzlichen Bedeutung s. Rdn. 795 ff.).

834 Stützt sich das LAG-Urteil auf mehrere Begründungen, muss die grundsätzliche Bedeutung bzgl. jeder der Begründungen gegeben sein (*BAG* 27.11.1984 EzA § 72a ArbGG 1979 Nr. 45; 28.9.1989 EzA § 72a ArbGG 1979 Nr. 55).

835 Ein Grund zur Zulassung der Revision besteht nur dann, wenn sich das LAG mit den vom Beschwerdeführer in der Beschwerde formulierten Rechtsfragen auch befasst hat. Nur dann können sie für das Ergebnis des Rechtsstreits erheblich gewesen sein. Es genügt nicht, dass sich das LAG nach Ansicht des Beschwerdeführers mit den aufgeworfenen Rechtsfragen hätte befassen müssen (*BAG* 13.6.2006 EzA § 72a ArbGG 1979 Nr. 109).

836 Die Nichtzulassungsbeschwerde kann nicht darauf gestützt werden, dass das angefochtene Urteil andere wichtige Rechte, und seien es auch Verfassungsrechte, verletzt habe (*BAG* 23.1.1980 EzA § 72a ArbGG 1979 Nr. 10) oder darauf, das LAG habe die Revision willkürlich nicht zugelassen.

### cc) Nichtzulassungsbeschwerde wegen Divergenz

837 Die Nichtzulassungsbeschwerde ist zulässig und begründet, wenn das Urteil des LAG von einer Entscheidung der in § 72 Abs. 2 Nr. 1 ArbGG genannten Gerichte abweicht, **sofern es auf dieser Abweichung beruht.** Allein eine Divergenz in der Kostenentscheidung reicht im Hinblick auf § 99 ZPO allerdings nicht aus (*BAG* 23.7.1996 EzA § 72a ArbGG 1979 Nr. 76). In diesem Fall hätte das LAG die Revision zulassen müssen. Zur Frage, wann das Urteil des LAG auf der Divergenz beruht s. Rdn. 801.

838 Erweist sich das Urteil aus anderen Gründen als richtig, berührt dies nicht die Frage der Zulässigkeit und Begründetheit der Nichtzulassungsbeschwerde, sondern lediglich die Frage, ob die Revision im Ergebnis erfolgreich ist oder nicht, § 561 ZPO.

## A. Urteilsverfahren
## Kapitel 15

Weicht das LAG von einer Entscheidung eines anderen als den in § 72 Abs. 2 Nr. 1 ArbGG genannten Gerichten ab, ist die Nichtzulassungsbeschwerde unzulässig (*BAG* 25.3.1991 EzA § 72a ArbGG 1979 Nr. 57). Ob es bei seiner Entscheidung von der Abweichung seines abstrakten Rechtssatzes von der abweichenden Entscheidung eines divergenzfähigen Gerichts wusste oder nicht, ist unerheblich. Die Nichtzulassungsbeschwerde dient allein der Rechtseinheit, welche bereits dann gefährdet ist, wenn in Rechtsfragen voneinander abweichende Urteile tatsächlich bestehen. 839

**Der maßgebliche Zeitpunkt für die Frage der Zulässigkeit der Nichtzulassungsbeschwerde wegen Divergenz ist der der Verkündung der Entscheidung des LAG.** Zu diesem Zeitpunkt muss eine Divergenz zu einer Entscheidung eines der anderen in § 72 Abs. 2 Nr. 2 ArbGG genannten Gerichte bestehen, was voraussetzt, dass dessen Urteil zeitlich voran ergangen ist (*BAG* 10.2.1981 EzA § 72a ArbGG 1979 Nr. 3). Ist allerdings im Zeitpunkt der Entscheidung über die Nichtzulassungsbeschwerde durch das BAG das divergierende Urteil bereits aufgehoben worden, ist die Divergenz entfallen, sodass die Nichtzulassungsbeschwerde keinen Erfolg hat. **Für die Frage der Begründetheit der Nichtzulassungsbeschwerde kommt es daher auf den Zeitpunkt der Entscheidung des BAG** an (*BAG* 3.11.1982 EzA § 72a ArbGG 1979 Nr. 42; 5.12.1995 NZA 1996, 502). Gleiches gilt, wenn zwar ein divergierendes Urteil noch existent oder sogar rechtskräftig ist, das BAG allerdings die Rechtsfrage vor der Entscheidung über die Nichtzulassungsbeschwerde entschieden hat, und eine Divergenz zwischen dem BAG-Urteil zu dem angefochtenen LAG-Urteil nicht mehr besteht (GK-ArbGG/*Mikosch* § 72a Rn. 24). 840

### dd) Nichtzulassungsbeschwerde wegen Verfahrensfehlern

Geltend gemacht werden können nach § 72a Abs. 3 Nr. 5 ArbGG nur Verfahrensrügen nach § 547 Nr. 1–5 ZPO (vgl. *Zöller*/Heßler § 547 Rn. 1 ff.) oder die entscheidungserhebliche Verletzung des Anspruchs auf rechtliches Gehör (zu den möglichen diesbezüglichen Einzelfällen s. Rdn. 802; zu den Anforderungen an die Begründung s. Rdn. 858 ff.). 841

### ee) Form und Fristen der Einlegung

Nach § 72a Abs. 2 ArbGG ist die Nichtzulassungsbeschwerde beim BAG innerhalb **einer Notfrist von einem Monat nach Zustellung des in vollständiger Form abgefassten Urteils** schriftlich einzulegen (bzgl. der Unzulässigkeit der Einlegung einer Nichtzulassungsbeschwerde vor Zustellung des Berufungsurteils vgl. *BAG* 8.6.2010 EzA § 72a ArbGG 1979 Nr. 123 = NZA 2010, 909), Allein die Einlegung beim LAG ist nicht fristwahrend (*BAG* 4.11.1980 EzA § 72a ArbGG 1979 Nr. 19). Da es sich um einen Rechtsbehelf handelt (*BAG* 1.4.1980 EzA § 72a ArbGG 1979 Nr. 12), beginnt die Frist auch zu laufen, wenn keine förmliche Rechtsbehelfsbelehrung nach § 9 Abs. 5 ArbGG oder Hinweis auf die Möglichkeit der Einlegung der Nichtzulassungsbeschwerde erteilt worden ist (*BAG* 9.7.2003 EzA § 72a ArbGG 1979 Nr. 96; *Schäfer* NZA 1986, 249). Die Frist berechnet sich nach den §§ 221 ff. ZPO, das Fristende bestimmt sich nach § 188 BGB. 842

Eine Beschwerde gegen die Nichtzulassung der Revision in einer Entscheidung des LAG, deren vollständige Gründe erst nach Ablauf von fünf Monaten seit Verkündung unterschrieben der Geschäftsstelle übergeben wurde, ist unzulässig (*BAG* 1.10.2003 EzA § 92a ArbGG 1979 Nr. 5). Es besteht i. d. F. nur die Möglichkeit unmittelbar Verfassungsbeschwerde einzulegen (*BVerfG* 26.3.2001 EzA § 551 ZPO Nr. 9). 843

> Die Nichtzulassungsbeschwerde muss schriftlich eingelegt werden und nach § 11 Abs. 2 ArbGG durch einen Rechtsanwalt unterzeichnet sein, der damit auch die Verantwortung für den Inhalt der Nichtzulassungsbeschwerde tragen will (*BAG* 20.9.2011 – 9 AZN 582/11, NZA 2012, 175). Aus dem Schriftsatz muss sich deutlich ergeben, dass eine Nichtzulassungsbeschwerde eingelegt werden soll. Eine unzulässig eingelegte Revision kann nicht in eine Nichtzulassungsbeschwerde umgedeutet werden (*BAG* 4.7.1985 – 5 AZR 318/85, n. v.). 844

Die Beschwerdeschrift muss die Entscheidung des LAG, gegen welche die Zulassung der Revision beantragt wird, nach Gericht, Aktenzeichen und Datum bezeichnen. Der Beschwerdeführer und 845

Gegner muss aus der Beschwerdeschrift oder den beigelegten Unterlagen eindeutig erkennbar sein, allerdings brauchen die ladungsfähigen Anschriften der Parteien nicht vorgetragen werden (*BAG* 27.10.1981 EzA § 72a ArbGG 1979 Nr. 36).

846 **Die Nichtzulassungsbeschwerde kann nicht bedingt eingelegt werden, z. B. mit der Bedingung, dass Prozesskostenhilfe bewilligt wird.** Dies gilt auch dann, wenn die Nichtzulassungsbeschwerde nur deswegen bedingt eingelegt worden ist, da noch nicht sicher ist, ob die vom LAG ausgesprochene Zulassung der Revision wirksam ist oder nicht (*BAG* 13.8.1985 AP Nr. 22 zu 72a ArbGG 1979).

847 Nach § 72a Abs. 2 S. 2 ArbGG soll der Beschwerdeschrift eine Ausfertigung oder beglaubigte Abschrift des Urteils beigefügt werden, gegen das Revision eingelegt werden soll. Da es sich um eine Sollvorschrift handelt, berührt die Missachtung dieser Vorschrift nicht die Zulässigkeit der Nichtzulassungsbeschwerde.

*ff) Fristen und Inhalt der Begründung*

848 Die Nichtzulassungsbeschwerde muss nach § 72a Abs. 3 S. 1 ArbGG **binnen zwei Monaten nach Zustellung des Urteils begründet** werden. Die Begründungsfrist läuft unabhängig von der Einlegungsfrist, und zwar auch dann, wenn Letztere versäumt wurde und ein Wiedereinsetzungsantrag bei Ablauf der Begründungsfrist noch nicht beschieden worden ist (*BAG* 26.7.1988 EzA § 72a ArbGG 1979 Nr. 51; 7.7.2011 – 2 AZN 294/11, NZA 2012, 55). Etwas anderes gilt nur dann, wenn bei Ablauf der Einlegungsfrist über einen Prozesskostenhilfeantrag noch nicht entschieden war, dies nachträglich erfolgte und nunmehr im Wiedereinsetzungsverfahren der Wiedereinsetzungsbeschluss nach Ablauf der Begründungsfrist ergeht. In diesem Fall soll ab Zustellung Beschlusses eine Frist von einem Monat zu laufen beginnen, auch wenn das Urteil bereits Monate vorher zugestellt war (*BAG* 19.9.1983 AP Nr. 18 zu § 72a ArbGG 1979).

849 Die Begründung muss sich auf jeden Streitgegenstand beziehen, über den das LAG entschieden hat und gegen den Revision eingelegt werden soll. Die Begründungsschrift hat sich auf die Zulassungsgründe der Revision zu beziehen. **Ausführungen zur Begründung der Revision an sich sind an dieser Stelle unbehelflich.**

850 Im Fall der Nichtzulassungsbeschwerde wegen **grundsätzlicher Bedeutung** (zum Begriff s. Rdn. 795 ff.) **der Sache** muss der Beschwerdeführer diese bereits in der Beschwerdebegründung darlegen. Anderenfalls wird die Nichtzulassungsbeschwerde verworfen, § 72 Abs. 5 S. 3 ArbGG.

851 **Die ordnungsgemäße Begründung gehört daher bereits zur Zulässigkeit des Rechtsmittels** (*BAG* 26.9.2000 NZA 2002, 286; vgl. *Zwanziger* FA 1998, 202 ff.). Ob tatsächlich eine grundsätzliche Bedeutung vorliegt, ist sodann in der Begründetheit zu prüfen.

852 ▶ **Muster 1: Grundsatzrevision**

An das BAG ...

Nichtzulassungsbeschwerde.

In Sachen

Karl Apfel ...

– Kläger, Berufungsbeklagter und Beschwerdeführer –

Prozessbevollmächtigte: ...

gegen

Berta Schmidt GmbH, vertreten durch ihre Geschäftsführerin ...

– Beklagte, Berufungsklägerin und Beschwerdegegnerin –

*Prozessbevollmächtigte 1. und 2. Instanz: ...*

## A. Urteilsverfahren
## Kapitel 15

wegen Urlaubsabgeltung

lege ich namens und mit Vollmacht des Klägers gegen die Nichtzulassung der Revision im Urteil des LAG Rh.Pf. vom . . . Aktz. . . .

### Nichtzulassungsbeschwerde

ein.

Es wird beantragt,

die Revision gegen das Urteil des LAG Rh.Pf. vom . . . Aktz. . . . zuzulassen.

Gründe:

I. (Sachverhalt) Der Kläger war bei der Beklagten bis zum 30.4.1996 beschäftigt. Auf das Arbeitsverhältnis fand der allgemeinverbindliche Tarifvertrag . . . Anwendung. Bei Ausscheiden aus dem Arbeitsverhältnis standen ihm noch neun Urlaubstage aus dem Jahr . . . zu. Der Kläger verlangte von der Beklagten . . .

II. (Prozessgeschichte) Das ArbG hat der Klage mit Urteil vom . . . stattgegeben. Auf die Berufung der Beklagten hat das LAG mit Urteil vom . . . das Urteil des ArbG aufgehoben und die Klage abgewiesen. Es hat die Revision nicht zugelassen.

III. (Begründung) Nach § 72a Abs. 1 Nr. 1 i. V. m. § 72 Abs. 2 Nr. 2 ArbGG ist die Nichtzulassungsrevision i. v. F. zulässig.

1. Die Parteien streiten vorliegend über die Auslegung des in § . . . des zwischen den Parteien kraft Allgemeinverbindlichkeitserklärung geltenden Tarifvertrages . . . verwendeten Rechtsbegriffs . . . .

2. Der Tarifvertrag gilt im ganzen Bundesgebiet und erstreckt sich damit über den Bezirk des LAG Rheinland-Pfalz hinaus.

3. Das LAG hat den in § . . . des Tarifvertrages verwendeten Rechtsbegriff dahingehend definiert, dass . . . Diese Rechtsauffassung ist unrichtig, weil . . .

4. Der Rechtsstreitigkeit kommt grds. Bedeutung zu, weil die Auslegung des Rechtsbegriffs in § . . . des Tarifvertrages für alle dem Tarifvertrag unterfallende Arbeitsverhältnisse von Bedeutung ist.

5. Das BAG hat zur Auslegung des in § . . . des Tarifvertrages verwendeten Rechtsbegriffs bislang noch nicht entschieden.

Wird die Nichtzulassungsbeschwerde auf Divergenz gestützt, ist nach § 72a Abs. 3 Nr. 3 ArbGG spätestens in der Beschwerdebegründung die Entscheidung durch Angabe des konkreten Gerichts, des Datums der Entscheidung und des Aktenzeichens genau zu bezeichnen, von der abgewichen wird (vgl. *Zwanziger* NZA 1998, 108 ff.). Darüber hinaus sind **die voneinander abweichenden abstrakten Rechtssätze der divergierenden Urteile darzustellen und darzulegen, dass die Entscheidung des LAG auf dieser Abweichung beruht** (*BAG* 9.12.1980 EzA § 72a ArbGG 1979 Divergenz Nr. 23). **Ein abstrakter Rechtssatz liegt dann vor, wenn das Tatsachengericht nicht nur einzelfallbezogene Ausführungen macht, sondern allgemeine Rechtsgrundsätze aufstellt.** Diese müssen sich eindeutig aus den Entscheidungsgründen der voneinander abweichenden Urteile ergeben, auch wenn sie nicht wörtlich ausdrücklich ausformuliert sein müssen (*BAG* 4.8.1981 AP Nr. 9 zu § 72a ArbGG 1979 Divergenz; 29.12.2008 – 4 AZN 535/08, FA 2009, 357).

Hat das LAG seiner Subsumtion keinen Obersatz vorangestellt, muss der Beschwerdeführer den aus den einzelfallbezogenen Ausführungen des LAG sich ergebenden Obersatz selbst formulieren (*BAG* 14.2.2001 NZA 2001, 520).

Eine Divergenz liegt dann nicht vor, wenn das angegriffene Urteil den Tatsachenstoff unter dem vom abweichenden Urteil aufgestellten abstrakten Rechtssatz gar nicht geprüft hat oder eine fehlerhafte Subsumtion unter einen übereinstimmenden abstrakten Rechtssatz vorgenommen hat. **Das BAG prüft nicht eine unrichtige Rechtsanwendung** (*BAG* 16.12.1982 EzA § 72a ArbGG 1979 Nr. 43). Dies gilt insbes. dann, wenn das anzufechtende Urteil einen abstrakten Rechtssatz ausdrücklich zitiert, ihm dann aber fallbezogen fehlerhaft anwendet. Hieraus kann nicht geschlossen werden, dass das LAG einen neuen eigenen abweichenden Rechtssatz aufstellen wollte (GK-ArbGG/*Mikosch* § 72a Rn. 62).

856 Die Divergenz ist unabhängig davon erheblich, ob sie hinsichtlich gleichartiger oder verschiedener Streitgegenstände entstanden ist. Allerdings müssen die abweichenden Entscheidungen auf Grund gleich lautender Rechtsnormen desselben Gesetzes ergangen sein (GK-ArbGG/*Mikosch* § 72a Rn. 63).

857 ▶ **Muster 2: Divergenzrevision**

(Rubrum wie bei Beispiel 1)

Gründe:

I. ...

(wie Beispiel 1)

II. ...

(wie Beispiel 1)

III. ...

(Begründung) Das LAG hat seine Entscheidung damit begründet, dass ...

Damit hat es folgenden Rechtsgrundsatz aufgestellt .... Dieser Rechtsgrundsatz weicht von der Entscheidung des LAG Hamm, Urteil vom ... Aktz. ... ab. In dieser Entscheidung hat das *LAG Hamm* den Rechtsgrundsatz aufgestellt, dass .... Eine Entscheidung des BAG zu dieser Rechtsfrage ist bislang nicht ergangen.

Das Urteil des LAG Rheinland-Pfalz beruht auf dem von ihm in Abweichung zum Urteil des *LAG Hamm* aufgestellten Rechtsgrundsatz, da es sonst die Berufung hätte zurückweisen müssen. Denn ....

858 Wird die Nichtzulassungsbeschwerde auf einen **Verfahrensmangel** gestützt, muss vom Beschwerdeführer dargelegt werden, auf Grund welcher Tatsachen ein absoluter Revisionsgrund nach § 547 Nr. 1–5 ZPO gegeben sein soll bzw. bei der Geltendmachung der Verletzung des Anspruchs auf rechtliches Gehör, durch welches konkrete Tun oder Unterlassen des Tatsachengerichts dies geschehen sein soll. In der Folge ist weiter darzulegen, weswegen ohne diese Verletzungshandlung das Tatsachengericht mit einiger Wahrscheinlichkeit eine andere Entscheidung getroffen hätte (*BAG* 20.1.2005 EzA § 72 ArbGG 1979 Nr. 34; 23.9.2008 – 6 AZN 84/08).

859 Wird eine **Verletzung der Hinweispflicht** nach § 139 ZPO gerügt, muss konkret dargetan werden, welchen Hinweis das Gericht hätte geben müssen und wie sich der Beschwerdeführer dann weiter eingelassen hätte. Weiter muss ersichtlich sein, wie das Gericht dann die Entscheidung anders hätte fällen müssen (*BAG* 14.3.2005 EzA § 72a ArbGG 1979 Nr. 100; 23.9.2008 – 6 AZN 84/08).

860 Allein dass das Tatsachengericht zu Ausführungen des Beschwerdeführers im Urteil keine Stellung genommen hat, begründet noch keine Gehörsverletzung. Wegen eines solchen Schweigens kann noch nicht darauf geschlossen werden, dass das Tatsachengericht die Äußerungen des Beschwerdeführers nicht zur Kenntnis genommen hat (*BAG* 22.3.2005 EzA § 72a ArbGG 1979 Nr. 101). Der Tatbestand und die Entscheidungsgründe sind nach § 313 Abs. 2 und 3 ZPO kurz zu fassen, es ist nur auf die für die Entscheidung des Rechtsstreits aus Sicht des Gerichts wesentlichen Tatsachen und Rechtsgründe abzustellen. Dies verbietet regelmäßig ein Eingehen auf alle Äußerungen tatsächlicher und rechtlicher Art der Parteien in einem Urteil, soweit diese aus Sicht des Gerichts für die Entscheidungsfindung unwesentlich waren (*BAG* 19.2.2008 EzA § 72 ArbGG 1979 Nr. 37; *Zwanziger* FA 2007, 332, 334). Behandelt das Tatsachengericht allerdings den zentralen Vortrag einer Partei lediglich mit der formellen Wendung »hinreichende Anhaltspunkte für die geltend gemachten Rechtsfolgen seien nicht ersichtlich«, verletzt es den Anspruch der Partei auf rechtliches Gehör (*BAG* 5.11.2008 – 5 AZN 842/08).

## A. Urteilsverfahren Kapitel 15

▶ **Muster 3: Verfahrensfehlerrevision** 861

(Rubrum wie bei Beispiel 1)

Gründe:

I. . . . .

(wie Beispiel 1)

II. . . .

(wie Beispiel 1)

III. . . .

(Begründung) Das LAG hat die im Arbeitsvertrag vereinbarte Ausschlussfrist von 1 Monat als individualrechtliche Vereinbarung und nicht als allgemeine Geschäftsbedingung gewertet, ohne dies zu begründen, obwohl der Beschwerdeführer in seinem Schriftsatz vom . . . auf die Notwendigkeit einer Inhaltskontrolle dieser Klausel nach den §§ 305 ff. BGB hingewiesen hat. Das LAG hätte sich im Urteil mit der Frage auseinandersetzen müssen, ob es sich bei der Klausel um eine allgemeine Geschäftsbedingung gehandelt hat. In der Folge hätte es zu dem Ergebnis kommen müssen, dass . . . und damit dass der geltend gemachte Anspruch nicht verfallen ist. In der Nichtbeachtung des Einwands . . . ist eine Verletzung des Anspruchs auf rechtliches Gehör zu sehen.

*gg) Rechtswirkungen der Einlegung*

Auch wenn nur eine Partei Nichtzulassungsbeschwerde einlegt, wird das Urteil für beide Parteien 862 nicht rechtskräftig (zum Suspensiveffekt s. Rdn. 829), sodass auch die andere Partei bei Zulassung der Revision die Möglichkeit der Anschlussrevision hat (GMPM-G/*Müller-Glöge* § 72a Rn. 41). Das LAG kann nach Einlegung der Nichtzulassungsbeschwerde seine Entscheidung über die Zulassung der Revision nicht abändern, § 72a Abs. 5 S. 1 ArbGG.

Das BAG hat nach Einlegung der Nichtzulassungsbeschwerde ggf. über die Einstellung der Zwangs- 863 vollstreckung aus dem Urteil des LAG gem. § 719 Abs. 2 ZPO zu befinden. Eine Einstellung kommt dann nicht in Betracht, wenn entweder die Nichtzulassungsbeschwerde keine Aussicht auf Erfolg oder die Revision selbst bei Zulassung keine Erfolgsaussichten hat. Da hierüber regelmäßig erst nach Begründung der Nichtzulassungsbeschwerde eine Aussage getroffen werden kann, empfiehlt es sich, **sie bereits bei Einlegung sofort zu begründen**.

*hh) Entscheidung über die Nichtzulassungsbeschwerde*

Die Nichtzulassungsbeschwerde ist als unzulässig zu verwerfen, wenn sie nicht statthaft, nicht form- 864 und fristgerecht eingelegt und begründet worden oder wenn der Beschwerdeführer nicht beschwert ist (*BAG* 12.8.1981 EzA § 72a ArbGG 1979 Nr. 31). Darüber hinaus ist sie unzulässig, wenn der Beschwerdeführer zu einem früheren Zeitpunkt auf die Revision oder die Einlegung der Nichtzulassungsbeschwerde wirksam verzichtet hat.

Ist die Nichtzulassungsbeschwerde unbegründet, ist sie zurückzuweisen. Über die Zulässigkeit 865 brauchte nach der bisher h. M. keine Entscheidung getroffen zu werden, wenn die Beschwerde auf jeden Fall unbegründet war (GK-ArbGG/*Mikosch* 72a Rn. 75). Ob daran festgehalten werden kann erscheint zweifelhaft, da die Richterbank im ersten Fall nur mit den Berufsrichtern, im zweiten Fall aber mit den ehrenamtlichen Richtern besetzt ist und somit der gesetzliche Richter unbestimmt wäre (s. Rdn. 865). Mit der Verwerfung oder Zurückweisung der Beschwerde wird das Urteil der Tatsacheninstanz rechtskräftig, § 72a Abs. 5 S. 6 ArbGG.

Nach § 72a Abs. 5 S. 2 ArbGG ergeht die Entscheidung durch Beschluss, der ohne mündliche Ver- 866 handlung ergehen kann. Die ehrenamtlichen Richter wirken nicht mit, wenn die Nichtzulassungsbeschwerde als unzulässig verworfen wird, wenn sie bereits nicht statthaft ist oder nicht in der gesetzlichen Frist und Form eingelegt und begründet worden ist. Ansonsten sind sie bei der Entscheidung beteiligt.

*Luczak*

867 Erweist sich die Nichtzulassungsbeschwerde als zulässig und begründet, lässt das BAG die Revision zu. **In diesem Fall wird das Beschwerdeverfahren als Revisionsverfahren fortgesetzt.** Mit der Zustellung der Entscheidung beginnt die Revisionsbegründungsfrist, § 72a Abs. 6 ArbGG. Es bedarf auch dann einer Begründung der Revision, wenn bereits die Begründung der Nichtzulassungsbeschwerde den Anforderungen an eine Revisionsbegründung nach § 72 Abs. 5 ArbGG i. V. m. § 551 Abs. 3 S. 1. ZPO entsprochen hat. In diesem Fall genügt aber eine Bezugnahme auf die Begründung der Nichtzulassungsbeschwerde, § 551 Abs. 3 S. 2 ZPO (*BAG* 8.5.2008 – 1 ABR 56/06, FA 2008, 307). Gleiches gilt für die Rechtsbeschwerdebegründung nach § 94 ArbGG. Wird bei mehreren Streitgegenständen die Zulassung insgesamt vom Beschwerdeführer begehrt, liegt allerdings nur für einen Streitgegenstand ein Zulassungsgrund vor, ist die Revision beschränkt zuzulassen (*BAG* 19.6.1981 EzA § 72a ArbGG 1979 Nr. 30).

868 Der Beschluss soll nach § 72a Abs. 5 S. 4 ArbGG kurz begründet werden. Nach § 72a Abs. 5 S. 5 ArbGG kann von einer Begründung abgesehen werden, wenn diese nicht geeignet wäre, die Voraussetzungen der §§ 72a Abs. 1, 72 Abs. 2 ArbGG abschließend zu klären. Insbes. bei einer Stattgabe der Beschwerde erübrigt sich i. d. R. eine Begründung, da das BAG den Darlegungen des Beschwerdeführers folgt.

869 **Die Entscheidung des BAG ist nicht mit Rechtsmitteln angreifbar und auch nicht auf Grund einer Gegenvorstellung durch das Gericht selbst abänderbar** (*BAG* 15.5.1984 AP Nr. 19 zu § 72a ArbGG 1979).

870 Im Fall der Gehörsverletzung hat das BAG zwei Möglichkeiten. Entweder kann es die Revision zulassen oder es kann das Urteil des LAG aufheben und den Rechtsstreit zur erneuten Verhandlung an das LAG, ggf. an eine andere Kammer, zurückverweisen. Von der ersten Möglichkeit wird das BAG Gebrauch machen, wenn es zwar eine nach der Entscheidungsfindung des LAG entscheidungserhebliche Gehörsverletzung als gegeben ansieht, selbst aber zu einer anderen Rechtsauffassung neigt, bei der es auf die Gehörsverletzung nicht entscheidungserheblich ankommt.

*ii) Kosten und Gebühren*

871 Hat die Nichtzulassungsbeschwerde keinen Erfolg, ist eine Gerichtsgebühr nach der Nr. 8611 KV zu entrichten. Die Kostentragungspflicht bei einer erfolglosen Nichtzulassungsbeschwerde ergibt sich aus § 97 ZPO.

872 Bei Zulassung der Revision sind die Kosten der Nichtzulassungsbeschwerde Teil der Kosten des Revisionsverfahrens und von der Partei zu tragen, der letztendlich die Kosten auferlegt werden.

*c) Die Zulassung der Revision durch das ArbG*

*aa) Sinn und Zweck*

873 §§ 76 ArbGG regelt abschließend die **Sprungrevision** im arbeitsgerichtlichen Verfahren.

874 Sie ist nur in den in § 76 Abs. 2 ArbGG genannten privilegierten Verfahren zulässig. Der Katalog entspricht demjenigen des § 72a ArbGG a. F. bis 31.12.2004. Durch die Umgehung der zweiten Tatsacheninstanz sollen Verfahren, in denen mit einer Anrufung des BAG gerechnet werden kann, beschleunigt werden.

*bb) Formale Voraussetzungen*

875 Die Sprungrevision bedarf nach Antrag einer Partei der Zulassung durch das ArbG, entweder im Urteil oder nachträglich durch Beschluss. Wird der Antrag erst nach Erlass des Urteils gestellt, ist er innerhalb von einer Frist von einem Monat nach Zustellung des in vollständiger Form abgefassten Urteils schriftlich zu stellen, und ihm ist die schriftliche Zustimmung des Gegners beizulegen. Wird die *Sprungrevision* bereits im Urteil zugelassen, genügt es, die Zustimmung des Gegners in

schriftlicher Form der Revisionsschrift beizulegen oder innerhalb der Revisionsfrist dem BAG nachzureichen, § 76 Abs. 1 S. 3 ArbGG (GK-ArbGG/*Mikosch* § 76 Rn. 5).

Die Zustimmungserklärung kann von der Partei selbst oder durch ihren Prozessvertreter i. S. d. § 11 Abs. 1 S. 2 und 3 ArbGG abgegeben werden. Dies gilt auch dann, wenn sie erst der Revisionsschrift beigefügt wird, falls das ArbG bereits im Urteil einem Antrag auf Zulassung der Sprungrevision entsprochen hat. In diesem Fall unterliegt sie, obwohl sie direkt gegenüber dem BAG abgegeben wird, nicht dem Anwaltszwang (*BAG* 30.7.1992 EzA § 4 TVG Geltungsbereich Nr. 3). 876

Der Schriftform genügt auch eine Niederschrift des Urkundsbeamten oder eine Erklärung zu Protokoll in der mündlichen Verhandlung. In diesem Fall bedarf es zum Nachweis bei Einreichung der Revision einer beglaubigten Abschrift der Niederschrift bzw. des Protokolls (*BAG* 16.11.1981 AP Nr. 1 zu § 76 ArbGG 1979). Die Schriftform ist auch gewahrt, wenn sich eines Telegramms, Fernschreibens oder Telefaxes bedient wird (GK-ArbGG/*Mikosch* § 76 Rn. 5). **Die Zustimmungserklärung steht einer Prozesshandlung gleich, mit der Folge, dass sie ab Eingang beim ArbG oder BAG unwiderruflich ist.** 877

Werden die Fristen für die Einlegung des Antrags nach § 76 Abs. 1 S. 2 ArbGG oder die Beibringung der Zustimmungserklärung versäumt, kann Wiedereinsetzung in den vorherigen Stand (§§ 233 ff. ZPO) gewährt werden. Der Antragsteller muss sich dabei ein Verschulden der Gegenpartei zurechnen lassen, welches zur Versäumung der Frist für die Beibringung der Zustimmungserklärung geführt hat. 878

Die Zustimmungserklärung muss eindeutig sein. **Allein der Antrag einer Partei, die Sprungrevision zuzulassen, enthält nicht zugleich die Zustimmung zu einem Zulassungsantrag der Gegenpartei** (*BAG* 28.10.1986 EzA § 76 ArbGG 1979 Nr. 5). Dies folgt daraus, dass allein die Stattgabe eines Antrags auf Zulassung der Sprungrevision einer Partei nicht das Recht nimmt, nach Zulassung im Urteil doch noch Berufung einzulegen, wohingegen die erfolgte Zustimmung zur Zulassung bei Revisionseinlegung durch den Antragsteller nach § 76 Abs. 5 ArbGG den Verzicht auf die Berufung nach sich zieht. Die Erklärung kann allerdings ggf. bei Vorliegen weiterer Umstände dahingehend ausgelegt werden, dass mit dem Antrag auf Zulassung der Sprungrevision zugleich auch die Zustimmung zu einem Antrag des Gegners abgegeben werden sollte (*BAG* 28.10.1986 EzA § 76 ArbGG 1979 Nr. 5). 879

*cc) Materielle Voraussetzungen*

Nach § 76 Abs. 2 ArbGG ist die Sprungrevision nur dann zuzulassen, wenn die **Rechtssache grundsätzliche Bedeutung hat** und eine der privilegierten Rechtsstreitigkeiten der Nr. 1 bis 3 vorliegt. Streitig ist, ob die Rechtsfrage, der grundsätzliche Bedeutung zukommt, den in § 76 Abs. 2 Nr. 1–3 ArbGG umschriebenen Rechtsmaterien angehören muss oder ob es genügt, dass es sich überhaupt um eine Rechtsstreitigkeit der genannten Art handelt, bei denen eine Rechtsfrage von grundsätzlicher Bedeutung auftaucht, auch wenn diese nicht eindeutig den umschriebenen Rechtsmaterien angehört. **Das BAG hat zu § 72a Abs. 1 Nr. 2 ArbGG a. F. entschieden, dass die Rechtsfrage selbst grundsätzliche Bedeutung unmittelbar für die Auslegung des Tarifvertrages haben muss** (*BAG* 22.6.1999 EzA § 72a ArbGG 1979 Nr. 90; 4.5.1994 EzA § 72a ArbGG 1979 Nr. 65; 12.12.1979 EzA § 72a ArbGG 1979 Nr. 9). Aus der Systematik des § 76 Abs. 2 ArbGG wird daher geschlossen, dass es sich auch bei den privilegierten Streitigkeiten unter Nr. 1 und 3 um Rechtsfragen aus dem speziellen Regelungsbereich handeln muss (*Michels-Holl* FS Arbeitsgerichtsbarkeit, S. 362). 880

*(1) § 76 Abs. 2 Nr. 1 ArbGG*

§ 76 Abs. 2 Nr. 1 ArbGG setzt voraus, dass **Tarifvertragsparteien den Rechtsstreit führen und der Streit um einen Tarifvertrag i. S. d. § 1 TVG geht, sei es über den schuldrechtlichen oder den normativen Teil**. Ein Streit lediglich um einen dem Abschluss eines Tarifvertrages vorausgehenden Vorvertrag genügt nicht (*BAG* 25.8.1982 EzA § 72a ArbGG 1979 Nr. 41). 881

*(2) § 76 Abs. 2 Nr. 2 ArbGG*

882  § 76 Abs. 2 Nr. 2 ArbGG setzt eine **Streitigkeit über die Auslegung von Tarifverträgen** i. S. d. § 1 TVG voraus. Im Gegensatz zu § 76 Abs. 2 Nr. 1 ArbGG können hier auch Parteien den Rechtsstreit führen, die lediglich an den Tarifvertrag gem. § 3 TVG gebunden sind oder seine Anwendbarkeit einzelvertraglich vereinbart haben (*BAG* 18.5.1982 EzA § 72a ArbGG 1979 Nr. 38).

883  ▶ Beispiele:
- Rahmenkollektivverträge nach dem AGB-DDR sind vom BAG als Tarifverträge in diesem Sinne angesehen worden (*BAG* 10.3.1993 EzA § 72a ArbGG 1979 Nr. 61), **nicht** jedoch der BAT in der kirchlichen Fassung (*BAG* 5.1.1989 AP Nr. 37 zu 72a ArbGG 1979 Grundsatz).
- Lassen Tarifverträge Auslegungsgrundsätze, Dienstordnungen oder einseitige Vergütungsrichtlinien zu, ohne dass die Tarifvertragsparteien darüber i. E. verhandelt und sich verständigt haben, fallen diese Bestimmungen nicht unter § 72a Nr. 2 ArbGG.
- Gleiches gilt für bindende Festsetzungen nach § 19 HAG (*BAG* 20.1.1981 EzA § 72a ArbGG 1979 Nr. 21) und für EWG-Verordnungen, auf die im Tarifvertrag Bezug genommen worden ist (*BAG* 9.11.1993 EzA § 72a ArbGG 1979 Nr. 63), **nicht** jedoch Streitigkeiten über die Auslegung einer Betriebsvereinbarung, die zwischen dem Hauptverband einer Gewerkschaft und dem Gesamtbetriebsrat zur Regelung der Vergütung der bei der Gewerkschaft beschäftigten Arbeitnehmer abgeschlossen wurde (*BAG* 22.6.1999 EzA § 72a ArbGG 1979 Nr. 90).

884  **Um die »Auslegung« eines Tarifvertrages wird gestritten, wenn es um die einzelfallübergreifende, abstrakte Interpretation der tariflichen Regelung geht**, nicht jedoch wenn lediglich die Subsumtion eines Einzelfalls unter einen solchen Rechtsbegriff streitig ist (*BAG* 5.12.1979 EzA § 72a ArbGG 1979 Nr. 4). **Allein die unrichtige Anwendung einer tariflichen Rechtsvorschrift reicht für eine Nichtzulassungsbeschwerde nicht aus.**

885  Gleiches gilt, wenn das LAG die tarifliche Vorschrift wegen angeblichen Verstoßes gegen zwingendes Gesetzesrecht als unwirksam erachtet oder es um allgemeine Grundsätze des Tarifrechts geht, z. B. um die Ausfüllung unbewusster Tariflücken (*BAG* 5.1.1989 AP Nr. 37 zu § 72a ArbGG 1979 Grundsatz). Ebenfalls nicht um eine Auslegung des Tarifvertrages geht es, wenn der Tarifvertrag außertarifliche normative Regelungen, z. B. aus einem Gesetz übernimmt und über diese Regelungen gestritten wird (*BAG* 26.3.1981 EzA § 72a ArbGG 1979 Nr. 29).

886  ▶ Beispiel:

Der Tarifvertrag lässt eine fristlose Kündigung bei »wichtigem Grund« zu. Wann ein »wichtiger Grund« vorliegt, bestimmt sich nach § 626 BGB. Der Begriff ist von dieser Vorschrift übernommen. Bei einem Rechtsstreit über die Auslegung dieses Begriffes handelt es sich daher nicht um eine Rechtsstreitigkeit um die Auslegung eines Tarifvertrages.

887  Der Geltungsbereich des Tarifvertrages muss sich über den Bezirk des konkreten LAG hinaus erstrecken (vgl. *BAG* 26.9.2000 EzA § 72a ArbGG 1979 Nr. 92 für einen Firmentarifvertrag, wobei sich Betriebsstätten in mehreren LAG-Bezirken befinden). Es genügt aber auch, wenn in einem anderen LAG-Bezirk ein gleicher, wörtlich und inhaltlich übereinstimmender Tarifvertrag Anwendung findet (*BAG* 24.3.1993 EzA § 72 ArbGG 1979 Nr. 62).

*(3) § 76 Abs. 2 Nr. 3 ArbGG*

888  § 76 Abs. 2 Nr. 3 ArbGG umfasst **Rechtsstreitigkeiten über Arbeitskampfmaßnahmen und Betätigungsrechte der Vereinigungen.**

889  Der maßgebende Zeitpunkt dafür, ob der Rechtsfrage noch grundsätzliche Bedeutung zukommt, ist der der Entscheidung des BAG (*BAG* 3.11.1982 EzA § 72a ArbGG 1979 Nr. 42), nicht etwa der des LAG. Die Nichtzulassungsbeschwerde dient nicht dazu, Fehler des LAG bei seiner Entscheidung über die Zulassung der Revision als Selbstzweck zu korrigieren, sondern sie soll der obersten Instanz

## A. Urteilsverfahren

die Entscheidung über grundsätzliche Fragen ermöglichen. Entfällt hierfür das Bedürfnis, bedarf es auch keiner Revision mehr.

Liegt eine objektive Klagehäufung vor und wäre die Sprungrevision nach § 76 Abs. 2 ArbGG lediglich hinsichtlich eines Klageanspruches zulässig, kann das ArbG die Sprungrevision sowohl für den ganzen Rechtsstreit als auch nur beschränkt zulassen (GMPM-G/*Müller-Glöge* § 76 Rn. 4). Wird bei einer subjektiven Klagehäufung die Revision nur für einzelne Streitgenossen zugelassen, sind die Verfahren nach § 145 ZPO zu trennen, sodass die nicht betroffenen Streitgenossen gegen das Urteil Berufung einlegen können. 890

Weitere materielle Voraussetzung für die Zulassung der Sprungrevision ist, dass das Urteil überhaupt revisibel ist, was z. B. bei Urteilen in Arrest und einstweiligen Verfügungsverfahren nicht der Fall ist, § 72 Abs. 4 ArbGG (s. Rdn. 822 ff.). 891

### dd) Die Entscheidung des Arbeitsgerichts

Liegen die formellen und materiellen Voraussetzungen vor, muss das ArbG die Sprungrevision zulassen. Ein Ermessen kommt ihm nicht zu (GK-ArbGG/*Mikosch* § 76 Rn. 17). Die Zulassung erfolgt dabei ohne Beschränkung auf eine bestimmte Partei, etwa den Antragsteller. Beide Parteien können bei Vorliegen einer Beschwerde Sprungrevision einlegen. 892

Entscheidet das ArbG über die Zulassung bereits nach gestelltem Antrag im Urteil, muss sich die Zulassungsentscheidung aus dem Tenor der Entscheidung ergeben (GK-ArbGG/*Mikosch* § 76 Rn. 12). 893

Dem Urteil ist sowohl die Rechtsmittelbelehrung für eine Berufung als auch für eine Sprungrevision beizufügen. Dies folgt daraus, dass die Parteien trotz Zulassung der Sprungrevision das Urteil mit der Berufung anfechten können (s. Rdn. 879). 894

Über einen nachträglichen Antrag auf Zulassung der Sprungrevision entscheidet die Kammer des ArbG, welche das Urteil gefällt hat. Nicht notwendig ist es dabei, dass dieselben Richter mitwirken. Ergeht die Entscheidung ohne mündliche Verhandlung, ergeht der Beschluss nach § 53 ArbGG ohne Mitwirkung der ehrenamtlichen Richter. 895

### ee) Wirkungen der Entscheidung

Die Ablehnung der Zulassung der Sprungrevision ist nach § 76 Abs. 2 S. 3 ArbGG unanfechtbar. Dies gilt auch dann, wenn das ArbG eigentlich die Sprungrevision hätte zulassen müssen. Eine Nichtzulassungsbeschwerde gegen die Entscheidung des ArbG kann nicht eingelegt werden, da § 72a ArbGG eine abschließende Regelung darstellt und für diesen Fall eine solche nicht vorsieht (*Ascheid* Rn. 1302). 896

Lehnt das ArbG die Zulassung im Urteil ab, ist auch ein nachträglicher Antrag auf Zulassung durch Beschluss unzulässig. Dies gilt selbst dann, wenn nunmehr die andere Partei die Sprungrevision beantragt (GK-ArbGG/*Mikosch* § 76 Rn. 18). 897

Erfolgt die Ablehnung des Antrags nach Erlass des Urteils durch Beschluss, beginnt mit dessen Zustellung die Berufungsfrist von neuem zu laufen, sofern der Antrag auf Zulassung der Sprungrevision form- und fristgerecht gestellt worden war und die Zustimmungserklärung der Gegenpartei innerhalb der Antragsfrist vorlag, § 76 Abs. 3 S. 1 ArbGG. 898

Gibt das ArbG dem Antrag statt und lässt es die Sprungrevision zu, ist diese Entscheidung gem. § 76 Abs. 2 S. 2 ArbGG für das BAG grds. bindend (s. Rdn. 826). 899

Die dem Antrag stattgebende Entscheidung des ArbG ist für die Parteien unanfechtbar, wenn dies im Urteil geschehen ist. Dem Begehren des Antragstellers ist stattgegeben worden, der Antragsgegner kann die Durchführung des Revisionsverfahrens dadurch verhindern, dass er seine Zustimmung zur Sprungrevision verweigert. Lässt das ArbG hingegen nach Erlass des Urteils auf Antrag des An- 900 tragstellers die Sprungrevision fehlerhaft zu, z. B. obwohl der Gegner eine Zustimmung nicht erteilt hat, ist gegen den Beschluss die sofortige Beschwerde nach § 78 ArbGG, § 567 ff. ZPO zulässig, da das BAG an den Zulassungsbeschluss nach § 76 Abs. 2 S. 2 ArbGG gebunden ist.

901 Die **Revisionsfrist** beginnt bei Zulassung der Sprungrevision im Urteil mit Zustellung des Urteils zu laufen, bei Zulassung in einem nachträglichen Beschluss mit dessen Zustellung, § 76 Abs. 3 S. 2 ArbGG.

902 **Trotz einer Zulassung der Revision ist gegen das Urteil auch die Berufung zulässig**, auch wenn diese nur unter den Voraussetzungen des § 64 Abs. 3 ArbGG eingelegt werden kann (GMPM-G/*Müller-Glöge* § 76 Rn. 8). In der Zulassung der Revision soll die Zulassung der Berufung enthalten sein. Der jeweils beschwerten Partei steht ein Wahlrecht zu, Revision oder Berufung einzulegen. Erst wenn Revision eingelegt worden ist, wird die Berufung nach § 76 Abs. 5 ArbGG unzulässig, eine bereits eingelegte Berufung wird dann nachträglich unzulässig. Dasselbe gilt für die zustimmende Partei. Ihre Zustimmung ist nur dann als Verzicht auf die Berufung anzusehen, wenn die antragende Partei Sprungrevision eingelegt hat (GMPM-G/*Müller-Glöge* § 76 Rn. 25).

903 Der Verzicht auf die Berufung nach § 76 Abs. 5 ArbGG bleibt auch dann wirksam, wenn die Revision später als unzulässig verworfen oder zurückgenommen wird, es sei denn, die Zulassung der Sprungrevision durch das ArbG war ausnahmsweise für das BAG nicht bindend (s. Rdn. 826) und die Revision wird deswegen verworfen. In diesem Fall kann gegen das arbeitsgerichtliche Urteil Berufung eingelegt werden. Sofern die Berufungsfrist inzwischen abgelaufen ist, kann Wiedereinsetzung in den vorherigen Stand (§§ 230 ff. ZPO) gewährt werden (GK-ArbGG/*Mikosch* § 76 Rn. 18).

*ff) Ausschluss von Verfahrensrügen*

904 Nach § 76 Abs. 4 ArbGG kann die Sprungrevision nicht auf Mängel des Verfahrens gestützt werden. Eine Ausnahme gilt für von Amts wegen zu berücksichtigende Verfahrensmängel, wie das Nichtvorliegen der allgemeinen Prozessvoraussetzungen, z. B. der Partei-, der Prozessfähigkeit und der Prozessführungsbefugnis oder dem Vorliegen der internationalen Zuständigkeit.

*gg) Entscheidung des BAG auf die Sprungrevision*

905 Die Sprungrevision wird vom BAG verworfen, wenn keine Zustimmungserklärung des Gegners innerhalb der Revisionsfrist beim BAG eingeht. Ansonsten entscheidet es in der Sache oder verfährt nach § 76 Abs. 6 ArbGG. Es kann im Fall der Zurückverweisung des Rechtsstreits diesen entweder an das ArbG oder an das für die Berufung zuständige LAG zurückverweisen. In diesem Fall hat das LAG so zu verfahren, als wäre es mit dem Rechtsstreit im Rahmen einer zulässigen Berufung befasst worden. Das Gericht, an das der Rechtsstreit zurückverwiesen wird, ist an die rechtliche Beurteilung des BAG gebunden, § 563 Abs. 2 ZPO.

### 4. Die Einlegung und Begründung der Revision

*a) Form und Frist der Einlegung*

*aa) Frist zur Einlegung der Revision*

906 Die Revisionsfrist beträgt nach § 74 Abs. 1 S. 1 ArbGG einen Monat. Sie beginnt mit Zustellung des in vollständiger Form abgefassten Urteils, die von Amts wegen nach den §§ 212 ff. ZPO erfolgt, spätestens nach Ablauf von fünf Monaten nach Verkündung des Urteils (*BAG* 16.1.2008 – 4 AZR 1090/06). Dies gilt selbst dann, wenn das Urteil des LAG eine fehlerhafte Rechtsmittelbelehrung beinhaltete (*BAG* 16.1.2008 – 4 AZR 1090/06).

907 Wird ein Urteil an mehrere Prozessbevollmächtigte einer Partei zugestellt, beginnt die Revisionsfrist mit Zustellung an den ersten Bevollmächtigten zu laufen (*BAG* 23.1.1986 EzA § 233 ZPO Nr. 7); die Zustellung an einen Unterbevollmächtigten reicht allerdings nicht aus.

Wird innerhalb der laufenden Revisionsfrist ein Ergänzungsurteil nach § 321 ZPO erlassen, beginnt der Lauf der Frist erneut, auch bzgl. des bereits ergangenen Urteils, § 518 ZPO. Die Revisionsfrist kann nicht verlängert werden, bei ihrer Versäumung kann ggf. die Wiedereinsetzung in den vorherigen Stand (§§ 230 ff. ZPO) gewährt werden. **908**

Die Revision kann frühestens eingelegt werden, sobald das Urteil verkündet worden ist. Eine vor diesem Zeitpunkt eingelegte Revision ist unheilbar unwirksam. **909**

*bb) Form*

Die Revision muss schriftlich eingelegt werden, wobei telegrafische Einlegung durch Fernschreiben sowie durch Telefax zulässig ist. Die Revisionsschrift muss von einem Rechtsanwalt unterzeichnet sein, § 11 Abs. 2 ArbGG. Bei der Verwendung von Fernschreiben, Telegramm oder Telefax muss erkennbar sein, dass der Rechtsanwalt Urheber des Schriftstücks ist. Die Unterschrift muss nicht lesbar sein, jedoch einen individuellen Schriftzug erkennen lassen, wobei bloße geometrische Figuren regelmäßig nicht ausreichen (zu den Anforderungen an eine ordnungsgemäße Unterschrift vgl. *BAG* 29.7.1981 EzA § 518 ZPO Nr. 28; 15.12.1987 EzA § 518 ZPO Nr. 33; 27.3.1996 EzA § 72 ArbGG 1979 Nr. 21). **910**

Das Urteil, gegen das Revision eingelegt wird, muss genau bezeichnet werden. Hierzu gehört die Bezeichnung des Gerichts, das Datum und Aktenzeichen des Urteils. Spätestens mit Ablauf der Revisionsfrist muss für das BAG erkennbar sein, gegen welches Urteil die Revision gerichtet ist. **911**

Notwendig ist eine Erklärung, dass gegen das angefochtene Urteil Revision eingelegt werden soll, § 549 ZPO. Eine fehlerhafte Bezeichnung des Rechtsmittels ist unschädlich, wenn der Wille der Einlegung der Revision ersichtlich wird. Die Revision darf nicht unter einer Bedingung eingelegt werden und muss erkennen lassen, für und gegen wen sie eingelegt wird (*BAG* 4.7.1973 EzA § 518 ZPO Nr. 4). Die ladungsfähige Anschrift des Revisionsbeklagten bzw. seines Prozessbevollmächtigten muss nicht unbedingt mitgeteilt werden, wenn dieser nur hinreichend bestimmt ist (*BAG* GS 16.9.1986 EzA § 518 ZPO Nr. 31). **912**

Nach § 550 Abs. 1, Abs. 2 ZPO soll der Revisionsschrift eine Ausfertigung oder beglaubigte Abschrift des angefochtenen Urteils beigelegt werden, sowie die erforderliche Anzahl der beglaubigten und unbeglaubigten Abschriften. Ein Verstoß gegen diese Ordnungsvorschrift macht die Revision allerdings nicht unzulässig. **913**

▶ **Muster: Revisionsschrift** **914**

Briefkopf

In Sachen

des Peter Schmidt, ...

– Kläger, Berufungskläger und Revisionskläger –

Prozessbevollmächtigter: Rechtsanwalt ...

gegen

Berta Müller GmbH, vertreten durch den Geschäftsführer ...,

– Beklagte, Berufungsbeklagte und Revisionsbeklagte –

Prozessbevollmächtigter 1. und 2. Instanz: Rechtsanwalt ...

lege ich gegen das Urteil des LAG Rheinland-Pfalz vom ... Akt. ... namens und mit Vollmacht des Klägers

Revision

ein.

Die Anträge/* und Begründung bleibt einem gesonderten Schriftsatz vorbehalten.

Anlagen: ...
Unterschrift

\* Die Anträge können auch bereits in der Revisionsschrift gestellt werden (s. Rdn. 919 ff.)

### b) Frist und Inhalt der Revisionsbegründung

#### aa) Frist

915 Nach § 74 Abs. 1 ArbGG beträgt die Revisionsbegründungsfrist zwei Monate. Die Frist beginnt mit der Zustellung des in vollständiger Form abgefassten Urteils.

916 Innerhalb der Frist kann die Begründung ergänzt oder erneuert werden.

917 Sie kann einmal um einen Monat verlängert werden, § 74 Abs. 1 S. 3 ArbGG. Der Antrag auf Verlängerung muss vor Ablauf der Begründungsfrist beim BAG eingehen, die Stattgabe des Antrags kann allerdings noch nach Fristablauf erfolgen (BAG GS 24.8.1979 EzA § 66 ArbGG 1979 Nr. 1). Der Prozessbevollmächtigte darf nicht darauf vertrauen, dass dem Verlängerungsantrag stattgegeben wird. Es empfiehlt sich eine telefonische Rückfrage beim Gericht vor Fristablauf. Über die Verlängerung entscheidet der Vorsitzende des Senats, § 72 Abs. 5 ArbGG i. V. m. § 551 Abs. 2 S. 5, 6 ZPO. Er darf die Verlängerung nur einmal bewilligen, auch wenn er die Verlängerungsfrist von einem weiteren vollen Monat nicht ausschöpft.

918 Auch die Revisionsbegründung muss vom Rechtsanwalt unterschrieben worden sein, um sicherzustellen, dass er die Verantwortung für den Inhalt übernimmt. Deshalb sind einschränkende Zusätze bei der Unterschrift, z. B. i. V. oder i. A., unzulässig und machen die Begründung insgesamt unzulässig (GK-ArbGG/*Mikosch* § 74 Rn. 35).

#### bb) Inhalt der Revisionsbegründung

##### (1) Antrag

919 Die Revisionsbegründung muss einen Antrag enthalten, § 72 Abs. 5 ArbGG, § 551 Abs. 3 Nr. 1 ZPO, aus dem sich ergibt, inwieweit das Urteil angefochten und dessen Aufhebung beantragt wird. Zumindest muss sich dies aus dem Inhalt der Begründung ergeben. Zusätzlich muss erkennbar sein, wie in der Sache selbst entschieden werden soll. Der Antrag muss sich auf die Beseitigung der Beschwer des angefochtenen Urteils beziehen, sonst ist er unzulässig (BAG 29.10.1960 AP Nr. 3 zu § 511 ZPO).

920 I. d. R. ist eine Änderung des Sachantrags in der Revisionsinstanz unzulässig (BAG 16.11.1982 EzA § 42 SchwbG Nr. 9), es sei denn, es handelt sich um eine Änderung des Klageantrags i. S. d. § 264 Nr. 2 oder 3 ZPO und es kann über ihn auf Grund des vom LAG festgestellten Sachverhalts oder auf Grund unstreitigen tatsächlichen Vorbringens der Parteien entschieden werden (GMPM-G/*Müller-Glöge* § 74 Rn. 44). Ein Antrag nach § 717 Abs. 3 ZPO auf Schadensersatz wegen der vorläufigen Vollstreckung des Urteils oder auf Entschädigung für eine nicht fristgerecht vorgenommene Handlung nach § 61 Abs. 2 ArbGG kann erstmals in der Revisionsinstanz gestellt werden (GMPM-G/*Müller-Glöge* § 74 Rn. 50). Die erstmalige Erhebung einer Widerklage in der Revisionsinstanz ist hingegen unzulässig (GK-ArbGG/*Mikosch* § 74 Rn. 50).

921 Ein Antrag dahingehend, das Verfahren zur erneuten Verhandlung an die Vorinstanz zurückzuverweisen, ist unnötig, da das BAG darüber selbst befindet, wenn es in der Sache nicht selbst entscheiden kann, jedoch auch unschädlich, falls er neben dem Sachbegehren als zusätzlicher Antrag gestellt wird (GK-ArbGG/*Mikosch* § 74 Rn. 46).

## A. Urteilsverfahren Kapitel 15

▶ **Muster: Revisionsbegründung** 922
– Kläger hat Kündigungsschutzklage erhoben und in erster Instanz obsiegt, in zweiter Instanz verloren:
»Es wird beantragt, das angefochtene Urteil aufzuheben und die Berufung des Beklagten gegen das Urteil des Arbeitsgerichts ... vom ... Aktenzeichen ... zurückzuweisen.«
– Kläger hat in beiden Instanzen verloren:
»Es wird beantragt, das angefochtene Urteil aufzuheben und unter Abänderung des Urteils des Arbeitsgerichts ... vom ... Aktenzeichen ... festzustellen, dass die Kündigung des Beklagten vom ... das Arbeitsverhältnis zwischen den Parteien nicht beendet hat.«
– Kläger hat in der ersten Instanz verloren, Beklagter wurde in der zweiten Instanz verurteilt, und der Beklagte legt Revision ein:
»Es wird beantragt, das angefochtene Urteil aufzuheben und die Berufung des Klägers gegen das Urteil des Arbeitsgerichts ... vom ... Aktenzeichen ... zurückzuweisen.«

Das Revisionsgericht ist an die gestellten Anträge nach § 72 Abs. 5 ArbGG i. V. m. § 557 Abs. 1 ZPO gebunden.

*(2) Inhaltliche Begründung*

Der Revisionskläger hat nach § 72 Abs. 5, § 551 Abs. 3 Nr. 2 ZPO die Umstände zu benennen, aus 923
denen sich die Rechtsverletzung ergibt. Bei der Rüge der Verletzung allgemein anerkannter Rechtsgrundsätze genügt die übliche Bezeichnung. Bei der Verletzung von Richterrecht müssen die entsprechenden Rechtsgrundsätze dargestellt werden, die Urteile, in denen sie entwickelt worden sind jedoch nicht notwendig zitiert werden (GK-ArbGG/*Mikosch* § 74 Rn. 53).

In der Begründung muss sich der Revisionskläger im Einzelnen mit dem angefochtenen Urteil aus- 924
einander setzen und darlegen, woraus sich die Rechtsverletzung ergibt. Sinnvoll ist es, die vermeintlich verletzten Rechtsnormen genau zu bezeichnen (*BAG* 28.1.2009 EzA § 551 ZPO 2002 Nr. 10 = NZA 2009, 1111; vgl. zum § 554 Abs. 3 Nr. 3a a. F. und zur Rechtsbeschwerdebegründung *BAG* 10.4.1984 EzA § 94 ArbGG 1979 Nr. 2; 4.9.1975 EzA § 554 ZPO Nr. 1).

Da nach § 559 ZPO das Revisionsgericht nicht an die geltend gemachten Gründe gebunden ist und 925
das BAG bei einer zulässigen Revision das angefochtene Urteil von Amts wegen auf alle Rechtsverletzungen hin zu überprüfen hat, dient eine ausführliche Auseinandersetzung des Revisionsklägers mit den Entscheidungsgründen des angefochtenen Urteils lediglich dazu, das Revisionsgericht auf bestimmte, aus Sicht des Revisionsklägers erhebliche Fehler des LAG hinzuweisen. Auch nach Ablauf der Revisionsbegründungsfrist können deswegen weitere Rechtsfehler des angefochtenen Urteils dem BAG mitgeteilt werden.

Richtet sich die Revision gegen das Urteil des LAG insgesamt und wurde dort über mehrere selbst- 926
ständige Streitgegenstände entschieden, muss sich die Revisionsbegründung mit jedem Streitgegenstand auseinander setzen. Ansonsten ist sie hinsichtlich der nicht begründeten Streitgegenstände unzulässig (*BAG* 16.10.1991 EzA § 18 SchwbG Nr. 2; 19.3.2008 EzA § 551 ZPO 2002 Nr. 8 = NZA 2008, 1031 ff.).

Wird die Berufungsentscheidung auf mehrere selbständig tragende Gründe gestützt, muss die Revi- 927
sionsbegründung alle Gründe angreifen. Setzt sie sich nur mit einigen der Begründungen auseinander, ist die Revision insgesamt unzulässig (*BAG* 19.3.2008 EzA § 551 ZPO 2002 Nr. 8 = NZA 2008, 1031 ff.).

Wird die Revision darauf gestützt, dass das Gesetz in Bezug auf das Verfahren verletzt worden sei, 928
müssen nach § 551 Abs. 3 Nr. 2b ZPO die Tatsachen bezeichnet werden, die den Verfahrensmangel ergeben. Darüber hinaus muss dargelegt werden, dass das Urteil gerade auf diesem Verfahrensfehler beruht.

Nach Fristablauf für die Revisionsbegründung können Verfahrensfehler, die nicht von Amts wegen 929
zu berücksichtigen sind, nicht nachträglich gerügt werden. Auch kann wegen einzelner nicht gerüg-

ter Verfahrensfehler nach der Rechtsprechung des *BAG* (17.8.1954 AP Nr. 18 zu § 72 ArbGG Divergenzrevision; 9.10.1954 AP Nr. 20 zu § 72 ArbGG Divergenzrevision) keine Wiedereinsetzung in den vorherigen Stand gewährt werden.

930 Bei der Verfahrensrüge werden strenge Anforderungen an die Darlegung der Verletzung gestellt. Pauschale Hinweise reichen nicht aus.

931 ▶ Beispiele:
- Bei der Rüge einer angeblich unterlassenen Beweiserhebung muss der Revisionskläger genau angeben, wo in den Akten das entsprechende Beweisangebot gemacht worden ist, über welche Behauptung hätte Beweis erhoben werden müssen und welches Ergebnis die Beweisaufnahme hätte haben können (*BAG* 11.4.1985 EzA § 102 BetrVG 1972 Nr. 62). Bei der Rüge eines vom LAG seinem Urteil zugrunde gelegten Gutachtens ist der Fehler im Gutachten genau zu bezeichnen, nicht lediglich zu behaupten, das Gutachten sei unrichtig.
- Wird die Verletzung des § 139 ZPO gerügt, muss der Revisionskläger aufzeigen, welchen Hinweis das Berufungsgericht im Rahmen seiner Aufklärungspflicht hätte machen müssen und wie die Partei dann vorgetragen hätte, sodass das Urteil ggf. anders ausgefallen wäre.
- Wird gerügt, der Tatbestand des Berufungsurteils sei unrichtig, ist dies nur zulässig, wenn der Revisionskläger nicht im Wege eines Tatbestandsberichtigungsantrags hiergegen hätte vorgehen können. Sofern die Frist nach § 320 Abs. 2 S. 3 ZPO vor Zustellung des Urteils bereits verstrichen war, war ihm dies nicht möglich. In diesem Fall kann gerügt werden, dass das Urteil so spät zugestellt worden ist, dass ein Tatbestandsberichtigungsantrag nicht wirksam gestellt werden konnte. In diesem Fall ist anzugeben, welche Berichtigung beantragt worden wäre und inwiefern sich dies auf die Entscheidungsgründe des Urteils ausgewirkt hätte (*BAG* 11.6.1963 AP Nr. 1 zu § 320 ZPO).

### 5. Der weitere Verfahrensablauf und die Entscheidung des BAG

*a) Entscheidung über die Zulässigkeit der Revision*

932 Ist die Revision unzulässig, ist sie nach § 552 ZPO i. V. m. § 72 Abs. 5 ArbGG entweder durch den gesamten Senat auf Grund mündlicher Verhandlung durch Urteil oder nach § 74 Abs. 2 S. 2 ArbGG ohne mündliche Verhandlung durch Beschluss zu verwerfen. In diesem Fall entscheidet der Senat ohne Hinzuziehung der ehrenamtlichen Richter.

933 Die Revision ist unzulässig, wenn allgemeine Zulässigkeitsvoraussetzungen nicht gegeben sind, z. B. die Prozessführungsbefugnis des Revisionsklägers, die ordnungsgemäße gesetzliche Vertretung der Partei oder, auf Rüge des Revisionsbeklagten, § 88 Abs. 2 ZPO, die Prozessbevollmächtigung eines Prozessvertreters nicht nachgewiesen wird, wenn sie nicht statthaft ist (s. Rdn. 825 ff.) oder wenn der Revisionskläger durch das angefochtene Urteil gar nicht beschwert ist.

934 **Eine Beschwer des Revisionsklägers** ist dann gegeben, wenn das LAG den Rechtsstreit nicht selbst entschieden, sondern den Rechtsstreit unzulässigerweise an das ArbG zurückverwiesen hat (*BAG* 24.2.1982 EzA § 68 ArbGG 1979 Nr. 1), für den Beklagten, wenn das LAG die Klage als unzulässig anstatt als unbegründet abgewiesen hat (*BAG* 19.11.1985 EzA § 2 TVG Nr. 5). Eine Beschwer liegt hingegen nicht vor, wenn das Berufungsurteil die Klage als unbegründet anstatt als unzulässig abgewiesen hat (*BAG* 15.4.1986 EzA § 99 BetrVG 1972 Nr. 49).

935 Das ArbGG selbst enthält keine eigenständige Regelung über die Rücknahme der Revision und den Verzicht auf die Revision. Über § 72 Abs. 5 ArbGG finden daher die §§ 565, 516 und 515 ZPO Anwendung.

936 Die Revision ist unzulässig, wenn der Revisionskläger bereits vor ihrer Einlegung gegenüber dem Gericht oder der gegnerischen Partei auf die Einlegung **verzichtet** hat. Erfolgte der **Verzicht** gegenüber der gegnerischen Partei, ist er nur dann zu berücksichtigen, wenn er von dieser als Einwendung in den Prozess eingebracht wird. Der Verzicht ist nach § 515 ZPO unabhängig davon wirksam, ob

## A. Urteilsverfahren

er vom Prozessgegner angenommen wurde oder nicht. Mit Einverständnis des Prozessgegners kann der Verzicht jedoch widerrufen werden (GK-ArbGG/*Mikosch* § 74 Rn. 89).

Eine nach Einlegung der Revision erklärte **Rücknahme hingegen führt nicht zum vollständigen Verlust der Revision, wenn diese erneut noch innerhalb der Revisionsfrist formgerecht eingelegt wird. Die Zurücknahme hat nur den Verlust des konkret eingelegten Rechtsmittels zur Folge** (GK-ArbGG/*Mikosch* § 74 Rn. 88). 937

Bejaht das BAG die Zulässigkeit, wird dies grds. nicht gesondert durch einen eigenen Beschluss festgestellt. Dies ist allerdings möglich. Auch dieser Beschluss kann dann ohne mündliche Verhandlung ohne Hinzuziehung der ehrenamtlichen Richter ergehen (*BAG* 15.5.1984 NZA 1984, 98). 938

**Das BAG ist an seine einmal förmlich getroffene Entscheidung über die Zulässigkeit der Revision gebunden, selbst wenn sie fehlerhaft erfolgt ist** (GK-ArbGG/*Mikosch* § 74 Rn. 81). Im Fall der Verwerfung einer Revision als unzulässig bezieht sich diese allerdings nur auf das konkret eingelegte Rechtsmittel. Der Revisionskläger kann daher erneut Revision einlegen, wenn die Revisionsfrist noch nicht abgelaufen ist und er den zur Unzulässigkeit führenden Mangel, z. B. eine fehlerhafte Begründung, heilen kann. 939

### b) Terminbestimmung

Hält das BAG die Revision für zulässig, ist nach § 74 Abs. 2 S. 1 ArbGG der Termin zur mündlichen Verhandlung unverzüglich zu bestimmen, sofern nicht ohne mündliche Verhandlung entschieden werden kann, § 74 Abs. 2 S. 2 ArbGG. Terminszeit und Terminsort werden vom Vorsitzenden des Senats festgelegt, §§ 72 Abs. 6, 53 Abs. 2 ArbGG. 940

In der Praxis werden die terminierungsreifen Sachen in der Reihenfolge ihres Eingangs gesammelt und Verhandlungstermine erst ca. ein halbes Jahr im Voraus festgesetzt. Dieses Verfahren dient dazu, Unwägbarkeiten bei der Terminplanung der Beteiligten und damit evtl. notwendig werdende Terminverlegungen zu vermeiden (GK-ArbGG/*Mikosch* § 74 Rn. 73). 941

Allein die Terminsbestimmung enthält noch keine bindende Entscheidung bzgl. der Zulässigkeit der Revision, d. h. sie kann auch vor der Entscheidung über die Zulässigkeit ergehen. 942

### c) Anschlussrevision

Bezüglich der Anschlussrevision finden über § 72 Abs. 5 ArbGG die Bestimmungen des § 554 ZPO entsprechend Anwendung. Sie ist selbst dann möglich, wenn der Revisionsbeklagte auf die Einlegung einer eigenständigen Revision verzichtet hat. Die Anschließung erfolgt durch Einreichung eines Schriftsatzes beim BAG, wobei die Begründung bereits in der Anschlussfrist zu erfolgen hat. Der Vorteil der Anschlussrevision gegenüber der eigenständigen Revision liegt darin, dass im Fall der Zurücknahme der Revision der Revisionskläger die gesamten Kosten des Rechtsmittels zu tragen hat, § 516 Abs. 3 S. 1 ZPO. 943

Nach § 554 Abs. 4 ZPO verliert die Anschlussrevision ihre Wirkung, wenn die Revision zurückgenommen oder als unzulässig verworfen wird. 944

Ist die Revision nur beschränkt zugelassen worden, kann die Anschlussrevision nicht gegen Teile des Urteils gerichtet werden, für die die Revision nicht zugelassen worden ist (vgl. auch GK-ArbGG/*Mikosch* § 74 Rn. 92 ff.). 945

### d) Einstellung der Zwangsvollstreckung

Sofern das LAG die Vollstreckbarkeit seines Urteils nach §§ 64 Abs. 7, 62 ArbGG nicht aufgehoben hat, kann das BAG unter den Voraussetzungen des § 719 Abs. 2 ZPO auf Antrag die Zwangsvollstreckung aus dem Urteil einstweilen einstellen. Dies ist nicht angezeigt, wenn bei einem nur zeitlich beschränkt wirkenden Urteil des LAG diesem jede Wirkung genommen werden würde (*BAG* 946

22.6.1972 AP Nr. 4 zu § 719 ZPO) oder wenn die Revision keine Aussichten auf Erfolg hat (*BAG* 6.1.1971 AP Nr. 3 zu § 719 ZPO).

947 Hat das LAG ausnahmsweise die vorläufige Vollstreckbarkeit seines Urteils ausgeschlossen, kann, wenn das Urteil des LAG nicht durch Revisionsanträge angefochten worden ist, das BAG auf Antrag das Urteil insoweit für vorläufig vollstreckbar erklären, § 558 ZPO.

### e) Entscheidung über die Begründetheit der Revision

#### aa) Prüfungsrahmen

948 Nach § 73 ArbGG kann die **Revision nur auf die Verletzung einer Rechtsnorm** durch das LAG bei seiner Urteilsfindung gestützt werden. Gem. §§ 73 Abs. 2 i. V. m. 65 ArbGG a. F. prüfte das BAG nicht, ob der beschrittene Rechtsweg und die Verfahrensart zulässig sind, ob das LAG seine Zuständigkeit zu Unrecht angenommen hat und ob bei der Berufung der ehrenamtlichen Richter beim LAG Verfahrensfehler unterlaufen sind oder sonstige Umstände vorgelegen haben, die die Berufung eines ehrenamtlichen Richters zu seinem Amte ausschlossen. § 549 ZPO a. F. – jetzt § 545 ZPO – war daneben nicht anwendbar (*BAG* 7.10.1981 AP Nr. 1 zu § 48 ArbGG 1979).

949 Im neuen § 65 ArbGG ist nunmehr allerdings der Passus gestrichen worden, dass das Berufungsgericht nicht überprüft, ob das **ArbG »seine Zuständigkeit zu Recht angenommen hat«**. Für das LAG hat sich dadurch aber nichts geändert, da dasselbe nunmehr über §§ 64 Abs. 6 ArbGG i. V. m. § 513 Abs. 2 ZPO gilt.

950 Auch das BAG prüft diese Frage in der Revision nicht mehr, § 545 Abs. 2 ZPO (GMPM-G/*Müller-Glögge* § 73 Rn. 30).

951 Den äußeren Rahmen der Überprüfung der Rechtsverletzung durch das Berufungsurteil setzen die von den Parteien gestellten Anträge, § 557 Abs. 1 ZPO. Hierbei kann der Revisionskläger die Überprüfung des Urteils auf abtrennbare Teile des Streitgegenstandes beschränken.

952 § 73 Abs. 1 ArbGG setzt weiter voraus, dass das **angefochtene Urteil auf der Verletzung einer Rechtsnorm beruht.** Dies ist nicht der Fall, wenn zwar materielle oder verfahrensrechtliche Rechtsnormen vom LAG unzutreffend angewendet worden sind, das Urteil aber aus anderen Gründen zutreffend ist, § 561 ZPO, es sei denn, ein absoluter Revisionsgrund nach § 547 ZPO liegt vor (s. Rdn. 963 ff.). In diesem Fall wird unwiderleglich vermutet, dass das Urteil auf der Gesetzesverletzung beruht.

#### (1) Verletzung einer Rechtsnorm

953 Das Recht ist nach § 546 ZPO verletzt, wenn es nicht oder nicht richtig angewendet worden ist. Stellt das BAG eine Verletzung fest, hat es die materielle Richtigkeit des angefochtenen Urteils insgesamt zu überprüfen und ist nicht an die Erwägungen des Berufungsgerichts oder an die vom Revisionskläger geltend gemachten Revisionsgründe gebunden.

954 Unter Rechtsnorm i. S. d. § 550 ZPO wird jede Regelung verstanden, die für eine Vielzahl von Fällen gelten soll. Auf den formalen Charakter kommt es nicht an (GK-ArbGG/*Mikosch* § 73 Rn. 14, 15).

955 ▶ Beispiele:
- Zu den Rechtsnormen zählen **formelle Bundes- und Landesgesetze**, Rechtsverordnungen, ggf. auch Verwaltungsvorschriften.
- Ebenfalls revisibel ist **Gewohnheitsrecht**. Gem. § 12 EGZPO ist es als Rechtsnorm i. S. d. § 546 ZPO zu verstehen.
- Sofern **Staatsverträge** Rechtsnormen enthalten, sind sie ebenfalls revisibel.
- Gleiches gilt für **Satzungen und Statuten öffentlich-rechtlicher Körperschaften, Anstalten und Stiftungen**.

## A. Urteilsverfahren   Kapitel 15

- Auch **ausländisches Recht und Gemeinschaftsrecht** ist vom BAG im Rahmen der Revision überprüfbar (*BAG* 10.4.1975 AP Nr. 12 Internationales Privatrecht – Arbeitsrecht). Bei der Ermittlung dieser Rechtsnormen ist das BAG nicht auf die von den Parteien beigebrachten Nachweise beschränkt, sondern kann selbstständig Erkenntnisquellen benutzen und dazu das Erforderliche anordnen, § 293 ZPO.
- Der **normative Teil eines Tarifvertrages** (*BAG* 30.9.1971 AP Nr. 12 zu § 1 TVG Auslegung) sowie die unmittelbar geltenden Bestimmungen einer **Betriebsvereinbarung oder der Spruch einer Einigungsstelle** gehören zu den **autonom gesetzten normativen Rechten**, die das BAG überprüfen kann (*BAG* 19.4.1963 AP Nr. 3 zu § 52 BetrVG; 30.8.1963 AP Nr. 4 zu § 57 BetrVG). Auch die Frage, ob ein Vertrag überhaupt ein Tarifvertrag ist, stellt revisibles Recht dar (*BAG* 18.11.1965 AP Nr. 17 zu § 1 TVG).
- Rechtsnormen i. d. S. sind auch die **Dienstordnungen der Sozialversicherungsträger** (*BAG* 26.9.1984 AP Nr. 59 zu § 611 BGB Dienstordnungsangestellte), sowie **kirchliches Recht** (GK-ArbGG/*Mikosch* § 73 Rn. 21).
- Verträge fallen grds. nicht unter autonom gesetztes normatives Recht, es sei denn, es handelt sich um sog. »**typische Verträge**« (vgl. GMPM-G/*Müller-Glöge* § 73 Rn. 18). Dabei handelt es sich um Verträge oder Willenserklärungen, die für eine Vielzahl gleich lautender Fälle gedacht oder verwendet werden, weswegen eine einheitliche Auslegung erforderlich ist (*BAG* 20.6.1985 EzA § 4 KSchG Ausgleichsquittung Nr. 1). Hierunter fallen z. B. Muster- und Formularverträge oder Verträge, die auf Tarifverträge verweisen.
- **Einzelne Willenserklärungen bzw. Individualverträge** fallen nicht unter den Begriff der Rechtsnorm i. S. d. § 73 ArbGG, § 546 ZPO. Sie unterliegen der Überprüfung des Revisionsgerichts nur insofern, als es auf ihre Auslegung ankommt und damit die §§ 133, 157 BGB im Berufungsurteil verwendet worden sind, deren richtige Verwendung wiederum revisibel ist.
- Zu den Rechtsnormen i. S. d. § 546 ZPO zählen schließlich die **allgemeinen Denkgesetze sowie Erfahrungssätze** (GK-ArbGG/*Mikosch* § 73 Rn. 35).

Sofern Rechtsnormen **unbestimmte Rechtsbegriffe** enthalten, z. B. den Begriff der »Sozialwidrigkeit« in § 1 KSchG oder »wichtigen Grund« in § 626 BGB, unterliegt die Rechtsanwendung des Berufungsgerichts nur einer beschränkten Überprüfung. Eine Rechtsverletzung ist nur dann gegeben, wenn der Rechtsbegriff selbst verkannt worden ist, bei der Subsumtion des festgestellten Sachverhaltes unter diesen unbestimmten Rechtsbegriff allgemeine Erfahrungssätze oder Denksätze verletzt worden sind, bei einer notwendig gewordenen Interessenabwägung nicht alle wesentlichen Gesichtspunkte berücksichtigt wurden oder das Ergebnis in sich widersprüchlich ist (*BAG* 10.11.1983 EzA § 1 KSchG 1969 Krankheit Nr. 14). Den Berufungsgerichten kommt hierbei ein nicht überprüfbarer Beurteilungsspielraum zu.

Vom BAG nicht überprüfbar sind **Ermessensentscheidungen**, insbes. kann das Revisionsgericht nicht sein eigenes Ermessen an die Stelle des Ermessens des Berufungsgerichts setzen. Überprüfbar ist allerdings, ob die Voraussetzungen und die Grenzen des Ermessens vom Berufungsgericht eingehalten worden sind und es insbes. seine Ermessensfreiheit erkannt hat. Überprüfbar ist daher ein Ermessensnichtgebrauch, -fehlgebrauch oder eine -überschreitung. Dies gilt auch für Ermessensentscheidungen im Verfahrensrecht, z. B. für die Frage, ob ein Verfahren nach den §§ 148, 149 ZPO ausgesetzt werden konnte oder nicht (*BAG* 16.10.1991 EzA § 19 BErzGG Nr. 1).

### (2) Besonderheiten bei Rechtsnormen des Verfahrensrechts

Bei der Verletzung von verfahrensrechtlichen Vorschriften ist zwischen denen zu unterscheiden, die das Revisionsgericht von Amts wegen zu berücksichtigen hat, und jenen, die nur auf Rüge des Revisionsklägers überprüft werden, § 557 Abs. 2 S. 2 ZPO. Eine Prüfung von Amts wegen bedeutet, dass das Revisionsgericht **im Rahmen des von den Parteien vorgelegten Prozessstoffes** von Amts wegen die Verfahrensfehler zu prüfen hat. Es bedeutet nicht, dass es im Wege der Amtsermittlung selbstständig Tatsachen zu ermitteln hat.

959 Zu den von Amts wegen zu prüfenden Verfahrensfehlern gehören die allgemeinen Prozessvoraussetzungen wie Partei-, Prozessfähigkeit und Prozessführungsbefugnis (*BAG* 28.2.1974 EzA § 56 ZPO Nr. 1), Prozessfortsetzungsbedingungen (*BAG* 14.12.1971 AP Nr. 58 zu § 233 ZPO), wie z. B. ob ein Einspruch gegen ein Versäumnisurteil rechtzeitig eingelegt worden ist, ob eine Berufung oder Anschlussberufung zulässig war (*BAG* 28.10.1981 EzA § 522a ZPO Nr. 1), nicht jedoch ob eine Wiedereinsetzung in den vorherigen Stand durch das Berufungsgericht zulässig war oder nicht, § 238 Abs. 3 ZPO. Von Amts wegen zu prüfen ist weiter, ob die internationale Zuständigkeit und die staatliche Rechtsprechungsgewalt gegeben ist, z. B. bei der Frage der Abgrenzung zu kirchlichen Gerichten (GK-ArbGG/*Mikosch* § 73 Rn. 48), die Statthaftigkeit der Revision, die Auslegung des Klageantrages, das Vorliegen einer rechtskräftigen Entscheidung, die Zulässigkeit der Berufung oder Anschlussberufung (*BAG* 28.10.1981 EzA § 522a ZPO Nr. 1), ein fehlender oder widersprüchlicher Tatbestand beim Berufungsurteil (*BAG* 31.1.1985 EzA § 91 ArbGG 1979 Nr. 1) sowie der Erlass eines unzulässigen Teilurteils bei nicht teilbarem Streitgegenstand (*BAG* 20.2.1975 EzA § 301 ZPO Nr. 1).

960 Verfahrensfehler, die nicht von Amts wegen zu prüfen sind, sind nur auf Grund einer in zulässiger Form erhobenen Rüge hin zu überprüfen. **Dies gilt auch bei den nicht von Amts wegen zu überprüfenden absoluten Revisionsgründen i. S. d. § 547 ZPO**, bei denen es sich ebenfalls um Verfahrensfehler handelt.

### (3) Maßgeblicher Zeitpunkt

961 Der maßgebende Zeitpunkt für die Rechtsverletzung i. S. d. § 546 ZPO **ist der der Entscheidung des Revisionsgerichts**. Im Fall einer Gesetzesänderung ist zu prüfen, ob die Rechtsnorm, die das Berufungsgericht seiner Entscheidung zugrunde gelegt hat, im Zeitpunkt der Entscheidung des Revisionsgerichts noch anzuwenden ist oder ob eine neue einschlägige Norm, die erst nach Erlass der Berufungsentscheidung in Kraft getreten ist, auf den in der Vergangenheit zurückliegenden Tatbestand zurückwirkt (GMPM-G/*Müller-Glöge* § 73 Rn. 3).

962 Im Fall der Zurückverweisung eines Rechtsstreits an das LAG und erneuter Revisionseinlegung ist das Revisionsgericht bei seiner neuen Entscheidung grds. nach § 563 Abs. 2 ZPO an die rechtliche Beurteilung, die der Aufhebung des ersten Urteils zugrunde gelegt wurde, gebunden. Hat es allerdings unabhängig von der konkreten Sache inzwischen seine Auffassung, z. B. auf Grund geänderter Gesetzlage, geändert oder liegen inzwischen Entscheidungen anderer Gerichtshöfe des Bundes vor, die die ursprüngliche Rechtsauffassung des Revisionsgerichts nicht teilen, kann es davon abweichen (*BAG* 28.7.1981 EzA § 87 BetrVG 1972 Leistungslohn Nr. 4).

### (4) Absolute Revisionsgründe

963 Die Verletzung einer Rechtsnorm führt nur dann zur Aufhebung des Berufungsurteils, wenn dieses auf der Verletzung der Rechtsnorm beruht. Bei Vorliegen der absoluten Revisionsgründe i. S. d. § 547 ZPO wird die nicht widerlegbare Vermutung aufgestellt, dass dies der Fall ist.

964 Auch ein absoluter Revisionsgrund ist nur beachtlich, wenn die Revision zulässig ist. Die absoluten Revisionsgründe werden nicht in der Zulässigkeit, sondern der Begründetheit geprüft.

965 Der absolute Revisionsgrund der Besetzungsrüge nach § **547 Nr. 1 ZPO** ist vom BAG nur dann zu prüfen, wenn eine entsprechende Verfahrensrüge erhoben worden ist.

966 Das erkennende Gericht war nicht vorschriftsmäßig besetzt, § 547 Nr. 1 ZPO, wenn der Berufsrichter nicht nach § 8 DRiG berufen worden war oder die ehrenamtlichen Richter nicht für ihre Amtsperiode vor Beginn der mündlichen Verhandlung vereidigt wurden (*BAG* 11.3.1965 AP Nr. 28 zu § 2 ArbGG 1953 Zuständigkeitsprüfung) oder ihre Amtsperiode bereits abgelaufen war (*BAG* 12.5.1961 AP Nr. 2 zu § 551 ZPO). Eine Heranziehung der ehrenamtlichen Richter außerhalb der nach § 31 ArbGG (s. Kap. 14 Rdn. 90 ff.) aufgestellten Listen führt zu einer nicht ordnungsgemäßen Besetzung des Gerichts, **wenn die Heranziehung willkürlich erfolgte**. Lediglich eine irr-

## A. Urteilsverfahren

tümlich falsche Heranziehung stellt keinen absoluten Revisionsgrund dar. Bei einer willkürlichen Beteiligung eines nicht nach der Liste berufenen ehrenamtlichen Richters heilt auch ein Einverständnis der Parteien nicht das Vorliegen des absoluten Revisionsgrundes (*BAG* 25.8.1983 EzA § 39 ArbGG 1979 Nr. 3).

Hat eine Kammer des LAG entschieden, die nach dem Geschäftsverteilungsplan nicht zuständig war, stellt dies nur dann einen absoluten Revisionsgrund dar, wenn sie völlig außerhalb der Geschäftsverteilung tätig geworden war und nicht nur irrtümlich den Fall bearbeitete (*BAG* 3.9.1991 EzA § 1 BetrAVG Ablösung Nr. 7). 967

Nach § 547 **Nr. 2 ZPO** liegt ein absoluter Revisionsgrund vor, wenn ein Richter am Verfahren mitwirkte, der von der Ausübung des Richteramts kraft Gesetzes ausgeschlossen war, § 41 ZPO (s. Kap. 14 Rdn. 155). Gleiches gilt nach § 547 **Nr. 3 ZPO**, wenn ein Richter wegen begründeter Besorgnis der Befangenheit abgelehnt wurde, § 42 ZPO, und dennoch an der Entscheidung mitwirkte. Auch dieser Revisionsgrund ist nur auf entsprechende Verfahrensrüge nach § 551 Abs. 3 Nr. 2b ZPO hin zu überprüfen (*BAG* 25.8.1983 EzA § 39 ArbGG 1979 Nr. 3). 968

Der absolute Revisionsgrund des § 547 **Nr. 3 ZPO** ist im Zusammenhang mit den §§ 73 Abs. 2, 65 ArbGG zu sehen. Der Revisionsgrund kommt daher lediglich bei der Frage der Verletzung der funktionellen oder internationalen Zuständigkeit, nicht jedoch der örtlichen Zuständigkeit oder der gewählten Verfahrensart zum Tragen. 969

Die funktionelle Zuständigkeit ist z. B. dann verletzt, wenn außerhalb der Fälle des § 553 Abs. 1 und 2 ZPO der Vorsitzende anstelle der Kammer alleine das Urteil erlassen hat. 970

Nach § 547 **Nr. 4 ZPO** stellt es einen absoluten Revisionsgrund dar, wenn eine Partei nicht ordnungsgemäß vertreten war, es sei denn, die Prozessführung durch den Vertreter wurde seitens der anderen Partei ausdrücklich oder stillschweigend genehmigt. 971

Bei der Verletzung der Vorschriften über die Öffentlichkeit der Verhandlung, vgl. §§ 52, 169 S. 2, 173 bis 175 GVG (s. Rdn. 195 ff.) liegt nach § 547 Nr. 5 ZPO ein absoluter Revisionsgrund vor. 972

§ 547 **Nr. 6 ZPO** normiert den absoluten Revisionsgrund, dass das Urteil nicht mit Gründen versehen ist. Nach § 73 Abs. 1 S. 2 ArbGG ist dieser Revisionsgrund im Arbeitsgerichtsprozess ausgeschlossen (GK-ArbGG/*Mikosch* § 73 Rn. 62). 973

Möglich ist aber eine sofortige Beschwerde nach § 72b ArbGG (s. Rdn. 1024 ff.) 974

### (5) Tatsächliche Entscheidungsgrundlagen

Der tatsächliche Prozessstoff für die Revisionsinstanz bestimmt sich nach § 559 ZPO. Danach ist grds. der Tatbestand des Berufungsurteils und das Sitzungsprotokoll maßgeblich. Dazu gehören jedoch auch tatsächliche Feststellungen, die sich erst in den Entscheidungsgründen des angefochtenen Urteils finden (*BAG* 14.6.1967 AP Nr. 13 zu § 91a ZPO). Soweit im Tatbestand des angefochtenen Urteils auf schriftsätzliches Vorbringen der Parteien verwiesen wird, gehört auch dieses zum Streitstoff der Revisionsinstanz. Der sich so ergebende Prozessstoff gilt als Beweis für das, was in der mündlichen Verhandlung vorgebracht wurde, § 314 ZPO, der nur durch das Sitzungsprotokoll entkräftet werden kann. 975

Ist der Tatbestand des Urteils unrichtig, hat der Revisionskläger Berichtigung nach § 320 Abs. 2 S. 3 ZPO zu beantragen. Lediglich wenn dies wegen Fristablaufs nach § 320 Abs. 2 S. 3 ZPO wegen späterer Absetzung des LAG-Urteils nicht mehr möglich ist, kann die Partei die angefochtenen Feststellungen in der Revisionsinstanz nach § 554 Abs. 3 Nr. 3b ZPO rügen. 976

Das Revisionsgericht ist nach § 559 Abs. 2 ZPO an die Feststellungen des Berufungsgerichtes, ob eine tatsächliche Behauptung wahr oder nicht wahr ist, gebunden. Regelmäßig wird hierfür eine Beweisaufnahme vorangegangen sein. Eine bindende Wirkung für das BAG entfällt nur dann, wenn hinsichtlich des Verfahrens der Beweisaufnahme zulässige und begründete Verfahrensrügen erhoben 977 worden sind. Der Revisionsbeklagte kann solche Verfahrensrügen bis zum Schluss der mündlichen Verhandlung beim Revisionsgericht erheben, sofern er trotz dieser fehlerhaften Feststellung vor dem LAG obsiegte (*BAG* 14.7.1965 AP Nr. 2 zu § 276 BGB Vertragsbruch). Die vorgenommene Beweiswürdigung durch das Berufungsgericht kann vom Revisionsgericht nur in den Grenzen des § 286 ZPO und auf Verstöße gegen die allgemeinen Denk- und Erfahrungssätze überprüft werden.

978 § 559 ZPO bezieht sich lediglich auf erst- und zweitinstanzlichen Tatsachenstoff. Neues tatsächliches Vorbringen ist in der Revisionsinstanz grds. ausgeschlossen. Ausnahmen von diesem Grundsatz bestehen nach § 559 Abs. 1 S. 2 ZPO für solche Tatsachen, mit denen nach § 559 Abs. 3 Nr. 2b ZPO ein Verfahrensmangel begründet werden soll, z. B. wenn das neue tatsächliche Vorbringen Sachurteilsvoraussetzungen betrifft, die von Amts wegen zu überprüfen sind (*BAG* 15.9.1977 AP Nr. 5 zu § 56 ZPO), die das BAG selbst festgestellt hat, sowie wenn der Wegfall des Rechtsschutzinteresses von einer Partei dargetan wird.

979 Weiterhin wird vom BAG die Berücksichtigung neuen tatsächlichen Vorbringens zugelassen, wenn es unstreitig oder seine Richtigkeit offenkundig ist, wenn es einen Grund für eine Wiederaufnahme des Verfahrens abgeben würde oder wenn damit ein Antrag nach § 717 Abs. 3 ZPO begründet werden könnte (GK-ArbGG/*Mikosch* § 73 Rn. 82). Dies entspricht der Prozesswirtschaftlichkeit. Aus diesem Grunde wird auch neues Vorbringen dann zu berücksichtigen sein, wenn sich entweder die Rechtsprechung oder das Recht nach Erlass des angefochtenen Urteils geändert hat und weitere tatsächliche Feststellungen notwendig sind. Schließlich ist neues tatsächliches Vorbringen dann zu berücksichtigen, wenn das BAG in seiner Verhandlung erstmals auf einen Rechtsgesichtspunkt hinweist, der bislang in den Vorinstanzen von den Parteien und den Gerichten nicht erkannt wurde, und es auf diesbezüglich neu vorzutragende Tatsachen ankommt (vgl. *BAG* 9.10.1973 EzA § 37 BetrVG 1972 Nr. 14).

980 ▶ **Beispiel:**

Zu den zu berücksichtigenden neuen Tatsachen gehören nach Erlass des Berufungsurteils ergangene behördliche Akte, neue Gesetze, rechtskräftige Entscheidungen in vergleichbaren Rechtsstreitigkeiten, der Eintritt der Verjährung, der Erwerb der Staatsangehörigkeit, wenn es hierauf z. B. bei einer Arbeitserlaubnis ankommt, eingetretene Rechtsnachfolge oder eine Insolvenzeröffnung (vgl. GK-ArbGG/*Mikosch* § 73 Rn. 83 m. w. N.).

bb) Entscheidungsmöglichkeiten

(1) Zurückweisung der Revision

981 Kommt das BAG nach der mündlichen Verhandlung zu dem Ergebnis, dass die Revision unzulässig ist, ist sie durch Urteil zu verwerfen, im Fall der Unbegründetheit durch Urteil zurückzuweisen.

982 Hat das LAG die Klage zu Unrecht als unzulässig abgewiesen und kommt das BAG auf Grund einer eigenen möglichen Sachentscheidung zu dem Ergebnis, dass diese zwar zulässig, jedoch unbegründet ist, erweist sich das Urteil des LAG i. S. d. § 561 ZPO im Ergebnis nicht als richtig. Es ist vielmehr aufzuheben und die Klage ist abzuweisen (*BAG* 10.12.1965 AP Nr. 11 zu § 565 ZPO).

(2) Aufhebung des Urteils und Zurückverweisung an die Tatsacheninstanz

983 Ergibt die Überprüfung des angefochtenen Urteils einen Rechtsfehler und beruht es auf diesem, ist es nach § 562 Abs. 1 ZPO aufzuheben, sofern es nicht aus anderen Gründen im Ergebnis zutreffend ist. Sofern nur selbstständig abtrennbare Streitgegenstände des Urteils fehlerhaft sind, ist die Aufhebung auf diese Streitgegenstände zu beschränken und im Übrigen die Revision zurückzuweisen. Im Fall eines Verfahrensverstoßes ist zugleich das Verfahren insoweit aufzuheben, als es durch den Mangel betroffen wird, § 561 Abs. 2 ZPO.

984 Folge der Aufhebung ist grds. nach § 563 Abs. 1 ZPO die Zurückverweisung des Rechtsstreits an die Tatsacheninstanz. Die nach dem Geschäftsverteilungsplan des Tatsachengerichts zuständige Kam-

mer hat erneut über die Sache zu befinden, es sei denn, die Zurückverweisung erfolgte ausdrücklich nach § 563 Abs. 1 S. 2 ZPO an eine andere Kammer, welche genau bezeichnet werden muss. Bei den Richtern dieser im Revisionsurteil bestimmten Kammer handelt es sich dann um die gesetzlichen Richter i. S. d. § 547 Nr. 1 ZPO.

Ausnahmsweise kommt auch eine Zurückverweisung an das ArbG in Betracht, wenn sowohl das ArbG als auch das LAG die Klage zu Unrecht als unzulässig abwiesen, weil sie das Rechtsschutzinteresse für die Klage verneinten (*BAG* 28.11.1963 AP Nr. 25 zu § 2 ArbGG 1952 Zuständigkeitsprüfung). Dies ergibt sich daraus, dass auch das LAG nach § 538 Abs. 2 Nr. 2 ZPO die Sache an das ArbG hätte zurückverweisen können. Im Fall der Verweisung an das ArbG ist auch dessen Urteil aufzuheben.

Nach der Zurückverweisung sind die Tatsachengerichte bei ihrer erneuten Entscheidung an die rechtliche Beurteilung des BAG gebunden, § 563 Abs. 2 ZPO. Wird nur ein Teil des Urteils aufgehoben, binden rechtliche Erwägungen des BAG bzgl. der anderen Teile das Tatsachengericht nicht (*BAG* 24.2.1972 EzA § 11 BUrlG Nr. 9). Bei Aufhebung des Berufungsurteils wegen eines Verfahrensverstoßes ist dieser Teil des Verfahrens zu wiederholen und der Fehler zu beheben. Die Bindung an das BAG-Urteil bezieht sich auch darauf, dass der gerügte und vom BAG beanstandete Verfahrensverstoß für die Entscheidung kausal war (*BAG* 28.7.1981 EzA § 87 BetrVG 1972 Leistungslohn Nr. 4).

Verändern sich die tatsächlichen Feststellungen nach der Zurückverweisung, kann die **Bindungswirkung entfallen**, sofern durch den Vortrag neuer Tatsachen eine neue rechtliche Würdigung vorzunehmen ist. Gleiches gilt, wenn sich die Rechtslage nach dem Aufhebungsurteil geändert hat oder das BAG selbst seine Rechtsprechung nach Aufhebung des LAG-Urteils ändert (*GS OGB* 6.2.1973 AP Nr. 1 zu § 4 RsprEinhG) oder die Rechtsauffassung des BAG im Aufhebungsurteil durch eine Entscheidung des GS-BAG, des BVerfG oder des EuGH für fehlerhaft erklärt wird. **Die Bindungswirkung erstreckt sich nur auf das konkrete Verfahren, in welchem die Revisionsentscheidung ergangen ist, nicht auf andere Verfahren, selbst wenn diese gleich gelagert sein sollten.**

*(3) Aufhebung des Urteils und eigene Endentscheidung*

Nach § 563 Abs. 3 ZPO hat das BAG selbst in der Sache zu entscheiden, wenn es das Berufungsurteil wegen der Verletzung einer Rechtsnorm bei der Anwendung des Gesetzes auf einen tatsächlich festgestellten Sachverhalt aufhebt und die Sache selbst zur Endentscheidung reif ist.

Im Fall von **begründeten Verfahrensrügen** ist regelmäßig der Sachverhalt noch nicht festgestellt, sodass eine eigene Entscheidung des BAG nicht in Betracht kommt. Gleiches gilt bei zwar festgestelltem Sachverhalt, der jedoch unter unbestimmte Rechtsbegriffe einer Rechtsnorm zu subsumieren ist. In diesem Fall stehen den Tatsachengerichten Beurteilungsspielräume zu, die das BAG nicht durch eine eigene Sachentscheidung ersetzen darf (s. Rdn. 957). § 563 Abs. 3 ZPO gilt auch, wenn das BAG ausnahmsweise berechtigt ist, fehlendes tatsächliches Vorbringen durch eigene Feststellungen zu ergänzen (s. Rdn. 978 ff.).

Ist nur ein Teil des Rechtsstreits auf Grund festgestellten Sachverhalts für eine Endentscheidung reif, kann das BAG, sofern es sich um einen abtrennbaren Streitgegenstand handelt, ein Teil- oder Grundurteil erlassen und die Sache im Übrigen an das Berufungsgericht zurückverweisen (*BAG* 7.6.1988 EzA Art. 9 GG Arbeitskampf Nr. 80).

*(4) Versäumnisurteile*

Nach § 72 Abs. 5 ArbGG gelten über § 555 ZPO die Vorschriften der §§ 330 ff. ZPO für das Versäumnisverfahren entsprechend. Auch § 539 ZPO ist entsprechend anwendbar (GK-ArbGG/*Mikosch* § 73 Rn. 132).

Die Einspruchsfrist beträgt nach den § 72 Abs. 5 ArbGG, §§ 565, 525, 539 ZPO drei Wochen, da § 59 ArbGG im Revisionsverfahren keine Anwendung findet. Der Einspruch unterliegt dem

Anwaltszwang. Ebenfalls keine Anwendung findet § 62 ArbGG im Revisionsverfahren, sodass Versäumnisurteile gem. § 708 Nr. 2 ZPO für vorläufig vollstreckbar zu erklären sind (*BAG* 28.10.1981 EzA § 522a ZPO Nr. 1).

*(5) Unstreitige Erledigung*

993 Das Verfahren vor dem BAG kann gem. den §§ 269, 525 ZPO durch Klagerücknahme, Rücknahme der Revision, Vergleichsabschluss oder übereinstimmende Erledigungserklärung beendet werden.

994 **Bei einem Vergleich braucht die Revision nicht zulässig zu sein, bei einer übereinstimmenden Erledigungserklärung hingegen ist dies Voraussetzung** (GK-ArbGG/*Mikosch* § 73 Rn. 136, 138), sodass bei Unzulässigkeit des eingelegten Rechtsmittels die Revision zu verwerfen ist.

### 6. Formale Aspekte des Revisionsurteils

995 Für die Verkündung des Urteils gelten nach § 72 Abs. 5 ArbGG die Vorschriften der §§ 555, 310, 311 und 312 ZPO entsprechend. § 60 ArbGG findet keine Anwendung, da die Vorschrift nicht in § 72 Abs. 6 ArbGG aufgeführt ist.

996 Bei der Verkündung brauchen nach § 75 Abs. 1 S. ArbGG die ehrenamtlichen Richter nichtanwesend zu sein, selbst wenn das Urteil in dem Termin, in dem die mündliche Verhandlung geschlossen worden ist, verkündet wird. Im Fall ihrer Abwesenheit ist die Urteilsformel vorher von allen Mitgliedern des Senats zu unterschreiben, § 75 Abs. 1 S. 2 ArbGG. Die Berufsrichter müssen bei der Verkündung im Anschluss an die mündliche Verhandlung anwesend sein. Lediglich wenn ein besonderer Verkündigungstermin nach § 311 Abs. 4 ZPO anberaumt wurde, kann der Vorsitzende das Urteil selbst verkünden. Da § 60 Abs. 3 ArbGG keine Anwendung findet, sind die Entscheidungsgründe auch bei Anwesenheit der Parteien nur dann mitzuteilen, wenn der Senat dies für angemessen erachtet, § 311 Abs. 3 ZPO.

997 Der notwendige Inhalt des Urteils selbst ergibt sich aus § 313 ZPO. Eine Begründung ist nicht erforderlich, soweit Verfahrensrügen mit der Revision geltend gemacht worden sind, welche als unzulässig oder unbegründet zurückgewiesen wurden, es sei denn, es wurde ein absoluter Revisionsgrund nach § 547 ZPO gerügt, § 564 ZPO.

998 Das vollständig abgefasste Urteil nebst Tatbestand und Entscheidungsgründen ist von allen Mitgliedern des Senats unter Einschluss der ehrenamtlichen Richter zu unterschreiben, § 75 Abs. 2 ArbGG. Ist ein Richter verhindert, findet § 315 Abs. 1 ZPO Anwendung (vgl. zu Verhinderungsgründen GK-ArbGG/*Mikosch* § 75 Rn. 8; s. Rdn. 773). Bezüglich der Absetzung des vollständigen Urteils nebst Tatbestand und Entscheidungsgründen gilt § 315 Abs. 2 S. 1, 2 ZPO entsprechend.

999 Die Zustellung des Urteils erfolgt gem. den §§ 72 Abs. 6, 52 ArbGG, die Übersendung von Urteilen in Tarifvertragssachen richtet sich nach § 72 Abs. 6 i. V. m. § 63 ArbGG.

### 7. Die Revisionsbeschwerde

*a) Statthaftigkeit*

1000 **Bei der Revisionsbeschwerde handelt es sich um eine sofortige Beschwerde, die sich gegen den Beschluss des LAG nach § 66 Abs. 2 ArbGG richtet, welcher die Berufung als unzulässig verworfen hat.** Erfolgte die Verwerfung durch Urteil, ist hiergegen das Rechtsmittel der Revision nach § 72 ArbGG einzulegen, eine Revisionsbeschwerde ist nicht statthaft. Die Revisionsbeschwerde nach § 77 ArbGG ist entsprechend auf andere Beschlüsse des LAG anzuwenden, mit denen über die Zulässigkeit einer Berufung entschieden wird.

1001 ▶ Beispiele:
– Dem Verwerfungsbeschluss gleich steht der Beschluss des LAG, mit dem ein Antrag auf Wiedereinsetzung in den vorherigen Stand gegen die Versäumung der Berufungsfrist oder die Frist

zur Begründung der Berufung zurückgewiesen worden ist (*BAG* 23.5.1989 EzA § 233 ZPO Nr. 10). Regelmäßig wird dabei zuvor die Berufung bereits durch einen eigenen Beschluss als unzulässig verworfen worden sein, was unschädlich ist.
- Die Revisionsbeschwerde ist statthaft, wenn durch Beschluss eine Anschlussberufung für erledigt erklärt wird.

Die Revisionsbeschwerde ist hingegen nicht statthaft, wenn auf Grund einer Gegenvorstellung gegen einen Verwerfungsbeschluss dieser lediglich in einem neuen Beschluss bestätigt wird (*BAG* 23.7.1973 EzA § 77 ArbGG Nr. 2). 1002

Strittig ist, ob Voraussetzung der Revisionsbeschwerde ist, dass gegen ein Urteil gleichen Inhalts die Revision an sich statthaft wäre (so GMPM-G/*Müller-Glöge* § 77 Rn. 4). Gegen ein solches Erfordernis spricht, dass § 77 ArbGG keine dem § 72 Abs. 4 ArbGG entsprechende Einschränkung enthält. Dafür spricht das System des Rechtsmittelverfahrens zum BAG, wonach die dritte Instanz nicht in allen Verfahren eröffnet sein soll. Es wäre nicht nachvollziehbar, dass eine Revision in Verfahren betreffend einer einstweiligen Verfügung oder eines Arrestes unzulässig sein soll, eine Revisionsbeschwerde hingegen zulässig (GK-ArbGG/*Mikosch* § 77 Rn. 12). 1003

*b) Zulässigkeitsvoraussetzungen*

*aa) Zulassung im Verwerfungsbeschluss des Berufungsgerichts*

**Die Revisionsbeschwerde ist nur zulässig, wenn das LAG sie in seinem Verwerfungsbeschluss ausdrücklich zugelassen hat.** In § 77 S. 2 ArbGG ist geregelt, dass § 72 Abs. 2 ArbGG bzgl. des Zulassungsgrundes maßgeblich ist. Der Zulassungsgrund der **Divergenz**, wie er für die Revision nach § 72 Abs. 2 S. 2 ArbGG normiert ist, besteht daher nunmehr auch für die Revisionsbeschwerde (vgl. zum früheren Recht 2. Aufl. L/Rn. 837). 1004

**Die Zulassung kann sowohl im Beschlusstenor als auch in den Gründen des Beschlusses erfolgen.** Eine nachträgliche Abänderung des Verwerfungsbeschlusses oder ein Ergänzungsbeschluss nach § 321 ZPO, der die Zulassung der Revisionsbeschwerde nachträglich ausspricht, ist unzulässig. Das LAG ist insofern an seine Entscheidung gem. § 318 ZPO analog gebunden (*BAG* 29.10.1976 EzA § 519b ZPO Nr. 2). 1005

**Das BAG ist an die Zulassung gebunden.** Deswegen ist das LAG nicht verpflichtet, seine Entscheidung zu begründen. Macht es dies dennoch, und zwar fehlerhaft, berührt dies die Zulässigkeit der Revisionsbeschwerde nicht (strittig so GMPM-G/*Müller-Glöge* § 77 Rn. 7). 1006

Ein Rechtsmittel gegen die Nichtzulassung der Revisionsbeschwerde besteht nicht, insbes. kann keine Nichtzulassungsbeschwerde eingelegt werden. § 72a ArbGG ist nicht analog anwendbar (*BAG* 25.10.1979 EzA § 77 ArbGG 1979 Nr. 1). Die Entscheidung des LAG ist selbst bei einem Verstoß gegen den Grundsatz des rechtlichen Gehörs, Art. 103 GG, bindend und kann nicht durch das BAG korrigiert werden. 1007

*bb) Form und Frist der Einlegung*

Das Verfahren richtet sich nach den §§ 574 ff. ZPO. **Die Revisionsbeschwerde ist beim BAG direkt einzulegen.** Es besteht Anwaltszwang. 1008

**Die Beschwerdefrist beträgt einen Monat**, § 575 Abs. 1 ZPO, ebenso wie die Begründungsfrist, § 575 Abs. 2 S. 1 ZPO. 1009

▶ Muster: Revisionsbeschwerde 1010

An das BAG ...

In Sachen ... (volles Rubrum)

lege ich namens und mit Vollmacht des Klägers gegen den Beschluss des LAG ... vom ... Aktz.: ...

**Revisionsbeschwerde**

ein und beantrage,

den Beschluss des LAG ... vom ... Aktz.: ... aufzuheben.

Gründe:
I. ... (Prozessgeschichte)
II. Das LAG hat die Revisionsbeschwerde in seinem Beschluss über die Verwerfung der Berufung zugelassen.
III. Der Beschluss des LAG ist inhaltlich unrichtig, weil ...

### c) Entscheidung des BAG

**1011** Das BAG entscheidet stets ohne Mitwirkung der ehrenamtlichen Richter, § 77 S. 3 ArbGG.

**1012** Die Revisionsbeschwerde ist als unzulässig zu verwerfen, wenn sie nicht form- und fristgerecht eingelegt oder nicht vom LAG zugelassen wurde. Erweist sich die Revisionsbeschwerde als begründet, ist der Verwerfungsbeschluss aufzuheben, womit die Berufung zulässig ist. Das LAG ist analog § 563 Abs. 2 ZPO an diese Entscheidung gebunden und hat nunmehr das Berufungsverfahren durchzuführen.

## 8. Sofortige Beschwerde nach § 72b ArbGG

**1013** Das Endurteil des LAG kann mit der **sofortigen Beschwerde** angegriffen werden, wenn es nicht binnen 5 Monaten nach der Verkündung vollständig abgefasst (zur begrifflichen Bedeutung vgl. *BAG* 20.12.2006 EzA § 72a ArbGG 1979 Nr. 2) und mit den Unterschriften der ehrenamtlichen Richtern versehen der Geschäftsstelle übergeben worden ist.

**1014** Eingelegt werden kann die sofortige Beschwerde durch die durch das Urteil beschwerte Partei binnen einer **Notfrist von 1 Monat**, die nach Ablauf der 5 Monatsfrist nach der Verkündung beginnt. Sie ist in derselben Frist zu begründen, § 72b Abs. 2, 3 ArbGG. Es besteht Anwaltszwang, § 11 Abs. 2 ArbGG.

**1015** ▶ Muster: Sofortige Beschwerde nach § 72b ArbGG

An das BAG ...

In Sachen ... (volles Rubrum)

lege ich namens und mit Vollmacht des Klägers gegen den Beschluss des LAG ... vom ... Aktz.: 4 Sa ...

**Sofortige Beschwerde**

ein und beantrage,

das Urteil des LAG ... vom ... Aktz.: ... aufzuheben.

Gründe:

Das LAG hat in der mündlichen Verhandlung am ... das angegriffene Urteil verkündet. Diese wurde der Geschäftsstelle der 4 Kammer des LAG nicht bis zum ... voll abgefasst und mit den Unterschriften aller beteiligter Richter vorgelegt.

Beweis: Amtliche Auskunft der Geschäftsstelle der 4 Kammer des LAG ...

Der Beschwerdeführer ist durch das Urteil beschwert, weil ...

**1016** Das BAG entscheidet über die sofortige Beschwerde durch Beschluss ohne Hinzuziehung der ehrenamtlichen Richter und i. d. R. ohne mündliche Verhandlung, § 72b Abs. 5 ArbGG. Im Fall der Zulässigkeit und Begründetheit der sofortigen Beschwerde hebt es das Urteil des LAG auf und verweist den *Rechtsstreit zur erneuten Verhandlung an das LAG zurück*, § 72b Abs. 5 ArbGG. Im Fall der Verwerfung der sofortigen Beschwerde fallen Gerichtskosten nach der Nr. 8613 des KV zu § 34 GKG an.

## A. Urteilsverfahren
## Kapitel 15

### XVI. Die Wiederaufnahme des Verfahrens

Nach § 79 ArbGG finden die Vorschriften der ZPO über die Wiederaufnahme des Verfahrens, §§ 578 ff. ZPO, auch im arbeitsgerichtlichen Verfahren in Rechtsstreitigkeiten nach § 2 Abs. 1–4 ArbGG entsprechend Anwendung. Die Wiederaufnahmegründe sind abschließend in den §§ 579, 580 ZPO geregelt. Danach gibt es die Nichtigkeits- und die Restitutionsklage (vgl. auch *Ascheid* Rn. 1625 ff.). **1017**

Die Nichtigkeitsklage kann nach § 79 S. 2 ArbGG jedoch nicht auf Mängel des Verfahrens bei der Berufung der ehrenamtlichen Richter oder auf Umstände, die die Berufung eines ehrenamtlichen Richters zu seinem Amt ausschließen, gestützt werden. **1018**

### XVII. Das Beschwerdeverfahren

Nach § 78 ArbGG sind gegen Entscheidungen des Arbeitsgerichts oder seines Vorsitzenden die §§ 567 ff. ZPO anwendbar. Sofortige Beschwerden gegen Entscheidungen des LAG sind hingegen nie statthaft, auch nicht bei Kostenentscheidungen nach § 91a ZPO (*BAG* 21.6.2006 EzA § 91a ZPO 2002 Nr. 2). Die frühere Zweiteilung der Beschwerdearten – einfache und sofortige Beschwerde – gibt es nicht mehr. Es gibt nur eine sog. »sofortige Beschwerde«, bei der das Ausgangsgericht nunmehr aber stets eine Entscheidung zu treffen hat, ob es der Beschwerde abhilft oder nicht, § 572 Abs. 1 ZPO. **1019**

Bei der sofortigen Beschwerde handelt es sich trotz der Abhilfemöglichkeit des Ausgangsgerichts um ein Rechtsmittel, sodass das Ausgangsgericht seiner Entscheidung eine Rechtsmittelbelehrung gem. § 9 Abs. 5 ArbGG beizulegen hat (*Schmidt/Schwab/Wildschütz* NZA 2001, 1224). Die Entscheidung ist förmlich zuzustellen, § 329 Abs. 3 ZPO. Das Ausgangsgericht hilft der Beschwerde ab, wenn es sie für **begründet hält**, andernfalls hat es sie dem Beschwerdegericht vorzulegen. Eine Zulässigkeitsprüfung nimmt das Ausgangsgericht nicht vor. Unzulässige Beschwerden sind als Gegenvorstellungen auszulegen (*LAG RhPf* 16.7.2009 – 1 Ta 139/09). Das Arbeitsgericht darf eine sofortige Beschwerde nicht als **unzulässig** abweisen, weil die Beschwerdefrist abgelaufen ist. Kommt der ursprünglichen Entscheidung des ArbG Bestandskraft zu, hat das ArbG die Beschwerde ohne Prüfung einer evtl. Begründetheit dem LAG vorzulegen, da nur dieses nach § 572 Abs. 6 ZPO die Kompetenz hat, eine unzulässige Beschwerde zu verwerfen (*LAG RhPf* 19.4.2010 – 1 Ta 65/10; vgl. *Schwab/Maatje* NZA 2011, 769 ff., 770). **1020**

Besonderheiten des arbeitsgerichtlichen Verfahrens finden sich in § 78 Abs. 2 und 3 ArbGG. Danach entscheidet der Vorsitzende der Kammer des LAG alleine über sofortige Beschwerden gegen Beschlüsse des ArbG, unabhängig davon ob die Entscheidung mit oder ohne mündliche Verhandlung ergeht. **Die Rechtsbeschwerde ist nur unter den Voraussetzungen des § 72 Abs. 2 ArbGG zuzulassen** (s. Rdn. 787 ff.). In diesem Fall bedarf der Beschluss des LAG einer Rechtsmittelbelehrung entsprechend § 575 Abs. 1, 2 ZPO. Die Entscheidung über die Zulassung der Rechtsbeschwerde **muss nicht in den Tenor** der Entscheidung aufgenommen werden, sondern **kann auch in den Gründen** erfolgen (*BAG* 17.1.2007 EzA § 78 ArbGG 1979 Nr. 8). Das BAG ist an die Zulassungsentscheidung gebunden, § 574 Abs. 3 S. 2 ZPO (*Schwab/Wildschütz/Heege* NZA 2003, 999, 1004). **1021**

Lässt das LAG die Rechtsbeschwerde nicht zu, ist diese Entscheidung endgültig. Eine Nichtzulassungsbeschwerde ist weder in § 78 ArbGG noch in § 574 ZPO vorgesehen (*BAG* 19.12.2002 EzA § 17a GVG Nr. 15; 11.6.2009 – 9 AZA 8/09, FA 2009, 318; *Schmidt/Schwab/Wildschütz* NZA 2001, 1227). **1022**

Gleiches gilt im Wertfestsetzungsverfahren (*BAG* 17.3.2003 EzA § 78 ArbGG 1979 Nr. 6). Die Rechtsbeschwerde ist bei der Gegenstandswertfestsetzung nach § 33 RVG oder §§ 66 Abs. 3 S. 3 GKG spezialgesetzlich ausgeschlossen. Die Neuregelungen der §§ 567 ff. ZPO, 75 ArbGG a. F. erfassen nicht Beschwerden aus besonderen Bereichen mit spezielleren Vorschriften (*BAG* 17.3.2003 EzA § 78 ArbGG 1979 Nr. 6; a. A. *Schwab/Wildschütz/Heege* NZA 2003, 999, 1004). **1023**

## XVIII. Die Anhörungsrüge

**1024** Nach § 78a ArbGG hat ein Gericht, gegen dessen Entscheidung ein Rechtsmittel oder ein Rechtsbehelf nicht gegeben ist, selbst über eine Rüge der Verletzung des rechtlichen Gehörs zu befinden. Es wird ihm insofern das Recht und die Pflicht zur Selbstkorrektur eingeräumt. § 78a Abs. 1–5 ArbGG ist wortgleich mit § 321a ZPO (vgl. insofern *Zöller/Vollkommer* § 321a ZPO Rn. 1 ff.).

**1025** Mit der Anhörungsrüge können alle gerichtlichen Entscheidungen angegriffen werden, Urteile sowie Beschlüsse. Lediglich unanfechtbare Zwischenentscheidungen werden von § 78a Abs. 1 S. 2 ArbGG nicht erfasst (GK-ArbGG/*Dörner* § 78a Rn. 9). Vorraussetzung für die Zulässigkeit der Anhörungsrüge ist, dass die angegriffene Entscheidung vom Beschwerten nicht durch andere Rechtsmittel oder Rechtsbehelfe überprüft werden kann. Hierunter fällt auch die Möglichkeit der Einlegung einer Nichtzulassungsbeschwerde nach § 72a Abs. 3 S. 2 Nr. 3 ArbGG (*LAG Köln* 21.4.2005 – 3 Sa 257/04; *LAG RhPf* 22.6.2006 – 11 Sa 604/05; *LAG Brem.* 11.6.2008 LAGE § 78a ArbGG 1979 Nr. 3 = NZA 2008, 968). Ob die Gegenpartei ein Rechtsmittel oder einen Rechtsbehelf einlegen könnte, spielt keine Rolle.

**1026** ▶ **Beispiel:**

> Ein Kläger erhebt eine Zahlungsklage über 5.000,– Euro, der in Höhe von 4.500,– Euro stattgegeben wird. Das Arbeitsgericht hat die Berufung nicht zugelassen. Der Kläger kann in der Folge ggf. eine Anhörungsrüge nach § 78a ArbGG erheben, da er keine Berufung einlegen kann. Dass der Beklagte dies könnte, ist irrelevant.

**1027** Streitig ist, ob die Nichtüberprüfbarkeit von Beginn des Verfahrens an bestanden haben muss (so GK-ArbGG/*Dörner* § 78a Rn. 13) oder ob es ausreicht, dass sie nicht mehr gegeben ist (so *Zöller/Vollkommer* § 321a Rn. 5). Die Gehörsverletzung muss darüber hinaus entscheidungserheblich gewesen sein.

**1028** Die Rüge muss binnen einer **Notfrist von zwei Wochen** nach Kenntniserlangung (*BAG* 31.5.2006 EzA § 78a ArbGG 1979 Nr. 3) schriftlich mit Begründung (*BAG* 27.4.2010 EzA § 78a ArbGG 1979 Nr. 10) beim judex a quo erhoben werden, längstens binnen eines Jahres nach Bekanntgabe der Entscheidung, § 78a Abs. 2 ArbGG. Die Zweiwochenfrist des § 78a Abs. 2 ArbGG knüpft nicht an die Bekanntmachung der angefochtenen Entscheidung an, sondern beginnt mit der tatsächlichen subjektiven Kenntnisnahme des Betroffenen. Insbesondere gilt die Fiktion des § 78a Abs. 2 S. 3 ArbGG i. d. F. nicht (*BVerfG* 4.4.2007 EzA § 78a ArbGG 1979 Nr. 5). Aus der Begründung muss sich ergeben, inwiefern entscheidungserheblicher Sachvortrag übergangen worden sein soll, Hinweispflichten des Gerichts nach § 139 ZPO hätten ergehen müssen, bzw. Beweise hätten erhoben werden müssen (vgl. zur Nichtzulassungsbeschwerde Rdn. 831 ff.).

**1029** Eine Gehörsverletzung liegt nicht bereits deswegen vor, weil das Gericht den Vortrag der Partei nicht in materiell rechtlicher Hinsicht so wertet wie sie selbst oder ihm nicht die Bedeutung zumisst, wie die Partei. **Dabei hat die Partei insbes. auch keinen Anspruch darauf, dass das Gericht seine Rechtsauffassung vor dem Schluss der mündlichen Verhandlung offen legt** (*BAG* 31.5.2006 EzA § 78a ArbGG 1979 Nr. 3).

**1030** Das Gericht hat den Gegner zur Rüge anzuhören, § 78a Abs. 3 ArbGG, es sei denn die Rüge ist offensichtlich zurückzuweisen (GK-ArbGG/*Dörner* § 78a Rn. 32).

**1031** In § 78a Abs. 6 ArbGG ist geregelt, dass die Entscheidung grds. unter Hinzuziehung der ehrenamtlichen Richter zu treffen ist, es sei denn die Rüge wird als unzulässig verworfen oder die Rüge richtet sich gegen eine Entscheidung, die ohne Hinzuziehung der ehrenamtlichen Richter ergangen ist, z. B. in den Fällen des § 55 Abs. 3 ArbGG. Fraglich war, welche ehrenamtlichen Richter hinzuzuziehen sind, die, die an der Entscheidung beteiligt waren oder die, die nach dem Geschäftsverteilungsplan bei der nächsten Sitzung turnusgemäß vorgesehen sind (vgl. *BAG* 26.9.1996 EzA § 39 ArbGG 1979 Nr. 5; *Schwab/Weth-Schwab* § 78a Rn. 54; vgl. Kap. 14 Rdn. 95 f.). Das BAG hat sich nunmehr der zweitgenannten Ansicht angeschlossen (*BAG* 22.7.2008 EzA § 78a ArbGG 1979 Nr. 6).

Hält das Gericht die Rüge für begründet, wird das Verfahren fortgesetzt, soweit dies auf Grund der **1032** Rüge geboten ist, § 78a Abs. 5 ArbGG. Das Verfahren ist nicht immer im Ganzen in das Stadium zurückzuversetzen, in der es vor dem Verfahrensverstoß war. Bezog sich die Gehörsverletzung z. B. nur auf einen von mehreren Streitgegenständen, wird nur über diesen erneut befunden (*Treber* NJW 2005, 97, 99). Hat die Rüge Erfolg und führt ihre Heilung zu einer anderen Entscheidung, ist die vormalige Entscheidung aufzuheben und durch eine neue zu ersetzen. Zu tenorieren ist wie im Versäumnisverfahren (GK-ArbGG/*Dörner* § 78a Rn. 45).

Nach § 78a Abs. 7 ArbGG darf die vorläufige Einstellung der Zwangsvollstreckung aus der angegriffenen **1033** Entscheidung nach § 707 ZPO nur unter der Vorraussetzung erfolgen, dass der Beschwerdeführer glaubhaft macht, dass die Vollstreckung ihm einen nicht zu ersetzenden Nachteil bringen würde (vgl. Rdn. 579 f.). Nach Abs. 8 findet die Anhörungsrüge auch im Beschlussverfahren statt.

## B. Beschlussverfahren

### I. Grundsätzliches

Bei dem Beschlussverfahren handelt es sich um eine eigenständige Verfahrensart, die neben dem Ur- **1034** teilsverfahren vor den ArbG durchgeführt wird. Es kommt in den in § 2a ArbGG genannten Fällen zur Anwendung (*BAG* 13.3.2001 EzA § 2a ArbGG 1979 Nr. 4). Es enthält überwiegend Verfahrenselemente des Zivilgerichtsverfahrens, z. B. wird der Streitgegenstand durch die Anträge der Verfahrensbeteiligten bestimmt. Daneben finden sich Verfahrenselemente aus dem Bereich der Verwaltungsgerichtsbarkeit, so insbes. der Untersuchungsgrundsatz, § 83 ArbGG.

#### 1. Verhältnis zum Urteilsverfahren

**Wo das Beschlussverfahren Anwendung findet, ist das Urteilsverfahren ausgeschlossen und umge-** **1035** **kehrt.** Aufgrund der unterschiedlichen Verfahrensarten ist auch eine Prozessverbindung oder gemeinsame Verhandlung nach § 147 ZPO nicht möglich (*Schlochauer* FS Arbeitsgerichtsbarkeit S. 383).

> Für gewerkschaftliche Unterlassungsanträge bzgl. des Abschlusses tarifwidriger Einheitsregelun- **1036** gen, Regelungsabreden oder Betriebsvereinbarungen ist das Beschlussverfahren die richtige Verfahrensart (*BAG* 20.4.1999 EzA § 1004 BGB Nr. 7; 13.3.2001 EzA § 2a ArbGG 1979 Nr. 4).

Ist von den Verfahrensbeteiligten auf Grund ihres Antrags die falsche Verfahrensart eingeleitet wor- **1037** den oder ist zwischen den Parteien streitig, welche einschlägig ist, handelt es sich um eine Frage der Zuständigkeit, die nach den §§ 80 Abs. 3, 48 ArbGG, §§ 17 bis 17b GVG zu lösen ist (vgl. Kap. 14 Rdn. 205 ff.).

#### 2. Anwendungsbereich außerhalb des § 2a ArbGG

Das Beschlussverfahren nach den §§ 80 ff. ArbGG findet Anwendung in Rechtsstreiten, in denen **1038** über **Streitigkeiten aus dem BPersVG** zu befinden ist, § 83 Abs. 2 BPersVG. Für das Personalvertretungsrecht der Länder sieht § 106 BPersVG ein Wahlrecht vor, welches Verfahrensrecht sie für diese Streitigkeiten zur Anwendung kommen lassen wollen. Die meisten Bundesländer haben insofern in ihren LPersVG auf die §§ 80 ff. ArbGG verwiesen (GMPM-G/*Matthes* § 80 Rn. 8). Lediglich Bayern hat die Vorschriften der §§ 92 bis 96 ArbGG für das Rechtsbeschwerdeverfahren nicht für anwendbar erklärt. Dort entscheidet der Verwaltungsgerichtshof abschließend (*Schlochauer* FS Arbeitsgerichtsbarkeit, S. 385 f.). In Rheinland-Pfalz ist der Rechtsweg zu den Verwaltungsgerichten eröffnet, § 121 LPersVG.

Nach der **Nr. 9 des Unterzeichnungsprotokolls zu Art. 56 Abs. 9 ZA-NTS** finden die §§ 80 ff. **1039** ArbGG auch für **Streitigkeiten aus der Personalvertretung der bei den Stationierungsstreitkräften** beschäftigten zivilen Arbeitskräfte i. S. d. Art. 9 Abs. 4 NTS Anwendung, soweit das BPersVG in solchen Streitigkeiten gerichtliche Entscheidungen vorsieht. Zuständig sind die ArbG.

**1040** Nach § 126 Abs. 1 InsO kann der Insolvenzverwalter unter den dort genannten Voraussetzungen beim Arbeitsgericht beantragen, dass die Kündigungen bestimmter Arbeitsverhältnisse durch dringende betriebliche Erfordernisse bedingt und sozial gerechtfertigt sind. Die Verfahren sind im Beschlussverfahren durchzuführen, § 126 Abs. 2 InsO.

### 3. Verhältnis zu Einigungs- und Schlichtungsstellen

**1041** Soweit es um Angelegenheiten aus dem BetrVG nach § 2a Abs. 1 Nr. 1 ArbGG bzw. um Angelegenheiten aus dem Personalvertretungsrecht geht, ist zu beachten, dass das **Beschlussverfahren nur in Rechtsstreitigkeiten** zur Anwendung kommt. Bei Regelungsstreitigkeiten sieht das BetrVG in § 76 BetrVG bzw. den PersVG eine Konfliktlösung durch einen Spruch der Einigungsstelle bzw. durch Schlichtungsstellen vor (s. Kap. 13 Rdn. 1311 ff.).

**1042** Die Abgrenzung zwischen der Zuständigkeit der Einigungsstelle und dem ArbG ist oftmals schwierig zu ziehen, da teilweise Einigungsstellen, zumindest als Vorfrage auch über Rechtsfragen mit zu befinden haben, so z. B. bei der Frage der rechtzeitigen, umfassenden und genügenden Information des Wirtschaftsausschusses nach § 109 BetrVG oder der ordnungsgemäßen Berücksichtigung der betrieblichen Belange bei der Teilnahme von Betriebsratsmitgliedern an Schulungsveranstaltungen in den Fällen des § 37 Abs. 6 und 7 BetrVG (*Schlochauer* FS Arbeitsgerichtsbarkeit S. 386 f.).

**1043** Soweit die Einigungsstelle über Rechtsfragen befindet, ist dies durch das ArbG uneingeschränkt überprüfbar (s. Kap. 13 Rdn. 1388).

**1044** Sofern in einem Einigungsstellenverfahren eine Rechtsfrage als Vorfrage auftritt, z. B. ob einem Betriebsrat überhaupt ein Mitbestimmungsrecht tatsächlich zusteht oder nicht, kann im Wege des Vorabentscheidungsverfahrens vor dem ArbG hierüber eine Entscheidung beantragt werden (*BAG* 16.8.1983 EzA § 81 ArbGG 1979 Nr. 3). Das Vorabentscheidungsverfahren kann sowohl durchgeführt werden, wenn die Einigungsstelle bereits eine Entscheidung getroffen hat, als auch wenn sie noch nicht einberufen worden ist. Eine rechtskräftig ergangene Entscheidung im Vorabentscheidungsverfahren bindet die Einigungsstelle, sofern sie ihren Spruch noch nicht gefällt hat.

### 4. Rechtsgrundlagen

**1045** Spezielle Regelungen über das Beschlussverfahren finden sich in den §§ 80 bis 98 ArbGG. In den §§ 80 Abs. 2, 87 Abs. 2 und 92 Abs. 2 ArbGG wird auf einige Vorschriften des Urteils-, Berufungs- und Revisionsverfahrens verwiesen.

**1046** Aus dem Umstand, dass keine Verweisung auf § 46 Abs. 2 ArbGG gegeben ist, finden die Vorschriften der ZPO nicht direkt Anwendung. **Da aber ansonsten viele einzelne Verfahrensfragen ungeregelt bleiben würden, ist hilfsweise auf Vorschriften der ZPO zurückzugreifen.** Auch das arbeitsgerichtliche Beschlussverfahren baut auf der Zivilprozessordnung auf, wie sich aus den Verweisungen in § 85 ArbGG auf die §§ 704 ff. ZPO und in § 80 Abs. 2, § 87 Abs. 2 und § 92 Abs. 2 ArbGG auf das Urteilsverfahren ergibt (GMPM-G/*Matthes* § 80 Rn. 42 f.).

## II. Beteiligte im Beschlussverfahren

### 1. Grundsätzliches

**1047** Im Beschlussverfahren treten keine Parteien, sondern **Beteiligte auf, § 83 Abs. 1 ArbGG**. Die Beteiligtenfähigkeit ergibt sich aus § 10 ArbGG, d. h. es können natürliche und juristische Personen beteiligt sein sowie die in den Verfahren nach § 2a ArbGG genannten Vereinigungen und Stellen. Mit Stellen sind die betriebsverfassungsrechtlichen Organe und Einrichtungen gemeint. **Wird ein Organ im Laufe eines Verfahrens neu gewählt, bleibt seine Identität als Beteiligter erhalten**, z. B. wenn ein neuer Betriebsrat gewählt wird (*BAG* 25.4.1978 EzA § 80 BetrVG 1972 Nr. 15). Geht im Laufe eines Verfahrens ein streitiges Recht auf ein anderes Organ oder eine andere Stelle über, z. B.

vom Betriebsrat auf einen neu gebildeten Gesamtbetriebsrat, wird dieser Beteiligter (*BAG* 18.10.1988 EzA § 83 ArbGG 1979 Nr. 8).

**Geht ein Organ oder eine Stelle während eines Verfahrens unter**, z. B. wenn die Amtszeit des einen Betriebsrats abläuft und ein neuer nicht gewählt wird, bleibt seine Stellung als Beteiligter im anhängigen Verfahren dennoch bestehen, soweit er Antragsteller ist. Ob das untergegangene Organ oder die untergegangene Stelle noch Rechte geltend machen kann, ist eine Frage der Antragsbefugnis oder der Begründetheit des Antrags (GMPM-G/*Matthes* § 81 Rn. 44). 1048

Die Beteiligten können sich im Beschlussverfahren vertreten lassen, §§ 80 Abs. 2, 87 Abs. 2, 92 Abs. 2 i. V. m. § 11 Abs. 1 ArbGG. 1049

**Die Frage der Beteiligtenfähigkeit ist eine Prozessvoraussetzung.** Bei ihrem Nichtvorliegen ist der Antrag unbegründet (*BAG* 5.2.1971, AP Nr. 5 zu § 94 ArbGG 1953). 1050

### 2. Antragsteller/Antragsgegner

Die Beteiligten des Beschlussverfahrens sind **zum einen der Antragsteller, zum anderen die sonstigen Beteiligten**. Das Gesetz fasst beide unter den gleichen Oberbegriff des Beteiligten zusammen, § 83 Abs. 1, Abs. 4 ArbGG, auch wenn der Antragsteller selbst nicht Beteiligter i. S. d. § 83 Abs. 3 ArbGG ist (*BAG* 25.8.1981 AP Nr. 2 zu § 83 ArbGG 1979). Antragsteller ist derjenige, der ein Recht von einem anderen begehrt. Ein Beteiligter, der lediglich einen Abweisungsantrag stellt, ist kein Antragsteller (GMPM-G/*Matthes* § 81 Rn. 51). 1051

**Einen Antragsgegner** gibt es nach den Vorschriften des Beschlussverfahrens nicht, auch wenn es im Arbeitsgerichtverfahren üblich ist, denjenigen, gegen den sich der Antrag richtet, als solchen zu bezeichnen (GMPM-G/*Matthes* § 81 Rn. 46). Dem schließt sich die weitere Darstellung an. 1052

### 3. Mehrzahl von Antragstellern

Nach einzelnen Vorschriften, z. B. den §§ 19, 23 Abs. 1 BetrVG, §§ 21, 22 MitbestG, kann ein Antrag nur von einer Mehrzahl von Antragstellern gestellt werden. Sie bleiben dennoch während der gesamten Dauer des Verfahrens selbstständig, können z. B. selbstständig über ihre Anträge verfahrensrechtlich entscheiden, z. B. diese zurücknehmen (*BAG* 12.2.1985 EzA § 19 BetrVG 1972 Nr. 21). Ihr Antrag ist jedoch nur dann zulässig, wenn die geforderte Mehrzahl bis zur Entscheidung des Gerichts am Verfahren beteiligt ist (*BAG* 14.2.1978 EzA § 19 BetrVG 1972 Nr. 16). 1053

Zu einer Mehrzahl von Antragstellern kann es auch dann kommen, wenn eine Wahl, z. B. eine Betriebsratswahl, von mehreren antragsberechtigten Personen oder Stellen angefochten wird, z. B. vom Arbeitgeber und einer Gewerkschaft, vgl. § 19 Abs. 2 BetrVG. 1054

Bei einer Mehrzahl von Antragstellern kann über den Antrag immer nur einheitlich entschieden werden. Mehrere anhängig gewordene Verfahren sind miteinander zu verbinden. 1055

### 4. Prozessstandschaft

Nicht abschließend geklärt ist, ob eine Prozessstandschaft im Beschlussverfahren regelmäßig zulässig ist oder nicht. 1056

Nach den §§ 50 Abs. 2, 28 Abs. 2 BetrVG ist eine gewillkürte Prozessstandschaft des Gesamtbetriebsrats oder des Konzernbetriebsrats für den Betriebsrat zulässig, in § 23 Abs. 3 BetrVG eine gesetzliche Prozessstandschaft der Gewerkschaft für den Betriebsrat geregelt. Der Betriebsrat kann auch in gewillkürter Prozessstandschaft Kostenerstattungsansprüche seiner Mitglieder (*BAG* 29.1.1974 EzA § 40 BetrVG 1972 Nr. 14) und Mitglieder einer Gruppe Rechte derselben in eigenem Namen geltend machen (*BAG* 1.6.1976 EzA § 28 BetrVG 1972 Nr. 3). 1057

Ob über diese Fälle hinaus grds. eine gewillkürte Prozessstandschaft im Beschlussverfahren zulässig ist, hat das BAG offen gelassen (*BAG* 29.8.1985 AP Nr. 13 zu § 83 ArbGG 1979; vgl. GK-ArbGG/ 1058

# Kapitel 15

*Dörner* § 81 Rn. 78 ff.). Für nicht zulässig wurde eine Prozessstandschaft erachtet, wenn eine Gewerkschaft für den Betriebsrat betriebsverfassungsrechtliche Rechte geltend gemacht hat (*BAG* 27.11.1973 AP Nr. 4 zu § 40 BetrVG 1972) oder der Betriebsrat für Arbeitnehmer versucht hat, deren Ansprüche durchzusetzen (*BAG* 24.2.1987 EzA § 80 BetrVG 1972 Nr. 29).

## III. Das erstinstanzliche Beschlussverfahren

### 1. Einleitung durch Antragstellung

1059 Das Beschlussverfahren wird auf Antrag eingeleitet, § 81 Abs. 1 ArbGG. Er ist schriftlich beim ArbG einzureichen oder bei seiner Geschäftsstelle mündlich zur Niederschrift anzubringen. Die Antragsschrift muss vom Antragsteller oder von seinem postulationsfähigen Vertreter, § 11 ArbGG, unterzeichnet sein.

1060 Die Antragsschrift wird dem Antragsgegner nach § 253 Abs. 1 ZPO zugestellt, womit die Rechtshängigkeit des Beschlussverfahrens begründet wird. Bezüglich der übrigen Beteiligten reicht es aus, die Antragsschrift formlos zu übersenden, § 81 Abs. 2 S. 3 ArbGG.

1061 Im Übrigen findet § 253 Abs. 2, Abs. 4 und Abs. 5 ZPO entsprechend Anwendung, sofern sich nicht aus den verfahrensrechtlichen Besonderheiten des Beschlussverfahrens Abweichungen ergeben. So muss die Antragsschrift den Antragsteller erkennen lassen, jedoch nicht den Antragsgegner und die sonstigen Beteiligten, zumal solche ggf. gar nicht vorhanden sind, wie z. B. bei einer Betriebsratswahlanfechtung (GMPM-G/*Matthes* § 81 Rn. 11).

1062 Die weiteren Beteiligten sind vom Gericht von Amts wegen zu ermitteln und zu benachrichtigen (vgl. *BAG* 20.7.1982 EzA § 76 BetrVG 1952 Nr. 12). Sofern in der Antragsschrift bestimmte Personen oder Stellen als Antragsgegner oder Beteiligte bezeichnet werden, ist diese Bezeichnung für das Gericht nicht bindend. Es hat die Beteiligten selbstständig festzustellen.

#### a) Anträge

1063 Die Antragsschrift muss einen **bestimmten Sachantrag** enthalten. Hierbei kann es sich je nach dem Begehren um einen Leistungs-, Feststellungs- oder Gestaltungsantrag handeln. Leistungsanträge gehen Feststellungsanträgen vor, da aus ihnen vollstreckt werden kann, § 85 ArbGG.

1064 Bei einem **Feststellungsantrag hinsichtlich des Bestehens oder Nichtbestehens von Mitbestimmungsrechten muss der betriebliche Vorgang oder die Maßnahme des Arbeitgebers genau bezeichnet werden**, für den der Betriebsrat ein Mitbestimmungsrecht in Anspruch nimmt. Ein Globalantrag ist nur dann zulässig und begründet, wenn keine Fallgestaltung denkbar ist, bei der das Mitbestimmungsrecht zu verneinen ist (*BAG* 10.6.1986 EzA § 87 BetrVG 1972 Arbeitszeit Nr. 18). Ansonsten ist ein solcher Antrag zwar zulässig, jedoch unbegründet. Ein Antrag, der lediglich den Gesetzeswortlaut wiederholt, ist grds. unzulässig (*BAG* 17.3.1987 EzA § 23 BetrVG 1972 Nr. 16).

1065 Mögliche Leistungsanträge können sich z. B. bzgl. des Rechts auf Vorlage oder Rückgabe von Unterlagen, der Erteilung von Auskünften, der Zurverfügungstellung von Personal- und Sachmitteln oder der Erstattung von Kosten oder der Freistellung von Verbindlichkeiten ergeben.

1066 ▶ Beispiele:
- für einen Leistungsantrag: Der Antragsgegner wird zur Herausgabe der Bewerbungsunterlagen sämtlicher Bewerber für die ausgeschriebene Stelle als Feinmechaniker verpflichtet.
- für einen umfassenden Unterlassungsantrag nach § 23 Abs. 3 i. V. m. § 99 BetrVG als Unterfall eines Leistungsantrags (so beim *ArbG Mainz* – auswärtige Kammer Bad Kreuznach einmal vom DGB im Hinblick auf die vom BAG aufgestellten Bestimmtheitsanforderungen [17.3.1987 EzA § 23 BetrVG 1972 Nr. 16] gestellt):
  Dem Antragsgegner wird aufgegeben, es zu unterlassen, mit Arbeitnehmern Arbeitsverhältnisse zu begründen und/oder in seine Arbeitsorganisation einzugliedern, sodass er die für ein Arbeitsverhältnis typischen Entscheidungen über deren Arbeitseinsatz nach Zeit und

## B. Beschlussverfahren  Kapitel 15

Ort zu treffen und die Personalhoheit über diese Arbeitnehmer hat, ohne vorher den Antragsteller unter Nennung der Personalien sämtlicher Interessenten an dem zu besetzenden Arbeitsplatz, die sich bei ihm gemeldet haben, unter Vorlage der vorhandenen und erforderlichen Bewerbungsunterlagen sowie der von ihm im Rahmen und zur Vorbereitung der Einstellungsverhandlungen erstellten Unterlagen und unter Mitteilung der vorgesehenen Eingruppierung, des Zeitpunkts der vorgesehenen Maßnahme, aller bekannten persönlichen Umstände des Einzustellenden, der Gründe für die fachliche und persönliche Eignung für den vorgesehenen Arbeitsplatz sowie der betrieblichen Auswirkungen unterrichtet und seine Zustimmung, außer bei unmittelbar arbeitskampfbezogenen Einstellungen und den in § 100 BetrVG genannten Ausnahmefällen eingeholt oder deren Ersetzung durch das ArbG eingeholt zu haben.

– **Für den Fall eines Unterlassungsantrags bei Versetzungen** (*BAG* 19.1.2010 EzA § 23 BetrVG 2001 Nr. 4):
Der Arbeitgeberin wird es für jeden Fall der Zuwiderhandlung unter Androhung eines Ordnungsgeldes in Höhe von bis zu 10.000,00 Euro untersagt, Arbeitnehmer in einer anderen Filiale ohne vorherige Beteiligung des Betriebsrats zu beschäftigen, wenn der Einsatz voraussichtlich die Zeitdauer von einem Monat überschreiten soll, es sei denn, die Arbeitgeberin macht sachliche Gründe, die eine solche Maßnahme dringend erforderlich machen, geltend und leitet, falls der Betriebsrat dies bestreitet, hiernach innerhalb von drei Tagen das arbeitsgerichtliche Verfahren nach § 100 BetrVG ein.

Ein Unterlassungsantrag des Betriebsrats, der auf das Verbot der Duldung bestimmter Handlungen von Arbeitnehmern gerichtet ist, z. B. Erbringung nicht genehmigter Überstunden, braucht die zu ergreifenden Maßnahmen nicht näher zu konkretisieren. Es ist Sache des Arbeitgebers nach eigenem Ermessen entsprechende Maßnahmen zu ergreifen (*BAG* 14.11.2006 EzA § 87 BetrVG 2001 Arbeitszeit Nr. 10). 1067

**Unterlassungsanträge von Gewerkschaften gegen Arbeitgeber, tarifwidrige Betriebsvereinbarungen nicht durchzuführen, sind als betriebsverfassungsrechtliche Streitigkeiten anzusehen und im Beschlussverfahren geltend zu machen** (*BAG* 13.3.2001 EzA § 2a ArbGG 1979 Nr. 4). 1068

Feststellungsanträge können sich bei der Frage des Bestehens oder des Nichtbestehens von Mitbestimmungsrechten bei bestimmten Fallkonstellationen ergeben, z. B. für die Frage, ob ein Arbeitnehmer für eine Betriebsratswahl wahlberechtigt oder wählbar ist, ob ein Arbeitnehmer leitender Arbeitnehmer ist, ob der Spruch einer Einigungsstelle unwirksam ist, ob die Zustimmung des Betriebsrats zu einer personellen Einzelmaßnahme nach § 99 Abs. 3 BetrVG als erteilt gilt oder ob es sich bei bestimmten Betriebsstätten um eigenständige Betriebe, Betriebsteile oder Nebenbetriebe handelt. Ein Antrag auf Feststellung, dass der Betriebsrat berechtigt sei, ein Betriebsratsmitglied zu einer Schulungsveranstaltung nach § 37 Abs. 6 BetrVG zu entsenden, ist nur dann hinreichend bestimmt i. S. d. § 253 Abs. 2 Nr. 2 ZPO, wenn die zeitliche Lage und der Ort der Veranstaltung bezeichnet werden. Es genügt nicht, nur den Veranstalter und die Art der Schulungsveranstaltung anzugeben (*BAG* 12.1.2011 – 7 ABR 94/09, NZA 2011, 813). 1069

▶ **Beispiel für einen Feststellungsantrag:** 1070

Es wird festgestellt, dass dem Betriebsrat ein Mitbestimmungsrecht hinsichtlich der Aufstellung des Urlaubsplans für das Urlaubsjahr 2006 zusteht.

Gestaltungsanträge kommen z. B. bei der Frage der Auflösung des Betriebsrats, des Ausschlusses eines Mitgliedes des Betriebsrats nach § 23 Abs. 1 BetrVG, des Antrags auf Ersetzung der Zustimmung zu einer fristlosen Kündigung nach § 103 Abs. 2 BetrVG oder zu einer personellen Maßnahme nach § 99 Abs. 4 BetrVG, bzgl. der Bestellung eines Wahlvorstandes nach den §§ 16 Abs. 2, 17 Abs. 3, 18 BetrVG oder bzgl. der Frage, ob die Anfechtung einer Betriebsratswahl wirksam ist, vor. 1071

1072 ▶ **Beispiel für einen Gestaltungsantrag für den Fall einer Wahlanfechtung gem. § 19 BetrVG:**

Die Betriebsratswahl vom 7.4.2006 wird für unwirksam erklärt.

*b) Antragsbefugnis*

1073 Die Antragsbefugnis regelt die Frage, ob der Antragsteller überhaupt eine gerichtliche Entscheidung in der streitigen Angelegenheit i. S. d. § 2a Abs. 1 ArbGG beantragen kann. Sie dient dazu, Popularklagen auszuschließen, und entspricht insofern der Prozessführungsbefugnis des Zivilprozesses (*LAG Hamm* 5.1.1979 EzA § 40 BetrVG 1972 Nr. 42).

1074 Die Antragsbefugnis ist immer dann gegeben, wenn der Antragsteller ein eigenes Recht geltend macht, wenn Antragsrechte für bestimmte Personen oder Stellen ausdrücklich festgeschrieben sind, z. B. bzgl. der Bestellung der Wahl eines Wahlvorstandes nach §§ 16 Abs. 2, 17 Abs. 3 BetrVG, der Auflösung des Betriebsrates oder des Ausschlusses eines Betriebsratsmitgliedes nach § 23 Abs. 1 BetrVG oder bzgl. der Bestellung des Einigungsstellenvorsitzenden nach § 76 Abs. 2 BetrVG (vgl. weitere Beispiele GK-ArbGG/*Dörner* § 81 Rn. 83 ff.). Diesen Fällen ist gemeinsam, dass das Gericht in irgendeiner Weise gestaltend bzw. ordnend tätig werden soll, um die betriebsverfassungs- oder unternehmensverfassungsrechtliche Ordnung wieder herzustellen oder zu kontrollieren (zur Antragsbefugnis des Betriebsrats bezüglich der Geltendmachung der Einhaltung einer Betriebsvereinbarung vgl. *BAG* 18.1.2005 EzA § 77 BetrVG 2001 Nr. 11).

1075 Der Gesetzgeber hat diese gestaltende Einflussnahme bestimmten Stellen und Personen, z. B. den Gewerkschaften eingeräumt, da sie als Garant für die Funktionsfähigkeit der betriebs- oder unternehmensverfassungsrechtlichen Ordnung angesehen werden. Eine Auslegung der gesetzlichen Regelungen dahingehend, dass auch andere als die genannten Personen oder Stellen ein Antragsrecht haben, ist regelmäßig nicht möglich, wohl aber können die genannten berechtigten Personen und Stellen in analoger Anwendung der Vorschriften bei vergleichbaren Interessenlagen ebenfalls antragsbefugt sein. So können diejenigen Personen, die nach § 19 BetrVG zu einer Wahlanfechtung berechtigt sind, auch die Wahl des Betriebsratsvorsitzenden oder seines Stellvertreters anfechten (*BAG* 12.10.1976 EzA § 26 BetrVG 1972 Nr. 2). Gleiches gilt für die Frage, ob der Wahlvorstand wirksam bestellt worden ist und ob seine Maßnahmen wirksam waren (*BAG* 28.11.1977 EzA § 19 BetrVG 1972 Nr. 14).

Bei Leistungsanträgen genügt i. d. R. die Behauptung des Antragstellers, dass ihm ein Recht zusteht. Ob dies der Fall ist, ist eine Frage der Begründetheit, nicht der Antragsbefugnis, es sei denn das geltend gemachte Recht steht eindeutig aufgrund einer gesetzlichen Bestimmung einem Dritten zu. Bei Feststellungs- und Gestaltungsklagen gilt es hingegen Popularklagen auszuschließen. Die Antragsbefugnis ist nur dann gegeben, wenn eine eigene Rechtsbeziehung zum Antragsgegner oder zumindest eine eigene Rechtsbetroffenheit bezüglich eines Rechtsverhältnisses zwischen Dritten behauptet wird. Im zweiten Fall muss sich aus dem Gesetz eine eigene Rechtsposition hinsichtlich des »fremden« Rechtsverhältnisses ergeben (GK-ArbGG/*Dörner* § 81 Rn. 69ff.).

1076 **Die Antragsbefugnis ist eine Sachurteilsvoraussetzung.** Sie ist von Amts wegen in jeder Lage des Verfahrens zu prüfen. Im Fall ihres Fehlens ist der Antrag als unzulässig zurückzuweisen (*BAG* 25.8.1981 AP Nr. 2 zu § 83 ArbGG 1979).

*c) Rechtsschutzinteresse*

1077 Wie im Urteilsverfahren ist auch im Beschlussverfahren ein Rechtsschutzinteresse des Antragstellers Voraussetzung für eine Sachentscheidung. Ein Rechtsschutzinteresse ist nur dann gegeben, wenn die beantragte Entscheidung noch Rechtswirkung entfalten kann, was bei bereits abgeschlossenen Maßnahmen nicht der Fall ist, es sei denn, es ist, z. B. bei der Verletzung von Mitbestimmungsrechten, mit weiteren gleichartigen Rechtsverstößen in der Zukunft zu rechnen (vgl. *BAG* 10.4.1984 EzA § 81

ArbGG 1979 Nr. 5; 17.3.1987 § 23 BetrVG 1972 Nr. 16; 28.9.1988 § 99 BetrVG 1972 Nr. 68; 23.7.1996 § 87 BetrVG 1972 Arbeitszeit Nr. 55).

In der Folge muss die Wiederholungsgefahr durch substantiierten Vortrag aufgezeigt werden und **der Antrag in einen allgemeinen Feststellungsantrag** bzgl. der streitigen Rechtsfrage umformuliert werden (*BAG* 29.7.1982, 20.4.1999 EzA § 81 ArbGG 1979 Nr. 2, 7). 1078

▶ **Beispiele:** 1079
- Die Anfechtung einer Betriebsratswahl nach Ablauf der Amtszeit ist daher nicht möglich (GMPM-G/*Matthes* § 81 Rn. 30).
- Möglich ist aber losgelöst von einer bestimmten Betriebsratswahl ein Antrag festzustellen, dass bestimmte Personen oder Personengruppen bei einer Betriebsratswahl aktiv oder passiv wahlberechtigt sind (GMPM-G/*Matthes* § 81 Rn. 26, 32).
- Die Stellung eines Antrags eines Betriebsrats: ». . . die Versetzung des Arbeitnehmers A vom . . . rückgängig zu machen« ist nach Zeitablauf der Versetzungsmaßnahme, z. B. eines befristeten Auslandsaufenthalts, mangels Rechtsschutzinteresses unzulässig. Möglich ist aber im Fall bestehender und darzulegender Wiederholungsgefahr ein Antrag, »festzustellen, dass die Anordnung und Durchführung von Auslandseinsätzen von Mitarbeitern, die voraussichtlich die Dauer von einem Monat überschreiten, gem. §§ 99, 100 BetrVG dem Mitbestimmungsrecht des Betriebsrats unterliegt« (*BAG* 18.2.1986 EzA § 95 BetrVG 1972 Nr. 12; 21.9.1999 EzA § 95 BetrVG 1972 Nr. 30).

**Entscheidungserheblicher Zeitpunkt ist der der Entscheidung des Gerichts und nicht der Zeitpunkt der Antragstellung** (*BAG* 13.3.1991 EzA § 19 BetrVG 1972 Nr. 29). Allein der Umstand, dass eine Entscheidung für mögliche künftige Fälle ein Präjudiz abgeben könnte, begründet kein Rechtsschutzinteresse, da die ArbG nicht gutachterlich tätig werden (*BAG* 10.4.1984 EzA § 81 ArbGG 1979 Nr. 5). 1080

## 2. Antragsrücknahme

§ 81 Abs. 2 ArbGG bestimmt, dass der Antrag jederzeit in derselben Form, wie er gestellt werden kann, zurückgenommen werden kann. Der Kammervorsitzende stellt das Verfahren sodann ein und teilt dies den Beteiligten, die von der Antragsschrift bereits durch das Gericht Kenntnis bekommen haben, mit. Einer Zustimmung der übrigen Beteiligten bedarf es in der ersten Instanz bis zum Erlass der verfahrensbeendenden Entscheidung nicht (anders für die zweite und dritte Instanz vgl. §§ 87 Abs. 2 S. 3, 92 Abs. 2 S. 3 ArbGG). Das Recht der Antragsrücknahme besteht bis zur Verkündung des das Verfahren beendenden Beschlusses nach § 84 ArbGG. Den Einstellungsbeschluss erlässt der Kammervorsitzende ohne Mitwirkung der ehrenamtlichen Richter (GMPM-G/*Matthes* § 81 Rn. 77). 1081

Streitig ist, ob bereits die Rücknahme des Antrags die Rechtshängigkeit beendet oder erst der einstellende Beschluss des Vorsitzenden. Für die zweite Ansicht spricht, dass der Gesetzgeber deutlich gemacht hat, dass das Verfahren nicht schon alleine durch die Verfahrenserklärung des Antragstellers, der den Antrag zurückgenommen hat, beendet ist. Folge dieser Ansicht ist, dass der Einstellungsbeschluss des ArbG gem. § 87 ArbGG anfechtbar ist, der Beschluss des LAG nach § 92 ArbGG (so *LAG RhPf* 25.6.1982 EzA § 92 ArbGG 1979 Nr. 1; GK-ArbGG/*Dörner* § 81 Rn. 160). Für die erste Ansicht spricht, dass der Vorsitzende keinen Entscheidungsspielraum im Fall der Antragsrücknahme hat. Außerdem würde es sonst von Zufälligkeiten abhängen, wann die Rechtshängigkeit endet, was ggf. zu unbilligen Kosten bei einem Verfahrensbeteiligten führen könnte, z. B. wenn sich für einen Betriebsrat in einem Beschlussverfahren ein Anwalt erst nach Antragsrücknahme, aber vor dem vom Vorsitzenden zu erlassenden Einstellungsbeschluss tätig wird und damit eine Verfahrensgebühr nach § 13 RVG, Nr. 3100 Gebührenverzeichnis entsteht, welche über § 40 BetrVG der Arbeitgeber zu begleichen hat (*LAG Frankf./M.* 24.1.1984 NZA 1984, 269; *Grunsky* § 81 Rn. 9; *Schaub* ArbGVerf § 58 Rn. 63). Es spricht daher viel dafür, dem Einstellungsbeschluss des Vorsitzenden nur deklaratorische Bedeutung beizumessen, sodass die Rechtshängigkeit – wie im Urteilsverfahren – mit Antragsrücknahme endet. 1082

## 3. Antragsänderung

1083 § 81 Abs. 3 ArbGG erklärt die Änderung eines Antrags für zulässig, wenn die übrigen Beteiligten zustimmen oder das Gericht die Änderung für sachdienlich hält. Eine Zustimmung der übrigen Beteiligten liegt dann vor, wenn sie sich auf den geänderten Antrag entweder in einem Schriftsatz oder in der mündlichen Verhandlung einlassen. Die §§ 263, 264 ZPO finden entsprechend Anwendung (*BAG* 14.1.1983 EzA § 81 ArbGG 1979 Nr. 1).

1084 ▶ Beispiel:

> Vor Durchführung einer Betriebsratswahl wird die Rechtmäßigkeit ihrer Durchführung überhaupt oder Maßnahmen des Wahlvorstandes oder dessen Bestellung angegriffen. Die Wahl findet aber vor Rechtskraft einer gerichtlichen Entscheidung statt. Nach erfolgter Wahl kann der Antrag in einen Wahlanfechtungsantrag umgeändert werden.

1085 Das ArbG kann über die Zulässigkeit der Antragsänderung entweder durch Zwischenbeschluss gem. § 303 ZPO oder in den Gründen seines das Verfahren beendenden Beschlusses nach § 84 ArbGG entscheiden. Die Entscheidung ist unanfechtbar, § 81 Abs. 3 S. 3 ArbGG. Wird die Antragsänderung als unzulässig erachtet, kann die Entscheidung mit der Beschwerde nach § 87 ArbGG angefochten werden.

## 4. Das örtlich zuständige Gericht

### a) Streitigkeiten nach § 2a Abs. 1 Nr. 1–3 ArbGG

1086 Die örtliche Zuständigkeit ist in § 82 ArbGG abschließend geregelt. **Entscheidend ist der Sitz des Betriebs oder des Unternehmens, nicht der Gerichtsstand der einzelnen Beteiligten.** Ebenfalls unerheblich ist, welche Beteiligtenstellung der Inhaber des Betriebs oder des Unternehmens hat, ob er selbst Antragsteller, Antragsgegner oder sonstiger Beteiligter des Verfahrens ist (*BAG* 19.6.1986 EzA § 82 ArbGG 1979 Nr. 1). Besteht ein Betrieb aus mehreren Betriebsteilen, ist entscheidend, wo die Verwaltung angesiedelt ist (GMPM-G/*Matthes* § 82 Rn. 8).

1087 Die örtliche Zuständigkeit ist von Amts wegen zu prüfen; bei Unzuständigkeit oder einem Streit hierüber ist nach den §§ 80 Abs. 3, 48 Abs. 1 ArbGG das Verfahren nach § 17a GVG durchzuführen (s. Kap. 14 Rdn. 208 ff.).

1088 Kommt es nach § 80 S. 3 ArbGG bzgl. der örtlichen Zuständigkeit auf den Unternehmenssitz an, bestimmt sich dieser nach § 17 ZPO. Soweit gem. § 17 Abs. 1, Abs. 3 ZPO mehrere ArbG örtlich zuständig sein sollten, steht dem Antragsteller ein Wahlrecht zu.

1089 Die Zuständigkeit in Angelegenheiten eines europäischen Betriebsrats ergibt sich aus den §§ 82 S. 4 und 5 ArbGG i. V. m. §§ 2 f., 18, 21 ff. EBRG (vgl. Einzelheiten GK-ArbGG/*Dörner* § 82 Rn. 14 ff.).

### b) Streitigkeiten nach § 2a Abs. 1 Nr. 4 ArbGG

1090 Ist ein Betrieb oder ein Unternehmen nicht betroffen, z. B. bei Streitigkeiten i. S. d. § 2a Abs. 1 Nr. 4 ArbGG bzgl. der Tariffähigkeit oder Tarifzuständigkeit einer Vereinigung, **ist das ArbG örtlich zuständig, in dessen Bezirk die Vereinigung ihren Sitz hat**, um deren Tariffähigkeit und Tarifzuständigkeit gestritten wird, unabhängig davon, welche Beteiligtenfunktion sie hat (MünchArbR/ *Brehm* § 389 Rn. 82).

### c) Sonstige Verfahren

1091 Geht es um die Anerkennung einer Schulungsveranstaltung als geeignet i. S. d. § 37 Abs. 7 BetrVG, ergibt sich die örtliche Zuständigkeit aus **dem Sitz der für die Anerkennung zuständigen Behörde**.

## 5. Das Verfahren vor dem ArbG

### a) Verfahrensablauf nach Eingang der Antragsschrift/Güteverhandlung

Nach Eingang der Antragsschrift hat der Kammervorsitzende diese allen Beteiligten gem. § 81 i. V. m. § 80 Abs. 2 i. V. m. § 47 ArbGG zuzustellen. Sobald sie einem Beteiligten zugestellt worden ist, wird die Streitsache rechtshängig i. S. d. § 261 Abs. 1 ZPO. **1092**

Zugleich ist vom Vorsitzenden zu entscheiden, ob eine **Güteverhandlung** für sinnvoll hält und durchführen möchte oder nicht. Diese ist **fakultativ** (§ 80 Abs. 2 ArbGG). Wird ein Gütetermin anberaumt, was unverzüglich zu erfolgen hat, § 216 Abs. 2 ZPO, gelten dieselben Bestimmungen wie im Urteilsverfahren (s. Rdn. 315 ff.). Lediglich wenn noch weitere Beteiligte ermittelt werden müssen oder ihre Anschriften nicht bekannt sind, kann die Terminsbestimmung später erfolgen. **1093**

Einer Bestimmung eines Güte- oder Anhörungstermins bedarf es nur dann nicht, wenn alle Beteiligten ihr Einverständnis mit einer Entscheidung im schriftlichen Verfahren erklären, § 83 Abs. 4 S. 3 ArbGG. **Die Einverständniserklärung muss ausdrücklich erfolgen** und kann nicht etwa dadurch ersetzt werden, dass das Gericht eine bestimmte Frist setzt, sich hierüber zu erklären, und nach Ablauf der Frist von einem Einverständnis ausgeht. Das Gericht ist allerdings auch bei Vorliegen des Einverständnisses aller Parteien nicht verpflichtet, ohne mündliche Anhörung zu entscheiden. Vielmehr liegt diese Entscheidung sodann in seinem Ermessen. **1094**

### b) Vorbereitung des Anhörungstermins

Zur Vorbereitung der mündlichen Verhandlung finden gem. § 80 Abs. 2 ArbGG die Bestimmungen des Urteilsverfahrens, insbes. § 56 Abs. 1 ArbGG, Anwendung (s. Rdn. 367 ff.). Da im Beschlussverfahren der Amtsermittlungsgrundsatz gilt, § 83 ArbGG (s. Rdn. 1099), können über § 56 Abs. 1 S. 2 Nr. 4 ArbGG hinaus auch Zeugen geladen werden, auf die sich kein Beteiligter bezogen hat. **1095**

Den Beteiligten können von Amts wegen Fristen zur Erklärung über bestimmte Tatsachen und sonstiges Vorbringen, z. B. Angriffs- und Verteidigungsmittel gesetzt werden, § 83 Abs. 1a ArbGG. Hierbei handelt es sich um Präklusionsfristen. § 83 Abs. 1a ArbGG entspricht dabei § 56 Abs. 2 ArbGG. Auf die für das Urteilsverfahren insofern gemachten Ausführungen wird verwiesen (s. Rdn. 382 ff.). Einziger Unterschied ist, dass eine Zurückweisung verspäteten Vorbringens nur erfolgen kann, wenn **kumulativ** dies zu einer **Verzögerung des Rechtsstreits** führen würde **und** der Beteiligte die **Verspätung nicht genügend entschuldigt** hat. **1096**

Nach §§ 80 Abs. 2, 57 Abs. 1 ArbGG soll die Verhandlung möglichst in einem Termin zu Ende geführt werden. Der Anhörungstermin ist vom Vorsitzenden daher umfassend vorzubereiten. Es ist in der Praxis üblich, den Antragsgegner und die sonstigen Beteiligten aufzufordern, sich zur Antragsschrift schriftlich zu äußern. Unabhängig davon steht ihnen das Recht nach § 83 Abs. 4 S. 1 ArbGG zu. **1097**

Im Übrigen bleibt es ihnen freigestellt, ob sie zum Anhörungstermin erscheinen. Tun sie dies nicht, sind ihre schriftlichen Äußerungen dennoch bei der Entscheidung zu verwerten. Einzige Rechtsfolge eines Ausbleibens im Anhörungstermin ist, dass bei ordnungsgemäßer Ladung seitens des Gerichts der Pflicht zur Anhörung der Beteiligten genügt worden ist, § 83 Abs. 4 S. 2 ArbGG. Hierauf ist in der Ladung bereits hinzuweisen. **1098**

### c) Der Untersuchungsgrundsatz

Das Gericht erforscht den Sachverhalt im Rahmen der gestellten Anträge von Amts wegen, § 83 Abs. 1 S. 1 ArbGG. Im Beschlussverfahren gilt somit ein eingeschränkter **Amtsermittlungsgrundsatz**. Eingeschränkt ist er deswegen, da zum einen das Gericht den Sachverhalt nur im Rahmen der gestellten Anträge untersucht, zum anderen die Beteiligten an der Aufklärung des Sachverhaltes nach § 83 Abs. 1 S. 2 ArbGG mitzuwirken haben. **1099**

**1100** Die Verantwortung für die Beibringung des entscheidungserheblichen Sachverhaltes obliegt nicht den Beteiligten alleine, da die Entscheidungen im Beschlussverfahren regelmäßig über den Kreis der eigentlichen Beteiligten hinaus Wirkung entfalten. Deswegen hat das Gericht dafür Sorge zu tragen, dass der Sachverhalt möglichst vollständig und zutreffend aufgeklärt wird.

**1101** Begrenzt ist die Aufklärungspflicht auf denjenigen Sachverhalt, der für die Bescheidung der gestellten Anträge notwendig ist. Der Streitgegenstand wird von den Anträgen der Beteiligten begrenzt. Das Gericht hat nicht »ins Blaue« hinein zu ermitteln. Lediglich wenn Anhaltspunkte im Vorbringen der Beteiligten zu finden sind, auf Grund derer es nahe liegt, den Sachverhalt in eine bestimmte Richtung weiter aufzuklären, hat das Gericht tätig zu werden. **Zur Amtsermittlungspflicht gehört es, die am Verfahren Beteiligten von Amts wegen ausfindig zu machen und am Verfahren zu beteiligen.** Bei seiner Aufklärungstätigkeit hat das Gericht sowohl antragsbegründende Umstände als auch dem Antrag entgegenstehende Tatsachen zu ermitteln.

**1102** **Die Mitwirkung der Beteiligten nach § 83 Abs. 1 S. 2 ArbGG kann das Gericht nicht erzwingen.** Die Ermittlungspflicht findet aber dort ihre Grenzen, wo ohne vorhergehende Mitwirkung der Beteiligten entweder kein Anlass oder keine Möglichkeit besteht, den Sachverhalt weiter aufzuklären.

**1103** Als Folge des Untersuchungsgrundsatzes ist das Gericht nicht an Geständnisse der Beteiligten gebunden, bedeutet das Nichtbestreiten einer Behauptung nicht, dass diese als wahr unterstellt werden kann, und auch das Ausbleiben eines Beteiligten im Anhörungstermin rechtfertigt nicht den Erlass eines Versäumnisurteils nach § 331 Abs. 1 ZPO, da das Vorbringen der anderen Beteiligten nicht als zugestanden zu werten ist (*Schaub* ArbGVerf § 58 Rn. 51). §§ 288, 138 Abs. 3 ZPO sind nicht anwendbar.

### d) Beweiserhebung

**1104** Nach § 83 Abs. 2 ArbGG kann das Gericht Urkunden einsehen, Auskünfte einholen, Zeugen, Sachverständige und Beteiligte vernehmen sowie Augenschein einnehmen.

**1105** Das Gericht muss Beweis erheben, wenn die Wahrheit einer entscheidungserheblichen Tatsache nicht erwiesen ist (*BAG* 25.9.1986 EzA § 1 BetrVG 1972 Nr. 6). Es kann bei bestehenden Zweifeln auch eine Beweisaufnahme über nicht bestrittene Tatsachen durchführen.

**1106** Für die Durchführung der Beweisaufnahme gelten die §§ 80 Abs. 2, 46 Abs. 2 ArbGG, 373 ff. ZPO. Beteiligte können nach § 83 Abs. 2 ArbGG nach den Vorschriften der Parteivernehmung, §§ 445 ff. ZPO, vernommen werden.

**1107** Die Beweisaufnahme findet vor der Kammer statt, d. h. im Anhörungstermin, §§ 83 Abs. 4 S. 1, 80 Abs. 2, 58 ArbGG. Soweit schriftliche Auskünfte einzuholen sind, kann dies der Kammervorsitzende gem. § 373 Abs. 3 und 4 ZPO vorher anordnen und durchführen.

### e) Die Beteiligten des Verfahrens

**1108** **Wer Beteiligter in einem Beschlussverfahren ist, bestimmt sich nach materiellem Recht.** Nach § 83 Abs. 3 ArbGG sind im Verfahren der Arbeitgeber, die Arbeitnehmer und die Stellen zu hören, die nach dem BetrVG, dem SprAuG, dem MitbestG, dem MitbestErgG, dem BetrVG 1952 und den dazu ergangenen Rechtsverordnungen im Einzelfall beteiligt sind (vgl. Einzelfälle *Braun* FA 2009, 229 ff.).

**1109** ▶ Beispiele:
 – Aus § 83 Abs. 3 S. 1 ArbGG ergibt sich, dass der **Arbeitgeber** zu hören und damit immer Beteiligter ist, auch wenn er nur mittelbar betroffen ist, z. B. wenn es um die Anerkennung von Schulungsveranstaltungen als geeignet i. S. d. § 37 Abs. 7 BetrVG geht oder ein Wahlanfechtungsverfahren durchgeführt wird (*BAG* 4.12.1986 EzA § 19 BetrVG 1972 Nr. 24). Grund hierfür ist, dass regelmäßig den Arbeitgeber eine Kostenlast trifft. Lediglich in Verfahren, in denen es um die Tariffähigkeit oder Tarifzuständigkeit gem. § 2a Abs. 1 Nr. 4 ArbGG geht,

## B. Beschlussverfahren  Kapitel 15

- ist der Arbeitgeber nur dann zu hören und nur dann Beteiligter, wenn er es entweder eingeleitet hat oder es um den Abschluss eines Firmentarifvertrages geht, § 2a Abs. 1 Nr. 4 ArbGG. In einem Gemeinschaftsbetrieb ist bei einem Eingruppierungsstreit nur der Vertragsarbeitgeber beteiligt (*BAG* 12.12.2006 EzA § 87 BetrVG 2001 Betriebliche Lohngestaltung Nr. 13).
- Nach Eröffnung eines **Insolvenzverfahrens** tritt der Insolvenzverwalter in die betriebsverfassungsrechtliche Stellung des Gemeinschuldners ein und ist damit als Arbeitgeber Beteiligter im Verfahren (*BAG* 17.9.1974 EzA § 113 BetrVG 1972 Nr. 1).
- Wird ein Betrieb im Laufe eines anhängigen Beschlussverfahrens auf einen **neuen Inhaber** übertragen, wird dieser Arbeitgeber und damit Beteiligter des anhängigen Verfahrens (*BAG* 5.2.1991 EzA § 613a BGB Nr. 93).
- In **personalvertretungsrechtlichen Streitigkeiten** tritt an die Stelle des Arbeitgebers **die Dienststelle**, die die streitige Maßnahme tatsächlich zu treffen hat, treffen will oder getroffen hat. Sie und nicht der Rechtsträger, der sie errichtet hat, ist Beteiligter im Beschlussverfahren (GMPM-G/*Matthes* § 83 Rn. 41).
- In betriebsverfassungsrechtlichen Streitigkeiten bei den **Stationierungsstreitkräften** ist für den Arbeitgeber die Dienststelle oder Behörde der Truppe oder des zivilen Gefolges beteiligt (*LAG RhPf* 12.8.1991 – 10 TaBV 17/91, n. v.). Nach Abs. 10 des Unterzeichnungsprotokolls zu Art. 56 Abs. 9 ZA-NTS beteiligt sich die BRD im Namen der Dienststelle an dem Verfahren auf Ersuchen der Truppe. Die US-amerikanischen Streitkräfte haben z. B. insofern bereits 1964 die BRD generell damit beauftragt, sie im Beschlussverfahren zu vertreten. Sie tritt damit in Beschlussverfahren als Vertreterin und nicht wie im Urteilsverfahren als Prozessstandschafterin auf.
- **Arbeitnehmer** sind Beteiligte nach § 83 Abs. 3 ArbGG, wenn sie nach materiellem Recht durch die Entscheidung unmittelbar in ihrer betriebsverfassungsrechtlichen oder mitbestimmungsrechtlichen Stellung betroffen werden (*BAG* 27.5.1982 EzA § 83 ArbGG 1979 Nr. 1). Dies ist zum einen der Fall, wenn ein Arbeitnehmer selbst Antragsteller ist, zum anderen wenn er durch eine Entscheidung unmittelbar betroffen wird, z. B. bei der Frage, ob er leitender Angestellter ist und sich damit nicht an einer Betriebsratswahl beteiligen darf (*BAG* 23.1.1986 EzA § 233 ZPO Nr. 7). In Rechtsstreitigkeiten bzgl. der Zulässigkeit personeller Einzelmaßnahmen, z. B. nach § 99 BetrVG, sind die betroffenen Arbeitnehmer hingegen nicht beteiligt (*BAG* 27.5.1982 EzA § 83 ArbGG 1979 Nr. 1), denn eine § 103 Abs. 2 BetrVG vergleichbare Regelung fehlt bei den sonstigen personellen Einzelmaßnahmen. Ebenfalls nicht beteiligt ist ein Arbeitnehmer in einem Verfahren nach § 85 Abs. 2 BetrVG über die Berechtigung einer von ihm vorgebrachten Beschwerde (*BAG* 28.6.1984 EzA § 85 BetrVG 1972 Nr. 1) oder in einem Rechtsstreit, in dem es um das Recht des Betriebsrats geht, in Gehaltslisten der Arbeitnehmer Einsicht nehmen zu dürfen (*LAG Hamm* 16.3.1979 EzA § 83 ArbGG 1979 Nr. 31).
- Der **Betriebsrat, Personalrat** oder der **Sprecherausschuss** ist dann Beteiligter, wenn es um Streitigkeiten über Umfang und Grenzen seiner Mitwirkungs- und Mitbestimmungsrechte geht oder um ihn selbst, z. B. ob seine Wahl ordnungsgemäß war, seine Zusammensetzung, um Befugnisse des Betriebsratsvorsitzenden, um die Ersetzung von Kosten der Betriebsratstätigkeit etc. (*BAG* 28.3.2006 EzA § 83 ArbGG 1979 Nr. 10). Gehen im Laufe des Verfahrens die umstrittenen Beteiligungsrechte auf ein anderes Organ über, wird dieses Beteiligter (*BAG* 18.10.1988 EzA § 83 ArbGG 1979 Nr. 8). Löst sich der Betriebsrat auf, behält er ein Restmandat über die Beendigung seiner Amtszeit hinaus (*BAG* 16.6.1987 EzA § 111 BetrVG 1972 Nr. 20).
- Für die Beteiligung von **Gesamt-, Konzernbetriebsräten oder eines Gesamtsprecherausschusses** gelten die gleichen Grundsätze.
- Einzelne **Organmitglieder** sind außer im Verfahren auf Ersetzung der Zustimmung nach § 103 Abs. 2 BetrVG immer dann beteiligt, wenn über ihre betriebsverfassungsrechtlichen Rechte gestritten wird, z. B. bei der Frage der Ersetzung von Schulungskosten für ein Betriebsratsmitglied (*BAG* 28.1.1975 EzA § 37 BetrVG 1972 Nr. 2) oder in einem Wahlanfechtungsverfahren, in dem es um den Verlust ihrer Mitgliedschaft im Organ gehen kann (*BAG*

12.10.1976 EzA § 8 BetrVG 1972 Nr. 2), oder wenn es um den Ausschluss eines Betriebsratsmitgliedes aus dem Betriebsrat geht, § 23 Abs. 1 BetrVG.
- Die **Jugend- und Auszubildendenvertretung** ist Beteiligte in den Verfahren nach den § 87a Abs. 4 BetrVG bzw. § 9 Abs. 4 BPersVG, darüber hinaus immer dann, wenn es um ihre Befugnisse, ihre Rechtsstellung oder ihren Bestand geht.
- Ob der **Wirtschaftsausschuss** als Hilfsorgan des Betriebsrats selbst Beteiligter eines Verfahrens sein kann, ist im Einzelnen noch nicht geklärt. Das BAG hat dies bejaht, wenn Rechte gegen den Wirtschaftsausschuss geltend gemacht werden (*BAG* 5.11.1985 EzA § 117 BetrVG 1972 Nr. 2), verneint, wenn es um die Frage ging, ob ein Wirtschaftsausschuss überhaupt zu bilden ist (*BAG* 8.3.1983 EzA § 118 BetrVG 1972 Nr. 24), offen gelassen, wenn es um seine Geschäftsführung und Aufgaben ging (*BAG* 18.7.1978 EzA § 108 BetrVG 1972 Nr. 3).
- Eine **Einigungsstelle** kann nicht Beteiligte eines Beschlussverfahrens sein, auch wenn es um die Wirksamkeit eines von ihr gefällten Spruches geht (*BAG* 31.8.1982 EzA § 87 BetrVG 1972 Arbeitszeit Nr. 13).
- Ein **Wahlvorstand** kann Beteiligter sein, wenn es im Laufe des Wahlverfahrens um einzelne Wahlhandlungen oder Maßnahmen des Wahlvorstandes geht (*BAG* 25.9.1988 EzA § 1 BetrVG 1972 Nr. 6). Im Verfahren auf Bestellung eines Wahlvorstandes hingegen sind die vorgeschlagenen Mitglieder nicht beteiligt (*BAG* 6.12.1977 EzA § 118 BetrVG 1972 Nr. 16). In Wahlanfechtungsverfahren ist der Wahlvorstand ebenfalls nicht Beteiligter, selbst wenn es um Mängel seiner Bestellung oder Amtsführung geht (*BAG* 14.1.1983 EzA § 81 ArbGG 1979 Nr. 1).
- **Gewerkschaften** können Beteiligte sein, wenn sie selbst auf Grund einer gesetzlichen Bestimmung das Beschlussverfahren als Antragsteller in Gang gebracht haben, z. B. gem. § 23 Abs. 1 BetrVG. Ob sie darüber hinaus immer dann auch Beteiligte sind, wenn ihnen ein Antragsrecht zustehen würde, sie selber aber nicht der Antragsteller sind, ist strittig. In Wahlanfechtungsverfahren sind sie nur dann Beteiligte, wenn sie selber von ihrem Anfechtungsrecht Gebrauch gemacht haben (*BAG* 19.9.1985 EzA § 19 BetrVG 1972 Nr. 22). Nicht beteiligt sind sie in Rechtsstreitigkeiten, in denen ihnen kein Antragsrecht zusteht, z. B. wenn Arbeitgeber und Betriebsrat über das Bestehen von Mitbestimmungsrechten (*BAG* 24.4.1979 EzA Art. 9 GG Arbeitskampf Nr. 34) oder um die Wirksamkeit einer Betriebsvereinbarung streiten (*BAG* 9.2.1984 EzA § 77 BetrVG 1972 Nr. 13).
- **Arbeitgeberverbände** können niemals Beteiligte eines Beschlussverfahrens sein, da ihnen das BetrVG keine eigene betriebsverfassungsrechtliche Rechtsposition einräumt. Soweit ein Arbeitgeber zu Betriebsversammlungen einen Vertreter des Arbeitgeberverbandes hinzuzieht, handelt es sich um eine Frage des eigenen Rechts des Arbeitgebers, nicht des Rechts des Verbandes (*BAG* 19.5.1978 EzA § 46 BetrVG 1972 Nr. 2).

*f) Fehlerhafte Beteiligung*

1110 Beteiligt das Gericht am Verfahren Personen oder Stellen, die nach materiellem Recht nicht Beteiligte sind, liegt ein Verfahrensfehler vor. Er kann dadurch behoben werden, dass künftig diese Personen oder Stellen nicht mehr am Verfahren beteiligt werden. Der Streit hierüber kann im Wege eines Zwischenbeschlusses nach § 303 ZPO entschieden werden. Legt der materiell nicht Beteiligte hiergegen ein Rechtsmittel ein, ist er im Verfahren über sein Rechtsmittel selbst Beteiligter.

1111 Der Verfahrensfehler in der ersten Instanz hat keine Relevanz, da das LAG das Verfahren selbst zu entscheiden hat und nicht wegen eines Verfahrensfehlers zurückverweisen kann, § 91 Abs. 1 S. 2 ArbGG. Eine Rechtsbeschwerde nach § 92 ArbGG zum BAG im Fall der Beteiligung eines Nichtbeteiligten im Verfahren beim LAG führt nur dann zur Aufhebung des Beschlusses, wenn er auf dem Verfahrensfehler beruht.

1112 Werden Personen oder Stellen nicht beteiligt, obwohl sie nach materiellem Recht Beteiligter sind, liegt ebenfalls ein Verfahrensfehler vor (*BAG* 20.2.1986 EzA § 63 BetrVG 1972 Nr. 2). Für die Zukunft kann dieser Fehler dadurch geheilt werden, dass die betreffende Person oder Stelle nunmehr

## B. Beschlussverfahren

beteiligt wird. Der Beschluss des LAG beruht auf dem Verfahrensfehler, wenn die Beteiligung des bislang nicht Beteiligten zu einer weiteren Sachaufklärung und ggf. zu einer anderen Entscheidung hätte führen können.

### g) Der Anhörungstermin

Im Anhörungstermin ist den Beteiligten vor der Kammer die Möglichkeit zu geben, den Sachverhalt aus ihrer Sicht zu schildern. Damit wird der Anspruch auf rechtliches Gehör gewahrt. Der Anhörungstermin ist öffentlich, §§ 80 Abs. 2, 52 ArbGG. Die Anhörung der Beteiligten beginnt mit der Stellung der Anträge, § 137 Abs. 1 ZPO, §§ 46 Abs. 2, 80 Abs. 2 ArbGG. Über den Anhörungstermin ist ein Protokoll zu fertigen, § 159 ZPO. 1113

Bleiben Beteiligte aus, ist die Pflicht zur Anhörung durch das Gericht gewahrt, sofern die Beteiligten ordnungsgemäß geladen wurden, § 83 Abs. 4 S. 2 ArbGG. Haben diese sich vorher schriftlich geäußert, sind die Äußerungen für die Entscheidung heranzuziehen und ggf. im Anhörungstermin mit den erschienenen Beteiligten zu erörtern. 1114

Haben Beteiligte ihr Ausbleiben im Verhandlungstermin entschuldigt und zuvor nicht von der Möglichkeit der schriftlichen Stellungnahme bei gleichzeitigem Verzicht auf eine Teilnahme an der mündlichen Anhörung Gebrauch gemacht, ist der Anhörungstermin zu verschieben. Im Anhörungstermin ist eine etwa notwendig werdende Beweisaufnahme durchzuführen, § 83 Abs. 4 S. 1 ArbGG. 1115

## 6. Beendigungsmöglichkeiten des erstinstanzlichen Beschlussverfahrens

### a) Antragsrücknahme

Bis zur Entscheidung der ersten Instanz, d. h. auch noch nach dem Anhörungstermin und evtl. durchgeführter Beweisaufnahme, kann der Antragsteller seinen Antrag **ohne Zustimmung sonstiger Beteiligter** zurücknehmen, § 81 Abs. 2 S. 1 ArbGG (s. Rdn. 1081). 1116

### b) Vergleich

§ 83a Abs. 1 ArbGG sieht vor, dass die Beteiligten das Verfahren ganz oder zum Teil durch einen Vergleichsabschluss erledigen können, **soweit sie über den Gegenstand des Verfahrens verfügen können**. Besteht eine solche Verfügungsmöglichkeit, soll das Gericht nach den §§ 80 Abs. 2 i. V. m. 57 Abs. 2 ArbGG auf eine gütliche Erledigung des Verfahrens hinwirken. Dies gilt auch für das Beschwerde- und Rechtsbeschwerdeverfahren, §§ 90 Abs. 2, 95 Abs. 4 ArbGG. 1117

Mit Vergleichsabschluss ist das Verfahren beendet, sofern er zur Niederschrift des Gerichts oder des Vorsitzenden geschlossen wird, §§ 160 Abs. 3 Nr. 1, 162 Abs. 1 ZPO. Ob § 278 Abs. 6 ZPO analog angewendet werden kann ist streitig (so *Bram* FA 2007, 2; a. A. Schwab/Weth-*Weth* § 83a Rn. 2). **Eines Einstellungsbeschlusses durch das Gericht bedarf es in diesem Fall nicht mehr.** Bereits ergangene nicht rechtskräftige Entscheidungen werden ohne besondere Aufhebung wirkungslos. Etwas anderes gilt bei einem außergerichtlichen Vergleichsabschluss. Diesem kommt keine verfahrensbeendende Wirkung zu. Entweder bedarf es hierfür noch einer Antragsrücknahme oder einer Erledigungserklärung der Beteiligten. Bei einem gerichtlich protokollierten Vergleich handelt es sich um einen Vollstreckungstitel, § 85 Abs. 1 S. 1 ArbGG. 1118

Der Vergleich muss von allen am Verfahren Beteiligten geschlossen werden (GK-ArbGG/*Dörner* § 83a Rn. 7). 1119

> Die Verfügungsbefugnis der Beteiligten über den Streitgegenstand bestimmt sich nach materiellem Recht. Sie liegt grds. bei vermögensrechtlichen Streitigkeiten vor, z. B. einem Streit über die Erstattung von dem Betriebsrat entstandenen Kosten oder Schulungskosten. Nicht der Verfügungsbefugnis der Beteiligten unterliegt ein Streitgegenstand, der sich auf die Organisation der Betriebsverfassung an sich bezieht, z. B. ob einem Arbeitnehmer ein aktives oder passives Wahlrecht zusteht oder ob eine Betriebsratswahl wirksam war oder nicht. Bei Streitigkeiten 1120

über Mitbestimmungs- und sonstige Beteiligungsrechte können die Beteiligten im konkreten Mitbestimmungsfall eine vergleichsweise Regelung treffen, für künftige Fälle jedoch nicht auf gesetzlich bestehende Mitbestimmungsrechte verzichten.

1121 Die Verfügungsbefugnis des Arbeitgebers ist insofern weitergehend, als er einer Erweiterung der Mitbestimmungsrechte gegenüber dem Betriebsrat in einem gerichtlichen Vergleich zustimmen kann (*Schaub* ArbGVerf § 58 Rn. 66).

1122 Fehlt es an einer Verfügungsbefugnis der Beteiligten, ist der Vergleich unwirksam. Strittig ist, ob das Gericht dennoch zu einer Protokollierung verpflichtet ist, wenn die Verfahrensbeteiligten trotz Hinweises darauf bestehen. Aufgrund der Verfügungsbefugnis der Beteiligten über das Verfahren soll es hierzu verpflichtet sein (GMPM-G/*Matthes* § 83a Rn. 9; GK-ArbGG/*Dörner* § 83a Rn. 16a). Im Vergleichsabschluss liegt gleichzeitig die Erklärung der Beteiligten, dass der Vergleich das Verfahren erledigt. Einer solchen übereinstimmenden Erledigungserklärung kann das Gericht nicht entgegentreten und auch nicht prüfen, ob das Verfahren tatsächlich erledigt ist. Allerdings muss das Verfahren noch vom Vorsitzenden eingestellt werden (s. Rdn. 1123). Ein Streit über die Wirksamkeit des Vergleiches ist daher im noch anhängigen Verfahren zu entscheiden (*BAG* 25.6.1981 EzA § 794 ZPO Nr. 15).

### c) Erledigungserklärung der Beteiligten

1123 Nach § 83a Abs. 1 ArbGG können die Parteien das Verfahren übereinstimmend für erledigt erklären. Gem. § 83a Abs. 2 ArbGG hat der Kammervorsitzende sodann das Verfahren einzustellen und den Beteiligten hiervon Mitteilung zu machen. **Anders als ein wirksamer Vergleichsschluss führt eine übereinstimmende Erledigungserklärung daher noch nicht automatisch zu einer Beendigung des Verfahrens.** Mit dem Einstellungsbeschluss, der selbst der Beschwerde nach § 87 ArbGG unterliegt (*LAG RhPf* 25.6.1982 EzA § 92 ArbGG 1979 Nr. 1), endet das Verfahren und werden bereits ergangene Entscheidungen wirkungslos.

1124 Eine übereinstimmende Erledigungserklärung ist, anders als im Urteilsverfahren, auch dann möglich, wenn kein erledigendes Ereignis nach Rechtshängigkeit eingetreten ist. Der Vorsitzende nimmt insofern keine Überprüfung vor (GMPM-G/*Matthes* § 83a Rn. 14).

1125 Die Erledigungserklärung können die Beteiligten bis zur Rechtskraft eines Beschlusses abgeben. Streitig ist, ob alle Beteiligten einer Erledigungserklärung zustimmen müssen (so GMPM-G/*Matthes* § 83a Rn. 12), oder ob es genügt, wenn der Antragsteller und der Antragsgegner die Erklärungen abgeben (so *Schaub* ArbGVerf. § 58 Rn. 73).

1126 Anders als bei einem verfahrensbeendenden Vergleich setzt eine Erledigungserklärung der Beteiligten nicht voraus, dass sie über den Verfahrensgegenstand verfügen können. Erledigungserklärungen kommen rein prozessuale Wirkungen zu, durch die materielle Rechte nicht verloren gehen können. Auch nach Einstellung des Verfahrens können die Beteiligten oder Dritte die Streitsache erneut anhängig machen.

1127 Hat nur der Antragsteller eine Erledigungserklärung abgegeben, § 83a Abs. 3 S. 3 ArbGG, hat der Vorsitzende die übrigen Beteiligten aufzufordern, mitzuteilen, ob sie der Erledigung zustimmen. Tun sie dies nicht in einer eingeräumten Frist, die mindestens zwei Wochen dauern muss, **gilt ein Schweigen als Zustimmung**. Auf diese Rechtsfolgen ihres Schweigens sind sie hinzuweisen. Im Fall einer Zustimmung oder mit Fristablauf ist das Verfahren vom Vorsitzenden einzustellen, da von einer übereinstimmenden Erledigungserklärung auszugehen ist. Stimmen einige Beteiligte der Erledigung nicht zu, ist zu prüfen, ob in der Erledigungserklärung des Antragstellers gleichzeitig auch eine Rücknahme des Antrags gesehen werden kann, sodass das Verfahren nach § 81 Abs. 2 S. 2 ArbGG einzustellen ist.

1128 Lässt sich eine Antragsrücknahme nicht aus der Erledigungserklärung des Antragstellers entnehmen, hat das Gericht zu prüfen, ob tatsächlich ein erledigendes Ereignis eingetreten ist. Dies kann im Be-

## B. Beschlussverfahren Kapitel 15

schlussverfahren auch bereits vor Rechtshängigkeit geschehen sein (*BAG* 23.1.2008 EzA § 83a ArbGG 1979 Nr. 8). **Nicht zu überprüfen ist hingegen, ob, wie im Urteilsverfahren, das Verfahren ursprünglich zulässig und begründet war** (*BAG* 26.4.1990 EzA § 83a ArbGG 1979 Nr. 1; 19.2.2008 – 1 ABR 65/05, FA 2008, 255 LS). Wird eine Erledigung nicht festgestellt, ist über den Antrag in der Sache zu entscheiden; wird sie festgestellt, ist das Verfahren einzustellen (*BAG* 10.2.1999 EzA § 83a ArbGG 1979 Nr. 5). Die Entscheidung ergeht durch die Kammer, nicht durch den Vorsitzenden allein (*BAG* 23.1.2008 EzA § 83a ArbGG 1979 Nr. 8).

Die Erledigungserklärung eines anderen Beteiligten als des Antragstellers ist für sich genommen ohne Bedeutung und nur Anlass zu prüfen, ob tatsächlich ein erledigendes Ereignis vorliegt. Ist dies der Fall, fehlt es am Rechtsschutzinteresse, sodass der Antrag als unzulässig abzuweisen ist (*BAG* 23.1.1988 EzA § 233 ZPO Nr. 7). **1129**

*d) Verfahrensbeendender Beschluss*

Das Gericht entscheidet gem. § 84 ArbGG durch Beschluss, welcher schriftlich abzufassen und entsprechend § 60 ArbGG zu verkünden ist. Über § 60 ArbGG finden die §§ 300 ff. ZPO entsprechend Anwendung. Er ergeht unter Mitwirkung der ehrenamtlichen Richter. **1130**

Sofern nur über einen Teil der Anträge entschieden werden kann, über andere noch weitere Aufklärung betrieben werden muss, können Teilbeschlüsse entsprechend § 301 ZPO ergehen. Möglich sind auch Beschlüsse über den Grund des geltend gemachten Anspruches nach § 304 ZPO, Zwischenbeschlüsse nach § 280 ZPO über Zulässigkeitsfragen und Anerkenntnis- oder Verzichtsbeschlüsse entsprechend §§ 306, 307 ZPO. **1131**

*aa) Form/Inhalt*

Der Beschluss ist schriftlich niederzulegen, § 84 S. 2 ArbGG, in der ersten Instanz alleine vom Vorsitzenden zu unterschreiben, § 60 Abs. 4 S. 1 ArbGG. **1132**

Sein notwendiger Inhalt ergibt sich aus § 313 ZPO. Regelmäßig wird er in der Begründung mit »Gründen« überschrieben, anstatt mit Tatbestand und Entscheidungsgründe, wobei unter I. der Gründe der Tatbestand und unter II. die Entscheidungsgründe abgefasst werden. Ein Verzicht auf die Gründe gem. § 313 Abs. 1 ZPO kommt nicht in Betracht, da jeder Beschluss mit der Beschwerde anfechtbar ist, es sei denn alle Beteiligten verzichten auf die Einlegung von Rechtsmitteln. **1133**

Dem Beschluss ist keine Kostenentscheidung beizufügen, da gerichtliche Gebühren und Auslagen nach § 2 Abs. 2 GKG im Beschlussverfahren nicht erhoben werden (*BAG* 2.10.2007 EzA § 280 BGB 2002 Nr. 3). Da es sich nicht um ein Parteiverfahren handelt, bestimmt sich die Erstattung außergerichtlicher Kosten eines oder mehrerer Beteiligter rein nach materiellem Recht, wobei ein materiell-rechtlicher Anspruch grundsätzlich nur dann besteht, wenn das BetrVG oder das PersVG einen entsprechenden Kostenerstattungsanspruch vorsieht (*BAG* 2.10.2007 EzA § 280 BGB 2002 Nr. 3). Sofern der Antragsteller oder sonstige Beteiligte **außergerichtliche Kosten** haben, z. B. durch die Hinzuziehung eines Rechtsanwalts, **kann beantragt werden, festzustellen, wem die Kostenlast materiell obliegt**, z. B. dem Arbeitgeber nach § 40 Abs. 1 BetrVG bei Kosten eines beteiligten Betriebsrats. **Hierbei handelt es sich um einen eigenen Sachantrag, der auch im laufenden Verfahren erhoben werden kann.** Ansonsten können die entstandenen Kosten auch betragsmäßig beziffert in einem besonderen Beschlussverfahren geltend gemacht werden. **1134**

Einer Streitwertfestsetzung bedarf es in einem Beschluss ebenfalls nicht. § 84 ArbGG verweist nicht auf § 61 Abs. 1 ArbGG. Für eine Streitwertfestsetzung besteht auch kein Bedürfnis, da weder die Zuständigkeit des Gerichts noch die Rechtsmittelfähigkeit der Entscheidung vom Streitwert abhängig ist. **1135**

Sofern ein Beteiligter durch einen Rechtsanwalt vertreten wird, dessen Gebühren sich nach dem Gegenstandswert des Verfahrens berechnen, kann Gegenstandswertfestsetzung nach § 33 RVG beantragt werden (vgl. *Bertelsmann* FA 2001, 141 ff.; *Dingeldey* Beil. in FA 11/06 Streitwerttabel- **1136** le). Die Überprüfung dieses Beschlusses in der Beschwerdeinstanz kann nach Ansicht des *LAG Nbg.* nur auf Ermessensfehler hin erfolgen (7.4.1999 FA 1999, 329).

**1137** ▶ Beispiele:
- **Arbeitnehmereigenschaft** gem. § 5 BetrVG: Hilfswert nach § 8 Abs. 2 BRAGO; jetzt § 23 Abs. 3 RVG.
- **Außerordentliche Kündigung, Zustimmungsersetzungsverfahren** nach § 103 BetrVG: § 12 Abs. 7 ArbGG (jetzt § 42 Abs. 4 GKG) analog (*LAG Nbg.* 2.4.1991 LAGE § 12 ArbGG 1979 Streitwert Nr. 90; *LAG Düsseld.* 11.5.1999 FA 1999, 330; *LAG RhPf* 13.7.2004 LAGE § 103 BetrVG 2001 Nr. 2); **a. A.** Hilfswert § 8 Abs. 2 BRAGO; jetzt § 23 Abs. 3 RVG (*LAG SchlH* 20.5.1997 LAGE § 8 BRAGO Nr. 35).
- **Ausschluss von Betriebsratsmitgliedern** gem. § 23 BetrVG: § 12 Abs. 7 ArbGG analog (*LAG Hamm* 7.3.1980 LAGE § 8 BRAGO Nr. 2); zwei Bruttomonatsgehälter (*LAG Düsseld.* 11.5.1999 FA 1999, 330).
- **Betriebsstätten:** Streit, ob ein Betrieb mit mehreren Betriebsstätten vorliegt und damit mehrere Betriebsräte zu wählen sind: Regelwert nach § 8 Abs. 2 BRAGO; jetzt § 23 Abs. 3 RVG × Multiplikationsfaktor, der sich aus den Stufen des § 9 BetrVG ergibt (*LAG Brem.* 12.5.1999 LAGE § 8 BRAGO Nr. 43).
- **Betriebsratswahl, Anfechtung:** zweifacher Hilfswert nach § 42 GKG, d. h. 8.000,– Euro, wobei eine Erhöhung eintritt um 1/2 des Hilfswertes bei Erreichen einer jeden Staffelstufe nach § 9 BetrVG (*BAG* 17.10.2001 – 7 ABR 92/99; *LAG RhPf* 21.5.2007 – 1 Ta 117/07); 72.000 DM (jetzt ca. 36.000 €) bei 15 Betriebsratsmitgliedern (*LAG Brem.* 11.4.1988 LAGE § 8 BRAGO Nr. 5); ein Mitglied 9.000 DM (ca. 4.500 €), für jedes weitere Mitglied i. d. R. Erhöhung um 1.500 DM (ca. 750 €; *LAG RhPf* 30.3.1992 NZA 1992, 667); 15 Betriebsratsmitglieder 40.000 DM (ca. 20.000,– €; *LAG Nbg.* 7.4.1999 FA 1999, 329); 4.000 € bei einem Betriebsratsmitglied, für jedes weitere 1.000 € (*LAG SchlH* 9.7.2003 – 3 Ta 215/02). **Nichtigkeit:** dreifacher Hilfswert nach § 42 GKG, d. h. 12.000,– Euro, wobei eine Erhöhung eintritt um 1/2 des Hilfswertes bei Erreichen einer jeden Staffelstufe nach § 9 BetrVG (*BAG* 17.10.2001 – 7 ABR 92/99).
- **Betriebsratswahl, Feststellung der Selbstständigkeit von Betriebsteilen:** doppelter Hilfswert nach § 8 Abs. 2 BRAGO; jetzt § 23 Abs. 3 RVG bis 20 Arbeitnehmern im Betriebsteil, dreifacher bis 50 Arbeitnehmer (*LAG Köln* 24.2.1989 LAGE § 8 BRAGO Nr. 11); je nach wirtschaftlicher Bedeutung auch darüber (*BAG* 21.10.1998 – 1 ABR 21/98).
- **Einigungsstelle,** Bestellung der Mitglieder: Hilfswert nach § 8 Abs. 2 BRAGO; jetzt § 23 Abs. 3 RVG (*LAG Hamm* 26.9.1985 LAGE § 8 BRAGO Nr. 4); 1/2 Hilfswert *LAG SchlH* 16.9.2005 LAGE § 23 RVG Nr. 2; 28.12.2005 LAGE § 23 RVG Nr. 5; **a. A.** bei Streit um die Anzahl der Beisitzer 1/6 des Hilfswertes, bei Streit um die Person des Vorsitzenden ebenfalls 1/6, höchstens aber insgesamt 3/6 (*LAG SchlH* 9.3.1993 LAGE § 8 BRAGO Nr. 19; 28.12.2005 LAGE § 23 RVG Nr. 5).
- **Einigungsstelle, Anfechtung des Spruchs:** Wirtschaftliche Bedeutung, z. B. Differenz zwischen Volumen des angefochtenen Sozialplans und der begehrten Dotierung (*LAG Bra.* 20.11.1992 LAGE § 8 BRAGO Nr. 20; *LAG Hamm* 13.10.1988 LAGE § 8 BRAGO Nr. 8; *BAG* 27.3.2000 – 1 ABR 33/99).
- **Einigungsstelle, Zuständigkeit:** Hilfswert nach § 23 RVG (*Sächs. LAG* 16.7.2007 LAGE § 23 RVG Nr. 10).
- **Einstellung, Zustimmungsersetzung** nach § 99 Abs. 4 BetrVG: § 12 Abs. 7 ArbGG analog (*LAG Hamm* 19.3.1987 LAGE § 12 ArbGG 1979 Streitwert Nr. 70); **a. A.** § 8 Abs. 2 BRAGO; jetzt § 23 Abs. 3 RVG, d. h. je nach Bedeutung (*LAG Köln* 30.9.1997 LAGE § 8 BRAGO Nr. 36; *LAG Bln.* 6.4.2001 LAGE § 8 BRAGO Nr. 49; *LAG Nbg.* 21.7.2005 LAGE § 23 RVG Nr. 1; **a. A.** 3/4 des Hilfswertes nach § 8 Abs. 2 BRAGO; jetzt § 23 Abs. 3 RVG (*LAG SchlH* 11.3.1997 LAGE § 8 BRAGO Nr. 33); **zusätzlicher Antrag nach § 100 BetrVG:** zusätzlich 1/2 des Wertes für das Verfahren nach § 99 Abs. 4 BetrVG (*LAG RhPf* 23.10.2007 – 1 Ta 223/07; *LAG Köln* 18.5.2007 LAGE § 23 RVG Nr. 9a).

## B. Beschlussverfahren · Kapitel 15

- **Ein- und Umgruppierung**, Zustimmungsersetzungsverfahren nach § 99 Abs. 4 BetrVG: 3-facher Jahresbetrag der Vergütungsdifferenz abzüglich 25 % (*LAG Düsseld.* 16.2.1981 LAGE § 8 BRAGO Nr. 3); abzüglich 20 % (*LAG Hmb.* 1.9.1995 LAGE § 8 BRAGO Nr. 30); abzüglich 50 % (*LAG RhPf* 21.7.2008 – 1 Ta 116/08); Hilfswert nach § 8 Abs. 2 BRAGO; jetzt § 23 Abs. 3 RVG (*LAG RhPf* 20.5.2003 – 6 Ta 494/03); Hilfswert, aber maximal 1,5 Bruttogehälter (*LAG RhPf* 26.3.2008 – 1 Ta 232/07).
- **Gesamtbetriebsrat**, Bildung: 1 facher Hilfswert nach § 8 Abs. 2 BRAGO; jetzt § 23 Abs. 3 RVG bei zwei Betriebsräten (*LAG Düsseld.* 18.11.1977 LAGE § 8 BRAGO Nr. 1)
- **Leitender Angestellter**, Feststellung nach § 5 Abs. 3 BetrVG: Hilfswert nach § 8 Abs. 2 BRAGO; jetzt § 23 Abs. 3 RVG (*BAG* 23.1.1986 DB 1986, 1131).
- **Schulungsveranstaltung**, Erforderlichkeit: Hilfswert § 8 Abs. 2 BRAGO; jetzt § 23 Abs. 3 RVG (*LAG Düsseld.* 2.7.1990 LAGE § 8 BRAGO Nr. 15); **a. A.** Vergütungsanspruch des zu schulenden Betriebsratsmitglieds in der Freistellungszeit (*LAG Köln* 26.6.2008 LAGE § 23 RVG Nr. 9b).
- **Schulungsveranstaltung**, Freistellung von Betriebsratsmitglied: Gesamtaufwendungen des Arbeitgebers abzüglich 50 % (*LAG Hamm* 24.11.1994 LAGE § 8 BRAGO Nr. 27).
- **Soziale Angelegenheiten § 87 BetrVG**, Verbot der einseitigen Anordnung von Mehrarbeit: doppelter Hilfswert nach § 8 Abs. 2 BRAGO; jetzt § 23 Abs. 3 RVG (*LAG Düsseld.* 16.2.1989 LAGE § 8 BRAGO Nr. 13); § 87 Abs. 1 Nr. 10 BetrVG i. d. R. Hilfswert nach § 8 Abs. 2 BRAGO; jetzt § 23 Abs. 3 RVG (*LAG SchlH* 8.12.2000 – 2 Ta 127/00).
- **Unterlassungsantrag nach § 87 BetrVG**: 8.000,– € (*LAG RhPf* 18.3.2004 – 5 Ta 41/04 – zit. nach FA 11/06 Streitwerttabelle); 12.000,– € (*LAG Köln* 31.10.2006 – 3 Ta 293/06).
- **Unterlassungsantrag nach § 23 BetrVG**: Regelwert nach § 23 Abs. 3 RVG (*LAG Sachsen* 9.11.2005 – 1 Ta 282/05 – zit. nach FA 11/06 Streitwerttabelle).
- **Untersagung von Kündigungen vor Abschluss eines Interessenausgleichs**: doppelter Hilfswert gem. § 8 Abs. 2 BRAGO; jetzt § 23 Abs. 3 RVG (*LAG Brem.* 15.2.1990 LAGE § 8 BRAGO Nr. 14); nach wirtschaftlicher Bedeutung (*LAG Hmb.* 6.1.1999 LAGE § 8 BRAGO Nr. 44); für je sechs Arbeitnehmer einmal Hilfswert nach § 8 Abs. 2 BRAGO; jetzt § 23 Abs. 3 RVG (*LAG MV* 16.11.2000 NZA 2001, 1170).
- **Verfahren nach § 101 BetrVG**: Hilfswert nach § 8 Abs. 2 BRAGO; jetzt § 23 Abs. 3 RVG (*LAG Brem.* 18.8.2000 LAGE § 8 BRAGO Nr. 46); 1000 Euro (*LAG Sachsen* 31.3.2004 LAGE § 101 BetrVG 2001 Nr. 1).
- **Wahlanfechtung**: für das erste Betriebsratsmitglied Regelwert nach § 23 Abs. 3 RVG, für jedes weitere Erhöhung zwischen bis des Regelwerts (*LAG SchlH* 9.7.2003 – 3 Ta 215/02; *LAG Köln* 20.1.2003 – 2 Ta 1/03, zit. nach FA 11/06 Streitwerttabelle).
- **Zustimmungsersetzungsverfahren nach § 103 BetrVG**; 3 Bruttomonatsgehälter (*LAG RhPf* 30.3.2004 – 2 Ta 69/04; *LAG Sachsen* 9.11.2005 – 1 Ta 282/05, zit. nach FA 11/06 Streitwerttabelle).
- **Zwangsvollstreckungsverfahren** nach § 23 Abs. 3 BetrVG, Hilfswert nach § 8 Abs. 2 BRAGO; jetzt § 23 Abs. 3 RVG (*LAG SchlH* – 5 TA 148/00).

**Beschlüsse in vermögensrechtlichen Streitigkeiten sind** nach § 85 Abs. 1 S. 2 ArbGG bereits kraft Gesetzes vorläufig **vollstreckbar**. Ein Ausspruch über die vorläufige Vollstreckbarkeit ist daher nur dann notwendig, wenn nicht ohne weiteres ersichtlich ist, ob eine vermögensrechtliche Streitigkeit vorliegt, z. B. wenn ein Arbeitgeber verpflichtet wird, dem Betriebsrat Unterlagen herauszugeben. Für vorläufig vollstreckbare Beschlüsse verweist § 85 ArbGG auf § 62 Abs. 1 S. 2 und 3 ArbGG. **1138**

*bb) Zustellung*

Der Beschluss nach § 84 ArbGG ist den Beteiligten innerhalb von drei Wochen nach Übergabe an die Geschäftsstelle von Amts wegen zuzustellen, §§ 80 Abs. 2, 50 Abs. 1 ArbGG. **1139**

### cc) Verkündung

1140 Beschlüsse sind wie Urteile zu verkünden und zwar auch im Namen des Volkes, §§ 84 S. 2, 60 ArbGG (s. Rdn. 509).

### dd) Rechtskraft

1141 Beschlüsse sind der **formellen und materiellen Rechtskraft** fähig. Formell wird der Beschluss rechtskräftig, wenn er von keinem Beteiligten mehr mit der Beschwerde angegriffen werden kann, d. h. die Beschwerdefrist nach § 87 Abs. 2 ArbGG abgelaufen ist.

1142 **Materielle Rechtskraft** bedeutet, dass die gleiche Streitfrage nicht erneut zur gerichtlichen Entscheidung gestellt werden kann. Sie wirkt nur solange, wie sich nicht der entscheidungserhebliche Sachverhalt ändert. Eine neue Sachentscheidung ist zulässig, wenn eine wesentliche Änderung der tatsächlichen oder gesetzlichen Voraussetzungen eintritt, z. B. wenn die Frage der Tarifzuständigkeit einer Gewerkschaft für einen Betrieb nach einer Änderung der Zuständigkeitsbestimmungen der Satzung erneut zur Entscheidung gestellt wird (*BAG* 19.11.1985 EzA § 2 TVG Nr. 15; 20.3.1996 EzA § 322 ZPO Nr. 10).

1143 Die materielle Rechtskraft erstreckt sich auf alle Beteiligten des Verfahrens und zwar unabhängig davon, ob sie sich am Verfahren aktiv beteiligt haben oder nicht (*BAG* 5.2.1991 EzA § 613a BGB Nr. 93), einschließlich Rechtsnachfolger, § 325 ZPO (*BAG* 27.1.1981 AP Nr. 2 zu § 80 ArbGG 1979). Soweit es sich um gestaltende Entscheidungen handelt, z. B. um die Anfechtung einer Betriebsratswahl, der Wirksamkeit einer Betriebsvereinbarung, der Feststellung, dass ein Betrieb ein selbstständiger Betrieb i. S. d. § 18 Abs. 2 BetrVG ist, wirkt die materielle Rechtskraft über die am Verfahren Beteiligten hinaus gegenüber allen Betroffenen (*BAG* 9.4.1991 EzA § 18 BetrVG 1972 Nr. 7).

1144 ▶ Beispiel:

Steht rechtskräftig fest, dass der Spruch der Einigungsstelle über einen Sozialplan die Grenzen des Ermessens wahrt, kann ein einzelner Arbeitnehmer nicht mehr die Unangemessenheit der Regelung in einem Individualprozess bzgl. einer Abfindung aus einem Sozialplan geltend machen (*BAG* 17.2.1981 EzA § 112 BetrVG 1972 Nr. 21).

1145 Darüber hinaus binden Entscheidungen, die in Kollektivverfahren ergangen sind, auch Einzelmitglieder des Kollektivs.

1146 ▶ Beispiel:

Ist in einem Beschlussverfahren rechtskräftig festgestellt worden, dass zwei Unternehmen keinen gemeinsamen Betrieb haben, erstreckt sich die materielle Rechtskraft dieser Entscheidung auch auf einen von einem Arbeitnehmer geführten Individualprozess (*BAG* 9.4.1991 EzA § 18 BetrVG 1972 Nr. 7).

## IV. Das Beschlussverfahren in zweiter Instanz

### 1. Eröffnung der zweiten Instanz

#### a) Beschwerdefähige Entscheidungen

1147 Nach § 87 ArbGG kann gegen alle Beschlüsse des ArbG, die das Verfahren in erster Instanz beenden, unabhängig vom Streitwert Beschwerde eingelegt werden. Gemeint sind die Beschlüsse nach § 84 ArbGG, nicht etwa die Beschlüsse und Verfügungen des Vorsitzenden oder des ArbG, welche im Laufe des Verfahrens vor dem ArbG ergangen sind, das Verfahren jedoch nicht beendet haben. Diese Beschlüsse sind nach den §§ 83 Abs. 5, 78 ArbGG, mit der in der ZPO geregelten sofortigen Beschwerde gem. §§ 567 ff. ZPO anfechtbar.

## B. Beschlussverfahren
## Kapitel 15

Nicht beschwerdefähig sind Beschlüsse des ArbG nach § 126 InsO (§ 126 Abs. 2 S. 2 i. V. m. § 122 Abs. 3 InsO). **1148**

Anfechtbar sind nach § 87 ArbGG auch Teil- und Zwischenbeschlüsse, soweit entsprechende Urteile im Urteilsverfahren nach den §§ 280 Abs. 2, 302 Abs. 3 und 304 Abs. 2 ZPO selbstständig mit Rechtsmitteln anfechtbar sind. **Im Unterschied zum Urteilsverfahren kann auch ein über den Grund des Anspruchs ergangener Beschluss nach § 304 ZPO selbstständig angefochten werden, da § 61 Abs. 3 ArbGG im Beschlussverfahren keine Anwendung findet.** **1149**

### b) Anzuwendende Vorschriften

Für das Beschwerdeverfahren gelten neben den §§ 87 bis 91 ArbGG nach § 87 Abs. 2 ArbGG weitgehend die Vorschriften über die Berufung im Urteilsverfahren entsprechend. Gem. § 64 Abs. 6 ArbGG sind ergänzend die Vorschriften der ZPO anwendbar. **1150**

### c) Einlegung der Beschwerde

Die Beschwerdeschrift ist beim LAG einzureichen, § 87 Abs. 2, § 64 Abs. 6 ArbGG i. V. m. § 519 Abs. 2 ZPO. Die Einlegung beim ArbG wahrt keine Frist da die Beschwerde erst dann wirksam eingelegt ist, wenn sie an das LAG weitergeleitet worden ist. **1151**

### d) Beschwerdebefugnis

Die Beschwerde ist nur zulässig, wenn der Beschwerdeführer beschwerdebefugt ist. **Dies sind grds. alle Beteiligten, die durch die Entscheidung des ArbG in ihrer betriebsverfassungs-, personalvertretungs- oder mitbestimmungsrechtlichen Rechtsstellung unmittelbar betroffen** sind (*BAG* 19.11.1985 EzA § 2 TVG Nr. 15). **1152**

Fordert eine gesetzliche Bestimmung, z. B. § 23 Abs. 1 BetrVG, eine bestimmte Mindestzahl von Antragstellern, so ist jeder Antragsteller für sich beschwerdebefugt. Die Frage, ob genügend Antragsteller die Beschwerde eingelegt haben, betrifft die Zulässigkeit bzw. Unzulässigkeit des gestellten Antrags (*BAG* 12.2.1985 EzA § 19 BetrVG 1972 Nr. 21). Ist ein Organ Beteiligter, ist es immer in seiner jeweiligen Zusammensetzung Beteiligter und damit beschwerdebefugt, z. B. ist immer der Betriebsrat beschwerdebefugt, der im Zeitpunkt der Einlegung im Amt ist (*LAG Hamm* 4.2.1977 EzA § 23 BetrVG 1972 Nr. 5). **1153**

Beteiligte, die am Verfahren vor dem ArbG irrtümlich nicht beteiligt worden sind, sind beschwerdebefugt (*BAG* 10.9.1985 EzA § 117 BetrVG 1972 Nr. 1), Personen oder Stellen, die irrtümlich im erstinstanzlichen Beschlussverfahren beteiligt worden sind, hingegen nicht (*BAG* 13.3.1984 EzA § 83 ArbGG 1979 Nr. 2). Sie werden auch nicht dadurch beschwerdebefugt, dass sie in einer Rechtsmittelbelehrung über das Recht zur Einlegung der Beschwerde belehrt wurden (*BAG* 20.2.1986 EzA § 5 BetrVG 1972 Nr. 45). **1154**

**Daneben muss der Beschwerdeführer durch die angefochtene Entscheidung auch materiell beschwert sein.** Beim Antragsteller ergibt sich dies daraus, ob seinem Antrag stattgegeben worden ist oder nicht. Eine Beschwer liegt noch nicht dann vor, wenn ihm aus anderen Gründen als ursprünglich geltend gemacht, im Ergebnis Recht gegeben worden ist. **1155**

Bezüglich der übrigen Beteiligten ergibt sich eine materielle Beschwer, wenn sie durch den Inhalt der Entscheidung in einer Rechtsposition nachteilig betroffen sind. Eine Beschwer kann insofern auch dann vorliegen, wenn der gestellte Antrag als unzulässig, anstatt als unbegründet abgewiesen worden ist (*BAG* 29.9.1985 NZA 1986, 400). **1156**

### e) Form und Frist der Beschwerdeeinlegung

Die Beschwerdeschrift muss schriftlich eingereicht und von einem Rechtsanwalt oder einem Verbandsvertreter nach § 11 Abs. 2 S. 2 ArbGG unterzeichnet werden, § 89 Abs. 1 ArbGG. **Dieses Er-** **1157** fordernis besteht nur für die Einreichung der Beschwerdeschrift. Im Verfahren selbst können sich alle Beteiligten auch selbst vertreten, da § 87 Abs. 2 S. 2 ArbGG für die Vertretung lediglich auf § 11 Abs. 1 ArbGG verweist.

1158 In der Beschwerdeschrift muss der Beschluss bezeichnet sein, gegen den die Beschwerde eingelegt wird. Darüber hinaus muss er die Erklärung enthalten, dass gegen ihn die Beschwerde eingelegt werden soll, sowie der Beschwerdeführer angegeben sein (*BAG* 23.7.1975 AP Nr. 31 zu § 518 ZPO). Die übrigen Beteiligten brauchen nicht mit ladungsfähiger Anschrift angegeben zu werden. Das LAG hat sie im Zweifel selbstständig zu ermitteln (*BAG* 16.9.1986 EzA § 518 ZPO Nr. 31).

1159 ▶ Muster 1: Beschwerde

An das *LAG Hessen* ...

**Beschwerde**

In dem Beschlussverfahren

des

- Klaus Apfel ...                                – Beteiligter zu 1
- Berta Schmidt ... und                          – Beteiligter zu 2
- Claudia Cecilius ...                           – Beteiligter zu 3
                                                 – Antragsteller –

Verfahrensbevollmächtigte: ...

weitere Beteiligte:
- der Betriebsrat der Fa. Luft GmbH, vertreten durch seinen Vorsitzenden ...
                                                 – Antragsgegner und Beteiligter zu 4 –

erstinstanzlich vertreten durch ...
- die Fa. Luft GmbH, vertreten durch ihren Geschäftsführer ...
                                                 – Beteiligter zu 5 –

wegen Wahlanfechtung

lege ich namens und mit Vollmacht der Antragsteller gegen den Beschluss des Arbeitsgerichts ... vom ... Aktz: ..., zugestellt am ...

Beschwerde ein.

Die Begründung bleibt einem gesonderten Schriftsatz vorbehalten.

(Unterschrift)

1160 Die Beschwerdeschrift muss innerhalb der Beschwerdefrist nach § 87 Abs. 2 i. V. m. § 66 Abs. 1 S. 1 ArbGG, **d. h. binnen eines Monats nach Zustellung des in vollständiger Form abgefassten Beschlusses, spätestens fünf Monate nach Verkündung**, nach den § 84 ArbGG, § 517 ZPO eingelegt werden (zur Problematik einer fehlenden oder falschen Rechtsmittelbelehrung nach § 9 Abs. 5 ArbGG s. Rdn. 566 ff.). Da es sich bei der Beschwerdefrist um eine Notfrist handelt, § 517 ZPO, ist sie nicht verlängerbar. Es kann bei ihrer schuldlosen Versäumung Wiedereinsetzung in den vorherigen Stand beantragt werden, §§ 87 Abs. 2, 64 Abs. 6 ArbGG i. V. m. § 230 ff. ZPO.

1161 Die Beschwerde muss binnen zwei Monaten nach Zustellung des Beschlusses begründet werden, §§ 87 Abs. 2, 66 Abs. 1 S. 2 ArbGG. **Die Beschwerdebegründungsfrist kann nach § 66 Abs. 1 S. 5 ArbGG verlängert werden.** Sie muss von einem Rechtsanwalt oder einem Verbandsvertreter i. S. d. § 11 Abs. 2 S. 2 ArbGG unterzeichnet sein. Im Übrigen gelten die gleichen formalen Voraussetzungen wie für die Berufungsbegründungsschrift (s. Rdn. 710 ff.).

1162 **Spätestens in der Beschwerdebegründung muss der Beschwerdeantrag gestellt werden**, zumindest muss er sich aus ihr ergeben. Nach § 89 Abs. 2 S. 2 ArbGG muss ferner angegeben werden, auf welche Beschwerdegründe, sowie auf welche neuen Tatsachen die Beschwerde gestützt wird. **Allein die Bezugnahme auf das Vorbringen in der ersten Instanz reicht nicht aus. Der Gesetzgeber fordert eine ausführliche Auseinandersetzung mit der angefochtenen Entscheidung.** Die Beschwerde kann nicht damit begründet werden, es seien Mängel im Verfahren bei der Berufung der ehrenamtlichen Richter zu verzeichnen bzw. das ArbG habe zu Unrecht im Beschlussverfahren entschieden bzw. seine Zuständigkeit zu Unrecht angenommen, §§ 88, 65 ArbGG.

▶ **Muster 2: Beschwerde** 1163

An das *LAG Hessen* ...

In dem Verfahren ...

(Rubrum wie bei Beispiel 1).

... wird beantragt zu erkennen:

Der Beschluss des ArbG ... vom ... Aktz.: ..., zugestellt am ... wird aufgehoben und die Betriebsratswahl vom ... wird für unwirksam erklärt.

Gründe:

I ... (Sachverhalt)

II ... (Prozessgeschichte)

III ... (Materielle Begründung)

(Unterschrift)

*f) Rechtswirkungen der Einlegung der Beschwerde*

Der Einlegung der Beschwerde kommt ein Devolutiv- und ein Suspensiveffekt zu, § 87 Abs. 3 1164 ArbGG. Dies gilt auch dann, wenn sie sich später als unzulässig oder unbegründet erweisen sollte. Lediglich in vermögensrechtlichen Streitigkeiten findet ein Suspensiveffekt nicht statt, §§ 87 Abs. 3, 85 Abs. 1 S. 2 ArbGG.

*g) Anschlussbeschwerde*

Auch im Beschlussverfahren ist eine Anschlussbeschwerde zulässig, § 524 ZPO, §§ 87 Abs. 2 1165 i. V. m. 64 Abs. 6 ArbGG (*BAG* 12.1.1988 EzA § 87 BetrVG 1972 Arbeitszeit Nr. 26). Sie kann nur von einem beschwerdebefugten Beteiligten eingelegt werden. Es gelten im Übrigen die Ausführungen zur Anschlussberufung entsprechend (s. Rdn. 731 ff.).

## 2. Entscheidung über die Zulässigkeit der Beschwerde

Das LAG entscheidet grds. über die Zulässigkeit der Beschwerde in seinem verfahrensbeendenden 1166 Beschluss nach § 91 ArbGG, der auf Grund einer mündlichen Anhörung ergeht. Nach § 89 Abs. 3 ArbGG kann es die Beschwerde, wenn sie nicht form- oder fristgerecht eingereicht worden ist, ohne mündliche Verhandlung als unzulässig verwerfen. **Die Entscheidung ist in diesem Fall endgültig und nicht anfechtbar** (*BAG* 25.7.1989 EzA § 89 ArbGG 1979 Nr. 2). Sie ergeht durch den Vorsitzenden allein, § 89 Abs. 3 S. 2 ArbGG. Wird die Beschwerde nach § 89 Abs. 3 ArbGG verworfen, ist der Beschluss dem Beschwerdeführer zuzustellen und den Beteiligten, an die die Beschwerdeschrift bereits zugestellt wurde, mitzuteilen.

§ 522 Abs. 2 und 3 ZPO finden keine Anwendung, § 89 Abs. 3 S. 4 ArbGG. 1167

Darüber hinaus wird vertreten, dass das vereinfachte Verfahren nach § 89 Abs. 3 ArbGG auch beim 1168 Vorliegen anderer formeller Gründe, die zur Unzulässigkeit der Beschwerde führen, angewendet werden kann, z. B. wenn der Beschwerdeführer zuvor schon wirksam auf die Einlegung der Beschwerde verzichtet hat oder eine Beschwerdefähigkeit nicht vorliegt (GMPM-G/*Matthes* § 89 Rn. 48). Diese Ansicht erscheint bedenklich, da der Verwerfungsbeschluss nach § 89 Abs. 3 ArbGG endgültig ist, eine Rechtsbeschwerde an das BAG nicht möglich ist, wohingegen dies gegen verfahrensbeendende Beschlüsse nach § 91 ArbGG ggf. der Fall ist. Eine extensive Auslegung des Wortlauts des § 89 Abs. 3 ArbGG führt damit zu einer gesetzlich nicht vorgesehenen Rechtsmittelverkürzung (vgl. Schwab/Weth-*Busemann* § 89 Rn. 26 ff.).

1169 Wird die Beschwerde wegen nicht eingehaltener Form oder Frist nach mündlicher Verhandlung durch Beschluss verworfen, ist diese Entscheidung ebenfalls nicht anfechtbar sondern endgültig, selbst wenn das LAG die Rechtsbeschwerde zu Unrecht zugelassen hat (*BAG* 28.8.1969 AP Nr. 11 zu § 92 ArbGG 1953).

1170 Kommt das LAG zum Ergebnis, die Beschwerde ist form- und fristgerecht eingelegt worden, kann es dies durch Zwischenbeschluss ausdrücklich feststellen; regelmäßig geschieht dies jedoch nicht, sondern erst in den Gründen des verfahrensbeendenden Beschlusses nach § 91 ArbGG.

### 3. Der weitere Verfahrensablauf

#### a) Vorbereitung des Anhörungstermins

1171 Nach Eingang der Beschwerdeschrift und der Beschwerdebegründung stellt der Kammervorsitzende diese den Beteiligten zu, § 90 Abs. 1 S. 2 ArbGG, und räumt ihnen Gelegenheit zur Äußerung ein. Diese kann entweder durch einen Schriftsatz oder durch Erklärung zur Niederschrift der Geschäftsstelle des ArbG, das den angefochtenen Beschluss erlassen hat, erfolgen, § 90 Abs. 1 ArbGG. Von der Zustellung der Beschwerdeschrift kann abgesehen werden, wenn bereits feststeht, dass die Beschwerde als unzulässig zu verwerfen ist.

1172 Das Setzen einer Frist zur Äußerung erscheint sinnvoll. Ihre Versäumung durch einen Beteiligten führt nach § 83 Abs. 1a ArbGG zur Zurückweisung seines Vorbringens als verspätet, wenn die Zulassung die Erledigung des Verfahrens verzögern würde und er die Verzögerung nicht entschuldigen kann (s. Rdn. 1096). Für die schriftsätzliche Äußerung der Beteiligten besteht kein Vertretungszwang, §§ 87 Abs. 2, 11 Abs. 1 ArbGG.

1173 Bezüglich des weiteren Verfahrens enthält das ArbGG keine Vorschriften. In § 90 Abs. 2 ArbGG wird insofern auf das erstinstanzliche Verfahren und dort auf die §§ 83, 83a ArbGG verwiesen. Es ist daher alsbald Termin zur Anhörung der Beteiligten zu bestimmen, § 64 Abs. 6 ArbGG, § 523 Abs. 1 ZPO, wozu diese zu laden sind. Die Ladungsfrist beträgt zwei Wochen, §§ 523 Abs. 2, 274 Abs. 3 ZPO.

#### b) Antragsänderung

1174 Eine Antragsänderung ist auch noch im Beschwerdeverfahren zulässig, §§ 87 Abs. 2 S. 3, 81 Abs. 3 ArbGG. Es gelten die gleichen Grundsätze wie im erstinstanzlichen Verfahren (s. Rdn. 1083 ff.). Die Entscheidung des LAG über ihre Zulassung ist unanfechtbar (vgl. *BAG* 12.11.2002 EzA § 99 BetrVG 2001 Nr. 2).

#### c) Der Anhörungstermin

1175 Das Verfahren im Anhörungstermin entspricht dem des erstinstanzlichen Verfahrens, § 90 Abs. 2 ArbGG (s. Rdn. 1113 ff.). **Eine Zurückweisung von neuem Vorbringen, welches in der ersten Instanz nicht vorgebracht worden ist, ist unter den Voraussetzungen des § 87 Abs. 3 ArbGG nunmehr möglich** (s. Rdn. 739 ff.).

1176 Beschlüsse und Verfügungen während des Verfahrens sind nach § 90 Abs. 3 ArbGG nicht rechtsmittelfähig. Hierunter sind nur verfahrensleitende Beschlüsse, nicht die abschließende Entscheidung nach § 91 ArbGG, zu verstehen.

## 4. Beendigungsmöglichkeiten

### a) Antragsrücknahme

Auch noch in der zweiten Instanz ist eine Antragsrücknahme möglich, § 87 Abs. 2 S. 3 ArbGG, **allerdings nur mit Zustimmung aller Beteiligten** (Schwab/Weth-*Busemann* § 87 Rn. 44 f.); a. A. *Grunsky* § 87 Rn. 30, der die Zustimmung des Antragsgegners genügen lässt). Sinn und Zweck des Zustimmungserfordernisses ist es, dass sich der Antragsteller nicht mehr einseitig dem Verfahren entziehen kann, nachdem das ArbG über den Antrag bereits entschieden hat (*BAG* 10.6.1986 EzA § 80 BetrVG 1972 Nr. 26). Die Zustimmung der sonstigen Beteiligten muss ausdrücklich erklärt werden. 1177

Der Kammervorsitzende hat das Verfahren einzustellen und den Beteiligten hiervon Mitteilung zu machen (s. Rdn. 1116). Der angefochtene Beschluss des ArbG wird gem. § 269 Abs. 2 ZPO wirkungslos, was auf Antrag eines Beteiligten vom Gericht auszusprechen ist. 1178

### b) Beschwerderücknahme/Beschwerdeverzicht

Bis zur rechtskräftigen Entscheidung des LAG kann die Beschwerde zurückgenommen werden, § 89 Abs. 4 ArbGG. Geschieht dies schriftlich, muss ein Rechtsanwalt oder Verbandsvertreter den Schriftsatz unterschreiben. Die Beschwerde kann allerdings auch von den Beteiligten selbst mündlich zu Protokoll im Anhörungstermin zurückgenommen werden. **Einer Zustimmung sonstiger Beteiligter bedarf es nicht.** Als Prozesshandlung ist sie unwiderruflich. 1179

Wird die Beschwerde zurückgenommen, hat der Vorsitzende das Verfahren durch Beschluss einzustellen. Ob es sich hierbei nur um einen deklaratorischen und damit unanfechtbaren Beschluss handelt oder ob mit ihm erst die Rechtshängigkeit beendet wird, ist streitig (s. Rdn. 1082, 1116). 1180

Jeder Beteiligte kann entsprechend § 515 ZPO darauf verzichten, gegen den Beschluss der ersten Instanz Beschwerde einzulegen. Wird der Verzicht erst gegenüber dem Beschwerdegericht erklärt, bedarf er der sich aus § 89 Abs. 1 ArbGG ergebenden Form oder er ist zu Protokoll im Anhörungstermin zu erklären. Bei der Erklärung handelt es sich um eine unwiderrufliche Prozesshandlung, die eine dennoch eingelegte Beschwerde unzulässig macht. 1181

### c) Vergleich, Erledigung der Hauptsache

Gem. §§ 90 Abs. 3, 83a ArbGG kann das Verfahren durch Vergleich oder Erledigungserklärung beendet werden (*BAG* 27.8.1996 EzA § 83a ArbGG 1979 Nr. 4). 1182

### d) Beschluss

Über die Beschwerde entscheidet das LAG durch Beschluss, § 91 Abs. 1 ArbGG. § 522 Abs. 2 und 3 ZPO ist dabei nicht anwendbar, § 89 Abs. 3 ArbGG. **Eine Zurückverweisung des Verfahrens an das ArbG ist unzulässig.** Er ist schriftlich niederzulegen, d. h. mit Tatbestand und Entscheidungsgründen zu versehen, die üblicherweise unter der Überschrift Gründe I und II niedergeschrieben werden, sodann von allen Mitgliedern der Kammer zu unterzeichnen, § 91 Abs. 2 ArbGG. Wie in der ersten Instanz bedarf es keiner Festsetzung des Streitwerts und keiner Kostenentscheidung (s. Rdn. 1132 ff.). 1183

Im Übrigen finden die gleichen Vorschriften der ZPO auf die formelle Gestaltung des Beschlusses Anwendung, wie sie für das Berufungsurteil gelten (s. Rdn. 771 ff.). 1184

Im Tenor der Entscheidung ist auszusprechen, ob die Rechtsbeschwerde zugelassen wird. Eine Zulassung erst in den Gründen reicht nach § 64 Abs. 3a ArbGG, der über §§ 92 Abs. 1, 72 Abs. 1 S. 2 ArbGG Anwendung findet, nicht mehr aus (s. Rdn. 788 ff.). 1185

Lässt das LAG die Rechtsbeschwerde zu, ist dem Beschluss eine Rechtsmittelbelehrung nach § 9 Abs. 5 ArbGG beizulegen. Wird die Rechtsbeschwerde nicht zugelassen, bedarf es keiner Rechtsmit- 1186 telbelehrung über die Möglichkeit der Einlegung der Nichtzulassungsbeschwerde, da es sich hierbei nur um einen Rechtsbehelf und nicht um ein Rechtsmittel handelt (BAG 1.4.1980 EzA § 72a ArbGG 1979 Nr. 11).

1187 Für die Verkündung gilt das Gleiche wie für die Verkündung des Berufungsurteils, §§ 91 Abs. 2, 69 Abs. 1 S. 2 ArbGG (s. Rdn. 771 ff.).

## V. Das Rechtsbeschwerdeverfahren

### 1. Statthaftigkeit

1188 Das Rechtsbeschwerdeverfahren ist statthaft, wenn es im Beschluss des LAG nach § 91 ArbGG zugelassen worden ist oder auf Grund einer Nichtzulassungsbeschwerde nach § 92a ArbGG vom BAG selbst zugelassen wird oder im Fall der Zulassung im Beschluss des ArbG, bei Vorliegen der Voraussetzungen einer Sprungrechtsbeschwerde, § 96a ArbGG.

1189 Nicht statthaft ist die Rechtsbeschwerde gegen Beschlüsse des LAG nach §§ 89 Abs. 3, 90 Abs. 3 und 98 Abs. 2 ArbGG, **selbst wenn das LAG sie für statthaft erklärt hat** (BAG 26.7.1989 EzA § 89 ArbGG 1979 Nr. 3).

*a) Zulassung durch das LAG*

1190 Das LAG hat die Rechtsbeschwerde gem. § 92 Abs. 1 S. 2 ArbGG in den Fällen zuzulassen, in denen es im Fall des Ausspruchs eines Urteils im Urteilsverfahren die Revision zulassen müsste (s. Rdn. 787 ff.).

1191 **Die Zulassungsentscheidung muss grds. im Tenor des Beschlusses erfolgen** (s. Rdn. 790).

*b) Zulassung auf Grund Nichtzulassungsbeschwerde*

1192 Die Nichtzulassungsbeschwerde nach § 92a ArbGG entspricht der Regelung der Nichtzulassungsbeschwerde im Urteilsverfahren, § 72a ArbGG. Neben der Grundsatzbeschwerde gibt es, wie bei der Nichtzulassungsbeschwerde nach § 72a ArbGG, **die Divergenzbeschwerde** (s. Rdn. 837 ff.) und die Nichtzulassungsbeschwerde wegen Verfahrensfehlern (s. Rdn. 827 ff.).

1193 Die Nichtzulassungsbeschwerde muss von einem Rechtsanwalt eingelegt und begründet werden. Im übrigen Verfahren und für die übrigen Beteiligten gilt kein Vertretungszwang.

1194 Gegen die Nichtzulassung der Rechtsbeschwerde nach §§ 126, 122 Abs. 3 InsO ist eine Nichtzulassungsbeschwerde nicht statthaft (BAG 14.8.2001 – 2 ABN 20/01, FA 2002, 87 LS).

1195 Eine Beschwerde gegen die Nichtzulassung der Rechtsbeschwerde in einer Entscheidung des LAG, deren vollständige Gründe erst nach Ablauf von fünf Monaten seit Verkündung unterschrieben der Geschäftsstelle übergeben wurde, ist ebenfalls unzulässig (BAG 1.10.2003 – 1 ABN 62/01, EzA § 92a ArbGG 1979 Nr. 5). Es besteht insofern aber die Möglichkeit **sofortige Beschwerde** nach § 92b ArbGG einzulegen. Es gelten die gleichen Grundsätze, wie bei der sofortigen Beschwerde nach § 72b ArbGG (s. Rdn. 1013 ff.).

*c) Zulassung durch das ArbG*

1196 Gegen den das Verfahren beendenden Beschluss des ArbG kann unter Übergehung der Beschwerdeinstanz unmittelbar Rechtsbeschwerde zum BAG eingelegt werden, wenn die übrigen Beteiligten schriftlich zustimmen und wenn sie vom ArbG **wegen grundsätzlicher Bedeutung** der Rechtssache auf Antrag im verfahrensbeendenden Beschluss oder nachträglich durch gesonderten Beschluss zugelassen wird, § 96a Abs. 1 S. 1 ArbGG.

1197 Anders als bei der Sprungrevision und der Nichtzulassungsbeschwerde kommt es nicht auf den Streitgegenstand an, sondern lediglich darauf, dass die Rechtsbeschwerde wegen grundsätzlicher Bedeutung der Rechtssache zugelassen wird. Sie ist daher in allen Rechtsstreitigkeiten, in denen im Beschlussverfahren entschieden wird, möglich (*BAG* 18.2.2003 EzA § 7 ArbZG Nr. 4).

Grds. sind alle Beteiligten des Verfahrens antragsberechtigt. Der Antrag kann bereits vor oder während des erstinstanzlichen Verfahrens oder aber auch erst nach Verkündung der Entscheidung binnen einer Notfrist von einem Monat nach Zustellung des in vollständiger Form abgefassten Beschlusses schriftlich gestellt werden. Die übrigen Beteiligten müssen dem Antrag zustimmen. Wird der Antrag erst nach Verkündung des Beschlusses gestellt, muss die Zustimmungserklärung der übrigen Beteiligten bereits dem Zulassungsantrag an das ArbG beigefügt werden. Sie kann von den Beteiligten selbst gefertigt werden, sie muss schriftlich erfolgen. Ein Vertretungszwang besteht nicht. 1198

Wird der Antrag bereits während des Verfahrens gestellt, entscheidet die Kammer des ArbG unter Einschluss der ehrenamtlichen Richter in seinem Beschluss über den Zulassungsantrag, richtigerweise bereits im Tenor. Bei einem nachträglich gestellten Antrag entscheidet der Vorsitzende gem. § 53 Abs. 1 ArbGG allein. 1199

Der die Sprungrechtsbeschwerde zulassende Beschluss ist für das BAG bindend, § 96a Abs. 2 i. V. m. § 76 Abs. 2 S. 2 ArbGG. Wird der Antrag auf Zulassung der Sprungrechtsbeschwerde abgelehnt, ist die Entscheidung unanfechtbar, § 96a Abs. 2 i. V. m. § 76 Abs. 2 S. 3 ArbGG. Im Übrigen findet über § 96a Abs. 2, § 76 Abs. 2 und Abs. 3 bis 6 ArbGG Anwendung (s. Rdn. 896 ff.). 1200

### 2. Vertretung der Beteiligten

Die Parteien können sich auch vor dem BAG im **Rechtsbeschwerdeverfahren selbst vertreten**, § 92 Abs. 2 S. 2 i. V. m. § 11 Abs. 1 ArbGG. 1201

### 3. Einlegung und Begründung der Rechtsbeschwerde

Form und Inhalt der Rechtsbeschwerde bestimmen sich nach den §§ 94, 92 Abs. 2, 74 Abs. 1, 72 Abs. 5 ArbGG i. V. m. §§ 548 ff. ZPO, für die Anschlussbeschwerde § 554 ZPO. 1202

*a) Rechtsbeschwerdebefugnis*

Jeder beschwerte Beteiligte des Verfahrens ist berechtigt, Rechtsbeschwerde einzulegen. Insofern gelten die gleichen Grundsätze wie für die Beschwerdebefugnis bei Einlegung der Beschwerde nach § 87 ArbGG (s. Rdn. 1152 ff.). 1203

*b) Form*

Die Rechtsbeschwerde muss schriftlich eingelegt werden, § 549 Abs. 1 ZPO, wobei in der Rechtsbeschwerdeschrift der Beschluss bezeichnet werden muss, gegen den die Rechtsbeschwerde gerichtet ist und die Erklärung enthalten sein muss, dass gegen diesen Beschluss die Rechtsbeschwerde eingelegt wird, § 94 Abs. 2 S. 1 ArbGG. Sie muss von einem Rechtsanwalt unterzeichnet sein, allein die Unterschrift eines Verbandsvertreters genügt nicht. 1204

▶ **Muster: Beschwerde** 1205

An das BAG ...

In dem Beschlussverfahren

des

Karl Apfel ...,  – Beteiligter zu 1
Berta Pflug ... und  – Beteiligter zu 2
Claudia Cecilius ...  – Beteiligter zu 3

– Antragsteller –

Verfahrensbevollmächtigte: ...

weitere Beteiligte:
- der Betriebsrat der Fa. Luft GmbH, vertreten durch seinen Vorsitzenden ...

— Antragsgegner und Beteiligter zu 4 —

erstinstanzlich vertreten durch ...
- die Fa. Luft GmbH, vertreten durch ihren Geschäftsführer ...

— Beteiligter zu 5 —

wegen Wahlanfechtung

lege ich namens und mit Vollmacht der Antragsteller gegen den Beschluss des LAG ... vom ... Aktz: ..., zugestellt am ...

**Rechtsbeschwerde** ein.

Die Begründung bleibt einem gesonderten Schriftsatz vorbehalten.

(Unterschrift)

1206 Im gleichen oder in einem folgenden Schriftsatz muss die Rechtsbeschwerde begründet werden, § 551 Abs. 1 ZPO. Dies gilt auch dann, wenn die Rechtsbeschwerde erst aufgrund einer erfolgreichen Nichtzulassungsbeschwerde (§ 92a ArbGG) zugelassen worden ist und die Begründung der Nichtzulassungsbeschwerde bereits den Anforderungen nach den § 72 Abs. 5 ArbGG i. V. m. § 94 Abs. 3 ArbGG entsprochen hatte (*BAG* 27.4.2008 – 1 ABR 56/06, FA 2008, 254 LS). Eine Bezugnahme auf die Begründung der Nichtzulassungsbeschwerde ist allerdings möglich. Auch die Begründungsschrift muss von einem Rechtsanwalt unterzeichnet und angegeben sein, inwieweit die Abänderung des angefochtenen Beschlusses beantragt wird, welche Bestimmungen verletzt sein sollen und worin die Verletzung bestehen soll, § 94 Abs. 2 S. 2 ArbGG. Es gelten im Übrigen die Vorschriften über die Revisionsbegründung bzgl. Form, Inhalt und Fristen entsprechend (s. Rdn. 915 ff.).

1207 Die Rechtsbeschwerde kann nicht auf Verfahrensmängel i. S. d. § 65 ArbGG gestützt werden, § 93 Abs. 2 ArbGG oder dass der Beschluss nicht binnen fünf Monaten abgesetzt wurde, § 93 Abs. 1 S. 2 ArbGG (s. Rdn. 776 ff.), sondern nur darauf, dass der angefochtene Beschluss auf **der Nichtanwendung oder unrichtigen Anwendung einer Rechtsnorm beruht**, § 93 Abs. 1 ArbGG. Die vom Beschwerdeführer gem. § 94 Abs. 2 ArbGG geforderte Auseinandersetzung mit den Beschlussgründen geht dabei über die Anforderungen an eine Revisionsbegründung nach § 551 Abs. 3 ZPO hinaus.

1208 Wird die Verletzung von Verfahrensvorschriften gerügt, gilt § 551 Abs. 3 Nr. 2b ZPO entsprechend. Wird die Verletzung der Amtsaufklärungspflicht gerügt, muss im Einzelnen in der Begründungsschrift aufgezeigt werden, welche weiteren Tatsachen von der Vorinstanz hätten aufgeklärt werden müssen, welche Beweismittel hätten herangezogen werden können und weswegen dies das Beschwerdegericht hätte von sich aus durchführen müssen. Wird gerügt, ein notwendig zu Beteiligender sei zu Unrecht nicht beteiligt worden, bedarf es allerdings keiner weiteren Darlegung darüber, dass die Beschwerdeentscheidung bei Hinzuziehung des Beteiligten anders ausgefallen wäre (*BAG* 10.2.1986 EzA § 64 BetrVG 1972 Nr. 2).

1209 Die Beschwerde kann grds. nicht auf neue Tatsachen gestützt werden (*BAG* 24.7.1990 EzA § 2 TVG Tarifzuständigkeit Nr. 2).

*c) Rechtswirkung*

1210 Die Einlegung der Rechtsbeschwerde hat aufschiebende Wirkung, § 92 Abs. 3 ArbGG. **Als Rechtsmittel kommt ihr ein Suspensiv- und ein Devolutiveffekt zu.** Hiervon unberührt bleibt die Vollstreckbarkeit von Beschlüssen in vermögensrechtlichen Streitigkeiten, §§ 92 Abs. 3 S. 2, 85 Abs. 1 S. 2, 62 Abs. 1 S. 2 und 3 ArbGG. Auf Antrag kann das BAG nach § 85 Abs. 1 S. 3 ArbGG i. V. m. § 719 Abs. 2 ZPO die Zwangsvollstreckung vorläufig einstellen.

### d) Anschlussrechtsbeschwerde

Nach §§ 92 Abs. 2, 72 Abs. 5 ArbGG i. V. m. § 554 ZPO ist eine Anschlussrechtsbeschwerde zulässig (*BAG* 11.7.1990 AP Nr. 9 zu Art. 56 ZA-NTS). **1211**

Der sich anschließende Beteiligte muss binnen eines Monats nach Zustellung der Rechtsbeschwerdebegründung Anschlussrechtsbeschwerde einlegen. **Bereits im Einlegungsschriftsatz ist sie zu begründen**, § 554 Abs. 3 S. 1 ZPO. Es genügt allerdings, wenn die Begründung noch innerhalb der Frist nachgereicht wird (GMPM-G/*Matthes* § 94 Rn. 24). **1212**

Die Anschließung verliert ihre Wirkung, wenn die Rechtsbeschwerde zurückgenommen oder als unzulässig verworfen wird, § 554 Abs. 4 ZPO. **1213**

### 4. Entscheidung über die Zulässigkeit der Rechtsbeschwerde

Das BAG prüft bei Einlegung der Rechtsbeschwerde, ob sie statthaft und in der gesetzlichen Form und Frist eingelegt und begründet worden ist. Fehlt es an einem dieser Voraussetzungen, wird die Rechtsbeschwerde als unzulässig verworfen, was nach § 94 Abs. 2 S. 3 i. V. m. § 74 Abs. 2 S. 3 ArbGG durch Beschluss des Senats ohne Hinzuziehung der ehrenamtlichen Richter und auch ohne mündliche Verhandlung geschehen kann. Gem. §§ 94 Abs. 2 S. 3, 74 Abs. 2 ArbGG, § 552 ZPO gelten dieselben Unwirksamkeitsgründe wie bei der Revision (s. Rdn. 932 ff.). **1214**

Der Verwerfungsbeschluss ist allen Beteiligten – auch dem Beschwerdeführer – formlos mitzuteilen, § 329 Abs. 2 ZPO. **1215**

### 5. Der weitere Verfahrensablauf

#### a) Vorbereitungshandlung des Senatsvorsitzenden

Nach Eingang der Rechtsbeschwerde und ihrer Begründung sind die Schriftsätze allen Beteiligten zuzustellen, es sei denn die Rechtsbeschwerde ist als unzulässig zu verwerfen. **1216**

Sie sind zur Äußerung aufzufordern, § 95 Abs. 1 ArbGG. Dies hat durch Einreichung von Schriftsätzen beim BAG zu erfolgen oder durch Erklärung zur Niederschrift der Geschäftsstelle des LAG, das den angefochtenen Beschluss erlassen hat. Geht innerhalb der gesetzten Frist keine Äußerung ein, steht dies dem Fortgang des Verfahrens nicht entgegen, d. h. der Anspruch auf rechtliches Gehör ist gewahrt und es kann in der Sache entschieden werden. **1217**

**Sodann ist darüber zu befinden, ob im schriftlichen Verfahren, was die Regel ist, oder nach mündlicher Anhörung der Beteiligten entschieden werden soll.** Insofern kommt dem BAG ein Wahlrecht zu (*BAG* 22.10.1985 EzA § 99 BetrVG 1972 Nr. 44). Sofern eine mündliche Anhörung ausnahmsweise erfolgen soll, ist der Termin festzusetzen und den Beteiligten durch förmliche Zustellung mitzuteilen, ansonsten ist der Termin festzusetzen, an dem das BAG ohne mündliche Verhandlung im schriftlichen Verfahren entscheiden wird. **1218**

Die Ladungsfrist beträgt nach §§ 92 Abs. 2 S. 1, 77 Abs. 5 ArbGG i. V. m. §§ 553, 274 Abs. 3 ZPO mindestens zwei Wochen. **1219**

#### b) Verfahrensgegenstand

Verfahrensgegenstand ist die angefochtene Entscheidung des LAG. Diese ist vom BAG im Rahmen der gestellten Anträge zu überprüfen, § 557 Abs. 1 ZPO. **Eine Antragsänderung ist in der Rechtsbeschwerdeinstanz grds. nicht zulässig** (*BAG* 10.4.1984 EzA § 81 ArbGG 1979 Nr. 5), da § 92 Abs. 2 ArbGG nicht auf § 81 Abs. 3 ArbGG verweist. Im Einzelfall wird aus prozessökonomischen Gründen allerdings eine Antragsänderung dann, wenn sie sich auch auf den vom Beschwerdegericht bereits festgestellten Sachverhalt bezieht, zugelassen (*BAG* 5.11.1985 EzA § 98 BetrVG 1972 Nr. 2). **1220**

Das BAG ist nicht an die in der Antrags- oder Antragsbegründungsschrift genannten Rechtsbeschwerdegründe gebunden, § 557 Abs. 3 ZPO. **1221**

1222 Verfahrensmängel dürfen nur dann überprüft werden, wenn sie in der vorgeschriebenen Weise gerügt worden sind, es sei denn es handelt sich um von Amts wegen zu berücksichtigende Verfahrensmängel, wie z. B. die Frage der Zulässigkeit der Beschwerde an sich, der Antragsbefugnis des Antragstellers oder des Bestehens oder Fortbestehens eines Rechtsschutzinteresses des Antragstellers, § 557 Abs. 3 S. 2 ZPO.

1223 **Der Amtsermittlungsgrundsatz, § 83 ArbGG, findet im Rechtsbeschwerdeverfahren keine Anwendung.** Es werden keine neuen Tatsachen ermittelt, sondern auf der Grundlage der Tatsachenermittlung des LAG die Richtigkeit des erlassenen Beschlusses überprüft.

1224 Bezüglich der tatsächlichen Entscheidungsgrundlagen ist das BAG an das Vorbringen der Parteien, wie es sich aus der Beschwerdeentscheidung des LAG bzw. dem Sitzungsprotokoll ergibt, gebunden (§ 559 ZPO). Neues tatsächliches Vorbringen kann nur ausnahmsweise dann berücksichtigt werden, wenn es unstreitig ist, wenn es das Bestehen bzw. Weiterbestehen des Rechtsschutzinteresses betrifft (*BAG* 23.1.1986 EzA § 5 BetrVG 1972 Nr. 7) oder wenn sich die Hauptsache tatsächlich erledigt hat (GMPM-G/*Matthes* § 96 Rn. 11).

### 6. Beendigung des Verfahrens

#### a) Unstreitige Beendigung

1225 Der Antragsteller kann seinen Antrag auf **Einleitung des Beschlussverfahrens** auch noch in der Rechtsbeschwerdeinstanz **mit Zustimmung der anderen Beteiligten** zurücknehmen. Die Zustimmung muss ausdrücklich erfolgen. Stimmen alle Beteiligten der Antragsrücknahme zu, hat der Senatsvorsitzende das Verfahren einzustellen und den Beteiligten von der Einstellung Mitteilung zu machen (zu den Rechtswirkungen s. Rdn. 1177 ff.).

1226 Nach § 94 Abs. 3 ArbGG kann die Rechtsbeschwerde jederzeit in der für **ihre Einlegung vorgeschriebenen Form zurückgenommen werden**. Es gilt im Übrigen das Gleiche, wie bei der Rücknahme der Beschwerde (s. Rdn. 1179 ff.).

1227 Auch im Rechtsbeschwerdeverfahren kann das Verfahren, wie im Revisionsverfahren, durch einen Vergleich oder eine übereinstimmende Erledigungserklärung beendet werden (§§ 92 Abs. 2, 72 ff. ArbGG).

#### b) Verfahrensbeendender Beschluss

1228 Bezüglich der Verwerfung der Rechtsbeschwerde vergleiche die Ausführungen o. Rdn. 1184 ff.

1229 Nach § 96 ArbGG i. V. m. §§ 562, 563 ZPO ergeht die Entscheidung des BAG über die Rechtsbeschwerde durch Beschluss. Es gelten die für das Revisionsverfahren dargestellten Grundsätze entsprechend (s. Rdn. 995 ff.).

## VI. Beschlussverfahren in besonderen Fällen

### 1. Entscheidung über die Tariffähigkeit und Tarifzuständigkeit einer Vereinigung

1230 In § 97 ArbGG sind einige Sonderregelungen für Beschlussverfahren aufgeführt, in denen über die Tariffähigkeit oder die Tarifzuständigkeit einer Vereinigung gestritten wird, § 2a Abs. 1 Nr. 4 ArbGG (s. Kap. 14 Rdn. 323 ff.).

#### a) Streitgegenstand

1231 § 97 ArbGG stellt klar, dass es sich dabei um ein ordentliches Beschlussverfahren i. S. d. §§ 80 ff. ArbGG handelt und nicht um ein eigenes besonderes Verfahren neben dem Urteils- und Beschlussverfahren. Der Streitgegenstand besteht darin, dass entweder streitig ist, ob eine Arbeitnehmer- oder Arbeitgebervereinigung eine Vereinigung i. S. d. § 2 TVG ist, mithin Tarifverträge mit normativer Wirkung für ihre Mitglieder abschließen kann (vgl. GK-ArbGG/*Dörner* § 97 Rn. 9 bis 11), oder

## B. Beschlussverfahren

ob es einer unstreitig tariffähigen Vereinigung gem. der in ihrer Satzung geregelten Befugnisse zusteht, Tarifverträge für einen bestimmten räumlichen, betrieblich-fachlichen und persönlichen Geltungsbereich abzuschließen (*BAG* 19.11.1985 EzA § 2 TVG Nr. 15; 22.11.1988 EzA § 2 TVG Tarifzuständigkeit Nr. 1). Der Streit muss nicht notwendig zwischen den sozialen Gegenspielern erwachsen sein. Er kann z. B. auch zwischen mehreren Gewerkschaften entstehen, wenn es um ihre Tarifzuständigkeit geht (GMPM-G/*Matthes* § 97 Rn. 7).

Streitig ist, ob nach § 97 ArbGG auch ein Streit über die Tariffähigkeit oder **Tarifzuständigkeit von Handwerksinnungen oder Innungsverbänden** zu entscheiden ist, welche nach § 54 Abs. 3 Nr. 1 und § 82 Nr. 3 HandWO kraft Gesetzes tariffähig sind (GMPM-G/*Matthes* § 97 Rn. 5).    1232

### b) Einleitung des Verfahrens

Das Beschlussverfahren nach § 97 ArbGG wird nur auf Antrag eingeleitet.    1233

**Antragsberechtigt** sind zum einen die **in § 97 Abs. 1 ArbGG genannten Vereinigungen von Arbeitnehmern und Arbeitgebern**, sofern sie räumlich und sachlich nach ihrer Satzung zuständig sind. Die antragstellende Vereinigung muss selbst tariffähig sein. Sofern die Vereinigungen ihre Spitzenorganisation nach § 2 Abs. 2, 3 TVG zum Abschluss von Tarifverträgen ermächtigt haben oder dies zu ihren satzungsmäßigen Aufgaben gehört, sind auch sie antragsbefugt (vgl. GK-ArbGG/*Dörner* § 97 Rn. 28).    1234

Die **oberste Arbeitsbehörde des Bundes** ist antragsbefugt, wenn sich die Tätigkeit der Vereinigung, um die es bei dem Rechtsstreit geht, über das Gebiet eines Landes hinaus erstreckt, andernfalls ist dies die **oberste Arbeitsbehörde des betreffenden Landes**.    1235

Ein **einzelner Arbeitgeber** kann antragsberechtigt sein, wenn die Tarifzuständigkeit oder -fähigkeit einer Gewerkschaft streitig ist, die als tariflicher Gegenspieler gerade des einzelnen Arbeitgebers auftritt, z. B. wenn es um den Abschluss eines Firmentarifvertrags geht. Hingegen ist eine Feststellungsklage einer Gewerkschaft über den Geltungsbereich eines Tarifvertrags auch gegenüber einem einzelnen Arbeitgeber unzulässig (*BAG* 10.5.1989 EzA § 256 ZPO Nr. 32).    1236

**Antragsberechtigt sind weiter die Parteien derjenigen Verfahren, die nach § 97 Abs. 5 ArbGG ausgesetzt werden müssen.**    1237

**Schließlich kann jeder einen Antrag nach § 97 ArbGG stellen, der grds. nach § 81 ArbGG antragsberechtigt ist**, d. h. jede Person, Stelle oder Vereinigung, die bei einer Entscheidung über die Tariffähigkeit oder die Tarifzuständigkeit der Vereinigung in ihrer rechtlichen Stellung betroffen sein würde. Darunter fällt insbes. die Vereinigung selbst, um deren Tariffähigkeit oder Tarifzuständigkeit gestritten wird (*BAG* 25.1.1986 EzA § 2 TVG Nr. 17).    1238

Bezüglich der **übrigen Beteiligten** am Verfahren nach § 97 gelten die §§ 81 ff. ArbGG entsprechend (*BAG* 13.3.2007 EzA § 97 ArbGG 1979 Nr. 8; s. Rdn. 1108 ff.).    1239

**Betroffene Vereinigungen können sich durch ihre Spitzenorganisation** vertreten lassen, z. B. DGB, DAG, BDA (*BAG* 25.1.1986 EzA § 2 TVG Nr. 17). Dies ist sinnvoll, da andernfalls je nach dem Umfang des Zuständigkeitsbereiches der umstrittenen Vereinigung eine Vielzahl von Einzelvereinigungen beteiligt werden müssten.    1240

### c) Rechtsschutzinteresse

Dem Antragsteller muss ein rechtliches Interesse an der Feststellung der Tariffähigkeit oder Tarifzuständigkeit der betroffenen Vereinigung zukommen. Ein solches fehlt z. B., wenn die Tariffähigkeit des antragstellenden Verbandes unumstritten ist oder wenn zwei dem deutschen Gewerkschaftsbund angehörige Gewerkschaften um ihre jeweilige Tarifzuständigkeit streiten. Im letzteren Falle sieht die Satzung des DGB in den §§ 15, 16 ein eigenes Schiedsverfahren vor (GK-ArbGG/*Dörner* § 97 Rn. 39).    1241

### d) Örtliche Zuständigkeit

**1242** Nach § 97 ArbGG ist das ArbG örtlich zuständig, in dessen Bezirk die Vereinigung, deren Tariffähigkeit oder -zuständigkeit umstritten ist, ihren Sitz oder ihre Verwaltung hat.

### e) Verfahrensablauf

#### aa) Anwendbarkeit der Bestimmungen über das Beschlussverfahren

**1243** Gem. § 97 Abs. 2 ArbGG sind die §§ 80 bis 96a ArbGG, mit Ausnahme des § 85 ArbGG, da eine Zwangsvollstreckung in einem Verfahren nach § 97 ArbGG, in dem nur Feststellungsanträge gestellt werden können, nicht denkbar ist, entsprechend anwendbar.

#### bb) Rechtsmittel

**1244** Die Entscheidungen des ArbG sind mit der Beschwerde nach § 87 ArbGG anfechtbar (s. Rdn. 1147 ff.). Gegen die Entscheidung des LAG ist die Rechtsbeschwerde zwar nicht generell kraft Gesetzes zulässig, ergibt sich jedoch daraus, dass der Frage der Tarifzuständigkeit bzw. -fähigkeit einer Vereinigung jedenfalls **immer grundsätzliche Bedeutung** zukommen dürfte (s. Rdn. 1190, 795 ff.).

#### f) Aussetzung anderer Verfahren

**1245** Hängt die Entscheidung eines Rechtsstreits davon ab, ob eine Vereinigung tariffähig oder ob die Tarifzuständigkeit der Vereinigung gegeben ist, muss das Gericht das Verfahren bis zur Erledigung des Beschlussverfahrens nach § 2a Abs. 1 Nr. 4 ArbGG aussetzen, § 97 Abs. 5 S. 1 ArbGG (*BAG* 28.1.2008 EzA § 97 ArbGG 1979 Nr. 9; vgl. *Schüren* NZA 2007, 1213 m. w. N. aus der Rspr. bzgl. Verfahren von Leiharbeitnehmern, die die Tariffähigkeit der Christlichen Gewerkschaften für Zeitarbeit und PSA anzweifeln). Dies gilt sowohl für Urteils- als auch für Beschlussverfahren und zwar unabhängig davon, vor welchem Gericht sie geführt werden. Lediglich in Verfahren über einstweilige Verfügungen ist eine Aussetzung nicht erforderlich.

**1246** Zum Beispiel:
- ist das der Fall, wenn in Individualstreitverfahren um Rechte und Ansprüche aus einem Tarifvertrag gestritten wird, den die umstrittene Vereinigung abgeschlossen hat,
- oder in betriebsverfassungsrechtlichen Streitigkeiten, wenn die Frage der Gewerkschaftseigenschaft einer Vereinigung als Vorfrage dafür geklärt werden muss, ob ihr ein Antragsrecht z. B. nach den §§ 14 Abs. 5, 23 BetrVG zusteht.

**1247** **Den Gerichten obliegt dabei eine eigenständige Prüfung und ggf. Aussetzungspflicht.** Anträge seitens der Parteien oder Verfahrensbeteiligten bedarf es nicht.

**1248** Das ArbG, welches über die Tariffähigkeit oder Tarifzuständigkeit nach Stellung eines Antrags, z. B. der Parteien des Verfahrens, in dem es zum Aussetzungsbeschluss kam, zu befinden hat, ist an den Aussetzungsbeschluss gebunden (GMPM-G/*Matthes* § 97 Rn. 13). Es muss nach § 97 ArbGG entscheiden, selbst wenn es selbst der Ansicht sein sollte, der Aussetzungsbeschluss sei fehlerhaft ergangen, z. B. wenn über die Tariffähigkeit der betreffenden Vereinigung bereits eine rechtskräftige Entscheidung vorliegt.

#### g) Rechtskraftwirkung

**1249** Die Rechtskraft des Beschlusses nach § 97 ArbGG erfasst nicht nur die Beteiligten, sondern **jedermann** (*BAG* 25.11.1986 EzA § 2 TVG Nr. 17).

#### h) Übersendungspflicht der Entscheidungen

**1250** Die Entscheidungen sind den obersten Arbeitsbehörden des Landes und dem BMA in vollständiger Form in Abschrift zu übersenden, §§ 97 Abs. 3, 63 ArbGG.

## 2. Entscheidung über die Besetzung der Einigungsstelle

### a) Verfahrensgegenstand

In § 98 ArbGG ist das in § 76 Abs. 2 S. 2 und 3 BetrVG vorgesehene Verfahren zur Bestellung eines Vorsitzenden der Einigungsstelle bzw. der Zahl der Beisitzer einer Einigungsstelle (s. Kap. 13 Rdn. 1328 ff.) geregelt. Das Verfahren ist nicht auf die Bestellung bzw. Besetzung einer tariflichen Schlichtungsstelle nach § 76 Abs. 8 BetrVG oder für die nach den PersVG zu bildenden Einigungsstellen entsprechend anwendbar. 1251

### b) Das Bestellungsverfahren

#### aa) Antrag

**Antragsberechtigt sind die Betriebspartner, die die Einigungsstelle nach den betriebsverfassungsrechtlichen Vorschriften im Einzelfall anrufen können.** Aus dem Antrag muss sich ergeben, ob die Bestellung eines Vorsitzenden und/oder die Festsetzung der Zahl der Einigungsstellenmitglieder begehrt wird. Die Benennung einer bestimmten Person für den Vorsitz oder einer bestimmten Zahl von Beisitzern ist nicht erforderlich. 1252

**Sofern in der Antragsschrift bereits bestimmte Personen als Einigungsstellenvorsitzende benannt worden sind oder eine bestimmte Anzahl von Beisitzern für erforderlich erachtet wird, handelt es sich nur um unverbindliche Vorschläge** (*LAG Hamm* 16.8.1976 EzA § 76 BetrVG 1972 Nr. 7; a. A. GK-ArbGG/*Schleusener* § 98 Rn. 32 ff.). Der Antragsteller hat keinen Anspruch darauf, dass die von ihm gewünschte Person Einigungsstellenvorsitzender wird, auch wenn sie die nötige Sachkunde und Unparteilichkeit aufweist. Ansonsten bestünde die Gefahr des Wettlaufes der Antragstellung zwischen den Betriebspartnern an das ArbG, wenn sie sich nicht auf eine bestimmte Person geeinigt haben (*Tschöpe* NZA 2004, 945 ff.; Schwab-Weth/*Walker* § 98 Rn. 51; *LAG Bln.-Bra.* 4.6.2010 LAGE § 98 ArbGG 1979 Nr. 59; a. A. *LAG Bln.-Bra.* 22.1.2010 LAGE § 98 ArbGG 1979 Nr. 56). Sofern das Gericht entgegen den Anträgen der Beteiligten einen Dritten als Vorsitzenden bestellen möchte, hat es die Beteiligten vorher anzuhören (*LAG München* 31.1.1989 LAGE § 98 ArbGG 1979 Nr. 14). 1253

Der Antrag muss begründet werden, wobei im Einzelnen dargelegt werden muss, um welche konkrete Regelungsstreitigkeit es bei der einzuberufenden Einigungsstelle gehen soll (*LAG Düsseld.* 21.8.1987 NZA 1988, 211; *LAG Hmb.* 10.4.1991 DB 1991, 2195). Nur dann kann das ArbG überprüfen, ob eine Einigungsstelle im konkreten Streitfall überhaupt zuständig sein könnte. Es muss allerdings noch nicht der Inhalt der vom Betriebspartner und Antragsteller gewünschten Regelung mitgeteilt, lediglich die zu regelnde Materie umrissen werden. 1254

Aus der Antragsbegründung muss sich schließlich ergeben, dass eine Einigung trotz vorhergehenden Bemühungen nicht erreicht werden konnte (*LAG BW* 4.10.1984 NZA 1985, 163). 1255

▶ Muster: Bestellungsverfahren 1256

ArbG Kaiserslautern ...

Antrag nach § 98 ArbGG

In Sachen Fa. Merkur AG, vertreten durch den Vorstand ...

– Antragstellerin und Beteiligte zu 1 –

Verfahrensbevollmächtigte: ...

gegen

den Betriebsrat der Fa. Merkur AG, vertreten durch seinen Vorsitzenden ...

– Antragsgegnerin und Beteiligte zu 2 –

wegen Errichtung einer Einigungsstelle

# Kapitel 15
Urteils- und Beschlussverfahren

wird beantragt
1. Als Vorsitzenden der zu errichtenden Einigungsstelle Herrn RArbG ... zu bestellen;
2. die Zahl der von jeder Seite zu benennenden Beisitzer auf ... (2 oder 3) festzusetzen.

**Gründe:** Die Antragstellerin beabsichtigt, eine neue EDV-Anlage und Bildschirmarbeitsplätze einzuführen. Der Antragsgegnerin steht hierbei ein Mitbestimmungsrecht nach § 87 Abs. 1 Nr. 6 BetrVG zu, weil ...

Bislang kam eine gütliche Einigung zwischen den Verfahrensbeteiligten über die beabsichtigte Maßnahme und über die Bestellung eines Vorsitzenden einer Einigungsstelle sowie der Zahl der Beisitzer nicht zustande, weil die Antragsgegnerin versucht, die Einführung der EDV-Anlage zu verzögern.

Als Vorsitzenden schlagen wir Herrn Richter am ArbG ... vor. Die beantragte Festsetzung der Beisitzerzahl ist sachdienlich, weil ...

(Unterschrift)

*bb) Beteiligte*

**1257** Verfahrensbeteiligte sind die Betriebspartner, d. h. der Arbeitgeber, der Betriebsrat oder Gesamtbetriebsrat. Der zu benennende Vorsitzende der Einigungsstelle ist nicht zu beteiligen. Sinnvoll und üblich ist es, den beabsichtigten Vorsitzenden vorher zu befragen, ob er im Fall einer gerichtlichen Bestellung bereit ist, das Amt zu übernehmen. Eine Verpflichtung hierzu besteht nicht (s. Rdn. 1267).

*cc) Verfahrensablauf*

**1258** Der Vorsitzende des ArbG entscheidet alleine nach mündlicher Anhörung der Beteiligten, §§ 80–84, 98 Abs. 1 S. 1 ArbGG. Die Einlassungs- und Ladungsfristen betragen 48 Stunden. Im Einverständnis mit den Beteiligten ist auch ein schriftliches Verfahren nach § 83 Abs. 4 S. 3 ArbGG zulässig. Da § 85 ArbGG nicht für entsprechend anwendbar erklärt worden ist, ist der Erlass einer einstweiligen Verfügung auf Bestellung eines Vorsitzenden nicht möglich.

c) Die Entscheidung

*aa) Zurückweisung des Antrags*

**1259** Der Antrag ist zurückzuweisen, wenn dem Antragsteller die Antragsbefugnis fehlt oder die Einigungsstelle offensichtlich unzuständig ist, d. h. das in Anspruch genommene Mitbestimmungsrecht offensichtlich nicht besteht, § 98 Abs. 1 S. 2 ArbGG. Eine **offensichtliche Unzuständigkeit** der Einigungsstelle liegt dann vor, wenn das sachkundige Gericht sofort erkennt, dass ein Mitbestimmungsrecht des Antragstellers in der fraglichen Angelegenheit unter keinem denkbaren rechtlichen Gesichtspunkt besteht.

**1260** ▶ Beispiele für eine offensichtliche Unzuständigkeit:
- Es besteht eine ungekündigte Betriebsvereinbarung, welche die mitbestimmungspflichtige Angelegenheit bereits regelt (*LAG Düsseld.* 9.9.1977 EzA § 76 BetrVG 1972 Nr. 16).
- Allein ein Individualanspruch eines Arbeitnehmers auf Entfernung einer Abmahnung ist Verfahrensgegenstand (*LAG RhPf* 17.1.1985 NZA 1985, 190; *LAG Hmb.* 9.7.1985 LAGE § 98 ArbGG 1979 Nr. 7).
- Es besteht bereits eine rechtskräftige Entscheidung über das Nichtbestehen des geltend gemachten Mitbestimmungsrechts (*LAG BW* 4.10.1984 NZA 1985, 163).
- Die Amtszeit des antragstellenden Betriebsrats ist offensichtlich bereits beendet (*LAG Hmb.* 2.11.1988 LAGE § 98 ArbGG 1979 Nr. 16).
- Ohne konkreten Anlass wird eine Betriebsvereinbarung über die Einführung von EDV-Anlagen gefordert (*LAG Düsseld.* 4.11.1988 NZA 1991, 146).
- Das geltend gemachte Mitbestimmungsrecht steht offensichtlich nicht dem Betriebsrat, sondern dem Gesamtbetriebsrat zu (*LAG Hmb.* 10.4.1991 DB 1991, 2195).

## B. Beschlussverfahren
## Kapitel 15

- Ein Sozialplan soll herbeigeführt werden, obwohl weniger als 20 Arbeitnehmer beschäftigt sind (*LAG Hamm* 10.10.1984 NZA 1985, 129).
- Die Verpflichtung des Arbeitgebers zur Zahlung von Zuwendungen an Streikteilnehmer wird begehrt, da er sie an Arbeitnehmer gezahlt hat, die nicht gestreikt haben (*LAG Nds.* 19.9.1985 LAGE § 98 ArbGG 1979 Nr. 8).

Soll eine Einigungsstelle im freiwilligen Einigungsverfahren nach § 76 Abs. 6 BetrVG bestellt werden (s. Kap. 13 Rdn. 1312 ff.), ist der Antrag zurückzuweisen, wenn offensichtlich ist, dass die Einigungsstelle wegen nicht vorhandenem Einverständnis eines Betriebspartners nicht gebildet werden kann. 1261

Parallel zum Verfahren nach § 98 ArbGG können die Betriebspartner ein Beschlussverfahren über die Frage anhängig machen, ob ein Mitbestimmungsrecht eines Betriebspartners tatsächlich besteht oder nicht (*BAG* 6.12.1983 EzA § 87 BetrVG 1972 Bildschirmarbeit Nr. 1). **Das Bestellungsverfahren darf aber, da es sich um ein Eilverfahren handelt, nicht nach § 148 ZPO ausgesetzt werden, bis in dem Vorabentscheidungsverfahren eine rechtskräftige Entscheidung ergangen ist** (*BAG* 24.11.1981 EzA § 76 BetrVG 1972 Nr. 33; **a. A.** *LAG RhPf* 29.7.1985 LAGE § 98 ArbGG 1979 Nr. 4). Auch die Einigungsstelle, ist sie einmal bestellt, ist zu einer Aussetzung nicht befugt. Allerdings können die Betriebspartner vereinbaren, das Einigungsstellenverfahren nicht weiter zu betreiben, bis in dem Beschlussverfahren eine Entscheidung ergangen ist. 1262

Entscheidet das ArbG im Bestellungsverfahren nach § 98 ArbGG, dass ein Mitbestimmungsrecht offensichtlich nicht gegeben ist und weist es den Antrag deswegen zurück, ist diese Entscheidung für das Vorabentscheidungsverfahren nach §§ 80 ff. ArbGG nicht bindend (*BAG* 25.4.1989 EzA § 98 ArbGG 1979 Nr. 6). 1263

### bb) Bestellung eines Vorsitzenden/Festsetzung der Zahl der Beisitzer

Ist der Antrag zulässig und begründet, bestellt das Gericht eine bestimmte natürliche Person als Vorsitzenden der zu bildenden Einigungsstelle, deren Unparteilichkeit und vorhandene Sachkunde gewährleistet ist. Nach § 98 Abs. 1 S. 4 ArbGG darf dabei nur ein Richter zum Vorsitzenden der Einigungsstelle bestellt werden, wenn durch den Geschäftsverteilungsplan seines Gerichts sicher gestellt ist, dass er mit der Überprüfung, der Auslegung oder Anwendung des Spruches der Einigungsstelle nicht befasst werden kann. In besonderem Maße sollte hierbei auf eine gütliche Einigung hingewirkt werden. In der Entscheidung ist die Einzelperson namentlich zu benennen, sowie der Regelungsstreit konkret zu bezeichnen, für den die Einigungsstelle zu bilden ist. 1264

Geht der Streit um die Bestimmung der Zahl der Beisitzer, ist das Gericht ebenfalls nicht an die vorgeschlagene Zahl gebunden. Regelmäßig werden zwei bis drei Beisitzer bestellt. 1265

Nach § 98 Abs. 1 S. 5 ArbGG soll das Verfahren beschleunigt werden. Binnen zwei Wochen nach Antragstellung soll bereits der Beschluss des Gerichts gefasst, abgesetzt und zugestellt sein. Spätestens vier Wochen nach Antragstellung ist der Beschluss zuzustellen, § 98 Abs. 1 S. 5 ArbGG. 1266

### cc) Rechtswirkung der Entscheidung

Die Entscheidung bindet die konkret benannte Person, welche Einigungsstellenvorsitzender sein soll, nicht. Hierzu bedarf es der Annahme des Amtes (GK-ArbGG/*Dörner* § 98 Rn. 36). 1267

Die Beteiligten sind an die Entscheidung insoweit gebunden, als sie das Tätigwerden der Einigungsstelle nicht mehr mit der Begründung verhindern können, es sei noch keine Einigung über die Zahl der Beisitzer bzw. die Person des Vorsitzenden erfolgt. Es ist ihnen aber unbenommen, sich nach der Bestellung eines bestimmten Vorsitzenden einvernehmlich auf einen anderen oder auch auf eine andere Zahl der Beisitzer zu einigen (*Schaub* NZA 2000, 1087). 1268

**Kapitel 15** — Urteils- und Beschlussverfahren

1269  Die Entscheidung des ArbG, einen Einigungsstellenvorsitzenden zu bestellen, entbindet die Einigungsstelle nicht, ihre Zuständigkeitsprüfung selbstständig vorzunehmen. Ihr bleibt unbenommen, nach ihrer Errichtung ihre Zuständigkeit für den konkret zu regelnden Fall zu verneinen.

*dd) Rechtsmittel*

1270  Gegen die Entscheidung findet nach § 98 Abs. 2 ArbGG die Beschwerde an das LAG statt. Sie ist innerhalb einer Frist von zwei Wochen einzulegen und zu begründen. Für das Verfahren gelten die in § 98 Abs. 2 ArbGG in Bezug genommenen Vorschriften des Beschlussverfahrens entsprechend. Über die Beschwerde entscheidet der Vorsitzende der zuständigen Kammer des LAG alleine. **Gegen die Entscheidung ist ein Rechtsmittel nicht statthaft, § 98 Abs. 2 S. 4 ArbGG.**

1271  Das LAG trifft eine eigene neue Ermessensentscheidung über die Person des Vorsitzenden der Einigungsstelle bzw. der Zahl der zu benennenden Beisitzer und hat selbstständig die offensichtliche Unzuständigkeit der Einigungsstelle zu prüfen (GMPM-G/*Matthes* § 98 Rn. 40; **a. A.** *LAG Nbg.* 2.7.2004 LAGE § 98 ArbGG 1979 Nr. 42, welches eine Bindung an die Entscheidung des ArbG annimmt, sofern der bestellte Vorsitzende objektiv geeignet ist).

1271a  Im Fall eines Befangenheitsantrags gegen den Einigungsstellenvorsitzenden finden die §§ 1036 ff. ZPO entsprechend Anwendung. Das ArbG entscheidet in diesen Fällen als erste und letzte Instanz in voller Kammerbesetzung (*BAG* 17.11.2010 – 7 AZR 100/09).

### VII. Die Anhörungsrüge nach § 78a ArbGG

1272  Die Anhörungsrüge gibt es im Beschluss- wie im Urteilsverfahren. Sie sind gleich ausgestaltet. Wegen der Einzelheiten vgl. Rdn. 995 ff.

# Kapitel 16  Besondere Verfahrensarten

## Übersicht

| | Rdn. |
|---|---|
| **A. Ausschluss/Abwandlung des Arbeitsgerichtsverfahrens** | 1 |
| I. Vorbemerkung | 1 |
| II. Das Schiedsverfahren | 6 |
| 1. Vereinbarkeit | 6 |
| a) Streitigkeiten zwischen Tarifvertragsparteien | 6 |
| b) Streitigkeiten zwischen den Arbeitsvertragsparteien | 8 |
| 2. Rechtswirkung des Bestehens einer Schiedsvereinbarung | 9 |
| 3. Errichtung und Besetzung des Schiedsgerichts | 12 |
| 4. Verfahren vor dem Schiedsgericht | 16 |
| 5. Beendigung des Schiedsgerichtsverfahrens | 19 |
| a) Vergleich | 19 |
| b) Schiedsspruch | 20 |
| 6. Zwangsvollstreckung | 22 |
| 7. Gerichtliche Kontrolle des Schiedsspruchs | 25 |
| III. Ausschüsse in Berufsausbildungsangelegenheiten | 30 |
| 1. Errichtung/Zuständigkeit | 31 |
| 2. Verfahren | 34 |
| 3. Ergebnisse der Schlichtungsbemühungen | 36 |
| 4. Kosten | 41 |
| 5. Rechtswirkung und Auswirkung des Vorschaltverfahrens auf das Arbeitsgerichtsverfahren | 42 |
| **B. Arrest und einstweilige Verfügung** | 47 |
| I. Allgemeines | 47 |
| 1. Prozesstaktische Überlegungen | 48 |
| 2. Prüfungsmaßstab | 49 |
| 3. Glaubhaftmachungsmittel/Beweismittelpräsenz | 50 |
| 4. Streitgegenstand | 51 |
| 5. Keine Vorwegnahme der Hauptsache/Leistungsverfügung | 52 |
| 6. Arrest-/Verfügungsgrund | 53 |
| II. Verfahren | 56 |
| 1. Antrag | 56 |
| 2. Mündliche Verhandlung | 57 |
| 3. Einlassungs-/Ladungsfrist | 61 |
| 4. Kein Präklusionsrecht | 62 |
| 5. Keine Unterbrechung von Verjährung oder Ausschlussfristen | 63 |
| 6. Zustellung im Parteibetrieb binnen eines Monats | 65 |
| 7. Kosten | 70 |
| III. Besonderheiten des arbeitsgerichtlichen einstweiligen Rechtsschutzes | 71 |

| | Rdn. |
|---|---|
| 1. Einstweiliger Rechtsschutz im Urteilsverfahren | 71 |
| 2. Einstweiliger Rechtsschutz im Beschlussverfahren | 75 |
| IV. Einzelfälle | 82 |
| 1. Einstweilige Verfügung des Arbeitnehmers gegen den Arbeitgeber | 82 |
| a) Arbeitsentgelt | 82 |
| b) Arbeitspapiere | 88 |
| c) Urlaub | 91 |
| d) Weiterbeschäftigungsanspruch | 99 |
| e) Konkurrentenklage | 125 |
| f) Teilzeitanspruch | 130 |
| g) Weiterbeschäftigung der durch Insolvenzverwalter freigestellten Arbeitnehmer | 134 |
| h) Dienstwagen | 135 |
| i) Versetzung | 135a |
| 2. Einstweilige Verfügung des Arbeitgebers gegen den Arbeitnehmer | 136 |
| a) Arbeitsleistung | 136 |
| b) Wettbewerbsverbote | 141 |
| c) Herausgabeansprüche | 154 |
| d) Entbindung von Weiterbeschäftigungsansprüchen | 156 |
| 3. Einstweilige Verfügung im kollektiven Arbeitsrecht | 162 |
| a) Arbeitskampf | 162 |
| b) Betriebsverfassungsrechtliche Streitigkeiten (Bertelsmann AiB 1998, 681) | 169 |
| c) Einigungsstelle | 199 |
| d) Gewerkschaftliches Zutrittsrecht | 201 |
| e) Untersagung von Arbeitskampfmaßnahmen | 202 |
| **C. Mediationsverfahren** | 203 |
| I. Vorbemerkung | 203 |
| II. Mediation, Definitionsversuche | 207 |
| III. Aufgaben des Mediators | 211 |
| 1. Verstehen der Medianten | 212 |
| 2. Vermitteln des Verstandenen | 220 |
| 3. Konsenssuche | 227 |
| IV. Ablauf eines Mediationsverfahrens | 232 |
| 1. Initialisierung | 232 |
| 2. Bestandsaufnahme/Themensammlung | 235 |
| 3. Interessenerhellung | 236 |
| 4. Optionensammlung | 238 |
| 5. Vereinbarung | 240 |
| V. Mediationsgeeignete Streitigkeiten im Arbeitsrecht | 242 |
| VI. Durchführung von Mediationen im Rahmen von anhängigen Gerichtsverfahren | 247 |

# Kapitel 16 — Besondere Verfahrensarten

| | Rdn. | | Rdn. |
|---|---|---|---|
| 1. Gerichtsnahe Mediation | 251 | d) Vorlagemöglichkeit und -verpflichtung | 281 |
| 2. Gerichtsinterne Mediation | 256 | e) Verletzung der Vorlagepflicht | 286 |
| 3. Integrierte Mediation | 261 | f) Rechtsbehelf gegen Vorlagebeschluss | 288 |
| 4. Ergänzende Hinweise | 264 | g) Verfahrensgang | 293 |
| D. Verfahren vor dem EuGH | 267 | h) Fortführung des Verfahrens beim innerstaatlichen Gericht | 303 |
| I. Allgemeines | 267 | 3. Vertragsverletzungsverfahren | 307 |
| II. EuGH | 268 | III. Beschwerde bei der Kommission | 309 |
| 1. Allgemeines | 268 | IV. Petition an Europäisches Parlament | 311 |
| 2. Vorabentscheidungsverfahren | 274 | V. Bürgerbeauftragter des Europäischen Parlamentes | 312 |
| a) Ziel | 274 | | |
| b) Gegenstand des Vorabentscheidungsersuchens | 276 | | |
| c) Fassung der Vorlagefragen | 277 | | |

## A. Ausschluss/Abwandlung des Arbeitsgerichtsverfahrens

### I. Vorbemerkung

1 Grds. soll im Interesse der Parteien eines Arbeitsvertrages gewährleistet sein, dass jede Partei mit Hilfe staatlicher Gerichte Ansprüche aus dem materiellen Arbeitsrecht durchsetzen kann. Hiervon werden in engen Grenzen Ausnahmen im ArbGG gemacht. **Nach § 4 ArbGG kann in den Fällen des § 2 Abs. 1 und 2 ArbGG – und nur in diesen Fällen! – die Arbeitsgerichtsbarkeit nach Maßgabe der §§ 101 bis 110 ArbGG ausgeschlossen werden.**

2 Nach § 111 Abs. 1 S. 2 ArbGG sind die **Seemannsämter** in den in § 14 der SeemannsVO vom 21.10.1981 genannten Fällen für vorläufige Entscheidungen zuständig (vgl. GMPM-G/*Prütting* § 111 Rn. 4, 5).

3 **Schließlich können nach § 111 Abs. 2 ArbGG im Bereich der Berufsausbildung Schlichtungsausschüsse gebildet werden**, die vor Anrufung der ArbG versuchen sollen, eine Einigung zwischen den streitenden Parteien herbeizuführen.

4 Soweit Schlichtungsausschüsse nach § 111 Abs. 2 ArbGG errichtet worden sind, müssen sie angerufen werden, bevor Klage vor dem ArbG erhoben werden kann. Ansonsten ist die Klage unzulässig (*BAG* 13.4.1989 – 2 AZR 609/88). Wird erst nach Klageerhebung das Bestehen eines Schlichtungsausschusses bekannt, ist das Verfahren gem. § 148 ZPO analog auszusetzen, bis das Schlichtungsverfahren nachgeholt worden ist. Dies gilt auch noch im Berufungsverfahren vor dem LAG (KR/*Weigand* §§ 21, 22 BBiG Rn. 113).

5 Die Vorschriften der ZPO über das schiedsgerichtliche Verfahren finden in arbeitsrechtlichen Streitigkeiten hingegen keine Anwendung, § 101 Abs. 3 ArbGG (*LAG Düsseld.* 4.3.1997 NZA 1997, 848 bzgl. § 1044b ZPO).

### II. Das Schiedsverfahren

#### 1. Vereinbarkeit

*a) Streitigkeiten zwischen Tarifvertragsparteien*

6 Nach § 101 Abs. 1 ArbGG können die Tarifvertragsparteien die Arbeitsgerichtsbarkeit allgemein oder für den Einzelfall durch **ausdrückliche Vereinbarung** ausschließen, wenn eine bürgerliche Rechtsstreitigkeit zwischen ihnen aus den abgeschlossenen Tarifverträgen oder über das Bestehen oder Nichtbestehen von Tarifverträgen auszutragen ist. Insofern kann eine Vereinbarung getroffen werden, dass hierüber ein Schiedsgericht entscheiden soll. **Sie kann sowohl vor, während oder nach Entstehen der Streitigkeit für den Einzelfall oder generell für alle zukünftigen Fälle, formlos** aber ausdrücklich **getroffen werden.**

## A. Ausschluss/Abwandlung des Arbeitsgerichtsverfahrens Kapitel 16

Je nach Inhalt der Vereinbarung kann diese durch Zeitablauf enden, durch Erledigung des konkreten Verfahrens, für das sie gebildet worden ist oder durch Kündigung. Eine außerordentliche Kündigung ist immer möglich, eine ordentliche nur dann, wenn sie in der Schiedsvereinbarung ausdrücklich vereinbart wurde. 7

### b) Streitigkeiten zwischen den Arbeitsvertragsparteien

Nach § 101 Abs. 2 ArbGG können Tarifvertragsparteien auch für Streitigkeiten zwischen den einzelnen Arbeitsvertragsparteien, **sofern sie bestimmten Berufsgruppen angehören, ein Schiedsverfahren vereinbaren.** Der Tarifvertrag muss sich überwiegend auf Bühnenkünstler, die tatsächlich künstlerische Tätigkeiten verrichten (*Germelmann* NZA 1994, 12 ff.), **Filmschaffende, Artisten oder Kapitäne und Besatzungsmitglieder** i. S. d. §§ 2, 3 SeemG beziehen. Die Vereinbarung gilt grds. nur für tarifgebundene Personen oder wenn die Geltung der tarifvertraglichen Schlichtungsregelung ausdrücklich und schriftlich vereinbart worden ist, sofern sich das Arbeitsverhältnis aus anderen Gründen nach dem Tarifvertrag regelt, § 101 Abs. 2 S. 3 ArbGG (*BAG* 6.8.1997 EzA § 101 ArbGG 1979 Nr. 3). Wenn dies nur mündlich erfolgte, kann der Mangel der Form durch Einlassung auf die schiedsgerichtliche Verhandlung zur Hauptsache geheilt werden, § 101 Abs. 2 S. 3 ArbGG. 8

### 2. Rechtswirkung des Bestehens einer Schiedsvereinbarung

Ruft eine Partei des ArbG wegen einer Rechtsstreitigkeit an, obwohl zwischen den Parteien des Tarifvertrags ein Schiedsvertrag geschlossen wurde, kann sich die andere Partei auf das Bestehen des Schiedsvertrages berufen, § 102 Abs. 1 ArbGG. **Es handelt sich um eine verzichtbare prozesshindernde Einrede** (*BAG* 28.12.2009 – 4 AZR 987/07). Das Vorliegen einer Schiedsvereinbarung ist nicht von Amts wegen zu berücksichtigen (*BAG* 30.9.1987 EzA § 72 ArbGG 1979 Nr. 9). Auf die Einrede kann sich eine Partei dann nicht berufen, wenn eine der in § 102 Abs. 2 ArbGG genannten Fälle (vgl. GK-ArbGG/*Mikosch* § 102 Rn. 1 ff.) vorliegt oder wenn ein ausreichender Rechtsschutz vor dem Schiedsgericht nicht erreichbar ist. 9

▶ **Beispiel:** 10

> Im Verfahren des Arrestes und der einstweiligen Verfügung kann der Fall auftreten, dass das Schiedsgericht nicht rechtzeitig den Rechtsstreit für die Parteien zumindest vorläufig regeln kann. In diesem Falle ist trotz der Schiedsklausel das ArbG anrufbar. Ordnet dieses die Erhebung der Klage in der Hauptsache nach § 926 Abs. 1 ZPO an, ist Klage vor dem Schiedsgericht zu erheben.

Vollstreckungsabwehrklagen nach § 767 ZPO und Drittwiderspruchsklagen nach § 771 ZPO sind nur vor staatlichen Gerichten zu erheben (GK-ArbGG/*Mikosch* § 102 Rn. 4). 11

### 3. Errichtung und Besetzung des Schiedsgerichts

Nach § 103 ArbGG muss das Schiedsgericht mit einer gleichen Zahl von Arbeitnehmern und von Arbeitgebern, d. h. paritätisch besetzt sein. Daneben können dem Schiedsgericht auch Unparteiische angehören, sowohl als Vorsitzende als auch als Beisitzer (zur Besetzung und zum Verfahren vgl. §§ 102 Abs. 2, 103 Abs. 1, 2, 3 ArbGG). 12

Die Rechtsstellung der Schiedsrichter ist gesetzlich nicht geregelt. Sie sind jedenfalls von Weisungen der Parteien des Streitverfahrens unabhängig, müssen in eigener Person das Amt wahrnehmen und ihnen dürfen keine Nachteile durch die Ausübung des Schiedsamtes erwachsen. Insofern muss die Unabhängigkeit des Schiedsrichters in gleicher Weise gesichert sein, wie die eines ehrenamtlichen Richters der Arbeitsgerichtsbarkeit. 13

Sofern es sich nicht um betriebsangehörige Schiedsrichter handelt, steht ihnen eine Vergütung zu. Ist nichts vereinbart, bestimmt sich die Höhe nach § 612 BGB (vgl. GMPM-G/*Germelmann* § 103 Rn. 15). 14

15 Ist das Schiedsgericht nicht ordnungsgemäß besetzt, sind seine Schiedssprüche nicht automatisch nichtig. Sie können allerdings mit der Aufhebungsklage nach § 110 Abs. 1 Nr. 1 ArbGG angefochten werden.

### 4. Verfahren vor dem Schiedsgericht

16 Das Verfahren vor dem Schiedsgericht regelt sich nach den §§ 104–110 ArbGG. Im **Gesetz sind nur Rahmenvorschriften** festgeschrieben, insbes. allgemeine Verfahrensgrundsätze, die ein rechtsstaatliches Verfahren garantieren sollen. Im Übrigen obliegt es dem freien Ermessen der Tarifvertragsparteien, Regelungen in der Schiedsabrede zu treffen. Bei vielen Schiedsvereinbarungen obliegt es dem freien Ermessen des Schiedsgerichts, wie es das Verfahren durchführen will.

17 **Daneben finden die allgemeinen Grundsätze und Prozessvoraussetzungen auch im schiedsgerichtlichen Verfahren Anwendung.** Das Schiedsgericht hat daher vorab seine sachliche und örtliche Zuständigkeit zu prüfen, festzustellen, ob die Voraussetzungen nach § 101 Abs. 2 ArbGG erfüllt sind, der klagenden Partei ein Rechtsschutzinteresse nach § 256 ZPO zukommt, zu prüfen, ob die Parteien parteifähig sind, wobei die §§ 50 ff. ZPO analog anzuwenden sind und ob die Klageanträge hinreichend bestimmt sind. Insofern ist auf § 253 ZPO zurückzugreifen. Dies ist deswegen erforderlich, da **Entscheidungen des Schiedsgerichts grds. der Zwangsvollstreckung nach § 109 ArbGG fähig sind** (s. Rdn. 22 ff.; GK-ArbGG/*Mikosch* § 104 Rn. 9).

18 Sofern das Schiedsgericht ein staatliches Gericht um Rechtshilfe ersucht, sind dem Gericht die entstandenen Auslagen zu ersetzen, § 106 Abs. 2 S. 3 ArbGG i. V. m. §§ 49, 54 GKG. Eine durchzuführende Beweisaufnahme vor einem ArbG oder Amtsgericht ist selbst gerichtsgebührenfrei.

### 5. Beendigung des Schiedsgerichtsverfahrens

*a) Vergleich*

19 Auch im schiedsgerichtlichen Verfahren ist eine vergleichsweise Beendigung des Streites möglich, § 107 ArbGG. Der Vergleich kann vom ArbG auf Antrag nach § 109 ArbGG für vollstreckbar erklärt werden (s. Rdn. 22 ff.).

*b) Schiedsspruch*

20 Kommt es nicht zu einer gütlichen Einigung, entscheidet das Schiedsgericht durch Schiedsspruch, § 108 ArbGG, der nicht bereits am selben Tag, an dem die abschließende mündliche Anhörung stattfindet, gefällt werden muss. Er ist den Parteien nach den §§ 146 ff. ZPO zuzustellen. Ab diesem Zeitpunkt kann er inhaltlich von den Schiedsrichtern nicht mehr abgeändert werden (GMPM-G/*Germelmann* § 108 Rn. 23). **Er hat unter den Parteien die gleiche Wirkung wie ein rechtskräftiges Urteil des ArbG, § 108 Abs. 4 ArbGG.**

21 Die Kostenentscheidung ergeht analog §§ 91 ff. ZPO (GK-ArbGG/*Mikosch* § 108 Rn. 7). Einer Streitwertfestsetzung bedarf es nur dann, wenn dies im Schiedsvertrag vorgesehen ist. In der Folge finden § 42 Abs. 4 GKG, §§ 3 ff. ZPO entsprechend Anwendung.

### 6. Zwangsvollstreckung

22 Sowohl ein Vergleich nach § 107 ArbGG als auch der Schiedsspruch nach § 108 ArbGG ist für sich genommen nicht der Zwangsvollstreckung fähig. Hierfür bedarf es auf Antrag nach Anhörung des Gegners einer Vollstreckbarerklärung durch den Kammervorsitzenden des ArbG, das für die Geltendmachung des Anspruchs zuständig wäre.

23 **Der Vorsitzende des ArbG prüft nicht, ob der Schiedsspruch inhaltlich richtig ist** oder ob im Falle der Erhebung einer Aufhebungsklage dieselbe begründet sein könnte. In der Folge ist das Verfahren nach § 109 Abs. 1 S. 3 ArbGG auszusetzen, bis in dem Verfahren bezüglich der Aufhebungsklage eine rechtskräftige Entscheidung ergangen ist.

## A. Ausschluss/Abwandlung des Arbeitsgerichtsverfahrens  Kapitel 16

Die Entscheidung des ArbG ergeht durch Beschluss, welcher **unanfechtbar und den Parteien zuzustellen ist**, § 109 Abs. 2 ArbGG. Das Verfahren ist nach § 2 Abs. 2 GKG gebühren- und auslagenfrei. 24

### 7. Gerichtliche Kontrolle des Schiedsspruchs

Schiedssprüche nach § 108 ArbGG können gem. § 101 Abs. 1 ArbGG überprüft werden. Hierbei kann nach § 110 Abs. 1 ArbGG nur auf Aufhebung des Schiedsspruches, nicht aber auf seine Abänderung geklagt werden. Die in § 110 Abs. 1 ArbGG genannten Aufhebungsgründe sind abschließend. 25

Das Aufhebungsverfahren ähnelt dem Revisionsverfahren, auf dessen Bestimmungen, z. B. §§ 559 Abs. 2, 551 Abs. 3 Nr. 2b) ZPO, zurückgegriffen werden kann (*BAG* 18.4.1986 AP Nr. 27 zu § 611 BGB Bühnenengagementvertrag; GK-ArbGG/*Mikosch* § 110 Rn. 7). 26

Die Klage ist binnen einer Notfrist von zwei Wochen, § 110 Abs. 3 ArbGG, bei dem nach § 110 Abs. 2 ArbGG zuständigen ArbG zu erheben. Die Klage muss den Anforderungen des § 253 ZPO entsprechen. Über den Antrag entscheidet die zuständige Kammer des ArbG unter Einschluss der ehrenamtlichen Richter. Hebt es den Schiedsspruch auf, sind bereits erbrachte Leistungen nach den Regeln der §§ 812 ff. BGB zurückzuerstatten. § 717 Abs. 3 ZPO ist nicht anwendbar. 27

> Nach Aufhebung des Schiedsspruches entscheidet das ArbG in der Sache selbst, wenn im Wege der Klagehäufung ein entsprechender Sachantrag mit dem Aufhebungsantrag gestellt wurde. Dies gilt jedenfalls unstreitig dann, wenn das Schiedsgericht nur für den Einzelfall gebildet war (GMPM-G/*Germelmann* § 110 Rn. 25). Sofern es sich um eine ständige Einrichtung handelt, ist streitig, ob nach Aufhebung des Schiedsspruches ein erneutes Schiedsverfahren eingeleitet werden muss (so GMPM-G/*Germelmann* § 110 Rn. 26 ff.) oder auch in diesem Fall das ArbG nunmehr, nicht zuletzt im Hinblick auf § 9 ArbGG, in der Sache zu entscheiden hat (so GK-ArbGG/*Mikosch* § 110 Rn. 30). 28

War der Schiedsspruch für vollstreckbar erklärt worden, hat das ArbG die Aufhebung der Vollstreckbarkeitserklärung auszusprechen, § 110 Abs. 4 ArbGG. 29

### III. Ausschüsse in Berufsausbildungsangelegenheiten

Nach § 111 Abs. 2 ArbGG können im Bereich des Handwerks die Handwerksinnungen, im Übrigen die zuständigen Stellen i. S. d. BBiG Ausschüsse bilden, die in einem Vorschaltverfahren bei Streitigkeiten aus einem Berufsausbildungsverhältnis i. S. d. §§ 10 ff. BBiG versuchen sollen, eine gütliche Einigung herbeizuführen. 30

### 1. Errichtung/Zuständigkeit

Die Zuständigkeit zur Bildung der Ausschüsse hängt von dem Gewerbezweig ab, in dem der Arbeitgeber tätig ist. Im Bereich des Handwerks sind dies die Handwerksinnungen, in sonstigen Gewerbebetrieben nach § 71 Abs. 2 BBiG 2005 die Industrie- und Handelskammern, nach § 71 Abs. 3 BBiG die Landwirtschaftskammern, nach § 71 Abs. 4 BBiG die Rechtsanwalts-, Patentanwalts- und Notarkammern, nach § 71 Abs. 5 BBiG die Wirtschaftsprüferkammern und die Berufskammern für Steuerberater und Steuerbevollmächtigte und nach § 71 Abs. 6 BBiG die Ärzte-, Zahnärzte, Tierärzte und Apothekenkammern. Sonderregelungen finden sich in § 71 Abs. 7–9 BBiG. 31

Die Ausschüsse müssen paritätisch besetzt sein. Ob sie errichtet werden oder nicht, ist Sache der einzelnen Innungen bzw. Kammern. Diese bestimmen auch die Anzahl der Mitglieder. Den Ausschüssen können auch unparteiische Dritte angehören (GK-ArbGG/*Mikosch* § 111 Rn. 17). 32

Die Zuständigkeit besteht, solange ein Berufsausbildungsverhältnis besteht. Ist es beendet, ist der Schlichtungsausschuss nicht mehr zuständig. Ist allerdings streitig, ob das Ausbildungsverhältnis be- 33 endet ist, etwa durch eine Kündigung, besteht eine Zuständigkeit (*BAG* 18.9.1975 EzA § 111 ArbGG 1953 Nr. 1).

### 2. Verfahren

34 Nach § 111 Abs. 2 ArbGG sind die Parteien mündlich zu hören. Machen sie von der ihnen eingeräumten Möglichkeit der mündlichen Anhörung nicht Gebrauch, kann dennoch ein Spruch des Ausschusses ergehen.

35 Das Verfahren ist von den zuständigen Stellen selbst ermessensgerecht auszubilden. Hierbei sind rechtsstaatliche Grundsätze einzuhalten (*BAG* 18.10.1961 AP Nr. 1 zu § 111 ArbGG 1953; vgl. GMPM-G/*Prütting* § 111 Rn. 29 ff.).

### 3. Ergebnisse der Schlichtungsbemühungen

36 Nach §§ 111 Abs. 2 S. 6, 107, 109 ArbGG kann das Verfahren durch einen Vergleich beendet werden. Es handelt sich hierbei um einen Prozessvergleich (*LAG Düsseld.* 20.5.1988 NZA 1988, 696), der verfahrensbeendende Wirkung hat und aus dem die Zwangsvollstreckung betrieben werden kann, sofern er vom ArbG auf Antrag für vollstreckbar erklärt worden ist.

37 Kommt es nicht zu einer Einigung, fällt der Schlichtungsausschuss einen Spruch, welcher schriftlich abgefasst und begründet werden muss (GK-ArbGG/*Mikosch* § 111 Rn. 23). Er ist von allen Mitgliedern des Ausschusses zu unterzeichnen.

38 Der Spruch des Ausschusses erlangt materielle Rechtskraft, wenn er von beiden Parteien anschließend anerkannt wird. Ansonsten kommt ihm keine Rechtskraftwirkung zu, selbst dann nicht, wenn er nicht innerhalb der Zweiwochenfrist des § 111 Abs. 2 S. 3 ArbGG angefochten wird (*BAG* 9.10.1979 EzA § 111 ArbGG 1979 Nr. 1; *LAG Düsseld.* 3.5.1988 LAGE § 111 ArbGG 1979 Nr. 1). Die Anerkennung des Spruches muss ausdrücklich erfolgen.

39 Ihm ist eine Belehrung über die zweiwöchige Klagefrist vor dem ArbG beizufügen (*LAG Frankf.* 14.6.1989 LAGE § 111 ArbGG Nr. 2). Die Belehrung braucht sich nicht auf die Frist zur Anerkennung erstrecken (GMPM-G/*Prütting* § 111 Rn. 44).

40 Wurde der Spruch von beiden Parteien anerkannt, kann aus ihm vollstreckt werden, wenn er auf Antrag vom Vorsitzenden des ArbG für vorläufig vollstreckbar erklärt worden ist, §§ 111 Abs. 2 S. 5, 6, 109 ArbGG (s. Rdn. 22 ff.).

### 4. Kosten

41 Nach § 17 Abs. 7a RVG erhält der Rechtsanwalt für die Vertretung vor dem Ausschuss eine 1,5 Gebühr gem. Nr. 2403 Nr. 2 Gebührenverzeichnis zu § 13 RVG. Prozessuale Kostenerstattungsansprüche bestehen nicht, allerdings können materielle Erstattungsansprüche geltend gemacht werden. **§ 12a ArbGG findet insofern keine Anwendung** (GK-ArbGG/*Mikosch* § 111 Rn. 37). Ebenfalls nicht anwendbar ist die Vorschrift des § 11a ArbGG, sodass weder ein Rechtsanwalt beigeordnet, noch Prozesskostenhilfe bewilligt werden darf.

### 5. Rechtswirkung und Auswirkung des Vorschaltverfahrens auf das Arbeitsgerichtsverfahren

42 Haben die zuständigen Stellen Ausschüsse gebildet, sind sie vor Anrufung des ArbG anzurufen. Es handelt sich um **eine Prozessvoraussetzung** der arbeitsgerichtlichen Klage (*BAG* 25.11.1976 EzA § 15 BBiG Nr. 3; s. Rdn. 3). Dies gilt nicht für das einstweilige Rechtsschutzverfahren (GMPM-G/*Prütting* § 111 Rn. 63).

43 Streitig ist, ob die Parteien auf das Vorschaltverfahren einvernehmlich verzichten und sich nach § 295 ZPO rügelos zur Hauptsache vor dem ArbG einlassen können (so *BAG* 17.9.1987 EzA

§ 15 BBiG Nr. 6; Schwab/Weth-*Zimmerling* § 111 Rn. 5; **a. A.** *BAG* 13.4.1989 – 2 AZR 609/88; 13.4.1989 – 2 AZR 441/89; 17.6.1998 – 2 AZR 741/97).

(derzeit unbesetzt) 44–46

## B. Arrest und einstweilige Verfügung

### I. Allgemeines

Der einstweilige Rechtsschutz im Arbeitsrecht richtet sich nach den Vorschriften des Achten Buches der Zivilprozessordnung (§ 62 Abs. 2 S. 1 ArbGG). Die Probleme liegen in den besonderen individuellen und kollektiven Konflikten des Arbeitslebens (*Schäfer* Rn. 1). 47

#### 1. Prozesstaktische Überlegungen

Vor der Einleitung eines einstweiligen Rechtsschutzverfahrens ist, zumindest im Urteilsverfahren, die **Darlegungs- und Beweislast im Hauptprozess** zu prüfen: Steht zur Glaubhaftmachung des Anspruchs ausschließlich die eidesstattliche Versicherung des Antragstellers zur Verfügung, so ist eine Niederlage im Hauptprozess vorprogrammiert, da eine Vernehmung der eigenen Partei im Hauptprozess zumeist nicht durchgesetzt werden kann (*Oelkers/Müller* Anwaltliche Strategien im Zivilprozess, 1994, S. 109 ff.). Zur Vorbereitung eines einstweiligen Rechtsschutzverfahrens sind wegen des Zeitdrucks Checklisten besonders hilfreich. 48

#### 2. Prüfungsmaßstab

Die rechtliche Prüfung im Verfügungsverfahren deckt sich mit der rechtlichen Beurteilung im Hauptprozess. Der Arrest-/Verfügungsanspruch unterliegt einer vollen Schlüssigkeitsprüfung (*Schäfer* Rn. 13); lediglich die tatsächlichen Grundlagen unterliegen nur einer summarischen Prüfung (*LAG Bln.* 12.7.1993 NZA 1994, 526). 49

#### 3. Glaubhaftmachungsmittel/Beweismittelpräsenz

Die Beweisführung wird im einstweiligen Rechtsschutzverfahren durch die Glaubhaftmachung gem. § 294 ZPO ersetzt. Zur Glaubhaftmachung kommen alle in der ZPO vorgesehenen Beweismittel (Augenschein, Zeugen, Sachverständige, Urkunden, Parteivernehmung), die Versicherung an Eides statt (§ 294 Abs. 1 ZPO) sowie alle anderen Mittel, die dem Gericht eine Wahrnehmung über die beweisbedürftigen Tatsachen ermöglichen (behördliche Auskünfte, Privatgutachten, Behördenakten usw.) in Betracht (*Clemenz* NZA 2007, 64, 65). Die Beweismittel müssen zur Glaubhaftmachung bzw. Gegenglaubhaftmachung von der jeweils darlegungs- und glaubhaftmachungspflichtigen Partei im Falle einer mündlichen Verhandlung präsent gestellt werden (Beweismittelpräsenz, § 294 Abs. 2 ZPO), sonst können sie nicht berücksichtigt werden. 50

#### 4. Streitgegenstand

Streitgegenstand ist die **Zulässigkeit der zwangsweise anzuordnenden Sicherung** des materiell-rechtlichen Anspruches, nicht dieser selbst (*Zöller/Vollkommer* Vor § 916 Rn. 2; *Schäfer* Rn. 4). Der Einwand der Rechtshängigkeit/Rechtskraft steht daher nicht einem Hauptsacheverfahren entgegen, sondern lediglich einem identischen Begehren auf vorläufigen Rechtsschutz. 51

#### 5. Keine Vorwegnahme der Hauptsache/Leistungsverfügung

Grds. darf einstweiliger Rechtsschutz **nicht zu einer endgültigen Befriedigung des Antragstellers** führen, sondern nur vorläufige Maßnahmen festlegen und nicht das Ergebnis des Hauptverfahrens vorwegnehmen. Ausnahmsweise, zum Zwecke wirksamen Rechtsschutzes, lässt die Rechtspraxis unter strengen Voraussetzungen neben den gesetzlich geregelten **Sicherungs- und Regelungsverfügungen** die sog. **Leistungsverfügung** zu (*Zöller/Vollkommer* § 940 Rn. 6; s. Rdn. 91 ff.). Der Erlass einer 52

Leistungsverfügung setzt voraus, dass der Antragsteller seiner Rechte ohne sofortige Erfüllung endgültig verlustig geht (Gefahr der Rechtsvereitelung) und zum anderen dringend auf die sofortige Anspruchserfüllung angewiesen ist (*LAG München* 19.12.1979 EzA Art. 9 GG Arbeitskampf Nr. 35). Dem von der Rechtsprechung entwickelten Institut der Leistungsverfügung kommt im Arbeitsrecht – insbes. bei der Beschäftigungs- und Vergütungspflicht sowie im Arbeitskampf – besondere Bedeutung zu (*Schäfer* Rn. 26).

### 6. Arrest-/Verfügungsgrund

53 Überwiegend (*LAG München* 19.12.1979 EzA Art. 9 GG Arbeitskampf Nr. 35; *LAG RhPf* 5.3.1986 LAGE Art. 9 GG Arbeitskampf Nr. 26; *LAG Hamm* 17.3.1987 LAGE Art. 9 GG Arbeitskampf Nr. 31; *LAG Frankf.* 23.3.1987 NZA 1988, 37; *LAG Köln* 9.2.1991 EzA § 935 ZPO Nr. 3) wird der Arrest-/Verfügungsgrund als Prozessvoraussetzung angesehen, sodass **ein wegen fehlendem Arrest-/Verfügungsgrund abgewiesener Antrag wiederholt** werden kann.

54 Die Vollstreckbarkeit einer einstweiligen Verfügung ist für die Bejahung eines Verfügungsgrundes erforderlich (*LAG Hmb.* 3.9.1987 LAGE § 888 ZPO Nr. 11). Für den Erlass einer nicht vollstreckbaren einstweiligen Verfügung fehlt die Dringlichkeit.

55 Der Antragsteller, der **schuldhaft zögerlich handelt**, es insbes. unterlässt umgehend im Hauptsacheverfahren einen Titel anzustreben, kann mangels Verfügungsgrundes keine Eilentscheidung erstreiten (*LAG Frankf.* 23.3.1987 NZA 1988, 37; *LAG Köln* 6.8.1996 LAGE § 611 BGB Beschäftigungspflicht Nr. 40), **Grundsatz der Selbstwiderlegung**.

Ein Fall der Selbstwiderlegung kann vorliegen, wenn der Antragsteller die Vollziehung einer zu seinen Gunsten erlassenen einstweiligen Verfügung schuldhaft unterlässt und nach Ablauf der Vollziehungsfrist des § 929 Abs. 2 ZPO den Erlass einer **Zweitverfügung** begehrt (*LAG Hamm* 5.1.1995 DB 1995, 1871).

### II. Verfahren

#### 1. Antrag

56 Die Parteien bestimmen das Verfahren durch ihren Antrag; das Antragserfordernis gilt auch für den einstweiligen Rechtsschutz im Beschlussverfahren nach §§ 80 ff. ArbGG (*LAG Nds.* 18.10.1994 LAGE § 95 BetrVG 1972 Nr. 15). Bei der einstweiligen Verfügung liegt allerdings die Maßnahme, die das Gericht zur Erreichung des Zweckes für erforderlich hält, in seinem Ermessen (§ 938 Abs. 1 ZPO). Die angeordnete Maßnahme darf aber nicht über den gestellten Antrag hinausgehen (*Heinze* RdA 1986, 273 [275]).

#### 2. Mündliche Verhandlung

57 Die einstweilige Verfügung darf, anders als im Arrestverfahren, § 921 Abs. 1 ZPO, **nur bei besonderer Dringlichkeit ohne mündliche Verhandlung** ergehen, § 937 Abs. 2 ZPO (*Schäfer* Rn. 56). Der Erlass einer einstweiligen Verfügung ohne mündliche Verhandlung ist von Rechts wegen der Ausnahmefall (*LAG Bln.* 26.3.1984 NZA 1984, 333); er erfordert gem. § 62 Abs. 2 S. 2 ArbGG eine besondere Dringlichkeit, die in der Entscheidung begründet werden muss (*Schwab/Weth-Walker* § 62 Rn. 101). Auch die Zurückweisung eines Antrags auf Erlass einer einstweiligen Verfügung darf nur in dringenden Stellen ohne mündliche Verhandlung erfolgen (*Sächs. LAG* 8.4.1997 – 1 Ta 89/97 – AE 1997 Nr. 312).

58 Im Urteilsverfahren ohne mündliche Verhandlung kann der Vorsitzende eine Entscheidung alleine treffen, § 53 Abs. 1 S. 1 ArbGG, im Beschlussverfahren entscheidet hingegen die Kammer (s. Rdn. 79). Erfolgt der Erlass der einstweiligen Verfügung auf Grund mündlicher Verhandlung, so entscheidet stets die Kammer (*LAG Bln.* 26.3.1984 NZA 1984, 333).

Entscheidet das Gericht nach mündlicher Verhandlung, ist gegen ein Versäumnisurteil Einspruch, gegen ein kontradiktorisches Urteil Berufung möglich. Eine Revision ist nicht zulässig (§ 542 Abs. 2 S. 1 ZPO); das BAG kann nicht als dritte Instanz in Verfahren des vorläufigen Rechtsschutzes angerufen werden. Weist das Gericht den Antrag ohne mündliche Verhandlung zurück, ist gegen den Beschluss die sofortige Beschwerde statthaft (§ 567 Abs. 1 Nr. 2 ZPO). Eine Rechtsbeschwerde gegen den Beschluss des LAG ist auch dann nicht zulässig, wenn das LAG die Rechtsbeschwerde zugelassen hat (*BAG* 22.1.2003 EzA § 72 ArbGG 1979 Nr. 29). Gibt hingegen das Gericht durch Beschluss dem Antrag statt, besteht der Rechtsbehelf des Widerspruchs (§ 924 Abs. 1 ZPO). Die Aufhebungsanträge gem. §§ 926 Abs. 1, 927, 934 ZPO unterliegen im arbeitsgerichtlichen Verfahren keinen Besonderheiten. 59

Durch Einreichung einer Schutzschrift vor Antragstellung wird versucht, insbes. im Beschlussverfahren, zumindest eine mündliche Verhandlung (Anhörung) zu erzwingen, falls das Gericht nicht den Antrag ohne mündliche Verhandlung (Anhörung) zurückweist (*Leipold* RdA 1983, 164). 60

### 3. Einlassungs-/Ladungsfrist

Die Ladungsfrist beträgt vor dem ArbG mindestens drei Tage, § 46 Abs. 2 S. 1 ArbGG i. V. m. § 217 2. Halbs. ZPO, vor dem LAG eine Woche (*LAG Bln.* 20.5.1985 LAGE § 7 BUrlG Nr. 9), § 46 Abs. 2 S. 1 ArbGG i. V. m. § 217 1. Hs. ZPO. Sie kann nicht von Amts wegen, jedoch auf Antrag abgekürzt werden, § 46 Abs. 2 S. 1 ArbGG i. V. m. § 226 Abs. 1 ZPO. Dieser Antrag ist mündlich als auch schriftlich möglich und zu begründen (s. Rdn. 12; GK-ArbGG/*Bader* § 47 Rn. 22). Er kann in der Betonung besonderer Dringlichkeit (*Gift/Baur* J Rn. 38) enthalten sein. 61

### 4. Kein Präklusionsrecht

Das Präklusionsrecht findet im Eilverfahren keine Anwendung. Das Gericht hat sämtlichen bis zum Schluss der mündlichen Verhandlung vorgetragenen und glaubhaft gemachten Parteivortrag zu berücksichtigen, sofern die Grenze des Rechtsmissbrauchs nicht überschritten wird (*OLG Koblenz* 5.2.1987 NJW-RR 1987, 509). 62

### 5. Keine Unterbrechung von Verjährung oder Ausschlussfristen

Weder der Arrest-/Verfügungsantrag noch die erlassene Entscheidung unterbrechen die Verjährung oder tarifliche/einzelvertragliche Ausschlussfristen (*Gift/Baur* J Rn. 2). 63

Ein isoliertes Eilverfahren birgt deshalb Haftungsrisiken für einen Rechtsanwalt; in Zweifelsfällen sollte parallel ein Hauptsacheverfahren anhängig gemacht werden. 64

### 6. Zustellung im Parteibetrieb binnen eines Monats

Gem. § 929 Abs. 2 ZPO muss der Verfügungskläger dem Gegner eine ein Gebot oder Verbot beinhaltende einstweilige Verfügung binnen eines Monats im Parteibetrieb zustellen (Zöller/*Vollkommer* § 929 Rn. 12; *BAG* 19.10.1993 EzA § 7 AWbG NW Nr. 20; a. A. *LAG Hamm* 7.8.1987 NZA 1987, 825). Die Frist beginnt ab Urteilsverkündung bzw. ab Zustellung des Beschlusses an den Antragsteller zu laufen (*LAG Brem.* 13.8.1982 AP Nr. 2 zu § 929 ZPO). Anderenfalls ist auf Antrag oder Rechtsbehelf der Verfügungsbeklagten hin, die einstweilige Verfügung aufzuheben und der Verfügungskläger trägt die Kosten des Eilverfahrens (*LAG Frankf.* 20.2.1990 NZA 1991, 30; *Clemenz* NZA 2005, 129, 131). 65

Nimmt ein Arbeitnehmer auf Grund einer Weiterbeschäftigungsverfügung innerhalb der Monatsfrist des § 929 Abs. 2 ZPO seine Arbeit tatsächlich wieder auf, ist die einstweilige Verfügung rechtzeitig vollzogen, ohne dass es zusätzlich noch einer Parteizustellung bedarf (*LAG Bln.* 10.6.1985 LAGE § 929 ZPO Nr. 2). Nach der Auffassung des *LAG Bln.* (12.11.1997 – 6 Ta 15/97 u. 16/97 – AE 1998 Nr. 92) bedarf auch eine durch Urteil erlassene Unterlassungsverfügung, die bereits die für eine Verhängung von Ordnungsmitteln erforderliche Androhung enthält, zur Wahrung der Voll- 66 ziehungsfrist des § 929 Abs. 2 ZPO weder einer Zustellung im Parteibetrieb noch eines Antrags auf Festsetzung von Ordnungsmitteln.

67 Bestätigt das Gericht eine ohne mündliche Verhandlung erlassene einstweilige Verfügung nach Widerspruch gem. §§ 924, 936 ZPO in abgeänderter Form, bedarf die **abgeänderte Verbotsverfügung der erneuten Vollziehung** nach § 929 ZPO (*LAG Düsseld.* 8.3.1979 EzA § 929 ZPO Nr. 1).

68 Auch eine im Beschlussverfahren erwirkte einstweilige Verfügung muss im Parteibetrieb zugestellt werden (*LAG Hmb.* 29.7.1985 AE 1998 Nr. 224; *LAG Frankf.* 20.2.1990 NZA 1991, 30; **a. A.** *LAG Hamm* 7.8.1987 a. a. O.); die nach § 85 Abs. 2 ArbGG von Amts wegen erfolgende Zustellung wahrt nicht die **Vollziehungsfrist des § 929 Abs. 2 ZPO** (*LAG Bln.* 18.8.1987 LAGE § 85 ArbGG 1979 Nr. 1).

69 Vollstreckt der Gläubiger einen vorläufigen Titel, haftet er wegen der eingeschränkten Richtigkeitsgewähr des summarischen Verfahrens verschuldensunabhängig (§ 945 ZPO).

## 7. Kosten

70 Die Kostenregelung des § 12a ArbGG ist anwendbar, weil es sich bei Arrest- und Verfügungsverfahren nicht um ein Vollstreckungsverfahren handelt. Die Regelung des § 12a Abs. 1 S. 3 ArbGG findet hinsichtlich der gem. §§ 919 2. Alt., 942 ZPO angerufenen Amtsgerichte keine Anwendung, weil diese nicht unzuständig sind, sondern ausnahmsweise stellvertretend für die Gerichte für Arbeitssachen tätig werden (so *ArbG Iserlohn* 4.1.1980 EzA Nr. 2 zu § 12a ArbGG; *Schäfer* Rn. 61, str.).

## III. Besonderheiten des arbeitsgerichtlichen einstweiligen Rechtsschutzes

### 1. Einstweiliger Rechtsschutz im Urteilsverfahren

71 Zuständig ist das ArbG der Hauptsache, § 62 Abs. 2 ArbGG i. V. m. §§ 919 1. Alt., 937 ZPO; ausnahmsweise das LAG, falls das Hauptsacheverfahren bereits in der Berufungsinstanz anhängig ist, § 943 ZPO. Für die Anordnung eines Arrestes kann auch in arbeitsrechtlichen Angelegenheiten das Amtsgericht, in dessen Bezirk sich die mit Arrest zu belegende Sache befindet oder sich der Schuldner aufhält, angerufen werden (§ 919 ZPO).

72 Für den Erlass einer einstweiligen Verfügung besteht in arbeitsrechtlichen Streitigkeiten in dringenden Fällen eine Notzuständigkeit des Amtsgerichts (§§ 919, 942 Abs. 1 ZPO). Nachdem das Verhältnis der Arbeitsgerichtsbarkeit zur ordentlichen Zivilgerichtsbarkeit keine Frage der sachlichen Zuständigkeit mehr ist, sondern eine des Rechtswegs (s. 8. Aufl. K/Rn. 194 ff.), sind in der Literatur (GMPM-G/*Germelmann* § 62 Rn. 81; *Schwab/Weth-Walker* § 62 Rn. 100) Zweifel an einer fortbestehenden Notzuständigkeit des Amtsgerichtes geäußert worden. Dagegen spricht jedoch die weiterhin uneingeschränkte Verweisung des § 62 Abs. 2 S. 1 ArbGG (*Schäfer* Rn. 53).

73 Bei bereits anhängiger Hauptsache ist stets das angerufene Gericht zuständig, selbst wenn es sich dabei um ein an sich unzuständiges Gericht handelt (*Schäfer* Rn. 14).

74 Gem. § 54 Abs. 1 S. 1 ArbGG müsste bei einer Entscheidung nach mündlicher Verhandlung zunächst eine Güteverhandlung stattfinden (*Grunsky* § 54 Rn. 1). Da die Verweisung in § 62 Abs. 2 ArbGG auf §§ 916, 935 ff. ZPO als lex specialis vorgeht, hat das Gericht dennoch sofort mündliche Verhandlung vor der Kammer anzuberaumen; die Abhaltung eines Gütetermines widerspräche dem Zweck eines Eilverfahrens (*Gift/Baur* J Rn. 37).

### 2. Einstweiliger Rechtsschutz im Beschlussverfahren

75 Im Beschlussverfahren verweist § 85 Abs. 2 ArbGG nur mit Einschränkungen auf §§ 916 ff. ZPO. Aber auch eine einstweilige Verfügung im Beschlussverfahren setzt immer einen Verfügungsanspruch und Verfügungsgrund voraus (*LAG München* 26.8.1992 LAGE § 23 BetrVG 1972 Nr. 29).

Die Zustellung des Beschlusses erfolgt nicht im Parteibetrieb, sondern von Amts wegen. Diese Zu- 76
stellung von Amts wegen ersetzt jedoch nicht die innerhalb der Vollziehungsfrist des § 929 Abs. 2
ZPO zu bewirkende Zustellung im Parteibetrieb (*LAG Hmb.* 29.7.1985 – 4 TaBV 6/85, AE 1998
Nr. 224; s. Rdn. 68).

Ein **Schadenersatzanspruch gem. § 945 ZPO** besteht bei Eilverfahren in betriebsverfassungsrecht- 77
lichen Angelegenheiten **nicht**.

Im Beschluss-Eilverfahren gilt der Untersuchungsgrundsatz des § 83 Abs. 1 ArbGG (*LAG Mün-* 78
*chen* 26.8.1992 LAGE § 23 BetrVG 1972 Nr. 29).

Die Zurückweisung eines Antrages auf Erlass einer einstweiligen Verfügung kann auch im Beschluss- 79
verfahren nur in dringenden Fällen ohne mündliche Verhandlung erfolgen (*LAG Nbg.* 27.4.1998 –
5 Ta 42/98, AE 1998 Nr. 244; *Grunsky* § 85 Rn. 18a). Eine Entscheidung über eine einstweilige
Verfügung im Beschlussverfahren ohne mündliche Verhandlung ergeht nicht allein durch den Vorsitzenden, sondern durch die vollbesetzte Kammer, § 85 Abs. 2 S. 2 ArbGG (*BAG* 28.8.1991 EzA
§ 113 BetrVG 1972 Nr. 21; GMPM-G/*Matthes* § 85 Rn. 45; **a. A.** *ArbG Jena* 22.9.1992 AuA 1993,
26; *Schwab/Weth-Walker* § 85 Rn. 68).

Hat das ArbG den Antrag ohne mündliche Verhandlung zurückgewiesen, kann der Antragsteller **so-** 80
**fortige Beschwerde** einlegen, § 567 ZPO; gegen die zurückweisende Entscheidung des Beschwerde-
gerichtes besteht keine weitere Beschwerdemöglichkeit, § 78 Abs. 2 ArbGG.

Erlässt das Gericht die einstweilige Verfügung ohne mündliche Anhörung, so kann der Antraggegner 81
gegen die Entscheidung Widerspruch einlegen, § 924 ZPO, eine Beschwerde nach § 87 ArbGG ist
nicht statthaft (*LAG Frankf.* 30.4.1992 NZA 1993, 816). Über den Widerspruch entscheidet das
Verfügungsgericht nach mündlicher Anhörung durch Beschluss, § 925 ZPO, § 84 ArbGG, der seinerseits beschwerdefähig ist, § 87 ArbGG.

## IV. Einzelfälle

### 1. Einstweilige Verfügung des Arbeitnehmers gegen den Arbeitgeber

#### a) Arbeitsentgelt

Eine einstweilige Verfügung auf Zahlung von Arbeitsentgelt kommt als Leistungsverfügung – Befrie- 82
digung des Geldanspruches – **nur in besonderen Ausnahmefällen** in Betracht (*LAG Düsseld.*
20.1.1976 DB 1976, 587; *LAG Frankf.* 8.9.1976 NJW 1978, 76).

Zum Verfügungsanspruch muss der Arbeitnehmer im fortbestehenden Arbeitsverhältnis zunächst 83
darlegen und glaubhaft machen, dass er die arbeitsvertraglich geschuldete Leistung erbracht hat
oder sich der Arbeitgeber in Annahmeverzug befindet. Während eines Rechtsstreits über die
Wirksamkeit einer Kündigung hat der Arbeitnehmer die überwiegende Wahrscheinlichkeit einer Unwirksamkeit der Kündigung schlüssig darzulegen oder ein von der Wirksamkeit der Kündigung un-
abhängiges zur Vergütung verpflichtendes Rechtsverhältnis, z. B. das gesetzliche Weiterbeschäftigungsverhältnis gem. § 102 Abs. 5 BetrVG 1972 (*Schäfer* Rn. 137).

> Zahlt der Arbeitgeber nach ausgesprochener Kündigung, bei ordentlicher Kündigung nach Ab- 84
> lauf der Kündigungsfrist, kein Arbeitsentgelt mehr, so muss der Arbeitnehmer in seinem Antrag
> auf Erlass einer einstweiligen Verfügung drei Voraussetzungen darlegen und glaubhaft machen
> (*Vossen* RdA 1991, 216):
> – Vorliegen eines Weiterbeschäftigungsanspruches (s. Rdn. 99 ff.),
> – Annahmeverzug des Arbeitgebers,
> – Notlage des Arbeitnehmers.

Der Arbeitnehmer muss zum Verfügungsgrund darlegen und glaubhaft machen, dass er ohne Ent- 85
geltzahlung in eine **finanzielle Notlage** (*LAG Brem.* 5.12.1997 DB 1998, 1624; *ArbG Frankf.*
FA 2001, 240) gerät, d. h., dass und weshalb er:

- keine anderweitigen finanziellen Leistungen oder Ansprüche (Ersparnisse, rasch verwertbares Vermögen, Unterhaltsansprüche) einsetzen kann,
- von dritter Seite keine Leistungen (Arbeitslosengeld, Erziehungsgeld) erhält.

86 Fraglich ist, ob der Arbeitnehmer auf Arbeitslosengeld oder Sozialhilfe verwiesen werden kann (so *LAG Hmb.* 6.5.1986 LAGE § 611 BGB Beschäftigungspflicht Nr. 15). Bezieht ein Antragsteller bereits Arbeitslosengeld oder Sozialhilfe, wird regelmäßig eine finanzielle Notlage, mithin ein Verfügungsgrund zu verneinen sein. Im Ergebnis führt dies häufig zu einer ungerechtfertigten Subventionierung des Arbeitgebers durch Gewährung eines zinslosen Darlehens. Hat der Antragsteller hingegen noch keine Leistungen der Bundesanstalt für Arbeit bzw. Sozialhilfe in Anspruch genommen, ist streitig, ob der Arbeitnehmer wegen der Subsidiarität der Leistungen der Bundesagentur für Arbeit/der Sozialhilfeträger rechtsfehlerfrei zu Lasten der Allgemeinheit auf staatliche Leistungen verwiesen werden kann. In der Literatur wird teilweise die Auffassung vertreten, der Arbeitnehmer habe zunächst die Lohnersatzleistungen des Arbeitsamtes in Anspruch zu nehmen, könne jedoch nicht auf Sozialhilfe verwiesen werden (*Schäfer* Rn. 139). Wegen der Befriedigungsfunktion darf dem Arbeitnehmer im Rahmen einer einstweiligen Verfügung nur so viel Arbeitsentgelt zugesprochen werden, wie zu der **Abwendung der Notlage** erforderlich ist. Als Orientierungsrahmen kommt die **Pfändungsfreigrenze** gem. §§ 850 ff. ZPO (*LAG Kiel* 26.8.1958 AP Nr. 1 zu § 940 ZPO; *LAG Brem.* 5.12.1997 DB 1998, 1624; *Schäfer* Rn. 143; *Vossen* RdA 1991, 216; *Reinhard/Kliemt* NZA 2005, 545, 552) in Betracht, da der Gesetzgeber die für den notwendigen Lebensunterhalt erforderlichen finanziellen Mittel hier konkretisierte. Verschiedentlich wird zur Bestimmung der zulässigen Höchstgrenze auf die Höhe des Arbeitslosengeldes (*LAG BW* 24.11.1967 BB 1968, 335) oder den Sozialhilfesatz (*LG Bochum* 9.5.1967 MDR 1967, 921) zurückgegriffen. Der Zahlungsanspruch ist auf die Geltendmachung eines Nettobetrages zu beschränken, weil weder Steuern noch Sozialabgaben zur Deckung des Lebensunterhaltes dienen (*Reinhard/Kliemt* NZA 2005, 545, 552). Das *LAG RhPf* (24.4.2007 – 9 SaGa 1/07) bejaht grundsätzlich die Möglichkeit einer einstweiligen Verfügung auf Zahlung des Notbedarfs nach § 850d ZPO; selbst im Fall der Verrechnung eines Vorschusses ohne Beachtung von § 394 BGB, § 850c ZPO.

87 ▶ Muster für einen Arrestantrag zur Sicherung einer Vergütungsforderung (*Schäfer* Rn. 276):

Namens und unter Vollmachtsvorlage des Antragstellers begehre ich den Erlass dinglichen und persönlichen Arrests, wobei ich anrege, wegen der Dringlichkeit ohne mündliche Verhandlung zu entscheiden und

**beantrage**

1. Der dingliche Arrest in das Vermögen der Antragsgegnerin wird wegen einer Vergütungsforderung des Antragstellers in Höhe von € ... angeordnet.
2. Die Forderung der Antragsgegnerin aus ... gegen ... wird – nebst Zinsen ... – in Vollziehung des Arrestes bis zu einem Höchstbetrag von € ... gepfändet.
3. Gegen den Geschäftsführer der Antragsgegnerin wird im Wege des persönlichen Arrests Haft angeordnet.

87a ▶ Muster für einen Zahlungsantrag (*Reinhard/Kliemt* NZA 2005, 545, 552):

Die Verfügungsbeklagte wird verurteilt, an den Verfügungskläger für den Monat ... einen Betrag in Höhe von ... Euro netto zu zahlen.

*b) Arbeitspapiere*

88 Der Arbeitgeber hat gegenüber dem Anspruch auf Ausfüllung und Herausgabe der Arbeitspapiere kein Zurückbehaltungsrecht (s. Kap. 9 Rdn. 116). Der Arbeitnehmer hat darzulegen und glaubhaft zu machen (GMPM-G/*Germelmann* § 62 Rn. 112; *Schwab/Weth-Walker* § 62 Rn. 139 ff.; *Korinth* ArbRB 2004, 62), dass:
- das Arbeitsverhältnis beendet ist,
- der Arbeitgeber weder Arbeitspapiere noch Zwischenbescheinigung ausgehändigt hat,

– ein neuer Arbeitgeber ohne Vorlage der Arbeitspapiere keine Einstellung vornimmt, die Steuerklasse VI in Ansatz bringen will oder die Lohnsteuerkarte für den Lohnsteuerjahresausgleich benötigt wird.

Zur Glaubhaftmachung reicht die eigene eidesstattliche Versicherung aus; in einem Hauptsacheverfahren trägt der Arbeitgeber die Darlegungs- und Beweislast für die Übergabe der Arbeitspapiere. 89

▶ **Muster** für einen Antrag auf Herausgabe der Arbeitspapiere im Wege der einstweiligen Verfügung: 90

Der Antragsgegnerin wird im Wege der einstweiligen Verfügung aufgegeben, die Arbeitspapiere des Antragstellers, bestehend aus Lohnsteuerkarte, Sozialversicherungsausweis und Arbeitsbescheinigung gem. § 312 SGB III, auszufüllen und herauszugeben.

Der Antragsgegnerin wird ein Zwangsgeld, dessen Höhe ich in das Ermessen des Gerichtes setze, ersatzweise Zwangshaft des Geschäftsführers der Antragsgegnerin, für den Fall angedroht, dass die Arbeitspapiere nicht ausgefüllt und herausgegeben werden.

### c) Urlaub

Die einstweilige Verfügung zur Durchsetzung des Urlaubsanspruchs hat für die Praxis erhebliche Bedeutung. Die Arbeitsvertragsparteien streiten öfters darüber, ob überhaupt ein Urlaubsanspruch besteht, er dem Arbeitnehmer im geltend gemachten Umfang zusteht und/oder über die zeitliche Lage des Urlaubs. Das *BAG* (20.1.1994 EzA § 626 BGB n. F. Nr. 153) verweist den Arbeitnehmer auf den gerichtlichen Rechtsschutz und billigt ihm grds. kein Recht zur Selbstbeurlaubung zu (s. Kap. 3 Rdn. 2356 ff.). Der Arbeitnehmer kann eine Leistungsklage auf Urlaubsgewährung für einen bestimmten Zeitraum erheben (*BAG* 18.12.1986 EzA § 7 BUrlG Nr. 48; s. i. E. Kap. 3 Rdn. 2397 ff.). Der Arbeitnehmer hat nämlich einen Anspruch darauf, dass die Urlaubsfestlegung entsprechend seinem Wunsch erfolgt, § 7 Abs. 1 BUrlG (*LAG RhPf* 25.1.1991 LAGE § 7 BUrlG Nr. 27). Die Klage wird jedoch unzulässig, wenn während des gerichtlichen Verfahrens der beantragte Urlaubszeitraum verstreicht (*BAG* 18.12.1986 EzA § 7 BUrlG Nr. 48). Ein effektiver Rechtsschutz ist deshalb häufig nur mittels einer einstweiligen Verfügung zu erreichen (*Schulte* ArbRB 2005, 125). 91

Der Antragsteller muss den Verfügungsanspruch darlegen und glaubhaft machen. Der Arbeitnehmer hat zunächst das Bestehen eines Arbeitsverhältnisses sowie die Erfüllung der Wartezeit (§§ 1, 4 BUrlG) vorzutragen. Begehrt er mehr als den gesetzlichen Urlaub hat er weiter die Anspruchsgrundlage vorzutragen (tarifliche/arbeitsvertragliche Regelung, Urlaubsübertragung usw; vgl. Kap. 3 Rdn. 2203 ff.). Weiterhin muss der Arbeitnehmer darlegen, dass er erfolglos rechtzeitig Urlaubsgewährung vom Arbeitgeber gefordert hatte (s. Kap. 3 Rdn. 2333). Der Arbeitgeber hat hingegen alle Gegenrechte darzulegen und unter Beweis zu stellen. Er hat insbes. entgegenstehende betriebliche Belange, die zu einer erheblichen betrieblichen Erschwerung führen (*LAG RhPf* 25.1.1991 LAGE § 7 BUrlG Nr. 27), vorzutragen und glaubhaft zu machen. Der Arbeitgeber trägt nämlich die Darlegungs- und Beweislast für die Berechtigung einer Urlaubsverweigerung (*BAG* 10.1.1974 EzA § 7 BUrlG Nr. 16). 92

Als Verfügungsgrund kommen folgende Fallgruppen in Betracht: der Urlaubszweck wird bei späterer Urlaubsnahme verfehlt, der Urlaub verteuert sich erheblich oder der Urlaub kann wegen eines Wechsels zu einem anderen Arbeitgeber in der zweiten Jahreshälfte gem. § 4 BUrlG nicht genommen werden (*Corts* NZA 1998, 357 [358]). Das drohende Erlöschen des Urlaubsanspruchs wegen Ablauf des Urlaubsjahrs oder des dreimonatigen Übertragungszeitraums gem. § 7 Abs. 3 BUrlG allein reicht nicht als Verfügungsgrund. Bei rechtzeitiger Geltendmachung des Urlaubsanspruchs wird der Arbeitgeber in Verzug gesetzt und der Arbeitnehmer erhält einen Schadensersatzanspruch in Form bezahlter Freistellung. 93

Eilanträge auf Urlaub setzen als Verfügungsgrund voraus, dass der Erlass einer einstweiligen Verfügung **zur Abwendung wesentlicher Nachteile notwendig** ist (*LAG Köln* 9.2.1991 LAGE § 935 ZPO Nr. 3) und der Arbeitnehmer **keine anderweitige Möglichkeit** hat, eine Konkretisierung seines 94

Anspruchs auf Urlaubsgewährung durchzusetzen. Die Interessen des Arbeitnehmers sind mit entgegenstehenden betrieblichen Belangen abzuwägen (*ArbG Hamm* 10.5.1983 DB 1983, 1553).

95 Der Arbeitnehmer hat, sofern ein Betriebsrat/Personalrat besteht, sich zunächst an diesen zu wenden (Mitbestimmungsrecht des Betriebsrates gem. § 87 Abs. 1 Nr. 5 BetrVG), da der Erlass einer Leistungsverfügung nur in Betracht kommt, wenn der Arbeitnehmer alle anderen Möglichkeiten ausgeschöpft hat. Der Arbeitnehmer darf nicht durch eigene Nachlässigkeit die Eilbedürftigkeit herbeigeführt (**Grundsatz der Selbstwiderlegung**) bzw. selbst verursacht haben, z. B. durch Buchung einer Reise vor Urlaubsgewährung (*LAG Hmb.* 15.9.1989 LAGE § 7 BUrlG Nr. 26).

96 Der Antrag auf **Urlaubsgewährung in einem bestimmten Zeitraum** führt regelmäßig zu einer Vorwegnahme der endgültigen Entscheidung, weshalb an den Verfügungsgrund besonders hohe Anforderungen gestellt werden (*LAG Hmb.* 15.9.1989 LAGE § 7 BUrlG Nr. 26). Ob als Verfügungsgrund der Wunsch des Arbeitnehmers ausreicht, wegen familiärer oder persönlicher Gründe an einen bestimmten Termin Urlaub nehmen zu können, ist streitig. Nach Auffassung des *LAG Hamm* (31.1.1995 LAGE § 7 BUrlG Nr. 33) kann eine einstweilige Verfügung auf Gewährung von Urlaub in einem genau beantragten Zeitraum nur in ganz besonderen Ausnahmesituationen ergehen, in denen eine gewisse Vorwegnahme der Hauptsache unvermeidbar ist, um wesentlichen Schaden oder einen endgültigen Rechtsverlust abzuwenden. Das *LAG Hmb.* 15.9.1989 (LAGE § 7 BUrlG Nr. 26), vertritt die Auffassung, dass ein Arbeitnehmer grds. seinen Urlaubsanspruch so frühzeitig erheben muss, dass er ihn im Falle rechtswidriger Verweigerung noch im Wege des ordentlichen Klageverfahrens durchsetzen kann. Im Fall eines langfristig gebuchten Urlaubs wird der Arbeitnehmer daher die besondere Dringlichkeit nur in Ausnahmefällen begründen können. Begehrt der Arbeitnehmer hingegen kurzfristig Urlaub aus Anlass des Todes naher Angehöriger, Eheschließung, Taufe usw. wird zumeist eine besondere Dringlichkeit zu bejahen sein (*Schäfer* Rn. 103).

97 ▶ **Muster** für einen Antrag (*Reinhard/Kliemt* NZA 2005, 545, 550):
Dem Verfügungskläger wird das Fernbleiben von der Arbeit im Zeitraum vom ... bis ... gestattet.

98 Der Anspruch auf **Bildungsurlaub** kann im Wege der einstweiligen Verfügung durchgesetzt werden (s. Kap. 3 Rdn. 2673). Beantragt der Arbeitnehmer im Wege der einstweiligen Verfügung allein die Befreiung von seiner Arbeitspflicht, begründet ein entsprechender Eilentscheid keine Pflicht des Arbeitgebers zur Vergütungsfortzahlung (*LAG Hamm* 20.9.1996 – 15 Sa 1205/95, AE 1997 Nr. 252).

*d) Weiterbeschäftigungsanspruch*

*aa) Beschäftigungsanspruch während bestehendem Arbeitsverhältnis*

99 Der Arbeitnehmer hat im ungekündigten oder gekündigten, aber noch nicht beendeten Arbeitsverhältnis, grds. gem. §§ 611 Abs. 1, 613, 242 BGB, Art. 1 und 2 GG einen Anspruch darauf, beschäftigt zu werden (**allgemeiner Beschäftigungsanspruch**; s. Kap. 3 Rdn. 2724 ff.). Die Beschäftigungspflicht des Arbeitgebers ist eine in der Fürsorgepflicht wurzelnde Nebenpflicht, sofern die Beschäftigung nicht ausdrücklich vertraglich als Hauptpflicht vereinbart ist.

100 Der Arbeitnehmer muss den Verfügungsanspruch schlüssig darlegen und glaubhaft machen, indem er ein bestehendes Arbeitsverhältnis sowie den Inhalt des Beschäftigungsanspruches unter Beweisantritt vorträgt.

101 Der Arbeitgeber kann die Existenz eines Arbeitsverhältnisses und/oder den Inhalt des Beschäftigungsanspruches bestreiten oder Ausnahmen von der allgemeinen Beschäftigungspflicht (s. Kap. 3 Rdn. 2735) darlegen und ggf. beweisen. Bereits im Arbeitsvertrag kann der Arbeitgeber sich das Recht ausbedingen, im Fall einer Kündigung den Arbeitnehmer für die Dauer der Kündigungsfrist von der Arbeit freizustellen (*LAG Köln* 20.2.2006 NZA-RR 2006, 342). Ein Suspendierungsgrund (vgl. hierzu Kap. 3 Rdn. 2735) ist auch gegeben, wenn sich ein Mitarbeiter nach seiner ordentlichen *Kündigung in der Kündigungsfrist* nachweisbar **betriebsschädigend** verhält, oder der Mitarbeiter, dem wesentliche Geschäfts- und Betriebsgeheimnisse bekannt sind, selbst kündigt, um nach Beendi-

gung des Arbeitsverhältnisses bei fehlendem nachvertraglichen Wettbewerbsverbot sofort zu einem Konkurrenzunternehmen zu wechseln (*LAG Hamm* 3.11.1993 LAGE § 611 BGB Beschäftigungspflicht Nr. 36; Verrat von Betriebsgeheimnissen: *BAG* 4.6.1964 AP Nr. 13 zu § 626 BGB).

Streitig ist, ob die Beschäftigungsverfügung neben dem Verfügungsanspruch einen Verfügungsgrund voraussetzt. Einerseits wird die Auffassung vertreten, der Erlass einer Beschäftigungsverfügung während eines noch nicht beendeten Arbeitsverhältnisses erfordere nicht die Darlegung eines **besonderen Beschäftigungsinteresses** (*ArbG Herne* 13.10.1988 NZA 1989, 236; *Hess. LAG* 10.5.2010 – 16 SaGa 341/10, FA 2010, 240). Der allgemeine Beschäftigungsanspruch besteht nämlich grds. während eines Arbeitsverhältnisses bis zum Ablauf der Kündigungsfrist (*BAG* 19.8.1976 EzA § 611 BGB Beschäftigungspflicht Nr. 1). Er wird als Fixschuld endgültig vereitelt, wenn eine Befriedigungsverfügung unter Hinweis auf ein weiter gehendes besonderes Beschäftigungsinteresse versagt wird (*ArbG Leipzig* BB 1997, 366). Sofern der Beschäftigungsanspruch zweifelsfrei bestehe, sei ein Verfügungsgrund für eine Beschäftigungsverfügung regelmäßig gegeben (*LAG München* 18.9.2002 LAGE § 611 BGB Beschäftigungspflicht Nr. 45). Andererseits wird zutreffend darauf hingewiesen, dass der einstweilige Rechtsschutz lediglich Sicherungsfunktion habe und auch eine Beschäftigungsverfügung zur Befriedigung führe (*LAG SchlH* 20.4.2012 – 5 SaGa 1/12; *Schäfer* Rn. 65). Das Beschäftigungsinteresse des Arbeitnehmers (Neben-/Hauptpflicht) sowie die Dringlichkeit (besondere Wichtigkeit einer tatsächlichen Beschäftigung) sei im Einzelfall sorgfältig gegen das Suspendierungsinteresse des Arbeitgebers abzuwägen. Auch das *LAG Hamm* fordert im Fall des Weiterbeschäftigungsanspruchs in der Kündigungsfrist die Darlegung, dass der Arbeitnehmer auf die sofortige Erfüllung (Notlage) dringend angewiesen ist (18.2.1998 NZA-RR 1998, 422).

Der Arbeitnehmer darf keine andere Möglichkeit haben/gehabt haben, seinen zweifelsfrei bestehenden Verfügungsanspruch anderweitig zu realisieren. Ein Verfügungsgrund fehlt, wenn der Arbeitnehmer längere Zeit vor Beantragung der einstweiligen Verfügung Kündigungsschutzklage erhoben hatte, aber nicht auf Weiterbeschäftigung geklagt hatte (*LAG Frankf.* 23.3.1987 NZA 1988, 37).

▶ **Muster** für einen Antrag (zum Antrag vgl. *Growe* NZA 1996, 567):
1. Die Verfügungsbeklagte wird verurteilt, den Verfügungskläger bis zum Ablauf der Kündigungsfrist am 30.9.1996 zu unveränderten Bedingungen als Konstrukteur weiterzubeschäftigen.
2. Für jeden Fall der Zuwiderhandlung wird der Verfügungsbeklagten ein Zwangsgeld in Höhe von € 10.000,– angedroht.

Von der vorstehenden Fallgruppe ist eine weitere abzugrenzen: die Parteien streiten im Wege des einstweiligen Rechtsschutzes nicht über das »Ob«, sondern das »Wie« einer Beschäftigung. Gegenstand der Auseinandersetzung ist also nicht der Beschäftigungsanspruch im engeren Sinn, sondern das Direktionsrecht. Da die drohende Rechtsverletzung in diesem Fall regelmäßig weniger schwerwiegend ist, sind die Anforderungen an den Verfügungsgrund höher. Ein bloßer Ansehensverlust durch die vorgenommene Änderung der Arbeitsinhalte ist in der Regel im Rahmen einer Leistungsverfügung kein ausreichender Verfügungsgrund (*LAG Köln* 24.11.1998 NZA 1999, 1008; *LAG Hessen* 19.8.2002 juris).

**bb) Weiterbeschäftigungsanspruch bei Rechtsstreitigkeiten über die Beendigung des Arbeitsverhältnisses**

*(1) Besonderer Weiterbeschäftigungsanspruch, § 102 Abs. 5 S. 1 BetrVG*

Der Gesetzgeber hat in § 102 Abs. 5 S. 1 BetrVG einen vorläufigen, auflösend bedingten (*BAG* 12.9.1985 EzA § 102 BetrVG 1972 Nr. 61), Bestandsschutz des gekündigten Arbeitsverhältnisses zwischen Ablauf der Kündigungsfrist und rechtskräftigem Abschluss des Kündigungsschutzprozesses angeordnet, der eine Weiterbeschäftigungspflicht des Arbeitgebers beinhaltet (s. Kap. 4 Rdn. 3277 ff.). Der Weiterbeschäftigungsanspruch gem. § 102 Abs. 5 S. 1 BetrVG kann im Urteilsverfahren durch Klage oder – bei Vorliegen eines Verfügungsgrundes – durch einstweilige Verfügung durchgesetzt werden. Anders als der allgemeine Weiterbeschäftigungsanspruch (s. Rdn. 110 ff.) wird der besondere Weiterbeschäftigungsanspruch nicht durch ein überwiegendes Interesse des Arbeitgebers an einer Nichtbeschäftigung ausgeschlossen (*LAG München* 10.2.1994 NZA 1994, 997). Dem betriebsverfassungsrechtlichen Weiterbeschäftigungsanspruch kann der Arbeitgeber nur entgegentreten, indem er dessen Voraussetzungen (s. Kap. 4 Rdn. 3283) bestreitet, die Voraussetzungen für eine Entbindung von der Weiterbeschäftigungspflicht gem. § 102 Abs. 5 S. 2 BetrVG (s. Rdn. 156 ff.) oder Suspendierungsgründe, die in einem bestehenden Arbeitsverhältnis eine Freistellung rechtfertigen (vgl. hierzu Kap. 3 Rdn. 2735), vorträgt (vgl. *Schäfer* Rn. 77).

107 Umstritten ist, ob sich der **Verfügungsgrund** i. d. R. bereits aus dem ausdrücklich gesetzlich geregelten Verfügungsanspruch ergibt (s. Kap. 4 Rdn. 3317; *LAG Hmb.* 14.9.1992 LAGE § 102 BetrVG Beschäftigungspflicht Nr. 10) oder entsprechend den allgemeinen Grundsätzen dargelegt werden muss (so *LAG Düsseld.* 25.1.1993 DB 1993, 1680; *LAG München* 10.2.1994 LAGE § 102 BetrVG Beschäftigungspflicht Nr. 14; *LAG BW* 30.8.1993 NZA 1995, 683; *Schäfer* Rn. 80). Für die letztere Auffassung spricht, dass die Weiterbeschäftigungsverfügung eine Leistungsverfügung (Befriedigungsverfügung) ist, an die generell strenge Anforderungen zu stellen sind. Erlässt das Gericht eine einstweilige Verfügung, muss der Arbeitgeber die Ansprüche aus dem durch § 102 Abs. 5 S. 1 BetrVG begründeten Schuldverhältnis erfüllen. Selbst nach Abweisung der Kündigungsschutzklage bleiben dem Arbeitnehmer die Entgeltansprüche bis zum Zeitpunkt der Rechtskraft der klageabweisenden Entscheidung erhalten. Der Gesetzgeber hat außerdem in anderen speziellen Regelungen – im Gegensatz zu § 102 BetrVG – ausdrücklich bestimmt, dass ein Verfügungsgrund nicht glaubhaft gemacht werden muss (§ 885 Abs. 1 S. 2 BGB, § 899 Abs. 2 S. 2 BGB). Andererseits sollten wegen der Zeitgebundenheit der Beschäftigungspflicht nur geringe Anforderungen an den Verfügungsgrund gestellt werden. Die gesetzliche Regelung bezweckt nämlich gerade die Sicherung der tatsächlichen Beschäftigung des gekündigten Arbeitnehmers für die Dauer des Kündigungsschutzprozesses. Kann die Beschäftigung nicht rechtzeitig im Hauptsacheverfahren durchgesetzt werden, ist ein Verfügungsgrund ohne weitere Erfordernisse gegeben. Hingegen wird ein Verfügungsgrund regelmäßig fehlen, wenn beispielsweise auf Grund langer Kündigungsfristen eine erstinstanzliche Entscheidung bereits unmittelbar nach Ablauf der Kündigungsfrist bevorsteht und der Arbeitnehmer nicht ausnahmsweise gehindert war, im Hauptsacheverfahren einen Weiterbeschäftigungsantrag zu stellen.

107a Eine einstweilige Verfügung auf Weiterbeschäftigung nach § 102 Abs. 5 S. 1 BetrVG scheidet aus, wenn der Arbeitgeber außerordentlich fristlos kündigt. Dies gilt auch dann, wenn er vorsorglich mit oder nach der fristlosen Kündigung hilfsweise eine ordentliche Kündigung ausspricht (*LAG RhPf* 8.6.2011 – 8 Sa 612/10).

*(2) Allgemeiner Weiterbeschäftigungsanspruch*

108 Der allgemeine Weiterbeschäftigungsanspruch (s. Kap. 4 Rdn. 3331 ff.) bezeichnet das Recht eines Arbeitnehmers innerhalb eines in seinem rechtlichen Bestand umstrittenen Arbeitsverhältnis beschäftigt zu werden. Die Existenz eines Arbeitsverhältnisses kann beispielsweise nach Ausspruch einer Kündigung, eines Auflösungsantrags gem. § 9 KSchG, infolge einer Befristung oder einer auflösenden Bedingung fraglich sein. In der arbeitsgerichtlichen Praxis hat sich der allgemeine Weiterbeschäftigungsanspruch seit der Entscheidung des Großen Senates des *BAG* vom 27.2.1985 (EzA § 611 BGB Beschäftigungspflicht Nr. 9) durchgesetzt (zur Kritik s. Kap. 4 Rdn. 3364 f.). Nach der Rechtsprechung des BAG besteht nach Beendigung eines Arbeitsverhältnisses grds. kein Anspruch auf weitere Beschäftigung, weshalb im einstweiligen Rechtsschutzverfahren grds. ein Verfügungsanspruch fehlt. Der Arbeitgeber hat nach dem Ende des Arbeitsverhältnisses ein schutzwertes Interesse die tatsächliche Beschäftigung nicht fortsetzen zu müssen. Dies gilt grds. auch dann, wenn die Beendigung des Arbeitsverhältnisses umstritten ist. Die Interessenlage kann sich aber zu Gunsten des Arbeitnehmers verschieben:

109 – **Weiterbeschäftigungsanspruch vor Urteil**
110 Ein Verfügungsanspruch besteht, wenn eine **offenkundige Unwirksamkeit der Kündigung** (vgl. hierzu *BAG* 26.5.1977 EzA § 611 BGB Beschäftigungspflicht Nr. 2) vorliegt. Der Arbeitgeber

hat dann regelmäßig keine berechtigten schutzwerten Interessen an einer Nichtbeschäftigung des Arbeitnehmers, weil der Fortbestand des Arbeitsverhältnisses nicht ernsthaft in Frage steht (s. Kap. 4 Rdn. 3342). Andererseits kann gerade bei lediglich an formalen Anforderungen scheiternden Kündigungen ein schutzwürdiges Interesse des Arbeitgebers an einer Nichtbeschäftigung bestehen. Kündigt z. B. der Arbeitgeber einen schwer behinderten alkoholsüchtigen Berufskraftfahrer ohne vorherige Zustimmung des Integrationsamtes, so ist die Kündigung evident unwirksam, auch wenn der Arbeitgeber vor Ausspruch der Kündigung zunächst keine Kenntnis von der Schwerbehinderung hatte (s. Kap. 4 Rdn. 768). Der Arbeitgeber wird aber nicht verpflichtet werden können, diesen Berufskraftfahrer weiterbeschäftigen zu müssen, falls dessen Alkoholabhängigkeit unstreitig ist. Generell dürfte ein Verfügungsanspruch bei einer offensichtlich unwirksamen Kündigung ausgeschlossen sein, wenn bei einem fortbestehenden Arbeitsverhältnis der Arbeitgeber berechtigt wäre, den Arbeitnehmer zu suspendieren (vgl. hierzu Kap. 3 Rdn. 305 f. u. 2724 ff.).

Ist die Unwirksamkeit der Kündigung nicht derart evident, besteht dagegen ein Verfügungsanspruch des Arbeitnehmers ausnahmsweise nur, falls ein **besonderes Beschäftigungsinteresse** das entgegenstehende Arbeitgeberinteresse überwiegt, z. B. der Arbeitnehmer bereits bei kurzzeitigem Pausieren berufliche Fähigkeiten und Fertigkeiten einbüßt, eine Wiedereingliederung in den Arbeitsablauf erheblich erschwert wird oder ein Auszubildender an Prüfungen nicht mehr teilnehmen kann (*LAG Bln.* 22.2.1991 LAGE § 611 BGB Beschäftigungspflicht Nr. 29). Der Verfügungsgrund, Erforderlichkeit der begehrten Regelung zur Abwehr wesentlicher Nachteile, ergibt sich bei Vorliegen eines besonderen Beschäftigungsinteresses aus der Gefährdung des Verfügungsanspruchs (*LAG Köln* 26.11.1985 LAGE § 611 BGB Beschäftigungspflicht Nr. 8), da bereits auf der Ebene des Verfügungsanspruchs das Weiterbeschäftigungsinteresse des Arbeitnehmers gegen das Interesse des Arbeitgebers an einer Nichtbeschäftigung abgewogen wurden. **111**

Fehlt hingegen ein besonderes Beschäftigungsinteresse, so hat der Arbeitnehmer den Verfügungsgrund auch bei einer offensichtlich unwirksamen Kündigung näher darzulegen. Er muss begründen, weshalb sein Beschäftigungsanspruch durch eine Klage im Hauptsacheverfahren, den Annahmeverzug sowie des Schadensersatzes nicht ausreichend gesichert werden kann *(Schäfer Rn. 76).* Die Anforderungen an den Verfügungsgrund sind im Hinblick auf den Ausnahmecharakter des einstweiligen Rechtsschutzes im Allgemeinen und der Leistungsverfügung im Besonderen zu bestimmen (*Schäfer* Rn. 68). Andererseits dürfen keine überzogenen Anforderungen gestellt werden, da anderenfalls der Arbeitgeber durch Freistellung des Arbeitnehmers »Fakten« schaffen könnte, die in der betrieblichen Praxis häufig auch nach einer für den Arbeitnehmer positiven Hauptsacheentscheidung nicht mehr rückgängig zu machen sind (so auch *Hoß/Lohr* BB 1998, 2575). **112**

Die einstweilige Verfügung ist **bis zur Beendigung des erstinstanzlichen Kündigungsschutzverfahrens zu begrenzen**, weil in dem Hauptsacheverfahren ein Weiterbeschäftigungsanspruch für den Zeitraum nach Erlass der erstinstanzlichen Entscheidung anhängig gemacht werden kann (GMPM-G/*Germelmann* § 62 Rn. 108; *Schwab/Weth-Walker* § 62 Rn. 127). **113**

▶ **Muster** für einen Antrag auf Erlass einer einstweiligen Verfügung auf Weiterbeschäftigung vor einem erstinstanzlichen Urteil im Hauptsacheverfahren (*Schäfer* Rn. 308, Muster für andere Fallgruppen Rn. 282, 286, 303, 312): **114**

Namens und unter Vollmachtsvorlage der Antragstellerin begehre ich den Erlass einer einstweiligen Weiterbeschäftigungsverfügung, wobei ich wegen der Dringlichkeit anrege, ohne mündliche Verhandlung zu entscheiden, und

**beantrage**

1. Der Antragsgegnerin wird aufgegeben, den Antragsteller bis zu der Verkündung einer erstinstanzlichen Entscheidung des beim Arbeitsgericht Kaiserslautern unter dem Aktenzeichen 7 Ca 888/98 anhängigen Rechtsstreits gem. § 2 des Anstellungsvertrages vom 1.1.1960 als Herzchirurg weiterzubeschäftigen.
2. Für den Fall der Zuwiderhandlung wird der Antragsgegnerin ein Zwangsgeld, dessen Höhe ich in das Ermessen des Gerichts stelle (mindestens jedoch € 10 000,00), für jeden Fall der Zuwiderhandlung, ersatzweise Zwangshaft der Geschäftsführerin, angedroht.

115 – **Weiterbeschäftigungsanspruch nach obsiegendem Urteil**

116 Hat ein ArbG den Fortbestand des Arbeitsverhältnisses erstinstanzlich festgestellt, so hat der obsiegende Arbeitnehmer einen Weiterbeschäftigungsanspruch (*BAG* 27.2.1985 EzA § 611 BGB Beschäftigungspflicht Nr. 9). Die Ungewissheit des Prozessausgangs kann für sich allein ein überwiegendes Gegeninteresse des Arbeitgebers nicht mehr begründen, sodass ein Verfügungsanspruch regelmäßig vorliegt.

117 Der Verfügungsanspruch indiziert auch in diesem Fall noch keinen Verfügungsgrund. Nach der gegebenen Rechtslage ist eine vorübergehende Unterbrechung der tatsächlichen Beschäftigung grds. als tragbar anzusehen (*ArbG Bielefeld* 31.7.1985 NZA 1986, 98). Der Arbeitnehmer muss als Verfügungsgrund ein besonderes, objektiv bestehendes, Beschäftigungsinteresse vortragen und glaubhaft machen (*LAG RhPf* 21.8.1986 LAGE § 611 BGB Beschäftigungspflicht Nr. 19). Ein solches Beschäftigungsinteresse ist beispielsweise gegeben, wenn eine sofortige Weiterbeschäftigung notwendig ist, um eine erworbene Qualifikation erhalten und zu sichern oder um den Erfahrungsstand eines auszubildenden Arbeitnehmers zu wahren. Ein besonderer Grund, der die Annahme eines Verfügungsgrundes rechtfertigt, liegt auch vor, wenn die Kündigung evident unwirksam ist. Eine dennoch bestehende subjektive Ungewissheit des Arbeitgebers ist nicht schutzwürdig.

118 Häufig wird aber eine einstweilige Verfügung zur Durchsetzung des allgemeinen Weiterbeschäftigungsanspruchs nach obsiegendem erstinstanzlichem Urteil mangels Dringlichkeit am Verfügungsgrund scheitern: Der Arbeitnehmer hat selbstverschuldet den Grund für die Eilbedürftigkeit gesetzt, wenn er nicht – zumindest eventualiter – den **Weiterbeschäftigungsantrag in dem erstinstanzlichen Kündigungsschutzprozess** anhängig gemacht hatte (*LAG RhPf* 21.8.1986 LAGE § 611 BGB Beschäftigungspflicht Nr. 19; *LAG Frankf.* 23.3.1987 NZA 1988, 37; *LAG Köln* 6.8.1996 LAGE § 611 BGB Beschäftigungspflicht Nr. 40). Der Antragsteller muss deshalb im Einzelnen darlegen und glaubhaft machen, weshalb er dies unverschuldet unterließ. So kann bis zum Schluss der mündlichen Verhandlung in erster Instanz einem Weiterbeschäftigungsantrag eine lang andauernde Arbeitsunfähigkeit entgegenstehen. Hingegen entschuldigt die seitens der Rechtsschutzversicherung üblicherweise verweigerte Kostenzusage für einen eventualiter gestellten Weiterbeschäftigungsantrag nicht einen unterlassenen Antrag. Auch wenn ein Arbeitnehmer erst einige Monate (hier sechs Monate) nach Verkündung eines die Unwirksamkeit der Kündigung feststellenden erstinstanzlichen Urteils im Wege des einstweiligen Verfügungsverfahrens die Weiterbeschäftigung beantragt, fehlt mangels Eilbedürftigkeit der Verfügungsgrund (*LAG Hamm* 18.2.1986 NZA 1986, 399).

119 – **Weiterbeschäftigungsanspruch nach klageabweisendem Urteil**

120 Nach **klageabweisendem Urteil im Kündigungsschutzprozess** ist der Erlass einer einstweiligen Verfügung nur in Ausnahmefällen (offenkundiges Übersehen wesentlicher Gesichtspunkte durch das erstinstanzliche Gericht, erheblicher zulässiger neuer Vortrag in der Berufungsinstanz) denkbar (*Schäfer* NZA 1985, 691).

*cc) Weiterbeschäftigungsanspruch eines Auszubildenden*

*(1) Nach Kündigung*

121 Der Anspruch eines Auszubildenden auf Weiterbeschäftigung kann nach Ausspruch einer fristlosen Kündigung gem. § 22 Abs. 2 Ziff. 1 BBiG im Wege des einstweiligen Verfügungsverfahrens geltend gemacht werden (*LAG Bln.* 22.2.1991 LAGE § 611 BGB Beschäftigungspflicht Nr. 29). Im Mittelpunkt der Darlegung steht die Unwirksamkeit der fristlosen Kündigung. Ein Auszubildender hat grds. ein besonderes Beschäftigungsinteresse, da bei Verweigerung der Fortsetzung einer Ausbildung der ordnungsgemäße Ablauf einer Berufsausbildung und damit das Ausbildungsziel erheblich gefährdet ist, unter Umständen die bisher erfolgte Ausbildung nicht mehr verwertbar ist.

122 ▶ **Muster für einen Antrag:**
   1. *Die Antragsgegnerin wird verurteilt, den Antragsteller bis zur Entscheidung des Hauptsacheverfahrens vor dem Arbeitsgericht Kaiserslautern, als Werkzeugmacher weiter auszubilden.*

2. Für jeden Fall der Zuwiderhandlung wird der Antragsgegnerin ein Zwangsgeld in Höhe von € 20 000,– angedroht.

### (2) Weiterbeschäftigungsanspruch des Jugend- und Auszubildendenvertreters

Gem. § 78a Abs. 2 BetrVG müssen Auszubildende, die Mitglied in der Jugend- und Auszubildendenvertretung, des Betriebsrates, der Bordvertretung oder des Seebetriebsrats sind, über das Ende des Ausbildungsverhältnisses hinaus weiterbeschäftigt werden, wenn sie gem. § 78a Abs. 2 BetrVG innerhalb der letzten drei Monate vor Bekanntgabe des Prüfungsergebnisses der Abschlussprüfung (*BAG* 31.10.1985 EzA § 78a BetrVG 1972 Nr. 15) schriftlich die Weiterbeschäftigung verlangen; unabhängig davon, ob der Arbeitgeber seinerseits seiner Mitteilungspflicht aus Abs. 1 nachgekommen ist (*BAG* 16.8.1995 EzA § 78a BetrVG 1972 Nr. 23). **123**

Der Auszubildende hat seinen Anspruch auf Feststellung des Bestehens eines Arbeitsverhältnisses und dessen Inhalts im **Urteilsverfahren** zu verfolgen. Im Wege der einstweiligen Verfügung kann er seine tatsächliche Beschäftigung unter Zahlung eines entsprechenden Entgelts durchsetzen (*LAG Frankf.* 14.8.1987 BB 1987, 2160). **124**

### e) Konkurrentenklage

Macht ein Bewerber um eine für Angestellte ausgeschriebene Stelle des öffentlichen Dienstes geltend, er sei unter Verletzung der in Art. 33 Abs. 2 GG festgelegten Kriterien abgewiesen worden, kann er arbeitsgerichtlichen Rechtsschutz (sog. arbeitsrechtliche Konkurrentenklage) zur Sicherung seines Bewerbungsverfahrensanspruchs begehren (*BAG* 2.12.1997 EzA Art. 33 GG Nr. 17). **125**

Ein Anspruch auf Beförderung hingegen kommt nur ganz ausnahmsweise in Betracht. Ein unmittelbarer Anspruch auf Beförderung steht keinem Arbeitnehmer zu (*BAG* 2.12.1997 EzA Art. 3 GG Nr. 78). Ein Anspruch kann sich aus einer vertraglichen Zusage oder im öffentlichen Dienstes aus dem Leistungsprinzip des Art. 33 Abs. 2 GG nur ergeben, falls sich der Ermessensspielraum derart verdichtet hat, dass eine andere Entscheidung als die Beförderung gerade des Antragstellers ermessensfehlerhaft wäre (*LAG Bln.* 12.7.1993 NZA 1994, 526). Daher scheidet ein Beförderungsanspruch bei Nichtbeachtung landesrechtlicher Regelungen zur Frauenförderung aus, wenn die Auswahlentscheidung nicht nur zwischen der übergangenen Bewerberin und dem Arbeitgeber ausgewählten Bewerber getroffen wurde, sondern auch andere, besser qualifizierte, Bewerber/Bewerberinnen einbezogen waren (*BAG* 2.12.1997 EzA Art. 3 GG Nr. 78). **126**

Liegt ausnahmsweise ein Verfügungsanspruch vor, ist streitig, ob überhaupt ein Verfügungsgrund gegeben sein kann. Im Beamtenrecht führt die Beförderung des Konkurrenten wegen des Grundsatzes der Ämterstabilität dazu, dass die Stellenbesetzung im Falle des Obsiegens des Antragstellers im Hauptverfahren nicht mehr rückgängig gemacht werden kann. Effektiver Rechtsschutz kann nur gewährt werden, wenn im Wege einstweiligen Rechtsschutzes die Stellenbesetzung bis zum Abschluss des Hauptsacheverfahrens verhindert wird. Das *LAG Bln.* (12.7.1993 NZA 1994, 526) hält die von der Rechtsprechung des BVerwG entwickelten Grundsätze zur Konkurrentenklage im Beamtenrecht nicht auf **Arbeitsverhältnisse im öffentlichen Dienst** für übertragbar. Der im Beamtenrecht geltende Grundsatz der Ämterstabilität kann nicht auf Arbeitsverhältnisse angewendet werden, die ausschließlich dem Privatrecht zugeordnet seien. Somit besteht für Arbeitnehmer im öffentlichen Dienst keine Möglichkeit die Beförderung eines Konkurrenten vorläufig zu verhindern. Hingegen vertritt das *LAG Hamm* (13.5.1993 NZA 1994, 528) die Auffassung, ebenso wie im Beamtenrecht bestehe die Gefahr der Schaffung vollendeter irreversibler Tatsachen. Das BAG hat in zwei Entscheidungen im Dezember 1997 (a. a. O.) hervorgehoben, dass eine Erledigung der arbeitsrechtlichen Konkurrentenklage eintritt, wenn die erstrebte Wiederholung der Auswahlentscheidung gegenstandslos wird, weil das Bewerbungsverfahren durch die endgültige Besetzung der Stelle abgeschlossen ist. Damit dürfte sich der Streit um einen Verfügungsgrund erledigt haben. Durch die einstweilige Verfügung soll gerade eine endgültige Stellenbesetzung, vor einer Wiederholung der Auswahlentscheidung (*BAG* 2.12.1997 EzA Art. 33 GG Nr. 17), die mit dem Hauptsacheverfahren begehrt **127** wird, verhindert werden. Mit Übertragung der Stelle durch Abschluss eines Arbeitsvertrages mit dem Mitbewerber erledigt sich die arbeitsrechtliche Konkurrentenklage (*ArbG Kaiserslautern* 8.5.2002 – 1 Ga 862/02, n. v.; *Zimmerling* ZTR 2000, 489 [493]). Das Sächsische LAG hält es im Hinblick auf die Rechtsschutzgarantie des Art. 19 Abs. 4 GG für ausreichend, dass der »unterlegene« Arbeitnehmer glaubhaft macht, der Arbeitgeber habe einen Gesichtspunkt, der möglicherweise zu einer anderen Auswahlentscheidung geführt hätte, nicht berücksichtigt (*Sächs. LAG* 21.3.2003 LAGE Art. 33 GG Nr. 14).

**128** Die Konkurrentenklage gewinnt möglicherweise zukünftig an Bedeutung. Die Umsetzung des AGG führt unter Umständen zu einer Beschränkung des Auswahlermessens auch des privaten Arbeitgebers bei Stellenbesetzungen.

**129** ▶ **Muster** für einen Antrag (*Reinhard/Kliemt* NZA 2005, 545, 546; *Laber* ArbRB 2006, 221, 223):

Der Verfügungsbeklagten wird untersagt, die Stelle des .... in der Abteilung ... bis zum Abschluss des Hauptsacheverfahrens mit einem anderen Bewerber/mit dem Bewerber ... zu besetzen.

**129a** Ein einstweiliges Verfügungsverfahren erledigt sich, wenn der öffentliche Arbeitgeber das Stellenbesetzungsverfahren aus sachlichen Gründen beendet. Der Abbruch des Auswahlverfahrens lässt den Bewerbungsverfahrensanspruch untergehen (*LAG RhPf* 9.2.2012 – 10 SaGa 11/11).

### f) Teilzeitanspruch

**130** Der Anspruch auf Verringerung der Arbeitszeit aus § 8 Abs. 4 TzBfG ist aus Gründen des effektiven Rechtsschutzes in Ausnahmefällen im Wege der einstweiligen Verfügung durchsetzbar (*LAG Bln.-Bra.* 14.3.2012 – 15 SaGa 2286/11; *LAG Bln.* 31.8.2006 – 14 Ta 1560/06, EzA-SD 23/06, S. 15; *Gotthardt* NZA 2001, 1183; *Tiedemann* ArbRB 2006, 284). Da jedoch insoweit eine Vorabbefriedigung eintritt, muss der Arbeitnehmer darlegen und glaubhaft machen, dass er beispielsweise wegen einer familiären Notlage dringend auf die Änderung der Arbeitszeit angewiesen ist. Kann die Betreuung eines Kindes trotz Aufbietung aller zumutbarer Anstrengungen nicht anders sichergestellt werden und legt der Arbeitgeber andererseits sein dem Teilzeitbegehren entgegenstehendes unternehmerisches Konzept nicht schlüssig dar, kann eine einstweilige Verfügung auf Reduzierung der Arbeitszeit bis zum Erlass eines Urteils in der Hauptsache ergehen (*LAG Bln.* 20.2.2002 NZA 2002, 858; *LAG RhPf* 12.4.2002 NZA 2002, 856; *LAG Hamm* 6.5.2003 NZA-RR 2003, 178; *ArbG Nbg.* 28.11.2003 juris; *LAG Düsseld.* 4.12.2003 NZA-RR 2004, 181; *LAG Köln* 23.12.2005 BB 2006, 1507).

**131** ▶ **Muster** für einen Antrag (*Tiedemann* ArbRB 2006, 284):
1. Die Verfügungsbeklagte wird verurteilt, der Verringerung der wöchentlichen Arbeitszeit der Verfügungsklägerin auf 19,25 Wochenstunden vorläufig bis zu einer rechtskräftigen Entscheidung in der Hauptsache zuzustimmen.
2. Die Verfügungsbeklagte wird verurteilt, der Verteilung der 19,25 Wochenstunden auf ... (Wochentage) jeweils von ... bis ... (Uhrzeit) vorläufig bis zu einer rechtskräftigen Entscheidung in der Hauptsache zuzustimmen.
3. Für den Fall des Obsiegens in den Anträgen zu 1. und 2.

Die Verfügungsbeklagte wird verurteilt, die Verfügungsklägerin mit einer wöchentlichen Arbeitszeit von 19,25 Stunden bei einer Verteilung der Arbeitszeit auf ... (Wochentage) jeweils von ... bis ... (Uhrzeit) vorläufig bis zu einer rechtskräftigen Entscheidung entsprechend den Bedingungen des Arbeitsvertrages vom ... als Fremdsprachensekretärin zu beschäftigen.

**132** Umstritten ist, ob der Anspruch auf Teilzeitarbeit während der Elternzeit gem. § 15 BEEG im Wege der einstweiligen Verfügung durchgesetzt werden kann. Teilweise wird dies abgelehnt (*Kolmhuber* FA 2006, 357). Lehne der Arbeitgeber den Antrag ab oder einigen sich die Arbeitsvertragsparteien nicht auf eine Verringerung der Arbeitszeit, so bleibe es bei dem Ruhen der Hauptleistungspflichten auf Grund der Inanspruchnahme der Elternzeit. Bei unbegründeter Ablehnung des Anspruchs auf Teilzeitarbeit könne der Arbeitnehmer den Arbeitgeber unter dem Gesichtspunkt des Annahmeverzuges verklagen. Das *ArbG Hmb.* (10.8.2005 NZA-RR 2006, 239) bejaht hingegen die Zulässigkeit einer einstweiligen Verfügung. Es stellt allerdings an den Verfügungsgrund einen besonders strengen Maßstab. Die Teilzeitbeschäftigung muss aus wirtschaftlichen Gründen unverzichtbar sein.

▶ **Muster** für einen Antrag (*ArbG Hmb*. 10.8.2005 NZA-RR 2006, 239): 133

Dem Antragsgegner wird aufgegeben, einer Verringerung der Wochenarbeitszeit des Antragstellers von bislang 39 Wochenstunden auf 27 Wochenstunden bei einer regelmäßigen täglichen Arbeitszeit von neun Stunden an drei aufeinander folgenden Tagen für die Dauer der Elternzeit vom ... bis ... zuzustimmen.

*g) Weiterbeschäftigung der durch Insolvenzverwalter freigestellten Arbeitnehmer*

Der Antrag auf Erlass einer einstweiligen Verfügung ist nur Erfolg versprechend, wenn der Insolvenz- 134
verwalter einen Teil der Belegschaft willkürlich unter Überschreitung der Grenze des billigen Ermessens gem. § 315 Abs. 1 BGB ausgewählt und freigestellt hat sowie besondere Beschäftigungsinteressen des freigestellten Arbeitnehmers vorliegen (*LAG Hamm* 27.9.2000 LAGE § 55 InsO Nr. 3).

*h) Dienstwagen*

Eine einstweilige Verfügung auf (Wieder-) Stellung eines Dienstwagens zur ausschließlichen pri- 135
vaten Nutzung während der Freistellung nach Kündigung und Entzug des Dienstwagens scheitert am Verfügungsgrund. Dem Arbeitnehmer ist es zumutbar, selbst für Ersatz zu sorgen und die Kosten im Wege des Schadensersatzes durchzusetzen (*LAG Köln* 5.11.2002 NZA-RR 2003, 300).

*i) Versetzung*

Einstweiliger Rechtsschutz gegen eine Versetzung ist nur in Ausnahmefällen möglich. Regelmäßig 135a
fehlt ein Verfügungsgrund (*LAG SchlH* 10.11.2011 – 5 SaGa 12/11; *LAG RhPf* 20.4.2011 – 7 SaGa 1/11), an den hohe Anforderungen zu stellen sind, weil eine Leistungsverfügung begehrt wird. Nur bei offensichtlicher Rechtswidrigkeit der Versetzung kommt ausnahmsweise der Erlass einer einstweiligen Verfügung in Betracht (*LAG RhPf* 20.4.2011 – 7 SaGa 1/11).

## 2. Einstweilige Verfügung des Arbeitgebers gegen den Arbeitnehmer

*a) Arbeitsleistung*

Die Sicherung der Arbeitpflicht durch eine einstweilige Verfügung wird regelmäßig bei unterschied- 136
licher Auffassung über die Wirksamkeit einer außerordentlichen Kündigung durch den Arbeitnehmer, über die Dauer der Kündigungsfrist bei einer ordentlichen Kündigung durch den Arbeitnehmer oder über die Grenzen des Direktionsrecht begehrt. Der Verfügungsanspruch setzt ein bestehendes Arbeitsverhältnis voraus und ergibt sich aus diesem; – die Arbeitpflicht des Arbeitnehmers ist dessen arbeitsvertragliche Hauptleistungspflicht (s. Kap. 3 Rdn. 1).

Problematisch ist hingegen der Verfügungsgrund infolge mangelnder Vollstreckbarkeit eines zur Ar- 137
beitsleistung verpflichtenden Titels. Grds. ist der Arbeitnehmer gem. § 613 S. 1 BGB verpflichtet, die Dienstleistung höchstpersönlich zu erbringen (s. Kap. 3 Rdn. 4); es handelt sich um eine **unvertretbare Leistung** i. S. d. § 888 Abs. 1 ZPO (*Heinze* RdA 1986, 273). Die Vollstreckung einer unvertretbaren Arbeitsleistung ist nach § 888 Abs. 2 ZPO ausgeschlossen. Die wohl überwiegende Meinung (*LAG BW* 9.4.1963 AP Nr. 5 zu § 940 ZPO; *Grunsky* § 62 Rn. 20; Kasseler Handbuch/*Künzl* Rn. 166; *Schaub* § 47 VII 2) hält trotz des lediglich deklaratorischen Charakters einer entsprechenden einstweiligen Verfügung deren Erlass für zulässig. Allein der Erlass einer einstweiligen Verfügung könne einen Arbeitnehmer zur Fortsetzung seiner Arbeit bewegen, ohne dass es einer Zwangsvollstreckung bedarf (Appellfunktion). Bereits das summarische Erkenntnisverfahren der einstweiligen Verfügung kläre die Rechtslage und weise damit den Arbeitnehmer auf seine Vertragspflichten hin. Diese Auffassung ist abzulehnen (*LAG Frankf.* 19.10.1989 NZA 1990, 614). **Eine nicht vollstreckbare einstweilige Verfügung ist nicht dringlich, da sie keinen Rechtsanspruch durchsetzbar zu sichern vermag; mithin fehlt der für ihren Erlass notwendige Verfügungsgrund** (s. Rdn. 54). Die

einstweilige Verfügung hätte lediglich einen deklaratorischen Charakter (GMPM-G/*Germelmann* § 62 Rn. 107); die Gegenansicht nimmt eine unzulässige Gleichsetzung von einstweiligem Rechtsschutzverfahren und Hauptverfahren vor (*Heinze* RdA 1986, 273, 280).

138 Der Arbeitgeber vermag auch nicht mittelbar über eine einstweilige Verfügung auf den Arbeitnehmer Druck ausüben, seine Dienstleistung wieder aufzunehmen (s. Kap. 3 Rdn. 349 f.). Ein Antrag auf Unterlassung der Tätigkeit bei einem Dritten scheitert an einem Verfügungsanspruch, außer im Fall von Erwerbstätigkeit bei einem Mitbewerber.

139 Der Arbeitgeber kann stattdessen einen Schadensersatzprozess gegen den vertragsbrüchigen Arbeitnehmer einleiten.

140 Regelmäßig fehlt ein Verfügungsgrund, falls es sich bei der Arbeitsleistung ausnahmsweise um eine **vertretbare Handlung** handelt. Bei vertretbaren Diensten geschieht die Vollstreckung durch Ersatzvornahme, der vertragsbrüchige Arbeitnehmer muss also letztlich nur eine Geldleistung erbringen, die der Arbeitgeber im Hauptsacheverfahren durchsetzen kann (Schwab/Weth-*Walker* § 62 Rn. 117; *Grunsky* ArbGG § 62 Rn. 19).

### b) Wettbewerbsverbote

141 Der Verfügungsanspruch ergibt sich während des rechtlichen Bestandes eines Arbeitsverhältnisses für kaufmännische Angestellte aus § 60 Abs. 1 HGB, für alle übrigen Arbeitnehmer aus der arbeitsvertraglichen Treuepflicht (s. Kap. 3 Rdn. 361 ff.; *LAG Hessen* 28.4.1998 BB 1998, 1899). Nach Beendigung des Arbeitsverhältnisses kann ein Verfügungsanspruch nur auf eine wirksame nachvertragliche Wettbewerbsvereinbarung (s. Kap. 9 Rdn. 141–153) gestützt werden. Weder ein gesetzliches Verbot noch arbeitsvertragliche Nebenpflichten verbieten dem Arbeitnehmer mit seinem ehemaligen Arbeitgeber nach Ende des Arbeitsvertrages in Wettbewerb zu treten (s. Kap. 9 Rdn. 127). Problematisch sind die Fälle, in denen über die wirksame Beendigung eines Arbeitsverhältnisses gestritten wird.

142 Während eines bestehenden Arbeitsverhältnisses ist dem Arbeitnehmer grds. jegliche Konkurrenztätigkeit zum Nachteil seines Arbeitgebers untersagt, auch wenn der Einzelarbeitsvertrag keine ausdrückliche Regelung enthält (*BAG* 26.1.1995 EzA § 626 n. F. Nr. 155). Konkurrenztätigkeit ist nicht jede Tätigkeit des Arbeitnehmers in dem Geschäftszweig des Arbeitgebers, sondern der Arbeitnehmer muss gerade als **Wettbewerber** seines Arbeitgebers auftreten (*BAG* 3.5.1983 EzA § 60 HGB Nr. 12). Die **Freistellung von der Arbeitsleistung (Suspendierung)** lässt ein Wettbewerbsverbot nicht entfallen, weil das Arbeitsverhältnis seinem rechtlichen Bande nach fortbesteht (*BAG* 30.5.1978 EzA § 626 n. F. BGB Nr. 69). Der Arbeitnehmer darf jedoch in gewissen Grenzen einen Arbeitsplatzwechsel bzw. seine Selbstständigkeit auch während eines bestehenden Arbeitsverhältnisses vorbereiten; entscheidend sind immer die Umstände des Einzelfalles (*BAG* 30.5.1978 EzA § 626 n. F. BGB Nr. 69). Nach Auffassung des LAG Rheinland-Pfalz fällt unter die erlaubten Vorkehrungen einer selbstständigen Tätigkeit auch das **Anwerben geeigneter Mitarbeiter.** Ein Arbeitnehmer, der den Schritt in die Selbstständigkeit beabsichtigt, dürfe Kollegen auf den Wechsel zu ihm ansprechen und deren Bereitschaft durch Gehaltszusagen fördern (*LAG RhPf* 7.2.1992 LAGE § 626 BGB Nr. 64). Etwas anderes gelte nur dann, wenn der Anwerbung das Merkmal der Sittenwidrigkeit anhaftet. Ein gemeinsames »Pläneschmieden« stelle bereits begrifflich kein Abwerben dar (s. Kap. 3 Rdn. 496–498). Ein »**Vorfühlen« bei potentiellen Kunden** hat das BAG hingegen als unzulässige Vorbereitungshandlung angesehen, und zwar selbst dann, wenn der Arbeitnehmer sich darauf beschränkt, Kontakt herzustellen und noch kein Geschäft abschließt (*BAG* 30.5.1978 EzA § 626 n. F. BGB Nr. 69). Die dem Arbeitnehmer obliegende Treuepflicht gebietet es, alles zu unterlassen, was dem Arbeitgeber oder dem Betrieb abträglich ist (s. Kap. 3 Rdn. 380–387).

143 Provoziert ein Arbeitnehmer eine **fristlose Kündigung** durch den Arbeitgeber, endet zwar das vertragliche Wettbewerbsverbot mit Zugang der fristlosen Kündigung, jedoch hat der Arbeitgeber einen Anspruch auf Ersatz des dadurch entstehenden Auflösungsschaden (§ 628 Abs. 2 BGB). Zu dem Auf-

lösungsschaden zählt die entfallene arbeitsvertragliche Pflicht zur Konkurrenzunterlassung durch den Arbeitnehmer (*BAG* 9.5.1975 AP Nr. 8 zu § 628 BGB m. Anm. *Lieb*).

Nach der rechtlichen Beendigung des Arbeitsverhältnisses kann der Arbeitnehmer seine rechtmäßig erlangten beruflichen Kenntnisse und Erfahrungen verwerten, um zu seinem früheren Arbeitgeber in Wettbewerb zu treten (*BAG* 15.6.1993 EzA § 74 HGB Nr. 55). Auch die allgemeine, auf der Treuepflicht beruhende, **nachvertragliche Verschwiegenheitspflicht** (s. Kap. 3 Rdn. 465 ff.) führt regelmäßig nicht dazu, dass dem Arbeitnehmer die Verwertung eigener Kenntnisse bei der Beratung und Vertretung eines Konkurrenzunternehmens versagt ist (*BAG* 15.6.1993 EzA § 74 HGB Nr. 55). Eine im Arbeitsvertrag ausdrücklich vereinbarte **nachvertragliche Geheimhaltungsklausel** ist zulässig (*BAG* 16.3.1982 EzA § 242 BGB Nachvertragliche Treuepflicht Nr. 1). Die Parteien können ohne Karenzentschädigung eine Pflicht zur Wahrung des Betriebsgeheimnisses über das Ende des Arbeitsverhältnisses hinaus wirksam vereinbaren. Jedoch darf eine derartige Vereinbarung einer nachvertraglichen Schweigepflicht nicht die Wirkung eines nachvertraglichen Wettbewerbsverbot haben (s. Kap. 3 Rdn. 468). 144

So beinhaltet eine **Kundenschutzabrede** ein entschädigungsloses und daher unwirksames Wettbewerbsverbot, wenn die Kundenschutzklausel dem Arbeitnehmer gerade dort die geschäftliche Entwicklung unmöglich macht, wo er bislang seinen Erwerb gefunden hat (*BAG* 15.12.1987 EzA § 611 BGB Betriebsgeheimnis Nr. 1). Eine zulässige Verpflichtung über Kundenlisten Verschwiegenheit zu bewahren, verbietet dem Arbeitnehmer lediglich, Kundenlisten, Kenntnisse über Kaufgewohnheiten der Kunden, ihren Geschmack und ähnliche Umstände zu veräußern und auf diese Weise für sich zu verwerten. Ein weiter gehendes Verbot, Kunden des ehemaligen Arbeitgebers zu umwerben und in dessen Kundenstamm einzudringen, lässt sich jedoch nicht daraus herleiten (*BAG* 15.6.1993 EzA § 74 HGB Nr. 55). 145

Im Unterschied zu einer Kundenschutzklausel in der gewerblichen Wirtschaft ist eine **beschränkte Mandantenschutzklausel bei steuerberatenden Berufen** ohne Karenzentschädigung möglich (*BAG* 16.7.1971 AP Nr. 25 zu § 611 BGB Konkurrenzklausel). Eine beschränkte Mandantenschutzklausel untersagt einem angestellten Steuerberater lediglich, bisherige Mandanten seines Arbeitgebers abzuwerben. Sie wiederholt damit nur das im Standesrecht verankerte Verbot jeder aktiven Mandantenwerbung. Verbietet die arbeitsvertragliche Vereinbarung hingegen generell die Betreuung von Mandanten des früheren Arbeitgebers, so geht sie über ein bloßes Abwerbungsverbot hinaus. Für eine derartige **allgemeine Mandantenschutzklausel** geltend die Vorschriften der §§ 74 ff. HGB entsprechend (*BAG* 27.9.1988 EzA § 611 BGB Konkurrenzklausel Nr. 1). Die Regelungen der §§ 74 ff. HGB werden auf sämtliche Arbeitnehmer angewendet, obwohl sie ihrem Wortlaut nach nur kaufmännische Angestellte betreffen (*BAG* 13.9.1969 EzA § 74 HGB Nr. 10). Ein wirksames nachvertragliches Wettbewerbsverbot gegenüber einem Arbeitnehmer muss daher die formalen (Schriftform, Aushändigung einer vom Arbeitgeber unterzeichneten Urkunde, zeitliche Begrenzung auf höchstens zwei Jahre, Mindestkarenzentschädigung) und inhaltlich (berechtigtes geschäftliches Interesse des Arbeitgebers, keine unbillige Erschwerung des Fortkommens des Arbeitnehmers) Voraussetzungen gem. §§ 74, 74a HGB einhalten (s. Kap. 9 Rdn. 106 ff.). Ein berechtigtes geschäftliches Interesse des Arbeitgebers fehlt, wenn der Arbeitgeber mit seinem Wettbewerbsverbot allein den Zweck verfolgt, dem Arbeitnehmer den **Arbeitsplatzwechsel zu erschweren** (*BAG* 16.12.1968 EzA § 133 f. GewO Nr. 11) oder eine **Stärkung der Konkurrenz** zu verhindern (*BAG* 1.8.1995 EzA § 74a HGB Nr. 13). 146

Unter welchen Voraussetzungen ein Arbeitgeber während des **Rechtsstreits über die Wirksamkeit einer fristlosen Kündigung** des Arbeitgebers die Unterlassung von Wettbewerb durch den Arbeitnehmer verlangen kann, ist streitig. Das *BAG* (25.4.1991 EzA § 626 BGB Nr. 140) ist der Ansicht, dass ein Arbeitnehmer nicht schon dann von dem für die rechtliche Dauer des Arbeitsverhältnisses geltenden Wettbewerbsverbot befreit ist, wenn der Arbeitgeber eine außergerichtliche Kündigung ausspricht, die der Arbeitnehmer für unwirksam hält und deswegen gerichtlich angreift. Das *LAG Köln* (14.7.1995 LAGE § 60 HGB Nr. 4) folgt dieser Auffassung nur, falls der Arbeitgeber dem Arbeitnehmer gleichzeitig mit der fristlosen Kündigung die Zahlung einer dem § 74 Abs. 2 HGB entspre- 147 chenden Entschädigung gem. § 75 Abs. 1 HGB analog anbietet. Noch weiter gehend bezweifelt *Schäfer* (Rn. 109 ff.) die Rechtfertigung jeglichen Wettbewerbsverbotes während des Rechtsstreits um die Wirksamkeit einer Arbeitgeberkündigung, sofern die zwingenden Voraussetzungen der §§ 74 ff. HGB vor dem Rechtsstreit nicht vereinbart waren. *Schäfer* meint, der Arbeitgeber verhalte sich widersprüchlich, wenn er einerseits sich auf die Wirksamkeit der von ihm ausgesprochenen fristlosen Kündigung berufe, andererseits die Einhaltung eines Wettbewerbsverbotes fordere, das an das Bestehen eines Arbeitsvertrages gebunden ist. *Schäfer* verweist auf die Rechtsprechung des *BAG* (21.5.1981 EzA § 615 BGB Nr. 40), wonach der Arbeitgeber eine verzugausschließende Arbeitsleistung nur verlangen könne, wenn er die Kündigung zurücknimmt oder die Unwirksamkeit der Kündigung anerkennt.

148 Unterschiedliche Standpunkte werden auch hinsichtlich der Darlegungs- und Beweislast vertreten, wenn der Arbeitgeber nach einer **vom Arbeitnehmer erklärten fristlosen Kündigung** während der Dauer des Rechtsstreits Wettbewerbsenthaltung fordert. Das *LAG Hamm* (7.4.1983) führt aus, der Arbeitgeber müsse dartun und glaubhaft machen, dass sich die außerordentliche Kündigung eines Arbeitnehmers im Hauptprozess mit überwiegender Wahrscheinlichkeit als unwirksam herausstellt. Der Arbeitgeber habe nämlich als Anspruchsvoraussetzung den Fortbestand des Arbeitsverhältnisses darzulegen und glaubhaft zu machen. Hingegen ist das *LAG Köln* (14.11.1989 LAGE § 935 Nr. 5) der Auffassung, der Arbeitnehmer trage die Darlegungs- und Beweislast für die Wirksamkeit seiner Kündigung. Im einstweiligen Verfügungsverfahren gelten für die Darlegungs- und Beweislast dieselben Grundsätze wie im Hauptprozess, d. h. der Kündigende muss einen wichtigen Grund dartun und ggf. beweisen.

149 **Freie Mitarbeiter** unterliegen während der Dauer ihres Vertrages keinem Wettbewerbsverbot; § 60 HGB findet auf sie weder direkt noch analog Anwendung (*BAG* 21.1.1997 EzA § 74 HGB Nr. 59). Ein Wettbewerbsverbot kann aber vertraglich vereinbart werden, wobei ein nachvertragliches Wettbewerbsverbot mit einem wirtschaftlich abhängigen freien Mitarbeiter den Vorschriften des § 74b Abs. 2 HGB und § 75a HGB genügen muss (*BAG* 21.1.1997 EzA § 74 HGB Nr. 59).

150 **Handelsvertreter** unterliegen während in Dauer ihres Vertrages einem Wettbewerbsverbot ohne dass es einer gesonderten Vereinbarung bedarf, § 86 Abs. 1 Hs. 2 HGB. Eine nachvertragliche Wettbewerbsvereinbarung muss hingegen ausdrücklich unter Einhaltung der Voraussetzungen des § 90a HGB getroffen werden.

151 Auf **Organmitglieder**, insbes. auch auf angestellte Fremdgeschäftsführer, findet die Vorschrift des § 60 HGB keine Anwendung. Dennoch unterliegt während der Dauer des Anstellungsvertrages der Geschäftsführer aus der ihm gegenüber der Gesellschaft obliegenden Treuepflicht einem weit gefassten Wettbewerbsverbot (*BGH* 9.11.1967 NJW 1968, 396; 23.9.1985 DB 1986, 214). Für die Zeit nach dem Ende des Anstellungsvertrages kann die Gesellschaft ohne Gewährung einer Karenzentschädigung mit dem Organmitglied wirksam ein nachvertragliches Wettbewerbsverbot vereinbaren, da nach ständiger Rechtsprechung des BGH die §§ 74 ff. HGB nicht anzuwenden sind (vgl. nur *BGH* 26.3.1984 DB 1984, 1717). Ein mit einem Gesellschafter-Geschäftsführer einer GmbH im Anstellungsvertrag vereinbartes über die Amtszeit als Geschäftsführer hinausreichendes Wettbewerbsverbot ist aber gem. Art. 12 GG, § 138 Abs. 1 BGB nur wirksam, wenn es dem Schutz eines berechtigten Unternehmerinteresses dient und nach Ort, Zeit und Gegenstand die Berufsausübung und wirtschaftliche Bestätigung des Geschäftsführers nicht unbillig erschwert (*OLG Düsseld.* 8.1.1993 NJW-RR 1994, 35).

152 Wegen der Zeitgebundenheit der Unterlassungsansprüche ist regelmäßig bei Vorliegen des Verfügungsanspruches auch der Verfügungsgrund gegeben (*LAG Bln.* 26.3.1991 BB 1991, 1196).

▶ **Muster** für einen Antrag auf Erlass einer einstweiligen Verfügung auf Unterlassung einer Wettbewerbstätigkeit (*Schäfer* Rn. 298): 153

Namens und unter Vollmachtsvorlage der Antragstellerin begehre ich den Erlass einer einstweiligen Unterlassungsverfügung, wobei ich wegen der Dringlichkeit anrege, ohne mündliche Verhandlung zu entscheiden, und

**beantrage**
1. Dem Antragsgegner wird untersagt, für das Unternehmen ... als Vertriebsleiter bis zum Ablauf des nachvertraglichen Wettbewerbsverbots (§ ... des Anstellungsvertrages vom ...) am ... tätig zu werden.
2. Für den Fall der Zuwiderhandlung wird dem Antragsgegner ein Zwangsgeld, dessen Höhe ich in das Ermessen des Gerichts stelle (mindestens jedoch € 10.000,00), für jeden Fall der Zuwiderhandlung, ersatzweise Zwangshaft, angedroht.

### c) Herausgabeansprüche

Bei der Herausgabe von Arbeitsmitteln, insbes. auch eines Dienstwagens, muss der Arbeitgeber darlegen und glaubhaft machen, weshalb er auf die schnellstmögliche Besitzerlangung angewiesen ist. Sofern der Arbeitnehmer verbotene Eigenmacht gem. § 858 BGB begeht, bedarf es einer Darlegung der Dringlichkeit nicht mehr (*Reinhard/Kliemt* NZA 2005, 545, 553). 154

▶ **Muster** für einen Antrag (*Reinhard/Kliemt* NZA 2005, 545, 553): 155

Der Verfügungsbeklagte wird verurteilt, das an ihn überlassene Notebook des Herstellers ... mit der Seriennummer ... an die Verfügungsklägerin herauszugeben.

Der Antragsgegner wird verurteilt, an die Antragstellerin den PKW Marke ... Typ ... mit dem amtlichen Kennzeichen ..., Fahrgestellnummer ..., herauszugeben.

### d) Entbindung von Weiterbeschäftigungsansprüchen

#### aa) Besonderer Weiterbeschäftigungsanspruch nach § 102 Abs. 5 S. 2 BetrVG

Gem. § 102 Abs. 5 S. 2 BetrVG kann der Arbeitgeber durch einstweilige Verfügung die Weiterbeschäftigung verhindern. Legt der Arbeitgeber diese Voraussetzungen dar und macht sie glaubhaft, so bedarf es keiner weiteren Darlegung eines Verfügungsgrundes, weil der Gesetzgeber selbst den Arbeitgeber auf das Verfügungsverfahren verweist (*LAG München* 13.7.1994 LAGE § 102 BetrVG Nr. 17; GMPM-G/*Germelmann* § 62 Rn. 110; Schwab/Weth-*Walker* § 62 Rn. 132; a.A. *LAG Düsseld.* 19.8.1977 EzA § 102 BetrVG 1972 Nr. 5). Die h.M. erweitert die gesetzlichen Fallgruppen um eine weitere: Die einstweilige Verfügung ist auch zu erlassen, wenn ein **unbeachtlicher Widerspruch des Betriebsrates** vorliegt (GMPM-G/*Germelmann* § 62 Rn. 110). Ein Antrag des Arbeitgebers ist zulässig, wenn der Widerspruch des Betriebsrats gegen die Kündigung in formeller oder materieller Hinsicht zweifelhaft erscheint (*LAG München* 13.7.1994 LAGE § 102 BetrVG Nr. 17; *Schäfer* Rn. 81) oder der Arbeitnehmer wegen des Widerspruchs des Betriebsrats seine Weiterbeschäftigung verlangt sowie nach Erlass einer Verfügung gem. § 102 Abs. 5 S. 1 BetrVG. Mit dem Entbindungsantrag kann ein Feststellungsantrag auf Nichtbestehen einer Beschäftigungspflicht verbunden werden, wobei einzelfallbezogen entweder der eine oder der andere Antrag als Haupt- bzw. Hilfsantrag gestellt werden kann (so *Schäfer* Rn. 81). Ein Antrag des Arbeitgebers ist beispielsweise begründet, wenn der Betriebsrat sich in seinem Widerspruch auf die Nichteinhaltung von Auswahlrichtlinien gem. § 95 BetrVG beruft, die (noch) nicht aufgestellt sind (*LAG Bln.* 5.9.2003 jurion). 156

▶ **Muster** für einen Antrag auf Entbindung von der Weiterbeschäftigungspflicht gem. § 102 Abs. 5 157
S. 2 BetrVG (*Schäfer* Rn. 317):
1. Es wird festgestellt, dass der Antragsteller nicht verpflichtet ist, den Antragsgegner weiterzubeschäftigen.

hilfsweise:
2. Der Antragsteller wird von der Verpflichtung zur Weiterbeschäftigung des Antragstellers nach § 102 Abs. 5 S. 1 BetrVG entbunden.

158 Machen beide Seiten bei einem auf § 102 Abs. 5 S. 2 Nr. 1 BetrVG gestützten Antrag hinreichende Erfolgsaussicht glaubhaft, scheitert der Antrag des Arbeitgebers auf Grund der ihm obliegenden Beweislast.

159 Das Gericht entscheidet über den Entbindungsantrag gem. § 102 Abs. 5 S. 2 BetrVG im Urteilsverfahren (*LAG Düsseld.* 21.6.1974 EzA § 102 BetrVG 1972 Nr. 3 Beschäftigungspflicht). Das Gericht trifft eine Ermessensentscheidung (»kann«), wobei nach der gesetzlichen Intension eine Zurückweisung eines Entbindungsantrags bei Vorliegen der Voraussetzungen des § 102 Abs. 5 S. 2 BetrVG nur ausnahmsweise in Erwägung zu ziehen ist. Ein derartiger Ausnahmefall ist denkbar, falls der Widerspruch des Betriebsrates lediglich den Gesetzestext wiederholt und die Kündigungsschutzklage gute Erfolgsaussichten hat (vgl. hierzu *Schäfer* Rn. 86 f.).

*bb) Allgemeiner Weiterbeschäftigungsanspruch*

160 Gegenüber dem allgemeinen Weiterbeschäftigungsanspruch besteht nicht die Möglichkeit einstweiligen Rechtsschutzes, sondern lediglich die der Einstellung der Zwangsvollstreckung nach § 62 Abs. 1 S. 3 ArbGG.

*cc) Entbindung von der Weiterbeschäftigungspflicht eines Jugend- und Ausbildungsvertreters gem. § 78a Abs. 4 BetrVG*

161 Der Arbeitgeber kann nicht die Entbindung von der Weiterbeschäftigungspflicht bis zum Ende des Hauptsacheverfahrens nach § 78a Abs. 4 BetrVG im Wege eines vorläufigen Rechtsschutzverfahrens erreichen; dies ist im Bereich des § 78a BetrVG grds. unzulässig (*ArbG Wiesbaden* 11.1.1978 DB 1978, 797; *Becker-Schaffner* DB 1987, 2647).

### 3. Einstweilige Verfügung im kollektiven Arbeitsrecht

*a) Arbeitskampf*

162 Der Erlass einstweiliger Verfügungen im Arbeitskampf ist grds. zulässig, jedoch im Hinblick auf **Art. 9 Abs. 3 GG** zurückhaltend zu handhaben. Dem Arbeitskampf ist die Ausübung von Pressionen auf die Gegenseite immanent, sodass nicht jedwede Schädigung den Erlass einer einstweiligen Verfügung rechtfertigt. Ein Verfügungsgrund kann zwar unterhalb der Schwelle der **Existenzgefährdung** liegen (*LAG München* 19.12.1979 EzA Art. 9 GG Arbeitskampf Nr. 35), jedoch muss der Antragsteller im Einzelnen die **Rechtswidrigkeit des Arbeitskampfes/der Arbeitskampfmaßnahme** darlegen und glaubhaft machen; die Ausübung bloß wirtschaftlichen Druckes und dadurch eintretender Schaden reicht nicht aus. Besteht ein Verfügungsanspruch so wird wegen der Zeitgebundenheit des Arbeitskampfes/der Arbeitskampfmaßnahme regelmäßig ein Verfügungsgrund zu bejahen sein, wenn anderenfalls irreversible Schäden drohen (*Korinth* ArbRB 2006, 189, 191, **a. A.** wohl *LAG Hmb.* 24.3.1987 LAGE Art. 9 GG Arbeitskampf Nr. 33).

163 Einzelfälle:
164 – **Blockademaßnahmen**
Der Arbeitgeber muss bei seiner Antragstellung darauf achten, dass der Antrag nicht zu unbestimmt (*LAG Köln* 2.7.1984 EzA Art. 9 GG Arbeitskampf Nr. 53) und auf ein Dulden und Unterlassen i. S. d. § 890 ZPO gerichtet ist, damit eine Ordnungsgeld- und Ordnungshaftandrohung erreicht werden kann.

165 – **Warnstreik**
Der Erlass einstweiliger Verfügungen gegen Warnstreiks setzt als Verfügungsgrund einen drohenden schwer wiegenden Nachteil für den Arbeitgeberverband und/oder seinen Mitgliedern voraus; ein bloßer Verstoß gegen die Friedenspflicht reicht nicht aus (*LAG SchlH* 25.3.1987 LAGE Art. 9 GG Arbeitskampf Nr. 32; *LAG Hamm* 17.3.1987 LAGE Art. 9 GG Arbeitskampf Nr. 31).

166 – **Politischer Demonstrationsstreik**
Ein politischer Demonstrationsstreik ist rechtswidrig; ein glaubhaft gemachter Anspruch auf Unterlassung von Maßnahmen, die auf eine beabsichtigte vertragswidrige kollektive Arbeitsniederlegung

hinzielen, kann ausnahmsweise auch im Weg einer Leistungsverfügung durchgesetzt werden (*LAG RhPf* 5.3.1986 LAGE Art. 9 GG Arbeitskampf Nr. 26).

▶ **Muster** für einen Antrag (*Reinhard/Kliemt* NZA 2005, 245, 553; weitere Musterformulierungen s. *Korinth* ArbRB 2008, 354): 167

Der Verfügungsbeklagten wird aufgegeben, es zu unterlassen, im Rahmen des von ihr ausgerufenen Streiks in Zusammenhang mit den Verhandlungen über einen neuen Gehaltstarifvertrag für die X-Industrie
a) Arbeitnehmer der Verfügungsklägerin, die das Betriebsgelände der Verfügungsklägerin an der ... straße in ... betreten oder verlassen wollen, körperlich anzugreifen, anzuspucken, anzuschreien oder festzuhalten,
b) Fahrzeuge bei der Ein- oder Ausfahrt zum bzw. vom Betriebsgelände der Verfügungsklägerin an der ... straße in ... anzuhalten, zu kontrollieren, zu beschädigen oder zu behindern.

Zum Gerichtsstand s. *Fischer* FA 2008, 2. 168

**b) Betriebsverfassungsrechtliche Streitigkeiten** (Bertelsmann AiB 1998, 681)

**aa) Teilnahme von Betriebsratsmitgliedern an Schulungsveranstaltungen**

Bestreitet der Arbeitgeber die **Erforderlichkeit der Schulungsveranstaltung** (s. Kap. 13 169
Rdn. 777 ff.), hält das *LAG Düsseld.* (15.10.1992 LAGE § 611 BGB Abmahnung Nr. 33; 6.9.1995 LAGE § 37 BetrVG 1972 Nr. 44) eine feststellende einstweilige Verfügung mit lediglich vorläufiger gutachterlicher Äußerung des ArbG für unzulässig. Für eine Regelungsverfügung sei insoweit kein Raum. Ein Betriebsratsmitglied bedarf nämlich zur Teilnahme an einer Schulungsveranstaltung nicht der Zustimmung des Arbeitgebers und damit bei Zustimmungsverweigerung keiner zustimmungsersetzenden Regelung des ArbG (s. Kap. 13 Rdn. 776 f.). Hingegen wird in der Literatur z. T. die Auffassung vertreten, das BR-Mitglied könne durch eine einstweilige Verfügung die Gestattung der Teilnahme an einer Schulungsveranstaltung durchsetzen (*Korinth* ArbRB 2008, 30; *Fitting* § 37 Rn. 252; GK-BetrVG/*Wiese* § 37 Rn. 247). Der erste Senat des *BAG* (21.5.1974 AP Nr. 13 zu § 37 BetrVG) teilte wohl diese Auffassung. Er hat in seiner Entscheidung, in deren Mittelpunkt andere Fragen standen, am Rande begründungslos ausgeführt: »Im Übrigen hätte bei den zwischen Ablehnung und Veranstaltungsbeginn zur Verfügung gestandenen Zeiträumen durchaus die Möglichkeit einer vorherigen Klärung der unterschiedlichen Standpunkte, **notfalls durch ein einstweiliges Verfügungsverfahren nach § 85 Abs. 2 ArbGG**, bestanden.« In einer späteren Entscheidung hat in der Erste Senat des *BAG* hingegen offen gelassen, »ob und unter welchen tatsächlichen und rechtlichen Voraussetzungen der Betriebsrat seinerseits beim Arbeitsgericht den Erlass einer einstweiligen Verfügung hätte beantragen können« (18.3.1977 AP Nr. 27 zu § 37 BetrVG 1972). Die Auffassung des *LAG Düsseld.* vermag nicht zu überzeugen. Das *BAG* (10.11.1993 EzA § 611 BGB Abmahnung Nr. 29) hatte die Entscheidung der *LAG Düsseld.* vom 15.10.1992 aufgehoben und ausgeführt, auch die Nichtleistung von Arbeit auf Grund der Teilnahme an Schulungsmaßnahmen, die objektiv nicht erforderlich seien, rechtfertige eine Abmahnung. Eine Begrenzung auf grobe Verstöße lehnte es im Unterschied zum *LAG Düsseldorf* ab. Eine Abmahnung ist berechtigt, wenn bei sorgfältiger objektiver Prüfung für jeden Dritten ohne weiteres erkennbar war, dass die Teilnahme an der Schulungsmaßnahme für dieses Betriebsratsmitglied nicht erforderlich war. Eine einstweilige Verfügung vor der Teilnahme an einer Schulungsveranstaltung nimmt einem Betriebsratsmitglied das Risiko einer Abmahnung ebenso wie die Gefahr verauslagte Reise – und Seminarkosten letztlich nicht vom Arbeitgeber ersetzt zu erhalten.

Das *ArbG Detmold* (30.4.1998 – 3 BV Ga 3/98, n. v.) hat eine einstweilige Verfügung erlassen, da es 170
sich bei dem betreffenden Seminar um die einzige Veranstaltung im laufenden Kalenderjahr handelte und der Tagungsbeginn unmittelbar, fünf Tage, bevorstand.

Streiten Arbeitgeber und Betriebsrat um die Erforderlichkeit der Schulung, wird z. T. vertreten, dass 171
eine einstweilige Verfügung nicht erwirkt werden kann, falls mehrere Veranstaltungen in einem längeren Zeitraum zur Wahl stehen (GK-BetrVG/*Weber* § 37 Rn. 281; **a. A.** *LAG Hamm* 23.11.1972

§ 37 BetrVG 1972 Nr. 2; *Fitting* § 37 Rn. 252). Der Antragsteller wird zumindest darlegen müssen, weshalb ihm erhebliche Nachteile entstehen, wenn er erst an einer Schulung nach einer Entscheidung in der Hauptsache teilnehmen kann.

172 Das *BAG* (18.3.1977 AP Nr. 27 zu § 37 BetrVG 1972) hat bei einem Streit darüber, ob die **betrieblichen Notwendigkeiten** ausreichend berücksichtigt sind, entschieden, dass der Betriebsrat dem Arbeitgeber die zeitliche Lage einer Schulungsveranstaltung und die vorgesehenen Teilnehmer so rechtzeitig mitzuteilen hat, dass der Arbeitgeber noch vor der Veranstaltung der Einigungsstelle gem. § 37 Abs. 6 S. 4 BetrVG anrufen kann. Verhindert der Betriebsrat durch eine verspätete Mitteilung die Anrufung der Einigungsstelle durch den Arbeitgeber, scheidet eine einstweilige Verfügung aus. Der Betriebsrat hat die Eilbedürftigkeit selbst herbeigeführt. Hingegen wird ein Verfügungsgrund zu bejahen sein, wenn der Arbeitgeber die Einigungsstelle nicht oder verspätet anruft bzw. die Einigungsstelle nicht rechtzeitig zusammentreten kann und eine einmalige Schulungsveranstaltung mittelbar bevorsteht (*Fitting* § 37 Rn. 249).

### bb) Sicherung von Beteiligungsrechten des Betriebsrats

173 – Sicherung des Unterlassungsanspruchs gem. § 23 Abs. 3 BetrVG (s. Kap. 13 Rdn. 2457 f.),
– Sicherung des allgemeinen Unterlassungsanspruchs nach der Rechtsprechung des BAG (s. Kap. 13 Rdn. 2467).

### (1) Interessenausgleich

174 Ob betriebsbedingte Kündigungen vor Abschluss der Interessenausgleichsverhandlungen durch einstweilige Verfügung untersagt werden können, ist streitig (dafür *Ehrich* BB 1993, 356; *Fitting* § 111 Rn. 130 ff.; *Fauser/Nacken* NZA 2006, 1136, dagegen *Ehler* BB 1974, 2270; *Hümmerich/Spirolke* BB 1996, 1986; *Schmädicke* NZA 2004, 295; *Walker* FA 2008, 290).

175 Zum Teil (*LAG Düsseld.* 14.2.2005 LAGE § 111 BetrVG 2001 Nr. 4; 27.3.2003 – 13 TaBV 88/02; *LAG BW* 28.8.1985 LAGE § 23 BetrVG 1972 Nr. 16; *LAG RhPf* 30.3.2006 – 11 TaBV 53/05; 24.11.2004 – 9 TaBV 29/04; 28.3.1989 LAGE § 111 BetrVG 1972 Nr. 10; *LAG SchlH* 13.1.1992 LAGE § 111 BetrVG 1972 Nr. 11; *LAG Köln* 30.3.2006 – 2 Ta 145/06; 30.4.2004 – 5 Ta 166/04; 1.9.1995 BB 1995, 2115; *LAG Nbg.* 31.8.2005 LAGE § 23 BetrVG 2001 Nr. 4; *ArbG Nbg.* 20.3.1996 LAGE § 111 BetrVG 1972 Nr. 14; *LAG München* 24.9.2003 NZA-RR 2004, 536; 28.6.2005 LAGE § 23 BetrVG 2001 Nr. 4; *LAG SA* 30.11.2004 – 11 TaBV 18/04) wird die Auffassung vertreten, dass dem Betriebsrat kein vorbeugender Unterlassungsanspruch gegen die Durchführung von Betriebsänderungen ohne den vorausgegangenen Versuch eines Interessenausgleichs, weder nach § 23 Abs. 3 BetrVG noch nach allgemeinen Rechtsgrundsätzen, zusteht. Andere Gerichte (*LAG Frankf.* 21.9.1982 DB 1983, 613; 30.8.1984 DB 1985, 178; 6.4.1993 LAGE § 111 BetrVG 1972 Nr. 12; *LAG Bln.* 7.9.1995 LAGE § 111 BetrVG 1972 Nr. 13) vertreten die Auffassung, dass dem Arbeitgeber in derartigen Fällen zur Sicherung des Beteiligungsrechts gem. § 112 BetrVG durch einstweilige Verfügung für eine bestimmte Zeit untersagt werden kann, Kündigungen auszusprechen, zum Teil werden Maßnahmen zur Durchführung der Betriebsänderung bis zum Abschluss der Interessenausgleichverhandlungen untersagt (*LAG Hmb.* 13.11.1981 DB 1982, 1522; 5.2.1986 DB 1986, 598; 26.6.1997 LAGE § 113 BetrVG 1972 Nr. 6; *KG Saalfeld* 2.4.1991 DB 1991, 919; *ArbG Jena* 22.9.1992 AuA 1993, 26; *ArbG Kaiserslautern* 19.12.1996 – 7 BVGa 493/96; *ArbG Darmstadt* 6.4.1998 – 10 BV Ga 4/98, AE 1998 Nr. 215; *LAG Thüringen* 18.8.2003 – 1 Ta 104/03, jurion = ZIP 2004, 1118; 26.9.2000 – 1 TaBV 14/00; *LAG Hamm* 30.5.2008 – 10 TaBVGa 9/08; 30.4.2008 – 13 TaBVGa 8/08; 30.7.2007 – 10 TaBVGa 16/07; 26.2.2007 – 10 TaBVGa 3/07; 28.8.2003 – 13 TaBV 127/03, jurion; *LAG Bln.* 7.9.1995 LAGE § 111 BetrVG 1972 Nr. 13; 7.9.1995 – 10 TaBV 9/95; *LAG Hessen* 27.6.2007 – 4 TaBVGa 137/07; *LAG Nds.* 4.5.2007 LAGE § 111 BetrVG 2001 Nr. 7; *LAG SchlH* 20.7.2007 – 3 TaBVGa 1/07).

176 Nach der Änderung des § 113 Abs. 3 BetrVG 1972 durch das arbeitsrechtliche Beschäftigungsförderungsgesetz v. 25.9.1996 (s. hierzu *Neef* NZA 1997, 65) hatten einige Instanzgerichte einen Un-

terlassungsanspruch nur noch in den nunmehr gesetzlich festgelegten Fristen zugesprochen (*LAG Düsseld.* NZA-RR 1997, 297; *LAG Hamm* 1.7.1997 ZIP 1997, 2210; *LAG Hmb.* 26.6.1997 NZA-RR 1997, 296), andere eine zeitliche Begrenzung abgelehnt (*ArbG Hmb.* 4.11.1997 BB 1998, 428; so auch *Fitting* § 111 Rn. 137).

Für die von der Mehrzahl der Landesarbeitsgerichte vertretene Auffassung, dass kein Anspruch des Betriebsrats auf Unterlassung betriebsbedingter Kündigungen vor Einigung über einen Interessenausgleich und einen Sozialplan besteht, sprachen neue Argumente (*Heupgen* NZA 1997, 1271): Trotz Kenntnis des Gesetzgebers von der in Rechtsprechung und Literatur höchst umstrittenen Frage sowie der Entscheidung des *BAG* vom 3.5.1994 (EzA § 23 BetrVG 1972 Nr. 36 m. Anm. *Raab*) zum allgemeinen Unterlassungsanspruch, normierte der Gesetzgeber keinen Unterlassungsanspruch bei der Neuregelung des §§ 113 Abs. 3 BetrVG 1972. Ein gesetzlicher Unterlassungsanspruch hätte der Intention des Gesetzgebers, nämlich die Durchführung einer Betriebsänderung zu erleichtern, widersprochen. Dagegen hielt das *LAG Hmb.* an seiner gegenteiligen Auffassung fest und bejahte auch nach der gesetzlichen Neuregelung einen Verfügungsanspruch (26.6.1997 NZA-RR 1997, 296; 27.6.1997 ArbuR 1998, 87). In Kenntnis der Rechtsprechung habe der Gesetzgeber gerade keine Regelung getroffen, die einen derartigen Unterlassungsanspruch ausschließt (*ArbG Hmb.* 27.12.1996 – 6 GaBV 1/96, n. v.). **177**

Bei der Entfristung des Interessenausgleichsverfahrens durch das Korrekturgesetz (BGBl. 1998 I S. 3843) hat der Gesetzgeber zu der Problematik erneut geschwiegen. **178**

Ob ein im Wege der einstweiligen Verfügung durchsetzbarer Unterlassungsanspruch des Betriebsrates besteht, wenn der Arbeitgeber bei geplanter Betriebsänderung überhaupt nicht in Verhandlungen über einen Interessenausgleich eintritt, hat das *LAG Nds.* (18.10.1994 LAGE § 95 BetrVG 1972 Nr. 15) offen gelassen; im zu entscheidenden Fall waren Verhandlungen über einen Teilinteressenausgleich gescheitert. **179**

Kontrovers diskutiert wird auch, ob der Betriebsrat im Wege der einstweiligen Verfügung die **Einhaltung eines Interessenausgleichs** erzwingen kann (*Willemsen/Hohenstatt* NZA 1998, 345; *Gastell/Heilmann* FA 1998, 102; *Zwanziger* BB 1998, 477). Das *BAG* hat in seiner Entscheidung vom 28.8.1991 (EzA § 113 BetrVG 1972 Nr. 21) ausgeführt, der Betriebsrat könne gegenüber dem Arbeitgeber aus eigenem Recht die Einhaltung des Interessenausgleichs nicht erzwingen, weil es sich ihm gegenüber lediglich um eine Naturalobligation handele. Das *LAG München* (30.7.1997 LAGE § 112 BetrVG 1972 Interessenausgleich Nr. 1) hat hingegen dem Betriebsrat einen Anspruch auf Einhaltung eines Interessenausgleichs zugesprochen. Ein Interessenausgleich sei zwar nach der Regelung des § 112 BetrVG 1972 nicht erzwingbar, komme jedoch ein Interessenausgleich zustande, entfalte er rechtliche Bindungswirkung und sei nicht lediglich eine außerrechtliche Absprache. Die Regelung über den Nachteilsausgleichsanspruch in § 113 BetrVG 1972 verdränge nicht die Vereinbarung zwischen den Betriebspartnern. Auch im allgemeinen Vertragsrecht sei eine Verdrängung vertraglicher Ansprüche der absolute Ausnahmefall. Der Hinweis auf Sekundäransprüche verfange nicht, wenn – wie in dem vom *LAG München* entschiedenen Fall – interessenausgleichswidrige Maßnahmen des Arbeitgebers keinen Nachteilsausgleichsanspruch der Arbeitnehmer auslösen. Die Entscheidung des *LAG München* könnte nach teilweise vertretener Ansicht einen Rechtsprechungswandel einleiten (vgl. *Matthes* in: FS für Wlotzke, 1996, 93 ff.). **180**

▶ **Muster** für einen Antrag (*Korinth* ArbRB 2005, 61, 63): **181**
1. Es wird beantragt, der Antragsgegnerin zu untersagen, bis zum Abschluss von Interessenausgleichsverhandlungen einschließlich des Verfahrens der ggf. anzurufenden Einigungsstelle, hilfsweise höchstens bis zum Ablauf des . . ., betriebsbedingte Kündigungen gegenüber den Arbeitnehmern . . . (namentliche Bezeichnung) des Betriebs X auszusprechen.
2. Es wird beantragt, der Antragsgegnerin zu untersagen, bis zum Abschluss von Interessenausgleichsverhandlungen einschließlich des Verfahrens der ggf. anzurufenden Einigungsstelle, hilfsweise höchstens bis zum Ablauf des . . ., den Arbeitnehmern . . . (namentliche Bezeichnung) des Betriebs X Angebote zum Abschluss betrieblich veranlasster Aufhebungsverträge zu unterbreiten.

3. Es wird beantragt, der Antragsgegnerin zu untersagen, bis zum Abschluss von Interessenausgleichsverhandlungen einschließlich des Verfahrens der ggf. anzurufenden Einigungsstelle, hilfsweise höchstens bis zum Ablauf des …, betriebsbedingte Kündigungen gegenüber sonstigen Arbeitnehmern … (namentliche Bezeichnung) des Betriebs X auszusprechen.
4. Es wird beantragt, der Antragsgegnerin zu untersagen, bis zum Abschluss von Interessenausgleichsverhandlungen einschließlich des Verfahrens der ggf. anzurufenden Einigungsstelle, hilfsweise höchstens bis zum Ablauf des …, sonstigen Arbeitnehmern des Betriebs X Angebote zum Abschluss betrieblich veranlasster Aufhebungsverträge zu unterbreiten.
5. Für jeden Fall der Zuwiderhandlung wird der Antragsgegnerin ein Ordnungsgeld bis zu 10.000 € angedroht.

### (2) Regelung über Arbeitszeit

182 Der Antrag eines Betriebsrats, im Wege der einstweiligen Verfügung eine bestimmte Arbeitszeitregelung nach einem Manteltarifvertrag durchzusetzen, ist unzulässig. Es handelt sich nicht um eine Rechts-, sondern um eine Regelungsstreitigkeit (*ArbG Hmb.* 9.4.1985 NZA 1985, 404).

183 Eine Unterlassungsverfügung nach § 938 ZPO zur Sicherung der Beteiligungsrechte ist zulässig, wenn als Rechtsgrundlage des Unterlassungsanspruchs nur § 23 Abs. 3 BetrVG angenommen wird. Für den Verfügungsgrund ist im Rahmen der nach §§ 935, 940 ZPO gebotenen Interessenabwägung einzubeziehen, ob für die Zeit bis zum Inkrafttreten einer mitbestimmten Regelung die beantragte Anordnung zum Schutz der betroffenen Arbeitnehmer erforderlich ist (*LAG Düsseld.* 16.5.1990 NZA 1991, 29).

### (3) Einsichtsrecht des Betriebsrates

184 Die Einsicht in das Gutachten einer Unternehmensberatung durch den Betriebsrat oder den Wirtschaftsausschuss, die vom Arbeitgeber wegen der Gefährdung von Betriebs- oder Geschäftsgeheimnissen verwehrt wird, kann nicht im Wege der einstweiligen Verfügung verfolgt werden, weil damit das beanspruchte Recht bereits endgültig durchgesetzt wird. Für derartige Streitigkeiten ist nach § 109 BetrVG die Einigungsstelle zuständig; daher besteht für eine einstweilige Verfügung, mit der das Einsichtsrecht durchgesetzt werden soll, kein Verfügungsanspruch (*ArbG Wetzlar* 28.2.1989 NZA 1989, 443).

### (4) Zutrittsrecht des Betriebsrats

185 Das Recht des Betriebsrats/der Betriebsratsmitglieder auf Zutritt zum Betrieb wird allgemein anerkannt. Dieses Zutrittsrecht ist mit dem Betriebsratsamt verbunden, weil die Ausübung dieses Amtes den Zutritt zum Betrieb voraussetzt (*LAG München* 26.8.1992 LAGE § 23 BetrVG 1972 Nr. 29). Auch wenn ein Betriebsratsmitglied zu Recht suspendiert ist, bleibt grds. sein Zutrittsrecht zum Betrieb zum Zwecke der Ausübung seines Betriebsratsamtes unberührt (*LAG Düsseld.* 22.2.1977 DB 1977, 1053).

186 Von h. M. wird das Recht des Betriebsratsmitglieds auf Zutritt zum Betrieb jedoch für den Fall ausgeschlossen, dass sich die Ausübung des Zutrittsrechts als Rechtsmissbrauchs darstellt (*LAG Düsseld.* 22.2.1977 DB 1977, 1053; *LAG Hamm* 27.4.1972 LAGE § 103 BetrVG 1972 Nr. 1). Dieser Rechtsmissbrauchseinwand soll jedoch nur in Betracht kommen, wenn er nicht in dem Individualarbeitsrecht, sondern im kollektiven Betriebsverfassungsrecht wurzelt (*LAG Düsseld.* 22.2.1977 DB 1977, 1053; *LAG Hamm* 27.4.1972 LAGE § 103 BetrVG Nr. 1). Der Verfügungsgrund ist regelmäßig deswegen gegeben, weil die einstweilige Verfügung die einzige wirksame Möglichkeit ist, das Zutrittsrecht der Betriebsratsmitglieder durchzusetzen bzw. vor der Rechtsvereitelung zu schützen (*LAG München* 26.8.1992 LAGE § 23 BetrVG 1972 Nr. 29).

187 Das *ArbG Hmb.* (6.5.1997 NZA-RR 1998, 78) hat einen im einstweiligen Verfügungsverfahren durchsetzbaren Anspruch darauf bejaht, dass der Arbeitgeber den **Betriebsratsmitgliedern** den **Zutritt zu den einzelnen Arbeitsplätzen** der Beschäftigten ermöglicht. Ein Verfügungsgrund liegt vor,

wenn bis zu einer Entscheidung in einem Hauptsacheverfahren sehr lange Zeit verstreicht und beispielsweise erhöhter Kommunikationsbedarf wegen einer betriebsinternen Diskussion um einen Haustarifvertrag besteht.

▶ **Muster für einen Antrag:** 188

Der Antragsgegnerin wird im Wege der einstweiligen Verfügung aufgegeben, dem Antragsteller das Betreten des Betriebs während der regelmäßigen Arbeitszeit zu gestatten, damit er seine Aufgaben als Betriebsratsvorsitzender wahrnehmen kann.

*(5) Unterlassung betriebsbedingter Kündigungen*

Das *ArbG Bremen-Bremerhaven* (Urt. v. 25.11.2009 – 12 BVGa 1204/09) hat den Ausspruch betriebsbedingter Kündigungen im Zusammenhang mit einer geplanten Betriebsänderung für die Dauer von knapp zwei Monaten untersagt. Der einschlägige Tarifvertrag sah vor, dass auf betrieblicher Ebene Vereinbarungen zur Verkürzung der regelmäßigen Arbeitszeit getroffen werden können, um betriebsbedingte Kündigungen zu vermeiden. Der Erlass einer einstweiligen Verfügung sei notwendig, um den sich aus dem Tarifvertrag ergebenden Verhandlungsanspruch zu sichern. Die Auffassung des Arbeitsgerichtes Bremen-Bremerhaven dürfte nicht ungeteilte Zustimmung finden. 189

*(6) Verstoß gegen Mitbestimmungsrechte nach § 87 BetrVG*

Das *LAG RhPf* (19.8.2011 – 9 TaBVGa 1/11) hat einen Anspruch des Betriebsrats auf Unterlassung der Inbetriebnahme einer Videoüberwachung bis zu einer Einigung der Betriebspartner bzw. der Entscheidung der Einigungsstelle im Wege der einstweiligen Verfügung bejaht. Ein Verfügungsgrund sei gegeben, da die Gefahr bestehe, dass Fakten geschaffen werden, die eine sinnvolle Wahrnehmung des Mitbestimmungsrechtes erschweren. 189a

*cc) Einstweilige Verfügung gegen Betriebsrat/Betriebsratsmitglieder*

*(1) Betriebsratswahl*

In der Rechtsprechung ist umstritten, ob nur die **Durchführung einer nichtigen Betriebsratswahl** (*LAG München* 3.8.1988 LAGE § 19 BetrVG Nr. 7; *LAG Köln* 27.12.1989 LAGE § 19 BetrVG 1972 Nr. 10; 17.4.1998 LAGE § 19 BetrVG 1972 Nr. 16; 29.3.2001 AiB 2001, 602; *LAG Frankf.* 5.6.1992 NZA 1993, 192; 16.7.1992 NZA 1993, 1008; *LAG Hessen* 29.4.1997 BB 1997, 2220; *LAG Nds.* 13.5.1998 AE 1998 Nr. 203; *LAG Nbg.* 30.3.2006 FA 2006, 280; »wohl herrschende Auffassung« *LAG München* 11.4.2006 – 4 TaBV 38/06; *LAG Köln* 8.5.2006 – 2 TaBV 22/06, EzA-SD 19/06, S. 13; *Korinth* ArbRB 2006, 44) oder auch einer bloß anfechtbaren, aber mit schwer wiegenden Mängeln behafteten, Betriebsratswahl (*ArbG Hannover* 19.1.1993 EzA § 18 BetrVG 1972 Nr. 8; *LAG BW* 13.4.1994 DB 1994, 1091; 16.9.1996 LAGE § 19 BetrVG 1972 Nr. 15; *LAG Hamm* 9.9.1994 BB 1995, 260; *ArbG Hannover* 6.3.1998 AE 1998 Nr. 205; *Dzida/Hohenstatt* BB 2005, Special 14, 1; *Rieble/Triskatis* NZA 2006, 233) im Wege der einstweiligen Verfügung **untersagt** werden kann. Die erste Auffassung weist darauf hin, dass ein Verfügungsanspruch auf Unterlassung einer Betriebsratswahl in einem Wertungswiderspruch zu § 19 BetrVG 1972 stehe, der erst nach Durchführung der Wahl eine Anfechtung ermögliche, um betriebsratslose Zeiten zu vermeiden. Die Gegenansicht weist auf die Gefahr der Schaffung irreparabler Fakten hin, die wegen der fehlenden Rückwirkung einer erfolgreichen Wahlanfechtung, drohe (*Schäfer* Rn. 192). Das *BAG* (27.7.2011 – 7 ABR 61/10) lässt den Abbruch einer Betriebsratswahl im Wege der einstweiligen Verfügung nur zu, wenn die Betriebsratswahl voraussichtlich nichtig wäre. 190

Von der vorstehenden Problematik ist die Frage zu trennen, ob ein Gericht durch einstweilige Verfügung **korrigierend in das Wahlverfahren eingreifen** darf. Rechtsfehlerhafte Maßnahmen des Wahlvorstandes können nach der Rechtsprechung des *BAG* (15.12.1972 AP Nr. 1 zu § 14 BetrVG 1972; 5.3.1974 AP Nr. 1 zu § 14 BetrVG 1972; 25.8.1981 AP Nr. 2 zu § 83 ArbGG 1979) bereits im 191

Laufe des Wahlverfahrens im Beschlussverfahren angegriffen werden. Sinn und Zweck solcher Beschlussverfahren ist es, Fehler im Wahlverfahren nach Möglichkeit rechtzeitig zu korrigieren, um so eine Anfechtung der Wahl und eine Auflösung des gewählten Gremiums zu vermeiden. Die gerichtliche berichtigende Eingriffsregelung in das Wahlverfahren durch einstweilige Verfügung ist gegenüber dem Aufschub der Wahl oder der Nichtigkeit der Wahl das mildere Mittel (*LAG Brem.* 27.2.1990 LAGE § 18 BetrVG 1972 Nr. 3; 26.3.1998 – 1 TaBV 9/98 – AE 1998 Nr. 204; *LAG Hamm* 18.3.1998 – 3 Ta BV 42/98 – AE 1998 Nr. 207; *ArbG Frankf./O.* 20.11.1997 – 5 BV Ga 20 003/97 – AE 1998 Nr. 75; *Schäfer* Rn. 193). Andererseits führt ein Eingriff in das Wahlverfahren durch einstweilige Verfügung nicht zu einer bloßen Sicherung des Anspruches, sondern bereits zu dessen Realisierung, was dem peremptorischen Charakter der einstweiligen Verfügung widerspricht (*LAG München* 14.4.1987 LAGE § 18 BetrVG 1972 Nr. 2; *LAG Frankf.* 21.3.1990 DB 1990, 239).

192 Antragsberechtigt ist jeder, der durch Maßnahmen des Wahlvorstandes in seinem aktiven oder passiven Wahlrecht betroffen ist sowie der Arbeitgeber und eine im Betrieb vertretene Gewerkschaft. Nicht antragsberechtigt ist der alte Betriebsrat (*Korinth* ArbRB 2006, 44; **a. A.** *Bram* FA 2006, 66).

193 Der Gegenstandswert der anwaltlichen Tätigkeit für das einstweilige Verfügungsverfahren über eine Betriebsratswahl ist genauso hoch mit derjenige des Hauptsacheverfahrens, falls der Anspruch des Antragstellers befriedigt und die Streitigkeit endgültig beendet wird (*LAG Hamm* 28.4.2005 – 10 TaBV 55/05, NZA-RR 2005, 435)

194 Der Wahlvorstand kann seine Rechte durch einstweilige Verfügung durchsetzen, da er gem. § 18 Abs. 1 S. 1 BetrVG die Wahl unverzüglich einzuleiten und durchzuführen hat. Antragsgegner ist der Arbeitgeber. In der Praxis steht der Anspruch auf Vorlage einer Mitarbeiterliste gem. § 2 Abs. 1 S. 1 WO im Streit.

195 ▶ **Muster Antrag auf Vorlage einer Mitarbeiterliste:**

Dem Antragsgegner wird aufgegeben, eine Liste aller Beschäftigten des Betriebes – getrennt nach Geschlechtern, Arbeitnehmerinnen und Arbeitnehmer, Leiharbeitnehmerinnen und Leiharbeitnehmer – mit Familienname, Vorname, Geburtsdatum, Eintrittsdatum in den Betrieb, Eintritt in die Freistellungsphase bei Altersteilzeit im Blockmodell sowie Privatanschrift zu fertigen und dem Antragsteller zu übergeben.

196 Der Arbeitgeber kann im Verfahren einer einstweiligen Verfügung die Feststellung beantragen, dass der Beschluss des Betriebsrats über die Einsetzung eines Wahlvorstands unwirksam ist (*LAG Nbg.* 30.3.2006 FA 2006, 280).

### (2) Ausschluss aus dem Betriebsrat

197 Eine einstweilige Verfügung, durch die einem Betriebsratsmitglied die Ausübung seines Amtes – wegen einer groben Verletzung seiner gesetzlichen Pflichten i. S. v. § 23 Abs. 1 BetrVG verboten wird, ist nach allgemeiner Meinung zulässig (*BAG* 29.4.1969 EzA § 23 BetrVG Nr. 2; 19.4.1989 EzA §§ 40 BetrVG 1972 Nr. 62). An den Verfügungsgrund sind jedoch sehr hohe Anforderungen zu stellen, weil die begehrte Verfügung irreversible Verhältnisse schafft. Vor allem muss der Verfügungsanspruch auf den Ausschluss des Betriebsratsmitglieds aus dem Betriebsrat gem. § 23 Abs. 1 BetrVG als Voraussetzung des Verfügungsgrundes – wenn schon nicht gem. § 286 Abs. 1 ZPO bewiesen, so doch zumindest in einem Maße glaubhaft i. S. v. § 294 Abs. 1 ZPO sein, das dem Beweis sehr nahe kommt, sodass in Bezug auf die gem. § 23 Abs. 1 BetrVG entscheidungserheblichen Tatsachen wenn schon keine an Sicherheit grenzende, so aber doch zumindest eine sehr hohe Wahrscheinlichkeit gefordert werden muss (*LAG München* 26.8.1992 LAGE § 23 BetrVG 1972 Nr. 29).

### dd) Aufhebung einer vorläufigen personellen Maßnahme

198 Die einstweilige Verfügung auf Aufhebung einer vorläufigen personellen Maßnahme nach § 101 BetrVG ist unzulässig (*LAG Frankf.* 15.12.1987 NZA 1989, 232), denn § 100 Abs. 3 BetrVG fordert ausdrücklich die Rechtskraft der gerichtlichen Entscheidung, bevor zur Durchsetzung der Auf-

hebung der personellen Maßnahme Zwangsmittel eingesetzt werden dürfen. Die in § 101 BetrVG enthaltene gesetzliche Regelung wird durch den Erlass einer einstweiligen Verfügung, mit der dem Arbeitgeber die vorläufige Aufhebung einer personellen Einzelmaßnahme i. S. d. § 99 Abs. 1 BetrVG aufgegeben wird, unterlaufen (*LAG Hamm* 17.2.1998 AE 1998 Nr. 228).

### c) Einigungsstelle

Der Erlass einer einstweiligen Verfügung zur Sicherung von Mitbestimmungsrechten ist unzulässig, wenn die streitige Frage – noch – in einem Einigungsstellenverfahren geklärt werden kann, es sei denn, es kommt vor der Konstituierung der Einigungsstelle zu einer nicht unwesentlichen Verletzung des Mitbestimmungsrechts (*ArbG Bielefeld* 16.6.1987 NZA 1987, 757). 199

Die Durchführung des Spruchs einer Einigungsstelle (hier: Einführung vollkontinuierlicher Arbeitsweise) kann nicht durch eine einstweilige Verfügung untersagt werden, solange die Rechtslage nicht durch eine Entscheidung im Hauptsacheverfahren eindeutig geklärt ist (*LAG BW* 7.11.1989 NZA 1990, 286). 200

### d) Gewerkschaftliches Zutrittsrecht

Das **gewerkschaftliche Zutrittsrecht** nach § 2 Abs. 2 BetrVG kann durch einstweilige Verfügung im Beschlussverfahren durchgesetzt werden. Dies gilt jedenfalls dann, wenn einerseits wesentliche Nachteile für die Belegschaft vermieden werden, andererseits bei Durchführung des Instanzenzuges mit einer Entscheidung der grundsätzlichen Rechtsfragen nicht vor Ablauf von zwei Jahren zu rechnen ist (*LAG Düsseld.* 5.12.1988 NZA 1989, 236). 201

### e) Untersagung von Arbeitskampfmaßnahmen

Arbeitskampfmaßnahmen, die unter Verstoß gegen die tarifliche Friedenspflicht durchgeführt werden, können durch einstweilige Verfügung untersagt werden. Ein Verfügungsgrund ist nur zu bejahen, wenn aufgrund einer umfassenden Interessenabwägung schwerwiegende Interessen für den Erlass einer einstweiligen Verfügung sprechen (*LAG Nbg.* 30.9.2010 LAGE Art. 9 GG Arbeitskampf Nr. 86). 202

## C. Mediationsverfahren

### I. Vorbemerkung

Mediation ist schick! Die Faszination die dieses Streitschlichtungsverfahren im Falle seines Gelingens mit sich bringt führt dazu, dass die flächendeckende Einführung von Mediationsverfahren nicht nur auf innerstaatlicher Ebene politisch gewollt, sondern auch auf europäischer Ebene gefördert und gefordert wird. Nach der EG Richtlinie 52/2008 vom 21.5.2008 (ABlEU Nr. L 136 v. 24.5.2008, S. 3) sind die Mitgliedstaaten der Europäischen Gemeinschaft verpflichtet, die Möglichkeit einer alternativen Streitbeilegung durch Mediation bis zum 21.5.2011 in ihren Prozessordnungen vorzusehen, sofern es sich um grenzüberschreitende Streitigkeiten in Zivil- oder Handelssachen handelt (Art. 1, Art. 12 EGRL 52/2008). Diese Frist ist vom Gesetzgeber bereits nicht eingehalten worden. Inzwischen liegt ein Gesetzentwurf für ein »Gesetz zur Förderung der Mediation und anderer Verfahren der außergerichtlichen Konfliktlösung« vor (BT-Drs. 17/5335), den der Bundestag in der Form der Beschlussempfehlung des Rechtsausschusses v. 1.12.2011 (BT-Drs. 17/8058) am 15.12.2011 verabschiedet hat. Hierbei wurde die ursprünglich im Gesetzentwurf vorgesehene »gerichtsinterne Mediation« (s. Rdn. 256 ff.) aus dem Gesetzentwurf gestrichen und durch ein erweitertes »Güterichterkonzept« ersetzt. Deswegen hat der Bundesrat das Mediationsgesetz abgelehnt und am 10.2.2012 den Vermittlungsausschuss angerufen (vgl. *Francken* NZA 2012, 249ff.). Es bleibt daher abzuwarten in welcher Form und mit welchen Inhalten das Mediationsgesetz schließlich verabschiedet wird. 203

204  Mit der Einführung eines solchen gütlichen Schlichtungsverfahrens verbindet sich die Hoffnung, eine schnellere und dauerhaftere Rechtsbefriedung zwischen streitenden Parteien zu ermöglichen, als dies in den herkömmlichen Gerichtsverfahren erreicht wird – verbunden mit der Hoffnung bei den Justizverwaltungen, Kosten zu sparen.

205  Bereits heute bieten verschiedene Bundesländer auch in der Arbeitsgerichtsbarkeit die Möglichkeit an, einen Streitfall durch ein beim Arbeitsgericht durchgeführtes oder von den Arbeitsgerichten vermitteltes Mediationsverfahren zu schlichten, z. B. Hamburg oder Niedersachsen. In Rheinland-Pfalz werden bei den Arbeitsgerichten seit Juli 2010 Mediationsverfahren angeboten.

206  Im Folgenden soll dargestellt werden:
 – um was es sich bei »Mediation« eigentlich handelt,
 – welche Aufgaben ein Mediator hat,
 – wie der Ablauf eines Mediationsverfahrens ist,
 – welche Streitigkeiten in der Arbeitsgerichtsbarkeit sich für Mediationsverfahren eignen und
 – wie Mediationsverfahren bei den derzeitigen prozessualen Bestimmungen in Arbeitsgerichtsverfahren integriert werden können.

### II. Mediation, Definitionsversuche

207  In der EG-Richtlinie 52/2008 (ABlEU Nr. L 136 v. 24.5.2008, S. 3) bezeichnet der Ausdruck Mediation ein strukturiertes Verfahren, unabhängig von seiner Bezeichnung, in dem zwei oder mehrere Streitparteien mit Hilfe eines Mediators auf freiwilliger Basis selbst versuchen, eine Vereinbarung über die Beilegung ihrer Streitigkeit zu erzielen. Diese Verfahren kann von den Parteien eingeleitet oder von einem Gericht vorgeschlagen oder angeordnet werden oder nach dem Recht eines Mitgliedsstaates vorgeschrieben sein. Es schließt die Mediation durch einen Richter ein, der nicht für ein Gerichtsverfahren in der betreffenden Streitsache zuständig ist. Nicht eingeschlossen sind Bemühungen zur Streitbeilegung des angerufenen Gerichts oder Richters während des Gerichtsverfahrens über die betreffende Streitsache (Art. 3 lit. a RL 2008/52/EG).

208  Unter Mediator versteht die EG-Richtlinie unter Art. 3 lit. b eine dritte Person, die ersucht wird, eine Mediation auf wirksame, unparteiische und sachkundige Weise durchzuführen, unabhängig von ihrer Bezeichnung oder ihrem Beruf in dem betreffenden Mitgliedstaat und der Art und Weise, in der sie für die Durchführung der Mediation benannt oder mit dieser betraut wurde.

209  Im Landeskonzept gerichtsinterner Mediation in der rheinland-pfälzischen Justiz wird Mediation als ein freiwilliges Verfahren bezeichnet, in dem die Beteiligten versuchen, den Konflikt selbst mit Blick auf ihre individuellen Interessen und Bedürfnisse zu lösen. Dabei unterstützt sie ein Mediator oder eine Mediatorin ohne Entscheidungskompetenz und hilft als allparteilicher Dritter den Beteiligten, selbst eine Lösung der Probleme zu erarbeiten. **Im Mittelpunkt stehen nicht die Erfolgsaussichten in dem Rechtsstreit, sondern die jeweiligen Interessen.**

210  Bei der Mediation handelt es sich daher um ein Verfahren zur Konfliktlösung, in dem der Mediator weder selbst entscheidet, noch die Parteien in Sachfragen berät. Er schlägt nicht einmal Lösungen für die Streitpunkte vor. Dadurch grenzt sich die Mediation deutlich von einem Gerichtsverfahren, einem Schiedsgerichtsverfahren, einer Schlichtung oder einem Einigungsstellenverfahren ab. Im Idealfall unterlässt der Mediator jegliche Einflussnahme auf das Ergebnis. Der Mediator vermittelt daher den Konflikt, schafft eine konstruktive Gesprächsatmosphäre und sorgt für einen fairen Umgang der Parteien miteinander. Mit Hilfe von Mediationstechniken, die der Mediator in das Mediationsverfahren einbringt, finden die Parteien zwangsläufig selbst eine Lösung ihres Konfliktes.

### III. Aufgaben des Mediators

211  Im Wesentlichen muss der Mediator drei Schritte sukzessiv verfolgen:

- Er muss alle Medianten verstehen, d. h. ihre hinter den vorgebrachten Positionen liegenden Interessen erkunden und feststellen;
- Er muss das Verstandene der anderen Partei so vermitteln, dass auch sie die Gegenseite versteht;
- Er muss das Vermittelte zwischen den Medianten verhandelbar machen.

## 1. Verstehen der Medianten

Einen Medianten zu verstehen ist gar nicht so einfach. Hierfür bedarf es einer besonderen Schulung des Mediators. Dem Mediator kommt es nicht nur darauf an, **die Sachfragen zu verstehen, sondern die dahinterliegenden Bedürfnisse, Probleme und Interessen herauszufinden.**

Will ein Mediator einen Medianten verstehen, muss er dessen Informationen so wahrnehmen, dass sie der Wirklichkeit und Lebenserfahrung des Medianten entsprechen und nicht der eigenen Vorstellungswelt des Mediators. Das Problem liegt nämlich darin, dass jedes Individuum ein eigenes Konstrukt von Wirklichkeit besitzt. Dieses Konstrukt stimmt nicht unbedingt mit dem Wirklichkeitskonstrukt eines anderen Individuums, z. B. des Mediators selbst, überein.

▶ In Lehrbüchern zur Mediation wird dafür folgendes anschauliches **Beispiel** herangezogen:

Eine Laborratte erklärt einer anderen Ratte das Verhalten eines Versuchsleiters mit den Worten: »Ich habe diesen Mann so trainiert, dass er mir jedes Mal Futter gibt, wenn ich diesen Hebel drücke.«

Bei diesem Beispiel wird deutlich, dass die Ratte in derselben Reizreaktionsfolge eine andere Gesetzmäßigkeit sieht, als der Laborleiter selbst. Obwohl beide, also der Laborleiter und die Ratte dieselben Tatsachen sehen, schreiben sie ihnen jeweils zwei verschiedene Bedeutungen zu und erleben sie daher buchstäblich aus zwei verschiedenen Wirklichkeiten.

Das Ziel des Mediators muss also sein, das Streitproblem aus Sicht des Medianten zu verstehen. Dazu bedarf es zunächst einmal eines ausreichenden Zeitfensters. Daneben muss der Mediator bereit sein, den Medianten in seiner Sicht der Dinge vollständig zu akzeptieren. Dazu ist nicht nur ein genaues Zuhören erforderlich, sondern auch eine Abstimmung, ob das Gesagte auch richtig verstanden worden ist. Hierzu erlernt der Mediator verschiedene Kommunikationstechniken, wie z. B. das Pharaphrasieren, Verbalisieren, Visualisieren, Spiegeln und Synchronisieren.

Ganz wichtig ist es, dass der Mediator sich frei macht von der natürlich auch bei ihm vorhandenen sog. »**Eigenwirkung**«. Er muss sich frei machen von eigenen Gedanken zur Problemlösung bzw. Streitschlichtung. Im Fachjargon heißt das, er muss sich auf eine sog. **Ebene der »Empathie«** begeben.

Der Mediator muss durch gezielte Kommunikationstechniken den Medianten dazu bringen, sich zu öffnen und sich vollständig zu erklären. Hierbei hat der Mediator gelernt, mit den sog. »**4-Ohren**« zu hören. Jede Information eines Menschen enthält nämlich neben dem Sachinhalt auch Informationen über sich selbst, über seine Beziehung zu dem Gesprächspartner und i. d. R. enthält jede Äußerung auch eine Appellfunktion.

▶ **Beispiel:**

Ein Arbeitgeber antwortet auf die Frage des Vorsitzenden im Gütetermin, was der Kündigungsgrund sei »der Arbeitnehmer habe sich letztes Jahr an 94 Tagen krank schreiben lassen.«

Diese Botschaft enthält als erstes den **Sachinhalt**, dass der Arbeitnehmer an 94 Tagen nicht im Betrieb war und nicht gearbeitet hat.

Als zweites kann diese Information allerdings auch die **Botschaft** enthalten, dass der Arbeitgeber sich über das Fehlen des Arbeitnehmers mit den damit für ihn einhergehenden Problemen und Kosten ärgert.

Die Botschaft kann darüber hinaus allerdings auch eine **Aussage über die Beziehung** des Arbeitgebers zum Arbeitnehmer enthalten, nämlich dass der Arbeitgeber den Arbeitnehmer für einen Faulenzer hält, der ggf. nur krank macht.

Schließlich kann die Botschaft auch einen **Appell** an den Arbeitnehmer enthalten, zukünftig sich nicht wegen jeder Kleinigkeit krankschreiben zu lassen.

### 2. Vermitteln des Verstandenen

220 Der zweite Schritt besteht darin, das Verstandene der anderen Partei zu vermitteln.

221 In dem der Mediator das Verstandene mit seinen eigenen Worten zurückmeldet, trägt er zum einen dazu bei, dass der Mediant sich selbst besser versteht und seine oft im Verborgenen liegenden Interessen entdeckt. Daneben vermittelt er allerdings auch der Gegenseite, was sich hinter den Äußerungen des Medianten verbirgt. Dieses umfassende gegenseitige Verstehen ist der erste wichtige Schritt, der eine Veränderung im Verhalten der Medianten zueinander bewirken kann. Es kommt entscheidend darauf an, dass beide Seiten trotz ihrer eigenen Betroffenheit und Parteilichkeit jeweils verstehen, was der andere mit seinen Botschaften meint, d. h. welche Bedürfnisse und Interessen die andere Partei jeweils hat.

222 Die Bedingungen für eine derartige Kommunikation zwischen Mediator und Medianten sind:
– Es bedarf zunächst auf beiden Seiten einer Haltung, die es erlaubt, dass beide Seiten bereit sind, dem Mediator auch zuzuhören. Hierfür ist **absolute Neutralität des Mediators** Voraussetzung;
– Es bedarf einer Informationsaufbereitung durch den Mediator, die das von ihm Verstandene für die andere Partei auch vermittelbar macht. Das vom Mediator Verstandene und weiter Vermittelte muss und soll von der anderen Partei akzeptiert werden, wobei unter akzeptiert nicht gemeint ist, dass sie sich den Standpunkt der anderen Partei zu Eigen macht, sondern dass sie deren dahinter liegende Bedürfnisse erkennt und versteht.

223 Der Mediator muss dabei Anschuldigungen positiv aus- und umwerten und negative Äußerungen positiv umformulieren.

224 Dabei hat der Mediator gelernt, abwertende Äußerungen zu ignorieren und geäußerte Bedürfnisse wertzuschätzen. Er trennt die Sachebene von Emotionen, stellt offene Fragen und erhellt die hinter den Positionen liegenden Interessen der Parteien.

225 ▶ **Beispiel:**

**Eine Arbeitnehmerin kommt nach ihrer Elternzeit zurück in den Betrieb und wünscht geänderte Arbeitszeiten, morgens nur von 8.00 bis 13.00 Uhr.**

Hinter der Position der Arbeitnehmerin, zu anderen Arbeitszeiten arbeiten zu können, können folgende Interessen der Arbeitnehmerin liegen:
– Sorge und Pflege ihres Kindes, z. B. da die Kindertagesstätte keine Betreuung mehr nach 13.30 Uhr anbietet,
– trotz Unterhaltsverpflichtung angewiesen sein auf Verdienst,
– der Wunsch, neben der Kindererziehung weiterhin Anschluss an das Berufsleben zu haben.

Die Interessen des Arbeitgebers, der diese Arbeitszeiten zunächst ablehnt, könnten z. B. sein:
– keine Präzedenzfälle zu schaffen, im Hinblick auf andere Arbeitnehmer,
– er sieht eine Gefährdung des Betriebsklimas, wenn andere Arbeitnehmer nunmehr schlechtere Arbeitszeiten haben,
– erhöhter Verwaltungsaufwand und ggf. erhöhte Kosten.

226 In dieser Phase der Mediation geht es darum, der jeweils anderen Partei diese Interessen, die hinter den geäußerten Positionen stehen, so klar zu machen, dass diese sie versteht, auch wenn sie sie zunächst sich nicht selbst zu eigen macht. Dies wird unter »akzeptieren« verstanden.

## 3. Konsenssuche

Im 3. Schritt ist das Ziel des Mediators, das gegenseitig vermittelte nunmehr verhandelbar zu machen. **227**

Das Ziel der Mediation ist noch nicht erreicht, wenn die Medianten den Konflikt und die Zusammenhänge verstehen. Es geht darum Lösungen zu finden. Die Aufgabe besteht also darin, Verhandlungen zwischen dem Medianten wieder zu ermöglichen und eine Bereitschaft zum Konsens herzustellen. **228**

Dies wird dadurch erreicht, dass den Medianten von Anfang an klar gemacht wird: **229**
- dass grundsätzlich eine Konsensbereitschaft bestehen muss,
- dass die Teilnahme an einer Mediation freiwillig ist,
- dass die Medianten selbst die Verantwortung für den Ausgang des Mediationsverfahrens tragen
- und selbst autonom Lösungsansätze zu finden haben.

Letzteres wird dadurch erreicht, dass nach Sammlung der Interessen und Bedürfnisse der Parteien, die i. d. R. visualisiert werden (z. B. auf einem Flipchart), die jeweils andere Partei gefragt wird, ob sie die Interessen und Bedürfnisse der anderen Partei für sich »akzeptieren« kann im oben verstandenen Sinne (s. Rdn. 226). In einem zweiten Schritt sollen dann die Parteien selbst jeweils Lösungsvorschläge machen, was sie der jeweils anderen Partei anbieten können, damit deren Bedürfnisse und Interessen möglichst erfüllt werden können. **230**

Auch diese Lösungsvorschläge werden auf einem Flipchart festgehalten. In der Regel ergeben sich nunmehr Schnittmengen, aus der sich dann die Lösung zwangsläufig ergibt. **231**

## IV. Ablauf eines Mediationsverfahrens

### 1. Initialisierung

Ein Mediationsverfahren verläuft in 5 Phasen ab. **232**

In der 1. Phase, der sog. Initialisierung, wird zwischen Mediator und Medianten ein Arbeitsbündnis geschaffen: **233**
- Es werden die Rollen des Mediators und der Medianten geklärt;
- Es werden Regeln aufgestellt, z. B. Freiwilligkeit einer Teilnahme und jederzeitige Ausstiegsmöglichkeit aus dem Mediationsverfahren;
- Es wird Vertraulichkeit bezüglich des Gesagten vereinbart, z. B. auch, soweit gesetzlich möglich, der Verzicht den Mediator in einem eventuell späteren Gerichtsverfahren als Zeugen für in der Mediation Geäußertes zu benennen;
- Es wird ein Zeitrahmen abgesteckt;
- Es werden Gesprächsregeln, z. B. Ausreden lassen, vereinbart;
- Es wird ein Haftungsausschluss des Mediators für das Ergebnis vereinbart und seine Vergütung.

Ein guter Überblick, was in dieser Phase alles vereinbart werden sollte, findet sich in der Mediationsordnung, wie sie bei den Arbeitsgerichten in Hamburg von den Medianten vor Durchführung eines Mediationsverfahrens zu vereinbaren ist (siehe unter: http://www.hamburg.de/contentblob/40922/data/mediationsordnung). **234**

### 2. Bestandsaufnahme/Themensammlung

In der zweiten Phase der Mediation folgt die sog. Bestandsaufnahme oder auch Themensammlung genannt. Beide Parteien legen dem Mediator ihre Positionen dar, die gesammelt werden. Es werden die Themengebiete aufgeschrieben und visualisiert, über die verhandelt werden soll. Schwerpunktmäßig geht es um die Informationssammlung und die **Klärung der Positionen**. Die Parteien sollen alles vortragen, was aus ihrer Sicht für den Konflikt und seine Lösung von Erheblichkeit ist. Dies geht regelmäßig über den konkreten Streitgegenstand eines Gerichtsverfahrens hinaus. Dem Mediator **235** kommt die Aufgabe zu, die Parteien dazu zu bringen, dass sie sich vollständig erklären, damit später eine umfassende Lösung gefunden werden kann.

### 3. Interessenerhellung

236 In der dritten Phase der Mediation, der sog. Interessenerhellung oder auch Interessenveränderung genannt, wird die eigentliche Arbeit in der Mediation und des Mediators geleistet. Die hinter den Positionen stehenden Bedürfnisse und Interessen der Medianten sollen ermittelt werden. Der Mediator hat die Aufgabe, die Ziele der Partei von ihrem an Positionen orientierten Verhalten zu trennen und unter anderem diese so zu vermitteln, dass die andere Partei sie akzeptieren kann.

237 Dies erreicht er durch speziell erlernte Fragetechniken. Bei dem unter Rdn. 225 dargestellten Beispiel könnte der Mediator z. B. die Arbeitnehmerin fragen, weswegen sie nunmehr nur noch zwischen 8.00 Uhr und 13.00 Uhr arbeiten möchte; den Arbeitgeber, warum es ihm wichtig ist, dass die Arbeitnehmerin auch Nachmittags arbeitet. Auf diese Fragen hin werden die Medianten die hinter ihren Positionen liegende Interessen, wie beispielhaft unter Rdn. 225 dargestellt, offenbaren.

### 4. Optionensammlung

238 Die vierte Phase nennt sich Konfliktlösung oder auch Optionensammlung.

239 Nachdem die Interessen und Bedürfnisse der Parteien aufgezeigt wurden, kann nunmehr damit begonnen werden, eine konsensuale Lösung der Streitfragen zu erarbeiten. Der Mediator sammelt in einer Art Brainstorming alle in Betracht kommenden Vorschläge der Parteien für eine Lösung und hält diese fest. Hierbei wird jede Partei aufgefordert, selbst Vorschläge zu unterbreiten, wie sie den Bedürfnissen und Interessen der jeweils anderen Partei ggf. Rechnung tragen kann, wobei die Parteien im ständigen Wechsel befragt werden. Die Vorschläge werden wieder schriftlich festgehalten und visualisiert. Nach Sammlung aller Optionen für Lösungen werden diese von der jeweiligen Gegenpartei bewertet.

### 5. Vereinbarung

240 In der fünften und letzten Phase der Mediation werden dann die Lösungen, welche sich aus den Optionen und den Schnittmengen ergeben haben, gefunden und formuliert. Dies geschieht in Form einer Vereinbarung. Es kommt zum Abschluss einer Regelung, die juristisch fixiert wird. Dies kann bei einer außergerichtlichen Mediation durch einen Vertragsschluss geschehen; bei einer gerichtsinternen Mediation auch durch einen Vergleichsabschluss im Streitverfahren. Damit wird dann der Streit beigelegt.

241 Der Mediator hat dabei grundsätzlich keinen Einfluss auf den Inhalt der Vereinbarung zu nehmen, auch wenn er selbst ggf. andere Ergebnisse, Änderungen oder Ergänzungen für sachdienlich halten sollte. **Der Wert der Vereinbarung, ihre Akzeptanz auf Dauer soll gerade darin liegen, dass die Medianten sie selbstbestimmt gefunden haben.** Bei einer gerichtsinternen Mediation, bei der ein Richter oder Rechtsanwalt als Mediator mitwirkt, muss dieser aber als berechtigt angesehen werden darauf zu achten, dass in der Vereinbarung zumindest nicht gegen zwingende Rechtsvorschriften verstoßen wird (*Wimmer/Wimmer* NJW 2007, 3243 ff., 3246). Darüber hinausgehende Rechtsberatung ist allerdings nicht seine Aufgabe und mit seiner notwendigen Neutralität nicht vereinbar.

### V. Mediationsgeeignete Streitigkeiten im Arbeitsrecht

242 Manche Mediatoren sind der Ansicht, dass sich jeder Rechtsstreit auch in einem Mediationsverfahren beilegen lässt. Ob dies bei arbeitsgerichtlichen Streitigkeiten immer möglich ist, erscheint zweifelhaft.

243 Eine Mediation zur Streitbeilegung eignet sich immer dann, wenn es nicht nur um die Regelung einer einzigen, isolierten Sach- oder Rechtsfrage geht, sondern wenn im Rahmen einer i. d. R.

## C. Mediationsverfahren

Dauerbeziehung neben dem Streit über Sach- und Rechtspositionen auch emotionale Verwerfungen den Blick auf eine konsensuale Streitbeilegung verstellen.

Ein Mediationsverfahren dürfte z. B. dann wenig Sinn machen, wenn ein Arbeitnehmer eine Lohnklage erhebt, bei der der Lohnanspruch unstritig ist, der Arbeitgeber nur mangels Liquidität nicht zahlen kann oder wenn ein Arbeitgeber aufgrund Auftragrückgangs betriebsbedingte Kündigungen aussprechen muss. In diesen Fällen dürfte ein Mediationsverfahren einem gängigen Gerichtsverfahren nicht überlegen sein. 244

Streiten hingegen im laufenden Arbeitsverhältnis die Arbeitsvertragsparteien über die Ausübung des Direktionsrechts durch den Arbeitgeber, z. B. bezüglich der Art der zugewiesenen Arbeit, die Anordnung von Überstunden oder die Erteilung von Urlaub und fühlt sich der Arbeitnehmer ermessensfehlerhaft gegenüber anderen Arbeitnehmern benachteiligt, könnte **ein Mediationsverfahren eine Alternative zum Gerichtsverfahren** darstellen. Dies gilt in den Fällen, in denen es neben den reinen Sach- und Rechtsfragen auch um tieferliegende emotionale und menschliche Beziehungsstörungen zwischen den Arbeitsvertragsparteien geht. Ein Mediationsverfahren könnte in diesen Fällen ggf. bessere und dauerhaftere Lösungen der Konfliktpunkte bringen, als dies in einem Gerichtsverfahren der Fall wäre. 245

Gleiches kann z. B. bei **Streitigkeiten zwischen Betriebsrat und Arbeitgeber** gelten. So geht es häufig bei der Verweigerung erbetener Überstunden nach § 87 Abs. 1 Nr. 3 BetrVG oder bei der Verweigerung der Zustimmung zu einer personellen Einzelmaßnahme nach § 99 BetrVG oder einer vom Arbeitgeber verweigerten Kostenübernahme einer Schulungsveranstaltung nach § 37 Abs. 6 BetrVG gar nicht um die einzelne Maßnahme, sondern um andere, tiefer liegende Spannungen zwischen den Betriebspartnern. In diesen Fällen können in einem Mediationsverfahren umfassender die zwischen den Betriebspartnern bestehenden Probleme aufgearbeitet und einer Lösung zugeführt werden, als dies in einem Gerichtsverfahren möglich ist. 246

### VI. Durchführung von Mediationen im Rahmen von anhängigen Gerichtsverfahren

Wie Mediation in ein Gerichtsverfahren integriert werden kann, ist im Einzelnen noch ungeklärt (vgl. *Busemann* ZTR 2009, 11 ff.). Es wird die Ansicht vertreten, dass nach den derzeitigen einfachgesetzlichen prozessualen Bestimmungen im Arbeitsgerichtsverfahren Mediationen nicht in laufenden Arbeitsgerichtsprozessen von den Gerichten angeboten werden können (*Busemann* ZTR 2009, 11 ff.). Teilweise werden sogar verfassungsrechtliche Bedenken erhoben, soweit die Mediationsverfahren durch Richter im Rahmen eines Dienstleistungsangebots der Justiz angeboten werden, da es sich nicht um eine Rechtsprechungsaufgabe i. S. d. Art. 92 GG handele (vgl. *Wimmer/Wimmer* NJW 2007, 3243 ff., 3244). Im ursprünglichen Gesetzentwurf der Bundesregierung (s. Rdn. 200) war vorgesehen, einen § 54a ArbGG in das ArbGG einzufügen, nach dessen Inhalt das Gericht den Parteien eine Mediation vorschlagen konnte, sowohl eine gerichtsnahe (s. Rdn. 251 ff.) als auch eine gerichtsinterne (s. Rdn. 256 ff.). Nehmen die Parteien das Angebot an, soll das Ruhen des Verfahrens angeordnet werden. **In der vom Bundestag am 15.12.2011 verabschiedeten Fassung soll dem § 54 ArbGG ein Absatz 6 hinzugefügt werden, mit dem Inhalt: »Der Vorsitzende kann die Parteien für die Güteverhandlung sowie deren Fortsetzung vor einen Güterichter als ersuchten Richter verweisen.«** Nach § 54a ArbGG soll nur noch eine außergerichtliche Mediation möglich sein (Einzelheiten zum Güterichtermodell vgl. *Francken* NZA 2012, 249 ff.). 247

Ob die Tätigkeit als Mediator als richterliche Tätigkeit oder als einem Richter nach § 42 DRiG übertragene Verwaltungstätigkeit zu qualifizieren ist oder weder das eine noch das andere ist, ist streitig (vgl. *Greger* NJW 2007, 3258 ff.). Nach dem ursprünglichen Gesetzentwurf, dort in der Begründung zu § 1, soll es sich um eine richterliche Tätigkeit eigener Art handeln, die die Streitentscheidung als Kernelement der Rechtsprechung nicht enthält, so dass auch das Spruchrichterprivileg nach § 839 Abs. 2 BGB nicht zum tragen kommen soll. Die Frage spielt eine erhebliche Rolle im Hinblick auf mögliche Haftungsfragen, aber auch auf die Pflichten und Rechte des Mediators, z. B. im Hinblick auf § 139 ZPO, die Möglichkeit und Zuständigkeit zur Gewährung von Prozesskostenhilfe und der 248

Protokollierung von Vergleichen. Sofern Mediation weder Rechtsprechungstätigkeit ist noch der Gerichtsverwaltung zugeordnet werden kann, verlangt § 4 Abs. 2 Nr. 2 DRiG eine gesetzliche Zuweisung dieser Aufgabe, soll sie durch Richter im Rahmen ihrer dienstlichen Tätigkeit ausgeübt werden (*Busemann* ZTR 2009, 13).

249 Materiell handelt es sich bei einer Tätigkeit als Mediator jedenfalls nicht um richterliche Tätigkeit. Wie oben dargelegt, entscheidet der Mediator nichts und darf nicht einmal selbst Lösungsvorschläge zur Streitbeilegung machen.

250 Für die Frage der Zulässigkeit, Mediationsverfahren in laufende Arbeitsgerichtsprozesse zu implementieren, sind drei Grundformen zu unterscheiden, die sog. **gerichtsnahe Mediation, die gerichtsinterne Mediation sowie die integrierte Mediation.**

### 1. Gerichtsnahe Mediation

251 Unter gerichtsnaher Mediation wird ein selbstständiges Mediationsverfahren verstanden, welches auf Initiative des Richters den Streitparteien vermittelt wird. Die Parteien können dann im laufenden Prozess – sinnvollerweise nach Scheitern des Gütetermins beim Arbeitsgericht – vereinbaren, das Gerichtsverfahren zunächst nach § 251 ZPO ruhend stellen zu lassen, um den Streit einvernehmlich in einer Mediation beizulegen. Weder der erkennende Richter selbst führt die Mediation durch, noch ein anderer Richter des Gerichts, jedenfalls nicht im Rahmen seiner richterlichen Tätigkeit. Ist der Mediator selbst Arbeitsrichter, führt er die Mediation außerhalb seiner dienstlichen Geschäfte als Nebentätigkeit durch.

252 Die Medianten suchen sich einen externen Mediator, der versucht den Streit beizulegen. Der erkennende Streitrichter wirkt lediglich insofern mit, als er den Parteien ein Mediationsverfahren nahe legt und eventuell den Mediator vermittelt.

253 Scheitert die Mediation, wird das Verfahren wieder aufgenommen und fortgesetzt. Kommt es bei der Mediation zu einer einvernehmlichen Regelung, kann diese gegebenenfalls vergleichsweise in das Gerichtsverfahren eingebracht werden und dort vom streitentscheidenden Richter tituliert werden, sei es nach Wiederaufruf des Streitverfahrens oder durch einen schriftlichen Vergleich gem. § 278 Abs. 6 ZPO.

254 Eine solche gerichtsnahe Mediation ist problemlos auch nach den derzeitigen Vorschriften des ArbGG und der ZPO bei Arbeitsgerichtsprozessen durchführbar.

255 Der Gesetzentwurf sieht in einem neuen § 54a ArbGG dieses Verfahren vor.

### 2. Gerichtsinterne Mediation

256 Die zweite Form, wie Mediation in das Gerichtsverfahren eingebracht wird, ist die sog. gerichtsinterne Mediation. Das Mediationsverfahren wird dabei von einem nicht erkenntnisbefugten Richter durchgeführt. In der Regel handelt es sich dabei um einen zum Mediator ausgebildeten Richter desselben Gerichts. Im Zivilprozess soll dieser »Mediatorrichter« als ersuchter Richter nach § 278 Abs. 5 ZPO direkt oder analog tätig werden (*Greger* NJW 2007, 3258 f.). In diesem Fall soll es sich bei der Tätigkeit als Mediationrichter auch um richterliche Tätigkeit handeln, so dass auch der Mediationsrichter z. B. vollstreckungsfähige Vergleiche titulieren kann, wenn die Parteien eine Konsenslösung gefunden haben (vgl. Landeskonzept zur gerichtsinternen Mediation in der rheinland-pfälzischen Justiz).

257 Ob über § 278 Abs. 5 ZPO gerichtsinterne Mediation in das Arbeitsgerichtsverfahren eingeführt werden kann erscheint deswegen zweifelhaft, da § 278 Abs. 5 ZPO aufgrund der vorgehenden speziellen Bestimmungen im ArbGG über das Güteverfahren nach h. M. nicht anwendbar ist (vgl. *Schwab/Weth* § 46 Rn. 9a; GK-ArbGG/*Schütz* § 46 Rn. 18; GMPM-G/*Germelmann* § 46 Rn. 15; *Busemann* ZTR 2009, 12).

Zudem gibt es nach den Bestimmungen des ArbGG im Arbeitsgerichtsverfahren ersuchte Richter nur im Rahmen von Beweisaufnahmen (§ 13 Abs. 1 ArbGG, § 362 ZPO, § 157Abs. 1 GVG). 258

Nach dem ursprünglichen Gesetzentwurf der Bundesregierung sollte über den neuen § 54a ArbGG auch eine gerichtsinterne Mediation möglich sein, nach dem am 15.12.2011 vom Bundestag verabschiedeten Mediationsgesetz nicht (s. Rdn. 247). 259

Sofern ein Richter desselben Gerichts als Mediator im Rahmen richterlicher Tätigkeit tätig werden soll ist zu bedenken, dass er in diesem Fall an Recht und Gesetz gebunden ist (Art. 20 Abs. 3, 97 Abs. 1 GG) und damit auch an verfahrensrechtliche Bestimmungen (z. B. § 139 ZPO). Auch durch Parteivereinbarungen im Mediationsvertrag können Richtermediatoren, die die Mediationen als richterliche Dienstgeschäfte durchführen, von den gesetzlichen Vorgaben nicht entbunden werden. 260

### 3. Integrierte Mediation

Schließlich gibt es noch den Begriff der integrierten Mediation. Hierbei handelt es sich nicht um ein klassisches selbstständiges Mediationsverfahren, sondern es werden mediative Elemente im Rahmen des gerichtlichen Streitverfahrens durch den erkennenden Richter, der als Mediator ausgebildet worden ist, eingebracht. Hierbei handelt es sich nicht um eine eigentliche Mediation i. S. d. Definitionen (s. Rdn. 207 ff.). 261

Dies ergibt sich bereits daraus, dass der streitentscheidende Richter selbst das »Mediationsverfahren« durchführt und er deswegen von den Parteien bzw. Medianten nicht als neutral empfunden werden kann. Die Grundvoraussetzung jeder Mediation, dass es nämlich für die Parteien keinen Sinn macht den Mediator in irgendeiner Form zu beeinflussen, besteht in diesem Fall nicht. Außerdem erscheint es sehr fraglich, ob die Parteien bzw. die Medianten sich gegenüber dem streitentscheidenden Richter so öffnen werden, wie sie es auch gegenüber einem externen Mediator tun würden, müssen sie doch immer damit rechnen, das das Vorgebrachte bei einem Scheitern der Mediation vom dann erkennenden Richter für die Urteilsfindung verwertet wird. 262

Möglich ist es natürlich auch im Rahmen des Streitverfahrens mediative Elemente einzubringen, insbes. durch bestimmte Fragetechniken zu versuchen, die hinter den vorgebrachten Positionen liegenden Interessen zu erforschen. Für den streitentscheidenden Richter, der i. d. R. vorher die Akte gelesen hat, dürfte es allerdings besonders schwer sein, die insofern notwendige »Empathie« (s. Rdn. 217) zu erreichen und sich von eigenen Vorstellungen der Konfliktlösung freizumachen. 263

### 4. Ergänzende Hinweise

In einzelnen Bundesländern werden, teilweise in Modellversuchen, teilweise schon institutionalisiert, Mediationsverfahren auch im Rahmen eines Arbeitsgerichtsprozesses angeboten. So besteht die Möglichkeit der Durchführung einer gerichtsinternen Mediation bei den Arbeitsgerichten Hamburgs bereits seit Anfang 2006, in der niedersächsischen Arbeitsgerichtsbarkeit beim ArbG Hannover seit dem 1.11.2008. Einzelheiten zu den insofern teilweise unterschiedlich ausgestalteten Verfahrensordnungen können auf den einschlägigen Internetseiten der Landesjustizministerien, der Landesarbeitsgerichte oder der Arbeitsgerichte nachgelesen werden. 264

(derzeit unbesetzt) 265

Der 67. Deutsche Juristentag in Erfurt hatte sich mit der Einführung der Mediation in das gerichtliche Verfahren beschäftigt. Die dabei ausgearbeiteten und angenommenen Beschlüsse, insbes. zur notwendigen Änderung der gesetzlichen Bestimmungen in der ZPO und dem RDA können nachgelesen werden auf der Internetseite http://www.djt.de/fileadmin/download/67/djt_67_beschluesse.pdf. 266

## D. Verfahren vor dem EuGH

### I. Allgemeines

267 Die arbeitsrechtlich relevante **Rechtsprechung des EuGH** hatte zunächst z. T. eine heftige Debatte ausgelöst (*Schiefer/Erasmy* DB 1992, 1482; *Schiefer* DB 1993, 38; *Schaub* NZA 1994, 769). Auch das Verhältnis zwischen BAG und EuGH war nicht frei von Verständigungsproblemen (*BAG* 20.10.1993 EzA § 37 BetrVG 1972 Nr. 115; 27.4.1994 EzA § 3 LohnFG Nr. 18; *EuGH* 6.2.1996 BB 1996, 429; 2.5.1996 BB 1996, 1116; *Stichler* BB 1996, 426; *Dieterich* NZA 1996, 673). Immer wieder erschüttern Entscheidungen des EuGH Grundpfeiler des deutschen Arbeitsrecht (z. B. das Urlaubsrecht, *EuGH* 20.1.2009 – C-350/06; 22.11.2011 – C-214/10).

### II. EuGH

#### 1. Allgemeines

268 Gem. Art. 19 EUV hat der EuGH die Wahrung des Rechts bei der Auslegung und Anwendung dieses Vertrags zu sichern. Ihm kommt eine Letztentscheidungskompetenz hinsichtlich der Auslegung und der Gültigkeit des Gemeinschaftsrechtes, nicht aber bezüglich nationalen Rechtes, zu.

269 **Rechtsgrundlagen** für die Tätigkeit des EuGH finden sich in Art. 251–281 AEUV. Das Verfahren richtet sich insbes. nach der **Verfahrensordnung des** Gerichtshofs der Europäischen Gemeinschaften und der Satzung des Gerichtshofs der Europäischen Union; die Prozessvertreter sollten darüber hinaus die praktischen Anweisungen für Klagen und Rechtsmittel sowie die Hinweise für Prozessvertreter beachten (http://curia.europa.eu).

270 Der Gerichtshof besteht **aus einem Richter je Mitgliedstaat** (derzeit 27), Art. 19 EUV. Der EuGH hat **8 Kammern** gebildet; die Zuteilung der Richter zu den Kammern und die Bestimmung der Kammern wird im Amtsblatt der Europäischen Union veröffentlicht, Art. 9 § 1 Abs. 3 VerfO EuGH. Der Präsident des EuGH legt nach eigenem Ermessen nach Eingang der Klageschrift die zuständige Kammer fest; einen Geschäftsverteilungsplan wie in der deutschen Gerichtsbarkeit gibt es nicht.

271 Der EuGH wird durch die **Generalanwaltschaft**, einer unabhängigen Stelle, bei der Rechtsfindung unterstützt, Art. 252 AEUV. Die Einrichtung der Generalanwälte ist dem französischen Verwaltungsprozessrecht entlehnt. Der Generalanwalt hat »begründete Schlussanträge« zu stellen, Art. 252 Abs. 2 AEUV. Die Schlussanträge sind i. d. R. wesentlich länger als die nach französischem Vorbild knapp gehaltenen Urteile des Gerichtshofes. Die Schlussanträge setzen sich auf der Grundlage des schriftlichen Vorverfahrens und der mündlichen Verhandlung mit dem Gemeinschaftsrecht wissenschaftlich auseinander, analysieren die bisherige Rechtsprechung des EuGH und sind für das Verständnis einer Entscheidung des EuGH häufig ergiebiger als das Urteil selbst. Der EuGH folgt überwiegend den Schlussanträgen des Generalanwaltes und wiederholt in der Urteilsbegründung nicht mehr im Einzelnen die maßgeblichen Erwägungen des Schlussantrages.

272 **Der Kanzler** des EuGH, Art. 253 AEUV, Art. 12–19 VerfO EuGH, führt das Register und wickelt u. a. den Schriftverkehr mit den Prozessbeteiligten nach Maßgabe der »Dienstanweisung für den Kanzler« ab.

273 Der EuGH ist zu unterscheiden von dem **Europäischen Gerichtshof für Menschenrechte (EGMR)** sowie dem **Europäischen Gericht (EuG)**. Der EGMR ist ausschließlich zuständig für die Auslegung und Anwendung der **Europäischen Menschenrechtskonvention (EMRK)**. Das Gericht der Europäischen Union (»Gericht«, Art. 254 AEUV) ist zuständig für alle direkten Klagen von Bürgern, die in dem Gerichtssystem der EU vorgesehen sind, Art. 256 AEUV.

## 2. Vorabentscheidungsverfahren

### a) Ziel

Das Vorabentscheidungsverfahren soll die **Einheitlichkeit der Auslegung** von Gemeinschaftsrecht in allen Mitgliedstaaten gewährleisten und der **Zusammenarbeit zwischen den innerstaatlichen Gerichten und dem EuGH** dienen. Es dient dem judiziellen Diskurs zwischen nationalen Gerichten und EuGH, wobei dem EuGH ein Auslegungsmonopol für das Gemeinschaftsrecht zusteht (*Schwab/Weth-Kerwer* ArbV Rn. 97 ff; *Baur/Diller* NZA 1996, 169). 274

- Im Arbeitsrecht ist das Vorabentscheidungsverfahren von zentraler Bedeutung. Fast alle arbeitsrechtlichen Fragen werden von dem EuGH in dieser Verfahrensart beantwortet (Schwab/Weth-*Kerwer* ArbV Rn. 100). 275
- Die Parteien und ihre Vertreter sind mit wenigen Rechten ausgestattete »Äußerungsberechtigte« (*Maschmann* NZA 1995, 920); sie können Anregungen geben und den Richtern zuarbeiten (Schwab/Weth-*Kerwer* ArbV Rn. 127 ff.).
- Nach Art. 19 Abs. 3 EuGH-Satzung müssen die Parteien grds. durch einen Anwalt vertreten sein. Nach Art. 104 § 2 VerfO EuGH trägt der EuGH jedoch in Vorabentscheidungsverfahren den nationalen Verfahrensvorschriften Rechnung. Bei einer Vorlage durch ein Arbeitsgericht kann daher die Partei selbst vor dem EuGH auftreten, hingegen nicht bei einer Vorlage durch ein LAG oder das BAG (Schwab/Weth-*Kerwer* ArbV Rn. 147).

### b) Gegenstand des Vorabentscheidungsersuchens

Gegenstand des Vorabentscheidungsverfahren ist das **Gemeinschaftsrecht** der EU. Die Normen der EU lassen sich untergliedern in primäres sowie sekundäres Gemeinschaftsrecht, Art. 267 AEUV, die von der EU abgeschlossenen völkerrechtlichen Verträge und allgemeine Rechtsgrundsätze (s. Kap. 1 Rdn. 735 ff. 752). Innerstaatliche Normen können nicht Gegenstand eines Vorabentscheidungsverfahrens sein; der EuGH ist nicht befugt nationales Recht auszulegen oder anzuwenden. 276

### c) Fassung der Vorlagefragen

Das innerstaatliche Gericht entscheidet nach Art. 267 AEUV nach pflichtgemäßem Ermessen, ob es eine Vorlage an den EuGH für **erforderlich** hält. Im Unterschied zu Art. 100 GG ist die Entscheidungserheblichkeit nicht Vorlagevoraussetzung und wird daher vom EuGH nicht überprüft. Die Grenze des Rechtsmissbrauchs darf allerdings nicht überschritten werden. Der EuGH kann nicht gezwungen werden, **konstruierte, fiktive Rechtsstreite** zu entscheiden (*Schaub* NJW 1994, 81). 277

Die Vorlagefrage muss erkennbar die Auslegung von Gemeinschaftsrecht betreffen (*Bertelsmann* NZA 1993, 775). Bei einer zulässigen Vorlagefrage kann es sich um eine Frage 278
- der Auslegung von Gemeinschaftsrecht

oder
- der Gültigkeit von sekundärem Gemeinschaftsrecht
- handeln. Eine Vorlage ist unzulässig, wenn **offensichtlich eine Gemeinschaftsbestimmung nicht anwendbar** sein kann (*Schaub* NJW 1994, 81). Die Prüfung der **Vereinbarkeit nationalen Rechtes mit Gemeinschaftsrecht** obliegt nicht dem EuGH und kann somit nicht Inhalt einer zulässigen Vorlagefrage sein.

Die zutreffende Fragestellung geht dahin,
- ob eine Gemeinschaftsnorm so auszulegen ist, dass sie einer nationalen Regelung bestimmten Inhalts entgegensteht.

So lautet z. B. der Vorlagebeschluss des *BAG* v. 20.10.1993 (EzA § 37 BetrVG 1972 Nr. 115): 279

»Hindert das Verbot der mittelbaren Geschlechtsdiskriminierung beim Arbeitsentgelt (Art. 119 EWG-Vertrag und Richtlinie 75/117 des Rates der Europäischen Gemeinschaften vom 10.2.1975 zur Angleichung der Rechtsvorschriften der Mitgliedstaaten über die Anwendung des Grundsatzes des gleichen Entgelts für Männer und Frauen) den nationalen Gesetzgeber, das Betriebsratsamt als unentgeltlich zu führendes Ehrenamt auszugestalten und die Betriebsratsmitglieder lediglich vor Einkommenseinbußen zu schützen, die sie sonst durch betriebsratsbedingte Versäumung von Arbeitszeit erleiden würden?«

280 Geht es um die Auslegung von Gemeinschaftsrecht, lautet die korrekte Fragestellung z. B. (vgl. *EuGH* 14.4.1994 EzA § 613a BGB Nr. 114):

»Ist der Art. 1 Abs. 1 der Richtlinie 77/187/EWG des Rates v. 14.2.1977 zur Angleichung der Rechtsvorschriften der Mitgliedstaaten über die Wahrung von Ansprüchen der Arbeitnehmer beim Übergang von Unternehmen, Betrieben oder Betriebsteilen so auszulegen, dass die vertragliche Übertragung von Reinigungsaufgaben von einem Unternehmen, das früher die Reinigungsaufgaben durch eine einzige Arbeitnehmerin selbst durchführen ließ, auf einen Fremdunternehmer einem Übergang eines Betriebsteiles auf einen anderen Inhaber i. S. d. Richtlinie gleichsteht?«

### d) Vorlagemöglichkeit und -verpflichtung

281 Nach Art. 267 Abs. 2 AEUV sind alle Gerichte der Mitgliedstaaten, gleichgültig welcher Instanz, **zu Vorlagen berechtigt**.

282 Gerichte, deren Entscheidungen nicht mehr mit Rechtsmitteln angegriffen werden können, **müssen vorlegen**, Art. 267 Abs. 3 AEUV. Fraglich ist, ob nur die Bundesgerichte sowie das BVerfG zur Vorlage verpflichtet sind oder auch die Gerichte vorlegen müssen, deren Entscheidung üblicherweise in Rechtskraft erwachsen. Von Bedeutung ist dies insbes. bei der Frage, ob die **Nichtzulassungsbeschwerde gem. § 72a ArbGG** ein Rechtsmittel i. S. v. Art. 267 AEUV ist. Das *BVerfG* (28.9.1990 NJW 1991, 830) und das *BVerwG* (20.3.1986 NJW 1987, 601) haben dies bejaht und folglich eine Vorlagepflicht der Berufungsgerichte nach Art. 267 Abs. 3 AEUV verneint. Wird in einer Beschwerde gegen die Nichtzulassung der Revision dargelegt, dass in einem Revisionsverfahren durch das Revisionsgericht voraussichtlich gem. § 267 Abs. 3 AEUV eine Vorabentscheidung des EuGH einzuholen sein wird, gibt das *BVerwG* (22.10.1986 NJW 1988, 664) der Nichtzulassungsbeschwerde wegen grundsätzlicher Bedeutung der Rechtssache statt. Nach *Schaub* kann die Rechtsprechung des BVerwG nicht auf die Arbeitsgerichtsbarkeit übertragen werden (*Schaub* NJW 1994, 81). Die Nichtzulassungsbeschwerde sei nur unter engen Voraussetzungen zulässig und eröffne auch im Erfolgsfall keine »vollwertige« dritte Instanz. In Fällen, in denen es um die Gültigkeit von Gemeinschaftsrecht gehe, könne ein LAG nicht entscheiden, da kein Gericht eines Mitgliedstaates Gemeinschaftsrecht für unwirksam erklären könne. Dieser Streit dürfte auf Grund der geänderten Gesetzesfassung ab 1.1.2005 dahingehend zu lösen sein, dass die Nichtzulassungsbeschwerde nach §§ 72a, 92a ArbGG als Rechtsmittel iSd. Art. 267 AEUV anzusehen ist und keine Vorlagepflicht des LAG besteht (Schwab/Weth-*Kerwer* ArbV Rn. 120; ErfK/*Wißmann* Art. 267 AEUV Rn. 28, 29).

Die Vorlagepflicht kennt Ausnahmen:

### aa) »acte-clair«

283 Ist ein vernünftiger Zweifel an der Auslegung und Gültigkeit von Gemeinschaftsrecht nicht möglich, so scheidet eine Vorlage aus, »acte-clair-Theorie« (*EuGH* 6.10.1982 NJW 1983, 1257). Wegen der Abfassung des Gemeinschaftsrechts in unterschiedlichen Sprachen ist zunächst ein Vergleich der verschiedenen Formulierungen geboten. Rechtsinstitute des nationalen Rechts müssen auf ihre Übereinstimmung mit denjenigen des Gemeinschaftsrechts hinterfragt werden. Sobald mehrere Auslegungen möglich sind oder gar verschiedene Meinungen in Literatur und/oder Rechtsprechung hierzu vertreten werden, liegt kein »acte-clair« vor (*Maschmann* NZA 1995, 920).

### bb) Einstweiliger Rechtsschutz

284 In einstweiligen Rechtsschutzverfahren entfällt eine Vorlagepflicht (Schwab/Weth-*Kerwer* ArbV Rn. 125). Anderenfalls könnte kein nationales Gericht effektiven einstweiligen Rechtsschutz gewäh-

ren (*EuGH* 19.6.1990 NJW 1991, 2271). Nach der Auffassung des EuGH wird dem Zweck des Vorabentscheidungsverfahrens durch eine Vorlage im Hauptverfahren genügt.

*cc) Präjudiz*

Eine Pflicht zur Vorlage besteht nicht, wenn der EuGH in einem **früheren Verfahren** zu der gleichen Frage bereits entschieden hatte und eine Änderung der Sach- und Rechtslage zwischenzeitlich nicht eintrat (*EuGH* 6.10.1982 NJW 1983, 1257). Hingegen hat eine erneute Vorlage zu erfolgen, wenn das früher bereits vorlegende Gericht oder ein anderes Gericht weiteren Klärungsbedarf zu einer bereits entschiedenen Problematik sieht. 285

*e) Verletzung der Vorlagepflicht*

*aa) EU-Ebene*

Verletzt ein Gericht seine Vorlagepflicht, so stellt dies eine Verletzung einer sich aus dem AEUV ergebenden Verpflichtung dar. Derartige Rechtsverstöße berechtigen die Kommission zur Einleitung eines sog. **Vertragsverletzungsverfahrens** gem. Art. 258–261 AEUV. In der Praxis hat die Kommission bisher auf Verletzungen der Vorlagepflicht durch Gerichte noch nicht mit einem Vertragsverletzungsverfahren reagiert. 286

*bb) Innerstaatliche Ebene*

Die Nichtvorlage kann einen **Verstoß gegen den gesetzlichen Richter** i. S. d. Art. 101 GG darstellen. Das *BVerfG* (22.10.1986 NJW 1987, 577) hat den EuGH als gesetzlichen Richter i. S. d. Art. 101 GG anerkannt. Es setzt jedoch bei einem Verstoß gegen den gesetzlichen Richter **Willkür** voraus. Die Entscheidung des innerstaatlichen Gerichts, den EuGH nicht anzurufen, muss sich so weit von dem in Art. 267 AEUV verkörperten Rechtsgrundsatz entfernen, dass eine Nichtvorlage nicht mehr zu rechtfertigen ist. Das *BVerwG* (22.10.1986 NJW 1988, 664) sieht in einer unterbliebenen Vorlage einen **Revisionsgrund**. 287

*f) Rechtsbehelf gegen Vorlagebeschluss*

Der Kläger wird häufig ein Interesse haben, die erhebliche zeitliche Verzögerung durch einen Vorlagebeschluss zu vermeiden; die derzeitige durchschnittliche Verfahrensdauer beträgt mehr als 16 Monate. Fraglich ist, ob gegen die Anrufungsentscheidung des deutschen Gerichtes ein Rechtsbehelf besteht. 288

*aa) Rechtsbehelf nach Gemeinschaftsrecht*

Das Gemeinschaftsrecht kennt keine Beschwerde zum EuGH wegen eines Vorlagebeschlusses eines nationalen Gerichtes. Die Entscheidung den EuGH anzurufen, ist ein Akt der deutschen Gerichtsbarkeit, die Frage der Anfechtbarkeit richtet sich nach deutschem Prozessrecht. 289

*bb) Rechtsbehelf nach deutschem Prozessrecht*

Das deutsche Gericht fasst zum einen den Aussetzungsbeschluss, § 46 Abs. 2 ArbGG, §§ 495, 148 ZPO und zum anderen den Vorlagebeschluss im engeren Sinn. 290

> Beschluss
> 1. Das Verfahren wird ausgesetzt.
> 2. Der Siebte Senat des BAG ruft gem. Art. 234 Abs. 1 Buchst. a und Abs. 3 EG-Vertrag den EuGH zur Auslegung des Art. 141 EG-Vertrag und der Richtlinie 75/117 des Rates der Europäischen Gemeinschaften zur Entscheidung folgender Frage an: ...

291

Gegen einen Aussetzungsbeschluss ist grds. gem. § 252 ZPO i. V. m. § 46 Abs. 2 ArbGG die Beschwerde möglich. Dennoch ist § 252 ZPO seinem Sinn und Zweck nach nicht einschlägig (*Pfeiffer* 292

NJW 1994, 1996). § 252 ZPO setzt einen Verfahrensstillstand voraus, während eine EuGH-Vorlage das Verfahren in Richtung einer Entscheidung fortführt. Im Übrigen ist der Aussetzungsbeschluss ein unselbstständiger Annex zum Vorlagebeschluss (*Maschmann* NZA 1995, 920). Hebt ein Beschwerdegericht den Aussetzungsbeschluss, der lediglich eine verfahrensrechtliche Konsequenz des Vorlagebeschlusses darstellt, auf, wird zwangsläufig der Vorlagebeschluss berührt. Das Gemeinschaftsrecht sieht jedoch keinerlei Möglichkeit für die Parteien vor, eine Entscheidung eines innerstaatlichen Gerichtes gem. Art. 267 Abs. 2 AEUV vorzulegen, anzugreifen. Demgemäß sieht sich der EuGH durch die Einlegung einer Beschwerde gegen den Vorlagebeschluss im innerstaatlichen Verfahren nicht an einer eigenen Entscheidung über die Vorlagefrage gehindert (*EuGH* 6.4.1962 EuGHE 1996, 97, 109). Sofern das innerstaatliche Gericht allerdings um eine Aussetzung des Verfahrens vor dem EuGH bittet, kommt der EuGH diesem Verlangen nach (*EuGH* 3.6.1969 EuGHE 1970, 403 f.).

### g) Verfahrensgang

#### aa) Vorlagebeschluss

293 Die innerstaatlichen **Gerichte** leiten das Vorabentscheidungsverfahren ein; die Parteien können es mangels eines förmlichen Antragsrechts nicht erzwingen, sondern lediglich anregen (*Baur/Diller* NZA 1996, 196). Zur Konkretisierung der tenorierten Vorlagefrage sollte in einer Begründung die Sach- und Rechtslage sowie die Entscheidungserheblichkeit aus der Sicht des innerstaatlichen Gerichtes dargelegt werden (*Schaub* NJW 1994, 81). Der nationale Richter sollte berücksichtigen, dass der Berichterstatter am EuGH zumeist ein Richter ist, dem die Rechtsordnung des vorlegenden Gerichts nicht vertraut ist (*Hakenberg* ZIP 1995, 1865).

294 Der Vorlagebeschluss wird – sinnvollerweise mit Kopien der Verfahrensakten – von der Geschäftsstelle des innerstaatlichen Gerichtes an die Kanzlei des EuGH formlos auf dem einfachen Postweg gesandt (Gerichtshof der Europäischen Gemeinschaften – Kanzlei – L-2925 Luxemburg). Kostenvorschüsse sind nicht zu erbringen, da für das Verfahren vor dem EuGH keine Gerichtskosten anfallen, Art. 72 VerfO EuGH.

#### bb) Stellungnahmefrist

295 Der Kanzler des EuGH stellt die Vorlagefrage den Parteien, den Mitgliedsstaaten, der Kommission und, falls Gültigkeit und Auslegung einer Ratshandlung in Frage steht, dem Rat zu. Alle Zustellungsadressaten können **binnen zwei Monaten zuzüglich 10 Tagen Postlaufzeit schriftsätzlich** Stellung nehmen, Art. 23 Abs. 2 der Satzung des EuGH i. V. m. Art. 37 § 6 VerfO EuGH.

296 Eine Pflicht, einen Schriftsatz einzureichen, besteht nicht. Die Prozessvertreter sollten bei unklaren oder irreführenden Vorlagefragen schriftliche Erklärungen einreichen und zu Auslegungsfragen Stellung beziehen (*Baur/Diller* NZA 1996, 196). Da eine Replik auf gegnerische Schriftsätze nicht prozessual vorgesehen ist, müssen denkbare Argumente der Gegenseite vorsorglich widerlegt werden.

297 Die Schriftsätze, die keine statthaften Beweisanträge oder sonstige Anträge der Parteien beinhalten können, sind von den Prozessvertretern zu unterzeichnen, Art. 37 § 1 Abs. 1VerfO EuGH. Für den Gerichtshof sind fünf beglaubigte Abschriften hinzuzufügen, für jede andere am Rechtsstreit beteiligte Partei eine weitere, Art. 37 § 1 Abs. 2 VerfO EuGH. Der Eingang beim EuGH, auch per Telefax bei alsbaldiger Nachsendung der Originale, ist maßgeblich für die Fristwahrung. Eine Fristverlängerung ist ebenso wenig wie eine Wiedereinsetzung in den vorigen Stand möglich. Bei Fristversäumnis werden nach Fristablauf eingehende Stellungnahmen vom EuGH ohne Kenntnisnahme unverzüglich zurückgesandt. Eine Möglichkeit auf Schriftsätze anderer Beteiligter schriftsätzlich zu erwidern besteht nicht; eine Replik kann aber mündlich erfolgen. Der EuGH hat »Hinweise für die Prozessvertreter« sowie »Praktische Anweisungen für Klagen und Rechtsmittel« veröffentlicht (www.curia.europa.eu), die die Prozessvertreter zur Vermeidung von Nachteilen beachten sollten.

## cc) Mündliche Verhandlung

Nach Ablauf der Stellungnahmefrist entscheidet der EuGH nach dem Vorbericht des Berichterstatters nach Schwierigkeitsgrad und Bedeutung der Angelegenheit, ob das Plenum oder eine Kammer die Sache verhandelt und **mündliche Verhandlung** anberaumt wird. 298

> Die **Vertretung** richtet sich nach den Bestimmungen des jeweiligen vorlegenden innerstaatlichen Gerichtes; es besteht nicht der sonst am EuGH übliche Anwaltszwang, Art. 104 § 2 VerfO EuGH. Legt ein deutsches ArbG vor, können die Parteien daher selbst auftreten, legt ein LAG vor, müssen sich die Parteien durch Rechtsanwälte oder Verbandsvertreter vertreten lassen, bei einer Vorlage des BAG sind allein Rechtsanwälte vertretungsbefugt. 299

Die Ladung zum Termin erfolgt häufig kurzfristig, Terminverlegungsanträgen wird regelmäßig nicht stattgegeben. Die Parteien erhalten ca. zwei Wochen vor dem Termin ein Exzerpt des schriftlichen Verfahrens, den Sitzungsbericht. Die Prozessvertreter werden vor Beginn der Verhandlung aufgefordert, sich im Beratungszimmer der Richter vorzustellen. Die mündliche Verhandlung wird in der Verfahrenssprache geführt, also der Sprache des vorlegenden Gerichtes. Ein Dialog zwischen Gericht und Prozessvertretern ist nicht üblich. Das frei gehaltene Plädoyer sollte sich in einem Zeitrahmen von 15–30 Minuten bewegen (so die »Hinweise an die Prozessvertreter für das mündliche Verfahren«), die Rücksichtnahme auf die Simultandolmetscher verbietet schnell vorgetragene, lange, komplizierte Sätze. Die Reihenfolge des Plädoyers liegt fest; die Parteien plädieren regelmäßig zuerst. Sämtliche Mitgliedstaaten können sich an der mündlichen Verhandlung beteiligen. 300

## dd) Schlussanträge

Etwa ein bis zwei Monate nach der Verhandlung, erfolgen in öffentlicher Sitzung das Plädoyer des Generalstaatsanwaltes sowie dessen **Schlussanträge**. Eine Stellungnahme zu den Schlussanträgen kennt das Verfahrensrecht des EuGH nicht, weshalb die Parteien diesen Termin nicht wahrzunehmen pflegen. 301

## ee) Urteil

Ein bis zwei Monate nach den Schlussanträgen verkündet der EuGH das im Urteilstext bereits vorliegende **Urteil**. Das Urteil wird zunächst auf Französisch, der internen Arbeitssprache des EuGH, abgefasst und vor Verkündung in die Verfahrenssprache übersetzt. Es gliedert sich in Rubrum, Entscheidungsgründe und den abschließenden Urteilstenor, der die Vorlagefrage beantwortet. Eine Kostenentscheidung wird im Urteil nicht gefällt. Gerichtskosten fallen keine an; über außergerichtliche Kosten entscheidet das nationale Gericht. 302

### h) Fortführung des Verfahrens beim innerstaatlichen Gericht

#### aa) Vorlageverfahren als Zwischenverfahren

Das Vorlageverfahren ist ein Teilabschnitt des Gesamtverfahrens und bildet mit dem nationalen Ausgangsverfahren eine Einheit (*GMPM-G/Prütting* Einl. Rn. 88 f.). Nach Abschluss des Vorlageverfahrens muss das nationale Gericht den Rechtsstreit fortführen. Der EuGH entscheidet niemals den Ausgangsrechtsstreit. Das nationale Gericht muss den konkreten Sachverhalt unter die vom EuGH bindend vorgegebenen abstrakten rechtlichen Erkenntnisse subsumieren (*Baur/Diller* NZA 1996, 196). Im Urteil wird im Sachverhalt die Vorlagefrage und das Urteil des EuGH wiedergegeben, in den Entscheidungsgründen die Auswirkungen auf das nationale Urteil dargelegt. 303

#### bb) Bindung des vorlegenden Gerichts und der Rechtsmittelinstanzen

Erklärt der EuGH Gemeinschaftsrecht für ungültig, so tritt die Wirkung ex tunc inter omnes ein. 304

Bei Auslegungsfragen bindet das Vorabentscheidungsurteil das **vorlegende Gericht und die Rechtsmittelinstanzen** im Ausgangsrechtsstreit inter partes. Die Entscheidungsgründe sind zur Auslegung des Urteilsspruchs heranzuziehen; bei verbleibenden Zweifeln kann der EuGH erneut angerufen werden (*EuGH* 13.5.1981 NJW 1982, 1205). Die Bindung besteht nur hinsichtlich der Auslegung von EG-Recht. Kommt das innerstaatliche Gericht nach Beendigung des Vorlageverfahrens, entgegen seiner ursprünglichen Ansicht, zu der Auffassung, der Rechtsstreit sei ohne EG-rechtlichen Bezug zu entscheiden, so entfällt eine Bindung.

#### cc) Präjudizwirkung für andere Gerichte

305   Andere Gerichte sind nicht direkt gebunden, jedoch haben die Vorabentscheidungsverfahren des EuGH **Präjudizwirkung** für sämtliche Gerichte der Mitgliedstaaten. Will ein Gericht in einem anderen Rechtsstreit von der Entscheidung des EuGH abweichen, muss es erneut ein Vorabentscheidungsverfahren gem. Art. 267 AEUV einleiten. Der EuGH ist nicht an seine früheren Entscheidungen gebunden und kann daher seine Rechtsprechung ändern, **Differenztheorie** (*EuGH* 12.2.1974 EuGHE 1974, 139 [148]).

#### dd) Kostenentscheidung

306   Das nationale Gericht muss über die außergerichtlichen Kosten des Vorabentscheidungsverfahrens entscheiden, Art. 104 § 5 Abs. 1 VerfO EuGH. Der Rechtsanwalt rechnet seine Kosten gem. § 38 RVG ab. Die Rechtsschutzversicherer übernehmen regelmäßig nicht die Kosten eines Vorabentscheidungsverfahrens, § 3 Abs. 3b) ARB 1994. Hierauf müssen die Parteien durch den Rechtsanwalt hingewiesen werden.

### 3. Vertragsverletzungsverfahren

307   Die Kommission hat gem. Art. 258 AEUV über die Einhaltung des Gemeinschaftsrechts zu wachen. Zur Erleichterung der Kontrollaufgabe sind innerstaatliche Umsetzungsmaßnahmen von den einzelnen Mitgliedstaaten der Kommission mitzuteilen. **Weiterhin hat die Kommission zur Erlangung von Information ein eigenes »Beschwerdeverfahren« geschaffen, das jeder natürlichen und juristischen Person offen steht.** Darüber hinaus erhält die Kommission Informationen durch themenbezogene »Netzwerke« nationaler Experten, Anfragen des Europäischen Parlamentes und diverse sonstige Quellen.

308   Der einzelne Bürger eines Mitgliedstaates kann kein Vertragsverletzungsverfahren einleiten. Er hat lediglich die Möglichkeit, durch eine Beschwerde an die Kommission auf die Einleitung eines Vertragsverletzungsverfahrens durch die Kommission hinzuwirken.

### III. Beschwerde bei der Kommission

309   Jede natürliche oder juristische Person kann wegen Praktiken oder Maßnahmen, die ihres Erachtens einer Gemeinschaftsvorschrift zuwiderlaufen, bei der Kommission Beschwerde einlegen (https://www.secure.europarl.europa.eu/aboutparliament/de/petition.html).Die Beschwerde ist direkt an die Kommission in Brüssel zu richten (Europäisches Parlament, Petitionsausschuss, Sekretariat, Rue Wiertz, B-1047 BRÜSSEL).

310   Die Beschwerde ist **formfrei**, sollte aber folgende Angaben enthalten:
  – Name der sich beschwerenden Person/Firma
  – Staatsangehörigkeit
  – Anschrift oder Firmensitz
  – Tätigkeitsbereich
  – Mitgliedstaat, Betrieb oder Einrichtung, der/die die Gemeinschaftsvorschrift verletzt haben soll
  – beanstandete Tatsache/Nachteil
  – bereits vorgenommene behördliche/gerichtliche Schritte.

## IV. Petition an Europäisches Parlament

Gem. **Art. 227 AEUV** hat jeder Bürger der Union das Recht, dem Europäischen Parlament Petitionen einzureichen. Das Petitionsrecht ist zwar grds. auf Gemeinschaftsorgane bezogen, ist jedoch in Ausnahmefällen auch wegen des Verhaltens von Mitgliedstaaten gegenüber ihren Bürgern gegeben. Ein derartiger Ausnahmefall dürfte vorliegen, wenn gegenüber einem Mitgliedstaat ein Vertragsverletzungsverfahren eingeleitet werden könnte. 311

## V. Bürgerbeauftragter des Europäischen Parlamentes

Das Europäische Parlament ernennt einen Bürgerbeauftragten für Beschwerden von Bürgern der Union über Gemeinschaftsorgane, Art. 228 AEUV. Der »Ombudsmann« kann zwar nicht direkt auf die Mitgliedstaaten einwirken, jedoch von diesen die Einhaltung der Grundsatzpflichten einfordern. 312

Die Beschwerde kann auf verschiedenen Wegen an den Ombudsmann gerichtet werden: 313
– per Post
Der Europäische Bürgerbeauftragte
1 Avenue du Président Robert Schuman
CS 30403
FR-67001 Strasbourg Cedex
Frankreich
– per Telefon
+33 (0) 3 88 17 23 13
– per Fax
+33 (0) 3 88 17 90 62
– Internetseite
http://www.ombudsman.europa.eu

# Kapitel 17 Die Vergütung des Rechtsanwalts in Arbeitssachen

## Übersicht

| | Rdn. |
|---|---|
| A. Vorbemerkung | 1 |
| B. RVG | 3 |
| I. Struktur des RVG und zentrale Gebührentatbestände | 3 |
| II. Im arbeitsrechtlichen Mandat wichtige Regelungen | 9 |
| 1. Vergütung für Tätigkeiten von Vertretern des Rechtsanwalts, § 5 RVG | 9 |
| 2. Mehrere Auftraggeber, § 7 RVG | 10 |
| 3. Angemessene Gebühr, § 14 RVG | 14 |
| 4. Eine Angelegenheit, § 16 RVG | 22 |
| C. Vergütungsverzeichnis (VV) | 28 |
| I. Außergerichtliche Tätigkeit | 28 |

| | Rdn. |
|---|---|
| 1. Beratung und Gutachten (VV 2100–2103) | 29 |
| 2. Außergerichtliche Vertretung (VV 2300) | 58 |
| II. Gerichtliche Tätigkeit | 75 |
| 1. Gebührentatbestände | 75 |
| a) Verfahrensgebühr | 75 |
| b) Terminsgebühr | 98 |
| c) Einigungsgebühr | 105 |
| 2. Verwaltungsverfahren | 108 |
| 3. Schlichtungsverfahren | 111 |
| 4. Erfolgsaussichten eines Rechtsmittels | 113 |
| 5. LAG | 117 |

## A. Vorbemerkung

**1** Nach Erhebungen der Bundesrechtsanwaltskammer ist das Einkommen der Rechtsanwälte in Deutschland seit Jahren rückläufig (*Eggert* BRAK-Mitt. 2011, 118. Die weiter zunehmende Zahl von Rechtsanwälten sowie der Druck ausländischer Kanzleien lassen auch für die Zukunft befürchten, dass sich die Einnahmesituation nicht verbessern wird. Diese äußeren Rahmenbedingungen kann der einzelne Rechtsanwalt nicht beeinflussen, hingegen können Verluste von Vergütung durch Mängel bei der Abrechnung beseitigt werden.

**2** Die voraussichtliche Höhe der Anwaltsvergütung sollte der Rechtsanwalt auch aus »unternehmerischen« Gründen vor Mandatsübernahme ermitteln und die Vergütungsfrage nicht delegieren (*Streck* Die Vergütungsvereinbarung für die außergerichtliche anwaltliche Beratung, AnwBl 2006, 149). Er muss sie bestimmen, wenn der Mandant ausdrücklich eine Auskunft über die Höhe der Anwaltsvergütung verlangt oder sich aus den besonderen Umständen des Einzelfalles nach Treu und Glauben (§ 242 BGB) ausnahmsweise auch ohne ausdrückliche Frage des Mandanten eine Hinweispflicht auf die Höhe der anfallenden Vergütung ergibt (*BGH* 14.12.2005 – IX ZR 210/03, AnwBl. 2006, 214). Nach § 49b Abs. 5 BRAO hat der Rechtsanwalt vor der Übernahme des Mandates eine **Hinweispflicht**, falls sich die zu erhebenden Gebühren nach dem Gegenstandswert richten. Der Rechtsanwalt ist zu Schadensersatz gem. §§ 280 Abs. 1, 311 Abs. 2 BGB verpflichtet, wenn er schuldhaft einen Hinweis unterlässt. Die Beweislast für einen angeblich unterlassenen Hinweis trägt der Mandant, wobei der Rechtsanwalt konkret darlegen muss, wie er belehrt hatte (*BGH* 11.10.2007 – IX ZR 105/06).

## B. RVG

### I. Struktur des RVG und zentrale Gebührentatbestände

**3** Das RVG ist in neun Abschnitte gegliedert und hat zwei Anlagen, das Vergütungsverzeichnis (VV) und die Gebührentabelle für Gegenstandswerte (vgl. zu den Gegenstandswerten: *Meier* Lexikon der Streitwerte im Arbeitsrecht, 2. Aufl., 2000, *Schäder* Gegenstandswerte im Individualarbeitsrecht, ArbRB 2008, 177; *Brinkmann* Die Streitwerte bei Kündigungsstreitigkeiten, RVGreport 2005, 209; *ders.* Gegenstandswerte im arbeitsgerichtlichen Beschlussverfahren, RVGreport 2005, 292; *Dingeldey* Streitwerte im arbeitsgerichtlichen Verfahren, FA-Spezial 11/2006; *Köhler* Die neuere Rechtsprechung zum Streitwert in Arbeitssachen Teil 1: Individualarbeitsrecht, RVGreport 2004, 256; Teil 2: Kollektives Arbeitsrecht und Verfahrensrecht, RVGreport 2004, 303).

**4** Für das arbeitsrechtliche Mandat sind aus dem Vergütungsverzeichnis

## B. RVG
## Kapitel 17

Teil 1. Allgemeine Gebühren, VV 1000–1009,
Teil 2. Außergerichtliche Tätigkeit, VV 2100–2608,
Teil 3. Gerichtliche Verfahren, VV 3100–3518 und
Teil 7. Auslagen, VV 7000–7008
von Interesse.

Zentrale Gebührentatbestände des Vergütungsverzeichnisses sind: 5
– Einigungsgebühr, VV 1000;
– Beratungsgebühr, VV 2100 (entfallen seit 1.7.2006);
– Geschäftsgebühr, VV 2300;
– Verfahrensgebühr, VV 3100;
– Terminsgebühr, VV 3104.

Die **Einigungsgebühr** setzt keinen Vergleich i. S. d. § 779 BGB voraus (*Gerold/Schmidt-v. Eicken* 6
VV 1000 Rn. 4). Nach Anm. 1 zu VV 1000 reicht die Mitwirkung des Rechtsanwaltes beim Abschluss eines Vertrags, durch den der Streit oder die Ungewissheit der Parteien über ein Rechtsverhältnis beseitigt wird, aus. Eine Einigungsgebühr i. S. d. VV 1000 entsteht daher auch dann, wenn die Parteien eines Kündigungsrechtsstreits sich per Vergleich darauf verständigen, dass »das Arbeitsverhältnis zu unveränderten Bedingungen fortgesetzt« wird (*LAG Nds.* 18.2.2005 LAGE § 11 RVG Nr. 1 = RVGreport 2005, 266; *LAG Bln.* 8.6.2005 – 17 Ta (Kost) 6023/05, RVGreport 2005, 305; *LAG Düsseld.* 15.8.2005 – 16 Ta 325/05, RVGreport 2005, 423; 15.8.2005 LAGE § 11 RVG Nr. 1a = RVGreport 2005, 422; 15.8.2005 LAGE § 11 RVG Nr. 1b = RVGreport 2005, 423; 30.8.2005 – 16 Ta 452/05, jurion; *LAG Köln* 2.9.2005 LAGE § 11 RVG Nr. 2). Eine **Rücknahme der Kündigung** durch den Arbeitgeber ist nämlich nicht möglich, weil die Kündigung sich als rechtsgestaltende Willenserklärung nicht einseitig zurücknehmen lässt.

**Mitwirkung** des Rechtsanwaltes liegt bereits bei der Prüfung und Begutachtung eines Einigungsvor- 7
schlages unter Beratung des Mandanten vor. Der Rechtsanwalt muss weder persönlich mit der Gegenpartei verhandeln noch bei der Einigung zugegen sein. Nach dem Wortlaut des Abs. 1 der Anm. zu VV 1000 (»es sei denn«) hat der Mandant die fehlende Kausalität anwaltlichen Handelns für die Einigung darzulegen und zu beweisen (*Schaefer/Kiemstedt* Rn. 227). Bloße Mitursächlichkeit der Mitwirkung des Rechtsanwaltes genügt für die Entstehung der Einigungsgebühr (*Gerold/Schmidt-v. Eicken* VV 1000 Rn. 32).

Die Einigungsgebühr nach VV 1000 entsteht grds. mit dem Gebührensatz von **1,5**. Die Einigungs- 8
gebühr mindert sich auf **1,0**, falls über den Gegenstand ein gerichtliches Verfahren anhängig ist, es sei denn, es handelt sich um ein selbstständiges Beweisverfahren, VV 1003. Im Berufungs- oder Revisionsverfahren beträgt die Einigungsgebühr **1,3**, VV 1004. Werden im Berufungs- oder Revisionsverfahren nicht rechtshängige Ansprüche mitverglichen, verbleibt es für die Differenz (**Vergleichsmehrwert**) bei dem Gebührensatz von **1,5**.

## II. Im arbeitsrechtlichen Mandat wichtige Regelungen

### 1. Vergütung für Tätigkeiten von Vertretern des Rechtsanwalts, § 5 RVG

Ein **Assessor** zählt nunmehr nach der Regelung in § 5 RVG zu den Vertretern eines Rechtsanwaltes, 9
für die der Anwalt die volle Vergütung nach dem RVG abrechnen kann. Voraussetzung hierfür ist, dass der Assessor in irgendeiner Form in der Kanzlei des Rechtsanwalts beschäftigt ist. Ein **Referendar** muss nach dem eindeutigen Wortlaut des § 5 RVG zur Ausbildung zugewiesen sein, damit eine Vergütung abgerechnet werden kann.

### 2. Mehrere Auftraggeber, § 7 RVG

VV 1008 sieht bei mehreren Auftraggebern (§ 7 RVG) für jeden weiteren Auftraggeber eine **Erhö-** 10
**hung von 0,3** vor. Jede Gebühr erhöht sich unabhängig von ihrem Gebührensatz um diesen Faktor.

11 ▶ **Beispielsfälle im Arbeitsrecht:**
- Betriebsveräußerer und Betriebserwerber beauftragen einen Rechtsanwalt mit der Unterrichtung des Arbeitnehmers über den Betriebsübergang gem. § 613a Abs. 5 BGB (die Verfahrensgebühr von 1,3 erhöht sich um 0,3 auf 1,6);
- Vertretung einer KG und deren Komplementärin,
- Vertretung einer GbR und der einzelnen Gesellschafter.

12 Abs. 3 der Anm. zum Gebührentatbestand VV 1008 enthält eine **Kappungsgrenze**: Mehrere Erhöhungen dürfen höchstens zu einer **Erhöhung um 2,0** führen.

13 ▶ **Beispiel:**

Eine Rechtsanwaltskanzlei und jeder der neun Sozien beauftragen einen Kollegen einer anderen Kanzlei mit ihrer Vertretung in einem Kündigungsschutzprozess.

Bei zehn Auftraggebern erhöht sich die Verfahrensgebühr von 1,3 um 9 × 0,3 (2,7), gekappt auf 2,0, also beträgt die erhöhte Verfahrensgebühr insgesamt 3,3.

### 3. Angemessene Gebühr, § 14 RVG

14 Nach § 14 Abs. 1 RVG bestimmt der Rechtsanwalt bei Rahmengebühren die Gebühr im Einzelfall nach billigem Ermessen, wobei er »vor allem« die in dieser Vorschrift genannten Kriterien zu berücksichtigen hat (*Otto* Die angemessene Rahmengebühr nach dem RVG, NJW 2006, 1472).

15 Der **Umfang der anwaltlichen Tätigkeit** spiegelt den zeitlichen Aufwand, den der Rechtsanwalt in einer Angelegenheit erbracht hat. Hierzu gehören insbes. die Bearbeitung der Angelegenheit, wie Aktenstudium, die Erstellung von Schreiben und Schriftsätzen, die Wahrnehmung gerichtlicher und außergerichtlicher Termine, Besprechungen mit dem Mandanten und Dritten sowie Reise- und Wartezeiten (*Gerold/Schmidt-Madert* § 14 RVG Rn. 41 ff.).

16 Die **Schwierigkeit der anwaltlichen Tätigkeit** erfasst die notwendige Intensität der Arbeit. Bei der Beurteilung ist ein objektiver Maßstab anzulegen, so dass sich eine geringe Berufserfahrung nicht gebührenerhöhend und eine Spezialisierung (Fachanwalt für Arbeitsrecht) nicht gebührenmindernd auswirkt (*Gerold/Schmidt-Madert* § 14 RVG Rn. 50 ff.). Besondere Schwierigkeiten einer Angelegenheit können sowohl im tatsächlichen Bereich als auch im rechtlichen Bereich liegen. **Tatsächliche Schwierigkeiten** können bei der Klärung des Sachverhaltes, der Informationsbeschaffung und der Verständigung mit dem Mandanten auftreten. So wirken sich Besprechungen bzw. Korrespondenz mit Mandant, Gegner oder Dritten gebührenerhöhend aus. In die Ermessensausübung kann auch die Häufigkeit und Intensität der Besprechungen mit dem Mandanten einfließen, z. B. wenn sich dieser täglich nach dem Stand der Angelegenheit erkundigt und hierbei darauf beharrt, mit dem Rechtsanwalt persönlich zu sprechen. Im Arbeitsrecht liegt eine tatsächliche Schwierigkeit vor, wenn der einzelvertraglich vereinbarte Tarifvertrag nicht vorliegt und vom Rechtsanwalt mit zeitlichem Aufwand erst beschafft werden muss (so *Schaefer/Kiemstedt* Rn. 178). **Rechtliche Schwierigkeiten** können sich aus fehlender Rechtsprechung und Kommentierung, insbes. bei neuer Gesetzeslage, ergeben oder auch aus uneinheitlicher Rechtsprechung und kontroverser Literatur. Auch eine besonders komplexe Rechtslage, wie z. B. individualrechtliche und kollektivrechtliche Fragen bei einem Betriebsübergang, kann in die Ermessensausübung einfließen. Nach der gemeinsamen Auffassung der Gebührenreferenten der Rechtsanwaltskammern können nach Fortfall der Besprechungsgebühr des § 118 Abs. 1 Nr. 2 BRAGO – insbes. bei der Geschäftsgebühr nach Nr. 2300 VV RVG Besprechungen mit dem Auftraggeber, Gegner oder Dritten berücksichtigt werden. Die Besprechungen müssen jedoch für die Bearbeitung des Mandates prägend sein. Der Rechtsanwalt sollte sowohl die Dauer der Besprechungen/Telefonate als auch deren Häufigkeit dokumentieren.

17 Die **Einkommens- und Vermögensverhältnisse** des Auftraggebers rechtfertigen eine Erhöhung der Gebühren nur, wenn die finanzielle Situation des Auftraggebers auf Grund seines Einkommens und sonstigen Vermögens deutlich über dem Durchschnitt der Bevölkerung liegt (*Gerold/Schmidt-Ma-*

*dert* § 14 RVG Rn. 59 ff.). Überdurchschnittliche Einkommensverhältnisse werden ab 3.500 € brutto monatlich angenommen (*Schaefer/Kiemstedt* Rn. 179). Ist eine Rechtsschutzversicherung eintrittspflichtig, so bleiben die Einkommens- und Vermögensverhältnisse des Auftraggebers bei der Ermessensausübung unberücksichtigt.

Die **Bedeutung der Angelegenheit** ist aus der Sicht des Auftraggebers, also subjektiv, zu beurteilen. 18
Indizien sind bspw. die Häufigkeit von Telefonanrufen, Kanzleibesuchen und schriftlichen Stellungnahmen (*Gerold/Schmidt-Madert* § 14 RVG Rn. 56 ff.). Im Arbeitsrecht ist grds. eine hohe Bedeutung der Angelegenheit für den Mandanten anzunehmen, weil die wirtschaftliche Existenz des Mandanten von Bestand und Entwicklung des Arbeitsverhältnisses abhängt.

Das **Haftungsrisiko** spielt insbes. bei gekappten Gegenstandswerten, z. B. bei Kündigungsschutz- 19
sachen und Eingruppierungsstreitigkeiten, aber auch bei Muster (arbeits)verträgen eine besondere Rolle (*Gerold/Schmidt-Madert* § 14 RVG Rn. 69). Tarifvertragliche Ausschlussfristen erhöhen häufig auch das Haftungsrisiko, weil viele Tarifverträge auf Grund des Verhaltens der tarifschließenden Verbände für die Anwaltschaft schwierig zu erhalten sind (*Schaefer/Kiemstedt* Rn. 180).

**Sonstige Bewertungskriterien**, wie Tätigkeiten zur Nachtzeit, Wochenende und Feiertage, außer- 20
juristische Fachkenntnisse und sehr gute Sprachkenntnisse, können in die Ermessensausübung einfließen, da § 14 RVG die Bewertungskriterien nicht abschließend aufzählt (*Gerold/Schmidt-Madert* § 14 RVG Rn. 70). Kurze Fristen und schnelle Termine erfordern gerade im Arbeitsrecht häufig anwaltliche Tätigkeiten außerhalb der üblichen Bürozeiten und können bei der Bemessung herangezogen werden (*Schaefer/Kiemstedt* Rn. 181).

▶ **Checkliste zu § 14 RVG – angemessene Gebühr** 21
I. Umfang der Tätigkeit
☐ Dauer des Aktenstudiums
☐ Zeitaufwand Besprechungstermine mit Mandanten/Dritten
☐ Besprechungen außerhalb der üblichen Geschäftszeiten (Nachtzeit/Wochenende/Feiertag)
☐ Reisezeiten
☐ Recherche Literatur/Rechtsprechung/Gutachten
☐ Tätigkeit gegenüber mehreren Gegnern

II. Schwierigkeit der Tätigkeit
1. Tatsächliche Schwierigkeit
☐ Ermittlung des Sachverhaltes
☐ Erlangung von Beweisen und sonstigen notwendigen Unterlagen
☐ Hinzuziehung von Sachverständigen/Auswertung von Gutachten
☐ Eilbedürftigkeit

2. Rechtliche Schwierigkeit
☐ neue Gesetzeslage
☐ uneinheitliche Rechtsprechung
☐ »angekündigte« Änderung höchstrichterlicher Rechtsprechung
☐ komplexe Rechtslage

3. Personenbezogene Schwierigkeit
☐ mangelhafte Deutschkenntnisse des Mandanten
☐ fremdsprachliche Korrespondenz mit Mandanten/Gegner/Dritten
☐ Persönlichkeitsstruktur des Mandanten

III. Einkommens- und Vermögensverhältnisse
☐ monatliches Bruttoeinkommen höher als 3.500,– €
☐ keine Rechtsschutzversicherung

## Kapitel 17 — Die Vergütung des Rechtsanwalts in Arbeitssachen

IV. Bedeutung der Angelegenheit
- ☐ Bestandsstreitigkeit
- ☐ sonstige Streitigkeit von existenzieller Bedeutung
  (z. B. sehr hohe Schadensersatzansprüche)

V. Besonderes Haftungsrisiko
- ☐ gekappte Gegenstandswerte
- ☐ Musterverträge
- ☐ tarifliche Ausschlussfristen

### 4. Eine Angelegenheit, § 16 RVG

**22** Der Rechtsanwalt kann in derselben Angelegenheit die Gebühren nur einmal fordern, § 15 Abs. 2 S. 1 RVG (*Gerold/Schmidt-Madert* § 14 RVG Rn. 41 ff.). Ist der frühere Auftrag seit **mehr als zwei Jahren** erledigt, stellt eine erneute Tätigkeit eine neue Angelegenheit dar, wobei auch die im RVG bestimmten Anrechnungen entfallen, § 15 Abs. 5 Satz 2 RVG.

**23** Der gebührenrechtliche **Begriff der Angelegenheit** ist gesetzlich nicht definiert. Unter einer Angelegenheit wird ein einheitlicher Lebensvorgang verstanden, wobei drei Voraussetzungen vorliegen müssen:
- ein Auftrag,
- ein Rahmen der Tätigkeit und
- ein innerer Zusammenhang.

**24** Die Werte verschiedener Anträge beziehungsweise Gegenstände werden in einer Angelegenheit addiert und aus der Summe die Gebühr einmal gerechnet. In gesonderten Angelegenheiten werden die Gebühren getrennt berechnet.

**25** ▶ Beispiele für gesonderte Angelegenheiten in arbeitsrechtlichen Mandaten (vgl. hierzu *Schaefer/Kiemstedt* **Rn. 45 ff.**):
- Kündigung und Zwischenzeugnis Unterschiedliche Lebenssachverhalte, da das Zwischenzeugnis eine in der Vergangenheit erbrachte Leistung bewertet, während die Kündigung ein Dauerschuldverhältnis für die Zukunft beendet.
- Zwischenzeugnis und Schlusszeugnis Zwei verschiedene Angelegenheiten, sofern der Auftrag nicht gleichzeitig erteilt wird.
- Zeugniserteilung und Zeugniskorrektur Unterschiedliche Angelegenheiten, weil der Auftrag der Zeugnisberichtigung ein erteiltes Zeugnis voraussetzt.
- Kündigung und Betriebsratsanhörung Unterschiedliche Lebenssachverhalte.
- Zustimmungsverfahren nach SGB IX und Kündigungsschutzverfahren Unterschiedliche Lebenssachverhalte.
- Kündigung und Nachteilsausgleich Im Regelfall zwei Aufträge, da der Nachteilsausgleich eine Beendigung des Arbeitsverhältnisses voraussetzt.
- Kündigung und nachvertragliches Wettbewerbsverbot Zwei Aufträge, da das nachvertragliche Wettbewerbsverbot die Beendigung des Arbeitsverhältnisses voraussetzt.
- Kündigung und Beratung zu Arbeitslosengeld und/oder Steuern Unterschiedliche Lebenssachverhalte, falls nicht eine bloße Belehrung über sozialrechtliche oder steuerrechtliche Folgen einer arbeitsrechtlichen Maßnahme erfolgt.
- arbeitsrechtliches Mandat und Rechtsschutzversicherung Zwei unterschiedliche Lebenssachverhalte.
- verhaltensbedingte und personenbedingte Kündigung Nur dann zwei unterschiedliche Lebenssachverhalte, wenn die Kündigungen isoliert und getrennt zeitlich erfolgen.

**26** ▶ Beispiele für eine Angelegenheit:
- *Prozesskostenhilfeverfahren und Hauptsacheverfahren*, § 16 Nr. 2 RVG.
- *verhaltensbedingte und personenbedingte Kündigung* Ein Lebenssachverhalt, falls die Kündigung sowohl verhaltensbedingt als auch personenbedingt begründet ist (z. B. Alkohol).

- Kündigung und Abfindung nach »Faustformel« Eine Angelegenheit, da ein Auftrag und innerer Zusammenhang.
- fristlose, hilfsweise fristgerechte Kündigung Regelmäßig ein Lebenssachverhalt.
- Kündigung und Weiterbeschäftigung Eine Angelegenheit, jedoch zwei Streitgegenstände.

▶ **Beispiel: Kündigung der schwerbehinderten schwangeren Betriebsrätin** 27
- Die kündigungsrechtliche Beratung stellt eine Angelegenheit dar. Die Tätigkeit des Rechtsanwalts gegenüber dem Gewerbeaufsichtsamt eine weitere, ebenso die Tätigkeit gegenüber dem Integrationsamt und dem Betriebsrat (*Schaefer/Kiemstedt* Rn. 48).

## C. Vergütungsverzeichnis (VV)

### I. Außergerichtliche Tätigkeit

Die außergerichtliche Tätigkeit des Rechtsanwaltes kann entweder auf **eine Beratung oder eine außergerichtliche Vertretung** gerichtet sein. Den Weg, den der Rechtsanwalt zur Erledigung der Angelegenheit beschreiten soll, weist der Mandant mit dem von ihm erteilten **Auftrag** (*BGH* NJW 1968, 52; NJW 1968, 2334). 28

### 1. Beratung und Gutachten (VV 2100–2103)

Seit dem 1.7.2006 sieht das Gesetz keine konkret bestimmten Gebühren im Rechtsanwaltsvergütungsverzeichnis für die Beratung, Erstattung von Rechtsgutachten und Mediation mehr vor. VV 2100–2103 regeln nunmehr die Vergütung für die Prüfung der Erfolgsaussicht eines Rechtsmittels. 29

Die entfallene Regelung kann dennoch weiterhin für die Beurteilung der Angemessenheit einer vereinbarten Rechtsanwaltsvergütung ebenso Bedeutung haben, wie für die Frage der Höhe der Vergütung bei fehlender Vergütungsvereinbarung. 30

▶ **Beispiel 1:** 31

Der RA wird beauftragt wegen einer Lohnforderung aus Überstunden und Reisezeiten in begehrter Höhe von 2.000,00 Euro zu beraten.

| | |
|---|---:|
| 0,5 Beratungsgebühr, Nr. 2100 VV (entfallen) | 66,50 € |
| Auslagenpauschale, Nr. 7002 VV | 13,30 € |
| 19 % Umsatzsteuer, Nr. 7008 | 15,16 € |
| Endsumme | 94,96 € |

▶ **Beispiel 2:** 32

Der Mandant sucht den RA wegen der Beratung zu einem ihm vom Arbeitgeber vorgelegten Aufhebungsvertrag auf. Der RA berät und empfiehlt den Aufhebungsvertrag anzunehmen. Das Bruttomonatsgehalt beträgt 2.000,00 Euro.

| | |
|---|---:|
| 0,5 Beratungsgebühr, Nr. 2100 VV (entfallen) | 66,50 € |
| 1,5 Einigungsgebühr, Nr. 1000 VV | 199,50 € |
| Auslagenpauschale, Nr. 7002 VV | 20,00 € |
| 19 % Umsatzsteuer, Nr. 7008 VV | 54,34 € |
| Endsumme | 340,34 € |

Der Rechtsanwalt muss zur Vermeidung von Gebührenverlusten bei außergerichtlicher Tätigkeit auf den Abschluss einer **Vergütungsvereinbarung** hinwirken (*Mayer* Vertragsrecht und Vergütung – Gestaltung und Abschluss der Vergütungsvereinbarung, AnwBl. 2006, 160; *ders.* AGB-Kontrolle und Vergütungsvereinbarung, AnwBl. 2006, 168; *Streck* Die Vergütungsvereinbarung für die außergerichtliche anwaltliche Beratung, AnwBl 2006, 149). 33

## Kapitel 17 — Die Vergütung des Rechtsanwalts in Arbeitssachen

**33a** In der Praxis überwiegen folgende Varianten der außergerichtlichen Vergütungsvereinbarung:
- Vereinbarung des Gebührenrechts auch für den Bereich der außergerichtlichen Beratung;
- Modifizierung des Gebührenrechts (Vielfaches der gesetzlichen Gebühren oder/und mehrfacher Anfall einzelner Gebührentatbestände);
- Vereinbarung eines Gegenstandswertes;
- Zeit- und Pauschalhonorar.

**33b** § 3a Abs. 1 RVG stellt für eine Vergütungsvereinbarung kumulativ drei Tatbestandsvoraussetzungen auf:
- Schriftlichkeit,
- außerhalb der Vollmacht und
- Bezeichnung als Vergütungsvereinbarung (*Gerold/Schmidt-Madert* § 4 RVG Rn. 25 ff.).

**34** Eine mündliche Vereinbarung reicht ebenso wenig aus wie eine schriftliche Bestätigung der mündlichen Vereinbarung. Das Schriftformerfordernis ist nur durch die eigenhändige Unterzeichnung durch Namensunterschrift des Mandanten gewahrt. § 3a Abs. 1 S. 2 fordert nach seinem Wortlaut die ausdrückliche Bezeichnung als »Vergütungsvereinbarung«. Das *AG Gemünden* (14.3.2007 – 10 C 1040/06 – AnwBl. 2007, 550) hat allerdings auch die Bezeichnung als »Honorarvereinbarung« für ausreichend gehalten. Diese Rechtsauffassung ist nicht unumstritten, weshalb der Gesetzeswortlaut verwendet werden sollte.

**35** § 49 Abs. 2 BRAO verbietet Vereinbarungen, durch die eine Vergütung oder deren Höhe vom Ausgang der Sache oder vom Erfolg der anwaltlichen Tätigkeit abhängig gemacht wird (**Erfolgshonorar**) oder nach der der Rechtsanwalt einen Teil des erstrittenen Betrages als Vergütung erhält (**quota litis**). Nach § 49b Abs. 2 S. 2 BRAO liegt kein Erfolgshonorar vor, wenn nur die Erhöhung der gesetzlichen Gebühren vereinbart wird. Eine Ausnahme vom grundsätzlichen Verbot des Erfolgshonorars regelt § 4a RVG. Danach darf ein Erfolgshonorar ausnahmsweise vereinbart werden, wenn der Auftraggeber aufgrund seiner wirtschaftlichen Verhältnisse ohne die Vereinbarung eines Erfolgshonorars von der Rechtsverfolgung abgehalten würde.

**36** ▶ **Beispiel 1:**

Der Auftraggeber vergütet die anwaltliche Tätigkeit nach Zeitaufwand. Das Stundenhonorar wird mit 240,00 Euro zzgl. der jeweils gültigen gesetzlichen Umsatzsteuer vereinbart. Das Zeithonorar wird im Minutentakt abgerechnet. Unabhängig vom tatsächlichen Zeitaufwand wird des Weiteren vereinbart: Als Mindestvergütung werden die gesetzlichen Gebühren, die sich nach dem Gegenstandswert aus dem Rechtsanwaltsvergütungsgesetz (RVG) errechnen, gezahlt. Der Höchstbetrag wird auf das 3-fache der gesetzlichen Gebühren begrenzt.

**37** ▶ **Beispiel 2:**

Die anwaltliche Tätigkeit wird bis zur Beendigung des ersten Rechtszuges nach den gesetzlichen Gebühren des Rechtsanwaltsvergütungsgesetzes abgerechnet. Die gesetzlichen Gebühren werden mit dem Multiplikator ... erhöht.

**38** ▶ **Beispiel 3:**

Für die Berechnung der gesetzlichen Gebühren des Rechtsanwaltsvergütungsgesetzes wird für die ... Instanz ein vereinbarter Mindestgegenstandswert von ... Euro vereinbart. Setzt das Gericht einen höheren Gegenstandswert fest, ist dieser maßgeblich. Erweitert der Auftraggeber den Auftrag, so werden die vorstehenden Regelungen auch auf den erweiterten Teil angewendet.

**39** ▶ **Beispiel 4:**

Zusätzlich zu den nach dem Rechtsanwaltsvergütungsgesetz zu zahlenden Fotokopiekosten vereinbaren die Parteien eine Fotokopiekostenpauschale in Höhe von 25,00 Euro.

Zusätzlich zu den nach dem Rechtsanwaltsvergütungsgesetz zu zahlenden Auslagen vereinbaren die Parteien eine Auslagenpauschale in Höhe von 25,00 Euro.

Zusätzlich zu den nach dem Rechtsanwaltsvergütungsgesetz zu zahlenden Fahrtkosten vereinbaren die Parteien Fahrtkosten bei Benutzung eines eigenen Kraftfahrzeugs für jeden gefahrenen Kilometer von 0,25 Euro.

Zusätzlich zu den nach dem Rechtsanwaltsvergütungsgesetz zu zahlenden Tage- und Abwesenheitsgeld einer Geschäftsreise vereinbaren die Parteien einen Zuschlag von 50 % auf die Beträge nach Nr. 7005 VV RVG.

**Hinweis bei allen Beispielen:** 40

Der Auftraggeber bestätigt, dass er vor Unterzeichnung der Vergütungsvereinbarung ausdrücklich darüber belehrt wurde, dass die vereinbarte Vergütung die gesetzlichen Gebühren übersteigt und der Gegner – unabhängig von der Regelung des § 12a ArbGG – die zusätzlichen Kosten auch bei einem Obsiegen nicht trägt.

Nach § 3a Abs. 2 S. 1 RVG kann eine unangemessene Vergütung im Vergütungsstreit auf einen an- 41
gemessenen Betrag bis zur Höhe der gesetzlichen Gebühren herabgesetzt werden. Der BGH prüft die zivilrechtliche Sittenwidrigkeit der Vergütungsvereinbarung. Überschreitet bei hohen Streitwerten die vereinbarte Vergütung die gesetzlichen Gebühren um das Fünffache nimmt der BGH Sittenwidrigkeit an (*BGH* 4.7.2002 – IX ZR 153/01, NJW 2002, 2774; 3.4.2003 – IX ZR 113/02, NJW 2003, 2386; 24.7.2003 – IX ZR 131/00, NJW 2003, 3486; 27.1.2005 – IX ZR 273/02, NJW 2005, 2142).

Ohne Gebührenvereinbarung wird die Anwaltsvergütung nach den Vorschriften des bürgerlichen 42
Rechts bestimmt. Ist der Auftraggeber Verbraucher, beträgt ohne eine Gebührenvereinbarung nach § 34 Abs. 1 S. 3 RVG:
– die Gebühr für ein erstes Beratungsgespräch weiterhin höchstens € 190,00,
– für eine über ein erstes Beratungsgespräch hinausgehende Beratung höchstens € 250,00,
– für ein schriftliches Gutachten höchstens € 250,00.

Nach § 34 Abs. 2 RVG wird seit 1.7.2006 die Gebühr für die Beratung auf eine Gebühr für eine 43
sonstige Tätigkeit, die mit der Beratung zusammenhängt, angerechnet. In einer Gebührenvereinbarung kann jedoch diese **Anrechnung ausgeschlossen** werden (*Henke* Vergütungsvereinbarung für Beratung: Anrechnung ausschließen, AnwBl. 2006, 202).

Die Rechtsschutzversicherungen lehnen solche Regelungen ab. 44

Die Beratungsgebühr nach VV 2100 wird auf **€ 190,– gekappt**, wenn die Voraussetzungen des Ge- 45
bührentatbestandes VV 2102 vorliegen. Die Kappungsgrenze greift erst bei **Gegenstandswerten über € 3.000,–**. Bei einem Gegenstandswert von € 3.000,– beträgt nämlich eine 1,0-fache Gebühr lediglich € 189,–. Bei Ansatz der Mittelgebühr wird die Kappungsgrenze erst bei einem Gegenstandswert von mehr als € 6.000,– überschritten, da bei einem Gegenstandswert von € 6.000,– eine 0,55-fache Gebühr lediglich € 185,90 beträgt.

Nach seinem Wortlaut kann eine Beratungsgebühr nur dem »Kappungstatbestand« VV 2102 unter- 46
fallen, wenn ein Gespräch (»**Beratungsgespräch**«) stattgefunden hat.

Ein Beratungsgespräch liegt **nicht** vor, wenn der Rechtsanwalt auftragsgemäß 47
– den Mandanten **schriftlich** berät,
– das Beratungsergebnis nach dem **Beratungsgespräch weisungsgemäß schriftlich zusammenfasst**,
– den Gesprächsinhalt aus haftungsrechtlichen Gründen wegen der Uneinsichtigkeit des Mandanten schriftlich zusammenfassen und dem Mandanten übersenden muss (*Meyer* Die Einstiegsberatung im RVG, RVG-Letter 2004, 111).

Der Begriff »Beratungsgespräch« umfasst auch das Telefongespräch. Bei einer **weiteren Beratung** 48
**nach einer ersten telefonischen Beratung** greift der Gebührentatbestand VV 2102 nicht mehr

ein. Im Arbeitsrecht kann diese Fallkonstellation häufig auftreten. Der Mandant nimmt zumeist erstmals telefonisch Kontakt mit der Rechtsanwaltskanzlei auf. Es ist aus haftungsrechtlichen Gründen sinnvoll, diese Anrufe an einen Rechtsanwalt durchzustellen. Eine Mitarbeiterin ist regelmäßig nicht in der Lage, Fristen richtig zu erfragen und einzuschätzen. Selbst eine ausgebildete Rechtsanwaltsfachangestellte achtet bei einem Kündigungsschutzmandat im Regelfall nur auf die dreiwöchige Klagefrist, hingegen nicht auf die Frist für die Zurückweisung einer Kündigung wegen fehlender Vollmachtvorlage gem. § 174 BGB.

49 Der »Kappungstatbestand« des VV 2102 greift nur ein, wenn sich der Auftraggeber in einer Angelegenheit beraten lässt, in der er Verbraucher ist.

50 Ein Arbeitgeber schließt regelmäßig den Anwaltsvertrag zu einem Zweck, der seiner gewerblichen oder selbstständigen Tätigkeit zuzurechnen ist. Er ist insoweit kein Verbraucher und der »Kappungstatbestand« der VV 2102 greift nicht ein.

51 Das *BAG* (31.8.2005 EzA § 6 ArbZG Nr. 6) und die h. L. sieht den Arbeitnehmer auf Grund seiner Schutzbedürftigkeit im Arbeitsverhältnis als Verbraucher an (vgl. auch *Hansens* Erstberatung eines Arbeitnehmers, RVGreport 2004, 426).

52 Die Beratungsgebühr nach VV 2100 ist nach der Anm. 2 zu VV 2100: »(2) Die Gebühr ist auf eine Gebühr für eine sonstige Tätigkeit anzurechnen, die mit der Beratung zusammenhängt.« in voller Höhe anzurechnen.

53 Die **Anrechnung** erfolgt regelmäßig auf die Geschäftsgebühr nach VV 2300. Diese Anrechnung erfolgt – anders als bei der Anrechnung der Geschäftsgebühr für die außergerichtliche Vertretung auf die Verfahrensgebühr nach VV 3100 (Vorbem. 3 Abs. 4) – in vollem Umfang, soweit die Gebühren »**deckungsgleich**« sind.

54 ▶ **Beispiel:**

Der Rechtsanwalt berät den Arbeitnehmer in zwei Besprechungsterminen ausführlich wegen einer Kündigung in Zusammenhang mit einem Betriebsübergang. Einen Tag nach dem letzten Besprechungstermin erteilt der Arbeitnehmer Klageauftrag, den er am darauf folgenden Tag wieder zurückzieht. Der Vierteljahresverdienst beträgt 6.000 €.

Auf Grund Umfang sowie tatsächlicher und rechtlicher Schwierigkeiten der Beratung setzt der Rechtsanwalt 1,0 Beratungsgebühr an:
1,0 Beratungsgebühr gemäß VV 2100 in Höhe von 338,00 €
0,8 Verfahrensgebühr gemäß VV 3101 Nr. 1 in Höhe von 270,40 €
Anrechnung der Beratungsgebühr in voller Höhe gemäß Anm. 2 zu VV 2100: Der Rechtsanwalt erhält lediglich 338,00 € und hat im Ergebnis die Klage »gebührenfrei« gefertigt!

Im vorstehenden Beispiel hat der Rechtsanwalt die Klage bereits eingereicht und nimmt sie weisungsgemäß vor der Güteverhandlung zurück:
1,0 Beratungsgebühr gemäß VV 2100 in Höhe von 338,00 €
1,3 Verfahrensgebühr gemäß VV 3100 in Höhe von 439,40 €

Anrechnung der Beratungsgebühr in voller Höhe gemäß Anm. 2 zu VV 2100: 439,40 abzgl. anzurechnender 338,00 € = 101,40 €. Im Ergebnis erhält der Rechtsanwalt nicht mehr an Vergütung als im Fall einer Klageeinreichung ohne vorherige Beratung.

55 Die Gebühr ist nicht deckungsgleich, wenn:
– der Gebührensatz der Beratungsgebühr höher ist als der Gebührensatz der Geschäftsgebühr
– oder der Gegenstandswert der Beratungsgebühr höher ist als der Gegenstandswert der Geschäftsgebühr.

56 Im ersten Fall erfolgt eine Anrechnung nur in Höhe des Gebührensatzes der Geschäftsgebühr, im zweiten in Höhe des Gegenstandswertes der Geschäftsgebühr.

▶ **Beispiel:** 57

Der Arbeitgeber macht gegenüber dem Arbeitnehmer Schadensersatzansprüche in Höhe von 6.000 € geltend. Der Arbeitnehmer lässt sich von einem Rechtsanwalt beraten, der ihm rät 4.000 € zu zahlen, was der Arbeitnehmer tut. Der Arbeitgeber fordert die restlichen 2.000 €. Der Rechtsanwalt weist in einem Schreiben diese Forderung zurück. Der Arbeitgeber verfolgt die Angelegenheit daraufhin nicht mehr weiter.

Eine 0,55 Ratsgebühr beträgt aus dem Wert 6.000 € 185,90 €.
Die 1,3 Geschäftsgebühr nach VV 2300 beläuft sich bei einem Wert von 2.000 € auf 172,90 €.

Die Anrechnung gemäß Anm. 2 zu VV 2100 erfolgt in Höhe eines Wertes von 2.000 €, da nur insoweit Deckungsgleichheit vorliegt. Auf die Geschäftsgebühr aus einem Wert von 2.000 € in Höhe von 172,90 € wird eine 0,55 Ratsgebühr aus einem Wert von 2.000 €, also 73,15 €, angerechnet. Der Arbeitnehmer schuldet daher noch eine Geschäftsgebühr in Höhe von 99,75 € (172,90 € – 73,15 €) zusätzlich zu der Ratsgebühr in Höhe von 185,90 €.

## 2. Außergerichtliche Vertretung (VV 2300)

Die Geschäftsgebühr VV 2300 ersetzt den Gebührentatbestand des § 118 BRAGO. Die Geschäftsgebühr nach VV 2300 ist die einzige Gebühr, die der Rechtsanwalt bei der außergerichtlichen Wahrnehmung der Interessen des Auftraggebers abrechnen kann. Im Unterschied zu der Regelung in der BRAGO kann weder eine **Besprechungsgebühr** (§ 118 Abs. 1 Nr. 2 BRAGO) noch eine **Beweisgebühr** (§ 118 Abs. 1 Nr. 3 BRAGO) gefordert werden. Nach der Vorstellung des Gesetzgebers soll für alle außergerichtlichen Tätigkeiten in einer Angelegenheit nur **eine einheitliche Vertretungsgebühr** anfallen. 58

Die Geschäftsgebühr VV 2300 entsteht gem. der Vorbem. 2.4 S. 3 für: 59
– das **Betreiben des Geschäfts einschließlich der Information**
– und für die **Mitwirkung bei der Gestaltung eines Vertrags**.

Die Geschäftsgebühr VV 2300 wird durch Tätigkeiten wie: 60
– Einreichen, Fertigen und Unterzeichnen von Schreiben an Gegner oder Dritte,
– Mitwirken bei mündlichen oder fernmündlichen Verhandlungen oder Besprechungen mit dem Auftraggeber, dem Gegner oder einem Dritten,
– Mitwirken bei Beweisaufnahmen,
– die Einsichtnahme in Gerichtsakten und öffentliche Register,

ausgelöst. Erteilt der Auftraggeber Information und damit verbunden den **Auftrag, nach außen tätig zu werden**, ist die Geschäftsgebühr nach VV 2300 bereits angefallen. Der Auftrag muss **nicht ausgeführt** werden.

Der Rechtsanwalt erhält für die außergerichtliche Mitwirkung bei der **Gestaltung eines Vertrages** die Geschäftsgebühr VV 2300. Die Vorbem. 2.4 Abs. 3 stellt klar, dass eine derartige Tätigkeit nicht unter die Beratungsgebühr VV 2100 fällt. Die bloße Mitwirkung an der Gestaltung eines Vertrages, auch die **mündliche oder fernmündliche**, reicht aus. Der Vertrag muss nicht durch den Rechtsanwalt als Urkunde entworfen werden. 61

Die Geschäftsgebühr bietet einen Rahmen von 0,5 bis 2,5, die Mittelgebühr beträgt mithin 1,5. Gemäß § 14 RVG bestimmt der Rechtsanwalt bei Rahmengebühren die Gebühr im Einzelfall unter Berücksichtigung der in § 14 Abs. 1 genannten Bemessungskriterien nach billigem Ermessen i. S. d. § 315 BGB. Der Rechtsanwalt trägt nach herrschender Meinung die Beweislast für die Billigkeit der getroffenen Bestimmung. 62

Nach der Anm. zu VV 2300 kann eine höhere Gebühr als **1,3** nur gefordert werden, wenn die Tätigkeit: 63
– **umfangreich**

# Kapitel 17 — Die Vergütung des Rechtsanwalts in Arbeitssachen

oder
– schwierig

war. Die Kriterien für Umfang und Schwierigkeit entsprechen denjenigen des § 14 Abs. 1 RVG (s. Rdn. 14 f.). Der Rechtsanwalt, der über die »reduzierte« Mittelgebühr von 1,3 hinausgehen will, muss seinen **Arbeitsumfang dokumentieren**, insbes. Besprechungen mit Dritten und Dauer der Besprechungen mit dem Auftraggeber.

64 Im Arbeitsrecht kann bei der Vertretung des Arbeitnehmers/Arbeitgebers im Verfahren mit dem **Integrationsamt/Gewerbeaufsichtsamt** eine derartige Erhöhung der »Mittelgebühr« gerechtfertigt sein, weil häufig zeitintensive Betriebsgespräche unter Hinzuziehung von Personalleitern, Betriebsräten und anwaltlichen Beiständen stattfinden.

65 Beschränkt sich der Auftrag auf **Schreiben einfacher Art**, kann lediglich gem. Nr. 2402 VV RVG eine Geschäftsgebühr von 0,3 abgerechnet werden. Der Gesetzestext stellt klar, dass allein der Auftrag maßgeblich ist und nicht das äußere Erscheinungsbild des anwaltlichen Schreibens. Der Rechtsanwalt kann durch seine Tätigkeit also nicht die Begrenzung der Gebühr auf 0,3 aufheben, wenn der Auftrag des Mandanten lediglich auf die Fertigung eines einfachen Schreibens ging (*BGH NJW* 1983, 2451).

66 ▶ **Beispiel:**

Der Arbeitnehmer beauftragt den Rechtsanwalt abgerechneten, jedoch nicht ausgezahlten, Lohn in Höhe von 2.500 € anzumahnen. Nach VV 2402 kann der Rechtsanwalt eine Geschäftsgebühr von 0,3, also 48,30 € abrechnen.

67 Hat der Rechtsanwalt bei einer Kündigung im Arbeitsrecht jedoch nicht ohne weiteres ersichtliche tarifvertragliche Kündigungsfristen zu prüfen, liegt kein Schreiben einfacher Art mehr vor (*Schaefer/Kiemstedt* Rn. 193). Beauftragt der Arbeitgeber den Rechtsanwalt mit der **schriftlichen Anhörung des Betriebsrates vor einer Kündigung**, handelt es sich ebenfalls um kein Schreiben einfacher Art.

68 ▶ **Beispiel 1:**

Der schwerbehinderte Mandant beauftragt den RA mit der außergerichtlichen Abwehr einer Kündigung seines Arbeitsverhältnisses, die ohne Zustimmung des Integrationsamtes erfolgte. Das Bruttomonatsgehalt beträgt 2.000,00 Euro; das Arbeitsverhältnis bestand länger als ein Jahr. Das Mandat ist weder schwierig noch umfangreich.

Auf Grund der **Schwellengebühr** ist die Geschäftsgebühr auf einen Gebührensatz von 1,3 gekappt (Anmerkung zu Nr. 2300 VV).

| | |
|---|---:|
| 1,3 Geschäftsgebühr, Nr. 2300 VV – Gegenstandswert 6.000,00 € | 439,40 € |
| Auslagenpauschale, Nr. 7002 VV | 20,00 € |
| Umsatzsteuer, Nr. 7008 VV | 87,29 € |
| Endsumme | 546,69 € |

Umfangreiche oder schwierige Tätigkeiten im Arbeitsrecht, die je nach den Umständen des Einzelfalles ein Überschreiten der Schwellengebühr rechtfertigen können:
– außerordentliche Kündigung von Betriebsratsmitgliedern
– Verdachtskündigung
– Krankheitsbedingte Kündigung
– Widerspruch/Kündigung bei Betriebsübergang
– Vergütung aus Zielvereinbarung
– Berechnung von Überstundenvergütung und Zulagen
– Eingruppierungsstreitigkeiten
– Tarifvertragliche Bezugnahmeklauseln
– Wirksame Befristung

C. Vergütungsverzeichnis (VV) Kapitel 17

▶ **Beispiel 2:** 69

Der Mandant beauftragt den RA mit der Kündigung eines Mitarbeiters. Die Anhörung des Betriebsrates macht umfangreiche Tätigkeit des Anwaltes erforderlich. Nach Zugang der Kündigung erhebt der Arbeitnehmer Kündigungsschutzklage. Die Parteien einigen sich in der Güteverhandlung auf einen Abfindungsvergleich. Das Gericht setzt den Gegenstandswert auf 8.000,00 € fest.

| | |
|---|---:|
| Außergerichtliche Tätigkeit | |
| 2,0 Geschäftsgebühr, Nr. 2300 VV | 824,00 € |
| Auslagenpauschale, Nr. 7002 VV | 20,00 € |
| 19 % Umsatzsteuer, Nr. 7008 VV | 160,36 € |
| Endsumme | 1.004,36 € |
| Arbeitsgericht | |
| 1,3 Verfahrensgebühr, Nr. 3100 VV | 535,60 € |
| 0,75 (Höchst-)**Anrechnung** gemäß Vorbemerkung 3 Abs. 4 VV | – 309,00 € |
| 1,2 Terminsgebühr, Nr. 3104 VV | 494,40 € |
| Auslagenpauschale, Nr. 7002 VV | 20,00 € |
| Umsatzsteuer, Nr. 7008 VV | 140,79 € |
| Endsumme | 881,79 € |

▶ **Beispiel 3:** 70

Der Mandant beauftragt den RA mit der außergerichtlichen Abwehr einer Kündigung seines Arbeitsverhältnisses. Das Bruttomonatsgehalt beträgt 2.000,00 Euro. Nach Schriftwechsel einigen sich die Parteien auf einen Aufhebungsvertrag.

| | |
|---|---:|
| 1,3 Geschäftsgebühr, Nr. 2300 VV – Gegenstandswert 6.000,00 € | 439,40 € |
| 1,5 Einigungsgebühr, Nr. 1000 VV | 507,00 € |
| Auslagenpauschale, Nr. 7002 VV | 20,00 € |
| Umsatzsteuer, Nr. 7008 VV | 183,62 € |
| Endsumme | 1.150,02 € |

▶ **Beispiel 4:** 71

Der Mandant, Inhaber eines Kleinbetriebes, beauftragt den RA mit dem Kündigungsschreiben. Die Sach- und Rechtslage ist einfach und das kurze Schreiben schnell gefertigt. Das Arbeitsverhältnis dauerte fünf Jahre und das Bruttomonatsgehalt beträgt 2.000,00 €.

| | |
|---|---:|
| 0,3 Geschäftsgebühr, Nr. 2300, 2302 VV – Gegenstandswert 6.000,00 € | 101,40 € |
| Auslagenpauschale, Nr. 7002 VV | 20,00 € |
| Umsatzsteuer, Nr. 7008 VV | 23,07 € |
| Endsumme | 144,47 € |

▶ **Beispiel 5:** 72

Der Mandant, Inhaber eines Kleinbetriebes, beauftragt den RA mit dem Kündigungsschreiben. Die Sach- und Rechtslage ist wegen mehrerer Betriebsübergänge und Änderungen des Arbeitsvertrages unübersichtlich. Nach umfangreicher Prüfung entwirft der RA ein einfaches Kündigungsschreiben. Das Arbeitsverhältnis bestand 20 Jahre und das Bruttomonatsgehalt betrug 2.000,00 €.

| | |
|---|---:|
| 1,5 Geschäftsgebühr, Nr. 2300 VV – Gegenstandswert 6.000,00 € | 507,00 € |
| Auslagenpauschale, Nr. 7002 VV | 20,00 € |
| Umsatzsteuer, Nr. 7008 VV | 100,13 € |
| Endsumme | 627,13 € |

73 Im Fall eines **Streites über die Höhe der Anwaltsvergütung** hat der Rechtsanwalt unter Beweisantritt vorzutragen, mit welcher Tätigkeit er von seinem Mandanten beauftragt war. Hat der Rechtsanwalt lediglich ein einfaches Schreiben gefertigt, so muss er darlegen und beweisen, dass der Auftrag auf eine weitergehende Tätigkeit, wie Beratung des Auftraggebers, Prüfung der Rechtslage, Korrespondenz mit der Gegenseite oder Androhung einer Klage, gerichtet war. In diesem Fall hat der Rechtsanwalt den Mindestsatz von 0,5 gem. VV 2300 RVG bereits mit der Erteilung der Information verdient.

74 Der Rechtsanwalt ist nicht verpflichtet, bei einer **Kündigung** sich sofort einen Prozessauftrag erteilen zu lassen. Für außergerichtliche Verhandlungen entsteht eine Geschäftsgebühr (*AG Büdingen* 8.6.2006 – 2 C 50/06 (22), ArbRB 2006, 362). Selbst im Fall der **Nichtzahlung einer unstreitigen Forderung** kann sich der Rechtsanwalt einen bedingten Klageauftrag, der nur für den Fall des Scheiterns außergerichtlicher Bemühungen erteilt wird und eine Geschäftsgebühr entstehen lässt, geben lassen (*OLG Celle* 25.10.2007 – 13 U 146/07, BeckRS 2007, 18037).

## II. Gerichtliche Tätigkeit

### 1. Gebührentatbestände

*a) Verfahrensgebühr*

75 Eine Verfahrensgebühr nach VV 3100 setzt voraus, dass der **Auftrag** des Rechtsanwalts auf Erhebung einer Klage, Stellung des das Verfahren einleitenden Antrags, Einlegung eines Rechtsmittels oder Fortführung eines bereits eingeleiteten Verfahrens bzw. auf Beklagtenseite auf Abwehr eines derartigen Verfahrens gerichtet ist (*Gerold/Schmidt-Müller-Rabe* VV 3100 Rn. 16).

76 Nach Vorbem. 3 Abs. 2 VV RVG entsteht die **Verfahrensgebühr** für das Betreiben des Geschäfts einschließlich der Information. Sie entsteht bereits mit der Entgegennahme der ersten Information nach Erteilung des Prozessauftrags durch den Mandanten. Unerheblich ist, wann sich der Rechtsanwalt des Klägers bei Gericht bestellt. Der Beklagtenvertreter erhält die Verfahrensgebühr nach VV 3100, sobald er einen Schriftsatz mit Sachantrag (Klageabweisung) und/oder Sachvortrag eingereicht oder einen Termin wahrgenommen hat.

77 Der Gebührensatz der Verfahrensgebühr beträgt erstinstanzlich 1,3, bei Berufung und Revision 1,6. Nach VV 3101 ermäßigt sich der Gebührensatz auf 0,8. Nach Nr. 1, wenn der Auftrag endet, bevor der Rechtsanwalt die Klage, den ein Verfahren einleitenden Antrag oder einen Schriftsatz, der Sachanträge, Sachvortrag, die Zurücknahme der Klage oder die Zurücknahme des Antrags enthält einreicht oder bevor er für seine Partei einen gerichtlichen Termin wahrgenommen hat.

78 Eine **Differenzverfahrensgebühr** nach VV 3101 Nr. 2 steht dem Rechtsanwalt zu, wenn **nicht rechtshängige Ansprüche** beim Gericht auftragsgemäß einer Einigung zugeführt werden sollen, sei es dass: – der Rechtsanwalt beantragt, eine Einigung zu Protokoll zu nehmen, – der Rechtsanwalt beantragt, eine Einigung gemäß § 278 Abs. 6 ZPO festzustellen, – der Rechtsanwalt Einigungsgespräche vor Gericht führen soll.

79 Eine Einigung muss nicht tatsächlich erzielt werden. Die 0,8 Differenzverfahrensgebühr entsteht bereits, wenn nach Verhandlungen die angestrebte Einigung letztlich scheitert (*Gerold/Schmidt-Müller-Rabe* VV 3100 Rn. 100). Im Arbeitsrecht tritt dieser Fall häufig ein, wenn ein Vergleich, der nicht rechtshängige Ansprüche mit umfasst, widerrufen wird (**Widerrufsvergleich**).

80 Hat der Rechtsanwalt hinsichtlich der nicht rechtshängigen Ansprüche den Auftrag zur Erzielung einer außergerichtlichen Einigung sind VV 2300 f. anzuwenden. Einigen sich die Parteien auf Grund geänderten Auftrags vor Gericht, verdient der Rechtsanwalt eine **Differenzverfahrensgebühr** nach VV 3101 Nr. 2. Die vorher verdiente Geschäftsgebühr nach VV 2300 muss er sich nach der Vorbem. 3 Abs. 4 auf die Verfahrensgebühr eines nachfolgenden gerichtlichen Verfahrens wegen desselben Gegenstandes zur Hälfte, jedoch höchstens mit einem Gebührensatz von 0,75 **anrechnen** lassen.

## C. Vergütungsverzeichnis (VV) — Kapitel 17

▶ **Beispiel:** 81

Der Arbeitnehmer beauftragt den Rechtsanwalt mit der außergerichtlichen Geltendmachung variabler Gehaltsbestandteile in Höhe von 5.000 €. Kurze Zeit später kündigt der Arbeitgeber das Arbeitsverhältnis aus betriebsbedingten Gründen. Der Arbeitnehmer beauftragt nunmehr den Rechtsanwalt auch mit der Erhebung einer Kündigungsschutzklage. Der Vierteljahresverdienst gem. § 42 Abs. 4 GKG beläuft sich auf 7.500 €. In der Güteverhandlung einigen sich die Parteien nach Gesprächen auf die Beendigung des Arbeitsverhältnisses und Zahlung variabler Gehaltsbestandteile.

Gebühren des Rechtsanwaltes:
1,3 Geschäftsgebühr gem. VV 2300 aus einem Wert von 5.000 € in Höhe von 391,30 €.
1,3 Verfahrensgebühr gem. VV 3100 aus einem Wert von 7.500 € in Höhe von 535,60 €.
1,2 Terminsgebühr gem. VV 3104 aus einem Wert von 12.500 € in Höhe von 631,20 €.
1,0 Einigungsgebühr gem. VV 1003 aus einem Wert von 12.500 € in Höhe von 526,00 €.

0,8 Differenzverfahrensgebühr gem. VV 3101 Nr. 2 aus einem Wert von 5.000 € in Höhe von 240,80. Anrechnung der Geschäftsgebühr gem. VV 2300 nach Vorbem. 3 Abs. 4 zur Hälfte, also in Höhe von 195,65 €, so dass 45,15 € an »zusätzlicher« Vergütung für die außergerichtliche Tätigkeit verbleibt. Kappungsgrenze gem. VV 3101 Anm. 1: 1,3 Verfahrensgebühr aus einem Wert von 12.500 € = 683,80 €. 1,3 Verfahrensgebühr aus Wert von 7.500 € in Höhe von 535,60 € zzgl. »angerechnete« 0,8 Differenzverfahrensgebühr aus einem Wert von 5.000 € in Höhe von 45,15 €, also keine Kappung, da unterhalb der Kappungsgrenze.

Eine **Gebührenanrechnung** ist nur bei Vorliegen bestimmter Voraussetzungen zulässig: 82
– entstandene außergerichtliche Gebühr,
– gerichtliches Verfahren nach außergerichtlicher Vertretung,
– derselbe Gegenstand in einer Angelegenheit (*Gerold/Schmidt-Madert* VV 2300–2403 Rn. 182 ff.).

▶ **Beispiel:** 83

Der Rechtsanwalt macht außergerichtlich für einen Arbeitnehmer bei dessen Arbeitgeber Provisionen und Spesen in Höhe von 5.000 € geltend. Der Arbeitgeber zahlt und kündigt betriebsbedingt. Der Anwalt erzielt im Kündigungsschutzprozess ein obsiegendes Urteil. Der Vierteljahresverdienst beträgt 9.000 €.

1,3 Geschäftsgebühr gem. VV 2300 aus einem Wert von 5.000 € in Höhe von 391,30 €.

1,3 Verfahrensgebühr gem. VV 3100 aus einem Wert von 9.000 € in Höhe von 583,70 €. Keine Anrechnung nach Vorbem. 3 Abs. 4, da die außergerichtliche und anschließende gerichtliche Tätigkeit verschiedene Gegenstände betroffen hat.

1,2 Terminsgebühr gem. VV 3104 aus einem Wert von 9.000 € in Höhe von 538,80 €.

Das am 31.12.2006 in Kraft getretene 2. Justizmodernisierungsgesetz hat in der Vorbemerkung 3 84 Abs. 4 VV RVG eine »Rückwärtsanrechnung« der 0,8-Differenzverfahrensgebühr auf eine später entstehende Geschäftsgebühr gem. VV 2300 neu eingeführt (»entsteht« statt bisher »entstanden ist«).

▶ **Beispiel:** 85

Der Rechtsanwalt eines Arbeitnehmers erhebt Kündigungsschutzklage. In der Güteverhandlung einigen sich die Parteien auf eine Beendigung des Arbeitsverhältnisses gegen Zahlung einer Abfindung. Der Rechtsanwalt des Arbeitnehmers macht in der Güteverhandlung erstmals Zahlungsansprüche in Höhe von 5.000 € wegen angeblich geleisteter zahlreicher Überstunden geltend. Insoweit verhandeln die Parteien erfolglos. Der Arbeitnehmer beauftragt im Anschluss an das Kündigungsschutzverfahren seinen Rechtsanwalt, die Überstundenvergütung außergerichtlich weiter geltend zu machen.

Der Vierteljahresverdienst gem. § 42 Abs. 4 GKG beläuft sich auf 7.500 €.

Gebühren des Rechtsanwaltes:
1,3 Verfahrensgebühr gem. VV 3100 aus einem Wert von 7.500 € in Höhe von 535,60 €.
0,8 Differenzverfahrensgebühr gem. VV 3101 Nr. 2 aus einem Wert von 5.000 € in Höhe von 240,80.
1,2 Terminsgebühr gem. VV 3104 aus einem Wert von 12.500 € in Höhe von 631,20 €.
1,0 Einigungsgebühr gem. VV 1003 aus einem Wert von 7.500 € in Höhe von 412,00 €.
1,3 Geschäftsgebühr gem. VV 2300 aus einem Wert von 5.000 € in Höhe von 391,30 €.

Anrechnung der Geschäftsgebühr gem. VV 2300 nach Vorbem. 3 Abs. 4 zur Hälfte, also in Höhe von 195,65 €, so dass 45,15 € an »zusätzlicher« Vergütung für die außergerichtliche Tätigkeit verbleibt. Kappungsgrenze gem. VV 3101 Anm. 1: 1,3 Verfahrensgebühr aus einem Wert von 12.500 € = 683,80 €. 1,3 Verfahrensgebühr aus Wert von 7.500 € in Höhe von 535,60 € zzgl. »angerechnete« 0,8 Differenzverfahrensgebühr aus einem Wert von 5.000 € in Höhe von 45,15 €, also keine Kappung, da unterhalb der Kappungsgrenze. Die Höhe der Gebühren entspricht nunmehr derjenigen, die der Anwalt erhalten würde, wenn er zuerst außergerichtlich beauftragt worden wäre und anschließend den Auftrag zum Mitverhandeln der Ansprüche in der Güteverhandlung erhalten hätte.

86 An einem nachfolgenden gerichtlichen Verfahren fehlt es auch im Fall der Tätigkeit im Rahmen der **Zwangsvollstreckung**, da diese nicht in das gerichtliche Verfahren fällt.

87 Eine Anrechnung erfolgt nur, wenn zwischen der außergerichtlichen und der sich anschließenden gerichtlichen Tätigkeit des Rechtsanwaltes ein innerer Zusammenhang besteht. Hierzu muss es sich um den gleichen Gegner und Gegenstand handeln und die außergerichtliche und gerichtliche Tätigkeit in einem zeitlichen Zusammenhang stehen. Sobald sich der Rechtsanwalt auf Grund Zeitablaufes wieder völlig neu in die Angelegenheit einarbeiten muss, ist eine Vergütungsreduzierung durch Gebührenanrechnung nicht mehr sachgerecht.

88 Eine Anrechnung erfolgt nach dem **Wert des Gegenstandes, der in das gerichtliche Verfahren übergegangen** ist.

89 ▶ Beispiel:

Der Rechtsanwalt eines Arbeitnehmers fordert den Arbeitgeber außergerichtlich auf, Lohnrückstand in Höhe von 10.000 € zu zahlen und er erhebt danach Klage auf Zahlung von 5.000 €, weil der Arbeitgeber außergerichtlich lediglich 5.000 € gezahlt hatte.

Die Anrechnung erfolgt lediglich nach einem Gegenstandswert von 5.000 €:
1,3 Geschäftsgebühr nach VV 2300 aus einem Wert von 10.000 € in Höhe von 631,80 €.

1,3 Verfahrensgebühr nach VV 3100 aus einem Wert von 5.000 € in Höhe von 391,30 €. Anrechnung nach Vorbem. 3 Abs. 4 in Höhe einer 0,65 Geschäftsgebühr nach VV 2300 aus einem Wert von 5.000 € in Höhe von 195,65 €, so dass von der Verfahrensgebühr noch 195,65 € zu zahlen sind. Die vorangegangene außergerichtliche Tätigkeit erhöht die Einnahmen des Anwaltes im Vergleich zu einem unmittelbaren gerichtlichen Verfahren um 436,15 € (631,80 € abzgl. Anrechnung in Höhe von 195,65 €).

90 Sind auf Teile des Gegenstandes verschiedene Gebührensätze anzuwenden, so müssen sie für die Teile gesondert berechnet werden, § 15 Abs. 3 RVG.

91 Die Gebühren dürfen jedoch nicht die aus dem Gesamtbetrag der Wertteile nach dem höchsten Gebührensatz berechnete Gebühr übersteigen (Kappungsgrenze).

92 Der seit 5.8.2009 geltende § 15a RVG räumt dem Rechtsanwalt ein Wahlrecht ein, welche der von der Anrechnung erfassten Gebühren er von seinem Auftraggeber fordert. Er darf jedoch nur einen um den Anrechnungsbetrag verminderten Gesamtbetrag beider Gebühren berechnen.

## C. Vergütungsverzeichnis (VV)                                   Kapitel 17

▶ **Beispiel:**

Der Rechtsanwalt wird von einem Arbeitnehmer beauftragt, rückständige Arbeitsvergütung in Höhe von 6000,00 € geltend zu machen. Er kann außergerichtlich die Zahlung von 3000 € erreichen. Daraufhin beauftragt ihn der Arbeitnehmer die restlichen 3000 € einzuklagen. Im Kammertermin ergeht ein stattgebendes Urteil.

**Außergerichtliche Vertretung**
1,3 Geschäftsgebühr, Nr. 2300 VV RVG (Wert: 6.000 €): 439,40 €
Post- und Telekommunikationspauschale, Nr. 7002 VV RVG: 20,00 €
Umsatzsteuer, Nr. 7008 VV RVG: 87,29 €
Summe: 546,69 €

**Gerichtliche Vertretung:**
1,3 Verfahrensgebühr, Nr. 3100 VV RVG (Wert: 3.000 €): 245,70 €
1,2 Terminsgebühr, Nr. 3104 VV RVG (Wert: 3.000 €): 226,80 €
Post und Telekommunikationspauschale, Nr. 7002 VV RVG: 20,00 €
Umsatzsteuer, Nr. 7008 VV RVG: 93,58 €
Summe: 586,08 €

**Anrechnung**
Nach Vorbem. 3 Abs. 4 VV RVG
0,75 Geschäftsgebühr aus Wert: 3.000 € 245,70 €: 2 = 122,85 €

Dem Rechtsanwalt steht gegenüber seinem Mandanten ein Wahlrecht zu, ob er den Betrag von 122,85 € von der Geschäftsgebühr in Höhe von 439,40 € in Abzug bringt oder von der Verfahrensgebühr in Höhe von 245,70 €.

Die Anrechnung der Gebühren kann im Innenverhältnis zwischen Rechtsanwalt und Mandant durch eine Vergütungsvereinbarung ausgeschlossen werden.

Die in Vorbem. 3 Abs. 4 VV RVG angeordnete Anrechnung ist für die Höhe der gesetzlichen Gebühren im Verhältnis der Prozessparteien untereinander ohne Bedeutung, sodass die obsiegende Partei die Erstattung einer ungekürzten Verfahrensgebühr nach Nr. 3100 VV RVG beanspruchen kann (*BGH* 19.10.2010 – VI ZB 26/10). § 15a RVG ist auch auf noch nicht abgeschlossene Kostenfestsetzungsverfahren anzuwenden. Im Arbeitsrecht ist hierbei die Vorschrift des § 12a ArbGG zu beachten. Im Prozesskostenhilfeverfahren führt die Vorschrift des § 15a Abs. 2 RVG hingegen zu Streit. Das *LAG Hamm* vertritt in seinem Beschluss vom 16.3.2010 (– 6 Ta 866/09, juris) die Auffassung, dass eine Anrechnung der Geschäftsgebühr nur in Betracht kommt, wenn der Mandant diese tatsächlich an den Rechtsanwalt gezahlt hat. Das *Hess. LAG* (10.5.2010 – 13 Ta 177/10) ist der Auffassung, es entstehe eine verminderte Verfahrensgebühr, unabhängig davon, ob ein Rechtsanwalt seine Gebühren vom Gegner, seiner eigenen Mandantschaft oder der Staatskasse erlangt.

Werden **anderweitig rechtshängige Ansprüche** einer Einigung zugeführt, entsteht wiederum eine Differenzverfahrensgebühr, allerdings ebenfalls unter Beachtung der Kappungsgrenze der Anm. (1) zu Nr. 2 VV 3101 (*Gerold/Schmidt-Müller-Rabe* VV 3101 Rn. 108).

▶ **Beispiel:**

Der Rechtsanwalt erhebt Kündigungsschutzklage (Vierteljahresverdienst 6.000 €). Nach Ablauf der Kündigungsfrist erhebt er getrennt Zahlungsklage wegen Vergütung unter dem Gesichtspunkt des Annahmeverzuges in Höhe 2.000 €. Im Kammertermin im Kündigungsschutzverfahren einigen sich die Parteien und vergleichen auch die Annahmeverzugsansprüche. Im Zahlungsrechtsstreit hatte noch keine Güteverhandlung stattgefunden.

Kündigungsrechtsstreit:
1,3 Verfahrensgebühr, VV 3100 (Wert: 6.000 €): 439,40 €
0,8 Differenzverfahrensgebühr, VV 3101 Nr. 2 (Wert: 2000 €): 106,40 €

Summe: 543,80

Kappungsgrenze nach Anmerkung 1 VV 3101:
1,3 Verfahrensgebühr aus addierten Werten (6.000 € + 2.000 €): 535,60
Auf Grund der Kappung entfallen somit 8,20 € an Verfahrensgebühren.
1,2 Terminsgebühr, VV 3104 (Wert: 8.000 €): 494,40 €
1,0 Einigungsgebühr, VV 1003 (Wert: 8.000 €): 412,00 €

Zahlungsrechtsstreit:
1,3 Verfahrensgebühr, VV 3100 (Wert: 2000 €): 172,90 €

b) Terminsgebühr

98 Die **Terminsgebühr** nach Nr. 3104 VV RVG hat den Charakter einer Anwesenheitsgebühr.

99 Der Rechtsanwalt braucht nur einen Termin wahrzunehmen, **ohne dass es darauf ankommt, ob Anträge gestellt werden oder die Sache erörtert wird**. Eine Terminsgebühr entsteht deshalb auch bei einem schriftlichen Vergleich nach § 278 Abs. 6 ZPO – insbes. auch dann, wenn sich die Parteien nach Klageerhebung vor dem Gütetermin auf einen Vergleich im schriftlichen Verfahren verständigen (*BAG* 20.6.2006 FA 2006, 309). Notwendig ist jedoch, dass ein Gespräch mit der Gegenseite stattgefunden hat; ein Gespräch mit dem Richter ohne Beteiligung der nicht anwesenden Gegenseite genügt nicht (*LAG Bln-Bra.* 10.8.2011 – 17 Ta (Kost) 6068/11).

100 Nach der Vorbem. 3 Abs. 3 VV RVG entsteht die Terminsgebühr auch dann, wenn der Rechtsanwalt **nach Prozessauftrag** an, auf die Vermeidung oder Erledigung des Verfahrens gerichteten **außergerichtlichen, Besprechungen** mitwirkt; auch fernmündliche Gespräche lösen die Terminsgebühr aus (*Gerold/Schmidt-Müller-Rabe* VV Vorb. 3 Rn. 87). Eine Terminsgebühr entsteht auch dann, wenn sich zunächst die Parteien ohne ihre Prozessbevollmächtigten einigen und die Prozessbevollmächtigten nachfolgend sich hierüber besprechen (*LAG Bln.-Bra.* 26.4.2011 –17 Ta (Kost) 6030/10). Nach Auffassung des *OLG Koblenz* (18.5.2007 – 14 W 373/07, BeckRS 2007, 08741) ist der Austausch anwaltlicher E-Mails zur Vermeidung oder Erledigung des gerichtlichen Verfahrens einer persönlichen oder fernmündlichen Besprechung mit derselben Zielrichtung gleichgestellt, weshalb er eine Terminsgebühr auslöst. Bloße Besprechungen mit dem Auftraggeber genügen allerdings nicht, ebenso wenig Schriftsätze oder Schreiben. Die Terminsgebühr »ohne Termin« setzt kumulativ voraus, dass – es sich um ein Verfahren handelt, für das mündliche Verhandlung vorgeschrieben ist, – ein Vergleich geschlossen wird, – das Einverständnis der Parteien vorliegt (*BGH* 27.10.2005 – III ZB 42/05).

101 In seiner Entscheidung vom 1.7.2010 – IX ZR 198/09 – hat der *BGH* einem Rechtsanwalt, der mit dem Anwalt des Anspruchsstellers, dem ein Klageauftrag erteilt war, die Angelegenheit besprochen hatte, um diese außergerichtlich zu erledigen, eine Terminsgebühr zugesprochen, da sein Auftrag der Rechtsverteidigung ein etwaiges Klageverfahren umfasste.

102 Gemäß Anm. 2 zu Nr. 3104 VV RVG kann eine Terminsgebühr auch anfallen, wenn in dem Termin **Einigungsgespräche über nicht oder anderweitig rechtshängiger Ansprüche** geführt werden bzgl. derer Prozessauftrag besteht. In diesem Fall entsteht eine Terminsgebühr aus dem aus den Werten der rechtshängigen und der nicht rechtshängigen Ansprüche gebildeten Gesamtwert (*OLG Stuttg.* 15.8.2006 NJOZ 2006, 3723). Diese Differenzterminsgebühr entsteht allerdings dann nicht, wenn die Parteien lediglich beantragen, eine Einigung der Parteien über nicht rechtshängige Ansprüche zu Protokoll zu nehmen (*OLG Stuttg.* 15.8.2006 NJOZ 2006, 3723). Bei einem Vergleich nach § 278 Abs. 6 ZPO sind mitverglichene Ansprüche bei der Höhe der Terminsgebühr nur dann einzubeziehen, wenn sie rechtshängig waren (*BAG* 20.6.2006 FA 2006, 309). Ebenso wie bei der Differenzverfahrensgebühr erfolgt bei der **Differenzterminsgebühr** eine Anrechnung (*Gerold/Schmidt-Müller-Rabe* VV 3104 Rn. 75 ff.).

## C. Vergütungsverzeichnis (VV) — Kapitel 17

▶ **Beispiel:**

Der Rechtsanwalt erhebt Kündigungsschutzklage (Vierteljahresverdienst 6.000 €). Nach Ablauf der Kündigungsfrist macht er – trotz entsprechenden Klageauftrags – zunächst außergerichtlich Annahmeverzugsansprüche in Höhe von 2.000 € geltend und führt fernmündliche Gespräche mit dem Anwalt des Arbeitgebers zwecks außergerichtlicher Einigung. Im Kammertermin im Kündigungsschutzverfahren einigen sich die Parteien und vergleichen auch die Annahmeverzugsansprüche.

Kündigungsrechtsstreit:
1,3 Verfahrensgebühr, VV 3100 (Wert: 6.000 €): 439,40 €
0,8 Differenzverfahrensgebühr, VV 3101 Nr. 2 (Wert: 2.000 €): 106,40 €
Summe: 545,80 €

Kappungsgrenze nach Anmerkung 1 VV 3101:
1,3 Verfahrensgebühr aus addierten Werten (6.000 € + 2.000 €): 535,60 €
Auf Grund der Kappung entfallen somit 10,20 € an Verfahrensgebühren.
1,2 Terminsgebühr, VV 3104 (Wert: 8.000 €): 494,40 €
1,0 Einigungsgebühr, VV 1003 (Wert: 8.000 €): 412,00 €

Zahlungsrechtsstreit:
1,3 Verfahrensgebühr, VV 3100 (Wert: 2.000 €): 172,90 €
1,2 Terminsgebühr, VV 3104 (Wert 2.000 €): 159,60 €
Anrechnung gemäß Anm. 2 VV 3104:
1,2 Terminsgebühr aus Gesamtstreitwert von 8.000 €: 494,40 €
abzüglich

1,2 Terminsgebühr aus Streitwert Kündigungsrechtsstreit ohne mitverglichenen Streitwert, also aus 6.000 €: 405,60 = 88,80 € als anzurechnender Betrag auf die Terminsgebühr im Zahlungsrechtsstreit:
159,60 € – 88,80 € = 70,80 €

Die Terminsgebühr fällt in voller Höhe an, wenn sich eine Partei in »die **Säumnis** flüchtet«. Nach § 333 ZPO ist sie zwar dann als nicht erschienen anzusehen, jedoch gilt diese Bestimmung nach Abs. 3 der Anm. zu § 3105 VV RVG in gebührenrechtlicher Hinsicht nicht (*Hansens* Terminsgebühr bei Versäumnisurteil, RVGreport 2006, 321).

### c) Einigungsgebühr

Nach Abs. 1 der Anm. zu Nr. 1000 VV RVG entsteht die Einigungsgebühr für die Mitwirkung beim Abschluss eines Vertrages, durch den der Streit oder die Ungewissheit der Parteien über ein Rechtsverhältnis beseitigt wird. Das Tatbestandsmerkmal »im Wege des gegenseitigen Nachgebens« ist im Unterschied zu der früheren Vergleichsgebühr des § 23 Abs. 1 BRAGO nicht mehr maßgeblich. So fällt eine Einigungsgebühr an, wenn im Kündigungsschutzprozess der beklagte Arbeitgeber die **Kündigung schriftlich unwiderruflich zurücknimmt** und der Arbeitnehmer seine Zustimmung zur Rücknahme der Kündigung sowie sein Einverständnis erklärt, das Arbeitsverhältnis zu den bisherigen Bedingungen unverändert fortzusetzen (*BAG* 29.3.2006 EzA § 2 RVG Anlage 1 – Einigungsgebühr Nr. 2). Auch im umgekehrten Fall, der Aufhebung eines Arbeitsverhältnisses dessen Bestand überhaupt nicht Streitgegenstand des Verfahrens war, fällt eine Einigungsgebühr sowie ein Vergleichsmehrwert an (*LAG RhPf* 16.1.2012 – 1 Ta 258/11).

Hingegen fällt keine Einigungsgebühr an, wenn der Klageantrag und ein anschließend vor dem Arbeitsgericht abgeschlossener »Vergleich« inhaltlich identisch sind. Vertragliche Erklärungen des Klägers fehlen, so dass lediglich eine einseitige Erklärung des Beklagten, ein **Anerkenntnis**, vorliegt (*LAG Düsseld.* 1.8.2006 – 16 Ta 355/06, LAGE § 11 RVG Nr. 5). Auch eine **Klagerücknahme** kann eine Einigungsgebühr nur dann entstehen lassen, wenn sie über rein prozessual gestaltete Erklärungen hinausgeht. Es muss eine Einigung vorausgehen, die zur Rücknahme führt (*OLG Koblenz* 2.8.2006 – 14 W 459/06, RVGreport 2006, 426).

**107** Auch die Verständigung des Betriebsrates mit dem Arbeitgeber über einen **Interessenausgleich und Sozialplan** löst keine Einigungsgebühr bei dem vom Betriebsrat für die Verhandlungen hinzugezogenen Rechtsanwalt aus (*ArbG Bln.* 15.3.2006 – 9 BV 21646/05, RVGreport 2006, 425).

## 2. Verwaltungsverfahren

**108** Vertritt der Rechtsanwalt Mandanten in Verfahren über eine behördliche Zustimmung bzw. Zulässigkeitserklärung einer Kündigung, z. B. gemäß § 85 SGB IX, § 9 Abs. 3 MuSchG, § 18 Abs. 1 BEEG, beträgt der Gegenstandswert gem. § 52 Abs. 2 GKG 5.000 € (*Henke* Der Gegenstandswert in verwaltungsrechtlichen Verfahren im Zusammenhang mit den besonderen arbeitsrechtlichen Kündigungsschutzvorschriften, RVGreport 2005, 178). Die Beratung oder außergerichtliche Vertretung lässt die Gebühren gem. VV 2100, 2102 oder VV 2300 entstehen. Vertritt der Rechtsanwalt nach Erlass eines Bescheides seinen Mandanten im Widerspruchsverfahren erhält er eine weitere Gebühr gem. VV 2401.

**109** Der *BGH* hat in seinem Beschluss vom 2.6.2010 – VI ZR 241/09 – ausgeführt, dass mit Einleitung des Zustimmungsverfahrens gem. §§ 85 ff. SGB IX der Arbeitgeber des rechtsschutzversicherten Arbeitnehmers den Rechtsschutzfall auslöst.

**110** ▶ **Beispiel:**

Der Arbeitgeber beauftragt den Rechtsanwalt die Zustimmung zu der Kündigung eines schwerbehinderten Arbeitnehmers einzuholen. Das Integrationsamt lehnt den Antrag ab, der Widerspruch bleibt erfolglos, der Klage gibt das Verwaltungsgericht statt. Nach der Kündigung versucht der von dem Arbeitnehmer beauftragte Rechtsanwalt zunächst eine außergerichtliche Einigung, die jedoch scheitert. In der anschließenden Güteverhandlung einigen sich die Parteien. Der Vierteljahresverdienst beträgt 6.000 €.

Die Vergütung des Rechtsanwaltes auf Arbeitgeberseite:

**Integrationsamt**
**I. außergerichtliche Tätigkeit**
1,5 Geschäftsgebühr VV 2300
Tätigkeit regelmäßig umfangreich u./o. schwierig (Wert: 5.000,00 € gem. § 52 Abs. 2 GKG)     451,50 €
Postentgeltpauschale VV 7002     20,00 €
19 % Umsatzsteuer VV 7008     89,59 €
Summe     561,09 €
**II. Widerspruchsverfahren**
0,7 Geschäftsgebühr VV 2301 (Wert: 5.000,00 € gem. § 52 Abs. 3 GKG)     210,70 €
Nach Abs. 2 der Anmerkung zu VV 2301 kann mehr als 0,7 nur gefordert werden, wenn Tätigkeit umfangreich oder schwierig (aber keine Anrechnung!) Postentgeltpauschale VV 7002     20,00 €
19 % Umsatzsteuer VV 7008     43,83 €
Summe     274,53 €
**III. Verwaltungsgericht**
1,3 Verfahrensgebühr, VV 3100 (Wert: 5.000 €)     391,30 €
hierauf anzurechnen gem. Vorbem. 3 Abs. 4 VV RVG 0,35 Geschäftsgebühr VV 2301     – 105,35 €
1,2 Terminsgebühr VV 3104     361,20 €
Postentgeltpauschale VV 7002     20,00 €
19 % Umsatzsteuer VV 7008     126,76 €
Summe     793,91 €

## Kündigung

**I. außergerichtliche Tätigkeit**

| | |
|---|---:|
| (Vierteljahresbezug 6.000,00 €) 1,3 Geschäftsgebühr VV 2300 | 439,40 € |
| Postentgeltpauschale VV 7002 | 20,00 € |
| 19 % Umsatzsteuer VV 7008 | 87,29 € |
| **Summe** | **546,69 €** |

**II. Rechtsstreit**

| | |
|---|---:|
| 1,3 Verfahrensgebühr VV 3100 | 439,40 € |
| Anrechnung gem. Vorbem. 3 Abs. 4 VV RVG 0,65 Geschäftsgebühr | – 219,70 € |
| 1,2 Terminsgebühr VV 3104 | 405,60 € |
| 1,0 Einigungsgebühr VV 1003 | 338,00 € |
| Postentgeltpauschale VV 7002 | 20,00 € |
| 19 % Umsatzsteuer VV 7008 | 186,83 € |
| **Summe** | **1.170,13 €** |
| **Gesamthöhe der Vergütung:** | **3.346,35 €** |

### 3. Schlichtungsverfahren

Im Schlichtungsverfahren nach § 111 Abs. 2 ArbGG erhält der Rechtsanwalt eine Geschäftsgebühr in Höhe von 1,5 gem. VV 2403. Nach der Anm. zu VV 2403 wird eine vor dem Schlichtungsverfahren entstandene Geschäftsgebühr nach VV 2300 zur Hälfte, jedoch höchstens mit einem Gebührensatz von 0,75 angerechnet. In einem nachfolgenden Rechtsstreit wird die Geschäftsgebühr gem. VV 2403 nach der Vorbem. 3 Abs. 4 VV RVG zur Hälfte, höchstens jedoch mit einem Gebührensatz von 0,75, auf die Verfahrensgebühr gem. VV 3100 angerechnet.

▶ **Beispiel:**

Eine Auszubildende wird fristlos gekündigt. Der von ihr beauftragte Rechtsanwalt versucht zunächst durch ein außergerichtliches Schreiben den Ausbilder zu veranlassen, die Kündigung »zurückzunehmen« und das Ausbildungsverhältnis fortzusetzen. Nachdem der Ausbilder hierauf nicht reagiert, ruft er den zuständigen Schlichtungsausschuss nach § 111 Abs. 2 ArbGG an. Eine Einigung scheitert und der Rechtsanwalt erhebt Klage. In der Güteverhandlung kann eine Einigung erzielt werden. Der Vierteljahresverdienst beträgt 2300 €.

**I. außergerichtliche Tätigkeit**

| | |
|---|---:|
| 1,3 Geschäftsgebühr VV 2300 | 209,30 € |
| Postentgeltpauschale VV 7002 | 20,00 € |
| 19 % Umsatzsteuer VV 7008 | 43,57 € |
| **Summe** | **272,87 €** |

**II. Schlichtungsverfahren**

| | |
|---|---:|
| 1,5 Geschäftsgebühr VV 2303 Nr. 2 | 241,50 € |
| Anrechnung gem. Anmerkung zu VV 2303 0,65 Geschäftsgebühr | – 104,65 € |
| Postentgeltpauschale VV 7002 | 20,00 € |
| 19 % Umsatzsteuer VV 7008 | 29,80 € |
| **Summe** | **186,65 €** |

**III. Arbeitsgericht**

| | |
|---|---:|
| 1,3 Verfahrensgebühr VV 3100 | 209,30 € |
| Anrechnung gem. Vorbem. 3 Abs. 4 VV RVG 0,75 Geschäftsgebühr VV 2303 Nr. 2 | – 120,75 € |
| 1,2 Terminsgebühr VV 3104 | 193,20 € |
| 1,0 Einigungsgebühr VV 1003 | 161,00 € |
| Postentgeltpauschale VV 7002 | 20,00 € |
| 19 % Umsatzsteuer VV 7008 | 87,92 € |
| **Summe** | **550,67 €** |
| **Gesamthöhe der Vergütung:** | **1.010,19 €** |

## 4. Erfolgsaussichten eines Rechtsmittels

113 Sofern dem RA noch kein unbedingter Auftrag für die Einlegung eines Rechtsmittels erteilt wurde, entsteht eine Vergütung nach Teil 2 Abschnitt 2 VV.

114 ▶ **Beispiel 1:**

Kein anschließendes Rechtsmittelverfahren

Der Mandant will gegen seine erstinstanzliche Verurteilung zur Zahlung von Tantieme in Höhe von 10.000,00 Euro Berufung einlegen. Nach der anwaltlichen Beratung nimmt der Mandant hiervon Abstand.

| | |
|---|---:|
| 0,75 Prüfungsgebühr, Nr. 2100 VV | 364,00 € |
| Auslagenpauschale, Nr. 7002 VV | 20,00 € |
| 19 % Umsatzsteuer, Nr. 7008 VV | 73,06 € |
| Endsumme | 457,56 € |

115 ▶ **Beispiel 2:**

Anschließendes Rechtsmittelverfahren

Der Mandant will gegen seine erstinstanzliche Verurteilung zur Zahlung von Tantieme in Höhe von 10.000,00 Euro Berufung einlegen. Nach der anwaltlichen Beratung wird die Berufung durchgeführt.

a) Prüfungsverfahren

| | |
|---|---:|
| 0,75 Prüfungsgebühr, Nr. 2100 VV | 364,00 € |
| Auslagenpauschale, Nr. 7002 VV | 20,00 € |
| 19 % Umsatzsteuer, Nr. 7008 VV | 73,06 € |
| Endsumme | 457,56 € |

b) Rechtsmittelverfahren

| | |
|---|---:|
| 1,6 Verfahrensgebühr, Nr. 3200 VV | 777,60 € |
| 1,2 Terminsgebühr, Nr. 3202 VV | 583,20 € |
| **Anrechnung** gem. Anmerkung zu Nr. 2100 VV | − 364,50 € |
| Auslagenpauschale, Nr. 7002 VV | 20,00 € |
| 19 % Umsatzsteuer, Nr. 7008 VV | 193,10 € |
| Endsumme | 1.209,40 € |

116 ▶ **Beispiel 3:**

Eingeschränktes Rechtsmittelverfahren

Der Mandant will gegen seine erstinstanzliche Verurteilung zur Zahlung von Tantieme in Höhe von 10.000,00 Euro Berufung einlegen. Nach der anwaltlichen Beratung wird die Berufung in Höhe von 5.000,00 Euro durchgeführt.

a) Prüfungsverfahren

| | |
|---|---:|
| 0,75 Prüfungsgebühr, Nr. 2100 VV – Gegenstandswert 10.000,00 € | 364,50 € |
| Auslagenpauschale, Nr. 7002 VV | 20,00 € |
| 19 % Umsatzsteuer, Nr. 7008 VV | 73,06 € |
| Endsumme | 457,56 € |

b) Rechtsmittelverfahren

| | |
|---|---:|
| 1,6 Verfahrensgebühr, Nr. 3200 VV – Gegenstandswert 5.000,00 € | 481,60 € |
| 1,2 Terminsgebühr, Nr. 3202 VV | 361,20 € |
| 0,75 **Anrechnung** gem. Anmerkung zu Nr. 2100 VV aus 5.000,00 Euro | − 225,75 € |
| Auslagenpauschale, Nr. 7002 VV | 20,00 € |
| 19 % Umsatzsteuer, Nr. 7008 VV | 121,01 € |
| Endsumme | 758,09 € |

## 5. LAG

▶ **Beispiel:**

| | |
|---|---:|
| 1,6 Verfahrensgebühr, Nr. 3200 VV – Gegenstandswert 6.000,00 € | 540,80 € |
| 1,2 Terminsgebühr, Nr. 3202 VV | 405,60 € |
| 1,3 Einigungsgebühr, Nr. 1004 VV | 439,60 € |
| Auslagenpauschale, Nr. 7002 VV | 20,00 € |
| 19 % Umsatzsteuer, Nr. 7008 VV | 267,10 € |
| Endsumme | 1.672,90 € |

## 5. LAG

**Beispiel:**

0. Verbindlichkeiten Nr. 3200 VV — gegenüberliegen 6.000,00 €   5.020 €
2. Trennungsdauer Nr. 3202 VV                                    105,60 €
1.3 Eingangsgebühr Nr. 1004 VV                                   438,0 €
Aufwandsvorschuss Nr. 2102 VV                                    20,00
19 % Umsatzsteuer Nr. 2008 VV                                    187,0 €
Endsumme                                                       6.872,00 €

# Anhang

Anhang I        Adress- und Telefonverzeichnis der Gerichte für Arbeitssachen in der Bundesrepublik Deutschland
Anhang II       Vergleichstabelle zum Vertragstext EGV
Anhang III      Vergleichstabelle EUV/AEUV

## Anhang

| Anhang I | Adress- und Telefonverzeichnis der Gerichte für Arbeitssachen in der Bundesrepublik Deutschland |
| Anhang II | Vergleichstabelle zum Vermögen EGV |
| Anhang III | Vergleichstabelle EUV/AEUV |

# Anhang I

## Adress- und Telefonverzeichnis der Gerichte für Arbeitssachen in der Bundesrepublik Deutschland

| Bezeichnung und Sitz des Gerichts | Anschrift | Telefon/Telefax |
|---|---|---|
| ◆ **Bundesarbeitsgericht** | | |
| Erfurt | Hugo-Preuß-Platz 1<br>99 084 Erfurt | (0361) 2636–0<br>Fax: 2636–2000 |
| ■ **Baden-Württemberg** | | |
| ● Landesarbeitsgericht Baden-Württemberg | | |
| Stuttgart | Börsenstrasse 6<br>(ehemals Schloßstr. 22)<br>70 174 Stuttgart | (0711) 66 85–0<br>Fax: (0711) 66 85–400 |
| Auswärtige Kammern: | | |
| Freiburg | Habsburger Straße 103<br>79104 Freiburg i.Br. | (0761) 7080–315<br>Fax: 7080–36 |
| Mannheim | E 7, 21<br>68159 Mannheim | (0621) 292–0/-30 90<br>Fax: (06 21) 2 92–34 71 |
| ○ Arbeitsgerichte | | |
| – Freiburg | Habsburger Straße 103<br>79104 Freiburg i.Br. | (0761) 7080–0<br>Fax: 7080–40 |
| Auswärtige Kammern: | | |
| Offenburg | Okenstraße 6<br>77652 Offenburg | (0781) 9294–0<br>Fax: 9294–40 |
| Villingen-Schwenningen | Am Hoptbühl 7/1<br>78048 Villingen-Schwenningen | (07721) 8409–0<br>Fax: 8409–33 |
| – **Heilbronn** | Paulinenstraße 18<br>74076 Heilbronn | (07131) 12 32–0<br>Fax: (07131) 12 32–2 44 |
| Auswärtige Kammer: | | |
| Crailsheim | Friedrichstraße 16<br>74564 Crailsheim | (07951) 9166–0<br>Fax: (07951) 9166–99 |
| – **Karlsruhe** | Ritterstraße 12<br>76133 Karlsruhe | (0721) 175–2500<br>Fax: (0721) 175–2525 |
| – **Lörrach** | Weinbrennerstraße 5<br>79539 Lörrach | (07621) 9247–0<br>Fax: (07621) 9247–20 |
| Auswärtige Kammer: | | |
| Radolfzell | Seetorstraße 5<br>78315 Radolfzell | (07732) 983–200<br>Fax: (07732) 983–201 |
| – **Mannheim** | E 7, 21<br>68159 Mannheim | (0621) 292–0<br>Fax: (0621) 292–1311 |
| Auswärtige Kammer: | | |
| Heidelberg | Vangerowstraße 20<br>69115 Heidelberg | (06221) 43856–0<br>Fax: (06221) 43856–25 |
| – **Pforzheim** | Simmlerstraße 9<br>75172 Pforzheim | (07231) 1658–300<br>Fax: (07231) 1658–309 |

# Anhang I

Gerichte für Arbeitssachen

| | | |
|---|---|---|
| – Reutlingen | Bismarkstraße 64<br>72764 Reutlingen | (07121) 940–0<br>Fax: (07121) 940–3232 |
| – Stuttgart | Johannesstraße 86<br>70176 Stuttgart | (0711) 21852–0<br>Fax: (0711) 21852–100 |
| **Auswärtige Kammern:** | | |
| Aalen | Stuttgarter Straße 7<br>73430 Aalen | (07361) 9651–70<br>Fax: 9651–71 |
| Ludwigsburg | Friedrichstraße 5<br>71638 Ludwigsburg | (07141) 9442–0<br>Fax: (07141) 9442–10 |
| – Ulm | Zeughausgasse 12<br>89073 Ulm | (0731) 189–0<br>Fax: 189–2377 |
| **Auswärtige Kammer:** | | |
| Ravensburg | Marktstraße 28<br>88212 Ravensburg | (0751) 806–0<br>Fax: 806–11 51 |

■ **Bayern**

– **Landesarbeitsgericht**

| | | |
|---|---|---|
| München | Winzererstraße 104<br>80797 München | (089) 30619–0<br>Fax: 30619–211 |

○ **Arbeitsgerichte**

| | | |
|---|---|---|
| – Augsburg | Frohsinnstraße 2<br>86150 Augsburg | (0821) 5709–03<br>Fax: 5709–4000 |
| **Kammer:** | | |
| Neu-Ulm | Keplerstr. 2<br>89231 Neu-Ulm | (0731) 705191–0<br>Fax: 705191–99 |
| – Kempten | Königstraße 11<br>87435 Kempten (Allgäu) | (0831) 52212–0<br>Fax: 52212–13 |
| – München | Winzererstraße 104<br>80797 München | (089) 30619–0<br>Fax: 30619–298 |
| **Kammern:** | | |
| Ingolstadt | Proviantstraße 1<br>85049 Ingolstadt | (0841) 93586–6<br>Fax: 93586–87 |
| Weilheim | Fischergasse 16<br>82362 Weilheim | (0881) 12 23 28–60<br>Fax: (0881) 12 23 28–70 |
| – Passau | Eggendobl 4<br>94034 Passau | (0851) 95949–0<br>Fax: 95949–149 |
| **Kammer:** | | |
| Deggendorf | Bahnhofstraße 94<br>94469 Deggendorf | (0991) 4564<br>Fax: 341162 |
| – Regensburg | Bertoldstraße 2<br>93047 Regensburg | (0941) 5025–0<br>Fax: 5025–300 |
| **Kammer:** | | |
| Landshut | Seligenthalerstraße 10<br>84034 Landshut | (0871) 8528–03<br>Fax: 8528–250 |
| – Rosenheim | Rathausstraße 23<br>83022 Rosenheim | (08031) 305–04<br>Fax: 305–193 |

# Gerichte für Arbeitssachen — Anhang I

Kammer:
Traunstein — Salinenstraße 4, 83278 Traunstein — (0861) 9872–3, Fax: (0861) 9872–410

- **Landesarbeitsgericht**

Nürnberg — Roonstraße 20, 90429 Nürnberg — (0911) 928–0, Fax: 928–2750

○ Arbeitsgerichte

- Bamberg — Willy-Lessing-Straße 13, 96047 Bamberg — (0951) 98042–01, Fax: 98042–29

Kammer:
Coburg — Obere Bürglaß 36, 96450 Coburg — (09561) 7419–300, Fax: 7419–333

- Bayreuth — Ludwig-Thoma-Straße 7, 95447 Bayreuth — (0921) 593–0, Fax: 593–111

Kammer:
Hof — Kulmbacher Straße 47, 95030 Hof — (09281) 6182–0, Fax: 6182–22

- Nürnberg — Roonstraße 20, 90429 Nürnberg — (0911) 928–0, Fax: 928–2630

- Weiden — Ledererstraße 9, 92637 Weiden i. d. Opf. — (0961) 3000–0, Fax: 3000–219

Kammer:
Schwandorf — Wackersdorfer Straße 78a, 92421 Schwandorf — (09431) 8564, Fax: 8775

- Würzburg — Ludwigstraße 33, 97070 Würzburg — (0931) 3087–0, Fax: 3087–303

Kammern:
Aschaffenburg — Schloßplatz 7, 63739 Aschaffenburg — (06021) 398–0/-1102, Fax: 398–1100

Schweinfurt — Alte Bahnhofstraße 27, 97422 Schweinfurt — (09721) 203–341, Fax: 203–423

■ **Berlin – Brandenburg**

- Landesarbeitsgericht

Berlin–Brandenburg — Magdeburger Platz 1, 10785 Berlin — (030) 90171–0, Fax: 90171–222/-333

○ Arbeitsgerichte

- Berlin — Magdeburger Platz 1, 10785 Berlin — (030) 90171–0, Fax: 90171–222/-333

- Potsdam — Zeppelinstraße 136, 14471 Potsdam — (0331) 9817–0, Fax: 9817125

- Brandenburg (Stadt) — Magdeburger Straße 51, 14770 Brandenburg a. d. H. — (03381) 398–400, Fax: 398–499

- Cottbus — Vom-Stein-Straße 28, 03050 Cottbus — (0355) 4991–3110, Fax: 4991–3239

# Anhang I — Gerichte für Arbeitssachen

| | | |
|---|---|---|
| – Eberswalde | Tramper Chaussee 4<br>16225 Eberswalde | (03334) 660030<br>Fax: 660028 |
| – Frankfurt/Oder | Gartenstraße 3<br>15230 Frankfurt/Oder | (0335) 606 957–0<br>Fax: 606 957–110 |
| – Neuruppin | Karl-Liebknecht-Straße 28<br>16816 Neuruppin | (03391) 4585–00<br>Fax: 458530 |
| – Potsdam (2x) | Zeppelinstraße 136<br>14471 Potsdam | (0331) 98170<br>Fax: 9817125 |
| – Senftenberg | Schulstraße 4b<br>01968 Senftenberg | (03573) 3724–0<br>Fax: 3724–55 |

■ **Bremen**

– Landesarbeitsgericht

| | | |
|---|---|---|
| Bremen | Am Wall 198<br>28195 Bremen | (0421) 361–6371<br>Fax: 361–6579 |

○ Arbeitsgerichte

| | | |
|---|---|---|
| – Bremen | Am Wall 198<br>28195 Bremen | (0421) 361–5341<br>Fax: 361–5453 |
| – Bremerhaven Kammer: Bremerhaven | Brookstraße 1<br>27580 Bremerhaven | (0471) 596–13045<br>Fax: 596–13048 |

■ **Hamburg**

– Landesarbeitsgericht

| | | |
|---|---|---|
| Hamburg | Osterbekstraße 96<br>22083 Hamburg | (040) 42863–5665<br>Fax: 42863–5852 |

○ Arbeitsgericht

| | | |
|---|---|---|
| – Hamburg | Osterbekstraße 96<br>22083 Hamburg | (040) 42863–5665<br>Fax: 42863–5852 |

■ **Hessen**

– Hessisches Landesarbeitsgericht

| | | |
|---|---|---|
| Frankfurt | Gutleutstrasse 130<br>60327 Frankfurt a. M. | (069) 15047–0<br>Fax: (069) 15047–8300 |

○ Arbeitsgerichte

| | | |
|---|---|---|
| – Darmstadt | Steubenplatz 14<br>64293 Darmstadt | (06151) 804–03<br>Fax: 804–501 |
| – Frankfurt a. M. | Gutleutstr. 130<br>60327 Frankfurt a. M. | (069) 15347–0<br>Fax: (069) 15047–8300 |
| – Fulda | Am Hopfengarten 3<br>36037 Fulda | (0661) 924–2550<br>Fax: (0661) 924–2560 |
| – Gießen | Aulweg 45<br>35392 Gießen | (0641) 6077–0<br>Fax: 6077–40 |
| – Kassel | Ständplatz 19<br>34117 Kassel | (0561) 28770–0<br>Fax: 28770–66 |
| – Offenbach a. M. | Kaiserstraße 16–18<br>63065 Offenbach a. M. | (069) 8057–3161/-3151<br>Fax: 8057–3403 |
| – Wiesbaden | Mainzer Str. 124<br>65189 Wiesbaden | (0611) 32 61–0<br>Fax: 327061–203 |

Gerichte für Arbeitssachen **Anhang I**

- **Mecklenburg-Vorpommern**
- Landesarbeitsgericht Mecklenburg-Vorpommern

| | | |
|---|---|---|
| Rostock | Haus der Justiz<br>August-Bebel-Straße 15<br>18055 Rostock | (0381) 241–0<br>Fax: 241–124 |

- Arbeitsgerichte

| | | |
|---|---|---|
| Neubrandenburg | Südbahnstraße 8A<br>17033 Neubrandenburg | (03 59) 5 44 46 01<br>Fax: 5 44 46 00 |
| Rostock | Haus der Justiz<br>August-Bebel-Straße 15<br>18055 Rostock | (03 81) 241–0<br>Fax: 241–167 |
| Schwerin | Wischmarsche Str. 323b<br>19055 Schwerin | (03 85) 5404–0<br>Fax: 5404–116 |
| Stralsund | Justizzentrum<br>Frankendamm 17<br>18439 Stralsund | (0 38 31) 205–0<br>Fax: 205–813 |

- **Niedersachsen**
- Landesarbeitsgericht Niedersachsen

| | | |
|---|---|---|
| Hannover | Siemensstraße 10<br>30173 Hannover | (05 11) 80708–0<br>Fax: (0511) 80708–25 |

- Arbeitsgerichte

| | | |
|---|---|---|
| Braunschweig | Grünewaldstraße 11 A<br>38104 Braunschweig | (05 31) 2 38 50–0<br>Fax: 2 38 50–66 |
| Celle | Im Werder 11<br>29221 Celle | (0 51 41) 92 46–0<br>Fax: 92 46–18 |
| Emden | Schweckendieckplatz 2<br>26721 Emden | (0 49 21) 951 700<br>Fax: (04921) 951 750 |
| Göttingen | Maschmühlenweg 11<br>37073 Göttingen | (05 51) 40 30<br>Fax: 4 03 21 50 und -130 |
| Hameln | Zehnthof 1<br>31785 Hameln | (0 51 51) 796–600<br>Fax: (05151) 796–610 |
| Hannover | Ellernstraße 42<br>30175 Hannover | (05 11) 28 06 60<br>Fax: 2 80 66 21 |
| Hildesheim | Kreuzstraße 8<br>31134 Hildesheim | (05121) 304 501<br>Fax: 304 506 |
| Lingen | Am Wall Süd 18<br>49808 Lingen (Ems) | (0591) 9121 40<br>Fax: (0591) 32 72 |
| Lüneburg | Adolph-Kolping-Straße 2<br>21337 Lüneburg | (04131) 854 55 40<br>Fax: 854 54 90 |
| Nienburg | Amalie-Thomas-Platz 1<br>31582 Nienburg (Weser) | (05021) 91 76–0<br>Fax: (05021) 656 23 |
| Oldenburg | Bahnhofstraße 13<br>26122 Oldenburg (Oldb.) | (0441) 2 20 65 00<br>Fax: 2 20 66 00 |

# Anhang I  Gerichte für Arbeitssachen

| | | |
|---|---|---|
| – Osnabrück | Hakenstr. 15<br>49074 Osnabrück | (0541) 314–520<br>Fax: 314–623 |
| – Stade | Ritterstr. 2<br>21682 Stade | (04141) 107–0<br>Fax: (04141) 107–712 |
| – Verden | Bürgermeister-Münchmeyer-Straße 4<br>27283 Verden | (04231) 28310<br>Fax: (04231) 5229 |
| – Wilhelmshaven | Marktstr. 15–17<br>26382 Wilhelmshaven | (04421) 7580–400<br>Fax: (04421) 7580–491 und -490 |

■ **Nordrhein-Westfalen**

– Landesarbeitsgericht

| | | |
|---|---|---|
| Düsseldorf | Ludwig-Erhard-Allee 21<br>40227 Düsseldorf | (0211) 7770<br>Fax: 77 70 21 99 |

○ Arbeitsgerichte

| | | |
|---|---|---|
| – Düsseldorf | Ludwig-Erhard-Allee 21<br>40227 Düsseldorf | (0211) 7770–0<br>Fax: 7770–2299 |
| – Duisburg | Mülheimer Straße 54<br>47057 Duisburg | (0203) 3005–0<br>Fax: 3005–262 |
| – Essen | Zweigertstraße 54<br>45130 Essen | (0201) 7992–1<br>Fax: 7992–450 |
| – Krefeld | Preußenring 49<br>47798 Krefeld | (02151) 847–0<br>Fax: 847–682 |
| – Mönchengladbach | Hohenzollernstraße 155<br>(Landgerichtsgebäude)<br>41061 Mönchengladbach | (02161) 276–0<br>Fax: 276–768 |
| – Oberhausen | Friedrich-List-Straße 18<br>46045 Oberhausen | (0208) 85745–0<br>Fax: 85745–33 |
| – Solingen | Wupperstraße 32<br>42651 Solingen | (0212) 2809–0<br>Fax: 2809–61 |
| – Wesel | Ritterstraße 1<br>46483 Wesel | (0281) 33891–0<br>Fax: 33891–44 |
| – Wuppertal | Eiland 2<br>42103 Wuppertal | (0202) 498–0<br>Fax: (0202) 498–9400 |

– Landesarbeitsgericht

| | | |
|---|---|---|
| Hamm | Marker Allee 94<br>59071 Hamm | (02381) 891–1<br>Fax: 891–283 |

○ Arbeitsgerichte

| | | |
|---|---|---|
| – Arnsberg | Johanna-Baltz-Straße 28<br>59821 Arnsberg | (02931) 5285–0<br>Fax: 5285–99 |
| – Bielefeld | Detmolder Straße 9<br>33604 Bielefeld | (0521) 549–0<br>Fax: 549–1707 |
| – Bocholt | Benölkenplatz 2<br>46399 Bocholt | (02871) 295–0<br>Fax: (02871) 295–1111 |
| – Bochum | Marienplatz 2<br>44787 Bochum | (0234) 6895–0<br>Fax: 6895–200 |

Gerichte für Arbeitssachen  **Anhang I**

|   |   |   |   |
|---|---|---|---|
| – | Detmold | Richthofenstraße 3<br>32756 Detmold | (05231) 704–0<br>Fax: 704–406 |
| – | Dortmund | Ruhrallee 1–3<br>44139 Dortmund | (0231) 5415–1<br>Fax: 5415–519 |
| – | Gelsenkirchen | Bochumer Straße 86<br>45886 Gelsenkirchen | (0209) 1787–00<br>Fax: 1787–199 |
| – | Hagen | Heinitzstraße 44<br>58097 Hagen | (02331) 985–0<br>Fax: 985–453 |
| – | Hamm | Marker Allee 94<br>59071 Hamm | (02381) 891–1<br>Fax: 891–276 |
| – | Herford | Elverdisser Straße 12<br>32052 Herford | (05221) 1054–0<br>Fax: 1054–54 |
| – | Herne | Schillerstraße 37–39<br>44623 Herne | (02323) 9532–0<br>Fax: 9532–32 o.-50<br>(Verwaltung) |
| – | Iserlohn | Erich-Nörrenberg-Straße 7<br>58636 Iserlohn | (02371) 8255–55<br>Fax: 8255–99 |
| – | Minden | Königswall 8<br>32423 Minden | (0571) 8886–0<br>Fax: 8886–235 |
| – | Münster | Alter Steinweg 45<br>48143 Münster | (0251) 97413–0<br>Fax: 97413–49 |
| – | Paderborn | Grevestraße 1<br>33102 Paderborn | (05251) 69162–0<br>Fax: 69162–30 |
| – | Rheine | Dutumer Straße 5<br>48431 Rheine | (05971) 9271–0<br>Fax: 9271–50 |
| – | Siegen | Unteres Schloß 10<br>57072 Siegen | (0271) 585–300<br>Fax: 585–301 |
| – | Landesarbeitsgericht<br>Köln | Blumenthalstr. 33<br>50670 Köln | (0221) 7740–0<br>Fax: 7740–356 |
| ○ | Arbeitsgerichte | | |
| – | Aachen | Im Justizzentrum<br>Adalbertsteinweg 92<br>52070 Aachen | (0241) 9425–0<br>Fax: (0241) 9425–80155 |
| – | Bonn | Kreuzbergweg 5<br>53115 Bonn | (0228) 98569–0<br>Fax: (0228) 692381 |
| – | Köln | Pohligstr. 9<br>50969 Köln | (0221) 93653–0<br>Fax: (0221) 93653–804 |
| – | Siegburg | Neue Poststraße 16<br>53721 Siegburg | (02241) 305–0<br>Fax: (02241) 52657 |
| ■ | Rheinland-Pfalz | | |
| – | Landesarbeitsgericht<br>Rheinland-Pfalz | | |
|   | Mainz | Ernst-Ludwig-Platz 1<br>55116 Mainz | (06131) 141–0<br>Fax: (06131) 141–9506 |

# Anhang I                                    Gerichte für Arbeitssachen

○ **Arbeitsgerichte**

| | | |
|---|---|---|
| – Kaiserslautern | Bahnhofstraße 24<br>67655 Kaiserslautern | (0631) 3721–0<br>Fax: 3721–510 |
| **Auswärtige Kammer:**<br>Pirmasens | Bahnhofstraße 22<br>66953 Pirmasens | (06331) 871–1<br>Fax: 871–386 |
| – Koblenz | Neues Justizzentrum<br>Deinhardpassage 1<br>56068 Koblenz | (0261) 1307–0<br>Fax: (0261) 1307–285 10 |
| – Ludwigshafen | Wredestraße 6<br>67059 Ludwigshafen am Rhein | (0621) 59605–0<br>Fax: (0621) 59605–30 |
| **Auswärtige Kammer:**<br>Landau | Reiterstraße 16<br>76829 Landau/Pfalz | (06341) 26–344<br>Fax: (06341) 26–345 |
| – Mainz | Ernst-Ludwig-Straße 6–8<br>55116 Mainz | (06131) 141–97 50<br>Fax: (06131) 141–9773 |
| **Auswärtige Kammer:**<br>Bad-Kreuznach | Wilhelmstraße 7–11<br>55543 Bad Kreuznach | (0671) 708–967<br>Fax: (0671) 708–964 |
| – Trier | Dietrichstraße 13<br>54290 Trier | (0651) 466–0<br>Fax: (0651) 466–8900 |

■ **Saarland**

– **Landesarbeitsgericht Saarland**

| | | |
|---|---|---|
| Saarbrücken | Obere Lauerfahrt 10<br>66121 Saarbrücken | (0681) 501–3603<br>Fax: (0681) 501–3607 |

○ **Arbeitsgerichte**

| | | |
|---|---|---|
| – Saarbrücken | Obere Lauerfahrt 10<br>66121 Saarbrücken | (0681) 501–3614<br>Fax: (0681) 501–3607 |
| – Neunkirchen | Lindenallee 13<br>66538 Neunkirchen | (06821) 401–75 0<br>Fax: (06821) 471–75 11 |
| – Saarlouis | Prälat-Subtil-Ring 10 [im AG]<br>66740 Saarlouis | (06831) 445–400<br>Fax: (06831) 445–430 |

■ **Sachsen**

– **Landesarbeitsgericht Sachsen**

| | | |
|---|---|---|
| Chemnitz | Zwickauer Straße 54<br>09112 Chemnitz | (0371) 453–0<br>Fax: (0371) 453–7222 |

○ **Arbeitsgerichte**

| | | |
|---|---|---|
| – Bautzen | Lessingstraße 7<br>02625 Bautzen | (03591) 361–0<br>Fax: (03591) 361–333 |
| **Auswärtige Kammer:**<br>Görlitz | Postplatz 18<br>02826 Görlitz | (03581) 4690<br>Fax: 469–1570 |

Gerichte für Arbeitssachen **Anhang I**

| | | |
|---|---|---|
| – Chemnitz | Zwickauer Straße 54<br>09112 Chemnitz | (0371) 453–0<br>Fax: (0371) 453–71 57 |
| – Dresden | Fachgerichtszentrum<br>Hans-Oster-Str. 4<br>01099 Dresden | (0351) 4 46 52 99<br>Fax: (0351) 4 46 52 05 |
| – Leipzig | Erich-Weinert-Straße 18<br>04105 Leipzig | (0341) 595–60<br>Fax: (0341) 595–6849 |
| – Zwickau | Äußere Dresdner Straße 15<br>08066 Zwickau | (0375) 421–0<br>Fax: (0375) 421–222 |

■ Sachsen-Anhalt

– Landesarbeitsgericht Sachsen-Anhalt

| | | |
|---|---|---|
| Halle | Justizzentrum Halle<br>Thüringer Straße 16<br>06112 Halle (Saale) | (0345) 220–0<br>Fax: 220–2240 |

○ Arbeitsgerichte

| | | |
|---|---|---|
| – Dessau-Roßlau | Willy-Lohmann-Str. 29<br>06844 Dessau-Roßlau | (0340) 202–0<br>Fax: 202–1600 |
| – Halberstadt<br>(zum **31.05.2009** aufgehoben!) | (Richard-Wagner-Straße 52<br>38820 Halberstadt) | ((03941) 670–442<br>) |
| – Halle | Thüringer Straße 16<br>06112 Halle (Saale) | (0345) 220–0<br>Fax: (0345) 220–2045 |
| – Magdeburg | Justizzentrum Magdeburg<br>Breiter Weg 203–206<br>39104 Magdeburg | (0391) 606–0<br>Fax: (0391) 606–5024 |
| – Stendal | Justizzentrum<br>Scharnhorststr. 42<br>39576 Stendal | (03931) 58–5000<br>Fax: (03931) 58–5100 |

■ Schleswig-Holstein

– Landesarbeitsgericht Schleswig-Holstein

| | | |
|---|---|---|
| Kiel | Deliusstraße 22<br>24114 Kiel | (0431) 604–0<br>Fax: (0431) 604–4100 |

○ Arbeitsgerichte

| | | |
|---|---|---|
| – Elmshorn | Moltkestraße 28<br>25335 Elmshorn | (04121) 4866–0<br>Fax: (04121) 84728 |
| – Flensburg | Südergraben 55<br>24937 Flensburg | (0461) 89 382<br>Fax: (0461) 89 386 |
| – Kiel | Deliusstraße 22<br>24114 Kiel | (0431) 604–0<br>Fax: 604–4000 |
| – Lübeck | Neustraße 2a<br>23568 Lübeck | (0451) 38978–0<br>Fax: (0451) 38978–50 |
| – Neumünster | Gartenstraße 24<br>24534 Neumünster | (04321) 4097–0<br>Fax: (04321) 48310 |

# Anhang I

Gerichte für Arbeitssachen

- **Thüringen**
- **Landesarbeitsgericht Thüringen**
  - Erfurt — Justizzentrum Erfurt, Rudolfstraße 46, 99092 Erfurt — (0361) 3776–371, Fax: (0361) 3776–300

○ **Arbeitsgerichte**
- Eisenach — Theaterplatz 5, 99817 Eisenach — (03691) 247–0, Fax: (03691) 247–131
- Erfurt — Rudolfstraße 46, 99092 Erfurt — (0361) 3776–001, Fax: (0361) 3776–395
- Gera — Justizzentrum Gera, Rudolf-Diener-Str. 1, 07545 Gera — (0365) 834–0, Fax: (0365) 834–2999
- Jena — Justizzentrum Jena, Rathenaustr. 13, 07745 Jena — (03641) 307–0, Fax: (03641) 307–200 o. -842
- Nordhausen — Käthe-Kollwitz-Straße 1b, 99734 Nordhausen — (03631) 4769–0, Fax: (03631) 4769–77
- Suhl — Marktplatz 2, 98527 Suhl — (03681) 375–0, Fax: (03681) 375–328

# Anhang II

**Vergleichstabelle zum Vertragstext EGV**
*Durch den Vertrag von Nizza geänderte bzw. eingefügte Artikel sind kursiv gedruckt*

| Alte Nummerierung (Maastricht) | Neue Nummerierung (Amsterdam und Nizza) | Alte Nummerierung (Maastricht) | Neue Nummerierung (Amsterdam und Nizza) |
|---|---|---|---|
| Titel I | Titel I | Titel VI** | Titel VI |
| Artikel A | Artikel 1 | Artikel K.1 | *Artikel 29* |
| Artikel B | Artikel 2 | Artikel K.2 | Artikel 30 |
| Artikel C | Artikel 3 | Artikel K.3 | *Artikel 31* |
| Artikel D | Artikel 4 | Artikel K.4 | Artikel 32 |
| Artikel E | Artikel 5 | Artikel K.5 | Artikel 33 |
| Artikel F | Artikel 6 | Artikel K.6 | Artikel 34 |
| Artikel F.1* | *Artikel 7* | Artikel K.7 | Artikel 35 |
| Titel II | Titel II | Artikel K.8 | Artikel 36 |
| Artikel G | Artikel 8 | Artikel K.9 | Artikel 37 |
| Titel III | Titel III | Artikel K.10 | Artikel 38 |
| Artikel H | Artikel 9 | Artikel K.11 | Artikel 39 |
| Titel IV | Titel IV | Artikel K.12 | *Artikel 40* |
| Artikel I | Artikel 10 | | Artikel 40a*** |
| Titel V** | Titel V | | *Artikel 40b**** |
| Artikel J.1 | Artikel 11 | Artikel K.13 | Artikel 41 |
| Artikel J.2 | Artikel 12 | Artikel K.14 | Artikel 42 |
| Artikel J.3 | Artikel 13 | Titel VI a** | Titel VII |
| Artikel J.4 | Artikel 14 | Artikel K.15* | *Artikel 43* |
| Artikel J.5 | Artikel 15 | | Artikel 43a*** |
| Artikel J.6 | Artikel 16 | | *Artikel 43b**** |
| Artikel J.7 | *Artikel 17* | Artikel K.16* | *Artikel 44* |
| Artikel J.8 | Artikel 18 | | Artikel 44a*** |
| Artikel J.9 | Artikel 19 | Artikel K.17* | *Artikel 45* |
| Artikel J.10 | Artikel 20 | Titel VII | Titel VIII |
| Artikel J.11 | Artikel 21 | Artikel L | Artikel 46 |
| Artikel J.12 | Artikel 22 | Artikel M | Artikel 47 |
| Artikel J.13 | *Artikel 23* | Artikel N | Artikel 48 |
| Artikel J.14 | *Artikel 24* | Artikel O | Artikel 49 |
| Artikel J.15 | *Artikel 25* | Artikel P | Artikel 50 |
| Artikel J.16 | Artikel 26 | Artikel Q | Artikel 51 |
| Artikel J.17 | Artikel 27 | Artikel R | Artikel 52 |
| | Artikel 27a*** | Artikel S | Artikel 53 |
| | Artikel 27b*** | | |
| | Artikel 27c*** | | |
| | Artikel 27d*** | | |
| | *Artikel 27e**** | | |
| Artikel J.18 | Artikel 28 | | |

\* Neuer Artikel, eingefügt durch den Vertrag von Amsterdam (1997).
\*\* Neuer Titel, eingefügt durch den Vertrag von Amsterdam.
\*\*\* Neuer Artikel, eingefügt durch den Vertrag von Nizza.

# Anhang II

## Vergleichstabelle zum Vertragstext EGV

*Durch den Vertrag von Nizza geänderte bzw. eingefügte Artikel sind kursiv gedruckt*

| Alte Nummerierung (Maastricht) | Neue Nummerierung (Amsterdam und Nizza) | Alte Nummerierung (Maastricht) | Neue Nummerierung (Amsterdam und Nizza) |
|---|---|---|---|
| Erster Teil | Erster Teil | Artikel 14 (aufgehoben) | – |
| Erster Teil | Erster Teil | Artikel 15 (aufgehoben) | – |
| Artikel 1 | Artikel 1 | Artikel 16 (aufgehoben) | – |
| Artikel 2 | Artikel 2 | Artikel 17 (aufgehoben) | – |
| Artikel 3 | Artikel 3 | Abschnitt 2 (gestrichen) | |
| Artikel 3a | Artikel 4 | Artikel 18 (aufgehoben) | – |
| Artikel 3b | Artikel 5 | Artikel 19 (aufgehoben) | – |
| Artikel 3c* | Artikel 6 | Artikel 20 (aufgehoben) | – |
| Artikel 4 | Artikel 7 | Artikel 21 (aufgehoben) | – |
| Artikel 4a | Artikel 8 | Artikel 22 (aufgehoben) | – |
| Artikel 4b | Artikel 9 | Artikel 23 (aufgehoben) | – |
| Artikel 5 | Artikel 10 | Artikel 24 (aufgehoben) | – |
| Artikel 5a* | *Artikel 11* | Artikel 25 (aufgehoben) | – |
| | *Artikel 11a*** | Artikel 26 (aufgehoben) | – |
| Artikel 6 | Artikel 12 | Artikel 27 (aufgehoben) | – |
| Artikel 6a* | *Artikel 13* | Artikel 28 | Artikel 26 |
| Artikel 7 (aufgehoben) | – | Artikel 29 | Artikel 27 |
| Artikel 7a | Artikel 14 | Kapitel 2 | Kapitel 2 |
| Artikel 7b (aufgehoben) | – | Artikel 30 | Artikel 28 |
| Artikel 7c | Artikel 15 | Artikel 31 (aufgehoben) | – |
| Artikel 7d* | Artikel 16 | Artikel 32 (aufgehoben) | – |
| Zweiter Teil | Zweiter Teil | Artikel 33 (aufgehoben) | – |
| Artikel 8 | Artikel 17 | Artikel 34 | Artikel 29 |
| Artikel 8a | *Artikel 18* | Artikel 35 (aufgehoben) | – |
| Artikel 8b | Artikel 19 | | |
| Artikel 8c | Artikel 20 | | |
| Artikel 8d | Artikel 21 | | |
| Artikel 8e | Artikel 22 | | |
| Dritter Teil | Dritter Teil | | |
| Titel I | Titel I | | |
| Artikel 9 | Artikel 23 | | |
| Artikel 10 | Artikel 24 | | |
| Artikel 11 (aufgehoben) | – | | |
| Kapitel 1 | Kapitel 1 | | |
| Abschnitt 1 (gestrichen) | – | | |
| Artikel 12 | Artikel 25 | | |
| Artikel 13 (aufgehoben) | – | | |

* Neuer Artikel, eingefügt durch den Vertrag von Amsterdam (1997).
** Neuer Titel, eingefügt durch den Vertrag von Amsterdam.

# Anhang II

Vergleichstabelle zum Vertragstext EGV

| Alte Nummerierung (Maastricht) | Neue Nummerierung (Amsterdam und Nizza) | Alte Nummerierung (Maastricht) | Neue Nummerierung (Amsterdam und Nizza) |
|---|---|---|---|
| Artikel 36 | Artikel 30 | Artikel 68 (aufgehoben) | – |
| Artikel 37 | Artikel 31 | Artikel 69 (aufgehoben) | – |
| Titel II | Titel II | Artikel 70 (aufgehoben) | – |
| Artikel 38 | Artikel 32 | Artikel 71 (aufgehoben) | – |
| Artikel 39 | Artikel 33 | Artikel 72 (aufgehoben) | – |
| Artikel 40 | Artikel 34 | Artikel 73 (aufgehoben) | – |
| Artikel 41 | Artikel 35 | Artikel 73a (aufgehoben) | – |
| Artikel 42 | Artikel 36 | Artikel 73b | Artikel 56 |
| Artikel 43 | Artikel 37 | Artikel 73c | Artikel 57 |
| Artikel 44 (aufgehoben) | – | Artikel 73d | Artikel 58 |
| Artikel 45 (aufgehoben) | – | Artikel 73e (aufgehoben) | – |
| Artikel 46 | Artikel 38 | Artikel 73f | Artikel 59 |
| Artikel 47 (aufgehoben) | – | Artikel 73g | Artikel 60 |
| Titel III | Titel III | Artikel 73h (aufgehoben) | – |
| Kapitel 1 | Kapitel 1 | Titel IIIa** | Titel IV |
| Artikel 48 | Artikel 39 | Artikel 73i* | Artikel 61 |
| Artikel 49 | Artikel 40 | Artikel 73j* | Artikel 62 |
| Artikel 50 | Artikel 41 | Artikel 73k* | Artikel 63 |
| Artikel 51 | Artikel 42 | Artikel 73l* | Artikel 64 |
| Kapitel 2 | Kapitel 2 | Artikel 73m* | Artikel 65 |
| Artikel 52 | Artikel 43 | Artikel 73n* | Artikel 66 |
| Artikel 53 (aufgehoben) | – | Artikel 73o* | Artikel 67 |
| Artikel 54 | Artikel 44 | Artikel 73p* | Artikel 68 |
| Artikel 55 | Artikel 45 | Artikel 73q* | Artikel 69 |
| Artikel 56 | Artikel 46 | Titel IV | Titel V |
| Artikel 57 | Artikel 47 | Artikel 74 | Artikel 70 |
| Artikel 58 | Artikel 48 | Artikel 75 | Artikel 71 |
| Kapitel 3 | Kapitel 3 | Artikel 76 | Artikel 72 |
| Artikel 59 | Artikel 49 | Artikel 77 | Artikel 73 |
| Artikel 60 | Artikel 50 | Artikel 78 | Artikel 74 |
| Artikel 61 | Artikel 51 | Artikel 79 | Artikel 75 |
| Artikel 62 (aufgehoben) | – | Artikel 80 | Artikel 76 |
| Artikel 63 | Artikel 52 | Artikel 81 | Artikel 77 |
| Artikel 64 | Artikel 53 | Artikel 82 | Artikel 78 |
| Artikel 65 | Artikel 54 | Artikel 83 | Artikel 79 |
| Artikel 66 | Artikel 55 | Artikel 84 | Artikel 80 |
| Kapitel 4 | Kapitel 4 | | |
| Artikel 67 (aufgehoben) | – | | |

\*\* Neuer Titel, eingefügt durch den Vertrag von Amsterdam.
\* Neuer Artikel, eingefügt durch den Vertrag von Amsterdam (1997).

# Anhang II

Vergleichstabelle zum Vertragstext EGV

| Alte Nummerierung (Maastricht) | Neue Nummerierung (Amsterdam und Nizza) | Alte Nummerierung (Maastricht) | Neue Nummerierung (Amsterdam und Nizza) |
|---|---|---|---|
| Titel V | Titel VI | Kapitel 2 | Kapitel 2 |
| Kapitel 1 | Kapitel 1 | Artikel 105 | Artikel 105 |
| Abschnitt 1 | Abschnitt 1 | Artikel 105a | Artikel 106 |
| Artikel 85 | Artikel 81 | Artikel 106 | Artikel 107 |
| Artikel 86 | Artikel 82 | Artikel 107 | Artikel 108 |
| Artikel 87 | Artikel 83 | Artikel 108 | Artikel 109 |
| Artikel 88 | Artikel 84 | Artikel 108a | Artikel 110 |
| Artikel 89 | Artikel 85 | Artikel 109 | *Artikel 111* |
| Artikel 90 | Artikel 86 | Kapitel 3 | Kapitel 3 |
| Abschnitt 2 (gestrichen) | – | Artikel 109a | Artikel 112 |
| | | Artikel 109b | Artikel 113 |
| Artikel 91 (aufgehoben) | – | Artikel 109c | Artikel 114 |
| | | Artikel 109d | Artikel 115 |
| Abschnitt 3 | Abschnitt 2 | Kapitel 4 | Kapitel 4 |
| Artikel 92 | Artikel 87 | Artikel 109e | Artikel 116 |
| Artikel 93 | Artikel 88 | Artikel 109f | Artikel 117 |
| Artikel 94 | Artikel 89 | Artikel 109g | Artikel 118 |
| Kapitel 2 | Kapitel 2 | Artikel 109h | Artikel 119 |
| Artikel 95 | Artikel 90 | Artikel 109i | Artikel 120 |
| Artikel 96 | Artikel 91 | Artikel 109j | Artikel 121 |
| Artikel 97 (aufgehoben) | – | Artikel 109k | Artikel 122 |
| | | Artikel 109l | *Artikel 123* |
| Artikel 98 | Artikel 92 | Artikel 109m | Artikel 124 |
| Artikel 99 | Artikel 93 | Titel VIa** | Titel VIII |
| Kapitel 3 | Kapitel 3 | Artikel 109n* | Artikel 125 |
| Artikel 100 | Artikel 94 | Artikel 109o* | Artikel 126 |
| Artikel 100a | Artikel 95 | Artikel 109p* | Artikel 127 |
| Artikel 100b (aufgehoben) | – | Artikel 109q* | Artikel 128 |
| | | Artikel 109r* | Artikel 129 |
| Artikel 100c (aufgehoben) | – | Artikel 109s* | Artikel 130 |
| | | Titel VII | Titel IX |
| Artikel 100d (aufgehoben) | – | Artikel 110 | Artikel 131 |
| | | Artikel 111 (aufgehoben) | – |
| Artikel 101 | Artikel 96 | | |
| Artikel 102 | Artikel 97 | Artikel 112 | Artikel 132 |
| Teil VI | Teil VII | Artikel 113 | *Artikel 133* |
| Kapitel 1 | Kapitel 1 | Artikel 114 (aufgehoben) | – |
| Artikel 102a | Artikel 98 | | |
| Artikel 103 | Artikel 99 | Artikel 115 | Artikel 134 |
| Artikel 103a | *Artikel 100* | Titel VIIa** | Titel X |
| Artikel 104 | Artikel 101 | Artikel 116* | Artikel 135 |
| Artikel 104a | Artikel 102 | Titel VIII | Titel XI |
| Artikel 104b | Artikel 103 | Kapitel 1**** | Kapitel 1 |
| Artikel 104c | Artikel 104 | Artikel 117 | Artikel 136 |

\*\*  Neuer Titel, eingefügt durch den Vertrag von Amsterdam.
\*   Neuer Artikel, eingefügt durch den Vertrag von Amsterdam (1997).
\*\*\*\* Kapitel 1, umstrukutriert durch den Vertrag von Amsterdam.

Vergleichstabelle zum Vertragstext EGV                                    **Anhang II**

| Alte Nummerierung (Maastricht) | Neue Nummerierung (Amsterdam und Nizza) | Alte Nummerierung (Maastricht) | Neue Nummerierung (Amsterdam und Nizza) |
|---|---|---|---|
| Artikel 118 | *Artikel 137* | Artikel 130q (aufgehoben) | – |
| Artikel 118a | Artikel 138 | Titel XVI | Titel XIX |
| Artikel 118b | *Artikel 139* | Artikel 130r | Artikel 174 |
| Artikel 118c | Artikel 140 | Artikel 130s | *Artikel 175* |
| Artikel 119 | Artikel 141 | Artikel 130t | Artikel 176 |
| Artikel 119a | Artikel 142 | Titel XVII | Titel XX |
| Artikel 120 | Artikel 143 | Artikel 130u | Artikel 177 |
| Artikel 121 | *Artikel 144* | Artikel 130v | Artikel 178 |
| Artikel 122 | Artikel 145 | Artikel 130w | Artikel 179 |
| Kapitel 2 | Kapitel 2 | Artikel 130x | Artikel 180 |
| Artikel 123 | Artikel 146 | Artikel 130y | Artikel 181 |
| Artikel 124 | Artikel 147 |  | *Titel XXI* |
| Artikel 125 | Artikel 148 |  | *Artikel 181a\*\*\** |
| Kapitel 3 | Kapitel 3 | Vierter Teil | Vierter Teil |
| Artikel 126 | Artikel 149 | Artikel 131 | Artikel 182 |
| Artikel 127 | Artikel 150 | Artikel 132 | Artikel 183 |
| Titel IX | Titel XII | Artikel 133 | Artikel 184 |
| Artikel 128 | Artikel 151 | Artikel 134 | Artikel 185 |
| Titel X | Titel XIII | Artikel 135 | Artikel 186 |
| Artikel 129 | Artikel 152 | Artikel 136 | Artikel 187 |
| Titel XI | Titel XIV | Artikel 136a | Artikel 188 |
| Artikel 129a | Artikel 153 | Fünfter Teil | Fünfter Teil |
| Titel XII | Titel XV | Titel I | Titel I |
| Artikel 129b | Artikel 154 | Kapitel 1 | Kapitel 1 |
| Artikel 129c | Artikel 155 | Abschnitt 1 | Abschnitt 1 |
| Artikel 129d | Artikel 156 | Artikel 137 | *Artikel 189* |
| Titel XIII | Titel XVI | Artikel 138 | *Artikel 190* |
| Artikel 130 | *Artikel 157* | Artikel 138a | *Artikel 191* |
| Titel XIV | Titel XVII | Artikel 138b | Artikel 192 |
| Artikel 130a | Artikel 158 | Artikel 138c | Artikel 193 |
| Artikel 130b | *Artikel 159* | Artikel 138d | Artikel 194 |
| Artikel 130c | Artikel 160 | Artikel 138e | Artikel 195 |
| Artikel 130d | *Artikel 161* | Artikel 139 | Artikel 196 |
| Artikel 130e | Artikel 162 | Artikel 140 | Artikel 197 |
| Titel XV | Titel XVIII | Artikel 141 | Artikel 198 |
| Artikel 130f | Artikel 163 | Artikel 142 | Artikel 199 |
| Artikel 130g | Artikel 164 | Artikel 143 | Artikel 200 |
| Artikel 130h | Artikel 165 | Artikel 144 | Artikel 201 |
| Artikel 130i | Artikel 166 | Abschnitt 2 | Abschnitt 2 |
| Artikel 130j | Artikel 167 | Artikel 145 | Artikel 202 |
| Artikel 130k | Artikel 168 | Artikel 146 | Artikel 203 |
| Artikel 130l | Artikel 169 | Artikel 147 | Artikel 204 |
| Artikel 130m | Artikel 170 | Artikel 148 | Artikel 205 |
| Artikel 130n | Artikel 171 | Artikel 149 (aufgehoben) | – |
| Artikel 130o | Artikel 172 |  |  |
| Artikel 130p | Artikel 173 |  |  |

\*\*\* Neuer Artikel, eingefügt durch den Vertrag von Nizza.

# Anhang II

Vergleichstabelle zum Vertragstext EGV

| Alte Nummerierung (Maastricht) | Neue Nummerierung (Amsterdam und Nizza) | Alte Nummerierung (Maastricht) | Neue Nummerierung (Amsterdam und Nizza) |
| --- | --- | --- | --- |
| Artikel 150 | Artikel 206 | Artikel 188a | Artikel 246 |
| Artikel 151 | *Artikel 207* | Artikel 188b | *Artikel 247* |
| Artikel 152 | Artikel 208 | Artikel 188c | *Artikel 248* |
| Artikel 153 | Artikel 209 | Kapitel 2 | Kapitel 2 |
| Artikel 154 | *Artikel 210* | Artikel 189 | Artikel 249 |
| Abschnitt 3 | Abschnitt 3 | Artikel 189a | Artikel 250 |
| Artikel 155 | Artikel 211 | Artikel 189b | Artikel 251 |
| Artikel 156 | Artikel 212 | Artikel 189c | Artikel 252 |
| Artikel 157 | Artikel 213 | Artikel 190 | Artikel 253 |
| Artikel 158 | *Artikel 214* | Artikel 191 | *Artikel 254* |
| Artikel 159 | *Artikel 215* | Artikel 191a* | Artikel 255 |
| Artikel 160 | Artikel 216 | Artikel 192 | Artikel 256 |
| Artikel 161 | *Artikel 217* | Kapitel 3 | Kapitel 3 |
| Artikel 162 | Artikel 218 | Artikel 193 | *Artikel 257* |
| Artikel 163 | *Artikel 219* | Artikel 194 | *Artikel 258* |
| Abschnitt 4 | Abschnitt 4 | Artikel 195 | *Artikel 259* |
| Artikel 164 | *Artikel 220* | Artikel 196 | Artikel 260 |
| Artikel 165 | *Artikel 221* | Artikel 197 | Artikel 261 |
| Artikel 166 | *Artikel 222* | Artikel 198 | Artikel 262 |
| Artikel 167 | *Artikel 223* | Kapitel 4 | Kapitel 4 |
| Artikel 168 | *Artikel 224* | Artikel 198a | *Artikel 263* |
| Artikel 168a | *Artikel 225* | Artikel 198b | Artikel 264 |
|  | *Artikel 225a\*\*\** | Artikel 198c | Artikel 265 |
| Artikel 169 | Artikel 226 | Kapitel 5 | Kapitel 5 |
| Artikel 170 | Artikel 227 | Artikel 198d | *Artikel 266* |
| Artikel 171 | Artikel 228 | Artikel 198e | Artikel 267 |
| Artikel 172 | Artikel 229 | Titel II | Titel II |
|  | *Artikel 229a\*\*\** | Artikel 199 | Artikel 268 |
| Artikel 173 | *Artikel 230* | Artikel 200 (aufgehoben) | – |
| Artikel 174 | Artikel 231 | | |
| Artikel 175 | Artikel 232 | Artikel 201 | Artikel 269 |
| Artikel 176 | Artikel 233 | Artikel 201a | Artikel 270 |
| Artikel 177 | Artikel 234 | Artikel 202 | Artikel 271 |
| Artikel 178 | Artikel 235 | Artikel 203 | Artikel 272 |
| Artikel 179 | Artikel 236 | Artikel 204 | Artikel 273 |
| Artikel 180 | Artikel 237 | Artikel 205 | Artikel 274 |
| Artikel 181 | Artikel 238 | Artikel 205a | Artikel 275 |
| Artikel 182 | Artikel 239 | Artikel 206 | Artikel 276 |
| Artikel 183 | Artikel 240 | Artikel 206a (aufgehoben) | – |
| Artikel 184 | Artikel 241 | | |
| Artikel 185 | Artikel 242 | Artikel 207 | Artikel 277 |
| Artikel 186 | Artikel 243 | Artikel 208 | Artikel 278 |
| Artikel 187 | Artikel 244 | Artikel 209 | *Artikel 279* |
| Artikel 188 | *Artikel 245* | | |
| Abschnitt 5 | Abschnitt 5 | | |

---

\*\*\* Neuer Artikel, eingefügt durch den Vertrag von Nizza.
\* Neuer Artikel, eingefügt durch den Vertrag von Amsterdam (1997).

# Anhang II

Vergleichstabelle zum Vertragstext EGV

| Alte Nummerierung (Maastricht) | Neue Nummerierung (Amsterdam und Nizza) | Alte Nummerierung (Maastricht) | Neue Nummerierung (Amsterdam und Nizza) |
|---|---|---|---|
| Artikel 209a | Artikel 280 | Artikel 231 | Artikel 304 |
| Sechster Teil | Sechster Teil | Artikel 232 | Artikel 305 |
| Artikel 210 | Artikel 281 | Artikel 233 | Artikel 306 |
| Artikel 211 | Artikel 282 | Artikel 234 | Artikel 307 |
| Artikel 212* | Artikel 283 | Artikel 235 | Artikel 308 |
| Artikel 213 | Artikel 284 | Artikel 236* | *Artikel 309* |
| Artikel 213a* | Artikel 285 | Artikel 237 (aufgehoben) | – |
| Artikel 213b* | Artikel 286 | | |
| Artikel 214 | Artikel 287 | Artikel 238 | Artikel 310 |
| Artikel 215 | Artikel 288 | Artikel 239 | Artikel 311 |
| Artikel 216 | Artikel 289 | Artikel 240 | Artikel 312 |
| Artikel 217 | *Artikel 290* | Artikel 241 (aufgehoben) | – |
| Artikel 218* | Artikel 291 | | |
| Artikel 219 | Artikel 292 | Artikel 242 (aufgehoben) | – |
| Artikel 220 | Artikel 293 | | |
| Artikel 221 | Artikel 294 | Artikel 243 (aufgehoben) | – |
| Artikel 222 | Artikel 295 | | |
| Artikel 223 | Artikel 296 | Artikel 244 (aufgehoben) | – |
| Artikel 224 | Artikel 297 | | |
| Artikel 225 | Artikel 298 | Artikel 245 (aufgehoben) | – |
| Artikel 226 (aufgehoben) | – | Artikel 246 (aufgehoben) | – |
| Artikel 227 | Artikel 299 | | |
| Artikel 228 | *Artikel 300* | Schlussbestimmungen | Schlussbestimmungen |
| Artikel 228a | Artikel 301 | | |
| Artikel 229 | Artikel 302 | Artikel 247 | Artikel 313 |
| Artikel 230 | Artikel 303 | Artikel 248 | Artikel 314 |

---

* Neuer Artikel, eingefügt durch den Vertrag von Amsterdam (1997).

# Anhang III

## Vergleichstabelle EUV/AEUV[1]

| Bisherige Nummerierung des Vertrags über die Europäische Union | Neue Nummerierung des Vertrags über die Europäische Union |
|---|---|
| TITEL I – GEMEINSAME BESTIMMUNGEN | TITEL I – GEMEINSAME BESTIMMUNGEN |
| Artikel 1 | Artikel 1 |
|  | Artikel 2 |
| Artikel 2 | Artikel 3 |
| Artikel 3 (aufgehoben)[2] |  |
|  | Artikel 4 |
|  | Artikel 5[3] |
| Artikel 4 (aufgehoben)[4] |  |
| Artikel 5 (aufgehoben)[5] |  |
| Artikel 6 | Artikel 6 |
| Artikel 7 | Artikel 7 |
|  | Artikel 8 |
| TITEL II – BESTIMMUNGEN ZUR ÄNDERUNG DES VERTRAGS ZUR GRÜNDUNG DER EUROPÄISCHEN WIRTSCHAFTSGEMEINSCHAFT IM HINBLICK AUF DIE GRÜNDUNG DER EUROPÄISCHEN GEMEINSCHAFT | TITEL II – BESTIMMUNGEN ÜBER DIE DEMOKRATISCHEN GRUNDSÄTZE |
| Artikel 8 (aufgehoben)[6] | Artikel 9 |
|  | Artikel 10[7] |
|  | Artikel 11 |
|  | Artikel 12 |

---

1 Diese beiden Tabellen beruhen auf den Tabellen nach Artikel 5 des Vertrags von Lissabon ohne die mittlere Spalte mit der vorläufigen Nummerierung des Vertrags von Lissabon.
2 Im Wesentlichen ersetzt durch Artikel 7 des Vertrags über die Arbeitsweise der Europäischen Union (AEUV) und Artikel 13 Absatz 1 sowie Artikel 21 Absatz 3 Unterabsatz 2 des Vertrags über die Europäische Union (EUV).
3 Ersetzt Artikel 5 des Vertrags über die Gründung der Europäischen Gemeinschaft (EGV).
4 Im Wesentlichen ersetzt durch Artikel 15 EUV.
5 Im Wesentlichen ersetzt durch Artikel 13 Absatz 2 EUV.
6 Artikel 8 EUV in der Fassung vor dem Inkrafttreten des Vertrags von Lissabon (im Folgenden »bisheriger EUV«) enthielt Vorschriften zur Änderung des EGV. Die in diesem Artikel enthaltenen Änderungen wurden in den EGV eingefügt und Artikel 8 wird aufgehoben. Unter seiner Nummer wird eine neue Bestimmung eingefügt.
7 Absatz 4 ersetzt im Wesentlichen Artikel 191 Absatz 1 EGV.

# Anhang III — Übereinstimmungstabellen

| Bisherige Nummerierung des Vertrags über die Europäische Union | Neue Nummerierung des Vertrags über die Europäische Union |
|---|---|
| TITEL III – BESTIMMUNGEN ZUR ÄNDERUNG DES VERTRAGS ÜBER DIE GRÜNDUNG DER EUROPÄISCHEN GEMEINSCHAFT FÜR KOHLE UND STAHL | TITEL III – BESTIMMUNGEN ÜBER DIE ORGANE |
| Artikel 9 (aufgehoben)[8] | Artikel 13 |
|  | Artikel 14[9] |
|  | Artikel 15[10] |
|  | Artikel 16[11] |
|  | Artikel 17[12] |
|  | Artikel 18 |
|  | Artikel 19[13] |
| TITEL IV – BESTIMMUNGEN ZUR ÄNDERUNG DES VERTRAGS ZUR GRÜNDUNG DER EUROPÄISCHEN ATOMGEMEINSCHAFT | TITEL IV – BESTIMMUNGEN ÜBER EINE VERSTÄRKTE ZUSAMMENARBEIT |
| Artikel 10 (aufgehoben)[14] *Artikel 27a bis 27e (ersetzt) Artikel 40 bis 40b (ersetzt) Artikel 43 bis 45 (ersetzt)* | Artikel 20[15] |
| TITEL V – BESTIMMUNGEN ÜBER DIE GEMEINSAME AUSSEN-UND SICHERHEITSPOLITIK | TITEL V – ALLGEMEINE BESTIMMUNGEN ÜBER DAS AUSWÄRTIGE HANDELN DER UNION UND BESONDERE BESTIMMUNGEN ÜBER DIE GEMEINSAME AUSSEN-UND SICHERHEITSPOLITIK |

---

8  Artikel 9 des bisherigen EUV enthielt Vorschriften zur Änderung des Vertrags über die Gründung der Europäischen Gemeinschaft für Kohle und Stahl. Der EGKS-Vertrag trat am 23. Juli 2002 außer Kraft. Artikel 9 wird aufgehoben und unter seiner Nummer wird eine andere Bestimmung eingefügt.
9  – Die Absätze 1 und 2 ersetzen im Wesentlichen Artikel 189 EGV.
   – Die Absätze 1 bis 3 ersetzen im Wesentlichen Artikel 190 Absätze 1 bis 3 EGV.
   – Absatz 1 ersetzt im Wesentlichen Artikel 192 Absatz 1 EGV
   – Absatz 4 ersetzt im Wesentlichen Artikel 197 Absatz 1 EGV.
10 Ersetzt im Wesentlichen Artikel 4 des bisherigen EUV.
11 – Absatz 1 ersetzt im Wesentlichen Artikel 202 erster und zweiter Gedankenstrich EGV.
   – Die Absätze 2 und 9 ersetzen im Wesentlichen Artikel 203 EGV.
   – Die Absätze 4 und 5 ersetzen im Wesentlichen Artikel 205 Absätze 2 und 4 EGV.
12 – Absatz 1 ersetzt im Wesentlichen Artikel 211 EGV.
   – Die Absätze 3 und 7 ersetzen im Wesentlichen Artikel 214 EGV.
   – Absatz 6 ersetzt im Wesentlichen Artikel 217 Absätze 1, 3 und 4 EGV.
13 – Ersetzt im Wesentlichen Artikel 220 EGV.
   – Absatz 2 Unterabsatz 1 ersetzt im Wesentlichen Artikel 221 Absatz 1 EGV.
14 Artikel 10 des bisherigen EUV enthielt Vorschriften zur Änderung des Vertrags zur Gründung der Europäischen Atomgemeinschaft. Die in diesem Artikel enthaltenen Änderungen wurden in den Euratom-Vertrag eingefügt und Artikel 10 wird aufgehoben. Unter seiner Nummer wird eine andere Bestimmung eingefügt.
15 Ersetzt auch die Artikel 11 und 11a EGV.

# Vergleichstabelle EUV/AEUV — Anhang III

| Bisherige Nummerierung des Vertrags über die Europäische Union | Neue Nummerierung des Vertrags über die Europäische Union |
|---|---|
| | Kapitel 1 – Allgemeine Bestimmungen über das auswärtige Handeln der Union |
| | Artikel 21 |
| | Artikel 22 |
| | Kapitel 2 – Besondere Bestimmungen über die Gemeinsame Außen-und Sicherheitspolitik |
| | Abschnitt 1 – Gemeinsame Bestimmungen |
| | Artikel 23 |
| Artikel 11 | Artikel 24 |
| Artikel 12 | Artikel 25 |
| Artikel 13 | Artikel 26 |
| | Artikel 27 |
| Artikel 14 | Artikel 28 |
| Artikel 15 | Artikel 29 |
| *Artikel 22 (umgestellt)* | Artikel 30 |
| *Artikel 23 (umgestellt)* | Artikel 31 |
| Artikel 16 | Artikel 32 |
| Artikel 17 (umgestellt) | *Artikel 42* |
| Artikel 18 | Artikel 33 |
| Artikel 19 | Artikel 34 |
| Artikel 20 | Artikel 35 |
| Artikel 21 | Artikel 36 |
| Artikel 22 (umgestellt) | *Artikel 30* |
| Artikel 23 (umgestellt) | *Artikel 31* |
| Artikel 24 | Artikel 37 |
| Artikel 25 | Artikel 38 |
| | Artikel 39 |
| *Artikel 47 (umgestellt)* | Artikel 40 |
| Artikel 26 (aufgehoben) | |
| Artikel 27 (aufgehoben) | |
| Artikel 27a (ersetzt)[16] | *Artikel 20* |

16 Die Artikel 27a bis 27e des bisherigen EUV über die Verstärkte Zusammenarbeit werden auch durch die Artikel 326 bis 334 AEUV ersetzt.

# Anhang III

| Bisherige Nummerierung des Vertrags über die Europäische Union | Neue Nummerierung des Vertrags über die Europäische Union |
|---|---|
| Artikel 27b (ersetzt)[17] | *Artikel 20* |
| Artikel 27c (ersetzt)[18] | *Artikel 20* |
| Artikel 27d (ersetzt)[19] | *Artikel 20* |
| Artikel 27e (ersetzt)[20] | *Artikel 20* |
| Artikel 28 | Artikel 41 |
|  | Abschnitt 2 – Bestimmungen über die gemeinsame Sicherheits-und Verteidigungspolitik |
| *Artikel 17 (umgestellt)* | Artikel 42 |
|  | Artikel 43 |
|  | Artikel 44 |
|  | Artikel 45 |
|  | Artikel 46 |
| TITEL VI – BESTIMMUNGEN ÜBER DIE POLIZEILICHE UND JUSTIZIELLE ZUSAMMENARBEIT IN STRAFSACHEN (aufgehoben)[21] |  |
| Artikel 29 (ersetzt)[22] |  |
| Artikel 30 (ersetzt)[23] |  |
| Artikel 31 (ersetzt)[24] |  |
| Artikel 32 (ersetzt)[25] |  |
| Artikel 33 (ersetzt)[26] |  |
| Artikel 34 (aufgehoben) |  |
| Artikel 35 (aufgehoben) |  |

---

17  Die Artikel 27a bis 27e des bisherigen EUV über die Verstärkte Zusammenarbeit werden auch durch die Artikel 326 bis 334 AEUV ersetzt.
18  Die Artikel 27a bis 27e des bisherigen EUV über die Verstärkte Zusammenarbeit werden auch durch die Artikel 326 bis 334 AEUV ersetzt.
19  Die Artikel 27a bis 27e des bisherigen EUV über die Verstärkte Zusammenarbeit werden auch durch die Artikel 326 bis 334 AEUV ersetzt.
20  Die Artikel 27a bis 27e des bisherigen EUV über die Verstärkte Zusammenarbeit werden auch durch die Artikel 326 bis 334 AEUV ersetzt.
21  Die Bestimmungen des Titels VI des bisherigen EUV über die polizeiliche und justizielle Zusammenarbeit in Strafsachen werden ersetzt durch die Bestimmungen des Dritten Teils, Titel V, Kapitel 1, 4 und 5 AEUV.
22  Ersetzt durch Artikel 67 AEUV.
23  Ersetzt durch die Artikel 87 und 88 AEUV.
24  *Ersetzt durch die Artikel 82, 83 und 85 AEUV.*
25  Ersetzt durch Artikel 89 AEUV.
26  Ersetzt durch Artikel 72 AEUV.

# Anhang III

Vergleichstabelle EUV/AEUV

| Bisherige Nummerierung des Vertrags über die Europäische Union | Neue Nummerierung des Vertrags über die Europäische Union |
|---|---|
| Artikel 36 (ersetzt)[27] | |
| Artikel 37 (aufgehoben) | |
| Artikel 38 (aufgehoben) | |
| Artikel 39 (aufgehoben) | |
| Artikel 40 (ersetzt)[28] | *Artikel 20* |
| Artikel 40a (ersetzt)[29] | *Artikel 20* |
| Artikel 40b (ersetzt)[30] | *Artikel 20* |
| Artikel 41 (aufgehoben) | |
| Artikel 42 (aufgehoben) | |
| TITEL VII – BESTIMMUNGEN ÜBER EINE VERSTÄRKTE ZUSAMMENARBEIT (ersetzt)[31] | |
| Artikel 43 (ersetzt)[32] | *Artikel 20* |
| Artikel 43a (ersetzt)[33] | *Artikel 20* |
| Artikel 43b (ersetzt)[34] | *Artikel 20* |
| Artikel 44 (ersetzt)[35] | *Artikel 20* |
| Artikel 44a (ersetzt)[36] | *Artikel 20* |
| Artikel 45 (ersetzt)[37] | *Artikel 20* |
| TITEL VIII – SCHLUSSBESTIMMUNGEN | TITEL VI – SCHLUSSBESTIMMUNGEN |

---

27 Ersetzt durch Artikel 71 AEUV.
28 Die Artikel 40 bis 40b des bisherigen EUV über die Verstärkte Zusammenarbeit werden auch durch die Artikel 326 bis 334 AEUV ersetzt.
29 Die Artikel 40 bis 40b des bisherigen EUV über die Verstärkte Zusammenarbeit werden auch durch die Artikel 326 bis 334 AEUV ersetzt.
30 Die Artikel 40 bis 40b des bisherigen EUV über die Verstärkte Zusammenarbeit werden auch durch die Artikel 326 bis 334 AEUV ersetzt.
31 Die Artikel 43 bis 45 und Titel VII des bisherigen EUV über die Verstärkte Zusammenarbeit werden auch durch die Artikel 326 bis 334 AEUV ersetzt.
32 Die Artikel 43 bis 45 und Titel VII des bisherigen EUV über die Verstärkte Zusammenarbeit werden auch durch die Artikel 326 bis 334 AEUV ersetzt.
33 Die Artikel 43 bis 45 und Titel VII des bisherigen EUV über die Verstärkte Zusammenarbeit werden auch durch die Artikel 326 bis 334 AEUV ersetzt.
34 Die Artikel 43 bis 45 und Titel VII des bisherigen EUV über die Verstärkte Zusammenarbeit werden auch durch die Artikel 326 bis 334 AEUV ersetzt.
35 Die Artikel 43 bis 45 und Titel VII des bisherigen EUV über die Verstärkte Zusammenarbeit werden auch durch die Artikel 326 bis 334 AEUV ersetzt.
36 Die Artikel 43 bis 45 und Titel VII des bisherigen EUV über die Verstärkte Zusammenarbeit werden auch durch die Artikel 326 bis 334 AEUV ersetzt.
37 Die Artikel 43 bis 45 und Titel VII des bisherigen EUV über die Verstärkte Zusammenarbeit werden auch durch die Artikel 326 bis 334 AEUV ersetzt.

# Anhang III

| Bisherige Nummerierung des Vertrags über die Europäische Union | Neue Nummerierung des Vertrags über die Europäische Union |
|---|---|
| Artikel 46 (aufgehoben) | |
| | Artikel 47 |
| Artikel 47 (ersetzt) | *Artikel 40* |
| Artikel 48 | Artikel 48 |
| Artikel 49 | Artikel 49 |
| | Artikel 50 |
| | Artikel 51 |
| | Artikel 52 |
| Artikel 50 (aufgehoben) | |
| Artikel 51 | Artikel 53 |
| Artikel 52 | Artikel 54 |
| Artikel 53 | Artikel 55 |

Vertrag über die Arbeitsweise der Europäischen Union

| Bisherige Nummerierung des Vertrags über die Europäische Union | Neue Nummerierung des Vertrags über die Europäische Union |
|---|---|
| ERSTER TEIL – GRUNDSÄTZE | ERSTER TEIL – GRUNDSÄTZE |
| Artikel 1 (aufgehoben) | |
| | Artikel 1 |
| Artikel 2 (aufgehoben)[38] | |
| | Titel I – Arten und Bereiche der Zuständigkeit der Union |
| | Artikel 2 |
| | Artikel 3 |
| | Artikel 4 |
| | Artikel 5 |
| | Artikel 6 |
| | Titel II – Allgemein geltende Bestimmungen |
| | Artikel 7 |
| Artikel 3 Absatz 1 (aufgehoben)[39] | |

---

38 Im Wesentlichen ersetzt durch Artikel 3 EUV.
39 Im Wesentlichen ersetzt durch die Artikel 3 bis 6 AEUV.

# Vergleichstabelle EUV/AEUV

# Anhang III

| Bisherige Nummerierung des Vertrags über die Europäische Union | Neue Nummerierung des Vertrags über die Europäische Union |
|---|---|
| Artikel 3 Absatz 2 | Artikel 8 |
| Artikel 4 (umgestellt) | *Artikel 119* |
| Artikel 5 (ersetzt)[40] | |
| | Artikel 9 |
| | Artikel 10 |
| Artikel 6 | Artikel 11 |
| *Artikel 153 Absatz 2 (umgestellt)* | Artikel 12 |
| | Artikel 13[41] |
| Artikel 7 (aufgehoben)[42] | |
| Artikel 8 (aufgehoben)[43] | |
| Artikel 9 (aufgehoben) | |
| Artikel 10 (aufgehoben)[44] | |
| Artikel 11 (ersetzt)[45] | *Artikel 326 bis 334* |
| Artikel 11a (ersetzt)[46] | *Artikel 326 bis 334* |
| Artikel 12 (umgestellt) | *Artikel 18* |
| Artikel 13 (umgestellt) | *Artikel 19* |
| Artikel 14 (umgestellt) | *Artikel 26* |
| Artikel 15 (umgestellt) | *Artikel 27* |
| Artikel 16 | Artikel 14 |
| *Artikel 255 (umgestellt)* | Artikel 15 |
| *Artikel 286 (ersetzt)* | Artikel 16 |
| | Artikel 17 |
| ZWEITER TEIL – DIE UNIONSBÜRGERSCHAFT | ZWEITER TEIL – NICHTDISKRIMINIERUNG UND UNIONSBÜRGERSCHAFT |
| *Artikel 12 (umgestellt)* | Artikel 18 |
| *Artikel 13 (umgestellt)* | Artikel 19 |
| Artikel 17 | Artikel 20 |

---

40 Ersetzt durch Artikel 5 EUV.
41 Übernahme des verfügenden Teils des Protokolls über das Wohlergehen der Tiere.
42 Im Wesentlichen ersetzt durch Artikel 13 EUV.
43 Im Wesentlichen ersetzt durch Artikel 13 EUV und Artikel 282 Absatz 1 AEUV.
44 Im Wesentlichen ersetzt durch Artikel 4 Absatz 3 EUV.
45 Auch ersetzt durch Artikel 20 EUV.
46 Auch ersetzt durch Artikel 20 EUV.

# Anhang III

| Bisherige Nummerierung des Vertrags über die Europäische Union | Neue Nummerierung des Vertrags über die Europäische Union |
|---|---|
| Artikel 18 | Artikel 21 |
| Artikel 19 | Artikel 22 |
| Artikel 20 | Artikel 23 |
| Artikel 21 | Artikel 24 |
| Artikel 22 | Artikel 25 |
| DRITTER TEIL – DIE POLITIKEN DER GEMEINSCHAFT | DRITTER TEIL – DIE INTERNEN POLITIKEN UND MASSNAHMEN DER UNION |
|  | Titel I – Der Binnenmarkt |
| *Artikel 14 (umgestellt)* | Artikel 26 |
| *Artikel 15 (umgestellt)* | Artikel 27 |
| Titel I – Der freie Warenverkehr | Titel II – Der freie Warenverkehr |
| Artikel 23 | Artikel 28 |
| Artikel 24 | Artikel 29 |
| Kapitel 1 – Die Zollunion | Kapitel 1 – Die Zollunion |
| Artikel 25 | Artikel 30 |
| Artikel 26 | Artikel 31 |
| Artikel 27 | Artikel 32 |
| *Dritter Teil Titel X, Zusammenarbeit im Zollwesen (umgestellt)* | Kapitel 2 – Die Zusammenarbeit im Zollwesen |
| *Artikel 135 (umgestellt)* | Artikel 33 |
| Kapitel 2 – Verbot von mengenmäßigen Beschränkungen zwischen den Mitgliedstaaten | Kapitel 3 – Verbot von mengenmäßigen Beschränkungen zwischen den Mitgliedstaaten |
| Artikel 28 | Artikel 34 |
| Artikel 29 | Artikel 35 |
| Artikel 30 | Artikel 36 |
| Artikel 31 | Artikel 37 |
| Titel II – Die Landwirtschaft | Titel III – Die Landwirtschaft und die Fischerei |
| Artikel 32 | Artikel 38 |
| Artikel 33 | Artikel 39 |
| Artikel 34 | Artikel 40 |
| Artikel 35 | Artikel 41 |
| Artikel 36 | Artikel 42 |
| Artikel 37 | Artikel 43 |

# Anhang III

Vergleichstabelle EUV/AEUV

| Bisherige Nummerierung des Vertrags über die Europäische Union | Neue Nummerierung des Vertrags über die Europäische Union |
|---|---|
| Artikel 38 | Artikel 44 |
| Titel III – Die Freizügigkeit, der freie Dienstleistungs-und Kapitalverkehr | Titel IV – Die Freizügigkeit, der freie Dienstleistungs-und Kapitalverkehr |
| Kapitel 1 – Die Arbeitskräfte | Kapitel 1 – Die Arbeitskräfte |
| Artikel 39 | Artikel 45 |
| Artikel 40 | Artikel 46 |
| Artikel 41 | Artikel 47 |
| Artikel 42 | Artikel 48 |
| Kapitel 2 – Das Niederlassungsrecht | Kapitel 2 – Das Niederlassungsrecht |
| Artikel 43 | Artikel 49 |
| Artikel 44 | Artikel 50 |
| Artikel 45 | Artikel 51 |
| Artikel 46 | Artikel 52 |
| Artikel 47 | Artikel 53 |
| Artikel 48 | Artikel 54 |
| *Artikel 294 (umgestellt)* | Artikel 55 |
| Kapitel 3 – Dienstleistungen | Kapitel 3 – Dienstleistungen |
| Artikel 49 | Artikel 56 |
| Artikel 50 | Artikel 57 |
| Artikel 51 | Artikel 58 |
| Artikel 52 | Artikel 59 |
| Artikel 53 | Artikel 60 |
| Artikel 54 | Artikel 61 |
| Artikel 55 | Artikel 62 |
| Kapitel 4 – Der Kapital-und Zahlungsverkehr | Kapitel 4 – Der Kapital-und Zahlungsverkehr |
| Artikel 56 | Artikel 63 |
| Artikel 57 | Artikel 64 |
| Artikel 58 | Artikel 65 |
| Artikel 59 | Artikel 66 |
| Artikel 60 (umgestellt) | *Artikel 75* |
| Titel IV – Visa, Asyl, Einwanderung und andere Politiken betreffend den freien Personenverkehr | Titel V – Der Raum der Freiheit, der Sicherheit und des Rechts |

# Anhang III

Übereinstimmungstabellen

| Bisherige Nummerierung des Vertrags über die Europäische Union | Neue Nummerierung des Vertrags über die Europäische Union |
|---|---|
| | Kapitel 1 – Allgemeine Bestimmungen |
| Artikel 61 | Artikel 67[47] |
| | Artikel 68 |
| | Artikel 69 |
| | Artikel 70 |
| | Artikel 71[48] |
| *Artikel 64 Absatz 1 (ersetzt)* | Artikel 72[49] |
| | Artikel 73 |
| *Artikel 66 (ersetzt)* | Artikel 74 |
| *Artikel 60 (umgestellt)* | Artikel 75 |
| | Artikel 76 |
| | Kapitel 2 – Politik im Bereich Grenzkontrollen, Asyl und Einwanderung |
| Artikel 62 | Artikel 77 |
| Artikel 63 Nummern 1 und 2 und Artikel 64 Absatz 2[50] | Artikel 78 |
| Artikel 63 Nummern 3 und 4 | Artikel 79 |
| | Artikel 80 |
| Artikel 64 Absatz 1 (ersetzt) | *Artikel 72* |
| | Kapitel 3 – Justizielle Zusammenarbeit in Zivilsachen |
| Artikel 65 | Artikel 81 |
| Artikel 66 (ersetzt) | *Artikel 74* |
| Artikel 67 (aufgehoben) | |
| Artikel 68 (aufgehoben) | |
| Artikel 69 (aufgehoben) | |
| | Kapitel 4 – Justizielle Zusammenarbeit in Strafsachen |
| | Artikel 82[51] |

47 Ersetzt auch Artikel 29 des bisherigen EUV.
48 Ersetzt auch Artikel 36 des bisherigen EUV.
49 Ersetzt auch Artikel 33 des bisherigen EUV.
50 Artikel 63 Nummern 1 und 2 EGV wird durch Artikel 78 Absätze 1 und 2 AEUV und Artikel 64 Absatz 2 wird durch Artikel 78 Absatz 3 AEUV ersetzt.
51 Ersetzt auch Artikel 31 des bisherigen EUV.

# Anhang III

Vergleichstabelle EUV/AEUV

| Bisherige Nummerierung des Vertrags über die Europäische Union | Neue Nummerierung des Vertrags über die Europäische Union |
|---|---|
| | Artikel 83[52] |
| | Artikel 84 |
| | Artikel 85[53] |
| | Artikel 86 |
| | Kapitel 5 – Polizeiliche Zusammenarbeit |
| | Artikel 87[54] |
| | Artikel 88[55] |
| | Artikel 89[56] |
| Titel V – Der Verkehr | Titel VI – Der Verkehr |
| Artikel 70 | Artikel 90 |
| Artikel 71 | Artikel 91 |
| Artikel 72 | Artikel 92 |
| Artikel 73 | Artikel 93 |
| Artikel 74 | Artikel 94 |
| Artikel 75 | Artikel 95 |
| Artikel 76 | Artikel 96 |
| Artikel 77 | Artikel 97 |
| Artikel 78 | Artikel 98 |
| Artikel 79 | Artikel 99 |
| Artikel 80 | Artikel 100 |
| Titel VI – Gemeinsame Regeln betreffend Wettbewerb, Steuerfragen und Angleichung der Rechtsvorschriften | Titel VII – Gemeinsame Regeln betreffend Wettbewerb, Steuerfragen und Angleichung der Rechtsvorschriften |
| Kapitel 1 – Wettbewerbsregeln | Kapitel 1 – Wettbewerbsregeln |
| Abschnitt 1 – Vorschriften für Unternehmen | Abschnitt 1 – Vorschriften für Unternehmen |
| Artikel 81 | Artikel 101 |
| Artikel 82 | Artikel 102 |
| Artikel 83 | Artikel 103 |
| Artikel 84 | Artikel 104 |

52 Ersetzt auch Artikel 31 des bisherigen EUV.
53 Ersetzt auch Artikel 31 des bisherigen EUV.
54 Ersetzt auch Artikel 30 des bisherigen EUV.
55 Ersetzt auch Artikel 30 des bisherigen EUV.
56 Ersetzt auch Artikel 32 des bisherigen EUV.

# Anhang III

Übereinstimmungstabellen

| Bisherige Nummerierung des Vertrags über die Europäische Union | Neue Nummerierung des Vertrags über die Europäische Union |
|---|---|
| Artikel 85 | Artikel 105 |
| Artikel 86 | Artikel 106 |
| Abschnitt 2 – Staatliche Beihilfen | Abschnitt 2 – Staatliche Beihilfen |
| Artikel 87 | Artikel 107 |
| Artikel 88 | Artikel 108 |
| Artikel 89 | Artikel 109 |
| Kapitel 2 – Steuerliche Vorschriften | Kapitel 2 – Steuerliche Vorschriften |
| Artikel 90 | Artikel 110 |
| Artikel 91 | Artikel 111 |
| Artikel 92 | Artikel 112 |
| Artikel 93 | Artikel 113 |
| Kapitel 3 – Angleichung der Rechtsvorschriften | Kapitel 3 – Angleichung der Rechtsvorschriften |
| *Artikel 95 (umgestellt)* | Artikel 114 |
| *Artikel 94 (umgestellt)* | Artikel 115 |
| Artikel 96 | Artikel 116 |
| Artikel 97 | Artikel 117 |
|  | Artikel 118 |
| Titel VII – Die Wirtschafts-und Währungspolitik | Titel VIII – Die Wirtschafts-und Währungspolitik |
| *Artikel 4 (umgestellt)* | Artikel 119 |
| Kapitel 1 – Die Wirtschaftspolitik | Kapitel 1 – Die Wirtschaftspolitik |
| Artikel 98 | Artikel 120 |
| Artikel 99 | Artikel 121 |
| Artikel 100 | Artikel 122 |
| Artikel 101 | Artikel 123 |
| Artikel 102 | Artikel 124 |
| Artikel 103 | Artikel 125 |
| Artikel 104 | Artikel 126 |
| Kapitel 2 – Die Währungspolitik | Kapitel 2 – Die Währungspolitik |
| Artikel 105 | Artikel 127 |
| Artikel 106 | Artikel 128 |
| Artikel 107 | Artikel 129 |

| Bisherige Nummerierung des Vertrags über die Europäische Union | Neue Nummerierung des Vertrags über die Europäische Union |
|---|---|
| Artikel 108 | Artikel 130 |
| Artikel 109 | Artikel 131 |
| Artikel 110 | Artikel 132 |
| Artikel 111 Absätze 1 bis 3 und 5 (umgestellt) | *Artikel 219* |
| Artikel 111 Absatz 4 (umgestellt) | *Artikel 138* |
|  | Artikel 133 |
| Kapitel 3 – Institutionelle Bestimmungen | Kapitel 3 – Institutionelle Bestimmungen |
| Artikel 112 (umgestellt) | *Artikel 283* |
| Artikel 113 (umgestellt) | *Artikel 284* |
| Artikel 114 | Artikel 134 |
| Artikel 115 | Artikel 135 |
|  | Kapitel 4 – Besondere Bestimmungen für die Mitgliedstaaten, deren Währung der Euro ist |
|  | Artikel 136 |
|  | Artikel 137 |
| *Artikel 111 Absatz 4 (umgestellt)* | Artikel 138 |
| Kapitel 4 – Übergangsbestimmungen | Kapitel 5 – Übergangsbestimmungen |
| Artikel 116 (aufgehoben) |  |
|  | Artikel 139 |
| Artikel 117 Absätze 1, 2 sechster Gedankenstrich und 3 bis 9 (aufgehoben) |  |
| Artikel 117 Absatz 2 erste fünf Gedankenstriche (umgestellt) | *Artikel 141 Absatz 2* |
| *Artikel 121 Absatz 1 (umgestellt) Artikel 122 Absatz 2 Satz 2 (umgestellt) Artikel 123 Absatz 5 (umgestellt)* | Artikel 140[57] |
| Artikel 118 (aufgehoben) |  |
| *Artikel 123 Absatz 3 (umgestellt) Artikel 117 Absatz 2 erste fünf Gedankenstriche (umgestellt)* | Artikel 141[58] |
| *Artikel 124 Absatz 1 (umgestellt)* | Artikel 142 |

57 – Artikel 140 Absatz 1 übernimmt den Wortlaut des Artikels 121.
    – Artikel 140 Absatz 2 übernimmt den Wortlaut des Artikels 122 Absatz 2 Satz 2.
    – Artikel 140 Absatz 3 übernimmt den Wortlaut des Artikels 123 Absatz 5.
58 – Artikel 141 Absatz 1 übernimmt den Wortlaut des Artikels 123 Absatz 3.
    – Artikel 141 Absatz 2 übernimmt den Wortlaut der fünf ersten Gedankenstriche des Artikels 117.

# Anhang III

| Bisherige Nummerierung des Vertrags über die Europäische Union | Neue Nummerierung des Vertrags über die Europäische Union |
|---|---|
| Artikel 119 | Artikel 143 |
| Artikel 120 | Artikel 144 |
| Artikel 121 Absatz 1 (umgestellt) | *Artikel 140 Absatz 1* |
| Artikel 121 Absätze 2 bis 4 (aufgehoben) | |
| Artikel 122 Absätze 1, 2 Satz 1, Absätze 3, 4, 5 und 6 (aufgehoben) | |
| Artikel 122 Absatz 2 Satz 2 (umgestellt) | *Artikel 140 Absatz 2 Unterabsatz 1* |
| Artikel 123 Absätze 1, 2 und 4 (aufgehoben) | |
| Artikel 123 Absatz 3 (umgestellt) | *Artikel 141 Absatz 1* |
| Artikel 123 Absatz 5 (umgestellt) | *Artikel 140 Absatz 3* |
| Artikel 124 Absatz 1 (umgestellt) | *Artikel 142* |
| Artikel 124 Absatz 2 (aufgehoben) | |
| Titel VIII – Beschäftigung | Titel IX – Beschäftigung |
| Artikel 125 | Artikel 145 |
| Artikel 126 | Artikel 146 |
| Artikel 127 | Artikel 147 |
| Artikel 128 | Artikel 148 |
| Artikel 129 | Artikel 149 |
| Artikel 130 | Artikel 150 |
| Titel IX – Gemeinsame Handelspolitik (umgestellt) | *Fünfter Teil Titel II – Gemeinsame Handelspolitik* |
| Artikel 131 (umgestellt) | *Artikel 206* |
| Artikel 132 (aufgehoben) | |
| Artikel 133 (umgestellt) | *Artikel 207* |
| Artikel 134 (aufgehoben) | |
| Titel X – Zusammenarbeit im Zollwesen (umgestellt) | *Dritter Teil Titel II Kapitel 2 – Zusammenarbeit im Zollwesen* |
| Artikel 135 (umgestellt) | *Artikel 33* |
| Titel XI – Sozialpolitik, allgemeine und berufliche Bildung und Jugend | Titel X – Sozialpolitik |
| Kapitel 1 – Sozialvorschriften (aufgehoben) | |
| Artikel 136 | Artikel 151 |
| | Artikel 152 |

| Bisherige Nummerierung des Vertrags über die Europäische Union | Neue Nummerierung des Vertrags über die Europäische Union |
|---|---|
| Artikel 137 | Artikel 153 |
| Artikel 138 | Artikel 154 |
| Artikel 139 | Artikel 155 |
| Artikel 140 | Artikel 156 |
| Artikel 141 | Artikel 157 |
| Artikel 142 | Artikel 158 |
| Artikel 143 | Artikel 159 |
| Artikel 144 | Artikel 160 |
| Artikel 145 | Artikel 161 |
| Kapitel 2 – Der Europäische Sozialfonds | Titel XI – Der Europäische Sozialfonds |
| Artikel 146 | Artikel 162 |
| Artikel 147 | Artikel 163 |
| Artikel 148 | Artikel 164 |
| Kapitel 3 – Allgemeine und berufliche Bildung und Jugend | Titel XII – Allgemeine und berufliche Bildung, Jugend und Sport |
| Artikel 149 | Artikel 165 |
| Artikel 150 | Artikel 166 |
| Titel XII – Kultur | Titel XIII – Kultur |
| Artikel 151 | Artikel 167 |
| Titel XIII – Gesundheitswesen | Titel XIV – Gesundheitswesen |
| Artikel 152 | Artikel 168 |
| Titel XIV – Verbraucherschutz | Titel XV – Verbraucherschutz |
| Artikel 153, Absätze 1, 3, 4 und 5 | Artikel 169 |
| Artikel 153, Absatz 2 (umgestellt) | *Artikel 12* |
| Titel XV – Transeuropäische Netze | Titel XVI – Transeuropäische Netze |
| Artikel 154 | Artikel 170 |
| Artikel 155 | Artikel 171 |
| Artikel 156 | Artikel 172 |
| Titel XVI – Industrie | Titel XVII – Industrie |
| Artikel 157 | Artikel 173 |
| Titel XVII – Wirtschaftlicher und sozialer Zusammenhalt | Titel XVIII – Wirtschaftlicher, sozialer und territorialer Zusammenhalt |
| Artikel 158 | Artikel 174 |

# Anhang III

## Übereinstimmungstabellen

| Bisherige Nummerierung des Vertrags über die Europäische Union | Neue Nummerierung des Vertrags über die Europäische Union |
|---|---|
| Artikel 159 | Artikel 175 |
| Artikel 160 | Artikel 176 |
| Artikel 161 | Artikel 177 |
| Artikel 162 | Artikel 178 |
| Titel XVIII – Forschung und technologische Entwicklung | Titel XIX – Forschung, technologische Entwicklung und Raumfahrt |
| Artikel 163 | Artikel 179 |
| Artikel 164 | Artikel 180 |
| Artikel 165 | Artikel 181 |
| Artikel 166 | Artikel 182 |
| Artikel 167 | Artikel 183 |
| Artikel 168 | Artikel 184 |
| Artikel 169 | Artikel 185 |
| Artikel 170 | Artikel 186 |
| Artikel 171 | Artikel 187 |
| Artikel 172 | Artikel 188 |
|  | Artikel 189 |
| Artikel 173 | Artikel 190 |
| Titel XIX – Umwelt | Titel XX – Umwelt |
| Artikel 174 | Artikel 191 |
| Artikel 175 | Artikel 192 |
| Artikel 176 | Artikel 193 |
|  | Titel XXI – Energie |
|  | Artikel 194 |
|  | Titel XXII – Tourismus |
|  | Artikel 195 |
|  | Titel XXIII – Katastrophenschutz |
|  | Artikel 196 |
|  | Titel XXIV – Verwaltungszusammenarbeit |
|  | Artikel 197 |
| Titel XX – Entwicklungszusammenarbeit (umgestellt) | *Fünfter Teil Titel III Kapitel 1 – Entwicklungszusammenarbeit* |
| Artikel 177 (umgestellt) | *Artikel 208* |

# Anhang III

## Vergleichstabelle EUV/AEUV

| Bisherige Nummerierung des Vertrags über die Europäische Union | Neue Nummerierung des Vertrags über die Europäische Union |
|---|---|
| Artikel 178 (aufgehoben)[59] | |
| Artikel 179 (umgestellt) | *Artikel 209* |
| Artikel 180 (umgestellt) | *Artikel 210* |
| Artikel 181 (umgestellt) | *Artikel 211* |
| Titel XXI – Wirtschaftliche, finanzielle und technische Zusammenarbeit mit Drittländern (umgestellt) | *Fünfter Teil Titel III, Kapitel 2 – Wirtschaftliche, finanzielle und technische Zusammenarbeit mit Drittländern* |
| Artikel 181a (umgestellt) | *Artikel 212* |
| VIERTER TEIL – DIE ASSOZIIERUNG DER ÜBERSEEISCHEN LÄNDER UND HOHEITSGEBIETE | VIERTER TEIL – DIE ASSOZIIERUNG DER ÜBERSEEISCHEN LÄNDER UND HOHEITSGEBIETE |
| Artikel 182 | Artikel 198 |
| Artikel 183 | Artikel 199 |
| Artikel 184 | Artikel 200 |
| Artikel 185 | Artikel 201 |
| Artikel 186 | Artikel 202 |
| Artikel 187 | Artikel 203 |
| Artikel 188 | Artikel 204 |
| | FÜNFTER TEIL – DAS AUSWÄRTIGE HANDELN DER UNION |
| | Titel I – Allgemeine Bestimmungen über das auswärtige Handeln der Union |
| | Artikel 205 |
| *Dritter Teil Titel IX – Gemeinsame Handelspolitik (umgestellt)* | Titel II – Gemeinsame Handelspolitik |
| *Artikel 131 (umgestellt)* | Artikel 206 |
| *Artikel 133 (umgestellt)* | Artikel 207 |
| | Titel III – Zusammenarbeit mit Drittländern und humanitäre Hilfe |
| *Dritter Teil Titel XX – Entwicklungszusammenarbeit (umgestellt)* | Kapitel 1 – Entwicklungszusammenarbeit |
| *Artikel 177 (umgestellt)* | Artikel 208[60] |
| *Artikel 179 (umgestellt)* | Artikel 209 |

---

[59] Im Wesentlichen ersetzt durch Artikel 208 Absatz 1 Unterabsatz 2 Satz 2 AEUV.
[60] Absatz 1 Unterabsatz 2 Satz 2 ersetzt im Wesentlichen Artikel 178 EGV.

# Anhang III

Übereinstimmungstabellen

| Bisherige Nummerierung des Vertrags über die Europäische Union | Neue Nummerierung des Vertrags über die Europäische Union |
|---|---|
| *Artikel 180 (umgestellt)* | Artikel 210 |
| *Artikel 181 (umgestellt)* | Artikel 211 |
| *Dritter Teil, Titel XXI – Wirtschaftliche, finanzielle und technische Zusammenarbeit mit Drittländern (umgestellt)* | Kapitel 2 – Wirtschaftliche, finanzielle und technische Zusammenarbeit mit Drittländern |
| *Artikel 181a (umgestellt)* | Artikel 212 |
|  | Artikel 213 |
|  | Kapitel 3 – Humanitäre Hilfe |
|  | Artikel 214 |
|  | Titel IV – Restriktive Maßnahmen |
| *Artikel 301 (ersetzt)* | Artikel 215 |
|  | Titel V – Internationale Übereinkünfte |
|  | Artikel 216 |
| *Artikel 310 (umgestellt)* | Artikel 217 |
| *Artikel 300 (ersetzt)* | Artikel 218 |
| *Artikel 111 Absätze 1 bis 3 und 5 (umgestellt)* | Artikel 219 |
|  | Titel VI – Beziehungen der Union zu internationalen Organisationen und Drittländern sowie Delegationen der Union |
| *Artikel 302 bis 304 (ersetzt)* | Artikel 220 |
|  | Artikel 221 |
|  | Titel VII – Solidaritätsklausel |
|  | Artikel 222 |
| FÜNFTER TEIL – DIE ORGANE DER GEMEINSCHAFT | SECHSTER TEIL – INSTITUTIONELLE BESTIMMUNGEN UND FINANZVORSCHRIFTEN |
| Titel I – Vorschriften über die Organe | Titel I – Vorschriften über die Organe |
| Kapitel 1 – Die Organe | Kapitel 1 – Die Organe |
| Abschnitt 1 – Das Europäische Parlament | Abschnitt 1 – Das Europäische Parlament |
| Artikel 189 (aufgehoben)[61] |  |
| Artikel 190 Absätze 1 bis 3 (aufgehoben)[62] |  |
| Artikel 190 Absätze 4 und 5 | Artikel 223 |

---

61 Im Wesentlichen ersetzt durch Artikel 14 Absätze 1 und 2 EUV.
62 Im Wesentlichen ersetzt durch Artikel 14 Absätze 1 bis 3 EUV.

# Anhang III

Vergleichstabelle EUV/AEUV

| Bisherige Nummerierung des Vertrags über die Europäische Union | Neue Nummerierung des Vertrags über die Europäische Union |
|---|---|
| Artikel 191 Absatz 1 (aufgehoben)[63] | |
| Artikel 191 Absatz 2 | Artikel 224 |
| Artikel 192 Absatz 1 (aufgehoben)[64] | |
| Artikel 192 Absatz 2 | Artikel 225 |
| Artikel 193 | Artikel 226 |
| Artikel 194 | Artikel 227 |
| Artikel 195 | Artikel 228 |
| Artikel 196 | Artikel 229 |
| Artikel 197 Absatz 1 (aufgehoben)[65] | |
| Artikel 197 Absätze 2, 3 und 4 | Artikel 230 |
| Artikel 198 | Artikel 231 |
| Artikel 199 | Artikel 232 |
| Artikel 200 | Artikel 233 |
| Artikel 201 | Artikel 234 |
| | Abschnitt 2 – Der Europäische Rat |
| | Artikel 235 |
| | Artikel 236 |
| Abschnitt 2 – Der Rat | Abschnitt 3 – Der Rat |
| Artikel 202 (aufgehoben)[66] | |
| Artikel 203 (aufgehoben)[67] | |
| Artikel 204 | Artikel 237 |
| Artikel 205 Absätze 2 und 4 (aufgehoben)[68] | |
| Artikel 205 Absätze 1 und 3 | Artikel 238 |
| Artikel 206 | Artikel 239 |
| Artikel 207 | Artikel 240 |
| Artikel 208 | Artikel 241 |
| Artikel 209 | Artikel 242 |

---

63 Im Wesentlichen ersetzt durch Artikel 11 Absatz 4 EUV.
64 Im Wesentlichen ersetzt durch Artikel 14 Absatz 1 EUV.
65 Im Wesentlichen ersetzt durch Artikel 14 Absatz 4 EUV.
66 Im Wesentlichen ersetzt durch Artikel 16 Absatz 1 EUV und die Artikel 290 und 291 AEUV.
67 Im Wesentlichen ersetzt durch Artikel 16 Absätze 2 und 9 EUV.
68 Im Wesentlichen ersetzt durch Artikel 16 Absätze 4 und 5 EUV.

# Anhang III

| Bisherige Nummerierung des Vertrags über die Europäische Union | Neue Nummerierung des Vertrags über die Europäische Union |
|---|---|
| Artikel 210 | Artikel 243 |
| Abschnitt 3 – Die Kommission | Abschnitt 4 – Die Kommission |
| Artikel 211 (aufgehoben)[69] | |
| | Artikel 244 |
| Artikel 212 (umgestellt) | *Artikel 249 Absatz 2* |
| Artikel 213 | Artikel 245 |
| Artikel 214 (aufgehoben)[70] | |
| Artikel 215 | Artikel 246 |
| Artikel 216 | Artikel 247 |
| Artikel 217 Absätze 1, 3 und 4 (aufgehoben)[71] | |
| Artikel 217 Absatz 2 | Artikel 248 |
| Artikel 218 Absatz 1 (aufgehoben)[72] | |
| Artikel 218 Absatz 2 | Artikel 249 |
| Artikel 219 | Artikel 250 |
| Abschnitt 4 – Der Gerichtshof | Abschnitt 5 – Der Gerichtshof der Europäischen Union |
| Artikel 220 (aufgehoben)[73] | |
| Artikel 221 Absatz 1 (aufgehoben)[74] | |
| Artikel 221 Absätze 2 und 3 | Artikel 251 |
| Artikel 222 | Artikel 252 |
| Artikel 223 | Artikel 253 |
| Artikel 224[75] | Artikel 254 |
| | Artikel 255 |
| Artikel 225 | Artikel 256 |
| Artikel 225a | Artikel 257 |
| Artikel 226 | Artikel 258 |
| Artikel 227 | Artikel 259 |

---

69 Im Wesentlichen ersetzt durch Artikel 17 Absatz 1 EUV.
70 Im Wesentlichen ersetzt durch Artikel 17 Absätze 3 und 7 EUV.
71 Im Wesentlichen ersetzt durch Artikel 17 Absatz 6 EUV.
72 Im Wesentlichen ersetzt durch Artikel 295 AEUV.
73 Im Wesentlichen ersetzt durch Artikel 19 EUV.
74 Im Wesentlichen ersetzt durch Artikel 19 Absatz 2 Unterabsatz 1 EUV.
75 Absatz 1 Satz 1 wird im Wesentlichen ersetzt durch Artikel 19 Absatz 2 Unterabsatz 2 EUV.

# Anhang III

Vergleichstabelle EUV/AEUV

| Bisherige Nummerierung des Vertrags über die Europäische Union | Neue Nummerierung des Vertrags über die Europäische Union |
|---|---|
| Artikel 228 | Artikel 260 |
| Artikel 229 | Artikel 261 |
| Artikel 229a | Artikel 262 |
| Artikel 230 | Artikel 263 |
| Artikel 231 | Artikel 264 |
| Artikel 232 | Artikel 265 |
| Artikel 233 | Artikel 266 |
| Artikel 234 | Artikel 267 |
| Artikel 235 | Artikel 268 |
|  | Artikel 269 |
| Artikel 236 | Artikel 270 |
| Artikel 237 | Artikel 271 |
| Artikel 238 | Artikel 272 |
| Artikel 239 | Artikel 273 |
| Artikel 240 | Artikel 274 |
|  | Artikel 275 |
|  | Artikel 276 |
| Artikel 241 | Artikel 277 |
| Artikel 242 | Artikel 278 |
| Artikel 243 | Artikel 279 |
| Artikel 244 | Artikel 280 |
| Artikel 245 | Artikel 281 |
|  | Abschnitt 6 – Die Europäische Zentralbank |
|  | Artikel 282 |
| *Artikel 112 (umgestellt)* | Artikel 283 |
| *Artikel 113 (umgestellt)* | Artikel 284 |
| Abschnitt 5 – Der Rechnungshof | Abschnitt 7 – Der Rechnungshof |
| Artikel 246 | Artikel 285 |
| Artikel 247 | Artikel 286 |
| Artikel 248 | Artikel 287 |
| Kapitel 2 – Gemeinsame Vorschriften für mehrere Organe | Kapitel 2 – Rechtsakte der Union, Annahmeverfahren und sonstige Vorschriften |

# Anhang III

| Bisherige Nummerierung des Vertrags über die Europäische Union | Neue Nummerierung des Vertrags über die Europäische Union |
|---|---|
| | Abschnitt 1 – Die Rechtsakte der Union |
| Artikel 249 | Artikel 288 |
| | Artikel 289 |
| | Artikel 290[76] |
| | Artikel 291[77] |
| | Artikel 292 |
| | Abschnitt 2 – Annahmeverfahren und sonstige Vorschriften |
| Artikel 250 | Artikel 293 |
| Artikel 251 | Artikel 294 |
| Artikel 252 (aufgehoben) | |
| | Artikel 295 |
| Artikel 253 | Artikel 296 |
| Artikel 254 | Artikel 297 |
| | Artikel 298 |
| Artikel 255 (umgestellt) | *Artikel 15* |
| Artikel 256 | Artikel 299 |
| | Kapitel 3 – Die beratenden Einrichtungen der Union |
| | Artikel 300 |
| Kapitel 3 – Der Wirtschafts-und Sozialausschuss | Abschnitt 1 – Der Wirtschafts-und Sozialausschuss |
| Artikel 257 (aufgehoben)[78] | |
| Artikel 258 Absätze 1, 2 und 4 | Artikel 301 |
| Artikel 258 Absatz 3 (aufgehoben)[79] | |
| Artikel 259 | Artikel 302 |
| Artikel 260 | Artikel 303 |
| Artikel 261 (aufgehoben) | |
| Artikel 262 | Artikel 304 |
| Kapitel 4 – Der Ausschuss der Regionen | Abschnitt 2 – Der Ausschuss der Regionen |

76 Ersetzt im Wesentlichen den Artikel 202 dritter Gedankenstrich EGV.
77 Ersetzt im Wesentlichen den Artikel 202 dritter Gedankenstrich EGV.
78 Im Wesentlichen ersetzt durch Artikel 300 Absatz 2 AEUV.
79 Im Wesentlichen ersetzt durch Artikel 300 Absatz 4 AEUV.

## Anhang III

Vergleichstabelle EUV/AEUV

| Bisherige Nummerierung des Vertrags über die Europäische Union | Neue Nummerierung des Vertrags über die Europäische Union |
|---|---|
| Artikel 263, Absätze 1 und 5 (aufgehoben)[80] | |
| Artikel 263 Absätze 2 bis 4 | Artikel 305 |
| Artikel 264 | Artikel 306 |
| Artikel 265 | Artikel 307 |
| Kapitel 5 – Die Europäische Investitionsbank | Kapitel 4 – Die Europäische Investitionsbank |
| Artikel 266 | Artikel 308 |
| Artikel 267 | Artikel 309 |
| Titel II – Finanzvorschriften | Titel II – Finanzvorschriften |
| Artikel 268 | Artikel 310 |
| | Kapitel 1 – Die Eigenmittel der Union |
| Artikel 269 | Artikel 311 |
| Artikel 270 (aufgehoben)[81] | |
| | Kapitel 2 – Der mehrjährige Finanzrahmen |
| | Artikel 312 |
| | Kapitel 3 – Der Jahreshaushaltsplan der Union |
| *Artikel 272 Absatz 1 (umgestellt)* | Artikel 313 |
| Artikel 271 (umgestellt) | *Artikel 316* |
| Artikel 272 Absatz 1 (umgestellt) | *Artikel 313* |
| Artikel 272 Absätze 2 bis 10 | Artikel 314 |
| Artikel 273 | Artikel 315 |
| *Artikel 271 (umgestellt)* | Artikel 316 |
| | Kapitel 4 – Ausführung des Haushaltsplans und Entlastung |
| Artikel 274 | Artikel 317 |
| Artikel 275 | Artikel 318 |
| Artikel 276 | Artikel 319 |
| | Kapitel 5 – Gemeinsame Bestimmungen |
| Artikel 277 | Artikel 320 |
| Artikel 278 | Artikel 321 |
| Artikel 279 | Artikel 322 |

---

80 Im Wesentlichen ersetzt durch Artikel 300 Absätze 3 und 4 AEUV.
81 Im Wesentlichen ersetzt durch Artikel 310 Absatz 4 AEUV.

# Anhang III

| Bisherige Nummerierung des Vertrags über die Europäische Union | Neue Nummerierung des Vertrags über die Europäische Union |
|---|---|
| | Artikel 323 |
| | Artikel 324 |
| | Kapitel 6 – Betrugsbekämpfung |
| Artikel 280 | Artikel 325 |
| | Titel III – Verstärkte Zusammenarbeit |
| Artikel 11 und 11a (ersetzt) | Artikel 326[82] |
| Artikel 11 und 11a (ersetzt) | Artikel 327[83] |
| Artikel 11 und 11a (ersetzt) | Artikel 328[84] |
| Artikel 11 und 11a (ersetzt) | Artikel 329[85] |
| Artikel 11 und 11a (ersetzt) | Artikel 330[86] |
| Artikel 11 und 11a (ersetzt) | Artikel 331[87] |
| Artikel 11 und 11a (ersetzt) | Artikel 332[88] |
| Artikel 11 und 11a (ersetzt) | Artikel 333[89] |
| Artikel 11 und 11a (ersetzt) | Artikel 334[90] |
| SECHSTER TEIL – ALLGEMEINE UND SCHLUSSBESTIMMUNGEN | SIEBTER TEIL – ALLGEMEINE UND SCHLUSSBESTIMMUNGEN |
| Artikel 281 (aufgehoben)[91] | |
| Artikel 282 | Artikel 335 |
| Artikel 283 | Artikel 336 |
| Artikel 284 | Artikel 337 |
| Artikel 285 | Artikel 338 |
| Artikel 286 (ersetzt) | *Artikel 16* |
| Artikel 287 | Artikel 339 |
| Artikel 288 | Artikel 340 |
| Artikel 289 | Artikel 341 |

82 Ersetzt auch die Artikel 27a bis 27e, 40 bis 40b und 43 bis 45 des bisherigen EUV.
83 Ersetzt auch die Artikel 27a bis 27e, 40 bis 40b und 43 bis 45 des bisherigen EUV.
84 Ersetzt auch die Artikel 27a bis 27e, 40 bis 40b und 43 bis 45 des bisherigen EUV.
85 Ersetzt auch die Artikel 27a bis 27e, 40 bis 40b und 43 bis 45 des bisherigen EUV.
86 Ersetzt auch die Artikel 27a bis 27e, 40 bis 40b und 43 bis 45 des bisherigen EUV.
87 Ersetzt auch die Artikel 27a bis 27e, 40 bis 40b und 43 bis 45 des bisherigen EUV.
88 Ersetzt auch die Artikel 27a bis 27e, 40 bis 40b und 43 bis 45 des bisherigen EUV.
89 Ersetzt auch die Artikel 27a bis 27e, 40 bis 40b und 43 bis 45 des bisherigen EUV.
90 Ersetzt auch die Artikel 27a bis 27e, 40 bis 40b und 43 bis 45 des bisherigen EUV.
91 Im Wesentlichen ersetzt durch Artikel 47 EUV.

# Anhang III

| Bisherige Nummerierung des Vertrags über die Europäische Union | Neue Nummerierung des Vertrags über die Europäische Union |
|---|---|
| Artikel 290 | Artikel 342 |
| Artikel 291 | Artikel 343 |
| Artikel 292 | Artikel 344 |
| Artikel 293 (aufgehoben) | |
| Artikel 294 (umgestellt) | *Artikel 55* |
| Artikel 295 | Artikel 345 |
| Artikel 296 | Artikel 346 |
| Artikel 297 | Artikel 347 |
| Artikel 298 | Artikel 348 |
| Artikel 299 Absatz 1 (aufgehoben)[92] | |
| Artikel 299 Absatz 2 Unterabsätze 2, 3 und 4 | Artikel 349 |
| Artikel 299 Absatz 2 Unterabsatz 1 und Absätze 3 bis 6 (umgestellt) | *Artikel 355* |
| Artikel 300 (ersetzt) | *Artikel 218* |
| Artikel 301 (ersetzt) | *Artikel 215* |
| Artikel 302 (ersetzt) | *Artikel 220* |
| Artikel 303 (ersetzt) | *Artikel 220* |
| Artikel 304 (ersetzt) | *Artikel 220* |
| Artikel 305 (aufgehoben) | |
| Artikel 306 | Artikel 350 |
| Artikel 307 | Artikel 351 |
| Artikel 308 | Artikel 352 |
| | Artikel 353 |
| Artikel 309 | Artikel 354 |
| Artikel 310 (umgestellt) | *Artikel 217* |
| Artikel 311 (aufgehoben)[93] | |
| *Artikel 299 Absatz 2 Unterabsatz 1 und Absätze 3 bis 6 (umgestellt)* | Artikel 355 |
| Artikel 312 | Artikel 356 |
| Schlussbestimmungen | |
| Artikel 313 | Artikel 357 |

---

92 Im Wesentlichen ersetzt durch Artikel 52 EUV.
93 Im Wesentlichen ersetzt durch Artikel 51 EUV.

# Anhang III

Übereinstimmungstabellen

| Bisherige Nummerierung des Vertrags über die Europäische Union | Neue Nummerierung des Vertrags über die Europäische Union |
|---|---|
|  | Artikel 358 |
| Artikel 314 (aufgehoben)[94] |  |

---

[94] Im Wesentlichen ersetzt durch Artikel 55 EUV.

# Stichwortverzeichnis

**Fett gedruckte Zahlen** verweisen auf die Kapitel, gewöhnlich gedruckte Zahlen auf die Randnummer.

## A
**Abfallbeauftragter**
– Kündigungsschutz **4** 850
**Abfindung** **4** 3212 ff.; **6** 28, 152 ff.
– Abtretung **3** 1246; **4** 3216
– Änderungskündigung **4** 3288
– Angemessenheit **4** 3226
– Arbeitnehmer im Rentenalter **4** 3237
– Auflösung des Arbeitsverhältnisses **4** 3194, *s. a. dort*
– außerordentliche Kündigung **4** 3248
– Ausschlussfrist **3** 4636, 4736
– Ausschlussfrist, tarifvertragliche **4** 3225
– Begriff **6** 158
– Begriff in steuerlicher Hinsicht **6** 158 ff.
– Bemessungsfaktoren **4** 3240 ff.
– Betriebszugehörigkeit **4** 2623, 3247, 3311
– Ehegattenarbeitsverhältnis **4** 3245
– Einzahlung in Direktversicherung **6** 185 ff.
– Entgeltanspruch **4** 3256
– ermäßigte Besteuerung **6** 171
– Fälligkeit **4** 3220
– Funktion **4** 3213
– Höchstgrenzen **4** 3233 ff.
– Höhe **4** 3226 ff.
– Insolvenz des Arbeitgebers **3** 1434; **4** 3223
– Lohnpfändungsschutz **3** 1358
– Lohnsteueranrufungsauskunft **4** 3265
– Monatsverdienst **4** 3229
– Netto- **6** 180 f.
– Pfändbarkeit **4** 3217
– Schadensersatzanspruch **4** 3256
– Sinn und Zweck **4** 3212
– Sozialplan **11** 305
– sozialversicherungsrechtliche Fragen **4** 3269 ff.
– Steuerermäßigung **4** 3264
– steuerrechtliche Behandlung **4** 3260 ff.
– Streitwert **15** 548
– Tarifbegünstigung **4** 3260
– Vererbbarkeit **6** 258 ff.
– Vererblichkeit **4** 3218
– Verfahrensfragen **4** 3250
– Versorgungsanwartschaften **3** 3998
– Versteuerung der – **6** 155
– Wegfall der – **6** 182 ff.
– weitere Abfindungsansprüche **4** 3256
**Abgeltung**
– Betriebsratsmitglied **13** 722
**Abgeordnete**
– Kündigungsschutz **4** 820 ff.
**Abkehrwille** **4** 1946, 2509

**Ablehnung von Gerichtspersonen** **14** 142 ff.
– Gründe **14** 157
– Rechtsfolge **14** 161
– Verfahren **14** 144
**Abmahnung** **4** 2287
– Anforderungen, inhaltliche **4** 2291
– Anhörung **4** 1906, 2371 ff.
– Arbeitnehmer, Rechte **4** 2365
– Arbeitskampf **10** 109 f., 164
– außerdienstliches Verhalten **4** 2324
– außerordentliche Kündigung **4** 2305
– Ausschlussfrist bei Entfernung **3** 4724
– Begriff **4** 2291
– berechtigte Personen **4** 2352
– Bezeichnung des Fehlverhaltens **4** 2293
– Darlegungs- und Beweislast **4** 2399; **15** 487
– Entfernung, Ausschlussfrist **3** 4724 ff.
– entschuldigte Fehlzeiten **4** 2065
– formell unwirksame **4** 2329
– Frist **4** 2354 ff.
– gerichtliche Geltendmachung **4** 2357
– Inhalt **4** 2291
– Kenntnisnahme **4** 2344
– Leistungsklage **15** 233
– Negativprognose **4** 2297
– normative Grundlage **4** 2287
– öffentlicher Dienst **4** 2311
– Störungen im Vertrauensbereich **4** 2295
– Streitwert **15** 548
– Teilrechtswidrigkeit **4** 2375
– Verhältnismäßigkeitsprinzip **4** 2310 ff.
– vertragliches Rügerecht **4** 2309
– Verzicht auf Kündigungsrecht **4** 2333
– vorausgegangene Kündigung **4** 2316 f.
– Vorratsabmahnung **4** 2351
– vorwerfbares Verhalten **4** 2320 f.
– weiteres Fehlverhalten **4** 2386 f.
– Widerruf **4** 2378
– Zeitablauf **4** 2379
– Zugang **4** 2341 ff.
– Zweck **4** 2292
**Abrechnung**
– Entscheidung § 61 Abs. 2 ArbGG **15** 578
**Abrufarbeit** **1** 689, *s. a. Arbeit auf Abruf*
**Abschlagszahlungen** **3** 866
**Abschlussgebote**
– gesetzliche **2** 157 ff.
– Tarifvertrag **2** 10
**Abschlussverbote**
– gesetzliche **2** 15 ff.
– Tarifvertrag **2** 10

3123

# Stichwortverzeichnis

**Abspaltung** 3 4042
- Betriebsrat 13 513 ff.

**Abteilungsversammlung** 13 908

**Abtretung**
- Abfindung 3 1246
- Arbeitsentgelt 3 1240 ff.
- Ausschluss bei Unpfändbarkeit 3 1241
- Urlaubabgeltungsanspruch 3 2453
- Urlaubsgeld 3 2453
- Verbot 3 1241 ff.
- Vorausabtretung in AGB 3 1252

**Abwehraussperrung,** s. *Aussperrung*

**Abwerbung** 3 496

**Abwicklungsvertrag** 6 14, 87

**AG**
- Parteifähigkeit 15 24

**AGB-Kontrolle**
- Anstellungsverträge von Geschäftsführern 2 529
- Besonderheiten im Arbeitsrecht 2 525 ff.
- blue-pencil-test 2 524
- Grundsätze 2 519
- Kontrollsperre 2 522

**Agentur für Arbeit** 8 33
- Anzeige bei Massenentlassung 4 2777

**AGG,** s. a. *Antidiskriminierungsrecht; verbotene Diskriminierungsmerkmale*
- Altersdiskriminierung 3 4908 ff.
- Antidiskriminierungsstelle des Bundes 3 5000
- Antidiskriminierungsverbände 3 4999
- Aufgaben des Betriebsrats 3 4998
- Auswirkungen des ~ 2 414 f.
- BeschSchG 3 2979
- betriebliche Altersversorgung 3 4894
- Beweislastumkehr 3 4977 ff.
- Bewerberauswahl 3 5002
- Kündigungen 3 4895
- Organisationspflichten des Arbeitgebers 3 4935 ff.
- persönlicher Anwendungsbereich 3 4891
- Rechtfertigung von Benachteiligungen 3 4897 ff.
- Rechtsfolgen 3 4944 ff.
- sachlicher Anwendungsbereich 3 4194 ff.
- Schadenersatz 3 4959 ff.
- sexuelle Belästigung, § 626 BGB 4 1309
- Verbandsaustritt 3 5001
- Verhältnis zu § 81 Abs. 2 SGB IX 2 168
- zeitlicher Geltungsbereich 3 4896
- § 1 Abs. 3 KSchG 4 2605, 2687
- § 4 TzBfG 3 240
- § 622 Abs. 2 S. 2 BGB 4 197
- §§ 273, 320 BGB 3 323

**Aids** 3 1842
- Druckkündigung 4 2095
- Entgeltfortzahlung 3 1842
- Kündigung 4 2090 ff.

**Akkordlohn** 3 945 ff.
- Akkordrichtsatz 3 955
- Bezugsgröße 3 946
- Einzelakkord 3 947

- Gruppenakkord 3 947
- Jugendliche 3 958
- Mitbestimmung Betriebsrat 13 1438
- Schwangere 3 958
- Vorgabezeit 3 951

**Akteneinsicht** 15 436

**Aktivierungsgutschein** 1 945a

**Alkohol** 3 1858
- außerordentliche Kündigung 4 1296
- im Betrieb 3 433
- im Straßenverkehr 3 1850

**Alkoholsucht**
- Kündigung 4 2069 ff.

**Allgemeine Arbeitsbedingungen**
- Begriff und normative Einordnung 1 413
- Inhaltskontrolle 1 422

**Allgemeine Geschäftsbedingungen**
- Begriff 1 635

**Allgemeiner Weiterbeschäftigungsanspruch,** s. unter *Weiterbeschäftigungsanspruch, allgemein*

**Allgemeines Gleichbehandlungsgesetz (AGG),** s. unter *AGG*
- Auswirkungen auf Sozialauswahl 4 2687 ff.

**Allgemeines Persönlichkeitsrecht** 1 297

**Allgemeinverbindlichkeit**
- Rechtsfolgen 11 202 ff.
- Tarifvertrag 11 192 ff.
- Verfahren 11 197

**Alliierte Streitkräfte**
- Anhörung Personalrat 4 473
- Besonderheiten 1 235
- Lohnpfändung 3 1340

**Ältere Arbeitnehmer**
- sachgrundlose Befristung von Arbeitsverhältnissen 5 112 ff.

**Altersdiskriminierung** 4 2675

**Alterseinkünftegesetz** 3 3476, 3757, 3759 ff., 3771, 3989 ff.

**Altersgrenze** 5 264 ff.
- Altersrente 5 281 ff.
- Auswirkungen des AGG 5 285
- Begriffsbestimmung 5 264 f.
- besonderer Beendigungsschutz Schwerbehinderter 5 284
- im Arbeitsvertrag 2 508
- in Betriebsvereinbarung 5 271 ff.
- LuftBO 5 280
- tarifliche Regelungen 5 276 ff.
- Zulässigkeitsvoraussetzungen 5 266 ff.

**Altersteilzeit** 7 1 ff., 61, s. a. *Blockmodell*
- Altersrente nach ~ 8 257 ff.
- Anspruch auf ~ 7 5
- Arbeitnehmer mit befreiender Lebensversicherung 7 34
- Arbeitslosigkeit im Anschluss an ~ 7 221 ff.
- Art des wieder zu besetzenden Arbeitsplatzes 7 160 ff.
- AT-Angestellte 7 68

# Stichwortverzeichnis

- Aufstockung der Teilzeitvergütung 7 109
- Aufstockung des Altersteilzeitentgeltes 7 132
- Aufstockungsbeträge 7 264 ff.
- Beendigung des Anstellungsverhältnisses 7 289 ff.
- Begrenzung der verkürzten Arbeitszeit 7 49 ff.
- Beiträge für Direktversicherungen 7 126
- berechtigter Personenkreis 7 16 ff.
- Betriebsübergang und Blockmodell 7 108a
- Blockmodell 7 1, 61 ff.
- Branchentarifvertrag 7 67
- Dauer der Wiederbesetzung 7 157
- Einstellung eines Arbeitslosen 7 145 ff., 174 ff.
- Erholungsurlaub 7 278 ff.
- Erkrankung während der ~ 7 271 ff.
- Erlöschen des Anspruchs auf Zuschüsse 7 205 ff.
- Förderung durch die BA 7 1
- geringfügige Beschäftigung 7 49
- Gewährung von Zuschüssen durch die Agentur für Arbeit 7 143
- Halbierung der Arbeitszeit 7 41 ff.
- in Kleinunternehmen 7 144
- Insolvenz des Arbeitgebers 7 302 ff.
- Insolvenzsicherung 7 285 ff., 302 ff.
- Konti-Modell 7 1, 59
- Krankengeldbezug nach Abbruch der ~ 7 233 ff.; 8 202 ff.
- Krankengeldbezug während der ~ 7 230 ff.
- Krankenversicherungsbeiträge in der Freistellungsphase 7 238 ff.
- Kündigung während der ~ 7 290
- Kurzarbeit während der ~ 7 296 ff.
- Laufzeit der Altersteilzeitvereinbarung 7 21 ff.
- Laufzeit des ~vertrages 7 251 ff.
- Leistungen der BA 7 193 ff.
- leitende Angestellte 7 69
- maximale Laufzeit 7 37
- Mehrarbeit während der Arbeitsphase 7 104 ff.
- Mitwirkungspflichten 7 283 f.
- Nebentätigkeiten 7 281 f.
- nichtreduziertes Arbeitsentgelt 7 135 ff.
- ohne Anspruch auf gesetzliche Altersrente 7 33
- ohne Tarifvertrag 7 70
- Regelarbeitsentgelt 7 110, 132
- Rentenversicherungs-Nachhaltigkeitsgesetz 7 26
- Ruhen des Anspruchs auf Förderleistungen bei Mehrarbeit 7 214
- Ruhen des Anspruchs auf Förderleistungen bei Nebentätigkeiten 7 211 ff.
- salvatorische Klausel in ~verträgen 7 294
- Sonderregelungen für Kleinunternehmen 7 184 ff.
- sozialversicherungspflichtige Zulagen 7 123
- sozialversicherungsrechtliche Behandlung der Aufstockungsbeträge 7 220
- steuerliche Begünstigung 7 2
- steuerliche Behandlung der Aufstockungsbeträge 7 216 ff.
- steuerliche Behandlung des ~vertrages 7 247 ff.
- steuerliche und sozialrechtliche Behandlung 7 215 ff., 216
- Tariflohnerhöhungen während der ~ 7 138 ff.
- Tarifvertrag mit Öffnungsklausel 7 66
- Tätigkeitsbeschreibung 7 256 f.
- Tod des Arbeitnehmers 7 289
- Übernahme eines Ausgebildeten 7 168 ff.
- Übernahme eines Auszubildenen 7 143
- Umfang der Leistungen der BA 7 194 ff.
- Unterbrechung der ~ 7 98 ff.
- unwirksame ~vereinbarung 7 72
- Urlaubsabgeltung 3 2315
- Veränderung der Arbeitszeit 7 53 ff.
- Vergütung 7 258 f.
- Verkürzung der Arbeitszeit 7 40
- Verteilung der Arbeitszeit 7 254 f.
- Verteilung der reduzierten Arbeitszeit 7 58 ff.
- Verträge ab dem 1.1.2010 7 2
- Vertrauensschutz 7 29
- Voraussetzungen 7 11 ff.
- Voraussetzungen bei Beginn nach dem 31.12.2009 7 187 ff.
- Voraussetzungen bei Beginn vor dem 1.1.2010 7 14 ff.
- Wegfall der Förderung 7 3
- zeitlicher Umfang des wieder zu besetzenden Arbeitsplatzes 7 148 ff.
- zeitlicher Zusammenhang zwischen ~ und Wiederbesetzung 7 153 ff.
- Zeitpunkt der Förderung durch die Agentur für Arbeit 7 200 ff.
- Zeitwertguthaben 3 1429
- zusätzliche Rentenversicherungsbeiträge bei Neuverträgen 7 130 f.
- Zuschüsse der BA 7 11

Altersteilzeitgesetz 7 2
- Berechnung der Arbeitnehmerzahl 7 8
- Überforderungsklausel 7 5

Amtsaufklärung 4 1389

Amtsenthebung des Betriebsratsmitglieds 13 2472 ff.
- andere Sanktionsmittel 13 2488
- einstweilige Verfügung 13 2485
- Einzelfälle 13 2480
- Verfahren 13 2484
- Voraussetzungen 13 2491
- Wirkungen 13 2497

Amtszeit des Betriebsrats 13 500 ff.
- Abspaltung 13 515
- Auflösung 13 511
- Beginn 13 501
- Betriebsstilllegung 13 527 ff.
- Ende 13 505 ff.
- regelmäßige Beendigung 13 505 ff.
- Spaltung 13 516 f.
- Umstrukturierung 13 516, 523
- Veränderung der Belegschaftsstärke 13 509
- verkürzte Amtszeit 13 500

3125

# Stichwortverzeichnis

- Verschmelzung 13 516 ff.
- Wahlanfechtung 13 474
- Weiterführung der Geschäfte 13 533 ff.
- Zusammenlegung 13 528

**Änderung der Geschäftsgrundlage** 4 2678

**Änderungskündigung** 6 70 ff., 123, 163 ff.
- Ablehnung des Angebots 4 3072
- Änderungsangebot 4 2932
- Änderungsschutzklage 4 3095
- Anhörung des Betriebsrats 4 3070
- Annahme 4 3034
- Annahme unter Vorbehalt 4 3036; 15 97
- Annahme unter Vorbehalt, Rechtsfolge 4 3049, 3056 ff.
- Arbeitsvolumen, Reduzierung 4 3011
- Arbeitszeitvolumen, Erweiterung 4 3015
- Auflösung des Arbeitsverhältnisses durch das ArbG 4 3206
- außerordentliche 4 3081 ff.
- Ausschluss 4 3076
- Beteiligung des Betriebsrats 4 3104 ff.
- betriebsbedingte Gründe 4 2979 ff.
- Betriebsrat 4 2927
- Direktionsrecht 4 2938
- Eingruppierung, Korrektur unzutreffender 4 3019
- Entgeltanpassung 4 2992
- Entgeltminderung 4 2979 ff.
- Erklärungsfrist 4 3036
- Interessenabwägung 4 3058
- Klage 4 3044
- Klageantrag 15 272
- Kostensenkung 4 3006
- Kündigungsfrist 4 3206
- Kündigungsschutzklage 15 272
- öffentlicher Dienst 4 2976
- Organisationsänderung 4 2996
- personenbedingte Gründe 4 2973
- Prüfungsmaßstab 4 3097
- Rechtsnatur 4 2923
- Rücknahme 4 3115
- Schriftform 4 25
- Sozialauswahl 4 3027 ff.
- soziale Rechtfertigung 4 2965 ff.
- Streitwert 15 548
- Verfahrensfragen 4 2908
- verhaltensbedingte Gründe 4 2975
- Verhältnismäßigkeitsprinzip 4 3062 ff.
- Versetzung 4 2930
- vorbehaltlose Annahme 4 3034
- Vorrang vor Beendigungskündigung 4 2903 ff.
- Weiterbeschäftigung 4 2915
- Widerrufsvorbehalt 4 2951
- Zweck 4 2919

**Änderungskündigung, außerordentliche**
- analoge Anwendung von § 2 KSchG 4 3092
- Änderungsschutzklage 4 3095
- Prüfungsmaßstab 4 3097
- Voraussetzungen 4 3086
- wichtiger Grund 4 3088

**Änderungsvorbehalt** 1 690

**Anerkenntnis**
- Güteverhandlung 15 353

**Anerkenntnisurteil**
- Kammertermin 15 506

**Anfechtung**
- Anhörung des Betriebsrats vor Erklärung der ~ 2 890 f.
- Anwendbarkeit MuSchG, BEEG, SGB IX vor Erklärung der ~ 2 892
- Ausgleichsquittung 3 4837
- Einschränkung des Rechts durch Treu und Glauben 2 893 ff.
- Entgeltfortzahlung 3 1931
- Erklärung der ~ 2 881 ff.
- Frist 2 884 ff.

**Anfechtungsfrist** 2 884 ff.
- gem. § 123 BGB 2 887 ff.
- Irrtumsanfechtung 2 884 ff.

**Anfechtungsgründe**
- arglistige Täuschung 2 878 ff.
- Drohung 2 878 ff.
- Irrtum 2 867 ff.

**Anforderungsprofil** 4 2108

**Angehörige freier Berufe** 15 14

**Angestellte**, s. a. *Arbeiter*
- Abgrenzung zu Arbeitern 1 135
- Dienstordnungsangestellte 1 150
- leitende 1 154, s. *Leitende Angestellte*
- praktische Bedeutung der Unterscheidung zwischen ~ und Arbeitern 1 146

**Angriffs- und Verteidigungsmittel**
- Zurückweisung im Berufungsverfahren 15 741 ff.

**Angriffsaussperrung** 10 83 f.

**Anhebung der Altersgrenzen** 8 2

**Anhörung des Betriebsrats**
- Abschluss 4 384 ff.
- Adressat 4 379
- Änderungskündigung 4 2923
- Art der Kündigung 4 424
- außerordentliche Kündigung 4 394, 493
- Auslandseinsatz 4 363
- Beendigungstatbestände ohne Anhörung 4 412
- Begriff 4 360
- betriebsbedingte Kündigung 4 1678 ff.
- Betriebsvereinbarung 4 486
- Darlegungs- und Beweislast 4 474 ff.
- Einlassung des Arbeitnehmers 4 481
- erneute Kündigung 4 400 ff.
- fehlerhafte 4 365, 455 ff.
- Frist 4 385
- funktionsfähiger Betriebsrat 4 367
- Gesamtbetriebsrat 4 353
- Heimarbeiter 4 417
- Inhalt 4 420 ff., 477
- Kombination von außerordentlicher und ordentlicher Kündigung 4 394

- Kündigungsgrund 4 432 ff., 439 ff.
- Massenentlassungen 4 396 ff.
- mehrere Kündigungsgründe 4 1706
- ordentliche Kündigung 4 1659 ff.
- Personalausschüsse 4 376
- personen- und krankheitsbedingte Kündigung 4 1659 ff.
- persönliche Angaben 4 420
- Reaktion des Betriebsrats 4 451
- Rechtsgrundlagen 4 350
- subjektive Determinierung 4 439
- Überprüfung von Amts wegen 4 475
- Umdeutung 4 1624 ff.
- Unterrichtung 4 379
- Verantwortungsbereich des Betriebsrats 4 455
- verfrühte Kündigung 4 393
- verhaltensbedingte Kündigung 4 1672
- Verzicht 4 467
- vor Ablauf der 6-Monats-Frist 4 1695
- vorherige Kenntnis 4 448
- Werturteile 4 477
- Widerspruch 4 451
- Zustimmungsersetzungsverfahren 4 463
- Zustimmungsverfahren 4 352

**Anhörung des Personalrats**
- außerordentliche Kündigung 4 350 ff.
- Begriff 4 360
- fehlerhafte Beteiligung 4 365
- ordentliche Kündigung 4 1654 ff.
- Rechtsfolgen 4 469 ff.
- Rechtsgrundlagen 4 350
- Verfahren 4 420

**Anhörungsrecht des Arbeitnehmers nach BetrVG** 13 1200

**Anhörungsrüge** 15 1024 ff.

**Anhörungstermin**
- Beschlussverfahren 15 1113
- Beschwerdeverfahren 15 1175 f.

**Anhörungsverfahren**
- Kündigung 4 384 ff.

**Anlasskündigung** 3 1933 ff.
- Begriff 3 1934
- Darlegungs- und Beweislast 3 1937
- Kenntnis des Arbeitgebers 3 1938
- Kündigung ohne Kenntnis des Arbeitgebers 3 1940
- zum/nach Ende der Arbeitsunfähigkeit 3 1946

**Annahmeverzug** 6 428, 444 ff.
- Abdingbarkeit 3 1489
- Änderungskündigung 3 1575
- Angebot des Arbeitnehmers 3 1500
- Angebot des Arbeitnehmers, Unzumutbarkeit 3 1510
- Anrechnung auf den entgangenen Verdienst 3 1592
- anzurechnender Verdienst 3 1596
- Arbeitsentgelt 3 1585
- Aufwendungsersatz 3 1589
- Ausschlussfristen 3 1587
- Beendigung 3 1557 ff.; 6 446
- Betriebsrisiko, s. dort
- Betriebsübergang 3 1589
- böswillig unterlassener Erwerb 3 1615
- Darlegungs- und Beweislast 3 1624
- Entzug der Fahrerlaubnis 3 1523
- ernsthafter Leistungswille 3 1541
- faktisches Arbeitsverhältnis 3 1558
- Fälligkeit 3 1587
- Krankheit des Arbeitnehmers 3 1524
- Kündigungsschutzklage 3 1511
- Leistungsbereitschaft 3 1541
- Leistungsvermögen des Arbeitnehmers 3 1519 ff., 1533 ff.
- Leistungsverweigerungsrecht des Arbeitnehmers 3 1546
- Lohnausfallprinzip 3 1581
- Mutterschutz 3 1553
- Rechtswirkung 3 1581 ff.
- Schwerbehinderung 3 1531
- Sozialversicherungsträger 3 1590
- Suspendierung 3 1494
- Treuwidrigkeit 3 1553
- Unzumutbarkeit der Annahme 3 1548 ff.
- Verjährung 3 1587
- Verzicht 3 1495
- Voraussetzungen 3 1496 ff.; 6 445
- Weiterbeschäftigungspflicht 3 1559
- Wirtschaftsrisiko 3 1651 ff.

**Anpassung von Versorgungsleistungen** 3 3848 ff.
- Anpassungsbedarf 3 3864
- Anpassungsentscheidung 3 3902
- Anpassungsgegenstand 3 3850
- Anpassungsmaßstab 3 3906
- Belange des Versorgungsempfängers 3 3901
- Berechtigte 3 3854
- Darlegungs- und Beweislast 3 3912
- Obergrenzen 3 3871
- Öffentlicher Dienst 3 3858
- Prüfungszeitpunkt 3 3860
- Verpflichtete 3 3854

**Anrechnung im Annahmeverzug**
- Abdingbarkeit 3 1595
- anzurechnender Verdienst 3 1596
- Auskunftsanspruch 3 1603
- böswillig unterlassener Erwerb 3 1615
- Darlegungs- und Beweislast 3 1603
- Leistungsverweigerungsrecht des Arbeitgebers 3 1609
- öffentlich-rechtliche Leistungen 3 1612
- Rückabwicklung 3 1598

**Anrechnung von Tariflohnerhöhungen** 13 1840 ff.
- individualrechtliche Voraussetzungen 13 1848 ff.
- Initiativrecht 13 1853
- Verletzung von Mitbestimmungsrecht 13 1848 ff.
- Voraussetzungen eines Mitbestimmungsrechts 13 1841 ff.

# Stichwortverzeichnis

**Anrechnungsklauseln** 2 638 ff.
**Anscheinsbeweis** 15 475 ff.
**Anschlussberufung** 15 731
**Anschlussbeschwerde** 15 1165
**Anschlussrevision** 15 943
**Anschlusstarifvertrag** 11 54
**Antidiskriminierungsrecht**, *s. a. AGG; s. a. Verbotene Diskriminierungsmerkmale*
– affirmative Action 3 4932
– Antidiskriminierungsstelle des Bundes 3 5000
– Antidiskriminierungsverbände 3 4999
– Anweisung zu – 3 4882
– Anwendungsbereich 3 4890 ff.
– Aufgaben des Betriebsrats 3 4998
– Auswirkungen auf Organisation der Bewerberauswahl 3 5002 ff.
– Bedeutung 3 4871 ff.
– Begriff 3 4877
– Belästigung 3 4880
– Benachteiligung 3 4876 ff.
– Diskriminierung bei Verbandsbeitritt 3 5001
– Diskriminierungsmerkmale, verbotene 3 4883 ff.
– mittelbare 3 4879
– Organisationspflichten des Arbeitgebers 3 4935 ff.
– persönlicher 3 4891
– Rechtfertigung von – 3 4897 ff.
– Rechtsfolgen 3 4944 ff.
– sachlicher 3 4194 ff.
– zeitlicher 3 4896
**Antrag**
– Beschlussverfahren 15 1063
**Antragsänderung**
– Beschlussverfahren 15 1081, 1083
– Beschwerdeverfahren 15 1202
**Antragsbefugnis**
– Beschlussverfahren 15 1073
**Antragsgegner**
– Beschlussverfahren 15 1051 f.
**Antragsrecht**
– Betriebsrat 13 1569
**Antragsrücknahme**
– Beschlussverfahren 15 1116
– Beschwerdeverfahren 15 1177
**Antragsteller**
– Beschlussverfahren 15 1051
**Anwaltliche Strategien im Kündigungsschutzverfahren**
– Änderungskündigung 6 449 ff.
– Anfechtung des Arbeitsvertrages 6 440
– Annahmeverzug 6 428, 444 ff.
– Arbeitgeber-Mandant 6 400, 431 ff.
– Arbeitnehmer-Mandant 6 399, 402 ff.
– Fortsetzungsanspruch 6 426
– Freistellung 6 454
– Freistellung in der Kündigungsfrist 6 420
– Güteverhandlung 6 458 f.
– Klagefrist 6 408 ff.
– Klageverzichtsvertrag 6 416, 442 f.
– Mitteilungspflichten des Arbeitnehmers 6 436 ff.
– Prozessbeschäftigung 6 456 f.
– Rüge der ordnungsgemäßen Anhörung des Betriebsrats 6 429 f.
– Schwerpunkte 6 402 ff.
– Vorrang der Änderungskündigung 6 421 ff.
– Zurückbehaltungsrecht 6 427
– Zurückweisung der Kündigung nach § 174 BGB 6 403 ff.
– zuständiges Gericht 6 417 ff.
**Anwaltsgebühren** 15 370; 17 1 ff.
**Anwesenheitsprämien** 3 1177 ff.
**Anzeige an die Agentur für Arbeit bei Massenentlassung**
– Beifügen der Mitteilung an Betriebsrat 4 2817
– Mussinhalte 4 2811
– Sollinhalte 4 2812
– Stellungnahme des Betriebsrats 4 2813 ff.
– Zeitpunkt 4 2818
– Zuständigkeit und Form 4 2808 ff.
**Anzeigepflicht**
– Arbeitsunfähigkeit 3 1977 ff.
– Massenentlassung 4 2777 ff.
– verhaltensbedingte Kündigung 4 2251 f.
**Arbeit auf Abruf** 3 4311 ff.
– Arbeitsentgelt 3 4322
– flexible Arbeitszeitdauer 3 4312
– Mindestdauer der Arbeitseinsätze 3 4320
– Verteilung der Arbeitszeit 3 4315
**Arbeiter**
– Abgrenzung zu Angestellten 1 135
– praktische Bedeutung der Unterscheidung zwischen – und Angestellten 1 146
**Arbeitgeber**
– alliierte Streitkräfte 1 235
– Arbeitgeberdarlehen 3 1212 ff.
– Begriff 14 259 ff.
– Bericht anlässlich Betriebsversammlung 13 927
– Beteiligter im Beschlussverfahren 15 1108 ff.
– Betriebsübergang, Unterrichtungspflicht 3 4205 ff.
– Betriebsvereinbarung 13 1444 ff.
– BGB-Gesellschaft 1 221
– Datennutzung und -verarbeitung 2 289 ff.
– Dienstwagen, Privatnutzung 3 1190 ff.
– Direktionsrecht 1 530, *s. Direktionsrecht des Arbeitgebers*
– Fragerecht 2 275 ff.
– Fürsorgepflicht 3 2689 ff.
– Gebot vertrauensvoller Zusammenarbeit mit BR 13 1239 ff.
– Gesamthafenbetrieb 1 242
– Grundlagen für Arbeitgeberstellung 1 216
– Informationspflicht 13 1578
– Informationspflicht, Unterrichtung des BR 13 1584
– Insolvenzverwalter als – 1 223
– KG 1 222

3128

## Stichwortverzeichnis

- Limiteds 1 232
- Minderjährige 15 67
- Mitteilungspflicht gem. § 78a Abs. 1 BetrVG 2 103 ff.
- OHG 1 222
- Partnerschaftsgesellschaft 1 220
- persönlich haftender Gesellschafter einer KG 15 15
- Sanktionen von Pflichtverletzungen 3 2992 ff.
- Schutz der Persönlichkeitsrechte 13 1298
- Schutz der Vermögensgegenstände 3 2839 ff.
- Schutz vor sexueller Belästigung 3 2975
- Schutzpflichten für Leben u. Gesundheit 3 2766 ff.
- Tariffähigkeit 11 28
- Überwachungspflicht 13 1286 ff.
- Umsatz-/Gewinnbeteiligung 3 1002 ff.
- Wahrung der Ehre des Arbeitnehmers 3 2973
- Zusammenarbeit mit dem Betriebsrat 13 1246
- Zusammenarbeit mit Koalitionen 13 1164 ff.

**Arbeitgeberanschreiben**
- Muster 15 92

**Arbeitgeberdarlehen** 3 1212 ff.; 6 241 ff.
- Abgrenzung zum Vorschuss 3 1217 ff.
- Beendigung des Arbeitsverhältnisses 3 1225 ff.
- Betriebsübergang 3 1236
- Elternzeit 3 1229
- Kündigung 3 1223
- Rückzahlungsklauseln 3 1230

**Arbeitgeberpflichten**
- Information des ArbN über die Pflicht zur Meldung bei der Agentur für Arbeit 2 955 f.
- Meldepflichten gegenüber Sozialversicherungsträger 2 945 f.
- Meldepflichten im Arbeitsschutzrecht 2 947
- nach Kündigung eines dauernden Arbeitsverhältnisses 2 420 ff.
- präventive gem. § 84 Abs. 1 SGB IX 2 184
- Überlassung von Arbeitspapieren an den Arbeitnehmer 2 954

**Arbeitgebervereinigung**
- Dienstaufsicht 14 33
- Durchsetzungsfähigkeit 11 24 ff.
- Tariffähigkeit 11 31

**Arbeitgeberwechsel** 3 4169 ff.
- Abspaltung 3 4042
- Aufspaltung 3 4041
- Ausgliederung 3 4044
- Betriebsstilllegung 3 4148 ff.
- Betriebsteilübergang 3 4110
- Betriebsübergang 3 4080 ff., 4112 ff.
- Betriebsübergang, Voraussetzungen 3 4095 ff.
- Betriebsübergang, Wahrung der Identität 3 4113 ff.
- Betriebsverlegung 3 4155
- Folgen für den Betriebsrat 3 4061
- Fortführung der wirtschaftlichen Einheit 3 4141 ff.
- Gesamt- und Konzernbetriebsrat 3 4062
- Gesamtrechtsnachfolge 3 4038
- Grundlagen 3 4038 ff.
- Interessenausgleich 3 4069
- Rechtsfolgen für den Arbeitnehmer 3 4046 ff.
- Umwandlung von Unternehmen 3 4039
- Unterrichtung des Wirtschaftsausschusses 3 4070 ff.
- Vermögensübertragung 3 4045
- Verschmelzung von Rechtsträgern 3 4040

**Arbeitnehmer**
- Abwerbung von Kollegen 3 496
- Anfechtung der Eigenkündigung 4 3409
- Anhörung bei Verdachtskündigung 4 1450
- Anhörungsrecht 13 1200
- Anzeigepflicht der Arbeitsunfähigkeit 3 1977 ff.
- Arbeitnehmerdarlehen 3 1237
- Auskunftspflicht 2 275 ff., 293 ff.; 3 562 ff.
- Begriff 1 41; 14 250 ff.
- Begriffsbestimmung 1 38
- Beschwerderecht 13 1198 ff.
- Beteiligter im Beschlussverfahren 15 1109
- betriebsverfassungsrechtliche Rechte 13 1185 ff.
- Ehegatten und Kinder 1 206
- Einsichtsrecht in Personalakte 13 1211 ff.
- Erörterungsrecht 13 1200 ff.
- Hafenarbeitnehmer 1 246
- Haftung 3 623 ff.
- Minderjähriger 15 69
- Mitteilungspflichten 6 436 ff.
- Nebenpflichten 3 353 ff.
- Personen in Arbeitsbeschaffungsmaßnahmen 1 205
- Personen in freiwilligem sozialen Jahr 1 205
- Schlechtleistung 3 612 ff.
- Schutz der Vermögensgegenstände 3 2839 ff.
- Schutz vor sexueller Belästigung 3 2975
- Schutzpflichten für Leben u. Gesundheit 3 2766 ff.
- Teilzeitbeschäftigung 3 107 ff., 119 ff.
- unselbstständige 1 38
- Unternehmenseigentum, Schutz des – 3 446
- Unternehmensförderung, Pflicht zur – 3 504 ff.
- Wettbewerbsverbot 3 361 ff.
- Widerspruch bei Betriebsübergang 3 4192 ff.
- Wiedereinstellungsanspruch 15 47
- Zurückbehaltungsrecht 3 323 ff.

**Arbeitnehmer-Entsendegesetz (AEntG)** 1 833
- Ausnahmen 1 860
- Entsendung im Rahmen eines Dienstvertrages 3 4393
- Entsendung im Rahmen eines Werkvertrages 3 4379 ff.
- Grundlagen 1 833
- Kontrolle und Durchsetzung durch staatliche Behörden 1 873
- Rechtsfolgen 1 858
- Vereinbarkeit mit dem Grundgesetz 1 838

3129

# Stichwortverzeichnis

**Arbeitnehmerähnliche Person**
- Begriffsbestimmung 1 167
- Beispiele 1 169
- Betriebsübergang 3 4183
- Franchisenehmer 1 213
- Kündigungsfristen 4 205
- Rechtsfolgen der Einordnung 1 170
- Urlaubsentgelt 3 2421

**Arbeitnehmerbegriff** 1 38, 46, *s. auch Materielle Kriterien*
- Abgrenzung 1 76
- abweichende Begründungsansätze 1 100
- Beispiele 1 88, 99
- Definition 1 41
- Einzelfallabwägung 1 85
- formelle Kriterien 1 73, *s. a. Formelle Kriterien*
- Geltendmachung der Arbeitnehmerstellung 1 120
- Haupt- oder nebenberufliche Tätigkeit 1 62
- im Sozialversicherungsrecht 1 111, 117
- im Steuerrecht 1 103
- Kriterien zur Bestimmung 1 131
- materielle Kriterien 1 46
- Rechtsformwahl 1 79
- Rechtsformwechsel 1 79
- Scheinselbstständigkeit 1 126
- Statusklage 1 123
- unionsrechtlicher 1 40, 100, 202a; 4 698a
- Vertragsgestaltung 1 129

**Arbeitnehmerdarlehen** 3 1237

**Arbeitnehmererfindungen** 3 3185 ff.; 6 275 ff.
- Anmeldepflicht des Arbeitgebers 3 3202
- Ausgleichsquittung 3 4832
- Auslandsverwertung 3 3249 ff.
- freie Erfindungen 3 3263
- Inanspruchnahme durch Arbeitgeber 3 3200 ff.
- Leistungen ausübender Künstler 3 3313 ff.
- urheberrechtlich geschützte Werke 3 3283 ff.
- Verbesserungsvorschläge 3 3268 ff.
- Vergütungsanspruch des Arbeitnehmers 3 3221 ff.
- Vorschläge zur Rationalisierung 3 3268 ff.
- Vorschlagswesen 13 1860 ff.

**Arbeitnehmerpflichten**
- Vorlage von Arbeitspapieren 2 948 ff.

**Arbeitnehmerschutz**
- bei illegaler Ausländerbeschäftigung 2 77a

**Arbeitnehmerschutzrecht** 1 23; 3 2766 ff.
- Anzeigerecht 3 2838
- Arbeitsanweisungen 3 2808
- Arbeitsstätten 3 2801
- ärztliche Untersuchungen 3 2897
- Betriebsrat, Mitwirkung 13 1888, 1897
- Erfüllungsanspruch 3 2823
- Grenzen 3 2785
- Haftungsausschluss 3 2865
- Kosten 3 2791 ff.
- Mobbing 3 2918 ff., 2949 ff.
- Nichtraucherschutz 3 2806 ff.
- Sanktionen von Pflichtverletzungen 3 2992 ff.
- Schadensersatzanspruch 3 2829 ff.
- Schutz der Vermögensgegenstände 3 2839 ff.
- Schutz für Leben und Gesundheit 3 2766 ff.
- Schutz vor sexueller Belästigung 3 2975
- Schwangere 3 2821
- Unterbringung und Verpflegung 3 2811
- Vorsorgeuntersuchungen 3 2816
- Wahrung der Ehre 3 2973
- Zurückbehaltungsrecht 3 2825

**Arbeitnehmersparzulage**
- Lohnpfändungsschutz 3 1377

**Arbeitnehmerüberlassung** 3 4368 ff.
- Auszubildende 3 4378
- Begriff 3 4359
- Beseitigung des Drehtüreffekts 3 4358t
- Besonderheiten des Arbeitsverhältnisses 3 4420 ff.
- Drehtüreffekt 3 4358d
- Entsendung 3 4379 ff.
- Erlaubnisverfahren 3 4412
- Erlaubnisvorbehalt 3 4400 ff.
- fingiertes Arbeitsverhältnis 3 4439 ff.
- gesetzliche Neuregelung 3 4358e
- Gewerbsmäßigkeit 3 4396
- Grundlagen 3 4358a
- illegale 3 4434 ff.
- Information über freie Arbeitsplätze 3 4358w
- Konzernprivileg 3 4358l
- Leistungsverweigerungsrecht 3 4425
- Lohnuntergrenze 3 4358o
- Parteifähigkeit 15 35
- Pflichten des Verleihers 3 4416
- Rechtsansprüche 3 4358y
- Rechtsbeziehungen zwischen den Beteiligten 3 4377, 4427 ff.
- Verleiherpflichten 3 4416
- vorübergehende 3 4358i
- Wahlberechtigung Betriebsrat 13 203
- Zugang zu Gemeinschaftseinrichtungen 3 4358x

**Arbeitnehmervertreter**
- Abberufung 12 70 f.
- gerichtliche Bestellung 12 69

**Arbeitnehmerweiterbildung** 3 2637 ff.

**Arbeitsablauf**
- Mitbestimmung des Betriebsrats 13 1902 ff.

**Arbeitsbedingungen**
- allgemeine 1 413, *s. a. Allgemeine Arbeitsbedingungen*
- soziale Angelegenheiten 13 1618 f.

**Arbeitsbefreiung**, *s. unter Freistellung*

**Arbeitsbefreiung, Betriebsratsmitglieder** 13 685 ff.
- Abgeltung 13 722
- Anspruch 13 697
- Arbeitsentgelt 13 704
- Durchführung 13 699
- Erforderlichkeit 13 692
- Freizeitausgleich 13 711
- Streitigkeiten 13 730
- Voraussetzungen 13 712

# Stichwortverzeichnis

Arbeitsbereitschaft 3 35
Arbeitsbeschaffungsmaßnahmen 1 205
Arbeitsbescheinigung 6 91
– Erteilung 9 116
**Arbeitsentgelt** 3 746 ff.
– Abtretung 3 1240 ff.
– Akkordlohn 3 945 ff.
– Anwesenheitsprämien 3 1177 ff.
– Arbeit auf Abruf 3 4322
– Arbeitgeberdarlehen 3 1212 ff.
– Arbeitnehmerdarlehen 3 1237
– Aufrechnung gegen Lohnforderung 3 872
– Begriff 3 746 ff.
– Bemessungsgrößen 3 752
– Besteuerung 3 796 ff.
– betriebliche Übung 3 1070 ff.
– Betriebsvereinbarung 3 757
– Bruttolohnvereinbarung 3 825
– Dienstwagen, Privatnutzung 3 1190 ff.
– einstweilige Verfügung 16 82 ff.
– Erfüllung 3 860
– Erörterungsrecht 13 1203
– freiwillige Leistungen 3 759
– freiwillige Leistungen, Widerruf 3 768
– Freiwilligkeitsvorbehalt 3 1087
– Gratifikation 3 1029 ff.
– Gratifikation, Fehlzeiten 3 1116 ff.
– Gratifikation, Mutterschutz 3 1131 ff.
– Gratifikation, Rückzahlung 3 1089 ff.
– Höhe 3 774 ff.
– Leistungsbezogenheit 3 877 ff.
– Leistungslohn 3 969 ff.
– Lohnaberechnung 3 806
– Lohngleichheit 3 779
– Miles- 897 ff.
– ohne Arbeitsleistung 3 1484 ff.
– Personalrabatte 3 1184
– Pfändung 3 1256 ff., 1357 ff.
– Prämienlohn 3 960 ff.
– Provisionen 3 978 ff.
– Rückzahlung 3 1382 ff.
– Sachbezüge 3 868
– Sozialleistungen 3 1166 ff.
– Sozialversicherungsbeiträge 3 849 ff.
– tarifliche Regelungen 3 755
– Teilzeitbeschäftigung 3 229 ff.
– Umsatz-/Gewinnbeteiligung 3 1002 ff.
– Vermögensbeteiligung 3 1209
– Verzinsung 3 788
– Vorschuss 3 866
– Zulagen 3 972 ff.
**Arbeitserlaubnis** 2 57 ff.
– ausländische Arbeitnehmer 4 2114
– Rechtsfolge bei Verstößen 2 74 ff.
**Arbeitsförderung**
– Leistungen an Arbeitgeber 1 953
– Leistungen an Arbeitnehmer 1 947
**Arbeitsfreistellung,** s. unter Freistellung

Arbeitsgelegenheiten 1 958
**Arbeitsgericht**
– Anspruch auf Arbeitsleistung, Klage 3 345
– Ansprüche aus unerlaubter Handlung 14 273 ff.
– Arbeitskampfstreitigkeiten 14 243 ff.
– Arbeitspapiere 14 277
– auswärtige Kammern 14 20
– Beschlussverfahren 14 308
– Bestellung des Wahlvorstands 13 329 ff.
– Betriebsbuße, Überprüfung 13 1698
– Betriebsvereinbarung, Streitigkeiten über 13 1545
– Betriebsverfassungsgesetz 14 310 ff.
– Dienstaufsicht 14 25 ff.
– Einigungsstelle, Bestellungsverfahren 13 1328
– einstweilige Verfügung zur Sicherung von Ansprüchen 13 2457
– Erfinder- und Urheberstreitigkeiten 14 288
– Ernennung der Richter 14 43 ff.
– Fachkammern 14 23 f.
– Festsetzung von Ordnungsgeld 13 2449
– Festsetzung von Zwangsgeld 13 2454
– Gerichtsstandsvereinbarung 14 352 ff.
– Gerichtstage 14 17 ff.
– Kündigungsschutzklage 4 969
– Mitbestimmungsangelegenheiten 14 316 ff.
– Nachwirkungen aus Arbeitsverträgen 14 271
– Notwendigkeit vorläufiger personeller Maßnahmen 13 2164 ff.
– örtliche Zuständigkeit 14 337 ff.
– Prozessvertretung 15 158
– Sozialplan, Streitigkeiten 13 2375
– Sprecherausschussgesetz 14 314
– Sprungrevision 15 873 ff.
– Streitigkeiten aus dem Arbeitsverhältnis 14 249 ff.
– Streitigkeiten im Rahmen des § 87 Abs. 1 BetrVG 13 1881
– Streitigkeiten mit Insolvenzversicherungen 14 281
– Streitigkeiten mit Organmitgliedern 14 303 ff.
– Streitigkeiten mit Tarifvertragsparteien 14 280
– Tariffähigkeit, Entscheidung über 11 46; 14 323 ff.
– Tarifverträge, Streitigkeiten 14 235 ff.
– Tarifzuständigkeit, Entscheidung über – 11 46
– Teilzeitbeschäftigung, Antrag auf – 3 207 f.
– Teilzeitbeschäftigung, Streitwert 3 224
– Überprüfung des Spruchs der Einigungsstelle 13 1388 f.
– Urlaubsanspruch 3 2397 f.
– Versetzung eines Betriebsratsmitglieds 13 842 f.
– Verstöße gegen BetrVG 13 2439 ff.
– Verwaltung 14 25 ff.
– Verzinsungsanspruch, Klageantrag 3 790
– Vollstreckungsgericht 15 620
– Wahlanfechtungsverfahren 13 481 f.
– Weiterbildung, Überprüfungsbefugnis 3 2686
– Weiterbildungsanspruch 3 2677
– Wettbewerbsverbot, Klage 3 415
– Zusammenhangsklagen 14 292 ff.

# Stichwortverzeichnis

- Zusammensetzung der Kammern 14 35 ff.
- Zustimmungsersetzungsverfahren 13 2138 ff.

**Arbeitsgerichtsbarkeit**
- Ablehnung von Gerichtspersonen 14 142 ff.
- Aufbau 14 6 ff.
- Ausschluss 14 367 ff.
- auswärtige Kammern 14 20 ff.
- Beschlussverfahren 14 3
- ehrenamtliche Richter 14 63 ff.
- Fachkammern 14 23 f.
- Gerichtstage 14 17 ff.
- Geschäftsverteilung 14 162 ff.
- Instanzenzug 14 6 ff.
- internationale Zuständigkeit 14 188 ff.
- ordentliche Gerichtsbarkeit 14 2
- Recht der - 1 33
- Rechtspfleger 14 132 ff.
- Rechtswegzuständigkeit 14 202 ff.
- Ressortierung 14 9
- sachliche Zuständigkeit 14 228 ff.
- Unterschiede 14 3
- Urkundsbeamte der Geschäftsstelle 14 138 ff.
- zuständiges Gericht 14 371 ff.

**Arbeitsgerichtsverfahren**, *s. a. unter Beschlussverfahren, Urteilsverfahren*
- außergerichtliche Kosten 15 646 ff.
- Ausschluss 16 1 ff.
- Aussetzung aus verfassungs- oder europarechtlichen Gründen 15 432
- Aussetzung bei Klage auf Weiterbeschäftigung 15 423
- Aussetzung bei Massenverfahren 15 428
- Aussetzung des Verfahrens gem. § 148 ZPO 15 418 ff.
- Aussetzung gem. § 149 ZPO 15 429
- Aussetzung von Vergütungsklagen 15 425
- Berufungsverfahren 15 662 ff.
- Beschleunigungsgrundsatz 15 206 ff.
- Beweisverfahren 15 462 ff.
- Dispositionsgrundsatz 15 184
- Durchführung der Beweisaufnahme 15 469 ff.
- einstweiliger Rechtsschutz 16 47 ff.
- Gerichtskosten 15 638 ff.
- Gütetermin 15 287 ff.
- Güteverhandlung 15 315 ff.
- Kammertermin 15 371 ff.
- Mündlichkeit 15 190
- Öffentlichkeit der Verhandlung 15 195 ff.
- Schlichtungsausschüsse 16 3
- Unmittelbarkeit 15 194
- Urteil 15 523 ff.
- Vergleich 15 335 ff.
- Verhandlungsgrundsatz 15 186
- Vollstreckungsverfahren 15 617 ff.
- Vorschaltverfahren 16 42
- Zwangsvollstreckung 15 601 ff.

**Arbeitsgruppen im Betrieb** 13 601 f.
**Arbeitssicherheitsgesetz** 13 1897

**Arbeitskampf**, *s. a. unter Aussperrung, Boykottaufruf, Streik*
- Abmahnung 10 109
- Anwartschaften 10 195
- Arbeitsbefreiung 10 102
- Arbeitsunfähigkeit 10 103
- Aussperrung 10 62 ff.
- Auszubildende 10 50
- Beamte 10 49
- Begriff 10 1 ff.
- Betriebsrat 10 154
- Betriebsratsschulung 10 107
- Betriebsstilllegung 10 122 f.
- Boykottaufruf 10 85
- Demonstrationsstreik 10 25
- einstweiliger Rechtsschutz 16 162 ff.
- Einwilligungspflicht 10 193
- Erforderlichkeit 10 34 ff.
- Erhaltungsarbeiten 10 44 ff.
- Feiertage 3 1744
- Friedenspflicht 13 1263
- Geeignetheit 10 33
- gewerkschaftlich 10 60 f.
- Haftung der Gewerkschaft 10 184
- Kampfziel 10 24 f.
- Kündigungen 10 109 f., 165 ff.
- Massenänderungskündigungen 10 89 ff.
- mittelbare Folgen 10 196
- Mutterschutz 10 104
- Notstandsarbeiten 10 44 ff.
- politischer Streik 10 25
- rechtmäßiger 10 96 ff.
- Rechtmäßigkeitsvoraussetzungen 10 3 ff.
- Rechtsfolgen des rechtmäßigen 10 96 ff.
- Rechtsfolgen des rechtswidrigen 10 162 ff.
- Rechtsgrundlagen 10 3 ff.
- rechtswidriger 10 162 ff.
- Schadensersatzanspruch 10 111 ff., 171 ff.
- Sonderzuwendungen 3 1158
- Streik 10 15 ff., *s. a. dort*
- Streikbrecherarbeiten 10 124 ff.
- Streikexzesse 10 55
- Streikschranken 10 51
- Streitigkeiten 15 888
- Suspendierung 10 96 ff., 116 ff., 162 ff.
- Sympathiestreik 10 26
- Tarifvertrag 10 199 f.
- Ultima-ratio-Prinzip 10 34 ff.
- Unterlassungsanspruch 10 109 ff., 186 ff.
- Urlaub 10 105
- Verhältnismäßigkeit 10 30 ff.
- Zurückbehaltungsrecht 10 89 ff.

**Arbeitskampfrisikolehre** 10 119 ff.
**Arbeitskampfstreitigkeiten**
- Zuständigkeit der Arbeitsgerichte 14 243 ff.

**Arbeitskampfverbot** 13 1254 ff.
**Arbeitskleidung** 3 2905

# Stichwortverzeichnis

**Arbeitskollisionsrecht** 1 792; 13 1662
- Arbeitskampfrecht 1 915
- Arbeitsvertragsstatut 1 792
- Betriebsverfassungsrecht 1 917
- internationale Zuständigkeit 1 924
- Tarifvertragsrecht 1 908

**Arbeitsleistung** 3 1 ff.
- Annahmeverzug 3 1496 ff.
- Annahmeverzug des Arbeitgebers 3 321
- Arbeitsbefreiung, Wirkung 3 290
- Arbeitsverhinderung 3 342
- Arbeitsverhinderung aus persönlichen Gründen 3 1654 ff.
- Ausübung staatsbürgerlicher Pflichten 3 1694 ff.
- Durchsetzung des Anspruchs 3 345 ff.
- einseitige Freistellung 3 305 ff.
- einstweilige Verfügung 3 348 ff.; 16 136
- einvernehmliche Freistellung 3 274 ff.
- Fixschuldcharakter 3 1484
- gesetzliche Befreiung 3 312 ff.
- Klage auf Erfüllung 3 345 ff.
- Mehrarbeit 3 575
- Nachleistungsanspruch 3 574
- Nichtleistung 3 568 ff.
- Ort 3 26
- Schlechtleistung 3 612 ff.
- Schlechtleistung, Rechtsfolgen 3 616 ff.
- Umfang 3 20
- Unmöglichkeit 3 571, 1487
- Unmöglichkeit, Betriebsrisikolehre 3 1628 ff.
- Unzumutbarkeit 3 317 ff.
- Wirtschaftsrisiko 3 1651 ff.
- Zurückbehaltungsrecht des Arbeitnehmers 3 323 ff.

**Arbeitslosengeld** 8 5, *s. a. Sperrzeit*
- Abwicklungsvertrag 8 136 ff.
- Änderungskündigung 8 154
- Anrechnung der Abfindung 8 79 f.
- Anrechnung von Nebenverdienst 8 13
- Anspruchsberechtigte 8 56 ff., 61 f., 62 ff., 65
- arbeitsgerichtlicher Vergleich 8 148 ff.
- Arbeitsunfähigkeit während Bezug von ~ 8 197
- Arbeitsunfähigkeit zu Beginn der Arbeitslosigkeit 8 198 ff.
- Aufhebungsvertrag 8 164
- Auflösungsantrag 8 160 ff.
- Beschäftigungssuche, Eigenbemühungen 8 25
- betriebsbedingte Arbeitgeberkündigung 8 124 ff.
- betriebsbedingte Arbeitgeberkündigung mit Abfindungsangebot 8 129 ff.
- Betriebsübergang 8 155 f.
- Bezug 8 5 ff., 19
- Bezugsdauer 8 66 ff.
- Dauer des Ruhenszeitraums 8 102 ff.
- Entwicklungshelfer 8 65
- Erfüllung der Anwartschaftszeit 8 50 ff.
- Erstattung nach § 147a SGB III 8 188 f.
- Erstattung nach § 147a SGBIII a. F. 8 188
- Erstattung nach § 148 SGB III 8 190
- Erstattung nach § 148 SGBIII a. F. 8 190
- Grundanspruch 8 67 ff.
- Höhe 8 76
- Konsequenzen des Ruhenszeitraums nach § 143a SGB III 8 113 f.
- Konsequenzen des Ruhenszeitraums nach § 158 SGB III 8 113, 167
- Krankenversicherungsschutz nach Ende der Bezugsdauer 8 201
- Minderung der Anspruchsdauer 8 72 ff.
- Minderung wegen verspäteter Meldung 8 77 f.
- Nichteinhaltung der Kündigungsfrist 8 157 ff.
- Nichterhebung einer Kündigungsschutzklage 8 152 f.
- personenbedingte Arbeitgeberkündigung 8 133
- Pflichtmitgliedschaft in Krankenversicherung 8 192 ff.
- Ruhenszeit wegen Abfindung, Entschädigung oder ähnlicher Leistung 8 96 ff.
- Ruhenszeit wegen Nichteinhaltung der ordentlichen Kündigungsfrist 8 89 ff.
- Ruhenszeit wegen Urlaubsabgeltung 8 83 ff.
- Ruhenszeit wegen Verkürzung der Kündigungsfrist 8 88 ff.
- Ruhenszeiten 8 81 f.
- Sperrzeit 2 2; 8 5 ff., *s. a. Sperrzeit*
- Sperrzeit wegen Beendigung des Arbeitsverhältnisses 8 120 ff.
- Sperrzeit wegen verspäteter Arbeitslosmeldung 8 115 ff.
- Sperrzeiten 8 81 f.
- sperrzeitrelevante Tatbestände 8 121 ff.
- Transfergesellschaft 8 165 f.
- verhaltensbedingte Arbeitgeberkündigung 8 122 f.
- vorausgegangene Absprache über Arbeitgeberkündigung 8 134 f.
- Voraussetzungen für den Bezug 8 6 ff.
- wichtiger Grund i. S. v. § 144 SGB III 8 167 ff.

**Arbeitslosigkeit**
- Begriff 8 6, 10 ff.
- Krankenversicherung nach Beendigung des Arbeitsverhältnisses 8 191 ff.
- Krankenversicherungsschutz während Ruhenszeitraum nach § 143a SGB III 8 196
- Meldung bei der Agentur für Arbeit 8 33 ff.
- Mitglieder privater Krankenversicherungen 8 195
- Mitgliedschaft in Ersatzkasse 8 194
- nachwirkender Krankenversicherungsschutz 8 193
- Verfügbarkeit des Arbeitslosen 8 28 ff.

**Arbeitsmethoden**
- Betriebsänderung 13 2246
- Wirtschaftsausschuss 13 1065

**Arbeitsmittel**
- Rückgabe von ~ 6 254 ff.

**Arbeitspapiere** 14 277
- Aufbewahrungspflichten 9 121

3133

# Stichwortverzeichnis

- einstweilige Verfügung 16 88 f.
- Herausgabe 9 116, 123
- sachliche Zuständigkeit 14 277 f.
- Streitwert 15 548

**Arbeitspflicht**
- Inhalt 3 1 ff.
- Konkretisierung 3 15 f.
- Ort 3 26 ff.
- Umfang und Intensität 3 20 ff.

**Arbeitsplatzbewerber**
- Pflichten des bisherigen Arbeitgebers 2 420 ff.

**Arbeitsplatzgestaltung**
- Mitbestimmungsrecht des Betriebsrates 13 1902 ff.

**Arbeitsplatzteilung** 3 4326 ff.
- Arbeitsentgelt 3 4333
- Begriff 3 4326
- Kündigungsschutz 3 4334
- Lage der Arbeitszeit 3 4327
- Vertretungstätigkeit 3 4329

**Arbeitsrecht**
- Arbeitsvertrag 1 18, 276
- Begriff 1 2
- Betriebsverfassungsrecht 1 19
- Durchsetzung des supranationalen 1 756
- Grundrechte im – 1 280
- Individualarbeitsrecht 1 21, 272
- Koalitionsfreiheit 1 19
- kollektives 1 28, 279, 291, 309
- Kollektivvereinbarungen 1 275
- öffentlich-rechtliche Arbeitsschutzgesetze 1 274
- privatrechtliche Gesetze 1 273
- Rechtsfolgen der Divergenz zwischen Rechtsform und Vertragsdurchführung 1 90 ff.
- Rechtsquellen 1 265
- Regelungsmaterie 1 15
- System 1 18
- Vertragsgestaltung 1 129

**Arbeitsrecht in der Europäischen Union** 1 728 ff.
- rechtliche Instrumente zur Europäisierung des Arbeitsrechts 1 735
- Zuständigkeit zur Rechtssetzung im Arbeitsrecht 1 731

**Arbeitsrechtliche Verwaltung** 1 926
- Arbeitnehmerkammern 1 931
- Arbeitsförderung 1 946
- Arbeitsministerien der Länder 1 930
- Arbeitsvermittlung 1 937
- Behörden 1 926
- Bundesministerium für Arbeit und Soziales 1 928
- Koalitionen 1 933

**Arbeitsschutz,** *s. unter Arbeitnehmerschutzrecht*

**Arbeitsstätten**
- Anforderungen 3 2801 ff.
- Gefährdungsbeurteilung 3 2801
- wechselnde 3 62

**Arbeitsstättenverordnung** 3 2775, 2842

**Arbeitsumgebung**
- Mitbestimmung Betriebsrat 13 1902 ff.

**Arbeitsunfähigkeit**
- Anlasskündigung 3 1902 ff.
- Anzeigepflicht 3 1977 ff.
- Arbeitskampf 10 103
- Arbeitsunfähigkeitsbescheinigung 3 1993 ff.
- außerordentliche Kündigung 4 1245 ff.
- Begriff 3 1797 ff.
- Darlegungs- und Beweislast 3 2033
- dauernde 4 2007
- Erkrankung im Ausland 3 2048 ff.
- Kündigung 4 2007
- medizinischer Dienst 3 2065
- Teilarbeitsunfähigkeit 3 1805
- Urlaub 3 2192
- verhaltensbedingte Kündigung 4 2251 ff.
- Verschulden des Arbeitnehmers 3 1872
- Wegeunfähigkeit 3 1804

**Arbeitsunfähigkeitsbescheinigung** 3 1993 ff.
- ausländische 3 2048 ff.
- Beweiswert 3 2042
- Darlegungs- und Beweislast 3 2035
- Form 3 1997
- Inhalt 3 1997
- Kurzerkrankung 3 2063
- Leistungsverweigerungsrecht 3 2021 ff.
- Rückdatierung 3 2037, 2063
- Verlangen des Arbeitgebers 3 2011
- Vorlage 3 2007
- Vorlage, Entbehrlichkeit 3 2020
- Vorlagefrist 3 2007
- Zweifel am Inhalt 3 2033
- Zweifel an der Richtigkeit 3 2035

**Arbeitsunfall** 3 712
- bei Nebenbeschäftigung 3 1792
- Mitbestimmung Betriebsrat 13 1774 ff.

**Arbeitsvergütung**
- Verjährung 3 4576 ff.

**Arbeitsverhältnis**
- Abschlussgebote 2 10
- Abschlussverbote 2 15 ff.
- Ansprüche aus unerlaubter Handlung 14 273 ff.
- Arbeit auf Abruf 3 4311 ff.
- Arbeitgeber, Auswahlermessen 2 5 ff.
- Arbeitnehmer 2 1 ff.
- Arbeitnehmerüberlassung, gewerbsmäßige 3 4368 ff.
- Arbeitsplatzteilung 3 4326 ff.
- Auflösung 6 162 ff.
- Ausgleichsquittung 3 4791 ff.
- Auskunftspflichten des Arbeitnehmers 3 562 ff.
- Beendigungsmöglichkeiten 4 1 ff.
- Begründung des – 1 280
- Berufsausbildung 3 4481 ff.
- Beschäftigung außerhalb eines – 1 203
- Betriebsübergang 3 4179 ff.
- Datenschutz 3 3084 ff.

# Stichwortverzeichnis

- einvernehmliche Beendigung  6 28 ff.
- faktisches  2 907 ff.
- Fortbildungsvertrag  3 4564
- geringfügig Beschäftigte  3 4458 ff.
- geschützter Personenkreis  2 95 ff.
- gesetzliche Begründung von –  2 87 ff.
- Gruppenarbeitsverhältnis  3 4337
- Leiharbeitnehmer  3 4359 ff.
- Mitteilungspflicht des Arbeitgebers  2 103 ff.
- mittelbares  3 4353
- Nachwirkungen  14 271
- Optionsvertrag  2 439
- Ordnung der Berufsbildung  3 4572
- Quotenregelung  2 205 ff.
- Recht auf Arbeit  2 3
- Rechtsnatur  1 34
- Rücktritt  4 2
- rückwirkende Auflösung  6 87
- Ruhen  3 344
- Sonderformen  3 4311 ff.
- Streitigkeiten  14 249 ff., 261 ff., 268 ff.
- Übergang, Inhalt  3 4055
- Übergang, Kündigungsschutz  3 4057
- Übergang, Widerspruchsrecht  3 4046 ff.
- Umschulungsvertrag  3 4566
- Verjährung, neues Recht  3 4576 ff.
- Verwirkung  3 4597 ff.
- Wegfall der Geschäftsgrundlage  4 3
- Wehr- und Zivildienst  3 1708 ff.
- Weiterbeschäftigung  2 103 ff.
- Weiterbeschäftigungsanspruch  2 87 ff.

**Arbeitsverhältnis, Auflösung durch das ArbG**  4 3145 ff.
- Änderungskündigung  4 3206
- Auflösung wg. militärischer Interessen  4 3208
- außerordentliche Kündigung, unwirksame  4 3200
- Beendigungszeitpunkte  4 3156
- beiderseitige Auflösungsanträge  4 3189 ff.
- Betriebsübergang, Auflösungsantrag  4 3161
- Beurteilungszeitpunkt  4 3158
- Darlegungs- und Beweislast  4 3176 ff.
- leitende Angestellte  4 3185
- Prüfungsmaßstab  4 3170
- Sozialwidrigkeit der Kündigung  4 3146
- Unwirksamkeitsgründe  4 3165
- Unzumutbarkeit, Anforderungen  4 3145 ff.
- Zusammenarbeit, keine weitere gedeihliche  4 3162

**Arbeitsverhältnis, Beendigung**
- Arbeitgeberdarlehen  3 1225
- außerordentliche Kündigung, s. dort
- betriebsbedingte Kündigung, s. dort
- Dienstwagen, Rückgabe  3 1200
- Kündigung, s. dort
- Lohnpfändung  3 1274
- nachträgliches Wettbewerbsverbot  3 391
- personenbedingte Kündigung, s. dort
- verhaltensbedingte Kündigung, s. dort

- Verschwiegenheitspflicht, nachvertragliche  3 465

**Arbeitsverhältnisse**
- Förderung von –  1 963

**Arbeitsverhinderung**
- Anzeige  3 512
- aus persönlichen Gründen  3 1654 ff.
- Ausübung staatsbürgerlicher Pflichten  3 1694 ff.
- Darlegungs- und Beweislast  3 1691
- ehrenamtliche Richter  3 1702
- Informations- und Nachweispflicht  3 1688
- Mehrzahl von Verhinderungsfällen  3 1804
- Tatbestandsvoraussetzungen  3 1664 ff.
- verhältnismäßig nicht erhebliche Zeit  3 1679 ff.
- Verschulden  3 1678
- Wahlvorbereitung  3 1694
- Wehr- und Zivildienst  3 1708 ff.

**Arbeitsvermittlung**
- Begriff  1 937
- Durchführung durch die Agentur für Arbeit  1 940

**Arbeitsvertrag**  1 35
- Abgrenzungen  2 434 ff.
- Abschluss  2 427 ff.
- AGB-Kontrolle  2 519 ff., 526
- Altersgrenzen  2 508
- Änderung des Vertragsinhalts  2 516
- Änderungen des –  2 806 ff.
- Änderungsvorbehalt  2 548 ff.
- Anfechtung des –  6 440
- Anfechtungsgründe  2 867 ff.
- Anforderungen an Vertragsschluss  2 442 ff.
- Arbeit auf Abruf  2 576 ff.
- Arbeitsverhältnis zur Probe  2 509 ff.
- Arbeitszeit  2 566
- auf Lebenszeit  2 503
- Aufhebung der Schriftform  2 458 f.
- Ausgleichsklausel  2 644
- Aushilfsarbeitsverhältnis  2 514 f.
- Auslegungsgrundsätze  1 649
- Ausschlussfristen  2 792 ff.; 3 4615 ff.
- Ausschlussklauseln  2 804 f.
- Beendigung des Arbeitsverhältnisses  2 765 ff.
- Befristung  2 502
- Befristung einzelner Vertragsbedingungen  2 574
- betriebliche Altersversorgung  2 693 ff.
- Beweislastregelungen  2 731 f.
- Bezugnahme auf Tarifverträge  11 213 ff.
- Bezugnahmeklauseln  2 739 ff.
- Datenschutz  2 801 ff.
- Dauer des –  2 501 ff.
- Daueranstellung  2 504 ff.
- Dienstverhinderung  2 696 ff.
- Doppelbefristung  2 565
- ergänzende Vertragsauslegung  2 458 f., 735
- Erstattung von Reisekosten und Spesen  2 691 f.
- Fehlen der Vergütungsabrede  2 487 ff.
- Festlegung einer Altersgrenze  2 787
- Form  2 451 ff.
- Formfreiheit  2 451

3135

# Stichwortverzeichnis

- Freistellungsklausel 2 778 ff.
- Gegenstand der Rückzahlungsvereinbarung 2 733
- Gehaltsabtretung 2 711 ff.
- Gehaltsverpfändung 2 711 ff.
- Geltendmachung des Formmangels 2 461
- Gerichtsstandsklausel 2 814 ff.
- Geschäftsfähigkeit 2 442 ff.
- gesetzliche Abschlussgebote 2 157 ff.
- Grundlagen 2 427 ff.
- Haftungsklauseln 2 728 ff.
- individuelle Vertragsabreden 2 520
- Inhalt und Ort der Tätigkeit 2 531 ff.
- inhaltliche Ausgestaltung 2 485 ff., 507
- kalendermäßige Befristung 2 562
- Kündigungsfristen 2 774 ff.
- Kurzarbeitsklauseln 2 592 f.
- Laufzeit bei befristetem Arbeitsverhältnis 2 559 ff.
- Laufzeit bei unbefristetem Arbeitsverhältnis 2 557 f.
- mit Kommunen 2 460
- Mitteilung von Änderungen 2 819 ff.
- Nachweisgesetz 2 464 ff.
- Nebentätigkeitsklausel 2 672
- Nichteinhaltung der Schriftform 2 457
- Nichtigkeit einzelner Abreden 2 927 ff.
- notwendige Elemente 2 485 ff.
- Öffnungsklauseln 1 634; 2 661
- Rechtsfolgen der Anfechtung 2 896 ff.
- Rechtsfolgen der Nichtigkeit 2 896 ff.
- Rechtsmängel 2 825 ff., s. a. *Rechtsmängel des Arbeitsvertrages*
- Regelung von Nebentätigkeit 2 668 ff.
- Rückzahlung von Aus- und Fortbildungskosten 2 733 ff.
- salvatorische Klausel 2 810 ff.
- Schriftformerfordernis 2 452 ff.
- Schriftformklausel 2 807 ff.
- tarifliche Einstellungsregelungen 2 225 ff.
- Überlassung eines Dienstwagens 2 649 ff.
- überraschende Klauseln 2 520
- Überstundenregelung 2 582 ff.
- übliche Vergütung 2 495 ff.
- Umzugskosten 2 500
- Umzugskostenregelung 2 706 ff.
- und Tarifvertrag 11 148
- Unklarheitenregel 1 649
- Urlaubsanspruch 2 675 ff.
- Verbrauchervertrag 2 528
- Vereinbarung über Arbeitsleistung und Arbeitszeit 2 485 f.
- Vergütung 2 594 ff.
- Verjährung, neues Recht 3 4576 ff.
- Vermutung der Vollständigkeit und Richtigkeit 2 462 f.
- Verschwiegenheitspflicht 2 655 ff.
- Versetzungs- und Änderungsvorbehalte 2 533 ff.
- Versetzungsvorbehalt 2 534
- Vertragsanbahnung 2 248 ff.
- Vertragsaushändigung 2 822 ff.
- Vertragsstrafenabreden 2 526, 715 ff.
- Verweisungsklauseln 2 739 ff.
- Wettbewerbsverbot 2 662 ff.
- Zielvereinbarungen 2 625
- Zweckbefristung 2 563

**Arbeitsvertrag, gerichtliche Kontrolle** 1 609
- Besonderheiten bei standardisierten Arbeitsverträgen 1 614
- Grundlagen 1 609
- inhaltliche Kriterien 1 612
- Inhaltskontrolle 1 656

**Arbeitsvertragsrecht** 1 8, 22

**Arbeitsvertragsstatut**
- Einzelfragen des Arbeitsverhältnisses 1 894
- objektive Anknüpfung des Arbeitsvertrages 1 808
- ordre public 1 887
- Rechtswahl 1 796
- Wechsel des – 1 829
- zwingendes Recht 1 879

**Arbeitsverweigerung**
- außerordentliche Kündigung 4 1300
- Kündigung, verhaltensbedingte 4 2205 ff.
- Leistungspflicht 4 2205
- Leistungsverweigerungsrecht 4 2210
- Mehrarbeit 4 2219
- Überarbeit 4 2220

**Arbeitsvölkerrecht**
- regionales 1 720

**Arbeitszeit** 1 691; 3 31 ff.
- Arbeit auf Abruf 2 576 ff.
- Arbeitsbefreiung, Dauer 3 296
- Arbeitsbereitschaft 3 35
- Befristung 2 573 ff.
- Beginn und Ende 3 263 ff.
- Begrenzung 3 257
- Bereitschaftsdienst 3 39
- Dauer 2 568 ff.
- Dienstreisezeiten 3 58
- einstweiliger Rechtsschutz 16 182 f.
- gleitende 3 263; 13 1710
- Grenzen des ArbZG 2 567
- Lage 3 259
- Lage der täglichen – 2 571 f.
- Mitbestimmung Betriebsrat 13 1717 ff.
- Monatsarbeitszeit 2 570
- negatives Arbeitszeitguthaben 3 1398
- Rufbereitschaft 3 51
- Ruhezeiten 3 65
- Schullehrer 3 270
- Sonderurlaub 3 278
- Teilzeitbeschäftigung 3 107 ff.
- Überstunden 2 582 ff.; 3 55, 79 ff.
- Umfang 3 70 ff.
- Unterschreitung 3 256
- Waschen und Umkleiden 3 264
- Wegezeiten 3 57
- Wochenarbeitszeit 2 569

# Stichwortverzeichnis

**Arbeitszeiterhöhung**
- Befristung einer – 1 696

**Arbeitszeitguthaben** 1 455

**Arbeitszeitkonto** 3 92, 867a, 4714; 13 1719
- negatives Arbeitszeitguthaben 3 1398

**Arbeitszeitregelung** 13 1700 ff.
- Bereitschaftsdienste 13 1715
- gleitende Arbeitszeit 13 1710
- Kurzarbeit 13 1727
- Schichtarbeit 13 1712
- Teilzeitarbeit 13 1711
- Überstunden 13 1726
- Verkürzung der Arbeitszeit 13 1717 ff.
- Verlängerung der Arbeitszeit 13 1717 ff.

**Arbeitszeitverlegung** 3 1822

**Arbeitszeugnis** 9 1 ff.
- Anspruchsgrundlagen 9 1 ff.
- Art des Arbeitsverhältnisses 9 26
- Arten 9 6
- äußerliche Gestaltung 9 64
- Ausschlussfristen 3 4760; 9 92
- Ausstellungsdatum 9 60
- Beendigungsgrund 9 52
- Berichtigungsanspruch 9 105
- Berichtigungsanspruch, Verwirkung 3 4760
- Betriebsratstätigkeit 9 50
- Betriebsübergang 3 4252
- Beurteilungsbogen 9 69
- Beurteilungsspielraum 9 36
- Bewertung der Leistung 9 42
- Darlegung- und Beweislastverteilung 15 495
- Dauer des Arbeitsverhältnisses 9 26
- einfaches Zeugnis 9 6
- frühere Beurteilungen 9 207
- gewerkschaftliche Betätigung 9 50
- Haftung gegenüber Dritten 9 102
- Holschuld 9 89
- Inhalt 9 19 ff.
- Klage auf Erteilung 9 103
- Korrektur 9 71
- Leistung und Führung 9 32
- Leistungsbewertung 9 42
- Leistungsklage 15 231 ff.
- Prokura 9 41
- qualifiziertes Zeugnis 9 7
- Schadensersatz 9 97
- Selbstständige 9 5
- Sprachregelung 9 75 ff.
- Straftaten 9 38
- Streitwert 15 548
- Verletzung der Zeugnispflicht 9 97 ff.
- Vertragsbruch 9 38
- Verwirkung 9 92
- Wettbewerbsabreden 9 59
- Widerruf 9 90
- Wunschformel 9 63
- Zeugnisberichtigungsanspruch 9 105
- Zeugnissprache 9 75 ff.
- Zugang 9 70
- Zwangsvollstreckung 9 108
- Zwischenzeugnis 9 9

**Arrest** 16 47 ff.
- Antrag 16 56
- Ausschlussfristen 16 63
- Beschlussverfahren 16 75 ff.
- Beweismittelpräsenz 16 50
- Einlassungsfrist 16 61
- Glaubhaftmachungsmittel 16 50
- keine Vorwegnahme der Hauptsache 16 52
- Ladungsfrist 16 61
- Leistungsverfügung 16 52
- mündliche Verhandlung 16 57 ff.
- Präklusionsrecht 16 62
- prozesstaktische Überlegungen 16 48
- Streitgegenstand 16 51
- Urteilsverfahren 16 71 f.
- Verjährung 16 63
- Zustellung im Parteibetrieb 16 65 ff.

**Arrestantrag**
- Sicherung einer Vergütungsforderung 16 87

**Ärztliche Untersuchungen** 3 428, 2897

**Aufbewahrungspflichten** 9 116

**Aufenthaltstitel**
- Aufenthaltserlaubnis 2 64 f.
- Daueraufenthalt-EG 2 64
- für ausländischer ArbN 2 57 ff.
- Niederlassungserlaubnis 2 64
- Visum 2 64

**Aufhebungsvertrag** 1 692; 6 1
- Abfindung 6 152 ff.
- Abgrenzung zum Abwicklungsvertrag 6 13
- Abgrenzung zwischen – und Befristung 6 79 ff.
- Abschluss 6 35 ff.
- Abschlussberechtigung 6 55
- Abwicklungsvertrag 6 87
- allgemeine Erledigungsklausel 6 106, 281 ff.
- Anfechtung bei kollusivem Zusammenwirken 6 332
- Anfechtung wegen arglistiger Täuschung 6 309 ff.
- Anfechtung wegen Irrtums 6 306 ff.
- Anfechtung wegen widerrechtlicher Drohung 6 313 ff.
- Anfechtung wegen Zeitdrucks 6 323 ff.
- Anspruch auf Abschluss von – 6 64 ff.
- Anzeige wegen Betruges 6 91
- Arbeitgeberdarlehen 6 241 ff.
- Arbeitnehmererfindung 6 275 ff.
- Arbeitslosmeldung 6 267 ff.
- Arbeitspapiere 6 263 ff.
- Aufklärungspflichten 6 355 ff.
- Ausgleichsklausel 6 352 ff.
- Ausschluss von – im Sozialplan 6 348 f.
- Beendigung des Arbeitsverhältnisses 6 87 ff.
- Beendigung des Arbeitsverhältnisses durch Arbeitgeber 6 357 ff.

## Stichwortverzeichnis

- Beendigung des Arbeitsverhältnisses durch Arbeitnehmer 6 356
- befristetes Arbeitsverhältnis 6 81
- Berufsausbildung 3 4546
- Berufung auf Formmangel 6 49
- Beteiligungsrechte des Betriebsrats 6 8
- betriebliche Altersversorgung 6 211
- Betriebsänderung 6 344 ff.
- Betriebsübergang nach 613a BGB 6 10
- Darlegungs- und Beweislast 6 342 f.
- einseitige Freistellung 6 131
- einvernehmliche Freistellung 6 124 ff., 132
- Elternzeit 6 98
- Formulierung der Freistellung 6 146 ff.
- Freistellung des Arbeitnehmers 6 113 ff.
- Geschäfts- und Betriebsgeheimnisse 6 246 ff.
- Gratifikation 6 110
- Hinweis auf besonderen Kündigungsschutz 6 369
- Hinweis auf bevorstehenden Sozialplan 6 378
- Hinweis auf sozialrechtliche Nachteile 6 360 ff.
- Hinweis auf steuerrechtliche Nachteile 6 365 ff.
- Hinweis auf tarifvertragliches Widerrufsrecht 6 370
- Hinweis auf Verlust von Versorgungsanwartschaften 6 371 ff.
- Hinweispflichten 6 355 ff.
- Hinzuziehung eines BR-Mitglieds 13 1208 ff.
- Inhalt 6 84 ff.
- Inhaltskontrolle 6 293 ff.
- Minderjährige 6 56 f.
- Mitbestimmung des Betriebsrats 6 64
- Mutterschutz 6 98
- Nachbesserungsklausel 6 350 f.
- nachvertragliches Wettbewerbsverbot 6 219 ff.
- Nettoabfindung 6 180 f.
- Nichtigkeit 6 298 ff., 303 f., 305
- Rechtsfolgen bei Verletzung von Hinweis auf Aufklärungspflichten 6 379 ff.
- Rechtsfolgen der Nichteinhaltung der Schriftform 6 47
- Rechtsmängel 6 297 ff.
- Rechtsschutzversicherung 6 387 ff.
- Rückgabe des Dienstwagens 6 229 ff.
- Rückgabe von Arbeitsmitteln 6 254 ff.
- Rücktritt wegen Vertretungsmängeln 6 333 f.
- Rückzahlung von Aus- und Fortbildungskosten 6 250 ff.
- salvatorische Klausel 6 291 f.
- Schriftform 6 35 f.
- schwer behinderte Menschen 6 95
- Sozialplananspruch 6 352 ff.
- Sperrzeit 6 95
- Sprachregelung 6 208 ff.
- steuer- und sozialrechtliche Konsequenzen 6 267 ff.
- Stichtagsregelung 6 347
- Tarifvertrag 11 58
- Übertragung der Direktversicherung 6 212 ff.
- Umdeutung einer unwirksamen Kündigung 6 58 ff.
- unzulässige Rechtsausübung 6 326 ff.
- Urlaubsansprüche 6 139 ff.
- Vererbbarkeit der Abfindung 6 258 ff.
- Vergütung bis zum Beendigungszeitpunkt 6 106 ff.
- Vertragsfreiheit 6 3
- Verzicht auf Wiedereinstellungsanspruch 6 278 ff.
- vorzeitige Beendigung des Arbeitsverhältnisses 6 100 ff.
- Wegfall der Abfindung 6 182 ff.
- Wegfall der Geschäftsgrundlage 6 340 f.
- Wettbewerbsverbot 6 130; 9 189
- Widerrufsrecht 6 335 ff.
- Zeugnis 6 193 ff.
- Zustandekommen 6 53 f.

**Aufhebungsvertrag, bedingter** 6 67 ff.
- alkoholabhängige Mitarbeiter 6 75
- Altersgrenzen 6 72 f.
- auflösend bedingte Arbeitsverhältnisse 6 74
- bedingte Wiedereinstellungszusage 6 78
- Berufsunfähigkeit 6 69
- Erwerbsminderung 6 68 ff.
- Prozessvergleich 6 76

**Aufklärungspflichten** 3 3380

**Auflagen** 15 385 ff.
- Fristversäumung 15 390
- Präklusion 15 391

**Auflösende Bedingung** 5 264, *s. a. Altersgrenze*
- Altersgrenze 5 264 ff.
- Anforderungen an den Sachgrund 5 256 ff.
- Arbeitsverhältnis 5 254 ff.
- Begriffsbestimmung 5 254 ff.
- Beispiele 5 260
- besondere Sachgründe des § 14 Abs. 1 S. 1 5 258 f.
- Rechtslage ab dem 1.1.2001 5 255
- Tarifvertrag 11 57
- TzBfG 5 255

**Auflösung des Arbeitsverhältnisses**
- Abfindung 4 3194
- Änderungskündigung 4 3206
- Antrag des Arbeitgebers 4 3162 ff.
- Antrag des Arbeitnehmers 4 3145 ff.
- Auflösung wg. militärischer Interessen 4 3208
- außerordentliche Kündigung, unwirksame 4 3200
- Ausnahmecharakter 4 3150
- Beendigungszeitpunkte 4 3156
- beiderseitige Auflösungsanträge 4 3189 ff.
- Betriebsübergang, Auflösungsantrag 4 3161
- Beurteilungszeitpunkt 4 3158
- Darlegungs- und Beweislast 4 3176 ff.
- leitende Angestellte 4 3185
- Prüfungsmaßstab 4 3170
- Sozialwidrigkeit der Kündigung 4 3146
- Unwirksamkeitsgründe 4 3165
- Unzumutbarkeit, Anforderungen 4 3145 ff.

## Stichwortverzeichnis

- Zusammenarbeit, keine weitere gedeihliche 4 3162
- **Auflösung des Betriebsrats** 13 2491 ff.
- Verfahren 13 2496
- Voraussetzungen 13 2491
- Wirkungen 13 2497
- **Auflösungsschaden** 3 584
- **Aufrechnung**
- Ausschlussfristen 3 4772
- Lohnforderung 3 872 ff.
- Lohnpfändung 3 1325
- rechtswegfremde Forderung 14 205
- **Aufsichtsrat**
- Bestellung und Abberufung der Mitglieder 12 74 f.
- gerichtliche Verfahren zur Kontrolle der Wahl 12 91 ff.
- Größe und Zusammensetzung 12 51 f.
- Informationsrechte 12 73
- Prüfung des Jahresabschlusses 12 78
- Rechtsstellung der Arbeitnehmervertreter 12 94
- Rechtsstellung der Mitglieder 12 79 ff.
- Rechtstellung des – 12 72 ff.
- Schutz der Arbeitnehmervertreter 12 82
- Verschwiegenheitspflicht 12 81
- Wahl der Arbeitnehmervertreter 12 53 ff., 89 ff.
- Wahlverfahren 12 90
- zustimmungsbedürftige Geschäfte 12 76 f.
- **Aufspaltung** 3 4041
- Übergangsmandat Betriebsrat 13 516
- **Aufwandsentschädigung**
- Pfändungsschutz 3 1361
- **Aufwendungen** 3 2898 ff.
- Arbeitskleidung 3 2905
- Bußgelder 3 2910
- Fahrt- und Reisekosten 3 2900
- Geldstrafen 3 2910
- Lebensführungskosten 3 2908
- Umzugskosten 3 2901
- Werkzeuggeld 3 2903
- **Aufwendungsersatz** 1 693; 3 2898 ff.
- **Aus- und Fortbildungskosten**
- Rückzahlung 2 733 ff.
- **Ausbilder** 3 4499 ff.; 13 2018
- **Ausbildung**, s. *Berufsausbildung*
- **Ausbildungskosten** 1 694
- Darlegungs- und Beweislast 9 219
- Höhe der Forderung 9 211
- Rückzahlung 6 250 ff.; 9 202 ff.
- tarifliche Normen 9 238 ff.
- **Ausbildungsmittel** 3 4502 ff.
- **Außendienstmitarbeiter**
- Wahlberechtigung § 7 BetrVG 13 474 ff.
- **Außerdienstliches Verhalten** 3 499 ff.; 4 2271
- Abmahnung 4 2287
- Arbeitszeugnis 9 49
- außerordentliche Kündigung 4 1365
- Tendenzunternehmen 4 3116
- verhaltensbedingte Kündigung 4 3138

- **Außergerichtliche Kosten**
- Kostenerstattung 15 646
- **Außerordentliche Kündigung**
- Abmahnung 4 1341
- angekündigte Arbeitsunfähigkeit 4 1268 ff.
- Anhörung des Arbeitnehmers 4 1391
- Anhörung des Betriebsrats/Personalrats 4 350 ff.
- Arbeitnehmer 4 3399
- Arbeitsunfähigkeit 4 1245
- ärztliche Untersuchung, Verweigerung 4 1319
- Auflösung des Arbeitsverhältnisses durch das ArbG 4 3200
- außerdienstliches Verhalten 4 1365
- ausländerfeindliche Äußerungen im Betrieb 4 1275 ff.
- Auslauffrist 4 1129 f.
- Ausschluss der ordentlichen Kündigung 4 1119 ff.
- Ausschlussfrist 4 1025 ff.
- Ausschlussfrist, Anhörung des Arbeitnehmers 4 1051
- Ausschlussfrist, Beginn 4 1037 ff.
- Ausschlussfrist, Hemmung 4 1042
- Ausschlussfrist, Kenntnis 4 1053
- beharrliche Arbeitsverweigerung 4 1300
- Besatzungsmitglieder in Schifffahrts- und Luftverkehrsbetrieben 4 972 f.
- Besonderheiten im öffentlichen Dienst der neuen Bundesländer 4 1591
- betriebliche Gründe 4 1147
- Betriebsrat, Anhörung 4 1087
- Betriebsratsmitglieder 4 1131 ff.
- Checkliste 15 89
- Darlegungs- und Beweislast 4 1400 ff.
- Dauergründe 4 1058 ff.
- dringende betriebliche Gründe 4 1147 ff.
- Drogenkonsum 4 1295
- Druckkündigung 4 1561 ff.
- Ehrverletzung 4 1223
- eigenmächtiger Urlaubsantritt 4 1280
- eines Tarifvertrages 11 61
- Entgeltabrechnung 3 865
- Ermittlungen 4 1042 f.
- Fahrerlaubnis 4 1250
- fahrlässiges Verhalten 4 1243
- Geltungsbereich 4 1087
- Haschisch 4 1295
- heimliche Tonbandaufzeichnung 4 1317
- Interessenabwägung 4 1378 ff.
- Kenntnis des Arbeitgebers 4 1025 ff.
- Klagefrist 4 954 ff.
- krankheitsbedingte Minderung der Leistung 4 1354
- Kündigungserklärung 4 17 ff.
- Kündigungsgrund, geeigneter 4 1141
- Mandatsträger 4 1131
- materielle Voraussetzungen 4 1087 ff.
- Nachschieben von Kündigungsgründen 4 1417 ff.

3139

## Stichwortverzeichnis

- nachträgliche Zulassung der Klage 4 982 ff., *s. a. dort*
- objektive Belastung des Arbeitsverhältnisses 4 1106
- objektive Unzumutbarkeit der Fortsetzung 4 1109
- öffentliche Kritik am Arbeitgeber 4 1328
- öffentlicher Dienst der neuen Bundesländer 4 1591 ff.
- personenbedingte Gründe 4 1354 ff.
- politische Betätigung im Betrieb 4 1274
- pornografisches Bildmaterial 4 1210
- private E-Mail 4 1209
- Prognoseprinzip 4 1111
- Rechtswirksamkeit 4 348
- Schadensersatz, § 628 BGB 4 1611 ff.
- Schmiergelder, Annahme 4 1326
- Schwerbehinderte 4 1082
- Scientology, Mitgliedschaft 4 1321
- sexuelle Belästigung 4 1309
- Stasitätigkeit 4 1324
- Straftaten des Arbeitnehmers 4 1157 ff.
- Streikteilnahme 4 1279
- tätlicher Angriff 4 1214
- Trotzkündigung 4 1395
- Umdeutung 4 1137
- Umdeutung in ordentliche Kündigung 4 1624 ff.
- unentschuldigtes Fehlen 4 1255 ff.
- Unpünktlichkeit 4 1255 f.
- Unterhaltspflichten, Berücksichtigung 4 1386
- Verbüßung einer längeren Strafhaft 4 1362
- Verdachtskündigung 4 1436
- Vergütung 4 1611 ff.
- Verhalten des Arbeitnehmers 4 1157
- Verhältnismäßigkeitsprinzip 4 1372 ff.
- Wettbewerbstätigkeit 4 1287
- wichtiger Grund, Begriffsbestimmung 4 1104 ff.
- wichtiger Grund, Prüfungsmaßstab 4 1117 ff.
- wichtiger Grund, Überprüfung 4 1115
- Wiederholungskündigung 4 1395
- Wirtschaftsrisiko 3 1653
- Zeugenaussage 4 1330
- Zustimmungsersetzungsverfahren 4 1071
- zwingendes Recht 4 1090 ff.

**Ausfallhaftung** 1 262
**Ausgleichsabgabe** 2 159
**Ausgleichsklausel** 1 694a; 9 125c
**Ausgleichsklauseln**
- im Vergleich 3 4851 ff.
- Vorstellungskosten 3 4864
- Wettbewerbsverbot 3 4862

**Ausgleichsquittung** 2 644; 3 4790a, 4791 ff.; 6 63
- Anfechtung 3 4837
- Arbeitnehmererfindung, Vergütung 3 4832
- Ausgleichsklausel 3 4855 ff.
- ausländische Arbeitnehmer 3 4843
- Auslegung 3 4799 ff.
- Ausschlussklauseln 3 4851
- Beispiel 2 647

- Bereicherungsanspruch 3 4849
- betriebliche Altersversorgung 3 4833
- Betriebsübergang 3 4830
- Darlegungs- und Beweislast 3 4848
- Entgeltfortzahlung 3 4828
- Inhalt 3 4796
- Karenzentschädigung 3 4835
- Kündigungsschutzklage 3 4818 ff.
- Minderjährige 3 4808
- Rechtsfolgen 3 4813
- tarifliche Ansprüche 3 4810
- Urlaub 3 4825
- Widerruf 3 4837
- Zahlungsansprüche 3 4824a
- Zweck 3 4793

**Ausgliederung**
- Begriff 3 4044
- Betriebsrat 13 513 ff.

**Aushilfsarbeitsverhältnis** 2 514 f.
- Kündigungsfrist 4 229

**Auskunftsanspruch**
- des Arbeitnehmers 1 476
- Entschädigung § 61 Abs. 2 ArbGG 15 568 ff.
- Streitwert 15 548

**Auskunftsersuchen aus dem Handelsregister, Muster** 15 94
**Auskunftspflicht**
- des Arbeitnehmers 2 293 ff.
- des Arbeitnehmers auf unzulässige Fragen 2 296 ff.

**Auskunftspflicht des Arbeitnehmers**
- normative Grundlagen 2 299 f.
- Offenbarungspflichten 2 312 ff.

**Auskunftspflichten des Drittschuldners** 3 1299 ff.
- Inhalt 3 1289 ff.
- Kosten 3 1312
- Schadensersatzansprüche 3 1308 ff.

**Ausländerfeindliche Äußerungen**
- außerordentliche Kündigung 4 1275 ff.

**Ausländische Arbeitnehmer**
- Anwerbung und Vermittlung 2 58 ff., 62 ff.
- Arbeitsberechtigung EU 2 69
- Aufenthaltserlaubnis 2 65
- Aufenthaltstitel 2 63 f.
- Ausgleichsquittung 3 4843
- befristetes Arbeitsverhältnis 2 77
- Besonderheiten aufgrund zwischenstaatlicher Vereinbarungen 2 71 ff.
- Besonderheiten der Osterweiterung der EU 2 66 ff.
- Grundwehrdienst 3 1713
- Rechtsfolgen bei Verstößen gegen §§ 284, 285, 286 SGB III 2 74 ff.
- Rechtsstellung 2 63

**Ausländische Kapitalgesellschaft**
- Parteifähigkeit 15 34

**Auslauffrist**
- bei außerordentlicher Kündigung 4 1129 ff.

**Auslösung** 3 62

# Stichwortverzeichnis

**Ausschluss von Gerichtspersonen**, *s. unter Ablehnung von Gerichtspersonen*
**Ausschlussfrist** 1 695; 2 792 ff.; 3 4615 ff.
- Abfindungsanspruch 3 4736
- abgerechneter Lohn 3 4714 f.
- Anhörung des Arbeitnehmers 4 1051
- Anhörung des Betriebsrats 4 1087
- Ansprüche des Arbeitgebers 3 4762 ff.
- Arbeitsentgelt 3 4714
- arglistige Berufung auf – 3 4777
- Arrest 16 63
- Aufrechnung 3 4772
- außerordentliche Kündigung 4 1025 ff.
- Auslegung 11 296
- Beginn 3 4636 ff.; 4 1037 ff.
- Begriff 3 4615
- Berücksichtigung von Amts wegen 3 4631
- Beschäftigungsanspruch 3 4734
- betriebliche Altersversorgung 3 4730
- betriebsvereinbarte Ansprüche 11 303
- Betriebsvereinbarungen 3 4789; 13 1515 ff.
- blue-pencil-test 2 797
- Dauergründe 4 1058 ff.
- ein- und zweistufige 3 4622
- einstufige 2 793 ff.
- einstweilige Verfügung 16 63
- einzelvertragliche vereinbarte 3 4785; 11 305
- Entfernung von Abmahnungen 3 4724 f.
- erfasste Ansprüche 3 4707 ff.; 11 305 f.
- Feiertagsentgelt 3 4752
- Geltendmachung des Anspruchs 3 4669 ff.
- gesetzliche Ansprüche 11 300 ff.
- Hemmung 4 1042
- Informationspflicht des Arbeitgebers 3 4666
- inhaltliche Grenzen 3 4618
- Insolvenz 3 4721
- Kenntnis 3 4660 ff.
- Kenntnis des Kündigungsberechtigten 4 1053
- Kündigungsschutzklage 3 4683 ff., 4690 ff.
- Miet-, Kauf-, Darlehensverträge 3 4749 f.
- persönliche Geltung 11 297
- Rückwirkung 3 4656
- sachliche Geltung 11 298 ff.
- Schadensersatz 3 4647
- Schadensersatzanspruch 3 4742
- tarifliche Ansprüche 11 299
- Urlaub 3 4754
- Vorruhestandsleistungen 3 4730
- Wiedereinsetzung in den vorigen Stand 3 4702
- Wiedereinstellungsanspruch 3 4775
- Zeugnis 3 4760
- Zinsen 3 4774
- zweistufige 2 797 ff.

**Ausschlussfrist, Tarifvertrag**
- Auslegung 11 296
- Beginn 11 307
- betriebsvereinbarte Ansprüche 11 303
- einzelvertragliche Ansprüche 11 305
- Geltendmachung 11 312
- persönliche Geltung 11 297
- sachliche Geltung 11 298 ff.
- tarifvertragliche Rechte 11 289 ff.

**Ausschüsse in Berufsbildungsangelegenheiten** 16 30 ff.

**Aussetzung des Kündigungsschutzverfahrens** 4 1520a

**Aussetzung des Verfahrens**
- Klage auf Weiterbeschäftigung 15 423
- Massenverfahren 15 428
- Verfahren gem. § 148 f. ZPO 15 418 ff., 429
- verfassungs- oder europarechtliche Gründe 15 432
- Vergütungsklagen 15 425

**Aussperrung**
- Abwehraussperrung 10 65 ff.
- Angriffsaussperrung 10 83
- Arten 10 62
- Beendigung des Arbeitsverhältnisses 10 157
- Betriebsrat 10 154
- Kündigung 10 204
- lösende Aussperrung 10 82 ff.
- rechtswidrige, Rechtsfolgen 10 201 ff.
- rechtswidrige, Schadensersatzansprüche 10 205
- rechtswidrige, Unterlassungsansprüche 10 207
- suspendierende Wirkung 10 81
- Suspendierung der Hauptleistungspflichten 10 148
- Tarifvertrag 10 67
- Unterlassungsansprüche 10 207
- Urlaub 10 150
- Verhältnismäßigkeit 10 69 ff.
- Voraussetzung 10 67
- Wiedereinstellung 2 238
- Zulässigkeit 10 65 ff.

**Aussperrungsunterstützung**
- Lohnpfändungsschutz 3 1375

**Austauschkündigung** 4 2453

**Auswahlrichtlinien**
- Begriff 13 1956
- Betriebsrat, Beteiligung 13 1970
- Einstellung und Versetzung 13 1964
- Inhalt 13 1962
- Kündigung 13 1966
- Umgruppierung 13 1965
- Verletzung des Beteiligungsrechts 13 1972 f.
- Versetzung 13 1964
- Zustimmungsverweigerungsgrund 13 2110

**Auswärtige Kammern** 14 20 ff.

**Auszubildende**
- Antrag auf Weiterbeschäftigung 2 104
- Arbeitnehmerüberlassung 3 4378
- Begründung eines Arbeitsverhältnisses 2 107 ff.
- Kündigung durch den – 4 883
- Kündigung, Form 4 884 ff.
- Kündigung, wichtiger Grund 4 871
- Kündigungsschutz 4 863 ff.

# Stichwortverzeichnis

- Pflichten 3 4499 ff.
- Probezeit, Kündigung 4 863
- Streikrecht 10 50
- Übernahme zu anderen Arbeitsbedingungen 2 152 ff.
- Unzumutbarkeit der Weiterbeschäftigung 2 121 ff.
- Unzumutbarkeit der Weiterbeschäftigung, betriebsbedingte Gründe 2 131
- Unzumutbarkeit der Weiterbeschäftigung, personenbedingte Gründe 2 126
- Urlaubsanspruch 3 2465
- Weiterbeschäftigungsanspruch 2 93, 95; 16 121 f., *s. a. unter Berufsausbildung*
- Weiterbeschäftigungsverlangen, Form und Frist 2 107 ff.
- Weiterbeschäftigungsverlangen, Rechtswirkungen 2 113 ff.

## B
**Background Checks** 2 409 ff.
**Bargeldlose Lohnzahlung** 13 1734
**Baugewerbe**
- Urlaubsanspruch 3 2510 ff.

**Beamte**
- Arbeitnehmer 1 203

**Beendigung des Arbeitsverhältnisses**
- Arbeitslosengeld, *s. Arbeitslosengeld*
- bei Feststellung der vollständigen Erwerbsminderung 2 788 f.
- Krankenversicherung, *s. Krankenversicherung*
- Rentenversicherung, *s. Rentenversicherung*
- Rückgabe von Arbeitgebereigentum 2 790 f.
- zum Rentenalter 2 784 ff.

**Beendigung von Anstellungsverhältnissen** 8 1
**Beendigungsnormen** 11 88 ff.
**Befristete Arbeitsverhältnisse**
- Weiterbeschäftigung des gekündigten Arbeitnehmers 5 286 f.

**Befristung**
- einer Arbeitszeiterhöhung 1 696
- Tarifvertrag 11 56

**Befristung von Arbeitsverhältnissen** 5 1, 6, 82, 254, *s. a. Auflösende Bedingung, s. a. Beendigung des befristeten Arbeitsverhältnisses, s. a. Erleichterte Befristung, s. a. Sachgrundbefristung*
- abweichende Vereinbarungen 5 169 ff.
- Arbeitnehmerüberlassung 5 246 ff.
- Ärzte in der Weiterbildung 5 231 ff.
- auflösende Bedingung 5 5, 254 ff., *s. a. Auflösende Bedingung*
- Ausschluss der ordentlichen Kündigung 5 144 ff.
- Befristung bis zur Altersgrenze 5 121 ff.
- Befristung einzelner Bedingungen des Arbeitsvertrages 5 72 ff.
- Befristungsarten 5 4 f.
- Befristungskontrollschutz 5 169 ff.
- BeschFG bis 31.12.2000 5 175
- Bestandsschutzvorschriften 5 2
- Darlegungs- und Beweislast 5 81, 107 f.
- Ende des befristeten Arbeitsvertrages 5 141 ff.
- erleichterte Befristung 5 82 ff., *s. a. Erleichterte Befristung*
- Fiktion eines unbefristeten Arbeitsverhältnisses 5 149 ff.
- gerichtlicher Vergleich 5 60 ff.
- Kettenarbeitsverträge 5 64
- Klagefrist 5 159 ff.
- leitender Angestellter 5 9
- maßgeblicher Zeitpunkt 5 14
- Nachweis vorübergehenden Mehrbedarfs 5 28
- prozessuale Fragen 5 249 ff.
- Rechtsfolgen unwirksamer Befristung 5 156 ff.
- Sachgrundbefristung 5 6 ff., *s. a. Sachgrundbefristung*
- sachgrundlose Befristung bei älteren Arbeitnehmern 5 112 ff.
- Schriftform 5 124
- Teilzeit- und Befristungsgesetz 5 5
- unzulässige 5 1
- Verlängerung der Befristung 5 64 ff.
- wissenschaftliches Personal, Einzelfragen 5 207 ff.
- wissenschaftliches Personal, nach Abschluss der Promotion 5 191 ff.
- wissenschaftliches Personal, Rechtslage ab dem 1.1.2005 5 200
- wissenschaftliches Personal, sachgrundlose Befristung mit Höchstgrenzen 5 186 f.
- wissenschaftliches Personal, Verträge ab dem 18.4.2007 5 176 ff.
- wissenschaftliches Personal, Verträge ab dem 23.2.2002 bis zum 27.7.2004 5 180 ff.
- wissenschaftliches Personal, Verträge bis zum 22.2.2002 5 201 ff.
- wissenschaftliches Personal, vor Abschluss der Promotion 5 188 ff.
- Zeitbefristung 5 4
- Zweckbefristung 5 4
- Zweckbefristungen anlässlich Elternzeit 5 238 ff.

**Begründung des Arbeitsverhältnisses**
- Arbeitsvertrag 2 427 ff.
- Auswirkungen des AGG 2 414 f.
- bei Tendenzunternehmen 2 368 f.
- in kirchlichen Einrichtungen 2 369

**Behinderungsverbot**
- Betriebsratsmitglieder 13 806 ff.
- Betriebsratswahl 13 429 ff.

**Beiordnung § 11a ArbGG** 15 124 ff.
**Belegschaftsversammlung** 13 905 ff.
**Belehrungspflichten** 3 3380
**Beleidigung**
- verhaltensbedingte Kündigung 4 2227
- vertrauliche Äußerung 4 2235

**BEM** 4 792
**Benachteiligung**
- Beispiele unangemessener 1 673

# Stichwortverzeichnis

**Benachteiligung des Arbeitnehmers**
- unangemessene 2 831 ff.

**Benachteiligungs- und Begünstigungsverbot** 13 806 ff.

**Benachteiligungsverbot** 4 1785
- Beschwerde des Arbeitnehmers 13 1222
- Kündigung 4 1785
- § 612a BGB 4 1785 ff.

**Bereitschaftsdienst** 3 39 ff., 87; 13 1715
- Bereitschaftszeiten 3 39 ff.

**Bereitschaftszeiten** 3 50

**Bergmannsversorgungsschein** 2 189 ff.
- Kündigung 4 952

**Berichtigung**
- Urteil 15 592

**Berichtsheft** 3 4507

**Berufsausbildung** 3 4481 ff., 4572
- Aufhebungsvertrag 3 4546
- Ausbildungsmittel 3 4502
- Beendigung 3 4534 ff.
- Berichtsheft 3 4507
- Betriebsverfassungsgesetz, Geltung 13 11
- duales System 3 4485
- Grundlagen 3 4481
- Kosten 3 4523
- Kündigung 3 4547
- Pflichten des Ausbildenden 3 4499 ff.
- Pflichten des Auszubildenden 3 4531
- Praktikanten 3 4560
- Rechtsfolgen der Verletzung von Pflichten 3 4525
- Schadensersatz bei vorzeitiger Kündigung 3 4548
- tarifliche Regelungen 3 4539
- Übergang in ein Arbeitsverhältnis 3 4556
- Vergütungspflicht 3 4509 ff.
- Vertrag 3 4486 ff.
- Volontäre 3 4560
- Wiederholungsprüfung 3 4541, *s. a. unter Auszubildende*

**Berufsausbildungsangelegenheiten**
- Ausschüsse 16 30 ff.
- Ausschüsse, Bildung 16 31
- Ausschüsse, Errichtung 16 32
- Verfahren 16 34
- Vergleich 16 36
- Vergütung der Rechtsanwälte 16 41

**Berufsausbildungsvertrag**
- elektronische Form 3 4494

**Berufsbildung**
- Ausbilder 13 2018
- Begriff 13 1986
- Beratungsrecht des Betriebsrats 13 1995 ff.
- Betriebsrat, Mitbestimmung 13 2000 ff.
- Bildungsmaßnahmen 13 1991
- Durchführung 13 2008
- Förderung 13 1994
- Teilnehmerauswahl 13 2014
- Voraussetzungen des Mitbestimmungsrechts 13 2008

- Zweck 13 1983

**Berufsfreiheit** 1 307

**Berufsrichter** 14 38, 43 ff.
- Ausbildung 14 40 ff.
- Befähigungsvoraussetzungen 14 40 ff.
- Berufung 14 43 ff.
- Ernennung der am ArbG tätigen Richter 14 43 ff.
- Ernennung der beim BAG tätigen Richter 14 52 ff.
- Ernennung der Vorsitzenden Richter am LAG 14 49 ff.
- persönliche Unabhängigkeit 14 61 f.
- richterliche Unabhängigkeit 14 59 f.
- statusrechtliche Rechte 14 58 ff.

**Berufsschule** 3 4507

**Berufsunfähigkeit** 3 3478
- Mitbestimmung in sozialen Angelegenheit 13 1774 ff.

**Berufung** 15 549
- Bindungswirkung 15 559
- Rechtsmittelbelehrung 15 561
- Zulässigkeit 15 664 ff.
- Zulassung 15 554
- Zurückverweisung an erste Instanz 15 754 ff.

**Berufungsbegründung** 15 689 ff.
- Folgen einer fehlerhaften - 15 721
- Form 15 717
- Frist 15 710 ff.
- Inhalt 15 717

**Berufungseinlegung** 15 689 ff.
- fehlerhafte 15 707 ff.
- Form 15 689 ff.
- Frist 15 700 ff.
- Inhalt 15 694 ff.

**Berufungsrücknahme** 15 734

**Berufungsurteil** 15 767
- Abfassung 15 771
- beschränkter Prüfungsumfang 15 779
- Inhalt 15 778
- Verkündung 15 771
- Vollstreckbarkeit 15 809
- Zulassung der Revision 15 787
- Zulassung der Revision, Zulassungsgründe 15 792 ff.

**Berufungsverfahren** 15 662 ff.
- Anschlussberufung 15 731
- Berufungsfrist 15 700
- Berufungsrücknahme 15 734
- Berufungsschrift 15 689
- Berufungsschrift, Inhalt 15 694
- Berufungsurteil 15 767
- Berufungsverzicht 15 736
- Formfehler 15 707
- Fristüberschreitung 15 707
- Kosten 15 811 ff.
- Zulässigkeit 15 664
- Zulässigkeit, Beschwerdewert 15 674 ff.

## Stichwortverzeichnis

- Zulässigkeit, Statthaftigkeit 15 664 ff.
- Zurückweisung des Verfahrens an die erste Instanz 15 754 ff.
- Zurückweisung von Angriffs- und Verteidigungsmitteln 15 741 ff.
- Zurückweisung von verspätetem Parteivorbringen 15 747

**Berufungsverhandlung**
- Beweisaufnahme 15 752
- in erster Instanz verspätetes Vorbringen 15 741 ff.
- in zweiter Instanz verspätetes Vorbringen 15 747 ff.
- mündliche Verhandlung 15 738
- mündliche Verhandlung, Zurückweisung von Parteivorbringen 15 739
- persönliches Erscheinen 15 729
- prozessleitende Anordnung 15 730
- Terminsanberaumung 15 724

**Berufungsverzicht** 15 736

**Beschäftigtenzahl**
- Ermittlung 4 1867
- Teilzeitbeschäftigte 4 1875

**Beschäftigungsanspruch**
- Ausschlussfristen 3 4734
- des Arbeitnehmers 3 2724 ff.
- Durchsetzung 3 2747
- Inhalt 3 2733
- Interessenabwägung 3 2691, 2733
- Rechtsfolgen der Nichtbeschäftigung 3 2752 ff.
- Schadensersatzansprüche 3 2721, 2758
- Wegfall des Arbeitsplatzes 3 2724, 2756

**Beschäftigungslosigkeit**
- Begriff 8 12
- ehrenamtliche Tätigkeit 8 24
- Meldung bei der Agentur für Arbeit 8 33 ff.
- Prüfung 8 22
- Selbstständigkeit 8 19
- Verfügbarkeit des Arbeitslosen 8 28 ff.

**Beschäftigungsmöglichkeit**
- anderweitige 4 2840 ff.
- Darlegungs- und Beweislast 4 2877
- freier Arbeitsplatz 4 2873
- Sozialwidrigkeit 4 2840
- Überprüfungspflicht 4 2875
- Umschulungsmaßnahme 4 2884
- vergleichbare Arbeitsplätze 4 2848
- verhaltensbedingte Kündigung 4 2844

**Beschäftigungsquote** 2 158 ff.

**Beschäftigungsverbot**
- aus Arbeitszeitrecht 2 52 ff.
- Frauenarbeitsschutzrecht 2 50 f.
- gesetzliches 2 15 ff.
- Infektionsschutzgesetz 2 85 f.
- Jugendarbeitsschutzrecht 2 19 ff.
- Kündigungsgrund 4 2111
- Mutterschutz 2 23 ff.
- Schwarzarbeit 2 78 ff.
- zugunsten des ArbN 2 19 ff.
- zum Schutz Dritter 2 57 ff.

**Beschäftigungsverhältnis**
- gesetzliche Begründung von - 2 87 ff.

**Beschleunigungsgrundsatz**
- Arbeitsgerichtsverfahren 15 206 ff.

**Beschluss des Betriebsrats**
- Abstimmungsverfahren 13 642
- Änderung 13 646
- Aufhebung 13 662
- Aussetzung 13 639
- Beschlussfähigkeit 13 639
- gerichtliche Geltendmachung 13 659
- Mehrheiten 13 642
- Nichtigkeit 13 648
- Sitzungserfordernis 13 637
- Stimmrecht 13 642
- Unwirksamkeit 13 647

**Beschluss und Beschlussverfahren** 15 1130 ff.
- Form 15 1132
- Inhalt 15 1132
- Rechtskraft 15 1141
- Zustellung 15 1139

**Beschlussverfahren** 15 59
- Anhörungstermin 15 1113
- Antrag 15 1063
- Antragsänderung 15 1083
- Antragsbefugnis 15 1073
- Antragsgegner 15 1052
- Antragsrücknahme 15 1081, 1116
- Antragsteller 15 1051
- Arrest 16 75
- Belehrungspflicht über Selbstkostentragung 15 99
- Beteiligte 15 1047, 1108 ff.
- Beteiligtenfähigkeit 15 61
- Beweiserhebung 15 1104
- Einleitung durch Antragstellung 15 1059
- einstweilige Verfügung 16 71 ff.
- Erledigungserklärung der Beteiligten 15 1123
- fehlerhafte Beteiligung 15 1110
- in besonderen Fällen 15 1230 ff.
- Insolvenzverwalter 16 68
- Mehrzahl von Antragstellern 15 1053
- minderjähriger Arbeitgeber, Prozessfähigkeit 15 67 f.
- örtlich zuständiges Gericht 15 1086
- Prozessfähigkeit 15 64 ff.
- Prozessfähigkeit, juristische Personen 15 72 ff.
- Prozessfähigkeit, natürliche Personen 15 67
- Prozessführungsbefugnis 15 76
- Prozesskosten 15 101
- Prozesskostenhilfe 15 102 ff.
- Prozessstandschaft 15 77, 1056
- Prozessstandschaft, gesetzliche 15 78
- Prozessstandschaft, gewillkürte 15 81
- Prozessvertretung 15 169
- Prozessvertretung vor dem BAG 15 176
- Prozessvertretung vor den LAG 15 173
- Rechtsanwälte 15 85
- Rechtsschutzinteresse 15 1077

# Stichwortverzeichnis

- Rechtsschutzversicherung 15 137 ff.
- sachliche Zuständigkeit 14 308 ff.
- Tariffähigkeit einer Vereinigung 15 1230 ff.
- Untersuchungsgrundsatz 15 1099
- Verfahren vor dem ArbG 15 1092
- verfahrensbeendender Beschluss 15 1130
- verfahrensbeendender Beschluss, Form 15 1132
- verfahrensbeendender Beschluss, Inhalt 15 1132
- verfahrensbeendender Beschluss, Rechtskraft 15 1141
- Verfahrensfragen 4 627
- Vergleich 15 1117
- Verhältnis zu Einigungs- und Schlichtungsstellen 15 1041
- Verhältnis zum Urteilsverfahren 15 1035
- Vorbereitung des Anhörungstermins 15 1095
- Zustimmungsersetzung 4 617

**Beschlussverfahren in zweiter Instanz**
- Anhörungstermin 15 1175
- Anschlussbeschwerde 15 1165
- Antragsänderung 15 1174
- Antragsrücknahme 15 1177
- Beschluss 15 1183
- Beschwerdebefugnis 15 1152
- Beschwerdebegründung 15 1161
- Beschwerdeeinlegung 15 1157
- beschwerdefähige Entscheidungen 15 1147
- Beschwerdefrist 15 1160
- Beschwerderücknahme 15 1179
- Einlegung der Beschwerde 15 1151
- Entscheidung über die Zulässigkeit der Beschwerde 15 1166
- Erledigung der Hauptsache 15 1182
- Rechtswirkungen der Einlegung der Beschwerde 15 1164
- Vergleich 15 1182
- Vorbereitung des Anhörungstermins 15 1171
- Zurückweisung von neuem Vorbringen 15 1175

**Beschlussverfahren über Tariffähigkeit/Tarifzuständigkeit** 15 1230 ff.
- Aussetzung anderer Verfahren 15 1245
- Einleitung des Verfahrens 15 1233
- Rechtsmittel 15 1244
- Rechtsschutzinteresse 15 1241
- Streitgegenstand 15 1231
- Verfahrensablauf 15 1243 f.
- Zuständigkeit 15 1242

**Beschwerderecht beim Betriebsrat** 13 1216 ff.
**Beschwerdeverfahren** 15 1019 ff.
**Besondere Verfahrensarten**
- Verfahren vor dem EuGH 16 267 ff.

**Besonderes Verhandlungsgremium** 13 2530 ff.
- Amtszeit 13 2555
- Beschlussfassung 13 2551
- Geschäftsführung 13 2548 ff.
- Geschäftsordnung 13 2550
- Kosten 13 2558 ff.
- Mitglieder 13 2543
- Rechtsstellung 13 2557
- Unterrichtung der Arbeitnehmer 13 2567 ff.
- Zusammensetzung 13 2541

**Bestandsklauseln** 2 635 f.
- Tarifvertrag 11 161

**Bestellungsverfahren Einigungsstelle**, s. a. unter Einigungsstelle
- Antrag 15 1252 ff.
- Beteiligte 15 1257
- Entscheidung 15 1259 ff.
- Rechtsmittel 15 1270 f.
- Rechtswirkung 15 1267 f.
- Verfahrensablauf 15 1258

**Beteiligte im Beschlussverfahren** 15 1047 ff.
- Antragsgegner 15 1052
- Antragsteller 15 1051
- Arbeitgeber 15 1109
- Arbeitnehmer 15 1109
- Bestellungsverfahren, Einigungsstelle 15 1109
- Beteiligtenfähigkeit 15 1047
- Betriebsrat 15 1109
- fehlerhafte Beteiligung 15 1110 ff.
- Gewerkschaften 15 1109
- Insolvenzverwalter 15 1109
- Jugend- und Auszubildendenvertretung 15 1109
- Mehrzahl von Antragstellern 15 1053 ff.
- Organmitglieder 15 1109
- Personalrat 15 1109
- Prozessstandschaft 15 1056 ff.
- Stationierungsstreitkräfte 15 1109
- Wahlvorstand 15 1109
- Wirtschaftsausschuss 15 1109

**Beteiligtenrechte nach BetrVG**
- Mitbestimmungsrechte 13 1549 ff.
- Mitwirkungsrechte 13 1556

**BetrAVG** 3 3635 ff., s. a. Betriebliche Altersversorgung
**Betrieb** 4 1842
- Betriebsratsfähigkeit 13 172 ff.
- Betriebsteil 13 99 ff., s. a. dort
- Betriebsteil, Betriebsratsfähigkeit 13 105
- Definition 13 92
- Gemeinschaftsbetrieb mehrerer Unternehmen 13 122 ff.
- Kleinstbetrieb 13 118
- Nebenbetrieb 13 118
- Rechtsbegriff 1 250
- Zusammenfassung 13 136 ff.

**Betriebliche Altersversorgung** 1 456, 905; 2 693 ff.; 3 3326 ff.
- Abfindungsverbot 3 3757 ff.
- Abgrenzungsfragen 3 3339
- Abwicklung betrieblicher Versorgungspflichten 3 3531 ff.
- Anrechnung von Vordienstzeiten 3 3668 ff.
- Anrechnungsverbot 3 3778 ff.
- Anwartschaft, Übertragung 3 3769 ff.
- Aufrechnung des Arbeitgebers 3 3631
- Ausgestaltungsformen 3 3334, 3477 ff.

# Stichwortverzeichnis

- Ausgleichsquittung 3 4833
- Ausscheiden vor Eintritt des Versorgungsfalles 3 3677
- Ausschlussfristen 3 4730
- Auszehrungsverbot 3 3804 ff.
- Begründung, Verpflichtungstatbestand 3 3344 ff.
- Besitzstandsschutz 3 3601
- BetrAVG 3 3635 ff.
- betriebliche Übung 3 3378
- Betriebsratsfähigkeit 13 172 ff.
- Betriebsteil 13 99 ff.
- Betriebsteil, Betriebsratsfähigkeit 13 105
- Betriebsübergang 3 4297 ff.
- Darlegungs- und Beweislastverteilung 15 488
- Definition 13 92
- Direktversicherung 3 3410 ff., 3827, 3840
- Direktzusage 3 3827
- Entgeltumwandlungsanspruch 3 3348, 3470 ff.
- Fälligkeit 3 3634
- flexible Altersgrenze 3 3813 ff.
- flexible Altersgrenze, Abschläge 3 3832 ff.
- Gemeinschaftsbetrieb mehrerer Unternehmen 13 122 ff.
- Gesamtversorgung 3 3486
- Gleichbehandlungsgrundsatz 3 3520 ff.
- GmbH-Geschäftsführer 3 4032
- Haftung des pers. haftenden Gesellschafters 3 3617 ff.
- Hinterbliebenenversorgung 3 3481
- Insolvenz des Arbeitgebers 3 4308
- Insolvenzschutz 1 906; 3 3676, 3922 ff.
- Insolvenzschutz, Direktversicherung 3 3954
- Insolvenzschutz, Durchführung 3 3992 ff.
- Insolvenzschutz, Finanzierung der Insolvenzsicherung 3 4016
- Insolvenzschutz, ges. Versorgungsanwartschaften 3 3947, 3975 ff.
- Insolvenzschutz, ges. Versorgungsleistungen 3 3942, 3969 ff.
- Insolvenzschutz, Missbrauch 3 3978 ff.
- Insolvenzschutz, Träger der Insolvenzsicherung 3 4014
- Insolvenzschutz, Unterstützungskasse 3 3953
- Insolvenzschutz, Voraussetzungen 3 3937 ff.
- Invaliditätsrente 3 3478
- Karrieredurchschnittspläne 3 3493
- Kommanditist 3 4031
- Nachhaftungsbegrenzungsgesetz 3 3622
- öffentlicher Dienst 3 3375 ff.
- Patronatserklärung 3 3891
- Pensionskasse 3 3425 ff., 3699
- Pensionssicherungsverein 3 3922 ff.
- pers. Geltungsbereich des BetrAVG 3 4020 ff.
- pers. Haftender Gesellschafter 3 4024
- Portabilität 3 3772
- Regelung durch Betriebsvereinbarung 3 3571 ff.
- Regelung durch Tarifvertrag 3 3593
- Renten 3 3791 ff.
- Tätigkeit in anderen Betrieben des Unternehmens 3 3665
- Überbrückungsbeihilfen 3 3341
- Unfallrente 3 3797 ff.
- unmittelbare Versorgungszusage 3 3394
- unmittelbare Versorgungszusage, Berechnung 3 3397
- Unterstützungskasse 3 3437 ff., 3701
- Unterstützungskasse, Höhe 3 3755
- Unverfallbarkeit von Zusagen 3 3635 ff.
- Verfügung des Arbeitnehmers 3 3627
- Verhältnis zu Wartezeiten 3 3680 ff.
- Verjährung, neues Recht 3 4584
- Verletztenrente 3 3797 ff.
- Versorgungsanwartschaft, Direktversicherung 3 3735 ff.
- Versorgungsanwartschaft, Höhe 3 3704 ff.
- Versorgungsanwartschaft, Verfügungsbeschränkung 3 3745
- Versorgungsleistung, Anpassung von 3 3848 ff., 3919 ff.
- Versorgungsleistung, Entscheidung des Arbeitgebers 3 3902 ff.
- Versorgungsleistung, wirtschaftliche Lage des Betriebs 3 3876 ff.
- Versorgungsmodelle 3 3486 ff.
- wirtschaftliche Notlage des Arbeitgebers 3 3935 ff.
- zeitlicher Geltungsbereich 3 4035
- Zusage 3 3688
- Zusagedauer und Betriebszugehörigkeit 3 3664
- Zusagedauer, Berechnung 3 3652
- Zusatzversorgungskasse 3 3377
- Zweck 3 3330

**Betriebliche Einigung** 13 1429 ff.
- Betriebsabrede 13 1438
- Betriebsvereinbarung 13 1444 ff.
- Durchführung 13 1432
- Regelungsabrede 13 1438 ff.

**Betriebliche Lohngestaltung**
- Anrechnung von Tariflohnerhöhungen 13 1840
- Begriff 13 1936
- betriebliche Altersversorgung 13 1834 ff.
- Entlohnungsgrundsätze 13 1828
- Entlohnungsmethoden 13 1830
- freiwillige Leistungen 13 1942
- Gegenstand des Mitbestimmungsrechts 13 1817
- Grenzen des Mitbestimmungsrechts 13 1817
- kollektiver Tatbestand 13 1821 ff.
- Lohnbegriff 13 1817 ff.
- Zweck 13 1815

**Betriebliche Ordnung**, s. *Betriebsfrieden*

**Betriebliche Übung**
- Beendigung einer ~ 1 521
- Begriff und Entstehung 1 480
- Begründung und Inhalt 1 505
- betriebliche Altersversorgung 3 3356 ff.
- Bezugnahme auf Tarifverträge 11 224
- Darlegungs- und Beweislast 1 528

# Stichwortverzeichnis

- gerichtliche Überprüfung 1 528
- im öffentlichen Dienst 1 515
- Sonderzuwendungen 3 1070 ff.
- und Tarifvertrag 1 512
- Zahlung von Sonderzuwendungen 3 1067 ff.

**Betriebsabrede** 13 1438 ff.

**Betriebsänderung**
- Allgemeines 13 1472
- Arbeitgeber, Pflichtverletzung 13 2259
- Arbeitsmethoden 13 2246
- Aufhebungsvertrag 6 344 ff.
- Betriebsanlagen 13 2238
- Betriebseinschränkung 13 2219
- Betriebsgröße 13 2200
- Betriebsorganisation 13 2238
- Betriebsrat, Beteiligung 13 2211 ff.
- Betriebsrat, Unterrichtung 13 2249 ff.
- Betriebsstilllegung 13 2228
- Betriebszweck 13 2238
- Fertigungsverfahren 13 2246 ff.
- Interessenausgleich 13 2263 ff.
- Interessenausgleich, Anrufung der Einigungsstelle 13 2280 ff.
- Interessenausgleich, Berater 13 2271
- Kündigungsverbot während Verhandlungen 13 2292
- Nachteilsausgleich 13 2296
- Pflichten des Arbeitgebers 13 2249
- Sozialplan 13 2317 ff.
- Spaltung 13 1069
- Streik wegen geplanter 10 25
- Streitigkeiten 13 2259
- Unterrichtung 13 2249
- Voraussetzungen des Beteiligungsrechts 13 2199
- wesentlicher Betriebsteil 13 2230 f.
- Wirksamkeit 13 2290
- Zusammenschluss mit anderen Betrieben 13 2234

**Betriebsarzt**
- Kündigungsschutz 4 833 ff.

**Betriebsausflug** 13 1819

**Betriebsausschuss**
- Amtszeit, Beendigung 13 593
- Aufgaben 13 587
- Bildung 13 583
- Zusammensetzung 13 584

**Betriebsbedingte Kündigung** 6 28
- Abkehrwille des Arbeitnehmers 4 2509
- anderweitige Beschäftigung 4 2435
- Anhörung des Betriebsrats/Personalrats 4 1678
- Arbeitsgericht, Überprüfungsbefugnis 4 2435
- Auftragsrückgang 4 2423
- außerbetriebliche Gründe 4 2411, 2443
- Beschäftigung, keine anderweitige Möglichkeit 4 2426 ff.
- Betriebsstilllegung 4 2492 ff.
- Darlegungs- und Beweislast 4 2707 ff.
- dringende betriebliche Gründe 4 2405

- Dringlichkeit der betrieblichen Erfordernisse 4 2421 ff.
- drittmittelfinanzierte Arbeitsplätze 4 2524
- Fehlprognose, Korrektur 4 2693
- Fremdvergabe 4 2412
- innerbetriebliche Gründe 4 2411
- Insolvenzverfahren 4 2529
- Konzernbezug 4 2531 ff.
- Kosteneinsparung 4 2437
- Kurzarbeit 4 2479 ff.
- Leiharbeitnehmer 4 2512
- Mehrarbeit 4 2487
- mit Abfindungsangebot 4 2743 ff.
- öffentlicher Dienst 4 2514 ff.
- organisatorische Maßnahmen 4 2446
- Produktionsverlagerung ins Ausland 4 2461
- Saisonarbeit 4 2700
- Sozialauswahl 4 2536, s. a. dort
- Teilzeitstelle in Ganztagsstelle 4 2510
- Überprüfungszeitpunkt 4 2692 ff.
- Umgestaltung des Arbeitsablaufs 4 2418
- Umsatzrückgang 4 2423
- Unternehmensbezug 4 2531
- Unternehmerentscheidung 4 2465
- Voraussetzungen 4 2404 ff.

**Betriebsbuße** 13 1689 ff.

**Betriebseinschränkung** 13 2219 ff.
- personelle Leistungsfähigkeit 13 2222
- sachliche Betriebsmittel 13 2221

**Betriebsferien** 13 1738

**Betriebsfrieden** 3 416 ff.
- Abwerbung von Kollegen 3 496
- Alkoholgenuss im Betrieb 3 433
- ärztliche Untersuchungen 3 428
- persönliche Lärmentwicklung 3 444
- politische Betätigung im Betrieb 3 423
- Rauchen im Betrieb 3 438
- Schmiergelder, Annahme 3 486 ff.
- Unternehmenseigentum, Schutz 3 446
- verhaltensbedingte Kündigung 4 2238 ff.

**Betriebsgeheimnis** 3 450 ff.; 13 1175

**Betriebsgruppe** 3 4339 ff.
- Haftung 3 4342
- Rechtsstellung 3 4340

**Betriebsinhaberwechsel** 3 4158
- Abspaltung 3 4042
- Aufspaltung 3 4041
- Ausgliederung 3 4044
- Betriebsstilllegung 3 4148 ff.
- Betriebsteilübergang 3 4110
- Betriebsübergang 3 4080 ff., 4112 ff.
- Betriebsübergang, Voraussetzungen 3 4095 ff.
- Betriebsübergang, Wahrung der Identität 3 4113 ff.
- Betriebsvereinbarungen 13 1529
- Betriebsverlegung 3 4155
- Folgen für den Betriebsrat 3 4061
- Fortführung der wirtschaftliche Einheit 3 4141 ff.

# Stichwortverzeichnis

- Gesamt- und Konzernbetriebsrat 3 4062
- Gesamtrechtsnachfolge 3 4038
- Grundlagen 3 4038 ff.
- Interessenausgleich 3 4069
- Rechtsfolgen für den Arbeitnehmer 3 4046 ff.
- Umwandlung von Unternehmen 3 4039
- Unterrichtung des Wirtschaftsausschusses 3 4070 ff.
- Vermögensübertragung 3 4045
- Verschmelzung von Rechtsträgern 3 4040

**Betriebsnormen**
- Tarifgebundenheit 11 190
- Tarifvertrag 11 91 ff.

**Betriebsorganisation, Änderung**
- Betriebsrat, Mitbestimmung 13 2238
- Wirtschaftsausschuss 13 1070 ff.

**Betriebsparkplatz** 13 1662

**Betriebsrat**
- Abstimmungsverfahren 13 643
- allgemeiner Unterlassungsanspruch 13 2460
- Amtsenthebung eines Betriebsratsmitglieds 13 2472 ff.
- Amtszeit 13 500
- Amtszeit, Beginn 13 501
- Amtszeit, Ende 13 505 ff.
- Änderungskündigung 4 2927, 3104 ff.
- Anhörung, Beweislast 4 474
- Anhörungsverfahren 4 384 ff.
- Anhörungsverfahren, Verzicht auf 4 467
- Anrufung des Arbeitsgerichts bei Verstößen gegen BetrVG 13 2439 ff.
- Arbeitgeberkündigung, Beteiligung des 4 1654 ff.
- Arbeitsgruppe, Übertragung von Aufgaben 13 601 ff.
- Arbeitskampfverbot 13 1254 ff.
- Aufgaben allgemein 13 1557
- Auflösung 13 2472 ff.
- außerordentliche Kündigung 4 1131
- außerordentliche Wahl 13 298
- Auskunftsersuchen 15 96
- Auskunftspersonen Hinzuziehung 13 1595
- Ausschluss eines Mitglieds 13 2475 ff.
- Ausschluss eines Mitglieds, Verfahren 13 2484; 16 197
- Ausschluss eines Mitglieds, Wirkung 13 2487
- Aussperrung 10 154
- Behinderungsverbot 13 808 ff.
- Benachteiligungs- und Begünstigungsverbot 13 813 ff.
- Beratungsrechte 13 1556
- Bericht anlässlich Betriebsversammlung 13 926
- Beschäftigungsförderung 13 1575
- Beschlüsse 13 637
- Beschlüsse, Aufhebung 13 646
- Beschlüsse, Aussetzung 13 662
- Beschlüsse, Unwirksamkeit 13 647 ff.
- Beschlussfähigkeit 13 639
- Beschwerde des Arbeitnehmers 13 1224
- Besitzrecht 13 900
- Besuchsrecht der Arbeitnehmer 13 673
- Beteiligter im Beschlussverfahren 15 1109
- Beteiligung an anzeigepflichtigen Entlassungen 4 2795 ff.
- Beteiligung bei Kündigung 4 350 ff., 379 ff.
- Beteiligungsrechte 13 1548 ff.
- betriebliche Einigung 13 1429 ff.
- Betriebsabrede 13 1438
- Betriebsratsmitglieder, s. dort
- Betriebsvereinbarung 13 1444 ff.
- Betriebsversammlung 13 905 ff., s. a. dort
- Büropersonal 13 899
- Druckkündigung 4 1575 ff.
- Durchführung und Leitung von Sitzungen 13 626
- Eigentum 13 900
- Eingliederung schutzbedürftiger Personen 13 1574
- Einschränkung der Beteiligungsrechte 13 2501
- Einsichtsrecht 13 636; 16 184
- einstweilige Verfügung zur Sicherung von Ansprüchen 13 2457
- Ersatzmitglieder 13 548 ff.
- Ersatzmitglieder, Nachrücken 13 558
- Ersatzmitglieder, Reihenfolge d. Nachrückens 13 560
- Fachliteratur 13 891
- Förderung der Gleichstellung von Frau und Mann 13 1570
- Friedenspflicht 13 1263
- Gebot vertrauensvoller Zusammenarbeit mit AG 13 1239 ff.
- gemeinsame Ausschüsse 13 599
- gerichtliche Auflösung 13 2472 ff.
- Gesamtbetriebsrat 13 946 ff., s. a. dort
- Geschäftsführung 13 567 ff.
- Geschäftsordnung 13 667
- Größe und Zusammensetzung 13 373 ff.
- Haftung 13 901 ff.
- Inanspruchnahme 13 676
- Informationspflicht des Arbeitgebers 13 1578
- Initiativrecht 13 1551
- Interessenausgleich 16 174 ff.
- Konzernbetriebsrat 13 985 ff., s. a. dort
- Kosten 13 861 ff.
- Kündigung 4 533
- Kündigung aus wichtigem Grund 4 550 ff.
- Kündigung bei Betriebsstilllegung 4 570 ff., 575 ff.
- Kündigung bei Stilllegung einer Betriebsabteilung 4 585 ff.
- Kündigung von Ersatzmitgliedern 6 438
- Kündigung, Fehler in seinem Verantwortungsbereich 4 455 ff.
- Kündigung, Unterrichtung 4 420 ff.
- Kündigungsschutz 4 550 ff.
- laufende Geschäfte 13 588

# Stichwortverzeichnis

- leitende Angestellte 13 32
- Lohn- und Gehaltspflichten, Einblicksrecht 13 1588 ff.
- Mandatsträger, Kündigung 4 495 ff.
- Massenentlassungen 4 396
- Mitbestimmungsrechte 13 1549 ff.
- Mitgliedschaft, Erlöschen 13 537 ff.
- Mitwirkungsrechte 13 1556
- negatives Konsensprinzip 13 1552
- Organisation 13 567 ff.
- parteipolitische Betätigung im Betrieb, Verbot 13 1269 ff.
- Personalakte 3 3042
- positives Konsensprinzip 13 1550
- rechtzeitige Ladung zur Sitzungen 13 621
- Restmandat 13 527 ff.
- Rücktritt 13 302
- Sachaufwand 13 891 ff.
- Sachverständige, Hinzuziehung 13 1599
- Sanktionsmöglichkeiten 13 2427 ff.
- schriftliche Stellungnahme bei Massenentlassungen 4 2802
- Schulungsveranstaltung, Kosten 13 872
- Schutz der Persönlichkeitsrechte 13 1298
- Schutz des Geschlechts in der Minderheit 13 380
- Sicherung von Beteiligungsrechten 16 173 ff.
- Sitzungen 13 614 ff.
- Sitzungsniederschrift 13 629
- soziale Angelegenheiten, Mitbestimmung 13 1608 ff.
- Spartenbetriebsrat 13 138 ff.
- Sprecherausschuss der leitenden Angestellten 13 1105
- Sprechstunde 13 672
- Stimmrecht 13 642
- Streik 10 126 ff.
- Übergang des Arbeitsverhältnisses 3 4061
- Übergangsmandat 13 514 ff.
- Überwachung der Rechtsvorschriften 13 1558 ff.
- Überwachungspflicht 13 1286 ff.
- Umlageverbot 13 901
- Unterlassungsanspruch 13 2439 ff.
- Unterlassungsantrag des - 15 1067
- unternehmenseinheitlicher 13 136 ff.
- Unterrichtung bei Massenentlassungen 4 2797
- Verhandlungspflicht 13 1246 ff.
- vermögensrechtliche Stellung 13 901 ff.
- vertrauensvolle Zusammenarbeit 13 1239 ff.
- Vorsitzender, Aufgaben 13 573 ff.
- Vorsitzender, Wahl 13 567 ff.
- Wahl 13 295 ff.
- Wahl, Zeitpunkt 13 295
- Wahlrecht 13 307
- Wahlverfahren 13 308 ff.
- Weiterführung der Geschäfte 13 533 ff.
- Widerspruch bei Kündigung 4 1707 ff.
- Wirtschaftsausschuss 13 1031 ff., s. a. dort
- Zusammenarbeit mit dem Arbeitgeber 13 1246
- Zusammenarbeit mit Koalitionen 13 1164 ff.
- Zusammensetzung 13 373 ff.
- Zustimmungsersetzungsverfahren 4 463, 603 ff.
- Zustimmungsersetzungsverfahren, Verfahrensfehler 4 609 ff.
- Zutrittsrechte 16 185

**Betriebsrat, Auflösung** 13 2472 ff.
- Einsetzung eines Wahlvorstandes 13 2498
- Verfahren 13 2496
- Voraussetzungen 13 2491
- Wirkung 13 2497

**Betriebsrat, Mitbestimmung**
- Änderung der Betriebsorganisation 13 2238 ff.
- Arbeitsentgelt 13 1731
- Arbeitsplätze, Gestaltung 13 1902 ff.
- Arbeitszeitregelung 13 1700 ff.
- Ausübung der Mitbestimmung 13 1635 ff.
- betriebliche Altersversorgung 13 1834
- Betriebsänderung 13 2211 ff.
- Betriebsbuße 13 1689 ff.
- Betriebseinschränkung 13 2219
- Betriebsstilllegung 13 2228
- Durchführung von Gruppenarbeit 13 1871 ff.
- Eil- und Notfälle 13 1643
- Entlohnungsgrundsätze 13 1828
- Entlohnungsmethoden 13 1830
- gleitende Arbeitszeit 13 1710
- Grenzen der Mitbestimmung 13 1620 ff.
- leistungsbezogene Entgelte 13 1854
- Lohngestaltung 13 1815 ff.
- neue Arbeitsmethoden 13 2246
- Ordnung des Betriebs 13 1652 ff.
- personelle Angelegenheiten 13 1924 ff., s. a. dort
- Sozialeinrichtungen 13 1788 ff.
- technische Überwachungseinrichtung 13 1747 ff.
- übertarifliche Zulagen 13 1840
- Urlaub 13 1736 ff.
- Verhütung von Arbeitsunfällen 13 1774 ff.
- Verlegung des Betriebes 13 2232
- Voraussetzung der Mitbestimmung 13 1615 ff.
- Vorschlagswesen 13 1860
- Werkmietwohnung 13 1801 ff.
- wirtschaftliche Angelegenheiten 13 2196 ff.
- Zusammenschluss von Betrieben 13 2234

**Betriebsrat, Mitwirkung**
- Arbeitsschutz 13 1888, 1897
- Umweltschutz, betrieblicher 13 1891

**Betriebsräteversammlung** 13 984

**Betriebsratsamt**
- Arbeitskampf 13 1254

**Betriebsratsfähigkeit**
- Kleinstbetrieb 13 118
- Mindestanzahl wahlberechtigter Arbeitnehmer 13 172 ff.
- Nebenbetrieb 13 118

**Betriebsratskosten** 13 861 ff.
- Abtretbarkeit 13 887
- Art der Kostentragung 13 880 ff.

3149

# Stichwortverzeichnis

- Betriebsratstätigkeit 13 864 f.
- Durchsetzung 13 883 ff.
- Erforderlichkeit 13 862 ff.
- Kostenpauschale 13 883 ff.
- Nachweis 13 883 ff.
- Rechts- und Regelungsstreitigkeiten 13 866 ff.
- Schulungs- und Bildungsveranstaltungen 13 872 ff.
- Tätigkeit von Betriebsratsmitgliedern 13 865
- Verjährung 13 888

**Betriebsratsmitglieder**
- Ablauf der Amtszeit 13 537 ff.
- Amtsenthebung 13 545
- Amtsniederlegung 13 539
- Arbeitsbefreiung 13 685 ff.
- Arbeitsbefreiung, Abgeltung 13 722
- Arbeitsbefreiung, Anspruch 13 697
- Arbeitsbefreiung, Durchführung 13 699
- Arbeitsentgelt, Verbot der Minderung 13 704
- Ausschluss 13 2475 ff.
- Ausschluss, Verfahren 13 2484
- Ausschluss, Wirkung 13 2487
- Begünstigungsverbot 13 813
- Behinderungsverbot 13 808
- Benachteiligungsverbot 13 813
- berufliche Entwicklung 13 774
- Betriebsratsauflösung 13 511
- Ehrenamt 13 679 ff.
- Entgeltschutz 13 756 ff.
- Freistellung 13 732 ff.
- Freistellung, Beendigung 13 753
- Freizeitausgleich 13 711 ff.
- Geheimhaltungspflicht 13 848 ff.
- Kosten 13 865
- Nichtwählbarkeit 13 546
- Rechtsstellung 13 678 ff.
- Rechtsstellung freigestellter 13 749
- Schulungsveranstaltung gem. § 37 Abs. 6 BetrVG 13 776 ff.
- Schulungsveranstaltung gem. § 37 Abs. 7 BetrVG 13 797 ff.
- Schutz der beruflichen Entwicklung 13 774
- Tätigkeitsschutz 13 766 ff.
- Verlust der Wählbarkeit 13 544
- Verschwiegenheitspflicht 13 848 ff.
- Versetzungsschutz 13 821 ff.
- Zahl 13 301

**Betriebsratsschulung**
- Arbeitskampf 10 107
- einstweilige Verfügung 16 169
- Schulungsveranstaltung gem. § 37 Abs. 6 BetrVG 13 776 ff.
- Schulungsveranstaltung gem. § 37 Abs. 7 BetrVG 13 797 ff.

**Betriebsratssitzungen** 13 614 ff.
- Arbeitgeber 13 627
- Beschlüsse 13 637 ff.
- Durchführung und Leitung 13 407, 626
- Einberufung 13 617
- Jugend- und Auszubildendenvertretung 13 564
- konstituierende 13 614
- Leitung 13 626
- rechtzeitige Ladung 13 621
- reguläre 13 616 ff.
- Sitzungsniederschrift 13 629
- Tagesordnung 13 632
- Teilnahmerechte 13 627
- weitere 13 615
- Zeitpunkt 13 618

**Betriebsratsvorsitzender**
- Aufgaben 13 573 ff.
- Bestellung 13 567 ff.
- Ende der Amtszeit 13 572
- Rechtsstellung 13 573 ff.
- Stellvertreter 13 567 ff.
- Wahl 13 567 ff.
- Wahlmängel 13 570
- Wahlpflicht 13 567

**Betriebsratswahl** 13 295 ff.
- Amtszeit 13 500 ff.
- Anfechtungsberechtigung 13 474
- Anfechtungsfrist 13 478
- Anfechtungsverfahren 13 481
- Arbeitnehmer 13 160
- außerordentliche 13 298
- Behinderungsverbot 13 429 ff.
- Bekanntgabe 13 399 ff.
- einstweiliger Rechtsschutz 16 190
- Ergebnis, Bekanntgabe 13 399 ff.
- Kosten 13 442 ff.
- Mängel 13 454 f.
- Mehrheitswahl 13 416
- Mindestanzahl 13 172
- Nichtigkeit der Wahl 13 494
- öffentlicher Dienst 13 240
- regelmäßige 13 295
- Religionsgemeinschaften 13 244
- Seeschifffahrt 13 251
- ständig Beschäftigte 13 174 ff.
- Stimmauszählung 13 399
- Tendenzbetriebe 13 253 f.
- Verhältniswahl 13 413
- Verstöße gegen wesentliche Wahlvorschriften 13 456 ff.
- Voraussetzungen 13 172 ff.
- Wahlalter 13 180
- Wahlanfechtung 13 455 ff.
- Wahlausschreiben 13 365 ff.
- Wahlaussetzung 13 358
- Wählbarkeit 13 213
- Wahlbeeinflussung 13 435 ff.
- Wahlberechtigung 13 178 ff.
- Wählerliste, Aufstellung 13 369
- Wahlgang, Vorbereitung 13 397
- Wahlgrundsätze 13 408 ff.
- Wahlkosten 13 442 ff.

## Stichwortverzeichnis

- Wahlniederschrift 13 399
- Wahlrecht 13 307
- Wahlschutz 13 428 ff.
- Wahlverfahren 13 308 ff.
- Wahlverfahren, vereinfachtes 13 418 ff.
- Wahlvorschläge, Prüfung 13 386 ff.
- Wahlvorschläge, Vorschlagsberechtigung 13 389
- Wahlvorstand, Bestellung 13 312 ff.
- Wahlvorstand, Rechtsstellung 13 343 ff.

**Betriebsratswahl, Wählbarkeit** 13 213 ff.
- Betriebsneugründung 13 231
- Betriebszugehörigkeit 13 216
- Wahlberechtigung 13 214
- Wegfall der Voraussetzungen 13 236

**Betriebsratswahl, Wahlberechtigung** 13 178 ff.
- Arbeitnehmerüberlassung 13 192
- Drittarbeitnehmer 13 203
- Fremdfirmenmitarbeiter 13 195
- Streitigkeiten 13 209

**Betriebsrente**, s. unter betriebliche Altersversorgung
**Betriebsrisiko** 3 1628 ff.
- Abdingbarkeit 3 1648
- Abgrenzung zum Wirtschaftsrisiko 3 1651 ff.
- Existenzgefährdung 3 1636
- Gründe im betrieblichen Bereich 3 1631
- längerfristige Betriebsstörungen 3 1642
- Leistungsfähigkeit des Arbeitnehmers 3 1639

**Betriebsspaltung**, s. unter Betriebsänderung; Spaltung
**Betriebsstilllegung** 3 4148 ff.; 4 2492 ff., 3027 ff.
- Betriebsrat, Kündigung 4 570 ff., 575 ff.

**Betriebsstörung**
- Darlegungs- und Beweislast 4 2041 ff.
- krankheitsbedingte Kündigung 4 1959 f.

**Betriebsteil** 13 101 ff.
- Betriebsratsfähigkeit 13 105 ff.
- Betriebsratswahl des Hauptbetriebs 13 115

**Betriebsteilübergang** 3 4110
**Betriebsübergang** 6 426
- Änderungssperre 3 4273
- Annahmeverzug 3 1589
- Arbeitgeberdarlehen 3 1236
- ausländischer Erwerber 4 926
- BAG-Rechtsprechung, neue 3 4106
- betriebliche Altersversorgung 3 4297 ff.
- Betriebsinhaberwechsel 3 4158
- Betriebsstilllegung 3 4148 ff.
- Betriebsteilübergang 3 4110
- Betriebsvereinbarung, Transformation 3 4264 ff., 4277
- Betriebsverlegung 3 4155
- Darlegungs- und Beweislast 4 935 ff.
- Entgeltanspruch 3 4830
- EuGH-Rechtsprechung 3 4098 ff.
- Fortführung der wirtschaftlichen Einheit 3 4141 ff.
- Funktionsnachfolge 3 4147
- Insolvenz 3 1411
- Insolvenz des Arbeitgebers 3 4306
- Kündigung 4 895 ff.
- Kündigung des Betriebsveräußerers 15 38
- Kündigung durch Betriebserwerber 15 37
- Kündigung vor ~ 4 915
- Kündigungsverbot 4 900
- Lohnpfändung 3 1271
- Parteifähigkeit 15 36 ff.
- Rechtsfolgen 3 4179 ff.
- Rechtsfolgen für Erwerber 3 4256
- Rechtsfolgen für Veräußerer 3 4260
- Rechtsgeschäft 3 4070 ff., 4161 ff.
- Statusklage 1 124
- Tarifvertrag, Bezugnahme 3 4289
- Tarifvertrag, Bindung des Erwerbers 3 4292
- Tarifvertrag, Erwerber ist an einen anderen gebunden 3 4295 f.
- Tarifvertrag, Erwerber ist nicht tarifgebunden 3 4294
- Tarifvertrag, Transformation 3 4264 ff., 4282 ff.
- Tarifwechsel 3 4284
- Transformation 3 4264
- Transformation, Ausschluss 3 4265
- Transformation, Inhalt 3 4269
- Transformation, Jahresfrist 3 4272
- Übergang des Arbeitsverhältnisses 3 4179 ff.
- Ungewissheit 15 39 ff.
- Unterrichtung 3 4205 ff.
- Unterrichtung, Inhalt 3 4212 ff.
- Unterrichtung, Zeitpunkt 3 4211
- Voraussetzungen 3 4095 ff.
- Wahrung der Identität 3 4113 ff.
- Wahrung der Identität, Kriterien 3 4118 ff.
- Widerspruch, Rechtsfolgen 3 4233 ff.
- Widerspruch, Rechtsfolgen für den Arbeitnehmer 3 4242 ff.
- Widerspruchsrecht des Arbeitnehmers 3 4192 ff.
- Wiedereinstellungsanspruch 4 931
- Zeitpunkt des Übergangs 3 4174

**Betriebsvereinbarung** 13 1444 ff.
- ablösende 13 1510 ff.
- Arbeitsentgelt 3 757
- Auslegung 1 376; 13 1454
- Ausschlussfristen 3 4615 ff.
- Beendigung 13 1520 ff.
- Beendigung bei Betriebsinhaberwechsel 13 1529
- Beendigung durch Aufhebungsvertrag 13 1527
- Beendigung durch Kündigung 13 1520
- Beendigung durch Zeitablauf 13 1527
- Beendigung durch Zweckerreichung 13 1527
- Begriff 1 373
- besondere Einschränkungen für öffentliche Arbeitgeber 1 382
- betriebliche Altersversorgung 3 3571 ff.
- Betriebsübergang, Jahresfrist der Transformation 3 4272 ff.
- Betriebsübergang, Transformation 3 4264 ff., 4277
- Bezugnahme auf Tarifverträge 11 211

## Stichwortverzeichnis

- Form 13 1450
- freiwillige 13 1444
- Geltungsbereich 13 1494 ff.
- Gratifikation 3 1088
- Grenzen der Regelungsbefugnis 13 1460 ff., 1486 ff.
- Inhalt 13 1457
- Inhalt und Umfang der Regelungsbefugnis 1 377
- Inhaltskontrolle 1 379
- Kündigung 4 486
- leitende Angestellte 13 32
- Nachwirkung 13 1533 ff.
- normative Wirkung 13 1457, 1505
- persönlicher Geltungsbereich 13 1496
- räumlicher Geltungsbereich 13 1494
- Rechtsmängel 13 1541 ff.
- Rechtswirkungen 13 1504 ff.
- Tarifvertrag 11 146
- Tarifvorbehalt 13 1466 f.
- Umdeutung 13 1544
- umstrukturierende 13 1510 ff.
- Urlaubsanspruch 3 2384
- verschlechternde 13 1510 ff.
- Verwirkung 3 4613
- Verzicht 13 1515
- zeitlicher Geltungsbereich 13 1500
- Zustandekommen 13 1446
- zwingende Wirkung 13 1458, 1506

**Betriebsverfassungsgesetz**
- Arbeitnehmer 13 7
- Arbeitsgerichte, Zuständigkeit 14 310 ff.
- Ausbildung 13 11
- Auslandsentsendung 13 8
- Betrieb, Definition 13 92 ff.
- Betriebsteil 13 99 ff.
- Familienangehörige 13 30
- Friedenspflicht 13 1263
- Geltungsbereich, gegenständlicher 13 91
- Geltungsbereich, persönlicher 13 5
- Geltungsbereich, räumlicher 13 1
- Gemeinschaftsbetrieb mehrerer Unternehmen 13 122 ff.
- gesetzlicher Ausschluss best. Betriebe 13 238 ff.
- Heimarbeiter 13 17
- Kleinstbetrieb 13 118
- leitende Angestellte 13 31 ff.
- Mitglieder von Personengesamtheiten 13 23
- Nebenbetrieb 13 118 ff.
- öffentlicher Dienst 13 240
- persönlicher Geltungsbereich 13 5
- räumlicher Geltungsbereich 13 1
- Religionsgemeinschaften 13 244
- Sanktionen 13 2424 ff.
- Seeschifffahrt 13 251
- Straf- und Bußgeldvorschriften 13 2499
- Tendenzunternehmen 13 253 ff.
- Unterlassungsansprüche 13 2424
- Vertretungsorgan juristischer Personen 13 20

- Vollstreckungsverfahren 13 2446 ff.

**Betriebsverfassungsrecht** 1 7, 19

**Betriebsverfassungsrechtliche Arbeitnehmerrechte**
- Anhörungsrecht 13 1200
- Beschwerderecht 13 1216 ff.
- Einsicht in die Personalakte 13 1211
- Erläuterung d. Arbeitsentgelts 13 1203
- Erörterungsrecht 13 1201
- Leistungsbeurteilung 13 1207
- Rechtsnatur 13 1200
- Unterrichtungsrecht 13 1191 ff.
- Vorschlagsrecht 13 1235 ff.
- Zweck 13 2469

**Betriebsverfassungsrechtliche Normen** 11 95 ff.

**Betriebsverfassungsrechtliche Streitigkeiten**
- einstweiliger Rechtsschutz 16 169 ff.

**Betriebsverfassungsrechtlicher Weiterbeschäftigungsanspruch**, s. unter Weiterbeschäftigungsanspruch, §§ 102 Abs. 5 BetrVG, 79 Abs. 2 BPersVG

**Betriebsverfassunsgrecht**
- Wiedereinstellungsklauseln 2 245 f.

**Betriebsversammlung** 13 905 ff.
- Abteilungsversammlung 13 914
- Arbeitgeber, Bericht 13 927
- Arbeitsentgelt, Fortzahlung 13 932 ff.
- Aufgaben 13 905 ff.
- außerordentliche 13 909 ff.
- Begriff 13 905 ff.
- besondere Gründe 13 913
- Betriebsrat, Bericht 13 926
- Durchführung 13 914 ff.
- Einberufung 13 918
- Fahrtkostenerstattung 13 932 ff.
- Hausrecht 13 924
- Jahresbericht 13 929
- Leitung 13 924
- ordentliche 13 908
- Ort 13 920
- Protokoll 13 924
- Rechtsnatur 13 905
- sonstige Gründe 13 912
- Tätigkeitsbericht 13 928
- Teilnahmerechte 13 921
- Teilversammlung 13 914
- Themen 13 926 ff., 929
- Vollversammlung 13 914
- Wunsch des Arbeitgebers 13 912

**Betriebszugehörigkeit**
- Fristberechnung 13 220 ff.

**Beurteilungsbogen** 9 69

**Bewährungsaufstieg** 3 931 ff.

**Beweisaufnahme**
- Anordnung 15 467
- Anscheinsbeweis 15 475 ff.
- Besonderheiten 15 462 ff.
- Beweislastumkehr 15 484
- Darlegung- und Beweislastverteilung 15 479 ff.
- Durchführung der Beweisaufnahme 15 469 ff.

# Stichwortverzeichnis

- Stellung der Beweisanträge 15 463
- Unmittelbarkeit 15 470
- Vereidigung von Zeugen und Sachverständigen 15 472

**Beweisbeschluss** 15 371 ff.
- Rechtsmittel 15 381

**Beweislast**, s. unter Darlegungs-und Beweislast
**Beweislastregelung** 2 731 f.
**Beweismittelpräsenz**
- Arrest 16 50
- einstweilige Verfügung 16 50

**Bewerbungsunterlagen**
- Geheimhaltungspflicht 2 403 ff.
- Vorlagepflicht bei Einstellung 13 2086

**Bezugnahmeklausel**
- Auslegung 1 339
- Auslegung dynamischer - auf Tarifverträge 2 748
- Beispiele 1 344
- für nicht tarifgebundene Arbeitnehmer 2 762 f.
- große dynamische 2 759; 11 214
- kleine dynamische 2 755 ff.; 11 214
- statische 2 752 ff.
- Tarifwechselklausel 2 759

**Bildungsurlaub** 2 689 f.; 3 2591 ff., s. a. Weiterbildung
- Ablehnung der Freistellung 3 2613
- anerkannte Veranstaltungen 3 2637 ff.
- Beendigung des Arbeitsverhältnisses 3 2638
- Darlegungs- und Beweislast 3 2621
- Entgeltfortzahlung 3 2602
- Ersatzurlaub 3 2193
- Freistellung 3 2608
- Geltendmachung 3 2605
- Modalitäten 3 2598
- Nachweispflicht 3 2626
- persönlicher Geltungsbereich 3 2597
- Rechtsgrundlage 3 2591
- Selbstbeurlaubung 3 2605
- Umfang 3 2598
- Verbot von Erwerbstätigkeit 3 2629
- Zweck 3 2596

**Bildungsveranstaltung**
- Arbeitnehmerweiterbildung 3 2637 ff.

**Blankettverweisung, dynamische** 11 212
**Blockmodell** 7 61, 254, s. a. Altersteilzeit
- Freistellung während der Arbeitsphase 7 80 ff.
- Geltung eines Tarifvertrages 7 63
- Mehrarbeit während der Arbeitsphase 7 104
- ohne Tarifbindung des Arbeitgebers 7 64
- Tod des Arbeitnehmers 7 289
- Unterbrechung der Altersteilzeit 7 99
- Verkürzung der Arbeitsphase durch altes Wertguthaben 7 74

**Blue-pencil-test** 1 680, 691, 695; 2 524, 727, 797; 3 591; 4 225
**Bonussystem** 1 697
**Böswillig unterlassener Erwerb** 3 1615

**Bote**
- Kündigungserklärung 4 125

**Boykottaufruf** 10 85
**Briefkastenfirmen**
- Parteifähigkeit 1 232

**Bruttolohnvereinbarung** 3 825
**Bundesanstalt für Arbeit**
- Parteifähigkeit 15 28

**Bundesarbeitsgericht** 14 8
- Dienstaufsicht 14 25 ff., 30 ff.
- Ernennung der Richter 14 52 ff.
- Verwaltung 14 25 ff.
- Zusammensetzung der Senate 14 37

**Bundesdatenschutzgesetz** 3 3084 ff.; 13 1671 ff.
- Anwendungsbereich 3 3088
- Auskunftsanspruch 3 3104
- Benachrichtigungsanspruch 3 3104
- Berichtigungsanspruch 3 3061
- Datenerhebung 3 3092
- Datenschutzbeauftragter, s. dort
- Gegendarstellungsanspruch 3 3057
- Löschungsanspruch 3 3061
- personenbezogene Daten 3 3091
- Rechtsgrundlage 3 3084 ff.

**Bundesseuchenschutzgesetz**, s. unter Infektionsschutzgesetz
**Büropersonal**
- Betriebsrat 13 899

**Bußgelder** 3 2910
**Business Social Compliance Institution (BSCI)** 1 596

## C

**Checklisten**
- Änderungskündigung: Annahme unter Vorbehalt 15 97
- Anschreiben Rechtsschutzversicherung 15 88
- Arbeitgeberanschreiben 15 92
- Aufforderung Stellungnahme Betriebsrat zuzuleiten 15 95
- Aufforderungsschreiben außerordentliche Kündigung 15 91
- Auskunftsersuchen aus Handelsregister 15 94
- Auskunftsersuchen Betriebsrat 15 96
- Belehrungspflicht über Selbstkostentragung 15 99
- Kündigung 15 89
- Kündigungsschutzklage 15 90
- Mandatsannahme 15 86
- Prozesskostenhilfe 15 136
- Widerspruch gegen Zustimmungsbescheid 15 98
- Zurückweisungsschreiben 15 93

**Chemikaliengesetz** 3 2775
**Christliche Gewerkschaften** 3 4422d
**Christliche Gewerkschaften für Zeitarbeit** 15 1245
**Culpa in contrahendo** 2 253 ff.

## Stichwortverzeichnis

**D**
**Darlegungs- und Beweislast**
- Abmahnung 4 2399; 15 55
- anderweitige Beschäftigungsmöglichkeit 4 2877
- Anlasskündigung 3 1937
- Arbeitnehmer, Haftung 15 490
- Arbeitsunfähigkeit 3 2033
- Arbeitsunfähigkeit, Verschulden 3 1837
- Arbeitsunfähigkeitsbescheinigung 3 2035
- Ausgleichsquittung 3 4848
- betriebsbedingte Kündigung 4 2707 ff.
- Betriebsübergang 4 935 ff.
- Bildungsurlaub 3 2621
- Diskriminierung 15 489
- Entgeltfortzahlung im Krankheitsfall 15 492
- Entlohnung 15 486
- Fortsetzungserkrankungen 3 1972
- Gesundheitsprognose 4 2031 ff.
- Haftung des Arbeitnehmers 3 673
- Höhe des anderweitigen Verdienstes 3 1603
- krankheitsbedingte Kündigung 4 2030 ff.
- Kündigung 15 491
- Mankohaftung 3 683
- Provisionen 3 998 ff.
- Sozialauswahl 4 2724 ff.
- Teilzeitbeschäftigung 3 200 ff.
- Urlaub 15 493
- Urlaubsabgeltung 3 2309
- Weiterbildung 3 2682
- Zeugnis 15 494

**Datenschutz** 2 801 ff.; 3 3084 ff.
- Bewerbungsunterlagen 2 403 ff.
- Datenerhebung 3 3092 ff.
- Datenspeicherung 3 3092 ff.
- Datenübermittlung 3 3155 ff.
- Datenveränderung 3 3111 ff.
- Datenverarbeitung 3 3111 ff.
- Einwilligung des Arbeitnehmers in die Erhebung personenbezogener Daten 2 801
- Einwilligungserklärung betr. Verwendung personenbezogener Daten 2 803
- gesetzliche Neuregelung 2 275 ff.
- Recht der Arbeitnehmer 3 3104 ff.

**Datenschutz im Arbeitsverhältnis** 3 3084 ff.
- allgemeine Rechtsgrundsätze 3 3088 ff.
- Anwendungsbereich 3 3088 ff.
- Aufdeckung von Ordnungswidrigkeiten und Vertragspflichtverletzung 3 3133 f.
- Aufklärung von Straftaten 3 3132
- Auskunftsansprüche des Arbeitnehmers 3 3104 ff.
- Beendigung des Arbeitsverhältnisses 3 3153 f.
- Beteiligung von Betriebs- und Personalrat 3 3163 f.
- Betrieblicher Datenschutzbeauftragter 3 3108 ff.
- Binding Corporate Rules 3 3160
- biometrische Verfahren 3 3146 f.
- Datenerhebung bei Dritten oder aus anderen Quellen 3 3120 ff.
- Datenweitergabe bei Rechtsstreitigkeiten 3 3162
- Datenweitergabe bei Unternehmenstransaktionen 3 3161
- Datenweitergabe im Konzern 3 3156 ff.
- Due Dilligence 3 3161
- Durchführung 3 3126 ff.
- Einstellungsuntersuchung 3 3115 ff.
- Einwilligung zu Erhebung, Verarbeitung und Nutzung 3 3101 ff.
- Erfüllung 3 3127 ff.
- Erheben, Verarbeiten und Nutzung personenbezogener Daten 3 3092
- Erhebung, Verarbeitung und Nutzung zur Begründung eines Beschäftigungsverhältnisses 3 3111 ff.
- Ermittlungsmaßnahmen 3 3131 ff.
- Funktion 3 3085
- Gendiagnostische Untersuchung 3 3119
- Grundlagen 3 3084 ff.
- kollektivrechtliche Regelungen 3 3097 f.
- Löschung personenbezogener Daten 3 3124 f.
- Model Contracts 3 3160
- normative Grundlagen 3 3086 f.
- Ortungssysteme 3 3141 ff.
- personenbezoge Daten 3 3091
- Problemstellung 3 3084
- Rechtsfolgen eines Verstoßes 3 3165 ff.
- Telekommunikation 3 3148 ff.
- Umgang mit Arbeitnehmerdaten 3 3155 ff.
- verdachtsunabhängige Kontrollen 3 3135 f.
- Videoüberwachung 3 3137 ff.

**Datenschutzbeauftragter**
- betrieblicher 3 3108 ff.
- Kündigungsschutz 4 853

**Datenverarbeitung,** *s. unter Datenschutz*
**Daueranstellung** 2 504 ff.
**Demonstrationsstreik** 10 25
**Detektivkosten** 3 668
**Dienstantritt**
- Kündigung vor 3 602 ff.; 14 30 ff.

**Dienstaufsicht**
- Arbeitgeberverbände 14 33
- Gerichte 14 25 ff., 30 ff.
- Gewerkschaften 14 33

**Dienstbekleidung**
- Kostentragung 3 2713

**Diensterfindung**
- Anmeldepflicht des Arbeitgebers 3 3196
- Ausgleichsquittung 3 4832
- Auslandsverwertung 3 3249 ff.
- freie Erfindungen 3 3263
- Inanspruchnahme durch Arbeitgeber 3 3200 ff.
- Leistungen ausübender Künstler 3 3313 ff.
- urheberrechtlich geschützte Werke 3 3283 ff.
- Vergütungsanspruch des Arbeitnehmers 3 3221 ff.
- Vorschläge zur Rationalisierung 3 3268 ff.

**Dienstordnungsangestellte** 1 150
**Dienstreisezeiten** 3 58, *s. a. unter Wegezeiten*

# Stichwortverzeichnis

**Dienstverhinderung** 2 696 ff.
– Abtretung von Schadenersatzansprüchen 2 704 f.
– ärztliche Bescheinigung 2 696
– Aufstockung des Krankengelds 2 700 ff.
– Entgeltfortzahlung 2 700 ff.
– Meldepflicht 2 696 ff.
**Dienstvertrag** 1 13
**Dienstvertragsverhältnis** 1 63
**Dienstwagen**
– Entzug des – 2 653 f.
– Privatnutzung 3 1190 ff.
– Rückgabe des – 6 229 ff.
– Überlassung auch zur privaten Nutzung 2 650 ff.
– Widerrufsklausel 2 654
**Differentiallohnsystem nach Taylor** 3 968, *s. a. Prämienlohn*
**Direktionsrecht**
– Änderungskündigung 4 2938
**Direktionsrecht des Arbeitgebers**
– Begriff und Inhalt 1 530
– Beispiele für die Erweiterung des – 1 563
– Beispiele für Grenzen des – 1 560
– Einschränkung 1 567
– Einzelfragen 1 571
– Erweiterung durch Änderungsvorbehalte im Arbeitsvertrag 2 548
– Geltendmachung der Unwirksamkeit einer Maßnahme 1 559
– Grenzen 1 559
– Rechtsschutz 1 588
– Verhaltensrichtlinien 1 545
– whistle-blow-Klauseln 1 545
**Direktversicherung** 3 3689 ff., 3827
– Insolvenzschutz 3 3954
**Direktzusage** 3 3827
**Diskriminierung**
– Beispiele 2 202
– Darlegungs- und Beweislast 15 489
– mittelbare 2 200, *s. dort*
– Quotenregelung 2 205 ff.
– Rechtsfolgen 2 223 f.
– unmittelbare 2 199
– Verbot der – 2 197 ff.
**Diskriminierungsverbot** 2 247
**Dispositionsgrundsatz** 15 184
**Disziplinarmaßnahmen**
– ehrenamtliche Richter 14 120 ff.
**Divergenz**
– Nichtzulassungsbeschwerde 15 837
**DrittelbG**
– Anwendungsbereich 12 83 f.
– Arbeitnehmeranzahl 12 85
– Aufsichtsrat 12 88 ff.
– Zurechnung von Arbeitnehmern 12 86 f.
**Dritthaftung**
– Forderungsübergang 3 2093 ff.
**Drittschuldner**
– Aufrechnung 3 1325 ff.

– Auskunftspflicht 3 1299 ff.
– Einreden 3 1319 ff.
– Einwendungen 3 1328
– Kosten der Auskunft 3 1312
– Schadensersatzansprüche 3 1308 ff.
– Zahlungspflicht 3 1313
**Drittschuldnererklärung** 3 1299 ff.
**Drittwiderspruchsklage** 15 636
**Drogenkonsum**
– außerordentliche Kündigung 4 1295
– Kündigung 4 2069 ff.
**Drohung**
– Druckkündigung 4 2183
– mit Kündigung 4 3409
**Druckkündigung** 4 1561 ff.
– HIV-Infektion 4 2095
– Mitwirkungspflicht des Arbeitnehmers 4 1571
– Rechtsfolgen 4 1590
– Verlangen des Betriebsrats 4 1575 ff.
– Vermittlungspflicht des Arbeitgebers 4 1571
**Duales System** 3 4485
**Duldungs- und Anscheinsvollmacht** 1 82
**Durchführungspflicht**
– Tarifvertrag 11 113 ff.
**Dynamische Blankettverweisung** 11 212
**Dynamische Klausel**
– große 11 213
– kleine 11 213

## E
**Effektivgarantieklausel** 11 163 ff.
**Effektivklausel** 11 162
**Ehe und Familie**
– Schutz von – 1 312e
**Ehegattenarbeitsverhältnis** 3 4776; 4 3245
**Eheschließung**
– Kündigung 4 2154
**Ehre des Arbeitnehmers** 3 2973 ff.
**Ehrenämter**
– Betriebsratsmitglied 13 679 ff.
– Kündigung 4 2160 ff.
– Wahlvorstand 13 343 f.
**Ehrenamtliche Richter**
– Ablehnung der Berufung 14 109
– Amtszeit, Dauer 14 77 f.
– Aufgaben 14 63 ff.
– Ausschuss 14 129 ff.
– Auswahl aus Listenvorschlägen 14 72 ff.
– Beendigung des Amtes 14 126 ff.
– Berufungsverfahren 14 66 ff.
– Disziplinarmaßnahmen 14 120 ff.
– Ehrenamt 14 112
– Entgeltfortzahlung 3 1700
– Geheimhaltungspflicht 14 119
– Informations- und Unterrichtsrecht 14 99
– Listenvorschläge 14 72
– Mitwirkung an der Rechtsprechung 14 90 ff.
– Niederlegung des Amtes 14 110

# Stichwortverzeichnis

- persönliche Voraussetzungen 14 80 ff.
- sachliche Unabhängigkeit 14 118
- Schutz 14 113 ff.
- statusrechtliche Rechte und Pflichten 14 109
- Teilnahme an den Sitzungen 14 102 ff.
- Vergütung 14 112
- Zuständigkeit des Vorsitzenden 14 105
- Zuteilung zu Spruchkörpern 14 90

**Ehrenamtliche Tätigkeit** 8 24

**Eigengruppe**
- Auflösung 3 4352
- Begriff 3 4345
- Entgeltansprüche 3 4347
- Haftung 3 4347
- Kündigung 3 4349
- Kündigungsschutz 3 4351
- Mitgliederwechsel 3 4352
- Wahlberechtigung § 7 BetrVG 13 198, s. a. *Gruppenarbeitsverhältnis*

**Eigenkündigung des Arbeitnehmers**
- Anfechtung 4 3409
- außerordentliche Kündigung 4 3399
- außerordentliche Kündigung, Umdeutung 4 3407
- ordentliche Kündigung 4 3396

**Eigenmächtiger Urlaubsantritt**
- Kündigung 4 1280

**Eigenschäden des Arbeitnehmers** 3 2870 ff.
- Haftung des Arbeitgebers 3 2871 f.
- schuldhaftes Verhalten 3 2877 f.
- Verkehrsunfälle 3 2887 ff.
- § 670 BGB analog 3 2875

**Eigentum**
- Betriebsrat 13 900

**Eignungsmangel** 4 2108

**Eignungsübungen**, *s. a. Wehr-und Zivildienstleistende*
- gesetzliche Beurlaubung 3 1710
- Urlaubsanspruch 3 2535
- Wählbarkeit, § 8 BetrVG 13 226

**Ein-Euro-Jobs** 1 958; 4 1889

**Einfaches Arbeitszeugnis** 9 6

**Einfühlungsverhältnis** 2 434

**Eingetragene Lebenspartnerschaft** 1 312e; 3 3483
- gleichgeschlechtliche 1 313

**Eingliederungsmanagement** 4 790 ff., 1954

**Eingliederungsmanagement (BEM)** 4 792

**Eingruppierung** 3 897 ff.; 13 2075 ff.
- Änderungskündigung 4 3049
- Auswahlrichtlinie 13 2375
- Betriebsratsentscheidung 13 2077, 2182 ff.
- Bewährungsaufstieg 3 931
- erstmalige 3 928; 13 2080
- Fallgruppenbewährungsaufstieg 3 937
- Gleichbehandlungsgrundsatz 3 939
- Korrektur 3 914; 4 3019 ff.
- Mitteilungspflicht des Arbeitgebers 13 2077, 2083 ff.
- Mitteilungszeitpunkt 13 2098

- Mitwirkung, Betriebsrat 13 2075 ff.
- nach BAT 3 897 ff.
- Nachteil 13 2112 ff., 2122
- Prüfungsmaßstab 3 903
- Rechtskraft 3 942
- Rechtsverstoß 13 2102 ff.
- Spezialitätsprinzip 3 927
- Stellenausschreibung 13 2124
- Tarifautomatik 3 906
- Tariflücken 3 924 ff.
- Verschwiegenheitspflicht Betriebsrat 13 2097
- Zustimmungsersetzungsverfahren 13 2183
- Zustimmungsverweigerungsgründe 13 2101 ff.

**Einigungsstelle**
- Antragserfordernis 13 1362
- Beschlussfassung 13 1374
- Bestellungsverfahren 13 1328; 15 1252
- Durchsetzung des Informationsanspruchs des WA 13 1093
- Einigungsstellenverfahren, erzwingbares 13 1315
- Einigungsstellenverfahren, freiwilliges 13 1312
- einstweilige Verfügung 16 199
- Entscheidung über die Besetzung 15 1251
- Errichtung 13 1318
- gerichtliche Überprüfung des Spruchs 13 1388 ff.
- Größe 13 1321
- Honorardurchsetzungskosten 13 1427
- Insolvenz 13 1426
- Interessenausgleich bei Betriebsänderung 13 2280 ff.
- Kosten 13 1408 ff.
- Kosten und Vergütung in der Insolvenz 13 1426
- Mitglieder, Rechtsstellung 13 1359
- rechtliches Gehör 13 1364
- Sitzungen 13 1365
- Sozialplan 13 2346 ff.
- Spruch, Wirkung 13 1385
- Streitigkeiten im Rahmen des § 87 Abs. 1 BetrVG 13 1880
- Transfer-Sozialplan 13 2360
- Untersuchungsgrundsatz 13 1373
- Verfahren 13 1360 ff.
- Vergütung 13 1414 ff.
- Vertretung 13 1370
- Wirtschaftsausschuss 13 1093
- Zusammensetzung 13 1321

**Einstellung** 13 2027 ff.
- Auswahlrichtlinien 13 1964, 2110
- Begriff 13 2027 ff.
- Betriebsratsentscheidung 13 2129 ff.
- Einzelfälle 13 2031 ff.
- individualrechtliche Wirkung fehlender Zustimmung 13 2151 ff.
- Mitteilungspflicht des Arbeitgebers 13 2083 ff.
- Mitteilungszeitpunkt 13 2098
- Nachteil für andere Arbeitnehmer 13 2112 ff.
- Nachteil für betroffenen Arbeitnehmer 13 2122 f.
- Rechtsverstoß 13 2102 ff.

## Stichwortverzeichnis

- Stellenausschreibung 13 2124 f.
- Störung des Betriebsfriedens 13 2127 f.
- Verschwiegenheitspflicht des Betriebsrats 13 2097, s. a. dort
- vorläufige personelle Maßnahmen 13 2147 ff.
- Zustimmungsersetzungsverfahren 13 2138 ff.
- Zustimmungsverweigerungsgründe 13 2101 ff.

**Einstellungsgebote** 2 228 ff.
**Einstellungsuntersuchung** 2 281 ff.
- ärztliche 2 388 ff.
- psychologische 2 388 ff.

**Einstweilige Verfügung** 16 47 ff.
- allgemeiner Weiterbeschäftigungsanspruch 16 110
- Antrag 16 56
- Arbeitsentgelt 16 56
- Arbeitskampf 16 162 ff.
- Arbeitsleistung 16 136
- Arbeitspapiere 16 88
- Arrest-/Verfügungsgrund 16 53 ff.
- Arrestantrag, Vergütungsforderung 16 87
- Ausschluss aus dem Betriebsrat 16 197
- Ausschlussfristen 16 63
- Beschlussverfahren 16 75 ff.
- besonderer Weiterbeschäftigungsanspruch, § 102 Abs. 5 BetrVG 16 106
- Besonderheiten 16 71 ff.
- Betriebsratsschulungen 16 169
- Betriebsratswahl 16 190
- betriebsverfassungsrechtliche Streitigkeiten 16 169 ff.
- Beweisführung 16 50
- Beweismittelpräsenz 16 50
- Einigungsstelle 16 199
- Einlassungsfrist 16 61
- Einsichtsrechte des Betriebsrats 16 184
- Entbindung von der Weiterbeschäftigung 2 151
- Entbindung von Weiterbeschäftigungspflicht 16 156
- gewerkschaftliches Zutrittsrecht 16 201
- Glaubhaftmachungsmittel 16 50
- Interessenausgleich 16 174 ff.
- keine Vorwegnahme der Hauptsache 16 52
- kollektives Arbeitsrecht 16 162
- Konkurrentenklage 16 125 ff.
- Kosten 16 70
- Ladungsfrist 16 61
- Leistungsverfügung 16 52
- mündliche Verhandlung 16 57 ff.
- Präklusionsrecht 16 62
- prozesstaktische Überlegungen 16 48
- Prüfungsmaßstab 16 49
- Regelung über Arbeitszeit 16 182 f.
- Schadensersatzanspruch 16 77
- Sicherung der Ansprüche aus BetrVG 13 2457
- Sicherung von Beteiligungsrechten des Betriebsrats 16 173 ff.
- Streitgegenstand 16 51

- Teilzeitbeschäftigung 3 217
- Unterlassung anderer Erwerbstätigkeit 3 348
- Untersagung einer Betriebsratswahl 16 190
- Urlaub 3 2405 ff.; 16 91 ff.
- Urteilsverfahren 16 70 f.
- Verjährung 16 63
- vorläufige personelle Maßnahme 16 198
- Weiterbeschäftigungsanspruch 16 99 ff.
- Weiterbeschäftigungsanspruch des Jugend- u. Auszubildendenvertreters 16 123 f., 161
- Weiterbeschäftigungsanspruch eines Auszubildenden 16 121 f.
- Weiterbeschäftigungsanspruch nach klageabweisendem Urteil 16 120
- Weiterbeschäftigungsanspruch nach obsiegendem Urteil 16 116 f.
- Weiterbeschäftigungsanspruch vor Urteil 16 110 ff.
- Weiterbeschäftigungsanspruch, allgemeiner 16 108, 160
- Weiterbeschäftigungsanspruch, besonderer 16 106, 156 ff.
- Weiterbeschäftigungsanspruch, bestehendes Arbeitsverhältnis 16 99 ff.
- Weiterbildungsanspruch 3 2673
- Wettbewerbsverbote 16 141 ff.
- Zahlung von Arbeitsentgelt 16 82
- Zustellung im Parteibetrieb 16 65 ff.
- Zutrittsrechte des Betriebsrats 16 185

**Einstweiliger Rechtsschutz**, s. a. *Einstweilige Verfügung*, s. a. *Arrest*
**Einwirkung auf Kollegen** 3 496 ff.
**Elektronische Form**
- Ausschluss für Kündigung 4 29

**Elternzeit**
- 13. Monatsgehalt 3 1156
- Entgeltfortzahlung 3 1829
- Gratifikation 3 1139 ff.
- Kündigungsschutz 4 699 ff.
- Mutterschutz, Verhältnis zu – 4 716
- Sonderurlaub 3 2566
- Steuerklassenänderung bei Beginn 2 39
- Tantieme 3 1154
- Teilzeitbeschäftigung 3 2561, 2574 ff.
- Urlaubsanspruch 3 2191, 2537 ff.
- Urlaubsentgelt 3 2554
- Weihnachtsgeld 3 1147
- zeitlicher Geltungsbereich 4 708 ff.

**Emerson'sches Leistungssystem** 3 968
**Empfangsbote** 4 100, 104
**Entgeltfortzahlung** 2 700 f.
- Aids 3 1842
- Alkohol im Straßenverkehr 3 1850
- Anlasskündigung 3 1933 ff.
- anteiliger Entgeltanspruch 3 1892
- Anzeigepflicht der Arbeitsunfähigkeit 3 1977 ff.
- Arbeitsunfähigkeitsbescheinigung 3 1993 ff.
- Arbeitsunwilligkeit 3 1813

# Stichwortverzeichnis

- Arbeitsverhinderung aus persönlichen Gründen 3 1654 ff.
- Arbeitszeitverlegung 3 1822
- Aufhebungsvertrag wg. Arbeitsunfähigkeit 3 1928
- Ausgleichsquittung 3 2079, 4828
- Ausübung staatsbürgerlicher Pflichten 3 1694 ff.
- Beginn 3 1908
- bei Annahmeverzug 3 1581
- Betriebsrisiko 3 1628 ff.
- Bildungsurlaub 3 2602
- Darlegung- und Beweislastverteilung 15 492
- Dauer 3 1913
- Dritthaftung, Forderungsübergang 3 2093 ff.
- ehrenamtliche Richter 3 1702
- Elternzeit 3 1829
- Entgeltausfallprinzip 3 1872
- fehlende Arbeitserlaubnis 3 1831
- Feiertage 3 1715 ff.
- Feiertage, Berechnung der Vergütung 3 1752
- Forderungsübergang auf Sozialleistungsträger 3 2101
- Fortsetzungserkrankungen 3 1954
- Fortsetzungserkrankungen, Fristberechnung 3 1967 ff.
- Fristbeginn 3 1919
- Fristberechnung 3 1918
- Fristende 3 1923
- Höhe 3 1872 ff.
- Höhe, Abgeltung von Überstunden 3 1884
- Höhe, maßgebliche Arbeitszeit 3 1881
- im Krankheitsfall 3 1781 ff.
- im Krankheitsfall, Arbeitsunfähigkeit 3 1797 ff.
- im Krankheitsfall, Begriff der Krankheit 3 1788 ff.
- im Krankheitsfall, Kausalität 3 1808
- im Krankheitsfall, kein Verschulden 3 1833 ff.
- im Krankheitsfall, Teilarbeitsunfähigkeit 3 1805
- Kündigung wg. Arbeitsunfähigkeit 3 1926
- Maßnahmen der med. Vorsorge 3 2084 ff.
- Mehrfacherkrankungen 3 1950 ff.
- rechtsmissbräuchliche Geltendmachung 3 2067
- Rückfallerkrankung 3 1853
- Schlägerei 3 1869
- Sportunfall 3 1863 ff.
- Suchterkrankung 3 1844
- Suizidhandlung 3 1862
- Suspendierung 3 1817
- tarifliche Regelungen 3 1899
- Unfall im betrieblichen Bereich 3 1859
- Unfall im privaten Bereich 3 1860
- unsichere Prognose 3 1888
- Urlaub 3 1824
- Verkehrsunfall 3 1854
- Versicherung 3 2117 ff.
- Verzicht auf 3 2074 ff.
- Wahlvorbereitung 3 1694
- Weiterbildung 3 2667
- Wirtschaftsrisiko 3 1651 ff.

Entgeltfortzahlungsversicherung 3 2117 ff.
Entgeltminderung
- Änderungskündigung 4 2979 ff.

Entgeltschutz Betriebsratsmitglieder 13 756 ff.
- Auskunftsanspruch 13 765
- Dauer 13 764
- Inhalt 13 756 ff.
- Streitigkeiten 13 765
- Voraussetzungen 13 756 ff.

Entlassungen
- anzeigepflichtige 4 2775

Entlohnung
- Darlegungs- und Beweislast 15 486

Entlohnungsgrundsätze 13 1828 f.
Entlohnungsmethoden 13 1830 ff.
Entschädigung
- Festsetzung 15 568 ff.

Entsendung
- im Rahmen eines Dienstvertrages 3 4393
- im Rahmen eines Werkvertrages 3 4379 ff.

Entwicklungshelfer 1 204
Entwicklungshilfegesetz
- sachliche Zuständigkeit im Urteilsverfahren 14 282 f.

Equal-Pay-Gebot 3 4432
Erfindungen, s. Arbeitnehmererfindungen, Diensterfindung
Erfüllungsansprüche
- Betriebsrat 13 2424 ff.

Erfüllungsort
- Lohnzahlungsverpflichtung 3 863

Ergänzungsurteil 15 598 ff.
Erinnerung 15 636
Erkenntnisverfahren
- § 23 Abs. 3 BetrVG 13 2448 ff.

Erklärungsbote 4 21
Erledigung der Hauptsache
- Beschlussverfahren 15 1123
- Beschwerdeverfahren 15 1182
- übereinstimmende Erledigung in Güteverhandlung 15 350

Erleichterte Befristung
- Abweichungen durch Tarifvertrag 5 103 f.
- Darlegungs- und Beweislast 5 107 f.
- Grundlagen 5 82
- individualrechtliche Vereinbarung abweichender tariflicher Regelungen 5 105 f.
- sachgrundlose Befristung in den ersten vier Jahren nach Unternehmensgründung 5 109
- Tatbestandsvoraussetzungen 5 85 ff.
- Vereinbarkeit mit RL 99/70/EG 5 83 f.
- Verhältnis zu personalvertretungsrechtlichen Normen 5 110 f.

Ermahnung 4 2309
Ernennung der Richter
- Arbeitsgerichte 14 43 ff.
- Bundesarbeitsgericht 14 52 ff.
- Landesarbeitsgerichte 14 49 ff.

# Stichwortverzeichnis

**Erörterungsrecht des Arbeitnehmers** 13 1200 ff.
- Arbeitsentgelt 13 1203
- berufliche Entwicklung 13 1207
- Hinzuziehen Betriebsratsmitglied 13 1208
- Leistungsbeurteilung 13 1207
- Zweck 13 1200

**Ersatzdienst** 3 1708 ff.

**Ersatzmitglieder Betriebsrat** 13 548 ff.
- Nachrücken 13 558
- Nachrücken, Reihenfolge 13 560
- Rechtsstellung 13 565
- zeitweilige Verhinderung 13 549

**Ersatzurlaubsanspruch** 3 2193 ff.
- Beendigung des Arbeitsverhältnisses 3 2200
- Mahnung 3 2196 f.
- Urlaubsverweigerung 3 2193

**Erschwerniszulage** 3 977

**Erstinstanzliches Beschlussverfahren**
- Anträge 16 27
- außergerichtliche Kosten 15 646
- außergerichtliche Kosten, Kostenerstattungsausschluss 15 650
- Gerichtskosten 15 638
- Kostenprivilegierungen 15 640
- Kostenvorschüsse 15 639
- Rechtsschutzinteresse 16 40
- selbstständige Gebühren 15 645

**Erwerbsunfähigkeit** 3 2323

**Erziehungsurlaub**, s. unter Elternzeit

**Ethikklauseln** 1 545

**Ethikrichtlinien** 1 589; 13 977, 1662
- Datenschutz 1 608
- Einführung 1 599
- Mitbestimmungsrechte des Betriebsrats 1 606
- typische Inhalte 1 597
- zulässige Inhalte 1 601

**EU-Visakodex** 2 77a

**Europäische Konvention zum Schutz der Menschenrechte und Grundfreiheiten (EMRK)** 1 725

**Europäische Sozialcharta** 1 726

**Europäischer Betriebsrat**
- Amtszeit 13 2607
- Beschlüsse 13 2637
- besonderes Verhandlungsgremium 13 2530 ff., s. a. dort
- Form 13 2590
- geschäftsführender Ausschuss 13 2625
- Geschäftsführung 13 2621
- Geschäftsordnung 13 2636
- Grundlagen 13 2505
- Inhalt 13 2591
- Kosten 13 2639
- kraft Gesetzes 13 2594 ff.
- kraft Vereinbarung 13 2589
- räumlicher Geltungsbereich des EBRG 13 2513 ff.
- Rechtsstellung der Mitglieder 13 2616
- Richtlinie 94/45/EG 13 2505
- Richtlinie 2009/38/EG 13 2506 ff.
- sachlicher Geltungsbereich des EBRG 13 2520 ff.
- Sanktionen 13 2685
- Sitzungen 13 2629
- Streitigkeiten 13 2688
- Unterrichtung der örtlichen Arbeitnehmer 13 2679
- Unterrichtung und Anhörung 13 2648 ff.
- zentrale Leitung 13 2513 ff.
- Ziel und Organisationsstruktur 13 2510 ff.
- Zuständigkeit in grenzüberschreitenden Angelegenheiten 13 2642

**Europäisches Betriebsrätegesetz**
- räumlicher Geltungsbereich des EBRG 13 2513 ff.
- sachlicher Geltungsbereich des EBRG 13 2520 ff.

**Europäisches Niederlassungsabkommen** 1 727

## F

**Fabrikationsmethoden** 13 1065, 2246 f.

**Facebook** 2 287, 413

**Fachkammern** 14 23 f.

**Fachkraft für Arbeitssicherheit**
- betriebsverfassungsrechtliche Bedeutung 13 1886 ff.
- Kündigungsschutz 4 833 ff.

**Fachliteratur** 13 891

**Fahrerlaubnis** 4 1250
- Entzug 3 1523

**Fahrtkosten** 3 2900
- Betriebsversammlung 13 932

**Fahrtkostenabgeltung** 3 62

**Faktisches Arbeitsverhältnis** 2 907 ff.
- allgemeiner Weiterbeschäftigungsanspruch 4 3386
- Anspruch auf Arbeitszeugnis 9 17
- Inhalt 2 918

**Familienangehörige**
- Betriebsverfassungsgesetz 13 30

**Familienpflegezeit** 3 285b
- FPfZG 4 720a

**Fehlzeiten** 3 1116 ff.
- entschuldigte 4 2065

**Feiertag**
- Arbeitskampf 3 1744; 10 106
- Entgeltfortzahlung 3 1715 ff.
- Krankheitszeitraum 3 1741
- Vergütung, Ausschluss 3 1775
- Vergütung, Berechnung 3 1752 ff.

**Feiertagsarbeit**
- Zuschläge 3 1733

**Feiertagsentgelt** 3 1715 ff.
- Ausschlussfristen 3 4752

**Fertigungsverfahren**
- Betriebsänderung 13 2246

**Feststellungsinteresse** 15 249 ff.

**Feststellungsklage**
- Änderungskündigung 15 272 ff.
- Beendigungskündigung 15 256 ff.
- Direktionsrecht des Arbeitgebers 15 243

3159

## Stichwortverzeichnis

- Feststellungsinteresse 15 249 ff.
- punktuelle Streitgegenstandstheorie 15 257
- Unterlassungsantrag des Betriebsrats 15 1067
- Urteilsverfahren 15 241 ff.

**Firma**
- Parteiberichtigung 15 52

**Firmenfahrzeug** 3 672

**Firmentarifvertrag** 11 30, 41, 42
- Abschluss 11 53

**Fiskus**
- Parteifähigkeit 15 27
- Vertreter 15 74

**Fixschuld**
- Annahmeverzug des Arbeitgebers 3 1484 f.
- Arbeitsleistungspflicht 3 569

**Förderung von Arbeitsverhältnissen** 1 963

**Forderungsübergang bei Dritthaftung** 3 2093 ff.

**Formelle Kriterien**
- Abführen von Lohsteuer und Sozialversicherung 1 73
- Anmeldung eines Gewerbes 1 73
- Bezeichnung 1 73
- Entgeltfortzahlung 1 73
- Modalitäten der Entgeltzahlung 1 73
- Personalakte 1 73

**Formulararbeitsvertrag** 2 517 ff., *s. a. Arbeitsvertrag*
- AGB-Kontrolle 2 519 ff.
- Arbeitszeitregelung 2 566 ff.
- Freistellungsklausel 2 779
- Klageverzicht 2 645
- Konzernversetzungsklauseln 2 552 f.
- Musterklausel Versetzungs- und Änderungsvorbehalt 2 551
- Rückzahlungsvereinbarung 2 733

**Fortbildungskosten**
- Rückzahlung 6 250 ff.

**Fortbildungsmaßnahme** 4 2863 ff.
- anderweitige Beschäftigungsmöglichkeit 4 2840 f.
- Darlegungs- und Beweislast 4 2884
- ursprünglicher Vertragsinhalt 4 2864 ff.
- Zumutbarkeit 4 2867 ff.

**Fortbildungsvertrag** 3 4564

**Fortsetzungserkrankungen** 3 1954 ff.
- Darlegungs- und Beweislast 3 1972
- Dauer der Entgeltfortzahlung 3 1967 ff.
- Einheit des Verhinderungsfalles 3 1963 ff.
- getrennte Verhinderungsfälle 3 1961 f.
- Sozialversicherungsträger 3 1975 f.

**Fragerecht des Arbeitgebers** 2 275 ff., 293 ff.
- Background Checks 2 409 ff.
- bei Sicherheitsbedenken 2 370
- Beschränkung der Informationserhebung bei Dritten 2 383 ff.
- Einschränkung der Informationserhebung 2 385 ff.
- Einstellungsuntersuchung 2 281 ff.
- Einzelfälle 2 315 ff.
- gesetzliche Neuregelung 2 275 ff.
- Grundlagen 2 275 ff.
- in Tendenzbetrieben 2 362
- Informationen durch früheren Arbeitgeber 2 392 ff.
- kirchlicher 2 362
- nach Aidserkrankung 2 331 f.
- nach beantragter Rehabilitationsmaßnahme 2 330
- nach Drogenkonsum 2 381
- nach früheren Beschäftigungen im Unternehmen 2 379 f.
- nach Gesundheitszustand 2 321 ff.
- nach Gewerkschaftszugehörigkeit 2 363
- nach Körperbehinderung 2 321 ff.
- nach körperlicher Eignung 2 319 f.
- nach Mitarbeit für das MfS 2 372 ff.
- nach persönlichen Eigenschaften 2 366 f.
- nach persönlichen Lebensverhältnissen 2 361 ff.
- nach pflegebedürftigen Angehörigen 2 361 ff.
- nach Schwangerschaft 2 345 ff., 347 f.
- nach Schwerbehinderung 2 337 ff.
- nach Transsexualität 2 333 ff.
- nach ungekündigtem Arbeitsverhältnis 2 382
- nach Vermögensverhältnissen 2 315 ff.
- nach Vorstrafen 2 350 ff.
- nach Wehrdienst 2 364
- nach Zivildienst 2 364
- nach Zugehörigkeit zur Scientology-Organisation 2 371
- normative Grundlagen 2 299 f.
- Umfang 2 301 ff.

**Franchisenehmer**
- Arbeitnehmer 1 212
- arbeitnehmerähnliche Person 1 213

**Freiberuflich Tätige**
- Arbeitnehmer 1 210

**Freie Entfaltung der Persönlichkeit**
- Betriebsverfassung 13 1298 ff.

**Freies Mitarbeiterverhältnis** 1 84

**Freiheitssphäre des Arbeitnehmers** 3 2985 f.

**Freistellung** 6 454
- Anrechnung auf Urlaub 6 139 ff.
- Formulierung im Aufhebungsvertrag 6 146 ff.
- Fortzahlung der Vergütung 6 122
- Gewährung von Sachleistung während der 6 128 f.
- in der Kündigungsfrist 6 420
- sozialrechtliche Konsequenzen 6 117 ff.

**Freistellung Betriebsratsmitglieder** 13 685 ff., 732 ff.
- Abgeltung 13 722
- Anspruch 13 697
- Beendigung 13 753
- Durchführung 13 699
- Erforderlichkeit 13 692
- Freizeitausgleich 13 711
- Streitigkeiten 13 730

# Stichwortverzeichnis

– Voraussetzungen 13 712
**Freistellung des Arbeitnehmers**
– Anrechnung anderweitigen Erwerbs 3 299 ff.
– betriebliche Übung 3 289
– Dauer 3 296
– einseitige 3 305 ff.
– einverständliche 3 274
– gesetzliche Befreiung 3 312 ff.
– Gleichbehandlungsgrundsatz 3 289
– sozialrechtliche Konsequenzen 3 302
– Wirkung 3 290
**Freistellungsklauseln** 1 697a
**Freiwillige Leistungen**
– Arbeitsentgelt 3 759
– betriebliche Lohngestaltung 13 1942
– Widerruf 3 768
**Freiwillige Sozialleistungen**
– Unmöglichkeit der Arbeitsleistung 3 579 f.
**Freiwilliges soziales Jahr** 1 205
– sachliche Zuständigkeit im Urteilsverfahren 14 284
**Freiwilligkeitsvorbehalt** 1 713; 2 614
**Freizeitausgleich**
– Betriebsratsmitglied 13 711
**Fremdfirmenmitarbeiter** 13 195
**Fremdvergabe** 4 2412
**Friedenspflicht**
– betriebsverfassungsrechtliche 13 1263 ff.
– tarifvertragliche 10 18 ff.; 11 110
**Funktionsnachfolge** 3 4147
**Funktionszulage** 3 977
**Fürsorgepflicht des Arbeitgebers** 3 2689 ff.
– Abdingbarkeit 3 2713
– Abgrenzung zu Hauptpflichten 3 2702
– Begriff 3 2689
– Gegenstand 3 2694
– Grenzen 3 2706
– Grundlage 3 2693
– Sanktionen 3 2716
**Fürsorgepflicht des Arbeitnehmers**
– gegenüber Arbeitskollegen 3 513

**G**
**Gantt-System** 3 968
**Gebot der vertrauensvollen Zusammenarbeit** 13 1239 ff.
**Gebühren**, *s. unter Gerichtskosten; s. a. Vergütung des Rechtsanwalts in Arbeitssachen*
**Gefährdungsbeurteilung**
– Arbeitsstätten 3 2801
**Gefahrenzulage**
– Lohnpfändungsschutz 3 1361
**Gefahrgeneigte Arbeit** 3 639 ff.
– Abwägungskriterien 3 658 ff.
– Aufgabe des Kriteriums 3 652 ff.
– grobe Fahrlässigkeit 3 648 ff.
– Haftpflichtversicherung 3 661

– mittlere Fahrlässigkeit 3 640 ff.
– Verschuldensgrade 3 641
**Gehaltsabtretung** 2 711 ff.
– Abtretungsverbot 2 712
**Gehaltsgruppen** 3 891
**Gehaltsrückzahlung** 1 698
**Gehaltsverpfändung** 2 711 ff.
**Gehaltsverwendungsversicherungen** 3 3412
**Gehaltsvorschüsse** 3 866
**Geheimhaltungspflicht**
– des Betriebsrats 13 848 ff.
**Geldstrafen** 3 2910
**Geltendmachungsfrist** 2 794
**Geltungsbereich des Tarifvertrages**
– Beendigung 11 235 ff.
– betrieblich-fachlicher 11 240
– Inkrafttreten 11 228 ff.
– normativer 11 226
– persönlicher 11 244
– räumlicher 11 238
– Rückwirkung 11 230 ff.
– zeitlicher 11 276
**Gemeinnütziger Verein** 1 67
**Gemeinsame Einrichtungen**
– Tarifgebundenheit 11 191
– Tarifvertrag 11 100
**Gemeinschaftsbetrieb** 13 122 ff.
– Begriff 13 122
– praktische Bedeutung 13 130
– Vermutungsregelung, § 1 Abs. 2 BetrVG 13 127
**Gemeinschaftsunternehmen** 13 991 f.
**Gendiagnostische Untersuchung** 3 3119
**Generalvollmacht**
– leitende Angestellte 13 44
**Genossenschaft**
– Parteifähigkeit 15 25
**Gerätesicherheitsgesetz** 3 2775
**Gerichte**
– Dienstaufsicht 14 25 ff.
– Einrichtung, Form 14 10
– Verfahren der Einrichtung 14 12
– Verwaltung 14 25 ff.
**Gerichtsgebühren**, *s. unter Gerichtskosten*
**Gerichtskosten**
– Allgemeines 15 638
– außergerichtliche Kosten, *s. dort*
– Berufungsverfahren 15 811 ff.
– Beschlussverfahren 15 1134
– erstinstanzliches Verfahren 15 638 ff.
– Fälligkeit 15 639
– Kostenprivilegierungen 15 643 ff.
– Mahnverfahren 15 218
– Revisionsverfahren 15 871 f.
– selbstständige Gebühren 15 645
– Vorschüsse 15 639
**Gerichtspersonen**
– Ablehnung 14 142 ff., *s. a. dort*
– Ausschluss 14 142 ff.

3161

# Stichwortverzeichnis

Gerichtsstand 14 337 ff.
- allgemeiner 14 338
- der Niederlassung 14 347
- der rügelosen Einlassung 14 360
- der unerlaubten Handlung 14 349
- des Erfüllungsortes 14 350 ff.
- Tatbestandsberichtigungsantrag 14 107; 15 772
- weitere besondere Gerichtsstände 14 350

Gerichtsstandsklausel 2 814 ff.
Gerichtsstandsvereinbarung
- gem. § 38 ZPO 14 352 ff.
- gem. § 48 Abs. 2 ArbGG 14 357 ff.

Gerichtstage
- Festlegung 14 17 ff.

Gerichtsverwaltung 14 27
- Dienstaufsicht 14 30
- Zuständigkeit 14 28

Gerichtsvollzieher 15 618
- Kündigungserklärung 4 124

Geringfügig Beschäftigte 2 468; 3 4458 ff.
- arbeitsrechtliche Einordnung 3 4458
- geringfügig, aber ständig Beschäftigte 3 4470
- kurzfristig Beschäftigte 3 4469
- Meldepflicht 3 4480
- Sozialversicherung 3 4458 ff.
- Steuerrecht 3 4476 ff.
- Teilzeitbeschäftigung 3 4458

Geringfügigkeitsgrenze
- des § 8 SGB IV 8 13

Gesamt-Jugend- und Auszubildendenvertretung 13 1030

Gesamtbetriebsrat
- Amtszeit 13 968
- Arbeitgeberwechsel 3 4062
- Auftragszuständigkeit 13 982
- Beendigung 13 968
- Betriebsräteversammlung 13 984
- Errichtung 13 946 ff.
- Gesamtbetriebsratsvereinbarungen 13 983
- Größe 13 956
- Interessenausgleich 4 2669
- Mitglieder, Rechtsstellung 13 966
- Organisation 13 961
- Stimmengewichtung 13 959
- Zusammensetzung 13 956
- Zuständigkeit 13 970
- Zuständigkeit, Einzelfälle 13 977
- Zuständigkeit, originäre 13 973

Gesamtbetriebsvereinbarung 13 983
Gesamthafenbetrieb
- Begriffsbestimmung 1 242

Gesamtrechtsnachfolge 3 4038 f.
- Umwandlung 3 4039 ff.
- § 25 HGB 3 4078
- § 613a BGB 3 4080 ff.

Gesamtsprecherausschuss 13 1115
Geschäfts- und Betriebsgeheimnisse 6 246 ff.

Geschäftsgeheimnis 3 450 ff.; 13 1175
- Begriff 13 849 ff.
- Wirtschaftsausschuss 13 1082

Geschäftsordnung
- Betriebsrat 13 667 ff.

Geschäftsunfähige 4 133a
Geschäftsunterlagen 9 123a
Geschäftsverteilung 14 162 ff.
Geschäftsverteilungsplan 14 29
- Änderung 14 180
- Aufstellung 14 164 ff.
- Inhalt 14 172 ff.
- Rechtsbehelfe der Prozessparteien 14 182 f.
- Rechtsbehelfe der Richter 14 184

Geschenke 3 486 ff.
Gesellschaft bürgerlichen Rechts
- Parteifähigkeit 15 12 ff.

Gesellschaft mit beschränkter Haftung, *s. unter GmbH*
Gesellschafter
- Arbeitnehmer 1 209

Gesetz zur Verbesserung der betrieblichen Altersversorgung 3 3326 ff., *s. a. Betriebliche Altersversorgung*

Gesetzesvorbehalt
- soziale Angelegenheiten § 87 BetrVG 13 1621 ff.

Gesetzliche Rentenversicherung, *s. Rentenversicherung*
Gespaltene Rentenformel 3 3401
Gestaltungsklage 15 274
- Urlaub 3 2397 ff.

Gesundheitsprognose
- Beweis 4 2049
- negative 4 2031 ff.
- prognoseschädliche Tatsachen 4 2037
- Ursächlichkeit betrieblicher Umstände 4 2045

Gesundheitsschutz
- soziale Angelegenheiten 13 1774 ff.

Gewässerschutzbeauftragter
- Kündigungsschutz 4 850

Gewerkschaften
- Beteiligte im Beschlussverfahren 16 85
- Durchsetzungsfähigkeit 11 24 ff.
- freie Vereinigungen 11 20
- parteipolitische Betätigung im Betrieb, Verbot 13 1276
- Tariffähigkeit 11 31 ff.
- Tarifwilligkeit 11 27
- Unabhängigkeit 11 21
- Verfahren, § 23 Abs. 3 BetrVG 13 2438
- Zugangsrecht zum Betrieb 13 1170 ff.

Gewerkschaftsbeauftragter
- Kündigungsschutz 4 525

Gewerkschaftswerbung
- verhaltensbedingte Kündigung 4 2269

Gewinnbeteiligung 3 1002 ff.
- Auskunftsanspruch 3 1008 f.

# Stichwortverzeichnis

- Begriff 3 1002 ff.
- Lohnpfändungsschutz 3 1363
- Unternehmensführung 3 1007
- Verjährung 3 1011

**Gewissensfreiheit** 1 312a

**Glaubhaftmachungsmittel**
- Arrest 16 50
- einstweilige Verfügung 16 50

**Gleichbehandlung**
- Tarifvertragsrecht 11 222

**Gleichbehandlungsgrundsatz**
- Anspruchsdauer 1 465
- Auskunftsanspruch des Arbeitnehmers 1 476
- Begriff und Inhalt 1 429
- Betriebliche Altersversorgung 1 456; 3 3520
- Darlegungs- und Beweislast 1 476
- Eingruppierung 3 939 ff.
- Kündigung 4 1776 f.
- Lohngleichheit 1 455
- öffentlicher Dienst 3 939
- Rechtsfolgen einer Verletzung 1 465
- sonstige Arbeitsbedingungen 1 459

**Gleichberechtigung**
- Betriebsrat 13 1570

**Gleichheitsgrundsatz** 1 311
**Gleichheitssatz** 2 247
**Gleichstellungsabreden** 2 749 f.
**Gleitende Arbeitszeit** 13 1710
- soziale Angelegenheiten § 87 BetrVG 13 1710

**GmbH**
- Auflösung der - 1 229
- betriebliche Altersversorgung 3 4032
- Parteiberichtigung 15 54
- Parteifähigkeit 15 18
- Vertragsgestaltung mit - im Gründungsstadium 1 225

**GmbH 55**
- Parteifähigkeit 15 21

**GmbH-Geschäftsführer**
- Bestellung 1 187
- freies Dienstverhältnis 1 189
- Organe juristischer Personen 1 186

**GmbH-Gesellschafter** 1 200
**Graphologische Gutachten** 2 390
**Gratifikation** 6 110
- anderweitige Sozialleistungen 3 1166 ff.
- Anwesenheitsprämien 3 1177 ff.
- Arbeitskampf 3 1158 ff.
- Auslegung der Zusage 3 1034 ff.
- Auslegungszweifel 3 1063 f.
- betriebliche Übung 3 1070 ff.
- Elternzeit 3 1139 ff.
- Fehlzeiten 3 1116 ff.
- Freiwilligkeitsvorbehalt 3 1087
- Gleichbehandlungsgrundsatz 3 1083 f.
- Grundlagen 3 1029 ff.
- Insolvenz 3 1441
- Kurzarbeit 3 1116, 1158 ff.

- Mutterschutz 3 1131 ff.
- Quotelung 3 1061 f.
- Rechtsgrundlagen 3 1067 ff.
- Rückzahlungsvorbehalte 3 1089 ff.
- Stichtagsregelung/Auszahlungstermin 3 1044 ff.
- Zweck 3 1032
- Zweckbestimmung 3 1036 ff.

**Grundsatz der Mündlichkeit** 15 190
**Grundsatz der Öffentlichkeit** 15 195
**Grundsatz der Unmittelbarkeit** 15 194
**Grundwehrdienst**, s. a. *Wehr- und Zivildienstleistende*
- ausländische Arbeitnehmer 3 1713
- Ruhen des Arbeitsverhältnisses 3 1708 ff.
- Urlaub 3 2527 ff.

**Gruppenakkord**
- Entlohnungssystem 3 675 ff.
- Mitbestimmung des Betriebsrats 13 1761

**Gruppenarbeitsverhältnis** 3 4337 ff.
- Betriebsgruppe 3 4339
- Betriebsgruppe, Auflösung 3 4344
- Eigengruppe 3 4345
- Eigengruppe, Kündigungsschutz 3 4349

**Günstigkeitsprinzip**
- Betriebsvereinbarung 13 1506 ff.
- Kündigungsfrist 4 281
- Tarifvertrag 11 262 ff.

**Günstigkeitsvergleich**
- Betriebsvereinbarung 13 1507
- Tarifvertrag 11 266

**Gütetermin Vorbereitung** 15 287 ff.
**Güteverhandlung** 6 458 ff.; 15 315 ff.
- Ablauf 15 322 ff.
- Anerkenntnis 15 353
- Anwaltsgebühren 15 370
- Bedeutung 6 458
- Einlassung der beklagten Partei 15 287 ff.
- Entbehrlichkeit 15 317
- Entscheidung durch den Vorsitzenden 15 363
- Erfolglosigkeit 15 363 ff.
- Ergebnisse 15 335 ff.
- Klageanträge 15 326
- Klagerücknahme 15 347
- Kosten/Gebühren 15 344 ff.
- persönliches Erscheinen 6 460; 15 292 ff.
- persönliches Erscheinen, Anordnungsbeschluss 15 292 ff.
- persönliches Erscheinen, Missachtung der Anordnung 15 302 ff.
- Prozessbevollmächtigter, Zurückweisung 15 311
- Ruhen des Verfahrens 15 362
- Säumnis einer Partei 15 358
- Scheitern 6 459
- Sinn und Zweck 15 315 f.
- Sitzungsprotokoll 15 369
- übereinstimmende Erledigungserklärung 15 350
- Vergleich 15 335 ff.
- Versäumnisurteil 15 358 ff.
- Verzicht 15 353

# Stichwortverzeichnis

– Vorbereitung 15 287 ff.

## H
**Haft** 4 1362
**Haftpflichtversicherung** 3 661
**Haftung**
– Arbeitsunfall 3 712
– Aufrechnung des Arbeitgebers 3 636 f.
– Ausschluss 3 737 ff.
– Beschränkung 3 638 ff.
– Betriebsrat 13 901 ff.
– Darlegungs- und Beweislast 3 673
– des Arbeitnehmers 3 623 ff.
– Eigenschäden des Arbeitnehmers 3 2870 ff.
– ersatzfähige Schäden 3 634 f.
– Freistellungsanspruch 3 699 ff.
– Fürsorgepflicht des Arbeitgebers, *s. dort*
– gefahrgeneigte Arbeit 3 639 ff., 652 ff.
– gegenüber Betriebsangehörigen 3 707 ff.
– gegenüber Dritten 3 697 ff.
– grobe Fahrlässigkeit 3 648 ff.
– Mankohaftung 3 676 ff., 685 ff.
– Mitverschulden des Arbeitgebers 3 663
– Schadensberechnung 3 631 ff.
– Vermögensgegenstände des Arbeitnehmers, *s. dort*
– Verschuldensgrad 3 641 ff.
– Versicherungsfall 3 717 ff.
– Versicherungsfall, Voraussetzungen 3 730 ff.
**Haftungsbeschränkung** 3 638 ff.
**Haftungsklauseln** 2 728 ff.
**Halsey-Lohn** 3 968
**Handelsregister, Auskunftsersuchen** 15 94
**Handelsvertreter** 1 163
– Entgeltfortzahlung 3 1896
**Handlungsgehilfe**
– Provision 3 981 ff.
**Hartz-Gesetze** 8 2
**Haschisch**, *s. Drogenkonsum*
**Haupt- oder nebenberufliche Tätigkeit** 1 62
**Hauptfürsorgestelle**, *s. unter Integrationsamt*
**Hausgewerbetreibende**
– Lohnpfändungsschutz 3 1364
**Hausrecht**
– Betriebsversammlung 13 924
**Haustarifvertrag** 11 40
– Abschluss 11 53
**Heimarbeiter** 1 177
– Anhörung des Betriebsrats 4 417
– Betriebsübergang 3 4183
– Betriebsverfassungsgesetz, Geltung 13 17
– Feiertagslohnzahlung 3 1751
– Kündigung 4 417
– Lohnpfändungsschutz 3 1364
– Urlaubsanspruch 3 2493 ff.
– Wahlberechtigung, § 7 BetrVG 13 200
**Heimarbeitsgesetz (HAG)** 1 182
**Heirats- und Geburtsbeihilfen**
– Lohnpfändungsschutz 3 1365

**Herausgabepflicht**
– Arbeitspapiere 9 116, 123
**Herauswachsen aus dem Tarifvertrag** 11 42, 186
**Hinterbliebenenbezüge**
– Anrechenbarkeit von Verletztenrenten 3 3802
– Lohnpfändungsschutz 3 1366
**Hinterbliebenenversorgung** 3 3481
**Hinterlegung**
– Drittschuldner 3 1313 ff.
**Hinweis- und Aufklärungspflichten**
– Abdingbarkeit 6 382 ff.
**Hinweispflichten**
– Rechtsfolgen bei Verletzung 6 379 ff.
**HIV-Infektion** 4 1820, *s. unter Aids*

## I
**IAO-Übereinkommen Nr. 132**, *s. unter Urlaubsrecht*
**Immissionsschutzbeauftragter**
– Kündigungsschutz 4 845 f.
**Individualarbeitsrecht** 1 21
– allgemeines Persönlichkeitsrecht 1 297
**Infektionsschutzgesetz** 2 85 f.
**Informationspflicht des Arbeitgebers** 13 1578 ff.
**Inhaltskontrolle**
– Beispiele unangemessener Benachteiligung 1 673
– besondere Klauselverbote 1 668
– Leitlinien der Angemessenheitskontrolle 1 671
– Schranken der ~ 1 657
**Inhaltsnormen**
– Tarifvertrag 11 80
**Initiativrecht des Betriebsrats** 13 1551
– Anrechnung von Tariflohnerhöhungen 13 1853
– erzwingbare Mitbestimmung 13 2470
– Kurzarbeit 13 1724
– soziale Angelegenheiten, § 87 BetrVG 13 1638 ff.
– technische Überwachungseinrichtungen 13 1772
– Überstunden 13 1724
**Inoffizieller Mitarbeiter des MfS**, *s. unter Stasitätigkeit*
**Insolvenz**
– Abfindung 3 1434
– Arbeitnehmerbegriff 3 1416
– Arbeitnehmerüberlassung 3 1417
– Arbeitsentgelt 3 1399 ff., 1422 ff.
– Ausschlussfristen 3 4721
– betriebliche Altersversorgung 3 3922 ff., 3937 ff.
– Betriebsübergang 3 4306
– Gratifikation 3 1441
– Insolvenzgeld 3 1457 ff.
– Nachteilsausgleichsansprüche 13 2316
– Organmitglieder 3 1420
– Schadensersatzanspruch 3 1445
– Sozialplan 3 1437; 13 2382 ff.
– Sozialversicherungsbeiträge 3 1456
– Urlaubsgeld 3 1448
– Zinsen 3 1455

# Stichwortverzeichnis

**Insolvenz des Arbeitgebers**
- während Altersteilzeit 7 302 ff.

**Insolvenzgeld** 3 1457 ff.
- Vorfinanzierung durch Dritte 3 1480

**Insolvenzschutz** 3 3676, 3922 ff.
- Direktversicherung 3 3954
- Durchführung 3 3992 ff.
- Finanzierung der Insolvenzsicherung 3 4016
- ges. Versorgungsanwartschaften 3 3947, 3975 ff.
- ges. Versorgungsleistungen 3 3942, 3969 ff.
- Missbrauch 3 3978 ff.
- Träger der Insolvenzsicherung 3 4014
- Unterstützungskasse 3 3953
- Voraussetzungen 3 3937 ff.

**Insolvenzsicherung**
- Altersteilzeitverträge 7 285 ff.

**Insolvenzverfahren**
- Abfindung 4 3223
- Arbeitsentgelt nach Eröffnung 3 1404
- Arbeitsentgelt vor Eröffnung 3 1399
- betriebsbedingte Kündigung 4 2529
- Interessenausgleich 4 2756
- Klagefrist 4 2754
- Kündigung 4 2749 ff.
- Kündigungsfrist 4 2751
- Vorabverfahren 4 2768 ff.
- Weiterbeschäftigung, einstweiliger Rechtsschutz 16 134

**Insolvenzversicherung**
- sachliche Zuständigkeit Urteilsverfahren 14 281

**Insolvenzverwalter**
- als Arbeitgeber 1 223
- Parteifähigkeit 15 29

**Instanzenzug** 14 6 ff.

**Integrationsamt**
- Schwerbehinderte, Kündigung 4 721 ff.
- Widerspruch gegen Zustimmungsbescheid 15 98
- Zustimmungsverfahren 4 726 ff.

**Interessenabwägung**
- Änderungskündigung 4 3058
- außerordentliche Kündigung 4 1256
- Kriterien 4 2393 ff.
- personenbedingte Kündigung 4 2393 ff.
- Revisionsgericht 4 1390a
- Verdachtskündigung 4 1497
- verhaltensbedingte Kündigung 4 2393 ff.

**Interessenausgleich** 13 2263 ff.
- Arbeitgeberwechsel 3 4069
- Betriebsänderung 13 2263, 2290
- Betriebsinhaberwechsel 3 4069
- einstweilige Verfügung 16 174 ff.
- Form und Inhalt 13 2283 f.
- Formalien 4 2666 f.
- Gesamtbetriebsrat 4 2669
- Insolvenzverfahren 4 2756
- Nachteilsausgleich 13 2296 ff.
- namentliche Bezeichnung der zu kündigenden Arbeitnehmer 4 2659 ff.
- Sozialauswahl 4 2619 ff.
- Stellungnahme und Anhörung des Betriebsrats 4 2681 ff.
- zeitnahe Ergänzung 4 2668

**International Framework Agreements (IFA)** 1 596

**Internationale Zuständigkeit**
- Begriff 14 188
- Bestimmung deutscher Arbeitsgerichte 14 188 ff.
- Entscheidung 14 201

**Internationales und Europäisches Arbeitsrecht** 1 719

**Internet** 3 382; 13 895

**Invaliditätsrente**
- betriebliche Altersversorgung 3 3478

## J

**Jahresabschluss**
- Wirtschaftsausschuss 13 1086

**Jahresabschlussgratifikation** 3 1029

**Jeweiligkeitsklausel** 11 218

**Job-Sharing**, *s. Arbeitsplatzteilung*

**Jugenarbeitsschutzrecht**
- Beschäftigungsverbot 2 19 ff.

**Jugend- und Auszubildendenvertretung**
- Amtszeit 13 1013
- Aufgaben, allgemeine 13 1014
- Befugnisse 13 1017
- Beteiligte im Beschlussverfahren 15 1109
- Errichtung 13 1005
- Funktion 13 1003
- Informationsrechte 13 1016
- Jugend- und Auszubildendenversammlung 13 1029
- Mitglieder, Rechtsstellung 13 1026
- Organisation 13 1023
- Wahl 13 1009
- Weiterbeschäftigungsanspruch des Jugend- u. Auszubildendenvertreters 16 123 f., 161

**Jugendarbeitsschutzrecht**
- Urlaub 3 2465 ff.

**Jugendliche Arbeitnehmer**
- Akkordarbeit 3 958
- Urlaub 3 2465 ff.

## K

**Kammertermin**
- Ablauf 15 441 ff.
- amtliche Auskünfte 15 401
- Auflagenerteilung 15 385
- Bestimmung 15 371
- Beweisaufnahme 15 453
- Beweisbeschluss 15 372
- Ergebnisse 15 506
- Festsetzung eines Verkündungstermins 15 514 ff.
- Information der ehrenamtlichen Richter 15 440
- Nichterscheinen eines Zeugen oder Sachverständigen 15 410
- persönliches Erscheinen 15 402

# Stichwortverzeichnis

- Schließen der mündlichen Verhandlung 15 499
- schriftliche Beantwortung durch einen Zeugen 15 376
- Verhandlung zur Sache 15 446
- Verkündung eines Urteils 15 509 ff.
- verspätetes Parteivorbringen, Zurückweisung 15 391, 454 ff.
- Vertagung 15 448, 508
- Vorbereitung 15 371 ff.
- vorsorgliche Ladung von Sachverständigen 15 403 ff.
- vorsorgliche Ladung von Zeugen 15 403 ff.
- Wiedereröffnung der mündlichen Verhandlung 15 502

**Kapitalgesellschaft, ausländische**
- Parteifähigkeit 15 34

**KAPOVAZ** 13 718

**Karenzentschädigung** 6 224; 9 154 ff.
- abweichende Vereinbarungen 9 171 f.
- Ausgleichsquittung 3 4835 f.
- bedingtes Wettbewerbsverbot 9 173 ff.
- Betriebsrente 3 3789
- Grundlagen 9 154 ff.
- Höhe und Berechnung 9 160 ff.
- Lohnpfändungsschutz 3 1367
- Zurückbehaltungsrecht des Arbeitnehmers 3 340

**Kaskovereinbarung** 3 644

**Kinderarbeit** 2 19

**Kirche**
- kirchliches Selbstbestimmungsrecht 1 303, 312d

**Kirchensteuer**
- Geringverdienerarbeitsverhältnis 3 4476

**Kirchliche Arbeitgeber** 2 160

**Kirchliche Arbeitsvertragsrichtlinien** 1 715

**Kirchliche Einrichtungen** 2 369
- kirchliches Selbstbestimmungsrecht 4 3129
- Kündigung, Besonderheiten 4 3116, 3129 ff.

**Klagearten**
- Feststellungsklage 15 241 ff., s. a. dort
- Gestaltungsklage 15 274, s. a. dort
- Leistungsklage 15 220, s. a. dort

**Klageerhebung** 15 276 ff.
- Einreichung bei Gericht 15 276 ff.
- Ladungsfrist 15 285
- Rechtswirkung 15 286
- Verfahrensablauf 15 280

**Klagefrist**
- bei Rechtsmängeln des Arbeitsvertrages 2 934 ff.

**Klagefrist nach KSchG** 4 954 ff., 1766 ff.
- außerhalb des KSchG 4 1772
- Benachteiligungsverbot 4 1785
- Gleichbehandlungsgrundsatz 4 1776
- Regelungsbereich 4 1766
- Sittenwidrigkeit 4 1779
- Treu und Glauben 4 1790

**Klagerücknahme**
- Gerichtsgebühren 15 641 f.
- Güteverfahren 15 347

- Kammertermin 15 506

**Klageverzicht** 1 699; 4 11
- Beispiel 2 648

**Klageverzichtsvertrag** 6 416, 442 f.

**Kleidungsvorschriften** 3 2980

**Kleinstbetrieb** 13 118

**Kleinunternehmen**
- Kündigungsfristen 4 239 ff.

**Koalitionen** 11 18
- Aufgaben, originäre 13 1176 ff.
- Begriff 11 18
- Mitgliederwerbung 13 1177 ff.
- Rechtsstellung im Betrieb 13 1164 ff.
- Zusammenwirken mit Betriebsrat u. Arbeitgeber 13 1164 ff.

**Koalitionsfreiheit** 1 6, 19
- individuelle 11 6
- kollektive 11 10
- negative 11 7
- positive 11 6

**Kollektives Arbeitsrecht** 1 28
- auf Betriebs- und Unternehmensebene 1 30
- Beispiele von Verstößen gegen 1 309
- Regelungsbereich 1 32
- überbetriebliches 1 29

**Kommanditgesellschaft**
- Parteifähigkeit 15 15

**Kommanditist**
- betriebliche Altersversorgung 3 4031

**Kommissionär**
- Arbeitnehmer 1 215

**Kommissionsvertrag** 1 215

**Konkurrentenklage**
- einstweilige Verfügung 16 125 ff.

**Konkurrenzklausel** 9 135

**Konkurs**, s. unter Insolvenz

**Konsensprinzip**
- negatives 13 1552
- positives 13 1550

**Konti-Modell** 7 59, 254, s. a. Altersteilzeit

**Kontoführungsgebühren** 13 1734

**Konzern**
- Auslandsbezug 13 995 f.
- Begriff 13 986 ff.
- Gemeinschaftsunternehmen 13 991 f.
- gesetzliche Vermutungen 13 990
- Rechtsbegriff 1 258

**Konzern-Jugend- und Auszubildendenvertretung** 13 1031

**Konzernbetriebsrat** 13 997 ff.
- Amtszeit 13 998
- Arbeitgeberwechsel 3 4062
- Errichtung 13 997
- Geschäftsführung 13 999
- Konzernbegriff 13 986
- Konzernbetriebsvereinbarungen 13 1002
- Zuständigkeit 13 1000

**Konzernbetriebsvereinbarungen** 13 1002

# Stichwortverzeichnis

Konzernsprecherausschuss 13 1118
Konzernversetzungsklausel
- Konsequenzen 2 553

**Kopftuch**
- Tragen aus religiösen Gründen 3 2738

**Korrigierende Rückgruppierung** 3 914
**Kosten**, *s. unter Gerichtskosten*
**Kostenerstattungsausschluss** 15 650 ff.
**Kraftfahrer**
- Entgeltfortzahlung nach Unfall 3 1533 ff.
- Mitteilung von Mängeln an Behörden 3 460
- Überstunden 3 91

**Krankengeld**
- Aufstockung des – 2 702 f.

**Krankenversicherung**
- nach Beendigung des Arbeitsverhältnisses 8 191 ff.
- Pflichtmitgliedschaft während Bezug von Arbeitslosengeld 8 192 ff.

**Krankenversicherungsbeiträge**
- Übernahme der – 8 207

**Krankheit**
- Aids 3 1842
- Alkohol im Straßenverkehr 3 1850
- Anlasskündigung 3 1933 ff.
- Anzeigepflicht 3 1977 ff.
- Arbeitsunfähigkeit 3 1797 ff.
- Arbeitsunfähigkeitsbescheinigung 3 1993 ff.
- Ausland 3 2048 ff.
- Entgeltfortzahlung 3 1781 ff.
- Fortsetzungserkrankungen 3 1954
- Fortsetzungserkrankungen, Fristberechnung 3 1967 ff.
- Kausalität 3 1808
- kein Verschulden des Arbeitnehmers 3 1833 ff.
- Krankheit, Begriff 3 1788 f.
- künstliche Befruchtung 3 1795
- Kurzerkrankung 3 2063
- Mehrfacherkrankungen 3 1950 ff.
- Organentnahme 3 1794
- Rückfallerkrankung 3 1853
- Schlägerei 3 1869
- Schwangerschaft 3 1815
- Schwangerschaftsabbruch 3 1795
- Sportunfall 3 1863 ff.
- Sterilisation 3 1795
- Suchterkrankung 3 1844
- Suizidhandlung 3 1862
- Teilarbeitsunfähigkeit 3 1805
- Unfall im betrieblichen Bereich 3 1859
- Unfall im privaten Bereich 3 1860
- Urlaubsanspruch 3 2192
- Verkehrsunfall 3 1854
- während des Urlaubs 4 2316 ff.

**Krankheitsbedingte Kündigung**
- Arbeitsunfähigkeit, dauernde 4 2007
- Begriff 4 1933
- Beteiligung des Betriebsrats/Personalrats 4 1659 ff.
- betriebliche Interessen, erhebliche Beeinträchtigung 4 1958 ff.
- Darlegungs- und Beweislast 4 2030 ff.
- Entgeltfortzahlungskosten 4 1964 ff.
- maßgeblicher Beurteilungszeitpunkt 4 2021
- negative Gesundheitsprognose 4 1937 ff., 2031 ff.
- Ursächlichkeit betrieblicher Umstände 4 2045
- Wiedereinstellungsanspruch 4 2021

**Kundenschutzabrede** 16 145
**Kündigung**
- Abfindung 4 3212 ff.
- Abfindung, Höhe 4 3226 ff.
- Abmahnung 4 2287
- Änderungsangebot, Verknüpfung mit 4 2932
- Änderungskündigung 4 2903 ff.; 6 449 ff., *s. a. dort*
- anderweitige Beschäftigungsmöglichkeit 4 2840 ff.
- Anhörungsverfahren 4 384 ff.
- Anhörungsverfahren, Verzicht auf 4 467
- Arbeitgeberkündigung, Beteiligung des Betriebsrats 4 1654 ff.
- Arbeitgeberkündigung, Wirksamkeit 4 1650 ff.
- Art 4 424
- außerordentliche 4 48 ff., 1025 ff., *s. a. dort*
- Ausschluss der ordentlichen – vor Dienstantritt 2 768 ff.
- Ausspruch 4 400
- Austauschkündigung 4 2412, 2453
- Auszubildender 4 863 ff.
- Bergmannversorgungsschein 4 952
- Beschäftigtenzahl 4 1867 ff.
- Besonderheiten im öffentlichen Dienst der neuen Bundesländer 4 1925 ff.
- Bestätigung des Zugangs 6 61 f.
- Beteiligung des Betriebs-/Personalrats 4 350 ff., 379 ff.
- betriebsbedingt 4 1678, 2404 ff., *s. a. dort*
- Betriebsbegriff 4 1842
- Betriebsrat bei Stilllegung einer Betriebsabteilung 4 585 ff.
- Betriebsrat, Anhörung 4 474
- Betriebsrat, bei Betriebsstilllegung 4 570 ff., 575 ff.
- Betriebsrat, Ersatzmitglieder 4 536
- Betriebsrat, Fehler in seinem Verantwortungsbereich 4 455 ff.
- Betriebsrat, Unterrichtung 4 379
- Betriebsrat, wichtiger Grund 4 550 ff.
- Betriebsratsmitglieder 4 533
- Betriebsübergang 4 895 ff., 905 ff.
- Betriebsvereinbarung 4 486
- Direktionsrecht 4 2938
- doppelt verlautbarte – 4 71 ff.
- eines Tarifvertrages 11 59
- Einschreiben 4 111
- Einwurf-Einschreiben 4 120
- elektronische Form 4 29, 653

3167

# Stichwortverzeichnis

- Elternzeit 4 699 ff.
- Empfangsbote 4 100
- Formnichtigkeit 4 33 ff.
- Fortbildungsmaßnahmen 4 2863
- Freistellung 2 778 ff.
- Fristen 2 774 ff.
- Geltungsbereich 4 203 ff.
- Gesamtvertretung 4 161
- gesetzliche Beschränkung 4 339 ff.
- Gründe 4 54
- Heimarbeiter 4 417
- inhaltliche Anforderungen 4 420
- Insolvenzverfahren 4 2749 ff.
- Interessenabwägung 4 2393 ff.
- kirchliche Einrichtungen, Besonderheiten 4 3116, 3129 ff.
- Klagefrist 4 172, 350, 642, 695 ff., 722, 818, 829, 892, 900, 952, 1766 ff.
- Kleinunternehmen 4 239 ff.
- krankheitsbedingte 4 1659, 1933; 6 70, *s. a. dort*
- Kündigungsfristen 4 190 ff., 193 ff., *s. a. dort*
- Kündigungsgrund 4 432 ff.
- Mandatsträger, Zustimmung des Betriebsrats 4 495 ff.
- Massenänderungskündigungen 4 509, 3078
- Massenentlassungen 4 396
- mehrere Kündigungssachverhalte 4 2894 ff.
- Mindestkündigungsschutz 4 1810 ff.
- Mischtatbestände 4 2887 ff.
- Mitteilung der Schwangerschaft 6 437
- Mitteilung der Schwerbehinderteneigenschaft 6 436
- Mitteilungspflichten des ArbN 6 436 ff.
- Mutterschutz 4 647 ff.
- Nachschieben von Gründen 4 1417 ff.
- öffentlicher Dienst 4 151
- ohne Anhörung des Betriebsrats 4 412
- ordentliche 4 48
- Originalvollmacht 6 403
- Personenbedingte 4 1927 ff., *s. a. dort*
- Rücknahme 4 176
- Sachdarstellung des Arbeitgebers 4 439 ff.
- Schadensersatz 4 1611
- Schriftform der ~ 2 766 f.; 4 7 ff.
- Schwerbehinderter 4 1742 ff.
- Sechsmonatsfrist 4 1881
- Sozialauswahl 4 2536 ff., *s. a. dort*
- Sozialwidrigkeit 4 1841 ff., 1909, 2840 ff.
- Sozialwidrigkeit, absolute Unwirksamkeitsgründe 4 1911
- Sozialwidrigkeit, relative Unwirksamkeitsgründe 4 1909
- Streik 10 109
- tarifliche Beschränkung 4 329 ff.
- Tarifvertrag 4 486
- Teilkündigung 4 2943
- Teilzeitbeschäftigung 3 253
- Tendenzbetriebe, Besonderheiten 4 3116 ff.
- Übergabe-Einschreiben 4 111 ff.
- Umdeutung einer außerordentlichen 4 1624 ff.
- Umschulungsmaßnahmen 4 2863
- Urlaubsanspruch 3 2224
- Vergütung 4 1611
- verhaltensbedingte ordentliche 4 1672, 2178 ff., *s. a. dort*
- Vertretung 4 127 ff.
- Vollmacht des Rechtsanwalts 4 164 ff.
- Vollmachtsurkunde 4 137
- von Ersatzmitgliedern des Betriebsrats 6 438
- vor Dienstantritt 3 602 ff.
- Vorkenntnis des Betriebsrats 4 448
- Wahlbewerber 4 512
- Wahlvorstand 4 512
- während der Probezeit 2 771 ff.
- Weiterbeschäftigung 4 3275, 3283 ff.
- Wettbewerbsverbot 9 185
- Widerspruch des Betriebsrats 4 1707 ff.
- Widerspruchstatbestände 4 1718 ff.
- Zugang 4 84 ff.
- Zugang unter Abwesenden 4 90
- Zugang unter Anwesenden 4 85
- Zugangsvereitelung 4 90; 6 432
- Zugangszeitpunkt 4 95 ff.
- Zurückweisung der ~ 6 403 ff.
- Zurückweisung nach § 174 BGB 6 433 ff.
- Zustellung der ~ 6 431 f.
- Zustellung durch Boten 4 125
- Zustimmungsersetzungsverfahren 4 463

**Kündigung durch Arbeitnehmer**
- außerordentliche Kündigung 4 3399
- außerordentliche Kündigung, Umdeutung 4 3407
- ordentliche Kündigung 4 3396

**Kündigung vor Dienstantritt** 3 602 ff.

**Kündigungserklärung**
- Änderungskündigung 4 25
- Auslegung der Erklärung 4 61
- Bestätigung der Kündigung 4 71
- Darlegung- und Beweislastverteilung 15 491
- Einwurf-Einschreiben 4 120
- elektronische Form 4 29
- Empfangsbote 4 100
- Formnichtigkeit 4 33 ff.
- Gesamtvertretung 4 161
- Grundsatz der Klarheit 4 63
- inhaltliche Anforderungen 4 24
- konkludentes Verhalten 4 26
- Kündigungserklärung 4 7
- Kündigungserklärung, Schriftform 4 7 ff.
- Kündigungsgründe 4 54
- notarielle Beurkundung 4 30
- Rücknahme 4 176
- Schriftform 4 7 ff.
- Stellvertretung 4 19
- Übergabe-Einschreiben 4 111 ff.
- Unterschrift 4 18
- Vertretung 4 127 ff.

# Stichwortverzeichnis

- Vollmacht des Rechtsanwalts 4 164 ff.
- Vollmachtsurkunde 4 137
- vorsorgliche Kündigung 4 71
- Zugang 4 84 ff.
- Zugang unter Abwesenden 4 90
- Zugang unter Anwesenden 4 85
- Zugangszeitpunkt 4 95 ff.
- Zustellung durch Boten 4 125

**Kündigungsfrist** 2 774 ff.; 4 190 ff., 193 ff.
- Aushilfen 4 227 ff.
- Berechnung 2 775; 4 209 ff.
- Geltungsbereich 4 203 ff.
- gesetzliche 2 774
- Kleinunternehmen 4 239 ff.
- kürzere 2 774
- längere 2 774, 777
- Tarifvertrag und Individualabsprache 4 281
- tarifvertragliche Regelungen 4 260 ff.
- Verkürzung 4 215 ff.
- verlängerte 4 187
- Wartezeit 4 194

**Kündigungsgrund**
- zulässiger 4 652d

**Kündigungsgründe**
- Angabe 4 54
- außerordentliche Kündigung 4 1141
- Internet 4 1205
- Nachschieben 4 1417 ff.
- Privattelefonate 4 1203
- Strafanzeige gegen Arbeitgeber 4 1240

**Kündigungsrücknahme** 4 176

**Kündigungsschutz**
- Abfallbeauftragter 4 850
- Abgeordnete 4 820 ff.
- Arbeitsplatzteilung 3 4334
- Auszubildende 4 863 ff.
- Betriebsarzt 4 833 ff.
- Betriebsrat 4 550 ff.
- Betriebsübergang 4 895
- Datenschutzbeauftragter 4 853
- Elternzeit 4 699 ff.
- Fachkraft für Arbeitssicherheit 4 833 ff.
- Gruppenarbeitsverhältnis 3 4349
- Immissionsschutzbeauftragter 4 845
- Mandatsträger 4 495 ff.
- Mutterschutz 4 647 ff.
- schwer behinderte Menschen 4 721 ff.
- Sicherheitsbeauftragter 4 843
- Tendenzbetriebe 4 3116 ff.
- Wahlbewerber 4 512
- Wahlvorstand 4 512
- Wehr- und Zivildienstleistende 4 794 ff.; 13 344

**Kündigungsschutzklage**
- Änderungskündigung 15 272 ff.
- Annahmeverzug 3 1511
- Arbeitgeberanschreiben, Muster 15 92
- Aufforderungsschreiben, Muster 15 91
- Ausgleichsquittung 3 4818

- Auskunftsersuchen an Betriebsrats 15 96
- Ausschlussfristen, einstufige 3 4683
- Ausschlussfristen, Hemmung 3 4688
- Ausschlussfristen, zweistufige 3 4690 ff.
- Beendigungskündigung 15 256 ff.
- Darlegungs- und Beweislast 4 1400 ff.
- Form 4 961 ff.
- Freistellung in der Kündigungsfrist 6 420
- Klagefrist 6 408 ff.
- Klageverzichtsvertrag 6 416
- Muster 15 90
- nachträgliche Zulassung 4 982 ff.
- ordentliches Gericht 4 970
- ordnungsgemäßer Antrag 4 1017 ff.
- örtlich unzuständiges ArbG 4 969
- punktuelle Streitgegenstandstheorie 15 257
- Verschulden des Prozessbevollmächtigten 4 1010
- Verwirkung des Klagerechts 4 1024
- Weiterbeschäftigung 4 3297 ff.
- Widerspruch gegen Zustimmungsbescheid des Integrationsamtes 15 98
- Zurückweisungsschreiben 15 93
- zuständiges Gericht 6 417 ff.

**Kündigungsschutzprozess**
- Annahmeverzug 6 428, 444 ff.
- Klageverzichtsvertrag 6 442 f.
- Zurückbehaltungsrecht 6 427

**Kündigungsschutzverfahren**
- anwaltliche Strategien im - 6 398 ff., s. a. *Anwaltliche Strategien im Kündigungsschutzverfahren*
- Aussetzung 4 1520a
- Beschlussverfahren, Verhältnis zu - 4 633
- Klageform 4 961
- Klagefrist 4 954 ff., 1766 ff.
- Kündigungsschutzgesetz, Anwendbarkeit 4 954 ff.
- Nachschieben von Gründen 4 1420
- nachträgliche Zulassung der Klage 4 982 ff.
- ordnungsgemäßer Klageantrag 4 1017 ff.
- Rechtskraft 4 976
- Unterlassung von Wettbewerb 16 147
- Verwirkung des Klagerechts 4 1024

**Kündigungsverbot**
- Abgeordnete 4 825 f.
- Arbeitnehmerüberlassung 3 4422
- Arbeitsplatzteilung 3 4334 f.
- Betriebsübergang 4 900
- Interessenausgleich 13 2292 ff.
- MuSchG 4 647
- Wehr- und Zivildienstleistende 4 794

**Kündigunsgsschutzprozess**
- Rüge der ordnungsgemäßen Anhörung des Betriebsrats 6 429 f.

**Künstler**
- Kopie 3 3324
- Namensnennung 3 3322
- Urheberrecht 3 3313 ff.
- Verbot der Entstellung 3 3321
- Vergütungsansprüche 3 3319

# Stichwortverzeichnis

**Kurzarbeit** 2 592; 3 2239; 4 2479 ff.
**Kurzerkrankung**
– Arbeitsunfähigkeitsbescheinigung 3 2063

## L

**Ladungsfrist**
– Arrest 16 61
– einstweilige Verfügung 16 61
– Klageerhebung 15 285
**Landesarbeitsgericht** 14 7
– Dienstaufsicht 14 25 ff., 30 ff.
– Ernennung der Richter 14 49 ff.
– Fachkammern 14 23 f.
– Verwaltung 14 25 ff.
– Vorsitzender Richter 14 49
– Zusammensetzung der Kammern 14 35 ff.
**Lebensalter** 4 2626
**Lebenslauf** 13 2088
**Lebenspartner**
– eingetragene 3 3483
**Lebenspartnerschaft**
– eingetragene 1 312e
**Lebensversicherung**
– flexible Altersgrenze 3 3824
**Leibesvisitation** 3 428
**Leiharbeit**
– Parteifähigkeit 15 35
**Leiharbeitnehmer**
– Grundsätze des BAG für die Bezahlung 2 858
**Leiharbeitsverhältnis** 3 4359 ff.
– Betriebsübergang 3 4184
**Leistungsbeurteilung** 13 1207
**Leistungsentlohnung** 3 877 ff.
**Leistungsfähigkeit**
– verminderte 4 2063
**Leistungsklage**
– Abmahnung 15 233
– Unterlassungsanträge 15 239
– Urteilsverfahren 15 220
– Vergütungsanspruch 15 224 ff.
– Weiterbeschäftigungsanspruch, Geltendmachung 15 235
– Zeugnis 15 231 ff.
**Leistungslohn**
– Begriff 13 1854 ff.
– individuelle Leistungsbeurteilung 3 969 ff.
– Mitbestimmungsrecht 13 1858
**Leistungsort**
– Ort der Arbeitsleistung 3 26 ff.
**Leistungsverfügung** 16 52
**Leistungsverweigerungsrecht** 3 1546; 4 2210
**Leistungszulage** 1 700
**Leitende Angestellte** 1 154
– Arbeitsvertrag 13 35
– Auflösung des Arbeitsverhältnisses 4 3185 f.
– Begriff 13 35 ff.
– *Begriffsbestimmung* 1 159
– besondere Erfahrungen und Kenntnisse 13 60

– Betriebsrat 13 32
– Betriebsratswahl 13 86
– Betriebsvereinbarungen 13 32
– Betriebsverfassungsgesetz, Geltung 13 31
– Einstellungs- und Entlassungsbefugnis 13 41
– Entgelt 13 80
– erheblicher Handlungsspielraum 13 62
– frühere Zuordnung 13 72 ff.
– Generalvollmacht 13 44
– gerichtliche Statuserklärung 13 84
– Gesamtsprecherausschuss 13 1115
– Grundsätze der Abgrenzung in der chemischen Industrie 1 162
– Jahresarbeitsentgelt 13 80
– Konzernsprecherausschuss 13 1118
– Leitungsebene 13 77
– Mitteilungspflichten 13 2194
– Notwendigkeit der Abgrenzung 1 155
– Prokura 13 44
– selbstständige Einstellungsbefugnis 13 41
– selbstständige Entlassungsbefugnis 13 41
– Sozialauswahl 4 2610
– Sprecherausschuss 13 1102 ff., *s. a. dort*
– Sprecherausschusswahl 13 86
– Statusklärung 13 84
– Stellung im Unternehmen 13 35
– Streitigkeiten 13 84 ff.
– Unternehmenssprecherausschuss 13 1119
– Versammlung 13 1114
– Wahrnehmung unternehmerischer Aufgaben 13 49, 53
– Zweifelsfälle 13 66 ff.
**Limiteds**
– Parteifähigkeit 1 232
**Linked In** 2 287
**Lizenzfußballspieler**
– Urlaubsentgelt 3 2438
**Lohn- und Gehaltslisten**
– Einsichtsrecht Betriebsrat 13 1588 ff.
**Lohnabrechnung**
– als Schuldanerkenntnis 3 806
**Lohnausfallprinzip**
– Annahmeverzug 3 1581
– Feiertagsvergütung 3 1752
**Lohnfindung** 13 1825, *s. a. Betriebliche Lohngestaltung*
**Lohngestaltung**
– Betriebsrat, Mitbestimmung 13 1815 ff.
– Entlohnungsgrundsätze 13 1828
– Entlohnungsmethoden 13 1830
**Lohngleichheit** 1 455; 3 779
– von Männern und Frauen 3 779 ff.
**Lohngruppen** 3 891
**Lohnminderung** 3 615
**Lohnnachweiskarte** 3 2515
**Lohnpfändung** 3 1256 ff.
– Ablauf 3 1259 ff.
– allgemeine Voraussetzungen 3 1259

# Stichwortverzeichnis

- alliierte Stationierungsstreitkräfte 3 1340 ff.
- Änderung der Bezüge 3 1269
- Antragsvoraussetzungen 3 1260 ff.
- Arbeitnehmer, Rechtsstellung 3 1336 ff.
- Arbeitseinkommen 3 1357 ff.
- Auskunftspflicht des Schuldners 3 1299 ff.
- Beendigung des Arbeitsverhältnisses 3 1274
- Betriebsübergang 3 1271
- Drittschuldnererklärung 3 1299 ff.
- Forderungsaufrechnung 3 1325
- Kostenpauschalen für Bearbeitung 13 1492
- Lohnpfändungskosten 3 1312, 1330 f.
- Pfändungsbeschluss 3 1286
- Pfändungspfandrecht 3 1287
- Pfändungsschutz 3 1343 ff.
- Überweisungsbeschluss 3 1289
- Unterbrechungen 3 1274
- Urlaubsentgelt 3 2453 ff.
- verhaltensbedingte Kündigung 4 2273
- Vollstreckungshindernisse 3 1282
- Vorausabtretung 3 1293
- Vorpfändung 3 1296
- Zahlungspflicht des Drittschuldners 3 1313 ff.
- zukünftige Forderungen 3 1279 f.
- Zwangsvollstreckung, Voraussetzungen 3 1259 ff.

**Lohnpfändungsschutz** 3 1343 ff.
- Abfindungen 3 1358
- abstraktes Schuldanerkenntnis 3 1360
- Arbeitnehmersparzulage 3 1377
- Arbeitseinkommen 3 1357 ff.
- Aufwandsentschädigung 3 1361
- Diensterfindungen 3 1363
- Entgeltfortzahlung 3 1369
- Gefahren-, Schmutz- und Erschwerniszulagen 3 1361
- Gewinnbeteiligung 3 1002 ff.
- Hausgewerbetreibende 3 1364
- Heimarbeiter 3 1364
- Heirats- und Geburtsbeihilfen 3 1365
- Hinterbliebenenbezüge 3 1366
- Insolvenzgeld 3 1368
- Karenzentschädigung 3 1367
- Lohnsteuerjahresausgleich 3 181
- Mehrarbeitsvergütung 3 1367
- Mutterschutzlohn 3 1372
- Ruhegelder 3 1373
- Schadensersatzansprüche 3 1374
- Sonderleistungen 3 1363
- Sozialleistungsansprüche 3 1379
- Streik- und Aussperrungsunterstützung 3 1375
- Urlaubsentgelt 3 1376, 2453 ff.
- vermögenswirksame Leistungen 3 1377
- Wechsel 3 1360
- Weihnachtsvergütung 3 1378

**Lohnrückzahlung,** *s. unter Rückzahlung*

**Lohnsteuer**
- fehlerhafte Berechnung 3 819
- Grundlagen 3 796

**Lohnsteueranrufungsauskunft** 4 3265

**Lohnsteuerjahresausgleich**
- Lohnpfändungsschutz 3 1370

**Lohnwucher** 2 864

**Lokführerstreik** 10 51

**Lösende Aussperrung** 10 82 ff.

**Luftfahrt**
- Betriebsverfassungsgesetz 13 252

## M

**Mahnverfahren** 15 214 ff.

**Maler- und Lackiererhandwerk**
- Urlaub 3 2510 ff.

**Mandantenschutzklausel** 16 146

**Mandatsträger**
- außerordentliche Kündigung 4 1131
- Kündigung, Zustimmung des Betriebsrats 4 495 ff.
- Kündigungsschutz 4 495 ff.

**Mandatsübernahme** 15 85
- Checklisten 15 86 ff.

**Mankohaftung** 3 676 ff., 685 ff.
- Darlegungs- und Beweislast 3 683
- Mankoabrede 3 677 ff.
- ohne vertragliche Vereinbarung 3 685 ff.
- rechtliche Grenzen 3 680 ff.

**Maßregelungsverbot** 3 3014a; 4 336

**Massenänderungskündigung** 10 89

**Massenentlassungen** 4 2775 ff.
- Anhörung des Betriebsrats 4 396 ff.
- Anzeige an die Agentur für Arbeit 4 2807 ff.
- Anzeigepflicht 4 2777 ff.
- Anzeigepflicht, Ausnahmen 4 2780
- Beendigungstatbestände 4 2789 ff.
- Beratung mit Betriebsrat 4 2799 ff.
- Beteiligung des Betriebsrats 4 2795 ff.
- Einbindung der Agentur für Arbeit vor Erstattung der Massenentlassungsanzeige 4 2798
- Entlassungszeitraum 4 2793 f.
- fehlerhafte Massenentlassungsanzeige 4 2835 f.
- Folgen einer fehlenden oder fehlerhaften Massenentlassungsanzeige 4 2830 ff.
- Folgen einer ordnungsgemäßen Massentlassungsanzeige 4 2819 ff.
- Folgen mangelhafter oder fehlender Konsultation mit dem Betriebsrat 4 2837
- formelle Besonderheiten 4 2777 ff.
- gesetzliche Vorgaben 4 2776
- im Konzern 4 2805
- Mängelheilung der Massenentlassungsanzeige 4 2838
- Rechtsschutz gegen Entscheidungen der Agentur für Arbeit 4 2829
- schriftliche Stellungnahme des Betriebsrats 4 2802
- Unterrichtung des Betriebsrats 4 2797
- Voraussetzungen für die Anzeigepflicht 4 2778
- Vorgehen bei ~ 4 2839

# Stichwortverzeichnis

- Zahlenverhältnis 4 2787 ff.
- zuständige Arbeitnehmervertretung 4 2803 f.

**Massenverfahren**
- Aussetzung 15 428

**Masseverbindlichkeiten**
- Ansprüche aus Sozialplan 3 1437 f.
- Arbeitsentgeltansprüche 3 1407 f.

**Materielle Kriterien**
- Art der Vergütung 1 57
- Aufnahme in einen Dienstplan 1 55
- Ausübung weiterer Tätigkeiten 1 54
- Berichterstattungspflichten 1 59
- Einbindung in fremdbestimmte Organisation 1 50
- Eingliederung in den Betrieb 1 49
- einheitliche Behandlung 1 58
- fachliche Weisungsgebundenheit 1 47
- Fremdnützigkeit der Arbeitsleistung 1 61
- Leistungserbringung in eigener Person 1 52
- Organisationsanweisungen 1 51
- örtliche und zeitliche Weisungsgebundenheit 1 48
- soziale Schutzbedürftigkeit 1 60
- Übernahme des Unternehmerrisikos 1 56
- Verpflichtung Aufträge anzunehmen 1 53

**Mediation**
- Definition 16 207
- Durchführung im Rahmen von anhängigen Gerichtsverfahren 16 247
- gerichtsinterne 16 209, 256
- gerichtsnahe 16 251
- integrierte 16 261
- mediationsgeeignete Streitigkeiten 16 242

**Mediationsverfahren**
- Ablauf 16 232

**Mediator**
- Aufgaben 16 211
- Begriff 16 208

**Medizinische Vorsorge**
- Entgeltfortzahlung 3 2084 ff.
- Urlaub 3 2316 ff.

**Medizinischer Dienst**
- Verweigerung der Untersuchung 3 2065

**Mehrarbeit** 3 575
- betriebsbedingte Kündigung 4 2487
- Lohnpfändungsschutz 3 1371
- Verweigerung 4 2219

**Mehrarbeitszuschlag** 3 575 f.
**Mehrfacherkrankungen** 3 1950 ff.
**Meinungsfreiheit** 1 312b
**Menschenwürde** 1 298
**Miles-** 2192 ff.
**Mindestkündigungsschutz** 4 1810 ff.
**Mischtatbestände** 4 2887 ff.
**Missbrauch der Vertragsfreiheit** 1 80
**MitbestG** 12 5 ff.
- Beschäftigtenanzahl 12 16 ff.
- Geschäftsführung der Komplementärkapitalgesellschaft 12 33 f.
- räumlicher Geltungsbereich 12 8 ff.
- sachlicher Geltungsbereich 12 6 f.
- Statusverfahren 12 20 ff.
- zeitlicher Geltungsbereich 12 15
- Zurechnung von Arbeitenehmern 12 26 ff.

**Mitbestimmungsangelegenheiten**
- Arbeitsgerichte, Zuständigkeit 14 316 ff.

**Mitbestimmungsrecht** 1 7
- Änderung der Betriebsorganisation 13 2238 ff.
- Arbeitsablauf 13 1902 ff.
- Arbeitsentgelt 13 1731
- Arbeitsplatzgestaltung 13 1902 ff.
- Arbeitsumgebung 13 1902 ff.
- Arbeitszeitregelung 13 1700 ff.
- Ausübung der Mitbestimmung 13 1635 ff.
- Auswahlrichtlinien 13 1954
- bei Einführung eines Gewinnbeteiligungssystems 2 608
- Berufsbildung 13 2000
- Beschäftigungsförderung 13 1938
- betriebliche Altersversorgung 13 1834
- betriebliche Bildungsmaßnahmen 13 2008
- Betriebsänderung 13 2211 ff.
- Betriebsbuße 13 1689 ff.
- Betriebseinschränkung 13 2219
- Betriebsstilllegung 13 2228
- Durchführung von Gruppenarbeit 13 1871 ff.
- Eil- und Notfälle 13 1643
- Eingruppierung 13 2075
- Einstellung 13 2027
- Entlohnungsgrundsätze 13 1828
- Entlohnungsmethoden 13 1830
- freiwillige Betriebsvereinbarung 13 1444
- gleitende Arbeitszeit 13 1710
- Grenzen der Mitbestimmung 13 1620 ff.
- leistungsbezogene Entgelte 13 1854
- Lohngestaltung 13 1815 ff.
- neue Arbeitsmethoden 13 2246
- Ordnung des Betriebs 13 1652 ff.
- personelle Angelegenheiten 13 1924 ff., *s. a. dort*
- personelle Einzelmaßnahmen 13 2023 ff.
- soziale Angelegenheiten 13 1635 ff.
- Sozialeinrichtungen 13 1788 ff.
- technische Überwachungseinrichtung 13 1747 ff.
- übertarifliche Zulagen 13 1840
- Umgruppierung 13 2129
- Urlaub 13 1736 ff.
- Verhütung von Arbeitsunfällen 13 1774 ff.
- Verlegung des Betriebes 13 2232
- Versetzung 13 2052 ff.
- Voraussetzung der Mitbestimmung 13 1917, 2008
- Vorschlagswesen 13 1860
- Werkmietwohnung 13 1801 ff.
- wirtschaftliche Angelegenheiten 13 2196 ff.
- Zusammenschluss von Betrieben 13 2234

**Mithelfender Familienangehöriger**
- Begriff 8 21

**Mittelbare Diskriminierung**
- Vergütungsregelungen 3 758

# Stichwortverzeichnis

Mittelbares Arbeitsverhältnis 3 4353 ff.
- Wahlberechtigung § 7 BetrVG 13 197

Mitwirkung beim Arbeitsschutz und betrieblichen Umweltschutz 13 1886 f.

Mobbing 3 2918 ff., 2949 ff.; 4 1829
- Ausschlussfrist 3 4647, 4749
- Begriff 3 2949
- Inhalt 3 2955
- Kündigungsgrund 3 2967
- Schadensersatz 3 2957
- Schmerzensgeld 3 2961

Mündliche Verhandlung
- Schließung 15 499
- Wiedereröffnung 15 502

Mündlichkeitsgrundsatz
- Arbeitsgerichtsverfahren 15 190

Musterung 3 1710
Mutterschaftsgeld 2 35
Mutterschutz
- Annahmeverzug des Arbeitgebers 3 1553
- Beschäftigungsverbot 2 23 ff.
- Gratifikation 3 1131 ff.
- Kündigung, Zustimmung der Landesbehörde 4 675
- Kündigungsschutz 4 647 ff.
- Kündigungsschutz, Fristberechnung 4 655
- Mitteilungspflicht der Schwangeren 4 660 ff.
- Umlageverfahren 2 49
- Verdienstkürzungen 2 38
- Zahlbarkeit des Mutterschutzlohns 2 41
- zumutbare Tätigkeit 2 40

Mutterschutzfristen 3 2191

## N

Nachhaftungsbegrenzungsgesetz 3 3622 ff.
Nachschieben von Kündigungsgründen 4 1417 ff.
Nachteilsausgleich 13 2296 ff.
Nachträgliche Befristung eines unbefristeten Arbeitsverhältnisses 4 3025
Nachträgliche Zulassung der Kündigungsschutzklage 4 982 ff.
Nachvertragliche Verschwiegenheitspflicht 16 144
Nachvertragliches Wettbewerbsverbot 6 219, s. a. unter Wettbewerbsverbot, nachvertragliches
- Aufhebung 6 222 ff.
- Fortbestand 6 219 ff.
- Vereinbarung eines ~ 6 226 ff.

Nachweisgesetz 2 464 ff.
- Bekämpfung der illegalen Beschäftigung 2 471
- beweisrechtliche Folgen 2 479
- Lohnzahlungsklage 2 482
- Unklarheiten über die Person des Arbeitgebers 2 480

Nachwirkung des Tarifvertrages 11 271 ff., 281
Nachwirkung einer Betriebsvereinbarung 13 1533 ff.
Nato-Truppen
- Parteifähigkeit 15 26

Nebenabreden 2 456
Nebenbeschäftigung 3 520 ff.
- Grenzen 3 523
- Mitteilungspflicht 3 526
- öffentlicher Dienst 3 537
- Unterlassungsklage 3 559
- Verbot 3 532 ff.
- Verbotsverstoß 3 548 ff.

Nebenbetrieb 13 118 ff.
- Zuordnungsverfahren 13 158 ff.

Nebenpflichten des Arbeitnehmers 3 353 ff.
Nebenpflichtverletzung
- Sanktionen 3 566 f.

Nebentätigkeit 2 668 ff.
- Genehmigung bei ehrenamtlicher, konfessioneller oder politischer Tätigkeit 2 671
- mit Erlaubnisvorbehalt 2 670

Negativattest 3 641
Negative Gesundheitsprognose
- Kündigung 4 1937 ff.

Nettolohnvereinbarung 3 826
Neue Bundesländer
- Tarifvertragsrecht 11 12

Nichtigkeit
- Betriebsratsbeschluss 13 648
- Betriebsratswahl 13 494

Nichtigkeit des Arbeitsvertrags
- bei beiderseitigem Irrtum 2 930 ff.
- bei fehlender Geschäftsfähigkeit des Arbeitgebers 2 922
- bei fehlender Geschäftsfähigkeit des ArbN 2 919 ff.
- bei Verstoß gegen die guten Sitten oder ein Strafgesetz 2 923 ff.

Nichtleistung der Arbeit 3 568 ff.
Nichtraucherschutz 3 2806
Nichtzulassungsbeschwerde 15 833 ff.
- Entscheidung 15 864 ff.
- Form der Einlegung 15 842
- Frist der Einlegung 15 842
- Inhalt der Begründung 15 848
- Kosten und Gebühren 15 871
- Muster 15 852
- Rechtswirkung der Einlegung 15 862
- Verfahrensmangel 15 858
- wegen Verfahrensfehlern 15 841

Niederkunft
- Ruhen des Arbeitsverhältnisses 3 344

Normalleistung 3 881
- Akkordrichtsatz 3 955
- Refa 3 952

Notfrist 15 700

## O

Offenbarungspflicht des Arbeitnehmers, s. unter Fragerecht des Arbeitgebers
- über Schwerbehinderung 2 343 f.
- über Vorstrafen 2 357 ff.

# Stichwortverzeichnis

**Öffentliche Arbeitgeber** 1 382
- besondere Pflichten gem SGB IX 2 169

**Öffentlicher Dienst**
- Abmahnung 4 2371
- Änderungskündigung 4 2976
- anderweitige Beschäftigungsmöglichkeit 4 2862
- Arbeitnehmererfindung 3 1938
- Arbeitsentgelt, Rückzahlung 3 1392
- betriebliche Altersversorgung 3 3375 ff.
- betriebsbedingte Kündigung 4 2514 ff.
- Betriebsratswahl 13 240
- Bewährungsaufstieg 3 931
- Eingruppierung nach dem BAT 3 897 ff.
- Eingruppierung nach dem BAT, erstmalige 3 928
- Eingruppierung, Rechtskraft 3 942
- Fallgruppenbewährungsaufstieg 3 937
- Gleichbehandlungsgrundsatz 3 939
- Nebenbeschäftigung 3 537
- Personalvertretungsgesetz 13 240 ff.
- Vergütung 3 897 ff.

**Öffentlicher Dienst der neuen Bundesländer**
- außerordentliche Kündigung 4 1591 ff.
- Kündigung 4 1925 ff.

**Öffentlichkeit der Verhandlung**
- Arbeitsgerichtsverfahren 15 195 ff.

**Öffnungsklausel** 1 634
- Betriebsvereinbarung 13 1471 ff.
- Tarifvertrag 11 260 ff.

**OHG**
- Parteifähigkeit 15 15

**Optionsklausel** 1 701

**Ordentliche Kündigung,** s. unter Kündigung

**Ordnung des Betriebs**
- Einzelfälle 13 1652
- verhaltensbedingte Kündigung 4 2095 ff.

**Ordnungsgeld** 15 302 ff.

**Ordre public** 1 887

**Organe juristischer Personen** 1 185
- Aufhebung des bisherigen Arbeitsverhältnisses 1 196
- Doppelstellung 1 193
- Gesamtprokurist 1 201
- GmbH-Geschäftsführer 1 186
- Organstellung im Fall der Verschmelzung 1 198
- Verlust der Organstellung 1 194
- Vorstandsmitglieder 1 186, 202

**Organentnahme**
- Entgeltfortzahlung 3 1794

**Organmitglieder**
- Beteiligte im Beschlussverfahren 15 1109
- Insolvenz 3 1420
- sachliche Zuständigkeit im Urteilsverfahren 14 303 ff.

**Örtliche Zuständigkeit** 15 1086 ff.
- Arbeitsgerichte 14 337 ff.

**P**

**Parkplatz**
- Haftung 3 2867
- Pflicht des Arbeitgebers 3 2846

**Partei**
- Gütetermin 15 287

**Parteiberichtigung**
- Firma 15 52
- GmbH 15 54
- GmbH 56
- Urteilsverfahren 15 49

**Parteifähigkeit**
- Aktiengesellschaft 15 24
- Arbeitnehmerüberlassung 15 35
- ausländische Kapitalgesellschaft 15 34
- Beklagter 15 9 ff.
- Betriebsübergang 15 36 ff.
- Bundesanstalt für Arbeit 15 28
- Fiskus 15 27
- Genossenschaft 15 25
- Gesellschaft bürgerlichen Rechts 15 12 ff.
- GmbH 15 18
- GmbH 29
- Kläger 15 9 ff.
- Nato-Truppen 15 26
- OHG 15 15
- Urteilsverfahren 15 3 ff.

**Parteipolitische Betätigung** 13 1269 ff.
- Begriff 13 1273 ff.
- Verbotszweck 13 1269

**Parteiwechsel**
- Fristwahrung 15 57

**Parteizustellung** 15 587 ff.

**Partnerschaft**
- Gesellschaftsform für Angehörige freier Berufe 15 14

**Patnerschaftsgesellschaft** 1 220

**Patronatserklärung** 3 3891

**Pauschalierungsabrede** 1 702

**Pausen**
- soziale Angelegenheiten § 87 BetrVG 13 1709

**Pensionskasse** 3 3425 ff., 3699
- flexible Altersgrenze 3 3824

**Pensionssicherungsverein** 3 3922 ff.

**Personalabbau**
- Sozialplan 13 2321 f.

**Personalakte** 3 3015 ff.
- Anhörungspflicht 3 3034
- Aufbewahrungspflicht 3 3049
- Begriff 3 3015; 13 1212
- Behördeneinsicht 3 3045
- Berichtigungsanspruch 3 3061
- Betriebsrat 3 3042 f.
- Einsichtsrecht des Arbeitnehmers 3 3052; 13 1211 ff.
- Entfernungsanspruch des Arbeitnehmers 3 3064 ff.
- Erklärung des Arbeitnehmers 13 1215

# Stichwortverzeichnis

- Inhalt 3 3018
- Recht auf Gegendarstellung 3 3057
- Rechtsschutz 3 3081
- unzulässige Informationen 3 3026
- Vollständigkeit 3 3036
- Wahrung der Vertraulichkeit 3 3038
- Widerruf 3 3061

**Personalausschüsse** 4 376

**Personalauswahl**
- Informationen im Internet 2 413

**Personalfragebogen** 13 1942
- fehlende Zustimmung des Personalrats 2 376

**Personalplanung** 13 1924 ff.

**Personalrabatte** 3 1184

**Personalrat**
- Beteiligter im Beschlussverfahren 15 1109

**Personalvertretungsgesetz** 13 240 ff.

**Personelle Angelegenheiten**
- Auswahlrichtlinie 13 1954 ff.
- Begriff 13 1925
- Berufsbildung 13 1983 ff., *s. a. dort*
- Beschäftigungsförderung 13 1938 ff.
- betriebliche Bildungsmaßnahmen 13 2008 ff.
- Betriebsrat, Mitbestimmung 13 1924 ff.
- Eingruppierung 13 2075
- Einstellung 13 2027
- Personalfragebogen 13 1942 ff.
- Personalplanung 13 1925
- Stellenausschreibung 13 1974
- Tendenzunternehmen 13 276
- Umgruppierung 13 2081
- Versetzung 13 2052
- vorläufige personelle Maßnahmen 13 2147 ff.

**Personelle Einzelmaßnahme** 13 1149 ff., 2023 ff.
- Arbeitsgerichtliches Verfahren 13 2164
- Aufhebung der Maßnahmen 13 2177 ff.
- Auswahlrichtlinie 13 2110
- Betriebsratsentscheidung 13 2129
- Eingruppierung 13 2075 ff., *s. a. dort*
- Einstellung 13 2027 ff.
- Geltungsbereich 13 2023
- Inhalt des Beteiligungsrechts 13 2026
- leitende Angestellte 13 2194
- Mitteilungspflicht des Arbeitgebers 13 2083 ff.
- Mitteilungszeitpunkt 13 2098
- Nachteil f. andere Arbeitnehmer 13 2112
- Nachteil f. betroffenen Arbeitnehmer 13 2122
- Rechtsverstoß 13 2102
- Stellenausschreibung 13 1974
- Störung des Betriebsfriedens 13 2127
- Tendenzunternehmen 13 288 ff.
- Umgruppierung 13 2081
- Verschwiegenheitspflicht 13 2097
- Versetzung 13 2052 ff.
- vorläufige personelle Maßnahme 13 2147 ff.
- Zustimmungsersetzungsverfahren 13 2138
- Zustimmungsverweigerungsgründe 13 2101 ff.
- Zweck 13 2023

**Personelle Mitbestimmung,** *s. personelle Angelegenheiten*

**Personen im Bereich der Krankenpflege**
- Arbeitnehmer 1 211

**Personenbedingte Kündigung**
- Aids 4 2090 ff.
- Alkoholsucht 4 2069 ff.
- Anhörung des Betriebsrats 4 1659
- Anhörung des Personalrats 4 1659
- Arbeitserlaubnis 4 2114
- äußeres Erscheinungsbild 4 2167
- Drogenkonsum 4 2069 ff.
- Eheschließung 4 2154
- Ehrenämter 4 2160
- Freiheitsstrafe 4 2098
- HIV-Infektion 4 2090 ff.
- Interessenabwägung 4 2393
- Lebensalter 4 2626
- mangelnde Eignung 4 2108 ff.
- politische Tätigkeit 4 2141 ff.
- Sexualpraktiken 4 2174
- Sicherheitsbedenken 4 2166
- Strafhaft 4 1362
- verminderte Leistungsfähigkeit 4 2119

**Personenbezogene Daten**
- Beendigung des Arbeitsverhältnisses 3 3153 f.
- Benachrichtigungspflichten des Arbeitgebers 3 3104 ff.
- besondere Arten 3 3099 f.
- Datenerhebung bei Dritten 3 3120 ff.
- Datenschutz 3 3091
- Datenschutz bei Durchführung des Beschäftigungsverhältnisses 3 3126 ff.
- Einstellungsuntersuchung 3 3115 ff.
- Einwilligung zur Verarbeitung 3 3101 ff.
- Erforderlichkeit der Erhebung 3 3112
- Erheben, Verarbeiten und Nutzung 3 3092
- Erhebung, Verarbeitung und Nutzung zur Begründung eines Beschäftigungsverhältnisses 3 3111 ff.
- Fragerecht des Arbeitgebers 3 3113 f.
- gendiagnostische Untersuchung 3 3119
- kollektivrechtliche Regelungen 3 3097 f.
- Löschung von ~ 3 3124 f.
- Verbot mit Erlaubnisvorbehalt 3 3093 ff.

**Persönlich haftender Gesellschafter**
- betriebliche Altersversorgung 3 4024

**Persönliche Kontrollen**
- Duldungspflicht 3 428 ff.

**Persönliches Erscheinen**
- Ausbleiben, Folgen 15 302 ff.
- Gütetermin 15 292 ff.

**Persönlichkeitsanalysen** 3 2948

**Persönlichkeitsrecht**
- Verletzung 2 399

**Persönlichkeitsschutz** 3 2923 ff.

**Pfändungs- und Überweisungsbeschluss** 3 1274 f., 1289 ff.

# Stichwortverzeichnis

Pfändungsbeschluss 3 1286, 1289
Pfändungspfandrecht 3 1287
Pflegezeit 3 285; 4 720
Pflegezeitgesetz 3 1656
Pflichtenkollision
– Zurückbehaltungsrecht 3 338
Politische Betätigung 1 312b
Politische Bildung
– Begriff 3 2658 ff.
– Bildungsurlaub 3 2647 ff.
Politische Tätigkeit 3 423; 4 1274, 2141 ff., 2272, 3126
– personenbedingte Kündigung 4 2141 ff.
Polizeiliche Ermittlungsverfahren 2 350 ff.
Praktikanten
– Begriff 3 4560
– Weiterbeschäftigungsanspruch 2 96
Prämienlohn 3 960 ff.
– Differentiallohnsystem nach Taylor 3 968
– Emersonsches Leistungssystem 3 968
– Gantt-System 3 968
– Grundlagen 3 960 f.
– Halsey-Lohn 3 968
– kombinierter Prämienlohn 3 966
– Prämienlohnkurve 3 965
– Rowan-System 3 968
– Verbot 3 967
– Ziel 3 964
Präsident des Landesarbeitsgerichts
– Interessenausgleich 13 2278
Prävention 2 184 f.; 4 790 ff., 1954
Preisnachlass 1 703
Pressefreiheit 1 312b
Probearbeitsverhältnis 2 509 ff.
Probezeit 4 1881
– Berechnung 4 1883
Produktions- und Absatzlage
– Wirtschaftsausschuss 13 1060 ff.
Produktions- und Investitionsprogramm
– Wirtschaftsausschuss 13 1063
Professur 2 441
Prokura
– Begriff 13 44 ff.
– Zeugnis 9 41
Protokoll
– Betriebsversammlung 13 924 f.
– Güteverhandlung 15 369
Provisionen 3 978 ff.
– Darlegungs- und Beweislast 3 998
– Verjährung 3 997
Prozessbeschäftigung
– auf freiwilligem Arbeitgeberangebot beruhende 6 456
– gerichtlich erzwungene 6 456
Prozessfähigkeit 15 64 ff.
– juristische Personen 15 72 ff.
– *minderjähriger Arbeitgeber* 15 67
– *minderjähriger Arbeitnehmer* 15 69

– natürliche Personen 15 67
Prozessführungsbefugnis
– Begriff 15 76
– Prozessstandschaft 15 77 ff.
Prozesskosten
– Beschlussverfahren 15 101
Prozesskostenhilfe
– Antragstellung, Zeitpunkt 15 117
– Aufhebung der Bewilligung 15 133
– Ausschluss der Bewilligung 15 105
– Beiordnung 15 124
– Beiordnung, Ausschluss 15 126
– Beiordnung, doppelte Antragstellung 15 129
– Beiordnung, Gegenrechtsanwalt 15 125
– Beiordnung, persönliche Voraussetzungen 15 128
– Beiordnung, Rechtswirkungen 15 131
– Beschlussverfahren 15 102 ff.
– Bewilligung 15 103
– Checkliste 15 136
– Erweiterung des Gesuchs 15 120
– persönliche Voraussetzungen 15 109
– Pfändungen 15 113
– Rechtsbehelf 15 122, 132
Prozessstandschaft 15 77 ff., 1056
Prozesstrennung 15 435
Prozessverbindung 15 435
Prozessvergleich 6 21 ff., *s. a. Vergleich*
Prozessvertretung
– Urteilsverfahren 15 158 ff.
– vor dem ArbG durch Verbandsvertreter 15 178 ff.
– vor dem BAG 15 174
– vor dem LAG 15 172
Prozessvollmacht und Kündigungsrecht 4 164 ff.
Punktetabellen 4 2655
Punktuelle Streitgegenstandstheorie 4 1400; 15 257

## Q
Qualifiziertes Arbeitszeugnis 9 7
Quittung, *s. Ausgleichsquittung*
Quotenregelung 2 205 ff.
– Öffnungsklausel 2 214

## R
Rationalisierungsvorhaben
– Wirtschaftsausschuss 13 1064
Rauchen im Betrieb 3 438
Rechtsanwälte
– Vertreter im Urteilsverfahren 15 85 ff.
Rechtsausübung, unzulässige, *s. a. unzulässige Rechtsausübung*
Rechtsberatung
– fehlerhafte/Klagefrist 4 982 ff.
– Wahlvorstand 13 351 ff.
Rechtsbeschwerde
– Anschlussrechtsbeschwerde 15 1211
– Beschwerdebefugnis 15 1203
– Einlegung und Begründung 15 1202 ff.

# Stichwortverzeichnis

- Form 15 1204
- Nichtzulassungsbeschwerde 15 1192, *s. a. dort*
- Rechtswirkung 15 1210
- Statthaftigkeit 15 1188
- unstreitige Beendigung 15 1225
- verfahrensbeendender Beschluss 15 1228
- Verfahrensgegenstand 15 1220
- Vertretung der Beteiligten 15 1201
- Vorbereitungshandlung 15 1216
- Zulässigkeit der Rechtsbeschwerde, Entscheidung über – 15 1214
- Zulassung durch das ArbG 15 1196
- Zulassung durch das LAG 15 1190

**Rechtskraft**
- Beschluss im Beschlussverfahren 15 1141 ff.
- Beschlussverfahren Tariffähigkeit/Tarifzuständigkeit 15 1249
- Kündigungsschutzklage 4 976, 1018

**Rechtsmängel des Arbeitsvertrages**
- Anfechtung des Vertrages 2 867 ff.
- Ermittlung einer Anfechtungserklärung durch Umdeutung 2 939 ff.
- Klagefrist 2 934 ff.
- Schadenersatzansprüche 2 942 f.
- Sittenwidrigkeit 2 831 ff.
- unangemessene Benachteiligung des Arbeitnehmers 2 847 ff., 866
- Verstoß gegen ein gesetzliches Verbot 2 826 ff.

**Rechtsmittel**
- gegen Verweisungsbeschluss 14 222 ff.

**Rechtsmittelbelehrung** 15 561 ff.

**Rechtspfleger** 14 132 ff.
- Aufgaben 14 133 ff.

**Rechtspflegererinnerung** 14 137

**Rechtsschutzinteresse**
- Beschlussverfahren 15 1077 ff.
- Beschlussverfahren Tariffähigkeit/Tarifzuständigkeit 15 1241

**Rechtsschutzversicherung**
- bei Aufhebungsvertrag 6 387 ff.
- Checkliste 15 88
- Urteilsverfahren 15 137 ff.

**Rechtsweg** 14 202 ff.
- Bindung an die Anträge 14 221
- Bindungswirkung des Verweisungsbeschlusses 14 226
- Rechtsmittel gegen Verweisungsbeschluss 14 222 ff.
- sachliche Zuständigkeit 14 228 ff.
- Teilverweisung 14 220
- Verhältnis zu anderen Gerichtsbarkeiten 14 202
- Vorabentscheidungsverfahren 14 208 ff.

**Referendar**
- Nebentätigkeitsreferendar 15 162
- Stationsreferendar 15 161

**Regelarbeitsentgelt**
- Definition 7 110

**Regelungsabrede** 13 1438 ff.

**Rehabilitation**
- Entgeltfortzahlung 3 2084 ff.
- Urlaub 3 2316 ff.

**Reisegeld** 3 57

**Reisekosten** 3 2900; 15 144
- Erstattung von – 2 691

**Reisezeitvergütung** 3 58

**Religionsgemeinschaften**
- Betriebsratswahl 13 244

**Rente** 3 3791 ff.

**Rentenalter** 2 784 ff.

**Rentenformel**
- gespaltene 3 3401

**Rentenversicherung, gesetzliche**
- Altersrente für Frauen 8 271 ff.
- Altersrente für langjährig unter Tage beschäftigter Bergleute 8 265 ff.
- Altersrente für langjährig Versicherte 8 218 ff.
- Altersrente für Schwerbehinderte 8 232 ff.
- Altersrente nach Altersteilzeitarbeit 8 257 ff.
- Altersrente wegen Arbeitslosigkeit 8 245 ff.
- Hinzuverdienst 8 280 f.
- Leistungen 8 208 ff.
- Regelaltersrente 8 209 ff.
- Rente wegen Erwerbsminderung 8 277 ff.
- Teilrente 8 280 f.

**Ressortierung** 14 9

**Restitutionsklage** 4 1244b, 1551

**Restmandat**
- des Betriebsrats 13 527 ff.

**Revision**
- absolute Revisionsgründe 15 963
- Allgemeines 15 818 ff.
- Anschlussrevision 15 943
- Antrag 15 919 ff.
- Aufhebung des Urteils und eigene Endentscheidung 15 988
- Aufhebung des Urteils und Zurückweisung an die Tatsacheninstanz 15 983
- Begründetheit, Entscheidung 15 948
- Begründetheit, Prüfungsrahmen 15 948 ff.
- beschränkte Zulassung 15 806
- Entscheidung des BAG 15 932
- Form 15 910
- Form der Revisionsbegründung 15 915
- Frist der Revisionsbegründung 15 915
- Frist zur Einlegung 15 906
- Inhalt der Revisionsbegründung 15 919 ff.
- Nichtzulassungsbeschwerde wegen grundsätzlicher Bedeutung der Rechtssache 15 833
- tatsächlicher Prozessstoff 15 975
- Terminsbestimmung 15 940
- unstreitige Erledigung 15 993
- Urteil 15 995
- Verfahrensvorschriften 15 820
- Versäumnisurteil 15 991

# Stichwortverzeichnis

- Zulassung durch das ArbG 15 873 ff.
- Zulassung durch das BAG aufgrund einer Nichtzulassungsbeschwerde 15 828 ff.
- Zulassung im Berufungsurteil 15 787
- Zulassungsgründe 15 792 ff.
- Zurückweisung 15 981

**Revisionsbegründung**
- Frist und Inhalt 15 915 ff.

**Revisionsbeschwerde**
- Entscheidung des BAG 15 1011
- Form der Einlegung 15 1008
- Frist der Einlegung 15 1008
- Statthaftigkeit 15 1000
- Zulässigkeitsvoraussetzungen 15 1004

**Revisionsgericht**
- Interessenabwägung 4 1390a

**Revisionsgründe**
- absolute Revisionsgründe 15 963

**Revisionsurteil 15 995**
- Aufhebung des Urteils und eigene Endentscheidung 15 988
- Aufhebung des Urteils und Zurückweisung an die Tatsacheninstanz 15 983
- tatsächlicher Prozessstoff 15 975
- Versäumnisurteil 15 991
- Zurückweisung 15 981

**Richter** 1 204, *s. a. Berufsrichter, ehrenamtliche Richter, Vorsitzender Richter*

**Riester-Rente** 3 1377a

**ROM-I-VO** 1 792

**Rowan-System** 3 968

**Rücktritt**
- Arbeitsverhältnis 4 2
- des Betriebsrats 13 302

**Rückwirkung**
- Tarifvertrag 11 230 ff.

**Rückzahlung**
- Arbeitsentgelt 3 1382 ff.
- Ausbildungskosten 9 202 ff.
- Gratifikation 3 1089 ff.
- Urlaubsentgelt 3 2264

**Rückzahlungsklauseln 2 630**
- Beispiel 2 633

**Rückzahlungsvorbehalte**
- Abwicklung der Rückzahlung 3 1115
- Begriff 3 1089
- Betriebsvereinbarungen 3 1111
- Fristberechnung 3 1105
- Kriterien 3 1098
- normative Grenzen 3 1097
- Tarifnormen 3 1107
- unwirksame Rückzahlungsfristen 3 1112

**Rufbereitschaft** 3 51 ff.

**Ruhegelder**
- Lohnpfändungsschutz 3 1373

**Ruhen des Verfahrens**
- Gütetermin 15 362

**Ruhezeiten und Ruhepausen** 3 65 ff.

**Rundfunkanstalten**
- Besonderheiten bei 1 71

## S

**Sachaufwand**
- Betriebsrat 13 889 ff.

**Sachbezüge**, *s. unter Sachzuwendungen*

**Sachgrundbefristung**
- allgemeine Kriterien 5 15 ff.
- Anschluss an Ausbildung und Studium 5 34 f.
- Befristung einzelner Vertragsbedingungen 5 72 ff.
- Eigenart der Arbeitsleistung 5 46 ff.
- Erprobung 5 50 ff., 51
- gesetzliche Sachgründe 5 21 ff.
- Grundlagen 5 6 ff.
- Haushaltsmittel 5 56 ff.
- in der Person des Arbeitnehmers liegender Grund 5 53 ff.
- Prüfungsmaßstab 5 11 ff.
- Prüfungszeitpunkt 5 14
- Vertretung 5 36 ff., 37

**Sachliche Zuständigkeit**
- Allgemeines 14 228 ff.
- Ausschluss der Arbeitsgerichtsbarkeit 14 367 ff.
- Beschlussverfahren 14 308 ff.
- Entscheidung über 14 336
- sonstige Fälle, § 3 ArbGG 14 327 ff.
- Urteilsverfahren 14 228 ff.

**Sachliche Zuständigkeit im Beschlussverfahren** 14 308 ff.
- Betriebsverfassungsgesetz 14 310 ff.
- Europäische Betriebsräte 14 322
- Mitbestimmungsangelegenheiten 14 316 ff.
- Schwerbehindertenvertretung 14 320
- SprAuG 14 314 f.
- Tariffähigkeit/-zuständigkeit 14 323 ff.

**Sachliche Zuständigkeit im Urteilsverfahren** 14 232 ff.
- Ansprüche aus rechtlichem/wirtschaftlichem Zusammenhang 14 279
- Arbeitskampfstreitigkeiten 14 243 ff.
- Arbeitspapiere 14 277 f.
- Arbeitsverhältnis 14 261 ff.
- Arbeitsverträge 14 271 f.
- Behindertenwerkstätten 14 287
- Bestehen eines Arbeitsverhältnisses 14 268 ff.
- Bestehen eines Tarifvertrages 14 235 ff.
- bürgerliche Rechtsstreitigkeiten 14 249
- Entwicklungshilfegesetz 14 282 f.
- Erfinder- und Urheberstreitigkeiten 14 288 ff.
- freiwilliges soziales Jahr 14 284
- gemeinsame Arbeit und unerlaubte Handlung 14 285
- Insolvenzversicherungen 14 281
- Organmitglieder 14 303 ff.
- Tarifvertragsparteien/Sozialeinrichtungen 14 280
- unerlaubte Handlung 14 273 ff.

# Stichwortverzeichnis

- Zusammenhangsklagen 14 292 ff.
**Sachschäden, Haftung** 3 2875 ff.
**Sachverständige**
- Hinzuziehung durch Betriebsrat 13 1599 ff.
- Kostenvorschuss 15 469
- Nichterscheinen 15 410
- Vereidigung 15 472
- vorsorgliche Ladung 15 403 ff.

**Sachzuwendungen**
- Sachbezüge als Arbeitsentgelt 3 1181
- Steuerlast 3 1208

**Saisonarbeit**
- betriebsbedingte Kündigung 4 2700

**Salvatorische Klausel** 1 688b; 2 810 ff.

**Säumnis**
- Güteverhandlung 15 358 ff.

**Schadenersatzansprüche**
- aus culpa in contrahendo 2 942 f.

**Schadensersatz**
- Abfindung 4 3256
- Arbeitszeugnis 9 97
- Ausschlussfristen 3 4647, 4742
- Aussperrung 10 205
- Darlegungs- und Beweislast 2 274
- einstweiliger Rechtsschutz 16 77
- Insolvenz 3 1445
- Kündigung 4 1611
- Kündigung vor Dienstantritt 3 610 f.
- Lohnpfändungsschutz 3 1374
- Mobbing 3 2957
- Nebenbeschäftigung 3 555 f.
- pauschalierter - bei Nichtleistung 3 587
- Schlechtleistung 3 613 f.
- Vertragsanbahnung 2 271 ff.
- vorzeitige Kündigung 3 4548

**Schätzakkord** 3 951
**Scheinselbstständigkeit** 1 126
**Schichtarbeit**
- Feiertagsvergütung 3 1733 ff.
- soziale Angelegenheit 13 1712

**Schiedsgericht**
- Besetzung 16 12
- Rechtsstellung 16 13
- Verfahren 16 16 ff.
- Vergütung der Schiedsrichter 16 14
- Vollstreckung 16 22 ff.

**Schiedsgerichtsverfahren**
- Schiedsspruch 16 20 f.
- Vergleich 16 19

**Schiedsspruch** 16 20 f.
- gerichtliche Kontrolle 16 25 ff.

**Schiedsvereinbarung**
- Rechtswirkung 16 9

**Schiedsverfahren**
- Streitigkeiten zwischen Arbeitsvertragsparteien 16 8
- Streitigkeiten zwischen Tarifvertragsparteien 16 6 f.

- Vereinbarkeit 16 6 ff.

**Schlägereien**
- Entgeltfortzahlung 3 1869

**Schlechtleistung der Arbeit**
- Grundlagen 3 612
- Lohnminderung 3 615
- Rechtsfolgen 3 616 ff.
- Schadensersatz 3 613 f.
- unverschuldete 3 616 ff.
- verhaltensbedingte Kündigung 4 2192 ff.
- verschuldete 3 619 ff.

**Schlichtungsausschüsse** 16 3
**Schlichtungsstelle**
- Beschlussverfahren 15 1041 ff.
- tarifliche 13 1428

**Schmerzensgeld**
- Arbeitsunfall 3 712 ff.
- Ehrverletzung 3 2961
- Haftungsausschluss 3 737
- Schutzpflichtverletzung 3 2829 ff.

**Schmiergeldannahme** 3 486 ff.
- außerordentliche Kündigung 4 1326
- Rechtsfolgen 3 490 ff.

**Schmuck**
- Schutzpflichten des Arbeitgebers 3 3028

**Schmutzzulage**
- Lohnpfändungsschutz 3 1361

**Schriftform**
- Beweismittelfunktion 2 454
- deklaratorische 2 454
- Kündigung 4 7 ff.

**Schriftformklausel** 1 704; 2 807 ff.
- doppelte 2 459
- konstitutive 2 455

**Schriftliches Verfahren** 15 191, 728
**SCHUFA-Auskunft** 2 409
**Schuldanerkenntnis**
- des Arbeitnehmers 3 742

**Schuldrechtsreform** 2 517
- Änderungsklausel 3 3567
- Anwesenheitsprämie 3 1178
- Arbeitszimmer 3 2908
- Ausbildungskosten 9 209, 294
- Ausgleichsquittung 3 2082, 4816
- Ausschlussfristen 3 4618, 4629, 4788
- Freistellungsklauseln 3 309
- Gratifikationen 3 1129
- Jubiläumszahlung 3 769
- Pauschalabgeltung von Zuschlägen 3 104
- Schuldanerkenntnis 3 742
- Sonderzuwendungen, prozentuale Kürzung bei krankheitsbedingter Abwesenheit 3 1178
- Verjährung 3 788
- Versorgungszusage 3 3567
- Vertragsstrafe 3 591
- Wettbewerbsverbot 9 193
- Widerrufsvorbehalt 3 759, 769
- Zinsen 3 788

3179

# Stichwortverzeichnis

**Schulung**
- Auswahlentscheidung 13 787 ff.
- Durchführung der Freistellung 13 802 f.
- Entgeltfortzahlung 13 791
- Erforderlichkeit der Kenntnisse 13 777 ff.
- Kostenerstattung durch Arbeitgeber 13 872 f., 875
- Streitigkeiten 13 804, 805
- Teilnahme Betriebsratsmitglieder 13 776 ff.
- Umfang der Schulung 13 786

**Schulungs- und Bildungsveranstaltungen gem. § 37 Abs. 6 BetrVG** 13 776 ff.

**Schulungs- und Bildungsveranstaltungen gem. § 37 Abs. 7 BetrVG** 13 797 ff.

**Schulungsveranstaltung**
- Wahlvorstand 13 346

**Schutzbekleidung**
- Kostentragung 3 2794
- Mitbestimmungsrecht d. Betriebsrats 13 1493, 1786

**Schutzpflichten für Leben u. Gesundheit** 3 2766 ff.

**Schwangere**
- Akkordarbeit 3 958
- Kündigungsschutz 4 647 ff.

**Schwangerschaft**
- als Anfechtungsgrund 2 345 f.
- Arbeitnehmerschutzvorschriften 3 2821
- Fragerecht des Arbeitgebers 2 347 f.
- Krankheit 3 1815 f.
- krankheitsbedingte Kündigung 4 1953, s. a. Mutterschutz, Niederkunft
- Mitteilung der - 6 437
- Offenbarungspflicht der Arbeitnehmerin 2 349

**Schwangerschaftsabbruch**
- Entgeltfortzahlung 3 1795 f.

**Schwarzarbeit** 2 78 ff.

**Schwerbehinderte**
- außerordentliche Kündigung 4 729
- behinderungsgerechte Beschäftigung 2 174 ff.
- Benachteiligungsverbot wegen der Behinderung 2 165 ff.
- besondere Pflichten für öffentliche Arbeitgeber 2 169
- besonderer Beendigungsschutz 5 284
- betriebliche Voraussetzung für die Beschäftigung 2 182 f.
- Eingliederungsmanagement 4 790
- Integrationsamt, Zustimmung 4 721 ff.
- Kündigungsschutz 4 721 ff.
- Mitteilung der Schwerbehinderteneigenschaft 6 436
- Mitteilungspflicht 4 757, 770
- Prävention 4 790
- Prüfung von Einstellungsmöglichkeiten 2 162 ff.
- Sozialauswahl 4 2634
- Urlaub 3 2470 ff.
- Urlaubsentgelt 3 2486
- Verpflichtung zur Einstellung von - 2 158 ff.
- Wiedereinstellung nach Arbeitskampfmaßnahmen 2 186 ff.

**Schwerbehinderteneigenschaft**
- Anfechtungsgrund 2 336 ff.

**Schwerbehindertenvertretung** 4 499c

**Schwerbehinderung**
- Annahmeverzug 3 1531
- Urlaubsentgelt 3 2486
- Zusatzurlaub 3 2470 ff.

**Scientology**
- Kündigungsgrund 4 1321

**SE**
- Arbeitnehmerbeteiligung bei Vorrats-SE 12 103 ff.
- Beteiligungsvereinbarung 12 102
- Ergebnisse des Verhandlungsverfahrens 12 108 f.
- Errichtung der - 12 96
- Mitarbeiterbeteiligung, Ergebnisvarianten 12 100 f.
- SE-Betriebsrat 12 110
- Verhandlung zur Regelung der Beteiligungsrechte 12 99
- Verhandlungsverfahren über die Arbeitnehmerbeteiligung 12 97 f.

**Seemannsgesetz**
- Urlaubs- und Urlaubsentgeltansprüche 3 2498 ff.

**Seeschifffahrt**
- Betriebsratswahl 13 251

**Selbstbeurlaubung** 2 422; 3 2356

**Selbstständiger**
- Arbeitszeugnis 9 5

**Selbstständigkeit**
- Begriff 8 20

**Sexuelle Belästigung**
- außerordentliche Kündigung 4 1309

**Sicherheitsbeauftragter**
- Kündigungsschutz 4 843

**Sittenwidrigkeit** 2 831 ff.
- Kündigung 4 1779 ff.

**Sitzungsniederschrift**
- Betriebsratssitzung 13 629

**Sitzungsprotokoll**
- Güteverhandlung 15 369

**Sofortige Beschwerde** 15 637, 1000, 1013 ff., 1195

**Soldaten** 1 204

**Sonderleistungen** 1 705
- Lohnpfändungsschutz 3 1363

**Sonderurlaub** 3 278

**Sonderzahlungen**
- Anrechnungsklauseln 2 638 ff.
- Freiwilligkeitsvorbehalt 2 610 ff.
- Rückzahlungsklauseln 2 630 ff.
- Stichtags- und Bestandsklauseln 2 634 ff.
- Widerrufsvorbehalt 2 616 ff.

**Sonderzivilgerichtsbarkeit** 14 1 ff.

**Sonderzuwendungen** 3 1029 ff., s. a. unter Gratifikation

**Sozialauswahl** 4 2536 ff.
- Altersdiskriminierung 4 2675

# Stichwortverzeichnis

- Änderungskündigung  4 3027 ff.
- Anhörung des Betriebsrats  4 2681
- Arbeitnehmer ohne Kündigungsschutz  4 2607
- Ausnahme bestimmter Arbeitnehmer  4 2540 ff.
- Ausschluss einzelner Mitarbeiter  4 2635 ff., 2641 ff.
- Austauschbarkeit  4 2545
- Auswahlkriterien  4 2619 ff.
- Auswahlrichtlinien gem. § 95 BetrVG  4 2649
- Auswirkungen des AGG  4 2687 ff.
- Bedeutung von Auswahlrichtlinien  4 2649 ff.
- befristete Arbeitsverhältnisse  4 2597
- Berücksichtigung sozialer Gesichtspunkte  4 2635 ff.
- Berücksichtigung, ausreichende  4 2635 ff.
- Bestreiten des Arbeitnehmers  4 2727
- betriebsbezogene Auswahl  4 2559
- betriebstechnische Bedürfnisse  4 2536 ff.
- Betriebszugehörigkeit  4 2620
- Beurteilungsspielraum  4 2635
- Bildung von Altersgruppen  4 2606
- Darlegungs- und Beweislast  4 2541 ff., 2724 ff.
- Einfluss von Inhalt und Ort der Tätigkeit auf 2 532, 554 ff.
- Einkommen von Ehegatten  4 2633
- einzelvertraglich unkündbare Arbeitnehmer  4 2598
- Fehlen anderweitiger Beschäftigungsmöglichkeit  4 2677
- freigestellte Arbeitnehmer  4 2604
- geringste soziale Schutzbedürftigkeit  4 2536
- grobe Fehlerhaftigkeit  4 2670 ff., 2676
- Grundsätze  4 2536
- horizontale Vergleichbarkeit  4 2549
- Identität der Aufgabenbereiche  4 2552
- Konzernbezug  4 2571
- Lebensalter  4 2626
- leitende Angestellte  4 2610
- Mitteilungspflicht des Arbeitgebers  4 2724
- namentliche Benennung der Arbeitnehmer  4 2738 ff.
- ordentlich unkündbare Arbeitnehmer  4 2592
- Punktetabellen  4 2655
- Sachvortrag des Arbeitgebers  4 2728
- Schwerbehinderung  4 2634
- sozial weniger schutzbedürftige Arbeitnehmer  4 2738
- soziale Gesichtspunkte  4 2635 ff.
- tariflich unkündbare Arbeitnehmer  4 2598
- Teilzeitbeschäftigte  4 2610
- Umgestaltung des Arbeitsablaufs  4 2574
- Unterhaltspflichten  4 2629, 2655
- Verbot der Altersdiskriminierung  4 2628
- Vergleichbarkeit der Arbeitnehmer  4 2545 ff.
- vertikale Vergleichbarkeit  4 2578 ff.
- Wegfall des Aufgabenbereichs  4 2555
- Weiterbeschäftigung zu schlechteren Konditionen  4 2580
- Weiterbeschäftigungsverhältnis  4 2615
- Zustimmungserfordernis von Behörden  4 2595

**Soziale Angelegenheiten**
- Annex-Regelungen  13 1608 ff.
- Anrechnung von Tariflohnerhöhungen  13 1840 ff., *s. a. dort*
- Arbeitsbedingungen  13 1618
- Arbeitsunfälle  13 1774 ff.
- Arbeitszeitregelung  13 1700 ff.
- Ausübung der Mitbestimmung  13 1635 ff.
- Auszahlung der Arbeitsentgelte  13 1731 ff.
- Bereitschaftsdienst  13 1715
- Berufskrankheiten  13 1774 ff.
- betriebliche Altersversorgung  13 1834 ff.
- betriebliche Lohngestaltung  13 1815 ff., *s. a. dort*
- betriebliches Vorschlagswesen  13 1860 ff.
- Betriebsbuße  13 1689
- Betriebsbuße, gerichtliche Überprüfung  13 1698
- Eil- und Notfälle  13 1643 ff.
- Einigungsstelle  13 1880
- fehlende Mitbestimmung  13 1649
- freiwillige Betriebsvereinbarungen  13 1885
- freiwillige Leistungen  13 1834
- Gesetzesvorbehalt  13 1621 ff.
- Gesundheitsschutz  13 1774 ff.
- gleitende Arbeitszeit  13 1710
- Grenzen der Mitbestimmung  13 1620 ff.
- Gruppenarbeit, Durchführung  13 1871 ff.
- Initiativrecht  13 1638 ff.
- kollektiver Tatbestand  13 1615
- Kurzarbeit  13 1727
- Leiharbeitnehmer  13 1716
- leistungsbezogene Entlohnung  13 1854
- Lohngestaltung  13 1815 ff.
- Mitbestimmung  13 1608 ff.
- Ordnung des Betriebs  13 1652
- Ordnung des Betriebs, Einzelfälle  13 1652
- Pause  13 1709
- probeweise Maßnahmen  13 1643 ff.
- Rückkehr zur Normalarbeitszeit  13 1725
- Schichtarbeit  13 1712
- Sozialeinrichtungen  13 1788 ff., *s. a. dort*
- Streitigkeiten  13 1880 ff.
- Tarifvorbehalt  13 1620 ff.
- technische Überwachungseinrichtungen  13 1747 ff.
- Teilzeitarbeit  13 1711
- Theorie der Wirksamkeitsvoraussetzung  13 1649 f.
- Überblick  13 1608 ff.
- Überstunden  13 1726
- Urlaub  13 1736 ff.
- Verhalten der Arbeitnehmer  13 1652 ff.
- Verhaltens- oder Leistungsdaten  13 1762
- Verhütung von Arbeitsunfällen  13 1774 ff.
- Voraussetzung der Mitbestimmung  13 1615 ff.
- Vorschlagswesen  13 1860 ff.
- Werkmietwohnungen  13 1801 ff.

# Stichwortverzeichnis

- Zweck 13 1608 ff.
**Soziale Auswahl**
- Grundsätze zur ~ 4 2689
**Sozialeinrichtungen, § 87 Abs. 1 Nr. 8 BetrVG** 13 1788 ff.
- Auflösung 13 1791
- Ausgestaltung 13 1792 f.
- Errichtung 13 1791
- Form 13 1792 f.
- Inhalt des Mitbestimmungsrechts 13 1791 ff.
- sachliche Zuständigkeit Urteilsverfahren 14 280
- Umfang der Mittel 13 1791
- unterbliebene Mitbestimmung 13 1799
- Verwaltung 13 1794 ff.
**Sozialleistungen**
- Lohnpfändungsschutz 3 1379 f.
**Sozialplan** 13 2296 ff.
- Abfindung 11 305; 13 2336
- Abfindungsberechtigte 13 2339 f.
- anderweitige Beschäftigung 13 2353
- Arbeitsmarktsituation 13 2353 ff.
- Ausschluss von Aufhebungsverträgen 6 348 f.
- Begriff 13 2317
- Beschlussverfahren 13 2375
- Betriebsänderung 13 2317
- Betriebsänderung ohne Sozialplanpflicht 13 2320
- Einigungsstelle 13 2346 ff.
- Einzelfallorientierung 13 2350
- erzwungener 13 2346 ff.
- Form 13 2368 ff.
- freiwilliger 13 2331 ff.
- Grenzen der Regelungsbefugnis 13 2333
- Hinweispflicht auf bevorstehenden ~ 6 378
- Inhalt 13 2331
- Insolvenz 3 1437; 13 2382 ff.
- Klage des einzelnen Arbeitnehmers 13 2378 ff.
- nach Eröffnung des Insolvenzverfahrens 13 2392
- neu gegründete Unternehmen 13 2326
- Personalabbau 13 2321
- Rechtsnatur 13 2368
- Regelungsgrenzen 13 2331 ff.
- sonstige Regelungen 13 2344 f.
- Stichtagregelung 13 2342
- Streitigkeiten 13 2375
- Transfer-Sozialplan 13 2360
- Verfahren 13 2330
- vor Eröffnung des Insolvenzverfahrens 13 2393
- Voraussetzungen 13 2317 ff.
- Wirkungen 13 2368
- wirtschaftliche Vertretbarkeit 13 2363
- Zuschüsse zu ~ 13 2400 ff.
- Zweck 13 2317 ff.
**Sozialrechtliche Folgen der Kündigung,**
  *s. Beendigung des Arbeitsverhältnisses*
**Sozialrechtliche Nachteile** 6 360 ff.
**Sozialversicherung** 3 849 ff.
- Abfindung 4 3269 ff.
- geringfügig Beschäftigte 3 856, 4458 ff.
- geringfügig, aber ständig Beschäftigte 3 4470
- kurzfristig Beschäftigte 3 4467
- Nachentrichtungsanspruch 1 95
- Rechtsfolgen der Divergenz zwischen Rechtsform und Vertragsdurchführung 1 94
**Sozialversicherungsausweis**
- Leistungsverweigerungsrecht 3 2027 f.
**Sozialversicherungsbeiträge**
- Arbeitsentgelt 3 849 ff.
- Erstattung 3 853
- Haftung in Außenverhältnis 3 849
- Insolvenz 3 1456
**Sozialwidrigkeit**
- absolute Unwirksamkeit 4 1911
- anderweitige Beschäftigungsmöglichkeit 4 2840 ff.
- Auflösung des Arbeitsverhältnisses 4 3145 f.
- Fortbildungsmaßnahmen 4 2863
- ordentliche Kündigung 4 1841 ff., 1909, 3146
- relative Unwirksamkeit 4 1909 f.
- Umschulungsmaßnahmen 4 2863
**Sozialzulagen** 4 1403
**Spaltung**
- Mitbestimmung 13 2234 ff.
- Übergangsmandat Betriebsrat 13 514 ff.
- Wirtschaftsausschuss 13 1069
**Spartenbetriebsräte** 13 138 ff.
**Sperrzeit** 6 90; 8 121
- Abwicklungsvertrag 8 136
- Änderungskündigung 8 154
- arbeitsgerichtlicher Vergleich 8 148
- Aufhebungsvertrag 8 164
- Auflösungsantrag 8 161
- Beginn 8 185 ff.
- betriebsbedingte Arbeitgeberkündigung 8 124
- betriebsbedingte Arbeitgeberkündigung mit Abfindungsangebot 8 129
- Betriebsübergang 8 156
- Beweislast 8 170
- einvernehmliche Trennung 8 171
- Folgen der ~ 8 182 ff.
- Nichteinhaltung der Kündigungsfrist 8 157
- Nichterhebung einer Kündigungsschutzklage 8 153
- personenbedingte Arbeitgeberkündigung 8 133
- Transfergesellschaft 8 165
- verhaltensbedingte Arbeitgeberkündigung 8 122
- vorausgegangene Absprache über Arbeitgeberkündigung 8 134
- wichtiger Grund i. S. v. § 144 SGB III 8 167
**Spesen**
- Erstattung von ~ 2 691
**Sphärentheorie**
- Mischtatbestände 4 2889
**Spielbank** 3 859
**Sportunfall**
- Entgeltfortzahlung 3 1863 ff.

# Stichwortverzeichnis

**Sprecherausschuss der leitenden Angestellten** 13 1102 ff.
- Amtszeit 13 1108
- Anhörungsrecht bei Betriebsvereinbarungen 13 1126
- Arbeitsbedingungen 13 1145
- Aufgaben 13 1120 ff.
- Behandlung der leitenden Angestellten 13 1125
- Betriebsvereinbarungen 13 1126
- Errichtung 13 1108
- Gesamtsprecherausschuss 13 1115
- Geschäftsführung 13 1113
- Konzernsprecherausschuss 13 1118
- Kosten 13 1109 ff.
- personelle Einzelmaßnahmen 13 1149
- Rechte und Pflichten 13 1109
- Rechtsstellung der Mitglieder 13 1109 ff.
- Richtlinien 13 1128 ff.
- Sanktionen 13 1160 ff.
- sonstige Einrichtungen 13 1114 ff.
- Streitigkeiten 13 1160
- Unternehmenssprecherausschuss 13 1119
- Unterrichtungspflicht des Unternehmers 13 1123
- Unterstützung einzelner leitender Angestellter 13 1143
- Vereinbarungen 13 1128 ff.
- Versammlung der leitenden Angestellten 13 1114
- Vertretungsauftrag 13 1120 f.
- Wahl 13 1108
- wirtschaftliche Angelegenheiten 13 1156
- Zusammenarbeit mit Arbeitgeber und Betriebsrat 13 1105

**Sprecherausschussgesetz** 13 1102 ff.
- Allgemeines 13 1102
- Gebot vertrauensvoller Zusammenarbeit 13 1105
- Geltungsbereich 13 1104
- sachliche Zuständigkeit, Beschlussverfahren 14 314 f.

**Sprecherausschussvereinbarung**
- Abschluss und Beendigung 13 1138 ff.
- Begriff 13 1128
- Gesetzes- und Tarifvorrang 13 1131
- Inhalt und Regelungsschranken 13 1132 ff.
- Wirkungen 13 1136 f.

**Sprecherausschusswahl**
- leitende Angestellte 13 86

**Sprechstunden, Betriebsrat** 13 672

**Sprungrevision** 15 873
- Entscheidung des ArbG 15 892
- Entscheidung des BAG 15 905
- formale Voraussetzungen 15 875
- materielle Voraussetzungen 15 880
- Sinn und Zweck 15 873
- Verfahrensrügen 15 904
- Wirkungen der Entscheidung 15 896

**Staatsbürgerliche Rechte und Pflichten**
erforderliche Freizeit 3 1694 ff., 1700

**Stalking** 4 1239a
**Stammarbeiterzulagen** 3 1171
**Stasitätigkeit**
- außerordentliche Kündigung 4 1324, 1604
- verhaltensbedingte Kündigung 4 2278

**Stationierungsstreitkräfte**
- Beteiligte im Beschlussverfahren 15 1109
- Parteiberichtigung 15 56

**Statthaftigkeit**
- der Berufung 15 664 ff.
- der Rechtsbeschwerde 15 1188 ff.
- der Revision 15 825 ff.
- der Revisionsbeschwerde 15 1000 ff.

**Statusklage** 1 123 f.; 3 4702
**Stechuhr** 3 265
**Stellenanzeige**
- unzutreffende Angaben 2 265

**Stellenausschreibung** 2 248 ff.
- Beteiligung des Betriebsrats 13 1974 ff.
- Inhalt 13 1976
- unterbliebene 13 2124 f.

**Stellensuche**
- erforderliche Freizeit 3 1693

**Sterilisation**
- Entgeltfortzahlung 3 1795

**Steuerrecht**
- Abfindung 4 3260 ff.
- Arbeitsentgelt 3 796
- geringfügig Beschäftigte 3 4476 ff.
- Rechtsfolgen der Divergenz zwischen Rechtsform und Vertragsdurchführung 1 98

**Steuerrechtliche Nachteile** 6 365 ff.
**Stichtagsklauseln** 2 634
**Stichtagsregelungen**
- Jahressonderzuwendung 3 1044
- Sozialplan 13 2342

**Straf- und Bußgeldvorschriften gem. BetrVG** 13 2499

**Strafanzeigen** 3 456
**Strafhaft**
- außerordentliche Kündigung 4 1362
- personenbedingte Kündigung 4 2098 ff.

**Straftaten**
- Arbeitszeugnis 9 38
- des Arbeitnehmers 4 1157 ff.

**Streik** 10 15 ff.
- Abmahnungen 10 109 f., 164
- Arbeitgeber-Außenseiter 10 27
- Arbeitsbefreiung 10 102 ff.
- Arbeitskampfrisikolehre 10 119
- Arbeitsunfähigkeit, Vergütung 10 103
- außerordentliche Kündigung 4 1279
- Betriebsrat 10 126 ff.
- Betriebsratsschulung, Vergütung 10 107
- Betriebsversammlung, Vergütung 10 108
- Demonstrationsstreik 10 25
- Feiertage, Vergütung 10 106
- Friedenspflicht, tarifvertragliche 10 18 ff.

3183

## Stichwortverzeichnis

- gewerkschaftliche Organisation 10 15 ff.
- Kündigung 10 109
- Lokführerstreik 10 51
- Mutterschutz, Vergütung 10 104
- Notdienst 10 44 ff.
- Prämienzahlung an nicht streikbeteiligte Arbeitnehmer 10 140 ff.
- rechtswidriger, Einwirkungspflichten der Gewerkschaft 10 193
- rechtswidriger, Folgen 10 162
- rechtswidriger, Schadensersatzansprüche 10 171 ff.
- rechtswidriger, schuldrechtliche Ansprüche 10 183
- rechtswidriger, Unterlassungsansprüche 10 186 ff.
- Schadensersatz 10 111
- Streikbrecherarbeiten 10 124
- Streikexzesse 10 55
- Streikrecht, persönliche Einschränkung 10 49
- Streikschranken 10 51
- Suspendierung der Hauptleistungspflichten 10 96
- Sympathiestreik 10 26
- Ultima-ratio-Prinzip 10 34 ff.
- Unterlassungsanspruch 10 111
- Unterstützungsstreik 10 26, 33, 40 f.
- Urlaub, Vergütung 10 105
- Vergütungsanspruch 10 119
- Verhältnismäßigkeit 10 30 ff.
- wegen geplanter Betriebsänderung 10 25
- Ziele 10 24, s. a. Arbeitskampf, Aussperrung, Boykottaufruf

**Streikarbeit**
- Prämie 10 140

**Streikteilnahme**
- außerordentliche Kündigung 4 1279

**Streikunterstützung**
- Lohnpfändungsschutz 3 1375

**Streitgegenstandstheorie** 4 1400

**Streitwert**
- Abmahnung 15 548
- Änderungskündigung 15 548
- Arbeitspapiere 15 548
- Auskunftsansprüche 15 548
- Befreiung von Verbindlichkeiten 15 548
- Berechnung, s. unter Streitwertfestsetzung
- betriebliche Altersversorgung 15 548
- Eingruppierung 15 548
- Geldforderungen 15 548
- Kündigung 15 548
- Weiterbeschäftigungsanspruch 15 548
- Wettbewerbsunterlassung 15 548
- wiederkehrende Leistungen 15 548
- Zeugnis 15 548

**Streitwertfestsetzung** 15 534
- Anfechtbarkeit 15 544
- Bedeutung 15 534 ff.
- Beispiele 15 548
- Berechnung des Streitwerts 15 546
- unterbliebene 15 545

**Stückakkord** 3 946

**StudiVZ** 2 287, 413

**Suchterkrankung**
- Entgeltfortzahlung 3 1844

**Suizidhandlungen**
- Entgeltfortzahlung 3 1862

**Suspendierende Aussperrung**, s. unter Aussperrung

**Suspendierung**
- Annahmeverzug 3 1494
- Entgeltfortzahlung 3 1817

**Sympathiestreik** 10 26

## T

**Tankstellenvertrag** 1 706

**Tantieme** 1 706a; 3 1006a
- Elternzeit 3 1154

**Tarifeinheit** 11 251

**Tariffähigkeit** 11 17 ff.
- Allgemeines 11 17
- Arbeitgebervereinigung 11 31
- Arbeitsgericht, Entscheidung über ~ 11 46
- Arbeitsgericht, Zuständigkeit 14 323 ff.
- Beginn 11 33
- Beschlussverfahren 15 1230 ff.
- Durchsetzungsfähigkeit 11 24
- einzelner Arbeitgeber 11 28
- Ende 11 35
- fehlende 11 43 ff.
- freie, auf Dauer angelegte Vereinigung 11 20
- gerichtliche Entscheidung 11 46 ff.
- Gewerkschaft 11 31
- Handwerksinnungen 11 32
- Koalition 11 18
- Spitzenorganisation 11 31
- Tarifwilligkeit 11 27
- Unabhängigkeit 11 21

**Tarifgebundenheit** 11 172 ff.
- Allgemeines 11 172 ff.
- Beginn 11 176 ff.
- Betriebsnormen 11 190
- betriebsverfassungsrechtliche Normen 11 190
- Ende 11 186 ff.
- gemeinsame Einrichtungen 11 191

**Tarifkonkurrenz** 11 247 ff.

**Tarifliche Einmalzahlung** 1 707

**Tariflohn** 11 152 ff.
- Anrechenbarkeit von Tariflohnerhöhungen 13 1840

**Tarifnormen**
- verfassungsrechtliche Grenzen der Auslegung 3 4706b

**Tarifpluralität** 11 247

**Tarifrecht**
- Absperrklauseln 11 85
- Betriebsnormen 11 91
- Einstellungsgebote 2 228 ff.
- Einstellungsregelungen 2 225 ff.

# Stichwortverzeichnis

- Organisationsklauseln 11 85
- Recht der EU 11 12a f.
- Seniorität 11 94
- Trennungsgebot 11 183
- Trennungsgrundsatz 11 183
- Übernahme von Auszubildenden 2 228 ff.

**Tarifregister** 11 320

**Tarifsachen**
- Mitteilungspflicht ArbG 15 579 f.
- Mitteilungspflicht LAG 15 579

**Tarifsukzession** 1 361, 686

**Tarifvertrag**
- Ablauf 11 272
- Abschluss 11 52
- Abschlussnormen 11 83 ff.
- Abschlussvoraussetzungen 11 17 ff.
- Allgemeinverbindlicherklärung 1 324
- Allgemeinverbindlichkeit 2 469; 11 192
- Allgemeinverbindlichkeit, Rechtsfolgen 11 202
- Allgemeinverbindlichkeit, Voraussetzungen 11 194
- Anschlusstarifvertrag 11 54
- Anwendbarkeit 1 321
- Arbeitsentgelt 3 755 f.
- Arbeitsgericht, Zuständigkeit 14 235 ff.
- Aufhebungsvertrag 11 58
- auflösende Bedingung 11 57
- Außenseiterklausel 11 151
- Auslegung 11 119
- Auslegung der Bezugnahmeklausel 1 339
- Auslegung im Betrieb 11 323
- Ausschlussfristen 3 4615 ff.; 11 289 ff.
- Ausschlussfristen, Beginn 3 4636 ff.
- Ausschlussfristen, Geltendmachung 3 4669 ff.
- Ausschlussfristen, Kenntnis 3 4660 ff.
- Bedeutung 11 1
- Beendigung 11 235
- Beendigungsnormen 11 88
- Befristung 11 56
- Begriff und Funktion 1 317
- Bekanntgabe 11 317
- Berücksichtigung tariflicher Normen durch das Gericht 1 369
- Besetzungsregelung 11 150
- Bestandsklauseln 11 161
- betrieblich-fachlicher Geltungsbereich 11 240
- betriebliche Altersversorgung 3 3371
- betriebliche Übung 1 363
- Betriebsnormen 11 91
- Betriebsübergang 1 360
- Betriebsübergang, Bindung des Erwerbers 3 4292 ff.
- Betriebsübergang, Jahresfrist der Transformation 3 4272 ff.
- Betriebsübergang, Transformation 3 4264 ff., 4282 ff.
- Betriebsvereinbarungen 11 146
- betriebsverfassungsrechtliche Normen 11 95
- Bezugnahme auf Tarifverträge 11 208
- Bezugnahme durch betriebliche Übung 11 224
- Bezugnahme in Arbeitsverträgen 11 213 ff.
- Bezugnahme in Betriebsvereinbarungen 11 211
- Definition 11 13
- Differenzierungsklausel 11 151
- Durchführungspflicht 11 113 ff.
- Effektivgarantieklausel 11 163
- Effektivklausel, begrenzte 11 164
- Effektivklauseln 11 162
- Einzelschiedsvereinbarung 11 103
- einzelvertragliche Vereinbarung 1 326
- Ergebnisniederschriften 11 107
- Erweiterung von Beteiligungsrechten 13 2504
- Festlegung von Gerichtszuständigkeiten 11 101
- Form 11 63 ff.
- Friedenspflicht 11 110
- Funktion 11 1
- Geltungsbereich 11 225 ff., s. a. dort
- Geltungsgrund 11 172 ff.
- Geltungsgrund, Tarifgebundenheit 11 172 ff.
- gemeinsame Einrichtungen 11 100, 191
- Gesetzesrecht 11 139
- Gleichbehandlung 11 222
- Gleichstellungsklauseln 1 345
- Grenzen der Regelungsbefugnis 11 130 ff.
- Grundgesetz 11 134
- Grundsatz der Spezialität 11 252
- Grundsatz der Tarifeinheit 11 251
- Günstigkeitsprinzip 11 262 ff.
- Günstigkeitsvergleich 11 266
- Haustarifvertrag 11 41
- Herauswachsen aus dem – 11 42, 186
- In-Kraft-Treten 11 228 ff.
- Inhalt 11 69 ff.
- inhaltliche Kontrolle 2 764
- Inhaltskontrolle 1 364
- Inhaltsnormen 11 80
- Jeweiligkeitsklausel 11 218
- Kündigung 4 486
- Kündigungsfristen 4 260 ff.
- lückenhafte Regelung, Rechtsfolgen 11 124
- mehrgliedriger 11 54
- Mitteilungspflichten 11 318 f.
- Nachweisgesetz 11 323 ff.
- Nachwirkung, Ausschluss 11 281
- Nachwirkung, Zweck 11 271, 273
- normativer Teil 11 15, 71 ff.
- normativer Teil, Auslegung 11 121
- normativer Teil, Wirkungsweise 11 254 ff.
- normativer Teil, zeitlicher Geltungsbereich 11 226
- ordentliche Kündigung 11 59
- Ordnungsfunktion 11 1
- persönlicher Geltungsbereich 11 244
- Protokollnotizen 11 107
- prozessuale Fragen 11 127 f.
- räumlicher Geltungsbereich 11 238
- Rechtsgrundlagen 11 5 ff.

3185

# Stichwortverzeichnis

- Regelung zur betrieblichen Altersversorgung 3 3593
- Richterrecht 11 144
- Rückwirkung 11 230 ff.
- Sachgruppenvergleich 11 267
- sachliche Zuständigkeit Urteilsverfahren 14 235 ff.
- Schriftform 11 65
- schuldrechtlicher Teil 11 16, 109 ff.
- schuldrechtlicher Teil, Auslegung 11 119
- Schutzfunktion 11 1
- Spannensicherungsklausel 11 151
- Spezialität 11 252 f.
- statische Verweisung 11 218 f.
- Streitigkeiten über Auslegung 15 557, 882 ff.
- Streitigkeiten über die Anwendung eines - 1 372
- Tarifbindung des Arbeitgebers 1 323
- Tarifeinheit 11 251
- Tariffähigkeit 11 17 ff.
- Tarifgebundenheit 1 321; 11 172 ff., *s. a. dort*
- Tarifkonkurrenz 11 247
- Tariflohnerhöhung 11 152
- Tariflücke 11 124
- Tarifpluralität 11 247
- Tarifregister 11 320
- Tarifwegfall 1 361
- Tarifzuständigkeit 11 38 ff., *s. a. dort*
- Übersendungspflicht 11 318 f.
- überstaatliches Recht 11 130 ff.
- übertarifliche Zulagen 11 152
- und betriebliche Übung 1 512
- unmittelbare Wirkung 11 255 ff.
- Urlaubsabgeltung 3 2300
- Urlaubsanspruch 3 2172 ff., 2376
- Urlaubsanspruch, Verfallfristen 3 2362
- Verbandsaustritt des Arbeitgebers 1 357
- Verbandstarifvertrag 11 40
- Verbandswechsel 1 359
- Verdienstsicherungsklausel 11 169
- Verjährung tarifvertraglicher Rechte 11 288
- Verlust tarifvertraglicher Rechte 11 282
- Verrechnungsklausel 11 168
- Verteilungsfunktion 11 1
- Vertragsrecht 11 148
- Verweisung auf gesetzliche Bestimmungen 11 67
- Verweisung auf tarifliche Regelungen 11 65
- Verwirkung 3 4613
- Verwirkung tarifvertraglicher Rechte 11 287
- Wegfall der Geschäftsgrundlage 11 62
- Wirkung der Bezugnahmeabrede 1 355
- Zuständigkeit von Schiedsgerichten 11 102
- zwingende Wirkung 11 259 ff.

**Tarifverträge**
- Bezugnahme auf - 2 748 ff.

**Tarifvertragsgesetz** 11 11

**Tarifvertragsparteien**
- Grenzen der Regelungsbefugnis 11 130 ff.
- Schiedsverfahren 16 6 f.

**Tarifvertragsrecht**
- Gleichbehandlung 11 222 ff.
- Grundgesetz 11 5 ff.
- neue Bundesländer 11 12 ff.
- Wegfall der Geschäftsgrundlage 11 62

**Tarifvorbehalt** 13 1466 ff.
- Ausnahmen 13 1481 ff.
- Bezugnahmeklausel, große dynamische 11 214
- Bezugnahmeklausel, kleine dynamische 11 214
- Öffnungsklausel 13 1481
- soziale Angelegenheiten § 87 BetrVG 13 1621 ff.
- Voraussetzungen 13 1472 ff.
- Zweck 13 1466

**Tarifwechselklausel** 11 213, 215
- Bezugnahmeklausel, große dynamische 11 214
- Bezugnahmeklausel, kleine dynamische 11 214

**Tarifwegfall** 1 361

**Tarifzuständigkeit**
- Arbeitsgericht, Entscheidung über - 11 46 ff.
- Begriff 11 38
- Bestimmung 11 40
- fehlende 11 43 ff.
- Haustarifvertrag 11 41
- Verbandstarifvertrag 11 40

**Tatbestandsberichtigungsantrag** 14 107; 15 772

**Tätigkeitsschutz**
- Betriebsratsmitglieder 13 766 ff.

**Tätlichkeiten** 4 1214 ff.

**Tatsachenvergleich** 3 4836a

**Technik**
- Unterrichtungsrecht des Arbeitnehmers 13 1197 ff.

**Technische Überwachungseinrichtungen** 13 1747 ff.
- Bundesdatenschutzgesetz 13 1747
- Eignung zur Überwachung 13 1758
- Initiativrecht 13 1772
- soziale Angelegenheiten § 87 BetrVG 13 1689
- technische Einrichtung 13 1752
- Umfang der Mitbestimmung 13 1767
- unterbliebene Mitbestimmung 13 1773
- Verhaltens- oder Leistungsdaten 13 1762
- Voraussetzungen der Mitbestimmung 13 1751

**Teilarbeitsunfähigkeit** 3 1805

**Teilkündigung** 4 2943 ff.
- Begriff 4 2943
- Umdeutung 4 2964
- Verbot 4 2949
- Verfahrensfragen 4 2963
- Zulässigkeit 4 2959

**Teilurlaub** 3 2249 ff.

**Teilversammlung** 13 914 ff.

**Teilzeit- und Befristungsgesetz** 3 107 ff.
- Änderung durch Arbeitgeber 3 192
- Anspruch auf Teilzeitbeschäftigung 3 133 ff.
- Arbeitnehmer, anspruchsberechtigter 3 136
- Arbeitsentgelt 3 229 ff.
- Ausschreibungspflicht 3 113

# Stichwortverzeichnis

- Benachteiligungsverbot 3 240
- betriebliche Belange, Entgegenstehen 3 154 ff.
- Beurteilungszeitpunkt 3 178
- Darlegungs- und Beweislast 3 200 ff.
- Dienstwagenvereinbarung 3 236
- Eignung als Teilzeitarbeitsplatz 3 114
- einstweilige Verfügung 3 217
- Kündigung 3 253
- Reaktion des Arbeitnehmers 3 197
- Streitgegenstand 3 207
- Streitwert 3 224
- tarifliche Regelungen 3 185
- Unternehmerentscheidung 3 171
- Vereinbarung 3 146
- Zahl der Arbeitnehmer 3 151

**Teilzeitarbeit**
- soziale Angelegenheit § 87 BetrVG 13 1711

**Teilzeitarbeitsvertrag**
- überraschende Klauseln 2 560

**Teilzeitbeschäftigung** 1 69
- Abrufarbeit 3 4314
- Änderung durch Arbeitgeber 3 192
- Ankündigungsfrist 3 137
- Anspruch 3 107 ff., 133 ff.
- Arbeitnehmer, anspruchsberechtigter 3 136
- Arbeitsentgelt bei 3 229 ff.
- Ausschreibungspflicht 3 113
- Begriff 3 109
- Benachteiligungsverbot 3 240
- betriebliche Altersversorgung 3 3499
- betriebliche Belange, Entgegenstehen 3 154 ff.
- Beurteilungszeitpunkt 3 178
- Darlegungs- und Beweislast 3 200 ff.
- Dienstwagenvereinbarung 3 236
- Eignung als Teilzeitarbeitsplatz 3 114
- einstweilige Verfügung 3 217
- einstweiliger Rechtsschutz 16 130
- Elternzeit 3 2561, 2574 ff.
- Kündigung 3 253
- Kündigungsfrist 4 209 ff.
- Kündigungsschutz nach KSchG 4 1875 ff.
- Reaktion des Arbeitnehmers 3 197
- Sozialauswahl 4 2610
- Streitgegenstand 3 207
- Streitwert 3 224
- tarifliche Regelungen 3 185
- Überstunden 3 83
- Unternehmerentscheidung 3 171
- Urlaubsanspruch 3 2169, 2217
- Urlaubsentgelt 3 2436
- Vereinbarung 3 146
- Zahl der Arbeitnehmer 3 151

**Telearbeit** 1 177, 180
- Wahlberechtigung nach § 7 BetrVG 13 201

**Telefonate**
- Abhören 3 2933
- Beweisverwertungsverbot 3 3000 ff.
- Erfassung von Telefondaten 3 2937
- Mithören 3 2933

**Tendenzbetriebe** 2 97, s. a. unter Tendenzunternehmen

**Tendenzunternehmen** 2 368 f.
- außerdienstliches Verhalten 4 3122
- Berichterstattung 13 271 f.
- Beschränkung, Umfang 13 282 ff.
- Betriebsrat 13 253 ff.
- Betriebsverfassungsgesetz 13 253
- erzieherische Bestimmung 13 264
- Förderung des Unternehmenszwecks 3 514 ff.
- Gewinnerzielungsabsicht 13 254
- karitative Bestimmung 13 262
- koalitionspolitische Bestimmung 13 259
- konfessionelle Bestimmung 13 261
- Kündigung, Besonderheiten 4 3116 ff.
- Kündigungsschutz von Tendenzträgern 4 638 f.
- künstlerische Bestimmung 13 269
- Loyalitätsobliegenheiten 3 517
- Meinungsäußerungen 13 271 f.
- Mischunternehmen 13 276 ff.
- Mitbestimmungsrechte 13 282 ff.
- personelle Angelegenheiten 13 288 ff.
- politische Bestimmung 13 256
- politische Betätigung im Betrieb 4 3126
- politische Tätigkeit 4 2144
- Presseunternehmen 13 271
- soziale Angelegenheiten 13 286, 293 ff.
- Sozialplan 13 283
- Tendenzeigenschaft 13 255
- verfassungspolitische Einstellung 4 2144
- Verhältnismäßigkeitsprinzip 4 3128
- Widerspruch des Betriebsrats 4 1715 f.
- wirtschaftliche Angelegenheiten 13 282
- wissenschaftliche Bestimmung 13 266, s. a. kirchliche Einrichtungen, kirchlicher Dienst

**Territorialitätsprinzip** 13 1
**Theorie der Wirksamkeitsvoraussetzung** 13 1649 f.
**Transfer-Sozialplan** 13 2360
**Transferkurzarbeitergeld** 13 2417 ff.
**Transfermaßnahmen**
- Förderung durch die Bundesagentur für Arbeit 13 2400 ff.

**Transformationsklausel** 11 213
**Transparenzgebot** 2 521
**Treu und Glauben**
- Kündigung 4 1790 ff.

**Treuepflicht** 3 354
**Treueprämie** 3 1167
**Treueurlaub** 3 2387
**Trinkgelder**
- Arbeitslohn 3 1875
- Schmiergeld 3 487

**Trotzkündigung** 4 1395 f.

# U

**Ü** 1 708
**Über-Kreuz-Ablösung** 3 3600

3187

# Stichwortverzeichnis

**Überarbeit**, *s. unter Überstunden*
**Übereinstimmende Erledigungserklärung** 15 350
**Übergang des Arbeitsverhältnisses** 3 4046 ff.
- Folgen für den Betriebsrat 3 4061
- Inhalt 3 4055
- Kündigungsschutz 3 4057

**Übergangsmandat des Betriebsrats** 13 514 ff.
**Überraschende Klauseln** 2 520
- Beispiele 1 648

**Überstunden** 1 708
- Anordnung 3 55
- bezahlte Freizeit 3 97
- Freizeitausgleich- oder Vergütungsabrede 2 590 f.
- Mitbestimmung und Arbeitsvertrag 13 1726, 1730
- Pauschalierungsabreden 2 583 ff.
- Rückkehr zur Normalarbeitszeit 13 1725
- soziale Angelegenheiten 13 1717 ff.
- Teilzeitvertrag 3 83
- Überstundenzuschlag 3 94, 977
- Vergütung 3 86 ff.
- Verweigerung 4 2219 ff.

**Überwachungsaufgaben § 80 Abs. 1 BetrVG**
- Durchführung 13 1563 ff.
- gerichtliche Durchsetzung 13 1566 ff.
- Inhalt 13 1558 ff.

**Überwachungsmaßnahmen** 3 2925 ff.
- Video-Überwachung 3 2942

**Überwachungspflicht**
- Anwendungsbereich 13 1290 f.
- Inhalt 13 1286 ff.
- Recht und Billigkeit 13 1292 ff.

**Überweisungsbeschluss**
- Lohnpfändung 3 1289

**Überzahlung**
- Beweislast 3 1389 ff.
- Fälligkeit 3 4764
- Wegfall der Bereicherung 3 1389 ff.

**Umdeutung**
- Anhörung Betriebsrat 4 1137
- außerordentliche Kündigung 4 1137, 1624 ff., 3407 ff.
- Betriebsvereinbarung 13 1544
- Teilkündigung 4 2964

**Umgruppierungen** 13 2081 ff.
- Auswahlrichtlinie 13 1965, 2110
- Betriebsratsentscheidung 13 2129
- individualrechtliche Wirkung fehlender Zustimmung 13 2151
- Mitteilungspflicht des Arbeitgebers 13 2083 ff.
- Mitteilungszeitpunkt 13 2098
- Nachteil für andere Arbeitnehmer 13 2112
- Nachteil für den betroffenen Arbeitnehmer 13 2122
- Rechtsverstoß 13 2102 ff.
- *Stellenausschreibung* 13 2124
- Störung des Arbeitsfriedens 13 2127

- Verschwiegenheitspflicht des Betriebsrats 13 2097
- vorläufige personelle Maßnahme 13 2147 ff.
- Zustimmungsersetzungsverfahren 13 2138
- Zustimmungsverweigerungsgründe 13 2101

**Umlageverbot** 13 901
**Umlaufverfahren** 4 456; 13 1374
**Umsatzbeteiligung**, *s. unter Gewinnbeteiligung*
**Umsatzprovision** 3 978 ff.
**Umschüler**
- Weiterbeschäftigungsanspruch 2 96

**Umschulungsmaßnahme** 4 2863 ff., *s. a. Fortbildungsmaßnahme*
**Umschulungsvertrag** 3 4566
**Umwandlung von Unternehmen** 3 4039 ff.
- Abspaltung 3 4042
- Aufspaltung 3 4041
- Ausgliederung 3 4044
- Betriebsübergang 3 4080 ff.
- Formwechsel 3 4045
- Übergang des Arbeitsverhältnisses 3 4046 ff.
- Vermögensübertragung 3 4045
- Verschmelzung 3 4040

**Umwandlungsgesetz** 3 4038 ff.
**Umweltschutz, betrieblicher**
- Betriebsrat, Mitwirkung 13 1891

**Umzugskosten** 2 500, 706 ff.
- Rückzahlung 2 708
- Rückzahlungsklausel 2 710

**Unangemessene Vertragsgestaltung**
- Kriterienkatalog 1 679

**Unerlaubte Handlung**
- sachliche Zuständigkeit im Urteilsverfahren 14 273 ff.

**Unfall**
- beim Sport 3 1863 ff.
- im betrieblichen Bereich 3 1859
- im privaten Bereich 3 1860
- Verschulden 3 651

**Unfall- und Gesundheitsgefahren**
- Belehrung des Arbeitnehmers 13 1195

**Unfallrente** 3 3797 ff.
**Unfallverhütungsvorschriften** 13 1774 ff.
**Unfallversicherung**
- ärztliche Untersuchungen 3 2897
- Schadensersatzpflicht des Arbeitgebers 3 2834 ff.

**Ungerechtfertigte Bereicherung**, *s. unter Rückzahlung*
**Unionsrechtlicher Arbeitnehmerbegriff** 1 40, 100, 202a; 4 698a
**Unmittelbarkeitsgrundsatz**
- Arbeitsgerichtsverfahren 15 194

**Unmöglichkeit der Arbeitsleistung** 3 312 ff., 571 ff., 1487 ff., 1628 ff.
- Annahmeverzug des Arbeitgebers 3 1487 f.
- Betriebsrisiko 3 1628 ff.
- gesetzliche Befreiung von der Arbeitspflicht 3 312 ff.

# Stichwortverzeichnis

- Mehrarbeit 3 575
- Nachleistungsanspruch 3 574
- Nichtleistung der Arbeit 3 568 ff.
- Rechtsfolgen 3 574 ff.

**Unpünktlichkeit**
- außerordentliche Kündigung 4 1256

**Untenehmensmitbestimmung**
- Beschäftigtenanzahl 12 16 ff.

**Unterbevollmächtigte** 15 161 ff.

**Unterhaltspflichten**
- im Ausland 4 2655

**Unterlassen**
- böswilliges – anderweitigen Erwerbs 6 447

**Unterlassungsanspruch**
- allgem. betriebsverfassungsrechtlicher 13 2460
- Betriebsrat 13 2424 ff.

**Unterlassungsantrag**
- Leistungsklage 15 239

**Unternehmen**
- Rechtsbegriff 1 250

**Unternehmensaufspaltung** 13 127, 168
**Unternehmenseigentum** 3 446 ff.
**Unternehmenseinheitlicher Betriebsrat** 13 136 ff.

**Unternehmensförderungspflicht**
- Anzeige drohender Gefahren/Schäden 3 504
- Anzeige persönlicher Arbeitsverhinderung 3 512
- Beseitigung von Schäden 3 509
- Verhinderung von Störungen 3 509

**Unternehmensmitbestimmung**
- Anzahl der erfassten Unternehmen 12 4
- Aufsichtsrat 12 51 ff.
- bei der SE 12 95 ff.
- DrittelbG 12 83 ff.
- einzelne Gesetze 12 5 ff.
- gerichtliche Bestellung von Arbeitnehmervertretern 12 69
- Rechtsquellen 12 1 f.
- Rechtsstellung des Aufsichtsrats 12 72 ff.
- Statusverfahren 12 20 ff.
- Zurechnung von Arbeitnehmern 12 26 ff.
- Zweck der – 12 3

**Unternehmenssprecherausschuss** 13 1119
**Unternehmerarbeitnehmer** 13 195 f.

**Unternehmerentscheidung**
- Überprüfung durch ArbG 4 2465 f.

**Unterordnungskonzern** 13 985 ff.

**Unterrichtungsrecht des Arbeitnehmers**
- Arbeitnehmerfunktion 13 1194
- betriebsverfassungsrechtliche Arbeitnehmerrechte 13 1191
- Einführung neuer Techniken 13 1197
- Unfall- und Gesundheitsgefahren 13 1195
- Veränderungen im Arbeitsbereich 13 1196

**Unterstützungskasse** 3 3701 ff., 3827 ff.
- Auftragsverhältnis 3 3448
- Begriff 3 3437
- Berechnung 3 3755

- Besitzstandsschutz 3 3611
- gesetzlicher Vermögensübergang 3 4013
- Insolvenzschutz 3 3953
- Pflichten des Arbeitgebers 3 3445
- Trägerunternehmen 3 3441
- Unverfallbarkeit 3 3701
- Versorgungsrichtlinien 3 3449
- vorzeitige Altersrente 3 3827

**Untersuchungen**
- Duldungspflicht 3 430 f.
- Unfallversicherung 3 2897

**Untersuchungsgrundsatz**
- Beschlussverfahren 15 1099 ff.
- Einigungsstelle 13 1373

**Untersuchungshaft**
- Kündigung 4 2107

**Unverfallbarkeit**
- Unterstützungskasse 3 3701
- Versorgungsanwartschaft 3 3635

**Unwirksame Vertragsbestimmungen**
- Rechtsfolgen 1 680

**Unzumutbarkeit der Weiterbeschäftigung**
- personen-, verhaltens-, betriebsbedingte Gründe 2 126 ff.
- Prüfungsmaßstab 2 121 ff.
- Verfahrensfragen 2 145 ff.

**Urabstimmung** 10 16

**Urheberrecht**
- arbeitsvertraglich geschuldete Werke 3 3283
- arbeitsvertraglich nicht geschuldete Werke 3 3310
- Künstler 3 3313
- Übertragungspflicht 3 3287
- Urheber-Persönlichkeitsrechte 3 3293
- Vergütungsanspruch 3 3305

**Urheberstreitigkeiten**
- sachliche Zuständigkeit Urteilsverfahren 14 288

**Urkunden- und Wechselprozess** 15 209

**Urkundsbeamte der Geschäftsstelle**
- Aufgaben 14 139
- Ausbildung 14 140

**Urlaub** 2 675 ff.; 3 2126 ff.
- Abgeltungsanspruch 3 2274, 2279 ff.
- anderweitige Freistellungsansprüche 3 2232
- Arbeitskampf 10 105
- Ausgleichsquittung 3 4825
- Ausschluss von Doppelansprüchen 3 2268
- Ausschlussfristen 3 4754
- Baugewerbe 3 2510 ff.
- Befristung 3 2139
- Berechnung bei flexibler Arbeitszeit 3 2210
- Betriebsrat, Mitbestimmung 13 1736 ff.
- Betriebsvereinbarung 3 2384
- Bildungsurlaub 2 689 f.
- Bundesbahn und Bundespost, Nachfolgeunternehmen 3 2526
- Darlegung- und Beweislastverteilung 15 493
- eigenmächtiger Urlaubsantritt 4 1061, 1280
- einstweilige Verfügung 3 2405 ff.; 16 91

3189

## Stichwortverzeichnis

- einzelvertragliche Abweichungen **3** 2384
- Elternzeit **3** 2191, 2537 ff.
- Elternzeit, Sonderurlaub **3** 2566
- Erholungsbedürfnis **3** 2132
- Erholungsurlaub **2** 676 ff.
- Erkrankung **3** 1824, 2316 ff.
- Erlöschen nach Fristablauf **3** 2153
- Ersatzurlaubsanspruch **3** 2193
- Erteilung des ~ **2** 681 f.
- Erwerbsunfähigkeit **3** 2323
- Feststellungsklage **3** 2400
- Freistellungsanspruch **3** 2127
- Gestaltungsklage **3** 2397
- Grundsätze **13** 1738
- Heimarbeit **3** 2493 ff.
- Höhe des gesetzlichen Urlaubs **3** 2203
- jugendliche Arbeitnehmer **3** 2465
- Krankheitsfall **3** 2192
- Kündigung **3** 2224
- Leistungsklage **3** 2397 ff.
- Maler- und Lackiererhandwerk **3** 2510
- medizinische Vorsorge **3** 2325
- Mindesterholungsurlaub **2** 677
- nach dem Seemannsgesetz **3** 2498
- Nebenpflicht des Arbeitgebers **3** 2130
- Rechtsschutz **3** 2397
- Rehabilitation **3** 2325
- Rückzahlung überzahlten Urlaubsentgelts **3** 2264
- Schwerbehinderung **3** 2470 ff.
- Selbstbeurlaubung **2** 422
- Selbstbeurlaubungsrecht des Arbeitnehmers **3** 2356
- soziale Angelegenheit § 87 BetrVG **13** 1738
- Tarifdispositivität **3** 2376
- tarifliche Regelungen **3** 2172 ff.
- tatsächliche Arbeitsleistung **3** 2134
- Teilurlaub **3** 2249 ff.
- Teilzeitbeschäftigung **3** 2169, 2217
- Tod des Arbeitnehmers **3** 2458
- Treueurlaub **3** 2387
- Übertragung **2** 683 ff.; **3** 2157, 2172 ff.
- Umfang **3** 2203 ff.
- Umrechnung auf die 5-Tage-Woche **3** 2205
- Unabdingbarkeit **3** 2372
- Urlaubsanschrift **3** 2353
- Urlaubsbewilligung, Eindeutigkeit **3** 2224
- Urlaubsplan **13** 1742
- Verbot von Erwerbstätigkeit **3** 2392
- Verfall **2** 683 ff.
- Verfallfristen **3** 2362
- Vergleich **3** 2390
- Verlangen des Arbeitnehmers **3** 2332 ff.
- Wartezeit **3** 2240
- Wehr- und Zivildienst **3** 2527 ff.
- Wiedereingliederung **3** 2307
- Zeiten der Nichtbeschäftigung **3** 2221
- *zeitliche Festlegung* **3** 2332 ff.
- Zweckbindung **3** 2392 ff.

**Urlaubsabgeltung** **3** 2279 ff.
- Abtretbarkeit **3** 2453
- Baugewerbe **3** 2512
- Darlegungs- und Beweislast **3** 2309
- Erziehungsurlaub **3** 2554
- Krankheit des Arbeitnehmers **3** 2289
- Maler- und Lackiererhandwerk **3** 2512
- Pfändbarkeit **3** 2453
- Rechtsmissbrauch **3** 2313
- Rechtsnatur **3** 2279
- SeemG **3** 2506
- tarifliche Regelungen **3** 2300
- Tod des Arbeitnehmers **3** 2458

**Urlaubsentgelt** **3** 2413 ff.
- Abtretbarkeit **3** 2453
- arbeitnehmerähnliche Personen **3** 2421
- Aufwandsentschädigungen **3** 2422
- Ausgleichszahlung **3** 2422
- Auszahlung **3** 2441
- Baugewerbe **3** 2512
- Berechnung **3** 2415 ff.
- Besonderheiten bei flexibler Arbeitszeit **3** 2429
- Elternzeit **3** 2554
- Heimarbeiter **3** 2495
- Insolvenz **3** 1448
- Lebensstandardprinzip **3** 2413
- Lizenzfußballspieler **3** 2438
- Lohnpfändungsschutz **3** 1376
- Maler- und Lackiererhandwerk **3** 2512
- Pfändbarkeit **3** 2453
- Referenzprinzip **3** 2413
- Rückzahlung **3** 2264
- Sachbezüge **3** 2422
- Schwerbehinderung **3** 2486
- SeemG **3** 2505
- tarifliche Regelungen **3** 2446
- Teilzeitbeschäftigung **3** 2436
- Tod des Arbeitnehmers **3** 2458
- Verdiensterhöhung **3** 2425
- Verdienstkürzung **3** 2427

**Urlaubsfestlegung** **3** 2332 ff.
- Bestimmung des Zeitpunkts **3** 2346
- Bindung **3** 2348
- Recht und Pflicht des Arbeitgebers **3** 2332
- Selbstbeurlaubungsrecht **3** 2356
- soziale Angelegenheit § 87 BetrVG **13** 1744
- Urlaubsverlangen **3** 2332
- zusammenhängende Urlaubsgewährung **3** 2354

**Urlaubsgeld** **1** 709
- Ausschlussfristen **3** 4757
- Insolvenz **3** 1448
- Lohnpfändungsschutz **3** 1376

**Urlaubsplan**
- soziale Angelegenheit § 87 BetrVG **13** 1742

**Urlaubsrecht**
- Bildungsurlaub **3** 2591 ff.
- Ersatzurlaubsanspruch **3** 2193
- Heimarbeit **3** 2493 ff.

# Stichwortverzeichnis

- IAO-Übereinkommen Nr. 132  3 2164 ff.
- normative Regelungen  3 2124
- Rechtsnatur des Urlaubsanspruchs  3 2126 ff.
- Urlaubsentgelt  3 2413 ff.

**Urteil**
- Amtszustellung  15 587
- Festsetzung einer Entschädigung  15 568 ff.
- Inhalt  15 528
- Parteizustellung  15 587
- Rechtsmittelbelehrung  15 561 ff.
- Streitwertfestsetzung  15 534 ff.
- Urteilsarten  15 523 ff.
- Urteilsberichtigung  15 592
- Urteilsergänzung  15 598
- Verkündung  15 509
- Zulassung der Berufung  15 549
- Zulassung der Berufung, Zulassungsgründe  15 554
- Zustellung  15 582
- Zustellungsfrist  15 584

**Urteilsberichtigung**  15 592
**Urteilsergänzung**  15 598
**Urteilsverfahren**  15 1 ff.
- Arrest  16 70
- Einleitung  15 213
- einstweilige Verfügung  16 70
- Feststellungsklage  15 241 ff.
- Gestaltungsklage  15 274
- Leistungsklage  15 220
- Mahnverfahren  15 214
- örtliche Zuständigkeit  14 337 ff.
- Parteiberichtigung  15 49
- Parteien  15 3 ff.
- Parteifähigkeit  15 3 ff.
- Prozessvertretung  15 158 ff.
- Prozessvertretung vor dem BAG  15 174
- Prozessvertretung vor dem LAG  15 172
- Prozessvertretung, ausländische Rechtsanwälte  15 160
- Prozessvertretung, Unterbevollmächtigte  15 161
- Verhältnis zum Beschlussverfahren  15 1035
- Zustellungsfehler  15 58

**Urteilsverkündung**  15 509 ff.
- Festsetzung eines Verkündungstermins  15 514 ff.

## V

**Verbandstarifvertrag**  11 40
- Abschluss  11 53

**Verbandsvertreter**
- Prozessvertretung vor dem ArbG  15 178 ff.
- Prozessvertretung vor dem BAG  15 183
- Prozessvertretung vor dem LAG  15 181

**Verbesserungsvorschläge**  3 3268 ff.
- sachliche Zuständigkeit Urteilsverfahren  14 288

**Verbot mit Erlaubnisvorbehalt**  3 3093 ff.
- Ermächtigungsgrundlage  3 3094 f., 3096
- kollektivrechtliche Regelungen  3 3097 f.

**Verbotene Diskriminierungsmerkmale,** *s. a. AGG*
- Alter  3 4888
- Behinderung  3 4887
- Geschlecht  3 4885
- Rasse; ethnische Herkunft  3 4884
- Religion; Weltanschauung  3 4886
- sexuelle Identität  3 4889

**Verdachtskündigung**
- Anhörung des Arbeitnehmers  4 1450
- Anhörung des Betriebsrats  4 1521
- Ausschlussfrist gem § 626 Abs. 2 BGB  4 1502
- Begründung  4 1443
- Beurteilungszeitpunkt  4 1473 ff.
- dringender Tatverdacht  4 1478
- Fehlprognose  4 1538
- Interessenabwägung  4 1497
- Legitimation  4 1438
- Mitwirkungspflicht des Arbeitnehmers  4 1468
- ordentliche Kündigung  4 1531
- Strafverfahren  4 1502 ff.
- Verhältnis zur Tatkündigung  4 1510
- Voraussetzungen  4 1436 ff.
- Wiedereinstellungspflicht  4 1538

**Verdienstsicherungsklausel**  11 169
**Vereidigung**
- Sachverständige und Zeugen  15 472

**Verfahren nach § 23 Abs. 3 BetrVG**
- Amtsführung  13 2435
- Beteiligungs- und Mitbestimmungsrechte  13 2436
- einstweilige Verfügung  13 2457
- Erkenntnisverfahren  13 2439
- Gewerkschaftsrechte  13 2438
- Ordnungsgeld  13 2449
- Verletzung von Individualrechten  13 2437
- Vollstreckungsverfahren  13 2446
- Voraussetzungen  13 2429
- Wahl des Betriebsrats  13 2435
- Zusammenarbeit  13 2435
- Zwangsgeld  13 2454
- Zweck  13 2427

**Verfahren vor dem EuGH**  16 267 ff.
- Beschwerde bei der Kommission  16 309
- Bürgerbeauftragter des Europäischen Parlamentes  16 312
- Petition an Europäisches Parlament  16 311
- Vertragsverletzungsverfahren  16 307
- Vorabentscheidungsverfahren  16 274 ff.

**Verfahrensfehlerrevision**  15 861
**Verfahrensgrundsätze Urteilsverfahren**  15 184 ff.
**Verfallfristen,** *s. a. Ausschlussfrist*
- Urlaub  3 4754

**Vergleich**
- Ausgleichsklauseln  3 4851 ff.
- Beschlussverfahren  15 1117 ff.
- Beschwerdeverfahren  15 1182
- Form  15 336
- Gebühren  15 344

# Stichwortverzeichnis

- Güteverhandlung 15 335 ff.
- Inhalt 15 339
- Kosten 15 344
- Rechtsnatur 15 341
- Schiedsgerichtsverfahren 16 19
- Urlaub 3 2390

**Vergleichsverfahren**
- wirtschaftliche Angelegenheiten 13 2382

**Vergütung**, s. a. unter Arbeitsentgelt
- Änderung der Vergütungsordnung 2 499
- Anwesenheitsprämie 2 623 f.
- Bonusvereinbarungen 2 605
- ermessensabhängige Sondervergütung 2 607
- Gehaltsgleitklausel 2 599
- Gewinnbeteiligung 2 603
- Grundvergütung 2 595 ff.
- jährliche Festvergütung 2 597
- Mindestarbeitsentgelt 2 600
- monatliches Grundgehalt 2 596
- nur für geleistete Arbeit 1 710
- Sonderzahlungen 2 609 ff.
- übliche 2 495 ff.
- variable 2 602 ff.
- Wertsicherungsklauseln 2 598
- Zielvereinbarungen 2 625 ff.

**Vergütung des Rechtsanwalts in Arbeitssachen**
- angemessene Gebühr 17 14 ff.
- bei außergerichtlicher Tätigkeit 17 28 ff.
- bei gerichtlicher Tätigkeit 17 75 ff.
- bei mehreren Auftraggebern 17 10 ff.
- gebührenrechtlicher Begriff der Angelegenheit 17 22 ff.
- Schlichtungsverfahren 17 111
- Vergütung für Vertreter des Rechtsanwalts 17 9
- Verwaltungsverfahren 17 108
- zentrale Gebührentatbestände 17 3 ff.

**Vergütungsanspruch**
- Leistungsklage 15 224 ff.

**Vergütungsfortzahlung**
- Wahlvorstand 13 343

**Verhaltens- oder Leistungsdaten**
- soziale Mitbestimmung 13 1762 ff.

**Verhaltensbedingte Kündigung** 4 2178 ff.
- Abmahnung 4 2287 ff.
- Alkoholsucht 4 2275
- anderweitige Beschäftigungsmöglichkeit 4 2844
- Anhörung des Betriebsrats/Personalrats 4 1672
- Arbeitsunfähigkeit, Anzeigepflicht 4 2251
- Arbeitsverweigerung 4 2205
- außerdienstliches Verhalten 4 2271 ff., 3138
- Aushändigen von Arbeitspapieren 4 2226
- Beleidigung 4 2227
- Darlegungs- und Beweislast 4 2398
- Drogensucht 4 2275
- Fehlverhalten 4 2187 ff.
- Gewerkschaftswerbung 4 2269
- Interessenabwägung 4 2393 ff.
- Leistungsverweigerungsrecht 4 2210
- Lohnpfändung 4 2273
- Mehrarbeit 4 2219
- Minderleistungen 4 2192
- objektive Pflichtwidrigkeit 4 2190
- politische Betätigung im Betrieb 4 2272
- Schlecht- oder Minderleistung 4 2192
- schuldhaftes Fehlverhalten 4 2187 ff.
- Stasitätigkeit 4 2278
- Störung des Betriebsfriedens 4 2238 ff.
- unentschuldigtes Fehlen 4 2225
- Verstoß gegen die Ordnung des Betriebes 4 2247 ff.
- Verweigerung von Mehrarbeit 4 2219
- Voraussetzungen 4 2186 ff.
- Wettbewerbsverbot 4 2260

**Verhaltensrichtlinien** 1 589

**Verhältniswahl**
- Betriebsratswahl 13 413
- Ersatzmitglieder 13 561

**Verhandlung**, s. unter mündliche Verhandlung

**Verhandlungsgrundsatz** 15 186

**Verhandlungspflicht** 13 1246

**Verjährung**
- Arbeitsvertrag 3 4576
- Arrest 16 63
- betriebliche Altersversorgung 3 4584 ff.
- einstweilige Verfügung 16 63
- Kündigungsschutzklage 3 4587
- neues Recht 3 4576 ff.
- Provisionen 3 997
- prozessuale Fragen 3 4592
- Rechtsfolgen 3 4592
- tarifvertragliche Rechte 11 288
- Unterbrechung 3 4587
- Wettbewerbsverbot, nachträgliches 9 201

**Verkaufsfahrer** 3 693

**Verkehrsunfall**
- dienstlich genutzter Privat-Pkw 3 2887 ff.
- Entgeltfortzahlung 3 1854

**Verkündung**
- Berufungsurteil 15 771
- Beschluss im Beschlussverfahren 15 1140
- Urteil 15 509

**Verkündungstermin** 15 514

**Verletztenrente** 3 3797 ff.

**Vermittlungsgutschein** 1 945a

**Vermittlungsprovision** 3 979
- verhaltensbedingte Kündigung 4 2274

**Vermögensbeteiligung** 3 1209

**Vermögensgegenstände des Arbeitnehmers**
- Schutzpflicht des Arbeitgebers 3 2839 ff.

**Vermögensübertragung** 3 4045

**Vermögenswirksame Leistungen**
- Lohnpfändungsschutz 3 1377

**Verpflegung** 3 2811

**Verpflegungszuschuss** 3 62

3192

# Stichwortverzeichnis

Verrechnungsklauseln
- Tarifvertrag 11 168

Versammlung der leitenden Angestellten 13 1114

Versäumnisurteil
- Gerichtsgebühren 15 643
- Gütetermin 15 358
- Kammertermin 15 506
- Prozessfähigkeit 15 75
- Revisionsverfahren 15 991

Verschmelzung 1 198

Verschmelzung von Rechtsträgern 3 4040

Verschulden
- Krankheitsfall 3 1833 ff.

Verschwiegenheitspflicht 1 711; 3 450 ff.
- Betriebsratsmitglieder 13 857
- nachvertragliche 2 660 f.; 3 465
- Öffnungsklausel 2 661
- Rechtsfolgen des Verstoßes gegen 3 469
- während des Arbeitsverhältnisses 2 655 ff.

Versetzung 4 2930; 13 2052 ff.
- Änderung des Arbeitsbereichs 13 2055 ff.
- Änderungskündigung 4 2930
- Anwendungsbereich 13 2052
- Arbeitnehmer 3 17
- Auswahlrichtlinie, Verstoß 13 2110
- Auswahlrichtlinie, § 95 BetrVG 13 1964
- Betriebsrat, Mitwirkung 13 2052
- Betriebsratsentscheidung 13 2129
- Betriebsratsmitglied 4 1104; 13 821 ff.
- Dauer 13 2070 ff.
- individualrechtliche Wirkung fehlender Zustimmung 13 2151
- Mitteilungspflicht des Arbeitgebers 13 2083
- Mitteilungszeitpunkt 13 2098
- Nachteil für andere Arbeitnehmer 13 2112
- Nachteil für den betroffenen Arbeitnehmer 13 2122
- öffentlicher Dienst, § 12 BAT 3 17
- Rechtsverstoß 13 2102
- Stellenausschreibung 13 2157
- Störung des Betriebsfriedens 13 2127
- Verschwiegenheitspflicht Betriebsrat 13 2097
- vorläufige personelle Maßnahme 13 2147
- Zurückbehaltungsrecht des Arbeitnehmers 3 331
- Zustimmungsersetzungsverfahren 13 2138
- Zustimmungsverweigerungsgründe 13 2101

Versetzungs- und Änderungsvorbehalte
- im Arbeitsvertrag 2 533 ff.

Versetzungsklausel
- unternehmensweite 2 556

Versetzungsschutz
- Betriebsratsmitglieder 13 821 ff.

Versetzungsvorbehalt
- Inhalt der Tätigkeit 2 540 f.
- Konkretisierung der Arbeitspflicht 2 547
- Ort der Tätigkeit 2 542 ff.

Versicherungsfall
- auf versichertem Weg 3 717 ff.
- Voraussetzungen 3 730 ff.

Versicherungstarife
- gezillmerte 3 3455

Versorgungsansprüche
- Über-Kreuz-Ablösung 3 3600

Versorgungsanwartschaften 3 3635 ff.; 6 371 ff.
- Abfindungsverbot 3 3757
- Ausscheiden 3 3677
- Bedingungen 3 3650
- Berechnung bei unmittelbarer Versorgungszusage 3 3708
- Berechnung der Zusagedauer 3 3652
- Betriebszugehörigkeit 3 3664
- Direktversicherung 3 3689, 3735 ff.
- Höhe 3 3704 ff.
- Inhaltsänderungen 3 3662
- Insolvenz 3 3947, 3972 ff.
- Pensionskasse 3 3699
- Pflichten des Arbeitgebers 3 3693
- Übertragung 3 3769
- Unterstützungskasse 3 3701
- Unverfallbarkeit 3 3635 ff.
- Unverfallbarkeitsfrist 3 3645
- Verfügungsbeschränkung 3 3745
- Vordienstzeiten 3 3668 ff.
- Wartezeiten 3 3680
- zwingendes Recht 3 3644

Versorgungskassen 3 3375

Versorgungszusagen, unmittelbare 3 3394 ff.
- Berechnung 3 3397

Verspätetes Parteivorbringen
- Berufungsverhandlung 15 741 ff.
- in erster Instanz 15 745 ff.
- in zweiter Instanz 15 748 ff.
- Verzögerung 15 390 ff.
- Zurückweisung 15 391 ff., 454 ff.
- Zurückweisung im Berufungsverfahren 15 747
- Zurückweisung, Entscheidung über 15 398

Vertagung 15 508

Vertragsabreden
- individuelle 2 520

Vertragsanbahnung
- Auskunftspflicht des Arbeitnehmers 2 275 ff.
- Background Checks 2 409 ff.
- Begründung eines vorvertraglichen Schuldverhältnisses 2 253 ff.
- Bewerbungsunterlagen 2 403 ff.
- Einstellungsuntersuchung 2 281 ff., 388 ff.
- Fragerecht des Arbeitgebers 2 275 ff.
- Informationen durch früheren Arbeitgeber 2 392 ff.
- Informationen im Internet 2 413
- Pflichten bei 2 248 ff.
- Stellenausschreibung 2 248 ff.
- Umfang des Schadenersatzanspruchs 2 271 ff.
- Vorstellungskosten 2 416 ff.

3193

# Stichwortverzeichnis

Vertragsbruch 3 594
- Arbeitszeugnis 9 38
- Vertragsstrafe 3 588

Vertragsgestaltung 1 128

Vertragsstrafe 1 711a
- auslösende Pflichtverletzungen 2 720 f.
- Festsetzung 3 597 ff.
- Höhe der - 2 722 ff.; 3 597 ff.
- Vertragsbruch 3 588

Vertragsstrafenabrede 2 715 ff.
- blue-pencil-test 2 727, s. a. dort
- Geltendmachung weiterer Schäden 2 725
- inhaltliche Anforderungen 2 719 ff.
- Musterklausel 2 726
- Rechtsfolgen der Unwirksamkeit 2 727
- Zulässigkeit in Arbeitsverträgen 2 715 ff.

Vertragsverletzungsverfahren 16 307

Vertrauensarzt 3 2006

Vertrauenskapital 4 2384

Vertrauensschutz
- betriebliche Altersversorgung 3 3371

Vertrauensvolle Zusammenarbeit
- Anwendungsbeispiele 13 1243 f.
- Inhalt 13 1239 ff.

Verwaltung, s. a. arbeitsrechtliche Verwaltung
- Beteiligung von Gewerkschaften und Arbeitgeberverbänden 14 33
- Zuständigkeiten 14 25

Verweisung
- hinweisende 11 208
- inkorporierende 11 208

Verweisungsbeschluss
- Rechtswegzuständigkeit 14 217 ff.

Verweisungsklausel
- auf Betriebsvereinbarungen 2 745 ff.
- auf einseitige Regelungswerke des Arbeitgebers 2 740 ff.
- Bezugnahme auf Tarifverträge 2 748 ff.
- dynamische 11 208 f.
- statische 11 208

Verwirkung
- Begriff, Einzelfragen 3 4597 ff.
- Betriebsvereinbarung 13 1515
- Klagerecht 4 1024
- kollektivvertragliche Rechte 3 4613

Verzicht
- Betriebsvereinbarung 13 1515
- Gütetermin 15 353

Verzichtsurteil 15 506

Verzug, s. unter Unmöglichkeit

Videoüberwachung 3 2925, 2942, 3012, 3137
- Kosten 3 668

Völkerrecht, s. unter Arbeitsvölkerrecht

Volkshochschuldozenten 1 65

Vollkaskoversicherung 3 2890

Vollrente 3 3837

Vollstreckbarkeit
- arbeitsgerichtliche Urteile 15 601 ff.
- Berufungsurteile 15 809

Vollstreckungsabwehrklage
- Einstellung nach § 769 ZPO 15 615
- sachliche Zuständigkeit 15 636, s. a. unter vorläufige Vollstreckbarkeit

Vollstreckungsgericht
- Amtsgericht 15 620
- Arbeitsgericht 15 623

Vollstreckungshindernis
- Lohnpfändung 3 1282 ff.

Vollstreckungsklausel 15 615

Vollstreckungsorgan
- Amtsgericht 15 620
- Arbeitsgericht 15 623
- Gerichtsvollzieher 15 618

Vollstreckungsverfahren 15 617
- Rechtsbehelf 15 636
- Vollstreckung auf Duldung oder Unterlassung 15 633
- Vollstreckung durch Amtsgericht 15 620
- Vollstreckung durch das Arbeitsgericht 15 623
- Vollstreckung durch Gerichtsvollzieher 15 618
- Vollstreckung unvertretbarer Handlungen 15 627

Vollversammlung 13 914

Volontäre
- Begriff 3 4560
- Weiterbeschäftigungsanspruch 2 96

Vorabentscheidungsverfahren 14 208 ff.; 16 274 ff.
- Vorlagebeschluss, s. dort

Vorgabezeit 3 951 ff.
- Mitbestimmung d. Betriebsrats 13 1858

Vorläufige personelle Maßnahme 13 2147 ff.
- Antrag des Arbeitgebers 13 2164 ff.
- Anwendungsbereich 13 2147 ff.
- arbeitsgerichtliches Verfahren 13 2164 ff.
- Aufhebungsanspruch des Betriebsrats 13 2177 ff.
- Ein- und Umgruppierung 13 2182 ff.
- einstweilige Verfügung 16 198
- Entscheidung des Arbeitsgerichts 13 2170
- Informationspflicht 13 2153 ff.
- Reaktion des Betriebsrats 13 2161 ff.
- Rechtsfolgen der Entscheidung 13 2175 f.
- sonstiger Rechtsschutz des Betriebsrats 13 2186 ff.
- Verfahren 13 2153 ff.
- Voraussetzungen 13 2151 f.
- Zwangsgeld 13 2177 ff.
- Zweck 13 2147 ff.

Vorläufige Vollstreckbarkeit 15 601 ff.
- Aufhebung des Urteils 15 605
- Ausschluss 15 606
- Berufungsurteil 15 809
- von Gesetzes wegen 15 601

Vornahme einer Handlung 15 568, s. a. unter Entschädigung, § 61 Abs. 2 ArbGG

Vorpfändung 3 1296 ff.

Vorratsabmahnung 4 2351

Vorruhestandsleistungen
- Ausschlussfristen 3 4730

# Stichwortverzeichnis

**Vorschaltverfahren**
– Ausschüsse in Berufsausbildungsangelegenheiten 16 30 ff.

**Vorschlagsrecht**
– des Arbeitnehmers 13 1235
– Gegenstand der Mitbestimmung 13 1236, 1860 ff.

**Vorschlagswesen, betriebliches** 13 1860 ff.
– Abgrenzung zu Arbeitnehmererfindungen 13 1862
– Arbeitsverhältnis 13 1870
– Begriff 13 1862
– Form der Mitbestimmung 13 1870
– Gegenstand der Mitbestimmung 13 1868
– Zweck des Mitbestimmungsrechts 13 1860

**Vorsitzender Richter**
– Alleinentscheidungsrecht 14 107
– funktionelle Zuständigkeit 14 105
– materiellrechtliche Entscheidungen 14 106

**Vorsorgeuntersuchungen** 3 2816
**Vorstellungskosten** 2 416 ff.
**Vorstrafen** 2 350 ff.
**Vorteilsausgleichung**
– Haftung des Arbeitnehmers 3 632

**Vorvertragliches Schuldverhältnis**
– Grundlagen 2 253 ff.
– Pflichten aus culpa in contrahendo 2 256 ff.

# W

**Wahl,** *s. unter Betriebsratswahl*
**Wahl der Arbeitnehmervertreter**
– Anfechtung 12 65 f.
– Delegiertenwahl 12 60
– Kostentragung 12 63
– Kündigungsschutz 12 62
– Nichtigkeit 12 64
– Organisation 12 54 f.
– unmittelbare 12 58 f.
– Verbot der Wahlbehinderung 12 61
– vorgezogenes Verfahren 12 67 f.
– Wahlberechtigung 12 56 f.
– Wahlordnungen 12 53

**Wahlanfechtung** 13 455 ff.
– Abweisung des Antrags 13 487
– Amtszeit des Betriebsrats 13 511
– Anfechtungsberechtigung 13 474
– Antrag 13 481
– außerordentliche Betriebsratswahl nach erfolgreicher – 13 303
– Begründung 13 481
– Berichtigung von Verstößen 13 466
– Beteiligungsberechtigung 13 485
– Entscheidung des Arbeitsgerichts 13 487
– erfolgreiche Anfechtung 13 488
– Frist 13 478
– Kausalität des Wahlfehlers 13 469
– Mängel der Betriebsratswahl 13 454
– Rechtsschutzinteresse 13 486
– Stimmabgabe, fehlerhafte 13 464
– Verfahren 13 481

– Wahlausschreiben, fehlerhaftes 13 462
– Wahlergebnis, fehlerhafte Feststellung 13 465
– Wählerliste, Mängel 13 462
– Wahlvorschläge, Mängel 13 463
– Wahlvorschrift, Verstoß 13 456 ff.

**Wahlausschreiben** 13 365 ff.
– notwendiger Inhalt 13 367
– Wahlanfechtung 13 462

**Wählbarkeit, § 8 BetrVG** 13 213 ff.
– Anrechnungszeiten 13 227
– Betriebsneugründungen 13 231
– Betriebszugehörigkeit 13 201 ff.
– Eignungsübungen 13 226
– Nichtbeschäftigung 13 221 ff.
– Streitigkeiten 13 233
– Unterbrechung 13 222
– Verlust der – 13 544
– Wahlberechtigung 13 214
– Wehr-, Zivildienst 13 226

**Wahlbeeinflussung**
– Verbot 13 435 ff.

**Wahlberechtigung** 13 178 ff.
– Arbeitnehmerüberlassung 13 192, 198
– Arbeitsbefreiung 13 182
– Arbeitsverhältnis 13 182 ff.
– Ausbildung in mehreren Betrieben 13 199
– Außendienstmitarbeiter 13 190
– Betriebszugehörigkeit 13 181
– drittbezogener Personaleinsatz 13 191
– Eigengruppe 13 198
– Eingliederung in Betriebsorganisation 13 187 ff.
– Entsendung ins Ausland 13 188
– Fremdfirmenmitarbeiter 13 195 f.
– Heimarbeiter 13 200
– Kündigung 13 184
– mittelbares Arbeitsverhältnis 13 197 f.
– Streitigkeiten 13 209 ff.
– Suspendierung 13 182
– Telearbeit 13 201
– Unternehmerarbeitnehmer 13 195, 198
– Wahlalter 13 180
– Wählbarkeitsvoraussetzung 13 214
– Zeitpunkt 13 179

**Wahlbewerber**
– besonderer Kündigungsschutz 4 512

**Wählerliste**
– Betriebsratswahl 13 369
– Wahlanfechtung 13 462

**Wahlgrundsätze**
– Betriebsratswahl 13 408 ff.

**Wahlkosten**
– Betriebsratswahl 13 442 ff.

**Wahlniederschrift**
– Betriebsratswahl 13 399

**Wahlrecht**
– aktives und passives 13 307

**Wahlschutz**
– Betriebsratswahl 13 428 ff.

# Stichwortverzeichnis

**Wahlverfahren** 13 308 ff.
- reguläres 13 312 ff., s. a. unter Wahlvorstand
- vereinfachtes 13 418 ff.

**Wahlvorschläge**
- Bekanntmachung 13 396
- Prüfung 13 386 ff.
- Vorschlagsberechtigung 13 389
- Wahlanfechtung 13 455 ff.

**Wahlvorstand**
- Amtsbeginn 13 350
- Amtsniederlegung 4 519
- Aufwendungen 13 349
- Aussetzung der Wahl 13 358
- Beschlussverfahren 13 351
- besonderer Kündigungsschutz 4 512; 13 345
- Bestellung bei Bestehen eines Betriebsrats 13 312
- Bestellung bei betriebsratslosen Betrieben 13 320
- Bestellung bei Betriebsratswahl 13 312 ff.
- Bestellung durch das Arbeitsgericht 13 329 ff.
- Beteiligter im Beschlussverfahren 15 1109
- Ehrenamt 13 343
- Einleitung der Wahl 13 364 ff.
- einstweilige Verfügung 13 356
- Ende des Amtes 13 350
- Entscheidungen, Rechtsschutz gegen 13 351 ff.
- Ergebnis, Bekanntgabe 13 399 ff.
- Ersetzung durch Arbeitsgericht 13 365
- gerichtliche Einsetzung nach Betriebsratsauflösung 13 2498
- Gewerkschaftsbeauftragter als Mitglied 4 525
- Kündigung 4 512
- Kündigungsschutz 13 344
- Leistungsverfügung, berichtigender Eingriff 13 360
- Nachwirkungszeitraum 4 528
- Nichtigkeit der Wahl 4 527
- Rechtsschutz gegen Entscheidungen 13 351
- Rechtsstellung 13 343 ff.
- Schulungsveranstaltungen 13 346
- Stimmauszählung 13 399
- Vergütungsfortzahlung 13 343
- Wahlausschreiben 13 365 ff.
- Wahlbewerber 4 512
- Wählerliste 13 389
- Wahlgang, Vorbereitung 13 397
- Wahlkosten 13 442
- Wahlvorschläge, Prüfung 13 386 ff.

**Warnstreik** 10 34
- Auszubildende 10 50
- einstweilige Verfügung 16 163

**Wartezeit**
- Urlaubsgewährung 3 2240 ff.

**Wartezeit, § 1 Abs. 1 KSchG**
- Berechnung 4 1883
- Darlegungs- und Beweislast 4 1896
- Kündigung unmittelbar vor Ablauf 4 1822
- tarifliche Normen 4 1893
- Unterbrechungen 4 1883

- Zweck 4 1881

**Wegeunfähigkeit** 3 1804

**Wegezeiten** 3 57 ff.
- Auslösung 3 62
- Fahrtkostenabgeltung 3 62
- Reisegeld 3 62
- Reisezeitvergütung 3 62
- Verpflegungszuschuss 3 62

**Wegfall der Geschäftsgrundlage**
- Beendigung der Betriebsvereinbarung 13 1531
- Beendigung des Arbeitsverhältnisses 4 3

**Wehr- und Zivildienstleistende**
- gesetzliche Beurlaubung 3 1708
- Kündigungsschutz 4 794 ff.
- Ruhen des Arbeitsverhältnisses 3 1708
- Urlaubsanspruch 3 2527 ff.
- Wählbarkeit, § 8 BetrVG 13 226

**Wehrdienst** 3 1708 ff.
- ausländische Arbeitnehmer 3 1713
- deutsche Arbeitnehmer 3 1708
- von Nicht-EU-Ausländern 4 2163, 2258

**Wehrübungen**, s. a. Wehr- und Zivildienstleistende
- gesetzliche Beurlaubung 3 1708
- Urlaubsanspruch 3 2535

**Weihnachtsgeld** 1 712
- Elternzeit 3 1147

**Weihnachtsgratifikation**
- Lohnpfändungsschutz 3 1378

**Weihnachtsvergütung**
- Lohnpfändungsschutz 3 1378

**Weisungsrecht**, s. Direktionsrecht

**Weiterbeschäftigung** 4 3275 ff.
- Arbeitszeugnis 9 15 f.
- Aussetzung des Verfahrens bei Klage auf 15 423 f.
- einstweilige Verfügung 16 99 ff.
- Entschädigung, § 61 Abs. 2 ArbGG 15 578
- Leistungsklage 15 235 f.
- Streitwert 15 548
- Unzumutbarkeit 2 121 ff.
- Zurückbehaltungsrecht 3 335

**Weiterbeschäftigungsanspruch** 2 90
- Auszubildende 2 91 ff., 107 ff.
- Begründung eines Arbeitsverhältnisses 2 107 ff.
- Ersatzmitglieder des BR 2 99
- Ersatzmitglieder des Personalrats 2 102
- geschützter Personenkreis 2 95 ff.
- Mitglieder der Betriebsverfassungsorgane 2 91 ff.
- Verfahrensfragen 2 119 f.
- Zweck 2 91 ff.

**Weiterbeschäftigungsanspruch, allgemein** 4 3331 ff.
- Änderungsschutzklage 4 3360
- Anspruchsvoraussetzungen 4 3338 ff.
- Arbeitgeberinteresse 4 3343
- Auflösungsantrag 4 3365, 3372
- Bedingung 4 3360
- Befristung 4 3360
- einstweilige Verfügung 4 3349 ff.; 16 99

# Stichwortverzeichnis

- Entbindung des Arbeitgebers 16 160
- Entbindung durch einstweilige Verfügung 16 108 ff.
- faktisches Arbeitsverhältnis 4 3386
- freiwillige Weiterbeschäftigung 4 3373 ff.
- Interessenabwägung 4 3341
- Interessenlage 4 3338
- Leistungsklage 15 235
- nach Kündigung 4 3275, 3331 ff.
- Obsiegen in erster Instanz 4 3344 f.
- offensichtlich unwirksame Kündigung 4 3342, 3367
- prozessuale Geltendmachung 4 3349 ff.
- Rechtsauffassung des BAG 4 3331 ff.
- Rückabwicklung 4 3379 f., 3386 ff.
- Verhältnis zum betriebsverfassungsrechtlichen – 4 3316 ff.
- Weiterbeschäftigung wegen Zwangsvollstreckung 4 3382 ff.
- weitere Kündigungen 4 3365

**Weiterbeschäftigungsanspruch, §§ 78a BetrVG, 9 BPersVG**
- einstweilige Verfügung 16 121 f.
- Entbindung des Arbeitgebers 16 161
- Jugend- und Auszubildendenvertreter 16 123 f.
- Leistungsklage 15 235

**Weiterbeschäftigungsanspruch, §§ 102 Abs. 5 BetrVG, 79 Abs. 2 BPersVG**
- allgemeiner 4 3316 ff.
- Annahmeverzug, Verhältnis zu § 615 BGB 4 3279 f.
- Arbeitgeberkündigung, ordentliche 4 3284 ff.
- besonderer Kündigungsschutz 4 3313
- Dauer der Betriebszugehörigkeit, Anrechnung 4 3311
- einstweilige Verfügung 16 106, 156 ff.
- Entbindung des Arbeitgebers 4 3319 ff.
- Entbindung durch einstweilige Verfügung 4 3318
- fehlende Erfolgsaussicht 4 3321
- Fortsetzung des Arbeitsverhältnisses 4 3306
- Inhalt des Anspruchs 4 3306 ff.
- KSchG, Anwendbarkeit 4 3296
- Kündigungsschutzklage, rechtzeitige Erhebung 4 3297 ff.
- Leistungsklage 15 235
- prozessuale Fragen 4 3316 ff.
- unveränderte Arbeitsbedingungen 4 3308 f.
- Vergütung bis zur Entbindung 4 3329
- Verlangen nach Weiterbeschäftigung 4 3302 f.
- Voraussetzungen 4 3283 ff.
- Wahlrecht 4 3315
- Widerspruch des Betriebsrats, ordnungsgemäßer 4 3293 f.
- Widerspruch des Betriebsrats, unbegründeter 4 3326 ff.
- wirtschaftliche Belastung des Arbeitgebers 4 3322 ff.
- Zweck 4 3277

- zwingende Regelung 4 3278

**Weiterbildung**
- berufliche und politische 3 2647 ff.
- berufliche, Begriff 3 2651 ff.
- Darlegungs- und Beweislast 3 2682
- einstweilige Verfügung 3 2673
- Entgeltfortzahlung 3 2667
- Klageverfahren 3 2677
- politische, Begriff 3 2658
- Überprüfungsbefugnis des Arbeitsgerichts 3 2686, s. a. unter Bildungsurlaub

**Werkdienstwohnung**
- keine soziale Mitbestimmung 13 1803 f.

**Werkmietwohnungen** 13 1801 ff.
- Begriff 13 1803
- Kündigung 13 1812
- mitbestimmungsfreie Entscheidung 13 1806
- mitbestimmungspflichtige Entscheidung 13 1808 ff.
- Nutzungsbedingungen 13 1808
- Zuweisung 13 1810
- Zweck 13 1801

**Werksarzt**, s. a. Betriebsarzt
- Entbindung von Schweigepflicht 13 1945

**Wertguthabenvereinbarung** 3 304a

**Wettbewerbstätigkeit**
- außerordentliche Kündigung 4 1287

**Wettbewerbsunterlassung**
- Streitwert 15 548

**Wettbewerbsverbot** 3 361 ff.
- Antrag auf Unterlassung 16 153
- Aufrechterhaltung des vertraglichen – 6 454
- außerordentliche Kündigung 4 1287
- Betrieb eines Handelsgewerbes 3 374 ff.
- Betriebsübergang 3 4253
- einstweilige Verfügung 16 141 ff.
- Eintrittsrecht 3 402 ff.
- Einwilligung des Arbeitgebers 3 388 ff.
- freie Mitarbeiter 3 394
- Gegenstand 3 374 ff.
- Gehaltskürzung 3 412
- gerichtliche Geltendmachung 3 415
- Grundlagen 3 361
- Karenzentschädigung 3 370
- Konkurrenztätigkeit während laufenden Kündigungsschutzprozesses 6 455
- Kündigung 3 410
- Kündigungsschutzverfahren 16 147
- nachvertragliches 2 664 ff.; 3 391 f., s. a. dort
- Nebenpflicht nach Kündigung 4 2260 ff.
- persönlicher Geltungsbereich 3 361
- Rechtsfolgen des Verstoßes 3 396 ff.
- Schadensersatzanspruch 3 398 ff.
- Unterlassungsansprüche 3 410
- Verjährung 3 406 ff.
- vertragliches 2 662 f.
- Vorbereitungshandlungen 3 374 ff., 380 ff.
- Wettbewerbshandlungen 3 380 ff.

3197

# Stichwortverzeichnis

- zeitlicher Geltungsbereich 3 365
- »Aufbauhilfe« 3 387

**Wettbewerbsverbot, nachvertragliches**
- Aufhebungsvertrag 9 189
- bedingtes 9 173 ff.
- berechtigtes geschäftliches Interesse 9 148
- Betriebsgeheimnisse 9 134
- Betriebsstilllegung 9 191
- Betriebsübergang 3 4253 ff.
- Dauer 9 153
- einvernehmliche Aufhebung 9 182
- Fortkommen des Arbeitnehmers 9 149 f.
- freie Mitarbeiter 9 128
- Grundlagen 9 127 ff.
- Inhalt 9 135
- inhaltliche Voraussetzungen 9 148
- Insolvenz 9 191
- Karenzentschädigung 9 154 ff.
- Karenzentschädigung, Höhe 9 160 ff.
- Kündigung 9 185
- Mandantenschutzklausel 9 138
- Nichtaufnahme der Tätigkeit 9 183
- normative Regelungen 9 127
- Ruhestand 9 133
- Schriftform 9 141
- Unwirksamkeit 9 193
- Vereinbarungszeitpunkt 9 131
- Verjährung 9 201
- Verstoß 9 197
- Verzicht des Arbeitgebers 9 180
- Voraussetzungen 9 141 ff.
- Wegfall der Verpflichtungen 9 180 ff.

**Whistle-blow-Klauseln** 1 545

**Wichtiger Grund**
- außerdienstliches Verhalten 4 1365
- außerordentliche Kündigung 4 1104 ff.
- Ausschluss der ordentlichen Kündigung 4 1119 ff.
- Begriff 4 1104
- betriebliche Gründe 4 1141
- Darlegungs- und Beweislast 4 1408
- objektive Belastung des Arbeitsverhältnisses 4 1106
- objektive Unzumutbarkeit der Fortsetzung 4 1109
- personenbedingte Gründe 4 1354 ff.
- Prognoseprinzip 4 1111
- Prüfungsmaßstab 4 1117 ff.
- Überprüfung, zweistufige 4 1115
- Verhalten des Arbeitnehmers 4 1157 ff.
- Zukunftsbezogenheit 4 1111

**Widerrufsrecht**
- tarifliches 6 370

**Widerrufsvorbehalt** 1 713
- Änderungskündigung 4 2951
- Begriff 4 2951
- freiwillige Leistungen 3 768
- nach freiem Ermessen 3 766 ff.
- Zulässigkeit 4 2953

**Widerspruch des Betriebsrats gegen Kündigung** 4 1707 ff.
- allgemeine Voraussetzungen 4 1709
- Auswahlrichtlinie 4 1721
- Fortbildungsmaßnahme 4 2863
- Interessenabwägung 4 1985 f.
- Sozialauswahl 4 1718
- Tendenzunternehmen 4 1715
- Umschulungsmaßnahme 4 1729 ff.
- Unterrichtung des Arbeitnehmers 4 1738
- Vertragsänderung 4 1737
- Weiterbeschäftigung 4 1723
- Widerspruchstatbestände 4 1718 ff.

**Widerspruchsfrist**
- Mahnverfahren 15 215

**Widerspruchsrecht**
- bei Übergang des Arbeitsverhältnisses 3 4046 ff.

**Wiederaufnahme des Verfahrens** 15 1017

**Wiedereingliederungsverhältnis** 3 1038

**Wiedereinstellung**
- Wiedereinstellungsklauseln 2 238 ff.

**Wiedereinstellungsanspruch** 1 713a
- Arbeitnehmer 15 47
- Betriebsübergang 4 931
- Kündigung 4 2021, 3331
- Verzicht 6 278 ff.

**Wiedereinstellungsklauseln** 2 238 ff.
- in Betriebsvereinbarung 2 245

**Wiedereinstellungspflicht**
- betriebsbedingte Kündigung 4 2705 ff.
- nach Kündigung 2 193 ff.
- nach lösender Aussperrung 2 193 ff.
- Verdachtskündigung 4 1538

**Wiedereröffnung**
- mündliche Verhandlung 15 502 ff.

**Wiederholungskündigung** 4 1395

**Wirtschaftliche Abhängigkeit** 1 70

**Wirtschaftliche Angelegenheiten** 13 2196 ff.
- Änderung der Betriebsorganisation 13 1070, 2238 ff.
- betrieblicher Umweltschutz 13 1066
- Betriebsänderung 13 2211 ff.
- Betriebseinschränkung 13 2219
- Betriebsstilllegung 13 2228
- Einführung neuer Arbeitsmethoden 13 2246
- Einschränkung und Stilllegung 13 1067
- Produktions- und Absatzlage 13 1060
- Rationalisierungsvorhaben 13 1064
- Verlegung des Betriebes 13 1069, 2232
- wirtschaftliche Lage des Unternehmens 13 1059
- Zusammenschluss mit anderen Betrieben 13 2234

**Wirtschaftsausschuss**
- Amtszeit 13 1042
- Aufgaben 13 1054
- Beratung und Unterrichtung des Betriebsrats 13 1054 ff.
- Beschäftigtenzahl 13 1036 f.
- Beteiligter im Beschlussverfahren 15 1109

## Stichwortverzeichnis

- Betriebs- oder Geschäftsgeheimnisse 13 1075, 1082
- Betriebseinschränkung 13 1067
- Betriebsorganisation 13 1070
- Betriebszweck 13 1070
- Bildung 13 1034 ff.
- Bildungspflicht 13 1034
- Durchsetzung des Informationsanspruchs 13 1093 ff.
- Einigungsstelle 13 1093
- Einsichtsanspruch 13 1093 ff.
- Errichtung 13 1038
- Fabrikations- und Arbeitsmethoden 13 1065
- Funktion 13 1032
- Generalklausel 13 1074
- Informationsanspruch 13 1093 ff.
- Jahresabschluss 13 1086
- Mitglieder, persönliche Qualifikation 13 1041
- Mitglieder, Rechtsstellung 13 1044
- Mitgliederzahl 13 1040
- neue Arbeitsmethoden 13 1065
- Personalplanung 13 1085
- Produktions- und Absatzlage 13 1060
- Produktions- und Investitionsprogramm 13 1063
- Rationalisierungsvorhaben 13 1064
- Sitzungen 13 1047
- Sitzungsturnus 13 1047
- Spaltung von Betrieben 13 1069
- Stilllegung 13 1067
- Teilnahmeberechtigte 13 1049
- Teilnahmepflicht des Unternehmers 13 1049
- Unternehmen mit Auslandssitz 13 1035
- Unterrichtung bei Umwandlung 3 4070 ff.
- Unterrichtungspflicht des Unternehmers 13 1075 ff.
- Verlegung von Betrieben 13 1068
- Vorlage erforderlicher Unterlagen 13 1078 f.
- wirtschaftliche Angelegenheiten 13 1057 ff.
- wirtschaftliche und finanzielle Lage 13 1059
- Zeitpunkt der Vorlage 13 1080 f.
- Zusammenschluss von Betrieben 13 1069
- Zusammensetzung 13 1034 ff.

**Wirtschaftsrisiko** 3 1651 ff.
- Begriff 3 1651 f.
- besonderes Kündigungsrecht 3 1653 f.

**WisszeitVG** 5 176 ff.

**Wucher** 2 847 ff.

## X
**XING** 2 287

## Z
**Zahlungsrechtsstreit** 1 230
**Zeitakkord** 3 949
**Zeugen**
- Anordnung der Ladung 15 403
- Kostenvorschuss 15 469
- Nichterscheinen 15 410
- Vereidigung 15 472
- vorsorgliche Ladung 15 403 ff.

**Zeugnis** 6 193 ff., s. a. unter Arbeitszeugnis
- Anspruch auf Erteilung eines - 2 426

**Zeugnisklarheit** 9 19
**Zeugnissprache** 9 75 ff.
**Zeugniswahrheit** 9 19
**Zielvereinbarung** 2 625 ff.; 3 876, 1012 ff.
- Beispiel 2 627
- Beweislast für Zielerreichung 3 1019
- Leistungsstörungen 3 1020 ff.
- Mitbestimmung des Betriebsrats 3 1027
- rechtliche Grenzen 3 1014
- unterbliebene Zielfestlegung 3 1026
- vertragliche Gestaltung 3 1015 ff.
- Vorauszahlung 3 1025

**Zillmerung**
- von Lebensversicherungsverträgen 3 3456

**Zinsen** 3 787 ff.
- Insolvenz 3 1455

**Zivildienst** 3 1708 ff., s. a. Wehr- und Zivildienstleistende
- ausländische Arbeitnehmer 3 1713
- deutsche Arbeitnehmer 3 1708
- gesetzliche Beurlaubung 3 1708
- Kündigungsschutz 4 794
- Urlaubsanspruch 3 2527 ff.
- Wählbarkeit, § 8 BetrVG 13 226

**Zivildienstleistende** 1 204
**Zugang**
- Abmahnung 4 2341 ff.
- Abwesende 4 90
- Boten 4 125
- Einschreiben 4 111 ff., 120
- Empfangsbote 4 100
- Gerichtsvollzieher 4 124
- längere Abwesenheit des Arbeitnehmers 4 108
- Nachweispflicht 4 91
- Zeitpunkt 4 95 ff.

**Zulage**
- unter dem Vorbehalt der Anrechnung 1 714

**Zulagen und Zuschläge** 3 972 ff.
- Begriffe 3 972
- Erschwerniszulagen 3 977
- Formen 3 977
- Funktionszulagen 3 977
- Mehrarbeitsvergütung 3 977
- Sozialzulagen 3 977
- Überstundenvergütung 3 977
- Zuschläge für ungünstige Arbeitszeit 3 977
- Zweck 3 976

**Zulässigkeit**
- Berufung 15 664 ff.
- Beschwerde im Beschwerdeverfahren 15 1166 ff.

**Zulassung der Berufung** 15 549 ff., s. a. unter Berufung
- Allgemeines 15 549 ff.

# Stichwortverzeichnis

- Bindungswirkung 15 559 f.
- Zulassungsgründe 15 554 ff.

**Zulassung der Revision**
- beschränkte Zulassung 15 806 f.
- durch das ArbG 15 873 ff.
- durch das BAG aufgrund einer Nichtzulassungsbeschwerde 15 828 ff.
- Form 15 788 ff.
- im Berufungsurteil 15 787
- Sprungrevision 15 873, *s. a. dort*
- Zulassungsgründe 15 792 ff.

**Zulassungsrevision** 15 787

**Zuordnungsverfahren**
- Betrieb, § 18 Abs. § BetrVG 13 158 ff.
- Folgen fehlerhafter Zuordnung 13 165 ff.
- leitende Angestellte 13 86 ff.

**Zurechnung von Arbeitnehmern**
- bei der Kapitalgesellschaft 27 ff.
- bei der Teil-Konzernspitze 12 49 f.
- Doppel- und mehrstöckige KG 12 31
- einfache Kapitalgesellschaft 33 f.
- im Konzern 12 35 ff.
- Rechtsfolgen 12 32
- Sonderfälle 12 43 ff.
- zur Konzernspitze 12 37 ff.

**Zurückbehaltungsrecht** 9 125a
- Ausübung im Arbeitskampf 10 89 ff.
- des Arbeitnehmers 6 427

**Zurückbehaltungsrecht des Arbeitgebers**
- bei Unmöglichkeit und Verzug 3 578

**Zurückbehaltungsrecht des Arbeitnehmers** 3 323 ff.
- Durchsetzung betriebsverfassungsrechtlicher Arbeitgeberpflichten 3 336
- fälliger Lohnanspruch 3 333
- Gegenseitigkeitsverhältnis 3 340 f.
- Grundlagen 3 323 ff.
- Versetzung 3 331

**Zurückverweisung**
- Berufungsverfahren 15 754 ff.
- Revisionsverfahren 15 983 ff.

**Zurückweisung**
- Berufungsverfahren 15 739 f.
- in erster Instanz verspätetes Vorbringen 15 454 ff., 741
- in zweiter Instanz verspätetes Vorbringen 15 747 ff.
- verspäteten Vorbringens 15 391 ff., 454 ff.

**Zurückweisungsschreiben**
- Muster 15 93

**Zusammenfassung von Betrieben** 13 136 ff.
**Zusammenhangsklagen** 14 292 ff.

**Zusammenschluss von Unternehmen**
- Wirtschaftsausschuss 13 1069

**Zusatzurlaub**
- schwer behinderte Menschen 3 2470 ff.

**Zuschläge**, *s. unter Zulagen und Zuschläge*

**Zuständigkeit**
- Bestimmung 14 371
- funktionelle 14 375
- internationale 14 188 ff.
- örtliche 14 337 ff.
- Rechtswegzuständigkeit 14 202 ff.
- sachliche 14 228 ff.

**Zustellung**
- Adressat 15 585
- Amtszustellung 15 587
- Arrest 16 65 ff.
- Beschluss im Beschlussverfahren 15 1139
- einstweilige Verfügung 16 65 ff.
- Frist 15 584
- Parteizustellung 15 590
- Urteil 15 582 ff.

**Zustellungsfehler** 15 58

**Zustimmungsersetzungsverfahren** 4 603 ff.; 13 2138 ff.
- Beschlussverfahren 4 617
- Beschlussverfahren, Verfahrensfragen 4 627
- Kündigung 4 463
- Verfahrensfehler, Rechtsfolgen 4 609 ff.

**Zutrittsrecht**
- einstweilige Verfügung 16 201

**Zuverlässigkeitstests** 3 2947

**Zwangsgeld**
- Verfahren § 23 III BetrVG 13 2427 ff.
- vorläufige personelle Maßnahme 13 2178

**Zwangsvollstreckung**
- allgemeine Voraussetzungen 3 1259
- Aufhebung des Urteils 15 605
- Ausschluss 15 606
- Bruttoentgelturteil 3 852
- Einschränkung bei Lohnpfändung 3 1338
- Einstellung 3 1338 f.; 15 610
- Einstellung in Revisionsinstanz 15 946
- Einstellung nach § 769 ZPO 15 615 f.
- Lohnpfändung, allg. Voraussetzungen 3 1259
- Schiedsgerichtsverfahren 16 22
- Vergleich 16 22
- vorläufige Vollstreckbarkeit 15 601 ff.

**Zweistufige Ausschlussfrist**
- verfassungsrechtliche Grenzen 3 4706b

**Zwischenzeugnis** 9 9